Theologisches Begriffslexikon zum Neuen Testament

herausgegeben von

LOTHAR COENEN

ERICH BEYREUTHER UND HANS BIETENHARD

R. BROCKHAUS

REDAKTION

Dietrich Müller · Hans-Georg Link · Hartmut Krienke

BERATER

für die Fächer und Abteilungen:

Griechische Philologie, Philosophie und Klassische Altertumswissenschaft: Gerhard Fries

Altes Testament und Septuaginta: Horst Seebaß und Wichmann v. Meding (nur Band 1)

Qumran: Reinhard Deichgräber

Rabbinisches: Hans Bietenhard

Neues Testament, Wortgeschichte und Theologie: Hans Bietenhard

Kirchen- und Theologiegeschichtliches: Erich Beyreuther

Literatur: Werner Georg Kümmel

Zusammenordnung, praktisch-theologische Erwägungen und Schlußredaktion: Lothar Coenen

REGISTER

Register der deutschen und griechischen Wörter: Günter Finkenrath

Register wichtiger hebräischer Wörter: Horst Heyl

1. Sonderausgabe 1993
9. Auflage der Gesamtausgabe

Druck: Interpress, Budapest
ISBN 3-417-24800-0

ZUM GELEIT

Die Verkündigung der biblischen Botschaft beginnt mit dem Verstehen und Übersetzen des biblischen Textes; sie zielt darauf, den Zeitgenossen in seiner Welt und in seiner Sprache mit dem Wort von Jesus Christus zu konfrontieren. Daß ihre Vollmacht vom Wirken des Heiligen Geistes abhängt, entbindet ihren Träger nicht von der Treue und Sorgfalt theologischer Arbeit und Reflexion, sondern setzt diese um der Kontinuität des Zeugnisses und um seiner richtigen Aktualisierung willen sogar voraus. Wer aber die Texte des NT im einzelnen sachgemäß interpretieren und die besonderen Konzeptionen der Verfasser in den Blick bekommen will, muß Gehalt und Bedeutungsbreite der Vokabeln kennen, die sie benutzen, und muß sich Klarheit verschaffen über die besondere Eigenart einer Vokabel, verglichen mit anderen des gleichen Begriffsfeldes.

Ein Lexikon, das dazu eine Hilfe bieten will, kann sich nicht damit begnügen, die verschiedenen Bedeutungen der Wörter einfach zusammenzustellen. Es muß vielmehr ihrem Wandel im Laufe der Geschichte und in der Wechselbeziehung zu ihr nachspüren, von der klassischen Gräzität bis hinein in die Umwelt des NT, mit einem besonderen Augenmerk auf ihren Gebrauch in der Septuaginta, die man die damalige Volksausgabe des AT nennen könnte. Es muß prüfen, welche Gehalte die griechischen Vokabeln vom Hebräischen her aufgenommen haben und in welcher Weise umgekehrt Aussagen des hebräischen Textes bei der Übersetzung umgedeutet worden sind. Es muß schließlich auf Grund solcher Untersuchungen erheben, in welcher Nuance jene Wörter in die Schriften des NT übernommen wurden oder inwiefern sie dort eine neue Füllung und Prägung erfahren haben. Die Zeugen Christi machten das vorhandene sprachliche Material mit souveräner Freiheit ihrer Botschaft dienstbar und gaben ihm dabei oft einen ganz neuen, vom bisherigen Verständnis abweichenden Klang. Solche Verständnisumprägungen aber sind einmal häufig bestimmt durch alttestamentliche Vorstellungen und Konzeptionen, andererseits haben sie ihre Ursache oft in der Korrespondenz und Auseinandersetzung mit dem Geist der Zeit. Eben darum folgten die Autoren des NT hinsichtlich der Verwendung von Begriffen auch nicht einer einheitlichen Sprachregelung, sondern bietet sich uns ein spannungsreiches Bild dar.

Ist es aber gelungen, die Intention eines Begriffes herauszufinden, so steht der Verkündiger vor der weiteren Aufgabe, die darin gefaßte Botschaft so zu übersetzen, wie das der Situation des Menschen im gesellschaftlichen und geistigen Gefüge der heutigen Umwelt entspricht. Was die ersten Zeugen damals sagen wollten, muß Eingang finden in die sprachliche Gestalt und in die Vorstellungsbereiche, die der Gegenwart eigentümlich sind. Dieser Problematik glaubten wir nicht ausweichen zu dürfen und haben deshalb, wann immer es uns geboten erschien, den Begriffsuntersuchungen einen Abschnitt »Zur Verkündigung« folgen lassen. In ihm soll versucht werden, Maßstäbe zu gewinnen und Grenzlinien zu erkennen. Dabei war auch zu prüfen, wie weit die überkommenen und nach wie vor gebräuchlichen Begriffe des christlichen Sprachschatzes wirklich noch das gleiche ausdrücken können, was die frühen Zeugen mit den griechischen Wörtern sagen wollten. Denn die theologische Reflexion muß gerade um der sachgemäßen Ausrichtung der Verkündigung willen auch den Hörer in seiner Welt und seiner Sprache ernstnehmen.

Wir reden vom Evangelium in unserer Muttersprache. Darum schien es uns geboten, die griechischen Vokabeln des gleichen Begriffsfeldes möglichst zusammen unter je einem deutschen Leitwort zu behandeln. Umfang und Gehalt der Artikel hatten dem Umstand Rechnung zu tragen, daß man in der Praxis des gemeindlichen Dienstes oft schon aus zeitlichen Gründen einen raschen Überblick braucht und auch der aus persönlichen Motiven Interessierte meist mehr die Ansätze und Grundlinien als die Fülle des Details sucht. Wir konnten es deshalb nicht als unsere Aufgabe ansehen, eigene Beiträge zur Forschung zu

leisten, sondern vielmehr den Leser mit den sich ergebenden Problemen vertraut zu machen, ihm mögliche Lösungen zu zeigen und ihm Anstöße und Impulse zur eigenen Urteilsbildung zu geben.
So hoffen wir mit diesem Lexikon denen eine Hilfe zu bieten, die das Evangelium von Jesus Christus als Prediger, Lehrer und Katecheten weiterzusagen haben, aber auch der wachsenden Zahl derjenigen, die sich zu ihrer persönlichen Orientierung einen tieferen Einblick in den Gehalt biblischer Begriffe verschaffen möchten, als ihn die für einen breiteren Leserkreis geschaffenen Werke zu geben vermögen.
Unser Dank gilt allen, die durch ihren Rat und ihre Mitwirkung das Entstehen des Werkes ermöglichten: den Theologen, die die Artikel bearbeiteten, seien sie nun Professoren und Dozenten an Universitäten, Hochschulen und Seminaren oder im praktischen Dienst in den Gemeinden; denen, die als Berater für die einzelnen Sachgebiete und in der Zusammenstellung der Literatur uns wertvolle Hinweise gaben; und endlich auch denen, die die redaktionelle Verantwortung mittrugen.

Wuppertal / München / Thun Oktober 1967

Der Verleger Die Herausgeber
R. Brockhaus *L. Coenen · E. Beyreuther · H. Bietenhard*

ZU DIESER AUSGABE

Zehn Jahre ist es her, daß die ersten Lieferungen dieses Lexikons erschienen; seit fünf Jahren liegt es abgeschlossen vor und hat seinen festen Platz in der Werkstatt Tausender gefunden, die sich als Diener jenes Wortes verstehen, das wir im NT finden. Zweimal mußte das Lexikon neu aufgelegt werden. Inzwischen liegt auch die Lizenzausgabe für den englischen Sprachraum, das »Dictionary of New Testament Theology«, ergänzt und herausgegeben von Colin Brown, vor.
Wir sind dankbar für diese Entwicklung, weil sie uns bestätigt, daß die von uns gewählte Konzeption und Anlage zweckmäßig und sachgerecht ist, sosehr man über Einzelheiten der Zusammenordnung und einzelner Artikel unterschiedlicher Auffassung sein kann. Für uns waren die vielen Stimmen, die sich in Briefen Rezensionen und Gesprächen äußerten, ob nun anregend oder kritisch fragend, gleichermaßen wertvoll. Sie voll zu berücksichtigen, hat seine Schwierigkeiten, nicht zuletzt darin, daß dies mit Überarbeitungen und technischen Problemen verbunden wäre, die einem späteren Zeitpunkt vorbehalten bleiben müssen.
Diese Auflage nun erscheint als Studienausgabe, wozu wir uns aufgrund vieler Bitten und Anregungen entschlossen haben, um eine noch breitere Benutzung auch an Seminaren und Hochschulen zu ermöglichen. Sie ist im Wesentlichen ein photomechanischer Nachdruck. Allerdings haben wir — neben der Bereinigung von Druckfehlern — uns bemüht, an einigen Stellen, die offenbar zu Mißverständnissen führen konnten, Darstellung und Formulierung klarer zu gestalten; und wir haben die Literaturangaben um wesentliche Titel der letzten Jahre ergänzt, obwohl ihre Erträge in den Artikeln noch nicht berücksichtigt sind.
So wünschen wir dem Werk auch in dieser Gestalt, daß es sich als brauchbare Hilfe für die Verkündigung der Botschaft von Jesus als dem Christus Gottes bewährt in einer Zeit, die ihrer wegweisenden und verwandelnden Kraft mehr denn je bedarf.

August 1977 Herausgeber und Verlag

ZUR EINFÜHRUNG

1. Auswahl

In dieses Lexikon sind solche griechischen Vokabeln aufgenommen worden, die für Inhalt und Gestalt der neutestamentlichen Verkündigung besondere Bedeutung gewonnen haben; sie wurden durch wichtige Ableitungen der Hauptstämme sowie durch Synonyme und Spannungsbegriffe innerhalb des jeweiligen Begriffsfeldes ergänzt.

2. Zuordnung der griechischen Vokabeln

Vokabeln, die sowohl philologisch als auch inhaltlich zusammengehören, werden zusammenhängend in einem Stichwortartikel behandelt; so findet man zB in dem Artikel διακονέω *[diakoneō] dienen* auch διακονία *[diakonia] Dienst* und διάκονος *[diakonos] Diener, Diakon.* Philologische Ableitungen, die inhaltlich ein vom Grundwort unterschiedenes, eigenes Gepräge gewonnen haben, erhielten selbständige Artikel; so ist zB φαίνω *[phainō] leuchten* zusammen mit φῶς *[phōs] Licht* in diesem zur Gruppe LICHT gehörigen Artikel behandelt, das stammverwandte ἐπιφάνεια *[epiphaneia] Erscheinung* aber erhielt einen selbständigen Artikel in der Gruppe OFFENBARUNG. Umgekehrt werden gelegentlich philologisch eigenständige Wörter, die zwar Erwähnung, nicht aber unbedingt einen eigenen Artikel forderten, entweder im Vortext der entsprechenden Wortgruppe kurz erläutert oder aber in dem sachlich nächstliegenden Stichwortartikel mit abgehandelt; so ist zB στολή *[stolæ] Gewand* im Vortext der Gruppe BEKLEIDEN erwähnt, δειλία *[deilia] Furcht* innerhalb des Artikels φόβος *[phobos] Furcht* mitbearbeitet. Auf diese Weise konnte das in Frage kommende Vokabular in ca. 570 Einzelartikel geordnet werden; zur raschen Übersicht werden im Kopf der Artikel alle darin mitverhandelten Vokabeln ausdrücklich genannt.

3. Gliederung und Abgrenzung der Artikel

Alle Artikel sind jeweils in drei Abteilungen gegliedert, die am Rande durch römische Ziffern gekennzeichnet werden:

Unter I finden sich Angaben über die Grundbedeutung des Wortes sowie seine profane und religiöse Verwendung im griechisch-hellenistischen Raum, wobei nach Möglichkeit das Wort bis in das mykenische Griechisch (Linear B) zurückverfolgt ist.

Abteilung II stellt das Vorkommen und Gewicht der Vokabel in der LXX dar, erwähnt nach Möglichkeit das oder die hebräischen Äquivalente und untersucht die Begriffsgeschichte im AT und Judentum einschließlich Qumran.

Abteilung III bringt das Wesentliche über Vorkommen, Bedeutung und spezielle Tendenz des Begriffes in den verschiedenen Schriften des NT, insbesondere auch in Unterscheidung vom übrigen griechischen, hellenistischen und alttestamentlichen Sprachgebrauch. Dabei wurde nicht so sehr auf konkordante Vollständigkeit des Stellenmaterials Wert gelegt als vielmehr darauf, typische Züge in der Verwendung der Vokabel und ihre Abgrenzung von verwandten oder Gegensatz-Begriffen herauszuarbeiten.

Vermissen wird der Benutzer vielleicht die Fortführung der Begriffsgeschichte in die frühe Zeit der Christenheit, also einen Abschnitt über die Patristik. Wir haben darauf verzichten müssen, um das Werk in seinem Umfang nicht noch weiter auszudehnen. Es führt in der Regel also nur bis zur Kanonisierung des heutigen NT. Begriffe, die überhaupt erst theologiegeschichtlich gewachsen sind, wie zB »Trinität«, sind in diesem Lexikon nicht verhandelt.

4. Gruppierung der Stichwortartikel

Artikel, die eindeutig einem gemeinsamen Begriffsfeld zugehören, sind unter einem deutschen Leitwort als Gruppe zusammengefaßt; ein kurzer Vortext umschreibt das für die im

Folgenden verhandelten Vokabeln Gemeinsame und weist zugleich schon auf besondere Akzente und Unterschiede hin. Der Benutzer kann durch diese Anordnung den zusammengehörigen Wortbestand (das Begriffsfeld) und insbesondere Synonyme rasch überblicken. Freilich kann ihm nicht erspart werden, zum vollständigen Vergleich weitere verwandte oder entgegengesetzte Begriffe an anderer Stelle des Lexikons aufzusuchen. So sind zB εἶδος *[ẹidos]*, μορφή *[morphæ̣]*, σχῆμα *[schæ̣ma] Gestalt* und ὑπόστασις *[hypọstasis] Wesen* unter dem Leitwort GESTALT, WESEN zusammengefaßt, das in gewissem Betracht ebenfalls dazugehörige εἰκών *[eikọ̄n]* aber ist wegen seiner vorwiegenden Nuance in die Gruppe BILD und τύπος *[tỵpos]* unter dem Leitwort VORBILD eingeordnet. Einige Zentralbegriffe, die theologisch und inhaltlich durch ihre reiche Nuancierung in verschiedene Wortfelder hineinreichen, stehen aus diesem Grunde als Hauptartikel für sich allein, wobei aber gerade von ihnen her meist auf mehrere andere Artikel verwiesen wird (zB muß von πνεῦμα *[pnẹụma] Geist* her sowohl das Verhältnis zu σάρξ *[sarx] Fleisch* und σῶμα *[sọ̄ma] Leib* als auch zu ψυχή *[psychæ̣]* Seele, δαίμων *[dạịmōn]* Dämon, ζωή *[zōæ̣]* Leben und νόμος *[nọmos] Gesetz* beachtet werden).

5. Praktische Erwägungen

Bei einer Reihe von Gruppen und einzeln stehenden Artikeln folgt der exegetisch-begriffsgeschichtlichen Untersuchung der Stichworte eine meditative Besinnung »ZUR VERKÜNDIGUNG«, die neben einem Bedeutungsvergleich der behandelten Worte vor allem Überlegungen und Hinweise für die Übertragung des in diese Vokabeln gefaßten biblischen Zeugnisses in unsere Gegenwart zu geben versucht. Sie kann natürlich nicht fertiges Konzept sein, sondern will Anstöße zu eigenem Nach- und Weiterdenken bieten und von Fall zu Fall auch Grenzen markieren. Sie will versuchen zu erheben, wo in der heutigen Situation der Ort liegt, den die im NT gebrauchten Begriffe – positiv oder negativ – damals treffen wollten; dabei stellt sich ihr zugleich die Frage, ob die Wandlung der Sprache und des mit ihr zusammengehörigen gesellschaftlichen und geistigen Gefüges nicht u. U., gerade um die gleiche Botschaft zu verkündigen, eine neue Form nicht nur des verbalen Ausdrucks, sondern auch der bildlichen Strukturen fordert. Indem die Besinnung diesen Weg geht, ist sie notwendigerweise wie die Verkündigung selbst zeit- und situationsgebunden und wird nur selten Anspruch auf Vollständigkeit aller Aspekte erreichen können.

6. Register

Der gesamte Vokabelbestand des Lexikons wird durch zwei Register erschlossen. Das Register der griechischen Worte enthält alle vorkommenden Vokabeln mit der Seitenzahl ihrer Abhandlung; wenn über die Vokabel auch noch an anderer Stelle Wissenswertes zu erfahren ist, wird darauf durch die in Klammern gesetzten Ziffern hingewiesen. In dem Register der deutschen Worte sind umgekehrt die wesentlichen deutschen Wortbedeutungen mit entsprechender Seitenangabe aufgeführt.

7. Umschrift

Um auch dem des Griechischen nicht mächtigen Leser die Benutzung des Lexikons zu ermöglichen, ist jedem griechischen Wort eine Umschrift beigegeben. Hebräische Wörter werden grundsätzlich in Umschrift gebracht. Wir haben uns dabei anstelle einer exakten Wiedergabe jedes einzelnen Schriftzeichens für eine Lautumschrift entschieden (vgl. S. XXV). Die Betonung der griechischen Wörter ist durch unter die betreffenden Vokale (bei Doppelvokalen unter beide) gesetzte Punkte gekennzeichnet worden; ein zwischen zwei Vokale eingeschobener hochgestellter Punkt (zB *a·æ̣r)* bedeutet, daß die nebeneinander stehenden Vokale getrennt gesprochen werden, liegende Striche über einem Vokal (zB *ō)* bedeuten Längung.

8. Bibelstellenangaben

Bibelstellenangaben folgen für das AT in der Regel dem (hebräischen) masoretischen Text; beim Nachschlagen in der LXX ist dies besonders bei der Numerierung der Psalmen zu beachten. Ausdrückliche Hinweise auf eine LXX-Stelle sind durch den Zusatz »LXX« gekennzeichnet oder in [ ] der Kapitelangabe des MT nachgestellt; wird nach LXX zitiert, so ist eine abweichende Zählung im MT ebenfalls in Klammern ([ ]) hinzugefügt.

9. Abkürzungen

Abkürzungen sind sparsam gebraucht, um die Lesbarkeit der Artikel zu erleichtern. Das an »Die Religion in Geschichte und Gegenwart« und – insbesondere für die Quellenangaben – das »Theologische Wörterbuch zum Neuen Testament« angelehnte Abkürzungsverzeichnis gibt hier im einzelnen Auskunft.

10. Verweise

Um mehrfache ausführliche Darstellungen zu vermeiden oder zumindest einzuschränken und um – meist am Schluß von Vortexten oder Abschnitten »Zur Verkündigung« – auf den Zusammenhang mit anderen Begriffen bzw. Begriffsfeldern aufmerksam zu machen, wird auf die betreffenden Beiträge durch einen vor das aufzusuchende andere Leitwort gestellten Pfeil verwiesen (zB → Bund). Bezieht sich ein Verweis auf einen bestimmten Abschnitt innerhalb eines Artikels, so wird dieser zusätzlich mit seiner Gliederungskennzeichnung angegeben (zB → Gebot, Art. ἔθος II,1a).

11. Literatur

Jedem Einzelartikel und jeder Artikelgruppe sind Literaturangaben beigegeben. Sie enthalten einmal die genauen Titel von Werken, die im Text nur mit Verfassernamen und Seitenzahl zitiert sind, zum anderen aber Hinweise auf Bücher und Aufsätze, die eine mehr ins einzelne gehende Information über die verhandelten Begriffe bieten. Kommentare sind hierbei naturgemäß nur dann berücksichtigt, wenn in einem Artikel einzelne Stellen exegetisch behandelt worden sind. Auch wenn sie nicht ausdrücklich genannt werden, sind in der Regel die entsprechenden Stichwortartikel des »Theologischen Wörterbuches zum NT« (ThWb), der »Religion in Geschichte und Gegenwart« (RGG), des »Evangelischen Kirchenlexikons« (EKL), des »Lexikons für Theologie und Kirche« (LThK), des »Reallexikons für Antike und Christentum« (RAC) und des theo-philologischen Wörterbuches »Das Wort in den Wörtern« von FMelzer (WiW) zum Vergleich eingesehen worden.
Statistische Angaben folgen im allgemeinen der »Statistik des neutestamentlichen Wortschatzes« von R. Morgenthaler (Zürich/Frankfurt a. M. 1958), solche über die hebräischen Äquivalente der LXX-Vokabeln der »Concordance of the Septuagint« von Hatch-Redpath (Graz 1954). Hinsichtlich der Qumrantexte sind neben der »Konkordanz zu den Qumrantexten« von K. G. Kuhn u. a., die die bequemste Übersicht auch bezüglich der Erstéditionen bietet, die von E. Lohse herausgegebenen »Texte von Qumran« (München/Darmstadt 1964) und die mit einem Sachregister versehene deutsche Übersetzung von J. Maier »Die Texte vom Toten Meer« (München/Basel 1960) benutzt worden.

12. Fachausdrücke

In der Darstellung der Begriffsgeschichte mußten des öfteren auch theologische und philologische Fachausdrücke gebraucht werden, ohne daß diese innerhalb der Artikel im einzelnen erläutert werden konnten. Um auch den Nichttheologen deren Bedeutung verständlich zu machen, haben wir dieser Einführung eine knappe Erläuterung solcher wissenschaftlich üblicher Fachausdrücke beigegeben (S. XVff).

ERLÄUTERUNG VON FACHAUSDRÜCKEN

besorgt von Hans-Georg Link

Für die Erläuterung der Fachausdrücke wurde folgende Literatur herangezogen:
WBauer, Wörterbuch zum NT, 1958[5] – Das Bertelsmann Lexikon, 1954/55 – Der große Brockhaus, 1952/58[16] – Calwer Kirchenlexikon, hrsg. von FKeppler, 1937–1941 – Duden, hrsg. von HKlien, 1949[13] – Der große Duden, Bd. 5 Fremdwörterbuch, 1960 – Evangelisches Kirchenlexikon, hrsg. von HBrunotte u. OWeber, 1961/62[2] – PFeine/JBehm, Einleitung in das NT. Neu bearbeitet von WG-Kümmel, 1963[12] – FHauck, Theologisches Fremdwörterbuch, 1950 – Kirchliches Handlexikon, hrsg. von MBuchberger, 1907–1912 – LKöhler/WBaumgartner, Lexicon in veteris testamenti libros, 1958 – HMenge-Güthling, Enzyklopädisches Wörterbuch der lateinischen und deutschen Sprache, 1950[7] – RGG, 1957–1962[3] – ESellin/GFohrer, Einleitung in das AT. Neu bearbeitet von GFohrer, 1965[10] – EWürthwein, Der Text des AT, 1952.
Pfeile (→) verweisen auf andere Stichworte innerhalb der Erläuterungen.

Anthropomorphismus (griech. ἄνθρωπος *[anthrōpos]* Mensch, μορφή *[morphæ]* Gestalt) ist die Übertragung menschlicher Vorstellungen auf die Rede von Gott. Die gesamte Antike unter Einschluß der Bibel stellte sich die Gottheit menschlich vor (zB Gen 8,21 Gottes Riechen, Mt 5,35 Gottes Füße). Später drängte das abstrahierende Denken der Philosophie die Anthropomorphismen zurück. – ANTHROPOMORPH bzw. ANTHROPOMORPHISCH heißt menschengestaltig oder menschlich gestaltet.

Apokalyptik (griech. ἀποκάλυψις *[apokalypsis]* Enthüllung, Offenbarung) bedeutet enthüllende Rede vom Weltende, meist verbunden mit einer Deutung des Weltlaufes und der gesamten Menschheitsgeschichte.

APOKALYPSE ist die Bezeichnung für Schriften, die »Enthüllungen« über das Ende der Welt und dessen Vorzeichen enthalten. Im AT sind das Buch Daniel und die Jesaja-Apokalypse Kap. 24–27, im NT die Offb des Johannes als apokalyptische Schriften zu nennen. Im Judentum gab es um die Zeit Jesu zahlreiche Apokalypsen; die wichtigsten: Henoch, 4. Esra, Baruch.

Der APOKALYPTIKER erhebt als – meist anonymer (namentlich nicht genannter) – Verfasser von apokalyptischen Schriften den Anspruch, durch Offenbarung zum Wissen über das verborgene Ende der Welt gelangt zu sein und deshalb eine Antwort auf die Fragen der Gegenwart geben zu können.

Als APOKALYPTISCH bezeichnet man ein Denken und Vorstellungen, deren Thema das verborgene Ende der Welt ist.
→ Chiliasmus, → Eschatologie, → Parusie

Apokryphen (griech. ἀποκρύπτω *[apokryptō]* verbergen) bezeichnen urspr. verborgene, geheime Schriften, die im öffentlichen Gottesdienst nicht verlesen wurden. Später – bei zunehmender Verfestigung des biblischen → Kanon-Begriffes – bekommt der terminus »apokryph« einen abwertenden Klang: nicht kanonisch. Luther: Apokryphen sind Bücher, so der Heiligen Schrift nicht gleich gehalten und doch nützlich und gut zu lesen sind.

Zu den AT-Apokryphen zählen: 1.–3. Makkabäer, 3. Esra, Judith, Tobit, Zusätze zu Esther, Sprüche Jesu des Sohnes Sirachs, Weisheit Salomos, Gebet Manasses, Buch Baruch, Brief des Jeremia, Zusätze zu Daniel. – Unter NT-Apokryphen versteht man Schriften der Alten Kirche, die den nt. Büchern verwandt sind: Evangelien, Apostelgeschichten, Briefe, Apokalypsen, Schriften der sog. apost. Väter (zB ThomasEv., Petrusapokalypse, Barnabasbrief etc.).
→ Pseudepigraphen

Apologie (griech. ἀπολογέομαι *[apologeomai]* sich verteidigen, ἀπολογία *[apologia]* Verteidigung, Rechtfertigung) meint nach 1Petr 3,15 die Rechenschaftsgabe des christl. Glaubens gegenüber Andersdenkenden und Außenstehenden. Allg. bezeichnet Apologie die mündliche oder schriftliche Verteidigung der christl. Wahrheit. Im Gegensatz zum praktischen Vollzug der Apologie ist APOLOGETIK die wiss.-kritische Besinnung über die Möglichkeit einer Apologie. Die Grenzen beider Begriffe fließen ineinander. Am bekanntesten sind die Apologeten der Alten Kirche geworden: Aristides, Justin u. a., die die Apologie in den Rang einer theol. Literaturgattung erhoben.

Appellativum (lat. *appellare:* a) ansprechen, anreden, b) aussprechen, benennen) ist ein Gattungsname, ein Subst., das nicht Eigenname ist (zB Baum, Vater).

Äquivalent (lat. *aequivalere* aus *aequus+valeo* gleich gelten) heißt als Adj. gleichwertig, von gleicher Geltung; als Subst. bedeutet es einen Gegenstand von gleichem Wert. Der hauptsächlich in der Physik und Chemie gebräuchliche Begriff Ä. bezeichnet im Bereich der vergleichenden Sprachwissenschaften das einem Wort entsprechende, gleichbedeutende Wort in einer anderen Sprache.

Charisma (griech. χάρις *[charis]* Gunst, Wohlwollen, Gnade, χάρισμα *[charisma]* die wohlwollend gespendete Gabe, das Gnadengeschenk) bezeichnet die Gnadengabe, eine durch Gottes Geist gewirkte Befähigung.

Der CHARISMATIKER ist ein mit einer besonderen Gnadengabe beschenkter Mensch. – CHARISMATISCH heißt eine Verhaltens- oder Handlungsweise, die durch eine von Gott verliehene Befähigung ermöglicht ist.

Chiliasmus (griech. χίλιοι *[chilioi]* tausend) ist eine aus dem Parsismus übernommene, apokalyptische Lehre, die auf Grund von Offb 20,1–6 eine tausendjährige Zwischenherrschaft Christi auf Erden nach seiner Wiederkunft in Herrlichkeit und vor dem Anbruch der vollkommenen Gottesherrschaft erwartet.
→ Apokalyptik, → Parusie

Christologie (griech. χρίω *[chriō]* salben, Χριστός *[Christos]*: a) Appellativum: der Gesalbte, der Messias, hebr. *maschiach*, der Christus, b) Eigenname: Christus), bezeichnet urspr. die Lehre von der Person und dem Werk Christi. Später wird unterschieden zwischen Christologie als Lehre von der Person und den Naturen Christi und → Soteriologie als Lehre von dem erlösenden Werk Christi. – CHRISTOLOGISCH heißt eine auf Christi Person oder Werk bezogene Redeweise.

Chronist nennt man die unbekannte Verfassergruppe des chronistischen Geschichtswerkes, das die Bücher 1.2.Chr, Esr und Neh umfaßt. Das CHRON. GESCHICHTSWERK schildert in seinem ersten Teil (1. und 2.Chr) die Geschichte Israels von Adam bis zum Exil. Im Mittelpunkt stehen die Könige David und Salomo. Der zweite Teil des Werkes (Esr, Neh) berichtet von der Rückkehr der verbannten Juden nach Jerusalem und vom Wiederaufbau des Tempels wie der Stadtmauern bis zur Tempeleinweihung und Verlesung des Gesetzes. Im Unterschied zur Darstellung des → Deuteronomisten zeigt sich der Chronist – ähnlich wie die → Priesterschrift – an kultischen und gottesdienstlichen Einrichtungen besonders interessiert. Der Chronist legt den Schwerpunkt der Geschichte Israels auf den Beginn des Tempelgottesdienstes und versteht den Kultus (Gottesdienste, Feste, Priester, Sänger) als tragende Mitte der Existenz Israels. Als Entstehungszeit wird das 4. oder 3. Jahrhundert vChr angenommen.
→ Deuteronomist, → Priesterschrift

Dekalog (griech. δέκα *[deka]* zehn; λόγος *[logos]* Wort, wörtl.: die zehn Worte) ist die Bezeichnung für die 10 Gebote Gottes (Ex 20; Ex 34; Dtn 5).

Determinismus (lat. *determinare* abgrenzen, begrenzen, festsetzen, bestimmen) bezeichnet allg. die Lehre von der kausalen Vorherbestimmtheit allen Geschehens. In der philosophischen Ethik besagt Determinismus, daß der menschliche Wille stets durch äußere oder innere Ursachen notwendig vorherbestimmt ist. Im Gegensatz dazu behauptet der philosophische Indeterminismus die menschliche Willensfreiheit.

Deuterojesaja (griech. δεύτερος *[deuteros]* der zweite) ist die in der theol. Wissenschaft gebräuchliche Bezeichnung für einen namentlich nicht bekannten Propheten, dessen Werk uns nach verbreiteter Annahme in den Kap. 40–55 des Jesaja-Buches vorliegt. Die Forschung setzt sein Auftreten etwa zwischen 550 und 538 vChr an, als das babylonische Reich dem Untergang nahe war und der Perserkönig Kyrus als Retter der unterdrückten Völker erwartet wurde. DtJes verkündigte die nahe bevorstehende Rückkehr der Verbannten nach Israel als Beginn der kommenden, die ganze Schöpfung umfassenden Heilszeit.

Deuteronomium (griech. δεύτερος *[deuteros]* der zweite, νόμος *[nomos]* das Gesetz: das zweite Gesetz; Dtn), ist die Bezeichnung für das 5. Buch Mose, die durch die Fehlübers. der LXX von Dtn 17,18 *mischnæh hatorāh* (Abschrift des Gesetzes) mit δευτερονόμιον *[deuteronomion]* (Wiederholung des Gesetzes) zustande gekommen ist. – Das Dtn ist als Rede des Mose an die Israeliten vor dem Überschreiten des Jordan zum Einzug in das Land Kanaan formuliert und hat wahrscheinlich um die Zeit der Josianischen Kultusreform (622/621 vChr) seine Endfassung erhalten. Die namentlich unbekannte Verfassergruppe des Dtn wird als DEUTERONOMIKER (Dt) bezeichnet; Stücke, die dem Dtn angehören, heißen DEUTERONOMISCH (dt).

Davon zu unterscheiden ist der DEUTERONOMIST (Dtr) als Verfasser des DEUTERONOMISTISCHEN GESCHICHTSWERKES, dessen Stil und Sprache als DEUTERONOMISTISCH (dtr) bezeichnet werden. Das dtr. Geschichtswerk ist eine Darstellung der Geschichte Israels von der Mosezeit über die Landnahme- und Richter-Zeit bis zum Ende der Königszeit. Es beginnt Dtn 1,1 und endet 2Kön 25,30. Der Dtr hat alte Quellen gesammelt, ausgewählt und diesen Stoff durch eingeschaltete Reden und Bemerkungen gedeutet. Er verfaßte sein Werk wahrscheinlich während des Exils in Jerusalem unter dem Eindruck der Katastrophe von 587 vChr. Daher stellt er die Geschichte Israels als eine Geschichte fortschreitenden Abfalls von Jahwe dar.
→ Chronist

Deuteropaulinen (griech. δεύτερος *[deuteros]* der zweite) ist ein Sammelname, unter dem die Briefe zusammengefaßt werden, die – außer den → Pastoralbriefen – nach der Meinung vieler Forscher von unbekannten Verfassern unter dem Namen und der Autorität des Apostels Paulus geschrieben worden sind: Epheser-, Kolosser- und 2. Thessalonicherbrief.
→ Pastoralbriefe

Diasporajudentum (griech. διασπείρειν [diaspeirein] zerstreuen, διασπορά [diaspora] Zerstreuung) ist die Bezeichnung für die außerhalb Palästinas (bes. in Babylonien, Ägypten, röm. Kaiserreich) lebenden Juden (vgl. Jak 1,1).
→ Septuaginta

Doketismus (griech. δοκέω [dokeō] scheinen, den Anschein haben, sich den Anschein geben) heißt die Lehre, Christus habe während seiner irdischen Wirksamkeit nur einen Scheinleib getragen und demzufolge nur scheinbar am Kreuz gelitten. Der Doketismus leugnet die geschichtliche Wirklichkeit des Lebens Jesu und betrachtet Leiblichkeit wie Materie als widergöttliche Sphären. Er wurde in der Alten Kirche hauptsächlich von gnostisch beeinflußten Theologen (Valentin, Marcion) vertreten, aber schon früh als Irrlehre abgewiesen.
→ Gnosis

Echtheit und UNECHTHEIT sind nicht gerade glückliche Termini der → Quellenscheidung und → Literarkritik. Die Unterscheidung von echt und unecht soll dazu dienen, ursprüngliche Bestandteile eines Textabschnittes bzw. einer Quellenschrift von späteren Ergänzungen zu sondern, oder einem Verfasser die unter seinem Namen laufende Schrift abzusprechen (zB die → Pastoralbriefe dem Paulus). Wichtig ist, daß es sich dabei um literarische, gelegentlich auch um historische Feststellungen handelt, die kein theologisches Werturteil fällen. Das Gemeinte läßt sich sachgemäßer mit der Unterscheidung zwischen primär (Text) und sekundär (Erweiterung) zum Ausdruck bringen.

Ekklesiologie (griech. ἐκκλησία [ekklæsia] Kirche) ist die Lehre von der Kirche. Eine Aussage über Wesen oder Gestalt der Kirche heißt EKKLESIOLOGISCH.

Ellipse bzw. ELLIPTISCHE REDEWEISE (griech. ἔλλειψις [elleipsis] das Unterlassen) bezeichnet im Unterschied zur geometrischen Bedeutung der Ellipse im Bereich der Grammatik und Rhetorik das Weglassen eines Wortes oder eines Gedankens, der aus dem Zusammenhang ergänzt werden muß.

Elohist (hebr. 'ælohim Gottheit, Gott) nennt man den Verfasser einer der Quellenschriften der fünf Bücher Mose (Pentateuch), dessen Eigenart darin besteht, daß er vorwiegend den Gottesnamen »Elohim« verwendet und erst seit Ex 3,14f gelegentlich Jahwe als Gottesnamen gebraucht. – Die sog. elohistische Quellenschrift setzt mit Gen 15 ein und schildert ohne den urgeschichtlichen Vorspann die Patriarchen- und Mosezeit bis zur Landnahme; sie endet wahrscheinlich Dtn 34. Den Elohisten kennzeichnen Einflüsse prophetischer Vorstellungen, die das 8. Jh. vChr als Entstehungszeit der Schrift wahrscheinlich machen. – Texte, die zu dieser Quellenschrift zählen, heißen ELOHISTISCH.
→ Jahwist, → Priesterschrift

Eschatologie (griech. ἔσχατον [eschaton] das Letzte, das Ende) bezeichnet traditionell die Lehre von den letzten Dingen, vom Ende des Weltlaufes und vom Anbrechen einer neuen, andersartigen Welt; sachlich berührt sie sich mit der → Apokalyptik. In der gegenwärtigen theol. Diskussion wird der Begriff häufig verwendet und mit sehr unterschiedlichen Inhalten gefüllt. Im Unterschied zur Apokalyptik, deren Thema die Enthüllung der verborgenen Ereignisse des Weltendes ist, umfaßt der Begriff E. weniger »die letzten Dinge«, als vielmehr die gegenwärtigen Hoffnungen, Erwartungen und Verheißungen im Blick auf das noch Ausstehende. Im weitesten Sinn kann Eschatologie dann als Ausgerichtetsein auf das auf uns Zukommende, als Zukunftsbezogenheit verstanden werden. Aussagen, die sich auf das in Christus vorweg ereignete Ende der Geschichte, auf die Zukunftshoffnung der Christen oder auf das Ende der Welt beziehen, können je nach weiterer oder engerer Bestimmung des Begriffs Eschatologie als ESCHATOLOGISCH bezeichnet werden.
→ Parusie

Exegese (griech. ἐξηγέομαι [exhægeomai] ausführen, erzählen, darstellen, beschreiben; ἐξήγησις [exhægæsis]: a) Darstellung, Beschreibung, b) Erklärung, Auslegung, Deutung) heißt Auslegung, EXEGET: Ausleger, EXEGETISCH: auslegend. Aufgabe der Exegese ist es, überliefertes Schrifttum so verstehen zu lehren, wie es die Verfasser dieser Schriften verstanden wissen wollten. Die wissenschaftliche Exegese biblischer Texte geschieht in verschiedenen Arbeitsgängen: → Textkritik, Übersetzung, → Literarkritik, Untersuchungen von → Gattungen, → Formgeschichte → überlieferungsgeschichtliche Forschung, literatur- und religionsgeschichtlicher Vergleich, Begriffsbestimmungen, historische und zeitgeschichtliche Untersuchungen, → Redaktionsgeschichte. Der theol. Exegese geht es über die Erklärung von Wörtern und Sätzen hinaus darum, im Zusamenhang des gesamten Schriftzeugnisses zu der speziellen Aussage vorzudringen, um die es im jeweiligen Text geht.
→ Hermeneutik, → hist.-krit. Forschung

Formgeschichte untersucht als Arbeitsweise der → Exegese, welche literarischen Formen sich in der Bibel finden, um Eigenarten und Gesetzmäßigkeiten der Texte zu erfassen, sowie Ähnlichkeiten und Unterschiede im Vergleich zu sonstiger Literatur festzustellen. Sie konzentriert sich auf die kleinsten literarischen Einheiten innerhalb der biblischen Texte (zB Gleichnisse, Wundererzählungen, Jesus-Logien), Gattungen, die zunächst in mündlicher

Überlieferung geprägt wurden, bevor sie in größere literarische Zusammenhänge aufgenommen und dabei häufig umgestaltet wurden. Die formgeschichtliche Untersuchung fragt nach der → Gattung, soziologisch nach deren → Sitz im Leben, traditionsgeschichtlich nach ihrer mündlichen Überlieferung und redaktionsgeschichtlich nach ihrer schriftlichen Verarbeitung in größeren Zusammenhängen. Die grundlegende Unterscheidung der literarischen Formen ist die zwischen Poesie und Prosa.
→ Logienquelle, → Redaktor, → Überlieferungsgeschichte

Gattung ist die Bezeichnung für jene übereinstimmenden Merkmale, die einer Reihe von kleinsten literarischen Einheiten biblischer Texte gemeinsam sind. Da diese meistens nicht von einem Schriftsteller verfaßt, sondern in mündlicher Überlieferung nach bestimmten Regeln geprägt und gestaltet wurden, ist es für das Verständnis einer Gattung wichtig, die Frage nach ihrem → »Sitz im Leben« zu stellen, dh nach der vorausgesetzten Situation, nach dem Sprecher, seiner Absicht, seinen Hörern und nach der ganzen Stimmung des Textes.

Wichtige Gattungen im AT: Lieder, Sprüche, Erzählungen, Sagen, priesterliche Orakel, kultische Rituale und Formeln, Gottessprüche, Predigten, Credo-Formeln; — NT-Gattungen: Jesus-Worte (Logien), Gleichnisse, Wundererzählungen, Passionsberichte, Glaubensformeln, Christushymnen, Predigten etc.
→ Formgeschichte

Gnosis (griech. γνῶσις *[gnōsis]* Erkenntnis) ist eine allg. Sammelbezeichnung für religiöse Bewegungen, die die Erlösung und Befreiung des Menschen von der Erkenntnis über Wesen, Ursprung und Ziel der Welt, des Menschenlebens sowie der göttlichen Regionen abhängig machen. Unter GNOSTIZISMUS und GNOSIS im engeren Sinn versteht man eine Richtung im Judentum, Hellenismus und Christentum vom 1. Jh. vChr bis zum 4. Jh. nChr (Höhepunkt im 2. Jh. nChr), die zu einer Erkenntnis Gottes zu gelangen suchte, deren Ziel die Vergöttlichung der Geistmenschen (Pneumatiker) durch das Schauen und das oft ekstatische Einswerden mit der Gottheit war.

Zum gnostischen Lehrsystem gehören der theologische Dualismus zwischen Schöpfung und Erlösung, Emanationstheorien über das Ausströmen des Göttlichen zur Welt, Erlösungsvorstellungen, die die Befreiung des Christen von der Materie und Rückkehr zur ursprünglichen göttlichen Heimat behaupten, sowie die Lehre über die physische Wirksamkeit der Sakramente als φάρμακα ἀθανασίας *[pharmaka athanasias]*, Heilmittel der Unsterblichkeit. — In der christlichen Gnosis wird der Glaube aus seiner geschichtlichen Bezogenheit gelöst, die reale Fleischwerdung Christi geleugnet (→ Doketismus) und der Glaubensgehorsam eingeschränkt. Anhänger dieser Richtung heißen GNOSTIKER, entsprechende Vorstellungen werden GNOSTISCH genannt.

Hellenismus (griech. Ἕλλην *[Hellæn]* der Grieche) wird die Periode der griechischen Kultur genannt, deren Blütezeit sich von Alexander d. Gr. (356–323 vChr) bis zum Beginn des römischen Kaisertums (31 vChr, Augustus), also ungefähr bis zum Anfang der christl. Zeitrechnung erstreckt.. Der Hellenismus hat die geistige wie geschichtliche Entwicklung der Spätantike geprägt, und seine Einflüsse reichen durch das Mittelalter bis zur Renaissance. Er ist charakterisiert durch das Ineinanderfließen von griechischem und orientalischem Kultus (→ Mysterienreligionen), eine weitgehende Völkermischung, die Idee einer Oikumene, die gemeinsame griech. Weltsprache → »Koine«, das Hervortreten der Philosophie (→ Stoa, Skepsis) gegenüber der Dichtkunst, sowie durch eine Vermischung der Göttervorstellungen (→ Synkretismus), innerhalb deren sich ein monotheistischer Zug bemerkbar macht.

Hermeneutik (griech. ἑρμηνεύω *[hermæneuō]* deuten, auslegen, erklären) ist die wissenschaftliche Herausarbeitung der Auslegungs- bzw. Interpretationsregeln für das Verständnis eines schriftlich fixierten Textes. (FSchleiermacher hat Hermeneutik als »Kunstlehre des Verstehens« bezeichnet.) Zu den Aufgaben der Hermeneutik gehört es, Sprache und Überlieferung, Zeit und Ort, Absicht und Hörerkreis, Aussage und Sache eines Textes zu berücksichtigen, um ihn sachgemäß verstehen zu können. Im weitesten Sinn kann Hermeneutik als methodologische Grundlegung der Geisteswissenschaften bezeichnet werden. BIBLISCHE Hermeneutik hat es mit der Auslegung biblischer Texte zu tun, um die sich die → Exegese mit ihren verschiedenen Zweigen und Arbeitsgängen müht. THEOLOGISCHE Hermeneutik sucht die Botschaft der Bibel für die jeweilige Gegenwart zu übersetzen, auszulegen und verständlich zu machen.

Historisch-kritische Forschung (griech. κρίνω *[krinō]* scheiden, unterscheiden), eine Arbeitsweise der → Exegese, untersucht die biblischen Texte mit den Maßstäben wissenschaftlicher Erforschung der Geschichte, die durch die Stichworte: Analogie (Vergleichbarkeit mit anderen Vorgängen), Korrelation (Wechselbeziehung zu anderen Vorgängen), Kontrollierbarkeit gekennzeichnet ist (ETroeltsch).

Ihre Möglichkeit liegt darin, mit hoher Wahrscheinlichkeit zwischen Berichten über nachweisbar Geschehenes und deutenden Aussagen zu unterscheiden. Sie ist aber überfordert, wenn man ihre Ergebnisse bereits als Urteil über Verkündigungsanspruch oder Wahrheitsgehalt eines Textes ansieht, weil sie dafür zumindest nicht als einziges Kriterium gelten kann.

Hypothese (griech. ὑπόθεσις *[hypǫthesis]* Unterlegung, Annahme) heißt Annahme. Es handelt sich dabei um einen nur angenommenen, noch nicht bewiesenen Sachverhalt als Mittel zur wissenschaftlichen Erkenntnisgewinnung. Eine H. will erklären, sie geht über die reine Beschreibung hinaus. Sie gibt Gründe an, die als solche nur wahrscheinlich sind. Hypothesen sind die Vorstufen zu Theorien, die eine logisch und sachlich besser gesicherte Erklärung bieten. Hypothetische Behauptungen gelten nach Maßgabe von Vermutung und Wahrscheinlichkeit.

Jahwist (hebr. *jhwh* Tetragramm, Eigenname Gottes) nennt man den (aufgrund der → Quellenscheidung angenommenen) Verfasser der ältesten Schicht der fünf Bücher Mose, der im Unterschied zum → Elohisten von Anfang an den Gottesnamen »Jahwe« verwendet. Die jahwistische Quellenschrift beginnt Gen 2,4b mit dem Schöpfungsbericht, sie enthält weiter die Urgeschichte (Sündenfall, Kain und Abel, Sintflut und Noah, Völkertafel und Turmbau), schildert die Patriarchen- und Mosezeit bis zur palästinensischen Landnahme und endet Dtn 34. Der Jahwist hat zahlreiche Einzelerzählungen gesammelt, geordnet und zu einem großen Zusammenhang von Verheißung und Erfüllung (Abraham – Landnahme) verarbeitet. Wahrscheinlich ist das jahwistische Werk im 10 Jh vChr in Juda verfaßt worden. Texte, die man dieser Quellenschrift zurechnet, werden JAHWISTISCH genannt.
→ Priesterschrift

Judaisten nennt man eine Gruppe von Gegnern des Paulus, die seiner Evangeliumsverkündigung mit der Forderung nach Geltung des jüd. Gesetzes, bes. der Beschneidung, entgegengetreten sind.

Judenchristlich werden Gemeinden der frühen Kirche genannt, deren Glieder vom Judentum zum Christentum übergetreten sind, im Gegensatz zu heidenchristlichen Gemeinden, die sich aus ehemaligen Anhängern hellenistischer (synkretistischer) Religionen zusammensetzen. Die judenchristl. Gemeinden beachteten das jüd. Ritualgesetz (Beschneidung, Speisegebote). Nachdem schon vorher Gruppen von Judenchristen in den heidenchristlichen Gemeinden aufgegangen sind, verliert sich die Spur dieser Gemeinden mit der Zerstörung Jerusalems im Jahre 70 ganz.
→ Judaisten

Kanon (griech. κανών *[kanǭn]* Maßstab, Richtschnur, Regel) wird als Begriff des kirchlich-theol. Sprachgebrauches hauptsächlich in zwei Bedeutungen verwendet: a) für die Liste der von der Kirche als Urkunden göttlicher Offenbarung anerkannten SCHRIFTEN (= Bibel, Heilige Schrift); der at. Kanon wurde auf der Synode von Jamnia (ca. 100 nChr), der nt. durch den 39. Osterfestbrief des Athanasius und die Synoden von Rom, Hippo und Karthago im Verlauf des 4. Jh. nChr endgültig festgelegt. b) Im Anschluß an Gal 6,16 spricht man von einem GLAUBENSKANON, lat. *regula fidei*, der die wichtigsten Glaubenssätze der Alten Kirche in einem Bekenntnis zusammenfaßt.
→ Apokryphen

Kasuistik (lat. *casus* Fall, Vorfall, Zufall) bezeichnet den juristischen oder ethischen Versuch, jeden Einzelfall möglichen Handelns durch ein zuvor erarbeitetes System zu erfassen, zu klären und zu regeln. Maßgebende Vorschriften für jeden Einzelfall werden überall erstrebt, wo man ein geordnetes System ethischer Werte zu besitzen meint. Dadurch wird die Freiheit des eigenen verantwortlichen Entscheidens und Handelns weitgehend eingegrenzt. Im Judentum und der kath. Moraltheologie ist die religiöse K. bes. gründlich ausgearbeitet worden.

Katholische Briefe (griech. καθολικός *[katholikǫs]* allgemein), dh allgemeine Briefe heißen die 7 nicht nach dem Adressaten, sondern nach dem Verfasser benannten Briefe des NT: 1. und 2. Petrus, 1., 2. und 3. Johannes, Jakobus, Judas. Im Unterschied zu den Paulusbriefen setzen die kath. Briefe – auch Kirchenbriefe genannt – weniger konkrete Situationen voraus; sie wollen allgemein belehren und wenden sich an einen größeren Leserkreis.

Kerygma (griech. κήρυγμα *[kærygma]* Bekanntmachung, Verkündigung, Predigt) heißt Verkündigung, KERYGMATISCH verkündigend. Im NT kann K. den Inhalt, das Ereignis und das Amt der Verkündigung bezeichnen. Im Unterschied zur Lehre, die den Inhalt der Christusoffenbarung gedanklich reflektiert und begrifflich logisch darlegt, liegt der Akzent des K. auf der öffentlichen Proklamation, dem Anspruch und Zuspruch des Heilsgeschehens.

In neuerer Zeit unterscheidet man – nicht sehr glücklich – zwischen einer Theologie der Heilstatsachen, die die »Fakten« in den Vordergrund stellt, und einer Kerygma-Theologie, die die Beziehung von anredendem Wort und glaubendem Empfangen betont.

Koine (griech. κοινή *[koinæ]* gemeinsam, gemeinschaftlich) wird die »gemeinsame« griech. Umgangssprache der hell. Zeit (→ Hellenismus) genannt. Die Schriften des NT sind nicht in klassischem (attischem) Griechisch, sondern in der Sprache der Koine geschrieben.

Libertinismus (lat. *libertas* Freiheit, Ungebundenheit) bezeichnet allg. eine Haltung freidenkerischer Menschen, häufig im negativen Sinn. Ethisch versteht man unter L. die Auffassung und Praktizierung unbegrenzter sittlicher Freiheit, die alle Bindungen und Schranken auflöst.

Literarkritik (lat. *littera* Buchstabe), ein Zweig der → Exegese, untersucht die Quellenzugehörigkeit biblischer Texte bes. in solchen Büchern, die aus mehreren Quellenschriften (→ Quellenscheidung) zusammengearbeitet sind (Pentateuch, Evangelien). Außerdem sucht sie zwischen ursprünglichen literarischen Bestandteilen eines Textes und späteren literarischen Ergänzungen zu unterscheiden. Die Beantwortung literarkritischer Fragen hilft dem Ausleger zu einer zeitlichen und sachlichen Einordnung des betreffenden Textes oder Buches in die Welt des AT oder NT und zur Unterscheidung zwischen Haupt- und Nebensache eines Textes.

Logienquelle (Redenquelle, Abk. Q) ist der wissenschaftliche Ausdruck für eine aus dem Vergleich der synoptischen Evgg. erschlossene Sammlung von Aussprüchen Jesu, die sich nur im MtEv und LkEv, jedoch in unterschiedlichen Zusammenhängen finden; die Forschung nimmt an, daß Matthäus und Lukas hier eine zweite Quelle neben dem MkEv verarbeiteten, die uns freilich nicht als selbständige Schrift vorliegt. Der genaue Umfang der Quelle läßt sich nicht sicher bestimmen. Formal handelt es sich hauptsächlich um Sprüche und Reden, weniger um Erzählungen; daher die Bezeichnung »Spruch-« bzw. »Redenquelle«. Inhaltliches Hauptmotiv ist die Predigt Jesu vom Kommen des Reiches Gottes und des Menschensohnes, daneben steht das Motiv der Vollmacht Jesu in Worten und Taten, während Hinweise auf die Passion fehlen. Wahrscheinlich ist die Logienquelle früher als das MkEv entstanden und ursprünglich aram. verfaßt, später dann ins Griech. übersetzt worden. Die Gemeinde, die hinter Q sichtbar wird, ist offenbar die palästinensische Urgemeinde des ersten Jahrzehnts nach Jesu Tod.

Masoretischer Text (hebr. *massorāh* Überlieferung) wird der hebräische Text des AT genannt, weil er in seiner heutigen Gestalt auf der »Masora« genannten Überlieferungstätigkeit jüdischer Gelehrter (Masoreten) beruht. Die wichtigste Tätigkeit der Masoreten bestand darin, den urspr. unpunktierten hebr. Text mit einem Punktationssystem – Punkte und Striche – zu versehen, um die richtige Aussprache des Althebräischen zu erhalten und die Textgestalt endgültig festzulegen.

Messianische Prädikationen sind Titel und Prädikate, die ursprünglich im AT und Judentum dem erwarteten Messias beigelegt und dann im NT auf Jesus übertragen wurden, um ihn als den gekommenen Messias zu verkündigen. Als messianische Prädikationen gelten: Messias, Christus, Sohn Davids, König der Juden, Sohn Gottes, Menschensohn.

Metaphysik (griech. μετὰ τὰ φυσικά *[meta ta physika]*: hinter den die Natur[wissenschaft] behandelnden [Büchern]) ist eine Wortbildung auf Grund der Anordnung der Werke des griech. Philosophen Aristoteles in der Bibliothek des Andronikos von Rhodos, der »hinter (die Bücher über) die Natur« die Abhandlungen zur »Ersten Philosophie« über die Prinzipien und letzten Ursachen der Dinge gestellt hatte. Diese zunächst vordergründige Bedeutung des Wortes M. wandelte sich allmählich in der Weise, daß man unter M. die Wissenschaft von den über die sinnliche Natur hinausgehenden Prinzipien und Fundamentalbedingungen alles Seienden überhaupt verstand und heute großenteils versteht. Durch den geschichtlichen Wandel der Auffassung dieser Seinsprinzipien haben sich die Auffassungen, was unter M. zu verstehen ist, im Lauf der Geschichte ebenfalls gewandelt. Nachdem Kant die traditionelle M. einer grundstürzenden »Kritik der reinen Vernunft« unterzogen hat, ist für die Philosophie des 19. und 20. Jh.s die Möglichkeit einer M. grundsätzlich in Frage gestellt worden, ohne daß bisher die Philosophie auf metaphysische Voraussetzungen völlig hat verzichten können.
→ Ontologie

Mischna (hebr. *schānah* wiederholen, *mischnæh* Wiederholung) bezeichnet ursprünglich die mündliche wiederholende Gesetzeslehre im Unterschied zum geschriebenen Gesetz. Der Begriff ist dann zum Fachausdruck für das außerhalb der → Tora entwickelte, mündlich überlieferte und schließlich kanonisch gewordene Gewohnheitsrecht des nachexilischen Judentums geworden. Die Mischna bildet den Grundstock des babylonischen und palästinensischen → Talmuds. Sie gliedert sich in 6 Ordnungen – Sedarim, Reihen – mit 63 Traktaten.
→ Rabbinismus

Mysterienreligionen (griech. μυστήριον *[mystærion]* Geheimnis) sind geheime Kulte der hell. Zeit, die nur Eingeweihten, sog. Mysten, zugänglich waren und diesen Erlösung und den Eingang in eine ewige Welt der Gottheit vermittelten. Zu den wichtigsten Mysterienkulten gehörten der griech. Dionysos-(Bakchos)Kult, die aus Ägypten stammenden Mysterien der Isis und des Sarapis, der syrische Adonis-Kult, die kleinasiatische Verehrung der Großen Mutter Kybele und des Attis sowie die Mysterien des aus Persien stammenden Lichtgottes Mithras. Die Mysteriengötter sind ursprünglich Naturgottheiten, in deren Sterben und Wiederaufleben sich der Wechsel der Vegetation spiegelt. Durch die kultischen Feiern bekommt der Myste Anteil am Schicksal der Gottheit. Da die Mysterienkulte keinen exklusiven Anspruch an ihre Anhänger stellten, konnte man sich in mehrere Kulte einweihen lassen, um möglichst viel göttliche Lebenskraft zu gewinnen.
→ Hellenismus

Ontologie (griech. ὄν *[on]* das Seiende) nennt man in der Philosophie a) die Lehre vom Sein (dem Ontologischen), b) die Lehre vom Seienden (dem Ontischen). Die O. müht sich um die Erkenntnis von Seinsstrukturen des Menschen wie der Welt und berührt sich mit der Fragestellung der → Metaphysik. Sie geht als grundlegende philosophische Wissenschaft vom Sein auf die frühesten griech. Denker (Vorsokratiker) zurück, die mit ihren Lehren vom Ursprung (ἀρχή *[archæ]*) der Dinge als erste eine Antwort auf die Frage nach dem Sein zu geben versuchten. Im Verlauf der Philosophiegeschichte sind sehr verschiedene ontologische Systeme entworfen worden, zB von Platon, Aristoteles, der Scholastik (Thomas), Christian Wolff. Im 20. Jh hat Martin Heidegger in seinem grundlegenden Werk »Sein und Zeit« (1927) eine Neubegründung der O. angestrebt und eine Analytik des menschlichen Daseins als Existential-Ontologie entwickelt. Während die kath. Neuscholastik des 19. Jh.s sich um eine Erneuerung der thomistischen O. mühte, ist in der ev. Theol. seit ARitschl die theol. Verwendbarkeit der O. überhaupt bestritten worden.

Paränese (griech. παραινέω *[paraineō]* auffordern, ermahnen) heißt Ermahnung; Schriften und Texte mit ermahnendem Inhalt werden PARÄNETISCH genannt. Christusverkündigung (→ Kerygma) und Paränese verhalten sich zueinander wie Gabe und Aufgabe, Indikativ und Imperativ, oder – in theol. Reflexion – wie Dogmatik und Ethik. Der Zuspruch des Evangeliums ist Grundlage und Voraussetzung für den Anspruch der Paränese (vgl. Röm 1–11 mit 12–15).

Parusie (griech. παρουσία *[parousia]* Anwesenheit, Gegenwart, Ankunft) bezeichnet wörtlich die hilfreiche Gegenwart bzw. Ankunft eines Menschen oder Gottes. Im christl. Sprachgebrauch versteht man unter Parusie das Kommen Christi am Ende der Zeit zur allg. Totenerweckung, zum Endgericht und zur Schöpfung einer neuen Welt.
→ Apokalyptik, → Eschatologie

Pastoralbriefe (lat. *pastor* der Hirte) = Hirtenbriefe werden der 1. und 2. Timotheus- und Titusbrief genannt, weil diese Briefe an Gemeindeleiter gerichtet sind und Anordnungen wie Mahnungen für die Leitung von christl. Gemeinden enthalten. – Im allgemeinen nimmt man als Verfasser der Briefe nicht den Apostel Paulus an, sondern einen anonymen Schreiber aus späterer Zeit, der sich – damaligem Brauch entsprechend – unter die Autorität des Paulus stellte.

Pentateuch (griech. ἡ πεντάτευχος βίβλος *[hæ pentateuchos biblos]* das fünfteilige Buch) ist die wissenschaftliche Bezeichnung für die 5 Bücher Mose, die als erster Teil des at. Kanons den Namen → Tora (Gesetz) tragen. Die Einteilung der Tora in 5 Bücher ist nicht ursprünglich; jedoch haben die Übersetzer der LXX sie bereits vorgefunden und den Büchern einzelne Namen gegeben: Genesis (Entstehung), Exodus (Auszug), Leviticus (Levi), Numeri (Zahlen), Deuteronomium (2. Gesetz). Im NT wird der Pentateuch »das Gesetz« (ὁ νόμος *[ho nomos]*) genannt im Unterschied zu den Propheten (οἱ προφῆται *[hoi prophætai]*).

Perikope (griech. περικόπτειν *[perikoptein]* abhauen, rings behauen, περικοπή *[perikopæ]* ein rings umhauenes Stück) werden die zur Verlesung im öffentlichen Gottesdienst ausgewählten biblischen Abschnitte seit dem 16. Jh. genannt. Der Ausdruck wurde schon in der Alten Kirche im Sinne einer Belegstelle für dogmatische Aussagen verwendet und bezeichnet in der exegetischen Wissenschaft allg. einen Textabschnitt.

Pneumatologie (griech. πνεῦμα *[pneuma]* Hauch, Atem, Wind, Geist) ist die Lehre vom Wesen und Wirken des göttlichen Geistes. PNEUMATOLOGISCH heißen Aussagen, die zur Lehre vom Geist gehören.

Präexistenz Christi (lat. *prae-existentia* das Vorherdasein) bezeichnet das Dasein Christi in Gottes ewiger Welt vor seinem irdischen Leben (vgl. den Prolog Joh 1,1–18).

Priesterschrift bzw. Priesterkodex wird in der theol. Wissenschaft eine aufgrund der historisch-kritischen Forschung angenommene Quellenschicht des → Pentateuch (neben → Jahwist, → Elohist und → Deuteronomium) genannt, für die charakteristisch ist ihr Interesse für kultische und rituelle Einrichtungen und priesterliche Ordnungen, die teils durch Erzählungen begründet, teils in kleinen und großen Sammlungen überliefert werden (zB Ex 25–31 Einrichtung der Stiftshütte). Die ihr zugerechneten Texte (zwischen Gen 1,1 und Dtn 34,9) enthalten parallel zum Jahwisten die Urgeschichte, die Patriarchen- und Mosezeit bis zur Landnahme. Zu den Charakteristika der Priesterschrift gehören der formelhafte Stil, die Verwendung von Genealogien und Zahlen und das kultisch-priesterliche Interesse; die Forschung nimmt an, daß die Texte in Priesterkreisen entstanden, die während des 6. Jh. vChr in der babylonischen Diaspora lebten.

Pseudepigraphen (griech. ψευδής *[pseudæs]* lügnerisch, falsch, ἐπιγραφή *[epigraphæ]* Aufschrift, Titel) sind zunächst Schriften, die der biblisch-jüd. Glaubenswelt entstammen und die – wie die wortgetreue Übersetzung des Begriffes zeigt – unter falscher Überschrift oder falschem Namen herausgegeben wurden. Im weiteren Sinne faßt man unter der Bezeichnung das gesamte biblisch-jüd., nicht kanonische Schrifttum zwischen 200 v. und 100 nChr zusammen, das eine wichtige Brücke zwischen AT und NT darstellt. Die Grenzen zwischen → Apokryphen und Pseudepigraphen fließen ineinander. Als wichtigste Pseudepigraphen sind zu nennen: Henochbücher, Testamente der 12 Patriarchen, Himmelfahrt des Mose, Salomo-Psalmen, 4. Esra, 4. Makkabäer.

Quellenscheidung ist eine Methode der exegetischen Forschung am AT und NT und geht von der Annahme aus, daß namentlich der Pentateuch und die Evangelien, aber auch die geschichtlichen Bücher (zB Samuel, Könige), nicht das literarische Werk eines einzelnen Verfassers sind, sondern auf mehrere Quellen zurückgehen, die von einem oder mehreren Redaktoren zu der uns heute vorliegenden Gestalt der Schriften verarbeitet worden sind. Ziel der Quellenscheidung ist es, die einzelnen Quellen oder Schichten, aus denen sich viele biblische Bücher zusammensetzen, voneinander zu sondern, um die Eigenart und Verschiedenartigkeit der uns vorliegenden Texte aus ihrer geschichtlichen Herkunft besser erfassen und würdigen zu können.
→ Echtheit, → Exegese, → Literarkritik

Qumran, genauer Chirbet Qumran, ist der Name einer Ruine am Nordwestufer des Toten Meeres, in deren Nähe von 1947 bis 1956 elf Höhlen entdeckt wurden, in denen sich zahlreiche Handschriften befanden, die als Schriftrollen vom Toten Meer oder als »Qumran-Texte« bekannt geworden sind. Die Handschriften stellen vielleicht den Rest einer Bibliothek der jüdischen Essener-Sekte dar, die vom 2. Jh. vChr bis zum 1. Jh. nChr in Chirbet Qumran ihr klosterartiges Zentrum gehabt hat. Die Qumran-Texte enthalten Bibelhandschriften (zB Jesaja), Kommentare (zB Habakuk), Teile von Apokryphen und Pseudepigraphen, außerdem besondere Schriften wie zB die sog. Sektenregel, die Loblieder (Hodajoth) und die Kriegsrolle, Schriften, die für das Verständnis des Judentums zur Zeit Jesu besonders aufschlußreich sind.

Rabbinismus (hebr. *rabbi* mein Herr) nennt man die Lehrform des Judentums, die in den Jh.en um die Zeitwende ausgebildet wurde und seitdem das Leben der jüd. Gemeinden bis zur Gegenwart bestimmt. RABBINER haben als Schriftgelehrte und Leiter der jüd. Lehrhäuser die Aufgabe, die Schrift und bes. das Gesetz, die → Tora, auszulegen, sowie durch Kenntnis des → Talmud die Lebensweise der jüd. Gemeinden zu regeln und, bes. in früherer Zeit, Recht zu sprechen. Aus der Geschichte des R. sind die Schulen Hillels und Schammais zZt Jesu, Rabbi Aqiba und sein Schüler Rabbi Meïr (1./2. Jh. nChr), die Karäer im 8. und die Chassidim im 18. Jh. nChr besonders bekannt geworden. Es ist das Ziel des R., durch eine Fülle von weiterführenden Gesetzen und Auslegungen der Tora (→ Mischna, → Talmud, Halacha, Haggada, Midrasch) den Gehorsam gegenüber Gottes Geboten konsequent und kasuistisch zu verwirklichen.
→ Synagoge

Redaktion (lat. *redigere* zurückbringen, *redactio* Zurückführung) bedeutet Verarbeitung einer oder mehrerer Quellenschriften zu einem einheitlichen Werk, dessen Endgestalt uns in Form von biblischen Büchern vorliegt (zB Pentateuch, Königsbücher, Evangelien). Die Bearbeiter von Quellen werden REDAKTOREN genannt. Etwa seit 1945 ist neben die formgeschichtliche Forschung, die hauptsächlich nach der vorliterarischen Gattung fragt, die redaktionsgeschichtliche Forschung getreten, die die Eigenart der Redaktoren zu erfassen sucht und sich um das Verständnis der großen Zusammenhänge wie Aufbau, Gedankenführung und Theologie einer Schrift bemüht.
→ Exegese, → Formgeschichte

Religionsgeschichte beschäftigt sich im Unterschied zur systematischen RELIGIONSWISSENSCHAFT, die am gewordenen Erscheinungsbild aller Religionen interessiert ist, als ein Zweig der Religionswissenschaft mit dem Werden, dh der Geschichte der einzelnen Religionen, ihrer Entstehung, ihrer Entwicklung, ihren Epochen und ihren Veränderungen.

Die religionsgeschichtliche Wissenschaft versteht sich als empirische Wissenschaft und arbeitet mit den entsprechenden Methoden historischer Kritik und philologischer Textinterpretation. – Um die Wende vom 19. zum 20. Jh. betrieb die RELIGIONSGESCHICHTLICHE SCHULE auch die Erforschung der Bibel nach den Kriterien der allgemeinen Religionsgeschichte, um so die bes. Eigenart der biblischen Religion besser erfassen zu können.

Septuaginta (lat. siebzig, LXX) heißt die griech. Übersetzung des AT und der meisten Apokryphen, die nach einer jüdischen Legende von 70 Gelehrten aus der jüd. Diaspora gleichlautend angefertigt worden sein soll (Brief des Aristeas). In Wirklichkeit wurde das AT nach und nach, beginnend mit dem → Pentateuch, während des 3. und 2. Jh. vChr von verschiedenen Übersetzern ins Griech. übertragen, um den in der Diaspora lebenden Juden (bes. in Ägypten; → Diasporajudentum) das Lesen der Heiligen Schriften in der ihnen geläufigen Sprache zu ermöglichen. Damit waren verschiedene Änderungen und Sinnverschiebungen gegenüber dem hebr. Text verbunden. In der Alten Kirche war die LXX die maßgebende Gestalt des AT; ohne sie sind das Christentum und die abendländische Kultur undenkbar.

»Sitz im Leben« ist als Fachausdruck der formgeschichtlichen Exegese von dem Alttestamentler Hermann Gunkel geprägt worden und meint die Frage nach der vorausgesetzten Situation, dem Sprecher, dem Hörer, der soziologischen

Struktur, den Lebensverhältnissen und der ganzen Stimmung einer biblischen Textgattung.
→ Formgeschichte, → Gattung

Sondergut heißen die Texte der Evangelien bzw. der Pentateuchquellen, die – im Unterschied zu zahlreichen Textparallelen – uns nur von einem Evangelium bzw. einer Quelle überliefert werden.

Soteriologie (griech. σωτηρία *[sōtæria]* Rettung, Heil) heißt die Lehre von dem erlösenden Werk Christi; SOTERIOLOGISCH eine darauf bezogene Aussage.
→ Christologie

Stoa (griech. στοά *[stoa]* Säulengang, Halle) ist der Name einer um 300 vChr von Zenon aus Kition (Zypern) gegründeten Philosophenschule des Hellenismus, die bis ins 3. nachchristl. Jh. fortbestand. Ihren Namen verdankt die Schule der »bunten Halle« (στοὰ ποικίλη *[stoa poikilæ]*) in Athen, in der Zenon seine Lehrvorträge hielt. Die Geschichte der Stoa gliedert sich in 3 Perioden: ältere (ca. 300–150 vChr), mittlere (ca. 150 vChr – 50 nChr) und spätere Stoa (ca. 50–250 nChr), als deren jeweils bekannteste Vertreter Zenon, Seneca und Kaiser Marc Aurel gelten. Die stoische Philosophie legt den Akzent auf die Ethik. Ihr Ideal verkörpert der Weise als Weltbürger (Kosmopolit), der in Übereinstimmung mit Natur und Vernunft lebt, Affekte beherrscht, Leiden mit »stoischer« Gelassenheit (Ataraxie, Apathie) erträgt und in der Tugend die höchste Glückseligkeit findet. Für zahlreiche antike Menschen bildete die Stoa einen Weg zum Christentum.
→ Hellenismus

Synagoge (griech. συναγωγή *[synagōgæ]* Sammelort, Versammlungsplatz) heißt a) der Versammlungsraum der jüd. Gemeinde, der hauptsächlich für Gottesdienste und Gesetzesunterweisung gebraucht wird, b) die dort zum Gottesdienst versammelte jüd. Gemeinde. Dem jüd. Gottesdienst zugehörige Dinge heißen SYNAGOGAL.

Synkretismus (griech. συγκεράννυμι *[synkerannymi]* zusammenmischen, vereinigen) bezeichnet das Ineinanderfließen und Zusammenwachsen verschiedener Religionen mit ihren Anschauungen und Praktiken zu einer Einheit. Der Begriff S. wird heute bes. gebraucht zur Bezeichnung der religiösen Welt und der religionsgeschichtlichen Angleichung aller Kulte innerhalb der ausgehenden Antike, dh im → Hellenismus.

Synoptiker (griech. σύνοψις *[synopsis]* Zusammenschau, Übersicht) nennt man die Verfasser der drei Evgg. Mt, Mk, Lk, die im Aufbau und einer Reihe von Einzelstücken weitgehend übereinstimmen. Man kann den Text der SYNOPTISCHEN EVGG. in drei Spalten nebeneinander zusammenstellen zu einer SYNOPSE, um Übereinstimmungen und Unterschiede der Evgg. optisch besser erfassen zu können.

Talmud (hebr. *lāmad* lernen, *talmīd* Schüler, *talmūd* Lehre) ist ein Sammelname für → *Mischna:* Wiederholung, die als kodifizierte Auslegung der Tora und frommen Sitte (Halacha) gilt, und *Gemara:* Ergänzung, die weitere Erklärungen der späteren Rabbinengenerationen (sog. Amoräer) enthält. Man unterscheidet zwischen dem Jerusalemer Talmud, der um 400 nChr abgeschlossen wurde, und dem umfangreicheren jüngeren und bedeutenderen Babylonischen Talmud, dessen Abschluß etwa um 500 nChr anzusetzen ist. Unter TALMUDISCHEM JUDENTUM versteht man die strenge, sich an die Vorschriften des T. haltende Gruppe im Unterschied zum liberalen Judentum.
→ Rabbinismus

Targume (hebr. *targem* übersetzen) heißen die Übers.en des AT ins Aramäische. Da in nachexilischer Zeit die aram. Volks- und Schriftsprache das Hebr. immer stärker verdrängte, wurden auch die gottesdienstlichen hebr. Schriftlesungen mit einer aram. Übers. und Erklärung verbunden. Aus diesem mündlichen Vorgang sind die verschiedenen schriftlichen Targume entstanden, zu deren Eigenart das Ineinanderfließen von Übers. und erklärender Deutung gehört.

Teleologie (griech. τέλος *[telos]* Ziel, Ende) bezeichnet die Lehre vom Sinn, Ziel und Zweck der Welt. Sie ist der kausalen Betrachtungsweise gegensätzlich zugeordnet. Diese knüpft den Bezug nach rückwärts, jene den Bezug nach vorwärts. TELEOLOGISCH heißt zweckbestimmt, zielgerichtet. → Determinismus

Terminus Technicus (lat. *terminus* Grenze, Grenzmarke, *technicus* Kunstlehrer, Techniker) heißt urspr. Kunstwort, Kunstausdruck; *terminus* alleine bezeichnet seit der mittelalterlichen Philosophie den Begriff. Heute meinen beide Worte den wissenschaftlichen, begrifflich festgelegten Fachausdruck.

Theologumenon (griech. θεολογεῖν *[theologein]* von Gott oder göttlichen Dingen reden, θεολογούμενον *[theologoumenon]* = Part. Präs. Pass.) heißt wörtlich: das von Gott oder göttlichen Dingen Gesagte. Als Fachausdruck bezeichnet Theologumenon einen theol. Gedanken oder einen theol. Lehrsatz.

Textkritik, ein Zweig der → Exegese, trägt dem Tatbestand Rechnung, daß uns die biblischen Texte in zahlreichen Handschriften, sog. Codices, überliefert sind, die im einzelnen oft voneinander abweichen. Die Aufgabe der Textkritik besteht darin, angesichts verschiedener Textüberlieferungen, sog. → Varianten, und verderbter, dh fehlerhafter, zT nicht übersetzbarer Textstellen die gesamte Textüberlieferung zu berücksichtigen, um mit Hilfe wissenschaftlich-methodischer Grundsätze den ältesten erreichbaren Text wiederherzustellen. Zu den Erfordernissen der Textkritik gehören Kenntnis der verschiedenen Hss., Einsicht in Schrift und Charakter der hebr. bzw. griech. Sprache.

Tora (hebr. *tôrāh* Weisung, Lehre, Gesetz) meint im ursprünglichen Sinn die hilfreiche göttliche Weisung. Später bezeichnet Tora das einzelne Gesetz wie die gesamte at. Gesetzgebung. Besonders wird Tora als Fachausdruck für die 5 Bücher Mose (→ Pentateuch) verwendet.

Tradition (lat. *traditio* Überlieferung) heißt Überlieferung und ist ein elementarer Vorgang jeder Kultur und alles geistigen Lebens. Worte, Sitten, Bräuche, Rituale, Ordnungen, Rechte oder Lebensvorstellungen werden überliefert. Vorgang und Inhalte der Tradition sind Ausdruck geschichtlicher Vergangenheit, die die Gegenwart bestimmt. In der theol. exegetischen Wissenschaft bezeichnet Tradition häufig die mündliche Überlieferung biblischer Texte im Unterschied zur späteren schriftlichen Fixierung (→ Überlieferungsgeschichte). APOSTOLISCHE TRADITION meint die auf die Apostel zurückgehende, KIRCHLICHE TRADITION, die im Verlauf der Kirchengeschichte zur Geltung gelangte Überlieferung von Worten, Anschauungen oder Bräuchen.

Transzendenz (lat. *transcendere* hinüberschreiten, übersteigen) orientiert sich wie der philosophische Gegenbegriff IMMANENZ an einer Scheidung der gesamten Seinswirklichkeit in Welt und Überwelt, Diesseits und Jenseits, bedingtes und un-bedingtes Sein, Sinnliches und Übersinnliches, Objektivierbares und Nichtobjektivierbares, anschauliche Existenz und unanschaulichen Grund. Der Ausdruck Transzendenz bezeichnet a) den unbedingten, jenseitigen, nicht-objektivierbaren und unanschaulichen Grund, b) den Akt, durch den das endliche Wesen seine Endlichkeit überschreitet (Ekstase) bzw. das unendliche Wesen sich in die Endlichkeit begibt (Offenbarung). Besonders in der von Platon und Aristoteles beeinflußten kath. Theol. hat man das Verhältnis von Gott und Welt häufig mit Hilfe der Begriffe Transzendenz und Immanenz zu bestimmen versucht.

Typologie (griech. τύπος *[typos]* Spur, Abbild, Gestalt, Figur, Vorbild, Muster) ist die Auffassung, daß geschichtliche Personen etc. von Gott als »Typen« dh Vorbilder gesetzt sind, um auf kommende größere Ereignisse hinzuweisen.

In der Auslegung des AT spielt die typologische Deutung eine wichtige Rolle, die at. Aussagen in ihrer geschichtlichen Situation beläßt, sie aber darüber hinaus als Aussagen über Jesus Christus und seine Gemeinde versteht. Als Voraussetzung der typologischen Deutung des AT gilt die Analogie zwischen den beiden Testamenten, die in demselben Gott und seinem Bundesverhältnis zu seinem Volk besteht. Bereits im NT wird von Paulus Adam (Röm 5, 14) als Antityp des Christus und Israel (1Kor 10,6) als Typos der christl. Gemeinde verstanden.

Überlieferungsgeschichte, ein Zweig der → Exegese, untersucht das Werden der biblischen Texte in mündlicher Überlieferung von ihrem Ursprung über Erweiterungen und Ergänzungen der biblischen Traditionsstoffe bis zur endgültigen schriftlichen Fixierung. Sie fragt nach Herkunft und Werden der Stoffe sowie nach ihrem Überlieferungsort und Tradentenkreis im vor-literarischen Stadium (→ Formgeschichte). Die Einsicht in Werden und Überlieferung der biblischen Texte verhilft zur Unterscheidung zwischen Kern und Rand, Ursprung und Ergänzung, Thema und Bereicherung und dient damit der sachgemäßen Textauslegung.

Variante (lat. *variare* abwechselnd oder mannigfaltig machen, wechseln) ist eine andere Lesart oder Wechsellesart einer Textstelle, die durch die Überlieferung der biblischen Texte in verschiedenen, voneinander abweichenden Hss. bzw. Codices bedingt ist.
→ Textkritik

Version (lat. *versare* herumdrehen, wenden) nennt man – von der wörtlichen Bedeutung des lat. Grundwortes ausgehend – eine von mehreren a) Formulierungen einer Aussage, b) Fassungen eines Berichtes, c) Lesarten eines fremdsprachigen Textes und d) Übertragungen bzw. Übersetzungen eines Schriftstückes.

Vulgata (lat. *vulgare* allgemein bekannt machen, verbreiten, veröffentlichen), die allgemein Verbreitete, ist der Name der von Hieronymus im Auftrag von Papst Damasus 382ff angefertigten lat. Bibelübersetzung. Die Vulgata verdrängte allmählich andere in der Alten Kirche gebräuchliche lat. Übersetzungen wie zB die Vetus Latina und erlangte seit dem Konzil von Trient 1546 authentische wie kanonische Gültigkeit in der röm.-kath. Kirche.

Zeloten (griech. ζηλωτής *[zælōtæs]* Eiferer) heißen die Angehörigen einer politisch-messianischen radikalen Gruppe des Judentums, die sich von der pharisäischen Bewegung abgespalten hatte; die Zeloten wollten nicht geduldig auf den Anbruch der Messias-Zeit warten, sondern durch aktives Eingreifen mit dem Schwert die Erfüllung der messianischen Verheißung herbeizwingen. Zelotische Gruppen lebten zunächst von Überfällen in der Wüste, sie gewannen ständig an Einfluß und Bedeutung in Palästina, bis sie 66 nChr einen Aufstand gegen Rom und seine Herrschaft anzettelten, der 70 nChr zur Zerstörung Jerusalems durch Titus führte. Die Bewegung lebte im Judentum fort bis zur endgültigen Katastrophe 135 nChr.

VERZEICHNIS DER ABKÜRZUNGEN

A. BIBLISCHE BÜCHER UND AUSSERKANONISCHE SCHRIFTEN

I. Altes Testament

Gen	Genesis (1. Mose)
Ex	Exodus (2. Mose)
Lev	Leviticus (3. Mose)
Num	Numeri (4. Mose)
Dtn	Deuteronomium (5. Mose)
Jos	Josua
Ri	Richter
Ruth	Ruth
1Sam	1. Samuelbuch
2Sam	2. Samuelbuch
1Kön	1. Königsbuch
2Kön	2. Königsbuch
1Chr	1. Buch der Chronik
2Chr	2. Buch der Chronik
Esr	Esra
Neh	Nehemia
Est	Esther
Hi	Hiob
Ps(s)	Psalm(en)
Spr	Sprüche
Pred	Prediger
Hhld	Hoheslied
Jes	Jesaja
Jer	Jeremia
Klgl	Klagelieder
Ez	Ezechiel (Hesekiel)
Dan	Daniel
Hos	Hosea
Jo	Joel
Am	Amos
Ob	Obadja
Jon	Jona
Mi	Micha
Nah	Nahum
Hab	Habakuk
Zeph	Zephanja
Hag	Haggai
Sach	Sacharja
Mal	Maleachi

Nur in der LXX (gewöhnlich als apokryph bez.):

Bar	Baruch
Bel	Bel und der Drache
EpJer	Epistula Jeremiae
1Esr	1. Esra (2Esr LXX = Esr u. Neh MT)
Jdt	Judith
1Makk	1. Makkabäerbuch (entspr. 2–4Makk)
PsSal	Psalmen Salomos
Sir	Jesus Sirach
Sus	Susanna
Tob	Tobit (Tobias)
Weish	Weisheit Salomos

II. Neues Testament

Mt	Matthäus
Mk	Markus
Lk	Lukas
Joh	Johannes
Apg	Apostelgeschichte
Röm	Römerbrief
1Kor	1. Korintherbrief
2Kor	2. Korintherbrief
Gal	Galaterbrief
Eph	Epheserbrief
Phil	Philipperbrief
Kol	Kolosserbrief
1Thess	1. Thessalonicherbrief
2Thess	2. Thessalonicherbrief
1Tim	1. Timotheusbrief
2Tim	2. Timotheusbrief
Tit	Titusbrief
Phlm	Philemonbrief
1Petr	1. Petrusbrief
2Petr	2. Petrusbrief
1Joh	1. Johannesbrief
2Joh	2. Johannesbrief
3Joh	3. Johannesbrief
Hebr	Hebräerbrief
Jak	Jakobusbrief
Jud	Judasbrief
Offb	Offenbarung

III. Außerkanonische Schriften neben dem Alten Testament und LXX

ApkBar (gr)	griech. Baruch-Apokalypse
ApkBar (syr)	syrische Baruch-Apokalypse
Arist	Aristeasbrief
AssMos	Assumptio Mosis
3Esr	3. Esra
4Esr	4. Esra
äthHen	äthiopisches Henochbuch
grHen	griech. Henochbuch
hebrHen	hebr. Henochbuch
slHen	slaw. Henochbuch

Jub	Jubiläenbuch
LebAd	Leben Adams u. Evas
MartJes	Martyrium des Jesaja
OrMan	Oratio Manassis
Sib	Sibyllinen
TestAbr	Testament Abrahams
TestXII	Testamente der 12 Patriarchen
TestRub	Testament Rubens etc. (Sim, Lev, Jud, Iss, Seb, Dan, Naph, Gad, Ass, Jos, Benj)
ZusDan	Zusätze zu Daniel
ZusEst	Zusätze zu Esther

IV. Außerkanonische Schriften neben dem Neuen Testament und Apostolische Väter

ActAndr	Andreasakten
ActJoh	Johannesakten
ActPaul	Paulusakten
ActPetr	Petrusakten
ActThom	Thomasakten
ÄgEv	Ägypterevangelium
ApkAbr	Abraham-Apokalypse
ApkEl	Elias-Apokalypse
ApkMos	Moses-Apokalypse
ApkPetr	Petrus-Apokalypse
AscJes	Ascensio Jesaiae
Barn	Barnabasbrief
1Clem	1. Clemensbrief
2Clem	2. Clemensbrief
Did	Didache (Lehre d. 12 Apostel)
EbEv	Ebionitenevangelium
HebrEv	Hebräerevangelium
Herm mand	Hermas, mandata
Herm sim	Hermas, similitudines
Herm vis	Hermas, visiones
Ign	Ignatius-Briefe
IgnEph	Brief des Ign. an die Epheser
IgnMagn	Brief des Ign. an die Magnesier
IgnTrall	Brief des Ign. an die Trallianer
IgnRöm	Brief des Ign. an die Römer
IgnPhld	Brief des Ign. an die Philadelphier
IgnSm	Brief des Ign. an die Smyrnäer
IgnPol	Brief des Ign. an Polykarp
Laod	Laodicenerbrief
MartPol	Martyrium d. Polykarp
OdSal	Oden Salomos
PetrEv	Petrusevangelium
Polyk	Brief des Polykarp
Protev	Protevangelium des Jakobus

V. Qumran-Texte

CD	Damaskusschrift (Cairo Document; auch *Dam)*
1QS	Gemeinderegel (Sektenkanon)
1QSa	Gemeinschaftsregel
1QSb	Segenssprüche
1QH	Hymnenrolle (Loblieder)
1QM	Kriegsrolle
1QpHab	Habakuk-Midrasch
1Qflor	Florilegium
1QGenAp	Genesisapokryphon
1Q14	Micha-Kommentar
1Q22	Worte des Mose
1Q27	Buch der Geheimnisse
4QpJes	Kommentar zu Jes
4QpNah	Kommentar zu Nah
4QpHos	Kommentar zu Hos
4QpPs37	Kommentar zu Ps 37
4Qpatr	Patriarchensegen
4Qtest	Testimonia

VI. Rabbinische Texte

sind – soweit überhaupt – in der bei Strack-Billerbeck gebräuchlichen Weise abgekürzt

B. ANTIKE QUELLEN

Ael. Arist.	Aelius Aristides, Rhetor, 129-189 nChr Or. = Orationes
Aischyl.	Aischylos, attischer Tragiker, 525-456 vChr Ag. = Agamemnon Choep. = Choephori Eum. = Eumenides Pers. = Persae Prom. = Prometheus Sept. c. Theb. = Septem contra Thebas
Anaximander	jonischer Naturphilosoph, 6. Jh. vChr
Apoll. Rhod.	Apollonius Rhodius, Epiker, ca. 295-215 vChr
Appian.	Appianus aus Alexandrien, röm. Historiker, um 160 nChr Bell. Civ. = Bella Civilia Romana
Apul.	Apuleius aus Madaura in Numidien, 2. Jh. nChr Met. = Metamorphoses
Ar. Did.	Arius Didymus aus Alexandria, Stoiker zZt des Augustus

Aristoph. Aristophanes aus Athen, ca. 466-385vChr (attische Komödie)
Av. = Aves
Eccl. = Ecclesiazusae

Aristot. Aristoteles, Philosoph, 384-322 vChr
An. = De Anima
Animal. = Historia Animalium
Cael. = De Caelo
Cat. = Categoriae
Eth. Nic. = Ethica Nicomachea
Metaph. = Metaphysica
Oec. = Oeconomica
Part. An. = De Partibus Animalium
Phys. = Physica
Poet. = Poetica
Pol. = Politica
Probl. = Problemata
Rhet. = Rhetorica

Pseud. Arist. Pseudo-Aristoteles
Mund. = De Mundo (popular-philos. Schrift um 100 nChr)

Ascl. Asclepius (hermetische Schrift, lat., 2. u. 3. Jh. nChr)

CIG Corpus Inscriptionum Graecarum I-IV, 1828-1877

Clem. Alex. Flavius Clemens Alexandrinus aus Athen, als christl. Gelehrter in Alexandrien gest. 215 nChr
Exc. Theod. = Excerpta ex Theodoto
Strom. = Stromata

Const. Ap. Constitutiones Apostolorum, kirchenrechtl.-liturgisches Sammelwerk um 375 nChr

Corp. Herm. Corpus Hermeticum (anonyme Schriften der ägypt.-hellen. Gnosis, 1. u. 2. Jh. nChr)

CPR Corpus Papyrorum Raineri archiducis Austriae

Democr. Democritus, griech. Philosoph (Atomismus), vor 400 vChr

Demosth. Demosthenes, aus Athen, 384-322 vChr
Ep. = Epsitulae
Or. = Orationes

Dio C Dio Cassius Cocceianus, röm. Historiker, ca. 155-235 nChr

Diod S Diodorus Siculus, sizilianischer Historiker, Ende 1. Jh. vChr

Diog Laert. Diogenes Laertius, Philosophie-Historiker, 3. Jh. nChr

Emped. Empedocles, sizilianischer Philosoph (Physiker u. Mystiker), ca. 495-435 vChr

Epic. Epicurus, athenischer Philosoph, 341-270 vChr
Men. = Ad Menoeceum

Epict. Epictetus, Ethiker der jüngeren Stoa, ca. 50-130 nChr
Diss. = Dissertationes
Ench. = Enchiridion

Epiphan. Epiphanius, cyprischer Bischof, ca. 315-403 nChr
Haer. = Haereses (Widerlegung von Irrlehren)

Eur. Euripides, griech. Tragiker, 480-406 vChr
Bacch. = Bacchae
El. = Electra
Iph. Aul. = Iphigenia Aulidensis
Iph. Taur. = Iphigenia Taurica
Med. = Medea
Or. = Orestes
Phoen. = Phoenissae

Eustath. Eustathius Thessalonicensis, 12. Jh. nChr, letzter allegorischer Kommentator des Homer-Werkes

Hdt. Herodotus, erster griech. Historiker, ca. 484-425 vChr

Heracl. Heraclitus, Vorsokratiker, ca. 535-475 vChr

Hes. Hesiod, griech. Dichter aus Böotien, um 700 vChr

Hier. Hieronymus, Mönch, Theologe, ca. 347-420 nChr

Hom. Homer, Klassiker der jonischen Epik des 8. u. 7. Jh. vChr
Il. = Ilias
Od. = Odyssee

IG Inscriptiones Graecae, Ausgabe der Preuß. Akademie d. Wissenschaften, 1873ff (1913ff)

Iren. Irenäus, Bischof von Lyon, Märtyrer um 202 nChr

Isocr. Isocrates, athenischer Rhetor, 436-338 vChr
Areop. = Areopagiticus

Jambl. Jamblichus, Neuplatoniker zZt Konstantins d. Gr.
Myst. = De Mysteriis

Jos. Flavius Josephus, jüd. Historiker u. Philosoph griech. Sprache, ca. 37-97 nChr
Ant. = Antiquitates (Jüd. Archaeologie)
Ap. = Contra Apionem
Bell. = Bellum Judaicum

Just. Justinus Martyr, Apologet, um 165 nChr hingerichtet
Dial. = Dialogus cum Tryphone Judaeo

Mark. Ant. Marcus Aurelius Antoninus, Philosoph der jüngeren Stoa, röm. Kaiser 161-180 nChr

Menand. Menander, Repräsentant der attischen Komödie, 343-290 vChr

Orig. Origenes aus Alexandria, Schüler des Clem. Alex., 185-254 nChr
Contr. Cels. = Contra Celsum

Pap. Tebt. The Tebtunis Papyri

Parm. Parmenides, Vorsokratiker, eleatische Schule, ca. 500 vChr

Paus. Pausanias, griech. Schriftsteller, ca. 190 nChr

Philo Philo, jüd. Schriftsteller griech. Sprache, aus Alexandrien, ca. 20 vChr – 50 nChr
Abr. = De Abrahamo
Cher. = De Cherubim
Congr. = De Congressu Eruditionis Gratia
Decal. = De Decalogo
De Migr. Abr. = De Migratione Abrahami
Deus Imm. = Quod Deus sit Immutabilis
Ebr. = De Ebrietate
Leg. All. = Legum Allegoriae
Op. Mund. = De Opificio Mundi
Post. Caini = De Posteritate Caini
Praem. poen. = De Praemiis et Poenis
Q. P. L. = Quod omnis Probus Liber sit
Rer. Div. Her. = Quis Rerum Divinarum Heres sit

Sacr. AC = De Sacrificiis Abeli et Caini
Som. = De Somniis
Spec. Leg. = De Specialibus Legibus
Vit. Cont. = De Vita Contemplativa
Vit. Mos. = De Vita Mosis
Virt. = De Virtutibus

Philodem — Philodem, aus Gadara, epikureischer Popularphilosoph, ca. 110-28 vChr

Philostr. — Flavius Philostratus, Sophist, Verf. einer Lebensbeschreibung des Philosophen und Wundertäters Apollonius v. Tyana
Vit. Ap. = Vita Apollonii

Pindar — Pindar, griech. Chorlyriker, 518-446 vChr

Plato — Plato, athenischer Philosoph, 428/7-348/7 vChr
Ap. = Apologia
Crat. = Cratylus
Def. = Definitiones (pseudo-platonisch)
Epist. = Epistulae (Plato, aber auch Pseudo-Plato)
Gorg. = Gorgias
Leg. = Leges (Die Gesetze)
Men. = Menon
Phaedr. = Phaedrus
Polit. = Politicus
Resp. = Respublica (Der Staat)
Symp. = Symposion
Theaet. = Theaetet
Tim. = Timaeus

Plotin — Plotin, ägypt. Neuplatoniker, ca. 204-270 nChr
Enn. = Enneaden

Plut. — Plutarch, ca. 50-120 nChr, platonisch-neupythagoreischer Schriftsteller
Amat. = Amatorius
Cato Min. = De Catone Minore
Col. = Adversus Colotem
Comm. = De Communibus Notitiis adversus Stoicos
Demetr. = De Demetrio
Fluv. = De Fluviorum et Montium Nominibus
Galba = De Galba
Mar. = De Mario
Per. = De Pericle
Pyth. Or. = De Pythiae Oraculis
Ser. Num. Pun. = De Sera Numinis Vindicta
Suav. Viv. Epic. = Non posse suaviter vivi secundum Epicurum
Superst. = De Superstitione
Tib. Gracch. = De Tiberio et Gaio Gracchis

Poll. — Julius Pollux, athenischer Rhetoriker, Lexikograph u. Grammatiker, ab 178 nChr
Onom. = Onomasticum

Polyb. — Polybius, hellen. Historiker der röm. Weltherrschaft, ca. 210-120 vChr

Porphyr. — Porphyrius, Plotin-Schüler, neuplatonischer Philosoph, 232-304 nChr
Marc. = Ad Marcellam

POxy — The Oxyrhynchus Papyri

Sib. — Sibyllinische Orakel, 14 Bücher mit Orakeln zur Propagierung der jüd. u. christl. Religion, 5.-6. Jh. nChr

Soph. — Sophokles, athenischer Dichter, 496-406 vChr
Ai. = Ajax
Ant. = Antigone
Oed. Col. = Oedipus Coloneus
Oed. Tyr. = Oedipus Tyrannus

Stob. — Johannes Stobaeus, mazedonischer Verfasser eines Werkes mit Exzerpten griech. Dichter und Prosaiker, 5. Jh. nChr
Ecl. = Eclogae

SVF — Stoicorum veterum fragmenta, ed. H. v. Arnim

Theogn. — Theognis aus Megara, Elegiendichter, Vertreter eines aristokratischen Lebensideals, 6. Jh. vChr (Viele Stücke des nach ihm benannten Werkes sind jüngeren Datums)

Theophr. — Theophrast, Aristoteles-Schüler, Peripatetiker, ca. 372-287 vChr

Thuk. — Thukydides, griech. Historiker, ca. 460-396 vChr

Xenoph. — Xenophon, Socrates-Schüler, historischer und philos. Schriftsteller, ca. 430-354 vChr
An. = Anabasis
Cyrop. = Cyropaedia
(Inst. C. = Institutio Cyri)
Hell. = Historia Graeca
Mem. = Memorabilia Socratis
Oec. = Oeconomicus
Sym. = Symposium

C. SAMMELWERKE, REIHEN, ZEITSCHRIFTEN

ATD — Das Alte Testament Deutsch, hg. v. (V. Herntrich) A. Weiser, 1949ff

AThANT — Abhandlungen zur Theologie des Alten u. Neuen Testaments, 1944ff

BA — The Biblical Archeologist, 1938ff

BEvTh — Beiträge zur Evangelischen Theologie, 1935ff

BFChTh — Beiträge zur Förderung christlicher Theologie, 1897ff

BGU — Ägyptische Urkunden aus d. königl. Museen zu Berlin, Griechische Urkunden I–VII, 1895–1933

BHHW — Biblisch-historisches Handwörterbuch, hg. v. B. Reike und L. Rost, 1962ff

BHTh — Beiträge zur historischen Theologie, 1929ff

BKAT — Biblischer Kommentar. Altes Testament, hg. v. M. Noth, 1955ff

Bl.-Debr. — F. Blass / A. Debrunner, Grammatik des neutestamentl. Griechisch, 1965[12]

BSt — Biblische Studien, 1895ff

BuK — Bibel und Kirche, 1946ff

BWANT	Beiträge zur Wissenschaft vom Alten und Neuen Testament, 1908ff
BWb	Bibeltheologisches Wörterbuch, hg. v. J. B. Bauer, 1962²
BZ	Biblische Zeitschrift, 1903ff
BZAW	Beihefte zur Zeitschrift für die alttestamentliche Wissenschaft
BZNW	Beihefte zur Zeitschrift für die neutestamentliche Wissenschaft
DTh	Deutsche Theologie 1934–1943
EKL	Evangelisches Kirchenlexikon, hg. v. H. Brunotte und O. Weber, 1955ff
EMZ	Evangelische Missionszeitschrift, 1940ff
EvTh	Evangelische Theologie, 1934ff
Ex. Vers. u. Bes.	E. Käsemann, Exegetische Versuche und Besinnungen, I² u. II, 1964
HNT	Handbuch zum Neuen Testament, hg. v. G. Bornkamm, 1909ff
IKZ	Internationale Kirchliche Zeitschrift, 1911ff
ICC	The International Critical Commentary on the Holy Scriptures of the Old and New Testaments, ed. S. R. Driver, A. Plummer, C. A. Briggs, 1895ff
JBL	Journal of Biblical Literature, 1881ff
JThSt	The Journal of Theological Studies, 1900ff
KD	K. Barth, Die kirchliche Dogmatik, 1932ff
KEK	Kritisch-exegetischer Kommentar über das Neue Testament, begründet v. H. A. W. Meyer, 1832ff
KidZ	Kirche in der Zeit, 1946ff
KuD	Kerygma und Dogma, 1955ff
Liddell-Scott	H. G. Liddell / R. Scott, A Greek-English Lexicon. A New Edition by H. St. Jones, 1925–1940
LThK	Lexikon für Theologie und Kirche, begr. v. M. Buchberger, hg. v. J. Höfer und K. Rahner, 1957ff²
LvO	A. Deißmann, Licht vom Osten, 1923⁴
MPTh	Monatsschrift für Pastoraltheologie, 1904ff
NovTest	Novum Testamentum, 1956ff
NTA	Neutestamentliche Abhandlungen, 1908ff
NTD	Das Neue Testament Deutsch, hg. v. P. Althaus und J. Behm, 1932f, P. Althaus und G. Friedrich, 1956ff
NTSt	New Testament Studies, 1954/55ff
RAC	Reallexikon für Antike und Christentum, hg. v. Th. Klauser, 1941ff
RB	Revue Biblique, 1892f, NS 1915ff
RE	Realencyclopaedie für protestantische Theologie und Kirche, begr. v. J. Herzog, hg. v. A. Hauck, 1896–1913
RGG	Die Religion in Geschichte und Gegenwart, hg. v. K. Galling, 1957ff³
SAH	Sitzungsberichte der Heidelberger Akademie der Wissenschaften (phil.-hist. Klasse), 1910ff
SNT	Die Schriften des Neuen Testamentes, hg. v. (J. Weiß 1906f), W. Bousset und W. Heitmüller, 1916ff
St.-B.	(H. L. Strack) P. Billerbeck, Kommentar zum Neuen Testament aus Talmud und Midrasch, 1954ff (I–IV³)
SThZ	Schweizerische Theologische Zeitschrift, 1884ff
StTh	Studia Theologica, 1948ff
StudEv	Studia Evangelica, 1959ff
ThB	Theologische Bücherei, 1953ff
ThBl	Theologische Blätter, 1922–1942
Theol. Stud.	Theologische Studien, 1938ff
ThExh	Theologische Existenz heute, 1933–1941, NF 1946ff
ThGl	Theologie und Glaube, 1909ff
ThLZ	Theologische Literaturzeitung, 1876ff
ThQ	Theologische Quartalschrift, 1819ff
ThR	Theologische Rundschau, 1897ff, NF 1929ff
ThStKr	Theologische Studien und Kritiken, 1828–1942
ThViat	Theologia Viatorum, Jahrbuch der Kirchlichen Hochschule Berlin, 1948ff
ThWb	Theologisches Wörterbuch zum Neuen Testament, begr. v. G. Kittel, hg. v. G. Friedrich, 1933ff
ThZ	Theologische Zeitschrift der Theolog. Fakultät der Universität Basel, 1945ff
TU	Texte und Untersuchungen zur Geschichte der altchristlichen Literatur, 1883ff
VT	Vetus Testamentum, 1951ff
WA	M. Luther, Werke. Kritische Gesamtausgabe (Weimarana), 1883ff
Wiss. Mon.	Wissenschaftliche Monographien, 1959ff
WiW	FMelzer, Das Wort in den Wörtern, ein theo-philologisches Wörterbuch, 1965
WuD	Wort und Dienst, Jahrbuch der Theol. Hochschule Bethel, 1948ff
WUNT	Wissenschaftliche Untersuchungen zum Neuen Testament, 1950ff
WZ	Wissenschaftliche Zeitschrift (folgt jeweils der Name einer mitteldeutschen Universitätsstadt)
ZAW	Zeitschrift für die alttestamentliche Wissenschaft, 1881ff
ZEE	Zeitschrift für evangelische Ethik, 1957ff
ZKathTh	Zeitschrift für katholische Theologie, 1877ff
ZNW	Zeitschrift für die neutestamentliche Wissenschaft und die Kunde der älteren Kirche, 1900ff
ZprTh	Zeitschrift für praktische Theologie, 1879–1900
ZRGG	Zeitschrift für Religions- und Geistesgeschichte, 1948ff
ZSTh	Zeitschrift für systematische Theologie, 1923ff
ZThK	Zeitschrift für Theologie und Kirche, 1891ff
ZWTh	Zeitschrift für wissenschaftliche Theologie, 1858–1914

D. ALLGEMEINE ABKÜRZUNGEN

aaO	am angegebenen Ort
Abh.	Abhandlung
Abk.	Abkürzung
Abs.	Absatz
Adj.	Adjektiv
adj.	adjektivisch
Adv.	Adverb
adv.	adverbial
ägypt.	ägyptisch
äthiop.	äthiopisch
Akk.	Akkusativ
akkad.	akkadisch
Akt.	Aktiv
allg.	allgemein
Anm.	Anmerkung
Aor.	Aorist
apok.	apokalyptisch
arab.	arabisch
aram.	aramäisch
armen.	armenisch
Art.	Artikel
AT	Altes Testament (Ancient Testament)
at.	alttestamentlich
Ausg.	Ausgabe
Bd, Bde	Band, Bände
begr.	begründet
Beitr.	Beitrag
bes.	besonders
betr.	betreffend
Bh.	Beiheft
bzw.	beziehungsweise
ca.	circa
cf.	confer (vergleiche)
christl.	christlich
Dat.	Dativ
ders.	derselbe
dgl.	dergleichen
d. Gr.	der Große
dh	das heißt
d. i.	das ist
Diss.	Dissertation
dt.	deutsch
DtJes	Deuterojesaja
E	Elberfelder Übersetzung
ebd.	ebenda
Einl.	Einleitung
EKG	Evangelisches Kirchengesangbuch
erg.	ergänzt, ergänze
etc.	et cetera, und so weiter
ev.	evangelisch
Ev.	Evangelium
Evgg.	Evangelien
evtl.	eventuell
f	folgende (s) Seite, Jahr
ff	folgende Seiten, Jahre
Frg	Fragment
Fut.	Futur
Gen.	Genitiv
ges.	gesamt
Gesch.	Geschichte

griech.	griechisch
H.	Heft
Hbd.	Halbband
Hdb.	Handbuch
hebr.	hebräisch
hell.	hellenistisch
hg. v.	herausgegeben von
Hg.	Herausgeber
hif.	hifil
hitp.	hitpael
Hs., Hss.	Handschrift (en)
idg.	indogermanisch
i. J.	im Jahr
Ind.	Indikativ
Inf.	Infinitiv
insges.	insgesamt
intrans.	intransitiv
Jh.	Jahrhundert
Jt.	Jahrtausend
jüd.	jüdisch
kath.	katholisch
kopt.	koptisch
Kompos.	Kompositum
Konj.	Konjunktiv
L	Luther-Übersetzung (revidierter Text von 1956/64, wenn nicht anders vermerkt)
lat.	lateinisch
Lit.	Literatur
luth.	lutherisch
LXX	Septuaginta
M	Menge-Übersetzung
m. a. W.	mit anderen Worten
Med.	Medium
Ms., Mss.	Manuskript (e)
MT	Masoretischer Text
nChr	nach Christus
NF	Neue Folge
nif.	nifal
NT	Neues Testament (New Testament, Nouveau Testament)
nt.	neutestamentlich
o. ä.	oder ähnlich (es)
o. J.	ohne Jahr(esangabe)
o. O.	ohne Ort(sangabe)
par	und Parallelstellen
Par.	Parallelstelle
Parr.	Parallelstellen
Part.	Partizip
Pass.	Passiv
Perf.	Perfekt
Plur.	Plural
Präp.	Präposition
Präs.	Präsens
prot.	protestantisch
Q	Logienquelle
rabb.	rabbinisch
ref.	reformiert
röm.	römisch
s.	siehe
S.	Seite

scil.	scilicet
Sing.	Singular
s. o.	siehe oben
sog.	sogenannt
Sp.	Spalte
spez.	speziell
Subst.	Substantiv
subst.	substantivisch
s. u.	siehe unten
s. v.	sub voce, unter dem betr. Stichwort
synopt.	synoptisch
Synopt.	Synoptiker
syr.	syrisch
term. techn.	terminus technicus
Theol.	Theologe, Theologie
theol.	theologisch
trans.	transitiv
u. a.	und andere, unter anderem
u. ä.	und ähnliche (s)
u. a. m.	und andere (s) mehr
u. dgl.	und dergleichen
übers.	übersetzt
Übers.	Übersetzung
Unters.	Untersuchung
u. ö.	und öfter
urspr.	ursprünglich
usw.	und so weiter
u. U.	unter Umständen
v.	von
V.	Vers
vChr	vor Christus
Verz.	Verzeichnis
vgl.	vergleiche
v. l.	varia lectio, andere Lesart
Vulg.	Vulgata
WB	Wörterbuch
Wz.	Wurzel
Z	Zürcher Übersetzung
Z.	Zeile
zB	zum Beispiel
zSt.	zur Stelle
zT.	zum Teil
zZt	zur Zeit

E. UMSCHRIFT DES HEBRÄISCHEN ALPHABETS

ʾ (aleph), *b* (bet), *g* (gimel), *d* (dalet), *h* (he), *w* (waw), *z* (sajin), *ch* (chet), *t* (tet), *j* (jod), *k*, *ch* (kaph), *l* (lamed), *m* (mem), *n* (nun), *s* (samek), ʿ (ajin), *p*, *ph* (pe), *ts* (zade), *q* (koph), *r* (resch), *s* (sin), *sch* (schin), *t* (taw)
***i*, *ī* (chirek), *e*, *ē* (sere), *ᵉ* (schewa), *æ* (segol), *a* (patach), *ā*, *o* (kames), *o*, *ō* (cholem), *u* (kibbus), *ū* (schurek)**

INHALT

Zum Geleit III
Zur Einführung V
Erläuterung von Fachausdrücken IX
Verzeichnis der Abkürzungen XIX

Abraham 1
Ἀβραάμ Abraham (HSeebaß)

Adam 4
Ἀδάμ Adam (HSeebaß)

Alle, Jeder 7
πᾶς jeder, alle, ganz · ἅπας alle, ganz (FGraber)
πολλοί viele, die vielen (FGraber)

Alt 10
πάλαι vormals, früher · παλαιός alt · παλαιότης alter Zustand · παλαιόω veralten, alt machen (HHaarbeck)

Alter 11
ἡλικία Alter, Lebensalter (RSchippers)

Amen 12
ἀμήν Amen (HBietenhard)
Zur Verkündigung (LCoenen)

Anders 14
ἕτερος der andere, anders · ἄλλος der andere, anders (FSeiter)

Anfang, Ursprung 15
ἀρχή Anfang, Ursache · ἄρχω anfangen, herrschen · ἄρχων Herrscher, Fürst · ἀρχηγός Herrscher, Anführer · ἀρχαῖος alt (HBietenhard/DMüller)

Angesicht 20
πρόσωπον Angesicht · προσωποληµψία Parteilichkeit · προσωποληµπτέω parteiisch urteilen · προσωπολήµπτης parteiisch · ἀπροσωπολήµπτως unparteiisch (ETiedtke)

Anhangen 22
κολλάομαι sich eng anschließen, anhangen · προσκολλάομαι anhangen (HSeebaß)

Ankläger 23
κατήγορος Ankläger · κατήγωρ Ankläger · κατηγορέω anklagen · κατηγορία Anklage (HBietenhard)

Anstoß, Ärgernis 24
πρόσκομμα Anstoß, Hindernis · προσκοπή Anstoß · προσκόπτω anstoßen, Anstoß nehmen · ἀπρόσκοπος unanstößig (JGuhrt)
σκάνδαλον Ärgernis, Anstoß · σκανδαλίζω Ärgernis geben, irre werden lassen (JGuhrt)
Zur Verkündigung (LCoenen)

Antichrist 29
ἀντίχριστος Antichrist · ψευδόχριστος Pseudochristus (EKauder)
Zur Verkündigung (LCoenen)

Apostel 31

ἀποστέλλω senden, schicken · ἀπόστολος Gesandter, Apostel · ἐξαποστέλλω aussenden, entsenden · πέμπω senden, schicken (DMüller)

Arm 38

πένης arm (LCoenen)

πτωχός arm · πτωχεύω arm sein, betteln · πτωχεία Armut (HHEßer)

Zur Verkündigung (HHEßer)

Auferstehung 43

ἀνάστασις Auferstehung · ἀνίστημι hinstellen · ἐξανάστασις Auferstehung · ἐξανίστημι auferwecken (LCoenen)

ἐγείρω (auf)wecken · ἔγερσις Auferweckung (LCoenen)

Zur Verkündigung (LCoenen)

Babylon 50

Βαβυλών Babylon (HSeebaß)

Barmherzigkeit 52

ἔλεος Erbarmen, Barmherzigkeit · ἐλεέω Mitleid haben, sich erbarmen · ἐλεήμων barmherzig · ἐλεεινός bemitleidenswert · ἐλεημοσύνη Wohltat, Almosen · ἀνέλεος erbarmungslos · ἀνελεήμων unbarmherzig (HHEßer)

οἰκτιρμός Mitleid, Erbarmen · οἰκτίρω Mitleid haben, sich erbarmen · οἰκτίρμων barmherzig (HHEßer)

σπλάγχνα Herz, Liebe · σπλαγχνίζομαι sich erbarmen, Mitleid empfinden · εὔσπλαγχνος wohlgesinnt, mildtätig · πολύσπλαγχνος barmherzig (HHEßer)

Zur Verkündigung (HHEßer)

Bauch 59

κοιλία Bauch (SWibbing)

Bedrängnis, Verfolgung 60

διώκω verfolgen, erstreben · διωγμός Verfolgung · ἐκδιώκω verfolgen · καταδιώκω nacheilen (GEbel)

θλῖψις Bedrängnis, Trübsal · θλίβω bedrängen · στενοχωρέω beengen, bedrücken · στενοχωρία Enge, Drangsal (RSchippers)

Zur Verkündigung (LCoenen)

Begehren 64

ἐπιθυμία Begehren, Begierde · ἐπιθυμέω begehren, verlangen (HSchönweiß)

ἡδονή Lust · φιλήδονος genußsüchtig (EBeyreuther)

ὀρέγομαι streben · ὄρεξις Verlangen (JGuhrt)

Zur Verkündigung (LCoenen)

Bekehrung, Buße, Reue 69

ἐπιστρέφω (sich) umwenden, (sich) bekehren · στρέφω (sich) umwenden, umkehren · ἐπιστροφή Bekehrung · ἀποστρέφω (sich) abwenden (FLaubach)

μεταμέλομαι bereuen · ἀμεταμέλητος unbereubar (FLaubach)

μετάνοια Buße, Umkehr · μετανοέω sich bekehren, Buße tun · ἀμετανόητος unbußfertig (JGoetzmann)

Zur Verkündigung (LCoenen)

Bekennen 76

ὁμολογέω bekennen, preisen · ἐξομολογέω bekennen, preisen · ὁμολογία Bekenntnis (DFürst)

Bekleiden 79

γυμνός nackt · γυμνάζω üben · γυμνασία Übung · γυμνότης Nacktheit (HWeigelt)

δύω / δύνω eintauchen, untertauchen · ἐκδύω ausziehen, entkleiden · ἀπεκδύω aus-

ziehen · ἀπέκδυσις Ablegen · ἐνδύω anziehen, bekleiden · ἐπενδύομαι noch darüber anziehen · ἀποτίθημι ablegen · ἀπόθεσις Ablegen (HWeigelt)
ἱμάτιον Gewand (HWeigelt)
Zur Verkündigung (LCoenen)

Berühren 85
ἅπτω / ἅπτομαι berühren (RGrob)

Berufung 86
καλέω rufen · κλῆσις Ruf, Einladung, Berufung · κλητός berufen, geladen · ἐπικαλέομαι anrufen, sich berufen · προσκαλέομαι vorladen (LCoenen)
Zur Verkündigung (LCoenen)

Beschneidung, Verschneidung 92
εὐνοῦχος Eunuch · εὐνουχίζω entmannen (HBaltensweiler)
περιτέμνω beschneiden · περιτομή Beschneidung · ἀπερίτμητος unbeschnitten · κατατομή Zerschneidung · ἀκροβυστία Vorhaut (HChrHahn)
Zur Verkündigung (LCoenen)

Besitz 99
θησαυρός Schatz · θησαυρίζω (Schätze) sammeln (JEichler)
μαμωνᾶς Mammon (FSelter)
περιποιέομαι sich etwas erhalten, sich erwerben · περιποίησις Erhaltung, Gewinnung, Eigentum · περιούσιος als Eigentum · τὰ ἴδια Eigentum (EBeyreuther)
πλοῦτος Reichtum · πλούσιος reich, Reicher · πλουτέω reich sein · πλουτίζω reich machen (FSelter)
χρῆμα Geld, Besitz · κτῆμα (Grund-)Besitz · ὕπαρξις Vermögen · τὰ ὑπάρχοντα Vermögen (FSelter)
Zur Verkündigung (LCoenen)

Bestimmen, Einsetzen, Machen zu 107
καθίστημι hinstellen, einsetzen (SWibbing)
ὁρίζω bestimmen, einsetzen · ἀφορίζω absondern, auswählen (GDulon)
παρίστημι hinstellen, zur Verfügung stellen (KMunzer)
προχειρίζω bestimmen, einsetzen (PSchmidt)
Zur Verkündigung (SWibbing)

Bewachen, Bewahren 112
τηρέω bewahren, (ein-)halten · τήρησις Einhaltung · παρατηρέω beobachten · παρατήρησις Beobachtung (HGSchütz)
φυλάσσω bewachen, bewahren, einhalten · φρουρέω gefangen halten, bewahren (HGSchütz)

Bewährung 115
δόκιμος bewährt, anerkannt · δοκιμάζω prüfen, anerkennen · δοκιμασία Prüfung · δοκίμιον Bewährung · δοκιμή Bewährtheit · ἀδόκιμος verwerflich · ἀποδοκιμάζω verwerfen (HHaarbeck)

Bild 117
εἴδωλον Bild · εἰδωλόθυτον Götzenopferfleisch · εἰδωλεῖον Götzentempel · κατείδωλος voller Götzen · εἰδωλολάτρης Götzendiener · εἰδωλολατρία Götzendienst (WMundle)
εἰκών Bild (OFlender)
χαρακτήρ Prägung (JGeß)
Zur Verkündigung (LCoenen)

Binden 123
δέω binden (WvMeding/DMüller)

Bischof 123

ἐπίσκοπος Bischof · ἐπισκέπτομαι besichtigen, besuchen, heimsuchen · ἐπισκοπέω achten auf · ἐπισκοπή Bischofsamt, Heimsuchung (LCoenen)

Bleiben 127

μένω bleiben (KMunzer)

Blind 130

τυφλός blind (FGraber)

Blut 131

αἷμα Blut (FLaubach)
ῥαντίζω besprengen · ῥαντισμός Besprengung (GRBeasley-Murray)
πνικτός erstickt · ἀποπνίγω ersticken · πνίγω ersticken · συμπνίγω ersticken (HBietenhard)

Böse 137

κακός böse, schlecht · ἄκακος arglos, unschuldig · κακία Schlechtigkeit · κακόω Böses zufügen · κακοποιέω schlecht handeln · κακοποιός Übeltäter · κακοῦργος Missetäter · ἐγκακέω nachlässig werden · φαῦλος böse, schlecht (EAchilles)
πονηρός böse, schlecht · πονηρία Bosheit, Schlechtigkeit (EAchilles)
Zur Verkündigung (LCoenen)

Brot 142

ἄρτος Brot (FMerkel)
ἐπιούσιος täglich (WMundle)
μάννα Manna (FMerkel)
Zur Verkündigung (LCoenen)

Bruder, Nächster 146

ἀδελφός Bruder · ἀδελφή Schwester · ἀδελφότης Bruderschaft · φιλάδελφος bruder-, schwester-, geschwisterliebend · φιλαδελφία Bruder-(Geschwister-)Liebe · ψευδάδελφος falscher Bruder (WGünter)
ὁ πλησίον der Nächste (UFalkenroth)
Zur Verkündigung (LCoenen)

Buch 151

βίβλος Buch · βιβλίον Buch (UBecker/Hannover)
ἀναγινώσκω lesen · ἀνάγνωσις Lesung (JBlunck)
ἐπιστολή Brief · ἐπιστέλλω melden, schreiben (GFinkenrath)
Zur Verkündigung (LCoenen)

Bund 157

διαθήκη Bund (JGuhrt)
ἔγγυος Bürge (OBecker)
μεσίτης Bürge, Mittler (OBecker)
Zur Verkündigung (LCoenen)

Dämon 166

ἀήρ Luft (HBietenhard)
δαίμων Dämon · δαιμόνιον das Dämonische · δεισιδαιμονία Religion · δεισιδαίμων religiös · δαιμονίζομαι von einem Dämon besessen sein (HBietenhard)
ἐκβάλλω austreiben (HBietenhard)
Zur Verkündigung (LCoenen)

Danksagung 171

αἰνέω loben, preisen · αἶνος Lobpreis · ἐπαινέω loben · ἔπαινος Lob (HSchultz)
εὐχαριστία Danksagung · εὐχαριστέω dankbar sein, danken (HHEßer)

Demut 174

πραΰς sanftmütig · πραΰτης Sanftmut · πραϋπαθία Sanftmut · ἐπιεικής milde, gütig · ἐπιείκεια Milde, Nachsicht (WBauder)

ταπεινός niedrig, demütig · ταπεινόω erniedrigen · ταπείνωσις Erniedrigung · ταπεινόφρων demütig · ταπεινοφροσύνη Demut (HHEßer)

Zur Verkündigung (LCoenen)

Denken, Überlegen 181

διαλογίζομαι denken, überlegen · διαλογισμός Gedanke, Überlegung · διαλέγομαι sich unterreden (DFürst)

δοκέω meinen, scheinen (DMüller)

λογίζομαι rechnen, denken, anrechnen · λογισμός Gedanke (JEichler)

Dienen 185

διακονέω dienen · διακονία Dienst, Amt · διάκονος Diener · ὑπηρέτης Diener (KHeß)

λατρεύω dienen · λατρεία Gottesdienst · θρησκός fromm · θρησκεία Gottesdienst, Religion (KHeß)

λειτουργέω dienen · λειτουργία Dienst · λειτουργός Diener · λειτουργικός dienend (KHeß)

Zur Verkündigung (LCoenen)

Drache 194

δράκων Drache (HBietenhard)

ὄφις Schlange (HBietenhard)

Ehe 196

γαμέω heiraten · γάμος Hochzeit · γαμίζω/γαμίσκω verheiraten (WGünther)

μοιχεύω Ehebruch treiben · μοιχεία Ehebruch · μοιχός Ehebrecher · μοιχαλίς Ehebrecherin, Dirne (HReißer)

νύμφη Braut · νυμφίος Bräutigam (WGünther)

Zur Verkündigung (WGünther)

Ehre 204

δόξα Ansehen, Herrlichkeit · δοξάζω rühmen, verherrlichen · ἔνδοξος angesehen, herrlich · ἐνδοξάζω verherrlichen · συνδοξάζω mitverherrlichen · κενόδοξος ruhmsüchtig · κενοδοξία Ruhmsucht (SAalen)

τιμή Ehre · τιμάω ehren · ἀτιμία Schande · ἄτιμος verachtet · ἀτιμάζω verächtlich behandeln · ἔντιμος angesehen, kostbar (SAalen)

Eifer 210

ζῆλος Eifer · ζηλόω eifern · ζηλωτής Eiferer (HChrHahn)

σπουδή Eifer · σπουδαῖος eifrig · σπουδάζω eifrig sein (WBauder)

Einer, Einmal, Einzig 213

ἅπαξ einmal · ἐφάπαξ auf einmal (KHBartels)

εἷς einer (KHBartels)

μόνος allein, einzig · μονογενής (der) Einziggezeugte (KHBartels)

Einfalt 218

ἁπλότης Aufrichtigkeit, Einfalt · ἁπλοῦς aufrichtig, einfältig (BGärtner)

Einmütig 219

ὁμοθυμαδόν einmütig (EDSchmitz)

Ekstase 220

ἔκστασις Entsetzen · ἐξίστημι in Schrecken versetzen · ἐξίσταμαι außer sich geraten (WMundle)

μαίνομαι rasen, von Sinnen sein · μανία Verzückung (JSchattenmann)

Zur Verkündigung (LCoenen)

Elias 224
Ἠλίας Elias (HBietenhard)

Engel, Bote 226
ἄγγελος Engel, Bote · ἀρχάγγελος Erzengel · ἰσάγγελος engelgleich (HBietenhard)
Zur Verkündigung (HBietenhard)

Entrücken, Hinwegreißen 230
ἁρπάζω entrücken, hinwegreißen · ἁρπαγμός das Rauben, das Geraubte · μετατίθημι entrücken (ETiedtke)

Erbe, Los, Teil 232
κλῆρος Erbe, Los · κληρόω durchs Los bestimmen · κληρονομέω erben · κληρονομία Erbe, Erbteil · κληρονόμος der Erbe · μερίς Anteil · συγκληρονόμος Miterbe (JEichler)
μέρος Teil, Anteil (WMundle)

Erde 238
γῆ Erde · ἐπίγειος irdisch (RMorgenthaler)
οἰκουμένη Erde, Ökumene (OFlender)

Erforschen 241
ἐρευνάω erforschen · ἐξερευνάω nachforschen · ἀνεξερεύνητος unausforschlich (MSeitz)

Erkenntnis, Erfahrung 241
αἴσθησις Erfahrung · αἰσθητήριον Sinn (ESchütz)
γινώσκω erkennen, kennen, verstehen, wissen · γνῶσις Erkenntnis, Wissen · ἐπιγινώσκω erkennen, anerkennen, verstehen · ἐπίγνωσις Erkenntnis (ED Schmitz)
ἀγνοέω nicht kennen, nicht wissen · ἀγνόημα Irrtum · ἄγνοια Unwissenheit · ἀγνωσία Unkenntnis · ἄγνωστος unbekannt (ESchütz)
Zur Verkündigung (LCoenen)

Erlösung 258
λύω befreien · καταλύω auflösen, abbrechen · ἐκλύω kraftlos, schwach werden · ἀπολύω freigeben, entlassen (WMundle)
λύτρον Lösegeld · ἀντίλυτρον Lösegeld · λυτρόω erlösen, befreien · λύτρωσις/ἀπολύτρωσις Erlösung · λυτρωτής Erlöser (WMundle)
ῥύομαι retten, beschirmen (JSchneider)
σῴζω retten, erlösen, helfen, bewahren · σωτηρία Heil, Hilfe, Rettung · σωτήρ Retter, Heiland (JSchneider)
Zur Verkündigung (LCoenen)

Ermahnen 272
νουθετέω ermahnen, zurechtweisen · νουθεσία Ermahnung, Warnung (FSelter)
παρακαλέω ermahnen, trösten, bitten · παράκλησις Ermahnung, Bitte (GBraumann)

Erregen 276
ταράσσω erregen, durcheinanderwirbeln · τάραχος Erregung, Verwirrung (HMüller)

Erster, Erstgeborener 278
πρῶτος erster, zuerst · πρωτεύω der Erste sein · πρότερον vorher · πρωτοκαθεδρία Ehrenplatz · πρωτοκλισία Ehrenplatz · πρωτοκαθεδρίτης Gemeindeleiter (KHBartels)
πρωτότοκος erstgeboren (KHBartels)

Erwählung 282

αἱρέομαι erwählen · αἵρεσις Schule, Partei, Gruppe · αἱρετικός Häretiker, häretisch · αἱρετίζω erwählen · διαιρέω verteilen · διαίρεσις Verteilung (GNordholt)

ἐκλέγομαι sich auslesen, (aus)wählen · ἐκλεκτός (aus)erwählt · ἐκλογή Wahl, Auswahl, Erwählung (LCoenen)

Zur Verkündigung (LCoenen)

Erziehung 292

παιδεύω erziehen, bilden · παιδεία Erziehung, Bildung, Zucht · παιδευτής Erzieher, Lehrer · παιδαγωγός Knabenführer, Zuchtmeister (DFürst)

Evangelium 295

εὐαγγέλιον gute Kunde, Freudenbotschaft · εὐαγγελίζω/εὐαγγελίζομαι eine gute Nachricht bringen, eine Freudenbotschaft verkündigen · εὐαγγελιστής Verkünder der Freudenbotschaft, Evangelist (UBecker/Hannover)

Fallen, Abfallen 301

ἀφίστημι (sich) entfernen, ablassen, abfallen · ἀποστασία Abgefallensein, Abfall · ἀποστάσιον Scheidebrief (WBauder)

πίπτω fallen · ἐκπίπτω heraus-, hinfallen, abirren · καταπίπτω danebenfallen, sündigen · περιπίπτω in, auf, unter etwas fallen · πτῶμα (der, das) Gefallene, (der) Leichnam · πτῶσις Fall, Sturz (WBauder)

Fasten 306

νηστεύω fasten · νηστεία das Fasten · νῆστις nüchtern (FSRothenberg)

Zur Verkündigung (FSRothenberg/LCoenen)

Feind(schaft), Haß 308

ἐχθρός verfeindet, Feind · ἔχθρα Feindschaft · ἀντίδικος Feind, Widersacher (HBietenhard)

μισέω hassen (HSeebaß)

Fels 312

πέτρα Fels · πέτρος Stein, Fels (WMundle)

Fertig, Bereit 314

ἕτοιμος bereit, fertig · ἑτοιμάζω in Bereitschaft setzen, halten · ἑτοιμασία (Zustand der) Bereitschaft · προετοιμάζω vorher bereiten (SSolle)

κατασκευάζω errichten, (aus)rüsten, einrichten · παρασκευάζω zubereiten, (sich) fertig machen · παρασκευή Rüsttag (FThiele)

ζώννυμι gürten · ζώνη Gürtel · διαζώννυμι umgürten · περιζώννυμι umgürten (FSelter)

Feste 318

ἑορτή Fest (RMayer)

πάσχα Passa (BSchaller)

Fest, Gegründet 326

βέβαιος gewiß · βεβαιόω bestätigen · βεβαίωσις Bestätigung (HSchönweiß)

θεμέλιος Grundlage, Fundament · θεμελιόω gründen, gegründet sein · ἑδραῖος fest, beständig · ἑδραίωμα Fundament (JBlunck)

Zur Verkündigung (DMüller)

Feuer 331

καῦμα Glut, Hitze, Brand · καυματίζω ausdörren, versengen (SSolle)

πῦρ Feuer · πυρόω (ver)brennen, glühen · πύρωσις (das) Verbranntwerden, (die) Feuersglut · πύρινος feurig, von Feuer · πυρρός feuerrot (HBietenhard)

Finsternis 335
νύξ Nacht, Finsternis (HChrHahn)
σκότος Finsternis, Dunkelheit · σκοτία Finsternis, Dunkelheit · σκοτόω verfinstern · σκοτίζω verfinstern · σκοτεινός finster, dunkel (HChrHahn)
Zur Verkündigung (HChrHahn)

Fleisch 342
σάρξ Fleisch · σάρκινος aus Fleisch bestehend, fleischlich · σαρκικός nach Fleischesart, der Sphäre des Fleisches angehörig · κρέας Fleisch (HSeebaß)

Fluchen 348
ἀνάθημα Weihegeschenk · ἀνάθεμα das Verfluchte, das der Verbannung, dh Gott Verfallene · ἀναθεματίζω verfluchen, mit dem Fluch belegen · κατάθεμα das der Gottheit Überantwortete · καταθεματίζω fluchen (HAust/DMüller)
κακολογέω übelreden, verfluchen (WMundle)
καταράομαι verfluchen · κατάρα Fluch, Verwünschung · ἀρά Fluch · ἐπικατάρατος verflucht · ἐπάρατος verflucht (WMundle)
ῥακά Hohlkopf, Narr (ThSorg)
Zur Verkündigung (DMüller)

Frau 353
γυνή Frau (HVorländer)
μήτηρ Mutter (EBeyreuther)
παρθένος Jungfrau (OBecker)
χήρα Witwe (SSolle)
Zur Verkündigung (WGünther)

Freiheit 362
ἐλευθερία Freiheit · ἐλεύθερος frei, unabhängig · ἐλευθερόω befreien · ἀπελεύθερος Freigelassener (JBlunck)
Zur Verkündigung (HBeck)

Freimütigkeit 369
παρρησία Freimütigkeit, Offenheit, Öffentlichkeit · παρρησιάζομαι freimütig, offen reden, Zuversicht haben (HChrHahn)

Fremd 370
ἀλλότριος fremd · ἀπαλλοτριόω entfremden · ἀλλογενής fremdartig · ἀλλόφυλος fremdstämmig (HBietenhard)
διασπορά Zerstreuung (FSRothenberg)
ξένος fremd · φιλοξενία Gastfreundschaft · φιλόξενος gastfreundlich · ξενοδοχέω Gastfreundschaft erweisen (HBietenhard)
παρεπίδημος Beisasse (HBietenhard)
πάροικος Nachbar, ansässiger Fremder · παροικέω daneben wohnen, Beisasse sein · παροικία Aufenthalt in der Fremde (HBietenhard)
Zur Verkündigung (HBietenhard)

Freude 379
ἀγαλλιάομαι jubeln, frohlocken · ἀγαλλίασις Freude (EBeyreuther)
εὐφραίνω froh machen, froh sein · εὐφροσύνη Frohsinn, Freude (EBeyreuther)
χαίρω sich freuen, fröhlich sein · χαρά Freude (EBeyreuther/GFinkenrath)
Zur Verkündigung (EBeyreuther)

Friede 388
εἰρήνη Friede · εἰρηνεύω in Frieden leben, Frieden haben · εἰρηνικός friedlich · εἰρηνοποιός Friedensstifter · εἰρηνοποιέω Frieden schaffen (HBeck)
Zur Verkündigung (HBeck)

Frömmigkeit, Gottesverehrung 394

εὐλάβεια Frömmigkeit, Furcht · εὐλαβής fromm · εὐλαβέομαι Ehrfurcht haben, sich fürchten (WMundle)

σέβομαι verehren, scheu zurücktreten · σεβάζομαι religiöse Verehrung erweisen · σέβασμα Gegenstand religiöser Verehrung, Heiligtum · εὐσεβέω verehren, fromm sein · εὐσέβεια Frömmigkeit, Gottesfurcht, Religion · εὐσεβής gottesfürchtig, fromm · θεοσέβεια Gottesfurcht bzw. -verehrung, Frömmigkeit · θεοσεβής fromm, gottesfürchtig · ἀσέβεια Freveltat, Gottlosigkeit · ἀσεβής gottlos, frevelhaft · σεμνός ehrbar, verehrungswürdig, heilig · σεμνότης Ehrbarkeit, Heiligkeit, Würde (WGünther)

Zur Verkündigung (LCoenen)

Frucht 399

καρπός Frucht · καρποφορέω Frucht tragen, bringen · ἄκαρπος unfruchtbar (RHensel)

Zur Verkündigung (LCoenen)

Fülle, Überfluß 402

περισσεύω überfließen, reich machen · περισσός überreichlich · περισσεία Überfluß · περίσσευμα Überschuß · ὑπερπερισσεύω im Überfluß vorhanden sein · ὑπερ(ἐκ)περισσῶς über alle Maßen (ThBrandt)

πλῆθος Fülle, Menge · πληθύνω füllen, voll machen, wachsen (WBauder)

πληρόω erfüllen, vollenden · πλήρης voll, vollständig · πλήρωμα Fülle, Vollmaß · ἀναπληρόω ausfüllen, vertreten · πληροφορέω vollbringen, überzeugen · πληροφορία Fülle, volle Überzeugung · πίμπλημι erfüllen, vollmachen · ἐμπίμπλημι füllen, sättigen (RSchippers)

χωρέω Raum geben, aufnehmen, gelangen (PSchmidt)

Fürsprecher 414

παράκλητος Helfer, Beistand (GBraumann)

Furcht 416

φόβος Angst, Furcht · φοβέομαι sich fürchten · φοβερός furchteinflößend, furchtsam (WMundle)

Gabe 418

ἀρραβών Anzahlung, Angeld (OBecker)

δῶρον Geschenk · δωρεά Geschenk, Gabe · δωρεάν geschenkweise · δωρέομαι schenken · δώρημα Geschenk · δίδωμι geben, schenken · προσφορά Darbringung, Opfer (HVorländer)

Gebet 421

αἰτέω bitten, fordern · αἴτημα Bitte, Forderung · ἀπαιτέω zurückfordern · ἐξαιτέομαι sich ausbitten · παραιτέομαι sich losbitten, ablehnen (HSchönweiß)

γονυπετέω kniefällig verehren, anbeten (HSchönweiß)

δέομαι bitten · δέησις Bitte · προσδέομαι bedürfen (HSchönweiß)

προσεύχομαι beten, flehen · εὔχομαι bitten, geloben · εὐχή Gebet, Gelübde · προσευχή Gebet (HSchönweiß)

προσκυνέω anbeten, fußfällig verehren · προσκυνητής Anbeter (HSchönweiß)

Zur Verkündigung (HSchönweiß)

Gebot, Weisung 433

δόγμα Verordnung, Lehrsatz · δογματίζω anordnen (HHEßer)

ἐντολή Gebot · ἐντέλλομαι befehlen (HHEßer)

παραγγέλλω anordnen · παραγγελία Anordnung (WMundle)

Zur Verkündigung (HHEßer)

Geburt, Werden, Zeugung 444
γεννάω zeugen, gebären · ἀναγεννάω wiederzeugen, wiedergebären (ARingwald)
γίνομαι werden, entstehen, geboren werden · γένεσις Entstehung, Geburt · ἀπογίνομαι sterben (JGuhrt)
ἔκτρωμα Fehlgeburt (HMüller)
παλιγγενεσία Wiedergeburt (JGuhrt)
τίκτω hervorbringen, gebären (GBauer)
Zur Verkündigung (GBauer)

Gedenken 454
μιμνήσκομαι gedenken, sich erinnern · μνεία Gedenken · μνήμη Erinnerung, Gedächtnis · μνημονεύω gedenken, erwähnen · μνημόσυνον Erinnerung · ἀνάμνησις Erinnerung, Gedächtnis · ὑπόμνησις Erinnerung (KHBartels)

Geduld 459
ἀνέχομαι aushalten, ertragen · ἀνοχή Aufschub, Frist, Zurückhaltung, Nachsicht (UFalkenroth)
καρτερέω stark, standhaft sein, ausdauern · προσκαρτερέω beharren bei, festhalten an · προσκαρτέρησις Ausdauer, Beharrlichkeit (WMundle)
μακροθυμία Geduld, Langmut · μακρόθυμος langmütig · μακροθυμέω langmütig sein, Geduld haben (UFalkenroth)
ὑπομένω geduldig sein, ausharren · ὑπομονή Geduld (UFalkenroth)
Zur Verkündigung (UFalkenroth)

Gegenwart, Wiederkunft 467
ἡμέρα Tag (GBraumann)
μαραναθά Herr, komm! (WMundle)
παρουσία Gegenwart, Anwesenheit · πάρειμι anwesend, gekommen sein (GBraumann)
Zur Verkündigung (GBraumann)

Geheimnis 476
μυστήριον Geheimnis · μυέω einweihen, unterweisen (GFinkenrath)

Geist 479
πνεῦμα Geist · πνέω wehen · πνοή Atmen, Wehen · ἐκπνέω aushauchen · ἐμπνέω schnauben · πνευματικός geistlich · θεόπνευστος von Gott eingegeben (EKamlah)
Zur Verkündigung (EKamlah)

Geiz 489
πλεονεξία Geiz, Habgier · πλεονεκτέω übervorteilen · πλεονέκτης Gewinnsüchtiger · φιλαργυρία Geldgier, Geiz (GFinkenrath)

Gemeinschaft 491
ἔχω haben · μετέχω teilhaben · μετοχή Teilhabe · μέτοχος teilhaftig, Teilhaber (JEichler)
κοινός gemein, gemeinsam · κοινόω profanieren · κοινωνέω Anteil haben, - geben · κοινωνία Gemeinschaft, Beteiligung · κοινωνικός mitteilsam, gemeinnützig · κοινωνός Genosse · συγκοινωνός Mitgenosse · συγκοινωνέω mitbeteiligt sein (JSchattenmann)

Genügen 499
ἀρκέω genügen · ἀρκετός genügend · αὐτάρκεια Genügsamkeit · αὐτάρκης genügsam (BSiede)
ἱκανός genug, würdig, tüchtig · ἱκανότης Tüchtigkeit · ἱκανόω tüchtig machen (WvMeding)

Gerechtigkeit 502
δικαιοσύνη Gerechtigkeit · δίκαιος gerecht · δικαιόω rechtfertigen · δικαίωμα Rechtsforderung, Rechtssatzung · δικαίωσις Rechtfertigung (HSeebaß)

Gericht, Richten 509
κρίμα Entscheidung, Beschluß, Urteil · κρίνω sondern, beurteilen, richten · ἀνακρίνω untersuchen, prüfen · κρίσις Entscheidung · κριτής Richter · συγκρίνω vergleichen, beurteilen · κατακρίνω verurteilen · κατάκριμα Strafe, Verdammnis · κατάκρισις Verurteilung · καταγινώσκω verurteilen (WSchneider)
παραδίδωμι ausliefern, preisgeben, überantworten (HBeck)
Zur Verkündigung (WSchneider)

Geruch 516
ὀσμή Geruch, Duft · εὐωδία Wohlgeruch (OFlender)

Geschlecht 517
γενεά Geschlecht · γενεαλογία Stammbaum · γενεαλογέω das Geschlecht ableiten · ἀγενεαλόγητος ohne Stammbaum (RMorgenthaler)

Gesetz 520
ἔθος Brauch, Sitte · ἦθος Sitte, Lebensweise (HHEßer)
νόμος Gesetz, Norm · νομικός das Gesetz betreffend, gesetzeskundig · νομίμως dem Gesetz entsprechend, nach der Regel · νομοδιδάσκαλος Gesetzeslehrer · νομοθεσία Gesetzgebung · νομοθετέω Gesetze geben · νομοθέτης Gesetzgeber · ἀνομία Gesetzlosigkeit · ἄνομος gesetzlos, gesetzwidrig · ἔννομος unter dem Gesetz, ordnungsmäßig · παρανομέω das Gesetz verletzen (HHEßer)
στοιχεῖα Elemente, Anfangsgründe · στοιχέω sich an eine Regel halten · συστοιχέω entsprechen (HHEßer)
Zur Verkündigung (HHEßer)

Gesinnung 534
φρονέω denken, urteilen, gesinnt sein · φρόνημα Denken, Sinnesart · φρόνησις Verstand, Klugheit · φρόνιμος verständig, einsichtsvoll (JGoetzmann)

Gestalt 538
εἶδος Gestalt, äußere Erscheinung (GBraumann)
μορφή Gestalt · σύμμορφος gleichgestaltig · συμμορφίζομαι/-όομαι dieselbe Gestalt annehmen · μεταμορφόομαι umgestalten · μόρφωσις Gestaltung, Verkörperung (GBraumann)
σχῆμα Erscheinung, Aussehen · μετασχηματίζω verwandeln, umgestalten · συσχηματίζω gleichgestalten (GBraumann)
ὑπόστασις Grundlage, Wesen, Zuversicht (GHarder)
Zur Verkündigung (GHarder)

Gesund, Heil 548
θεραπεύω heilen · θεράπων Diener · θεραπεία Dienerschaft (FGraber/DMüller)
ἰάομαι heilen, wiederherstellen · ἴαμα Heilung · ἴασις Heilung · ἰατρός Arzt (FGraber/DMüller)
ὑγιής gesund, heil · ὑγιαίνω gesund machen, heilen (DMüller)

Gewissen 555
συνείδησις Gewissen, Bewußtsein · σύνοιδα mitwissen, bewußt sein (HChrHahn)
Zur Verkündigung (HChrHahn)

Glaube 560

πείθω überzeugen, überreden · πείθομαι gehorchen, glauben · πέποιθα überzeugt sein, vertrauen · πεποίθησις Vertrauen, Zuversicht · πειθός überredend · πειθαρχέω gehorchen · πεισμονή Überreden · ἀπειθέω ungehorsam sein · ἀπειθής ungehorsam · ἀπείθεια Ungehorsam · πιθανολογία Überredungskunst (OBecker)
πίστις Glaube · πιστεύω glauben · πιστός zuverlässig, treu · πιστόω vertrauen · ἀπιστία Unglaube · ἀπιστέω nicht glauben · ἄπιστος ungläubig (OMichel)
Zur Verkündigung (OMichel)

Gleich 577

ἴσος gleich, entsprechend · ἰσότης Gleichheit, Billigkeit · ἰσότιμος gleichwertig · ἰσόψυχος gleichgesinnt (EBeyreuther)
ὅμοιος gleich, gleichartig · ὁμοιόω gleichen, vergleichen · ὁμοιότης Gleichartigkeit, Übereinstimmung · ὁμοίωμα Gleichheit, Abbild · ὁμοίωσις Ähnlichkeit · ὁμοιοπαθής gleichgeartet · παρόμοιος ähnlich · παρομοιάζω ähnlich sein · ἀφομοιόω ähnlich, gleich machen (EBeyreuther/GFinkenrath)

Gleichnis 583

παραβολή Gegenbild, Typus, Gleichnis · αἴνιγμα dunkle Rede, Rätselrede, Rätsel · ἀλληγορέω allegorisch reden (CHPeisker)
παροιμία Sprichwort, Weisheitsspruch; verhüllte Rede, Rätselrede (CHPeisker)

Gnade 590

χάρις Gunst, Dank, Wohlwollen, Wohltat · χάρισμα aus Wohlwollen geschenkte Gabe · χαρίζομαι aus Gnade schenken, jemandem zu Gefallen sein, verzeihen · χαριτόω mit Huld beglücken, begnaden (HHEßer)
Zur Verkündigung (HHEßer)

Gott 598

θεός Gott · θεῖος göttlich (JSchneider)
Zur Verkündigung (HHEßer/HSeebaß)

Gottesfürchtiger, Proselyt 612

προσήλυτος Proselyt · φοβούμενος τὸν θεόν Gottesfürchtiger · σεβόμενος τὸν θεόν Gottesfürchtiger (UBecker/Osterwald)

Grieche 614

Ἕλλην Grieche · Ἑλλάς Griechenland · Ἑλληνικός griechisch · Ἑλληνίς Griechin · Ἑλληνιστής Hellenist · Ἑλληνιστί griechisch (HBietenhard)

Groß, Klein 617

μέγας groß · μεγαλύνω großmachen, preisen · μεγαλειότης Herrlichkeit · μεγαλωσύνη majestätische Erhabenheit · μεγαλεῖα Großtaten (FThiele)
μικρός klein, wenig · ἐλάσσων geringer, jünger · ἐλάχιστος ganz klein, der Kleinste · ὀλίγος wenig(e), gering, klein (FThiele)

Gut 621

ἀγαθός gut · ἀγαθοεργέω Gutes tun · ἀγαθοποιέω gut handeln · ἀγαθοποιός der gut Handelnde · ἀγαθοποιΐα gutes Handeln · ἀγαθωσύνη Trefflichkeit, Güte (EBeyreuther)
καλός gut, schön · καλοποιέω das Gute tun (EBeyreuther)
χρηστός milde, sanft, gütig · χρηστότης Gütigkeit, Freundlichkeit · χρηστεύομαι sich gütig erweisen (EBeyreuther)

Hand, Handauflegung 627

δεξιός rechts · δεξιά die Rechte (ChBlendinger)
χείρ Hand (FLaubach)

ἐπιτίθημι τὰς χεῖρας die Hände auflegen · ἐπίθεσις τῶν χειρῶν Handauflegung (HGSchütz)

Hart, verstockt 631
σκληρός hart, schroff · σκληρότης Härte · σκληρύνω verhärten, verstocken · σκληροτράχηλος widerspenstig · σκληροκαρδία Herzenshärte · πωρόω verhärten, verstocken · πώρωσις Verstockung · παχύνω unempfindlich machen (UBecker/Osterwald)

Haupt 634
κεφαλή Haupt, Kopf · ἀνακεφαλαιόομαι zusammenfassen, wiederholen (KMunzer)

Haus, bauen 636
οἶκος Haus, Wohnstelle · οἰκία Wohnung, Haus · οἰκέω wohnen, bewohnen · κατοικέω bewohnen · κατοικητήριον Wohnstätte/Behausung · κατοικίζω Wohnung nehmen · ἐνοικέω wohnen in, innewohnen · οἰκεῖος zum Hause gehörig, Hausgenosse (JGoetzmann)
οἰκοδομέω bauen, erbauen · οἰκοδομή Bau, Gebäude · ἐποικοδομέω auf etwas bauen, weiterbauen · συνοικοδομέω zusammenbauen (JGoetzmann)
οἰκονομία Amt, verwaltende Tätigkeit · οἰκονόμος Verwalter · οἰκονομέω verwalten (JGoetzmann)
Zur Verkündigung (JGoetzmann)

Heilig 645
ἅγιος heilig · ἁγιάζω heilig machen, weihen · ἁγιασμός Heiligkeit · ἁγιωσύνη Heiligkeit · ἁγίασμα Heiligtum, Heiligkeit · ἁγιαστήριον Heiligtum (HSeebaß)
ἱερός heilig · ἱερατεύω als Priester tätig sein · ἱερατικός priesterlich · ἱερουγέω heiligen Dienst verrichten · ἱεροπρεπής dem Heiligen gemäß · ἱεροσυλέω ein Heiligtum berauben · ἱερόθυτος geweiht, geopfert · τὰ ἱερά Opfer · ἱερεύω opfern · ἱερουργία heiliger Dienst · τὸ ἱερόν Heiligtum (HSeebaß)
ὅσιος heilig · ὁσιότης Heiligkeit · ἀνόσιος unheilig (HSeebaß)
Zur Verkündigung (IBrase)

Herr 658
δεσπότης (Haus-)Herr, Besitzer · οἰκοδεσπότης Hausherr · οἰκοδεσποτέω (das Haus) regieren, verwalten (HBietenhard)
κύριος Herr, Herrscher; mächtig · κυρία Herrin · κυριακός zum Herrn gehörend · κυριότης Herrschaft · κυριεύω herrschen · κατακυριεύω beherrschen, unterjochen, überwältigen (HBietenhard)
Zur Verkündigung (HBietenhard)

Herrenmahl 667
δεῖπνον Mahl, Mahlzeit · κυριακὸν δεῖπνον Herrenmahl · τράπεζα Tisch · κλάσις τοῦ ἄρτου Brotbrechen (BKlappert)
Zur Verkündigung (LCoenen)

Herz 680
καρδία Herz, Inneres · καρδιογνώστης Herzenskundiger, Herzenskenner · σκληροκαρδία Herzenshärte (ThSorg)

Himmel 683
ἀναβαίνω hinaufgehen, hinaufsteigen · καταβαίνω hinabsteigen · μεταβαίνω hinüberwechseln (BSiede)
ἄνω oben (HBietenhard)
οὐρανός Himmel · οὐράνιος himmlisch · ἐπουράνιος himmlisch, zum Himmel gehörig · οὐρανόθεν vom Himmel her (HBietenhard)
Zur Verkündigung (HBietenhard)

Hindern 695

ἐγκόπτω hindern, hemmen · ἐγκοπή Hinderung, Hindernis · ἐγκοπὴν διδόναι τινί etwas hindern (CHPeisker)

κωλύω hemmen, (ver)hindern, zurückhalten, (ver)wehren (CHPeisker)

Hirte 697

ποιμήν Hirte · ποίμνη, ποίμνιον Herde · ποιμαίνω weiden, hüten · ἀρχιποίμην Erzhirte, Oberhirte (EBeyreuther)

Hochmut 701

ὕβρις Übermut, Mißhandlung · ὑβρίζω übermütig behandeln, mißhandeln · ὑβριστής Frevler, Gewalttäter · ἐνυβρίζω verachten, beleidigen (EGüting)

ὑπερήφανος hochmütig · ὑπερηφανία Hochmut · ἀλαζών prahlerisch · ἀλαζονεία Prahlerei (EGüting)

Höhe, Tiefe 703

βάθος Tiefe · βαθύς tief (JBlunck)

ὕψος Höhe · ὑψβθός hoch · ὕψωμα das Erhöhte (JBlunck)

ὑψόω erhöhen, erheben · ὑπερυψόω zur höchsten Höhe erheben, sich erheben (DMüller)

Hölle 710

ἄβυσσος Abgrund (HBietenhard)

ᾅδης Unterwelt, Totenreich (HBietenhard)

γέεννα Hölle (HBietenhard)

κατώτερος unterer, unteres (HBietenhard)

Zur Verkündigung (HBietenhard)

Hören 716

ἀκούω hören · ἀκοή Hören, Gehör · ἀκροατής Hörer · εἰσακούω gehorchen · ἐπακούω erhören, gehorchen · ἐπακροάομαι zuhören · παρακούω überhören, ungehorsam sein · παρακοή Ungehorsam · ἐνωτίζω aufmerken, hören (WMundle)

ὑπακούω hören auf, gehorchen · ὑπακοή Gehorsam · ὑπήκοος gehorsam (WMundle)

Hoffnung 722

ἐλπίς Hoffnung · ἐλπίζω hoffen, erwarten · ἀπελπίζω zurückerhoffen · προελπίζω vorher hoffen (EHoffmann)

ἀποκαραδοκία sehnsüchtige Erwartung · ἐκδέχομαι aufnehmen, warten auf · ἀπεκδέχομαι warten auf, erwarten · προσδέχομαι erwarten · προσδοκάω ausschauen, streben nach (EHoffmann)

Hunger 728

πεινάω hungern · διψάω dürsten · λιμός Hungersnot, Hunger · δίψος Durst (WBauder)

βρῶμα Speise, Essen · βρῶσις Speise, Essen · γάλα Milch (HKropatscheck)

γεύομαι schmecken (ETiedtke)

ἐσθίω essen (GBraumann)

πίνω trinken · ποτίζω tränken, zu trinken geben · ποτήριον Trinkbecher · πόμα Trank · πόσις das Trinken, Trank · πότος Trinkgelage (GBraumann)

Zur Verkündigung (GBraumann)

Ich bin 739

ἐγώ εἰμι ich bin · ἐγώ ich (GBraumann/HGLink)

Israel, Jude, Hebräer 742

Ἰσραήλ Israel · Ἰσραηλίτης Israelit · Ἰουδαῖος Jude · ἰουδαϊκός jüdisch · Ἑβραῖος Hebräer · Ἑβραΐς hebräisch (RMayer)

Zur Verkündigung (RMayer)

Jerusalem 753
Ἰερουσαλήμ Jerusalem · Σιών Zion (HSchultz)

Jesus Christus 757
Ἰησοῦς Jesus (KHRengstorf)
Ναζαρηνός, Ναζωραῖος Nazarener, aus Nazareth (KHRengstorf)
Χριστός Christus · χρίω bestreichen, (im bibl. Griech.) salben · Χριστιανός Christ · Μεσσίας Messias (KHRengstorf)
Χριστιανός Christ (KHRengstorf)

Kampf 769
ἀγών Kampf · ἀγωνίζομαι kämpfen · ἀνταγωνίζομαι kämpfen gegen · ἐπαγωνίζομαι kämpfen für · καταγωνίζομαι niederkämpfen · συναγωνίζομαι kämpfen, helfen · ἀγωνία Anstrengung, Angst (ARingwald)
βραβεῖον Kampfpreis · βραβεύω Schiedsrichter sein, regieren · καταβραβεύω den Siegespreis absprechen, verurteilen (ARingwald)
θριαμβεύω im Triumphzug mitführen (KDahn/HGLink)
νικάω siegen · νῖκος Sieg · νίκη Sieg (WGünther)

Kanon 775
κανών Regel, Maßstab, Norm (JGuhrt/HGLink)

Kind 776
νήπιος Kind (GBraumann)
παῖς Kind, junger Mensch, Knecht · παιδίον das (kleine) Kind · παιδάριον das (kleine) Kind, Jüngling · βρέφος das Ungeborene, der Säugling (GBraumann)
τέκνον Kind · τεκνίον das kleine Kind (GBraumann)
υἱός Sohn · υἱοθεσία Annahme an Kindes Statt, Adoption (GBraumann)

Kirche 784
ἐκκλησία Aufgebot, Versammlung, Gemeinde, Kirche · συνάγω versammeln συναγωγή Versammlung, Synagoge (LCoenen)
Zur Verkündigung (LCoenen)

Klagen 799
κλαίω weinen · κλαυθμός das Weinen (HHaarbeck)
κόπτω schlagen · κόπτομαι sich vor Trauer an die Brust schlagen (HHaarbeck)
λυπέω Schmerz zufügen · λυπέομαι Schmerz empfinden, traurig sein · λύπη Leid, Schmerz (HHaarbeck/HGLink)

Kommen 803
ἔρχομαι kommen · ἔλευσις Ankunft · εἰσέρχομαι hineinkommen · ἀπέρχομαι weggehen · παρεισέρχομαι daneben hineinkommen · περιέρχομαι umherziehen · προέρχομαι vorausgehen · προσέρχομαι hinzutreten · συνέρχομαι zusammenkommen · διέρχομαι hindurchgehen · ἐξέρχομαι heraus-, weggehen · ἐπέρχομαι herankommen · παρέρχομαι vorübergehen · ἥκω gekommen sein, dasein (WMundle)
καταντάω hinkommen · ἀπαντάω begegnen · ὑπαντάω begegnen · ἀπάντησις Begegnung · ὑπάντησις Begegnung (WMundle)
μέλλω vermögen, beabsichtigen, müssen · μέλλων zukünftig (WSchneider)

Kraft 810
βία Gewalt · βιάζω Gewalt anwenden · βιαστής der Gewalttätige (GBraumann)
ἰσχύς Stärke, Kraft · ἰσχύω stark sein, kräftig sein · ἰσχυρός stark, heftig · κατισχύω stark sein, kräftig sein (GBraumann)
κέρας Horn (JSchattenmann/HGLink)

κρατέω stark sein, sich bemächtigen, halten · κράτος Kraft, Macht, Herrschaft · κραταιόω stark machen · κραταιός stark, mächtig · παντοκράτωρ Allmächtiger · κοσμοκράτωρ Allherrscher · κράτιστος hochansehnlich (GBraumann)

Kreuz 816

ξύλον Holz, Baum (BSiede)
σταυρός Pfahl, Kreuz · σταυρόω aufhängen, pfählen, kreuzigen · ἀνασταυρόω kreuzigen · συσταυρόω kreuzigen zusammen mit · κρεμάννυμι aufhängen · ἀνασκολοπίζω aufhängen (EBrandenburger)
Zur Verkündigung (HGLink)

Laie 831

ἰδιώτης Laie (OFlender)

Lamm 831

ἀμνός, ἀρήν, ἀρνίον Lamm (JGess)
πρόβατον Schaf (RTuente)

Last 834

βάρος Last · βαρύς schwer · βαρέω beschweren · φορτίον Traglast (WMundle)
κόπος Arbeit, Mühe · κοπιάω arbeiten, sich mühen · πόνος Anstrengung, Mühe (MSeitz/HGLink)

Leben 837

βίος Leben · βιόω leben · βιωτικός zum Leben gehörig (HGLink)
ζωή Leben · ζάω leben · ζῷον Lebewesen · ζῳογονέω zeugen, lebendigmachen · ζῳοποιέω Leben schaffen (HGLink)
Zur Verkündigung (HGLink)

Leer, Eitel 847

κενός leer · κενόω leer machen, zunichte machen · κενόδοξος prahlerisch · κενοδοξία Prahlerei, Irrtum (ETiedtke/HGLink)
μάταιος nichtig · ματαιότης Nichtigkeit · ματαιόω zunichte machen · μάτην vergeblich · ματαιολογία leeres Geschwätz · ματαιολόγος Schwätzer (ETiedtke)

Lehre 852

A. διδάσκω lehren · B. διδάσκαλος Lehrer · C. διδασκαλία Lehrtätigkeit, Lehre · διδαχή Belehrung, Unterricht, Lehre (KWegenast)
κατηχέω unterweisen · κατήχησις Unterweisung · κατηχούμενος Schüler · κατηχῶν Lehrer (KWegenast)
παραδίδωμι überliefern · παράδοσις Überlieferung (KWegenast)
Zur Verkündigung (KWegenast/LCoenen)

Leib, Glied 867

μέλος Glied (HGSchütz)
σῶμα Körper, Leib (SWibbing)
Zur Verkündigung (HChrHahn)

Leiden 876

πάσχω leiden, erdulden · κακοπαθέω Unglück erleiden, Ungemach geduldig ertragen · συγκακοπαθέω mit jemandem zusammen Ungemach erleiden · συμπαθέω Mitleid haben · συμπάσχω mitleiden, in Mitleidenschaft ziehen · πάθημα Leid, Unglück, Leidenschaft · παθητός dem Leiden unterworfen, leidensfähig (BGärtner)
Zur Verkündigung (BGärtner)

Licht 884

λάμπω leuchten, strahlen · λαμπάς Fackel, Leuchte · λαμπρός strahlend, glänzend, leuchtend · λαμπρότης Glanz, Seelengröße · λαμπρῶς glänzend, prächtig · ἐκλάμπω aufstrahlen · περιλάμπω umleuchten (HChrHahn)
λύχνος Lampe, Leuchte · λυχνία Leuchter, Lampenständer (HChrHahn)

φαίνω scheinen, leuchten · φαίνομαι scheinen, erscheinen, offenbar werden (HChrHahn)

φῶς Licht, Glanz, Helligkeit · φωτίζω (er-, be-)leuchten, ans Licht bringen · φωτισμός Erstrahlen, Leuchten · φωστήρ Leuchtkörper, Glanz · φωσφόρος Morgenstern (HChrHahn)

Zur Verkündigung (HChrHahn)

Liebe 895

ἀγάπη Liebe · ἀγαπάω lieben · ἀγαπητός geliebt, beliebt · ἐράω leidenschaftlich lieben · ἔρως Liebe (WGünther/HGLink)

φιλέω gern haben, lieben · φίλος Verwandter, Freund · φιλία Freundschaft, Liebe · καταφιλέω küssen · φίλημα Kuß (WGünther)

Zur Verkündigung (WGünther)

Lied 906

ὕμνος Lied, Lobgesang · ὑμνέω besingen, rühmen (KHBartels)

ψαλμός Loblied, Psalm · ψάλλω lobsingend preisen, lobsingen (KHBartels)

ᾠδή (Trauer-, Klage-, Freuden-)Gesang · ᾄδω singen (KHBartels)

Lohn 911

κέρδος Gewinn · κερδαίνω gewinnen · ζημία Schaden · ζημιόομαι Schaden erleiden (BSiede)

μισθός Lohn · μισθόω mieten · μισθωτός Lohnknecht · μισθαποδοσία Entlohnung · μισθαποδότης Entlohner, Vergelter (PChBöttger)

ὀψώνιον Sold, Löhnung (OBecker)

Lüge 917

ὑποκρίνω antworten, heucheln · ὑπόκρισις Verstellung, Heuchelei · ὑποκριτής Heuchler, Gottloser · ἀνυπόκριτος ungeheuchelt, einfältig (WGünther)

ψεύδομαι lügen, belügen · ψευδής lügnerisch, verlogen, Lügner · ψεῦδος Lüge · ψεύστης Lügner · ἀψευδής truglos, wahrhaft (UBecker, Osterwald/HGLink)

Macht 922

δύναμις Vermögen, Kraft, Macht · δύναμαι vermögen, können · δυνάστης Herrscher · δυναμόω stark machen · ἐνδυναμόω stark machen · δυνατός stark, mächtig · δυνατέω stark sein (OBetz)

ἐξουσία Vollmacht, Befugnis · ἐξουσιάζω Verfügungsrecht haben · κατεξουσιάζω Gewalt gegen jemanden einsetzen, Amtsgewalt mißbrauchen (ChrBlendinger)

Zur Verkündigung (OBetz/LCoenen)

Mensch 935

ἀνήρ Mann (HVorländer)

ἄνθρωπος Mensch · ἀνθρώπινος menschlich (HVorländer)

Zur Verkündigung (HHEßer)

Mose 942

Μωϋσῆς Mose (HSeebaß)

Nachfolge 945

ἀκολουθέω nachfolgen · ἐξακολουθέω Folge leisten · ἐπακολουθέω nachfolgen · παρακολουθέω begleiten, begreifen · συνακολουθέω mitfolgen (ChrBlendinger)

μαθητής Schüler, Jünger · μανθάνω lernen (DMüller)

μιμέομαι nachahmen, nachfolgen · μιμητής Nachahmer · συμμιμητής Mitnachahmer (WBauder)

ὀπίσω hinten, hinterher, nach hinten, hinter · ὄπισθεν von hinten her, hinter je-

mand her (WBauder)
Zur Verkündigung (HChrHahn)

Name 958
ὄνομα Name · ὀνομάζω (be-)nennen, namhaft machen · ἐπονομάζω danach nennen, einen Beinamen geben · ψευδώνυμος einen falschen Namen tragend (HBietenhard)

Natur 963
φύσις Natur, Beschaffenheit, Art · φυσικός natürlich (GHarder)

Nehmen 967
δέχομαι annehmen, empfangen · δεκτός angenehm · ἀποδέχομαι aufnehmen · ἀποδοχή Annahme · ἀπόδεκτος annehmbar · προσδέχομαι auf- bzw. annehmen · δοχή Gastmahl (HGLink)
λαμβάνω ergreifen, nehmen, empfangen · ἀναλαμβάνω zu sich nehmen, aufnehmen · ἀνάλημψις Aufnahme · ἐπιλαμβάνω zufassen, ergreifen · καταλαμβάνω ergreifen, anpacken, in Besitz nehmen · μεταλαμβάνω Anteil erhalten · μετάλημψις Entgegennahme, Anteilhaben · παραλαμβάνω zu sich nehmen, übernehmen · προλαμβάνω vorwegnehmen · προσλαμβάνω hinzunehmen, einnehmen · πρόσλημψις Aufnahme, Annahme · ὑπολαμβάνω aufnehmen, auffassen, meinen (BSiede)

Neu 972
καινός neu · καινότης Neuheit · καινίζω erneuern · καινόω neu machen (HHaarbeck/HGLink)
νέος neu, jung, frisch · νεότης Jugend · νεώτερος jünger, ein Jüngerer (HHaarbeck)

Notwendigkeit 977
ἀνάγκη Zwang · ἀναγκαῖος notwendig · ἀναγκάζω zwingen (RMorgenthaler)
δεῖ (es, man) muß · μοῖρα Schicksal (ETiedtke/HGLink)
ὀφείλω schulden, verpflichtet sein · ὀφείλημα Schuld · ὀφειλέτης Schuldner · ὄφελον o daß doch! · ὀφειλή Schuld (ETiedtke/HGLink)

Öffnen 982
ἀνοίγω öffnen, sich auftun · ἄνοιξις das Öffnen (CHPeisker)
κλείς Schlüssel · κλείω schließen, verschließen (DMüller)

Offenbarung 985
ἀποκαλύπτω enthüllen · ἀποκάλυψις Enthüllung, Offenbarung (WMundle)
δηλόω kundtun, offenbaren · δῆλος offenbar (WMundle)
ἐπιφάνεια Erscheinung, Offenbarung · ἐπιφαίνω sich zeigen, erscheinen, leuchten · ἐπιφανής gewaltig, herrlich, furchtbar (BGärtner)
Zur Verkündigung (LCoenen)

Opfer 993
ἀπαρχή Erstlingsgabe, Abgabe, Gabe (HGLink)
θύω opfern · θυσία Opferhandlung, Opfergabe · θυσιαστήριον Altar · προσφορά das Darbringen, Opfergabe (FThiele)

Paradies 997
παράδεισος Garten, Park, Paradies (HBietenhard)

Pein 999
βάσανος Qual · βασανίζω quälen · βασανισμός Quälerei · βασανιστής Folterknecht (WMundle)
κολαφίζω mit der Faust schlagen · πληγή Plage (WMundle)

Pharisäer 1001

Φαρισαῖος Pharisäer (DMüller)

Presbyter 1003

πρεσβεύω älter sein; Gesandter sein; gebieten · πρεσβύτερος älter, Ältester · πρεσβυτέριον Ältestenrat, -würde · πρεσβύτης alter Mann · πρεσβεία Würde (des Ältesten), Gesandtschaft · προΐστημι vorsetzen · κυβέρνησις Leitung (LCoenen)

Priester 1010

ἱερεύς Priester · ἀρχιερεύς Hoherpriester · ἱερωσύνη Priestertum · ἱερατεία Priesteramt · ἱεράτευμα Priesterschaft (JBaehr)

Prophet 1016

προφήτης Prophet, Verkündiger · προφῆτις Prophetin, Verkündigerin · προφητεύω prophetisch enthüllen, weissagen · προφητεία Prophetenwirksamkeit, -gabe, -wort, -spruch · προφητικός prophetisch · ψευδοπροφήτης falscher Prophet · μαντεύομαι wahrsagen, Orakel geben (CHPeisker)

Reich 1023

βασιλεύς Herrscher, König · βασιλεία Königswürde, -herrschaft, Königreich · βασιλεύω König sein, herrschen · συμβασιλεύω mitherrschen · βασίλειος königlich · βασιλικός königlich · βασίλισσα Königin (BKlappert)

Rein 1036

ἁγνός rein, heilig · ἁγνίζω reinigen · ἁγνεία Reinheit, Keuschheit · ἁγνισμός Reinigung · ἁγνότης Reinheit (HBaltensweiler)

καθαρός rein · καθαίρω reinigen · ἐκκαθαίρω ausfegen · καθαρίζω reinigen · καθαρότης Reinheit · καθαρισμός Reinigung · ἀκάθαρτος unrein · ἀκαθαρσία Unreinheit · περικάθαρμα Auswurf, Abschaum (HGLink/JSchattenmann)

Rest, übrig 1042

λείπω lassen, zurücklassen · λοιπός übrig · λεῖμμα Rest · καταλείπω übriglassen (WGünther/HKrienke)

Richtig, vollkommen 1046

ἄξιος gleichwertig, angemessen, würdig, wert · ἀνάξιος unwürdig · ἀξιόω für wert erachten, bitten · καταξιόω für wichtig erachten (ETiedtke)

ἄρτιος angemessen, rechtschaffen · καταρτίζω ordnen, bereiten · καταρτισμός Zurüstung · κατάρτισις Vervollkommnung (RSchippers)

ὀρθός aufrecht, gerade, richtig · διόρθωσις Ordnung, Berichtigung · ἐπανόρθωσις Wiederherstellung, Verbesserung · ἐπανορθόω wiederaufrichten, verbessern · ὀρθοποδέω recht wandeln (RKlöber)

Ruhe 1050

ἀναπαύω ausruhen · ἀνάπαυσις Ruhe · ἐπαναπαύω ruhen · καταπαύω zur Ruhe bringen · κατάπαυσις Ruhe (RHensel)

Ruhm 1051

καύχημα Ruhm, Stolz · καύχησις das Rühmen · καυχάομι sich rühmen · ἐγκαυχάομαι sich rühmen · κατακαυχάομαι sich überheben, triumphieren (HChrHahn)

Salben 1053

ἀλείφω salben (WBrunotte)

χρίω salben · χρῖσμα Salbung (DMüller)

Satan 1057

διάβολος Verleumder; Teufel · διαβάλλω verleumden · Βεελζεβούλ Beelzebub · σατανᾶς Satan (HBietenhard)

Zur Verkündigung (HBietenhard)

Scham, Schande 1064

αἰδώς Scheu, Ehrfurcht, Schamhaftigkeit · αἰδέομαι ehrfürchtige Scheu haben, Rücksicht nehmen (HGLink/ETiedtke)

αἰσχύνω sich schämen, zuschanden werden · ἐπαισχύνομαι schämen · καταισχύνω schänden; zuschanden werden · αἰσχύνη Scham, Schande · αἰσχρός schmutzig, schändlich · αἰσχρότης Häßlichkeit (HGLink)

Schatten 1067

σκιά Schatten · ἐπισκιάζω überschatten, bedecken · ἀποσκίασμα Verfinsterung (HChrHahn)

Schmähen, Lästern 1069

βλασφημέω schmähen, verleugnen, lästern · βλασφημία Lästerung, Schmährede (HWährisch)

καταλαλέω Übles reden, verleumden · καταλαλιά üble Nachrede, Verleumdung · κατάλαλος Verleumder (WMundle)

λοιδορέω beschimpfen, schmähen · λοιδορία Beschimpfung, Schmähung · λοίδορος Lästerer · ἀντιλοιδορέω widerschmähen (HWährisch)

Schöpfung 1073

καταβολή Grundlegung · καταβάλλω niederwerfen, (be-)gründen (HHEßer)

κτίζω gründen, (zuerst) schaffen, erschaffen · κτίσις Schöpfung, Geschöpf · κτίσμα Geschaffenes, Geschöpf · κτίστης Stifter, Begründer, Schöpfer (HHEßer)

Zur Verkündigung (HHEßer)

Schrift 1084

γράφω schreiben · γράμμα Buchstabe, Dokument · γραφή Schrift, Inschrift, Urkunde · ἐγγράφω eintragen · ὑπογράφω unterschreiben, vorzeichnen (RMayer)

Schuld 1092

αἰτία Grund, Ursache, Schuld · αἴτιος verantwortlich, schuldig · αἰτίωμα Beschuldigung · ἀναπολόγητος unentschuldbar (FThiele)

ἐλέγχω überführen · ἔλεγχος Beweis, Überführung · ἐλεγμός Überführung · ἔλεγξις Zurechtweisung (HGLink)

ἔνοχος schuldig, einer Sache oder Strafe unterworfen, verfallen, verdammt · ἐνέχω festhalten (FThiele)

Zur Verkündigung (HChrHahn)

Schwachheit 1101

ἀσθένεια Schwäche, Schwachheit · ἀσθενής kraftlos, schwach · ἀσθενέω kraftlos, schwach sein · ἀσθενῶν der Kranke (HGLink)

νόσος Krankheit · νοσέω krank sein (HGLink)

Schwören 1106

ὀμνύω schwören · ὅρκος Eid, Schwur · ὁρκίζω schwören lassen, beschwören · ἐνορκίζω beschwören · ἐξορκίζω beschwören · ἐξορκιστής Exorzist · ἐπιορκέω einen Meineid leisten · ἐπίορκος meineidig · ὁρκωμοσία eidliche Versicherung (HGLink)

Zur Verkündigung (DMüller)

Seele 1112

ψυχή Seele, Leben (GHarder)

Segen 1119

εὐλογέω gut reden von, rühmen, segnen · εὐλογία gute Rede, Lobpreis, Segen · εὐλογητός gepriesen, gesegnet · ἐνευλογέω segnen · ἀσπάζομαι grüßen · ἀσπασμός Gruß (HGLink)

Sehen, Gesicht 1127

ὁράω sehen · ὁρατός sichtbar · ἀόρατος unsichtbar · ὅρασις, ὅραμα Gesicht, Vision · ὀπτασία Vision · ἐποπτεύω beobachten · καθοράω betrachten · προοράω voraussehen · βλέπω sehen · θεάομαι schauen · θεωρέω zuschauen · ὀφθαλμός Auge (KDahn)

Selig 1133

μακάριος selig, glücklich · μακαρίζω selig preisen, glücklich preisen · μακαρισμός Seligpreisung, Lobpreisung (UBecker/Hannover)

Siegel 1135

σφραγίς Siegel · (κατα-)σφραγίζω versiegeln (RSchippers)

Sklave 1139

αἰχμάλωτος Kriegsgefangener · αἰχμαλωτίζω gefangennehmen · αἰχμαλωτεύω in Gefangenschaft bringen · αἰχμαλωσία Kriegsgefangenschaft (HGLink/RTuente)

δεσμεύω fesseln · δέσμη Bündel · δέσμιος Gefangener · δεσμός Fessel, Gefangenschaft · δεσμωτήριον Gefängnis · δεσμώτης Gefangener · δεσμιοφύλαξ Gefängniswärter · σύνδεσμος Fessel, Bindemittel (HGLink)

δοῦλος Sklave · δουλεία Sklaverei · δουλεύω unterworfen sein, dienen (RTuente)

ζυγός Joch, Waage · ἑτεροζυγέω unter einem fremden Joch gehen (HGLink)

Zur Verkündigung (HGLink)

Sohn 1150

παῖς θεοῦ Gottesknecht (OMichel)

υἱὸς τοῦ ἀνθρώπου Menschensohn (OMichel)

υἱὸς τοῦ θεοῦ Sohn Gottes (OMichel)

υἱὸς Δαυίδ Sohn Davids (OMichel)

Sorge 1179

μέριμνα Sorge · μεριμνάω sorgen, besorgt sein · προμεριμνάω sich vorher sorgen · μέλω besorgt sein, sich kümmern um (JGoetzmann)

Stein, Eckstein 1182

γωνία Ecke · κεφαλη γωνίας Eckstein · ἀκρογωνιαῖος an der Ecke liegend (WMundle)

λίθος Stein · λίθινος steinern (HGLink/ETiedtke)

Strafe, Rache 1185

δίκη Recht, Strafe, Rache · ἐκδικέω Recht verschaffen, strafen, rächen · ἔκδικος Rächer · ἐκδίκησις Rache, Vergeltung, Strafe (UFalkenroth)

Suchen, Finden 1187

εὑρίσκω finden, entdecken (BGärtner)

ζητέω suchen · ἐκζητέω suchen, forschen · ἐπιζητέω suchen, streben, fahnden · ζήτησις Untersuchung, Streitgespräch (HGLink)

Sünde 1192

ἀδικέω Unrecht begehen, ungerecht behandeln · ἀδίκημα ungerechte Tat, ungerechtes Gut · ἀδικία Unrechtstat, Ungerechtigkeit · ἄδικος unbrauchbar, nicht recht beschaffen (WGünther)

ἁμαρτάνω verfehlen, sündigen · ἁμάρτημα Fehler, Vergehen · ἁμαρτία Verfehlung, Sünde · ἁμαρτωλός Verfehlender, Sünder (WGünther)

παραβαίνω danebentreten, vorbeigehen, abirren · παράβασις Übertretung, Verfehlung · παραβάτης (der) Nebenstehende · ἀπαράβατος unwandelbar · ὑπερβαίνω hinübersteigen, übertreten (WGünther)
παραπίπτω danebenfallen, abirren, sündigen · παράπτωμα Fehltritt, Sünde (WBauder)
Zur Verkündigung (WGünther)

Taufe 1205
βάπτω eintauchen · βαπτίζω ein-, untertauchen · βάπτισμα Taufe · βαπτισμός Tauchbad, Taufe (GRBeasley-Murray)
λούω waschen · ἀπολούω abwaschen · λουτρόν Bad · νίπτω waschen (GRBeasley-Murray)
Zur Verkündigung (HChrHahn)

Tempel 1217
ναός Wohnung, Tempel, Gotteshaus (MvMeding)

Tier 1220
θηρίον Tier (WBauder)

Tod 1221
ἀποκτείνω töten · τελευτάω vollenden, sterben (LCoenen)
θάνατος Tod · θανατόω töten · ἀθανασία Unsterblichkeit · θνῄσκω sterben · ἀποθνῄσκω mit jemandem zusammen sterben · θνητός sterblich (WSchmithals)
καθεύδω schlafen · κοιμάομαι schlafen, einschlafen · ὕπνος Schlaf (LCoenen)
νεκρός Toter, tot · νεκρόω abtöten; absterben · νέκρωσις Absterben (LCoenen)

Trost 1235
θαρσέω, θαρρέω mutig, getrost sein (WMundle)
παραμυθέομαι trösten, zusprechen · παραμυθία Trost, Zuspruch · παραμύθιον Zuspruch, Trostmittel (GBraumann)

Tugend 1237
ἀνέγκλητος unbescholten, unsträflich · ἀμίαντος unbefleckt · ἄμωμος fehlerlos · ἄσπιλος makellos (HWährisch)
ἀρετή Tugend (HGLink/ARingwald)

Vater 1241
ἀββά Vater (OHofius)
πατήρ Vater · πατριά Geschlecht, Sippe · πατρίς Vaterland, Vaterstadt · ἀπάτωρ vaterlos (OHofius)

Verbergen 1247
καλύπτω verhüllen, bedecken · ἀνακαλύπτω aufdecken · κατακαλύπτω verhüllen · κάλυμμα Hülle, Decke (WMundle)
κρύπτω verbergen · ἀποκρύπτω verbergen · κρυπτός, ἀπόκρυφος, κρυφαῖος verborgen (WMundle)

Verderben 1254
ἀπώλεια Verderben · ἀπόλλυμι verderben · ἀπολλύων Verderber (HChrHahn)
ὄλεθρος Verderben · ὀλοθρεύω verderben · ἐξολεθρεύω gänzlich verderben · ὀλοθρευτής Verderber (HChrHahn)
φθείρω verderben · ἀφθαρσία Unverderblichkeit, Unvergänglichkeit · ἄφθαρτος unverderblich, unvergänglich · διαφθείρω zerstören · διαφθορά Vernichtung, Verwesung · φθορά Verderben, Vernichtung, Untergang (FMerkel)

Verführen 1260
πλανάω irreführen, verführen · πλάνη, πλάνος Irrfahrt, Täuschung · ἀποπλανάομαι umherirren · (ἐξ-)ἀπατάω verführen, täuschen · ἀπάτη Illusion, Täuschung · παραλογίζομαι betrügen, täuschen (WGünther)

Vergebung 1263
ἀφίημι loslassen, vergeben · ἄφεσις Vergebung · πάρεσις Hingehenlassen (HVorländer)
Vergelten 1267
ἀποδίδωμι abgeben, zurückgeben, verkaufen, vergelten · ἀνταποδίδωμι vergelten, heimzahlen · ἀνταπόδοσις Vergeltung · ἀνταπόδομα Vergeltung (PChrBöttger)
Verheißung 1269
ἐπαγγέλλομαι anzeigen, bekanntmachen, versprechen, geloben · προεπαγγέλλομαι vorher ankündigen, vorher versprechen · ἐπαγγελία, ἐπάγγελμα Ankündigung, Nachricht, Verheißung (EHoffmann)
Verkündigung 1273
ἀγγέλλω verkündigen, melden · ἀγγελία Botschaft · ἀν-/ἀπαγγέλλω berichten, verkündigen, melden · διαγγέλλω bekanntmachen, anzeigen · ἐξ-/καταγγέλλω verkündigen · καταγγελεύς (der) Verkündiger · προκαταγγέλλω vorher an-/verkündigen (UBecker, Hann./DMüller)
κηρύσσω ausrufen, verkündigen · κῆρυξ Herold · κήρυγμα Botschaft (LCoenen)
Zur Verkündigung (LCoenen)
Verleugnen 1287
ἀρνέομαι verneinen, bestreiten, verleugnen, sich lossagen · ἀπαρνέομαι verleugnen, sich lossagen (HGLink/ETiedtke)
Vernunft 1288
νοῦς Sinn, Verstand, Vernunft · νοέω verstehen, wahrnehmen · νόημα Gedanke, Plan · νοητός denkbar · ἀνόητος unverständig, töricht · ἄνοια Unvernunft · διανόημα Meinung, Entschließung · διάνοια Nachdenken, Denkkraft · δυσνόητος schwer zu verstehen · ἔννοια Gedanke, Erkenntnis, Vorstellung · κατανοέω bemerken, erkennen (GHarder)
σύνεσις Verständnis, Einsicht · συνίημι wahrnehmen, einsehen, verstehen · συνετός einsichtig, verständig, klug; verständlich · ἀσύνετος unverständig, unverständlich (JGoetzmann)
Zur Verkündigung (HHEßer; HGLink)
Versöhnung 1302
ἀποκαθίστημι zurückversetzen, wiederherstellen · ἀποκατάστασις Wiederherstellung (HGLink)
ἵλεως gnädig · ἱλάσκομαι sühnen, gnädig machen, gnädig werden · ἱλασμός Sühnung, Sühnopfer · ἱλαστήριον das Sühnende, Sühngerät, Sühnemittel (HGLink)
καταλλάσσω versöhnen · καταλλαγή Versöhnung · ἀπαλλάσσω befreien · διαλλάσσω versöhnen · ἀποκαταλλάσσω versöhnen · μεταλλάσσω wechseln · ἀντάλλαγμα Tauschmittel (HVorländer)
Zur Verkündigung (HGLink)
Versuchung 1314
πεῖρα Versuch, Probe · πειρασμός Prüfung, Versuchung, das Versuchtwerden, Anfechtung · πειράω, πειράζω prüfen, auf die Probe stellen, versuchen · ἐκπειράζω versuchen · ἀπείραστος ohne Versuchung, unversucht (WSchneider)
Volk 1317
δῆμος Volk · ἐκδημέω auswandern · ἐνδημέω zu Hause sein · παρεπίδημος Fremdling, Beisasse (HBietenhard)
ἔθνος Menge, Schar, Volk · ἐθνικός, ἐθνικῶς heidnisch, der Heide (HBietenhard)

λαός Volk (HBietenhard)
ὄχλος Volk(smenge), Haufe (HBietenhard)
πόλις Stadt, Staat · πολίτης Bürger · πολιτεύομαι Bürger sein, Staatsgeschäfte betreiben · πολιτεία Bürgerrecht, Gemeinwesen · πολίτευμα politisches Gemeinwesen; Bürgerrecht (HBietenhard)
Zur Verkündigung (HBietenhard)

Vorbild 1331

τύπος Form, Abbild, Vorbild · τυπικός vorbildlich, typisch · ἀντίτυπος zurückstoßend, zurückprallend, gegenbildlich · ἀντίτυπον Abbild, Gegenbild · ὑποτύπωσις Muster, Vorbild (Heinr. Müller)

Vorsehung 1334

προγινώσκω voraus wissen, vorher erkennen · πρόγνωσις (das) Vorauswissen (PJacobs/HKrienke)
προνοέω vorher bedenken, vorsorgen, sorgen für, Vorsorge treffen · πρόνοια Voraussicht, Vorsehung, Fürsorge (PJacobs/HKrienke)
προοράω vorher sehen, (Künftiges) voraussehen, vorher wissen, Vorsorge tragen (PJacobs/HKrienke)
προορίζω vorherbestimmen (PJacobs/HKrienke)
προτίθημι sich vornehmen; zur Pflicht machen, sich vorsetzen, beschließen; öffentlich aufstellen · πρόθεσις Aufstellung, Ausstellung, Vorsatz, Absicht, Entschluß, Wille (PJacobs/HKrienke)
Zur Verkündigung (PJacobs)

Wachsen 1339

αὔξω/αὐξάνω wachsen (lassen), vermehren, zunehmen · αὔξησις Wachstum · ὑπεραυξάνω üppig (übermäßig) wachsen (WGünther)
πλεονάζω viel sein (werden), groß sein (werden), wachsen · ὑπερπλεονάζω in reichem Maße vorhanden sein (WBauder/DMüller)

Wahrheit 1343

ἀλήθεια Wahrheit · ἀληθεύω wahrhaftig sein, die Wahrheit sagen · ἀληθής wahr, wirklich, wahrhaftig · ἀληθινός wahr, wahrhaftig, wirklich · ἀληθῶς wahrhaftig, wirklich, tatsächlich (HGLink)
Zur Verkündigung (HGLink)

Wandel, Weg 1356

ἀναστρέφω umwerfen, umkehren, sich umwenden · ἀναστροφή Umkehr; Lebenswandel (GEbel)
ὁδός Weg · μεθοδεία Verfahren; Plur.: Schliche · μέθοδος planmäßiges Vorgehen · εἴσοδος Eintreten, Zugang · ἔξοδος Fortgehen, Ausgehen · ὁδηγός Führer · ὁδηγέω führen · καθοδηγός Wegweiser, Anführer (GEbel)
περιπατέω gehen, umhergehen, wandeln · ἐμπεριπατέω einhergehen, wandeln (GEbel)
πορεύομαι gehen, reisen, wandern, wandeln · τρέχω laufen, eilen (GEbel)

Wasser 1366

θάλασσα Meer, See (OBöcher)
πηγή Quelle, Ursprung · ποταμός Fluß, Strom (OBöcher)
ὕδωρ Wasser (OBöcher)

Weisheit, Torheit 1373

μωρία Torheit · μωραίνω töricht sein; töricht machen · μωρός töricht, unsinnig · ἄφρων unverständig · ἀφροσύνη Unverstand, Torheit (JGoetzmann)
σοφία Weisheit · σοφός weise · σοφίζω geschickt machen, belehren; ausklügeln (JGoetzmann)
φιλοσοφία Liebe zur Weisheit, Philosophie · φιλόσοφος Philosoph (HWeigelt)

Welt 1381

κόσμος Ordnung, Welt(ordnung) · κοσμέω aufstellen, in Ordnung bringen, schmücken · κόσμιος ordentlich, zuchtvoll · κοσμικός weltlich, irdisch (JGuhrt)

Werk 1386

ἐργάζομαι arbeiten, tätig sein, wirken · ἔργον Tat, Handlung, Leistung, Werk, Ding, Sache; Plur.: Geschichte · ἐργασία Arbeit, Beschäftigung · ἐργάτης jemand, der etwas tut; Arbeiter · ἐνέργεια Tätigkeit, Wirksamkeit, Kraft · ἐνεργέω tätig sein, etwas bewirken · ἐνεργής tätig, wirksam · ἐνέργημα (das) Gewirkte, (die) Tat · εὐεργεσία Wohltat, Wohltun · εὐεργετέω wohltun, Wohltaten erweisen · εὐεργέτης Wohltäter · συνεργός (der) Mitwirkende, Mitarbeiter, Gehilfe · συνεργέω mittätig sein, zusammenwirken, beistehen, fördern (HChrHahn)

ποιέω tun, machen · ποίησις Tat · ποίημα Werk · ποιητής Täter · ἀγαθοποιΐα das gute Handeln (FThiele)

πράσσω verrichten, tun · πρᾶξις Handlung, Tätigkeit · πρᾶγμα Sache, Ding (HChrHahn)

Wille 1396

βούλομαι wollen, wünschen · βουλή Wille, Beschluß, Ratschluß · βούλημα Wille, Vorhaben (DMüller)

θέλω wollen, begehren, Gefallen haben · θέλημα Wille, Absicht (DMüller)

Wohlgefallen 1403

ἀρέσκω gefallen, zu Gefallen sein · ἀρεστός wohlgefällig, angenehm · ἀρεσκεία Wohlgefallen · εὐάρεστος angenehm, wohlgefällig · εὐαρεστέω (jemandem) gefallen, Gefallen haben · ἀνθρωπάρεσκος (der) Menschenknecht (HBietenhard)

εὐδοκέω für gut halten, Wohlgefallen haben an · εὐδοκία guter Wille, Wohlgefallen, Wunsch (HBietenhard)

Wort 1407

γλῶσσα Zunge; Sprache · ἑτερόγλωσσος eine fremde Sprache redend (HHaarbeck)

λόγος Wort, Ausspruch, Sinn · λέγω sammeln, zählen, sagen · λογικός geistig, vernünftig · λόγιον Spruch · λόγιος beredt, gebildet · ἄλογος unvernünftig, sprachlos · λαλέω (plaudernd) reden, sprechen (GFries/BKlappert)

ῥῆμα Wort, Ausspruch, Geschehen, Fall (OBetz)

φωνή Stimme · φωνέω sprechen, rufen (OBetz)

Wüste 1440

ἔρημος einsam, öde, wüst · ἔρημος, ἔρημος τόπος, ἐρημία Einöde, Wüste · ἐρημόω wüst machen, verwüsten · ἐρήμωσις Verwüstung (OBöcher)

Wunder 1444

θαυμάζω staunen, bewundern, sich wundern · θαῦμα Wunder · θαυμάσιος/θαυμαστός wunderbar, erstaunlich · ἀπο-(ἐκ-)θαυμάζω sich sehr verwundern · θαμβέω erschrecken · ἐκθαμβέω heftig erschrecken · ἔκθαμβος erschrocken · θάμβος das Staunen, der Schrecken · θορυβέω in Unruhe versetzen · θόρυβος Unruhe, Lärm (WMundle)

σημεῖον Zeichen, Wunder (OHofius)

τέρας Wunderzeichen, Wunder (OHofius)

Zahl 1452

ἀριθμός Zahl · τέσσαρες vier · ἑπτά sieben · δώδεκα zwölf (EDSchmitz)

Zeit 1457

αἰών Äon, Lebenszeit, Weltzeit, lange Zeit, Ewigkeit · αἰώνιος ewig, für immer · ἀΐδιος ewig (JGuhrt)

καιρός Zeit, Zeitpunkt, Augenblick · εὐκαιρέω Gelegenheit haben · εὐκαιρία Gelegenheit · εὔκαιρος zeitgemäß · εὐκαίρως bei passender Gelegenheit · ἀκαίρως zur Unzeit · πρόσκαιρος zeitlich, vergänglich · σήμερον heute · νῦν, νυνί jetzt · ἄρτι jetzt, eben, sogleich · εὐθύς sofort, sogleich (HChrHahn)

χρόνος Zeit, Zeitabschnitt (HChrHahn)

ὥρα Zeit, Zeitpunkt, Stunde · ὡραῖος rechtzeitig (HChrHahn)

Zur Verkündigung (HChrHahn)

Zeugnis 1478

μαρτυρία Zeugnis(aussage) · μαρτυρέω (be)zeugen · μαρτύριον Zeugnis, Beweis · μαρτύρομαι zum Zeugen anrufen · μάρτυς Zeuge · διαμαρτύρομαι zum Zeugen anrufen; beschwören · καταμαρτυρέω Zeugenaussagen gegen jemanden machen · συμμαρτυρέω mitbezeugen, bestätigen · ψευδομαρτυρέω Falsches bezeugen · ψευδομαρτυρία falsches Zeugnis · ψευδομάρτυς einer, der Falsches bezeugt (LCoenen)

Ziel, Ende 1486

ἐγγύς nahe · ἐγγίζω sich nähern, nahe kommen · μακράν fern (WBauder/HGLink)

ἔσχατος äußerster, letzter, geringster · ἔσχατον Ende; zuletzt · ἐσχάτως zuletzt (HGLink)

τέλος Kulminationspunkt, Ziel, Ende · τελέω vollenden · τελειόω zur Vollendung bringen · τέλειος vollendet, vollkommen · τελειότης Vollkommenheit · τελείωσις Vollendung · τελειωτής Vollender · συντέλεια Abschluß, Vollendung (RSchippers)

Zorn, Zank 1497

θυμός Zorn · θυμόομαι zornig werden · ἐνθυμέομαι überlegen · ἐνθύμησις Überlegung (HSchönweiß)

ὀργή Zorn · ὀργίζω zürnen, zornig machen (werden, sein) · ὀργίλος zornig · παροργίζω erzürnen, zornig machen · παροργισμός Zorn · παροξύνομαι zum Zorn reizen (HChrHahn)

Zucht, Unzucht 1504

ἐγκράτεια Selbstbeherrschung, Enthaltsamkeit · ἐγκρατής seiner selbst mächtig, enthaltsam · ἐγκρατεύομαι sich selbst beherrschen, enthaltsam sein · ἀκρασία Zügellosigkeit, Unenthaltsamkeit · ἀκρατής unbeherrscht, zügellos · ἀσκέω etwas üben (HBaltensweiler)

πορνεύω Unzucht treiben · πόρνη Prostituierte, Dirne · πόρνος (der) Unzüchtige, (der) Hurer · πορνεία Unzucht, Hurerei (HReißer)

σωφροσύνη Besonnenheit, Selbstbeherrschung · σωφρονέω vernünftig, besonnen sein · σώφρων besonnen, verständig · σωφρόνως besonnen, enthaltsam (SWibbing)

Zweifel 1510

διακρίνω beurteilen, entscheiden, unterscheiden, zweifeln · διάκρισις Unterscheidung, Streit · ἀδιάκριτος nicht schwankend, unparteiisch (BGärtner)

ANHANG

Verzeichnis

der Mitarbeiter des Gesamtwerkes und ihrer Beiträge 1514

Register

der deutschen Wörter 1519

der griechischen Wörter 1527

wichtiger hebräischer Wörter 1535

Abraham

'Aβραάμ *[Abraąm]* Abraham

'Aβραάμ

Etymologie: entweder aus babylonisch Abam-rāmā »Er liebt den Vater (Gott)« oder aram. Zerdehnung des kanaanäischen Namens Åb-rām »Der Vater (Gott) ist erhaben«. I

1) Die Tradition von Gen 11,27–25,11(18) zeigt A. als den ersten der sog. Erzväter, als Vorfahren des späteren Volkes Israel. Zwar hat er im AT noch den zweiten Platz hinter dem Vater Jakob/Israel, wie das schon der Israel-Name anklingen läßt; aber an ihm ist bes. Tiefgehendes und Weitreichendes dargestellt worden. II

a) A. steht für die extremste prophetische Erfahrung Israels. Er wird nicht nur ein → Prophet genannt (Gen 20,7; vgl. 15,13–16) und als solcher aus aller persönlichen Sicherheit gerissen (20,13), sondern in ihm wird an der Frage des Menschenopfers auch geprüft (22,1), wie groß für das Gottesvolk die Wertschätzung Gottes ist. A. bleibt am Wort seines Gottes bis fast zur Tötung seines einzigen Sohnes; da löst Gott ihn und Israel aus, weil er hingebende Verbundenheit und nicht Opfer liebt.

b) A. ist Empfänger einer sich steigernden Landverheißung trotz außergewöhnlich geringer Anfänge: Während sein Leben ständig bedroht und Gottes Zusage infrage gestellt erscheint durch das Ausbleiben des leiblichen Erben (15,2–4) und ihm dieser erst geboren wird, als Sara über ihre Zeit hinaus war (18,1–15), kontrastiert dem, daß die Landverheißung von ihrer schlichtesten (12,7 Sichem) über die erweiterte Form (13,14–17 Hebron) hin zum Großreich Davids (15,18) ausgedehnt wird. In dem großartigen Werk des sog. Pentateuch wird dieses Thema »Land« allerdings nicht bis zur Erfüllung geführt, sondern mit dem sterbenden Mose (Dtn 34) auf sie ausgeblickt. Sofern das Land nie nur materiell, sondern stets als geistliches Gut (bei und mit Gott in Freiheit, Frieden und Wohlstand!) verstanden wurde, blieb das spätere Israel sich damit zutiefst dessen bewußt, daß es der endgültigen Erfüllung der Verheißung an A. immer noch entgegenging.

c) Ergänzend besagt der Bundesschluß von Gen 17, daß das dem A. und seinen Nachkommen zum Besitz versprochene Land nicht nationalistisch als Eigentum verstanden wird, sondern als Ort des dem Weltschöpfer (Gen 1) angemessenen Gottesdienstes. In Gen 17 wird diejenige Botschaft formuliert, die auch die furchtbare Situation des nationalen Zusammenbruchs und des keineswegs glorreichen Wiederaufbaus unter persischer Herrschaft bestehen ließ: das Gottesvolk wird im Kreise der Weltvölker beauftragt, dem Schöpfer angemessen zu dienen.

d) Entscheidend beeinflußt wurde diese Sicht durch die recht alte Verkündigung, daß A. berufen sei, damit »die Sippen der Erde sich in seinem Namen Segen wünschen« (12,3). Sie steht im Kontext der Landverheißung, die auf Davids Großreich ausblickt (15,18), und bindet diese so machtpolitisch klingenden Worte an eine antinationalistische Sicht: Die Menschheit unter Einschluß Israels und der Väter war verfallen an das Seinwollen wie Gott (3,5), an das geheimnisvolle Lagern des Bösen vor der Tür des Herzens (4,7) und an das Bedürfnis, sich in einem einzigen Großstaat einen Namen zu machen (11,1–9). Der Herr der Welt aber macht mit A. einen neuen Anfang, den des unbedingten Bleibens an der (Land-)Verheißung trotz äußerst geringer Erfüllung, so daß der Ausblick auf den Segen für die Sippen der Erde nicht an geringer Erfüllung in der Zeit des A. scheiterte.

e) Neben den Erwähnungen A.s in Gen hat bes. Gewicht die vor allem in Dtn oft wiederholte Wendung von »dem Land, das Jahwe den Vätern Abraham, Isaak und Jakob zugeschworen hat« (zB 1,35); denn sie bezeichnete in der Verzweiflung des Exils den Halt, an dem die Erwählung hing: eine beschworene Verheißung Gottes, die es den Israeliten ermöglichte, nach dem Verlust des Landes und in der Angst der Gottferne (Jes 63,15–64,11; vgl. bes. die Klage 63,16!) ihre Sünde als Sünde anzunehmen, weil sie Gott als den verläßlichen verstanden. Daneben findet man – wohl im Blick auf die Not des Exils – das prophetische Gotteswort, das A. »meinen Freund« nennt (Jes 41,8; vgl. Ps 105,6; 2Chr 20,7). So ist A. der Vorfahr, dem die Verheißung Lebensgrundlage war (Gen 15,6), – Gott rechnete ihm dies zur Gerechtigkeit.

2) Ihre stärkste Ausprägung hat die Sonderstellung A.s, wie sie in dieser Entwicklung sich andeutet, freilich erst im Judentum erfahren. Man glaubt, daß um der Erwählung A.s willen alle, die sich zu ihm bekennen, des zukünftigen Gottesreiches nicht verlustig gehen, auch wenn ihrer Sünden überviel geworden sind (St.-B. I zu Mt 3,9). Das rabbinische Judentum sieht dabei A.s Leben als eine Summe von Gehorsamsakten (A. hat demnach bereits das ganze Gesetz gehalten), während das hellenistische Judentum, vor allem Philo, daran hauptsächlich das gläubige Vertrauen auf Gottes Verheißungen, bes. des Endgerichtes und des Gottesreiches, hervorheben und seiner Zeit die Entstehung des Glaubens an die zukünftige Welt zuschreiben (St.-B. III,194, 197f; vgl. ApkBar 57,2). Die jüd. Legende schließlich erzählte von ihm, daß er als erster den Monotheismus erkannt und als erster Proselyt auch missioniert habe (ThWb I,8).

1) Galt A. als der Stammvater Israels, so gewann für die Verkündigung von Jesus als dem Messias dessen Abstammung von A. großes Gewicht: Sie unterstrich die Kontinuität des Heilshandelns Gottes im Blick auf sein Volk und die Welt (vgl. den Stammbaum Mt 1,1; Lk 3,23ff erwähnt A. zwar in V. 34 ebenfalls, verwischt aber diese Linie zugunsten der Abstammung vom Urmenschen → Adam). III

2a) Jedoch war es für die Juden ganz allg. ein besonderer Ruhmestitel, Nachkomme A.s zu sein (Mt 3,9; Lk 3,8), weil – nach der volkstümlichen Vorstellung – A.s Verdienste Israel den Anteil am Gottesreich verbürgen. Dagegen wendet sich Johannes der Täufer (wie Luther gegen den Ablaß): A.s Kindschaft an sich nützt nichts. Nur wer sich schon jetzt an der kommenden Herrschaft Gottes orientiert und sein Leben von ihr bestimmt sein läßt, wer wahre Früchte der Buße (→ Bekehrung) bringt und in der → Taufe das Endgericht vorwegnimmt, darf auf Gottes Reich hoffen. Sonst kann Gott dem A. auch aus Steinen Kinder erwecken. – Gerade deshalb aber erscheint es für Jesus so dringend, den verlorenen »Schafen« Israels nachzugehen: Er heilt eine aus der Gemeinschaft verstoßene »Tochter A.s« (die Blutflüssige Lk 13,16) und läßt dem Haus des gesetzlosen Zachäus als eines »Sohnes A.s« Heil widerfahren (Lk 19,9).

Den Lesern des lukanischen Werkes soll die Anrede der Juden als Nachkommen A.s und der Hinweis auf den Gott A.s, Isaaks und Jakobs (Apg 3,12f.25; 13,26) zeigen, wie sehr die Apostel in dem Bewußtsein lebten, dem Glauben ihrer Väter treu zu sein, und wie sehr sie zuerst um Jesu Volk geworben haben, ohne daß dieses sich zur Umkehr bereit fand. – Das Wort Mt 8,11f; Lk 13,28f, in dem Jesus den »Kindern des Reiches« das Ausstoßen in die Finsternis androht, weist darauf hin, daß A., der erste Proselyt und größte Proselytenmissionar, in der Gottesherrschaft nicht notwendigerweise nur von seinen leiblich-völkischen Erben, sondern von Menschen seiner Art umgeben sein wird: den Proselyten!

b) Mit »A.s Schoß« (Lk 16,22) ist der Gewandbausch *(cheq)* oberhalb des Gürtels gemeint. Dieses Bild ist im Judentum relativ selten und kann sich hier entweder auf die verwöhnende Pflege beziehen, wie etwa eine Mutter ihr Kind in den Busenfalten des Kleides liebkost, oder aber auf den Ehrenplatz neben A., da beim Zu-Tische-Liegen der Kopf eines Tischnachbarn sich ungefähr in Brusthöhe des nächsten befindet (St.-B. II zSt). –

Die Fürsprache des bei Gott lebenden A. (V. 22ff; dasselbe kann auch von Isaak und Jakob gesagt werden) erwartet man vielfach im Judentum, allerdings ebenso wie hier nicht bedingungslos (Fürbitte derer, die am ewigen Leben teilhaben, für die, die noch Leben und Tod vor sich haben! Kern der Heiligenanrufung!). Die jüd. Anschauung, daß Menschen, die mit Gott gelebt haben, wie bes. die Väter, nach dem Tode Lebende bleiben, teilt auch Jesus und begründet sie so, daß dort → Leben sein muß, wo Gott ist (Mk 12,26f; Mt 22,32; Lk 20,37f). Wer mit Gott lebt, kann zwar abscheiden, aber nicht aufhören zu leben. (Hierin gründet das Verstehen der → Auferstehung Jesu).

3) Wenn Paulus sich mit der Bedeutung A.s auseinandersetzt, so geht es ihm vor allem um die Frage der Gerechtigkeit aus Glauben. Seine Ausführungen enthalten sowohl in Gal 3,6ff als auch Röm 4,1–13 keinen Schriftbeweis im strengen Sinn. Paulus verfährt vielmehr umgekehrt: Weil er von der Offenbarung Christi erfaßt ist, erkennt er, daß die Schrift schon längst von dieser Offenbarung spricht.

a) Im einzelnen sind die Aussagen des Apostels über A. von der Konzeption der judaistischen Gegner bestimmt. Diese meinen, daß das → Gesetz die entscheidende, Heil gewährende Offenbarung ist und daß dementsprechend schon A. daraus gelebt habe, ehe es offenbar wurde. Demgegenüber sagt Paulus, daß unter dem Fluch ist, wer aus Gesetzeswerken lebt (Gal 3,10), weil er glaubt, daß der Mensch sich dadurch sein Heil verdienen könne und müsse. So läßt er aber Gott nicht mehr Gott sein, der allein dem Menschen das schlechthin Gute geben, das Heil schenken kann (Röm 7 nach Gen 3). Die Schrift zeigt jedoch – so Paulus –, daß A. tatsächlich gerade nicht durch Gesetzeswerke, sondern durch Glauben gerechtfertigt wurde (Gal 3,6). Ja, bereits die Gleichstellung der gesetzlosen Heiden mit den frommen Juden im Glauben sah die Schrift voraus (V. 6–9), da der Glaube jeden Ruhm, auch das Vorrecht der Juden, ausschließt. Das Gesetz hatte freilich nicht die Aufgabe, den Segen A.s außer Kraft zu setzen; vielmehr sollte es offenbar machen, daß die Sünde sich letztlich nicht gegen Menschen, sondern gegen Gott richtet. So bereitet es auf die Erkenntnis vor, daß nur bei Gott selbst noch Hoffnung (V. 24) und daß Jesus der verheißene Nachkomme A.s ist (V. 16f): Durch Aufhebung des Gesetzes eröffnet er allen Menschen die Möglichkeit, das Erbe A.s, den Glauben, in seiner vollen Konsequenz zu leben (V. 13f).

b) Röm 4 bringt diese Gedanken zu größerer Durchsichtigkeit. V. 1–3: Was hat A. gefunden? Etwa Ruhm? Nicht bei Gott; denn es war ja der Glaube, der ihm als Gerechtigkeit angerechnet wurde. Lohn kann man vor Gott nicht erwerben (V. 4–8); glückselig ist nur der, dem der Herr die Sünde nicht zurechnet. In der Art rabbinischer Argumentation behauptet Paulus nun, daß jene Seligpreisung nicht etwa um der Beschneidung willen gilt, die judaistisch als Zeichen der Gesetzeserfüllung, der Abkehr von der Sünde (= Übertretung) betrachtet wurde (V. 9–12). Denn A. wurde vor der Beschneidung gerechtfertigt, und diese war lediglich ein Siegel der Glaubensgerechtigkeit, die dem heidnischen A. zugesprochen wurde. Daher ist gerade A. der Vater der aus dem Heidentum stammenden Gläubigen (V. 16). In diesem Sinne, nicht – wie in der Erwartung des Judentums – als Ruhm für Israel, wird A. als Vater der Völker der Erbe der Welt sein (V. 13). Ein Beispiel des Glaubens A.s bringt Paulus auch V. 18–22: So wie wir vor Gott tot sind und nichts zu hoffen haben, so war A.s und Saras Zeugungskraft tot. Aber das Vertrauen auf Gottes Verheißung schuf und schafft neues Leben. – Vergleichspunkt ist also die Erstorbenheit, die Voraussetzungslosigkeit, nicht die Hingabebereitschaft. Deshalb wohl wird die im Judentum als Beispiel für den Gehorsam A.s gern erzählte Geschichte von der Opferung Isaaks her nicht erwähnt. – In diese paulinische Grundkonzeption lassen sich Röm 9,7; 11,1.16ff (Wurzel = A.); 2 Kor 11,22 leicht einfügen.

Die paulinische Anschauung vom Glaubensgehorsam hat sich allerdings in der frühen Kirche anfangs nicht durchsetzen können. Die Zuspitzung von Jak 2,14–26 läßt deutlich erkennen, daß man allein die Beziehung der Seele zu Gott für wichtig hielt, während man die Taten des vergänglichen, zum verfallenen Kosmos gehörenden Leibes als nicht entscheidend betrachtete. Demgegenüber muß dann freilich betont werden, daß der Glaube sich in Werken auslebt und wie bei A. nach seinen Werken, dh nach seinen im Leben zur Geltung kommenden Auswirkungen, gerichtet wird (2,21).

4) Die falsche Sicherheit, in der sich Juden und Judaisten unter Berufung auf A. wiegten (zu der das A.-Bild des Judentums [s. o. IIb] wesentlich beitrug) und die den Glauben an Jesus verhinderte, bildet den Hintergrund für die Diskussion um A. im JohEv. In Joh 8,30–40.48–59 macht der erste Gesprächsgang (V. 30–40) klar, daß der eben erst entstandene Glaube der Juden nicht echt, sondern nur vordergründig ist. Denn sie tun nicht A.s Werke (V. 39f). Während A. sich nur auf Gottes befreiendes Wort verließ, versuchen sie, dieses Wort, in Jesus leibhaft vor ihnen, zum Schweigen zu bringen. Sie meinen, die Abstammung von A. garantiere ihre Freiheit, während doch nur Jesus und das Festhalten an seinem Wort ihnen wahre Freiheit geben kann.

Daraufhin werfen die Juden im 2. Gesprächsgang die Frage auf, ob Jesus nicht besessen ist, wenn er sein Wort, ja sich selbst als Gottes Wort verkündet (V. 48–59). Denn wenn Jesus denen ewiges Leben verheißt, die sich an sein Wort halten (V. 51), so lästert er – nach Meinung der Juden – damit Gott. Gottes Wort allein kann ewiges Leben verbürgen, Jesus aber ist ein sterblicher Mensch wie A. und die Propheten, die gestorben sind (V. 52). Jesus ist jedoch größer als A. (im Sinne von »über das Menschliche hinaus«; denn relativ größer als A. war nach jüd. Ansicht auch der Messias und Mose); Gott selbst hat ihm Vollmacht gegeben, ewiges Leben zu verleihen. A., so sagt Jesus, hat sich selig gepriesen, daß er den Tag des Wortes Gottes (Jesu) sehen sollte, und sah ihn und freute sich (V. 56; es gab umfangreiche jüd. Spekulationen darüber, daß A. beim Bundesschluß Gen 15 das Wesentliche der Zukunft Israels schaute; St.-B. II zSt). So kommt es zu dem Kernsatz: Ehe A. ward, *»bin«* ich (V. 58). Das Wort Gottes war, ist und wird immer sein, und so ist Jesus wirklich ewig, A. aber ist geworden und vergangen.

5) In Hebr 2,16 gelten als Nachkommen A.s wohl alle, die wie A. aus dem Glauben leben, also nicht nur Juden, sondern alle durch Christus Glaubenden (Michel zSt). – In Hebr 6,13 wird A. wie in der jüd. Tradition als Vorbild der glaubenden Geduld und des Beharrens hingestellt, die die Verheißung erlangen; dieser Zug wird auch 11,8–12.17–19 betont. – Aber das Heil liegt nicht in A. und seinen Nachkommen (7,2.4ff), sondern diese sind und bleiben dessen Empfänger. A. selbst hatte ja einen Größeren, Melchisedek, anerkannt. Ebenso ist die Priesterschaft der Leviten nur vorläufig, da auch sie als Nachkommen A.s dem Melchisedek den Zehnten gaben. Daher muß der größer sein, der als Priester nach der Art Melchisedeks für die Ewigkeit angekündigt wurde. *Seebaß*

Lit.: Schmitz, Abraham im Spätjudentum und im Urchristentum, Festschrift A. Schlatter 1922, 99ff – Jeremias, Art. 'Αβραάμ, ThWb I, 1933, 7ff –Barth, KD II, 2 (1949), 215f – Schmidt, Die Judenfrage im Lichte der Kap. 9–11 des Römerbriefes, Theol. Stud. 13, 1943 – Schrenk, Der göttliche Sinn in Israels Geschick, 1943 – Michel, An die Hebräer, KEK XIII, 1949[8] – Vischer, Das Geheimnis Israels, Judaica 6,2, 1950 – Hoftijzer, Die Verheißungen an die drei Erzväter, 1956 – Weiser Art. Abraham, RGG I, 1957[3] – KBerger, Abraham in den paulinischen Hauptbriefen, MThZ 17, 1966, 47ff – EKäsemann, Der Glaube Abrahams in Röm 4, in: EKäsemann, Paulinische Perspektiven, 1969, 140ff.

Adam

'Αδάμ

'Αδάμ *[Adạm]* Adam

I Adam, wahrscheinlich (Etymologie ungesichert) von der gemeinsemitischen Wurzel *'dm: rot sein* (die Rotblütigen?, vgl. akkad. *adamatu: Blut;* hebr. *'adāmāh: rote Ackererde* im Gegensatz zur hellen Wüste), ist Kollektivbegriff: *Menschen, Leute;* der Einzelmensch heißt *bæn-'ādām.*

II Im AT kommt A. als Name nur Gen 4,25; 5,2–5; 1 Chr 1,1 (Sir 49,16), vielleicht auch Gen 2,20; 3,17.21 vor. Für die Erwähnung im NT spielt nur Gen 2f eine Rolle. Im übrigen s. bei → Mensch. Gen 2f will erzählen, wie es trotz der guten Schöpfung Gottes dazu kam, daß der Mensch das → Böse (Unglück, Krankheit, Tod) erfahren muß.

Gott bildete, als er Himmel und Erde schuf, den Menschen aus Ackererde, wie der Bildner Figuren formt, und hauchte ihm den Lebensatem ein. Ps 104,30.29 erschließt den Verkündigungsgehalt dieser Aussagen: »Sendest du deinen Atem aus, so werden sie geschaffen, und du erneust das Antlitz der Erde. Nimmst du ihren Atem hin, so verscheiden sie und werden wieder Staub.« Der Mensch ist also von vornherein auf das Zusammenspiel mit Gott angewiesen. Er ist ja sonst nur ein Häufchen Erde. – Um dem Menschen ein Bewußtsein seines eigentlichen Wesens zu geben, führt Gott ihm die eigens für den Menschen gebildeten Tiere zu, damit er sie benenne. In diesem Benennen erkennt der Mensch, daß jene ihm nicht ein wirkliches Gegenüber sein können. So wird er auf die Erschaffung der Frau als seines Gegenüber vorbereitet. Dh der Mensch ist nur Mensch in der Mitmenschlichkeit, und diese ist primär das Miteinander von Mann und Frau. – Der Mensch erhält seinen Lebensraum in einem Garten mit dem Baum des Lebens, in dessen Nähe beständiges Leben mit Gott ist, und mit dem Baum der Erkenntnis von Gut und Böse. Wenn nun dem Menschen Zugang und Zugriff zu diesem Baum verwehrt wird, so will dies sagen: das Böse ist wohl da; aber die Kenntnis dessen, wie es sich anfühlt, wollte Gott ursprünglich dem Menschen ersparen, da nur er selbst sie bewältigen kann. Da trifft das klügste Tier den Menschen an seiner empfindlichsten Stelle: Es suggeriert ihm, daß Gott ihn, um seinen Vorrang nicht zu verlieren, töricht und unwissend sein läßt. Die Folge der Übertretung ist nicht, daß Gott nicht mehr Gott ist, sondern daß der Mensch Böses erfährt, erst subjektiv – es gibt etwas, für das man sich schämen muß (3,7) –, dann objektiv im Tod und Fluch Gottes, durch den sowohl das Verhältnis von Mensch und Tier (3,15; Feindschaft) wie das ureigenste Feld der Frau (Geburt der Kinder) wie das des Mannes (seine Arbeit) wie schließlich ihrer beider Gemeinschaft (3,16) voll Erfahrung des Bösen wird. So ist es nicht Gott, der für den Menschen das Böse will; der Mensch streckt sich selbst danach aus, um wie Gott urteilen zu können. Aber er ist nicht Gott, der das Böse vertragen kann; er bleibt Mensch, doch er hat die Grenze zu einer im Grunde unmöglichen Existenz überschritten, in der er seine Geschöpflichkeit leugnen will.

Vor der Frage des Zusammenhanges zwischen der Schuld A.s und der jedes einzelnen steht das rabbinische Judentum. Es bringt einerseits zum Ausdruck, daß der Tod Verhängnis sei wegen der

Sünde Adams, und es versucht andererseits zu begründen, warum der Tod Strafe für die Sünde jedes einzelnen sei. Eine Lösung findet man nicht (St.-B. III zu Röm 5,15).

Während das rabbinische Judentum keine Typologie vom ersten zu einem zweiten Adam kennt (St.-B. II 477 f), findet man bei Philo entsprechend den beiden Schöpfungsberichten eine Unterscheidung zwischen dem zuerst geschaffenen himmlischen (Gen 1,27) und dem danach geschaffenen irdischen Menschen (2,7), wobei der erste als der wahre, pneumatische, der zweite als der vergängliche gekennzeichnet wird. In dem ersten sieht Philo die Idee Mensch (seine Geistigkeit), die – philosophisch gesehen – allein Bestand haben kann, während der irdische Mensch mit seiner Leiblichkeit zur Welt des Scheins und der Vergänglichkeit gehört (Kümmel, An die Korinther I–II, 1949, zu 1 Kor 15,45ff).

1) Diese Auffassung ist im NT nicht anzutreffen, sondern A. als Typos erscheint hier in einer ganz anderen Beziehung, und zwar namentlich in der paulinischen Theologie. Denn bei einem Überblick über das spärliche Vorkommen des Namens (9mal) lassen sich die 3 bzw. 4 nicht zum Röm und 1 Kor-Brief gehörigen Stellen rasch klären. Jud 14 erwähnt bei einem Zitat aus dem apokryphen Buche Henoch A. als die Spitze des Geschlechtsregisters Henochs (»Der 7. seit A.«), womit also einfach der erste Mensch gemeint ist. In diesen Zusammenhang gehört auch Lk 3,38, wo A. als der, der Gottes war, als letzter im Stammbaum Jesu genannt wird. Zieht man zum Verständnis Apg 17,28 (»in ihm [Gott] leben, weben und sind wir«) mit dem hier zitierten hellenistischen Dichterwort »Seines Geschlechtes sind wir ja auch« (Aratus, Phaenomena 5) heran, so will Lukas also in Anknüpfung an eine hellenistische Überzeugung sagen, daß A. – und mit ihm eben das ganze Menschengeschlecht – göttlichen Ursprungs sei. Denn wenn er im Gegensatz zu Matthäus Jesu Stammbaum über Abraham hinaus bis zu A. führt, so dürfte sein Anliegen sein zu zeigen, daß Jesus der Offenbarer für die ganze Menschheit, nicht nur für die Juden ist. Was mit A., der hier als der Mensch für die Menschheit steht, gemeint war, bringt Jesus ans Licht. Dies dokumentiert sich auch darin, daß trotz der langen Reihe der Genealogie in der Vorgeschichte darauf hingewiesen wird, daß erst Jesus wieder von Gott selbst abstammt (1,34f). III

2) Eine ganz andere Frage wird 1 Tim 2,13–15 aufgegriffen, wenn es dort heißt: »A. wurde zuerst geschaffen, danach Eva; und A. wurde nicht verführt, das Weib aber wurde verführt und ist in Übertretung geraten.« Zunächst ist nach rabbinischer Auffassung das früher Geschaffene – also A. – wertvoller (St.-B.. III, 645 f). Für den zweiten Satz liegt wahrscheinlich eine jüd. Anschauung zugrunde, nach der Eva vom Satan geschlechtlich verführt wurde (vgl. Kümmel). In diesem Sinn wird A. von der Verführung freigesprochen.

3) In Röm 5,12–21; 1 Kor 15,20–22.45–49 demonstriert Paulus den Gegensatz von altem und neuem → Äon, vom Menschen unter der Sünde und vom Menschen unter dem Heil Gottes, durch eine typologische Zuordnung von A. und Christus, wobei A. einerseits als Prototyp, andererseits als Antityp Christi erscheint.

a) Wenn nach Gen 3 als Folge der Übertretung des Gebotes Gottes der Verlust des Vertrauens gegen Gott und den Mitmenschen eintritt, so ist damit ein unausweichliches Faktum geschaffen: Dies meint Röm 5,12 »Durch einen Menschen kam die Sünde in die Welt«. Nicht Erbsünde, sondern die menschliche Möglichkeit des Argwohns erstand, aus der niemand herauskann. Daher geht die Sünde durch die ganze Menschheit.

b) Der Tod ist nun nicht die natürliche Folge der Sünde, sondern Gottes Urteil über sie (Röm 6,23; s. o. II). Deshalb kommt durch die Sünde der Tod über alle Menschen (Röm 5,12a) oder kurz: »Wie in A. alle sterben ...« (1 Kor 15,22a).

c) Freilich gibt es eine Sonderphase: Die Menschen vor der Erteilung des Gesetzes sündigen nicht in der Weise A.s (Röm. 5,14). Sie hatten im Gegensatz zu A. und den Menschen unter dem Gesetz kein ausdrückliches Gebot. Daher sündigen sie zwar zum Tode (V. 12), aber gleichsam ohne strenge Buchführung. Dh erst durch das Gesetz nimmt die Sünde die ausdrückliche Wendung gegen Gott selbst, entstehen Übertretung und Ungehorsam (Röm 7,7ff). Die Sünde wird dadurch einerseits übersündig, andererseits in ihrem Wesen voll erkennbar. So weit ist also A. Typus des gefallenen Menschen vor Gott.

d) Er ist aber zugleich auch Typus des Zukünftigen (Äons, Gottesreiches Röm 5,14). Denn der Satz »Wie in A. alle sterben, so werden auch in Christus alle lebendig gemacht« (1 Kor 15,22; vgl. Röm. 5,14ff) sagt, daß innerhalb der durch die Sünde um ihr eigentliches Leben gebrachten Menschheit — wie sie in A. ihren Typus hat — der Auferstandene die personhafte Ermöglichung neuen Lebens ist, indem er den Anbruch der allgemeinen Totenauferstehung repräsentiert (1 Kor 15,20), die nach jüdischer Auffassung mit dem Anbruch der neuen Schöpfung und dh der Sündenvergebung verbunden ist (1 Kor 15,17: Ist Christus nicht auferstanden, so seid ihr noch in euren Sünden; Röm 4,25: Der auferweckt worden ist um unserer Rechtfertigung willen). Damit wird ebensowenig eine Erbgerechtigkeit geschaffen wie durch den Fall A.s eine Erbsünde, sondern — nun freilich wiederum für alle — die Möglichkeit, innerhalb des Zwanges zum Sündigen, dessen Wurzel Mißtrauen gegen Gott ist, von diesem Zwang frei zu werden. Denn der Auferstandene ist der Anfänger einer neuen Menschheit, indem er Gottes verwerfendes Urteil gelten und dennoch Gott Gott sein läßt, dh ihm allein sein Vertrauen schenkt und von ihm allein alles Gute erwartet. Damit aber hebt er die Grundsünde des Menschen (dh A.s) auf, die im Mißtrauen gegen Gottes Güte lag (Gen 3).

e) Wenn Paulus über Jesus als Antityp A.s spricht, so hilft ihm dabei das auch in der Gnosis gebrauchte Bild vom »zweiten Menschen« (1 Kor 15,45ff), das besagt, daß der wahre Mensch (Urmensch) als Erlöser in die Welt kam, um ihr die erlösende Wahrheit mitzuteilen, deren er selbst bedarf, um erlöst werden zu können. Was für endzeitliche Gestalten das Judentum auch erwartete — als der Auferstandene übertraf Jesus alle Erwartungen, indem er als Einzelperson die allgemeine Auferstehung und damit den Anbruch des Gottesreiches, die neue Schöpfung und die Sündenvergebung repräsentierte (1 Kor 15,18; Kol 1,18). Diese Vorstellungen aber waren dem Griechen nicht in gleicher Weise geläufig wie dem palästinischen Juden. Paulus benutzt daher ein ihnen vertrauteres Bild, um auch dem Griechen und der hellenistischen Welt deutlich zu machen, was für den palästinischen Christen in der Auferstehung, dem Anbruch des Gottesreiches und der Sündenvergebung verkündigt war: Denn für den Griechen kann Erlösung nur das sein, was der Welt als Wahrheit schon immer zugrunde lag und liegt (die »Idee«) und nur vom Nichtigen (Schein) verdeckt wird. Wahres Menschsein kann daher nur der Urmensch bringen, der die ursprüngliche Absicht Gottes mit den Menschen verkörpert. Dieser wahre Mensch aber — so sagt Paulus — ist nicht A., sondern Christus. Als der in der Auferstehung offenbarte Urmensch kann Jesus so für den Griechen wirklich die neue Schöpfung in die Offenbarkeit bringen. —

4) Jene gnostische Mythologie korrigiert Paulus allerdings an einem Punkt, nämlich bei der Frage der Auferstehungsleiblichkeit, weil sie die Güte der uns unbekannten Welt als der Schöpfung Gottes betrifft. Auferstehung ist nicht das Sein dessen, was an uns das geistige Prinzip ist, bei Gott. Nicht der Umstand, daß wir »im Fleisch«, dh als Vergängliche existieren, macht uns zu Sündern, sondern daß wir »dem Fleisch entsprechend« uns orientieren, dh von Vergänglichem unser Leben bestimmen lassen. Daher ist auch Auferstehung nicht unleiblich, dh genau genommen, man erkennt den Auferstandenen als den, der er war (σῶμα *[sōma]* = er selbst). Gleichwohl läßt sich dies *sōma* nicht mehr mit den uns zur Verfügung stehenden Begriffen beschreiben. Die dem Menschen bei der Schöpfung verliehene Leiblichkeit ist nicht die des Auferstandenen. Hier zeigt sich, daß der Urmensch nicht einfach das schlichte Urbild des Menschen überhaupt, sondern daß er von vornherein eschatologisch ist: Der Auferstandene bringt ein neues, uns unbekanntes Sein bei Gott (1 Kor 15,44bff). Neue Schöpfung ist also mehr als bloße Wiederherstellung des Ursprünglichen, sie läßt Unbekannt-Neues Gestalt werden. *Seebaß*

Lit.: Jeremias, Art. 'Ἀδάμ, ThWb I, 1933, 141ff — Lietzmann/Kümmel, An die Korinther I–II, 1949 — Barth, Christus und Adam nach Röm 5, Theol. Stud. 35, 1952 — Michel, Der Brief an die Römer, 1955 — Bultmann, Adam und Christus nach Röm 5, ZNW 50, 1959, 145ff — Metzger, Die Paradieserzählung, 1959 — Renckens, Urgeschichte und Heilsgeschichte, 1959 — Brandenburger, Adam und Christus, 1962 — HMSchenke, Der Gott »Mensch« in der Gnosis, 1962 — PLengsfeld, Adam und Christus, 1965 (= Koinonia, 9).

Ärgernis → Anstoß

Alle, Jeder

Aussagen, die für eine Gesamtheit gültig sein sollen, lassen sich unter zwei verschiedenen Blickwinkeln machen: Entweder wird das viele einzelne zusammenfassende Gemeinschaftliche betont, so daß der Blick in erster Linie auf dem Ganzen ruht; dann erscheint im Griech. πᾶς *[pas]* oder sein Plur. πάντες *[pantes]*, dessen Sing. wie ὅλος *[holos]* auch *ganz* heißen kann, oder (vereinzelt) πολλοί *[polloi]*. – Das Interesse kann aber auch stärker auf jedem der vielen Einzelnen oder Einzelteile ruhen, die miteinander die Gesamtheit bilden; dann wird entweder ἕκαστος *[hekastos]* (81mal im NT; Plur. nur 1mal), und zwar oft in der verstärkenden Verbindung εἷς ἕκαστος *[heis hekastos]* (→ einer), oder πᾶς *[pas]* (eines der am häufigsten vorkommenden Worte des NT überhaupt) benutzt. Eine besondere Anhäufung von πᾶς *[pas]* und ἕκαστος *[hekastos]* weist der 1 Kor-Brief auf. –

πᾶς *[pas]* jeder, alle, ganz · ἅπας *[hapas]* alle, ganz

πᾶς

πᾶς *[pas]* als Adjektiv bedeutet im Singular: a) ohne Artikel: *jeder* b) vor Artikel plus Nomen (zB πᾶσα ἡ Ἰουδαία *[pasa hæ Ioudaia]* Mt 3,5): *ganz* c) zwischen Artikel und Nomen (zB ὁ πᾶς νόμος *[ho pas nomos]* Gal 5,14): *gesamt, ganz,* wobei die Summe gegenüber den Teilen, die Vollständigkeit gegenüber den Ausschnitten betont wird. Im Plural bedeutet es: *alle.* I
Wird πᾶς *[pas]* als Substantiv gebraucht, heißt es: *jeder,* mit τὶς *[tis]* verbunden: *jeder beliebige;* τὸ πᾶν *[to pan]*: *alles, das Ganze,* auch: *die Hauptsache;* ἐν παντί *[en panti]*: *in jedem Ding, in jeder Hinsicht, in allem. Plural Neutr.* πάντα *[panta]*: *alles;* τὰ πάντα *[ta panta]*: *dies alles* (2 Kor 4,15), *alle Dinge* (Röm 11,36; Kol 1,16f u. ö.), im Profangriechischen auch: *das All, das Universum.* ἅπας *[hapas]* ist Nebenform von πᾶς *[pas]*, manchmal verstärkend gebraucht.

1) Im NT wie schon im AT stellt πᾶς *[pas]* zusammen mit ἅπας *[hapas]* eine der mit Abstand häufigsten Vokabeln dar. Dabei umschreibt der Begriff eine totale Vielheit (→ πολλοί *[polloi]* hat häufig ähnliche Bedeutung). Oft wird man übersetzen können: *jegliches Ding.* Denn dem Israeliten ist es verwehrt, die Welt in einem einheitlichen Begriff etwa des Kosmos zu begreifen, da Gott allein der Eine ist. Die Welt bleibt höchst differenzierte Vielheit, umgriffen einzig vom schöpferhaften Herr-Sein Gottes über sie. Auch das NT steht nicht dem Pantheismus, an den es bisweilen anklingen mag, nahe, sondern kommt vom AT her, wie es besonders deutlich 1 Kor 8,6 zeigt: »Es gibt für uns nur einen Gott, den Vater, von dem alle Dinge sind – ἐξ οὗ τὰ πάντα *[ex hou ta panta]* – und wir zu ihm, und einen Herrn Jesus Christus, durch den alle Dinge sind – δι' οὗ τὰ πάντα *[di hou ta panta]* – und wir durch ihn.« Alles kommt von Gott und kehrt zu ihm zurück. Gott ist Anfang und Ende, Ursprung und Ziel, und als solcher hat er sich in seinem Sohn kundgemacht. Darum steht die Christenheit nicht mehr unsicher vor der Frage nach ihrem Woher und Wohin. II/III

2) In gleicher Weise spricht sich Paulus in Röm 11,36 aus. »Von ihm und durch ihn und zu ihm sind alle Dinge« (τὰ πάντα *[ta panta]*) entsprechend der at. Aussage etwa Jes. 44,24: »Ich bin der Herr, der alles gemacht hat.« Das Zeugnis von der Einzigkeit und Universalität Gottes weiß um das 1. Gebot und lehnt jede Macht ab, die neben Gott eine Mitwirkung in seinem Schöpfungswerk beanspruchen sollte. Dem widerspricht nicht die Aussage, daß in Gottes ewigem Sohn alle Dinge geschaffen wurden (1 Kor 8,6) in den Himmeln und auf der Erde, das Sichtbare und das Unsichtbare (Kol 1,15f); denn Christus ist als das »Bild Gottes« Gott selbst in seinem Bezug zur Welt. Er ist der Vollstrecker des göttlichen Willens (Kol 1,19f). Alles besteht deshalb, weil er besteht, ist lebendig, weil er lebt, und steht

unter Gottes Regierung, weil er es beherrscht (Kol 1,16ff; Joh 1,3). Wer sich vom Sohn trennt, zerstört dadurch die Wurzel seines Lebens. Wer aber in der totalen Gemeinschaft mit Christus steht, hat Anteil an seiner gesamten Schöpfung (»alles ist euer« 1 Kor 3,22; vgl. Kol 2,9).

3) Die Erhöhung des Sohnes ist Bestätigung dafür, daß ihm alle Gewalt gegeben ist (Mt 28,18). Sein Herrscheramt schließt die Fülle und Hoheit Gottes in sich, es ist deshalb im Himmel gültig, und auch auf Erden gibt es nichts, was ohne ihn Macht hätte (Joh 1,3; Kol 1,15–17; vgl. Mt 11,27).

Dieser Allgewalt des Herrn sollen sich die Jünger nicht nur trösten, sondern sie auch aller Welt, aller Kreatur verkündigen (Mt 28,18ff; Mk 16,15; Kol 1,23). In ihr hat die apostolische Predigt, die Mission und Evangelisation ihren tragenden Grund und ihr Ziel: Die Gemeinde soll in Christus zu ihrer Erfüllung gelangen (Eph 1,22; Kol 3,11), die ganze Schöpfung soll Christus als den Herrn erkennen und anerkennen (Phil 2,9ff). Wäre ihm nicht alle Vollmacht gegeben, so wäre jede Verkündigung ein ohnmächtiges Unterfangen und zu wirkungslosem Leerlauf verurteilt. So aber bringen die Sendboten die Gemeinschaft mit dem Herrn aller Dinge, der durch den Sohn und seinen Geist an ihr sein Werk vollbringt (Mt 28,18ff) und Menschen aus dem bloßen Streben nach Sicherung der eigenen Existenz in die Arbeit an der Schöpfung hineinstellt. *Graber*

πολλοί

πολλοί *(polloi)* viele, die vielen

I οἱ πολλοί *(hoi polloi)* (Plural von πολύς *(polys)* = urverwandtes dt. *viel)* hat im Profangriechischen die Bedeutung *die meisten, die Mehrzahl, die große Menge.*

II In der LXX jedoch steht es oft für das hebr. *rabbim,* das wesentlich mehr zu der Bedeutung *alle* hin tendiert. Während also der griech. Wortgebrauch differenziert *(viele,* nicht *alle;* der Mehrzahl steht eine Minderheit gegenüber), ist der hebr. Wortgebrauch, und von daher auch der griech. der LXX, summarisch: *die viele einzelne umfassende Gesamtheit = viele* im Sinne von *alle;* ein evtl. Rest bleibt unberücksichtigt (Vgl. dazu Dtn 7,1; 15,6; 28,12; Jes 52,11f; Ez 39,27).

Dabei wird – abgesehen vom kollektiven Gebrauch: viel Wasser, lange Zeit u. ä. – *rabbim* im AT fast immer im Zusammenhang mit den *'ammim* oder *gōjim,* den nichtjüdischen Völkern, gebraucht: die vielen Völker werden zum Zion strömen, um in Gottes Schutz und Dienst zu treten (Jes 2); und der Gottesknecht von Jes 53 trägt die Sünden der vielen.

Der summarische Sprachgebrauch von *rabbim* findet sich, freilich in anderem Bezug, auch in den Qumrantexten. Die Heilsbotschaft des »Lehrers der Gerechtigkeit«, des Gründers der Qumrangemeinde, gilt der großen Schar, den vielen (1QH 4,27). In der Sektenschrift bezeichnet *die vielen* die Gesamtheit der Vollmitglieder, das Plenum.

III Im NT hängt die Ausdeutung mit der grammatischen Einstufung zusammen, weshalb wir die dreifache Art der Verwendung zu beobachten haben:

1) als Substantiv mit Artikel:
Nur an zwei Stellen wird οἱ πολλοί *(hoi polloi)* differenzierend gebraucht im Sinne von *die meisten:* Mt 24,12: Unrecht wird überhandnehmen, und Gewalt wird triumphieren. Dann wird auch bei der Mehrzahl der Christen die Liebe erkalten. 2 Kor 2,17: »Wir verschachern nicht, wie die meisten, das Wort Gottes.« Viele reden Gottes Wort vergeblich, weil sie sich mit ihm selbst Ehre, Gewinn und Einfluß verschaffen wollen.

An den übrigen Stellen des NT hat οἱ πολλοί *(hoi polloi)* den summarischen Charakter des AT (Mk 6,2): und alle Zuhörer erstaunten (die Par. Lk 4,22 hat πάντες *(pantes)* = alle); Mk 9,26: alle sagten: Er ist tot. Röm 5,15: alle, die von Adam abstammten, mußten wegen der Übertretung dieses einen sterben. Den vielen im Sinne von »allen« wird im ganzen Abschnitt Röm 5,15–20 der Eine gegenübergestellt, der der beherrschenden Macht der Sünde und des Todes ein Ende macht. An Adam wird sichtbar, was Christus schafft: Wie durch einen Menschen die Sünde und der Tod zu allen kam, so ist auch durch einen einzigen Menschen, Jesus, allen Gerechtigkeit und Leben gebracht worden. Die summarische Bedeutung des οἱ πολλοί *[hoi polloi]* geht an diesen Stellen einmal aus dem Zusammenhang hervor (»die meisten Menschen mußten sterben« wäre eine sinnlose Übersetzung); sie wird außerdem für V. 15 gesichert durch die Parallelen in V. 12 und in 1 Kor 15,22 (an beiden Stellen πάντες *[pantes]* = alle); für V. 19 durch V. 18 (πάντες *[pantes]*; vgl. auch 11,32). Zudem enthält der Abschnitt deutliche Hinweise auf Jes 53,11f, weshalb ebenfalls das hebräische Wortverständnis naheliegt. Paulus stellt hier der Gesamtheit der Adamsnachkommen die Gesamtheit der Glaubenden gegenüber. Ob die Gesamtheit der Glaubenden jemals die ganze Menschheit umfassen wird, läßt Paulus dabei offen (vgl. Althaus NTD VI 1953[7], S. 48).

Röm 12,5 und 1 Kor 10,17a: wir alle sind ein → Leib in Christus; vgl. dazu πάντες *[pantes]* in 1 Kor 12,13; 10,17b. Hebr 12,15: damit nicht die ganze Gemeinde befleckt wird.

2) als Substantiv ohne Artikel:

Es stellt sich die Frage, ob der summarische Sprachgebrauch auch für die Fälle gilt, in denen πολλοί *[polloi]* ohne Artikel (oder als Adjektiv) gebraucht wird, also normalerweise einfach mit »viele« übersetzt werden müßte. Wichtig wird diese Frage in Fällen wie Mt 22, 14: viele sind berufen, wenige aber auserwählt; Mk 10,45 par: der Sohn des Menschen ist gekommen, um sein Leben als Lösegeld für viele zu geben; 14,24 par: das Blut des Bundes, das für viele vergossen wird; Hebr 9,28: Christus ... einmal geopfert, um die Sünden vieler wegzunehmen. Jeremias (ThWb VI) nimmt auch für diese Stellen die summarische Verwendung von πολλοί *[polloi]* an. Es erscheint uns jedoch fraglich, ob der summarische Gebrauch Mt 22,14 vorliegt. In der Gegenüberstellung von Berufenen κλητοί *[klætoi]* und Auserwählten ἐκλεκτοί *[eklektoi]* geht es doch nicht um die Aufhebung des exklusiven Verständnisses von »berufen«, sondern um einen dialektischen Gebrauch; dh die im Hören auf das Wort Gottes in der Gemeinde zusammengekommenen Vielen sind zwar berufen, doch ihre bloße Zugehörigkeit zur Gemeinde ist keine Garantie, daß sie die Auserwählten der zukünftigen Welt sein werden. In Mt 22,14 bezeichnen also die »Vielen« eine Mehrheit (die Gesamtgemeinde), der in den »Wenigen« eine Minderheit (diejenigen Glieder, die in der Gemeinschaft mit Gott bleiben) gegenübersteht. Das Wort steht in Parallele zu 7,21ff; in ihm »wird die Strenge spürbar, mit der Mt durchweg über die Gemeinde der Christen urteilt« (Schniewind NTD II, 1954[7], S. 221, vgl. auch S. 3; vgl. Schlatter, Matthäus 1959[5], S. 641). Doch hat J. Jeremias sicherlich Recht, wenn er für Mk 10,45 par; 14,24 par; Hebr 9,28 den summarischen Wortgebrauch annimmt, da diese Worte auf Jes 53 Bezug nehmen und damit stärker semitisches Sprachgefühl vorausgesetzt werden darf. Mit den Vielen Jes 53 ist die ganze Völkerwelt gemeint. So gibt Jesus, der Gottesknecht, sein Leben für alle Menschen als Lösegeld und vergießt sein Blut für die Versöhnung der ganzen Welt (vgl. οἱ πολλοί *[hoi polloi]* in Hebr 12,15).

3) als Adjektiv:

πολλοί *[polloi]* kommt Röm 5,16; Lk 7,47 in Verbindung mit »Sünden« und »Übertretungen« vor. In Röm 5 läßt sich der summarische Wortgebrauch aus dem Zusammenhang folgern: die Gnadengabe führte von all den Übertretungen aus zur Gerechtigkeit. In Lk 7,47 stellt sich das Problem erst gar nicht, da das Substantiv außer durch das Adjektiv πολλοί *[polloi]* noch durch den Artikel und ein Possessivpronomen bestimmt ist: »ihre Sünden, die vielen ...«, das bezeichnet in jedem Falle eine Gesamtheit: »Alle ihre Sünden – und es sind viele – sind ihr vergeben.« *Graber*

Lit.: Reicke/Bertram, Art. πᾶς, ThWb V, 1954, 885ff – zu πολλοί: Jeremias, Das Lösegeld für viele, Judaica 3,4, 1948, 249ff – Michel, An die Hebräer, KEK XIII, 1949[8] – Althaus, NTD VI, 1953[7], 48f – Schniewind, NTD II, 1954[7] – ders., NTD I, 1956[7] – Jeremias, Art. πολλοί, ThWb VI, 1959, 536ff – Schlatter, Der Evangelist Matthäus, 1959[5], 641.

Alt

πάλαι

πάλαι *[palai]* vormals, früher · παλαιός *[palaios]* alt · παλαιότης *[palaiotæs]* alter Zustand · παλαιόω *[palaioō]* veralten, alt machen

I πάλαι *[palai]* (seit Homer), aeolisch πήλυι, gehört etymologisch zu der Wortgruppe τῆλε *[tæle]*, die in der ursprünglichen Bedeutung »fern, weit weg« das Frühere, Vergangene im Gegensatz zur Gegenwart bezeichnet (vgl. τέλος *[telos]* = das Ende). παλαιός *[palaios]* (ebenfalls seit Homer) wird im Profan-Griech. allgemein im Sinne von *alt* gebraucht, a) positiv als *seit langem bestehend* und darum *altehrwürdig,* b) negativ *veraltet, abgenutzt,* und darum *wertlos, unbrauchbar* (so zB Sophokles Oed. R. 290 u. a.). Das oft im gleichen Sinn verwendete ἀρχαῖος *[archaios]* »ursprünglich, altehrwürdig« wird im Unterschied zu παλαιός *[palaios]* fast nur positiv gebraucht. παλαιόω *[palaioō]* (seit Platon) kommt im Profan-Griech. nur im Passiv vor.

II In der LXX hat παλαιός *[palaios]* meist die Bedeutung *alt, vorjährig, überholt* (zB vom alten Ernteertrag Lev 25,22) und ist in der Regel Übers. des hebr. *jāschān* = *alt, vorjährig.*

παλαιόω *[palaioō]* ist in LXX Übers. von *'ātaq* und bedeutet trans. *vergehen lassen* (zB Hi 9,5), intrans. *vergehen, verfallen* (zB Hi 14,18), *hohes Alter erreichen* (Hi 21,7); sowie von *bālāh* und bedeutet hier *abgenutzt sein, zerfallen* (zB Dtn 29,5; Jos 9,5.13; Neh 9,21). Übertragen gewinnt παλαιόω *[palaioō]* (für *bālāh*) bes. in den exilischen und nachexilischen Schriften des AT theol. Bedeutung: Leben und Wirken des Menschen, aber auch Himmel und Erde sind dem Altern und der Vergänglichkeit preisgegeben (zB Ps 32,3; Jes 50,9; Hi 13,28), ja, Gott selbst vollstreckt in der Dahingabe der Menschheit und der ganzen Schöpfung in das Vergehen und Verfallen sein Urteil über Sünde und Abfall der Menschen (Jes 51,6; Ps 102,27).

III 1) Im NT weist πάλαι *[palai]* auf etwas hin, das kürzere oder längere Zeit zurückliegt: *vor Zeiten* (hat Gott geredet Hebr 1,1), *vorher* (hätten sie Buße getan Mt 11,21 par), *früher* (getane Sünden 2 Petr 1,9), *bereits, schon* (gestorben Mk 15,44), *schon lange* (ist das Urteil gefällt Jud 4) usw.

2) In παλαιός *[palaios]* und παλαιότης *[palaiotæs]* dagegen steht das *Alte, Vergangene, Überholte* dem völlig Neuen (→ neu: καινός, νέος), dem rettenden Heil Gottes in Jesus Christus gegenüber (Mk 2,21f par: Fasten; Röm 7,6: Gesetz; 1 Kor 5,7: Sünde; u.a.), das einerseits in der Person des irdischen Jesus bereits in diesen Äon einbricht (vgl. 2 Kor 5,17), andererseits aber auch noch aussteht, um mit der Wiederkunft des Herrn diesen Äon aufzuheben und die Geschichte Gottes mit dieser Welt zu vollenden (vgl. 2 Petr 3,13).

a) Aus diesem Zusammenhang sind wohl die Gleichnisworte Mk 2,21f par zu verstehen. Sie sind kaum noch ganz sicher zu deuten. Wahrscheinlich handelt es sich um ursprünglich unabhängige profane Bildworte, die Jesus aufnimmt, um deutlich zu machen: Die Zeit der alten Welt ist vergangen, die Heilszeit ist angebrochen. Die alte abgelaufene Weltzeit wird hier mit einem alten Mantel (V. 21) und mit altem Wein (V. 22) verglichen. Mantel (→ Bekleiden, ἱμάτιον) und Wein waren gebräuchliche Symbole für den Kosmos bzw. für die Heilszeit. So wäre auch die Stellung im synoptischen Zusammenhang verständlich: Das Neue schließt Altes aus, die neue Heilszeit erfordert eine neue Lebenshaltung, die sich nicht mehr in die alten Bräuche (zB die alten Fasten- und Trauerbräuche) und die alte Lebenseinstellung einflicken läßt. Das Alte ist im Neuen erfüllt (vgl. Mt 5,17) bzw. – wo es um den natürlichen Menschen geht – überwunden!

Auch das in diesem Zusammenhang scheinbar paradoxe Sprichwort Lk 5,39 fordert in seiner negativen Wendung die Absage an das Alte, das den Menschen in seiner verführerischen Vertrautheit gefangenhält. In Mt 13,52 spricht Jesus vom rechten Schriftgelehrten, der »Jünger für die Himmelsherrschaft« ist und sowohl das Alte, die Botschaft der at. Schriften, als auch die Erfüllung im radikal Neuen, durch die Botschaft und die Person Jesu, kennt.

b) Bei Paulus und im Hebr ist der Gegensatz von alt und neu ähnlich wie bei den Synoptikern zu verstehen. In der Taufe ist ein neuer Mensch geboren und der alte Mensch abgelegt worden. Wir haben in dem Bild vom alten und neuen Menschen sicher ein Stück aus einer urchristlichen Taufvermahnung vor uns (Röm 6,6; Kol 3,9; Eph 4,22). Das »Alte« bezeichnet alles, was mit dem Sündenfall des Menschen zusammenhängt und mit seinem Dahingegebensein in Not und Tod des vergänglichen, gottfernen Lebens. In diesem Begriff schwingt der tiefe, dunkle Unterton mit von Gottes Zorn und der Sünde Sold, zugleich aber weist auch alles hin auf das unerhört Neue, Heilende und Rettende, das dem Menschen im Mitgekreuzigtwerden und Mitauferstehen mit Christus geschenkt ist (Röm 6,3ff).

Weil Jesus Christus der »neue Mensch« ist und der Glaubende in ihm nun auch zu einem neuen Leben wiedergeboren ist, ist das alte gottferne Leben tot, ohne Geltung und Anspruch und muß darum täglich neu in den Tod gegeben werden. In 1 Kor 5,7 greift Paulus eine at. Vorschrift auf: Wie vor dem Passah der letzte Rest des alten Sauerteiges ausgeräumt werden muß (→ Passah), so muß das Böse und Verkehrte des alten Lebens, der alte Sauerteig von Sünde und Ungehorsam, dem neuen Wesen der Lauterkeit und des Gehorsams Platz machen (1 Kor 5,6–8). Da Jesu Botschaft und Werk das im AT verheißene Neue bringt und das Alte erfüllt, außer Kraft setzt, läßt es sich mit dem Glauben an Jesus Christus nicht vereinbaren, im alten gesetzlichen Leben zu verharren (Röm 7,6).

Daß solches παλαιοῦν *[palaioun]*, dh solche Außerkraftsetzung des Alten ganz und allein Gottes Werk ist, bezeugt Hebr 8,13 in der Deutung der Verheißung Jer 31,31–35. Indem Gott in Christus einen neuen Bund stiftet, veraltet der erste Bund des Gesetzes. Dh in Christus kann der erste nur als »alt« und erfüllt erkannt werden (2 Kor 3,14). So kann man geradezu sagen, im NT wird vom »Alten« nur vom »Neuen« her und um des »Neuen« willen geredet.

3) In einem ganz andern Sinn wird παλαιός *[palaios]* nur in 1 Joh 2,7 gebraucht. Der Verfasser des Briefes verkündet den Empfängern kein neues Gebot, sondern das alte Gebot, das ihnen seit der Zeit der Bekehrung (»von Anfang«) bekannt ist. Im Zusammenhang mit V. 1–6 »bezieht sich ›alt‹ auf die christliche Urtradition, nicht auf Lev 19,18« (H. Windisch).

Haarbeck

Lit.: Windisch, Die katholischen Briefe, HNT 15, 1951^3 – Seesemann, Art. πάλαι, ThWb V, 1954, 713ff – Bultmann, Der alte Mensch und der neue Mensch in der Theologie des Paulus, 1964.

Altar → Opfer

Alter

ἡλικία *[hælikia]* Alter, Lebensalter

ἡλικία

Das Wort ἡλικία *[hælikia]* meint ursprünglich 1) das relative, jeweilige *Lebensalter* (Ilias 22,419), I
kann also mit jedem Lebensalter verbunden werden. Daraus wird 2) das *reife Alter* als Ausdruck der Männlichkeit (ἐν ἡλικίᾳ = mündig), auch 3) das *Zeitalter*, die *Generation* als Zeitbegriff (seit Herodot). Aus dem *reifen Alter* (2.) ergibt sich schließlich (seit Demosthenes) auch die Bedeutung 4) *Statur, Körpergröße*. In den Papyrustexten sind offenbar nur die beiden ersten Bedeutungen üblich (Lebensalter, Mündigkeit, Volljährigkeit), die vierte ist bisher nicht nachgewiesen.

In der LXX kommt ἡ. kaum anders vor als in den beiden ersten Bedeutungen (ca. 20mal), meistens II
in 2,3,4 Makk, also den späten Schriften der hellenistischen Zeit. Einmal steht es als Übers. von hebr. *qōmāh* = *Statur* (Ez 13,18). Philo hat das Wort meist im Sinne von Lebensalter gebraucht.

Wie im ganzen Altertum, gab es auch im Judentum eine große Ehrerbietung den älteren Menschen gegenüber (Lev 19,32), weil sie Weisheit und Einsicht innehaben (Hi 15,10; Sir 6,34f; 25,4–6). Es ist nicht verwunderlich, daß die Ältesten dementsprechend von Anfang an im Volke eine leitende Funktion ausüben.

III Im NT ist ἡλικία *[hælikịa]* in Lk 19,3 sicher in der Bedeutung *Gestalt* gebraucht, aber im allgemeinen gelten doch die beiden ersten Bedeutungen (vgl. Hebr 11,11 *Alter;* Joh 9,21. 23 *reifes Alter, Mündigkeit).* Wichtig sind folgende drei Momente:

1) Der Mensch hat keinen Einfluß darauf, welches physische Alter er erreicht, vielmehr ist es ein Geschenk des Schöpfers. Darauf zielt das Wort Jesu Mt 6,27 = Lk 12,25, wo ἡλικία nicht mit *Länge, Statur* zu übersetzen ist (Luther), sondern mit *Lebenszeit, -dauer:* der Mensch ist — trotz seiner Sorgen — nicht einmal imstande, sein Leben um ein geringes Zeitmaß zu verlängern. Dieser Spruch kehrt wieder in Pap. Ox. 655 fragm. 1b, fehlt aber im ThomasEv Logion 36 (s. W. Schneemelcher, E. Hennecke. Nt. Apokr. I, S. 71).

2) In Lk 2,52 wird von Jesus ausgesagt, daß er »zunähme an Weisheit und *Alter*...«. Viele denken hier zwar im Hinblick auf das »wuchs« von Lk 1,80 und 2,40 an *Statur.* Das Verb *zunehmen* (προκόπτω *[prokọptō]*, dh *Fortschritte machen)* macht es jedoch wahrscheinlich, daß ἡλικία *[hælikịa]* hier im übertragenen Sinne vom *Aufwachsen zur geistlichen Reife, zur Männlichkeit* gebraucht wird (Stählin, ThWb VI, 713).

3) In bildlichem Sinne steht das Wort auch noch Eph 4,13: »zum Maße der *Altersreife* der Fülle Christi« (εἰς μέτρον ἡλικίας τοῦ πληρώματος τοῦ Χριστοῦ *[eịs mẹtron hælikịas tou plærọ̄matos tou Christọụ]).* Die Altersreife ist das, wodurch der Erwachsene (ἀνὴρ τέλειος *[anær tẹleios]*, V. 13) sich unterscheidet vom Unmündigen (νήπιος *[næpios]*, V. 14), der umhergetrieben und leicht beeinflußt wird. Das Maß der Altersreife meint (wie unter 2.) ein gestecktes Ziel, nun aber nicht für den individuellen Gläubigen, sondern für die Gemeinde, die zum Leibe Christi erbaut wird (V. 12). Die Glieder tragen zwar dem Maße der ihnen geschenken Gnade entsprechend (V. 7) je ihr Maß an Wirksamkeit dazu bei (V. 16); das Ziel aber ist, daß sie »alle« (πάντες *[pạntes]*; vgl. auch → Fülle, πλήρωμα!) hinankommen zur Einheit des Glaubens und der Erkenntnis des Sohnes Gottes (V. 13a), weil erst dann der ganze Leib einem erwachsenen Manne (V. 13) gleicht. Es ist daher durchaus möglich, hier in ἡλικία *[hælikịa]* auch *Statur, Größe* mitzuhören; in der Entscheidung aber ziehe man *Alter* vor (gegen H. Schlier); vgl. auch → Fülle, → Ziel. *Schippers*

Lit.: Schneider, Art. ἡλικία, ThWb II, 1935, 943ff.

Amen

ἀμήν

I/II 1) ἀ. ist Transskription des hebr. *āmen* (von *'āman* nif.: *sich als fest, zuverlässig erweisen, Bestand haben, bleiben;* hif.: *sich sicher wissen, Glauben haben)* und bedeutet also: *gewiß, wahrhaft.* Das Wort (im AT 25mal) wird bei feierlichen Gelegenheiten gebraucht, um einen gehörten Fluch oder eine Beschwörung zu bestätigen und auf sich zu nehmen, eine heilvolle Verfügung zu übernehmen oder sich einem Lobspruch anzuschließen. Der Sprechende bestätigt mit seinem *Amen* Worte von anderen, zB Num 5,22 die des Ehebruchs verdächtigte Frau die Beschwörung durch den Priester mit doppeltem A., Dtn 27,15–26 das Volk 12mal die über Gebotsübertretungen verhängten Flüche, Jer 11,5 der Prophet die göttliche Fluchandrohung bei Nichteinhaltung der Bundesbestimmungen, und Neh 5,13 bekräftigt das Volk unter Esras Fluchandrohung seine Versprechungen. Weil Gott selbst Zeuge solcher Bestätigung ist, kann er »Gott des Amen« (LXX: θεὸς ἀληθινός *[theọs alæthinọs]* Jes 65,16) heißen. A. ist Abschluß der Lobsprüche nach den vier ersten Büchern des Psalters (Ps 41,14; 72,19; 89,53; 106,48), wie es Neh 8,6 und 1 Chr 16,36 das Einstimmen des Volkes in den Lobpreis bezeichnet. Mit A. wird das Gesagte als festes, feststehendes, gültiges und verpflichtendes Wort anerkannt. Ein von Menschen gegebener Auftrag, bei dessen Durchführung man der Hilfe Gottes bedarf, wird durch A. bekräftigt (1 Kön 1,36). – Als Bestätigung der eigenen

Worte des Sprechenden (bzw. Schreibenden) ist A. bis jetzt erst einmal in at. Zeit bezeugt in einem Brief (Ostrakon) vom Ende des 7. Jh. vCh aus Metsad Chaschavjahu: »Amen, bei mir ist kein Fehler.«

Die LXX weist das hebr. *Amen* 8mal in Transskription auf, in Jer 28,6 (35,6 LXX) wird es mit ἀληθῶς *[alæthōs]* übersetzt. 17mal steht γένοιτο *[gẹnoito]* = *so sei es* dafür: es wird damit Ausdruck der Hoffnung auf Erwünschtes, nicht mehr Bestätigung von Seiendem, und zugleich wird der verpflichtende Charakter des Wortes verdeckt (Schlier).

2) In den jüd. Quellen begegnet A. nur als bestätigende und bekräftigende Antwort auf die Rede eines anderen. »Amen, darin liegt ein Schwur, darin liegt eine Übernahme von Worten, und darin liegt eine Bekräftigung von Worten« (R. Jose b. Chanina, um 270 nChr). Wer auf ein Gebet oder einen Lobspruch mit A. antwortete, machte sie sich zu eigen. Wer auf eine Beschwörung, ein Segens- oder Fluchwort eines anderen. A. sagte, erkannte dieses Wort als für sich verbindlich an. Daraus ergab sich zB die Forderung, daß die Beschwörung der des Ehebruchs verdächtigten Frau (Num 5,11–31), auf die sie mit A. zu antworten hatte, in einer ihr verständlichen Sprache zu geschehen hatte (Sifre Num § 12, zu Num 5,19). Der Jude sollte auf jeden Lobspruch, den er hörte, mit A. antworten. Wer in der richtigen Weise A. sagt, wird von Gott reich belohnt. Relativ selten begegnet A. am Schluß von Gebeten. Im Synagogengottesdienst – nicht im Tempelkult! – antwortete die Gemeinde auf Lobsprüche, die der Vorbeter vortrug, mit A., ebenso auf die drei Absätze, in denen Priester den Segen Num 6,24–26 erteilten (Nichtpriester durften ihn nur erbitten).

Beim Eintritt eines Menschen in die Gemeinschaft von Qumran sagten die Priester Lobsprüche zu Ehren Gottes und segneten alle Männer des Loses Gottes, während die Leviten alle Männer des Loses Belials verfluchten. Auf diese Lobsprüche, Segens- und Fluchworte antworteten alle in den Bund Eintretenden mit doppeltem A. (1QS 1,20; 2,10.18, vgl. Dtn 27,15–26).

Im NT begegnet A. 126mal (Mt 31, Mk 13, Lk 6, Joh 50, Paulus 14, Offb 8). In den Evgg. III
kommt A. nur vor im Munde Jesu, meist in der Wendung: »A., ich sage euch (dir) ...« Lk hat A. an einigen Stellen ins Griech. übersetzt: 9,27; 12,44; 21,3 (ἀληθῶς *[alæthōs]*); 4,25 (ἐπ' ἀληθείας *[ep' alæthẹias]*); 22,21 (πλήν *[plæn]*). Joh hat 25mal doppeltes A.: aus liturgischen Gründen, oder weil A. als Ausruf aufgefaßt wurde, der einer Verdoppelung und dadurch der Verstärkung fähig war.

Auffällig und offensichtlich für seine Redeweise typisch ist, daß Jesus das hebr. A. gebrauchte, um seine aram. gesprochenen Worte zu bekräftigen, obwohl es aram. Formeln gegeben hätte. (Der Redeweise Jesu am nächsten kommt das babyl.-aram. *hēmānūthā* = *auf Treue.)* Die ungewöhnliche Ausdrucksweise Jesu blieb in den älteren Evangelien erhalten, weil man sein Wort treu bewahren und weitergeben wollte.

Aus der Zeit Jesu gibt es keinen Beleg dafür, daß auch andere ihre eigenen Worte mit A. bekräftigt hätten; in älterer Zeit war das möglich. Inhaltlich zeigen die mit A. eingeleiteten Jesusworte oft altertümliche Züge (Jeremias): eine hochgespannte Eschatologie (Mt 10,23; 19,28; 24,34; 25,40) sowie einen scharfen Gegensatz gegen den Pharisäismus (Mt 6,2.5.16; 8,10). Indem Jesus seine Worte mit A. einleitete, bezeichnete er sie als sicher und zuverlässig, bekannte er sich zu ihnen und machte sie für sich selbst und die Hörer verbindlich. Sie sind Ausdruck seiner Hoheit und göttlichen Vollmacht.

In den übrigen Schriften des NT erscheint A. als bekräftigender und bestätigender Abschluß von Gebeten und Lobsprüchen (Röm 1,25; 9,5; 11,36; 16,27; Gal 1,5; Eph 3,21; Phil 4,20; Hebr 13,21). Gebet und Lobpreis haben ihren Ort im Gottesdienst. Wer im Gottesdienst ein Dankgebet hört, antwortet darauf mit A.; deshalb muß seine Sprache für ihn verständlich sein (1 Kor 14,16; vgl. Sifre Num § 12!). In den Briefen wird die Antwort der Gemeinde durch das A. vorweggenommen (Offb 1,7; Röm 15,33; Gal 6,18). Am Anfang eines Lobspruches steht A. in Offb 7,12; zusammen mit *Halleluja* in Offb 19,4; zusammen mit *Ja* in Offb 1,7. Indem in Offb 22,20 die Kirche mit A. auf ein göttliches Ja antwortet, macht sie dieses für sich selber gültig. Und Jes 65,16 LXX wird aufgenommen, wenn in Offb 3,14 Christus selbst der A. genannt und von ihm gesagt wird, daß er der treue und wahrhaftige Zeuge ist (vgl. Ps 89,38); das Letztere kann fast als Übersetzung von A. gelten. Ebenso sieht auch Paulus 2 Kor 1,20 in dem Christus alle Gottesverheißungen erfüllt und verbürgt: »in ihm ist das Ja und durch ihn auch das Amen.« *Bietenhard*

V ZUR VERKÜNDIGUNG

In unseren Tagen ist das Amen weithin zu einer starren liturgischen Formel geworden, zudem meist nur von einem einzelnen gesprochen. Sehen wir einmal von dem Gebrauch ab, in dem der Herr sein eigenes Wort damit unterstreicht, und vergleichen das at. und nt. Vorkommen, in welchem das Wort die bewußte und verbindliche Annahme einer Verheißung und Zusage, das Zustimmen zu Gebet und Lobpreis kennzeichnet, so ergibt sich die Frage, ob nicht dieser Aspekt der verbindlichen Antwort, die den Glaubensgehorsam von der bloßen Anteilnahme am Kultus unterscheidet, weithin verlorengegangen ist. Wenn dem so ist, dann geht es freilich nicht um die bloße formale Wiedereinführung des liturgischen Responsoriums, wie ja die Belebung des Glaubensgehorsams sich nicht auf den liturgisch-gottesdienstlichen Rahmen beschränken kann. Vielmehr käme es darauf an, der Antwort der Gemeinde auf die Botschaft Gottes neue Gestalt in Wort und Handlung, in Bekenntnis und Lebensvollzug zu geben. Das erst würde sie aus Konsumenten und Erduldern zu Mitträgern der Verkündigung und Zeugen Gottes machen. L. C.

Lit.: Bauer/Dalman, Die Worte Jesu I, 1930², 185ff – Kuhn, Sifre zu Numeri. Rabbinische Texte II. Tannaitische Midraschim 2, H. 1, 1933, 52 – Schlier, Art. ἀμήν, ThWb I, 1933, 339ff – Jeremias, Kennzeichen der ipsissima vox Jesu, in: Synoptische Studien f. AWikenhauser, 1964, 86ff (= JJeremias, Abba, 1966, 145ff) – VHasler, Amen, 1969 – KBerger, Die Amen-Worte Jesu, 1970 (= BhZNW, 39) – ders., Zur Geschichte der Einleitungsformel »Amen, ich sage euch«, ZNW 67, 1972, 45ff.

Anders

ἕτερος

ἕτερος *[hẹteros]* der andere, anders · ἄλλος *[ạllos]* der andere, anders

I ἕτερος *[hẹteros]* und ἄλλος *[ạllos]* haben im Profan-Griech. im wesentlichen die gleiche Bedeutung: *anders*. Substantivisch und adjektivisch gebraucht, führen sie eine neue Person, Sache oder Gruppe ein. Ursprünglich ist ἕ. ein dualisches Pronominale und setzt Zweiheiten: entweder individuelle oder kollẹktive. Darum kann οἱ ἕτεροι *[hoị hẹteroi]* auch *die andere Gruppe* bezeichnen. Im Neugriech. fehlt ἕ. ganz.

II Während ἄλλος *[ạllos]* in der LXX auf das dem Bisherigen gegenüber Andere hinweist, ja sogar demonstrative Pronomina wiedergeben kann (zB das hebr. *'ellæh)*, ist ἕτερος *[hẹteros]* hier personal geprägt und vertritt Worte wie *'isch, rea', 'ach (Mensch, Mann; Nächster; Bruder)*; ἄλλος *[ạllos]* kommt ca. 100mal, ἕτρος *[hẹteros]* ca. 150mal vor.

III Diese Unterscheidung setzt sich im NT nur in beschränktem Maße fort, wobei auffällt, daß die Verwendung von ἕτερος *[hẹteros]* (insgesamt 98mal) gegenüber ἄλλος *[ạllos]* (insgesamt 155mal) insbesondere in den späteren Schriften des NT zurücktritt: In Joh (außer 19,37), Kor, Tit, in den Petr- und Joh-Briefen und in Offb, aber auch in den Thess-Briefen und in Mk (außer 16,12 s. u.) fehlt ἕ. ganz. Bevorzugt wird ἕ. von Lk (LkEv und Apg). Bis zu einem gewissen Grade spiegelt die Häufigkeit der Vokabeln die geistige Auseinandersetzung wieder, was sich bes. aus dem häufigen Vorkommen beider in den Kor-Briefen erkennen läßt.

1) Im einzelnen zeigt sich folgender Gebrauch:

a) ἕ. und ἄ. zur Bezeichnung einer *andern Person, Sache oder Gruppe*. ἕ.: Lk 5,7; 23,40. Hierher gehört τῇ ἑτέρᾳ *[tæ hetẹra]* = *am nächsten Tag* Apg 20,15; 27,3. ἄ.: Mt 5,39; 12,13; Joh 5,32.

b) Derselbe Gebrauch findet sich im Plural: (ἕ.) Lk 10,1; Apg 2,13. (ἄ.) Mt 20,3.6; 13,5f (L: »Etliches« fiel . . .); ebenso Joh 7,12; 9,16.

c) In Aufzählungen (Mt 13,5.7f; Lk 8,6–8) und Gegenüberstellungen (Hebr 11,35f) wechseln ἕ. und ἄ. oft ab. In Aufzählungen kann ἕ. zu einem bestimmten Zahlwort werden, zB Lk 19,16.18.20 ὁ πρῶτος . . . ὁ δεύτερος . . . ὁ ἕ. = *der erste . . . der zweite . . . der dritte . . .*

d) Als Subst. bezeichnet ὁ ἕτερος den mir von Gott gegebenen *Nächsten* 1 Kor 10,24; Röm 2,1; 13,8; Gal 6,4.

2) Theologisch gewichtig werden die Worte als Ausdruck einer mehr oder weniger starken qualitativen Andersartigkeit äußerlicher oder innerlicher Art (ἄ.: Mk 12,32; 2 Kor 1,13; 1 Kor 3,11).

Jesus erscheint nach der Auferstehung seinen Jüngern in »anderer → Gestalt« (Mk 16,12), so daß sie ihn nicht erkannten (vgl. Lk 24,16; Joh 20,15). Ähnlich ist Jesu Aussehen bei der Verklärung Lk 9,29 verändert: Jesus wird in einer Epiphanie als der Menschensohn offenbart. Das Neue ist nur mit dem Auferstehungsleib vergleichbar in 1 Kor 15, 35ff (vgl. ἕ. und ἄ.; gegen die Leugnung der → Auferstehung). Mt 11,3: muß der Messias anderer Art sein als Jesus?

Zweifelhaft ist Apg 2,4. V. 13 deutet auf ein ekstatisches Zungenreden wie 10,46; 19,6; 1 Kor 12,10.30; 14,1ff, während Apg 2,7 nur bei einem philologischen Wunder an allen Anwesenden verständlich ist. Die Pfingstgeschichte bereitet die Missionspredigt der Apostel vor und schildert die Geistausgießung wohl in einer doppelten Auswirkung, der Befähigung zum Zungen- und Sprachenreden. Es beginnt die Erfüllung der Verheißung von 1,8. V. 13 leitet über zur Missionspredigt des Petrus (Grundlegend: Haenchen, KEK 133ff).

1 Kor 14,21 zitiert Paulus Jes 28,11 nach einem dem Aquila nahekommenden Text. Die assyr. Fremdsprache im AT wird von Paulus auf die Gabe des Zungenredens gedeutet.

2 Kor 11,4 und Gal 1,6f (ἕ. und ἄ.) betont Paulus die Ausschließlichkeit des in seiner Predigt angebotenen Heils; ein anderes Evangelium wäre nicht mehr das Evangelium, wie ein anderer Geist nicht mehr der Heilige Geist sein kann; vgl. auch 1 Tim 1,10.

Röm 7,23: Das »andere Gesetz«, nämlich das der fleischlich-egoistischen Triebe, widerstreitet als Werkzeug des »Gesetzes der Sünde« dem »guten Gesetz Gottes«, dem die Vernunft zustimmt.

Schwierig ist Phil 3,15. Wahrscheinlich argumentiert Paulus hier gegen Schwärmer, die für sich Vollkommenheit beanspruchen und die im Besitz bes. offenbarter Erkenntnisse zu sein glauben. Paulus nimmt nun das Schlagwort von der Vollkommenheit auf und bezieht es auf die Christen: Die Vollkommenen sind die, die um ihre Unvollkommenheit wissen und deshalb auf der Kampfbahn dem Siegespreis nachjagen; ihnen ist bewußt, daß sie noch nicht am Ziel sind und über den Preis noch nicht verfügen können, daß sie umgeschaffen, aber noch nicht vollendet sind. Sollten hierüber einige anders denken, so wird es Gott ihnen (die doch besondere Offenbarung für sich beanspruchen!) auch noch offenbaren!

Selter

Lit.: Beyer, Art. ἕτερος, ThWb II, 1935, 699ff.

Anfang, Ursprung

ἀρχή

ἀρχή *[archæ]* Anfang, Ursache · ἄρχω *[ạrchō]* anfangen, herrschen · ἄρχων *[ạrchōn]* Herrscher, Fürst · ἀρχηγός *[archægọs]* Herrscher, Anführer · ἀρχαῖος *[archaịos]* alt

1) ἀρχή *[archæ]*, seit Homer wichtiger Terminus der griech. Philosophie, bedeutet a) *Anfang, Be-* I
ginn; b) *Anfangspunkt, Urbeginn;* c) *erste Ursache, Prinzip, Urgrund;* d) *Macht, Behörde, Regierung.* Das Verb ἄρχω *[ạrchō]* heißt ganz allg. a) *der erste sein, anfangen* in dem Sinne, daß man der erste ist, der etwas vor anderen tut; b) *den Anfang mit etwas machen,* im Gegensatz zu dem, was man später tut; c) *als Anführer der erste sein, herrschen.* Von ἄρχω *[ạrchō]* abgeleitetes Part. ist ἄρχων *[ạrchōn]*, der *Herrscher, Gebieter, Fürst.* Ähnliche Bedeutung hat auch ἀρχηγός *[archægọs]*. ἄρχων *[ạrchōn]* legt jedoch stärker den Ton auf die Macht, die zum Befehlen notwendig ist. Das Adj. ἀρχαῖος *[archaịos]* bezeichnet das, was von Anfang an, seit alter Zeit besteht: *alt, uralt.*

2) Aus dieser Wortgruppe hat eine bes. Bedeutung in der griech. Philosophie ἀρχή *[archæ]* gewonnen.

a) Es bezeichnet den Punkt, an dem zeitlich etwas Neues beginnt, das jedoch vom Anfang her schon in seiner Begrenzung am Ende gesehen wird. Mit dem Anfang (ἀρχή [archæ]) einer Sache rückt also bereits immer schon das Ende (τέλος [telos]) mit in den Blick. So wie der Anfang aus dem Unendlichen hervorgeht, mündet das Ende in die gleiche Unendlichkeit ein.

b) ἀρχή [archæ] ist der Ausgangspunkt, der Urgrund, die erste Ursache alles Seins, dh das letzte Prinzip (zB bei Thales das Wasser, bei Anaximander das Unendliche, bei Anaximenes die Luft). Allmählich macht ἀ. jedoch einen Bedeutungswandel durch von der Grundsubstanz hin zu den Grundgesetzen, nach denen sich die Entwicklung und das Werden des Kosmos vollzieht.

c) In der Stoa sind Gott (θεός [theos]) und die Materie (ὕλη [hylæ]) ἀρχαί [archai].

D. Müller

II Über 30 hebr. Äquivalente werden – viele allerdings nur vereinzelt – in der LXX durch diese Wortgruppe wiedergegeben. Hervorzuheben sind folgende Bedeutungen:

1) Das Verb ἄρχω [archō] tritt am häufigsten für *chālal* im Hifil (zB Gen 6,1; Ri 10,18) oder *jā'al* im Hifil (zB Gen 18,27; Dtn 1,5) ein; beide kennzeichnen das *Beginnen* als *Anfang einer Handlung*, das im letzteren Fall mit der Überwindung von Hemmungen oder Sitten verbunden ist. Der Gebrauch in diesem Sinne ist meist rein sprachlich bestimmt und nicht theol. gefüllt. Auch das Subst. ἀρχή [archæ] findet sich zB Gen 41,21; Dan 9,21 für den *Beginn eines Vorganges* (hebr. *t*^e*chillāh)*.

2) Das für das Verb vorherrschende Moment des zeitlichen Ausgangspunktes läßt sich beim Subst. ἀρχή [archæ] in noch qualifizierterem Sinne erkennen, wo dieses für *'ōlām* = *ferne Zeit* (nur Jos 24,2 und Jes 63,16.19) oder für *qædæm* = *Vorzeit, Urzeit* (zB Hab 1,12; Ps 73,2; Mi 5,2) steht. Gemeint ist dann nicht nur eine zeitlich ferne Vergangenheit (*qædæm* ist urspr. der Anfang, der Osten!), sondern der *frühere Zustand* (auch wenn er negativ beurteilt wird: Ez 16,55), ja der *Urzustand*, der *Ursprung* des Volkes oder der Welt (vgl. Art. αἰών unter → Zeit; → Schöpfung). In diesem Sinne reicht die Bedeutung von ἀρχή [archæ] vom erinnerlichen Vor-Zustand über den Urzustand bis buchstäblich in die Vor-Zeitlichkeit (Jes 37,26). – Das Adj. ἀρχαῖος [archaios] = *alt* hat etwa den gleichen Bedeutungsumfang (vgl. → alt, πάλαι); so werden zB Ps 138,5 LXX die ἀρχαία [archaia] als das Frühere den ἔσχατα [eschata] als dem Letzten gegenübergestellt, um damit das Ganze (τὰ πάντα) zu umschreiben; (im MT von Ps 139 und den deutschen Übers.en ist hier räumlich gedeutet: »hinten und vorne« Z).

3) Neben den zeitlichen Aspekt tritt sodann der des obersten, vordersten Ranges, und zwar von dem sehr schillernden hebr. Äquivalent *rōsch* = *Haupt* und dessen Ableitungen *rischōn* = *erster, früherer* und *reschit* = *Anfang, erstes Teil, Erzeugnis* her, für die ἀ. oft rein schematisch eingesetzt wurde und so sehr verschiedene Bedeutungen übernehmen mußte. So heißt es beispielsweise Jer 22,6 Spitze (des Libanon), Num 1,2 Summe (Gesamtzahl der Israeliten), Gen 2,10 Hauptarm (eines geteilten Stromes). Es umschreibt Am 6,1; Num 24,20 eine Vorrangstellung (unter den Völkern; Ex 12,1 für den Passahmonat unter den anderen), 1 Kön 20,9.11 den obersten Platz in der Volksversammlung, und Gen 40,20 meint »das Haupt erhöhen« die Wiedereinsetzung in eine Machtposition (vgl. → Erster, Art. πρῶτος). – Die Bedeutungstendenzen des Beginnes und des vordersten Ranges verdichten sich an einigen Stellen, zB in dem Wort von der Furcht des Herrn, die ἀρχὴ τῆς σοφίας [archæ tæs sophias] ist (Ps 110,10), zu der Bedeutung *Prinzip* als der qualitativen Komponente des Beginnens, die Verlauf und Ausgang des Ganzen bestimmt.

4) Von *rōsch* her kann ἀ. aber auch für den *Befehlsbereich* oder die (einem Befehlshaber unterstehende) *Heeresabteilung* (zB Ri 9,34; 1 Sam 11,11) Verwendung finden. Das Moment des Herrschens, Regierens wohnt ihm bes. da inne, wo es (Gen 1,16; Jer 41,1 und Mi 4,8) für *mæmschalāh* = *Herrschaft* steht; noch häufiger ist das bei ἄρχω [archō] der Fall (15mal für hebr. *māschal*, z. B. Gen 1,18; Ri 9,2; Dtn 15,6). Vgl. → Herrschaft.

5) Ganz in diese Richtung gehört dann auch die relativ eindeutige Verwendung von ἄρχων [archōn] (450mal!) und ἀρχηγός [archægos] (25mal). Beide treten – namentlich im chronistischen Geschichtswerk, im Dtn, Jos, Num und Ri – relativ häufig für *rōsch* im Sinne des *politischen* oder *militärischen Führers*, auch des *Familienhauptes* ein (Num 25,4; 30,2; 1 Chron 8,6.28; Neh 11,3.16f), während ἄρχων [archōn] im übrigen für *śar* = *Inhaber von Macht, Gewalt; Oberster; Edler; Herrscher* (Gen 12,15; Ri 8,3; Am 1,15), in Num und Ez auch für *nāśi'* = *(Stammes-)Fürst, Patriarch* (Num 2,3.5.7; 13,2; Ez 7,27) steht und als ἀρχηγός [archægos] zB auch der erwählte Charismatiker in der Notzeit bezeichnet wird (*qātsin*, Ri 11,6). Während ἀρχηγός [archægos] mehr die faktische Machtausübung im Auge hat, meint ἄρχων [archōn] mehr die dahinter stehende Autorität; so reicht seine Anwendung von dem, der allgemein *Einfluß ausübt*, bis hin zum *Volksführer, Beamten*, ja sogar zu den *überirdischen Wesen* (Dan 10,13), die in der Geisterwelt die Völker repräsentieren und übrigens großenteils gegen Gottes Volk stehen. Diese können freilich (Dan 7,27) auch als ἀρχή [archæ] bezeichnet werden (vgl. → Engel).

Coenen

Auch im NT wird mit den Begriffen dieser Wortgruppe wie im Profangriech. immer etwas Vorrangiges wiedergegeben, sowohl der Zeit als auch des Standes und des Ansehens. Das NT verwendet die Begriffe also im wesentlichen gleichbedeutend mit dem profangriech. Vorkommen, vor allem zur Bezeichnung eines ersten Zeitpunktes und zur Beschreibung eines Machtbereiches. III

1) So ist ἀρχή *[archę]* (55mal im NT, davon 18mal in den johanneischen Schriften):

a) der *Anfang*, der *Beginn*, zB Mk 1,1 Anfang des Evangeliums; 13,8 Beginn der endzeitlichen Wehen; Hebr 3,14 Anfang der Gewißheit, des Glaubens oder Apg 10,11 auch in konkreter Bedeutung *Zipfel* des Tuches. Der Ausdruck τὴν ἀρχήν *[tæn archęn]* in Joh 8,25 bedeutet *überhaupt.* Als *Anfangsgründe, Anfangslehre* steht ἀ. in Hebr 5,12; 6,1. Christus ist über die Zeit erhaben, darum hat er weder Anfang noch Ende (Hebr 7,3). – Vor allem in der Wendung ἀπ' *[ap']* und ἐξ ἀρχῆς *[ex archęs]* wird der erste Zeitpunkt angegeben, der im einzelnen aus dem Zusammenhang erschlossen werden muß: der *Anfang* der Tätigkeit Jesu (Lk 1,2; Joh 15,27; 16,4); Jesus weiß *von Anfang*, ob jemand glaubt (Joh 6,64); das Leben des Paulus hat sich *von Anfang an* in seinem Volk abgespielt (Apg 26,4); Johannes verweist auf das, was die Gemeinde *von Anfang an* hatte: das gleiche Evangelium, das gleiche Wort Gottes (und kein neues Gebot! 1 Joh 2,7), das in ihnen bleiben soll (2,24); es ist die Botschaft der Liebe (3,11; 2 Joh 5), die im Handeln aus dem Willen Gottes wirksam wird (2 Joh 6).

Nicht ganz sicher ist 2 Thess 2,13: Ist die Erwählung der Leser von Geburt an oder von der Vorzeit her gemeint? – *Von Anfang an* war der Teufel ein Mörder und Lügner und hatte in der Wahrheit nicht seinen Standort. So können seine Kinder nur des Vaters Begierden verwirklichen wollen (Joh 8,44; vgl. 1 Joh 3,8: der Teufel sündigt von Anfang an). Auf den Anfang der Schöpfung (Gen 1,27) geht die Einehe zurück (Mt 19,4.8 par); auf den Anfang der Welt blicken Mk 13,19 und 2 Petr 3,4. In Apg 11,15 ist an die erste Zeit der Gemeinde in Jerusalem gedacht; in Phil 4,15 an den Anfang der missionarischen Tätigkeit des Paulus.

b) Der *Urbeginn:* In Joh 1,1 ist eigentlich ein »Vor«-der-Zeitlichkeit gemeint, also nicht ein Anfang innerhalb der Zeit, sondern ein absoluter Anfang, wie er Gott selbst zukommt, bei dem eine Zeitaussage gerade nicht gemacht werden kann. Der λόγος *[lǫgos]* (→ Wort) ist streng präexistent vor der → Welt und eben damit auch vor der → Zeit, die ja mit der Welt beginnt. Das ist auch die Meinung in 1 Joh 1,1; 2,13f, wobei die erste Stelle mit dem Subjekt im Neutrum noch klarer ausdrückt, was gemeint ist.

c) *Erste Ursache, Prinzip, Urgrund:* Strittig ist in der Exegese, ob in Kol 1,18 für ἀρχή *[archę]* diese Bedeutung angenommen werden darf. Die Frage hängt davon ab, ob man ἀ. gedanklich noch zur vorhergehenden kosmologischen Aussagenreihe über Christus ziehen darf, oder ob man nach συνέστηκεν *[synęstæken]* einen Punkt setzt und dann eine neue Gedankenreihe beginnen läßt. Im ersten Fall dürfte die Bedeutung »erste Ursache, Prinzip« anzunehmen sein, im zweiten aber bekäme das Wort ἀ. eine Bedeutung wie ἀπαρχή *[aparchę]* = *Erstlingsgabe* (→ Opfer): Christus ist Erstling und → Erstgeborener von den Toten. Ungeklärt in dieser Hinsicht sind auch die Stellen Offb 3,14; 21,6; 22,13: Es ist möglich, daß Christus hier als Prinzip der Schöpfung bezeichnet wird, es ist aber auch möglich, daß in diesen Aussagen seine Überzeitlichkeit ausgedrückt werden soll; in diesem Fall kämen die ἀ.-Aussagen in die Nähe der λόγος *[lǫgos]*-Aussagen (→ Wort) von Joh 1,1f und 1 Joh 1,1.

d) ἀρχή *[archę]* im Sinne von *Macht, Behörde, Obrigkeit* steht Lk 12,11; 20,20; Tit 3,1 zusammen mit ἐξουσία *[exousįa]* = *Macht* und bezeichnet die weltliche oder geistliche (jüd.) Behörde. An der erstgenannten Stelle ist damit gerechnet, daß Verfolgung der Jünger von den jüd. Behörden, von den Vorständen der Synagogengemeinden ausgehen kann. In Lk 20,20 bezeichnet ἀ. die Stellung des römischen Prokurators in Palästina (Judäa, Samaria); in Tit 3,1 ist allg. der Gehorsam der staatlichen Macht, den Behörden gegenüber gefordert.

e) An einigen Stellen im NT sind mit ἀ. auch *Engelmächte* bezeichnet. Spätjüd.em Glauben entspricht es, wenn die Welt bzw. die Natur und alle ihre Erscheinungen und Kräfte als unter → Engeln stehend, von Engeln geleitet, angesehen wird. Dabei werden verschiedene Kategorien oder Klassen von Engeln sichtbar, ohne daß das NT Wert legte auf eine Herausarbeitung der Rangordnungen im einzelnen oder von Engelhierarchien (→ Engel). Auch erkennen wir im NT keine speziellen Funktionen, die etwa die ἀρχαί *[archai]* gegenüber den δυνάμεις *[dynameis]* und ἐξουσίαι *[exousiai]* gehabt haben könnten, — sehr im Unterschied zu gewissen spätjüd. und von diesen abhängigen altchristlichen, aber außerkanonischen Schriften. Im NT ist grundlegend Kol 1,16: Auch die überirdischen, himmlischen Wesen und Mächte, zu denen die ἀρχαί *[archai]* gehören, sind durch Christus und auf ihn hin geschaffen worden. Entsprechend umfaßt die Versöhnungstat Christi auch den ganzen Kosmos (Kol 1,20). Christus ist in der Gegenwart auch das Haupt jeder ἀ. und ἐξουσία *[exousia]* (Kol 2,10; vgl. Phil 2,10f), dh er ist Weltherrscher in Natur und Geschichte, Herr und Haupt des ganzen Kosmos. Diese »Mächte und Gewalten« haben ihn, ohne ihn zu kennen, ans Kreuz gebracht (1 Kor 2,8). Aber am Kreuz hat Christus diese Mächte auch entwaffnet, dh sie ihrer Macht beraubt (Kol 2,14f). Durch die Auferstehung ist Christus zur Rechten Gottes erhöht worden über alle Herren, Gewalten, Mächte (ἀρχαί *[archai]*), Herrschaften und jeden Namen, der genannt werden kann.

Merkwürdig ist der Gedanke, daß das Geheimnis der Berufung der Heiden zum christlichen Glauben den Mächten und Gewalten im Himmel durch die Kirche bekanntgemacht wird (Eph 3,10): Das Geheimnis der Heidenberufung hat kosmische, ins Jenseits reichende Bedeutung, ebenso die Predigt der Kirche. In Eph 6,12 sind die ἀρχαί *[archai]* ein Teil der durch den Teufel beherrschten bösen Geisterwelt, gegen die die Christen zu kämpfen haben. In Röm 8,38 bezeichnet ἀρχαί *[archai]* neben den Engeln und den Kräften eine besondere Kategorie himmlischer bzw. überirdischer Wesen, die zwar wohl in der Gegenwart wirken, den Glaubenden aber nicht von Gottes Liebe trennen können. Bei den Endereignissen, die zur Aufrichtung des Reiches Gottes führen, wird Christus jede ἀρχή *[archæ]*, δύναμις *[dynamis]* und ἐξουσία *[exousia]* vernichten (1 Kor 15,24).

2) ἄρχω *[archō]* kommt im NT 85mal vor und bedeutet aktiv *der Erste sein, herrschen* (Mk 10,42; Röm 15,12); medial *beginnen, anfangen*. An sehr vielen Stellen ist ἄρχω *[archō]* wohl Übers. eines aram. *schᵉrā* (hiphil), das — durchaus unbetont — den Anfang einer Rede oder Handlung markiert; demgemäß wirkt das Verb oft fast überflüssig und könnte, ohne Beeinträchtigung des Sinnes, in der deutschen Übersetzung weggelassen werden (zB Mt 4,17; 11,7.20; 26,22; Mk 6,7; Lk 3,8; 15,14; Joh 13,5; Apg 1,1; 11,4.15). Betonter kann eine neue Handlung einer vorhergehenden gegenüber abgegrenzt werden (zB Mt 26,37; Lk 4,21; 7,15.40.38.49).

Absolut gesetzt erscheint ἄρχω *[archō]* in Lk 3,23: Jesus war bei seinem Auftreten etwa 30 Jahre alt. ἄρχω *[archō]* gibt den Ausgangspunkt im zeitlichen Sinn an (Mt 16,21); im sachlichen Sinn (Lk 24,27), indem der Auferstandene seine Schriftdeutung mit Mose und den Propheten beginnt. Joh 8,9: zuerst gingen die Ältesten; 1 Petr 4,17: das Gericht kommt zuerst über das Haus Gottes, dann über die anderen. ἀρξάμενος *[arxamenos]* bezeichnet auch den lokalen *Ausgangspunkt:* Die Buß- und Evangeliumsbewegung begann, nahm ihren Ausgang in Galiläa (Lk 23,5; Apg 10,37).

3) ἀρχαῖος *[archaios]* = was seit alter Zeit besteht, *alt*, findet sich im NT 9mal. Mit οἱ ἀρχαῖοι *[hoi archaioi]* = die *Alten, Vorfahren* werden die Menschen der früheren Generation bezeichnet, genauer die Generation des Volkes Israel, der das Gesetz gegeben wurde (Mt 5,21; vgl. V. 27). Einige im Volk halten Jesus für einen von den alten Propheten, für einen, der zu at. Zeit lebte und der in ihm wieder erstand (Lk 9,8.19). Mnason aus Zypern ist ein ἀρχαῖος μαθητής *[archaios mathætæs]*, ein Jünger, der schon lange Christ ist, bzw. ein Jünger aus der ersten Zeit der Kirche (Apg 21,16). In Apg 15,7 ist die Angabe »seit alter Zeit« hyperbolisch: Gott hat die zur Debatte stehende Sache, die Predigt

des Evangeliums vor den Heiden, längst entschieden. Die »alte Welt« (2 Petr 2,5) ist die Welt vor der Sintflut. – Der Satan ist die »alte Schlange« – unter Anspielung auf die Paradiesgeschichte (Gen 3,1.14f) –, die schon am Anfang der Welt- und Menschheitsgeschichte wirkte (Offb 12,9; 20,2). – Wer in Christus ist, wer an Christus kraft der Gabe des heiligen Geistes glaubt (Röm 8,4.9f), der ist ein neues Geschöpf, in welchem das »Alte«, das weltliche Wesen und damit die vorchristliche sündige Existenz vergangen ist (2 Kor 5,17).

4) ἀρχηγός *[archægos]* kommt im NT nur 4mal vor und wird ausschließlich von Jesus gesagt. Es heißt:

a) *Führer, Herrscher, Fürst.* Paradox ist die Redeweise des Petrus, wenn er den Juden vorwirft, sie hätten einen Mörder gewählt und den »Fürsten des Lebens« getötet (Apg 3,15); der Ausdruck kann hier bedeuten, daß Jesus zum Leben führt, aber auch, daß Jesus Christus der Urheber des Lebens ist (vgl. Joh 1,4). Gott hat den am Kreuz ermordeten Jesus auferweckt und ihn als ἀρχηγός *[archægos]* = Herrscher und Retter zu seiner Rechten erhöht (Apg 5,31); der Ausdruck steht hier in sachlicher Entsprechung zu Apg 2,36: Gott hat Jesus zum κύριος *[kyrios]* (→ Herr) und Christus gemacht.

b) *Urheber, Begründer:* In feierlicher Weise redet Hebr 2,10 von Christus als dem ἀρχηγός τῆς σωτηρίας *[archægos tæs sōtærias]*: Christus ist Bahnbrecher und Urheber der Rettung, des Heils (vgl. Hebr 5,10; 6,20), »Weg, Werk und Urbild des Christus bestimmen das ›Heil‹ der Menschen« (Michel, Hebräerbrief, 75). Weil Christus selber das Ziel erreicht hat, ist er nicht nur Urheber, sondern auch Vollender des Heils (Hebr 12,2).

5) ἄρχων *[archōn]* bedeutet a) ebenfalls *Herrscher, Herr, Fürst* (im NT 37mal), wird aber nur Offb 1,5 auf Christus übertragen. Dort heißt Christus, unter Anlehnung an Ps 89,28, der ἄρχων *[archōn]* der Könige der Erde (vgl. Offb 19,16; → κύριος *[kyrios]* Phil 2,11). Sonst sind die ἄρχοντες *[archontes]* die Fürsten, die über die Völker herrschen und sie unterdrücken (Mt 20,24 par). In Apg 4,25f wird Ps 2,1f zitiert und auf das Zusammenwirken von Herodes (der König) und Pilatus (ἄρχοντες *[archontes]*) bei der Kreuzigung Jesu bezogen.

b) Es werden mit dem Begriff die *Behörden, Oberen, Vorgesetzten* bezeichnet. Speziell die jüd. Behörden der Synagogengemeinden (Mt 9,18.23; Lk 8,41; 12,58; 18,18); die Laienmitglieder des Hohen Rates (Lk 23,13.35; 24,20; Joh 3,1); die Mitglieder der obersten jüd. Behörde überhaupt (Joh 7,26.48; 12,42; Apg 3,17; 4,5.8; 13,27); der Hohepriester (Apg 23,5). In Apg 7,27 wird Ex 2,15 zitiert: Der Israelit lehnt Mose als seinen »Oberen« oder »Vorgesetzten« ab. Mit dem ἄρχων *[archōn]* der Pharisäer dürfte ein »führender Pharisäer« gemeint sein (Luk 14,1). Jüd. und heidnische Behörden werden in Apg 14,5 genannt als Feinde der Apostel. Vor den Magistrat der Stadt Philippi werden Paulus und Silas geschleppt (Apg 16,19). In seinen Ausführungen über den Staat sagt Paulus, daß die Beamten (ἄρχοντες *[archontes]*) nicht ein Gegenstand der Furcht sind für den, der Gutes tut (Röm 13,3).

c) Auch böse Geister werden ἄρχων *[archōn]* genannt (vgl. Art. δαίμων unter → Dämon). Die Pharisäer werfen Jesus vor, er treibe die Dämonen aus in der Kraft des ἄρχων *[archōn]* der Dämonen; gemeint ist Beelzebub als der διάβολος *[diabolos]* (→ Teufel; Mt 9,34; 10,25; 12,24 par). Der Satan ist »Fürst dieser Welt« (ἄρχων τοῦ κόσμου τούτου), der gerichtet ist (Joh 16,11), der durch Tod und Erhöhung Jesu aus dem Himmel geworfen wird (Joh 12,31); er sucht vergeblich, Jesus in die Hand zu bekommen und zu vernichten (Joh 14,30). Die ganze gegenwärtige Welt steht unter ἄρχοντες *[archontes]*, die der Vernichtung entgegengehen (1 Kor 2,6); auch sie verfügen über Weisheit, die aber im Gegensatz steht zur Weisheit Gottes, die Paulus im Geheimnis verkündigt; diese Archonten haben Christus gekreuzigt (1 Kor 2,8). Mit dem ἄρχων *[archōn]* des Luftreiches (Eph 2,2) ist der Satan gemeint. *Bietenhard*

Lit.: Delling, Art. ἀρχή, ThWb I, 1933, 476ff – Dibelius/Greeven, An die Kolosser, Epheser. An Philemon, HNT 12, 1953 – GDelling, Die bleibende Bedeutsamkeit der Verkündigung des Anfangs im Urchristentum, ThLZ 11, 1970, 801ff.

Angesicht

πρόσωπον

πρόσωπον *[prọsōpon]* Angesicht · προσωποληψία *[prosōpolæmpsịa]* Parteilichkeit · προσωπολημπτέω *[prosōpolæmptẹō]* parteiisch urteilen · προσωπολήμπτης *[prosōpolæ̣mptæs]* parteiisch · ἀπροσωπολήμπτως *[aprosōpolæ̣mptōs]* unparteiisch

I πρόσωπον *[prọsōpon]* *Antlitz*, Grundbedeutung etwa: *was* (dem andern) *ins Auge fällt* (πρός *[pros]* = *Ant*[litz] = *entgegen;* ὤψ *[ōps]* = *Auge)*, das, was man ansieht; im profanen Griech. *Gesicht, Maske* des Toten (Larve), dann des Schauspielers. Übertragen *die dramatische Rolle.* Von Gegenständen die *Oberfläche* oder die *Vorderseite.* Gelegentlich auch *Antlitz* der Götter. Als pars pro toto kann π. auch die ganze *Gestalt* bezeichnen. π. = *Person,* erst seit Polybius, ist Bedeutungslehnwort aus dem Lateinischen.

II In LXX kommt πρόσωπον *[prọsōpon]* etwa 900mal, allermeist als Übersetzung von *pānim* vor;

1) Es steht a) für das *Gesicht* des Menschen (Gen 31,2), sein *Aussehen* (Gen 4,5), als Umschreibung für den ganzen *Menschen* (Dtn 7,10), häufig »Antlitz zuwenden« = ehrfurchtsvolle Begrüßung; mehrfach auch das *Gesicht* von Tieren (Ez 1,10);

b) für *die zugewendete Seite* (zB die Erdoberfläche Gen 2,6);

c) als Bindeglied in Verbindung mit verschiedenen Präpositionen, um Beziehungen auszudrücken: *von ... weg, ins, vor, gegenüber, vor dem Antlitz her* u. a.

2) π. bezeichnet aber vor allem das *Angesicht Gottes:*

a) als die den Menschen betreffende Seite Gottes. Wo LXX vom Angesicht Gottes spricht, gibt sie oft eine Beziehung Gottes zum Menschen wieder, zB seine gnädige Zu- oder enttäuschte Abwendung. Wenn Gott sein Antlitz über Israel erhebt oder leuchten läßt, dann empfängt es damit Frieden = Heil (Num 6,25f). Gottes verhülltes und abgewandtes Antlitz bedeutet Entzug der Gnade (Ps 13,2; 104,29 u. ö.). Mit solchen anthropomorphen Bildern werden Handlungen und Reaktionen Gottes angedeutet, die entweder das Glück der Gottesgemeinschaft (Ps 22,25) oder den Zustand unter Gottes Zorn (Lev 17,10) bewirken. Als unerhörte Ausnahme erscheint die Möglichkeit, Gottes Antlitz zu sehen (Gen 32,30 Pniel = Angesicht Gottes, vgl. auch 16,13; Ex 24,9ff; Dtn 4,12; Ri 6,22f). Aber es wird immer wieder betont, wie gefährlich solches Sehen ist. Wenn der sündige Mensch den heiligen Gott schaut, muß er sterben (Ex 33,20; vgl. Jes 6,5).

In Ex 33 werden durch einen Grundgedanken, in dem es um die Frage der Führung des Volkes nach dem Aufbruch vom Sinai geht, drei verschiedene Überlieferungsstücke (Jahwe sendet zur Führung einen Engel; Verbindung zu Jahwe durch das Zelt; Jahwes *pānim* begleitet das Volk) miteinander verbunden. Im 3. Überlieferungsstrang erscheint nun *pānim* in Ex 33,14f eigenartig verselbständigt als Erscheinungsform zwischen Jahwe und Israel. Das hat zu sehr verschiedenen Interpretationsversuchen geführt. Die einen wollen *pānim* im Sinne von *ich selbst*, dh der betonten persönlichen Gegenwart Jahwes verstehen. Andere meinen, daß an dieser Stelle die Begründung für die Existenz einer Kultmaske gegeben sei. Einige Exegeten sind der Meinung, hier werde gesagt, daß im Kult an den Heiligtümern das Angesicht Jahwes, dh seine dem Menschen zugekehrte Seite, gegenwärtig sei. Sicheres läßt sich nicht sagen.

b) Kultischer Wortgebrauch liegt vor, wo von Gottes Angesicht in Verbindung mit dem Tempel die Rede ist. Der außerbiblische Sprachgebrauch mag hier mit eingewirkt haben. In der Umwelt Israels wurde das Antlitz der Gottheit im Götterbild des Tempels geschaut und verehrt. Im bildlosen Kult Israels konnte man jedoch nur im übertragenen Sinne davon sprechen, daß der Mensch im Tempel Gottes Antlitz suche (Ps 24,6; 42,3; Sach 8,21f hebr. Text und LXX; Mal 1,9). Gemeint ist die gnädige Gegenwart Gottes, seine Zuwendung, die der Israelit bes. im Tempel suchte. Gottes A. suchen, heißt im AT also: Die Nähe Gottes im Gebet erstreben. Von da aus bekommt die Wendung schließlich die ganz unkultische allg. Bedeutung: Gemeinschaft mit Gott suchen (Ps 105,4 allezeit!).

Die Schaubrote heißen eigentlich »Brote des Angesichts« (Ex 25,30 hebr.; 1 Sam 21,7 auch LXX); solche waren schon in den heidnischen Kulten bekannt, wo sie der Gottheit zur Nahrung dienten (vgl. Jer 7,18). In Israel, das den Brauch als solchen übernahm, wird jedoch das Brot nicht zur Speisung, sondern mit Weihrauch zusammen als Gabe auf den besonderen Tisch vor das A. Jahwes gelegt.

c) Dem Spätjudentum ist es Inbegriff aller Hoffnung, Gottes A. oder das A. der *schekināh* zu schauen, entweder in der Sterbestunde und der zukünftigen Welt (nach der Messiaszeit) oder schon in den messianischen Tagen. Das A. der Gerechten wird im Abglanz des göttlichen Lichts leuchten wie die Sonne (vgl. Dan 12,3), die Gottlosen aber werden vor dem A. Gottes ihre Strafe erhalten. Doch vgl. das Bangen in der Sterbestunde des R Jochanan b. Zakkai (St.-B. I 208).

Das NT schließt in der Verwendung des Begriffes an den at. Sprachgebrauch an. So kommt π. vor:

1a) wörtlich in der Bedeutung das *Gesicht* des Menschen (Mt 6,16f; 2 Kor 11,20 u. ö.); III

b) in verschiedenen bildhaften Ausdrücken, wie zB in der Verbindung »aufs Angesicht fallen« als Zeichen der Ehrerbietung und Unterwürfigkeit (Mt 17,6; Lk 5,12; 1 Kor 14,25 u. ö.) oder »sein A. auf Jerusalem richten« (Lk 9,51), was den unverrrückbaren Entschluß ausdrückt, daß Jesus nach Jerusalem gehen will (hierdurch wird bei Lk der Beginn einer neuen Epoche im Leben Jesu gekennzeichnet);

c) A. für die ganze *Person* (2 Kor 1,11) bezw. das *Ansehen der Person* (Mk 12,14 par u. a.);

d) in präpositionalen Wendungen (meistens semitisierende Umschreibung) *vor* jemandem *her* (Mk 1,2 par), *vor* jemandem (Lk 2,31) u. a.;

e) zur Bezeichnung der *Oberfläche* (der Erde) (Lk 21,35; Apg 17,26) und des *Aussehens* (Mt 16,3 des Himmels; Jak 1,11 der Pflanze);

2) zur Bezeichnung des A.s Gottes und Christi. Das NT führt eine spätjüdische Linie fort, wenn es von einem Schauen Gottes in der himmlischen Welt weiß. Die Dienstengel der Kleinen sehen das Angesicht Gottes Mt 18,10: Umschreibung der Fürsorge Gottes für die Geringen. – Christus erscheint im himmlischen Heiligtum vor dem Angesicht Gottes für uns (Hebr 9,24). Somit löst das himmlische Heiligtum den irdischen Tempel und Kultus ab. Hebräischer Denk- und Redeweise entspricht es, wenn im NT keines Menschen, darum auch nicht Jesu Aussehen beschrieben wird.

Dem Glaubenden aber ist im Antlitz Christi die Herrlichkeit Gottes erschienen: 2 Kor 4,6. Die Stelle ist mit der Verklärungsgeschichte verwandt (Mt 17,2 Jesu Antlitz leuchtet wie die Sonne), jedoch ist hier nicht vom irdischen, sondern vom erhöhten Herrn die Rede. π. ist daher nicht die äußere Erscheinung, steht auch nicht nur für die Person (= in Christus), sondern erinnert an das »Angesicht« Gottes im AT. Christus ist ja Gottes Abbild (V. 4; vgl. Joh 12,45; 14,9), endgültige Offenbarung und Zuwendung Gottes. Die Bezugnahme des ganzen Kontextes auf Ex 34 macht dies zur Gewißheit. Der von der Gottesbegegnung herrührende Glanz auf dem A. des Mose war vergänglich (3,13), deshalb verhüllte er sein A. mit einer Decke. In freier Variation dehnt Paulus das Bild weiter aus auf das ganze AT. Die Decke, die bei Mose eine vergehende Herrlichkeit verdeckte, liegt für Israel über dem ganzen AT, so daß sie die Herrlichkeit von Verheißung und Erfüllung in Christus nicht schauen können (3,14f). Sonst würde Mose ihnen ein (negativer) Christuszeuge. Erst im Glauben an Christus wird die Decke fortgenommen (V. 16). *Antlitz* steht hier für das Innerste des Menschen (= Herz 3,15; 4,6 und Gedanken 4,4). Dennoch bleibt alles Erkennen des Glaubens nur eine unvollkommene Vorwegnahme des zukünftigen Erkennens »von Angesicht zu Angesicht« (1 Kor 13,12). Erst in dem neuen Jerusalem werden die Knechte Gottes in sein Angesicht schauen (Offb 22,4). –

3) in den Komposita a) προσωπολημψία, b) προσωπολήμπτης, c) προσωπολημπτέω, d) ἀπροσωπολήμπτως. Das in diesen Wortverbindungen vorkommende λαμβάνω (wörtlich nehmen) ist Übers. des hebr. *nāśā'* = das Antlitz des zur Begrüßung sich demütig Beugenden erheben, ihn anerkennen. Gott läßt sich nicht durch das Aussehen oder Ansehen der Person beindrucken (Dtn 10,17 – LXX θαυμάζω = schätzen). Ebenso soll sich der irdische Richter jeder Parteinahme enthalten (Lev 19,15; Dtn 1,17; 16,19). Im NT vgl. zur Sache: Mk 12,14; Jud 16; Gal 2,6. Das erst im NT begegnende Subst. προσωπολημψία *[prosōpolæmpsịa]* bedeutet *Parteilichkeit* Röm 2,11; Eph 6,9; Kol 3,25; Jak 2,1ff (V. 9: προσωπολημπτέω *[prosōpolæmptẹō] = vorziehen)*. Die Stellen enthalten Warnungen vor den sonst üblichen Bevorzugungen (Reiche), Täuschungen (Kol 3,22 »Augendienst«), Selbsttäuschungen (Kol 3,25), Herabsetzungen (Sklaven), religiösen Sonderansprüchen (Juden), immer mit der Begründung, daß Gott *unparteiisch* (οὐ προσωπολήμπτης *[ou prosōpolæmptæs]* Apg

10,34) ist und handelt (ἀπροσωπολήμπτως *[aprosōpolǣmptōs]* 1 Petr 1,17) und allen die *eine* Gnade gewährt. *Tiedtke*

Lit.: Lohse, Art. πρόσωπον, ThWb VI, 1959, 769ff – Peisker, Art. Angesicht, BHHW I, 1962, 93f.

Anhangen

κολλάομαι

κολλάομαι *[kollạomai]* sich eng anschließen, anhangen · προσκολλάομαι *[proskollạomai]* anhangen

I κολλάομαι *[kollạomai]*, seit Pindar, von κόλλα *[kọlla]* = Leim gebildet (seit Herodot), heißt *leimen* (im Unterschied zum Nageln), *fest verbinden;* materiell: ein zerbrochenes Gefäß, eine Einlegearbeit aus Gold und Elfenbein *leimen*, Gerste mit Wasser *verbinden*, eine Wunde *verschließen* (Galen), *Eindringen* von Gift in den Körper (Hippokrates); übertragen: *Verbundensein* des Menschengeschlechts mit der Verblendung, Aisch. Ag 1566: κεκόλληται γένος πρὸς ἄτᾳ. Mit Präp. verbunden: προσκολλάομαι *[proskollạomai = an etwas kleben.*

II 1) LXX verwendet κ. und προσκολλάομαι *[proskollạomai]* vorwiegend für hebr. *dābaq* = *ankleben*, je einmal auch für *nāga'* hif., *nāgasch, nātsar* und *rābats*. Die Grundbedeutung bezeugen Ps 22,16; 137,6; Hi 29,10; Klgl 4,4: die Zunge klebt am Gaumen vor Durst; ähnlich kann es von Aussatz oder Pest heißen, daß sie dem Menschen ankleben (2 Kön 5,27; Dtn 28,21.60). – 2) Häufig heißt κ. *sich anschließen, sich halten zu jemandem* Ruth 2,8.21; 2 Sam 20,2; Ps 101,4; 119,31; Hi 41,8f; 1 Makk 3,2; 6,21. – 3) Ferner bezeichnet es die Liebesbeziehung Gen 2,24. Wie 3 Esr 4,20 zeigt (»der Mensch verläßt seinen Vater, der ihn aufzog, und seine Heimat und hängt an seinem eigenen Weibe«), ist nicht primär der Geschlechtsverkehr, sondern die intensive Beziehung von Mann und Frau gemeint. Vgl. auch 1 Kön 11,2: Dadurch, daß Salomo an den fremden Frauen hängt, kommt er unter deren religiösen Einfluß; und Sir 19,2: »Wer sich an Dirnen hängt« (κολλώμενος), gerät in einen Einfluß, der nicht zur Weisheit paßt. – 4) Den Kontrast dazu bildet die Gottverbundenheit: Den Herrn, deinen Gott, sollst du fürchten, ihm sollst du dienen, ihm anhangen (πρὸς αὐτὸν κολληθήσῃ) und bei seinem Namen schwören (Dtn 10,20; vgl. 6,13; 2 Kön 18,6; Sir 2,3; Jer 13,11). κ. betont hier die innere Verbundenheit zu Gott gegenüber der kultischen und rechtlichen des Kontextes.

III Das NT (nur Pass. oder Med. belegt) bleibt ganz im Sprachgebrauch der LXX. 1) Die Grundbedeutung zeigt Lk 10,11: »der Staub, der an uns *haftet*« (κολληθέντα). Ähnlich Offb 18,5: »es *kleben* (ihr) ihre Sünden an (ἐκολλήθησαν) bis zum Himmel hoch« (vgl. Jer 51,9 = LXX Jer 28,9; gegen ThWb III 822).

2) Am häufigsten ist die Bedeutung *sich anschließen, nahe sein bei:* Der verlorene Sohn an einen anderen Bürger Lk 15,15; Philippus dem Wagen des Äthiopiers Apg 8,29; Paulus sucht Anschluß an die Gemeinde 9,26; einige, die sich Paulus angeschlossen hatten, fanden zum Glauben 17,34; obwohl das Volk in Jerusalem die Christen hochachtete, wagte kein Nichtchrist, sich zu ihnen zu halten 5,13 (mit Haenchen, Die Apg, z. St.); für Juden war es verwerflich, sich eng an einen ἀλλόφυλος *[allọphylos]* = *Heiden* anzuschließen 10,28; denn dessen Gesetzlosigkeit war für sie eine Gefahr.

3) Mt 19,5; Eph 5,31 zitieren Gen 2,24.

a) Mt 19,5: Die Ehe ist unlösbar, weil in ihr zwei Menschen ein gemeinsames Lebewesen werden (μία σάρξ *[mịa sarx]* = *ein Fleisch)*. Gemeint ist also das gesamte »Hängenaneinander«, nicht bloß der Geschlechtsverkehr (gegen ThWb III 822f).

b) Eph 5,31: Christus verließ den Vater, um ganz bei seiner Frau bzw. Braut, der ecclesia, zu sein und mit ihr ein neues Leben zu beginnen (σάρκα μίαν = *ein Fleisch)*. Wie in Ez 16 kommt der Ehemann als σωτήρ *[sotǣr]* = *Erretter* (Eph 5,23); seine Frau (das neue Gottesvolk) wird mit unvergänglichem Gut geschmückt (V. 26f; vgl. Ez 16,7ff).

Christi κ., die Verbindung mit Christus, erweist sich so im neuen Leben des neuen Gottesvolkes.

4) Aus der Gottverbundenheit folgt für Christen: Das Böse verabscheuen und dem Guten *anhangen* Röm 12,9; dh zB: weil sie mit ihrem Leib Glieder am Leibe Christi sind, können sie nicht ein Leib, eine menschliche Einheit, mit der Dirne werden; denn: »Wer dem Herrn anhängt, der ist ein → Geist (πνεῦμα *[pneuma]* mit ihm« (1 Kor 6,17), so soll er auch in diesem Geist leben, also des Herrn Tun und Offenbaren nachvollziehen. Hängt er sich dagegen an eine Dirne, so wird er wie sie (1 Kor 6,16). Denn wer mit einer Dirne Geschlechtsverkehr hat, vollzieht nicht einen bloß leiblichen Akt, der den Geist nicht berührt. In allem Tun manifestiert sich der ganze Mensch. Wer einer Dirne anhängt, hat mit ihr also ein gemeinsames Menschsein (ἓν σῶμα *[hen sōma]* = *ein Leib).* Es gibt keine rein sexuelle Sünde: der Geist des Bordells und der Geist Christi schließen sich aus. *Seebaß*

Vgl. → Ehe; → Jünger, Nachfolge.

Ankläger

κατήγορος

κατήγορος *[katægoros]* Ankläger · κατήγωρ *[katægōr]* Ankläger · κατηγορέω *[katægoreō]* anklagen · κατηγορία *[katægoria]* Anklage

κατήγορος *[katægoros]* = *gegen jemand redend, anklagend;* als Substantiv = *der Ankläger.* κ. ist über die wohl vulgäre Form κατήγωρ *[katægōr]* als Lehnwort in die Sprache des rabb. Judentums übergegangen *(qatēgōr).* Analog erscheint κατηγορέω *[katægoreō]* als Verbum *(qitreg).* Wer ein Gebot übertreten hat, der hat sich damit einen Ankläger *(qatēgōr)* erworben (Ab 4,11). Insbesondere ist der → Satan (διάβολος *[diabolos]*) der κ.: »Es ist in einer Baraitha gelehrt worden: der Satan kommt herab und verführt, steigt hinauf und klagt an, nimmt die Vollmacht und nimmt die Seele« (bBB 16a; hier wird der Satan auch mit dem bösen Trieb und mit dem Todesengel gleichgesetzt). Der biblische Grund für diese Lehre ist vor allem Hi 1f. Der Satan als κατήγωρ *[katægōr]* hat es vornehmlich auf Israel abgesehen, dann auch auf die einzelnen Menschen. Vor allem klagt er dann an, wenn der Mensch sich selbst bezichtigt, sich in Gefahr begibt oder in Sorglosigkeit lebt. Vor dem himmlischen Gerichtshof, zu dem er immer wieder Zutritt hat und nur von Fall zu Fall abgewiesen wird, ist Michael als »Verteidiger« *(sinēgōr)* sein Gegenspieler. I/II

Deutlich an jüd. Vorstellungen knüpft Offb 12,10 an, wo auch die in rabb. Schriften vorkommende Bezeichnung des Satans als κατήγωρ *[katægōr]* (diese Form des Wortes nur hier!) erscheint: Von ihm heißt es, daß er die Kinder Gottes beständig (Tag und Nacht) anklagte; jetzt aber, nach der Erhöhung Jesu Christi, wurde er aus dem Himmel geworfen (Offb 12,7–9). Dieselbe Vorstellung vom Sturz des Satans (ohne daß das Wort κατήγορος vorkommt) liegt vor in Lk 10,18; Joh 12,31; Röm 8,33f: an die Stelle des Anklägers ist Jesus Christus als Fürsprecher getreten. An den anderen nt. Stellen sind menschliche Ankläger vor irdischen Gerichten gemeint: die jüd. Gegner des Paulus vor dem Prokurator Felix (Apg 23,30.35; 25,16.18). III

κατηγορέω *[katægoreō]* (abgeleitet von κατήγορος *[katægoros]*) = *Ankläger sein, anklagen; verraten; zu erkennen geben; behaupten, aussagen.* Die Gegner Jesu belauern ihn, ob er am Sabbat heile, um ihn dann wegen Sabbatbruches vor dem lokalen Synedrium anklagen zu können (Mk 3,2; Lk 6,7). Die Hohenpriester verklagen Jesus vor Pilatus (Mk 3,15f; Lk 23,10.14). Die Apg ist durchzogen von diesem Verb, weil sie immer wieder neu von Angriffen auf die Christen erzählt (22,30; 24,2ff; 25,5ff; 28,19). Paulus verteidigt sich, indem er darauf hinweist, daß die Gegner nichts von dem beweisen können, wessen sie ihn anklagen (Apg 24,13.19; vgl. 25,5.11.16). Paulus legt Berufung an den Kaiser ein, aber nicht weil er die Juden hätte anklagen wollen (Apg 28,19). Als κατήγωρ *[katægōr]* ist der Satan κατηγορῶν *[katægorōn]* (Offb 12,10).

Das Verbum erscheint auch im nichtgerichtlichen Sinn. Die Gedanken erheben gegeneinander Anklage und verteidigen sich (Röm 2,15).

Auf die Anklage vor dem Endgericht Gottes bezieht sich Joh 5,45: nicht Jesus wird die ungläubigen Juden verklagen, sondern Mose wird als Ankläger gegen sie auftreten; denn wer nicht an Jesus glaubt, versagt auch der Tora des Mose den Glauben. Die Tora bezeugt Jesus (V. 46f). Auch die jüd. Tradition konnte von Mose sagen, daß er das sündige Volk vor Gott angeklagt habe (vgl. Ex rabba 47,14, zu Ex 32,31).

κατηγορία *[katægoria]* (abgeleitet von κατήγορος *[katægoros]*) = die *Anklage* (im gerichtlichen Sinn). Pilatus fragt die Hohenpriester, welche κ. sie gegen Jesus vorzubringen hätten (Joh 18,29). Timotheus wird angewiesen, keine Anklage gegen die Ältesten entgegenzunehmen, es sei denn, daß zwei oder drei Zeugen vorhanden seien (1 Tim 5,19; vgl. Dtn 19,15). Zu den Voraussetzungen, die einer für das Ältestenamt mitbringen muß, gehört, daß seine Kinder keiner (berechtigten) κ. unterliegen, einen liederlichen Wandel zu führen oder den Eltern nicht untertan zu sein (Tit 1,6). *Bietenhard*

Vgl. → Satan, → Gericht.

Lit.: Büchsel, Art. κατήγορος, ThWb III, 1938, 637ff.

Anstoß, Ärgernis

Zwei Wortgruppen stehen hier nebeneinander, die von ihren Grundbedeutungen her zwar verschieden sind, von denen aber schon in der LXX eine jede den besonderen Bedeutungsgehalt der je anderen mit übernommen hat: πρόσκομμα *[proskomma]* und σκάνδαλον *[skandalon]*. Beide Wortgruppen haben erst in der LXX eine engere Beziehung zum menschlichen Leben erhalten und sind ihrem Gehalt und ihrer Tendenz nach at.-jüd. bestimmt. –

πρόσκομμα

πρόσκομμα *[proskomma]* Anstoß, Hindernis · προσκοπή *[proskopæ]* Anstoß · προσκόπτω *[proskoptō]* anstoßen, Anstoß nehmen · ἀπρόσκοπος *[aproskopos]* unanstößig

I Das Verb προσκόπτω *[proskoptō]*, seit Aristophanes belegt (von κόπτω *[koptō]*, seit Homer), bedeutet zunächst trans. *anstoßen*; intrans. *sich an etwas stoßen, stolpern, zu Fall kommen*; im übertragenen Sinn *Anstoß geben* und *Anstoß nehmen*. πρόσκομμα *[proskomma]*, erst seit LXX, bezeichnet Ursache, Vorgang und Folge des Anstoßens: *Hindernis, Anstoß, Fallen, Schaden, Verderben*. προσκοπή *[proskopæ]*, seit Polybios, (im NT nur 2 Kor 6,3) bezeichnet den *Anstoß*, den Widerwillen, der zum Anstoßnehmen führt; Anlaß und Grund zum Anstoßnehmen. Das Verbaladjektiv ἀπρόσκοπος *[aproskopos]* = *ohne Anstoß* kommt in prof. Lit. nur selten vor und bedeutet entsprechend dem Verb sowohl *keinen Anstoß gebend, unanstößig, untadelig* als auch *keinen Anstoß nehmend, unversehrt*.

II 1) Diese Wortgruppe, obwohl schon im prof. Griech. vorkommend, hat erst durch den biblischen Sprachgebrauch ihre theologisch relevante Bedeutung empfangen. Sie steht in LXX bes. für die hebr. Wörter *mōqesch (Falle, Fallstrick), kāschal (zu Fall kommen, zu Fall bringen)*, auch für *nāgap (schlagen, stoßen)*, welche aber auch häufig mit → σκάνδαλον *[skandalon]*, σκανδαλίζω *[skandalizō]* wiedergegeben werden.

Sünde bringt zu Fall. Obwohl der Gott Israels vor Anstoß und Fall bewahrt (Ps 91,11f) und der Fels der Stärke und des Heils seines Volkes heißt (Jes 17,10; Dtn 32,15), kann er auch den abtrünnigen, ihn nicht fürchtenden Gottlosen ein Stein des Anstoßes sein, so daß sie fallen und umkommen (Jes 8,14). Der Gott Israels übt Treue, aber er demütigt die, die ihn als den Heiligen nicht ehren und fürchten (vgl. Ps 18,26–28). Die Ursache des Fallens liegt in der Sünde und dem Abfall der Gottlosen. Darum wird das Volk vor Verehrung heidnischer Götzen, überhaupt vor der Gemeinschaft mit den heidnischen Bewohnern des Landes gewarnt; denn dies würde ihm zum Fall (Ex 23,33) und Fallstrick (Ex 34,12) werden.

2) Der at. Sprachgebrauch lebt im Spätjudentum weiter. Besonders häufig begegnet *käschal* bzw. das Subst. *mikschōl* (der Anstoß) in den Qumrantexten (→ σκάνδαλον *[skandalon]*).

Auch im NT bezieht sich die Wortgruppe (πρόσκομμα 6mal; προσκόπτω 8mal; ἀπρόσκοπος 3mal; προσκοπή 1mal) in Anknüpfung an das AT auf das Bild vom Stoßen an einen Stein und vom Fallen auf dem Wege. Folgende Sinngruppen lassen sich unterscheiden: III

1) Christus bleibt im Gehorsam zu Gott und seinem Auftrag treu. Darum kann ihn weder Satan (der sich auf Ps 91,11f beruft und sagt, daß Jesus als Gottes Sohn seinen Fuß nicht an einen Stein stoßen werde Mt 4,6), noch die Todesdrohung der Juden in Jerusalem (Joh 11,7–10, als einzige Stelle in der johanneischen Lit.) zu Fall bringen und seine messianische Sendung vereiteln.

2) Christus ist der Stein, der als Fundament die Gemeinde trägt, aber auch der Stein, über den man zu Fall kommen kann, der Stein des Anstoßes (Röm 9,33 und 1 Petr 2,8 mit Bezugnahme auf Jes 8,14; 28,16 und Ps 118,22). Daraus erklärt sich, warum Menschen, zB viele Juden, nicht zum Heil gelangen: Wo er und seine Botschaft abgelehnt werden, gerät der Mensch in sein ewiges Verderben (vgl. auch Lk 2,34).

3) Etwas anderes ist es, ob man als Jünger Christi anderen Anstoß geben darf. Paulus gebietet nachdrücklich (Röm 14,13.21 und 1 Kor 8,9), daß die Starken den Schwachen keinen Anstoß geben und ihr Gewissen nicht verletzen sollen. Die an sich berechtigte Freiheit darf den anderen nicht zu Fall bringen. Das gebietet die Liebe. Wer das Gewissen des anderen verletzt, bereitet dem Evangelium ein Hindernis (vgl. 1 Kor 9,12f.19f). Paulus erweitert den Kreis sogar noch, wenn er mahnt: »Gebt kein Ärgernis weder den Juden noch den Griechen noch der Gemeinde Gottes« (1 Kor 10,32).

4) Besonderen Nachdruck empfängt das Unanstößigsein des Christen im Hinblick auf den Tag Christi. Es ist Paulus' Bitte zu Gott für die Christen in Philippi, daß er sie vor Anstoßen und Fallen bewahren möge (Phil 1,10). Paulus meint damit nicht nur ein äußerliches ethisches Verhalten, sondern die Seinsweise des Menschen in der Gemeinschaft mit Christus (V. 9). Es liegt in dieser Bitte aber auch eine Ermahnung an die Gemeinde. Der Christ kann sich wie Paulus »üben, stets ein unverletztes Gewissen zu haben gegenüber Gott und den Menschen« (Apg 24,16), dh ein Gewissen, dem die Sünde keinen Schaden zugefügt hat.

Guhrt

σκάνδαλον

σκάνδαλον *[skandalon]* Ärgernis, Anstoß · σκανδαλίζω *[skandalizō]* Ärgernis geben, irre werden lassen

Das Subst. σκάνδαλον *[skandalon]*, dessen Wortstamm *emporschnellen, zuklappen* bedeutet, meint ursprünglich das *Stellholz in der Tierfalle.* Es wird außerbiblisch nicht im übertragenen Sinn gebraucht, wohl dagegen das abgeleitete Subst. σκανδάληθρον *[skandalæthron]* (zB eine durch Fragen gestellte Falle). Das Verb σκανδαλίζω *[skandalizō]* ist außerbiblisch nicht belegt. I

1) Ihre Prägung haben beide Worte durch den biblischen Sprachgebrauch erhalten (dem Profangriech. liegt der biblische Begriffsinhalt fern). LXX verwendet sie hauptsächlich zur Wiedergabe der hebr. Wörter *mōqesch* = *Falle* (vgl. Am 3,5), übertragen *Anlaß zum Verderben* (Ps 140,6; 1Sam 18,21) oder *zur Sünde* (Jos 23,13; Ri 2,3; 8,27; Ps 106,36; 141,9) und *mikschōl* = *Hindernis*, über das man stolpert (Lev 19,14), übertragen *Anlaß zum Unglück* (Ps 119,165) oder *zu Gewissensskrupeln* (1 Sam 25,31). II

2) Im Spätjudentum mit seiner betonten Trennung von Frommen und Gottlosen, sowie seiner gesetzlichen Religion empfangen letztere Bedeutungen besonderes Gewicht. Gerade in den Qumrantexten kommen die Worte *käschal (straucheln; hif: zum Straucheln verleiten)* und *mikschōl (Anstoß)* oft vor. Die Geister des Loses Belials sind darauf aus, die Kinder des Lichtes *zu Fall zu bringen*

(1 QS 3,24). Dagegen gibt es in Gottes Worten keinen *Anstoß*. Die Wortgruppe wird somit zu einem metaphorischen Ausdruck für *sündigen, zur Sünde verführen, Sünde*.

III Der nt. Gebrauch ist vom AT und Spätjudentum her bestimmt. Das NT knüpft häufig direkt an at. Aussagen an: Mt 13,41 – Zeph 1,3; Mt 24,10 – Dan 11,41; Röm 9,33 und 1 Petr 2,6–8 – Jes 8,14 und 28,16. Besonders Mt verwendet beide Worte häufig; der nicht so stark im Judentum wurzelnde Lk seltener, obwohl er oft mit anderen Worten sachlich dasselbe sagt (vgl. zB Lk 18,13 mit Mt 13,21). Lk 2,34 enthält den Skandalon-Gedanken in reiner Form, wenn auch die Vokabel fehlt.

Die ursprüngliche Vorstellung von der »Falle« findet sich nur Röm 11,9 als Zitat von Ps 69,23, ansonsten nähert sich σκάνδαλον *[skạndalon]* dem Bilde vom Stein (bzw. Hindernis) auf dem Wege, über den man fallen kann. Damit wird es Synonym von → πρόσκομμα *[prọskomma]* (Röm 9,33; 1 Petr 2,8). Doch klingt die Bedeutung *Falle*, wenn von der Verführung zur Sünde die Rede ist, oft noch an (zB Offb 2,14).

1) Es liegen (außer Röm 11,9) folgende Bedeutungen vor:

a) Das Subst. bezeichnet das *Ärgernis als Veranlassung zur Sünde; Verführung zum Abfall und Unglauben*, zB Mt 18,7; Offb 2,14; Röm 14,13; 16,17; von Personen: Mt 13, 41; Mt 16,23 (Petrus); Röm 9,33 und 1 Petr 2,8 (Jesus); dann auch Ä. als *das Anstößige, das Empörende, Widerspruch Auslösende, Hindernis zum Glauben* 1 Joh 2,10; 1 Kor 1,23 (der gekreuzigte Christus); Gal 5,11 (das Kreuz); Mt 13,41 (die Ä.se im Reich des Menschensohnes).

b) Entsprechend bedeutet das Verb *zur Sünde verführen, Ä. geben*, Mt 5,29f (die Glieder); Mt 18,6 (den Kleinen); 1 Kor 8,13 (den Schwachen); Pass. *Ä. nehmen, abfallen, verleitet werden* Mt 13,21; 24,10; Joh 16,1; 2 Kor 11,29; *Anstoß nehmen* an Jesus Mt 11,6; 13,57; 26,31.33. Ferner: *ärgern, aufbringen, irre werden lassen, Widerspruch auslösen* Mt 17,27; Joh 6,61; Pass. Mt 15,12, evtl. auch 2 Kor 11,29.

2a) Das NT betont, daß Jesus selbst immer wieder zum Ä. wird (σκανδαλίζομαι ἔν τινι *[skandalịzomai ẹn tini]* bezieht sich immer auf ihn). Seine Jünger nehmen an seiner Passion Anstoß (Mt 26,31), weil diese letzte Selbsterniedrigung des Herrn mit ihren Vorstellungen nicht vereinbar ist. Als Petrus das in Mt 16,22 ausspricht, wird es als eine satanische Einflüsterung von Jesus zurückgewiesen. Auch für Johannes d. T. wird Jesus ein Ä. (Mt 11,3–6), weil Johannes ein anderes messianisches Auftreten von ihm erwartete. Und die Pharisäer nehmen an Jesu Lehre Anstoß (Mt 15,12), weil sie ihrer Auffassung vom Gesetz, ihrer synergistischen Frömmigkeit widerspricht. Wie radikal das Ä. der Pharisäer zu verstehen ist, wird deutlich, wenn Jesus sie daraufhin als Unkraut bezeichnet, das ausgerissen wird (V. 13, vgl. Mt 13,24ff s. u.).

b) Der Anstoß an Jesus ist begründet im Kreuz (1 Kor 1,23), das alle menschliche Weisheit zunichte macht und alles Mitwirken des Menschen am Heil (Gal 5,11 die Beschneidung) ausschließt. Dieser empörende Anstoß muß bestehen bleiben, wenn das Evangelium nicht aufhören soll, die Heilsbotschaft zu sein.

c) Der Anstoß an Christus beruht auf Gottes Ratschluß. Das Zitat: »Siehe, ich lege in Zion einen Stein des Anstoßes und einen Felsen des Ä.s« (Röm 9,33; Mischzitat aus Jes 8,14 und 28,16) bezieht sich ebenso wie 1 Petr 2,8 (»ein Stein des Anstoßes und ein Fels des Ä.es«) auf Christus. Dies Schriftzeugnis erklärt, warum die Juden zunächst, aber nicht dauernd vom Heil ausgeschlossen sind (Röm), und der Unglaube Jesus überhaupt verwirft (1 Petr). Im Ä. zeigt sich die eine Seite der Erwählung Gottes (vgl. 1 Petr 2,8: wozu sie gesetzt sind; auch Lk 2,34).

Ursache zur Sünde wird Jesus und sein Evangelium aber erst durch den Unglauben, wenn das Heil, das er bringt, abgelehnt wird, weil es in dieser Gestalt den menschlichen Erwartungen nicht entspricht. Denn wer an ihn glaubt, soll nicht zuschanden werden (Röm 9,33b; 1 Petr 2,6b); an ihm stößt sich aber, wer nicht glaubt (2,8). Es liegt an der Blindheit der Menschen, daß ihnen Jesus Anlaß zum Verderben wird. Das gilt zB Mt 15,14 für die Pharisäer, oder im 1 Joh von dem Menschen, der in der Finsternis wandelt, weil er ohne Liebe zum Bruder ist; wer aber seinen Bruder liebt, bei dem ist kein Ä. (1 Joh 2,10.11). Vielen Jüngern ist das Wort des Herrn von seinem Leib als der Speise zum ewigen Leben eine »harte Rede«, macht sie irre an ihm (Joh 6,60.61), so daß sich viele von ihm abwenden (V. 66ff). Dies ist ein schuldhaftes Verhalten der Jünger. Sie sehen in Jesus nicht mehr als Fleisch (»das Fleisch ist nichts nütze«, V. 63).

In seiner eschatologischen Rede spricht Jesus besonders von den Ä.sen der Endzeit. Viele werden die Bedrängnisse, die dann über die Gemeinde kommen, nicht ertragen, irre werden und ihren Herrn verleugnen (Mt 24,10). Alsdann wird sich zeigen, wer wirklich im Glauben steht. Endzeitlich ist auch Mt 13,41 zu verstehen, wo mit Ä. Personen gemeint sind, nämlich die Kinder der Bosheit (V. 38), die da Unrecht tun. Dann werden sie vom Reich und den Gläubigen getrennt, jetzt aber sind sie in ihrer Mitte tätig.

Der wahre Charakter der Ä.se ist also erst in endzeitlicher Schau zu entdecken: Sie führen zum ewigen Verderben, zum Ausschluß aus dem Reich Christi. Aber die Ä.se sind jetzt schon gegenwärtig und bereiten die endgültige Entscheidung vor.

Darum finden wir in den Abschiedsreden Jesu Joh 16,1 noch einmal ausdrücklich die Mahnung an die Jünger, sich nicht durch das Ä. an ihm zu Fall bringen zu lassen: »Solches habe ich zu euch geredet, damit ihr nicht Anstoß nehmt.« Jesus verweist damit besonders auf die Verheißung des »Trösters« (15,18–27), aber ebenso auf seine gesamte Predigt (vgl. Joh 6,63). Wenn jemand darauf hört, sich daran durch den Geist erinnern läßt und auf Jesu Heilswerk achtet (Mt 11,6), überwindet er das Ä. Auch das Gebet des Herrn für die Seinen (Lk 22,31f) bewahrt vor dem Fall.

3) Neben dem Ä. des Evangeliums, das nicht beseitigt werden darf, gibt es aber auch ein menschliches Ä., das vermieden werden muß. Zwar sind die Ä.se notwendig (Mt 18,7b; Lk 17,1), sie gehören zur Welt, machen sie reif für das Urteil, doch wehe dem Menschen, durch welchen Ä. kommt (Mt 18,7). Dies gilt vor allem von dem Ä., das den »Kleinen«, die an Jesus glauben, gegeben wird (Mt 18,6 par). Hier ist sicherlich nicht nur an Kinder gedacht, sondern an alle, die in ihrer Wehrlosigkeit den Großen und Starken gegenüber besonderer Hilfe in der Gemeinde bedürfen. Diesen Schwachen und Hilfsbedürftigen, die sich zu Jesus wenden, kann leicht ein Anlaß zum Irrewerden an Jesus gegeben werden. Wer dies tut, verfällt dem Verderben. Darum die Ermahnung an die Starken, dem Schwachen kein Ä. zu geben (Röm 14,13.21; 1 Kor 8,13), weil es den Bruder ins Verderben stürzt und das Werk Gottes zunichte macht (Röm 14,20).

Auch soll sich der Mensch nicht selbst Ursache zum Fallen werden, dadurch daß er sich durch sein Handeln (Hand Mt 5,30) oder seine Betrachtungen (Auge 5,29) von Gott trennen läßt. Das Sich-trennen von einem Körperteil ist hier also nicht wörtlich zu verstehen, sondern es soll jene Neigung des Menschen ausgerottet werden, die ihm in der Begegnung mit seiner Umwelt zum Verhängnis werden muß (Mt 5,29f par). Ebenfalls gilt es, auf das Ä. achtzuhaben, das eine Irrlehre gibt; dh man soll sich ihrer Verführung nicht aussetzen (Röm 16,17). *Guhrt*

ZUR VERKÜNDIGUNG V

Es fällt auf, daß die σκάνδαλον-Gruppe im NT (15 Subst.-, 29 Verb-Stellen) ungleich häufiger ist als die πρόσκομμα-Gruppe, obgleich in der LXX beide einander noch etwa die Waage halten. Das liegt daran, daß Mt und Mk – also Leute, die im hebr. Denken zu Hause waren – allein 22mal σκανδαλίζω *[skandalịzō]* in den Jesus-Logien verwenden. Inhaltlich dürfte eine feine Unterscheidung der beiden Gruppen darin liegen, daß πρόσκομμα *[prọskomma]* mehr der – vorgegebene oder willentlich geschaffene – Anstoß ist, auf den der Mensch zugeht, den er aber bei entsprechendem Verhalten umgehen und vermeiden kann (vgl. Joh 11,9.10), während das σκάνδαλον *[skạndalon]* bzw. das σκανδαλίζειν *[skandalịzein]* – fast wie etwas Lebendiges – auf ihn zukommt, gleichsam nach ihm greift.

Bei beiden (mehrfach als Verb oder Subst. nebeneinander, zB Röm 14,21) geht es um die Gefährdung des – schon vorhandenen oder keimenden – Glaubens. Das Ärgernis ist nicht vermeidbar, wenn der Anlaß dazu in Christus und seinem Wort liegt (1 Petr 2,8; zu beachten ist das »wozu sie auch gesetzt sind«!); denn sein Weg der Erniedrigung kann für die Menschen – mit Einschluß der Jünger – nicht einleuchtend sein: Christus selbst ist als Gekreuzigter σκάνδαλον *[skandalon]* (1 Kor 1,23), πέτρα σκανδάλου *[petra skandalou]* = → *Fels des Ärgernisses* und λίθος προσκόμματος *[lithos proskommatos]* = → *Stein des Anstoßes* (1 Petr 2,8; Röm 9,32). – Anstoß und Ärgernis sind jedoch vermeidbar und um jeden Preis auszuräumen, wenn ihre Wurzel in menschlicher Bosheit, Eigensinn, egozentrischer Rücksichtslosigkeit und falschem Hochmut liegen (s. o. in den Artikeln). Am schärfsten hat das wohl Paulus in 1 Kor 10,32 formuliert: Weder die Heiden noch die Juden noch die Gemeinde sollen an seinem Verhalten Anstoß nehmen können (vgl. 2 Kor 6, 3 und Phil 1,10). –

Das Wort *Ärgernis* gehört in unserer Sprache zum rein biblischen Vokabular (wir reden sonst vom *»Ärger«). Anstoß* aber ist heute ein Ausdruck aus dem Bereich der Moral bzw. Unmoral. Und wahrscheinlich muß damit gerechnet werden, daß *Ärgernis nehmen* auch innerhalb der christlichen Gemeinde weithin ebenso empirisch-menschlich verstanden wird wie *Anstoß nehmen*. Wenn aller menschliche Anstoß ausgeräumt, alles durch menschliche Eigenart bedingte Ärgernis vermieden werden soll, kann das nicht in der Gemeinde zur Diktatur der Prüderie, zur Tyrannei der Ängstlichen führen? Ist es nicht am Ende gleichbedeutend mit einer Art psychologischer »Außensteuerung« des Menschen, in diesem Falle gewissermaßen negativ orientiert und schließlich zur Willens- und Gestaltlosigkeit, kurz zur Erstickung eigenen Lebens führend? Geben wir damit nicht die Entscheidung aus der Hand, weil böser Wille schließlich an allem Anstoß nehmen kann?

Die Antwort kann nur umgekehrt gesucht werden: Die Christen sollen Anstöße vermeiden, damit die anderen sich im Zusammenhang mit der Gemeinde an nichts anderem stoßen als an Christus selbst und dem Evangelium. Fort mit den vielen Anstößen, damit es zum wirklichen Ärgernis kommen kann. Geschieht das in der heutigen Christenheit? Wenn der Mensch sich schon an alten Gottesdienst- und Sprachformen stößt, begegnet er dem → Kreuz Christi oft gar nicht erst. Erweckt die christliche Gemeinde heute Ärgernis, weil sie sich in einer auf Selbstmehrung bedachten Welt »entäußert« in Hingabe und Dienst, weil sie sich den Gottlosen, Gefallenen, moralisch Ausgestoßenen zuwendet und ihnen Heimat gibt? – Oder nehmen die Nichtchristen und die, die wohl gerne Christen sein möchten, nicht vielmehr gerade an ihrer Selbstsicherheit, Selbstkultivierung und den in ihr errichteten Schranken Anstoß? Worauf stoßen die Menschen, und woran stoßen sie sich: an der Armut um Christi willen oder am Finanz- und Besitzpolster der Kirche? An der Solidarität der Christen mit den Suchenden und Ratlosen oder an ihrem arrogant wirkenden Besserwissertum? Das Leiden ist Ärgernis für die Umwelt; aber das Leiden um Christi willen, nicht als Folge davon, daß Menschen sich unter Berufung auf den Christusnamen für höchst menschliche Ziele politisch engagiert haben! –

Wer vom Ärgernis redet, sehe zu, daß es wieder in seinem ganzen Gewicht, nämlich dem Gewicht der Christus-Frage geschieht. Das ist eine Frage an die Ehrlichkeit (→ Wahrheit) und die Heiligung der Christen. Ärgernis entsteht biblisch immer an Christus bzw. an den Merkmalen der wirklichen → Nachfolge. Es markiert die Schwelle zwischen Glauben und Unglauben. Aber gerade zu dieser Entscheidung kann es nur kommen, wo das Leben der Christen selbst in der Heiligung, in der Wahrheit, in der Konsequenz des Gehorsams steht. *L. C.*

Lit.: Schmitz, Vom Wesen des Ärgernisses, 1925² – Stählin, Skandalon, 1930 – Schilder, Over het »Skandalon«, Geref. Theol. Tijdschrift 1931, 50ff. 97ff – Schnackenburg, Vom Ärgernis des Kreuzes, Geist und Leben 30, 1957, 90ff (kath.) – Stählin, Art. προσκόπτω, ThWb VI, 1959, 745ff – ders., Art. σκάνδαλον, ThWb VII, 1964, 338ff – KMüller, Anstoß und Gericht, 1969 (= StANT, 19).

Antichrist

ἀντίχριστος

ἀντίχριστος *[antichristos]* Antichrist · ψευδόχριστος *[pseudochristos]* Pseudochristus

Die Vokabeln ἀντίχριστος *[antichristos]* *Widerchrist* und ψευδόχριστος *[pseudochristos]* *falscher lügnerischer Christus* kommen erst in der 2. Hälfte des 1. Jh. nChr vor und sind Neubildungen der christlichen Literatur. I

Die Präposition ἀντί *[anti]* – ursprünglich *an Stelle von*, dann *gegen* – deutet ein ontologisch-dualistisches Gegenüber an, das dem Hellenismus der Sache nach nicht fremd ist; hier findet sich (gleichzeitig mit dem NT und auch später) der Ausdruck ἀντίθεος *[antitheos]* = *Antigott* (ursprünglich *göttergleich*, Homer Ilias). Die Bildung mit ψευδο- *[pseudo-]* hingegen, im Griech. ca. 70mal, gibt dem Wort eine ethische Bestimmung im Sinne von *fälschlich, vortäuschend*.

Seinen eigentlichen Hintergrund hat der Begriff in der jüd. Apokalyptik, einer religiösen Strömung, die sich bes. mit der Berechnung und Darstellung des Weltendes und mit dem Kommen des Messias und des Gottesreiches beschäftigte. Seit Dan 7–12 (2. Jh. vChr) ist sie literarisch greifbar und war sehr einflußreich und weit verbreitet. In ihr sind eschatologische Erwartungen der jüd. Prophetie (zB Jer 5,1ff; Jes 26; 35; Ez 37–48) mit Elementen aus der babylonischen und iranischen (dualistischen! vgl. → Böse κακός II 2) Mythologie, der Periodenlehre der Antike und verhüllten Urteilen und Deutungen der politischen Zeitereignisse zusammengeflossen, ohne zu einem einheitlichen Ganzen verschmolzen zu sein. Ihre Visionen und Bilder des Geschichtsverlaufes bleiben für uns oft ebenso dunkel wie die Datierung schwierig. Vorchristliche, apokalyptische Schriften sind zB die Test XII und größtenteils der äthHen; etwa gleichzeitig mit den nt. Schriften 4 Esr und Apk Bar (syr). II

Zum festen Bestand dieser Literatur gehören die »Wehen des Messias«, dh die Ablösung der alten Weltzeit (→ Äon) und der mit Schrecken verbundene Übergang zur neuen (vgl. den Ausdruck »Wehen«!), wobei Pest, Seuchen, Kriege, Unterdrückung, Fehlgeburten, Erdbeben, Zeichen an Sonne, Mond und Sternen erwähnt werden (zB 4 Esr 5,50ff; 5,8; 6,21; äthHen 80,4ff und Kap. 99). Der Abfall der Menschen von Gott wird zunehmen, und unter Führung des → Satans – auch als Beliar (3 Sib 63ff; MartJes 3,11, vgl. 2 Kor 6,15), Sammael (MartJes 2,1) oder Mastema bezeichnet – rüsten alle Mächte des Bösen zum Endkampf gegen Gott und die Seinen. Ihre Personifikation und letzte Steigerung ist der Feind des Gottesvolkes PsSal 2,25ff (»der Drache«, Pompeius?); 8,15ff (Gott benutzt ihn als strafendes Werkzeug); 17,11 (»der Gottlose«); 3 Sib 63ff (Beliar tut mächtige Zeichen, u. a. Totenauferweckungen, und führt viele irre); 388ff (der Mann im Purpurgewand, der großes Blutvergießen bringt). Er ist die Gegengestalt des → Messias, der seinerseits als Vorbote oder Träger des Gottesreiches gilt und der, je größer die → Bedrängnis, desto sehnsüchtiger von den Frommen erwartet wurde.

Das typische Beispiel einer solchen Personifizierung ist der König Antiochus IV. Epiphanes (»der offenbare« Gott) von Syrien 175–164 vChr), den wohl Dan 8,23ff im Auge hat und dessen Gestalt ins Übermenschliche gesteigert wird. Seine Entweihung des Jerusalemer Tempels durch einen Zeusaltar und ein Schweine-Opfer gilt als »Greuel der Verwüstung«, seine Regierung als Einbruch des Widergöttlichen. In AssMos (Kap. 6ff) sind die Merkmale seiner Person offenbar mit denen des Herodes zu einer widergöttlichen Gestalt vereinigt. Auch in dem römischen Kaiser Caligula (37–41 nChr), der im Tempel zu Jerusalem sein eigenes Bild aufstellen lassen wollte, sah man antigöttliche Züge.

Dies alles hat die Erwartung und Vorstellung vom Antichristen geprägt, der bald als Tyrann, bald als falscher Prophet, auf jeden Fall aber mit dem Satan verbündet oder gar als seine Maske auftritt. Aufs Ganze gesehen aber bleiben wir darauf beschränkt, das Bild des A. durch Rückschlüsse, denen es meist an Klarheit und Eindeutigkeit fehlt, zu gewinnen (zB aus Offb 13 u. a.).

Vom NT her ist nur eines sicher: Alle Aussagen über den A. sind negativ am Bilde des Christus (→ Jesus Christus, → Erlösung) orientiert; sie bilden den dunklen Hintergrund, auf dem sein Sieg und sein Reich um so heller hervorleuchten. Die Vokabel findet sich zwar nur 5mal im 1. und 2. Johannesbrief; die Umrisse der Gestalt aber sind auch in Mk 13 par, in 2 Thess 2,3ff und in der Offb unverkennbar und spielen vielleicht in die Geschichte von der Versuchung Jesu (Mt 4,1–11 par) mit hinein. III

a) Mk 13 par ist von dem »Greuel der Verwüstung« (vgl. Dan 9,27; 12,11) in personhafter Weise (die Konstruktion ist maskulinisch!), von falschen Propheten (ψευδοπροφῆται *[pseudoprophætai]*; → Prophet) und von solchen, die zu Unrecht sich als Christus ausgeben (ψευδόχριστοι *[pseudochristoi]*; »Ich bin es«, sagen sie) die Rede, alles in allem vom Antichrist, von dem Verführer und Gegner Gottes in allen seinen Verkleidungen und Masken. Zwischen Plural und Singular braucht dabei kaum unterschieden zu werden.

b) In 2 Thess 2,3ff wird von dem Menschen der Sünde (ἄνθρωπος τῆς ἀνομίας *[anthrōpos tæs anomias]*), dem Sohn des Verderbens, dem Widersacher gesprochen, der sich über alles erhebt, was Gott und Heiligtum heißt, der sich für Gott ausgibt und sich in den Tempel setzt. Dies ist der Antichrist; aber Jesus wird ihn mit dem Hauch seines Mundes vernichten. Ob Paulus die Vokabel *Antichrist* noch nicht kannte oder mit Absicht geheimnisvoll spricht, soll dahingestellt bleiben.

c) Die großartigste Schau vom A. und seinem Kampf gegen die Gemeinde Gottes bringt die Offb Joh. Die Bezeichnung selbst fehlt hier zwar wieder, aber alles, was in Kap. 13 von den beiden Tieren gesagt wird, trägt deutlich die Züge der personifizierten widergöttlichen Macht, ja ist eben blasphemische Verkehrung der Gestalt des Christus. Die Zahl des Tieres (V. 18) muß mit Hilfe der damaligen Zahlensymbolik (→ Zahl) zeitgeschichtlich gedeutet werden; wir rätseln heute, wen die Zahl 666 (oder 616) meint, ob Nero, ob Domitian, der als der wiedergekommene Nero galt, oder das Kaisertum schlechthin. Die Ausmalung der Gestalt trägt Züge von Dan 7,7ff und hat Parallelen in babylonischen oder iranischen Mythen (traditionsgeschichtliche Deutung); viele Ausleger sind überzeugt, daß sich die Aussage auf jeden bezieht, der die Gemeinde verführt und verfolgt und den Christus lästert (endgeschichtliche Deutung). In jedem Falle aber heißt der Sieger Christus!

d) In den Briefen des Johannes (1 Joh 2,18.22f; 4,3; 2 Joh 7) werden Irrlehrer A.en genannt, 1 Joh 2,18 im Sing. und Plur., sonst nur im Sing. (vgl. dazu oben a). Die Irrlehre ist undeutlich; es geht offenbar darum, daß man sich besonderer Gottesgemeinschaft und -liebe rühmt (vgl. 1 Joh 1,5f; 2,4f; 5,1b), jedoch leugnet, daß Jesus der Christus ist und daß er Mensch geworden ist (4,2f). Und schließlich hat es den Anschein, daß man in der Überzeugung, besondere Gottesgemeinschaft zu besitzen, die Sünde nicht sehr ernst genommen hat (vgl. 3,6ff). Die Verführung kommt hier also nicht von außen, sondern aus den Reihen der Gemeinde selbst; Glieder der Gemeinde sind Diener des A. geworden. Und obwohl man eine Trennung vorgenommen hat, ist die Gefahr noch nicht vorüber. *Kauder*

V **ZUR VERKÜNDIGUNG**

Es ist sicher nicht zufällig, daß die Vorsilbe »anti« im Worte »Antichrist« so dehnbar ist: vom Stellvertreter Christi bis zum Verdränger Christi, wie ihn Dostojewski in seinem »Großinquisitor« geschildert hat. Es ist sicher auch nicht zufällig, wenn man immer wieder versucht war und versucht hat, eine bestimmte geschichtliche Gestalt als den A. anzuprangern. – Ob nicht dieses Wort – man denke an den Wechsel von Sing. und Plur.! – vielleicht eher eine Art Chiffre ist, ein Gattungsbegriff, eine Umschreibung eines Typs, immer wieder konkretisiert und aktualisiert in den Epochen zwischen der Auffahrt und Wiederkunft des Herrn? Wie viele Gestalten der Geschichte wurden schon für den A.en gehalten oder verkündigten sich selbst als den wiedergekommenen Christus! So wird es bleiben, ja, die Verwirrung wird zunehmen, und erst später werden sich die Irrtümer erweisen.

Und doch gibt es eine gewisse Richtlinie: Die Gestalt des A.en trägt in der Bibel primär religiöse Züge. Er gehört also entweder in den Raum der Kirche, oder aber er weiß doch alle religiösen und Wunder-Bedürfnisse der Menschen auf bessere, imponierendere Art zu erfüllen, als dies bislang der Fall war. Die Tendenz seines Wirkens – bewußt oder unbewußt– weist immer dahin, die Herrschaft und Wiederkunft des Christus als nicht mehr erforderlich zu erweisen. Zwar können die Epochen des A.en mit Schrecken und Verfolgung für die verbunden sein, die nicht dem neuen Kurs folgen, sobald er erst die Mehrheit hat; – dennoch dürften die Ortungsversuche des A.en im politischen Raum fehlgehen. Nicht aggressiv, sondern mit frommer erhabener Rettergebärde, im Glanze der Toleranz und Humanität, vorgeblich Fürsorge und Liebe hegend, tritt er auf. *L. C.*

Lit.: Bousset-Greßmann, Die Religion des Judentums, 1928³ – Jeremias, Der Antichrist in Geschichte und Gegenwart, 1930 – Schlier, Vom Antichristen. Zum 13. Kap. der Offb. Joh. (Theol. Aufsätze,

K. Barth zum 50. Geburtstag), 1936, 110ff – Schmid, Der Antichrist und die kommende Macht, ThQ 129, 1949, 323ff (kath.) – Lohmeyer, Art. Antichrist, RAC I, 1950, 450ff – Schütz, Art. Antichrist, RGG I, 1957[3], 431f – Schlier, Der Antichrist, Zeit der Kirche, 1958[2], 16ff– Grant, Antikes Judentum und das NT, 1962.

Apostel

ἀποστέλλω

ἀποστέλλω *[apostęllō]* senden, schicken · ἐξαποστέλλω *[exapostęllō]* aussenden, entsenden · πέμπω *[pęmpō]* senden, schicken · ἀπόστολος *[apǫstolos]* Gesandter, Apostel

1) ἀποστέλλω *[apostęllō]* (seit Sophokles), aus στέλλω *[stęllō]* *(aufstellen, bereit machen)* und der Präp. ἀπο- *[apo-]* *(ab, weg, zurück)*, bedeutet *senden* (sowohl Personen als auch Sachen), *fortschicken* (auch fortjagen), *absenden;* oft wird bei der Abordnung zu einem bestimmten Auftrag der Zweck der Sendung bes. hervorgehoben. I

Da der Gesandte Bevollmächtigter, persönlicher Stellvertreter des Sendenden ist (vgl. die Formel aus dem 3. Jh. vChr *»die Abgesandten* (ἀπεσταλμένοι *[apestalmęnoi]*) *des Königs«)*, wird durch die Sendung mit einem bestimmten Auftrag eine enge Beziehung zwischen dem Aussendenden und dem Empfangenden geschaffen; dies unterstreicht bes. ἀποστέλλω *[apostęllō]*, während das im Profangriech. häufigere πέμπω *[pęmpō]* = *senden* stärker die Tatsache des Sendens als solche hervorhebt. Die Ermächtigung der Gesandten, ihren Herrn zu vertreten, findet sich als religiöse Autorisierung in der stoischen Popularphilosophie: Der kynische Wanderlehrer weiß sich als Bote und Vorbild von Zeus gesandt (Epiktet). So ist ἀ. also auch als Fachausdruck für göttliche Bevollmächtigung belegt.

2) Das von ἀποστέλλω *[apostęllō]* abgeleitete Verbaladj. und dann auch Subst. ἀπόστολος *[apǫstolos]* begegnet zunächst in der Schiffahrtssprache, wo es das Frachtschiff, die ausgesandte Flotte (Demosthenes) bezeichnet, dann aber auch für den Befehlshaber einer Flottenexpedition oder die ausgesandte Schar von Kolonisten, vereinzelt sogar für den Begleitbrief bzw. Reisepaß verwandt wird (vgl. Rengstorf ThWb I 407). Nur selten (2 Stellen bei Herodot) meint ἀ. den Gesandten, Beauftragten als Einzelperson; er wird in der Regel als ἄγγελος *[ąngelos]* oder κῆρυξ *[kǣryx]* bezeichnet. Für eine Gruppe als Gesandtschaft (der Juden nach Rom) findet es sich bei Josephus ant. 17,300. – Allen Verwendungen gemeinsam sind: a) die ausdrückliche Beauftragung, b) das Gesandtsein auf dem Meerwege, das also beim Subst. die Grundbedeutung des Wortes einengt.

Erst später, in gnostischen Kreisen, hat der ἀ.-Begriff wahrscheinlich die orientalische Vorstellung vom Gesandten als Vermittler göttlicher Offenbarung in sich aufgenommen; so konnte er – je nach dem System – im Sing. für den einen himmlischen Erlöser oder im Plur. für eine Vielzahl von Erlösergestalten, die Pneumatiker, Verwendung finden.

1) Die LXX verwendet ἀποστέλλω *[apostęllō]* und ἐξαποστέλλω *[exapostęllō]* (zusammen ca. 700mal) fast ausschließlich zur Wiedergabe des hebr. Verbums *schālach* = *ausstrecken, schicken* (Grundbedeutung: *loslassen,* vgl. lat. *mittere!)*, das nur 5mal mit πέμπω *[pęmpō]* (Gesamtvorkommen nur 26mal) übersetzt wird. Die Übersetzer empfanden richtig, daß das hebr. Verbum nicht den Vorgang der Aussendung als solchen beschreiben möchte – dem entspräche πέμπω *[pęmpō]* –, sondern sein Ziel ins Auge faßt und also wesentlich die Beauftragung des Boten meint (zB Jos 1,16; 1 Kön 5,23; 20,9; 21,11; 2 Kön 19,4; Jes 34,4). Nimmt man hinzu, daß das Subst. ἀπόστολος *[apǫstolos]* überhaupt nur 1 Kön 14,6 (LXX: 3 Reg) als Übers. des hebr. *schāluach* – Part. Passiv von *schālach* – vorkommt, wo damit gerade nicht eine Aussendung, sondern die Beauftragung und Bevollmächtigung des Propheten Ahia mit einer harten Botschaft für die zu ihm kommende Frau Jerobeams bezeichnet wird, so läßt sich zweierlei folgern: II

a) Die LXX versteht im Gefolge des hebr. Textes den Gehalt von ἀποστέλλω *[apostęllō]* und der dazugehörigen Formen nicht als Einsetzung in ein institutionelles Amt, sondern funktional als Beauftragung mit einer konkreten und meist genau umrissenen Aufgabe. Von daher leuchtet sofort ein, warum sie nahezu ausschließlich verbale Formen und so gut wie nie das Subst. verwendet.

b) Wenn die Sendung durch einen Auftrag qualifiziert ist, so hat dies sachlich zur Folge, daß in den durch die Verwendung von ἀποστέλλω geprägten Aussagen das Schwergewicht immer bei dem Sendenden oder anders ausgedrückt: bei dem liegt, der dem Gesandten seine Autorität leiht, ihn für sich in Dienst nimmt; in der Berufungsgeschichte des Jesaja (Kap. 6,8) wird dieser nicht einmal mit seinem Namen angesprochen.

2) Bedeutsam für die nt. Exegese ist das allgemeine jüd. Rechtsinstitut des *schāliach* (aram. Part. Pass. zum Verbum *schālach*) geworden. Im rabb. Judentum zur Zeit Jesu gab es die vom alten semitischen Botenrecht her deutlich ausgeprägte Funktion des Beauftragten. Sie ist in dem von der Mischna überlieferten Grundsatz: »Der Beauftragte (*schāluach*) eines Menschen ist wie dieser selbst« (Berachot 5,5 u. ö. im rabb. Schrifttum) zusammengefaßt. Der Bote wird also zum Stellvertreter des Auftraggebers (vgl. 1 Sam 25,40f; 2 Sam 10,4.6). – »Ohne Rücksicht auf die Persönlichkeit des Boten oder des Auftraggebers, ohne Rücksicht auch auf den Auftrag selbst« meint der Ausdruck *schāliach* »eine Person, die vollmächtig für einen anderen handelt« (Schmithals 92). – Nach den rabb. Quellen konnte ein *schāliach* zB rechtsgültig eine Verlobung erklären; der Vorbeter war *schāliach* der Gemeinde; einzelne Rabbinen konnten als Vertreter des Synhedriums zu Visitationen und Sammlungen (auch in die Diaspora) ausgesandt werden.

Diese Abgesandten sind jedoch keine Missionare. Mission im Sinne offizieller Aussendungen kennt das Judentum nicht, und so konnte der Begriff *schāliach* auf dem Gebiet der Religionswerbung keinen Platz haben. Auch die Propheten sind (trotz Jes 6,8) im Judentum eigenartigerweise nicht als *schᵉluchim* (Plur.) bezeichnet worden, obwohl dies vom Botenrecht her sehr nahe gelegen hätte. Wohl werden einzelne Gottesmänner der Vergangenheit als *schᵉluchim* Gottes bezeichnet, wenn durch sie besondere Machttaten geschehen sind (so Mose, Elia, Ezechiel u. a.).

Was schon für den Gebrauch von ἀποστέλλω *[apostęllō]* in der LXX gesagt wurde, ergibt sich auch für den *Schaliach:* Der Ausdruck meint nicht ein kontinuierliches Amt mit einem Gewicht an sich, sondern bezeichnet das Ausüben einer Funktion, die durch einen bestimmten Auftrag sachlich und zeitlich begrenzt ist und also mit dessen Erfüllung endet.

III A) Im NT kommt ἀποστέλλω *[apostęllō]* 131mal vor, davon allein 119mal ziemlich gleichmäßig verteilt in allen 4 Evgg. und in der Apg; fast nur Lukas verwendet das Kompositum ἐξαποστέλλω *[exapostęllō]* (11 von 13 Stellen insgesamt; Lk 1,53; 20,10f in der Bedeutung *fortschicken, abziehen lassen*, an den 7 Apg-Stellen gleichbedeutend mit ἀποστέλλω *[apostęllō]*).

Daneben aber gebraucht vor allem das JohEv (32 von 79 Belegen insgesamt), aber auch Lukas im Evangelium und in der Apg (10 bzw. 11mal) fast synonym damit πέμπω *[pęmpō]*, das somit vor allem in den Schriften vorkommt, deren Sprache von semitischen Vorlagen (einschließlich der LXX!, die πέμπω nur 26mal hat) unabhängiger ist als zB die des Matthäus und Markus. Daß Johannes die beiden Vokabeln so bewußt nebeneinander und ohne noch erkennbare Unterschiede braucht, dürfte aber nicht nur im zeitgenössischen hellenistischen Sprachgebrauch begründet sein: Sollte er nicht sehr bewußt damit gegenüber dem inzwischen (s. u.) institutional-»apostolisch« belasteten Ausdruck den aktualen Funktionscharakter der Sache haben betonen und zugleich stärker die Autorität des aussendenden κύριος *[kyrios]* (→ Herr) unterstreichen wollen (vgl. zB 4,34; 7,16; 14,24 mit 5,36; 7,29; 17,21.25)?

von Eicken / Lindner

B 1) Neu gegenüber der LXX ist nun aber im NT das häufige Vorkommen des Substantivs ἀπόστολος *[apǫstolos]*, das sich 79mal, davon allein je 34mal bei Lukas (6mal im Ev., 28mal in der Apg) und in den paulinischen Schriften findet; 1mal kommt es im Hebr, 3mal in den Petrusbriefen, 1mal in Jud und 3mal in Offb vor; Matthäus, Markus und Johannes benutzen das Wort nur je 1mal. – Der Begriff wird – ganz anders als im klassischen Griech. – im NT nur gebraucht im allg. Sinn für den *Boten*, im übrigen als feststehende Bezeichnung eines bestimmten Amtes, des urkirchlichen Apostolats.

a) Lukas wendet den Begriff ἀ. – abgesehen von Lk 11,49 und Apg 14,14 – ausschließlich auf die 12 Jünger an. Sie sind vom historischen Jesus in ihr Amt berufen worden (Lk 6,13; vgl. 1,17), haben ihn von der Johannes-Taufe an während der ganzen Lehrtätigkeit begleitet; ihnen begegnete der Auferstandene in verschiedenen Erscheinungen (Lk 24,36ff; Apg 1,3), und so hatten sie die bestmögliche Kenntnis von allem, was Jesus geredet hatte. Sie erhielten vor der Himmelfahrt die Verheißung des Geistes (Apg 1,4) und den Befehl zur Mission (Apg 1,8) und wurden so, durch das Pfingstgeschehen (Kap. 2), zu Geistträgern gemacht, den schlechthinnigen Autoritäten der ersten Christenheit, die von Jerusalem aus die rechte, dh auf den historischen Jesus zurückgehende Tradition wahrten.

Neben den Aposteln konnte es – nach Lukas – keine anderen selbständigen Autoritäten geben. Sie hatten jede wichtige Entscheidung zu treffen oder zu bestätigen (vgl. Apg 15). Sie ordinierten die ersten 7 Diakone (6,6; die apostolische Sukzession wird jedoch von hier aus bei Lukas kaum zu erheben sein), ordneten die Aufgaben in der Gemeinde (15, 22ff), begannen die Heidenmission (10,1–11) usw. So wird der Begriff οἱ ἀπόστολοι *[hoi apostoloi]* = *die Apostel* bei Lukas zur stehenden Wendung für den Zwölferkreis. Paulus wird – abgesehen von 14,14 (von Lukas ziemlich sicher aus einer anderen Quelle übernommen) – bei Lukas nie A. genannt; er erfüllt offensichtlich nicht die Voraussetzungen für das Amt eines A.s. Die im Zwölferkreis durch den Verrat des Judas entstandene Lücke wurde nach dem lukanischen Bericht durch die Zuwahl des Matthias geschlossen (Apg 1,16ff).

b) Seltsam ist nun, daß in den 3 anderen Evgg. ein so fundamentaler Begriff wie ἀ. nur je 1mal vorkommt. Joh 13,16 fällt dazu noch für ein »Amtsverständnis« aus, da hier ἀ. im Rahmen eines Bild-Wortes ganz einfach *Bote* heißt (vgl. Rengstorf ThWb I,421.40ff; Bultmann Joh 364). In Mt 10,2 findet sich der Begriff am Anfang der Jüngerliste vor der Aussendung, Mk 6,30 werden die Jünger bei der Rückkehr nach erfülltem Auftrag so bezeichnet. Beide Stellen erinnern an das *Schaliach*-Institut (s. o. II 4.). Sonst ist der Begriff den nicht-lukanischen Evgg. zur Bezeichnung der 12 Jünger völlig fremd.

c) Da die paulinischen Briefe vor dem lukanischen Geschichtswerk geschrieben sind, bilden sie die älteste Quelle, die über den technischen Gebrauch des nt. ἀ.-Begriffes Auskunft geben kann. Folgende Merkmale und Voraussetzungen für das paulinische Verständnis des A.-Amtes werden in der Auseinandersetzung des Paulus mit seinen Gegnern erkennbar:

α) Berufung und Beauftragung zum Dienst des A.s erfolgen nicht durch Menschen, sondern (auf Lebenszeit) durch »Jesus Christus und Gott« (Gal 1,1; vgl. auch Röm 1,5: »Jesus Christus, durch den wir ἀποστολή *[apostolę]* haben«; 1 und 2 Kor 1,1 u. ö.) in einer Begegnung mit dem Auferstandenen (1 Kor 15,7; Gal 1,16 u. ö.). Er teilt dem A. auch den Inhalt der evangelischen Botschaft selbst mit (1 Kor 11,23; 2 Kor 4,6; Gal 1,12 u. ö.), so daß dieser das → Evangelium direkt – als Christi Stellvertreter – an die Menschen weitergibt (2 Kor 5,10). »Im Dienst des Apostels wird also konkret, daß die Gemeinde nicht autonom, sondern christonom ist« (E. Schweizer 70).

β) Mit der Berufung in den christlichen Apostolat ist nun aber – im Unterschied zum jüd. *schāliach* – der Auftrag zur Mission unter den → Völkern (Röm 11,13; Gal 2,8; vgl. Röm 10,15; 1 Kor 1,17 u. ö.) verbunden. Die A. wurden urspr. vermutlich zu je zweien ausgesandt (Gal 2,1.9; vgl. Mk 6,7; Lk 10,1; Apg 15,36ff); besondere Zeichen und Wunder begleiteten sie (Röm 15,19; 2 Kor 12,12 u. ö.); Aufgabe ist primär die Predigt, nicht die Taufe (1 Kor 1,17). –

γ) Zum apostolischen Dienst gehört unlöslich das Leiden (1 Kor 4,9ff; 15,30ff; 2 Kor 4,7ff; 11,23ff u. ö.). –

δ) Gemeinsam mit den Propheten besitzt der A. eine besondere Einsicht in das Christusgeheimnis (1 Kor 4,1; Eph 3,1–6 u. ö.).

ε) Aber bei Paulus gibt es keinerlei Anzeichen dafür, daß der A. durch seine Sonderstellung (zB als Vorbild; vgl. 1 Kor 4,16; Phil 3,17 u. ö.) über die Gemeinde erhoben und vor den anderen Charismatikern ausgezeichnet wäre (1 Kor 12,25ff; vgl. Eph 4,11; auch Röm 1,11f); vielmehr dienen seine besonderen Charismen zur Erfüllung bestimmter Funktionen der Gemeinde: »Der Apostel (weiß) sich selbst auch völlig als Gemeindeglied« (E. Schweizer, a. a. O., 70). Seine Autorität liegt nicht in einer ihm eignenden Qualität (2 Kor 3,5), sondern im Evangelium selbst, dh in der Überzeugungskraft und Wahrheit der Botschaft (vgl. Röm 15,18; 2 Kor 4,2 u. ö.); gerade darum hebt Paulus seine persönliche Meinung davon ausdrücklich ab (zB 1 Kor 7,10.12).

ζ) Paulus ist »als letzter« unter den A.n dem Auferstandenen begegnet (1 Kor 15,

1ff); nach ihm ist also – wenn »letzter« absolut zu verstehen ist – keine Fortsetzung des A.amtes durch Neuberufungen mehr möglich.

Wen Paulus nun zum A.-Kreis rechnet, läßt sich aus seinen Briefen nicht mehr eindeutig erheben. Sicher gehört er selbst dazu (an 14 Stellen im Corpus Paulinum), Petrus (Gal 1,17ff), Junias, Andronikus (Röm 16,7) und Barnabas (zu Gal 2,1.9.13 vgl. Apg 14, 14). Unsicher ist schon, ob er Jakobus, den Herrenbruder, zu den A.n zählte (Gal 1,19 bleibt es durch das εἰ μή *[ei mæ]* = *wenn nicht* zweideutig); ebenfalls ist kaum sicher zu entscheiden, ob Silvanus (2 Kor 1,19; 1 und 2 Thess 1,1) dazugerechnet werden kann. Auf den Zwölferkreis als feste Gruppe wendet Paulus den A.titel jedenfalls nie an; 1 Kor 15,7 und Gal 1,17.19 konnten exegetisch nur aufgrund eines lukanischen Vorverständnisses so eindeutig auf die 12 Jünger bezogen werden. In 2 Kor 8,23 und Phil 2,25, wo Paulus den Titus, den Epaphroditus und andere als »Apostel der Gemeinde« bzw. »euren Apostel« bezeichnet, ist das Wort sicher noch nicht terminus technicus für den Träger des christlichen Apostolats, sondern meint ganz allg. den *Boten* (so schon L; Z: »Abgesandter«!). Was wir also nicht eindeutig erfahren können, ist, ob die typischen Züge des paulinischen Apostolats für den nt. Apostolat schlechthin charakteristisch sind, ob Paulus überhaupt die Zwölf zum A.kreis rechnet und wie groß dieser zur Zeit des Paulus ist.

d) Für die Frage nach dem Apostolat der Zwölf ist aufschlußreich, daß sie auch in den übrigen Schriften des NT nur noch einmal ausdrücklich als A. erwähnt werden: Offb 21,14. In 1 Tim 2,7 und 2 Tim 1,11 (»Prediger und Apostel«) und in den Präskripten der Briefe an die Epheser, Kolosser, an Timotheus und Titus und in den Petrusbriefen ist ἀ. Selbstbezeichnung des Verfassers, während in Hebr 3,1 Jesus selbst so genannt wird.

e) Wenn sich also im NT neben dem allgemeinen Gebrauch im Sinne von *Bote, Abgesandter* deutlich zwei verschiedene Konzeptionen hinter dem Gebrauch des A.begriffes zeigten, so führt dies notwendig zu der Frage: Woher stammen Begriff und besondere inhaltliche Füllung des christlichen Apostolats? Weiter ist dann zu fragen: Seit wann tragen die 12 Jünger die Bezeichnung A.? Wie verhält sich ihr Apostolat zu dem des Paulus? Worin haben die verschiedenen Konzeptionen des Paulus und des Lukas ihre Ursache? Wenn der Kreis der A. zur Zeit des Paulus offensichtlich größer ist als der Zwölferkreis – diesen vielleicht sogar ausschließt –, wie und wann kommt es dann zur Übertragung bzw. zur ausschließlichen Einschränkung auf den Zwölferkreis? Diese Fragen aber sind weder vom Befund des Textes her zu beantworten noch durch eine falsche Harmonisierung bzw. Eliminierung verschiedener Texte zu lösen.

2) Die nt. Wissenschaft versuchte deshalb, durch Auswertung religionsgeschichtlicher und vor allem zeit- und entwicklungsgeschichtlicher Forschungsergebnisse die Quellen des christlichen Apostolats-Verständnisses und die Gründe für seine verschiedene Ausprägung aufzuspüren. Einige typische Lösungsversuche seien hier wenigstens angedeutet.

a) Für lange Zeit hat die am besten von KHRengstorf dargestellte Auffassung das Feld beherrscht, nach der der christliche Apostolat sowohl sprachlich wie auch nach dem Begriffsinhalt vom jüd. *Schaliach*-Institut abgeleitet und nach Mk 6,7ff par; 9,28ff; Mt 10,40ff und Lk 10,16 in der Geschichte des irdischen Jesus verankert ist.

Jesus selbst hat seine Jünger (damit sind hier nicht nur die Zwölf gemeint) nach einer Zeit des Hörens und Lernens durch die Aussendung (Mt 10,2ff; Mk 6,7ff; Lk 9,10) als A. eingesetzt und in die aktive Mitarbeit gestellt (ThWb I 424ff). Der Apostolat darf also ursprünglich nicht als Amt verstanden werden, sondern vielmehr als Auftrag, »und zwar im Sinne der örtlich und zeitlich begrenzten, sachlich, nicht persönlich bedingten Bevollmächtigung, wie sie im jüd. Begriff des *Schaliach* gegeben ist« (a. a. O., 427). Dieser Auftrag wird vom Auferstandenen erneuert, aber gleichzeitig modifiziert, indem die A. nun α) als geistbegabte Zeugen der Auferstehung, β) auf Lebenszeit, γ) mit einem missionarischen Auftrag in eine autoritative Stellung berufen wurden. Damit hat der Apostolat Amts-Charakter erhalten, wobei sich freilich die Größe des A.-Kreises nicht mehr festlegen läßt; vornehmlich gehörten ihm jedenfalls die Zwölf an.

Paulus, der weder zum Jüngerkreis noch überhaupt zu den ersten Christen zählte, nimmt hier eine Sonderstellung ein. Da man aber seinen gleichen Rang mit den Zwölfen anzweifelte, sah sich Paulus veranlaßt, »seinen Apostolat in einer Weise zu begründen, die zunächst ihn selbst von dem Verdikt der Zweitrangigkeit befreite, darüber hinaus aber von grundlegender Bedeutung für die Fassung und den Anspruch des urchristlichen Apostolats überhaupt geworden ist« (a. a. O., 438).

Dabei will er bewußt in der urchristlichen Tradition von Jesus (1 Kor 11,23ff; 15,1ff u. ö.) stehen, die ihn bei allen Gegensätzen mit den A.n der Urgemeinde »zu einer Einheit verband« (Apg 15,12; vgl. Gal 2,9 und bes. 1 Kor 15,11) (a. a. O., 438). Indem Paulus wahrscheinlich als erster den Apostolat auf die Begegnung mit dem erhöhten Christus zurückführt und mit dem Sendungsbewußtsein der at. Propheten verbindet, kommt es bei ihm zur klassischen Ausprägung des Apostolats (a. a. O., 440).

b) Ein gewichtiges Argument gegen diese Darstellung aber wollte nie ganz verstummen: Eben die direkte Übertragung des A.amtes auf die 12 Jünger durch Jesus während seiner irdischen Wirksamkeit oder unmittelbar nach der Auferstehung ist exegetisch aus den Texten (ausgenommen Lukas!) nicht zu erheben. Schon A. von Harnack hatte behauptet, daß erst in der Auseinandersetzung des Paulus mit seinen Gegnern die A.bezeichnung für den Zwölferkreis reserviert wird, in den nun freilich Paulus sich einschließt und damit seine eigene Bedeutung fixiert (vgl. Lehre, 116). Von da aus weiteten die Kritiker des alten Konsensus (vor allem A. Friedrichsen, E. Lohse, J. Munck u. a.) die Frage dahin aus, ob der A.begriff nicht überhaupt erst im Zuge der paulinischen Auseinandersetzungen auf den ursprünglich unapostolischen Zwölferkreis übertragen worden sei (vgl. G. Klein 53). Als A. seien nämlich die von den Gemeinden, bes. der Urgemeinde in Jerusalem, ausgesandten Missionare und Wanderprediger bezeichnet worden, nicht die 12 Jünger, die als eschatologische Säulen in Jerusalem blieben und – abgesehen von Petrus (1 Kor 9,5) – gar nicht daran dachten, missionarisch zu wirken, sondern ihre Verkündigung auf Israel beschränkten (vgl. Lohse, 264f). Die Autorisation durch die Urgemeinde (im Sinne des *Schaliach)* aber fehlte Paulus; entsprechenden Vorhaltungen gegenüber sah er sich veranlaßt, seinen Apostolat auf Jesus Christus selbst zu begründen. Diese besondere Wertung des Apostolats erkannte Paulus aber in gleicher Weise auch den Zwölfen, vor allem Petrus, zu. »So hatte das neue Verständnis des Apostelamtes, das wir zuerst bei Paulus finden, zur Folge, daß der Begriff Apostel einen ganz fest geprägten Sinn erhielt und auf die Gruppe der Zwölf und auf Paulus beschränkt wurde. Denn nur sie sind in wahrem Sinne Apostel Jesu Christi. Durch Paulus wird es geschehen sein, daß der alte Begriff der δώδεκα *[dōdeka]* = *Zwölf* zurücktrat und stattdessen in der Heidenkirche sich das Wort *Apostel* durchsetzte« (a. a. O., 269). Lukas schließlich übertrug das Ergebnis dieser Entwicklung in seine Darstellung vom Leben Jesu und der ersten A.-Zeit, läßt aber konsequenterweise nun Paulus selbst aus dem A.kreis zurücktreten; die entstandene Lücke ist bei ihm schon durch Matthias aufgefüllt, ehe Paulus als der große Weltmissionar auftritt.

Zu Recht ist aber gefragt worden, ob die These, Petrus und die Zwölf hätten erst von Paulus den A.titel übertragen bekommen, angesichts der Exegese von Gal 2,7, aber auch 1,18f haltbar ist (vgl. die ausgezeichnete Kritik bei Klein 54ff). Dann müßten zB die 1 Kor 9,5 erwähnten »anderen A.« lediglich »Abgesandte der Gemeinden« gewesen sein, mit denen sich Paulus – ganz gegen seine Argumentation – als »bevollmächtigter Wanderprediger« (Lohse) in eine Reihe gestellt hätte. Es ist vielmehr anzunehmen, daß Paulus sich in seiner Argumentation auf ein schon gebräuchliches Verständnis des Apostolats stützte und nicht ein solches neu prägte. Dafür spricht auch sein Gebrauch der Formel »A. Jesu Christi« (in den Briefanfängen Kor, Gal, Eph, Kol), der vermuten läßt, daß Paulus hier schon geprägtes Gut benutzt.

c) So ist es kaum verwunderlich, daß die Forschung nach anderen Lösungen des Problems suchte. H. von Campenhausen zB (vgl. bes. Der christliche Apostolatsbegriff, ThV 1; ders., Kirchliches Amt und geistliche Vollmacht, 1953) kommt zu folgendem Ergebnis: Die frühesten Anfänge des Apostolats in der Urgemeinde sind nicht zu klären (ThV 127), an einer Einsetzung der Zwölf zu A.n durch den historischen Jesus ist aber wahrscheinlich festzuhalten (Amt 15). Paulus, bei dem wir erste Auskünfte erhalten, betrachtete seinen Apostolat im wesentlichen nicht als Ausnahme, sondern stellte sich in die Reihe der übrigen A. Für ihn »sind die Apostel – und zwar so, daß er die Vorstellung schon als gegeben voraussetzt – die grundlegenden, von Christus bevollmächtigten Prediger des Evangeliums, Missionare und Gemeindegründer in einem größeren, keinesfalls mit den 12 ›Uraposteln‹ gleichbedeutenden Kreis« (ThV 127). Paulus kann also nicht als Schöpfer eines neuen A.-Verständnisses gelten, auch liegen bei ihm noch keine Anhaltspunkte für eine Beschränkung auf den Zwölferkreis vor; sie geschah erst in nachpaulinischer Zeit.

Lukas aber übernahm bereits ein A.-Bild, das durch das Verschwinden »der lebendigen Vertreter der ›apostolischen‹ Generation« (117) und ein verklärtes Zurückblicken auf die ersten Jünger (u. U. unter Einwirkung alter Rivalitäten) bestimmt ist. Für ihn waren die 12 A. »vor allem die authentischen Zeugen des Lebens und der Auferstehung Jesu und darüber hinaus die Anfänger und ersten Lehrer und Leiter der ganzen Kirche« (127).

Aber auch diese Darstellung konnte nicht alle Fragen lösen. Wenn nämlich die 12 Jünger »in ihrer Gesamtheit ursprünglich kaum als Apostel« gegolten haben können (Amt 15), wie ist dann ihre Einsetzung durch den historischen Jesus zu verstehen? Und wenn die Einsetzung der 12 Jünger als A. schon auf den historischen Jesus zurückgeht, dann kann sicher nicht erst die »Verklärung« ihres Bildes im Rückblick der ersten nach-apostolischen Generation der Grund für die Beschränkung auf die Zwölf gewesen sein (vgl. Klein 61). Zudem sagt von Campenhausen selbst, daß es noch lange »lebendige Vertreter der ›apostolischen‹ Generation« gegeben habe, so daß »die Konzeption der 12-Apostel-Idee ... schwerlich als eine Reaktion auf einen Mangel an lebendigen Aposteln interpretiert werden« kann (Klein a. a. O., 62). Zu fragen bleibt außerdem, ob überhaupt von einer Beschränkung des A.kreises oder stattdessen von einer Übertragung des A.titels auf die Zwölf gesprochen werden muß (vgl. Schmithals 266).

In diesen Zusammenhang gehört auch die Frage, ob Paulus nun die Formel »A. Jesu Christi« prägte (so St.Th. 103) oder nur übernahm und die Verfestigung des Begriffes einleitete (St.Th. 103); vgl. Klein 60 A 255).

d) Die beiden Arbeiten von G. Klein und W. Schmithals stellen nun die bisherige Basis zT grundsätzlich in Frage. Sie gehen davon aus, daß eine wirkliche Verwandtschaft zwischen dem christlichen A.amt und dem *Schaliach*-Institut nicht nachweisbar sei und bisher Belege für einen Gebrauch des Wortes *Schaliach* in diesem Sinne in hebr. Texten frühestens ab 140 nChr vorhanden sind. Während das Amt des *Schaliach* juristischen Charakter hat, zeitlich begrenzt ist und nicht auf Missionare und die at. Propheten bezogen wurde, hat der Apostolat religiösen Charakter, ist eine eschatologische Erscheinung und dem A. ohne zeitliche Begrenzung übertragen; der missionarische Auftrag ist von ihm unablösbar (»Wir kennen keinen Apostel, der nicht zugleich Missionar gewesen wäre«, von Campenhausen 23). Während der *Schaliach* die Abnahme seiner Botschaft seiner Autorisation wegen erwartet, wird gerade umgekehrt die Rechtmäßigkeit des Apostolates durch die Botschaft selbst erwiesen. *Schaliach* und A. »haben außer der Tatsache des Gesandtseins nichts miteinander zu tun« (Schmithals 92; vgl. zu dem ganzen Abschnitt S. 85–99 und Klein 26ff). –

Nach Schmithals stammt der A.begriff – es gibt nur einen Gebrauch, den bei Paulus erkennbaren, aber nicht von ihm geprägten (48ff) – aus der jüd. bzw. judenchristlichen Gnosis (216). Dort begegnet er als Titel für Erlösergestalten, himmlische Gesandte (100–180; bzw. 177ff), wie sie in Vorstellungen eine Rolle spielten, die die Gnosis bereits im Zweistromland vorfand (180f). Judenchristliche Gnosis und kirchlicher Apostolat sind aber beide im syrischen Raum beheimatet, und Schmithals stellt fest, daß entscheidende Wesenszüge des kirchlichen Apostolats, der seiner Meinung nach vom Missionszentrum Antiochien her in die hellenistisch-christlichen Gemeinden Eingang gefunden hat, mit dem gnostischen übereinstimmen: Beide heben ihren Träger nicht aus der Gemeinde heraus (186), beiden ist die Mission anvertraut (187); der kirchliche A. ist von dem erhöhten Christus selbst »berufen«, der gnostische mit Christus seins-identisch (192). Da für den gnostischen A. Christus selbst das Evangelium ist, wird der Hinweis des Paulus verständlich, »sein Evangelium ohne menschliche Vermittlung direkt von Christus empfangen zu haben« (196) usw. Auch die Terminologie spricht für diese gnostische Herkunft, »denn ἀπόστολος *[apọstolos]* und ἀποστέλλω *[apostẹllō]* gehören zu den charakteristischsten und ursprünglichsten Fachausdrücken der Gnosis überhaupt und können nur von der Gnosis dem Christentum, niemals aber vom Christentum der Gnosis übergeben worden sein« (216). Jedenfalls wurden die ersten christlichen Missionare, die im syrischen Raum zu Hause waren, und mit ihnen – seiner missionarischen Tätigkeit wegen – bald auch Petrus als ἀ. bezeichnet. In der weiteren Entwicklung ging der A.-Titel ganz »natürlich« auch auf die anderen des Zwölferkreises über, als die Tradition die Zwölf immer stärker zu den eigentlichen Trägern der Heidenmission machte (251ff). Mindestens für Paulus, der »erst recht spät ... mit der Gnosis in direkte Berührung kommt«, darf gelten, daß er sich einer Abhängigkeit von der Gnosis nicht bewußt war.

Uneinsichtig bleibt indessen bei Schmithals, warum mit der Übertragung des Begriffes auf die Zwölf eine »Ent-apostolisierung« aller anderen A. verbunden gewesen sein soll (vgl. dazu Klein 64), und ob er glaubt, mit der Exegese zB von Gal 1,17ff und 1 Kor 15,7 wirklich sämtliche apostolische Spuren in der Jerusalemer Urgemeinde einfach eliminieren zu können (vgl. 64ff)? – Wenn ferner in der Gnosis der A. genau dem Pneumatiker entspricht (163), sollte dann wirklich in diesem »gemein-gnostischen Selbstverständnis« der Ursprung des kirchlichen A.begriffes zu suchen sein, »der mehr gewesen ist, als eine schiere Funktionsbezeichnung« (Klein, S. 63, Anm. 277)?

Hatte schon Schmithals behauptet, daß die Anwendung und Übertragung des A.-Titels auf die Zwölf nicht der Kontroverse zwischen Paulus und den Jerusalemern entstamme, sondern in die späte nach-apostolische Zeit gehöre (264ff), ja die Einsetzung der A. überhaupt nicht auf den historischen, sondern auf den erhöhten Herrn zurückgehe, so hält G. Klein den Zwölfer-Apostolat überhaupt für eine ganz eigene tendenziöse Schöpfung des Lukas; dieser habe im Abwehrkampf gegen die Gnosis den A.-Titel auf die Zwölf übertragen und beschränkt, um sie allein als die von Jesus eingesetzten und ausgesandten Träger der göttlichen Botschaft zu legitimieren. Paulus ist von Lukas, der – erst im Anfang des 2. Jh.s nChr schreibend (Klein 190ff; Schmithals 266; so aber schon Jülicher-Fascher, Barnikol u. a.) – die paulinischen Briefe kannte, aber nicht verwertete, bewußt degradiert worden (215), indem er ihm den A.-Titel absprach. Um das paulinische Schrifttum den Händen der Gnostiker zu entreißen und der kirchlichen Tradition zu erhalten, hat Lukas den Apostolat auf die Zwölf übertragen, Paulus diesem untergeordnet und zugleich alle Spuren, die an einen größeren A.kreis erinnerten, getilgt. So wurden der Jüngerkreis und der Zwölf-Apostel-Kreis identifiziert und diese Konzeption in das Leben Jesu zurückprojiziert.

Allerdings schreibt E. Haenchen (Apostelgeschichte, 679) mit Recht: »Kleins Entwurf steht und fällt mit dem Nachweis, daß nirgends vor oder neben Lukas die verschiedenen Größen der ›Zwölf‹ und der ›Apostel‹ schon zu der Kombination die ›12 Apostel‹ zusammengeflossen sind.« So muß Klein alle vorlukanischen Schriftstellen, die den Apostolat auf die Zwölf beziehen (zB Offb 21,14; Petrusbriefe; 1 Clem. Barn u. a.), umdeuten oder – wo möglich – als spätere Eintragungen verstehen, wogegen sich jedoch ein großer Teil der Texte sperrt (vgl. u. a. Haenchen 679f; Schmithals Anm. 67, 83, 101) und damit Kleins These schon grundsätzlich in Frage stellt. Vielmehr ist anzunehmen, daß Lukas selbst bereits in einer Tradition lebt, die den Zwölfer-Apostolat herausgebildet hatte und die eigenständig neben der paulinischen bestand (vgl. auch Schmithals 268).

3) Die verwirrende Fülle verschiedener Lösungsversuche nötigt zu der Einsicht, daß sich das Dunkel, das über den Anfängen des urchristlichen Apostolats liegt, heute nicht mehr eindeutig erhellen läßt. Jedenfalls werden wir, wenn wir das Werden des Kanons ernst nehmen, nicht übersehen dürfen, daß in den nt. Schriften die Vorstellungen vom Apostolat unterschiedlich sind. Welchen Weg wir auch wählen, um diese verschiedenen Vorstellungen aus ihrem geschichtlichen Zusammenhang zu verstehen –, auf keinem wird man ohne Hypothese auskommen. Nur entbindet uns das nicht von der Verpflichtung, die wahrscheinlichste, sich am besten einfügende Hypothese zu wählen, sie immer wieder neu prüfen und in Frage stellen zu lassen.

Als unumstößliches Faktum darf gelten, daß ursprünglich der missionarische Auftrag wesenhaft mit dem urkirchlichen Apostolat verbunden war. Bedenken wir aber, daß die 12 Jünger in ihrer eschatologischen Bedeutung als Repräsentanten der 12 Stämme Israels gleichsam statisch an Jerusalem gebunden waren, dann ist es höchst unwahrscheinlich, daß Jesus selbst – ob nun vor oder unmittelbar nach seiner Auferstehung – sie als A. im Sinne des späteren Amtsverständnisses eingesetzt habe. Es wäre auch kaum denkbar, daß ein Jüngerkreis mit einer solchen vom Herrn selbst empfangenen Autorität seine Vorrangstellung bereits spätestens zur Zeit des A.-Konzils verloren hätte, so daß man bald sogar nicht einmal mehr genau wußte, wer die Zwölf waren. Wie hätten schließlich Markus, Matthäus und u. U. auch Johannes ohne erkennbaren Grund einen von Jesus eingesetzten Zwölfer-Apostolat verschweigen können? –

Weiter erscheint uns das *Schaliach*-Institut als Basis für den urkirchlichen Apostolat nach den erneuten Vergleichen von W. Schmithals und G. Klein nicht mehr haltbar. Damit ist natürlich nicht unbedingt jeglicher Einfluß von dort her auf den urkirchlichen Apostolat ausgeschlossen; seltsam ist jedoch, daß Anklänge an das *Schaliach*-Institut vorwiegend an solchen Stellen zu beobachten sind, die ἀ. gerade nicht im spezifischen Sinne verwenden (zB Joh 13,16; auch Mt 10,2 und Mk 6,30, und wo nur derjenige Leser ein besonderes Amtsverständnis herausliest, der den späteren festen Gebrauch vor Augen hat!).

Wir meinen nun allerdings, daß die nt. Forschung die Bedeutung des Verbs ἀποστέλλω *[apostẹllō]* als Ausgangspunkt für eine eventuelle Lösung nicht genügend ins Auge gefaßt hat. Das Verb *senden* wird bereits im Profangriech. als Fachausdruck für eine göttliche Bevollmächtigung verwendet und – zwar sehr vereinzelt – zur Bedeutung *Bote* substantiviert. Da aber in den hellenistischen Gemeinden natürlich ein »*Schaliach*-Verständnis« nicht vorauszusetzen war, mußten doch wohl die Heidenchristen den Begriff A. in eben diesem Sinne verstehen. Bedenken wir dazu, daß die LXX gerade diesen Begriff für die prophetische Sendung gebraucht, so erhebt sich die Frage, ob nicht als eine gewisse Basis für die ganz eigene Vorstellung des urkirchlichen Apostolats die at. Prophetie dienen könnte. Die Urgemeinde hätte dann – wie so oft – ein »unpopuläres«, im Profanen selten vorkommendes, dh relativ unbefrachtetes Wort in Beschlag genommen, um es mit dem der eigenen Vorstellung gemäßen Inhalt zu füllen. Besonders vom Herrn berufene Missionare hätten dann diese Bezeichnung getragen, die bald auch auf den einzigen missionstreibenden Jünger (von dem es uns bekannt ist), Petrus, übergegangen wäre. Durch die besondere Begegnung mit dem Auferstandenen wäre Paulus diesem Kreis eingegliedert worden. Wie groß er zur Zeit des Paulus gewesen ist, können wir heute auch hypothetisch nicht mehr festlegen. Wohl erfahren wir von Paulus durch die Auseinandersetzung mit den gnostischen Gegnern allgemeine Wesenszüge dieses Apostolats.

In nachpaulinischer Zeit, als in den Zwölfen immer mehr die einzigen legitimen Tradenten der Botschaft von Jesus als dem Christus gesehen wurden und sich die Vorstellung durchsetzte, daß sie die ersten Träger der Heidenmission gewesen seien, wäre es allmählich zur Übertragung des A.-Titels auf den ganzen Zwölferkreis gekommen. Möglicherweise durch Lukas wäre schließlich der A.-Titel auf die Zwölf beschränkt worden, um sie zu Garanten der rechtmäßigen Überlieferung zu machen.

Ob nun der Weg so gelaufen sein mag oder anders, eines ist jedenfalls deutlich: Nirgends verrät das NT ein Verständnis des Apostolates als kirchlich-institutionalisiertes und somit übertragbares Amt. Vielmehr lassen die verschiedenen Aussagen erkennen, daß die Übernahme und Umprägung des Apostolatsgedankens durch die urchristliche Gemeinde wesentlich, wenn nicht entscheidend dazu beigetragen hat, bis zum Abschluß der Kanonbildung das Auseinanderfallen des Christuszeugnisses zu verhindern und die Kontinuität seiner Tradition zu gewährleisten: Der Funktion des Apostolates ist es zu danken, daß die Verklammerung zwischen dem Gekreuzigten und dem Erhöhten, zwischen dem irdischen Jesus und dem verkündigten Christus bewahrt blieb. *D. Müller*

Lit.: Harnack, Die Lehre der Zwölf Apostel, 1884 – Rengstorf, Art. ἀπόστολος, ThWb I, 1933, 406ff – Saß, Apostelamt und Kirche, 1939 – Käsemann, Die Legitimität des Apostels, ZNW 1942, 33ff – Schweizer, Das Leben des Herrn in der Gemeinde und ihren Diensten, 1946 – Campenhausen, Der urchristliche Apostelbegriff, Stud. Theol. 1948, 96ff – Cullmann, Petrus; Jünger, Apostel, Märtyrer, 1952 – Campenhausen, Kirchliches Amt und geistliche Vollmacht in den ersten drei Jahrhunderten, 1953 – Lohse, Ursprung und Prägung des christlichen Apostolats, ThZ 1953, 259ff – Rengstorf, Apostolat und Predigtamt, 1954[2] –Kredel, Der Apostelbegriff in der neueren Exegese, ZKathTh 78, 1956, 257ff – Nagel, Der Begriff des Apostolischen in der christlichen Frühzeit bis zur Kanonbildung, 1958 – Maurer, Paulus als der Apostel der Völker, EvTh 19, 1959, 28ff – Schweizer, Gemeinde und Gemeindeordnung im NT, 1959 – Haenchen, Die Apostelgeschichte, KEK III, 1961[13], 675ff – GKlein, Die zwölf Apostel, 1961 – WSchmithals, Das kirchliche Apostelamt, 1961 – JRoloff, Apostolat – Verkündigung – Kirche, 1965 – KKertelge, Das Apostelamt des Paulus, sein Ursprung und seine Bedeutung, BZ 14, 1970, 161ff – RSchnackenburg, Apostel vor und neben Paulus, in: ders., Schriften zum Neuen Testament, 1971, 338ff – UBrockhaus, Charisma und Amt, 1972, 95ff – FHahn, Der Apostolat im Urchristentum, KuD 20, 1974, 54ff.

Arbeit → Werk, → Last

Arm

πένης

πένης *[pęnæs]* arm

I πένης *[pęnæs]*, stammverwandt mit πόνος *[pọnos]* = → *Last, Mühe,* bezeichnet im Griech. (seit Xenophon) einen Menschen, der nicht von seinem Vermögen leben kann, sondern arbeiten muß. Der πένης *[pęnæs]* ist also nicht wie der → πτωχός *[ptōchọs]* bettelarm und hilfsbedürftig, sondern nur relativ *arm* (Gegensatz ist πλούσιος *[plọusios]*, → Besitz); auf die Handwerker und Kleinbauern, ja die tragende Schicht der Demokratie nach der Solonschen Gesetzgebung trifft diese Bezeichnung zu. Die Grenze zum Reichtum ist fließend, wie für uns die zwischen auskömmlicher Existenz, Wohlstand und Überfluß.

Lange sah man in der Sicherung durch Besitz die beste Gewähr für ein tugendhaftes Leben, während die πενία *[penịa]* = *Armut* als Wurzelboden sittlicher Verfehlungen galt (noch Plato Leg. XI, 919b). Spätestens seit Sokrates ist aber diese Auffassung als unzureichend erkannt, weiß man, daß gerade die πενία *[penịa]* den Bildungswillen fördern (vgl. Diogenes bei Stob Ecl V, 783f) und so zur Tugend, dem eigentlichen Lebensideal führen kann. Durch die Kunst der Selbstgenügsamkeit (αὐτάρκεια *[autạrkeia]* → genügen) wird auch ein Leben in Armut reich und frei (Plutarch). Eine religiöse Qualität wird der Armut nicht beigemessen.

II 1) Die LXX, in der πένης *[pęnæs]* ca. 50mal und das gleichbedeutende πενιχρός *[penichrọs]* 3mal vorkommt, hat nun allerdings das Wort nur 6mal für das der griech. Grundbedeutung am ehesten entsprechende *rāsch* eingesetzt (2 Sam 12,1.3.4; Pred 4,14; 5,7; Ps 81,3); weit überwiegend meint π. dagegen die *wirtschaftlich und rechtlich Unterdrückten,* indem es 29mal für *'äbjōn* (15mal allein in den Pss, zB 72,4.13; 86,1; 109,31; noch profilierter Am 2,6; 4,1; 5,12; 8,4.6; Ez 18,12), 12mal für *'āni* (zB Ps 9,13.19; 72,12; Dtn 24,14f) und 9mal für *dal* (zB 1 Sam 2,8) steht. Da alle diese Worte auch mit πτωχός *[ptōchos]* (s. d. II,1) wiedergegeben werden – bevorzugt *'āni* und *dal*, 11mal aber auch *'äbjōn* –, ist offenbar die klare Unterscheidung verwischt, die sich im Griechentum zwischen dem auf Almosen Angewiesenen (πτωχός *[ptōchos]*) und dem zur Handarbeit Gezwungenen, wenig Vermögenden (πένης *[pęnæs]*) findet. Scheint diese Entwicklung ihren Grund in der relativen Bedeutungsgleichheit der hebr. Äquivalente zu haben, so wird man ihre tiefere Ursache doch in der israelitischen Auffassung von Besitz und Sozialordnung überhaupt zu suchen haben, in der auf lange Dauer Armut fast nur in Unrecht, also im Versagen der Gemeinschaft und im Ungehorsam vor Gott begründet sein konnte.

2) Von daher ergeben sich nun zwei Linien der Wortgeschichte. Das dem Hellenismus verbundene Judentum neigt offenbar im Sinne von I mehr dem einheitlichen Gebrauch von πένης *[pęnæs]* zu, wie das Fehlen von πτωχός *[ptōchos]* bei Philo zeigt, der im Gegensatz zur LXX sogar in Lev 19,10 und 23,22 *'āni* mit πένης *[pęnæs]* statt mit πτωχός *[ptōchos]* übersetzt. Damit ist jedenfalls die weniger anstößige, gesellschaftsfähigere Vokabel für *arm* aufgegriffen, die Bibel für griechische Ohren passender gemacht, aber auch eines wesentlichen Akzentes beraubt.

Das NT hingegen hat sich – in der Linie des at.-hebr. Gedankengutes, wenn auch nicht der LXX-Wortwahl – eindeutig für → πτωχός *[ptōchos]* entschieden, um damit nicht nur den Stand des Menschen in seiner Umwelt, sondern insbesondere seine Stellung vor Gott zu bezeichnen: er hat selbst nichts einzubringen. πένης *[pęnæs]* findet sich nur 2 Kor 9,9 und zwar als Zitat aus Psalm 112,9; wenn es hier heißt, daß der Gottesfürchtige »den Armen gibt«, so können von dem zugrunde liegenden hebr. *'äbjōn* her nur die Hilfsbedürftigen gemeint sein. πενιχρός *[penichros]* steht nur in Lk 21,2, wo die Witwe am Opferstock damit als »beträchtlich arm« bezeichnet wird (die Par Mk 12,42 hat πτωχή *[ptōchæ]!*). *Coenen* III

πτωχός

πτωχός *[ptōchos]* arm · πτωχεύω *[ptōcheuō]* arm sein, betteln · πτωχεία *[ptōcheia]* Armut

1) πτωχός *[ptōchos]* gehört zum Wortfamilie πτη- *[ptæ] zusammengekauert*, πτήσσω *[ptæssō] sich fürchten*, πτώσσω *[ptōssō] sich furchtsam ducken*, πτώξ *[ptōx] scheu*. Es begegnet literarisch seit Homer (8. Jh. vChr) und bezeichnet gänzliche soziale Abhängigkeit: *bettelnd, auf fremde Unterstützung angewiesen, zum Bettel gehörig, bettelarm, arm*. Noch häufiger als die adj. ist die subst. Verwendung (mit und ohne ἀνήρ *[anær]* = *Bettelmann*. Der Gegensatz dazu, oft im Zusammenhang anzutreffen, ist πλούσιος *[plousios]* »reich«, »begütert«. Im profanen Griech. ist die nächstliegende übertragene Bedeutung: *armselig, dürftig, karg; unfähig, etwas zu gewähren* (erst seit Dionysius Harlicarnassensis, 1. Jh. vChr, belegt). – Wichtigste Ableitungen: πτωχεύω *[ptōcheuō]* = *betteln, das Leben eines Bettlers führen, bettelarm sein*; πτωχεία *[ptōcheia]* = *Tätigkeit eines Bettlers, das Betteln, die Bettelhaftigkeit, die Armut*. I

2) Im frühen Griechentum gilt Armut weder als religiös erstrebenswert, noch verleiht sie eine besondere Qualifikation vor der Gottheit, noch stellt sie den Betroffenen in den besonderen Schutz der Götter. Wohltätigkeit, bes. an solchen, die durch Schicksalsschläge verarmten, wird von den Besitzenden als Tugend geübt, weil sie der Gesellschaft nützt, gilt aber nicht als religiös-ethische Tat. Auch eine bes. öffentliche Armenfürsorge besteht nicht. In der späteren griech. Philosophie betrachtet man zT die Armut als günstige Voraussetzung für die Tugend. Unter allen materiellen Bedingtheiten des Lebens, also auch in Armut tugendhaft zu handeln, ist höchstes Lebensziel.

1) In der LXX steht πτωχός *[ptōchos]* (ca. 100mal) für die 5 folgenden hebr. Äquivalente (für a–d fast synonym mit → πένης *[pęnæs]*): II

a) 37mal für *'āni*, in dessen urspr. etymologischer Bedeutung (Wurzel *'ānāh* = *antworten)* das unstatische Verständnis noch durchklingt: Es bezeichnet den Menschen, der in der jeweiligen Situation, in der Beziehung zu einem konkreten Partner, zu einer Antwort verpflichtet ist, den *Abhängigen*, ja *Hörigen*. Bei wirtschaftlicher Abhängigkeit wird eigens b) oder c) (s. u.) hinzugefügt. – Erst wo man von dieser Bezogenheit absieht, heißt es dann allgemein *niedrig, kümmerlich, von verminderter Kraft*, meist gleichbedeutend mit *sozial arm, ohne eigenen Grundbesitz* (vor allem im Pentateuch). Daß die Ursache solcher Armut in Enterbung oder unrechtmäßiger Beeinträchtigung, nicht im eigenen Verschulden liegt, geht daraus hervor, daß als ihr Gegensatz nicht Reichtum, sondern Gewalttätigkeit gilt. Von daher ist auch zu verstehen, daß Jahwe, der Richter Israels, diese Armen schützt (s. u. 2 und 3) und sie allein darauf vertrauen und Hoffnung setzen. Vgl. auch → Demut (πραΰς *[prays]* II).

b) 22mal für *dal*, vor allem in der Prophetie des Am, in den Pss und in den Spr. *dal* bedeutet körperlich *schwach*, markiert ferner die soziale Lage vor allem der Unterschicht, des Landvolkes, als *arm, elend, unbedeutend.*

c) 11mal für *'äbjōn*, das am nächsten bei der herkömmlichen Bedeutung von πτωχός *[ptōchos]* liegt und den sich um Almosen Bemühenden, den *Bettler* bezeichnet. Dann heißt es allg. *(sehr) arm, obdachlos.* In der Verbindung *'āni we äbjōn* gibt es – bes. in den Psalmen – die Haltung des Beters vor Gott wieder (7mal, zB Ps 35,10; 86,1 LXX: πτωχὸς καὶ πένης *[ptōchos kai penæs]*; L: elend und arm). »Der Beter ist Gott hörig *('āni)* und tritt ihm darum als Flehender *('äbjōn)* gegenüber« (Bammel 889). Vgl. das bekannte Luther-Zitat: »Wir sind Bettler, das ist wahr.«

d) 11mal für *rāsch*, das ausschließlich im sozial-wirtschaftlichen Sinne gebraucht wird: *arm, bedürftig, darbend* (gelegentlich auch mit πένης *[penæs]* übersetzt; vgl. 2 Sam 12,3); Lieblingswort der Weisheits-Lit.; am häufigsten in den Spr. als Gegensatz zu reich (zB Spr 13,8; 14,20).

e) In den Spätschriften des AT hat das noch heute als Selbstbezeichnung orientalischer Bettler gebrauchte *misken* mit seinen Ableitungen = *der Abhängige, sozial Niedrigstehende* (vgl. auch Ex 1,11 wörtl.: die Städte der Abhängigendienste) *'āni* nach dessen Bedeutungsabschwächung abgelöst. Aber nur in Sir 30,14 wird *miskēn* durch πτωχός *[ptōchos]* und in Dtn 8,9 (Redaktor!) das abgeleitete Subst. durch πτωχεία *[ptōcheia]* wiedergegeben.

Vom Gehalt der hebr. Äquivalente her hat π. in der LXX seine Bedeutung vor allem im sozialwirtschaftlichen und religiösen Sinne erweitert.

2) Weil Israels Land Jahwes Land ist und bleibt, darf es in seinem Volk keine dauernde Verarmung geben. Deshalb deklariert das Bundesbuch (Ex 20,22–23,19) folgendes Programm, das im Prinzip in Israel stets in Geltung geblieben, wenn auch selten verwirklicht worden ist:

a) Der Israelit, der infolge wirtschaftlicher Not sich als Schuldsklave verkaufen mußte, soll im Sabbatjahr wieder frei werden (Ex 21,2).

b) Auch im Sabbatjahr, dem Brachjahr, gehört der Ertrag des Landes den Armen (Ex 23,10f).

c) Ausbeutung und Unterdrückung der Armen ist verboten (Ex 22,22–26);

d) ebenso Rechtsbeugung zu ungunsten der Armen (Ex 23,6ff). –

Jahwe selbst proklamiert sich darin als Beschützer der Armen (Ex 22,27b) und erinnert Israel an seine Befreiungstat, die das Abhängigkeitsverhältnis in Ägypten beendete (Ex 22,21; 23,9).

3) Beim Übergang von der Natural- zur Geldwirtschaft in der Königszeit gerieten viele Bauern in finanzielle Abhängigkeit von der Stadtbevölkerung. Die Verarmung breiter Schichten des Volkes wurde nicht nur zu einem schweren sozialen, sondern auch zu einem religiösen Problem (Bruch des göttlichen Gesetzes). Im Namen Jahwes treten daher vor allem die älteren Propheten Amos (2,7; 4,1; 5,11; 8,4), Jesaja (3,14f; 5,8f; 10,2) und Micha (2,2; 3,2ff) gegen die soziale Ungerechtigkeit, das Bauernlegen, und für den Schutz der Armen auf und drohen den Verantwortlichen, den Reichen, das Gericht Gottes an.

Nur aus dieser geschichtlichen Situation läßt sich der Gebrauch des Begriffes *arm, elend* in den Psalmen erklären: Der Arme ist der Unrechtleidende; er ist arm, weil andere Gottes Gesetz mißachtet haben; hilflos und demütig wendet er sich darum im Gebet zu Gott, aber nicht nur um seiner eigenen Sache willen, sondern in dem Bewußtsein, daß es letztlich um Gottes Sache geht. So hat sich aus der in Generationen geübten Selbstidentifizierung des Beters mit dem Armen im Klage- und Danklied des einzelnen (Ps 25,16; 40,18; 69,30; 86,1; 109,22) allmählich der spezifische Gebrauch des Wortes »arm« als Selbstbezeichnung all derer herausgebildet, die sich in großer Not hilfesuchend an Gott wenden. Gott wird als der Beschützer der Armen gepriesen (Ps 72,2.4.12ff; 132,15 u. ö.), der den Unterdrückten gegen ihre Feinde Recht schafft (Ps 9; 10; 35; 37; 74; 140).

Das Dtn entwirft dann schließlich ein soziales Reformprogramm, das an der Rechtsprechung der Wüstenzeit orientiert ist, vermutlich allerdings nur ein Jahrzehnt durchgeführt werden konnte. Es enthält eigene Schutzbestimmungen für die Armen (Dtn 15,1–18; 24,14ff u. ö.; wo das Wort πτωχός *[ptōchos]* freilich fehlt und der Begriff »Bruder« als terminus technicus für den verarmten Volksgenossen vorherrscht).

Hesekiel sieht vom Exil aus den Zusammenbruch des Restreiches als Strafe Jahwes für das Schinden der Armen und Elenden an (Ez 22,29). –

Die Not des Exils führt zeitweilig dazu, daß die Begriffe »Arme« und »Elende« zur kollektiven Selbstbezeichnung des Volkes werden. Eine Reihe eschatologischer Verheißungen redet in dieser Weise hoffnungsvoll von der Zukunft des Volkes (Jes 29,19; 41,17; 49,13; 51,21f; 54,22ff; 61,1ff).

Von weit geringerer religiöser Dichte sind die vielfachen reflektierenden und sehr unterschiedlichen Aussagen der Weisheits-Lit. über die Armen; sie reichen vom Erklären der Armut als Selbstverschulden (Spr 6,6–11; 23,21) und der Furcht vor dem Armsein (Sir 40,28) bis zum Ruhm des Armen und der Aufforderung, seine Lage zu lindern (Sir 10,30; Spr 14,31).

4) Alle Züge der at. Aussagen über die Armen finden sich auch im Spätjudentum wieder, und zwar sowohl in bezug auf die materielle Armut und ihre Linderung als auch auf ihre Vergeistigung und geistliche Einordnung. Bemerkenswert sind:

a) Die ritual gepflegte, große freiwillige Wohltätigkeit im gesamten palästinensischen Diasporajudentum. Eine besondere Praxis der Liebeswerke (Speisung der Armen, Kleidung der Nackten) übten die Gruppen der Pharisäer, Essener und hellenistischen Jerusalemer Juden (vgl. auch St.-B. IV,536–558 über »die altjüdische Privatwohltätigkeit«). –

b) Die vorzügliche Organisation der offiziellen Armenfürsorge in den Synagogalgemeinden bis hin zur Einrichtung von Hospizen; um so mehr, als keinerlei Tendenz programmatischer sozialer Nivellierung in ihr feststellbar war. Sie hat ihre Wurzeln in den ethischen Geboten des AT und wurde ermöglicht durch die Tempelsteuer bzw. – nach der Zerstörung Jerusalems – das wöchentliche öffentliche Almosen (→ dienen διακονέω *[diakonẹō]* II,2; vgl. Taanit 24a). Auch der Arme war verpflichtet, sich daran zu beteiligen (Schekalim 1,7; 2,5), und zwar um seiner religiösen Gleichberechtigung willen (s. St.-B. II,46), obwohl er selbst der vornehmste Nutznießer der privaten und synagogalen Armenpflege war. Den besitzlosen Priestern, Leviten, Fremdlingen, Witwen und Waisen kommt ferner der am Ende jedes 3. Jahres abzuliefernde Armenzehnt (vgl. Dtn 14,29; 26,12) zugute, der weiter erhoben wird, ja nach dem Jahre 70 nChr sogar neue Bedeutung gewinnt. –

5) In der geistlichen Beurteilung der Armut zeigen sich große Unterschiede:

a) So reservieren unter den pseudepigraphischen Schriften bes. die Pss Salomos das Prädikat »Arme« für die Menschen, die Objekt göttlichen Heilshandelns und dadurch identisch mit den Gerechten sind. Lastende materielle Not und Martyrium sind dabei meist mit eingeschlossen.

b) Die Gemeinde »der Armen« von Qumran (nach 1 QpHab 12,3.6.10; 1 QpPs 37 II,10; vgl. 1 QM 14,7; Selbstbezeichnung wie später bei der Urgemeinde; der Beter der Qumran-Pss nennt sich oft »arm und elend«) macht den Verzicht auf Eigenbesitz zur Ordensregel und bildet bis zur erhofften endzeitlichen Rettung ein gut organisiertes Gemeinschaftswesen. In ihren Schriften polemisiert sie gegen die die Armen ausbeutende Priesterschaft.

c) Die vorherrschende rabbinische Theologie endlich spricht der Armut jeglichen theologischen Wert ab, sieht sie gelegentlich sogar in der Armut an Thora, der einzigen wirklichen Armut, begründet (vgl. b Ned 41a; im Gegensatz dazu die 1. Seligpreisung nach Mt, s. u. III,2b). Das mußte zu einer moralischen Überhebung über die Armen führen. Im krassen Gegensatz dazu steht eine volkstümliche Eschatologie, die das Bewußtsein festhält, »daß die Armen die ersten Objekte des göttlichen Erbarmens sein werden« (Bammel 902), dabei freilich der Gefahr nicht entgeht, die Armut an sich zu idealisieren.

1) Im NT findet sich πτωχός *[ptōchọs] arm* 34mal, mit Hauptvorkommen in den Evangelien (24mal), bes. bei Lk (10mal, davon 6mal im Sondergut), πτωχεία *[ptōchẹia] Armut* 3mal, πτωχεύω *[ptōchẹuō] arm sein* nur 2 Kor 8,9. III

2a) Mk und seine Parr. verwenden πτωχός *[ptōchọs]* im eigentlichen Sinne. – Dem Reichen, der das ewige Leben ererben möchte, antwortet Jesus: »Verkaufe alles, was du hast, und gib es den Armen« (so Mk 10,17ff; Lk 18,18ff). Mt 19,21 schwächt zwar diese Forderung ab (s. Bornhäuser a. a. O.), sieht jedoch ihre Erfüllung als Voraussetzung der Vollkommenheit an. – In Mk 12,41ff par sagt Jesus, daß das (scheinbar geringe) Opfer der unterstützungsberechtigten armen Witwe die Spenden der Reichen weit übertrifft. – Nur im Zusammenhang der Passionsgeschichte weist Jesus in dem Mk 14,7 par überlieferten Wort darauf hin, daß das Almosengeben zurückzustehen hat in dem Augenblick, in dem eine letzte Gelegenheit sich bietet zur verschwenderischen Liebestat an ihm, dem zum Tode Bestimmten.

b) Mt und Lk haben gemeinsam die Armensprüche in der Antwort Jesu auf die Täuferfrage in Mt 11,5 par und in der 1. Seligpreisung (Mt 5,3; Lk 6,20), bei der allerdings die Frage, ob die Form bei Lk oder die bei Mt als ursprünglich zu gelten hat, ebenso umstritten ist wie die andere, ob das Wort schon aus jüd. Überlieferung übernommen ist. Vieles spricht dafür, daß der kürzere lukanische Wortlaut der ursprüngliche ist, die Anredeform dort jedoch sekundär.

Beide Stellen verstehen »arm« nicht im allg. sozialen Sinn. Die erweiterte Fassung des Mt (πτωχοὶ τῷ πνεύματι *[ptōchọi tō pnẹumati]* = »geistlich«, »an Geist« arm) meint den, der willentlich seine Armut als dem Willen Gottes gemäß erträgt und sich nach der Fülle des Heiligen Geistes als der entscheidenden göttlichen Hilfe sehnt, die Jesus verheißt (→ Demut). Bei Lk beschränken sich die Seligpreisungen wesentlich mehr auf die Armut (Arme, Weinende, Hungernde, Gehaßte); ihnen folgen die Weherufe über die Reichen (Lk 6,24–26). Lk macht durch die Anrede in der 2. Person »ihr Armen« deutlich, daß die

Seligpreisung die Armut der Nachfolge im Auge hat: Denn alle Verheißungen Gottes für die Armen und Leidenden, Elenden und Gebeugten (zB Jes 57,15; 61,1), die Weinenden (Ps 126,5f) und Hungernden (Jes 49,10; Ez 34,29) findet erfüllt, wer dem Sohn glaubt. Im gleichen Sinn wird auch in Mt 11,5 par (Zitat von Jes 61,1) Jesus als der Erfüller der Heilssehnsucht des Alten Bundes proklamiert. Seine Taten gipfeln in der Befreiungsnachricht für die Armen.

c) Lk hat dieses Jes-Zitat programmatisch an den Anfang der Verkündigung Jesu gesetzt (4,18). Er verbindet die Durchführung dieses Leitmotivs mit einer scharfen Polemik gegen die Reichen (Lk 6,24ff; → Besitz). So fordert Jesus nach dem Zeugnis dieses Evangeliums (14,7ff) einen Gastgeber auf, die Armen und andere, von denen keine Gegeneinladung zu erhoffen ist, zum Gastmahl zu laden, und verheißt dafür eschatologischen Lohn (14,13f); wie auch die Armen die Reihe der Ersatzgäste im Gleichnis vom großen Gastmahl eröffnen (14,21).

Lazarus, wörtlich »Gott hilft«, ist der Typ des von Gott angenommenen Armen (16, 20.22), der an ihm versagende namenlose Reiche der Typ des von Gott Verdammten (vgl. 12,13–21). Und wenn Zachäus nach seiner Bekehrung die Hälfte seines Besitzes den Armen gibt (19,8), so drückt sich darin sein Dank für Jesu heilbringende Solidarität mit den Verlorenen aus.

3) Paulus verwendet den Begriff *arm* nur selten und zwar:

a) im Zusammenhang der Kollektensammlung für die Jerusalemer Urgemeinde, wohl deren Selbstbezeichnung »die Armen von Jerusalem« aufnehmend (Röm 15,26, τῶν ἁγίων ist zugefügt; Gal 2,10);

b) werden dadurch die von den Heiden verehrten kosmischen Mächte als armselig entwertet (Gal 4,9);

c) charakterisiert er in 2 Kor 6,10 zusammen mit der Antithese »die doch viele reich machen« die paradoxe Situation des apostolischen Dienstes (das übernommene stoische Schema wird durchbrochen, vgl. Bammel 909,227).

d) dienen das Verb (nur 2 Kor 8,9; dynamisch: *arm werden*; ingressiver Aor.) und Adj. dazu, die Selbstentäußerung Jesu Christi zugunsten der Menschen in Erinnerung zu bringen (vgl. 2 Kor 5,19ff; Phil 2,7ff; aber auch 2 Kor 6,10; 8,2, wo Entsprechendes vom Apostel bzw. der Gemeinde gesagt wird). Die Gegenbegriffe *reich sein* und *reich werden* stehen hier für die von Jesus preisgegebene, gerade dadurch aber ihm selbst und den Menschen wiedergewonnene Gemeinschaft mit dem Vater. Auch diese dogmatische Erinnerung begründet ethische Konsequenzen: 8,7f.14f..

4) Jakobus wendet sich heftig gegen die Vormachtstellung der Reichen in der Öffentlichkeit und in der Versammlung der Gemeinde (2,2f; 6f) und setzt sich für die Gleichachtung der Armen ein. Er begründet dies damit, daß Gott die vor der Welt Armen erwählt hat (V. 5) und die auf Erden geübte Barmherzigkeit der Maßstab des Endgerichtes sein wird (V. 13; vgl. Mt 25,31–46).

5) In den Sendschreiben der Offb werden in 2,9 (Smyrna) und 3,17 (Laodizea) in dem Gegensatzpaar *arm – reich* die Maßstäbe des erhöhten Herrn (1,9ff) denen menschlicher Selbsteinschätzung entgegengestellt. – 13,16 beschreibt, wie alle sozialen und wirtschaftlichen Stände, Reiche wie Arme, der Suggestivkraft des Tieres aus dem Abgrund erliegen.

Eßer

V ZUR VERKÜNDIGUNG

Gott steht auf der Seite der Armen und Hilfsbedürftigen. Wer an ihnen versagt oder gar sich an ihnen vergeht, hat den lebendigen Gott gegen sich. Seit er in Christus freiwillig die Armut der Menschen übernommen hat, ist der hilfsbedürftige Mensch das Maß aller Dinge. In dem darbenden Mitmenschen gibt uns der erhöhte Herr die unermeßliche Chance, ihm selbst in seiner Niedrigkeit zu begegnen. Darum fallen endzeitliche, letztgültige Entscheidungen an der Frage, ob wir uns in dieser Begegnung bewähren. Aber auch wo dies der

Fall ist, begründet unsere Zuwendung zum Armen jeder Art doch keineswegs ein Verdienst, das Christus zu würdigen hätte. Durch solche Einschätzung würden wir uns selbst gerade zu verdammenswerten geistlichen Reichen erhöhen. Alles, was wir tun, geschieht vielmehr als dankende Antwort auf Jesu vorherige grundlegende und stets neue gnädige Zuwendung zu uns. Es ist bestenfalls gerade das, was wir schuldig sind.

Die Armut ist jedoch vor Gott auch nicht in sich positiv qualifiziert, vielmehr nur dadurch, daß sie unter der Zusage der Nähe und Solidarität Gottes in Christus steht. – So begründet die Botschaft der Heiligen Schrift kein perfektes soziales Programm zur endgültigen Beseitigung menschlichen Elends auf Erden; aber sie hält für alle Erdenzeit den Impuls wach, den Armen in der Nähe und in der Ferne wahrzunehmen und ihm helfend nahe zu sein.

Almosengeben (→ Barmherzigkeit; → Dienen διακονέω *[diakonẹō]* II) steht in der Gefahr, sich des Darbenden materiell zu entledigen, statt sich ihm in persönlicher Hilfe zu nähern.

Die Kollekte der christlichen Gemeinde als Teil jedes Gottesdienstes trägt den gemeinsamen Dienst der Christenheit an den Armen in ihren eigenen Reihen und draußen. Der öffentliche Liebesdienst der Gemeinde, soll er gezielt und durchdacht sein, kommt im technisierten Zeitalter nicht ohne ein hohes Maß an Organisation aus, die freilich mit spontaner Anpassungsfähigkeit verbunden sein muß; er kann auf konkrete Planung nicht verzichten, darf aber andererseits das Bewußtsein für die Vorläufigkeit der jeweiligen Programme nicht verlieren. Wer diesen Dienst tun will, muß darum bereit sein, alte, in der Vergangenheit vielleicht bewährte Organisationsformen zu opfern, wenn die Dienstfähigkeit für neue aktuelle Aufgaben der Armenhilfe dies fordert.

Die Bereitwilligkeit, eigene Armut zu übernehmen, und die Bereitschaft, Armut anderer zu lindern und zu beheben, kurz: auf der Seite der Armen zu stehen, bleibt um Christi willen auch ein ständiger Maßstab für die Glaubwürdigkeit seiner Gemeinde vor der Welt. Vgl. auch → Demut; → Besitz; → Dienen. *Eßer*

Lit.: Dmitrewski, Die christliche freiwillige Armut, 1913 – Bruppacher, Die Beurteilung der Armut im AT, 1924 – Birkeland, Âni und Ânāw in den Psalmen, 1933 – Bornhäuser, Der Christ und seine Habe nach dem NT, 1936, 30ff – Bolkestein, Wohltätigkeit und Armenpflege im vorchristlichen Altertum, 1939 – Kuschke, Arm und reich im AT, ZAW NF. 16, 1939, 31ff – Campenhausen, Die Askese im Urchristentum, 1949 – Preisker, Das Ethos des Urchristentums, 1949², 102ff – Alt, Kleine Schriften zur Geschichte Israels I, 1953, 327f – Dibelius, Das soziale Motiv im NT, Botschaft und Geschichte I, 1953, 178ff – Percy, Die Botschaft Jesu, 1953, 45ff – Koch, Die Wertung des Reichtums im Lk, Biblica 38, 1957, 151ff – Jeremias, Jerusalem zur Zeit Jesu, 1958² – Kraus, BKAT 15,2, 1958, 82f – Hauck/Bammel, Art. πτωχός, ThWb VI, 1959, 885ff – Grundmann, Das Evangelium nach Lukas, 1963 – Hammann, Arm und reich in der Urkirche, 1964 (kath.).

Auferstehung

Zwei verschiedene Wortgruppen braucht das NT, wenn es von der Auferstehung bzw. der Auferweckung reden will, die mit dem Verbum ἀνίστημι *[anhịstæmi]* zusammenhängende und die von ἐγείρω *[egẹirō]* gebildete. Sie sind als solche nicht inhaltlich unterschieden, wohl aber hinsichtlich ihres mehr aktiven oder passiven Charakters; zur Differenzierung im theol. Gebrauch vgl. ἀνίστημι III,1.

ἀνάστασις

ἀνάστασις *[anạstasis]* Auferstehung · ἐξανάστασις *[exanạstasis]* Auferstehung · ἀνίστημι *[anhịstæmi]* hinstellen · ἐξανίστημι *[exanhịstæmi]* auferwecken

Das Verbum ἀνίστημι *[anhịstæmi]*, Kompos. von ἵστημι *[hịstæmi]*, bedeutet im Profangriechisch I
ursprünglich (schon bei Homer) *hinstellen, aufrichten, aufwecken* oder *aufstehen lassen* von (liegenden oder schlafenden) Personen, erweitert sich von da aus einerseits zum Begriff für die Einsetzung

in ein Amt oder einen Auftrag *(in Funktion, Erscheinung treten lassen, einsetzen)*, andererseits auch – intrans. gebraucht – in der Bedeutung *aufstehen, sich erheben, auftreten* zur Bezeichnung einer Erhebung (etwa eines polit. Aufstandes) oder – besonders häufig im partizipialen Gebrauch – des Beginns einer Handlung (zB Beratung, Herrschaftsantritt, Bewegung) oder der Bereitschaft zu ihr. Erst nachhomerisch wird es auch auf Gegenstände (zB Altäre oder Bildsäulen) in der Bedeutung *aufstellen* oder *reparieren* angewandt. Vereinzelte Bedeutung *genesen.* ἐξανίστημι *[exanhịstæmi]* (seit Sophokles) in gleicher Bedeutung. Das erst seit Aeschylos und Herodot vorkommende Subst. ἀνάστασις *[anạstasis]* (seit Hippokrates auch ἐξανάστασις *[exanạstasis]*) hat die intrans. Bedeutung *das Aufstehen, die Auferstehung* (auch aus dem Tod).

Zwar werden in der griech. Lit. (zB bei Platon) dem Asklepios vereinzelt Totenerweckungen zugeschrieben. Aufs Ganze aber gilt die A. des Leibes als unmöglich (zB Homer, Aeschylos, Sophokles) und ist der Gedanke einer allg. A. vollends unbekannt. Zu den Vorstellungen über die Existenz der (unsterblich gedachten) → Seele und ihr Verhältnis zum → Leib siehe dort, ebenso über die Seelenwanderung.

II 1) Auch im AT sucht man in den vorexilischen Schichten noch vergeblich nach Aussagen, die eine Hoffnung auf Erweckung aus dem Tode erkennen lassen: Der Tod ist das radikale Ende, die Zerstörung der menschlichen Existenz (vgl. Gen 3,19). Diese Auffassung wird auch dadurch nicht aufgehoben, daß vereinzelt (bei dem Sohn der Witwe von Sarepta 1 Kön 17,17ff; dem Sohn der Sunamitin 2 Kön 4,18ff; und dem eilends in das Grab des toten Elisa geworfenen Mann 2 Kön 13,20) von einer Rückkehr Toter ins Leben berichtet wird. Wenn Henoch (Gen 5,24) und Elia (2 Kön 2,11) nicht sterben müssen, sondern vor ihrem Tode entrückt werden, so bekundet sich darin gerade das Wissen um die lebenzerstörende Macht des Todes, jenseits dessen keine Hoffnung mehr besteht. Am klarsten tritt diese Sicht in den Reden Hiobs an seine Freunde zutage (Hi 7,7f; 10,20f; 14,14) und wird bestätigt durch diejenigen Aussagen der Psalmen, in denen Bitte und Hoffnung um eine Errettung und Bewahrung vor der das Leben vernichtenden Machtsphäre des Todes – noch nicht aus dem schon eingetretenen Tode! – laut werden (Ps 16,10; 116,8; 118,17).

Aber gerade in den Psalmen bricht sich am Rande menschlicher Existenzmöglichkeit (Ps 88,4ff) die Erkenntnis Bahn, daß Gott auch über den Machtbereich des Todes Herr ist (Ps 139,8), und schimmert – noch in Gestalt der Frage – die Hoffnung auf, daß er auch hier noch angerufen werden (Ps 88,3) und sein Wunderwirken erwartet werden kann (88,11). Diese Hoffnung wird zur Gewißheit, wenn in Jes 26,19 dann – als Antwort auf die Frage nach dem Geschick der Toten des Volkes Gottes – der Jubelruf erklingt: »Deine Toten werden leben, meine Leichname werden auferstehen; wacht auf und rühmt, die ihr liegt unter der Erde« (L.). Weiter entfaltet ist sie in der großen Vision der auferstehenden Gebeine in Ez 37 und den apokalyptischen Aussagen von Dan 12,1: »Viele, die da schlafen im Erdenstaub, werden erwachen, die einen zum ewigen Leben, die anderen zu Schmach und Schande.« Diese Verbindung von A. und allg. Weltgericht aber findet sich »nur am äußersten Rande des AT« (Kraus) und stellt schon den Übergang dar zur

2) Jüd. Apokalyptik. In ihr fällt vom 3. Jh. vChr an, der A. Verstorbener, zunächst nur der »Gerechten« und Märtyrer (2 Makk 7,7ff; ähnl. PsSal 3,9–11), bald aber dann in der Kombination mit den Aussagen über das allg. Weltgericht aller Menschen (ApkBar [syr] 51,1–3; 4 Esr 7,32f; vgl. auch die Bildreden des äth Hen 37–71) ein immer größeres Gewicht zu. Ob und wie weit hier ein Zusammenhang mit zeitgenössischen Parallelerscheinungen der iranischen Religion besteht, läßt sich wohl nur vermuten; nicht ausgeschlossen ist, daß die letztgenannten Texte, besonders 4 Esr bereits christlich überarbeitet wurden. Jedenfalls aber tritt mit dem Glauben an eine leibliche A. in personaler Identität, wie er dann im antiken Judentum namentlich von den Pharisäern vertreten (vgl. Apg 24,15.21), von den Sadduzäern allerdings bis um das Jahr 70 nChr ständig bekämpft wurde (vgl. Mk 12,18–27), die individuelle Verantwortlichkeit des Menschen mehr in den Blick. Eine einheitlich-verbindliche Glaubensaussage bestand jedoch auch deshalb nicht, weil im hellenistischen Judentum unter dem Einfluß der griech. Philosophie der Gedanke der A. vergeistigt wurde im Sinne einer Befreiung der unsterblichen Seele von ihrer Eigenheit und ihres Aufstiegs zu Gott (so zB Philo). Auch die Qumran-Texte enthalten kein klares Zeugnis für eine A.shoffnung.

III Für den theologischen Gehalt des Verbums ἀνίστημι *[anhịstæmi]* wie des Subst. ἀνάστασις *[anạstasis]* können die meisten der entsprechend dem profanen Gebrauch vorkommenden Bedeutungen – Kennzeichnung eines Handlungsbeginns (zB Lk 10,25, Mk 14,57)oder der aufständischen Erhebung (zB Apg 5,36) – außer Betracht bleiben, obwohl sie rein statistisch die Masse des Materials bilden (das Verb kommt 107mal vor, davon allein 71mal in den lukanischen Schriften, das Subst. 42mal, davon 17mal bei Lk und in der Apg und 8mal bei Paulus). Das größere Gewicht fällt fraglos dem Subst. zu; bei ἐγείρω *[egẹirō]* ist das umgekehrt.

1) Der Begriff hat seine eigentliche Füllung im NT gerade in der Bedeutung gefunden, die in seiner profanen Verwendungsbreite nur eine vereinzelte Ausnahme darstellt, nämlich für das Wiedererstehen aus dem Tode zum Leben. Unser Wortstamm wird dabei nahezu synonym mit dem verwandten Stamme → ἐγείρ- *[egeir-]* gebraucht, so daß auf den ersten Blick – wie in der LXX – kaum ein Unterschied vorhanden zu sein scheint. Indessen ergibt eine sorgfältige Beobachtung des Sprachgebrauchs, daß mit dem Stamm ἐγείρ- (bes im Pass.) vorwiegend das Ostergeschehen selbst, also die Erweckung des Gekreuzigten zum Leben bezeichnet wird, während Worte des Stammes ἀνιστ- *[anhist-]* sich darüber hinaus auch im Zusammenhang der Totenerweckungen im Erdenleben Jesu und der endzeitlichen (allg.) Toten-A. finden. Die Unterscheidung beider Begriffe macht 1 Kor 15,13 deutlich; sie werden aber bald austauschbar, wie schon die Wendung δύναμιν τῆς ἀναστάσεως αὐτοῦ *[dynamin tæs anastaseōs autou]* Phil 3,10, erst recht aber die ausdrückliche Erwähnung der ἀνάστασις Ἰησοῦ *[anastasis Jæsou]* 1 Petr 1,3; 3,21 erkennen läßt. Dahl hat dabei in einer tabellarischen Übersicht gezeigt, daß für beide Verbalstämme die intrans. Bedeutung überwiegt, wobei – wiederum für beide Stämme – mit Ausnahme von 1 Kor 15 das zugehörige Subjekt fast immer Christus ist. Im trans. Gebrauch beider Wortgruppen überwiegt Gott als Subjekt, während Christus das Objekt bildet. Wenn auch nicht für alle Fälle, so wird man doch für das NT als Regel sagen dürfen, daß also mit ἐγείρω *[egeirō]* – im Gegensatz zur LXX – vor allem das Handeln Gottes an und durch Christus bezeichnet wird, während ἀνίστημι *[anhistæmi]* gleichsam das im menschlichen Bereich Wahrnehmbare kennzeichnet.

2) Im Mittelpunkt der nt. Aussagen steht diejenige von der A. Jesu, die von ihm selbst angekündigt (Mk 8,31par; 9,9par; 9,31par; 10,34) und hernach zunächst von Maria-Magdalena (Mt 28,8.10; Lk 24,9), in der Folge von den Jüngern ausgekündet wurde (Apg 1,27; 2,31; 4,33; u. ö.). Der tote und begrabene Herr ist durch einen Akt Gottes wieder zum Leben erweckt worden (vgl. Apg 2,31.34; Eph 5,14), und zwar in einer neuen, materiell nicht identischen, aber auch nicht etwa nur visionären Leiblichkeit (vgl. Joh 20 und 21); er erscheint den Jüngern in sichtbarer und betastbarer Gestalt (Joh 20,27; Lk 24; Apg 1,1–6; vgl. 1 Joh 1,1–3), wenn er auch solche Berührung nicht immer zuläßt (Joh 20,17), weil sie ihn fortan nur noch als den Erhöhten – also unabhängig von seiner Gestalt im Fleisch (2 Kor 5,16) – erkennen sollen. Obgleich Jesus sich bereits in der Licht- und Geistgestalt des neuen Äons befindet, pflegt er menschliche Gemeinschaft in Essen und Trinken mit ihnen (Lk 24,29f; Joh 21,12–14). Aber nicht das Ereignis der A., die niemand beobachtet hat (nach Mt 28,4 fielen die Wächter in Ohnmacht), sondern die Begegnungen mit dem Auferstandenen sind Grund des Zeugnisses der Jünger (Apg 1,22). Daß Jesus nicht im Tode blieb, sondern zum Leben erstand (Lk 24,5), gibt den bis dahin schwankenden Jüngern die Gewißheit, daß ihnen hier wirklich der Herr, der Sohn (Röm 1,4) gegenübersteht. Die A. Jesu wird so zum Zeichen für den Sieg Gottes über die Macht der → Sünde und des → Todes; das will sagen, daß dadurch der Fall Adams mit allen aus ihm folgenden Gebundenheiten des Menschen aufgehoben wird, indem der Gekreuzigte als der Erste unter den Vielen hineingenommen ist in die Herrlichkeit Gottes. Diese Botschaft stellt die Grundlage aller christlichen Hoffnung und Verkündigung dar (1 Petr 1,3; 1 Kor 15): in ihr ist auch die → Taufe als Zeichen der Errettung begründet (1 Petr 3,21; Röm 6,5).

3) Jesus selbst verkörpert damit in dem Geheimnis seiner Person »die A. und das Leben« (Joh 11,25), was sagen will, daß die von den Juden bisher nur endzeitlich gedachte A. schon da anhebt, wo er auftritt und seinen Geist wirken läßt: Wer immer in der Glaubensverbindung mit ihm steht, von seiner Kraft ergriffen wird, für den hat der Prozeß des Übergangs aus dem vergehenden in den neuen Äon, die Befreiung von Sünde und Tod schon begonnen (Phil 3,10); und das wird in der Feier des → Herrenmahls bezeugt (Joh 6,54). So kann Glaube als ein Sterben und Auferstehen mit Jesus verstanden werden (Röm 6,11; Joh 5,29).

4) Zeichnet sich hier namentlich bei Joh eine scheinbar ganz in die Gegenwart verlegte Sicht der A. ab, so ist das doch nur ein Anbruch. Daß die allg. A. der Toten in der A. Jesu

schon geschehen sei, wird noch 2 Tim 2,18 ausdrücklich abgewehrt, ist auch dem Zusammenhang nach in Kol 2,13; Eph 2,6 nicht behauptet. Vielmehr wird an der allg. A., die aus der A. Jesu folgert, festgehalten, ja sie wird gerade nach Joh 6,39f.54 von Jesus selbst verkündet, und zwar immer im Sinne der leiblichen A., niemals bloß einer Fortexistenz oder eines Wiedererwachens der Seele. Gerade darum aber wird sie auch zum eigentlichen Angriffspunkt in der Verkündigung, indem sie auf die Ablehnung der Sadduzäer einerseits (Mt 22,23ff) stößt, die nur die Tora, das Gesetz des AT, für verbindlich halten, andererseits aber auch von den Griechen abgelehnt wird, weil ihrem vergeistigten Denken diese Aussage zu materialistisch ist (Apg 17,18.32; 1 Kor 15,12). Der Glaube an die nach Hebr 6,2 mit dem Gericht verbundene A. gehört zu den Grundelementen des Glaubens überhaupt (vgl. 2 Kor 5,10; Lk 14,14; Hebr 11,35).

5a) Wird so mit A. deutlich ein – wenn auch nicht dem Termin nach – feststehendes Ereignis in der Zukunft bezeichnet (vgl. Joh 11,24; Mt 22,28), so sind doch hinsichtlich des Kreises der Betroffenen wie in der jüd. Apokalyptik zwei Linien erkennbar. Denn neben der allg. A., wie sie Offb 20,11–15 und Mt 25,31–46 angesprochen wird (verbunden mit der Wiederkunft Christi und der Scheidung der Guten und Bösen) spricht auch das NT von einer vorausgehenden, »ersten« A. der Gerechten (Lk 14,14), der Toten in Christus (1 Thess 4,16), wohl auch 1 Kor 15,23f, wo τέλος *[tẹlos] Rest* heißen könnte, am deutlichsten Offb 20,5ff: Am Beginn des tausendjährigen Reiches weckt Christus die Seinen aus dem Tode, und sie werden mit ihm leben und regieren, während der Rest der Toten erst am Tage des Gerichtes vor dem Thron Gottes erscheint (Offb 20,11ff). Und während für die allg. A. zwar auch gilt, daß die Identität der Person auch durch den Abbruch hindurch erhalten bleibt, der Mensch also in gestalthafter Ganzheit vor Gott steht, wird im Blick auf die Gläubigen eine wesentlich reichere Beschreibung gegeben: Sie werden »den Engeln Gottes gleich« sein (Luk 20,36), von allen psychischen, auch sexuellen Regungen frei (Mt 22,30; 24,38), sie werden Jesus gleich sein und »ihn sehen wie er ist« (1 Joh 3,2). Paulus verwendet in diesem Zusammenhang einmal (Phil 3,11) den Ausdruck ἐξανάστασις *[exanạstasis]*, wobei die Frage nicht eindeutig zu entscheiden ist, ob das zusammengesetzte Wort wie in seinem sonstigen Gebrauch auch hier einfach ἀνάστασις gleich ist oder Paulus damit auf die vorzeitige Verwandlung und das Christus-Entgegengerücktwerden der Gemeinde (1 Thess 4,18; Offb 20,4) anspielt. Jedenfalls aber ist festzuhalten, daß der Vorgang der A. nur scheinbar dem von Saat und Ernte entspricht: Gott ist es, der einen Leib gibt, wie er will (1 Kor 15,38), der also allein für die Identität der Person bürgt.

b) Was – zeitlich betrachtet – zwischen dem irdischen Tod und der eschatologischen A. liegt, wird deshalb unerheblich, weil mit dem Tode der Mensch nicht mehr unter der Zeit steht. Es ist deshalb eine Überlegung, die von unseren jetzigen Denkvoraussetzungen ausgeht, wenn man hier einen Abstand konstruieren will, der zwischen Tod und Gericht liegt. Die Überlegungen über einen »Zwischenzustand« der Seele gehören also mehr oder weniger in den Bereich der Spekulation. Entscheidend ist, daß der Mensch, wenn er aus diesem Leben geht, vor Christus steht, und dh entweder vor seinem Richter oder bei seinem Retter.

L. Coenen

ἐγείρω

ἐγείρω *[egẹirō]* (auf)wecken · ἔγερσις *[ẹgersis]* Auferweckung

I Die Wortgruppe findet sich in der griech. Lit. häufig – das Verb seit Homer, das Subst. seit Empedokles und Hippokrates – und ist vollständig synonym zu ἀνίστημι *[anhịstæmi]*. Bedeutungen des Verbs trans. dementsprechend: *aufwecken, aufheben, errichten, anfeuern, erregen;* intrans.: *erwachen, sich erheben, aufstehen.* Es kommt vor in bezug auf Personen, die aus dem Schlaf, der Ohnmacht oder Lethargie geweckt, zu einer Handlung oder Erhebung angefeuert werden bzw. solchen Vorgang selbst vollziehen. Auch kann es sich in der Bedeutung *errichten* auf Gebäude, Pfosten oder Standbilder beziehen. Das Subst. bedeutet trans. *das Aufwecken, die Errichtung,* intrans. *das Erwachen, Aufstehen,* auch die *Genesung.* Die Bedeutung *Auferstehung* (aus dem Tode) ist im Sinne unseres Verständnisses kaum aufweisbar, weder verbal noch substantivisch (nur Menander von Ephesus zu Jos Ant 8,164), woraus, wie schon in → ἀνάστασις *[anạstasis]* I gezeigt, erkennbar wird, daß dieser Gedanke im Griechentum nicht beheimatet ist, allenfalls in symbolischer Gestalt oder im kultischen Gebrauch für das Wecken schlafender Götter vorkommt. Ausführliche Lit.-Angaben ThWb II, 332, Anm. zu ἐγείρω.

Die Verwendung der Gruppe im AT entspricht aufs Ganze der in der übrigen Gräzität, wobei den Übers.en in der LXX – wiederum nahezu synonym zu ἀνίστημι *[anhįstæmi]* und seiner Gruppe – die hebr. Stämme *qum, 'ur und 'āmad* zugrunde liegen: Pharao erwacht (Gen 41,4.7), der Herr läßt Richter erstehen, dh auf den Plan der Geschichte treten (Ri 2,16.18), Gabriel richtet den ohnmächtig niedergefallenen Daniel auf (Dan 8,18), König Ahasveros erhebt sich von der Tafel (Est 7,7); dazu kommt die feierliche Form der Aufforderung an Gott, aufzustehen und einzugreifen, um die Feinde zu zerschlagen (Num 10,35). Für die Synonymität mit ἀνίστημι *[anhįstæmi]* in der LXX mögen Gen 38,8 »erwecke deinem Bruder Samen« und 2 Sam 7,12 als Beispiel dienen, wo sowohl vom Menschen als auch von Gott ἀνάστησον *[anąstæson]* bzw. ἀναστήσω *[anastæsō]* gesagt wird, während Jes 45,13 für »erwecken in Gerechtigkeit« ἤγειρα *[ægeira]* steht. Siehe im übrigen ἀνάστασις II. Allerdings erweist sich schon in der LXX eine stärkere inhaltliche Umprägung des Verbs im Zusammenhang mit den Totenerweckungen (→ ἀνάστασις *[anąstasis]* II) und dem Wirken des göttlichen Geistes am Menschen. II

1) Auch im NT hat unsere Wortgruppe weithin die gleichen Bedeutungen wie unter I und II. Das Subst. ἔγερσις *[ęgersis]* allerdings kommt überhaupt nur einmal (Mt 27,53 für die Auferweckung Jesu) vor, während sonst immer ἀνάστασις *[anąstasis]* oder verbale Formen gebraucht werden. ἐγείρω *[egęirō]* wird bes. von Mt. in seiner Bedeutung des Aufbruchs zum Handeln (zB 1,24;2,14; 8,26 bei der Stillung des Sturmes; 25,7 von den Jungfrauen) und des Auftretens von Gestalten auf der Bühne der Geschichte (namentlich in der apokalyptischen Rede Mt 24,7.11.24) bevorzugt, findet sich aber auch bei Lk öfter in diesem Sinne (zB Lk 13,25), während bei Mk die Befehlsform vorherrscht (aber auch zB Lk 5,23f; Joh 14,31). III

2) Überblickt man das Vorkommen der Wortgruppe im Sinne der Erweckung zum Leben, so hat es zunächst den Anschein, als seien lediglich die im AT und der jüd. Apokalyptik bereits als Spitze der Begriffsentwicklung angedeuteten Linien weiter ausgezogen: von Jesus werden zur Zeit seines Erdenlebens vereinzelte Fälle von Wiedererweckung klinisch Toter berichtet; so ergreift er die Hand der Tochter des Jairus und läßt sie aufstehen und umhergehen (Mk 5,41). Körperliche Berührung und hoheitlicher Befehl sind es, die nach dem Bericht der Synoptiker (Mt 9,25 par.; Lk 8,54f) dem Kind das Leben zurückgeben, wobei dieser Befehl mit dem Worte ἔγειρε *[ęgeire]* (bzw ἐγείρου *[egęirou]*) gegeben wird. Das gleiche gilt von dem Sohn der Witwe vor den Toren der Stadt Nain (Lk 7,14, wiederum mit dem Befehl ἐγέρθητι *[egerthæti]*), während nach Joh Lazarus nach einem voraufgegangenen Dankgebet durch den bloßen Befehl δεῦρε ἔξω *[deụre ęxō]* »komm heraus« aus dem Tode erweckt wird (Joh 11,43). Bei dem Sohn des königlichen Offiziers genügt die Feststellung Jesu »dein Sohn lebt« (Joh 4,50). In beiden Fällen wird allerdings der Bezug zum Glauben der Betroffenen und der Umstehenden unterstrichen und hervorgehoben, daß Jesus die Vollmacht der Totenerweckung habe (Joh 4,50; 11,40.45). Der Jüngling zu Nain wird spontan aus dem Motiv des Erbarmens mit der Mutter (Lk 7,13) ins Leben zurückgerufen. Kennzeichnend ist weiter wohl, daß Jesus vor der Erweckung der Jairus-Tochter (Mk 5,39) wie auch bei der Lazarus-Erweckung (Joh 11,11) feststellt, daß (für ihn?) die Toten eben nicht tot seien, sondern schlafen. Die Synoptiker wie Johannes deuten damit an, daß der Tod dem Wirken Jesu keine Grenze setzen kann, sondern daß das von ihm ausgehende Leben den Tod seiner Macht entkleidet; m.a.W. daß hier die sonst unbeeinflußbare Todes- und Zeitgrenze durchbrochen, übersprungen wird. Das Gelächter der Umgebung angesichts einer solchen Feststellung (Mk 5,40) vermag wohl am besten das Ungewöhnliche und Unfaßbare dieser lebenschaffenden Kraft zu unterstreichen. Denn was die Juden allenfalls – abgesehen von ihrem Glauben an eine endzeitliche A. (Martha Joh 11,24) – für möglich hielten und erwarteten, war im Sinne des AT die Bewahrung vor dem Tode (Joh 11,36: »konnte er . . . nicht machen, daß auch dieser nicht stürbe?«). Nun aber steht Gott, der Herr über Leben und Tod, aktuell und in Person vor ihnen.

3) Damit aber sind wir schon in das Zentrum des Begriffes vorgedrungen, welches im Umkreis der *Auferweckung Jesu* liegt. Vornehmlich die gesamte Brief-Lit. des NT hat – mit Ausnahme von Phil 1,17 – die Vokabel ausschließlich im Sinne der Erweckung aus dem Tode gebraucht, wobei das häufige Vorkommen in Röm und beiden Kor bereits erkennen läßt, daß die Erweckung Jesu aus dem Tode ein beherrschender Faktor in der Verkündigung des Paulus sein muß. Und in der Tat erklärt er ja 1 Kor 15 das in die Geschichte hineingebrochene Ereignis der Auferweckung Jesu durch Gott als den entscheidenden Inhalt des Evangeliums (V 1), das Mittel zu unserer Errettung, ohne dessen Annahme aller Glaube ein Phantom sei (V 2). Für die Wahrhaftigkeit dieses Ereignisses werden Zeugen genannt, denen der Auferstandene »erschienen« ist (ὤφθη *[ọphthæ]* V 5–8 allein 4mal). Es wird geradezu der Prüfstein des Evangeliumsboten überhaupt: Wer die A. bestreitet oder leugnet, macht Gott zum Lügner und den → Glauben zur hohlen Larve (V 14–17: κενή *[kenæ]*, ματαία *[matạia]*). Denn es ist ja der Glaube an den, »der Jesus unseren Herrn aus den Toten erweckte« (Röm 4,24); und sein Geist wohnt in den Glaubenden, um ihre sterblichen Leiber lebendig zu machen (ζωοποιήσει *[zōopoiæsei]*, Röm 8,11; vgl. 2 Kor 4,14). Erst durch das Ereignis der A. Jesu ist die Sünde von uns genommen (1 Kor 15,17) und die Herrschaft des Todes überwunden (Röm 6,4.9 im Zusammenhang mit der Taufe).

Die Erweckung Jesu wird aber nicht nur trans. von Gott her beschrieben (für Jesus also im Pass.), sondern kann ebenso auch intrans. medial mit Jesus als Subjekt verstanden werden: »er erstand (vom Tode, aus den Toten)«, zB Röm 6,4.9; 8,34; besonders aber in den synoptischen Evangelien Mk 14,28; 16,6; Mt 27,63 ἐγείρομαι *[egẹiromai]*. Dieser Wechsel lehrt, daß die erweckende Kraft zwar immer von Gott ausgeht, aber zugleich doch auch dem Sohn, der mit dem Vater eines Wesens ist, eignet.

4) Das kommt bes. darin zum Ausdruck, daß es bei den Aussagen über die endzeitliche Erweckung der Toten meist offen bleibt, wer hier der Handelnde ist, Christus oder Gott selbst. Die Toten werden erweckt = werden aufstehen (1 Kor 15,52; Mt 11,5). Eindeutig aber ist, daß die A. der Toten ein unlösbar an die A. Christi gebundenes, auf ihr fußendes und aus ihr folgendes Ereignis ist (1 Kor 15,13–17), wofür dann allerdings – außer in 1 Kor 15 – vorwiegend die Vokabeln des Stammes ἀνιστ- gebraucht werden. Paulus kennzeichnet dabei in 1 Kor 15,42–44 den Unterschied zwischen jetziger und neuer Existenzweise durch die Gegensatzpaare Vergänglichkeit (φθορᾶ *[phthorạ]*) – Unvergänglichkeit (ἀφθαρσία *[aphtharsịa]*) – Schäbigkeit (ἀτιμία *[atimịa]*), Pracht (δόξα *[dọxa]*), Schwächlichkeit (ἀσθένεια *[asthẹneia]*) – Kraft (δύναμις *[dỵnamis]*), seelisch (ψυχικόν *[psychikọn]*) – geistlich (πνευματικόν *[pneumatikọn]*). – Es bleibt schließlich zu erwähnen, daß die erweckende Kraft, wie von Gott auf Jesus übergehend, so sogar den Jüngern verheißen wird (Mt 10,8), und daß sie vielleicht ihren herrlichsten Ausdruck in dem Wort Mt 3,9 findet, Gott vermöge dem Abraham selbst aus Steinen Kinder zu erwecken. *L. Coenen*

ZUR VERKÜNDIGUNG

Der Mensch unserer Tage, in einem naturwissenschaftlich-technischen Weltbild aufgewachsen, denkt in den Kategorien der Erfahrung und der Kausalität. Für ihn ist der Tod wie die Geburt ein Naturereignis; er läßt sich allenfalls medizinisch hinauszögern, ist aber im übrigen unausweichlich. Was vor der Geburt, oder richtiger: der Zeugung und was hinter dem Tode liegt, ist nicht mehr erweisbar und der exakten Vorstellung entzogen: »Tot ist tot.« Folglich hat in diesem Gedankensystem und Weltbild die Vorstellung einer A. keinen Platz und gehört dann entweder in den Bereich der Spekulation oder der Mythologie. Man wird sich deshalb hüten müssen, die A. als etwas Einsichtiges, Folgerichtiges oder auch nur in der natürlichen Welt Vorgebildetes darzustellen, wie es etwa das Lied »Ostern, Ostern, Frühlingswehen! Ostern, Ostern, Auferstehen aus der tiefen Grabesnacht! Blumen sollen fröhlich blühen, Herzen sollen heimlich glühen, denn der Heiland ist erwacht!« nahelegt, indem hier das Wiedererwachen der Natur als Vor- und Abbild der A. herangezogen wird.

Unsere Begriffsuntersuchung hat demgegenüber gezeigt, daß die Auferweckung Jesu wie die verheißene leibliche A. des Jüngsten Tages jenseits aller – in Geltung bleibenden – Naturgesetzlichkeiten aus dem Willen Gottes heraus geschieht, der die Person des Menschen in einer neuen Leiblichkeit und dennoch in der Identität vor sich hinstellt, nachdem das Sterben sie allem Augenschein nach bereits ausgelöscht hatte. Der A.sleib ist gestaltgleich (man denke an die Nägelmale das Auferstandenen), aber nicht in seinem materiellen Bestande identisch (Jesus durchschreitet verschlossene Türen). Nichts ist da bestehen geblieben, hinübergerettet am Tode vorbei; nicht irgendwo im Menschen oder in etwas ihm Eignenden, nicht also in der Immanenz liegt hier die Kontinuität, die die Gleichheit der Person begründet, sondern ausschließlich in der Treue und Macht Gottes, der den Menschen in seinem Gedächtnis behält und wieder vor sich ruft. So muß die Verkündigung der A. immer wieder auch vor dem alten heidnisch-christlichen Mißverständnis auf der Hut sein, als habe die A. eine – vielleicht von den Schattenseiten befreite – Fortsetzung der derzeitigen Existenzweise zum Ziel und führe zu einer Art von Ideal- oder Traumleben. Das neue Leben gibt vielmehr Anteil am zukünftigen Äon und stellt den Menschen ganz in die Gegenwart Gottes, in das Dasein für ihn, so daß alle Schönheit und Freude dieser Zeit keinen Vergleich damit aushält. Es gibt dafür nur eine einzige Parallele, und diese gehört eben nicht der menschlichen Geschichte und Erfahrung an: Die Schöpfung.

Nur scheinbar fällt solche Erkenntnis dem philosophisch Gebildeten leichter; in Wirklichkeit hat die aus dem Griechentum stammende begriffliche Unterscheidung von Leib und Seele oder Leib – Seele – Geist (sog. Dichotomie = Zweiteilung oder Trichotomie = Dreiteilung) bis in die jüngste Zeit hinein das philosophisch-theologische Denken des Abendlandes einschließlich der Gemeindefrömmigkeit dazu verführt, allenfalls ein ideelles Fortleben oder Wiederaufleben in rein seelischer, körperloser Existenzweise anzunehmen oder aber an eine moderne Art von Seelenwanderung, sagen wir lieber: Wesensfortdauer in den eigenen Nachkommen zu glauben. Solche Vorstellungen haben aber ihren Nährboden wiederum in dem untergründigen Bestreben des Menschen, auf irgendeine Weise doch die Radikalität des Todes zu umgehen oder zu unterlaufen.

Das biblische Zeugnis von der A. jedoch erkennt den Tod in seiner ganzen lebenzerstörenden Härte an, durch den die leiblich-seelische Existenz, kurz das Leben des Menschen, ausgelöscht wird. Ja noch darüber hinaus ist schon diese jetzige »natürliche« Existenzweise des Menschen los von Gott, in der er seinem eigenen oder fremden Willen (→ Sünde) folgt, nicht nur vom Tode bedroht und gezeichnet, sondern im eigentlichen Sinne Todes-Existenz (zB Kol 2,13). Insofern der Tod in diesem Sinne verstanden wird, kann sogar von einer A. zum Leben da gesprochen werden, wo der Anfang der neuen Glaubensexistenz jetzt und hier gemeint ist. Dabei ist der Ausdruck A. ebenso im übertragenen Sinne gebraucht, also der Einbruch des Zukünftigen, Eschatologischen in die Gegenwart gemeint, wie umgekehrt den Totenerweckungen Jesu insofern etwas Zeichenhaft-Vorläufiges eignet, als sie ein psychisch-physisches Leben wiedergeben, das noch innerhalb der Todesgrenze steht: Nirgends ist gesagt, daß diese Auferweckten nun nicht mehr zu sterben brauchen.

»Erweckung« aber ist dann ein Vorgang, dessen entscheidender Gehalt darin liegt, daß in todverfallene Menschen durch das Annehmen der bezeugten Botschaft von Christus als dem Herrn und Heiland der Keim des neuen Lebens gelegt wird und damit die Glaubensverbindung zu ihm entsteht. Es geht hier also keineswegs in erster Linie um einen bestimmten Stil oder um eine bestimmte Sprache von Predigt oder Evangelisation, schon gar nicht um eine Stimmungslage des religiösen Gefühls oder der Gemüter, wie es der Ausdruck »erwecklich« oft genug vermuten läßt, sondern um ein Ereignis, das allein in der Verfügungsmacht Gottes liegt. Sie kann von Menschen im Glauben erhofft und erbeten werden, aber weder unser Planen und Organisieren, noch auch bewährte und entlehnte Methoden und Tricks geben sie irgendwie in unsere Hand. Gewiß will Gott den Gehorsam des Zeugen dabei mit gebrauchen. Aber weil Erweckung immer einschließt, daß ein Mensch dem Tod entrissen wird und in der Person des Auferstandenen die Kraft und Wirklichkeit Gottes –

die Wahrheit — für sein eigenes Leben wie für seine Welt als letzte Realität annimmt, also in das neue Leben gestellt wird, ist Gott hier der allein Handelnde und zu Ehrende.

Wo dem Menschen das widerfährt, steht er selbst schon jetzt im Kraftfeld der A. Jesu Christi. Er erfährt dabei je neu, daß diese mehr ist als ein historisches Ereignis: daß durch sie vielmehr der Tod zwar nicht als Schlußpunkt der leiblich-seelischen Existenz, wohl aber als Strafgericht und Sold der Sünde entmachtet ist; er kann nun nicht mehr den Menschen von Gott endgültig scheiden. Wer das erfahren hat, weiß dann aber auch, daß es diesem Herrn nicht unmöglich ist, Menschen, auch wenn sie schon gestorben, ja in ihre Elemente zerfallen, empirisch nicht mehr vorhanden sind, an dem von ihm gesetzten Zeitpunkt in leibhafter Gestalt wieder vor sich hintreten zu lassen.

Dies bedeutet, wie schon der 139. Psalm deutlich macht, daß der Mensch Gott als seinem Herrn nicht entrinnen kann, weder durch gedankliche Abschirmung, noch etwa durch die Flucht in den Selbstmord: Der Geschaffene steht unabänderlich mit seinem Leben in der Verantwortung vor seinem Schöpfer. Dieser selbst aber ist es, der ihm jetzt schon in dem Gekreuzigten und durch die Kraft seiner A. die Versöhnung anbietet: nur sie kann dem Menschen in dem mit der A. verknüpften → Gericht zum Heil ausschlagen. Insofern trifft hier das Wort vom »Geruch des Lebens zum Leben und des Todes zum Tode« (2 Kor 2,16) zu. In der Botschaft von der A. wird also die Grenze unserer Erfahrung zwischen Geburt und Tod durchbrochen. Sie vermag den Blick der Christen über das Augenscheinliche und Wahrnehmbare, das Unverständliche und Bruchstückhafte hinaus in den Horizont der vollen göttlichen Gerechtigkeit zu weiten. *Coenen*

Lit.: Stange, Die Unsterblichkeit der Seele, 1925 — Oepke, Art. ἀνίστημι, ThWb I, 1933, 368ff — ders., Art. ἐγείρω, ThWb II, 1935, 332ff — Barth, Der Augenzeuge, 1946 — Nikolainen, Der Auferstehungsglaube in der Bibel und in ihrer Umwelt, II, 1946 — Rost, Alttestamentliche Wurzeln der ersten Auferstehung, In Memoriam E. Lohmeyer, 1950 — Gollwitzer, Jesu Tod und Auferstehung nach dem Bericht des Lukas, 1951 — Künneth, Theologie der Auferstehung, 1951[4] — Barth, Die Auferstehung der Toten, 1953[4] — Brunner, Das Ewige als Zukunft und Gegenwart, Kap. 15, 1953 — Oepke, Wie entsteht nach den Schriften des NT der Glaube an die Auferstehung Jesu? Wiss. Z. der Karl-Marx-Univers. Leipzig, Gesellschafts- und sprachwiss. Rh. 3, 1953/54, 109ff — Rengstorf, Die Auferstehung Jesu, 1954[2] — Cullmann, Unsterblichkeit der Seele und Auferstehung der Toten, ThZ 12, 1956, 126ff. — Friedrich, Art. Auferstehung Christi, EKL I, 1956, 240ff — Grass, Ostergeschehen und Osterberichte, 1956 — Nauck, Die Bedeutung des leeren Grabes für den Glauben an den Auferstandenen, ZNW 47, 1956, 243ff — Van der Leeuw, Unsterblichkeit oder Auferstehung, ThExh NF. 52, 1956 — Campenhausen., Der Ablauf der Osterereignisse und das leere Grab, 1958[2] — Ott, Eschatologie, Theol. Stud. 53, 1958 — Rengstorf, Die Auferstehung Jesu, 1960[4] — Althaus, Die letzten Dinge, 1961[8] — Delekat, Tod, Auferstehung, ewiges Leben, EvTh 21, 1961, 1ff — Lohse, Die Auferstehung Jesu Christi im Zeugnis des Lukasevangeliums, 1961 — Schwantes, Schöpfung der Endzeit, 1963 — WMarxsen, Die Auferstehung Jesu als historisches und theologisches Problem, 1964 — HWBartsch, Das Auferstehungszeugnis, ThF 41, 1965 — WMarxsen/UWilckens/GDelling/HGGeyer, Die Bedeutung der Auferstehungsbotschaft für den Glauben an Jesus Christus, 1966 — GGreshake, Auferstehung der Toten, 1969 (= Koinonia, 10) — FMußner, Die Auferstehung Jesu, 1969 (= Bibl. Handbibl., 7) — GKegel, Auferstehung Jesu — Auferstehung der Toten, 1970 — UWilckens, Auferstehung, 1970 — GSternberger, Der Leib der Auferstehung, 1972.

Babylon

Βαβυλών

Βαβυλών *(Babylōn)* Babylon

I 1) Zeit der Gründung unbekannt. Älteste Bezeugung zZt Sarkali-sarri's von Akkad (ca. 2290 vChr): Ka-dingir = Bab-ilim »Gottespforte« (Volksetymologie eines vorsemitischen Namens Babila?); zu Gottespforte vgl. Gen 28,17 »Himmelstor« anläßlich der Vision eines Stufenturms (nicht Leiter V. 12), und zum Namen des babylonischen Stufentempels E-temen-an-ki »Haus des Grundsteins von Himmel und Erde« vgl. den Namen Bethel »Haus Gottes« als Benennung des heiligen Steins von Bethel. — Die griech. Form entsteht aus der späteren Variation Babilani »Götterpforte«.

2) Bis zZt Hammurapis (wahrscheinlich 1728–1686) war die Stadt geschichtlich unbedeutend. Hammurapi begründete ihre kulturelle Vorherrschaft in Vorderasien (bis zur Epoche des Hellenismus), einmal dadurch, daß er Marduk zum Stadtgott von B. und zugleich zum Haupt des riesigen

sumerisch-akkadischen Pantheons (ca 1300 Götter) erhob, unter dessen Königtum er die Fülle der religiösen Traditionen in ein System brachte; zum andern, indem er, wenn auch nur für kurze Zeit, B. Weltmachtstellung verlieh und so die Nachfolge der akkadischen Weltherrscherkönige Sargon und Naramsin (wahrscheinlich 24. Jh.) antrat. B. entwickelte eine gegenüber der griech. selbständige Wissenschaft, deren Spitzenleistungen in der Mythologie, Philologie, Medizin, Mathematik und (1. Jh.) der Astronomie lagen (vgl. Dan 1,4f.17). – Politische Vorherrschaft gewann B. später nur noch einmal unter den Chaldäern (625–539), deren bedeutendster König Nebukadnezar II (604–562) war. Sein immenser Reichtum kam aus seinem weltweiten Handel, für den es wie für seine Prachtentfaltung bei Griechen und Römern sprichwörtlich berühmt war.

B. wird im AT nur erwähnt: 1) in der jahwistischen Vorgeschichte Gen 10,8–12; 11,1–9; 2) beim Untergang des judäischen Königstums und dem Exil. – II

1a) Gen 10,8ff führt die Weltherrschaftsidee auf Babylonien zurück (B., Uruk, Akkad; Kalne unbek.; s. o. I,2), von wo sie später nach Assyrien übergeht (Assur, Ninive, Rehoboth-Ir, Kalach). Nimrod entspricht wohl dem Stadtgott von Kalach (heute nimrūd), Ninurta, Gott der Jagd und des Krieges, der beim ersten Versuch der Assyrer, Großmacht zu werden (13. Jh.), eine führende Stellung innehatte.

b) Gen 11,1–9 wird der Plan des babylonischen Riesentempels als Ausdruck himmelstürmender menschlicher Überheblichkeit gebrandmarkt, dessen Vollendung Gott selbst verhindert habe; diese Darstellung steht fraglos im Zusammenhang damit, daß Etemenanki (91 m lang, breit und hoch; höher nur die drei höchsten Pyramiden) wohl in sehr alter, sicher vorisraelitischer Zeit begonnen, aber erst unter Nebukadnezar (s. o. Ib) vollendet wurde. – Beide Erwähnungen, wohl älterer Tradition entstammend, tragen einen deutlichen antibabylonischen Akzent.

2) Anläßlich des Exils entstanden dann 4 Typen von Aussagen:

a) Der König von B. ist Jahwes Werkzeug bei der Vernichtung Judas und seiner Verbündeten (Jer 25,9; 27,6). Es ist Jahwes Schwert, das er beim Erringen der Weltherrschaft führt (Ez 30,25). Juda aber wird wegen seiner Hurerei mit Assur und B. (also Einführung ihrer Kulte bei günstigen Beziehungen) vernichtet (Ez 23,11ff).

b) Gegen Ende des Exils wird B.s Untergang und die Befreiung der Exilierten angekündigt (Jes 47; 48,12–16a.20–22; 21,1–10; Jer 50f). Erwartet wurde in diesem Zusammenhang auch die totale Verwüstung B.s im Krieg.

c) Höchst bedeutsam ist nun, daß Jesaja 13 (exilisch) mit dem Untergang B.s die Ausrottung aller Sünder und die Vernichtung aller Tyrannei erwartet und 14,1–23 (exilisch) B. als gestürzte Weltmacht verspottet, deren Ende für alle Völker eine Ära des Friedens (Heils) bringt. Hier erscheint B. als Typ der Macht, die den Bösen alle Möglichkeiten in der Welt eröffnet und mit deren Sturz auch sie vergehen. Dabei ist offenbar ein älteres Lied (14,4b–21) von einem gestürzten Weltherrscher, der bis in die Götterversammlung vorzudringen versuchte, auf B. übertragen worden, um die so hochstehende babylonische Religion von der Anschauung ihrer politisch-menschlichen Praxis her in ihrem eigentlichen Wesen aufzudecken. (Die Auseinandersetzung mit ihr hat, wie DtJes zeigt, an Schwere alles übertroffen, was man bis dahin kannte.)

d) B. wurde nicht, wie erwartet, zerstört, und mit der Befreiung aus B. war nicht der Anbruch einer neuen Ära des Heils verbunden. So hat der Apokalyptiker von Dan 2 und 7 (zwischen 169 und 164) eine Tradition von 4 sich ablösenden Weltreichen (ursprünglich wohl Assur, das B. mitenthielt, Medien, Persien, Griechen) aufgenommen, deren letztes zerstört und von einem endgültigen Heilsreich abgelöst werden sollte.

1) Im NT knüpft die Erwähnung B.s in Apg 7,43 an das AT an: Wie bei Jer und Ez erscheint das babylonische Exil als Strafe für Israels Abgötterei seit der Landnahme. Nach Mt 1,11f.17 (im Geschlechtsregister Jesu) beendet es Israels 2. Epoche mit der Verwerfung, von der an man nach Ablauf der vorgesehenen Zeit (nochmals 14 Generationen wie für die erste Epoche von Abraham bis David) ihre Aufhebung und die Einlösung aller Verheißungen erwarten konnte: Im Rahmen des Geschlechsregisters dient dies zum Erweis der Messianität Jesu. III

Eher auf dem Hintergrunde spätjüdischer Parallelen ist 1 Petr 5,13 zu sehen, wo sich hinter der »Miterwählten in B.« wahrscheinlich Rom verbirgt, da nach der gesamten alten Tradition mit B. nur der Apostel Thomas in Verbindung gebracht wird. Der Sinn dieser Namengebung, die wohl mehr als bloße Tarnungschiffre ist, dürfte darum sein: Wie die Juden einst in B., so leben die Christen jetzt in der Welt im Exil; sie sind Fremdlinge in der Zerstreuung, angefochten vom Haß der sich behauptenden totalitären Welt (vgl. 1,1; 4,12ff; 5,8f).

2) Die gewichtigste Erwähnung des Namens aber findet sich Offb 14,8; 16,19; 17,1–19,10: in dem apokalyptischen Gemälde von dem »großen B.« (Dan 4,27), das an Jes 13 und 14 anknüpft. Hier ist B. Typus für die widergöttliche Weltmacht und Antityp zum himmlischen Jerusalem (21,1–22,5). Der Seher will zeigen, daß das, was man an großen Völker- und Machtverschiebungen als Geschichte registriert, nicht die wahre Geschichte ist. Diese besteht vielmehr letztlich in dem grandiosen Kampf der Weltmacht gegen die Christusherrschaft. Während Christus getötet wurde, aber gerade durch diesen Tod hindurch sein Weg zur Auferstehung und Erlösung führte, kann jene Weltmacht zwar immer wieder ihre Kraft, Reichtümer und Greuel entfalten, muß aber letztlich dem ohnmächtig geschlachteten Lamm auf dem Throne unterliegen. Daher trägt das große B. die Züge sowohl des historischen B. (an großen Wassern 17,1) wie der Weltmacht Rom (7 Hügel V. 9; Stirnband mit ihrem Namen, wie die römischen Dirnen es trugen V. 5; wohl auch die Schilderung des Weibes V. 3f: orientalische Götter und Göttinnen bildete man häufig auf einem Tier reitend ab. Hier ist vielleicht an die magna mater/Kybele, in Rom seit 204 vChr verehrt, zu denken, zu deren Kult sexuelle Orgien gehörten, vgl. den Namen »Mutter der Huren«, der den Superlativ an Hurerei bezeichnet [Kuhn, ThWb I 512]) wie auch anderer Greuelstädte (zB Tyrus nach Ez 27f). Ebenso könnte sie Züge aktueller Weltmächte tragen.

Seebaß

Lit.: Kuhn, Art. Βαβυλών, ThWb I, 1933, 512ff – Schlier, Zum Verständnis der Geschichte nach der Offenbarung Johannis, Die Zeit der Kirche, 1956, 265ff.

Barmherzigkeit

Das deutsche Subst. *Barmherzigkeit* gibt die übertragene Bedeutung der 3 griech. Subst.e ὁ, τὸ ἔλεος *[ẹleos]*, οἰκτιρμός *[oiktirmọs]* und σπλάγχνα *[splạngchna]* wieder, die sich in ihrem ursprünglichen Sinne etwa so unterscheiden, daß ἔλεος *[ẹleos]* mehr das Gefühl der Rührung, οἰκτιρμός *[oiktirmọs]* (vor allem das Stammwort οἶκτος *[ọiktos]*) mehr die Äußerung der bemitleidenden Klage beim Anblick des Mißgeschicks eines andern und σπλάγχνα *[splạngchna]* am stärksten den Sitz dieses Gefühls, etwa das »Herz« bezeichnet. – Die entsprechenden Verben sagen alle im Aktiv die helfende Betätigung dieses Gefühls aus: *Mitleid haben, sich erbarmen;* soweit sie im Passiv gebraucht werden, die Erfahrung des Erbarmens. – Die von den beiden erstgenannten Subst.en abgeleiteten Adj.e kennzeichnen das entsprechende Verhalten als gute Eigenschaft (οἰκτίρμων *[oiktịrmōn]* mitleidig) bzw. einen Zustand als *bemitleidenswert* (ἐλεεινός *[ele·einọs]*). Die Negativformen von ἔλεος *[ẹleos]* bedeuten *unbarmherzig, erbarmungslos.*

ἔλεος

ἔλεος *[ẹleos]* Erbarmen, Barmherzigkeit · ἐλεέω *[ele·ẹō]* Mitleid haben, sich erbarmen · ἐλεήμων *[eleǣmōn]* barmherzig · ἐλεεινός *[ele·einọs]* bemitleidenswert · ἐλεημοσύνη *[eleæmosynæ]* Wohltat, Almosen · ἀνέλεος *[anẹleos]* erbarmungslos · ἀνελεήμων *[aneleǣmōn]* unbarmherzig

I ἔλεος (ὁ, in LXX und NT meist τό), belegt seit Homer 8. Jh. vChr, ist die Gemütsbewegung der »Rührung, die jemanden angesichts eines Übels, das einen andern (unverschuldet) betroffen hat, ergreift« (Bultmann, ThWb II 474), also das *Mitleid, Erbarmen,* die *Barmherzigkeit;* sie bilden den Gegensatz zum Neid auf das Glück des andern. Es mischt sich die Furcht hinein, daß man selbst auch so betroffen sein könnte (nach Aristot. Poet. bewirken in der Tragödie Furcht und Mitleid die Reinigung). ἔλεον ἔχω *[ẹleon ẹchō]* (erst seit Plutarch) heißt *Mitleid erregen,* κατ ἔλεον *[kat'ẹleon]* *aus Barmherzigkeit.* – Der ἔλεος *[ẹleos]* als rhetorischer terminus technicus bezeichnet den Schluß der Verteidigungsrede, womit der Angeklagte das Mitleid der Richter zu erregen versucht (dagegen Sokrates in der Apologie cap. 23/24).

Das den Gegensatz aussagende mutierte Kompositum (s. B.-Debr. § 120,2) ἀνέλεος *[anẹleos]* = *unbarmherzig, erbarmungslos* kommt nur im NT vor und steht für das homerische νηλεές *[nælẹ·ẹs]* bzw. attische ἀνηλεής *[anæleæs]* (belegt in LXX, fehlt im NT). Den gleichen adj. Sinn hat ἀνελεήμων *[aneleæmōn]*, als Adverb seit Antiphon Orator (5. Jh. vChr.). Es ist die private Form von ἐλεήμων *[eleæmōn]* = *mitleidig, barmherzig* (seit Homer). – ἐλεεινός *[ele·einọs]* seit Homer, nicht in LXX, beschreibt vorwiegend die passive Lage eines Menschen als *Mitleid erregend, bedauernswert, kläglich.*

Das Verb ἐλεέω *[ele·ẹō]*, seit Homer, (ἐλεάω *[eleạō]*, in LXX 2mal, im NT 3mal, ist Nebenform der Koine) heißt *Mitleid haben, bemitleiden, mitleidig helfen, sich erbarmen.* – Auch die Götter der Antike wurden mit dem Hilferuf ἐλέησον *[elẹæson]* angerufen (vgl. Bauer). – Mit und ohne λόγοις *[lọgois]* (= mit Worten) bedeutet das Verb auch *beklagen, bedauern.* Im Passiv hat es den Sinn *Mitleid finden* (dafür im NT auch ἔλεος λαμβάνω *[ẹleos lambạnō]*). – Das davon abgeleitete Subst. ἐλεημοσύνη *[eleæmosỵnæ]* (seit Callimachus, 3. Jh. vChr) ist ursprünglich gleichbedeutend mit ἔλεος *[ẹleos]*, meint dann aber auch die aus dem Mitleid folgende *Wohltat.* In seiner späteren speziellen Bedeutung *Abgabe an* bzw. *für die Armen* – daher unser Lehnwort Almosen – ist es am frühesten in der LXX (Dan 4,27), in der profanen Lit. erst bei Diogenes Laertius (3. Jh. nChr) belegt.

1) ἔλεος *[ẹleos]* und seine Ableitungen kommen in der LXX fast 400mal vor. Das vorherrschende hebr. Äquivalent für das Subst. ist *chæsæd* (nur 6mal *rachamim*), für das Verb vorwiegend *chānan* (→ Gnade), auch *rācham*; ἐλεημοσύνη *[eleæmosỵnæ]* steht für *tsᵉdāqāh.* II

2) Die hebr. Begriffe lassen einen völlig anderen Denkhintergrund erkennen als die vorwiegend psychologisch (s. o. I) bestimmten griech. In ihnen herrscht das Rechtsverständnis vor. Es ist daher notwendig, die LXX-Übersetzungen von der hebr. Grundbedeutung her zu interpretieren und nicht umgekehrt. – Im Spätjudentum macht sich erst bei Philo ein Eindringen auch des griech. Sinngehaltes in unsere Wortgruppe bemerkbar.

a) *chæsæd* bedeutet wörtlich *bundesgemäßes Verhalten* (s. grundlegend N. Glueck a. a. O.), eine Solidarität, die die Bundespartner einander schuldig sind (→ Bund; vgl. J. Begrich a. a. O.). Da sowohl im Falle gleichwertiger Partnerschaft als vor allem dann, wenn ein an Macht und Kraft überlegener Partner einem schwächeren den Bund stiftet, das Gefälle des Handelns vom Hilfeleistenden zum Hilfsbedürftigen verlaufen kann, reicht der Begriffsinhalt des Wortes ἔλεος *[ẹleos]* = *chæsæd* von *Bundestreue* allgemein bis hin zu *Güte, Gnade, Erbarmen,* in letzterem Sinne vor allem in der Verbindung mit dem für *rachamim* stehenden → οἰκτιρμός *[oiktirmọs]* (zB Jes 63,7; 16,5 – Hos 2,21; Sach 7,9; Ps 25,6 = 24,6 LXX; 40[39],12; 51[50],3; 69[68],17). Auf Grund der Überlegenheit Jahwes als des treu bleibenden Bundespartners wird gerade sein ἔλεος *[ẹleos]* meist als gütige Zuwendung verstanden. Mit dem Bundesschluß hat er sie verheißen und die Verheißung immer wieder erneuert. Darum darf Israel von ihm ἔλεος *[ẹleos] erbitten*, auch als Gnade der Vergebung, wenn es den Bund gebrochen hat (zB Ex 34,6; Num 14,19; Jer 3,12). Sowohl bei solchem Handeln Gottes wie auch beim entsprechenden Tun des Menschen liegt der Akzent nicht auf der begründenden Gesinnung, sondern auf dem tätigen Erweis des ἔλεος *[ẹleos]*.

b) *tsᵉdāqāh* wird in der Regel durch δικαιοσύνη *[dikaiosỵnæ]* (= → *Gerechtigkeit)* wiedergegeben. Doch »da das Recht oder Gericht, durch das Gottes *tsᵉdāqāh* (Gerechtigkeit) wirksam wird, als zugunsten des Volkes ... verstanden wird, ist die Übersetzung durch ἐλεημοσύνη verständlich« (Bultmann ThWb II 482), (Jes 1,27 u. ö.). Wie Jahwe wohltätig sein Bundesrecht durchsetzt, so ist auch die diesem Recht sich einordnende menschliche Wohltat, Wohltätigkeit bis zum Almosen (diese Bedeutung erst im Spätjudenum) ἐλεημοσύνη *[eleæmosỵnæ]*.

3) Der Sprachgebrauch des palästinensischen Spätjudentums entspricht ganz dem des AT. *chæsæd* finden wir in den Qumrantexten bes. häufig; die essenische Gemeinde preist damit die erfahrene Bundestreue Gottes in der Aufrichtung des neuen, eschatologischen Bundes.

1) 78mal sind ἔλεος *[ẹleos]* und seine Ableitungen im NT zu zählen: der Schwerpunkt liegt bei Paulus (26mal), dann folgen Lk und Apg (20mal unter Bevorzugung der Subst.e) und Mt (15mal); nur bei Joh, in Phil und Thess fehlt die Gruppe völlig. III

2) Bei den Synoptikern findet sich ἐλεέω *[ele·ẹō]* hauptsächlich bei den Tat-Berichten (Ausnahmen: 5. Seligpreisung bei Mt; Mt 18,33; Lk 10,37; 16,24, wo es auch im Redegut begegnet), während ἔλεος *[ẹleos]* bis auf Lk 1,58, wo es im Erzählgut vorkommt, auf die Wortberichte beschränkt bleibt.

a) Das Verb signalisiert den Einbruch des göttlichen Erbarmens in die Wirklichkeit menschlichen Elends, wie er im vollmächtigen befreienden und heilenden Handeln Jesu von Nazareth geschieht. Jesus antwortet auf den Hilferuf: »... erbarme dich!« (Mk 10,47.48 par; Mt 9,27; 15,22; 17,15; Lk 17,13), mit dem Kranke oder Angehörige von Besessenen

(Mt 15,22; 17,15) ihn anflehen, mit der Heilung. Einmal fordert er nach einer Dämonenaustreibung den Befreiten auf, zu Hause zu erzählen, wie der Herr (hier im at. Sinne für »Gott«) sich seiner erbarmt hat (Mk 5,19). Angeredet wird Jesus in solchen Hilferufen meist mit dem messianischen Hoheitstitel »Sohn Davids« (→ Sohn Gottes) (1mal Lk 17,13 »Meister«, ἐπιστάτα, wörtl. »Vorsteher«); die Verkündigung des Mt fügt jeweils betont den nachösterlichen Kyrios-Titel (→ Herr) hinzu,bzw. ersetzt durch ihn die vermutlich historische Anrede »Lehrer« (διδάσκαλε Mt 17,15; vgl. die Par.). So gewinnt der Hilfeschrei »Herr, erbarme dich« geradezu die Bedeutung eines Glaubensbekenntnisses zur göttlichen Vollmacht Jesu.

b) Für das Erbarmen von Mensch zu Mensch wird ἐλεέω *[ele·ẹō]* bzw. ἐλεήμων *[eleæ̣mōn]* nur an 2 Stellen im Redegut des Mt verwendet (5,7; 18,33) und 1mal im Sondergut des Lk (16,24), aber in jedem Falle ist die Begründung im Erbarmen Gottes erkennbar: In der 5. Seligpreisung wird den Barmherzigen (ἐλεήμων *[eleæ̣mōn]* Plur.) die Barmherzigkeit Gottes verheißen (Passiv als Umschreibung des Gottesnamens), und in der Beispielerzählung vom Schalksknecht (Mt 18,23—35) gründet die Forderung nach Erbarmen mit dem menschlichen Schuldner, V. 33, im vorausgehenden grenzenlosen Erbarmen des Herrn (V. 33, V. 27, s. u. σπλάγχνα *[splạngchna]*). Der in die Gottesgemeinschaft erhöhte Abraham endlich wird von dem verdammten, in seinem Erdenleben erbarmungslos gewesenen Reichen mit den gleichen Worten um Erbarmen angerufen, mit denen sonst nur Gott selbst angefleht wird (Lk 16,24).

c) Im übrigen Redestoff des Mt und Lk ist nur das Subst. ἔλεος *[ẹleos]* anzutreffen. Dabei fällt im Zusammenhang der betonte, oft wörtliche Rückgriff auf das AT auf. — In den Streitgesprächen mit den Pharisäern bezeugt Jesus die souveräne Barmherzigkeit Gottes, die ihre Antwort nicht in ritueller Genauigkeit, sondern in der tätigen Solidarität mit den Niedrigen (→ arm) und den Hungernden finden will, Mt 9,13; 12,7 (vgl. 1 Sam 15,22; Hos 6,6). Ebenso wirft er den Pharisäern in den Weherufen vor, daß sie in ihrer Gesetzesauslegung die Akzente zu Ungunsten der Dreiheit: gerechtes Urteil, Barmherzigkeit, Treue gänzlich auf einen kasuistischen Formalismus verschoben haben, Mt 23,23 (vgl. auch Lk 10, 37 in der Beispielerzählung vom barmherzigen Samariter die Forderung des Tuns der Barmherzigkeit). — Lk gibt gleich in den beiden großen Lobgesängen der Vorgeschichte seines Evangeliums dessen Leitmotiv bekannt: Die im AT zugesagte und in der Heilsgeschichte Israels bewährte Bundestreue Gottes erreicht ihre Fülle in der gnädigen Selbsterniedrigung Gottes zu den Geringen (→ arm) im Christusgeschehen (1,50.54.72.78; V. 78 redet von → σπλάγχνα ἐλέους *[splạngchna elẹous]* = dem »mitleidigen Herzen« unseres Gottes; man beachte die zahlreichen AT-Zitate im Text!).

3) ἐλεημοσύνη *[eleæmosy̱næ]*: Während Mt nur Jesu Kritik am Streben nach öffentlicher Belobigung und Selbst-Bestätigung beim Almosengeben (→ arm III) berichtet (6, 1—4), hebt Lk die positiven Anweisungen hervor: Almosen statt ritueller Reinlichkeit (Streitgespräch mit den Pharisäern 11,41), ja sogar Verschenken des Besitzes an die Armen als Jünger- bzw. Gemeinderegel, 12,33! — In der Apg werden hervorragende Glieder der heiden-christl. Gemeinde wegen ihrer Almosenfreudigkeit gelobt: Tabitha, 9,36; Kornelius, 10,2, ja Gott lohnt die noch von dem Heiden Kornelius gegebenen Almosen mit dessen Erwählung, 10,4.31. Und Paulus nennt, nach dem Bericht der Apg, in seiner Verteidigungsrede vor Felix Almosengeben für sein Volk als Zweck seiner letzten Jerusalemreise (24,17), wobei der aus dem Semitischen übernommene Sprachgebrauch »Almosen *tun*« (ἐλεημοσύνας ποιέω *[eleæmosy̱nas poiẹō]* = hebr. *ʿāśāh tsᵉdāqāh)* ein solches Handeln durchaus als aktiv verantwortliches erkennen läßt. — In Apg 3,1ff aber löst Petrus in der Heilung des Lahmen zeichenhaft die Zeit des Almosenbettelns und halben Erbarmens durch das volle Erbarmen im Namen Jesu Christi ab (V. 6).

4) Paulus will selbst verstanden sein als ein von Gott für den Apostolat Begnadigter (ἐλεήθην *[eleæ̣thæn]* 1 Tim 1,13.16) und ein von der Güte des Herrn zur Vertrauenswür-

digkeit Begnadeter (ἠλεημένος *[æleæmẹnos]* 1 Kor 7,25). Er ringt – angesichts der weitgehenden Ablehnung des Evangeliums durch Israel – in der Verkündigung des Römerbriefes (9,15.16.18; V. 15 = Zitat Ex 33,19) darum, deutlich zu machen, daß Gottes freies Erbarmen nicht im Widerspruch steht zu seiner Bundestreue. Denn Gottes Heilsplan – jetzt für die Heiden (Röm 9,23; 11,30; 15,9), dann für die Juden (11,31) und somit für Juden und Heiden (Röm 11,32) – liegt begründet in seinem Erbarmen. In diesem Erbarmen, nicht in den Werken der Gerechtigkeit, gründet auch die Errettung der zum Glauben Erweckten und durch den Geist Erneuerten (Eph 2,4 und die paulinische Parenthese Tit 3,5a in dem Bekenntnis Tit 3,4–7). Eben deshalb werden sie ermahnt, das erfahrene Erbarmen (2 Kor 4,1; Röm 12,1, οἰκτιρμός Plur.) in Fröhlichkeit (Röm 12,8) weiterzugeben, so daß gerade die Barmherzigkeit zu einem Kennzeichen des Jüngers wird (vgl. »Barmherzigkeit« im Tugendkatalog, Jak 3,17; und »unbarmherzig« als tiefste Negation der Gotteserkenntnis im Lasterkatalog Röm 1,31).

Im Vertrauen auf die gütige Zuwendung Gottes können Paulus bzw. seine Schüler in Gemeinsamkeit mit anderen nt. Zeugen (2 Joh 3; Jud 2) die Bitte um Gottes und Jesu Christi Barmherzigkeit (meist verbunden mit »Gnade« und »Friede«) für die Adressaten in den Eingangsgruß (1 Tim 1,2; 2 Tim 1,2; Tit 1,4 v. L.) oder den Schlußwunsch (Gal 6,16) ihrer Briefe einschließen, indem sie jüdische Grußformeln aufnehmen und erweitern. – Das Erbarmen des erhöhten Herrn heilt von Krankheit (Epaphras, Phil 2,27), es ist die gegenwärtige Gabe für die Hausgemeinschaft (2 Tim 1,16) wie endgültige, zukünftige Heilsgabe (ebd. V. 18). Gegenüber der gnostischen Gruppe in Korinth, die glaubte, die leibliche Auferstehung schon hinter sich zu haben, verkündigt Paulus die christliche Hoffnung auf die zukünftige Auferstehung des unverweslichen Leibes und bezeichnet diejenigen, welche diese Hoffnung auf das irdische Leben einengen, als höchst bemitleidendswert ἐλεεινότεροι *[ele·einọteroi]* 1 Kor 15,19).

5a) Der 1 Petr beginnt 1,3 mit einem Lobpreis des Erbarmens Gottes, durch das die Christen zu einer lebendigen Hoffnung wiedergeboren sind durch die Auferstehung Jesu Christi von den Toten (vgl. oben Eph 2,4; 1 Kor 15,19). Wie Paulus Röm 9,23ff (s. o.), rühmt er mit Hosea-Worten (Hos 2,25) die Ausweitung des göttlichen Erbarmens auf die Heiden (1 Petr 2,10).

b) Jak schärft einer trägen Gemeinde ein, daß irdisches Erbarmen auch für das Endgericht seine Gültigkeit behält und unbarmherziges (ἀνέλεος *[anẹleos]* nur hier im NT) Urteil den trifft, der hier kein Erbarmen übt (2,13; vgl. Lk 16,24; Mt 18,33, auch 25,40ff).

c) Jud ermahnt im Rückblick auf die erfahrene Liebe Gottes und im Ausblick auf das letztliche Erbarmungsurteil Jesu Christi die Gemeinde zu kritischem Erbarmen mit ihrer Umwelt (V. 21–23; V. 23a ist unsicher).

d) Ähnlich wie in 1 Kor 15,19 überführt Offb 3,17 eine Gemeinde (Laodicea) ihrer trotz irdischen Reichtums bemitleidenswerten (ἐλεεινός *[ẹleeinọs]*) Lage und stellt sie in das Licht des alleingültigen Urteils Christi.

e) Am Typos des at. Hohenpriestertums und seiner Funktion beim großen Versöhnungsfest (Lev 16) bezeugt der Hebr die gänzliche Solidarität des überlegenen einen Hohenpriesters Christus mit seinen Brüdern, die das barmherzige, grenzenlose Verstehen garantiert (2,17; vgl. 4,15), und gibt der verzagten Gemeinde Zuversicht, sich dem Thron der Gnade zu nähern, um Erbarmen zu finden (4,16). *Eßer*

οἰκτιρμός

οἰκτιρμός *[oiktirmọs]* Mitleid, Erbarmen · οἰκτίρω *[oiktịrō]* Mitleid haben, sich erbarmen
οἰκτίρμων *[oiktịrmōn]* barmherzig

Das Stammwort ὁ οἶκτος *[oịktos]*, seit Aeschylos und Sophokles, 5. Jh. vChr, bedeutet das *Bejammern, Beklagen, Bedauern* des Unglücks oder Tods eines Menschen, in übertragenem Sinne dann *Mitleid, Erbarmen.* ὁ οἰκτιρμός *[oiktirmọs]*, seit Pindar, 5. Jh. vChr, ist ursprünglich die poetische I

Form von οἶκτος [oiktos]. – Das abgeleitete Adj. οἰκτίρμων [oiktirmōn] = *mitleidig*, seit Gorgias, 5. Jh. vChr, ist selten; häufiger οἰκτρός [oiktros] = *klagend* und auch *beklagenswert*. Das Verb οἰκτίρειν [oiktirein], auch οἰκτίζειν [oiktizein], seit Homer, bedeutet *Mitleid haben, jemanden bemitleiden*, und zwar sowohl im Sinne der bloßen Ergriffenheit als auch des hilfsbereit zugreifenden Erbarmens; oft wird es synonym mit ἐλεεῖν (s. o.) gebraucht.

II Wörter unserer Wortgruppe finden sich in der LXX rund 80mal, dabei überwiegend Subst. und Verb, die gleich häufig (je rund 30mal) vorkommen. Ihre Bedeutung entspricht der im profanen Griech. Die hebr. Äquivalente stammen meist aus der Wurzel *rchm* = *sich erbarmen*, dann aus der Wurzel *chnn* = *gnädig sein*, deren Bildungen aber ebenso mit → ἔλεος [eleos] (II) und seinen Derivaten wiedergegeben werden können. Die Wortgruppe ist am häufigsten in den Pss. – οἰκτιρμός [oiktirmos] begegnet entsprechend dem hebr. *rachamim* durchweg im Plur. (2 Sam 24,14; Jes 63,15; Ps 25,6 = 24,6 LXX; 40,12 = 39,12 LXX; 51,3 = 50,3 LXX) (s. Bl.-Debr. § 142).

III 1) Im NT begegnet das Subst. nur bei Paulus (4mal) und im Hebr (1mal); das Verb nur bei Paulus (2mal); das Adj. nur bei Lk (2mal) und Jak (1mal).

2) Weil Gott als der »Vater der Barmherzigkeit« diese dem Menschen zuwendet (2 Kor 1,3), kann Paulus mit der Wendung »auf Grund der Barmherzigkeitstaten (οἰκτιρμῶν [oiktirmōn]) Gottes« (Röm 12,1) die Brücke vom belehrenden zum ermahnenden Teil seines Briefes schlagen, vom Indikativ zum Imperativ. Denn wie in dieser Wendung das Heilshandeln Gottes und auch sein Heilsplan (Röm 11) zusammengefaßt sind, so schaffen Gottes Barmherzigkeitstaten auch die Voraussetzung (»nun« 12,1) für das christliche Leben. Um ihretwillen darf und muß auch von den Christen »herzliches Mitgefühl« (σπλάγχνα καὶ οἰκτιρμοί [splangchna kai oiktirmoi], Phil 2,1), das Einmütigkeit bewirkt, erwartet werden, sie sollen sich damit kleiden (Kol 3,12 σπλάγχνα οἰκτίρμων [splangchna oiktirmōn]), während Hebr 10,28 darauf hinweist, daß die Strafe für den, der mit dem Geist der Gnade Spott getrieben und den Sohn Gottes mit Füßen getreten hat, noch erbarmungsloser sein wird als für die Übertreter des mosaischen Gesetzes.

3) Das Verb kommt nur Röm 9,15 (Zitat Ex 33,19) vor, im Parallelismus zu → ἐλεέω [ele·eō] (III,4), in der Bedeutung *Mitleid haben*.

4) Das Adj. steht in Jak 5,11 (nach Ps 103,8 = 102,8 LXX; 111,4 = 110,4 LXX) zusammen mit πολύσπλαγχνος [polysplangchnos] (= *erbarmungsvoll*; → σπλάγχνα III) als Eigenschaft Gottes. – In der Feldrede Lk 6,17ff ruft Jesus, in V. 36, zu barmherzigem Handeln auf und setzt als Grund und Maßstab für diese menschliche Barmherzigkeit das barmherzige Handeln Gottes. *Eßer*

σπλάγχνα

σπλάγχνα [splangchna] Herz, Liebe · σπλαγχνίζομαι splangchnizomai] sich erbarmen, Mitleid empfinden · πολύσπλαγχνος [polysplangchnos] barmherzig · εὔσπλαγχνος [eusplangchnos] wohlgesinnt, mildtätig

I τὸ σπλάγχνον [to splangchnon], seit Homer 8. Jh. vChr, fast immer im Plur. gebraucht, bedeutet ursprünglich wörtlich *Innereien* (des Opfertieres), bes. deren edlere Teile Herz, Lunge, Leber, aber auch Milz, Nieren. Da sie gleich nach der Schlachtung des Opfertieres ausgeschnitten, geröstet und als Vorspeise des Opfermahles verzehrt wurden, auch: *Opfermahl*. – Seit Aischylos, 5. Jh vChr, wird σπλάγχνα [splangchna] auch zur Bezeichnung der *menschlichen Eingeweide* gebraucht, besonders der männlichen *Geschlechtsorgane* und des *Mutterleibes* als Sitz der Zeugungs- und Gebärkraft (von daher Kinder auch als σπλάγχνα [splangchna] bezeichnet; ἐκ σπλάγχνων [ek splangchnōn] = »aus eigenem Fleisch und Blut«). – Weil die Eingeweide als Sitz der triebhaften Leidenschaften angesehen werden: des Zornes; der ängstlichen Begierde und der Liebe, gewinnt das Wort im übertragenen Sinne die Bedeutung *Herz* (als Zentrum des Empfindens und Fühlens), *Gemüt, Ahnungsvermögen*, und bezeichnet schließlich sogar das Gefühl der *Zuneigung* und *Liebe*. Daher im Sing. (seit Sophokles 5. Jh. vChr): *Mitleid, Liebe*. Die älteste Form des Verbs, σπλαγχνεύω [splangchneuō], hat den Sinn: die Innereien essen, aus den Innereien prophezeien. Die Weiterbildung σπλαγχνίζομαι [splangchnizomai] ist im profanen Griech. nur einmal – in derselben Bedeutung – belegt (Inschrift von Kos, 4. Jh vChr). Die übertragene Bedeutung des Verbs = *sich erbarmen, Mitleid empfinden* kennen nur die spätjüd. und nt. Schriften.

In der LXX findet sich das Subst. 15mal, das Verb nur 2mal. Das Subst. hat nur an 2 Stellen hebr. Äquivalente: Spr 12,10 *rachamim* (s. o. A II und B II) = *Erbarmen* (L: Herz); 26,22 *bætæn* = *Bauch, Inneres* (L: Herz); die übrigen Stellen sind ohne hebr. Äquivalente, weil vorwiegend original griech. Stücke (zB 2Makk 9,5: Eingeweide; V. 6: Herz; 4 Makk 5,30; 10,8: Eingeweide; 14,13; 15,23.29: Mutterliebe). II

Erst in den Testamenten der 12 Patriarchen überwiegt in den zahlreichen Belegen die Bedeutung *Barmherzigkeit, barmherzig sein* für Subst. und Verb. Sie ist die spätjüd. Wiedergabe von *rachamim* und *rchm* und »die unmittelbare Voraussetzung des nt. Sprachgebrauchs« (Köster 552).

1) Außer der Verbindung mit ἔλεος *[ẹleos]* (III,2c) in Lk 1,78 kommen σπλάγχνα *[splạngchna]* und adj. Ableitungen in den Synoptikern nicht vor, das Verb dagegen nicht außerhalb der Synoptiker. III

2) Das Verb σπλαγχνίζομαι *[splangchnịzomai]* bezeichnet dort a) das Verhalten Jesu und b) das Handeln entscheidender Personen an Wendepunkten dreier Gleichnisse.

a) Über die vordergründige Bedeutung hinaus (»krampfte sich ihm das Herz zusammen« beim Anblick einer schreienden menschlichen Not) charakterisiert das Verb das messianische Erbarmen (s. Köster 554) Jesu, und zwar: angesichts des gläubig bittenden Aussätzigen Mk 1,41 (Z: »da hatte er Erbarmen«); angesichts des Volks, das wie Schafe ohne Hirten ist, Mk 6,34 par Mt 14,14 (gvl. auch die sekundäre direkte Rede »Mich jammert« L, Z Mk 8,2 par Mt 15,32); beim Anblick der geschundenen und erschöpften Volksmenge kurz vor der Aussendung der Zwölf (Z: »fühlte er Erbarmen«) Mt 9,36; angesichts zweier inständig bittender Blinder Mt 20,34; und beim Anblick der um ihren einzigen Sohn trauernden Witwe zu Nain Lk 7,13. Mk 9,22 ist das Wort in die Bitte um Austreibung des Dämons hineinverlegt (vgl. dazu oben A III,2a zu Mt 17,15).

b) In den beiden Gleichnissen Mt 18,23–35 (Schalksknecht; → ἔλεος III,2b) und Lk 15,11–20 (Verlorener Sohn) wird mit σπλαγχνίζομαι *[splangchnịzomai]* das stärkste Gefühl erbarmender (Mt 18,27) bzw. liebender (Lk 15,20) Hinwendung ausgedrückt, das den völligen Umschwung des Geschehens bringt. Ihm kontrastiert in beiden Fällen das stärkste Gefühl trennender Abwendung im → Zorn Mt 18,34; Lk 15,28 (s. Köster 553f). In den beiden Gleichnissen wird in diesem σπλαγχνίζομαι *[splangchnịzomai]* das grenzenlose Erbarmen Gottes sichtbar; in dem ersten auch sein tödlicher endgültiger Zorn über den Begnadigten, der das erfahrene Erbarmen dadurch verleugnet, daß er selber unbarmherzig ist. – In der Beispielerzählung vom barmherzigen Samariter (Lk 10,25–37) zielt σπλαγχνίζομαι *[splangchnịzomai]* (V. 33) auf die totale Bereitschaft zur rettenden existentiellen Hinwendung, die alle Mittel, Zeit, Kraft und Leben einsetzt. Sie steht im Gegensatz zum Vorübergehen an dem Notleidenden (wörtlich: einen weiten Bogen schlagen um den . . . V. 31.32). Sie löst wie bei Jesus selbst (s. o.), da Sehen und Zum-Helfen-bereit-sein eins sind, eine Kette von Hilfeleistungen aus (V. 34f), die zusammen als ἔλεος *(ẹleos]* bezeichnet werden (V. 37a): Mitmenschlichkeit, Nächstenschaft sind nicht Eigenschaft, sondern Tat (V. 37.38).

3) Das Subst. bei Paulus bezeichnet »den ganzen Menschen« und zwar »in seiner Fähigkeit zur Liebe« oder als Liebenden (s. Köster 555f); es läßt sich daher meist durch den Namen bzw. das entsprechende Personalpronomen ersetzen. Die häufige Übers. »Herz« ist angemessen, wenn »Herz« als Zentrum des liebenden Handelns verstanden wird. – In 2 Kor 6,12 hält Paulus den Korinthern vor, daß sie ihrer Fähigkeit zur Liebe ihm gegenüber nur engen Raum geben, während er 7,15 von Titus sagt, daß sein Herz den Korinthern überaus zugetan ist. – In Phil 1,8 besagt das Attribut »Christi« (= Gen. auctoris), daß Christus der Urheber der umfassenden, die ganze Person des Apostels in Anspruch nehmenden Liebe ist (L: wie mich . . . verlangt von Herzensgrund in Jesu Christo). – In Phlm 7 und 20 meint die Wendung vom »Erquicken der σπλάγχνα *[splạngchna]*« so sehr die ganze Person, daß der Sinn bei Weglassen von σπλάγχνα *[splạngchna]* oder bei der Übers. »ganz und gar« voll erhalten bliebe. In V. 12 läßt sich das Subst. mit Possessivpro-

nomen interpretieren: ihn annehmen »gleichsam wie ein Stück von mir« oder »wie wenn ich selbst käme«. Die 3malige Verwendung des Wortes in dem kurzen Brief kennzeichnet die innere Beteiligung, den »persönlichen Einsatz des Paulus in dieserAngelegenheit« (Köster 555). Zu Phil 2,1 und Kol 3,12 → οἰκτιρμός III,2.

4) In Apg 1,18 meint das Subst. die Eingeweide im anatomischen Sinne. 1 Joh 3,17 bedeutet es das »Herz« als Quelle des helfenden, Not lindernden Handelns.

5) Zu πολύσπλαγχνος *[polysplangchnos]* (Jak 5,11) → οἰκτιρμός III,4. – εὔσπλαγχνος *[eusplangchnos]* = *wohlgesinnt* (untereinander), *mildtätig* (L: herzlich, barmherzig) steht Eph 4,32 und 1 Petr 3,8 jeweils unter einer Aufzählung christlicher Tugenden. *Eßer*

V ZUR VERKÜNDIGUNG

Barmherzigkeit im Sinne der Bibel ist primär etwas anderes, als es der deutsche Sprachgebrauch vermuten läßt: Denn durch *Mitleid, Verständnis für fremde Not, milde Nachsicht* sind nur je einzelne Aspekte der Sache erfaßt. Die Bibel versteht Barmherzigkeit gerade nicht von Empfindungen, sondern von der Bundestreue Gottes her: Barmherzigkeit ist das dem → Bund entsprechende Verhalten, genauer gesagt die Treue, die Gott an dem einen Bundesvolk Israel geschichtlich bewährt und durchhält und die im Christusgeschehen umfassend ausgreift auf die ganze Menschheit. Schon indem er bei der Stiftung dieses Bundes das geringe Volk seiner freien Wahl zum vollberechtigten Bundespartner erhebt (→ Erwählung), wird erkennbar, wie Barmherzigkeit von Gott her zu verstehen ist. Das wird dann vollends deutlich in Gottes stets mitgehender und wachsamer geschichtlicher Solidarität mit seinem erwählten Bundespartner. Zwar ist ihre Treibkraft → Liebe; ihr Bestand aber ist Auswirkung einer Rechtsbindung. Darum steht sie nicht im Widerspruch zur → Gerechtigkeit, sondern erfüllt diese.

Weil Gottes Barmherzigkeit Treue ist, äußert sie sich nicht nur in der Vergebung, sondern kann sich auch des Zornes bedienen, um den Bund zu bewahren. Wie vorbehaltlos aber Gott als Vater der Barmherzigkeit darin engagiert, wie total sein Handeln davon bestimmt ist, zeigt vollends die Tatsache, daß er sich in seinem Sohn den Rebellen und ihrer Niedrigkeit zuwandte. Ihn, Jesus von Nazareth, faßt auf Schritt und Tritt der Menschheit ganzer Jammer an; er begegnet ihm im mitleidenden, überwindenden, sieghaften Erbarmen; sein Tod für seine Feinde aber ist letzte Krönung seiner »Solidarität mit den Gottlosen«, indem er auch den Zorn Gottes über Abfall und Rebellion trägt.

Dieses universale Erbarmen ist in der Auferweckung und Erhöhung Jesu letztgültig bestätigt und wird in der Proklamation seiner Barmherzigkeitstaten allen Menschen zugeeignet, die sich auf diese Proklamation einlassen, dem einzelnen konstitutiv in der Taufe, und der Gemeinschaft der Getauften je neu in der Verkündigung und im Bundesmahl.

In dieser vielfachen, durch die Geschichte treuen Zusage des einen Erbarmens liegt der eigentliche Reichtum der Menschheit. Denn die Gnade und die Barmherzigkeit Gottes in Jesus Christus setzen der Welt und dem menschlichen Leben neue Maßstäbe: In ihrem Licht kann nicht mehr nach der vorgegebenen Würdigkeit, aber auch nicht nach der zu erwartenden Dankbarkeit des Empfängers gefragt werden; der Grad der Zuwendung ist nun ausschließlich von der Situation des anderen bestimmt, dem wir das Zeugnis Christi schuldig sind. Denn denen, die sich auf das grundlegende Erbarmen Gottes in Jesus Christus einlassen, das unseren Gebrechen heilend abhilft und die Gemeinschaft der Begnadigten zusammenhält, ist auch die gelebte Entsprechung zu diesem Erbarmen ermöglicht und darum geboten. Barmherzigkeit ist die dankbare Antwort des ganzen Menschen, der ganzen Gemeinde, indem sie sich ganz zu dem bzw. den jeweils auf Erbarmen Angewiesenen hinwendet und ihre Solidarität mit ihm darin erweist, daß sie die ihr verfügbaren persönlichen, gemeindlichen, gesellschaftlichen und sächlichen Gnadengaben ihm zuwendet.

Daß der Mensch Barmherzigkeit tut, erwartet Gott von ihm; daß er sie empfängt, ist immer Gnadenerfahrung. Niemals wird sie ein von dem Erwartenden einforderbarer Anspruch. Alle unvollkommene menschliche Barmherzigkeit und alles Versagen im Erbarmen hält darum hoffend und betend Ausschau auf das Hinzukommen der göttlichen Barmherzigkeit und wartet darauf, daß sie sich zuletzt als vollkommenes unverlierbares Heilsgut offenbart. Menschlicher Egoismus, menschliche Selbstsicherheit und Gleichgültigkeit angesichts der Erbarmungswürdigen aber wird letztlich tödlich gerichtet: Weitergegebenes Erbarmen und nichts anderes wird Maßstab des Weltenrichters sein, wenn die Erbärmlichen und der Erbarmer einander endgültig gegenüberstehen. *Eßer*

Lit.: Fahlgren, Sᵉdaka (Diss. Upsala), 1932 – Lofthouse, Hen and Hesed in the OT, ZAW 51, 1933, 29ff – Bultmann, Art. ἔλεος, ThWb II, 1935, 474ff – Harder, Paulus und das Gebet, 1936, 88f – Sjöberg, Gott und die Sünder im palästinensischen Judentum, BWANT IV, 1939, 27 – Begrich, bᵉrit, ZAW 1944. 1ff – Eichholz Jesus Christus und der Nächste, Bibl. Stud. 9, 1951 – Stoebe, Die Bedeutung des Wortes Häsäd im AT, VT 2, 1952, 244ff – Bultmann, Art. οἰκτίρω, ThWb V, 1954, 161ff – Johnson, Hesed and Hasid (Interpretationes ad VT pertinentes S. Mowinckel), 1955, 100ff – Wibbing, Die Tugend- und Lasterkataloge im NT, BZNW 25, 1959 – Käsemann, Gottesdienst im Alltag der Welt, BZNW 26, 1960, 165ff – Glueck, Das Wort hesed im at. Sprachgebrauch als menschliche und göttliche gemeinschaftsgemäße Verhaltensweise, BZAW 47, 1961[2] – Delling, Das Gleichnis vom gottlosen Richter, ZNW 1962, 1ff – Gollwitzer, Das Gleichnis vom barmherzigen Samariter, Bibl. Stud. 34, 1962 – Braumann, Jesu Erbarmen nach Mt, ThZ 19, 1963, 305ff – Eichholz, Einführung in die Gleichnisse, Bibl. Stud. 37, 1963, 78ff – Kamlah, Die Form der katalogischen Paränese im NT, Wiss. Unters. z. NT 7, 1964 – Köster, Art. σπλάγχνον, ThWb VII, 1964, 548ff.

Bauch

κοιλία

κοιλία *[koilịa]* Bauch

κοιλία, Grundbedeutung *Höhlung*, kommt im Griech. u. a. in den Bedeutungen vor: 1. *Bauch (-höhle), Unterleib, Eingeweide, Magen;* 2. *Bauch* als Sitz der *Geschlechtsorgane*, namentlich als *Mutterleib;* 3. LXX und die rabbinische Literatur gebrauchen es außerdem übertragen für: *das Innere* als Synonym und Wechselbegriff zu καρδία *[kardịa]* (→ Herz). I/II

Dementsprechend findet sich im NT: 1. *Bauch, Magen* Lk 15,16 und als at. Zitat Mt 12,40 III (Jon 2,1f) und Apk 10,9f (Hes 3,3); 2. *Mutterleib* (am häufigsten) Lk 1,15. 41. 42; 2,21; 11,27; Apg 3,2; u. ö.; 3. *das Innere* nur Joh. 7,38.

In Mk 7,14ff (par Mt 15,10ff) wird über das Böse gesagt: es kommt aus dem Herzen (καρδία *[kardịa]*) des Menschen (V. 21). Für das, was von außen in den Menschen eindringt, wird auf den Bauch verwiesen (V. 19), dh zugleich im Gegensatz zum Spätjudentum: Speise kann den Menschen nicht verunreinigen. Der Bauch ist vergänglich wie der → Leib. Auch Paulus argumentiert in Auseinandersetzungen mit seinen Gegnern gegen eine falsche Bewertung von Bauch und Speise (1 Kor 6,13). In übertragener Bedeutung gebraucht Paulus κ. in Röm 16,18 und Phil 3,19: der Bauch ist ihr Gott. Neben Ausschweifungen lukullischer und sexueller Art wird umfassender eine zu hohe Wertschätzung des leiblichen Lebens (→ Fleisch) abgewehrt.

Nur Joh 7,38 wird κ. im Sinne von *Inneres des Menschen* (synonym zu καρδία *[kardịa]*) wie in der LXX gebraucht. Dem Glaubenden werden Kräfte verheißen, die von seinem Inneren ausgehen und die allein der Geist Gottes schenken kann.

Die Zuordnung von Bauch und Speise zeigt, daß jeder Versuch, menschliche Speise religiös zu qualifizieren und damit allen möglichen Ideologien auszuliefern, als theologisch unsachgemäß abgelehnt wird. Es gibt aber eine Pervertierung der schöpfungsgemäßen Funktion des Bauches und des gesamten Leibverständnisses (→ Fleisch), in der der Bauch den Menschen beherrschen kann. Im Gehorsam Christi als der recht verstandenen Freiheit vom und zum Nächsten gilt auch für den Bauch und seine Funktionen: »Alles ist euer« (1 Kor 3,22). *Wibbing*

Lit.: Behm, Art. κοιλία, ThWb III, 1938, 768ff – Bultmann, Das Evangelium des Johannes, KEK II, 1950[11], 228f – Lohmeyer, Der Brief an die Philipper, KEK IX, 1953[10], 143ff – Michel, Der Brief an die Römer, KEK IV, 1955[10], 346f – Friedrich, Der Brief an die Philipper, NTD 8, 1962, 121.

Bauen → Haus

Bedrängnis, Verfolgung

Gemeinsam ist den Vokabeln dieser Gruppe das Moment des Zurückdrängens, Einengens, ja der Versuch, die Existenz zu vernichten; dabei bezeichnet διώκω *(diọ̄kō)* = *verfolgen* mehr die direkte zielgerichtete Handlung, während θλῖψις *(thlipsis)* = *Bedrängnis* und στενοχωρία *(stenochōrịa)* = *Einengung, Angst* passiv erfahren werden, meist ohne daß mit Bestimmtheit auszumachen ist, wer sie unmittelbar veranlaßt. In einer seiner Bedeutungen gehört auch φόβος *(phọbos)* (→ Furcht) in diesen Zusammenhang.

διώκω

διώκω *(diọ̄kō)* verfolgen, erstreben · ἐκδιώκω *(ekdiọ̄kō)* verfolgen · καταδιώκω *(katadiọ̄kō)* nacheilen · διωγμός *(diōgmọs)* Verfolgung

I διώκω *(diọ̄kō)* (vielleicht zu homerischem δίεμαι *(dịemai)* fliehen) hat die Bedeutung *nachjagen, verfolgen, nachlaufen* im eigentlichen Sinn, und in der übertragenen Bedeutung *eifrig hinter etwas hersein, etwas erstreben, nach etwas trachten* (vgl. Bauer).

II 1) In LXX bezieht sich διώκω *(diọ̄kō)* neben ἐκδιώκω *(ekdiọ̄kō)* und καταδιώκω *(katadiọ̄kō)* zuerst auf die reale Verfolgung durch kriegerische Feinde (Ex 15,9) oder überhaupt durch Menschen mit einer für den Verfolgten negativen Absicht (Gen 31,23). Hieraus entsteht der Wortgebrauch, der für die Klagelieder des einzelnen (Ps 7,2ff; 31,16; 35,3 u. ö. vgl. auch Jer 15,15; 20,11) charakteristisch ist, daß nämlich mit *verfolgen* und *Verfolger* einfach die Umstände und Menschen gemeint sind, unter denen der Beter leidet, ohne daß dabei eine konkrete Verfolgungssituation vorliegen muß.

2) Daneben stehen Aufforderungen, ein Ziel zu verfolgen. Im Griechentum sind es besonders das Gute, Schöne oder die Tugend, die verfolgt werden sollen, in der LXX dagegen Korrelationen: soziale Gerechtigkeit (Dtn 16,20; auch Josephus Ant. 6,263), friedliches Verhalten (Ps 34,15) und Gerechtigkeit im Sinne wahrer Gottesverehrung (Spr 15,9) u. a., die es zu verfolgen gilt. Der entsprechende nt. Gebrauch wurzelt hier.

III Überblick über das Vorkommen im NT: a) Es überwiegt die Bedeutung *verfolgen* bzw. *verfolgt werden:* fast 30mal, bes. Evgg., Apg, Paulusbriefe, Offb. Das Subst. διωγμός *(diōgmọs)* begegnet nur in der Bedeutung *Verfolgung*, ebenso das Kompositum ἐκδιώκω *(ekdiọ̄kō)* im Sinne von *verfolgen* 1 Thess 2,15.

b) In übertragener Bedeutung nur in der Briefliteratur, stets im positiven Sinne. In diesen Zusammenhang gehört auch die bildliche Verwendung von διώκω *(diọ̄kō)* in Phil 3,12.14 (vgl. auch ζητέω *(zætẹō)*, → Streben und ζηλόω *(zælọō)*, → Eifer).

c) In der Bedeutung *nachlaufen, folgen* kommt es Lk 17,23 und Mk 1,36 (hier καταδιώκω *(katadiọ̄kō)*) vor.

1) Verfolgung: a) Verfolgung widerfährt besonders den Boten Gottes. Das war bei den Propheten schon so (Mt 5,12; Apg 7,52) und wird ebenso sein bei Jesu Jüngern (Mt 5,11f.44; 10,23), zumal sie in der Nachfolge des Herrn stehen, der selber Verfolgung leiden mußte (Joh 5,16). Dieser Zusammenhang ist Joh 15,20 klar ausgesprochen: »Haben sie mich verfolgt, so werden sie euch auch verfolgen.« Paulus, der einst die Gemeinde verfolgt hat (1 Kor 15,9; Gal 1,13,23; Phil 3,6; 1 Tim 1,13), erfährt selber Verfolgung, nachdem ihn der erhöhte Herr zu seinem Boten gemacht hat (Gal 5,11; 2 Tim 3, 11). 2 Tim 3,12 findet sich die These, daß Christsein immer mit Verfolgung verbunden sein wird.

b) In den Christen wird die Botschaft verfolgt (Apg 22,4: der »Weg«, die Glaubensrichtung) bzw. Christus selber (Apg 9,4f; 22,7f; 26,14f). Die Verfolgung erwächst nach Joh (15,18ff; vgl. auch Mt 10,22 par; Offb 12,13) aus dem Haß der Welt gegen Gott und seine Offenbarung in Christus. Paulus sieht dahinter den Gegensatz zwischen Fleisch und Geist, die Feindschaft des natürlichen Menschen gegen Gott und demnach auch gegen die von Gottes Geist bestimmten Menschen (Gal 4,29).

c) Darum kann (!) Verfolgung ein Zeichen dafür sein, daß man auf der Seite Gottes steht, so daß Jesus jene selig preist, »die um Gerechtigkeit willen verfolgt werden« (Mt 5,10.11f).

d) Es besteht die Gefahr, daß man die Botschaft verfälscht, um der Verfolgung zu entgehen (Gal 6,12). So sind die Christen bei Verfolgungen besonders zur Bewährung ihres Glaubens herausgefordert. Dem Haß ihrer Verfolger sollen sie das Segenswort entgegenstellen (Röm 12,14; vgl. dazu bes. Mt 5,44).

e) In Verfolgung wird aber auch der Beistand, die Kraft und rettende Macht Christi in besonderer Weise erfahren (2 Kor 4,9; 12,10; Röm 8,35ff), so daß Paulus sie geduldig erträgt (1 Kor 4,12). Doch ist es ein besonderer Grund, Gott zu danken, wenn in Verfolgung und Trübsal Geduld und Glaube nicht aufhören (2 Thess 1,4).

2) Zielstrebiges Leben: Die übertragene Bedeutung des Wortes zeigt (stärker als ζητέω *[zætẹō]*), daß es hier um Ziele bzw. Aufgaben geht, die der Christ ein Leben lang nicht hinter sich bringt, zB: Gastfreundschaft Röm 12,13; Frieden untereinander Röm 14,19; 1 Petr 3,11; Hebr 12,14; Heiligung; die Liebe 1 Kor 14,1; das Gute gegeneinander 1 Thess 5,15; Gerechtigkeit 1 Tim 6,11; 2 Tim 2,22. Diese Aufgaben lassen sich nicht nach und nach erledigen und abtun. Sie gehören bleibend zu der einen großen Glaubensbewegung des Christenlebens, die das Ziel hat, zur Auferstehung von den Toten zu gelangen. Auf dieses Ziel hin sieht Paulus das Christenleben letztlich ausgerichtet. Ihm jagt er nach wie der Läufer, der den Siegeskranz erringen will (Phil 3,12–14), obwohl er weiß, daß es »nicht an jemandes Wollen oder Laufen, sondern an Gottes Erbarmen« liegt (Röm 9,16 vgl. V. 30f).

Ebel

θλῖψις

θλῖψις *[thlịpsis]* Bedrängnis, Trübsal · στενοχωρία *[stenochōrịa]* Enge, Drangsal · θλίβω *[thlịbō]* bedrängen · στενοχωρέω *[stenochōrẹō]* beengen, bedrücken

In der griechischen Welt hat das Verb θλίβω *[thlịbō]* (seit Aristophanes; Grundwort θλάω = *zerquetschen, zermalmen)* die Bedeutung *drücken, drängen, quetschen.* In diesem wörtl. Sinn steht es zB auch in Mk 3,9: »damit sie ihn nicht drängten.« Davon abgeleitet ist die Bedeutung des Part. Perf. Pass. *eng, schmal,* die man auch in Mt 7,13 (vom Weg gesagt) findet. Neben dem wörtlichen Sinn ist der bildhafte Gebrauch sehr häufig, sowohl in der Bedeutung *bedrängen* (äußerlich) als auch *betrüben, kränken* (innerlich). Bei Epiktet wird von den *Bedrängnissen* des Lebens (τὰ θλίβοντα *[tạ thlịbonta]* gesprochen, welche der wahre Stoiker zu überwinden hat und weiß. I

Mit diesem Verb hängt zusammen das Subst. θλῖψις *[thlịpsis]* in der Bedeutung *Bedrängnis* bzw. *Betrübnis, Trübsal.* Der Begriff findet sich gelegentlich in Verbindung mit στενοχωρία *[stenochōrịa]* (aus στενός bzw. στεινός *eng* und χωρία *Raum),* das seit Thukydides den *engen Raum,* von daher auch das *Bedrängtsein,* die (inneren und äußeren) *Schwierigkeiten* bezeichnet; zugehöriges Verb: στενοχωρέω *[stenochōrẹō],* in wörtlichem Sinn noch 2 Kor 6,12.

In der LXX hat der Begriff θλῖψις *[thlịpsis]* eine Vielheit von hebr. Äquivalenten, bes. *tsārar, tsar, lāchats, lachats.* Es geht in diesen hebr. Wörtern um *Not* und *Bedrängnis,* sowie daraus folgende *Trübsal* in verschiedenen Zusammenhängen (Krieg, Verbannung, persönliche Anfeindung). Auch hier steht θ. mehrfach neben στενοχωρία *[stenochōrịa]* (vgl. Dtn 28,53. 55. 57; Jes 8,22; 30,6; Est 1,1) und anderen Begriffen, welche Angst und Schmerz ausdrücken, freilich oft synonym miteinander gebraucht werden. Die θλῖψις *[thlịpsis]* des AT (LXX) ist vielfach die Bedrängnis, die notwendig zur Geschichte Israels gehört und von den Gläubigen als heilsgeschichtliches Ereignis erfahren wird: Zwischen Bedrängnis (Ex 3,9) und Befreiung (V. 10) besteht ein Zusammenhang. Auch wenn die Bedrängnis Strafe ist, bleibt das Ziel die Befreiung (Neh 9,27; Hos 5,14–6,2). Öfters wird der eschatologische Charakter der Bedrängnis betont (vgl. Zeph 1,15; Hab 3,16), einmal, Dan 12,1, wird sogar von einer Zeit der Trübsal gesprochen, wie noch keine war, seitdem es Völker gibt, bis zur Zeit des Autors. Zugleich aber wird auch hier die Errettung aus der Trübsal erwähnt, und dies entspricht dem Glauben und der Hoffnung der Gläubigen im Volke. »Viele sind die Trübsale des Gerechten, aber der Herr rettet ihn aus dem allem« (Ps 34,19 vgl. 37,39 u. a.). Das ist die felsenfeste Überzeugung der Gerechten, die beten können: »Der du uns viel Trübsal und Unglück hast sehen lassen, du machst uns wieder lebendig . . . « (Ps 71,20). II

Auch das Spätjudentum weiß von den Bedrängnissen des Volkes wie des einzelnen, die man besonders in der Endzeit erwartet und die in den Apokalypsen breit ausgemalt werden (Henoch, 4 Esra, syr. Baruch). Die Qumrantexte fügen sich in dieses Bild; sie sprechen von der letzten großen Bedrängnis (1 QM 1,12; 15,1) und von den persönlichen Anfechtungen des Psalmenbeters (1 QH 5,12; 9,28; 15,16).

III Im NT wird das Wort θλῖψις *(thlipsis)* 45mal verwendet, 10mal das Verb θλίβω *(thlibō)*, und zwar außer Mk 3,9; Mt 7,13 (s. unter I) immer in übertragenem Sinn; L und R haben fast ausschließlich mit *Trübsal* übersezt, während sich in anderen Übersetzungen auch *Drangsal* und *Bedrängnis* finden. στενοχωρία *(stenochōria)* hingegen und das Verb στενοχωρέω *(stenochōreō)* finden sich nur 4- bzw. 2mal, und zwar nur in Röm und 2 Kor.

Die nt. Verwendung schließt sich deutlich an diejenige im AT an. Wichtig sind folgende Momente:

1) Die θλῖψις *(thlipsis)* hat auch für die nt. Gemeinde ein eschatologisches Moment. Dies wird ersichtlich aus der Übernahme der unter II genannten Dan-Stelle (12,1) in Mt 24,21 (par Mk 13,19), wo θ. unmittelbar mit dem Gedanken des danielischenMenschensohns (V. 30, s. Dan 7,13) und auch mit dem der Wehen des Messias (V. 8, s. Str.-B. I,950) verbunden wird. Diese Trübsal gehört hinein in die katastrophenreiche Epoche vor dem Einbruch der Heilszeit, und sie wird charakterisiert durch Verführungen, Haß, politische Kämpfe und Naturkatastrophen. Dies alles ist notwendig, »denn es muß geschehen« (V. 6; → Notwendigkeit. Auch dieses »Muß« hat seinen Hintergrund in Dan 2,28f.45). Dasselbe Motiv kehrt wieder in der Offb, nicht nur 2,22 und 7,14 (vgl. 3,10), wo von der großen Trübsal die Rede ist, sondern schon im ersten Kapitel, wo θλῖψις *(thlipsis)* (V. 9) wieder verbunden wird mit denselben danielischen Stellen 7,13 (V. 7: »Siehe, er kommt mit den Wolken . . . «) und 2,28 (V. 1: » . . . was geschehen muß . . . «).

2) Die θλίψεις τοῦ Χριστοῦ *(thlipseis tou Christou)*, die Trübsale Christi sind ein zweites Moment. Wurde im AT gesagt: »Viele sind die Trübsale der Gerechten«, so gilt das besonders für den wahren Gerechten (vgl. Apg 3,14f), so daß es möglich wird, von den *Trübsalen Christi* zu sprechen (Kol 1,24; nur an dieser Stelle). Es geht hier nicht bloß um die für die Kirche übriggebliebenen Trübsale, sondern um die Trübsale, welche der Herr in seinem einmaligen Leiden (V. 20.22) erlitten hat, und mit welchen sich die Kirche verbunden weiß in ihrer eigenen Trübsal. – Daß in der Verkündigung des Leidens Christi solche Trübsale mitgedacht sind, läßt sich auch aus anderen Stellen herauslesen, wie 2 Kor 1,5 (vgl. V. 4 und 6); 4,10 (vgl. V. 8). Auch über ihnen steht, wie über dem ganzen Leiden Christi, das göttliche »Muß« (δεῖ *(dei)*, s. Grundmann, ThWb II, 23f).

3) Erst von diesen beiden Momenten her läßt sich nun auch das dritte verstehen, nämlich die Aussagen über die Trübsale der Gläubigen.

a) Sie sind in der eschatologischen θλῖψις *(thlipsis)* (1.) implizit enthalten: Die Gläubigen werden den Bedrängnissen preisgegeben (Mt 24,9), sie sind besonders Haß, Verrat und Tod ausgeliefert; vor allem ist es die Zeit der → Verführung (V. 4.5.11.24), die Zeit der → Versuchung (vgl. πειρασμός *(peirasmos)* in Lk 8,13, wo die Parr. Mt 13,21; Mk 4,17 von θ. *Trübsal* und διωγμός *(diōgmos)* *Verfolgung* sprechen).

b) Daß die Christen diese Drangsal erfahren in Verbundenheit mit dem Leiden Christi, ist in Kol 1,24 (s. o.) deutlich ausgesprochen und ein geläufiger Gedanke, bes. bei Paulus. Alle Bedrängnis und Trübsal der Christen, die ja durch das Andrängen der Welt gegen sie entsteht, muß immer von dieser Verbundenheit her verstanden und kann nur aus ihr richtig gedeutet – und ertragen – werden (2 Kor 1,5 und 1,4.6; 4,10f und 4,8; vgl. auch Phil 3.10 und 1 Petr 4,13). Gerade darum aber kann die Trübsal und jede andere Not uns nicht scheiden von Christus (Röm 8,35), weil wir eben in diesen Nöten mit (ihm) leiden, auf daß wir auch mit (ihm) verherrlicht werden (Röm 8,17; vgl. 37). Vgl. 1 Thess 1,6: Nachfolge Christi in der Trübsal!

c) Die θλῖψις *(thlipsis)* kommt für die Gläubigen nicht unerwartet. Der Zusammenhang mit der eschatologischen (1.) und christologischen (2.) Trübsal (s. o.), welche beide unter dem Zwang des göttlichen »Muß« standen, macht es von vornherein wahrscheinlich, daß auch die Bedrängnisse der Christen durch das »Muß« bestimmt sind; so wird es denn auch mehrfach im NT ausgesprochen. In Joh 16,33 wird festgestellt: »In der Welt habt ihr Angst (ϑ.).« Und weil sie wissen, »daß wir durch viel Trübsal in das Reich Gottes eingehen müssen« (Apg 14,22), ermahnen Paulus und Barnabas die Jünger, beim Glauben zu verharren. Am deutlichsten wird es vielleicht ausgesprochen in 1 Thess 3,3, wo Paulus mitteilt, er habe Timotheus gesandt, die Gemeinde zu ermahnen: » . . . daß nicht jemand weich würde in diesen Trübsalen; denn ihr wißt selbst, daß wir dazu bestimmt sind« (εἰς τοῦτο κείμεθα *[eis tọuto kẹimetha]*, vgl. das εἰς τοῦτο γὰρ ἐκλήθητε *[eis tọuto gar eklæthæte]* 1 Petr 2,21). Der Apostel Paulus hat eben auch für sein eigenes Leben nichts anderes erwartet (1 Thess 3,4; vgl. Apg 20,23 u. a.) und dies in seiner Missionsarbeit in besonderem Maße erfahren (2 Kor 1,4.6.8; 2,4; 4,8 (17); 6,4ff; 7,4f; Eph 3,13; Phil 1,17; 4,14; 1 Thess 3,4.7). Jedoch war es für ihn keine Ursache zum Gram, sondern zur Freude: » . . . wir rühmen uns auch der Trübsal, weil . . . Trübsal Geduld bringt« (Röm 5,3; vgl. analog Jak 1,2f).

d) So ist die ϑλῖψις *[thlịpsis]* also schon Wirklichkeit in der nt. Situation. Das hat die Gemeinde Jerusalems erfahren (Apg 11,19); das erfuhren auch andere Gemeinden, in Korinth (2 Kor 1,4), in Thessalonich (1 Thess 1,6; 3,3), überhaupt in Mazedonien (2 Kor 8,2). Aber diese ϑ. ist für die Gläubigen vom heilsgeschichtlichen Ziel her bestimmt, und so ist sie niemals aussichtslos, sondern schließt in sich die Hoffnung ein (Röm 5,3–5). Wie eine Frau, die ein Kind gebar, nicht mehr an die Trübsal denkt wegen der Freude (Joh 16,21), so haben die Gläubigen wohl Traurigkeit (V. 22) und Trübsal (V. 33), aber das »seid getrost« (V. 33) ist keine leere Phrase, denn der Christ weiß um die Gerechtigkeit Gottes, die schließlich denen, die Trübsal verursachen, mit Trübsal vergilt, und den von Trübsal Bedrängten zur Entschädigung → Ruhe (ἄνεσις *[ạnesis]*) gewährt (2 Thess 1,6f).

Schippers

ZUR VERKÜNDIGUNG V

Wo der Christ durch Verfolgung, Haß (→ Feindschaft) oder auch durch → Armut, Krankheit (→ Schwachheit), Untreue, Verrat oder Enttäuschung in die Enge, dh ins Erleiden und Dulden gerät, widerfährt ihm dies keineswegs immer um seines Christus-Glaubens willen; oft genug liegen die Gründe eindeutig im menschlichen Bereich. Zwar gehören Bedrängnis und Verfolgung zum Leben in der → Nachfolge, weil die Umwelt im Jünger den Meister treffen, verdrängen will. Aber sie sind deshalb noch längst nicht absoluter Ausweis für die Christus-Verbundenheit des Betroffenen. Die Christen könnten ja gerade deshalb in bestimmte Notsituationen geraten, weil sie ihre Eigenart oder ihr soziales oder politisches Verhalten zu wenig vom Geiste Christi haben bestimmen lassen und persönlich → Anstoß geben, statt das Ärgernis Christi aufzurichten.

Nun liegt das biblische Hauptgewicht beider Vokabelgruppen allerdings auf den Aussagen, nach denen eben um der Zugehörigkeit zu Christus willen die gezielte Verfolgung durch Menschen oder die Bedrängnis und Einengung durch die sog. »Verhältnisse« den Christen als Glaubensprüfung (→ Bewährung) auferlegt werden und sogar zu den Kennzeichen der letzten Zeit gehören. Von der Luther-Übers. der deutschen Bibel her wird allerdings der Zugang zur Sache deshalb erschwert, weil Luther ϑλῖψις *[thlịpsis]* mit Vorliebe durch *Trübsal* übersetzt (allein im NT 48mal) und die Worte *Bedrängnis* und *Drangsal* überhaupt nicht vorkommen. So entsteht für unser Sprachempfinden der Eindruck, als habe das NT eine durch Kummer hervorgerufene psychische Depression im Auge, zumal das Wort *Trübsal* an *Trübsinn, trübselig* und an das mit Trauerbräuchen zusammenhängende *Trübsal blasen* erinnert. Gerade diese Tendenz bestimmt aber die nt. Aussagen nicht.

Die Verwendung der Worte im Zusammenhang läßt aber weiterhin erkennen, daß Bedrängnisse und Verfolgung den Christen nicht zufällig treffen. Zwar scheinen sie meist von bestimmten Menschen, Konstellationen, Geistesströmungen oder Bewegungen auszugehen und werden tatsächlich immer durch reale geschichtliche Größen betrieben oder doch veranlaßt. Das NT aber läßt deutlich durchblicken, daß es in und hinter ihnen die Macht des → Bösen, des → Satans am Werke sieht (vgl. auch → Versuchung). Ebenso deutlich ist dann allerdings, daß diese Situationen gerade nicht unabhängig oder gar gegen

Gottes Willen entstehen, sondern im Rahmen seines Planes, und Mittel zur Errichtung seiner Ziele bleiben.

Muß der Christ deshalb Sorge haben, wenn die Bedrängnis oder die Verfolgung ausbleiben? Muß er sie suchen, womöglich gar provozieren? Sicher nicht; denn dann wären sie eben nicht echt, träfen sie ihn nicht um Christi willen, sondern aus seiner eigenen Veranlassung. Und damit wäre der Sache Gottes nicht gedient. Aber andererseits setzt der Druck natürlich nur da ein, wo wirklich Christus ist und also getroffen werden kann. Sofern die Christen nichts anderes sind als ein Stück lediglich übertünchter Welt, die fromme Gestalt des Lebens ohne Gott, werden sie von solchen Angriffen schon deshalb Ruhe haben, weil man ihrer dann mit dem sanften Druck zur Gleichschaltung Herr werden kann; die letzte Grenze, an der → Verleugnung den Verlust des Heils bedeutet, ist in diesem Falle ohnehin nicht vorhanden oder schon überschritten.

Wo aber die Last der Drangsal der Gemeinde auferlegt ist, hat sie gerade nicht Grund zum Verzagen, sondern zur → Freude. Sie vernimmt den Gang der Uhr, die das baldige Kommen des Herrn anzeigt. *L. C.*

Lit.: Oepke, Art. διώκω, ThWb II, 1935, 232f – Schlier, Art. θλῖψις, ThWb III, 1938, 139ff – Nauck, Freude im Leiden, ZNW 46, 1955, 68ff – Zur Christenverfolgung in der Kirchengeschichte vgl. Göbell, Art. Christenverfolgungen, EKL I, 1956, 727ff.

Bedürfnis → Mangel

Begehren

Begehren, Verlangen, Lust, Sehnsucht, Gier – wir kennen eine ganze Skala von Worten, die das innere Sich-Ausstrecken des Menschen nach einem personalen, dinglichen oder auch erlebnismäßigen Ziel einschließlich der daraus folgenden Handlung bezeichnen. Das ist im Griech. nicht anders. Das Schwergewicht liegt deutlich bei ἐπιθυμία *(epithymia)*; das der Umgangssprache und namentlich der Philosophie vertraute ἡδονή *(hædonæ)* tritt zurück und ὄρεξις *(orexis)* kommt nur ganz selten vor, etwas häufiger ἐπιποθέω *(epipotheō)*.

ἐπιθυμία

ἐπιθυμία *(epithymia)* Begehren, Begierde · ἐπιθυμέω *(epithymeō)* begehren, verlangen

I ἐπιθυμία *(epithymia)* und ἐπιθυμέω *(epithymeō)* (seit den Vorsokratikern bzw. Herodot) bekommen von der Grundbedeutung *auf etwas hin erregt sein* (vgl. θυμός *(thymos)* = Drang, Leidenschaft) schon im profanen Griech. die Bedeutung *Trieb, Verlangen.*

Bei den griech. Schriftstellern ist ἐ. zunächst noch wertneutral, bekommt jedoch später einen ethisch negativen Sinn: ἐ. entsteht – ebenso wie die 3 anderen Affekte: Furcht, Lust und Betrübnis – dadurch, daß der Mensch die Güter und Übel dieser Welt falsch bewertet.

II In der LXX werden ἐπιθυμία *(epithymia)* und ἐπιθυμέω *(epithymeō)* (etwa je 50mal) zunächst für den gesamten Bereich des menschlichen Strebens verwendet, meist als Übers. des hebr. *'āwāh* und *chāmad*. Die Begriffe bezeichnen also a) ein *moralisch indifferentes Begehren*, zB Dtn 12,20.21 »nach Herzenslust essen«; b) positiv zB *das Verlangen nach dem Vaterhaus* Gen 31,30; *das Streben des Frommen nach Gott* Jes 58,2 u. ö.; c) negativ *das böse, gottlose Wollen und Begehren*, das sich gegen den göttlichen Willen richtet (vgl. Num 11,4; Dtn 9,22 u. ö.). Wenn das 10. Gebot (Ex 20,17) solches Begehren (L: Gelüsten) verbietet, so deshalb, weil Gott vom Menschen nicht nur Gehorsam in seinen Taten, sondern auch in seinen Worten und Gedanken, Blicken, Strebungen und Wünschen verlangt; er will eine Liebe »von ganzem Herzen« haben (Dtn 6,5)!

III 1) Im NT fällt auf, daß die Wortgruppe in den Evgg. außer von Lk (5mal) kaum und auch im Hebr und Offb nur vereinzelt verwendet wird, während sie im 2 Kor und 2 Thess ganz fehlt. Der Hauptanteil des Vorkommens entfällt auf die paulinischen Schriften: 19 der

38 ἐπιθυμία *[epithymia]*-Stellen und 5 der 16 ἐπιθυμέω *[epithymeō]*-Stellen. Das Subst. findet sich nur in Lk 22,15; Phil 1,23; 1 Thess 2,17 und evtl. Offb 18,14 positiv bzw. wertneutral, an allen anderen Stellen mit negativer Tendenz. Das Verbum hingegen wird in der Regel positiv gebraucht; nur bei Paulus (und Mt 5,28) hat auch ἐπιθυμέω *[epithymeō]* negativen Klang, da es das positive Begehren durch ἐπιποθέω *[epipotheō]* ausdrückt.

2) Wo die Begriffe im NT noch wertneutral bzw. positiv (vgl. den frühen profangriech. Gebrauch und LXX) gebraucht werden, geben sie ein besonders starkes Verlangen, Begehren u. a. m. wieder (so zB Mt 13,17; Lk 15,16; Phil 1,23; 1 Thess 2,17; Hebr 6,11). Es fällt auf, daß das Verbum häufiger im positiven Sinn gebraucht wird als das Subst., wobei → ὀρέγομαι *[oregomai]* gleichbedeutend in Parallele stehen kann (zB 1 Tim 3,1).

3) Das größere theologische Gewicht liegt allerdings bei den Stellen, wo ἐ. im negativen Sinn gebraucht wird: *böse Begierde, Lust; Böses begehren.*

a) Bei den Synoptikern kommt ἐ. in diesem negativen Sinn nur Mt 5,28 im Blick auf die geschlechtliche Begierde und Lust und Mk 4,19 von der Begierde nach allen möglichen anderen Gütern und Werten dieser Welt vor (so wird zB in diesem Zusammenhang der Reichtum genannt). An beiden Stellen wird deutlich, daß Jesus hier ἐ. als eine Sünde ansieht, die eine starke zerstörende Kraft entfaltet: Sie »erstickt das Wort« (Mk 4,19, sie wird hier mit dem wuchernden Dorngestrüpp verglichen, das immer mehr Raum für sich beansprucht, wenn man ihm nicht wehrt!), sie »zerbricht die Ehe« (Mt 5,28). Jesus ist also weit davon entfernt, die Begierde zu verharmlosen, weil sie sich »nur« im Bereich der Gedanken und Wünsche des Herzens abspielt und nicht schon im Bereich der Tat. Für Jesus ist auch die böse Begierde – wie die böse Tat – Ausfluß und Zeichen eines bösen Herzens, das sich von Gott getrennt hat.

b) Paulus versteht ἐ. als Äußerung der den Menschen beherrschenden Sünde. Er sieht in ihr geradezu das treibende Element in der »Fleischlichkeit« des Menschen (σάρξ *[sarx]* → Fleisch), dh in seinem sündigen, von Gott abgefallenen Wesen. Die ἐ. drängt nach »Vollbringung« (Gal 5,16), sie drängt zur Tat. Sie entspringt im letzten Grunde der tief eingewurzelten Neigung des Menschen, den Mittelpunkt seines Lebens in sich selbst zu haben, sich auf sich selbst zu verlassen, sich selbst am meisten zu lieben. Diese Neigung heißt bei Paulus »Fleisch« und »Sinne« (Eph 2,3), dh die Mächte, die von Gott abziehen. In der ἐ. zeigen sich die Kräfte des »alten Menschen« (Eph 4,22).

Die Begierden können sich auf alles mögliche richten: auf geschlechtliche Lust, materielle Genüsse, den Besitz des anderen u. a. m. (vgl. Röm 1,24; 1 Tim 6,9; Tit 3,3; Gal 5, 16–21) und durch diese Orientierung den Menschen total unter ihre Herrschaft bringen. – Die Röm 6,12 ausgesprochene Erkenntnis, daß, wer sich von Begierden treiben läßt, schon unter der »Herrschaft der → Sünde« steht, taucht im paulinischen Schrifttum immer wieder auf (Eph 2,3; 2 Tim 3,6; Tit 3,3): Die Begierden bestimmen und versklaven den Menschen. Indem der Mensch ihrer Verlockung und Verführung (Eph 4,22) verfällt, gerät sein »Herz«, dh aber das Zentrum seiner ganzen Persönlichkeit (Röm 1,24), unter ihre Kontrolle. Alle Willensentscheidungen, auch die besten und höchsten Regungen und Kräfte des Menschen sind dann durch diese ἐ. bestimmt. – Im Gegensatz dazu steht darum nur ein Leben, das sich an dem Willen und der Ordnung Gottes orientiert, das unter Gott steht und von ihm bestimmt wird (Röm 6,12f; Eph 4,22.24; Tit 2,12ff).

Da die Begierde etwas Urtümliches, Triebhaftes im Menschen ist, wird sie nach Paulus erst in ihrer Bedeutung erkannt, wenn das Gesetz (zB in dem Gebot »Du sollst dich nicht lassen gelüsten!«) hinzutritt und aus der Begierde bewußte Sünde werden läßt (Röm 7,7f), die dem Gebot Gottes in vollem Bewußtsein widerspricht. Bevor ich das Gesetz erkenne, ist die Begierde Trieb, noch nicht bewußt begehrender Wille.

Die göttliche Gegenmacht gegen die Begierde ist der »Geist«. Wer sich ihm erschließt, hat die Kraft, der Begierde zu widerstehen (Gal 5,16), weil dann der Geist die bestimmende Macht im Leben des Menschen ist (Eph 4,23), nicht mehr die Begierde.

Für das Begehren und Verlangen in positivem Sinne verwendet Paulus ἐπιποθέω *[epipothẹō]* (vgl. Röm 1,11; 2 Kor 5,2; 9,14 u. ö.) bzw. ἐπιπόθησις *[epipọthæsis]* (2 Kor 7,7.11) und ἐπιποθία *[epipothịa]* (Röm 15,23). Von den 13 Stellen, an denen Begriffe dieser Gruppe vorkommen, entfallen 11 Stellen auf Paulus! Die Begriffsgruppe wird im NT ausschließlich positiv verwendet.

c) In den johanneischen Schriften wird der Ursprung der Begierde noch weiter zurückverfolgt: sie stammt nicht nur aus dem Menschen, sondern aus der »Welt« (1 Joh 2,16), ja sie stammt vom Teufel selbst (Joh 8,44). Mit → »Welt« (κόσμος *[kọsmos]*) *ist* hier der Bereich der Gottesfeindschaft und Christusfeindschaft gemeint, der Bereich, in dem man »dem Fürsten dieser Welt« die Herrschaft einräumt. Er lockt mit »Fleischesbegierde und Augenbegierde und Vermögensstolz« (1 Joh 2,16), also zunächst mit äußeren, sinnlichen, materiellen Reizen, und wirbt um unsere »Liebe«. Er weckt die im Menschen schlummernden Haßgedanken und die Neigung zur Lüge; denn er ist selbst »ein Mörder von Anfang« und »der Vater der Lüge« (Joh 8,44).

Weil die B. »von der Welt« stammt, darum ist sie auch vergänglich wie diese Welt; wer auf sie baut, sich und sein Leben von ihr bestimmen läßt, der wird mit ihr »vergehen«. Wer sich dagegen von Gottes Willen führen läßt, »der bleibt in Ewigkeit« (1 Joh 2,17).

d) Die sog. katholischen Briefe bleiben in ihren Aussagen über ἐ., soweit nicht der neutrale Gebrauch vorliegt, auf der Linie des Paulus und Johannes. Die ἐ. entspringt dem »Fleisch« und seinen sinnlichen Strebungen (1 Petr 2,11; 2 Petr 2,10), sie steht anderen sinnlichen, aufs Materielle zielenden Lüsten nahe, zB Schwelgereien, Trunkenheit, Schmausereien (1 Petr 4,3), Ausschweifungen (2 Petr 2,18). Sie ist eine Macht, die den Menschen zieht und lockt, reizt und ködert, und ihn so unter ihre Herrschaft bringen will (Jak 1,14; 1 Petr 1,14; 2 Petr 2,18f). Sie verspricht ihm völlige Freiheit und Ungebundenheit und führt ihn doch im Grunde in die schlimmste Sklaverei. Sie liegt immer auf der Lauer im menschlichen Wesen, um im geeigneten Augenblick den Menschen dazu zu bringen, daß er ihr seinen Willen öffne und unterwerfe (Jak 1,14). Dann »gebiert« sie die sündige Tat, die den Menschen vor Gott schuldig macht. So führt sie schließlich zum »Tod« (V. 15; vgl. Röm 7,5), zum »Verderben« (2 Petr 1,4).

Da die ἐ. so mit dem menschlichen Wesen verbunden ist, bedarf auch der Christ immer wieder der Ermahnung zur Aufmerksamkeit und Wachsamkeit ihr gegenüber, ja zur Abkehr von ihr. Er kann sie überwinden, wenn er sich immer wieder neu vom Geist Gottes bestimmen läßt und »dem Willen Gottes lebt« (1 Petr 4,2). *Schönweiß*

ἡδονή

ἡδονή *[hædonæ̣]* Lust · φιλήδονος *[philhæ̣donos]* genußsüchtig

I ἡδονή *[hædonæ̣]* – aus der gleichen Wurzel wie ἡδύς *[hædỵs]: süß, angenehm, erfreulich* – bedeutet urspr. etwas dem Geschmacksinn *Angenehmes*, welches Wohlbehagen erzeugt. Der Begriff bezeichnet so zunächst die *Freuden der Sinne* (Herodot), dann – erweitert – *Lustgefühle, Vergnügen* (in der Form ἦδος *[hæ̣dos]* schon bei Homer), schließlich aber auch ebenso wie (→ ἐπιθυμία *[epithymịa]*) das *Verlangen* danach (Xenophon). Als Naturgabe des Menschen wird die ἡ. zunächst bejaht. So bezeichnet noch Plato (Wertlehre) die *Lust* am Guten, Wahren und Schönen als ἡδονή *[hædonæ̣]*, wie auch Aristoteles die Freude bei der Ausübung der Tugenden und die ästhetische Freude an Kunstwerken mit diesem – hier noch synonym zu χαρά *[charạ]* = *Freude* gebrauchten – Begriff beschreibt (Eth. Nic. VII, 14p,1.153 1ff).

Im Hellenismus jedoch wird der Begriff, nachdem man schon vorher zwischen höheren (seelisch-geistigen) und niederen (körperlichen) ἡδοναί *(hædonại)* unterschieden hatte, auf seine ethisch-negative Komponente eingeengt und tritt nun in Gegensatz zu χαρά *[charạ] Freude* und ἀρετή *[aretæ̣]* → *Tugend:* ἡδονή *[hædonæ̣]* bezeichnet in der kynisch-stoischen Wanderpredigt eindeutig die *sinnliche Freude*, die sexuelle *Wollust*, die ungebändigten *Triebe*. Dem wachsenden Pessimismus der Spätantike folgend, wird mit diesem Begriff das Verflochtensein des Menschen an die materielle Umwelt, in der die auf das Göttliche gerichtete Seele niedergehalten wird, verdeutlicht: Wer sich von der ἡ. beherrschen läßt, verfehlt den Lebenssinn.

In der LXX wird ἡδονή *[hædonæ]* nur in Num 11,8 für hebr. *ṭaʿam* = *Wohlgeschmack* verwendet (die Par. Ex 16,31 hat γεῦμα *[geuma]*); das Wort hat also zunächst durchaus positiven Klang, meint eine objektive Eigenschaft der Sache, die den Menschen erfreut, Lust bringt. Dieser objektive Sinn mit positiver Wertung bleibt auch an den drei apokryphen Stellen erhalten (Spr 17,1 ohne hebr. Äquivalent; Weish 7,2; 16,20). Erst 4 Makk mit seinen 11 Belegen und vor allem Philo, der die ἡ. als revoltierende Gegenmacht zum λόγος *[logos]* sieht, benutzen das Wort entsprechend dem kynisch-stoischen Verständnis mit negativem Wertakzent: die ἡ. ist Wurzel aller bösen Triebe und kann nur πόνος *[ponos]* = *Mühsal, Schmerz* bringen. Im rabbinischen Schrifttum finden sich dazu viele Parallelen. Zwar wird das für den griech. Begriff charakteristische Lustempfinden kaum erwähnt, wohl aber eindringlich vor dem »bösen Trieb« (hebr. *jetser hā raʿ*) gewarnt, der unlustig zum Torastudium macht (St.-B. IV, 473f u. a.). II

Im NT wird ἡ. nur 5mal verwendet, und zwar durchweg in späten Texten und in dem negativen hellenistischen Verständnis des Wortes. III

1) Die Begierde nach Lust erfüllt den gottfernen Menschen. Indem er meint, seinem eigenen unwiderstehlichen Lustverlangen zu leben, und damit gegen Gott und dessen Willen revoltiert, gerät er in Wahrheit in die Sklaverei der ἡδοναί *[hædonai]*; er ist δοῦλος *[doulos]* (→ Sklave) geworden, lebt in → Sünde, Gott entzogen, falls Gottt ihn nicht aus dieser Versklavung errettet (Tit 3,3). 2 Petr 2,13ff schildert diesen Menschen, der die zeitliche Hingabe an die ἡδοναί *[hædonai]* vollzieht, und zeigt, wie er damit den zerstörerischen Mächten verfallen ist, die sich gegen Gott auflehnen.

2) Doch nicht nur der Mensch in der Gottesferne ist von dem unersättlichen Lustverlangen der Triebe bedroht (Tit 3,3); auch der Christ bleibt dieser Macht ausgesetzt. Selbst das Gebet kann als Mittel zur Stillung der Lustgefühle mißbraucht werden; aber Jak 4,3 zeigt eindringlich die ganze Vergeblichkeit des Bittens aus solcher Haltung. Wo die ungebändigten Triebe freie Bahn haben und die ἡ. das Leben beherrscht, wird unweigerlich das Verhältnis zu Gott bedroht, der innere Frieden zerstört und das gute Verhältnis zu den Mitmenschen vergiftet. Wenn der Mensch den Lüsten nachgibt, wird er in ständigen Unfrieden verwickelt und stürzt in ein Chaos (Jak 4,1). Die Lasterkataloge schreiben sehr konkret all das aus, was als Kennzeichen und Folge der ἡ. gilt. Sie reichen von der sexuellen Haltlosigkeit über alle Anzeichen fehlender Selbstzucht bis zur egozentrischen Rücksichtslosigkeit gegenüber dem Mitmenschen.

3) Am anschaulichsten werden die Gefahren, die durch die ungereinigten Triebe für den Glauben entstehen können, in der Deutung des Gleichnisses vom viererlei Acker dargestellt. Freilich verwendet nur Lk 8,14 hier – als spätere Eintragung? – ἡδοναὶ τοῦ βίου *[hædonai tou biou]*; Mk 4,19 hat ἐπιθυμία *[epithymia]*, Mt 13,22 ἡ μέριμνα τοῦ αἰῶνος *[hæ merimna tou aiōnos]* (→ Sorge) und ἡ ἀπάτη τοῦ πλούτου *[hæ apatæ tou ploutou]* (→ Verführen). Wo ἡ. wieder die Führung ergreift, stirbt der Glaube, erstickt er in den Dornen.

4) Besonders deutlich tritt diese Auswirkung bei den Irrlehrern hervor: Sie verstricken sich selbst in Irrlehre, verführen andere dazu und verfallen der sittlichen Selbstzerstörung, die in 2 Tim 3,4 als Kennzeichen der voreschatologischen Zeit in allen konkreten Zügen geschildert wird. Hier verwendet Paulus die hellenistischen Wortbildungen φιλήδονοι *[philhædonoi]* = *der Sinnenlust ergeben* und φιλόθεοι *[philotheoi]* = *Gott liebend* (einziges Vorkommen im NT), Begriffe, die bereits Philo eingeführt hatte.

5) Wie mit dem Wort ἐπιθυμία *[epithymia]*, so wird auch mit ἡ. die unheimliche Macht der Triebhaftigkeit bezeichnet, der unersättliche und seiner Richtung nach antigöttliche Lusttrieb, der – im Menschen selbst wohnend – die sittlichen Normen bedroht und den Menschen versklavt. Das NT warnt den Christen – wenn auch nur Tit 3,3 unter ausdrücklicher Nennung der ἡδοναί *[hædonai]* –, sich davon treiben zu lassen und die Wachsamkeit zu versäumen. Die ἡ. als Lebensgier ist nur durch Gottes Kraft zu überwinden.

Die ἡ. darf aber nicht mit dem Verlangen nach echter → Freude (χαρά *[chara]*) verwechselt werden, das im NT keineswegs verneint, vielmehr in der Lebensgemeinschaft mit Gott oft sogar mitten in Leid und Verfolgung gestillt wird. Sollte die summarische, einen

Zusammenhang zwischen falscher Lehre und liederlichem Leben behauptende Aussage von 2 Petr 2,13 ἡδονὴν ἡγούμενοι τὴν ἐν ἡμέρᾳ τρυφήν *[hædonæn hægoumenoi tæn en hæmera tryphæn]* = für ihre Wonne halten sie die Schlemmerei am hellen Tage – wie Stählin (ThWb IV 928,30) meint – ihr »Gegenstück« in Jak 1,2 (πᾶσαν χαρὰν ἡγήσασθε, ὅταν πειρασμοῖς περιπέσητε *[pasan charan hægæsasthe, hotan peirasmois peripesæte]* = achtet es für lauter Freude, wenn ihr in mancherlei Anfechtung fallt) haben, dann wäre deutlich, wie paradox die Sehnsucht der Christen nach Freude Ziel und Erfüllung findet. *Beyreuther*

ὀρέγομαι

ὀρέγομαι *[oregomai]* streben · ὄρεξις *[orexis]* das Verlangen

I ὀρέγομαι *[oregomai]* (Medium zu ὀρέγω *[oregō]*; beide seit Homer, urverwandt mit lat. *regere*, deutsch *Recht*) = *sich recken, strecken, sich ausstrecken*, kommt wie das Subst. ὄρεξις *[orexis]* (seit Platon) vor allem in übertragener Bedeutung vor und bezeichnet *das Streben* a) als seelisches Streben, b) relativ selten als körperliches Verlangen. Besondere Bedeutung hat das Wort in der Stoa erlangt. Dort ist es das seelische Streben aufgrund einer bewußten Willensentscheidung, das von der menschlichen Vernunft geleitet wird. Der Gewalt und Zucht der Vernunft enthoben, wird das Streben zur Begierde (→ ἐπιθυμία *[epithymia]*). Höchstes Lebensideal ist das Streben, das in Übereinstimmung mit dem eigenen Ich κατὰ φύσιν *[kata physin]* ist. Philo versteht unter ὄρεξις *[orexis]* das Heimweh der Seele nach der Welt der Ideen.

II In der Bibel findet sich der Begriff erst in den nachkanonischen Schriften der LXX, und zwar positiv in der Weisheit Salomos (16,2f), wo Gott das Verlangen der Wüstengeneration mit Wachteln stillt, abwertend bei Jesus Sirach (18,30; 23,6), der vor Perversitäten der Gastmähler warnt. Bei Jesus Sirach ist der Einfluß griech. Philosophie erkennbar.

III Im NT kommt ὀρέγομαι *[oregomai]* nur 3mal und ὄρεξις *[orexis]* sogar nur 1mal vor, und zwar sowohl in positiver (1 Tim 3,1; Hebr 11,16) als auch negativer (1 Tim 6,10; Röm 1,27) Bedeutung. In Hebr 11,16 nimmt ὀ. das ἐπιζητεῖν *[epizætein]* = *suchen* von V. 14 wieder auf. Es ist *das Verlangen* des Glaubens nach einem besseren, himmlischen Vaterland, dh nach einer Heimat bei Gott. Dieses Verlangen entspringt nicht immanenten Regungen des Menschen oder seiner Natur, sondern der Verheißung Gottes (11,9.13.15). Es manifestiert sich im uneingeschränkten Ausstrecken hin auf die Verheißung, im Gehorsam des Glaubens (11,8.17), ist also keine der Wirklichkeit enthobene seelische Gefühlsregung, sondern die Ausrichtung des Willens auf ein von Gott gegebenes Ziel, die in der Wirklichkeit dieser Welt Gestalt annimmt. Wo nicht das von Gott geschenkte Heil Ziel des Verlangens und Strebens ist, da gerät man an verderbliche Mächte, zB an die Geldgier (1 Tim 6,10). Dagegen wird im gleichen Brief (3,1) das Streben nach einem Gemeindeamt gelobt.

Wenn ὄρεξις *[orexis]* nach Röm 1,27 den Sexualtrieb bezeichnet, so ist zu beachten, daß an dieser Stelle nicht das körperliche Verlangen im Sinne eines griech. Dualismus abgewertet oder verworfen wird. Paulus richtet sich nur gegen den perversen Gebrauch der Triebe, nämlich gegen Paederastie und Homosexualität, die ihren Ursprung darin finden, daß der Mensch Gottes Wahrheit in Lüge verwandelt hat (V. 25). *Guhrt*

V ZUR VERKÜNDIGUNG

Eine gewisse Differenzierung der behandelten Vokabeln läßt sich erkennen: Während ὀρέγομαι *[oregomai]* stärker das bewußte und planmäßige Streben ausdrückt und ἐπιποθέω *[epipotheō]* stets im positiven Sinne für das gezügelte Begehren gebraucht wird, schwingt in ἐπιθυμία *[epithymia]* und ἡδονή *[hædonæ]* das Animalisch-Irrationale einer fast personifizierten Macht mit, das an die Darstellung der → Sünde erinnert, die den Menschen unterjocht. Hier wie dort meint der Mensch, eigenem Willen zu gehorchen und selbstgesetzte Ziele zu verfolgen. Das Begehren, die Lust gründen, wie andere satanisch-dämonische Mächte, darauf, daß sie scheinbar der Genuß- und Herrschsucht des Menschen Befriedigung verschaffen, wobei er sich selbst darüber hinwegtäuscht, daß er nur von Begierde zu Genuß taumelt.

Die Griechen haben wohl einmal eine Rang- und Reihenfolge festzulegen versucht: Die ἐπιθυμία *[epithymịa]* erstrebt die ἡδονή *[hædonæ]*, und wo sie erfüllt ist, herrscht χαρά *[charạ]*. Aber die Begriffe wollen sich so nicht einengen lassen. Das Eigentümliche ist im NT wie in unserem eigenen Sprachgebrauch, daß mit dem gleichen Begriff die gefühlsmäßige Regung, die gesuchte und erlebte Befriedigung und die beides überhaupt erst bewirkende Kraft bezeichnet werden; mit anderen Worten: Lust und Begehren können sowohl punktuell-aktuelle Erfahrung als auch dauerhafte Macht sein: »Alle Lust will Ewigkeit« (Nietzsche, Zarathustra). Der hier entbundene Trieb, beim Tier gleichsam automatisch begrenzt und gesteuert, muß beim Menschen durch gehorsamen Verstand und zielgerichteten Willen gesteuert wie durch die Autorität göttlicher Setzung begrenzt werden. Der Mensch steht so in gewissem Sinne zwischen Gott und seinen herrschsüchtigen Trieben. Nur in der Orientierung am Willen Gottes kann er sie in ihren Schranken halten.

Coenen

Lit.: Büchsel, Art. ἐπιθυμία, ThWb III, 1938, 167ff – Stählin, Art. ἡδονή, ThWb II, 1935, 911ff – Heidland, Art. ὀρέγομαι, ThWb V, 1954, 449ff.

Beharrlichkeit → Geduld

Bekehrung, Buße, Reue

Reue, Buße und Bekehrung gehören eng zueinander. Wenn ein Mensch sein Denken und Leben neu orientiert, so ist dies immer mit einem Urteil über die bisherige Anschauung oder das zurückliegende Verhalten verbunden. Drei Wortgruppen kennzeichnen im NT die Aspekte dieses Vorganges: (ἐπιστρέφω *[epistrẹphō]*, μεταμέλομαι *[metamẹlomai]* und μετανοέω *[metanoẹō]*. Während ἐπιστρέφω *[epistrẹphō]* und μετανοέω *[metanoẹō]* (beide: *umkehren, sich bekehren)* die Umkehr des Menschen meinen, die unter der Wirkung des heiligen Geistes eine totale Wandlung der menschlichen Existenz voraussetzt und einschließt, bezeichnet μεταμέλομαι *[metamẹlomai]* mehr die Empfindung der Reue über Fehltritt, Schuld, Versagen oder Sünde, ist also rückwärts orientiert und muß somit nicht notwendig auch zu einer Hinwendung des Menschen zu Gott führen. Dabei ist ἐπιστρέφω *[epistrẹphō]* wohl der umfassendste Begriff, weil er immer den Glauben einschließt, während μετανοέω *[metanoẹō]* oft noch ausdrücklich πιστεύω *[pistẹuō]* = *glauben* zur Ergänzung nebengeordnet ist (vgl. L. Berkhof, Systematic Theology 482).

ἐπιστρέφω

ἐπιστρέφω *[epistrẹphō]* (sich) umwenden, (sich) bekehren · στρέφω *[strẹphō]* (sich) umwenden umkehren · ἀποστρέφω *[apostrẹphō]* (sich) abwenden · ἐπιστροφή *[epistrophæ]* Bekehrung

στρέφω *[strẹphō]*, ἀποστρέφω *[apostrẹphō]* und ἐπιστρέφω *[epistrẹphō]* werden als Verben der Bewegung trans. und intrans. seit Homer bei den griech. Schriftstellern, Xenophon, Aristophanes, Polybius u. a. m., ebenso in Inschriften und den griech. Zauberpapyri gebraucht. Allen drei Verben ist die Bedeutung von *drehen, hinwenden, sich wenden, umwenden* gemeinsam; sie beschreiben eine vorwiegend zielgerichtete körperliche Bewegung des Umdrehens oder auch die geistige Bewegung des menschlichen Denkens auf eine Person oder einen Gegenstand hin. Dabei wird στρέφω *[strẹphō]* mehr im Sinne von *umwenden, umkehren, umwandeln,* später auch *zuwenden* gebraucht, ἐπιστρέφω *[epistrẹphō]* bedeutet *hinwenden, umwenden, umkehren,* entsprechend intrans. *sich umwenden, umkehren, zurückkehren* im allg. Sinn und, daraus abgeleitet, im speziellen Sinn *sich bekehren,* dh Gesinnung und Verhalten ändern. So bedeuten in der antiken philosophischen Lit. ἐπι- I στρέφω *[epistrephō]* wie auch das Subst. ἐπιστροφή *[epistrophæ]* unter anderem die allgemeine Hinwendung der Seele zur Frömmigkeit oder zum Göttlichen. Aus dem profan-griech. Sprachgebrauch ist der Begriff auf dem Weg über die LXX in den Wortschatz des NT gelangt. Zum Kompos. ἀναστρέφω *[anastrephō]* → Wandel.

II 1) Dem griech. ἐπιστρέφω *[epistrephō]* entspricht im hebr. Text des AT das Verbum *schub*. Es findet sich ca. 1050mal im AT und bedeutet allgemein *umkehren, zurückkehren* (qal), *zurückbringen, wiederherstellen* (hif und pil). In seiner speziell theologischen Bedeutung kommt es ca. 120mal vor als *umkehren, sich bekehren, zurückbringen*, im Sinne einer Änderung der Lebenshaltung, einer Rückkehr zum lebendigen Gott. Diese Stellen übersetzt LXX mit ἐπιστρέφω *[epistrephō]*, ἀποστρέφω *[apostrephō]*, ἀναστρέφω *[anastrephō]*, nicht dagegen (wie später im NT) mit μετανοέω *[metanoeō]*. Die theol. Bedeutung von *schub* wirkt im NT unmittelbar nach.

Bekehrung wird im AT als Abkehr vom Bösen (Jer 18,8) zum Herrn (Mal 3,7) beschrieben. Der Mensch kann aber vom Bösen so durchdrungen sein (Hos 5,4), daß er der Bekehrung Widerstand entgegensetzt (2 Chr 36,13). Der Anstoß zur Bekehrung geht von Gott aus, Gott bewegt den Menschen zuerst (Jer 31,18; Klgl 5,21), der Mensch ist auch in der Bekehrung der Empfangende (Jer 24,7). Einzelne (2 Kön 23,25) und Nationen (Jon 3,10) sind Subjekt der Bekehrung. Gott benutzt die Propheten als Helfer, um die Bekehrung herbeizuführen (Neh 9,26; Sach 1,4). Wer es ablehnt, sich zum Herrn zu bekehren, den trifft Gottes Zorn mit Strafen wie Dürre (Am 4,6–12), Gefangenschaft (Hos 11,5), Zerstörung (1 Kön 9,6–9) und Tod (Ez 33,9.11). Wer sich zum Herrn bekehrt, empfängt Vergebung (Jes 55,7), Freiheit von der Strafe (Jon 3,9f), Fruchtbarkeit und Gedeihen (Hos 14,4–8) und Leben (Ez 33,14f). Während in den Geschichtsbüchern des AT immer wieder die Bekehrung des Volkes Israel in seiner Gesamtheit gefordert wird, sind es bes. die Propheten Jer und Ez, die die Umkehr des einzelnen Menschen zu Gott hervorheben, die dadurch erfolgen wird, daß Gott ihm ein neues Herz und einen neuen Geist geben wird. Die Bekehrung großer Volksmengen wird für die Zeit der Ankunft des Messias erwartet (Dtn 4,30; Hos 3,5; Mal 4,5f).

2) Das Spätjudentum hat die at. Tradition übernommen und weitergeführt. Die Bekehrung, als Abkehr von allem Bösen und als Hinwendung zum Gesetz Moses verstanden, ist Voraussetzung für die Zugehörigkeit zur Qumrangemeinde. Mit einem aus Jes 59,20 entnommenen Ausdruck bezeichnen sich die Gemeindeglieder als »die, die umgekehrt sind von Frevel« oder auch als »die Bekehrten von Israel«. Auch das spätjüdisch-hellenistische Schrifttum kennt bereits in vorchristlicher Zeit den Begriff der religiösen Umkehr: Wer sich zu Jahwe bekehrt, empfängt Vergebung der Sünden; er lebt dann aber auch nicht weiterhin bewußt in der Sünde, sondern hält die Gebote Gottes. »Die B. ist hier immer ein individuelles und praktisches, niemals dagegen ein theoretisch-theologisches Problem« (Rengstorf RGG³). Die Wortgruppe στρέφω *[strephō]* und Komposita treffen wir in den Testamenten der 12 Patriarchen, Henoch, Baruch, in den Sibyllinen, bei Josephus und bei Philo an (vgl. St.-B. IV,2, S. 799ff).

III 1) ἐπιστρέφω *[epistrephō]* findet sich in den Schriften des NT 36mal (außerdem Lk 10,6D; Apg 15,16D; 2 Petr 2,21 v. l., Bauer 1958⁵ s. v.); 18mal wird es in profaner Bedeutung als Verb der zielgerichteten Bewegung für *umwenden, sich zurückwenden, sich abkehren* usw. gebraucht (zB Mt 10,13; 2 Petr 2,22) und 18mal im speziell theol. Sinn für *bekehren, sich bekehren* (zB Mk 4,12 par; Lk 1,16f; 22,32; Apg 15,19; 2 Kor 3,16; Jak 5,19f), vorwiegend in Apg und den Briefen. Hier steht es im Unterschied zur LXX häufig synonym zu → μετανοέω *[metanoeō]*. στρέφω *[strephō]* wird in der Bedeutung *sich bekehren* nur Mt 18,3 und Joh 12,40 verwandt, ἀποστρέφω *[apostrephō]* im gleichen Sinne nur Apg 3,26. Das Subst. ἐπιστροφή *[epistrophæ]* *Bekehrung* finden wir nur einmal im NT Apg 15,3.

2) a) Wenn im NT zur Bekehrung aufgefordert wird, dann geht es dabei um die grundlegende Neuausrichtung des menschlichen Willens auf Gott, um die Heimkehr des Menschen aus der Verblendung und Irre zu dem, der der Heiland aller Menschen ist (Apg 26,18; 1 Petr 2,25). Dabei kommt in ἐπιστρέφω *[epistrephō]* klar zum Ausdruck, daß es sich nicht primär um die Abwendung vom alten Leben handelt, sondern daß der Nachdruck auf der Hinwendung zu Christus liegt – und durch ihn zu Gott (vgl. Joh 14, 1. 6) – und damit zum neuen Leben. Mit der Bekehrung vollzieht sich ein Herrschaftswechsel: Der Mensch, der bisher unter der Herrschaft des Satans stand (vgl. Eph 2,1f), tritt unter die Herrschaft Gottes, er kommt aus der Finsternis in das Licht (Apg 26,18; vgl. Eph 5,8). Die Umkehr und Übergabe des Lebens an Gott wird im Glauben vollzogen; Bekehrung schließt den Glauben an Jesus Christus ein (Apg 11,21). Eine solche Bekehrung führt zu einer grundlegenden Änderung des ganzen Lebens (Apg 26,20); es bekommt einen neuen Inhalt

und ein neues Ziel: Die ursprüngliche Schöpferabsicht Gottes mit dem Menschen wird im neuen Leben Wirklichkeit; der bekehrte Mensch soll in freiwilliger Abhängigkeit von Gott mit reinem Gewissen ihm allein dienen (1 Thess 1,9; Apg 14,15; vgl. Hebr 9,14). Die Frucht der Bekehrung ist die Vergebung aller Sünden (Apg 3,19; 26,18).

Die Apg berichtet uns mehrfach von den Wirkungen der missionarischen Verkündigung der ersten Christen, und sie spricht dann von der Bekehrung der Menschen zu Jesus Christus immer als von einem einmaligen in sich abgeschlossenen Geschehen (Apg 9,35; 11,21). Auch aus dem Bericht Apg 15,3 können wir erkennen, daß das Wort Bekehrung sehr bald zu einem festen Begriff (Missionsterminus) in der frühen Christenheit wurde, der keiner weiteren Erläuterung bedurfte.

b) Während sich ἐπιστρέφω *[epistrẹphō]* auf die Bekehrung des Menschen bezieht, in der sich unter der Wirkung des heiligen Geistes eine totale Wandlung der menschlichen Existenz vollzieht, bezeichnet → μεταμέλομαι *[metamẹlomai]* mehr die Empfindung der Reue über die Sünde, die nicht notwendig zu einer echten Hinwendung des Menschen zu Gott führen muß. In wesentlich engerer Beziehung zu ἐπιστρέφω *[epistrẹphō]* steht dagegen das Verb μετανοέω *[metanoẹō]*; (vgl. Apg 3,19; 26,20) → μετάνοια *[metạnoia]*. Es bedeutet die bewußte Abkehr von der Sünde, die Änderung der Gesinnung (→ Vernunft νοῦς) und der gesamten inneren Lebenseinstellung, ohne die eine echte Bekehrung nicht möglich ist. ἐπιστρέφω *[epistrẹphō]* hat eine weitere Bedeutung als μετανοέω *[metanoẹō]* und schließt immer den Glauben ein, während μετανοέω *[metanoẹō]* und πιστεύω *[pisteụō]* nebeneinander stehen und sich ergänzen können (vgl. L. Berkhof, Systematic Theology, S. 482).

Laubach

μεταμέλομαι

μεταμέλομαι *[metamẹlomai]* bereuen · ἀμεταμέλητος *[ametamẹlætos]* unbereubar

μεταμέλομαι *[metamẹlomai]* steht im Zusammenhang mit dem unpersönlich gebrauchten μέλει *[mẹlei]* = *es liegt mir am Herzen, es liegt mir etwas daran.* μεταμέλομαι *[metamẹlomai]* drückt im klassischen Griech. *das veränderte Empfinden* einer Sache gegenüber aus, läßt sich aber nicht immer klar abgrenzen gegenüber → μετανοέω *[metanoẹō]*, das andeutet, daß man nachträglich über eine Sache anders denkt (vgl. νοῦς *[nọus]* → Vernunft). Im profanen Sprachgebrauch ist μεταμέλομαι *[metamẹlomai]* nachzuweisen bei Thukydides, Diodor und in Inschriften und bedeutet *Reue empfinden, bereuen.* I

LXX übersetzt hebr. *nācham* (im Nifal) ca. 35mal wahlweise mit μετανοέω *[metanoẹō]* oder μεταμέλομαι *[metamẹlomai]*; dh wie im profan-griech. Sprachgebrauch läßt sich auch in LXX keine eindeutige Abgrenzung zwischen beiden Begriffen vollziehen. II

Menschliche Reue wird Ex 13,17; Ri 21,6 genannt, ebenso Hi 42,6 und Jer 31,19, wo sie demütige Übereinstimmung mit Gottes gerechtem Gericht, im Guten wie im Bösen, bedeutet. Wird von Gott gesagt, daß er »bereue«, so schließt das eine zweifache Möglichkeit in sich: Gott kann trotz seiner früheren Erwählung Menschen verwerfen (1 Sam 15,11.35), weil sie sich im Ungehorsam gegen ihn gewandt haben. Gott kann aber auch trotz seines Gerichtes dem Menschen erneut seine Gnade und Barmherzigkeit zuwenden (Ri 2,18; 1 Chr 21,15; Ps 106,45; Jon 3,9f). Wird ausdrücklich betont, daß Gott keine Reue empfindet (Ps 110,4; Jer 4,28), so liegt darin die Zusicherung, daß Gott von seinem ursprünglich gefaßten Plan nicht abweichen will.

Auch das Spätjudentum kennt die Spannung zwischen Gottes Gericht und seiner Gnade. Er ist als der allmächtige Gott zugleich der Richter und der Barmherzige.

Im Gegensatz zum häufigen nt. Gebrauch der Wortgruppe μετανοέω *[metanoẹō]* findet sich μεταμέλομαι *[metamẹlomai]* nur Mt 21,30.32; 27,3; 2 Kor 7,8a.b.; Hebr 7,21 (Zitat von Ps 110,4) und das Adj. ἀμεταμέλητος *[ametamẹlætos]* = *unbereubar* nur Röm 11,29 und 2 Kor 7,10. Es bezieht sich auf etwas, was Gott (Röm 11,29) bzw. der Mensch (2 Kor 7,10) nicht bereuen wird, und ist gleichbedeutend mit *unwiderruflich.* III

Im Gleichnis Jesu Mt 21,28—32 bittet der Vater seine beiden Söhne, in den Weinberg zu gehen. Einer gibt seine Zusage, geht aber nicht. Der andere lehnt ab, bereut dann aber seine Antwort und geht doch. In diesem Zusammenhang kann der Begriff übersetzt werden mit: *seinen Entschluß ändern.* Jesus wendet das Gleichnis auf die Hohenpriester und Ältesten Israels an. Der Sohn hat sein Verhalten dem Vater gegenüber geändert. So haben auch die Zöllner und Dirnen der Botschaft Johannes des Täufers geglaubt und Buße getan. Dagegen haben die Obersten Israels ihre Ablehnung aufrecht erhalten (οὐδὲ μετεμελήθητε).

Am Beispiel des Judas wird deutlich, daß im NT μεταμέλομαι *[metamẹlomai]* und μετανοέω *[metanoẹō]* nicht gleichbedeutend sind (vgl. dagegen I und II). Judas erkannte, daß Jesus zu Unrecht verurteilt wurde. Er empfand Reue über seinen Verrat (Mt 27,3), aber er fand nicht den Weg zu echter Buße. Die gleiche Unterscheidung beider Begriffe zeigt sich auch bei Paulus (2 Kor 7,8–10). Paulus bereut es nicht, daß er den Korinthern einen harten Brief geschrieben hat, denn die Traurigkeit, die seine Worte bei den Empfängern ausgelöst haben, hat sie zu wahrer Buße geführt, zu einer inneren Umkehr zu Gott. Eine solche Buße braucht nicht bereut zu werden, da sie immer nur zu unserem Heil dient.

Der Eidschwur Gottes, der ihn nie gereuen wird (Hebr 7,21), dient nicht nur der Bestätigung der Überlegenheit des Hohenpriestertums Jesu über das at. Hohepriestertum, sondern ist zugleich Ausdruck der unwandelbaren Treue Gottes. Diese Treue Gottes wird auch daran erkennbar, daß Gottes Gnadengaben und Berufung ἀμεταμέλητος *[ametamẹlætos]* = *unwiderruflich* sind, dh in Röm 11,29, daß Gott trotz Ungehorsam und Verstockung der Menschen auch in seinem Volk Israel seinen Heilswillen durchsetzen wird. *Laubach*

μετάνοια

μετάνοια *[metạnoia]* Buße, Umkehr · μετανοέω *[metanoẹō]* sich bekehren, Buße tun · ἀμετανόητος *[ametanọætos]* unbußfertig

I Die Wortgruppe findet sich in der klassischen griech. Lit. verhältnismäßig selten, das Verb seit dem Sophisten Antiphon, das Subst. seit Thukydides. Erst die Koine gebraucht beide Worte häufiger. Entsprechend dem Sinn der Präp., die als Vorsilbe vor Verben der Bewegung und Verben geistigen Inhaltes eine Veränderung des im Verb angedeuteten Inhaltes kennzeichnet, bedeutet μετανοέω *[metanoẹō]* (vgl. νοέω *[noẹō]* → Vernunft) *seinen Sinn ändern, seine Absicht* bzw. *Ansicht ändern.* Daraus erwächst, wenn die Sinnesänderung die Erkenntnis einschließt, daß die bisherige Ansicht falsch oder schlecht war, die Bedeutung *Reue empfinden, bedauern.* Das Subst. kommt in den entsprechenden Bedeutungen vor: *Sinnesänderung, Reue, Bedauern.* Die Wortgruppe erreicht im vorbiblischen Griech. nicht die Präzision, die den Begriff μετανοέω *[metanoẹō]* und μετάνοια *[metạnoia]* im NT auszeichnet. An eine durchgreifende Veränderung des Gesamtverhaltens des Menschen, an »Umkehr« oder »Bekehrung« denkt das Griechentum nicht, auch wenn einzelne Elemente, die zur Umkehr gehören, dabei auftauchen können. Das zeigt, daß dieser Gedanke nicht im Griechentum beheimatet ist, sondern an anderer Stelle gesucht werden muß.

II 1) Dabei hilft zunächst die Verwendung des Verbs (das Subst. kommt nicht vor: Spr 14,15 ist nicht Übers. des hebr. Textes) in der griech. Übers. des AT nicht weiter. Die LXX gibt mit μετανοέω *[metanoẹō]* das hebr. *nācham* (nif) = *sich etwas leid sein lassen* wieder, so von Gott (1 Sam 15,29; Jer 18,8; Jo 2,13f; Am 7,3.6 u. ö.) und vom Menschen (Jer 8,6; 31,19), während der Gedanke der Umkehr, wie ihn bes. die prophetische Predigt formuliert und mit dem hebr. Wort *schub* bezeichnet hat, im Griech. mit → ἐπιστρέφω *[epistrẹphō]* wiedergegeben wird (Am 4,6; Hos 5,4; 6,1). Der Ruf der Propheten zur Umkehr hat zur Voraussetzung, daß das Verhältnis des Volkes und des einzelnen zu Gott als eine personale Beziehung verstanden wird. Sünde und Abfall sind Bruch und Störung dieser personalen Beziehung. Umkehr bedeutet dann eine vollkommene Neuorientierung des ganzen Menschen und eine Rückkehr zu Gott, die die Abkehr vom Bösen einschließt.

2) Diesen Bußruf der Propheten nimmt die Qumrangemeinde auf, indem sie von ihren Mitgliedern fordert, daß sie von allem Bösen umkehren (1 QS 5,1) und sich zum Gesetz Moses hinwenden (1 QS 5,8). Deshalb bezeichnen sich die Mitglieder der Gemeinde als die »Bekehrten Israels« (Dam 4,2 u. ö.), die »umgekehrt sind vom Frevel« (1 QS 10,20; 1 QH 2,9 u. ö.) und nennen ihren Bund den »Bund der Buße« (Dam 19,16).

III 1) Das NT folgt nicht der Praxis der LXX, sondern braucht μετανοέω *[metanoẹō]*, um den Gedankeninhalt von *schub* = *umkehren* wiederzugeben. Dieser Bedeutungswandel wird vorbereitet in anderen griech. Übersetzungen des AT und im hellenistischen Judentum (Belege bei Behm, Art. μετανοέω, ThWb IV,986ff). Die veränderte Wortwahl (μετανοέω *[metanoẹō]* statt ἐπιστρέφω *[epistrẹphō]*) zeigt, daß das Gewicht im NT, anders als in der konkret-körperlichen Ausdrucksweise von *schub* im AT, mehr auf das Denken und Wollen, den νοῦς *[nous]* gelegt ist, so daß sich die neue Bedeutung *Buße tun, sich bekehren* bzw. *Buße, Umkehr, Bekehrung* ergibt. Entsprechend bedeutet ἀμετανόητος *[ametanọætos]* (nur Röm 2,5) *unbußfertig*. Jedoch hat der Wechsel des Wortes nicht einfach eine Intellektualisierung des Begriffes *schub* zum Inhalt, wie denn das überwiegend intellektuelle Verständnis von μετάνοια *[metạnoia]* = »*Sinnesänderung*« im NT überhaupt stark zurücktritt. Vielmehr ist hier die Entscheidung des ganzen Menschen zur Umkehr gemeint; damit wird deutlich, daß es ebensowenig bloß um eine äußere Wendung wie etwa nur um einen inneren Anschauungswandel geht.

2) Die stärkste Beziehung zum prophetischen Bußruf ist ohne Zweifel bei Johannes dem Täufer festzustellen, der das Volk zur Umkehr aufruft und »Frucht, die der Umkehr gemäß ist«, fordert (Mt 3,2; 3,8 par). Dem at. Vorbild entspricht, daß das ganze Volk Adressat des Bußrufs ist (vgl. Apg 13,24; 19,4), auch die Frommen, die meinen, für sich die Umkehr nicht nötig zu haben (Mt 3,7ff). Die Dringlichkeit des Bußrufs hat aber bei Johannes, wie überhaupt im NT, eine andere Begründung als bei den Propheten. War im AT die Notwendigkeit der Umkehr auf den wahren Weg der Gerechtigkeit Gottes eher aus der Vergangenheit (zB soziales Unrecht, Götzendienst) begründet, so gilt jetzt: Der Anbruch der Gottesherrschaft steht bevor (Mt 3,2)! Darum kann es für den, der dem Gericht entrinnen will, nur eins geben: Umkehr, die den ganzen Menschen neu zu Gott in Beziehung setzt und sein Leben vollständig verändert (Mt 3,10). Mit dem Bußruf verbindet sich bei dem Täufer das eschatologische Sakrament der Buß-Taufe (→ Taufe), die sowohl Vergebung der Sünden gewährt (Mk 1,4 par) als auch die Umkehr zum Ziel hat (Mt 3,11 εἰς μετάνοιαν *[eis metạnoian]*, vgl. Apg 13,24; 19,4). Hier wird deutlich, daß die Umkehr zugleich als geschenkte Möglichkeit und als Aufgabe verstanden wird: Möglichkeit, die dem Menschen von Gott als eschatologische Gnadengabe geschenkt, und Aufgabe, die ihm gestellt wird.

3) Nach dem Zeugnis der Synoptiker ähnelt die Predigt Jesu der Johannes des Täufers: »Kehrt um, denn das Reich der Himmel ist genaht!« (gleicher Wortlaut Mt 3,2 und 4,17; → Reich). Aber der Unterschied wird da deutlich, wo Jesus nicht mehr, wie der Täufer, auf einen verweist, der nach ihm kommen soll (Mt 3,11), sondern in seinem Kommen das entscheidende Handeln Gottes anbrechen sieht (Lk 11,20; 17,21; Mt 11,6). Darum erklingt der Weheruf über die unbußfertigen Städte (Mt 11,20f par.). Darum werden die Leute von Ninive im Gericht besser dastehen als die Zeitgenossen Jesu; denn jene kehrten aufgrund der Predigt des Jona um, »und siehe, hier ist mehr als Jona« (Mt 12,41 par.). Darum ist Umkehr nun nicht mehr länger Gehorsam gegenüber einem Gesetz, sondern gegenüber einer Person: Der Ruf zur Umkehr wird zum Ruf in die → Nachfolge. Darum sind Umkehr und Glaube und Nachfolge verschiedene Seiten der gleichen Sache (Mk 1,15: kehrt um und glaubet ...).

Wie sehr der Ruf zur Umkehr aufgrund der in ihm selbst herbeigekommenen Gottesherrschaft die Botschaft Jesu bestimmt, läßt sich an vielen Stellen zeigen, deren inhaltliche Nähe zu dem Bußruf offensichtlich ist, auch wenn der Terminus μετανοέω *[metanoẹō]* nicht erscheint. »Wenn ihr nicht umkehrt (στραφῆτε *[straphætẹ]*) und werdet wie die Kinder, so werdet ihr nicht ins Reich der Himmel kommen« (Mt 18,3). »Keiner von euch, der nicht allem absagt, was er hat, kann mein Jünger sein« (Lk 14,33). Es sind die geistlich Armen, die Kleinen und Hilflosen und auf die Hilfe Angewiesenen, denen das Reich Gottes verheißen wird (Mt 5,3; 18,10.14). Es sind die Sünder, die Jesus zur Umkehr zu rufen gekommen ist, nicht die Gerechten (Lk 5,32). Das aber ist, bei aller Radikalität des Bußrufs, die Freudenbotschaft, daß es die Möglichkeit zur Umkehr gibt. Weil Gott sich zum Menschen gewendet hat (Lk 5,32 ἐλήλυθα *[elẹ̄lytha]* = ich bin gekommen), soll, darf und kann der Mensch sich zu Gott wenden. Darum ist Umkehr, ist Buße eine von Freude begleitete Sache, weil sie für den Umkehrenden die Eröffnung des Lebens ist. Die Gleichnisse Lk 15 bezeugen die Freude Gottes über den umkehrenden Sünder und fordern den Menschen zur Mitfreude auf. Denn das, was dem Menschen in der Umkehr geschenkt wird, ist das Leben: wie im Gleichnis die Umkehr als Heimkehr zum Vater verstanden werden kann, so kann es auch heißen: »Dieser . . . war tot und ist wieder lebendig geworden« (Lk 15,24.32).

4) Die urchristliche Predigt nimmt den Ruf zur Umkehr auf, wie Mk 6,12 und bes. die Predigtbeispiele der Apg zeigen. Dabei enthält diese Missionspredigt in Zusammenhang mit dem Ruf zur Umkehr alle Elemente, die wir bereits kennen: den Ruf zum Glauben (Apg 20,21; vgl. Apg 26,18; 19,4), die Aufforderung zur Taufe (Apg 2,38), die Verheißung der Sündenvergebung (Lk 24,47; Apg 3,19; 5,31), des Lebens und des Heils (Apg 11,18; 2 Kor 7,9f). Umkehr ist Abwendung vom Bösen (Apg 8,22; 2 Kor 12,21; Apk 2,21f) und Hinwendung zu Gott (Apg 20,21; 26,20; Apk 16,9). Apg 3,19 und 26,20 stehen μετανοέω *[metanoẹō]* und ἐπιστρέφω *[epistrẹphō]* nebeneinander; dies zeigt die Verwandtschaft der beiden Begriffe. Dabei wird μετανοέω mehr die Abwendung vom Bösen und ἐπιστρέφω die Hinwendung zu Gott bezeichnen.

5) Das spärliche Auftreten der Wortgruppe in der paulinischen Literatur (nur 6mal) und das völlige Fehlen bei Joh (außer Apk) beweisen nicht, daß der Gedanke der Umkehr dort nicht vorhanden ist, sondern nur, daß sich inzwischen eine speziellere Begrifflichkeit gebildet hat. Sowohl für Paulus als auch für Johannes ist die Umkehr mit dem → Glauben gegeben. Paulus spricht vom Glauben als von dem »Sein in Christus«, vom »Sterben und Auferstehen des Menschen mit Christus«, von der »neuen Schöpfung«, vom »Anziehen des neuen Menschen«. Die johanneische Lit. stellt das neue → Leben in Christus als »Wiedergeburt« dar, als Bewegung vom Tode zum Leben und von der → Finsternis zum → Licht oder als den Sieg der → Wahrheit über die Lüge, der → Liebe über den Haß.

6) Im Urchristentum hat man sich alsbald darüber Gedanken gemacht, ob eine mehrfache Umkehr des Menschen zu Gott möglich sei. Dazu haben gewiß Erfahrungen aus der Mission, aber auch bestimmte Elemente der eigenen Überlieferung Anlaß gegeben; so wird zB zu Petrus, nachdem er schon lange Jesus nachgefolgt ist, gesagt: »Wenn du dich bekehrst . . . , « (Lk 22,32; dort ἐπιστρέφω *[epistrẹphō]*). Der Hebr hat die äußerste Konsequenz gezogen, indem er die Möglichkeit einer zweiten Buße ablehnt (Hebr 6,4–8). Dies geschieht einerseits, um, analog dem übrigen nt. Verständnis, die Totalität der Umkehr des Menschen zu Gott gegenüber einer gleichgültig werdenden Christenheit zu betonen. Andererseits soll deutlich werden, daß die Umkehr nicht einfach ein Werk des Menschen ist, sondern daß Gott »Raum zur Buße« geben muß (Hebr 12,17). Wer nach der Umkehr vorsätzlich sündigt, verfällt Gottes Gericht (Hebr 6,8; 10,26f). Solche strenge Betonung der Endgültigkeit der Umkehr schließt nicht den umfassenden Heilswillen Gottes aus, der »nicht will, daß jemand verlorengehe, sondern daß alle zur Buße gelangen« (2 Petr 3,9). Vielmehr unterstreicht sie die Totalität seines Erbarmens: Gott rettet ganz und endgültig, und so muß auch die Umkehr des Menschen zu Gott ganz und endgültig sein.

Goetzmann

V ZUR VERKÜNDIGUNG

Die Frage nach der Bekehrung, meist kombiniert mit der nach der → Wiedergeburt, ist eine der zentralen Fragen des Pietismus; ihrem Ursprung nach ist sie allerdings durchaus biblisch: Es geht um das Ereignis, durch das der Mensch den Kurs von Gott weg und seine Orientierung an der Welt und sich selbst aufgibt und sich stattdessen unter die Weisung und Fürsorge Gottes stellt oder gestellt sieht. Die Bibel erwähnt deshalb freilich die Bekehrung auch mit Recht nicht als einen Wert an sich; sie erscheint hier genau sachgemäß als Eingang bzw. Wiederzutritt zum Glauben, als Durchgang und Lebenswende, nicht aber als Orientierungspunkt. Die Schrift stellt in die Mitte nicht den Sprung über den Graben, sondern das Ziel des Lebens mit Christus. Wer sich dauernd mit der Frage des Zuganges beschäftigte, käme aus den Kinderjahren des Glaubens nicht heraus, bliebe geistlich infantil.

Die Bekehrung ist im Grunde ohnehin nicht primär Ausdruck menschlicher Entscheidung, sondern ein Akt des Gehorsams: Sie kann immer nur des Menschen Antwort auf Gottes Anrede sein, Ergreifen des göttlichen Angebotes der Gnade; dabei läßt der Mensch zugleich seinen Händen das entgleiten, was sie bisher festhielten.

Bekehrung ist – als Antwort auf einen ergangenen Ruf – weiterhin in erster Linie Hinwendung, nicht Abwendung; so gewiß das Loslösen vom Bisherigen dazugehört, darf doch diese Rangfolge niemals übersehen werden. Dem NT jedenfalls ist es wichtig, den Wert des neuen Lebens mit Jesus Christus größer erscheinen zu lassen als die bisherige Finsternis; mit anderen Worten: nicht die Drohung mit dem Schrecken des Gerichtes – so nötig auch diese ist –, sondern die Erkenntnis der alles übertreffenden und den Menschen lockenden, ja ergreifenden Liebe Christi ist bestimmend für den Weg des Glaubens. Von hier aus stehen Buße und Reue im hellen Schein der Freude.

Das Judas-Beispiel zeigt, wenn man es mit dem gleichzeitigen Erleben des Petrus vergleicht, vielleicht am deutlichsten, daß Reue für sich allein, also Erkenntnis eines begangenen Unrechtes, nur in die ausweglose Verzweiflung führen kann. Erst durch das Angebot der Gnade und Vergebung, also nicht vom Ausgangspunkt, sondern vom Ziel her, erhalten Buße und Bekehrung (sie sind im Kern identisch) ihren Sinn; es geht dabei um eine Wendung und Neuorientierung von Denken und Handeln, also um den Einklang des Gehaltes von μετανοέω *[metanoẹō]* und ἐπιστρέφω *[epistrẹphō]*.

Dabei läßt sich methodisch keine Reihenfolge etwa von Reue – Buße – Bekehrung – Glauben – Heiligung (wie im Register mancher Gesangbücher) festlegen; es handelt sich eben nicht um ein Nacheinander, jedenfalls nicht grundsätzlich, sondern eher um verschiedene Aspekte des gleichen Vorganges, nämlich der Hinwendung bzw. der Wiederhinwendung des Menschen zu Gott. Da dieser Vorgang Werk des heiligen Geistes am Menschen ist, kann man ihn weder hinsichtlich seiner Dauer noch seiner Datierungsmöglichkeit reglementieren. Die plötzliche Bekehrung, die nach Ort und Stunde angebbar ist wie bei Wiclif oder Calvin, kann hinsichtlich des Glaubensstandes keinen höheren Rang begründen als der allmähliche Prozeß; es kommt schließlich nicht so sehr auf die Umstände des Anfanges an, zu denen Unwille und Begeisterung gehören mögen, sondern auf das Stehen im Glauben und das Wachsen in Erkenntnis, Liebe und Gehorsam.

Auf die Bekehrung kann man sich nicht vor Gott berufen, so wenig wie auf die → Beschneidung oder die Bundeszugehörigkeit; der Glaube hat zwar in der Zusage Gottes Gewißheit, aber niemals die Sicherheit eines garantierten Besitzes. Weil aber einerseits auch der Bekehrte – nicht nur im AT – wieder abweichen kann, andererseits Gott seine Tür nicht grundsätzlich nur einmal öffnet, kann neben der ersten (immerhin grundlegenden und wegweisenden) Umkehr die je neue Rückkehr stehen; freilich – ob dazu Gelegenheit ist, also noch »Raum zur Buße«, liegt allein in Gottes Hand.

Für unser Sprachempfinden hat »Reue« noch den gleichen Sinn wie oben angedeutet; der deutsche Ausdruck »büßen« führt hingegen nicht mehr zum biblischen Gehalt der Umkehr, der Zuwendung und Neuorientierung, sondern lediglich zum Einstehen für die Taten der eigenen Vergangenheit, zum Ertragen verdienter Strafe, zum Ausbaden selbstverschuldeter Folgen (»Das sollst du büßen!«). Das Wort bedarf daher, wenn es überhaupt noch geeignet ist, auf jeden Fall der Erläuterung. Außerdem ist es – ebenso wie »Bekehrung« – belastet durch das Trommelfeuer, mit dem gewisse evangelische Gruppen die Herzen glaubten für das Evangelium sturmreif schießen zu können; die Folge konnte nur Verhärtung (→ hart) sein. Immerhin klingt aber doch in »Bekehrung« auch dem profanisierten Verständnis noch der Sinn des Beginnes eines neuen Lebens, der Abkehr von Verworfenem und der Hinwendung zum Besseren mit. *L. C.*

Lit.: Dietrich, Die Umkehr im AT und Judentum, 1936 – Michel, Die Umkehr nach der Verkündigung Jesu, Ev Theol 5, 1938, 403ff – Pohlmann, Die Metanoia als Zentralbegriff der christlichen

Frömmigkeit, 1938 – Behm, Art. μετανοέω, ThWb IV, 1942, 972ff – Michel, Art. μεταμέλομαι, ThWb IV, 1942, 630ff – Hofer, Metanoia, Bekehrung und Buße im NT, 1947 – Schniewind, Das biblische Wort von der Bekehrung, 1948 – Wolff, Das Thema »Umkehr« in der at. Prophetie, ZThK 48, 1951, 129ff – Laubach, Bekehrung und Wiedergeburt in biblischer Sicht, 1954 – Fohrer, Umkehr und Erlösung beim Propheten Jeremia, ThZ 11, 1955, 161ff – Kietzig, Bekehrung zum Glauben an Jesus Christus, ThLZ 1957, 891 ff – Rengstorf u. a., Art. Bekehrung, RGG I, 1957³, 976ff – Schmalenbach, Bekehrung, der Lebensnerv des Christentums, 1957 – Schniewind, Die Freude der Buße, 1960 – Sorg, Das biblische Zeugnis von der Bekehrung und unsere Verkündigung, 1962 – Bertram, Art. στρέφω, ThWb VII, 1964, 714ff.

Bekennen

ὁμολογέω

ὁμολογέω *[homologẹō]* **bekennen, preisen · ἐξομολογέω** *[exhomologẹō]* **bekennen, preisen**
ὁμολογία *[homologịa]* **Bekenntnis**

I ὁμολογέω *[homologẹō]* und ὁμολογία *[homologịa]*, seit Sophokles und Herodot überliefert, sind Zusammensetzungen aus ὁμός *[homọs]* *gleich, ähnlich* und λέγω *[lẹgō]* *sagen*, bzw. λόγος *[lọgos]* *Wort, Rede*. Demnach bedeutet ὁμολογέω *[homologẹō]* *»das Gleiche sagen«*, d. i. *in der Aussage übereinstimmen*. ὁμολογία *[homologịa]* heißt dementsprechend *Zustimmung, Übereinstimmung*.

Die rechtliche Seite steht im Vordergrund; man *stimmt* der Aussage eines andern *zu*, *gibt* etwas *zu* (zB seine Schuld vor Gericht), *geht* auf etwas *ein* (zB auf den Wunsch des andern, dh *verspricht* etwas). Diese Einmütigkeit tritt im Akt der *Verpflichtung*, des *Versprechens*, des *Eingeständnisses* vor Gericht oder der vertraglichen *Vereinbarung* in Erscheinung.

Während die Masse Meinungen ungeprüft übernimmt, kommt es im Dialog (Plato) zu einer Übereinstimmung, die aus echter Zustimmung zu der Einsicht erfolgt, von der man sich überzeugen ließ. Die Sache ist das Gemeinsame geworden; daraus wiederum erwächst die Bereitschaft, sich freiwillig an sie zu binden.

Der religiöse Gebrauch des Wortes ist vielleicht am ehesten von der Verwendung in der Vertrags- und Rechtssprache abzuleiten: Wer sich durch ein Gelübde verpflichtet (ὁμολογέω *[homologẹō]*), begründet ein Vertragsverhältnis zwischen sich und der Gottheit. So ist der Begriff auch von dem feierlichen Eingestehen der Schuld vor Gericht auf das Sündenbekenntnis vor der Gottheit übertragen worden. Es waren vor allem orientalische Kultbräuche, die sich nun dieser Begrifflichkeit bemächtigten. Das zeigen auch die Inschriften auf lydischen und phrygischen Sühnsteinen. Im Neugriechischen schließlich bezeichnet ὁ. den Beichtakt vor dem Priester (ἐξομολογέομαι *[exhomologẹomai]* *ich beichte*, ἐξομολογέω *[exhomologẹō]* *ich höre Beichte*).

II 1) In der LXX steht ὁμολογέω *[homologẹō]* je einmal für das hebr. *jādāh* = *preisen* (Hi 40,9), *nādar* = *geloben* (Jer 44[51],25) und *schāba'* = *schwören* (Hes 16,8). ὁμολογία *[homologịa]* kommt einige Male vor für hebr. *nᵉdābāh* = *freiwillige (Opfer-)Gabe* (Dtn 12,17; Ez 46,12; Am 4,5) *nædær* = *Gelübde* (Jer 44[51],25; Lev 22,17) und *tōdāh* = *Preis, Ehre* (1 Esr 9,8). »Im Übersetzungsprozeß tritt die *homologịa*-Gruppe zurück, weil sie wegen ihrer juristischen und geschäftlichen Bedeutung zu profan klang« (Michel 204).

Weit häufiger ist das Kompositum ἐξομολογέω *[exhomologẹō]* (ca. 120mal), das meist als Übersetzung des hebr. *jādāh* = *preisen, bekennen* auftritt, verschiedentlich zusammen mit ψάλλω *[psạllō]* = *lobsingen* (zB 2 Sam 22,50; Ps 7,18; 18,50; 30,5) oder mit αἰνέω *[ainẹō]* loben (zB 1 Chron 16,4; 29,13; 2 Chron 31,2; Ps 106,47). Es bedeutet also *preisen, preisend bekennen* (unter den Völkern Ps 18,50), *singend verehren* (vgl. 2 Chron 31,2; Ps 100,4; ebenso das Subst. ἐξομολόγησις *[exhomologæsis]* zB 1 Chron 25,3; 2 Chron 20,22; Neh 12,27; Ps 147,7). Gegenstand des Preises sind Gottes Majestät und Macht (1 Chron 29,12f), seine großen Taten in der Geschichte des Volkes (Ps 105,1ff), seine freundliche Güte (Ps 118,1ff), Rettung aus Not (Ps 107,1.8.15.21.31), Rettung vor den Feinden (Ps 9,2). Das Wort gewinnt hier oft die Bedeutung *danken*, besonders da, wo die Gebetserhörung ausdrücklich erwähnt wird (Ps 28,6f; 118,21; vgl. 106,47).

Dieser Wortgebrauch bedeutet eine beträchtliche Bedeutungsverschiebung gegenüber dem Profangriechischen. Jedoch ist die ursprüngliche profangriechische Bedeutung, *eine Schuld öffentlich eingestehen*, nicht gänzlich verlorengegangen; das hebr. *jādāh* (hif. und hitp.) heißt ja sowohl *loben, preisen* wie auch *bekennen, die Schuld eingestehen* (bes. deutlich Jos 7,19; 1 Kön 8,33ff; 2 Chron 6,24ff, wo das lobpreisende »Bekennen« des Namens Jahwes im Blick auf die vorangegangene Sünde gefordert wird, oder vgl. Ps 107,15 zu V. 11 und V. 21 zu V. 17, wo Sündenbekenntnis und Dank für die Errettung zusammen erklingen).

Diese für uns merkwürdige Verbindung von Sündenbekenntnis und Lobpreis Gottes rührt daher, daß sich in Israel der Lobpreis Gottes immer auf ein ganz bestimmtes, vorangegangenes Handeln Gottes, auf eine geschichtliche Heilstat oder auch auf ein Gerichtshandeln Gottes, bezieht. Im letzteren Falle bekennt der Mensch »in Anerkenntnis eines zu Recht ergehenden Gerichtes ... seine Vergehung, und er kleidet diese Aussage in das Gewand eines lobpreisenden Bekenntnisses zu Gott« (v. Rad I 356). Indem der Beter im Lobpreis Gott recht gibt und damit seine eigene Schuld und die Rechtmäßigkeit der daraus folgenden Strafe anerkennt, wird das gegen ihn laufende Rechtsverfahren beendet (vgl. v. Rad I 355). Von da aus werden Stellen wie Jos 7,19 (Achan wird aufgefordert, vor der Hinrichtung »Gott die Ehre zu geben«) und Esr 10,11 (1 Esr 9,8 LXX, das Schuldbekenntnis der Gemeinde) verständlich. –

Die Verbindung: *»den Namen des Herrn anrufen, bekennen«* wird in der LXX auch oft mit ἐπικαλέω *[epikalẹō]* (→ Berufung) wiedergegeben.

2) Im Spätjudentum bezieht man ὁμολογέω *[homologẹō]*, ἐξομολογέω *(exhomologẹō]* etc. auf die *Beichte* (vgl. Ps Sal 9,6). Buße und Beichte gehören zusammen; das Bußgebet entwickelt einen eigenen Gebetsstil. So *bekennen* Daniel (Dan 9,1–19), die verbannten Juden (Bar 1–3), Tobit (Tob 3,1–6) u. a. die Sünden ihres Volkes, beugen sich unter Gottes Gericht, geben ihm recht und bitten Gott, ihnen Barmherzigkeit zu erweisen um seines Namens willen. Josephus weist darauf hin, daß das Sündenbekenntnis vor dem Gericht Gottes bewahrt (Ant 8,129.256f.362; Bell 5,415). Neben der Beichte kann die Wortgruppe wie in den Pss den *Lobpreis*, das *Dankgebet* bezeichnen (Sir 51,1–12). Bei Josephus findet sich die Wendung Καίσαρα δεσπότην ὁμολογεῖν *[Kạisara despọtæn homologẹin]* »den Cäsar als Herrn *bekennen*« entsprechend 2 Makk 7,37: *»bekennen*, daß er (Gott) allein Gott ist.« Die apokalyptischen Schriften gebrauchen die Wortgruppe für das *Lob* Gottes, zu dem sich die Auserwählten mit den Engeln bei der Ankunft des Weltenrichters vereinen werden (Belege bei O. Michel, ThWb V,204ff).

Besondere Bedeutung hat das hebr. *jādāh* in Qumran gewonnen. Die meisten in Qumran gefundenen Psalmen (1QH) beginnen mit der Formel: »ich will dich preisen, Herr, daß du ... « (1QH 2,20.31 u. ö.); das entspricht genau Mt 11,25. Auch vom Bekenntnis der Schuld ist öfter die Rede (1QS 1,24; vgl. 1,9ff).

ὁμολογέω *[homologẹō]* kommt im NT 26mal vor (davon 10mal bei Joh) und ist ein sehr umfassender Begriff, dessen Bedeutungsumfang von der profan-griech. Grundbedeutung über die besondere LXX-Prägung bis hin zum spätjüd. Gebrauch reicht. Das gilt auch zT für das seltener vorkommende Kompos. ἐξομολογέω *[exhomologẹō]* (10mal). Anders ist es beim Subst. ὁμολογία *[homologịa]* (6mal), das ganz auf das christliche Bekenntnis beschränkt wird (2 Kor 9,13; 1 Tim 6,12.13) und einen festen liturgischen Platz einnimmt (vgl. Hebr 3,1; 4,14; 10,23). III

1) An den Stellen Mt 14,7 und Lk 22,6 ist noch am deutlichsten der profane hellenistische Sprachgebrauch erhalten. Wenn Herodes seiner Stieftochter mit einem Eid *verspricht*, ihren Wunsch zu erfüllen (Mt 14,7), oder wenn Judas sich gleichsam eidlich zum Verrat *verpflichtet* (Lk 22,6), dann rückt dieses »Einswerden« mit der Forderung des anderen schon in die Nähe von *Versprechen* oder *Schwören*. Ähnliche Verwendung von ὁ. liegt in Apg 7,17 vor, wo es um eine verbindliche *Zusage* an Abraham geht.

Von dem profan-griech. Sprachgebrauch *zugeben, eingestehen* her ist wahrscheinlich Hebr 11,13 zu verstehen. Die Israeliten mußten an der Schwelle des verheißenen Landes im Anblick des Todes *eingestehen*, daß sie nur Fremdlinge auf dieser Erde seien. Aber es ist auch möglich, daß hier bereits im proklamatorischen Sinne zu verstehen ist und »ein Bekennntnis öffentlich ablegen« bedeutet (Michel, Hebr z. St.). Unter Umständen hat der Verfasser bewußt das Wort gewählt, um beides anklingen zu lassen.

2) An den LXX-Gebrauch *loben, preisen* schließt sich die Verwendung von ὁμολογέω *[homologẹō]* in Hebr 13,15 bzw. ἐξομολογέω *[exhomologẹō]* in Mt 11,25 par und Röm 15,9 (Zitat aus Ps 18,50) an. Jesus *preist* Gottes Taten, indem er sich freudig zu Gottes Plan bekennt (Mt 11,25 par). Das in Christus angestimmte Lob zur Ehre Gottes (das Zitat aus Ps 18,50 bezieht sich wahrscheinlich auf Christus) soll von den Heiden aufgenommen und nachgesprochen werden (Röm 15,9). Der Hebr (13,15) fordert die Gemeinde auf, durch Christus, dh durch seine Vermittlung und in seiner Gegenwart, den Namen Gottes zu *preisen*.

3) Am häufigsten aber wird die Begriffsgruppe in der Bedeutung *gestehen, frei erklären, öffentlich bekennen* verwendet.

a) So legt Paulus in Apg 24,14 vor Gericht ein *Geständnis* ab, das in Wirklichkeit ein Bekenntnis zu Jesus ist, verbunden mit einem solchen zum Gott seiner Väter; oder Johannes der Täufer *bekennt frei,* daß er noch nicht der Erwartete ist (Joh 1,20).

b) Aus diesem juristischen Sprachgebrauch abgeleitet, meint ὁ. in 1 Joh 1,9 das *Gestehen,* das *Bekennen der Sünde;* der Bekennende stellt sich hinter einen Tatbestand, ohne ihn zu verdecken oder gar zu bestreiten. Zu dem, der sich so aufrichtig zu seiner Schuld stellt und bekennt, steht Gott in seiner Treue und Gerechtigkeit, indem er die Sünden vergibt. In den Aussagen über das Bekennen der → Sünden (bis auf 1 Joh 1,9 immer ἐξομολογέω *[exhomologẹō]*), das Anzeichen der → Buße und damit Kennzeichen der neuen Glaubensexistenz ist, setzt sich die Tradition der Bußpsalmen fort. Das zeigt sich bes. deutlich Mk 1,5 par, wo das öffentliche Bekennen der Sünden wie in den Psalmen zugleich Befreiung ist, oder Apg 19,18, wo die neu Gläubiggewordenen ihre vorherigen Zauberpraktiken vor der Gemeinde bekennen, auch in der Mahnung des Jakobus, sich bes. in Krankheitsfällen gegenseitig die Sünden zu bekennen (Jak 5,16).

c) Mit dem *öffentlichen Bekenntnis* (vgl. 1 Tim 6,12; hier anläßlich der Taufe) antwortet die Gemeinde bzw. der Glaubende auf die Vergebung der Sünden, dh auf die Heilstat Gottes in Jesus Christus. In diesem Bekenntnis wird Jesus Christus als der Herr anerkannt und bezeugt, daß ihn Gott von den Toten auferweckt hat zur Rettung seiner Gemeinde. Im Bekenntnis »wendet sich der Glaubende von sich selbst weg und bekennt, daß er alles, was er ist und hat, durch das ist und hat, was Gott getan hat« (Bultmann, Theol. NT 319). Darin also erweist sich das Bekenntnis – auch in und mit einem formulierten Glaubenssatz – als Akt des Glaubens, daß es eindeutig auf Gottes Heilstat in Christus bezogen ist, während sich zB das Bekenntnis der Pharisäer auf einen Lehrsatz bezieht, der formal richtig ist und doch die Auflehnung gegen Jesus nicht ausschließt (Apg 23,8ff). Nur dem Einklang von Glauben und Bekenntnis (Herz und Mund) freilich ist Gerechtigkeit und Rettung, dh ewiges Heil verheißen (Röm 10,8–10; V. 9 liegt sicher eine urchristliche Bekenntnisformel zugrunde). Der Gehorsam gegenüber dem Bekenntnis (ὑποταγὴ ὁμολογίας *[hypotagæ homologias]* 2 Kor 9,13) zeigt sich in der praktischen Liebestat (2 Kor 9,6–13).

Gerade dieses öffentliche Bekenntnis zum fleischgewordenen Sohn Gottes (vgl. Joh 1,14; 1 Joh 4,2), an den die Gemeinschaft mit Gott gebunden ist (1 Joh 2,23; 4,15), gehört substantiell zum wahren Glauben und wird zum Erkennungszeichen der rechten Christologie gegenüber häretischen Strömungen, etwa den (wahrscheinlich gnostischen) Irrlehren (1 Joh 2,23; 4,2.3.15), die die Identität von Christus und Jesus leugneten. Bei Johannes geht es im Bekennen nie um einzelne Lehrmeinungen, sondern immer um die ganze Wahrheit, an der sich die Gemeinschaft mit Gott entscheidet; und diese Wahrheit ist eben nicht ein Satz, sondern sie liegt in der Person Jesu. Weil das Bekenntnis Ausdruck dafür ist, daß der Mensch sich zur Tat Christi stellt und sein Leben darunter stellt, wird es zum Prüfstein, zum Merkmal, an dem sich die Geister scheiden. So wird im JohEv gezeigt, wie jeder, der sich öffentlich zu Jesus als dem Messias bekennt, aus der Synagoge ausgeschlossen wird (Joh 9,22; 12,42). Die Gemeinde wird aufgefordert, in ihren eigenen Zusammenkünften das falsche Bekenntnis von dem rechten zu unterscheiden (vgl. 1 Joh 4,1f).

Um eine antihäretische Aussage handelt es sich auch in Tit 1,16: Indem das Bekenntnis (das hier der gnostischen höheren Erkenntnis entspricht) und die Tat auseinanderklaffen, erweist sich das Bekenntnis als falsch.

Einen besonderen Akzent erhält ὁμολογέω *[homologẹō],* wenn ihm seine Negation im Begriff ἀρνέομαι *[arnẹomai]* (→ verleugnen) entgegengestellt wird (Joh 1,20; Tit 1,16; 1 Joh 2,23; auch Mt 10,32f par). Weil das Verleugnen immer gleichbedeutend ist mit dem Abfall von Jesus, wird durch diese Zusammenstellung die eschatologische Verbindlichkeit des Bekennens besonders unterstrichen: Indem der Mensch seiner Umwelt gegenüber sich zu Jesus stellt oder sich von ihm distanziert, trifft er jeweils eine Entscheidung, auf die sich Gott im Gericht berufen wird (Mt 10,32f; Offb 3,5; vgl. Mk 8,38). So total ist der Glaubende in die Christusgemeinschaft gestellt, daß das Bekennntnis vor den Menschen (zB vor dem menschlichen Gericht in der Verfolgung) als vor Gottes Richtstuhl gesprochen angesehen wird. »Bekennen« schließt hier aber wiederum nicht nur das vor den Menschen gesprochene Wort ein, sondern den in der ganzen Existenz sichtbar werdenden Gehorsam. Kommt es nicht zu diesem totalen Gehorsam, sondern ruht sich der Mensch auf seiner Erkenntnis, auf seinem Wissen um das Heil aus, dann kommt das einer Verleugnung gleich, zu der sich einst Jesus »bekennen« wird, wenn er im Gericht sprechen wird: Nie habe ich euch gekannt (Mt 7,23). Am Ende werden dann alle Mächte Jesus als den Christus bekennen, dh anerkennen, und ihm huldigen müssen (Phil 2,11). *Fürst*

Lit.: Bornkamm, Homologia, Hermes 71, 1938, 377ff – ders., Das Bekenntnis im Hebräerbrief, ThBl 21, 1942, 56ff – Michel, Art. ὁμολογέω, ThWb V, 1954, 199ff – WestermannıKamlah, Art. Bekenntnis, RGG I, 1957³, 988ff – von Rad, Theologie des AT, I und II, 1958 – Ott, Glaube und Bekennen, 1963 – HFWeiß, Bekenntnis und Überlieferung im Neuen Testament, ThLZ 99, 1974, 321ff.

Bekleiden

Während der Vorgang des Be- und Entkleidens durch die verschiedenen Verben des Stammes δύω *[dyō]* ausgedrückt wird, kennt das NT zur Bezeichnung der Kleidungsstücke mehrere Worte: Neben dem weitaus am häufigsten und normalerweise für das Gewand gebrauchten ἱμάτιον *[himạtion]* findet sich je 2mal bei Lukas und in Apg sowie 3mal bei Johannes auch ἐσθής *[esthæs]*, und zwar wenn es um ein besonders kostbares, zB das leuchtend weiße Gewand geht; dann aber auch in der Off (5mal) sowie bei Lukas und Markus (je 2mal) στολή *[stolæ]* für das seinen Träger auszeichnende lange Obergewand (in LXX bes. der Priester, in Mk 12,38 der Schriftgelehrten, in Offb der erlösten Märtyrer). Einen negativen Gehalt hat dagegen immer γυμνός *[gymnọs]* = nackt.

γυμνός

γυμνός *[gymnọs]* nackt · γυμνάζω *[gymnạzō]* üben · γυμνασία *[gymnasịa]* Übung · γυμνότης *[gymnọtæs]* Nacktheit

γυμνάζω *[gymnạzō]* kommt im Profangriechischen seit Aeschylos vor; trans.: *üben* = *jemanden trainieren*, auch reflexiv *sich üben*, intrans.: *turnen*. Durch die Sitte, unbekleidet Sport zu treiben, erklärt sich die Ableitung vom Adj. γυμνός *[gymnọs]*, das – seit Homer bekannt – im wörtlichen Sinn *nackt, unbekleidet, der Kleidung beraubt* (Appian),*kein Obergewand tragend* (Hesiod), *dürftig* –, ärmlich gekleidet (Demosthenes) und im übertragenen Sinn: *unverhüllt, bloß* bedeutet. Das dazu gehörende Subst. γυμνότης *[gymnọtæs]*, im Profangriech. selten gebraucht, bedeutet im wörtlichen Sinn: *Nacktheit, Blöße*; übertragen: *Blöße, bittere Entbehrung*; γυμνασία *[gymnasịa]* ist die *Übung*. I

2) In der griech. Philosophie finden sich γυμνός *[gymnọs]* bzw. γυμνότης *[gymnọtæs]* als Termini für das Sein der Seele, sofern sie vom Körper getrennt ist (Plato). In der spätantiken Religiosität ist die Vorstellung vom Leib als Kleid der Seele weit verbreitet. Das Subst. γυμνασία *[gymnasịa]* wird in der Philosophie übertragen für *Disputation* (Plato) gebraucht.

1) In LXX kommt γυμνός *[gymnọs]* häufig vor als Ausdruck äußerster Hilflosigkeit (Jes 58,7; Hes 16,22). Von hier aus wird die übertragene Bedeutung Hi 26,6 verständlich: Selbst das Totenreich hat keine Möglichkeit, sich vor Gott zu verbergen, völlig *hilflos* ist es vor Gott offenbar. – γυμνότης *[gymnọtæs]* kommt in LXX nur Dtn 28,48 vor. II

2) Auch im Spätjudentum findet sich γυμνός *[gymnọs]* in doppelter Bedeutung. Es wird von Josephus und bes. von Philo gern verwendet. In einem Teil der jüd. Apokalyptik wird es in der Bedeutung *unverhüllt, ohne Leibeshülle*, zum Zentralbegriff.

1) Der nt. Sprachgebrauch dieser Wortgruppe deckt sich bedeutungsmäßig mit dem profanen. III

a) γυμνός *[gymnos]* im Nt 16mal, in den Bedeutungsnuancen *völlig unbekleidet* (Mk 14,51; *gewaltsam entkleidet* (Apg 19,16); *armselig bekleidet* (Mt 25,36ff). Einen gewissen Bedeutungswandel hat das Wort in Joh 21,7 erfahren, wenn es für *»nur mit dem Untergewand bekleidet«* steht. Der Schiffer arbeitete ohne Obergewand. Dies legte Petrus an, um nicht als γυμνός *[gymnos]* vor Jesus zu erscheinen. Im übertragenen Sinn *(unverhüllt, aufgedeckt, offenbar, bloßgelegt)* wird es gebraucht in Hebr 4,13; 1 Kor 15,37; 2 Kor 5,3 und Offb 3,17 sowie Offb 16,15 (vgl. III 2).

b) γυμνότης *[gymnotæs]* in wörtlicher Bedeutung *(Nacktheit, Blöße, bittere Entbehrung, äußerste Armut)*: Röm 8,35; 2 Kor 11,27. Übertragen als negativ verstandene *geistliche Armut*.

c) γυμνάζω *[gymnazo]* wird im NT ausschließlich übertragen gebraucht (1 Tim 4,7; Hebr 5,14; 12,11; 2 Petr 2,14).

d) γυμνασία *[gymnasia]* (nur 1 Tim 4,8) hat die wörtliche Bedeutung: *Übung, Training*. Hier wird nicht gegen die griech. Sportpraxis polemisiert, sondern – wie der Kontext zeigt – gegen eine mißverstandene Askese.

2) Von der ganzen Wortgruppe hat nur γυμνός *[gymnos]* an einigen Stellen theol. Bedeutung.

a) Vor dem Worte Gottes gibt es keine Verhüllungen, alles ist nackt vor ihm (Hebr 4,13), es macht völlig offenbar, unfähig, sich zu verbergen.

b) In 1 Kor 15,37 stellt Paulus das »nackte« Samenkorn, das in die Erde gelegt wird, der aus dem Samenkorn hervorgegangenen Pflanze gegenüber. Der antike Mensch sah weniger die biologische Entwicklung vom »nackten« Korn zur fertigen Pflanze, er bestaunte vielmehr das Wunder, daß Gott nach dem Sterben des einen Körpers im Boden einen neuen geschaffen hatte. So kann Paulus in der Schöpfung die Auferstehung der Toten typologisch vorgebildet sehen: Wie aus dem nackten Samenkorn die neue Lebensform der Pflanze hervorgeht, so kann Gott durch den Tod des irdischen Leibes den Auferstehungsleib erstehen lassen. Die Kontinuität zwischen dem alten Leib und dem neuen ist jedoch nicht substantiell, sondern geschichtlich zu verstehen.

c) In 2 Kor 5,3 wird γυμνός *[gymnos]* im Sinne von *ohne Leibeshülle* verwandt. Die theol. Ausdeutung ist hier allerdings mit größten Schwierigkeiten verbunden. Es ist ein mehrfaches Verständnis möglich.

α) Paulus nimmt an, daß zwischen Tod und Parusie ein Zwischenzustand liegt, der durch »Nacktheit«, dh durch ein Dasein der Leiblosigkeit, charakterisiert ist. Diesem Zustand des Nackterfundenwerdens, der Leiblosigkeit, möchte er durch die Parusie entgehen. Dies bringt nämlich für den Erlösten das Überkleidetwerden mit dem Himmelsleib, das ἐπενδύεσθαι *[ependyesthai]* (→ δύω). Paulus fürchtet also den Tod wegen des »Entkleidetwerdens«.

β) Mit γυμνός *[gymnos]* kann aber auch das Schicksal der Unerlösten charakterisiert sein. Als Verdammte erhalten sie keinen Herrlichkeitsleib. Dieser gleichen Vorstellung begegnet man später auch in der samaritanischen Liturgie.

γ) Die neuere Forschung nimmt an, daß Paulus hier gegen gnostische Anschauungen in Korinth kämpft. Die Gnostiker behaupten, keine »Behausung aus Gott« (2 Kor 5,2) zu haben, ja gar keine zu wollen (vgl. Hermetische Schriften). Das Ziel des Gnostikers ist ja gerade das Entkleidetwerden (ἐκδύω *[ekdyō]*, → δύω) von jeder Leiblichkeit, »das Emporsteigen des vom Leibe befreiten nackten Ich« (Bultmann). Der Christ kann als Ziel der Erlösung nicht die »Leiblosigkeit« wünschen, die ihn der Gemeinschaft mit Gott beraubt, sondern Paulus sehnt sich eben nach dem neuen himmlischen Gewand, damit die Entkleidung, dh der Tod, nicht im Nacktsein, in der Leiblosigkeit ende, sondern in der neuen, von Gott geschenkten Leibexistenz.

d) Schließlich kann γυμνός *[gymnos]* eine innere Armut bedeuten, so in Offb 3,17; 16,15. Das gleiche gilt für γυμνότης *[gymnotæs]* in Offb 3,18. *Weigelt*

δύω

δύω/δύνω *[dyō/dynō]* · ἐκδύω *[ekdyō]* ausziehen, entkleiden · ἀπεκδύω *[apekdyō]* ausziehen · ἀπέκδυσις *[apękdysis]* das Ablegen · ἐνδύω *[endyō]* anziehen, bekleiden · ἐπενδύομαι *[ependyomai]* noch darüber anziehen · ἀποτίθεμαι *[apotịthemai]* ablegen · ἀπόθεσις *[apọthesis]* das Ablegen

1) δύω *[dyō]* ist im Profangriechischen transitiv nur bei Theophrast in der Bedeutung *versenken* belegt. Intrans. werden δύω *[dyō]*, δύνω *[dynō]* und δύομαι *[dyomai]* seit Homer im Sinne vom *Untergehen, Untertauchen* der Sonne häufig gebraucht; auch übertragen oder bildlich mit den Bedeutungen: *anziehen, sterben, sich wappnen* (zB mit Kraft). I

2) Das Kompositum ἐκδύω *[ekdyō]* – ebenfalls seit Homer – bedeutet trans. *ausziehen*; intrans. *sich ausziehen, sich von etwas entledigen, sich herausziehen, entkommen*. Intrans. wird es auch übertragen gebraucht (Artemidorus) im Sinne von *Ablegen* der Leibeshülle.

3) Das Bikompositum ἀπεκδύω *[apekdyō] ausziehen, entwaffnen* sowie das dazugehörige Subst. ἀπέκδυσις *[apękdysis] das Ablegen, das Entfernen* sind in der vorchristlichen außerbiblischen Lit. nicht belegt.

4) Dagegen ist das Kompositum ἐνδύω *[endyō]* auch bereits seit Homer belegt, trans. in der Bedeutung *anziehen, ankleiden* verbunden entweder mit dem Akk. der Sache (Homer) oder mit dem doppelten Akk. (Aristophanes). Intrans. wird es sowohl wörtlich (Homer) gebraucht: *sich anziehen, sich bekleiden, sich etwas anlegen* (zB ein Kleid, ein Gewand, Waffen), wie auch übertragen: zunächst in der Bedeutung *Annehmen von Eigenschaften* (Tugenden), zB Mut fassen (Aristophanes); dann aber auch in der Bedeutung *irgendeine Person annehmen*, zB die Rolle des Tarquinius spielen (Dionysius Halicarnassensis).

5) Das Bikompositum ἐπενδύομαι *[ependyomai]* ist in der Bedeutung *drüberziehen, sich darüber noch anziehen* seit Herodot bekannt.

In LXX und Spätjudentum werden die Wörter dieser Gruppe (abgesehen von ἀπεκδύω *[apekdyō]*, ἀπέκδυσις *[apękdysis]* und ἐπενδύομαι *[ependyomai]*, die in LXX fehlen) im wesentlichen wie im Profangriechischen gebraucht: 1) δύνω *[dynō]* wörtlich Gen 28,11 und bildlich Jon 2,6. – 2) ἐκδύω *[ekdyō]* trans. Gen 37,23; Hos 2,5 und intrans. Jes 32,11; Spr 11,8. – 3) ἐνδύω *[endyō]* (für hebr. *labasch)* wörtlich: *Anziehen* der Kleider Gen 3,21, und übertragen: *Annehmen* positiver oder negativer Eigenschaften und Gaben: Gerechtigkeit Hi 29,14; Stärke Jes 52,1; Heil Ps 132,16; Herrlichkeit 1 Makk 14,9; Schmach Hi 8,22; Entsetzen Hes 7,27. – 4) ἐπενδύω *[ependyō]* nur spätjüd. Literatur und Gnosis. II

1) δύνω *[dynō]* kommt im NT nur Mk 1,32 und Lk 4,40, beidemal vom *Untergehen* der Sonne vor. III

2) ἐκδύω *[ekdyō]* (5mal im NT: Synoptiker 4mal, 2 Kor 1mal) deckt sich bedeutungsmäßig mit dem Profangebrauch.

a) Wörtlicher Gebrauch findet sich in der Bedeutung *ausziehen, entkleiden* Mt 27,28. 31; Mk 15,20; Lk 10,30.

b) Übertragener Gebrauch liegt 2 Kor 5,4 vor, wo Paulus das Wort ohne Objekt im Sinne von *sich ausziehen, die Leibeshülle verlieren* verwendet: Wir wollen nicht ἐκδύσασθαι *[ekdysasthai]* = *entkleidet werden*. Exegetisch ist man hier im wesentlichen drei Wege gegangen: α) Paulus ersehne die Wiederkunft Jesu vor dem Tod, weil der Tod einen leiblosen (→ γυμνός *[gymnọs])* Zwischenzustand, ein Sein der Nacktheit nach sich ziehe. Paulus wolle also nicht im Tod die Leibeshülle verlieren, sondern bei der Wiederkunft überkleidet werden. Gegen diese Lösung spricht aber u. a. sein Sehnen nach Erlösung Röm 8,22; 2 Kor 5,5. β) Paulus wolle nicht die Leibeshülle verlieren, denn der Verlust der Leibeshülle sei das Schicksal der Ungläubigen. Diese verlören nämlich beim Sterben, bevor oder während der Parusie, ihre irdische Leibeshülle und hätten keinen Himmelsleib, wie ihn die Gläubigen erlangten. Dagegen spricht u. a., daß Paulus sich gerade auf die Gemeinschaft mit Christus im »Zwischenzustand« freut (Phil 1,23). γ) Paulus kämpft gegen eine gnostische Front in Korinth. Die Gnostiker sehnen sich nach dem Verlust der Leibeshülle (→ γυμνός *[gymnọs])*. Für diese Lösung spricht u. a., daß die Betonung an dieser Stelle nicht auf dem Entkleidetwerden, sondern auf dem Überkleidetwerden liegt. Paulus setzt also dem Entkleidetwerden der Gnostiker das Überkleidetwerden mit dem neuen Leib betont entgegen.

Ähnlich wie ἐκδύομαι *[ekdyomai]* wird ἀποτίθεμαι *[apotịthemai]* im NT übertragen gebraucht für das *Ablegen* der fleischlichen Eigenschaften (Röm 13,12; Eph 4,25), ja des gesamten Seins, soweit es unter der Macht des alten Äons steht: Leget den alten Menschen ab (Eph 4,22; vgl. Kol 3,9), um den neuen Menschen anzuziehen (Eph 4,24; Kol 3,10; Gal 3,27; vgl. Röm 6,4f). Das Subst. ἀπόθεσις *[apọthesis]* bezeichnet 1 Petr 3,21 das *Ablegen* des Schmutzes und 2 Petr 1,14 das *Verlassen* des irdischen Leibes, das Sterben.

3) a) ἀπεκδύω *[apekdyō]* kommt Kol 2,15 und 3,9 vor. Kol 3,9 verbunden mit dem Akk. der Sache: Den alten Menschen *ausziehen.* Das Doppelkompositum wird wahrscheinlich gebraucht, um auszudrücken, daß es sich um ein völliges Ab- und Wegtun handelt. Ein Rückfall in das alte Sein ist daher ausgeschlossen.

In Kol 2,15 hat es die Bedeutung *entmächtigen, ausziehen.* Eigentlich ist es im medialen Sinn gebraucht: sich etwas ausziehen. Deshalb beziehen es Ambrosius und Augustin auf die Ablegung des Fleisches. Die griech. Ausleger, zB Origenes, fassen es dagegen aktiv. Dies ist richtig; denn in der Koine kann das Medium im aktiven Sinn gebraucht werden. Gott hat die Mächte und Gewalten ausgezogen. Hinter diesem Bild steht orientalische Sitte. Wurde ein Würdenträger abgesetzt, so mußte er seine Amtskeidung ablegen. Genauso entledigte Gott die Mächte ihrer Würde, indem er sie auszog und die Macht dem gab, dem sie allein gehörte: Christus. Die Szenerie von Kol 2,15 ist also nicht die des Schlachtfeldes (keine Belege dafür), sondern die des königlichen Hofes.

b) ἀπέκδυσις *[apẹkdysis]* findet sich nur Kol 2,11 und zwar in übertragener Bedeutung. Paulus gebraucht es, um die endgültige, »nicht mit Händen gemachte Beschneidung«, die »Beschneidung Christi« zu beschreiben: Sie ist das *Ausziehen* des Fleischesleibes, das den Christen zuteil wird in der Taufe, und die Taufe ist ein Mitbegrabenwerden mit Christus (vgl. V. 12). In diesem Fall könnte das Bikompositum polemisch gebraucht worden sein gegenüber der unvollkommenen jüd. Beschneidung.

4) ἐνδύω *[endyō]* kommt im NT 28mal vor: Synoptiker 10mal, Apg 1mal, Paulus 14mal, Offb 3mal. Neben der wörtlichen Bedeutung (sie legten ihm seine Kleider an Mt 27,31) wird es sehr häufig übertragen gebraucht:

a) In Verbindung mit dem Akk. der Sache: Von dem *Anlegen* der geistlichen Waffenrüstung (1 Thess 5,8; Eph 6,11; Röm 13,12), von dem *Anlegen* christlicher Tugenden (Kol 3,12), von dem *Anlegen* des eschatologischen pneumatischen Leibes (1 Kor 15,53).

b) In Verbindung mit dem Akk. der Person: α) Christus *anziehen* (Gal 3,27; Röm 13,14), sowohl durch die Taufe wie durch den Glauben; Glaube und Taufe stehen hier in paradoxer Spannung wie in unlösbarer Verbindung. Formal gesehen bedeutet dieser paulinische Sprachgebrauch eine gewisse Nähe zu den Praktiken der Mysterienkulte. Hier versuchten die Mysten durch Anlegen der Kleidung oder der Maske der Götter sich mit ihnen zu identifizieren. Bei Paulus aber geht es um ein neues Seinsverhältnis zu Christus. Bei ihm bezeichnet Anziehen den Beginn des Anteilhabens am Sein Christi selbst. β) *Anziehen* des neuen Menschen (Eph 4,24; Kol 3,10): Der neue Mensch ist bei Paulus identisch mit Christus.

c) Absoluter Gebrauch 2 Kor 5,3: *Überkleidet werden.* Paulus wünscht also nicht die Leiblosigkeit, sondern verlangt nach dem Anziehen des neuen Kleides, des pneumatischen Leibes. Das ist antignostisch gesprochen, denn die Gnosis suchte ja gerade das Freiwerden von der Leibeshülle, die → γυμνότης *[gymnọtæs]* = Nacktheit. Dieses Überkleidetwerden vollzieht sich bei der Parusie.

5) ἐπενδύομαι *[ependyomai]* kommt nur 2 Kor 5,2.4 vor. Paulus sehnt sich, im Gegensatz zu den Gnostikern, danach, mit dem Himmelsleib *überkleidet* zu werden (s. o. III 2b; vgl. → γυμνός *[gymnọs]*). Der Sinn des Mediums ist hier passiv (L: überkleidet werden).

Weigelt

ἱμάτιον *[himạtion]* Gewand

ἱμάτιον

ἱμάτιον *[himạtion]* (der Form nach Diminutiv zu εἷμα *[hẹima]*, zu ἕννυμι *[hẹnnymi]* = bekleiden) seit Herodot bezeugt, bedeutet *Kleid, Kleidungsstück, Gewand;* im Profangriech. wörtlich gebraucht, übertragen sehr spät (Eustathios: die Kleider der Stadt sind ihre Mauern). I

In LXX steht ἱμάτιον *[himạtion]* als Äquivalent zumeist von hebr. *bægæd* im Sinne von *Obergewand,* aber auch der ganzen *Kleidung.* Das Gewand kann zum Zeichen von Trauer (Ri 11,35) und auch Zorn (2 Kön 5,7) zerrissen werden. Von dieser affektgeladenen Bedeutung des Kleides wird es verständlich, daß der Mantel zum Symbol der Vergänglichkeit (Jes 50,9; 51,6ff) und dann doch wieder auch ganz entgegengesetzt zum Zeichen des von Gott gegebenen Heils und Schutzes wird (Jes 61,10; vgl. Gen 3,12). II

Im Spätjudentum als Metapher für Buße, Gebotserfüllung, gute Werke, Torastudium, mit denen man sich wie mit einem Gewand oder einer Rüstung umkleidet. In der Apokalyptik (äthiop. und sl Henoch) steht *Kleid* symbolhaft für *Heil.* In den hellenistischen Mysterienkulten erfüllt das Kleid religiöse Funktionen. In der Gnosis kann ἱμάτιον *[himạtion]* Sinnbild für das Leben sein.

Im NT kommt ἱ. 60mal vor, davon 41mal in den Evangelien. Es wird wörtlich zunächst für jedes Gewand (zB Mt 27,31; Apg 9,39; u. ö.), dann speziell für *Obergewand, Überwurf, Mantel* (Mt 9,20f; Joh 19,2 u. ö.) und bildhaft (Mt 22,11–13; Mk 2,21; Hebr 1,11 u. ö.) gebraucht. Neben der Übernahme des profangriech. Sprachgebrauchs knüpft das NT besonders an den übertragenen Gebrauch in LXX und Spätjudentum an. III

Besondere theol. Bedeutung hat ἱ.:

1) wo Handlungen von bes. Aussagekraft damit vollzogen werden:

a) Menschen zerreißen ihre Kleider zum Ausdruck der Trauer beim Anhören einer Gotteslästerung (Mt 26,65; Apg 14,14). Paulus schüttelt sein Gewand aus (Apg 18,6) und will damit im Anschluß an Neh 5,13 zum Ausdruck bringen, daß er sich damit aller weiteren Verantwortung gegenüber einem verstockten Judentum enthoben sieht.

b) In Mk 11,7.8 par nimmt die Menge ihre Kleider, um sie als Satteldecke auf den Esel und als Teppich auf den Weg des göttlichen Triumphators zu legen. Jesus wird durch diese symbolische Handlung beim Einzug in Jerusalem zum König proklamiert. In Joh 19, 2.5 wird das Königtum Jesu dadurch verspottet, daß die Soldaten ihm einen roten Purpurmantel anziehen.

2) in bildhafter Verwendung:

a) ἱ. als Weltenmantel ist Sinnbild für den Kosmos: Mk 2,21f par; Hebr 1,11 im Anschluß an Ps 102,26–28. Nach dem Gleichnis von Mk 2 ist es sinnlos, einen neuen Stoff zum Flicken eines alten Lumpens zu benutzen, dh »Die Zeit der alten Welt ist abgelaufen; sie gleicht dem alten Mantel, den mit neuem Tuch zu flicken sich nicht mehr lohnt; die neue Zeit ist angebrochen« (Jeremias, Gleichnisse 117f).

b) Das Kleid ist Symbol der von Gott zugesprochenen Gerechtigkeit (Mt 22,11–13). In dem Gleichnis vom Gast ohne Feierkleid ist ἱ. Metapher für Vergebung und zugesprochene Gerechtigkeit (vgl. Jes 61,10: »denn er hat mich bekleidet mit Gewändern des Heils, umhüllt mit dem Mantel der Gerechtigkeit«). Das Bekleidetwerden (→ δύω *[dyọ]*) mit diesem Kleid ist also Sinnbild für die Zugehörigkeit zur Gemeinde der Erlösten. In der Offb findet sich dieses eschatologische Kleid in Form des weißen Gewandes (3,4.5.18), des Kleides, das im Blute des Lammes gewaschen ist (7,14 στολή *[stolæ]* = *Gewand;* → weiß, λευκός *[leukọs]* als eschatologische Farbe).

Weigelt

ZUR VERKÜNDIGUNG V

Das Verhältnis des Menschen zu dem, womit er sich kleidet, ist von früh her ambivalent. Einerseits ist es etwas Fremdes, Angelegtes, das die eigentliche Person umhüllt und damit gleicherweise birgt und verbirgt; andererseits gehört das Gewand zur Person hinzu, wie die Haut zum Leib, und ist geradezu ihr einziger dem anderen zunächst erkennbarer Teil.

Die Frage ist, ob der Kern von der Hülle bestimmt wird, oder ob diese Hülle ihre Gestalt von seinem Wesen her erhält. Das uns auf den ersten Blick wenig einsichtige Bild vom Umkleidetsein der Person mit dem alten Menschen, seinem Ablegen und stattdessen dem Anlegen des Christus wird vielleicht verständlicher, wenn man an das Sprichwort »Kleider machen Leute« denkt. Denn mit dem alten bzw. neuen Menschen ist hier doch eine – im Bild des Gewandes beschriebene – typische Lebensgestalt und -haltung gemeint, die der Mensch selbst übernimmt, die ihn dann aber – wie die Form das Metall – prägt. Und es ist ja bekannt, daß im realen Alltag eine bestimmte Art, sich zu kleiden, zwar Ausdruck einer Haltung ist, zugleich aber fast unwiderstehlich in die dazu gehörigen Gewohnheiten hineinzieht und somit auf den Personkern zurückwirkt: Kleider machen Leute. Umgekehrt aber wird die Hülle, indem eine konkrete Person sie sich zueignet, aus der prägenden Form zur geprägten Gestalt. Daß Lebensgestalt und Personkern auseinanderfallen, ist das typische Merkmal der → Heuchelei.

Während aber die griech. Welt den Leib als unwerte Hülle abtat und sich der Enthüllung (= Befreiung) der Seele entgegensehnte, wissen AT und NT, daß der Mensch leibseelische, geistig-körperliche Ganzheit ist. Darum die Angst vor dem Nacktsein, darum gilt Nacktheit als Elend, ja ist Zeichen des Verworfenseins. Denn der Mensch braucht seine Kleidung nicht nur als Tarnung, sondern er bedarf ihrer zum Schutz (nicht nur äußerlich vor der Witterung). Seit dem Fall kann er Nacktheit nicht mehr unbefangen erleben, ist vielmehr die Gewandung (nicht die Enthüllung!) Auszeichnung seines Menschseins. Der moderne Kult raffinierter Halb- und Dreiviertelnacktheit ist deshalb nichts anderes als ein Kokettieren mit der Sünde, wobei diese nicht im Sexuellen wurzelt, es aber wohl als besonderen Anreiz benutzt.

Wie die irdischen Hüllen vergehen, so zeigen die Erscheinungen des Herrn, wie das Bild der Märtyrer in der Offenbarung, daß letztlich die Bedeutung des Kleides dann doch über- und durchstrahlt wird von dem Glanz dessen, was Gottes Geist aus der Person macht.

Eine Wechselwirkung liegt also vor, was sich im biblischen Gebrauch auch daran zeigt, daß anstelle des Bildes von Christus als Gewand ebenso vom »Christus in euch«, im Herzen, also im Personkern gesprochen werden kann, wenn es um seine In-Besitznahme des Menschen geht. Zugleich aber eröffnet das Bild von Christus = Gewand des neuen Menschen eine noch tiefere Perspektive: Wenn dieses eben nicht bloß eine Scheinhülle der Christlichkeit ist (vgl. das Bild vom Wolf im Schafspelz Mt 7,15), dann ergreift die Wandlung des Menschen über sein Verhalten hinaus sein Wesen; neu ist er also nicht nur im ethischen Sinn, sondern auch hinsichtlich seines Seins (ontisch). Der Glaube weiß um den noch vorhandenen Zwiespalt, aber er traut auch der Verheißung, daß der Mensch in voller, ungeteilter Wirklichkeit ganz sein wird, womit ihn Christus jetzt erfüllt oder umgibt und was ihm Gott schon zugesprochen hat. *L. C.*

Lit.: Kühl, Über 2 Kor 5,1–10, 1904 – Mundle, Das Problem des Zwischenzustandes, Festgabe A. Jülicher, 1927, 93ff – Käsemann, Leib und Leib Christi, Beitr. z. hist. Theol. 9, 1933, 87ff – Oepke, Art. γυμνός, ThWb I, 1933, 773ff – ders., Art. δύω, ThWb II, 1935, 318ff – Straub, Die Bildsprache des Apostels Paulus, 1937 – Percy, Die Probleme der Kolosser- und Epheserbriefe, 1946 – Bultmann, Exegetische Probleme des 2. Korintherbriefes, Symbolae Biblicae Upsalienses 1947, 1ff – Michaelis, Das hochzeitliche Kleid, in: Die Gleichnisse Jesu, 1956 – Peterson, Theologie des Kleides, in: Marginalien zur Theologie, 1956, 41ff – Schmithals, Die Gnosis in Korinth, 1956, 223ff – Jeremias, Die Gleichnisse Jesu, 1963, 187ff.

Bereit → Fertig

Berühren

ἅπτω/ἅπτομαι *[haptō/haptomai]* berühren

ἅπτω

I Die Aktivform ἅπτω *[haptō]* hat bei Homer die Grundbedeutung *anheften, anknüpfen*, dann *anfassen, anzünden* (mit Feuer anfassen); die viel häufigere Medialform ἅπτομαι *[haptomai]*: *berühren, essen* (Speise berühren), *angreifen* (feindlich berühren). Bei den Klassikern (5. Jh.) auch: geschlechtlicher Umgang mit Frauen; ferner *ergreifen, antasten, sich heranmachen an* (ein Werk oder die Philosophie), schließlich *begreifen*. – Eine Wunderheilung durch Berührung erzählt Aristophanes ironisch vom Heilsgott Asklepios. Die übrigen Berührungsheilungen (durch Asklepios, Serapis und andere Götter) stammen meist aus dem 2. und 3. Jh. nChr.

II Die LXX gebraucht ἅπτω *[haptō]* gelegentlich für das hebr. *'ālāh aufsteigen lassen* (ein Licht Ex 30,8; vgl. Tob 8,13; ein Feuer Jdt 13,13), während sie die Medialformen je 1mal für *'āchaz festhalten* (Ez 41,6), für *schālach jād die Hand ausstrecken* (Hi 1,12) und für das aram. *scheleṭ Macht haben über etwas* (Dan 3,27) benutzt. Hauptsächlich übersetzt sie mit ἅπτομαι *[haptomai]* die Verben *qārab* = *sich an etwas heranmachen, sich nähern, beiwohnen* (5mal, zB Num 3,10.38; Hi 31,7) und vor allem *nāga'* = *anrühren, treffen* (98mal). Es findet sich 1) als *Berühren* von Personen und Dingen, die bes. geheiligt sind (zB Gen 3,3 der Baum des Lebens, Ex 19,13 der Sinai) oder – im Gegensatz – durch die man kultisch unrein wird (zB unreine Tiere Lev 11,8; Leichen Num 19,11; Gräber Num 19,16).

Mehr als eine nur äußerliche, oberflächliche Berührung ist gemeint in Gen 20,4, wo es um den Geschlechtsverkehr von Mann und Frau geht, ebenso in 2 Sam 5,8 und Sach 2,8 (2,12 LXX), wo ἅ. *erschlagen* bzw. *angreifen* bedeutet.

2) Die Berührung eines Engels lähmt Jakobs Hüfte (Gen 32,25) und richtet Daniel aus der Ohnmacht auf (Dan 8,18).

3) Gott selbst berührt Menschen, entweder um ihr Inneres zu wandeln (1 Sam 10,26), oder auch, um sie mit Krankheit (2 Kön 15,5) oder Elend (Hi 19,21) zu schlagen.

III 1) Im NT erscheint ἅπτω *[haptō]* (4mal) nur bei Lk für das Anzünden von Licht (8,16; 11,33; 15,8) und Feuer (Apg 28,2); ἅπτομαι *[haptomai]* 1 Kor 7,1 für geschlechtliche Beziehungen; Kol 2,21 für das Berühren »unreiner« Speisen (vgl. auch Mt 15,11) und 2 Kor 6,17 (Zitat aus Jes 52,11) dämonisch-heidnischer Unreinheit. Lk 7,39 zeigt den Gegensatz Jesu zu seinem Gastgeber, da er die Berührung durch eine »Unreine« nicht verabscheut. In Joh 20,17 verbietet der Auferstandene der Maria, ihn zu berühren.

2) Weitaus am häufigsten, 30mal, findet sich ἅπτομαι *[haptomai]* in den Heilungsberichten der Synoptiker; sie füllen das Wort völlig neu: In Jesus ist Jes 6,5–7 ein für allemal erfüllt; der Herr berührt zB den Aussätzigen in der sichtbaren Berührung durch seine Menschenhand unsichtbar so tief, daß er dessen Unreinheit auslöscht (Mk 1,40f; formal und in der Wortwahl angelehnt an 2 Kön 5,11–15 LXX). Die Qual des in sich eingeschlossenen, von Gott und den Menschen abgeschlossenen Taubstummen macht Jesus, ihn berührend, so sehr zu seinem eigenen Leiden, daß er im Ringen mit der als fesselnde Macht verstandenen Krankheit aufseufzt, bevor er das erlösende Hephata spricht (Mk 7,33f). Die Krankheit des Menschen ist der Ausdruck seiner Elends- und Todesgestalt. Indem Jesus ihn berührt und befreit, erlöst er ihn auch von der Krankheit, die den ganzen Menschen erfaßt hat, der Krankheit durch die Sünde zum Tode.

3) Von den drei großen Krankenheilungen Mk 1,34; 3,10; 6,56 sind die zweite und die dritte Berührungswunder. Weil sie erahnen, daß »eine Kraft von ihm ausgeht« (Lk 6,19), »fallen (die Kranken) auf ihn ein, ihn zu berühren« (Mk 3,10) oder sein Gewand (Mk 5,27f par) oder dessen Quasten (Mk 6,56f par): Wer im Glauben auch nur seine Kleider berührt, wie die an einer »unreinen« Krankheit Leidende (Mk 5,27) oder die Bettlägerigen von Galiläa (Mk 6,56), der wird gesund, »hindurchgerettet« (Mt 14,36 διεσώθησαν), denn er hat, wenn auch unwissend, die Gestalt der Herrlichkeit und des Lebens berührt. Dabei

weiß Jesus nach Mk 5,30; Lk 8,46 nicht, wer ihn berührt hat, nur, »daß eine Kraft von ihm ausgegangen ist«. Trotzdem steht der Frau, die ihre Heilung »erstehlen« wollte, seine Gotteskraft schrankenlos offen, denn sie hat ihn in wirklichem, elementarem Glauben berührt: »Dein Glaube« sagt Jesus (und nicht: deine Berührung) »hat dich gerettet« (Mk 5,34). Mk und Lk verkündigen hier die dem heutigen Denken anstößige, gewaltige Heilkraft der gläubigen Berührung des Herrn; er allein ist der Handelnde und erweckt in den »Kranken« den Glauben, ihn zu berühren. Wer nicht glaubt, berührt ihn nur äußerlich (Mk 5,31) und erfährt ihn nicht. Wen aber Jesus von sich aus berührt, dem wird seine Gotteskraft zuteil (Mk 9,27), dem wendet sich Gott selbst zu.

Ob das auch schon jene Frauen erahnten, die, einer alten jüdischen Sitte folgend, ihre Kinder zu Jesus brachten, damit er — wie es sonst die Schriftgelehrten taten — sie segne und über ihnen bete (Mk 10,13: »damit er sie anrühre«; par Mt 19,13ff; Lk 18,15ff)? Der Text schließt jedenfalls das im Volksglauben oft vorhandene magische Verständnis der Berührung aus. *Grob*

Lit.: → gesund.

Berufung

καλέω

καλέω [kalẹō] rufen · κλῆσις [klæsis] Ruf, Einladung, Berufung · κλητός [klætọs] berufen, geladen · ἐπικαλέομαι [epikalẹomai] anrufen, sich berufen · προσκαλέομαι [proskalẹomai] vorladen

I 1) καλέω [kalẹō] *rufen*, aus der gleichbedeutenden Wurzel *qalā*, bezeichnet — im Gegensatz zu κελεύω [keleụō] *antreiben, befehlen* — das direkte oder vermittelte Ansprechen eines anderen mit dem Ziel, diesen in größere Nähe zu sich zu bringen, sei es körperlich oder hinsichtlich des persönlichen Verhältnisses. Im einzelnen ergeben sich daraus im klassischen Griech. die Bedeutungen:

a) *Einladen* (ins Haus, zu einem Fest, zB Hom. Od. 10,231); das Part. κλητός [klætọs] bedeutet in solchem Zusammenhang *eingeladen, willkommen, Gast* (Hom. Od. 17,368), sofern die Ladung besonders ehrenvoll ist, auch *erlesen* (Hom. Il. 9,165). Das Subst. κλῆσις [klæsis] bezeichnet den Akt der *Einladung* (Xenoph. Kom. 1,7; Plut. Per. 7); öfter für die offizielle *Ladung* durch eine anerkannte Autorität — im militärischen Bereich oder im Blick auf die Volksversammlung — in der Bedeutung *zusammenrufen* oder medial zu sich rufen (Hom. Od. 1,90; 8,43).

b) Von daher bezeichnen καλέομαι [kalẹomai] (vereinzelt auch ἐπικαλέομαι [epikalẹomai]) und entsprechend κλῆσις [klæsis] das *Vorladen, Beordern* des Gegners oder Zeugen vor Gericht (Demosth. 19,211; Xenoph. Hell. I,7,13). Außer bei Kapitalverbrechen tritt freilich an seine Stelle schon früh als terminus technicus προσκαλέομαι [proskalẹomai] = *vorladen* (Xenoph. Hell. I,7,12) bzw. πρόσκλησις [prọsklæsis] (Demosth. XLIII,15f). — Die dritte Bedeutung ist dann:

c) *nennen*, und zwar entweder als Anrede (Hom. Il. 1,405) oder auch als Ausdruck für die Namengebung (für die Beilegung eines Beinamens meist ἐπικαλέω [epikalẹō] Hdt. VIII,144). καλούμενος [kaloụmenos] (schon Hdt. VI,61) neben dem Namen von Personen oder Örtlichkeiten heißt deshalb *mit Namen, namens* bzw. *so genannt*. — Weil der → Name auch als Ausdruck oder Bestimmung des Wesens gilt, wird das Passiv καλεῖσθαι [kaleịsthai] fast identisch mit εἶναι [ẹinai] = *sein* (zB Hom. Od. 7,313).

2) Das Kompositum ἐπικαλέω [epikalẹō] — meist medial gebraucht — hat in der Regel die Bedeutung *anrufen* (s. aber 1b medial) und zwar a) religiös als *Anbeten* der Gottheit (seit Hdt. 2,39; auch Plat. Tim. 27 C; Polyb. 15,1,13) oder b) juristisch im Sinne von *sich berufen auf, Berufung einlegen*, zB beim Herrscher, der Behörde (Plut. De Marc. 2,I,299a) oder dem Volk (Plut. Tib. Gracch. 16,I,832b).

3) Im klassischen Griech. noch selten ist das Verständnis von καλέω [kalẹō] und κλῆσις [klæsis] als göttliche B. im religiösen Sinn. Dieses stammt vielmehr aus den Mysterienreligionen (zB der Isis), dem Einfluß der LXX und bes. des NT. Dadurch verbindet sich mit κ. die Vorstellung des Beanspruchens (Herm. 119 B III,10f) und Beauftragens (CPR 18,9: berufen zu). Im Unterschied zu

solch personaler B. versteht der Stoiker κλῆσις *[klæsis]* unpersönlich als die durch eine kritische Situation auf ihn zukommende Herausforderung, nun die Wahrheit und Kraft seiner Grundsätze zu bewähren (vgl. Epikt. Diss. I,29,49).

4) So wenig das Griechentum die biblische Vorstellung der *Berufung* kennt, so wenig den uns vertrauten Begriff des *Berufes*. Die Tätigkeit des einzelnen in der arbeitsteiligen Gesellschaft heißt ἔργον *[ẹrgon]* (→ Werk), πόνος *[pọnos]* (→ Last, Mühe), ἐπαγγελία *[epangelịa]* = Zusage (→ Verheißung); πρᾶγμα *[prạgma]* = Tat (→ Werk), τέχνη *[tẹchnæ]* = Kunst oder auch σχέσις *[schẹsis]* = *Lage, Zustand* bzw. τάξις *[tạxis]* (→ Ordnung). Obwohl man nach überhöhender Sinngebung auch für die Handarbeit suchte, ist das Bewußtsein eines Berufes als Berufung auf die Priester und neben ihnen allenfalls auf diejenigen beschränkt geblieben, die geistigen oder hoheitlichen Aufgaben sich widmeten.

5) Gesondert behandelt sind: παρακαλέω *[parakalẹō]* (→ ermahnen), παράκλητος *[parạklætos]* (→ Fürsprecher), sowie ἐκκλησία *[ekklæsịa]* (→ Kirche).

In der LXX geben καλέω *[kalẹō]* (ca. 300mal) und ἐπικαλέω *[epikalẹō]* (ca. 150mal), gelegentlich II
auch (11mal) προσκαλέομαι *[proskalẹomai]*, mit geringfügigen Ausnahmen immer Formen des hebr. *qārā'* wieder, das nur selten anders (zB mit κράζω *[krạzō]* = *schreien)* übersetzt wird. κλῆσις *[klæsis]* kommt kanonisch nur Jer 38 (MT: 31),6 als Bezeichnung des *Rufens* (Inf.) als Vorgang, daneben noch (ohne hebr. Äquivalent) in 3 Makk 5,14 für die *Einladung* als Handlung, Jdt 12,10 sogar für das *Mahl*, zu dem geladen war, vor. κλητοί *[klætọi]* (Plur.) meint wie das Part. κεκλημένοι *[keklæmẹnoi]* die *Geladenen*, die *Gäste*. Die Verbindung κλητὴ ἁγία *[klætæ̣ hagịa]* gibt das priesterschriftliche *miqrā'-qōdæsch* = *heilige (Zusammen-)Rufung* für die gottesdienstliche Festversammlung wieder (Ex 12,16; Num 28,15 und 11mal Lev 23,2–37), und zwar speziell im Blick auf ihre terminmäßige Anordnung (vgl. im übrigen → Kirche, Art. ἐκκλησία *[ekklæsịa]*; auch συναγωγή *[synagōgæ̣]*, Synagoge).

1a) καλέω *[kalẹō]* findet sich zunächst sehr häufig in der Bedeutung *nennen*, ob es sich dabei nun um Sachbezeichnungen (zB Gen 1,5f Tag, Nacht, Himmel, Erde; Gen 2,9 der Tiere), um Namen (zB Gen 25,26 Jakobs; Gen 29,32–34; 30,6–24 dessen Söhne; 2 Sam 5,9 der Stadt Davids) oder um Charakterisierungen handelt (Jes 35,8 eines Weges und Ex 12,16 eines Tages als »heilig«; Jes 56,7 des Tempels als »Haus des Gebetes«). Wenn die Juden »Priester des Herrn« (Jes 61,6) oder »Söhne des lebendigen Gottes« (Hos 1,10; Mt 2,6; vgl. auch Ez 2,10) genannt werden sollen, so ist dies wie das Nennen eines neuen Namens über den Gott Dienenden (Jes 65,15) Ausdruck für eine neue Existenz.

b) In der aktiven Bedeutung *nennen* wird vereinzelt auch ἐπικαλέω *[epikalẹō]* gebraucht (zB Num 21,3). Mit der Wendung τὸ ὄνομά σου ἐπικέκληται ἐφ' ἡμᾶς *[to ọnomạ sou epikẹklætai eph hæmạs]* = *dein Name ist über uns genannt* (zB Jer 7,14; vgl. 14,9) wird ein bes. Eigentums- und Schutzverhältnis bezeichnet.

2) Aufs Ganze aber ist ἐπικαλέω *[epikalẹō]* die wichtigste Vokabel der LXX für *anrufen, anbeten*, und zwar mit dem bes. Charakter des öffentlichen Bekenntnisses (so Gen 4,26; 33,20; für den Notschrei auch κράζειν *[krạzein])*. Die Anbetung richtet sich an Gott bzw. den Gott Israels (mit Akk.: ἐπικαλεῖν τὸν θεὸν Ισραήλ *[epikalẹin ton theọn Israæ̣l]* 1 Chr 4,10) oder den Herrn (κύριον *[kỵrion]* 1 Kön 17,21), vor allem aber auf den Namen Gottes (mit Akk.: ἐπικαλεῖν τὸ ὄνομα κυρίου *[epikalẹin to ọnoma kyrịou]* Gen 13,4; Dtn 14,23f; Jes 64,7; Jer 10,25); öfter heißt es gleichbedeutend, aber hebr. Ausdrucksweise (*b^e schēm)* folgend,mit Dat. ἐπικαλεῖν ἐν (τῷ) ὀνόματι (κυρίου, θεοῦ) *[epikalẹin en (tō) onọmati (kyrịou, theọu)]* = *im Namen* (des Herrn, Gottes) *anbeten* (zB 1 Kön 18,24f; aber auch Baals! 1 Kön 18,26), wobei vielleicht die Vorstellung mitschwingt, daß der Anbetende unter dem Namen Gottes wie in einen Schutzraum tritt (vgl. Spr 18,10). Weil namentlich nach dem Dtn Gott an einem bestimmten, von ihm erwählten Ort angebetet werden will, nämlich im Jerusalemer Tempel, kann nun sogar das hebr. *schākan* = wohnen durch ἐπικαλεῖσθαι *[epikalẹisthai]* wiedergegeben werden (Ex 29,45f; Dtn 12,11; 16,2.6.11): Zweck der Offenbarung und Kennzeichen der Gegenwart Gottes ist, daß Menschen sich anbetend ihm zuwenden, dh seinem Ruf so antworten, wie er es erwartet. – Im Sinn der juristischen B. kommt das Verb nicht vor; Dtn 15,2 findet es sich einmal für das Ausrufen, Proklamieren eines Freijahres (Jes 61,2 und Jer 41 [MT: 34], 17 brauchen dafür καλέω *[kalẹō])*.

3a) Vor allem aber beschreiben καλέω *[kalẹō]* und die wenigen προσκαλέω *[proskalẹō]*-Belege den gebieterischen, nie nur unverbindlich einladenden (Hi 13,22) Ruf des Ranghöheren an einzelne oder eine Gruppe (zB Eltern – Kinder Gen 24,58; Fürsten – Untertanen Ex 1,18; Ri 12,1; Mose – die Ältesten Ex 12,21;19,7). Indem dieser Ruf das → Hören und die Antwort erwartet, ist er freilich von despotischem Zwang unterschieden: Menschen können selbst dem Ruf Gottes Gefolgschaft (Jes 65,12; Jer 13,10) oder gar Gehör (Jes 50,2; Jer 7,13) verweigern oder ihm auszuweichen versuchen (Ex 3,11ff; Jer 1,6). – Demgegenüber setzt Gottes gebietender Ruf im Weltall unmittelbar Ordnung (er ruft den Gestirnen Jes 40,26) und wird in der Geschichte ebenso unmittelbar Ereignis: (Er ruft dem Hunger [Ps 105,16] und dem Schwert [Jer 32,29]).

b) Aber ehe der Mensch antworten kann, muß er den an ihn ergehenden Ruf als Gottes Ruf erfaßt haben; wie wenig er darauf – selbst im Heiligtum – gefaßt, wie unsicher er darüber zwischen allen anderen Aussprüchen ist, zeigt plastisch der Bericht von der B. Samuels (1 Sam 3 hat von V. 4–11 καλέω *[kalẹō]* 11mal). Gerade weil aber Gottes Ruf den Menschen beansprucht, kann er, wenn er der B. folgt, dem Konflikt mit dem Anspruch der irdischen Herrscher kaum entgehen (vgl. Elia 2 Kön 1,3 und 1,9; Mose Ex 3,4 und 5,2).

Die B. führt oft ins → Leiden um Gottes willen; darin erweist sich, daß sie im Grunde nur die längst vorausgegangene → Erwählung erkennbar macht. Es ist kennzeichnend, daß gerade der gefüllteste Gebrauch von κ. im Sinne der B. als In-Dienst-nahme und Zu-Eignung, nämlich bei DtJes und bes. in den Ebed-Jahwe-Liedern (Art. παῖς θεοῦ *[pais theọu]* unter → Sohn Gottes) verbunden ist mit einem bes. häufigen Vorkommen von ἐκλέγομαι *[eklẹgomai]* = erwählen. Es ist der Erwählte (Jes 41,8; 43,10), den Gott in → Gerechtigkeit (Jes 42,6) und bei seinem Namen (Jes 43,1; 45,3) ruft. Und er steht exemplarisch für alle die seit dem Anfang der Menschheit Berufenen (Jes 41,2.4).

4) Wenn sich unsere Vokabel bei der B. der Richter (Ri 6 und 13) und im Selbstzeugnis der Propheten (vgl. Jes 6,1ff; 40,6ff; Jer 1,4ff; Ez 2,1ff) nicht findet, so darum, weil nicht eine bestimmte Vokabel, sondern vielmehr Inhalt und Form des Vorganges die B. charakterisieren: Gott spricht zu einem Menschen, dem er nach seiner → Vorsehung einen konkreten – sofort oder später genannten, prophetischen oder auch politischen (vgl. Cyrus Jes 48,15) – Auftrag anvertrauen will; und Gottes → Wort verlangt von dem Angesprochenen eine Entscheidung. So ist Gottes B. das Mittel, mit dem er dazu gänzlich unqualifizierte Menschen zu Werkzeugen seines Willens machen will.

5) Im Judentum haben wohl nur die Essener ein besonderes B.sbewußtsein gepflegt. In Qumran spielen zwar Aussagen über die → Erwählung (s. dort II) eine beträchtliche Rolle, vom Ruf Gottes spricht aber nur 1 QM 14,5 (Strauchelnde werden zu wunderbarer Tat gebracht), im Sinne des gebietenden Befehls allenfalls noch 1 QM 16,1 (Gott ruft ein Schwert über die Völker). Hingegen findet sich mehrfach der Ausdruck »Berufene Gottes«: CD 4,4 gleichbedeutend mit »Erwählte Israels«, sonst aber nur formal: 1 QM 2,7 und 1 QSa 2,11.13 als Titel der angesehenen Männer der (leitenden) Versammlung, in der Kriegsrolle als Aufschrift für eine der zur Versammlung rufenden Trompeten (1 QM 3,2) und eines der Kampffeldzeichen (1 QM 4,10).

III Im NT findet sich καλέω *[kalẹō]* 148mal, vorwiegend bei Lukas (Ev. 43mal, Apg 18mal), Paulus (29mal) und Mt (26mal); ἐπικαλέομαι *[epikalẹomai]* 30mal, davon allein 20mal in Apg, und προσκαλέομαι *[proskalẹomai]* 29mal, und zwar wieder vorwiegend bei Lk (4mal), in der Apg (9mal) und bei Mk (9mal). κλῆσις *[klæ̣sis]* (11mal) kommt in den Evgg. und der Apg gar nicht, κλητός *[klætọs]* (10mal) nur einmal bei Mt vor; beide gehören fast ausschließlich in den paulinischen Sprachschatz. Auffällig ist, daß Joh nur 2mal καλέω *[kalẹō]* verwendet und daß die Gruppe auch in den kath. Briefen und der Offb nur vereinzelt vorkommt. – Die relativ häufige Verwendung der Wortgruppe bei Lukas hängt mit dessen gepflegterem griech. Sprachgebrauch zusammen; er verwendet auch als einziger mehrfach Komposita, die sonst nur in der gehobenen Koine vorkommen (zB εἰσκαλέω *[eiskalẹō]* für *einladen* oder μετακαλέομαι *[metakalẹomai]* für *zu sich holen lassen*). Auch sonst liegen meist die schon unter I erwähnten Bedeutungen vor (1 und 2); von ihnen hebt sich die spezifisch theologische Prägung von καλέω *[kalẹō]*, κλῆσις *[klæ̣sis]* und κλητός *[klætọs]* durch Paulus ab (s. u. 3.).

1a) Auch im NT bezeichnet καλέω *[kalẹō]* zunächst das *Beilegen eines Namens* oder Beinamens (zB Mt 1,21 Jesus; Joh 1,42 Kephas) oder die Anrede eines anderen mit einem Titel (Rabbi Mt 23,8) bzw. als Inhaber einer bestimmten Würde (zB Lk 6,46 κύριε *[kỵrie]* = Herr; Mt 23,9 πατήρ [patær] = Vater; Lk 22,25 εὐεργέτης *[euergẹtæs]* = Wohltäter); das Part. καλούμενος *[kalọumenos]* heißt *mit Namen, namens* (zB Lk 6,15; 19,29; Offb 16,16) oder bedarf im Deutschen teilweise gar keiner Übers. (zB Lk 8,2; Apg 10,1; 15,37). Bes. Bedeutung haben die Namengebungen Gottes im NT; wenn er den Namen Jesu (Lk 1,31) oder des Johannes (Lk 1,13) nennt, so drückt sich darin wie im AT seine Verfügungsmacht über dieses Leben aus.

b) Häufiger noch als im klassischen Griech. und auch in der LXX verbirgt sich hinter dem Passiv καλέομαι *[kalẹomai]* = *genannt werden, heißen* eine Aussage über Wesen und Existenz eines Menschen oder einer Sache. Am deutlichsten wird das vielleicht in der Bemerkung des Paulus, daß er nicht wert sei, καλεῖσθαι ἀπόστολος *[kalẹisthai apọstolos]* =

ein Apostel zu *heißen* (1 Kor 15,9). Oft ist in dieser Aussageform at. Gut übernommen (vgl. Mk 11,17 par die Benennung des Tempels als »Haus des Gebetes« = Jes 56,7). Bes. Gewicht gewinnt sie da, wo etwa Jesus als Sohn des Höchsten, Sohn Gottes bezeichnet wird (Lk 1,32.35: κληθήσεται *[klæthæsetai]*) und wo als Konsequenz daraus nun auch die Seinen Söhne (υἱοί *[hyiọi]*) Kinder Gottes (τέκνα θεοῦ *[tẹkna theọu]* Mt 5,9; Röm 9,26 bzw. 1 Joh 3,1) genannt werden sollen. Der neue Name ist hier deutlich Ausdruck für die durch Gottes Tat geschenkte neue Existenz.

2a) In der Bedeutung *einladen* hat καλέω *[kalẹō]* vorwiegend in den Gleichnissen vom großen Abendmahl bzw. der königlichen Hochzeit Verwendung gefunden (Lk 14, 7–24 kommt es 9mal, Mt 22,3ff 5mal vor); das ἐκλήθη *[eklæthæ]* Jesu in Joh 2,2 (*eingeladen* zur Hochzeit) und das κεκλημένοι *[keklæmẹnoi]* in Offb 19,9 (die *Geladenen* zum Hochzeitsmahl des Lammes) passen in diesen Rahmen. Außer bei der im gewöhnlichen Sinn gebrauchten Joh-Stelle schwingt doch schon in den beiden Gleichnissen mit und ist Offb 19,9 ohnehin deutlich, daß die Einladung nicht nur eine Bevorrechtigung bedeutet, sondern daß hinter ihr ein gebieterischer Ruf steht. So ist wohl auch das bei allen Synoptikern überlieferte Herrenwort »Ich bin nicht gekommen, die Gerechten zu rufen« (καλέσαι *[kalẹsai]* Mk 2,17 par) zu verstehen. Die Parabeln wollen ja gerade darlegen, daß der Mensch mit der Ignorierung der göttlichen Einladung nicht nur eine Gelegenheit, sondern u. U. den Sinn seines Lebens und Hoffens vertut.

b) Dieser gebieterische Charakter des Verbs zeigt sich noch deutlicher an den Stellen, wo (vgl. II,4) Herrscher oder Vorgesetzte ihre Untergebenen kommen lassen (zB Herodes Mt 2,7; der Gutsverwalter Mt 20,8; vgl. auch Mk 3,31; Lk 19,13). Von hier aus hätte es nahe gelegen, die Vokabeln als speziellen Ausdruck für die Jünger-B. zu benutzen; indessen kommt sie so nur Mt 4,21 und Mk 1,20 vor, während die Berichte der Evgg. sonst zwar den Vorgang und das dabei gesprochene Wort überliefern, nicht aber eine bestimmte Vokabel zur Einführung brauchen. Bericht und Reflexion, Schilderung und Begriffsbildung sind hier nicht identisch; letztere ist wesentlich auf Paulus beschränkt.

c) Merkwürdigerweise ist auch προσκαλέομαι *[proskalẹomai]* (nur Mt, Lk, Apg sowie Jak 5,14) dazu nicht gebraucht worden. Es bezeichnet entweder das befehlende *Ansprechen* bzw. *Heranholen* (lassen) eines einzelnen (Mt 18,2; Mk 15,14) oder einer relativ fest umrissenen, schon bestehenden Gruppe (etwa der Jünger Mt 10,1; Mk 12,43; Apg 6,2; der Zwölf Mk 6,7; des Volkes Mt 15,10; Mk 7,14). In Mk 3,13 »Er rief herzu, welche er wollte« liegt keine Ausnahme von der Regel vor, weil hier offenbar die Zwölf schon ins Auge gefaßt sind; Apg 13,3 bezeichnet das Verb die himmlische B. für Paulus und Barnabas, die nun in ihrer irdischen Aussendung realisiert werden soll, Apg 16,10 ist es ebenfalls als – durch eine Vision übermittelte – Weisung für Paulus und seine Begleiter verstanden. Im übrigen bestätigt die Tatsache des fast ausschließlich partizipialen Vorkommens (προσκαλεσάμενος *[proskalesạmenos]*), daß für die Synoptiker der Ruf nur als Mittel zum Zweck Bedeutung hat und ihr Augenmerk sich mehr auf das damit in Gang gesetzte Ereignis, das gesprochene → Wort, die → Nachfolge richtet.

d) Eine gewisse Reflexion über das Verhältnis zwischen der B. Gottes und seiner Erwählung ist in dem zweimaligen Vorkommen des Satzes πολλοὶ γάρ εἰσιν κλητοί, ὀλίγοι δὲ ἐκλεκτοί *[pollọi gar eisin klætọi olịgoi de eklektọi]* = »viele sind berufen, wenige aber auserwählt« (Mt 20,16 v. l.; 22,14) erkennbar; sie macht deutlich, daß – zum mindesten unter dem Gesichtspunkt der menschlichen Reaktion – der Kreis der Berufenen und Erwählten nicht ohne weiteres identisch ist (s. im übrigen → Erwählung).

3a) Paulus verwendet die Vokabeln καλέω *[kalẹō]* (29mal), κλῆσις *[klæsis]* (8mal) und κλητός *[klætọs]* (7mal) immer mit dem qualifizierten Gehalt der *göttlichen Berufung;* eine Ausnahme davon stellen nur die drei LXX-Zitate Röm 9,7 = Gen 21,12; 9,25 = Hos 2,25; 9,26 = Hos 2,1 dar sowie 1 Kor 15,9 (s. o. 1b) und 1 Kor 10,27, wo καλέω *[kalẹō] einladen* bedeutet. Auf προσκαλέομαι *[proskalẹomai]* verzichtet Paulus ganz. Dieser Gebrauch hat sich in den Pastoralbriefen fortgesetzt und dann auch auf die beiden Petrus-Briefe und den Hebr übertragen.

Paulus versteht dabei die B. als den Vorgang, durch den Gott die vorher von ihm Erwählten und Bestimmten nun aus ihren Bindungen an diese Welt herausruft, um sie zu rechtfertigen, zu heiligen (Röm 8,29f) und in seinen Dienst zu nehmen. So ist die B. Teil des versöhnenden Handelns Gottes, seines Friedenswirkens (1 Kor 7,15); sie erreicht den Menschen nur dank der auf ihn gerichteten und ihn suchenden Liebe Christi (Gal 1,6.15). Wenn Paulus bemerkt, daß Gottes Entscheidung nicht von Werken, sondern allein von dem Berufenden abhängt (Röm 9,11f), so unterstreicht er damit die frei bleibende und an menschliche Voraussetzungen nicht gebundene Wahl Gottes, die allein den Menschen zum Glauben bringt und darin erhalten kann; Paulus unterstreicht das sprachlich dadurch, daß er bes. häufig diese Urheberschaft Gottes in partizipialer Konstruktion (καλοῦντος *[kaloụntos]*, 1 Thess 2,12; καλέσαντος *[kalẹsantos]* Gal 1,6; vgl. auch 1 Petr 1,15) hervorhebt. Röm 4,17 zeigt dabei, daß die B. Gottes Existenz setzt, einer neuen → Schöpfung gleichkommt.

b) Weil Gottes B. durch das von Menschen bezeugte Wort des Evangeliums (2 Thess 2,14) vermittelt wird, stellt sie den Berufenen nicht nur in die Gemeinschaft mit Christus (1 Kor 1,9), sondern zugleich auch in die Gemeinschaft mit den anderen Gliedern seines Leibes. Indem die B. »in einem Leibe«, ἐν ἑνὶ σώματι *[en henị sọmati]* (Kol 3,15) erfolgt, ist sie darüber hinaus identisch mit dem Hineingenommenwerden des Menschen in den Bereich der → Herrschaft Gottes. Denn die κλῆσις *[klæsis]* = B. Gottes erfaßt zwar den einzelnen, betrifft aber nie ihn allein. Die Verwendung des Wortes weist immer entweder darauf hin, daß die B. von Gott ausgeht (Röm 11,29; Phil 3,14), oder daß sie in Beziehung zu der Gemeinde als ganzer setzt (1 Kor 1,26; Eph 4,1). Gehört der Berufene aber dort hinein, so erwächst aus dem (in der Taufe bes. bestätigten) Ruf Gottes zugleich die Verpflichtung, sich dieses Rufes, genauer: des rufenden Gottes würdig zu erweisen (auch ethisch! Eph 4,1; 1 Thess 2,12).

c) Wenn Paulus Röm 1,6.7; 8,28 sowie 1 Kor 1,2.24 die der Gemeinde Zugehörigen als κλητοί *[klætọi]* = *Berufene* bezeichnet (Röm 1,6 und 1 Kor 1,2 mit dem Zusatz ἅγιοι *[hạgioi]* = berufene Heilige), so will auch dies unterstreichen, daß die Existenz der Gemeinde wie die Zugehörigkeit des einzelnen zu ihr allein in dem Willen und Walten Gottes begründet ist. Wie sehr auch Paulus die B. in ihrer Abhängigkeit von Gott und in ihrer Bindung an die Gemeinde sieht, macht gerade 1 Kor 1,26 deutlich: Wenn die Korinther ihre B. ansehen sollen, so sind sie damit aufgefordert, a) zu bedenken, wer sie selbst vorher waren, und b) sich wiederum klarzumachen, mit wem zusammen Gott sie nun in den Leib seiner Gemeinde hineingestellt hat. Dabei zeigt 1 Kor 7,15ff, daß die B. weder notwendigerweise den sozialen Status des Christen ändert (sie macht rechtlich den Sklaven nicht vom Herrn unabhängig) noch ihn zum Berufswechsel nötigt: Die Veränderung der Verhältnisse wird nicht durch eine Revolution, sondern durch einen Wandel der inneren Haltung erreicht. Übrigens ist 1 Kor 7,20 die einzige Stelle, an der κλῆσις *[klæsis]* mit *Beruf* übersetzt ist; dabei kommt freilich unser heutiges Berufsverständnis zur Erklärung kaum in Frage, sondern es ist eher an einen bestimmten Stand bzw. Platz (in der Gemeinde?) gedacht.

d) Vereinzelt kann allerdings Paulus auch κλητός *[klætọs]* im Sinne eines persönlichen Auftrages verstehen: Für sich selbst unterstreicht er mit der Zufügung κλητός *[klætọs]* zu ἀπόστολος *[apọstolos]* (Röm 1,1 und 1 Kor 1,1), daß er sein Amt als → Apostel einer speziellen göttlichen B. verdankt.

4) Die Verwendung der Gruppe im 1 Petr liegt ganz in paulinischer Richtung. Auch er unterstreicht 1,15; 5,10 die von Gott ausgehende B., dann aber insbesondere auch die Tatsache, daß Gott mit seiner B. eine Absicht, ein Ziel hat (1 Petr 2,21; 3,9: εἰς τοῦτο ἐκλήθητε *[eis tọuto eklæthæte]* = dazu seid ihr *berufen)*. Die Berufenen sollen von ihm,

der sie aus der Finsternis geholt hat, zeugen (2,9), indem sie dem Vorbild Christi auch im Leiden folgen (2,21), und sie sollen den Segen ererben (3,9; vgl. auch 2 Petr 1,3). – Auch die Verwendung im Hebr (3,1 das Wort von der himmlischen B.; 9,15 die Verheißung für die Berufenen Anteil am ewigen Erbe – κληρονομία *[klæronomịa]* – zu haben) ist von Paulus bestimmt.

5) In ähnliche Richtung weist ἐπικαλέομαι *[epikalẹomai]* (im NT nur Medium und Passiv), wo es in der Verbindung »Der Name Gottes ist über uns ausgerufen« (ἐπικαλεῖται ... ἐπί Apg 15,17 = Am 9,12; Jak 2,7) die Besitzergreifung und damit zugleich den Sorgeantritt Gottes bezeichnet. Abgesehen davon, daß es wie καλέω *[kalẹō] nennen* bzw. *genannt werden* heißen kann (Apg 4,36; 12,12) und in Apg 25–28 (einzige Stelle in der Bibel) 6mal die juristische B. des Paulus auf das kaiserliche Gericht beschreibt, findet es häufig Verwendung für das *Anrufen* Gottes bzw. seines Namens (zB Apg 7,59; 9,14; Röm 10,12ff; 1 Kor 1,2), und zwar mit dem Charakter des gemeinschaftlichen Bekenntnisses (Ausnahme 2 Kor 1,23: Gott wird zum Zeugen angerufen). Indem aber diese vom AT übernommene Aussageform (ἐπικαλέομαι τὸ ὄνομα *[epikalẹomai to ọnoma]* bzw. ἐν τῷ ὀνόματι τοῦ κυρίου *[en tō onọmati tou kyrịou]* = hebr. *b^{e}schem jahwæh*; so 2 Kor 1,23) im NT nun auch für die Hinwendung der Jünger zu Jesus aufgenommen wird (zB 1 Kor 1,2; Apg 22,16), ist dieser damit als Gottes Gegenwart, als der »Sohn«, der »Messias« charakterisiert.

ZUR VERKÜNDIGUNG V

Der Mensch möchte dessen gewiß sein können, daß in dem sein Bewußtsein erreichenden Ruf wirklich Gott zu ihm spricht, und er nicht bloß projizierten Gefühlen und Regungen der eigenen Seele, der Suggestivkraft eines anderen Menschen oder dem Gewissensdruck des religiösen Sozialgebildes »Kirche« folgt. Freilich wird sich kaum ein absolut sicherer Maßstab finden lassen, mit dem der Ruf an einen Menschen sich objektiv und eindeutig als Gottes Ruf identifizieren läßt. Denn weder das Vertrauen zu anderen Menschen, noch das auf eine bewährte eigene Nüchternheit, weder der christliche Sprachausdruck des Rufes noch die scheinbare Weisung in der eigenen Situation vermögen das gerade Entscheidende zu verbürgen. Gott legitimiert sich und seinen Ruf eben nicht von außen, sondern die Legitimität des Rufes kann nur im Gehorsam, in der Erprobung erfahren werden (vgl. Joh 7,17).

Darum sollte der Verkündiger es sich versagen, den von ihm weiterzugebenden Ruf Gottes psychologisch zu erhärten oder die Antwort »aufzubauen«. Denn diese Antwort als Bejahung des Anspruches Gottes kann und darf nur aus einem inneren Überwundensein durch Gottes Geist herkommen; sie muß auf dem Wort Gottes fußen, an dessen Stelle nicht fremde Glaubenserfahrung treten kann. Der Mensch kann dazu nicht mehr tun als eine Hebamme bei der Geburt: Sie kann das Leben des Kindes von der Mutter entbinden und ihm so zu eigener Existenz helfen, aber sie kann ihm das Leben nicht schenken.

Zweitens stellt sich die Frage, ob neben der allgemeinen B. zu Glauben und Dienst, zum Erbe des Heils, einzelne zu besonderen Aufgaben berufen werden. Gar zu oft ist schon der materielle und opportunistische Untergrund einer vorgeblich göttlichen B. sichtbar geworden; und wie B. zu Besonderem als Sendungsbewußtsein sich als typisches Kennzeichen aller Ideologien verdächtig gemacht hat, so muß sie, von einer Person für sich selbst behauptet, als Anmaßung erscheinen. Wer deshalb von einer persönlichen B. überzeugt ist, kann daraus weder Forderung noch Anspruch ableiten; denn sein Auftrag hat keine andere Legitimation als auch das Wort Gottes. Aber wie dieser Gott für den einzelnen den äußeren Ruf innerlich bestätigt und seine Antwort erwirkt, so wird er auch die innere B. zu bestimmtem Tun im gegebenen Zeitpunkt durch den äußeren Ruf anderer bestätigen lassen (man denke an die B. und spätere Wahl Davids im AT). Freilich kann die B. mit ihrem göttlichen »Muß« den Menschen auch einsam lassen; dann wird er die Legitimität seines Auftrages in der Bereitschaft im Leiden erweisen müssen.

Schließlich ist deutlich geworden, daß der Versuch, dem Wort »Beruf« als Bezeichnung für jedwede erlernte oder ausgeübte Tätigkeit in der Gesellschaft jeweils auch eine inhaltliche Füllung im Sinne der B. zu geben, sich nicht auf die Bibel berufen kann. Geschichtlich hat dieser Versuch seine Wurzeln in der Reformation und ist die gesellschaftliche Konsequenz der lutherischen Lehre vom allgemeinen Priestertum: Galt diese, dann konnte fortan nicht mehr nur der Weg des Mönches oder der Dienst des Geistlichen oder allenfalls noch der Auftrag des Fürsten als »Beruf(ung)« angesehen werden; dann mußte vielmehr in Abkehr vom aristokratischen Elitedenken jeder Christ, welchen sozialen Standes auch immer, sein normales Alltagsleben – und sei es die Stallreinigung – als gehorsamen Gottes-Dienst (dh als Beruf) ansehen können. Aber diese ideale Linie ließ sich nicht in der ganzen Breite ausziehen; schon bald wurde »Beruf« identisch mit »Stand«, meinte also nicht mehr die Weise, in seiner Arbeit zu Gottes Ehre zu leben, sondern zeigte die Stellung an, die jemand in der Gesellschaftsordnung einnahm.

Heute kommt das Wort immer mehr aus dem Gebrauch. Das liegt nicht nur daran, daß niemand mehr die auf Zigtausende angewachsene Zahl verschiedener Tätigkeiten kennt. Vielmehr hat die veränderte gesellschaftliche Wirklichkeit kaum noch Raum zur Entfaltung eines bürgerlich-individualistischen Berufsideals; die ausschließliche Wiederholung weniger gleichförmiger Handgriffe oder administrativer Verrichtungen in einem begrenzten Teilausschnitt der durch Rationalisierung, Massenproduktion und damit schwindende Verantwortung für das Ganze bestimmten Wirtschaft aber direkt als Erfüllung eines Gottes-Dienstes ansehen zu sollen, so daß man von einem Beruf als B. sprechen könnte, kann nur Ausdruck ideologischer (Selbst)-Täuschung sein. In der Regel ist die Arbeitstätigkeit heute Mittel zum Gelderwerb, »Job«; der Mensch arbeitet, um zu leben, nicht umgekehrt.

Wahrscheinlich war längst vorher eine Ver-sachlichung, Materialisierung der Berufsidee eingetreten. Wenn »Beruf« biblisch verstanden wird, kann es darin primär nur um die auf die Mitmenschen, die Gesellschaft gerichteten Komponenten der Arbeit gehen. Auch dann bleibt die Arbeitstätigkeit vornehmster Raum zur Bewährung des Glaubens, weil durch sie die meisten und in der Regel auch die intensivsten menschlichen Beziehungen entstehen. Man sollte nur dem Versuch wehren, soziologisch bestimmte und mit christlicher Ständeideologie getränkte Vorstellungen vergangener Jahrhunderte gegen eine veränderte Wirklichkeit – und auch gegen die Bibel! – zum Wohle einer patinierten Christlichkeit weiter zu pflegen. *Coenen*

Lit.: Schmidt, Art. καλέω, ThWb III, 1938, 488ff – Engel, Die Berufungstheologie des Apostels Paulus, 1939 – Daumoser, Berufung und Erwählung, ZSTh 24, 1955, 38ff – Mensching/Fichtner/Michel, Art. Berufung, RGG I, 1957³, 1083ff – Noth, Amt und Berufung im AT, 1958 – Bieder, Die Berufung im Neuen Testament, 1961 (= AThANT, 38) – ENeuhäusler, Berufung, BuL 8, 1967, 148ff.

Beschneidung, Verschneidung

Weil die Beschneidung und die sogenannte Verschneidung – von geburtsbedingten Gebrechen abgesehen – als Gemeinsamkeit einen sie herbeiführenden Eingriff an den Genitalien aufweisen und weil die deutsche Übersetzung fast einen gemeinsamen Stamm vermuten läßt, werden περιτέμνω *[peritęmnō]* und εὐνοῦχος *[eunọuchos]* hier miteinander verhandelt. Es wird sich zeigen (s. bes. »Zur Verkündigung«), daß es sich sachlich eher um Gegensatzbegriffe handelt.

εὐνοῦχος

εὐνοῦχος *[eunọuchos]* Eunuch · εὐνουχίζω *[eunouchịzō]* entmannen

I ἐ. wurde von den Griechen selbst als Zusammensetzung von εὐνή *[eunæ]* = *Bett* und ἔχω *[ęchō]* = *halten* verstanden und bedeutete demnach *Betthalter* oder *Betthüter*. Daneben besteht jedoch auch die Ansicht, daß das Wort ein semitisches Lehnwort sei. Primär bezeichnet ἐ. jedenfalls den *Haremswächter*, und da dieses Amt in der Regel von Kastraten versehen wurde, erhielt das Wort die Bedeutung *Kastrat.* Allerdings ist oft, besonders wenn ein ἐ. andere hohe Staatsämter bekleidete (vgl. Apg 8,26ff), nicht mehr auszumachen, ob die körperliche Verschneidung überhaupt vorliegt oder das Wort zum bloßen Titel geworden ist. Die Anwendung von ἐ. auf verschnittene Tiere oder samenlose Pflanzen muß als übertragen gelten.

Das Verb εὐνουχίζω *[eunouchizō]* (literarisch nur 2mal) bezeichnet ausschließlich den Akt der Kastration: *verschneiden, entmannen, kastrieren.*

Im AT (fast die Hälfte der Belege in Est) bezeichnet *sāris* da, wo es unreflektiert verwendet wird, einen *Hofbeamten,* dessen Entmannung durchaus nicht feststehen muß (Gen 39,1 Potiphar; Gen 40,2 Mundschenk und Bäcker; 1 Sam 8,15 und in den Kön Hofbeamte überhaupt). Es liegt also rein titularer Gebrauch vor. Denn einem Entmannten war die Zugehörigkeit zu Israel unmöglich gemacht (vgl. Dtn 23,1). Durch diese Bestimmung ist Israel klar geschieden vom Fruchtbarkeitskult seiner Umwelt, der ja nicht nur in kultischer Begattung, sondern auch in Selbstentmannung zu Ehren des Gottes seinen Höhepunkt finden konnte (Vom kleinasiatischen Kybelekult, vom Kult des Attis und dem der ephesinischen Artemis ist uns das bezeugt). Erst in den letzten Tagen wird auch der bis dahin ausgeschlossene *Verschnittene* (Jes 56,3ff) am Heil Gottes Anteil erhalten. II

Das rabb. Judentum behält die at. Verwerfung der Kastration bei. Dabei unterscheidet es zwischen solchen, die infolge körperlicher Mißbildung unfruchtbar sind und solchen, die durch menschlichen Eingriff verschnitten wurden. Zugrunde liegt das Pflichtgebot zur Verheiratung, das aus Gen 1,28 abgeleitet wurde. Allerdings hat sich in nt. Zeit, wohl unter hellenistischem Einfluß, eine laxere Praxis eingeschlichen: So berichtet Josephus, daß Herodes an seinem Hof Eunuchen hielt.

Im NT wird der Kämmerer der Königin Kandaze als ἐ. bezeichnet (Apg 8,27). Vielleicht ist diese Bezeichnung nicht wörtlich zu nehmen. Es könnte damit auch nur ein hohes Amt bei Hofe gemeint sein (vgl. ZÜ: Hofbeamter). Wenn der Kämmerer aber wirklich Eunuch war, könnte in seiner Bekehrung eine Erfüllung der Weissagung von Jes 56,3–5 gesehen werden: die Heils- und Messiaszeit ist seit Ostern im Anbrechen, darum können solche Leute in die Gemeinde des Heils aufgenommen werden; der Kämmerer wäre dann Halbproselyt, Vollproselyt kann er als Eunuch nicht sein. So würde in doppelter Weise die bisherige Schranke durchbrochen: Evangelium für Halbproselyten und für solche, die bisher von der Heilsgemeinde ausgeschlossen waren. III

Das Verb εὐνουχίζω *[eunouchizō]* findet sich in Verbindung mit dem Subst. ἐ. dreimal in Mt 19,12, wo es die verschiedenen Arten der Eunuchie beschreibt: 1. solche, die durch körperliche Mißbildung von Geburt an ἐ. sind, 2. solche, die durch menschlichen Eingriff verschnitten worden sind (vgl. dazu den Artikel »Entmannung« in Bibl.-Hist. Handwörterbuch, Sp. 413f) und 3. solche, die sich selbst wegen des Himmelreiches verschnitten haben.

Diese Zusammenstellung zeigt, daß Jesus nicht einfach von Ehelosigkeit spricht, sondern von Eheuntauglichkeit. Es werden ja nur Fälle der körperlichen Eunuchie aufgezählt, während andere Gründe, die einen Eheschluß verhindern, nicht berücksichtigt sind. Jesus nimmt bei seiner Aufzählung in den ersten zwei Punkten die dem Judentum geläufige Einteilung auf. Erst der dritte Punkt, die um des Himmelreiches willen Verschnittenen, bringt das Neue. Damit ist deutlich, daß auf diesem dritten Punkt der eigentliche Ton des Wortes liegt. Während vorher an eine Entmannung im wörtlichen Sinn gedacht werden muß, ist dies bei der dritten Gruppe doch unwahrscheinlich. In der alten Christenheit ist die wörtliche Auffassung unserer Stelle vertreten worden, und es sind vereinzelt Selbstentmannungen vorgekommen, zB bei Origenes. Der spätere Origenes hat sich jedoch deutlich gegen ein wörtliches Verständnis von Mt 19,12 ausgesprochen. –

Vielleicht ist es so, daß Jesus in diesem Wort auf eine Schmähung, die man gegen ihn und seine Jünger ausgesprochen hatte, reagiert. Man warf ihm, weil er ehelos lebte, vielleicht vor, ein ἐ. zu sein (vgl. den Vorwurf Mt 11,19: Fresser und Weinsäufer). Jesus antwortet mit dem Hinweis auf das Reich Gottes. Die Freude darüber kann so groß sein, daß man bereit wird, zu Gunsten des Reiches Gottes auf alles andere, unter Umständen auch auf die Ehe zu verzichten.

Einen anderen Ansatz zum Verständnis des Wortes bietet der Vergleich mit Mt 5,29f par (Auge ausreißen und Hand abhauen): am Maßstab des Himmelreiches gemessen, sind selbst lebensnotwendige Dinge unwichtig und müssen im Konfliktfalle aufgegeben werden.

H Baltensweiler

περιτέμνω

περιτέμνω *[peritemnō]* beschneiden · περιτομή *[peritomæ]* Beschneidung · ἀπερίτμητος *[aperitmætos]* unbeschnitten · κατατομή *[katatomæ]* Zerschneidung · ἀκροβυστία *[akrobystia]* Vorhaut

I Das Kompositum περιτέμνω *[peritemnō]* heißt seinem urspr. Wortgehalt (περί-τέμνω) nach: *rings herum abschneiden.* Bei Homer findet es sich in der übertragenen Bedeutung: *rauben* (= *»für sich abschneiden«).* Später (in der profan-griech. Lit. seit Herodot II,34.104) taucht es als terminus technicus auf und bezeichnet den Akt der Beschneidung als der operativen Teilung (incisio) bzw. Entfernung (circumcisio) der Vorhaut des männlichen Gliedes (= ἀκροβυστία *[akrobystia]*). Da es auch eine B. von Frauen bzw. Mädchen gab, kann π. u. U. die Entfernung der Klitoris meinen.

Das dazugehörige Subst. περιτομή *[peritomæ]* findet sich erst seit dem 2. vorchristlichen Jh. und scheint durchgängig als terminus technicus für die Beschneidung verwandt worden zu sein.

ἀπερίτμητος *[aperitmætos]*, als Adj., heißt: *unverstümmelt, unbeschnitten.* Den gleichen Wortstamm hat ferner das Verb ὀρθοτομέω *[orthotomeō]* (ὀρθός, τέμνω), dessen Bedeutung *richtig behandeln (»gerade schneiden«!), zuteilen* freilich von dem wesentlichen Sinngehalt der Wortgruppe abweicht. Diesem wieder näher steht das spätgriech. Subst. κατατομή *[katatomæ]*, das *Zerschneidung, Verstümmelung* bedeutet.

Im Profangriechischen findet sich die Wortgruppe mit den oben genannten Bedeutungen, wobei von der Beschneidung als religiös-kultischem Ritus eigentlich nur in den Beschreibungen fremder Völker (besonders der Ägypter) die Rede ist, da die Griechen diesem im Orient weithin üblichen Brauch nicht folgten.

II Von großer theologischer Wichtigkeit ist die Wortgruppe im AT, wo sie ausschließlich zur Bezeichnung der Beschneidung als einer kultischen Handlung dient. Sie gibt in der LXX sowohl den hauptsächlich vorkommenden hebr. Stamm *mul* wieder, als auch alle anderen (vereinzelten) Wendungen für beschneiden und B. (zB *kārat).*

1a) Woher der in Israel gebräuchliche B.sritus eigentlich stammt, läßt sich nicht mehr mit Sicherheit entscheiden. In den ältesten Berichten über sein Vorkommen in diesem Volk (Ex 4,24ff; Jos 5,2ff) trägt er noch stark die Züge eines mit der Hochzeit verbundenen Auslösungszeremoniells bzw. eines Pubertätsrituals; in diesem Zusammenhang spielte die B. auch bei anderen westsemitischen Völkern, aber sogar bis hin zu den malayo-polynesischen, eine wichtige Rolle. Ob der B.s-Akt als solcher zum eigenen Brauchtum Israels gehörte oder ob es ihn erst in Ägypten kennenlernte, ist allerdings auch theologisch unerheblich; denn Gewicht hat er ohnehin erst bekommen durch seine Verbindung mit dem Jahwe-Glauben und seine später für das Judentum charakteristische Verbindlichkeit als Zeichen der Bundeszugehörigkeit. Diese Verbindung zum Jahwe-Glauben ist aber am Anfang noch relativ locker; an den oben genannten Stellen wird »der altertümliche, mit Steinmessern vollzogene Ritus zwar auf den Befehl Jahwes zurückgeführt«, ist »aber (noch) nicht mit dem an sich naheliegenden Bundesgedanken verknüpft« (Meyer, ThWb VI,76). Solche Verknüpfung fehlt auffälligerweise auch in dem (der elohistischen Schicht zugeschriebenen) Bericht vom Sinaitischen Bundesschluß und im Bundesbuch (Ex 20ff), die die B. überhaupt nicht erwähnen, und liegt erst in dem wohl späteren Bericht von Gen 17,1ff (P) vor, nach dem die Beschneidung von Jahwe dem Abraham als Versiegelung und Zeichen seines → Bundes geboten wird. Die These, daß dieser Abschnitt die Erfahrung des Judentums im Exil widerspiegelt und daß erst hier die B. ihr eigentliches Gewicht gewonnen hat, leuchtet ein. G. v. Rad begründet das folgendermaßen: »Durch den Wegfall der großen kultischen Ordnungen, der die Volksgemeinde bindenden Feste, Opfer usw. wurde mit einem Mal der einzelne und die Familie in die Entscheidung gerufen; sie wurde jetzt mit allen ihren Gliedern, jeder persönlich, an das Angebot Jahwes gebunden, und da die Babylonier (wie alle Ostsemiten) die Beschneidung nicht übten, wurde für die Verbannten die Beobachtung dieses Brauches zum ›status confessionis‹, dh eine Frage ihres Bekenntnisses zu Jahwe und seiner Geschichtsprüfung« (ATD 3,170). So – als Bundeszeichen – wurde die B. zu einem eminent wichtigen Kennzeichen des Judentums nach dem Exil, »Zeichen der Zugehörigkeit Israels zum Bund mit Gott, ... Bürgschaft für den im Bund verheißenen Segen. Gesetz und Bund, Bund und B. gehören daher eng zusammen«. Vgl. O. Michel KEK IV,75.

Wenn auch die Beschneidung ursprünglich wohl bei Erwachsenen bzw. Heranwachsenden vorgenommen wurde (vgl. Jos 5,2ff), so setzte sich jedoch im Laufe der Zeit immer mehr die Säuglingsbeschneidung als Regel für alle Juden durch, wie dies sich in Gen 17,12 (vgl. auch Gen 21,4; Lev 12,3) deutlich widerspiegelt: »Im Alter von 8 Tagen soll alles, was männlich ist unter euch, beschnitten werden, Geschlecht für Geschlecht.« Außer den Kindern jüd. Eltern sollten auch die im Haus geborenen oder gekauften Sklaven beschnitten werden (Gen 17,12f). Natürlich galt diese Forderung auch im Blick auf alle jahwegläubigen Fremden (vgl. Ex 12,48). Nur wer sich beschneiden ließ, durfte an der Feier des Passah-Mahles teilnehmen (Ex 12,43ff; Ez 44,9: »Kein Fremder, unbeschnitten an Herz und Leib, soll in mein Heiligtum hereinkommen ... « Z). Wer sich der B.

widersetzte, galt als bundesbrüchig. Seine Seele sollte »aus seinen Volksgenossen ausgerottet werden« Gen 17,14).

b) Neben der eigentlichen Bedeutung von π. (als operativem Eingriff) kennt das AT noch eine vergeistigte. Danach genügt es nicht, am Fleisch allein beschnitten zu sein. Nur wer sich auch am Herzen beschneiden läßt, dh wer sich vor Gott demütigt, seine Schuld abträgt (Lev 26,41) und sich so wieder zu der Bundestreue Gottes bekennt, der ist vollgültig »dem Herrn« beschnitten (Jer 4,4; vgl. Ez 44,9). Aus der Erkenntnis heraus, daß die körperliche B. unter Umständen zu falscher Sicherheit verführen kann, finden sich im Sinne dieser vertieften Bedeutung von π. an einigen Stellen Mahnungen, die Israel zur Umkehr und Buße rufen sollen: »So beschneidet nun eure Herzen und seid fortan nicht mehr halsstarrig« (Dtn 10,16; bes. aber auch bei den Propheten: vgl. Jer 4,4; Ez 44,7). Mit diesem Verständnis der B. im Sinne einer neuen, nicht formal-kultischen, sondern ganzheitlichen Hingabe an Gott berührt sich die Auffassung des Paulus in mancher Beziehung.

2a) In den Wirren der hellenistisch-röm. Zeit erscheint die B. vornehmlich als ein Bekenntniszeichen. Als Antiochus IV. (176/5–163 vChr) – wie später Hadrian (117–138 nChr) – bei seinem Vorgehen gegen die jüd. Religion auch die B. wie die Kastration mit der gleichen Strafe wie Mord bedrohte (1 Makk 1,48ff), da ließen sich jüd. Frauen lieber töten, als daß sie »vom heiligen Gesetz Gottes« abfielen und ihre Kinder nicht beschnitten (1 Makk 1,60). Die B. gehörte so untrennbar zur überkommenen Religion, daß man von ihr um keinen Preis lassen durfte (dem entspricht, daß Abfall, Verleugnung und Bundesbruch für den Juden meist ihren Ausdruck in der (operativen) Wiederherstellung der Vorhaut hatten, dem sog. ἐπισπασμός *[epispasmos]*. Wie man für sich selbst an der B. festhielt, so forderte man sie auch von den Heiden, die etwa in den Machtbereich Israels gerieten (vgl. schon Gen 34,13ff, wo mit dem Ausdruck B. freilich eine hintergründige Anspielung auf das nachfolgende Blutbad verbunden ist!); von dem Hasmonäer Johannes Hyrkan I. berichtet zB Josephus, daß unter diesem Herrscher im Gebiet der besiegten Idumäer Zwangsjudaisierungen und zwar als Massenbeschneidungen durchgeführt worden seien (vgl. Ant. 13,257).

b) Auch gegenüber aller Kritik von griech. und röm. Seite, wonach die B. als barbarisch und unanständig, ja sogar als pervers galt, und obwohl sie deshalb auch der jüd. Mission hinderlich war, behauptete sich dieser Ritus unbeeinträchtigt. Philo zB verteidigte die B., von der er u. a. behauptete, sie komme einem Priestervolke zu und überdies sei sie hygienisch notwendig (vgl. Spec. Leg. I,1–11).

c) Während sich bei den Essenern noch einmal die vergeistigte Auffassung der Propheten findet (vgl. 1 QS 5,5; 1 QH 18,20), erhebt in der nachchristlichen Zeit »der pharisäisch-rabbinische Nomismus ... die rein materielle Auffassung der B. ausschließlich zur Geltung« (R. Meyer, ThWb VI,79). Nach ihr ist die leibliche B. »Vorbedingung, Zeichen und Siegel für die Teilhaberschaft an dem Bund ... den Gott mit Abraham geschlossen hat« (Meyer, a. a. O., 80; vgl. Jub. 15; ferner etwa die Gebete bei der B., Schab. 137b, abgedruckt Goldmann Tb. 1330–32, 449f).

Das Verb περιτέμνω *[peritemnō]* = *beschneiden* findet sich im NT 17mal (9mal bei Paulus, 5mal Apg, 2mal Lk, 1mal Joh), das Subst. περιτομή *[peritomæ]* 36mal, und zwar fast ausschließlich im Corpus Paulinum (31mal). Das Subst. kann dreierlei bedeuten: a) die B., b) das *Beschnittensein* (zB Phil 3,5) und c) die *Juden* (zB Tit 1,10). Je 1mal erscheinen das Adj. ἀπερίτμητος *[aperitmætos]* = *unbeschnitten* (Apg 7,51), das Subst. κατατομή *[katatomæ]* = *Zerschneidung* (Phil 3,2) und das Verb ὀρθοτομέω *[orthotomeō]* = *in gerader Richtung schneiden, richtig darbieten* (2 Tim 2,15). Der Gegenbegriff zu περιτομή *[peritomæ]*, das Subst. ἀκροβυστία *[akrobystia]*, steht 20mal im NT (außer Apg 11,3 nur bei Paulus), und zwar kann es analog zu π. dreierlei bezeichnen: a) die *Vorhaut*, b) den *Zustand des Unbeschnittenseins* (zB Röm 4,10) und c) – als abstractum pro concreto – die *Heiden* (zB Röm 3,30). III

1) In den Evgg. ist von der B. nur im eigentlichen Sinn und zunächst ohne besonderes theologisches Gewicht die Rede. Lk 1,59 und 2,21 wird einfach die mit der Namensgebung verbundene B. Johannes des Täufers bzw. Jesu erzählt, wie sie dem jüd. Gesetz zufolge am 8. Tag nach der Geburt vorgenommen wurde (vgl. Apg 7,8; Phil 3,5). Auch Joh 7,22f setzt den jüd. B.sbrauch und seine Verankerung im mosaischen Gesetz als gegeben voraus, freilich um gerade damit auf die Fragwürdigkeit der Sabbatheiligung im Spätjudentum hinzuweisen. Der Widersinn soll deutlich werden, der darin liegt, daß die Vornahme einer B. am Sabbat (wenn der 8. Tag auf einen solchen fiel) nicht nur nicht als Entheiligung gewertet wurde, sondern geradezu geboten war (vgl. Schab. 132a), während man Jesus zürnte, daß er »einen ganzen Menschen am Sabbat gesund gemacht« hatte.

2) Wie schon die Wortstatistik zeigte, kommt der Wortgruppe ihre größte Bedeutung aber in den Paulusbriefen und in der Apg zu, wo sie den Gegensatz zwischen Petrus und Paulus veranschaulicht. In den frühchristlichen Gemeinden stehen sich gegenüber οἱ ἐκ περιτομῆς πιστοί *[hoi ek peritomæs pistoi]* = *die Gläubigen aus der B.*, dh die Judenchristen Apg 10,45; vgl. Apg 11,2; Röm 3,30; Gal 2,12; Kol 4,11; Tit 1,10) und οἱ λεγόμενοι ἀκροβυστία *[hoi legomenoi akrobystia]* = *die Vorhaut Genannten*, dh die Heidenchristen (τὰ ἔθνη *[ta ethnæ]* = die Nationen, → Volk; Eph 2,11; vgl. Apg 11,3; Röm 4,10; 1 Kor 7,18). Diese beiden Gruppen, als deren Repräsentanten Petrus und Paulus gelten können, geraten immer wieder aneinander, weil die Judenchristen auf der Heilsnotwendigkeit der B. bestehen: »Wenn ihr euch nicht nach dem Gebrauch des Mose beschneiden laßt, könnt ihr nicht gerettet werden« (Apg 15,1; vgl. Apg 15,5, wo das B.sgebot mit dem der Gesetzeseinhaltung verbunden ist).

Entsprechend machen Jakobus und die Ältesten dem Heidenapostel Paulus Vorhaltungen, als sie gerüchtweise vernehmen, daß er sich nicht bloß für die Befreiung der Heidenchristen, sondern auch judenchristlicher Kinder vom B.sgebot ausgesprochen haben soll (Apg 21,21). Ein solches Gerücht konnte freilich leicht entstehen und u. U. mehr als ein Gerücht sein, da Paulus ja in der Tat ganz zentral die durch Christi Tod und Auferstehung bewirkte Freiheit vom Gesetz verkündigte und seine Ablehnung des judaistischen Gesetzeseifers eindeutig belegt ist. Paulus betonte, daß ihm das Evangelium für die Heiden (τὸ εὐαγγέλιον τῆς ἀκροβυστίας *[to euangelion tæs akrobystias])* – wie dem Petrus das für die Juden (τῆς περιτομῆς *[tæs peritomæs])* – anvertraut sei (Gal 2,7). Dazu aber gehörte entscheidend die Freiheit vom B.sgebot (vgl. H. Schlier, KEK VII, 39), die dem Paulus und seinen Mitarbeitern (vgl. zB Titus. Gal 2,3) auf dem Apostelkonzil zugestanden worden war (Apg 15; Gal 2,6ff).

Es ist daher gelegentlich bezweifelt worden, ob der Bericht von der B. des Timotheus durch Paulus (Apg 16,3) – angeblich um den Juden gegenüber eine Konzession zu machen (vgl. Gal 6,12ff) – den historischen Tatbestand korrekt wiedergibt (vgl. E. Haenchen, KEK III,424ff). Für den Bericht spräche (vgl. H. W. Beyer, NTD 5,98f), daß Timotheus nach jüd. Recht Jude war, als solcher beschnitten werden mußte (vgl. St.-B. II,761), und Paulus also nur ein Versäumnis nachholte.

Wenn Paulus gerade wegen der B.sfrage mit den Judenchristen »in nicht geringen Zwist und Streit« (Apg 15,2) geriet, so gewiß nicht bloß wegen des kultischen Aktes, sondern weil sich für ihn an der B. die Frage nach → Gesetz (νόμος *[nomos])* und Freiheit entzündete. Darum war seine Haltung so unnachgiebig, und darum nahm er auch das Schwanken des Petrus so ernst (Gal 2,11ff; vgl. die Kritik des Paulus an denen, die die B. aus Menschenfurcht propagieren, Gal 6,12f). Gegenüber der jüd. Auffassung, daß die B. dem Beschnittenen einen character indelebilis, eine unverlierbare Eigenart, verleiht (vgl. O. Michel, KEK IV,76 A 4) und ihn so ein für allemal zum Glied des Bundes macht, radikalisiert Paulus – auf dem Boden des Judentums – die Zuordnung von B. und Gesetz, indem er betont, daß die B. nur für den zum echten Bundeszeichen wird, der ohne Abstriche den Willen Gottes erfüllt, daß »die Übertretung aber die B. in Unbeschnittenheit verwandelt« (O. Michel zu Röm 2,25ff; vgl auch das sarkastische Wort von der »Zerschneidung« (κατατομή *[katatomæ])* anläßlich der Polemik gegen Irrlehrer Phil 3,2). Nun ist aber völlige Gesetzeserfüllung für den Menschen aus seinem eigenen Vermögen heraus unmöglich; sie kann nur von Gott geschenkt werden, ist Gnade, im Christusgeschehen offenbart (vgl. Röm 10,4: Christus, des Gesetzes Ende; vgl. auch Gal 3).

Behält man dies im Auge, so kann der B. nicht die Bedeutung zukommen, die man ihr im Judentum beimißt. Wenn Paulus sich einmal selbst seiner B. »rühmt« (Phil 3,5), dann nur, um am Gegenbild solchen nichtigen → Ruhmes den wahren Ruhm zu zeigen (vgl. Phil 3,3: sich Jesu Christi zu rühmen; Gal 6,13f). Auch wenn Paulus von einem relativen Nutzen der B. im Blick auf die an sie geknüpften Verheißungen spricht (Röm 3,1f), so doch nur, um schließlich zu betonen, daß die Erfüllung der Verheißungen für alle

Menschen allein vom Glauben abhängt, »weil ja Gott nur einer ist, der die Beschnittenen aus Glauben und die Unbeschnittenen durch den Glauben gerecht sprechen wird« (Röm 3,30).

Daß es sub specie aeternitatis letztlich gar nicht darauf ankommt, ob jemand beschnitten wird oder nicht, zeigt sehr klar auch Röm 4,7ff. Dort führt Paulus als Kronzeugen für seine Auffassung von der Gleichwertigkeit des judenchristlichen und des heidenchristlichen Glaubens → Abraham an, der in gleicher Weise der »Vater« beider Gruppen sei. »Er empfing das Zeichen der B. als Siegel der → Gerechtigkeit des Glaubens, den er hatte, als er noch unbeschnitten war, damit er der Vater aller unbeschnittenen Gläubigen würde, auf daß auch ihnen die Gerechtigkeit zugerechnet werde, und der Vater der Beschnittenen, derer nämlich, die nicht nur beschnitten sind, sondern auch in den Fußstapfen des Glaubens wandeln« (Röm 4,11f). Wenn Paulus auch die Heidenchristen vor Überheblichkeit warnen kann durch den Hinweis, daß Christus auch – und historisch sogar zuerst – »Diener der Beschnittenen« geworden sei um der Zuverlässigkeit und Treue Gottes willen (Röm 15,8), dann ist das doch vor allem im Zusammenhang mit Röm 11,17–24 zu sehen (vgl. 15,5ff).

Grundsätzlich gilt, daß vor Gott weder Vorhaut noch B. als solche entscheidenden Eigenwert haben; ausschlaggebend ist vielmehr, wie der Mensch sich dem Totalitätsanspruch Gottes gegenüber verhält, ob er ihn zurückweist, wie es zur Betrübnis des Paulus viele Beschnittene tun, oder ob er ihm Glauben schenkt und diesen Glauben in der Liebe wirksam werden läßt (vgl. 1 Kor 7,19; Gal 5,6; 6,15; Kol 3,11). Kurz, die B.sfrage zeigt sich ihrem theologischen Gehalt nach als Frage nach der Existenz dessen, der am Herzen, im Geist beschnitten ist (Röm 2,29; vgl. Apg 7,51), dh aber doch nicht nur des wahren Juden, sondern des neuen Menschen, den das Evangelium hervorbringt. Wie sehr damit die Grenzen des mosaischen Gesetzes gesprengt sind, zeigt Paulus' zugespitzte Bekenntnisaussage: »Wir sind die B., die wir im Geiste Gottes ihm dienen und uns Christi Jesu rühmen und nicht auf Fleisch vertrauen« (Phil 3,3). Jesus Christus hat die B. und die Vorhaut »zu einem Ganzen gemacht ... « (Eph 2,14ff), zu einer neuen Schöpfung (καινὴ κτίσις [*kainę ktįsis*] Gal 6,15).

Dieser neue Mensch aber wird nach der Schilderung des Kol (2,11f) im Akt der → Taufe angezogen, die hier als geistliche B. dargestellt wird. Wo man so den alten Menschen ablegt und den neuen anzieht, da werden alte Gegensätze aufgehoben in einer neuen Wirklichkeit, da ist künftig weder Grieche noch Jude, weder B. noch Vorhaut, »sondern alles und in allen Christus« (Kol 3,9–11; vgl. H. Schlier, KEK VII,208). *Hahn*

ZUR VERKÜNDIGUNG V

Es geht nicht um die B. als solche; die Handlung selbst ist – hygienisch oder kultischritual begründet – so weit und in so vielen Völkern verbreitet, daß sie als Akt keineswegs typisch für Israel ist. Die Besonderheit liegt vielmehr darin, wie man sie deutet und wofür sie Zeichen ist, nämlich für den → Bund Gottes mit seinem Volk. Das ist der Grund, aus dem die christliche Kirche sie lange und zT auch heute noch als Vorläufer der christlichen → Taufe ansah, die sie als das entsprechende Zeichen des neuen Bundes betrachtete. Erst durch das Einrücken in eine so vorgeprägte Stellung hat möglicherweise die Taufe jenen gesetzlich-verpflichtenden Charakter, jene »Selbstverständlichkeit« des Vollzuges erhalten, der ihre eigentliche nt. Intention gefährdet und sie in den Bereich des Soziologisch-Ritualen rückt: Das theologische Moment der Bundesversiegelung am einzelnen wurde immer mehr von dem eines Ausweises der Zugehörigkeit zum Corpus Christianum unterlaufen. Solche Art von Verbindlichkeit muß aber erfahrungsgemäß auf die Dauer mehr und mehr äußerlich, gesetzlich werden. Der genauen Festlegung des mosaischen Beschneidungsrituals durch die Rabbiner entspricht das Gewicht, das man dem Vollzug und den äußeren Formen kirchlichen Handelns heute beimißt. Mehr noch: In einer Fehleinschätzung und Überbewertung der Taufe wurzeln Christianisierungsmethoden, die in engster Nachbarschaft zu mohammedanischen Zwangsbeschneidungen stehen; man glaubte, mit der Aufnötigung des Zeichens die innere Wendung erzwingen zu können und förderte doch nur Opportunismus und Heuchelei. So entspricht der Ausrottung des Unbeschnittenen die gesellschaftliche Ausklammerung des Ungetauften.

Auch in einer anderen Hinsicht fallen Taufe und B. auseinander. Die geschehene B. war nur mühsam operativ wieder zu verdecken, wenn jemand durch ihre Beseitigung sein Israelit-Sein verleugnen wollte. Die Taufe hingegen ist zwar im Kirchenbuch eingetragen und hatte Zeugen, aber am Menschen selbst ist sie gerade nicht erkennbar. Dieser Unterschied ist aber wohl darüber hinaus bezeichnend für die Eigenart von AT und NT: dort die völkische Geschlossenheit, die sichtbare Zeichensetzung, das fordernde Gebot, hier die fließende Grenze, das Gewicht beim Gehalt und der Füllung, bei dem nur noch schwer formalisierbaren »Gesetz des Geistes des Lebens« in Christus.

Der geistlichen Entfaltung des Begriffes B., wie sie die Propheten und im NT namentlich Paulus vorgenommen haben, wird denn auch viel zu wenig Gewicht beigelegt; nicht mehr von einem Akt an den Genitalien ist dabei die Rede, sondern an Ohren und Herzen. Vermutlich können gerade nicht die religiösen, sondern nur die hygienischen Wurzeln des Brauches erhellen, was hier gemeint ist: Die Entfernung der Vorhaut sollte freilegen und unmittelbar aktionsfähig machen, was sonst verdeckt und gehemmt war. (Man denke an das jüd. Verständnis von Gen 1,28 als Zeugungsauftrag und die Tatsache, daß die B. ein Akt an den Genitalien ist). Ob nicht der übertragene Gebrauch des Begriffes Ähnliches im Sinn hat: offen vor Gott, dienstbereit für ihn zu werden, um seinen Auftrag gehorsam zu erfüllen? Die B. geriete – so gesehen – in die Nachbarschaft etwa von Jes 6, von → Berufung und Heiligung (→ heilig), während das ritual-kultische Verständnis an Bedeutung ganz zurückträte. Eben dies aber ist offensichtlich das Neue im NT. Es geht um die »B. ohne Hände«, also *nicht* um das Zeichen, auch nicht in der dafür eingetretenen Gestalt der Taufe, sondern um die Erschließung und Versiegelung durch den Geist Gottes. Jedes äußerlich-gesetzliche Denken kann die christliche Gemeinde hier nur auf die religiöse Ebene des Islam bringen.

Die B. ist an sich zu Unrecht in dem Verbotsedikt Hadrians mit dem Eunuchentum gleichgestellt worden; die für Europäer fremden orientalischen Sitten wurden wie Mord bestraft. Sachlich sind B. und Kastration oder sogar Sterilisation (im biblischen Deutsch: »Verschnitten-Sein«) einander diametral entgegengesetzt. Hier der Wille, ja das Gebot zur Zeugung von Kindern, – dort das Fehlen der Zeugungsfähigkeit, sei sie nun angeboren, erzwungen oder freiwillig übernommener Verzicht. Die at. und nt. Einstellung zum Eunuchentum ist – wie oben gezeigt – durchweg negativ, mit Ausnahme des Zusammenhanges von Mt 19; ob hier direkter oder bildhafter Gebrauch vorliegt, mag dahingestellt sein – das Wort ruft jedenfalls in Erinnerung, daß es einen bewußten Verzicht auf Zeugung (bei wörtlichem Gebrauch sogar: Unterbindung der Zeugungsfähigkeit!) um des Reiches Gottes, also um der Freiheit zum Dienst willen gibt. Zu einer sachlichen Erwägung müßte allerdings auch die selbstverständliche Identifizierung von Zeugungskraft und Männlichkeit (vgl. den Ausdruck »Entmannung«) überprüft werden. Das Problem ist nicht mit einem Standes-Zölibat (Rom) zu lösen. Überhaupt bleibt die Frage offen, ob dieser Verzicht auch den auf die eheliche geschlechtliche Gemeinschaft einschließt; das kann nur vom Wesen der → Ehe her entschieden werden.

Wie immer man entscheidet, die Antwort darf nicht im formalen Bereich fallen oder aufgrund einer Wertung der Zeugungskraft als solcher (heute angesichts der »gefüllten Erde« weniger denn je!), sondern muß wirklich um des Reiches Gottes willen getroffen und von daher bestimmt werden. *L. C.*

Lit.: Bauer, Mt 19,12 und die alten Christen, Heinrici-Festschrift, 1914, 235ff – Schneider, Art. εὐνοῦχος, ThWb II, 1935, 763ff – Schlier, Der Brief an die Galater, KEK VII, 1951^{11} – Haenchen, Die Apostelgeschichte, KEK III, 1956^{10}, 424ff – Blinzler, Εἰσίν εὐνοῦχοι, ZNW 48, 1957, 254ff – Lehmann/Galling, Art. Beschneidung, RGG I, 1957^{3}, 1090f – Michel, Der Brief an die Römer, KEK IV, 1957^{11} – Beyer, Die Apostelgeschichte, NTD 5, 1959^{9}, 98f – Meyer, Art. περιτέμνω, ThWb VI, 1959, 72ff – GvRad, Das erste Buch Mose, ATD 3, 1962^{4}, 170ff – DArenhoevel, Ursprung und Bedeutung der Beschneidung, WuA 14, 1973, 167ff – NJMcEleney, Conversion Circumcision and the Law, NTSt 20, 1973/74, 319ff.

Besitz

Der Mensch braucht zum Leben materielle Güter. Er kann sie sich entweder durch Arbeit verschaffen oder über erworbenes bzw. zugefallenes Gut verfügen. So ermöglicht erworbener Besitz – χρῆμα *[chræma]*, κτῆμα *[ktæma]* und ὕπαρξις *[hyparxis]* bezeichnen ihn ohne abwertende Färbung – das Leben. Mindestens im NT ist davon περιποίησις *[peripoiæsis]* = Eigentum zu unterscheiden, weil es nicht im materiellen Zusammenhang gebraucht wird. Angehäufter Besitz ist πλοῦτος *[ploutos]* = Reichtum oder auch θησαυρός *[thæsauros]* = Schatz. Irdisches Gut kann aber auch zu dämonischer Macht werden, zum Mammon (μαμωνᾶς *[mamōnas]*). Vgl. auch → Geiz; → arm; → Barmherzigkeit.

θησαυρός

θησαυρός *[thæsauros]* Schatz · θησαυρίζω *[thæsaurizō]* (Schätze) sammeln

θησαυρός *[thæsauros]* (Herkunft unsicher, wahrscheinlich technisches Lehnwort), seit Hesiod belegt, heißt a) *Schatzkammer, Vorratsort, Speicher, Kassette* und b) *Schatz*. Schon in früher Zeit finden wir die Einrichtung von S.-Kammern, etwa in den Tempeln, in denen die Natural- und Geldabgaben gesammelt werden. Auch Opferstöcke kannte man (vgl. 2 Kön 12,10). In die gleiche Richtung weist das Verbum θησαυρίζω *[thæsaurizō]* = *S.e aufbewahren, aufspeichern*. I

In der hellenistischen Gnosis stoßen wir dann auf die Vorstellung des Licht-S.es, aus dem die Seele stammt und in den sie bei der Erlösung wieder zurückkehren darf.

1) Das entsprechende Wort im AT ist *'ōtsār*. Jes 6,19.24 wird im Zusammenhang mit dem heiligen Krieg und Bann der »S. des Herrn« erwähnt (vgl. 1 Kön 7,51; 14,26) und 1 Kön 14,26; 15,18 der »S. im Hause des Königs«. In der späteren Zeit finden wir dann neben dem allg. Gebrauch (Spr 10,2) die Vorstellung der himmlischen S.-Kammern (Jer 50,25; 51,16; Hi 38,22), die Gottes Zorneswaffen, aber auch Wind, Schnee und Hagel bergen. In Jes 33,6 wird die Furcht Jahwes Zions S. genannt, und nach Jes 45,3 sollen die »heimlichen S.e«, die Gott austeilen will, rechtes Erkennen Jahwes, des Gottes Israels bewirken. Nach der Furcht des Herrn und der Erkenntnis Gottes soll der Mensch forschen wie nach vergrabenen S.en (Spr 2,4ff). II

2) Im Spätjudentum sind die guten Werke wie Almosengeben usw. ein S., der als Lohn im Himmel angesammelt wird, seine Zinsen aber schon hier auf Erden bringt. Ferner spricht das Spätjudentum von dem S., aus dem der Schriftgelehrte austeilt, und schließlich vom S.- Haus des ewigen Lebens als dem Ort, an dem die Seelen der Verstorbenen aufbewahrt (oder dem »Bündel«, in das sie »eingebunden«) werden (vgl. 1 Sam 25,29).

1) Das NT nimmt diesen at.-spätjüd. Sprachgebrauch neben der ursprünglichen wörtlichen Bedeutung auf. θησαυρός *[thæsauros]* findet sich 2mal bei Paulus (2 Kor 4,7; Kol 2,3), 1mal im Hebr (11,26) und 16mal bei den Synoptikern, zumeist im Munde Jesu. III

a) Soweit die Synopt. nicht wie Mt 2,11 einfach den *S.-Kasten* meinen, und wo sie nicht die at.-spätjüd. Vorstellung des S. als *Vorrat* aufgreifen, aus dem zB der Schriftkundige austeilt (Mt 12,35 par; 13,52), geschieht die Erwähnung des himmlischen S.es in bewußtem Gegensatz zu den irdischen S.en. »Ihr sollt euch nicht S.e sammeln auf Erden ... Sammelt euch aber S.e im Himmel«, sagt Jesus Mt 6,19–21 par zu seinen Jüngern, und vom reichen Narren sagt er nach Lk 12,21: »So geht es dem, der sich S.e sammelt und ist nicht reich in Gott« (vgl. Jak 5,3).

Dieser Gedanke eines himmlischen Schatzes steht sowohl im Spätjudentum als auch bei Jesus in der Sicht der kommenden Endzeit. Aber im NT ist nach Jesu eigener Aussage er selbst das eschatologische Ziel, der Heil bringende »S. im Himmel« (Mt 19,21 parr vgl. Joh 6,34ff; 11,25f). Darum fehlt jeglicher Verdienstgedanke. Die S.e, die sich die Jünger sammeln sollen, werden eben nicht durch gute Werke erworben, sondern durch Glaube und Liebe, die aus Jesu Vergebung stammt (die große Sünderin Lk 7,36ff). So wird Mt 13,44 das Evangelium mit einem Schatz verglichen, über den der Mensch von maßloser Freude erfaßt wird, und der einen ganzen Einsatz lohnt, weil kein Preis zu hoch ist, diesen Schatz zu besitzen. »Die frohe Botschaft überwältigt, schenkt die große Freude, richtet das ganze Leben aus auf die Vollendung der Gottesgemeinschaft, wirkt die leidenschaftliche Hingabe« (J. Jeremias).

b) Auch bei Paulus finden wir einen solchen Vergleich Schatz = Christus(botschaft): In Christus – nirgendwo anders – sind alle S.e der Erkenntnis und Weisheit verborgen (Kol 2,3). In ihm werden die verborgenen Schätze der Weisheit und Gotteserkenntnis offenbar, denen der at. Fromme nachspürte (Spr 2,3f). Auch wenn wir diesen S. hier auf Erden nur in »irdenen Gefäßen« (2 Kor 4,7) und unter der »Schmach Christi« verborgen haben, so ist dieser Reichtum doch größer als »alle Schätze Ägyptens« (Hebr 11,26) und dem Glaubenden schon jetzt im »Wort« gegeben. So ist Jesus selbst der S. Erst aus dem Glauben an ihn fließt das Tun, zu dem das NT ermahnt.

2) θησαυρίζω *[thæsaurizō]* dagegen, im NT 8mal vorkommend, finden wir bei Paulus in der abgeblaßten Bedeutung *sparen* (1 Kor 16,2; 2 Kor 12,14). Die spätjüd. Vorstellung schwingt Röm 2,5 mit, wo Paulus sagt, daß sich die Menschen den Zorn Gottes *aufhäufen* auf den Tag des Zorns. Nach 2 Petr 3,7 werden Himmel und Erde *aufgespart* für das Gericht. *Eichler*

μαμωνᾶς

μαμωνᾶς *[mamōnas]* Mammon

I/II Das griech. Wort μαμωνᾶς *[mamōnas]* ist nur im NT belegt. Die Herkunft des Wortes ist ungewiß, da weder die profangriech. Sprache noch das Hebr.-Aram. der biblischen Zeit ein Äquivalent kennt, von dem es sich herleiten läßt. Doch kennen Targum, Talmud und Mischna (die alle nicht über die Zeitenwende zurückführen) das aram. *māmona'*, das sich wahrscheinlich von hebr. *'āman* herleiten läßt (→ Amen), wohl im Sinne einer Abstraktbildung: *das Feste, die Sicherheit, der Besitz.* Das Wort ist in sich also wertneutral, kommt aber doch zumeist in negativem Zusammenhang vor als unredlich erworbener oder unredlich veräußerter Besitz (Bestechung).

III Die Erklärung des nt. Wortes μ. kann sich auf Lk 16,1–13 beschränken, da der einzige sonstige Beleg Mt 6,24 mit Lk 16,13 identisch ist. Gerade dieses Wort zeigt einen scharfen, schneidenden Gegensatz von Mammon und Gott, der jedoch aus dem Zusammenhang erklärt werden muß: wenn der ungerechte Haushalter der Beispielerzählung (1–7) gelobt wird, weil er sich mit dem Mammon Freunde gemacht hat, dann zeigt das, daß die negative Wertung des Mammon nicht den Sinn der Enthaltung von allem Besitz, den Sinn der Askese (so die Verdrehung im Mönchtum) haben kann, sondern die rechte Handhabung des Besitzes im Auge hat. Er soll nicht Selbstzweck sein, da er damit für den Menschen geradezu zu einer widergöttlichen Macht, zum Dämon werden kann, sondern in entschiedener Unabhängigkeit vom M. soll der Mensch im Gehorsam gegen Gott mit ihm das Gute tun. Denn »wenn ihr mit dem ungerechten Mammon treu wart«, wenn ihr mit ihm sinnvoll gewirtschaftet und Gutes gewirkt habt, »dann wird Gott euch das wahre Gut anvertrauen« – so ja wäre Lk 16,11 positiv zu wenden. Das verantwortliche Handeln mit dem ungerechten Mammon ist somit gekennzeichnet als Bewährungsprobe für die ewigen Gaben, die Gott schenken will. Und das wird geschehen, wenn der Mensch mit dem Mammon nicht dem Mammon selber, sondern Gott zu dienen beginnt (Lk 16,13). *Selter*

περιποιέομαι

περιποιέομαι *[peripoiẹomai]* sich etwas erhalten, sich erwerben · περιποίησις *[peripọiæsis]* Erhaltung, Gewinnung, Eigentum · περιούσιος *[periọusios]* als Eigentum · τὰ ἴδια *[ta ịdia]* Eigentum

I περιποιέομαι *[peripoiẹomai]*, Med. zu dem (selteneren) περιποιέω *[peripoiẹō]* = *machen, daß einer oder etwas übrig ist* (seit Herodot), und das zugehörige Subst. περιποίησις *[peripọiæsis]* finden sich in doppelter Bedeutung für ein zielgerichtetes Tun (= ποιέω *[poiẹō] tun*) und zwar a) für die Tätigkeit des Bewahrens: *für sich bewahren, für sich retten* bzw. *Bewahrung, Rettung;* b) im Sinn des Erwerbens: *sich erwerben, für sich gewinnen* bzw. *Gewinnung, Erwerbung;* von da aus kann das Subst. auch c) *das Erworbene, den Gewinn, das Eigentum* als Resultate dieses Tuns bezeichnen.

In der LXX wird an den wenigen Stellen, die mit *Eigentum* übersetzt werden und theologisch bedeutsam sind (Volk des Eigentums), für *s^e^gullāh* außer in Mal 3,17 nicht περιποίησις *[peripọiæsis]* verwendet, sondern περιούσιος *[periọusios]* (5mal: Ex 19,5; Dtn 7,6; 14,2; 26,18; in freier Übersetzung Ex 23,22) oder περιουσιασμός *[periousiasmọs]* (Ps 123,4). Man übersetzt hier »Volk des Eigentums« dem hebr. Sinn von *sāgal* = *anhäufen* entsprechend wohl sinngemäßer mit »Volk, das Gottes Kronschatz bildet« (Debrunner). II

1) Im NT jedoch werden περιποιέομαι *[peripoiẹomai]* (3mal) bzw. περιποίησις *[peripọiæsis]* (5mal) gegenüber περιούσιος *[periọusios]* bevorzugt und zwar in den Bedeutungen a) Lk 17,33: seine Seele *erretten;* Hebr 10,39: die glauben zur *Rettung* der Seele – b) Apg 20,28: die er *sich erworben* hat durch sein eigenes Blut; 1 Tim 3,13: *sich* viel Zuversicht *erwerben* im Glauben an Jesus Christus (Z); 1 Thess 5,9: zur *Erwerbung* des Heils bestimmt (Z); 2 Thess 2,14 zur *Erlangung* der Herrlichkeit – c) 1 Petr 2,9: das Volk des *Eigentums* und Eph 1,14: (der heilige Geist ist das Angeld für) die Erlösung seines *Eigentums.* III

2) περιούσιος *[periọusios]* hingegen steht nur Tit 2,14 als Zitat aus LXX (vgl. Ex 19,5; Dtn 14,2) für das hebr. *'am s^e^gullāh* = *Volk des Eigentums* oder »Volk, das Gottes Kronschatz bildet« (s. o.). Der Zusatz »eifrig zu guten Werken« zeigt, daß sich die hohe Würde des Eigentumsvolkes aktualisiert in einem Leben nach dem Willen Gottes.

3) Daneben tritt, vor allem im JohEv, als Bezeichnung für Eigentum τὰ ἴδια *[ta ịdia]* (ἴδιος [ịdios] urspr. *abseits befindlich;* zu sanskrit. *vi* = *auseinander),* theologisch bedeutsam bes. Joh 1,11a: Er kam in sein Eigentum.

τὰ ἴδια *[ta ịdia]* bezeichnet ursprünglich die Privatsphäre im Gegensatz zum Allgemeingut (so zB das Heim Joh 16,32; 19,27; Apg 21,6). Doch wird man es in Joh 1,11a besser mit *Eigentum, Eigentumsrecht* übersetzen. Denn hier soll weder wie in 1 Petr 2,9 ein durch Leiden und Sterben von Christus erkämpftes Eigentum, noch eine individuelle Heimstätte im privaten Eigentumsbereich, sondern sein Eigentumsrecht (Besitzstand) am ganzen Kosmos von Anbeginn an proklamiert werden.

4) So spiegelt sich im NT durch die Hereinnahme von drei verschiedenen Begriffen für »Eigentum« (abgesehen vom konkreten Besitz) der ganze Reichtum dessen wieder, was durch die Erlösungstat Jesu offenbar geworden ist. Er kommt in das, was von Anbeginn sein Eigenes (τὰ ἴδια *[ta ịdia]*) ist. Er hat sich sein Eigentumsrecht an seinem Volk durch sein Leiden und Sterben erkämpft und erworben, und dieses Eigentumsvolk wird nun von ihm beschlagnahmt, damit es bis zu seiner Parusie in ganzer Hingabe ihm diene und für ihn zeuge.

Beyreuther

πλοῦτος

πλοῦτος *[plọutos]* Reichtum · πλούσιος *[plọusios]* reich, Reicher · πλουτέω *[ploutẹō]* reich sein · πλουτίζω *[ploutịzō]* reich machen

1) Die Wortgruppe πλοῦτος *[plọutos,* verwandt mit πολύς *[polỵs]* viel, bezeichnet zunächst die *Fülle an Lebensgütern aller Art.* Später differenziert sich die Bedeutung in einen technischen, materiellen und allgemeinen *Reichtum,* der meist durch einen Genetiv präzisiert wird als R. der Weisheit, Ehre, Gnade usw. Diese doppelte Bedeutung findet sich bei allen Wörtern der Gruppe. I

πλουτέω *[ploutẹō] reich sein, reich werden;* πλουτίζω *[ploutịzō] reich machen;* πλοῦτος *[plọutos] Besitz vieler Güter, Überfluß* an irgend etwas, *Reichtum;* πλούσιος *[plọusios]* adjektivisch *wohlhabend, reich,* substantivisch mit und ohne Artikel *der Reiche, der Wohlhabende.*

2) Im Griechischen sind bei Homer äußerer Reichtum und Tugend noch nicht getrennt. R. ist umfassender Ausdruck eines glücklichen und von den Göttern gesegneten Lebens. Mit Sokrates setzt die Betonung von Bildung und Tugend als des »wahren Reichtums« ein. Besonders Platon und Aristoteles beurteilen den R. nach seiner Bedeutung für die Gesellschaft. Dient er nicht der Polis, ist er verwerflich. Die Kyniker verachten äußeren Besitz auf das schärfste, da er Bindungen und Sorgen mit sich bringt. Die Stoiker sehen die Gefahr des R.s in der Verführung zu falscher Sicherheit, erkennen aber auch seinen Nutzen in den Möglichkeiten zur Persönlichkeitsentfaltung.

Prinzipiell ist R. nicht verwerflich. Denn a) hat R. im Griechentum nicht die soziologisch trennende Bedeutung wie in anderen Kulturen, b) kommt daher nie der Gedanke auf, daß die Reichen zugunsten der Armen verworfen sein könnten.

II 1) In den älteren Stücken des AT ist die Beurteilung des R.s positiv. Er besteht vornehmlich im Besitz an Herden, Nachkommen und Knechten (Gen 13,2; 30,43) und ist Gabe Gottes. Der R. war in der Zeit nomadischer oder halbnomadischer Lebensweise kein Problem, da es krasse Unterschiede zwischen Reich und Arm nicht gab Auch bei der Landnahme gibt Gott jedem seinen Anteil. Das Land ist Gottes Eigentum, deshalb steht auch das Eigentum des einzelnen unter seinem Schutz (Schutzbestimmungen im Bundesbuch Ex 20,22–23,19, die später im Dtn weitergeführt werden).

Die Königszeit bringt mit dem Entstehen der Residenzstädte und des Hoflebens, der Blüte von Wirtschaft und Handel eine starke soziale Differenzierung. Es bildet sich eine kleine Schicht von Reichen und Einflußreichen, die – wie wir von den Propheten erfahren – das Gottesvolk durch Unrecht und Gewalttat zugrunde richtet (Am 2,6ff; 5,10ff; Jes 5,8ff; Mi 2,1ff; Jer 5,26f; 34,8ff) und damit das Gericht über das ganze Volk verschuldet.

Die Weisheitsliteratur, in der unsere Wortgruppe am häufigsten vorkommt, spricht meist in unbefangener Wertschätzung vom Reichtum (zB Spr 10,4.15), kennt aber auch seine Relativität (Ps 49,17; Spr 22,1) und Verführungskraft (Ps 49,7; 52,9). Gleichzeitig stellt sich bei Hiob und in den Psalmen das Theodizeeproblem (bes. Hi 21; Ps 37; 49; 73).

2) Im Judentum finden sich alle diese Gedanken wieder. Die Glieder der Qumrangemeinde tragen den Ehrentitel »Arme«. Auf privates Eigentum verzichtend, leben sie in Gütergemeinschaft. Das Eschaton aber wird ohnehin eine Umkehr aller irdischen Besitz- und Glücksverhältnisse bringen (Henoch). Wo die Qumranschriften von Gottes Gnade oder Barmherzigkeit sprechen, fügen sie gerne in hymnischer Redeweise das Subst. »Menge, Reichtum« *(rōb* und *hāmōn)* hinzu. Für die Pharisäer hat wahre Bedeutung nur Gesetzesgerechtigkeit, doch kann der R. zu guten Werken dienen. Hochschätzung genießt der R. dagegen in allen den Kreisen, deren endzeitliche Erwartungen irdischer oder nationaler Art sind.

III 1) Vorkommen im NT: Im NT fehlt die Wortgruppe bei Joh, in der Apg, 1 und 2 Thess, Tit, Phlm, 1–3 Joh und Jud.

Das Subst. πλοῦτος *(plọutos)* kommt in den synopt. Evgg. nur Mk 4,19 par vor und bezeichnet wie 1 Tim 6,17; Jak 5,2; Offb 18,17 R. an irdischen Gütern. In Verbindung mit einem Genitiv wird der R. auf Gott, Christus und die Gemeinde bezogen (Röm 9,23; Eph 3,8; 2 Kor 8,2).

πλούσιος *(plọusios)* adjektivisch oder substantivisch im Sing. oder Plur. gebraucht, bezeichnet den an irdischen Gütern reichen Menschen und kommt bes. häufig bei Lk und Jak vor. Mit dem Dativ konstruiert, drückt es das Reichsein Gottes (»reich an Barmherzigkeit« Eph 2,4) oder des Christen (»reich im Glauben« Jak 2,5) aus. 2 Kor 8,9 und Offb 2,9 meint es den an geistlichen Gütern Reichen.

Das Verb πλουτέω *(ploutẹō)* steht Lk 1,53; 1 Tim 6,9; Offb 18,15 absolut in bezug auf irdischen, 1 Kor 4,8; 2 Kor 8,9; Offb 3,17f in bezug auf geistlichen Besitz. In Luk 12,21 (reich in Gott) ähnlich 1 Tim 6,18 (reich an guten Werken) geht es um Werke, die bei Gott zählen. Röm 10,12: Gottes Reichtum ist für alle Menschen da (reich für alle). πλουτίζω *(ploutịzo)* = *reich machen:* Gott macht seine Gemeinde reich in allen Dingen (1 Kor 1,5); der Christ gibt diesen von Gott geschenkten Reichtum weiter, um damit andere reich zu machen (2 Kor 6,10; 9,11).

2) Theologische Bedeutung: Das MtEv beurteilt den R. ganz in seiner gefährlichen Tendenz, das Reich Gottes zu hindern; aber es »verteufelt« ihn nicht prinzipiell (vgl. dazu Mt 27,57), zeigt also keine asketische Tendenz gegenüber Besitz und Reichtum. Wenn Jesus einen so harten Angriff gegen den irdischen Besitz führt (Mt 13,22; 19,23.24), dann gilt dieser dem Reichtum ebenso wie jeder anderen menschlichen Sicherung und Größe, die den Blick für Gottes Reich verdeckt. Das Samenkorn wird durch die Sorge und den »Trug des R.« (Mt 13,22 vgl. Mk 4,19; Lk 8,14) erstickt (s. Lohmeyer zSt). Wie die Sorge Charakteristikum dieses Äons ist (vgl. Mt 6,25–32), so ist jegliche Art von R. in sich Trug, wenn er den Menschen so beansprucht, daß er ihn hindert, die Botschaft vom Himmelreich zu hören. Gegensatz ist die Armut der Seligpreisungen als das Offensein für das Reich Gottes. Das gleiche sagt 19,23f, wobei die Einschränkung »schwer« durch die Antwort

Jesu (V. 26) erklärt wird. Die Reaktion der Jünger (V. 25) macht deutlich, daß mit dem R. mehr gemeint ist als wirtschaftlicher R.; sie selbst gehören zu den Reichen. R. wird hier zum Kennzeichen des Menschen dieser Welt. So darf also die Härte, die im Wort vom Nadelöhr (19,24) zum Ausdruck kommt, nicht gemindert werden. Jesus sieht für den Menschen in seiner gesamten Verkündigung schlechterdings keine Möglichkeit, das Reich Gottes, dh das Leben zu erlangen. Die neue Gerechtigkeit, die das Leben in sich birgt, stammt allein aus der Macht und dem Wunder Gottes. Ihr gilt es sich zu öffnen. Jesu Haltung zum R. gehört also unlöslich mit der besonderen Stunde der Entscheidung zusammen, die durch ihn für das Volk Israel gekommen ist.

Bei Markus ist die Schärfe des Urteils vielleicht etwas gemildert. Durch den Begriff der »wachwerdenden Begierde« wird die Gefahr in einen psychologisch subjektiven Bereich gerückt (Lohmeyer, Matthäus, 210). R. lenkt das Vertrauen auf sich und ist damit ein großes Hindernis auf dem Wege zum Reich Gottes (Mk 10,23ff).

Außer 8,14 spricht Lukas nicht über den Reichtum, sondern über Reiche und Reichsein. Der reiche Kornbauer ist Typ des Reichen überhaupt, der nicht mehr Gott als Geber aller Gaben kennt und sich deshalb auf seinen Besitz verläßt (12,16ff), oder sich deren unbekümmertem Genuß hingibt und damit seine Aufgabe verfehlt (16,19–31). Die Pharisäer spotten über Jesu Warnung vor dem Mammon, weil sie geldgierig (φιλάργυροι [*philargyroi*] 16,14; vgl. 1 Tim 6,10; 2 Tim 3,2) sind. Dieses Gesamturteil wie die Zusammenhänge der Abschnitte, in denen sich Lk mit den Reichen auseinandersetzt, legen den Gedanken nahe, daß es sich bei den Reichen um die Gegner Jesu handelt, bzw. daß diese kollektiv mit dem Begriff »Reiche« gekennzeichnet sind. Damit trifft die Reichen das Verwerfungsurteil pauschal. Das Reich Gottes wird die Umkehr aller irdischen Verhältnisse bringen (1,53; 16,25; 6,24ff). Die Menschen, die Jesus und seine Botschaft ablehnen, weil sie sich an die Gegenwart und ihre trügerischen Reichtümer versklaven, ihr Denken und Sinnen völlig vom gegenwärtigen Anschein bestimmen lassen, die verspielen in der Verteidigung der Gegenwart die Zukunft. Das Ausgerichtetsein auf die verführerische Macht des Besitzes bringt Verderben. Das Heil gilt denen, die sich von der Botschaft befreien lassen und ihren Reichtum in der Zukunft wissen, die nun bereits anbricht. Die Umkehrung aller irdischen Werte, die am Ende der Tage sichtbar wird, wird bestätigen, daß allein der bei Gott angelegte Reichtum beständigen Wert hat und dem Menschen die Rettung bringt (16,9). Dazu ist das Verhalten des Zachäus (19,8) und die Anweisung 14,12–14 Vorbild.

Völlige Verwerfung trifft den Reichen im Jakobusbrief. Wie im Urteil der at. Propheten ist er der Ungerechte (2,6; 5,1ff) und hat in der bevorstehenden Weltveränderung nur Unheil zu erwarten (5,1ff; 1,10f; vgl. Jes 40,6ff). Erwählt sind demgegenüber die »Armen«, die im Glauben reich sind (2,5).

Paulus ist an einem materiellen Begriff des Reichseins nicht interessiert, sondern füllt ihn in der Anwendung auf Gott, Christus und die Gemeinde inhaltlich neu. Für Gott ist die Fülle, der R. zB an Herrlichkeit (Rö 9,23; Eph 3,16) und Gnade (Eph 2,7; 1,7) kennzeichnend. An diesem R. hat die Gemeinde Anteil (1 Kor 1,5; Eph 1,7.18). Reichsein ist eschatologisches Geschenk und unabhängig vom irdischen Besitz. Der Apostel macht – obwohl arm – viele durch die Predigt reich (2 Kor 6,10). Wie Christus uns nur durch den Weg der Entäußerung reich machen konnte (2 Kor 8,9; vgl. Phil 2,5–10), so ist der Weg des Christen in der Welt der der Entäußerung und brüderlichen Hilfe (2 Kor 8,2; 9,10f). Die Verwerfung Christi durch Israel wird zum R. für die Heidenwelt, indem sich die Heilspredigt nun an sie wendet (Röm 11,12). Der eschatologische Charakter des R.s wird verkannt, wenn er Grund zu Selbstruhm und Sicherheit der Gemeinde wird (1 Kor 4,8).

Im 1. Timotheusbrief wird irdischer R. nicht verworfen, aber die Reichen werden gewarnt, sich auf Vergängliches zu verlassen, und stattdessen aufgefordert, durch ihren Besitz reich an guten Werken zu werden (1 Tim 6,17ff). Hebr 11,26 klingt paulinisch: Zeitliche Schmach wurde für Mose zum R. im Blick auf die zukünftige Belohnung, wobei sein Leiden für das Volk das Leiden Christi zeichenhaft vorwegnahm. In der Offenbarung findet sich eine doppelte Aussage: a) Die Reichen können nicht vor dem Lamm bestehen (6,15), und die an Babylon reich geworden sind, verfallen mit der Stadt (18,3.15.17.19). b) Die Gemeinde in Smyrna besitzt wahren R., obwohl oder gerade weil sie um des Glaubens willen verfolgt wird (Offb 2,9). Laodizea dagegen ist arm, weil es sich für geistlich reich hält. Es wird aufgefordert, in der Umkehr zum Herrn reich zu werden (Offb 3,17f). In 5,12 kommt R. in der Ehrenbezeugung für das Lamm vor.

3) In der Erzählung vom Reichen (Mt 19,16–27 par) sind πλούσιος *[plọusios]* und χρῆμα *[chrǣma]* bzw. κτῆμα *[ktǣma]* Wechselbegriffe. → χρῆμα *[chrǣma]*, κτῆμα *[ktǣma]* und ὕπαρξις *[hyparxis]* bezeichnen nur *Geld* oder *Hab und Gut*, das in Geld umzusetzen ist.

Enge Beziehung besteht zwischen μαμωνᾶς τῆς ἀδικίας *[mamōnạs tæs adikịas]*, dem *ungerechten Mammon* (Lk 16,9.11) und ἡ ἀπάτη τοῦ πλούτου *[hæ apạtæ tọu plọutou]*, dem *Trug des Reichtums* (Mt 13,22; Mk 4,19), doch bleibt → μαμωνᾶς *[mamōnạs]* auf die Bedeutung *Kapital* beschränkt, von dessen verlockender Macht es unabhängig zu bleiben gilt.

Mit πλεονεκτέω *[pleonektẹō]*, πλεονέκτης *[pleonẹktæs]* und πλεονεξία *[pleonexịa]* wird ein Gewinnstreben ausgedrückt, das auf Kosten der anderen geht. Der Gebrauch von πλουτέω *[ploutẹo]* und φιλαργυρία *[philargyrịa]* (= *Geldgier*) in 1 Tim 6,9f erinnert an die Aufführung von πλεονεξία *[pleonexịa]* in den Lasterkatalogen (→ Geiz). *Selter*

χρῆμα

χρῆμα *[chrǣma]* Geld, Besitz · κτῆμα *[ktǣma]* (Grund-)Besitz · ὕπαρξις *[hyparxis]* Vermögen · τὰ ὑπάρχοντα *[ta hypạrchonta]* Vermögen

I χρῆμα *[chrǣma]* (zu χρή *[chræ]* = *es ist nötig*) bezeichnet *das Notwendige, die Sache, das Ereignis*, dann *Hab und Gut, Reichtum;* seit Homer belegt; meist im Plur.; im Sing. seltener, meist: *Menge von;* auch *Geld*. κτῆμα *[ktǣma]* (zu κτάομαι *[ktaomai]*) = *das Erworbene*, ist, ebenfalls seit Homer, *der Besitz* jeder Art, wird aber seit dem 4. Jh. vChr auf den Besitz von Grund und Boden eingeschränkt. ὕπαρξις *[hyparxis]* findet sich seit Aristoteles in der Bedeutung *Dasein, Existenz* und allgemein *Besitz, Vermögen*.

II In LXX geben die Worte die verschiedensten hebr. Begriffe wieder. χρῆμα *[chrǣma]* heißt Hi 27,17; 2 Chr 1,11f *Geld* (2 Chr 1,11f neben πλοῦτος *[plọutos]*). Dan 11,24.28 bezeichnet es die reiche *Kriegsbeute*, 11,13 den *Heerestroß*. κτῆμα *[ktǣma]* steht Hi 20,29 in der allgemeinen Bedeutung *Besitz, Habe* (L Erbe), Spr 8,18; 12,27 ist es *Reichtum* als Lohn des Fleißes und der Weisheit. τὰ ὑπάρχοντα *[ta hypạrchonta] das, was einer hat, Vermögen, Besitz* (Spr 6,31; Gen 13,6; 31,18; 36,6.7; 45,18; 47,18; Pred 5,18; 6,2). Beide Worte wechseln öfter mit πλοῦτος *[plọutos]* oder ἄργυρος *[ạrgyros]*.

Allgemein wird der genannte Reichtum unbefangen und positiv als Gabe Gottes (Segen) betrachtet (Spr 8,21; Pred 5,18; 6,2; 2 Chr 1,12). Bei dem Wort ὕπαρξις *[hyparxis]* zeigt sich jedoch besonders in den Spr (ähnl. πλοῦτος *[plọutos]*) eine kritische Beurteilung des Reichtums bzw. der damit verbundenen Gefahren (vgl. dazu das Buch Hiob). Besitz ist nicht das höchste Gut, sondern gering gegenüber der Ehre (Spr 6,31); aber er verführt dazu, bei ihm Schutz und Lebenssicherheit zu suchen (18,10f). Spr 28,6; Sir 31,3.5f; Spr 18,10ff; 11,28; 28,11; Sir 11,19; Sir 27,1ff.

III 1) Überblick: Im NT findet sich χρῆμα *[chrǣma]* außer Mk 10,23 = Lk 18,24 (Mt 19,22 πλούσιος *[plọusios]*) nur in der Apg (8,18.20; 24,26) und ist mit *Geld* zu übersetzen. Der Sing. kommt nur Apg 4,37 vor. κτῆμα *[ktǣma]* kommt im Sing. nur Apg 5,1 im Wechsel mit χωρίον *[chōrịon]* (V 3.8) in der Bedeutung *Acker* vor; κτήματα *[ktǣmata]* sind die *Grundstücke* (Mk 10,22 = Mt 19,22; Lk 18,23 πλούσιος *[plọusios]*), von denen Apg 2,45 der übrige Besitz (ὑπάρξεις *[hypạrxeis]*) unterschieden wird. Auch im NT ist das Partizip ὑπάρχοντα *[hypạrchonta]* häufiger als das Subst. ὕπαρξις *[hyparxis]* (dieses nur Apg 2,45; Hebr 10,34 hier im Wechsel mit ὑπάρχοντα *[hypạrchonta]*. Es findet sich außer Mt 19,21; 1 Kor 13,3; Hebr 10,34 nur bei Lk (8,3; 11,21; 12,15.33.44; 14,33; 16,1; 19,8 und Apg 4,32) und bezeichnet allgemein den *Besitz*.

2) Theol. Bedeutung: Jesus fordert vom reichen Jüngling die radikale Abwendung von seinem Besitz um des Reiches Gottes willen (vgl. πλοῦτος *[ploutos]*), »verkaufe, was du hast« (Mt 19,21 par). Doch sein Reichtum (ἔχων κτήματα πολλά – »er hatte viele Güter« Mk 10,22; bei Mt und Lk πλούσιος *[plousios]*) hinderte ihn, dem Ruf Jesu zu folgen. So stark ist die Fessel des Besitzes (vgl. μαμωνᾶς *[mamōnas]*, daß ein Reicher (τὰ χρήματα ἔχοντες Mk 10,23 = Lk 18,24; πλούσιος Mt 19,23) nur »schwerlich« in das Reich Gottes gelangen kann. Recht angewandt, kann das Hab und Gut jedoch zu guten Taten dienen. Beispiel dafür sind die Frauen, die Jesus und seine Jünger versorgen (Lk 8,3), und Zachäus (Lk 19,8; vgl. auch Lk 12,33). Die äußerst kritische Haltung des Lk gegenüber jeglichem Besitz zeigt sich darin, daß er als einziger Evangelist das Gleichnis vom reichen Kornbauern bringt (Lk 12,16–21). Habgier (12,15), die in wirtschaftlichen Gütern eine entscheidende Lebenssicherheit sucht und damit in die Verlorenheit führt (πλεονεξία *[pleonexia]*, → Geiz), ist nach nt. Urteil ein Grundlaster des von Gott gelösten Menschen.

Wohl zT aufgrund der radikalen Forderung Jesu (Lk 12,33), vor allem wohl aber durch die Naherwartung bestimmt, verzichten einzelne Glieder der Jerusalemer Urgemeinde auf ihre Eigentumsrechte (Apg 4,32 ὑπάρχοντα *[hyparchonta]*; 2,45 κτήματα καὶ ὑπάρξεις *[ktæmata kai hyparxeis]*), verkauften, wenn Not herrschte (2,45), und gaben das Geld den Aposteln zur Verteilung (so 4,36f Barnabas und 5,1 Ananias).

Abwegig ist der Gedanke des Magiers Simon, die Wunderkraft des heiligen Geistes kaufen zu können (Apg 8,18.20).

1 Kor 13,3 bewertet Paulus u. a. die mit dem Besitz vollbrachte gute menschliche Tat nach dem einen gültigen Kriterium: der Liebe. Wenn die Bereitschaft, den Besitz an Arme wegzugeben, nicht eine Einheit mit der Liebe bildet, ist das Werk nutzlos!

Hebr 10,34 steht der »bessere und bleibende Besitz«, das Heil, dem vergänglichen Besitz gegenüber, den die Christen im Blick auf die Verheißung (etwa Lk 12,33) gerne verlorengegeben haben.

Selter

ZUR VERKÜNDIGUNG V

Die Welt mit allem, was sie enthält und trägt, ist von Gott in die Verfügung des Menschen gestellt. Er braucht sie zum Leben in dem doppelten Sinne, daß er für ihre Kultivierung und von ihren Erträgen lebt. Wenn er aber sich nicht mehr als Verwalter anvertrauten Gutes, sondern selbst als Herrn betrachtet, so hat er die Gabe vom Geber gelöst. Er verfällt dann der doppelten Illusion, sich einerseits auf Besitz stützen und andererseits darüber völlig frei verfügen zu können. In Wirklichkeit ist dieses Fundament außerordentlich schwankungsanfällig, und die Verfügungsfreiheit kann da leicht verloren gehen, wo nun dieser (tatsächliche oder nur ersehnte) Besitz durch das Medium des → Begehrens seinerseits den Menschen in Abhängigkeit bringt. Er gewinnt dann durch seine falsche Einschätzung als Lebens-Basis eine eigene Mächtigkeit, deren Sog den Menschen in Habsucht, Geiz und Unfreiheit zieht. Und dies ist nicht davon abhängig, ob jemand viel oder wenig besitzt. Denn das Verhältnis zu den Besitz-Gütern ist letztlich nichts anderes als ein Ausdruck der Haltung zu den Mit-Menschen und des Grades, in dem der Mensch den Zusagen Gottes vertraut.

Das Problem spitzt sich dadurch zu, daß diese Erde inzwischen Milliarden Menschen beherbergt, aber eine nur relativ kleine Gruppe der Menschheit über Generationen und Jahrtausende hinweg die Masse des Landes und der Güter zunächst in ihre Verfügbarkeit gebracht und anschließend ihr heiliges Recht daran jeder Frage anderer gegenüber, oft sogar vor den eigenen Gewissensbedenken, begründet und verteidigt hat. Folgt daraus, daß die übrigen, die nicht über gleich hohe Gaben verfügten oder deren technische Entwicklung später einsetzte, sich damit abzufinden haben?

Auch die (zT religiös oder weltanschaulich fundierten) Vorstellungen vom Verfügungs- und Besitzrecht an Grund und Boden sind je nach Volks- oder Gruppenzugehörigkeit der Menschen verschieden. So ist den einen oft unbegreiflich, weshalb andere sie des

Rechtsbruches beschuldigen. Denn bei uns zulande wie anderwärts haben Begriffe wie »Besitz« und »Eigentum« eine präzise historische und auch juristische Füllung. Wer die Begriffe braucht, muß sich alle etwa vorhandenen Vor-Urteile und Vor-Verständnisse klarmachen.

Das als genuin christlich geltende Dogma von der unantastbaren Heiligkeit des Privateigentums kann sich ebensowenig auf die Bibel berufen wie der – meist eben doch auch durch Personen vertretene – alleinige Eigentumsanspruch der Gesellschaft. Die Bibel überliefert uns zwar ein israelitisches Sozial- und Bodenrecht (Dtn), aber im NT gerade keine verbindlichen Ordnungen und Programme. Nur Orientierungspunkte werden gesetzt, Grenzpfähle gesteckt, jenseits derer die Gefährdung des einzelnen und der Gemeinschaft lauert. Wenn im AT das Land Jahwes Eigentum bleibt und nicht einmal dem einzelnen, sondern dem Familienverband als Lehensbesitz anvertraut wird, so drückt sich darin nicht nur Vorläufigkeit und soziale Bindung allen Besitzes aus (vgl. die Halljahrsbestimmungen Lev 25), sondern dürfte dies hinsichtlich seiner praktischen Folgerungen in modifizierter Weise doch auch in der Industriegesellschaft zu durchdenken sein. Und eigentümlicherweise warnt das NT zwar vor dem Griff nach fremdem Eigentum, wirkt aber bei den Eigentümern zugleich darauf hin, sich von dem Ihrigen trennen zu können (Man denke an das Sklavenproblem Phlm; an 1 Kor 7,29ff und Apg 2,44).

Besitz kann nur dann die Freiheit des Menschen fördern, wenn er in der Freiheit zum Verzicht und in der Bereitschaft zum Teilhaben-Lassen des anderen verwaltet wird (vgl. → Barmherzigkeit; → Freiheit; → Gemeinschaft). Gefahr ist im Verzuge, wo das – als solches keineswegs zu verurteilende – persönliche Besitzstreben zur Existenzgefährdung anderer führt und wo der Lehenscharakter des anvertrauten Gutes egoistisch verleugnet wird. Sie tritt aber ebenso auf, wo die Möglichkeit für den einzelnen, verantwortlich verfügen zu können, zugunsten einer Gesellschaft eingeschränkt wird, die sich als Wohltäter und Fürsorger ausgibt. Weder kann eine Gleichstellung aller ohne Rücksicht auf ihre Gaben und Fähigkeiten gefordert werden, noch kann dem freien Spiel der Kräfte unbegrenzter Raum gegeben werden, bei dem unter die Räder kommt, wer zu schwach ist. Der Weg liegt in der Mitte. Wer ihn finden will, wird sich in der persönlichen wie der Sozialethik, aber auch in der Gesetzgebung an zwei Grenzmarken zu orientieren haben: Einerseits ist Gottes Herrschafts- (und dh auch: Besitz-) Mandat der Menschheit als Gemeinschaft gegeben, und als ihr Glied hat der einzelne daran Anteil. Andererseits kann gerade solche Gemeinschaft nur bestehen, wenn sie die – auch wirtschaftliche – Eigenständigkeit ihrer Glieder wahrt.

Schlüssel zur Beurteilung des ganzen Komplexes kann wohl nur die Erkenntnis sein, daß Gott sich selbst sein Volk, ja – seit dem Neuen Bund – diese Menschenwelt zum Eigentum erworben hat. Deshalb ist der Mensch neben uns als einer anzusehen, der Gott gehört. Und deshalb kann – von mir oder anderen – nichts auf dieser Erde oder in diesem All erworben oder besessen werden, das nicht als Gottes Schöpfung ebenfalls Gottes Eigentum ist. Er will damit, indem er es den Menschen anvertraut, immer zugleich den einzelnen erfreuen, zur Dankbarkeit anleiten und zum verantwortlichen Dienst am Nächsten und der Gemeinschaft ausrüsten. *L. C.*

Lit.: Hauck, Art. θησαυρός, ThWb III, 1938, 136ff – Kuschke, Arm und reich im AT, ZAW 57, 1939, 31ff – Hauck, Art. μαμωνᾶς, ThWb IV, 1942, 390ff – Bückers, Die biblische Lehre vom Eigentum, 1947 (kath.) – Jervell, Er kam in sein Eigentum, Stud. Theol. 10, 1957, 14ff – Horst, Art. Eigentum, RGG II, 1958³, 363ff – Hauck/Bammel, Art. πτωχός, ThWb VI, 1959, 885ff – Hauck/Kasch, Art. πλοῦτος, ThWb VI, 1959, 316ff – Preisker, Art. περιούσιος, ThWb VI, 1959, 57ff – Wildberger, Jahwes Eigentumsvolk, 1960 – Kamlah, Art. Eigentum, BHHW I, 1962, 377f – Riesenfeld, Vom Schätze-Sammeln und Sorgen – ein Thema urchristlicher Paränese, Neotestamentica et Patristica, Cullmann-Festschrift, 1962 – Hammann, Arm und reich in der Urkirche, 1964 (kath.).

Besonnenheit → Zucht

Bestimmen, Einsetzen, Machen zu

Das Verhältnis des Menschen zu einem Auftrag oder zu einer Stellung durchläuft verschiedene Stadien, bei denen er selbst passiv durch den Willen eines anderen (im NT meist Gottes) zu etwas bestimmt, eingesetzt, gemacht oder als etwas hingestellt (= angesehen) wird. προχειρίζω *[procheirizō]* meint dabei die Bestimmung als vorlaufenden Beschluß, zu dessen Ausführung alles fertig ist, während ὁρίζω *[horizō]* die Bestimmung und Einsetzung (nicht nur von Menschen!) mehr unter dem Aspekt der Ab- bzw. Ausgrenzung von Aufgaben- bzw. Funktionsbereichen, ἀποδείκνυμι *[apodeiknymi]* (in dem Sinn nur 1 Kor 4,9) unter dem der Rang-Anweisung sieht. Die Funktionseinsetzung bezeichnet auch καθίστημι *[kathistæmi]*, das aber gerade in seinen wesentlichen Aussagen nicht mehr auf das Amt eines einzelnen, sondern auf die Stellung bzw. Einschätzung einer Gesamtheit (der Gemeinde) abzielt; dies ist dann vollends bei παρίστημι *[parhistæmi]* der Fall. Für »bestimmt sein« wird Lk 2,34; Phil 1,16; 1 Thess 3,3 auch κεῖμαι *[keimai]* gebraucht.

καθίστημι

καθίστημι *[kathistæmi]* hinstellen, einsetzen

I In der griech. Sprache lassen sich für das Verbum καθίστημι *[kathistæmi]* aufstellen, hinstellen – Kompos. von ἵστημι *[histæmi]* = *legen, stellen* – drei Grundbedeutungen herausstellen, die für das Verständnis im NT grundlegend sind: a) *hineinführen, hinbringen,* b) *einsetzen,* und zwar bes. in eine Stellung, ein Amt einsetzen und c) *bewirken, daß ...,* sowie intrans. im Perfekt *etwas geworden sein, als etwas dastehen,* was einerseits das Tatsächliche, andererseits aber auch die subjektive Darstellung oder Beurteilung einer Sache (im Sinne von *hingestellt als ob)* beinhalten kann (Oepke ThWb III 448,1–23).

II Im Sprachgebrauch der LXX finden wir am häufigsten die Bedeutungen *hinstellen* und *in ein Amt einsetzen* (zB Dtn 17,15; 1 Sam 8,1; Ps 105,21).

III Im NT kommt *in ein Amt einsetzen* (b) vor: Apg 6,3 Diakone; Tit 1,5 Älteste; Hebr 5,1; 8,3 vom Hohenpriester; Mt 24,45 par vom Hausverwalter. Nur in Apg 17,15 wird κ. im Sinne von *geleiten* (a) gebraucht.

Die theologisch wichtige dritte Bedeutung (c) findet sich Röm 5,19; Jak 4,4 und 2 Petr 1,8. In dem theologisch zentralen Abschnitt Röm 5,12–21 werden Adam und Christus gegenübergestellt. Die ungehorsame Tat Adams hatte gültige Folgen für alle: sie stehen als Sünder da (κατεστάθησαν *[katestathæsan]*). Durch Christi Gehorsam sollen sie als Gerechte gelten (κατασταθήσονται *[katastathæsontai]*). In V. 19 wird dieser gegensätzliche Tatbestand also beide Male mit καθίστημι *[kathistæmi]* beschrieben. Paulus umschreibt mit diesem Verb in seiner vom AT und Spätjudentum geprägten Sprache und Vorstellung das Urteil Gottes über den Menschen. Diese anthropologische Wesensaussage ergibt zwei entgegengesetzte Aspekte: Das Sündersein und die Rechtfertigung. Das entscheidende Ereignis wird in dem Gehorsam Christi bis in den Tod (vgl. auch Phil 2,51) erkannt: allen ist damit die reale Möglichkeit gegeben, als »Gerechte« vor Gott dazustehen. Der eine Adam ist nicht als historische Person zu verstehen, sondern steht als »Mensch« beispielhaft zur Veranschaulichung des anthropologischen Faktums »Sünder«, das im Ungehorsam gründet. Ihm wird die Wirklichkeit des Menschen im Urteil Gottes, wie der Glaube sie sieht, aufgedeckt, und zwar in der angebotenen Rettung aus seiner Verlorenheit. *Wibbing*

ὁρίζω

ὁρίζω *[horizō]* bestimmen, einsetzen · ἀφορίζω *[aphorizō]* absondern, auswählen.

I ὁρίζω *[horizō]*, von ὅρος *[horos]* *Grenze* und ὅριον *[horion]* Plur. *das Gebiet,* heißt urspr. *Grenze festsetzen, begrenzen* und gewinnt von daher die Bedeutung *festsetzen, bestimmen.* Im 5. Jh. vChr ist das Wort bei Aeschylos und Herodot gebräuchlich, bei Sophokles setzen die Götter Gesetze fest, bei Euripides bestimmen sie das menschliche Schicksal (K. L. Schmidt s. d.); von seinem räumlichen Bezug wird ὁ. bei Plato und Demosthenes auf zeitliche Verhältnisse übertragen. So auch später bei Josephus. Das Kompos. ἀφορίζω *[aphorizō]* (seit Sophokles, Platon) kommt in den Bedeutungen *absondern, trennen* und davon abgeleitet *auswählen, bestimmen* vor.

II In LXX (17mal) findet sich ὁ. in der urspr. Bedeutung *begrenzen* Num 34,6; Jos 13,27; 15,12; 18,20. In Num 30,3–12 steht es mehrfach für *'āsar* = *sich eine Bindung,* dh *ein Enthaltungsgelübde auferlegen.* In Spr 18,18 steht ὁ. für das hebr. *pārad* (hif) = *trennen, entscheiden zwischen.* In Spr 16,30 steht es in freier Übersetzung parallel zu λογίζομαι *[logizomai]* = *denken, ersinnen.* – ἀφορίζω *[aphorizō]* hat in der LXX (ca. 50mal) kein einzelnes bevorzugtes Äquivalent. Es gibt viele hebr. Begriffe wieder, die aber alle ein *Aussondern, Abtrennen* und *Abschneiden* beinhalten (vgl. Gen 10,5; Dtn 4,41; Lev 13,4 u. a.).

III ὁρίζω *[horizō]* kommt im NT 8mal vor (davon 6mal bei Lk) in der Bedeutung: *bestimmen, festsetzen, einsetzen;* ἀφορίζω *[aphorizō]* 10mal im Sinne von *absondern, auswählen (zu), bestimmen.*

1) Der messianische Anspruch Jesu und sein Kreuzestod waren für die Juden unvereinbare, sich total ausschließende Gegensätze. Diesem Anstoß möchte Petrus begegnen, indem er aufzeigt, daß nach Gottes »festgesetztem« (adj.: ὡρισμένη) Ratschluß und Vorsatz, dh von Gott gewollt und vorausgesehen, Jesus von den verblendeten Juden ans Kreuz geschlagen wurde (Apg 2,23; ähnlich auch Lk 22,22: der Sohn geht den von Gott »beschlossenen« Weg, doch wehe dem, der ihn durch den Verrat dorthin bringt!). Und gerade dieser Jesus ist von Gott zum Richter im eschatologischen Endgericht »bestimmt« worden (Apg 10,42).

Die gleiche Aussage findet sich in der Areopagrede des Paulus: Nachdem Gott den von ihm geschaffenen Menschen feste Zeiten (dh Jahreszeiten) und Wohngebiete »festgesetzt« hat, damit sie nach ihm fragen sollten (Apg 17,26f), hat er nun einen Mann, Jesus, dazu »bestimmt«, an den dafür festgesetzten Tagen Gericht zu halten, dh Rechenschaft zu fordern (V. 31).

Ob an den Stellen Apg 10,42 und 17,31 in ὁ. der adoptianische Klang eines urchristlichen Bekenntnisses mitschwingt, oder ob hier sofort an die von Ewigkeit her bestimmte Prädestination gedacht ist, kann heute kaum noch entschieden werden. Im Textzusammenhang wollen die Stellen sicher im letzteren Sinn verstanden werden.

Hebr 4,7 spricht davon, daß Gott nach dem Tag der großen Versuchung in der Wüste (3,8) einen neuen Tag, dh eine neue Zeit des Heils mit der Möglichkeit der Umkehr »festsetzte«, die mit Christus beginnt.

In Röm 1,3f zitiert Paulus wahrscheinlich ein urchristliches Bekenntnis, um seine Verbundenheit mit der Tradition der Väter zu bekunden. In diesem Bekenntnis wird die menschliche Existenzweise Jesu (»geboren aus dem Samen Davids nach dem Fleisch«) seiner göttlichen Existenzweise (»eingesetzt als Sohn Gottes . . . nach dem heiligen Geist«) gegenübergestellt. In dem *eingesetzt* liegt sowohl eine Steigerung: Jesus ist der davidische Messias, ja noch mehr, er ist Gottes Sohn in Kraft; als auch ein zeitliches Nacheinander: geboren – eingesetzt aufgrund der Auferstehung. In diesem Nacheinander sieht man heute vielfach urgemeindliche (adoptianische) Christologie, da die älteste Gemeinde »die Messianität Jesu von seiner Auferstehung ab datiert hat« (Bultmann 28). Allerdings ist Paulus sonst nicht der Meinung (vgl. Röm 8,3), daß Jesus erst mit der Auferstehung in die Sohnschaft eingesetzt worden sei, sondern Jesus ist Sohn Gottes von Ewigkeit her. Daher meint K. L. Schmidt (ThWb V,454), das ὁρίζω *[horizō]* hier nicht *einsetzen,* sondern *vorherbestimmen* bedeute. Wahrscheinlich wird man O. Michel zustimmen müssen: »Es geht Paulus hier um beides, um das Verständnis Jesu ›vom Menschen her‹ und ›von Gott her‹« (Michel 40).

An einer einzigen Stelle (Apg 11,29) wird ὁ. nicht von Gott, sondern wie im profanen Griech. von Menschen ausgesagt: Die Jünger »beschließen« eine Hilfsaktion für die notleidenden Brüder.

2) Im Begriff ἀφορίζω *[aphorizō]* geht es eigentlich durchweg um das *Scheiden.* So werden die Guten von den Bösen getrennt (Mt 13,49; 25,32); die Ungläubigen scheiden die Glaubenden aus (Lk 6,22), oder – umgekehrt – die Gemeinde scheidet sich vom Unglauben (Apg 19,9; 2 Kor 6,17). In Gal 2,12 wirft Paulus dem Petrus vor, daß er bei der Ankunft Jerusalemer Judenchristen in Antiochien sich vom gemeinsamen Herrenmahl mit den Heidenchristen abgesondert habe. Die Trennung, die Petrus hier vollzieht, ist für Paulus schwerwiegend, weil damit die alten jüdischen Speisegebote von Petrus anerkannt und eine alte Gesetzesvorschrift dem einen Leib Christi aus Juden und Heiden vorgeordnet wurden.

An einigen Stellen rückt freilich die Bedeutung *absondern, trennen* in die Nähe von *bestimmen, einsetzen:* Paulus weiß sich von Gott selbst zum Dienst am Evangelium ausgewählt und erwählt (Röm 1,1; Gal 1,15). Nicht er selbst hat sich ins Apostelamt eingesetzt, sondern Gott hat ihn dazu bestimmt (Apg 13,2). *Dulon*

παρίστημι *[parhistæmi]* hinstellen, zur Verfügung stellen

παρίστημι

παρίστημι *[parhistæmi]*, seit dem 2. Jh. παριστάνω *[parhistanō]*, ist Kompositum zu ἵστημι *[histæmi]*, das dem lat. *sistere* stammverwandt ist. Die Grundbedeutung: trans. *danebenstellen,* intrans. *dabeistehen,* Medium *vor sich hinstellen,* entfaltet sich im profanen Griech. reichlich, doch ohne spezifischen Gehalt. Erwähnenswert sind: a) trans. *hinstellen, zur Verfügung stellen, darbringen* (bes. als Fachterminus der hellenistischen Opfersprache); *vorführen* (vor Kaiser und Gericht); b) intrans. *herantreten* (an den Kaiser, den Feind); *beistehen* (schon bei Homer); *aufwarten* (von der Dienerin, Odyss. 1.335); *anwesend sein,* auch vom Zeitpunkt des Todes, der Ernte. I

In der LXX ist ein Drittel der 100 Fundstellen Wiedergabe von *'āmad und jātsab.* Der Fromme *steht bereit* für Gottes Kommen (Ps 5,4); Heiden *treten in* seinen Dienst (Jes 60,10). Mit Präp. hat παρίστημι *[parhistæmi]* die dem Profangebrauch gegenüber erweiterte Bedeutung: das *Stehen des Dieners vor dem Herrn* (1 Sam 16,21; 2 Kön 5,25), was stets besondere Ehre und Würde bedeutet. So wird es vom Stehen der Engel (Hi 1,6) und Märtyrer (4 Makk 17,18) vor Gott gebraucht. *Vor Gott zu stehen* ist Sinn der Erwählung von Prophet (1 Kön 17,1) und Priester (Dtn 10,8; 18,5.7, wo π. zu → »dienen« λειτουργέω in Parallelismus steht). Das Wort besagt auch, daß Gott sich dem Menschen offenbarend (Ex 34,5) oder helfend (Ps 109,31) *zur Seite stellt,* oder ihm seine Sünden *vorhält* (Ps 50,21). II

1) Im NT bezeichnet π. (Präsens-Form nur παριστάνω *[parhistanō])* intrans. das *Stehen vor* des Kaisers (Apg 27,24), vor Gottes (Röm 14,10) Gericht, doch auch das *Beistehen* Gottes (2 Tim 4,17) und der Gemeinde (Röm 16,2), das *Hinzutreten* eines Engels (Apg 27,23). Gabriel steht vor Gott (Lk 1,19), denn es gibt nach spätjüd. Anschauung kein Sitzen im Himmel. Gott allein sitzt – zum Zeichen seiner Einzigartigkeit und Erhabenheit; alle Geschöpfe müssen vor ihm stehen. III

2) Bedeutsamer ist der trans. Gebrauch (fast nur Apg und Paulus). In Lk 2,22 bezeichnet π. die »Darstellung« Jesu, wo es über Ex 13,2 zu → ἁγιάζω *[hagiazō]* in Beziehung kommt (vgl. auch π. von der Priestereinsetzung 1 Kön 12,32 LXX).

Theologisch wichtig sind besonders jene Stellen, wo π. beinahe im Sinne von *machen, schaffen, hinstellen* gebraucht wird. So wird eine heilige Gemeinde aus einer bis dahin gottfernen Menschheit erstellt, geschaffen durch den Tod Jesu Christi (Kol 1,22). Christus ist vollkommen, deshalb darf auch die Gemeinde als vollkommene vor Gott hingestellt werden (Kol 1,28). So wie sich Jesus den Aposteln nach Ostern in Erscheinungen als der Lebendige vorstellte, vor Augen stellte (Apg 1,3), so wird Gott die Gläubigen, mit Jesus zu neuem Leben erweckt, vor sein Angesicht stellen (2 Kor 4,14; hier wird in dem Begriff der at. Gedanke der → Erwählung wieder aufgenommen und weitergeführt, s. o. II). Durch die Selbsthingabe hat Christus die Gemeinde in der Herrlichkeit (einer Braut) hergestellt, erstellt (Eph 5,27; vgl. Kol 1,22). Es gilt nun, sich entsprechend dieser Tat Gottes als bewährt zu »erweisen«(2 Tim 2,15). – Wo unter dem verkündigenden und seelsorgerlichen Wirken der Boten eine solche Gemeinde entstanden ist, kann Paulus dieses Wirken unter dem Bild des Brautwerbers ausdrücken, der die Braut dem Bräutigam zuführt (παραστῆσαι *[parastæsai]* 2 Kor 11,2).

Die vermeintliche Freiheit angeblich Starker, aber auch die ängstliche Vorsicht der im Glauben Schwachen bringt sie Gott nicht näher (1 Kor 8,8). Sondern die einst der Unreinheit *»zur Verfügung gestellten«* Glieder sind nun »in den Dienst« der Gerechtigkeit »gestellt«, nachdem die Sünde keinen Herrschaftsanspruch mehr hat (Röm 6,13–19), und die durch Gnade Gerechten »bringen sich« mit ihrer Existenz »Gott als Opfer dar« (Röm 12,1; dieser Wortgebrauch war den Lesern von der hellenistischen Opfersprache her bekannt). So ist π. ein Kennwort für den Existenzwandel durch Herrschaftswechsel. Die Gerechtfertigten erkennen in Jesus den κύριος *[kyrios] (Herr)* und üben sich im ὑπακούειν *[hypakouein] (Folge leisten)*, mehr noch: Sie leben in der Heiligung angesichts seiner Gegenwart und der zukünftigen Vollendung. »Der in Sünden Tote wird kaum sagen, er stelle sich selbst der Sünde zur Verfügung; aber als Lebendiger kann er sich Gott zur Verfügung stellen« (Bengel zu Röm 6,13). *Munzer*

προχειρίζω

προχειρίζω *[procheirizō]* bestimmen, einsetzen

I προχειρίζω *[procheirizō]* ist abgeleitet von dem Adj. πρόχειρος *[procheiros]* (aus der Präp. πρό *[pro] vor* und dem Subst. χείρ *[cheir]* Hand zusammengesetzt), von Sachen gebraucht: *zur Hand, fertig, zum Gebrauch bereit*; von Personen: zu einer Tat *entschlossen* oder *bereit*. προχειρίζω *[procheirizō]* heißt demnach: eine Sache oder eine Person zu einem bestimmten Zweck *bereit machen* oder *bereit halten*. Aktiv selten, Passiv vor allem in partizipialen Formen, zB von Wohltaten, die im Falle eines Friedensschlusses den Athenern zukommen sollen und von denen so gesprochen wird, als ob sie schon *fertiggestellt, bereit* wären (προκεχειρισμένα καὶ ἕτοιμα *[prokecheirismena kai hetoima]* Demosthenes 7,33).

Am häufigsten begegnet das Medium: a) in der Bedeutung *für sich bereit machen, zu seiner Verfügung halten* (zB Vermögen, Aristoph. Ecclesiazusae 729; Heeresmacht Demosthenes 4,19). b) Auf dem Gebiete der politischen und militärischen Verwaltung, wo es besonders oft vorkommt, heißt π. *bestimmen, ernennen, (aus-)wählen* und bezeichnet, mit dem Akk. der Person konstruiert, die Wahl von Volksführern (Isocrates 8,122) oder die Bestellung eines Anklägers (Demosthenes 25,13) durch die Volksversammlung, mit doppeltem Akk. die Wahl eines Strategen (Diodorus Siculus 12,27,1) oder eines Diktators (Dio Cassius 54,1,3); es wird auch gebraucht für die Zuteilung eines Geländes (P. Cair. Zen. 132,3), von Legionen an einen Feldherrn (Polybius 3,40,14) und für die Beschlußfassung einer legislativen oder exekutiven Körperschaft, wobei dieser Beschluß mit einem Inf. (Polybius 3,40,2) oder mit einem Akk. mit Inf. (SIG³ 457,15–20, Thespiae) ausgedrückt werden kann. Der Begriff gehört also zunächst der Sprache des klassischen Athen an, ist dann aber auch den hellenistischen Autoren und der Rechtssprache der Inschriften und Papyri geläufig.

II Das griech. sprechende Judentum kennt beide Vokabeln, jedoch findet sich das Adj. πρόχειρος *[procheiros]* in der LXX nur Spr 11,3, das Verbum π. an 6 Stellen: in Jos 3,12 gibt es *lāqach* = *nehmen* wieder (die Parallelstelle Jos 4,2 hat παραλαμβάνω *[paralambanō]*), in Ex 4,13 steht es in Verbindung mit *schālach* = *senden*. Dan 3,22 wird es in den Text eingeführt, ohne vom Hebr. ausdrücklich gefordert zu sein. – π. bezeichnet die Auswahl und Beauftragung einer Person durch Gott (Ex 4,13) oder Menschen (Jos 3,12; Dan 3,22) zur Ausführung einer bestimmten Aufgabe, insbesondere einer politisch-militärischen Aktion 2 Makk 3,7; 8,9; 14,12. Schwierig ist das Verständnis von Spr 8,23, wo die Worte der Weisheit *me'ōlām nissakti* (= von Ewigkeit her bin ich ausgegossen) von den griech. Übersetzern verschieden wiedergegeben werden. Symmachus und vielleicht auch Theodotion haben ἀπ' αἰῶνος προκεχείρισμαι *[ap' aiōnos prokecheirismai]* und dachten möglicherweise daran, daß die Weisheit von Anfang an Gott als Gegenüber zur Verfügung stand oder von Gott zu einer besonderen Aufgabe bestimmt war.

III Im NT fehlt das Adj., das Verbum ist auf drei Belege in Reden von Apg beschränkt und muß wohl vom griech. Sprachgebrauch her verstanden werden. Apg 26,16 findet es sich, verbunden mit dem doppelten Akk., in der Rede Jesu: Paulus wird zum Diener und Zeugen für die Erscheinungen, welche der Auferstandene ihm gewährt, *eingesetzt* (vgl. Apg 16,9f; 22,17f; 23,11). Diese Einsetzung, die ihn zum Heidenapostel macht, vollzieht sich, indem der Auferstandene zu ihm spricht. Apg 22,14 versteht man das in der Ananiasrede gebrauchte προεχειρίσατο *[proecheirisato]* meist ähnlich: der Gott Israels hat Paulus dazu *erwählt* oder *bestimmt*, seinen Willen zu erkennen und den Gerechten zu sehen und ein Wort aus seinem Mund zu hören. Auf diesem ihn fordernden Sehen und Hören beruht das Zeugenamt des Paulus. Die Bestimmung wird ohne nähere zeitliche Angabe als geschehen festgestellt. Allerdings scheint die bei diesem Verständnis vorausgesetzte Verbindung von προχειρίζω *[procheirizō]* mit einem Akk. der Person und einem Inf. des Zwecks bis jetzt sonst nirgends nachgewiesen zu sein, so daß eventuell, entsprechend dem Sprachgebrauch der Inschrift aus Thespiae aus dem 3. Jh. vChr (s. I), die Konstruktion als Akk. mit Inf. zu verstehen ist; dann wäre nicht von einer Bestimmung des Paulus durch Gott, sondern von einem Beschluß Gottes die Rede, gemäß dem Paulus den göttlichen Willen erkennen soll usw.

Apg 3,20 dürfte προκεχειρισμένον *[prokecheirismenon]* kaum auf die zeitliche Vorausbestimmung des Heilsgeschehens und des Heilbringers (vgl. zB Apg 2,23; Spr 8,23 s. o.) abzielen, wenn man nicht annehmen will, Lk habe es entgegen der Etymologie, aber in Entsprechung zu verschiedenen anderen mit προ = *vor* im zeitlichen Sinne zusammengesetzten Verben (wie προκαταγγέλλω *[prokatangellō]* Apg 3,18; προορίζω *[prohorizō]* 4,28) als *vorauserwählen* verstanden (vgl. Haenchen, Apg zSt). Das in dieser Aussage enthaltene zeitliche Moment liegt aber nicht in der Präposition, sondern in der perfektischen Aktionsart des Verbs. Sachlich wird hier betont, daß der für Israel erwählte Gesalbte, nämlich Jesus, nach seiner Auferstehung in sein Amt *eingesetzt ist und bereitsteht*, seine Aufgabe an diesem Volk zu erfüllen, sobald es umkehrt. *Schmidt*

ZUR VERKÜNDIGUNG V

Die theologischen Aussagen des Paulus über den Menschen im Urteil Gottes sind aus at.-spätjüd. Denkweise in gleichzeitiger Auseinandersetzung mit ihr entstanden. Dabei spielt das → Gesetz eine besondere Rolle. Hier tritt vor allem das forensische (richterliche) Moment hervor: Gott ist der Richter, dessen Urteil durch Gehorsam und Opfertod Jesu qualifiziert ist.

Diese Vorstellung, daß ein personhafter Gott über sein Leben, womöglich gar nach dessen Abschluß, letztverbindliche Entscheidungen trifft, ist dem heutigen Menschen unmittelbar nicht mehr zugänglich; für ihn ist dieser Gott genauso abstrakt, fern und unverbindlich wie Vorsehung oder Schicksal. Paulus hat nun dieses Urteil Gottes theologisch interpretiert durch das Gegensatzpaar Ungehorsam (Adam) — Gehorsam (Christus). Der Mensch kann vor Gott nur gerecht dastehen, ihn als den seinen finden, wenn er dessen absolute Bedeutung für sein eigenes Leben wahrnimmt. Er kann diese nur erkennen, wenn er auf das durch dessen Tod versiegelte Leben Jesu Christi blickt. Weil Jesus Christus die bedingungslose Annahme des gott-losen Menschen durch Gott gültig verkündigt hat (zB Gleichnis vom verlorenen Sohn, Lk 15,11—32), findet der Mensch, der diese Zusage zur Basis seines Lebens macht, sich selbst nun nicht mehr in adamitischer Verfremdung, sondern in Christus-Gewißheit als Mensch Gottes; dh aber, Gott nimmt ihn in seinem Leben ernst. Die Gewißheit, daß er in dem Sich-Verlassen auf diesen Gott nicht getäuscht ist, erfährt er im Vertrauen auf das durch den Tod ausgewiesene Wort Jesu. Dieser Tod ist für den Glauben das konkrete Zeichen, daß er »gerechtfertigt« ist.

Zu dieser Erkenntnis, ja: in diesen »Stand« zu gelangen, ist aber letztlich keine freier menschlicher Entscheidung verfügbare Möglichkeit; besonders die Verwendung von παρίστημι *[parhistæmi]* macht dies deutlich. So gewiß das »Hintreten«, »Dastehen«, »Sich-Darstellen« nur durch menschliches Handeln zustande kommt, so gewiß sieht gerade Paulus darin doch zugleich und ursprünglich Gott selbst am Werk. Gottes → Erwählung, → Berufung, → Vergebung, Rechtfertigung (→ Gerechtigkeit) und Heiligung (→ heilig) und ihre menschliche Ent-sprechung klingen hier zusammen. *Wibbing*

Lit.: Zu καθίστημι: Oepke, Art. καθίστημι, ThWb III, 1938, 447ff — Bultmann, Theologie des NT, 1949, 249 — Lohse, Die Ordination im Spätjudentum und im NT, 1951 — Nygren, Der Römerbrief, 1951, 161ff — Michel, Der Brief an die Römer, KEK 1957[11], 124ff —

zu ὁρίζω: Schmidt, Art. ὁρίζω, ThWb V, 1954, 453ff – Michel, Der Brief an die Römer, KEK IV, 1957[11] –
zu παρίστημι: Reicke/Bertram, Art. παρίστημι, ThWb V, 1954, 835f –
zu προχειρίζω: Bauernfeind, Die Apostelgeschichte, 1939, 65ff – Michaelis, Art. προχειρίζω, ThWb VI, 1959, 863ff – Haenchen, Die Apostelgeschichte, KEK III, 1961[13], 168 – Wilckens, Die Missionsreden der Apostelgeschichte, 1961, 152ff – Conzelmann, Die Mitte der Zeit, 1962[4], 139ff.

Bewachen, Bewahren

Etwas, das der Mensch in seine Beobachtung und Obhut nimmt, muß ihm dazu wertvoll genug sein, ob es sich um Menschen (Gefangene) oder Dinge handelt. In gewissem Sinne macht er sich selbst von dem so Behüteten abhängig, weil er sich seiner ja nur unter Opferung eigener Zeit und Freiheit versichern kann. τηρέω *[tæręō]* und φυλάσσω *[phyląssō]* drücken als Verben dieses Bewachen und Bewahren aus, beide ursprünglich im vorgenannten Sinne, beide dann aber auch im übertragenen Gebrauch der Gesetzes-, Gebots- oder Traditions-Bewahrung. Wer so eine gesetzte Weisung bewahrt, sie also befolgt, läßt sein Leben und Handeln von dieser bestimmen.

τηρέω

τηρέω *[tæręō]* bewahren, (ein-)halten · τήρησις *[tæræsis]* Einhaltung · παρατηρέω *[paratæręō]* beobachten · παρατήρησις *[paratæræsis]* Beobachtung

I τηρέω *[tæręō]* heißt: 1) *im Auge haben, wahrnehmen, beobachten,* daher aktiv: *abpassen* (eine Zeit oder Gelegenheit), *auflauern* (einer Person), medial: *auf der Hut sein, sich hüten* (vor jemandem); – 2) *behüten, bewachen, bewahren* (von Sachen, Personen, aber auch von sittlichen und geistigen Werten wie Treue, Glauben, Keuschheit); – 3) *achten auf, befolgen, erfüllen* (Lehren, Bräuche, Rechtsvorschriften). Dementsprechend bedeutet das abgeleitete Subst. τήρησις *[tæræsis]* (seit Thukydides bezeugt): 1) *die Bewachung, die Haft;* 2) (lokal) *das Gefängnis;* 3) (übertragen) *die Beobachtung, Befolgung, Erfüllung* (von Geboten, Gesetzen). Das Kompositum παρατηρέω *[paratæręo]* (seit Demosthenes) ist in Akt. und Medium mit τηρέω identisch, während das Subst. παρατήρησισ *[paratæræsis]* (erst seit Polybios) nur für 1) *Beobachtung von gesetzlichen Vorschriften* gebraucht wird.

II 1) Die Zahl der LXX-Stellen, an denen τηρέω *[tæręō]* vorkommt, ist mit 38 (außerdem 6mal in Varianten von Symmachus. Theodotion und des Alexandr.) überaus gering gegenüber der Häufigkeit von φυλάσσω *[phyląssō]*; davon entfallen gut zwei Drittel auf den engeren (hebr.) Kanon des AT, der Rest auf die Apokryphen. Der weitaus größte Teil der genannten Stellen findet sich in der Weisheitsliteratur – 15mal allein in den Spr –, der Anteil der erzählenden Literatur folgt an zweiter Stelle, während die gesamte prophetische Literatur nur einen Beleg aufweist (Jer 20,10), interessanterweise in der wörtlichen Bedeutung *jemandem auflauern* (genau: *seinen Plan belauern).* Wie φυλάσσω *[phyląssō]* – wenn auch nicht in dem gleichen Verhältnis – gibt auch τηρέω *[tæręō]* am häufigsten das hebr. Äquivalent *schāmar* wieder, am zweithäufigsten *nātsar* (nach Köhler, 993f entspricht das hebr. *schāmar* in seinen Bedeutungsnuancen ziemlich genau den griech. Verben φυλάσσω und τηρέω). Als vorherrschende Bedeutung hat auch τηρέω *[tæręō]* in der LXX die der religiösen Observanz, wobei die Gebote Gottes (1 Sam 15,11; Spr 19,16) wie auch der Ratschlag der Weisheit (Spr 3,1) Objekt sein können. Ein auffallender Parallelgebrauch von φυλάσσω *[phyląssō]* und τηρέω *[tæręō]* liegt Spr 13,3; 16,17; 19,6 vor: wer seinen Mund hütet, auf seinen Weg acht hat, das Gebot hält (immer φυλάσσω), der wird sein Leben bewahren (hier immer τηρέω). Zu Dan 9,4 – τηρέω τὴν διαθήκην *[tæręō tæn diathækæn]* –, wo Gottes Bundestreue vom Gehorsam der Gemeinde abhängt, vgl. φυλάσσω II. Daneben kommt τηρέω *[tæręō]* einige Male in der wörtlichen Bedeutung: *bewachen* (von Sachen oder Personen) vor.

2) Bei τήρησις *[tæræsis]* entfallen die LXX-Stellen ausschließlich auf die Apokryphen. Außer Weish 6,18 und Sir 32,23, wo es um die Liebe zur Weisheit bzw. der Gebote geht, beziehen sich alle anderen Stellen auf die Bewachung von Personen bzw. der Stadt.

παρατηρέω *[paratæręō]* kommt in LXX nur 6mal vor, meist in der Bedeutung *abpassen, auflauern.* παρατήρησις *[paratæræsis]* findet sich, abgesehen von einer anderen Lesart zu Ex 12,42, überhaupt nicht.

1) Während bei φυλάσσω *[phylassō]* den weit über 400 Belegen in LXX nur knapp über 30 im NT gegenüberstanden, lautet das entsprechende Verhältnis bei τ. 31 : 64; das NT hat also der in LXX selteneren Vokabel den Vorzug gegeben, was am auffälligsten im JohEv (18mal), den Joh-Briefen (7mal) und der Apg (11mal) zutage tritt. Ob das auf einer besseren Eignung dieses Wortes zum Träger einer geistigen Beziehung beruht, können wir nicht eindeutig sagen. III

Das Wort bedeutet im NT: a) *bewachen* (zB Mt 27,36; Apg 16,23); b) *aufbewahren* (zB Joh 2,10; 12,7; 2 Petr 2,4); c) *einwandfrei erhalten, unversehrt halten* (zB 1 Thess 5,23; 1 Kor 7,37; 1 Tim 5,22); d) *behüten, bewahren* (zB Joh 17,15); e) *festhalten* (zB Offb 16,15; Eph 4,3); f) *halten, befolgen* (zB das Gesetz: Jak 2,10; den Sabbat: Joh 9,16; Überlieferungen: Mk 7,9; die Gebote Jesu: Joh 14,15.21; 15,10 u. ö.; 1 Joh 2,3f; 3,22.24 u. ö.).

2) Von den 64 nt. Stellen weist knapp die Hälfte die letztgenannte Bedeutung *halten, befolgen* auf, was sich etwa mit dem entsprechenden Verhältnis bei φυλάσσω *[phylassō]* deckt. Auffällig gegenüber der Verwendung von φ. in diesem Sinne ist allerdings, daß τ. dabei, von wenigen Ausnahmen abgesehen (zB Mk 7,9; Joh 9,16; Jak 2,10), nicht den traditionellen und von den Christen abgelehnten jüd. bzw. judaistischen (Apg 15,5; vgl. den polemischen Gebrauch von παρατηρέω Gal 4,10 in bezug auf die judaistische Observanz) Sinn hat, sondern einen neu gewonnenen christlichen.

Das wird programmatisch deutlich im Missionsbefehl (Mt 28,20), wo der erhöhte Christus seiner Gemeinde gebietet, die neue Gerechtigkeit, wie er sie zB in der Bergpredigt gelehrt hat, zu halten. Es ist denkbar, daß ebenso in Mt 19,17 (im Gespräch mit dem Reichen und im Gegensatz zu dessen Gesetzesgerechtigkeit – vgl. φυλάσσω III) und Mt 23,3 (in der Pharisäerrede im Gegensatz zum faktischen Verhalten der Pharisäer), wo Jesus zum Halten der Gebote auffordert, die bessere Gerechtigkeit (Mt 5,20) und damit das wahre Verständnis des mosaischen Gesetzes gemeint ist. Das würde bedeuten, daß Mt τ. bewußt kontrastierend zu seinem Synonym φ. verwendet. Derselbe Wortgebrauch zeigt sich auch 1 Kor 7,19, wobei dort das *Halten der Gebote* (τήρησις) im Sinne der christlichen Ethik zu verstehen ist. In den Pastoralbriefen hingegen (1 Tim 6,14 und 2 Tim 4,7) bezieht sich τ. wie → φυλάσσω (s. d. III) auf das Bewahren der Tradition.

In der Offb (2,26; 3,3.8.10; 12,17; 14,12) hat τ. (in Verbindung mit λόγος *[logos]*, ἐντολή *[entolæ]*, πίστις *[pistis]* u. a.) den Sinn von *am Bekenntnis festhalten* – sowohl in der Begegnung mit Irrlehrern, wie auch im Martyrium. Alle johanneischen Stellen – ob es nun um das Halten des Wortes bzw. der Gebote (zB Joh 8,51; 15,10; 1 Joh 2,3; 3,22) durch die Gemeinde oder den einzelnen geht, oder Gott bzw. Christus die Gemeinde »bewahren« (Joh 17,11.15; 1 Joh 5,18) – haben es mit dem Bleiben in der Gemeinde bzw. bei Christus zu tun. Eine besondere Nuance weisen dabei Joh 14,15.21.23f auf, wo in der Abschiedssituation die Liebe zu Christus, dem Offenbarer, als das persönliche unmittelbare Verhältnis zu ihm beschrieben wird. Wenn es hier darum geht, »seine Gebote« oder »sein Wort zu halten«, so ist darin eine antimystische Spitze erkennbar (Bultmann, 473f).

Nicht eindeutig zu bestimmen ist der Gebrauch von παρατήρησις *[paratæræsis]* in Lk 17,20. Wahrscheinlich ist das Wort im Sinne von apokalyptischer Beobachtbarkeit zu verstehen; jedoch ist auch die Möglichkeit, daß hier die Gesetzesbefolgung gemeint ist, nicht ganz auszuschließen.

παρατηρέω *[paratærẹō]* schließlich kommt (abgesehen von Gal 4,10, s. o.) nur in der Bedeutung *auflauern* vor (Mk 3,2 par; Lk 6,7; 14,1; 20,20; Apg 9,24). *HGSchütz*

I φυλάσσω

φυλάσσω *[phylassō]* bewachen, bewahren, einhalten · φρουρέω *[phrourẹō]* gefangen halten, bewahren

I 1) Die Herleitung des Wortes φυλάσσω *[phylassō]* ist ungeklärt. Im Aktiv bedeutet es: intrans. a) *schlaflos sein, wachen, Wache halten;* zB bei Homer: νύκτα φυλάσσω *[nykta phylassō]* = die Nacht durchwachen; b) *als Besatzung dienen bei* oder *für* (eine Stadt zB). Damit Übergang zu (trans.) *bewachen, mit einer Wache versehen, in Gewahrsam halten;* c) *hüten, behüten, bewahren* – und zwar ursprünglich: Sachen, Besitz, Personen, dann auch übertragen: Liebe, Treue, Ehrfurcht; d) *überwachen, abpassen, auflauern* – zB Sachen, Gelegenheiten, Personen; e) *verwahren, aufbewahren* (etwas); f) *in Ehren halten* (zB Freundschaft), *befolgen* (Befehl, Gesetz, Eid), *beachten.* – Medium: wie Aktiv a-b, aber auch: *für sich bewachen, bewahren* oder *sich in acht nehmen, sich hüten* (bes. vor jemandem); in LXX auch wie Aktiv f.

2) Die gleiche Bedeutung wie φυλάσσω *[phylassō]* im trans. Gebrauch hat das Verbum φρουρέω *[phrourẹō]*, gebildet aus προ-όρα *[pro-hora]* = *auf etwas acht haben,* → sehen (ὁρά-ω).

II Während φρουρέω *[phrourẹō]* in LXX nur 4mal vorkommt und zwar nur in den Apokryphen, also ohne hebr. Äquivalent, erscheint φυλάσσω *[phylassō]* an weit über 400 Stellen, außerdem in einigen jüd. Pseudepigraphen (Hen, Arist, Test XII, OrMan, Sib) und bei Philo. Dabei wird das Wort in Aktiv und Medium gleichbedeutend verwendet. 378mal begegnet es anstelle des hebr. *schāmar* = *bewahren, beobachten, halten,* 10mal für *nātsar* = *befolgen,* und weiterhin vereinzelt für neun weitere hebr. Verben. Obwohl φυλάσσω *[phylassō]* in fast allen Schriften des LXX-Kanons vorkommt, liegt zahlenmäßig ein deutliches Übergewicht beim Pentateuch (ausgenommen: Gen; hauptsächlich: Dtn), den Königs- (in LXX: III und IV) und Chronikbüchern, dann bei den Psalmen und Sprüchen Salomos, in der Weisheit Salomos, bei Sir sowie bei Ez. Das Wort hat in LXX vorwiegend die Bedeutung: *Beobachten* und *Befolgen* des Gesetzes, kultischer Vorschriften, des Wortes Gottes allgemein oder auch des Bundes. Dabei können sowohl das Volk Israel als ganzes, einzelne Gruppen daraus, als auch der einzelne Subjekt solchen Handelns sein (Ex 12,24; Lev 18,4; Dtn 5,1; Ps 78,10 = 77,10 LXX; Spr 19,16; Ez 11,20). Die inneralttestamentliche Entwicklung des Begriffes geht dabei deutlich von der alten Bedeutung, nämlich der Erfüllung der Bundesverpflichtung (im positiven oder negativen Sinne), hin zur Gesetzesbeobachtung als Heilsweg im Spätjudentum (vgl. Dan 9,4 – ebenso Stellen im 1 und 4 Makk); das hat zur Folge, daß am Ende dieses Bedeutungswandels die Bundestreue Gottes als abhängig von der Gesetzes-Observanz der Gemeinde gedacht ist (der Gebrauch der Vokabel *schāmar* in der Qumran-Lit., vor allem in der Sektenregel, der Kriegsregel und der Damaskus-Schrift, zeigt überwiegend diese Tendenz). Daneben begegnen in LXX auch die übrigen unter I aufgezählten Bedeutungen, freilich zahlenmäßig weit seltener. Unter ihnen ist vor allem die in den Pss vorkommende Verwendung der Vokabel im Sinne von Gottes *bewahrendem Handeln* gegenüber seinem Volk oder den (einzelnen) Frommen hervorzuheben (vgl. Ps 12,8; 17,8; 145,20).

III 1) Im NT hat φυλάσσω *[phylassō]* die Bedeutungen: a) *wachen* (Lk 2,8), b) *bewachen* (zB Apg 12,4; 23,35), c) *behüten, bewahren* (von Gott bzw. Christus: Joh 17,12; 2 Thess 3,3; 2 Tim 1,12; 2 Petr 2,5; Jud 24; vom Menschen: Joh 12,25), im Medium oder mit Reflexivpronomen: *sich hüten vor* (Lk 12,15; Apg 21,25; 2 Tim 4,15; 2 Petr 3,17; 1 Joh 5,21), d) *befolgen, halten* (zB das Gesetz: Gal 6,13; die Gebote: Mk 10,20 par; die Worte Jesu: Joh 12,47; Vorschriften der Apostel: Apg 16,4).

2) *befolgen, einhalten:* Bei Mt (19,20) und Mk (10,20) findet sich die Vokabel nur an je einer Stelle, und zwar beidemal in der spätjüd. Bedeutung der Gesetzesbeobachtung (s. o.). Obgleich hier wie auch Lk 18,21 keine direkte Kritik an der jüd. Gesetzeshaltung geübt wird, so enthält die radikale Forderung Jesu an den Reichen indirekt doch eine totale Kritik.

Nur im jüd. Sinne verwendet Paulus den Begriff φυλάσσω *[phylassō]*, der jedoch bei ihm vom Kontext her jeweils einen bestimmten Akzent erhält: Röm 2,26 einen anti-gesetzlichen, Gal 6,13 einen anti-judaistischen.

Ebenfalls jüd. Sprachgebrauch im Sinne der Gesetzesobservanz liegt vor in Apg 7,53, wo in der Stephanus-Rede den Juden bestritten wird, daß sie jemals das Gesetz befolgt haben; dh ihr Verständnis vom Halten des Gesetzes wird vom urchristlichen Standpunkt aus verworfen. Apg 21,24 redet positiv von jüd. – weil gleichzeitig judenchristlicher – Observanz. Lukas zeigt Paulus hier in Übereinstimmung mit den Judenchristen.

Weit bedeutsamer zeigt sich das jüd. Erbe der Urchristenheit da, wo der Begriff φυλάσσω *[phylạssō]* für die Tradition, die Überlieferung der christlichen Botschaft und Weisung verwendet wird. (Die historische Forschung spricht hier häufig vom »Frühkatholizismus«, obgleich diese meist wertende Bezeichnung umstritten ist.) Apg 16,4: Paulus und Timotheus übergeben den kleinasiatischen Gemeinden, die sie besuchen, die δόγματα *[dọgmata]* (→ Gebot) der Urapostel, welche die eine wahre Kirche repräsentieren. In die gleiche Richtung weisen auch einige Stellen aus den Pastoralbriefen (1 Tim 5,21; 6,20; 2 Tim 1,14): Die Zukunft der Kirche hängt daran, daß der Apostelschüler (2 Tim 1,12: der Herr selber) das apostolische Erbe bewahrt, verwaltet, realisiert (Traditionsgedanke). Obwohl man, namentlich auf ev. Seite, hier katholisierende Elemente sieht, war höchstwahrscheinlich in der Situation der Kirche des Lk und der Pastoralbriefe dieser Schritt zur Betonung der Tradition notwendig und unausweichlich. – Außerdem begegnet φυλάσσω häufig bei Lk (2,8; 11,21; 12,15) und Apg (12,4; 23,35), aber auch 2 Tim 4,15, Joh 12,25 und 2 Petr 2,5 in wörtlicher Bedeutung. Joh 12,47 heißt »meine Worte bewahren« nichts anderes als: an mich, nämlich Jesus, als den gottgesandten Offenbarer glauben.

3) *behüten, bewahren:* Um die Bewahrung des Glaubensstandes der Gemeinde geht es in 2 Thess 3,3, wo Gott als derjenige erscheint, der die Gemeinde vor dem Bösen bewahrt. Der Tenor der Stelle ist endzeitlich, der konkrete Hintergrund dürfte die Bedrohung durch eine aufkommende Irrlehre in der Gemeinde sein. Ähnlich ist die Lage auch in Jud 24 und Phil 4,7 (hier wie 1 Petr 1,5 φρουρέω *[phrourẹō]*), wo die Gemeinde im Kampf gegen Irrlehren der Bewahrung durch Gott anempfohlen, während sie 1 Joh 5,21 ermahnt wird, selbst vor dem Götzendienst auf der Hut zu sein. Die Wahrung der Einheit und der ausschließlichen Christusbezogenheit ist in Joh 17,11f gemeint, wo φυλάσσω *[phylạssō]* in Verbindung und synonym mit τηρέω *[tærẹō]* erscheint; wiederum ist Gott bzw. Christus Subjekt. – In einem sehr spezifischen Sinn kommt *bewahren, verwahren* (φρουρέω *[phrourẹō]*) Gal 3,23 vor, wo der Begriff die Funktion des Gesetzes in dessen heilsgeschichtlicher Zwischenepoche charakterisiert. *HGSchütz*

Lit.: GEichholz, Bewahren und bewähren des Evangeliums, in: Hören und Handeln, Wolf-Festschrift, 1962.

Bewährung

δόκιμος

δόκιμος *[dọkimos]* bewährt, anerkannt · δοκιμάζω *[dokimạzō]* prüfen, anerkennen · δοκιμασία *[dokimasịa]* Prüfung · δοκίμιον *[dokịmion]* Bewährung · ἀδόκιμος *[adọkimos]* verwerflich · ἀποδοκιμάζω *[apodokimạzō]* verwerfen · δοκιμή *[dokimæ̣]* Bewährtheit

Aus der Wurzel δεκ- *[dek-]*: δέχομαι *[dẹchomai]* = *annehmen* stammen die deverbativen Ablei- I
tungen δοκέω *[dokẹō]* (intrans.: *scheinen, den Anschein haben;* trans.: *meinen, glauben, für gut halten)* und δοκάω *[dokạō]* *(erwarten)*. Vom ersteren abgeleitet sind nun 1) δόκιμος *[dọkimos]* = *zuverlässig, glaubwürdig, erprobt, anerkannt* (als terminus technicus gebraucht für echte, gangbare Münze, kennzeichnet aber auch Personen, die in allgemeiner Anerkennung stehen); 2) ἀδόκιμος *[adọkimos]* = *nicht erprobt, nicht angesehen;* 3) indirekt auch δοκίμιον *[dokịmion]* = *Probe, Bewährung* und 4) als Denominativa von δόκιμος *[dọkimos]* auch δοκιμάζω *[dokimạzō]* = *prüfen, für gut erklären, durch Untersuchung bewähren, anerkennen* und ἀποδοκιμάζω *[apodokimạzō]* = *mißbilligen, verwerfen, tadeln.* Von δοκάω *[dokạō]* abgeleitet sind 1) δοκίμασις *[dokịmasis]* und δοκιμασία *[dokimasịa]* = *Untersuchung, Prüfung* (zB zwecks Übertragung eines Amtes) und 2) δοκιμή *[dokimæ̣]* = *Erprobtheit, Bewährung.*

LXX verwendet δόκιμος *[dọkimos]* ausschließlich, um Münzen als *gut* und *wertig* zu bezeichnen. II
Entsprechend heißt wertloses Geld (Metall) ἀδόκιμος *[adọkimos]*. Im Verb δοκιμάζω *[dokimạzō]* (Übers. von hebr. *bachan* = *durch Schmelzprozeß auf Echtheit prüfen)* wird das Bild der Schmelzprobe übertragen auf Gott, der die Menschen prüft. In den Psalmen ist die an Gott gerichtete Bitte, den Beter zu prüfen (17,3; 26,2; 139,1), Ausdruck radikalen Vertrauens. Bei den Propheten aber wird diese Prüfung, von Gott angedroht, zum Ausdruck des Gerichts (Jer 9,7; Sach 13,9). Der Zusammenhang mit dem Schmelzprozeß bleibt stets gewahrt. Auch das Spätjudentum weicht von diesem Sprachgebrauch nicht ab.

III Im NT wird δόκιμος *[dokimos]* meist von Paulus verwendet im Sinne von *anerkannt, angesehen* (Röm 14,18), *bewährt* (Röm 16,10; 1 Kor 11,19; 2 Kor 10,18); dementsprechend meint ἀδόκιμος *[adokimos] verwerflich* nicht das von Hause aus Untaugliche (auch nicht Hebr 6,8), sondern das, was die Probe nicht besteht, was sich als Schein herausstellt und darum der Zurückweisung und Verwerfung verfällt (Röm 1,28; 1 Kor 9,27; 2 Kor 13,5; 2 Tim 3,8; Tit 1,16). – Die Bedeutung des Verbums δοκιμάζω *[dokimazō]* entspricht dem Profangriechischen. Es wird (meist von Paulus!) gebraucht in der Bedeutung von a) *prüfen* (Lk 12,56; 1 Kor 3,13), sich selbst (1 Kor 11,28; 2 Kor 13,5; Gal 6,4), das Wesentliche u. a. (Röm 2,18; 12,2; Eph 5,10; Phil 1,10), alles (1 Thess 5,21), die Geister (1 Joh 4,1), für das Diakonenamt im gleichen Sinne wie πειράζω *[peirazō]* (2 Kor 13,5) und ἐπιγινώσκω *[epiginōskō]* (2 Kor 6,8); b) aus der Prüfung ergibt sich als Resultat entweder δοκιμάζω *[dokimazō]* = *anerkennen, für würdig befinden* (Röm 14,22; 1 Kor 16,3; 2 Kor 8,22; 1 Thess 2,4) oder ἀποδοκιμάζω *[apodokimazō]* = *verwerfen* (Mt 21,42 par; 1 Petr 2,4; Hebr 12,17; Mk 8,31 par auch auf den Menschensohn bezogen). – δοκιμή *[dokimæ]* kommt vor: a) in aktiver Bedeutung, dh als Aufgabe der *Bewährung* in Trübsalen (2 Kor 2,9; 8,2), b) in passiver Bedeutung, dh als *Erprobtheit* des Glaubens (Röm 5,4; 2 Kor 9,13; 13,3; Phil 2,22). – δοκίμιον *[dokimion]* als *Prüfungsmittel* (so werden die πειρασμοί *[peirasmoi]* angesehen! → Versuchung) findet sich Jak 1,3, während 1 Petr 1,7 mehr an die *Bewährtheit* des Christen denkt, dessen Glaube wie das Gold im Feuer geläutert wurde.

1) Jeder, dem Gottes Gnade anvertraut ist, muß sich darin bewähren (vgl. dazu auch Lk 19,12ff). In den Schriftworten, die von Prüfung, Erprobung, Anerkennung und Verwerfung reden, werden nur Gemeindeglieder angeredet. Hebr 6,8 spricht von Menschen, die durch ihren totalen Abfall von Gott subjektiv unfähig zur Rückkehr und damit unfähig zur Frucht der Buße und des Glaubens sind, dh sie sind ἀδόκιμος *[adokimos]*: *unfruchtbar, verworfen* (vgl. auch Hebr 12,17). Die Dornen und Disteln tragende Erde (Hebr 6,8) ist also ein Bild für solche, die »erleuchtet worden sind und die himmlische Gabe geschmeckt haben, des Heiligen Geistes teilhaftig geworden sind und das herrliche Wort Gottes und die Kräfte der zukünftigen Welt geschmeckt haben«, die aber in bewußter Sünde »den Sohn Gottes noch einmal kreuzigen und der Schande preisgeben« (Hebr 6,4–6). ἀδόκιμος *[adokimos]* = *die Probe nicht bestanden habend, untüchtig, untauglich* in Gottes Augen ist das Gemeindeglied, das in unbegreiflichem, unverantwortlichem Mißtrauen und Ungehorsam die von Gott erwartete Frucht des Glaubens verweigert. Gleichsam die völlige Umkehrung dessen begegnet uns in Stellen wie Mk 12,10 par und 1 Petr 2,4 (an all diesen Stellen ἀποδοκιμάζω *[apodokimazō]!)*: Der Stein (Jesus), den die Bauleute (das Volk Gottes, die geistlichen Führer) für untauglich hielten und verwarfen (kreuzigten), der wurde in Gottes Augen als wert erfunden, zum Eckstein gesetzt zu werden!

2) Es geht bei der Bewährungsprobe um rechte Anwendung der Gaben Gottes. Timotheus, dem das »Wort der Wahrheit« anvertraut ist, soll sich durch treue Verkündigung als ein *erprobter* Arbeiter erzeigen (2 Tim 2,15). Diejenigen hingegen, die Gott nicht gemäß der ihnen gegebenen Erkenntnis ehren, die es *verwerfen* (οὐκ ἐδοκίμασαν *[ouk edokimasan]*), ihn zu erkennen, werden zur Strafe »dahingegeben in eine *verworfene* Gesinnung (ἀδόκιμον νοῦν *[adokimon noun]* Röm 1,28), zu tun, was sich nicht geziemt«. – Hier wird deutlich, wie nahe δοκιμάζω *[dokimazō]* verwandt ist mit πειράζω *[peirazō]* (→ Versuchung). In beiden Gruppen geht es um ein Prüfen. Während aber zB bei δοκιμάζω *[dokimazō]* der Akzent darauf liegt, daß es zu einem positiven Ergebnis des Bewährten, Echten, Anzuerkennenden kommt, hat πειράζω *[peirazō]* ein mehr negatives Vorzeichen und bedeutet ein Versuchen zum Bösen, wobei die Lüste (Jak 1,14), Not und Trübsal (1 Kor 10,13) oder Satan selbst (1 Thess 3,5) durch die Versuchung zum Fall reizen. πειρασμός *[peirasmos]* ist darum mehr *Versuchung* als Bewährungsprobe; ἀπείραστος *[apeirastos]* kennzeichnet mehr den *Unkundigen* als den Unbewährten, und ἐκπειράζω *[ekpeirazō]* = *versuchen* wird nicht von der Bewährungsprobe des Menschen gebraucht, sondern von der feindseligen Absicht Satans (Mt 4,7) oder des Menschen (1 Kor 10,9), Gott zu versuchen.

3) Gott selbst prüft und urteilt am Tage des Gerichtes. 1 Kor 3,13 bezeugt Paulus, daß aller Dienst an der Gemeinde und alle daraus entstehende Frucht im Feuer des Gerichtes der Prüfung und dem Urteil Gottes unterliegen. Entscheidend wird dabei sein, ob Glaube gewirkt (V. 5) und Gemeinde gesammelt worden ist (V. 16). Wer im Glauben bewährt ist (Jak 1,12), erhält das ewige Leben als Siegeskranz.

4) Diese Prüfung vollzieht sich schon in diesem Leben. Gott erweist sich schon jetzt als der, der die Herzen prüft (1 Thess 2,4). So unterliegt das ganze Leben des Christen dem prüfenden Urteil Gottes. Es kommt alles darauf an, daß einer vor Gott als ein »Bewährter« (Röm 16,10) erfunden wird. Paulus stellt sich selbst unter das Urteil Gottes (1 Kor 9,27; vgl. 4,2–5) und nicht unter das Urteil der Menschen, obwohl auch Menschen die rechte Bewährung erkennen können und sollen (2 Kor 13,3; Phil 2,22). Bewährung im Gehorsam ist geradezu Inhalt und Ziel der paulinischen Seelsorge und Gemeindesorge (2 Kor 2,9).

5) Diese »Bewährung« wird offenbar:

a) im ernsten Prüfen des göttlichen Willens. Durch den Empfang des Heiligen Geistes ist der Mensch in der Lage, Gottes Willen zu erkennen (Röm 12,2) und zu prüfen, was gottwohlgefällig (Phil 1,10; Eph 5,10) und das beste ist (1 Thess 5,21). Auch die Gabe der Prüfung und Unterscheidung der Geister (1 Joh 4,1) gehört zu den Aufgaben des Christen.

b) in der Treue Gott gegenüber. Die Ausdrücke πειράζω *[peirazō]*, δοκιμάζω *[dokimazō]* und ἐπιγινώσκω *[epiginōskō]* stehen 2 Kor 13,5 nebeneinander, um die Korinther zu der so entscheidend wichtigen Selbstprüfung ihrer Treue zu veranlassen. Wenn Christus in uns ist, können und dürfen wir nicht ἀδόκιμος *[adokimos]* sein, sonst ist unser Christsein hinfällig.

c) in der Liebe zum Nächsten. Wenn Paulus am Schluß des »Kollektenkapitels« (2 Kor 8–9) schreibt, daß durch die »Bewährung« dieses Dienstes viele Gott preisen, zeigt er damit, daß solcher Dienst, der sich für die Bedürfnisse der Brüder einsetzt, zur »Bewährung« des Glaubens in der Liebe hinzugehört.

d) im Festhalten an der Hoffnung in Trübsal. Die Gemeinde ist Anfechtungen von innen und außen, von satanischen Mächten und gottlosen Menschen ausgesetzt. Sie lebt im Glauben und nicht im Schauen. In dieser gottgewollten Lage bewährt sie ihre lebendige Hoffnung im »Darunterbleiben« unter Gottes Hand, im »Überströmen« gottgeschenkten Reichtums und geistgewirkter Güte auf andere (2 Kor 8,2), in Geduld (Jak 1,2f) und im Überwinden der Versuchungen (1 Petr 1,6f). *Haarbeck*

Lit.: WGrundmann, Art. δόκιμος, ThWb II, 1935, 258ff – GEichholz, Bewahren und bewähren des Evangeliums, in: Hören und Handeln, Wolf-Festschrift, 1962.

Bild

Unter Bild versteht man die – geistig oder gegenständlich ge-bildete – Vorstellung einer Wirklichkeit, sei es so, wie diese dem Betrachter erkennbar wird, oder so, wie er sie in sich selbst formt und ihr dann anschaubare Gestalt gibt. Angesichts dieser komplexen Verwendung des Begriffes nimmt es nicht wunder, daß im Griech. einerseits verschiedene Vokabeln gebraucht werden, andererseits deren Verwendung wiederum ineinander übergeht. Im einzelnen meint χαρακτήρ *[charaktēr]* die nach einem »Muster« eingeprägten Wesenszüge; das im NT nicht vorkommende, aber in der griech. Philosophie wichtige ἰδέα *[idea]*, urspr. die Erscheinung, dann aber die gestaltgebende und sich aus- bzw. abbildende Form, Art (das »Ding an sich«); εἰκών *[eikōn]* das dargestellte Abbild bzw. das Ebenbild, die Verkörperung, und endlich εἴδωλον *[eidōlon]* urspr. das Bild als Schattenbild, Umriß, das nicht im gleichen Maße wie εἰκών *[eikōn]* Anteil an der Wirklichkeit des Abgebildeten hat (Im einzelnen siehe in den Artikeln). Auch τύπος [typos] (→ Vorbild) und ὁμοίωμα [homoịōma] (→ gleich) haben Zusammenhang mit unserer Gruppe, letzteres am meisten mit εἰκών [eikọ̄n].

εἴδωλον

εἴδωλον [ẹidōlon] Bild · εἰδωλόθυτον [eidōlọthyton] Götzenopferfleisch · εἰδωλεῖον [eidōlẹịon] Götzentempel · κατείδωλος [katẹidōlos] voller Götzen · εἰδωλολάτρης [eidōlolạtræs] Götzendiener · εἰδωλολατρία [eidōlolatrịa] Götzendienst

I εἴδωλον [ẹidōlon] *die Gestalt, das Bild* (abgeleitet von εἶδος [ẹidos] *die äußere, sichtbare Erscheinung, die Gestalt*) ist im profan-griech. Sprachgebrauch seit Homer nachweisbar. Das εἴδωλον gibt seinen Gegenstand nur unvollkommen wieder, so daß die Bezeichnung *Schattenbild* sachgemäß ist. Homer verwendet das Wort zur Bezeichnung der »Schatten« im Totenreich. Darum braucht der Grieche das Wort im allgemeinen auch nicht zur Bezeichnung von Götterbildnissen (die Stelle Polybios 31,3.13–15 ist Ausnahme; vgl. → εἰκών [eikọ̄n]).

II Dagegen verwendet LXX das Wort als Äquivalent verschiedener hebr. Begriffe durchweg zur Bezeichnung der heidnischen Götzenbilder und der Wesen, die diese darstellen, während – auch bei gleichem hebr. Grundwort – in allen Aussagen über die Gottebenbildlichkeit des Menschen → εἰκών [eikọ̄n] gebraucht wird. Hier liegt »judengriechischer« Sprachgebrauch vor, der mit der Ächtung des heidnischen Götterglaubens in Zusammenhang steht. Judengriechische Bildung ist auch εἰδωλεῖον [eidōlẹion] bzw. εἰδώλιον [eidọ̄lion], verächtliche Bezeichnung der heidnischen *Götzentempel* Esr 1,7 (= 1 Esr 2,9 LXX); 1 Makk 10,83; 1 Kor 8,10; ferner εἰδωλόθυτον [eidōlọthyton] *Götzenopferfleisch* 4 Makk 5,2; Apg 15,29; 21,25 u. ö.

Mit dem Verbot, anderen Göttern zu dienen, hängt schon im Dekalog Ex 20,2.4; Dtn 5,7f das Verbot zusammen, εἴδωλα [ẹidōla] zu machen. Die in diesem Verbot gegründete Abwertung der ε. durchzieht das ganze AT. Damit ist nicht gemeint, daß hinter dem heidnischen Götzendienst keine Wirklichkeit stehe. Die ε. sind βδελύγματα [bdelygmata], *Greuel*, hinter denen δαιμόνια [daimọnia] (→ Dämon), *dämonische Gewalten* stehen, mit denen man nicht in Berührung kommen kann, ohne Gott zum Zorn zu reizen (Dtn 32,16f.21). Die Verehrung der Bilder wird der Verehrung der Ascheren, dh der Verehrung der in den ε. dargestellten Mächte gleichgesetzt (2 Chr 24,18).

Oft ist Israel der Versuchung erlegen, sich mit diesen Mächten einzulassen, besonders als durch den Aufstieg der assyrischen und babylonischen Weltmacht der Eindruck entstehen konnte, daß deren Götter mächtiger seien als der Gott Israels (Jes 36,19f). Wie weit der heidnische Götzendienst damals in Israel sich ausbreitete, davon geben Jer 44,15ff und Ez 8 ein ebenso anschauliches wie erschütterndes Bild. Die Propheten haben aber dann Israel darüber belehrt, daß das Unglück, welches das Volk traf, Gottes Strafe für seinen Abfall von Jahwe und seine Konzession an den kultischen Götzendienst war (Jes 10,11; Jer 9,13ff; Ez 8,17ff usw.); ihr Ruf zur Buße fordert in gleicher Weise rechtes Handeln gegen die Mitmenschen (Am 5,14f; Hos 4,15f; Jes 1,10f) wie die Abkehr von den Götzen (Hos 14,9). Die Propheten werden nicht müde, dem Volk die Machtlosigkeit und Nichtigkeit (μάταιος [mạtaios]) der εἴδωλα [ẹidōla] vorzuhalten (Ez 8,10; 1 Chr 16,26; 2 Chr 11,15), die Gebilde von Menschenhand sind und nichts wahrnehmen noch vollbringen können (Hos 8,4ff; 13,2; Jer 14,22; Hab 2,18f; vgl. Ez 8,10; 2 Chr 11,15). Ihre schärfste Zuspitzung erfährt die Polemik gegen die Kultbilder dann in der Situation des Exils im Munde des zweiten Jesaja (Jes 40,12ff; 44,1ff; 46,1ff): Die Herstellung der Bilder wird so beschrieben, daß diese selbst nur noch der Lächerlichkeit anheim fallen können, und ihnen wird die Geschichte gestaltende Macht Jahwes gegenübergestellt (Jes 45–48). Er wird die Götzen vernichten (Jes 10,10ff; Ez 6,4ff.13; Mi 1,7), und am Tage seines Gerichtes werden die Menschen die Götzen wegwerfen (Jes 2,18ff).

Diese Gedanken liegen auch der Polemik des späteren Judentums gegen den Bilder- und Götzendienst zugrunde, wie wir sie etwa Weish 14,15 oder im apokryphen Jeremia-Brief (Bar 6) oder in der Geschichte von Bel (Zusätze zu Daniel) finden. Aber wenn auch die Götter der Heiden nichtig sind, so wird doch die Berührung mit ihnen als »Verunreinigung« empfunden (Ez 37,23); die durch Götzendienst befleckten Häuser müssen kultisch gereinigt werden (1 Makk 13,47); die Auffassung, daß hinter dem heidnischen Götzendienst dämonische Gewalten stehen, ist auch im späten Judentum noch wirksam (St.-B. III, 48–60); darum ist dem frommen Juden der Genuß von Götzenopferfleisch streng verboten (St.-B. III, 54; 377).

In den Qumrantexten wird ε. im übertragenen Sinne auch (in Anschluß an Ez 14,3) für die Sünden als »Götzen des Herzens« gebraucht, die den Menschen am Dienst Gottes hindern.

III Der Sprachgebrauch des NT ist mit dem der LXX durchaus im Einklang. Kennzeichnend ist, daß das im profangriech. Gebrauch belegte Wort ἱερόθυτον [hierọthyton] = *Opfer-*

fleisch, das im NT nur 1 Kor 10,28 vorkommt, sonst durchweg durch εἰδωλόθυτον *[eidōlọthyton]* (Apg 15,29; 21,25; 1 Kor 8,1ff; 10,19; Offb 2,14) ersetzt wird.

Dazu finden sich über die LXX hinaus neue Wortbildungen: Von der Stadt Athen wird Apg 17,16 gesagt, daß sie κατείδωλος *[katẹidōlos]* sei; nach Analogie von κατάδενδρος *[katạdendros] baumreich* wird man das Wort am besten mit »voll von Götzenbildern« übersetzen (E, Z usw.). In Verbindung mit λατρεία *[latrẹia]* = *Gottesdienst* (vgl. Röm 9,4; → Dienen) finden wir die Wortbildungen εἰδωλολάτρης *[eidōlolạtræs]* = *Götzendiener* (4mal) und εἰδωλολατρία *[eidōlolatrịa]* = *Götzendienst* im NT (7mal). Durch das NT sind diese Worte in die altchristliche Literatur eingegangen.

1) Wie der Sprachgebrauch, so findet auch die im AT vorgezeichnete Beurteilung des Götzendienstes im NT ihre Fortsetzung. Wenn unsere Wortgruppe in den Evangelien nicht vorkommt, so läßt sich daraus schließen, daß im Palästina Jesu die Auseinandersetzung mit dem Götzendienst ihre Bedeutung verloren hatte. Um so mehr mußte sie für die apostolische Predigt Bedeutung gewinnen, als das Evangelium im nicht-jüdischen, hellenistischen Raum verkündigt wurde. Die Bekehrung zu dem »lebendigen und wahren« Gott (1 Thess 1,9) ist ohne die Abkehr vom heidnischen Bilder- und Götzendienst nicht möglich; seine Beibehaltung gilt als ein Zeichen unbußfertiger Gesinnung (Offb 9,20).

Besonders die Ausführungen des Paulus Röm 1,18ff sind dieser Auseinandersetzung gewidmet. Zwar betont er – darin Jude – die Nichtigkeit der Götzen, aber er sieht doch dahinter dämonische Kräfte, denen der Mensch sich unterwirft, indem er sich in die kultischen Regeln einordnet. Deshalb gehört die εἰδωλολατρία *[eidōlolatrịa]* zu den schweren Sünden, vor denen die Christen immer wieder gewarnt werden müssen (1 Kor 5,10f; 10,7.14); in den sog. Lasterkatalogen wird sie immer wieder aufgeführt und in Zusammenhang mit der φαρμακεία *[pharmakẹia]* = *Zauberei* und πλεονεξία *[pleonexịa]* = *Habsucht*, → *Geiz* gebracht (Gal 5,20; Eph 5,5; Kol 3,5; Offb 9,20f; 21,8; 22,15); auch der Mammon (→ Besitz) ist ja nach dem Wort Jesu Mt 6,24 ein Götze.

2) Aus der grundsätzlichen Stellung zu den εἴδωλα *[ẹidōla]* folgt, daß auch das Essen von Fleisch, das zuvor im Kultus den Götzen geopfert (→ Opfer) worden war, dem Christen verwehrt ist. Hier ist die Haltung der nt. Texte durchaus einheitlich. Nach dem Bericht der Apg bestand unter den Aposteln Einigkeit, daß sich die Heidenchristen des Genusses von Opferfleisch – in diesem Zusammenhang als ἀλισγήματα *[alisgæmata]* = *Befleckung* bezeichnet – enthalten sollen (Apg 15,20.29; 21,25). Das auf dem Apostelkonzil ausgesprochene Verbot wird mit der Rücksichtnahme auf die Judenschaft (15,21) begründet, wie sie auch Paulus 1 Kor 10,32 fordert, und setzt voraus, daß Juden und Christen hier grundsätzlich einig sind.

Die praktischen Fragen, die sich aus dieser grundsätzlichen Stellungnahme ergeben, sind ausführlich in 1 Kor 8 und 10 erörtert. In Kapitel 8 setzt sich Paulus mit Gnostikern in Korinth auseinander, die aus der Erkenntnis heraus, daß es keine Götzen gibt, den Genuß von Götzenopferfleisch für unbedenklich erklärten (8,1ff). Ähnlich wie diese Korinther haben wohl auch die Irrlehrer, die in der Offb bekämpft werden, argumentiert (Offb 2,14.20). Der These von der Nichtigkeit der εἴδωλα *[ẹidōla]* stimmt Paulus zwar zu (8,4), erwartet aber um der Liebe willen von denjenigen, die durch diese Erkenntnis frei sind, Rücksicht auf die anderen, denen sie fehlt; sie dürfen sie nicht veranlassen, Götzenopferfleisch zu essen (8,9ff). Daraus sehen wir, daß der Apostel dieses Essen im Grunde nicht billigt.

Die entscheidenden Gründe für seine Stellung entwickelt er in Kapitel 10, wo er im Anschluß an Dtn 32,17ff ausführt, daß hinter dem Götzendienst die dämonischen Mächte stehen; die → Gemeinschaft mit Christus, die die Christen im Mahl des Herrn haben, schließt aber die Gemeinschaft mit diesen Mächten aus. Die Christen sollen den Herrn nicht herausfordern; sie würden sonst sein Gericht über sich herabrufen (1 Kor 10,7ff.14–22). Zwar sind die Christen nicht verpflichtet, ängstlich zu forschen, ob das von ihnen auf dem – gewöhnlich den Tempeln benachbarten – Markt gekaufte oder bei einer Mahlzeit angebotene Fleisch von einem Götzenopfer stammt; ist das Fleisch aber als Götzenopferfleisch angezeigt und als solches erkannt, so sollen die Christen nicht davon essen, auch wenn es ihnen ihr Gewissen – etwa von Ps 24,1 her – erlauben würde (1 Kor 10,25ff). So werden in der einheitlichen Beurteilung des heidnischen Götzendienstes und in der Stellung zu den Götzenopfern die at. Wurzeln des nt. Gottesglaubens besonders sichtbar. *Mundle*

εἰκών

εἰκών *[eikōn]* Bild

I εἰκών *[eikōn]*, zu ἔοικα *[eoika]* mit präsentischer Bedeutung *ähnlich sein, gleichen* (von ganz ungebräuchlichem, aber schon bei Homer überliefertem εἶκε *[eike]*, 3. Sing. Impf. = *es dünkte gut, es schien)*, heißt *das Bild, Abbild,* a) *Gemälde, Statue, Münzbild, Götterbild;* b) *Vergleich, Gleichnis;* c) *Ebenbild, Verkörperung, Manifestation.* – Im griech. Denken hat das Bild (B.) teil an der Wirklichkeit der abgebildeten Sache. Im B. tritt das Wesen der Sache selbst in Erscheinung. Im Götterbild zB ist der Gott selbst gegenwärtig und wirksam (B.-Zauber, B.-Wunder).

II Schon aus der Frühzeit des Jahweglaubens (Mose) stammt das strenge B.er-Verbot (Ex 20,4; Dtn 27,15). Denn das B. ist nicht die volle Wirklichkeit (Ps 39,7; 73,20) und würde Israels Beziehung zum wirklichen Gott nur stören (Dtn 4,16; 2 Kön 11,18). In der Umwelt Israels diente das Götterbild dazu, sich die Gottheit unterzuordnen (»Machtmittel in der Hand des Priesters im Umgang mit der Gottheit«, K. H. Bernhardt, Gott und Bild). Im Exil hat Israel dann gelernt, sich über die Götzenfabrikation lustig zu machen (Jes 40,19f), aber auch über sie zu erschrecken (Ez 7,20; 8,5; 16,17; 23,14). Beides läßt sich deutlich bis in Dan 2 und 3 verfolgen.

Israel dagegen ist in seinem Verhältnis zu Gott allein auf dessen mächtiges Wort gewiesen. Keine Natur und kein Bild können etwas vom Wesen Gottes offenbaren (→ εἴδωλον *[eidōlon]*). Einzig der Mensch kann *Ebenbild* (hebr. *tsælæm) Gottes* genannt werden (Gen 1,26f; 5,1ff; 9,6). Ziel und Bestimmung der Gottesbildlichkeit ist die Herrschaft über die Welt. »Gott hat ihn (den Menschen) als sein eigenes Hoheitszeichen in die Welt gestellt, um seinen – Gottes – Herrschaftsanspruch zu wahren und durchzusetzen« (v. Rad, Theol. des AT I). Daß die Ebenbildlichkeit durch den Sündenfall verloren sei, davon weiß das AT nichts (vgl. Gen 5,1). Diese Aussagen lassen sich bis hinein in die Weisheit verfolgen (zB 2,23 und bes 13–15). Auch das Spätjudentum zweifelt nicht grundsätzlich an der Gottesebenbildlichkeit, wohl aber kommen Erwägungen auf, daß sie durch das Sündigen des einzelnen gemindert oder gar aufgehoben werden könne.

III Im NT wird εἰκών *[eikōn]* für das dem Denar aufgeprägte Kaiserbild verwendet (Mk 12,16 par). Diese Münzen waren dem frommen Juden verhaßt (Übertretung des Bildverbots, Bild des Fremdherrschers). In der Offb ist mit dem Bild des Tieres ein Kultbild (Kaiserbild?) gemeint, dessen Anbetung Abfall bedeutet. Sprechende und sich bewegende Götterbilder (Offb 13,15) sind in der Antike nicht unbekannt.

Hebr 10,1 bedeutet εἰκών *[eikōn]* das (in Christus erschienene) *Urbild*, das *Wesen* der zukünftigen Güter im Gegensatz zum Gesetz als dem bloßen Schatten dieser Dinge. Christus als Ebenbild Gottes erscheint 2 Kor 4,4; Kol 1,15. Zwischen dem Bild und dem Wesen des unsichtbaren Gottes gibt es hier keinen Unterschied. In Christus schauen wir Gott an (vgl. Joh 14,9). In der Teilhabe an Christus ist aber auch der Mensch wieder Ebenbild Gottes (Röm 8,29). Die vom Menschen schuldhaft aufgegebene Bestimmung zur Ebenbildlichkeit ist in Christus erfüllt. In der Gemeinschaft mit Christus werden wir seinem Bild gleichgestaltet. Paulus kann von dieser Verwandlung als von einem gegenwärtigen Geschehen (2 Kor 3,18; Kol 3,10), aber auch als von einem zukünftigen, endzeitlichen Ereignis reden (1 Kor 15,49; ähnlich Phil 3,21). Für die Wiederherstellung der Ebenbildlichkeit in der Teilhabe an Christus gilt, »daß sie jetzt schon ist und daß sie dennoch erst sein wird, daß sie gleichzeitig Haben und Nochnichthaben . . . ist« (Kittel, ThWb II,396). *Flender*

χαρακτήρ

χαρακτήρ *[charaktær]* Prägung

I/II χ., seit Aischylos bezeugt, ist substantivische Bildung aus χαράσσω *[charassō]* *kerben* und bezeichnet also *einen, der schärft, der ritzt,* dann später: *der in Stein, Holz oder Erz schreibt.* So gewinnt es zunächst die Bedeutung *der Präger, der Prägestock* von Münzen, dann – mit der Blickwendung

auf das Ergebnis dieses Tuns – *die Prägung*, die eine Münze hat, der *Schriftzug*, *die Stilart*, und meint endlich die körperliche oder seelische Grundstruktur, die der Mensch mitbringt, die zur Person gehört und durch Bildung oder Entwicklung nicht verändert, höchstens überdeckt oder verwischt werden kann: *die Eigenart, Eigentümlichkeit.* Bei Philo wird die menschliche Seele als χ. göttlicher Kraft bezeichnet, daneben wird auch der Logos χ. Gottes genannt.
Aus dem AT läßt sich der Begriff nicht herleiten, auch wenn er scheinbar an die Stellen von Ebenbildlichkeit anklingt. Er kommt in der LXX zwar vor (zB Lev 13,28), jedoch ohne wesentlichere Bedeutung.

Im NT kommt das Wort nur einmal vor: Christus ist χαρακτὴρ τῆς ὑποστάσεως τοῦ θεοῦ *[charaktær tæs hypostaseōs tou theou]* = *Abdruck* des Wesens Gottes (Hebr 1,3), derjenige, in dem Gott sein Wesen abgeprägt, eingeprägt hat. Dieser Wortgebrauch ist also grundverschieden von unserem heutigen Begriff *Charakter*, der sich durch einen Willen, der sich an Prinzipien bindet (Kant), entwickelt. Auch wenn es Hebr 5,8 heißt, Jesus habe im Leiden Gehorsam gelernt, so hat dies mit unseren Vorstellungen von Charakterbildung nichts zu tun, sondern dürfte sich auf das auch in der Anfechtung bewährte Hören des Sohnes auf den Vater beziehen (Michel). Der Sohn hat die Prägung des Wesens Gottes, so wie er ἀπαύγασμα τῆς δόξης τοῦ θεοῦ *[apaugasma tæs doxæs tou theou]* = *Abglanz, Rückstrahlung* der Herrlichkeit Gottes ist. Wer ihn sieht und erkennt, sieht und kennt den Vater (Joh 14,7–9). Vgl. auch → εἰκὼν τοῦ θεοῦ *[eikōn tou theou] Ebenbild Gottes.* III

Indessen macht der Zusammenhang von Hebr 1 deutlich, daß hier besonders die Herrlichkeit des in die Geschichte eingetretenen Sohnes, die Einzigartigkeit der Offenbarung Gottes in dem Einzigartigen hervorgehoben werden soll, zumal es sich in V. 3 wohl um ein Christuslied wie in Phil 2,6 und 1 Tim 3,16 handelt. Der Christus, der Ende und Anfang in der Hand hat (V. 2), steht in einem einzigartigen Verhältnis a) zu Gott, dessen Abglanz, Abdruck er ist, b) zum Weltall, das er trägt, c) zur Gemeinde, die er von Sünden gereinigt hat. Es geht dem Hebr gleicherweise um den präexistenten, den geschichtlichen und den erhöhten Herrn, in dem wir unseren wahren Hohenpriester haben. »Nicht der Weltbau in seiner Unermeßlichkeit, auch nicht das Menschenherz mit dem lebendigen Geist, der in ihm ist, sondern der Sohn allein ist die Gestalt, die sichtbar macht, was Gott ist« (Schlatter).

Gess †

ZUR VERKÜNDIGUNG V

Das Vorhandensein des Begriffes Bild in seinen verschiedenen Ausprägungen und Anwendungen ist zunächst einmal ein unübersehbares Symptom dafür, daß Erkenntnis und Vorstellung der Menschen die Struktur der Dinge ebensowenig vollständig zu erfassen vermag, wie sein Leben und Handeln dem entspricht, was als Maxime gilt. Generell hat von daher das Bild die Funktion, Brücke zwischen rein Geistigem und Lebens-Wirklichem zu sein. Bilder vermitteln. Sie wollen helfen, wo der unmittelbare Zugang verschlossen ist; aber weil sie ihrerseits wieder formen, Wirklichkeit bilden, müssen sie zugleich diesen versperren oder gar unmöglich machen.

Darum verwehrt die Bibel dem Menschen, sich Bilder Gottes zu machen (hierbei wird durchweg εἴδωλον *[eidōlon]* gebraucht); er soll nicht einmal versuchen, die Wirklichkeit Gottes durch ein seiner eigenen Vorstellung entsprungenes Bild zu ersetzen. Im Grunde betrifft dieses Verbot neben der sinnlich wahrnehmbaren Gestalt auch die geistige Konzeption. Denn hinter allen Ab-bildungs-Versuchen des transzendenten Gottes stehen Wunsch und Sehnsucht, Gott so für den Menschen zugänglicher zu machen; dh aber eben letztlich doch: über Gott zu verfügen. Gott will selbst dem Menschen in seinem Wort begegnen, fordert ihn nicht vor sein Bild, sondern in den Gehorsam.

Es wird kaum Zufall sein, daß der platonisch geprägte Begriff ἰδέα *[idea]*, der auch bei uns als »Idee« durchaus heimisch ist, im nt. Griech. fehlt. Denn er gehört mit seiner nun einmal nicht mehr revidierbaren Füllung einem Vorstellungskreis an, in dem für die Schöpfung und Weltregierung des einen Gottes bestenfalls neben anderen Raum bleibt; die Ideen selbst werden schließlich zu den gestaltsuchenden Triebkräften, was unsere Zeit durch die Wortbildung »Ideologie« ausdrückt. In ihnen ist ein ideales Welt-Bild aus Aspekten des vorfindlichen Zustandes der Welt und geistigen Wünschen, Verdikten und Kompositionen zusammengesetzt, das den Menschen mit religiöser Macht in Anspruch nimmt, dadurch zugleich die Prüfung ausschließt, ihn aber gerade so durchaus auch in Krisen aufrecht hält. Man denke an den fanatischen Nationalismus oder den blinden Antisemitismus, ebenso aber an den verblendenden Atheismus und diejenige Gestalt des Christentums, die, die personale Glaubensbindung an Christus durch Prinzipien und Verhaltensregeln ersetzend, selbst ebenfalls zur Ideologie geworden ist. Feuerbach hat richtig gesehen, daß ideologische Zukunftshoffnungen – auch die einer »heilen Welt« – nur umgekehrter Ausdruck einer Resignation sind; sie hindern den Menschen, mit der Wirklichkeit göttlichen Gestaltens zu rechnen. Gott aber als der Herr ist mehr als nur das geistige, transzendente Urbild des Kosmos.

Dennoch gibt Gott dem Menschen An-Schauung, nur auf umgekehrtem Wege: Der Mensch selbst soll Bild (εἰκών) Gottes, Ausprägung seines Wesens und sein Mandatar auf der Erde sein. Und in einem ist das, was Ziel der Schöpfung war, aber durch die Lossagung des Menschen von seinem Urbild restlos verwischt wurde, zum Ziel gekommen: in Jesus Christus. Gerade an ihm und seinem Wort aber wird deutlich, daß das Bild Gottes nicht kultisch oder ästhetisch qualifiziert ist, sondern durch Vertrauen und Selbstentäußerung, Gehorsam und Dienst, also geistlich-dynamisch, nicht sinnlich-statisch.

Auch im christlichen bzw. nachchristlichen Raum ist die Zug-, Leit- und Prägekraft der Bilder keineswegs überwunden. Welche Rolle spielt die Ikone (= εἰκών) in der Ostkirche! Sie re-präsentiert die abgebildete Gestalt. Und sollen nicht auch die Malereien und Plastiken in anderen christlichen Kirchen der Ver-Gegenwärtigung dienen oder tun es doch faktisch, auch wenn man es lehrmäßig bestreitet? Sind sie eigentlich wesentlich unterscheidbar von den politischen Kultbildern der totalitären Staaten oder von George Orwell's »Big Brother« in seinem Roman »1984«? Werden nicht auch in der Christenheit »Idole« (aus εἴδωλον *[eidōlon]*) kreiert, seien es Gestalten der Vergangenheit oder sogar noch Lebende? Und wenn ja, sind sie wiederum wesenhaft verschieden von der Idol-Schöpfung der weiblichen Schönheit, der sportlichen Leistung, der jugendlichen Kraft oder auch der Hemmungslosigkeit, der Erlebnis- und Genußsucht, von welcher kurzlebigen Gestalt auch immer sie jeweils repräsentiert werden? Sie alle – menschliche oder doch nicht menschliche Schöpfungen? – wirken beherrschend und gestaltend, befreiend oder versklavend, aktivierend oder verkrampfend auf das Leben der Massen ein.

Diese Zeit ist – man denke nur an die Illustrierten, das Fernsehen und den Film – von Bildern beherrscht und gesteuert. Bei deren pseudo-religiöser Funktion wird die Verkündigung anzusetzen haben und sich nicht verleiten lassen dürfen, bei den Götzen ferner Heiden stehen zu bleiben. Daß sie sich selbst dabei des Bildes im Sinne des beispielhaften Ereignisses oder der vergleichenden Schau bedient, ist ihr ebenso erlaubt, wie ja auch die Bibel selbst gerne die Bildrede braucht. *L. C.*

Lit.: FBüchsel, Art. εἴδωλον, ThWb II, 1935, 373ff – GKittel/GvRad/HKleinknecht, Art. εἰκών, ThWb II, 1935, 378ff – KSchmidt, Homo Imago Dei im AT und NT, Eranos-Jahrbuch, 1947 – LKoehler, Die Grundstelle der Imago-Dei-Lehre, Gen 1,26, ThZ 4, 1948, 16ff – CStange, Das Ebenbild Gottes, ThLZ 1949, 79ff – EBrunner, Der Ersterschaffene als Gottes Ebenbild, EvTh 11, 1951/52, 298ff – GSöhngen, Die biblische Lehre von der Gottebenbildlichkeit des Menschen, Münchener ThZ 2, 1951, 42ff (kath.) – KHBernhardt, Gott und Bild, 1956 – ELohse, Imago Dei bei Paulus, in: Libertas Christiana, Delekat-Festschrift, Beitr. z. EvTh 26,1957 – FEltester, Eikon im NT, Bh. z. ZNW 23,1958 – JJervell, Imago Dei Gen 1,26 im Spätjudentum, in der Gnosis und bei Paulus, 1959 – JStamm, Die Gottebenbildlichkeit des Menschen im AT, Theol. Stud. 54, 1959 – ELarsson, Christus als Vorbild, 1962 – CWestermann, Art. Bild, BHHW I, 1962, 249ff – HWildberger, Das Abbild Gottes, ThZ 21, 1965, 481ff – JMMiller, In the »Image« and »Likeness« of God, JBL 91, 1972, 289ff.

Binden

δέω *[dẹō]* binden **δέω**

δέω *[dẹō]*, vorhomerisch, heißt *binden, anbinden, fesseln.* Von LXX meist für hebr. *'āsar* gesetzt, I/II
schränkt es dessen weitere hebr. Bedeutung – *sich ein Enthaltungsgelübde auferlegen* – ein auf das Binden mit Faden oder Strick. Der umgebundene Faden kann zB Erkennungszeichen sein (Gen 38,28); meist aber bezeichnet δέω *[dẹō]* das Anbinden von Tieren (2 Kön 7,10) oder das Binden und Fesseln von Menschen (Ri 15f). Daher kann es übertragen auch heißen, daß die Liebe bindet (Hhld 7,6).

Im NT findet sich δέω *[dẹō]* wie in LXX häufig in wörtlicher Bedeutung: *Anbinden* oder III
Fesseln von Tier (Mk 11,2 par) und Mensch (Mt 14,3 par; Apg 9,2 u. ö.). Kol 4,3 ist die Gebundenheit des Apostels Ausdruck des Geheimnisses Christi, daß nämlich gerade in der größten Niedrigkeit Gottes Macht wirksam ist (vgl. auch 2 Tim 2,9). Übertragenen Sinn aber hat δέω *[dẹō]*, wenn zB Apg 20,22 berichtet, wie Paulus in seinem Handeln, in seinen Reiseplänen vom göttlichen Geist gebunden ist und wie sich diese Bindung als unausweichlicher Befehl auf sein Tun auswirkt; oder wenn es die Bindung von Mann und Frau aneinander bezeichnet (Röm 7,2; 1 Kor 7,27.39).

An den Stellen Mt 16,19 und 18,18 klingt in δέω *[dẹō]* das hebr. *'āsar* stark mit, das sowohl die Lehrautorität *(das Verbotene festsetzen)* als auch die Disziplinargewalt *(bannen)* bezeichnen kann. So war »Binden und Lösen« im Judentum fester Begriff für die Lehr- und Disziplinargewalt der Rabbinen. In den Mt-Stellen handelt es sich um die richterliche Funktion, die nun Petrus bzw. den Jüngern nicht als eine von der Verkündigung gelöste persongebundene Aufgabe übertragen wird, sondern die im verkündigten Worte Gottes selbst liegt. Gerade wo und indem die den Jüngern anvertraute Botschaft abgelehnt wird, bindet sie für das kommende Gericht verbindlich an die unvergebene Schuld (vgl. dazu Joh 12,47f). Darin unterscheidet sich die den Jüngern (in der Verkündigung) gegebene Vollmacht also grundsätzlich von der Autorität, die die rabbinische Kasuistik beanspruchte. Dh also auch, daß die durch die apostolische Botschaft sich ereignende Scheidung in »Befreite« und »Gebundene« den Boten letztlich verborgen bleiben muß, da sie allein dem göttlichen Richter zusteht (Mt 13,30; die Ernte ist Bild des Gerichts und das Binden Bild für die Verdammung, so auch Mt 22,13f). Sie darf also nicht verwechselt werden mit dem Bestreben, durch die Aussonderung der Sünder die reine messianische Gemeinde schon jetzt herzustellen. Die beste Illustration für Mt 16,19; 18,18 dürfte daher (mit Jeremias, Gleichnisse 214 A 2) Mt 10,12ff sein: nicht ein menschliches Verurteilen abzulehnender Handlungen (das wäre rabbinisch), sondern das Anheimstellen an den göttlichen Richter meint das Wort. *von Meding/Müller*

Lit.: FBüchsel, Art. δέω, ThWb II, 1935, 59f – JJeremias, Art. κλείς, ThWb III, 1938, 743ff – ESchweizer, Die neutestamentliche Gemeindeordnung, EvTh 6, 1947, 338ff – HvCampenhausen, Kirchliches Amt und geistliche Vollmacht in den ersten drei Jahrhunderten, 1953 – EKäsemann, Amt und Gemeinde im NT, Exeget. Versuche und Besinnungen I, 1960, 109ff – FObrist, Echtheitsfragen und Deutungen der Primatsstelle Mt 16,18f in der deutschen protestantischen Theologie der letzten 30 Jahre, NTA 21, 1961, 3f – HThyen, Art. Schlüsselgewalt, RGG V, 1961³, 1449f.

Bischof

ἐπίσκοπος

ἐπίσκοπος *[episkopos]* Bischof · ἐπισκέπτομαι *[episkẹptomai]* besichtigen, besuchen, heimsuchen · ἐπισκοπέω *[episkopẹō]* achten auf · ἐπισκοπή *[episkopǣ]* Bischofsamt; Heimsuchung

1) Die aus der Wurzel σκεπ- *[skep-]* mit der Vorsilbe ἐπι- *[epi-]* gebildete Gruppe ist inhaltlich I
bestimmt durch die Tätigkeit des auf etwas bzw. jemanden Sehens bzw. Achtens (zum Simplex vgl. → Ziel, Art. σκοπός), wobei die Form σκοπέω *[skopẹō]* das Anhaltend-Wiederholende der Handlung hervorhebt, während ἐπισκέπτομαι *[episkẹptomai]* sie als einmalig erscheinen läßt. So können die Verben die Bedeutungen *beobachten, mustern* (Xen. An. II,3,2), *Aufsicht führen* (Plat.

Resp. VI,506b), *überwachen, überprüfen* (Xen. Mem. I, 6,4), aber auch *Einsicht nehmen, untersuchen* (Xen. Mem. III,11,10) haben. Von den bedeutungsmäßig verwandten, aber relativ selteneren Vokabeln des Stammes ἐπ-ὀπτ- *[ep-opt-]*, die zunächst die bloße Beobachtung, erst von daher dann auch die Überwachung meinen, hebt sich die Wortgruppe dadurch ab, daß sie je länger, desto mehr auch die verantwortliche aktive Sorge für das einschließt, nach dem gesehen wird.

2) Das seit Homer belegte Verb ἐποπτεύω *[epopteuō]* heißt *betrachten, beschauen;* das seit dem 5. Jh. vChr. (Pindar) nachgewiesene Subst. ἐπόπτης *[epoptæs]* ist Beititel von Göttern (Zeus, Poseidon, Apollon), unter deren be- und überwachenden Augen man sich weiß; in der Sprache der Mysterien werden damit die Mysten der höchsten Weihen bezeichnet, die das Allerheiligste geschaut haben; ἐποπτεύω *[epopteuō]* wird so zum Inbegriff höchsten menschlichen Glücks.

3) Das Subst. ἐπίσκοπος [episkopos] = *Aufseher* ist schon seit Homer belegt und dient zunächst zur Charakterisierung einer Gottheit (zB Artemis in Elis) als derjenigen, die auf das Land oder die Menschen acht hat, speziell auch über die Einhaltung der Verträge und den Markt als Platz des Handelns wacht (zB Il. 22,255 zusammen mit μάρτυς *[martys]* → Zeuge; Soph. Ant. 1148). Aber schon Il. 10,38 und 24,729 (Hektor) werden so auch Menschen bezeichnet, die eine verantwortliche Funktion im Staatswesen (später auch in religiösen Gemeinschaften) ausüben. ZB tragen diesen Titel Beamte, die man von Athen aus zur Wahrung der Ordnung (mit niederer Gerichtsbarkeit) oder Einrichtung von Verfassungen in abhängige Städte entsandte, oder die in Rhodos neben Ratsherren, Schatzmeistern, Schreibern und Strategen genannt werden, ohne daß ihre Funktion eindeutig erkennbar wäre. Aus Syrien gibt es Belege, die den Titel für Mitglieder einer Bauaufsicht bzw. eines Kuratoriums benutzen, während im Bereich der nach griech. Vereinsrecht organisierten Kultgenossenschaften die ἐπίσκοποι *[episkopoi]* die mit der Sorge für die äußeren Angelegenheiten beauftragten Mitglieder sind (etwa unseren Kirchpflegern oder Vermögensverwaltern entsprechend).

II 1a) In der LXX treten die genannten Vokabeln weit überwiegend für verschiedene Formen des hebr. Stammes *pāqad* ein, der urspr. *sich kümmern um*, von daher im Kal *suchen, nachsehen (zB* 1 Sam 14,17), *besuchen* (zB Ri 15,1), *besichtigen* (Num 1,44) bedeutet. Einige Male steht ἐπισκέπτομαι *[episkeptomai]* auch für *bāqar = genau untersuchen.* Während ἐπισκοπέω *[episkopeō]* sich nur 5mal für verschiedene hebr. Äquivalente findet, begegnet das weitaus häufigere ἐπισκέπτομαι *[episkeptomai]* (ca. 150mal) allein 48mal im Buch Numeri (bes. Kap. 1—4, zB 2,4; 3,39 Part., von L meist mit »zusammen« wiedergegeben), und zwar für die *Musterung* der Stämme und Familien. Da diese das Ziel der Diensteinteilung hat, gewinnt das Verb die Bedeutung *zur Aufsicht bestellen, beauftragen* hinzu (zB Num 27,16 als Bitte an Gott).

b) Neben diese Spezifizierung des Bedeutungsgehaltes tritt in LXX eine zweite: ἐπισκέπτομαι *[episkeptomai]* dient als Ausdruck für die liebevolle Beobachtung und fürsorgliche Anteilnahme Gottes, und zwar sowohl im Hinblick auf das Land (Dtn 11,12), auf sein erwähltes Volk (zB Ruth 1,6; Zeph 2,7; Ps 80,15) wie auch auf einzelne (zB Sarah Gen 21,1). Dieses Hinsehen Gottes ist Ausdruck seiner Bundestreue und → Barmherzigkeit. Weil es einschließt, daß Gott sich als Folge seines Sehens genötigt sieht, durch strafende Gerichte den Menschen zur Umkehr zu bringen, kann ἐπισκέπτομαι *[episkeptomai]* auch die Bedeutung *heimsuchen* gewinnen (wörtl. zB Ex 32,34; Jes 10,12). Die entsprechenden Stellen finden sich überwiegend in der prophetischen Verkündigung, bes. in der Gerichtsbotschaft des Jeremia.

c) ἐπισκέπτομαι *[episkeptomai]* findet sich aber auch vereinzelt in der dem Hellenismus vertrauten Bedeutung des *glückhaften Erschauens* (Ps 27,5; 106,5).

d) Die zugehörigen Subst.e – beide sind erst von LXX geprägt – ἐπίσκεψις *[episkepsis]* bzw. ἐπισκοπή *[episkopæ]* können wie das hebr. Äquivalent *pequdāh* sowohl die Schar der *Gemusterten* als Ergebnis des Vorganges (zB Num 1,41ff), die *Bestellung* derselben *zu einem Auftrag* und also die *Dienstordnung* (1 Chr 24,3) bezeichnen, als auch die *Heimsuchung* Gottes, sei es im Laufe der Geschichte oder aber an dem alle Wege beendenden Tage Jahwes (vgl. Jer 11,23; 23,12; Hi 7,18; 29,4).

2) Dem griech. Subst. ἐπίσκοπος *[episkopos]* entspräche im Hebr. *paqīd = Aufseher, Kommissar, Gouverneur;* aber nur in den zusammen 5 Stellen bei Neh 11 und 2 Chr 34 ist es tatsächlich in diesem Sinne gebraucht, während die 11 übrigen Belege in LXX kein einheitliches Bild ergeben: Nur einmal wird ἐπίσκοπος *[episkopos]* in der LXX als Prädikat Gottes gebraucht (Hi 20,29), wo es für hebr. *'ēl* eingetreten ist. – Gelegentlich läßt sich erkennen, daß bestimmte *Vorgesetzte* so benannt werden (zB Ri 9,28; Num 31,14), manchmal aber bezeichnet das Subst. auch allgemeiner die *Ausübung* bzw. die *Inhaber der Macht* (so zB Jes 60,17). Die Belege lassen jedenfalls keinen Rückschluß darauf zu, daß das spätere Amt des ἐπίσκοπος *[episkopos]*, also des *Bischofs*, eine direkte Vorprägung im AT gehabt hätte (über die Amtsfunktionen in Israel und ihr Verhältnis zueinander vgl. → Presbyter).

3) Eher in die Richtung des späteren Bischofsamtes weist die Rolle des *Aufsehers* (hebr. *m^ebaqqēr)* der Damaskusschrift, der auch in der Sektenschrift genannt wird (1 QS 6,12.20; wahrscheinlich mit dem 6,14 genannten *paqid* identisch). Dieser *m^ebaqqēr* der Sekte ist ein des Gesetzes kundiger Mann (kein Priester), dem alle wesentlichen Entscheidungen über das Lager bzw. die Vollmitglieder zustehen. Indem er über Aufnahmen entscheidet, Disziplinarstrafen verhängen kann, zusammen mit den Richtern den diakonischen Fonds verwaltet und zu allen Rechts- und Handelsgeschäften der Mitglieder mit Außenstehenden sein Plazet geben muß (CD 13,6ff; 14,9ff), trägt er deutlich monarchische Züge. Andererseits wird aber sein Amt nach at. Analogie mit dem eines Hirten verglichen, der »wie ein Vater gegenüber seinen Söhnen« sich erbarmt, die Verstreuten zurückbringt und Bande löst (CD 13,9). Es ist für die Figur des Aufsehers aufschlußreich, daß alle diese Funktionen offenbar später an den Vorsteher der Priesterschaft übergegangen sind, der in 1QS dann als entscheidende Figur erscheint, während der nichtpriesterliche Aufseher in die Rolle eines Wirtschaftsverwalters abgedrängt ist (1QS 6,14.20). Die eigenständige Würde des Vorsitzenden der *'ēdāh*, der Gemeinde als Versammlung der Vollmitglieder, die gerade durch die Ein- und Unterordnung der Priester sich als selbständig auswies (→ Kirche, Art. ἐκκλησία II), ist vermutlich Schritt um Schritt auf den Priester-Vorsteher übertragen worden. Der Weg zum priesterlichen Bischofsamt ist vorgezeichnet.

1) Für das NT fällt zunächst auf, daß die Vokabeln unserer Gruppe erheblich seltener III
anzutreffen sind als in LXX und ihr Vorkommen auf wenige Schriften beschränkt bleibt: ἐπισκοπέω *[episkopęō]* findet sich (abgesehen von einer v. l. 1 Petr 5,2) nur Hebr 12,15 für die anhaltende Bemühung der Gläubigen um das gemeinsame Bleiben in der göttlichen Gnade, wodurch die episkopale Aufsicht zur Sache der Bruderschaft, nicht einer bes. Priesterschaft gemacht wird. Das in LXX so häufige ἐπισκέπτομαι *[episkęptomai]* begegnet nur an 11 Stellen, davon 7 in den lukanischen Schriften (ferner Mt 25,36.45; Hebr 2,6; Jak 1,27). Das Subst. ἐπισκοπή *[episkopæ]* kommt 4mal vor, und zwar Lk 19,24 und 1 Petr 2,12 für den Tag bzw. Augenblick der *Heimsuchung*, dh hier der Begegnung mit dem zu Gericht oder Heil kommenden Herrn, Apg 1,20 und 1 Tim 3,1 hingegen als Bezeichnung des *apostolischen* bzw. des *Bischofsamtes*. Eigentümlicherweise gibt es aber auch für das später so bedeutsam gewordene Subst. ἐπίσκοπος *[epįskopos]* = *Aufseher, Bischof* nur 5 Belege, von denen 4 *Gemeindeleiter* meinen, während 1 Petr 2,25 Christus selbst als der Bischof der Seelen bezeichnet ist.

2a) Das Verb ἐπισκέπτομαι *[episkęptomai]* ist – abgesehen von dem Vorkommen Apg 6,3 für das *prüfende Umschauen* der Gemeinde, ehe sie die Wahl zu einem Amt vornimmt – zunächst bei Lukas und in Hebr 2,6 (= Ps 8,5) im Anschluß an LXX im Sinne der liebenden und suchenden Fürsorge Gottes gebraucht: Er hat sich aus den vielen Völkern das eine Volk erwählt (Apg 15,14), dessen er sich angenommen (Lk 7,16) und dem er eine → Erlösung (λύτρωσις) geschaffen hat (Lk 1,68); seine Barmherzigkeit treibt ihn dazu, dieses Volk zu besuchen als »Aufgang aus der Höhe«, womit die gnadenvolle Geburt des Täufers als Gelegenheit zur Vergebung und zum Heil gepriesen wird. In Hebr 2,6 ist das Verwundern darüber ausgesprochen, daß sich Gott angesichts des Reichtums und gewaltigen Ausmaßes seiner Schöpfung gerade des Menschen annimmt und sich um ihn kümmert.

b) Zum anderen beschreibt ἐπισκέπτομαι *[episkęptomai]* Apg 7,23 mit Mose, Apg 15,36 mit Paulus und Barnabas als Subjekt die fürsorgliche Zuwendung zu den Brüdern, nach denen es zu sehen, um die es sich zu kümmern gilt. Im gleichen Sinn steht es auch Jak 1,27: Dienst vor Gott soll vor allem darin seinen Ausdruck finden, daß man sich der Witwen und Waisen annimmt. Diese Bedeutung ist vielleicht am gefülltesten Mt 25,36.45, wo an der Verwendung des Wortes deutlich wird, daß in jedem Notleidenden und Gefangenen der Herr selbst vor dem Menschen steht und in der Begegnung mit ihm eine Entscheidung über Heil oder Verderben fällt, je nachdem, ob der Mensch diesen anderen sieht – und dh sich seiner annimmt – oder ihn übersieht (→ Bruder; → Liebe).

c) Liegt beiden Gruppen von Belegen die gleiche Bedeutung der *fürsorglichen Hinwendung*, des Sehens mit bewegtem Herzen und daraus folgender Tat zugrunde, so fällt auf, daß die im AT so ausgeprägte Verwendung für die strafende Heimsuchung gänzlich fehlt bzw. jedenfalls mit anderen Vokabeln (→ Gericht; → Verderben; → Strafe) ausgedrückt wird. Die Heimsuchung Gottes ist am → Kreuz ein für allemal geschehen. In dieses Bild paßt sich der oben erwähnte Befund der Verwendung von ἐπισκοκή *[episkopæ]* fugenlos ein.

3a) Die Vorgeschichte des Wortes ἐπίσκοπος *[episkopos]* hat ihren Kulminationspunkt in 1 Petr 2,25 gefunden; ohne Überzeichnung wird man sagen können, daß in der Anwendung als Hoheitstitel Jesu all das aufgenommen wird, was im AT und im Judentum, wohl aber auch in der religiös gefärbten Verwendung des Wortes im Griechentum damit ausgedrückt werden konnte. Es ist nicht zufällig, sondern Ausdruck eines ganz bestimmten Verständnisses, wenn – wie schon im AT, vgl. Num 27,16 – ἐπίσκοπος *[episkopos]* hier mit ποιμήν *[poimæn]* → Hirte zusammensteht, wie das übrigens mehrfach auch für die Verben der beiden Stämme gilt (vgl. Apg 20,28): Aufsicht kann nur als Fürsorge, als liebendes Sich-Annehmen begriffen und ausgeübt werden, niemals als die eigene Erhöhung suchende Herrschaft. An Christus als dem Inbegriff jeden Dienstes ist also abzulesen, wovon er bestimmt ist, nämlich von Sorge um das Heil der Menschen.

b) Es ist sehr bezeichnend, daß die als Gemeinde Gestalt annehmende Schar der Jünger offenbar erst zögernd dazu übergegangen ist, den Titel ἐπίσκοπος *[episkopos]* auch zur Bezeichnung menschlicher Funktionen zu gebrauchen. Zwar wäre das vom AT wie auch der griech. Bedeutung des Wortes her durchaus möglich gewesen; jedoch mag die Verwendung in den griech. Kultvereinigungen zu sehr die rein materiellen Belange, die im AT zu sehr das Aufsichtsmoment in Erinnerung gebracht haben. Die Anwendung des Begriffes auf Menschen ist im Zusammenhang damit zu sehen, daß überhaupt allen Aussagen vom Dienst des Christus an seiner Gemeinde Funktionen in der Gemeinde entsprechen; anders gesagt: Die nt. Amtsbezeichnungen sind alle auch Christusprädikate oder könnten es doch jedenfalls sein.

Weil aber nach den Brüdern gesehen werden muß, um sie auf dem → Weg des Glaubens zu halten, wird aus der Hebr 12,15 offenbar noch an alle Gemeindeglieder gerichteten Anweisung immer mehr eine besondere Funktion. Der Übergang ist Apg 20,28 erkennbar: Hier liegt der Akzent noch eindeutig auf dem Auftrag, den die Angesprochenen an der Gemeinde wahrzunehmen haben, – aber es ist doch schon ein fest umrissener Kreis, der geladen ist. Dabei ist ἐπίσκοπος *[episkopos]* eine noch nicht genau fixierte Bezeichnung. Wohl ist sie unterschieden von der des → Apostels, des → Propheten und vielleicht auch des Lehrers (→ Lehre), insofern es Episkopen offenbar immer nur in fester Ortsbindung an eine gleiche, bestimmte Gemeinde gegeben hat. Aber wahrscheinlich ist der Titel zunächst noch austauschbar, mindestens mit ποιμήν *[poimæn]* (→ Hirte) und πρεσβύτερος *[presbyteros]* (→ Presbyter) sowie den dort miterwähnten Begriffen, wie auch die Verwendung von διάκονος *[diakonos]* (→ Dienen) noch nicht festgelegt scheint.

c) Erst 1 Tim 3,1 erscheint die ἐπισκοπή *[episkopæ]* als ein fest umrissenes Amt, das man begehren kann; dabei ist auffällig, wie stark sich das Interesse vom Auftrag auf die persönlichen Qualifikationen zu dem – nun einmal vorhandenen – Amt verschoben hat: Die persönliche Zucht, den geordneten Hausstand (gerade kein Zölibat!), pädagogische Gaben und Kontaktmöglichkeiten und gutes Ansehen in der nichtchristlichen Umwelt. Dabei würde sich diese Stelle im übrigen noch in das Bild von Apg 20,28 und Phil 1,1 einpassen, aus denen deutlich hervorgeht, daß mehrere Bischöfe gleichzeitig in einer Gemeinde tätig sind. Ob schon Tit 1,7 der Weg zum monarchischen Episkopat eines Priesters über die anderen Dienste sich abzeichnet, ist zweifelhaft. Sicher ist aber, daß sich im 2. und 3. Jh. ein derartiges Führersystem teils zufolge größerer Gaben, teil aus der Notwendigkeit zur Straffung durchgesetzt hat.

d) Die Erscheinung des Bischofsamtes charakterisiert so den Übergang von einer missionarisch-charismatischen Epoche der Kirche zum dauerhaften Charakter als menschlicher Gesellschaft. Nachdem die Apostel verstarben und Lehrer und Propheten rar wurden, suchte man bei wachsender Ausbreitung der Gemeinden nach einer Form, die deren

Kontinuität wahrte. Daß das Bischofsamt nur *eine* Lösungsmöglichkeit darstellt, indem sich hier ein monarchisches Prinzip gegenüber dem kollegial-brüderlichen einer gemeinsamen Verantwortung durchsetzte, dürfte durch die Gegenbewegungen in der Geschichte der Kirche zureichend belegt sein. Zum Verhältnis der verschiedenen Dienste untereinander vgl. im übrigen → Presbyter. *Coenen*

Lit.: WBeyer, Art. ἐπισκέπτομαι, ThWb II, 1935, 595ff – RSchnackenburg, Episkopos und Hirtenamt, in: Episkopos, Studien über das B.samt, 1949, 66ff (kath.) – HGreeven, Propheten, Lehrer und Vorsteher bei Paulus, ZNW 44, 1952/53, 1ff – HvCampenhausen, Kirchliches Amt und geistliche Vollmacht, 1953 – BReicke, Die Verfassung der Urgemeinde im Lichte jüdischer Dokumente, ThZ 10, 1954, 95ff – WNauck, Probleme des frühchristlichen Amtsverständnisses (1 Petr 5,2f), ZNW 48, 1957, 201ff – ESchweizer, Gemeinde und Gemeindeordnung im NT, 1959 – FNötscher, Vorchristliche Typen urchristlicher Ämter? in: Die Kirche und ihre Ämter, 1960, 315ff (kath.) – GFriedrich, Art. Bischof, BHHW I, 1962, 254f – ALemaire, Les ministères aux Origines de l'Eglise, 1972 (= Lectio Divina, 68) – ders., The Ministries in the New Testament, Recent Research, BiblTheolBull 3, 1973, 133ff – HKraft, Die Anfänge des geistlichen Amtes, ThLZ 100, 1975, 81ff.

Bleiben

μένω *[mẹnō]* bleiben

μένω

μένω *[mẹnō]*, schon bei Homer, mit dem lat. *maneo* stammverwandt, bedeutet intrans.: an einem Ort, eine bestimmte Zeit, bei jemandem *bleiben*. Übertragen wird es gebraucht vom *Bleiben* bei einer Abmachung, in einer bestimmten Sphäre (mit ἐν *[en]*), vom *Standhalten* gegen widrige Umstände (Krankheit, Tod) und Veränderungen überhaupt (vgl. οἱ μένοντες *[hoi mẹnontes]* = *die Fixsterne*, Aristot. de caelo 290ª 21). So kann μένω *[mẹnō]* vom laut Rechtssatzung *Gültigbleibenden* ausgesagt werden (zB διαθήκη *[diathækæ]*). Im religiösen Bereich beschreibt es das Göttliche oder göttlich Inspirierte (νοῦς *[nous]*, ἰδέαι *[ideai]*) als das *Bestandhabende*. – Gering ist der trans. Gebrauch mit der Bedeutung: jemanden oder etwas *(er-)harren, erwarten*. I

In der LXX gibt μένω *[mẹnō]* die verschiedensten hebr. Begriffe wieder, relativ oft *ʿāmad* und *qūm*. Selten ist das konkrete *Bleiben an einem Ort* gemeint (so Ex 9,28; Lev 13,23), gelegentlich das *Abwarten* (so Gen 45,9; Hi 36,2), meist geht es um das *Bestandhaben*, das *Gültigbleiben* einer Sache. Ein Gelübde bleibt gültig (Num 30,5.10) oder nicht gültig (13,28), der Besitz des Gottlosen hat keinen Bestand (Hi 15,29), das Heil des Gerechten bleibt bestehen (Ps 112,3.9). II

So wird es ganz besonders von Gott ausgesagt, dessen Beziehung zum Menschen (Gerechtigkeit) von ihm nicht aufgelöst wird (Ps 112,3.9 u. ö.), so daß sein Wort (Jes 40,8) sowie seine Wahrheit (Ps 117,2)bleiben. Gott wartet darauf, sich zu erbarmen (Jes 30,17). Bes. im Psalter und im Jesbuch ist *Beständigkeit* ein bedeutsamer Wesenszug Gottes im Gegensatz zur Veränderlichkeit der Götter und Vergänglichkeit der Welt. Doch wird das nie zu einer abstrakt »dogmatischen« Aussage, sondern steht immer im lebendigen Zusammenhang der Anbetung und des Lobes. Gott ist der Lebendige und Bleibende (Dan 6,27 hier wie öfter für *qūm;* Ps 102,13 für *jāschab)*. Unter seinem Gericht und Zorn geht die widergöttliche Menschheit dahin; der neue Himmel aber, die neue Erde und das Gottesvolk werden bleiben (Jes 66,22). Wie Gott selber, so bleibt auch sein Name (Ps 72,17), sein Plan (Ps 33,11; Jes 14,24), seine Gerechtigkeit (Ps 111,3) und sein Lob (Ps 111,10).

1) Von 118 Stellen im NT, an denen μένω *[mẹnō]* vorkommt, finden sich allein 40 im JohEv und 24 in den Briefen des Joh. Hier hat μ. eine ganz besondere christologische Beziehung (s. u. 4). Aber auch der vom Profangriechischen her bekannte Gebrauch des Wortes findet sich im NT: III

a) intrans. *bleiben*, zB im Sinne von *sich aufhalten* an einem bestimmten Ort (Lk 19,5) oder bei jemandem (Lk 24,29; Mt 26,38), *bestehen bleiben* für eine bestimmte Zeit (Mt 11,23), *wohnen* (Joh 1,38), oder übertragen: *festhalten an, festbleiben in*, zB der Lehre (2 Tim 3,14; 2 Joh 9), jemandes Gemeinschaft (Joh 14,10) oder der Ehelosigkeit (1 Kor 7,40), *standhalten, die Probe bestehen* (von den Werken im Gericht 1 Kor 3,14), *weiterleben, nicht gestorben sein* (1 Kor 15,6);

b) trans. *erwarten* (Apg 20,5.23).

2) Anknüpfend an das AT, spricht auch das NT von der Unwandelbarkeit Gottes, der bei seinem Wort bleibt (1 Petr 1,23 vgl. Dan 6,26; 1 Petr 1,25 = Zitat aus Jes 40,8) und seinen Ratschluß, dh den Plan seiner Erwählung in der Geschichte der Menschen durchhält, durchträgt, durchsetzt (Röm 9,11). Im NT ist dieses Festbleiben Gottes sichtbar geworden in der Sendung und dem Weg Jesu, des Messias, der ewiglich bleibt (Hebr 7,24). Die durch Gottes bleibendes Wort Wiedergeborenen (1 Petr 1,23) empfangen vom Heiligen Geist nicht nur von Zeit zu Zeit ekstatische Erlebnisse, sondern die Kraft des Geistes bleibt beständig bei ihnen (1 Joh 2,27); und wer bekennt, daß Jesus Gottes Sohn ist, der bleibt in Gott, dh durch Gottes Liebe mit ihm verbunden (1 Joh 4,15f). Er sucht die bleibende Stadt nicht hier (Hebr 13,14), sondern hat seine bleibende Habe im Himmel (Hebr 10,34).

So weiß auch Paulus, daß – im Gegensatz zum vergehenden Dienst Moses – der neue Dienst des Geistes und der Gerechtigkeit bleiben wird (2 Kor 3,8–11), und mit ihm Glaube, Liebe, Hoffnung (1 Kor 13,13), vor allem aber die Liebe (vgl. 13,8), die Macht, in deren Gewalt Paulus sich weiß (vgl. 2 Kor 5,14).

3) Da das endgültig Bleibende, das Christus bringen wird, kommt, verliert das menschliche Streben nach Veränderung und Erfüllung im Vergänglichen seine Zugkraft; der Mensch wird davon frei. Weil es nun für den Christen einen anderen Blickpunkt gibt, kann und soll er das Streben nach dem sozialen Aufstieg als Lebensziel und nach der Ehe als Erfüllung aller Hoffnung aufgeben und ruhig bleiben, was er ist. Darum rät Paulus den Christen in Korinth: Wer Sklave ist, versuche nicht, frei zu werden (1 Kor 7,20), Ledige und Witwen können getrost unverheiratet bleiben (7,8). Alle Energie soll sich auf die anbrechende Gottesherrschaft richten und alles Streben darauf, in der Liebe bzw. im rechten Glauben zu bleiben (1 Tim 2,15; 2 Tim 3,14).

4) Bei Johannes gewinnt das vom Profanen her gebräuchliche μένω ἐν *[menō en]* eine Bedeutung, die mit den paulinischen Wendungen vom Wohnen Christi in den Gläubigen (Röm 8,8ff) und dem Sein in Christus parallel geht, diese erweitert und verstärkt (Hauck, ThWb IV, 580).

a) Zunächst geht es dabei um die Darstellung der engsten Zusammengehörigkeit von Vater und Sohn: »Der Vater, *der in mir wohnt* (ἐν ἐμοὶ μένων *[en emoi menōn]*), der tut die Werke« (Joh 14,10). Die ungebrochene Gemeinschaft Jesu mit dem Vater »macht aus dem Wort Jesu das Wort Gottes und aus seinem Werk das Werk Gottes« (Schlatter zSt). Christus ist nicht – wie ein Prophet – mit einem bestimmten Auftrag für befristete Zeit berufen; seine ganze Person bleibt in der dauernden und besonderen Nähe zum Vater (Joh 1,32), wie eben der Sohn im Gegensatz zum Knecht ewiglich im Hause des Vaters bleibt (Joh 8,35). »Seine Gemeinschaft mit den Menschen wäre ohne Wirkung und Wert, wenn er nicht als Empfänger des Geistes in der Einheit mit dem Vater handelte«, (Schlatter zu Joh 1,32).

b) Sodann geht es um die Darstellung der engsten Gemeinschaft zwischen Christus und den Gläubigen; Jesus ruft dazu auf, in dieser Gemeinschaft zu bleiben, und sagt den Gläubigen fest zu, daß auch er in ihr bleiben wird (Joh 15,4f). Dabei wird unterschieden zwischen Jesu Bleiben bei ihnen (μένω παρά *[menō para]*, Joh 14,25) und seinem Bleiben in ihnen nach seinem Tod und seiner Auferstehung (μένω ἐν *[menō en]*, Joh 15,4f). Dieses Bleiben Jesu in den Gläubigen wird angekündigt in der Verheißung, daß der Heilige Geist in ihnen bleiben werde (Joh 14,17; 1 Joh 2,27f).

Daß Christus im Menschen bleibt, ist in der Tat eine Aussage, in der ein mystischer Klang mitschwingt, in ihr wird eine innere Einheit (Paulus spricht davon in dem Joh nicht vertrauten Bild des Leibes), eine *unio mystica* konstatiert. Sie bedeutet jedoch nicht, daß Gott im Menschen aufginge und tief in ihm durch mystische Versenkung zu finden wäre. Vielmehr ist das Bleiben Christi in den Seinen unlösbar verbunden mit dem Bleiben seines Wortes in ihnen (Joh 15,7; 1 Joh 2,24; vgl. Joh 8,31) und der beständigen Annahme der aus dem Tode Jesu strömenden versöhnenden Kraft (Joh 6,56), insbesondere im heiligen Abendmahl: »Wer mein Fleisch ißt und mein Blut trinkt, der bleibt in mir und ich in ihm«

(Joh 6,56). Diese innige Gemeinschaft zwischen Christus und den Gläubigen ist das treue Durchhalten des Glaubens, wobei »die geforderte Treue nicht primär ein ständiges Sein für, sondern ein Sein von, nicht ein Halten, sondern ein Sich-halten-lassen (ist), wie es dem Verhältnis der Rebe zum Weinstock entspricht« (Bultmann zu Joh 15,4).

c) Ein solches »Sein in Christus« macht den Menschen bis in die Tiefe seines Wesens zum Eigentum Christi. Es beschränkt sich nicht auf eine geistige Beziehung oder Zustimmung, sondern meint gegenwärtige Heilserfahrung und damit Leben (Joh 6,57); deshalb »wer da sagt, daß er in ihm bleibt, der soll auch wandeln, gleich wie er gewandelt ist« (1 Joh 2,6). Der einwohnende Christus — oder anders: das Leben unter dem Wort Christi — fordert und gestaltet ein seinem Geist und Wesen gemäßes Leben, will und wirkt die → Heiligung. »Wer aber den Willen Gottes tut, der bleibt in Ewigkeit« (1 Joh 2,17). Damit ist das Sein in Christus gleichbedeutend mit Fruchtbringen (Joh 15,5). Fehlt die → Frucht, so ist dies ein Zeichen dafür, daß die Gemeinschaft schon vorher unterbrochen war (Joh 15,6; 1 Joh 3,6); wo dies aber der Fall ist, da bleibt der Zorn Gottes über dem, der nicht glaubt (Joh 3,36). »Das Verhältnis, in das der Mensch zu Gott gestellt wird, wird endgültig durch die Weise bestimmt, wie er sich zum Wort Jesu verhält« (Schlatter zSt). Das gleiche macht Joh noch einmal an den 15,1—8 parallel laufenden Versen 9—17 deutlich. »Das vom Jünger geforderte Bleiben in der Liebe heißt, daß er in der empfangenen Liebe, im Geliebtwerden verharren soll, daß, wie schon V. 4 sagte, seine Existenz ganz auf den Dienst des Offenbarers gegründet sein soll ...« (Bultmann zu 15,9). Das Bleiben in der Liebe realisiert sich im Handeln (V. 10), im Hervorbringen der bleibenden Frucht (V. 16), die zB in der uneingeschränkten Bruderliebe sichtbar wird (1 Joh 2,10; 3,14f).

5) Das Kompositum ἐμμένω *(emmenō), in etwas bleiben, beharren*, das sich im Profangriechischen und in der LXX (meist für *qūm*) häufig in der Rechtssprache findet, wird in Hebr 8,9 und Gal 3,10 für das Bleiben im Gottesbund bzw. in der Befolgung des Gesetzes gebraucht. Es verschärft hier den Zusammenhang zwischen Treuebruch, Sünde und Strafe.

παραμένω *(paramenō), dableiben, bei jemandem oder etwas bleiben*, wird in Phil 1,25 verwendet: Paulus hätte Lust, abzuscheiden, aber es ist nötiger, um des Dienstes an den Brüdern willen zu bleiben, zur Förderung und Freude ihres Glaubens (zu μένω παρά *(menō para)* s. o. III,4).

προσμένω *(prosmenō), zuwarten, bei jemand aushalten*, wird in letzterer Bedeutung von den Menschen gesagt, die bei Jesus ausharrten (Mt 15,32) oder auch von der betenden Witwe (1 Tim 5,5).

Das Subst. μονή *(monæ), die »Bleibe«, die Wohnung*, kommt im NT nur bei Joh vor und ergänzt das oben (III,4) Gesagte. In Joh 14,2 bezeichnet es die Geborgenheit der zukünftigen Erlösung und die Gemeinschaft mit Jesus, Joh 14,23 drückt es die Heilsgegenwart aus, die in der Einwohnung des Vaters und des Sohnes besteht. *Munzer*

Lit.: FHauck, Art. μένω, ThWb IV, 1942 578ff — ASchlatter, Der Evangelist Johannes, 1960[3] — RBultmann, Das Evangelium des Johannes, KEK II, 1962[17] — JHeise, Bleiben. Menein in den johanneischen Schriften, HUTh 8, 1967.

Blind

τυφλός

τυφλός *[typhlos]* blind

I τυφλός *[typhlos]* (urverwandt ahd. *tump* = nhd. *dumm* und ahd. *toup* = nhd. *taub)* heißt *blind*. Die Sprachverwandtschaft läßt noch die Grundbedeutung: *verstopft, undurchlässig* (zB von Flußmündungen, Seen, Untiefen) erkennen. Aktiv eigentlich *nicht sehend, blind*; übertragen *verblendet, geistig und moralisch blind*. Passiv: *ungesehen, verborgen, dunkel*.

II 1) Die LXX gibt mit τυφλός *[typhlos]* das hebr. *'iwwer* wieder. Blindheit ist im Vorderen Orient relativ häufig; Sonnenstrahlung, Staub und Unsauberkeit begünstigen Augenentzündungen, die dann zur Blindheit führen können. Die Hilflosigkeit blinder Menschen ist sprichwörtlich (Dtn 28, 29; Jes 59,9f; Klgl 4,14); sie sind die Schwächsten und Elendesten im ganzen Volk (das steht hinter 2 Sam 5,6–8); daher stehen sie unter dem besonderen Schutz des Gesetzes (Lev 19,14; Dtn 27,18) und werden im Zuspruch der Rettung Gottes ausdrücklich erwähnt (Jer 31,8). Der fromme Israelit hilft dem Blinden (Hi 29,15).

Zur Heilung der Blindheit benutzte man Fischgalle (Tob 6,5.9). Über Heilungserfolge allerdings machte man sich keine Illusionen; denn man wußte, daß sie letztlich als Wunder der Endzeit vorbehalten sind (Jes 29,18; 35,5; vgl. Mt 11,1f).

Gesundheit der Sinne ist Geschenk Gottes; in seiner Hand allein steht es daher auch, sehend oder blind zu machen (Ex 4,11). Blindheit als Strafe wird im AT nur im Zusammenhang des großen Fluches über den Gesetzesbrecher Dtn 28,28f genannt. Das Blenden war – im Gegensatz zur babylonischen Strafjustiz (vgl. 2 Kön 25,7) – in Israel nicht üblich.

Blindheit galt als kultischer Makel: Blinde waren vom Priesterdienst ausgeschlossen (Lev 21, 18), blinde Tiere durften nicht geopfert werden (Lev 22,22; Dtn 15,21).

Blindheit begegnet in LXX aber auch in übertragenem Sinn: Bestechungsgeschenke machen blind (Ex 23,8; Dtn 16,19), man sieht dann das Unrecht nicht mehr. Gott kann den Ungehorsamen verblenden, so daß er Recht und Wahrheit nicht mehr erkennt (Jes 6,10; 29,9f).

2) Im Spätjudentum galt Blindheit, da sie den Menschen am Torastudium hinderte, als Gottes Strafe für menschliche Schuld (St.-B. II, S. 193); zB Pea 8,9: Jeder bestechliche Richter wird im Alter erblinden. Beim Anblick eines Blinden sagt man: »Gepriesen ist der Richter der Wahrheit« und deutet damit die Blindheit als gerechtes Urteil Gottes über die Sünden dieses Menschen oder auch über die Schuld seiner Eltern, die bis in die Kinder nachwirkt (Schlatter 222; Bultmann, Johannes 250ff). Man glaubt sogar, von bestimmten Strafen auf bestimmte Sünden schließen zu können (St.-B. aaO); der Ausgangspunkt dieser Anschauung liegt in Dtn 28,28. Die Qumrangemeinde (Essener) schließt Blinde – und andere mit körperlichen Mängeln Behaftete – aus ihrer Gemeinschaft aus (vgl. 1QSa II 6; 1QM VII 4f); hier dürfte ein Zusammenhang mit Lev 21,18 vorliegen, obgleich die Anordnung offiziell damit begründet wird, daß sich heilige Engel in der Gemeinde befinden.

III Im NT wandelt sich die Beurteilung der Blindheit:

1) Jesus schenkt seine Gemeinschaft auch den Blinden und gibt ihnen damit Anteil am Reiche Gottes; im Gegensatz zur Praxis von Qumran fordert er seinen Gastgeber auf, Arme und Blinde einzuladen (Lk 14,13.21).

2) Die vielen Blindenheilungen Jesu (Mt 9,27ff; 12,22; 15,30; 21,14; Mk 8,22ff; 10,46 par; Lk 7,21) sind messianische Zeichen. Als Johannes der Täufer, an Jesus irre geworden, eine Anfrage an ihn richtet, antwortet Jesus: Blinde werden sehend! (Mt 11,5) und verweist ihn damit auf Jes 29,18; 35,5. Jesus zeigt damit an, daß in seinem Auftreten und Wirken die dort verheißene Heilszeit Gegenwart geworden ist, daß die Zeit des Paradieses hereingebrochen ist, in der es keine Blindheit mehr geben wird.

Bei der Heilung des Blindgeborenen Joh 9,1ff lehnt Jesus die für das Spätjudentum (s. o.) selbstverständliche Frage, auf wessen Sünde diese angeborene Blindheit zurückzuführen sei, ab und verwandelt die Frage: Warum ist dieser Mann blind? in ein: Wozu ist er blind? Nicht die Sünde des Menschen als eventuelle Ursache des Leidens steht im Vordergrund, sondern Gottes Heilswerk (V. 3): An diesem Blinden sollen Gottes Werke offenbar werden. Das wiederum führt ins Zentrum der Frage nach Vollmacht, Auftrag und Bedeutung Jesu: Indem Jesus, das Licht der Welt, dem Blinden das Augenlicht gibt, geschieht Gottes Werk an ihm (V. 3), und Gott offenbart zugleich in diesem Werk Jesus als das Licht der Welt. »Jesus macht die Wahrheit des göttlichen Vergebens dadurch sichtbar, daß er zerstörtes, gebundenes Leben in geheiltes, befreites Leben verwandelt« (Schlatter 224).

3) Apg 13,11 wird von einer Blendung auf Grund eines Fluchwortes berichtet. Diese Stelle verdeutlicht die Überlegenheit des christlichen Boten über den heidnischen Magier. Das Versagen des Zauberers veranschaulicht die Macht Gottes über Zauberei und Dämonie.

4) Übertragene Bedeutung liegt vor, wenn Jesus in Mt 15,14 die Pharisäer »blinde Blindenführer« nennt. Er spielt damit, ebenso wie Paulus Röm 2,19, auf das Selbstverständnis der schriftgelehrten Juden an, die ὁδηγοὶ τυφλῶν *[hodēgoi typhlōn]* = *Führer der Blinden* als Ehrennamen beanspruchten, weil sie als allein maßgebende Gesetzesinterpreten sich auch als allein legitimierte Führer und Wegweiser der »blinden« Heiden betrachteten, denen sie als »Lichtbringer« Wahrheit und Einsicht vermittelten. Die Blindheit des Pharisäers begründet für Jesus kein Mitleid, sondern Verurteilung, weil sie den Zustand der Verstockung anzeigt (vgl. auch Mt 23, 16f.19.26; 16,4). Anders ist sicherlich die Parallele zu Mt 15,14 in Lk 6,39 zu verstehen. Aus dem Zusammenhang mit dem Wort vom Richten dürfte 6,39 so gedeutet werden: Wie kannst du dich zum Richter erheben, wo du doch blind bist und keinen Maßstab besitzest!

Graber

Lit.: ASchlatter, Der Evangelist Johannes, 1960[3] – WHerrmann, Das Wunder in der evangelischen Botschaft. Zur Interpretation der Begriffe blind und taub im AT und NT, 1961 – HStoebe, Art. blind, BHHW I, 1962, 257f.

Blut

Mit der Darstellung des für die nt. Christologie und Erlösungslehre, aber auch weit darüber hinaus so zentralen Begriffes αἷμα *[haima]* Blut sind hier zwei Stämme zusammengeordnet, die zunächst eine große Bedeutungsbreite aufweisen, im NT aber ihr eigentliches theologisches Gewicht nur im Zusammenhang mit dem Blut gewonnen haben: ῥαντίζω *[rhantizō]* = besprengen (das auch von der Gruppe → rein her in den Blick kommt) und πνίγω *[pnigō]* = ersticken, wobei es speziell um das πνικτόν *[pnikton]* = das im Blut Erwürgte geht.

αἷμα *[haima]* Blut

αἷμα

αἷμα *[haima]* = *Blut* wird schon seit Homer in seiner physiologischen Grundbedeutung als Träger I
des Lebens und der Lebenskraft verstanden. Als Bestandteil des menschlichen und tierischen Organismus ist es die Voraussetzung für die Erhaltung des Lebens. Bereits bei Homer wird αἷ. auch metonymisch für *Geschlecht, »Geblüt«* gebraucht. Da B. der Sitz des Lebens ist, ersetzt schon in früher Zeit der Ausdruck *B. vergießen* das Wort *töten* (Aisch. Eum. 653).

Im profanen Sprachgebrauch wird αἷ. für Menschenblut und Tierblut verwandt; besondere Bedeutung gewinnt es in der kultischen Sprache, da es beim Menschenopfer und später beim Tieropfer, das stellvertretend an dessen Stelle tritt, den wichtigsten Bestandteil bildet. Griechen und Römer vollzogen Blutopfer an die Toten, bei denen Tierblut ursprünglich auf den Toten selbst, dann auf den Scheiterhaufen, schließlich in das Grab und auf den Grabhügel gegossen wurde (Ilias 23,34; vgl. Odyssee 11,35f.50.96). Blutschuld muß durch B. gesühnt werden (weil Orestes das B. seiner Mutter vergoß, wollen die Erinnyen sein B. trinken. Aisch. Eum. 261ff). Allerdings kann an die Stelle des Menschenblutes Tierblut treten (Orest wird durch Ferkelblut gereinigt. Aisch. Eum. 283).

Von daher wird dem Opferblut auch allgemein starkende und reinigende Kraft zugeschrieben (Heraklit frg B 5, Diels I,78). Verschiedene Bluttrituale (Trinken, Sprengen etc. von B., oft von Menschenblut) dienten vor allem dem Regen-, Heil-, Liebes- und Schadenzauber. Das Trinken von Blut dient besonders zur Stärkung (so das B. des getöteten Feindes, Herodot 6,64) und zur Gewinnung der Weissagungsgabe (Pausanias 2,24,1). Im Blutbündnis wurde Menschenblut tropfenweise in einen Kelch gegeben und von allen Teilnehmern im Wein getrunken.

II Genau wie im Sprachgebrauch der Antike ist auch für das AT B. der Sitz des Lebens. Die »Seele« (dh das Leben, die Lebenskraft) ist im B. (Gen 9,4; Lev 17,11.14; Dtn 12,23). Gott ist der alleinige Herr allen Lebens. Nur er allein verfügt über B. und Leben der Menschen (Ez 18,4). Darum wird schuldlos vergossenes Menschenblut von ihm gerächt (Gen 9,5; vgl. Jer 51,35). Auch das Tierblut gehört Gott, es ist heilig, und darum ist der Genuß von Tierblut bei Todesstrafe verboten (Lev 3,17; 7,26f; 17,10.14; Dtn 12,23; 1 Sam 14,32ff). In Lev 17 wird ausdrücklich hervorgehoben, daß diese Gebote nicht nur für die Israeliten, sondern auch für die »Fremden«, dh für die heidnischen Beisassen Gültigkeit besitzen. Im AT wird das B. des Opfertieres Gott zurückerstattet, indem es am Altar ausgegossen wird. Es dient der Besprengung des Altars (Ex 29,16; Lev 3,2) und des Hohenpriesters (Ex 29,21), ebenso des Tempelvorhangs (Lev 4,6; Num 19,4). Das Opferblut hat sühnende (Lev 16,6.15–17), reinigende (Lev 14,1ff.10ff) und heiligende Kraft (Ex 29,20f bei der Priesterweihe). Es gehört zur Bundesschließung (Ex 24,6ff). Bei Reinigungs-, Schuld- und Sündopfern, speziell am großen Versöhnungstag beseitigt das B. die Sünde. Es reinigt die Priester, das Volk und den Tempel und stellt die Bundesgemeinschaft mit Gott wieder her (2 Chr 29,23f). Das an die Türpfosten gestrichene B. bewahrt den Erstgeborenen vor dem Tode (Ex 12,22f).

Das Spätjudentum (Henoch, Aristeasbrief, Philo, Josephus, Testamente d. 12 Patr.) kennt den Begriff αἷ. in gleicher Bedeutung wie das AT. Besonders das Bewußtsein der Heiligkeit des Blutes lebt weiter (Jub 6,7.12ff; Jos Ant 3,260). Der Ausdruck σὰρξ καὶ αἷμα *[sarx kai haima]* = *Fleisch und Blut* ist eine typisch spätjüdische Bezeichnung für den Menschen, sowohl »Individuum wie Gattung, in seiner Kreatürlichkeit und seinem Abstand von Gott« (Behm); vgl. Sir 14,18; 17,31; grHen 15,4.

III Im NT kommt αἷ. 97mal vor, außerdem in Varianten Apg 17,26 und Kol 1,14 v. l. (hier aus der Parallele Eph 1,7 eingedrungen); am häufigsten hat es der Hebr (21mal) und Offb (19mal). αἷ. findet sich im NT: a) für das menschliche Blut in wörtlicher (zB Mk 5,25; Lk 13,1; Joh 19,34 u. a.) und übertragener Bedeutung *(Blut vergießen = töten;* vgl. Mt 23,35 u. a.); b) in der Verbindung σὰρξ καὶ αἷμα *[sarx kai haima] Fleisch und Blut* (6mal); c) für das B. von Tieren (im Aposteldekret Apg 15,20.29, wo sich die im at. Gesetz verankerte Ordnung Lev 17 widerspiegelt), bes. von Opfertieren (im Rückblick auf das AT 12mal; nur im Hebr); d) in der theol. wichtigsten Bedeutung für das B. Christi (in direktem Zusammenhang mit der Heilsbedeutung des Todes Jesu 25mal); e) als apokalyptisches Zeichen (9mal).

1) αἷ. als B. des Menschen (Joh 19,34) gilt ebenso wie Tierblut als Träger des sich fortpflanzenden Lebens und wird in diesem Sinne Joh 1,13 gebraucht (nur hier Plur. ἐξ αἱμάτων *[ex haimatōn]*). In gleicher Bedeutung wird der Begriff in Apg 17,26 verwandt (ist allerdings nur in den Texten der Koine, D und einigen anderen Hss. bezeugt). Das Wort B., wenn es auf Menschenblut bezogen wird, weist oft auf den gewaltsamen Tod eines Menschen hin, an dem andere Menschen schuldhaft beteiligt sind. Es wird also zu einem bildhaften Ausdruck für die Zerstörung menschlichen Lebens (Röm 3,15). Im Sinne der Lebenszerstörung ist auch Hebr 12,4 zu verstehen: »Ihr habt noch nicht bis aufs B. widerstanden«, dh »so, daß euer B. vergossen wurde.« In ähnlicher Weise wird das Blut Jesu zum Bild für seinen gewaltsamen Tod, an dem Judas (Mt 27,4), Pilatus (27,24) und Israel (27,25; Apg 5,28) schuldig geworden sind. Von dieser bildhaften Bedeutung abzuleiten sind auch die Ausdrücke τιμὴ αἵματος *[timæ haimatos]* (Mt 27,6) *Lohn für die Bluttat* und ἀγρὸς αἵματος *[agros haimatos]* (Mt 27,8) *der Acker, der für Blutgeld gekauft wurde.*

Aber Gott ist der alleinige Herr allen Lebens. Nur er allein verfügt über B. und Leben der Menschen. Darum wird schuldlos vergossenes Menschenblut von ihm gerächt (Gen 9,5). Das gilt besonders vom B. der Märtyrer, dh der Propheten und Gerechten (Mt 23,30.35; Lk 11,50f), der Heiligen und Zeugen Jesu (Offb 6,10; 16,6; 17,6; 18,24; 19,2), die um der Wahrheit des Wortes Gottes willen ihr Leben verloren haben. So kann B. schließlich Ausdruck für die gesamte Existenz eines Menschen vor Gott werden, für die jeder einzelne vor Gott Rechenschaft abzulegen hat, an der aber auch Mitmenschen schuldig werden können. Die Worte »Euer B. sei über eurem Haupt« (Apg 18,6) und »Ich bin rein von eines jeden B.« (Apg 20,26) weisen im Zusammenhang auf Ez 3,17–19 zurück und besagen, daß Paulus diesen Menschen gegenüber seinen Dienst der Verkündigung des Evangeliums voll ausgerichtet hat, und daß sie jetzt für ihre zeitliche und ewige Existenz vor Gott allein verantwortlich sind.

2) Blut als wesentlicher Bestandteil des menschlichen Leibes wird in der Verbindung σάρξ καὶ αἷμα *[sarx kai haįma] Fleisch und B.* zur Umschreibung seiner Verfallenheit an Sünde und Tod. Im NT charakterisiert dieser Ausdruck immer die Ohnmacht und Vergänglichkeit des Menschen: Er ist dem Tode verfallen. Ein wesentliches Kennzeichen seiner gefallenen Geschöpflichkeit als Fleisch und B. ist die Todesfurcht (Hebr 2,14f). In seiner natürlichen Art kann der Mensch keinen Anteil an Gottes Herrlichkeit haben, Fleisch und B. können das Reich Gottes nicht ererben (1 Kor 15,50), dh »seine alte Existenz muß abfallen, Gott muß eine neue Schöpfung beginnen, wenn das Gottesreich kommen soll« (K. Heim, S. 237f).

Mit der Ohnmacht des der Sünde verfallenen Menschen hängt es zusammen, daß sein Erkenntnisvermögen einer schmerzhaften Begrenzung unterworfen ist. Allein in Gott ruhen unbegrenzte Erkenntnis- und Offenbarungsmöglichkeiten. Deshalb ist wahre Gotteserkenntnis nur durch Offenbarung Gottes selber möglich: »Fleisch und B. hat dir das nicht offenbart, sondern mein Vater im Himmel« (Mt 16,17). Diese Tatsache bedeutet im NT zugleich den endgültigen Verzicht darauf, die göttliche Offenbarung durch menschliche Autorität begründen zu wollen (Gal 1,16). Der Christ steht im Glaubenskampf auch feindlichen Gewalten gegenüber, die nicht Fleisch und B. sind. Darum kann er im Kampfe gegen diese bösen Mächte die Waffen nicht seinen »vitalen oder moralischen Kräften entnehmen«, sondern ist auf Gottes Hilfe angewiesen (Eph 6,12; vgl. Schlier 50ff).

3) Opferblut und Blut Christi. Das NT übernimmt vom AT die Anschauung der bundesstiftenden und sühnenden Wirkung des Opferblutes. Vom Opferblut der Tiere spricht Hebr 9,7.12.13.18–22.25; 10,4; 11,28; 13,11. Diese Aussagen knüpfen antitypisch und damit überbietend am AT an und weisen auf das B. Christi, dessen Tod Sühnopfercharakter trägt. Die Kraft des Opferblutes Christi wirkt Vergebung und Heiligung. Es stiftet Frieden mit Gott und begründet die neue Gottesgemeinschaft. Der Vollzug des Opfers geschieht praktisch in der αἱματεκχυσία *[haimatekchysįa]*, dem *Blutvergießen.* Dieser Begriff ist im NT nur Hebr 9,22, im außerchristlichen Sprachgebrauch überhaupt nicht nachweisbar und bezieht sich im Zusammenhang Hebr 9,19ff zunächst auf das Opfer beim Bundesschluß am Sinai (Ex 24,5ff), speziell auf die Tötung des Opfertieres. Wahrscheinlich umschließt dieser Ausdruck auch das Ausgießen des B. am Altar (Ex 29,12; Lev 4,7.18.25.30. 34; 8,15; 9,9), die Besprengung des Altars (Ex 24,6; Lev 1,5.11; 9,12) und die Besprengung der israelitischen Volksgemeinde (Ex 24,8; Hebr 9,19). Das *Ausgießen des Blutes* Hebr 11,28 (πρόσχυσις τοῦ αἵματος *[pro̧schysis to̧u ha̧imatos])* weist im Zusammenhang ausschließlich auf den Vollzug des Passahopfers (Ex 12,7.13.22f).

»Ohne Blutvergießen keine Vergebung«, dh in Hebr 9,22 ist »die Schlachtung des Tieres für den Verfasser beim Vollzug des Opfers die entscheidende Hauptsache. Preisgabe des Lebens ist unerläßliche Vorbedingung für die Erteilung der Vergebung« (Riggenbach 281). Dieser im AT vorgebildete Gedanke der entsündigenden und heiligenden Kraft des Blutes, der ein Grundelement jeder kultischen Opfersühne darstellt, hat durch den Tod Christi seine gültige Deutung und Erfüllung gefunden.

Das B. Jesu Christi (1 Petr 1,2), auch B. Jesu (Hebr 10,19; 1 Joh 1,7) oder B. Christi (1 Kor 10,16; Eph 2,13; Hebr 9,14), ebenso B. des Herrn (1 Kor 11,27) und B. des Lammes (Offb 7,14; 12,11) nimmt in der Begriffswelt des NT eine zentrale Stellung ein und leitet sich in seiner Bedeutung speziell vom Opfer des großen Versöhnungsfestes (Lev 16) her. Es ist Opferblut, das Christus im vollkommenen Gehorsam gegen Gott (Röm 5,19; Phil 2,8; Hebr 5,8) in seiner Selbsthingabe am Kreuz dargebracht hat (Hebr 9,12–14). Mit seinem Leiden und Sterben hat Jesus das tatsächliche Opfer zur Beseitigung der Sünden gebracht und an die Stelle aller von Menschen dargebrachten Opfer das vollkommene Opfer seines Lebens gesetzt. Sein Opfer »ist der Vollzug der Versöhnung des Menschen mit Gott« (Barth 305ff).

Christus hat mit seinem B. das neue Gottesvolk, die Gemeinde, aus der Macht des Teufels und aller bösen Mächte losgekauft und befreit (Apg 20,28; Eph 1,7; 1 Petr 1,19; Offb 5,9). Das Opferblut des Christus bewirkt die Rechtfertigung vor Gott für jeden, der den Opfertod Jesu im Glauben für sich persönlich in Anspruch nimmt (Röm 3,25; 5,1.9). Den Gliedern der Gemeinde erwirkt das B. die Reinigung von den Sünden. Gott tilgt die ganze Schuld im Leben des Menschen, der in gläubigem Vertrauen ihm seine Sünden bekennt (1 Joh 1,7–10; Offb 1,5; 7,14). Weil das B. des Christus für seine Gemeinde da ist, ist es wieder möglich, ein reines Gewissen vor Gott zu haben (Hebr 9,14; 10,22; 13,18). Im AT waren Versöhnung und Reinigung zwei verschiedene, innerlich aber aufeinander bezogene Handlungen. Die Versöhnung erfolgte durch Opferblut im Allerheiligsten einmal im Jahr am großen Versöhnungsfest. Die Reinigung konnte immer wieder im Jahr außerhalb des Allerheiligsten vollzogen werden. Beides ist im NT in der Erlösung durch das B. Christi gegeben (vgl. Menken 110f).

Im B. liegt die Kraft zur Heiligung (Hebr 13,12) und Überwindung aller gottfeindlichen Mächte (Offb 12,11). Eine umwandelnde und erneuernde Kraft strömt vom Sühnetod Jesu in das Leben derer, die die Erlösung im Glauben angenommen haben. Das B. ermöglicht damit ein Leben in der Gegenwart Gottes, öffnet den Zugang zu Gott (Hebr 10,19; Eph 2,13.18). Glaubensgewißheit, frohe Zuversicht im Gebet und neuer Lebenswandel (1 Petr 1,13ff) sind Ausdruck dafür, daß einem Menschen die Sühnkraft des B.es im Glauben zugeeignet wurde. Als Bundesblut (Mt 26,28; Mk 14,24; Lk 22,20; 1 Kor 11,25; Hebr 10,29; 13,20) bildet es die Grundlage für die Verwirklichung der neuen Gottesordnung. In Anknüpfung an den Bundesschluß am Sinai (Ex 24, 8 hebr. *dam habbᵉrit* = *Blut des Bundes* vgl. Hebr 9,18ff) bietet das B. Christi die Gewähr dafür, daß sich die Verheißung des Neuen Bundes (Jer 31,31ff) in der nt. Gemeinde erfüllt. Kol 1,20 (vgl. Kol 2,13–15) spricht von der kosmischen Auswirkung des Opfertodes Jesu Christi: Das B. stiftet Frieden auf Erden und im Himmel.

B. kann als bildliche Rede für das Heilswerk Christi (Offb 19,13; Joh 6,53–56), als pars pro toto für die ganze Heilstat und das Wirken Jesu gebraucht werden (Eph 1,7). Man wird aber an den meisten der oben angeführten Stellen nicht ohne weiteres die Begriffe *Blut* und *Tod* Christi vertauschen können. »B. Christi bedeutet mehr. Es hebt die enge Beziehung hervor, die zwischen dem Tod Jesu und seinem Leben und Sieg in der Auferstehung und Erhöhung besteht« (H. J. Iwand, RGG). Durch das B. ist der Tod Jesu auf den einzelnen Menschen persönlich bezogen. Das kommt deutlich in der Wendung »B. der Besprengung« (Hebr 12,24) zum Ausdruck. Auch dieser Begriff knüpft an das at. Opferritual an. Die sühnende und reinigende Kraft des Opfertodes wurde dem Opfernden durch die Blutbesprengung persönlich zugeeignet. Was sich im Bereich der at. Gemeinde mit Tierblut sinnlich wahrnehmbar vollzog, vollzieht sich im Bereich der nt. Gemeinde mit dem B. Jesu unsichtbar als geistliche Realität (1 Petr 1,2; Hebr 9,13.14; 10,22). In der Inanspruchnahme des B.es Jesu wird die Kraft seines Opfertodes in allen ihren Auswirkungen dem Glaubenden persönlich zu eigen.

4) Blut als apokalyptisches Zeichen. B. (ebenso die dem roten B. ähnliche rote Farbe) kündet endzeitliche Schrecken auf Erden und im Himmel an. Auch hier liegen im NT unmittelbare Beziehungen zum AT vor. Die bei dem Propheten Joel angekündigte Verfärbung des Mondes (Jo 3,4; Apg 2,20; Offb 6,12), ebenso B. und Feuer als Bild des Krieges (Jo 3,3; Apg 2,19; Offb 8,7) werden ins NT übernommen. So deutet auch die Verwandlung des Wassers in B. (Ex 7,17ff; Offb 8,8; 11,6; 16,3f) auf endzeitliche Katastrophen hin. Traubenblut (im AT bildhafter Ausdruck für Wein, Gen 49,11; Dtn 32,14) wird zum Bild des großen Völkergerichtes (Offb 14,19–20; vgl. Jes 63,2f), in dem Gott am Ende der Geschichte alle antichristlichen Mächte vernichten wird. *Laubach*

ῥαντίζω *[rhantizō]* besprengen · ῥαντισμός *[rhantismos]* Besprengung

ῥαντίζω

ῥαντίζω *[rhantizō]* ist eine Alternativform zu ῥαίνω *[rhainō]* = *besprengen.* Im Profangriech. findet es sich nur vereinzelt und spät, in der LXX selten, während im NT nur ῥαντίζω *[rhantizō]* vorkommt. In der Bedeutung *besprengen* unterscheidet es sich von νίπτω *[niptō]* = *Waschen eines Körperteils,* λούω *[louō]* = *Waschen des ganzen Körpers* und βάπτω *[baptō]* bzw. βαπτίζω *[baptizō]* = *untertauchen.* In der griech. Lit. wird der Ausdruck vorwiegend profan gebraucht, ist aber in der Bedeutung *besprengen* zum Zwecke der religiösen Reinigung ebenfalls nachzuweisen (wie Plato Crat. 405 ab). I

1) Im AT werden das Verb und die stammverwandten Begriffe hauptsächlich kultisch gebraucht. Da, wo das Besprengen einen anderen Sinn hat, nämlich den Bund zwischen Jahwe und Israel zu besiegeln (Ex 24,8), kommt dieser Stamm nicht vor. Seit dem Exil aber tritt die kultische Bedeutung des Wortes hervor: Mit Öl und Opferblut werden Aaron und seine Söhne bei ihrer Weihe zu Priestern besprengt (Ex 29,21); aber vor allem dient die Besprengung, mit Opferblut oder Wasser, der Reinigung. Jedes Jahr am großen Versöhnungstag entsündigte man das Heiligtum und die Kultgeräte durch Besprengen mit dem Blut eines Stieres und eines Bockes, die als Sündopfer dargebracht wurden (Lev 16,11ff). Mit Wasser wurden diejenigen besprengt, die durch Berührung mit Aussatz (Lev 14,6f.51) und mit Leichen (Num 19,11ff) unrein geworden waren. In Ps 51,9 wird die Reinigung eines Aussätzigen und seines Hauses zum Bild für die innere Reinigung des Beters. In Ez 36,25 versinnbildlicht die Besprengung mit Wasser die göttliche Reinigung in der Endzeit, die einer neuen Schöpfung gleichkommt: »Neben der Heimführung Israels (V 24), der Gabe eines neuen, fleischernen Herzens (V 26) und der Gabe des Geistes (V 27), ist die von Gott selbst vollzogene reinigende Besprengung ein Akt der eschatologischen Neuschöpfung des Gottesvolkes« (Hunzinger, ThWb VI, 982). II

2) In der Lit. von Qumran findet sich *besprengen (nāzāh)* neben *waschen (rāchats)* als Bezeichnung für die kultischen Waschungen der Gemeinschaft, obwohl diese durch Untertauchen des Körpers vollzogen wurden. Der Ausdruck wurde zweifellos deshalb verwandt, weil er in Israel so lange mit der Reinigung von Unreinheit verknüpft war, und deutete mehr die Wirkung als den Modus der Waschungen an. Auch die Qumransekte wartet auf eine Reinigung in der Endzeit, die unter dem Bild der Besprengung dargestellt wurde: »Er wird den Geist der Wahrheit über ihn sprengen wie Reinigungswasser, (das reinigt) von allen Greueln des Trugs und dem Wälzen im Geist der Unreinheit. Um Einsicht zu schenken dem Rechtschaffenen im Wissen des Höchsten und die Weisheit der Söhne des Himmels denen zu lehren, die vollkommen wandeln« (1 QS 4,21f, Übers. von J. Maier).

Das NT (Mk 7,3f) spiegelt die jüd. Reinigungsbräuche seiner Zeit: Die Juden *waschen* sich vor dem Essen die Hände (νίπτω *[niptō]*) und *besprengen* sich (ῥαντίζω *[rhantizō]*) mit Wasser, wenn sie vom Markt zurückkommen (eine Textvariante ersetzt ῥαντίζω durch das Verb βαπτίζω *[baptizō]*, aber ῥαντίζω ist vorzuziehen); besprengt werden nicht die auf dem Markt gekauften Gegenstände, sondern der Mensch, der sich beim Umgang mit anderen verunreinigt haben könnte. III

Der Hebräerbrief erinnert häufig an die at. Besprengung mit Opferblut, um zu zeigen, wieviel größer die Reinigungskraft des Blutes Christi ist (zB 9,13ff; 18ff); denn das Blut von Stieren und Böcken kann unmöglich Sünden wegnehmen — so kritisiert Hebr 10,4 den großen Versöhnungstag —, sondern allein das Opfer Christi reinigt das Gewissen (10,22).

Hebr 10,22 stellt die Reinigung durch Besprengen (mit dem Opferblut Christi?) neben das Waschen mit reinem Wasser: Die reinigende Kraft des Opfers Christi wird in der Taufe erfahren, so daß der Gläubige eins wird mit Christus, mit dessen Sterben und Auferstehen (vgl. Röm 6,1ff).

Das Subst. ῥαντισμός *[rhantismos]* = *Besprengung* findet sich außerhalb der Bibel nicht. Der Gebrauch in Hebr 12,24 ist aufschlußreich, denn hier wird »das Blut der Besprengung« mit dem Blut Abels verglichen, das gar nicht versprengt wurde; der Ausdruck Besprengung war also eine gebräuchliche Formel. Im Gegensatz zu dem Vergeltungsschrei des Blutes Abels (Gen 4,10) schafft das Besprengungsblut Christi Gewißheit der Vergebung.

Beasley-Murray

πνικτός

πνικτός *[pniktọs]* erstickt · ἀποπνίγω *[apopnịgō]* ersticken · πνίγω *[pnịgō]* ersticken · συμπνίγω *[sympnịgō]* ersticken

I/II πνίγω *[pnigō]* (Etymologie ungeklärt, vielleicht besteht ein Zusammenhang mit πνέω *[pnẹō]*) = *ersticken, würgen; Würgen* oder *Erbrechen verursachen; erwürgen, erdrosseln; bedrängen, ängstigen;* im Pass. = *ertrinken.* Die Komposita ἀποπνίγω *[apopnigō]* und συμπνίγω *[sympnigō]* haben die gleichen Bedeutungen. Das Verbaladjektiv πνικτός *[pniktọs]* = *erstickt, erwürgt* hat außerhalb des NT nur die Bedeutung *gedämpft, geschmort.* In der LXX begegnet die Wortgruppe selten (1 Kön 16,14f und Nah 2,12), πνικτός *[pniktọs]* gar nicht.

III 1) In der Geschichte von den (dem) Dämonischen von Gerasa wird berichtet, daß die Schweineherde im See ertrank (ἐπνίγοντο *[epnigonto]* Mk 5,13; ἀπεπνίγη *[apepnigæ]* Lk 8,33). Im Gleichnis vom viererlei Acker heißt es von den Dornen, daß sie das Korn erstickten (συνέπνιξαν *[synẹpnixan]* Mk 4,7; ἀπέπνιξαν *[apẹpnixan]* Mt 13,7; Lk 8,7). Entsprechend begegnet das Verbum auch in der Deutung des Gleichnisses Mk 4,13–20 par. – Der Schalksknecht würgt seinen Mitknecht, um ihn zur Zahlung der Schuld zu zwingen (Mt 18,28); in hyperbolischer Ausdrucksweise heißt es in Lk 8,42: die Volksmassen erstickten Jesus (fast).

2) Von theol. Bedeutung ist das Adj. πνικτόν *[pniktọn]* in Apg 15,20.29; 21,25. In der Sache handelt es sich hier um ein Speisegebot, das von seiten der Judenchristen den Heidenchristen auferlegt wurde und in enger Parallele zu dem Verbot des Blutgenusses steht. Die Vorschrift geht auf Lev 17,13f; Dtn 12,16.23 zurück: das Tier muß so geschlachtet werden, daß sein Blut, in dem das Leben sitzt, ausströmt; wird das Tier auf andere Weise getötet, »erstickt« es. Die Rabbinen haben die at. Bestimmungen darüber erweitert und verschärft. Die Frage an unserer Stelle ist, ob nur das Essen von solchem noch mit Blut durchsetztem (πνικτόν *[pniktọn]*) Fleisch verboten werden soll, wie dies schon im AT verboten ist, oder ob auch die ins einzelne gehenden Bestimmungen der Rabbinen eingehalten werden sollen. Anlaß zu der Bestimmung dürfte die Tatsache sein, daß im Heidentum oft – gerade auch im Opferkult – Tiere durch Erwürgen getötet wurden. Vielleicht sind solche Bräuche hier gemeint. Das Wort ist freilich textkritisch nicht gesichert; das πνικτόν *[pniktọn]* im »Aposteldekret« dürfte ein sekundärer Zusatz des Vulgärtextes sein, um den die urspr. dreigliedrige Formel erweitert worden ist. *Bietenhard*

Lit.: GMenken, Homilien über das 9. und 10. Kap. des Briefes an die Hebräer, 1891, 109ff – WBrandt, Die jüdischen Baptismen, 1910 – OSchmitz, Die Opferanschauung des späteren Judentums und die Opferaussagen des NT, 1910 – SEitrem, Opferritus und Voropfer der Griechen und Römer, 1915 – ERiggenbach, Kommentar zum Hebr. 1922³ – JBehm, Art. αἷμα, ThWb I, 1933, 171ff – KHeim, Gemeinde der Auferstandenen, 1949 – JWaszink, RAC II, 1951, 159ff – KBarth, KD IV, 1, 1953, 305ff – EMühlhaupt/KGalling, Art. Blut, RGG I, 1957³, 1327ff – WNauck/HJIwand, Art. Blut Christi, RGG I, 1957³, 1329ff – JVetter Das heilige Blut, 1958¹⁴ – HBietenhard, Art. πνικτός, ThWb VI, 1959, 453ff – CHHunzinger, Art. ῥαντίζω, ThWb VI, 1959, 976ff – HSchlier, Mächte und Gewalten im NT, 1959 (kath.) – HGottlieb, Τὸ αἷμά μου τῆς διαθήκης, Stud. Theol. 14, 1960, 115ff – JYsebaert, Greek Baptismal Terminology, 1962 – AStibbs, The Meaning of the Word "Blood" in Scripture, 1962³ – JScharbert, Art. Blut, BWb I, 1962², 131ff (kath.) – Vgl. Lit. unter → Taufe, → Waschen.

Böse

Um die Mangelhaftigkeit und Minderwertigkeit einer Sache (schlecht) oder den ethisch negativen bzw. religiös destruktiven Charakter einer Person oder eines Gedankens (böse) zu kennzeichnen, benutzt das NT die Vokabeln κακός *[kakos]* (50mal) und das sprachlich spätere πονηρός *[ponæros]* (78mal; in LXX nur 50mal gegen 300 κακός-Stellen!). Eine inhaltliche Unterscheidung beider Worte läßt sich – im Gegensatz zu den unter → gut genannten – nicht aufweisen; selbst die Personifizierung des Bösen im Teufel oder in Menschen kann mit beiden bezeichnet werden.

κακός

κακός *[kakos]* böse, schlecht · ἄκακος *[akakos]* arglos, unschuldig · κακία *[kakia]* Schlechtigkeit · κακόω *[kakoō]* Böses zufügen · κακοποιέω *[kakopoieō]* schlecht handeln · κακοποιός *[kakopoios]* Übeltäter · κακοῦργος *[kakourgos]* Missetäter · ἐγκακέω *[engkakeō]* nachlässig werden · φαῦλος *[phaulos]* böse, schlecht

κακός *[kakos]*, seit Homer in einer Fülle von Verbindungen sehr häufig, heißt *schlecht* im Sinne I eines Mangels, immer im Gegensatz zu ἀγαθός *[agathos]* → *gut*. Im Profangriech. wird die Wortgruppe in vierfacher Bedeutung gebraucht: a) *gering, untauglich, schlecht;* b) *schlecht auf sittlichem Gebiet, böse;* c) *schwach, elend;* d) *schlimm, schädlich, ungünstig.* τὸ κακόν *[to kakon]*, τὰ κακά *[ta kaka]*: *Übel, Leid, Unglück, Verderben.*

Im Griechentum hat die Frage nach Sinn und Herkunft des Bösen im Laufe der Jahrhunderte sehr verschiedene Antworten gefunden. Es sind jedoch zwei Grundgedanken, um die das Denken immer wieder kreist:

a) Im Bösen wird ein metaphysisches Prinzip gesehen (so zB die Pythagoräer und der spätere Plato).

b) Die Unwissenheit des Menschen ist die Quelle alles Bösen (so zB Demokrit, Sokrates, Plato). Der unaufgeklärte, nichtwissende Mensch muß unfreiwillig das Böse tun, das jegliche Vernichtung und alles Verderben begründet (Plato). Aufklärung führt zu Erkenntnis und befreit vom Bösen, veranlaßt das Tun des Guten und schafft so den sittlichen Menschen.

Plato drang zu einer Verbindung der beiden Grundgedanken vor, indem er einen metaphysischen Dualismus von Geist und Materie entwickelte, der im Dualismus von Seele und Körper seine ethische Entsprechung hat. Im Stofflichen, im Körperlichen liegt die Ursache zum Bösen. Im Alter ging Plato noch einen Schritt weiter und nahm die Existenz einer schlechten Weltseele an.

Im hellenistischen Denken bleibt das Böse ein Mangel. Bei Plotin entspringt es der Materie, die im letzten Gegensatz zum höchsten Guten, dem Licht, steht, von dem alles ausgegangen ist. Auch hier ist das B. Mangel an Licht, dh an Erkenntnis.

Das B. darf also von beiden Grundgedanken auch nicht im Sinne der ἁμαρτία *[hamartia]* (→ Sünde) als persönliche Schuld verstanden werden, da es nicht Folge eines freien vollverantwortlichen menschlichen Entschlusses ist, sondern Folge eines Mangels (zB bei Sokrates der Mangel, die göttliche Vorsehung nicht zu kennen) oder Wirkung einer kosmischen Macht.

1) In der LXX wird κακός *[kakos]* ganz überwiegend als Äquivalent für hebr. *ra' und rā'āh* gebraucht (227mal), die allerdings auch durch → πονηρός *[ponæros]* wiedergegeben werden (226mal). II
Auch die Verben πονηρεύομαι *[ponæreuomai]* (22mal) und κακόω *[kakoō]* (21mal) halten sich die Waage (Procksch).

a) κακός *[kakos]* meint primär *das Übel, das das Dasein objektiv schädigt.* α) Überwiegend versteht man es als Strafe Gottes (Dtn 31,17), die in der Regel der vorausgegangenen Versündigung genau entspricht. Das von Menschen in Bewegung gebrachte Böse wird von Jahwe auf das Haupt des Menschen zurückgelenkt (von Rad). Daher kann es, ähnlich wie bei Homer (Od. 4,236f), heißen (Am 3,6b): »Geschieht etwa ein Übel in der Stadt, und Jahwe wirkt es nicht?« – β) Andererseits schenkt Gott aber auch wieder Geborgenheit mitten in allen Übeln (Ps 23[22],4). Der Fromme darf sich, von den Übeln bedrängt, an Gott wenden, der als Ziel seiner Strafe nicht das Übel hat, sondern: »Gedanken des Friedens und nicht des Leides« (Jer 29,11). – γ) Hinter dem *Übel* ist Gottes gnädige Absicht der Heimsuchung verborgen – sie ist sein letztes Motiv: » . . . um euch eine Zukunft und Hoffnung zu gewähren« (Jer 29,11c). – δ) Den Höhepunkt in der Auseinandersetzung mit der Frage nach dem Woher und Wozu des Übels erreicht das AT dort, wo das Fragen angesichts der souveränen Güte Gottes verstummt. Bei Hiob wird zwar das Übel im Zusammenhang mit seiner Sünde gesehen, die er nie leugnet, aber das Gesamtwerk stellt keinen direkten Zusammenhang zwischen seiner Sündhaftigkeit und seinem Leiden her. Das Leiden muß nicht Folge der

Sünde sein, sondern es kann auch Erziehung zum Glauben und insofern Erprobung sein: Hi 5,17f. Besonders Ps 73[72] zeigt den Frommen, der sich zum Dennoch des Glaubens hindurchringt, ohne den Grund seines Leidens letztlich durchschauen und verstehen zu können. In der totalen Bedrängtheit durch das Übel bleibt dem Beter nur die noch engere Bindung an Gott allein.

b) Das B. ist aber auch eine Qualität ethischen Verhaltens. Vgl. Mi 2,1; Jer 7,24; Ps 28,3 und 34,13–15. Überhaupt fällt auf, daß das AT in den seltensten Fällen theoretisch vom B. redet, sondern es konkret beschreibt und sich dabei auf die gegenwärtige Aktualität konzentriert. Das B. ist also nicht anonym.

c) Eine durchgehende Theorie vom B. kennt das AT nicht. Entstammt es der Geschöpflichkeit (die Schlange Gen 3 bleibt ja Geschöpf Gottes; Gen 3,5.22 steht → πονηρός *[ponærọs]*)? Wird es von Gott selber geschickt (1 Sam 16,14)? Die Vorstellung eines widergöttlichen B.n findet sich in Israel jedenfalls erst ganz spät (vgl. 1 Chr 21,1ff mit 2 Sam 24,1ff!).

2) Im Parsismus (Zarathustra) endet die Frage nach dem Woher des B.n in einem straff durchgeführten Dualismus. Zwei entgegengesetzte Prinzipien liegen seit Urzeiten im Kampf: die gute Macht, Ahura Mazda, und die böse Macht, Ahriman. Die Menschen gehören je nach ihrem sittlichen Verhalten zu einer dieser beiden Mächte und erben nach dem Tode dementsprechend ewiges Glück oder ewige Finsternis. Zuletzt wird das B. in einem Endkampf besiegt und vernichtet. Der Parsismus besticht wegen gewisser Parallelen zur christlichen Eschatologie. Aber im Parsismus handelt es sich um Mythos und nicht um Geschichte.

3) Der parsische Dualismus hat in das Denken der Essener Eingang gefunden, und so begegnen starke Anklänge daran in den Texten vom Toten Meer. Nach essenischer Lehre hat Gott im Anfang zwei Geister geschaffen, den guten Geist, den Geist des Lichts, und den bösen Geist, den Geist der Finsternis (Belial). Die Menschen gehören nach Gottes ewigem Ratschluß zu einem der beiden Geister, was sich jeweils in guten oder bösen Taten des Menschen manifestiert (1QS 3,13ff). Der Dualismus der Qumranschriften (Licht – Finsternis; Wahrheit – Frevel) ist die nächste religionsgeschichtliche Parallele zum Dualismus in der Verkündigung Jesu (Gottesreich – Satansreich, Mk 3,22–30), bes. zum Dualismus in den johanneischen Schriften (Licht – Finsternis; Wahrheit – Lüge) und zum Dualismus einiger Abschnitte im paulinischen Schrifttum (Röm 13,11–14; 2 Kor 6, 14–17; Eph u. a.).

4) Bei Philo wird deutlich der Ursprung des Guten in Gott und der des B.n in den Menschen hineinverlegt. Der Mensch hat aber die Möglichkeit, das Gute zu wählen, wie man zwischen guten und schlechten Kleidern wählt. Das B. ist für Philo zwar eine Gott entgegengesetzte Realität, aber keine widergöttliche Person. Die griech.-hellenistische Philosophie erkennt das Böse nicht positiv als Realisierung des Teufels, sondern als Mangelerscheinung des Guten, verharmlost insofern das B. und gibt keine wirkliche Hilfe zu seiner Überwindung.

III 1) κακός *[kakọs]* kommt im NT in den Bedeutungen *böse, schlecht, verderblich, schädlich, unrecht* 50mal vor, davon allein bei Paulus 26mal (Röm 15mal), in den Synoptikern dagegen nur 7mal. Davon abgeleitet ist u. a. ἄκακος *[ạkakos]* = *arglos, ohne Falsch* (Röm 16, 18), *unschuldig, vom B.n nicht berührt* (von Christus gesagt Hebr 7,26).

Das von κ. abgeleitete Subst. κακία *[kakịa]* steht häufig synonym mit κακόν *[kakọn]* und gibt die Quelle des Verhaltens eines κακός *[kakọs]* bzw. eines κακοποιός *[kakopoiọs]* an: die *Schlechtigkeit* (vgl. Apg 8,22; Röm 1,29; 1 Kor 5,8 u. ö.). In Mt 6,34 allerdings hat es die Bedeutung von *Plage* oder *Mühsal*.

Das Verb κακόω *[kakọō]* bedeutet *B.s* bzw. *Schaden zufügen, schlecht behandeln* (1 Petr 3,13 und öfter in Apg), *aufhetzen* (Apg 14,3) und κακοποιέω *[kakopoiẹō]* *schlecht handeln* (1 Petr 3,17; 3 Joh 11), *schädigen* (vgl. Mk 3,4 par). Ein Bedeutungswandel hat sich bei ἐγκακέω *[engkakẹō]* vollzogen: von der urspünglichen Bedeutung *schlecht benehmen* zu *müde, nachlässig werden* (im Gebet, Lk 18,1; das Gute zu tun, 2 Thess 3,13), *verzagen* (2 Kor 4,1; Eph 3,13). *Müde* ist hier also nicht im physischen, sondern im geistlichen Sinn gemeint.

κακός *[kakọs]* und seine Ableitungen sind im NT von geringerer Bedeutung als im AT. Zur Bezeichnung des B.n und der persönlichen Schuld bevorzugt das NT die Begriffe → πονηρός *[ponærọs]* und ἁμαρτία *[hamartịa]* (→ *Sünde*).

2a) Obwohl das NT manche dualistischen Anklänge enthält (s. o. II,3), findet sich nirgends ein Dualismus, wonach das B. die gleiche Gewalt hätte wie das Gute. Ebenso deutlich aber wird auch der Gedanke abgewehrt, die Wurzel des B.n könne in Gott liegen: »Denn Gott ist unberührt (wörtl. unversuchbar) vom B.n« (Z) (Jak 1,13). Das B. kommt vielmehr aus dem menschlichen Herzen in Form böser Gedanken, die zu entsprechenden Taten werden (Mk 7,21f par; vgl. Mt 15,19 → πονηρός), etwa in der Habsucht (1 Tim 6,10) oder im Mißbrauch der Zunge (Jak 3,8; 1 Petr 3,10).

b) Die Frage der Theodizee taucht nicht auf bzw. wird anders gelöst. Entweder ist das Übel, wie Lk 13,1ff, Gottes gerechte Strafe, und nur Bußfertigkeit kann vor weiteren Übeln bewahren, oder aber die Übel können ertragen bzw. überwunden werden durch die Erfahrung der Liebe Gottes in Christus (so Röm 5,5 und Röm 8,35.38–39).

c) κακός *[kakos]* wird attributiv und substantivisch gebraucht von Personen: Mt 21, 41; 24,48; Phil 3,2; Tit 1,12; Offb 2,2; von Sachen attributiv: Mk 7,21; Röm 13,3; 1 Kor 15,33; Kol 3,5; Offb 16,2. Sonst stets als subst. Neutrum im Sinne von: *Böses* oder *das B.*, entweder als *das böse Widerfahrnis, Übel, Leid* (zB Lk 16,25; Apg 16,28; 28,5) oder als *die böse Tat, die → Sünde* (zB Mt 27,23 par; Apg 23,9; 3 Joh 11), so bes. bei Paulus (zB Röm 7,19.21; 12,21; 13,4; 16,19 u. ö.).

d) Das Problem des Bösen besteht bei Paulus (bei dem κ. 26mal vorkommt) darin, daß der Mensch das B. oft gegen seinen Willen vollbringt (Röm 7,15.17–19), daß es wie ein fremdes Gesetz in ihm herrscht (Röm 7,21.23) und doch Ausdruck seiner eigenen Existenz, seines Wesens ist. Sein in den bösen Werken sich darstellendes böses Wesen aber scheidet ihn von Gott und stellt ihn unter das Gericht. Indem der Mensch statt des erstrebten Guten doch immer wieder das B. tut, und deshalb nicht das Leben, sondern den Tod erlangt (vgl. Bultmann 46; Bornkamm 62ff), wird jegliches Vertrauen, das B. aus eigener Kraft zu überwinden, zunichte. Die Lösung dieses Problems liegt denn auch nicht in einer menschlichen Kampfhandlung, sondern in dem Sieg Christi über das B. in seinem Kreuz und seiner Auferstehung. Diese Lösung zeigt sich in dem Erlösungsaufschrei des Paulus: Ich danke Gott durch Jesus Christus, unsern Herrn (Röm 7,25).

e) Auf dem Hintergrunde dieser Entmächtigung des B.n sind die vielen Ermahnungen der Apostel zu verstehen, das B. zu überwinden, abzulegen, zu vermeiden (Röm 12,17. 21; 16,19; 1 Kor 10,6; 1 Petr 3,11; Kol 3,5). Aber wenn auch ganz allgemein jede öffentliche Gewalt (Röm 13,4: ἐξουσία → Macht) in Gottes Auftrag die Bosheit niederhalten soll, so ist doch das Problem des B.n erst in der Rechtfertigung und in der Heiligung ganz gelöst. Der Gerechtfertigte steht in der Einflußphäre dessen, der das B. besiegt hat und den Geist gibt; darum steht er den Mächten des B.n nicht hilflos gegenüber (Röm 13,10; 1 Kor 13,5; 2 Kor 13,7).

3) Synonym mit κακός *[kakos]* wird φαῦλος *[phaulos]* (6mal im NT) = *böse, schlecht* gebraucht, Tit 2,8 im Zusammenhang mit dem Urteil über Menschen, sonst immer auf Taten bezogen (Joh 3,20; 5,29; Röm 9,11; 2 Kor 5,10; Jak 3,16); Gegensatz ist ἀγαθός *[agathos]* (→ gut).

An zwei Stellen im NT finden wir den Begriff κακοῦργος *[kakourgos]* = *der Missetäter*. Lk 23,32.33.39 bezeichnet er die mit Jesus gekreuzigten Verbrecher. In 2 Tim 2,9 gebraucht Paulus das Wort im Blick auf seine Gefängnishaft: »wie ein Verbrecher.«

Achilles

πονηρός

πονηρός *[ponæros]* böse, schlecht · πονηρία *[ponæria]* Bosheit, Schlechtigkeit

πονηρός *[ponæros]*, Subst. πονηρία *[ponæria]*, ist abgeleitet von πόνος *[ponos]* Arbeit, Mühe und πονέω *[poneō]* sich in Arbeit befinden, sich (ab)mühen (→ Last). Häufig alternativ gebraucht mit → κακός *[kakos]*, κακία *[kakia]* und deren Ableitungen ohne Wechsel der Bedeutung. Das urspr. Verbum ist πένομαι *[penomai] sich mühen, arm sein*, davon abgeleitet πενία *[penia]* (nicht im NT) *Armut* und πενιχρός *[penichros]* (NT nur Lk 21,2) *arm, dürftig* (→ arm). πονηρός *[ponæros]* findet sich noch nicht bei Homer, wohl aber bei Hesiod, Thukydides, Inschriften und Papyri in den passivischen Bedeutungen: *mit Mühsal beladen, leidvoll, unglücklich; erbärmlich, untüchtig, elend;* aber auch aktivisch: *schlimm, unheilbringend; mißlich*, bes. auf politischem und sozialem Gebiet: *Staatsfeind*. Von daher schließlich moralischer Begriff: sittlich *verwerflich, schlecht*. I

II 1) In LXX steht πονηρός *[ponærọs]* für *ra'* (vgl. → κακός *[kakọs]* II,1) *schlecht, minderwertig, unbrauchbar* – von Tieren, Speisen, Land und Menschen (zB 1 Sam 25,3); *gefährlich, schädlich* von Tieren (Gen 37,20); *nachteilig* hinsichtlich des Rufs eines Menschen (Dtn 22,14); sehr oft *bösartig* in Verbindung mit dem menschlichen Geist (zB 1 Sam 16,14ff); Neh 2,2 (= 2 Esr 12,2 LXX) im Sinne von *traurig anzusehen.* – Im sittlichen Sinn bedeutet π. *schlecht, böse, nichtswürdig, lasterhaft, verkommen,* sowohl bei Personen (Gen 13,13; Jes 9,16; Sir 25,25), als auch bei Sachen (Jes 3,9). Wie → κακός *[kakọs]* beinhaltet π. nicht nur eine ethische, sondern auch eine religiöse Aussage: Es ist Trennung von Gott, Gegensatz zu Gott und seinem Willen (Am 5,14–15). Im Unterschied zum NT wird π. nicht in der Bedeutung »Teufel« gebraucht. – Die formelhafte Redewendung »Gutes und Böses« (Gen 3,5.22), in der sich πονηρός *[ponærọs]* findet, heißt im weitesten Sinn »alles«. Die Schlange verspricht dem Menschen eine »Ausweitung des menschlichen Wesens über die von Gott in seiner Schöpfung gesetzten Schranken hinaus«, ein Mächtigwerden »über Geheimnisse, die jenseits des Menschen liegen« (G. von Rad 72). In diesem Wissen wird der Mensch autonom, indem er es an die Stelle Gottes zum leitenden Prinzip seines Lebens erhebt.

Neben all den Bedeutungen, die das Subst. πονηρία *[ponærịa]* mit dem Adj. gemeinsam hat, bezeichnet es auch das *Unheil,* das *Unglück,* das Gott den Menschen (Jer 2,3) oder Menschen einander (Gen 26,29) antun.

2) Zum Spätjudentum vgl. → κακός *[kakọs]* II,2ff.

3) In den Pseudepigraphen werden π. und πονηρία *[ponærịa]* fast ausschließlich im ethisch-religiösen Sinn, fast gleichbedeutend mit → *Sünde* gebraucht; ebenso bei Philo und Josephus (häufig allerdings → κακός *[kakọs]* und κακία *[kakịa]*).

III πονηρός *[ponærọs]* kommt im NT insgesamt 78mal vor (πονηρία *[ponærịa]* nur 7mal); am häufigsten bei Mt (26mal), bei Lk (13mal Ev., 8mal Apg) und bei Paulus (13mal); Joh bevorzugt → κακός *[kakọs]*.

1) Physischer Gebrauch: a) *schlimm, krank;* hinsichtlich der Augen Mt 6,23; Lk 11,34. Der Streit, ob π. hier nicht doch im ethischen Sinn zu verstehen sei (so Jülicher), kann nur schwer entschieden werden. Die Auslegung dieser Stellen wird so und so auf das gleiche hinauslaufen. Denn das Gleichniswort zielt, auch falls das kranke und nicht das böse Auge gemeint ist, in jedem Fall auf eine übertragene Bedeutung ab (so zB Schlatter). – Mt 18,32 meint *untaugliche* Knechte. b) bei Bäumen und Früchten (Mt 7,17–18): *verdorben, unbrauchbar.*

2) Ethisch im Sinn von widergöttlich, und zwar: a) adj. in bezug auf Menschen, die von Jesus allg. als böse qualifiziert werden (vgl. Mt 7,11 par). Ihnen gegenüber ist Gott der allein Gute (Mk 10,18). – Böse im Sinn von »verstockt« sind die Pharisäer Mt 12,34, wie die Juden als Widersacher Jesu das böse Geschlecht sind (Mt 12,39; Mt 16,4; Lk 11,29); so ist böse, wer sich gegen Jesus entscheidet (vgl. 2 Thess 3,2; 2 Tim 3,13): Er bringt aus dem bösen Schatz des Herzens das Böse hervor (Mt 12,35 par). – Lediglich in Apg 17,5 steht π. als Gegensatz zum Aristokraten, also als soziale Bezeichnung (L: Pöbelvolk).

Auch die Gedanken können π. sein (Mt 15,19); in Jak 2,4 meint διαλογισμῶν πονηρῶν *[dialogismọn ponærọn]* die bösen Überlegungen, von denen sich Richter leiten lassen. In Kol 1,21 und 2 Tim 4,18 bezieht sich π. in Verbindung mit ἔργον *[ẹrgon]* auf das Werk des Menschen. – πονηρός *[ponærọs]* kann ferner in Verbindung gebracht werden mit Prahlerei, Worten, Schimpfworten, dem Gewissen, dem Christennamen (im Urteil der Ungläubigen; Lk 6,22), dem gegenwärtigen Äon (Gal 1,4) und den augenblicklichen Zeiten bzw. Tagen (Eph 6,13). Besonders bei Johannes fällt der Gebrauch von π. als Gegensatz zu Gottes Licht, Werk und Wort auf (π. 11mal bei Joh).

b) In der subst. Verwendung hat π. eine zweifache Bedeutung: α) Es kann der *böse Mensch* gemeint sein, wobei auch in Mt 22,10 ὁ πονηρός *[ho ponærọs]* nicht, wie man vermutet hat, in sozialem Sinn zu verstehen ist (etwa: der Zerlumpte), sondern sittlich-religiös: der das Angebot des Evangeliums abgelehnt hat. In Mt 5,39a ist π. mit Rücksicht auf 5,39b maskulinisch zu verstehen: der Böse (Mensch). – Die πονηροί *[ponærọi]* werden nach Mt 13,49–50 im Endgericht von Gott ausgesondert und verdammt (vgl. Mt 22,13f). Die Gemeinde soll die Bösen ausschließen (1 Kor 5,13). Doch gilt auch ihnen für die Zeit ihres irdischen Lebens noch die Güte Gottes, weshalb die Christen ihnen Liebe zu erweisen haben (Lk 6,35).

β) ὁ πονηρός *[ho ponærọs]* (absolut) ist *der Böse, der* → *Satan*, ganz eindeutig bei Mt 13,19, zumal die Parr. Mk 4,15 und Lk 8,12 σατανᾶς *[satanạ̄s]* und διάβολος *[diạbolos]* haben. Desgleichen Eph 6,12 τὰ πνευματικὰ τῆς πονηρίας *[ta pneumatikạ tæs ponærịas]* = *Geisterwesen der Bosheit* (Z) und Joh 17,15; Eph 6,16; 2 Thess 3,3. Auffällig oft auch im 1 Joh (2,13.14; 3,12; 5,18.19). Strittig ist, ob in Mt 13,38 τοῦ πονηροῦ *[tou ponærọu]* maskulinisch oder neutrisch zu verstehen sei. Harder in ThWb VI entscheidet sich für die neutrische Bedeutung. Aber diese Entscheidung trägt nicht viel aus. Wenn der Ursprung des πονηρόν *[ponærọn]* (neutrisch!) im πονηρός *[ponærọs]* (maskulinisch!), also im Teufel gesehen wird (V. 39), dann wird eine Verharmlosung des πονηρόν *[ponærọn]* ohnehin vermieden. In der Theologiegeschichte hat sich gezeigt, daß das Bestreben, die Personifizierung des Bösen im »Teufel« zu vermeiden, auch zu einer Entpersonifizierung Gottes bzw. Christi geführt hat.

Mt 6,13b ist die Stelle, an der die neutrische bzw. maskulinische Deutung die Ausleger in zwei Lager teilt. Für maskulinische Deutung entscheiden sich zB J. Weiss, Zahn, Harnack, P. Fiebig und Harder. Man wird aber V. 13b im Lichte von 13a sehen müssen: Nach J. Jeremias meint das Wort »Versuchung« »nicht die kleinen Versuchungen des Alltags«, sondern denkt »an die große Endversuchung, die vor der Tür steht und über die ganze Welt gehen wird, an die Enthüllung des Geheimnisses der Bosheit, an die Offenbarung des Antichristus, an die Greuel der Verödung, Satan an Gottes Statt, an die letzte Verfolgung und Erprobung des heiligen Gottes durch Pseudopropheten und falsche Heilande«. Wenn V. 13a so offensichtlich die Hilfe gegen den Teufel erfleht, dann wird πονηροῦ *[ponærọu]* in 13b maskulinisch zu verstehen sein; der Beter erfleht dann, dieser Macht entrissen zu werden (K. G. Kuhn). Dazu I. A. Bengel im Gnomon zSt.: »die sechste und siebente Bitte sind genau miteinander verwandt« – gleichsam als negative und positive Formulierung – »und werden darum von einigen für eine Bitte gehalten«. Bengel zitiert zu Mt 6,13 Hiller: »Der Arge hat von Adams Verführung seinen Sinn noch nicht geändert. Er bleibt der Arge und ist Gottes und Christi Feind und aller, die an Gott und Christum glauben.«

γ) *Das Böse:* Der Sprachform nach wird π. aber in der Tat auch neutrisch gebraucht (Lk 6,45c; Röm 12,9; 2 Thess 5,22; Mt 5,11; Apg 5,4 nach Hs D; Apg 28,21). Zu bedenken bleibt jedoch, daß alles ethisch Böse im NT auf seinen eigentlichen Ursprung im Teufel zurückgeführt wird. Wenn Jesus Mt 9,4 und 12,35c den Schriftgelehrten bzw. den Pharisäern böse Gedanken vorwirft, so ist auch hier π. in Verbindung mit dem Teufel zu verstehen, zumal Jesus sie an anderen Stellen (Joh 8,44) Kinder des Teufels nennt. Zwischen Gott und dem Teufel gibt es keine neutrale Zone, wo man das Böse neutrisch ansiedeln könnte.

Achilles

ZUR VERKÜNDIGUNG V

Der Mensch steht der Existenz des Bösen in einer gewissen Verlegenheit gegenüber. Nur selten identifiziert er sich bewußt damit; meist fühlt er sich davon zugleich fasziniert und bedroht, oder er wird von seiner nicht hinreichend ernst genommenen Wirklichkeit überrascht. Er muß erleben, daß Böses geschieht, daß womöglich sogar seine eigenen Hände und Lippen daran mitgewirkt haben, obwohl er meinte, es gerade zu verhindern und zu bekämpfen. So drängte sich die Konsequenz auf, das Böse als eine geistige, geradezu personhafte Macht zu betrachten, der Individuum und Gesellschaft ohnmächtig ausgeliefert sind. Daraus wiederum ließ sich der Schluß ziehen, daß dem so überwältigten Menschen keine Schuld zugerechnet werden kann: Resignation vor der Bosheit in Verkennung der eigenen Verantwortung.

Die Alternative dazu bildet die Aggression als Antwort auf die empfundene Drohung. Ihre Richtung hängt davon ab, wen man als für das Böse verantwortlich ansieht. Zwei Wege werden beschritten: Entweder gilt der individuelle oder kollektive Gegner, der den eigenen Vorstellungen im Wege steht oder die eigene Position bedroht, als seine Inkarnation, mindestens aber als sein Sklave; dann ist der Boden bereit für den meist von Fanatismus begleiteten Irrglauben, sich und die Welt durch schonungslosen Rigorismus bis hin zur physischen und psychischen Vernichtung dieses anderen von der Realität der Bosheit befreien zu können. Dieser Weg hat immer nur zur Geburt neuer Bosheit geführt. – Oder aber, Gott – sofern man noch von ihm redet – wird für die Bosheit verantwortlich gemacht, weil ihre bloße Möglichkeit als ausgesprochener Mangel seiner Schöpfung betrachtet werden müsse; denn wenn er sie nicht wolle, habe er ja Macht zu ihrer Beseitigung. Dann glaubt der Mensch, sich dem Bösen gegenüber indifferent verhalten bzw. an die Stelle ethischer Urteile rein opportunistische stellen zu können.

Die biblische Botschaft unterstreicht ihrerseits die Machtlosigkeit des Menschen gegenüber der Realität des Bösen, unter deren ständigem Einfluß er leben muß. Sie befreit ihn aber nicht von der Verantwortung, wenn er selbst zum Instrument des Bösen wird oder auch nur in seiner Umwelt ihm Raum gibt. Wenn die Bibel vom »Geheimnis der Bosheit« spricht, deutet sie damit die Unerklärbarkeit und Unableitbarkeit der Existenz und des jeweiligen Triumphes der Bosheit an. Die Erklärung, daß alles Böse (als böse Tat) von dem Bösen (als Personifizierung, also vom → Satan) herkomme, beseitigt diesen Geheimnischarakter keineswegs, sondern verlagert allenfalls die Frage dahin, wieso in der gut geschaffenen Welt die Existenz einer gegen Gotttes Ordnung gerichteten, willentlich destruierenden Macht überhaupt möglich sei.

Die Antwort ist wohl in der Richtung zu suchen, daß der Mensch glaubte, in der zu seiner Gottebenbildlichkeit gehörenden Freiheit auch des Guten und Bösen Herr sein zu können, sich also in die Rolle eines Gottes »aufblies« (vgl. dt. Etymologie). Aber der Mensch ohne Gott ist hoffnungslos der Macht des Bösen unterlegen; sein Kampf dagegen kann die Zunahme der Aushöhlung und Zerstörung aller Ordnung nicht verhindern. Er kann ebensowenig die Bosheit durch Veränderung der gesellschaftlichen Verhältnisse aus der Welt schaffen, wie er selbst aus freiem Entschluß jener Macht noch wieder entrinnen kann, in deren Herrschaft er – vielleicht willenlos – geriet. Er kann das erstere nicht, weil jeder Theorie die Wirklichkeit des für neue Einbrüche der Bosheit offenen Menschen entgegensteht; das zweite nicht, weil er das Böse nicht nur getan hat, sondern mit ihm verwachsen ist. Die Resignation eines nihilistischen Existenzialismus ist daher verständlich.

Hoffnung kann nur dadurch neu keimen, daß der Mensch dessen inne wird und sich sagen läßt, daß Gott selbst sich schon als der Macht des Bösen mächtig erwiesen hat und der Erfahrung des Glaubens je neu wieder erweist und daß die Welt dem Tage entgegengeht, an dem kein Böses mehr sein wird. Wer jetzt dem Bösen widersteht – und dazu bleibt der Mensch aufgerufen –, kann wissen, daß zwar er nie das Ziel voll erreicht, aber doch Raum dafür schafft, daß Menschen diesem Tage Gottes entgegenleben können, an dem er den Bösen mit dem Bösen wegfegen wird. Bis dahin kann der Mensch sich freilich nur erretten und bewahren lassen.

→ Adam; → Fallen; → Gut; → Satan; → Sünde. *L. C.*

Lit.: WGrundmann, Art. κακός, ThWb III, 1938, 470ff – RBultmann, Christus, des Gesetzes Ende, BhEvTh 1, 1939 – KGKuhn, Achtzehngebet und Vaterunser und der Reim, 1950 – GMensching, Gut und Böse im Glauben der Völker, 1950 – GBornkamm, Das Ende des Gesetzes, BhEvTh 16, 1952, 62ff – GvRad, Das erste Buch Mose, ATD 2/4, 1958³ – GHarder, Art. πονηρός ThWb VI, 1959, 546ff – SWibbing, Die Tugend- und Lasterkataloge im NT und deren Traditionsgeschichte unter bes. Berücksichtigung der Qumrantexte, 1959 – KLüthi, Gott und das Böse, 1961 – GBaumbach, Das Verständnis des Bösen in den synopt. Evangelien, 1963 – JJeremias, Das Vaterunser im Lichte der neueren Forschung, 1963², 26ff – JBecker, Das Heil Gottes, 1964.

Brot

In dieser Gruppe sind neben ἄρτος *[artos]* = Brot auch das nur einmal vorkommende, den Umfang des legitimen Bedürfnisses eingrenzende ἐπιούσιος *[epiousios]* = täglich sowie das auf das Wüstenwunder zurückgehende, aber doch auch in geistlicher Projektion verwendete μάννα *[manna]* behandelt. Beide Subst. können sowohl die Speise für den Körper als auch die Gabe zur Erhaltung des (geistlichen) Lebens vor Gott bezeichnen.

ἄρτος *[artos]* Brot

ἄρτος

Die sprachliche Ableitung des Begriffes ist unbestimmt; wohl kaum vom Stamm ἀρ *[ar]* = *innig zusammenfügen*. Das Subst. bezeichnet schon vor Homer aus Mehl verschiedener Getreidearten gebackenes *Brot*. Es ist neben Fleisch das wichtigste Nahrungsmittel. I

Brot war das Hauptnahrungsmittel Israels, ursprünglich aus Gerste unter Beimengung von Saubohnen, Linsen und anderem gebacken: Palästina war ein armes Land. Später setzte sich immer stärker das Weizenbrot durch, das sich allerdings nur die bessergestellte Schicht des Volkes leisten konnte, während das Gerstenbrot nun geradezu die Speise der Armen wurde. Beide B.arten (1 Sam 20,34: B. = Speise überhaupt) wurden aus gemahlenen Körnern unter Beigabe von Sauerteig auf Backplatten (Lev 2,5) oder in zylinderartigen Tonöfen (Hos 7,4ff) gebacken. Die ca. 1 cm dicken Fladen von bis zu 50 cm Durchmesser hatten in der Mitte meist ein Loch, um so das Auseinanderreißen beim Essen zu erleichtern. Geschnitten wurde nie. Das B. diente nicht nur als Grundnahrungsmittel, sondern zugleich als Eßwerkzeug, in das die Zukost, wie etwa Fleisch oder Fisch, eingewickelt und so gegessen wurde. II

Bei plötzlichem Besuch (Gen 19,3) und in der Erntezeit (Ruth 2,14) wurden aus ungesäuertem Teig gebackenes B. oder auch einfach geröstete Getreidekörner gegessen oder bei eiligem Aufbruch als fast unverderblicher Reiseproviant mitgenommen (1 Sam 17,17 u. ö.), wie es bes. auch beim Aufbruch aus Ägypten geschah (Ex 12,8.11.34.39). Das Fest der ungesäuerten B.e (Mazzenfest) wird Ex 12,14–20; 13,3ff auf diesen Aufbruch zurückgeführt; bei seiner Begehung wird die göttliche Errettung aus Ägypten Jahr für Jahr neu kultisch vergegenwärtigt.

Im israelitischen Kult fand Mehl bzw. B. als Opfergabe im (ursprünglich vorisraelitischen) Speisopfer (Lev 2) Verwendung. Auch hier wurde B. nur ungesäuert dargebracht. Es wird auch von 12 »Broten des Angesichts« berichtet, die sich auf einem besonderen Tisch im Heiligtum Israels befanden (Ex 25,30; 1 Chr 28,16). Es handelt sich dabei um ungesäuerte Brotfladen, die als Gabe vor dem »Angesicht« Jahwes niedergelegt wurden.

Beim altjüdischen Gastmahl nahm der Hausherr das vor ihm liegende B. in die Hand und sprach den Brotsegen: »Gepriesen sei Jahwe, unser Gott, der König der Welt, der B. aus der Erde hervorgehen läßt.« Die Gäste antworteten mit Amen. Darauf gab der Gastgeber jedem ein Stück B. und aß als erster davon. Diesen B.segen hat auch Jesus, fest in jüd. Tradition verwurzelt, gesprochen, was sowohl die Berichte von den Speisungswundern (Mk 6,41 par) als auch die vom Abschiedsmahl (→ Herrenmahl) widerspiegeln.

Da zu der Zeit und in der Umwelt des NT B. das Hauptnahrungsmittel darstellt, ist B. neben dem stringenten Sinn häufig Bezeichnung für *Lebensmittel* und den *Lebensunterhalt* überhaupt (vgl. auch unser »Arbeit und Brot«). So erinnert sich der verlorene Sohn in der Fremde, daß die Tagelöhner seines Vaters B. im Überfluß (= *genug zu leben)* haben (Lk 15,17). Deshalb heißt B. essen allgemein »Mahlzeit halten« (Jes 65,25); dem Hungrigen »sein B. brechen« heißt: ihn »speisen und versorgen« (Jes 58,7.10). Wer von anderen »nicht umsonst B. nimmt«, der lebt nicht auf anderer Leute Kosten, sondern durch eigener Hände Arbeit (2 Thess 3,8). »Einer, der sich des B.es und Weins enthält«, ist ein fastender Asket (Lk 7,33), während die 4. Bitte des Herrengebetes (Mt 6,11) sich auf alles bezieht, »was zur Leibesnahrung und Notdurft gehört« (Luther, Kl. Kat.). Mit dem Ausdruck von Lk 14,15 »B. essen im Reich Gottes« ist die Teilhabe am himmlischen Freudenmahl gemeint. Das Wort Jesu, daß »der Mensch nicht allein vom B. lebt« (Zitat Dtn 8,3), bezieht sich auf das Materielle im weiteren Sinn, dem die lebenerhaltende Kraft des Wortes Gottes gegenübergestellt wird (Mt 4,4). III

Die Geschichte von der wunderbaren Speisung der 5000 (Mt 14,13–21 par) bzw. der 4000 (Mt 15,32–39 par), wo mit wenig B. und ein paar Fischen viele Menschen satt wurden, wird – mit einzelnen Unterschieden in der Überlieferung – insgesamt 6mal bezeugt. Sie zeigt, daß Jesus als der messianische Herr das wahre Lebensbrot gibt. In der Komposition des JohEv folgt auf die Geschichte von der Speisung und dem Wandeln auf dem See (Joh 6,1–26) die Offenbarungsrede Jesu: Jesus, das B. des Lebens. Hinter der Vorstellung vom Lebensbrot liegt der uralte und weitverbreitete Wunsch nach einer Nahrung, die immerwährendes Leben spendet. So ist auch die Bitte der Menschen zu verstehen: »Herr, gib uns solches B.« (Joh 6,34). Darauf antwortet Jesus: Ich bin es, wonach ihr verlangt. Wer Anteil an diesem ewigen Leben erhalten will, muß wissen, daß Jesus selbst das B. ist und daß er es denen geben will, die zu ihm kommen. Damit stellt er sich all denen entgegen, die von sich behaupten, Lebensbrot zu sein oder zu haben. Es gibt nur eine Möglichkeit, mit der der Welt das Leben gegeben wird: »Das B. Gottes ist der Offenbarer, der vom Himmel kommt und der Welt Leben schenkt« (Bultmann). Die Frage nach Sinn und Ziel des Lebens findet so ihre Antwort.

Alle Stellen, die sich direkt auf das Herrenmahl beziehen (Mk 14,22 par; Apg 2,42; 20,7; 1 Kor 10,16; 11,23), sind unter dem Leitwort Herrenmahl im Artikel → Herrenmahl behandelt. *Merkel*

ἐπιούσιος

ἐπιούσιος *[epiousios]* täglich

ἐπιούσιος *[epiousios] täglich*, mit ἄρτος *[artos] Brot* in der vierten Vater-Unser-Bitte verbunden, ist außer in Mt 6,11 und Lk 11,3 bisher nur einmal und dort wiederum nicht eindeutig in einem Papyrus (5. Jh. nChr) nachgewiesen; der übrigen Gräzität ist es unbekannt, und auch LXX hat die Vokabel nicht, wohl das verwandte ἐπιοῦσα *[epiousa]*. Darum sind Übers. und sachliche Bedeutung seit alters umstritten; die Übers. *täglich* findet sich schon bei Tertullian (2. Jh. nChr). Aus der Fülle der Deutungsversuche heben sich vier Möglichkeiten heraus:

1) Man leitet das Wort von ἡ ἐπιοῦσα ἡμέρα *[hæ epiousa hæmera] der nächste Tag* ab (vgl. Apg 7,26; ἔπειμι *[epeimi] = hinzukommen)*. Hieronymus (um 380 nChr) will im apokryphen HebrEv *machar = für morgen* gelesen haben. Danach würde ἐ. das Brot *für den morgigen Tag* bedeuten. Dagegen scheint Mt 6,34 zu sprechen: »Sorget nicht für den anderen Morgen.« Aus Spr 27,1 LXX ergibt sich indessen, daß die ἐπιοῦσα ἡμέρα *[epiousa hæmera]* nicht notwendig den morgigen, sondern allgemeiner den kommenden Tag bezeichnet; dieser Tag kann unter Umständen der heutige sein. Schniewind und Rengstorf übersetzen darum im NTD Mt 6,11 und Lk 11,3 übereinstimmend: Brot *für den kommenden Tag*. Zu bedenken bleibt jedoch, daß der Wortlaut des HebrEv selbst nicht ursprünglich, sondern rückübersetzt ist.

2) Schon Origenes hat empfohlen, unter ἐ. das ἐπὶ τὴν οὐσίαν *[epi tæn ousian]*, dh das *für die Existenz notwendige* Brot zu verstehen. Da Origenes Griechisch als Muttersprache sprach, kann man die sprachliche Möglichkeit dieses Verständnisses nicht bestreiten. Man kann diese Auslegung durch den Hinweis auf Spr 30,8 stützen und an Ex 16,4 erinnern: Die Israeliten sollen von dem Manna in der Wüste nur den täglichen Bedarf sammeln (s. St.-B. I 420ff). So sollen auch die Jünger täglich (Lk 11,3) um das zum Leben notwendige Brot bitten.

3) Im Anschluß an die erste Deutung hat man versucht, das Wort ἐ. von der Endvollendung her zu verstehen. Der Morgen, den Jesus hier im Auge hat, bezeichne nicht den nächsten Tag, sondern den großen Morgen, die Endvollendung (J. Jeremias), dh den Tag, an dem Jesus mit seinen Jüngern in der Ewigkeit das »Lebensbrot«, das »himmlische Manna« essen wird (Lk 22,30; Mt 26,29; Offb 2,17). Um dieses Brot sollen die Jünger bitten. Ähnlich dachten schon die alten Kirchenväter bei der vierten Bitte an den im Abendmahl sich mitteilenden Christus, »das Brot des Lebens« (Joh 6,35). Wenn in der vierten Bitte auch diese Heilsgüter einbegriffen sein können, so kann man doch angesichts Mt 6,25ff nicht bezweifeln, daß Jesus zunächst an das irdische Brot denkt.

4) Endlich glaubt K. G. Kuhn, daß der Übersetzer das unbekannte ἐπιούσιος *[epiousios]* wählte, um einen bestimmten Sinnakzent des Aramäischen wiedergeben zu können. Eine Rekonstruktion des ursprünglichen Textes lege nahe, daß das Wort, das es zu übersetzen galt *(l^e^joma)*, einen doppelten Sinn in sich schloß, der im Griech. nur durch die Kombination von zwei Begriffen, nämlich ἐ. = (unser Brot nur) *soweit es für den Tag gerade nötig ist* und σήμερον *[sæmeron] = für heute* (gib es uns) auszudrücken war. Dann würde

die tägliche Bitte um das Brot *zum Auskommen für heute* den Jünger beständig nicht nur an die Vatertreue Gottes erinnern, sondern auch daran, daß im schon angebrochenen neuen Äon, dessen Vollendung jederzeit erwartet werden kann, das auf längere Sicht vorsorgende Gebet nicht mehr Sache des Jüngers sein kann. *Mundle*

μάννα *[manna]* Manna

μάννα

I Das hebr. *man* ist eine schon vorisraelitische Bezeichnung für den Saft, der von einer Art Schildläuse während der Regenzeit in der Wüste Sin(ai) aus der Manna-Tamariske gesaugt wird und in Form kleiner, sehr süßer Kügelchen zu Boden tropft, dort von Ameisen gesammelt wird, in der Mittagssonne aber schmilzt und verläuft. Daß es diese Erscheinung war, der die Israeliten bei ihrem Zug durch die Wüste als einem helfenden Gotteswunder begegneten, gilt seit Josephus und Origenes als sicher, wird aber auch durch das griech. μάννα *[manna]* = Krume sowie durch neue naturwissenschaftliche Untersuchungen gestützt (Bodenheimer).

II Ex 16,15 versucht eine hebr.-etymologisierende Erklärung, die noch sehr deutlich das Verwundern spiegelt: *man hu* = *was ist das?* Im einzelnen ist die Überlieferung uneinheitlich: Num 11 (J) wird das Volk des Manna überdrüssig, so daß die Wachteln hinzukommen, während Ex 16 beides am gleichen Abend auftreten läßt. Nach dieser Darstellung (V. 35) hat sich Israel 40 Jahre hiervon ernährt. Allerdings wird das Volk nicht ausschließlich damit seinen Lebensunterhalt bestritten haben, da bekannt ist, daß es sein Vieh aus Ägypten mitgenommen hatte (Ex 12,38 u. ö.) und auch sonst in Oasen (Ex 15,27) und von besiegten Feinden (Num 31,25ff u. ö.) zu neuer Nahrung kommen konnte. Das aber schwächt in keiner Weise das at. Empfinden für das empfangene Speisungswunder ab, das Israel vor dem Verhungern bewahrte.

Während es in Ex 16 und Num 11 nur um die reale Speise geht, dient in Dtn 8,3 die Erinnerung an die wunderbare Speisung dazu zu zeigen, daß der Mensch »nicht allein vom Brot lebt, sondern von allem, was aus dem Mund Gottes hervorgeht« (vgl. Mt 4,4 par). Der Begriff wird zunehmend spiritualisiert. Das zeigt sich deutlich in Ps 78, wo das *man* Himmelsgetreide und Engelsbrot genannt wird, und wo es zusammen mit den anderen Wohltaten, die Jahwe seinem Volk erwiesen hat, als Umschreibung des göttlichen Heils verwendet wird.

In der jüd. Apokalyptik spielt die Vorstellung vom Manna eine nicht geringe Rolle (St.-B. II,481f). Einmal verbindet sich mit ihr die Überlieferung, daß der kommende Messias die vom Propheten Jeremia verborgene Bundeslade mit den darin enthaltenen Gegenständen wiederbringen wird (2 Makk 2,4ff), wozu nach der schriftgelehrten Tradition als Folgerung aus Ex 16,33 neben den Gesetzestafeln auch ein Krug mit Manna gehörte (vgl. Hebr 9,4). Zum andern aber ist das Manna das Himmelsbrot, das in der Endzeit vom Himmel herabkommt, um die Gläubigen zu sättigen, die diese Zeit erleben (Apk Bar [syr] 29,8).

III Diese beiden Vorstellungen stehen wohl hinter Offb 2,17: Dem, der überwindet (der auch kein Götzenopferfleisch gegessen hat 2,14), wird die endzeitliche Speise zuteil werden. Er wird gerettet sein und leben.

Auf die Vorstellung, daß sich in der messianischen Zeit das Mannawunder wiederholen wird, nehmen die Juden in Joh 6,31ff Bezug. Der »zweite« Erlöser, der Messias, muß dieselben Taten tun, wie der »erste« Erlöser, Mose (St.-B. II,481). Jesus lehnt diese Parallelität mit dem Hinweis ab, daß nicht Mose es war, der das Wüstenbrot gegeben hat, sondern Gott selbst.

In Joh 6,49–51a wird dem Manna der Wüstenzeit das wahre Himmelsbrot gegenübergestellt: Die Väter der Wüstengeneration, die das Manna genossen haben, sind trotzdem gestorben. Wahres Himmelsbrot ist nur das, was unvergängliches Leben zu geben vermag. Das ist aber nur in dem zu finden, der von sich sagt: Das lebenspendende Himmelsbrot, das bin ich (Joh 6,51). Was vom Himmelsbrot gesagt ist, ist im Offenbarer, in Jesus Christus, Wirklichkeit geworden. *Merkel*

V **ZUR VERKÜNDIGUNG**

Brot als Grundnahrungsmittel schließt auch heute noch im Verständnis jedenfalls des Europäers alles zur Erhaltung der Existenz Notwendige ein; in anderen Teilen der Welt mag dafür die »Handvoll Reis« stehen. Arbeit und Brot, Aufgabe und Unterhalt sind das, was der Mensch braucht, um leben zu können. Als Bezeichnung des Lebensnotwendigen umschließt Brot indessen mehr als das, was der Mund aufnimmt. Luther hat bereits in seiner Katechismuserklärung der vierten Bitte die Notwendigkeit geordneter gesellschaftlicher und menschlicher Verhältnisse miteingeschlossen. Wie sehr unsere Lebensmöglichkeit von dem funktionierenden Zusammenwirken der Umwelt abhängt, spüren wir im Zeitalter des Welthandels und der interkontinentalen Raketen in erhöhtem Maße. Zur alten Abhängigkeit von der Naur ist die neue von der Technik getreten.

Alles zu tun, damit die Erde Brot bringt, und zwar genügend Brot für alle, nicht nur für wenige (»Brot für die Welt«), ist die schöpfungsmäßige Kulturaufgabe des Menschen. Es wird immer deutlicher, daß er dabei auf die Dauer nicht nur für sich sorgen kann, sondern für die anderen ebenso verantwortlich wie auf diese angewiesen ist. Der Mensch soll aber wissen, daß auch die größte Mühe ihm nicht den Lebensunterhalt garantiert; selbst durch Raub und Diebstahl auf Kosten anderer könnte er nicht in seine Verfügung bringen, viel weniger darin halten, was immer Gottes Gabe bleibt, auch wenn sie ohne Dank vom Menschen an sich genommen wird. Wo der Mensch weiß, daß Gott Brot gibt, kann und wird er darum beten.

Ebenso oder mehr noch als sein physisches Leben hängt die geistliche Existenz davon ab, daß Gott seine Gaben gibt. Weil Christus als die eine große Gabe Inbegriff aller Gaben Gottes ist, heißt er das »Brot des Lebens«. Daran erinnert immer wieder das Brechen und Genießen des Brotes im → Herrenmahl.

Die Brot-Aussagen bleiben durchweg konkret und werden nie rein vergeistigt. Denn Gott liegt nicht nur an der Seele, sondern auch am Leib des Menschen; denn der Mensch kann Gott auf dieser Erde nur dienen, wo er es im Leibe tun kann. Darum kann es Situationen geben, in denen Sorge um den Menschen in erster Linie Sorge für seinen Leib, für seine physische Existenz bedeutet. An Verhungerten kann keine Seelsorge mehr etwas ausrichten.

Erst wo Schwelgerei die Lust des Gaumens zum Lebensinhalt macht (→ Begehren), ist Gefahr im Verzuge. Brot meint ja auch nicht den Überfluß, sondern das Notwendige.

→ Essen; → Herrenmahl; → Leben. *L. C.*

Lit.: HKaiser, Der heutige Stand der Manna-Frage, 1924, 99ff – FBodenheimer/OTheodor, Ergebnisse der Sinaiexpedition 1927, 1929 – JBehm, Art. ἄρτος, ThWb I, 1933, 475ff – FHauck, Art. ἄρτος ἐπιούσιος, ZNW 33, 1934, 199ff – WFoerster, Art. ἐπιούσιος, ThWb II, 1935, 587ff – RMeyer, Art. μάννα, ThWb IV, 1942, 466ff – FBodenheimer, The Manna of the Sinai, BA 10, 1947, 1ff – HGKuhn, Achtzehngebet und Vaterunser und der Reim, 1950, 35ff – ELohmeyer, Das Vaterunser, 1952^{3} – RBultmann, Das Evangelium des Johannes, KEK II, 1957^{15} – HSchürmann, Das Gebet des Herrn, 1958, 63ff – MNoth, Das zweite Buch Mose, ATD V, 1961^{2}, 167 – JFeliks, Art. Manna, BHHW II, 1962, 1141ff – HHeld, Matthäus als Interpret der Wundergeschichten, 1962^{2}, 171ff – JRogge, Art. Brot, BHHW I, 1962, 274 – JJeremias, Das Vaterunser im Lichte der neueren Forschung, 1963^{2}, 22ff – JKnackstedt, Die beiden Brotvermehrungen im Evangelium, NT-Stud. 1, 1963/64, 309ff – GFriedrich, Die beiden Erzählungen von der Speisung in Mk 6,30–44; 8, 1–9, ThZ, 20, 1964, 10ff – PBorgen, Bread from Heaven, 1965 – RSchnackenburg, Das Brot des Lebens, in: Tradition und Glaube, Festg. KGKuhn, hrsg. v. GJJeremias u. a., 1971, 328ff.

Bruder, Nächster

Die beiden Subst. dieser Gruppe bezeichnen die – durch Blutsgemeinschaft oder im tatsächlichen Lebensbereich – am nächsten stehenden Menschen. Sehr früh schon ist auch das ursprünglich rein biologisch bestimmte ἀδελφός *[adelphos]* = Bruder synonym für den sachlich weiteren Begriff πλησίον *[plæsion]* = Nächster geworden.

ἀδελφός

ἀδελφός *[adelphos]* Bruder · ἀδελφή *[adelphæ]* Schwester · ἀδελφότης *[adelphotæs]* Bruderschaft · φιλάδελφος *[philadelphos]* bruder-, schwester-, geschwisterliebend · φιλαδελφία *[philadelphia]* Bruder- (Geschwister-)Liebe · ψευδάδελφος *[pseudadelphos]* falscher Bruder

I Das Wort ἀ. (gebildet aus δελφύς *[delphys]* *Mutterschoß* und alpha kopulativum) bedeutet *aus demselben Mutterschoß geboren.* Ursprünglich wird es für den *leiblichen Bruder* gebraucht, ἀδελφή *[adelphæ]* ist dementsprechend die *Schwester;* der männliche Plur. bedeutet auch *Geschwister.*

Daneben bezeichnet es jedoch alle nahen Blutsverwandten wie *Vetter, Schwager* usw. Das gleichlautende Adj. heißt auch *verwandt, ähnlich, übereinstimmend.* Aus dem Gebrauch des Adj. sind wohl die übertragenen Bedeutungen für das Subst. hervorgegangen.

In der griech. Lit. wird ἀ. für leibliche *Geschwister,* nähere *Verwandte* gebraucht und übertragen im Sinne von *Genosse, Freund, Mitmensch.* In der brieflichen Anrede bezeichnet es auch den *Vereins-* oder *Amtsbruder.*

Der religiöse Gebrauch von ἀ. als Bezeichnung für den *Glaubensbruder* scheint erst mit orientalischen Einflüssen eingedrungen zu sein. In den Baalskulten wurde die Bezeichnung gern verwendet. An den Diadochenhöfen verlieh der König die Bezeichnung ἀ. als Ehrentitel. Im Mithraskult wurden die Mysten Brüder genannt; an der Spitze des Klerus stand der *pater fratrum.* In der Philosophie ist besonders die Stoa zu nennen, wo ein vertiefter Bruderbegriff verwendet wird, der von einer allg. Humanität her zu verstehen ist. Brüder sind die im Sinne der Weltvernunft miteinander Lebenden. Im Monismus des Geistes (Plotin) können schließlich alle Dinge der Welt zu ἀδελφοί *[adelphọi]* werden.

1) Der at. Begriff für ἀ. ist *'āch.* Für den Parallelbegriff πλησίον *[plæsịon]* = *Nächster* steht *rea'.* II
ἀ. bezeichnet auch hier zunächst den *leiblichen Br.,* ἀδελφή die *leibliche Schwester* (Gen 4,8ff; 12,13; 44,20). Daß diese Bezeichnung auch auf weitere Verwandte angewandt werden konnte, zeigt Gen 29,12ff.

Aber auch für den Mitisraeliten ist die Bezeichnung Br. belegt. Daß die Volksverwandtschaft wie die Blutsverwandtschaft gewertet wird, läßt sich damit erklären, daß die Söhne Jakobs zugleich Väter der Stämme sind. Die at. Stammestafeln beziehen sich oft auf Stammverwandtschaften, obwohl meist die Terminologie der Blutsverwandtschaft gebraucht wird. So werden auch Ex 2,11 die Volksgenossen als *Brüder* bezeichnet (vgl. Gen 16,12; Dtn 2,4). Lot nennt Gen 19,7 die Sodomiter *Brüder.* Bei Hosea finden wir die Verwandtschaftsbezeichnung Sohn und Br. im Bilde des Verhältnisses Gottes zu seinem Volk (Hos 2,1–3). Hier ist der Übergang von der Blutsverwandtschaft zur geistlichen Br.schaft zu erkennen. Im rein religiösen Gebrauch tritt dann die Blutsverwandtschaft völlig zurück (Dtn 15,1ff wird die Liebe zum »armen Bruder« gefordert. Der Br. und der Nächste werden synonym. Ps 22,23 sind die Brüder im Parallelismus membrorum synonym mit der Gemeinde Israel).

Auch das Liebesgebot gebraucht die Worte *Br.* und *Nächster* und wechselt dadurch nur die Terminologie, nicht den Sinn (vgl. Lev 19,17f). Der Unterschied zwischen πλησίον *[plæsịon]* und ἀ. liegt im AT darin, daß ἀ. die Blutsverwandtschaft mit umfaßt. Im religiösen Sprachgebrauch besteht kaum ein Unterschied. πλησίον ist wohl das blassere Wort, es kann auch einfach »der andere« heißen (1 Sam 15,28; 28,17).

2) Dieser Sprachgebrauch lebt in einem Teil des Spätjudentums fort. Die Qumrantexte fordern immer wieder die Liebe zum Br. bzw. Nächsten, womit aber nur die Glieder der Qumrangemeinde gemeint sind, die sich als das wahre Israel versteht. Dagegen gilt es, alle anderen zu hassen.

Im rabb. Judentum wird eine Unterscheidung vollzogen zwischen dem Bruder und dem Nächsten. Volks- und Religionsgemeinschaft fallen nicht mehr wie im AT in eins. Br. ist der Mitangehörige der jüd. Religion im Gegensatz zum Fremdling, der zwar im Lande wohnt, aber nicht dem Gottesvolk angehört. Auch der Vollproselyt ist Br. Der Nächste dagegen ist der Mitbewohner, der Nichtisraelit ist (vgl. St.-B. I, 276).

1) Auch im NT bezeichnet ἀ. den leiblichen Br., ἀδελφή *[adelphæ]* die *leibliche Schwester.* III
Zwar ist an vielen Stellen nicht nachzuweisen, ob etwa ein anderer naher Verwandtschaftsgrad in Frage kommt, doch ist die Deutung leiblicher Geschwisterschaft die wahrscheinlichste. Das trifft besonders auch auf die Aussagen über die Geschwister Jesu zu (Mk 6,3 par; 3,31ff par u. a.).

Die Behauptung der Jungfräulichkeit Marias sowohl vor als auch nach der Geburt Jesu forderte schon früh die Interpretation der im NT genannten Geschwister als weitere Verwandte. Sowohl der griech. als auch der hebr. und aram. Sprachgebrauch würde dies grundsätzlich zulassen. Doch ist ἀ. nirgends im NT mit Sicherheit als Bezeichnung für weitere Verwandtschaft nachzuweisen.

Die griech. Kirche denkt bei den Geschwistern Jesu bis heute an Kinder Josephs aus früherer Ehe. Die röm.-kath. Auslegung dagegen versucht nachzuweisen, daß es sich um Vettern und Basen Jesu handelt. Diese Deutungen finden sich bereits in der alten Kirche. Doch spricht noch Tertullian von nachgeborenen Kindern Josephs und Marias. (Vgl. im einzelnen zu diesem Problem: v Soden ThWb I,144, Anm. 5 (Lit.) — LTK² II,714ff (röm.-kath.) — J. B. Bauer, BthW I, 1962² 144 (röm.-kath.) und die Kommentare zSt.)

Jesus hatte demnach mehrere Brüder und Schwestern, die seine Sendung nach Mk 6,1ff, Joh 7,5 nicht oder erst später erkannten (vgl. Apg 1,14; 1 Kor 9,5). Doch hat der Herrenbruder Jakobus nach Gal 1,19 (vgl. 1 Kor 15,7) zum Kreis der Apostel gehört.

2) Die at. Bezeichnung des Mitisraeliten als Br. wird im NT aufgenommen. Die Christen sind das neue Gottesvolk (2 Kor 6,16ff; 1 Petr 2,9f; Hebr 8,8ff; vgl. auch Röm 9—11). Die Bezeichnung Br. geht also auf den Mitchristen über. Auf Grund des Apostelkonzils werden auch die Heidenchristen ausdrücklich in diesen Begriff einbezogen (Apg 15,23).

Sehr viel breiter als vom Gottesvolk wird im NT in der Terminologie der Gottesfamilie gesprochen. Gott ist der Vater. Durch den Glauben an Jesus Christus werden die Christen seine Söhne und Töchter (Röm 8,14; 2 Kor 6,18; Gal 3,26 u. a.; → Kind υἱός). Sie werden auch seine Kinder genannt (Röm 8,16ff;Joh 1,12f; → Kind τέκνον). Von daher wird die Bezeichnung ἀ. für den Glaubensbruder verständlich. Die Kinder Gottes sind seine Hausgenossen (Gal 6,10; Eph 2,19).

Schon bei der Person Jesu tritt die Gotteskindschaft zur Blutsverwandschaft in Gegensatz. Die Geburtsgeschichten zeigen das durch die Zurückhaltung in ihren Aussagen über die Vaterschaft. Deutlich tritt Joseph als Vater in den Hintergrund im Blick auf die Vaterschaft Gottes. Der Konflikt wird auch in der Erzählung vom 12jährigen im Tempel deutlich (Lk 2,41ff). Später spricht Jesus es selbst aus (Mk 3,31ff par; 6,3ff par; 13,12f par). Das Verlassen der natürlichen Familie um der neuen Gemeinschaft willen wird gefordert. Es gilt für die Jünger wie auch für Jesus selbst (Mk 10,28ff par; Lk 14,26; vgl. Röm 8,12ff).

Jesus ist der eingeborene, erstgeborene, geliebte Sohn Gottes. Zugleich wird er der erstgeborene Br. der Christen (Röm 8,29; vgl. Kol 1,15 »der Erstgeborene vor allen Kreaturen« und Kol 1,18; Offb 1,5 »der Erstgeborene von den Toten«).

Der Gottessohn wurde in seiner Erniedrigung zum Br. der Glaubenden (Hebr 2,11f). In diesem Sinn kann Jesus auch von seinen Jüngern als Brüdern sprechen (Mk 3,33 par u. a.). Doch tritt die Bezeichnung von Jesus als dem Bruder nur an Stellen auf, an denen seine Niedrigkeit betont wird (vgl. Hebr 2,17). Er bleibt auch als der Br. stets der Herr. Paulus nennt sich deshalb δοῦλος *[doulos]* = Knecht Christi, und die ἀδελφοί *[adelphoi]* bezeichnet er als σύνδουλοι *[syndouloi]* = Mitknechte (Kol 1,7; 4,7 u. a.).

3) Gerade aus Röm 8,29ff wird deutlich, daß die neue Br.schaft ermöglicht und geprägt wird durch den Erstling der Brüder, Jesus Christus, der für sie alle gestorben ist. Weil er unser Br. wurde, sind wir untereinander Brüder. Diese Br.schaft wird regiert durch ἀγάπη *[agapæ]* = → *Liebe* (s. bes. den 1 Joh.-Brief). Als Anrede wird bes. der Plural ἀδελφοί *[adelphoi]* von Paulus vorzugsweise mit ἀγαπητοί *[agapætoi]* = *Geliebte* verbunden (1 Kor 15,58; Phil 4,1 u. a.). Die Bezeichnung der Glaubensbrüder als ἀδελφοί *[adelphoi]* ist auch in anderen Religionen üblich. Durch die Verbindung mit ἀγάπη *[agapæ]* wird das spezielle christliche Verständnis ausgedrückt: die Begründung der geistlichen Gemeinschaft in der Liebe Gottes, die eine neue Wirklichkeit von Gott her unter den Menschen schafft.

Die für die natürliche Verwandtschaft typische Liebe ist sonst φιλία *[philia]* (→ Liebe). Die mit φιλία zusammenhängende Terminologie erscheint im NT auch in Begriffen wie φιλάδελφος *[philadelphos]* = *brüderlich* 1 Petr 3,8, und φιλαδελφία *[piladelphia]* = *Bruderliebe* Röm 12,10 u. a. Sie ist unter dem Einfluß des übergeordneten Begriffes ἀγάπη *[agapæ]* im Blick auf die Liebe unter Menschen Synonym zu ἀγάπη geworden. Dasselbe gilt auch für den Begriff ἀδελφότης *[adelphotæs]* = *Bruderschaft* (1 Petr 2,17; 5,9).

Die geforderte Liebe zum Br. kann sich dem Schicksal Jesu Christi bis hin zum Martyrium angleichen (1 Joh 3,16; vgl. Joh 15,13 mit 1 Kor 8,11).

Der theologisch weniger gefüllte Sprachgebrauch bes. der Apostelgeschichte knüpft deutlich an die jüd. Praxis an. Da die Verkündigung der Apostel in den Synagogen begann, werden die Hörer als jüd. Religionsgenossen angesprochen (z. B. Apg 13,26). Es ist bedeutsam, daß Paulus in der ausgesprochenen Heidenpredigt das Wort nicht verwendet (Apg 17,22). In der Anrede der Briefe wird dieser jüd. Gebrauch in die christliche Gemeinde übernommen. So kann Paulus gelegentlich, z. B. Röm 9,3, die Mitisraeliten als ἀδελφοὶ κατὰ σάρκα *[adelphọị katạ sạrka] Brüder nach dem Fleisch* bezeichnen, wie er 1 Kor 10,18 das Volk Israel κατὰ σάρκα *[katạ sạrka] nach dem Fleisch* nennt im Gegensatz zum Israel τοῦ θεοῦ *[tọụ theọụ]* Gottes (Gal 6,16). Der Christ, der sich nicht nach den Geboten, zumal nicht nach dem Liebesgebot in der Begegnung mit dem Bruder richtet, wandelt noch in der Finsternis (1 Joh 2,9). Ein »sogenannter« Br. wird von Paulus 1 Kor 5,11 erwähnt. Wer falsche Lehren verbreitet oder annimmt, ist ψευδάδελφος *[pseudạdelphos] = falscher Bruder* (Gal 2,4; 2 Kor 11,26). Er schließt sich dadurch aus der Gemeinschaft mit Gott aus und gehört nicht mehr zur Gottesfamilie.

4) Es ist bedeutsam, daß im NT die Liebe zum Br. und die Liebe zum Nächsten gleichermaßen gefordert wird. Im Blick auf die Forderung sind beide Begriffe synonym. Joh gebraucht ausschließlich den Terminus ἀ.

Im Blick auf das Objekt der Liebe aber ist ein Unterschied festzustellen. Die Stellen, an denen → πλησίον *[plæsịon] = Nächster* gebraucht wird, gehen fast alle direkt oder indirekt auf das Liebesgebot Lev 19,18 zurück. Damit ist von vornherein die Möglichkeit eingeschlossen, daß die Liebe über den Kreis der ἀδελφοί *[adelphọi]*, der blutsmäßigen oder geistlichen Verwandtschaft hinausgreift. Auch ἀ. überschreitet gelegentlich den Kreis seiner eigentlichen Bedeutung. Doch wird durch den Gebrauch von πλησίον *[plæsịon]* ein noch sehr viel weiteres Feld eröffnet. Im Gleichnis vom barmherzigen Samariter (Lk 10,29–37) führt Jesus die rabb. Diskussion, wer der Nächste sei, ad absurdum. Ein in Not befindlicher Mensch ist immer Nächster. Indem das Gebot der Liebe Mt 5,43ff auf den Feind erweitert wird, wird vollends die Grenze der für ἀ. möglichen Bedeutungen überschritten. Der Bereich menschlicher Liebe fällt mit dem Bereich der Heilstat Gottes zusammen, die als Neuschöpfung für alle Menschen und in ihrer kosmischen Dimension auch für alle Dinge geschehen ist (vgl. Mt 28,18; Kol 1,16ff; 3,11 u. a.; → πλησίον *[plæsịon]* und → Liebe, ἀγάπη).

Günther

ὁ πλησίον *[ho plæsịon]* der Nächste

ὁ πλησίον

πλησίος *[plæsios]*, seit Homer belegt (aus der Wurzel *pla- die Nähe*, zur Wurzel *pela- ausstoßen*, vgl. πέλας *[pẹlas]*) heißt *nahe, nahebei*. Abgeleitet davon: 1) das substantivische ὁ πλησίον *[ho plæsịon] der Nahestehende, Nachbar, Mitmensch, Nächste* und, ganz blaß, *der andere*. 2) die Präp. πλησίον *[plæsịon]* mit dem Gen. (bei Josephus auch Dat.) = *nahe bei* (Joh 4,5). I

In der LXX gibt πλησίον *[plæsịon]* überwiegend das *rea'* oder dessen Ableitungen wieder (5mal steht *'āch*), das von *ra'ah Verkehr haben mit jemandem* abzuleiten ist und jede Form menschlicher Beziehungen bezeichnen kann; Ri 14,20 zB meint es den Brautführer. Während *'āch* eindeutig der *Blutsverwandte, ger* der im Lande wohnende *Fremdling* ist, meint *rea'* den in meinen Lebenskreis gehörenden Menschen, ohne auf dessen blutsmäßige oder völkische Bindung zu verweisen, den Menschen, mit dem ich zu tun habe. Er ist *Nachbar* (Ex 11,2), *Freund* (2 Sam 13,3), *Nächster* (Ex 2,13; Apg 7,27), *Mitmensch* (Spr 6,1), einfach *der andere* (Hos 3,1), wobei diese alle faktisch im Bereich des Gottesbundes leben. II

Auch aus dem Vorkommen von *rea'* in den Gesetzestexten ist keine eindeutige Grenze für seinen Geltungsbereich zu gewinnen. Das Liebesgebot (Lev 19,18) wendet sich – wie das ganze Heiligkeitsgesetz – an die Glieder des Bundesvolkes, der Fremdling wird erst nachträglich (V. 34) genannt. So erfährt der Begriff *rea'* die gleiche Wandlung, die auch das »Gesetz« in der Geschichte Israels durchmacht: Meint er anfangs praktisch nur den in die Ordnung des Bundesvolkes Eingegliederten, so bezeichnet er später – je mehr der Bundesverband zerbrach und das Gesetz eine absolute Gültigkeit bekam – den Mitmenschen schlechthin. Die LXX entscheidet sich mit der Wahl von πλησίον *[plæsịon]* für die weite Auslegung und hat darin Rückhalt in mancher Strömung des hellenistischen Judentums, während in strengen Kreisen nur der Jude oder Vollproselyt als πλησίον *[plæsịon]* gilt und in der Qumrangemeinde die Bezeichnung nur noch für die Glieder dieser Gemeinde gebraucht wird.

III Das NT knüpft nicht an Qumran an, sondern vertritt betont die weitere Bedeutung der LXX, wie sich deutlich Mt 5,43ff und Lk 10,29ff zeigt, den beiden für die Stellung des Nächsten im NT wohl wichtigsten Stellen: Jesus läßt die Beschränkung des Liebesgebotes auf den Bruder und Freund nicht gelten, er will sogar den Feind mit eingeschlossen wissen. Aber er gibt kein weiteres Gebot, sondern unterstellt das Liebesgebot dem Evangelium. Dem Satz: ein in Not befindlicher Mensch ist immer Nächster (→ ἀδελφός *[adelphos]* IIId) steht unabdingbar der andere voran: mein Nächster ist, »der die Barmherzigkeit an mir tut« Lk 10,37, oder »Mein Nächster ist der in der Funktion als mein Wohltäter an mir handelnde Mitmensch« (K. Barth, KD I,2, S. 463.460ff). Barth betont mit dieser wichtigen dogmatischen Auslegung – abgesehen von der sachgemäßen Wiedergabe des prädikativen Gebrauchs von πλησίον *[plæsion]* an unserer Stelle –, daß die Frage nach dem Objekt der Liebe töricht ist, weil der Samariter (und hier nun eben der Feind) in seinem barmherzigen Handeln mein Nächster wird und mich zum Tun der Liebe herausfordert (V. 37); daß also das Widerfahrnis vor der Aufforderung, der Zuspruch vor dem Anspruch, das Evangelium vor dem Gesetz geschieht, denn die Person Jesu ist der Schlüssel auch zu diesem Gleichnis. Mit dem Satz »es jammerte ihn sein« (V. 33b), den die Evangelisten sonst nur auf Jesus anwenden, läßt Lk durch die Gestalt des Samariters ihn selbst hindurchleuchten; wie ja die alte Kirche das Gleichnis allegorisch auf Christus deutete.

Das NT verknüpft die beiden at. Gebote der Gottes- (Dtn 6,5; 10,12) und der Nächstenliebe (Lev 19,18) in der Person Jesu zum Doppelgebot (Lk 10,25–37; Mt 22,37ff par; vgl. Röm 13,9; Gal 5,14; Jak 2,8): Christus weckt in uns zerschlagenen und elenden Menschen die Liebe zu ihm; und der Ruf »tue desgleichen« fordert ein »Tun«, das geeignet ist, Liebe im Nächsten zu wecken. So wird der landläufige Begriff der Nächstenliebe vom Evangelium gefüllt. Im anderen – sei es Bruder oder Feind, Nachbar oder Gottloser, Helfer oder Bittsteller – begegnet mir Christus, der mich mit seiner Liebe beschenkt und erfüllt, so daß sie auf den anderen überströmt; so wird Nächstenliebe aus den gefährlichen Bereichen neuer Gesetzlichkeit oder hochmütiger Wohltätigkeit unter die Herrschaft der Liebe gerückt, die nimmt und gibt. Sie öffnet ein weites Feld evangelischen Handelns (Eph 4,25ff) und schafft neue Gemeinde und neuen Gottesdienst (Mk 12,28ff nach Hos 6,6). *Falkenroth*

V ZUR VERKÜNDIGUNG

Unsere Vokabeln kennzeichnen eine Beziehung. Diese entsteht hinsichtlich der Blutsverwandtschaft immer, hinsichtlich der Mitmenschlichkeit weit überwiegend ohne die Initiative des einzelnen; er findet sie vor bzw. findet sich in ihr vor. Freunde kann der Mensch wählen und dabei seine Sympathie mitsprechen lassen; Brüder kann er nur suchen oder verlieren, nicht aber sich schaffen. Nächster jedoch ist ihm jeweils der Mensch bzw. sind die Menschen, mit denen er lebt, die ihm begegnen und auf die er zugeht, in welcher Absicht auch immer. Der Blick kann dabei nicht bei den Mitgliedern der eigenen Familie stehen bleiben, da diese in gewissem Sinne Bestandteil des Selbst sind. Die Bewährung der Mitmenschlichkeit beginnt aber erst jenseits des Selbst. So erinnern die Begriffe daran, im anderen nie nur den Partner einer Handlung, sondern den Menschen zu sehen, der immer zugleich Gabe und Frage ist, indem er mein Leben, meine Liebe, Hilfe, Aufmerksamkeit fordert und mich insofern nach der Sinnerfüllung meines Daseins fragt. Menschliche Begegnung aber formt und erfüllt das Leben.

Das Verhältnis zum Bruder bzw. Nächsten ist dadurch charakterisiert, daß ihm die Über- und Unterordnung fehlt oder es jedenfalls nur die Gestalt der gegenseitigen Ehrerbietung hat. Hierdurch unterscheidet sich das Miteinander auf gleicher Ebene von der Beziehung zur älteren Generation (→ Vater) oder zu Vorgesetzten (→ Bischof; → Herr). Um so mehr drückt die Andeutung eines Bruderverhältnisses Jesu zu den Glaubenden seine Solidarität mit ihnen und den qualitativen, wesensmäßigen Wandel ihrer Stellung vor Gott aus.

In christlichen Kreisen ist die Sitte verbreitet, in der Anrede dem Namen des anderen statt des »Herr« ein »Bruder« voranzustellen. Man sollte sich fragen, ob dieser Brauch darstellen kann, was er meint, wenn andere längst auch von Sangesschwestern oder Kegelbrüdern oder auch von Genossen reden und sich so anreden. Das Wort ist ohnehin, abgesehen von seinem Gebrauch in den Gemeinschaften, zu einer Standesanrede innerhalb der Geistlichkeit oder jedenfalls bestimmter Kreise geworden, genau entsprechend seinem Gebrauch in den altkirchlichen Mönchsorden. Bruderschaft will aber gelebt, nicht zugesprochen sein; nur an der Weise des Miteinander ist ablesbar, wie stark der gemeinsame Glaube und die Liebe zu anderen wirklich sind.

→ Erster, Art. πρωτότοκος; → Gemeinschaft; → Kind; → Liebe. *L. C.*

Lit.: RBultmann, Das christliche Gebot der Nächstenliebe, in: Glauben und Verstehen I, 1933, 229ff – HvSoden, Art. ἀδελφός, ThWb I, 1933, 144ff – KBarth, KD I,2 1948[4], 460ff – OMichel, Das Gebot der Nächstenliebe in der Verkündigung Jesu, in: Zur sozialen Entscheidung, 1947, 53ff – CHRatschow, Agape, Nächstenliebe und Bruderliebe, ZST 21, 1950/52 – GEichholz, Jesus Christus und der Nächste, 1952 – JFichtner, Der Begriff des Nächsten im AT, Wort und Dienst NF. 4, 1955 – HGollwitzer, Der barmherzige Samariter, Bibl. Stud. 34, 1959 – HGreeven/JFichtner, Art. πλησίον, ThWb VI, 1959, 309ff – JJeremias, Die Gleichnisse Jesu, 1962[6] – JSouček, Der Bruder und der Nächste, in: Hören und Handeln, Festschr. EWolf, 1962 – FMußner, Der Begriff des »Nächsten« in der Verkündigung Jesu, in: ders., Praesentia Salutis, 1967, 125ff – ANissen, Gott und der Nächste im antiken Judentum, 1974 (= WUNT, 15).

Buch

Das Buch, βίβλος *[biblos]*, ist wie der Brief, ἐπιστολή *[epistolæ]*, die gebräuchliche Form, in der Gedankenzusammenhänge fixiert werden, um so deren Aussagen auch ohne persönliche Gegenwart, ja über den Tod des Autors hinaus, anderen Menschen zugänglich zu machen. Buch und Brief sind ihrem Funktionscharakter entsprechend zum Lesen bzw. Vorlesen, ἀναγινώσκειν *[anaginōskein]*, bestimmt.

βίβλος *[biblos]* Buch · βιβλίον *[biblion]* Buch

βίβλος

I

βίβλος *[biblos]*, abgeleitet von älterer Form βύβλος *[byblos]* und semitischem *gebal, Gubla*, bezeichnet ursprünglich die *Papyrusstaude* bzw. ihren *Bast*, die die Griechen über Byblos in Syrien, wo die Pflanze verarbeitet wurde, kennengelernt haben.

Seit Aischylos belegt, bezeichnet es neben der Grundbedeutung *Papyrus* überhaupt jedes *Schreibmaterial* (Tontafel, Leder, Pergament) und *das* (darauf) *Geschriebene*. Schließlich meint es *die Buchrolle, das Buch, die Schrift*, auch *die Urkunde, den Brief, die Verordnung* usw. In der Koine steht für βίβλος *[biblos]* häufig die Diminutiv-Form βιβλίον *[biblion]*.

Das deutsche Wort *Bibel* geht über das lat. *biblia* auf den griech. Plural τὰ βιβλία *[ta biblia]* zurück.

Schon im Profan-Griech. bezeichnen unsere Wörter in späterer Zeit immer häufiger *das altehrwürdige, heilige Buch* (vgl. zB die Zauberbücher in Apg 19,19). Diesem allgemeinen Sprachgebrauch folgend nennen Josephus und Philo den Pentateuch, die Tora oder das ganze AT ἱεραὶ βίβλοι *[hierai biblioi]* = *heilige Bücher*.

II

Anders ist der at Sprachgebrauch bestimmt. βίβλος *[biblos]* bzw. das in LXX viel häufigere βιβλίον *[biblion]* sind als Übersetzung des hebr. *sefær:*

1) Bezeichnung für jegliches Geschriebene *(Buchrolle, Buch, Schrift, Brief)*, zB ein Kriegstagebuch (Ex 17,14; vgl. Num 21,14), ein Gesetzbuch (Dtn 17,18; vgl. Ex 24,7), einen Privatbrief (2 Sam 11,14), einen Scheidebrief (Dtn 24,1.3; vgl. Mk 10,4), ein Katasterbuch (Jos 18,9), die verschiedensten Königsannalen (1 Kön 15,31) usw. Eine religiöse Bedeutung besteht insofern, als Jahwe Zeuge des Geschriebenen ist und besonders bei Verträgen (→ Bund) über die Durchführung wacht.

2) Im Singular Bezeichnung einzelner at. Schriften (Tob 1,1; 1 Chr 27,24) oder im Plural Bezeichnung von Schriftgruppen des ganzen AT (Dan 9,2; 1 Makk 12,9). Wichtig ist aber in unserem Zusammenhang vor allem der singularische Gebrauch der beiden Wörter zur Bezeichnung des Gesetzbuches, der Tora. Sicher ist dieser Gebrauch in der Sitte begründet, »daß die Tora auf eine besondere Rolle geschrieben wurde« (G. Schrenk, ThWb I,615). Weil diese Torarolle nun Gottes heiligen Willen enthält, so wird βιβλίον *[biblion]* in der LXX zum feierlichen Ausdruck für das *Gesetzbuch* (Dtn 28,58; Jos 1,8). In dieser singularen Zusammenfassung liegen die Wurzeln für den späteren kirchlichen Sprachgebrauch: »die Bibel«.

Ursprünglich standen neben der Tora und den anderen at. Schriften gleichberechtigt auch verschiedene jüngere »Bücher«, bis es am Ende des 1. Jh. nChr zu einem anerkannten abgeschlossenen → Kanon kam. 4 Esra 14,42–47 zählt 94 heilige Bücher, von denen 24 allgemein zugänglich, dh kanonisiert, 70 aber verborgen wurden. Damit kommt das Problem von kanonischen und apokryphen Schriften in Sicht.

3) Auf at. Wurzeln gehen auch jene »Bücher« zurück, von denen dann vor allem in der jüd. Apokalyptik immer wieder die Rede ist. Das B. ist hier Bild für die ewigen Ratschlüsse Gottes über die Zukunft seines Volkes, seiner Welt, seiner Menschen. Es begegnet als B. des göttlichen Weltplanes (vgl. auch Ez 2,8ff), als B. des Lebens (vgl. Ex 32,32ff; Jes 4,3; Dan 12,1; Jub 19,9), als B. der menschlichen Geschichte (so überall schon in der Umwelt des AT, dann Ps 139,16; 56,9) und als Gerichtsbuch (Dan 7,10; Jes 65,6;äthHen 81,4; 89,61–64). Immer sind diese Bücher Ausdruck des souveränen geschichtsmäßigen Wollens und Handelns Gottes. Sie sind keine »Schicksalsbücher«.

III 1a) Wie in der LXX begegnet auch im NT βιβλίον *[biblion]* (34mal) häufiger als βίβλος *[biblos]* (10mal). Auffällig ist das häufige Vorkommen von βιβλίον *[biblion]* in der Offb (allein 23mal; übriges NT nur 11mal). Bedeutungsmäßig gibt es gegenüber dem ProfanGriech. keinen Unterschied.

b) An den at. Sprachgebrauch knüpfen an: Mt 1,1: »das B. der Abstammung« (vgl. Gen 5,1); Mk 10,4: »Scheidebrief« (vgl. Dtn 24,1.3); ferner βίβλος *[biblos]* oder βιβλίον *[biblion]* als Bezeichnung für die Tora (Gal 3,10; Hebr 9,19) oder für andere Schriften des at. Kanons, so Lk 4,17: »und es wurde ihm das B. des Propheten Jesaja gegeben« (Mk 12,26: Pentateuch; Lk 3,4: Jes; Apg 7,42: Amos; Lk 20,42 und Apg 1,20: Psalmen). Auch der vierte Evangelist nennt sein Evangelium βιβλίον *[biblion]* (Joh 20,30; 21,25). In besonderer Weise aber wird vom B. in der Offb geredet, 1,11: das B., in das alles aufgezeichnet werden soll; 5,1ff: das B. mit den sieben Siegeln, es enthält den Weltplan für die Endzeit; 13,8: das B. des Lebens, in dem die Namen derer stehen, die ins ewige Leben eingehen. Wer nicht in diesem Buch steht, kann der Versuchung der Anbetung des Tieres nicht widerstehen (vgl. auch Phil 4,3); Offb 20,12: die Gerichtsbücher. Es ist die Sprache der Apokalyptik, die hier übernommen, inhaltlich jedoch neu bestimmt wird (vgl. dazu bes. Bietenhard, 231–254).

2) Von allen bibl. Büchern gilt, daß sie eine Botschaft enthalten, die Glauben weckt und Glauben fordert. Sie werden nur dort richtig gelesen und verstanden, wo dieser Botschaft geglaubt wird (Joh 20,30f). Aber wenn nun zB der vierte Evangelist in diesem Zusammenhang von seinem B. spricht, dann kommt diesem Sprachgebrauch keine besondere theol. Bedeutung zu.

Das ist anders in der Offb. Wie in der jüd. Apokalyptik, so ist auch hier das B. »Bild für das göttliche Geheimnis, das als fest umrissene Größe kundgemacht und ausgeführt wird« (G. Schrenk, a. a. O., 617). Aber während die Bücher der jüd. Apokalyptiker dem Leser als geheime, für eine spätere Zeit und einen erlesenen Kreis verborgene und versiegelte Offenbarung an einen frommen Gottesmann der Vergangenheit begegnen, gibt der Seher Johannes eine prophetische Botschaft an ihm bekannte Gemeinden seiner Zeit unter eigenem Namen weiter, die diesen in ihrer konkreten Situation Trost und Mahnung sein soll (vgl. z. B. 4 Esra 14, 42–47, wo zugleich das Problem des → Kanons in Sicht kommt; Dan 12,4.9 und Offb 1,11). Inhalt dieser Botschaft sind die Ereignisse der letzten Zeit bis zur Wiederkunft Jesu Christi, der als der Gekreuzigte und Erhöhte am Ende über alle widergöttlichen Mächte triumphieren wird.

Von einer ähnliche B.rolle wie in Ez 2,9f ist in Offb 5,1ff die Rede. Es handelt sich bei diesem Buch, das innen und außen beschrieben und mit sieben Siegeln verschlossen ist, um eine Urkunde, wahrscheinlich ein Testament. Auch hier geht es um das B., das den endzeitlichen Geschichtsplan Gottes enthält. Es ist versiegelt, dh jeder menschlichen Erkenntnis entzogen; und doch liegt es bereit: die Geschichte Gottes mit der Welt ist immer schon entschieden. Nur einer ist würdig, die Siegel zu öffnen und den Geschichtsplan Gottes zu verwirklichen und zu Ende zu führen, der gekreuzigte und erhöhte Christus. Das Bekenntnis zu ihm ist bestimmend für die Geschichtsauffassung der Offb.

Endzeit ist Gerichtszeit. In diesem Zusammenhang nimmt die Offb die Bilder vom B. des Lebens und von den Gerichtsbüchern (Offb 20,12) wieder auf. Im B. des Lebens stehen die Namen derer (vgl. auch Lk 10,20; Phil 4,3), die im Gericht bewahrt bleiben. Es sind die, die überwinden (Offb 3,5) – oder die von Anfang der Welt dazu bestimmt sind (Offb 17,8). Dh aber nicht, daß die Prädestination die Mahnung zum Gehorsam erübrigt. Der Name kann aus dem Lebensbuch getilgt werden. Menschliche Überwindung und göttliche Vorherbestimmung gehören hier zusammen wie der Glaube als Geschenk und als Entscheidung.

U. Becker, Hann.

ἀναγινώσκω *[anaginọskō]* lesen · ἀνάγνωσις *[anagnōsis]* Lesung

ἀναγινώσκω

I ἀναγινώσκω *[anaginọskō]* ist Kompos. von γινώσκω *[ginọskō]* (späte Nebenform zu γιγνώσκω *[gignọskō]*) erkennen (vgl. → Erkenntnis, Art. γνῶσις *[gnọsis]*) und hat zunächst nur verstärkende Bedeutung = *genau erkennen* oder verengende = *wiedererkennen, anerkennen*. Von da aus gewinnt ἀ. meist den spezifischen Sinn von *lesen* oder *vorlesen* (beides fällt insofern zusammen, als in der Antike auch das Lesen für sich selbst nie leise, sondern laut geschah). Besonders in Reden vor Gericht wird ἀ. oft absolut gebraucht als Aufforderung an den Gerichtsschreiber, dem das Vorlesen der Akten oblag. Entsprechend bezeichnet auch das Subst. ἀνάγνωσις *[anagnōsis]* vereinzelt *das Wiedererkennen*, meist *das Lesen* oder *Vorlesen*, bes. in Versammlungen oder vor Gericht.

II Im AT finden wir von früh an bei den großen israelitischen Festen die kultische Verlesung der göttlichen Gebote und Rechtsordnungen (Ex 24,7; vgl. Jos 24,25), während die Geschichtsereignisse offenbar in der Frühzeit erzählt (Ex 15; Ri 5) oder gar dramatisch nachvollzogen wurden (vgl. Ps 68, 25–28). Bei Jeremia ersetzt die Lesung die verhinderte prophetische Predigt (36,5ff), bei Nehemia muß die Lesung durch die levitische Predigt erläutert werden (8,8 Z). Daneben gab es das private Lesen und Meditieren der Schrift, das natürlich den wenigen Lesekundigen vorbehalten blieb, ihnen aber dringend empfohlen wurde (Dtn 17,18f; vgl. Jes 1,8; Ps 1,2).

Im Spätjudentum ist die Lesung selbstverständlicher Bestandteil jedes Gottesdienstes (vgl. Synagogeninschrift zu Jerusalem: συναγωγὴν εἰς ἀνάγνωσιν νόμου »die Synagoge dient zum Lesen des Gesetzes«), steht jedem Gemeindeglied frei (vgl. Lk 4,16ff), ist aber – wenigstens für die Tora, die 5 Bücher Mose – schon früh an eine Perikopenordnung gebunden. Interessant ist hierfür, daß schon LXX begann, den Auftrag Jahwes an seine Propheten, das Wort auszurufen (Jer 3,12; 11,6 u. ö.), mit ἀ. wiederzugeben und damit also auf gottesdienstliches Lesen zu deuten. Die Lesung war auch bei besonderen Anlässen gebräuchlich (zB beim Kampf: 2 Makk 8,23).

III Im NT kommt ἀ. nur in der Bedeutung *lesen, vorlesen* vor (32mal, davon 14mal bei den Synoptikern, 7mal Apg, 9mal Paulus, je 1mal Joh und Offb; das Subst. = *Lesung* 3mal). Meist ist das Lesen des AT gemeint (immer bei Synoptikern, dazu Apg 8,28; Gal 4,21), speziell die Lesung im Gottesdienst (Lk 4,16; Apg 13,15.27; 15,21; 2 Kor 3,14f). Dann wird es für das Lesen eines Briefes gebraucht (Apg 15,31; 2 Kor 1,13; 3,2), bes. für das Vorlesen im Gottesdienst (1 Thess 5,27; Kol 4,16).

Das intensive Lesen der Schrift ist für Jesus Voraussetzung der theologischen Diskussion wie jeglicher Gotteserkenntnis; daher der häufige Vorwurf: »Habt ihr nicht gelesen?« (Mk 2,25; 12,10 u. ö.). Im Grunde stimmt Jesus darin mit dem Judentum überein. Aber beim Lesen des jüd. Volkes verhüllt – wie Paulus es vom AT her verdeutlicht – eine Decke das rechte Verstehen der Schrift (2 Kor 3,14f), da das Lesen ohne eine Bekehrung zu Christus (V. 16) und damit ohne den heiligen Geist (V. 17) geschieht. Ohne die Erleuchtung des Geistes jedoch versteht der Mensch die Schrift nicht (vgl. 1 Kor 2,14). Das Forschen in der Schrift muß zusammengehen mit der Bitte um den heiligen Geist, dann wird dem Lesenden die Schrift (→ γραφή *[graphæ]*) zum Christuszeugnis (vgl. Joh 5,39).

Die Briefe des NT sind von vornherein zur (Ver)lesung im Gottesdienst bestimmt (1 Thess 5,27). Sie sind darin nicht auf die eine angeredete Gemeinde beschränkt (Kol 4,16). Wie bei Jeremia muß die Lesung die apostolische Predigt ersetzen, auf der ja alle Verkündigung aufbaut. Die Epistellesung steht damit gleichrangig neben der Lesung des AT im Gottesdienst.

Blunck

ἐπιστολή

ἐπιστολή *[epistolæ]* Brief · ἐπιστέλλω *[epistellō]* melden, schreiben

I 1) Während das Verbum ἐπιστέλλω *[epistellō]* = *hinschicken, melden, befehlen* die (meist schriftliche) Weitergabe einer Botschaft bzw. eines Auftrages bezeichnet, heißt das, was übermittelt wird (urspr. militärische oder Verwaltungsanweisung), ἐπιστολή *[epistolæ]*, also in der Regel *Brief*.

Mit wachsender Ausbreitung hellenistischer Kultur entwickelt sich eine ganze Skala von Briefgattungen, die vom Privatbrief intimen Charakters über den offenen Brief (vgl. die Lehrbriefe der epikureischen Philosophen) bis zum Kunstbrief (»Epistel« = schöngeistige Abhandlung in Briefform) reicht. Empfehlungsbriefe sind üblich bei Reisen von Philosophen und deren Schülern (Diog. Laert. VII 1,3; 8,87).

2) Der griech. Brief beginnt nach festem Formular (im Gegensatz zur orientalischen Form!) mit einem Satz (Präskript): Der Absender (Nominativ) – dem Empfänger (Dativ) – Gruß! (χαίρειν *[chairein]*), wobei »sagt« bzw. »übermittelt« zu ergänzen ist (Bl.-Debr. § 480). Der Brief schließt mit einem kurzen Abschiedsgruß (Eschatokoll).

II Hebr. Äquivalent zu ἐπιστέλλειν *[epistellein]* in LXX ist *schālach* (= *senden*), zu ἐπιστολή *[epistolæ]* vor allem *igæræt* (vom assyr. *egirtu* = amtliches Schreiben).

1) Vorexilische Briefe sind im AT nur gekürzt wiedergegeben; sie bleiben im Bereich der Korrespondenz von Herrschern untereinander bzw. mit ihren Untergebenen: Konspiratorische Briefe (2 Sam 11,14f; 1 Kön 21,9f; 2 Kön 10,1–6), Schmähbrief (2 Kön 19, 10–13 par), Prophetenwort in Briefform (2 Chr 21,12–15), Huldigungs-Brief (2 Kön 20,12 par), Empfehlungs-Brief (2 Kön 5,6).

Erst in den späten Schriften des AT ist eine umfangreichere Brieflit. bezeugt. Man sieht sich seit dem Exil einerseits durch die Besetzung des Landes zu politischer Korrespondenz mit den ausländischen Herren (vgl. Esr 4,7–6,12; ZusEst 1 und 1 Makk 10,3–8.17–20; 11,29–37; 12,5–23 u. a.), andererseits durch die Diaspora-Situation zu religiös-erbaulichem Schriftwechsel mit den Exulanten genötigt (vgl. den frühen Beleg Jer 29,1–23). In den jüngsten Schriften des AT und den Apokryphen ist dann eine Entwicklung zum Kunstbrief hin feststellbar (so Dan 3,31–4,34; 2 Makk 1; EpJer; OdSal 23,5).

2) Das orientalische Formular des Briefes hat meist ein zweigliedriges Präskript: A.(bsender) schreibt an E.(mpfänger): Möge Dir Heil sich mehren! Das Corpus wird eingeleitet mit: Und nun . . . *(weʿatāh . . .)*.

III ἐπιστολή *[epistolæ]* = *Brief* begegnet im NT 24mal, ἐπιστέλλω *[epistellō]* 3mal, immer in der Bedeutung *schreiben*. Von den 27 Schriften des NT sind 21 eindeutig als Briefe gekennzeichnet. Darüber hinaus findet Briefstil als literarisches Gestaltungsmittel in Offb (ein »Brief« Christi an seine Knechte; 1,1) und Apg (1,1; 23,26–30; auch Lk 1,3f) Verwendung.

1) Es ist nicht zufällig, daß der überwiegende Teil des urchristlichen Schrifttums einer Form der Gelegenheitsliteratur angehört, bestand doch anfänglich infolge der Naherwartung gar nicht das Bedürfnis, Verkündigung und Lehre für nachfolgende Generationen schriftlich zu überliefern. Wohl aber verlangten aktuelle Fragen und Probleme der Missionsgemeinden, die in ständiger Auseinandersetzung mit ihrer politischen und religiösen Umgebung standen, nach Beantwortung und Klärung (vgl. 1 Kor; Röm 13); wohl sah sich der Missionar bei längerer Abwesenheit oder Verhinderung gezwungen, seine Botschaft in Erinnerung zu bringen, zu festigen, weiterzutragen (vgl. die vielen Belege in 2 Kor; Röm 1,13), weil man bis zur Wiederkunft nur noch wenig Zeit zu haben glaubte (1 Thess 2,2f.15).

Mit dem Verblassen der Naherwartung und der Konsolidierung der Kirche entsteht ein neuer Typus des nt. Briefes, der den Charakter einer Epistel hat. Zwei Faktoren bestimmen diese Entwicklung: das Ringen um Tradition und Lehre in der Ketzerbekämpfung (Gnosis!; → Erkenntnis) und das Erfordernis einer Kirchenordnung (→ Kirche; → Presbyter). Neben Sammlungen von Paulus-Briefen (vgl. 2 Petr 3,16; schon 2 Kor ist nach Auffassung vieler eine Zusammenfassung mehrer Briefe) treten nun die anderen Briefe, deren Verf. – verbreitetem stilistischem Brauch der Antike folgend – in Sorge um die Tradition, als deren treue Sachwalter sie sich wissen, meist im Namen einer apostolischen Autorität schreiben (zB sog. Deuteropaulinen, 1 und 2 Petr). Diese Briefe sind allgemein gehalten, belehrend unter Berufung auf die apostolische Tradition bzw. »Lehre Christi« (2 Joh 9), autoritativ mahnend; sie haben entscheidend mitgeholfen, die junge Kirche über eine Zeit äußerer und innerer Bedrohung hinwegzuretten.

2) Paulus ist es, der der Form des nt. Briefes die sowohl originelle als auch richtungweisende Prägung gegeben hat. Dabei bestimmen ihn nicht irgendwelche stilistischen

Gründe, sondern der neue christliche Inhalt selbst. Das Präskript des griech. Formulars (wie es im NT Apg 15,23; 23,26; Jak 1,1 begegnet) wird erweitert, indem an die Stelle des χαίρειν *[chairein]* in Anlehnung an das orientalische Formular ein ausführlicher Gruß gesetzt wird: χάρις ὑμῖν ... *[charis hymin ...]* = Gnade sei mit euch... Die Formulierung des erweiterten Präskriptes bereitet oft schon den Briefinhalt vor (so 1 Kor 1, 1–2; Röm 1,1–6; Gal 1,1–5). Dem Präskript folgen Dank, Fürbitte und Versicherung des Gedenkens (1 Thess 1,2–10; Phil 1,3–11; Röm 1,8–12), bei gegebenem Anlaß in Tadel und Mahnung abgewandelt (Gal 1,6–9). – Der kurze Abschiedsgruß wird zum ausführlichen Segenswunsch. Paulus hat seine Briefe diktiert (Röm 16,22); zur Beglaubigung fügt er oft einen eigenhändigen Schluß an (1 Kor 16,21; Gal 6,11; Phlm 19).

3) Alle echten Paulusbriefe sind auch Briefe im eigentlichen Sinn, dh sie sind aus konkretem Anlaß für einen bestimmten Kreis von Menschen geschrieben (vgl. 1 Kor 16, 5–19). Oft liegen Anfragen der Gemeinde vor (so deutlich 1 Kor). Aber zugleich bestimmt der dienstliche und autoritative Zug, wie er bereits sprachlich den Worten ἐπιστολή *[epistolæ]* und ἐπιστέλλειν *[epistellein]* anhaftet (vgl. neben I und II die Belege aus Apg), so auch die Briefe des Paulus. Ganz von der Verkündigung und seinem apostolischen Amt her geprägt, sind sie doch alle offene, »amtliche« Briefe, dh sie sind zum Vorlesen im Gemeindegottesdienst und Weiterreichen vorgesehen (1 Thess 5,27).

Nur an einer – allerdings zentralen – Stelle wird ἐπιστολή *[epistolæ]* in einem übertragenen Sinn verwendet: 2 Kor 3,2f. Denkt man an die Technik des Briefdiktates (langsames Schreiben auf rauhem Papyrus mit zähflüssiger Tinte, vorauseilende gedankliche Konzeption des Diktierenden; s. Roller, S. 7), darf man annehmen, daß in diesem Abschnitt zwei Bilder, die sich je aus dem bereits geschriebenen bzw. konzipierten Kontext ergeben, in schrittweiser Erläuterung miteinander verflochten werden. (Ganz ähnlich 1 Kor 3,9.)

Das erste Bild: Ihr seid unser Brief! bezieht sich auf die unmittelbar davor erwähnte Praktik seiner Gegner (christlich-gnostische Wanderpropheten, von Paulus verächtlich mit πολλοί *[polloi]* = viele [2,17] und τινές *[tines]* = gewisse Leute [3,1] bezeichnet), sich durch Empfehlungsbriefe von den Gemeinden ihre ἱκανότης *[hikanotæs]* = Tüchtigkeit bescheinigen und dementsprechend auch bezahlen zu lassen (2,17)! Mit »Tüchtigkeit« ist wohl ihr Können im Blick auf ihr Auftreten, ihre Rhetorik wie auch auf das Mirakulöse und Mitreißende ihrer Botschaft gemeint (vgl. 1 Kor 1,26–29; 2,1f). Paulus weist sie schroff zurück. Er hat seine »Tüchtigkeit« von Gott und nur in der Gestalt des Dienens (3,6). Die → Gemeinde selbst in ihrer geistlichen und geschichtlichen Existenz ist sein Empfehlungsbrief, dessen Verfasser der erhöhte Herr ist, geschrieben mit dem »Geist des lebendigen Gottes«, dh mit erfahrener und gelebter Freiheit unter der Herrschaft Christi (3,17). Paulus ist nur der Sekretär (3,3 διακονηθεῖσα *[diakonætheisa]*), unter dessen schwacher Assistenz Gemeinde entsteht und lebt, das Wunder einer Neuschöpfung geschieht (5,17).

Damit drängt sich das zweite Bild auf: »... in unser Herz geschrieben, ... nicht auf steinerne Tafeln, sondern auf fleischerne Tafeln des Herzens!« Es bereitet in Anlehnung an Ez 11,19; Jer 31,39 das Thema des unmittelbar folgenden Abschnittes vor: Buchstabe (Alter Bund; → Bund; → Schrift, Art. γραφή) – Geist (Neuer Bund; → Geist). Die Gemeinde des Neuen Bundes hat ihre Beglaubigung in ihrer geistlichen Existenz selbst, in der das e i n e Evangelium vom Kreuz aller Selbstherrlichkeit und zügellosen Spekulation ein Ende macht, in der der Gekreuzigte als der Erhöhte allein Herr ist und als der kommende Richter erwartet wird (1 Kor 2,2; 2 Kor 5,10.15). – Im tiefsten Kern geht es 2 Kor 3,2f um das, was Calvin das testimonium Spiritus Sancti internum (die innere Selbstbezeugung des Heiligen Geistes) nennt (vgl. 1 Kor 2,14–16). Liest man den »Brief« = Gemeinde nicht geistlich, so stellt man nur das rein faktische äußerliche Bestehen fest. Darum darf das »gekannt und gelesen von allen Menschen« (V. 2) nicht zu hoch bewertet werden. Entzogen jeder »fleischlichen« Sicherung oder Beweisbarkeit geht es doch im Glaubenskampf der Gemeinde um Entscheidungen über Leben und Tod, Heil und Unheil (2,15f).

Das Wissen um diese Zusammenhänge gibt der Polemik des Paulus ihren Ernst und ihre Entschiedenheit. *Finkenrath*

V ZUR VERKÜNDIGUNG

Man nennt das Christentum eine »Buchreligion«, weil seine Lehre nachprüfbar und definitiv schriftlich niedergelegt ist. Allerdings wird der Bibel in den Konfessionen eine unterschiedliche Stellung eingeräumt. Während in der römisch-katholischen Kirche neben der → Schrift eine noch stets nicht abgeschlossene Tradition als Quelle und Richtschnur des Glaubens fungiert, ist für die Evangelischen – dem Dogma nach – die Tradition mit der Kanonisierung der biblischen Schriften (→ Kanon) abgeschlossen und gilt allein die Bibel als Norm des Glaubens. Dogma und Wirklichkeit fallen hier jedoch auseinander; es ergibt sich die Frage, ob nicht vieles, was für rein biblisch gehalten und als solches verteidigt wird, dem kritischen Blick als Projektion eigener Vorstellungen, Erfahrungen, Grundsätze oder Wunschbilder erscheinen muß. Die evangelische Berufung auf das Wort allein unter Verwerfung der Traditionsauffassung Roms wird sich fragen lassen müssen, ob nicht das eigene Verständnis biblischer Aussagen ebenso durch eine ungeschriebene Gruppentradition bestimmt und begrenzt wird wie das katholische durch die päpstlichen Dekrete und Enzykliken; anders gesagt, ob nicht die Lehre einzelner Reformatoren bzw. das, was man dafür hält, dazu durch Erlebnisse und Erfahrung geprägte Maßstäbe meist nicht-theologischer Art eine Prägekraft entfalten, die der katholischen Traditionsauffassung zumindest nicht nachsteht.

Man sollte auch wohl vorsichtig sein, die Auseinandersetzung um die Bibel, dh darum, inwiefern sie als Wort Gottes zu gelten hat, als einen Streit zwischen Theologie und Gemeinde oder zwischen Unglauben und Glauben zu betrachten; wenn auch bisweilen die Front tatsächlich so verläuft, so sind doch in erheblichem Maße andere Motive bestimmend. Zum Beispiel steht das ungeschmälerte Vertrauen in die bewahrende und erweckende Kraft bestimmter in der Vergangenheit gewachsener Ausdrucksformen, in dem eine bestimmte Sprach- und Vorstellungswelt als Kennzeichen der Rechtgläubigkeit gilt, gegen eine Strömung, die das Wagnis neuer Perspektiven, damit aber auch neuer Sprach- und Denkformen in einer von der Technik bestimmten Zeit bewußt übernehmen will und nicht länger glaubt umgehen zu können. Wenn man nun das allmähliche Wachsen des → Kanons und die menschliche Seite der Entstehung der Bibel ernsthaft in Rechnung stellt, so steht die Vorstellung einer Verbalinspiration dem Verstehen der Botschaft eher im Wege, als daß sie den Zugang erschlösse, weil sie den Akt der Schriftwerdung des Zeugnisses formal dogmatisch normiert und damit die Beobachtung der geschichtlichen Offenbarung Gottes versperrt. Sie meint, die Erkenntnis Gottes sichern zu können durch eine Heiligsprechung der menschlichen Form der Bibel, und es ist zu fragen, ob sich darin nicht ganz ähnliche Tendenzen zeigen wie in der Entwicklung des Marien-Glaubens und -Kultes.

Wenn es nämlich in der Bibel wie in der → Verkündigung um die bezeugende Weitergabe des durch den → Geist bekräftigten Wortes Gottes geht, dann wäre das Wort der Bibel doch Mittler und Wegweiser zu dem einen Fleisch gewordenen Wort Gottes, dem Christus Jesus. Die Bibel gewönne so ihren funktionalen Charakter zurück, Brücke zwischen Gott und dem Menschen zu sein, freilich die einzige und richtungweisende Brücke; über sie und in der von ihr bestimmten Richtung hätte alle mündliche Verkündigung und weitere Bezeugung zu gehen. Es ginge dann nicht um den Glauben an die Bibel, sondern um den Glauben an den Sohn Gottes nach der Bibel. So wie die Zeugen der Schrift ihn in ihrer Sprache bezeugen, will der lebendige Herr heute bezeugt werden und den Menschen begegnen. Und es ist derselbe → Geist, der seine Spur in dem Buche eingegraben hat und der durch dieses Buch heute Menschen zur Bekundung des Evangeliums inspiriert; er macht je neu für das von ihm erschlossene Herz das Menschenwort zum Gotteswort. Er allein, nicht eine bestimmte Sprache oder Methodik.

→ Lehre; → Schrift; → Verkündigung; → Wort; → Zeugnis. *L. C.*

Lit.: zu βίβλος: PGlaue, Die Vorlesung heiliger Schriften im Gottesdienst, 1907 – RBultmann, Art. ἀναγινώσκω, ThWb I, 1933, 347ff – GSchrenk, Art. βίβλος, ThWb I, 1933, 613ff – HBietenhard, Die himmlische Welt im Urchristentum und Spätjudentum, WUNT 2, 1951 – HStoebe/ENestle, Art. Bibelkanon, EKL I, 1956, 448ff – AJepsen/RMeyer/WGKümmel, Art. Bibel, RGG I, 1957[3], 1123ff (dort Lit.) – ELohse, Die Offenbarung des Johannes, NTD 11, 1960[8], 1ff – HPope/SBullough, Art. Bibel, BHHW I, 1962, 240ff;

zu ἐπιστολή: GBeer, Zur israelisch-jüdischen Briefliteratur, 1913 – ORoller, Das Formular der Paulinischen Briefe, 1933 – WStraub, Die Bildersprache des Apostels Paulus, 1937, 82f – EKäsemann, Die Legitimität des Apostels. Eine Unters. zu 2 Kor 10–13. ZNW 41, 1942, 58ff – JSchneider, Art. Brief, RAC II, 1954, 564ff – ELohmeyer, Briefliche Grußüberschriften, in: Probleme paulinischer Theologie, 1955, 7ff – EFascher, Art. Briefliteratur, RGG I, 1957[3], 1412ff – WGKümmel, Art. Paulusbriefe, RGG V, 1961[3], 197f – DGeorgi, Die Gegner des Paulus im 2. Korintherbrief. Stud. z. religiösen Propaganda in der Spätantike. 1964, 246ff – KHRengstorf, Art. ἐπιστέλλω, ThWb VII, 1964, 593ff – WGDoty, Letters in Primitive Christianity, 1972.

Bund

In dieser Gruppe sind jene Begriffe zusammengefaßt, die zur Umschreibung der Beziehung zwischen Gott und den Menschen dienen, und zwar unabhängig von ihrem tatsächlichen Gewicht. Seit dem AT zentraler, wenn auch nicht in allen Kreisen der Christenheit gleich bewußter Begriff ist der Bund, die διαθήκη *[diathæ̣kæ]*; in unserem Bewußtsein werden ihm für gewöhnlich der Mittler (μεσίτης *[mesịtæs]*) und der Bürge (ἔγγυος *[ẹngyos]*) zugeordnet.

διαθήκη *[diathæ̣kæ]* Bund

διαθήκη

Der Begriff **διαθήκη** *[diathæ̣kæ]*, im Griech. seit Demokrit und Aristophanes bezeugt, erschließt sich nicht vom aktiven διατίθημι *[diatịthæmi]* = *auseinanderlegen, verteilen, einrichten*, sondern nur vom medialen διατίθεμαι *[diatịthemai]* her. Es bedeutet *verfügen* über Menschen und Sachen (Xenophanes), bes. aber *testamentarisch verfügen* (privatrechtliche Papyri). Gemeint ist also eine *unumstößliche*, von niemandem rückgängig zu machende *Bestimmung*; Voraussetzung ihrer Rechtswirksamkeit ist der Tod des Verfügenden. διαθήκη *[dithæ̣kæ]* muß deshalb klar unterschieden werden von συνθήκη *[synthæ̣kæ]* = *Vertrag*, dem die Vorstellung gemeinsamen Handelns mit wechselseitiger Verpflichtung zweier Partner zugrunde liegt; δ. findet sich in diesem Sinne nur 1mal (Aristophanes, Aves 440), sonst immer als einseitige Bestimmung. I

1) Das Wort διαθήκη *[diathæ̣kæ]* ist nun in der LXX überwiegend für den hebr. Begriff $b^{e}rit$ = *Bund* (270mal) eingetreten, der im AT einheitlich für eine große Zahl verschiedenartiger Beschlüsse gebraucht wird. Unter den Begriff $b^{e}rit$ fallen zB.: II

a) ein B. zwischen zwei Freunden (1 Sam 18,3), der sich aber durchaus in Rechtskategorien bewegt (1 Sam 20,8); der B. zweier Herrscher zur Abgrenzung ihrer Interessensphäre (Gen 21,22ff; 26,26ff; 1 Kön 5,26) und zum Geschäftsabschluß (1 Kön 20,34); die $b^{e}rit$ zweier Könige, die natürlich auch deren Völker umgreift; auch zwei Stämme können einen B. schließen (Jos 9,15f), ja es ist ein B. Israels mit seinen Sklaven möglich (Jer 34,8ff).

b) Ein wenig anders liegen die Dinge, wenn ein König mit seinen Untertanen einen B. schließt (1 Kön 11,4), oder wenn durch einen B. die eine Seite zum Untertan der anderen gemacht wird (1 Sam 11,1); der Untertanen-B. Abners mit David (2 Sam 3,12ff) hat über die private Unterordnung hinaus von vornherein das Ziel (V. 21!), ganz Israel dem König untertan zu machen (2 Sam 5,3).

c) Von ganz ähnlicher Art sind Jahwes B.esschlüsse mit Noah (Gen 6,18), Abraham (2 Kön 13,23) oder David (Jer 33,21). Der B. erstreckt sich hier ausdrücklich auch auf die Nachkommen (Gen 9,8ff; 15,18; vgl. 2 Sam 7,12ff) und wird B. mit Israel (Ex 6,4f). Doch kann er auch umgekehrt als B. Israels mit seinem Gott (Jer 50,5) oder als B. mit Jerusalem (Ez 16,8) verstanden werden. Während für die unter a) genannten B.esschlüsse im Griech. eigentlich die Wurzel συνθήκη *[synthæ̣kæ]* (s. o. I) stehen müßte, wird in dem eben genannten Zusammenhang $b^{e}rit$ meist verstanden als Verfügung des einen für die vielen (Gen 9,12; 17,7ff; Jer 31,31ff; u. a.), also tatsächlich dem Gehalt von **διαθήκη** *[diathæ̣kæ]* entsprechend. Doch gibt es daneben so eigenartige Bünde wie den Jahwes mit Tag und Nacht (Jer 33,25) oder den Jerusalems mit dem Tod (Jes 28,14ff).

d) Die früher versuchte Unterscheidung von religiösem und profanem B. scheitert an der angedeuteten Vielfalt der B.-Vorstellungen, an der trotzdem immer gleichen Terminologie bei all diesen B.esschlüssen und schließlich daran, daß selbst der »profanste« B. die Zeugenfunktion Gottes kennt (Gen 31,44ff; 1 Sam 23,18), während auch im »religiösesten« B. noch Jahwe einem bundesstiftenden Großkönig vergleichbar bleibt. Eine Trennung zwischen religiösem und profanem Bereich ist eben für das AT gar nicht denkbar.

2) So hat man denn gefragt, ob sich nicht wenigstens eine ursprüngliche eindeutige B.esvorstellung erheben lasse, aus der sich die anderen entwickelt hätten. Aber statt einer Antwort erhielt man vier verschiedene: Sah Pedersen die Grundform darin, daß die B.espartner sich auf die gleiche Ebene miteinander stellen, so Begrich gerade umgekehrt darin, daß ein Mächtiger einem Schwachen den B. gewähre; sah Mendenhall den religionsgeschichtlichen Hintergrund in den hethitischen Souveränitätsverträgen und meinte daher, im Vertraglichen das Wesentliche des B. zu erkennen, so wies Noth auf neueste Textfunde hin, die erkennen lassen, daß ein Dritter zwischen den B.espartnern die *b^erit* vermittelt. Keine dieser Grundformen läßt sich absolut setzen, keine erweist sich als erst später zugekommen (Gottes B. und Volksb. in Ex 34; Bund einzelner und Königsvertrag in 2 Sam 3). Eine einheitliche Grundform ist also bisher nicht erkennbar.

3) Da aber nichtsdestoweniger alle diese Vorstellungen unter den gleichen Begriff *b^erit* fallen, mußte sich eine Gemeinsamkeit jenseits der schon genannten Unterschiede finden lassen. Bestand sie auch weder hinsichtlich des Verhältnisses der Partner noch bezüglich des Vertragsinhaltes, so gelang doch wenigtens der Nachweis eines jeweils gleichen Ablaufes der B.esschlüsse (Baltzer). Sechs wesentliche Teile sind es demnach, die zum B.esformular gehören: a) die Präambel mit den Namen der Beteiligten, b) die Vorgeschichte des jetzigen B.esverhältnisses, c) eine Grundsatzerklärung über die weiteren Beziehungen der Partner, d) Einzelbestimmungen für das neue Verhältnis, e) die Anrufung der beiderseitigen Götter zu Zeugen und f) Fluch und Segen. Da diese Form von Baltzer bis in die Qumranschriften, ja bis ins NT hinein und über dieses hinaus nachgewiesen werden konnte, erweist sich damit mindestens formal der B.esgedanke als ein grundlegendes Strukturelement des biblischen Denkens wie der nationalen Existenz Israels.

4) Vom B.esgedanken aus zeigt sich die Zusammengehörigkeit sehr verschiedenartiger Elemente der at. Überlieferung: die Präambel gemahnt an die Selbstvorstellungformel Jahwes (zB Ex 20,2), die wie im B.esformular gefolgt ist von einem Geschichtsrückblick. Von hier scheint das einzigartige Interesse Israels an seiner Geschichte auszugehen, die als Jahwes Geschichte mit ihm Bundesgeschichte und insofern Heilsgeschichte ist. Im dritten Teil klingt mehr oder weniger deutlich an, was als Heilsankündigung bei DtJes seinen klarsten Ausdruck gefunden hat, nämlich die Zusage göttlicher Treue und göttlichen Friedens (Jes 54,10; 55,3). Da diese Zusage auch durch den Ungehorsam des Volkes nicht aufgehoben werden kann, Gott sich also gebunden und der Willkür abgesagt hat, ist hier »die Grundlage für ein Evangelium gelegt« (Quell, ThWb II,126). Gerade ein Vergleich dieser B.esverheißungen und natürlich derjenigen von Jer 31 – etwa mit dem Formular des Sinai-B.es – läßt erkennen, daß die Gesetzesbestimmungen im vierten Teil nicht im Sinne einer vorgängig zu erfüllenden Verpflichtung zu verstehen sind, denen der Lohn für die Leistung zu folgen hat (so am stärksten Lev 26,15f; Dtn 31,20), sondern als Ordnung des durch Gottes B.esstiftung neu ermöglichten Lebens (vgl. dazu Gen 9,9; 15,13ff und Jer 31,31). Wie in Dtn 26 gehören also der Rückblick auf die Erfahrung der eigenen Geschichte und das Gesetz als Weisung in ein neues Leben zueinander.

5) Im Verhältnis der B.espartner zueinander entsprechen sich weiterhin die *chæsæd* = *Bundestreue* Gottes (die von 1 Sam 20,8 her durchaus als bewahrendes Handeln verstanden werden muß) und das Gedenken der Menschen an den B., das sich in konkreten Taten manifestiert (Ps 103,17f). Beide Partner – Jahwe und das (nur in Einzelpersonen repräsentierte) B.esvolk – stehen sich in der *b^erit*, also im aktiven Verhältnis einer wirklichen Lebensgemeinschaft (Pedersen) gegenüber, wie sie auch gemeinsam am B.esmahl Anteil haben (Gen 31,54; Ex 24,9ff); daß dies auch die Gemeinschaft der einzelnen stärkt, liegt auf der Hand (κοινωνία *[koinōnia]* → *Gemeinschaft*). Gerade diese Beobachtung aber läßt nicht zu, den B. oder auch nur die B.eserneuerung unter das (bloß) Kultische einzureihen. Wohl läßt sich kaum bestreiten, daß er auch im Kult (Ps 50), bes. etwa in Sichem (Jos 23f; der Zusammenhang mit dem dort vormals verehrten B.esbaal ist unklar: Ri 8,33; 9,4) seinen Ort hatte; doch gehört der B. primär in das tägliche Leben der Stämme des B.esvolkes hinein, das er im Gegenteil immer mehr »entkultisiert« zu haben scheint (beachte den Zusammenhang von B.estheologie und Profanierung des Lebens im Dtn!). Denn der Kult konnte gerade nicht den Bestand eines heilen, ewigen B.es garantieren, sondern Jahwe allein konnte als Stifter dieses Bundes dessen Bestand und damit zugleich den sinnvollen Gehalt des Kultes verbürgen. Nur er konnte auch den durch menschlichen Ungehorsam gebrochenen B. erneuern.

Von hier aus wird verständlich, warum für viele Propheten der B.esgedanke ganz zurücktritt gegenüber dem Ruf zum Gehorsam. Der erste Jesaja zB vermeidet – offenbar bewußt – den Begriff *b^erit* fast ganz (Ausnahme 24,5; 33,8 und der schon erwähnte B. mit dem Tode Jes 28,15.18), während Hosea – wohl die Gefahr einer einseitigen Berufung auf den Rechtscharakter des B.es spürend – das Verhältnis Gottes zu seinem Volk lieber durch das Bild der Ehe beschreibt (*b^erit* nur als gebrochener B. 6,7; 8,1; als Bündnis 10,4; 12,2) und Jeremia die Erwartung eines ganz anderen neuen B.es für den zerbrochenen betont (Kap. 31). Seine Kontinuität mit dem alten liegt allein bei Jahwe; aber er ist darin völlig anders, daß an die Stelle der Gehorsamsforderung die direkte Wirkung Gottes am menschlichen Herzen durch seinen Geist tritt. Hier wird zugleich die Tiefe des Bruches sichtbar und öffnet sich die Perspektive zum NT hin.

6) Die für das AT charakteristische Wendung *kārat b^e^rit* = *einen B. schneiden* (wohl von Gen 15,9ff; Jer 34,18 her zu erklären) ist in der LXX wiedergegeben worden durch den Ausdruck διαθήκην διατίθεμαι *[diathækæn diatịthemai]* = *eine diathækæ festsetzen*. Entsprechend dem griech. Verständnis des Wortes διαθήκη *[diathækæ]* erscheint der B.esschluß damit nicht mehr als ein Vorgang zwischen zwei gleichberechtigten Partnern, sondern als exklusive göttliche Verfügung, die der Mensch nur so, wie sie gesetzt wurde, annehmen kann. Allerdings kann die LXX sich dabei auf die seit dem Exil häufiger begegnende hebr. Ausdrucksweise *heqim b^e^rit* = *eine b^e^rit setzen* stützen. In diese Richtung gehen die Apokryphen weiter, von wo aus dann Philo zu allegorischer Auslegung des Testamentsgedankens, die Rabbinen zur Einengung des B.es im Sinne eines absoluten Gesetzes fortschreiten.

Besonders aber die Gemeinde von Qumran legt dem B.esgedanken große Bedeutung bei. Sie sah die Verheißung des neuen B.es aus Jer 31 in ihrer Mitte verwirklicht und nennt sich selbst den »neuen B. im Lande Damaskus« (CD VI,19). Während jedoch der Sinai-B. dem ganzen Volk galt, verstehen sich die Frommen von Qumran als dessen heiligen Rest, als die reine eschatologische Gemeinde der Heilszeit. Daher erklären sich die strengen Aufnahmebestimmungen und die Bindung an die »Satzungen des B.es« (das Gesetz in der qumranischen Auslegung), die für diese Gemeinde charakteristisch sind. Die eschatologische Spannung im B.esdenken der Sekte unterscheidet sie bes. von den Rabbinen, die den B. – ihn mit der Beschneidung gleichsetzend – durch die strenge Einhaltung der mosaischen Gesetzesvorschriften garantiert sehen, und die die Erfüllung von Jer 31 erst in der Zukunft erwarten.

Gegenüber den fast 300 Belegen für den Begriff *Bund* im AT fällt die geringe Verwendung III des Wortes διαθήκη *[diathækæ]* im NT (33 Stellen) auf. Von diesen wenigen Belegen entfällt fast die Hälfte auf Zitate aus dem AT, und weitere fünf Belege weisen deutlich auf Aussagen des AT zurück. Die verbleibenden eigenständigen Belege finden sich fast ausschließlich im Hebr, ganz vereinzelt bei Paulus (nicht Pastoralbriefe!) und in Apg, nie in den Johannesschriften.

Dem ganz entsprechend kommt das nur medial gebrauchte διατίθεμαι *[diatịthemai]* = *anordnen, verfügen* nur in den lukanischen Schriften (2mal) und im Hebr (4mal) vor, stets in deutlichem Rückverweis auf das AT. Da, wo bei beiden auch einmal die Bedeutung *Testament* aus dem Griechentum mit hereinspielt (Hebr 9,16; vgl. Gal 3,15), erkennt man deutlich die Absicht, den Griechen dabei die at. Begrifflichkeit zu illustrieren; bei Paulus ist dies sogar ausdrücklich ausgesprochen.

Doch täuscht diese Statistik insofern, als die Frage nach dem B. im NT sich nicht allein am Begriff orientieren kann, sondern stets den ganzen theologischen Komplex, bes. aber auch das B.esformular in seinen Teilen im Blick behalten muß. Drei große Problemkreise ergeben sich damit, die hier zu behandeln sind: Einmal das Abendmahlsproblem, dann die paulinische Frage nach dem Zusammenhang der christlichen Gemeinde mit dem Gottesvolk Israel und schließlich die Frage nach der B.es-Theologie des Hebr.

1) In allen vier Abendmahlstexten des NT nimmt der Begriff διαθήκη *[diathækæ]* eine zentrale Stellung ein (1 Kor 11,25; Mk 14,24; Mt 26,28; Lk 22,20), und zwar jeweils im Kelchwort (und nur dort). Dabei haben allerdings Paulus und Lukas das Wort B. durch das Adj. »neu« qualifiziert und ihm damit einen besonderen Akzent verliehen, der die sprachliche Zusammengehörigkeit mit dem Blut nicht mehr so deutlich erkennen läßt wie die ursprüngliche (bei Mk und Mt noch vorhandene) reine Formel »Blut des B.es«. Fraglos aber muß die Übernahme dieser Formel wie der Terminologie vom »Vergießen« bzw. »Ausgießen« des Blutes als Hinweis auf das B.es-Blut des AT (Ex 24,5ff u. ö.) und damit überhaupt auf den B. verstanden werden, den Jahwe mit Israel geschlossen hat. Das heißt aber, daß in der christlichen Verkündigung und Bezeugung das Werk Jesu nach seinem eigenen Wort als Aufnahme und Erfüllung der B.esaussagen des AT erkannt wurde; Schniewind konnte deshalb mit Recht darauf hinweisen, daß »Jer 31,31–34 . . . in allen Fassungen des Kelchwortes durch(-klingt)« und sich darin also die Erfüllung der prophetischen Verheißung manifestiere.

Wenn der Begriff B. (διαθήκη) dabei nicht so häufig auftaucht, wie man vermuten sollte, so hat das seinen Grund darin, daß sein Gehalt von den Aussagen über das → Reich Gottes (βασιλεία *[basilẹia]*) aufgenommen worden ist. Sprachlich ist das vielleicht am deutlichsten

Lk 22,29 in der Wendung διατίθεμαι ... βασιλείαν *[diatịthemai ... basilẹian]*, die genau der Formel διατίθεμαι διαθήκην *[diatịthemai diathækæn]* entspricht. Neuer B. und Reich Gottes sind Korrelatbegriffe.

Während im AT das Gemeinschaftsmahl dem B.esvollzug (durch das Besprengen des Volkes mit Blut nach seinem Gelöbnis Ex 24,8ff) folgt, weil der B. hier mit einem schon einheitlichen Volk geschlossen wird, so kann im NT natürlich kein solches einheitliches Volk vorausgesetzt werden. Das neue Gottesvolk entsteht vielmehr erst aus dem, was bis dahin nicht Volk war (Röm 9,25; 1 Petr 2,11 nach Hos 2,25), aus den »Vielen«, die durch Wort und Geist Jesu der sühnenden Kraft seines Blutes teilhaftig werden (Mt 20,28; Mk 10,45). Und das gemeinsame Mahl, in dem die durch die Verkündigung erschlossene Gemeinschaft der Christen sich bildet und Ausdruck findet (1 Kor 10,16b; Apg 2,46), wird hier nun zum ersten Teil des Herrenmahles.

Wie zum alten B. Fluch und Segen gehören, findet sich der Fluch auch im neuen B. angedeutet (1 Kor 11,27ff; vgl. 12,3); und wie man den alten B. nur halten kann, wenn man von seiner Ordnung weiß, so soll auch im Abendmahl die Wiederholung ausdrücklich zur Erinnerung erfolgen (ἀνάμνησις *[anạmnæsis]* 1 Kor 11,25). Und wenn wenig später ganze, von der Abendmahlstheologie her geprägte, urchristliche Schriften wie die Didache den Aufbau des B.esformulars zeigen (Baltzer 132), so entspricht das nur dem schon hier deutlichen Zusammenhang.

2) Die paulinische Stellung zum alten Gottesvolk ist nicht einfach darzustellen.

a) Paulus selbst kann ja hier angesichts der Ablehnung Jesu durch die Juden und ihrer Feindschaft gegenüber dem Evangelium und der Gemeinde nur noch von einem μυστήριον *[mystærion]* = *Geheimnis* reden (Röm 11,25), und er tut dies »in großer Betrübtheit und beständigem Schmerz« (Röm 9,2). So zutiefst ist er von diesem Thema bewegt, daß seine gesamte Darstellung der durch Christus geschenkten Gerechtigkeit Gottes (Röm 1–8) notwendig hinausläuft auf eine Darstellung der unbegreiflichen Verstockung Israels, die dennoch nach Gottes Willen zum Heil führen soll (Röm 9–11; bes. 11,11ff), und mündet in den Preis dieser unauslotbaren Tiefe göttlichen Tuns (Röm 11,33ff). Dabei stützt sich Paulus darauf, daß Israel trotz seiner Ablehnung und Untreue den B. Gottes nicht aufheben konnte; er weiß auch um die in der Einheit des Berufenden begründete, unaufhebbare Gemeinschaft zwischen Israel und der Kirche, dh also darum, daß Gottes Volk fortan die Gemeinde und Israel umschließt.

b) In diesem Licht betrachtet Paulus die Tatsache, daß ein Teil Israels verstockt ist (Röm 11,25), und zwar, wie bes. das τῷ Ἰσραὴλ γέγονεν *[tō Israæl gẹgonen]* = *es ist Israel geschehen* zeigt, durch Gottes Willen verstockt ist. Da Gott in seinem B. Israel die volle Sündentilgung verheißen hat, also alle Hindernisse zwischen Gott und Mensch restlos beseitigt werden sollen (das will der Schriftbeweis Röm 11,26f aufzeigen), muß die Erfüllung dieser B.esverheißung noch ausstehen, solange das Hindernis der Verstockung noch besteht. Da aber Gottes B. so weder zur vollen Auswirkung gekommen noch aufgehoben oder gar von Gott bereut ist (Röm 11,29), wird auch an dem Rest Israels die Verheißung erfüllt werden.

c) Um dies noch verständlicher zu machen, greift Paulus in Gal 3,15 den griech. Brauch des unumstößlichen Testamentes auf: Wenn schon ein solches menschliches Testament nicht ungültig gemacht werden kann, wieviel weniger der Gottes-B. mit Israel (V. 17), durch den dieses so unvergleichliche Vorzüge hat (Röm 9,4f), deren sich auch der Christ Paulus nur immer wieder rühmen kann (Röm 11,1; 2 Kor 11,22; Phil 3,5)!

Ist der B. Gottes mit Abraham, der in der Verheißung besteht, endgültig in Kraft gesetzt (Gal 3,16), so kann nicht ein erst zwischeneingekommenes (Röm 5,20), dh verspätet hinzugetretenes (Gal 3,17) Gesetz diese Verheißung eingeschränkt oder aufgehoben haben. Dabei meint Paulus hier wohl nicht das Gesetz, das nach at. Verständnis wesensmäßig zum B. gehört und von ihm aus als Ordnung verstanden werden muß (s. o. unter II,4), also so wenig in Gegensatz um Gnaden-B. gebracht werden darf wie überhaupt das AT zum NT; er denkt vielmehr an das spätjüd.-rabbinische, ganz isoliert verstandene, absolute Gesetz (s. o. II,6). Diese Summe uneinsichtiger, einfach nur zu erfüllender Ordnungen ist durch Christus abgetan (Röm 10,4), gerade weil sie nur παιδαγωγός *[paidagōgos]* = *Zuchtmeister* war bis hin zu Christus (Gal 3,24). Das göttliche Gesetz selber ist nicht schlecht, sondern heilig, gerecht und gut (Röm 7,12). Aber es gehört zum B. vom Berg Sinai (Gal 4,24), nicht zum Abraham-B. (Gal 4,23 in dem Bild von den beiden Söhnen, die zwei Bünde darstellen); darum kann es nicht das Heil schenken. Wer an ihm festhält, bleibt Kind der Knechtschaft (V. 25); die Christen aber sind als Kinder der Verheißung (V. 26ff) frei und ohne Unterschied Christus zugehörig (Gal 3,26ff).

3) Steht der B.esgedanke hier im Zusammenhang mit dem → Gesetz, der → Verheißung und dem Gottesvolk, so findet sich doch erst im Hebr-Brief (17 Belege für διαθήκη *[diathækæ]!)* eine ausgearbeitete Bundes-Theologie. Da »das Hohepriestertum Christi der beherrschende Hauptgedanke der Christologie« des Hebr ist, muß er auch den neuen B. – seiner Vorliebe für »Reinigung, Heiligung, Vollendung«, aber auch Opfer, Sühne und Blut entsprechend – unter kultischen Aspekten darstellen (Zitate: Kümmel, Einleitung 285). Er stellt in klarer Ordnung den neuen B. dem alten gegenüber: Der neue ist der bessere B. (7,22 κρείττων *[kreittōn]* typisch für Überbietung; vgl. Michel 188), dessen Bürge und Mittler Jesus geworden ist (8,6; 12,24) durch seinen Tod zur Erlösung von den Sünden des alten B.es (9,15 zentral). Gerade auf dem Hintergrund dieses Makels ist für Hebr die prophetische Verheißung von Jer 31,31ff wichtig, die zweimal (8,8ff; 10,16f) ausdrücklich zitiert wird und von der aus die Linien weitergezogen werden. Der erste B. ist durch die Verheißung des neuen von Gott selbst für veraltet erklärt; er ist darum nahe seinem Ende (8,13). Damit ist er nicht absolut disqualifiziert, sondern von dem neuen B. überholt, erfüllt. In Christus ist das Urbild (τύπος *[typos]* 8,5) und wahre Wesen (εἰκών *[eikōn]* 10,1) der einen B.esidee verwirklicht. Der neue B. gründet in besserer Verheißung (8,6; 9,15), ist aber wie der alte B. ein Bluts-B. (10,29; 12,24; 13,20); freilich nicht durch das Blut eines Opfertieres, sondern durch das Blut des Opfernden selber, des Hohenpriesters (9,13ff; 10,12ff). Daher war Christi Tod notwendig, denn (s. o. I) nur durch den Tod des Erblassers wird das Testament rechtsgültig wirksam (9,16f).

Indem nun auch in Christus die Jer 31 verheißene Vergebung der Sünden und Erneuerung der Herzen Wirklichkeit wird (Hebr 10,16ff), ist der alte B. als Vorausabschattung des neuen erklärt und in diesem aufgehoben im Sinne von »bewahrt« und »überflüssig geworden« zugleich. Andererseits aber verschwindet hier auch die paulinische Spannung um das Verstockungsproblem. Was Paulus nur im Lobpreis des Mysteriums Gott anheimstellen kann (Röm 11,33ff), ist im Hebr fast schon rational, jedenfalls durchaus einsehbar dargelegt. Das ist wohl nur erklärlich, weil der Verfasser dieses Briefes dem alten B. nur mehr theoretisch gegenübersteht, während Paulus sich trotz allem noch als ihm zugehörig weiß und bekennt. *Guhrt*

ἔγγυος *[engyos]* Bürge

ἔγγυος

Das vom Verbum ἐγγυάω *[engyaō]* = *verpfänden, verloben* abgeleitete Adjektiv ἔγγυος *[engyos]* *Bürgschaft bietend* wird zum Substantiv *Bürge*. I/II

Was der ἀρραβών *[arrabōn]* = *Unterpfand* (→ Gabe) als Sache leistet, das leistet der B. als Person. Er garantiert die Einhaltung einer (Rechts-)Verpflichtung. Das kann bis zum Einsatz seines Lebens für einen anderen gehen: Sir 29,15 (L: V. 20f). Im übertragenen Sinn ist in 2 Makk 10,28 die »Zuversicht zum Herrn« Bürge für den Sieg. In vielen Religionen wird beim Eid ein Gott als Bürge angerufen (ThWb IV, S. 606, Z. 49).

Das Wort ἔ. kommt im NT nur Hebr 7,22 vor, mit deutlicher Parallele in 8,6, wo → μεσίτης *[mesitæs]* = *Mittler* statt ἔ. steht. An dieser Stelle, die mit V. 20 zu verbinden ist, ist der übliche Vorgang beim Eid (s. o.) genau umgekehrt worden, indem nicht der Mensch Gott III als Bürgen nennt, sondern Gott den Menschen Jesus als Bürgen für die neue göttliche Verfügung (διαθήκη *[diathækæ]* = *Bund)* bestellt hat. Diese hat die → Verheißung (8,6 ἐπαγγελία *[epangelịa])* zum Inhalt. Wie nach Paulus der heilige Geist als himmlische Gabe und Angeld (ἀρραβών *[arrabọ̄n])* unserer Erlösung zu uns auf Erden, dh zur Gemeinde Christi kommt, so ist nach Hebr umgekehrt Jesus durch sein stellvertretendes Todesopfer hindurch ebenso stellvertretend für uns schon zu Gott in den Himmel gekommen, wo er nun die Bürgschaft leistet für die, die noch auf Erden sind und auf die dem Volk Gottes verheißene Ruhe warten (4,9). Dabei ist wohl kaum daran gedacht, daß der Bürge Gott gegenüber etwa unseren Glauben oder Gehorsam garantiert; vielmehr gilt umgekehrt seine Garantie denen, die an die Verheißung Gottes glauben, deren Erfüllung sie ja noch nicht sehen, aber in Christus vollendet wissen. Diese Garantie ist als unsere Hoffnung verankert (6,19) in seinem einmaligen doppelten Werk: seiner Opferung (7,27) und seinem Eingang ins Heiligtum (9,12), wodurch unsere Heiligung (10,10) ein für allemal bewirkt wird. So verbindet er unsere zukünftige mit seiner geschehenen Vollendung. *O. Becker*

μεσίτης

μεσίτης *[mesịtæs]* Bürge, Mittler

I μεσίτης *[mesịtæs]* = *Mittler*, ist eine hellenistische, seit Polybios belegbare Wortbildung aus dem Adj. μέσος *[mẹsos]* = *in der Mitte befindlich* (analog πολίτης *[polịtæs]* von πόλις *[pọlis]* u. a.). Demnach bezeichnet μεσίτης *[mesịtæs]* eine *Person, die sich in der Mitte* zwischen zwei Größen (Parteien) *befindet*. Von dem Subst. abgeleitet ist das Verb μεσιτεύω *[mesitẹuō]* = *die Funktion eines Mittlers ausüben* (wieder wie πολιτεύω *[politẹuō]* von πολίτης *[polịtæs])*.

1) Schon μέσος *[mẹsos]* ist zu einem Begriff der Rechtssprache geworden. Es meint den neutralen (von lat. *neuter* = *keiner von beiden)* Ort zwischen zwei streitenden Parteien, den der *Schiedsmann* als Schlichter und Richter einnimmt (Homer Il. 23,574: ἐς μέσον ἀμφοτέροισι δικάσσατε = urteilt unvoreingenommen zwischen beiden. Aristoteles, Eth. Nic. 1132a,22f: Man sucht den Richter als μέσος *[mesos]* = den Mann, der in der Mitte steht, und manche nennen ihn μεσίδιος *[mesịdios]* = späterem hellenistischen *mesịtæs)*. Vgl. auch 1 Kor 6,5: »So gib es bei euch keinen Weisen, der ἀνὰ μέσον τοῦ ἀδελφοῦ αὐτοῦ = *zwischen seinem Bruder* (gemeint: zwischen seinem einen und seinem anderen Bruder – vielleicht so v. l.) urteilen könnte?«

Das ursprünglich förmlich vollzogene Zeremoniell des Dazwischentretens ist Ausgangspunkt späterer abstrakter Begrifflichkeit. Demnach hat der Mittler die Funktion eines neutralen Dritten, wobei μεσίτης *[mesịtæs]* als Fachausdruck der Rechtssprache sehr vieldeutig ist: Es kann sowohl den *Vergleichsrichter, Schiedsmann* in nichtamtlichen Verfahren zur Vermeidung eines solchen vor Gericht als auch den *Sequester* (Treuhänder) bezeichnen, der eine strittige Sache in Verwahrung nimmt. Schließlich ist der μ. auch *Zeuge* eines getätigten Rechtsgeschäfts, der die Durchführung der getroffenen Vereinbarungen garantiert. Daneben werden vielleicht der *Pfandleiher*, gelegentlich der *Bürge* (→ ἔγγυος), der mit seinem Vermögen für die Verpflichtungen eines andern haftet, μ. genannt.

2) Das Verb μεσιτεύω *[mesitẹuō]* läßt aber auch auf eine Funktion des Mittlers schließen, nach der er als *Unterhändler* im Auftrage nur einer Partei eine Beziehung zu einer anderen Partei erst herstellt und entsprechende Regelungen (zB Friedensschluß) herbeiführt.

II 1a) Das hebr. und griech. AT haben keinen einheitlichen Ausdruck für einen Mittler. Der umfassende griech. Begriff μεσίτης *[mesịtæs]* kommt in LXX nur Hi 9,33 in ungenauer Übers. vor. Der Schiedsmann, *mokiach*, wird im selben Vers, der hebr. Grundbedeutung durchaus nahekommend, mit ἐλέγχων *[elẹngchōn]* = *der Überführende* übersetzt; er hat nämlich nicht eigentlich zwischen den Parteien zu vermitteln, sondern nach Anhören von Klage und Verteidigung durch Zurechtweisung des Schuldigen – sofern die Klage nicht abgewiesen wird – das verletzte Recht wiederherzustellen, so daß beide Parteien wieder miteinander »zurechtkommen«. Denn es gibt kein Privatrecht in Israel, das durch Einhalten eines goldenen Mittelweges zwischen konkurrierenden Ansprüchen gewährleistet wird, sondern allein Gottes Recht, das die Angehörigen des Volkes als Nächste verbindet. Es ist letztlich Gott selbst, der zurechtweist (Ps 6,2 L »strafen« – u. ö.) und richtet. Deshalb dürfte es kaum einen grundsätzlichen Unterschied zwischen einem Schlichter und einem ordentlichen Richter in Israel gegeben haben.

b) Der Unterhändler, Vertreter, hebr. *melits*, dürfte wohl in seiner Grundbedeutung der *Wortführer* sein (2 Chr 32,31). In Gen 42,23 bezeichnet das Wort den *Dolmetscher*.

c) Aus all dem ergibt sich, daß ein Mittlertum im AT begrifflich nicht zu fassen ist, und wenn es sachlich vorkommt, ganz anderen Vorstellungen entspringt als in der griech. Welt. So sind

– wenn auch niemals als neutrale Dritte – der → Priester und der → Prophet Mittler zwischen Gott und seinem Volk, weniger der König, der erst in der Zukunftsgestalt des Messias zum Mittler des Heils für Israel wird. Doch zwei Mittlergestalten heben sich besonders heraus, eine am Beginn und eine eschatologisch erwartete Gestalt: → Mose vermittelt die Rettung am Schilfmeer (Ex 14, 15–18), er ist Mittler des Bundes am Sinai (Ex 24) und damit auch des → Gesetzes, er ist Mittler der → Offenbarung (Ex 33). Eschatologisch gewendet kehren alle diese Motive wieder in der erwarteten Gestalt des Gottesknechtes (→ Sohn Gottes) bei DtJes. Er bringt Gottes Offenbarung (Jes 42,1–4), Gott macht ihn zum Träger des Heils für die Heiden (Jes 49,1–6), während er umgekehrt die Schuld der Menschen auf sich nimmt und durch eigenes Leiden tilgt (Jes 52,13–53,12).

2) Erst das nachbiblische Hebr. und Aram. kennen einen einheitlichen Mittlerbegriff, *sarsor*, der den Makler, Unterhändler und Dolmetscher meint. *Sarsor* gewinnt theol. Bedeutung, wenn Mose so genannt wird, der vor allem Vermittler der Tora an das Volk ist. Dagegen zeigt die jüd. Literatur auffallenderweise kaum Interesse am Gottesknecht. – Bei Philo kann mit μεσιτεύω *[mesiteụō]* die Tätigkeit des unsichtbaren Gottes und des Logos (→ Wort) beschrieben werden, der auch μεσίτης *[mesitæs]* genannt wird, dieses Prädikat aber mit den Engeln und Mose teilen muß.

3) So sehr die Sache des Mittlertums im Wesen aller Religionen liegt, sowohl was die Beziehung der Menschen zur Gottheit (Priester, sakrales Königtum, Propheten) als auch der Menschen untereinander betrifft (Recht, Wahrheit; Gott wird im Schwur als Zeuge, Mittler und Bürge angerufen), so läßt sich doch im Altertum und später kaum eine Theologie finden, die den Mittlerbegriff als solchen in ihr Zentrum stellt. Andererseits treten bestimmte Mittlergestalten wie der dem hellenistischen Altertum bekannte Mithras der persischen Mysterien hervor. – Zum Angelpunkt der Christologie ist der Mittlerbegriff (lat. *mediator)* u. a. bei Calvin geworden. Er findet sich aber auch schon bei Thomas von Aquino (O. Weber, Dogmatik II S. 184).

Das Verb kommt im NT nur 1mal Hebr 6,17 und zwar mit Gott als Subjekt vor; das Subst. nur 6mal und meint a) Christus, näher bestimmt durch den Genitiv → διαθήκης *[diathækæs] = eines Bundes* (eines besseren Bundes Hebr 8,6; eines neuen Bundes Hebr 9,15; 12,24) bzw. durch den Genetiv θεοῦ καὶ ἀνθρώπων *[theoụ kai anthrōpōn] (zwischen Gott und den Menschen* 1 Tim 2,5); b) eine andere Gestalt, die einst das Gesetz vermittelte (Gal 3,19.20). III

Daß Jesus der Mittler zwischen Gott und Menschen sei, ist uns zwar weithin ein geläufiger Gedanke, daß aber andererseits der Mittlerbegriff so selten im NT vorkommt, muß uns fragen lassen, ob und inwiefern es sachlich gerechtfertigt ist, in Jesus »die Erfüllung des Mittlergedankens schlechthin« (Oepke) zu sehen.

1) Jedenfalls hat das Wort μεσίτης *[mesitæs]* in Gal 3.19.20 einen deutlich abwertenden Klang. Da nach der Vorstellung des Paulus das Gesetz nicht unmittelbar von dem einen Gott, sondern von einer Vielzahl kosmischer Mächte (→ Engel) verordnet ist, war ein Mittler – gemeint ist Mose – zwischen dieser Vielzahl und dem Volk notwendig. Das Zeitalter des Gesetzes – und damit des Mose und der von ihm vertretenen Mächte – ist aber in Christus, dem die 430 Jahre vor der Gesetzesverkündigung ergangene Verheißung gilt, aufgehoben. Er ist nicht wie Mose ein Mittler, auch nicht als Vertreter der Verheißung, sondern deren Erfüllung. Die Zeit des Mittlers ist damit vorbei, die Zeit des Sohnes (Gal 4,4) ist angebrochen (vgl. Joh 1,17).

2) Eine ganz andere Bedeutung hat μεσίτης *[mesitæs]* im Hebr. Hier geht es um die Frage der »Bürgschaft für die Erlangung des himmlischen Vaterlandes« (E. Käsemann). Die dieser Bürgschaft zugrunde liegende Verheißung findet ihren Ausdruck in der neuen διαθήκη *[diathækæ] (Bund, Testament)*, die im Hebr immer das von Gott durch Christus gestiftete Recht als Befreiung von Tod und Sünde meint. Wie diese διαθήκη *[diathækæ]* hat auch ihr μεσίτης *[mesitæs]* eine Rechtsfunktion im Sinne der Beschaffung und der Garantie jenes Rechts, das einerseits auf ergangener Verheißung beruht (»festgesetzt« 8,6 Z), andererseits Voraussetzung für den zukünftigen Empfang der Verheißung ist (9,15), in jedem Falle aber von Gott »mit einem Eide verbürgt« worden ist (6,17 Z, μεσιτεύω *[mesiteụō]* also nicht = *vermitteln*; vgl. 7,20ff, wonach das Hohepriestertum Jesu und seine Bürgschaft in diesem Eide begründet ist). Sowohl von dem Verb μεσιτεύω *[mesiteụō]* als auch von der Parallele 7,22 zu 8,6 (ἔγγυος – μ.) her ist also die Bedeutung *Bürge* für μεσίτης *[mesitæs]* gesichert.

Aber μεσίτης *[mesitæs]* meint noch mehr: den, der uns das Heil so *sichert* (im Sinne der Beschaffung wie der Zueignung), daß er als der gegenwärtige Hohepriester (der durch Gehorsam, Leiden, Kreuzestod und so als das von Gott angenommene Opfer Erhöhte) nun durch sein eigenes Blut das Recht der Rache (Abel) in das Recht der Vergebung verwandelt (12,24). Dieses Rechtes wird teilhaftig, wer Gottes Verheißung glaubt (4,3). Wie im Hebr die Begriffe μεσίτης *[mesitæs]* und → ἔγγυος *[engyos]* als Bezeichnung einer Rechtsgarantie für den Glaubenden auf Jesus Christus angewendet werden, so gebraucht übrigens Paulus für den Heiligen Geist einen ähnlichen Rechtsbegriff: ἀρραβών *[arrabōn] Unterpfand* (→ Gabe).

3) Darf man μεσίτης *[mesitæs]* im Hebr also nicht eigentlich mit *Mittler* übersetzen, dann bleibt nur noch eine Stelle im NT, wo Jesus Christus ausdrücklich als der eine Mittler zwischen Gott und den Menschen bezeichnet wird: 1 Tim 2,5. Einerseits wird in Röm 3,30 und Eph 4,6 die Juden und Heiden umfassende Universalität des Heils aus der Einheit Gottes begründet, andererseits ist nach Gal 3,12–19 und 2 Kor 5,14 unser aller Heil in dem einen Menschen Jesus zu finden. Durch den Mittlerbegriff 1 Tim 2,4–6 wird nun beides aufs engste verbunden. Wie in Gal 3,19.20 die Heilsbedeutung Moses abgelehnt wird, weil er nur Mittler ist, so ist umgekehrt 1 Tim 2,5 die Heilsbedeutung Moses und jeder anderen Gestalt der Heilsgeschichte gerade deshalb ausgeschlossen, weil allein Jesus Christus der Mittler zwischen Gott und (allen) Menschen ist.

4) Wenn es also nur eine Stelle im NT gibt, wo Jesus Christus im Vollsinn des Wortes Mittler genannt wird, dann muß man fragen, ob nicht an anderen Stellen dennoch derselbe Sachverhalt anders zum Ausdruck gebracht wird. Am nächsten kommt dem wohl Joh 14,6: »Ich bin der Weg . . . « In die gleiche Richtung weist auch Mt 11,25–30 und da besonders V. 27, wo aber gerade jeder Mittlergedanke in dem Sinne ausgeschlossen wird, als gäbe es vom Menschen her eine Brücke über Jesus zum Vater; denn den Sohn, dh das Geheimnis der Person Jesu – und darin wäre seine Mittlerfunktion eingeschlossen – kennt ja allein der Vater! –

Dies dürfte ein Grund sein, weshalb das NT Zurückhaltung übt mit dem Mittlerbegriff und ihn an der einen Stelle nur so anwendet, daß nunmehr alle anderen denkbaren Gestalten bis hin zu Mose als Mittler zwischen Gott und Menschen ausgeschlossen werden. Und wo eine Mittlergestalt wie der Gottesknecht des DtJes oder auch Titel wie → Priester, → Prophet oder König vom NT positiv übernommen werden, da wird Jesus direkt damit identifiziert, aber nun wieder nicht so, daß diese Gestalt oder Titel aussagen, wer Jesus ist, sondern so, daß erst Person und Werk Jesu, wie sie uns durch seine Auferstehung und Erhöhung offenbart sind, erkennen lassen, wen diese Gestalt oder diese Titel meinen. Paradox läßt sich formulieren: Jesus ist gerade so der Mittler zwischen Gott und Menschen, daß er nicht den Mittlergedanken schlechthin erfüllt, sondern jedem auch nur denkbaren Mittlertum seine Heilsbedeutung endgültig genommen hat.

O. Becker

V ZUR VERKÜNDIGUNG

Die Artikel haben gezeigt, daß der tatsächliche biblische Zusammenhang zwischen dem Bundesgedanken einerseits und dem Bild des Mittlers und Bürgen andererseits nicht so eng ist, wie man gemeinhin annimmt, ohne daß diese Beobachtung jedem einzelnen dieser Elemente als solchem Abbruch täte. Wo immer von der Gestalt des »Mittlers« gesprochen wird, sollte deutlich sein, daß es sich dabei nicht um einen Parlamentär oder Schlichter, auch nicht um den unbeteiligten Dritten handelt, sondern daß das Bild der Rechtssprache biblisch im Sinne des tatsächlichen persönlichen Eintretens gefüllt ist. Das Wort selbst ist in unserer Alltagssprache nicht aufweisbar und bleibt deshalb reines Bibeldeutsch, bedarf somit der Interpretation aus dem jeweiligen Zusammenhang. Es weist uns in den Bereich des repräsentativen Handelns und Leidens; die Schwierigkeit liegt darin, daß ein Vergleichspunkt kaum vorhanden ist.

Im Bundesbegriff laufen einerseits so verschiedene Aussagen wie die von der Treue

Gottes (→ Glauben), von → Verheißung und Erfüllung (→ Fülle), aber auch Errettung und → Versöhnung zusammen, wie er andererseits das → Volk Gottes, die → Beschneidung, → Gesetz und → Ordnung, Gehorsam (→ Hören) und → Sehen in den Blick bringt.

Das sprachliche Hindernis liegt – heute wie damals – darin, daß »Bund« im Sinne von »Bündnis« = vertraglicher, vielleicht beschworener Vereinbarung mehrerer Partner verstanden wird (vgl. »Bundesrepublik«, »Gewerkschaftsbund«), während der biblische Begriff ein einseitig gesetztes Verhältnis meint. Man kann den biblischen Bundesbegriff nur von der überragenden Souveränität des Gottes der freien Gnade aus verstehen. Das fiel dem monarchischen Zeitalter vielleicht leichter als einem demokratischen. Aber auch heute begegnet der Mensch Ordnungen, in die er nur eintreten, die er jedenfalls nicht nach Belieben ändern kann, sei es in der Familie, der Schule oder auch – jedenfalls in Grundzügen – am Arbeitsplatz.

Inhaltlich-strukturell stellen die Bundes-Aussagen dabei eine unter mehreren möglichen Formen dar, mit denen ausgedrückt wird, daß der Gott, von dem die biblische Verkündigung redet, sich an die Menschen, und unter ihnen wiederum an bestimmte besonders gebunden hat, und zwar ohne Rücksicht auf deren Vorgeschichte und noch dazu ohne seinerseits seine Treue vom menschlichen Verhalten abhängig zu machen. Die Rede vom Bund will sagen, daß Gott dem Menschen verbindlich eine Existenzmöglichkeit in der Gottesgemeinschaft, also entsprechend dem Ziel der Schöpfung, einräumt und dafür einerseits eine feste Ordnung setzt, andererseits das Fortbestehen dieser Möglichkeit seinerseits gewährleistet.

Die Hineinnahme des Menschen in das Bundesverhältnis geschieht durch → Erwählung, also wiederum durch einseitigen Akt. Die Zusage der Treue Gottes darf aber nicht als Freibrief mißdeutet werden; sie schließt Strafe und Gericht eben nicht aus, sondern kann sie eher verschärfen. Damit liegt das Ärgernis der Bundes-Aussage genau da, wo sie die Mitwirkung des Menschen bzw. ihre Manipulierbarkeit ausschließt; sie geht davon aus, daß der Mensch vor Gott eben nicht autonom, sondern verantwortlich ist. Dieser Anstoß kann und darf nicht beseitigt werden.

Weiterhin stellt sich die Frage, ob Gottes Zusage rein biologisch durch die Geschlechter weitergeht, wie dies für Israel galt, damit also der Bund als Institution zu einem unantastbaren Rahmen wird, in dem der Mensch organisatorisch frei schalten kann. Wie weit reicht die Bundesverheißung? Setzt sie nicht jeweils auch das Ja des einzelnen Partners voraus? Kann dieser nicht nur dann im Raum des Bundes, also im Frei-Raum Gottes bleiben, wenn er auch den Bundesregeln folgt? Und: Hat der neue Bund überhaupt noch andere Regeln als die Christus-Verbundenheit, die Öffnung für und Regierung durch den Geist, der sein Kennzeichen ist? – Von der Antwort darauf hängt es u. a. ab, ob die Kirche weiterhin die Kinder ihrer nichtausgetretenen Zugehörigen taufen, ja mehr noch: ob sie diese selbst weiterhin als »Glieder der Gemeinde« betrachten darf.

Jedenfalls macht gerade der enge Zusammenhang des → Herrenmahls (nämlich gerade nicht der → Taufe!) mit dem Bund deutlich, daß er seinen Bestand nicht nur gedanklich haben kann, sondern sich je wieder aktualisiert und manifestiert in seinem Vorhanden- und Wirksamsein, indem Menschen sich mit ihrem – man möchte sagen: kultischen und profanen – Handeln zu seiner Gabe und Ordnung bekennen. *L. C.*

Lit.: GDalman, Jesus-Jeschua, 1922, 146f – GQuell, Art. διαθήκη, ThWb II, 1935, 106ff – HPeisker, Art. ἔγγυος, ThWb II, 1935, 329ff – NDahl, Das Volk Gottes, 1941 – Begrich, Berit, ZAW 1944, 1ff – AOepke, Art. μεσίτης, ThWb IV, 1942, 602ff – WLempp, Bund und Bundeserneuerung bei Jeremia, 1955 – OBückmann/WKasch, Art. Bund, EKL I, 1956, 618ff – HWolff, Jahwe als Bundesvermittler, NT 6, 1956, 316ff – JHempel/LGoppelt, Art. Bund, RGG I, 1957³, 1512ff – OMichel, Der Brief an die Hebräer, KEK XIII, 1957¹⁰, vgl. dort Reg. – MNoth, Gesammelte Studien zum AT, 1957, 142ff – GvRad, Theologie des AT I, 1958, 135ff; 188ff; 306ff – JJeremias, Die Abendmahlsworte Jesu, 1959³, 162.186ff – KBaltzer, Das Bundesformular, 1960 – HGottlieb, Tò αἷμά μου τῆς διαθήκης, Stud. Theol. 14, 1960, 115ff – HReventlow, Prophetenamt und Mittleramt, ZThK 58, 1961, 269ff – RSmend, Bundesformel, Theol. Stud. 68, 1963 – LRost, Das kleine Credo und andere Studien zum AT, 1964 – LPerlitt, Bundestheologie im Alten Testament, 1970 (= WMANT, 36) – PSchoonenberg, Bund und Schöpfung, 1970.

Christus → Jesus Christus

Dämon

Der Artikel δαίμων *[daịmōn]* sollte, da er von personifiziert gedachten geistigen Zwischenmächten handelt, in dieser Hinsicht mit dem selbständigen Artikel πνεῦμα *[pnẹuma]* (→ Geist) und, sofern es sich im NT stets um *böse* Kräfte handelt, mit dem ebenfalls gesondert stehenden Artikel διάβολος *[diạbolos]* (→ Satan) verglichen werden. Mit ihm werden hier die Artikel ἀήρ *[a·ær]* = Luft und ἐκβάλλω *[ekbạllō]* zusammengestellt, weil die Luft im NT im wesentlichen als Raum der dämonischen Kräfte erscheint und ἐκβάλλω *[ekbạllō]* fast nur in bezug auf diese theologisch relevant wird.

ἀήρ

ἀήρ *[a·ær]* Luft

I/II Nach dem antiken Weltbild erfüllt der ἀήρ *[a·ær]* = *Luft* den Raum zwischen Erde und Mond. Dabei unterscheiden die Griechen den ἀήρ *[a·ær]* als die *untere, unreine Luft* (Dunst) qualitativ von der *oberen, reineren Luft,* dem Äther. Als das weniger reine Element war der ἀήρ *[a·ær]* der Aufenthaltsort der Geister. Diese Anschauung ist schon für Pythagoras belegt. Auch das Spätjudentum hat zT den Dämonen (→ δαίμων *[daịmōn]*) die Luft als Wohnstätte zuerkannt (slHen 31; Ascens Jes 11,23).

III Im NT, wo ἀήρ *[a·ær]* 7mal vorkommt, steht es a) als Bezeichnung für die *Höhe* (Apg 22, 23; 1 Thess 4,17; Offb 16,17); b) in Redensarten: in die Luft schlagen, Lufthiebe tun (1 Kor 9,26); der Zungenredner »redet in den Wind« (1 Kor 14,9). c) Bei den endzeitlichen Gerichten Gottes über die Schöpfung wird auch *das Element Luft* betroffen: der Rauch aus dem Abgrund (ἄβυσσος *[ạbyssos] Hölle)* verfinstert sie wie auch die Sonne (Offb 9,2); ein Engel gießt seine Zornschale in die Luft (Offb 16,17).

Da die Luft den Raum zwischen Himmel und Erde erfüllt, wird sie zum Ort der Begegnung zwischen Christus und der Gemeinde bei der Parusie: die Gemeinde wird Christus in die Luft entgegengerückt (1 Thess 4,17). Der Satan ist der böse Geist, der in der Luft herrscht (Eph 2,2; vgl. 6,12) und der in den Gottlosen wirksam ist. Hier erscheint die spätjüd. Anschauung systematisiert: die organisierten bösen Geister stehen unter einem Herrscher; eine Anschauung, die ihr Vorbild im »Engel (oder Fürsten) der Finsternis« der Schriften von Qumran hat und wohl von dorther übernommen ist (→ δαίμων; vgl. διάβολος → Satan).

Bietenhard

δαίμων

δαίμων *[daịmōn]* Dämon · δαιμόνιον *[daimọnion]* das Dämonische · δεισιδαιμονία *[deisidaimonịa]* Religion · δεισιδαίμων *[deisidaịmōn]* religiös · δαιμονίζομαι *[daimonịzomai]* von einem Dämon besessen sein

I δ. (abgeleitet von δαίομαι *[daịomai]* = *teilen, verteilen;* der Totengott als *Zerteiler der Leichen;* urverwandt mit deutschem *Zeit)* = *übermenschliche Macht, Gott, Göttin, Geschick; »Dämon«.*

Im griech. Volksglauben ist die Welt erfüllt von Dämonen, von Wesen zwischen Göttern und Menschen, die man in Magie, Zauber und Beschwörung besänftigt bzw. beeinflußt. Sie sind a) zunächst *Geister von Verstorbenen,* bes. Unbeerdigten (Animismus), b) auch *Gespenster,* die vor allem nachts in mancherlei Gestalt erscheinen können. Zwischen Gott und Dämon besteht kein grundsätzlicher Unterschied. Der Aufenthaltsort der Dämonen ist die Luft nahe der Erde. Hinter Unglück und Not im menschlichen Schicksal steht das Wirken der Dämonen, in Naturkatastrophen erschüttern sie den Kosmos. Vor allem machen sie Menschen krank bzw. besessen.

Auch die griech. Philosophie konnte sich von diesem Glauben nicht ganz befreien: die Welt ist nicht ein System von abstrakten Kräften, sondern erfüllt von D.en. Anstößige Göttermythen wurden durch den D.-Begriff erklärt oder bekämpft; auch wird das Problem der Theodizee auf diesem Wege angegangen. Was noch in der Ilias gelegentlich möglich ist, die Anwendung des Wortes δ. auf Götter, wird schon in der Odyssee vermieden, um die Götter nicht auf eine Stufe mit niederen

Geistern zu stellen; bei Hesiod wurden die Menschen des goldenen Zeitalters nach dem Tode zu Dämonen, die in Zeus' Auftrag das Tun der Menschen überwachen und auf seinen Befehl Lohn und Strafe »zuteilen«. Bei Empedokles ist δ. ein den Menschen von Geburt an begleitendes seelisches Eigenwesen (nicht = ψυχή [psychæ]). Diesen Charakter hat auch das δαιμόνιον [daimọnion] des Sokrates, sein »guter Geist«, der ihm nur abriet, nie zuriet (Plat. Apol. 31c,8ff). δ. wird sogar zum ἡγεμονικόν [hægemonikọn] der Stoiker. In späteren Systemen (Neuplatonismus, Porphyrios) werden ganze Hierarchien und Stufenleitern von D.en aufgestellt. D.en sind Vermittler zwischen Göttern und Menschen, manchmal beaufsichtigen sie die Menschen. Sie können auch als eine der Stufen betrachtet werden, die von der Gottheit zur Materie führen.

δαιμόνιον [daimọnion] ist substantiviertes Adj. zu δ., und bezeichnet wie dieses »alles außerhalb des menschlichen Vermögens Liegende, das auf die Eingebung höherer Mächte zurückgeführt wurde, im Guten wie im Bösen« (Foerster). Im Volksglauben wurde δαιμόνιον [daimọnion] als Diminutiv für δ. gebraucht.

Philo und Josephus stehen ganz in der griech. Tradition. Für Philo sind Engel und D.en von derselben Art, wobei sich die Engel von der irdischen Welt fern halten und von Gott als Boten gebraucht werden. Josephus nennt vor allem die bösen Geister δαιμόνια.

II

1) AT. Spuren des allg. Volksglaubens finden sich auch im AT (1 Sam 28,13; Jes 8,19). Die Totenbeschwörung war in Israel verboten (Dtn 18,11; Lev 19,31; 1 Sam 28,3), ebenso Opfer an böse Geister (Lev 17,7). Dämonische Gestalten sind die *schedim, s^e^irin, lilit, 'azāzel* usw. (Jes 13,21; 34,14). Im Zusammenhang mit Israels Götzendienst ist von D.en die Rede, vielleicht werden auch die heidnischen Götter verächtlich D.en genannt (Dtn 32,17; 2 Chr 11,15; Ps 106,37).

Vorherrschend ist jedoch im AT die Neigung, den Dämonenglauben auszuschalten, so etwa, wenn in Gen 1 die in der at. Umwelt als Dämonen gefürchteten und verehrten Gestirne als »Lampen« bezeichnet werden, oder wenn auch das Unheilvolle und Böse (1 Sam 16,14; 2 Sam 24,1 → Satan) auf Gott zurückgeführt wird. Zwischen Gott und Menschen vermitteln nicht D.en, sondern die → Engel Jahwes. Der Israelit darf sich an keine Macht außerhalb Jahwe wenden, vor allem hat er sich der Magie zu enthalten.

In der LXX kommt δαίμων [dạimōn] nur Jes 65,11 vor, δαιμόνιον [daimọnion] begegnet 19mal, davon 9mal in Tob, 2mal in Bar. Bedeutsam ist Ps 96,5: alle Götter der Völker sind δαιμόνια [daimọnia] (dieselbe Vorstellung in Dtn 32,17; Ps 106,37; Jes 65,3; Bar 4,7). Hebr. *sched* wird mit δαιμόνιον [daimọnion] übersetzt, ebenso *sā'ir* in Jes 13,21; 34,14. Erst spät (Tob 6,8ff) entsteht die Vorstellung, daß auch ein böser, dem Menschen feindlich gesinnter Geist Gewalt über ihn bekommen und ihn töten kann (doch vgl. den bislang nicht geklärten Text Ex 4,24–26!). Indem LXX die Geister δαιμόνια [daimọnia] und nicht δαίμων [dạimōn] nennt, übernimmt sie einen Sprachgebrauch, der sich auf Josephus und das NT ausgewirkt hat, die mit diesem Wort die bösen Geister des Volksglaubens bezeichnen.

2) Judentum. a) Rabbinisches. Im Judentum ist die starke Zurückhaltung der at. Frömmigkeit aufgegeben, und der D.-Glaube breitet sich aus, obwohl der Jude sich wohl nie so stark durch Dämonen bedroht gefühlt hat wie die Menschen der umliegenden Religionen. Auch die Schriftgelehrten haben sich mit dem D.-Glauben eingelassen. Zahlreich sind die Bezeichnungen für D.en: *schedim = Gewaltige, Herren, »Dämonen«; mazziqin = Schädigende; mechabilim = Verderber; pega'im = Anfallende; s^e^irin = Bocksgestaltige; ruach ra'ah = böser Geist; ruach = Geist.* Die ältere Zeit glaubte, die D.en seien aus der Verbindung der gefallenen Engel mit menschlichen Frauen hervorgegangen (Gen 6,1ff). Andere meinten, ein Teil der Leute vom Geschlecht des Turmbaus zu Babel sei in D.en verwandelt worden; oder die D.en seien entstanden aus dem Verkehr Adams und Evas mit weiblichen oder männlichen Geistern; oder die D.en seien ein besonderes Schöpfungswerk Gottes.

Die Dämonen sind Geister, haben jedoch körperliche Organe (Flügel!), brauchen Essen und Trinken, können sich fortpflanzen, vermögen in menschlicher Gestalt zu erscheinen (auch in anderer Gestalt). Ihre Zahl ist unendlich groß, sie erfüllen die Welt. An ihrer Spitze steht der D.en-Fürst Aschmedai (eine urspr. parsische Gestalt), unter dem kleinere Fürsten stehen. Die D.en haben Zugang zum Himmel, wo sie Gottes Ratschläge erfahren können. Sie halten sich auf der Erde und in der Luft auf, vor allem in Wüsten, Ruinen und unreinen Orten (Friedhöfe!). Obwohl sie zu Satans Reich gehören, gibt Gott ihnen Vollmacht, Strafen zu vollstrecken, die über Sünder verhängt sind. Ihre Macht begann in den Tagen des Enosch (Gen 4,26) und wird in den Tagen des Messias enden. Ihr Hauptziel ist die Verführung der Menschen zur Sünde; sie können auch töten. Sie sind Verursacher von Krankheiten (nicht von allen!). Schutz vor den D.en gewähren Gott und die heiligen → Engel, Gottes Wort, Gebotserfüllung, Amulette, Beschwörungen usw. Der Überlieferung galt Salomo als Beherrscher der D.en. Im Volk, aber auch bei Rabbinen, gab es viel Zauberei. Im Unterschied zum Griechentum sind die D.en nicht Zwischenstufen zwischen Gott und Mensch, auch nicht Geister von Toten; scharf wird zwischen Engeln und D.en unterschieden.

b) Pseudepigraphen. Der häufigste Name für D. ist *Geist (unreiner, böser)*. Wichtig ist Gen 6,1ff, das vom Ursprung der D.en berichtet. Die D.en können Satans Engel genannt werden. Sie verführen zu Zauberei, Götzendienst, Krieg, Streit und Blutvergießen (vgl. Jak 3,15); auch verlocken sie dazu, in die verborgenen Geheimnisse einzudringen. Nach 1 Hen 8,1 sind die Güter der Kultur Gaben der D.en. Die Heiden beten D.en an (1 Hen 99,7; Jub 1,11; 22,17). Nach 1 Hen 7,2ff; Jub 5,1 zeugen die gefallenen Engel Riesen, die die Menschen verführen; die Engel sind schon jetzt für das Gericht aufgespart. Nach Jub 7,27; 10,1ff verführten unreine D.en die Nachkommen Noahs, wofür sie am Ort der Verdammnis gebunden werden; ein Rest steht Mastema »Fürst der Geister« zur Verfügung, damit er die Menschen verführen und schädigen kann.

c) Qumran. Die Schriften von Qumran zeigen einen durch den Monotheismus gemilderten kosmologischen Dualismus. Unter Gott stehen zwei Geister: der Geist (Engel) des Lichts, Michael, und der Geist (Engel) der Finsternis, Belial (→ Satan; 1QS I 18; III 17–25; IV 1.9–11; 1QM XIII 11f u. ö.). Ein Lasterkatalog kennzeichnet in 1QS IV 9–11 den Geist der Finsternis, aber auch die Gesinnung derer, die zu seinem »Lose« gehören. Unter dem bösen Geist stehen »Verderberengel« (1QS IV 12), die Gottes zeitliches und ewiges Gericht über die Frevler bringen. Belial sucht Frevel zu verursachen und Schuld zu stiften (1QM XIII 11ff). Seine Engel wandeln in den Gesetzen der Finsternis. Wir finden in diesen Schriften die Vorstellung von einem Fürsten des Bösen, dem ein Reich böser Geister unterstellt ist, die wohl unter dem Einfluß des Parsismus entstanden ist. Es gehört zum Ritual der Q.-Gemeinde, daß beim Eintritt in den Bund und bei der Bundeserneuerung die Leviten die Übertretungen Israels unter der Herrschaft Belials aufzählen (1QS I 23) und alle »Männer des Loses Belials« feierlich verfluchen (1 QS II 4ff). Die Zugehörigkeit zum Lose Belials enthebt den Menschen nicht seiner Verantwortung. Im eschatologischen Endkampf streitet Belial mit seinen Engeln im Heere der Feinde gegen die »Söhne des Lichts« (1QM I 10f. 13.15). Nach diesem Kampf wird ein Fluch über Belial und seine Engel gesprochen (1QM XIII 1–5).

In der Nacht, nachdem der Pharao Sara genommen hatte (Gen 12,15ff), sandte ihm Gott einen Plagegeist, der in seinem Palast allerlei Schaden verursachte, und gegen den nichts half als das Gebet Abrahams (1QGen Apok XX 16ff.28f).

III Im NT begegnet δαίμων *[daimōn]* nur Mt 8,31 (Plur.), sonst wird immer δαιμόνιον *[daimonion]* gebraucht (63mal) oder πνεῦμα *[pneuma]* = → Geist. Es findet sich kein Toten- oder Gespensterglaube. Spekulationen über Dämonen fehlen. Engel und D.en sind Gegensätze. Die D.-Furcht tritt zurück infolge des Glaubens an den Sieg Jesu Christi.

Da hinter der Zauberei Verkehr mit Dämonen steht, wird Zauberei abgelehnt (Gal 5, 20; Offb 9,20f; 18,23; 21,8; 22,15). Heidnischer Kult bringt mit D.en in Verbindung (1 Kor 10,20f), wie überhaupt hinter dem Heidentum D.en stehen (Offb 9,20) und hier vor allem in der Endzeit sehr wirksam werden (1 Tim 4,1; Offb 16,13f). In der Gegenwart wirken D.en (Eph 6,12) und geben ihre Weisheit (Jak 3,15), darum ist Unterscheidung der Geister wichtig (1 Joh 4,1; 1 Kor 12,10). Die dämonischen Mächte sind zum Gericht bestimmt (Mt 25,41; 8,29). Von einer schon geschehenen Fesselung und Aufbewahrung der D.en für das Gericht reden (wie in Pseudepigraphen) 2 Petr 2,4; Jud 6.

Die D.en sind dem → Satan untergeordnet, dessen Engel sie sind (Eph 2,2; Mk 3,20ff: Dämonenfürst). Sie sind nicht harmlos. Vor allem erregen sie Krankheitszustände; Lk 13, 11.16: die Frau hat einen Geist der Krankheit – der Satan hat sie gebunden (vgl. Apg 10,38; 2 Kor 12,7); aber nicht alle Krankheiten werden auf D.en zurückgeführt. In den Evangelien erscheinen die von D.en Besessenen: Menschen, deren Persönlichkeit ausgeschaltet ist durch böse Geister, die aus ihnen reden (Mk 5,5). Weil in Jesus die Herrschaft Gottes da ist, bricht er die Macht der D.en (Mt 12,28) durch sein Befehlswort (→ ἐκβάλλω *[ekballō]*). Die D.en haben übermenschliches Wissen: Sie erkennen Jesus und wissen um ihr Schicksal (Mt 8,29; Jak 2,19). Gegen Jesus selber wird der Vorwurf erhoben, er habe einen D. (Joh 7,20; 8,48f.52; 10,20f). Das ist die schwerste, weil religiös begründete Ablehnung Jesu; denn in diesem Fall darf man nicht auf ihn hören. Demgegenüber beruft sich Jesus darauf, daß er den Vater ehrt (Joh 8,49).

δεισιδαιμονία *[deisidaimonia]* zusammengesetzt aus δείδω *[deidō]* = *sich fürchten* und δαίμων *[daimōn]* = *Scheu vor den Göttern; Gottesfurcht; Aberglaube; Religion*. Im NT nur Apg 25,19, im Sinne von »Religion«: Festus erklärt Agrippa und Berenike, die Juden hätten gegen Paulus Streitfragen betreffs ihrer Religion und eines gewissen Jesus usw.

δεισιδαίμων *[deisidaimōn]* = *götter-, gottesfürchtig, abergläubisch, religiös*. Im NT nur Apg 17,22: die Athener werden von Paulus als besonders religiöse Leute angeredet; dies in Übereinstimmung mit andern Zeugnissen, die von den Athenern dasselbe aussagen.

δαιμονίζομαι *(daimonizomai)* = *von einem Dämon besessen sein.* Mt braucht es 7mal, Mk 4mal, Lk und Joh je 1mal. *Bietenhard*

ἐκβάλλω *(ekballō)* austreiben

ἐκβάλλω

ἐκβάλλω *(ekballō)*, im Profan-Griech. wie in der LXX (ca. 50mal, zB Gen 3,24; Lev 21,7; Ri 6,9 für *gārasch* oder Ex 34,24 für *jārasch)* für das gewaltsame *Hinauswerfen, Ausstoßen, Vertreiben* (zB von Feinden, Dämonen oder derzeit Unerwünschten aus einem Hause), erst im 1. und 2. Jh. nChr auch im gütlichen Sinne von *aussenden* gebraucht, kommt im NT 81mal in der ganzen Breite seiner Bedeutungsmöglichkeiten vor: die Nebenfrau wird *verstoßen* (Gal 4,30, vgl. Gen 21,10); ein Anhänger Jesu wird aus der Synagogengemeinschaft *ausgestoßen* (Joh 9,34f); der Name der Christen wird *geächtet* (Lk 6,22; dh sie selbst); während Jesus niemanden *verstößt*, der zu ihm kommt (Joh 6,37), *schließt* Diotrephes Christen aus der Gemeinde *aus* (3 Joh 10). Während *das Herausziehen* eines Splitters (Mt 7,4 par) und das *Ausreißen* des Auges (Mk 9,47) noch die Anwendung von Gewalt erkennen lassen, zeigen Mk 1,12, wo der Geist Jesus in die Wüste *treibt*, und Joh 10,4 (der Hirte *treibt* die Schafe *hinaus)* schon den Übergang zu der positiven Bedeutung, dem *Aussenden* der Schnitter (Mt 9,38 par), dem *Entlassen* (Apg 16,37; Jak 2,25) oder *Beiseite-lassen* (Offb 11,2) und dem *Herausholen, Austeilen* (Mt 12,35; 13,52; Lk 10,35).

Ein besonderer theol. Bezug des Wortes besteht nur in Zusammenhang mit den Dämonenaustreibungen (Mt 7,22; 8,16 par; 9,34; 12,26; 17,19 par; Lk 13,32 u. ö.). Zwar teilen auch Jesus und das Urchristentum die Vorstellung von den Dämonen (→ δαίμων *(daimōn)*) mit ihren Zeitgenossen. Während aber die heidnische und jüd. Umwelt die Dämonen durch Zauberei, Beschwörungen und andere magische Praktiken zu bannen und auszutreiben versuchte, braucht Jesus nur sein gebietendes Wort (Mt 8,16), ja, die Austreibungen werden ebenso zur Begleiterscheinung seiner Verkündigung wie die Heilungen (Mk 1,39). Weil Jesus in der Vollmacht Gottes sich als der Stärkere erweist (Mk 1,24 par), müssen die Dämonen ihm weichen, seiner Macht sich beugen. Aus dieser seiner Hoheit heraus gibt Jesus auch seinen Jüngern die Vollmacht, Dämonen auszutreiben (Mt 10,1.8), und seine Gewalt über diese Mächte wird geradezu zum Zeichen dafür, daß in ihm die Gottesherrschaft angebrochen ist (Mt 12,22ff). *Bietenhard*

ZUR VERKÜNDIGUNG V

So unbefangen wie es der damaligen Zeit entspricht, schreibt die Bibel bestimmte Erscheinungen und Vorgänge dem Wirken dämonischer Kräfte zu. Die Vorstellung solcher Zwischenwesen ist offenbar der Erfahrung entsprungen, daß der Mensch in seinem Leben zwar vieles ihm Widerfahrende sich zu erklären vermag, daß aber immer wieder ein unerklärbarer, nicht ableitbarer, geheimnisumwitterter und darum furchteinflößender Rest bleibt. Nach dem Vorstellungsvermögen mindestens der vergangenen Jahrhunderte sah man hier personifizierte Kräfte am Werk, ob nun mehr göttlich-gute oder satanische. Dementsprechend versuchte man, sie durch Magie, Beschwörung und dergleichen, also unter In-Dienst-Nahme überlegener anderer Kräfte, zu bannen oder zu meistern.

Die Neuzeit hat zwar diesen Glauben an Dämonen verdrängt, indem sie ihn der Lächerlichkeit preisgab oder in den Bereich des Aberglaubens verwies. Sie vermochte aber weder die untergründige Furcht vor derart unverrechenbaren Erscheinungen und Widerfahrnissen zu verbannen, die ehedem als von Dämonen ausgelöst galten, noch hat sie die personifizierende Redeweise von Bedrohungen des menschlichen Lebens ausschalten können: Wir sprechen von der »Macht des Alkohols«, vom »Kampf gegen den Krebs«, vom »Triumphzug einer Idee« auch heute so, als ob es sich um personale Wesen handelte.

Der Begriff Dämon ist also offenbar Chiffre für Mächte, denen der Mensch, selbst wenn er sie samt den ihnen innewohnenden Gefahren erkennt, machtlos gegenübersteht, die er weder mit seiner Erkenntnis, noch mit seinem Willen unter Kontrolle bringen kann, ja, die ihn schließlich Handlungen vollziehen lassen, die seiner Erkenntnis oder seinem Willen geradezu entgegengesetzt sind: Die Besessenheit von einer Idee, das Getriebensein von einer Sucht kann dem Betroffenen durchaus bewußt sein und von ihm selbst um der für ihn und seine Umgebung verheerenden Folgen willen verurteilt werden; er kann sogar die jeweiligen Auslösefaktoren ebensogut kennen wie den durch sie in Gang gesetzten Zwangsmechanismus, — und bleibt ihm doch ausgeliefert. Das »Dämonische« ist also nicht oder jedenfalls nicht allein durch Bewußtmachung und erkenntnismäßige Erhellung zu überwinden. Physische und psychische Krankheitserscheinungen und -ursachen sind längst weitgehend »entmythologisiert«; man braucht sie nicht mehr durch dämonische Mächte zu erklären. Aber ist das Phänomen übermenschlicher, nicht ableitbarer und nicht manipulierbarer Einflüsse auf das Leben damit erledigt? Begegnen wir nicht immer aufs neue schillernden, unverrechenbaren Faktoren, denen wir zwar Namen geben, die aber in Wahrheit nur Chiffren sind, die mehr verschleiern als erklären? Und gilt ähnliches nicht auch im Bereich der zwischenmenschlichen Beziehungen, der Politik, der Geschichte? Fand nicht der Mensch sich gerade da, wo er glaubte, autonom und frei zu sein, wo er Grund und Konsequenz seines Handelns meinte übersehen zu können, immer wieder als Sklave, als Ausgelieferter, als Spielball wieder?

Dabei handelt es sich bei den im Altertum als dämonisch qualifizierten Erscheinungen im einzelnen um sehr verschiedenartige Komplexe: Zum Teil üben sie ihre freiheitsberaubende, ja die Persönlichkeit zerstörende Wirkung nur an einzelnen aus, meist aber — oder gar wesentlich — strecken Dämonien ihre Hand sofort nach den nächsten Menschen aus, den schon »Besessenen« als Sprungbrett, wenn nicht als willigen Vorkämpfer benutzend. Oft werden ganze Gruppen und Völker mit in den gleichen Bann gezogen. Nur in der Vergangenheit? Zeigen sich nicht in der Fanatisierung und Faszinierung durch politische Ideologien, im Umsichgreifen unbefriedigter Lebensgier und zügelloser Triebhaftigkeit, in der zerstörenden Macht schädlicher Süchte die gleichen Phänomene, die man in alter Zeit durch die Existenz von Dämonen zu erklären versuchte und in denen das NT den den Bösen, den Satan am Werk sah?

Nun hat die christliche Verkündigung sicher nicht den Glauben an Dämonen als personale Mächte zu nähren oder zu verteidigen. Aber sie wird ebensowenig in das moderne Gelächter über den Dämonen-Aberglauben der Alten einfallen können. Schon die Lebensangst der Moderne und der deutliche Trend zu Sicherheiten sollte sie hindern, Spott als Zeichen von Gewißheit und Freiheit anzusehen. Daß auch der heutige Mensch unter die Herrschaft von Mächten geraten kann, die dem Willen Gottes entgegenwirken, dürfte kaum bestreitbar sein. Sein Verfall wird um so ärger sein, je mehr sich sein eigenes Wollen mit der gegen ihn selbst gerichteten Zielsetzung dieser Kräfte identifiziert. Die Verkündigung hat zwar auch schon darin eine Aufgabe, im anthropologischen Bereich zu erklären, dh jenen Mächten die Maske und den Nimbus zu entwinden, sie zu entschleiern. Wo die usurpierte Macht als solche gekennzeichnet wird, beginnt der Weg zur Freiheit. Aber — das behauptet auch die Psychoanalyse oder die Psychotherapie. Verkündigung wird weitergehen müssen und können: Sie wird in der Vollmacht dessen, der der Herr aller Mächte und Kräfte, aller Anlagen und Verhältnisse ist, vernehmbar zu machen haben, daß Jesus Christus den Menschen aus dem Bannkreis dieser Übermächte befreit. Und sie wird gewiß zu bezeugen haben, daß der Mensch, wo er durch das Band des Glaubens gehalten wird und unter der bewahrenden und Gottes Eigentum sichernden Macht des Geistes bleibt, in der Freiheit leben kann. Die aber wird er nur da haben, wo er sich ganz der Gnade Gottes im Gehorsam ausgeliefert hat. *L. C.*

→ Böse; → Ekstase; → Erlösung; → Geist; → Kraft; → Satan.

Lit.: MDibelius, Die Geisterwelt im Glauben des Paulus, 1919 – HSchlier, Mächte und Gewalten, ThBl 9, 1930, 289ff – WFoerster, Art. ἀήρ, ThWb I, 1933, 165 – FHauck, Art. βάλλω, ThWb I, 1933, 525 – WFoerster, Art. δαίμων, ThWb II, 1935, 1ff – GGloege, Der Dämon und sein Bild, ThLZ 75/3, 1950 – RBultmann/JSchniewind, Kerygma und Mythos I, 1954, 15ff; 113ff; 135f – MZiegler, Engel und Dämonen im Lichte der Bibel, 1957 – GGloege, Art. Dämonen, RGG II, 1958^3, 2ff – JMichl, Art. Dämon, BWb I, 1962^2, 165ff (kath.) – MPrager, Art. Besessenheit, BWb I, 1962^2, 122ff – OBöcher, Das Neue Testament und die dämonischen Mächte, 1972.

Danksagung

Dankbarkeit – εὐχαριστία [*eucharistia*] – und Loben – αἰνέω [*aineō*] – haben darin eine Gemeinsamkeit, daß beide Handlungen die Reaktion, die Antwort auf das Verhalten eines anderen darstellen. Für beides ist das Denken (Etymologie zu Dank!), die Überlegung und daraus folgende günstige Beurteilung des Erfahrenen Voraussetzung. Lob und Dank, wenn sie sich auch beide besonders an Gott richten, sind weder dem Niedrigen noch – wie das Lob im klassischen Griech. – dem Höherstehenden vorbehalten.

αἰνέω

αἰνέω [*aineō*] loben, preisen · αἶνος [*ainos*] Lobpreis · ἐπαινέω [*epaineō*] loben · ἔπαινος [*epainos*] Lob

Im profanen Sprachgebrauch bedeutet αἰνέω [*aineō*] 1) *erwähnen*, bes. *rühmlich erwähnen*, daher *loben, preisen*; 2) *geloben, versprechen*, überhaupt *sagen*. Das Subst. αἶνος [*ainos*] bezeichnet eine bes. sinnvolle, auch klug erfundene oder der Deutung bedürftige Rede und hat daher die Bedeutung 1) *Sprichwort, Erzählung, Fabel*, 2) *Lob, Lobspruch*. Das Kompositum ἐπαινέω [*epaineō*] heißt in der Umgangssprache 1) *Beifall geben, gutheißen*, 2) *loben, öffentlich auszeichnen* und das Subst. ἔπαινος [*epainos*] *Lob, Beifall, Zustimmung, Bejahung, Lobpreis, Loblied* (immer auf den Menschen bezogen; auf einen Gott bezogen: ὕμνος [*hymnos*], → Lied). I

Die LXX verwendet αἰνέω [*aineō*] ausschließlich in der 1. Bedeutung *loben, preisen*, bes. zur Übersetzung des hebr. *hillel* (über 50mal allein in den Psalmen!), aber auch für andere Stämme. Während aber *hillel* noch häufig in der ganz profanen Grundbedeutung Verwendung findet (eine schöne Frau Gen 12,15 oder ein schöner Mann 2 Sam 14,25 reizen zur Bewunderung; Eigenlob ist nicht gut Spr 27,2) und neben den Worten vom rechten Gotteslob (so die meisten Stellen) durchaus auch das gottlose Lob (Ps 10,3) oder das Besingen heidnischer Götter (Ri 16,24) bezeichnen kann, bemüht sich LXX, diese Stellen möglichst zu umgehen (Ri 16,24 vgl. Lesart B mit Lesart A) und mit α. vor allem das geregelte Loben Gottes im rechten Gottesdienst (bes. Ps 146–150) wiederzugeben. – II

αἶνος [*ainos*] ist entsprechend die Übersetzung des Infinitivs *hallel* (vgl. 2 Chr 23,13). ἐπαινέω [*epaineō*] und ἔπαινος [*epainos*] bezeichnen in LXX auch das Lob, das Gott und Menschen dem Gerechten spenden. Zugleich werden beide Begriffe gebraucht, wenn das Gottesvolk seinen Gott lobt und preist.

1) Im NT kommt αἰνέω [*aineō*] 8mal vor, davon 6mal in den lukanischen Schriften (Lk 2,13.20; 19,37; Apg 2,47; 3,8.9; außerdem Röm 15,11, wo Paulus Ps 117,1 zitiert, und Offb 19,5), αἶνος [*ainos*] nur Mt 21,16, wo Ps 8,3 nach LXX zitiert wird (LXX übersetzt hier merkwürdigerweise das hebr. *ʿōz* = *Stärke, Macht, Festung* mit αἶνος [*ainos*]) und Lk 18,43. Das Bemühen der LXX wird konsequent durchgeführt: Verbum und Subst. werden ausschließlich vom Lobpreis Gottes gebraucht. Die Ableitungen ἐπαινέω [*epaineō*] und ἔπαινος [*epainos*] jedoch finden sowohl auf Gott wie auf den Menschen Anwendung. III

2) Im NT hat die Begriffsgruppe im Unterschied vom Profangriech. nicht die Bedeutung des Lobes für eine besondere Leistung; vielmehr liegt immer der Gedanke eines Lobpreises zugrunde, in dem es um volle Anerkennung und rühmliche Erwähnung der ganzen Persönlichkeit, nicht nur ihrer Taten geht (vgl. → Ehre, τιμή, δόξα). Die Verwendung insbesondere von ἔπαινος [*epainos*] und ἐπαινέω [*epaineō*] läßt deutlich erkennen, daß solche Anerkennung letztlich nur von Gott selbst ausgesprochen werden kann (Röm 2,29) in seinem rettenden Urteil am Tage des Gerichtes (Röm 2,29; 1 Kor 4,5; 1 Petr 1,7). In der

gegenwärtigen Zeit aber wird einem Menschen das Lob aus dem Munde derer zuteil, die vollmächtig im Auftrag Gottes handeln: durch die Gemeinde (2 Kor 8,18); durch den Apostel (1 Kor 11,2.17.22) und durch die von Gott eingesetzte Obrigkeit (Röm 13,3f; 1 Petr 2,14).

3) Bevorzugt aber wird unsere Gruppe (αἰνέω *[ainẹō]* und αἶνος *[ạinos]* sogar ausschließlich) da angewendet, wo es um das gebundene (im Lobspruch, Gebet, Hymnus), formulierte *Lob Gottes* geht (Mt 21,16; Lk 2,13.20; 18,43; 19,37f; Apg 2,47; 3,8.9; Röm 15, 11; Eph 1,3ff; Phil 1,11). Dieser Lobpreis erfolgt in der Gegenwart, findet aber seine volle Entfaltung in der neuen Schöpfung (Phil 1,11; Offb 19,5). *Schultz*

εὐχαριστία

εὐχαριστία *[eucharistịa]* Danksagung · εὐχαριστέω *[eucharistẹō]* dankbar sein, danken

I Das Subst. gehört zur Wortfamilie χαιρ- *[chair-]* / χαρ- *[char-]*, deren Grundwörter das Gefühl der → *Freude* bezeichnen. Als Weiterbildung von χάρις *[chạris]* (= alles, worüber man sich freut, → Gnade) und Kompositum mit εὖ *[eu]* (= *gut, recht, wohl, gehörig;* adverbial *sehr)* bedeutet es: 1) *dankbare Gesinnung;* 2) deren Betätigung = *Dankerweisung, Dankbezeichnung, Danksagung* (seit Hippokrates, 5. Jh. vChr). – Gleich alt ist das Adj. εὐχάριστος *[euchạristos]* = 1) *angenehm, artig, witzig;* 2) *dankbar.* – Das Verb εὐχαριστέω *[eucharistẹō]* begegnet in der Bedeutung: 1) *dankbar sein, sich zum Dank verpflichtet fühlen* (seit Demosthenes, 4. Jh vChr); 2) *Dank abstatten* (seit Polybios, 2. Jh. vChr.). – Häufig kommen diese Wörter begreiflicherweise in Inschriften vor.

II Die Wortgruppe ist in den at. kanonischen Schriften nur 1mal vertreten (Spr 11,16, durch das Adj., das dort für das sonst anders wiedergegebene *chen* = *lieblich, anmutig, von guter Sitte* steht). In apokryphen Schriften der LXX kommt das Verb 6mal, das Subst. 4mal vor. Beide finden sowohl für den *Dank von Mensch zu Mensch* wie auch für den *Dank an Gott* Verwendung.

1) Die Makkabäer *danken* Heiden für die jüdischen Fremdlingen erwiesene Gutmütigkeit (2 Makk 12,31). An anderer Stelle ist davon die Rede, daß Statthalter ihrem Wohltäter, dem Perserkönig, die gebührende *Dankerbietung* verweigern (Est 8,12d; L: Stücke zu Est 5,3). Die Weisheits-Lit. lehrt die Grunderfahrung, daß Mißgunst die *Dankerweisung* hindert (Sir 37,11). – Der Verfasser des 2 Makk nimmt die Mühe der Quellenauswertung um des *Dankes* der Leser willen (L: 2,28 »um den andern zu dienen«) auf sich (2,27).

2) Grund des *Dankens zu Gott* ist die Erlösung aus der Not feindlicher Bedrückung und Verfolgung (2 Makk 1,11; 3 Makk 7,16), der errungene Sieg (2 Makk 10,7 v. l.), aber auch die Versuchung, die als Gelegenheit heilsgeschichtlicher Bewährung bejaht und angenommen wird (Jdt 8,25, L: ähnlich in 8,18b), oder die Bewahrung der Heiligen vor dem Schuldigwerden an ihren Schmähern (Weish 18,2). – Die Weisheit Salomos rät, den Tag noch vor Sonnenaufgang mit *Dankgebet* zu beginnen (16,28).

Eine spezifische theol. Prägung des Wortes vom AT her ist also nicht zu erkennen.

III Der Schwerpunkt des nt. Gebrauchs unserer Wortgruppe liegt bei Paulus, der das Verb 24mal, das Subst. 12mal verwendet. Die Evangelien weisen nur das Verb auf (11mal), die Apg (Verb 2mal, Subst. 1mal) und die Offb (Verb 1mal, Subst. 2mal) verwenden die Gruppe nur selten, die kath. Briefe gar nicht. Das Adj. begegnet ein einziges Mal Kol 3,15.

1) Fast ausschließlich sind im NT εὐχαριστέω *[eucharistẹō]* und εὐχαριστία *[eucharistịa]* der *Danksagung an Gott* vorbehalten. Nur an 3 Stellen – Lk 17,16, Apg 24,3 und Röm 16,4 – bezeichnen sie den Dank an Menschen; dabei sind jedoch die erste (Dank des geheilten samaritischen Aussätzigen an Jesus) und die letztgenannte noch aus dem Zusammenhang geistlichen Handelns zu verstehen, und in Apg 24,3 liegt ehrerbietiger jüd. Sprachgebrauch vor.

2) Sehr häufig finden sich die Worte in den Briefanfängen der Paulusbriefe. Trotz aller folgenden ermahnenden Einzelkritik redet der Apostel jeweils im Eingangsgruß von seinem *Dank vor Gott* für die Adressaten: für ihren Glauben und dessen weltweite Wirkung (Röm 1,8 Dank durch Jesus Christus!; vgl. auch 2 Kor 1,11), für den Einklang von Glauben und tätiger Liebe (Eph 1,16; Kol 1,3; 1 Thess 1,2; 2 Thess 1,3 hier bes. für das Wachstum beider Gaben; Phlm 4), für die der Gemeinde verliehene Gnade (1 Kor 1,4)

und die Teilnahme am Evangelium (Phil 1,3), für die geschehene Erwählung (2 Thess 2,13) und die Ausdauer in der Hoffnung (1 Thess 1,2). Bemerkenswert ist, wie Paulus dabei keineswegs nur einer üblichen Form genügt, sondern mit dem je besonderen Dankesgrund schon auf das Thema seines Schreibens hinlenkt!

3) In den mehrfachen Aufforderungen zum Dank innerhalb der Paränese herrscht das Subst. vor. Immer wird unser Begriff dort absolut gebraucht; dadurch werden *Danksagung* und *Dankerweis* als Grund- und Dauerverhalten christlichen Lebens gekennzeichnet, so ausdrücklich Eph 5,20 (Danksagung im Namen Jesu Christi!); Kol 3,17; 1 Thess 5,18 und Kol 3,15 (Adj.). Keine Bitte und Fürbitte kann die gleichzeitige Danksagung entbehren: Phil 4,6; Kol 2,7; 4,2; 1 Tim 2,1. Das Handeln aus Dankbarkeit (Eph 5,4) steht im ausschließenden Gegensatz zum Leben im Laster (s. u. 6.).

4) In der speziellen Bedeutung des *Dankgebetes vor der Mahlzeit*, wie es — beginnend mit den Worten »Gepriesen seist du, Jahwe, unser Gott, König der Welt ...« — jüdischer Sitte entspricht (vgl. St.-B. I, 685ff), steht das Verb in der Speisungsgeschichte Mk 8,6 par, ferner Apg 27,35; Röm 14,6; 1 Kor 10,30; das Subst. 1 Tim 4,3 (an den 3 letzten Stellen zugleich auch allg. für das Bewußtsein der Dankbarkeit). Das Verb findet sich auch in den beiden Einsetzungsworten des Herrenmahls Lk 22,17.19 und nur beim Brotwort 1 Kor 11,24 (vor dem Kelchwort: »genauso den Kelch«), nur beim Kelchwort hingegen Mk 14,23 und Mt 26,27 (dort als Entsprechung beim Brotwort: εὐλογέω *[eulogẹō]* → Segen). Von daher wird im Verlaufe des 2. Jh.s εὐχαριστία *[eucharistịa]* Bezeichnung für die gesamte *Abendmahlshandlung*, wie eine Textvariante von 1 Kor 10,16 erkennen läßt. — Zitiertes Dankgebet haben wir Lk 18,11 (der selbstgefällige Pharisäer) und Joh 11,41 (Jesus dankt für die erbetene Vollmacht zur Totenerweckung). — Absoluter Gebrauch liegt in 1 Kor 14,16f vor (Dankgebet in Zungen).

5) Außer in Briefanfängen (s. o. 2.) ist in den Paulusbriefen noch häufig vom Dank für allgemeine und persönliche Gnadengaben die Rede: für die zunehmende Gnade (2 Kor 4,15), den Anteil am eschatologischen Erbe (Kol 1,12), die Aufnahme des gepredigten Menschenwortes als Gotteswort (1 Thess 2,13), die Gabe des Zungenredens (1 Kor 14,18). In 1 Kor 14,18 wie 1,14 spricht der Apostel jedoch in einer nahezu geringschätzigen Wendung von seinem Dank, um das Interesse auf die eigentliche Erbauung und Einmütigkeit der Gemeinde zu lenken. — Auch die empfangene Kollekte weckt bei den Empfängern Danksagung gegen Gott (2 Kor 9,11f).

6) Auf *tätigen Dankerweis* im Dienst zielen in 1 Thess 3,9 die planenden Überlegungen des Apostels. — Das Fehlen eines solchen Erweises kennzeichnet die mangelhafte Gotteserkenntnis der Heiden (Röm 1,21).

7) Schließlich bezeichnen Subst. und Verb auch die *doxologische Danksagung* der apokalyptischen Hymnen: Offb 4,9; 7,12; 11,17. *Eßer*

Lit.: JJeremias, Das Gebetsleben Jesu, ZNW 25, 1926, 123ff — GBoobyer, »Thanksgiving« and the »Glory of God« in Paul, 1929 — HGreeven, Gebet und Eschatologie, 1931 — HSchlier, Art. αἰνέω, ThWb I, 1933, 176ff — JHerrmann/HGreeven, Art. εὐχαριστία, ThWb II, 1935, 774ff — GHarder, Paulus und das Gebet, 1936 — PSchubert, Form and Function of the Pauline Thanksgivings, 1939 — JJeremias, Die Abendmahlsworte Jesu, 1930[3], 63 — RBultmann, Jesus, 1961, 151ff — AStöger, Art. Dank, BWb I, 1962[2], 172ff (kath.).

Demut

Es gibt zwei Wortgruppen im NT, die Ausdruck der Beugung des Menschen, seiner willentlichen Unterordnung unter einen anderen bzw. unter die in den Ereignissen ihm begegnende Macht eines anderen sind. Der Mensch wird dann als πραΰς *[pra·ỵs]* bezeichnet, oder man nennt ihn ταπεινός *[tapeinọs]*. Beide Wortgruppen sind dadurch verbunden, daß sie an vielen Stellen für das gleiche hebr. Wort eingetreten sind. Wenn bei den πραΰς-

[pra·ys]-Aussagen sprachlich der Blick mehr auf die dem anderen gegenüber zutage tretende rücksichtsvolle Freundlichkeit gelenkt wird, betont ταπεινός *[tapeinọs]* in erster Linie die untergeordnete, gedrückte oder auch willentlich gebeugte Stellung. Worte beider Gruppen stehen mehrfach nebeneinander. In den Spitzen des biblischen Zeugnisses erscheint das πραΰς-*[pra·ys]*-Sein — meist hellenistisch als aktive Tugend aufgefaßt — als Auswirkung des ταπεινός- *[tapeinọs]*-Seins, das stärker von seinem hebr. Hintergrund her im Sinne eines vorhandenen, zugefügten oder übernommenen Mangels geprägt ist, beides als äußere und Geisteshaltung.

πραΰς

πραΰς *[pra·ys]* sanftmütig · πραΰτης *[pra·ytæs]* Sanftmut · πραϋπαθία *[pra·ypathịa]* Sanftmut · ἐπιεικής *[epieikæs]* milde, gütig · ἐπιείκεια *[epiẹikeia]* Milde, Nachsicht

I πραΰς *[pra·ys]* (seit Homer), etymologisch mit dem gotischen *frijon (lieben), frionds* (dt. *Freund)* zusammenhängend, bedeutet *freundlich, sanft, mild.* Das Subst. πραΰτης *[pra·ytæs]* (seit Thukydides) und das von πραϋπάθεια *[pra·ypạtheia]* abgeleitete πραϋπαθία *[pra·ypathịa]* bezeichnen die *milde, sanftmütige Freundlichkeit.* Das fast synonyme ἐπιεικής *[epieikæs]* (Subst. ἐπιείκεια *[epiẹikeia]* ist entweder von εἰκός *[eikọs] (das Schickliche)* oder εἴκω *[ẹikō] (weichen, nachgeben)* herzuleiten und meint (seit Homer) die *anständige Lebensweise* bzw. (seit Thukydides) *die Nachsicht, Nachgiebigkeit, Milde.*

Die Wortgruppe πραΰς *[pra·ys]* steht bei Dingen *(milde* Worte, *linderndes* Heilmittel), Handlungen und Gefühlen, bei Tieren *(zutraulich)* und Personen *(wohlwollend).* Es ist Freundeseigenschaft, während dem Feind strenge Härte zukommt.

ἐπιεικής *[epieikæs]* mit seinen Ableitungen ist zunächst Ausdruck für die *maßvolle, vernünftige, ordentliche* Gesinnung im Gegensatz zur Zügellosigkeit. Dann beschreibt es die *rücksichtsvolle, nachsichtige* Art im Rechtsverhalten: Sie mildert das harte Recht mit seinen Gesetzen und Ansprüchen im Gegensatz zu jener Weise, die das Recht, auch das eigene, um jeden Preis durchsetzen will.

Beide Begriffe sind losfahrendem Zorn, Strenge, Gewalttätigkeit und Selbstbehauptung entgegengesetzt. Sie sind Charaktereigenschaften vor allem der Edelgesinnten: des Weisen (der auch Schmähungen gegenüber *sanftmütig* bleibt), des Richters (der *milde* bestraft) und des Königs (der mit Milde regiert), auch der Götter (die *gütig* handeln). So erscheinen sie oft in Regentenspiegeln und Lobreden auf führende Männer.

In der griech.-hellenistischen Philosophie bezeichnen die beiden Begriffe (soziale) Tugendideale von hohem Rang. Für Aristoteles bilden sie die Mitte zwischen den Extremen Jähzorn und Unempfindlichkeit.

II 1) ἐπιείκεια *[epiẹikeia]* (10mal in der LXX) und ἐπιεικής *[epieikæs]* (6mal einschließlich des Adverbs) bezeichnen ein dem AT fremdes sittliches Ideal und haben so kein rechtes hebr. Äquivalent. Sie beschreiben die *gnädige Milde* Gottes in seiner Regierung (1 Sam 12,22; Ps 86,5; Weish 12,18), aber auch eine Handlungsweise des Königs (2 Makk 9,27), des Propheten (2 Kön 6,3) und des Frommen (Weish 2,19). —

2) πραΰς *[pra·ys]* (19mal in der LXX) ist Übersetzung von *ʿānî* (3mal) = *elend, arm, demütig* und vorwiegend dessen späterer Nebenform *ʿānāw* (13mal) = *demütig, sanftmütig.* Daß die LXX *ʿānāw* (21mal im AT) und *ʿānî* (65mal im AT) auch mit πένης *[pẹnæs]*, πτωχός *[ptōchọs]* (→ Arm) und → ταπεινός *[tapeinọs]* wiedergeben kann, läßt die wesentlich größere Bedeutungsbreite des hebr. Begriffes erkennen, der mit keiner dieser Übers. voll zu erfassen ist.

ʿānî und *ʿānāw* sind abgeleitet vom Wortstamm *ʿnh* = *antworten,* und meinen zunächst die Situation des Antwortens und die Willigkeit dazu, dann die Stellung der Niedrigkeit gegenüber dem Antwort Fordernden (= *hörig, abhängig).* Von daher entwickelt sich die wirtschaftlich-soziologische Bedeutung: *derjenige, der keinen Grundbesitz hat* (dh in Israel: zu Unrecht eingeschränkt, enterbt, in der gottgewollten Lebensfülle beeinträchtigt sein. → Arm II 3) und deshalb häufig Objekt gewissenloser Ausbeutung ist (Jes 32,7; Ps 37,14; Hi 24,4). Schließlich bezeichnet *ʿānî* allg. *den Wehr- und Rechtlosen, Unterdrückten,* den man übervorteilt, auspreßt, verflucht (Ps 9 und 10).

Für diesen *ʿānî* aber ergreift Jahwe Partei (Ex 22,24; Dtn 24,14f), setzen sich die Propheten ebenso ein (Jes 3,14f; 10,2; Am 2,7; 8,4; Sach 7,10) wie die Weisheitsliteratur (Spr 14,21; 22,22; 31,9.20). Weil Jahwe ein Gott der Rechtlosen ist (Ps 25,9; 149,4; 34,3), erhört und tröstet er die, die bei den Menschen kein Erbarmen finden (Jes 29,19; Hi 36,15), bis er alle bestehenden Verhältnisse zu ihren Gunsten umkehren wird (Jes 26,6; Ps 37,11; 147,6). So wird *ʿānî* und dann erst recht *ʿānāw* über die im eigentlichen Sinn Armen hinaus zur religiösen Selbstbezeichnung derer, die in akuter Notlage demütig bei Jahwe allein Hilfe suchen oder gefunden haben (Luther übersetzt vorwiegend mit *elend:* Ps 40,18; 102,1; Zeph 2,3; 3,12; Jes 41,17; 49,13; 66,2), und in den Qumrantexten der Gemeindeglieder überhaupt (→ Arm, Art. πτωχός II,5). Von daher kann das Wort gelegentlich in der Bedeutung *demütig, bescheiden* gebraucht werden (Num 12,3; Pred 6,8).

Als Helfer aller Entrechteten und Elenden (Ps 45,5; 72; Jes 11,4; 61,1) gilt in messianischen Aussagen des AT der von Gott eingesetzte Heilskönig. Nie ist *ʿāni* ein Prädikat Gottes, wohl aber wird es in Sach 9,9 (vgl. Num. 12,3; Sir 45,4) Würdetitel des Messias. Das Reittier der Geringen benutzend, führt sein Weg zu den Armen und Rechtlosen, für die das Verstandenwerden Schicksalsgemeinschaft, Bundesgenossenschaft bedeutet. Der Friedensherrscher wird selber ganz niedrig: ohne Besitz, ohne irdische Machtmittel, ohne Recht auf Erden. –

Die Übers. der LXX freilich verändert diesen Wortsinn, wenn sie an einer Anzahl dieser Stellen (darunter Sach 9,9) πραΰς *[pra·ys]* übersetzt, und unterschiebt dem mehr passivisch ausgerichteten hebr. Grundwort einen hellenistischen aktivisch-ethischen Sinn: Aus einem Mangel wird die rühmenswerte Tugend der »Sanftmut« oder »Demut«. Diese Bedeutung herrscht auch bei Sir (1,27; 4,8; 10,28 u. a.) und Josephus (Ant 17,212; 19,330; 3,97; 5,167; 6,9; 7,117) vor.

Die Wörter finden sich im NT bei Paulus, Jak, 1 Petr, Apg (1mal ἐπιείκεια *[epiẹikeia]*) und im MtEv (3mal πραΰς *[pra·ys]*). Eindeutig at. Einfluß ist nur im MtEv (2mal Zitat) zu erkennen; sonst werden die Begriffe in überwiegend hellenistischer Bedeutung verwendet. Inwieweit das NT von der LXX und ihrem hebr. Hintergrund her denkt, ist nicht immer deutlich. Zweierlei läßt sich aber sagen: III

1) π. und ἐ. sind Merkmale der Herrschaft Christi. Im Gegensatz zu Vertretern eines politischen Messianismus lehnt Jesus die Gewalt zur Verwirklichung der Gottesherrschaft ab. Sein Wirken auf Erden ist das des (griech. verstanden) gewaltlosen, unkriegerischen Heilskönigs aus dem AT (Mt 11,29; 21,5 = Sach 9,9). Da Mt 11,29 jedoch semitisches Denken zugrunde liegt (Belege ThWb V 993 Anm. 289) meint πραΰς *[pra·ys]* (hebr. verstanden = *ʿāni)* darüber hinaus die menschliche Niedrigkeit des Messias: Er ist ein »bettel König« (Luther), ohne Mittel, sein Recht durchzusetzen, über den schließlich alles Unrecht einhergeht. – In 2 Kor 10,1 erwähnt Paulus πραΰτης *[pra·ytæs]* und ἐπιείκεια *[epiẹikeia]* als charakteristische Haltung Jesu gegenüber den Menschen während seines Erdenlebens und ermahnt unter Berufung darauf die Gemeinde.

2) Die Wörter bezeichnen nun auch ein von den Christen gefordertes Verhalten (allerdings auch von Nichtchristen erwähnt Apg 24,4; 1 Petr 2,18). Sie stehen in den sog. Tugendkatalogen als konkrete Ausübungen der christlichen Liebe (Gal 5,23; 1 Tim 6,11; 1 Petr 3,4) und der Weisheit von oben her (Jak 3,17). Sie geben die Regel ab für das Zusammenleben von Christen und Nichtchristen (Phil 4,5; Tit 3,2) und gelten auch dort, wo sie am wenigsten am Platze zu sein scheinen: gegen sündige Christen (1 Kor 4,21; Gal 6,1; 2 Tim 2,25) ebenso wie bei Feindschaft und Verfolgung (1 Petr 3,16). Christen sollen darin vorbildlich sein (Jak 3,13), besonders der Gemeindeleiter (1 Tim 3,3).

Mt 5,3 erscheint πραΰς *[pra·ys]* im griech. Text als ein Merkmal des Jüngerlebens: als »triumphale Tugend«, die die Weltregentschaft erlangt. Jesus aber denkt hier auch an die Elenden, von denen das AT spricht (Zitat von Ps 37,11!): Die jetzt Gedrückten und Bedrängten und Verachteten stehen unter der Verheißung, daß die Verhältnisse sich umkehren und die Besitzlosen Anteil an der Gottesherrschaft auf der Erde erhalten werden (→ Erbe). Dabei ist diese Seligpreisung eine verhüllte Selbstaussage Jesu: Er ist der Heiland der Armen! –

Wenn das NT zur πραΰτης *[pra·ytæs]* auffordert, so meint es dabei keine vom menschlichen Willen eingeübte Verhaltensweise, sondern ein Merkmal der Erlösung (Eph 4,2 der Berufung; Kol 3,12 der Erwählung), keine Charaktereigenschaft, sondern eine Wirkung des Heiligen Geistes (Gal 5,23), keine Tugend im hellenistischen Sinn, sondern eine gottgeschenkte Lebensmöglichkeit und Handlungsweise. Sie ist keine Auswirkung des menschlichen Temperaments, sondern zeigt sich da, wo Menschen mit Christus verbunden sind und deshalb durch seinen Geist auch in ihrem Verhalten immer mehr seinem → Bilde gleichgestaltet werden.

Bauder

ταπεινός

ταπεινός *[tapeinọs]* niedrig, demütig · ταπεινόω *[tapeinọō]* erniedrigen · ταπείνωσις *[tapẹinōsis]* Erniedrigung · ταπεινόφρων *[tapeinọphrōn]* demütig · ταπεινοφροσύνη *[tapeinophrosynæ]* Demut

I Dem ursprünglich lokalen Sinn des Wortes *niedrig gelegen* (seit Pindar 5. Jh. vChr) folgen bald die übertragenen Bedeutungen: a) *sozial niedrig, – arm, gering* an sozialer Stellung und Macht (seit Herodot 5. Jh. vChr), *ohnmächtig, unbedeutend;* b) moralisch – als Folge der sozialen Stellung – *in knechtischer Gesinnung befangen,* als Synonym zu *unfrei* (Plato 4. Jh. vChr); c) allg. psychisch im Sinne von *mutlos, niedergeschlagen* (seit Thukydides 5. Jh. vChr; vgl. die heutige Redensart: Ich bin »down«). d) In der sokratischen und nachsokratischen Tugendlehre wird der Begriff aus seiner sozialen Determiniertheit gelöst, aber in seinem negativen Wert festgehalten: Die Extreme der herausfordernden verletzenden Überheblichkeit (Hybris) wie des kriecherisch-unterwürfigen Verhaltens und niedriger Schmeichelei sind zu vermeiden. e) Positiven Wert hat das Wort gelegentlich in individual-, sozialethischer und religiöser Verwendung, heißt dann jedoch nicht demütig, sondern *bescheiden* (so bei Xenophon 4. Jh. vChr), *gehorsam,* sich einordnend gegenüber den gerechten Gesetzen der Götter (Aischylos 5. Jh. vChr, Plato 4. Jh. vChr.). – Allen genannten Bedeutungen gemeinsam bleibt der urspr. lokale Beziehungswert von ταπεινός *[tapeinọs]*: *unten, niedrig(er)* im Vergleich zu dem, was oben, höher ist.

Das abgeleitete Verb (seit Hippokrates 5. Jh. vChr) ταπεινοῦν *[tapeinọun]* entspricht in allen Bedeutungsvarianten dem Adj.: *einebnen* – sozial, politisch, wirtschaftlich *erniedrigen, schädigen, klein machen, demütigen, demütig machen – entmutigen* (das Schicksal, das Leben als Subj.) – *zum Gehorsam, zur Bescheidenheit bringen – einer (Vernunft-)Ordnung unterwerfen* (mit den jeweiligen passiven Formen). – Die reflexive Form mit ἑαυτόν *[he·autọn]*) und das Medium (seit Diodorus 1. Jh. vChr, auch im psychischen Sinne gebraucht) = *sich erniedrigen, demütigen* kommen im allg. nur in negativer Bedeutung vor. Allerdings fordert Philodem (1. Jh. vChr) dazu auf, die, die sich demütigen, zu trösten und zu erheben (s. Grundmann 4), und Plutarch erwähnt (1.–2. Jh.) den Brauch, sich durch Verhüllen des Hauptes bei Opfer und Gebet vor den Göttern zu demütigen (s. Grundmann 5). – Das (außer Sir 13,20, dort par zu → arm) nur im profanen Gebrauch belegte Subst. ταπεινότης *[tapeinọtæs]* (seit Thukydides 5. Jh. vChr) bezeichnet vorwiegend das Ergebnis des Erniedrigens: die *Niedrigkeit, Machtlosigkeit* usw., während ταπείνωσις *[tapẹinōsis]* (seit Plato 4. Jh. vChr) in erster Linie den Vorgang der *Erniedrigung* usw. aussagt. – Das Kompositum mit φρονεῖν *[phronẹin]* (= denken, urteilen, gesinnt sein) findet sich als Verb ταπεινοφρονεῖν *[tapeinophronẹin]*, Adj. ταπεινόφρων *[tapeinọphrōn]*, Subst. ταπεινοφροσύνη *[tapeinophrosynæ]* in profaner Lit. erst im 1. und 2. Jh. (Josephus, Plutarch, Epiktet), und zwar nur im abwertenden Sinne: *niedrig, schlecht denken, gesinnt sein; kleinmütig, schwächlich; unterwürfige Gesinnung.* Dagegen verwendet die LXX, die das Subst. nicht aufweist, schon einmal das Verb *(demütig, bescheiden sein;* Ps 130,2 = 131,2MT: *das Gemüt beschwichtigen)* und einmal das Adj. *(demütig gesinnt, demütigen Geistes;* substantive Form: Spr 29,23) in positiver Wertung. Der Gegensatz an beiden Stellen und Sir 13,20 (s. o.) ist → Hochmut, Übermut, Überheblichkeit.

II Damit ist schon der grundlegende Unterschied zwischen griech. und biblischer Wertung der Wortgruppe markiert: Dort im anthropozentrischen Menschenbild gilt Niedrigkeit als Schande, zu Vermeidendes, im Handeln und Denken zu Überwindendes; hier im theozentrischen Menschenbild spricht die Wortgruppe vorwiegend jenes Geschehen aus, das den Menschen in die angemessene Beziehung zu Gott und dadurch auch zum Mitmenschen bringt (vgl. Grundmann 12).

1) Etwa 270mal finden sich ταπεινός *[tapeinọs]* und seine Ableitungen in der LXX, davon 66mal das Adj., etwa 160mal das Verb und 40mal ταπείνωσις *[tapẹinōsis]* (zu den Komposita s. o. I). – Von den hebr. Äquivalenten überwiegt bei weitem der Stamm *'ānāh* (86mal; → arm Art. πτωχός II; → Art. πραΰς II) = *geduckt, gebeugt sein.* Es folgen die Wortstämme *schāphāl = tief gelegen, niedrig sein* (42mal), *kāna = geduckt, gedemütigt werden* (15mal), *dākā* und *dākāh = zerschlagen, zermalmen* (zusammen 13mal), *dal, dālal = gering, unansehnlich, hilflos, kleinlaut sein* (7mal), *schāchach = sich bücken, ducken* (6mal), *jigah = plagen, betrüben* (5mal). – Das von der erstgenannten Wurzel abgeleitete Subst. *anāwāh = Demut,* die Gesinnung des sich Beugenden, begegnet nur 4mal (Spr 15,33; 18,12; 22,4; Zeph 2,3).

2) In der Übers. dieser hebr. Begriffe nimmt die LXX die ganze Bedeutungsbreite der Wortgruppe auf (s. o. I), fügt ihr noch einige Varianten hinzu (zB eine Frau beugen im sexuellen Sinn 2 Sam 13,12; Dtn 21,14; Ez 22,10f; vergewaltigen Gen 34,2 u. ö.; ferner: die Seelen beugen = fasten Lev 16,29; Jes 58,3 u. ö.), nimmt sie aber vor allem weitgehend zur Aussage des Jahweglaubens in Anspruch: Gott selbst ist es, der in seinem geschichtlichen Handeln sowohl die Stolzen und Hochmütigen erniedrigt, wie auch die Erniedrigten erwählt und rettet.

Diese Erkenntnis hat ihren Niederschlag in verschiedener Gestalt gefunden:

a) Die Prophetie faßt sie in Gerichtsandrohung (Am 2,7 zu 1a und 13ff; 8,6 zu 7f; Jes 2,9.

11.17; 5,15; 10,33; 14,32 gegen die Philister; Zeph 2,3; Ez 21,31) und Verheißung (Zeph 3,12 parallel zu πραῦς II; Ez 17,24; Jes 49,13; 53,8: LXX interpretierend: »Aufgrund seiner [gehorsamen, V. 7] Demütigung hob Gott [Passiv, Umschreibung des Gottesnamens] das Gericht über ihn auf.«; Jes 54,11; dann Jes 66,2b; 26,6, in spätem apokalyptischen Lied).

b) Die Geschichtswerke bezeugen sie als Ereignis (sowohl in ihrer theol. Gesamttendenz wie auch in dem entsprechenden Sprachgebrauch: Ri 4,23; 6,15ff Erwählung Gideons; 1 Sam 1,11ff im Gebet und 2,7ff Lobgesang der Hanna; 7,13; 18,23ff; 2 Sam 22,28 im Dank- und Siegeslied Davids; 1 Chr 17,10 Verheißung an David; 1 Kön 8,35 par 2 Chr 2,26; vgl. Ps 18,28 = 17,28 LXX; 28,19; 32,26; dabei haben die genannten Redestücke, Gebete, Lieder thematischen Leitmotivcharakter).

c) Die Psalmen und Klagelieder geben sie wieder in betender Gewißheit (Ps 10,17f [LXX 9,38f]; 25[24],18; 31[30],8; 34[33],19; 38[37],9 zu 23; 44[43],20.26f; 51[50],19; 74[73],21) par. → arm; 82[81],3 zu 5ff: die Götter sind unfähig, dem Niedrigen zum Recht zu verhelfen, darum muß Gott richten; 90[89],3 (Zermalmtes, Staub = ταπείνωσις [tapẹinōsis]; 102[101], 16ff bes. V. 18; 113[112],5f (Loblied); 116,10[115,1] zu 1f [114,1f] (Danklied); 119[118],50.67.71.75.92, das Gesetz Gottes tröstet in der Niedrigkeit; 107; 153; 131 [130],2 (s. o. I); 136 [135],23 (Danklied); 138 [137],6 vgl. o. 113 [112]; 142 [141],7 u. ö. – Klgl 1,5b.8b.12c zu 20; 2,5c zu 18,20; 3,32–34 zu 31.37f. – Siehe auch V. 4 im Lobgesang Jes 25,1–5.

d) Die Weisheitslit. spricht sie in ihrer Spruchweisheit als Lebenserfahrung und Lebensregel aus: Hi 5,11 zu 8; 12,21 nur LXX und Vulg., anders MT; Spr 3,34 LXX, in 34a grundsätzlicher als MT; 11,2 zu 1; 15,33 MT »Demut« par zu »Gottesfurcht«, LXX nur in einigen HSS: ταπεινός [tapeinọs], doch s. 16,2 LXX fehlt in MT; 16,19 ταπείνωσις [tapẹinōsis] par zu πραΰθυμος [pra·ẏthymos] = sanftmütig; 18,12; 22,4; LXX übers. das »Demut« von MT mit »Weisheit«; 25,7 Tischregel; 29,23 (s. o. I); Pred 10,6; Sir 7,11 (L: V. 12); 10,15f (L: V. 17f); 11,12 (L: V. 13) u. a.

3) In der Gemeinderegel der Qumran-Sekte, deren Glieder sich »die Niedrigen« nennen (→ Arm), wird Demut neben barmherziger Liebe (Gegensatz: Zorn und Murren), Wahrheit, gerechtem Denken, Treue, Eintracht, Langmut als hohe Tugend der Gemeinschaft gefordert (1QS 2,24; 4,3; 5,3.25); aber auch als Gesinnung, die den Haß gegenüber den herrschenden Söhnen der Finsternis verbirgt (1QS 9,22; 11,1). Vor Gott ist Demut die angemessene Haltung, die Sünde sühnt (1QS 3,8), seine Zurechtweisungen erträgt (1QH 17,22; Hymnus); und im Bleiben der Seele unter den Geboten die Reinigung des Fleisches bewirkt (1QS 3,8).

4) Die apokalyptische Lit. sieht in der Demut das verheißungsvolle Verhalten in der Endzeit, dem Hilfe und Lohn Gottes zugesagt sind (TestGad 5,3; 4 Esr 8,47–54).

5) Auch im rabb. Schrifttum nimmt die Demut im Stufenplan der zu erstrebenden Heilsgüter einen hohen Rang ein (vgl. St.-B. I,191–194), und ein demütiger Geist gilt als *das* jüd. Kennzeichen (s. bes. die Polemik gegen den Hochmut der Nichtjuden, zB Sprüche der Väter = Pirqe Abot 5,19). – Die Predigt Jesu weist ihrerseits polemisch die Diskrepanz zwischen diesem hohen theoretischen Anspruch und der überheblichen rabb. und pharisäischen Praxis auf (Mt 23,1ff; Lk 18,9–14).

34mal ist die Wortgruppe im NT vertreten, davon 8mal ταπεινός [tapeinọs], 14mal ταπεινόω [tapeinọō], 4mal das Subst. ταπείνωσις [tapẹinōsis], das Kompositum ταπεινόφρων [tapeinọphrōn] kommt 1mal, das zugehörige Subst. ταπεινοφροσύνη [tapeinophrosynæ] (nur in Apg und den Briefen) 7mal vor. – Die Verteilung auf die einzelnen Schriften: Mt: 4; Lk: 7; Apg: 2; Röm: 1; 2 Kor: 4; Eph: 1; Phil: 4; Kol: 3; Jak: 4; 1 Petr: 4. Die Wortgruppe fehlt also bei Mk, in allen johanneischen Schriften und den nichtgenannten Briefen. III

1) Der Gebrauch der Wortgruppe bei Mt und Lk ist eng verbunden mit der Verkündigung des eschatologischen Anbruches der Königsherrschaft Gottes. Darin liegt das inhaltlich Neue bei vielfacher Anknüpfung an at. und jüd. Texte. – Schon in der Vorgeschichte seines Evangeliums gibt Lukas das Thema bekannt: In ihrem Lobgesang preist die Mutter Jesu mit at. Worten (1 Sam 1,11; vgl. Ps 113,5f) die Erhabenheit Gottes, der »hingesehen hat auf die Niedrigkeit seiner Magd« (1,48 »Magd, Sklavin« interpretiert »Niedrigkeit«, s. V. 38) und »die Niedrigen erhöht hat« (1,52; vgl. 1 Sam 2,7; Hi 5,11; Ps 75,8; Ez 21,31). – Dann steht das Wirken Johannes des Täufers (Lk 3,1ff) im Dienst des Kommens Gottes; zu seiner Vorbereitung soll nach der Weissagung des DtJes 40,3ff »jeder Berg und Hügel niedrig gemacht (= eingeebnet) werden« (3,5).

Der Gekommene selbst endlich geht den Weg der Niedrigkeit (Mt 11,29 s. u.) und kann deshalb a) in der Warnung vor Rangsucht Lk 14,11 (vgl. Spr 25,7); b) in der Auseinandersetzung mit den Pharisäern Lk 18,14 (Abschluß der Beispielerzählung vom Pharisäer und Zöllner) und c) in der Polemik gegen sie und die Schriftgelehrten Mt 23,12 denen, die »sich selbst erniedrigen« (ταπεινοῦν ἑαυτόν *[tapeinoun heauton]*), die endgültige Erhöhung durch den Vater verheißen (Fut. Pass. als Umschreibung des Gottesnamens), wie er den Hochmütigen das letzte Gericht Gottes androht (3mal das gleiche Sprichwort im Munde Jesu; vgl. dazu 1 Sam 2,7; 2 Sam 22,28; Ez 21,31; Sir 7,11 = L V. 12 u. ö.; aber in dieser eschatologischen Situation mit »einem ganz neuen Sinn erfüllt«, Dihle, a. a. O., 748; anders Bultmann 79.84.108ff). –

Der tragende Grund solcher Verheißung, Mahnung und Warnung liegt also in Jesu eigenem Lebensweg, wie er ihn in seinem Heilandsruf Mt 11,28–30 auslegt: Er ist »niedrig (par zu πραΰς *[pra·ys]*, hier: niedrig gegenüber den Menschen, s. Art. πραΰς, II) im Herzen« V. 29, dh vor Gott, gänzlich auf ihn angewiesen, »ihm ergeben« (Grundmann 20) und kann gerade deshalb die sich Mühenden und Belasteten zu sich rufen und ihnen die endzeitliche Ruhe in seiner Nachfolge zusprechen (vgl. zum Unterschied Sir 51,35: die bloße Vorbild-Ethik des Gesetzeslehrers; s. Schlatter, Mt zSt; Schniewind zSt: »Die höchste Würde Jesu und sein Kreuzeswille sind . . . eins«; s. u. zu Phil 2,6ff).

Wie wenig bei der Aufforderung Jesu zur Nachfolge an ein Leistungsethos gedacht ist, zeigt sein Wort von der Demut Mt 18,1–5: Die Aufforderung, sich selbst zu erniedrigen wie das (in den Kreis der Jünger gestellte) Kind, V. 4, bedeutet nicht, sich niedriger machen, als man ist, sondern gleich dem Kinde wissen, wie niedrig man tatsächlich ist. Demut ist also wissen, »wie niedrig wir vor Gott tatsächlich sind. Durch das Wort ›Kind‹ aber wird zugleich an den Vater im Himmel erinnert. So ist diese Demut und Niedrigkeit Freude und ›Seligkeit‹« (Schniewind zSt, vgl. auch J. Jeremias 190), weil sie teilhaben läßt an der Königsherrschaft der Himmel.

2a) Der zentralen Stellung des Heilandsrufs bei Mt entspricht die des Christus-Hymnus bei Paulus, Phil 2,6–11. Im Werk Jesu Christi von der Selbstentäußerung (vgl. Phil 2,7 κενός *[kenos]* → leer) durch die Selbsterniedrigung, V. 8 (der entscheidende paulinische Zusatz zum übernommenen Lied: V. 8c), bis zur Erhöhung durch Gott laufen alle Linien der at. Proklamation der souveränen Geschichtsmächtigkeit Gottes (s. o. II,2) im Brennpunkt der Erfüllung endgültig zusammen: Hier steht Gott definitiv zu seinem Wort, und zugleich begründet und eröffnet die Selbsterniedrigung Jesu Christi das neue Leben unter seiner Herrschaft (V. 10f) in ihm gemäßer Dienstbereitschaft (ταπεινοφροσύνη *[tapeinophrosynæ]*: V. 3; s. auch V. 5, »seid genauso eingestellt . . .«). Was Selbsterniedrigung ist, wird im Christusweg konkret zweifach definiert: Gehorsam-Werden bis zum Tode, ja zum Tode in der äußersten Schande des Kreuzes, keinen andern Halt vor Augen als die unglaubliche Zusage der Treue Gottes (vgl. Ps 25,18; 31,8; 90,3; 119,50.92.153 und vor allem Jes 53,7–12; s. dazu H. W. Wolff 98f). –

b) Apg 8,33 deutet dann durch Zitat die Erniedrigung und Erhöhung Jesu Christi von Jes 53,8 LXX her (s. o. II,2a; vgl. dazu H. W. Wolff 90ff). –

c) Paulus versteht seinen ganzen Apostelldienst als Nachfolge des Herrn, der ihn kraft seiner eigenen, durch Selbsterniedrigung gewonnenen Erhöhung dazu befähigt (Phil 4,13 und 4,12). Darum vermag er »in Niedrigkeit zu leben« (Z, dh hier wohl: hungern, Mangel haben, Entbehrung ertragen), »sich selbst zu erniedrigen« durch körperliche Arbeit (die ihm seine Gegner obendrein noch als vermeintliche Bußleistung für eine verborgene Sünde übelnehmen; vgl. Schlatter, Mt zu Mt 18,4 und Jeremias, 190), um das Evangelium unentgeltlich verkündigen zu können (2 Kor 11,7) und durch die Botschaft die Gemeinde zu erhöhen. Geübte »Dienstbereitschaft in jeder Hinsicht« kennzeichnet also zusammen mit Tränen und Versuchungen die Existenz des Apostels (Apg 20,19; in der sachgemäßen Wiedergabe des paulinischen Selbstverständnisses durch den Verfasser der Apg). Paulus erkennt darin Gottes Handeln an, ob dieser nun ihn »demütigt« durch Mißerfolge (2 Kor 12,21), die sich in der Fortdauer von Streitsucht (V. 20) und Ausschweifungen (V. 21c) der Korinther äußern, oder auch, wenn Gott, der die – durch Kampf und innere Ängste – »Erniedrigten tröstet« (2 Kor 7,5f; vgl. Jes 49,13), ihn aufrichtet durch gute Nachricht von seinen Gemeinden. – Mitten durch die Schwierigkeiten seines Dienstes trägt Paulus die Hoffnung darauf, daß der kommende Herr »seinen Leib der Niedrigkeit«, dh der Todverfallenheit, verwandeln und dem Leibe seiner Herrlichkeit gleichgestalten wird (Phil 3,21).

d) An 3 Stellen wird innerhalb des paulinischen Briefwerks unsere Wortgruppe noch in ursprünglich negativer Bedeutung gebraucht, jedesmal polemisch-ironisch: 2 Kor 10,1 zitiert Paulus den Vorwurf seiner Gegner, er sei »während seiner Anwesenheit servil« (vgl. 3c), »in Abwesenheit aber mutig« ihnen gegenüber (zum Ganzen vgl. Käsemann, Legitimität); Kol 2,18 und 23 warnt vor den Gnostikern, die sich gefallen in kultischen »Demutsübungen« und Engeldienst sowie »Askese« (jeweils ταπεινοφροσύνη *[tapeinophrosynæ]*).

e) Auch die paulinische Ermahnung zur Demut wurzelt in der tragenden Christuswirklichkeit: Röm 12,16 (zu V. 1) warnt vor dem hohen Gedankenflug (gnostischen Eiferns?) und empfiehlt, sich zu den »niedrigen Diensten« bzw. den »Geringen« in der Gemeinde (je nach sächlicher oder maskuliner Übers. von τοῖς ταπεινοῖς *[tọis tapeinọis]*) hinreißen zu lassen. Ähnlich fordert Eph 4,2 (zu 4,1) und Kol 3,12 (zu 3,1f) zur »Dienstbereitschaft« (an beiden Stellen ταπεινοφροσύνη *[tapeinophrosynæ]*) auf, die die Gemeinde eint und zusammenhält (s. o. II,3 die Gemeinderegel der Qumransekte). Beide Stellen verwenden ταπεινοφροσύνη *[tapeinophrosynæ]* parallel zu πραΰτης *[pra·ytæs]* (vgl. πραΰς III), letztere spricht vom »Anziehen« der Dienstbereitschaft wie eines Gewandes (s. u. 1 Petr 5,5).

3) Die Paränesen des Jak und 1 Petr bringen gegenüber den at. und paulinischen Aufforderungen zur Demut inhaltlich nichts Neues. Jak 1,9f bedeutet das Adj. *sozial niedrig, arm* (Gegensatz: der Reiche); wer in diesem Stande ist, hat Anlaß, sich der Hoheit zu rühmen, während der Reiche sich paradoxerweise seiner Todverfallenheit (ταπείνωσις *[tapẹinōsis]*, s. V. 10c) rühmen soll. Beides ist im Blick auf »die kommende Weltverwandlung« gesagt (Dibelius zSt). – Jak 4,6b parallel 1 Petr 5,5c ist Zitat aus Spr 3,34 LXX, das den »Demütigen« Gottes Zuwendung verheißt. Beide ziehen daraus die Konsequenz (Jak 4,10 parallel 1 Petr 5,6): »Unterwerft euch Gott« (ταπεινοῦν *[tapeinọun]* Pass.; vgl. Gen 16,9; Sir 2,17) bzw. »der mächtigen Hand Gottes, damit er euch erhöhe« (Jak: »so wird er ...«). (Da keine literarische Abhängigkeit zwischen beiden Briefen nachweisbar ist, erweist der Gleichklang die »Spur einer gemeinchristlichen Paränese«, Grundmann 19, vgl. Dibelius 30.) – Eine besonders bildhafte Wendung findet sich 1 Petr 5,5: »Bindet einander die Dienstbereitschaft (ταπεινοφροσύνη *[tapeinophrosynæ]*) wie eine Dienstschürze um!« (vgl. Joh 13,4f).

4) Die Enteschatologisierung des Denkens bei den apostolischen Vätern reduziert »Demut« von endzeitlicher Erwartung und ihr gemäßer Existenzweise vornehmlich zu einer Bezeichnung von Buß- und Fastengesinnung und deren praktischen Äußerungen, vor allem in 1 Clem und Herm (s. Grundmann 25ff). *Eßer*

ZUR VERKÜNDIGUNG V

Man hat Demut lange Zeit mit Kriecherei und Unterwürfigkeit verwechselt. Es ist aber deutlich, daß sie in der biblischen Botschaft eben nicht als rein zwischenmenschliches Verhalten endloser (feiger und opportunistischer, jedenfalls schwächlicher) Nachgiebigkeit verstanden ist. Zwar steht Demut der Hybris, dem Hochmut entgegen und mußte deshalb der Ideologie der »Herrenmenschen« verhaßt sein. Im Kern aber leitet sie sich aus dem Verhältnis des Menschen zu Gott her: Wo der Mensch sich und die anderen unter die Hand Gottes gestellt sieht, und wo er anerkennt, daß das Urteil über den eigenen Rang und Wert ihm selbst nicht zusteht, da lebt er in der Demut. Sie unterscheidet sich von stoischer Unberührtheit wohl dadurch, daß sie auch weiterhin leidet an den Ereignissen und Verhältnissen und deren Änderung ersehnt und erstrebt, sie aber nicht mehr ohne das Wirken und die Entscheidung Gottes erwartet. Der Mensch in der Demut hat es aufgegeben, selbst auf Kosten anderer seinen vermeintlichen Anspruch durchzusetzen. Demütig sein heißt also nicht, dem Quietismus verfallen, sondern mit dem egozentrischen Denken aufhören und die Zukunft in die Hand Gottes legen.

Wie kann es zu solcher Haltung kommen? Hätte sie ihren Grund in der Veranlagung des Menschen, so bedürfte ihr Fehlen nicht einmal einer Entschuldigung. Versucht man, ein entsprechendes Verhalten einzuüben, so wird man bald feststellen, daß solche Einübung bestenfalls äußere Formen anerziehen kann, während Demut biblisch gesehen primär gerade eine innere Haltung ist. Wenn sie zu den Früchten des Geistes gezählt wird, so heißt das, daß sie nur auf dem Boden des Glaubens wachsen kann; nur da nämlich, wo der Mensch sich selbst als schuldig vor Gott erkannt und dessen Recht anerkannt hat. Erst wenn er sich in solcher Selbsterkenntnis vor Gott beugt, kann er auch sein Verhältnis zum Mitmenschen so ordnen, wie es der Solidarität eigener Schuld und göttlichen Erbarmens entspricht. Erst wenn er erkannt hat, daß er auf das Heil oder die Gnade Gottes einen Anspruch weder besitzt noch erwerben kann, aber trotzdem um Christi willen in der Fürsorge Gottes geborgen und aufgehoben ist, braucht er sich weder selbst zu rechtfertigen noch auf seinen Vorrang bedacht zu sein. Die Existenz in der Gnade aber macht ihn frei, neidlos nicht nur den Fortschritt des anderen zu sehen und hinzunehmen, sondern darüber hinaus dessen Wohl sogar zu fördern. Dabei spielt die Frage nach dessen Dank oder Undank vom Evangelium her keine Rolle.

Gerade weil Demut nichts anderes als Beugung unter Gottes Regiment ist, schafft sie keine Voraussetzungen zur Seligkeit; sie kann selbst vielmehr erst wachsen als Frucht empfangener Liebe und Rechtfertigung. Als Beugung unter Gottes Wollen und Handeln wird sie sich allerdings niemals fatalistisch mit den derzeitigen Macht- und Rangverhältnissen einfach abfinden, sondern sie trägt Wissen und Hoffnung auf deren Wandel in sich. Gott steht auf der Seite der Gedemütigten, er erhebt die Demütigen, aber stößt die Gewalttätigen von ihren Thronen. So wird Demut vor Gott den Menschen frei machen – von sich selbst für den anderen. *L. C.*

→ Arm; → Dienen; → Geduld; → Gnade; → Hochmut; → Liebe.

Lit.: ASchlatter, Jesu Dienst, 1904 – KThieme, Die christliche Demut, 1906 – AvHarnack, Sanftmut, Huld und Demut in der alten Kirche, Festschrift J. Kaftan, 1920, 113ff – FSinner, Die christliche Demut, 1925 – HPreisker, Art. ἐπιείκεια, ThWb II, 1935, 587ff – LGilen, Die Demut des Christen nach dem NT, Zs. f. Aszese und Mystik 13, 1938, 266ff – HWWolff, Jesaja 53 im Urchristentum, 1952^{3} – WvUnnick, Zur Bedeutung von ταπεινοῦν τὴν ψυχήν bei den apostolischen Vätern, ZNW 44, 1952/53, 250ff – WMichaelis, Art. πραϋπάθεια, ThWb V, 1954, 939 – SRehrl, Die Wortgruppe zu griechisch ταπεινός und das Problem der Demut in der profan-griechischen Literatur im Vergleich zu LXX und NT, 1955 – MDibelius, Der Brief des Jakobus, 1956^{8} – EKäsemann, Die Legitimität des Apostels, 1956 – SWibbing, Art. Demut, EKL I, 1956, 862ff – RBultmann, Geschichte der synoptischen Tradition, 1957^{3} – ADihle, Art. Demut, RAC III, 1957, 735ff – HJKraus, Die Psalmen, BKAT XV, 1958, 82f.109.147.485.597.599.LXXIV – GMensching u. a., Art. Demut, RGG II, 1958^{3}, 76ff – GvRad, Theologie des AT I, 1958^{2}, 293.398f – FHauck, Art. πένης, ThWb VI, 1959, 37ff – FHauck/EBammel, Art. πτωχός, ThWb VI, 1959, 897ff – FHauck/SSchulz, Art. πραΰς ThWb VI, 1959, 645ff – OSchaffner, Christliche Demut, 1959 – ASchlatter, Der Evangelist Matthäus, 1959^{5} – SWibbing, Die Tugend- und Lasterkataloge im NT, BZNW 25, 1959 – EKutsch, anawah (Demut), Habil. Schrift Mainz, 1960 – JSchniewind, Das Evangelium nach Matthäus, NTD 2, 1960^{9} – JLeipoldt, Vom Kinde in der alten Welt, in: Reich Gottes und Wirklichkeit, Festschrift E. Sommerlath, 1961, 343ff – RMehl, Art. Sanftmut, RGG V, 1961^{3}, 1363f – SRehrl, Das Problem der Demut in der profan-griechischen Literatur im Vergleich zu LXX und NT, 1961 (Aevum Christianum 4) – JJeremias, Die Gleichnisse Jesu, 1962^{6} – ELarsson, Christus als Vorbild, 1962 – GStrecker, Der Weg der Gerechtigkeit, FRL 82, 1962, 173f – GBornkamm, Zum Verständnis des Christus-Hymnus Phil 2,6ff, Stud. z. Antike u. Christentum, 1963^{2}, 179ff – EKamlah, Die Form der katalogischen Paränese im NT, WUNT 7, 1964 – WGrundmann, Art. ταπεινός, ThWb VIII, 1965, 1ff.

Denken, Überlegen

Was allgemein unter dem Begriff Denken zusammengefaßt werden kann, hat bei näherer Betrachtung doch unterschiedlichen Charakter. Gemeinsam ist den hier zu behandelnden Vokabeln, daß sie Vorgänge intellektueller Art bezeichnen, bei denen es sich um ein rezeptives Ordnen der Umwelterscheinungen handelt; dadurch sind sie von Empfindungen und Gefühlen unterschieden. Dabei liegt bei λογίζομαι *(logizomai)* der Tenor auf der Wertung und vergleichenden Berechnung, während δοκέω *(dokeō)* im breiteren Sinne den Vorgang der Urteils- und Meinungsbildung sowie dessen Resultat meint; in ihn kann freilich leicht Illusion und Trugschluß sich einschleichen. διαλογίζομαι *(dialogizomai)* hingegen legt den Akzent mehr auf das Andauern der Überlegung bzw. des Gespräches; seine wesentlichste Nuance aber ist im NT das abwägende, durch vielfältige Einflüsse und Wünsche hin- und hergeworfene Überlegen, das noch nicht zu Entschluß und Urteil gekommen ist.

διαλογίζομαι

διαλογίζομαι *(dialogizomai)* denken, überlegen · διαλογισμός *(dialogismos)* Gedanke, Überlegung · διαλέγομαι *(dialegomai)* sich unterreden

Der Sinn von διαλέγομαι *(dialegomai)* im Sprachgebrauch des Griechentums und Hellenismus läßt I
sich gut mit dem Fremdwort »Dialog« umschreiben: *sich unterreden, unterhalten.* Aus der bei den Dichtern neutralen Bedeutung wird dann bei den Philosophen das belehrende Unterreden; man debattiert und gewinnt so im Gesprächsablauf Erkenntnisse. So hängt eng mit diesem Begriff das Verbum διαλογίζομαι *(dialogizomai) rechnen, überlegen, ersinnen* zusammen, sowie das Subst. διαλογισμός *(dialogismos) Erwägung, Überlegung, Gedanke, Diskussion.*

Die LXX verwendet διαλέγομαι *(dialegomai)*, wenn sie das hebr. *dabar* = *reden* übersetzt, haupt- II
sächlich im Sinn von *reden, sagen,* sowohl von Gott als auch von Menschen; ferner in der Bedeutung: *mit jemandem verhandeln, eine Ansprache halten,* manchmal auch: *streiten.* Das verwandte διαλογίζομαι *(dialogizomai)* wird neutral im Sinn von *überlegen, nachdenken* gebraucht (zB Ps 77,6) häufiger aber negativ: *auf etwas Böses sinnen, Ränke schmieden* (Ps 10,2; 35,20; 36,5). Auch das Subst. διαλογισμός *(dialogismos)* bezeichnet häufig das verkehrte, eitle (Ps 94,11) auf Verderben sinnende *Denken,* das sich gegen Gott (Jer 4,14; Jes 59,7) und den Frommen (Ps 56,5) richtet. Besonders deutlich wird das in dem Bild Sir 33,5, das den διαλογισμός *(dialogismos)* des Toren als die sich ständig um sich selbst drehende Achse des Rades sieht. Doch wird das gleiche Wort auch für das Denken Gottes verwendet, das unergründlich (Ps 92,6) und unvergleichlich ist (Ps 40,6).

1) Auch im NT haben διαλογίζομαι *(dialogizomai)* = *sich Gedanken machen, überlegen* und III
διαλογισμός *(dialogismos)* = *Gedanke, Überlegung* stets eine leicht negative Färbung. Die Gedanken des menschlichen Herzens führen eben nicht, wie der Grieche meint, zur Erkenntnis der Wahrheit (vgl. 1 Kor 1,21ff), sondern sind böse (Mk 7,21; Mt 15,19), voll Zweifel und Argwohn (Mk 2,6.8; Lk 5,22; 6,8), vom Augenblick gelenkt (Lk 3,15), voll Gier (Lk 12,17; 20,14), immer auf Vordergründiges gerichtet (Mk 8,16f; Mt 16,7f) und voll listiger Berechnung (Mt 21,25; Mk 11,31). In der Entscheidung, die sich an Jesus vollzieht, wird sichtbar, was Menschen in Wirklichkeit sind und denken (Lk 2,35; vgl. V. 34). Und selbst der Mensch, der die Entscheidung für Jesus getroffen hat, ist nicht sicher davor, in sein altes Denken zurückzufallen. Doch Jesus entlarvt die ehrgeizigen Gedanken der Jünger (Lk 9,46f; Mk 9,33) und verdeutlicht die Gesinnung des Glaubens am Beispiel des Kindes (vgl. V. 48).

Paulus redet Röm 1,21 von der Verfinsterung in den Gedanken, 14,1 von den in ihnen aufsteigenden Zweifeln, 1 Kor 3,20 von den nichtigen Gedanken der Weisen, Phil 2,14 von den zweifelnden Überlegungen, in denen der Keim der Lustlosigkeit sitzt. In 1 Tim 2,8 wird das Wort ohne Adjektiv im Sinn von *zweifelnden Erwägungen* verwendet.

2) διαλέγομαι *(dialegomai)* hat in Mk 9,34 und Jud 9 die Bedeutung: *ein Streitgespräch führen, sich (mit Worten) streiten.* In Hebr 12,5 bezeichnet es dagegen das Reden

Gottes in Form der väterlichen Ermahnung. Dieser Wortgebrauch stammt aus der LXX (s. o. II; vgl. Jes 63,1). Der Rest des nt. Vorkommens von διαλέγομαι *[dialęgomai]* beschränkt sich auf Apg 17–24: 17,2.17; 18,4.19; 19,8f; 20,7.9; 24,12.25. Das Wort ist hier zum terminus technicus für das Lehrgespräch des Paulus in der Synagoge geworden und nähert sich stark der Bedeutung: *eine Ansprache halten, predigen.* Sachlich handelt es sich um Lesung und Auslegung des AT, die in der Synagoge jedem erwachsenen Mann offenstanden (vgl. Lk 4,16ff; → Lehre, Art. διδάσκω). *Fürst*

δοκέω

δοκέω *[dokęō]* meinen, scheinen

I δοκέω *[dokęō]* (seit Homer) 1. trans. a) *glauben, die Meinung annehmen, meinen, dafür halten, vermuten,* b) *beschließen;* 2. intrans. eigentlich *ein Aussehen annehmen, scheinen,* daher a) *den Anschein haben, gelten,* b) *sich den Anschein geben, sich anstellen;* 3. unpersönlich δοκεῖ μοι *[dokẹi moi] es scheint, es beliebt mir.*

II δ. bleibt in LXX (ca. 50mal) von der biblischen Umprägung der Wortgruppe δόξα *[dọxa]* (→ Ehre) unberührt:

Die profan-griech. Bedeutungen werden nur an einigen Stellen zu *wollen, wünschen* erweitert (Hi 1,21; Jdt 3,8 u. ö.). Bevorzugt steht δ. für *scheinen* (s. o. I,2). Mit diesem Begriff interpretiert die LXX das subjektive Element hebr. Erzählweise, indem sie zB Gen 38,15 das eigene Erleben Judas stärker betont, während sie an Stellen wie Hi 15,21 über den hebr. Text hinauszugehen vermag. Häufiger kommt δ. in griech. verfaßten Schriften wie 2 und 3 Makk vor.

III δ. findet sich im NT 62mal (davon 30mal in den Evgg. und 18mal bei Paulus), und zwar genau entsprechend den profan-griech. Bedeutungen; dazu einige Beispiele (vgl. oben I):

Zu 1) in der Bedeutung a) Lk 8,18, wo durch ὃ δοκεῖ ἔχειν *[ho dokẹi ęchein]* (vgl. Mk 4,25) die Enttäuschung angedeutet wird, die der erfährt, der eine endgültige, unzerstörbare Sicherung zu »*haben meint*«. – Joh 5,45 ergeht die Aufforderung, eine bestehende Meinung aufzugeben, wogegen zB 2 Kor 11,16 von einer Meinung gesprochen wird, die noch nicht gefaßt sein kann. – Umstritten ist das Verständnis von μὴ δόξητε *[mæ dọxæte]* in Mt 3,9, das meistens mit *wähnt nicht* (im Sinne von »erdenkt euch nicht einen Weg, dem Zorn Gottes zu entfliehen!«, so u. a. Schniewind) übersetzt wird. Wahrscheinlich meint die Stelle aber, daß Johannes seinen Hörern die Einwände schon aus dem Herzen liest und sofort aufdeckt: »Meint ihr etwa ...«, »Denkt nicht daran, daß ...« Μὴ δόξητε *[mæ dọxæte]* wie das lukanische ἄρξησθε *[ąrxæsthe]* (= *fangt nur nicht an* ..., Lk 3,8) wären dann zwei verschiedene Wiedergaben des aram. *'ana* (so Lohmeyer zSt.).

b) Im Sinne von *beschließen* ist δ. vor allem ein Begriff der Apg: 15,22.25.28 u.a. (vgl. → Gebot, Art. δόγμα).

Zu 2) a) Gal 2,2.6.9: Paulus nennt die Jerusalemer Apostel οἱ δοκοῦντες *[hoi dokọuntes]*, dh *die, die etwas gelten, die anerkannten Autoritäten,* aus denen in V. 9 die δοκοῦντες στῦλοι εἶναι *[dokọuntes styloi ẹinai], die als Säulen Angesehenen, die Führer* (Jakobus, Petrus, Johannes) noch einmal besonders herausgehoben werden. Dabei liegt in diesem Wortgebrauch keine ironische Spitze gegen die anderen Apostel; denn auch in der außerbiblischen Literatur wird in dieser Wendung oft eine anerkannte Autorität erwähnt.

b) Dagegen bezeichnet δ. zB in 1 Kor 8,2 (wenn sich jemand *dünken* läßt, er wisse etwas) die Meinung, die auf einer Selbsttäuschung beruht.

Zu 3) Auffallend ist die mit dem unpersönlichen δοκεῖ *[dokẹi]* gebildete Frage τί δοκεῖ ὑμῖν *[ti dokẹi hymịn]* = *was meint ihr?*, die sich außer Joh 11,56 nur in der matthäischen Tradition findet (Mt 18,12; 21,28; 22,42 u. ö.) und eine verpflichtende Antwort jenseits aller unverbindlichen Ansichten fordert. So fragt auch der Hohepriester Mt 26,66 den Hohen Rat, um das Urteil über Jesus herauszufordern. *D. Müller*

λογίζομαι

λογίζομαι *[logizomai]* rechnen, denken, anrechnen · λογισμός *[logismos]* der Gedanke

λογίζομαι *[logizomai]*, seit Aristophanes und Thukydides überliefert, ist abzuleiten von λέγω *[legō]* (→ *Wort)* = *zähle, sammle, rechne.* (Seine Wurzel *log-* = *zusammenlegen, sammeln, ernten,* meint immer ordnendes Wahrnehmen und Aufnehmen vorgegebener Dinge.) So bedeutet λ.: a) *rechnen, anrechnen, zu etwas rechnen, berechnen* und b) *erwägen, überlegen, begreifen, eine Schlußfolgerung ziehen, beschließen.* λογισμός *[logismos]* heißt dementsprechend a) *Rechnung,* b) *Berechnung, Überlegung, Argument, Gedanke, Plan* und c) das *Vermögen, logisch zu schließen.* Der Begriff meint also eine Betätigung des Verstandes, der ausgehend von feststellbaren Tatsachen etwas folgert, vor allem in der Rechenkunst und im Geschäftsleben, wo kalkuliert und gerechnet werden muß. Bei Plato bezeichnet er das affektfreie Denken, das objektive Tatbestände erfassen und zur Geltung bringen will. I

Im Sprachgebrauch der LXX bekommt λογίζομαι *[logizomai]* einen neuen personalen Charakter dadurch, daß es hauptsächlich eintritt für das (gelegentlich allerdings auch mit εὐλαβέομαι, φροντίζω, ἐπιστρέφω u. a. übersetzte) hebr. *chāschab* = *ansehen als, (an-)rechnen als, achten; ersinnen, denken, sorgen für, planen, beabsichtigen.* Das objektive Rechnen des Intellektes tritt in der Bedeutung dieses Wortes zurück zugunsten einer persönlich bestimmten Gesinnung des Herzens (zB Jes 10,7; Ps 140,3; Sach 8,17; Mi 2,3; Nah 1,9ff). Personaler Bezug zeigt sich auch in der Anrechnung von Schuld bzw. Gerechtigkeit (Gen 15,6; 2 Sam 19,20 und oft in den Pss, zB 32,2) oder in der kultischen Anrechnung von Übertretung bzw. Reinigung (Lev 7,18; 17,4 u. ö.), wird aber am deutlichsten, wo sich das Denken gegen eine andere Person richtet (zB 2 Sam 14,13f; Hos 7,15; Jer 11,19). II

Während λογίζομαι *[logizomai]* ursprünglich eine unreligiöse menschliche Tätigkeit bezeichnet, wird es in der LXX, entsprechend dem hebr. *chāschab,* gelegentlich auch für das Verhalten des Menschen zu Gott, sehr oft für Gottes Absicht mit den Menschen gebraucht, ob er nun Gedanken des Friedens (Jer 29,11 = 36,11 LXX; 2 Sam 14,14) oder Strafgerichte im Sinn hat (Jer 49,20 = 30,14 LXX; 50[27],45) oder seinen Sinn ändern will, wenn nur sein Volk umkehrt (Jer 26[33],3; 36[43],3). So kann der Begriff – hebr. emotional-personales und griech. sachliches Verständnis des Überlegens und Anrechnens in sich tragend – beide Seiten der biblischen Botschaft ausdrücken: das personale Handeln Gottes mit seinem Volk und die rechtsgebundene Sachgemäßheit seines Handelns, um derentwillen allein der Glaube glauben und mit Gott rechnen kann. Denn Gott handelt nicht willkürlich und unberechenbar, sondern hat seinen Heilsplan und seine Absicht durch sein prophetisches Wort offenbart (→ Bund).

1) λογίζομαι *[logizomai]* bei Paulus. – Im NT gebraucht fast ausschließlich Paulus diesen Begriff (35 von 41mal!; dazu die beiden einzigen nt. Stellen für λογισμός *[logismos]*), weil er um die Grundlegung des Glaubens in der → Gerechtigkeit Gottes ringt. Weil er diese in den Tatsachen von Kreuz und Auferstehung Jesu erkennt, löst er den Begriff λ. niemals von dem personhaften Handeln Gottes in Jesus Christus. Denn Glaube ist für ihn nicht ein objektives Beobachten von neutraler Warte aus, sondern ein Überwundensein von dem gekreuzigten und auferstandenen Herrn. III

a) Wenn Paulus Röm 2,15 die sich mit ihren Argumenten gegenseitig anklagenden Gedanken (λογισμοί *[logismoi]*) erwähnt, so meint er nicht das affektlose philosophische Denken, sondern jenes Überlegen und Folgern, das Gut und Böse im Gewissen unterscheidet und damit vor Gott steht. Wo die Popularphilosophie vom → Gewissen spricht, sagt der Apostel: Der sich im Herzen so Bezeugende ist der lebendige Gott. Denn auch hinter allem Bemühen der Heiden steht eine Norm, die letztlich Gott gesetzt hat und setzt, das ins Herz geschriebene »Werk des Gesetzes«. Das Versagen ihr gegenüber bezeugt das Gewissen als Schuld, und die Gedanken im Herzen rechnen praktisch mit Gottes Gericht, indem sie mit ihren Argumenten sich untereinander anklagen oder verteidigen.

Der Mensch benutzt nun aber seine Gedanken dazu, sich gegen die Erkenntnis und gegen den Gehorsam des wirklichen Gottes zu verschanzen (2 Kor 10,4f). Deshalb geht es im Missionsdienst des Apostels darum, das göttliche Denken und Handeln in Christus aufzudecken und in der Vollmacht Gottes (2 Kor 3,5) die menschlichen klugen Gedanken gefangenzunehmen, so daß ihre stolze Überheblichkeit (ὕψωμα *[hypsōma]*) sich in überwundenem und befreitem Gehorsam (vgl. 2 Kor 11,3) Christus beugen muß. Freilich bleibt auch dieses gehorsame λ. immer noch Stückwerk und offen für die Vollendung in der Ewigkeit (1 Kor 13,11).

b) Indem die → Vernunft (νόημα *[nọæma]*) so überwunden wird, begreift sie das göttliche Denken und Handeln am Kreuz, und indem sie dieses begreift, gibt sie sich gern überwunden. Dieses göttliche Rechnen zeigt Paulus 2 Kor 5,19: Gott versöhnte in Christo die Welt mit sich selbst und rechnete ihnen ihre Sünden nicht zu. Das heißt nicht, daß Gott die Sünde nicht ernst nimmt, im Gegenteil; aber er rechnet, er verfährt damit in Christus anders als menschliche Rechnung erwarten müßte. Indem er sie nicht anrechnet, ist die Sünde wirklich beseitigt (vgl. Kol 2,13); denn Gott hat sie ganz dem Christus angerechnet, mehr noch, ihn selbst »für uns zur Sünde gemacht« (vgl. 2 Kor 5,21). Nicht schwächliche Nachsicht, sondern die Abrechnung mit der Sünde am Kreuz begründet also Gottes Nichtanrechnung (μὴ λογίζεσθαι *[mæ logịzesthai]*) und Versöhnung.

Diese verläßliche Haltung Gottes, in der er um seiner → Gerechtigkeit willen gerade so und nicht anders handelt, hat ihren Hintergrund in dem prophetischen Wort von Jes 53, 12: »Er (der Gottesknecht) ist unter die Übeltäter gerechnet!« Hinter diesem Passiv steht letztlich Gott und sein Wille; er zerschlug ihn nicht um seiner, sondern um unserer Sünde willen, legte die Strafe auf ihn, damit wir Frieden hätten. So versteht Lk 22,37 unsere Stelle; und diesen Tausch, dieses andersartige Rechnen Gottes meint auch Paulus, wenn er von der Nichtanrechnung der Sünde spricht.

Die andere Seite dieser Aussage ist die Anrechnung des Glaubens zur Gerechtigkeit, bei Paulus – in Anlehnung an Gen 15,6 – schon in Röm 4 (V. 3.4.5.6.8.10.22.23.24) und in Gal 3,6 mit ihr verbunden (vgl. Jak 2,23 in anderer Ausrichtung). Die Rabbinen rechnen menschlich: der Glaube – ein Verdienst! Paulus dagegen will in der Weise Gottes rechnen, der dem ihm und seinem Wort vertrauenden Abraham Heil und Gerechtigkeit zurechnet. Gott rechnet aufgrund seiner Verheißung (Röm 9,8) und macht seine Zusage wahr. Auch dieses Rechnen zur Gerechtigkeit ist ausgerichtet auf die Dahingabe Jesu und seine Auferweckung und gilt damit auch uns (Röm 4,23ff).

c) Weil Gott so gerechnet hat, wie es Gen 15 und Jes 53 zeigt oder Paulus in Röm 4 und 2 Kor 5 verkündigt, darf und soll auch der in Christus versöhnte, glaubende Mensch so rechnen und denken. Deshalb zieht Paulus klare theologische (Röm 3,28) und praktische Folgerungen daraus für sich selbst und seine Leser (2 Kor 10,7; vgl. Röm 2,3). Die Norm unseres λογίζεσθαι *[logịzesthai]* ist also um der Tatsache des Kreuzes willen »nicht ein Prinzip, sondern ein Faktum, nach dem sich jeder Denkakt richten muß« (H. W. Heidland).

Darum rechnet zB Paulus Röm 8,18 schon jetzt mit der Herrlichkeit, die einst offenbar werden soll und alles jetzige Leiden mit Christus bei weitem aufwiegt; denn Christus hat gelitten und ist auferstanden, sein Leiden führte zur Herrlichkeit. Ebenso ist auch das Mitleiden der Gemeinde schon der Anfang des Mit-verherrlicht-werdens, und so dürfen auch wir mit der kommenden Herrlichkeit schon jetzt fest rechnen.

Die Betätigung des λογίζεσθαι *[logịzesthai]* im Glauben ist also nicht bloß ein Fürwahrhalten, sondern Trachten und Tun wie das at. *chāschab* (Phil 4,8 und 1 Kor 13,5, nach Sach 8,17 ausgelegt, nicht nach 2 Tim 4,16). Dieses Denken meint demnach nicht lediglich gedankliches Konstruieren, sondern kann geradezu verbindliche Tatbestände setzen, die das entsprechende Handeln fordern (Röm 14,14), wie auch bei Gott Wort und Tat eins sind. Darum sollen wir die anderen und uns selbst nicht falsch, sondern richtig einschätzen, nämlich so, wie sie und wir in Gottes Augen dastehen (1 Kor 4,1; Phil 3,13; 2 Kor 10,2; 11,5; 12,6).

2) Bei Joh und im übrigen NT. – Auch Johannes weiß von der Tat Gottes, auf die sich der Glaube gründet (1 Joh 1,1), und von der Liebe, die sich in dieser Tat zeigt (Joh 3,16). Aber weil für ihn nicht wie für Paulus in der Auseinandersetzung mit dem Judentum die Einheit des göttlichen Heilshandelns in Gericht und Gnade im Brennpunkt steht, sondern das Zeugnis, daß Wahrheit und Leben – von denen auch die Gnostiker sprechen – in Jesus Christus, dem ins Fleisch Gekommenen, Auferstandenen und im Geist Gegenwärtigen zu finden sind, kann ihm der Begriff λ. nicht helfen. Er gebraucht das Wort nur 11,50, wo es,

ohne daß der Hohepriester Kaiphas es weiß, zu einem prophetischen Rechnen mit den Plänen Gottes wird.

Wir finden die Vokabel dann noch außer Lk 22,37 (s. o.) in Apg 19,27 und 1 Petr 5,12 in weniger bedeutsamem Zusammenhang, während Hebr 11,19 sie in dem vollen theologischen Sinn wie bei Paulus in Röm 4 gebraucht. Jak 2,23 interpretiert das Gen-Zitat von der Anrechnung des Glaubens zur Gerechtigkeit auf seine Weise mit dem Hinweis auf den tätigen Gehorsam. *Eichler*

ZUR VERKÜNDIGUNG → Vernunft. V

Lit.: GThomas, Apostolic Arithmetic, in: The Expository Times XVIII, 1906, 211ff – GvRad/GKittel, Art. δοκέω, ThWb II, 1935, 235ff – GSchrenk, Art. διαλέγομαι, ThWb II, 1935, 93ff – HWHeidland, Die Anrechnung des Glaubens zur Gerechtigkeit, BWANT IV 18, 1936 – ders., Art. λογίζομαι, ThWb IV, 1942, 287ff – FFlückiger, Die Werke des Gesetzes bei den Heiden, ThZ Jg. 8, 1952.

Dienen

Was in der deutschen Sprache mit Dienst, dienen und den davon abgeleiteten Wörtern bezeichnet wird, ist eine entweder durch einen anderen herbeigeführte (→ Sklave) oder freiwillig übernommene Tätigkeit, deren Ertrag bzw. Nutzen ganz oder vorwiegend der Person oder Sache zugute kommt, welcher der Dienst gilt. Dienst schließt → Lohn nicht aus, sondern zielt bewußt darauf hin oder kann ihn doch zur Folge haben. Sachlich steht Dienen im Gegensatz zum Herrschen (→ Herr, → Herrschaft), während ihm haltungsmäßig die → Demut des Niederen im Unterschied vom → Hochmut entspricht. Wer dient, steht in einem Abhängigkeitsverhältnis und ist in seiner → Freiheit eingeschränkt. Die biblischen Aussagen wollen indes deutlich machen, daß im Dienst für Gott (vgl. auch → Frömmigkeit, Gottesverehrung; → Hören, Art. ἀκούω B) und von daher auch an den Mitmenschen der Mensch, von der Herrschaft der → Sünde und des → Gesetzes befreit, wahre Freiheit überhaupt erst gewinnt. Die versch. Nuancen solchen Dienens finden im Griech. ihren Ausdruck in drei Wortgruppen: Während λειτουργέω *[leitourgẹō]* ursprünglich den freiwilligen Dienst in der politischen Gemeinschaft und von daher den kultischen priesterlichen Dienst bezeichnet, liegt bei λατρεύω *[latrẹuō]* der Akzent zunächst auf den kultischen Verrichtungen, verschiebt sich dann aber auf die innere Haltung der Gottesverehrung. διακονέω *[diakonẹō]* und die zugehörigen Ableitungen endlich finden ihrem Ursprung entsprechend vorwiegend Verwendung, wo es um die persönliche (nicht nur physisch-materielle) Hilfe für den anderen Menschen geht.

διακονέω

διακονέω *[diakonẹō]* dienen · διακονία *[diakonịa]* Dienst, Amt · διάκονος *[dịakonos]* Diener · ὑπηρέτης *[hypærẹtæs]* Diener

διακονέω *[diakonẹō]* = *dienen* ist wurzelverwandt mit lat. *conari: sich abmühen;* nicht zu κόνις *[kọnis] Staub*, daher auch διακονέω *[diakonẹō]* nicht = *durch den Staub gehen.* I

Grundbedeutung für διακονέω *[diakonẹō]* ist in der Profangräzität: a) *bei Tisch aufwarten.* Diese erweitert sich zu b) *für den Unterhalt sorgen* und damit zur allgemeinen Bedeutung c) *dienen.* In der Gestalt von a) ist διακονέω *[diakonẹō]*, also der Dienst als persönliche Abhängigkeit, eines freien Mannes unwürdig und entehrend; in der Bedeutung c) wird es als Dienst an einer Sache bzw. am Gemeinwohl (so im Blick auf die Polis bei Plato) oder als Dienst für eine Gottheit zur ehrenwerten Aufgabe und Tätigkeit eines freien griech. Mannes. Die freie Hingabe der eigenen Person im Dienst an dem Nächsten ist dem Griechentum im Grunde unbekannt geblieben. Höchstes Ziel des Menschseins war eben die Entfaltung der eigenen Persönlichkeit.

Das zu διακονέω *[diakonẹō]* gehörende Substantiv διακονία *[diakonịa]* ist Bezeichnung der im Verb beschriebenen Tätigkeiten und bedeutet *Dienst, Amt.* Das zweite dazugehörige Substantiv διάκονος *[diakonos]* bezeichnet in der gleichen Bedeutungsbreite die ausführende Person. So ist διάκονος *[diakonos]* in der Profangräzität primär also *der zu Tisch Aufwartende*. In dieser Funktion wird er später auch öfter bei kultischen Mahlen erwähnt.

II 1) Obwohl das AT um das Dienen weiß und das Liebesgebot Lev 19,18 enthält und Israel mit dem gesamten Orient Liebeswerke kennt, kommt in der LXX der Begriff διακονέω *[diakoneō]* nie vor, διάκονος *[diakonos]* 7mal ausschließlich als Übersetzung für den *Hofdiener* (zB Est 1,10) und *Folterknecht* (zB 4 Makk 9,17) und διακονία *[diakonia]* nur an zwei unbedeutenden Stellen (Est 6,3.5 v. l.; 1 Makk 11,58). Statt dessen finden wir die Wortgruppe von δουλεύω *[douleuō]*, in kultischem Zusammenhang λατρεύω *[latreuō]* oder λειτουργέω *[leitourgeō]*.

2a) Im Spätjudentum taucht διακονέω *[diakoneō]* sowohl bei Philo wie bei Josephus auf; bei diesem vor allem im Blick auf die Essener (s. u. 3). Wenn auch das Judentum zur Zeit Jesu die soziale Verpflichtung, u. a. den Armen gegenüber, kennt und praktiziert, so geschieht dies doch mehr in der Form des Almosens (s. u. b), nicht als Dienst (vgl. Lk 10,30ff). Geringe Dienste, etwa bei Tisch, waren unter der Würde des freien Mannes (vgl. Lk 7,44ff). Daß ein Größerer bei Tische diente, kam zwar vor, wurde aber als ungewöhnlich empfunden (vgl. Str.-B. I 838, II 257f).

b) Wohl aber gibt es eine geregelte Armenfürsorge: ortsansässige Arme erhielten aus der »Büchse« *(quppah)* jeden Freitag Geld für 14 Mahlzeiten, Fremde erhielten täglich aus der »*Schüssel*« *(tamchuj)* Nahrungsmittel, die vorher von Armenpflegern in den Häusern gesammelt worden waren (St.-B. II 643ff; Jeremias, Jerusalem zZt Jesu IIa45ff). Ferner gibt es gemeinsame Mahle und Almosen. – Die Synagogen der Diaspora bestellten an vielen Orten für ihre Diakonie einen Siebenerrat! Der Titel *parnasim* von *parnes* = *nähren, verköstigen* weist auf Tischdienst und Diakonat hin (vgl. auch → Arm, Art. πτωχός II,4).

3) Von den Essenern berichtet Josephus: »Sie heiraten ebensowenig als sie Knechte halten ... und dienen einer dem anderen« (Jos. Ant. XVIII, 1,5). Die Damaskusschrift erwähnt geregelte Abgaben für Elende, Arme und Alte (Dam XIV, 12ff). Auch Kranke wurden gut versorgt (Philo Q. O.P.L. XII,87; Apol. 13). Der Dienst an den Armen, ebenso gemeinsame Mahlzeiten (mit eschatologischem Bezug? 1 QSa II,17ff) gehören zur Erfüllung der Gerechtigkeit und Erwartung des Reiches. Darum die radikale Ablehnung des Besitzes und die Gütergemeinschaft der Gemeinde, die an Apg 2,44 erinnert.

III 1) Im NT kommt διακονέω *[diakoneō]* relativ häufig bei den Synoptikern und bei Paulus vor, διακονία *[diakonia]* dagegen findet sich, abgesehen von Lk 10,40 in den Evangelien überhaupt nicht, aber sehr oft bei Paulus und mehrfach in Apg; auch διάκονος *[diakonos]* ist ein vorwiegend paulinischer Begriff.

a) διακονέω *[diakoneō] dienen* wird gebraucht im Sinne des Tischdienstes: Mk 1,31 par; Lk 10,40 = Joh 12,2; Lk 17,8; Apg 6,2 u. ö.; im Sinne von Fürsorge: für einen einzelnen: Mk 15,41 par; Lk 8,3; Mt 4,11; 25,44; in der Gemeinde: 2 Tim 1,18; Hebr 6,10; 1 Petr 4,10.11; bes. im Blick auf den Diakonendienst: 1 Tim 3,10.13; im Zusammenhang mit der Kollekte für die Heiligen Jerusalems: Röm 15,25; 2 Kor 8,19; als Ausdruck für die Verkündigung des Evangeliums: 2 Kor 3,3; 1 Petr 1,12; von Jesus selbst als Bezeichnung seiner Erniedrigung und Selbsthingabe für die anderen im Leiden und Sterben: Mk 10,45 par, und in diesem Zusammenhang auch für die freiwillige Selbsterniedrigung des Jüngers: Lk 22,26.27, die Nachfolge: Joh 12,25.26. In dieser Anwendung sprengt der Begriff sein bisheriges Bedeutungsfeld. Schon die eschatologische Aussage von Lk 12, 37 bedeutet radikale Umwertung der bisherigen Norm. Dasselbe gilt für Lk 22,27 verbunden mit Vers 26, wo Jesu Niedrigkeit Lebensnorm der Jüngerschaft wird, s. u. 2a).

b) διακονία *[diakonia]* (34mal im NT) steht als Bezeichnung für den *Tischdienst* Lk 10,40; Apg 6,1 u. ö.; ganz allgemein für den *Liebesdienst* 1 Kor 16,15; Offb 2,19; für den Liebesdienst durch Kollektensammlungen Apg 11,29; 12,25; Röm 15,31; 2 Kor 8,4; 9,1.12.13 (wobei die Gnade Christi als Beweggrund deutlich wird!); für den *Dienst der Wortverkündigung und Mission* 2 Tim 4,11; Apg 6,4; 20,24; 21,19; 2 Kor 11,8 u. ö.; für alle *Gemeindedienste* Eph 4,12; für den *Dienst der Engel* Hebr 1,14; für die charismatische Funktion, das *Amt* Apg 1,17; Röm 11,13; 2 Kor 3,7f; 4,1; 5,18; 6,3; Kol 4,17; 2 Tim 4,5 u. ö. Jeder Dienst, jedes Amt aber steht im organischen Zusammenhang des Leibes Christi (1 Kor 12,5; Röm 12,7). Von hier aus entfaltet die διακονία *[diakonia]* im NT ihre Herrlichkeit (2 Kor 3,8f), s. u. 2b).

c) διάκονος *[diạkonos]* (im NT 29mal) bezeichnet zunächst den *zu Tisch Dienenden* Mt 22,13 (mit eschatologischem Bezug); Joh 2,5.9; dann den *Diener* im weiteren Sinn Mt 20,26 par; 23,11, sowie den *Helfer* Eph 6,21; Kol 4,7; das Wort erhält schließlich, vor allem bei Paulus, einen spezifisch christlichen Sinn: Diener des neuen Bundes 2 Kor 3,6; Diener der Gerechtigkeit 2 Kor 11,15; Diener Christi 2 Kor 11,23; Kol 1,7; 1 Tim 4,6; Diener Gottes 2 Kor 6,4; Diener des Evangeliums Eph 3,7; Kol 1,23; vgl. 1 Kor 3,5; Diener der Gemeinde Kol 1,25. Christus selbst wird als διάκονος *[diạkonos]* bezeichnet Röm 15,8 (seines Volkes); Gal 2,17 (der Sünde; hier paradox gebraucht). Die Obrigkeit wird in Röm 13,4 »Dienerin Gottes« genannt.

In Phil 1,1 und 1 Tim 3,8ff wird διάκονος *[diạkonos]* vom Diakon als Amtsträger der Gemeinde gebraucht, in Röm 16,1 entsprechend von der *Diakonisse*, die vielleicht auch 1 Tim 3,11 gemeint sein könnte (jedoch umstritten). Statt διάκονος *[diạkonos]* wird gelegentlich ὑπηρέτης *[hypærẹtæs]* verwendet, so in Lk 1,2 (Diener des Wortes), Apg 26,16 und 1 Kor 4,1 (Diener Christi). Das Wort bedeutet urspr. *Ruderknecht*, dann *Diener, Gehilfe, Adjutant* (Herodot). Im NT bezeichnet es sonst meist den (bewaffneten) *Knecht* einer Behörde, den *Gerichtsdiener* etc. (Joh 18,3.12.18.22; Mt 5,25; 26,58 u. ö., s. u 4).

2) διακονέω *[diakonẹō]* gewinnt seine nt. Bedeutung von der Person Jesu und seinem Evangelium her (Mk 10,45 par). Es wird zum kennzeichnenden Wort für die Tätigkeit der aus der Gottesliebe hervorgehenden Bruder- und Nächstenliebe, für den Vollzug der κοινωνία *[koinōnịa]* → *Gemeinschaft*.

Das Dienen Jesu unter den Menschen und an seinen Jüngern war eine Demonstration der Liebe Gottes und des eigentlichen, gottgewollten Menschentums. »Ich bin unter euch wie ein Dienender!« (Lk 22,27; vgl. Joh 13,1–15), und »des Menschen Sohn ist nicht gekommen, sich bedienen zu lassen, sondern um zu dienen« (Mt 20,28). Dieses Beispiel (Joh 13,15) Jesu führt zu der Aufforderung an die Jünger: der Führende unter euch werde wie der Dienende (Lk 22,26; vgl. Mt 20,26 par; 23,11). Jeder soll mit der Gabe dienen, die ihm von Gott gegeben ist (1 Petr 4,10). Wer einem Hungrigen zu essen gibt, einen Obdachlosen beherbergt, einen Zerlumpten bekleidet, einen Kranken oder einen Gefangenen besucht (Mt 25,35f), der »dient« (V. 44) damit Jesus Christus selber: Was ihr einem meiner geringsten Brüder getan habt, das habt ihr mir getan (V. 40). Der Dienst, der dem irdischen Jesus vor allem von Frauen getan wurde (vgl. Lk 7,44ff), soll nicht vergessen werden (Mk 14,9). Verschiedene Frauen »dienten« Jesus auch mit ihrem Besitz (Lk 8,3).

Bindend wird die Aufforderung zum Dienen dadurch, daß dahinter das Opfer des Lebens Jesu steht: »... um zu dienen und sein Leben zu geben zur Erlösung für viele« (Mt 20,28). Dem Sinne, nicht dem Wortlaut nach, zieht 1 Joh 3,16 die Konsequenz: »... und wir sollen auch das Leben für die Brüder lassen.« Zum Verständnis von διακονέω *[diakonẹō]* vergleiche auch die folgenden Abschnitte b) und c).

3) Für das Verständnis von διακονία *[diakonịa]* grundlegend bleibt im NT die Mahlgemeinschaft mit ihrem Tischdienst (Apg 6,1). Wir haben zu denken an das »Brotbrechen« in den Häusern, an die Agapen, in denen die Reichen für die Armen mitsorgen (vgl. 1 Kor 11), die Hausgemeinden (zB das Haus des Stephanas, das sich selbst der διακονία *[diakonịa]* gegeben hat, 1 Kor 16,15). Dieses Dienen, in dem Kraft und Besitz für den andern eingesetzt werden, erweist sich als Grundelement und Bewährung der Koinonia (2 Kor 9,13; vgl. dazu auch Apg 2,44f; 4,34). Es hat jedoch in der rechten Freiheit zu geschehen (vgl. Apg 5,4). Über die Ortsgemeinde hinaus erstreckt sich dieser Dienst auch auf andere Gemeinden, die Hilfe brauchen (Apg 11,29; 12,25; 2 Kor 8,3f; 9,1ff). Es geschieht geist-leibliche διακονία *[diakonịa]* des Gebens und Empfangens im Zeichen des »Tisches« und des Opfers Jesu (2 Kor 9,12f; 8,9).

Dieser Dienst, der nicht nur Geld und Gut, sondern Leib und Leben umfaßt (2 Kor 8,5), wird zu einer Kraft, die den ganzen Organismus des Leibes Christi bestimmt (Eph 4,12). Deshalb nennt Paulus die charismatischen Funktionen Dienste, διακονίαι *[diakonịai]* (1 Kor 12,5): Teile einer organischen Ganzheit. διακονία *[diakonịa]* kann aber auch Bezeichnung eines bestimmten einzelnen Charismas sein (Röm 12,7), wie dann der Diakon unter den übrigen Dienern (s. u. 4).

Paulus erweitert den Begriff der διακονία *[diakonịa]* noch mehr, wenn er das ganze Heilswerk als eine διακονία *[diakonịa]* Gottes in Christus an und unter den Menschen sieht, deren Träger vor allem die Apostel sind. Schon im AT gab es eine διακονία *[diakonịa]* Gottes, aber in Gestalt des Gesetzes und darum des Todes, der Verdammnis (2 Kor 3,7.9). In Christus aber ist der Dienst des Geistes angebrochen, der Gerechtigkeit, der Versöhnung (2 Kor 3,8.9), und dieser Dienst ist dem Apostel übertragen, der als Gesandter Christi verkündet: Laßt euch versöhnen mit Gott! (2 Kor 5,18–20). Das Wort διακονία *[diakonịa]* kann daher geradezu zum Fachausdruck für die evangelistische Arbeit werden (Röm 11,13; 2 Kor 4,1; 6,3; vgl. 2 Tim 4,5). Darüber hinaus ist die ganze Gemeinde ein Dienstorganismus in der Welt (Eph 4,1–16), der sich aus seinen Gliedern, den »Dienern«, aufbaut und auf den kommenden Herrn ausgerichtet ist.

4) Wichtig für das Verständnis von διάκονος *[diạkonos]* ist zunächst der Unterschied zu δοῦλος *[dọulos]* → *Sklave, Knecht.* Während dieser fast ausschließlich in seiner totalen Bindung an den Herrn gesehen wird, geht es bei jenem vorwiegend um seinen fürsorgenden Dienst für die Gemeinde, die Brüder und Menschen, für die Gemeinschaft, ob dies durch Tisch- oder Wortdienst oder andere Dienstfunktionen geschieht. Immer ist der διάκονος *[diạkonos]* ein von Christus her Dienender, er setzt die Diakonie Christi fort nach außen und innen, ist für das Heil der Menschen »besorgt«. So sieht sich Paulus als Diener des Evangeliums (Eph 3,7; Kol 1,23), Diener, durch den die Christen in Korinth gläubig geworden sind (1 Kor 3,5), Diener des neuen Bundes (2 Kor 3,6), Diener Christi (2 Kor 11,23), Diener Gottes (2 Kor 6,4), Diener der Gemeinde (Kol 1,25). Diese »Versorgung« mit dem Heil Gottes umfaßt Leib und Geist, darum setzt sich Paulus für die Kollekte (2 Kor 8,4; 9,1.12f διακονία) ebenso ein wie für das Evangelium. Verkündigung und helfende Tat sind eine Ganzheit.

Auch die verschiedenen Begleiter und Helfer des Paulus, die mit ihm in der Arbeit der Verkündigung stehen, werden von ihm διάκονοι *[diạkonoi]* genannt (Eph 6,21; Kol 1,7; 4,7; 1 Thess 3,2 nach wichtigen Hss.) oder häufiger συνεργοί *[synergọi]* *Mitarbeiter* (Röm 16,3.9.21; 2 Kor 8,23; Phil 2,25; 4,3; Kol 4,11; → Werk, Art. ἔργον).

In diesen Zusammenhang gehört auch Apg 6,1ff, obwohl hier nur von διακονέω *[diakonẹō]* und διακονία *[diakonịa]* die Rede ist; Lukas vermeidet das Wort διάκονος *[diạkonos]*. Die 7 Männer, die den Aposteln hier zur Seite gestellt werden, übernehmen den Dienst der Armenfürsorge in der Gemeinde (vgl. oben II 2b), haben daneben aber sicherlich auch geistliche Funktionen gehabt (vgl. Stephanus Apg 6,8–10 und den »Evangelisten« Philippus 21,8; vgl. 2 Tim 4,5). Zur Diskussion über Apg 6 vgl. E. Haenchen, Apg 218ff.

Der Diakonat hat sich schließlich zu einem besonderen Amt entwickelt. Die Anfänge lassen sich schon im NT feststellen (Phil 1,1 und 1 Tim 3,8f); im Verlauf der Kirchengeschichte hat sich das Amt konsolidiert. Während ursprünglich alle die mannigfaltigen Funktionen in der Gemeinde als »Dienste« bezeichnet werden konnten (1 Kor 12,5) und somit die verschiedenen Amtsträger (→ Apostel, → Propheten etc. vgl. Eph 4,12f) »Diener« der Gemeinde waren (vgl. 1 Kor 3,5; Kol 1,25), verengt sich später der Begriff immer mehr auf die mit dem Amt des → Bischofs eng verbundene Fürsorge für die Gemeinde (1 Tim 3,1f und 3,8f; 1 Clem 42,1f; IgnMagn 2,1; 6,1; IgnTrall 3,1). Immer bleibt dabei dem Diener eine geist-leibliche Aufgabe, gekennzeichnet durch den Mitdienst in Kultus, Armenpflege und Verwaltung (W. Jannasch Sp. 160). Gottesdienst und Armendienst waren ja eine Einheit (die Agapen). So war ursprünglich auch die Dienstbruderschaft aller Diener eine Selbstverständlichkeit, bis sich die hierarchische Abstufung immer deutlicher abhob. In der Ostkirche blieb der διάκονος *[diạkonos]* erhalten, in der Römischen Kirche wurde die Diakonenweihe Durchgangsstufe zum Priesteramt (→ Presbyter; → Priester).

Auch die Funktion der Diakonisse findet sich im NT (Röm 16,1; vielleicht auch 1 Tim

3,11). Sie hat später in der Kirche einen gewissen Bestand gehabt, ohne sich durchsetzen zu können bis auf die neuere Zeit. Eng verbunden war sie mit derjenigen der χήρα *[chęra]*, der → *Witwe*.

Schwierig ist die Exegese von Gal 2,17. διάκονος ἁμαρτίας *[diąkonos hamartįas]* kann wohl nur von der dahinter stehenden Unmöglichkeit verstanden werden: Wir dürfen um keinen Preis dadurch, daß wir uns wieder unter das Gesetz stellen, Christus vor der Welt zum »Diener der Sünde«, dh der Gesetzlosigkeit, stempeln, der er nimmermehr ist.

Eine Besonderheit bildet auch Röm 13,4: Die Obrigkeit wird als »Dienerin Gottes« bezeichnet. Dh die staatliche Gewalt wird als Hüterin des Gesetzes Gottes und als Richterin über Gut und Böse gedacht. *Heß*

λατρεύω

λατρεύω *[latręuō]* dienen · λατρεία *[latręia]* Gottesdienst · θρησκός *[thræskǫs]* fromm · θρησκεία *[thræskęia]* Gottesdienst, Religion

λατρεύω *[latręuō]*, abgeleitet von τὸ λάτρον *[to lątron]* *der Lohn*, bedeutet in der profanen Gräzität seit den Tragikern *um Lohn arbeiten*, weiterhin überhaupt *dienen*, auch ohne Bezug auf Lohn. Es kommt nicht allzu häufig vor. Zunächst wird es mehr vom körperlichen Dienst gebraucht, geht dann aber in eine allgemeinere Bedeutung über, die auch kultischen Dienst einschließt. Das Subst. λατρεία *[latręia]* hat den gleichen Sinn: *Arbeit um Lohn*, dann überhaupt *Arbeit, Mühe, Dienst*, letzteres später auch kultisch gebraucht für die Verehrung der Götter, so *Gottesdienst*. I

1) In LXX wird λατρεύω *[latręuō]*, das im profanen Griech. nur so selten vorkommt, ähnlich wie → λειτουργέω *[leitourgęō]* zu einem bevorzugten Begriff, der hier einen spezifischen Charakter annimmt. Wir finden es etwa 90mal, bes. in Ex, Dtn, Jos, Ri, während es zB in den Propheten mit einer Ausnahme (Ez 20,32) fehlt. II

Es ist an fast allen Stellen Übersetzung von *ʿābad*. Dieses wird in LXX sowohl durch δουλεύω *[doulęuō]* (→ Sklave) wiedergegeben als auch durch λατρεύω *[latręuō]*. Dabei wird deutlich, daß letzteres immer dort gebraucht wird, »wo sich *ʿābad* auf das religiöse Verhalten bezieht« (Strathmann). Aus der Vielzahl der Stellen sei nur hingewiesen auf Ex 4,23; 7,26; 8,16; 9,1 etc., wo Mose verlangt, das Volk ziehen zu lassen, »damit es Gott *diene*«. Es geht also um den *Gottesdienst*, der sich, wie bei allen antiken Völkern, vor allem im Kult vollzieht.

Für das AT ist jedoch charakteristisch, daß nicht der exakt vollzogene Kultus der wahre Gottesdienst ist, sondern der aus der Dankbarkeit für die geschichtlichen Heilstaten erwachsene Gehorsam gegenüber der »Stimme des Herrn«, zu dem u. a. auch die gottesdienstlichen Handlungen gehören, vgl. Dtn 10,12f: »Und nun, Israel, was fordert der Herr, dein Gott, anderes von dir, als den Herrn, deinen Gott zu fürchten, so daß du auf all seinen Wegen gehst, ihn zu lieben, und dem Herrn, deinem Gott, zu *dienen* mit ganzem Herzen und mit deiner ganzen Seele, so daß du die Gebote des Herrn und seine Satzungen achtest ...«

So steht λατρεύω *[latręuō]* in LXX dem Verbum → λειτουργέω *[leitourgęō]* sehr nahe, das jedoch ausschließlich für den priesterlichen Dienst Verwendung findet, während λατρεύω *[latręuō]* das Gott-Dienen des ganzen Volkes und jedes einzelnen bezeichnet im kultischen wie im innerlichen Sinn. Das Subst. λατρεία *[latręia]* kommt in LXX nur 9mal vor und wird mit Ausnahme von 3 Makk 4,14 (hier im Sinne von »Frondienst«) völlig parallel zum Verb gebraucht. In Ex 12, 25.26; 13,5 bezeichnet es den »heiligen Brauch« des Passah.

2) Wie im AT wird auch im Spätjudentum das Verhältnis des Menschen zu Gott als Dienst aufgefaßt. Der Mensch ist Diener oder Knecht Gottes. Dabei kann *ʿābad* mit seinen Ableitungen speziell kultische Bedeutung haben. Es meint dann den Gottesdienst oder die Verehrung falscher Götter, den Götzendienst. Es kann aber auch den inneren Gottesdienst des Herzens bezeichnen. So heißt es im Zusammenhang mit Dtn 11,13 und Dan 6,11.16: »Ihm zu dienen, das ist das Gebet« (St.-B. III,26).

1) Im NT wird λατρεύω *[latręuō]* an allen 21 Stellen im Sinne *religiösen Dienens* verwendet, wobei es auch »fremden Göttern dienen« bedeuten kann: Röm 1,25; Apg 7,42. Sein Gebrauch ist also vom AT her bestimmt, nicht nur an den 3 Stellen, die at. Zitate sind (Mt 4,10; Lk 4,8; Apg 7,7), sondern auch an Stellen wie Lk 1,74; 2,37 oder da, wo vom »Gott der Väter« die Rede ist, dem Paulus (Apg 24,14) bzw. das Zwölfstämmevolk III

dienen (Apg 26,6.7). Gerade hier zeigt sich allerdings, daß λατρεύω *[latrẹuō]* die kultische Bedeutung weitgehend abgestreift hat und mehr den inneren Gottesdienst des Herzens bezeichnet: Glauben (vgl. Apg 24,14b) und Gebet (s. o. II,2).

Den stärksten Bezug zum AT hat der Hebr. Von den 6 Stellen, an denen λατρεύω *[latrẹuō]* gebraucht wird, beziehen sich vier auf den kultischen Dienst im Tempel (Hebr 8,5; 9,9; 10,2 und 13,10); man braucht diese Stellen jedoch nicht auf das stellvertretende priesterliche Handeln im Opferdienst zu beschränken, sondern kann sie — unter Einschluß des Volkes — ganz umfassend auf jenen Gottesdienst in der Vorläufigkeit, im Zelt, noch nicht in der Endgültigkeit beziehen. Denn wie 9,14 und 12,28 zeigen, vermag nur das durch Christus gereinigte und lebendig gemachte Gewissen, nur der in die wahre, ewige Gottesgemeinde Aufgenommene (12,22ff) Gott wohlgefällig zu dienen »mit Zucht und Furcht«.

Auch Paulus zieht zur Beschreibung des christlichen Wandels das Bild vom at. Opferdienst heran (Röm 12,1 λατρεία *[latrẹia]*) und sagt von sich selbst, daß er Gott mit seinem Geist am Evangelium diene (Röm 1,9). Ähnlich spricht er in Phil 3,3 von denen, die Gott im Geiste oder (Z) die im Geiste Gottes dienen. An beiden Stellen wird das deutlich, was Jesus Joh 4,23.24 sagt, daß nämlich der vollkommene gottgewollte und wahre Gottesdienst im Geist und durch den Geist geschehen muß, denn Gott selbst ist Geist. Dieser Gottesdienst ist befreit von allem Zwang durch kultische Vorschriften, Werkgerechtigkeit und Beschneidung; der versöhnte und erneuerte Mensch vollzieht den geistgewirkten Gottesdienst in der Darbietung seiner ganzen Existenz. Indem der Geist des Menschen vom Geiste Gottes zum Dienst am Evangelium (Röm 1,9) ergriffen wird, kommt es zu dieser Hingabe des ganzen Lebens, und das ist der »vernunftgemäße Gottesdienst« (Röm 12,1). Der Ausdruck »am Evangelium« (Röm 1,9) umgreift dabei für Paulus alles, sowohl das fürbittende Gedenken (V. 9b) wie auch den Zeugen- und Verkündigungsdienst, der ja mit Gebet und Seelsorge unlöslich verbunden ist.

2) Das Subst. λατρεία *[latrẹia]* kommt außer in Röm 12,1 (s. o.) noch 4mal im NT vor: a) in bezug auf den at. *Gottesdienst* (Röm 9,4; Hebr 9,1.6) und b) im Blick auf den vermeintlichen *Gottesdienst*, den die Feinde des Evangeliums in der Verfolgung und Tötung der Zeugen Christi zu vollziehen glauben (Joh 16,2).

3) Ganz nahe dem Begriff λατρεία *[latrẹia]* steht θρησκεία *[thræskẹia]*. Es bedeutet *Gottesdienst* (Jak 1,26.27), findet sich jedoch auch im Sinn von *Engeldienst* (Kol 2,18) oder ganz allg. von *Religion* (Apg 26,5; Vulgata übersetzt hier auch religio!). Das Adj. θρησκός *[thræskọs]* (nur Jak 1,26) läßt sich entsprechend einfach mit *fromm* wiedergeben. *Heß*

λειτουργέω

λειτουργέω *[leitourgẹō]* dienen · λειτουργία *[leitourgịa]* Dienst · λειτουργός *[leitourgọs]* Diener · λειτουργικός *[leitourgikọs]* dienend

I λειτουργέω *[leitourgẹō]*, ältere attische Form ληтουργέω *[lætourgẹō]*, zusammengesetzt aus λαός *[laọs]* (jon. ληός *[læọs]*) und ἔργον *[ẹrgon]* = *Volk* und *Werk*, ist überliefert seit Xenophon und Lepias und bedeutet: *einen öffentlichen Dienst auf eigene Kosten verrichten*. Es ist also ein politischer, fast staatsrechtlicher Begriff. Das Subst. entsprechend = *Volksdienst*. Es war im späteren Altertum ein Wort, das in aller Mund war, ähnlich wie man heute von Steuern spricht (nach O. Casel, Oriens christianus III,7.1932, S. 289). λειτουργός *[leitourgọs]* kommt in der Profan-Gräzität selten vor, dann meist als *Handarbeiter*, kaum im sakralen Sinn, λειτουργικός *[leitourgikọs]* findet sich nur wenige Male in den Papyri.

Im Hellenismus bezeichnet λειτουργέω *[leitourgẹō]* »die unmittelbare Verrichtung von ganz bestimmten Diensten für das Gemeinwesen« (Strathmann), zu denen jemand auf Grund eines bestimmten Vermögens verpflichtet war, die aber auch freiwillig übernommen werden konnten. Der Begriff erweitert sich, bes. in Ägypten, auf alle möglichen bis ins einzelne geregelten Zwangsleistungen für den Staat. Später ist es verblaßte Bezeichnung für Dienstleistungen überhaupt. Neben dem vor allem öffentlich-rechtlichen Sinn entwickelt sich nun u. a. ein ganz neuer spezieller Gebrauch der Wörter, nämlich der sakral-kultische. Das einzige Bindeglied zur ursprünglichen Verwendung, das sich finden läßt, ist die Tatsache, daß der Kult eine öffentliche Bedeutung für das Gemeinwesen hatte. Aus diesem Gedanken lassen sich aber kaum irgendwelche weitreichenden Folgerungen ziehen.

In der LXX treffen wir auf einen ganz ausgeprägten Gebrauch von λειτουργέω *[leitourgeō]* (ca. II
100mal) und λειτουργία *[leitourgia]* (ca. 40mal). LXX verwendet diese Begriffe fast ausschließlich für den Tempeldienst von Priestern und Leviten. Daher die auffällige Erscheinung, daß beide Wörter vor allem in den Schriften vorkommen, die den priesterlichen Dienst betreffen (Ex 28–39, Num, Chr, Ez 40–46). λειτουργέω *[leitourgeō]* ist die Übersetzung von *schērēt* und λειτουργία *[leitourgia]* von *ubodāh*, soweit sich diese auf den Kultus beziehen. Für die Bezeichnung des kultischen Dienstes waren diese Begriffe besonders geeignet, weil es beim priesterlichen Kult um eine öffentliche, geordnete, vom Gesetz bestimmte Handlung ging, von der das Wohl des Volkes Gottes abhing. Erstaunlich ist allerdings, daß LXX diese Worte auch bedenkenlos auf den heidnischen Kultus anwendet (zB Ez 44,12).

Im rabb. Judentum, bes. innerhalb der synagogalen Entwicklung und in der Diaspora, finden wir mit der Zeit eine Vergeistigung des Dienstbegriffes, bes. in Richtung auf das Gebet als »Opfer« (vgl. Weish 18,21).

Zusammenfassend kann also gesagt werden, daß sich der Sprachgebrauch der Wortgruppe in der LXX nicht mehr mit der gängigen Verwendung in der Profan-Gräzität deckt. Die Begriffe sind aufgenommen worden, um ganz speziell für die Beziehung Volk – Gott gebraucht zu werden. Die einzige Verbindung zum ursprünglichen Gebrauch scheint der Bezug des Dienstes zum Volk zu sein, der hier auf das Verhältnis Volk Gottes – Gott übertragen und umgeprägt wird.

Im NT kommen die Begriffe nur sehr selten vor: λειτουργέω *[leitourgeō]* nur 3mal, III
λειτουργία *[leitourgia]* 6mal, λειτουργός *[leitourgos]* 5mal und λειτουργικός *[leitourgikos]* nur 1mal.

1) Im Hebr und an einigen Stellen bei Paulus und Lk wird die Begriffsgruppe streng im kultisch-sakralen Sinn gebraucht. Das ist beim Hebr, der ja völlig in der at. Anschauungswelt lebt, nicht verwunderlich. Nach Hebr 8,2 versieht Christus als λειτουργός *[leitourgos]* den Dienst des *Hohenpriesters* am wahren, himmlischen Heiligtum. Dadurch, daß er der einzige, wahre Hohepriester ist, der einen »besseren *Dienst*« (8,6 λειτουργία *[leitourgia]*), dh das in Leiden und Sterben einzig und ein für allemal gültige Opfer vollbracht hat (vgl. 10,10), macht er offenbar, daß durch den täglichen *(Opfer-)Dienst* (10,11 λειτουργέω *[leitourgeō]*) des Priesters keine Sünden getilgt werden können. Der Hebr will hier im Rahmen der kultischen Vorstellungswelt des AT die einzigartige Bedeutung von → Kreuz und Erhöhung verdeutlichen. In diesem at. Zusammenhang findet sich λειτουργία *[leitourgia]* noch einmal Hebr 9,21 im Blick auf die at. Kultgeräte.

Auch in Röm 15,16 liegt kultischer Gebrauch vor. Paulus verantwortet das, was er geschrieben hat, mit dem Hinweis darauf, daß er durch Gottes Gnade ein λειτουργός *[leitourgos]* Christi, dh hier geradezu ein *Priester* Christi, geworden ist und daß durch seine Tätigkeit im Dienste des Evangeliums die bekehrten Heiden Gott zum Opfer gebracht werden. Paulus sagt damit, daß von seinem Reden und Tun jede menschliche Willkür ausgeschlossen ist, weil er in der Abhängigkeit von Gott lebt und ihm allein verpflichtet ist, und dadurch sein Tun geistgewirkte, gottgefällige Früchte bringen wird. Hierhin gehört auch die Stelle Phil 2,17. Paulus greift Ausdrücke aus der Kultsprache auf, um seine Lage zu verdeutlichen: Er rechnet damit, daß er als Bote Christi beim *Dienst* (λειτουργία *[leitourgia]*) – der darin besteht, den gehorsamen Glauben der Philipper Gott als Opfergabe darzubringen – den Tod, dh das Martyrium leiden muß.

Als letzte nt. Stelle mit kultischem Gebrauch sei noch Lk 1,23 erwähnt, wo der Begriff für den *Priesterdienst* des Zacharias verwendet wird. Von der letzten Stelle abgesehen, ist im NT eine starke Vergeistigung bei der Verwendung dieser kultischen Begriffe zu erkennen (Paulus = Priester, die glaubende Gemeinde = Opfer usw.). Hier zeigt sich wahrscheinlich jüd.-hellenistischer Einfluß.

2) Etwas völlig Neues gegenüber der LXX und doch allein aus ihrem Gebrauch abgeleitet ist die Verwendung von λειτουργέω *[leitourgeō]* in Apg 13,2: Das kultische Ver-

ständnis wird aufgenommen und völlig spiritualisiert auf den christlichen Gottesdienst, dh hier auf die Gebetsgemeinschaft, übertragen.

3) Umstritten sind Stellen wie Röm 15,27 und 2 Kor 9,12. Eine Reihe Ausleger nehmen auch hier, wo sich die Begriffe auf den *Liebesdienst der Kollekte* für Jerusalem beziehen, kultischen Gebrauch an. Der Akzent würde dann darauf liegen, daß es in diesem Dienst um eine gottesdienstliche Handlung geht. Andere Ausleger wollen hier die ursprüngliche profan-griech. Bedeutung erkennen. Dann läge der Ton auf der öffentlich-amtlichen Dienstleistung für die Gemeinde. Es ist aber nicht mehr sicher auszumachen, ob Paulus hier über den Sinn der allgemeinen Dienstleistung hinaus überhaupt einen bestimmten Akzent mit der Wortwahl setzen wollte. Sowohl in Röm 15 als auch in 2 Kor 8 und 9 steht gleichberechtigt neben λ. die Wortgruppe → διακονέω *[diakonẹō]*.

4) Nicht-kultischer Gebrauch liegt nun ganz eindeutig Phil 2,25.30 vor. λειτουργός *[leitourgọs]* (2,25), dh hier *Helfer*, ist Epaphroditus geworden, als er Paulus in der Not zur Hand war. So hat er Paulus den *Dienst* (λειτουργία *[leitourgịa]*) geleistet, zu dem die Gemeinde durch die äußeren Umstände nicht in der Lage war (2,30). Ebenso werden die Begriffe in Röm 13,6, wo für λειτουργός *[leitourgọs]* auch → διάκονος *[diạkonos]* (vgl. Röm 13,4) stehen könnte und der staatlichen Gewalt keinerlei priesterliche Funktion zugeschrieben wird, sowie in Hebr 1,7 ganz profan gebraucht. Hebr 1,7, wo Ps 104,4 zitiert wird, nennt die Engel ganz allgemein *Diener*. Der Unwandelbarkeit Christi in seiner Göttlichkeit (V. 8f) werden die Engel gegenübergestellt, über deren Gestalt und Auftreten Gott verfügt. Denn was sie sind, sind sie kraft der Funktion ihres Dienstes (Hebr 1,14).

Heß

V ZUR VERKÜNDIGUNG

Das Wort »Dienen« kennzeichnet in der deutschen Sprache ursprünglich ein Abhängigkeitsverhältnis von einer übergeordneten Person, in dem eigene Wünsche oder Interessen denen des anderen untergeordnet und Aufmerksamkeit, Zeit, Kraft und Fähigkeiten seiner Verfügung und seinem Nutzen übergeben werden. Daß »dienen« lange Zeit gebräuchlicher Ausdruck für die Erfüllung der Wehrpflicht dem Staat (bzw. dem Herrscher!) gegenüber war, ist in doppeltem Sinn aufschlußreich: Im militärischen Dienst trat sowohl die Beschneidung der persönlichen Verfügungsfreiheit als auch die Allgemeinheit der Inanspruchnahme am deutlichsten zutage. Hier aber ist zugleich auch der geistig und soziologisch bedingte Wandel der Einstellung zum Dienen deutlich ablesbar: Diente man erst dem Herrscher, so bald dem Vaterland, und endlich vermied man das Wort überhaupt und sprach allenfalls noch von Pflichterfüllung.

Galt dienen (auch auf dem Hof, in »besseren« Häusern etc.) zu Zeiten als ehrenvoll, so hing ihm bald immer mehr der Geruch einer Entwürdigung des Menschen an, und es wurde zum Symptom der Unfreiheit und Knechtschaft. Darum konnte man eine Zeitlang noch seinem Vaterland gern dienen, als schon niemand mehr in persönlicher Einzelabhängigkeit stehen wollte. Dem Abbau der persönlichen Abhängigkeit allerdings folgte bald die Absage des freien Menschen an Dienstbarkeit überhaupt. Auch wer in den »Öffentlichen Diensten« beschäftigt ist oder behauptet, sein Leben allein in den Dienst einer Sache zu stellen, würde sich deshalb doch wohl seine Charakterisierung als Diener, Dienstmädchen oder ähnliches verbitten. Dienen im vollen Wortsinn ist unpopulär geworden. Denn Dienen setzt immer eine Standeshierarchie voraus, die von der modernen Gesellschaft bekämpft und weithin nivelliert worden ist. Darin unterscheidet sich diese von der griechischen, in der die Unterschiede noch als gegeben galten.

Die christliche Verkündigung tut also gut daran, mit der durch dieses Wort geweckten Aversion zu rechnen. Sie ist der Sache nach nicht neu, sondern schon zu Zeit des NT vorhanden. Daß gerade das für den Griechen am meisten an den unteren Rand der Gesellschaft verweisende διακονέω *[diakonẹō]* hier zum bevorzugten Begriff wurde und nicht etwa das an die Ehrendienste für das Gemeinwohl erinnernde λειτουργέω *[leitourgẹō]*, zeigt eine bewußte und beabsichtigte Akzentsetzung: Einem anderen zu dienen, für einen anderen zu leben, ihm den Vorrang zu geben, — das ist Kennzeichen christlicher Existenz; und zwar nicht aus sozialer oder wirtschaftlicher Nötigung und Abhängigkeit, sondern aus Dankbarkeit gegen Gottes Zuwendung in Liebe und Barmherzigkeit. Seitdem Christus sein Leben für die anderen gab, schließt Dienen zwar immer noch Verzicht, Erniedrigung und Belastung ein und hat bei den Menschen eher Aussicht auf Mitleid und dankendes Bedauern als auf Lohn und Anerkennung. Aber es ist vielleicht heilsam, daß auch Dienen um Christi willen nicht mehr als eine Spielart einer so oder so erstrebenswerten, geachteten Tätigkeit gilt, ebensowenig wie etwa die Demut. Was aber vor den Menschen töricht und wenig ehrenvoll ist, gerade das hat Gott aufgewertet; denn in Christus hat er gezeigt, daß nicht nur zeitlich das Dienen dem Herrschen voraufgeht, sondern daß auch sachlich Herrschaft nur als Dienst legitim ist. Denn Freiheit gewinnt der Mensch nicht, wenn ihm genügend andere dienen, sondern wenn er für andere da ist.

Ob nicht die Auflehnung des sich für frei haltenden Menschen gegen dies dem christlichen Glauben eigene Dienen es letztlich auch war, die zu der immer stärker hervortretenden Bezeichnung christlicher Dienste als »Ämter« führte? Denn in diesem — ursprünglich aus dem Keltischen stammenden — Wort geht es zwar seinem Inhalt nach auch um das Tätigsein für einen anderen, sei er nun Person oder zB der Staat; aber das Wort zeigt den Dienenden doch mehr unter dem Gesichtspunkt seiner Beauftragung durch den Hoheitsträger und läßt ihn so im Lichte seiner den übrigen Menschen gegenüber herausgehobenen Stellung erscheinen. Das läßt sich leicht an der Empfindung des normalen Bürgers — jedenfalls hierzulande — nachprüfen, der auf dem einen oder anderen »Amt« (= Behörde) etwas »amtlich« regeln lassen will oder muß. Ob also »Ämter« überhaupt in eine christliche Gemeinde gehören? —

Das NT hat aber auch noch in einer anderen Hinsicht eine Entscheidung getroffen, aus der in Verkündigung, Benennung und Gestaltung Konsequenzen zu ziehen sind. Indem es die noch in LXX so wichtige, den priesterlich-kultischen Dienst repräsentierende λειτουργέω-Gruppe auf kleinsten Raum einschränkt und zT überhaupt nur noch Christi eigene Funktion damit bezeichnet, sonst aber die διακονέω-Gruppe verwendet, ist die Richtung des Dienstes wesentlich aus der Vertikalen in die Horizontale verlegt. Nicht der Dienst am Altar, sondern vom Altar her zu den Menschen hin wird entscheidend; die eigentliche Liturgie der christlichen Gemeinde ist ihre Diakonie. Ihr Liturg, der sie mit Gott versöhnt, ist Christus selbst; was sie selbst liturgisch tut, kann nur je neue Aneignung seines Opfers im Hören und im Brechen des Brotes sein, anerkannt durch ihren dankenden Lobpreis. Ihr »diakonisches« Tun aber kann um dieses Opfers Christi willen kein »internes«, auf das Wohltun untereinander beschränktes sein, sondern wird sich bewußt ohne Vorurteil allen, genauer: den je dessen Bedürftigen unter allen zuwenden müssen. Solch »diakonisches« Handeln wird vom Zeugnis begleitet sein, aber durchaus auch aus sich selbst Zeugnis sein können. Liturgia, Diakonia und Martyria des Gottes-, Bruder- und Zeugendienstes klingen so zusammen; dazu bedarf es nicht der Schaffung oder Umgestaltung von Ämtern (etwa des kirchenrechtlich fixierten evangelischen oder katholischen Diakonenamtes), sondern einer ganzheitlichen Umorientierung der Christengemeinde.

L. C.

→ Arm; → Barmherzigkeit; → Gemeinschaft; → Liebe; → Priester; → Sklave.

Lit.: WBrandt, Dienst und Dienen im NT, Nt.Forschung 2/5, 1931 — HBeyer, Art. διακονέω, ThWb II, 1935, 81ff — EBarnikol, Das Diakonenamt, 1941 — ELohmeyer, Kultus und Evangelium, 1942 — HStrathmann/RMeyer, Art. λειτουργέω, ThWb IV, 1942, 221ff — HStrathmann, Art. λατρεύω, ThWb IV, 1942, 58ff — WHahn, Gottesdienst und Opfer Christi, 1951 — GDelling, Der Gottesdienst im NT, 1952 — HKrimm, Das diakonische Amt der Kirche, 1953 — KWeiß, Paulus, Priester der christlichen Kultgemeinde, ThLZ 1954, 355ff — GNoske, Heutige Diakonie der evangelischen Kirche, 1956 — ESchering, Erneuerung der Diakonie in einer veränderten Welt, 1958 — HWagner, Art. Diakonie, RGG II, 1958³, 162ff — GUhlhorn, Die christliche Liebestätigkeit, 1959² — EKäsemann, Art. Liturgie, RGG IV, 1960³, 402ff — EKäsemann, Gottesdienst im Alltag der Welt, in:

Judentum, Urchristentum, Kirche; Festschrift J. Jeremias, 1960, 165ff – PAbbing, Grundlinien zu einer theologischen Lehre vom Diakonat, MPTh 50, 1961, 348ff – OCullmann, Urchristentum und Gottesdienst, 1962⁴ – KRahner/HVorgrimler, Diaconia in Christo, Quaestiones disputatae 15/16, 1962 – JColson, Der Diakonat im Neuen Testament, Quaest. disputatae, 15/16, 1962, 3ff – FHahn, Der urchristliche Gottesdienst, SBS 41, 1970 – ESchweizer, Gottesdienst im Neuen Testament, in: ESchweizer, Beiträge zur Theologie des Neuen Testamentes, Nt. Aufsätze 1955–1970. 1970, 263ff – WThüsing, Dienstfunktion und Vollmacht kirchlicher Ämter nach dem Neuen Testament, BuL 14, 1973, 77ff.

Dogma → Gebot

Drache

Während die Vokabel θηρίον *[thærịon]* als allg. Sammelbegriff für das Tier außerhalb ihrer hauptsächlichen Belege in der Offb an einigen Stellen auch in wertneutralem oder positivem Sinne gebraucht werden kann, ist mit der Verwendung der in ihrem Vorkommen auf die Offb beschränkten Vokabel δράκων *[drạkōn]* immer eine negative Wertung verbunden. In dieser Hinsicht unterscheidet sich das NT nicht von den religiösen und epischen Quellen anderer Bereiche. Auch die Schlange, ὄφις *[ọphis]*, gilt bis auf wenige Ausnahmen meist als dem Menschen und Gott feindlich gegenüberstehend. Hinsichtlich der Bedeutung dieser Tiere als Symbole wird die exegetisch-meditative Besinnung den Forschungsergebnissen der Psychologie sorgfältige Beachtung schenken müssen, ohne doch dadurch einer eigenen Antwort enthoben zu sein.

δράκων

δράκων *[drạkōn]* Drache

I/II δ. (von δέρκομαι *[dẹrkomai]* = *anblicken, ansehen;* das Tier mit dem bannenden, lähmenden Blick) = *der Drache, die Schlange; Riesen-, Seeschlange.* – In vielen Mythen alter Völker ist der Drache oder die (Ur-)Schlange Sinnbild für die uranfängliche (oder endzeitliche) Chaosmacht. Wenn sie von einem Gott besiegt wird, wird die Welt geschaffen, bzw. aus dem Ungeordneten geht das Geordnete hervor. Solche Vorstellungen liegen auch einigen biblischen Aussagen zugrunde: Gott hat in der Urzeit Drachen getötet (Hi 26,13; Jes 51,9; Ps 74,13). Im Meere wohnen Ungeheuer, bzw. Drachen (Hi 7,12; Ps 148,7; Am 9,3). Gott wird dereinst den Drachen im Meere töten (Jes 27,1). Wenn Ez 29,3; 32,2 den Pharao als Feind des Gottesvolkes *Drachen* nennt, so zeigt sich hieran die Tendenz des ganzen AT der mythischen Gedankenwelt gegenüber: nicht um mythische Wesen, ihre Macht oder ihre Eigenart geht es, sondern es soll gerühmt werden, daß Jahwe alle Bedrohungen für sein Volk beseitigt hat und beseitigen wird. Daher übersetzt LXX die Schlange im Beglaubigungswunder Moses vor Pharao mit δ., um so Gottes Tat noch größer erstrahlen zu lassen.

III Im NT kommt das Wort δ. nur in der Offb vor, wo es ausschließlich Bezeichnung des Teufels (→ Satan) ist (ausdrücklich in Offb 12,9; 20,2) unter deutlicher Anspielung auf Gen 3: ὁ ὄφις ὁ ἀρχαῖος *[ho ọphis ho archạịos]* = *die alte Schlange* (→ Art. ὄφις). Alte mythische Motive sind in Offb 12 verwendet: die nächste Parallele bietet der griech. Mythos vom Drachen Python, der die Leto verfolgt, dann aber von Apollo getötet wird. Hier in Offb 12 hat der δ. 7 Köpfe und 10 Hörner (vgl. Dan 7,6f), seine Macht hat er am Himmel: sein Schweif fegt ein Drittel der Sterne vom Firmament; unter ihm stehen → Dämonen. Er stellt sich gegen die Frau, die den Messias gebären will, um diesen zu verschlingen, wird aber von Michael und seinen Engelscharen besiegt und mitsamt seinen Dämonen auf die Erde geworfen (Offb 12,7–9). Er verfolgt die Frau und sucht sie durch einen Wasserstrahl aus seinem Maul zu ertränken (Offb 12,13–15) – wohl ein Nachhall babylonischer Anschauungen vom Chaosdrachen. Auf der Erde gibt der δ. seine Macht und seinen Thron dem »Tier«, das wie er selbst 7 Köpfe und 10 Hörner hat; durch dieses läßt er sich von den Bewohnern der Erde anbeten (13,2.4): wer den Staat – verkörpert im Herrscher – anbetet, betet faktisch den Teufel an! Beim Anbruch des Tausendjährigen Reiches wird der δ.

durch einen Engel in den Abgrund verschlossen (Offb 20,2f), damit er die Völker nicht verführen kann. Nach den 1000 Jahren (→ Reich, Art. βασιλεία; → Zahl) wird er wieder freigelassen, sammelt Gog und Magog zum letzten Kampf gegen Gottes Volk, wird besiegt und in den feurigen See geworfen (Offb 20,8.10): zum Sieg Christi und zur Vollendung gehört wesentlich die Beseitigung des Satans. *Bietenhard*

ὄφις *(ophis)* Schlange

ὄφις

ὄ. (urverwandt lat. *anguis*, deutsch [Blut-]*Egel) = Schlange*. – Im Denken und Glauben der Völker hat die Schlange ambivalente Natur. Einerseits wird sie als unheimliches, bedrohendes, lebensfeindliches Tier, voller Hinterlist, Tücke und Bosheit angesehen. Auf der andern Seite hat sie durch ihre Nähe zur Erde und zur Wassertiefe Beziehung zu den Göttern der Tiefe und deren lebenspendenden und erneuernden Kräften; sie ist auch Begleiterin oder Symbol von heilenden Göttern (Asklepios). So wird sie zum Symbol der Erde selbst, die das Leben erzeugt und wieder in sich zurücknimmt. I

In der LXX begegnet ὄ. 32 mal, davon 29mal als Übersetzung von *nachasch*. Theologisch bedeutsam erscheint sie in Gen 3: als außergewöhnlich kluges, ja listiges Tier, das in fast spielerischer Anwendung seiner Klugheit (sollte Gott ... *!*) den Menschen zum Ungehorsam veranlaßt. In dieser verborgenen Gestalt erscheint das Geheimnis des Einbruchs des Bösen in die von Gott gut geschaffene Welt. In Num 21 ist eine der vielen Erzählungen vom Murren des Volkes gegen Gott und Mose erhalten, das bestraft wird durch eine Schlangenplage. Dabei wendet sich aber Jahwe gnädig seinem Volke wieder zu: Wenn der Mensch sich dem Symbol der ehernen Schlange zuwendet, wird er gerettet. Jahwe bringt nicht nur seine Hilfe, sondern er bindet diese Hilfe an das von ihm gesetzte Zeichen. II

Im Spätjudentum wird die Schlange erst in späteren Schriften als Gefäß des Teufels bezeichnet oder gar mit ihm gleichgesetzt, gelegentlich auch mit dem Todesengel. Es finden sich Spekulationen über die Motive, die die Schlange im Paradiese zu ihrem Vorgehen gegen den Menschen veranlaßten (Neid, sexuelle Begehrlichkeit, der Wunsch nach Weltherrschaft usw.).

Das Gerichtswort Mt 23,33 (vgl. Mt 3,7!) nennt Pharisäer und Sadduzäer *Schlangen*, um ihre Bosheit und Unbußfertigkeit – ihre Verbindung mit dem Satan? – zu brandmarken und droht ihnen das Gericht der γέεννα *(gẹ·enna)* an (→ Hölle). In der Aufforderung zum zuversichtlichen Beten (Mt 7,10; Lk 11,11) weist Jesus darauf hin, daß kein Vater seinem Sohne an Stelle des erbetenen Fisches eine Schlange – dh an Stelle der Nahrung etwas Böses, Gefährliches – geben wird; um wieviel mehr wird Gott das Gute geben, wenn der Jünger ihn darum bittet. Hinter der paradoxen Mahnung – Vereinigung von Klugheit und Lauterkeit – von Mt 10,16 stehen Gen 3,1 und Hhld 5,2; 6,9. III

Weil der Satan gestürzt ist, bekommen die Jünger Macht, auf Schlangen und Skorpione zu treten, die Werkzeuge des Bösen sind (Lk 10,19, vgl. Ps 91,13). Ähnlich Mk 16,18: weil die messianische Zeit angebrochen ist, können Schlangen ohne Gefahr aufgehoben werden (vgl. Jes 11,8).

In Offb 9,19 haben die Rosse des dämonischen Reiterheeres Schwänze von Schlangen, mit denen sie Schaden stiften. In Offb 12,9; 20,2 wird die Paradiesesschlange von Gen 3 mit dem Satan gleichgesetzt (vgl. Art. → δράκων). An die Paradiesgeschichte erinnert auch 2 Kor 11,3: die Gemeinde wird davor gewarnt, den Einflüsterungen des Satans nachzugeben und sich dadurch vom einfältigen Gehorsam und Vertrauen gegenüber Christus abbringen zu lassen. An Num 21,8f erinnert Joh 3,14f: so wie dort der Blick auf die eherne Schlange Rettung brachte, so rettet der Glaube an den – ans Kreuz und zu Gottes Thron – erhöhten Menschensohn. *Bietenhard*

Lit.: WFoerster, Art. δράκων, ThWb II, 1935, 284ff – WFoerster, Art. ὄφις, ThWb V, 1954, 566ff – MEliade, Art. Drache, RGG II, 1958³, 259f – EFascher, Art. Drache, BHHW I, 1962, 353.

Durst → Hunger

Eckstein → Stein

Ehe

Die in dieser Gruppe zusammengefaßten Vokabeln umschreiben das Verhältnis von Mann und Frau und insofern wie in einem Brennspiegel die zwischenmenschliche Beziehung überhaupt. Während Vorfreude und Hoffnung die beherrschenden Komponenten der von νύμφη *[nymphæ]* gebildeten Wortgruppe sind, erschließen die im Art. γαμέω *[gamẹō]* behandelten Vokabeln den gesamten Problemkreis der ehelichen Verbindung als intensivster Form menschlicher Gemeinschaft und Bewährungsort der Treue und Liebe; ihre Gefährdungen treten im Art. μοιχεύω *[moichẹuō]* ins Blickfeld. Alle diese im menschlichen Bereich beheimateten Worte haben auch zur Beschreibung des Verhältnisses Gott – Mensch Verwendung gefunden.

γαμέω

γαμέω *[gamẹō]* heiraten · γάμος *[gạmos]* Hochzeit · γαμίζω/γαμίσκω *[gamịzō/gamịskō]* verheiraten

I γαμέω *[gamẹō]* geht auf die Wurzel *gem-* bzw. *gam-* zurück: *zusammenfassen, paaren.* Wahrscheinlich ist der Stamm verwandt mit γίγνομαι *[gịgnomai] erzeugen, hervorbringen.* Das Subst. γάμος *[gạmos]* bedeutet: *Hochzeit, Ehe, vorübergehendes oder ständiges Beilager,* auch: *Hochzeitsmahl.* Das Verb γαμέω *[gamẹō]* bedeutet: *heiraten, Hochzeit halten, beiwohnen.* γαμίζω *[gamịzō]* und γαμίσκω *[gamịskō]* sind spätere Formen und bedeuten *verheiraten* (zB eine Tochter).

Mögen auch in den Göttersagen manche Züge an frühere Polygamie und Polyandrie erinnern, so herrscht doch in historischer Zeit im Griechentum die Einehe vor. Die Ehemoral ist streng. Der homerische Held hat eine Frau, die treu und unantastbar ist, eine gute Hausfrau und Mutter. Der Mann hat allerdings große Freiheit. Er kann Nebenfrauen haben oder mit Hetären verkehren. Ehebruch wird streng geahndet, allerdings nur bei der Frau.

In hellenistischer Zeit ist die allgemeine Ehemoral aufgeweicht. Prostitution blüht in den Städten, bes. in der Hafenstadt Korinth. Die orientalischen Kulte bringen die kultische Prostitution mit sich. Der Verkehr mit den Priesterinnen ist Teil des Kultes und gewährt Anteil am Göttlichen (ἱερὸς γάμος *[hierọs gạmos]*).

II 1) Die Begriffe γαμέω *[gamẹō]* und γάμος *[gạmos]* werden in LXX selten gebraucht. Jedoch ist die Ehe sachlich von großer Bedeutung. Sowohl in der Urgeschichte als auch in den Erzvätergeschichten wird Stammes- und Volksgeschichte als Familiengeschichte dargestellt. Heirat und Zeugung von – bes. männlichen – Nachkommen sind die wesentlichen Lebensdaten in den Stammtafeln, etwa Gen 5. Wenn auch von Abraham bis zu den Königen die Verbindung eines Mannes mit mehreren Frauen bezeugt ist, so steht doch die Einehe im Mittelpunkt, zumal an allen für das Eheverständnis wichtigen Stellen. Gen 1,26ff; 2,18ff setzen sie voraus. Im deuteronomischen Königsgesetz wird die Einehe auch dem König geboten (Dtn 17,17).

Die Ehe im AT ist deutlich vom Mann her aufgefaßt und dient zuerst und vor allem dem Zweck der Erzeugung von Nachkommenschaft (Gen 1,28 u. a.). Um dieses Zweckes willen wird oft eine Mehrehe eingegangen (Gen 16,1ff u. a.; vgl. die Leviratsehe Dtn 25,5ff, dagegen Lev 20,21). Die Frau wird aber als Partnerin geliebt und ernstgenommen (Gen 2,23f). Sie ist »Gehilfin« im geschlechtlich-personalen Sinn (Gen 1,27f) wie auch in wirtschaftlicher Hinsicht (Gen 2,18b). Die Partnerschaft bleibt auch im Sündenfall und der damit verbundenen Problematisierung der Geschlechtlichkeit bestehen (Gen 3).

2) Ehebruch wird im AT streng bestraft (Dtn 22,22 u. a.). An verschiedenen Stellen ist sein Zusammenhang mit dem Bruch des Gottesbundes deutlich (zB Gen 20,3ff; vgl. hierzu den Art. → μοιχεύω). Ehebruch wird auch als Kennzeichen des Heidentums verstanden, von dem sich die Gemeinde auf dem Gebiete des Geschlechtslebens und der Ehe grundsätzlich unterscheiden soll (vgl. dazu auch 1 Kor 6,12–20; 5,9–12). Von hier aus legt sich bereits das prophetische Bild der Ehe für das Gottesverhältnis nahe (s. unter 3).

Ehescheidung ist ursprünglich nur vom Mann aus möglich (Dtn 24,1ff; Jer 3,8 u. a.), wird später aber auch der Frau als Möglichkeit eingeräumt (Elephantine). Die zahlreichen Gesetze über die verschiedenen Unzuchtsünden lassen erkennen, wie die elementare Macht der Geschlechtlichkeit, die die Familie und Gemeinschaft bedroht, eingedämmt und in die gottgewollten Ordnungen gelenkt werden soll. Die spätere Zeit (Dtn 7,3; Esra 9f) beschäftigt sich auch mit dem Problem der Mischehe mit Nichtisraeliten.

3) Ist bereits Ehebruch eine Verletzung des Gottesrechts und daher zugleich ein Vergehen gegen den Bund Gottes, so wird vollends die Teilnahme an kanaanäischen Fruchtbarkeitskulten zu einem Vergehen gegen die Ehe und Gott zugleich. Hosea war es, der zuerst und am deutlichsten den Abfall des Volkes bildhaft als Hurerei und Bruch des Ehebundes zwischen Gott und Israel darstellte (Hos 1–3; vgl. Jer 3,8f; 2,1; Ez 16 und 23; Jes 50,1). Die Tatsache, daß Gott nicht, wie es das Gesetz für die Ehe vorschreibt, das Volk vernichtet und fallen läßt, sondern sich trotz der Untreue wieder zu ihm kehrt und gar einen neuen Bund verheißt, entspringt seiner über alles Recht hinausweisenden Barmherzigkeit.

1) Der Gebrauch der Wortgruppe im NT unterscheidet sich kaum vom profanen. Für außereheliche Beziehungen werden die Vokabeln im NT grundsätzlich nicht verwendet. Der Genitiv γάμου *[gạmou]* steht Mt 22,11f für das Adjektiv. III

Sowohl im at.-spätjüdischen als auch im griech.-hellenistischen Raum sind Heirat und Ehe selbstverständliche Institutionen, die daher im NT vorausgesetzt werden. So wird ohne besonderes inhaltliches Schwergewicht das Verb zB Mk 6,17; Lk 14,20, das Substantiv Joh 2,1f gebraucht.

Weit öfter, als es der Gebrauch der Wortgruppe vermuten läßt, wird im NT über Fragen gesprochen, die das Verhältnis von Mann und Frau berühren (→ Frau, → Zucht, → Anhängen; auch Art. νύμφη). Unzuchtsünden verstoßen grundsätzlich gegen die Ehe. Ihre besonders häufige Nennung in Lasterkatalogen zeigt, daß sie in besonderem Maße Zeichen für die Sünde als Abhängigkeit von der σάρξ *[sạrx]* (→ Fleisch) sind.

2) Die Ehe als Institution ist im NT fest vorausgesetzt. Sie gründet sich nicht auf menschliche Ordnung, sondern auf Gottes Gebot. Das geht aus der häufigen Zitierung des Schöpfungsberichtes Gen 1,27 und 2,24 hervor (vgl. Mk 10,6f; Mt 19,4f; 1 Kor 6,16; Eph 5,31). Gemeint ist immer das Zusammenleben eines Mannes mit einer Frau. Obwohl auch das NT die Ehe wesentlich vom Mann aus sieht (κεφαλή *[kephalæ]* = Haupt 1 Kor 11,3; Eph 5,23), wird doch die griech. und altisraelitische Tradition darin überwunden, daß alle Sonderrechte für den Mann wegfallen und an allen Stellen das Miteinander von Mann und Frau ganz klar im Vordergrund steht (1 Kor 7,3 u. a.). Das NT kämpft vor allem gegen Ehescheidung und Unzucht; an einer Stelle auch gegen Irrlehrer, die in schwärmerischer Übersteigerung die Ehe ablehnen (1 Tim 4,3). Für den Christen wird die intakte Ehe als Selbstverständlichkeit vorausgesetzt (Hebr 13,4 u. a.).

3) Jesus kommt nach der synopt. Überlieferung auf das 6. (bzw. 7.) Gebot (Ex 20,14) in der Bergpredigt (Mt 5,27) zu sprechen. Im anbrechenden Reich Gottes ist Ehebruch eine Sünde, die zeigt, daß das Herz nicht an Gott, sondern an den Menschen hängt. Das begehrliche Auge und der trachtende Gedanke gelten vor Gott wie die vollzogene Tat. Die – doch wohl auf alter Tradition fußende – Perikope von der Ehebrecherin Joh 8,1ff (vgl. U. Becker, Jesus und die Ehebrecherin) zeigt Jesus, den Richter, als Heiland, der auch diese Sünde zu vergeben bereit ist. Damit erweist er sich als souveräner Herr der Schöpfung, ihrer Ordnung und des Gesetzes.

Im gleichen Zusammenhang Mt 5,31f spricht Jesus auch von der Ehescheidung. Im Gesetz Dtn 24,1 ist die Ehescheidung grundsätzlich erlaubt, doch die Gründe, die eine Scheidung rechtfertigen, sind bei den Rabbinen umstritten (Mt 19,3; vgl. St.-B. I,303ff; II,23f). Jesus aber setzt der grundsätzlichen Erlaubnis zur Scheidung ein radikales Verbot entgegen (Mk 10,2–12). Nur nach Mt 5,32; 19,9 wird Ehebruch als Scheidungsgrund zugelassen. Das Scheidungsproblem nimmt im NT einen relativ breiten Raum ein (Mk 10,4ff; Mt 19,3ff; Lk 16,18; 1 Kor 7,10f). Das grundsätzliche Nein zur Scheidung liegt in Gottes Gebot und Ordnung begründet (Mt 19,5f).

4) Anläßlich der Sadduzäerfrage (Mk 12,18ff par) weist Jesus auf Gott und das anbrechende Reich hin, wo die Problematik der Schriftgelehrten gegenstandslos wird, weil

die Ehe als Institution dann nicht mehr existiert. Alle Äußerungen Jesu sind im Licht der Tatsache zu verstehen, daß in ihm selbst der neue Äon anbricht (vgl. Mt 24,38; Lk 17,27; 14,20). Das heißt nun nicht, daß in Stellen wie Mt 19,9ff u. a. einfach die Auflösung des at. Ehegesetzes proklamiert wird. Es geht vielmehr um rechte Interpretation dieses Gesetzes, die Erfassung des Willens Gottes in der eschatologischen Situation. Jesus ist (nach Mt) gleichsam als zweiter Mose der Gesetzgeber der eschatologischen Zeit, der das Mosegesetz radikalisiert. Auch Mt 19,12 ist aus der eschatologischen Situation zu erklären. In der nun angebrochenen Zeit gibt es das Charisma der Ehelosigkeit, Menschen, die die Gabe empfangen haben, freiwillig auf die Ehe verzichten zu können, weil es sich für den Dienst Gottes als notwendig erweist (διὰ τὴν βασιλείαν = *um des Himmelreiches willen*). Johannes der Täufer und später Paulus sind ehelos geblieben. An ihnen wird bereits zeichenhaft sichtbar, daß die Ehe im Blick auf das kommende Reich nur ein Provisorium ist (vgl. 1 Kor 7,1–9. 26–29).

5) Die Hochzeit war in Israel und im Judentum der Anlaß zu einem festlichen Mahl. So kann γάμος *[gamos]* auch *das Hochzeitsmahl* heißen; ein solches ist zB Joh 2,1ff beschrieben. Mt 22,1ff par benutzt Jesus ein königliches Hochzeitsmahl als Gleichnis. Im Hintergrund dieses Gleichnisses stehen die Gott-König-Parallele, der Gedanke des eschatologischen Mahles (Jes 25,6), das rabb. Bild vom Hochzeitsmahl des Messias mit seinem Volk (St.-B. I,517), die Auslegung des Hohenliedes auf die Liebe zwischen Jahwe und dem Volk und das prophetische Bild der Ehe für das Verhältnis Jahwe-Israel seit Hosea. Die irdische Ehe wird abgelöst durch die eschatologische Vereinigung Gottes mit seinem Volk. Jesus ist als der Messias der wahre Bräutigam (vgl. Art. → νύμφη). An seinem Mahl teilzunehmen, ist entscheidend (Mt 25,1ff vgl. Lk 12,36ff). Die Abendmahlsperikope, bes. Mt 26,29; Lk 22,30, verbindet das Mahl des Messias mit der Deutung des Todes Jesu. In Offb 19,7ff ist mit dem Hochzeitsmahl des Lammes die endgültige Verbindung des siegenden Christus mit den Seinen gemeint.

6a) Paulus nimmt aufgrund bestimmter Ereignisse in der korinthischen Gemeinde in 1 Kor 5–7 zu Fragen Stellung, die die Ehe betreffen. Neben ausdrücklichen Warnungen vor allerlei Unzucht kommt er grundsätzlich auf die Ehe zu sprechen. Unter Berufung auf das Wort Jesu (Mk 10,9ff par) lehnt er Ehescheidung ab (1 Kor 7,10) und sieht die Ehe als dem Glauben gegenüber sekundär an. Ja, er geht so weit, Ehelosigkeit als besondere Gabe angesichts der Nähe des Endes zu empfehlen (7,1.7; vgl. Mt 19,12). Die Ehe steht hier wie alle weltliche Tätigkeit unter dem ὡς μή *[hōs mæ]* = *als ob nicht* 7,29ff. Danach wird auch 7,12ff die Frage der Mischehe mit einem Ungläubigen behandelt: ihr Fortbestand ist von dem Willen des ungläubigen Ehepartners abhängig. Der christliche Partner dagegen soll bereit sein, sie fortzusetzen. Die Entscheidungsfreiheit besitzt also nur der heidnische Teil. Die »Heiligung« einer solchen Mischehe durch den gläubigen Teil ist als eine reale Kraft zu verstehen, denn die Gnade ist hier stärker als der Nichtglaube des heidnischen Partners.

Was in 1 Kor 7,36–38 gemeint ist, ist nicht eindeutig klar. Handelt es sich um ein in strenger Askese (geistlicher Ehe) zusammenlebendes Paar, dem Paulus die Erlaubnis gibt, nachträglich noch die volle körperliche Gemeinschaft aufzunehmen? (s. H. Lietzmann HNT zSt, W. Bauer s. v.). Oder handelt es sich um einen Vater (Vormund, Herrn), der nicht gegen die Sitte bzw. die rabb. Anweisung verstoßen möchte, seine Tochter (Pflegebefohlene, Sklavin) zum üblichen Zeitpunkt zu verheiraten? (so St.-B. zSt, A. Schlatter zSt, H. D. Wendland NTD zSt). Die Verwendung des Wortes γαμίζω *[gamizō]* = *verheiraten* in V. 38 macht die zweite Lösung wahrscheinlicher. γαμίζω (gleichbedeutend γαμίσκω *[gamiskō]*; im NT nur Mt 22,30; 24,38; Mk 12,25; Lk 17,27; 20,34f; 1 Kor 7,38) heißt *in die Ehe geben, verheiraten,* kann sich also nur auf einen Vater oder Herrn beziehen, der das unter seiner Obhut stehende Mädchen an einen anderen Mann verheiratet. Die Auffassung, daß es sich in 1 Kor 7,36–38 um eine geistliche Ehe handle, läßt sich nur halten, wenn man annimmt, daß γαμίζω *[gamizō]* in V. 38 die Bedeutung von γαμέω *[gameō]* hat (siehe dazu Bauer s. v.).

b) Auch Paulus gebraucht die Ehe als Bild für das Verhältnis zu Gott. So zitiert er zB in Röm 9,25f den Propheten Hosea. 2 Kor 11,2 benutzt er dieses Bild, um vor dem Abfall zu warnen. In Eph 5,22ff wird es umgekehrt: Weil Christus der Bräutigam der Kirche ist, soll die Ehe heilig gehalten werden. (Die kath. Kirche legt Eph 5,32 falsch aus, wenn sie den Begriff μυστήριον *[mystærion]* auf die Ehe bezieht und deren Sakramentscharakter damit begründet.) Das Bild der Ehe steht u. U. auch hinter Äußerungen wie Mt 12,39; 16,4; Mk 8,38, wo vom »ehebrecherischen« Geschlecht gesprochen wird. Doch ist es auch möglich, daß an diesen Stellen auf die tatsächlichen sittlichen Verhältnisse im Volk Bezug genommen wird. Offb 2,20ff (das Weib Isebel) und Offb 17,1ff (die Hure Babylon) sind Bilder für den großen Abfall von Gott als dem eigentlichen Eheherrn. *Günther*

μοιχεύω

μοιχεύω *[moicheuō]* Ehebruch treiben · μοιχεία *[moicheia]* Ehebruch · μοιχός *[moichos]* Ehebrecher · μοιχαλίς *[moichalis]* Ehebrecherin, Dirne

μοιχεύω *[moicheuō]* und die dorische Nebenform μοιχάω *[moichaō]* = *die Ehe brechen* (mit Akk.: mit einer Frau); manchmal ganz allg.: *eine weibliche Person verführen, schänden.* Dementsprechend im Medium *sich verführen lassen* bzw. im Pass. *zum Ehebruch verführt werden.* Das abgeleitete μοιχεία *[moicheia]* bezeichnet den *Ehebruch,* die *Hurerei* (vgl. → Zucht, Art. πορνεία) und μοιχός *[moichos]* den *Ehebrecher.* μοιχαλίς *[moichalis]* zunächst als Adj. = *ehebrecherisch,* dann als Subst. *Ehebrecherin, Dirne.* I

E. war schon nach alten Gesetzesbüchern, von denen einige bis ins 2. Jt. vChr zurückreichen, strafbar (zB in Lipit-Isthar-Gesetzbuch, Codex Hammurabi, Gesetze des mittleren Assyriens etc.). Der verheirateten Frau als der eigentlichen Garantin für die intakte Familie und Sippe ist jeder außereheliche Geschlechtsverkehr streng verboten, denn sie bricht dann ihre eigene Ehe und zerstört die Integrität der ganzen Sippe. Der Mann dagegen bricht die Ehe nur im außerehelichen Verkehr mit einer verheirateten Frau, dh indem er in eine fremde Ordnung eindringt. Doch schlagen in den Rechtsauffassungen der verschiedenen Kulturen zweifellos auch die alten Vorstellungen noch stark durch, daß es a) sich im E. mit einer verheirateten Frau um ein Eigentumsdelikt, dh um das Eindringen in eine fremde Besitzsphäre handelt, und b) die Frau, die E. begeht, die Sippe der Einflußsphäre böser Mächte öffnet. Die Ahndung des E.s durch Tötung, Mißhandlung oder Zahlung eines Sühnegeldes wird im allg. der privaten Initiative des geschädigten Ehemannes bzw. seiner Sippe überlassen.

1) In der LXX tritt die griechische Wortgruppe für das hebr. *nā'aph* und die entsprechenden Ableitungen ein. E. ist wie in anderen Gesellschaftsordnungen (s. o.) a) jede außerehelich-geschlechtliche Beziehung einer Frau; b) der außereheliche Geschlechtsverkehr eines Mannes mit einer verheirateten bzw. verlobten Frau (über erlaubten außerehelichen Verkehr des Mannes vgl. Gen 16,1f; 30,1ff; 38.15f; Lev 19,20–22; Dtn 22,28f u. ö.). E. wird mit der Todesstrafe (in der Regel durch Steinigung; vgl. dagegen Gen 38,24) an beiden Beteiligten geahndet (Lev 20,10; Dtn 22,22ff; Ez 16,40). Im Unterschied zum außerisraelitischen Brauch (s. o.) wird jedoch der E. zu einer Sache des öffentlichen Interesses, da im E. nicht nur die Grundlage und das private Recht der Ehe und Familie, sondern gleichzeitig das Gottesrecht angetastet (Ex 20,14) und damit das Volk (Dtn 22,22b) in seiner Lebensgrundlage bedroht wird. Die Strafe hat nun die Volksgemeinde zu vollziehen. Ist eine Frau des E. verdächtig, so soll ein Gottesurteil über Schuld oder Unschuld entscheiden (Num 5,11–31). II

2) Im Leben und in der Verkündigung Hoseas werden Ehe und E. allegorisch für das Verhältnis zwischen Jahwe und seinem Volk gebraucht. Der konkrete Anlaß für die Verwendung des Bildes vom E. mag der Einbruch kanaanäischer Brautriten und anderer Fruchtbarkeitskulte in den Bereich Israels gewesen sein (4,12ff).

Indem Israel sich von seinem Gott trennte und fremden Götzen opferte, handelte es wie eine Ehebrecherin, die ihren Gatten verläßt und mit anderen Männern hurt (2,4ff). Gott wird diesen E. hart strafen (5,7ff), aber sein Ziel ist nicht die endgültige Vernichtung der Ehebrecherin, sondern ihre Umkehr (3,5). Dieses Bild Hoseas wird später von Jeremia (vgl. 3,8f; 5,7 u. ö.) und im Exil von Ezechiel (vgl. 16,15–34) neu aufgenommen.

3) Die zunächst sehr eindrücklichen Warnungen vor E. in der Weish.-Lit. (vgl. Spr 6,20–35) verraten indes eine Erweichung der strengen Ehemoral im Laufe der israelitischen Geschichte (vgl. bes. 6,35 – Abfindung durch Geldzahlung?). Gleichwohl wird auch in Mischna und Talmud und in den »Testamenten der 12 Patriarchen« vor E. und Unzucht gewarnt.

III Die Wortgruppe wird im NT in gleicher Bedeutung wie im Profangriech. direkt und übertragen gebraucht, sehr oft als Zitat aus Ex 20,14 bzw. Dtn 5,17 (zB Mk 10,19 par; Jak 2,11; Röm 13,9).

1) Allerdings wird das Verständnis der Ehe und damit auch des E.s im NT in einer dem Profangriech. und auch dem AT unbekannten Weise radikalisiert. – a) E. wird beim Mann kompromißlos mit den gleichen Maßstäben gemessen wie bei der Frau (Mk 10,11 par). – b) Schon das Begehren, dh der Wille zur Tat, ist soviel wie der ausgeführte E. selbst (Mt 5,27f). – c) Da nach nt. Verständnis die Ehe in sich unauflösbar ist (Mk 10,8), rückt auch die nach dem at. Gesetz mögliche Scheidung jetzt in den Bereich des E.s (Mt 5,31f). Zwar ist an dieser Stelle (vgl. dazu I und II,1) die Ehe von der Frau her gedacht und das Vergehen dementsprechend beurteilt (vgl. Röm 7,3); Mt 19,9 aber wendet nun Jesus diesen Satz auch auf den Mann an: Auch der Mann, der sich von seiner Frau trennt und wieder heiratet, begeht E. An beiden Stellen kennt Mt allerdings gegenüber Mk 10,11f und Lk 16,18 eine Ausnahme, die eine Scheidung zuläßt, nämlich πορνεία *[porneia]*, Unzucht. Das bedeutet in einer Zeit, in der ein Mann die Ehe schon aufgrund einer geringfügigen Kleinigkeit lösen kann, eine unerhörte Einschränkung, die allein von der Botschaft des anbrechenden Gottesreiches her zu verstehen ist. – d) E. ist unvereinbar mit der Hoffnung auf ein Leben im Reiche Gottes (1 Kor 6,9f), er steht vielmehr unter Gottes Gericht (Hebr 13,4). So ist es bezeichnend, daß gerade mit dem Zweifel an der Wiederkunft Christi und dem Gericht (2 Petr 3,3ff) ein verderblicher Libertinismus Hand in Hand geht (2 Petr 2,14).

2) Jesu hartes Gericht über den E. schließt aber Gottes Erbarmen gegenüber dem reumütigen Sünder, dessen Umkehr er will, nicht aus (vgl. Mt 21,31f; Lk 18,9ff). So bekommt die Ehebrecherin, der die Todesstrafe zustand, ihre Schuld erlassen und die scheinbar unschuldige Menge den Spiegel ihrer heuchlerischen Selbstgerechtigkeit vorgehalten (Joh 8,3ff).

3) Wie in der at. Prophetie wird auch im NT das Motiv des E.s metaphorisch verwendet (vgl. Jak 4,4 E. = Verweltlichung). So erhält Israel gerade in seinen religiösen Vertretern, Pharisäern und Schriftgelehrten (Mt 12,39) bzw. Sadduzäern (Mt 16,4) die Bezeichnung »ehebrecherisches« Geschlecht. Obwohl einige Ausleger hier ein Gerichtswort über die tatsächlichen Zustände sehen wollen, ist eine übertragene Bedeutung wahrscheinlich: Es ist das in der Ablehnung Jesu gegen Gott treubrüchige Volk (so auch Mk 8,38).

Reißer

νύμφη

νύμφη *[nymphæ]* Braut · νυμφίος *[nymphios]* Bräutigam

I νύμφη *[nymphæ]*, schon im mykenischen Griech. (Linear B) belegt, urverwandt mit lat. *nurus* und altdeutsch *Schnur* = *Schwiegertochter*, bezeichnet die *Braut, Verlobte*. Die Heirat ist nicht, wie bei uns heute, klare Begrenzung für den Wortinhalt. Sowohl *die Jungfrau, das junge Mädchen*, als auch *die jungverheiratete Frau* kann als νύμφη *[nymphæ]* bezeichnet werden. Ebenso ist νυμφίος *[nymphios] der Bräutigam, der Verlobte*, aber auch *der junge Ehemann*. νύμφη *[nymphæ]* ist auch Bezeichnung für eine weibliche Gottheit niedrigen Ranges (vgl. → Frau).

Im Hellenismus, bes. in der Gnosis, wird das Bild von Bräutigam und Braut auf das Verhältnis des σωτήρ *[sōtær]* = *Retter* zu den Menschen angewandt und in die Vorstellung vom ἱερὸς γάμος *[hieros gamos]*, *der heiligen Vermählung*, hineingenommen. Dadurch ist der religiösen Erotik der Weg bereitet, die ja in der Mystik bis heute die Allegorie von Brautzeit und Ehe mit Vorliebe für die Beschreibung des Verhältnisses der Einzelseele zur Gottheit benutzt (vgl. Art. → γάμος).

II Der spätere nt. Sprachgebrauch ist inhaltlich vor allem von at.-jüd. Sitte und Vorstellung geprägt. Über die der Heirat vorangehenden Gebräuche erfahren wir im AT manches beiläufig, etwa Gen 24, 59ff; Jos 15,18f; Ri 14; Jes 61,10; Hhld u. a.: Das junge Mädchen ist mit 12, der Jüngling mit 15 Jahren ehefähig. Die eigene Wahl des Ehepartners spielt wohl eine Rolle, wesentlich ist aber der zwischen den Familien abzuschließende Vertrag. Vom hebr. Äquivalent *kallāh* her wird in LXX auch die Schwiegertochter als νύμφη *[nymphæ]* bezeichnet (Gen 11,31; 38,11; Ruth 1,6 u. a.).

Im Vordergrund der at. Aussagen über den Brautstand steht die Freude, die Braut und Bräutigam aneinander haben. Das kommt am deutlichsten im Hohenlied zum Ausdruck, vgl. auch Ps 45; Jes 61,10; 62,5; Jer 7,34; 16,9 u. a. Diese Freude wird als Bild übertragen auf das Verhältnis zwischen Jahwe und Israel und damit bes. auch auf den Gottesdienst, in dem die Gemeinde sich Jahwes als des ewigen Königs und Gründers des Friedensreiches in Zion freut (Ps 45; Jes 60,1ff u. a.). Diesem Bild entspricht die Bezeichnung Israels als Braut Jahwes (Jer 2,2; Jes 49,18; 62,5).

Dieser bildliche Gebrauch wird im Spätjudentum weitergeführt. Das Hohelied wird als kanonisch anerkannt, weil man darin eine Allegorie auf das Verhältnis Jahwe–Israel sah. Die erwartete Heilszeit wird als Hochzeit beschrieben, dh als die endgültige und uneingeschränkte Vereinigung Gottes mit seinem Volk (s. St.-B. I,517).

Im NT wird νύμφη *[nymphæ]* fast nur übertragen gebraucht. In Mt 10,35 und Lk 12,53 ist, III
anschließend an jüd. Sprachgebrauch, die *Schwiegertochter* gemeint. Die Braut kann auch γυνή *[gynæ]* (→ Frau) heißen, weil nach jüd. Eherecht bereits die Verlobte als Ehefrau gewertet wird. Dieser Gebrauch liegt vor Mt 1,20.24; Offb 19,7; 21,9 (vgl. St.-B. II,393ff). νυμφίος *[nymphios]* ist im NT – in direktem und bildhaftem Gebrauch – *der Bräutigam* (Joh 2,29; 3,9; 3,29; Mt 25,1ff; Offb 18,23), während mit υἱοὶ τοῦ νυμφῶνος *[hyioi tou nymphōnos]* zur Ausführung des Festzeremoniells unentbehrliche Verwandte und Freunde, die *Hochzeitsgesellen*, gemeint sind (Mk 2,19f; Mt 9,15; Lk 5,34f; vgl. Joh 3,29; s. St.-B. I,500ff).

1) Die Brautzeit ist wie im AT die Zeit der Freude, bes. der Vorfreude. So gehören die Begriffe im NT in die eschatologische Situation hinein (→ γαμέω). Mk 2,19f par wendet sich Jesus gegen unzeitgemäßes Fasten. Die Zeit der Gegenwart des Messias wird in einem geläufigen Bild mit einer Hochzeit verglichen (Jes 62,5). Freude herrscht bei den Jüngern, weil Jesus unter ihnen weilt. Auch das Gleichnis von den 10 Jungfrauen (Mt 25,1ff) gehört hierher, doch ist es zugleich Gerichtsgleichnis, das auf die Notwendigkeit des Wachens und Wartens hinweist. Die at. Parallele Braut/Bräutigam = Israel/Jahwe wird hier auf die Gemeinde und Jesus angewandt (vgl. St.-B. I,501ff.898; IV,432f).

2) Joh 3,29f wird das Verhältnis des Täufers zu Jesus als Verhältnis des Freundes, der als Brautführer fungiert, zum Bräutigam beschrieben. Die Endzeit beginnt erst mit Jesus. Aber der Freund bereitet ihm den Weg und hat keine größere Freude als die über das Zustandekommen der Hochzeit, dh also hier: über den Anbruch der Versöhnung und des Reiches in Christus.

3) Die Anwendung der Allegorie Bräutigam/Braut auf Christus und die Gemeinde begegnet 2 Kor 11,2 (παρθένος *[parthenos]* Jungfrau = Braut, → Frau). Paulus sieht sich hier selbst als den Brautführer, der die Gemeinde dem endgültigen Bund mit ihrem Herrn entgegenführt. Eph 5,22–32 wird dasselbe im Bild der Ehe beschrieben (Art. → γάμος).

4) In den letzten, die Endvollendung beschreibenden Kapiteln der Offb findet sich das Bild von der Brautgemeinde, die auf ihren himmlischen Bräutigam wartet, der hier als das »Lamm« Gottes bezeichnet wird. Wieder steht die Freude im Vordergrund (Offb 19,7.9). Die Gemeinde jubelt und schmückt sich, um Christus als ihren Herrn zu empfangen (Offb 21.2.9). Es ist das himmlische Jerusalem, die endzeitliche Gemeinde, die in bräutlicher Sehnsucht der letzten Erfüllung ihres Daseins harrt, indem sie ruft: »Komm, Herr Jesus« (Offb 22,17.20).

Günther

ZUR VERKÜNDIGUNG V

Es ist notwendig, daß die biblischen Aussagen über das Verhältnis von Mann und Frau in unserer Verkündigung den Ort und die Breite erhalten, die ihnen von ihrem Gewicht im biblischen Zeugnis her zukommen. Sowohl ängstliche Abstinenz als auch psychologische Effekthascherei sind Irrwege. Die Gemeinde hat Anspruch auf das biblische Zeugnis über die Ehe, das für sie Evangelium und Lebenshilfe zugleich ist.

Der Naturtrieb zur Fortpflanzung und Arterhaltung des Menschen ist nach Gottes Ordnung eingebettet in eine echte und dauernde personale Partnerschaft zwischen Mann und Frau. Darin hat der Mensch am Personsein Gottes Anteil (»nach seinem Bilde«). Mann und Frau sind einander zu »Gehilfen« gesetzt (Gen 2,20f), ihr Miteinander ist von der Freude bestimmt (Gen 2,23; Eph 5,22ff). Ehe als spannungsreiche Einheit zweier Menschen ist also von der Schöpfung her im Personsein des Menschen begründet und umfaßt ihn ganz. In dieser umfassenden Gemeinschaft haben Sexualität und Erotik ihren legitimen Platz; sie bildet zugleich den beschützenden Rahmen für die Zeugung und das Heranwachsen von Kindern. Zwar hat die Ehe ihren Sinn nicht erst und nicht nur vom Kinde her. Sie fordert jedoch die Bereitschaft, Kinder zu haben und zu erziehen.

Diese monogame, als volle Lebensgemeinschaft, nicht nur als Arbeits- oder Lustgemeinschaft qualifizierte Ehe ist in der Bibel die beherrschende und in der historischen Folge immer mehr hervortretende, im NT dann ausschließliche Anschauung; andere, ältere Formen sozialer Sitte, die in den frühen Zeugnissen an einigen Stellen durchscheinen, ja innerhalb Israels praktiziert wurden, sind dadurch überwunden worden (Polygamie, Vorherrschen der Komponente der Arterhaltung usw.).

Breiten Raum nehmen im AT und NT Aussagen ein, die von den Gefährdungen der Ehe sprechen. Die ständige Neigung des Menschen, sein Personsein und damit auch seine Ehe zu verfehlen und zu pervertieren, ist als Tatsache erkannt und ernstgenommen. Dabei besteht ein unmittelbarer Zusammenhang zwischen der Ehe als exemplarisch-einzigartigem Verhältnis zwischen zwei Menschen und dem Verhältnis des Menschen zu Gott: Der Mensch, der sein will wie Gott (Gen 3), der sich selbst an die Stelle des Schöpfers setzt (Röm 1), verliert die Fähigkeit zur Partnerschaft, weil seine Beziehungen zum Mitmenschen von Begehrlichkeit, Neid oder Angst bestimmt werden. Sich selbst überschätzende Trennung von Willen und Ordnung Gottes, bei einem oder bei beiden Partnern, kann zur Gefährdung der Ehe führen, wenn sie auch nicht deren Zerstörung zur Folge haben muß. Denn der menschlichen Sünde steht auf Gottes Seite das Angebot von Vergebung und Versöhnung gegenüber. Wo es angenommen wird, wird im Menschen Gottes neue Kreatur Wirklichkeit, darf ein Neuanfang unabhängig von dem Maß vergangener Schuld erwartet werden.

Dennoch ist die Ehe nicht begründet im Verhältnis Gottes zum Menschen und zur Gemeinde (verbreitetes Mißverständnis von Eph 5). So gewiß dieses Bild herangezogen wird, muß die Partnerschaft unter Menschen vom Verhältnis des Menschen zu Gott doch grundsätzlich unterschieden bleiben. Die Ehe ist das tiefgreifendste, aus dem menschlichen Bereich aufgenommene Bild für das Verhältnis Gott-Mensch und Gott-Gemeinde. So kann die freudige Spannung der Brautleute vor der Hochzeit zum Bild dafür werden, wie die Gemeinde die volle Gottesgemeinschaft erwartet, werden umgekehrt Ehebruch und Hurerei zum Bild für die zerbrochene Gottesgemeinschaft und ein Leben im Unglauben (Hosea).

Von dieser Grundlage her müssen alle Einzelfragen der ehelichen Problematik verstanden und behandelt werden. Wenn auch diese Fragen für das menschliche Leben eine wesentliche Bedeutung und kaum zu überschätzende Folgen haben, so sind sie doch von der Bibel her im neuen Bund dem Evangelium von Christus und der Gottesherrschaft ganz untergeordnet. Die Überordnung der Gottesherrschaft über die Ehe eröffnet dem Menschen auch die Möglichkeit, ohne Ehe, ohne sexuelle Betätigung und ohne Kinder ein erfülltes Leben zu führen, weil für den Christen Auftrag und Erwartung des Herrn ein solches Gewicht bekommen können, daß die fehlende Partnerschaft zum anderen Geschlecht nicht mehr als Versagung empfunden wird. Paulus legt angesichts des nahen Endes diesen Weg sogar allen nahe, die wie er dazu die inneren Voraussetzungen, das Charisma (→ Geist) haben.

Die unterschiedliche Begabung und Eigenart der Geschlechter wird durch die personale Einheit nicht in Frage gestellt. Die Polarität männlichen und weiblichen Wesens bleibt erhalten, auch für denjenigen, der nicht verheiratet ist; die Zusammenarbeit von

Mann und Frau in Haus, Wirtschaft und im öffentlichen Leben bringt das mit sich, wobei die Atmosphäre von erotischen oder sexuellen Beziehungen durchaus freibleiben kann.

Sexuelle Intimbeziehungen können allerdings nicht losgelöst von der Persongemeinschaft des Menschen betrachtet werden. Sie sind nur richtig eingeordnet, wo sie nicht lediglich als Gefühle und Triebe genossen und ausgelebt werden, sondern Ausdruck der vollen gegenseitigen Bejahung zweier Menschen sind. Deshalb ist die Betätigung der Sexualität an die Persongemeinschaft gebunden, in die von daher selbstverständlich auch ausschließlich die Zeugung von Kindern hineingehört. Das Argument gegen den nicht innerhalb der Ehe vollzogenen Geschlechtsverkehr liegt darin begründet, daß bei ihm der jeweilige Partner letztlich nicht mehr als Mensch angenommen, also eine personale Gemeinschaft hergestellt und beibehalten wird, sondern sich eine subjektive, wenn auch unter beiderseitiger Zustimmung erfolgende Lustbefriedigung zuträgt ohne die feste Bindung und Übernahme von Verantwortung.

Die Frage bleibt, von wann ab das Verhältnis eines Mannes und einer Frau als Ehe anzusehen ist. Wenn die Ehe geistige, seelische, wirtschaftliche und körperliche Gemeinschaft, kurz: volle Persongemeinschaft ist, fällt es schwer, ihren Beginn etwa ausschließlich vom Vollzug der ersten geschlechtlichen Begegnung abhängig zu machen, so gewiß diesem (vgl. das biblische »Erkennen«) eine große Bedeutung zukommt. Auch der bürgerliche Rechtsakt und die eventuelle kirchliche Zeremonie sind ja nicht im Letzten ehebegründend, sondern können nur den schon bestehenden, durch Gottes Führung des einzelnen Menschenlebens entstandenen Bund nach den Regeln der gesellschaftlichen Ordnung anerkennen. Der Beginn der Ehe als – wesentlich – Gemeinschaft zweier Menschen ist vielmehr in deren Treueversprechen zu suchen, mit dem sie einander nach Zeit und Umfang uneingeschränkt zu eigen übergeben. So gewiß Ordnung und Wahrhaftigkeit die Innehaltung der gesellschaftlichen Regeln dafür fordern, wird – entsprechend dem at. Gesetz! – ein Paar, das diese Voraussetzung erfüllt, nach den Maßstäben der Ehe zu beurteilen und in Verantwortung zu nehmen sein, auch hinsichtlich einer eventuellen, gegen die Ordnung verstoßenden, Vorwegnahme der Geschlechtsgemeinschaft. Vorausliegende Intimerfahrungen mit anderen Partnern aber sind dem späteren Zueinanderwachsen nicht förderlich, sondern – weil egoistisch-subjektiv bestimmt – eher hinderlich.

Der Egoismus gefährdet auch hinsichtlich der Kinderzahl die Ehe, sei es in Gestalt der zunächst aus Bequemlichkeit gewollten, später u. U. nicht mehr rückgängig zu machenden Sterilität, oder sei es in einer ohne Verantwortung und Rücksicht auf die Kinderzahl sich auslebenden Triebbefriedigung. Die Frage der sog. Geburtenregelung ist in Verantwortung und Nüchternheit, nach dem Maßstab der individuellen und gesellschaftlichen Verhältnisse, zu beantworten und nicht durch Übergehen zu erledigen. Dabei ist wohl zu beachten, daß die eheliche Geschlechtsgemeinschaft von der Bibel her (1 Kor 7) auch dann nicht vernachlässigt werden soll, wenn aus verantwortbaren Gründen die Zeugung weiterer Kinder ausgeschaltet werden muß. Hinsichtlich des Endes der ehelichen Gemeinschaft wird daran festzuhalten sein, daß die – nicht nur bildhafte! – Leibeinheit und personale Partnerschaft nicht nach menschlichem Urteil und Gutdünken wieder zu trennen ist, sondern erst durch den Tod eines Teiles abgebrochen wird. In der Frage einer zweiten Ehe bei Lebzeiten des Partners – welche Gründe auch immer die Trennung herbeigeführt haben mögen – wird man sich darüber Rechenschaft geben müssen, ob angesichts der Einbringung der eigenen Person in den Leib der Ehe und der dadurch gegebenen spezifischen Prägung der Person die Freiheit zu einer neuen Bindung besteht, oder ob nicht dadurch Gott der Weg zur Wendung von Herzen und Verhältnissen gerade versperrt wird.

Günther

→ Frau; → Mensch; → Zucht.

Lit.: HPreisker, Christentum und Ehe in den ersten drei Jahrhunderten, 1927 – HSchlier, Christus und die Kirche im Epheserbrief, 1930 – EStauffer, Art. γαμέω, ThWb I, 1933, 646ff – FHauck, Art. μοιχεύω, ThWb IV, 1942, 737ff – JJeremias, Art. νύμφη, ThWb IV, 1942, 1092ff – UHolzmeister, Die Streitfrage über die Ehescheidungstexte bei Mt 5,32 und 19,9, Biblica 26, 1945 – WKümmel, Verlobung und Heirat bei Paulus, BhZNW 21, 1954, 275ff – KHRengstorf, Mann und Frau im Urchristentum, 1954 – JLeipoldt, Die Frau in der antiken Welt und im Urchristentum, 1955[3] – ABardtke/HThimme, Art. Ehe, EKL I, 1956, 994ff – BReicke, Neuzeitliche und neutestamentliche Auffassung von Liebe und Ehe, Novum Test. 1956, 21ff – JBlinzler, Die Strafe für Ehebruch in der Bibel und Halacha, New Test. Studies 4, 1957, 32ff – HGreeven, Zu den Aussagen des NT über die Ehe, ZEE 1, 1957, 109ff – FHorst/HGreeven, Art. Ehe, RGG II, 1958[3], 316ff – GDelling, Art. Ehe, RAC IV, 1959, 666ff – JGnilka, »Bräutigam«, spätjüdisches Messiasprädikat?, Trierer ThZ 1960, 298ff (kath.) – JBBauer, Art. Ehe, BWb I, 1962[2], 207ff (kath.) – ELövestam, Art. Ehe, BHHW I, 1962, 369f – HBaltensweiler, Die Ehe im Neuen Testament, 1967 – HGreeven, Ehe nach dem Neuen Testament, NTSt 15, 1968/9, 365ff – RSchäfer, Die Lehre von der Ehe im Lichte des Gottesgedankens, ZThK 68, 1971, 489ff – EWolf, Die Ehe, Institution oder personhafte Gemeinschaft, ZEE 15, 1971, 360ff – GFriedrich, Sexualität und Ehe, 1977 (Lit.).

Ehre

Zwei verschiedene griech. Wortgruppen stehen hinter dem, was im Deutschen mit *Ehre* wiedergegeben wird. τιμή *[timę]* meint seit der klassischen Gräzität unverändert die anerkennende Wertschätzung des anderen in der ihm eigenen Stellung und Würde, ist also immer etwas Gott oder dem anderen Menschen (nicht nur dem Höhergestellten!) Entgegengebrachtes. Das manchmal synonym verwandte δόξα *[dọxa]* hingegen ist in der Bibel im wesentlichen eine Gott eignende und von Menschen nur respondierend anerkannte Qualität, die häufiger mit *Herrlichkeit* übersetzt ist; es meint mehr das von seinem Träger Ausstrahlende, Eindruck Hinterlassende und findet insofern nicht für die zwischenmenschlichen Verhältnisse Anwendung. Vgl. auch → Engel; → Gott; → Kraft; → Offenbarung.

δόξα

δόξα *[dọxa]* Ansehen, Herrlichkeit · δοξάζω *[doxạzō]* rühmen, verherrlichen · ἔνδοξος *[ẹndoxos]* angesehen, herrlich · ἐνδοξάζω *[endoxạzō]* verherrlichen · συνδοξάζω *[syndoxạzō]* mitverherrlichen · κενόδοξος *[kenọdoxos]* ruhmsüchtig · κενοδοξία *[kenodoxịa]* Ruhmsucht

I Die Wortgruppe stellt eines der klarsten Beispiele für den Bedeutungswandel dar, den ein griech. Wort unter Einfluß der Bibel durchmachen kann. Die Grundbedeutung der Gruppe ist im Profangriechischen *Meinung, meinen*. Differenziert man sie, erhält man auf der einen Seite die Bedeutung *Ansicht*, die ich selbst hinsichtlich einer Sache (oder Person) vertrete, andererseits die *Einschätzung* meiner Person, die mir im Urteil der anderen entgegentritt, dh *Ansehen, Ruhm*.

Dementsprechend weist das Subst. δόξα *[dọxa]* im Profangriechischen folgende Bedeutungen auf: a) *Ansicht, Meinung*, b) *Ansehen, Ruhm* und das Verb δοξάζω *[doxạzō]*: a) *meinen*, b) *rühmen, preisen* (vgl. auch → Denken, Art. δοκέω I).

II 1) Bereits in LXX werden die Begriffe δόξα/δοξάζω *[dọxa/doxạzō]* umgeprägt. Das zeigt sich zB darin, daß die Urbedeutung *Meinung* einfach ausgeschaltet wird. Den Anknüpfungspunkt für den at. Begriffsinhalt bildet die Bedeutung *Ruhm, Ehre*, die sich jedoch seltener auf die Ehre bezieht, die einem Menschen erwiesen wird – dafür stand das Wort τιμή *[timę]* zur Verfügung –, sehr häufig dagegen auf die Ehre, die Gott »gebracht« oder »gegeben« wird (Ps 29,1; Jes 42,12 u. ö.). Mit diesem Wortgebrauch ist der griech. Boden verlassen. Auch die Bedeutung *Pracht, Macht, irdische Herrlichkeit* hat ihren Ursprung im AT (Jes 17,4; 35,2; Hag 2,3), vor allem aber die Anwendung von δόξα *[dọxa]* zur Bezeichnung von *Gottes Herrlichkeit* und *Macht* (Ps 24,7ff; 29,3; Jes 42,8). Trotz des neuen Inhalts blieb die formale Struktur des Begriffes insofern unverändert, als er sich auch in LXX auf die Erscheinung, das Auftreten bezieht, m. a. W., auf die Manifestation der Person, und zwar unter Betonung des Eindrucks, der bei den anderen hervorgerufen wird. Dieser Gesichtspunkt ist für das Verständnis des Begriffes wesentlich.

2) Diesen neuen Bedeutungen liegt der at. Begriff *kabōd* = *Herrlichkeit, Ehre* zugrunde, der die hebr. Entsprechung des LXX-Wortes δόξα *[dọxa]* bildet und im wesentlichen die gleichen Bedeutungen aufweist wie dieses. Von Gott gebraucht, bezeichnet er nicht Gott an sich, in seinem Wesen, sondern die ausstrahlende Manifestation seiner Person, seine herrliche Selbstkundgebung. Bezeichnend ist die Verknüpfung von *kabōd* mit Verben des Sehens (Ex 16,7; 33,18; Jes 40,5) oder des Er-

scheinens (Ex 16,10; Dtn 5,24; Jes 60,1). Der *kabōd* ist in der Schöpfung erkennbar (Ps 19,2; Jes 6,3), äußert sich aber vor allem in der Heilsgeschichte, dh in Gottes großen Taten (Ex 14,17f; Ps 96,3) und ganz bes. in seiner Gegenwart im Heiligtum (Ex 40,34f; 1 Kön 8,10f; Ps 26,8). Im letzteren Fall kann der *kabōd* als ein Feuerschein gedacht werden (Lev 9,23f; Ez 43,2; Ex 24,17). Für die Endzeit wird eine endgültige Erscheinung des *kabōd* erwartet, die das Heil Israels zum Ziel hat (Jes 60,1f; Ez 39,21ff), zugleich aber die Bekehrung der Heiden bewirken soll (Ps 96,3ff; Sach 2,9ff). – Die Herrlichkeit findet sich im allg. bei keinem überirdischen Wesen außer Gott. Bei Ez (8,2; 1,7.13) und Dan (10,5f) erscheinen jedoch Engelwesen mit *kabōd*-ähnlichen Attributen.

3) Das Spätjudentum zeichnet sich durch ein starkes Interesse für die himmlische Welt aus. Die Herrlichkeit ist nicht wie im AT auf die Selbstoffenbarung Gottes beschränkt, sondern bezieht sich zugleich auf die himmlische Wirklichkeit als solche, auf Gott, seinen Thron, die Engel usw. Dabei wird dann *Herrlichkeit* oft mit ganz abgeblaßter Bedeutung verwandt, als Beiwort, das in liturgisch-hymnischer Sprache zu fast jedem Begriff treten kann, der etwas mit Gott zu tun hat. Wichtig ist die Vorstellung, daß Adam im Paradies Herrlichkeit besaß und sie dann durch den Sündenfall verlor. Damit taucht der Gedanke auf, daß auch Menschen an der Herrlichkeit teilhaben können (vgl. jedoch schon Ex 34,29ff).

In Qumran erwartet man eine Wiederherstellung der ursprünglichen Herrlichkeit Adams für die Erwählten (1QH 17,15; CD 3,20). Die Teilhabe der Seligen an der Herrlichkeit betont besonders auch die Apokalyptik, wogegen die Rabbinen die Seligkeit mehr als ein Schauen der Herrlichkeit Gottes beschreiben. Das national gerichtete jüd. Denken versteht die eschatologische Offenbarung der Herrlichkeit einseitig als eine Verherrlichung Jerusalems und Israels. Als Belegstelle dient bes. Jes 60,1ff. Durch diese sichtbare Manifestation der Herrlichkeit angezogen, sollen dann die Heiden nach Jerusalem strömen und den Glauben Israels annehmen.

A. 1) Im NT kommt δόξα *[dọxa]* 165mal vor, wovon fast die Hälfte (77) auf Paulus fällt. III
Verhältnismäßig am häufigsten verwenden die Petr-Briefe das Wort, danach folgen Paulus (bes. 2 Kor) und die johanneischen Schriften (von den Joh-Briefen abgesehen, wo die ganze Wortgruppe fehlt). Bei δοξάζω *[doxạzō]* (über 60mal) führen 1 Petr und JohEv an. Statistisches zu den übrigen Formen s. u. 3.

2) δόξα/δοξάζω *[dọxa/doxạzō]* liegen dem Sinne nach ganz in der Linie von LXX und dem hebr. AT (s. o. II 1.2). Auch im NT fehlt dementsprechend die Bedeutung *Meinung/meinen.* Die übrigen Bedeutungsnuancen können folgendermaßen gegliedert werden (Belegstellen in Auswahl):

a) Allgemein griech. ist der Sinn *Ehre, Ruhm, Ansehen,* bzw. *ehren, rühmen,* wie auch die Wendung *Ehre suchen* (Joh 7,18; 8,50; 5,44; 1 Thess 2,6) oder *Ehre nehmen* (Joh 5,41.44). Der spezifisch biblische Inhalt bricht durch in Redensarten wie »*Gott Ehre geben*« (Lk 17,18; Apg 12,23; Röm 4,20; Offb 4,9; 11,13), »*zu Gottes Ehre*« (Röm 15,7; 1 Kor 10, 31) und in den sog. Doxologien (Lk 2,14; 19,38; Röm 11,36; Gal 1,5; Phil 4,20; Eph 3,21; 1 Tim 1,17; von Christus Röm 16,27; 2 Tim 4,18; Hebr 13,21; 1 Petr 4,11; 2 Petr 3,18; Jud 25). Vgl. »*Gott preisen*« (Mt 9,8; Röm 15,6.9).

b) At. ist die Bedeutung *Pracht, Glanz, Herrlichkeit* (im folgenden: H.), von Menschen oder irdischen Größen gebraucht; zB »alle Reiche der Welt und ihre H.« (Mt 4,8 par; ferner Mt 6,29 par; 1 Petr 1,24).

c) At. Erbe ist vor allem die Bedeutung *Gottes H., Majestät und Kraft* (Die Ableitung aus dem Hellenismus bei Bauer ist unhaltbar; die dort erwähnten Zaubertexte sind jüd. beeinflußt). Gott ist »der Gott der H.« (Apg 7,2), »der Vater der H.« (Eph 1,17); er wird »die große H.« genannt (2 Petr 1,17). Häufig ist der Ausdruck »die H. Gottes« u. ä. (Mt 16,27; Apg 7,55; Röm 1,23; 6,4; Eph 3,16; 1 Tim 1,11; Offb 15,8). Neben der H. kann die Kraft genannt werden (Mt 6,13 mehrere Hss.; Kol 1,11; 2 Thess 1,9; Offb 19,1). Der Begriff wird auf Christus übertragen, teils im Blick auf den irdischen (Lk 9,32; Joh 1,14; 2,11; 1 Kor 2,8), teils auf den erhöhten (Lk 24,26; Joh 17,5; Röm 8,17; Phil 3,21; 2 Thess 2,14; 1 Tim 3,16) oder den wiederkommenden (Mt 16,27 par; 24,30 par; Tit 2,13; 1 Petr 4,13; Jud 24), teils auf den präexistenten (Joh 12,41; 17,5) oder endlich als umfassendes Prädikat (Joh 17,22.24; 2 Kor 3,18; 4,4.6; 2 Thess 2,14; vgl. 1 Kor 2,8).

Auch das Verb wird in einem entsprechenden Sinn verwendet, bes. im JohEv; es schillert dabei in eigentümlicher Weise zwischen den beiden Bedeutungen von *verklären* =

göttlicher H. teilhaftig machen (von Christus Joh 7,39; 12,16) und: *die H. Gottes* bzw. *des Sohnes Gottes zur Geltung bringen* (Joh 11,4; 13,31f; 17,1.4f).

d) Die seit Ez geläufige Vorstellung, daß Engel bzw. himmlische Wesen mit H. ausgestattet sind (s. o. II 2.3), findet sich auch im NT. Den Rahmen bilden Erscheinungen vom Himmel her, wobei eine vom *kabōd*-Begriff übernommene physische Lichtvorstellung vorherrscht (Lk 2,9; 9,31; Apg 22,11; Offb 18,1). Einen weiteren Schritt bildet die Bezeichnung der Engelmächte als δόξαι *[doxai]* Jud 8 = 2 Petr 2,10. – Jüd. ist ebenfalls die Rede von der δόξα *[doxa]* der Gestirne (1 Kor 15,40f).

e) Dem Judentum entnommen ist ferner die Vorstellung von der H. des ersten Menschen (1 Kor 11,7; vielleicht auch Röm 3,23) sowie die Deutung des Glanzes am Angesicht des Mose (vgl. Ex 34,30) als H.-Glanz (2 Kor 3,7ff).

f) Jüd. Ursprungs (s. o. II 3) ist endlich die wichtige Anschauung, daß die Gläubigen an der H. teilhaben (Joh 17,22; 2 Kor 3,18; Röm 8,30 Verb) oder teilhaben werden (Röm 8,17 Verb. 18.21; 1 Kor 2,7; 2 Kor 4,17; Phil 3,21; 1 Thess 2,17; Hebr 2,10; 1 Petr 5,1.4.10). Die christliche Hoffnung ist eine »Hoffnung der H.« (Kol 1,27; vgl. Eph 1,18; 2 Thess 2,14; 2 Tim 2,10).

3) Zu den übrigen Formen: συνδοξάζομαι *[syndoxazomai]* = *zusammen mit jemandem verklärt werden* (nur Röm 8,17) gehört unter 2f (s. o.). ἐνδοξάζομαι *[endoxazomai]* ist synonym zu δοξάζομαι *[doxazomai]* im Sinne von *als herrlich anerkannt werden* (nur 2 Thess 1,10.12; s. 2c). Das Adj. ἔνδοξος *[endoxos]* = *ruhmvoll, herrlich* (4mal) entspricht dem Sinne nach teils 2a (1 Kor 4,10), teils 2b (Lk 7,25), teils 2f (Eph 5,27); Lk 13,17 hat sein Vorbild im at. Gedanken eines Offenbarwerdens der H. in den Wundertaten Gottes (s. o. II 2). κενόδοξος *[kenodoxos]* (nur Gal 5,26) und κενοδοξία *[kenodoxia]* (nur Phil 2,3) endlich bezeichnen die *nichtige Ruhmsucht*, eine Bedeutung, die im Profangriechischen nicht unbekannt ist, jedoch erst in der christlichen Lit. diesen Worten eine breitere Anwendung verschafft hat.

B. 1) Bei den Griechen war der Ruhm einer der höchsten Lebenswerte. Auch die Rabbinen schätzen die Ehre eines Menschen hoch ein. Nach Mt 6,2 rügt Jesus eine Frömmigkeit, die von Menschen Ehre sucht. Im JohEv stellt er diese Haltung als mit dem Gläubigwerden unvereinbar dar (Joh 5,44). Nach dem Vorbild Jesu (Joh 5,41; 8,50, vgl. Hebr 5,4f; 2 Petr 1,17) sucht Paulus nicht Ehre von den Menschen (1 Thess 2,6), sondern duldet freiwillig die Schande (2 Kor 6,8; 2 Kor 4,10). Er ist bestrebt, seinen Dienst dem Herrn zu Ehren auszurichten (2 Kor 8,19–21), und hält sich die Ehre und das Lob vor Augen, die ihm Christus an seinem Tag als Lohn geben wird (1 Thess 2,19f; Phil 2,16). Wenn Paulus die Gerechten im Endgericht »Preis und H. und unvergängliches Wesen« empfangen läßt, so bezieht sich das auf das ewige Leben selbst (Röm 2,7.10; 5,2).

2) Eine eschatologisch begründete Abwertung erfährt auch die H. dieser Welt (s. o. III A 2b). Andererseits hat Jesus ein offenes Auge für die H. der Schöpfung (Mt 6,29 par).

3) Gott zu ehren oder zu preisen, in Kultus, Wort und Tun, ist die höchste Pflicht des Menschen (Mt 5,16; Röm 1,21; 1 Kor 6,20; 10,31). In den Doxologien (s. o. III A 2a) ist umstritten, ob *ist* oder *sei* zu ergänzen ist. 1 Petr 4,11 spricht für den Indikativ.

4) In den unter 1 und 3 genannten Verbindungen genügt als Übersetzung von δόξα *[doxa]* im allg. das Wort *Ehre*. Als Synonym erscheint hier das Wort τιμή *[timæ]*, das an einigen Stellen neben δόξα *[doxa]* steht. Die Bedeutung H. schwingt aber bei der Ehre, die Gott »gegeben« wird, und in ähnlichen Wendungen stets mit (s. o. III A 2a), denn sie schließt ja auch die Anerkennung von Gottes Herrlichkeit ein.

a) Gegenüber dem at. *kabōd* bedeutet der nt. Begriff H. in gewisser Hinsicht eine wichtige Erweiterung, die in der Eigenart der eschatologischen Sicht des NT begründet ist. *Herrlichkeit* bezeichnet im NT die göttlich-eschatologische Wirklichkeit oder Seinsweise. Die Erlösung besteht darin, daß Mensch und Schöpfung an dieser Seinsweise Anteil bekommen.

b) Der Zusammenhang mit dem at. *kabōd* wird jedoch durch diese Anschauung nicht aufgehoben, denn ähnlich wie im AT äußert sich die H. auch im NT in der Manifestation von Gottes Kraft und Heil in der Heilsgeschichte, dh vor allem in Christus und seinem Heilswerk (Mt 17,2ff par; Joh 1,14; 2,11; 2 Kor 4,4.6) und dann später in den Gläubigen (Joh 17,22; 2 Kor 3,18; Eph 1,18; 3,16; Kol 1,11), ja schon im alten Bunde (2 Kor 3,7ff). Wie im AT ist die H. teils mit der Tat Gottes verbunden (Röm 6,4), teils ein Attribut seiner Person (s. o. III A 2c). Die Gegenwart dieser »persönlichen« δόξα *[dọxa]* Gottes in Christus bedeutet die Gegenwart des Heils (Joh 1,14; 17,22; 2 Kor 4,4.6).

c) At. ist auch die Erwartung der endgeschichtlichen Herrlichkeitsoffenbarung (s. o. II 2). Neu ist aber (im Judentum und im NT) der Gedanke, daß die eschatologische H. die Gläubigen wie auch die ganze Schöpfung durch eine Neuschöpfung oder Verklärung (Verwandlung) in sich aufnimmt (Röm 8,18.21; 1 Kor 15,43; 2 Kor 3,18; 4,17; Phil 3,21; Kol 3,4; 1 Petr 5,1). Vorbereitet war diese Anschauung allerdings schon durch Jes 66,19.22.

d) Wichtig für das Verständnis des nt. Begriffes H. ist die richtige Einbeziehung des Himmels in diese Konzeption. Dieser ist im NT nicht, wie man es sich später meist denkt, der dauernde und letzte Schauplatz der H. Die H. offenbart sich vom Himmel her, aber das Ziel ist die Verklärung der geschaffenen Welt und der Menschheit. Der Schauplatz ist deshalb die verklärte Schöpfung. Bezeichnend ist, daß die eschatologische H. durch eine Offenbarung vom Himmel her in Erscheinung tritt (Mt 24,30; Phil 3,20f; Kol 3,4; Offb 21,10f).

e) Durch die Auferstehung Christi und die Gemeinschaft mit ihm, der der »Erstling der Entschlafenen« (1 Kor 15,20) ist, ist die H. mit ihrer verwandelnden Kraft schon jetzt in den Gläubigen wirksam (2 Kor 3,18; Röm 8,30; vgl. oben b und III A 2f).

5) Eine Frage ist, ob sich diese Sicht auch für das JohEv halten läßt. Doch auch hier ist die H. als die Manifestation Gottes bzw. als Betätigung seiner Kraft in der Geschichte verstanden (Joh 1,14; 2,11; 11,4; 12,41). Das relativ starke Zurücktreten der Eschatologie in diesem Evangelium darf kaum so ausgelegt werden, als habe hier der Himmel die endgeschichtliche Vollendung als Ziel aller Dinge ersetzt. Die Verherrlichung Jesu geschieht nicht durch seinen bloßen Eingang in den Himmel, sondern verwirklicht sich zugleich durch sein Leiden, sein Sterben, seine Auferstehung (12,23ff) und endlich durch das Zeugnis d[...] Geistes (16,14). Sie ist m. a. W. ein Parallelbegriff zu der »Gerechtigkeit« Jesu (Joh [...] 11.14; ähnlich 1 Tim 3,16).

6) Die Verklärung Jesu (Mt 17,1ff par) entspricht in den synoptische[...], dem dauernden Doxa-Besitz Jesu bei Joh, obwohl nur Lk (9,32) das Wort [...] dann Die Verklärung bildet eine höhere Parallele zu der Begegnung Moses [...] Berge Sinai. Sie ist aber nicht, wie bei Mose, nur als ein Abglanz z[...] die Berührung mit der himmlischen Welt bewirkt wird, sondern [...] barung der H., die Jesus dauernd, obwohl nicht offenbar, besi[...] daß die Verklärung vor der himmlischen Epiphanie stattfin[...] Jesus in seiner H. und Kraft offenbar (Mt 19,28 par; [...]

Aalen

τιμή

τιμή *[timæ]* Ehre · τιμάω *[timạō]* ehren · ἀ[...]ande · ἄτιμος *[ạtimos]* verachtet · ἀτιμάζω *[atimạzō]* verächtlich beh[...] [...] *[ẹntimos]* angesehen, kostbar

1) Das Wort τιμή *[timæ]* (seit der [...]weist im Profangriechischen im wesentlichen 2 Hauptbedeutungen auf: a) *Ehre*, [...]bezogen, b) *Wert, Preis* einer Sache, bzw. die Festsetzung davon, *Schätzung*.

2) τιμή *[timæ]* ist na[...] Anschauung die gebührende Anerkennung, die man wegen seiner Stellung oder Pos[...]ichtum usw.) in der Gemeinschaft genießt, zugleich die Stellung selbst, das Amt, mit [...] Würde und Vorrechten. Die τιμή *[timæ]* einer Person (eines Staates, Gottes) muß geger[...] der anderen abgegrenzt werden; sie ist ein Anteil. Ausgenommen sind die Sklaven.

3) Jeder Gottheit wird E. erwiesen wegen ihres zugeteilten Machtgebietes, und zwar durch Opfer und Lobpreisung. Die Götter ihrerseits »ehren« Menschen dadurch, daß sie Geber ihrer irdischen Ehrenstellung oder ihres Lebensglückes sind.

4) Die *Schande* und *Unehre*, ἀτιμία *[atimia]*, stellt eine Person außerhalb der Gemeinschaft. ἀτιμία *[atimia]* oder ἄτιμος *[atimos]* ist terminus technicus für die Aberkennung der bürgerlichen Rechte.

5) Die Stoiker (Epiktet) versuchen, sich über den Schimpf durch die Fiktion zu erheben, er betreffe nicht das eigentliche Ich, nur den Leib und die äußeren Güter; die Amtsehre (zB des Königs) wird als gleichgültig hingestellt. Die schimpfliche Behandlung der Sklaven wird jedoch getadelt.

II 1a) In LXX bezieht sich das Wort τιμή *[timæ]* – zum Unterschied von δόξα *[doxa]* – selten auf die E. Gottes, im allg. auf *menschliche E.*, obwohl beiden Worten meistens das hebr. *kabōd* zugrundeliegt. Der Mensch hat eine E.nstellung innerhalb der Schöpfung (Ps 8,5ff). E. und Position oder Amt gehören zusammen, vgl. τιμάω *[timaō]* neben ἀρχή *[archæ]* in Ps 138,17 LXX. E. gebührt den Eltern (Ex 20,12; Sir 3,3ff), den Alten (Lev 19,32), Königen und Mächtigen (Dan 2,37; Hi 34,19 LXX). Die Rabbinen betonen die E., die man dem Gesetzeslehrer schuldet, zugleich die E. des Nächsten, einschließlich der der Armen (s. auch Spr 14,21.31 LXX; Sir 10,23 LXX) und des jüd. Sklaven, aber nicht des kanaanäischen. Geteilt ist das Urteil in bezug auf die Nicht-Israeliten.

b) Zur E. ausgezeichneter Männer gehörte auch die Position im weiteren Sinne, Reichtum (Gen 31,1 LXX; Jes 16,14 LXX), Einfluß (Hi 29,20; 30,4.8 LXX; an diesen Stellen teilweise δόξα *[doxa]*), würdiges Aussehen (2 Sam 10,5 LXX; Jes 53,3), gute Rede (Sir 5,13, vgl. Hi 29,21ff), Freigebigkeit (Spr 22,9 LXX).

2a) Über die Gottlosen kommt die ἀτιμία *[atimia]* *Unehre* (Jes 10,16 LXX; Jer 23,40 usw., vgl. Dan 12,2). Das Volk versteht nicht, worin die tiefste Schande liegt: in der Untreue gegen Gott (Jer 6,15); diese Schande gilt es zu erkennen (Ez 16,63).

b) Dem at. Frommen wird es ein Problem, wie die Unehre gerade ihn treffen kann (Hi 10,15; 30,1ff). Nur der Knecht des Herrn trägt geduldig die Schmach (Jes 53,3) und setzt seine Sache in Gottes Hand. Das Judentum legte dem Tod der Märtyrer einen sühnenden Wert bei und betrachtete ihn als ehrenvoll (4 Makk 1,10; 17,20; Josephus BJ II 151). Der Fromme lehnt die Verachtung
…ns der Gottlosen als von einem falschen Maßstab herrührend ab: wahrer Grund für E. sei nicht
…s Wohlergehen, sondern Tugend und Weisheit (Weish 3,14–5,5). Dem Menschengeschlecht
… zu, vorausgesetzt, daß Gott gefürchtet wird (Sir 10,19). Eine sublimierende Einengung
…fes macht sich hier bemerkbar. Eine positive Sinngebung der Schande kommt, von Jes
… nicht zum Ausdruck.

2,4.…
abschätz… …e ist im NT nicht bes. stark vertreten (τιμή *[timæ]* 41mal, τιμάω *[timaō]*
…ormen seltener). ἀτιμία *[atimia]* hat nur Paulus.
b) Di… …iven Formen kennen die Bedeutung *Kaufpreis, Geldsumme* (τιμή
sold, Honorar (…*schätzen* (τιμάω *[timaō]*), *kostbar* (ἔντιμος *[entimos]*, zB 1 Petr
c) Im allg. be… …ne für den Abgeschätzten, den man bei den Kindern Israels
verbundenen Würde. So …
Sklaven (1 Tim 6,1), die Eh… …*isung* ist selten (Apg 28,10). Ob in 1 Tim 5,17 *Ehren-*
4,4, wo die Bedeutung *Ehrbarke*… …t werden soll, ist zweifelhaft.
den Dienst in der Gemeinde (s. u. 4c). … …æ] die *Anerkennung der mit dem Amt oder Stand*
5,4, vgl. 2 Petr 1,17. Die Ehrung Gottes … …rigkeit (Röm 13,7; 1 Petr 2,17), die Herren der
druck; bes. hier berühren sich die Begriffe δόξ… … überhaupt die E. der Geschlechter (1 Thess
Offb 4,11). Zum Verb s. noch Joh 5,23; 8,49. E. … …cht belegt ist, überflüssig ist), endlich auf
2,17).
… *Amtswürde* oder *Amt* liegt vor Hebr
d) Die τ. ist Bezeichnung für die (eschatologisch… …allem in den Doxologien zum Aus-
1 Petr 1,7; 2,7; Joh 12,26). … …d τιμή *[timæ]* (1 Tim 1,17; 6,16;
3a) Bei ἄτιμος *[atimos]* ist das negative Moment z. T. ziemli… …enschen gezollt werden (1 Petr
ungeehrt, unansehnlich (1 Kor 12,23). Stärker tritt es hervor in 1 Kor 4,… …*erhöhung* (Röm 2,7.10;
Apostel).
… betont: *ohne Ehre*,
… *verachtet* (vom

b) ἀτιμάζω *[atimązō]* heißt *verächtlich behandeln*, mit oder ohne Anwendung von körperlicher Mißhandlung; so von den bösen Winzern (Mk 12,4 par), in bezug auf die Apostel vor dem Hohen Rate (Apg 5,41), die Armen (Jak 2,6).

c) Für ἀτιμία *[atimįa]* kommt man im NT im allg. mit der Übersetzung *Unehre* aus; so 1 Kor 11,14 (langes Haar beim Manne); 15,43 (gesät in Unehre). Die Apostel sind bald in Unehre (Schande), bald in Ehre (2 Kor 6,8).

d) Keine dieser Bedeutungen weicht vom profangriechischen Sprachgebrauch ab. Eine Vertiefung in ethischer Richtung liegt unter dem Einfluß des AT vor in der Bedeutung ἀτιμία *[atimįa]* = *Schändlichkeit* (Röm 1,26, vgl. ἀτιμάζομαι *[atimązomai]* V. 24). Im Profangriech. kann dafür αἰσχρός *[aischrǫs]* (= lat. *turpis*) benutzt werden.

4a) Wie im Griechentum und im AT ist der Begriff τιμή *[timę̄]* auch im NT mit den von Gott gesetzten Ordnungen verbunden. τιμή *[timę̄]* heißt der *Respekt* vor der Würde und der Aufgabe einer Person, die ihren Ort in dieser Ordnung hat. Auf Sachen angewandt, bezeichnet sie die Anerkennung des Wertes, die eine Sache nach objektiv anerkannten Normen hat (Schätzung). Zusammenfassend gilt, daß τιμή *[timę̄]* *die hohe Einschätzung aufgrund einer gegebenen Stellung im geordneten Ganzen* ist. Dieses Ganze ist die Welt Gottes und der Menschen, der Tiere und Dinge. Hierbei ist die unterschiedliche Verteilung der E., bei Dingen der unterschiedliche Wert, wichtig. Die daraus folgende Rangordnung und damit auch die E.nstellung des anderen müssen aber respektiert werden, nicht nur von den niedriger, sondern auch von den höher Gestellten. Die Ehefrau ist dem Manne untergeordnet, ihr gebührt aber nichtsdestoweniger Ehre vom Manne (1 Petr 3,1.7).

b) Dinge und Tiere haben keine E. Dasselbe gilt in der Antike für die Sklaven (die Stoiker und das NT denken hier anders), weil diese kein Selbstbestimmungsrecht haben; sie werden als Dinge (Werkzeuge) betrachtet, die τιμή *[timę̄]* bloß im Sinne von Wert, Preis haben, und zwar nicht an sich, sondern nur für den Eigentümer.

c) Von hier aus entfaltet sich die biblische Lehre von den natürlichen Ämtern oder Ständen (Eltern—Kind, Mann—Frau, Obrigkeit), s. o. III 2c, II 1a. Das gleiche Prinzip wird auch auf das Leben der Kirche übertragen. E. soll erzeigt werden den Ältesten (1 Tim 5,17), den Witwen (5,3), überhaupt den verantwortlichen Leitern der Gemeinde (Phil 2,29). Bezeichnend ist jedoch, daß die »hierarchische« Linie von der »Ehrung nach unten« durchkreuzt wird. Den Inhabern der geringsten Dienste soll sogar ganz besondere E. erwiesen werden (1 Kor 12,23f); vgl. die Mahnung zu gegenseitiger Ehrung (Röm 12,10). Diejenigen, die ihren Dienst in Lauterkeit ausüben, sind alle »Gefäße zur Ehre« (2 Tim 2,20).

d) Die E., die der Mensch von sich aus hat, ist in seiner Herrschaftsstellung in der Schöpfung begründet (Ps 8,5ff); insofern ist auch sie eine Standesehre. Sie ruht aber zugleich in seiner Gottesebenbildlichkeit, die das Wesen des Menschen bestimmen soll. Man soll vor allen Menschen Achtung haben (1 Petr 2,17; vgl. Röm 12,10; so auch die Stoiker, obwohl ohne die Begründung vom Gottesbilde her). Darin sind auch die Sklaven als Glieder der Gemeinde einbeschlossen (1 Kor 12,13; 7,22f; Eph 6,9), wie natürlich auch die Nicht-Israeliten. In der Gemeinde ist nämlich das Gottesbild aufs neue universell verwirklicht (Kol 3,10f).

e) Das führt nun nicht (wie z. T. in der Stoa) zu einer grundsätzlichen Nivellierung aller Rangunterschiede und Ablehnung der besonderen E. von Amtspersonen. Das Eigentümliche des nt. E.begriffes liegt darin, daß die universelle, gottesebenbildliche E. behauptet wird unter Beibehaltung der Amtsehre und der mit dieser gegebenen Verteilung der E.nstellungen. E. des Menschen und E. des Standes schließen sich nicht gegenseitig aus, ebensowenig wie E. des Menschen und E. Gottes. Allerdings werden gelegentlich konkrete Entscheidungen zugunsten der einen oder der anderen Linie getroffen werden müssen, so zB im Verhältnis zwischen Mann und Frau, s. 1 Kor 11,2ff, wo Paulus eine besondere Seite der gottesebenbildlichen E. dem Manne vorzubehalten scheint (V. 7.14), dh wohl die Gabe der Führung.

f) Nach dem NT darf also der Christ keine Kategorie von Menschen in Unehren halten. Die eigene Verunehrung muß er dagegen bereit sein zu tragen, jedoch nicht, weil sie, wie die Stoiker meinen, kein echtes Leiden wäre. Allerdings geht das NT insofern mit den Stoikern (und der jüd. Weisheitslehre) zusammen, als die äußeren Güter (zB der Reichtum) – anders als im AT – ihre Rolle als Basis für die E. weithin eingebüßt haben, so daß der Verlust dieser Dinge an sich keine Schande ist. Anderseits wird im NT diese Basis nicht im stoischen Sinne auf eine innere Qualität (Tugend, Weisheit) reduziert. Die Unehre, wie Verachtung oder körperliche Mißhandlung, ist ein verunehrendes Leiden, das um der Liebe willen nach Christi Vorbild getragen werden muß (Jes 53,3ff; 1 Petr 2,23f; Hebr 12,2; 1 Kor 4,10) und in Gottes Kraft getragen (2 Kor 6,7f) und durch die Hoffnung auf ewige E. und Herrlichkeit gemildert werden kann (1 Petr 1,7; Hebr 12,2; 1 Kor 15,43; 2 Kor 4,17; vgl. 4,8); vorausgesetzt, daß man die Schande als Gerechter leidet (1 Petr 3,13.17).

g) Etwas anderes ist die Schande der Sünde, die *Schändlichkeit* (Röm 1,24.26). Diese Bezeichnung der Sünde darf nicht bloß als Ausdruck einer moralischen Entrüstung verstanden werden. Die Schande liegt vor allem darin, daß der Mensch aus der gottgegebenen E. der Schöpfung hinausfällt und seinen Leib mißbraucht. Die E. wird übrigens nicht nur durch Perversion verletzt, sondern auch durch eine falsche Askese (Kol 2,23).

Aalen

Lit.: a) zu δόξα: JSchneider, Doxa, Nt. Forschg. III/3, 1932 – HKittel, Die Herrlichkeit Gottes, BZNW 16, 1934 – HKittel/GvRad, Art. δόξα, ThWb II, 1935, 235ff – SAalen, Die Begriffe »Licht« und »Finsternis« im AT, im Spätjudentum und im Rabbinismus, Skrifter utg. av Det Norske Videnskaps-Akad. i Oslo, Hist.-filos. Kl. 1, 1951 – HBietenhard, Die himmlische Welt im Urchristentum und Spätjudentum, 1951 – HBaltensweiler, Die Verklärung Jesu, 1959 – FHesse/EFascher, Art. Herrlichkeit Gottes, RGG III, 1959³, 273ff – ELarsson, Christus als Vorbild, 1962, 275ff;
b) zu τιμή: JPedersen, Israel, its Life and Culture, 1926, I, 213ff – KKeyßner, Gottesvorstellung und Lebensauffassung im griechischen Hymnus, Würzburger Stud. z. Altertumswiss. 2, 1932 – GSteinkopf, Untersuchungen zur Geschichte des Ruhmes bei den Griechen, 1937 (Diss. Halle) – MGreindl, Κλέος, Κῦδος, Εὖχος, Τιμή, Φάτις, Δόξα, 1938 (Diss. München) – RSchnackenburg, Die sittliche Botschaft des NT, 1962.

Eifer

Das intensive und ernsthafte Bemühen um die Erreichung eines Zieles, im Deutschen mit *Eifer* wiedergegeben, kann im Griech. durch verschiedene Vokabeln bezeichnet werden. Neben ζητέω *[zætẹō]* für das → Streben und den in der Gruppe → Last, Mühe behandelten Worten sind hier vor allem ζῆλος *[zælos]* und σπουδή *[spoudæ]* ins Auge zu fassen. Während letzteres die Ernsthaftigkeit und Anspannung solchen Bemühens immer in positiver Wertung meint, kann ζῆλος *[zælos]*, wo dieser von selbstsüchtigen Motiven bestimmt sich gemeinschaftsstörend oder -zerstörend auswirkt, auch eine negative Färbung annehmen.

ζῆλος

ζῆλος *[zælos]* Eifer · ζηλόω *[zælọō]* eifern · ζηλωτής *[zælōtæs]* Eiferer

I ζῆλος *[zælos]*, seit den Tragikern überliefert, hat die Grundbedeutung *Eifer* und bezeichnet affektbestimmte Ausrichtung auf eine Person, eine Idee oder eine Sache. Aus den möglichen Objekten des Eifers ergeben sich zwei konkrete Bedeutungen: Bei positivem Ziel gewinnt ζ. den Sinn von *eifrigem Streben, Nacheiferung* oder *Begeisterung, Bewunderung,* u. U. auch *Lob* oder *Ruhm.* Die negative Bedeutung dagegen kennzeichnet den fehlgeleiteten Eifer als Untugend: als *Eifersucht, Mißgunst* oder *Neid.* Entsprechend bezeichnet ζηλωτής *[zælōtæs]* den *Eiferer,* entweder *den nach guten Zielen Strebenden* oder *den Eifersüchtigen, den Neider.* Je nach dem Zusammenhang ist auch das Verb ζηλόω *[zælọō]* zu übersetzen mit *eifern, glücklich preisen, nachstreben* oder *beneiden, eifersüchtig sein.*

In der LXX ist die Wortgruppe zur Schilderung menschlicher Affekte nur in den späteren Teilen anzutreffen (zB Spr 6,34). Dabei fehlt die positive Bedeutung des Strebens nach ethischer Vervollkommnung, die bei Philo ausschließlich erscheint. Stattdessen taucht ζ. mit dem besonderen Sinngehalt des an Gott orientierten Eifers auf, jener leidenschaftlichen Einsatzbereitschaft, die sich vom Willen Gottes, vom Gesetz bestimmen läßt (vgl. Ps 69,10; 1 Kön 18,21ff; 2 Kön 10,15ff). »Dieser Eifer um Jahwe ist Israel aufgetragen, und an ihm ist die besondere Berufung Israels erkennbar« (O. Michel, KEK IV, 223A). II

Häufiger noch aber ist vom Eifer Gottes selbst die Rede, nämlich von der Intensität, dem kompromißlosen Engagement, mit denen Gott am Menschen handelt. In Ex 20,5 stellt sich Gott als ζηλωτής *[zælōtæs]* vor. Und im Zusammenhang dieser Stelle wird auch die zweifache Wirkungsweise des göttlichen Eifers genannt: einmal richtet er sich auf die Missetäter, sie heimzusuchen – hier weist ζ. auf den → Zorn Gottes (ὀργή *[orgæ]* Dtn 19,20) und seinen Grimm (θυμός *[thymos]* Num 25, 11) –; zum andern richtet er sich auf die Gottesfürchtigen, ihnen → Barmherzigkeit (ἔλεος *[eleos]*) zu erweisen (Jes 63,15). Insbesondere ist von dem Eifer Gottes als des Herrn der Geschichte die Rede, mit dem er sich für sein Volk Israel gegenüber anderen Völkern einsetzt (2 Kön 19,31; Ez 36,6; 38,19; Jes 9,7; 26,11; 37,32; 42,13; 63,15 u. ö.). Wie exklusiv das Verhältnis Jahwes zu Israel ist, zeigt sich auch daran, daß Gott gegenüber Israels Untreue, die oft im Bild des Ehebruchs dargestellt wird, geradezu ζ. = Eifersucht empfindet (Ez 16,38; 23,25).

Der at. Sprachgebrauch lebt im palästinensischen Judentum weiter fort. So sprechen zB die Qumrantexte vom Eifer Gottes, der in seinen gerechten Gerichten zum Ausdruck kommt. Im rabbinischen Judentum zeigt sich eine gewisse Scheu, vom Eifer Gottes zu sprechen. Die at. ζῆλος-Stellen werden umgedeutet. Noch klarer ausgeprägt ist diese Scheu vor dem Anthropomorphismus im hellenistischen Judentum (Philo).

Das Subst. ζ. kommt im NT 17mal vor, ζηλωτής *[zælōtæs]* 8mal. Verbformen von ζηλόω *[zæloō]* bzw. ζηλεύω *[zæleuō]* finden sich 12mal. III

Im NT finden wir die Wortgruppe in positiver wie in negativer Wertung. Negativ etwa in der Bedeutung *Eifersucht* (der Stammväter Joseph gegenüber: Apg 7,9; der Juden angesichts der Erfolge der Apostel: Apg 5,17; 13,45; 17,5; an diesen Stellen klingt das at. *sich ereifern für Gott* noch schwach durch). Eifersucht und Zank bedrohen den Bestand einer Gemeinde aufs schwerste (Jak 3,16; vgl. Jak 3,14; 4,2; 1 Kor 3,3; 2 Kor 12,20). Ein Christ darf sich nicht in Eifersucht verlieren, sondern soll geistlich (Gal 5,20ff) bzw. ehrbar handeln (Röm 13,13). Doch nicht nur dem ethisch verwerflichen Eifer steht das NT kritisch gegenüber, sondern auch dem Eifern um das → Gesetz. So distanziert sich Paulus von seinem einstigen Eifer »um die väterlichen Überlieferungen« (Gal 1,14). Gerade das eifrige Bemühen um Gott (Apg 22,3) ließ ihn zum Verfolger der Gemeinde werden (Phil 3,6). Rückblickend erkennt er, daß er so als frommer Israelit mit Unverstand gehandelt hat, wie zu seiner Zeit noch die Mehrzahl der Juden (Röm 10,2).

Doch nicht das Eifern an sich wird verworfen. Im Gegenteil! Paulus freut sich, daß die Betrübnis Buße und Eifer gewirkt hat (2 Kor 7,11). Und er ruft eindringlich zum Eifern auf, denn es ist gut, wenn es um Christi willen geschieht, der selbst um Gott eiferte (vgl. Joh 2,17). So wird ausdrücklich der missionarische Eifer gelobt, der andere »mit Gutem« umwirbt (Gal 4,18; vgl. 2 Kor 11,2, wo Paulus geradezu von »göttlichem Eifer« spricht). Vornehmlich wird dazu aufgefordert, nach den Gnadengaben (χάρισμα *[charisma]* → Gnade) zu eifern (1 Kor 12,31; 14,1.12.39), die freilich nur in der eiferfreien Liebe recht angewandt werden (1 Kor 13,4). Schließlich gibt es noch einen positiven Eifer für das Wohlergehen anderer Menschen (2 Kor 7,7; 9,2) und für ein gütiges Wesen und gute Werke, wobei die Liebe allerdings über allem Eifern stehen muß (1 Petr 3,3f; Tit 2,14).

Eine besondere Bedeutung hat ζηλωτής *[zælōtæs]* als Attribut des Simon (Lk 6,15; Apg 1,13), wo es besagt, daß dieser Jünger »ein (ehemaliger) Angehöriger der theokratischen antirömischen Zeloten-Partei« (G. Klein, RGG³ VI, 39f) war. Er dürfte mit dem Mk 3,18; Mt 10,4 genannten Simon ὁ καναναῖος *[ho kananaios]* identisch sein. Der Beiname Kananaios entspricht dem aramäischen *qana'n*, das die Bedeutung Eiferer (= griech. ζηλωτής *[zælōtæs]*) hat.

Hahn

σπουδή

σπουδή *[spoudǣ]* Eifer · σπουδαῖος *[spoudaios]* eifrig · σπουδάζω *[spoudazō]* eifrig sein

I Aus σπεύδω *[speudō]* intrans. *sich sputen, sich beeilen*, trans. *antreiben, beschleunigen* oder *erstreben*, wurde das Subst. σπουδή *[spoudǣ]* (seit Homer) gebildet, davon (in der klassischen Zeit) das Adj. σπουδαῖος *[spoudaios]* und das Verb σπουδάζω *[spoudazō]*. Die Wortgruppe (= σπ.) beschreibt zunächst die eilige Bewegung im Interesse einer Person oder Sache: *sich beeilen* (Verb), *eilig* (Adj.), *Eile, Hast, Geschwindigkeit*, in der eine Handlung vollzogen werden muß (Subst.); – dann eine innere Bewegung: *eifrig sein, sich bemühen, bestrebt sein, Sorge tragen* (Verb), *emsig, tätig, fleißig, tüchtig*, (Adj.), *Eifer, Fleiß, Anstrengung, Mühe, Einsatz*, auch als Gegensatz zum Müßiggang (Subst.). Im Gegensatz zu Spiel und Scherz ist die ernsthafte Beschäftigung und das Ernstnehmen von Personen und Sachen gemeint: *mit Ernst betreiben, ernst machen* (Verb), *ernsthaft* (Adj.), *Ernsthaftigkeit* (Subst.). Im moralischen Sinn bezeichnet σπουδή *[spoudǣ]* die *Bereitwilligkeit*, den *guten Willen*, σπουδαῖος *[spoudaios]* den um das Gute bemühten Menschen: *der Rechtschaffene* und *Tugendhafte* (der auf die ἀρετή *[aretǣ]* *Tugend* zielt), *der Edle*, bei Aristoteles der wertvolle, sittlich qualifizierte, bei den Stoikern der wahrhaft sittliche Mensch. In Sachen der Religion bedeutet das Verb *sich intensiv einsetzen*, das Subst. *der edle Eifer*. In der hellenistischen Philosophie gehört σπ. zum sittlichen Bemühen bei der individuellen Daseinsbewältigung und Selbstvervollkommnung (Harder ThWb). In Wendungen aus dem Briefstil bekräftigt σπ. dringende Bitten.

II σπ. tritt in LXX meist in der Bedeutung *Eile* auf (Gen 19,15; Ex 12,11.33), selten und erst spät in der von *Eifer* (Sir 27,3; Weish 14,17). Im hebr. Text hat σπ. keine eigentliche Entsprechung. Oft wird es zur Übersetzung von *bāhal* = *erschreckt, fassungslos sein* verwendet (Hi 4,5; 21,6; Jes 21,3), was jedoch eine Bedeutungsverengung gegenüber dem Hebr. zur Folge hat.

III Auch im NT hat σπ. die Bedeutung *Eile* (Lk 1,39; 2,16; 19,5f; Phil 2,28; 2 Tim 4,9,21; Tit 3,12). – In der Bedeutung *eifriges Bemühen* betont es Intensität und Dringlichkeit eines Handelns: inständiges Bitten, das Gehör finden und Bedenken überwinden will (Lk 7,4), intensives Bemühen um ein Wiedersehen (1 Thess 2,17; 2 Tim 1,17), gründliche Ausrüstung von Reisenden (Tit 3,13), das Schreiben eines wichtigen Briefes (2 Petr 1,15; Jud 3). –

Bei Paulus ist σπ. eine notwendige Lebensäußerung der christlichen Gemeinde, ihr sittliches Handeln und Verhalten bestimmend, eine Gabe Gottes, die es zu entfalten gilt. Ihre Kraft soll sich zeigen im Ringen um Einigkeit (Eph 4,3), bei der Unterstützung anderer Christen (Gal 2,10; 2 Kor 8,7.8.16), beim Wiedergutmachen von Unrecht (7,11f), bei der Leitung einer Gemeinde (Röm 12,8). Volle Hingabe wird von jedem erwartet (12,11) und kann beispielhaft-ansteckend wirken (2 Kor 8,8).

In den späteren Schriften des NT hat σπ. eine etwas allgemeinere und grundsätzlichere Bedeutung: Die ganze Lebensführung muß durch σπ. gestaltet werden, wenn der Christ das Geschenkte nicht verlieren und Gefahr laufen will, das ihm gesteckte Ziel nicht zu erreichen (2 Tim 2,15; 2 Petr 1,5,10; 3,12.14; Hebr 4,11; 6,11). σπ. drückt hier etwas von der großen Verantwortung aus, die der Christ für die Gestaltung seines Lebens hat.

Andere Wörter, die im NT auf die Eile hinweisen, sind: εὐθύς *[euthys]*, νῦν *[nyn]*, σήμερον *[sǣmeron]* (→ Zeit), ταχύς *[tachys]*. Zum christlichen Eifer vergleiche auch den Art. → ζῆλος *[zǣlos]*.

Bauder

Lit.: AStumpff, Art. ζῆλος, ThWb II, 1935, 879ff – OMichel, Der Brief an die Römer, KEK IV, 1957[11] – RBultmann, Theologie des NT, 1958[3], 225f – MHengel, Die Zeloten, 1961 – AStrobel, Art. Eifer, BHHW I, 1962, 379f – GHarder, Art. σπουδάζω, ThWb VII, 1964, 559ff.

Eigentum → Besitz

Einer, Einmal, Einzig

Drei Begriffe verwendet das NT, um die Einzigkeit bzw. Einmaligkeit auszudrücken. Abgesehen von ihrem gewöhnlichen Gebrauch liegt das theologische Interesse bei den Stellen, an denen die Begriffe mit Bezug auf Gott bzw. den Christus gebraucht werden. Das geschieht für μόνος *[monos]* immer mit einem gewissen polemischen Akzent anderen (Göttern, Rettern bzw. Religionen) gegenüber, während im Unterschied dazu mit εἷς *[heis]* die Einheit und Einzigartigkeit mehr von innen her, bekenntnismäßig betont wird. ἅπαξ, ἐφάπαξ *[hapax, ephapax]* wird hingegen zum Ausdruck der geschichtlichen Einmaligkeit besonders des Handelns Gottes in Jesus gebraucht, nicht aber (wie die beiden anderen Vokabeln) im Sinne eines christologischen oder soteriologischen Würdeprädikates.

ἅπαξ *[hapax]* einmal · ἐφάπαξ *[ephapax]* auf einmal

ἅπαξ

ἅπαξ *[hapax]* gebildet aus ἅ- (Wurzel: *sm-*, in Zusammensetzungen für εἷς *[heis] eins)* und παξ I
(von πήγνυμι *[pægnymi] befestigen, zusammenfügen*, vgl. πάγος *[pagos]* für alles, was *fest* und *sicher zusammengefügt* ist). Die Urbedeutung schließt demnach ein a) die *numerische Einmaligkeit* und b) die *Vollständigkeit*, die keiner Ergänzung bedarf. Zum Ganzen vgl. Boisacq a. a. O., 67 und 777f.

In LXX steht ἅ. für *'æchād, 'achat = eins* (Ex 30,10; Ps 62,12) und *paᶜam*, eigentlich *Fuß, Amboß*, II
davon im übertragenen Sinn *»mal«* (Neh 13,20 = 2 Esr 23, 20 LXX). Im Judentum wird aus dem *'achat* (Hag 2,6; im Sinne von *[nur] noch einmal* gedeutet) die besonders gebotene Bereitschaft und Wachsamkeit im Blick auf das Kommen des messianischen Reiches abgeleitet (St.-B. III,750).

1) Im NT kommt ἅπαξ *[hapax]* nur 14mal, davon 3mal bei Paulus und 8mal in Hebr, vor III
und bedeutet a) wörtlich *einmal* im Unterschied zu *zweimal – dreimal* etc. (2 Kor 11,25; Phil 4,16; Hebr 9,7); – b) *einmal = unwiederholbar, endgültig* und zwar zunächst mit Bezug auf den Opfertod Christi (Hebr 9,26–28; 1 Petr 3,18; negativ vom at. Opfer Hebr 10,2), auf das Handeln Gottes in Rettung (Jud 5) und Gericht (Hebr 12,26 = Hag 2,6), dann aber von der Einmaligkeit und Endgültigkeit des Heilswerkes Jesu übertragen auf die Einmaligkeit und Endgültigkeit menschlichen Handelns in Glauben und Unglauben: Die einmal Begnadigten können nicht wieder zur Umkehr gebracht werden, wenn sie abfallen (Hebr 6,4–6), und die einmal Geretteten berauben sich der Rettung, wenn sie den Glauben verlassen (Jud 5).

Das davon gebildete, vorchristlich nicht gebräuchliche ἐφάπαξ *[ephapax]* heißt 1 Kor 15,6 *zusammen, gleichzeitig* im Gegensatz zu einzeln; an den 4 übrigen Stellen (Röm 6,10; Hebr 7,27; 9,12; 10,10) bedeutet es *ein für allemal* und bezieht sich auf den Opfertod Christi.

2) Die theol. Bedeutung beider Vokabeln liegt darin, daß sie die Geschichtlichkeit der Offenbarung Gottes anzeigen. Wie Er sich Israel geschichtlich offenbart hat, indem Er es einmal aus Ägypten befreit hat, so offenbart Er sich seinem nt. Bundesvolk einmal, unwiederholbar und endgültig in Christus. Das ist entscheidend wichtig den Religionen gegenüber, für die die »Erlösung« ein idealer, in der bloßen Idee einer Gottheit gründender geschichtsloser Vorgang ist (Gnosis).

Dem at. Bundesvolk wird entgegengehalten: Nach dem einmaligen Opfertod Jesu vollzieht sich alles Handeln im endzeitlichen Horizont (ἐφάπαξ Hebr 10,10, εἷς 10,12.14), und zugleich wird auch alles vorher vollzogene Handeln von diesem zentralen Punkt her neu qualifiziert. So werden die Opfer des at. Bundesvolkes schon dadurch als vorläufig und unvollkommen erwiesen, daß sie jährlich wiederholt werden mußten. Für den gegenteiligen Fall hätte gegolten: »Denn hätte man nicht aufgehört, sie darzubringen, wenn diejenigen, die Gott durch sie dienten, einmal gereinigt worden wären und kein Sündenbewußtsein mehr besaßen?« (Hebr 10,2 O. Michel). Als bloße → »Schatten« (σκιά *[skia]*) des künftigen vollkommenen Opfers, Christus, dienten sie infolgedessen dazu, die Sünde der Darbringenden aufzudecken (ἀνάμνησις ἁμαρτιῶν *[anamnæsis hamartiōn]* Hebr 10,3) und damit auf ihre Weise auf den Kommenden hinzuweisen.

So ist es also geradezu das Wesen und die Bestimmung des at. Opfers, nicht endgültig und einmalig zu reinigen, sondern auf die endgültige Darbringung und Reinigung hinzuweisen und wiederholungsbedürftig zu sein (Hebr 10,2f). Das einzig wahre, letztlich gültige Opfer ist Jesus: Hoherpriester und Opfer in eins. So endgültig der Mensch stirbt und dem Gericht entgegengeht, so einmalig und endgültig ist Jesu Sterben, seine Selbsthingabe, um die Sünden abzutun (Hebr 9,26–28). Dies unterscheidet das Handeln des in Ewigkeit vollendeten Sohnes (Hebr 7,27f) von dem des irdischen Hohenpriesters mit seinem vorläufigen, begrenzt gültigen, für ihn und das Volk täglich wiederholten Opfer.

Das ein für allemal geschehene Selbstopfer führt den ewigen Hohenpriester endgültig in himmlische Hoheit, eine ewige Erlösung zu erwerben (Hebr 9,12; vgl. 10,12). Auf seine besondere Weise drückt dies Paulus in Röm 6,10 aus: Er starb seinen einen unwiederholbaren und deshalb unendlich wichtigen Tod für den vielfachen Tod, dessen unsere vielfachen Sünden uns, die Vielen, schuldig machen. Was dort einmal geschehen ist, wirkt ein für allemal: »Die Sünde und Christus sind quitt und mit ihm die Christen« (Stählin, 382). Weil der Gekreuzigte der in Ewigkeit Verherrlichte ist, ist »der Akt von Golgatha der entscheidende Wendepunkt der Geschichte« (G. Schrenk, 68). Der Einmaligkeit und Unwiederholbarkeit des Heilsgeschehens entspricht die Einmaligkeit der Rettung. Verscherzt man sie, dann ist auch sie unwiederholbar (Hebr 6,4–6). Dieser Gedanke ist in der hier geäußerten Schärfe freilich in der Urchristenheit später nicht durchgehalten worden. – Von der einmaligen, dh bleibenden Gültigkeit der christlichen Tradition handelt Jud 3ff; wer einmal mit ihr in Berührung gekommen ist, den kann man aufgrund dieser Tatsache daran erinnern und mahnen, darin zu leben und dafür zu kämpfen. *Bartels*

εἷς

εἷς *[heis]* einer

I εἷς *[heis]* aus *hems*, indogermanisch *sem-ˢ*, lat. *is* (= *dieser*); Femininum μία *[mia]* aus ursprünglichem *smia* zusammengezogen; Neutr. ἕν *[hen]* aus ursprünglichem *hens* (→ ἅπαξ *[hapax]* I, Liddell-Scott I, 492).

In der vorsokratischen Naturphilosophie bedeutet ἕν *[hen]* das Eine = das Sein, »Ewigkeit, Ungewordenheit, Unvergänglichkeit, unterschiedlose Sich-selbst-Gleichheit« (Eleaten). Das Sein wird beschrieben als »in sich vollkommene gleichartige Kugel, und dieser einzige, einheitliche Weltkörper ist zugleich der einfache, alle Besonderheiten von sich ausschließende Weltgedanke« (Parmenides. Heimsoeth-Windelband, 33f).

Die Sophisten wandten diese Grundsätze auf die Ethik an: Da alles Sein absolut identisch ist, wird jedes Werturteil unmöglich (a. a. O., 75ff). Sokrates bekämpft diese Lehre: dem Wechsel und der Mannigfaltigkeit der einzelnen Vorstellungen setzt er die Forderungen nach dem bleibenden Einheitlichen entgegen, das alle anerkennen sollen. Die Grundlage im Interesse der allgemein anerkannten Forderungen sind allgemein gültige Begriffe (a. a. O. 80f). Bei Platon gipfelt die Ideenwelt mit stufenweise steigender Wirklichkeit in der höchsten (unkörperlichen) Idee des Einen als des Guten, Göttlichen, der Weltvernunft (a. a. O., 110). Hiervon ist die Vielheit, das Körperliche, Niedere, scharf abgehoben. Dagegen ist in der Stoa alles Sein letztlich eine Einheit. Sie, die Gottheit, durchdringt alles, entfaltet sich in der Mannigfaltigkeit, gibt Ordnung und einheitliches Gesetz. Alles Geschehen ist so naturnotwendig. Vernünftig ist, was im Einklang steht mit dem Naturganzen als dem Göttlichen. Die Seele des Menschen ist wesenseins mit der göttlichen Allseele.

Gnosis: Die göttliche Welt des Lebens, Lichts, Geistes ist anfänglich und wesentlich bleibend eins. Durch eine vorweltliche Katastrophe werden Teile davon abgespalten und der bösen, finsteren Vielheit überliefert (Erschaffung der Welt). Ziel des Weltdramas: Sammlung und Rückführung alles zerstreuten Geistes, Göttlichen in die Einheit Gottes. Wesensmerkmal des Göttlichen, Wahren, Guten: Einheit, Ruhe, Friede; des Bösen, Weltlichen, Körperlichen: Vielfalt, Zerstreutheit, Unfriede.

1) AT *'æchād.* fem. *'achat.* a) Einfacher Zahlbegriff. α) *einer:* Gen 1,9. β) Ordnungszahl *der erste:* Gen 8,5; bes. bei Aufzählungen: Gen 2,11. γ) *Der eine – der andere:* Ex 18,3. δ) *Einer nach dem anderen:* Jes 27,12. ε) *Einer mit dem anderen:* Ez 33,30. ζ) *Einer an dem anderen:* Hi 41,8. η) *Irgendeiner:* Gen 26,10. ϑ) *ein und derselbe:* Gen 27,45. – b) *Einer allein, der einzige* (→ μόνος *[monos]*): Jes 51,2. Daraus plur. *'achādim* = *Einzelne, Einzige:* Gen 27,44. – c) Besonders betont von Gott: Dtn 6,4 »Jahwe ist unser Gott, Jahwe als einziger«, oder anders gewendet: »keiner ist das, was Jahwe ist: Gott« (G. Quell, ThWb III,1080). In der Frühzeit spricht Israel noch von der Existenz anderer Götter: 1 Sam 26,19 (ironisch gemeint), Ex 15,11 u. ö. Monotheistische Formeln treten wohl erst seit dem 7. Jh. hervor: 1 Kön 8,60; Jer 2,11; bes. beim 2. Jesaja: Jes 41,29; 43,10; 44,8 u. ö. Von Anfang an aber war die einzigartige Wirklichkeit Gottes im Glauben Israels fest verankert. Von daher ist die Einigkeit des Volkes gefordert: Mal 2,10. Nach Dtn 6,4f ist das *Schᵉma'*, dh das tägliche Bekenntnis des Juden zur Einheit Gottes, das Grundbekenntnis des Judentums, mit dem es sich abhebt von allem Heidentum und Götzendienst (vgl. das Martyrium Akibas, der mit dem Wort *'æchād* auf den Lippen als Märtyrer stirbt). II

2) Judentum. Wie eindeutig der Glaube an den einen Gott war, wird daraus deutlich, daß »Der Eine« Ersatzname für Gott sein kann (E. L. Dietrich, Art. RGG³ II,1713, St.-B. II,28 zu Mk 12,29).

A. Überblick über das Vorkommen im NT III

1) Einfacher Zahlbegriff – a) *einer, eine, ein:* Mt 5,41; Joh 9,25. Die besondere Bedeutung des Einen, wie im Judentum (Mt 23,15): Mt 26,14; 5,18; Jak 2,10. Das Eine entscheidet: Mk 10,21 par; die Plagen des Gerichts an einem Tag: Offb 18,8. Das eine Opfer Jesu: Hebr 10,12; 10,14 (→ ἅπαξ *[hapax]*). So steht εἷς *[heis]* parallel zu → μόνος *[monos]*: Mk 2,7; vgl. Lk 5,21. Der eine, einzige, letzte Sohn steht besonders hoch im Rang: Mk 12,6. Der Eine, der umkehrt, gilt mehr als die 99, die der Umkehr nicht bedürfen: Lk 15,7. Gottes Wille gipfelt in dem einen, entscheidenden Wort und Gebot: Gal 5,14. – b) *Der eine – der andere:* Mt 24,40.41 (Scheidung), Mt 6,24 (Entscheidung). – c) *Ein jeder:* Mt 26,22; 1 Kor 12,18.19. – d) *Einer nach dem anderen:* Mk 14,19. – e) *der erste:* Mt 28,1 (im Griech. wie im Hebr., vgl. Radermacher, Gramm. Hdb. 1,71; → Erster, Art. πρῶτος). – f) *Einzig und allein:* Mk 2,7 (→ μόνος *[monos]* Lk 5,21. Aus dem Hebr. erklärlich).

2) Der Eine Gott und Vater. – a) Aus dem at. Bekenntnis übernommen: Mk 12,29.32 (Dtn 6,4; s. II, 1c); Jak 4,12. – b) Im Munde Jesu, verbunden mit dem Bekenntnis zu ihm: Mt 23,9; in der apostolischen Botschaft: 1 Kor 8,5–7; Eph 4,4–6; 1 Tim 2,5 (s. III,3). – c) In der Erschaffung des einen Menschen durch den einen Gott ist die Einheit der Menschen- und Völkerwelt begründet, die in aller Mannigfaltigkeit bleibt und auch durch den Fall Adams nicht aufgehoben ist (Apg 17,24–26). Ein bleibender Wille Gottes: Mt 5,18 (vgl. V. 17); nach dem Willen dieses einen Gottes: Eine Kirche aus Juden und Heiden (Röm 3,30).

3) Der Eine Gott in dem Einen Herrn Jesus Christus. – a) Der eine ausschließliche Meister, Herr und Mittler: Mt 23,8.10: 1 Kor 8,6; Eph 4,5; 1 Tim 2,5. – b) Einer für alle: Joh 11,50; 2 Kor 5,14; Röm 5,12ff (Adam, der Eine Ungehorsame und Todesbringer – Jesus, der Eine Gehorsame und Lebensbringer). – c) Die Einheit Jesu mit Gott, dem Vater: Joh 10,30; 17,11.21ff. – d) Der eine Herr – ein Glaube, eine Taufe; ein Hirte und eine Herde: Eph 4,5; Joh 10,14–16.

4) Der Eine Gott in dem Einen Geist Christi: 1 Kor 12,9.11.13 und Eph 2,18; 4,4; sowie unter Einführung des Begriffes ἑνότης *[henotæs]* Eph 4,3.13.

5) Die Eine Gemeinde des Einen Herrn. – a) Einheit der Glaubenden mit ihrem Herrn: 1 Kor 6,16–18 (V. 17 statt σῶμα *[sōma]* πνεῦμα *[pneuma]*, weil es sich um die geistliche Einheit handelt). Vgl. κεφαλή *[kephalæ]* = → *Haupt* und σῶμα *[sōma]* = → *Leib* in Mt 19,5.6 par; Eph 5,28b–33. Hebr 2,11: »*aus einem*« deutet auf die engstmögliche Verbundenheit der Glaubenden mit Jesus (Zitat aus Ps 22,23), wie sie hier in einzigartiger Weise als »Bruderschaft« bezeichnet wird. – b) Einheit der Glaubenden im Leib Christi: 1 Kor 12, 12–13; Gal 3,28; Kol 3,15, durch und in dem Heiligen Geist: Eph 4,4. Die Einheit des Herrn und seiner Herrschaft läßt die am Kreuz abgebrochene Mauer zwi-

schen Juden und Heiden ein für allemal abgetan sein, denn nun gibt es die eine, neue Menschheit in Christus, nicht in Adam: Eph 2,13ff; Joh 11,52; 17,23; 17,11.21 (es handelt sich hier um ein besonderes Anliegen des JohEv). – c) Verbundenheit der Vereinten: 1 Kor 12,26 (Gal 6,2!); Apg 4,32; Phil 2,2; Röm 15,6. In das widergöttliche Gegenteil verkehrt: Offb 17,13.

B. Die theologische Bedeutung von εἷς *(heis)* im NT: Einheit wird im NT immer von Christus her gesehen: »In keinem andern ist die Rettung, es ist auch kein anderer Name unter dem Himmel den Menschen gegeben, in dem wir gerettet werden müssen« (Apg 4,12). In der griech.-röm. Philosophie ist die Einheit Gottes und der Welt eine Forderung gelehrter Vernunft; im AT ist es das Bekenntnis, das aus der Erfahrung der einzigartigen Wirklichkeit Gottes abgeleitet wird (II,1,c). Der entscheidende, durch Gott selbst gewirkte Fortschritt im NT ist die Begründung der Einheit und Einzigkeit Gottes durch die einzigartige Offenbarung in dem Einen Menschen Jesus Christus, dem Offenbarer und Herrn (Mt 23,8–10; 1 Kor 8,4–6; Eph 4; 1 Tim 2,5f).

So kann Paulus die Aussage, es gebe keinen Götzen in der Welt, und es gebe keinen Gott außer dem einen (1 Kor 8,4), im folgenden Satz dahingehend abwandeln, daß er einräumt, es gebe in der Tat viele Götter und Herren. Doch sind – und hierdurch wird die Gültigkeit der ersten Aussage in V. 4 ausdrücklich erhärtet – jene Götter ohne Wirklichkeit und deshalb nur sogenannte Götter (λεγόμενοι θεοί *[legomenoi theoi])*, die an uns keinen Herrschaftsanspruch haben. Fragen wir nach dem Grund für den dialektischen Gebrauch der Vokabel *Gott* an dieser Stelle, so ergibt sich folgendes: Die wirkliche Einheit und Einzigkeit und damit eben die Wirklichkeit des Einen Gottes besteht darin, daß für uns (uns zugut) ein Herr Jesus Christus ist (V. 6b). Es scheint, daß die Aussage durch das »und« keineswegs nur angereiht wird, als die zweite Aussage neben der ersten in V. 6a, sondern daß in dem »und« ein stark epexegetisches Moment mit gegeben ist: »und zwar in eben der Weise und mit eben der Realität, in der es für uns den einen Herrn Jesus Christus gibt.« –

Dies findet bei Joh bes. deutlichen Ausdruck: Der Satz Joh 10,30 ist nicht so zu verstehen, als bestehe die Einheit Jesu mit dem Vater in der Addition zweier vorher getrennter Personen oder Wesenheiten. Vielmehr ist er von Joh 14,9 her zu verstehen: »Wer mich sieht, der sieht den Vater.« Von Gott kann christlich nur reden, wer konkret von Jesus redet. Erst von Jesus her gewinnen Sätze wie Jak 4,12 einen lebendigen Sinn. So ist auch die Einheit des Geistes in Jesus begründet (1 Kor 12; Eph 4), nicht in der Einhelligkeit menschlicher Begeisterung.

Der »Eine Mensch Jesus Christus« (Röm 5,15) bringt die Entscheidung für die Vielen: Er stirbt für alle den einen entscheidenden Tod (vgl. Art. → ἅπαξ III): Joh 11,50; 2 Kor 5,14. So steht über dem gehorsamen Sterben des Einen das »noch viel mehr« (Röm 5,17); der eine Adam wurde für die Menschheit zum Verhängnis, »weil ja alle gesündigt haben« (Röm 5,12), dagegen bringt der Eine Jesus Christus für alle Gerechtigkeit und Leben (Röm 5,17).

Demgemäß hat die Einheit der Gemeinde in ihm Grund und Bestand: Ein Hirte – eine Herde (Joh 10,14–16). Paulus bringt diese Tatsache zum Ausdruck durch seine Darstellung der Einheit und Aufeinander-Bezogenheit aller Glieder eines Leibes (in der Stoa als Bild verwandt: Livius II,32). Die Vielheit der Glieder kann ohne das Eine Haupt nicht leben: 1 Kor 12. Ohne den Einen Herrn, das Eine Haupt wären die Glieder ebensowenig eins wie amputierte Gliedmaßen, die zufällig zusammengeworfen sind (vgl. Joh 17,21–23). Zu der einen Stunde des Glaubens und der Entscheidung → ἅπαξ *[hapax]* III.

Bartels

μόνος

μόνος *[monos]* allein, einzig · μονογενής *[monogenæs]* der Einziggezeugte

μόνος, μοῦνος *[monos, mounos]* (jonisch), μῶνος *[mōnos]* (dorisch), seit Homer im Griech. gebräuchlich. – 1) Adj. absolut gebraucht im Sinn von *allein, einsam;* daneben mit Gen. sep. in bezug auf eine Person σοῦ μόνος *[sou monos] ohne dich;* mit Gen. part. in bezug auf eine Person oder Sache *nur, einzig,* zB μόνος πάντων ἀνθρώπων *[monos pantōn anthrōpōn] er und kein anderer von allen Menschen.* Hiervon abgeleitet die übertragene Bedeutung *einzigartig.* – 2) Das Adverb μόνως *[monōs]* oder das Neutrum des Adj. μόνον *[monon]* = *nur, allein.* I

In LXX und NT ist die Vielfalt des Gebrauchs in der griech. Hochsprache nicht erhalten geblieben: Adjektivischer und adverbialer Gebrauch haben sich vermischt; das Adverb μόνως *[monōs]* fehlt, ebenso die Verbindungen mit dem Gen., während häufiger Formen wie κατὰ μόνας *[kata monas]* vorkommen; dies alles zeigt, daß μ. hier wie in der »niederen Koine« gebraucht wird (Blaß).

In LXX steht μ. meist für *l^ebad* bzw. *(l^e)bādād* (78mal, 14mal für andere Vokabeln), das aus *bad* = *Abgesondertes* abgeleitet ist, so daß die Grundbedeutung ist: *zum Alleinsein von, in der Verödung (von).* Ex 30,34 zB werden die verschiedenen Spezereien zuerst ohne Kontakt, jedes vom anderen abgesondert, erst nachher miteinander zu einem »Räucherwerk«, einem vollständigen Ganzen vermischt (V. 35). Alleinsein bedeutet nicht Ruhe, sondern Beunruhigung und Suchen. Der negative Grundton ist unverkennbar und auch an anderen Stellen deutlich, zB Jes 27,10; oder wenn Jer 15,17 der Prophet von Gottes Hand gebeugt, abgesondert, ohne menschlichen Kontakt mit den anderen Gliedern seines Volkes dasitzt; oder wenn es Gen 2,18 heißt, es sei nicht gut, daß der Mensch »einsam, dh hilflos, weil ohne Du« sei. II

Besonders oft steht μ. für die Einzigartigkeit Gottes: Dtn 32,12 (als Führer des Volkes); Hi 9,8 (als Schöpfer); bekenntnismäßig formuliert 2 Kön 19,15.19; Jes 37,16; oft auch im Psalter, zB Ps 86[85],10. Dementsprechend kommt es vor in Aussagen über die ausschließliche Verehrung des einen Gottes: Ex 22,19(20), Dtn 6,13 v. l. LXX; Ps 71[70],16. Nach Ez 14,16 werden allein die Gerechten gerettet, und Ex 24,2 hebt durch μ. die Einzigartigkeit Moses hervor. Gelegentlich wird μ. (wie im profanen Griech.) gesteigert, so in 1 Kön 19,10.14, wo Elia, von Isebel verfolgt, mutlos klagt, er sei μονώτατος *[monōtatos] »ganz allein«* als Prophet des Herrn übriggeblieben. Die Verzweiflung dieses äußersten Alleinseins steht hier im Gegensatz zu der – trotz des Gottesgerichtes von 1 Kön 18 ungebrochenen – Übermacht und Gewalt der Baalsanhänger.

A 1) Im NT kommt μ. 46mal vor, μόνον *[monon]* 66mal, und zwar – beide zusammengerechnet – am häufigsten bei Paulus (13 bzw. 36) und Joh (9 bzw. 5), keines von beiden in 2 Petr, Tit und Phlm; adj. in Verbindung mit Verben wie εἰμί *[eimi]*, εὑρίσκω *[heuriskō]*, καταλείπω *[kataleipō]*; absolut mit Nomen und Pronomen; das Neutrum μόνον *[monon]* als Adverb. Es bedeutet: – a) *nur, allein* (Mt 9,21; 1 Kor 15,19; Lk 24,12 v. l.; Mt 5,47); *nicht nur, sondern auch* (Mt 21,21) bzw. *nicht nur, sondern noch viel mehr* (Phil 2,12); einschränkend: *noch nicht, sondern nur* (Apg 8,16). – b) *allein, ohne andere, ohne Begleitung* (Mt 17,8 par; Joh 8,16 – in Negation; Röm 11,3); κατὰ μόνας *[kata monas]* = *allein für sich* (Mk 4,10; Lk 9,18); *vereinzelt* (Joh 12,24); *allein ohne Hilfe* (Lk 10,40); *allein mit, unter vier Augen mit* (Mt 18,15). – c) verbunden mit Nomen und Personalpronomen *ausschließlich* (zB Mt 12,4; Lk 5,21 → εἷς *[heis]* III,1; Röm 16,27; 1 Tim 1,17; 6,15.16; Hebr 9,7; Gal 6,4; Offb 15,4). – d) *einzig* (Joh 5,44; 17,3; Jud 4,25). III

2) Theologisch bedeutsam wird μ. in erster Linie im Zusammenhang des Bekenntnisses zu dem alleinigen einzigen Gott, bes. in den liturgischen Lobpreisungen (Doxologien): Röm 16,27; 1 Tim 1,17; 6,15.16; Joh 5,44. Der Hinweis auf den Auftrag Gottes, den Glaubensgehorsam der Heiden zu wirken (Röm 16,25–27), und die Aufforderung, das Bekenntnis zu halten (1 Tim 6,12ff), im jeweiligen Kontext lassen noch die ursprünglich polemische Bedeutung des Bekenntnisses erkennen. Bezeichnend ist, daß sich das Bekenntnis zu dem alleinigen heiligen Gott in Offb 15,4 im Hymnus der Märtyrer findet, »die als Sieger dem Tier entgangen sind« (E. Lohse). Ähnlich steht μ. in Joh 17,3 zusammen mit ἀληθινός *[alæthinos] wahrhaft* im Gegensatz zum täuschenden Schein (ψεῦδος *[pseudos]*) aller vorgeblichen Götter und Offenbarer, in Joh 5,44 im Gegensatz zur falschen δόξα *[doxa]* der Welt, die die wirkliche δόξα des alleinigen Gottes nicht sucht (vgl. Bultmann, Joh, S. 204, Anm. 2; A. Norden. Agnostos Theos, S. 244, Anm. 5).

3) Durch μ. wird die Einzigkeit Gottes gewissermaßen nach außen gewendet, pole-

misch betont. Dabei wird Jesus, der Offenbarer und Gottessohn, eingeschlossen (s. u. B μονογενής *[monogenæs]* Joh 1,14.18 u. ö.). In bezug auf Jesus wird μ. also dialektisch gebraucht: einmal ist schon der irdische Jesus nicht »allein« — dh hier: auf irgendeine vorfindliche weltliche Qualität beschränkt und angewiesen —, auch wenn alle ihn verlassen, denn der Vater ist »mit ihm« (Joh 8,16.29; 16,32). Andererseits kann in einer Spätschrift des NT das Prädikat der Einzigkeit Gottes ohne weiteres auf Jesus übertragen werden (Jud 4, vgl. Röm 9,5 v. l.; Joh 20,28; Tit 2,13).

B. μονογενής *[monogenæs]* der Einziggezeugte findet sich als christologischer Würdetitel nur bei Joh. Mk und Mt haben stattdessen ἀγαπητός *[agapætos] geliebt* (Mk 1,11 par; 9,7 par), Paulus ὁ ἑαυτοῦ, ὁ ἴδιος υἱός *[ho heautou, ho idios hyios] sein eigener Sohn* (Röm 8,3.32) oder ὁ πρωτότοκος *[ho prōtotokos] der Erstgeborene* (Röm 8,29). Μονογενής *[monogenæs]* charakterisiert Jesus als den aus allen irdischen und überirdischen Wesen einzigartig Herausgehobenen, wobei — entgegen der philologischen Ableitung — die gegenwärtige Heilsbedeutung stärker betont wird als die Herkunft (Joh 1,14.18; 3,16.18; 1 Joh 4,9). Μονογενής ist Jesus als der, der sagen kann: »Ich und der Vater sind eins« (ἕν ἐσμεν *[hen esmen]* Joh 10,30). In die Einzigkeit Gottes eingeschlossen, geht Jesus nicht in der Geschichte und Geschichtlichkeit auf, sondern steht über ihr als ihr Herr.

Bartels

Lit.: a) zu εἷς, μόνος: FKlimke, Der Monismus, 1911 — OKern, Orphicorum Fragmenta, 1922 — EPeterson, Heis Theos, 1926 — HJonas, Gnosis und spätantiker Geist, I, 1934; II,1, 1954 — FBüchsel, Art. μόνος, ThWb IV, 1942, 747ff — WStählin, Allein. Recht und Gefahr einer polemischen Formel, 1950 — GDelling, Monos theos, ThLZ 1952, 469ff — EFascher, Gott und die Götter, ThLZ 1956, 279ff — HRowley, Mose und der Monotheismus, ZAW 69, 1957, 1ff — HSchlier, Der Epheserbrief, 1957 (kath.) — ELDietrich, Art. Gott, RGG II, 1958³, 1713ff — KSchelkle, Das Gottesbild des NT: Gott der Eine, BuK 15, 1960, 12ff (kath.);
b) zu ἅπαξ: GSchrenk, Die Geschichtsanschauung des Paulus auf dem Hintergrund seines Zeitalters, Jahrb. d. Theol. Schule Bethel 3, 1932, 59ff — WStählin, Art. ἅπαξ, ThWb I, 1933, 380ff — EKäsemann, Das wandernde Gottesvolk, FRLANT NF. 37, 1959³.

Einfalt

ἁπλότης

ἁπλότης *[haplotæs]* Aufrichtigkeit, Einfalt · ἁπλοῦς *[haplous]* aufrichtig, einfältig

I ἁπλότης *[haplotæs]* (seit Plato) und ἁπλοῦς *[haplous]* (seit Pindar) sind zusammengesetzt aus ἁ- (idg. Wz. *sm = zusammen)* und Wz. *pel-* (= *falten)* und bedeuten 1) *Einfachheit, einfach* (Gegensatz διπλοῦς *[diplous] = doppelt)*. Neben diesen numerischen tritt aber ein ethisch-positiv wertender Charakter der Wortgruppe. ἁπλότης *[haplotæs]* bezeichnet dann 2) *Geradheit, Offenheit,* ein Reden *ohne Nebenabsicht;* ἁπλῶς εὔχομαι *[haplōs euchomai] = geradeheraus bitten* (Mark. Ant. V.7,2 u. ö.). Während diese Bedeutung im Lauf der Zeit zunimmt, geht die »auf intellektualistischer Basis« (Bauernfeind) gewachsene inhaltliche Füllung 3) ἁπλοῦς *[haplous] = einfältig, dumm* (Isocr. 2,46, dort Gegensatz zum νοῦς *[nous]*; → Vernunft) zurück.

II Auch im Judentum und LXX findet sich die Grundbedeutung 1) *einfach* (Jos. Bell. 2,151: Weish 16, 27). Daneben aber gewinnt ἁπλοῦς *[haplous]* den Gehalt 2) *unzweideutig, klar.* Das gilt für Gottes Gebote (Jos. Contr. Ap. 2,190). Der Weise, der die Gebote von Herzen annimmt, wandelt ἁπλῶς *[haplōs]* (Spr 10,8.9), dh sein Wandel hat eine klare Ausrichtung; gebunden ans Gesetz, ist er frei von innerem Zwiespalt. — David gibt Gott sein Gold und Silber ἐν ἁπλότητι καρδίας *(en haplotæti kardias]* (1 Chr 29,17; hebr.: *bejoschær lebāb*; vgl. Lev 1,3 u. ö.) = 3) *mit ungeteiltem Herzen* (synonym dazu ἐν καρδίᾳ πλήρει *[en kardia plærei] mit vollem, ganzen Herzen* 1 Chr 29,9; hebr. *belēb schālēm)*. Im Sinne mitmenschlichen Verkehrs in der Gestalt des Gebens gewinnt ἁπλότης *[haplotæs]* für den Geber die Bedeutung von 4) *Güte* (Jos. Ant. 7,332 u. ö.) und wird auch hier verstanden als Eigenschaft des Herzens (Test Iss 3,8), gelegentlich auch 5) der Seele (Spr 11,25).

III Im NT ist die Wortgruppe nicht häufig. Die Grundbedeutung (I,1; II,1) fehlt (aber: διπλοῦς *[diplous] = doppelt* in 1 Tim 5,17 und Offb 18,6). ἁπλότης *[haplotæs]* ist im NT zu verstehen im Sinne *personaler Ganzheit, Ungeteiltheit* und von daher dann auch im Sinne von *Unkompliziertheit, Einfachheit, Schlichtheit.* In Jak 1,5 bezeichnet ἁπλοῦς *[haplous]* die Art göttlichen Gebens. Der Ungeteiltheit und Aufrichtigkeit, in der Gott seine Gaben gibt, steht die innere Gespaltenheit des Zweiflers gegenüber: Gott gibt ohne Hintergedanken, der Zweifler dagegen ist ein Mann mit »doppelter Seele« (Jak 1,8; s. o. II,5). Daher werden die Zweifler aufgefordert, ihre Herzen (s. o. II,4) zu heiligen (Jak 4,8). –

An die Stelle des Gesetzes, vgl. II,2, ist Christus getreten. Die geforderte Ganzheit menschlicher Hingabe an ihn (ἁπλότης εἰς Χριστόν *[haplotæs eis Christon]*) macht Paulus durch das Bild der Hingabe einer Verlobten eben an nur einen Mann deutlich (2 Kor 11, 2.3). Die Forderung solcher Hingabe an Christus ist begründet in seiner ganzen Hingabe für uns (2 Kor 5,14ff). – Die gleiche personale Ganzheit ist von daher auch Wesensmerkmal christlicher Mitmenschlichkeit. Paulus versteht zB die Kollekte, die eine Gemeinde für die andere sammelt, als aufrichtigen Ausdruck übergemeindlicher Einheit (→ Gemeinschaft, κοινωνία). So bekommt ἁπλότης *[haplotæs]* ökumenischen Gehalt (2 Kor 9,13.11; 8,2) und meint: herz-liche Verbundenheit (II,4). – Auch die aufrichtige innergemeindliche Unterstützung (Röm 12,8) ist Ausdruck der Einheit des Leibes Christi (Röm 12,4). –

Eph 6,5; Kol 3,22 fordern, daß der Sklave seinem Herrn in Ungeteiltheit des Herzens gehorche. Mt 6,22; Lk 11,34: Augendienerei und neidischer Blick (πονηρός *[ponæros]* → böse, vgl. Mt 20,15) sind äußere Merkmale inneren Zwiespalts, Zeichen nur halber Hingabe an Christus. *Gärtner*

Lit.: OBauernfeind, Art. ἁπλοῦς κτλ., ThWb I, 1933, 385f – CEdlund, Das Auge der Einfalt, 1952 – HBacht, Einfalt des Herzens, Geist und Leben 29, 1956, 416ff (kath.).

Einmütig

ὁμοθυμαδόν *[homothymadon]* einmütig **ὁμοθυμαδόν**

ὁμοθυμαδόν *[homothymadon]* ist zusammengesetzt aus ὁμο- *[homo]* = *zusammen* und θυμός *[thymos]* (zu θύω *[thyō]* *brausen, blasen*) = *aufwallende Lebenskraft,* im Sinne von *Mut, Wille* oder *Leidenschaft, Zorn.* Das Adverb bedeutet von daher *einmütig* und schwächt sich später zur Bedeutung *zusammen* ab. – Seit dem 5./4. Jh. vChr (Aristophanes; Plato; Demosthenes) vorkommend bezeichnet das Wort bes. im politischen Bereich die sichtbare, innere Geschlossenheit einer Gruppe gegenüber einer gemeinsamen Aufgabe oder Gefahr; die Einmütigkeit ist also nicht in persönlicher Sympathie der Beteiligten, sondern in einem übergeordneten Sachverhalt begründet. I

In LXX erscheint ὁ. insgesamt 36mal, und zwar meist als Übers. von hebr. *jachad* (Hi 3,18; 6,2 u. ö.) und *jachdāw* (Ex 19,8; Hi 2,11; Jer 5,5; 46,21; Klgl 2,8), die *miteinander, insgesamt, zusammen* bedeuten; ὁ. wird also in der abgeblaßten hellenistischen Bedeutung verwandt. Allerdings könnte die Wiedergabe von *jachad* und *jachdāw* mit ἅμα *[hama]* = *zugleich* (Jes 42,14; 1,28) und ἐπὶ τὸ αὐτό *[epi to auto]* = *zusammen* (Ps 41,8; Am 1,15) besagen, daß an den Stellen, wo ὁ. steht, die eigentliche Bedeutung des Wortes in der Absicht des Übersetzers mitschwingt. II

Die hellenistisch-jüd. Lit. bietet ὁ. sowohl in der eigentlichen Bedeutung in Zusammenhang mit Lobgebet oder Klage des Volkes aus konkretem Anlaß (zB Jdt 4,12; Weish 10,20; 3 Makk 4,6; im profanen Gebrauch Jdt 15,9; Arist. 178), als auch in der allg. Bedeutung *zusammen, gemeinsam* (zB Jdt 15,2.5; Weish 18,5; 3 Makk 4,4).

Innerhalb des NT findet sich ὁ. mit Ausnahme von Röm 15,6 ausschließlich in der Apg (10mal). – In Apg 12,20 trägt es offensichtlich keinen besonderen Ton: die Städte Tyrus und Sidon senden *gemeinsam* Friedensunterhändler zu Herodes Agrippa I. – Im übrigen aber benutzt Lukas das Wort, wenn er in allgemeinen Zustandsschilderungen darstellt, wie die Elf mit den Frauen und der Mutter Jesu einmütig im Gebet verharren (1,14), wie auch die anwachsende Gemeinde einmütig im Tempel, beim Brotbrechen, bei gemeinsamen III

Mahlzeiten und zum Lob Gottes beisammen ist (2,46f; 5,12), ferner für das einmütige Gebet der Gemeinde nach der Freilassung des Petrus und Johannes (4,24), sowie für die Einmütigkeit des Beschlusses, Judas und Silas als Überbringer des Aposteldekrets nach Antiochien zu schicken (15,25). Schon das qualifizierte Hören auf die Botschaft geschieht einmütig (8,6; προσέχω *[prosęchō]* = *hören auf, folgen;* s. Bauer s. v.). In auffälligem Gegensatz dazu begegnet dem Zeugnis vom gekreuzigten und erhöhten Jesus der einmütige, aggressive Haß von Juden (7,57; 18,12f) und Heiden (19,29).

Es ist also eine doppelte Art von Einmütigkeit, die uns die Apg bezeichnet: die der Gemeinde und die ihrer Gegner. Gemeinsam ist beiden die Ursache, nämlich die Verkündigung Christi als des Retters und Herrn; verschieden ist die Reaktion: hier Glaube und Anbetung, dort Haß und Ablehnung. Wie sich erst in der Ablehnung des Anspruches des verkündigten Christus die Gegner zusammenfinden, so hat die Einmütigkeit der Gemeinde ihren Grund ebenfalls nicht in gleichen menschlichen oder religiösen Empfindungen, sondern in der selbst Juden und Heiden (vgl. 15,11) zusammenbringenden und fordernden Christuswirklichkeit. Die Einmütigkeit der Gegner entsteht demgegenüber dadurch, daß sie ihre religiöse (7,56f; 18,13) und kommerzielle Konvention in Frage gestellt sehen, die sie auf jeden Fall bewahren wollen.

Indem die Gemeinde ὁμοθυμαδόν *[homothymadọn]* lebt und handelt, lebt und handelt sie ihrem Ursprung gemäß. Deshalb hebt Lukas ihre Einmütigkeit geradezu programmatisch hervor. Wenn er anderseits in seinem Bild der ersten Kirche fast alle Züge tilgt, die solche Einmütigkeit beeinträchtigen (6,1ff; 15,37ff; vgl. 8,1), so ist es ihm wohl weniger um eine Idealisierung der Urkirche zu tun — auch sie hatte Spannungen und Kontroversen (vgl. Kor-Briefe, Gal, Joh-Briefe) — als vielmehr um eine ur- und darum vorbildliche Darstellung der wesenhaften Einmütigkeit der Kirche, deren Realisierung ihr stets aufgegeben und verheißen bleibt, damit sie ihren Zeugenauftrag (1,8) in einer ihr Heil abweisenden Welt erfüllen kann. Dieses gleiche Ziel, das einmütige Gotteslob ἐν ἑνὶ στόματι *[en henị stọmati]* = *mit einem Munde,* steht auch Paulus Röm 15,5f vor Augen, wenn er Gott um die Jesus Christus gemäße Eintracht des Dienstes (τὸ αὐτὸ φρονεῖν *[to autọ phronẹin]*) über alle Unterschiede der Erkenntnis hinweg bittet. *Schmitz*

Einsetzen → Bestimmen; → Setzen

Eitel → Leer

Ekstase

Für das nicht mehr der Kontrolle und Leitung seines normalen Verstandes unterliegende Verhalten des Menschen finden sich im NT zwei verschiedene Vokabeln: ἔκστασις *[ẹkstasis]* meint im Kern, daß der Mensch durch das Widerfahrnis einer fremden Krafteinwirkung oder eines Erlebnisses aus seiner Ordnung, von seinem Platz gestoßen ist, wobei diese Kraft auch der Geist Gottes sein kann. Mit μαίνομαι *[mạinomai]* hingegen wird immer der Zustand einer krankhaften, nach damaligem Verständnis meist von dämonischen Mächten (→ Dämon) verursachten geistigen Störung bezeichnet.

ἔκστασις

ἔκστασις *[ẹkstasis]* Entsetzen · ἐξίστημι *[exhịstæmi]* in Schrecken versetzen · ἐξίσταμαι *[exhịstamai]* außer sich geraten

I ἔκστασις *[ẹkstasis]*, profangriech. seit 5./4. Jh. vChr gebraucht, bezeichnet urspr. die *Ortsveränderung,* in übertragenem Sinn die *Verwirrung,* das *Entsetzen,* auch das *Irresein.* Der spezifische

Sinn der *Verzückung*, in der durch Einwirkung einer göttlichen Macht das Bewußtsein ganz oder teilweise ausgeschaltet ist, findet sich bes. bei Philo. Das Verbum ἐξίστημι *[exhistæmi]*, seit dem 5. Jh. vChr, bedeutet *verwirren, in Schrecken versetzen* (Nebenform ἐξιστάνω *[exhistanō]*). Das Medium ἐξίσταμαι *[exhistamai]* (Aor. ἐξέστην *[exhestæn]*) heißt *von Sinnen kommen*; die im biblischen Gebrauch häufige Bedeutung *sich entsetzen* ist im Profangriech. selten.

Im LXX-Sprachgebrauch werden weder Subst. noch Verbum im spezifischen Sinn der Verzückung gebraucht (für ekstatische Zustände wird προφητεύειν *[prophæteuein]*; hebr. *hitnabe'* verwandt). Häufig ist dagegen für ἔκστασις *[ekstasis]* die Bedeutung *Verwirrung, Außer-Sich-Sein, Entsetzen*; vgl. Jer 5,30; Sach 12,4 usw. Das Wort bezeichnet 1 Sam 11,7; 14,15 u. ö. den von Gott gewirkten *Schrecken*, Dtn 28,28 den *Wahnsinn*. Das in aktivischem Sinn gebrauchte Verbum findet sich Ex 23,27; Ri 4,15; 8,12 in gleicher Bedeutung wie in der Profangräzität; das Medium ἐξίσταμαι *[exhistamai]* heißt Jes 28,7 »von Sinnen kommen«; häufiger ist die Bedeutung *sich entsetzen, erschrecken* (intrans.). Ez 26,16; 27,35 u. ö. ist es durch ἐκστάσει *[ekstasei]* verstärkt: *furchtbar erschrecken*; vgl. auch Gen 42,28; 43,33 usw. II

Wie im Griechentum und Hellenismus, so finden sich ekstatische Phänomene auch im AT. Der Bericht über die Verzückung der Ältesten in der Wüste und die Charakterisierung Bileams als Ekstatiker (Num 11,24ff; 24,2ff) führen uns in die Frühzeit Israels; der ekstatische Charakter der altisraelitischen Prophetengilden wird uns 1 Sam 10,5ff; 19,20ff anschaulich beschrieben. Die gelegentliche Bezeichnung der Propheten als Verrückte (2 Kön 9,11; Hos 9,7) oder als Trunkene (Jes 28,7; Jer 23,9) weist uns ebenfalls auf den Zusammenhang von Prophetie und Ekstase hin. Aber auch falsche Propheten treten in Israel und in seiner Umwelt als Ekstatiker und Visionäre auf. So wird uns zB von den Baalspropheten, denen sich Elia auf dem Karmel als der echte Gottesprophet entgegenstellt, berichtet, daß sie sich bei ihrem Weissagen selbst Verwundungen beibringen (1 Kön 18,28); oder von israelitischen Propheten, die eigene Visionen als Gottesoffenbarungen ausgeben (vgl. zB Jer 23,16ff). Weder Ekstase noch Visionen noch die Berufung auf das empfangene Wort sind sichere Kennzeichen, die den echten von dem falschen Propheten unterscheiden; entscheidend ist allein der Inhalt der Botschaft. Im späteren Judentum tritt die Prophetie zurück; die jüd. Offenbarungsbücher (Apokalypsen) berichten darum ekstatische Erlebnisse nur von den Frommen der Vorzeit; ihre Schilderungen zeigen, daß doch solche Erlebnisse nicht ganz unbekannt sind; vgl. außer Dan 4,16 (LXX) bes. äthHen 71,11: »Da fiel ich auf mein Angesicht; mein ganzer Leib schmolz zusammen, und mein Geist verwandelte sich.« Auch von den Rabbinen im nt. Zeitalter werden im Zusammenhang mit der Spekulation über das »Werk des Wagens« (Ez 1) ekstatische Erlebnisse berichtet (Chagiga 13–15).

Im NT bezeichnet ἔκστασις *[ekstasis]* = *Entsetzen* ebenso wie das gleichbedeutende ἐξίστασθαι *[exhistasthai]* die menschliche Reaktion auf das göttliche Wundergeschehen (neben θαυμάζειν *[thaumazein]* und sinnverwandten Begriffen, → Wunder, Art. θαῦμα *[thauma]*; Mk 2,12; 5,42; Lk 5,26; Apg 3,10 usw.). Das aktive ἐξίστημι *[exhistæmi]* findet sich im Sinne von *in Schrecken, in Verwirrung versetzen* Lk 24,22; Apg 8,9.11. III

Im spezifischen Sinn der Verzückung könnte die Aussage der Verwandten über Jesus (Mk 3,21) verstanden werden; Jesus wäre dann hier als Ekstatiker verstanden worden. Aber die übliche sprachlich mögliche Deutung »er ist von Sinnen« (L) verdient den Vorzug; das Glaubens- und Gebetsleben Jesu, wie es die Evgg. schildern, trägt keine ekstatischen Züge. Nach Apg 10,10; 11,5; 22,17 sind die Gesichte, die Petrus in Joppe, Paulus in Jerusalem hatte, in Verzückung (ἐκστάσει *[ekstasei]*) geschehen. Auch das Zungenreden kennt die Apg und sieht in ihm ein Werk des Heiligen Geistes (Apg 10,44.46; 11,15.17; 19,6). Dieses Zungenreden wird uns von Paulus 1 Kor 14 eindeutig als ein ekstatisches Phänomen beschrieben (V. 23). Nur Vermutung ist indessen die Meinung, der geschichtliche Kern des Pfingstgeschehens Apg 2 sei »eine Massenekstase mit glossolalischen Ausbrüchen im Jüngerkreis« (Behm). Paulus sagt 1 Kor 14,18 von sich, daß ihm das Zungenreden nicht fremd sei; darum hat man auch in 2 Kor 5,13 einen Hinweis auf ekstatisches Reden finden wollen; der Gedanke ist dann ähnlich wie 1 Kor 14,19. Wahrscheinlicher ist die Deutung, Paulus wehre sich hier gegen den Vorwurf, er habe seine Autorität maßlos übersteigert (Oepke). Von 1 Kor 14,18 und Apg 22,17 her liegt es nahe, auch die von Paulus beschriebenen Gesichte und Offenbarungen 2 Kor 12 als ekstatisches Geschehen zu verstehen. Dasselbe könnte von den visionären Erfahrungen gelten, die der Seher Johannes Offb 1,10; 4,1f – im Unterschied zu den jüd. Apokalypsen – als sein eigenes pneumatisches Erleben schildert; vom Geist ergriffen steigt er zum Himmel empor, wie auch Paulus 2 Kor 12,2.4 in die himmlische Welt entrückt ist. Die zurückhaltende Schilderung des Apostels 2 Kor 12 und seine nüchterne Beurteilung des Zungenredens 1 Kor 14,19 zeigen uns aber, daß man die Bedeutung des ekstatischen Geschehens für die erste Christenheit nicht überschätzen darf. Die grundlegende Christusschau des Paulus bei Damaskus wird von Paulus (1 Kor 9,1; 15,8; Gal 1,16) nicht mit ekstatischen Erlebnissen in Verbindung gebracht. Das starke pneumatische Bewußtsein, das uns in dem nt. Schrifttum entgegentritt, ist in der Gewißheit begründet, daß der Gemeinde in Christus eine neue, alles Frühere überbietende Offenbarung geschenkt ist. Die im NT sichtbaren Äußerungen ekstatischer Frömmigkeit sind als Folge, aber nicht als Ursache dieses Glaubens zu verstehen. *Mundle*

μαίνομαι

μαίνομαι *[maịnomai]* rasen, von Sinnen sein · μανία *[manịa]* Verzückung

I μαίνομαι *[maịnomai]* (im Profangriech. seit dem Orphikon) geht auf die indogermanische Wurzel *men-* zurück (denken, erregt sein, ersehnen; lat. memento; dt. Minne). Das Griech. hat mit μαίνομαι *[maịnomai]* vor allem das *erregte Denken, Verzücktsein, Rasen* bezeichnet. – 1) *wüten, rasen* (bei Homer von Göttern und Menschen); 2) *im Rausch sein* (Hom. Od. 21,298) als Folge des Rauschtrankes; 3) Bezeichnung für die *Liebesleidenschaft* (Plat. Phaedr. 253c; vgl. Test. Joseph. 8,3); 4) *wahnsinnig sein*, Gegensatz σωφρονέω *[sōphronẹō]* (Plat. Phaedr. 244a); 5) als Ausdruck für bacchantische *Besessenheit* und *Begeisterung: verzückt sein;* Eurip. Bacch. 260ff: »Auch Seher ist Dionysos; denn die Bacchuswut, der trunk'ne Wahnsinn, trägt in sich die Seherkunst. Denn wessen Glieder ganz erfüllt des Gottes Geist, den macht er rasen, daß er spricht das Künftige.« Oder Plat. Phaedr. 249d: Der Mann, »der die menschlichen Bestrebungen verschmäht und mit dem Göttlichen verkehrt, wird freilich von der Menge getadelt und heißt bei ihr ein Verrückter; daß er aber vom Gottesgeist ergriffen ist, merkt sie nicht«. Vgl. Joh 10,20!

μαίνεσθαι *[maịnesthai]* ist terminus technicus der dionysischen Religion und der gottbegeisterten, inspiratorischen Mantik, deren berühmteste Vertreterinnen die im Zwang einer göttlichen Macht stehenden Sibyllen sind (vgl. Plut. de Pyth orac 397). Dionysos war damals der Lieblingsgott der Zeit, auf den der »Enthusiasmus« zurückgeführt wurde. Zu den ältesten Attributen des Gottes gehört die μανία *[manịa]*. Dionysos befreit aber auch von der Raserei und läßt zur ruhigen Selbstbesinnung in einem Akt der Reinigung zurückkehren.

II In der LXX spricht Jer 25,16 vom »Rasen« (μανήσονται *[manæsontai]*) der Völker, die vom Zornesbecher Gottes getrunken haben. Jahwe verhängt über sie als Strafe die Schrecken des Krieges. In Jer 36 [MT: 29],26 steht »rasend« (μαινομένῳ *[mainomẹnō]*) neben »weissagend« (προφητεύοντι *[prophæteụonti]*) in einem Zusammenhang, in dem das Prophetenamt verächtlich gemacht werden soll. »In 4 Makk 8,5; 10,13 erscheint die bis zum Martyrium durchhaltende Glaubenstreue des Priesters Eleasar und seiner Söhne dem Antiochus Epiphanes als ›Wahnsinn‹« (Preisker 364). Josephus bezeichnet den Turmbau zu Babel als »Wahnsinn«.

III Im NT kommt μαίνομαι *[maịnomai]* nur 5mal, das Subst. μανία *[manịa]* einmal vor. Apg 12,15: »Du bist verrückt« als Titulierung eines Menschen (Magd Rhode), der eine Botschaft überbringt, die nicht zu fassen ist. Apg 26,24 glaubt Festus, Paulus sei von Sinnen und habe in seiner Begeisterung, in letzte Geheimnisse eingedrungen zu sein, den klaren, nüchternen Verstand verloren. Paulus setzt der μανία *[manịa]* die σωφροσύνη *[sōphrosỵnæ]* entgegen (V. 25). Ähnlich wie Festus über Paulus urteilten einst die Ratsherren von Athen über Solon: μαίνεσθαι ἔλεγον αὐτόν »sie sagten, daß er von Sinnen sei« (Diog. Laert. 1,49). Paulus beschreibt in 1 Kor 14,23 den Eindruck, den das Zungenreden in der Gemeindeversammlung auf Außenstehende und Gäste machen muß, mit dem Wort μαίνεσθαι *[maịnesthai]*.

Wichtig ist die Verwendung von μ. Joh 10,20. Die ungläubigen Juden reagieren auf die Botschaft Jesu mit dem Vorwurf: »Du hast einen Dämon und bist von Sinnen.« Wer einen Dämon hat, den darf man nicht anhören. Hier haben wir eine religiös begründete scharfe Ablehnung Jesu vor uns. Während der Glaube in Jesu Boschaft den höchsten Sinn erkennt, wird sie für den Unglauben Irrsinn. Das Wort μαίνεσθαι *[mainesthai]* erinnert hier an die Raserei in der dionysischen Religion, wo der Mensch in der μανία *[mania]* aus dem eigen-verantwortlichen Denken hinweggerissen wird in die Verzückung durch die Gottheit. Ein Teil der Menge glaubt sich mit dem Urteil, ein böser Dämon habe Jesu Sinn verwirrt (vgl. 7,20; 8,48.52), einem weiteren Hören entziehen zu können. Der andere Teil des Volkes jedoch sieht Jesu Worte in der Blindenheilung als Botschaft Gottes legitimiert. *Schattenmann*

ZUR VERKÜNDIGUNG V

Ekstatische Erscheinungen haben zu allen Zeiten einerseits eine faszinierende Anziehungskraft ausgeübt, während sie andererseits als Einbruch des Unkontrollierbaren, Irrationalen (→ Dämon) Skepsis, Furcht und Ablehnung wachriefen. So war und ist es im außerchristlichen Bereich; so trifft es aber auch auf verwandte Erscheinungen innerhalb der Christenheit, ob unter Farbigen oder Weißen, zu.

Dabei kann die Ekstase sowohl als Einzelerscheinung als auch als Massenekstase auftreten. Die Erscheinungsbilder des Enthusiasmus in mancher pfingstlerischen Versammlung, des Begeisterungsrausches politischer Kundgebungen und der taumelnd-verzückten Raserei, die von den Klängen bestimmter Bands ausgelöst wird, haben auffallende Ähnlichkeit. Die Ekstase gibt den Betroffenen je auf eigene Art das Gefühl seligen Rausches und macht sie nicht nur unempfindlich gegen körperliche Schmerzen und seelische Empfindungen, sondern auch immun gegen jedes vernünftige Argument. Man wird deshalb wohl darauf zu achten haben, daß nicht solche psychisch bedingten Begeisterungen oder Schwärmereien irrtümlich schon als Kennzeichen des Glaubens bewertet werden.

Wo die Ekstase zum erstrebenswertesten Ziel christlichen Erlebens wird, wie in der Mystik, erwächst dieses Streben aus der Erkenntnis eigenen Elendes, der Trennung von Gott. Die mystische Begegnung mit dem unnahbaren Gott, der sich dem ihn Suchenden liebevoll zuneigt (vgl. 2 Kor 12!), wird dann betrachtet als der Ort und das Mittel, das Leiden unter der Sünde als Sonderung zu überwinden. Manchmal glaubten Mystiker in einer vollkommenen geistigen Einung mit Gott oder dem Göttlichen für Augenblicke oder gar Tage der deprimierenden Wirklichkeit ihres Lebens entnommen und in die jenseitige, ansonsten erst zukünftige Welt eingetaucht zu sein. So ist verständlich, warum man immer wieder versucht hat, durch vertiefende Meditation oder durch asketische Übungen die Ekstase herbeizuführen, um so die alle rationale Erkenntnis und normale Sinnesfunktion übersteigende Erfahrung zu gewinnen. Gleichwohl haben gerade die Mystiker auch häufig genug bestimmte Aufträge zu konkreten Diensten aus diesen Erlebnissen empfangen.

Aus unserer Überlegung könnte die Erscheinung krankhaften Wahnsinns ausscheiden, wenn nicht nach dem biblischen Befund offensichtlich für den Außenstehenden das Verhalten eines Irrsinnigen und eines so vom Geist Gottes beschlagnahmten Menschen einander zum Verwechseln ähnlich sein können (man denke an das Urteil über Jesus selbst, die zu Pfingsten im Tempel versammelte Gemeinde oder über die Boten Gottes im AT und NT); wo liegt also der Unterschied zwischen der ekstatischen Verzückung und Versenkung eines Menschen als psychologisch oder medizinisch erklärbares Phänomen, zwischen dem, was wir heute als »Besessenheit« bezeichnen, und seinem In-Besitz-Genommensein durch den Heiligen → Geist? Die hier jeweils wirksame Kraft kann offenbar nicht von den Erscheinungsformen her für jedermann überzeugend identifiziert werden. Denn auch der Geist Gottes nimmt ja vom Menschen Besitz, und er verändert ihn tiefgreifend bis in sein Bewußtsein und Wollen; man wird dem Problem also nicht gerecht, wenn man ekstatische Erscheinungen je nach dem eigenen Vorurteil grundsätzlich nur als Besessenheit, als geistige Abnormität oder als religiöses Phänomen beurteilt.

Sollte vielleicht die eigentliche Unterscheidung darin liegen, daß zwar auch der Glaube den Menschen gefangen nimmt, aber Gottes Geist ihn eben nicht auf sich selbst und seine Verzückung, sondern, indem er ihn in Erkenntnis und Bekenntnis Christi hineinnimmt, sofort auf den Mitmenschen, auf die Gemeinschaft richtet? Dann bestände sein Kriterium darin, daß eine Welt-Entrückung nur so lange dauern kann, bis Gott für den nächsten Menschen die aktive Zuwendung verlangt. Nicht von der Frage der rationalen Kontrollierbarkeit, sondern von der Sinngebung für und Einordnung in die Gemeinschaft würde dann das Phänomen zu beurteilen sein. *L. C.*

→ Dämon; → Erkenntnis; → Geist; → Offenbarung.

Lit.: ERohde, Psyche, 1910, II 4; 40ff; 59ff – WBousset, Die Religion des Judentums, 1926³, 355ff; 394ff – EFascher, Prophetes, 1927 – JBehm, Art. γλῶσσα, ThWb I, 1933, 719ff – AOepke, Art. ἔκστασις, ThWb II, 1935, 447ff – HPreisker, Art. μαίνομαι, ThWb IV, 1942, 363ff – FMaass, Zur psychologischen Sonderung der Ekstase, in: Festschrift AAlt, WZ Leipzig 3, 1953/54, 167ff – CSchneider, Geistesgeschichte des antiken Christentums, 1954, 140ff – FMaass, Art. Ekstase, EKL I, 1956, 1057f – ASchimmel, Art. Ekstase, RGG II, 1958³, 410ff.

Elias

Ἠλίας

Ἠλίας *[Aelịas]* Elias (auch: Elia)

I/II 1) Die at. Überlieferung über Elias findet sich in 1 Kön 17 – 2 Kön 2. Elias stammte aus Thisbe im Ostjordanland und wirkte in der 1. Hälfte des 9. Jh.s als Prophet in Nordisrael. Durch seine Tätigkeit wurde das Karmelgebiet israelitisch. Er bereitete die Revolution Jehus vor, die dem absolutistischen, dem Kanaanäertum günstig gesinnten Hause Omris ein Ende setzte. E. trat dafür ein, daß in Israel Jahwes Anspruch allein Geltung haben sollte, und daß der Glaube an Jahwe rein von allen kanaanäischen Einflüssen blieb (praktischer Monotheismus). E. »eiferte« für Jahwe, dh er setzte sich dafür ein, daß der alte Jahweglaube auch unter den veränderten Verhältnissen im Kulturland erhalten blieb.

Nach E.s Verkündigung ist es Jahwe, der die Geschicke der Menschen und der Völker lenkt. Auch die Naturkräfte (wie die Dürre in 1 Kön 17, für deren Auftreten die Baal-Religion keine Erklärung hatte) sind Jahwe untertan und stehen im Dienst seines eigentlichen Wirkens: Jahwe will Recht und Gerechtigkeit und wacht über die ethischen und rechtlichen Lebensordnungen im Volk, denen auch der König unterstellt ist. Jahwe, nicht Baal, verfügt über Leben und Tod. Jahwe ist Spender des Regens, darüber hinaus aber spendet er dauernd die Kulturgüter des Landes; er greift nicht nur in Notfällen ins Leben des Volkes ein. Daraus erwächst Jahwes alleiniger Anspruch an sein Volk. Ferner enthüllt sich Jahwes Wesen nicht in katastrophenhaftem Wüten, sondern in der Stille (vgl. »das Flüstern eines leisen Wehens« 1 Kön 19,12 Z): Jahwe wirkt leise, kaum wahrnehmbar hinter den Ereignissen (vgl. Jes 8,6: »die sanft rinnenden Wasser Siloahs«). So faßte E. den alten Jahweglauben in eine neue Form und stellte ihn auf eine neue Grundlage. Von da aus gesehen ist die Überlieferung im Recht, die ihn neben Moses stellte.

Nach Mal 3,23f ist E. eine Gestalt der messianischen Zeit: Er bereitet Gott die Straße, läutert die Priesterschaft und stiftet Frieden.

2) Im Judentum werden dann drei Anschauungen über den wiederkommenden Elias nebeneinander entwickelt:

a) E. kommt vom Stamme Gad, ist Wegbereiter Gottes und Erlöser Israels in der Endzeit;

b) E. kommt vom Stamme Benjamin und ist der Vorläufer des Messias;

c) E. kommt vom Stamme Levi und wird der Hohepriester der messianischen Endzeit sein.

E. war in seinem Leben sündlos, weswegen er ewige Dauer bekam. Man nahm an, daß E. der Fürbitter Israels im Himmel sei. Er ist ferner Nothelfer, der aus größter Not rettet. In der Zeit nach dem NT kam der Glaube auf, daß E. der himmlische Schreiber sei: Er zeichnet die Taten der Menschen auf, vor allem registriert er die ehelichen Verbindungen der Israeliten. Er geleitet die Seelen der Toten ins Jenseits. In späteren talmudischen Berichten wird erwähnt, wie E. einzelnen Menschen, vor allem Rabbinen, in Gestalt eines Menschen oder Engels erschienen sei.

Für die Zukunft erwartet Sir 48,10, daß E. die Aufgabe habe, die Stämme Israels wiederherzustellen (nach Jes 49,6 eine Aufgabe des Gottesknechtes!); E. bekommt messianische Funktion. Verbreitet war die Auffassung, daß E. ein Vorläufer des Messias sei: Er kündigt die Heilszeit an, kämpft gegen den Antichristen und führt den Messias ein (gelegentlich: E. salbt den Messias). Indem man Mal 3,1.23f mit Mal 2,4 kombinierte, kam man zur Erwartung, daß E. der Hohepriester der Endzeit sein werde. Nach Mal 3,24 LXX stiftet E. die Versöhnung zwischen den Menschen. Er wird die reine Lehre und die reine Heilsgemeinde wiederherstellen; er wird strittige Fragen der Lehre, des Rechts und dunkle Stellen der Bibel klären. Von daher wurde im Judentum manches unentschieden gelassen; man wartete, »bis E. kommt« und die Sache entschied. Nach dem Targum sammelt Gott die jüd. Diaspora durch E. und Mose. Nach dem Midrasch zu Ps 43 gibt es zwei Erlöser: E. aus dem Stamme Levi und den Messias aus dem Hause Davids (vgl. die Erwartung der Qumrangemeinde: in der Endzeit steht ein priesterlicher Messias neben dem Messias aus dem Stamme Juda). Man nahm an, E. sei Pinehas, der Sohn Aarons (Ex 6,25) gewesen. Mit der endzeitlichen Totenauferstehung wird E. in einem Spruch des R. Pinchas b. Jaïr in Mischna Sota IX 15 in Verbindung gebracht.

Elias wird im NT 29mal erwähnt (dazu als Textvariante in Lk 9,54). Auf den geschicht- III
lichen E. beziehen sich Lk 4,25; Jak 5,17; Offb 11,6. Palästinensische Tradition erscheint in der Angabe, daß die Dürre von 1 Kön 17f dreieinhalb Jahre gedauert habe (Lk 5,17). Lk 4,25f ist ein Drohwort Jesu: Es kann Gott gefallen, das Heil den Heiden anzubieten, wobei Israel ausgeschlossen wird. Jak 5,17 zeigt am Beispiel E. die Macht des Gebetes des Gerechten. Lk 9,54 bezieht sich auf 2 Kön 1,10.12 (vgl. Sir 48,3): Wie E. seinerzeit Feuer auf seine Häscher fallen ließ, so wollten die Zebedaiden auf das ungastliche Samariterdorf Feuer fallen lassen; hier fügt eine seit dem 2. Jh. (Markion) bezeugte Lesart bei: »Wie E. tat.« Jesus lehnt das Ansinnen ab, da es unvereinbar ist mit seiner Aufgabe, zu retten und zu helfen.

Nach Mk 15,34f par betet Jesus am Kreuz Ps 22,2. Dieser Gebetsruf wurde von den Dabeistehenden dahin mißverstanden, daß Jesus E. um Hilfe anrufe: E. als Nothelfer! Da nun E. nicht kam, war Jesu messianischer Anspruch als gescheitert anzusehen (Schlatter). Die Vorstellung von E. als Nothelfer fehlt im NT, das nur Jesus als Nothelfer kennt.

Nach dem Bericht des NT nahm man im Volk einerseits an, E. werde vor dem Anbruch des Endes kommen (Mk 9,11; Mt 17,10), und man fragte sich, ob Johannes der Täufer E. sei (Joh 1,21.25), andererseits nahmen einige an, daß in Jesus selbst E. wieder erschienen sei (Mk 6,15 par; 8,28 par). Jüd. Glauben entspricht Mk 9,11: E. als Vorläufer des Messias und als Wiederhersteller. Aus Offb 11,3 ergibt sich, daß man annahm, die »Wiederherstellung« erfolge durch die Bußpredigt. Die Erwartung E. war verbürgt durch die Schrift: E. »muß« wiederkommen (Mk 9,11). Da er für die Schriftgelehrten noch nicht gekommen war, konnte Jesus für sie auch nicht der Messias sein. Dies war auch der Glaube der Jünger: Mit dem Hinweis, daß E. noch nicht gekommen sei, wollten sie die Leidensweissagung Jesu widerlegen.

Nach Joh 1,21.25 lehnte Johannes der Täufer ab, der E. der Endzeit zu sein. Das dürfte dem geschichtlichen Tatbestand entsprechen; denn diese Aussage steht im NT isoliert der häufiger vorkommenden gegenüber, daß mit dem Auftreten des Täufers die at.-jüd. E.-Erwartung erfüllt sei. Nach Mk 9,11ff par; Mt 11,10 par war eben dies das Urteil Jesu über den Täufer. Aus Mt 11,14 – »wenn ihr es annehmen wollt« – ergibt sich, daß dieses Urteil Jesu neu und ungewohnt war. Damit war gesagt, daß es keine reine, direkte Wiederverkörperung E. in personam gebe, wie auch, daß die Verheißung der Schrift sich erfüllt; ferner, daß die »Wiederherstellung« von Jesus nicht im politischen oder volksmäßigen Sinn verstanden wurde, sondern im religiösen: als Buße und Vergebung; endlich sah Jesus im Schicksal des Täufers sein eigenes vorgebildet (Mk 9,13). Die Urgemeinde hat das Urteil Jesu über den Täufer aufgenommen und sich damit zur Messianität Jesu bekannt (Mk 1,2; Lk 1,16f.76).

Zusammen mit Mose erscheint E. bei der Verklärung Jesu (Mk 9,4f par). Die apokalyptische – nicht die rabb. – Literatur kennt zwei Vorläufer des Messias (aethHen 90,31; 4 Esr 6,26; allerdings fast stets Henoch und E., die beide entrückt wurden; vgl. dagegen Offb 11,3ff: Mose und E.). Indem bei der Verklärung Jesu Mose und E. erscheinen, kündigt sich der Anbruch der Endzeit an. Nach Mk 9,12f; Offb 11,3ff sowie nach außerkanonischen Überlieferungen ist E. eine Leidensgestalt; wenn er bei der Verklärung Jesu erscheint, deutet das auf das bevorstehende Leiden Jesu und bestätigt Jesu Leidensweissagung (Mk 8,31f; Lk 9,31).

In Spannung zu der Auffassung, daß in Johannes dem Täufer die E.-Erwartung erfüllt sei, steht Offb 11,3ff: Das Auftreten E.s wird für die Zukunft erwartet; denn der eine der beiden Bußprediger, die vom Tier getötet werden, ist E. Das Verschließen des Himmels bezieht sich auf 1 Kön 17,1.

Auf die at. E.-Geschichte bezieht sich Paulus in Röm 11,2–5. Aus 1 Kön 19,10.14.18 gewinnt er die Gewißheit, daß Gott auch in seiner Zeit in Israel einen auserwählten heiligen Rest ausgesondert hat, nämlich die Juden, die an Jesus als an ihren Messias glauben.
→ Erlösung; → Messias; → Mose *H. Bietenhard*

Lit.: ASchlatter, Der Evangelist Matthäus, 1933², 783 – PVolz, Die Eschatologie der jüdischen Gemeinde im neutestamentlichen Zeitalter, 1934, 195ff – JJeremias, Art. Ἠλ(ε)ίας, ThWb II, 1935, 930ff – GFohrer, Elia, AThANT 31, 1957 – Strack-Billerbeck, IV 764–98, 28. Exkurs: Der Prophet Elia nach seiner Entrückung aus dem Diesseits – CAKeller, Wer war Elia?, ThZ 16, 1960, 298ff.

Ende → Gegenwart, Wiederkunft; → Ziel

Engel, Bote

ἄγγελος

ἄγγελος *[angelos]* Engel, Bote · ἀρχάγγελος *[archangelos]* Erzengel · ἰσάγγελος *[isangelos]* engelgleich

I Im Griech. ist ἄγγελος *[angelos]* der *Bote*, der *Gesandte* in menschlichen Verhältnissen; er redet und handelt anstelle dessen, der ihn sendet, und steht unter dem besonderen Schutz der Götter, ist unverletzlich. bei Homer vor allem als Götterbote, so Hermes, der auch als Geleiter der Seelen in den Hades (→ Hölle) ἄ. ist. Außer Hermes werden später auch chthonische Gottheiten als ἄγγελοι *[angeloi]* (v. l. Boten der Unterwelt) erwähnt (noch nicht allerdings bei Homer!). –

II 1) Im AT heben sich zwei Engelvorstellungen deutlich voneinander ab:

a) Es ist die Rede von *Engeln* als himmlischen Wesen, die zum Hofstaat Jahwes gehören (Hi 1,6), um ihm zu dienen und ihn zu preisen (vgl. Jes 6,2f). Sie spielten in den älteren Schriften des AT jedoch keine besondere Rolle. Religionsgeschichtlich kommt diese Engel-Vorstellung aus der Umwelt Israels. Dabei blieb Jahwe aber die einzige schöpferische Kraft in Natur und Geschichte, weshalb die Engel nie autonom wurden und keinen Kult genossen. – Zu dem Hofstaat Jahwes werden aber auch (häufig in den jüngeren nachexilischen Schriften) andere himmlische Gestalten gerechnet, die nicht immer ausdrücklich als Engel bezeichnet werden, wie zB die »Heiligen«, die »Starken«, die »Helden«, die »Gottessöhne« (was besser mit »Himmelswesen« übersetzt würde). Sie treten zT kriegerisch auf (Gen 32,1f; Jos 5,13ff u. ö.). Sie sind Zeugen der Schöpfung (Hi 38,7), aber als Geschöpfe nicht makellos (Hi 4,18; 15,15); dennoch können sie Offenbarungsmittler sein (Sach 1,9.11ff; 2,2ff; Ez 40,3). Erwähnt werden Unheilsengel (Ps 78,49), Würgeengel (Ex 12,23), Todesengel (Hi 33,22; Spr 16,14; Ps 78,49; 91,11; 103,20). Besondere Engel sind die Cherube, geflügelte Mischwesen von Mensch und Tier (Gen 3,24; Ez 1; 10,19; 11,22; Ps 18,11), und die Seraphim, die sechs Flügel haben (Jes 6,2).

Daß nach dem Exil der Glaube an Engelwesen stark zunahm, ist wohl darauf zurückzuführen, daß Israel stärker mit anderen Religionen in Berührung kam und Jahwes Wesen mehr und mehr transzendent aufgefaßt wurde, ohne daß aber sein Wirken in der Welt geschmälert werden durfte; vermutlich wird das ein wesentlicher Grund zu so starker Ausprägung von Mittelwesen gewesen sein (vgl. Hi 5,1; 15,15; Ps 89,6.8; Sach 14,5). Bei Daniel wirken sie als gewaltige Zwischenmächte, die auch Namen tragen; es gibt Erz-, Wächter- und Völker-Engel, andere Hunderttausende stehen um Gottes Thron (Dan 4,10.14; 7,10; 8,16; 9,21; 10,5f; 12,1).

b) Davon zu unterscheiden ist die Gestalt des Engels Jahwes *(mal'āk)*. Er ist ein himmlisches Wesen, dem Jahwe einen bestimmten Auftrag gibt, hinter dem die Gestalt des Engels selbst völlig zurücktritt. Daher ist es verkehrt, wenn der Mensch in der Begegnung mit dem Engel sein Wesen (den Namen) zu ergründen sucht (Ri 13,17ff). Beinahe ausschließlich als hilfreiche Gestalt tritt der Engel Jahwes hervor, indem er Israel oder einem einzelnen beisteht; er ist eine fast hypostatische Erscheinungsform Jahwes, die personifizierte Hilfe Gottes für Israel (Ex 14,19; Num 22,22; Ri 6,11ff; 2 Kön 1,3f u. ö.). Nur in 2 Sam 24,17 wendet er sich gegen Israel. Gelegentlich kann nicht zwischen Jahwe und seinem Engel unterschieden werden: Wenn von Jahwe ohne Bezug auf die Menschen die Rede ist, steht »Jahwe«, wenn aber der Mensch ihn bemerkt, wird vom »Engel Jahwes« gesprochen; dadurch soll Jahwes Erhabenheit gewahrt werden (Gen 18; Ex

23,20ff: weil Jahwes Heiligkeit Israel vernichten könnte, soll nur sein »Engel« mit dem Volke ziehen!).

2) Im Spätjudentum, zu dem schon Daniel gerechnet werden muß, griff die Engellehre im Volk weit um sich, ungehindert vom Rabbinat, aber abgelehnt von den Sadduzäern (vgl. Apg 23,8). Man betrachtete den Glauben an Engel als Erfüllung der at. Frömmigkeit, wenn er nicht verselbständigt oder zum Engelkult wurde: Die Engel stellen Jahwes Allwissenheit und Allgegenwart dar, bilden seinen Hofstaat und Gefolge, sind seine Boten. Sie stehen in Verbindung mit Gestirnen, Elementen, Naturerscheinungen und -kräften, die sie in Gottes Auftrag regieren. Der einzelne Mensch hat seinen Schutz-E., über die Völker sind Völker-E. gesetzt (Michael über Israel nach Dan 10,13.21). Erz-E. gibt es 4,6 oder 7; andere E.-Klassen sind Kräfte, Herrschaften, Throne, Fürsten, Mächte, Dienstengel. Stark ausgebildet, mit Spekulationen über den Fall der Engel (vgl. Gen 6) ist die Engellehre in 1 Hen 6–16, sowie im 3 Hen. Engel vermitteln Menschen Geheimnisse Gottes in Raum und Zeit.

In den Schriften der Gemeinde vom Toten Meer (Essener, Qumran) erscheint der kosmische Dualismus vor allem in der Lehre von den Engeln ausgeprägt: Gott hat zwei Bereiche geschaffen (Licht und Finsternis), über die je ein »Fürst« *(sar)* oder Engel gesetzt ist (→ Dämon, Art. δαίμων). Unter diesem Fürsten stehen alle Menschen und andere E.-Wesen, die dann auch »Fürsten« (1 QS 3,20; Dam 5,18; 1 QM 13,10) oder »Geister« *(ruchoth;* 1 QS 3–4) genannt werden (1 QS 3,18–20.25). Die Engel des Lichts werden oft Heilige genannt (1 QS 4,22; 1 QH Frg. 2,10), auch Göttersöhne (1 QH Frg. 2,3). Sie sind besondere Diener Gottes (1 QH 5,21), sind »Angesichts-E.« (1 QH 6,13). Israels Gott und der »E. seiner Wahrheit« – in 1 QM 17,7f wird er mit Michael gleichgesetzt – helfen allen »Söhnen des Lichts« (1 QS 3,24f). Wer sich bekehrt, tritt in das Heer der E. vor Gott (1 QH 11,13), vor ihm weicht der »E. der Anfeindung« (CD 16,5). Dagegen sind die »Wächter-E.« gefallen (CD 2,18; vgl. auch 1 Q Gen Apokr 2,1–5.16). Gott hat die E. gerichtet (1 QH 10,34f; 1 QM 14,15). In der Endzeit rast der Krieg der »Recken des Himmels« über die Erde (1 QH 3,36), wobei Gott mit seinen Engeln, die sich im Lager der »Söhne des Lichts« befinden (1 QM 7,6; vgl. 10,11f; 12,7f.9; 15,14), gegen die »Söhne der Finsternis« streitet (1 QM 1,10f). An E.-Namen begegnen Michael, Gabriel, Raphael, Sariel. Doch bleibt ganz das Bewußtsein erhalten, daß es der Fromme in den verschiedenen E.-Gestalten immer mit der Fürsorge Gottes und mit seinem Handeln zu tun hat.

Philo von Alexandria versteht oft unter dem im AT erwähnten Engel den Logos (→ Wort); sonst sind für ihn Engel und → Dämonen Erscheinungen und Kräfte des Universums. – Bei Josephus erscheint ἄ. sowohl in der Bedeutung Bote wie auch als Engel. Jüd. Tradition entspricht es, wenn er E. bei der Gesetzgebung mitwirken läßt (Ant. 15,136). Von den Essenern berichtet er, sie hätten Spekulationen über die E. getrieben.

Im NT kommt ἄγγελος *[angelos]* 175mal vor (in den Synoptikern 51mal, Apg 21mal, Offb 67mal), wobei nur an 3 Stellen Menschen als ἄγγελοι *[angeloi]* bezeichnet werden (Lk 7,24; 9,52; Jak 2,25); im at. Zitat Mt 11,10 ist der Täufer ἄ. Gottes bzw. Jesu. Im allgemeinen werden die at.-jüd. Anschauungen übernommen: Die E. sind Vertreter der himmlischen Welt und Boten Gottes; wo sie erscheinen, bricht die jenseitige Welt in diese Welt hinein. Weil in Jesus Gott gegenwärtig ist, ist sein Weg auf Erden von E.n begleitet (Mt 1,20; 2,13.19f; 28,2.5f; Mk 1,13; Lk 1,19; 2,9; 22,43; Joh 1,51; vgl. Apg 1,10f). Sie werden auch bei der Parusie an seiner Seite sein (Mt 13,49; 16,27; 25,31; 2 Thess 1,7f). Als Sohn Gottes ist Jesus den E.n eindeutig übergeordnet (Mk 13,27; Hebr 1,4ff; Phil 2,9f). II

Die Vorstellung vom Schutz-E. begegnet in Mt 18,10 als Ausdruck der Liebe Gottes zu den Kleinen und in Apg 12,15. Nach 1 Kor 11,10 wachen E. über die Schicklichkeit. Engel vermitteln Gottes Gericht (Apg 12,23), handeln zugunsten der Apostel (Apg 5,19; 12,7ff) und tun ihnen Gottes Willen kund (Apg 8,26; 10,3ff; 27,23).

Bei Paulus ist die Vorstellung von den E.n ganz von der Christustatsache überschattet (Eph 1,20f; Phil 2,9f). Selbst der Apostel mit seinem vom Herrn erhaltenen Auftrag ist mehr als das Wort eines Engels (Gal 1,8), die Liebe mehr als »Engelszungen« (1 Kor 13,1). Kein Natur- oder Elementar-E. kann uns von der Liebe Gottes trennen (Röm 8,38; vgl. Gal 4,3; vgl. II,2). Paulus polemisiert gegen gnostische Engelverehrung (Kol 1,15ff; 2,18; vgl. Offb 19,10; 22,8f), weil sie die Erkenntnis der einzigartigen Mittlerstellung Christi verdunkelt, kennt aber Engelklassen (Röm 8,38f; 1 Kor 15,24; Eph 1,21; Kol 1,16). – Bei der Gesetzgebung am Sinai waren E. beteiligt (Gal 3,19; vgl. Apg 7,53; Hebr 2,2). Sie nehmen Anteil am Geschick der Menschen (Lk 15,10), der Apostel (1 Kor 4,9), tragen die Seele ins Paradies (Lk 16,22). Engel umgeben Gottes Thron und erfüllen die himmlische Welt mit Lobgesang (Offb 5,11; 7,11). Sie vermitteln die Offenbarung und geben Gesichte (Offb 1,11; 10,1.8f; 14,6ff; 17,1); sie richten Gottes Gerichte aus (Offb 7,1; 8,2f; 9,1.13; 11,15; 12,7ff; 14,15.17ff; 15f; 18,1f; 19,17; 20,1f). Andererseits hat aber auch der Satan E. (Mt 25,41; 2 Kor 12,7), wie 1 Petr 3,19f; 2 Petr 2,4; Jud 6 vom Fall der Engel reden.

Die »E. der Gemeinden« dürften wirkliche E. sein und nicht Bischöfe (Offb 1,20; 3f).

Das Wort ἀρχάγγελος *[archangelos]* = *Erzengel* (eine aus den Himmelswesen besonders herausragende Gattung) begegnet im NT nur 1 Thess 4,16 und Jud 9. Die Vorstellung liegt aber auch vor in Offb 8,2.7f.10.12; 9,1.13; 11,15. Mit Namen genannt werden nur Gabriel (Lk 1,19) und Michael (Jud 9; Offb 12,7).

ἰσάγγελος *[isangelos]* = *engelsgleich* nur Lk 20,36 (vgl. Mt 22,30; Mk 12,25). Das Wort bezeichnet den Zustand der Auferstandenen, die den natürlichen Bedingungen des irdischen Lebens entnommen sein werden, darum auch der Ehe. *H. Bietenhard*

V ZUR VERKÜNDIGUNG

Der Gedanke an Engelwesen bereitet dem Menschen heute Verlegenheit; selbst im religiösen Leben spielt die Engelvorstellung allenfalls eine untergeordnete Rolle. Sie gehört für den Erwachsenen in die Welt des Kinderglaubens mit seinen Krippenspielen zu Weihnachten, ja fast in die Nähe des Märchens. Sobald man aber diesem Kinderglauben entwächst, wird auch der Glaube aufgegeben, daß Engel tatsächlich existieren. Dazu mag auch beitragen, daß bei vielen die Vorstellung von Engelwesen untrennbar verbunden ist mit dem antiken Weltbild, in dem Gott im Himmel als dem oberen Stockwerk wohnt, und sich damit die Frage ergibt, wie er auf die Erde kommt bzw. wie er auf die Erde einwirkt. Die Engelvorstellung nun half – neben anderen Möglichkeiten – dem antiken Menschen, die Kluft zwischen Himmel und Erde zu überbrücken. Müssen dann nicht, wenn das antike Weltbild fällt, mit ihm auch die Engelvorstellungen als überholt gelten? Ob diese Folgerung zwingend ist, wäre aber gerade zu fragen.

Wenn weiterhin für viele Menschen an die Stelle des personalen Gottes der Bibel eine unbestimmte und allgemeine »Gottesidee« getreten ist oder eine ebenso unpersönliche »Macht« oder »Allmacht«, dann kann folgerichtig eine solche Macht auch keine persönlichen Begleiter, Boten und Botschafter haben: Die pantheistisch aufgefaßte göttliche Macht durchwaltet alles selbst. Aber auch vielen, die an einen persönlichen Gott glauben, erscheint der Glaube an Engelwesen überflüssig: Gottes Allmacht, Allgegenwart und Allwirksamkeit machen ihnen diese Vorstellung entbehrlich. Und schließlich hat ja auch die Kirche in ihren grundlegenden Bekenntnissen keineswegs den Glauben an Engel gefordert.

Umso auffälliger ist demgegenüber, daß in der neueren Lit. relativ oft Engel erwähnt werden, ohne daß der Leser sich daran zu stoßen scheint. Engelwesen treten als Symbolgestalten oder als Träger von Offenbarungen auf (zB im Prolog zu Goethes »Faust«; bei GMeyrink, Der Engel vom westlichen Fenster; RMRilke in den »Duineser Elegien«; FDürrenmatt, Ein Engel kommt nach Babylon). Sind diese »Engel« nur eine unter vielen möglichen dichterischen Einkleidungen von Gedanken des Autors oder von Fiktionen, oder sollen sie doch mehr sein als das? Haben sie mit den in der Bibel erwähnten Engeln nur den Namen gemeinsam oder doch mehr? Sind sie also nur als Rückgriff auf Stil- und Aussagemittel der Vergangenheit zu verstehen, oder signalisieren sie am Ende doch das Auftreten oder Eingreifen von Kräften aus dem nicht-menschlichen Bereich?

Offenbar hat ja auch die bildende Kunst ein durchaus positives Verhältnis zur Engel-Vorstellung: Hier dient ihre Darstellung der Bereicherung und Verklärung des religiösen Themas, wobei man im einzelnen freilich antik-heidnischen Vorlagen folgt: Wie dort Götter und Genien als menschengestaltige Wesen mit Taubenflügeln erscheinen (vgl. die Nike von Samothrake; die Putten und Genien im »Haus der Livia« auf dem Palatin in Rom) und wie bes. die Kunst der Renaissance und des Barock diese Vorstellungen auf die Engel übertragen haben, so haben sie schließlich bewußt und unbewußt die Vorstellung von den Engeln überhaupt geprägt. Dadurch ist dann allerdings auch die biblische Engel-Vorstellung immer mehr verniedlicht und verharmlost worden, vor allem in der Volkskunst und im Kitsch aller Grade und Stufen. Nur ausnahmsweise erscheint m. W. in der modernen darstellenden Kunst der Engel im biblischen Sinn als hoheitsvolles, ehrfurchtsgebietendes Wesen, wobei sich der Künstler vom überlieferten Zwang befreit, den Engel als geflügelte Gestalt darzustellen. Sehr wahrscheinlich hat denn auch gerade die Einsicht in die heidnische Herkunft der landläufigen Engel-Vorstellung wesentlich dazu beigetragen, den Glauben an die Existenz von Engeln überhaupt aufzugeben (hierzu vgl. CWestermann, Gottes Engel brauchen keine Flügel, 1965). Antik-heidnisch, aber durchaus unbiblisch ist auch der Gedanke, daß Verstorbene – vor allem Kinder – im Jenseits zu Engeln werden.

Nun haben schon zZt des NT neben dem AT starke Einflüsse von außen auf die Engellehre des Judentums eingewirkt, und die Engelspekulation des (Pseudo-)Dionysios Areopagita hatte als christl. Parallele dazu weitreichende Folgen. Man kann fragen, ob die allzu phantasievolle und spekulative Beschäftigung mit den Engeln, die im allgemeinen und im einzelnen zu viel wissen will, nicht das Interesse von Gott und Christus abzieht, ob nicht eine Frage zweiten Ranges zur Hauptfrage gemacht wird. Nirgends in der Bibel treffen wir zB auf Belehrungen oder Spekulationen über die Engel und Engelklassen oder über ihre Natur und ihr Wesen, ihren Rang und ihre Funktion im einzelnen – sehr im Unterschied zu mancher späteren Dogmatik. Wir erfahren aus der Bibel nicht einmal, wann die Engel geschaffen wurden. Daß dieses Schweigen der Bibel gerade die menschliche Neugier anregt, ist klar, wie auch, daß diese Neugier sich durch Spekulation zu befriedigen sucht.

Ein weiterer Anreiz für solche Spekulationen besteht darin, daß Engel in unserer Erfahrungswelt nicht vorkommen, ihre Existenz nicht objektiv nachweisbar ist. Und auch, wo die Bibel, auf deren Zeugnis man hier (allein) angewiesen ist, sie erwähnt, geschieht dies vor allem in Berichten, die der historischen Nachprüfung und Verifizierung weithin entzogen sind. Aber kann man aus der Unmöglichkeit der Nachprüfung den Schluß ziehen, daß es keine Engelwesen gibt oder geben kann? Und selbst, wenn jemand die Engel-Vorstellung der Bibel als zeitbedingt erklären und damit eliminieren zu müssen meint, so müßte er sich nun erst recht der Aufgabe widmen, den Aussage- und Offenbarungsgehalt der betreffenden Bibelstellen neu und adäquat zur Geltung zu bringen.

Nun tut das biblische Zeugnis von den Engeln dem christl. Glauben zunächst den Dienst, daß es ihn erinnert an die Größe und Tiefe von Gottes Schöpfung: Diese sichtbare und erfahrbare Welt mit ihren Erscheinungen und Kräften, die dem Menschen verfügbar und zugänglich ist, ist nicht alles, was Gott geschaffen hat. Gott hat Welten und Geschöpfe – und dazu wären auch die Engel zu zählen – ins Dasein gerufen, die jenseits des dem Menschen Verfügbaren und Zugänglichen liegen, aber dennoch ihm erfahrbar werden können. Diese Aussage dürfte dann aber gerade nicht von einem bestimmten Weltbild abhängig, daran gebunden sein.

Wer neu interpretieren will, wird im Auge behalten müssen, daß im biblischen Zeugnis die Engel Gottes Boten in die Welt sind, wo sie seinen Willen ausrichten; daß sie den Menschen, dem Volk Gottes dienen (Hebr 1,14), in der Relation auf die Menschen hin existieren. Engel markieren das Übergreifen des Jenseitigen in das Diesseitige, des Geheimnisses Gottes in den Raum bekannter Möglichkeiten (Barth).

Aber der Mensch soll seinen Glauben und seine Hoffnung nun gerade nicht auf die Engel setzen, die, für sich genommen, Botschaftern ohne Autorisierung gleichen, sondern auf den lebendigen Gott, der sich in Christus offenbart hat, und der sich wie anderer Kräfte, so auch des Dienstes der Engel bedient, um die Seinen vom Himmel her zu beschützen und zu bewahren und zu leiten. Hängt es überhaupt von der jeweiligen Engel-Vorstellung ab oder nicht letztlich von der Gottesbeziehung, ob jemand mit Luthers Morgen- und Abendsegen beten kann: »Dein heiliger Engel sei mit mir, daß der böse Feind keine Macht an mir finde«?

H. Bietenhard

Lit.: OEverling, Die paulinische Angelologie und Dämonologie, 1888 – MDibelius, Die Geisterwelt im Glauben des Paulus, 1909 – WGrundmann/GvRad/GKittel, Art. ἄγγελος, ThWb I, 1933, 72ff – FStier, Gott und sein Engel im AT, 1934 – WEichrodt, Theologie des AT II: Gott und Welt, 1935, 6ff; 103ff – ESchick, Die Botschaft der Engel im NT, 1940 – WMichaelis, Zur Engel-Christologie im Urchristentum, AThANT 1, 1942 – WBaumgartner, Zum Problem des Jahweengels, Schweiz. Theol. Umschau 1944, 97ff – MZiegler, Engel und Dämonen im Lichte der Bibel, 1957 – GvRad, Theologie des AT I, 1958, 284ff – HSchlier, Mächte und Gewalten im NT, 1958 – ders., Die Engel nach dem NT, Archiv f. Liturgiewiss., VI,1, 1959, 43ff – WHerrmann, Die Göttersöhne, Zs. f. Religions- u. Geisteswiss. 12, 1960, 242ff – HGros/HSchlier, Die Engel in der Heiligen Schrift, 1961 – AMantel, Die Dienste der Engel nach der Apokalypse des Johannes, Bibel u. Leben 2, 1961, 59ff (kath.) – KBarth, Kirchliche Dogmatik III, 3, 1961, 426ff – CWestermann, Gottes Engel brauchen keine Flügel, 1965.

Entrücken, Hinwegreißen

ἁρπάζω

ἁρπάζω *[harpazō]* entrücken, hinwegreißen · ἁρπαγμός *[harpagmos]* das Rauben, das Geraubte – μετατίθημι *[metatithæmi]* entrücken

I ἁρπάζω *[harpazō]*, seit Homer bezeugt, (wurzelverwandt mit lat. rapio) bedeutet *an sich reißen, rauben;* ἁρπαγμός *[harpagmos]* sowohl das *Rauben* als auch das *Geraubte.*

II ἁρπάζω *[harpazō]* steht in LXX meist für das hebr. *gāzal (wegnehmen, berauben;* zB Lev 6,4; 19,3; Ri 21,23; Jes 10,2 oder übertragen Mi 3,2) und *ṭāraf (reißen,* zB von Raubtieren; *zerreißen:* zB Gen 37,33; Ps 22,13; 104,21; Am 3,4 und auch Hos 5,15; Ps 50,22, wo Jahwe selbst dem abtrünnigen Volk gegenüber mit einem reißenden Löwen verglichen wird; vgl. Hos 6,1).

Nur einmal klingt in LXX die Bedeutung *entrücken* an (nach Weish 4,11 wurde »der Gerechte« – Henoch – entrückt), die sonst in LXX jedoch stets wie im Profangriech. seit Homers Odyssee durch μετατίθημι *[metatithæmi]* u. a. wiedergegeben wird (Gen 5,24; Weish 4,10; Sir 44,16; 49,14 u. ö.). Da aber die Henoch-Entrückung (Gen 5,24) sehr stark auf die späte jüd. Literatur eingewirkt und selbst im NT Spuren hinterlassen hat (vgl. 2 Kor 12,2.4; 1 Thess 4,17 u. a.), bleibt doch die Frage nach dem Verständnis der Entrückung in Gen 5,24 wichtig. Wahrscheinlich weist die Erzählung in Richtung des Gilgamesch-Epos, wo der Held direkt aus dem irdischen Leben in die Gemeinschaft der Götter »entrückt«, dh aufgenommen wurde. Henoch wäre dementsprechend aufgrund seines gottwohlgefälligen Lebens, ohne erst in die Scheol (→ Hölle) zu müssen, direkt in die Gemeinschaft Gottes geführt worden. Über die Art, *wie* das geschehen ist, schweigt der Bericht (vgl. Hebr 11,5, dort μετατίθημι *[metatithæmi]*; Jud 14). Ähnlich wird von Elias eine direkte Aufnahme in die Gemeinschaft Gottes berichtet (2 Kön 2,3ff).

III 1) Im NT findet sich ἁρπάζω *[harpazō]* 14mal und bedeutet

a) wie im profanen Griech. und LXX etwas *an sich reißen, rauben* (so Mt 12,29; Joh 10,12);

b) *mit Gewalt hinwegführen* (Joh 6,15; 10,28.29; Apg 23,10; Jud 23), *entfernen,* im Sinne von *ausreißen* (Mt 12,29);

c) *entrücken,* auch μετατίθημι *[metatithæmi]* (Apg 8,39; 2 Kor 12,2.4; 1 Thess 4,17; Offb 12,5). – »Entrückung ist eine Ortsveränderung, die den Menschen durch eine übermenschliche Kraft zuteil wird« (Strecker 461). Dabei ist im NT zwischen einem Entrücktwerden von einem Ort der Erde zu einem anderen (Apg 8,39) und dem Entrücktwerden in eine überirdische Welt (zB 2 Kor 12,2.4) zu unterscheiden.

In der Erzählung Apg 8,39 wird die Entrückung des Philippus durch eine Machtwirkung Gottes räumlich-real aufgefaßt. Sie berührt sich zT bis in den Wortlaut hinein mit 2 Kön 2 (vgl. bes. V. 12). – Eine völlig andere Vorstellung liegt 2 Kor 12,2ff zugrunde. Paulus sieht sich in einer gewissen Verbitterung von seinen gnostischen Gegnern gezwungen, von einem Erlebnis zu berichten, das eigentlich nur ihn und Gott angeht. Der Gnostiker verläßt im Pneuma selbst den Kerker des Leibes, um vorübergehend in den kosmischen Christusleib einzutauchen (vgl. Schmithals 176). Diesem Grad höchsten ekstatischen Erlebens stellt Paulus die ihm geschenkte Entrückung gegenüber. Sie ist weder eine Himmelsreise der Seele (er weiß nicht, ob die Entrückung im Leib oder außerhalb desselben geschah!) noch eine leibliche Himmelfahrt. Die Schilderung ist sehr zurückhaltend, sie verrät nichts von der Art der Entrückung. »Gerade das Wesentliche am Vorgang bleibt verhüllt« (Schlatter 662). Der Ton liegt allein auf der Tatsache, daß Paulus vorübergehend aus dem Glauben ins Schauen trat, daß er für einen Augenblick erlebte, was er einst sein wird. Paulus weiß — im Gegensatz zu seinen Gegnern —, daß er im Entrücktsein nicht die endgültige Vollendung erfuhr, die das Glauben aufhebt. — Dagegen handelt es sich in 1 Thess 4,17 um das endgültige Entrücktwerden in die Gemeinschaft der Erlösten am Ende der Tage. Nicht die Leiden der Gemeinde veranlassen Paulus zu dieser Aussage, sondern die Sorge einiger Gemeindeglieder um das Schicksal der verstorbenen Christen. Sie wird durch die Auferstehungsgewißheit aufgehoben. Die noch Lebenden aber werden die Zeit des Todes gleichsam überspringen und sofort in die Gemeinschaft der bereits Auferstandenen aufgenommen, um mit ihnen, »indem sie die Tore der Welt verlassen, im ἀήρ *[a·ær]* den als κύριος *[kyrios]* akklamierten Christus ein(zuholen)« (Petersen 380; εἰς ἀπάντησιν *[eis apantæsin]* ist terminus technicus für die feierliche Einholung hochgestellter Persönlichkeiten!). Das ist die Sprache der spät-jüd. Apokalyptik, in die hier die Aussage des Thessalonicher-Briefes gekleidet ist. Entrücken hat darin einen ganz ähnlichen Sinn wie in Gen 5,24: Der Tod ist ausgeschaltet. — Wenn Offb 12,5 das Kind (Jesus) vor den Nachstellungen des Drachens zu Gott hingerückt wird, so wird damit die hintergründige Bedeutsamkeit von Berichten wie Mt 2,13ff u. a. in der der Offb eigenen Bildersprache zum Ausdruck gebracht.

d) Dunkel ist die Bedeutung von ἁ. in Mt 11,12. Die Zusammenstellung von ἁ. und βιάζομαι *[biazomai]*, wobei letzteres immer feindliche Gewalttat bezeichnet, macht die Erklärung unwahrscheinlich, daß es sich um ein heilshungriges Drängen und Ansichreißen des Reiches oder um einen ungestümen Aktivismus mit dem Ziel der Aufrichtung des Reiches handelt. Der Zusammenhang im ganzen MtEv und in Kap 11 läßt eher an die Feinde der Gottesherrschaft denken, die den Menschen den Zutritt zum Reich verwehren (vgl. Mt 23,13). Das Reich ist in der Person Jesu Gegenwart. Nur weil es etwas real Vorhandenes ist, kann es geraubt werden und Gewalt leiden. Wie er selbst den Gewalthabern ausgesetzt ist, so setzt sich das mit ihm beginnende Reich nur in Kampf und Leiden durch. Johannes der Täufer als Herold gehört auch zu den Leidenden um des Reiches willen (Schlatter, Johannes der Täufer, 1956, 67ff).

2) ἁρπαγμός *[harpagmos]* = *Raub, das Rauben* kommt im NT nur Phil 2,6 in der Wendung *für einen Gewinn, Glücksfund halten* vor, entweder indem man Gegebenes nützt oder eine Möglichkeit sich nicht entgehen läßt. Das ἐκένωσεν *[ekenōsen]* (V. 7) = »er entäußerte sich« weist auf einen unanfechtbaren Besitz, der im Gott-Gleich-Sein besteht. Wäre es nicht so, dann müßte Christus ängstlich-gierig wie ein Räuber seine Beute an sich zu reißen suchen. Wahrscheinlich redet das Christuslied hier noch nicht vom irdischen Jesus, sondern von einem Geschehen in der Präexistenz. Daß das Lied (nur negativ) von der Möglichkeit spricht, das Gott-Gleich-Sein wie eine festzuhaltende Beute zu behandeln, hat wohl seinen Grund in der ethischen Abzweckung, unter der der ganze Christuspsalm V. 6—11 steht (vgl. V. 1—5): Wenn Christus seine wirkliche δόξα *[doxa]* (→ Ehre) ablegte, dann sollte es unter Christen keinen Streit um κενοδοξία *[kenodoxia]* (V. 3: leerer Ruhm) geben. *E. Tiedtke*

Lit.: EPeterson, Εἷς Θεός. Epigraphisch-formgeschichtliche u. religionsgeschichtliche Untersuchungen, 1926 — WFoerster, Art. ἁρπάζω, ThWb I, 1933, 471ff — ASchlatter, Johannes der Täufer, hrsg. v. WMichaelis, 1956 — ders., Paulus, der Bote Jesu, 1962³ — GStrecker, Art. Entrückung, RAC V, 1962, 461ff — WSchmithals, Die Gnosis in Korinth, 1964² (FRLANT NF. 48).

Erbe, Los, Teil

Daß der Mensch vor Gott nicht in Ungebundenheit und völliger Unabhängigkeit auf sich gestellt ist, sondern daß sein Leben einerseits seinen bestimmten Platz und Anteil im großen Zug der Geschichte Gottes mit den Menschen hat, und daß andererseits ihm bestimmte Gaben und Aufgaben von Gott her zugeteilt werden oder zufallen, drückt die Bibel durch die Verwendung der Begriffsgruppe κλῆρος *[klẹros]* = Erbteil aus. Dabei reicht die innere Spannweite sowohl rückwärts, indem Erbe das einem schon Zugefallene ist, als auch vorwärts, indem der Gebrauch des Wortes formal die rechtswirksame Zuverlässigkeit des Verheißenen unterstreicht. Hierin ist der Begriff dem des → Bundes verwandt. Insofern die Vokabeln immer für die ursprünglich und grundsätzlich Gott gehörenden Gaben, die materiellen (etwa des Landes bzw. des Anteils daran) wie die geistlichen (zB des → Reiches, des ewigen → Lebens), benutzt werden, sind sie Ausdrucksmittel für die Beziehung zwischen Gott und dem Menschen. Sie sagen aus, daß Gott seinem Volk bzw. den Menschen eine Basis ihrer Existenz geben will, dank der sie nicht von dem Wohlwollen anderer Menschen abhängig sind. Nicht festgelegt ist mit dem Gebrauch der Vokabeln, auf welche Weise der Mensch in Besitz und Genuß dieses Erbes kommt. Indem immer der Gedanke des Anteils an einem Ganzen — μέρος *[mẹros]* = *Teil* — eingeschlossen ist, bringen sie gleicherweise Besonderung und Zusammengehörigkeit zum Ausdruck.

κλῆρος

κλῆρος *[klẹros]* Erbe, Los · κληρόω *[klærọō]* durchs Los bestimmen · κληρονομέω *[klæronomẹō]* erben · κληρονομία *[klæronomịa]* Erbe, Erbteil · κληρονόμος *[klæronọmos]* der Erbe · μερίς *[merịs]* Anteil · συγκληρονόμος *[syngklæronọmos]* Miterbe

I κλῆρος *[klẹros]*, von κλάω *[klạō]* = brechen, heißt zunächst *Los*. Das Wort, seit Homer bekannt, bezeichnet eigentlich die Steinscherbe oder das Holzstückchen, die als Los gebraucht wurden. Man loste, um den Ratschluß der Götter zu erforschen. Da auch der Grund und Boden, wahrscheinlich im Rahmen gemeinsamer Ackerbewirtschaftung, durch das L. verteilt wurden, hat κλῆρος *[klẹros]* die Bedeutung *Anteil, Ackerlos, Grundstück* und dann schließlich *Erbteil* bekommen. Das dazugehörige Verb heißt κληρόω *[klærọō] auslosen, jemandem durch das Los zuteilen.* — κληρονομία *[klæronomịa]*, aus κλῆρος *[klẹros]* und νέμω *[nẹmō]* (zuteilen), ist die *Loszuteilung* als Tätigkeit, dann das *zugeteilte Stück*, das *Erbe*, während κληρονόμος *[klæronọmos]* einer ist, der ein κλῆρος *[klẹros]* bekommen hat: der *Erbe*, συγκληρονόμος *[syngklæronọmos]* ist der *Miterbe*, und κληρονομέω *[klæronomẹō]* heißt *Erbe sein, erben.*

II 1) Auch im AT wird das Los *(gōrāl)* geworfen, um den Willen Gottes zu erkennen. Die Lose »Urim und Tummin« (L: »Licht und Recht«) trug der Hohepriester in seiner Amtstracht (Ex 28,30; Lev 8,8). Durch sie erfragte er den Willen Gottes (Num 27,21; Esr 2,63; Neh 7,65). Nach dem Mosessegen (Dtn 33) gehören das Einholen des Gottesentscheides durch das L. und die Verwaltung des Gottesrechtes (Tora) zusammen. Darauf weist auch der sprachliche Zusammenhang des Wortes Tora mit *jārāh* = *werfen*, nämlich das L. werfen, eben um den Gottesentscheid einzuholen. Alle heidnischen zauberhaften Orakelbräuche sind Gott ein Greuel und Israel durch Gottes Offenbarung verwehrt (Dtn 18,9–14). Allein das L.-Orakel ist erlaubt, wenn es im Gehorsam gegen Gott angewandt wird. Aber auch bei ihm verweigert Gott u. U. auf Befragen die Antwort (1 Sam 14,37; 28,6), oder er verbietet sogar das Losen (Ez 24,6). Andererseits kann er sich den Heiden auch durch die Praxis des Loswerfens oder andere Mantik offenbaren (Jon 1,7; Ez 21,26).

Mannigfach ist die Befragung des L.es in Israel. In Jos 7,14 und 1 Sam 14,41 wird durch das L. der gesucht, auf dem der Bann liegt. Saul wird durchs L. zum König gewählt (1 Sam 10,17ff). In der Chr und bei Neh geht es um das Auslosen zu Amt und Dienstverrichtung der Priester und das Wohnen in Jerusalem (zB 1 Chr 24,5f u ö.). Noch zur Zeit des NT wird der Dienst der Priester im Tempel ausgelost und am großen Versöhnungstag nach Lev 16,8ff über die beiden Böcke das L. geworfen (St.-B. II 596). Auch im Rechtsverfahren wird gelost (Spr 18,18). Der Sieger wirft das L. über Gefangene und Beute zu deren Verteilung (Jo 4,3; Ob 11; Nah 3,10; Ps 22,19). Sogar noch in späterer aufgeklärter Zeit weiß man, daß hinter dem Ausgang dieses Loses Gott steht (Spr 16,33).

2) Von besonderer Bedeutung ist der Zusammenhang von L. werfen und Landnahme. Im AT begegnen zwei ihrer Herkunft nach ganz verschiedene Vorstellungskreise:

a) Der eine entstammt eindeutig dem kultischen Raum und besagt: Das Land ist Jahwes Erbteil (zB 1 Sam 26,19; Jer 1,7; Ez 38,16; Jo 1,6; Ps 68,10; 79,1 u. ö.), in dem er wohnt und verehrt werden will (Jos 22,19; Ex 15,17). Diese Vorstellung, daß das Land Gottes Eigentum ist, finden wir ganz allg. auch in den Israel benachbarten Kulten (Baalskult!). Eine ursprüngliche Ableitung der at. Vorstellung aus der kanaanäischen Umwelt ist jedoch ziemlich ausgeschlossen, denn »die Vorstellung von Jahwe als dem Grundeigentümer des Landes reicht bis in die ältesten Jahwegebote zurück und war offenbar schon in einer Zeit lebendig, in der der Synkretismus mit den kanaanäischen Religionselementen noch gar nicht eingesetzt hatte« (v. Rad, ThB 8,95). – Im AT ist der Landeigentümer keine mythische Gottheit (vgl. Baal), die mit dem Land verbunden ist, sondern der in der Geschichte handelnde Gott, der sein Volk aus Ägypten geführt und aus anderen Völkern erwählt hat (Dtn 32,8f; 1Kön 8,51.53). Darum finden wir dann auch sehr oft die Aussage, daß nicht bloß das Land, sondern auch Israel selbst Gottes Erbteil ist (außer den o. a. Stellen zB Dtn 9,26ff; 2 Kön 21,14; Jes 19,25; 47,6; Jer 10,16 = 51,19; Mi 7,18; Jo 2,17f; Ps 33,12; 74,2 u. ö.). Oder es heißt auch: Israel ist Gottes Eigentum (*s^{e}gullāh* Ex 19,5; Dtn 7,6; 14,2; 26,18). Bisweilen ist gar nicht auszumachen, ob Israel oder das Land gemeint ist, so eng gehören Volk und Land durch Gottes Setzung zusammen (zB 2 Sam 14,16; vgl. Jo 4,2).

b) Beherrschend ist jedoch im AT die andere wesentlich geschichtlichere Vorstellung: Das Land ist Israels Erbbesitz, von Gott schon Abraham und den Vätern verheißen und in der Landnahme Israel übereignet. Unter Josua, so heißt es vor allem in der späteren deuteronomistischen Geschichtsschau, nimmt Israel das Land erobernd und durch das L. verteilend von Gott in Besitz (zB Num 26,52ff; Jos 13–19 u. ö.). Auch die Leviten bekommen ihre Städte durch das L. zugeteilt (1 Chr 6,39ff). Jos 21,43–45 setzt den Schlußstrich unter die Landverteilung. Da das Land Gottes Geschenk ist, soll darin auch Gottes Ordnung herrschen. Israel wird aufgerufen, die Gebote Gottes zu halten, damit es in dem Lande lebe und bleibe (Dtn 30,15ff; Jos 22,1ff; vgl. Jer 7,1–7).

In diesem Zusammenhang ist die immer wiederkehrende Aussage beachtenswert, daß die Priester und Leviten »weder Anteil noch Erbe« haben sollen mit ihren Brüdern. Denn der Herr ist ihr Erbteil (Dtn 10,9; 18,1f; 12,12; Num 18,20; Jos 13,14; vgl. Ez 44,28). Wenn dieser Satz primär auch nüchtern den Lebensunterhalt für die Leviten ordnet (Anteile an Opfern und kultischen Gaben), so soll doch darüber hinaus an den Leviten exemplarisch deutlich werden, daß Gottes Volk Sicherheit und Geborgenheit nicht in dem Lande suchen und finden soll, sondern allein bei dem Herrn und Geber dieses Landes, Jahwe.

Die Glaubensaussagen in den Pss, daß Gott des Beters Trost und Teil sei, enthalten den gleichen Gedanken (73,25f; 142,6; Klgl 3,24). »Der Herr ist mein Gut und mein Teil. Du erhältst mein Erbteil. Das L. ist mir gefallen auf liebliches Land, mir ist ein schönes Erbteil geworden« (Ps 16,5f). Solche Äußerungen des Glaubens gehen letztlich zurück auf die Väterverheißung an Abraham, dem Gott nicht bloß Nachkommenschaft und Land zugesagt hat, sondern auch, daß er selbst ihm Schild und sehr großer Lohn sei (Gen 15,1). Diese Zusage hat sich realisiert in der Landnahme, aber sie geht darin nicht auf.

An diese beiden Aussagereihen schließt sich an, was die Propheten der Exilszeit verkünden: Gott steht auch jetzt noch zu seinen Verheißungen. Selbst wenn das Volk durch seinen Ungehorsam aus dem Land verbannt ist, so ist und bleibt es sein Land, sind es seine Berge. Er gibt sie aufs neue seinem Volk (Ez 36 und 37). Dann soll das Land noch einmal durch das L. verteilt werden (Ez 45,1; 47,13f; 48,29; Jes 49,8), und auch die Fremdlinge sollen ihr Teil bekommen (Ez 47,22f).

Wie vielschichtig und verzahnt die gesamte at. Aussage auch im einzelnen sein mag, – immer ist ein Zusammenhang da zwischen der Landnahme und dem L., und immer wird dadurch Jahwes geschichtliches Handeln mit seinem Volk bezeugt, das er erwählt hat und dem er das Land durch L. gegeben hat. Entweder ist es schon vorher durch L. zugeteilt, so daß Israel es nur noch in Besitz zu nehmen braucht (so Ri 1,3), oder es wird, nachdem Israel es auf Gottes Geheiß erobert hat, unter die Stämme verlost (so Jos 13–19). Auf alle Fälle ist es von Gott gegebener Besitz und Erbteil. Das macht auch die Bestimmungen des Sabbatjahres verständlich (Lev 25). Denn das Land ist Jahwes Eigentum und steht deshalb unter seinem Anspruch und seiner Ordnung.

3) Sprachlich drückt das AT diesen Tatbestand mit *gorāl* = Los, mit dem Stamm *jārasch* = besitzen und vor allem mit dem Begriff *nachalāh* = Besitz, Erbe aus. *Gorāl* ist das griech. κλῆρος *[klẹros]*, das LXX fast stets dafür gebraucht. Der Hauptbegriff des hebr. Textes ist aber *nachalāh*, den LXX neben κ. meist mit κληρονομία *[klæronomịa]* = Erbe überträgt; so treten auch für *jārasch* und seine Ableitungen das Verb κληρονομέω *[klæronomẹō]* und die Subst. κλῆρος *[klẹros]* und κληρονομία *[klæronomịa]* im Wechsel ein.

Daneben gebraucht die LXX für die anderen hebr. Begriffe (zB *chēlæq* = Anteil; *s^{e}gullāh* = Eigentum; *chæbæl* = Feldstück) auch μερίς *[merịs]* = Anteil, περιούσιος *[periọusios]* = eigen, σχοίνισμα *[schọinisma]* = das zugemessene Stück Land. Offensichtlich bezeichnet der Begriff *nachalāh* = Erbe am besten das Verhältnis Israels zu seinem ihm von Gott gegebenen Land, weil darin das Moment des Geschenktseins, die unveräußerliche Bestimmung und vor allem der dahinterstehende Plan und das Geschichtswalten zum Ausdruck kommen.

4) Welches ist nun aber der Unterschied zwischen κλῆρος *[klǣros]* und κληρονομία *[klæronomịa]*? Bisweilen werden beide Begriffe wechselweise ohne Unterschied für *nachalāh* gebraucht (zB Num 18,23f; 32,18f; Jos 17,4; vgl. Jes 24,31 LXX; Ri 2,9). Während aber κλῆρος *[klǣros]* von seiner sprachlichen Herkunft her als L. mehr das einzelne durchs L. zugeteilte Stück Land bezeichnet, so betont κληρονομία *[klæronomịa]* mehr den Tatbestand der Erbschaft mit all den eben genannten Inhalten. κλῆρος *[klǣros]* ist auch im Plur. möglich, κληρονομία *[klæronomịa]* nie. Ohne Zweifel ist κληρονομία *[klæronomịa]* der heilsgeschichtlich gefülltere Ausdruck.

5) Im Spätjudentum wird *gōrāl* zum Begriff des individuellen Geschicks am Ende der Tage (vgl. dazu schon Jes 57,6; Dan 12,13), etwa wenn vom »Erbteil der Gerechten« die Rede ist. Die Rabbinen sprechen davon, daß es einst das Land (so schon Ps 37,9.22.29), den kommenden Äon, die jenseitige Vergeltung, den Garten Eden, aber auch die Gehinnom zu erben gilt. Damit taucht der Verdienstgedanke auf (St.-B. I 829. 981; IV² 1116).

6) In den Qumrantexten nimmt der Begriff *Los (gōrāl)* eine zentrale Stellung ein. Er meint hier ebenfalls das von Gott prädestinierte Geschick (1 QS 2,17; 1 QM 13,9) und bezeichnet entweder die *Zugehörigkeit* zu Gott, den Söhnen des Lichts, den Geistern des Wissens u. ä. oder zu Belial, den Söhnen der Finsternis und seinen Geistern, oft in der Bedeutung *Gefolgschaft, Partei* (1 QS 2,2ff; 1 QH 3,22.24f; 1 QM 1,1.5.11; 4,2; 13,2–5). Von da aus kommt er der Bedeutung *Klasse, Stand, Rangordnung* sehr nahe (1 QS 1,10; 2,23; Dam 13,12). »Das L. werfen« ist dann oft soviel wie Schicksal bestimmen, ja: Gericht halten (1 QSb 4,26; 1 QH 3,22). Wenn der Begriff *nachalāh* gebraucht wird, so wird er ebenfalls in dem dualistisch-prädestinatianischen und eschatologischen Sinn der Gemeinde von Qumran verwandt (1 QS 4,15f; 1 QH 14,19; 17,15), daneben allerdings auch in einer mehr at. bestimmten Bedeutung (1 QM 10,15; 19,4).

Wichtig für das NT ist die Vorstellung, daß die Gemeinde am L. der Heiligen, dh der Engel, Anteil habe (1 QS 11,7.8; 1 QH 3,21f; 11,11; 1 QSb 4,25f). Diese glaubt man im Lager der Gemeinde gegenwärtig (1 QM 7,6; 12,1ff; 1 QSa 2,8f). Aber auch die Erwählten auf Erden können als Heilige bezeichnet werden (1 QSb 4,23 u. ö.), so die Gemeinde als »Volk der Heiligen des Bundes ..., die die heiligen Engel schauen ... und die Herrschaft der Heiligen« (1 QM 10,10ff). Dahinter steht die Vorstellung, daß die irdische Gemeinde in die Gemeinschaft der Engel einbezogen ist und damit die den Engeln gehörenden Heilsgüter empfangen hat.

Die Aufnahme von Novizen wird davon abhängig gemacht, »wie das L. fällt nach dem Rat der Vielen« (1 QS 6,16.18.22). Dabei ist fraglich, ob es sich hier wirklich um Losen handelt (dieses gibt es Dam 13,4; 1 QS 5,3), oder ob bei der Prüfung der Novizen bloß festgestellt werden soll, wie Gott ihr L. im Himmel bestimmt hat. Denn das ist an dem Verhalten der Menschen auf Erden zu erkennen (Dam 20,3f).

III 1) κλῆρος *[klǣros]* als *Los*. Im NT finden wir κ. 11mal (sowie κληρόω *[klærọō]* und προσκληρόω *[prosklærọō]* je einmal), davon 7mal in der Bedeutung *Los*. An den übrigen Stellen tendiert es in die Bedeutungsrichtung *Anteil, Erbe, erben*.

Wenn die Soldaten bei der Kreuzigung Jesu über sein Gewand das L. werfen, so ist dies wie in Ps 22,19f Ausdruck des totalen Besiegtseins Jesu, hinter dem allerdings zutiefst Gott selbst steht. Denn da der Psalmist weiß, daß letztlich Gott selbst es ist, der ihn preisgegeben hat, der aber auch allein wieder Hilfe geben kann, wendet er sich gerade auch in dieser Lage zu Gott: »Aber du, Herr, sei nicht ferne!« Ebenso sieht auch die Passionsüberlieferung hinter diesem Geschehen Gott selbst am Werk, und so wird deutlich: Der Gekreuzigte ist der Messias (Mt 27,35 v. l.).

In Apg 1,26 wird Matthias durchs L. zum Apostel nachgewählt. Schon zuvor heißt es von Judas, daß er diesen Dienst (διακονία *[diakonịa]*) von Gott als sein κ. bekommen hat (V. 17). Auch hier ist der verborgene Sinn: Es mußte von Gott her so geschehen. Staunend erkennt die Urchristenheit also hierin auch Gottes Plan vorgezeichnet in der Schrift.

2) κλῆρος *[klǣros]* und κληρονομία *[klæronomịa]* als *Erbe*. In der Bedeutung *Anteil, Erbe* kommt κλῆρος *[klǣros]* im NT 4mal und κληρόω *[klærọō]* 1mal passivisch im Sinn von *durch das Los als Erbe, Anteil zugeteilt bekommen* vor. κληρονομία *[klæronomịa]* finden wir dagegen 14mal, κληρονόμος *[klæronọmos]* 15mal, συγκληρονόμος *[syngklæronọmos]* 4mal, κληρονομέω *[klæronomẹō]* 18mal und κατακληρονομέω *[kataklæronomẹō]* 1mal,

und zwar bei den Synoptikern, in Apg, bei Paulus, in 1 Petr und sehr häufig in Hebr (10mal), sonst nur noch 1mal in Offb. In der johanneischen Lit. fehlt die Gruppe ganz.

Neben dem profanen Gebrauch Lk 12,13 hat der Begriff *Anteil, Erbe* im NT stets einen theol. gefüllten Inhalt, in dem das at. Zeugnis grundlegend mitklingt. Es zeichnen sich folgende Linien ab:

a) Das wesentliche Moment ist die heilsgeschichtlich-eschatologische Ausrichtung. Hinter dem Begriff steht Gottes Handeln zum Heil der Welt. Indem das Zeugnis von der Landnahme über die geschichtliche Erfüllung hinaus weitergeführt wird auf die Erfüllung in Christus und die noch ausstehende letzte Erfüllung am Ende der Zeit, kommt der schon im AT angelegte eschatologische Zug zum Ausdruck. Es geht darum, die Verheißung zu erben, zu der die Glaubenden berufen sind. Der Inhalt dieser Verheißung, im AT die *nachalāh*, ist nach dem gesamten Zeugnis des NT das Reich Gottes (1 Kor 6,9; 15,50a; Gal 5,21; Eph 5,5; Mt 25,34; Jak 2,5). In den Seligpreisungen nennt Jesus nebeneinander die Zusage des Himmelreiches und das Erben des Erdreiches (γῆ *[gæ]*), womit er deutlich macht, daß anstelle des im AT verheißenen Landes nun der umfassende Begriff des Reiches Gottes getreten ist. Dieses → Reich ist Inbegriff aller Verheißungen, deren Erfüllung noch aussteht. Das zeigt sich auch daran, was sonst im NT noch als Erbe verheißen wird: das ewige Leben (Mt 19,29; Lk 18,18; Tit 3,7), das Heil (Hebr 1,14), Unvergänglichkeit (1 Kor 15,50b), ein unvergängliches und unbeflecktes und unverwesliches Erbe im Himmel (1 Petr 1,4), der Segen (Hebr 12,17; 1 Petr 3,9), die Verheißungen (Hebr 6,12; 9,15) oder nach Offb 21,7 ganz allg. »dies alles«.

In diesen Aussagen zeigt sich Aufnahme und Festhalten der at. Linie (Röm 4,13ff; Hebr 6,17; siehe dazu Apg 7,5; vgl. 13,19).

b) Aber dieses Erbe ist nicht bloß zukünftig, sondern schon jetzt im Glauben zu erkennen (Eph 1,18). So hat nach Hebr 11,7 Noah die Gerechtigkeit, die durch den Glauben kommt, ererbt, und in Eph 1,11ff heißt es: Wir sind zum Erbteil gekommen. Im empfangenen Geist haben wir das Unterpfand dieses Erbes (V. 14). Jesus hat in der ersten und letzten Seligpreisung den Armen und den um der Gerechtigkeit willen Verfolgten das Reich schon jetzt zugesprochen, während die anderen Seligpreisungen zukünftige sind.

c) Dieses Ineinander von gegenwärtigem und zukünftigem Heil liegt daran, daß wir Erben sind durch Jesus Christus (Eph 1,11) und seinen Tod (Hebr 9,15). Er, der Gekommene und Wiederkommende, hat uns das Erbe gebracht, ja er ist selbst das Erbe und das Reich (vgl. die at. Aussage über das Erbe der Leviten und die Glaubensäußerungen in den Pss). Wir sind durch ihn Miterben (Röm 8,17).

Das Gleichnis von den Weingärtnern (Mt 21,33ff) zeigt uns Jesus als den Erben. Darin steckt der at. Restgedanke (→ Rest). Jahwe hat sich Israel als sein Volk erwählt, es ist sein Weinberg, sein Erbe. Er hat ihm das Land gegeben. Aber es ist ungehorsam gewesen. So bleibt nur ein Rest übrig. Dieser Rest, von dem die Propheten immer wieder sprechen, ist schließlich nur noch einer: Jesus, der Sohn. Durch ihn wird aber dieser Rest wieder zu einer großen Schar von Glaubenden, die nun alle Miterben werden. So sollte auch der reiche Jüngling mit ihm zum Erben des ewigen Lebens werden (Mk 10,17ff par).

Neben den Synoptikern steht das Zeugnis des Paulus. Er vor allem hat den Zusammenhang der Abrahamsverheißung mit dem Erbe-Sein der Gemeinde in Christus herausgestellt. In Röm 4,13ff sagt Paulus, daß durch die Gerechtigkeit des Glaubens die Verheißung an Abraham, er werde Erbe der Welt sein, uns zuteil wird. Im Glauben als der Teilhabe an Christus sind wir Erben. Wenn wir es aus dem Gesetz und nicht aus Christus wären, so wäre der Glaube entleert (κεκένωται *[kekenōtai]* V. 14). Wer aber Christi Eigentum ist, der ist Abrahams Same und damit Erbe (Gal 3,29; vgl. 4,1,7; Tit 3,7).

Auch das Zeugnis des Hebr weist in diese Richtung. Den in 6,17 genannten Erben der Verheißung hat Gott mit einem Eid an Abraham das Heil zugesagt. Sie sollen das noch ausstehende Erbe schon jetzt haben, aber in der Hoffnung (V. 18). Sie erben es wie Abraham in Glauben und Geduld (V. 12). Der aber, der den Zugang zu dieser Verheißung eröffnet hat, ist Jesus (V. 20). Er ist der Erbe (1,2.4). Die Akzente sind anders gesetzt als bei Paulus. Das Zukünftige des Erbes und das Festhalten an der Verheißung sind stärker betont, aber dennoch ist der Begriff der gleiche. In 11,7 ist ganz wie bei Paulus der Glaube Ergreifen der Verheißung und damit Erben der Gerechtigkeit.

Jak 2,5 wiederum steht dicht bei dem Zeugnis der Synoptiker, wo es auch um das Erben des Reiches geht, wenngleich der Bezug auf Jesus, durch den wir zu Erben werden, nicht ausgedrückt ist. »Hat nicht Gott die Armen auf dieser Welt dazu erwählt, daß sie am Glauben reich und Erben des Reiches seien, das er denen verheißen hat, die ihn liebhaben?« Zwischen Erwählung, Verheißung und Erbe besteht im ganzen NT ein fester Zusammenhang.

d) Da Jesus der Erbe ist und zugleich der, der sich selbst für uns hingegeben hat, haben wir dieses Erbe nicht anders als in der Verbundenheit mit ihm. Das schließt in sich praktisches Gehorchen (Hebr 11,8). Es fordert Durchhalten (Hebr 6,12). Denn ohne ihn werden wir das Reich Gottes nicht erben (Gal 5,21; 1 Kor 15,50a). Im Gleichnis vom Endgericht zeigt Jesus, wie diese Verbundenheit mit ihm auch praktisch geübte Barmherzigkeit umfaßt (Mt 25,34; vgl. das Gleichnis vom barmherzigen Samariter, Lk 10,25). Auch das Gespräch Jesu mit dem reichen Jüngling erweist, daß das ewige Leben nur im realen Glaubensgehorsam, nämlich in der Nachfolge Jesu ererbt werden kann (Mt 19,29).

Dadurch aber, daß Jesus uns zur Erbschaft eingesetzt hat, sind wir nicht bloß Miterben mit ihm, sondern auch untereinander Miterben (1 Petr 3,7). Das erfordert rechtes Verhalten zueinander (V. 9), wie es bes. die beiden obigen Gleichnisse Jesu, aber auch das vom Schalksknecht zeigen. Solcher Glaubensgehorsam ist kein verdienstliches Werk wie bei den Rabbinen und keine schwere Last, wie es der reiche Jüngling meint, sondern Inbesitznahme und -behalten der Seligkeit selbst, ein → »Haben« Gottes und seines Sohnes (1 Joh 5,12; 2,23; 2 Joh 9). Der Ruf Jesu in seine Nachfolge ist bereits Geschenk des (ewigen) Lebens, des Reiches Gottes und der Gemeinschaft mit ihm. – In Kol 3,24 wird zwar der Begriff der Vergeltung im Zusammenhang mit dem Erbe gebraucht, aber nicht im Sinne des Verdienens, denn es geht um ein Leben im Dienste des Herrn (V. 24). Und es bleibt dabei: »Gott hat Abraham das Erbe durch die Verheißung frei geschenkt« (Gal 3,18).

e) Schließlich macht das NT deutlich, daß dieses Erben der Verheißung nicht bloß Gottes auserwähltem Volk Israel gilt, sondern daß auch die Heiden durch Christus Miterben geworden sind. Immer wieder macht Paulus darauf aufmerksam, daß in Christus alle Glaubenden ohne Unterschied Gottes Kinder und Erben der Verheißung sind (Gal 3,23ff; vgl. 4,30; Röm 4,13f). Schärfer formuliert ist dieses Miterben der Heiden in Eph, Kol und Apg. In Eph 3,6 sind die Heiden in Christus Miterben durch das Evangelium, und Eph 1,3ff wird ausgeführt, wie die Gemeinde in Christus zum Erbteil gekommen ist. Er ist Schlüssel und Mittel des gesamten Heilsratschlusses Gottes. In ihm beruht die Erwählung aller Glaubenden vor Grundlegung der Welt. In ihm hat sie die Vergebung durch sein Blut, in ihm die Kindschaft und damit Teilhabe am Erbe – zum Lobe seiner Gnade. In ihm haben auch die Heiden daran teil (vgl. den Wechsel von »wir« V. 11 zu »ihr« V. 13 und das betonte »auch«).

Nach Apg 26,16ff wird Paulus dann von dem erhöhten Herrn aufgetragen, »die Augen der Heiden aufzutun, daß sie sich bekehren von der Finsternis zum Licht ... zu empfangen Vergebung der Sünden und das Erbteil (κλῆρος *[klæros]*, nicht κληρονομία *[klæronomịa]*) mit den Geheiligten durch den Glauben an Jesus«. Hier klingt die Vorstellung der Qumrantexte an: Teilhabe der Gemeinde der Endzeit mit den Heiligen (= Engeln) im Licht (vgl. Apg 20,32; Eph 1,18). Mit den »Heiligen« kann aber auch in den Qumrantexten die eschatologische Heilsgemeinde selbst gemeint sein. In der ältesten Christenheit und bei Paulus wird so die nt. Gemeinde, ja im engeren Sinne sogar nur die Urgemeinde in Jerusalem bezeichnet. Wie wir den Text auch verstehen, – das unerhört Neue ist hier die Aussage, daß auch die Heiden an diesem »Los« Anteil bekommen durch den Glauben an Jesus Christus. – Ebenso erinnert Kol 1,12 an die Vorstellungen der Gemeinde von Qumran. Neu ist in dieser Stelle gegenüber Qumran wiederum: Die heidenchristliche Gemeinde in Kolossä hat teil am Erbe der Heiligen im Licht (μερὶς τοῦ κλήρου *[meris tou klærou]*, eine Formel der Qumrantexte, zB 1 QS 11,7.8, die schon aus LXX stammt, Dtn 10,9 u. ö., vgl. auch Num 18,20 u. a. Stellen, wo allerdings statt κλῆρος *[klæros]* κληρονομία *[klæronomia]* steht; zum Wandel im Licht vgl. Ps 56,14; Jes 2,5; 60,1ff).

In Apg 8,21 wird ebenfalls die at.-essenische Formel aufgegriffen, als Johannes und Petrus dem Magier Simon »Teil und Anrecht an diesem Wort«, nämlich dem Evangelium, absprechen müssen. Der Ausdruck ist hier Exkommunikationsformel (E. Haenchen). – In Apg 17,4 ist der Begriff προσκληρόω *[prosklærọō]* schließlich so verblaßt, daß wir am besten so übersetzen: »Einige, die der Christuspredigt zuhörten, schlossen sich Paulus und Silas an.« Und doch steckt hinter diesem abgegriffenen Sprachgebrauch der Sinn, daß auch die große Menge der griech. Proselyten und vornehmen Frauen in Thessalonich durch Gott Anteil an dem verheißenen Erbe bekommen und hinzugetan werden. In 1 Petr 5,3 ist anscheinend mit dem Plur. κλῆροι *[klæroi]* die Gemeinde in ihren einzelnen (ausgelosten?) Teilen oder Bezirken gemeint.

f) Daß Johannes den Begriff des Erbes nicht gebraucht, liegt wohl daran, daß der Schwerpunkt seines Zeugnisses nicht bei der heilsgeschichtlichen Ausrichtung auf die künftige Erfüllung, sondern mehr bei der Gegenwärtigkeit und Universalität des Heils in Christus liegt. Indem er gegen den Unglauben der Juden kämpft, ist ihm wichtiger zu zeigen, was die Gemeinde in Jesus hat, als was sie erben wird. – Offb 21 faßt vielleicht am besten zusammen, was das NT über das Erbe sagt: Das Reich Gottes, die ewige Herrlichkeit ohne Tod und Leid und Sünde (V. 7), Gott selbst der Vater und wir im Glauben durch Christus seine Söhne – das ist das Erbe, und zwar nicht bloß für den einzelnen, sondern nach dem Gesamtzeugnis des NT für die ganze Gemeinde. *J. Eichler*

μέρος *[meros]* Teil, Anteil

μέρος

μέρος *[meros]* ist profangriech. seit dem 5. Jh. vChr in vielen Bedeutungsnuancen belegt und stellt sozusagen die Ablösung des Wortes μοῖρα *[moira]* dar, das, seit Homer in Fülle bezeugt, langsam auf die göttliche Schicksalsmacht eingeengt wird. μέρος *[meros]* bezeichnet den *Teil eines Körpers, einer Landschaft* usw.; das *Gebiet* (bes. im Plur.), den *Platz*, die *Partei*. In übertragenem Sinn bedeutet es *Anteil, Sache, Stand;* in der Koine auch *Geschäft*. Häufig ist die adverbiale Verbindung mit Präpositionen: ἀνὰ μέρος *[ana meros]*, ἀπὸ (ἐκ) μέρους *[apo (ek) merous]*, κατὰ μέρος *[kata meros]*, μέρος τι *[meros ti]* (Akk.), deren Bedeutungen jedoch nicht mehr eindeutig gegeneinander abgegrenzt werden können; für alle sind *nacheinander, teilweise, im besonderen, stückweise, zum Teil* u. a. belegt. I

In der LXX dient das Wort zur Wiedergabe zahlreicher hebr. Vokabeln. Auch hier bezeichnet es den *Teil:* Gen 47,24 (den fünften Teil). Am häufigsten ist der Gebrauch im örtlichen Sinn: Ex 16,35; Jos 18,19f (Grenze); Jos 2,18; 1 Sam 30,14 (Gebiet); Jos 13,27; 15,2 (Rand, Ende) usw. Bei der Beschreibung von Gegenständen bezeichnet μ. die *Seite*, zB in Ex 26,25f eine Seite des Stiftzeltes; 32,15 die beiden Seiten der Gesetzestafel. Die Bedeutung *Anteil* am Erbe findet sich in Spr 17,2, die Bedeutung *Platz* in 2 Makk 15,20. II

Im NT bezeichnet μέρος *[meros]* den *Teil* (des Leibes, Vermögens, Gewandes): Lk 11,36; 15,12; Joh 19,23 u. ö.; die *Seite* des Schiffes: Joh 21,6; die *Partei* (der Pharisäer bzw. Sadduzäer): Apg 23,6,9; öfter auch die *Gegend*, den *Ort:* Mt 2,22; 15,21 u. ö. Umstritten ist die Bedeutung »der unteren (oder untersten) Örter (μέρη *[meræ]*) der Erde« in Eph 4,9: Denkt der Apostel hier an Jesu »Eingehen ins Totenreich durch das Sterben« (Büchsel ThWb III,642) oder an sein Herabkommen auf die Erde (M. Dibelius)? Trotz Büchsels eindrucksvoller Begründung seiner Auslegung ist eine sichere Entscheidung nicht möglich. III

Die Bedeutung *Berufsstand, Geschäft* liegt in Apg 19,27 vor, die Bedeutung *Sache, Punkt* in 2 Kor 3,10; 9,3; vom *Anteil* an Jesus redet Joh 13,8 (Fußwaschung); diesen Anteil hat der Christ, wenn er an seinem Teil ein lebendiges Glied des Leibes (der Gemeinde) ist: 1 Kor 12,27; Eph 4,16 (vgl. → Leib; → Gemeinschaft). Man kann aber auch seinen Anteil (Platz) bei den Heuchlern und Gottlosen haben (Mt 24,51; Lk 12,46). Von der Zugehörigkeit zu einer anderen Gruppe hängt es ab, ob man Anteil hat an der »ersten Auferstehung« bzw. »dem Baum des Lebens« (Offb 20,6; 22,19) oder am »Feuerpfuhl«, am »zweiten Tod« (21,8).

In adverbialer Verbindung ist μ. in Röm 11,25 (ἀπὸ μέρους *[apọ mẹrous]*) von der *teilweisen* Verstockung Israels gebraucht. In Röm 15,15.24; 2 Kor 2,5 ist die Wendung Ausdruck der Bescheidenheit: »ein wenig«. Eindrücklich hebt die Wendung ἐκ μέρους *[ek mẹrous]* = *teilweise, stückweise* in 1 Kor 13,9f.12 hervor, daß unsere Glaubenserkenntnis und Weissagung – hinsichtlich ihres Inhaltes und ihrer Dauer – Stückwerk sind. Erst die ewige Zukunft bringt die Vollendung (13,10). *W. Mundle*

Lit.: GHölscher, Geschichte der israelitischen und jüdischen Religion, 1922 – JBenzinger, Hebräische Archäologie, 1927³, 392ff – FBüchsel, Art. κάτω, ThWb III, 1938, 640ff – JHerrmann/WFoerster, Art. κλῆρος, ThWb III, 1938, 757ff – JSchneider, Art. μέρος, ThWb IV, 1942, 598ff – MDibelius, An die Epheser, Handb. z. NT 12, 1953³ – Strack-Billerbeck, Kommentar zum NT aus Talmud und Midrasch, 1954/61, I 829; II 596; III 625 – GvRad, Theologie des AT I, 1958/61², 295ff – GLanczkowski, Art. Los, RGG IV, 1960³, 451 – GvRad, Gesammelte Studien zum AT, ThB 8, 1965³.

Erde, Ökumene

Die Erde hat im biblischen Zeugnis Bedeutung weniger als Teil des Kosmos, sondern wesentlich als Lebensraum des Menschen. So erklärt es sich, daß das urspr. für das Land – im Unterschied zu → Himmel und Meer – und den Erdboden gebrauchte Wort γῆ *[gæ]* auch, ja bes. das Wohn- und Kulturgebiet des Menschen oder auch ein Land als Teil desselben bezeichnet. Wo der Blick statt auf den geographischen mehr auf den politischen Aspekt gerichtet werden soll, erscheint häufiger ἡ οἰκουμένη *[hæ oikoumẹnæ]*, ein Wort, das freilich im NT gerade keine ekklesiologische Bedeutung hat, sondern eher den Raum bezeichnet, in den das Evangelium vordringen soll. Beide Worte haben – im Gegensatz etwa zu dem viel stärker philosophisch und religiös gefüllten κόσμος *[kọsmos]* = → *Welt* – ausgesprochen konkreten Charakter.

γῆ

γῆ *[gæ]* Erde · ἐπίγειος *[epịgeios]* irdisch

I 1) γῆ *[gæ]* ist die *Erde* (Weltkörper, Philolaos B 12; Kreisbewegung, A 1; zylindrische Gestalt, Anaximander A 11); dann das *Land* im Unterschied zum Wasser; dann als Teil der Erde = *Landstück;* daraus wird *Acker,* der gegeben ist, wenn Erdboden da ist, dh Erde als Stoff. Neben diese naturhafte tritt die analoge geschichtliche Bedeutung: Land als *Bereich einer einzelnen Staatsmacht.*

2) In der altgriech. Mythologie gehört γῆ *[gæ]* (und zwar mit οὐρανός *[ouranọs]* zusammen) zu den ältesten Göttergestalten, »aber nicht im plastischen homerischen Sinne: sie ist ein Weib, das sich mit halbem Leibe über den Boden erhebt« (G. v. d. Leeuw 88); Samen und Regen empfangend ist sie die Mutter, aus der alles Leben hervorgeht.

II Im Gegensatz dazu steht das AT (über 2000mal γῆ *[gæ]* in LXX) und auch das NT: Die Erde ist Geschöpf (Gen 1,1ff u. ö.). Der hebr. Ausdruck *'æræts* bewegt sich etwa im gleichen Rahmen wie der unter I,1 genannte profangriech. Gebrauch. Nur ist auf der naturhaften Seite streng die kreatürliche Vorstellung einzusetzen; auch alles, was im folgenden vom nt. Gebrauch zu sagen ist, gilt schon vom AT.

III Im NT findet sich γῆ *[gæ]* 248mal (vor allem in den Evgg., Apg und Offb). γ. ist zunächst ganz einfach das *Erdreich,* in das etwa der Sämann seinen Samen sät (Mt 13,5 »... wo es nicht viel γ. hatte«). Auf dieses Erdreich, den »Boden«, kann man sich setzen (Mk 8,6

u. ö.). Dieses »Land« steht im Gegensatz zum Wasser (Mt 14,24: »Das Schiff war schon viele Stadien vom Land entfernt«). Alles Land zusammen hat eine Grenze. Die Königin von Süden kam »von der Enden der Erde« (περάτων *[peratōn]*), um Salomo zu sehen (Mt 12,42). »Bis an den äußersten Rand der Erde« (ἕως ἐσχάτου τῆς γ. *[heōs eschatou tæs g.]*) sollen die Zeugen des Auferstandenen ziehen (Apg 1,8). Die Engel des Gerichtes stehen »an den vier Ecken der Erde« und verfügen über die vier Winde (Offb 7,1; vgl. Mt 24,31). Christus wird (wie Jona, als er im Fisch inmitten des Wassers war) »im Herzen der Erde« sein (Mt 12,40). Es gibt auch einen Lebensbereich »unter dem Erdreich« (καταχθόνιος *[katachthonios]* Phil 2,10; vgl. Ex 20,4). An all diesen Stellen handelt es sich um die kreatürliche Vorstellung der γ. Nirgends wird der Rahmen des antiken Weltbildes gesprengt.

1) Die geschichtliche Verwendung des Begriffes haben wir an all den Stellen vor uns, wo das geographische »Land« zum politischen Bereich wird (Land Juda Mt 2,6; Land Israel Mt 2,20; Land Midian und Land Ägypten Apg 7,29.36 usw.). Oftmals ist an einzelnen Stellen sehr schwer zu entscheiden, ob von einem einzelnen Land, vor allem vom Land Israel, oder von der ganzen bewohnten Erde (→ οἰκουμένη *[oikoumenæ]*) die Rede ist. Wir haben nach unserem Weltverständnis immer die Tendenz, »global« zu denken, universalistisch. Das NT dagegen kann sehr partikularistisch von »der Erde« reden. πᾶσαι αἱ φυλαὶ τῆς γῆς *[pasai hai phylai tæs gæs]* (Mt 24,30 und Offb 1,7) heißt im Anschluß an Sach 12,10–14 wörtlich übersetzt eigentlich zunächst »alle Stämme des Landes«. Dagegen ist in der merkwürdigen Wendung »vom Ende der Erde bis zum Ende des Himmels« (Mk 13,27) die Totalität der Erde gemeint, hier durch die Zusammenziehung zweier at. Sätze (Ps 19,7 und Dtn 13,7; vgl. aber auch Dtn 30,4; Jer 12,12) ausgedrückt. Das Ende der Erde und das Ende des Himmels können nach antikem Weltbild gleichsam zusammenfallen (vgl. auch Philo, De Migratione Abr. § 181,164).

2) Die Erde ist zusammen mit dem Himmel Geschöpf. »Himmel und Erde können und werden vergehen« (Mt 5,18; 24,35); aber sie werden dabei nur einem »neuen Himmel und einer neuen Erde« Platz machen (Offb 21,1; 2 Petr 3,13). Mit dem »Vergehen« des Himmels und der Erde ist genau gesehen ein Vergehen der jetzigen sündigen Weltordnung gemeint, die durch Gottes Gerichte hindurch erneuert werden muß. Die Erlösung reicht bis in den hintersten Winkel des »Physischen« hinein. Den Sanftmütigen wird das »Erdreich« verheißen (Mt 5,5), und dieses Erdreich ist nichts anderes als das »Himmelreich«: die Welt des kommenden Äons, der kommenden erlösten Kreatur (Röm 8,21).

Werden einerseits Himmel und Erde (vor allem in eschatologischen Aussagen) als Werke des Schöpfers zusammengefaßt, so wird andererseits doch zwischen ihnen differenziert, wiederum im Anschluß an at. Leitbilder (Jes 66,1; Mt 5,35; Apg 7,49 u. ö.). Die Erde ist die Stätte des Unvollkommenen (Hebr 8,4f), ja der Sünde (Mk 2,10; Offb 17,5) und des Todes (1 Kor 15,47). Die Christen sollen daher ihren Sinn auf das richten, was »oben« ist, nicht auf das, »was auf Erden ist« (Kol 3,2), und ihre Glieder auf Erden töten (Kol 3,5).

3) ἐπίγειος *[epigeios]* (im NT 7mal) bedeutet zunächst gewissermaßen geographisch verstanden *auf der Erde befindlich*, kann aber auch in den Dualismus Himmel-Erde hineingezogen werden und meint dann *irdisch* (1 Kor 15,40; 2 Kor 5,1; Phil 3,19).

R. Morgenthaler

οἰκουμένη *[oikoumenæ]* Erde, Ökumene

οἰκουμένη

οἰκουμένη *[oikoumenæ]* (ergänze γῆ *[gæ]*), Part. Präs. Pass. von οἰκέω *[oikeō]* *bewohnen*, heißt I
die bewohnte (Erde) und bezeichnet a) seit der klassischen Zeit (Demosth.) *die von den Griechen bewohnte Erde* im Gegensatz zur barbarischen Umwelt; b) seit Aristot. *die bewohnte Welt*, auch die nicht-griech. Länder, dh die Kulturwelt im Gegensatz zur unbewohnten Erde; c) in röm. Zeit (seit der Eroberung des Ostens im 2. Jh. vChr) das »*Imperium Romanum*«. Aus einem geographischen und kulturellen Begriff ist also in der Römerzeit ein politischer Begriff geworden.

Der Kaiser (Nero) wurde als σωτήρ *[sōtær]* = Heiland und εὐεργέτης *[euergętæs]* = Wohltäter der oi. bezeichnet (vgl. → Erlösung, Art. σωτήρ).

II Die LXX verwendet das Wort 46mal, bes. in den Pss (15mal; dafür fehlt das Wort κόσμος *[kǫsmos]* hier ganz) und in Jes (15mal). In den Pss findet es sich häufig in offensichtlich bekenntnishaft geprägten Formeln: »er richtet den Erdkreis gerecht« (Ps 19,5; 9,9; 67,5; 96,13; 98,9); »bis an die Enden der Erde« (Ps 19,5; 72,8); »die Erde und die darauf wohnen« (Ps 24,1; 98,7; vgl. Jes 34,1); »alle, die die Erde bewohnen« (Ps 33,8; 49,2; vgl. Klgl 4,12). In Jes kommt es bes. in den Fremdvölkersprüchen der Kap 13,14 und 23 vor (wohl auch 10,14.23 dazu gehörend).

Das Wort hat durchweg die Bedeutung *die bewohnte Welt* (vgl. I,b). Das wird deutlich in Ex 16,35: Israel kommt wieder in bewohntes Land, dh Kulturland im Gegensatz zur Nomadensteppe. In Jes 62,4 fällt die vom hebr. Text nicht gedeckte Übertragung auf: »Dein Land soll ›bewohnt‹ (οἰκουμένη *[oikoumęnæ]*) heißen.«

III Im NT kommt οἰκουμένη *[oikoumęnæ]* 15mal vor, überwiegend bei Lukas (8mal) und in der Offb (3mal). Wird der Begriff im NT im allgemeinen Sinn der hellenistischen Umgangssprache (bewohnte Welt) verwendet (Michel ThWb V), oder überwiegt der politisch-imperiale Gebrauch (Paeslack, Die Oikumene im NT)? Der politisch-imperiale Sinn klingt sicher in Lk 2,1 an. Der Kaiser Augustus veranlaßt eine Schätzung der ganzen Oikumene, dh seines Reiches. Aber auch die Verwendung des Begriffes in der Offb (3,10; 12,9; 16,14) trägt wohl einen politischen Akzent: oi. ist die bewohnte Erde im Sinne der gesamten Erdbevölkerung, die unter satanischen Mächten religiöser, vor allem aber politischer Art zu leiden hat. Ebenso in der Versuchungsgeschichte Lk 4,5ff ist in der Ersetzung des Wortes κόσμος *[kǫsmos]* (so Mt 4,8) durch oi. eine stärker politische Akzentuierung anzunehmen, wenn auch der Plur. »Reiche der Oikumene« eine unmittelbare Gleichsetzung mit dem röm. Reich verbietet. Im Zusammenhang mit apokalyptischen Weissagungen kommt der Begriff Lk 21,26; Apg 11,28; Offb 3,10 vor. In Apg 17,6 wird die Verkündigung der Apostel eindeutig als politisches Verbrechen gekennzeichnet, das sich gegen den Kaiser richtet (»die in der ganzen Oikumene eine Revolution anstiften«). In ähnlicher Weise wird Paulus als Unruhestifter in der Oikumene Apg 19,27 und 24,5 genannt. In Apg 24,5 führt sein Auftreten zur Anklage vor dem röm. Statthalter.

Im allgemeinen hellenistischen Sinn verwendet der Hebräerbrief den Begriff (Hebr 1,6: Christus als der Erstgeborene der Oikumene). Hebr 2,5 spricht von der kommenden Welt als der zukünftigen Oikumene. Auch in Mt 24,14 (Verkündigung des Evangeliums in der ganzen Oikumene) wird man kaum eine politische Nebenbedeutung feststellen können.

Auffällig ist das Fehlen des Begriffes bei Paulus (außer Röm 10,18 in einem LXX-Zitat). Liegt es daran, daß Paulus den Staat noch in einem freundlicheren Licht sah als Lukas und die Offb und darum den für ihn mit negativen Vorzeichen versehenen Begriff meidet? Aufs Ganze wird man jedenfalls dem Urteil Paeslacks zuzustimmen haben, daß im NT die Oikumene »nicht die Gemeinschaft der Christen« (dies ist vielmehr die ἐκκλησία *[ekklæsịa]*, → Gemeinde), »sondern gerade die noch von den Mächten der Finsternis bedrohte Welt des heidnischen griech.-röm. Kaiserreiches« ist (a. a. O., 47). Das schließt nicht aus, daß gerade diese Oikumene im NT als das Arbeitsfeld der Kirche angesehen wird. »Die Oikumene ist der Raum, in dem die Kirche lebt und den sie in Anspruch nimmt für ihren Herrn, der nach dem Hebräerbrief als der Erstgeborene in die Oikumene eingeführt wird, und der deshalb ihr legitimer Herrscher ist. Eine introvertierte kirchliche ökumenische Haltung ist deshalb ein Widerpruch in sich selber« (Visser't Hooft, a. a. O., 12).

O. Flender

Lit.: MPaeslack, Die »Oikumene« im NT. Theol. Viatorum II, 1950, 33ff – OMichel, Art. οἰκουμένη, ThWb V, 1954, 159ff – WAVisser't Hooft, Der Sinn des Wortes »oekumenisch«, 1954.

V ZUR VERKÜNDIGUNG → Welt.

Erfahrung → Erkenntnis

Erforschen

ἐρευνάω

ἐρευνάω *[ereunạō]* erforschen · ἐξερευνάω *[exereunạō]* nachforschen · ἀνεξερεύνητος *[anexerẹunætos]* unausforschlich

ἐρευνάω *[ereunạō]* (zu ἐρέω *[erẹō]* = fragen, forschen) sowie das fast gleichbedeutende ἐξερευνάω *[exereunạō]* bezeichnen urspr. a) das *Spüren* der Tiere: *erschnüffeln, nachspüren* (Homer Od. 19,436; Empedokles Fragm. 101); dann b) im menschlichen Bereich: *aufspüren, untersuchen, nachforschen, erforschen,* zB im Zusammenhang einer Haussuchung, eines gerichtlichen Verhörs, bes. auch des wissenschaftlichen, philosophischen und religiösen Forschens (so vor allem bei Plato und Philo), ἀνεξερεύνητος *[anexerẹunætos]* heißt *unausforschlich, unergründlich* (so Heraklit einmal). Hell. Ablautformen ohne Sinnänderung: ἐραυνάω *[eraunạō]*, ἐξεραυνάω *[exeraunạō]* etc. I

In der LXX ist das Wort (einschließlich Kompos.) oft (neben anderen hebr. Vokabeln) Übers. von *chafasch* (meist pi) = *suchen, durchsuchen* und bezeichnet etwa das wilde Suchen Labans nach seinem verschwundenen Hausgott (Gen 31,35), das plündernde Durchsuchen von Häusern (1 Kön 20,6), aber auch das Suchen nach Weisheit und Einsicht (Spr 2,4) und das reumütige Prüfen des eigenen Wandelns (Klgl 3,40). Gott und seine Gedanken lassen sich nicht erforschen (Jdt 8,14). II

Bei Philo beschreibt das Wort die gelehrte, begrifflich forschende und auslegende Arbeit am AT. – Auch im Qumranschrifttum begegnet der Begriff häufig. Die Sekte sieht die Durchforschung der Schrift als ihre Hauptaufgabe an, um so den Willen Gottes zu ergründen.

Das NT verwendet ἐρευνάω *[ereunạō]* (6mal) und ἐξερευνάω *[exereunạō]* (1mal) wie das Profangriech. (s. o. I, b). III

a) In Joh 5,39 und 7,52 bezieht sich ἐ. auf das erkennende Eindringen in die Schrift, das Forschen der Juden – hier vermutlich im Gesetz (Anklage der Gesetzesverletzung V. 16; vgl. auch V. 45). Dabei ist ἐρευνᾶτε *[ereunạte]* nicht imperativisch (forschet!), sondern indikativisch zu verstehen: Die Juden forschen in der Schrift, aber sie haften am Buchstaben und meinen, in der Erfüllung des Buchstabens des ewigen Lebens sicher sein zu können. Aber gerade dieses Forschen macht blind für den Hinweis auf das wirkliche Leben, von dem die at. Schriften künden. Eine vorgefaßte Haltung und Einstellung zum Gesetzesstudium führt zur Ablehnung Jesu (7,52), in dem allein das Leben ist.

b) In 1 Petr 1,10.11 bezeichnet (ἐξ)ερευνάω *[(ex)-ereunạō]* das grübelnde Forschen und Nachdenken der Propheten über die Erkenntnisse, die ihnen vom Geist geoffenbart wurden; es ist vom προφητεύειν *[prophætẹuein]* scharf zu trennen (vgl. Windisch zSt).

c) Eine at. Vorstellung findet sich in Röm 8,27 und Offb 2,23: Gott erforscht die Herzen der Menschen (vgl. 1 Sam 16,7; 1 Kön 8,39; Ps 7,10 u. ö.). Während Gott die Herzen bis auf den Grund erforscht, sind seine Entscheidungen für den Menschen unergründlich (Röm 11,33 ἀνεξερεύνητος *[anexerẹunætos]*). Nur der in einem Menschen wirkende Geist Gottes vermag nach Erkenntnis dessen zu forschen, was noch in der Tiefe Gottes verborgen ist (1 Kor 2,10). Wo der Geist forscht, fällt die Schranke, die allem autonomen menschlichen Forschen gesetzt ist. *M. Seitz*

Lit.: GDelling, Art. ἀνεξερεύνητος, ThWb I, 1933, 359 – ders., Art. ἐρευνάω, ThWb II, 1935, 653f – HWindisch, Die katholischen Briefe, HNT 15, 1951³.

Erfüllung → Fülle
Erhöhung → Höhe

Erkenntnis, Erfahrung

Es gehört zu den wesentlichen Merkmalen des Menschen als vernünftigem Wesen, daß er über die ihn umgebende Welt mit ihren Erscheinungen, Gestalten und Ereignissen sowie über die Maßstäbe seines eigenen Verhaltens der Welt gegenüber Klarheit zu gewinnen versucht. Sinnliche Erfahrung mit intellektuellen Akten des Reflektierens und Abwägens sind die Mittel, die zur Erkenntnis, zur Vertrautheit, zum Wissen führen. Ursprünglich bezeichnen sowohl αἰσθάνομαι [aisthạnomai] als auch γινώσκω [ginọskō] das Wahrnehmen eines Erkenntnisobjektes durch die Sinnesorgane. Während aber die αἴσθησις [ạisthæsis]-Gruppe eine somatisch-sinnliche Wahrnehmung auch abgesehen von dem intellektuellen Akt der Zuordnung ausdrückte, schlossen die Vokabeln der γινώσκω [ginọskō]-Gruppe von Anfang an das Erfassen und Einordnen der Erkenntnisobjekte in das eigene Bewußtsein ein. Durch den Sprachgebrauch in der LXX, wenn auch nicht nur durch ihn, ist αἰσθάνομαι [aisthạnomai] dann auf das durch Erfahrung gewonnene Urteilsvermögen, die Lebensweisheit eingeschränkt worden; die Vokabeln der γινώσκω [ginọskō]-Gruppe hingegen umgreifen die ganze Nuancenbreite des vielgestaltigen Erkenntnisprozesses von der völlig abständlichen Wahrnehmung bis zu jenem Kennen, das nur durch eine vollständige personale Beziehung möglich ist. Wo dieser Prozeß abgeschlossen und sein Ergebnis zu einem festen Besitz, zur Basis weiteren Denkens und Handelns geworden ist, erscheint parallel zu dem Perfekt von γινώσκω [ginọskō] auch οἶδα [ọịda] (Inf.: εἰδέναι [eidẹnai]) = *wissen*, wobei gleichermaßen *erkannt haben* wie *überzeugt sein* in der Bedeutung mitschwingen; die Vokabel hat keinen eigenen Artikel, wohl aber werden einige typische Beispiele in dem Artikel γινώσκω [ginọskō] mitbehandelt.

Weil es in unserem Zusammenhang im wesentlichen um die Begrifflichkeit des Erkennens als Akt geht, muß darauf verzichtet werden, die komplexe Bewegung der sog. Gnosis im Zusammenhang darzustellen. Wo sie – zT bis in die Gegenwart – im theol. und kirchlichen Denken und Verhalten nachwirkt, ist darauf vielmehr unter den entsprechenden Stichworten hingewiesen (zB → Herrenmahl; → Himmel; → Leib; → Seele). – Wie sehr im biblischen Zeugnis Erkenntnis und Gehorsam, Wissen und Tun miteinander verbunden sind, wird gerade auch an den Stellen deutlich, an denen vom Gegenteil der Erkenntnis – ἀγνοέω [agnoẹō] – die Rede ist.

Vgl. auch → Geheimnis; → Offenbarung; → Vernunft; → Wahrheit; → Weisheit.

αἴσθησις

αἴσθησις [ạisthæsis] Erfahrung · αἰσθητήριον [aisthætærion] Sinn

I αἴσθησις [ạisthæsis] bezeichnet die (sinnliche) *Wahrnehmung* (zB im Unterschied zur verstandesmäßigen Erkenntnis), die *Erfahrung*, das *Gefühl*; im Sinne des sittlichen Erkennens das *Urteil* (zB über die Wertlosigkeit der Begierde; so Epiktet), auch das *Taktgefühl*. – αἰσθητήριον [aisthætærion] ist das Sinneswerkzeug, das seelische Organ.

II In der LXX findet sich αἴσθησις [ạisthæsis] überwiegend in der Weisheitsliteratur (vor allem in der Regel als Äquivalent für *da'at* (Erkenntnis, Weisheit) und meint eine rechte *Einsicht*, die oft eine sittliche Unterscheidung und Entscheidung einschließt (αἰσθητήριον [aisthætærion] bezeichnet dabei gleichsam das Organ, den Ort, an dem sich die sittliche Unterscheidung vollzieht, vgl. Jer 4,19). Diese Einsicht steht zB betont der Unerfahrenheit (Spr 1,4), der Zuchtlosigkeit (12,1) und Dummheit (15,7) gegenüber. So mahnt der Vater seinen Sohn immer wieder, der α. nachzuspüren (2,1ff), denn Einsicht, Weisheit bringt wahren Gottesfurcht und Gotteserkenntnis (2,5ff). Ja, beides ist so sehr eins, daß es umgekehrt heißen kann: »Die Gottesfurcht ist der Anfang der Weisheit« (1,7). Gotteserfahrung und Welterfahrung gehören unabdingbar zueinander.

III Im NT kommen αἴσθησις [ạisthæsis] und αἰσθητήριον [aisthætærion] nur je einmal vor.

1) In Phil 1,9 stellt Paulus Einsicht (αἴσθησις) und Erkenntnis (→ γνῶσις) nebeneinander als zwei verschiedene Äußerungen und Funktionen der Liebe. Während sich die Erkenntnis nur vornehmlich auf Gott richtet, ist die rechte Einsicht auf dem Gebiet der zwischenmenschlichen Beziehungen notwendig, wo sie gut und böse zu unterscheiden und gültig zu urteilen hat (vgl. bes. V. 10).

2) Hebr 5,14 wird von den Vollkommenen ausgesagt, daß sie »durch Gewohnheit geübte Sinne (αἰσθητήριον [aisthætærion]) haben, zu unterscheiden Gutes und Böses«. Das Konkretum »Sinneswerkzeuge« oder »seelische Organe« ist an dieser Stelle fast zu einer – freilich zu erwerbenden – habituellen Fähigkeit geworden, die Geister einsichtig unterscheiden zu können. Es geht um eine geistliche »Begabung«, die durch Übung entwickelt werden kann.

E. Schütz

γινώσκω

γινώσκω *[ginọskō]* erkennen, kennen, verstehen, wissen · γνῶσις *[gnọsis]* Erkenntnis, Wissen · ἐπιγινώσκω *[epiginọskō]* erkennen, anerkennen, verstehen · ἐπίγνωσις *[epịgnōsis]* Erkenntnis

Das Verbum γινώσκω *[ginọskō]* (seit Aristot. aufkommende Kurzform zum seit Homer bezeugten I
γιγνώσκω *[gignọskō]*) ist aus der Wurzel γνο-*[gno-]* gebildet, die sowohl dem lat. *(g)noscere, ignorare,* als auch dem dt. *können, kennen, künden* zugrunde liegt. Vom selben Stamm sind auch die Hauptwörter γνῶσις *[gnọsis]* und γνώμη *[gnọmæ]* (nomen actionis und rei actae) gebildet.

1) Als Inchoativbildung bezeichnet das Verbum im Profangriech.:

a) zunächst das durch die Sinne, bes. durch den Gesichtssinn (zur Verbindung von »sehen« und γ. vgl. Homer Od. 15,532; 24,217) vermittelte *Bemerken, Erkennen, Wiedererkennen* einer Sache, einer Person oder eines Sachverhaltes, wodurch es zum verstehenden Einordnen des so Erkannten in die Erfahrungswelt *(Erfahren, Lernen, Kennenlernen)* kommt, dh: das Erkannte wird dem erkennenden Subjekt (wieder) vertraut. Damit ist, was den späteren Sprachgebrauch angeht, ein Bedeutungsunterschied zu αἰσθάνομαι *[aisthạnomai]* = *wahrnehmen* gegeben, das eben nicht unbedingt zum Verstehen führen muß. – Wie das Verb drückt auch das Subst. γνῶσις *[gnọsis]* (seit Heraklit bezeugt) zunächst den *Akt des Erkennens* aus.

b) Sofern es sich um das (Wieder-)Erkennen eines bestimmten Gegenstandes unter anderen ähnlichen oder verwechselbaren handelt, nimmt γ. gelegentlich den Sinn *unterscheiden* an (Hom. Il. 5,128,182).

c) Da aus dem Vertrautwerden das Vertrautsein mit einem Gegenstand folgt, kann γ. auch *kennen* (Heracl. fr. 97), *verstehen* (schon Hom. Od. 16,136), *wissen* (Democr. fr. 198; parallel zu οἶδα *[ọida]*), *kundig sein* (γνωστός *[gnōstọs]* = ein der Dinge Kundiger, Plato Resp. I,347d) und *urteilen* (Demosth. 658,23) bedeuten. – Analog findet sich das Subst. γνῶσις *[gnọsis]* in der habituellen Bedeutung *Kenntnis, Einsicht* (Plato Soph.) und das Subst. γνώμη *[gnọmæ]* als *Einsicht* (Hdt.; Thuk.), *Überlegung* (Xenoph. Kyrop. 1,3,10), *Geist* und schließlich als *Sentenz* (Aristot. animal. 6,22).

d) γινώσκω *[ginọskō]* vermag das Vertrauensverhältnis zwischen Personen zu beschreiben: *als Freund anerkennen, freundschaftlich lieben* (Xenoph. Kyrop. 1,4,27; vgl. γνωστός *[gnōstọs]* = *vertraut,* seit Aischyl. Choeph. 691 bezeugt). Ob sich von hier aus die erst für die hellen. Zeit belegte Verwendung von γ. = *geschlechtlich verkehren* verstehen läßt, ist fraglich; möglicherweise liegt Übernahme eines nicht-griech. Sprachgebrauches vor. Allerdings weist Leisegang, Gnosis S. 32 darauf hin, daß γ. wurzelhaft verwandt ist mit *gignere* = zeugen (vgl. γίνομαι *[gịnomai]* → Geburt).

e) Zum Kennenlernen von Sachverhalten gelangt man auch durch *Nachdenken, Erwägen* und *Forschen,* kurzum: durch Gedankenschluß. So ist die delphische Inschrift γνῶθι σαυτόν *[gnọthi sautọn]* ein Appell zum Nachdenken, zur Selbstbesinnung.

f) So kann auch die straf- und schiedsgerichtliche Urteilsfindung, die aus einem Abwägen gegebener Tatbestände resultiert (analog dem Dt.: auf eine Strafe *erkennen),* mit γινώσκω *[ginọskō]* (Pass.) wiedergegeben werden.

g) Oft ist es unerheblich, ob der Erkenntnisgegenstand überhaupt in irgendeiner Hinsicht real vorfindlich ist, oder ob er nur in der Vorstellung des Erkennenden existiert. Besonders im philosophischen Bereich spielt solch spekulatives Erkennen eine große Rolle. Wie sehr aber auch hier noch das Erkennen sich aus dem Sehen, dem »Sehen der Seele« (ὄμμα τῆς ψυχῆς *[ọmma tæs psychæs]*, Plato Resp. 533 u. ö.) herleitet, zeigt sowohl die Begrifflichkeit, mit der man das Spekulieren ausdrückt (θεωρεῖν *[theōrẹin]*, σκοπεῖν *[skopẹin]*), als auch die Benennung des auf diese Weise Erkannten mit εἶδος *[ẹidos]*, ἰδέα *[idẹa]* (Democr., Plato; vgl. → Bild). Das Ziel des philosophischen Erkennens bleibt »ein ›Anschauen‹, – nun freilich nicht das Anschauen der vergänglichen und wechselnden Erscheinungen der irdischen Dinge, sondern des Beständigen und Wirklichen, das eben nur mit den Augen des Geistes anzuschauen ist« (Snell S. 214). Sachgemäß wird man also γινώσκειν *[ginọskein]* mit *Einsicht gewinnen, zu einer Anschauung kommen* wiedergeben, wobei es sich auch um Einsichten handeln mag, die recht eigentlich der religiösen Sphäre angehören (Heracl. fr. 5 Diels).

γινώσκω *[ginọskō]* intendiert immer ein Erfassen der vollen Wirklichkeit und des Wesens des Gegenstandes, auf den es sich richtet, im Gegensatz zum bloßen Meinen (δοκέω *[dokẹō]*; → Denken), das die gemeinte Sache auch falsch, halbwahr oder mangelhaft erfassen kann (bes. ausgeprägt, wenn auch spät: γνῶσις θεῶν, οὐ δόξα *[gnọsis theọn, ou dọxa]* Apoll. von Tyana, ep. 52, Zuweisung fraglich).

2) In der Sprache des Hellenismus ist der bereits aufgezeigte Gebrauch von γινώσκω *[ginọskō]* und seinen Derivaten weiter nachweisbar. Indessen bildet sich in mehr oder weniger losem Anschluß an den Sprachgebrauch der klassischen griech. Philosophie eine eigentümliche Verwendung des Begriffes in den im einzelnen durch recht unterschiedliche Systeme und Vorstellungen charakterisierten synkretistischen Denkrichtungen heraus, die insgesamt seit alters mit dem komplexen Be-

griff »Gnosis« belegt werden (Gnosis bzw. Gnostiker als Selbstbezeichnung ist nur für bestimmte Gruppen innerhalb der Bewegung belegt; vgl. Iren. I,11.1; 26,3; Pauly-Wissowa VII,2 Sp. 1504ff; Jonas I,S.5ff). Ohne daß in diesem Zusammenhang, in dem es ja um die Untersuchung des Erkenntnisvorganges und -begriffes geht, die Charakteristika gnostischen Denkens auch nur annähernd dargestellt werden können, muß doch auf einige typische Momente hingewiesen werden:

a) Im Hellenismus kommt es aus einem neuen Verhältnis zur Welt u. a. zu einem prinzipiellen Zweifel an der Möglichkeit »vernünftiger« Welt- und Wirklichkeitsbemächtigung. Welt und Geschichte erfährt der Mensch mehr oder weniger als undurchschaubares Verhängnis, als unbeeinflußbares Schicksal, dem er wie ein Sklave, ohne nach seinem Einverständnis gefragt zu sein, ohnmächtig ausgeliefert ist. Eher Gefängnis als Heimat, bedeutet ihm sein irdisch-geschichtliches Dasein Sein-in-der-Fremde, im »Elend«. Darum sucht er nach Ausweg und Befreiung aus seiner Zwangslage in der ihm fremden → Welt. Einen solchen Ausweg entdeckt er u. a. in der Gnosis. Sie meint hier nicht das Durchschauen der Dinge mittels des logischen Vermögens wie in der griech. Philosophie, da die Antwort des Kosmos auf die Fragen des Verstandes nur Schweigen oder Lüge ist; die Antwort des Gnostikers aber kommt nicht aus dieser Welt, sondern aus dem Akosmischen, aus dem Bereich eines dem Kosmos diametral entgegengesetzten Göttlichen auf dem Wege gnädiger Offenbarung (vgl. Od. Sal. 7,3.6) an den Menschen. Die Grundvoraussetzung der Gnosis ist also ein Gott und Welt streng voneinander trennender Dualismus. Die Mittel und Wege, die man einschlägt, um sich solcher jenseitigen Gnosis zu versichern, sind verschiedener Art, wie Sakramentalismus, Magie, Mystik, quasi-philosophische Spekulationen usw.

b) Der Sache nach ist Gnosis primär Selbsterkenntnis des Menschen, seines eigentlichen Wesens, auf Grund derer er sein gebrochenes Verhältnis zum irdisch-geschichtlichen Dasein »verstehen« und dadurch den (Rück-)Weg zur → Erlösung erkennen und gehen kann. Es handelt sich um die Vergangenheit, Gegenwart und Zukunft umfassende »Erkenntnis, wer wir sind und was wir geworden sind; woher wir stammen und wohin wir geraten; wohin wir eilen und wovon wir erlöst sind; was es mit unserer Geburt, was es mit unserer Wiedergeburt auf sich hat« (Clem. Alex., Excerpta ex Theodot. 78,2 nach Leisegang, Gnosis, S. 1). Nur sofern es für die Selbsterkenntnis dienlich und notwendig ist, schließt der Begriff Gnosis kosmologische bzw. kosmogonische und im engeren Sinne theol. Erkenntnis ein; »der Mensch steht im Zentrum des Interesses der Gnostiker« (Quispel, Gnosis, 29).

c) Antwort auf die Frage des Gnostikers nach sich selbst gibt der gnostische Mythos von der »tragischen Geschichte« (ThWb I, 694) der »Seele« (es kommen auch andere Termini vor), der in mannigfacher Form begegnet. Dieser Mythos erzählt von der göttlichen Abkunft der → Seele, die infolge eines vorgeschichtlichen »Falls« in die widergöttliche Materie (in den → Leib) hineingebannt und an sie gefesselt wurde. »Eigentlich gehört (also) ... der Mensch gar nicht in diese Welt: seine Urheimat ist die andere Welt jenseits der Sphären des sichtbaren Universums« (Quispel, Gnosis, 29). Deshalb kann der Mensch sich im Kosmos nicht heimisch fühlen; denn dem Kosmos und dem Gott der Seele ist nichts gemein. Darum plagt den Menschen ein vages hoffnungsloses Sehnen aus der Welt heraus, das umso stärker ist, je weniger er sich an den Kosmos verloren hat. Hat er sich ganz dem Kosmos ausgeliefert, so gibt es für ihn keine Erlösungsmöglichkeit mehr; er geht mit der Materie zugrunde, da er keine »seelische Substanz« mehr in sich trägt, die überhaupt nur erlösungsfähig ist. Der Erlösungsvorgang wird eingeleitet, wenn an die Stelle des hoffnungslosen vagen Sehnens eine umfassende Information über den jenseitigen unbekannten Gott (ἄγνωστος [προ-] πατήρ *[agnōstos (pro-) patær]*; zB Epiphan. adv. haer. I,23,1; ἄγνωστος θεός *[agnōstos theos]* Iren. IV,20,2) und die ursprüngliche Göttlichkeit der Seele, über den »Fall« der Seele, den Kosmos und dessen widergöttliche Materie sowie über den Weg der ihrer selbst bewußten Seele zurück in die göttliche Heimat getreten ist, eine Erleuchtung, die als »Ruf« von außen, als göttliche → Offenbarung den Menschen trifft. Findet der Ruf Gehör bei den »Seinen«, so steht der Rückkehr der göttlichen Seele in die Gottheit, ihrer Vergöttlichung (Corp. Herm. I,26a, XIII,4) grundsätzlich nichts mehr im Wege. Das Heil ist schon Gegenwart. In der Ekstase kann die Rückkehr vorweg erlebt werden (Iren. III,15,2). Es gilt: »Wer zur Gnosis gelangt ist, der ist gut und fromm, ja bereits göttlich« (Corp. Herm. X,9). Gnosis, scheinbar ein Weg zum Heil durch Fremderlösung, ist tatsächlich ein grandioser Versuch der Selbsterlösung; denn erlöst, vergöttlicht wird ja doch nur die ohnehin und substantiell göttliche Seele. Der Gnostiker ist ein φύσει σωζόμενος *[physei sōzomenos]* (Clem. Alex., Strom. II 3.10,2; IV 13.89,4).

d) Hierdurch kommt es zu einer charakteristischen gnostischen Lebenshaltung, die ihrerseits Gnosis genannt wird (Iren. I,31,3). Sie drückt sich in einem Überlegenheitsgefühl über alle Nichtgnostiker – in der christl. Gnosis auch über die »nur« Glaubenden – aus. Bezeichnend dafür ist nicht nur der Absolutheitsanspruch der Gnostiker (θεὸν ἐγνωκέναι μόνοι *[theon egnōkenai monoi]*, Clem. Alex., Strom III,4,31), sondern auch ihre negative (asketische oder libertinistische) Ethik, die ihr inneres Motiv in der Sicherheit des Gnostikers hat, in seinem eigentlichen Selbst nicht Teil des Kosmos zu sein. Folglich besteht für ihn auch kein Anlaß, den vermeintlich kosmischen Ansprüchen Gehorsam zu leisten. Im Gegenteil: in Askese bzw. Libertinismus straft der Gnostiker die moralischen Regeln – Satzungen bloß kosmischer Mächte zur Versklavung des Menschen (Iren. I,23,3) oder bloß menschliche Wertungen (Iren. I,25,4) – mit Verachtung und stellt gerade so seine grundsätzliche Freiheit von allen welthaften Bindungen unter Beweis.

Gnosis ist also der umfassende Begriff für eine Lebenshaltung, die aus dem Nein zum geschichtlich-kosmischen Dasein resultiert, sich im Mythos Ausdruck verschafft und in einer negativen Ethik Gestalt gewinnt.

Wie in der allg. Gräzität ist auch im AT *Erkennen* auf Sinneswahrnehmung angewiesen, darauf, daß II
der Gegenstand, den es zu erkennen gilt, sich selber den Sinnen mitteilt und zu erkennen gibt. Deshalb finden sich Verben des → Hörens und → Sehens parallel zu *erkennen*: Ex 16,6; Dtn 33,9; 1Sam 14,38; Jes 41,20, und es wird verständlich, daß LXX Ri 2,7 *rā'āh* = *sehen*, Jes 26,11 *chasāh* = *sehen, erblicken* und Neh 4,9 [LXX 7Esr 14,9] *schāma'* = *hören* mit γινώσκω *[ginōskō]* übersetzt. Die Bedeutungsskalen des griech. und hebr. Erkenntnisbegriffes kongruieren also weithin; beiden liegt die sinnfällige Erfahrung zugrunde.

1) In der LXX tritt die Wortgruppe γινώσκω *[ginōskō]* aber meist für die Bedeutungen der hebr. Wurzel *jāda'* ein, die verschiedenste Inhalte deckt. Geht man von der Grundbedeutung (a) *merken, erfahren, wahrnehmen* (Gen 3,7; 41,31; Ri 16,20; Jes 47,8; Pred 8,5; Hos 5,3) aus, so führt die Wahrnehmung von Gegenständen wie gut und böse (2Sam 19,36) oder links und rechts (Jon 4, 11) zu ihrer Unterscheidung; γ. heißt dann (b) *unterscheiden zwischen*. Durch einen Dritten vermittelte Erkenntnis wird (c) *erlerntes Wissen* (Spr 30,3 LXX; BH anderer Text). – (d) Gemachte *Erfahrung* vollzieht und verwirklicht sich in einem angemessenen, aus der Vertrautheit mit dem Erkenntnisgegenstand entspringenden Verhalten dem Erkannten gegenüber. Dem entspricht zB der Gebrauch von *jāda'* in der Weisheits-Lit. des AT. In ihr geht es um eine empirische und vitale, aus der Beobachtung von Welt und Leben als Werk Gottes gewonnene *Erkenntnis*, die zum rechten Leben »vor Gott« treibt (Spr 2,6; Pred 8,17). Auch kann sich Erkenntnis (die Vertrautheit mit einem Gegenstand oder einem Sachverhalt) darin ausdrücken, (e) eine technische Fertigkeit zu besitzen, *sich auf etwas zu verstehen* (1Kön 7,14 [LXX 7,2]; vgl. Gen 25,27; 1Sam 16,16.18; Jes 47,11 u. ö.). – Wenn es der Erkenntnisgegenstand erheischt, fallen Wahrnehmung und daraus resultierendes Handeln bzw. negativ das Unterlassen einer Handlung in einem Akt zusammen (vgl. im Dt. »seine Aufgabe wahrnehmen«); Erkennen bedeutet dann (f) u. a. *sich (nicht) kümmern, sich (nicht) scheren um* (zB Spr 27,23; Ps 1,6; 37 [36], 18; Ps 119 [118], 79), *(nicht) zu tun haben wollen mit* (zB Dtn 33,9); mehrfach ist im theol. Sinne von einer verfehlten Erkenntnis auf seiten des Menschen die Rede, die eben nicht zum Sich-darum-Kümmern führt (Jer 8,7; Ps 95 [94], 10; Jes 2,3). Erkennen, man möchte sagen: ent-decken sich Mann und Frau (zB Gen 4,1; 19,8) in ihrer geschlechtlichen Unterschiedenheit, so fällt auch hier eine urtümliche, vitale Wahrnehmung der Sinne (vgl. Gen 2, 23f) mit dem daraus sich ergebenden gegenseitigen Verhalten zusammen, und Erkennen gewinnt den Sinn von (g) *geschlechtlich verkehren*. Ist das Erkennen von Personen (»von Angesicht zu Angesicht«) nicht geschlechtbetont, so meint es das intime *persönliche Vertrauensverhältnis* (zB Dtn 34,10). Wenn Gott einen Menschen (Jer 1,5) oder ein Volk (Am 3,2) erkennt, (h) *erwählt* er es (vgl. auch Num 16,5 LXX). Dieses als Erwählen (→ Erwählung) qualifizierte Erkennen ist gnädiges, liebendes, sich kümmerndes (vgl. oben f), allerdings auch auf die menschliche Antwort wartendes Erkennen. – Die Eigentümlichkeit des at. Erkenntnisbegriffes tritt augenfällig und exemplarisch zutage, wo im AT von menschlicher Gotteserkenntnis, dh (i) von dankbarem und gehorsamem *Anerkennen* geredet wird (vgl. 2).

»Fragt man . . . nach dem Bedeutungszentrum, von dem aus die verschiedenartigen Verwendungen der einen Wortwurzel verständlich werden, so wird man den Begriff ›Erkenntnis‹ nennen müssen. Die genannten Aktionen sind für hebr. Denken Spielarten von ›Erkenntnis‹« (HWWolff, EvTh 15, 426f).

2) Gottes-erkenntnis ist immer an Gottes offenbarendes Handeln gebunden. Das zeigt deutlich die bei Ez am häufigsten (54mal), aber auch im übrigen AT auftretende Formulierung: »und du wirst (ihr werdet, sie werden) erkennen, daß ich Jahwe bin«, die stets im Anschluß an die Ankündigung eines konkreten Handelns Jahwes erscheint (Ez 6,7.13.14; 7,4.27; 11,10.11f; 12,14f.16 u. ö. nach einer Gerichtsankündigung gegen Israel; Ez 25,3–5 nach einer Gerichtsankündigung gegen die Ammoniter; Ez 28,26; 37,6 nach einer Heilsansage; vgl. auch Ex 6,7; 7,5.17; 14,4.17f; 16,6.12; 29, 45; 1Kön 20,13.28; Jes 45,3.6f; 49,23.26). In 2Kön 5,15 kommt der Syrer Naeman zur Erkenntnis des Gottes Israels, nachdem sein Aussatz geheilt ist. Sir 36,4 wird um Gottes Offenbarung an die Völker gebeten, damit auch sie erkennen, daß es keinen Gott außer Jahwe gibt (vgl. die 4. Benediktion im Achtzehn-Gebet).

Aber nicht nur die Taten Jahwes in ihrer vergangenen oder zukünftigen Einmaligkeit führen zur Gotteserkenntnis. Auch der Bericht, das Zeugnis von Gottes geschehenem Handeln, in dem das Vergangene immer wieder vergegenwärtigt und aktualisiert wird (Ex 10,1f; 18,8–11), oder heilsgeschichtlich begründete Zeichen (etwa der Sabbat) vermögen Erkenntnis Jahwes zu wecken (Ex 31,13; Ez 20,12–20). Es ergibt sich also, daß Erkenntnis Gottes einzig an Gottes offenbarem und bezeugtem Tun entsteht. Erkenntnis Gottes und Erkenntnis seiner Taten fallen deshalb sachlich in eins zusammen (Mi 6,5). Daraus aber folgt, daß die at. Gotteserkenntnis nicht am Wesen Gottes »an und für sich« interessiert ist, sondern an dem Gott, der sich in Gnade und Gericht handelnd den Menschen zugewendet hat und zuwendet. Ihn erkennen heißt, in den von ihm hergestellten personalen Bezug eintreten.

Aus der Vertrautheit mit Gott ergibt sich für Israel die Forderung, den Taten Gottes angemessen zu handeln. So meint der innerhalb eines »Heilsorakels« stehende Imperativ »erkennet, daß ich Jahwe (so urspr.) bin« (Ps 45[46],11), in seinem Zusammenhang primär nicht, daß die Jahwes Stadt bekriegenden Völker eine rein religiöse Konversion zu Jahwe vornehmen sollen, sondern daß sie in Anerkennung des Geschichtswaltens Jahwes ihren Aufstand drangeben sollen (vgl. Kraus, Pss I,346). – In Jer 22,15f wird in Form einer rhetorischen Frage Gotteserkenntnis ausdrücklich als Ausübung von Recht und Gerechtigkeit – auch und gerade dem Armen und Elenden gegenüber – interpretiert, und Ri 2,10f folgt aus einem Nicht-Kennen Jahwes und seiner Taten für Israel ein menschliches Verhalten, das Jahwe mißfällt. – Wie sehr die Erkenntnis Jahwes sich in einem konkreten Verhalten Gott gegenüber äußert, zeigt bes. Hos 4,1f, wo in einem Scheltwort hinter Beständigkeit und Bundestreue die fehlende Gotteserkenntnis erscheint, die (V. 2) zum mitmenschlichen Versagen führt. Daß Erkenntnis Gottes auch bei Hos ein Kennen von Jahwes Heilshandeln an Israel bedeutet, belegt Hos 13,4 (vgl. auch 4,6; 5,4; 6,6; 8,2; zu Hos vgl. HWWolff, EvTh 12,533ff; 15, 426ff; BKAT XIV,1). – In der Weisheits-Lit. sind → Furcht Jahwes und Gotteserkenntnis wechselbegriffe (Spr 2,5; Pred 3,14).

3) Zusammenfassung: Dem AT geht es nicht wie den Griechen um feststellende, Distanz nehmende Erkenntnis und um ein Zuschauen, deren primäres Interesse auf Einordnung des Erkannten gerichtet ist; at. Erkennen entsteht und entsteht immer wieder neu aus dem ständigen vertrauten Umgang mit seinem Gegenüber. Sofern auch im AT Aussagen über Gott und die Schöpfung gemacht werden, werden wir sie nicht als Feststellungen von seinshaften Zuständen werten dürfen, sondern als der Offenbarung Gottes antwortende Bekenntnisaussagen. Denn Erkenntnis Gottes bleibt auf Gottes geschehenes oder verheißenes Offenbaren im irdisch-geschichtlichen Lebensraum des Geschöpfes angewiesen. In der stetigen Nachfrage nach Gottes Offenbarung in Vergangenheit, Gegenwart und Zukunft gewinnt Israel die Erkenntnis, wie es mit seinem Gott dran ist und was Gott konkret von ihm fordert, sei es in kultischer, sei es in ethischer Hinsicht.

4a) Erst das hell. Judentum bildet in der Auseinandersetzung mit dem Polytheismus einen quasi-dogmatischen Begriff von Gotteserkenntnis aus: Gotteserkenntnis bedeutet vor allem das Wissen von einem einzigen Gott und die Bestreitung der Gottheit heidnischer Götter (zB Jdt 8, 20; EpJer durchgängig; vgl. auch Orac.Sibyll. 3,429f). In diesem Zusammenhang beschäftigt man sich dann auch mit dem Problem der Erkenntnismöglichkeit Gottes, das in Anlehnung an die Stoa mit dem Hinweis auf die Erkennbarkeit Gottes aus den Werken der Schöpfung gelöst wird, zB Weish 13,1–9; PhiloVirt. 215f; syrBar 54,17f. – Auch das Judentum hatte sich natürlich mit den gnostischen Ideen auseinanderzusetzen; so wird M und T Chagiga II,1 vor gnostischen Spekulationen über das, was vor der Schöpfung war und nach der Weltzeit sein wird, gewarnt (vgl. Jonas, Gnosis, II,1, 206; Bietenhard, Himmlische Welt, 53ff; ferner St.-B. I,191 und III,33.378). Das schließt aber nicht aus, daß auf die Frage nach der Erkennbarkeit Gottes auch dort eine gnostische Antwort gegeben worden sein mag, worauf zB der sich mehrfach in TestXII findende Ausdruck φῶς γνώσεως *(phōs gnōseōs)* schließen lassen könnte und wie dies im hebr. und slHen deutlich erkennbar ist (TestLev 4,3; 18,3; vgl. auch Philo, De Migr. Abr. 34f; Som. II,226).

b) Scheinbare Berührungen mit dem hell.-gnostischen Erkenntnisbegriff liegen im AT insoweit vor, als hier wie dort Erkenntnis Gottes aus Offenbarung entsteht, allerdings so, daß im hellen.-gnostischen Erkennen der Raum der Geschichte konsequent geleugnet wird, während der at. Erkenntnisbegriff mit Gottes Offenbarung in Raum und Zeit steht und fällt.

c) Eine bemerkenswerte Weiterbildung des at. Erkenntnisbegriffes zeigen innerhalb des Spätjudentums die Texte von Qumran, in denen *jadā'* und *da'at* Zentralbegriffe sind. An manchen Stellen wird der Begriff *Erkenntnis* sogar absolut gebraucht; er ist eines der wesentlichen Heilsgüter, das den Frommen der Qumransekte zuteil wird: 1QpHab 11,1; 1QS 10,9.12; 11,6.15; 1QH 2,18; 11, 28; CD 2,4 u. ö. Gott selbst ist der »Gott der Erkenntnisse« (1QS 3,15 u. ö.), dh der Gott, der alle Erkenntnis hat und von dem allein der Mensch Erkenntnisse gewinnen kann. In Gottes Erkennen vollzieht sich zugleich ein Akt der Vorherbestimmung (1QS 4,25; 1QH 1,7 u. ö.; → Vorsehung), es ist also nicht nur noetisch. Menschliches Erkennen hat viele Gegenstände. Besonders häufig erscheint als Objekt »die Geheimnisse« oder »die verborgenen Dinge« (1QH 12,13; 1QS 5,11), womit die der Sekte offenbarten Geheimnisse der Schöpfung, der Geschichte und der Endzeit gemeint sind. Hier zeigt sich die Nachbarschaft der Essener zur spätjüd. Apokalyptik. Ebenso ist Gottes Treue Gegenstand des Erkennens (1QH 9,9 u. ö.), Gottes Güte (1QH 14,17), Gottes Weisheit (1QH 15,12), Gottes Herrlichkeit (1QH 15,20) oder Gott selbst (1QH 1,31). Die Gemeinde kann sich daher mit dem Titel *»die Erkennenden«* bezeichnen (1QH 11,14; 14,15). Daneben spielt die Erkenntnis des Willens Gottes in der Tora eine große Rolle, und je nach dem Maß der Toraerkenntnis wird in der Gemeinde über Aufnahme und Rang entschieden (1QS 2,22, vgl. 1QS 5,21ff). Dieselbe Art der Verwendung ist auch den Parallelbegriffen *sākal* (die Wurzel bedeutet *einsichtig sein)* und *bīn* (im

Hiph. = *verstehen)* samt den dazugehörigen Subst.n eigen. – Man hat gemeint, die Qumrantexte bewiesen mit ihrer Betonung des Erkenntnisbegriffes den Einfluß gnostischen Denkens auf das palästinensische Judentum, doch wird man die grundlegenden Unterschiede im Blick auf Kosmologie, Anthropologie, Soteriologie und Ethik nicht übersehen dürfen.

1) Übersicht der Bedeutungen und des Vorkommens. III

Im NT findet sich γινώσκω *[ginǫskō]* 221mal (am häufigsten in der johanneischen Lit.: 82mal; Paulusbriefe ohne Pastoralen 46mal) und ἐπιγινώσκω *[epiginǫskō]* 44mal (lukanische Schriften 20mal; Paulusbriefe ohne Pastoralen 11mal). Die Subst.e γνῶσις *[gnǫsis]* und ἐπίγνωσις *[epignōsis]* erscheinen im NT 29 bzw. 20mal (allein 33mal in den Paulinen; dagegen vermeidet die johanneische Lit. die Subst.e – absichtlich?). Das Verbaladj. γνωστός *[gnōstos]* (fast nur bei Joh und Lk) findet sich 15mal, γνώμη *[gnǫmæ]* (vorwiegend bei Paulus und Offb) 9mal.

Vielfach liegt im NT der allg. und alltägliche Sprachgebrauch vor, ohne daß bei der weitreichenden Übereinstimmung der griech. und at. Bedeutungsskalen auszumachen ist, welchem Sprachraum der Begriff entstammt. – In exemplarischer Auswahl seien die vorkommenden Bedeutungen aufgeführt: *erfahren* (Mk 5,43; Joh 4,1; Phil 1,12 u. ö.); *merken* (Mt 16,8; Mk 6,33 ἐπιγινώσκω *[epiginǫskō]*; 13,28f u. ö.); *spüren* (Mk 5,29f); *erkennen* (Mt 7,16 ἐπιγινώσκω *[epiginǫskō]*; Lk 24,16; Jak 2,20 = *lernen* u. ö.); *kennen* (zB Lk 12, 46–48; Joh 1,48); *wissen* (zB Mt 7,39; Joh 21,17 neben εἰδέναι *[eidẹnai]*; Röm 7,15); *verstehen* (Mk 4,13 neben εἰδέναι *[eidẹnai]*; Lk 18,34 neben συνιέναι *[syniẹnai]*; Joh 13,7 neben εἰδέναι *[eidẹnai]* u. ö.); *konstatieren* (Joh 13,35; 15,18; 19,4; 1Joh 2,3.5 u. ö.); *unterscheiden* (1Kor 14,7); *sich auf etwas verstehen* (Mt 16,3; Apg 21,31).

Das Subst. γνώμη *[gnǫmæ]* kommt fast nur in der herkömmlichen Bedeutung *Ansicht, Meinung, Urteil* vor: zB 1Kor 7,25 (deutlich gegen das »Gebot des Herrn« abgegrenzte, aber doch verbindliche *Meinung* des Apostels, vgl. auch 7,40); Offb 17,13 (μίαν γνώμην ἔχειν *[mịan gnǫmæn ẹchein]* = *einer Meinung, eines Sinnes sein*; vgl. 1 Kor 1,10); Offb 17, 17b (ποιεῖν μίαν γνώμην *[poiẹị mịan gnǫmæn]* = *einmütig handeln*, hier soviel wie *einen gemeinsamen Plan [= die Meinung Gottes] verfolgen)*; ähnlich auch Apg 20,3 (γίνομαι γνώμης *[gịnomai gnǫmæs]* = *der Meinung angehören*, dh *zu dem Schluß kommen)*.

2) Die Prägung des Begriffes durch den at. Sprachgebrauch.

Durch die allg. Benutzung der LXX im Urchristentum wie im (Diaspora-)Judentum besteht sicher eine sprachliche Kontinuität zwischen AT und den nt. Zeugen bzw. der ihnen überkommenen und von ihnen aufgenommenen nt. Verkündigungstradition. Jedoch die weithin andere Situation der nt. Zeugen – zT selber Heidenchristen, reden sie auch zu Menschen aus der heidnischen Welt – und der Inhalt des Zeugnisses, nämlich die Offenbarung Gottes in Jesus Christus, haben den at. Erkenntnisbegriff, wo er im NT vorliegt, gelegentlich neu akzentuiert und modifiziert. Unbedingt dem AT entstammt der nt. Erkenntnisbegriff dort, wo er eine personale Beziehung zwischen dem Erkennenden und dem Erkannten bezeichnet. Das gilt vom geschlechtlichen Erkennen (Mt 1,25; Lk 1,34), aber auch, wo γ. *zu tun haben mit* bedeutet, zB in der »Bannformel des Weltenrichters« (Käsemann) in Mt 7, 23: »Ich habe euch niemals gekannt«, dh mit euch habe ich nie etwas zu tun gehabt (vgl. Mk 14,71, wo Petrus mit ähnlichen Worten seiner Zugehörigkeit zu Jesus abschwört, allerdings unter Verwendung von οἶδα [ọida]). 2Kor 5,21 will Paulus nicht sagen, Jesus Christus habe noetisch von Sünde nichts gewußt; vielmehr hat Jesus Christus für seine Person mit Sünde nichts zu tun gehabt; erst bei dieser Sinngebung von γ. wird die Ungeheuerlichkeit der Aussage deutlich: Ihn hat Gott für uns zur Sünde gemacht. Ähnlich ist Röm 7,7 zu übers.: Das menschliche Ich hätte intim mit der Macht der Sünde nichts zu tun bekommen, außer durch das Gesetz (vgl. Röm 3,20: διὰ γὰρ νόμου ἐπίγνωσις ἁμαρτίας *[dịa gar nọmou epịgnōsis hamartịas])*. Schließlich ist auch für 2Kor 5,16 die nämliche Bedeutung von γ. anzunehmen.

Der in seiner Bedeutung umstrittene Vers 2Kor 5,16 bietet im zweiten Teil (16b) 2mal γινώσκω *[ginǫskō]*. Paulus setzt sich 2Kor 5,11–21 mit Gegnern auseinander, die seine Person und sein

Apostelamt angreifen, indem sie erklären, Paulus lasse sichtbare geistliche Qualitäten vermissen, die ihn erst zum Apostel legitimieren würden (zB ekstatische Phänomene V. 13). Sie haben wohl Paulus einen »Maulhelden« gescholten, der nur sich selber empfehle (darauf dürfte Paulus anspielen in V. 11: »Wir überreden Menschen« und V. 12: »Wir empfehlen uns selbst«). Den Vorwürfen begegnet Paulus u. a. mit dem Hinweis auf Christi Tod »für alle«, in dem »alle gestorben sind« (V. 14f), also auch der Mensch mit seinen aufweisbaren, vermeintlich geistlichen Qualitäten und Talenten. »Deshalb«, so folgert Paulus V. 16a, »kennen wir von jetzt an« – dh seit dem Christusereignis, das eine »Umwertung aller Werte«, die Äonenwende bezeichnet – »niemanden nach dem Fleisch«, nach seinen sichtbaren Erweisen des Geistes und der Kraft; diese Aussage will verstanden sein als eine Konsequenz aus dem in V. 14 erwähnten Mitsterben aller mit Christus. Um nun die Selbstverständlichkeit dieser Konsequenz zu verdeutlichen, fügt Paulus in V. 16b gleichsam eine »Binsenwahrheit« an, die allen einleuchten muß: »Gesetzt den Fall, wir haben Bekanntschaft gehabt mit dem Christus nach dem Fleisch – dh mit dem in seiner irdischen Vorfindlichkeit sichtbaren Christus–, jetzt aber pflegen wir ihn (als solchen) jedoch nicht mehr zu kennen« (= *zu tun haben mit*; beachte den Wechsel in der Aktionsart!; bezüglich der Übers. vgl. Lietzmann, Komm. S. 125; Georgi S. 257), sondern nur den unsichtbaren, auferweckten Christus, in dessen Dienst wir stehen. Weil also Christus als der »für alle Gestorbene« und Auferweckte der Unsichtbare und also in seinem Herrsein der äußerlich unausweisbare Herr ist, darum sind auch der Apostel und die Legitimität seines Amtes wie alle und alles mit Christus Gestorbene nicht der Beurteilung nach äußeren allgemein sichtbaren Maßstäben unterworfen. »In Christus« gilt die neue Kreatur; »das Alte« – auch die Beurteilung ἐν προσώπῳ *[en prosọ̄pō̦]* = nach dem Augenschein (V. 12) – »ist vergangen; siehe, Neues ist geworden« (V. 17). – Berücksichtigt man diese Argumentation des Paulus, so ist klar, daß 2Kor 5,16 eine persönliche Bekanntschaft des Paulus mit dem irdischen Jesus weder bestätigt noch widerlegt. Ebenso wenig gibt der V. Auskunft über »die Frage der Bedeutung des geschichtlichen Jesus für Paulus« (Kümmel bei Lietzmann, Komm., S. 205).

a) Die at. Ausrichtung des nt. Erkenntnisbegriffs tritt bes. hervor, wo er *Anerkenntnis* meint. Im zwischenmenschlichen Bereich: 1Kor 16,18 (ἐπιγινώσκω *[epiginọ̄skō]*); 1Kor 4,19 kündigt Paulus den Korinthern an, er werde bei seinem Kommen nicht die Worte der »Aufgeblasenen« anerkennen (= gelten lassen), sondern ihre Kraft. Mt 17,12 spricht Jesus unter Anspielung auf Johannes den Täufer von dessen Nichtanerkennung als wiedergekommener Elia durch die Schriftgelehrten; dies bedeutet praktisch: »Sie taten mit ihm, was sie wollten«. Im Sendschreiben an die Gemeinde zu Philadelphia verheißt der Erhöhte Offb 3,9 in »Umkehrung einer jüdisch-eschatologischen Hoffnung« (Lohmeyer, Komm., S. 36), daß Juden zur (heiden-?) christlichen Gemeinde kommen und anerkennen werden, daß der Auferstandene sie geliebt (= erwählt; Lohse, Komm., S. 30) hat; vgl. Offb 2,23.

Auf der im engeren Sinne theol. Ebene besagen Redewendungen wie »Gottes Willen erkennen« (Röm 2,18; Apg 22,14); »das Gesetz kennen« (Röm 7,1); »die Rechtsforderung Gottes kennen« (Röm 1,32) nicht ein theoretisches Erkennen oder Wissen, sondern die persönlich betroffene, gehorsame *Anerkennung* des Willens Gottes. (Wenn Röm 2,20 in einer Darstellung des Juden das Gesetz die Verkörperung der Erkenntnis und der Wahrheit genannt wird, so ist also hier klar zwischen existentieller Erkenntnis und »theoretischer« Wahrheit unterschieden.) Das ergibt sich auch aus Joh 7,49, wo unmöglich angenommen werden darf, daß »dieses Volk, das das Gesetz nicht kennt«, nicht über das Gesetz informiert sei; vielmehr soll doch gesagt sein, daß das Volk dem Gesetz den Gehorsam schuldig bleibt. Durchaus analog interpretiert Paulus 2Kor 10,5 »Erkenntnis Gottes« als Gehorsam gegen Christus. – Selbst dort, wo Paulus offensichtlich den Erkenntnisbegriff der (jüd.-) hell. Popularphilosophie entlehnt, prägt er ihn at. um: Röm 1,28 (ἐπίγνωσις *[epịgnōsis]*) geht es Paulus eben nicht »um die Gotteserkenntnis als Frage und erschließbare Möglichkeit . . ., sondern um die Frage, ob diese Erkenntnis bewährt (δοκιμάζειν *[dokimạzein]*) sei« (Bornkamm, Ende, S. 21). Wird solche in lebendigem Gehorsam sich erweisende Bewährung der Gotteserkenntnis verweigert, so ist das Gericht Gottes (παρέδωκεν αὐτοὺς ὁ θεός *[parẹdōken autọus ho theọs]*) die verschuldete Konsequenz. Daß Röm 1,21 behauptet wird, diejenigen, die doch Gott erkannt haben, seien nichtig geworden in ihren Gedanken, muß für hell. Denken als Widerspruch in sich selbst empfunden werden. Nichtigkeit wäre dort ein Attribut der θεοῦ ἀγνωσία *[theọu agnōsịa]* (Weish 13,1; → Art. ἀγνοέω). Aber weil für Paulus Erkenntnis Gottes die schuldige Ehre und den Dank gegen Gott notwendig einschließen, der heidnische Mensch sich dem aber versagt, wird dessen Erkenntnis Gottes zum bloßen Denkakt und seine vermeintliche Weisheit zur Narrheit (Röm 1,23). Daß der Heide Gott wohl erkannt, aber nicht gebührend anerkannt hat, wird zum Indiz der Unentschuldbarkeit vor Gott (Röm 1,19.20). (Zum Ganzen vgl. Bornkamm, aaO S. 21f; zur Sache vgl. auch Joh 1,10; 1 Kor 1,21; Gal 4,8f.) – Solche Anerkenntnis Gottes, wo sie geschieht, ist Gabe, Geschenk Gottes und nicht ein Habitus. Sie gründet ja auf seine Offenbarung und bleibt darum auch auf Offenbarung angewiesen (1Kor 12,8; 14,6; [vgl. 2Kor 8,7; 2Petr 1,5]; auch Phil 1,9; Kol 1,9f, wo für das Wachstum der Liebe an Erkenntnis bzw. um Erkenntnis des Willens Gottes gebetet wird; vgl. auch Eph 1,17; 2Petr 1,2 im Segenswunsch des Präskripts; 1Kor 1,5; Kol 3,10 beachte das passive Verb; 1Kor 2,11.14). Folgerichtig kann dann die Anerkennung, dh die Annahme des Heils, das in der Sündenvergebung besteht, auch nur Gottes ureigene Gabe sein (Lk 1,77). – Dennoch spricht – nur scheinbar im Widerspruch zum Charismencharakter der Erkenntnis – nt. *Erkennen* auch den Willen des mit ihm begabten Menschen an; denn er kann es ja auch ungehorsam und undankbar versäumen, die ihm gewährte Erkenntnis zu bewähren, dh die fälligen Konsequenzen zu übernehmen. So sind zB die Imperative – wie alle nt. Paränese – ein Ruf, die Gabe als Aufgabe in stets neuer Situation und Konkretheit zu ergreifen: 1Kor 14,37; Eph 5,5; Jak 1,3; 5,20 (vgl. Lk 10,11; Apg 2,36, wo das »Haus Israel« auf Grund des Pfingstereignisses aufgefordert wird, Jesus den Gekreuzigten als den Christus anzuerkennen; vgl. aber auch den Imperativ im Gleichnis Mt 24,43). – Anerkenntnis im praktischen Verhalten meint auch 2Kor 8,9ff, denn hier wirkt sich die Erkenntnis der »Gnade unseres Herrn Jesus Christus, daß er, obwohl er reich war, arm um unseretwillen wurde, damit ihr durch seine Armut reich würdet« aus in der Kollekte für Jerusalem, die Paulus so angelegentlich betreibt (man sollte in diesem Zusammenhang nicht auf »das Vorbild Christi . . . als Beispiel der Freigebigkeit« auslegen; so Lietzmann, Komm. S. 134). Zu bezweifeln ist auch, daß 1Petr 3,7 in der Mahnung an die Ehemänner, κατὰ γνῶσιν *[katạ gnọsin]* = *gemäß der Erkenntnis* mit ihren Frauen zu verkehren, an deren Einsicht oder menschliches Verständnis appelliert wird (so die meisten Komm. und Übers.); es geht wohl auch hier um die praktische Darstellung der Erkenntnis (Gottes oder Christi) im ehelichen Verhalten des Mannes zur Frau (vgl. ThWb I,708, Z. 4).

Erkenntnis im Sinne der *Anerkenntnis* ist also immer auf ein bestimmtes praktisches Verhalten des Erkennenden, auf seinen Wandel (Kol 1,9f) angelegt, der dem Erkannten gerecht wird.

b) Typisch at. Gebrauch liegt auch vor, wenn das Erkennen von Gott ausgeht. Es bedeutet dann Gottes *Erwählen*, sein aussonderndes, liebendes Handeln für den Menschen: 2Tim 2,19 (= Zitat Num 16,5); die Passiva in 1Kor 8,3 (s. u.); 13,12; Gal 4,9. In diesen Zusammenhang gehört auch Röm 11,33. Erkenntnis Gottes steht hier als Inbegriff des Heiden wie Juden umfassenden, letztgültigen Handelns Gottes für seine Menschengeschöpfe, das über Schuld und Ungehorsam triumphiert. Dem korrespondiert Röm 10,2; dort bescheinigt Paulus den Juden ihren Eifer für Gott, aber ihr Eifer ist nicht κατὰ ἐπίγνωσιν *[katạ epignōsin]*, nicht im Einklang mit der Erkenntnis. »Gemeint ist nicht, daß es dem Juden an einer tieferen Einsicht in das Wesen Gottes fehle. Die Erkenntnis, die ihm mangelt, ist die Erkenntnis und Anerkenntnis der göttlichen Wege« (Gaugler, Komm. II, S. 91).

c) An einigen Stellen findet sich jedoch γινώσκειν *[ginọskein]* stärker im Sinne eines theoretisch-theol. Erkennens, das nicht unmittelbar aus dem at. Gebrauch abgeleitet werden kann (vgl. auch III,4). zB ist Mt 13,11; Lk 8,10 von einem nur den Jüngern verliehenen, also esoterischen Erkennen apokalyptischer Geheimnisse der Gottesherrschaft die Rede, das diese zu autorisierten Auslegern der Gleichnisse macht, die sonstiger menschlicher Deutung verschlossen sind (vgl. Marxsen, ZThK 52, S. 255ff). Und Kol 2,2 besitzt die Wendung ἐπίγνωσις τοῦ μυστηρίου τοῦ θεοῦ (Χριστοῦ) *[epignōsis tọu mystæriou tọu theọu (Christọu)*; Text unsicher] = *Erkenntnis des Geheimnisses Gottes* (nämlich *Christi)* zumindest auch eine theoretische Nuance; ihrem Sinngehalt nach ist sie kaum von ἐπίγνωσις θεοῦ *(epignōsis theọụ)* = *Erkenntnis Gottes* verschieden, wohl aber richtet sich die hier gemeinte Erkenntnis auf ein Mysterium, das noch nicht jedermanns Sache ist, sondern den »Heiligen« vorbehalten bleibt, denen Gott sein Geheimnis kundgetan hat (Kol 1,26).

Aber auch das Erkennen quasi dogmatischer Sachverhalte, etwa einer bestimmten Tauflehre, zielt auf die Praxis gelebten Gehorsams (Röm 6,6): Der Zweck der dort angesprochenen Erkenntnis besteht darin, »daß wir nicht mehr der Sünde dienen«.

3) Der Gebrauch der Wortgruppe in der Auseinandersetzung des NT mit der Gnosis.

Weite Partien des NT zeigen eine Auseinandersetzung mit der Gnosis. Das Evangelium von Jesus Christus war vielfach gnostisch mißverstanden oder aber von (der apostolischen Verkündigung folgenden) Wanderpredigern gnostisch interpretiert worden. So wird zB Timotheus ausdrücklich vor dem »leeren Geschwätz und den ›Antithesen‹ der fälschlicherweise so genannten Gnosis« gewarnt (1Tim 6,20). – Offb 2,24 zitiert Gegner, die behaupten, »die Tiefen des Satans« oder – falls der Apokalyptiker den Inhalt ihrer Gnosis sarkastisch und kritisch bewertend ins Gegenteil verkehrt hat – »die Tiefen Gottes« erkannt zu haben (vgl. Lohmeyer, Komm., S. 29; Lohse, Komm., S. 29). Vieles in den Paulusbriefen (bes. 1 und 2Kor; Phil 3,1bff; Kol, bes. 2,4–23; evtl. auch Gal), die gesamte johanneische Lit. und Jud sind nur auf dem Hintergrund eines antignostischen Kampfes zu verstehen. In unserem Zusammenhang wird zu untersuchen sein, ob und wieweit der Erkenntnisbegriff der jeweiligen nt. Zeugen vom gnostischen Gegenüber beeinflußt wurde.

a) Paulus: 1Kor 8,1 greift Paulus in der Auseinandersetzung um den Genuß von Götzenopferfleisch eine gnostische Behauptung wörtlich auf: »Wir wissen, daß wir alle Gnosis haben.« γνῶσις *(gnọsis)* ist hier typisch gnostisch ohne Art. gebraucht; deshalb kann es sich nicht um eine etwa nur das Götzenopferfleisch betreffende Erkenntnis handeln, vielmehr ist »Gnosis haben« der Obersatz, aus dem u. a. auch der skrupellose Genuß von Götzenopferfleisch ableitbar ist. Wer Gnosis hat, dh wer über das wahre Sein Gottes, sein eigenes ursprunghaftes göttliches Sein »informiert« ist (vgl. 2Kor 13,5, wo Paulus ironisch auf die Selbsterkenntnis des Gnostikers zielt) und damit den Kosmos samt den irdisch-geschichtlichen Lebensbezügen und Ordnungen als nichtig durchschaut, für den ist die Frage des Götzenopferfleischgenusses erledigt (vgl. auch Phil 3,19a und Offb 2,20), dem bedeutet auch Unzucht kein Problem mehr (1Kor 6,12ff; Phil 3,19b; vgl. Offb 2,20), die Frage nach der Totenauferstehung kann er für überholt ansehen (1Kor 15,12; vgl. auch das pointierte Reden Phil 3,10ff); nicht einmal der irdisch-geschichtliche Jesus besitzt für ihn letztlich noch Relevanz (1Kor 12,3 ἀνάθεμα Ἰησοῦς *(anạthema Jæsọụs)*; Phil 3,18 ἐχθροὶ τοῦ σταυροῦ τοῦ Χριστοῦ *(echthrọi tọu staurọu tọu Christọụ)*; die christl. Gnosis wendet den Gegensatz von Geist und Materie auch auf die Christologie an, die deshalb stets doketisch ausfällt). – Paulus mißt nun diesen gnostischen Erkenntnisbegriff an der Liebe: »Die Gnosis bläht auf, die Liebe aber baut auf« (1Kor 8,2b). Der Gnostiker in seiner Gnosis interessiert sich nur für sich selber, für die Darstellung seiner eigenen überlegenen Freiheit von allen kosmischen Bindungen. Die → Liebe hingegen fragt nach der Auferbauung der Gemeinde, dh nach dem Heil des anderen in der Gemeinde Jesu Christi, zB des »Schwachen« (1Kor 8,9), in dem die Gnosis nicht ist (1Kor 8,7), aber doch auch nach dem Heil des ἰδιώτης καὶ ἄπιστος *(idiọtæs kai ạpistos)* (1Kor 14,23). – Da die von den Korinthern in Anspruch genommene Erkenntnis für Paulus also unannehmbar ist (sie haben noch nicht erkannt, »wie man erkennen muß« 1Kor 8,2; vgl. 1Kor 15,34: gewisse Leute haben ἀγνωσία θεοῦ *(agnōsịa theọụ)*, Unkenntnis Gottes), ist er nun genötigt, seinerseits zu erklären, was er unter Erkenntnis versteht. Paulus vermag Gnosis recht eigentlich nur passiv, als ein Erkanntwerden auszudrücken (vgl. auch das ein aktives menschliches Erkennen korrigierende μᾶλλον δὲ γνωσθέντες ὑπὸ θεοῦ *(mạllon de gnōsthẹntes hypọ theọụ)* Gal 4,9), dem menschlicherseits vorerst kein aktives Erkennen entspricht, sondern – wie zB 1Kor 8,3 – ein »Gott lieben«. Volle und eigentliche Erkenntnis Gottes ist vielmehr Gegenstand eschatologischer → Verheißung und Erwartung (1Kor 13,12). Die gnostisch-schwärmerische Vorwegnahme des Eschatons, bei der das Erkanntwerden durch die Gottheit (Offb) und die vollkommene Erkenntnis Gottes durch den Menschen zusammenfallen (Erlösung, zB 2Tim 2,18b, Vergottung), indem das irdisch-leibliche Dasein einfach negiert wird, weist Paulus radikal zurück. Für Paulus liegt »alles an der Vorzeitigkeit des Erkanntseins ..., dh das γνωσθῆναι *[gnōsthęnai]* hat den Sinn der Erwählung« (Bornkamm, I, S. 106). Wenn es überhaupt menschliche Gotteserkenntnis gibt, dann nur die mittelbare Erkenntnis des im Christusgeschehen offenbaren Gottes, die geistgewirkte »Erkenntnis der Herrlichkeit Gottes im Angesichte Christi« (2Kor 4,6). Dh Gotteserkenntnis gibt es vor dem Eschaton nur in der Weise der Erkenntnis Jesu Christi (Phil 3,10; vgl. auch Kol 2,2f). Christus ist aber weniger auf dogmatisch-theoretischem Wege zu erkennen als vielmehr darin, daß der Mensch in höchstem Betroffensein ihn als den Herrn anerkennt (Phil 3,8). In solcher Anerkenntnis liegt das Korrelat zum Erkanntsein durch Gott; fehlt sie, so kann von Gnosis keine Rede sein: εἰ δέ τις ἀγνοεῖ, ἀγνοεῖται *[ei de tis agnoẹi, agnoẹitai]* (1Kor 14,38). Deshalb entspricht die → Liebe zu Gott dem Erkanntsein durch Gott (1Kor 8,3); die Liebe zu Gott aber gewinnt Gestalt in einem neuen Gehorsam unter dem Kyrios Jesus Christus, in der Freiheit von der Herrschaft der Sünde (vgl. συμμορφιζόμενος τῷ θανάτῳ αὐτοῦ *[symmorphizọmenos tō thanạtō autọu]* Phil 3,10 mit Röm 6,3ff), in der Teilhabe am Leiden Christi, im angestrengten Dienst aus der Auferstehungskraft Christi heraus, indem man sich tätig stets neu nach der verheißenen Auferstehung von den Toten ausstreckt (Phil 3,10). Rechte Gnosis – die Gott durch das Zeugnis des Apostels an jedem Ort offenbart (2Kor 2,14) – ist also nicht selbst die endzeitliche Erfüllung, sie ist vorläufig (1Kor 13,12); aber sie ist auf Erfüllung hin orientiert, sie ist ἐπίγνωσις παντὸς ἀγαθοῦ *[epignōsis pantọs agathọu]* (beinahe gleichbedeutend mit »Ausübung alles Guten«) εἰς Χριστόν *[eis Christọn]*, dh »bis daß er kommt« (Phlm 6). Weil der Hochmut der Gnostiker in Korinth von dieser Gnosis nichts wissen will, gibt Paulus ihnen den ironisch gemeinten Rat, doch erst einmal zu »erkennen«, daß das, was er schreibt, ein Gebot des Herrn ist (1Kor 14,37).

Paulus bleibt also auch in seinem antignostischen Kampf grundsätzlich dem at. Erkenntnisbegriff verhaftet, indem er ihn christologisch ergänzt und aktualisiert.

b) J o h a n n e s : Den johanneischen Aussagen über das Erkennen liegt terminologisch der gnostische Erkenntnisbegriff zugrunde, wie überhaupt Sprache und Vorstellungswelt des Joh gnostisch geprägt sind (was dies für seine theol. Aussagen bedeutet, ist später zu erörtern); hinsichtlich des Erkenntnisbegriffes läßt sich das leicht nachweisen, indem man johanneische Aussagen, die γινώσκω *[ginọskō]* bieten, einmal losgelöst von ihrem Kontext für sich betrachtet: Schon daß γινώσκω *[ginọskō]* eine wechselseitige innige Gemeinschaft sowohl zwischen Jesus und den Seinen als auch zwischen Jesus (Sohn) und Gott (Vater) auszudrücken vermag (Joh 10,14f), deutet auf gnostische Abkunft hin (JJeremias vermutet hier einen Semitismus, ThWb VI, 495, Anm. 106), ist es doch die substanzhafte Gleichheit zwischen dem »Erkennenden«, dem die Gnosis vermittelnden Gesandten Gottes, und dem zu erkennenden, ganz und gar jenseitigen Gott, welche es grundsätzlich erst ermöglicht, das Erkennen als → Gemeinschaft zu beschreiben. Der gnostisch-dualistische Gegensatz zwischen Gott und Welt steht gewiß auch im Hintergrund, wenn es zB heißt, daß die Welt den »Geist der Wahrheit« gar nicht empfangen kann, weil sie ihn nicht sieht und erkennt (Joh 14,17); und der Haß, den Jesus und seine Jünger erfahren (Joh 15,18; vgl. 16,3), versteht sich aus dem unaufhebbaren Gegensatz von Göttlichem und Weltlichem heraus. Ganz dementsprechend kann der Offenbarungsruf von denen nicht als solcher erkannt werden, die nicht Gott, sondern den Teufel zum Vater haben (Joh 8,42ff), während umgekehrt die Erkenntnis Gottes die seines Gesandten einschließt und mit der Erlösung, mit dem ewigen Leben – wie in der Gnosis – in eins zusammenfällt (Joh 17,3). Solch erlösende Erkenntnis kommt aber erst zustande durch den offenbarenden »Ruf von außen«, durch die Ankunft des Sohnes Gottes, der das Erkenntnisvermögen (διάνοια *[diạnoia]*) verliehen hat, den Wahren (Gott) zu erkennen (1Joh 5,20).

Nun wird freilich die Abhängigkeit der johanneischen Sprache und also auch ihres Erkenntnisbegriffs von der Terminologie des gnostischen Mythos den nicht verwundern, der verstanden hat, daß der Adressat der christl. Botschaft – und sei es ihr Gegner – die sprachliche Gestalt der Botschaft mitbestimmt. Joh aber will zu Gnostikern sprechen und tritt darum in ihre Sprache ein; er begegnet der Gnosis auf ihrem eigenen Feld und mit ihren eigenen Waffen. Darüber wird das Evangelium nicht zum Mythos und Joh nicht zum Gnostiker. Aber prüfen wir, was das im Blick auf den Erkenntnisbegriff bedeutet:

Man könnte von einer totalen »Umpolung« des gnostischen Mythos durch Joh reden. Während die Gnosis Erkenntnis recht eigentlich nur als Selbsterkenntnis fassen kann, durch die der Mensch sich seiner Fremdheit im Kosmos sowie seiner eigenen Göttlichkeit bewußt wird und genau darin seine Erlösung aus der Welt und Geschichte erlebt, hat das johanneische Erkennen ein wirkliches Gegenüber. Das Gegenüber des Erkennens bei Joh ist Gott in der Mittelbarkeit seiner Offenbarung. »Niemand hat Gott je gesehen« (Joh 1,18); es gibt darum auch keine unmittelbare Erkenntnis Gottes, keine direkte Gemeinschaft mit Gott. Aber Gott ist erkennbar in seinem Gesandten, im Sohn (vgl. hierzu auch den im übrigen umstrittenen Text Mt 11,27 par); dieser ist nicht, wie der gnostische Erlöser, eine mythologische Figur, sondern er trägt den geschichtlichen Namen Jesus, der ihn nach Ort und Zeit unverwechselbar und eindeutig macht: Der Sohn ist der fleischgewordene Logos (Joh 1,14; 1Joh 1,1–4). Wer Jesus sieht, sieht den Vater (Joh 14,9; 12,45). Wer ihn erkannt hat, wird auch den Vater erkennen, ja kennt ihn jetzt schon und hat ihn schon gesehen (Joh 14,7). Deshalb gibt es Gemeinschaft mit Gott nur in der Gemeinschaft mit Jesus; denn diese Gemeinschaft steht in Entsprechung zur Gemeinschaft Jesu mit Gott (Joh 10,14f; auf beiden Ebenen ausgedrückt mit γινώσκω *[ginōskō]*).

Die im gegenseitigen Erkennen wirksame Gemeinschaft zwischen Jesus und den Seinen ist nicht, wie in der Gnosis, gleichbedeutend mit der Vergottung des Menschen, mit seiner radikalen Emigration aus Welt und Geschichte. Bei Joh gewinnt das Erkennen Gestalt in einem Gott und seiner geschichtlichen Offenbarung angemessenen geschichtlichen Verhalten. Weil Gott in der Sendung des Sohnes seine Liebe zu den Seinen (Joh 17,23; 1Joh 4,9f) und zur Welt (Joh 3,16) offenbart, oder weil der Sohn die Seinen nach dem Maß der Liebe des Vaters zu ihm liebt (Joh 15,9; 17,26), verwirklicht sich auf seiten des von Gott oder Jesus geliebten Menschen Erkennen ebenfalls geschichtlich, nämlich in der Liebe (1Joh 4,8): »Wer nicht liebt, hat Gott nicht erkannt.« Wie der Sohn seine Liebe zum Vater im Gehorsam gegen Gottes Auftrag äußert (Joh 14,31), so der Erkennende sein Erkennen im Halten der Gebote (1Joh 2,3–5), vornehmlich des Gebotes der Bruderliebe (1Joh 4,7f; vgl. 2,7ff), im Nicht-sündigen (1Joh 3,6). So besitzt γ. eine doppelte Ausrichtung: es meint das Erkennen der Liebe Gottes in der Sendung des Sohnes (Joh 17,8; 1Joh 3,16) und den darin begründeten Gehorsam der Liebe, der auch als Gehorsam der → Verkündigung gegenüber beschrieben wird (1Joh 4,6). Solches Erkennen ist bereits ewiges → Leben (Joh 17,3), weil es geschichtliches Leben von Gottes geschichtlicher Offenbarung her ist. Mit dem allen ist aber der johanneische Erkenntnisbegriff dem gnostischen diametral und bewußt entgegengesetzt.

Auch die auffällige Gleichsetzung von → Glauben und Erkennen (allerdings nur im Verhältnis des Menschen zu Gott) richtet sich polemisch gegen die Gnosis, die den Glauben der Erkenntnis gegenüber mindestens abwertet. Wird Joh 17,3 das ewige Leben dem Erkennen zugesprochen, so Joh 3,36 dem Glauben. In der johanneischen Formulierung des Petrusbekenntnisses (Joh 6,69) könnte man noch versucht sein, den Glauben als einen ersten, dem Erkennen untergeordneten Schritt anzusehen; jedoch 1Joh 4,16 lautet die Reihenfolge von Glauben und Erkennen umgekehrt.

Schließlich wird auch der gnostischen Selbstzufriedenheit, die an ihrem eigenen Heil genug hat, dadurch gewehrt, daß Sein und Dasein der Gemeinde in Bruderliebe (Joh 13,35) und Einheit (Joh 17,21ff) ihren finalen Sinn im Glauben der Welt an die Sendung des Sohnes, in der Erkenntnis der Offenbarung durch den Kosmos haben. Diese Aussage ist aber nur möglich, wenn Joh den gnostischen Dualismus, der Kosmos (Schöpfung) und Erlösung als unaufhebbaren, weil in einem schicksalhaften Fall begründeten Gegensatz sieht, nicht teilt. In der gnostischen Weltanschauung ist der Kosmos schlechterdings und schicksalhaft unfähig zur Gotteserkenntnis und damit zur Erlösung; bei Joh bleibt der Kosmos Gottes Schöpfung (Joh 1,1ff; vgl. 1Joh 2,14). Nichterkennen, wie es sich im Haß gegen Jesus und seine Jünger äußert, ist eine Folge verweigerter Entscheidung angesichts der Offenbarung (Joh 8,42f), bedeutet also → Schuld (vgl. Käsemann, Forschung, S. 192f). Das Wort Jesu nicht hören *können*, bedeutet also, »das echte Hören nicht aufbringen können, ein Hören, das nicht immer wieder nur das schon Gewußte vernehmen und gewiß auch bereichern und vertiefen will, sondern das bereit ist, das Neue zu vernehmen und deshalb alles schon Gewußte und damit dessen Voraussetzung, das eigene Selbstverständnis, preiszugeben ... Wer hier ... nach dem Warum des Könnens fragen würde, würde zeigen, daß er nicht versteht, wie in dieser Sphäre Können und Wollen Eines sind« (Bultmann, Komm., S. 240). Der Ruf zum Erkennen und Glauben aber bleibt auch für den Kosmos bestehen: die Liebe Gottes zur Welt in der Sendung des Sohnes, die nun als gültige Möglichkeit angeboten ist, hat eine neue Wirklichkeit eröffnet.

So gewiß also die Gnosis dem johanneischen Erkenntnisbegriff das sprachliche Material liefert, so gewiß ist auch, daß er in seiner inhaltlichen Füllung dem herkömmlichen biblisch-at. Erkennen ungleich näher steht als der mythisch-spekulativen Gnosis.

4a) Spätere Entwicklungen.

Ein bes. Gepräge hat in der Auseinandersetzung mit der Gnosis ἐπίγνωσις *[epignōsis]* in den Pastoralbriefen und zT im 2Petr, abweichend vom at. Gebrauch, bekommen. Während bei Paulus und Joh noch die kirchliche Lehre in der antignostischen Auseinandersetzung ausgebildet wird, setzen die Pastoralbriefe bereits eine feste Lehrtradition voraus und verbieten jegliche Diskussion mit der Gnosis. Die gnostische Terminologie wird deshalb weitgehend eliminiert und durch andere Begriffe ersetzt. So wird γνῶσις *[gnōsis]*, da das Wort als terminus technicus der gnostischen Irrlehre vorbelastet ist (vgl. 1Tim 6,20), nicht mehr positiv als Begriff für die christl. Erkenntnis verwendet. An seine Stelle tritt ἐπίγνωσις *[epignōsis]* (1Tim 2,4; 2Tim 2,25; 3,7; Tit 1,1), jedoch nun mit einem deutlich theoretischen, quasi-dogmatischen Akzent: Die »dogmatische« Erkenntnis der Einzigkeit Gottes gewinnt zunächst gleichen Rang mit der existentiellen Anerkenntnis des Herrn, um schließlich sogar diese in den Hintergrund zu drängen. Deshalb kann die Bekehrung zum christl. Glauben fast technisch beschrieben werden mit »zur Erkenntnis der Wahrheit kommen« (εἰς ἐπίγνωσιν ἀληθείας ἐλθεῖν *[eis epignōsin alætheịas elthein]* 1Tim 2,4; 2Tim 3,7; vgl. Hebr 10,26; 1Tim 4,3; 2Tim 2,25; Tit 1,1; vgl. 2Petr 2,21; zum vorliegenden Wahrheitsbegriff vgl. u. a. äthHen 105,2; Orac. Sibyll. fr. 1,20).

Ähnlich theoretisch-technisch wird ἐπίγνωσις *[epignōsis]* im Blick auf die Berufung im 2Petr verwendet. Erkenntnis bezieht sich hier auf die orthodoxe Lehrtradition, auf die »katholische« Glaubenslehre (1,2.3.8; 2,20), die – wie in den Pastoralbriefen – im entsprechenden Lebenswandel wirksam werden muß. Interessant ist, daß im 2Petr γνῶσις *[gnōsis]* noch als positiver Erkenntnisbegriff neben ἐπίγνωσις *[epignōsis]* gebraucht werden kann, nicht aber im 2. Kap., wo eine antignostische Schrift (Judasbrief) aufgenommen wurde und sich nur ἐπίγνωσις *[epignōsis]* (2,20; vgl. 2,21 ἐπιγινώσκω *[epiginōskō]*) findet.

b) Die Auseinandersetzung der ersten Christenheit mit der Gnosis hat die kirchliche Lehre und Begrifflichkeit in mancher Weise entscheidend geprägt.

Von ihr aus ist zB teilweise die Entwicklung zum kirchlichen Lehramt (→ Bischof) zu verstehen, in dem die rechte Auslegung der Schrift garantiert werden sollte, oder auch die Entstehung des Bibelkanons, der die Abgrenzung gegen häretische Schriften darstellte. Ebenso fällt die Ausprägung verschiedener Bekenntnisse in diese Auseinandersetzung. Doch sind gnostische Einflüsse auch später noch lange in der kirchlichen Theol. wirksam gewesen (zB bei Clemens, Origines, Lactantius u. a.). *E. D. Schmitz*

ἀγνοέω

ἀγνοέω *[agnoẹō]* nicht kennen, nicht wissen · ἀγνόημα *[agnọæma]* Irrtum · ἄγνοια *[ạgnoia]* Unwissenheit · ἀγνωσία *[agnōsịa]* Unkenntnis · ἄγνωστος *[ạgnōstos]* unbekannt

I/II ἀγνοέω *[agnoẹō]* heißt *nicht kennen, nicht wissen* und wird in der ganzen Bedeutungsskala des griech. Wissensbegriffes (→ γινώσκω) verwendet; das Verb beschreibt aber nicht nur etwas verstandesmäßig Unbekanntes, sondern steht auch im Sinne von *sich irren* und *verfehlen* (Dan 9,15 neben ἁμαρτάνω *[hamartạnō]*, sündigen, → Sünde). Entsprechend wird ἀγνόημα *[agnọæma]* (im NT nur Hebr 9,7) gebraucht, das nicht nur *Irrtum*, sondern auch *unwissentliche Verfehlung* bedeutet. Das Subst. ἄγνοια *[ạgnoia]* als *Nichtkennen, Nichtwissen* wird ebenfalls nicht nur auf bestimmte Wissensinhalte bezogen, sondern kann das umfassende Nichtwissen im Sinne von *Ignoranz* oder *Ungebildetsein* bezeichnen. Den positiven Gegensatz geben → γνῶσις *[gnọsis]* und σοφία *[sophịa]* (→ Weisheit) wieder. Der philosophische Sprachgebrauch der Stoa sieht in der Unwissenheit alle Schlechtigkeit begründet, ja identifiziert gelegentlich beides. Im dualistisch-gnostischen Sprachgebrauch des Hellenismus dagegen ist ἀγνωσία *[agnōsịa]* »der Mangel des zum Heil der Seele notwendigen Wissens, also des Wissens um Gott, um das Schicksal der Seele und die rechte Lebensführung« (Bultmann, 119). Wenn der Mensch im Nichtwissen lebt, hat er die Offenbarung entweder noch nicht empfangen oder nicht angenommen, die ihn aus dem Zustand des Vergessens seiner Herkunft befreit.

Im juristischen Sinne erscheint ἄγνοια *[ạgnoia]* als *Rechtsunkenntnis* bes. in der adverbialen Bestimmung κατ' ἄγνοιαν *[kat' ạgnoian]* (zB Lev 22,14) = *unwissentlich*. Die LXX gebraucht jedoch auch ἄγνοια *[ạgnoia]* (meist für hebr. *'āschām)* konkret im Sinne von ἀγνόημα *[agnọæma]* = (nicht beabsichtigte) → *Schuld, Verfehlung, Versehen* (zB Lev 5,18). ἄγνωστος *[ạgnōstos]*, das *unerkennbar* und *unerkannt* heißen kann, begegnet in der LXX (ohne hebr. Äquivalent) und Apg 17, 23 (nur hier im NT) in der Bedeutung *unbekannt*.

III ἀγνοέω *[agnoẹō]* kommt im NT 21mal (davon allein 15mal bei Paulus) vor, ἄγνοια *[ạgnoia]* dagegen nur 4mal, ἀγνωσία *[agnōsịa]* 2mal, ἀγνόημα *[agnọæma]* und ἄγνωστος *[ạgnōstos]* je 1mal.

1) ἀγνοέω *[agnoẹō]* bedeutet:

a) *nicht verstehen* im Sinne von *nicht begreifen können:* Mk 9,32; Lk 9,45 im Blick auf eine Leidensweissagung Jesu;

b) *nicht kennen, nicht orientiert sein, nicht wissen:* 2Petr 2,12 (die Gottlosen verlästern, was sie nicht kennen, worüber sie sich nicht orientiert haben!); vor allem in der Formel οὐ θέλω ὑμᾶς ἀγνοεῖν *[ou thẹlō hymạs agnoẹin]* = ich will euch nicht in Unwissenheit lassen, Röm 1,13 im Blick auf ein bestimmtes Reisevorhaben; Röm 11,25; 1Kor 10,1; 12,1; 2Kor 1,8; 1Thess 4,13 (immer verbunden mit der Anrede »ihr Brüder«) als Ankündigung von wichtigen Glaubenserkenntnissen, die Paulus den Lesern mitteilt. In der doppelten Form der Verneinung betont er nachdrücklich, daß er die Unkenntnis der Briefempfänger aufheben will, indem er sie an der eigenen Erkenntnis teilhaben läßt. – Auch in der Formel ἢ ἀγνοεῖτε *[æ agnoẹite]* (Röm 6,3; 7,1) wird ἀγνοέω *[agnoẹō]* in der Bedeutung *nicht wissen* gebraucht (vielleicht mehr im Sinne von *verkennen):* »Oder wisset ihr nicht (verkennt ihr), daß die Taufe auf Jesus Christus eine Taufe auf seinen Tod ist« (6,3). An beiden Stellen wird ein Wissen bereits vorausgesetzt, ein Wissen, das die rechte Erkenntnis des heilsgeschichtlichen Heute als der Stunde der Umkehr einschließt. Fast an allen bisher behandelten Stellen geht es um Teilerkenntnisse des Christusglaubens als Objekte des ἀγνοεῖν *[agnoẹin]*. Das Verb meint dabei nie einfach den Mangel eines intellektuellen Wissens, der durch ein wertneutrales Zurkenntnisnehmen zwangsläufig aufgehoben wird, sondern es wird hier im at. Sinn gebraucht; dieses Nichtwissen kann nur beseitigt werden durch ein Erkennen, das unlösbar mit einem existentiellen Anerkennen verbunden ist (vgl. γινώσκω I und II);

c) *irrendes Nichtwissen:* 1Tim 1,13, wo der Verfasser im Blick auf seine Vergangenheit bekennt: »mir ist Barmherzigkeit widerfahren, denn ich habe es unwissend getan im Unglauben.« Unwissenheit gilt also als Kennzeichen seines verfehlten Lebens vor der → Bekehrung zum christl. Glauben, der immer ein Erkennen einschließt. Ähnlich im Sinne von *irrendem Sich-Verfehlen* ist ἀγνοέω *[agnoẹō]* in dem Begriffspaar ἀγνοοῦντες *[agnoọuntes]* und πλανώμενοι *[planọmenoi]* in Hebr 5,2 verwendet. Es wird at. Sprachgebrauch aufgenommen, der die unwissentlichen, unbeabsichtigten Sünden im Gegensatz zu den absichtlichen bezeichnet. Der Sinn von ἀγνοέω *[agnoẹō]* wird im Zusammenhang des Hebr. aber über die urspr. Bedeutung *unwissentlich* im Sinne von *ungewollt* hinaus erweitert, so daß er nun allgemein die sühnbare Schuld im Gegensatz zur unsühnbaren bezeichnet;

d) *nicht erkennen* im Sinne eines *ungehorsamen Verschließens* gegenüber dem offenbarenden Reden Gottes: Apg 13,27 und Röm 10,3. Es geht nicht nur um ein einfaches Nichtwissen, sondern um »ein falsches Verstehen, einen Irrweg im Erkennen und Denken« (Michel, Komm. zSt Röm 10,3). Unkenntnis und Ungehorsam werden hier parallel gebraucht; Nichtwissen ist die schuldhafte Abwendung von der Offenbarung Gottes in Jesus Christus. Das schuldhafte Nichtwissen der Juden kann nun nicht durch menschliche Selbstbesinnung, dh von irgendeiner menschlichen Möglichkeit her überwunden werden, sondern es bedarf der vergebenden und offenbarenden Zuwendung Gottes in der Verkündigung. Noch stärker als bei dem irrenden Nichtwissen (s. o. c) tritt hier die at. Verbindung von Erkenntnis (bzw. Nichterkenntnis) und Existenz (bzw. verfehlter Existenz) zutage. – Hierher gehört wahrscheinlich auch 1Kor 14,38a: »Wer das nicht anerkennt, . . .« Vers 38b dagegen geht es um die Erkenntnis von Gott her. Die Luther-Übers. »Ist aber jemand unwissend, der sei unwissend« bevorzugt ungerechtfertigterweise die imperativische Lesart, die eine Abschwächung des unverstandenen Urtextes darstellt, vor der passivischen, die nur »der wird nicht gekannt, anerkannt sein« übersetzt werden kann, wobei an Gott als Subjekt des Erkennens oder Anerkennens zu denken ist. Von Gott nicht erkannt oder anerkannt zu werden, bedeutet aber, von ihm verworfen zu werden;

e) *unbekannt* sein: 2Kor 6,9; unbekannt, obskur ist Paulus vor der Welt, zu deren Großen er nicht zählt, wohlbekannt dagegen bei Gott und in der christl. Gemeinde; Gal 1,22.

2a) ἄγνοια *[ạgnoia]* wird Apg 3,17 im juristischen Sprachgebrauch der LXX verwendet. Die Schuld der Juden ist – subjektiv betrachtet – Unwissenheitssünde. – b) Dagegen findet sich an den anderen Stellen der stoisch-jüd. Sprachgebrauch, bei dem auch gnostische Einflüsse zu verzeichnen sind (→ γινώσκω): Apg 17,30 bezeichnet ἄγνοια *[ạgnoia]* das vergangene Heidentum. Die ganze Menschheitsgeschichte wird heilsgeschichtlich periodisiert und in eine Zeit vor und eine Zeit nach Christus eingeteilt. Die Zeit vor der entscheidenden und grundlegenden Gottesoffenbarung in Christus wird dann als qualifiziert durch die in ihr herrschende ἄγνοια *[ạgnoia]* gesehen. »Gott hat die Zeit der Unwissenheit übersehen; nun aber gebietet er allen Menschen an allen Enden, Buße zu tun« (Apg 17,30).

b) ἄγνωστος *[ạgnōstos]* in Apg 17,23 bedeutet einfach *unbekannt*. Die Athener werden als solche angeredet, die bisher den unbekannten Gott unwissend verehrten, den Paulus ihnen nun als den offenbaren verkündigt. Der unbekannte Gott unter den Göttern ist gerade der wahre und einzige; er ist der Gott des AT und der Heilsgeschichte. Der Hinweis auf die Unwissenheit intendiert jedoch nicht eine Rechtfertigung und Entschuldigung des Menschen, er soll vielmehr die Einsicht in die Heilsökonomie Gottes wecken und die Freude der Buße hervorrufen. *E. Schütz*

ZUR VERKÜNDIGUNG V

Für den Erkenntnisbegriff des NT ist charakteristisch, daß er sich, trotz aller verschiedenartigen Akzente und Nuancierungen in den einzelnen Schriften, im ganzen auf die richtige Zuordnung des Menschen zu Gott, die Gottes- und Selbsterkenntnis konzentriert. Paradoxerweise sollen nun einerseits Erkenntnis Gottes nur in der Gemeinschaft mit Gott, also unter der Voraussetzung des Glaubens möglich sein, andererseits aber Glaube erst auf Grund von Erkenntnis zustande kommen. Wie sind Glaube und Erkenntnis, offenbar unlöslich miteinander verbunden, einander zuzuordnen? Emil Brunners Buchtitel »Wahrheit als Begegnung« deutet die Lösung des Problems zu Recht so an, daß Erkenntnis der Wahrheit nicht in der Distanzierung, sondern nur im Einbezogensein, ja im Akzeptieren der von Gott bestimmten Voraussetzungen zu gewinnen ist. Das bedeutet zugespitzt, daß es überhaupt kein Erkennen ohne Vollzug, im Sinne der Bibel ohne Glauben, ohne Gehorchen gibt. Denn Gott ist hier eben nicht Objekt menschlichen Untersuchens, dem der Mensch als Subjekt sich souverän gegenüberstellen könnte und das sich seinem beobachtenden und nachdenkenden Intellekt dann erschließen müßte. Wer Gott zum Gegenstand von Beweisen machen will, strebt einerseits nach der Verfügung über ihn. Nur hätte er dann gerade nicht mit dem personalen Gott zu tun, sondern mit einem Begriff, einer nach menschlichen Analogien gebildeten Konstruktion, mit einer Gottesidee; und ihre Gestalt wäre jedenfalls nicht das, was in der Bibel Glaube heißt, sondern die vernünftige, praktische Religion der Aufklärung. So ärgerlich es sein mag, Erkenntnis Gottes ist dadurch qualifiziert, daß er der uns gegenüber Souveräne und Handelnde ist und deshalb nur da erkannt wird, wo der Mensch betroffen ist. Nun hat solche Erkenntnis niemals nur mit dem Intellekt zu tun. Wo sie in Theologie und Verkündigung auf einen rein intellektuellen Vorgang beschränkt bliebe, würde dabei jener Aspekt völlig übersehen, der sich zB darin geltend macht, daß »Erkennen« vom at. Sprachgebrauch her zur Bezeichnung der intimsten menschlichen Gemeinschaft gebraucht wird. Gemeinschaft aber ist die praktische Gestalt des Einbezogenseins. Indem der Mensch handelnd oder erleidend in einer personalen Beziehung steht und sie vollzieht, wächst seine Erkenntnis durch die Erfahrung. Man wird sogar fragen können, ob sie nicht in einem sehr hohen Maße von der je neuen, je erneuerten Erfahrung abhängig ist. Mit anderen Worten: Behält eigentlich das seinen qualitativen Wert, was ich gestern »wußte«, oder verblaßt es nicht in relativ kurzer Zeit zu bloßer »Kenntnis«? Wenn das zuträfe, wäre dann die Erinnerung an das eigene früher Erkannte überhaupt noch unterschieden von dem Gewahren dessen, was mir aus der Erfahrung anderer zu Ohren gekommen ist? Auf Wissen, das mir zur Verfügung steht, kann ich jederzeit zurückgreifen. Wieweit aber steht mir der Rückgriff auf meine Erkenntnis Gottes von gestern offen, oder genauer gesagt: wieviel vermag er mir für die heutige Entscheidung zu nützen?

Was hier für die Lebensentscheidung gesagt ist, gilt in einer anderen Weise auch für die intellektuelle Seite des Erkennens. Alles menschliche Erkennen ist darauf gerichtet, ein abgeschlossenes gedankliches System, ein Weltbild etwa, zu gewinnen, oder zumindest doch dem täglichen Denken und Entscheiden dadurch Sicherheit zu verschaffen, daß Strukturen und Grenzen des Wirklichen und Möglichen festgelegt werden. Wie aber, wenn solche Grenzen immer nur vorläufig und für den Augenblick bezeichnet werden können, wenn von der Zukunft her so unendlich vieles noch offen ist? Gilt nicht das, was heute zur Selbstverständlichkeit naturwissenschaftlicher Erforschung geworden ist, die Vorläufigkeit und Relativität alles jetzt Bekannten, in einem erhöhten Maße für das, was wir von Gott wissen können? Christus, der hier in die Rolle des Objektes gedrängt ist, ist nun einmal kein historisch abgeschlossenes Faktum; wie, wenn seine Möglichkeiten auch im Blick auf die Zukunft alle die unsrigen übertreffen? Wie, wenn die Sache des Evangeliums noch gar nicht abgeschlossen ist? Muß man dann nicht besorgt sein, daß jede abschließende Systematisierung des Christuszeugnisses, dh praktisch jede Dogmatik sehr bald einem Korallenriff gleichen kann, um Lebendiges her und als dessen Gestalt entstanden, aber nun erstarrt und eher gefährlich als hilfreich? Und doch werden wir gerade, weil die Verkündigung von Christus zunächst ein geistiger Vorgang ist, auf solche systematischen Überlegungen nicht verzichten können. Man wird dabei nur mit Argwohn darüber wachen müssen, daß nie irgendein solches gedankliches System oder eine Schule als abgeschlossen oder schlechthin maßgebend gilt. Man wird – mit anderen Worten – darauf achten müssen, daß die Beziehung zu der Person des lebendigen Herrn nicht abgelöst wird durch die Beziehung zu Kenntnissen und Lehrsätzen. Denn was immer wir wissen und erkennen, ist doch nur Ausschnitt und Bruchstück jenes Ganzen, dessen volle Gestalt nur dem Schöpfer selbst bekannt ist und Menschen erst dann erkennbar wird, wenn sie sich völlig in seiner Gemeinschaft befinden. Aber gilt das wirklich erst eschatologisch im Blick auf die Zukunft?

Vorausgesetzt die Welt sei Gottes Schöpfung, Mensch, Natur und Geschichte seien von ihm gesetzt und ständen unter seiner Direktion, so daß er über dem augenblicklichen Wege wacht und Ziel und Zukunft bestimmt, müßte dann nicht dem, der Willen und Art dieses Gottes erkennt, zugleich auch ein Schlüssel zur Welterkenntnis, zur Menschenerkenntnis gleichsam als Nebenprodukt zufallen? Das würde aber bedeuten, daß, indem dem Menschen durch die richtige Stellung vor Gott Orientierungspunkte und Verankerungen für die Tätigkeit seines Verstandes gegeben sind, sich ihm nun die Wirklichkeit, die er beobachtet, vielleicht fürchtet, in der er jedenfalls zu leben und Entscheidungen zu treffen hat, entzerrte. Indem er Schritt um Schritt versuchte, seine Beobachtungen und Erfahrungen in das Licht dessen zu stellen, was ihm von Gott her bekannt ist, würde er Vorurteile abbauen, Ideologien entblättern und Verkrampfungen lösen, bei sich selbst und bei anderen. Er würde damit zugleich Nüchternheit und Zuversicht in diese Welt hineintragen, sie damit der Wahrheit und Wahrhaftigkeit einen Schritt näher bringen.

Wer aber um die Vorläufigkeit all dieses Erkennens weiß, sollte damit auch vor dem Scientismus gewarnt sein, jener modernen Religion, die der sog. wissenschaftlichen Erforschung unbegrenztes Vertrauen entgegenbringt und alles beiseiteschiebt, was sich nicht auf diese Weise erhärten läßt. Aber wer gibt uns eine Gewähr dafür, daß sich auf dem Wege der rein intellektuellen, wissenschaftlichen Untersuchung die ganze Wirklichkeit oder gar die ganze Wahrheit erschlösse, daß nicht noch Dinge dahinter stehen, die von ganz anderer Realität sind und in vielleicht viel größerem Maße unsere Existenz betreffen?

Was den Menschen an der Erkenntnis der Wahrheit hindert, ist überdies zumeist gar nicht eine falsche intellektuelle Orientierung, sondern ein weltanschauliches, quasi religiöses Vorurteil, das viel tiefer in seinem psychischen Bereich verwurzelt ist, als etwa im Intellekt. Die bösen Gedanken – so kann es im NT ausgedrückt werden – sitzen im Herzen, nicht etwa im Gehirn. Von dort her werden unbewußt auch intellektuelle Vorgänge gesteuert; hier sind strukturelle Vorentscheidungen gefallen, die nun für Wertung und Einordnung aller anderen Erkenntnisse den Ausschlag geben. Wie wäre es sonst erklärbar, daß mit dem gleichen Instrumentarium und den gleichen Methoden bei gleichen Beobachtungen und Erfahrungen die Schlußfolgerungen mehrerer Menschen so unterschiedlich sein können, daß dem einen absolut verschlossen bleibt, was für den anderen unumstößlich feststeht? Hier dürfte die tiefste Ursache dafür zu suchen sein, daß die Errettung des Menschen (→ Erlösung) eben nicht bloß ein Akt der intellektuellen Einsicht und Erkenntnis ist. Sie würde so ihr Ziel niemals erreichen. Wie das ganze Leben Jesu gefordert war, das Opfer seiner ganzen menschlichen Existenz, um uns zu erlösen, so umgreift er heute auch die Wurzeln unserer ganzen Existenz. Denn nicht an dem, was uns bewußt ist und wir reflektieren, sind wir im Entscheidenden krank, sondern an unserem Gottesverhältnis, an einer existentiellen Fehlorientierung. Daß deren Heilung, → Glaube genannt, nicht Ergebnis menschlichen Mühens oder entsprechender Entwicklung ist, sondern Gottes eigenes Werk, verbirgt sich hinter den Aussagen vom Heiligen → Geist. Indem aber Glaube nicht anders als aus dem → Wort entsteht und in der Orientierung an Gottes Botschaft (→ Hören), bedarf er sowohl zum Entstehen wie zu seinem Wachstum und seiner Entfaltung des Intellektes. Es gibt hier etwas zu durchdenken, und Gott fordert weder den Verzicht auf dieses Denken überhaupt noch verbietet er die zweifelnden Fragen, die dem Bemühen um intellektuelle Redlichkeit entspringen. Gott will, daß wir unser Denken ganz einsetzen. Freilich, es gibt hier Grenzen, außerhalb derer keine Antwort mehr verheißen ist. Aber sie können nicht da liegen, wo die zeitgebundenem Erkennen entsprungenen Formulierungen kirchlicher Dogmen überschritten werden, sondern nur da, wo die Basis verlassen wird, die uns als Geschöpf dem Schöpfer gegenüber zugewiesen ist. *L. Coenen*

Lit.: EBaumann, *jāda'* und seine Derivate, ZAW 28, 1908, 22ff.110ff – WBousset, Art. Gnosis, Pauly-Wissowa VII, 1912^2, 1502ff – ders., Art. Gnostiker, Pauly-Wissowa VII, 1912^2, 1534ff – JKrull, Die Lehren des Hermes Trismegistos, Beitr. z. Geschichte der Philosophie des Mittelalters, 12, H. 2–4, 1914 – BSnell, Die Ausdrücke für den Begriff des Wissens in der vorplatonischen Philosophie, Philolog. Unters. 29, 1924 – RReitzenstein, Die hellenistischen Mysterienreligionen, 1927 – RBultmann, Art. ἀγνοέω, ThWb I, 1933, 116ff – ders., Art. γινώσκω, ThWb I, 1933, 688ff – GDelling, Art. αἰσθάνομαι, ThWb I, 1933, 186ff – EKäsemann, Verkündigung und Forschung, 1942/46 – GJBotterweck, »Gott erkennen« im Sprachgebrauch des AT, Bonner Bibl. Beitr., Hrsg. FNötscher u. KTSchäfer, 2, 1951 (kath.) – GQuispel, Gnosis als Weltreligion, 1951 – HWWolff, »Wissen um Gott« bei Hosea als Urform von Theologie, EvTh 12, 1952/53, 533ff – HJonas, Gnosis und spätantiker Geist, T. 1, 1954^2; T. 2, 1954 – WZimmerli, Erkenntnis Gottes nach dem Buch Ezechiel, Abh. z.

Theol. des Alten u. Neuen Testamentes 27, 1954 – EBaumann, »Wissen um Gott« bei Hosea als Urform der Theologie?, EvTh 15, 1955, 416ff – FHesse, Das Verstockungsproblem im AT, BZAW 74, 1955 – HLeisegang, Die Gnosis, 1955[4] – ESchweizer, Erniedrigung und Erhöhung bei Jesus und seinen Nachfolgern, Abh. z. Theol. des Alten u. Neuen Testaments 28, 1955 – BSnell, Platon, Mit den Augen des Geistes, 1955 – HWWolff, Erkenntnis Gottes im AT, EvTh 15, 1955, 426ff – ENorden, Agnostos Theos, 1956[4] – HJKraus, Psalmen I, BKAT XV, 1960 – EBrunner, Offenbarung und Vernunft, 1961[2] – HMSchenke, Der Gott »Mensch« in der Gnosis, 1962 – HSchlier, Art. Gnosis, Handb. Theol. Grundbegriffe I, 1962, 562ff (kath.) – GBornkamm, Die Offenbarung des Zornes Gottes, in: Das Ende des Gesetzes, 1963[4] – RBultmann, Das Urchristentum im Rahmen der Antiken Religionen, 1963[2] – ders., Das Evangelium des Johannes, KEK II, 1964[18] – DGeorgi, Die Gegner des Paulus im 2. Korintherbrief, 1964 – EKäsemann, Die Anfänge christlicher Theologie, in: Exegetische Versuche und Besinnungen II, 1964 – WSchmithals, Die Gnosis in Korinth, FRLANT NF. 48 (1956) 1964[2] – ders., Paulus und die Gnostiker, Theol. Forschung 35, 1965 – KNiederwimmer, Der Begriff der Freiheit im Neuen Testament, 1966 – HJellouschek, Zum Verhältnis von Wissen und Glauben, ZThK 93, 1971, 309ff – RMWilson, Gnosis und Neues Testament, 1971 – HDöring, Gotteserkenntnis und Gotteserfahrung?, ThGl 64, 1974, 89ff.

Erleuchtung → Licht

Erlösung

Wo immer Menschen durch eigene Schuld oder fremde Übermacht in eine andere Gewalt geraten sind, die Freiheit verloren haben, ihren eigenen Willen und Entschluß auch ausführen zu können oder, anders gesagt, das sein oder tun zu können, was (grundsätzlich oder auch im Augenblick) als Bestimmung über ihrem Leben steht, können sie, wenn ihre eigenen Möglichkeiten jener anderen Macht gegenüber nicht ausreichen, nur durch den Eingriff eines Dritten diese Freiheit wiedererlangen. Je nachdem, welcher Gesichtspunkt für dieses fremde, auf das Wohlergehen des Menschen gerichtete Handeln hervortritt, finden sich dafür im nt. Griech. die Vokabeln der Wortgruppen λύω *[lyō]*, σῴζω *[sōzō]* oder ῥύομαι *[rhyomai]*. Während λύω *[lyō]* = *losmachen, befreien* (42mal im NT) den Freimachungsakt mehr unter dem Aspekt des Aufhebens der Bindung durch eine entflechtende Handlung oder auch des Auslösens durch Hingabe eines Gegenwertes – λύτρον *[lytron]* = *Lösegeld* – beschreibt, betont das am häufigsten (106mal) und mit der an sich größten Bedeutungsbreite gebrauchte σῴζω *[sōzō]* vorwiegend das *Herausreißen, Erretten* aus einer lebensbedrohenden Gefahr unter Einsatz einer überlegenen Macht, und hebt ῥύομαι *[rhyomai]* – das 16mal belegte Wort mit dem engsten Sinnbereich – den Charakter des *Bewahrens* und *Schützens* in, vor oder aus drohender oder akuter Gefahr hervor *(abwehren)*. Das von σῴζω *[sōzō]* abgeleitete Subst. σωτήρ *[sōtær]* = *Retter, Heiland* wurde schon im allgemeinen Sprachgebrauch zur Bezeichnung der Gestalt, in der man solche Tätigkeit verkörpert sah, und von daher im NT zu einem Würdeprädikat Gottes bzw. Christi. Der Wortgebrauch im NT zeigt, wie alle diese Vokabeln ihr eigentliches Gewicht im Zusammenhang des Erlösungshandelns Christi erhalten.

λύω

λύω *[lyō]* lösen, befreien · καταλύω *[katalyō]* auflösen, abbrechen · ἐκλύω *[eklyō]* kraftlos, schwach werden · ἀπολύω *[apolyō]* freigeben, entlassen

I λύω *[lyō]*, seit Homer belegt, heißt *lösen, losmachen*, mit persönlichem Objekt *befreien, erlösen*, im wörtlichen und übertragenen Sinn. Von seiner Bedeutung *auflösen* her gewinnt es auch den Sinn von *zerstören*. Schon in Hom. Od. 5,397; 13,321 bezeichnet das Wort auch die *Erlösung*, die Menschen von den Göttern her erfahren (zB aus Bedrängnis, Elend, Zwang), ohne dabei aber einen Bezug zur → Sünde erkennen zu lassen. Zahlreiche Kompos. differenzieren den Sprachgebrauch.

II In der LXX steht λύω *[lyō]* 17mal für hebr. Äquivalente: am häufigsten als Wiedergabe des hebr. *pātach* (7mal vgl. Gen 42,27) bzw. für *hittir* (2mal, zB Ps 146,7) = *öffnen, lösen;* aber auch 3mal für aram. *schᵉrā'* (pi. = *lösen, wohnen)*. Es bezeichnet das *Lösen* (Ausziehen) der Schuhe (Ex 3,5; Jos 5,15), die *Befreiung* Gefangener (Ps 105,20), die *Lösung* (Vergebung) der Schuld (Jes 40,2; Hi 42,9).

καταλύω *[katalyō]*, 39mal für hebr. Äquivalente, findet sich meist in der Bedeutung *wohnen, übernachten*, also *den Tag abbrechen* o. ä. (vgl. Gen 19,2; 24,23 u. ö.), weshalb es auch mit *einkehren* übersetzt wird. Nur sehr selten wird es in der Bedeutung *einreißen* (Es 5,12; auch 2Kön 25,20, aber nur in 1Hs) oder *auflösen* (2Makk 2,22) verwendet. ἐκλύω *[eklyō]*, meist in der Bedeutung *die Kraft verlieren, die Hände sinken lassen* gebraucht, bezeichnet – nur an dieser Stelle das hebr. *gā'al* wiedergebend – Hi 19,25 (in LXX) den, »der mich auslösen wird«, also Gott, der sich zu Hiobs Verteidigung und Erlösung erheben wird, und bringt hier die Zuversicht der Errettung (zu ewigem Leben) zum Ausdruck.

1) Im NT ist λύω *[lyō]* im eigentlichen Sinn vom Lösen der Riemen (Mk 1,7 usw.), III
vom Lösen des Eselsfüllens (Mt 21,2 par), vom Lösen des gefesselten Paulus (Apg 22,30) gebraucht. Die Stellen Offb 9,14; 20,3.7 handeln vom Lösen gefangener Engel bzw. des Satans. In übertragenem Sinn findet sich das Wort Lk 13,16 auch vom Lösen aus Krankheitsbanden; durch die Auferweckung Christi hat Gott für Jesus die »Schmerzen des Todes« gelöst (Apg 2,24). Im Sinne *zerstören, auflösen* wird λύω *[lyō]* Joh 2,19 (Zerstörung des Tempels), 2Petr. 3,10–12 (»Auflösung« der Elemente beim Weltuntergang) verwendet. Ebenso in der Auseinandersetzung Jesu über die Geltung des Gesetzes (Mt 5,17–19 u. ö.); Jesus ist nicht gekommen, Gesetz und Propheten aufzulösen (hier steht das verstärkende καταλῦσαι *[katalysai]* V. 17), sondern zu erfüllen; vor der Auflösung der Gebote wird V. 19 dringlich gewarnt. Ähnliche Erörterungen über die »Auflösung« (des Sabbatgebotes, des Gesetzes, der Schrift) finden sich im JohEv (Joh 5,18; 7,23; 10,35). Jesus will das Gesetz nicht auflösen, sondern in dem Gebot der Liebe seinen eigentlichen Gehalt (Mt 22,37 par) zur Geltung bringen. Nach 1Joh 3,5.8 ist Jesus gekommen, die Sünde fortzunehmen und die Werke des Teufels zu zerstören (λῦσαι *[lysai]*). Offb 1,5 zeigt uns, was das bedeutet: Christus hat uns erlöst (losgekauft) durch sein Blut; hier befinden wir uns im Gedankenkreis des Lösegeldwortes Mk 10,45 (vgl. Art. λύτρον).

2) Die Worte des Evangeliums vom → Binden (δέω *[deō]* = aram. *'āsar)* und Lösen (λ. = aram. *schera'*) Mt 16,18; 18,18 erinnern an den Sprachgebrauch der Rabbinen, deren Lehrgewalt darin sichtbar wird, daß sie bestimmte Dinge für verboten und erlaubt erklären dürfen. Zur Lehrgewalt kommt die Disziplinargewalt hinzu; die Rabbinen dürfen den Bann, dh den Ausschluß aus der Synagogengemeinde verhängen. Die Disziplinargewalt ist in den rabb. Texten allerdings nicht sehr häufig bezeugt. Die Entscheidungen der Rabbinen sollen im Himmel, dh vor Gott Gültigkeit haben (vgl. St.-B. I,738ff; 792f). Natürlich dürfen wir den Unterschied zwischen Jesus und den Rabbinen nicht übersehen. Deren Gesetzlichkeit liegt Jesus fern (Mt 23,8). Und doch entscheidet sich an der Botschaft der Jünger »sowohl der Zugang zu Gott als auch die Trennung von ihm« (Schlatter, Der Evangelist Matthäus, S. 512). Denn das NT sagt, daß ihnen als Boten Jesu dennoch eine der rabb. ähnliche Vollmacht übertragen ist, die freilich nur durch das von ihnen im Auftrage Christi verkündigte Wort wirksam wird. (Schließt sie auch den Ausschluß aus der Gemeinde ein? Mt 18,17.) Als Trägerin dieser apostolischen Botschaft (Lk 10,16) kann auch heute die Gemeinde durch ihr Wort binden und lösen; das NT sagt indessen nicht, daß diese Vollmacht (nur) den Bischöfen der katholischen Kirche bzw. dem Papst als Nachfolgern der Apostel oder des Petrus übertragen sei.

3) Komposita: ἀπολύω *[apolyō]*, seit Homer, heißt *loslassen; einen Gefangenen freigeben* (Mt 27,15 u. ö.); *entlassen* (die Frau aus der Ehe Mt 5,32 u. ö.; die Menge bzw. die Versammlung Mt 14,15; Apg 19,40); *aus dem Leben abrufen* (Lk 2,29).

καταλύω *[katalyō]* (seit Homer), urspr. *(den Tag) auflösen, abbrechen* (s. o. II), heißt Lk 9,12; 19,7 *einkehren;* das seit dem 2. Jh. vChr gebrauchte Subst. κατάλυμα *[katalyma]* bezeichnet entsprechend die *Herberge* (Mk 14,14; Lk 2,7; 22,11). Sonst bedeutet καταλύω *[katalyō]* (Intensivierung von λύω *[lyō]*) *auflösen, zerstören.* Das Wort bezieht sich Mt 5,17 auf die Auflösung des Gesetzes; Mt 26,61 u. ö. auf die Zerstörung des Tempels. 2Kor 5,1 handelt von der Auflösung der irdischen Zeltwohnung des Leibes. Die Zerstörung des göttlichen Ratschlusses und des Werkes Gottes, der Gemeinde, wird nach Gamaliels Voraussage den Hohenpriestern nicht gelingen (Apg 5,38.39). Christen aber sollen achtgeben, daß sie einerseits nicht durch Rücksichtslosigkeit selbst solches Zerstörungswerk treiben (Röm 14,20); andererseits aber auch nicht durch eine neue Gesetzlichkeit das aufgelöste, außer Kraft gesetzte Gebot wieder aufbauen (Gal 2,18). – ἀκατάλυτος *[akatạlytos]*, seit 1. Jh. vChr, findet sich im NT nur Hebr 7,16: Jesus ist der ewige Hohepriester nach der Kraft des unzerstörbaren Lebens, das ihm eignet. *W. Mundle*

λύτρον

λύτρον *[lỵtron]* Lösegeld – ἀντίλυτρον *[antịlytron]* Lösegeld – λυτρόω *[lytrọō]* erlösen, befreien – λύτρωσις, ἀπολύτρωσις *[lỵtrōsis, apolỵtrōsịs]* Erlösung – λυτρωτής *[lytrōtẹ̄s]* Erlöser

I λύτρον *[lỵtron]*, seit dem 5. Jh. vChr nachgewiesen, bedeutet – ebenso wie das seltene, profangriech. erst in nachbiblischer Zeit belegte ἀντίλυτρον *[antịlytron]* – *Lösemittel, Lösegeld.* Häufig ist der Gebrauch des Plurals λύτρα *[lỵtra]* (etwa Überschrift Hom. Il. 24, 3. Jh. vChr). Auch die Bedeutung *Sühne, Entschädigung* ist belegt. In der griech. Welt wurde Lösegeld oft für die Freilassung von Sklaven gezahlt; der kultische Gebrauch des Wortes ist jedoch selten. λυτρόω *[lytrọō]* (seit Plato) *durch Lösegeld freimachen, erlösen* wird nur profangriech. aktivisch, im biblischen Griech. stets medial bzw. passivisch gebraucht. λύτρωσις *[lỵtrōsịs]* sowie das gleichbedeutende ἀπολύτρωσις *[apolỵtrōsis]* *Befreiung, Erlösung* sind selten und erst seit dem 1. Jh. vChr belegt. λυτρωτής *[lytrōtẹ̄s]* *Erlöser* findet sich nur im biblischen Sprachgebrauch.

II 1a) In der LXX steht λύτρον *[lỵtron]* nur Lev 27,31 und Spr 6,35; 13,8 im Sing.; sonst findet sich stets der Plur. Außer den erwähnten Stellen ist λύτρον *[lỵtron]* noch Ex 21,30; 30,12; Num 35,31.32 Wiedergabe des hebr. *kophær* (= *Deckung). kophær* bezeichnet die Ersatzgabe für ein Leben, das nach den Bestimmungen des heiligen Rechtes dem Tode oder der göttlichen Strafe verfallen ist. Wie weit Gott oder an seiner Stelle Menschen (Priester) Empfänger des Lösegeldes sind, bleibt meist in der Schwebe. Für den Mörder soll ein Lösegeld nicht gezahlt werden (Num 35,31.32).

b) Ebenso ist λύτρον *[lỵtron]* Übers. des hebr. *pidjōn, pidjōm, pᵉdūjīm* = *Lösegeld* (von *pādāh loskaufen*, zB Num 3,46–51); das Subst. λύτρον *[lỵtron]* findet sich außerdem Lev 19,20; Num 18,15 zur Verstärkung des Verbums. Bei *pādāh* liegt der Nachdruck auf der Handlung des Freikaufs und dem Preise. Dieser ist für einen Menschen oder ein Tier zu zahlen, das wie die Erstgeburt nach sakralem Recht Gott verfallen ist; das Lösegeld kann in einem Tieropfer (Ex 13,13.15; 34,20), vielleicht auch in einem Menschenleben (1Sam 14,45?), in bestimmten Fällen aber auch in Geld entrichtet werden (Ex 30,13–16; Num 3,46–51; 18,15.16). Lev 19,20 ist mit λύτρα *[lỵtra]* der Freikauf einer Sklavin bezeichnet.

c) Das dritte hebr. Grundwort für λύτρα *[lỵtra]* ist *gᵉu'llāh* (von *gā'al* = *einlösen)*; vgl. Lev 25,24.26.51.52. Der *Löser* ist urspr. der nächste Verwandte, der als Bluträcher (Num 35,19.21) das → Blut der Erschlagenen, aber auch verschuldeten Besitz der Familie einlösen muß (vgl. Jer 32,7; in LXX jedoch nicht mit λύτρα *[lỵtra]* wiedergegeben). Die Person des Lösenden *(gō'ēl)* ist von entscheidender Bedeutung; *gᵉu'llāh* ist die *Ablösung*, der *Kaufpreis*, den der Löser oder sonst zum Rückkauf Berechtigte erstatten muß, wenn er den verkauften Besitz zurücknehmen will. Schließlich ist Jes 45,13 λύτρα *[lỵtra]* Übers. des hebr. *mᵉchīr Kaufpreis.*

d) In allen Fällen ist λύτρα *[lỵtra]* die *Ersatzgabe*, die eine Lösung, Befreiung zur Folge hat. Der Gedanke, daß eine solche Gabe auch sühnenden Charakter hat, klingt nur bei dem hebr. *kophær* an, das 1Sam 12,3 aber gerade nicht mit λύτρον *[lỵtron]*, sondern mit ἐξίλασμα *[exhịlasma]* = *Sühnopfer* wiedergegeben wird (wahrscheinlich hier »Bestechungsgeld«, »Schweigegeld«, das die Augen bedeckt, vgl. auch Ex 30,16). Von daher ist freilich nicht auszuschließen, daß der Gedanke der Sühne auch an anderen Stellen mitschwingt. Auch im späteren Judentum ist das nicht anders geworden (vgl. Herrmann-Büchsel, ThWb III, 301ff Art. ἱλάσκομαι; → Versöhnung). In der Liturgie des großen Versöhnungstages Lev 16 fehlt das Wort.

2) Häufiger als das Subst. findet sich in der LXX das Verbum λυτροῦσθαι *[lytrọusthai]*, das zumeist das hebr. *pādāh* (42mal!) bzw. *gā'al* (45mal) wiedergibt. Die Grundbedeutung *freimachen durch Lösegeld* ist zB Ex 34,20; Lev 19,20; 25,25 sichtbar; aber schon Dtn 7,8; 9,26; 13,6 u. ö. bezeichnet λυτροῦσθαι *[lytrọusthai]* (= *pādāh* ohne Reflexion auf ein materielles Lösegeld die erlösende Tätigkeit Gottes selbst, die Israel aus Ägypten, dem Haus der Knechtschaft befreit; es ist der Einsatz seiner Macht im Dienst seiner Liebe und Treue, die erlösen aus den bisherigen Banden. In DtJes wird Gott betont als der Erlöser bezeichnet *(gō'ēl* = λυτρούμενος *[lytrọumenos]*, ῥυσάμενος *[rhysạmenos]* = *Erretter* Jes 41,14; 47,4). Hier ist die »Erlösung« im wesentlichen die Befreiung Israels aus der babylonischen Gefangenschaft und die Rückkehr des Volkes. Die fremden Völker sollen für diese Befreiung kein Lösegeld erhalten, ja Gott gibt sie selbst als Lösegeld für Israel hin (Jes 43,3.4; 45,13). Da die Erlösungshoffnung die Bezugnahme auf das Lösegeld lok-

kert, wenn nicht gar aufgibt, werden in den Psalmen *gā'al* und *pādāh* ohne Unterschied mit λυτροῦσθαι *[lytroųsthai]* wiedergegeben (Ps 25,22; 72,14; 119,134.154).

3) Das spätere Judentum hat die Erlösungserwartung festgehalten (Sir 50,24); da die Herrschaft der Heidenvölker über Israel fortbesteht, behält sie einen politisch-nationalen Akzent (Ps Sal 9,1; 12,6), und auch die Qumrantexte heben diese Seite der Erlösungshoffnung hervor (1QM 1,12f; 14,5f). Oft versteht man die Erlösung jedoch in weiterem Sinn: Besonders die Psalmen denken an die einzelnen Frommen: Gott erlöst sie aus Bedrückung und Gewalttat (Ps 31,5; 72,14; 119,134), aber auch vom Verderben (Ps 103,4; Sir 51,2) und von den Sünden (Ps 130,8).

4) Für λύτρωσις *[lytrōsis] Befreiung* steht Lev 25,29.48 hebr. *g^eu'llāh*, Jes 63,4 *g^eu'lim*, sonst *pādāh* bzw. seine Ableitungen. Lev 25,29.48 meint λύτρωσις *[lytrōsis]* das Einlösungsrecht für verkauftes Gut; Ps 49,9, daß es für die Befreiung vom Tode kein Lösegeld gibt; Jes 63,4 erscheint das Gericht über die Heidenvölker für Israel als ein »Jahr der Erlösung«. Ps 111,9 hat Israels Erlösung im allg., Ps 130,7 die Erlösung von den Sünden im Auge. ἀπολύτρωσις *[apolytrōsis]* ist in der LXX nur Dan 4,34 (von der Befreiung Nebukadnezars vom Wahnsinn) gebraucht; als λυτρωτής *[lytrōtæs]* = *Erlöser* wird Gott 2mal im Psalter (Ps 19,15; 78,35) bezeichnet.

5) In der Folgezeit hat das Judentum über die at. Aussagen vom Lösegeld viel reflektiert. Insbesondere erscheinen die guten Werke der Märtyrer als Lösegeld mit sühnender Kraft (4Makk 6,28.29; 17,22). Auf der anderen Seite wird mit Nachdruck betont, daß es im Endgericht kein Lösegeld für die Völker gibt (äthHen 98,10; Str.-B. I,750; III,644).

In den Qumrantexten findet sich *gā'al* nur ganz vereinzelt, größere Bedeutung hat dagegen *pādāh*. Der Beter der Hodajot preist Gott für die Erlösung aus Feindesnot (1QH 2,32.35) und Vernichtung (1QH 3,19). Die Kriegsrolle bezeichnet die Gemeinde als »das Volk der göttlichen Erlösung« (1QM 1,12; 14,5) bzw. als »die Armen seiner Erlösung« (1QM 11,9).

1) Im NT lesen wir das Wort λύτρον *[lytron]* nur in dem Jesus-Wort Mk 10,45 (= III
Mt 20,28), das die Auseinandersetzung Jesu über das → Dienen beschließt: Der Menschensohn Jesus ist nicht gekommen, sich dienen zu lassen, sondern zu dienen und sein Leben als Lösegeld für die »vielen« hinzugeben. Lk hat das Wort nicht, bringt aber im Rahmen ähnlicher Ausführungen in der Passionsgeschichte den Satz: »Ich aber bin unter euch wie ein Diener« (Lk 22,27). Man hat daraus gefolgert, daß der Lukastext gegenüber Mk 10,45 ursprünglich sei; Mk habe das Bild Jesu nach der »hellenistisch-christlichen Erlösungslehre geformt« (Bultmann, Geschichte der synoptischen Tradition, 1958^4, S. 154). Diese Schlußfolgerung ist nicht zu erweisen; andere Ausleger wie JJeremias, ELohse haben darauf hingewiesen, Mk 10,45 müsse aus der palästinensischen Gemeinde stammen; die Bezeichnung Jesu als Menschensohn (nach Dan 7,13) und die semitisierende Ausdrucksweise (zB »viele« statt »alle«: *rabbim*; → alle, Art. πολλοί) beweisen das (vgl. 1Tim 2,6). Zur Erklärung von Mk 10,45 hat man weiter auf Jes 53, das Kapitel vom leidenden Gottesknecht, hingewiesen, bes. auf V. 10—12. Eine gedankliche Verwandtschaft läßt sich kaum leugnen, doch bleibt die verschiedene Begrifflichkeit zu beachten; Jes 52,13 redet vom Gottesknecht, nicht vom Menschensohn; Jes 53,10 vom »Schuldopfer«, nicht vom Lösegeld etc. Trotzdem dürfen wir annehmen, daß das Wort »Lösegeld« der Bedeutung des hebr. Grundwortes *kophær* gemäß auf die sühnende Bedeutung des Leidens Christi hinweisen will. »Jesus ist gestorben für unsere Sünden nach der Schrift«, lautet die älteste Formulierung der apostolischen Botschaft, die auch in der Urgemeinde beheimatet ist (1Kor 15,3). Wir dürfen darum Auslegern wie Schlatter und Schniewind (NTD) folgen, die in Mk 10,45 das Zeugnis des irdischen Jesus über den Sinn seines Sterbens wahrnehmen.

2) Das Lösegeld trägt indessen nicht nur sühnenden, sondern auch befreienden Charakter. Nicht nur von der → Schuld, sondern gleichzeitig auch von ihren Folgen, vom »Verderben«, von → Tod und → Gericht sind die »vielen« befreit; »die Befreiung von der Schuld und vom Tod ist derselbe Vorgang« (Schlatter, Mt 603). Die Frage, die Jesus Mk 8, 37 gestellt hat, findet hier ihre Antwort; auch der Gegensatz zu äthHen 98,10 springt in die Augen. Der Jesus, der in der Hingabe seines Lebens sein Dienen vollendet, ist der Menschensohn, der nach Mt 25,31 in seiner Herrlichkeit kommen wird. Nicht gesagt ist von Jesus, wer als Empfänger des Lösegeldes zu denken ist; da der Satan nach Mk 8,33 den Leidensweg Jesu hindern will, werden wir hier nur an Gott denken dürfen.

3) Die weiteren Aussagen über die Erlösung im NT schließen sich an Mk 10,45 an. Das seltene, in der LXX fehlende Wort ἀντίλυτρον *[antịlytron]* = *Lösegeld* finden wir nur 1Tim 2,6. Die Aussage weist auf Mk 10,45 zurück; JJeremias (Judaica 3,260) hat gezeigt, daß sie sich nur dadurch vom Worte Jesu unterscheidet, daß sie ihrer semitisierenden Sprachgestalt entkleidet ist. λυτροῦσθαι *[lytroụsthai]* = *erlösen* steht im NT Lk 24,21; Tit 2,14; 1Petr 1,18. Die nach Emmaus wandernden Jünger bezeichnen Jesus Lk 24,21 als den erhofften Erlöser Israels. Die Aussage trägt allgemeinen Charakter; eine Bezugnahme auf das Lösegeld ist – der Situation gemäß – nicht sichtbar; wie weit der politisch-nationale Klang der jüd. Erlösungshoffnung mitschwingt oder gar bestimmend ist, kann hier wie auch sonst im NT nicht eindeutig erhoben werden. Dagegen dürfen wir bei der sachlichen Nähe zu Tit 2,14 voraussetzen, daß der Gedanke an das Lösegeld im Hintergrund steht: Christus hat sich für uns dahingegeben, um uns von allen Ungerechtigkeiten (Ps 130,8) zu erlösen. Die Aussage »für alle« (1Tim 2,6) wird ausgelegt: »Er reinigte sich selbst ein Volk zum Eigentum« (L); das neue Gottesvolk, die → Gemeinde sind die »vielen«, die das Lösegeld-Wort Mk 10,45 im Auge hat (vgl. Apg 20,28; Eph 1,14). Noch deutlicher ist der Sachverhalt 1Petr 1,18: Nicht mit Gold oder Silber – hier klingt Jes 52,3 LXX an –, sondern mit dem →Blut Christi hat Gott den Christen ein Lösegeld von unvergleichlichem Wert geschenkt. Die Bezeichnung Christi als des Lammes (vgl. Joh 1,29; Hebr 9,14) macht deutlich, daß der Gedanke an → Opfer und Sühne nicht fernliegt.

4) Von der Erlösung (λύτρωσις *[lỵtrōsis]*), die Gott Israel in dem erwarteten Messias (V. 69) bringen wird, ist im Lobgesang des Zacharias Lk 1,68 im Stil der Pss die Rede; man darf darum eine Aussage wie V. 71 nicht pressen. Der »Trost Israels« wird diese Erlösung denen bringen, die auf Jerusalems Erlösung, auf den kommenden Christus hoffen (2,38). Eine Beziehung auf das Lösegeld kann man bei dem allg. Charakter der Aussagen nicht voraussetzen. Bei der dritten λύτρωσις *[lỵtrōsis]*-Stelle Hebr 9,12 ist das anders: Christus, der Hohepriester, hat uns eine »ewige« Erlösung erworben; sie ist ohne das Opfer, das Christus »durch den ewigen Geist« Gott dargebracht hat, nicht zu denken. Nur ein unvollkommenes Gegenbild, »ein Schatten der zukünftigen Güter« sind die Opfer, die im alten Bunde nach dem Gesetz am großen Versöhnungstag dargebracht wurden (Hebr 9,13.14; 10,1). – λυτρωτής *[lytrōtẹs]* ist in der Stephanusrede Apg 7,35 die Bezeichnung für Mose, den Gott als Befreier für das Volk Israel nach Ägypten gesandt hat.

5) ἀπολύτρωσις *[apolỵtrōsis]* ist 10mal im NT gebraucht, freilich nur in den paulinischen Schriften, im Hebr (2mal) und bei Lk (1mal); darin zeigt sich die Vorliebe des hellenistischen Griech. für die Komposita. In profanem Sinn steht das Wort Hebr 11,35 von der *Freilassung*, die die Zeugen des Glaubens nicht durch Verleugnung erkaufen wollten (vgl. 2Makk 7,24); Lk 21,28 handelt von der *Erlösung*, der die Jünger Jesu in der Endzeit trotz aller Schrecken getrost entgegengehen sollen: »Erhebet eure Häupter darum, daß sich eure Erlösung naht«. An diese Erlösung ist auch Eph 1,14; 4,30 gedacht; sie wird nach Röm 8,23 auch die Erlösung des Leibes bringen (nicht vom Leibe; vgl. Phil 3,21).

6) Aber die Erlösung ist nicht nur zukünftig; sie ist auch schon verwirklichtes Heilsgeschehen. Hinter diesem Geschehen steht der handelnde Gott; er hat Jesus Christus zur Erlösung gemacht (1Kor 1,30). Den Zusammenhang zwischen der – auch 1Kor 1,30 erwähnten – Gottesgerechtigkeit (Rechtfertigung) und der Erlösung zeigt uns Röm 3,24f: Die Gottesgerechtigkeit wird uns umsonst, aus freier Gnade geschenkt. Wir empfangen sie dadurch, daß Gott Jesus als »Sühnopfer« (ἱλαστήριον *[hilastẹrion]*) hingestellt hat in seinem Blut (→ Versöhnung); die Erlösung wird wirksam durch den Glauben. Wenn der Apostel hier den sühnenden Charakter des Todes Christi betont, so sehen wir aus 1Kor 6,20; 7,23, daß ihm auch der Gedanke des Loskaufes nicht fremd ist. Die übrigen nt. Stellen (Eph 1,7; Kol 1,14; Hebr 9,15) ordnen sich mühelos in dieses Verständnis ein. Hier sind Erlösung und Sündenvergebung einander zugeordnet; Hebr 9,15 kann ἀπολύτρωσις *[apolỵtrōsis]* geradezu mit *Vergebung* übersetzt werden; auch die Rechtfertigung Röm 3 besteht ja wesentlich in der Vergebung der Sünden (3,25). Die Erwähnung des → Blutes

Christi aber zeigt, daß die Verbindung der Erlösung mit dem Sühnetod Christi festgehalten ist. Das Verständnis der Erlösung, wie wir es in den nt. Briefen finden, ist letztlich nur die Entfaltung dessen, was Mk 10,45 der auf den Tod sich rüstende Herr gesagt hat.

W. Mundle

ῥύομαι *[rhyomai]* retten, beschirmen

ῥύομαι

I Die Grundbedeutung des Wortes ist *abwehren, bewahren,* dh den unverletzten Zustand von Menschen und Dingen durch machtvoll helfendes Eingreifen oder auch durch magische und technische Mittel erhalten. Da es einen engeren Sinnbereich als σῴζω *[sōzō]* hat, wird es nicht so häufig gebraucht wie dieses Verbum; synonym mit σῴζω *[sōzō]* steht es nur in der speziellen Bedeutung *retten* oder *beschirmen.* Rettung und Bewahrung gehen von Göttern oder Menschen aus, welche die Möglichkeit haben, sich schützend vor andere zu stellen und ihr Leben zu erhalten.

II In der LXX steht ῥύομαι *[rhyomai]* meist für *nātsal* im Hiph. = *retten, herausreißen, außerdem* bes. bei DtJes aber auch für *gā'al* = *auslösen, erlösen.*

Das AT kennt auch menschliche Retter (Ex 2,17.19; 2 Sam 14,16; 19,10; Sir 40,24 u. a.). In der Weisheitslit. ist neben der durch Menschen erfolgenden Rettung von dem rettenden Handeln der → Weisheit (Spr 2,1; Weish 10,6.9; 13,14) und der → Gerechtigkeit (Spr 10,2; 11,6; 12,6) die Rede. Aber aufs Ganze gesehen überwiegt das theozentrische Verständnis von ῥύομαι *[rhyomai]*: Rettung und Bewahrung im Leben des Volkes und des einzelnen sind von dem Willen Gottes abhängig. Er rettet »nach seiner großen Barmherzigkeit« (Neh 9,28), »nach seinem Erbarmen« (Ps 33,19; 34,8; 86,13), »um seines Namens willen« (Ps 79,9). Rettung bedeutet im AT »Bewahrung vor dem Herausgerissenwerden aus dem von Jahwe gesetzten Heilsbereich« (Kasch, S. 1002). Lädt der Fromme Schuld auf sich, so wendet er sich im Gebet an Gott: »Errette mich von allen meinen Sünden« (Ps 39,9; vgl. 40,14; 79,9). Solche Bitten gehören zu den Höhepunkten at. Frömmigkeit.

III Im NT kommt das Verbum verhältnismäßig selten vor (nur 15mal, während σῴζω *[sōzō]* mehr als 100mal Verwendung findet; davon enthalten 7 Stellen at. Zitate oder stammen dem Sinn nach aus dem AT: Mt 27,43; Lk 1,73f; Röm 11,26; 2 Kor 1,10; 2 Thess 3,2; 2 Tim 3,11; 4,17). An allen Stellen, wo das Wort steht, ist Gott der Urheber dieser Rettung. Das gilt schon für die Leidenssituation, in der sich die Christen befinden. So bekennt Paulus, daß er aus Verfolgung (2 Tim 3,11) und aus Todesgefahr (2 Kor 1,10; 2 Tim 4,17) gerettet wurde. 2 Thess 3,2 bittet er die Gemeinde um Fürbitte, daß er von seinen Gegnern, den verkehrten und bösen Menschen, errettet werde. Gott hat die Macht, die Frommen aus der Bedrohung ihres Glaubens durch die heidnische Umwelt zu befreien (2 Petr 2,3). Mt 27,43 sind es die Führer des jüd. Volkes, die höhnisch spottend den gekreuzigten Jesus auffordern, sich selbst zu retten.

Nur einmal, Kol 1,13, wird ganz eindeutig auf die bereits erfolgte Errettung der Gläubigen hingewiesen: »Gott hat uns aus der Gewalt der Finsternis errettet und in das Reich des Sohnes seiner Liebe versetzt« (vgl. Eph 2,5.8 σῴζω *[sōzō]*).

Röm 7,24 und Mt 6,13 sind Gegenwartsheil und Endheil eng miteinander verbunden. Der erschütternde Ausruf Röm 7,24 enthüllt die tiefe Not des unerlösten, der Herrschaft der Sünde und damit des Todes unterworfenen Menschen. Der sündige Zustand ist sein Tod (Schlatter zSt). Er fragt nach dem Retter, der ihn von »diesem Todesleibe« befreien wird. Die Frage wird durch die Danksagung in V. 25a und Röm 8,2 beantwortet: Jesus Christus hat uns von dem → Gesetz der Sünde und des Todes frei gemacht. Im Glauben erfährt der Mensch schon jetzt die rettende Kraft Gottes. In der von Paulus gegebenen Antwort liegt aber auch ein Hinweis auf die zukünftige Erlösung des Leibes (Michel zSt). — Mt 6,13 liegt ein ähnlicher Sachverhalt vor. In der Vaterunserbitte: »Erlöse uns von dem Bösen« bittet der Jünger Jesu darum, daß er von der Macht befreit wird, die diesen Äon beherrscht und ihn ständig bedroht. Doch ist der eschatologische Klang unüberhörbar. Der Gedanke an das ewige Heil als Ziel der Rettung ist miteingeschlossen (Schniewind zSt).

Ganz eschatologisch sind die Aussagen in Röm 11,26 und 1 Thess 1,10. Das substantivierte Part. von ῥύομαι *[rhyomai]* (Röm 11,26) ist durch das at. Zitat Jes 59,20 gegeben: »Aus Zion wird der Retter kommen.« 1 Thess 1,10 wird von der Hoffnung der Christen gesprochen; sie erwarten vom Himmel her den Sohn Gottes, der sie von dem kommenden Zorn Gottes erretten wird. *J. Schneider*

σῴζω

σῴζω *[sǫzō]* retten, erlösen, helfen, bewahren · σωτηρία *[sōtærịa]* Heil, Hilfe, Rettung · σωτήρ *[sōtær]* Retter, Heiland

A.

I Die Worte bedeuten zunächst *retten* und *Rettung* in dem Sinn, daß Menschen aus einer sie bedrohenden Lebensgefahr herausgerissen werden, zB im Krieg, bei einer Seefahrt, während einer Krankheit. Ist keine unmittelbare Gefahr gegeben, so kann die Wortgruppe in der Bedeutung *bewahren* gebraucht werden. Tritt der Gedanke der Bedrohung durch eine notvolle Lage ganz in den Hintergrund, so wird das helfende Handeln positiv als *wohltun* bestimmt. Im religiösen Sprachgebrauch wird die Rettung aus allen Gefahren von den Göttern erwartet; sie sind auch imstande, das über die Menschen verhängte Schicksal abzuwenden. In der Gnosis ist es die durch göttliche Offenbarung vermittelte Erkenntnis, welche die Seele von der Macht des Todes befreit (Corp. Herm. 7,1.26.29). Bei den Mysterienreligionen erfolgt die Rettung dadurch, daß die »Eingeweihten« durch die Mysterienhandlung an dem Geschick des gestorbenen und wiedererstandenen Gottes Anteil bekommen, vergottet werden und so ein den Tod überdauerndes Leben gewinnen.

II 1) Im AT liegt das Schwergewicht auf den Aussagen, in denen von der *Rettung*, der *Hilfe* und dem Heil die Rede ist, die von Gott kommen, wobei das σῴζω *[sǫzō]* der LXX am häufigsten für *jāscha'* im Hiph., öfter aber auch für *mālat* (Piel) = *retten* eintritt. Gott bedient sich wohl der Menschen, aber entscheidend ist, was Gott selber tut. Er rettet aus Nöten, Ängsten und → Bedrängnissen, aber auch aus → Sünde und → Schuld. So hat Israel in seiner Geschichte immer wieder die Hilfe Jahwes erfahren, vor allem durch die von ihm gewirkten Siege über seine Feinde. In seinem Dienst haben die starken Helden, Richter und Nasiräer (Ri 13,5), Fürsten und Könige (2 Sam 14,4; 2 Kön 6,26) Hilfe geleistet und Recht geschaffen (Hos 13,10). Jahwe hilft aber auch, wie vor allem die Psalmen zeigen, den einzelnen Frommen, die sich im Gebet an ihn wenden, aus Anfechtungen und Drangsalen, aus Krankheit, Gefangenschaft oder Anfeindung (Ps 107,13ff; 109,31 u. ö.). In der Endzeit wird Gott seinem Volk das volle Heil bereiten (Jes 43,5–7; Jer 31,7; 46,27; Sach 8,7 u. a.). Dann wird Israel aus den Quellen des Heils schöpfen, und alle Welt wird an diesem Heil Anteil haben (Jes 45,22; 49,6).

Der Sprachgruppe liegt immer die Vorstellung der Hilfe, Bewahrung und Wiederherstellung der Unversehrtheit einer Person oder Sache zugrunde. Das gilt auch vom Spätjudentum (Apokryphen, Weisheitslit.), in dem es sich vorwiegend um die Rettung der Frommen durch Gott handelt.

2) In den Qumran-Schriften ist von dem Retten und Helfen Gottes in der Geschichte Israels, im persönlichen Leben des Frommen und in der Endzeit die Rede. Die »Loblieder« geben die Erfahrungen wieder, die der auf die Hilfe Gottes vertrauende Beter gemacht hat. Beispiele dafür: »Du hast *erlöst* die Seele der Armen aus der Gemeinde derer, die nach Trug trachten« (1QH 2,32). »Wenn sich Not auftut, will ich ihn preisen und über seine *Rettung* jubeln« (1QS 10,17; vgl. auch 1QH 5,11f; 11,23f). Gott hat den Gerechten geschaffen, um zu »öffnen jede Not seiner Seele zu ewiger Errettung« (1QH 15,16). Im Blick auf die Endzeit aber erscheint nicht der einzelne, sondern die Gottesgemeinde in ihrer Gesamtheit als Gegenstand der Hilfe; sie ist »das Volk der Erlösung Gottes« (1QM 1,12; 14,5), das er aus der Macht der Finsternis errettet, und das auf das ewige Heil ausschaut (1QH Fr 18,5; vgl. 1QH 15,15).

3) Auch im rabb. Judentum ist weniger von der durch Menschen erfolgenden Rettung als von dem helfenden Eingreifen Gottes die Rede. Es wird vor allem auf die Befreiung Israels aus Ägypten hingewiesen, die als Vorausdarstellung der eschatologischen Erlösung verstanden wird (St.-B. II,139.141).

4) Seit Philo ist in Aufnahme hellenistisch-gnostischer Vorstellungen die Erlösungsanschauung spiritualisiert worden: Die eigentliche Rettung besteht dann in dem Einswerden des menschlichen mit dem göttlichen Geist in der → Ekstase; die so gewonnene Gotteserkenntnis – Lebenseinheit und Befreiung zugleich – eröffnet das neue Leben.

III 1) Im NT findet sich σῴζω *[sǫzō]* insgesamt 106mal, σωτηρία *[sōtærịa]* 45mal; verhältnismäßig selten ist die Bedeutung *Rettung aus* unmittelbarer *Lebensgefahr:* in dem Bericht vom Schiffbruch des Paulus (Apg 27,20.31.34), in der Erzählung von der Stillung des Sturmes (Mt 8,25), dem Seewandeln des Petrus (Mt 14,30); vgl. aber Art. ῥύομαι. Speziell die *Rettung aus Todesnot* ist Mk 15,30 par; Lk 23,39; Mk 15,31 par; Mt 27,49; Joh 12,27; Hebr 5,7; 11,7 gemeint. In der Bedeutung *Bewahrung, Erhaltung* des Lebens kommt die Wortgruppe im NT nicht vor.

2) Bei den von den Synoptikern berichteten Heilstaten Jesu (→ gesund; → Wunder) wird das Verbum σῴζω *[sǫzō]* sehr oft gebraucht (16mal; daneben 2mal διασῴζω *[diasǫzō]* Mt 14,36; Lk 7,3); das Subst. fehlt bei Mt und Mk und findet sich erst bei Lk. Die Heilung, von der die Synopt. berichten, bezieht sich immer auf den ganzen Menschen. Von großer Bedeutung für ihr Zustandekommen ist der → Glaube der Kranken; er hat rettende Kraft (Mk 10,52; Lk 7,50; 8,48; 17,19; 18,42: »Dein Glaube hat dir geholfen!«). Die Heilungen Jesu setzen sich in den Heilungswundern der Apostel fort; sie geschehen in der Kraft des → Namens Jesu Christi (Apg 4,9) und setzen ebenfalls den zur Heilung nötigen Glauben voraus (Apg 14,9; vgl. Jak 5,15).

Die eigentlich religiöse Bedeutung der Wortgruppe ist in der synopt. Überlieferung noch nicht sehr stark ausgeprägt. In dem prophetischen Zeugnis des Zacharias wird mit at. Zitaten auf das unmittelbar bevorstehende Heilsereignis hingewiesen (Lk 1,69.71ff); eine Erklärung des Namens Jesu wird Mt 1,21 mit den Worten: »Er wird sein Volk erretten von seinen Sünden!« gegeben. Mk 8,35 par und Mk 10,26 par beziehen sich auf das eschatologische Heil; das gleiche gilt von den Aussprüchen Jesu, die in der synopt. Apokalypse (Mk 13,13 par; Mk 13,20 par) stehen. Aber dieses Heil ist zugleich durch das Sünden vergebende Handeln Jesu bereits Gegenwart (Lk 19,9; vgl. Lk 15,1—32); denn der Menschensohn ist gekommen, das Verlorene zu suchen und zu retten (Lk 19,10).

3) Zentrale Bedeutung in der urchristlichen Verkündigung bekommen σῴζω *[sǫzō]* und σωτηρία *[sōtærịa]* dadurch, daß sie auf Christus als den Grund, Inhalt und das Ziel des Evangeliums bezogen bzw. als sein spezielles Tun charakterisiert werden. Das kommt zunächst sehr deutlich in dem Zeugnis der Apg zum Ausdruck. Petrus erklärt 4,12, daß es nur einen Namen gibt, durch den die Menschen errettet werden. Damit wird für die christliche Heilsbotschaft ein absoluter und universaler Anspruch erhoben. Das apostolische Kerygma, das sich zunächst an das jüd. Volk (13,26), dann an die Heiden (16,17 u. ö.) wendet, schließt jeden anderen Heilsweg aus (13,38; 15,10f), da allein durch den Glauben an Christus das Heil erlangt werden kann (16,31). Das den Glaubenden geschenkte Heil besteht in der → Vergebung der Sünden (10,43; vgl. 26,18). Die Aussagen über das gegenwärtige Heil stehen in der Apg beherrschend im Vordergrund. Das Heilsangebot ist mit der Aufforderung verbunden: »Laßt euch aus diesem verkehrten Geschlecht erretten« (2,40). Ein Hinweis auf das zukünftige Heil findet sich nur in 2,20, das ein Zitat aus Joel 3,5 ist; aber gerade hier bezeugt Petrus, daß das Wort des Propheten sich bereits jetzt (am Pfingsttag) zu erfüllen beginnt: »denn jeder, der den Namen des Herrn anruft, wird gerettet werden« (2,21).

4) Paulus gebraucht σῴζω *[sǫzō]* und σωτηρία *[sōtærịa]* ausschließlich für das rettende Handeln Gottes. Durch das Kerygma kommt die Botschaft von der rettenden Gnade zu den Menschen. Das → Evangelium wirkt die Soteria (Eph 1,13). Es ist die Kraft Gottes, die jedem, der glaubt, die Rettung vom Verderben bringt (Röm 1,16; vgl. 1 Kor 1,21). Insonderheit ist das Wort vom → Kreuz für die, welche gerettet werden, eine Gotteskraft (1 Kor 1,18). 1 Kor 15,2 stellt Paulus fest, daß die Christen die Rettung erlangt haben; sie sind, wie es Eph 2,8 heißt, durch die Gnade Gottes aufgrund des Glaubens gerettet worden. Eine umfassende Darstellung des Heilsvorganges findet sich Eph 1,13: Die Christen haben das Evangelium von ihrer Errettung vernommen, sind zum Glauben gekommen und mit dem heiligen → Geist versiegelt worden. Dem entsprechen die Aussagen des Paulus über das Ziel seiner missionarischen Wirksamkeit. Er war darauf bedacht, durch die Verkündigung des Evangeliums möglichst viele Juden und Heiden zu retten (Röm 1,5; 11,14; 1 Kor 9,22; 10,33; 1 Thess 2,16; vgl. auch 1 Kor 7,16). Den aufgrund des Glau-

bens Geretteten stehen diejenigen gegenüber, die verloren gehen (1 Kor 1,18; 2 Kor 2,15). Daß das Heil schon gegenwärtige Wirklichkeit ist, durch die göttlichen Gnadenmittel dem Menschen zugewandt und angeboten, bezeugt der Apostel auch 2Kor 6,2 im Anschluß an Jes 49,8 mit den Worten: »Jetzt ist der Tag der Rettung.«

Wie stark Paulus sich des inneren Zusammenhanges von gegenwärtigem und zukünftigem Heil bewußt war, geht aus Röm 8,24 hervor: »Wir sind zwar gerettet worden, aber doch nur auf Hoffnung hin.« Die Tatsache unserer geschehenen Errettung stellt uns erst recht in die Erwartung der End-Errettung hinein, wie auch die letzte Entscheidung im Endgericht fällt (1 Kor 3,15; 5,5; vgl. 2 Kor 5,10). Dieser zukünftigen Soteria, die nicht mehr fern ist (Röm 13,11), gehen die Christen entgegen, und alle Ermahnung, Zucht und Strafe in dieser Zeit hat das Ziel, diese endliche Rettung nicht zu verscherzen (vgl. 2Kor 2,10). Dementsprechend werden auch Phil 2,12 die durch Gottes Gnade Geretteten ermahnt, ihre zukünftige und damit endgültige Rettung durch einen geheiligten Lebenswandel mit Furcht und Zittern zu schaffen. An der zukünftigen Soteria wird auch nach dem Heilsplan Gottes ganz Israel teilhaben, nachdem die Fülle der Heiden (in die Gemeinde Gottes) »eingegangen« ist (Röm 11,25.26). Bei diesem eschatologischen Endheil (Phil 2,12; 1 Thess 5,8f; 2Thess 2,13) handelt es sich einmal um die Rettung vor dem kommenden Zorn Gottes (Röm 5,9; 1Kor 3,15; 5,5; 1Thess 1,10; 5,9), zum anderen um die Verleihung der göttlichen δόξα *[dọxa]* = Herrlichkeit). Indem die Christen so dem Bilde des Sohnes Gottes gleichgestaltet werden, findet das Handeln Gottes, das die Gläubigen von Anfang an zur Errettung erwählt hat, seinen Abschluß (Röm 8,29; 2Thess 2,13f).

5) Die Pastoralbriefe enthalten eine Reihe von Aussagen, die ein umfassendes Verständnis des christlichen Heils zeigen.

a) Der Heilswille Gottes ist universal. Er ist darauf gerichtet, daß alle Menschen gerettet werden und zur Erkenntnis der Wahrheit kommen (1Tim 2,4; → Erkenntnis).

b) Die Aufgabe Jesu bestand darin, Sünder zu retten; dazu ist er in die Welt gekommen (1 Tim 1,15). Dieser Satz bekommt ein besonderes Gewicht durch das sich anschließende Bekenntnis des Apostels, daß er die rettende Kraft der Gnade persönlich erfahren hat.

c) Die schon gegenwärtige Erfahrung des Heils wird an mehreren Stellen bezeugt: Gott hat uns errettet und berufen mit einer heiligen Berufung (2 Tim 1,9). In dieser durch die göttliche → Gnade gewirkten → Berufung liegt der Grund für die Zueignung des Heils (V. 10). Der Gedanke, daß Gott uns nicht aufgrund eigener Werke, sondern nach seiner Barmherzigkeit gerettet hat, wird auch Tit 3,5 zum Ausdruck gebracht; die Rettung wird hier verbunden mit der Taufe und der Lebenserneuerung durch den heiligen Geist. 2 Tim 3,14f heißt es, daß die Kenntnis der Schriften durch den auf Christus gegründeten Glauben zum Heil führen könne.

d) Von der kommenden Soteria spricht 2 Tim 4,18: der Apostel hat die zuversichtliche Gewißheit, daß der Herr ihn hinüberretten wird in sein → Reich (hier als ἐπουράνιον *[epourạnion]* = himmlisch, eventuell eben eschatologisch, bezeichnet). 2 Tim 2,10 stellt Paulus fest, daß seine Leiden stellvertretender Dienst für die »Auserwählten« sind, damit auch sie Rettung erlangen »in Jesus Christus samt der ewigen Herrlichkeit«. Die künftige Heilsvollendung wird 1 Tim 4,16 dem Timotheus und seinen Hörern verheißen, wenn er nur in Lehre und Leben Zucht und Treue beweist, während 1 Tim 2,15 darauf hinweist, daß die Frauen sie ohne Aufgabe ihrer mütterlichen Geschlechtsrolle erlangen durch Glauben, Liebe und Heiligung (wohl gegen Emanzipationsforderungen oder gegen die Verachtung der Leiblichkeit gerichtet).

6) Bezeichnung für das Endheil ist σωτηρία *[sōtæria]* – neben einer Reihe anderer Ausdrücke – auch im 1 Petrusbrief. Die Christen werden in der Kraft Gottes durch den Glauben bewahrt für diese Errettung, die schon jetzt bereit steht, die aber erst in der letzten Zeit offenbart werden wird (1,5). Zu dieser Errettung wachsen die Christen heran durch die geistliche Speise, welche sie in der Verkündigung und Unterweisung empfangen (2,20),

um schließlich das Endziel ihres Glaubens, die σωτηρία ψυχῶν *[sōtæria psychōn]*, dh die ihnen zuteil werdende Verherrlichung zu erreichen (1,9). Darüber haben bereits die Propheten nachgesonnen und geweissagt (1,10).

Das Verbum σῴζω *[sōzō]* findet sich nur 4,18 (in einem Zitat aus Spr 11,31) und 3,21, wo der → Taufe heilwirkende Kraft zugeschrieben wird; sie rettet jetzt kraft der → Auferstehung Jesu Christi aus dem Verderben, dem die Menschen infolge ihrer Sünde verfallen sind, und bildet insofern das Gegenstück zur Rettung Noahs und der Seinen »durchs Wasser hindurch« (3,20), bei der es sich nur um die leibliche Rettung gehandelt hat. Auffällig ist, daß der 1. Petrusbrief durchaus auch von dem bereits in der Gegenwart erfahrenen Heil weiß, dafür aber wenig Gebrauch von unserer Wortgruppe macht, sondern andere Ausdrücke verwendet (zB ἐλυτρώθητε *[elytrōthæte]* = losgekauft 1,18; ἀναγεννήσας *[anagennæsas]* = wiedergeboren 1,3).

7) Für den Hebr-Brief ist die Erkenntnis wichtig, daß Christus der Bahnbrecher, Urheber und Mittler der σωτηρία *[sōtæria]*, des Heils ist (2,10; 5,9; 7,25). Bei seinem ersten Erscheinen hat er durch sein Sühnopfer den Grund für das rettende Handeln Gottes gelegt. Als der ewig Lebendige kann er diejenigen retten, die durch ihn zu Gott kommen (7,25). Bei seiner Wiederkunft wird er als der Heilsvollender erscheinen (9,28). In jedem Fall ist die Soteria das Ziel des Handelns Gottes mit den Menschen. Das durch Christus gewirkte Heil ist ein vollkommenes und ewig gültiges (5,9). Der Hebr-Brief weist aber auch darauf hin, daß das rettende Handeln Gottes in Christus bereits mit der → Verkündigung Jesu seinen Anfang genommen hat. Von ihm ist es zu den Hörern seines Wortes gekommen, und von diesen ist es weitergegeben und von Gott durch Zeichen, Wunder, mannigfache Krafttaten und Zuteilungen des heiligen Geistes bestätigt worden (2,3f). Auch die Engel hat Gott in den Dienst seiner Heilsoffenbarung gestellt; sie sind Werkzeuge des göttlichen Heilswillens (1,14). – In 6,9 bedeutet ἐχόμενα σωτηρίας *[echomena sōtærias]* »das, was auf das Heil Bezug hat«. Das ist das Bessere, zu dem der Verfasser des Briefes nach seiner strengen Mahnrede übergeht.

8) Im Jak-Brief, der nur das Verbum σῴζω *[sōzō]* verwendet, ist – abgesehen von der Bedeutung *gesund machen* – immer die Rettung im Endgericht gemeint. Das gleiche gilt vom Jud-Brief, in dem sowohl das Verbum als auch das Subst. vorkommen (3 und 23; in V. 5 ist von der Rettung Israels aus Ägypten die Rede).

2 Petr 3,15 werden die Leser aufgefordert, die Langmut Gottes, die der Hauptgrund für die Verzögerung der Parusie ist, als Anlaß zu nehmen, auf ihre endzeitliche Rettung bedacht zu sein, die nur gewährleistet ist, wenn sie in ihrem Heiligungsstreben nicht nachlassen. »Eschatologie« und »Ethik« sind – wie bei Paulus – eng miteinander verknüpft.

9) Im johanneischen Schrifttum ist die Wortgruppe nur schwach vertreten. Das hängt gewiß damit zusammen, daß bei Johannes »das ewige Leben« (ζωή *[zōæ]*, → Leben) der die Heilsaussagen bestimmende Begriff ist. σωτηρία *[sōtæria]* kommt im JohEv nur einmal (4,22: »Das Heil kommt von den Juden«) vor, σῴζω *[sōzō]* im Sinne des heilbringenden Handelns nur an 4 Stellen: 3,17 und 12,47 erklärt Jesus, er sei nicht gekommen, die Welt zu richten, sondern sie zu *retten;* 5,34 bezieht sich das Wort auf die Juden, 10,9 auf die Jünger. Der Sohn Gottes ist der wahre und einzige Heilsmittler. In der allgem. Bedeutung »aus leiblicher und seelischer Not retten« steht das Verbum 11,12 in der Lazarusgeschichte und 12,27 (johanneische Entsprechung zu Gethsemane).

In der Offb findet sich nur das Subst. und zwar 3mal in liturgisch-hymnischen Stükken. 7,10 ruft die große Schar, die vor dem himmlischen Thron steht, Gott und dem Lamm Heil zu, und dieser Lobpreis wird nach dem Sturz des Drachen (12,10) und dem Fall Babylons wieder aufgenommen (19,1). Die Sieges- und Triumphlieder verkünden, daß jetzt nach der Überwindung aller gottfeindlichen Mächte das Heil, die Macht und die Herrlichkeit Gott allein gehören. *J. Schneider*

B.

I Mit dem aus σῴζω *[sǭzō]* gebildeten Nomen agentis σωτήρ *[sōtǣr]*, das die Bedeutungsgehalte von σῴζω *[sǭzō]* und σωτηρία *[sōtærịa]* in sich faßt, werden fast immer Götter oder Menschen bezeichnet (seltene Ausnahme zB der rettende, aber fast personifizierte Fluß, Hdt VIII,138,1). Die Götter sind *Retter* aus Gefahren des Lebens, aber auch *Beschützer* und *Erhalter* der Menschen. In hellenistisch-römischer Zeit gilt vor allem Asklepios als *Heiland* der Kranken. Besonders häufig werden Isis und Serapis Retter genannt.

Neben den Göttern treten Menschen als Helfer, Lebensretter und Wohltäter auf, auch die Philosophen gelten (seit Epiktet) als Soteres, weil sie sich um die Heilung von Seelenschäden bemühen. Herrscher, Staatsmänner und Feldherren werden aufgrund bestimmter hervorragender Taten als Retter und Beschützer geehrt (→ Herr).

Im hellenistischen Herrscherkult wird das Wort zur offiziellen amtlichen Bezeichnung der Könige; es wurden ihnen göttliche Ehren zuteil. Bei den Ptolemäern und Seleuciden wurde θεὸς σωτήρ *[theọs sōtǣr]* ein fester Bestandteil des Königsnamens, war aber auch nur ein Titel neben anderen. Die sich hier anbahnende Entwicklung fand ihren stärksten Ausdruck im röm. Kaiserkult. Die Soter-Bezeichnung wurde mit der Vorstellung des goldenen Zeitalters verbunden, und der Kaiser galt als der σωτὴρ τοῦ κόσμου *[sōtǣr tou kọsmou]*, der Weltheiland.

II Im griech. AT ist beim Gebrauch des Wortes σωτήρ *[sōtǣr]*, das meist für das hebr. *jēscha'* oder *j^eschū'āh* eintritt, zwar gelegentlich auch an Menschen (zB die Richter Ri 3,9), bes. aber an Jahwe gedacht (Dtn 32,15; Jes 12,2; Ps 62,3.7 u. a.). Der → Messias wird nicht als σωτήρ *[sōtǣr]* bezeichnet, wenn er auch Sach 9,9 »ein König, der rettet« (σῴζων *[sǭzōn]*; Part.) genannt wird (vgl. Jes 49,6, wo es von dem Knecht Jahwes heißt, daß er εἰς σωτηρίαν *[eis sōtærịan]*, zum Heil für alle Welt werden soll). In den Apokryphen (Weish 16,7; 1 Makk 4,30 u. a.) ist der Soter-Name auf Gott beschränkt!

In den Qumran-Texten gibt es keine Entsprechung zu dem griech. Soter-Begriff. »Zur Zeit des NT ist ›Erlöser‹ oder ›Retter‹ als eine geläufige Messiasbezeichnung nicht zu belegen« (Foerster).

III Im NT wird überwiegend (16mal von insgesamt 24 Stellen) C h r i s t u s als σωτήρ *[sōtǣr]* bezeichnet; Gott selbst wird nur 8mal so genannt, Menschen nie. Hinsichtlich der Häufigkeit tritt σωτήρ *[sōtǣr]* stark hinter σῴζω *[sǭzō]* und σωτηρία *[sōtærịa]* zurück; außerdem fällt auf, daß der σωτήρ-Titel fast nur in den relativ späten Schriften des NT gebraucht wird (Pastoralbriefe, 2Petr), die sich an Gemeinden in hell. Umwelt wenden.

1a) Als Retter, Messias und Herr wird Jesus bei seiner Geburt durch die Proklamation des von Gott autorisierten Engels bezeichnet (Lk 2,10f). Dadurch wird der Eintritt des Gottessohnes in die Welt als die Erfüllung at. Verheißungen und als das grundlegende, zunächst dem auserwählten Volk geltende Heilsereignis der Welt (s. o. I und II) erkennbar gemacht. Auch Apg 5,31 und 13,23 wird Christus als Retter Israels bezeugt.

b) In den älteren Paulusbriefen kommt das Wort nur zweimal vor (Phil 3,20 und Eph 5,23). Hier wird gesagt, was Christus als der Soter für die Gemeinde der Gläubigen bedeutet. Phil 3,20 ist ganz eschatologisch ausgerichtet. Die Christen erwarten vom Himmel her als Retter den Herrn Jesus Christus, der bei seiner Parusie ihren irdischen Leib verwandeln und seinem Herrlichkeitsleib gleichgestalten wird. Eph 5,23 wird der erhöhte Christus, der das → Haupt der → Gemeinde ist, der Retter seines Leibes – also der Gemeinde – genannt. Das ist, wie die V. 25–27 zeigen, eine gleichermaßen auf das gegenwärtige und zukünftige Handeln Christi bezogene Aussage. Christus ist der Soter, weil er sich für seine Gemeinde in den Tod dahingegeben und sie in der → Taufe gereinigt hat, um sie in der Zeit der Heilsvollendung für sich selbst rein und herrlich darzustellen.

c) In den Pastoralbriefen findet sich eine verhältnismäßig reiche Verwendung des Titels σωτήρ *[sōtǣr]*, 6mal für Gott und 4mal für Christus. Die Bezeichnung Gottes als Heiland knüpft an den Sprachgebrauch der LXX an (Ps 24[25],5; 26[27],9; Hab 3,18; Sir 51,1); sie kommt im NT außerhalb der Pastoralbriefe nur in Lk 1,47 (Zitat von Hab 3,18) und Jud 25 vor. Dabei ist der Blick auf die Heilsvollendung gerichtet; Gott wird den Seinen die Rettung im Endgericht zuteil werden lassen.

2) Die Wendung »Jesus Christus, unser Heiland« läßt sich nicht aus dem AT herleiten, da dieses den Messias niemals als »Retter« bezeichnet (s. o. II). Jesus selbst hat sich nicht σωτήρ *[sōtǣr]* genannt. Auch in den älteren, auf palästinensischem Gebiet entstande-

nen Schichten der nt. Überlieferung heißt er nicht so. Die Bezeichnung Jesu als Soter stellt sich »erst zaghaft, dann in steigendem Maße auf hellenistischem Gebiete« ein (JJeremias, NTD 9, S. 45). Aus der Feststellung, daß in den Pastoralbriefen wiederholt Formeln des Herrscherkultes auf Christus übertragen werden (zB 2 Tim 1,10; Tit 3,4), zogen manche den Schluß, daß die Bezeichnung Jesu als des Soter diesem Kult entlehnt sei. Nach JJeremias erfaßt diese Erklärung allerdings nur einen Teil des Tatbestandes. »Die Wurzeln der Bezeichnung Jesu als Heiland sind älter.« Mt 1,21 weise daraut hin, daß »die aramäisch bzw. syrisch redenden ältesten Gemeinden den Namen Jesus (wörtlich: »Jahwe ist Heil«) als ›Heilsbringer‹ deuteten. Diese Deutung des Jesusnamens dürfte der Anlaß dafür gewesen sein, daß Jesus auf griech. Sprachgebiet — ältester Beleg ist Phil 3,20 — als Heiland (σωτήρ) bezeichnet wurde« (JJeremias). Erst der Soter-Titel machte den Griechen verständlich, was der → Messias-Name für die Juden besagte.

3) Die Aussagen über Gott als Soter in den Pastoralbriefen machen die Universalität des göttlichen Heilsangebotes deutlich. Sie stehen im Gegensatz zu der exklusiven Haltung der Synagoge und der Gnosis, die nur den »Gerechten« bzw. den »Wissenden« das Heil zusprachen. Der wahre und lebendige Gott ist der Heiland a l l e r Menschen (1 Tim 4,10); und er hat das Amt der Verkündigung dazu eingesetzt, daß die Heilsbotschaft allen Menschen kundgetan wird, damit sie zum Glauben kommen (Tit 1,3). Gott ist aber insonderheit u n s e r Heiland, weil die Christen das Heil angenommen haben und im Glauben stehen (1 Tim 4,10; vgl. Tit 1,3). Sie haben einen Wandel zu führen, der die Lehre u n s e r e s Retters, Gottes »schmückt« (Tit 2,10). Aber gleich im nächsten Satz (V. 11) heißt es, daß die Gnade Gottes gerade dadurch, daß das neue Leben der Gemeindeglieder, selbst der Sklaven, in Erscheinung tritt, in ihrer a l l e n Menschen Heil wirkenden Kraft offenbar wird. Der Heilsplan Gotttes ist allumfassend, und Gott ist darauf bedacht, ihn auf alle mögliche Weise zu verwirklichen. — In dem Präskript des 1 Tim-Briefes (1,1) werden Gott und Christus in gleicher Weise als Soter bezeichnet.

4) Die Stellen, an denen von dem Soter Christus die Rede ist, stehen, bis auf 2 Tim 1,10, im Tit-Brief. Sie geben ein umfassendes Bild von dem Handeln Gottes zu unserem Heil:

a) Gott hat seinen vor ewigen Zeiten gefaßten Ratschluß zur Rettung der Menschen durch die erste Epiphanie Jesu Christi der Welt kundgetan (2 Tim 1,10). In dem Soter Christus ist die Güte und Menschenfreundlichkeit Gottes erschienen (Tit 3,4), Eigenschaften also, die an den hellenistischen Herrschern besonders gerühmt wurden und hier auf Gott übertragen werden. Das Heilswerk Christi bestand nach 2 Tim 1,10 darin, daß er den Tod überwunden und unvergängliches → Leben ans Licht gebracht hat.

b) Durch seinen freien, vor ewigen Zeiten gefaßten Ratschluß und seine in Christus offenbar gewordene Gnade (also nicht aufgrund ihrer Werke) sind die Christen schon jetzt gerettete Menschen. Dabei kommt der → Taufe eine entscheidende Bedeutung zu. Durch das Wasserbad, das die Wiedergeburt bewirkt, hat Gott uns nach seiner Barmherzigkeit gerettet (Tit 3,5). Die Ausgießung des heiligen → Geistes ist in überreichem Maße durch unseren Soter Jesus Christus erfolgt (Tit 3,5f).

c) Als die durch die Gnade Gottes Gerechtfertigten warten die Christen auf die Vollendung des Heils (Tit 3,7), auf die Erfüllung ihrer Hoffnung, die ihnen durch die Erscheinung der Herrlichkeit des großen Gottes und unseres Retters Jesus Christus (bei seiner Parusie) zuteil werden wird (Tit 2,13). Die Übersetzung: »sie warten auf die Erscheinung unseres großen Gottes und Retters Jesus Christus« ist sprachlich möglich, widerspricht aber der sonst in den Pastoralbriefen streng durchgeführten Unterscheidung von Gott und Christus. »Die Übertragung des festeingebürgerten spätjüdischen Gottesattributes ›großer Gott‹ auf Jesus wäre völlig alleinstehend im Neuen Testament« (JJeremias, S. 65).

5) Im JohEv wird Jesus einmal und zwar in dem Bekenntnis der → Samariter σωτὴρ τοῦ κόσμου *[sōtęr tou kǫsmou]*, Heiland der Welt genannt (4,42). Der gleiche Ausdruck findet sich 1 Joh 4,14, ebenfalls in der Form eines Bekenntnissatzes: »Wir haben gesehen

und bezeugen, daß der Vater den Sohn als Retter der Welt gesandt hat.« Hier wird für Jesus ein Titel in Anspruch genommen, der für hellenistische Ohren den eschatologischen Retter bezeichnet, vor dem alle Schranken nationaler Kulte fallen.

6) Der 2 Petr-Brief verwendet den Soter-Begriff, meist in Verbindung mit dem Titel κύριος *(kyrios)* = → Herr, verhältnismäßig oft zur Kennzeichnung Christi (1,1f.11; 2,20; 3,2.18). Vielleicht hat »eine Neigung zu feierlich und volltönend klingenden Aussagen ... zu der Häufigkeit der σωτήρ-Prädikation in diesem Brief geführt« (Foerster).

J. Schneider

V ZUR VERKÜNDIGUNG

Wenn heute von »Erlösung« die Rede ist, dann ist damit in aller Regel nicht mehr das befreiende Handeln Gottes in Jesus Christus gemeint. Man spricht vielmehr davon zB dann, wenn ein Mensch, den Leid und Krankheit ohne Aussicht auf Besserung zermürbten, endlich hat sterben können. Erlösung bringt der → Tod, und der Sprachgebrauch weist damit ihn als die eigentliche große Realität aus, mit der Christen und Nichtchristen gleichermaßen rechnen. Erlöst ist, wer nicht mehr zu leben braucht, wer von den Lasten des Lebens befreit ist. Zeigt sich darin nicht, wie hoffnungslos der Mensch eingemauert ist in den Raum zwischen Geburt und Tod, auch wenn er durch Forschung und Geschick diesen Raum hat ausweiten können? Wie nahe kommt hier abendländische Resignation dem Buddhismus! Aber leuchtet nicht darin zugleich auch ein untergründiges, oft fast schon erloschenes Wissen darum auf, daß nur eine Macht, die stärker ist als Menschen, des Menschen Geschick zu wenden vermag?

Solche Hoffnung auf Befreiung von dem, was sich mit menschlicher Kraft nicht überwinden läßt, bildet die Wurzel aller Religionen als Angebote der Daseinsbewältigung. Ihnen haben sich – nicht erst in einer religionslos werdenden Zeit – Selbsterlösungsversuche des Menschen zugesellt, seien sie nun geistiger, psychoanalytischer oder politischer Herkunft. Sie unterscheiden sich voneinander in ihrer Stellung zum Transzendenten und in ihren Ansätzen, – gemeinsam aber ist ihnen die Suche nach einem Weg, nach Methoden und Mitteln, die den Menschen instandsetzen, ein befreites Leben zu führen.

Hält man sich die Vielgestaltigkeit dieser menschlichen Erlösungshoffnungen und -vorstellungen einerseits und den pragmatischen Realismus der Gegenwart andererseits vor Augen, so muß es menschlich als ein fast aussichtsloses Unterfangen erscheinen, Jesus Christus als den einzigen Erlöser zu verkündigen. Welcher Umbruch in Denken und Existenz ist für den Menschen damit verbunden, wenn er die Glaubensüberzeugung annimmt, daß seine Erlösung durch den Tod Jesu geschehen ist und dank der aus dessen Auferstehung fließenden Kraftwirkung ihm realiter zugeeignet wird!

Womit begründen die nt. Zeugen, daß durch Jesu Sterben und Auferstehen die entscheidende Tat Gottes geschehen sei, in der alle Erlösungshoffnung des AT ihre Erfüllung gefunden hat und die nun, die Einschränkung des AT aufhebend, für alle Menschen gilt, ja sogar kosmische Relevanz gewonnen hat? Sie erschließen es daraus, daß er als der Mensch Gottes schlechthin sich mit der gefallenen Menschheit identifiziert, und daß es um des von ihm gelebten absoluten Gehorsams willen Gott möglich wird (Erlösung ist wie die Verfallenheit ein rechtsrelevanter Akt!), ihn als Repräsentanten aller Menschen gelten zu lassen. Als der → Anfang, der → Erste einer versöhnten Menschheit schließt er prinzipiell schon alle übrigen Menschen in sich.

Damit stellt sich die christl. Erlösungshoffnung wie die des AT als korporativ dar. Dh Objekt des Erlösungshandelns und Subjekt dieser Hoffnung ist jedenfalls zunächst das Volk Gottes; wenn auch in der nt. Deutung die Einschränkung auf Israel aufgehoben wird, indem zu der nt. Gemeinde durch Gottes → Berufung und → Erwählung Menschen aus allen Völkern hinzugetan werden, so kann doch die weitverbreitete Individualisierung der Erlösung nur als Abweg gelten. Es ist ernsthaft zu überlegen, ob sie nicht mit daran schuld ist, daß der christl. Verkündigung ihre weltgeschichtlichen und kosmischen Perspektiven verloren gegangen sind (auch das Umgekehrte könnte freilich der Fall sein!). So gewiß das Werk Jesu Christi immer wieder einzelnen Menschen mit ganz persönlicher Auswirkung zugute kommen will, so gewiß wird doch die verwandelnde und erneuernde Kraft des Evangeliums reduziert, wenn man ihre Bestimmung und Auswirkung auf das ganze Menschengeschlecht aus dem Auge verliert. Wird aber nicht Christus deshalb als der zweite Adam bezeichnet, weil sein Werk und sein Opfer auf die → Versöhnung und Erneuerung der Schöpfung zielen? Daraus müßte sich für die Verkündigung konsequenterweise ergeben, daß sie die Errettung des einzelnen aus seiner Verlorenheit und Gebundenheit nicht isoliert bezeugt, sondern eindeutig erkennbar macht, daß der einzelne in die Erlösung hineingezogen wird, indem Gott ihn in den Anbruch der neuen → Schöpfung, in den → Leib Christi hineinzieht, inkorporiert.

Dieser Vorgang aber umfaßt mehr als nur eine geistige Neuorientierung des menschlichen Selbstverständnisses. Würde er sich darin erschöpfen, so ließe sich kaum bestreiten, daß Erlösung ebenso gut auf psychotherapeutischem Wege, also ohne Gottes Wirken, erreichbar sei. Sie bestände dann nämlich in der Befreiung von Komplexen, der Heilung von Neurosen, kurz darin, daß der Mensch wieder gemeinschaftsfähig gemacht und zur vollen Entfaltung seiner Gaben instand gesetzt wird. Ganz abgesehen davon, daß auch hier die individualistische Reduktion auf der Hand liegt, greift das biblische Zeugnis von der Erlösung insofern tiefer und weiter aus, als es die Befreiung von der Macht der Sünde und des Todes intendiert (→ Erkenntnis; Zur Verkündigung). Dabei ist vorausgesetzt, daß, solange die gegen die Zuordnung des Menschen zu Gott gerichteten Kräfte sein Leben beherrschen, jede andere Heilung sich deshalb als vorübergehend erweisen müßte, weil der Mensch dennoch im Bann dieser Mächte bleibt. Die biblische Erlösungsbotschaft will demgegenüber bezeugen, daß Gott in dem Christusgeschehen diese den Menschen umschließende Mauern sprengt, über diese den Menschen in ihre Gewalt nehmenden Kräfte den → Sieg (vgl. Art. θριαμβεύειν) errungen hat. Wenn dem so ist, dann muß freilich in Verkündigung und Seelsorge deutlich werden, daß die Erlösung durch Christus nicht nur in einem neuen Existenzverständnis sich realisiert, sondern sehr real eine neue Existenz, das Leben mit Gott, erschließt.

Wie aber soll jemand – selbst wenn er bereit wäre, das stellvertretende Handeln Jesu für sich gelten zu lassen – heute in dieses Geschehen hineingezogen werden? Wie soll für ihn das sich existentiell ereignen, was zB Paulus mit seinen zahlreichen *syn*-Komposita (*mit*-gelitten, *mit*-gestorben, *mit*-auferweckt) ausdrückt? Dies wäre doch nur dann möglich, wenn der auferstandene Christus auch der heute lebenden Generation ebenso gleichzeitig wäre wie der seiner Zeitgenossen. Und dies ist ja in der Tat der eigentliche Kern der Aussagen über die → Auferstehung, daß mit der Todesgrenze auch die Zeitgrenze durchbrochen ist (→ Zeit). Wenn aber mit seiner Gegenwart im Geist gerechnet wird und wenn er diese zwar nicht ausschließlich, aber doch speziell an die in seinem Namen versammelte Gemeinde gebunden hat, dann dürfte hier, also in der Begegnung mit ihm, der in seinem → Wort und → Geist gegenwärtig sein will, auch konkret der Ort zu suchen sein, an dem die Erlösungstat zugeeignet, Menschen in die neue Schöpfung Gottes hineingenommen werden. Erlösung kann dann also nicht anders erfahren werden, als daß Menschen der verkündigten Botschaft begegnen und sich ihr glaubend erschließen (→ Glaube), also da, wo sie in den zentralen Bereich des Wirkens Christi eintreten, in ihm bleiben und mit den anderen in gleicher Weise Betroffenen die Gemeinschaft des Mahles (→ Herrenmahl) halten. Wo sie sakramental »in Christus« sind, da erfahren sie die Auswirkung seines Sieges.

Dieses Christusgeschehen aber macht dann die Gemeinde darüber hinaus zum Zeichen der angebrochenen Erlösung in einer Gegenwart, die im übrigen noch völlig von Willkür, Zufall oder Zwangsläufigkeiten beherrscht wird. All dies ficht auch den Glaubenden an. Aber indem er je neu der Zuverlässigkeit, der Treue Gottes vergewissert wird, gewinnt er und an ihm dann vielleicht auch andere, nicht nur ein neues Verhältnis zu den von ihm als überwunden erkannten Mächtigkeiten, sondern vor allem auch das Vertrauen, daß das, was hier exemplarisch begonnen hat, zu dem von Gott gesetzten Zeitpunkt universale Realität werden wird: daß Menschen in das Heil und den → Frieden Gottes hineingenommen werden.

Dabei wird die Verkündigung sich hüten müssen, den Eindruck zu erwecken, als hinge Gottes Eingreifen davon ab, ob der Mensch es ersehne, erwarte oder erbitte. So gewiß er durch den Ruf eines Menschen oder den Schrei seines Volkes sich immer wieder auf den Plan hat rufen lassen, so bleibt Errettung doch immer Gottes freier souveräner Gnadenakt, und er ist dabei auch nicht daran gebunden, ob jemand »immer strebend sich bemüht«. Die Verkündigung wird sich frei halten müssen von der Gesetzlichkeit eines Methodismus, der im Effekt die Erlösung mindestens teilweise eben doch zu einem Werk des Menschen machen würde.

Wenn aber die Christenheit den Sieg Gottes herbeisehnte und darum betete, stellte sie eine wirkliche Alternative zu jenen Versuchen dar, die Fesseln der »Verhältnisse« mit revolutionärer Gewalt zu zerbrechen, zu jenen politischen Erlösungshoffnungen, die doch immer nur zu zeitweiligem Flaggen- und Rollenwechsel unter Blut und Tränen geführt haben. Wäre sie damit zum bloßen Stillhalten und Abwarten verurteilt? Solchem Quietismus könnte doch nur huldigen, wer nicht begriffe, daß der Glaube den Menschen in das Werk, dh freilich auch: in das Leiden Christi einbezieht. Muß nicht vielmehr die zeichenhafte Existenz der Gemeinde sich auch in ihrer Lebensgestalt, in ihrer und ihrer einzelnen Glieder Handeln erweisen, das nicht sich selbst, sondern den anderen sucht? Das schließt aus, daß sie nach islamischem Beispiel der Welt die Rettung durch ihre eigene politische Machtübernahme glaubte bringen zu können. Aber die Überwindung der Sklaverei ist ein Beispiel dafür, daß exemplarisches Handeln aus dem Geist des Evangeliums auch gesellschaftliche Strukturen zu wandeln und anscheinend unüberwindliche Mauern zu durchbrechen vermag. Werden ihm nicht beständig neue Zeichen an die Seite treten, wo die Botschaft von der Erlösung in ihrer vollen Spannweite ausgerichtet wird? *L. Coenen*

Lit.: zu λύω, λύτρον: ELohmeyer, Der Begriff Erlösung, 1928 – ASchlatter, Der Evangelist Matthäus, 1933³, 510ff.555f.604ff – GKittel, Jesu Worte über sein Sterben, Dt. Theol. 3, 1936, 166ff – JJStamm, Erlösen und Vergeben im AT, 1940 – OProksch/FBüchsel, Art. λύω, ThWb IV, 1942, 329f.337ff – dies., Art. λύτρον, ebd., 330ff.341ff – CBarth, Die Errettung vom Tode in den individuellen Klage- und Dankliedern des AT, 1947 – JJeremias, Das Lösegeld für viele, Judaica 3, 1948, 249ff – EKäsemann, Zum Verständnis von Röm 3,24–26, ZNW 43, 1950/51, 150ff – AKirchgäßner, Erlösung und Sünde, 1950 – HWWolff, Jesaja 53 im Urchristentum, 1953³ – PHeinisch, Christus der Erlöser, 1955 – ELohse, Märtyrer und Gottesknecht, 1955 – JBBauer, Art. Erlösung, BWb I, 1962², 300ff (kath) – DHill, Greek Words and Hebrew meanings, SNT SMS 5, 1967, 49ff.
Zu σῴζω, ῥύομαι: WStaerk, Soter. Die biblische Erlösererwartung, T. I, 1935 (Beitr. z. Förderung d. christl. Theol. R. 2.31) – WElert, Redemptio ab hostibus, ThLZ 72, 1947, 265ff – GLadmer, Art. Erneuerung, RAC VI, 1950, 241ff – VTaylor, The Names of Jesus, 1954 – MGoguel, Le caractère, à la fois actuel et futur, du salut dans la théologie paulinienne (Festschr. für CHDodd), 1956, 322ff – WKasch, Art. ῥύομαι ThWb VI, 1959, 99ff – GvRad, Theologie des AT, I, 1962⁴, 179ff – OCullmann, Die Christologie des NT, 1963³, 245f – FHahn, Christologische Hoheitstitel, 1963 – JJeremias, NTD 9, 1963⁸, 45.64 – GDautzenberg, Σωτηρία ψυχῶν (1Petr 1,9), BZ 8, 1964, 262ff (kath.) – EEllwein, Heilsgegenwart und Heilszukunft im NT, ThExh 114, 1964 – GFohrer/W Foerster, Art. σῴζω, ThWb VIII, 1964, 966ff – OCullmann, Heil als Geschichte, 1965 – SHerrmann, Die prophetische Heilserwartung im Neuen Testament, 1965 – HWKuhn, Enderwartung und gegenwärtiges Heil, 1966 (= Stud. z. Umwelt d. NT, 4).

Ermahnen

Während sich das (Be-) Lehren (→ Lehre) vorwiegend an die intellektuelle Einsicht und Erkenntnis richtet und die (den Menschen ganzheitlich ansprechende) → Erziehung auf heranwachsende Menschen beschränkt, versteht man unter Ermahnen allgemein die Einwirkung auf Willen und Entschlußkraft eines anderen Menschen, um diese in die Richtung eines allgemeinverbindlichen Verhaltens zu lenken oder zum Befolgen einer bestimmten Weisung anzuhalten. Ermahnen setzt also immer schon ein Vorwissen voraus, an das erinnert wird mit dem Ziel der Befolgung. Wie sehr die Ermahnung den ganzen Menschen meint, läßt die Etymologie des dt. Wortes *ermahnen* noch erkennen: aus der

Wurzel *men-*, aus der es gebildet ist, sind neben den lat. Verben *monere = ermahnen* und *reminisci = sich erinnern* sowohl das lat. *mens = Sinn, Verstand, Gedanke* als auch das griech. μαίνεσθαι *[mainesthai] = erregt sein, rasen* (→ Ekstase) abgeleitet. Erkenntnis, Gemüt und Wille sind also zumindest urspr. gleicherweise betroffen. Im nt. Griech. hat bis auf eine Ausnahme nur Paulus sich für das Gemeinte des Verbums νουθετέω *[noutheteō]* (insgesamt 8 Belege, 3mal das Subst.) bedient, während sonst das vielschichtigere παρακαλέω *[parakaleō]*, eigentlich *mit jemandem reden*, Verwendung findet, das sowohl drängenden Nachdruck als auch tröstende Stärkung aussagen kann.
→ Erziehung; → Gedenken; → Hören; → Lehre; → Strafe

νουθετέω

νουθετέω *[noutheteō]* ermahnen, zurechtweisen · νουθεσία *[nouthesia]* Ermahnung, Warnung

I νουθετέω *[noutheteō]* (seit den Tragikern) und das Subst. νουθεσία *[nouthesia]* (seit Aristophanes), zusammengesetzt aus νοῦς *[nous]* und τίθημι *[tithæmi]* (Liddell-Scott), bezeichnen eine Einflußnahme auf den νοῦς *[nous]*, wobei ein Widerstand vorausgesetzt wird. Der Mensch wird durch *Ermahnen, Zurechtweisen, Warnen, Erinnern, Belehren* und *Anspornen* von einem falschen Weg abgebracht und in seinem Verhalten korrigiert. Im Unterschied zu διδάσκω *[didaskō]*, wo es um die Entwicklung und Führung des Intellekts geht, wird durch v. auf den Willen und das Gefühl des Menschen eingewirkt. Es ist in seiner Bedeutung enger gefaßt als παιδεύω *[paideuō]* und παιδεία *[paideia]* (→ Erziehung), die die Erziehung des Kindes mit allen dazugehörigen pädagogischen Mitteln bezeichnen, um das Kind in die Welt der Erwachsenen hineinzuführen. παιδεύω *[paideuō]* hat immer Unmündige zum Gegenüber, die auch mit Härte und Strenge behandelt werden müssen. Demgegenüber ist bei v. die Bedeutung *züchtigen* bzw. *Züchtigung* nur sekundär und findet sich im NT überhaupt nicht. κολάζω *[kolazō]* und κόλασις *[kolasis]* bezeichnen die → Strafe als Reaktion und Antwort auf die böse Tat, nicht als Mittel der Erziehung. Solche Strafe dient höchstens dem Außenstehenden zur Abschreckung und Warnung.

II LXX verwendet νουθετέω *[noutheteō]* außer in 1 Sam 3,13 (= *zurechtweisen)* nur in der Weisheitsliteratur: 11,10; 12,2.26 = *warnen;* entsprechend bedeutet das Subst. – in der LXX nur Weish 16,6 – *Warnung:* Die Schlangenplage während der Wüstenwanderung Israels war eine göttliche »Warnung« für das Volk. Im Buch Hiob hat das Verb im Aktiv die Bedeutung »unterweisen« (Hi 4,3), kann aber auch negativ gebraucht werden: »die Allergeringsten *schulmeistern* mich, einer nach dem andern« (Hi 30,1 LXX). Ungewöhnlich ist die passivische Bedeutung: *sich belehren lassen, sich etwas gesagt sein lassen, Einblick gewinnen, verstehen* (Hi 23,15; 36,12; 37,14; 38,18).

III Im NT steht νουθετέω *[noutheteō]* nur in den Briefen des Paulus und Apg 20,31, wo Lukas eine Rede des Apostels berichtet, das Subst. nur 1Kor 10,11; Eph 6,4 und Tit 3,10.

Der Apostel hat in Ephesus als treuer und vorbildlicher Gemeindeleiter in beständigem Eifer für die Erhaltung der Gemeinde gearbeitet, indem er sich um jeden einzelnen bemühte und ihn »mit Tränen ermahnte« (Apg 20,31). Ebenso »ermahnt« er die Gemeindeleiter in Korinth »als seine lieben Kinder« (1 Kor 4,14). Auch wenn er ihnen Zurechtweisendes und Kritisches schreiben muß, so geschieht das aufgrund seiner Liebe zu ihnen und zu ihrem Besten.

In Kol 1,28 und 3,16 steht v. im Wechsel mit διδάσκειν *[didaskein]* in bezug auf den verkündigten Christus. Mahnung und → Lehre gehören in eine unlösliche Einheit als ständige Wechselbeziehung von Erkennen und Handeln. Ziel solcher lehrenden und mahnenden Verkündigung ist die »Vollmacht in Christus« (1,28).

Es ist eine wesentliche Aufgabe der Apostel, Gemeindeleiter und Ältesten, die Gemeindeglieder zu ermahnen; die Gemeinde soll das in Liebe annehmen und anerkennen (1 Thess 5,12). Das Ermahnen als seelsorgerliches Handeln ist auch Aufgabe der ganzen Gemeinde untereinander (Kol 3,16), wenn sie dazu geistlich in der Lage ist wie die Gemeinde in Rom (Röm 15,14). Auch einzelne ungehorsame Glieder müssen durch die Gemeinde zurechtgewiesen werden, um sie auf die Verkehrtheit ihres Handelns aufmerksam zu machen und zurückzugewinnen (1 Thess 5,14; 2 Thess 3,15). Nichtbeachtung solcher

Ermahnung hat u. U. völlige Abweisung des Zurechtgewiesenen zur Folge (Tit 3,10 νουθεσία *[nouthesịa]*).

Nach Eph 6,4 geschieht rechte Kindererziehung ἐν παιδείᾳ καὶ νουθεσίᾳ *[en paidẹia kai nouthesịa]* (»in Zucht und Ermahnung«); sie ist nicht durch Anwendung oder Auslassung bestimmter pädagogischer Mittel bestimmt, sondern dadurch, daß sie auf den Herrn ausgerichtet ist. Von diesem Gedanken her wird sie in Freiheit und Verpflichtung ihre Mittel wählen. Die Begriffe lassen sich hier in ihrer Bedeutung nicht wesentlich unterscheiden (vgl. dazu Bertram 623; Schlier 282f). Nicht die pädagogischen Mittel, sondern die Tendenz ihrer Anwendung charakterisieren sie. In 1 Kor 10,11 hat νουθεσία *[nouthesịa]* wie in Weish 16,6 die Bedeutung von »Warnung«. Die Aufzeichnung der Strafen, die das Volk für seine Sünden trafen, soll den Lesern zur Warnung dienen. *F. Selter*

παρακαλέω

παρακαλέω *[parakalẹō]* ermahnen, trösten, bitten · παράκλησις *[parạklæsis]* Ermahnung, Bitte

I παρακαλέω *[parakalẹō]* heißt *herbeirufen* (zB Xen. Anab. III 1,32: τὸν στρατηγὸν παρεκάλουν »da riefen sie den Obersten herbei«). Daraus ergeben sich die anderen, oft nicht scharf voneinander abzugrenzenden Bedeutungen *bitten* (zB BGU 846,10: παρακα[λ]ῶ σοι, μήτηρ, δ[ι]αλάγητί μοι »ich bitte dich, Mutter, versöhne dich mit mir«), u. a. vom Anrufen der Götter gebraucht (zB ἐμοῦ δὲ π[α]ρ[ακαλέσαντος τὸν θεὸν Σάραπιν] »als ich dann den Gott Sarapis angefleht hatte«; nach Deißmann LvO 121f), *ermahnen, auffordern* (zB Xen. Anab. V 6,19: βούλεται γὰρ Ξενοφῶν καὶ ἡμᾶς παρακαλεῖ »denn Xenophon will und ermahnt uns [mitzumachen]«) und, wenn auch die Belege spärlich sind, *tröstlich zusprechen*, bes. bei Trauerfällen, wobei dieses Trösten aber stets eine mahnende Note enthält (etwa die, auch im Leid Haltung zu bewahren). Zur Herkunft vgl. → Berufung, Art. καλέω I.

II In LXX wird vor allem das hebr. *nācham* (v. a. nif. und pi.) = *es sich leid tun lassen, trösten* mit παρακαλέω *[parakalẹō]* übersetzt, meist in der Bedeutung *trösten* (zB Ps 118,50: αὕτη με παρεκάλεσαν ἐν τῇ ταπεινώσει μου »das hat mich in meiner Niedrigkeit getröstet«; Gen 37,35 von der Totentrauer: καὶ ἦλθον παρακαλέσαι αὐτόν, καὶ οὐκ ἤθελεν παρακαλεῖσθαι »da kamen sie, ihn zu trösten; und er wollte sich nicht trösten lassen«). Das Trösten gehört zur Aufgabe des Propheten (zB Jes 40,1: παρακαλεῖτε παρακαλεῖτε τὸν λαόν μου »tröstet, tröstet mein Volk«). In gleicher Weise findet π. in Test Rub 4,4 (»mich aber tröstete mein Vater und betete für mich zum Herrn«; nach Rießler 1152), Test Jos 17,4; 4 Esr 10,19 u. ö. Verwendung.

π. kann aber auch da für *nācham* (nif. und hitp.) eintreten, wo dieses im Sinne von *leid tun, sich erbarmen* steht, etwa Ps 135,14 (»der Herr hat Mitleid mit seinen Knechten«; vgl. Dtn 32,36) oder Ri 2,18 (»der Herr hatte Erbarmen wegen ihrer Wehklage«). Dieser Wortgebrauch findet sich außerhalb der LXX nicht.

Wo π. andere hebr. Äquivalente vertritt, bedeutet es auch *ermutigen, stärken* (Dtn 3,28; Hi 4,3), *verführen* (Dtn 13,7[6]) oder *herbeibringen, hinleiten* (Ex 15,13).

Im Spätjudentum ist vom »Trost Israels« (vgl. Lk 2,25) in der Weise die Rede, daß er »die Erfüllung der messianischen Hoffnung« meint (St.-B. II,124); vgl. zB ApkBar 44,7: »harret ihr geduldig aus in Furcht vor ihm, vergeßt ihr niemals sein Gesetz, dann wandeln sich die Zeiten euch zum Heil; ihr sollet Zions Tröstung schauen« (nach Rießler 80).

Auffallend ist, daß im hellenistischen Bereich eher vom Bitten und Ermahnen, unter dem Einfluß des AT vom Trösten die Rede ist. Sollte dies Zufall sein oder Ausdruck für die auf dem Hellenismus lastende Trostlosigkeit und Ausdruck für den im at. Bereich erhofften Trost (vgl. Stählin ThWb V, 785)?

III παρακαλέω *[parakalẹō]* kommt im NT 109mal vor und bedeutet: a) *herbeirufen, bitten;* b) *ermahnen;* c) *trösten;* das Subst. παράκλησις *[parạklæsis]* das *Ermahnen,* die *Ermunterung,* die *Bitte.* Die Wortgruppe fehlt im johanneischen Schrifttum, Jak, 2Petr.

1) Die Bedeutung *herbeirufen* (oder *bitten)* liegt in Apg 28,20 vor; Apg 28,14 ist speziell mit *einladen* zu übersetzen. Als *bitten* wird π. in sämtlichen Schichten der synopt. Tradition verwendet und zwar in der Weise, daß sich hilfsbedürftige Menschen mit ihrer Bitte an Jesus wenden (Q: Lk 7,4 = Mt 8,5; Mk: 5,12 = Mt 8,31 = Lk 8,32; Lk-Sondergut: Lk 15,28; Mt-Sondergut: Mt 18,29). Nur in Mt 26,53 wird von Jesus selbst gesagt,

er könne seinen Vater um Hilfe von Engeln *bitten*. Apg 16,9f (vgl. auch 8,31; 13,42) ist die Bitte um Mission gemeint.

2) Offensichtlich gehörte schon vor Paulus das *Ermahnen*, insbesondere als Aufgabe der urchristlichen Propheten, in das Leben der Gemeinde. In 1 Kor 14,30f sieht sich Paulus genötigt, die (pneumatisch-gnostischen) Propheten aufzufordern, einer möge nach dem anderen reden, damit alle ermahnt werden. Apg 15,32 wird von den Propheten Judas und Silas gesagt, sie hätten die Brüder ermahnt. Das Ermahnen gehört geradezu stereotyp zum Leben der Gemeinde (vgl. Apg 16,40). Paulus fordert seine Adressaten zu gegenseitiger Ermahnung auf (Phil 2,1); er schickt Timotheus, damit er u. a. die Gemeinde ermahnt (1 Thess 3,2; vgl. auch Röm 12,8). Von dieser aus urchristlicher Zeit belegten Tätigkeit des Ermahnens ergibt sich wohl auch der Sitz im Leben für die Paränesen vor allem am Ende der Paulus-Briefe: Wie im Urchristentum üblich, sieht Paulus es als seine Aufgabe an, die Gemeinde zu ermahnen (1 Thess 4,1; Phil 4,2; Röm 12,1). Theologisch verleiht Paulus aber der Paränese nun insofern eine spezifische Fundierung, als er die Adressaten nicht unvermittelt moralisch belehrt, sondern sie »durch« (διά) Gott oder Christus anredet, so daß der Apostel seine Vermahnung vermittelt denkt »durch das Erbarmen Gottes« (Röm 12,1; vgl. V. 3), »durch unseren Herrn Jesus Christus und durch die Liebe des Geistes« (Röm 15,30), »durch den Namen Jesu Christi« (1 Kor 1,10; → Taufe, so daß sich die Interpretation »durch Anrufung« nahelegt; s. Michel zu Röm 12,1), »durch die Sanftmut und Milde Christi« (2 Kor 10,1; Kümmel zSt hält eine Anspielung auf den irdischen Jesus und auf Mt 11,29 für durchaus möglich). Läßt sich von hier aus auch δι' ἡμῶν *[di' hæmọn]* 2Kor 5,20 erklären? Es würde in diesem Fall bedeuten, daß sich Gott unserer Vermittlung bedient (Lietzmann zSt: durch unseren Mund), indem er mahnt (oder bittet?). Im gleichen Sinne erfolgt 1Thess 4,1; 2Thess 3,12 das π. »im« Herrn (vgl. auch Phil 4,2).

Mit der besonderen Grundlage paulinischer Ermahnung ist aber das grundsätzliche und weit umfangreichere Problem des Imperativs und der Ethik bei Paulus angesprochen, das sich freilich erst dann richtig erfassen läßt, wenn man es unter dem Zeichen des Indikativs sieht: »Ist aber das ganze Sein des Gerechtfertigten durch die χάρις *[charis]* bestimmt, so auch der Imperativ, unter dem er steht. Denn zu der Seinsweise des Gerechtfertigten gehört es auch, unter dem Imperativ zu stehen. Diese Seinsweise kann der Gläubige nur verstehen als Gabe Gottes. Wie also die im Imperativ sich aussprechende sittliche Forderung für ihn Gottes Gebot ist, so ist die der Forderung entsprechende Haltung des Gehorsams zugleich Gabe Gottes, gewirkt durch das πνεῦμα *[pnẹuma]*, ohne daß die Forderung ihren imperativischen Charakter verliert« (Bultmann ZNW 23, 1924, 140). Dementsprechend ermahnt Paulus die Korinther, sie möchten die Gnade nicht »ins Leere«, dh umsonst empfangen (2 Kor 6,1); denn das wäre dann der Fall, wenn sie sich in ihrem Leben nicht bewähren. Der Apostel kann sich selbst als Vorbild bezeichnen und zwar im Hinblick auf seine »Wege in Christus« (1 Kor 4,16f; vgl. 1 Thess 2,12; 4,1.10; 5,11).

Bei Lukas gewinnt diese gegenwärtige Zeit (durch das Ausbleiben der Parusie oder wegen der die Gemeinde bedrängenden Verfolgung?) an Gewicht; daher auch die Aufforderung zur rechten Gestaltung dieses Lebens: Jetzt ist die Zeit, in der es sich zu bewähren gilt. Darum fordern der Täufer, Judas, Silas u. a. zum rechten → Wandel auf (Lk 3,18; Apg 15,32 u. a.), und wird die Mahnung nötig, beim Herrn (Apg 11,23) und im Glauben zu → bleiben (Apg 14,22), sich retten zu lassen (Apg 2,40). Die Notwendigkeit, die Gegenwart zu meistern, führt auch in Eph 4,1, den Pastoralbriefen, Hebr, 1 Petr zu der Mahnung, »würdig zu wandeln« u. ä. An einigen Stellen ist die Übers. *ermahnen* unsicher und die Übers. *trösten* u. U. möglich (vgl. Röm 12,8; 1 Kor 14,31; 2 Kor 13,11; 1 Thess 4,18; 5,11 u. a.; s. aber oben).

3) Die Bedeutung *trösten*, die sowohl mit *freundlich zureden* (zB Apg 16,39) als auch mit *ermahnen* zusammengehört, findet sich in verschiedenen Schichten des NT, bes. oft 2Kor 1,3ff: Der Trübsal, dem Leiden und Sterben stellt Paulus den Trost gegenüber,

und zwar derart, daß er sein Leiden mit dem Leiden Christi identifiziert, sich aber zugleich mit Christus getröstet weiß. Dieser Gedanke wird nun insofern weitergeführt, als der Apostel sein Leiden und seinen erfahrenen Trost auf die Angeredeten angewendet wissen will. 2 Kor 7,4ff nimmt den Gedanken Trübsal-Trost wieder auf; nun weiß sich Paulus durch Titus und das, was er von Korinth zu erzählen weiß, getröstet (vgl. auch 1 Thess 3,7). – Mt 5,4 erinnert an Lk 6,24. Nach Matthäus wird das Leid (wie bei Paulus; zufällig?) mit dem Trost Gottes beantwortet. Bei Lukas dagegen heißt die Alternative Reichtum-Trost: Wer in dieser Zeit reich ist, kann später nicht mehr mit Gottes Trost rechnen (vgl. auch Lk 16,25). Der Trost gehört endlich (neben der Hoffnung Röm 15,4; 2 Thess 2,16) zur christlichen Existenz in dieser Welt (Hebr 6,18; 12,5). Daß ein Hinweis auf den Namen Barnabas (vgl. Apg 4,36, wo er als »Sohn des Trostes« gedeutet wird) auch in Hebr 13,22 (λόγος τῆς παρακλήσεως *[logos tæs paraklæseōs]*) gemeint sei (so Bornhäuser u. a.), hat im Text keine Stütze. – Vgl. auch → Fürsprecher. *G. Braumann*

Lit.: ADeißmann, Licht vom Osten, 1923⁴ – RBultmann, Das Problem der Ethik bei Paulus, ZNW 23, 1924, 123ff – HWindisch, Das Problem des paulinischen Imperativs, ZNW 23, 1924, 265ff – MMüller, Freiheit. Über Autonomie und Gnade von Paulus bis Clemens von Alexandria, ZNW 25, 1926, 177ff – WMundle, Religion und Sittlichkeit bei Paulus in ihrem Zusammenhang, ZSTh 4, 1927, 456ff – HvSoden, Sakrament und Ethik bei Paulus, 1931 – KHRengstorf, Art. διδάσκω ThWb II, 1935, 138ff – JBehm, Art. νουθετέω, ThWb IV, 1942, 1013f – GBornkamm, Das Ende des Gesetzes, 1952, 133ff – WGKümmel, πάρεσις und ἔνδειξις, ein Beitrag zum Verständnis der paulinischen Rechtfertigungslehre, ZThK 49, 1952, 154ff – ELohse, Paränese und Kerygma im 1. Petrusbrief, ZNW 45, 1954, 62ff – GStählin, Art. παρακαλέω, ThWb V, 1954, 785ff – GBertram, Art. παιδεύω, ThWb V, 1954, 596ff – HSchlier, Die Zeit der Kirche, 1956, 193ff – WFlitner, Art. Erziehung, RGG II, 1959³, 631 – SWibbing, Die Tugend- und Lasterkataloge im NT . . ., 1959 – ThOhm/KEngisch/AReble, Art. Strafe, RGG VI, 1962³, 392ff – EKamlah, Die Form der katalogischen Paränese im NT, 1964.

Erneuerung → Neu

Erniedrigung → Demut

Ernte → Saat

Erregen

ταράσσω

ταράσσω *[tarassō]* erregen, durcheinanderwirbeln · τάραχος *[tarachos]* Erregung, Verwirrung

I ταράσσω *[tarassō]*, seit Homer (Wurzel ταραχ- *[tarach-]*, noch erkennbar in τραχύς *[trachys]* = *rauh, hart, leidenschaftlich)*, bedeutet etwas *aus der Beharrung, dem Gleichgewicht herausreißen* und *durcheinanderwirbeln*, dh *in Unordnung versetzen:* zB *aufwühlen, durcheinanderbringen, erregen* (vom Aufwühlen des Meeres und Erregen der Luft bis hin zur heftigen Gemütserregung), von daher *verwirren*, aber auch *rütteln* (sowohl die Arznei umrütteln wie auch an einer Überzeugung rütteln, sie *erschüttern)*. Dem entspricht die Verwendung des Passivs: *in Unruhe, Aufregung, Verwirrung gebracht werden* bis hin zu der Bedeutung *in Schrecken geraten.* – Das Subst. τάραχος *[tarachos]* bezeichnet dementsprechend die *Erregung, Verwirrung*, den *Tumult* usw.

II LXX gebraucht ταράσσω *[tarassō]* im wesentlichen wie das profane Griech. für verschiedene hebr. Äquivalente (vgl. zB Ez 32,2.13 das Wasser durcheinanderwirbeln, dh trüben; Ps 47,6; Jes 8,12 bestürzt sein, erschrecken u ö.).

Im NT kommt ταράσσω [*tarạssō*] 17mal vor (τάραχος [*tạrachos*] nur 2mal in Apg) und bedeutet wie im profanen Griech.: III

1) wörtlich: das Wasser *aufwühlen* (Joh 5,4.7). Wahrscheinlich durch eine intermittierende Quelle wurde das Wasser im Teich Bethesda von Zeit zu Zeit in Bewegung gesetzt. Nach Auffassung des Volkes verlieh ein Engel dem Wasser für die Zeit der Bewegung heilende Kräfte.

2a) Übertragen steht es im Aktiv, wo eine geistige oder seelische *Erregung* und *Verwirrung* hervorgerufen wird, so zB wenn die Juden die Volksmassen *in Aufregung bringen,* sie gleichsam *innerlich aufwühlen* (Apg 17,8.13), oder wenn Irrlehrer die Gemeinden *verwirren* (Apg 15,25; Gal 1,7; 5,10f; vgl. auch Apg 12,18: τάραχος [*tạrachos*]). Das Part. οἱ ταράσσοντες [*hoi tarạssontes*] in Gal 1,7 kann dabei betonen, daß die Irrlehrer sich bewußt zum Ziel gesetzt haben, die Gemeinden von Galatien in Verwirrung zu stürzen. Vermutlich soll aber hier nur die Tatsache festgestellt werden, daß als Folge eines anderen verfälschten Evangeliums die Gemeinden von Galatien in eine Verwirrung ihrer Erkenntnis und daraus ihres Tuns geraten sind, die tödlich sein kann, indem sie den lebendigen Organismus der Gemeinde zerstört. In dem generischen Sing. in Gal 5,10 ist von den gleichen Irrlehrern die Rede (vgl. Schlier 238). Sie werden ihr Verwirrung stiftendes Tun vor dem Gericht Gottes zu verantworten haben. – Joh 11,33 betont τ. zusammen mit ἐμβριμάομαι [*embrimạomai*] die zornige Erregung, die Jesus ergreift, als er so viel Hoffnungs- und Glaubenslosigkeit sieht, obwohl in ihm das Leben und der Herr über den Tod selbst gegenwärtig ist.

b) Das Passiv gibt im NT durchweg negativ eine seelische Verwirrung wieder: *in Schrecken geraten, Angst haben, eingeschüchtert werden.*

Bemerkenswert ist, daß sich τ. in den Synoptikern an allen 5 Stellen nur in dieser Bedeutung findet, davon 4mal in Epiphaniegeschichten (Mt 14,26; Mk 6,5; Lk 1,12; 24,38). Es geht dabei immer um eine seelische Erschütterung, die ihre Ursache nicht im menschlichen Handeln, sondern im Tun Gottes hat. Dieses Verständnis liegt auch Mt 2,3 zugrunde, wo Herodes und Jerusalem über die Nachricht von der Geburt des Messias erschrecken. Ein anderer Gedanke liegt in der Wendung μὴ ταρασσέσθω ὑμῶν ἡ καρδία [*mæ tarassẹsthō hymọ̄n hæ kardịa*] vor; in dieser Formel, die sowohl im semitischen (vgl. Ps 54,5; 142,4 u. ö.) wie auch im profanen Griech. (Soph. Ant. 1095 u. ö.) begegnet, bezeichnet das Herz einfach das Ich. Weil die Jünger nun in einer Welt allein gelassen werden, inmitten der es zum Zusammenprall zwischen den Mächten dieser Welt und der Offenbarung kommen wird, wird der Glaubende in der Isolierung von der Welt die innere Erschütterung, den Schrecken erfahren. Aber im Glauben an Gott, der identisch ist mit dem Glauben an Jesus, wird der Schrecken überwunden, weil dieser Glaube von einem Zuhause weiß (Joh 14,1), in dem der Tod überwunden ist. Der Glaubende braucht nicht im Stadium der furchtsamen Erregung zu verharren, da ihm der eschatologische → Frieden zugesagt ist (Joh 14,27; vgl. auch 1 Petr 3,14). – In Joh 12,27 geben die Worte Jesu »mir ist angst« nicht einfach psychisches Empfinden wieder. Es wird vielmehr ein Bild aus dem gnostischen Erlösungsmythos (ähnlich klingen solche Motive auch Joh 14,1.27 an) aufgenommen und umgeprägt. In dem Schrecken und der Angst, die der Gesandte leidet, wird deutlich, daß er in die äußerste Niedrigkeit eingegangen ist, um so die menschliche Verlorenheit auf sich zu nehmen und gerade darin den Vater zu verherrlichen. *H. Müller*

Lit.: HSchlier, Der Brief an die Galater, KEK VII, 1951[11], 238.

Errettung → Erlösung

Erscheinung → Licht; → Offenbarung

Erster, Erstgeborener

Wo immer jemand oder etwas als erster bzw. erstes bezeichnet wird, ist damit dessen Vorrangstellung innerhalb einer bestimmten Rangordnung charakterisiert. Die Hervorhebung des ersten Ranges kann die eines besonderen Wertes einschließen oder begründen, wie sie auch die daraus folgende Abhängigkeit der anderen, nach-rangigen Personen oder Dinge ausdrücken kann. Daß das Vorhandensein solcher nach-rangigen Personen oder Dinge vorausgesetzt, ja gefordert wird, unterscheidet πρῶτος *[prọtos]* von εἷς *[heis]* = → *einer* bzw. μόνος *[mọnos]* = *einzig*, deren Verwendung gerade alles Vergleichbare ausschließt.

Ein besonderes Gewicht hat im NT das von πρῶτος *[prọ̄tos]* abgeleitete πρωτότοκος *[prōtọtokos]* = *Erstgeborener* bekommen, das zum Christusprädikat wurde (vgl. → Herr; → Jesus Christus; → Sohn Gottes).

πρῶτος

πρῶτος *[prọ̄tos]* erster, zuerst · πρωτεύω *[prōtẹuō]* der Erste sein · πρότερον *[prọteron]* vorher · πρωτοκαθεδρία *[prōtokathedrịa]* Ehrenplatz · πρωτοκλισία *[prōtoklisịa]* Ehrenplatz · πρωτοκαθεδρίτης *[prōtokathedrịtæs]* Gemeindeleiter

I 1) πρῶτος *[prọ̄tos]* ist Superlativ von πρό *[pro]* = vor, Ordinalzahl zu εἷς *[heis]* = eins, daher in der späteren Koine auch für πρότερον *[prọteron]* verwandt. Es steht einmal als Adj. oder Subst.: *erster;* zum anderen das Neutrum πρῶτον *[prọ̄ton]* als Adverb gebraucht: *zuerst* bzw. das echte Adverb πρώτως *[prọ̄tōs]* (letzteres erst seit Aristoteles, fehlt im biblischen Griech.). Seit Homer ist πρῶτος *[prọ̄tos]* nachweisbar in a) räumlicher, b) zeitlicher Bedeutung; ferner bezeichnet es c) die Ordnung oder Reihenfolge und d) den Rang und die Würde. Im profanen Griech. sind aus diesen Grundbedeutungen insgesamt 25 verschiedene Bedeutungen bzw. Bedeutungsnuancen gebildet.

2) In der griech. Philosophie sind τὰ πρῶτα *[ta prọ̄ta]* die *Elemente* (Emp. 38,1); in der Logik die ersten unbeweisbaren *Voraussetzungen;* πρῶτος συλλογισμός *[prọ̄tos syllogismọs]* ist ein ursprünglicher, normaler, typischer *Schluß* (Arist. Rhet. α 2, 1357ª 17). Bei Aristoteles ist mit πρώτη φιλοσοφία *[prọ̄tæ philosophịa]* die dem Range nach höchste, dh die Metaphysik (Metaphys. K 3,1061ᵇ5; 1075ª7) oder aber auch die Philosophie der Alten gemeint (dh der Vorsokratiker, Metaphys. α 10,993ª1b). In der Mathematik werden die Primzahlen πρῶτοι ἀριθμοί *[prọ̄toi arithmọi]* genannt. Zur Bezeichnung von Rang und Würde: am ptolemäischen Hof begegnet der Titel τῶν πρῶτος φίλων *[tōn prọ̄tos philōn]* (PapTebt 31, vgl. Michaelis ThWb VI,866, A. 1).

3) Hellenistische Religionen. Bei den Orphikern wird Zeus als »Erster und Letzter, Haupt und Mitte« (πρῶτος καὶ ἔσχατος, κεφαλὴ καὶ μέσσα *[prọ̄tos kai ẹschatos, kephalæ kai mẹssa]* bezeichnet. Hier ist mit π. καὶ ἔσχατος die Würde des Allherrschers gemeint (Aristoteles, Über die Welt 401a 28, vgl. ebd. 401b 5: βασιλεύς *[basileụs]*, ἄρχος *[ạrchos]*).

II 1) In LXX steht πρῶτος *[prọ̄tos]* (ca. 240mal) meist – wie auch ἀρχή *[archæ]* = → *Anfang* – für die hebr. Wortfamilie *r'ōsch* (mit *ri'schon* o. ä.: 125mal). Daneben häufig auch für *chad*, *'æchād* (17mal) = *erster, einer;* oder *qædæm* (9mal) = *vorn.* Die Bedeutungen entsprechen im wesentlichen denen im profanen Griech., allerdings auf die oben erwähnten vier Grundbedeutungen reduziert. Auch wo eine Ordnung oder Reihenfolge nicht direkt aufgeführt wird, steht sie doch im Hintergrund:

a) r ä u m l i c h : *vorn, nach Osten zu,* (im Rang höchste Himmelsrichtung, »nach Sonnenaufgang«!; Num 2,3 für *qædæm);* die *vorderste* (Stadt) Jos 15,21; *vornan, oben* 1 Sam 9,22; *am nächsten, zunächst* Est 1,14;

b) z e i t l i c h (die häufigste Bedeutung): *zuerst* Dtn 13,9[10] (hier ist die reihende Grundbedeutung am besten erkennbar); *erstes* (Erbarmen) Ruth 3,10; in den *früheren* Tagen, *damals* 2 Sam 16,23[24]; *als erster* Tob 5,10 Symm; als neutrisches Subst. im Plur. *Anfang* Hi 8,7; das *Frühere* (im Gegensatz zum Späteren) Pred 1,11;

c) als O r d i n a l z a h l , zur Bezeichnung der Ordnung, Reihenfolge: *erster* Gen 32,18; Ex 12,18; 1 Sam 14,14; 1 Chr 24,7; Dan 7,4; 2 Makk 7,7;

d) als Bezeichnung von R a n g und Würde – α) von Personen: der *erste, vornehmste* Priester, der Hohepriester 1 Kön 2,35; die Ratgeber des Königs 1 Chr 18,17; πρῶτος φίλος *[prọ̄tos phịlos]* = der *engste* Freund 1 Chr 27,33; der erste Sänger, Chorleiter 2 Esr 22,46 = Neh 12,46; πρωτεύω *[prōtẹuō]* heißt dementsprechend *Erster, Vornehmster* sein Est 5,11; – β) von Sachen: das *Wertvollste* 1Sam 15,21, das *Kostbarste* Am 6,6; – γ) Gott ist der *Erste* (πρῶτος *[prọ̄tos]*);

dies ist das Besondere in der Verkündigung und Theologie des DtJes, vgl. 41,4; 44,6; 48,12. Er ist πρῶτος *[prōtos]* als der Schöpfer, auf dessen Handeln als des Letzten die ganze Schöpfung, Mensch und Welt, ausgerichtet ist. Hier liegt zwar auch das zeitliche Moment vor, weil ja der Schöpfer vor (und nach) aller Kreatur der Ewige ist; aber in erster Linie wird hier mit π. die Würde Gottes als des Herrn der Welt ausgedrückt.

2) Hellenistisches Judentum und Rabbinat. Philo unterscheidet in Ausdeutung von Gen 2,7 zwei (Arten von) Menschen, der »erste« ist vom Himmel, geistlich, der »zweite« ist Adam, der Stammvater der Menschen (Lietzmann, Hdb. 9,85; vgl. zum Rabbinat St.-B. III,478). – Bei Paulus ist die Reihenfolge umgekehrt: »der erste Adam wurde zu einer lebendigen Seele, der letzte Adam zu einem lebendig machenden Geist« (1 Kor 15,45). Gott wird gelegentlich πρῶτος καὶ μόνος *[prōtos kai mọnos]* genannt. Beides meint die Ausschließlichkeit Gottes (→ Einer, Art. μόνος; vgl. Michaelis, aaO 866). Im Rabbinat begegnet »Erster« als Messiasname (Deutung von Jes 41,27; St.-B. I,65). Daneben wird außer Adam die Tora als »Erster« oder »Erstling« bezeichnet (→ πρωτότοκος *[prōtọtokos]*; vgl. Lohmeyer zu Kol 1,15, S. 55, A. 1).

1) Im NT steht πρῶτος *[prōtos]* insgesamt an 153 Stellen (92mal Adj. und Subst., 61mal Adverb), relativ häufig und gleichmäßig in den Synopt. (Mt 23mal, Mk 17mal, Lk 20mal) sowie Apg (17mal), Offb (18mal) und Hebr (10mal); bei Paulus spielt das Wort nur in Röm (7mal) und Kor (8mal) eine Rolle, ist bei Joh nur 13mal, sonst nur vereinzelt vorhanden. Der Gebrauch gleicht im wesentlichen dem in LXX. III

a) räumlich: Apg 12,10; Hebr 9,2.6.8. – b) zeitlich: *zuerst, vor allem, zunächst, zuvor:* Mt 5,24 (fortgeführt durch καὶ τότε *[kai tọte]*); Lk 9,59.61; für πρότερον *[prọteron]* *vorher:* Mt 12,29; Joh 1,15; im Gegensatzpaar τὰ πρῶτα – τα ἔσχατα *[ta prōta – ta ẹschata]* *Anfang – Ende:* Lk 11,26; ein wertendes Element ist enthalten in der (für das Hebr. typischen) Gegenüberstellung ἡ πρώτη – ἡ καινὴ διαθήκη *[hæ prọtæ – hæ kainæ̣ diathæ̣kæ]* der *erste* – der neue Bund Hebr 8,7.13; vgl. 8,8 und 8,6 κρείττων διαθήκη *[krẹittōn diathæ̣kæ]* der *bessere* Bund: der *erste, frühere,* alte Bund ist durch den neuen überholt und nicht mehr gültig (2 Kor 5,17; 2 Petr 2,5 steht ἀρχαῖος *[archạios]*; 2 Kor 3,14 παλαιός *[palaiọs]*). – c) In einer Reihenfolge, Ordnung bezeichnet π. den *ersten* in der Reihe (fortgeführt durch δεύτερος *[dẹuteros]*, τρίτος *[trịtos]* = zweiter, dritter bzw. durch ἕτερος, ἕτερος *[hẹteros, hẹteros]* = der andere, der dritte) Mt 22,25; Lk 14,18; manchmal im Gegensatz zum letzten: Mt 20,8ff; oder bei zweien ὁ πρῶτος – ὁ ἄλλος *[ho prōtos – ho ạllos]* = *der eine – der andere:* Joh 19,32; adverb. gebraucht *als erster, zuerst:* Joh 20,4; ohne daß an die Fortsetzung der Reihe gedacht wäre: Lk 2,2; der *erste, beste* (Fisch): Mt 17, 27. – d) Zur Bezeichnung von Rang und Würde steht π. neben μεγιστᾶνες *[megistạnes]*, χιλίαρχοι *[chiliạrchoi]*, als Titel: Mk 6,21; um den Wert eines besonderen Gewandes hervorzuheben: Lk 15,22. In dem πρῶτοι – ἔσχατοι *[prōtoi – ẹschatoi]* Mt 19,30 liegt eine Wertung: die π. sind die Angenommenen, die letzten die Abgewiesenen. In diesem Sinne gebraucht erhält das Adv. den Sinn *vorzugsweise* (fast: *exklusiv):* Mk 7,27; *in erster Linie:* Röm 1,16; 2,9.10; so wohl auch in 1 Tim 1,16, wo Paulus als erster »der typische Repräsentant des Erbarmens« ist (Conzelmann zSt, Hdb 13, 1955, S. 25); in diesen Bedeutungszusammenhang gehört möglicherweise auch Offb 2,4: die *wichtigste* Liebe, nämlich die Bruderliebe (vgl. Lohse 22). Rang und Würde bezeichnen auch πρωτοκλισία *[prōtoklisịa]*, der *Ehrenplatz* beim Mahl (neben dem Hausherrn): Mk 12,39 par; Lk 14,7.8 und πρωτοκαθεδρία *[prōtokathedrịa]* der *Vorsitz* in der Synagoge bzw. der entsprechende Platz: Mt 23,6. Hiernach kann der Gemeindeleiter später πρωτοκαθεδρίτης *[prōtokathedrịtæs]* genannt werden (Herm Vis III, 9,7 neben προηγούμενος *[prohægọumenos]*; vgl. → Bischof). Auch πρωτεύω *[prōtẹuō]* bezeichnet einen Vorrang: *den ersten Platz einnehmen, der Erste ein* (Kol 1,18; zu dieser Stelle → Art. πρωτότοκος und Käsemann, Taufliturgie, 42).

2) Das häufige Vorkommen von πρῶτος/πρῶτον *[prōtos/prōton]* im NT zum Ausdruck der Ordnung und Reihenfolge (69mal) zeigt, wie bedeutsam – bei aller Wichtigkeit des freien, unberechenbaren Geistes – das Moment der Ordnung in der Offenbarung Gottes ist (→ Ordnung, Art. τάσσω, τάξις, ὑποτάσσω). Zum Teil ist das aus dem Einfluß

zu erklären, den das AT und das Judentum, in denen die fromme gläubige Lebensordnung eine bedeutende Rolle spielte, auf das NT ausgeübt haben (Lk 11,38; Joh 7,51: Ordnung des Gerichtsverfahrens; vgl. St.-B. III, 469f). Jesus richtet seine neue messianische Ordnung auf: vor der Darbringung des Opfers versöhne dich *zuerst* mit deinem Bruder (Mt 5,24); *zuerst* trachtet nach der Gottesherrschaft (Mt 6,33); *zuerst* ziehe den Balken aus deinem Auge, dann sieh zu, den Splitter aus dem Auge des Nächsten zu entfernen (Mt 7,5; vgl. Luk 14,28.31. Gegenteil: Lk 9,59.61; Michaelis, aaO, S. 870). Auch den Lauf der Welt bis zum Ende im Gericht hat Gott geordnet: Mk 9,11 par; Lk 17,25; 2 Thess 2,3; vgl. Lk 21,9; 1 Thess 4,16; 1 Petr 4,17 (vgl. Michaelis, aaO).

Aus diesem Ordnungswillen Gottes zieht die Gemeinde ihre Folgerung, zB in der Ordnung des Gottesdienstes (1Kor 14,30; vgl. V. 33 und 40), in der Ordnung der Ämter in der Gemeinde (1 Kor 12,28): geistliche Freiheit ist nicht Anarchie (vgl. → Liebe, Art. ἀγάπη). Andererseits darf die Ordnung in der Gemeinde Jesu Christi nicht zur Hierarchie gemacht werden. Erster zu sein, ist und wird niemals zur Institution, es bleibt immer Funktion: wer der Erste in der Gemeinde sein will, werde euer Sklave und folge darin Jesus nach, der der einzig Dienende (διάκονος *[diạkonos]*) im Vollsinne ist, und deshalb auch der einzig »Erste« (Mt 20,27f). Gott hat Jesus zum Herrn dieser Ordnung eingesetzt, indem er ihn zum πρῶτος καὶ ἔσχατος *[prōtos kai ẹschatos]* (Gottesprädikate! vgl. DtJes!) machte: Offb 1,17; 22,13 u. ö.; vgl. Apg 26,23. Als der Erste und Letzte ist er zugleich auch der Einzige (→ Einer, Art. μόνος); seine Sendung ist einmalig und unwiederholbar (→ Einer, Art. ἅπαξ). Von daher hat auch allein Jesus die Vollmacht, aus Letzten Erste zu machen (und umgekehrt: Mt 20,16). So bestätigt er Israel seinen bleibenden Vorrang (Mk 7,27; vgl. Röm 1,16; 2,9f; 11,2; siehe aber auch Mt 8,11 und Lk 13,28–30), – und zieht dennoch augenblicklich die Heiden seinem Volk vor (im zeitlichen Sinne wörtlich zu verstehen): vgl. Röm 11,25ff, um es eifersüchtig zu machen und zur Rückkehr zu bewegen. Damit wird der heilsgeschichtliche Aspekt der nt. Botschaft stets seine Bedeutung behalten.

K. H. Bartels

πρωτότοκος

πρωτότοκος *[prōtọtokos]* erstgeboren

I πρωτότοκος *[prōtọtokos]* ist die späte Bildung aus πρῶτος *[prọ̄tos]* und dem Aoriststamm τεκ- *[tek-]*. Die aktive Form πρωτοτόκος *[prōtotọkos]* bedeutet *zum erstenmal gebärend;* die passive Form πρωτότοκος *[prōtọtokos]* = *erstgeboren* findet sich zuerst in LXX, an etwa 130 Stellen, fast durchweg für *b^ekor*. Das Moment des τεκεῖν *[tekẹin]* = *gebären* kann im übertragenen Gebrauch zurücktreten bzw. verschwinden, weil *bākar* weder mit *ri'schōn* noch mit gebären zusammenhängt (s. u. II,2.; Michaelis, aaO 872ff).

II 1) In LXX steht π. a) im eigentlichen Sinn sowohl vom Menschen als auch vom Tier gebraucht, oft als Subst. im Neutrum Sing. mit dem Zusatz »was den Mutterschoß durchbricht« (διανοῖγον τὴν μήτραν *[dianọigon tæn mætran]*), zB Ex 13,2. Nur von Menschen gebraucht findet sich die Wendung πρωτότοκος υἱός *[prōtọtokos hyiọs]* = *erstgeborener Sohn*, zB Gen 25,25 (Esau), Ex 4,22 (Israel), oder auch π. als Subst. mit dem Eigennamen verbunden, zB Num 3,2. Von der allgemein altorientalischen Vorstellung her, daß der Erstgeborene der Erbe der väterlichen Kraft ist (vgl. Gen 49,3), hat dieser eine besondere Rechtsstellung, vgl. Dtn 21,15f. Aus diesem Grunde gilt in der Regel ihm die besondere Liebe seines Vaters (vgl. Michaelis, aaO 875, A 16). – b) Im übertragenen Sinn steht π., um das besondere Verhältnis zum Vater, vor allem zu Gott, zu bezeichnen, wobei die beiden Grundvokabeln, aus denen das Wort zusammengesetzt ist, πρῶτος *[prọ̄tos]* = *erster unter mehreren* und τεκεῖν *[tekẹin]* = *leibliche Abstammung, Geburt* keinerlei Rolle mehr spielen. Siehe hierzu Ex 4,22. In Ps 89,27f ist an »Adoption«, dh die Verleihung einer besonderen Rechts- und Ehrenstellung gedacht. Es ist zu beachten, daß sich π. im AT wohl als Würdename der Erwählten, Begnadeten findet, nicht aber im eschatologischen oder soteriologischen Sinn.

2) Im Rabbinat wird – in Ausdeutung von Spr 8,22.23 – die Tora als Erstgeschaffene, als Erstling des Weges Jahwes, als frühestes seiner Werke bezeichnet. Die gleiche Bezeichnung findet sich – nach Jer 17,12 – für das Heiligtum. An beiden Stellen ist der Begriff übertragen gebraucht, um auszudrücken, daß Tora und Heiligtum besonders von Gott geliebt werden (St.-B. III 256; siehe im übrigen → πρῶτος).

πρωτότοκος *[prōtotokos]* kommt im NT 8mal vor: III

1) Im wörtlichen Sinn zB Lk 2,7. »Es ist dies die einzige Stelle im NT, an der πρωτότοκος durch den paronomastischen Gebrauch von τίκτειν eindeutig auf den Vorgang einer Geburt und zwar im natürlichen Sinn festgelegt ist« (Michaelis 877). »Erstgeborener« impliziert vielleicht den Hinweis, daß Jesus erstes Kind unter mehreren war (vgl. Mk 6,3); oder es betont, im Blick auf die Lk 1,27.34 erwähnte Jungfräulichkeit, daß Maria vorher noch keine Kinder gebar. Auf keinen Fall aber sind durch π. weitere Kinder der Maria ausgeschlossen (vgl. Michaelis 877). → μονογενής.

2) In übertragenem Sinn als Würdeprädikat Jesu ist π. nur vom Übersetzungsgriechisch der LXX her, auf dem Hintergrund von *bākar* begreiflich (s. o. II,2). Dies muß man im Auge behalten, wenn man bei dem nt. π. Bedeutungsnuancen feststellt, die über den Gebrauch in der LXX hinausgehen.

a) Zur Bezeichnung der Schöpfungsmittlerschaft: Kol 1,15, durch parallele Aussagen in V. 16 (»In ihm ist alles erschaffen worden ... Alles ist durch ihn und auf ihn hin erschaffen.«) und V. 17 (»er ist vor allem, und alles hat in ihm seinen Bestand«) gesichert (vgl. Käsemann, Taufliturgie 41; Michaelis, aaO 879). – Vertreter wie Bestreiter der Annahme, daß mit π. in Kol 1 auf mythologische Vorstellungen des Hellenismus zurückgegriffen werde, sind sich darüber einig, daß die Aussage ein Bekenntnis darstellt zum überragenden Rang des präexistenten Christus als Mittler der Erschaffung aller Kreaturen (Michaelis, aaO 880,4; Käsemann, Taufliturgie 39ff, bes. 41 unten).

b) Eschatologisch: Hebr 1,6 zur Präzisierung von υἱός *[hyios]* = Sohn in V. 5, einer Würde, die Jesus als Gabe der Himmelfahrt (= himmlische Inthronisation des Auferstandenen) verliehen worden ist (Käsemann, Gottesvolk 58f). Hierauf dürfte auch π. zu beziehen sein: Nach dem in Hebr 1,5 zitierten Ps 2,7 ergibt sich: »Die Erhöhung Christi stellt als τελείωσις Jesu die erste Gottesbezeugung dar, welcher mit der Vollendung der Erlösten weitere folgen sollen« (Käsemann, aaO 73; anders Michaelis, der V. 6a auf die Menschwerdung des Präexistenten bezieht, aber auch den Bezug auf die Inthronisation des Erhöhten bei der Parusie erwägt, aaO 881). Weil der erhöhte Christus den Seinen (nach Kap. 2 ebenfalls υἱοί *[hyioi]*) auf dem Wege zur Vollendung einen Schritt voraus ist, ist er jetzt schon πρωτότοκος *[prōtotokos]*, »Herr und ἀρχηγός der erlösten Gemeinde« (Käsemann aaO). In Röm 8,29 ist an die »eschatologische Verklärung« gedacht; wenn die zuvor Erkannten und Ausgesonderten ihm (durch die Auferstehung von den Toten) gleichgestaltet sein werden, wird er als π. »ihnen gleich sein und doch an Rang und Würde überlegen und übergeordnet, weil er ihr Herr bleibt« (Michaelis, aaO 878). Kol 1,18 und Offb 1,5 verbinden den Titel π. mit der Auferstehung: Jesus ist der erste von Gott Auferweckte (→ πρῶτος *[prōtos]*, Apg 26,23) mit dem Ziel, »in allem der Erste zu sein« (Parusie, vgl. Apg 3,15; 5,31; Hebr 2,10: Anführer [Begründer] des Lebens [Heils]).

π. als Würdeprädikat Jesu drückt wie kaum ein anderes die Einheit des Heilswillens und -handelns Gottes aus: »der Erstgeborene der ganzen Schöpfung«, »der Erstgeborene von den Toten« (Kol 1,15.18), »der Erstgeborene unter vielen Brüdern« (Röm 8,29; vgl. Hebr 12,23). Schöpfer und Erlöser ist einer und derselbe, der allmächtige Gott in Jesus Christus »der Erste und der Letzte«, »Anfang und Ende«, der so die Seinen von Ewigkeit an sich bindet und ihnen Garant des Heils ist, wenn sie an ihm bleiben. Hier ist die Grenze des logisch Aussagbaren überschritten: der Mensch Jesus von Nazareth (Lk 2, 1–2!) ist der Mittler der Schöpfung; der am Kreuz als Verbrecher Hingerichtete ist Erster in der Auferstehung und Führer zum Leben! Dies wäre für die nt. Zeugen Grund genug gewesen, hier auf Wendungen des Mythos zurückzugreifen, um so – über die Aussagemöglichkeit des AT und des orthodoxen Judentums hinaus – dies Unsagbare dennoch auszusagen (in Form des Bekenntnisses, vgl. den hymnischen Stil Kol 1; Käsemann, Taufliturgie 34ff; A. Norden, Agnostos Theos 241,253). Denn in Jesus hat Gott in der Tat das Unmögliche wahr gemacht, Anfang und Ende göttlicher Macht und Herrlichkeit in dem

Menschen Jesus Christus als π. aus der unerschöpflichen Fülle Gottes zum Höhepunkt gebracht (Kol 1,19f) und der Gemeinde daran Teil gegeben.

3) Der Plur. πρωτότοκοι [prōtọtokoi] wird mit Bezug auf die Gemeinde gebraucht. Ist Hebr 12,23 (»die Gemeinde der Erstgeborenen, aufgeschrieben im Himmel«) wörtlich zu verstehen? Dann würden die Christen hier in einzigartiger, fast gefährlicher Weise unmittelbar neben Christus gestellt! Zweifellos sieht der Hebr den Sohn und die Söhne (Kap. 1 und 2), den ἁγιάζων [hagiạzōn], den Heiligenden, und die ἁγιαζόμενοι [hagiazọmenoi], die geheiligt werden, sehr eng verbunden; diese sind ἐξ ἑνὸς πάντες [ex henọs pạntes], »alle aus einem« (2,11). Käsemann verweist hierzu auf den gnostischen Mythos (συγγένεια – Lehre; Gottesvolk 92f), betont aber ausdrücklich, daß der eigentliche gnostische Naturalismus aufgegeben ist: »Die Verbindung von Christus und den Seinen wie der ganze Erlösungsvorgang kann hier nie anders als aus Gottes Heilswillen begriffen werden« (Gottesvolk 94). Deshalb heißt es in Hebr 2,10 betont ἔπρεπεν αὐτῷ »es geziemte sich für ihn« (aaO). Die πρωτότοκοι [prōtọtokoi] als »Brüder« Christi sind in den Himmeln aufgeschrieben, dh sie verfügen nicht über die Würde der Erstgeborenen als unverlierbares Wesen (so im gnostischen Mythos), sondern sie haben die Anwartschaft darauf, so wahr Christus π. und als solcher ihr ἀρχηγός [archægọs] = Anführer ist (vgl. ἀρραβών [arrabọ̄n] 2Kor 1,22; vgl. Röm 8,16; ἀπαρχή [aparchæ] Röm 8,23). *K. H. Bartels*

Lit.: EBrunner, Der Ersterschaffene als Gottes Ebenbild, EvTh 11, 1951/52, 298ff – MAlbertz, Die »Erstlinge« der Botschaft des NT, EvTh 12, 1952/53, 151ff – WMichaelis, Die biblische Vorstellung von Christus als dem Erstgeborenen, ZSTh 23, 1954, 137ff – ChRatschow/AWendel, Art. Erstlinge, RGG II, 1958[3], 608ff – EKäsemann, Das wandernde Gottesvolk, 1959[3] – WMichaelis, Art. πρῶτος, ThWb VI, 1959, 866ff – EKäsemann, Eine urchristliche Taufliturgie, in: Exegetische Versuche und Besinnungen I, 1960, 34ff – ENorden, Agnostos Theos, 1923 (Nachdruck 1960).

Erwählung

Zwei Wortgruppen sind es, die im NT Verwendung finden, wenn jener Urteils- und Entscheidungsakt beschrieben werden soll, durch den einer von mehreren Möglichkeiten oder Personen, eventuell auch Personengruppen vor anderen der Vorzug gegeben wird: αἱρέομαι [hairẹomai] und ἐκλέγομαι [eklẹgomai]. Die zweite Gruppe findet sich bei weitem häufiger, obwohl beide nicht in sehr großer Zahl belegt sind. Die eine wie die andere können sowohl menschliche Wahl als auch im spezifisch theol. Sinne das Erwählungshandeln Gottes bezeichnen; die weit überwiegende Zahl aller Stellen beziehen sich aber eindeutig auf das letztere. Für die Beauftragung zu einer konkreten Aufgabe, die faktisch eine Sonderstellung des Betroffenen zur Folge hat, werden καλέω [kalẹō] und seine Ableitungen (→ Berufung), zur Kennzeichnung der nach außen abgrenzenden Seite des Auftrags ὁρίζω [horịzō], προορίζω [prohorịzō] (→ Bestimmen) verwendet. Geht es um die Einweisung in ein bes. Amt, eine Funktion innerhalb einer bestimmten Rangordnung, so finden sich auch καθίστημι [kathịstæmi], παρίστημι [parhịstæmi] (→ Bestimmen) oder τάσσω [tạssō] (→ Ordnung).

αἱρέομαι

αἱρέομαι [hairẹomai] erwählen · αἵρεσις [hạiresis] die Schule, Partei, Gruppe · αἱρετικός [hairetikọs] Häretiker, häretisch · αἱρετίζω [hairetịzō] erwählen · διαιρέω [dihairẹō] verteilen · διαίρεσις [dihạiresis] Verteilung

I 1) αἱρέω [hairẹō] (aktivisch) ist im Profangriech. seit Homer (auch Philo, Josephus) häufig in den Bedeutungen *nehmen, ergreifen, fassen, gewinnen, begreifen;* aber auch das mediale αἱρέομαι [hairẹomai] = *für sich nehmen, für sich ergreifen, für sich gewinnen, für sich erwählen, sich für etwas entscheiden* ist gebräuchlich. Das vom Verbum αἱρεῖν [*hairẹin*] gebildete Subst. αἵρεσις [*hạiresis*] (seit Aischyl. und Hdt.) bezeichnet in der klassischen Gräzität a) das *Nehmen*, die *Einnahme*, die *Eroberung;* b) die *Wahl* oder die *Wahl-Möglichkeit;* c) das *Streben, Verlangen* nach etwas, die *Zuneigung* und d) den *zielstrebigen Entschluß* oder *Vorsatz;* es trägt also immer etwas vom Charakter der Handlung und persönlichen Entscheidung in sich. – Vom Gehalt dieses Subst. her ergibt sich wiederum, daß mit dem substantivierten Adj. αἱρετικός [*hairetikọs*] im klassischen Griech. jemand bezeichnet wird, der fähig zu wählen, *wahlfähig* ist. Das seit Hippokrates vorkommende αἱρετίζω [*hairetizō*] ist eine Intensivierung von αἱρέομαι [*hairẹomai*] und bedeutet, jemanden zu einem αἱρετός [*hairetọs*] (seit Hdt.), einem Wünschenswerten machen, also ihn *wählen.* Das Kompos. διαιρέω [*dihairẹō*] (seit Hom.) endlich bedeutet *auseinandernehmen, zertrennen, teilen*, um zu differenzieren, also *unterscheiden, zerteilen, verteilen*, und dann auch *zuteilen;* das daraus gebildete Subst. διαίρεσις [*dihạiresis*] (seit Hdt.) entsprechend das *Zertrennen*, die *Teilung, Verteilung, Zuteilung*, aber auch *Einteilung, Unterscheidung*, wobei wie bei αἵρεσις [*hạiresis*] der Aktionscharakter im Vordergrund steht, erst sekundär das Ergebnis in den Blick rückt.

2) Eine spezifische Bedeutung gewinnen in der späten Gräzität und vor allem im Hellenismus die beiden Subst.e αἵρεσις [*hạiresis*] und διαίρεσις [*dihạiresis*]. αἵρεσις [*hạiresis*] bezeichnet hier, seinen Gehalt verobjektivierend, sowohl die *Lehre* als auch die *Schule* eines bestimmten Philosophen, der sich jemand durch seine Wahl anschloß. Die sich um die autoritäre Gestalt ihres Lehrers sammelnde Philosophenschule grenzte sich nach außen durch Dogmen (→ Gebot, Art. δόγμα), denen die Anhänger zustimmten, und durch einen gemeinverbindlichen Lebensstil ab. – διαίρεσις [*dihạiresis*] wird bei Platon zum Begriff für die *dialektische Methode* zum Zweck der Unterteilung der Begriffe (Hauptstelle Politikos 258cff).

1) In der LXX ist die Wortgruppe – im Unterschied etwa zu → ἐκλέγομαι [*eklẹgomai*] oder βούλομαι [*bọulomai*] (→ Wille) – nicht sonderlich stark vertreten, was mit der Eigenart des at. Erwählungsbegriffes zusammenhängen dürfte, der ja eben nicht das Leitbild der freien (politischen) Wahl oder der völlig offenen Entscheidung für eine Lehr- oder Lebensauffassung im Auge hat. Von den 11 Stellen, an denen αἱρέομαι [*hairẹomai*] vorkommt, steht es 4mal für *bāchar = wählen, auswählen, vorziehen* (zB 2Sam 15,15; Jer 8,3), daneben u. a. auch für *chāphets = Gefallen haben* (1Sam 19,2; vgl. → Wohlgefallen). αἵρεσις [*hạiresis*] findet sich überhaupt nur 5mal, davon nur 2mal als direkte Übers. eines hebr. Äquivalentes; es hat hier die Bedeutung *Wahl*, in der Verbindung ἐξ αἱρέσεως [*ex hairẹseōs*] und κατὰ αἵρεσιν [*katạ hạiresin*] *nach freier Wahl*, wie etwa 2Kor 8,3 αὐθαίρετος [*authạiretos*] *freiwillig* heißt (so Gen 49,5 und Lev 22,18.21, wo es das hebr. *n^edābāh – eigentlich freiwilliges Opfer* – wiedergibt). Etwas häufiger kommt die Intensivform αἱρετίζω [*hairetizō*] vor, meist auch für *bāchar*. Sie steht oft neben ἐκλέγομαι [*eklẹgomai*] für das *Erwählen* Gottes (vgl. 1Chr 28,4.6.10; Ps 25,12; 119,30); an einigen Stellen (Hag 2,24; Mal 3,17) schwingt die Bedeutung *adoptieren* mit. Die einzige Stelle Mt 12,18, an der αἱρετίζω [*hairetizō*] im NT vorkommt, ist Zitat von Jes 42,1 in der Bedeutung *erwählen*, im Parallelismus mit εὐδοκεῖν [*eudokẹin*] (hier allerdings nicht nach LXX, sondern nach einer anderen Übers.). – διαιρέω [*dihairẹō*], für verschiedene Formen von *chālaq = teilen, verteilen, in Besitz nehmen* und *chātsāh = teilen*, aber auch *bāchar* (Gen 15,10) und andere eintretend, findet sich vor allem in der Bedeutung *ein-* und *zuteilen* (zB Gen 32,7; Jos 18,5; 1Chr 24,3ff; Ez 37,22), das Subst. διαίρεσις [*dihạiresis*] – meist für hebr. *machalōqæt = Abteilung* – ist mit *Verteilung, Teil, Abteilung* (zB 1Chr 27,1ff), ja sogar *Sippe* (Ri 5,15) zu übersetzen. II

2) Bei Philo, namentlich aber bei Josephus hat sich dann wiederum ein ganz spezifischer Gebrauch der Subst.e herausgebildet. Mit αἵρεσις [*hạiresis*] werden bei ihnen sowohl griech. Philosophenschulen als auch die religiösen Gruppen des Judentums, die Essener, Sadduzäer und Pharisäer bezeichnet. Das hebr. Äquivalent im rabb. Judentum ist *min*, das aber mehr das Mitglied der Sekte (αἱρετικός [*hairetikọs*]) als die Sekte schlechthin kennzeichnet. An dieser Stelle hat das Wort seine entscheidende Wandlung erfahren. Zunächst nur für Parteiungen innerhalb des Judentums ganz allg. verwandt, wird durch seinen Gebrauch nun mehr und mehr die häretische *Sekte* in malam partem bezeichnet. Diese um etwa 100 nChr sich vollziehende Wandlung führt schließlich dahin, daß gegen Ende des 2. Jh. nChr *min* nicht mehr die Abgrenzung gegen andere Richtungen innerhalb der jüd. Gemeinschaft kennzeichnet, sondern den *Andersgläubigen*, etwa den Christen oder Gnostiker, der außerhalb der eigenen Glaubensgemeinschaft, dh aber außerhalb des Heils überhaupt steht.

1) Im NT kommt αἱρέομαι [*hairẹomai*] nur an 3 Stellen vor und wird immer medial gebraucht. In abgeschwächter Bedeutung als *vorziehen, lieber wollen*, wie es im Profangriech. oft mit und ohne μᾶλλον [*mạllon*] (μᾶλλον αἱρεῖσθαι . . . ἤ [*mạllon hairẹisthai . . . æ*]) oder mit Akk. verwandt wird, findet es sich Phil 1,22 und Hebr 11,25. Hier berührt es sich mit θέλω [*thẹlō*] und βούλομαι [*bọulomai*] (→ Wille), doch drückt θέλω [*thẹlō*] mehr III

eine souveräne Entscheidung mit entschlossenen, klaren Absichten aus und βούλομαι *[boulomai]* ein Wünschen und Begehren, das in vorgegebener Autorität begründet ist.

2Thess 2,13 hat αἱρέομαι *[haireomai]* einen spezifisch biblischen Gehalt, wie er im profangriech. Bereich nicht begegnet: *jemanden zu etwas erwählen*, hier: Gottes Erwählen der Gemeinde zur Seligkeit. In dieser Bedeutung der auswählenden Entscheidung Gottes ist es abzugrenzen gegenüber εὐδοκέω *[eudokeō]* = → *Wohlgefallen haben an*, das die souveräne Wahl ausdrückt, und κληρόω *[klærōō]*, das den Erwählten als den Gerufenen das ihnen zugeteilte Ziel ihrer Bestimmung zuspricht (vgl. → Erbe, Art. κλῆρος). ἐκλέγομαι *[eklegomai]* unterstreicht demgegenüber den Auslesecharakter der Wahl und δέχομαι *[dechomai]* die An- und Aufnahme aus Wohlgefallen.

2) Die nt. Bedeutung von αἵρεσις *[hairesis]* liegt auf der Linie des Hellenismus und des Judentums. In der Apg, in der sich 6 von 9 Belegen finden, wird es auf die Parteien der Pharisäer und Sadduzäer angewandt als Richtungen innerhalb der jüd. Gemeinde: »αἵρεσις τῶν Σαδδουκαίων« *[hairesis tōn Saddoukaiōn]* (Apg 5,17); »αἵρεσις τῶν Φαρισαίων *[hairesis tōn Pharisaiōn]* (Apg 15,5; vgl. auch Apg 26,5). Auch die Christen werden aus der Sicht der Juden als zu einer αἵρεσις *[hairesis]* gehörig bezeichnet: πρωτοστάτης τῆς τῶν Ναζωραίων αἱρέσεως *[prōtostatæs tæs tōn Nazōraiōn haireseōs]* = *Vorsteher der Sekte der Nazarener* (Apg 24,5; vgl. Apg 24,14 und 28,22).

Die christl. ἐκκλησία *[ekklæsia]* (→ Gemeinde) konnte sich selbst ihres universalen Charakters wegen nicht als αἵρεσις *[hairesis]* verstehen. Zu der Kirche »als öffentliche, rechtliche Versammlung des ganzen Volkes Gottes« (HSchlier, ThWb) gehören alle Christen, während dem Begriff der αἵρεσις *[hairesis]* der private, eigenmächtige Charakter einer Schule oder Partei anhaftet. Daher gehören nach Gal 5,20 die αἱρέσεις *[haireseis]* zu den ἔργα τῆς σαρκός *[erga tæs sarkos]*, den Werken des Fleisches. Das wird im 1Kor begründet: Wer die Gemeinde spaltet oder durch Parteien auflöst, zerteilt Christus, dessen Leib nach 1Kor 12,27 die Gemeinde ist (1Kor 1,10ff; 11,18f). Dabei wird im 1Kor zwischen αἱρέσεις *[haireseis]* und σχίσματα *[schismata]* unterschieden; während σχίσματα *[schismata]* »die durch persönlich motivierte Streitigkeiten verursachten Risse in der Gemeinde« bezeichnet (HSchlier, ThWb), wird durch αἱρέσεις *[haireseis]* die Scheidung eschatologisch qualifiziert. »αἱρέσεις sind die Ergebnisse der σχίσματα« (Lietzmann, 1Kor HNT, S. 56). Die verderblichen αἱρέσεις *[haireseis]* gehen auf falsche Lehrer (ψευδοδιδάσκαλοι *[pseudodidaskaloi]*; → Lehre) zurück, die Christus verleugnen (vgl. 2Petr 2,1). – Ganz im Unterschied zum profangriech. Gebrauch (dort: *wahlfähig*) bezeichnet nun die biblische Gräzität als αἱρετικός *[hairetikos]* den Angehörigen einer αἵρεσις *[hairesis]*, den *Häretiker*. Tit 3,10 läßt das Kirchenzuchtverfahren gegen Häretiker im Anschluß an Mt 18, 15f und 2Joh 10 erkennen.

In der alten Kirche wird αἵρεσις *[hairesis]* zum terminus technicus für die eschatologisch verstandene Gegengröße zur ἐκκλησία *[ekklæsia]*. Das gilt bes. für Ignatius und Justin (IgnEph 6,2; IgnTrall 6,1; JustDial 51,2), während Origenes αἵρεσις *[hairesis]* wieder für Schulmeinungen innerhalb des Christentums gebraucht (Contr. Cels. 3,12).

3) In dem Katalog der ἔργα τῆς σαρκός *[erga tæs sarkos]* (Werke des Fleisches, Gal 5,19ff) werden zwischen ἐριθεῖαι *[eritheiai]* = *Streitereien* (→ Zorn) und αἱρέσεις *[haireseis]* auch διχοστασίαι *[dichostasiai]* genannt. Das im Profangriech. für *Auseinandersetzung, Uneinigkeit* und *Streit* im allg., aber auch für politische *Opposition, Aufstand* und *Empörung* verwandte διχοστασία *[dichostasia]* wird Röm 16,17 warnend mit dem Anrichten von Ärgernissen (τὰ σκάνδαλα *[ta skandala]*) genannt und in einigen Hss. 1Kor 3,3 mit ζῆλος καὶ ἔρις *[zælos kai eris]* in Zusammenhang gebracht und als zum fleischlichen Wandel (κατὰ ἄνθρωπον *[kata anthrōpon]*) gehörig deklariert. Handelt es sich hier um Uneinigkeit und Zwistigkeiten in der Gemeinde, so ist 1Clem 46,5 die politische Bedeutung unverkennbar.

4) διαιρέω *[dihaireō]* ist im NT mit *verteilen* zu übersetzen. Lk 15,12: »Da verteilte jeder das Hab und Gut unter sie« (M). Und 1Kor 12,11 spricht von der *Verteilung* der

Geistesgaben, die der Geist den verschiedenen Gliedern der Gemeinde souverän zuteilt (→ Leib).

Das Subst. διαίρεσις [*dihạiresis*] kommt im NT nur 1Kor 12,4ff vor, wo die Mannigfaltigkeit der Geistesgaben in ihrer *Verteilung* auf viele Glieder in der Einheit der einen Gnade Gottes als Offenbarung Gottes bezeugt wird. Von dieser Bedeutung her können später die Kirchenväter »διαίρεσις zum Terminus für die Besonderung im innertrinitarischen Verhältnis« verwenden (HSchlier, ThWb). *G. Nordholt*

ἐκλέγομαι

ἐκλέγομαι [*eklẹgomai*] sich auslesen, (aus)erwählen · ἐκλεκτός [*eklektọs*] (aus)erwählt · ἐκλογή [*eklogæ̣*] Wahl, Auswahl, Erwählung

1) ἐκλέγομαι [*eklẹgomai*], seit Hdt. bezeugt, ist Medium zu dem im NT gar nicht, in LXX nur I
vereinzelt vorkommenden Aktivum ἐκλέγω [*eklẹgō*] = *jemanden* oder *etwas* (aus einer größeren Zahl) *auslesen, auswählen;* dieses wiederum Ableitung von λέγω [*lẹgō*] = *zählen, sammeln, reden* (→ Wort). Das adjektivisch oder auch absolut gebrauchte Part. ἐκλεκτός [*eklektọs*], das seit Plato nachweisbar ist, bezeichnet den oder das, worauf eine Wahl gefallen ist. Das aus dem Verbum gebildete Subst. ἐκλογή [*eklogæ̣*], ebenfalls seit Plato, urspr. ausschließlich die Handlung des Wählens bezeichnend, kann mit den Verben λαμβάνω [*lambạnō*] = *nehmen,* ποιέομαι [*poiẹomai*] = *tun* oder γίνομαι [*gịnomai*] hier etwa = *treffen* verbunden sein. Wo immer die in verschiedenem Zusammenhang verwendete Wortgruppe auftaucht, liegen offenbar doch einige gemeinsame Voraussetzungen vor: Einmal, daß mehrere Objekte zur Wahl stehen; zum anderen, daß der Wählende nicht schon durch äußere Zwangsumstände festgelegt, sondern in seiner Entscheidung frei ist; und endlich, daß der die Wahl Treffende – zumindest im Augenblick der Wahl – Verfügungsrecht über den bzw. das zu Erwählende besitzt. Darüber hinaus schließt der Wahlakt – und damit die Wortgruppe – ein Urteil des Erwählenden darüber ein, welches Objekt er für am geeignetsten hält, den von ihm erstrebten Zweck zu erfüllen. Nicht entscheidend ist dabei, ob objektive Maßstäbe oder subjektive Erwägungen und Empfindungen den Ausschlag geben.

2) Entstammen unsere Vokabeln urspr. wohl dem militärischen Sprachraum, so finden sich doch schon bei Plato ἐκλέγομαι [*eklẹgomai*] und ἐκλογή [*eklogæ̣*] auch als Ausdrucksformen für politische (Wahl-)Handlungen. In jedem Fall geht es um die Auswahl von Menschen, die eine bestimmte Aufgabe erfüllen, ein bestimmtes Amt verwalten sollen. Das können im politischen Bereich die πρεσβῦται [*presbỵtai*] = *Ältesten* (→ Presbyter) für die Verwaltung der Polis (Plato Resp. V,558c; VII,536c; Polyb. 6,10,9), die Archonten (→ Anfang, Art. ἀρχή III,4; Plato Resp. III,414; Polyb. 6,4,3) oder andere Beamte oder öffentliche Beauftragte (vgl. Plato Leg. VII,802b) sein. ἐκλογή [*eklogæ̣*] wird aber auch die generelle Aushebung von Männern zum Kriegsdienst (Polyb. 5,63,11) oder die Bestimmung einzelner aus der Gesamttruppe zu einem bes. schwierigen bzw. ehrenvollen Auftrag genannt (Polyb. 9,13,9). Umsicht und Bewährung, angemessener Stand bzw. hinreichendes Vermögen, Tapferkeit und Eignung bilden je nachdem die Voraussetzung dafür, daß jemand für die Wahl in Betracht kommt; aber erst die Wahl eröffnet ihm die Möglichkeit, in Funktion zu treten, und legt ihm zugleich eine Verpflichtung auf. Denn die – auf einzelne oder auf eine Gruppe fallende – Wahl gilt als Auszeichnung (selten im negativen Sinn: als besondere Härte) und wird in der Regel nach den Maßstäben eines aristokratischen Elitedenkens vollzogen. Immer aber ist sie mit einer In-Pflicht-Nahme, einer Beauftragung verbunden, bei der es um die Sache aller anderen geht, in deren Gemeinschaft der Erwählte lebt; die Polis gibt (durch ihre legitimen Organe) dem einzelnen mit seinen speziellen Gaben Entfaltungsmöglichkeit zum Wohle aller.

3) Daneben findet sich allerdings auch eine sachbezogene Anwendung: ἐκλέγομαι [*eklẹgomai*] wird zB gebraucht für die *Wahl* von bestimmten Orten (Plato Tim. 24c), die Entscheidung für ein geistiges bzw. ästhetisches Gut (Symp. 198d), aber auch die *Auswahl* bes. geschätzter Stücke aus der Literatur oder dem Werk eines Schriftstellers (Xenoph. Mem. I,6,14; Ath. XIV,663c; Polyb. 1,47,9). Es kann die Inanspruchnahme von Material (zB Schiffen: Xenoph. Hell. 1,1) ebenso bezeichnen, wie auch das Erheben von öffentlichen Abgaben, Steuern etc. ἐκλογή [*eklogæ̣*] genannt wird (zB Ath. VI,235b). Die Wortgruppe drückt jeweils aus, daß ein Teil aus einer größeren Menge in souveräner Entscheidung unter Übergehung des Restes zu einem besonderen Zweck beansprucht wird.

4) Erst in der Stoa hat die Wortgruppe dann eine Umprägung ihres Sinngehaltes in Richtung auf das bei αἱρέομαι [*hairẹomai*] Gesagte erfahren; ἐκλογή [*eklogæ̣*] kann jetzt auch – nicht mehr hoheitlich, sondern individuell – die in Freiheit getroffene *Entscheidung* des einzelnen zwischen zwei oder mehreren Möglichkeiten der Lebensgestaltung, des Erwerbs oder der Nutzung ma-

terieller Güter bezeichnen, wobei Epiktet (Diss. II,10,6) die Maxime aufstellt, solche Wahl müsse das jeweils der Natur (der Sache) Gemäße treffen.

II 1a) Für die LXX fällt zunächst auf, daß das griech. Subst. ἐκλογή *[eklogæ]* ganz fehlt; es gibt nämlich kein hebr. Wort, das damit zu übersetzen wäre, wie ja überhaupt die abstrakte Begriffsbildung dieser Sprache fremd ist. Das ausschließliche Vorkommen verbaler Formen bringt aber sofort mit sich, daß das Augenmerk weniger auf die Handlung als solche (s. o. I ἐκλογή *[eklogæ]!)* fällt, sondern mehr auf den jeweils Handelnden und den von einer Wahl Betroffenen (ἐκλεκτός *[eklektos]*). Dabei tritt ἐκλέγομαι *[eklegomai]* – das gleichbedeutende und -konstruierte Aktiv ἐκλέγω *[eklegō]* kommt nur 10mal, bes. in den Königs- und Chronikbüchern vor – bis auf wenige Ausnahmen immer für Formen des hebr. Verbums *bāchar* = *wählen, auswählen, vorziehen* ein, das praktisch nur ausnahmsweise durch das stammverwandte und gleichbedeutende ἐπιλέγω *[epilegō]* (zB Ex 17,9; Num 16,5) sowie durch αἱρέομαι *[haireomai]* (zB 2Sam 15,15; 1Chr 28,6), αἱρετίζω *[hairetizō]* (zB Ps 119,30), ἀρέσκω *[areskō]* = *Wohlgefallen haben* (Dtn 23,17) und βουλεύομαι *[bouleuomai]* = *lieber wollen* wiedergegeben wird.

bāchar aber hat tatsächlich etwa die gleiche Bedeutungsbreite wie das griech. Verbum: Beispielsweise kennzeichnet es Jes 40,20 die Auswahl eines geeigneten Materials (Holzes für ein Götzenbild), Gen 6,2 das abwägende, zugleich aber von Lust und Wohlgefallen bestimmte Auswählen einer Frau, Gen 13,11 Lots Auswahl des ihm am günstigsten erscheinenden Landteils. In Spr dient das Nifal dazu, einen Gegenstand als bes. begehrenswert im Vergleich zu einem anderen darzustellen: Erkenntnis, Gottesfurcht und Weisheit, kurz: das fromme gehorsame Leben mit Gott verdient den Vorzug vor Gold und Silber (zB Spr 8,10.19; 16,16). Das Verbum findet sich auch – der griech. Archontenwahl ähnlich – für die Königs-Wahl durch das Volk (1Sam 8,18), und die Partizipialformen *bāchūr* und *bāchīr* können – wiederum dem Griech. entsprechend – bes. ausgewählte Elitetruppen (zB Ri 20,15f; 1Sam 24,3; 2Chr 25,5) oder speziell geeignetes Material (Ex 14,7 Streitwagen) kennzeichnen. Sogar im Sinne der abwägenden Entscheidung zwischen mehreren Möglichkeiten (der aufzuerlegenden Strafe 2Sam 24,12 oder der versprochenen Belohnung 2Sam 19,39) kann ἐκλέγομαι *[eklegomai]* Verwendung finden; und es ist schließlich Ausdruck für die religiöse Grundentscheidung zwischen Jahwe und anderen Göttern (Jos 24,15) oder zwischen dem Leben im Heiligtum oder in der Welt des Frevels (Ps 84,11).

b) Außer *bāchar* wird mit ἐκλέγομαι *[eklegomai]* auch das seltene Verbum *bārar* = *absondern, aussondern* übersetzt (zB 1Chr 16,41 für die Einweisung von Priestern zum Dienst an der Lade; Ez 20,38 für die Scheidung der Abtrünnigen vom übrigen Volk). ἐκλεκτός *[eklektos]* tritt öfter auch für hebr. Stämme ein, die etwas als liebenswert, kostbar (Jer 3,19; Hag 2,7) kennzeichnen oder seine hervorragende Verfassung (zB der Kühe Gen 41,2.4) betonen; hier drückt das Adj. also nicht das Betroffensein von einer Wahl, sondern im weiteren Sinn schon vorhandene Merkmale aus, die eine Wahl auf sich ziehen.

c) Nun sind es freilich an den meisten Stellen, an denen *bāchar* – und entsprechend ἐκλέγομαι *[eklegomai]* – sich findet, nicht Menschen, die eine Wahl vollziehen, sondern Gott: Jahwe ist der Handelnde, der Erwählende. Das gilt bes. für das Dtn, die Bücher Sam, Kön und Chr, einige Pss. und DtJes. Fragt man hier nach dem Objekt der Wahl Gottes, so ergibt sich folgendes Bild: Im Dtn ist es neben dem Volk, das Gott zu einem bes. Auftrag bestimmt hat (Dtn 4,37; 7,7; 14,2), vor allem der (eine, andere ausschließende) Ort (hebr. *māqōm*, griech. τόπος *[topos]*), den er seinem Volk zur Anbetung und zum Vollzug seiner Opfer bestimmt hat (zB Dtn 16,6f; 18,5f; 26,2), in 1Kön (zB 11,13.32; 14,21) und 2Chron (zB 6,34.38; 12,13) genauer bezeichnet als die Stadt Davids (Zionserwählung; → Jerusalem), der selbst in diesem Zusammenhang ebenfalls als Erwählter genannt wird (1Kön 8,16; 11,34). In den kultischen Bereich gehört ferner die Erwählung der Priester (Dtn 18,5; 1Sam 2,28; 1Chron 15,2; 16,41 auch Leviten); Saul und David gelten als zu Königen erwählt (1Sam 10,24; 16,8–10; bes. 2Sam 6,21! Vgl. aber den Gegensatz zu 1Sam 8, 18); und endlich verdichten sich die deuteronom. Aussagen über die Erwählung des Volkes (s. o.) in DtJes auf den Knecht Gottes (Jes 43,10), auf Jakob und Abraham (41,8) als Repräsentanten des Volkes.

2) Die sprachliche Beobachtung, daß bei der Verwendung der hebr. und griech. Vokabeln der Akzent ganz auf der Handlung Gottes liegt, wird dadurch noch zugespitzt, daß das mehr auf die Qualität des Objektes hinweisende Part. *bāchūr* für Israel als den Erwählten nicht vorkommt. Theol. bedeutet dies, daß das AT – offenbar sehr bewußt und in allen Schichten – der Versuchung wehren will, den Blick auf den Wert oder auch den Status des Volkes zu heften, sondern ihn vielmehr auf Gottes freies, gerade allen menschlichen Voraussetzungen widersprechendes Gnadenhandeln lenken will. Deshalb wird die andere Partizipialform *bāchīr* benutzt, was sich allerdings im Griech. der LXX nicht mehr erkennen läßt (für beide steht hier ἐκλεκτός *[eklektos]*); *bāchīr* (zB 2Sam 21, 6; Ps 105,43; Jes 42,1; 65,23) aber betont, daß die Wahl zu einem Auftrag, einem Dienst geschehen ist und also nur in dessen Erfüllung sinnvoll weiter gültig sein kann. Das Dtn mit den zu ihm gehörigen Schriften sowie DtJes sehen dabei Sinn und Ziel dieses die neue, ganz anders geartete Gemeinschaft unter den Völkern schaffenden Handelns Gottes darin, daß Gott an ihr mitten in der

Geschichte der Welt sein souveränes Handeln, seine Gnade wie den Ernst seiner Forderungen anschaulich macht. Die Erwählungslehre gehört damit unlösbar zur Erkenntnis der Heiligkeit, Einzigkeit und Unbedingtheit Gottes als Ausdruck der dieser entsprechenden totalen Inanspruchnahme. Dieser Gedanke gipfelt in den bei DtJes mit dem Knecht Gottes (→ Sohn Gottes, Art. παῖς θεοῦ) verbundenen Aussagen, in denen dieser als Gehilfe Gottes zur Erlösung der ganzen Menschheit erscheint. So wenig die Wahl Gottes also an Voraussetzungen anknüpft oder gar darauf gründet, so wenig sie auch ein Privileg schafft, so sehr kann sie nur sinnvoll bestehen, wo sie zur Antwort, zur Gottesliebe, zum Gehorsam und zu einer durch den Auftrag und das → Gebot bestimmten Existenz führt; sie ist nicht erreichtes Ziel, sondern zu bewährender Anfang. Deshalb tritt daneben die Warnung, daß Gott auch den so Herangezogenen wieder verwerfen kann (zB 1Sam 16,1; Jer 14,19 u. ö.).

Nun kann von dem hier Intendierten allerdings – in anderen Schichten der Überlieferung – auch unter Verwendung anderer Bilder und Vokabeln gesprochen werden, zB in den Aussagen vom Bund, der → Liebe Gottes, vom Erkennen Gottes (Am 3,2), der (Neu-)Schöpfung (Dtn 32,6). So zeigt sich, daß Israels Erwählungsbewußtsein seine Wurzeln schon in der Vätertradition (→ Abraham) und in der Auszugsüberlieferung (→ Mose) hat, seine bestimmte Ausprägung aber erst in der Zeit des Exils und danach fand; gerade im Zerbrechen der eigenen nationalen Existenz bahnt sich, kultische und politische Eingrenzung überwindend, der Schritt in die Weite der Völkerwelt an.

3) Die Gefahr, nun doch über den Kreis der Erwählten, ihre Qualifikation und Unterscheidung von den anderen Menschen so zu denken und zu sprechen, als könne der Mensch über die Erwählung verfügen wie über ein gegebenes Faktum, war – und ist – da kaum zu vermeiden, wo sich die Vorstellung einer Elite einschleicht, die durch ihr Kämpfen oder Leiden, durch ihre strengere Zucht oder größere Hingabe einen Vorzug vor den übrigen verdient. Die rabb. Theol., namentlich aber die Apokalyptik (vgl. hierzu → Geheimnis, Art. μυστήριον II) vollzieht eine solche Wertung des Leidens im Anschluß an die Gottesknecht-Texte des DtJes, aber auch des unbeugsamen Widerstandes in der Bedrängnis (hell. Überfremdung, jüd. Krieg) als Bestätigung der Erwählung. Das zB auch auf Besitz und Kenntnis der Thora als Vorzug vor anderen begründete Erwählungsbewußtsein wird dadurch aufs Höchste gesteigert (vgl. zB 4Esr 5,23ff), was sich bes. in den miteinfließenden Rachegefühlen äußert (zB äthHen 62,11–15). So wird Erwählung zu einem Status, zum angreifbaren Verdiensten erkennbaren und durch sie erlangbaren Privileg (vgl. hierzu auch 1QM X,9f). Und es liegt nur in der gleichen Linie, wenn dann auch die at. Aussage vom Unterschied zwischen dem wahren Israel nach dem Geist und der bloß national-biologisch bestimmten Volkszugehörigkeit (nicht zuletzt in der Abwehr hell. »Überfremdung«) zu einer Absonderung der Frommen (= Gerechten) in exklusiven Gemeinschaften führte, in deren Vollzug nun notwendig auch das Erwählt-Sein des Einzelnen stärker in den Vordergrund tritt (vgl. 1QH IX,29f). Das zeigt sich bes. an den Qumran-Texten (zB 1QS IV,22; VIII,1–15), in denen das Erwählungsbewußtsein nicht nur zum Überlegenheitsgefühl den anderen Völkern und den Frevlern im eigenen gegenüber führt (die Erwählten als Richter 1 QpHab V,4ff), sondern auch zum direkten Haß gegen das Verworfene (1QS I,4); aber auch gewisse Züge pharisäischer Frömmigkeit, zB ihre Verachtung des gemeinem Volkes (*'am hā'aræts*) sind Ausdruck solcher Haltung (vgl. → Pharisäer).

1) Im NT kommen im Vergleich zur LXX sowohl das Verbum ἐκλέγομαι *[eklẹgomai]* als auch das substantivisch gebrauchte Part. ἐκλεκτός *[eklektọs]* nur relativ selten vor (je 22mal); das in LXX nicht (nur bei Aquila und Theodotion) belegte Subst. ἐκλογή *[eklogǣ]* findet sich 7mal und zwar vorwiegend bei Paulus. III

a) Mt und (bis auf 13,20) Mk verwenden ausschließlich das Part. im Plural, und zwar im Zusammenhang eschatologischer Aussagen und offenbar im Sinne jüd. Tradition, nach der Objekt der Erwählung (vgl. → Erlösung, Zur Verkündigung) ein Corpus ist (so ausdrücklich 1Petr 2,9: γένος ἐκλεκτόν *[gẹnos eklektọn]*), auch wenn davon unter dem Aspekt vieler einzelner gesprochen wird. Auch hinsichtlich des sonstigen Vorkommens läßt sich diese Regel beobachten, wobei sich zwei Ausnahmen hervorheben: Der Sing. findet sich Lk 23,35 (entsprechend auch die Verbalform 9,35) und Joh 1,34 (v. l.) eindeutig und 1Petr 2,4.6 sachlich mit Bezug auf → Jesus Christus, hingegen nur ein einziges Mal (Röm 16,13) als Prädikat für ein einzelnes Gemeindeglied; er kommt zwar auch 2Joh 1 und 13 verbunden mit κυρία *[kyrịa]* bzw. ἀδελφή *[adelphǣ]* vor, wo aber kaum konkrete Einzelpersonen, sondern wohl Gemeinden gemeint sind.

b) Von den 22 Belegstellen des Verbums – immer medial – gehört die Mehrzahl dem lukanischen Werk an; außerdem kommt es 5mal in Joh, 3mal im gleichen Zusammenhang 1Kor 1 und je 1mal in Eph, Jak und Mk 13 (neben dem Part.) vor. Fragt man nach dem Subjekt des ἐκλέγομαι *[eklęgomai]*, so ergibt sich eine vierfache Differenzierung: An 4 Stellen der Apg (6,5; 15,22.25; eventuell auch 1,24) wird mit dem Verb die Bestimmung zu besonderem Auftrag durch die Gemeinde beschrieben (vgl. I,2; vgl. auch die parallelen Vokabeln unter → Berufen; → Bestimmen; → Handauflegung), Lk 14,7 die Selbsteinstufung von Menschen durch die Wahl bevorzugter Tischplätze (vgl. I,3), Lk 10,42 die Entscheidung der Maria für die ausschließliche Orientierung an Jesu Wort, für das Empfangen statt des eigenen Bemühens (vgl. I,3 und 4; vgl. 1Sam 15,23), an allen anderen Stellen handelt es sich um Aussagen über Gottes bzw. Christi Erwählungshandeln. Allerdings hat nur einer der nt. Autoren konsequent Christus als den Erwählenden dargestellt, nämlich Johannes (6,70; 13,18; 15,16.19); außer ihm tut das nur Lukas einmal, wo er Lk 6,13 von der Aussonderung der Zwölf (→ Apostel) spricht.

c) Ganz eindeutig und ausschließlich für Gottes Erwählungsakt wird das Subst. ἐκλογή *[eklogæ]* gebraucht, und zwar Röm 9,11 und 11,5.7.28 immer mit Bezug auf → Israel, 1Thess 1,4 und 2Petr 1,10, indem die Gemeinde an die Erwählung Gottes als Grundlage ihrer Existenz erinnert wird, und – die einzige aus dem Rahmen fallende Stelle – Apg 9,15, wenn in einem Wort des erhöhten Herrn Paulus als ein σκεῦος ἐκλογῆς *[skęuos eklogæs]* (Gefäß der Erwählung), also als ein Instrument, durch das Gott seine Wahl tätigt und in Geltung setzt, bezeichnet wird.

2) Dürfen diejenigen Verbalstellen im lukanischen Werk, in denen der auch im klassischen Griech. übliche Gebrauch vorliegt, für die theol. Fragestellung außer Betracht bleiben, so kann sich unsere Fragestellung damit einmal auf die Aussagen über Umstände und Zielsetzung der Wahl Gottes und zum anderen auf die eigentümliche Stellung konzentrieren, die dem Christus in diesem Akt zukommt bzw. ihm in der Reflexion der biblischen Zeugen zuerkannt wird. Letzteres zu sagen, ist deshalb notwendig, weil alle Aussagen über die Erwählung erst entstanden sind, als die betroffenen, hinzugekommenen Zeugen Gottes in ihrem Nachdenken vor der Frage standen, worin eigentlich ihr eigener Weg zum → Glauben und der Bestand einer Anfechtung und Verfolgung überdauernden → Gemeinde ihren tiefsten Grund hätte. – Anders gesagt: Ob der Glaube und die → Nachfolge eine Frucht menschlicher Veranlagung oder Entscheidung sei, oder worin das Geheimnis gründe, daß der durch die → Verkündigung des → Evangeliums, des Wortes vom → Kreuz ergehende Ruf (→ Berufung) Gehorsam finde. Die Aussagen über die Erwählung sind nun ein Versuch zu umschreiben, daß die Existenz eines Gottesvolkes allein aus dem Vorsatz (→ Vorsehung), → Willen und Handeln Gottes, nicht aus der Summe menschlicher Entschlüsse zu erklären sei. Am schärfsten zugespitzt erscheint das Problem in dem Mt 22,14 (einige Hss auch 20,16) als Sentenz an Gleichnisse angefügten Wort: »Viele sind berufen (κλητοί *[klætọi]*), wenige aber auserwählt (ἐκλεκτοί *[eklektọi]*)«, in dem jenes Staunen beim Betrachten der geschichtlichen Erfahrung erkennbar wird, daß offenbar nicht alle, denen Gott sich zuwendet, auch zu dem Ziel dieses Rufes gelangen. Dieser Satz Jesu, wann immer gesprochen, richtet den Blick auf ein Doppeltes: einmal darauf, daß zwischen jenem Anfangs- und diesem Endstadium Gott an den Menschen tätig ist, zum anderen aber auch, daß das Erreichen dieses Zieles allein in der Gnadenwahl Gottes seinen Grund hat.

3) Dieses Problem hat Paulus, dabei in den Wurzeln seiner eigenen Existenz betroffen, in Röm 9–11 an der Stellung Israels vor Gott angesichts seiner → Verwerfung des Christus ringend durchdacht. Er kommt dabei zu dem Schluß, daß es die freie, nicht von Voraussetzungen, sondern allein von dem Berufenden abhängige Entscheidung Gottes war, dank der → Israel als Gottes erwähltes Volk gilt, und daß dieses Volk nicht um der Blutslinie, sondern um der Verheißung willen unter der Wahl geliebt bleibt (Röm 9,11f; 11,28). Weil es eine Wahl der freien Gnadenzuwendung war, darum haben zwar (vgl. die Mt-Sentenz oben) nicht alle das Ziel erreicht, ist aber doch auch, als die Mehrheit sich abwandte, ein → Rest übrig geblieben (Röm 11,5.7). Israel, ja die Erwählten Gottes mögen zeitweise zu Feinden Gottes und seiner Botschaft werden; aber er läßt nicht von seinem Ziel, auch wenn zwischenzeitlich alles verloren scheint. Die Zwischenzeit der Ablehnung

erweitert eher den Horizont der Gnade Gottes (Röm 11,28ff): Sie führt dazu, daß Gott sich nun – zwischenzeitlich! – den Völkern zuwendet. – Auf die Erwählung Israels in den Vätern hat außer ihm auch Lk in einer der Paulus-Reden der Apg (13,17) den Blick gerichtet. Er ist es aber zugleich auch gewesen, der – diesmal in einem Petrus-Wort! – Apg 15,7 dem paulinischen Gedanken von Röm 11 in aktualisierter Gestalt Ausdruck verleiht; es ist die einzige Stelle, an der τὰ ἔθνη *[ta ẹthnæ]* = die Völker (→ Volk) ausdrücklich als Objekt, vielleicht besser: als Aktionsraum des göttlichen Erwählungshandelns genannt werden. Die Grenze ist nun zerbrochen, das Heil (→ Erlösung) universal geworden; freilich, das Geheimnis der Gnadenwahl ist auch jetzt nicht aufgehoben. Sie gründet im Vorsatz und ist doch nicht automatischer Schematismus, der statisch feststellbar wäre, sondern modifizierbares geschichtliches Handeln Gottes.

4) Gibt es einen erkennbaren Grund für dieses Ausgreifen des Erwählungshandelns Gottes? Noch einmal ist es gerade Lk, der in der Sprachgestalt seines Ev.s ihn andeuten will: In der die Hoheit Jesu bezeugenden Stimme der Verklärungsperikope (Lk 9,35) ersetzte er das ἀγαπητός *[agapætọs]* der Parallelstellen des Mt und Mk durch ἐκλελεγμένος *[eklelegmẹnos]* = *auserwählt*, womit er dem Ausdruck verlieh, daß alles Erwählungshandeln Gottes in ihm, dem Sohn, der in seinem Verhalten auf alle Selbstdurchsetzung verzichtet (vgl. die höhnische Anrede im Munde der Machthaber Lk 23,35; die gleiche Prädikation Joh 1,34 im Munde des Täufers, in einigen Hss. belegt, ist kaum ursprünglich), seinen Kulminationspunkt habe. Jesus ist der Erwählte Gottes schlechthin, den in Erscheinung treten zu lassen letztes Ziel aller vorausgehenden Wahl war. An ihm tritt aber, nimmt man die Aussage des 1Petr hinzu, zugleich auch das Unverständnis der Menschen, ja seines eigenen Volkes offen zutage: Die Möglichkeit, gerade in und an ihm Gottes Handeln zu erkennen, wird von ihnen ausgeschlossen. Es ist der von den Menschen Verworfene, Verstoßene (vgl. oben 3), den Gott zum auserwählten Eckstein (λίθον ἐκλεκτὸν ἀκρογωνιαῖον *[lịthon eklektọn akrogōniaịon]*; → Stein) macht (1Petr 2,4.6). So wird an ihm zugleich deutlich, welche Folge es hat, Gottes Erwählter zu sein.

5) Dieser Eckstein Christus ist es nun, auf dem Gott den Bau (→ Haus) seiner Gemeinde aus den Völkern errichtet, indem durch ihn zugleich die Kontinuität des → Bundes gewahrt bleibt. Indem seine Wahl ausgreift, entsteht Gemeinde als → Leib Christi, als das neue γένος ἐκλεκτόν *[gẹnos eklektọn]* (1Petr 2,9), das erwählte Geschlecht. Dieser Aspekt der Gemeinde, die Gründung ihrer Existenz in Christus, liegt vor, so oft von ihrer Erwählung die Rede ist (etwa 1Thess 1,4). Aber es ist bezeichnend, wie selten das geschieht; zumeist wird ihr Dasein direkt als in der → Gnade Gottes begründet beschrieben. Wo aber in den kleinen synopt. Apokalypsen Mk 13par oder Lk 18,7 von ihr als den ἐκλεκτοί *[eklektọi]* gesprochen wird, geschieht es im Hinblick auf die über sie als die »Endauslese Gottes« (Schrenk) hereinbrechende Verfolgung (→ Bedrängnis), das von ihr in der Nachfolge zu tragende → Leiden und die Bewahrung, die ihr darin durch Gott widerfährt, indem er sogar und ausschließlich ihretwegen diese Zeit verkürzt (κολοβόω *[kolobọō]*, Mk 13,20par). Nichts anderes als ihre Zugehörigkeit zu Christus ist es auch, was ihre Glieder vor dem → Gericht und Urteil bewahrt (Röm 8,33). Erst Joh hat dann auch – konkret auf den Apostelkreis bezogen, aber beispielhaft für die Jüngerschaft überhaupt – von Christus als dem Erwählenden, dem die Wahl Gottes Vollziehenden gesprochen; in Joh 6,70; 13,18; 15,16.19 ist ausdrücklich – mit betontem ἐγώ *[egọ̄]* – immer Jesus Subjekt zu ἐκλέγομαι *[eklẹgomai]*. (Ebenfalls auf die Wahl des Apostelkreises bezieht sich Lk 6,13 und sinngemäß Apg 1,24.) Der Erwählte Gottes ist der Erwählende Gottes; Gottes Zuwendung hat den Menschen schon in Christus getroffen und widerfährt ihm konkret in dem durch diesen Christus an ihn ergehenden, einladenden Ruf.

6) Fragt man nach den Maßstäben, die Gott seiner Wahl zugrunde legt, so läßt sich positiv nur sagen, daß er sich Menschen zuwendet und Menschen sich verbindet einzig aus seinem freien Entschluß, aus seiner nicht von jeweiligen zeitgebundenen Umständen abhängigen → Liebe. Darin liegt wohl der tiefste Sinn der Aussage von Eph 1,4, wo das

πρὸ καταβολῆς κόσμου *[pro katabolæs kọsmou]* = *vor Grundlegung der Welt* kaum in zeitlichem Sinn zureichend verstanden werden kann, sondern als eine zutiefst in Gottes Art und Wesen verwurzelte Entscheidung, ebenso wie seine πρόγνωσις *[prọgnōsis]* oder πρόθεσις *[prọthesis]* (vgl. dazu die Verbalkette Röm 8,29f, die in ihrer Zeitform alle diese Aussagen als schon geschehen darstellt). Jedenfalls aber durchkreuzt das, was von Gottes Wahl dann sichtbar wird, alle üblichen menschlichen Maßstäbe: an den Beachtenswerten geht er souverän vorbei – oder haben sie den Ruf mißachtend ausgeschlagen? –, und läßt die Armen (Jak 2,5), Schwachen, Törichten und Verachteten der Welt als seine Erwählten in Erscheinung treten (1Kor 1,27f). Entsteht damit ein reines corpus electorum, eine Gemeinde der Erwählten? Ihrem Wesen von Gott her gesehen nach gewiß. Aber die Joh 6,70 überlieferte Frage Jesu muß doch zu denken geben: Ein Teufel ist im Kreis der Erwählten! Gibt es einen Rückfall? Jedenfalls darf Erwählungsgewißheit nicht in Sicherheit umschlagen, und schon 1Thess 1,4, deutlicher aber noch Kol 3,12 und gar 2Petr 1,10 verbinden mit der Erinnerung an die manifest gewordene Wahl Gottes den Imperativ, nun auch darin zu leben, sich als Geheiligte (→ Heilig) Gottes zu bewähren. Denn im gelebten Glauben – nur und erst in ihm – erweist sich die Erwählung (vgl. Tit 1,1). Von ihr kann nur dann recht gesprochen werden, wenn dabei die bes. von Joh betonte, aber immer implizierte Bestimmung zum fruchtbringenden Dienst, zum Gehorsam, zu einem Leben in Furcht und Vertrauen im Blick bleibt. *L. Coenen*

V ZUR VERKÜNDIGUNG

Kann die Erwählungslehre überhaupt Gegenstand der Verkündigung sein? Sollte man sie nicht besser der theol. Forschung, dem gelehrten Gespräch der Dogmatiker überlassen, zumal, wie die Artikel gezeigt haben, von den biblischen Aussagen her auf manche Fragen eine Antwort gar nicht zu erhalten ist? Wo immer man dieses Thema anschneidet, – bei kaum einem anderen Problem im Umkreis des Evangeliums stehen so viele Vorbehalte und Mißverständnisse im Raum wie bei diesem. Und das ist nicht etwa erst typisch für unsere Zeit, sondern ein Phänomen, das sich an nahezu allen Brennpunkten dogmatischer Besinnung von Paulus über Augustin und die Reformation bis zur dialektischen Theol. verfolgen läßt. Wer von der Erwählung Gottes aus Gnaden spricht, dem klingt als Echo das Ärgernis an dem Gedanken der Prädestination entgegen, das umso größer wird, wenn seine Kehrseite sich als die Möglichkeit einer Verwerfung darstellt.

Es wird deshalb wichtig sein, sich klar zu machen, daß streng genommen Erwählung, so wie sie durch die hier behandelten Wortgruppen beschrieben wird, und Prädestination nicht identisch sind. Haben wir gesehen, daß Erwählung ein durch die → Verkündigung als → Berufung dem Menschen begegnendes, sich an ihm vollziehendes Handeln Gottes ist, in welchem Gott frei bleibt und – zugespitzt gesagt – die Weise seines Wirkens dem Verhalten des Menschen anpaßt, so drückt sich in dem Wort Prädestination etwas davon sehr Verschiedenes aus. Dieses Wort meint nämlich, daß über dem Menschen von der ihn beherrschenden göttlichen Macht vor seiner, wenn nicht vor aller Zeit eine Entscheidung zu Heil oder Unheil unabänderlich getroffen ist, die er selbst unter keinen Umständen und mit keinem Verhalten zu beeinflussen vermag. Da eine solche Bestimmung über jeden Menschen vorläge, handelte es sich in Wahrheit um eine doppelte Prädestination, die die Menschheit in zwei (ungleiche) Teile zertrennt. In letzter Konsequenz liefe dies darauf hinaus, daß Gott vor aller Zeit einen auch von ihm selbst nicht revidierbaren Entschluß gefaßt hätte (Determinismus), der sich nun schicksalhaft vollzöge. Das aber ist eine Frage, die nicht in den Umkreis der Erwählungsaussagen, sondern in den der → Vorsehung Gottes gehört. Es wird also gut sein, auf eine saubere Unterscheidung zwischen dem erwählenden Handeln Gottes und seinem diesem vorauslaufenden Beschluß zu achten; so gewiß das Erstere Folge des Letzteren ist, so aber eben nicht automatische, von Gottes Liebe getrennte Folge.

Die Frage ist nur, ob hier wirklich das eigentliche Problem liegt. Es bestände ja durchaus auch die Möglichkeit, sich unter Berufung auf eine derartige Vorentscheidung jedem ethischen oder religiösen Appell zu entziehen; und es wäre in der Tat zu erwägen, ob die Angriffe gegen die Erwählung nicht oft nur Scheingefechte sind, geführt von solchen, die nichts mehr fürchten, als daß sie, sollte ihr Einwand hinfällig werden, im eigenen Bewußtsein der Verantwortung nicht länger ausweichen könnten.

Aber selbst wenn man von irgendeiner vorher gefaßten Bestimmung Gottes einmal ganz absieht, so bleibt doch auch innerhalb des durch unsere Vokabeln umgrenzten Raumes das Ärgernis bestehen. Es liegt ganz einfach darin, daß nach Sitte und Logik eine Bevorzugung, die nicht durch bes. Leistungen begründet ist, als unsittlich, gegen die → Gerechtigkeit verstoßend angesehen wird; daß aber diese Bevorzugung geradezu im umgekehrten Verhältnis zu allen gesellschaftlichen und moralischen Wertmaßstäben geschieht, indem nämlich Gott die weniger Qualifizierten aufnimmt und die Sünder rechtfertigt, darüber kann alle vernünftige Überlegung nur noch den Kopf schütteln und entweder an Gott zweifeln oder auch sich gegen dessen — scheinbare — Willkür auflehnen.

Aber ist das nicht ganz ebenso auch die Ausgangssituation für die Überlegung dessen, der von einem solchen Handeln Gottes positiv betroffen ist? Kann seine Reaktion eine andere sein als ungläubiges Staunen darüber, wieso Gott etwas an ihm läge, wieso er dann nicht viele andere ihm vorziehen müßte? Kann er je zur Ruhe kommen über der Frage, ob solches denn nicht auch für diese anderen möglich sei? Er soll nicht zur Ruhe kommen; denn um dieser anderen willen ist er erwählt, und es wäre alles verloren, wenn er sich in selbstgenugsamer Sicherheit wiegen würde. Eben jenem Staunen darüber, daß so viele auch Angesprochene nicht Antwort geben, und der Frage, warum einige sie überhaupt gegeben haben, sind die Aussagen über die vorlaufende und zugreifende Wahl Gottes entsprungen. Sie sagen nichts anderes, als daß zum Glauben zwar gerufen werden kann und muß, daß Gottes Einladung universal ergeht, daß aber die Begründung des Glaubens Gottes Geheimnis ist und bleibt.

Darum auch wird alle Verkündigung sich davor hüten müssen, nun ihrerseits auch nur den Anlaß zu geben, daß der Mensch meinen könnte, in dieses Geheimnis Einblick zu haben. Ein Prediger, ja überhaupt ein Jünger wird jeden anderen und deshalb auch eine noch so seltsam zusammengesetzte Gemeinde nur unter dem Aspekt sehen können, daß es sich um Erwählte Gottes handelt. Darin wird er sich auch dann nicht beirren lassen dürfen, wenn sein Wort im Augenblick nicht Antwort findet, sondern verstockt und verhärtet. Er sollte zwar wissen und auch sagen, daß Gott den Ungehorsam verwerfen kann und daß es eine Haltung gibt, die von Gott trennt. Aber er sollte es sich verboten sein lassen, einen Menschen nun als Verworfenen abzuschreiben oder je gar seinerseits konkrete Vorstellungen über die *massa perditionis*, den großen Haufen der Verworfenen zu gewinnen. Die Intention der Predigt, auch der Predigt von der Gnadenwahl, ist die Mitteilung der suchenden Liebe Gottes; die Verwerfung kann nur ihr Schatten, ihre schaudern machende Kehrseite sein, nicht ihre ranggleiche Alternative. So gewiß man darüber nachdenken kann, — nirgendwo im NT stehen diese beiden Möglichkeiten so, als Kennzeichnung zweier Gruppen, nebeneinander außer in den Aussagen über das Endgericht Gottes. Erst dann wird letztgültig und überhaupt offenbar werden, wer erwählt und verworfen ist. Jetzt gilt, daß auch der Erwählte eines Tages ein Verworfener sein könnte; und wie wenig es hier starre Grenzen gibt, ist nirgendwo deutlicher als an Christus selbst. *L. Coenen*

Lit.: HSchlier, Art. αἱρέομαι, ThWb I, 1933, 179ff — GQuell/ESchrenk, Art. ἐκλέγομαι, ThWb IV, 1942, 147ff — WKreck, Die Lehre von der Prädestination/OWeber, Die Lehre von der Erwählung und die Verkündigung/EWolf, Erwählungslehre und Prädestinationsproblem, in: Die Predigt von der Gnadenwahl, ThExh N. F. 28, 1951 — KStürmer, Auferstehung und Erwählung, 1953 — ThCVriezen, Die Erwählung Israels nach dem AT, AThANT 24, 1953 — KKoch, Zur Geschichte der Erwählungsvorstellung in Israel, ZAW 67, 1955, 205ff — CSchedl, Bund und Erwählung, ZKTh 80, 1958, 493ff — GEWright/ELDietrich/JSchneider/WPannenberg, Art. Erwählung, RGG II, 1958³, Sp. 610ff — PMaury, Prädestination, 1959 — HWildberger, Jahwes Eigentumsvolk. Eine Studie zur Traditionsgeschichte und Theologie des Erwählungsgedankens, 1960, dort weitere Lit. — OWeber, Grundlagen der Dogmatik II, 1964, 458ff — HJZobel, Ursprung und Verwurzelung des Erwählungsglaubens Israels, ThLZ 93, 1968, 2ff — BMayer, Unter Gottes Heilsratschluß, 1974.

Erweckung → Auferstehung

Erziehung

παιδεύω

παιδεύω *[paidẹuō]* erziehen, bilden · παιδεία *[paidẹia]* Erziehung, Bildung, Zucht · παιδευτής *[paideutæs]* Erzieher, Lehrer · παιδαγωγός *[paidagōgọs]* Knabenführer, Zuchtmeister

I Der zugrunde liegende Wortstamm ist παῖς *[pais]* = *Kind, Knabe.* παιδεύω *[paidẹuō]* heißt demnach wörtlich: *sich mit einem Kind zusammen befinden* (das Verbal-Suffix -ευω *[-euō]* ist Zustandsbezeichnung); dann: *erziehen, bilden, unterrichten, belehren, gewöhnen.* Davon abgeleitet ist das Subst. παιδεία *[paidẹia]*, schon im 6. Jh. vChr (Pittakos) in der Bedeutung *Bildung* überliefert, das den Prozeß der Erziehung, die *Bildungsentwicklung* bezeichnet, die im 5. Jh. von den Sophisten zum Hauptziel ihrer Arbeit erklärt wurde. Später wird der Begriff dann auch auf die *Erwachsenenbildung* und ganz allg. die wissenschaftliche *Ausbildung* angewendet. – Ebenfalls abgeleitet sind παιδαγωγός *[paidagōgọs]* der *Knabenführer, Zuchtmeister, Erzieher* (meistens waren es Sklaven) und παιδευτής *[paideutæs]* der *Lehrer, Erzieher.*

Homer kennt das Wort παιδεύω *[paidẹuō]* noch nicht, obwohl Erziehung und Erziehungsideale durchaus vorhanden waren, und zwar als Einführung der folgenden Generation in die Tradition von Sitte und Gesetz durch Vorbild und Nachahmung. Bei Homer ist das Ziel die Einordnung in die Adelsgemeinschaft, die vom Wettkampf lebt (Il. 11,784: immer nach Auszeichnung streben und die anderen übertreffen). – Sparta und Athen sind die beiden Gegenpole. Sparta verlangt trotz Wettkampfdenken vor allem die volle Einordnung des Bürgers in den Staat, während die Athener ihr Erziehungsziel darin sehen, den einzelnen Bürger im Wettkampf körperlich und geistig zur reifen Persönlichkeit im Sinne des Ideals vom καλὸς κἀγαθός *[kalọs kagathọs]* durchzubilden, der dann dem Staat dient.

Die Sophisten waren wohl die ersten, die konsequent die Gleichwertigkeit und von da aus die Bildungs- und Erziehungsfähigkeit aller Menschen betonten. So hielten sie Vortragskurse, an denen jeder, der bezahlte, teilnehmen konnte. Dem sophistischen Formalprinzip setzt Sokrates wieder ein Sachprinzip entgegen, das ἀγαθόν *[agathọn]*, das durch Erkenntnisarbeit des einzelnen (insofern die gleiche Methode wie die Sophisten) sichtbar werden kann. Didaktisches Prinzip ist dabei das Nichtwissen, Methode ist das seelenführende, Erkenntnis weckende Gespräch, das den Menschen auf den Weg zur Weisheit und damit zum rechten Tun leiten kann. Bei Platon ist die Erziehung die einzige Möglichkeit, in Überwindung der gegenwärtigen Ungerechtigkeit einen echten Staat (= Staat der Gerechtigkeit) zu schaffen. Dabei sind musische und gymnastische Erziehung grundlegend (Resp. 376eff). Es soll Schulpflicht herrschen, weil die Kinder mehr dem Staat gehören als den Eltern (Leg. 804d). Dazu kommt bei der zur Staatsführung geeigneten Elite eine allmähliche Hinführung zum philosophischen Denken (Resp. 521c–534), wobei es gilt, im Menschen die vorhandene Erinnerung an die Ideen, die Urbilder der Wirklichkeit, zu wecken, die er vor seinem Erdendasein geschaut hat (Menon 81cff; Resp. 514ff). – Aristoteles hat als Ziel der Erziehung den ästhetisch wie ethisch gebildeten Staatsbürger vor Augen. Mahnung und Gewöhnung sollen den maßvollen Menschen heranbilden, der das eigene und das Leben der Gemeinschaft zu fördern imstande ist. Die Wissenschaften gehören bei Aristoteles nicht mehr wie bei der Elite in Platons Staat in den Bereich der Erziehung. – Im Hellenismus der nt. Zeit spielt bei den Gebildeten das stoische Ideal des sich selbst und der Vernunft verantwortlichen, über dem Volk stehenden Führers eine entscheidende Rolle.

Zusammenfassend läßt sich sagen: Überall, wo sich der Erziehungsgedanke durchgesetzt hat, steht im Mittelpunkt der Mensch, der grundsätzlich erzogen werden kann, da er ein Vernunftwesen ist. Erziehungsziel ist der »volle«, dh der über seine spezifische Qualität (ἀρετή *[aretæ]*) besonnen verfügende Mensch. Rücksichtslosigkeit als Programm ist nur von der Sophistik vertreten worden. Perfektionistisch ist das Erziehungsprinzip von den Griechen – außer in Platons Staat – nie verstanden worden. Dazu wirkten Vorstellungen wie Schicksal, Gottheit und – später – Zufall und persönliche Freiheit zu sehr auf das griech. Denken ein.

II παιδεύω *[paidẹuō]* (84mal in LXX, davon 52mal mit erkennbaren hebr. Äquivalenten) steht in der LXX 41mal für das hebr. *jāsar* (meist pi) = *züchtigen, in Zucht nehmen, zurechtweisen.* Das Subst. παιδεία *[paidẹia]* (103mal in LXX, davon 47mal mit erkennbaren hebr. Äquivalenten) steht 37mal für *musār* = *Züchtigung, Zucht;* »aber es kann auch einen mehr intellektualistischen Zug annehmen und würde dann Bildung im Sinne des Besitzes von Weisheit, Erkenntnis und Urteilsfähigkeit meinen« (Bertram, ThWb V, 604).

Die Begriffe finden sich bes. häufig in den Spr (Verb 12mal, Subst. 29mal), in den Pss (Verb 13mal, Subst. 5mal) und in Sir (Verb 15mal, Subst. 35mal), außerhalb der prophetischen und der Weisheitslit. selten.

Das AT bezeugt, wie Gott sich Israel offenbart und in sein Leben eingreift. Entsprechend seiner Liebe und Fürsorge für das erwählte Volk erwartet er von ihm Vertrauen und Gehorsam. Das priesterliche Volk soll vom Wesen Gottes geprägt werden, hineinwachsen in den Bereich seiner Heiligkeit. Die Mühe, die Gott dabei mit seinem Volk hat, zwingt zu harten Zuchtmaßnahmen, zur Züchtigung *(jāsar* bzw. *musār)*. Gott aber erzieht nicht zu einem Ideal hin, sondern wacht über die Treue seines Volkes, die aus dem Vertrauen fließen soll (mitmenschlicher Bereich) und aus dem stetigen Sich-ansprechenlassen und wirklichen Hören, das aus dem Gehorsam folgt (prophetische Anrede). Während ursprünglich Israel als Volk, als Gesamtheit unter Gottes Zucht gestellt gesehen wird (Dtn 4,36; 8,5; Hos 7,12; 10,10), geht es später in der Spruchweisheit mehr um die Erziehung des einzelnen durch Gott (Spr 3,11; 15,33; Sir 18,14[13]). An dieser Erziehung Gottes, der Israel immer wieder entlaufen will, obwohl sie ihm zum Heil dient, haben alle Glieder des Volkes in gleicher Weise Anteil. Es gibt keine besondere »religiöse« Erziehung der Jugend. Gott erzieht, und das Aufziehen der Kinder geschieht eben in dem Bereich des in Liebe erziehenden und wegen der Widerspenstigkeit der Seinen züchtigenden Gottes.

Die hebr. Ausdrücke meinen in erster Linie die Züchtigung, wie sie der Vater dem Sohn zuteil werden lassen muß (Dtn 21,18; Spr 13,24; 19,18; 23,13; 29,17), und wie sie Gott zur Errettung seines Volkes an seinem Knecht geschehen läßt (Jes 53,5). So ist in Dtn 11,2 *musār jahwæh* die Führung Gottes, sein erziehendes Handeln mit Israel in der Geschichte. Um der Sünde willen züchtigt er (Lev 26,18.28), jedoch »mit Maßen« (Jer 10,24; 46,28). Diese Erziehung kann der Mensch annehmen oder verachten, lieben oder hassen (Jer 5,3; Spr 12,1; Ps 50,17). In der Spruchweisheit wandelt sich allmählich der Vorgang der Züchtigung in das Ergebnis, die Zucht, die es zu lernen (Spr 1,2), sich anzueignen und zu bewahren (Spr 23,23) gilt. Aber immer ist Gott Mittelpunkt und Inhalt, nicht das Kind, nicht ein Ideal. Das Erziehungsziel Gottes ist, sein Volk zu der Erkenntnis zu führen, daß es seine Existenz allein aus dem Heilswillen Jahwes hat und deshalb dem göttlichen Erzieher Gehorsam schuldet (Dtn 8,1–6).

Wie erfolgt aber nun die Jugenderziehung in Israel? Gott gebietet, die Eltern zu ehren, sie kommen gleich nach ihm. Hauspriester ist der Vater; er gibt die Überlieferung an die Familie weiter; dabei antwortet er auf die Fragen der Kinder (Ex 12,26ff); seine Antwort ist Bekenntnis vom rettenden Handeln Gottes an Israel. Dieses Zeugnis erfahren die Kinder nicht nur in Worten, sondern auch anhand eindrücklicher Zeichen in Gestalt der Malsteine (Jos 4,6ff.21ff). Im Rechtsvollzug (Dtn 21,21) und in der Gesetzeslehre ereignet sich die Erziehung. Man hat keine Erziehungsidee, keine eigenen Institutionen, sondern die Jugend gewöhnt sich an das Leben in dem Volk, das unter dem liebenden Züchtigen Gottes steht. Zusehen und Zuhören lassen ins Erbe der Väter hineinwachsen. Denn wer recht hört, der wird gehorchen.

Erst in der Weisheitslit. erfolgt eine gewisse Moralisierung und Humanisierung: Erziehungsziel wird die Weisheit (Spr 1,7; 8,33), die auf dem Grund der Dinge eine waltende Ordnung erkennt, denen sich der Weise unterordnet. Die Botschaft des AT wird dabei zT pädagogisiert bzw. die griech. Erziehungslehre theologisiert; Glaube und Vernunft verbinden sich. Dabei bleibt in LXX das Verbum παιδεύω *(paideụō)* näher am at. »Züchtigen«, das Subst. παιδεία *(paideịa)* tendiert stärker zum hellenistischen Begriff »Bildung, Unterricht«. Aber auch wenn hier in Israel in einem gewissen Sinn ein Bildungsideal entstanden ist, so ist der Ausgangspunkt auch »dieser Menschenbildung ... das Wissen um Gott, seine Offenbarung, seine Gebote« (von Rad, 431). – Dtn 11,2 bringt den für Eph 6,4 so wichtigen Ausdruck παιδεία κυρίου *(paideịa kyrịou)*, Erziehung des Herrn.

Die Erziehung im Spätjudentum Palästinas steht noch in ganz engem Zusammenhang mit dem AT: Ziel aller Erziehung ist der Mensch, der im Gehorsam gegen Gottes Willen lebt. Eine tiefgreifende Wandlung ist jedoch darin zu sehen, daß der Maßstab des Gotteswillens im → Gesetz gesehen wird. Dieses aber war in der Zeit nach dem Exil mehr und mehr zu einer absoluten Größe geworden, die als zeit- und geschichtslose Forderung vor Israel stand und das Gottesverhältnis begründete. Seinen klassischen Ausdruck hat dieses spätjüd. Erziehungsdenken in den Rabbinenschulen gefunden, in denen man die Tora mitsamt der kasuistischen Auslegung lehrte und lernte. – Im hellenistischen Judentum gerät die Erziehung dagegen stärker unter griech. Einfluß. Typisch hierfür ist der Schulbetrieb in Alexandria (Philo!).

Die Wortgruppe kommt im NT insgesamt 23mal vor. Davon entfallen allein 8 Stellen auf Hebr 12, weitere 5 Belege finden sich bei Paulus, ebenfalls 5 in den Pastoralbriefen, 4 bei Lukas und 1 Stelle in Offb. Es überwiegt das at. Verständnis. Wo vom παιδαγωγός *(paidagōgọs)*, dem *Zuchtmeister* gesprochen wird, ist keine eindeutige Zuordnung möglich. III

1a) In der Bedeutung *bilden, unterrichten* findet das Verb 2mal Verwendung: Mose wird in ägyptischer Weisheit unterrichtet (Apg 7,22), Paulus von Gamaliel (Apg 22,3).

b) Zweimal ist παιδεύω *[paideuō]* mit *geißeln* oder einfach *schlagen* zu übersetzen (Lk 23,16.22). Ob auch hier wie an so vielen Stellen in den Passionsberichten eine at. Verheißung mitschwingt (Jes 53,5), oder ob παιδεύω *[paideuō]* aus dem Volksgriech. einfach im Sinne von *prügeln* übernommen worden ist (Bertram), kann nicht mehr entschieden werden.

2) Gott erzieht: Im Judentum ist der Gedanke entscheidend weiterentwickelt worden, daß im Leiden das erziehende und damit liebende Handeln Gottes erfahren wird (Jdt 8,18–22; 2 Makk 6,12–17; PsSal 3,4; 13,9 u. ö.). Ansätze zu diesem Denken finden sich bereits im AT (Dtn 8,5; 11,2; 2 Sam 7,14f u. ö.). Diese Anschauung von der Züchtigung als Gottes liebendes Bewahren vor dem Endgericht ist nun an einigen bedeutsamen Stellen im NT übernommen worden (vgl. den ausführlichen Exkurs Michel, 297).

In Hebr 12,5f wird Spr 3,11ff zitiert. Die Züchtigung des Herrn ist ein Zeichen seiner Liebe und deshalb kein Grund zum Verzagen. An diesen Schriftbeweis schließt sich die Erörterung V. 7–11 an. Gott ist der Erzieher seines Volkes. Wie Gott erzieht, wird an der menschlichen Erziehung verdeutlicht, die ein schwaches Abbild davon ist. Gott ist der Vater, er züchtigt aus Liebe, um die Menschen in der Gotteskindschaft zu bewahren, damit seine Kinder umkehren und heimkommen. Der Mensch wehrt sich gegen diese Züchtigung, trotzt und zweifelt an der väterlichen Liebe (V. 5), obwohl er dadurch die Gotteskindschaft ausschlägt; denn gerade in der Züchtigung erfährt der Mensch das väterliche Eingreifen Gottes. Wenn schon in der Familienerziehung die Stellung eines rechten Sohnes daran erkennbar wird, daß ihn der Vater erzieht, »züchtigt«, wieviel mehr gilt das bei Gott. Leibliche Väter züchtigen ohne letzte Einsicht, dem Irrtum ausgesetzt, der Herr aber aus der letzten Einsicht, den Menschen seiner Heiligkeit teilhaftig werden zu lassen (V. 10). Ziel dieser Erziehung ist der Friede mit Gott (V. 11), der auch schon Ausgangspunkt der göttlichen Erziehung ist, nämlich in der Gottessohnschaft. Wenn der Stoiker ähnlich redet, so gipfelt eben doch seine Erziehung in der Selbstvervollkommnung des Menschen.

Dieser Gedanke, daß in der Züchtigung gerade Gottes Liebe sichtbar wird, findet sich auch bei Paulus im Zusammenhang seiner Ermahnungen zum Herrenmahl (1 Kor 11,32): Christen werden nicht von Krankheit und Tod als Folge der Sünde verschont. Hierin trifft sie das Gericht Gottes. Aber indem dieses Gericht den Charakter der Züchtigung hat, werden die Glaubenden gerade dadurch gnädig dem endgültigen Gericht Gottes über die Welt und damit der Verdammung entnommen (V. 32b; s. dazu auch Offb 3,19). Daß Gezüchtigtwerden nicht im Gegensatz zur Liebe Gottes steht, sondern vielmehr aus ihr begriffen werden will, weiß Paulus auch von der Ausübung seines apostolischen Dienstes her (2 Kor 6,9).

Die nt. Anschauung von der Erziehung durch Züchtigung unterscheidet sich aber nicht nur grundsätzlich vom griech. Erziehungsdenken (nämlich zu einem Ideal hin), sondern auch von jenen rabb. Lehren, wo das Leiden durch Züchtigung sühnende Kraft bekommt. Nach nt. Verständnis dagegen wird die Züchtigung durch Gott gleichsam notwendig, damit die Glaubenden erkennen können, daß sie in der rechten Sohnschaft stehen.

Eine andersartige Erziehung geschieht durch Gottes Wort im AT (2 Tim 3,16). Indem auch hier Gott selbst wirklich redet, erfährt die nt. Gemeinde in den at. Schriften Belehrung über den göttlichen Willen und wird dadurch zu einem gottgemäßen Leben erzogen. Noch eindeutiger redet Tit 2,11–13 von der erziehenden Gnade, – alles mündet ein in die Botschaft vom Kreuz (V. 13. 14). Erziehung ist auch hier Auswirkung der Gnade; die Sprache ist an beiden Stellen – 2 Tim 3,16 und Tit 2,11–13 – hellenistisch, der Grundgedanke aber ist at. Die Worte »mäßig, fromm und gerecht« sind Ideal der griech. Welt. Hier wird aber ausgesagt: Gnade rechtfertigt den Menschen und führt ihn in die Heiligung.

Paulus schließlich redet noch von der Erziehungsaufgabe des Gesetzes (Gal 3,24ff). Das Gesetz ist παιδαγωγός *[paidagōgos]*, *Zuchtmeister* bis auf Christus hin, – dies wohl die zutreffende Übers. Ob Paulus dabei an den prügelnden Sklaven dachte, dem die Knaben anvertraut waren, oder ob er eine positivere Vorstellung hatte, ist kaum noch sicher auszumachen, jedenfalls meint er doch: Er bringt den Jungen Ordnung bei. Die Gottesordnung aufrechtzuerhalten und den menschlichen Ungehorsam aufzudecken (»die Sünde sündiger zu machen«), dazu war das (an sich gute, heilige) Gesetz da (Röm 7,12). Diese Aufgabe ist mit Christus, der den neuen Äon einleitet und bringt, beendet (Gal 3,25). Durch den Glauben an Christus wird der Unmündige zu einem reifen Sohn Gottes (Gal 4,1). Der Apostel redet hier heilsgeschichtlich. Das von Gott gegebene Gesetz kann der in Sünde lebende Mensch nicht halten; wenn er die Gültigkeit des Gebotes erkennt und damit seine Schuld, treibt es ihn zu Christus. Wer aber in Christus ist, der ist frei vom Gesetz, weil er unter dem Gesetz der Liebe Christi steht (Röm 13,10b).

3) 1 Tim 1,20 wird berichtet, daß Menschen dem Satan übergeben worden sind, damit sie durch ihn gezüchtigt werden. Es handelt sich hier um einen Akt der Kirchenzucht (wahrscheinlich Exkommunikation), wobei der Satan den Zorn Gottes verkörpert, der diejenigen mit Krankheit und Tod schlägt, welche die Gemeinde Gottes zerstören. Aber auch diese »Züchtigung« hat nicht das endgültige Verderben des Sünders, vielmehr seine Einsicht und Umkehr zum Ziel (V. 20b).

4) Der Mensch erzieht: Auf die Ermahnung des Paulus an die Kinder, ihre Eltern zu ehren, folgt Eph 6,4 das Wort an die Väter, die Kinder aufzuziehen (ἐκτρέφειν *[ektrẹphein]* in der Zucht (παιδεία *[paidẹia])* und Ermahnung des Herrn (κυρίου *[kyrịou])*. Wie ist dieser Genetiv κυρίου *[kyrịou]* zu verstehen? »Erziehung zum Herrn« (L) ist fast ausgeschlossen. »Des Herrn« – in der Weise, daß Gott hinter dem Erziehen des Menschen steht, ist möglich, ebenso die Auffassung von W. Jentsch, daß es eine Erziehung sei, die sich auf den Kyrios bezieht (Gen. qualit.). Jedenfalls hat der Christ, der mit Paulus bekannte (1 Kor 12,3): »Jesus ist der Herr«, damit alle Totalansprüche anderer Herren zurückgewiesen. Auch das Gebiet der Erziehung ist für den Glaubenden unter die Herrschaft Jesu gestellt. In diesem weltüberwindenden Glauben (1 Joh 5,4f) ist der Gemeinde die Sorge um das rechte Erziehungsziel abgenommen. *D. Fürst*

Lit.: HJKraus, Paedagogia Dei als theologischer Geschichtsbegriff, EvTh 8, 1948/49, 15ff – WJentsch, Urchristliches Erziehungsdenken, 1951 (BFChTh Bd. 45/3) – RBohren, Kirchenzucht im NT, 1952 – GBertram, Art. παιδεύω ThWb V, 1954, 596ff – WJaeger, Paideia, Bd. 1–3, 1954 – FMüller, Kerygma und Paideia, in: Zeit und Geschichte, Dankesgabe an RBultmann, hrsg. von EDinkler, 1954 – GvRad, Theologie des Alten Testaments I, 1958[2] – OMichel, Der Brief an die Hebräer, KEK XIII, 1965[12] – WGentsch, Erziehung und Bildung im Neuen Testament, PBL 108, 1968, 206ff.

Essen → Hunger

Evangelium

εὐαγγέλιον

εὐαγγέλιον *[euangelion]* gute Kunde, Freudenbotschaft · εὐαγγελίζω *[euangelịzō]*, εὐαγγελίζομαι *[euangelịzomai]* eine gute Nachricht bringen, eine Freudenbotschaft verkündigen · εὐαγγελιστής *[euangelistæs]* Verkündiger der Freudenbotschaft, Evangelist

1) Das Verbum εὐαγγελίζομαι *[euangelịzomai]*, seit Aristoph. belegt, bzw. das erst in späterer I
Gräzität bekannte εὐαγγελίζω *[euangelịzō]* und das schon seit Homer belegte substantivierte Adj. εὐαγγέλιον *[euangelion]* sowie das Subst. εὐάγγελος *[euạngelos]* (seit Aischyl.) sind alle von dem urspr. wohl iranischen Lehnwort ἄγγελος *[ạngelos]* = *Bote* bzw. dem Verbum ἀγγέλλω *[angẹllō]* (→ Engel) abzuleiten. εὐάγγελος *[euạngelos]* ist der *Bote*, der eine Siegesnachricht, auch eine andere politische oder persönliche Nachricht, die Freude bereitet, überbringt. Das Wort kann in hellen. Zeit auch den *Orakelkünder* bezeichnen. Entsprechend meint das Verbum εὐαγγελίζομαι *[euangelịzomai]* *als ein Freudenbote reden, verkündigen*, und dort, wo es vom sakralen Boten gebraucht

wird, *verheißen*. Eine religiöse Bedeutung gewinnt εὐαγγελίζομαι *(euangelizomai)* aber auch dann, wenn es im Zusammenhang mit dem Erscheinen eines »göttlichen Menschen« Verwendung findet, dessen Ankunft mit Freude verkündet wird (so zB von Apollonius von Tyana bei Philostrat, Vit. Ap. I,28; 3. Jh. nChr). Auf der anderen Seite erscheint das Verbum nicht selten in seiner ursprünglichen Bedeutung abgeblaßt und wird mit ἀγγέλλω *(angellō)* = *Kunde bringen, melden* synonym.

2) Das Subst. εὐαγγέλιον *(euangelion)* meint a) den *Lohn*, den der Siegesbote erhält. Seine gute Botschaft bringt den Empfängern das Heil; darum wird er belohnt. εὐαγγέλιον *(euangelion)* ist aber b) auch die *Botschaft* selbst, vor allem terminus technicus für die *Siegesbotschaft*, jedoch auch für politische und private *Freudenbotschaften*. Verstanden werden solche Botschaften als Gabe der Götter. Zum Dank, aber auch um die Götter bei ihrer Gabe zu behaften, opfert man ihnen nach Empfang der Botschaft (εὐαγγέλια θύειν *(euangelia thyein)* = eine gute Botschaft durch Opfer feiern; die Formel seit Isoc. bezeugt). ». . . hinter solchem Opfer steht das Mißtrauen des Animisten gegenüber seinem eigenen Kult: beeile dich, die Botschaft den Göttern zu danken, vielleicht entgeht dir sonst das verkündete Glück« (Schniewind, S. 182).

c) Religiöse Bedeutung gewinnt εὐαγγέλιον *(euangelion)* vor allem im Orakelwesen (= Verheißung von etwas Zukünftigem) und im Kaiserkult: Nachrichten über Geburt, Mündigkeitserklärung, Thronbesteigung, aber auch Reden, Anordnungen und Taten des göttlichen Kaisers sind frohe Botschaften, die der sich nach Glück und Frieden sehnenden Welt endlich Erfüllung bringen. Vgl. die Inschrift von Priene aus dem Jahre 9 vChr, die den Geburtstag des Augustus feiert: »Dieser Tag hat der Welt einen anderen Anblick gegeben, sie wäre dem Untergang verfallen, hätte nicht in dem nun Geborenen für alle Menschen ein gemeinsames Glück sich gezeigt. Richtig urteilt, wer in diesem Geburtsfest den Anfang des Lebens und aller Lebenskräfte für sich erkennt; endlich ist die Zeit vorüber, da man es bereuen mußte, geboren zu sein. Die Vorsehung hat diesen Mann mit solchen Gaben erfüllt, daß sie ihn uns und den kommenden Geschlechtern als Soter gesandt hat; Fehde wird er beenden, alles herrlich ausgestalten. Der Geburtstag des Gottes hat für die Welt die mit ihm verbundenen Evangelia heraufgeführt, von seiner Geburt beginnt eine neue Zeitrechnung« (Inschrift Priene 105,40; Übers. von EBloch in: Das Prinzip Hoffnung, V. 1484). Die Proklamation dieses Evangeliums kündet nicht nur eine neue Weltzeit an, sondern bringt sie und setzt sie in Kraft. So ist die Proklamation selbst schon Evangelium, da mit ihr das durch sie proklamierte Heil gegenwärtig wird.

3) Von diesem religiösen Gebrauch des Wortes εὐαγγέλιον *(euangelion)* in der hellen. Welt, vornehmlich im Kaiserkult, lassen sich mühelos Verbindungslinien zum NT ziehen. Dieses knüpft also an einen im Hellenismus weit verbreiteten und mit religiösen Vorstellungen gefüllten Terminus an, wenn es von seinem Evangelium redet. Daneben wird man freilich auch die at. Wurzel des nt. εὐαγγέλιον *(euangelion)*-Begriffes ins Auge fassen müssen.

II 1) Freilich begegnet in der griech. Übers. des AT εὐαγγέλιον *(euangelion)* nie im Sing. Der Plur. meint als Übers. des hebr. *beśorāh* den *Lohn für gute Botschaft* (2Sam 4,10). Vereinzelt findet sich auch das ebenfalls für hebr. *beśorāh* eingetretene, dem NT fremde εὐαγγελία *(euangelia)* in der Bedeutung *frohe Botschaft* (2Sam 18,20.22 u. ö.). Aufs ganze aber spielen die Subst.-Formen keine bes. Rolle. Bedeutsamer wurde für die weitere Begriffsentwicklung, daß das – im übrigen auch nicht sehr häufige und auf wenige Schriften beschränkte – Verbum εὐαγγελίζομαι *(euangelizomai)* für das hebr. *bissar* (= *eine Freudenbotschaft verkündigen*, so u. a. 1Kön 1,42; Jer 20,15) eintrat; denn dieses hebr. Verbum ist in den Pss (40,10; 68,12; 96,2ff) und vor allem etwa Jes 52,7 sprachliche Ausdrucksform dafür, daß Jahwes Sieg über die ganze Welt, seine Königsherrschaft ausgerufen wird. Mit seiner Thronbesteigung aber (vgl. die Thronbesteigungs-Pss, vor allem Ps 96) und mit seiner Rückkehr zum Zion (DtJes) beginnt eine neue Zeit. Es ist der *Freudenbote (mebassēr*, substantiviertes Part., übers. durch εὐαγγελιζόμενος *(euangelizomenos)*, ist bei DtJes festgeprägte Bezeichnung), der diese neue Weltzeit ausruft und sie mit seinem wirkkräftigen Wort herbeiführt: Jetzt ist Frieden und Heil da, Jahwe ward König (Jes 52,7; vgl. auch 40,9) – und zwar für die ganze Welt (Ps 96,2ff). Dieses »›Evangelium‹ ist wirkende Sprache, Machtspruch, Vollzugswort. Im Munde seiner Boten redet Gott selbst: Er spricht – es geschieht; er gebietet – es steht da (Ps 33,6)« (Gloege, S. 100). Im Akt des Verkündigens vollzieht sich der Anbruch der neuen Zeit. Von daher wird es verständlich, welche besondere Bedeutung diesem Freudenboten zukommt. Mit seinem Erscheinen und indem er seine Botschaft ausrichtet, werden Heil, Rettung und Frieden Wirklichkeit (vgl. dazu Jes 61,1, wo bes. auch der Zusammenhang der Botschaft mit der Sendung – → Apostel – hervortritt).

2) Die LXX hat diese Vorstellung vom *Freudenboten* und seinem wirkmächtigen Wort so nicht mehr verstanden und deshalb abgeschwächt: Die Verkündigung der Botschaft und das urspr. unmittelbar damit verbundene Geschehen wurden getrennt; vgl. zB Jes 52,7, wo die LXX übers.: Dein Gott wird König sein. Auch Philo und Josephus knüpfen in ihrem Gebrauch von εὐαγγέλιον *(euangelion)* und εὐαγγελίζομαι *(euangelizomai)* nicht an die Vorstellung von dem Freudenboten

aus DtJes, sondern an den in der hell. Welt üblichen Wortgebrauch an. Deshalb tragen beide zum Verständnis des nt. Sprachgebrauches nichts bei. – Anders dagegen das Spätjudentum:

3) Das Spätjudentum hält die Vorstellung vom Freudenboten lebendig. Er kann als ein Unbekannter, als der Vorläufer des → Messias oder als der Messias selbst erwartet werden. Seine Botschaft ist ihrem Inhalt nach schon von DtJes her bekannt und steht deshalb gar nicht mehr im Vordergrund des Interesses. Entscheidend ist vielmehr, daß der *m*e*bassēr* kommt und daß er durch seine Verkündigung die Heilszeit heraufführt. Alles liegt an seinem Kommen und am Akt seiner Verkündigung (vgl. Pesikta r. 36[162a], St.-B. III,9c; vgl. auch 1QH 18,14, wo die Selbstbezeichnung des Boten als *Freudenbote* deutlich an Jes 61 anklingt). Wir machen hier die gleiche Beobachtung wie beim at. Sprachgebrauch: Das eschatologische Geschehen findet seinen Ausdruck in dem Verbum *(bissar = die eschatologische Freudenbotschaft verkündigen)* bzw. seiner substantivierten Partizipialform *(m*e*bassēr* = der *eschatologische Freudenbote),* nicht in dem Subst. *b*e*sorāh (= die gute Botschaft).* Dieser Tatbestand läßt daran denken, daß für das nt. εὐαγγέλιον *[euangelion]* eher eine Übernahme aus dem griech. Sprachbereich, genauer: aus der Sprache des Kaiserkultes infrage kommt. Eindeutigkeit läßt sich hier freilich nicht gewinnen, zumal ja gilt: »Kaiserkult und Bibel haben dieses miteinander gemein, daß für sie die Thronbesteigung, die eine neue Zeit heraufführt und der Welt den Frieden schenkt, ein Evangelium für die Menschen ist« (ThWb II,722, Z. 9ff). Der Unterschied besteht eigentlich nur darin, daß die Inhalte des εὐαγγέλιον *[euangelion]* jeweils verschieden bestimmt sind.

1) So große Bedeutung dem Verbum εὐαγγελίζομαι *[euangelizomai]* und dem Subst. εὐαγγέλιον *[euangelion]* im NT auch zukommt, so unterschiedlich ist das Vorkommen dieser beiden Wörter in den einzelnen Schriften des NT: εὐαγγελίζομαι *[euangelizomai]* begegnet bei Mt nur 1mal (11,5), bei Lk hingegen (einschließlich Apg) 25mal, bei Paulus 19mal, dazu 2mal in Eph, 2mal in Hebr, 3mal in 1Petr; außerdem findet sich in Offb 2mal εὐαγγελίζω *[euangelizō].* Während sich also bei Mk das Verbum nicht findet, begegnet das Subst. bei ihm 7mal (bei Mt 4mal). Umgekehrt zeigt Lk eine ausgesprochene Vorliebe für die Verbalform εὐαγγελίζομαι *[euangelizomai];* das Subst. verwendet er nur 2mal in der Apg (15,7 und 20,24). Bes. häufig begegnet aber das Subst. εὐαγγέλιον *[euangelion]* bei Paulus (52mal); ferner in Eph 4mal, in den Pastoralbriefen 4mal, 1Petr und Offb je 1mal. Daß die johanneischen Schriften (Ev und Briefe) Verbum und Subst. nicht kennen, ist ein bes. auffallender Tatbestand, der sich vielleicht mit dem Hinweis auf ihre besondere theologische Konzeption (sog. präsentische Eschatologie) erklären läßt. Dennoch wäre es verfehlt, wollte man aus dem Fehlen des Verbums oder des Subst. in einzelnen nt. Schriften immer auch auf das Fehlen der mit ihnen gemeinten Sache schließen. So wird sie in den joh. Schriften zB durch Begriffe wie μαρτυρέω *[martyreō]* = *zeugen* und μαρτυρία *[martyria]* = → *Zeugnis* zur Sprache gebracht. III

2) Es ist unwahrscheinlich, daß Jesus selbst den Begriff εὐαγγέλιον *[euangelion]* oder – genauer – dessen hebr. bzw. aram. Äquivalent zur umfassenden Kennzeichnung seiner Botschaft verwendet hat. Wenigstens finden sich dafür keine eindeutigen Belege. Selbst Stellen wie Mk 13,10 oder 14,9 lassen sich nicht als echt sichern. Möglicherweise hat Jesus darauf hingewiesen, daß die Worte messianischer Erwartung aus Jes 35 und 61 in seinem Reden und Tun zum Ziele kommen (vgl. Mt 11, 5f = Lk 7,22 aus Q: πτωχοὶ εὐαγγελίζονται *[ptōchoi euangelizontai]* = den Armen erklingt die Freudenbotschaft; auch Lk 4,18, wo sich Jesus auf Jes 61,1 bezieht), allerdings so zum Ziele kommen, daß die an den jesajanischen Freudenboten landläufig geknüpften Erwartungen (zB der äußeren Befreiung und der Vernichtung der Feinde Israels) enttäuscht werden (Mt 11,6). Sicher meint die Antwort an den Täufer in Mt 11,5f, daß die seit Jesaja erwartete Freudenbotschaft jetzt proklamiert wird und jetzt wirksam ist. Eine letzte Eindeutigkeit in der Frage, ob diese Logien auf Jesus selbst zurückgeführt werden können, ist jedoch nicht zu erreichen.

Die entscheidende Frage lautet indessen auch nicht, ob Jesus selbst das Wort *Evangelium* gebraucht hat, sondern ob mit diesem Wort die Sache, um die es in seiner Botschaft geht, getroffen wird. Daß Jesus seine Botschaft von der kommenden Gottesherrschaft (Mk 1,14; → Reich), die in seinem Wort und in seinem Tun schon gegenwärtig ist, als Freudenbotschaft verstanden hat, ist keine Frage: »Selig eure Augen, die sehen, was ihr seht, und eure Ohren, die hören, was ihr hört« (Mt 13,16). Diese Freudenbotschaft ist nun aber von dem Boten, der sie bringt, nicht zu trennen, und dieser Bote ist Jesus selbst (vgl. Lk 11, 20; Mt 5,1f u. ö.; vgl. ThWb II,726). Aber er erscheint nicht nur als Bote und Autor dieser Botschaft, sondern zugleich auch als ihr Inhalt, dh als der, von dem diese Botschaft redet. Es ist deshalb ganz folgerichtig, wenn die frühe christliche Gemeinde den Begriff εὐαγγέλιον *[euangẹlion]* aufnimmt, um damit zusammenfassend die an das Kommen Jesu gebundene Heilsbotschaft zu beschreiben.

3) Vieles spricht dafür, daß es Paulus war, der den Begriff εὐαγγέλιον *[euangẹlion]* in den Wortschatz des NT hineingebracht hat. Damit ist allerdings nicht gesagt, daß er auch als erster dieses Wort ohne nähere Deutung für den gesamten Inhalt der Botschaft verwendet, es also mit dem Namen → Jesus Christus synonym gebraucht hat. Im Gegenteil, der häufige absolute Gebrauch des Wortes *Evangelium* bei Paulus (mindestens 23mal ohne weitere Ergänzungen, die den Inhalt dieser Botschaft näher beschreiben) weist eher darauf hin, daß er bereits einen seinen Lesern geläufigen Sprachgebrauch übernimmt: Was das Evangelium beinhaltet, wissen diese. So ist es denkbar, daß dieser Sprachgebrauch schon in den frühen Gemeinden in formaler Anknüpfung an das Evangelium des Kaiserkultes, zugleich aber in bewußter Konfrontation dazu ausgebildet worden war. Denn vor allem in der Missionspraxis trat die Heilsbotschaft von Jesus Christus schon wegen ihres universalen Anspruches der politisch-messianischen Heilsbotschaft gegenüber. Daß sich dann in der Folge mit dieser hellen. Terminologie sehr bald at. Aussagen und Vorstellungen, vor allem aus der Prophetie von Jes 40–66, verbanden, liegt auf der Hand, zumal »die Verbindung zwischen hellen.-orientalischer Erlöservorstellung und der hinter Deuterojesaja stehenden Heilskönig-Ideologie sich von der Sache her nahelegte« (Schneemelcher, S. 42).

Bei Paulus nun ist εὐαγγέλιον *[euangẹlion]* zu einem Zentralbegriff seiner Theol. geworden. Er meint die bekannte *Frohbotschaft:* daß Gott in Jesu Menschwerdung, Tod und Auferstehung zum Heile (→ Erlösung) der Welt gehandelt hat (vgl. die inhaltliche Entfaltung durch Bekenntnisformeln in Röm 1,1ff; 1Kor 15,1ff). Sofern dieses Geschehen schon im AT verheißen ist, gehört das AT in das Evangelium hinein (ἐπαγγελία *[epangelịa]* = → *Verheißung* ist sprachlich und inhaltlich mit εὐαγγέλιον *[euangẹlion]* eng verwandt, und die Auseinandersetzung um Gesetz und Evangelium erscheint bei Paulus bezeichnenderweise unter diesem Begriff). Aber εὐαγγέλιον *[euangẹlion]* meint bei ihm nicht nur einen bestimmten Inhalt, sondern auch den Akt, den Vorgang, den Vollzug der Verkündigung. Inhalt und Vollzug der Verkündigung sind eins und werden auch gedanklich nicht voneinander getrennt (Röm 1,1), oder sie werden doch dicht nebeneinander gestellt (1Kor 9,14. 18). Denn eben in der Verkündigung vollzieht sich ja dieser Inhalt, wirkt er das Heil, das in ihm für die Menschen beschlossen liegt. »Das Evangelium zeugt nicht nur von einem Heilsgeschehen, es ist selbst Heilsgeschehen . . .« (GFriedrich, ThWb II,729). So wird die Tätigkeit des → Verkündigens nicht nur mit dem Verbum εὐαγγελίζομαι *[euangelịzomai]* umschrieben (wie zB 1Kor 1,17), sondern vor allem auch mit dem Subst. εὐαγγέλιον *[euangẹlion]* als einem nomen actionis (2Kor 8,18 meint εὐαγγέλιον *[euangẹlion]* die *Verkündigung des Evangeliums)*. Demzufolge muß der Genitiv in der Wendung »Evangelium Gottes« oder »Evangelium Christi« bzw. »des Sohnes Gottes« (Röm 1,1; 15,16; 1Kor 9,12; 2 Kor 2,12 u. ö.) zugleich als objektiver und als subjektiver Genitiv verstanden werden: Christus bzw. Gott ist Inhalt und Autor des Evangeliums. Es fällt schwer, hier scharf zu trennen, wiewohl Paulus den Akzent einmal mehr auf diese, einmal mehr auf jene Seite legt. Dieses Evangelium ist dort, wo es verkündigt wird (εὐαγγελίζεσθαι *[euangelịzesthai]* in 2Kor 11,7; Gal 1,11; κηρύσσειν *[kærỵssein]* in Gal 2,2; 1Thess 2,9; καταγγέλλειν *[katangẹllein]* in 1 Kor 9,14; λαλεῖν *[lalẹin]* in 1Thess 2,2; → Verkündigung; → Wort) wirkkräftiges Wort: Es schafft → Glauben (Röm 1,16f; Phil 1,27), wirkt Rettung und Heil (Röm 1,16; 1Kor 15,2), auch → Gericht (Röm 2,16), macht die → Gerechtigkeit Gottes offenbar (Röm 1,17), bringt die Erfüllung der → Hoffnung (Kol 1,5.23), greift in das Leben der Menschen ein und schafft Gemeinden. Da dieses Evangelium keine menschliche Erfindung ist (Gal 1,11), sondern da Gott bzw. Christus selbst durch seine Boten, die Apostel, redet, sind Evangelium und Apostolat eng aufeinander bezogen (2Kor 10–13; vgl. Gal 2,7f, wo εὐαγγέλιον *[euangelion]* im Sinne der Verkündigung der Botschaft deutlich als Sinn und Gehalt der ἀποστολή *[apostolæ]*, der apostolischen Sendung – des Paulus wie des Petrus, zu den Völkern wie zu den Juden – qualifiziert wird). Wie in Jes 62 die Wächter auf den Mauern das Kommen Gottes verkündigen, so verkündigen die Boten das Evangelium (Röm 10,15). Paulus weiß sich durch Christus berufen, das Evangelium bes. den Heiden zu bringen (Röm 1,1; Gal 1, 16) und so das eschatologische Geschehen auch über die Grenzen Israels hinaus weiterzuführen (Röm 15,9). Seine gesamte Tätigkeit ist ein εὐαγγελίζεσθαι *[euangelizesthai]* (1Kor 1,17). Darum kann er als der »Genosse des Evangeliums« (1Kor 9,23) auch von »seinem Evangelium« reden (zB Röm 16,25; 2Kor 4,3); er meint damit das eine Evangelium, das auch in Jerusalem verkündigt wird (Gal 1,6–9; 2Kor 10,13–16), das nur jetzt aus den Schranken des jüd. Gesetzes herausgetreten ist: das gesetzesfreie Evangelium für die Heiden (Gal 1,16; 2,7.8; Röm 1,15). Die Gegner des Paulus haben allerdings ein »anderes Evangelium« (Gal 1,6–10; 2Kor 11,4). Von ihnen wird Paulus angegriffen. Aber weil Apostolat und (verkündigtes) Evangelium zusammengehören, darum ist jeder Angriff auf Paulus und sein Apostolat ein Angriff auf das Evangelium und umgekehrt. Denn das Evangelium verkündigen heißt nicht sich selbst, sondern – wie unter einem Zwang stehend (1Kor 9,16) – den Herrn empfehlen (2Kor 10,18; 4,5; Gal 1,10).

4) Auch bei den Synopt. ist εὐαγγέλιον *[euangelion]* der Name für die Frohbotschaft von dem Heilsgeschehen in Jesus Christus, wie sie in der Gemeinde verkündigt wird. Im einzelnen aber finden sich bei den Evangelisten verschiedene, durch die jeweilige theol. Konzeption bedingte Akzentuierungen:

a) In großer Nähe zum paulinischen Verständnis von εὐαγγέλιον *[euangelion]* steht Markus, der dieses Wort außer in 1,1 und 1,14 immer absolut gebraucht. Da es sich bei ihm offensichtlich nur in redaktionellen Stellen findet, kann man mit einiger Sicherheit annehmen, daß er es gewesen ist, der dieses Wort (vielleicht von Paulus übernommen) in die synopt. Tradition eingeführt hat. Mt und Lk sind von ihm abhängig, wandeln aber seine Vorstellungen ab. Auch für Mk gilt: Jesus Christus ist Inhalt und Autor des Evangeliums. Wo es verkündigt wird, ist er gegenwärtig und wirksam, – so gegenwärtig, daß man das, was man um des Evangeliums willen tut, um Jesu willen tut (Mk 8,35; 10,29). Inhalt dieses Evangeliums ist die Geschichte Jesu in ihren einzelnen Ereignissen (vgl. Mk 14,5). Aber Mk stellt sie nicht eines historischen Interesses wegen zusammen, sondern er benutzt die erzählende Überlieferung von Jesus, um zu interpretieren, was Evangelium ist; nicht die Kunde von einem strahlenden göttlichen Erlöser, sondern von der Rettung durch den leidenden Menschensohn, dessen verborgene Herrlichkeit als → Sohn Gottes erst in der Nachfolge (→ Jünger) auf dem Kreuzesweg erkannt wird. Darum setzt er auch εὐαγγέλιον *[euangelion]* gleichsam als Überschrift über sein ganzes Werk (1,1: Anfang des Evangeliums Jesu Christi); das meint, diese Geschichten sind Anrede, nicht Berichte von Jesus. Sie sind frohe Botschaft, in der Jesus als der lebendige Herr verkündigt wird und in der er selbst die Leser des MkEv anredet, Glauben wirkend und fordernd (Mk 1,15).

b) Gegenüber diesem Gebrauch von εὐαγγέλιον *[euangelion]* bei Mk ist bei Matthäus, der dieses Wort nie ohne näheren Zusatz wie »Evangelium vom Reich« (4,23; 9, 35), »dieses Evangelium« (26,13; vgl. auch 24,14) verwendet, eine Akzentverschiebung festzustellen. Im Vordergrund steht hier Jesus als der Bringer, als der Verkündiger des Evangeliums. Was Evangelium ist, zeigt sich vor allem in der → Lehre, in der Jesus seine Jünger unterweist (4,23; 9,35; 24,14; anders 26,13, wo *Evangelium* die Passionsgeschichte meint). Aber indem die Gemeinde dieses einmal verkündigte Evangelium weitersagt, wird auch bei Mt Jesus selbst zu seinem Inhalt (vgl. vor allem Mt 24,14; 26,13).

c) Bei Lukas fehlt der Begriff *Evangelium* bis auf Apg 15,7 und 20,24. Es ist denkbar, daß das mit seiner besonderen Konzeption zusammenhängt, nach der die Jesuszeit von der Zeit der Kirche, damit auch die Predigt Jesu von der apostolischen Predigt zu unterscheiden ist. So kann er wohl diese apostolische Predigt εὐαγγέλιον *[euangẹlion]* nennen (Apg 15,7; 20,24), nicht aber die Predigt Jesu (bes. instruktiv in diesem Zusammenhang die Abwandlung von Mk 10,29: εὐαγγέλιον *[euangẹlion]* in Lk 18,29: βασιλεία *[basilẹia]*). Dagegen spricht auch nicht, daß Lk offensichtlich mit besonderer Vorliebe das Verbum εὐαγγελίζεσθαι *[euangelịzesthai]* verwendet. Denn es hat bei ihm kaum noch die prägnante Bedeutung wie bei Paulus, wo es Jesu ganzes Werk umfaßt, sondern ist fast zum terminus technicus für *verkündigen* geworden. Daß es im Wechsel mit anderen Verben des → Verkündigens wie κηρύσσειν *[kærỵssein]* (vgl. dazu die Mk-Vorlagen für Lk 4,43; 9,6, auch Lk 4,18), καταγγέλλειν *[katangẹllein]* (Apg 9,20; 19,13), διδάσκειν *[didạskein]* (Lk 20,1; → Lehre) gebraucht wird und daß Lk diese mündliche Verkündigung meistens erst durch einen Zusatz wie »Reich Gottes« (4,43; 8,1), »Jesus« (Apg 5,42; 8,35; 11,20 u. ö.) qualifiziert sein läßt, weist in diese Richtung. Deshalb kann Lk auch die Tätigkeit des Täufers mit εὐαγγελίζεσθαι *[euangelịzesthai]* beschreiben (3,18), obwohl er ausdrücklich betont, daß die Herrschaft Gottes erst nach dem Täufer verkündigt wird (16,16). Hier hat εὐαγγελίζεσθαι *[euangelịzesthai]* also beinahe wieder seine breitere allg. hellen. Bedeutung *eine Heilsbotschaft verkündigen* zurückerhalten und ist nicht mehr christologisch bezogener Begriff.

5) Die übrigen nt. Schriften, die εὐαγγέλιον *[euangẹlion]* oder εὐαγγελίζομαι *[euangelịzomai]* verwenden, bleiben im ganzen in ihren Aussagen auf der Linie des Paulus, heben nur bestimmte Aspekte dieses wirkkräftigen Evangeliums, das nicht Menschenwort, sondern Gotteswort ist (1Petr 1,12), aber durch den Dienst der Apostel weitergetragen wird (2Tim 1,11), hervor. Sein Inhalt, Jesus Christus, der von den Toten auferweckt worden ist, aus der Nachkommenschaft Davids (2Tim 2,8), bezieht sich nicht nur auf ein einmaliges Geschehen, sondern erweist sich als ein gegenwartsmächtiges Wort, so daß es von Menschen nicht in Fesseln geschlagen werden kann (2Tim 2,9). Denn dieses Evangelium schafft Wiedergeburt und neues Leben (1Petr 1,23–25), es ist als Friedenswort wirksam (Eph 2,17; 6,15) und holt die Fernen und die Nahen, die Heiden und die Juden zusammen (Eph 3,1–9), es schenkt Rettung und Heil (Eph 1,13) und hat »Leben und unvergängliches Wesen ans Licht gebracht« (2Tim 1,10).

6) So verschieden auch der Begriff εὐαγγέλιον *[euangẹlion]* im NT akzentuiert ist und entfaltet wird – die skizzierte Entwicklung von Paulus über Mk bis hin zu Mt und Lk hat das deutlich gemacht –, immer geht es bei ihm um die mündliche verkündigte Heilsbotschaft, nie um etwas schriftlich Fixiertes, etwa um ein → Buch oder einen Brief. Darauf weisen nicht zuletzt auch die Synonyma für εὐαγγέλιον *[euangẹlion]* und εὐαγγελίζεσθαι *[euangelịzesthai]* hin (κηρύσσειν *[kærỵssein]*, καταγγέλλειν *[katangẹllein]*, λαλεῖν *[lalẹin]*, λόγος *[lọgos]* usw.). Diese mündliche Botschaft ist e i n e, auch wenn Paulus von »seinem« Evangelium (εὐαγγέλιόν μου *[euangẹliọn mou]* Röm 2,16) reden kann. Das NT kennt nur d a s Evangelium, der Plur. »die Evangelien« widerspricht seinem Wesen (GBornkamm, S. 749).

Daß man dennoch seit dem 2. Jh. von Evangelien spricht und damit Evangelienschriften meint, setzt eine Entwicklung voraus, die sich in ihren Anfängen bis zu Mk zurückverfolgen läßt. Mk hat das Evangelium mit dem, was er an Geschichten von Jesus aufgeschrieben hat, in Zusammenhang gebracht –, er hat beides aber nicht gleichgesetzt. Der Eingangssatz seines Werkes »Anfang des Evangeliums Jesu Christi« (V. 1) meint ja (s. o. 4a) gerade nicht, daß es im Folgenden um die (Lebens-)Geschichte Jesu geht. Aber diese Gleichsetzung ist später im Zuge einer Historisierungstendenz, die schon bei Mt und bei Lk erkennbar ist, vorgenommen worden, so daß nun *Evangelium* zur Bezeichnung eines Buches und folglich auch die Pluralbildung τὰ εὐαγγέλια *[ta euangẹlia]* als Sammelbegriff für diese »Berichte« möglich wird. Für Lk gilt das noch nicht; denn er wendet in seinem Prolog (1, 1–4) für die zu seiner Zeit offensichtlich in großer Zahl vorhandenen Evangelienschriften die Bezeichnung *Evangelien* nicht an (stattdessen διήγησις *[diạgæsis]* = Bericht). Aber im Laufe des 2. Jh. setzt sich dieser Sprachgebrauch für diese in der Umwelt des NT analogielose Literaturgattung durch. Dennoch hält sich daneben auch weiterhin die nt. Erkenntnis,

»daß das Evangelium eine Einheit ist und daß es die Verkündigung des Heils ist« (Schneemelcher, S. 44; vgl. dazu zB Luther, in WA XII, 259: »Evangelion . . . ist eygentlich nicht das, das ynn büchern stehet und ynn buchstaben verfasset wirtt, sondernn mehr eyn mundliche predig und lebendig wortt, und eyn stym, die da ynn die gantz wellt erschallet und offentlich wirt außgeschryen, das mans uberal höret«).

7) εὐαγγελιστής *[euangelistæs]* ist Bezeichnung für den, der das εὐαγγέλιον *[euangelion]* verkündigt. Dieses in der nichtchristl. Lit. sehr seltene, in der altchristl. Lit. umso häufigere Wort begegnet im NT nur Apg 21,8 (von Philippus), Eph 4,11 (neben Aposteln, Propheten, Hirten, Lehrern) und in 2Tim 4,5 (von Timotheus). An diesen drei Stellen ist der *Evangelist* vom Apostel zu unterscheiden. Bes. deutlich wird das beim Evangelisten Philippus, dessen Tätigkeit durch die Apostel Petrus und Johannes erst bestätigt werden muß (Apg 8,14f). Der Begriff εὐαγγελιστής *[euangelistæs]* wird also offensichtlich auf Personen angewandt, die die Aufgaben der unmittelbar von dem auferstandenen Christus berufenen Apostel weiterführen, wobei es im einzelnen nur schwer zu entscheiden ist, ob damit schon ein Amt oder nur eine Tätigkeit gemeint ist. Diese Evangelisten können als Missionare (Apg 21,8) oder als Gemeindeleiter tätig sein (2Tim 4,5). Als Bezeichnung für den Verfasser eines Evangeliums taucht εὐαγγελιστής *[euangelistæs]* erst in dem Augenblick auf, da εὐαγγέλιον *[euangelion]* Bezeichnung für ein Buch wird und man von Evangelien redet.

U. Becker/Hann.

Lit.: AHarnack, Entstehung und Entwicklung der Kirchenverfassung in den zwei ersten Jahrhunderten, 1910, 234ff – MBurrows, The Origin of the Term Gospel, JBL 44, 1925 – JSchniewind, Euangelion, Ursprung und erste Gestalt d. Begriffs Evangelium, 1927/1931 – MDibelius, Die Formgeschichte des Evangeliums, 1933^{2} – EMolland, Das paulinische Evangelium. Das Wort und die Sache, 1934 – GFriedrich, Art. εὐαγγελίζομαι etc., ThWb II,1935, 705ff (dort weitere Lit.) – RAsting, Die Verkündigung des Wortes im Urchristentum, 1939 – WSchmauch, Art. Evangelium, EKL I, 1956, 1213ff (dort weitere Lit.) – GBornkamm, Art. Evangelien, formgeschichtlich; Evangelien, synoptische, RGG II, 1958^{3}, 749ff (dort weitere Lit.) – WMarxsen, Der Evangelist Markus, 1959^{2}, bes. 77ff – WSchneemelcher, Evangelium. Zur Entstehung der Evgg., in: EHennecke/WSchneemelcher, Nt. Apokryphen, I, 1959^{3}, 41ff – PGVerweijs, Evangelium und neues Gesetz in der ältesten Christenheit bis auf Marcion, 1960 – RBultmann, Theologie des NT, 1961^{4}, 88ff – PBläser, Art. Evangelium, Handb. Theol. Grundbegriffe I, 1962, 355ff (kath.) – GGloege, Art. Evangelium, in: Theol. f. Nichttheologen, F. 1, 1963, 97ff – RBultmann, Die Geschichte der synoptischen Tradition, 1964^{6} – HConzelmann, Die Mitte der Zeit, 1964^{5} – ESchweizer, Die theologische Leistung des Markus, EvTh 24, 1964, 337ff – EHaenchen, Der Weg Jesu. Eine Erklärung d. MkEv u. d. kanonischen Parallelen, 1966 – GStrecker, Der Weg der Gerechtigkeit, 1966^{2} – FMußner, Evangelium und Mitte des Evangeliums, in: ders., Praesentia Salutis, 1967, 159ff – PStuhlmacher, Das paulinische Evangelium I, 1968 (= FRLANT, 95) – AVögtle, Das Evangelium und die Evangelien, 1971 – GStrecker, Evangelium und Kirche nach dem katholischen und evangelischen Verständnis, 1972 – EKäsemann, An die Römer, 1974^{3}, 4ff (= HNT, 8a).

Ewigkeit → Zeit

Fallen, abfallen

Bei den Vokabeln dieser Gruppe geht es jeweils um die Lösung einer Sache oder Person vom bisherigen Standort bzw. aus der bislang bestehenden Verbindung und eine damit gegebene Trennung, meist mit der Folge einer neuen Position. Gewichtig innerhalb des NT ist die Verwendung für den Fall bzw. Abfall des Menschen. Während πίπτω *[piptō]* mehr das Plötzliche und Überraschende, mit dem es zum Fall und damit zum Abfall kommt, und seine Verursachung durch eine fremde Macht ins Auge faßt, hebt ἀφίστημι *[aphistæmi]* stärker hervor, daß menschlicher Eigenwille zur Fortbewegung, zum Abfall von Christus führt. Von daher gewinnt παράπτωμα *[paraptōma]* die Bedeutung → Sünde und wird deshalb dort behandelt, obwohl der gesamte Inhalt der Begriffe dazu in enger Nachbarschaft steht.

ἀφίστημι

ἀφίστημι *[aphịstæmi]* (sich) entfernen, ablassen, abfallen · ἀποστασία *[apostasịa]* Abgefallensein, Abfall · ἀποστάσιον *[apostạsion]* Scheidebrief

A.

I ἀφίστημι *[aphịstæmi]* (seit Homer), Kompositum von ἵστημι *[hịstæmi]*, bedeutet trans. *wegstellen, entfernen* und zwar a) räumlich, b) aus einem Zustand oder Verhältnis, c) aus der Gemeinschaft mit einer Person: *von jemandem* (privat oder politisch) *abbringen, abtrünnig machen* (seit Herodot). – Intrans. heißt es entsprechend *sich entfernen, weggehen; abstehen, ablassen, unterlassen, aufgeben; weichen, sich trennen; abfallen.* – Dazugehörig sind die Subst.e ἀπόστασις *[apọstasis]* = das *Abfallen* (erst im klassischen Griech., etwa seit Thukydides); ἀποστάτης *[apostạtæs]* = *Abtrünniger, politischer Rebell* (zB »gegen den König«, »gegen das Vaterland«; spät. bei Polybius); eine späte Bildung für das klassische ἀπόστασις *[apọstasis]* ist ἀποστασία *[apostasịa]* = das *Abgefallensein* (zB »von Nero«; »von den Römern«).

II 1) In LXX findet sich die Wortgruppe mehr als 250mal als Übers. von etwa 40 verschiedenen hebr. Wörtern, am häufigsten von *hēsir* (sur) (etwa 65mal) = *entfernen.* Theol. bes. bedeutsam ist die Übers. der Formen von *mā'al* = *Untreue begehen* bzw. *pflichtwidrig handeln* gegen das Gesetz (2Chr 26,18; 28,19.22; 29,6; 30,7; 33,19), *pāscha'* = *sich auflehnen, sich empören* (2Chr 21,8.10; Jer 33,8; Ez 20,38), *mārad* = *widerspenstig sein, sich empören* (Gen 14,4; Num 14,9; Jos 22,16ff; 2 Chr 13,6; Esr 4,12.15.19; Neh 2,19; 6,6; 9,26; Ez 17,15; Dan 9,5.9); → Sünde, Art. παράπτωμα.

Die Bedeutung von ἀ. und seinen hebr. Äquivalenten entspricht dem profan-griech. Gebrauch: räumliches Entfernen (Gen 12,8), Trennung von Personen (1 Sam 18,13; Ps 6,9), Lösung aus einem Verhältnis (Num 8,25), oder Zustand (Spr 23,18; Jes 59,9), politischer Abfall (Gen 14,4; 2 Chr 21,8.10; Ez 17,15). Aus dieser häufigsten Bedeutung des Wortes haben sich auch die meisten Nominalbildungen entwickelt.

Dem profanen Griech. fremd ist die Beziehung auf religiöse Zusammenhänge: Gott setzt sich von Menschen ab (Ri 16,20; 2 Kön 17,18; 23,27; Ps 10,1; Ez 23,18) und entzieht seine Gaben (Num 14,9 Schutz; Ri 16,17.19 Kraft; 2 Sam 7,15 Barmherzigkeit; Jes 59,11.14 Heil). Das hat seine Ursache darin, daß sich Menschen eigenwillig von Gott entfernen (Dtn 32,15; Jer 2,19; 3,14; 17, 5.13; Sir 10,12), seine Geschenke verachten (Num 14,31 das Land; Neh 9,26 das Gesetz). Dieser Abfall vollzieht sich im kultischen Dienst für andere Götter (Dtn 7,4; 13,10.13; Jos 22; Ri 2,19; 2 Chr 29,6; 1 Makk 2,19) und im – Gott gegenüber – ungehorsamen ethischen Verhalten (Jes 30,1; Ez 33,8; Dan 9,9–11; Sir 48,15; 2 Makk 5,8). Auf diesem Hintergrund müssen die Mahnungen verstanden werden, von der Sünde Abstand zu nehmen (Ex 23,7; Ps 119,29; Jes 52,11; Tob 4,21; Sir 7,2; 23,12; 35,3).

2) In Qumran wird die Abkehr von der Gemeinde und ihren Ordnungen grundsätzlich als Apostasie verurteilt. Die Sektenschrift setzt für den umkehrwilligen Apostaten eine zweijährige Bußzeit fest (1QS 7,18ff); wer der Gemeinde schon länger als 10 Jahre angehört hat, wird im Falle von Apostasie ganz ausgeschlossen (1QS 7,22ff).

III 1) Im NT findet sich die Wortgruppe nur bei Lukas (ἀ. 10mal und 2mal v. l.; ἀποστασία *[apostasịa]* Apg 21,21), Paulus (ἀ. 3mal und 1 Tim 6,5 v. l.; ἀποστασία *[apostasịa]* 2 Thess 2,3) und Hebr 3,12. Außer Apg 5,37 kommt nur die intrans. Bedeutung vor.

2) In räumlichem Sinn steht ἀ. Lk 2,37. – Häufiger bezeichnet es die Trennung von Personen: Wenn von einer Bestrafung Abstand genommen werden soll (Apg 5,38; 22,29), Markus die Arbeitsgemeinschaft mit Paulus aufhebt (Apg 15,38), die Christen aus der jüd. Gemeinde ausscheiden (Ap 19,9), überirdische Wesen vom Menschen weichen (Lk 1,38 v. l.; 4,13; 24,51 v. l.; Apg 12,10; 2 Kor 12,8). – Lk 13,26 und 27 (Zitat Ps 6,9) werden die Gläubigen vor einer unfruchtbaren Jüngerschaft gewarnt. Indem ihnen in einem Gleichniswort die Möglichkeit eines »Zu-spät« vor Augen gestellt wird, werden sie von einer spekulativen Fragestellung (V. 23) weg in ihrer ganzen Existenz in die echte Entscheidung gerufen. Von dem, der die gegenwärtige Stunde der Gnade nicht erkennt und ergreift, kann einst der Herr die tödliche Trennung vollziehen: ἀπόστητε ἀπ' ἐμοῦ *[apọstæte ap emọu]* = weichet von mir (V. 27).

In 2 Tim 2,19 ist ἀ. auf das sittliche Verhalten übertragen: Es gilt, sich von der Ungerechtigkeit in Wort und Tat fernzuhalten. – Politischen Abfall erwähnt Apg 5,37.

3) Theol. wesentlich ist die Bedeutung des religiösen Abfalls: Apg 21,21 (vgl. 2 Makk 5,8; Jak 2,11 v. l.) wird Paulus vorgeworfen, er verführe die Diasporajuden dazu,

das at. Gesetz zu mißachten. – Das absolut stehende ἀποστασία *[apostasia]* 2 Thess 2,3 ist fester Ausdruck aus der jüd. Apokalyptik, die von einer Periode des Abfalls kurz vor dem Erscheinen des Messias zu erzählen weiß (Hen 5,4; 93,9). Paulus bezieht dieses Ereignis auf die antichristliche Zeit unmittelbar vor der Wiederkunft Christi. – 1 Tim 4,1 beschreibt das endzeitliche »Vom-Glauben-Abfallen« als ein dem falschen Glauben der Irrlehrer Zufallen. – Wahrscheinlich denkt auch Lk 8,13 an den Abfall in der endzeitlichen Versuchung: Menschen sind zum Glauben gekommen, sie haben das Evangelium angenommen und zwar »mit Freuden«. Aber unter dem Druck von Verfolgung und Bedrängnis um des Glaubens willen heben sie die mit Gott eingegangene Verbindung wieder auf. – Nach Hebr 3,12 (vgl. Hebr 6,6 s. u. → Sünde, Art. παράπτωμα; Art. → πίπτω) geschieht der Abfall im ungläubigen und eigenwilligen Wegbewegen von Gott (im Gegensatz zu Hebr 3,14), das unbedingt verhindert werden muß.

ἀ. bezeichnet also an den zuletzt genannten Stellen den schwerwiegenden Sachverhalt der Loslösung vom lebendigen Gott nach einer vorhergegangenen Zuwendung zu ihm, den Abfall vom Glauben. Es ist eine Bewegung des Unglaubens und der Sünde, die auch durch andere Wörter (par zu Lk 8,13; → Anstoß, Art. σκάνδαλον; sachliche Äquivalente zu 1 Tim 4,1: ναυαγέω 1,19; ἀστοχέω 1,6; 6,21; 2 Tim 2,18; vgl. auch ἀπέρχομαι Joh 6,66; ἀποστρέφω; ἀρνέομαι; μετατίθημι; μὴ μένειν Joh 15,6; → Art. πίπτω; → Verführung, Art. πλανάω) und Bilder (zB Mt 24,9–12; Offb 13) wiedergegeben werden kann. Wie schon die entsprechenden hebr. Wörter zu ἀ. in LXX zeigen, hebt es neben παραπίπτω *[parapiptō]* (Hebr 6,6) stark den Anteil des menschlichen Willens am Verlust des Glaubens hervor.

B.

ἀποστάσιον *[apostasion]* ist im profanen Griech. juristischer Ausdruck »im Sinne von Übergabe bei Kauf, Auflassung, Abtretung u. ä.« (Bauer 194). Durch den dabei vorliegenden Verzicht auf den eigenen Anspruch gewinnt ἀ. seine Bedeutung im jüd. Eherecht (= *Scheidebrief)*. I/II

In LXX (Dtn 24,1.3; Jes 50,1; Jer 3,8) ist (βιβλίον) ἀποστασίου *([biblion]) [apostasiou]*, hebr. *sefer kᵉritut* der *Scheidebrief*, der eine Ehescheidung formal-rechtlich gültig machte, etwa mit der Bedeutung eines notariellen Aktes. Dieses Dokument konnte nur der Ehemann ausstellen. Es diente im Interesse der Frau für etwaige güterrechtliche Ansprüche und als Ausweis, daß die Geschiedene eine neue → Ehe eingehen konnte.

Aus dieser juristischen Formalität begründen Gegner Jesu im NT (Dtn 24,1 wird zitiert in Mt 5,31; 19,7; Mk 10,4) die Erlaubnis einer Ehescheidung. Mose hat die Ehescheidung erlaubt als Konzession an die Härte des menschlichen Herzens; der ursprüngliche Gotteswille – »am Anfang«, im Paradies – sah keine Ehescheidung vor. Jesus lehnt die Scheidung auch jetzt ab; denn in ihm ist das göttliche Heil Gegenwart geworden, dh in ihm kommt die Ordnung wieder zur Geltung, wie sie »am Anfang« gegolten hat. Jesus stellt also nicht ein Gesetz auf, sondern er gibt das eschatologische Heil, auf das der Mensch mit Dankbarkeit im Gehorsam antworten kann und soll. Ehescheidung ist Ehebruch, auch mit der korrekten Aushändigung eines Scheidebriefes. – Vgl. auch die verkürzte Formel für die Ehescheidung ἀπολύειν γυναῖκα *[apolyein gynaika]* = eine Frau entlassen (Mt 5,31). III

W. Bauder

πίπτω

πίπτω *[piptō]* fallen · ἐκπίπτω *[ekpiptō]* heraus-, hinfallen, abirren · καταπίπτω *[katapiptō]* hinfallen · παραπίπτω *[parapiptō]* danebenfallen, sündigen · περιπίπτω *[peripiptō]* in, auf, unter etwas fallen · πτῶμα *[ptōma]* der (das) Gefallene, der Leichnam · πτῶσις *[ptōsis]* der Fall, der Sturz

πίπτω *[piptō]* (Wurzel πετ *fallen, fliegen,* mit Reduplikation; vgl. lat. *peto*) hat die Grundbedeutung *fallen, stürzen,* von einer Höhe herab oder aus bisher aufrechter Stellung; vom Menschen: *fallen im Kampf,* aber auch: *ins Leben fallen* = *geboren werden* (Hom. Il. 19,110); auch absichtliches Stürzen: *sich niederwerfen.* In übertragener Bedeutung heißt π. *in Wut, Unglück, Schande* I *u. ä. geraten, zu Fall kommen* (aber nicht schuldhaft im Sinn einer sittlichen Entgleisung), ferner *einen vernichtenden Fall tun, zugrunde gehen.*

Die Substantive πτῶσις *[ptōsis]* = das *Hinfallen* und πτῶμα *[ptōma]* = das *Gefallene* bezeichnen den *(Ein-)Sturz,* übertragen das *Unglück, Mißgeschick, Verderben.* πτῶμα *[ptōma]* hat – wie π. – die besondere Bedeutung: das Gefallene von einem lebendigen Wesen – der *Leichnam,* bes. von einem gewaltsam Getöteten.

ἐκπίπτω *[ekpiptō]* heißt *heraus-, herabfallen,* dann *von etwas abkommen,* zB *vom Weg abirren, die Hoffnung aufgeben;* in passivischer Bedeutung *vertrieben, ausgeschlossen werden* oder *einer Sache verlustig gehen.* Als seemännischer Fachausdruck: *vom Meer verschlagen werden, treiben, an Land geworfen werden,* weil eine eingeschlagene Richtung nicht eingehalten werden kann.

περιπίπτω *[peripiptō]: in, auf, unter etwas fallen* oder *geraten,* bes. wenn es sich um mißliche Verhältnisse handelt, meist zufällig und unverschuldet. – παραπίπτω *[parapiptō]* wörtlich: *danebenfallen, sündigen* (→ Sünde).

II Die LXX übersetzt mit πίπτω *[piptō]* meist Bildungen von *nāfal,* mit dem es sich im Sprachgebrauch fast völlig deckt. Die Wortgruppe zeigt hier dieselbe Reichhaltigkeit der Verwendung wie außerhalb der Bibel. Übertragene Bedeutung hat π. größtenteils in der at. Weisheitslit.: (unverschuldet) *ein Mißgeschick haben* (Ps 37,24; Spr 24,16; Pred 4,10), *zugrunde gehen* bzw. *verderben* (zB Hi 18,12 πτῶμα *[ptōma]*; Spr 24,17; Sir 5,13 πτῶσις *[ptōsis]*). Die Ausdrucksweise bleibt dabei auch im bildhaften Gebrauch konkret: »Die Gottlosen fallen in Ungerechtigkeit« (Spr 11,5; vgl. auch Jes 8,14; Jer 8,4; Mi 7,8). Eine dem nt. Sinn »des Heils verlustig gehen« entsprechende Bedeutung findet sich noch nicht, klingt höchstens in Spr 11,28; Sir 1,30; 2,7 an. Die Bedeutung *sündigen* tritt erst bei παραπίπτω *[parapiptō]* hervor (→ Sünde).

III 1) Im NT findet sich die Wortgruppe am häufigsten im eigentlichen Sinn: für den *Einsturz* von Baulichkeiten (Hebr 11,30 = Jes 6,5.20; Lk 13,4; vgl. Jes 30,25), für das *Hinfallen* oder *Herunterfallen* von Sachen (Mt 15,27; 13,4–8 par; Joh 12,24), bes. das *Abfallen* von Blüten als Bild für Vergänglichkeit und raschen Wechsel (1 Petr 1,24 und Jak 1,11 = Jes 40,7; vgl. Hi 14,2; 15,33), das *Fallen* von Tieren (Mt 10,29, vgl. Am 3,5; Mt 12,11, vgl. Ex 21,33) und von Menschen, die, ohne es zu wollen, fallen (Mt 15,14, vgl. Jes 24,18; Jer 48,44; ferner Apg 20,9; Mk 9,20; Mt 17,15).

2) Auch von Abstrakta wie Furcht, Finsternis etc. kann gesagt werden, daß sie auf jemanden »fallen«; das Wort dient dann zur Beschreibung des Plötzlichen und Unwiderstehlichen. Meist ist es eine himmlische Erscheinung oder ein anderes Bekunden Gottes, von denen eine solche Wirkung ausgeht (Lk 1,12; Apg 13,11; 19,17; Offb 11,11; vgl. Gen 15,12; Ex 15,16; Hi 13,11; Ps 55,5). So wird auch vom göttlichen Geist gesagt, daß er auf den Menschen »fällt«, dh der Geist Gottes kommt mit unwiderstehlicher Gewalt als ein göttlicher Eingriff, so daß jede Einrede und jeder Zweifel verstummen müssen (Apg 10,44; 11,15; vgl. 8,16; 1 Sam 18,10; Ez 11,5).

3) Die Wörter erscheinen in – auch außerbiblisch belegten – sprichwörtlichen Redensarten: Die bewegte Liebe drängt dazu, jemandem »um den Hals zu fallen« (Lk 15,20; Apg 20,37; vgl. Gen 45,14; 46,29). – »Das Los fällt auf jemanden« bezeichnet eine menschlicher Willkür entzogene Entscheidung, ein Gottesurteil (Apg 1,26; vgl. Ps 16,6; Jon 1,7). – »Kein Haar soll von deinem Haupt fallen« heißt: dir soll nichts geschehen (Apg 27,34; vgl. 1 Sam 14,45; 2 Sam 14,11). – »Jemandem in die Hände fallen« bedeutet, ihm ausgeliefert zu sein (Hebr 10,31; vgl. Ri 15,18; 2Sam 24,14; Sir 2,18; 8,1). – Aus dem Bereich der Jagd stammt die Wendung »in die Schlinge geraten« (im AT Spr 12,13; Sir 9,3; Tob 14,10): Unauffällig werden Fangnetze gelegt, in die sich ein Tier verstrickt. Ebenso geht es mit der Teufelsschlinge (1Tim 3,7; 6,9; vgl. Jak 1,2). – »Dem Gericht verfallen« (1 Tim 3,6; Jak 5,12) meint: einen Anklagegrund geben, der ein Verdammungsurteil zur Folge hat.

4) Wie das AT (Jos 21,45; 23,14; 1 Sam 3,19; 2 Kön 10,10) sagt auch das NT, daß Gottes Wort nicht »hinfällig« wird, sondern seine Geltung und Wirksamkeit behält (Lk 16,17 vom Gesetz; Röm 9,6 von den Verheißungen Gottes; vgl. 1 Petr 1,24). Ebensowenig wird die Liebe »hinfällig« werden (1 Kor 13,8), denn sie bildet mit Glaube und Hoffnung die drei unvergänglichen Charismen, die allen anderen Gnadengaben gegenüber allein Bestand haben werden (vgl. V. 13).

5) Als Ausdruckshaltung erscheint das (meist beabsichtigte) *Niederfallen* vor jemandem (im AT zB Gen 17,3.17; 44,14; Ruth 2,10; 2 Sam 1,2; Ps 95,6; Ez 11,13) zur ehrerbietigen Begrüßung (Joh 11,32), zB zeigen Sklaven damit ihrem Herrn ihre Unterwürfigkeit an (Mt 18,26). Es gibt einer Bitte (18,29; Mk 5,22; 7,25; Lk 5,12) oder einem Dank (17,16) Nachdruck, ist die demütigste Gebärde des Gebetes (Mt 26,39) und die Haltung der sich beugenden Anbetung (vor einem König 2,11; übermenschlichen Wesen 4,9; Apg 10,25; Offb 19,10; 22,8; Gott und Christus 1 Kor 14,25; Offb 4,10 u. o.). Es kann die Wirkung einer Gottesoffenbarung sein (Mt 17,6; Lk 5,8; Apg 9,4; 16,29; vgl. Mk 5,33; Joh 18,6; Offb 1,17; im AT 1Kön 18,39; Ez 2,1; Dan 8,17; 10,9). → Gebet, Art. γονυπετέω und προσκυνέω.

6) An der Grenze dieses Sprachgebrauchs steht die Bedeutung *tot umfallen* bzw. *getötet werden* (Lk 21,24; Apg 5,5.10; 28,6; 1 Kor 10,8; Hebr 3,17; Offb 17,10). πτῶμα *(ptōma)* als *Leichnam* (im AT Ri 14,8; Ps 110,6; Ez 6,5) findet sich von toten menschlichen Körpern (Mt 14,12; Mk 15,45; Offb 11,8f) und von tierischem Aas (Mt 24,28 als Sammelpunkt für die Aasgeier; im Sinnzusammenhang mit V. 27 vielleicht: So sicher wie den Geiern das Aas nicht verborgen bleibt, so sicher werden alle am Ende den kommenden Messias sehen).

7) Die Wörter kommen mehrfach in der Schilderung apokalyptischer Schrecknisse der Endzeit vor: In einem sintflutartigen Unheil stürzt alles Baufällige ein (Mt 7,25.27). Ganze Stadtteile (Offb 11,13) und Städte (16,19) werden Trümmerplätze. Die gottfeindliche Weltmacht wird gestürzt (14,8; 18,2; vgl. Jes 21,9; Jer 51,8). Im Grauen der endzeitlichen Verwüstung rufen Menschen aus Todessehnsucht ein großes Erdbeben herbei, das Berge mit ihren Felswänden auf sie fallen lassen soll (Lk 23,30; Offb 6,16; vgl. Hos 10,8; Ez 38,20). Wie Sternschnuppen werden in einer kosmischen Katastrophe die Gestirne vom Himmel fallen (Mt 24,29; Mk 13,25; Offb 6,13; vgl. Jes 34,4; mit den Sternen können politische Mächte gemeint sein: Jes 14,12 als Bild für den Sturz eines mächtigen Herrschers). Ein Himmelssturz mächtiger Sterne macht das lebensnotwendige Wasser unbrauchbar und entfesselt die Mächte der Finsternis (Offb 8,10; 9,1). Das Bild vom Fallen Satans aus dem Himmel Lk 10,18 besagt, daß jetzt das Ende der Herrschaft des Teufels gekommen ist: Der gewaltige Herrscher, der die Welt terrorisiert hat, hat seine Macht und seinen Platz als Ankläger vor Gott in einem jähen Sturz wie dem des Blitzes verloren.

8) Die übertragene und speziell nt. Bedeutung *des Heils verlustig gehen* und damit *ins ewige Verderben geraten* steht:

a) schon hinter Bildern wie Mt 7,25.27 (vom menschlichen Totalruin), 15,4 und jenen Stellen, wo Christus als »Stein« bezeichnet wird: Lk 2,34 ist er der Fels, der für viele zum Verhängnis wird. Lk 20,18 malt die vernichtende Wirkung dieses Steins für jeden, der Jesu Anspruch und Person ablehnt, aus: Entweder fallen seine Gegner über den Stein (dh das Anlaufen gegen ihn führt ins Verderben V. 18a; vgl. Jes 8,14), oder der Stein fällt auf sie (dh Christus wird seine Feinde zermalmen und zerschmettern V. 18b; vgl. Dan 2,34.44).

b) Mit dem Bild vom Stehen und Fallen (vgl. Spr 24,16; Jer 8,4; Am 5,2; 8,14) in Röm 14,4 verweist Paulus auf das antike Recht, nach dem ein Sklave der Rechtsprechung seines Herrn untersteht, der allein entscheidet, ob der Sklave mit der Durchführung einer Aufgabe bestehen kann oder wegen schlechter Ausführung verurteilt (dh zu Fall gebracht) werden muß. Ebenso ist der Christ nur seinem Herrn verantwortlich, der allein über Bewährung oder Versagen entscheidet. Das gleiche Bild findet sich auch in der Mahnung 1 Kor 10,12, sich vor falscher Sicherheit zu hüten: Solange die endzeitliche Versuchung mit ihrem satanischen Ernst noch nicht überstanden ist, darf die Möglichkeit des Fallens nicht vergessen werden (π. im Anklang an V. 8).

c) *Aus dem Stand der Gnade fallen* meint: Die Gnade ist der neue, dem Christen gegebene Lebensbereich, in dem der Glaubende »seinen Stand gewonnen hat« (vgl. Röm. 5,2). Wer sie verläßt, verleugnet Gottes bedingungslose Barmherzigkeit, die Erlösungstat

Christi (Gal 5,4). Es gilt, im Christenstand zu beharren und keiner Irrlehre zuzufallen (2Petr 3,17). Auch Röm 11,11.22 ist π. Ausdruck für das Fallen ins Verderben: Am Fall Israels wird – wenn auch von dem sein Volk nicht aufgebenden Gnadenwillen Gottes umklammert (V. 23) – die Härte des göttlichen Gerichtes erkennbar. In Hebr 4,11 ist das Fallen eine Folge des Ungehorsams und bedeutet Abfall (vgl. 3,17 π. als »ein verderbliches Ende nehmen«). Nach 10,31 geht der Abgefallene einer furchtbaren Zukunft entgegen. Vgl. auch Art. ἀφίστημι.

d) Offb 2,5 erinnert eine Gemeinde daran, wie sie früher in der ersten Liebe stand. Aber schnell hat sie sich abwärts bewegt, und tief ist sie gefallen. Doch noch ist eine Umkehr möglich, noch ist das Verderben nicht zu groß. – Außer Offb 2,5 und wohl auch Röm 11 ist an allen diesen Stellen beim Gebrauch von π. an ein Schuldigwerden mit folgendem Verlust des Heils gedacht und kaum an ein bloßes Versagen, nach dem der Gefallene sich wieder aufraffen kann. Es ist ein vernichtendes Fallen, das ewiges Verderben bedeutet. Andernfalls verlören alle Warnungen vor dem Fallen ihren drohenden Ernst. Der Fall in Sünde und Schuld – als Äußerung einer Gesamthaltung – ist ein Sturz ins heillose Unglück.

W. Bauder

Lit.: HSchlier, Art. ἀφίστημι, ThWb I, 1933, 509ff – WMichaelis, Art. πίπτω, ThWb VI, 1959, 161ff – AOepke, Die kleineren Briefe des Apostels Paulus, NTD 8, 1962[9], 180ff – WBauer, Griechisch-deutsches Wörterbuch, 1963[5], 252.

Familie → Haus

Fasten

νηστεύω

νηστεύω *[næstęụō]* fasten · νηστεία *[næstęịa]* das Fasten · νῆστις *[næstis]* nüchtern

I νῆστις *[næstis]* (wohl aus νη- *[næ]* = Verneinungspartikel und ἔδω *[ędō]* = *essen* gebildet, also *nicht essend)* bedeutet *nüchtern*. Davon abgeleitet sind νηστεύω *[næstęụō]* = *fasten* und νηστεία *[næstęịa]* = das *Fasten*. Auch Verb und Subst. können die allgemeinere Bedeutung haben: *nicht essen, Nahrung entbehren* bzw. das *Ohne-Nahrung-Sein*, das *Hungern*. Häufiger werden diese Vokabeln jedoch im religiös-rituellen Sinn gebraucht.

Wer fastet, verzichtet für eine begrenzte Zeit auf jegliche Nahrung. (Die völlige und bleibende Enthaltung von ganz bestimmten, »verbotenen« Speisen liegt auf einer anderen Linie.) Welches ist das eigentliche Motiv für das F.? Im heidnischen Altertum offensichtlich Dämonenfurcht und die Meinung, das F. sei eine wirksame Maßnahme zur Vorbereitung für die Begegnung mit der Gottheit, es schaffe die rechte Offenheit für göttlichen Einfluß. Deshalb gehörte es in den Mysterienkulten zum Einweihungsritual der Neulinge. Auch in der Zauberei und bei den Orakeln galt das F. oft als eine Vorbereitung für das Gelingen. Verbreitet war die Sitte des Trauerfastens: solange die Seele des Toten noch nahe ist, muß man beim Essen und Trinken mit einer dämonischen Infektion rechnen. Gefordert war zB das F. auch bei bestimmten Fruchtbarkeitsriten. So bezeichnet in Athen ἡ Νηστεία den Fasttag beim Fruchtbarkeitsfest der Frauen im Saatmonat (Oktober): die Enthaltsamkeit, hier gerade auch die geschlechtliche, macht empfänglicher für die göttlichen Fruchtbarkeitskräfte. – Praktisch war das F. im Rahmen der kultischen Riten und der Abwehr von Unheil in der ganzen antiken Welt üblich, nicht dagegen das F. aus ethischen Motiven (Askese).

II 1) In der LXX stehen die griech. Vokabeln für das hebr. *tsūm* = *fasten*. Daneben bezeichnet im MT *'innāh næfæsch* = *sich kasteien* (wörtlich: *die Seele demütigen)* einen Reinigungsritus, zu dem auch das F. gehörte (Lev 16,29.31; 23,27.32; Num 29,7; Jes 58,3; Ps 35,13). Häufig steht auch einfach: »kein Brot essen und kein Wasser trinken« (zB Ex 34,28).

Die Formen und Zielsetzungen des F.s sind vielfältig. Man fastet in Israel als Vorbereitung für den Umgang mit Gott (Ex 34,28; Dtn 9,9; Dan 9,3):

a) als einzelner, wenn große Sorgen quälen (2 Sam 12,16–23; 1 Kön 21,27; Ps 35,13; 69,11);

b) als Volk bei drohender Kriegs- und Vernichtungsgefahr (Ri 20,26; 2 Chr 20,3; Est 4,16; Jon 3,4–10; Jdt 4,9.13); – bei einer Heuschreckenplage (Jon 1 und 2); – zum Gelingen der Heimkehr (Esr 8,21–23); – zur Sühne (Neh 9,1) und schließlich im Zusammenhang der Totenklage (2Sam 1,12).

Immer wieder geht das F. mit dem Beten zusammen (Jer 14,11–12; Neh 1,4; Esr 8,21.23); es dauert gewöhnlich vom Morgen bis zum Abend (Ri 20,26; 2 Sam 1,12; 1 Sam 14,24); in Est 4,16 wird allerdings von einem dreitägigen F. berichtet. In der Schilderung Ps 109,24 werden die Fastenqualen während der Zeit der Anklage gleichzeitig Abbild für die inneren Qualen, die der Beter durchleidet.

Durch das Gesetz geboten war das F. in Israel nur am Versöhnungstag (Lev 16,29–31; 23, 27–32; Num 29,7). Nach der Zerstörung Jerusalems (587 vChr) wurden vier Fasttage als Erinnerungstage festgesetzt (Sach 7,3–5; 8,19).

2) Im Lauf der Zeit geht in Israel der tiefere Sinn des F.s, nämlich als Ausdruck für die Demütigung des Menschen vor Gott, verloren; es wird immer mehr eine fromme Leistung. Dem Kampf der Propheten gegen eine solche Verdinglichung und Entleerung (zB Jes 58,3–7; Jer 14,12) war kein Erfolg beschieden. Zur Zeit Jesu waren bei den ernsthaft Frommen, vor allem bei den Pharisäern, zwei Fasttage in der Woche feste Ordnung (vgl. St.-B. II,242ff). Ähnliches gilt auch von den Schülern des Johannes (vgl. Mk 2,18).

Im NT findet sich νηστεύω *[næstęuō]* 20mal und zwar nur bei den Synopt. (Mt 8mal, Mk III
6mal, Lk 4mal) und in Apg (2mal); νηστεία *[næstęia]* 5mal (3mal Lk und Apg, 2mal bei Paulus) und νῆστις *[næstis]* 2mal (Mt und Mk). Die Begriffsgruppe kommt also bei Johannes und in der Brieflit. des NT (bis auf 2 Ausnahmen, s. o.) überhaupt nicht vor!

1) Die völlig neue Sicht des NT in der F.frage kommt am deutlichsten zum Ausdruck in dem Herrenwort: »Wie können die Hochzeitsleute fasten, während der Bräutigam bei ihnen ist?« (Mk 2,19 par). Der Einbruch des Reiches Gottes, die Gegenwart des Messias, die frohe Botschaft vom Heil ohne Vorleistung, das alles bedeutet Freude, die das F. im jüd. Sinne (s. o. II,2) ausschließt. Von der messianischen Mitte der Verkündigung Jesu her ist dieses F. etwas Vergangenes, Überholtes. Wenn in den Evgg. die Bilder vom neuen Lappen auf dem alten Kleid und vom jungen Wein in den alten Schläuchen (Mk 2,21f par) mit der Antwort auf die F.frage verbunden sind, dann müssen wir auch das als einen Hinweis darauf verstehen, daß das F. durch Jesus überwunden ist. In der Tat: »Daß Christen sich freiwillig Fasten auferlegt hätten, hören wir aus dem 1. Jh. nicht« (Behm 933). Die Briefe des NT sagen kein Wort darüber, und auch an jenen Stellen, wo die asketischen Neigungen einzelner im Blickpunkt sind (Röm 14 und Kol 2), wird vom F. nicht geredet.

2) Und doch wird die Einheitlichkeit dieser Schau durch eine Reihe von Aussagen in Frage gestellt:

a) Nach Mt 4,2 hat Jesus selbst vor Beginn seiner öffentlichen Wirksamkeit 40 Tage und 40 Nächte gefastet. (Man könnte entgegnen: Hier handelt es sich um einen Vorgang »auf der Schwelle« zum Heil.)

b) In Mt 6,16–18 verurteilt Jesus nicht das F. als solches, sondern das propagandistische F. Das F. soll nicht vor den Augen der Menschen praktiziert werden, sondern vor Gott, der im Verborgenen wohnt und »ins Verborgene sieht«. (Man könnte darauf hinweisen, daß dies Wort nicht an die Jüngergemeinde gerichtet ist, sondern an die Juden.)

c) Von bestimmten dämonischen Bindungen wird ein Mensch nach dem Herrenwort in Mt 17,21 nur frei »durch Beten und Fasten«. (Man könnte darauf hinweisen, daß dieser Vers in guten Handschriften fehlt und in der Par. Mk 9,29 nur vom Gebet gesprochen wird.)

d) In Apg 13,3 und 14,23 wird berichtet, daß man in der christlichen Gemeinde das Gebet durch F. bekräftigte. (Vgl. Didache I,3: »fastet für die, die euch verfolgen.«)

Wir werden also schließen können, daß der selbständige Wert des F.s aufgegeben worden ist, daß die urchristliche palästinensische Gemeinde jedoch den Brauch, die Ernsthaftigkeit des Gebetes durch F. zu bekunden, beibehalten hat (vgl. Apg 13,3; 14,23). In den hell. Gemeinden – darauf deutet das Fehlen der Begriffe in der Brieflit., vor allem bei Paulus (die beiden Stellen in 2Kor sind autobiographische Angaben!) und im Hebr – scheint es den Brauch des F.s überhaupt nicht gegeben zu haben. *F. S. Rothenberg*

V ZUR VERKÜNDIGUNG

Da sich im NT in verschiedene Richtung weisende Aussagen finden, ist auch das christliche Urteil über das F. unsicher. Auf der einen Seite hören wir Stimmen, die das F. als eine überwundene Sache ansehen: Der Geist Gottes weht, wo er will, nicht dort, wo wir ihn durch F. oder ähnliches zum Wehen bringen wollen. Das F. gehörte in die Welt des Gesetzes, das Gesetz aber ist abgetan. Das F. entstammt der Welt des antiken Aberglaubens, von der sich der Glaubende geschieden weiß. Das F. verführt zur Werkgerechtigkeit, – nichts ist gefährlicher!

Auf der anderen Seite stehen die christlichen Befürworter des F.s: Von den Tagen der Urgemeinde an ist das ernstliche Gebet mit F. verbunden gewesen. Bes. der Kampf gegen okkulte Mächte erfordert die letzte Zusammenfassung aller Geisteskräfte im Gebet; dazu ist das F. unentbehrlich. Einzelne haben wohl immer wieder die Erfahrung gemacht, daß in schwierigen Situationen das F. – verbunden mit dem Schweigen – eine für Gottes Weisungen öffnende, disponierende Gewalt hat. »Wo es sich darum handelt, Klarheit für eine wichtige Entscheidung zu erlangen, gilt es zu beten und zu fasten, damit die Organe des Geistes die volle Empfänglichkeit haben für jeden Wink von oben« (Ralf Luther).

Wir leben »zwischen den Zeiten«. Hier könnte das F., in Einfalt und unbemerkt geübt, ein Zeichen und Sinnbild für das »noch nicht« sein, auch für die Jünger, die meinen, des Sinnbildes nicht mehr zu bedürfen. Es könnte auch ein notwendiges Zeichen jener Liebe sein, die es nicht über sich bringt, den hungernden Brüdern in der Welt nur das zu geben, was sowieso im Überfluß vorhanden ist.

Allerdings würde für manchen der positive Zugang ohne Vergesetzlichung sicher erleichtert, wenn man sich aus der einengenden Identifizierung des F.s mit Verzicht und Entsagung auf Nahrungsmittel befreite. Einmal kann – positiv verstanden – das F. nur eine funktionale Rolle spielen, Begleiterscheinung der Anspannung auf ein Ziel sein, eben nicht Wert an sich; wie der Sportler die hindernde Bekleidung, der um die Rettung seines Lebens Hastende allen Ballast ablegt, so der Jünger in angespannter Situation vieles ihn sonst Erfreuende (und auch Erlaubte!). Zum anderen aber sollte die Frage bedacht werden, ob die Nahrungsmittel nicht überhaupt diese Welt repräsentieren, auf die der Mensch angewiesen ist, an der er sich erfreuen, der er aber ohne Übung im Verzicht auch verfallen kann; dann gehörte zum F. auch jene Distanzierung des Jüngers von Rhythmus und Lebensstil seiner Zeit und Umwelt, die er zur Freiheit seines Dienstes vor und für Gott braucht. Warum sollte auch seine Existenz im Kraftfeld Gottes ihn nicht viel mehr beanspruchen als die Gesellschaft, die Lust der Sinne, die Narkotika der Moderne? Das F. wäre dann zielbestimmte Begleiterscheinung seiner Heiligung, aber gerade nicht Mittel der Selbsterhöhung oder der Propaganda. *F. S. Rothenberg/L. Coenen*

Lit.: JSchümmer, Die altchristliche Fastenpraxis, 1933 – HJEbeling, Die Fastenfrage (Mk 2,18–22), 1937/38 – JBehm, Art. νῆστις, ThWb IV, 1942, 925ff – HvCampenhausen, Die Askese im Urchristentum, 1949 – PGerlitz, Das Fasten im religionsgeschichtlichen Vergleich, 1954 (Diss. Erlangen) – PRohleder, Die Übung des Fastens, 1954/55, 72ff – HDWendland, Evangelium und Askese, 1954/55, 65 ff – FSchmidt-Clausing, Art. Fasten, RGG II, 1958³, 882ff – RThaut, Askese tut not!, in: Christsein heute I, hrsg. von FSRothenberg, 1958, 65ff – JGamberoni, Art. Fasten, BWb I, 1962², 333ff (kath.) – KEKoch, Fasten und beten, 1963.

Feind(schaft), Hass

Unsere – direkte oder auch nur indirekte – Beziehung zu anderen Menschen ist, wenn sie sich aus der absoluten Gleichgültigkeit heraushebt, von einer positiven oder negativen Grundeinstellung geprägt, wobei es für den Effekt nicht darauf ankommt, in welchen Motiven diese wurzelt. Bezeichnet das NT die im positiven Sinne auf das Wohl des anderen gerichtete innere Haltung als → Liebe oder Freundschaft, seine Wertschätzung als Verehrung (→ Ehre), so sind Feindschaft und Haß deren negative Entsprechung.

μισέω *[misẹō]* = *hassen* meint urspr. den Groll, der da entsteht, wo sich jemand durch das Verhalten des anderen betroffen fühlt (vgl. → Leid, Kummer; sprachliche Verwandtschaft mit *Misere?)*; diese Reaktions-Haltung gewinnt dann freilich auch eine aktive Komponente (vgl. → Bedrängnis, Art. διώκω). Mit den aus dem griech. ἔχθος *[ẹchthos]* = *Haß* abgeleiteten Worten ἐχθρός *[echthrọs]* etc. hingegen verbindet sich mehr die fixierte Vorstellung einer unversöhnlichen, feststehenden Feindschaft: als ἐχθρός *[echthrọs]* gilt jemand, von dem der andere nur Schaden und Gefahr zu erwarten hat oder doch meint, erwarten zu müssen. Vgl. auch → fremd.

ἐχθρός

ἐχθρός *[echthrọs]* verfeindet, Feind · ἔχθρα *[ẹchthra]* Feindschaft · ἀντίδικος *[antịdikos]* Feind, Widersacher

I ἐχθρός *[echthrọs]* in passivischer Bedeutung *verhaßt, verfeindet* (seit Homer); in aktivischer Bedeutung *feindlich, Feind, Gegner* (seit Hesiod). – ἀντίδικος *[antịdikos]* ist urspr. der *Gegner*, der mir im Prozeß gegenübersteht (so seit Xenophon), von daher der *Feind*, der *Widersacher*.

II In LXX kommt ἐχθρός *[echthrọs]* mehr als 450mal vor, meist als Übers. von *'ōjeb*, auch von *tsar*. ἐχθροί *[echthrọi]* sind *Feinde* in kriegerischen Auseinandersetzungen, also die Völker, mit denen sich ein anderes im Kriegszustand befindet (1 Sam 29,8; Nah 3,11.13), aber auch die persönlichen Feinde eines Menschen (Ex 23,4; Num 35,23; Ps 5,9; 13,3 u. ö.). Bei den Feinden Israels handelt es sich nicht nur im üblichen Sinn um Feinde des Volkes, sondern, da Israel Gottes Volk ist, sind seine Feinde zugleich Gottes Feinde (Ex 23,22; Jos 7,8; 2 Sam 12,14 LXX). Wenn das Volk von Gott abfällt, dann sitzen die Feinde Gottes im Volk selbst (Jes 1,24). Der Gottlose ist der Feind des Frommen (Ps 5,9ff; 55,4) und Gottes (Ps 37,20). Man hofft für die Zukunft auf die Befreiung von den Feinden und auf ihre Vernichtung (Mi 5,9; Jes 62,8; Num 24,18; Ps 110,1f; 132,18). –

In spätjüd. Schriften wird der → Satan gelegentlich als »Feind« bezeichnet (TestDan 6,3f; ApkMose 2.7.25; griechBar 13,2).

III Im NT kommt ἐχθρός *[echthrọs]* 32 mal vor (davon allein 16mal in den Synopt. und 9mal bei Paulus), ἔχθρα *[ẹchthra]* findet sich dagegen nur 6mal (4mal bei Paulus) und ἀντίδικος *[antịdikos]* 5mal.

1) ἐ. ist zunächst der *persönliche Feind* des einzelnen (Röm 12,20; Gal 4,16). Anschluß an at. Redeweise liegt vor, wenn von der Heilszeit die Befreiung von den Feinden erwartet wird (Lk 1,71.74). In den Weissagungen über Jerusalem heißt es, daß Feinde die Stadt belagern und zerstören werden (Lk 19,43). Gegen die beiden Zeugen der Endzeit treten Feinde auf (Offb 11,5.12). Die Feinde des Kreuzes Christi werden ins Verderben kommen (Phil 3,18; Apg 13,10). Feinde Christi sind auch gemeint an den Stellen, wo Ps 110,1 als Weissagung auf Christus zitiert wird (Mk 12,36; 1 Kor 15,25 u. ö.). In 2 Thess 3,15 ist der Gegner der Gemeinde gemeint, mit dem der Verkehr abgebrochen werden soll. Auch der Satan kann wie in gewissen spätjüd. Schriften ἐ. (Mt 13,24ff; Lk 10,19) heißen (oder auch ἀντίδικος *[antịdikos]* 1Petr 5,8. Er ist hier eventuell als späterer → *Ankläger* im Gericht gedacht; denn ἀντίδικος *[antịdikos]* findet sich im NT sonst in der Bedeutung *Prozeßgegner:* Mt 5,25; Lk 12,58; vgl. 18,3). –

Weil der natürliche Mensch sich in seinem Denken und Tun gegen Gott erhebt, steht er als ἐ. Gott gegenüber (Röm 5,10; Kol 1,21); nach Röm 11,28 sind die jetzt noch ungläubigen Juden »Feinde« um der Heiden willen: Durch die Verstocktheit, den Unglauben der Juden kommt das Evangelium, das Heil, zu den Heiden.

Wenn in Mt 5,43f dem Gebot der Nächstenliebe der Aufruf zum Haß gegen den Feind gegenübergestellt wird, kann kaum an at. Stellen gedacht sein (vgl. Ps 31,7a; 139, 21f). Es dürfte hier näherliegen, gewisse Vorschriften der Gemeinde von Qumran beizuziehen. Wer zur Gemeinde von Qumran gehört, verpflichtet sich, »alles zu lieben, was er (Gott) erwählt, und alles zu hassen, was er verworfen hat« (1QS 1,3f); ferner »alle Söhne des Lichtes zu lieben, jeden nach seinem Los in Gottes Gemeinde, und alle Söhne der Finsternis zu hassen, jeden nach seiner Verschuldung, in Gottes Rache« (1QS 1,9f). Von den Leviten werden alle »Männer des Loses Belials« verflucht (1QS 2,4–9), und dazu gehören letztlich alle, die nicht zur Qumrangemeinschaft gehören. Auch Josephus berichtet von den Essenern, sie hätten schwören müssen, die Ungerechten zu hassen und den Gerechten beizustehen (Bell. Jud. II,8,7 § 139). Es ist sehr wohl möglich, daß Jesus sich in Mt 5,43f von solchen Vorschriften einer Sekte seiner Zeit abgrenzte und ihnen gegenüber das Gebot der Feindesliebe aufgestellt hat.

2) ἔχθρα *[echthra]* = *Haß, Feindschaft* herrschte zwischen Herodes Antipas und Pilatus (Lk 23,12), wurde aber durch das gemeinsame Vorgehen gegen Jesus zur Freundschaft. Im Lasterkatalog (Gal 5,19ff) wird ἔ. ausdrücklich zu den »Werken des Fleisches« gezählt (V. 20). Das Trachten des Fleisches ist ἔχθρα *[echthra]* gegen Gott (Röm 8,7). Christus jedoch hat Frieden gebracht, indem er die Feindschaft zwischen Gott und den Menschen und die Feindschaft zwischen Juden und Heiden in seinem Kreuz beseitigte (Eph 2,14.16).

H. Bietenhard

μισέω

μισέω *[misẹō]* hassen

I μισέω *[misẹō]* (etymologisch ungeklärt), seit Homer belegt, heißt *hassen, verabscheuen, ablehnen*. Das Verb kennzeichnet neben der Abneigung gegen verschiedene Handlungen einmal die dauerhafte und untergründige feindselige menschliche Gemütsbewegung gegenüber anderen Menschen und auch der Gottheit; es wird aber auch benutzt, um den Abscheu der Gottheit gegen verwerfliche Eigenschaften der Menschen (Eur. Or. 708f) oder den göttlichen Haß gegen die ungerechten Menschen zu beschreiben, die die Strafe der göttlichen Dike trifft (bes. Aischylos; vgl. ThWb IV, 688).

II 1) Das hebr. Äquivalent für das μισέω *[misẹō]* der LXX ist fast immer *sānē'*. Gemeint sein kann damit

a) *Haß* als seelische Regung: Die Brüder haßten Joseph, weil er vorgezogen wurde (Gen 37,2ff). Die Weisheit lehrt: Haß weckt Streitigkeiten; aber die Liebe deckt alle *p^eschā'im* (Spr 10,12). Alle Brüder eines Armen hassen ihn; ja, auch seine Freunde sind ihm fern (Spr 19,7 LXX). Jahwe aber verbietet den Haß gegen den Angehörigen des Volkes und gebietet Liebe zu ihm wie zu sich selbst (Lev 19,17f).

b) Ferner kann durch das Passiv μισέομαι *[misẹomai]* bzw. μισουμένη *[misoumenæ]* auch die nichtgeliebte Ehefrau bezeichnet werden (Gen 29,31.33; Dtn 21,15ff; 22,13ff; Jes 60,15). Den Umschlag von großem Verlangen in wildeste Abscheu schildert 2 Sam 13.

c) *Hasser* steht oft synonym für *Feinde* (Dtn 7,15; 30,7; 2Sam 22,18; Ps 18,18 u. ö.), auch bei Feinden Gottes (Num 10,35; Ps 68,2; 139,21). Umgekehrt sind die Feinde die, die man haßt (Ez 16,37; 23,28). Widersinnig ist es, die zu lieben, die einen hassen, und die zu hassen, die einen lieben (2 Sam 19,6 f).

d) Die, die Gott hassen, sind auch die ihm *Ungehorsamen* (Ex 20,5; Dtn 5,9; 7,9–11). Sie hassen den, der sie im Namen Jahwes zurechtweist (1 Kön 22,8; Am 5,10; vgl. Ps 50,17; Spr 5,12), die rechte Erkenntnis (Spr 1,22.29), ja, schon den gerechten (frommen) (Ps 34,22; 69,5; 9,14; 69,15; Spr 29,10) und den nachdenklichen Mann (Spr 14,17).

e) Gott haßt das Böse (Jer 44,3f; Sach 3,17; Mal 2,16 Ehescheidung) und den, der das Böse tut (Ez 9,15; Jer 12,8; Ps 5,6 Sentenz; Spr 6,16ff). So soll auch Israel das Böse hassen (Am 5,15; vgl. Ps 119,104 Weg der Lüge; 26,5 Gemeinschaft der Übeltäter; 139,21f die, die Gott hassen).

f) Sich selbst hassen ist Torheit: Wer Zurechtweisung verachtet, haßt sich selbst (*naphschō*, Spr 15,32; vgl. 29,24).

2) Das antike Judentum erkennt die verheerende Macht des Hasses. Grundloser Haß zerstörte den zweiten Tempel; denn Hassen wiegt schwerer als Unzucht, Götzendienst und Blutvergießen zusammen (Joma 9a). Gleichwohl gibt es gebotenen Haß. Aboth RN 16: »... hasse die Epikuräer (Freigeister), die Verführer, die Verleiter, desgleichen die Verräter ...« (vgl. Ps 139,21f). S Lv 19,18 (352a): »Gegenüber den Söhnen des Volkes (erg.: und den Vollproselyten) ist es verboten, Zorn und Rache nachzutragen, gegenüber den anderen nicht« (St.-B. I zu Mt 5,43f). – Im gleichen Geist spricht die Qumrangemeinde (1QS 1,2f.9–11): »... zu tun das Gute und Gerechte vor ihm (Gott), wie er es durch Mose und alle seine Knechte, die Propheten, befohlen hat: ... alle Söhne des Lichts zu lieben, einen jeden nach seinem Anteil am Beschluß Gottes, und alle Söhne der Finsternis zu hassen, einen jeden nach seiner Strafe in der Rache Gottes« (vgl. 9,21–23).

μισέω *[misẹō]* kommt im NT 39mal vor, davon allein 20mal in den johanneischen Schriften. III

1) Nach der Predigt Jesu nimmt Gott jetzt seine Feinde zu Söhnen an (Mt 15,1f; Lk 15,11ff). Daher ist es nun sinnlos, daß die Frommen »die Söhne der Finsternis« (1QS 1) bzw. die Freigeister etc. (s. II,2) hassen. Vielmehr fordert Jesus im Namen Gottes: »Ihr habt gehört, daß gesagt ist: Liebe deinen Nächsten und hasse deinen Feind. Ich aber sage euch: Liebt eure Feinde« (Mt 5,43f); ». . . tut wohl denen, die euch hassen« (Lk 6,27). Freilich soll die christliche Gemeinde wie »der Sohn« (Hebr 1,9) das Böse bzw. böse Taten hassen (Offb 2,6; vgl. auch Jud 23: »Hassend das vom Fleisch befleckte Untergewand«, nach Sach 3,3f wohl ein Bild für die ἀνομία *[anomịa]* = Gesetzlosigkeit der Träger, die einer vermutlich libertinistischen Irrlehre verfallen sind; vgl. Offb 3,4). Aber in der Gemeinde gilt: »Wer sagt, er sei im Licht, und haßt seinen Bruder, ist noch immer in der Finsternis« (1 Joh 2,9). »Jeder, der seinen Bruder haßt, ist ein Totschläger« (3,15; vgl. 4,20). In der Endzeit, dh seit Jesu Offenbarung, wird es zwar auch in der Gemeinde Haß geben (Mt 24,10); aber dieser ist eigentlich Merkmal der nichtchristlichen Menschheit (Tit 3,3).

2) Jesu radikales Wort von der Feindesliebe stellt die Jünger in das Handeln Gottes an Guten und Bösen (Mt 5,45ff; Lk 6,35). Deswegen muß er umgekehrt sagen: »Wenn jemand zu mir kommt und haßt nicht seinen Vater, seine Mutter, seine Frau, seine Kinder, seine Brüder und Schwestern, ja sogar sein eigenes Leben, der kann nicht mein Jünger sein« (Lk 14,26; vgl. Joh 12,25). Anstelle Gottes selbst (Dtn 13,7ff) fordert Jesus also, daß der Gehorsam gegen Gott allen menschlichen Bindungen vorangehen muß; Gottes Tun und Fordern ist in ihm, Jesus, vertreten. Die Welt aber wie jeder, der Übles tut, haßt das Licht (Joh 3,20), haßt den Offenbarer ohne Recht (Joh 15,25), weil dieser bezeugt, daß ihre Werke böse sind (Joh 7,7). Dieser Haß trifft auch Jesu Jünger (Mt 10,22; Mk 13,13; Lk 21,17; Joh 15,23f; 17,14; 1 Joh 3,13). Selig werden sie gepriesen, wenn die Menschen sie hassen (Lk 6,22) um des Offenbarers willen (Mt 5,11), während die, die sich von der Welt nicht distanziert wissen (Jesu Brüder), nicht gehaßt werden (Joh 7,7).

3) Paulus gebraucht μ. in zwei schwierigen Partien: a) Vom Menschen unter dem Gesetz sagt er Röm 7,15: »Ich weiß nicht, was ich bewirke; denn nicht das, was ich will, tue ich, sondern das, was ich hasse.« Gemeint ist nicht die Unfähigkeit des Menschen, dem Gesetz Gottes gerecht zu werden (dagegen Phil 3,6), sondern die Unfähigkeit zu durchschauen, was man mit der Gesetzeserfüllung bewirkt. Denn man erwirkt nicht das Leben, das man will, sondern den Tod, den man haßt, weil die Sünde sich sogar des Gesetzes zu ihren Zwecken bedienen kann und daher durch das Gesetz nicht gebändigt wird. – b) In Röm 9,13 zitiert Paulus das Wort: »Jakob habe ich geliebt, Esau aber gehaßt.« Dh noch ehe die beiden Isaaksöhne Anlaß zu Annahme oder Verwerfung geben konnten, erwählte Gott den jüngeren Jakob zum Erbe der Verheißung und verwarf den älteren Esau, um zu zeigen, daß sein Heil allein auf seinem Zuspruch (ἐπαγγελία *[epangelịa]*), nicht aber auf menschlicher Abstammung oder ähnlichen Prärogativen beruht (vgl. 9,7f.11f).

4) Ganz im at. Sprachgebrauch bleiben Lk 1,71 (Feinde) und Offb 18,2 (unreine, vom Herrn verabscheute Vögel).

H. Seebaß

Lit.: WFoerster, Art. ἐχθρός, ThWb II, 1935, 810ff – OMichel, Art. μισέω, ThWb IV, 1942, 687ff – HJKraus, Exkurs: Die Feinde des einzelnen, in: Psalmen I, 1960, 40ff – JScharbert, Art. Feind, BWb I, 1962², 338ff (kath.) – Vgl. auch unter → Bruder, Nächster.

Fels

πέτρα

πέτρα *[pętra]* Fels · πέτρος *[pętros]* Stein, Fels

I πέτρα *[pętra]* bezeichnet den *Felsen*, wird aber bereits seit Homer als Symbol der Festigkeit, seit Pindar auch der Härte gebraucht; das ebenso in ältester Zeit schon bezeugte πέτρος *[pętros]* bezeichnet das (losgerissene) *Felsstück*, den *Stein* (vgl. λίθος *[lịthos]*, → Stein). Doch ist eine strenge Scheidung des Bedeutungsinhaltes nicht durchzuführen: Wie πέτρος *[pętros]* den *Felsen*, so kann auch πέτρα *[pętra]* den *Stein* bezeichnen.

II In der LXX steht πέτρος *[pętros]* nur 2Makk 1,16; 4,41 in der Bedeutung *Stein*; πέτρα *[pętra] Fels* ist meist Wiedergabe des hebr. *tsūr* oder *sæla'* (Ex 17,6; Num 20,8 usw.), 2mal steht es für *kēph* (Hi 30,6; Jer 4,29); im ganzen etwa 100mal. Mannigfach ist der profane Gebrauch (vgl. zB Ex 33, 21; Hi 39,28). Besonders bieten die F.en Zuflucht, sowohl den Tieren (Ps 104,18; Spr 30,26) wie den Menschen (1Sam 13,6). Am Tage Jahwes werden sich die Menschen vor der furchtbaren Majestät Gottes in die Felsenhöhlen verkriechen (Jes 2,19). Weil der F. Schutz und damit auch Stärke gewährt, wird Gott selbst als der F. bezeichnet (2Sam 22,2); die LXX vermeidet in diesen Fällen bei der Übers. das Wort πέτρα *[pętra]* und hilft sich mit Umschreibungen (zB Ps 31,4; 62,7 u. ö.). Als Stätte des Kultus ist der F. auch die Stätte göttlicher Offenbarung (Ri 6,20.21; 13,19). Der »numinose« Charakter der göttlichen Offenbarung zeigt sich darin, daß F.en von Gott bzw. durch sein Wort zerrissen werden (1Kön 19,11; Jer 23,29; Nah 1,6). Die Erinnerung an das Ex 17,1–6; Num 20,1–13 berichtete Wunder, wonach Mose auf göttliches Geheiß Wasser aus dem F. schlägt, ist bei den Späteren lebendig geblieben (zB Neh 9,15; Ps 78,15f). Ein ähnliches Wunder, die Sättigung des Volkes aus dem F. mit Honig, wird Dtn 32,13 und Ps 81,17 berichtet. In übertragenem Sinn ist der F. zB Sinnbild fester Entschlossenheit (Jes 50,7; Ez 3,9) oder verstockten Widerstrebens (Jer 5,3).

Später bezeichneten die Rabbinen im Anschluß an Jes 51,1.2 Abraham als F. (St.-B. I,731). In den Qumrantexten wird die Gemeinde der Endzeit mit einem auf den F. gegründeten Bau verglichen; auch das im NT gebrauchte Bild vom Eckstein findet sich bereits dort (1QS 8,7f; 1QH 6,26; 7,8).

III Im NT begegnet πέτρος *[pętros]* 154mal, jedoch bis auf eine Stelle (Joh 1,42) ausschließlich als Beiname des Simon, dessen Biographie in diesem Art. nicht behandelt werden kann. πέτρα *[pętra]* kommt 15mal vor: In dem Gleichnis am Schluß der Bergpredigt heißt es von dem Menschen, der das Wort Jesu hört und tut, er gleiche dem, der sein Haus auf einem Felsen, dh auf einem festen, sicheren Fundament, baut (Mt 7,24f; → Fest). Im Gleichnis vom viererlei Acker redet Lk 8,6.13 von dem Samen, der auf den F. fällt; Mt 13, 5.20 und Mk 4,5.16 erwähnen den »felsigen Boden« (πετρώδης *[petrǭdæs]*). – Nach Mt 27,51 wird das Sterben Jesu von Erdbeben und vom Zerreißen der Felsen begleitet; den Leichnam Jesu legt Joseph v. Arimathia in ein Grab, das aus dem F. gehauen ist (Mt 27, 60; Mk 15,46). – Im Endgeschehen der Offenbarung werden die Menschen sich in den Klüften und Felsen der Berge verbergen; auf die Darstellung Offb 6,15–17 hat neben Jes 2 auch die Erinnerung an Hos 10,8 gewirkt.

Drei Aussagen erfordern besondere Beachtung:

1) Röm 9,33; 1Petr 2,8 ist im Anschluß an Jes 8,14; 28,16 die πέτρα σκανδάλου *[pętra skandạlou]*, der »Fels des Ärgernisses« erwähnt; im Bilde wird damit Christus bezeichnet, der für die, die nicht glauben, die Ursache des Strauchelns, dh des Verderbens ist. Dieser Stein (πέτρα *[pętra]* hat hier die Bedeutung *Stein)* ist identisch mit dem Eckstein (→ Stein), den nach Ps 118,22 die Bauleute verworfen haben; an diesem Stein, dh an Christus, entscheidet sich das Schicksal des Menschen.

2) 1Kor 10,3.4 nimmt Paulus Bezug auf das Auszugswunder Ex 17; Num 20. Die Väter in der Wüste »haben alle einerlei geistliche Speise gegessen und alle einerlei geistlichen Trank getrunken; sie tranken aber aus dem geistlichen F., der mitfolgte, Christus«. Schon die Rabbinen sind durch Vergleich von Ex 17; Num 20 zu der Auslegung gekommen, daß der Wasser spendende F. die Israeliten auf ihrem Zuge begleitet hat (St.-B. III, 406); die messianische Deutung der Stelle kennt das Judentum nicht. Erst Paulus interpretiert das at. Geschehen von der Wirklichkeit des → Herrenmahles her, das als geistliche

Speise und geistlicher Trank seinen Ursprung in Christus hat. Dieser at. Bericht ist für die Schau des Apostels eine typologische Vorausdarstellung des Christusgeschehens. Zum Verständnis der Aussage hat man auf Joh 7,37 hingewiesen; es ist aber auch an das Wort des johanneischen Christus vom Brot des Lebens zu erinnern, das ebenfalls auf die wunderbare Speisung in der Wüste Bezug nimmt (Manna, Joh 6,36–59; → Brot). Schon die altkirchlichen Väter haben diese Stelle auf das Herrenmahl gedeutet.

3) Mt 16,18 wird Petrus von Jesus als der F. bezeichnet, auf den er seine Gemeinde bauen will. Die Grundlage ist das Wortspiel Petrus/petra. Nach Mk 3,16; Joh 1,42 hat Jesus selbst dem Simon den Namen Petrus gegeben. Bei Mt führt Simon diesen Namen bereits, als er Kap. 4,18 das erste Mal erwähnt wird; daraus folgern viele Ausleger, daß es sich Mt 16,18 nicht um eine Namens*erteilung*, sondern um eine *Deutung* des Namens Petrus handle. Bei Paulus (1Kor 1,12; 3,22 u. ö.) lesen wir meist die aram. Form *Kephas* *(kepha* = Fels, Stein). An der einzigen Stelle im NT Joh 1,42, an der das Subst. πέτρος *[pętros]* steht (vgl. oben die Statistik), ist gesagt, daß der Name *Kephas* mit πέτρος *[pętros]* wiedergegeben werden müsse. Sowohl das aram. wie das griech. Grundwort *kephas/petros* können den F. bezeichnen, darum kann man πέτρα *[pętra]* Mt 16,18 mit *Felsen* übersetzen. Der Gleichklang der Vokabeln deutet zunächst dahin, daß Petrus der »Felsenmann«, das Fundament ist, auf das Jesus seine Gemeinde bauen will.

Aber in welchem Sinne ist das gemeint? Das Wort ist nur bei Mt überliefert und schließt sich an das Bekenntnis zu Jesus als dem Christus an, das auch Mk (8,29) und Lk (9,20) überliefert ist (vgl. auch Joh 6,68.69), während die anderen Evgg. das Wort vom Felsenmann Mt 16,18 nicht haben. Das ist indessen kein Grund, das Wort Jesus abzusprechen, wie es in der kritischen Forschung weithin geschieht. Nach EDinklers Vermutung zB hat die Urgemeinde das Wort dem Herrn in den Mund gelegt, um Petrus auf Grund der ihm geschenkten Ostererfahrung (1Kor 15,5) als den von Jesus bestimmten Führer der Gemeinde herauszustellen (RGG³ V, 248). Erweisen läßt sich diese Annahme indessen nicht; die von Paulus schon überlieferte aram. Namensform *Kephas* zeigt uns, daß die Überlieferung aus der ältesten Gemeinde stammt. Die Parallelen aus den Qumrantexten machen es ebenfalls wahrscheinlich, daß Mt 16,18 im Raum von Palästina entstanden ist; man kann aus ihnen indessen nicht folgern, daß die Qumransekte das Evangelium beeinflußt hat; Jesus hat nicht wie die Qumranüberlieferung die Gemeinde, sondern Petrus als den F. bezeichnet.

Was ist jedoch der Sinn des Wortes Jesu? Wohl schon zu Beginn des 3. Jh. nChr haben es die röm. Päpste benutzt, um den Anspruch auf die Leitung der Kirche zu begründen, die ihnen als den Nachfolgern des Petrus von Christus übertragen worden sei. Aber das Evangelium redet nicht von Nachfolgern des Petrus. Doch auch gegenwärtige protestantische Ausleger folgern aus dem Text, daß dem Petrus nur für seine Person eine einmalige und auf die Zeit seines Lebens beschränkte besondere Bedeutung für die Kirche zuerkannt sei. Wenn nicht für den Bau, so habe doch Petrus für das Legen des Fundamentes Bedeutung (OCullmann, ThWb VI,108; ähnlich Schniewind NTD zSt). Es ist die Frage, ob solche Erwägungen befriedigen können: Jesus redet Mt 16,18 nicht von dem Legen des Fundamentes, sondern vom Bau der Kirche. Weiter hilft die Beobachtung, daß Paulus, der den Apostolat des Petrus anerkennt (Gal 2,8) und uns in seinen Briefen als maßgebender Ausleger der apostolischen Vollmacht entgegentritt, Gal 2,14 klar ausspricht, daß die Wahrheit des Evangeliums als verpflichtende Norm über allen Aposteln, auch über Petrus steht. In dieser Wahrheit ist auch die apostolische Vollmacht gegründet, die Mt 16,18 dem Petrus gegeben ist. Diese Wahrheit ist schon in dem Bekenntnis zu Jesus als dem Christus beschlossen; wie das Evangelium, so ist auch dieses Bekenntnis in göttlicher Offenbarung gegründet (Mt 16,17 ; Gal 1,12; → Offenbarung). Dieses Bekenntnis, das der Ursprung aller apostolischen Vollmacht ist, weist uns hin auf Christus, den wahren Grund der Kirche. So verstanden, sind die Worte Mt 16,18 nur Interpretation des Christusbekenntnisses Mt 16, 16 par; es ist nicht einzusehen, warum diese Deutung nicht auf Jesus selbst zurückgehen sollte. Unsere Auffassung deckt sich im wesentlichen mit der der Reformatoren; sie haben die Kirche nicht auf die Person des Petrus, erst recht nicht auf seine subjektive Gläubigkeit gründen wollen; vielmehr war ihnen der Felsengrund, auf dem Christus seine Gemeinde bauen wollte, die ewige, unveränderliche Wahrheit des Christusbekenntnisses. Wir dürfen dabei freilich nicht an den Akt dieses Bekennens denken, sondern an seinen Inhalt, den ewigen Christus, auf den die Gemeinde aller Zeiten sich gründet. Die auf diesen Felsengrund erbaute Gemeinde hat auch heute noch die Verheißung, daß die Pforten der Unterwelt sie nicht überwältigen werden. *W. Mundle*

Lit.: GStählin, Skandalon, 1930, 187ff – HWHertzberg, Der heilige Fels und das AT, in: The Journal of the Palestine Oriental Society 11, 1931, 32ff – KLSchmidt, Art. καλέω ThWb III, 1938, 522ff – HLehmann, »Du bist Petrus . . .«, EvTh 13, 1953, 44ff – HClavier, πέτρος καὶ πέτρα, in: Neutestamentliche Studien f. RBultmann, Bh ZNW 21, 1954, 101ff – GSchulze-Kadelbach, Die Stellung des Petrus in der Urchristenheit, ThLZ 81, 1956, 1ff – OBetz, Felsenmann und Felsengemeinde, ZNW 1957, 49ff – GSass, Der Fels der Kirche, 1957 – OCullmann, Art. πέτρα, ThWb VI, 1959, 94ff.99ff – ders., Petrus, Jünger-Apostel-Märtyrer, 1960² – EDinkler, Art. Petrus, RGG V, 1961³, 247ff.

Fern → Nahe

Fertig, Bereit

Das NT braucht zwei verschiedene Wortgruppen, wenn es um das Vorbereiten, Zurüsten bzw. um das Bereit- und Entschlossensein geht im Blick auf etwas Bevorstehendes: einmal die mit ἕτοιμος *[hẹtoimos]* zusammenhängende Wortgruppe, zum anderen die von σκεῦος *[skẹuos]* = *Gefäß* abgeleiteten Stämme κατα- *[kata-]* und παρασκευάζω *[paraskeuạzō]*. Beide Gruppen lassen sich bedeutungsmäßig kaum noch klar gegeneinander abgrenzen, es sei denn, daß κατασκευάζω *[kataskeuạzō]* häufig stärker das *Herstellen, Schaffen* und *Errichten* betont, die ἕτοιμος *[hẹtoimos]*-Gruppe hingegen den *zweck- und verwendungsentsprechenden Zustand von Vorhandenem* bzw. das Versetzen in diesen Zustand im Auge hat, wie es ganz ähnlich auch die Wortgruppe ζώννυμι *[zọ̄nnymi]* – urspr. *gürten*, von daher *sich zum Aufbruch bereit machen, in der Bereitschaft stehen* – tut. Beschreiben die hier genannten Vokabeln den Zustand der Bereitschaft primär von seiner äußeren Seite her, so finden sie ihre Ergänzung hinsichtlich der inneren Haltung des Menschen in den Vokabeln der Gruppe → Wachen; Abgrenzung und Übergang zwischen beiden Gruppen sind fließend.

ἕτοιμος

ἕτοιμος *[hẹtoimos]* bereit, fertig · ἑτοιμάζω *[hetoimạzō]* in Bereitschaft setzen bzw. halten · ἑτοιμασία *[hetoimasịa]* Zustand der Bereitschaft · προετοιμάζω *[prohetoimạzō]* vorher bereiten

I »Die klar umrissene Bedeutung dieser Wortgruppe ist die des Bereitens, und zwar im aktiven Sinne des *Vorbereitens, Bereitmachens*, wie im passiven Sinne des *Bereitseins*, des *Fertig- und Entschlossenseins*« (ThWb II,702). Religiöse Bedeutung liegt im klassischen Griech. nicht vor; bei Homer (Il. 10,571) jedoch in Verbindung mit dem Opferkult: ἱρὸν ἑτοιμάσσειν *[hirọn hetoimạssein]*.

II In LXX dient die Wortgruppe vornehmlich der Übers. von *kun* (vor allem Niphal und Hiphil) mit den hauptsächlichen Bedeutungen: *feststehen, befestigen, gründen, schaffen, bereiten, herrichten*.

1) Neben breitem profanem Gebrauch liegt kultische Verwendung zB vor in bezug auf das Passa (2 Chr 35,4.6.14f LXX); Opfertiere (Num 23,1.29); die Lade (1 Chr 15,1; 2 Chr 1,4); Schau-

brote (1 Chr 9,32); Tempelgeräte (2 Chr 29,19); den Tempel (2 Chr 31,11); den Gottesdienst (2 Chr 35,16).

2) Darüber hinaus wird die Wortgruppe verwendet für das alles umfassende göttliche *Schaffen, Bereiten* und *Befestigen.*

a) Gott hat den Himmel festgemacht (Spr 3,19; 8,27) und den Erdkreis gegründet (Jer 28,15 LXX), die Erde über Strömen fest errichtet (Ps 24,2) und die Berge gegründet (Ps 65,7); er schafft Regen (Ps 147,8; vgl. Hi 38,25); seine Hände haben den Menschen gemacht (Ps 118,73 LXX v. l.); er schafft seinen Geschöpfen Nahrung (Ps 65,10; 78,20; Hi 38,41) und kümmert sich um ihr Geschick (Gen 24,14.44).

b) Gottes Schaffen und Bereiten erstreckt sich auch auf sein geschichtliches Heilswirken: Er hat Israel auf ewig zu seinem Volk bestimmt (2 Sam 7,24) und geschworen, es in ein Land zu führen, das er ihm bestimmt hat (Ex 23,20; Ez 20,6); darum schafft er ihm Speise (Ps 78,19f) und führt es seinem immer neuen Unglauben und allen Feinden zum Trotz in das Heiligtum, das seine Hände gegründet haben (Ex 15,17) und das zu ewiger Herrlichkeit bereitet war (Sir 49,12 LXX). Er setzt auch die Könige Israels ein und befestigt ihre Herrschaft: Wenn Saul gehorsam gewesen wäre, hätte der Herr sein Königtum für immer bestätigt (1 Sam 13,13); dagegen gilt dem von ihm eingesetzten David die Verheißung: »Auf ewig will ich gründen dein Geschlecht« (Ps 89,5 Z; vgl. 2 Sam 7,12; 1 Chr 14,2; 17,11; 1 Kön 2,24).

c) Gott tut dies alles, weil seine Treue im Himmel gegründet ist (Ps 89,3); dort hat er seinen von Anbeginn feststehenden Thron errichtet (Ps 93,2; 103,19), dessen Stützen Recht und Gerechtigkeit sind (Ps 89,15). Er hat ihn zum Gericht aufgestellt (Ps 9,8) und sich für den Tag des Gerichtes ein Opfer zugerichtet (Zeph 1,7f; vgl. Jes 30,33; 14,21).

3) Das umfassende Schaffen und Bereiten Gottes für sein Volk verlangt jedoch ein Sich-Bereiten und Bereitsein seitens des Menschen. Das Volk und Mose werden aufgefordert, sich für die Offenbarung Gottes am Sinai (kultisch) zu bereiten (Ex 19,11.15; 34,2; vgl. Num 16,16 LXX). Bei den Propheten wird Israel aufgefordert: »Rüste dich, vor deinen Gott zu treten!« (Am 4,12; vgl. Mi 6,8; 2 Chr 27,6). Dazu gehört auch das Bereiten des Herzens: »Die den Herrn fürchten, werden ihre Herzen bereiten« (Sir 2,17 LXX; vgl. Ps 57,8; 108,2; 112,7; auch Sir 2,1; 18,23; Spr 23,12 LXX).

1) Im NT kommen das Subst. ἑτοιμασία [*hetoimasia*] nur einmal (Eph 6,15), die III
Verben ἑτοιμάζω [*hetoimazō*] und προετοιμάζω [*prohetoimazō*] dagegen zusammen 43mal und Adj. und Adv. 20mal vor, jedoch alle nur relativ selten in den paulinischen Schriften. Die sachliche Verwendung entspricht im ganzen der im AT. Beachtlich ist aber, daß die Gruppe nicht in bezug auf das göttliche Schaffen und Bereiten in der Natur gebraucht wird und sich im kultischen Zusammenhang nur auf das Passa bezieht (Mt 26,17.19 par), so daß sie – vom breiten profanen Gebrauch abgesehen – Anwendung findet für a) das heilsgeschichtliche *Schaffen* und *Bereiten* Gottes und b) das *Sich-Bereiten* und *Bereitsein* des Menschen.

2) Simeon preist Gott: »... meine Augen haben dein Heil gesehen, das du im Angesicht aller Völker bereitet hast« (Lk 2,30f Z). Doch die Welt vermag das in Jesus gegenwärtige und zukünftige Heil aus sich nicht zu erkennen: Gott hat es denen bereitet, die ihn lieben (1 Kor 2,9). Er beabsichtigt, in freier Gnadenwahl »den Reichtum seiner Herrlichkeit an Gefäßen des Erbarmens kundzutun, die er zur Herrlichkeit vorherbereitet hat« (Röm 9,23 Z). So tröstet Jesus die erschrockenen Jünger: »Ich gehe hin, euch die Stätte zu bereiten« (Joh 14,2f; vgl. jedoch Mt 20,23 par). Darum kann auch Petrus die angefochtenen kleinasiatischen Christen ermuntern, daß sie »in der Kraft Gottes durch den Glauben zu der Seligkeit bewahrt« werden, »die bereitsteht, um in der Endzeit geoffenbart zu werden« (1 Petr 1,5 Z). Gottes freies Erbarmen schließt nicht aus, sondern begründet, daß er »bereit ist, zu richten die Lebendigen und die Toten« (1 Petr 4,5; vgl. Mt 25,34.41). Denn die Einladung »Kommt, denn es ist alles bereit!« (Lk 14,17 L; vgl. Mt 22,4.8; auch Joh 7,6: »Eure Zeit ist immer bereit«) ist ergangen, aber viele waren unwürdig. Doch besteht für niemand Grund zum Selbstruhm: »Denn sein Gebilde sind wir, erschaffen in Christus Jesus zu guten Werken, zu denen uns Gott zum voraus bereitet hat, damit wir in ihnen wandeln sollten« (Eph 2,10 Z; vgl. 2 Tim 2,21).

3) In das Spannungsfeld, das durch das in freier Gnadenwahl (→ Erwählung) erfolgende Bereiten Gottes gekennzeichnet ist, gehören auch die Aussagen über das mensch-

liche Sich-Bereiten und Bereitsein. Der im AT himmlischen Wesen geltende Ruf: »In der Wüste bereitet dem Herrn den Weg!« (Jes 40,3) wird im NT auf Johannes bezogen (Mt 3,3 par; Lk 1,14. 76), der durch seine Bußpredigt dem Kommen des Herrn zu seinem Volk den Weg bereitet. Der gekommene Herr ist aber auch der zukünftige. Er wird kommen wie ein Dieb in der Nacht, wie ein Bräutigam zur Hochzeit. Deshalb wird die Gemeinde ermahnt, für sein Kommen bereit zu sein (Mt 24,44 par; vgl. auch Offb 19,7; 21,2): nur die Jungfrauen, die beim Kommen des Bräutigams bereit sind, werden eingelassen (Mt 25,10); der Knecht, der nichts nach dem Willen des Herrn bereit gemacht hat, verfällt dem Gericht (Lk 12,47). Darum auch wird die Gemeinde ermahnt, bereit zu sein »zu jedem guten Werk« (Tit 3,1), »zur Verantwortung gegen jeden« (1Petr 3,15), wie auch dazu, »jeden Ungehorsam zu strafen« (2 Kor 10,6). Dem widerspricht nicht die Ermahnung, angetan zu sein »mit Bereitschaft für das Evangelium des Friedens« (Eph 6,15). Hierhin gehört auch die Erklärung des Paulus, daß er bereit sei, sich in Jerusalem nicht nur binden zu lassen, sondern auch für den Herrn Jesus zu sterben (Apg 21,13; vgl. dagegen Lk 22,32).

S. Solle

κατασκευάζω

κατασκευάζω *[kataskeuazō]* errichten, (aus)rüsten, einrichten · παρασκευάζω *[paraskeuazō]* zubereiten, (sich) fertig machen · παρασκευή *[paraskeuē]* Rüsttag

I Die hellenistische Lit. verwendet die beiden Komposita seit Herodot in Gedankengängen, bei denen es um das Errichten und Ausschmücken von Räumen und Feststraßen (zB Lysias, Thukydides) oder um Vorbereitungen mannigfacher Art geht, sei es das Ankleiden, sei es das Zurüsten eines Mahles (nur παρασκευάζω *[paraskeuazō]*), den Bau eines Schiffes oder die Rüstung zum Kampf zu Lande und zur See (zB Herodot, Xenophon). κατασκευάζω *[kataskeuazō]* wird auch im geistigen Bereich gebraucht, und zwar in Äußerungen über die Heranbildung von Lernenden und über die Vorbereitung religiöser Kulthandlungen (zB Aristoteles, Josephus). Endlich findet sich κατασκευάζω *[kataskeuazō]* in der philosophischen Logik und Geometrie beim »Aufstellen« positiver Argumente (Aristoteles, Plutarch, Euklid).

II 1) Die LXX hat κατασκευάζω *[kataskeuazō]* 30mal, davon 19mal in den Apokryphen. Jes 40,28; 43,7; 45,7.9 bezieht das Verbum auf Gottes zubereitendes Schöpferwirken (im hebr. Text stehen dafür *bārā'* und *jātsar)*. Im gleichen Sinn 5mal in Weish, Bar und 4Makk. Das Rüsten mit Waffen und von Kriegsschiffen erwähnt vor allem 1Makk (3,29; 10,21; 15,3). Die Apokryphen wählen κατασκευάζω *[kataskeuazō]* noch im Zusammenhang mit Götzenherstellung (EpJer; jedoch auch Jes 40,19 in einem LXX-Zusatz).

2) παρασκευάζω *[paraskeuazō]* überliefert LXX 16mal. Jeremia braucht es in 6,4; 26(46),9; 27(50),42; 28(51),11 in Verbindung mit Rüstung zum Kampf. Es wird sodann in Berichten vom »Bereiten« eines Mahles verwendet (Tob 8,19; 2Makk 2,27; 6,21).

3) Sonst verteilen sich die beiden Verben auf verschiedene Verrichtungen des Zubereitens: Gebäude errichten (Num 21,27; 2Chr 32,5); Feld bestellen (Pred 24,42[27]); Netz zum Fang ausbreiten (Pred 29,5). 1Sam 24,4 wird παρασκευάζω *[paraskeuazō]* absolut gebraucht und, offensichtlich eingeengt, meist mit »seine Notdurft verrichten« übersetzt. Der Gedankengang könnte auch soviel wie das heutige »Sich umkleiden« nahelegen.

III 1a) Im NT, wo das Simplex σκευάζω *[skeuazō]* fehlt, steht παρασκευάζω *[paraskeuazō]* 4mal, und zwar in jeweils verwandter Sinngebung: Apg 10,10 (Zurüstung eines Mahles), 1 Kor 14,8 (Bildrede vom Rüsten zum Kampf). 2 Kor 9,2f handelt von Christen in Achaja, die sich zum Abholen der Kollekte für Jerusalem »bereit halten« sollen. Dazu gehört im nächsten Vers das im NT nur einmal vorkommende Adj. ἀπαρασκεύαστος *[aparaskeuastos]*, worin eine Aussage über etwaiges »Nicht-bereit-sein« gemacht wird.

b) κατασκευάζω *[kataskeuazō]* findet sich 11mal im NT. 4mal steht es in Verbindung mit Aussagen zu der Funktion Johannes des Täufers als Wegbereiter: Mt 11,10; Mk 1,2; Lk 1,17; 7,27. Jeweils wird (mit Anklängen an Ex 23,20 und Jes 40,3, wo → ἑτοιμάζω *[hetoimazō]* verwendet ist) Mal 3,1 zitiert, das aber die Gedankenführung mit κατασκευάζω *[kataskeuazō]* selbst nicht hat. Lk 1,17 handelt im Kontext auch vom Täufer, redet aber hier von dessen Aufgabe, »dem Herrn ein wohlgerüstetes Volk zu bereiten« (Z).

c) Die übrigen nt. κατασκευάζω [kataskeuązō]-Stellen (fast nur Hebr; s. u. 2) handeln vom Erbauen und Ausrüsten eines Bauwerkes. Dabei wird in den Kontexten stets die inhaltliche Verknüpfung von des Menschen Vorbereitung zur Begegnung mit Gott sichtbar, was auch für die Stellen in den Evgg. zutraf. — 1 Petr 3,20 erwähnt (in Verbindung mit dem in der Taufe dem Menschen zugeeigneten Werk Jesu) die »zugerüstete« Arche Noahs.

2) Die Hälfte der nt. Stellen von κατασκευάζω [kataskeuązō] hat Hebr. Kap. 3,3f bringt — die at. Aussage von Gottes überlegenem Schöpferwirken aufgreifend — das Gleichnis vom errichteten Haus und folgert: Gott hat alles erbaut. Dahinter steht bei Hebr Christus als Erbauer der Gemeinde. Die anderen Belegstellen im Hebr handeln von einem Errichten und Einrichten, das nach vorgeschriebener Ordnung geschieht: 11,7 erwähnt Noah, der in gehorsamem Glauben die Arche baute, womit er die Rettung vorzubereiten hatte. Wieder zeigt sich der Wortgebrauch in einer den Synoptikern ähnlichen Überlegung der Vorbereitung zum Heilshandeln Gottes. Dasselbe gilt für Hebr 9,2.6: In ausholendem Gedankengang über Christi einmaliges Opfer leiten V. 1—10 mit einer Beschreibung der Stiftshütte ein, die nach strenger Vorschrift aufgerichtet und mit allerlei Geräten eingerichtet wurde.

3) Entsprechend findet sich im NT in der Zeitangabe für den einem Sabbat oder Passahfest vorangehenden »Rüsttag« das Subst. παρασκευή [paraskeuæ]: Mt 27,62; Mk 15,42; Joh 19 passim. Das deutet darauf hin, daß παρασκευάζω [paraskeuązō] und κατασκευάζω [kataskeuązō] im NT wie im AT, in allen Textschichten gleichbedeutend, solche Termini sind, die hinweisenden, zubereitenden und ausrüstenden Charakter haben. Sie weisen, theol. eingeordnet, auf Gottes Heilswirken für den Menschen; dieses wird durch eine »Vorbereitung« eingeleitet, die sozusagen adventlich geprägt ist. *F. Thiele*

ζώννυμι

ζώννυμι [zǫnnymi] gürten · ζώνη [zǫnæ] der Gürtel · διαζώννυμι [diazǫnnymi] umgürten · περιζώννυμι [perizǫnnymi] umgürten

ζώννυμι [zǫnnymi], seit Homer, *(sich* bzw. *jemanden) gürten;* διαζώννυμι [diazǫnnymi], seit Thukydides, *umgürten, sich umbinden* und περιζώννυμι [perizǫnnymi], seit Aristophanes, *(sich* bzw. *jemanden mit etwas) umgürten, umbinden* werden im Aktiv und Medium, die Komposita auch im Passiv gebraucht. Von ζώννυμι [zǫnnymi] abgeleitet ist das Subst. ζώνη [zǫnæ] = *Gürtel.* I

Im AT findet sich im allg. der gleiche Wortgebrauch wie in der Antike, doch steht die griech. Wortgruppe für eine Reihe verschiedener hebr. Äquivalente. – Der *Gürtel* (ζώνη [zǫnæ]) aus Leinen oder Leder dient zum Aufschürzen des langen Untergewandes, um größere Bewegungsfreiheit zu geben. Von daher erhält das Anlegen des Gürtels die eigenartige Bedeutung: *bereit sein zum Aufbruch* (2 Kön 4,29); das Ablegen des Gürtels heißt dementsprechend: Rast. Der Vornehme trägt ihn als Schmuck (Jes 22,21), der Offizier als Rangzeichen. Reich verziert gehört er zum Ornat des Hohenpriesters. Der goldene Gürtel – um die Brust getragen – gilt als Würdezeichen der Engel (Dan 10,5; vgl. Offb 15,6). Bei Trauer gürtet man sich mit einem härenen Gewand oder einem Strick (Jes 3,24; vgl .2 Sam 3,31). Ein breiter Ledergürtel gilt als Panzer oder Schutz des Unterleibes (1Sam 25,13), so daß die Wendung »jeder, der den Gürtel trägt« die »wehrfähige Mannschaft« bezeichnet. Im antiken Gebrauch findet sich ζώνη [zǫnæ] auch in der Bedeutung *Geldtasche* (vgl. Mk 6,8). II

Übertragener Gebrauch liegt zB Ps 65,7 (Jahwe ist mit Stärke gegürtet); Ps 18,33.40 (umgürtet den Frommen mit Kraft) oder Ps 30,12 (mit Freude gegürtet) vor. Jesaja (11,5) erwartet den neuen David als den idealen König, den Messias mit »Gerechtigkeit und Treue gegürtet« (Z).

Im NT wird die Wortgruppe wie im profanen Griech. und in LXX gebraucht: III

a) In direktem Sinn ohne besondere Bedeutung zB Joh 21,7 (Petrus gürtet sich das Obergewand um, weil er dem Herrn nicht unschicklich begegnen will) oder Lk 17,8 (der Knecht umgürtet sich, seinen Herrn zu bedienen). Joh 13,4f berichtet, daß Jesus selbst nun als der Meister sich umgürtet, um für den Sklavendienst dienender Liebe bereit zu sein und gerade darin die andere Lebensordnung des hereinbrechenden neuen Äons aufzuzeigen.

b) An einigen Stellen hat nun *gürten* wieder wie in LXX die spezielle Bedeutung *sich zum Aufbruch bereit machen*, dh *beweglich werden* und *in der Bereitschaft stehen*. So bekommt Petrus in Apg 12,8 den Befehl, sich zum Aufbruch aus dem Gefängnis zu rüsten, oder Joh 21,18 wird diesem Petrus, der als rüstiger Mann sich selbst gürten, für seinen Weg bereiten konnte, gesagt, daß ihn im Alter ein anderer zum Aufbruch fertig machen und damit Richtung und Ziel seines Lebens bestimmen wird (wahrscheinlich Hinweis auf den Märtyrertod des Petrus). In diesem Sinne ist auch Lk 12,35 (nach Ex 12,11) als Aufforderung an die Gemeinde zu verstehen, in Erwartung des kommenden Herrn von dieser Welt losgelöst, in Aufbruchbereitschaft zu leben (vgl. 1 Kor 7,29–31). Mk 6,8 par charakterisiert diese Haltung der Jünger in der Enderwartung noch dadurch, daß diese sich auch finanziell nicht sichern, sondern ganz der Fürsorge Gottes überlassen sollen.

c) Nach Mk 1,6 par trug Johannes der Täufer über dem Untergewand nicht – wie bei den Nomaden sonst üblich – einen Gürtel aus Leinen, sondern einen solchen aus Leder (vgl. 2Kön 1,8). Seine Erscheinung soll (nach Mal 3,1.23) als die des Elia redivivus, des eschatologischen Vorläufers des Messias verstanden werden. Seine Kleidung weist nicht auf Kulturfeindschaft oder besondere Askese, sondern erklärt sich – wie der Ort seines Auftretens – aus der Wüstentypologie. – Durch den goldenen Gürtel wird in der Vision Offb 1,13 der erhöhte Christus als der wahre Hohepriester ausgewiesen. – Eine symbolische Handlung mit dem Gürtel – einem um den Leib getragenen, langen Tuch – vollzieht Apg 21,11 (wie die Propheten des AT; vgl. Jer 13,1ff) Agabus: Er deutet die bevorstehende Gefangennahme des Paulus voraus.

d) In übertragener Bedeutung findet sich περιζώννυμι *[perizọnnymi]* mit instr. ἐν *[en]* Eph 6,14 im Anklang an Jes 11,5 LXX: Die Gläubigen sollen sich die »Wahrheit« Gottes wie einen Rüstungsgürtel umlegen, der sie gegen die Anläufe des Bösen zu schützen vermag.

Vgl. auch → Bekleiden. *F. Selter*

Lit.: WGrundmann, Art. ἕτοιμος, ThWb II, 1935, 702ff – AOepke, Art. ζώννυμι etc, ThWb V, 1954, 302ff.

Feste

Feste und Feiern (beide gehören zusammen) bestimmen den Ablauf und bilden die Einschnitte und Höhepunkte des antiken Lebens. Sie sind urspr. fast immer religiös begründet. Das umfassende griech. Wort dafür – ἑορτή *[heortæ]* – trägt in sich sowohl diesen religiösen Gehalt als auch den Gedanken der Unterbrechung der normalen Arbeit. Die Feste, die für das biblische Zeugnis und seine Umwelt Gewicht hatten, werden in einem Sammelartikel behandelt; nur dem πάσχα *[pas·cha]* ist wegen seiner hervorgehobenen Stellung in der Passionsgeschichte ein besonderer Artikel gewidmet.

ἑορτή

ἑορτή *[heortæ]* das Fest

I 1) ἑορτή *[heortæ]* (Wurzel w-e-r, ahd. weren, gi-weren, nhd. gewähren, altengl. waron = erfüllen) hat die Grundbedeutung von *Leistung, Erfüllung* (zugunsten einer Gottheit). In der Hauptbedeutung *Fest* nachzuweisen seit Homer (Od. 20,258f).

2) Bei den Griechen wurde eine Fülle von Ereignissen durch Feste aus dem Gleichmaß des Tagesablaufes herausgehoben: die Wechsel der Jahreszeiten mit den Höhepunkten der Arbeit von der Aussaat bis zur Ernte (Fruchtbarkeitsfeste); Familienereignisse und die Beziehungen des einzelnen zu der Gemeinschaft (Familien- und Sippenfeste); bes. später wurden diese Festlichkeiten nahezu immer mit bestimmten Gottheiten verbunden und oft auch nach ihnen benannt. Neben vielen Festen von lokaler Bedeutung gab es zunehmend andere von allgemein griech. Art.

Die Reihe dieser »gesetzlich geheiligten Zeitabschnitte« (Plato Def. 415A) ergab einen reich gegliederten Festkalender, der das ganze Jahr (bei den Römern etwa ein Drittel aller Tage!) und alle Bereiche menschlichen Daseins umfaßte. Erst später wurden auch wichtige Ereignisse des politischen Lebens (Gedenkfeste) zu ›Festen‹ erhoben, etwa die Schlacht bei Marathon oder der Sieg bei Salamis. – Der Kreis der Festteilnehmer umschloß je nach dem Grad der Verbindlichkeit die Familie, die Sippe oder die Gesamtheit aller Stammes- oder Volkszugehörigen, verengte sich später (bei Geheimkulten, Mysterien) auf die Genossenschaft gläubiger Bekenner.

Im ganzen Bereich der Natur, von allen Berufen, in allen besonderen Lebenslagen wurden unzählige Götter von den Menschen mit der Gabe des Festes verehrt. Urprünglich Naturhaftes wurde nicht nur fortgesetzt, sondern durch Feiern mit übermäßigem Wein- und Liebesgenuß bis zum Exzeß gesteigert (vor allem im Dionysoskult; man denke aber auch an den Brauch des ἱερὸς γάμος *[hieros gamos]*, → Ehe). Vorbereitet mit Fasten, Waschungen und Kleiderwechsel wurden die Feste begangen mit Gebet und Gesang, Musik und Tanz, Festzügen, Opfern, Sport, Spielen und Wettbewerben; zum Fest gehörten Märkte und Messen; meist herrschte Waffenruhe. – Götter erschienen, wurden bewirtet oder bewirteten ihre Bekenner, gaben Rat und Hilfe, ließen Menschen an Trauer und Jubel teilhaben, sie mitleiden, mitsterben und mitauferstehen, verliehen dem Geist den Sieg über das Fleisch, schenkten ewiges Leben in der Welt des Todes. Aber es handelt sich – bei aller Individualisierung und Spiritualisierung – um Variationen einer Fruchtbarkeitsreligion, die unter dem Zeichen von Ähre und Phallos die Zeugungs-, Wachstums- und Lebensprozesse bei Pflanzen, Tieren und Menschen magisch zu fördern versuchte.

1) Die alte Bauern- und Stadtkultur Kanaans besaß eine Fülle von Kulten für die Götter El, Dagon, Baal, die Göttinnen Aschera, Astarte-Anat und andere, später auch für ägyptische und babylonische Gottheiten. Diese Kulte waren voll von Fruchtbarkeitsriten, welche die Sexualität zu einer religiösen Potenz erhoben (sakrale Prostitution von Männern als Päderasten, von Frauen als Kedeschen). Von der ständigen Versuchung Israels durch die Faszination dieser Kulte berichten bes. die Königsbücher; aber im ganzen hat Israel – im Gegensatz zu Hellas, das an dieser Stelle das Erbe des Orients übernahm (s. o. I.) – ihr doch widerstanden. II

Zwar haben die einwandernden Hirtenstämme Israels, um im Kulturland leben zu können, nicht wenig von der Religion Kanaans übernommen, aber um als erwähltes Volk vor Gott leben zu können, auch vieles verworfen (zB Verbot der Kultprostitution Dtn 23,18f; Verbot an Priester, sich mit Toten zu befassen, Forderung der Enthaltsamkeit von Rauschtrank und Frauen während des Dienstes). Alles Geschlechtliche wurde vom Kultischen gesondert und dem Geschöpflichen zugerechnet, auch Gott selbst als jenseits der Geschlechtspolarität stehend erfaßt. Was aber von der Umgebung übernommen wurde, ist entscheidend umgeformt worden.

2) Zwei Feste brachten Israels Ahnen wohl aus der Steppe mit ins Kulturland: den Schabbat (→ Sabbat), einen Tabutag, an dem sie wichtige Entscheidungen und Arbeiten unterließen, und das Pesachfest (→ Art. πάσχα), um die Herden vor schädlichen Dämonen zu bewahren. Im Lande vorgefunden und von Israel zunächst übernommen wurde die diesem Lande gemäße agrarische Festordnung, die den Lauf des bäuerlichen Jahres gliederte: Mazzot zur Zeit der beginnenden Getreideernte, das Wochenfest an deren Ende und das Hüttenfest als Abschluß der Weinlese. Durch die Kombination von Pesach und Mazzot wurde auch Pesach zu einem Wallfahrtsfest (Dtn 16,1ff), ohne aber deshalb deren Dreizahl zu vermehren (Ex 23,14–17; 34,18.22f). Vgl. → πάσχα.

Alte Festbräuche erhielten sich (ausführlicher Festkalender Lev 23; Dtn 16,1–16, die dazu gehörenden Opfer Num 28,9–29,39), aber der Empfänger war jetzt eindeutig der Gott Israels (Schabbate, Wallfahrtsfeste »für den Herrn«, etwa Ex 16,23.25 u. ö.). Im Laufe der Zeit hat Israel die alten vom Rhythmus der Natur bedingten Feste mit den Inhalten seiner großen Vorgeschichte verbunden. So wurde Pesach-Mazzot früh mit der Rettung aus Ägypten, das Wochenfest mit Bundesschluß und Gebotsverleihung am Sinai, das Hüttenfest mit dem Wüstenzug verbunden (Ex 12, 12.17; 19,1 [P]; Lev 23,43 [P]). Daß diese geschichtliche Linie, die den ethischen Gehalt der Feste betonte, nicht verloren ging und Israel nicht ins Nur-Kultische, Heidnische seiner Feste zurückfiel, dafür kämpften die Propheten, die aus Verbundenheit und Liebe um Gottes willen mit ihrem Volke rechteten: mit Drohen (Am 8,10; Mal 2,3) und Schelten (Am 5,21; Jes 1,13f) wollten sie erreichen, daß neben und mit den Opfern dem Gebot und seiner Erfüllung Raum gewährt werde. Freiwillige Preisgabe des Opferdienstes wurde nie gefordert; wann immer aber der von Gott ebenfalls gebotene Opferdienst undurchführbar geworden war, wurde der Schabbat als Bekenntnis nach außen und Zeichen des → Bundes (Ex 31,12–18) das wichtigste Fest für Israel.

3) Hebr. Äquivalente zu dem Begriff ἑορτή *[heortę]* der LXX sind *chāg* (etwa 52mal) mit einer von *h-g-g* kommenden Grundbedeutung *tanzen* (Tanzkreis = Jahrkreis) und *mō'ēd* (etwa 29mal), aus der Wurzel *j-'-d* mit der Grundbedeutung *bestimmen, festsetzen* gebildet. *Chag* bezeichnet allg. das *Fest*, namentlich die drei Wallfahrtsfeste und bes. das Laubhüttenfest, vielleicht auch Prozession und Festreigen. *mō'ēd* ist die *verabredete Zeit, Festversammlung* (auch Festopfer und Festort).

Auch in Israel gab es profane Feste: Feiern des einzelnen und der Familie (→ Beschneidung, Entwöhnung eines Kindes, → Hochzeit, Begräbnis) und des Volkes (Thronbesteigungs- und Siegesfeiern), Lokalfeste, dann etwa ein Fest der Schafschur. Neben den Schabbaten waren wichtig die Feiern der Neumondstage, an denen ein Ruhetag eingelegt und besondere Opfer dargebracht wurden. Seit dem Heiligkeitsgesetz gibt es im Herbst zwei weitere wichtige religiöse Feste: Neujahr am 1. und Versöhnungstag am 10. des Monats Tischri (Num 29,1–11; Lev 23,23–32; vielleicht wurde an Neujahr auch ein Bundeserneuerungsfest – dazu Jos 24; Ex 19–24 – oder gar – nach Mowinckel – Gottes Thronbesteigung gefeiert). Nach dem Exil entstand in der östlichen Diaspora das »Lose-Fest« und die dazugehörige Fest-Legende, das Estherbuch. – In den Apokryphen wird von der Entweihung der Feste und des Tempels berichtet (1Makk 1,39.45, recht plastisch 2Makk 6,6f), dann von der Weihe des Tempels und der Einsetzung eines Gedenkfestes an dieses Ereignis (1Makk 4,36–61; 2Makk 10,1–8). Auch Tobit (1,6), Judith (8,6; 10,2) und Jesus Sirach (33,8; 43,7; 47,10) berichten von Festen, die im Gehorsam gegen Gottes Gebot begangen wurden.

4) Untersucht man den Fragenkreis innerhalb des Gesamtjudentums, in dem das frühe Christentum auch in dieser Hinsicht bleibend verwurzelt war, so ist zunächst auf Philo hinzuweisen. Er erwähnt ausdrücklich über zehn Feste (spec. leg. II,41; I, 169–189), von denen ihm vor allem der Schabbat als der Geburtstag der Welt wichtig ist, auf den die Natur selbst hinweise (op. mund. 89; praem. poen. 153). Zwar feiert nur Gott die Feste recht (Cher. 90.85f), aber er läßt die Frommen an seiner Fest-Feier teilhaben, wodurch das ganze Leben der Bewährten ein ununterbrochenes Fest wird (spec. leg. II,42–55).

Auch Heiden sind von dem heiligen Ernst beeindruckt, der – jüd. Art gemäß – in vollkommener Tugend die Lust zu zügeln weiß und in Gebet und Opfer am Heiligtum vor Gott tritt (congr. 161ff; vit. Mos. II,20–24; Josephus Ap. II,282). Auch Josephus führt einen Festkalender an (ant. III,237–254), in dem er neben den Philo bekannten Festen noch andere – wie das Fest des Holztragens (bell. II,425), das Lichter-Fest zur Erinnerung an die Wiedereinrichtung des Tempeldienstes unter Judas Makkabäus (ant. XII,323–325) oder die Feier anläßlich der Fertigstellung des herodianischen Tempels (ant. XV,421) – erwähnt.

5) Bei Philo und Josephus ergibt sich ein idealisiertes Bild von den Festen, die zu ihrer Zeit unter Juden gefeiert wurden. Tatsächlich feierten jüd. Gruppen zu allen Zeiten dieselben Feste, aber jeweils auf ihre Art und oft auch an ihrem besonderen Termin. Es gab sogar eigenständige Feiern, die nur für die einzelne Gruppe wichtig oder gegen andere Gruppen gerichtet waren (so etwa bei Pharisäern schamaitisch-zelotischer Richtung die Tage des Sieges der pharisäischen Theologie und Rechtsprechung über die Sadduzäer [Fastenrolle], politische Siege über Seleukiden und Römer, bei den Essenern von Qumran ein Ölfest sowie vierteljährlich Schalttage als Erntefest, Sommerfest, Saatfest und Grüngrasfest). Inhaltlich unterschieden sich die Feste der einzelnen Gruppen bes. auch durch die jeweilige Stellung zum Tempel oder zu den Messiassen: Die Essener etwa standen derart kritisch zum Dienst im Tempel, daß sie sich nicht an den Tieropfern beteiligten.

Besonderen Anlaß zu Differenzen boten die Festtermine, da der Kalender nicht einheitlich festgelegt war und zB zwischen Pharisäern und Essenern die Termine der Feste – nach dem Wortlaut sogar die Schabbattermine – voneinander abwichen (Jub VI,32–38; 4QpHos II,15; Men 65a/66a; R. H. 22b). Die Pharisäer berechneten ihren Kalender nach dem Mondumlauf und brachten ihn nach Bedarf (später durch errechnete Regel) mit dem Sonnenjahr durch Einschaltung eines Monats in Übereinstimmung; die Essener hingegen nach dem Umlauf der Sonne. Weil das Gesetz der Zeit die Harmonie von Himmel und Erde darstellt, fordert das Gebot, auf die von Gott bestimmten Tage und Stunden zu achten, alles Handeln nach ihnen auszurichten (1QS IX,13f; X,1–8; 1QpHab VII,13f; 1QH XII,4–11). Von daher wird in Qumran das genaue Studium der Weisung und der Gestirne und entsprechend die Sonderoffenbarung über die rechten Festzeiten wichtig (CD VI,18f; 1QS I,9; III,10). Nach dem Kalender von Qumran (aus Jub VI,23–32 und äthHen LXXII,7–32 zu rekonstruieren: 4 gleich lange Jahreszeiten – $3 \times 30 + 1$ Tag – von 91 Tagen = 13 Wochen ergaben ein Jahr mit 364 Tagen = 52 Wochen; vgl. dazu die Liturgie vom himmlischen Schabbatopfer, auf der Herodesfestung Masada gefunden) wurde jedes Fest immer am gleichen Wochentag gefeiert und konnte keines der Hauptfeste auf einen Schabbat fallen. Ein Kalenderfragment aus Höhle 4 (»Mischmarot« genannt), das die Dienstzeiten der Priesterabteilungen festlegt, zeigt, auf welche Wochentage die Hauptfeste fallen (Pesach auf Dienstag, Garbenopfer und Wochenfest auf Sonntag, Neujahr auf Mittwoch, Sühnetag auf Freitag und Hüttenfest auf Mittwoch).

III Die frühe Christenheit stand in einer Spannung zwischen den verschiedenen jüd. Gemeinschaften. So mußte sie sich auch in den Fragen des Festkalenders mit den anderen Gruppen und – da ihre Glieder aus den verschiedenen »Parteien« herkamen – auch innerhalb der eigenen Reihen auseinandersetzen.

1) Für die Urchristenheit ist die Fest-Feier als Mitfeiern im Gesamtjudentum derart selbstverständlich, daß dies keiner bes. Erwähnung bedarf. Nur gelegentlich wird ausdrück-

lich berichtet, Jesus oder Paulus seien an den Schabbaten in die Synagogen gegangen, um dort zu beten, zu lesen oder zu lehren (zB Mk 1,21; Lk 4,16; Apg 16,13), oder die Jünger und die Gemeinden hätten die Wallfahrtsfeste mitgefeiert. So ist verständlich, daß die jüd. Fest-Liturgie ins Schrifttum des NT Eingang findet; Lesung und Handlung an Neujahr und am Versöhnungstag bilden zB die Voraussetzung für die liturgische Auslegung (homiletischer Midrasch) des Hebr; eine Vermahnung wie 1 Kor 5,1–8 hat ursprünglich ihren Platz in einer Feier der Pesach-Mazzot-Woche (dazu Gal 5,9), und die Bekenntnisformel von dem einen Gott, durch den alle Dinge sind (1Kor 8,4–6), erinnert an die erste Perikope des Bibellese-Zyklus. Heiden, die ihre Art des Feste-Feierns aufgeben mußten, wenn sie Christen werden wollten, konnten zu den weithin bekannten jüd. Festen hingeführt werden, deren geschichtliche Gegebenheit in geistiger und sittlicher Durchdringung bejaht wurde.

2) Was bei den Synopt. eher stillschweigend vorausgesetzt als ausdrücklich erwähnt ist, das wurde im JohEv zum Programm: Jesus ist nicht allein Jude unter Juden, er repräsentiert vielmehr das wahre Israel. Darum demonstriert er mit seinem Leben, Leiden und Sterben auch die rechte Festfeier; durch ihn werden die Inhalte der traditionellen Feste wieder einmal überlagert, ein letztes Mal überboten und zugleich in solch alt-neuer Form dem Judentum wieder angeboten. Der Jesus des JohEv.s spricht im Stil der Pesiktot (Midraschim, predigtartige Auslegungen von Bibeltexten, die an Festen und hervorragenden Schabbaten in einem Zyklus von wahrscheinlich drei Jahren gelesen wurden); dem Rhythmus der Feste Israels gleichsam einverwoben, präsentiert er sich mit seinen Homilien (und in deren Zentrum jeweils bes. durch die »Ich-bin«-Worte) als deren geheimer und zugleich offenbarer Mittel- und Höhepunkt. Schon äußerlich zeigt sich die Bedeutsamkeit dieser johanneischen Konstruktion daran, daß 15 von insgesamt ca. 25 Stellen, an denen das Wort ἑορτή *[heortæ]* im NT vorkommt, sich in diesem Ev. finden. Der Prolog des JohEv.s ist der Liturgie des Nisan-Festzyklus verwandt. Mit dem 1. Nisan im Frühling begann das jüd. Festjahr (Rosch Ha-schana I,1), und dieser Termin galt weithin als Jahrestag der Weltschöpfung (ebd 10b/11a; 12a). In manchen jüd. Kreisen wurde daher mit der Lesung von Gen 1 als dem Anfang der Perikopenreihe im Nisan begonnen, und Joh 1,1–18 läßt an einen homiletischen Midrasch im Anschluß an eine solche Lesung denken. Dabei unterstreicht die Exegese der Stelle den Zusammenhang von Anfang und Neuschöpfung, während die rhythmische Geformtheit dieses ἀρχή-Hymnus seine Zugehörigkeit zur Liturgie zeigt (ähnlich Kol 1,15–18).

Die Terminangaben von Joh 1,29ff lassen einen Zeitraum von etwa zwei Wochen, also vom 1. Nisan bis zum Pesachfest am 15. Nisan erkennen (Joh 2,13). Von 2,13(23) aus spannen sich dann die Bogen der Jahresfeste durch das Ev. Wahrscheinlich sind drei Jahreszyklen gemeint, vorausgesetzt, daß in 5,2 »ein« Fest zu lesen ist, was dann wohl (wie auch Min. 131 bezeugt) das Laubhüttenfest meint. Der zweite Bogen setzt demnach mit 6,4 an und spannt sich über das Laubhütten- bis zum Tempelweihfest hin: Nach anfänglicher Weigerung ging Jesus, nachdem der Kairos (→ Zeit) gekommen war, doch wieder zum Hüttenfest (Kap. 7), um – nach Art des Pescher in Qumran – durch seine Auslegung den geheimen Sinn der Festbräuche (Wasserprozession, große Festbeleuchtung, Sukka V, 2–4) zu offenbaren (dazu Joh 7,37; 9,7.5). Vom selben Jahr wird auch der Aufenthalt Jesu im Tempel aus Anlaß des Tempelweihfestes berichtet (Joh 10,22–29; dazu 1 Makk 4,36–59). Der dritte Einsatz findet sich 11,55: Das Pesachfest des Prozesses und des Todes, von den Synopt. als einziges erwähnt, nimmt auch in der Berichterstattung des Joh den weitesten Raum ein. – Bei allen drei erwähnten Pesachfesten verwertet das JohEv einige Hauptzüge dieses Festes, das sich nach der Tempelzerstörung auch bei den Juden als Fest der Familie und der Laien am leichtesten bewahren ließ. Die lebendige Vergegenwärtigung des historischen Geschehens ließ die Erlösung als Erinnerung, Erfahrung und Hoffnung konkret werden und gipfelte in der messianischen Erwartung, von der diese Zeit ohnehin erfüllt war. In der Pesachzeit vor allem rotteten sich Menschenmengen zusammen, sie suchten und fanden da und dort Heilsbringer, Messiasse. Viele tauchten in und um Jerusalem auf: auf dem Ölberg, am Jordan (Jos. ant. 20,169ff.97ff). Besatzungssoldaten, die eigens zum Fest von Caesarea nach Jerusalem zogen (Jos. ant. 20,106f), überwachten ihr Treiben und hinderten sie an der Durchführung ihrer Vorhaben, indem sie die Gemeinden auseinandertrieben und ihre Führer töteten. Aber auch fern vom Heiligtum, in Samarien, in Galiläa oder in der Wüste standen Messiasprätendenten auf, und immer knüpfte sich an ihr Erscheinen die Hoffnung, daß mit der hereinbrechenden Endzeit die Urzeit Israels wiederkehre, etwa die Zeit der Wüste mit den wunderbaren Speisungen Israels durch das Himmelsbrot.

Schon das Pesach am Beginn des JohEv.s läßt mit der Tempelreinigung (2,12–22) die messianische Erwartung anklingen. Beim zweiten Pesach (Joh 6) ist das Motiv des Brotes hervorgehoben: das Brot der Knechtschaft wird zum Brot der Freiheit. Das Kap. ist ein Pescher, eine aktualisierende Auslegung, zu den Worten Brot und Fleisch. Die christliche Mahlfeier (→ Herrenmahl) ist eine Substituierung des Pesachopfers, wie sie im Judentum längst vorbereitet war und nach dem Jahre 70 zum allgemeinen Brauch wurde. Beim Bericht vom dritten Pesachfest (Joh 12ff) steht wieder das messianische Motiv betont am Anfang, und im Unterschied zum vorjährigen Fest bejaht Jesus nun die Akklamation des Volkes (12,12–15; dagegen 6,15). Seine feierliche Einholung geschieht eben an dem Tag, an dem man die Pesachlämmer aussucht, die dann am Vortag des Festabends geschlachtet werden sollen. So weist die ganze johanneische Darstellung der Prozeßgeschichte mit unübersehbarer Symbolik darauf hin, daß Jesus in Wahrheit das Lamm Gottes ist, das für Israel dargebracht wird; stirbt er doch an dem Tag und zu der Stunde, da Israel die Lämmer schlachtet, und wird ihm doch (im Unterschied zu den mit ihm Gekreuzigten, aber wie dem Pesachlamm, nach Vorschrift Ex 12,46) kein Knochen zerbrochen (Joh 19,14.32–36; dazu Joh 1,29–36; Offb 5,6.9.12; 12,11; 1 Kor 5,7; 1 Petr 1,19). Diese Lamm-Symbolik in Joh 12 und 19 umrahmt die Abschiedsreden, in denen Motive des Hohenliedes, das in Gottesdiensten der Pesachwoche gelesen wird, midraschartig anklingen (Ermahnungen zur Einheit in der Liebe Joh 13,31ff; 14,15ff; 15,9ff; Frage nach dem Weg, Suchen und Finden 16,5).

Im johanneischen Bericht vom Pesach des Prozesses sind Spuren einer frühen Schicht greifbar, die eine Pesachfeier nach essenischem Ritus voraussetzen, während der darüberliegenden Schicht die pharisäischen Verhältnisse zugrunde liegen. Die Zeitangabe Joh 12,1 läßt erkennen, daß sich der abschließende Rahmen des Ev.s gleichsam zu einer Festwoche verdichtet. (Schon die Synopt. zeigen Spuren einer solchen Zählung.) Der Schöpfung entspricht die Weltvollendung (derartige Sieben-tage-Zyklen sind in priesterlichen Kreisen entstanden und überliefert worden, so Gen 1; Ex 24,16): 1. Tag (12,1ff) in Bethanien = Sonntag; 2. Tag (12,12ff) = Montag, Ausrufung zum Messias. Die nächste, nur unbestimmte Zeitangabe (13,1): »vor dem Pesachfest«, die Fußwaschung und letztes Mahl einleitet, sollte der vielen folgenden Ereignisse wegen so früh wie möglich gesetzt werden: mit dem Dienstag ergäbe sich genau der Termin für das Pesachmahl der Essener, an deren 14. Nisan. Auch die Brotrede Joh 6 liegt kurz vor dem (pharisäischen) Pesachfest. Am Abend des Dienstag hätte demnach die Jesus-Genossenschaft ihr Mahl gefeiert, bei dem Kleiderwechsel und Waschungen bedeutsam waren, während vom Essen des Lammes, dem Wichtigsten der pharisäischen Pesachmahlfeier, bei Johannes so wenig berichtet wird wie bei den Synopt. Alle nt. Berichte ähneln vielmehr übereinstimmend dem, was von der eschatologisch ausgerichteten, aber wohl opferlammlosen Mahlfeier der Essener bekannt ist (Beschreibung des täglichen Mahles Jos. bell. II,129–131; 1QS VI,4f; des endzeitlichen Mahles 1QSa II,17–22; dazu HebrEv nach Epiphanius Haer. 30,22,4: Jesus sagt auf die Frage der Jünger nach dem Pesachmahl: »Begehre ich etwa, an diesem Pesach Fleisch mit euch zu essen?«). – Gegen Morgen, also Mittwoch früh, erfolgten Verrat und Gefangennahme (18,1ff; zu Dienstag und Mittwoch: syr. Didask., Kap. XXI), dann blieb an diesem und dem folgenden Tag genug Zeit, das 18,13.24.28 Berichtete ohne Rechtsbrüche durchzuführen (zB ist es nach Mischna Sanhedrin IV,1 verboten, bei Nacht und an Festzeiten zu verhandeln und ein Todesurteil schon bei der ersten Sitzung zu fällen); der jetzt vorhandene gegenteilige Anschein ist dadurch entstanden, daß die an einer Chronologie nicht interessierte Überlieferung Traditionselemente unhistorisch ineinanderschob. Auch die paulinische Überlieferung muß solcher Datierung nicht widersprechen, weil die »Nacht, da er verraten ward« (1Kor 11,23), nicht mit der Nacht vor dem Todestag identisch sein muß. Spätere kirchliche Überlieferung bezog denn auch (aufgrund von Did. 8,1) das Fasten der Christen am Mittwoch auf die an diesem Tag erfolgte Verhaftung Jesu, das Freitagfasten auf die Kreuzigung. Fixiert ist dann wieder der 5. Tag (19,14), ein Freitag, nach Joh der Pesach-Rüsttag, also der 14. Nisan des pharisäischen Kalenders (so auch Sanhedrin 43a; nach synopt. Überlieferung dagegen 1. Festtag). Nur angedeutet ist der 6. Tag, ein Schabbat, bei nichtchristlichen Juden stets ein Tag des Ergötzens, hier ein Tag stiller Trauer angesichts des Grabes; ihm gegenüber steht der »erste Tag der Woche« (20,1ff), Tag der Auferstehung Jesu und damit Zeichen des Anbruchs einer neuen Welt.

Die Anknüpfung ans Jüdische, die im JohEv noch einmal geradezu konservativ und altbiblisch hervortrat, hat den kirchlichen Festen die Substanz biblischer Geschichtlichkeit erhalten und damit die Gefahr einer heidnischen Sexualisierung der Feste gebannt.

3) Trotz dieser Verwurzelung der christlichen Feste in der jüd. Tradition ist es aber bald zu Unterschieden und Gegensätzen gekommen. Auffallend scharf ist hier vor allem die Polemik des Paulus (Gal 4,8–11; dazu Kol 2,8–17; Röm 14,5ff) gegen Feiertage, die eine Anerkennung der Gestirns- und anderer Naturmächte statt des einen Gottes beinhalten, also im alten Geist gefeiert wurden. Auch für Paulus war der Inhalt aller Feste, jüdischer wie heidnischer, durch Christus überboten; er lehnt also nicht alles Feiern als solches ab, sondern fordert das rechte Feiern.

Ähnlich verhält es sich mit der Schabbatpolemik in den Evgg. (→ Sabbat). Jesus beteiligte sich an Schuldebatten über die Frage der rechten Schabbatheiligung (der Katalog der verbotenen werktäglichen Arbeit war noch nicht abgeschlossen), bei denen die Sorge der Gelehrten einerseits der Bewahrung des Gebotes, andererseits der Bewahrung des Menschseins galt. Jesus wurde von strenger Gerichteten zur Rede gestellt und rechtfertigte ihnen gegenüber in einer damals üblichen Weise sein Handeln mit biblischer Begründung (zB Mt 12,1–12 par). Wenn im JohEv die Debatte gegenüber den Synopt. verschärft zu sein scheint, so war diese sekundäre Zuspitzung nicht Ursache der Scheidung der Christen vom (jetzt) orthodoxen Judentum, sondern vielmehr deren unmittelbare Folge.

4) Neben der allg. Übernahme der jüd. Feste durch die frühchristlichen Gemeinden und einer Entgegensetzung in Einzelheiten begannen auch besondere christliche Feste sich zu entwickeln; aber nur Ansätze reichen in die nt. Zeit zurück. Neben den Schabbatgottesdiensten hatten die Christen ihre Sonderzusammenkünfte am ersten Wochentag zum Gedenken an die Erlösung durch die Auferstehung des Herrn (dazu 1 Kor 16,2; Apg 20,7; gegen Ende des 1. Jh.s – Offb 1,10 – als »Herrentag« bezeichnet). Jedoch wurde aus dem Nach- und Nebeneinander der beiden Tage bald ein bewußter Gegensatz (Ign. Magn. 9,1; Barn. 15,9; schon Did. 14,1). Der Name »Herrentag« wandelte sich in den nächsten Jahrhunderten, als allgemein die Wochentage die Namen der alten heidnischen Planetengötter erhielten, in »Sonnentag« um, was den Christen den Vorwurf eintrug, sie seien Sonnenanbeter.

Erst gegen Ende des 2. Jh.s wurde Pesach zu Ostern, weitere 100 Jahre später das Wochenfest zum christlichen Pfingsten, aber Jesus, als der neue Inhalt dieser Feste, weist die Kirche doch zugleich auf ihren jüd. Ursprung zurück. Erst im Laufe des 4. Jh.s wurde Himmelfahrt als rein kirchliches Fest zwischeneingestellt. Als letztes der großen christlichen Jahresfeste entstand Weihnachten um 335 in Rom (von vielen vorgeschlagenen Terminen hat sich der 25. Dezember durchgesetzt); es soll zwar im Gegensatz zum Sonnenkult gefeiert werden, hat aber Formen der Sonnwendbräuche verschiedener Völker übernommen. Bemerkenswert ist allerdings auch die ungefähre Termingleichheit mit dem jüd. Chanukkafest; beide wurden teilweise »Lichterfest« genannt.

Christen haben zu allen Zeiten Feste gefeiert, denn in der Festfeier bekundet sich geschichtliche Existenz, sie gründet in einer Wertung der Zeit, in der Weigerung, bloß dauernde Wiederholung zäsurlos hinzunehmen. Wie das Gebot, so wurde darum auch die Festordnung Israels vom Judenchristentum zunächst so selbstverständlich beibehalten, daß die Judenchristen schließlich gewaltsam als Ketzer davon ausgeschlossen werden mußten, da ihnen immer mehr zum eigentlichen Inhalt der alten Feste Jesus Christus geworden war, durch den sie sich mit ganz Israel bleibend verbunden wußten.

Auch heidenchristliche Kreise haben ihre Feste im Anschluß an die jüd. gefeiert, zugleich aber im bestimmten Gegensatz zu ihnen. Der Wille, sich vom Schicksal der jüd. Gemeinde zu lösen, führte dann allerdings zur Aufnahme neuer, heidnischer Grundmotive. In der lebendigen Auseinandersetzung zeigt sich aber die bleibende Verbundenheit der alten und der neuen Gemeinde. *R. Mayer*

πάσχα

πάσχα [pas·cha] Passa

I *πάσχα [pas·cha]* ist griech. Umschrift des aram. *phas·cha*, dem im Hebr. *paesach* entspricht. Die Bedeutung ist nicht eindeutig geklärt. Ex 12,13.23.27 verweisen auf einen Zusammenhang mit dem hebr. *piseach 'al (überspringen, verschonen)*, jedoch handelt es sich hier um eine volkstümliche Erklärung. Die griech. Aussprache des aram. *phas·cha* hat urspr. nichts mit πάσχειν *[pas·chein]* = leiden zu tun, sondern ist formal durch die im Griech. schwer erträgliche Aufeinanderfolge der beiden Hauchlaute ph-ch bedingt.

II 1) Im at. und jüd. Schrifttum wird das Wort in verschiedenen Bedeutungen verwandt. Es bezeichnet a) das an der Wende vom 14. zum 15. Nisan begangene (Ez 45,21 Konjektur; Lev 23,5) *Passafest* (Ex 12,11; Num 9,2); b) das bei diesem Fest geschlachtete *Passatier* (Ex 12,5.21; Dtn 16,2); sowie im Judentum c) das spätestens seit dem Exil zu einer Einheit verschmolzene siebentägige *Passa-Mazzot* (Lev 23,6–8; vgl. Art. ἑορτή II,2).

2) Das Passafest geht auf einen alten Nomadenbrauch zurück, der mit dem alljährlichen Weidewechsel im Frühjahr zusammenhängen und dem Schutz der Herden vor Dämonen gedient haben dürfte. In der at. Überlieferung ist es jedoch ganz mit dem Ereignis des Auszuges aus Ägypten verknüpft (Ex 12,21–23) und der Erinnerung an dieses Datum der israelitischen Heilsgeschichte gewidmet (Dtn 16,1; Ex 12,11–14). Die Art seiner Begehung hat sich im Laufe der Zeit verschiedentlich gewandelt, am einschneidensten im Zuge der Kultreform des Josia (621 vChr). Durch sie wurde die Feier des urspr. von den einzelnen Sippen an ihren jeweiligen Wohnsitzen begangenen Festes auf Jerusalem beschränkt und mit dem Tempelkult verbunden (Dtn 16,1–8; 2Kön 23,21–23). Dadurch bedingt nahm das Fest in der Folgezeit den Charakter eines Wallfahrtsfestes an ähnlich dem Pfingst- und Laubhüttenfest (vgl. → Art. ἑορτή II).

3a) In nt. Zeit war es das Hauptfest des Jahres, zu dem aus der gesamten jüd. Welt Tausende von Pilgern nach Jerusalem strömten (vgl. Lk 2,41; Joh 11,55). Die eigentliche Feier, das Passamahl, fand damals in den Häusern und wegen der großen Zahl der Teilnehmer (»weit über 100 000«; JJeremias, Abendmahlsworte, 36) teilweise auf den Dächern und in den Höfen Jerusalems statt. Sie wurde in kleinen Gruppen von mindestens 10 Personen abgehalten und begann abends nach bzw. bei Sonnenuntergang (15. Nisan). Die Schlachtung der Passalämmer im inneren Vorhof des Tempels, die von Vertretern der einzelnen Passagemeinschaften vorgenommen wurde (Sache der Priester war nur das Versprengen des Blutes der Lämmer am Brandopferaltar), sowie die Bereitung des Passamahles erfolgte am Nachmittag vorher (14. Nisan). Das Mahl selbst wurde liegend eingenommen. Zu Beginn (I) sprach der Hausvater einen Weihespruch über einem ersten Becher Wein, von dem er und nach ihm alle Glieder der Passagemeinschaft tranken. Dann aß man eine Vorspeise (verschiedene Kräuter mit Fruchtmustunke). Anschließend wurde das Hauptmahl (Passalamm, ungesäuertes Brot, Bitterkräuter und Fruchtmus nebst Wein) aufgetragen und ein zweiter Becher Wein vorgesetzt. Beides wurde aber noch nicht angerührt, denn zunächst hielt man (II) die Passaliturgie. Ihr wichtigster Bestandteil war die Passahaggadah, in der der Hausvater die Geschichte des Auszuges aus Ägypten nach Dtn 26,5–11 erzählte und die besonderen Elemente des Mahles (Lamm, ungesäuertes Brot und Bitterkräuter) deutete. Es folgte der gemeinsame Gesang von Ps 113 bzw. 113.114 (1. Teil des Passahallel). Dann erst wurde das Hauptmahl (III) gegessen, das der Hausvater mit einem Gebet über dem ungesäuerten Brot einleitete und mit einem Gebet über einem dritten Becher Wein beendete. Das Ende der Feier (IV), die nicht über Mitternacht hinaus dauern sollte, bildete der Gesang von Ps 114–117 bzw. 115–118 (2. Teil des Passahallel) und der Segensspruch des Hausvaters über einem vierten Becher Wein.

b) Diese Feier diente im antiken Judentum dem erinnernden Rückblick auf die Erlösung aus der Knechtschaft der Ägypter und der Freude über die gewonnene Freiheit (so auch im AT), darüber hinaus aber auch dem Ausblick auf die kommende Erlösung durch den → Messias. Die Passazeit war gerade während der röm. Herrschaft in Palästina jedesmal eine Zeit gesteigerter messianischer Erwartungen (vgl. Lk 13,1–3; Mk 15,7 par; Joh 6,15; s. AStrobel, ZNW 49, 1958, S. 187ff).

Im NT hat πάσχα (pạs·cha) die gleiche Bedeutungsbreite wie im zeitgenössischen Judentum. III
Überwiegend bezeichnet es das *Passafest* samt dem Fest der ungesäuerten Brote (Mazzot; Mt 26,2; Lk 2,41; 22,1; Apg 12,4; Joh 2,13.23; 6,4; 11,55; 12,1; 13,1; 18,39; 19,14), daneben das eigentliche Passafest (Mk 14,1; Mt 26,18; Hebr 11,28) sowie das *Passalamm* (Mk 14,12.14.16; Mt 26,7.19; Lk 22,7.8.11.13.15; Joh 18,28; 1 Kor 5,7; bei den Wendungen »das Passa bereiten«, »essen« könnte auch das gesamte Hauptmahl gemeint sein).

1a) Auf das Passa des Auszuges aus Ägypten ist im NT nur Hebr 11,28 Bezug genommen. Es ist gedeutet als Zeugnis für den Glauben des Moses, der der Zusage Gottes, das Volk wegen des Passablutes zu verschonen, vertraute, indem er das Passa beging.

b) Eine besondere Rolle spielt der Passa-Hintergrund bei der Passionsgeschichte. Alle vier Evgg. berichten, daß sich das letzte Mahl Jesu, seine Gefangennahme, Verhör und Verurteilung um die Passazeit ereignet haben (Mk 14; Mt 26.27; Lk 22.23; Joh 18.19). Nach den Synopt. war Jesu letztes Mahl selbst ein Passamahl (Mk 14,12–26 par), wurde er in der Passanacht gefangen, verhört, verurteilt und am folgenden Tag gekreuzigt. Nach Johannes hingegen fanden alle diese Ereignisse 24 Stunden vorher statt (vgl. Joh 18,28; 19,14), der Tod Jesu also zur Zeit der Schlachtung der Passalämmer am Nachmittag des 14. Nisan. Dies ist jedoch sicher eine nachträgliche Umdatierung, die vermutlich durch den im NT verbreiteten (1 Kor 5,7; 1Petr 1,19; Joh 19,36; vgl. Offb 5,6.9.12; 12,11) Vergleich Jesu mit dem Passalamm veranlaßt worden ist. Die Einwände, bes. gegen den Passacharakter des letzten Mahles Jesu, sind kaum stichhaltig. Nicht nur der Rahmen (Mk 14,12 par; Lk 22,14), sondern auch die Deuteworte, in denen Jesus sich selbst mit dem Passalamm vergleicht (Mk 14,22–24 par; Lk 22,19f), dürften auf diesen Zusammenhang (Deutung der Elemente des Mahles durch den Hausvater) hinweisen (vgl. JJeremias, Abendmahlsworte, S. 35–78).

2) In der Urgemeinde hat man das Passafest weitergefeiert (Joh 2,13; 6,4; 11,55 setzen das voraus; vgl. Apg 20,6) und zwar genau wie im Judentum am Abend nach dem 14. Nisan und in Erwartung der endzeitlichen Erlösung. Das läßt sich aus dem NT zwar nicht unmittelbar entnehmen, ergibt sich aber vor allem aus den Nachrichten über die Passafeier der Quartadezimaner (vgl. BLohse), einer christlichen Gemeinschaft in Kleinasien und Syrien, die an dieser Stelle das Erbe der Urgemeinde bewahrt hat. Wie 1 Kor 5,7–8 (der Text dürfte eine urchristliche Passahaggadah sein) und 1 Petr 1,13–19 erkennen lassen, hat sich die Urgemeinde als das im endzeitlichen Passa befindliche Gottesvolk verstanden. Die Getauften werden als die »mit dem teuren Blut Christi als eines unschuldigen und unbefleckten Lammes« (1 Petr 1,19 L, vgl. 1Kor 5,7 »Christus unser Passalamm«) Erlösten ermahnt, – wie beim ersten Passa – zum Aufbruch bereit heilig zu leben (1 Petr 1,13.17). An die Gemeinde ergeht der Ruf, sich vom alten Sauerteig zu reinigen, »auf daß ihr ein neuer Teig seid« (1 Kor 5,7 L). Mit Karfreitag hat das endzeitliche Passafest begonnen, dessen Vollendung in der Wiederkunft Christi die Gemeinde jeweils in der Passanacht erwartet.

3) Diese Art und dieses Verständnis der Passafeier ist in der Kirche bereits früh verloren gegangen. Schon im Laufe des 2. Jh.s kam allgemein das an einem Sonntag gefeierte Osterfest auf, das dem Gedenken an den Opfertod Christi als des wahren Passalammes galt, ein Vorgang, in dem der Bruch zwischen Judentum und Christentum sowie das Zurückgehen der endzeitlichen Erwartung innerhalb der frühen Christenheit unmittelbar zum Ausdruck kommt.

B. Schaller

Lit.: zu ἑορτή: ThZahn, Geschichte des Sonntags, vornehmlich in der alten Kirche, 1878 – GLoeschke, Jüdisches und Heidnisches im christlichen Kult, 1910 – PVolz, Das Neujahrsfest Jahwes, 1912 – SMowinckel, Das Thronbesteigungsfest Jahwes und der Ursprung der Eschatologie, 1921 – GvdLeeuw, Phänomenologie der Religion, 1933 – JPedersen, Passahfest und Passahlegende, 1933 – HLietzmann, Der christliche Kalender, 1935 – JHuizinga, Homo ludens, 1938 – LRost, Weidewechsel und altisraelitischer Festkalender, 1943 – BReicke, Diakonie, Festfreude und Zelos in Verbindung mit der christlichen Agapenfeier, 1951 – GDelling, Der Gottesdienst im NT, 1952 – HJKraus, Gottesdienst in Israel, 1954 – OCullmann, Urchristentum und Gottesdienst, 1956[3] –

LDeubner, Attische Feste, 1956 (Nachdr.) – AJaubert, La Date de la Cène, 1957 – MPNilsson, Griechische Feste von religiöser Bedeutung, mit Ausschluß der attischen, 1957 (Nachdr.) – HJKraus, Gottesdienst im alten und neuen Bund, EvTh 4/5, 1965, 171ff – RMayer, Der Babylonische Talmud (Auswahl; zur Festfeier im frühen Judentum), 1965² – ENeuhäusler, Jesu Stellung zum Sabbat, BuL 12, 1971, 1ff – zu πάσχα: BLohse, Das Passahfest der Quartadezimaner, BFChTh 54, 1953 – JJeremias, Art. πάσχα, ThWb V, 1954, 895ff – HJKraus, Zur Geschichte des Passah-Massotfestes im Alten Testament, EvTh 18, 1958, 47ff – AStrobel, Die Passa-Erwartung als urchristliches Problem in Lk 17,20f, ZNW 49, 1958, 157ff – WRordorf, Zum Ursprung des Osterfestes am Sonntag, ThZ 18, 1962, 167ff – NFüglister, Die Heilsbedeutung des Pascha, 1963 (= Stud. z. A. u. NT, 8) – JJeremias, Der Opfertod Jesu Christi, 1963 – JCarmignac, Comment Jésus et ses contemporains pouvaient-ils célébrer la Pâque à une date non officielle?, Revue de Qumran 5, 1964, 59ff.

Fest, gegründet

Das Leben des einzelnen Menschen wie auch das der Gemeinschaft wird im NT oft mit dem Bild eines Baues (→ Haus) beschrieben. Wie dessen Dauerhaftigkeit und Widerstandsfähigkeit von der Solidität seines Fundamentes abhängt, so entsprechend auch die menschliche Existenz. θεμέλιος *[themẹlios]* bezeichnet nun diese – dem betrachtenden Blick meist nicht sogleich erkennbare – *Basis*, die das ganze Bauwerk trägt, hält und bestimmt. Im gleichen Sinne wird auch ἑδραίωμα *[hedrạịōma]* gebraucht, das jedoch einem anderen Vorstellungsbereich entstammt: ἑδραῖος *[hedrạios]* faßt urspr. die bodengebundene *Standfestigkeit*, von daher dann auch die Seßhaftigkeit des Menschen ins Auge. – Die βέβαιος *[bẹbaios]*-Gruppe hingegen wendet sich dem zu, was in dem – als unerschütterlich vorgegebenen – Fundament *gegründet* bzw. noch *zu festigen*, zu verankern ist. Von hier aus wird βέβαιος *[bẹbaios]* zu einem vorwiegend juristischen Terminus, der eine keinem Änderungsrisiko unterliegende Stellung bzw. Zusage kennzeichnet (s. auch → Siegel).

βέβαιος

βέβαιος *[bẹbaios]* gewiß · βεβαιόω *[bebaịọō]* bestätigen · βεβαίωσις *[bebạịōsis]* Bestätigung

I βέβαιος *[bẹbaios]* von βαίνω *[bạinō]* = betretbar (sicheren Grund besitzend), im Profangriech. seit dem 5. Jh. vChr, nimmt die Bedeutung *fest, dauerhaft, unerschütterlich, sicher, zuverlässig, gewiß* an, im juristischen Bereich auch *gültig, rechtskräftig*. βεβαιόω *[bebaiọō]* heißt dementsprechend *fest machen, bestärken, bestätigen*, auch *garantieren*; βεβαίωσις *[bebạịōsis]* *Bekräftigung, Bestätigung* oder (im juristischen Bereich) *Garantie* (rechtlich gültige Bestätigung eines rechtlichen Aktes).

II Im AT (LXX) kommt diese Wortgruppe nur selten vor, zB Ps 119,28 im Sinn von *bestärken*, und hat dann im wesentlichen dieselbe Bedeutung wie im Profangriech.

III Im NT finden sich die genannten Vokabeln insgesamt 19mal (davon allein 8mal im Hebr!). Einmal meinen sie die *Gültigkeit*, dh die *Rechtskräftigkeit* des göttlichen Wortes (Mk 16, 20; Hebr 2,2f), des Evangeliums (Phil 1,7) u. ä., wobei das NT sich der Vorprägung aus dem juristischen Bereich bedient hat (s. o. I). Zum anderen wird die Wortgruppe im ganz ursprünglichen Sinn verwendet, wenn etwas *fest, zuverlässig* ist, weil es einen festen Grund hat. So sind zB die Hoffnung und die Zuversicht des Menschen, die auf das durch einen Eid rechtskräftig eingesetzte Wort Gottes vertrauen, wie durch einen Anker fest gegründet (Hebr 6,16.19).

1a) Die → Verheißungen Gottes, das → Wort Gottes, das → Evangelium werden sich mit absoluter Sicherheit erfüllen, weil sie von Gott rechtskräftig eingesetzt worden sind, und so die Grundlagen des Glaubens bilden. So steht die Verheißung Gottes fest, dh sie ist in ihrer rechtskräftigen Setzung eine zuverlässige und absolut sichere Grundlage, auf der der Glaubende fußen kann. Die Verheißung ist »aus Gnaden« von Gott dem Glauben gegeben, nicht auf Grund des Gesetzes (Röm 4,16). Sie ist also in ihrer Gültigkeit und Wirksamkeit nur von Gott abhängig, nicht vom Menschen. Das eben macht sie gewiß. Sie wird daher dem zuteil, der ganz »aus der Gnade« lebt, dh dem Glaubenden. Er hat in der Verheißung die Zukunft Gottes und nicht der, der seine Existenz vor Gott auf das Gesetz und auf den Gesetzesgehorsam gründet. Hinge davon die Gültigkeit der Verheißungen Gottes ab, so könnten wir ihrer nie gewiß sein.

Eine andere Begründung für das »Bestätigen« = (Rechtskräftig-werden-lassen) der Verheißungen Gottes an die Väter gibt Röm 15,8: Jesus Christus hat diese Rechtsbestätigung gegeben. Sein ganzes Leben war »Dienst« an den Juden und an den Heiden, um ihnen die Verheißungen Gottes gewiß zu machen; er zeigte ihnen, wie sich in ihm alle Verheißungen Gottes erfüllten und damit als wahr erwiesen. Damit hat er zugleich »Gottes Wahrhaftigkeit« und Treue erkennbar gemacht, die der tiefste und letzte Grund für die Festigkeit und Sicherheit der Glaubensgrundlagen sind. – In Hebr 6,16ff wird darauf hingewiesen, daß Gott zur Bekräftigung und Verbürgung seiner Verheißungen und damit der Unverbrüchlichkeit seines Willens sogar einen Eid geschworen hat. Wenn schon unter Menschen der Eid zur Bekräftigung dient (εἰς βεβαίωσιν *[eis bebaiōsin]* ist eine bekannte griech. Garantieformel aus dem Rechtsleben!), als Ausschluß jeden Widerspruchs und jedes weiteren Einwands, wieviel mehr, wenn Gott seine Zusage durch einen Eid verbürgt! – Dieser Sprachgebrauch wird auch durch die Verwendung in Hebr 9,17 bestätigt: Gottes Verheißung (V. 15) wird mit einem Testament verglichen, das durch den Tod dessen, der es erließ, rechtsgültig wird. Der Tod Jesu rückt damit in ein besonderes Licht.

b) Statt der Verheißung Gottes ist es oft auch der λόγος *[logos]*, das Wort (Gottes), das durch die Wortgruppe als *zuverlässig* charakterisiert wird, so in Hebr 2,2: War schon das durch die Engel verkündete Wort (= das Gesetz des AT) fest, unverbrüchlich, rechtskräftig, so daß »jede Übertretung und jeder Ungehorsam gebührende Strafe empfing«, wieviel mehr das Wort des Herrn, der »soviel mächtiger ist als die Engel« (Hebr 1,4), das Wort, das Gott von sich aus noch bezeugte und bekräftigte durch »Zeichen und Wunder und mannigfache Krafttaten« (Hebr 2,4). »Hinter dem βέβαιος λόγος *[bebaios logos]* steht die Rechtsordnung Gottes (διαθήκη *[diathækæ]*), die für die Wirksamkeit des Wortes garantiert. Nicht die Tatsache, daß die Engel das Wort ausrichten, sondern daß das Wort durch die Rechtsordnung Gottes am Sinai getragen wird, schenkt ihm seine Unverbrüchlichkeit und Rechtskraft« (Michel 63; → Bund). – In Mk 16,20 wird das Wort (der Jünger) durch »mitfolgende Zeichen« in seiner Rechtskräftigkeit bestätigt, dh gültig gemacht (βεβαιοῦντος *[bebaiountos]*). Diese Zeichen sind ein Hinweis darauf, daß der lebendige Herr selbst durch seine Zeugen spricht und wirkt und daß ihr Zeugnis darum wahrhaftig und zuverlässig ist. Ist Gottes Wahrhaftigkeit und Treue der Primärgrund für die Gültigkeit des Wortes Gottes und damit für alle Gewißheit des Christen bezüglich seines Glaubens, so sind diese Zeichen für den Christen eine nicht unwichtige nachträgliche Bestätigung seiner Gewißheit hinsichtlich der Zusagen Gottes. – Auch nach 2 Petr 1,19 ist »das prophetische Wort . . . fest«, weil es bestätigt ist durch göttliche Wirkungen und Erscheinungen aus der himmlischen Welt, nämlich bei der Verklärung Jesu. Diese Erlebnisse (wie übrigens auch die Ostererlebnisse) haben die Jünger bestärkt in ihrem Vertrauen auf die absolute Zuverlässigkeit und Gültigkeit des Wortes Gottes.

c) Von diesem Gebrauch der Wortgruppe aus gewinnt sie mitunter die Bedeutung *Bezeugung, bezeugen* (des Evangeliums), so in 1 Kor 1,6; Phil 1,7 und Hebr 2,3. Es schwingt hier die Vorstellung mit: Gottes Wort ist so gewiß und zuverlässig, daß man ihm vertrauen muß, wenn es verkündigt wird. So schließt es immer wieder die aus dem Rechtsbereich kommende Vorstellung ein, daß Gottes Wort durch die Bezeugung jetzt und hier in Kraft gesetzt wird (vgl. HSchlier, Art. βέβαιος ThWb I, 603; s. auch I), und unterstreicht damit zugleich die Verantwortlichkeit des Menschen ihm gegenüber.

2a) Erst aus dieser Rechtsverankerung und -gültigkeit von Verheißung und Wort Gottes (s. u. III,1a) ist für den Glaubenden die Gewißheit bezüglich seines Heils zu verstehen. Oft korrespondieren beide Bedeutungen sogar unmittelbar miteinander (zB Hebr 6,16 und 6,19; 1 Kor 1,6 und 1,8; 2 Petr 1,10 und 1,19 u. ö.). Die Festigkeit der Hoffnung ist unabtrennbar in der Rechtsgültigkeit des göttlichen Wortes verwurzelt. Das ist bes. eindrücklich ausgeführt in Hebr 6,19: Weil Gottes Verheißung unwandelbar, sein Eid rechtsgültig (V. 16) ist (Gott lügt nicht!), darum ist nun auch des Glaubenden Hoffnung zuverlässig und fest wie ein Schiff, das fest am Anker liegt. Der Hebr gebraucht hier in der Formel ἀσφαλῆ καὶ βεβαίαν *[asphalæ kai bebaian]* eine auch im hellenistischen Raum übliche Wendung. ἀσφαλής *[asphalæs]* ist dabei kaum von βέβαιος *[bebaios]* zu unterscheiden (vgl. Michel zSt, S. 157). Weil die Gemeinde auf Erden immer in der Anfechtung und damit in der Gefahr steht, ihre einzige Zuversicht (παρρησία *[parræsia]*, → Freimütigkeit) zu verlieren, ist es nötig, daß sich die Gemeinde in ihrem Vertrauen zu Gott und in der Erwartung der Zukunft, dh in der Heilsgewißheit unerschüttert und jedem Angriff gewachsen zeige (Hebr 3,6.14). Das ist direkt die Voraussetzung dafür, daß wir zu »Jesu Haus« gehören, seine Kinder und »Genossen« sind (V. 14)!

b) Von daher gewinnt die ganze Existenz des Christen etwas Festes und Gewisses: *Gott* selbst hat den Glaubenden »in Christus gegründet, fest gemacht« (2 Kor 1,21; ähnlich 1Kor 1,8) und versiegelt durch den Heiligen Geist; ein solcher Mensch ist »gefestigt im Glauben« bzw. »durch den Glauben« (Kol 2,7; in 1 Petr 5,9 im gleichen Sinn: στερεοὶ τῇ πίστει *[stereoi tæ pistei]*!), »verwurzelt« (ῥιζόομαι *[rhizoomai]*: Parallelbegriff zu βέβαιος *[bebaios]*) in Christus und »gebaut« auf ihn, er hat ein »Herz, gefestigt durch Gnade«, dh er ist fest gerade durch das Absehen von allem Eigenen, indem er sich ganz auf das stellt, was außer ihm liegt! (In ganz ähnlichem Sinn wird 2 Thess 2,17 στηρίζω *[stærizō]* verwendet, ebenso in 1 Petr 5,10, hier daneben noch θεμελιόω *[themelioō]*.)

H. Schönweiß

θεμέλιος

θεμέλιος *[themelios]* Grundlage, Fundament · θεμελιόω *[themelioō]* gründen, gegründet sein · ἑδραῖος *[hedraios]* fest, beständig · ἑδραίωμα *[hedraiōma]* Fundament

I θεμέλιος *[themelios]* war wohl urspr. als Adj. gedacht, bei dem λίθος *[lithos]* = Stein zu ergänzen war; doch ist dies literarisch nicht zu belegen. Es findet im Maskulinum und Neutrum Verwendung, ohne daß zwischen beiden ein begrifflicher Unterschied besteht. Nachweisbar ist das Wort seit Homer (dort in der Form θεμείλια *[themeilia]* oder auch θέμεθλα *[themethla]*) und sprachlich verwandt mit dem Verb τίθημι *[tithæmi]* = setzen, stellen, legen. Es bezeichnet demnach *das unten Liegende, den Grund(stein), das Fundament, die Grundlage* sowohl im wörtlichen Sinn (zB das *Fundament* eines Hauses, einer Stadt, eines Baugrundes) als auch im übertragenen Sinn (zB im juristischen Schriftverkehr zur Bezeichnung des *Eigentumsrechtes* an einem Gebäude oder im philosophischen Denken, wo der Begriff den *Ausgangspunkt* eines Lehrgebäudes meint). Entsprechend heißt das Verb θεμελιόω *[themelioō] den Grund legen* (belegt erst seit Xenophon).

Verwandte Bedeutung hat das Adj. ἑδραῖος *[hedraios]* (abgeleitet von ἕδρα *[hedra]* = Sessel, Sitz, Wohnsitz, Platz), urspr. von Menschen gebraucht: *seßhaft, sitzend,* dann allgemeiner: *fest, unerschütterlich, stabil.* So wird ἑδραῖος *[hedraios]* ähnlich wie θεμέλιος *[themelios]* verwendet, um nach dem absolut Festen und letzten Grund alles Seins zu fragen (bes. bei Plotin), wobei immer ein in sich selbst Festes und Bleibendes gemeint ist. Die Substantivbildung ἑδραίωμα *[hedraiōma]* = *Fundament* ist im Profangriech. nicht belegt.

II 1) Wenn das AT vom Grund und Fundament redet (es gibt verschiedene hebr. Entsprechungen zu θεμέλιος *[themelios]*, meist vom Stamm *jāsad* = *einen Grund legen;* bei den vorexilischen Propheten oft aber auch *'armōn* = *Wohnturm, Palast;* vgl. die Völkersprüche des Amos!), so geschieht das nirgends im griech.-philosophischen Sinn eines letzten in sich selbst ruhenden Seins. Im AT ist vom Fundament der Häuser (1 Kön 7,9 f [LXX: 7,45 f]; Jer 51,26) und Städte (Am 1,4 ff; bes. 2,5), aber auch der Berge (Dtn 32,22; Ps 18,8), der Erde (Jes 24,18; Mi 6,2; Spr 8,29), des Himmels (2 Sam 22,8) die Rede. Dabei ist entsprechend der antiken Weltvorstellung auch in den letzten Fällen *Fundament* durchaus im wörtlichen Sinn verstanden. Entscheidend ist, daß diese Fundamente nicht in sich selbst fest sind, sondern von Gott gelegt wurden (Spr 8,29; Jes 14,32; vgl. auch Hi 9,6) und auch wieder zerstört werden können (Dtn 32,22; Klgl

4,11; Ps 18,8). Alle Festigkeit dieser Welt gehört nicht als immanente Eigenschaft ihr selber zu, sondern ist als geheimnisvolle Gründung Gottes erhaltende Gabe an sie; daher können die Urfundamente bei der Theophanie in Ps 18 (V. 8.16) beben, womit gleichzeitig die Grundlagen der Erde in ihrer Dauerhaftigkeit und Festigkeit infrage gestellt werden.

Wichtig für das theol. Verständnis von *Fundament* ist vor allem Jes 28,16 (vgl. 54,11): Jahwe selbst werde den Grund- und Eckstein für Israel auf dem Zion legen. In dem Bilde vom Neubau ist nun sicherlich nicht an einen künftigen neuen Großstaat gedacht, sondern an den Bau eines Gottesvolkes in der Gottesstadt, das aus dem Glauben lebt. Der Zion soll zum Wallfahrtsziel der Völker werden (vgl. Jes 2,2 f; Mi 4,1 f). Erst viel später (vgl. Eph 2,20; 1Petr 2,4 ff) wird der Grundstein (Jes 28,16) auf den Messias (Christus) bezogen.

2) Innerhalb des Spätjudentums ist vor allem der Sprachgebrauch der Qumrantexte bemerkenswert. Hier werden die hebr. Wörter *sōd* und *j^esōd* ohne Unterschied in der Bedeutung *Fundament* gebraucht. Oft wird die Gemeinde als der endzeitliche Tempel oder als die endzeitliche Gottesstadt angesehen, und in solchen Zusammenhängen ist auch oft von ihren Fundamenten die Rede, wobei Jes 28,16 auf die Gemeinde bezogen wird (1QS 8,5 ff; 9,3 u. ö.).

Der nt. Gebrauch von θεμέλιος *[themẹlios]* erstreckt sich über das ganze NT (insgesamt 16mal) und unterscheidet sich in seiner Bedeutung nicht vom Profangriech. Das Verb wird 6mal gebraucht. Dagegen ercheint ἑδραῖος *[hedrạios]* nur 3mal bei Paulus (1 Kor 7,37; 15, 58; Kol 1,23) und ἑδραίωμα *[hedrạiōma]* nur 1 Tim 3,15 (in der gleichen Bedeutung wie θεμέλιος *[themẹlios]*). — Lukas gebraucht θεμέλιος *[themẹlios]* nur in wörtlicher Bedeutung von den *Fundamenten* eines Gebäudes (6,48f; 14,29; Apg 16,26). In Hebr 11,10; Offb 21,14.19 geht es um die Fundamente der zukünftigen Gottesstadt. Dagegen verwendet Paulus Subst. und Verb nur in übertragener Bedeutung. III

Für die theol. Erörterung kann auf alle Stellen mit direkt-konkretem Sprachgebrauch verzichtet werden, so daß dafür außer Hebr 6,1; 1 Petr 5,10 nur die paulinischen Stellen in Betracht kommen.

1) Das Bild vom → Haus und Hausbau (οἶκος *[ọikos]*, οἰκοδομή *[oikodomæ̣]*) wird im NT vereinzelt als Gleichnis dafür benutzt, wie der Mensch sein Leben gestaltet und ordnet, indem er baut und gründet (Mt 7,24f). Hat er das Wort Jesu zum Fundament, so ist er fest gegründet. Das gilt aber vor allem auch für die Gemeinde, die Kirche; sie ist ein »geistliches Haus« (1 Petr 2,5; Eph 2,20—22; 1 Tim 3,15), das Jesus selbst bauen will (vgl. Mt 16,18) durch seinen Geist und durch sein Wort. Wie nun beim Hausbau das Fundament von entscheidender Wichtigkeit ist, so auch in der Kirche. Dies Fundament ist Jesus Christus (1 Kor 3,11). »In ihm fängt alles an, von ihm kommt alles her, was als Wirklichkeit und Wahrheit der Rechtfertigung und des Glaubens und ihres Verhältnisses untereinander zu bedenken ist« (KBarth, KD IV,1,712). Auf diese Grundlage hat Paulus die Gemeinde gestellt (V. 10); und auf diesem Fundament muß nun weiter aufgebaut werden (V. 12ff). Doch bei allem Bauen muß er, Christus, die Grundlage bleiben (vgl. V. 15). Insofern dieser Grund nicht anders zum Menchen kommt als durch die Verkündigung der Apostel und Propheten, können auch diese selbst als θεμέλιος *[themẹlios]* bezeichnet werden, wobei »Jesus Christus der Eckstein ist« (Eph 2,20). In gleicher Bedeutung wird Petrus in Mt 16,18 der Fels genannt, auf dem die Gemeinde gebaut wird. Die Kirche lebt also von dem, was Gott in Jesus getan hat und durch die Apostel verkündigen ließ; sie ist nicht mehr Kirche, wenn sie daneben andere Dinge als grundlegend gelten läßt (zB Blut und Rasse; → Zur Verkündigung).

2) Wo die Kirche auf solchem Fundament ruht, kann sie nun ihrerseits in umgekehrter Weise als Fundament der Wahrheit bezeichnet werden (1 Tim 3,15: ἑδραίωμα *[hedrạiōma]*). Denn sie ist es, die die Wahrheit im Bekenntnis (V. 16) bewahrt und erhält im Kampf gegen Feinde von innen und außen. Ähnlich gehört in 2 Tim 2,19 nicht nur die Tat Gottes in Christus zum Fundament, sondern daraus folgend auch dies, daß die Kirche alle Ungerechtigkeit von sich tut (vgl. V. 20f).

3) Wie schon aus dem Bild vom Hausbau hervorgeht, unterscheidet Paulus grundsätzlich zwei verschiedene Aufgaben der Verkündiger; einmal, das Fundament zu bauen

(Missionspredigt, Evangelisation), zum anderen, die Gemeinde zu erbauen (1 Kor 3,10). Dabei fühlt er sich selbst im wesentlichen nur zur ersteren berufen (Röm 15,20; vgl. 2Kor 10,16) und will nicht nur dort weiterbauen, wo ein anderer das Fundament bereits gelegt hat.

4) Neben diesen ekklesiologischen Verwendungsmöglichkeiten von θεμέλιος *[themẹlios]* wird es wie ἑδραῖος *[hedrạios]* auch auf den einzelnen Christen bezogen. Alle seine Festigkeit, zu der er aufgerufen wird (1 Kor 15,58), beruht allein auf der Verbindung mit seinem Herrn, die im Glauben (Kol 1,23) bzw. in der Liebe (Eph 3,17) gründet. Immerhin dürfte aber auch hier der Bezug zur Kirche mitschwingen, die ja in beiden Zusammenhängen als Leib Christi bzw. »in Christus« erwähnt wird (Kol 1,18; Eph 3,21).

5) Ganz anders ist der Sprachgebrauch in Hebr 6,1, wo mit θεμέλιος *[themẹlios]* die Grundlehren des christlichen Glaubens gemeint sind. Hier wird unterschieden zwischen den Grundlagen, die jeder Christ wissen muß, und weiteren Erkenntnissen derjenigen, die tiefer in die Schrift eindringen wollen. θεμέλιος *[themẹlios]* ist hier also viel stärker in bezug auf eine Unterscheidung der Lehrstücke nach ihrer Wichtigkeit gebraucht als personalchristusbezogen wie bei Paulus.

J. Blunck

V ZUR VERKÜNDIGUNG

Wenn im NT vom Fundament (→ Haus), von der Grundlage oder der Festigkeit der Kirche oder des → Glaubens die Rede ist, so weisen diese Aussagen nie auf etwas der menschlichen Substanz Zugehöriges, sondern immer auf Christus (→ Jesus) hin; er allein, der auferstandene und in die Herrschaft eingesetzte Herr, ist das Fundament, auf dem die Kirche (→ Gemeinde) gründen kann. Anders gesagt: nur was sich auf und exakt über diesem Fundament – das uns allein im apostolischen Wort (Eph 2,20) zugänglich ist – ereignet, kann Kirche, kann Glaube genannt werden. Die Kirche kann dann also nicht wie eine vereinsmäßige Gruppierung, sofern nur Übereinstimmung unter den Mitgliedern besteht, ihre Basis beliebig wechseln oder ändern; sie kann darüber ebensowenig verfügen wie über ihren Auftrag; wie dieser ist ihr das Fundament in Christus immer bereits vorgegeben.

Aber kann dieser Name nicht zu einer leeren Chiffre werden, die dann doch jeweils von der Kirche eigenmächtig inhaltlich gefüllt wird? Solowjew schildert in seiner bekannten »Kurzen Erzählung vom Antichrist« (1899; in: Solowjew, Übermensch und Antichrist, Herder-Bücherei 26) die Verlegenheit der christlichen Kirchen auf die Frage des Übermenschen, was ihnen am Christentum das Teuerste sei, auf dem sie jeweils gründen. Sicher ist es nicht nur verzeichnende Ironie, wenn nun nacheinander genannt werden: die geistliche Autorität (auf der »die rechte geistliche Ordnung sich gründet und die sittliche Disziplin, deren alle Menschen bedürfen«), zum anderen die heilige Überlieferung (alte Symbole und Gesänge, der gottesdienstliche Ritus etc) und drittens die persönliche Wahrheitsgewißheit und die freie Erforschung der Schrift. Nach Solowjew kann sich die Mehrzahl aller Christen zu einer jener drei Grundlagen bekennen und damit eine andere Macht (hier den Übermenschen) indirekt als wirkliche Autorität anerkennen. Nur eine kleine Minderheit quer durch die Konfession ist vorbehaltlos zu dem Bekenntnis fähig: »Das Teuerste am Christentum ist für uns Christus selbst – Er selbst und alles, was von ihm kommt.« In diesem Satz wird das Wissen ausgesprochen, daß die wahre Kirche darin existiert, daß Jesus Christus als der Herr lebt und sie als der Lebendige selbst trägt, indem er in ihr redet, bevollmächtigt und sendet.

Der Name »Jesus Christus« wurde zu keiner Zeit aus dem Fundament getilgt; aber ist er nicht – einzementiert in Überlieferung, kirchliche Autorität und Wissenschaftsprinzip – doch nur unverbindliche Formel? Ist die Kirche nicht immer wieder – bis in die Gegenwart hinein – darin entscheidend gefährdet, daß sie von ihrer Tradition, ihren Ordnungen, ihrem Bekennen, dem frommen Selbstbewußtsein ihrer Glieder oder von einem Verstehensprinzip her (zB von der Verbalinspiriertheit der Bibel oder der Verstehensmöglichkeit des modernen Menschen aus) ihre Basis, ihr Fundament jeweils zu interpretieren versucht anstatt umgekehrt? Zeigt sich ähnliches nicht zB in manchen Kreisen unserer Gemeinden in ihrer naiven Wertung einer kleinbürgerlichen Moral, und erleben wir es nicht heute, daß, wo nun jene bürgerliche Lebenshaltung zerbricht, auch eine in ihrer Basis davon geprägte Kirche ihre tragende Kraft verliert und mit in die allgemeine Krise hineingerissen wird? Nehmen nicht bei diesem Vorgang Aufgaben und Lebensäußerungen der Gemeinde, ihre eigene Frömmigkeit, eine bestimmte Moralvorstellung oder der Verstehenshorizont des Menschen unter der Hand die Funktion des Fundamentes ein? – Wann immer dies zutrifft, bleibt aber der Mensch bei sich selbst, Gefangener innerhalb dieser Welt. Fundament der Gemeinde – nach dem sich alles ausrichten muß – wäre dann letztlich nicht mehr Gottes offenbarendes Wort, seine Selbstvorstellung in Jesus Christus, die unser bisheriges Verstehen und Handeln überholt und zerbricht. Darum versammelt sich die Gemeinde um die Schrift, denn hier hat sie das Zeugnis von dem, der ihr Grund ist. Zeugnis aber heißt: Das Fundament der Gemeinde kann auch nicht gesichert werden, indem nun der Glaube an das geschehene Wort – Gott in Christus – zum Glauben an die übernatürlich bewirkte Unfehlbarkeit des Schriftwortes wird, wie es zB im Fundamentalismus geschah. Eine solche Irrtumslosigkeit des Schriftwortes zeitigt u. a. eine christl. Weltanschauung, die dann in der Auseinandersetzung mit der Naturwissenschaft und der historischen Forschung ihre lebendige Autorität und die Begegnung mit dem wirklichen Fundament verliert. Der Kirche wird immer bewußt bleiben müssen, daß das Zeugnis nicht das Bezeugte selbst ist (»papierner Papst«, KBarth), sondern daß sie auf dem fußt, der in göttlicher Freiheit in diesem Zeugnis dem Menschen begegnen und zu ihm reden will. *D. Müller*

Lit.: KHeim, Glaubensgewißheit, 1923 – HSchlier, Art. βέβαιος, ThWb I, 1933, 600ff – EStauffer, Art. ἑδραῖος, ThWb II, 1935, 360ff – KLSchmidt, Art. θεμέλιος, ThWb III, 1938, 63ff – HJRothert, Gewißheit und Vergewisserung als theologisches Problem, 1963 – KThSchäfer, Über Eph 2,20, in: Nt. Aufsätze, Festschrift JSchmid, 1963, 218ff – OMichel, Der Brief an die Hebräer, KEK XIII, 1965[12].

Feuer

Die Bedeutung, die das Feuer im Bereich der menschlichen Kultur seit frühester Zeit eingenommen hat, spiegelt sich noch wider in der von Island *(tyrr)* bis tief in den Orient (hethit. *pahhur;* armen. *hur)* aufweisbaren gemeinsamen Wurzel der dafür gebrauchten Vokabeln. Neben dem griech. Wort πῦρ *(pyr)* ist hier die Wortgruppe καῦμα *(kauma)* = *Glut* zu erörtern; wenn πῦρ *(pyr)* primär die dem Feuer innewohnende Kraft oder die (heilige oder häusliche) Feuerstätte mit der dieser beigemessenen Bedeutung meint, so richtet καῦμα *(kauma)* den Blick mehr auf den Vorgang des Verbrennens, Versengens und die davon auf die Sinnesorgane ausgehende Wirkung (Schein, Hitze etc.). Beide Wortgruppen werden im NT auch im Zusammenhang mit dem Handeln Gottes gebraucht.

→ Heilig; → Hölle; → Strafe; → Zorn

καῦμα

καῦμα *(kauma)* Glut, Hitze, Brand · καυματίζω *(kaumatizō)* durch Hitze ausdörren, versengen

καῦμα *(kauma)*, seit Homer überliefert, bedeutet *Brand, Hitze,* bes. *Sonnenbrand, Sonnenhitze;* I
übertragen: *Fieberhitze, Liebeslust, Frostbrand.* καυματίζω *(kaumatizō)*, vor dem NT nicht überliefert, dann bei Plutarch und Arrian, heißt *durch Hitze ausdörren;* übertragen (medial): *an Fieberhitze leiden.*

1) In LXX dient καῦμα *(kauma)* vorwiegend der Übers. von *choræb* und *chom* (je 4mal) und zwar II
in der urspr. Bedeutung von *Sonnenglut, Sonnenhitze* (so zB Gen 31,40; Sir 43,3; Jer 43,30 LXX),

aber auch in der übertragenen Bedeutung von *Fieberhitze* (Hi 30,30). Doch ist die Verwendung, wie aus dem jeweiligen Zusammenhang hervorgeht, weithin schillernd.

2a) Schon für Jer 43,30 (LXX) ist der Zusammenhang zu beachten: Daß der Leichnam Jojakims der Tageshitze und dem Nachtfrost preisgegeben werden soll, ist Zeichen des göttlichen Gerichts über ihn wegen seiner Verschuldungen. In die gleiche Richtung weist auch die Klage des Hiob: »Meine Gebeine sind verdorrt vor hitzigem Fieber« (30,30 R), denn er sieht darin ein Zeichen dafür, daß Gott ihm ein grausamer Feind geworden ist (30,21).

b) Das Wort wird aber auch gleichnishaft für *Drangsal* und *Nöte* verwendet. So Jer 17,8: der Mann, der auf den Herrn vertraut, »wird sein wie ein Baum, der am Wasser gepflanzt ist, der nach dem Bach seine Wurzeln ausstreckt. Er hat nichts zu fürchten, wenn Hitze kommt, seine Blätter bleiben grün ...« (Z). Ähnlich Sir 14,27: der Mann, der über die Weisheit nachdenkt, »wird geschützt durch sie vor der Hitze« (Kautzsch-Weizsäcker-Übers.). Im Blick auf das kommende Friedensreich heißt es bei Jesaja: »... über allem ist die Herrlichkeit des Herrn ein Schutz und Schirm, und sie wird zum Schatten dienen vor der Hitze und zur Zuflucht und zum Obdach vor Unwetter und Regen« (4,5f Z).

III 1) Im NT kommen Subst. und Verb nur 6mal vor; 4mal in Offb, 2mal in den Evgg. Die unter II,2 aufgezeigte at. Verwendung wird aufgenommen und weitergeführt.

2a) Offb 16,8.9 ist vom göttlichen Zorngericht die Rede: Die vierte Schale des Zorns wird ausgegossen auf die Sonne, »da wurde ihr gegeben, die Menschen mit Feuer zu versengen« (Z: καυματίσαι *[kaumatisai]*). »Und die Menschen wurden versengt (ἐκαυματίσθησαν *[ekaumatisthæsan]*) mit großer Glut« (καῦμα *[kauma]*; Z).

b) In Mt 13,6; Mk 4,6 ist von dem Samen die Rede, der auf felsigen Boden fällt und durch die Sonne verbrannt wird. Das ist gleichnishaft auf solche bezogen, die Anstoß am Worte Gottes nehmen, wenn Trübsal oder Verfolgung kommen. In Offb 7,16 wird von den Gliedern der Gemeinde, die durch große Drangsal und durch Martyrium hindurch zur himmlischen Herrlichkeit erhoben sind, gesagt: »Sie werden nicht mehr hungern und werden nicht mehr dürsten, und die Sonne wird sie nicht treffen, noch irgendeine Glut« (Z).

S. Solle

πῦρ

πῦρ *[pyr]* Feuer · πυρόω *[pyroō]* (ver)brennen, glühen · πύρωσις *[pyrōsis]* das Verbranntwerden, Feuersglut · πύρινος *[pyrinos]* feurig, von Feuer · πυρρός *[pyrros]* feuerrot

I πῦρ *[pyr]* (urverwandt mit dem dt. Wort *Feuer*) ist belegt seit dem mykenischen Griech.

1) Die Religions- und Kulturgeschichte zeigt, daß dem Feuer im positiven wie im negativen Sinn große Bedeutung für das menschliche Leben zukommt, und zwar als Lebensspender und Lebenszerstörer. Es gilt einerseits als eine aus der Natur auf den Menschen zukommende, lebensspendende, aber auch unheimliche und unberechenbare Macht, andererseits als menschliche Errungenschaft, durch den menschlichen Genius entzündet und genährt (vgl. zB die Doppelgeburt des Feuers im indischen Agni-Kult). Es wird vom Menschen »gebraucht« als das eigentliche Lebenszentrum des Hauses (das Herdfeuer, das deshalb wie das Opferfeuer bei vielen Völkern heilig ist; vgl. zB Hestia, Vesta), als Schutzmittel gegen böse Einflüsse (zB Krankheiten und Seuchen), als reinigende und läuternde Kraft (zB Leichenverbrennung in Indien; Feuertaufe bei den Mandäern; vgl. Mt 3,11; F. auf dem Altar zu Delphi, Plut. Aristeides 35), als Mittel in Kampf und Krieg u. a. m.

Für die Umwelt von AT und Judentum ist vor allem der F.-Kult der persischen Religion wichtig: F. und Schlange bezeichnen in der Mazda-Lehre Zarathustras den Gegensatz von Wahrheit und Lüge. Die Menschen sollen sich im Kampf der guten und bösen Urprinzipien auf die Seite der guten Mächte stellen, zu denen das F. gehört. Man stellt sich den Körper Mazdas immer feurig, als eine lodernde ungeschaffene Flamme vor. Weil das F. so als reines Element verehrt wird, darf es zB auch nicht mit Toten verunreinigt werden; deshalb gilt die Leichenverbrennung als furchtbares Verbrechen. Im Endgericht wird das F. Mittel zur letzten Prüfung sein: Gute und Böse sollen im feurigen Metallstrom geschieden werden; am Ende wird alles, auch die Hölle, durch F. gereinigt. F. ist der Hort der guten göttlichen Lebensordnung.

2) Im Griechentum wird F. profan und kultisch verwendet. In bildlicher Redeweise bezeichnet es die verschiedensten menschlichen Regungen wie zB die Heftigkeit von Leidenschaften, die Bosheit, die Wut des Kampfes. Aber ebenfalls anarchische Zustände können durch das Feuer illustriert werden.

In der griech. Religion gilt das F. als rituelles Reinigungsmittel (zB Reinigungsopfer nach der Geburt oder nach einem Todesfall; auch verschiedene Reinigungsfeste). – Bei der Leichenverbrennung im Totenkult glaubte man jedoch, daß die Seele durch das F. nicht angegriffen und für ein Weiterleben nicht zerstört werden könne. – Im Götterglauben haben vor allem Hephaistos und Hestia Beziehung zum F. Von Prometheus und von Hermes wird gesagt, sie hätten das F. den Menschen gebracht. Auf dem heiligen Staatsherd im Prytaneion brannte nie verlöschendes F. (Lang, ThWb VI, 931). Von da nahmen es die Kolonisten mit sich für den Herd der zu gründenden Tochterstadt. Erscheinungen von Göttern sind von F. begleitet, das zu den verschiedenartigen himmlischen Wahrzeichen gehört. In der Unterwelt gibt es F. und Feuerströme. Gelegentlich begegnet die Vorstellung, daß die Seele durch Feuer geläutert wird. Eine große Rolle spielt das F. in den Mysterienreligionen bei den Reinigungen und bei der Darstellung des Göttlichen (vgl. zB Mithr. Liturg 8,17ff; ThWb VI,931f) und des neuen Wesens der Mysten. Im ganzen wertete das Griechentum das F. positiv.

In der griech. Philosophie gehört F. zu den vier (bzw. fünf) Elementen. Bei Heraklit von Ephesus ist F. der Urstoff: Die Welt ist ein Spiel des Feuers, das in ständigem Wandel begriffen und mit der Gottheit (oder dem Logos) identisch ist. »Wie das Urfeuer vernunftbegabt und Ursache der ganzen Weltregierung ist . . ., so besteht auch die Seele des Menschen aus Feuer« (aaO, 929). In pantheistischer Schau werden Gott, feuriges Weltall, Weltvernunft und Menschengeist in eins geschaut. Heraklit nimmt an, daß eine große Weltperiode dadurch geschlossen wird, daß alles durch Verbrennung ins Urfeuer zurückkehrt, und dann die Welt erneut aus dem Urfeuer herausgesetzt wird. Diese Gedanken werden später in der Stoa wieder aufgenommen, indem auch in ihr das wirkende Weltprinzip das F. ist, die Weltseele und zweckhaft leitendes Prinzip, das alles nach Gesetz und Vernunft zusammenhält und durchwaltet. Durch Wandlung des Urfeuers entsteht die Welt, die in einer allgemeinen Verbrennung (πύρωσις *[pyrōsis]* seit Theophrast; daraus der stoische Begriff der ἐκπύρωσις *[ekpyrōsis]* = Weltuntergang, durch Feuer gebildet) wieder in den Urzustand zurückkehrt, worauf der Weltprozeß neu anhebt. Die Menschenseele ist als Teil der Gottheit von feuriger Art, und auch sie kehrt beim Weltbrand ins Urfeuer zurück.

1) Im AT ist πῦρ *[pyr]* an mehr als 350 Stellen Übers. des hebr. *'ēsch* (LXX hat etwa 490 Stellen). II
– Feuer wird bei manchen Verrichtungen im Haushalt gebraucht (Ex 12,8; Jes 44,15; Jer 7,18; 2Chr 35,13), ebenso im Handwerk, vor allem bei der Metallverarbeitung (Jes 44,12ff; Jer 6,29; Sir 38,28). Im Krieg ist es Mittel zur Zerstörung (Dtn 13,16; Ri 20,48; Am 1,4 u. ö.). Am Sabbat darf kein Feuer angezündet werden (Ex 35,3). Unter den Naturerscheinungen ist der Blitz das »Feuer Gottes« (Hi 1,16; 2Kön 1,12 u. ö.). Im übertragenen Sinn steht Feuer zur Beschreibung menschlicher Tätigkeiten: Verleumdung und Zank (Spr 26,20f), Zorn (Sir 28,10f), Blutvergießen (Sir 11,32 Z; 22,24), Leidenschaft der Liebe und der Wollust (Sir 9,8; 23,16), Ehebruch (Hi 31,12; Spr 6,27f).

Feuer dient auch im AT als Mittel zur Reinigung (Lev 13,52; Num 31,23; Jes 6,6 u. ö.). Leichenverbrennung wird allerdings nur bei Verbrechern geübt (Gen 38,24; Lev 20,14; 21,9; Jos 7,15), damit sie keine Wohnung im Grabe haben bei den Vätern.

Im Kult dient das Opferfeuer zum Verbrennen der Gaben auf dem Altar, zum Räuchern auf der Räucherpfanne (Lev 1,7ff; 3,5; 6,9ff; 16,12f). Kein Opfer darf mit F. dargebracht werden, das nicht vom Altar stammt (Lev 10,1; Num 3,4). Heidnische Bräuche werden verboten: das Verbrennen der Kinder im Dienste Molochs (Lev 20,2; Dtn 12,31; 18,10), dh »den Sohn bzw. die Tochter durchs Feuer gehen lassen« (2Kön 17,17; 21,6), was unter Ahas und Manasse – fremder Einfluß! – dennoch geübt wurde (2Kön 16,3; 21,6; Jer 7,31). Doch bleibt dieser Brauch in Sinn, Art und Verbreitung völlig dunkel.

Da Jahwe in seinem Volk als der Richter, der Heil wie Strafe bringt, gegenwärtig ist, wird auch das ihn begleitende F. zum Ausdruck zweier verschiedener Handlungsweisen Jahwes: Einmal ist das F. Kennzeichen göttlichen Gerichts (Gen 19,24; Ex 9,24; Lev 10,2; Num 11,1; 16,35; 2Kön 1,10; Am 1,4.7 u .ö.), zum anderen aber auch Zeichen der Gnade Jahwes, der durch F. die Annahme des Opfers anzeigt (Gen 15,17; Lev 9,23f; Ri 6,21; 1Kön 18,38; 1Chr 21,26; 2Chr 7,1). F. ist aber auch Zeichen göttlicher Führung (vgl. die Wolken- und Feuersäule Ex 13,12; Num 14,14). Jahwe redet aus dem F. (Dtn 4,21; 15,33 u. ö.), und besonders Auserwählte kann er unter Feuererscheinungen zu sich nehmen (2Kön 2,11).

Jahwe selbst ist ein verzehrendes F. (Dtn 4,24; 9,3; Jes 33,14). Dh nicht, daß er ein personifiziertes Element ist (vgl. oben), sondern daß er mit F.-Eifer über den Gehorsam gegenüber seinem Willen wacht. Auch sein Wort heißt ein verzehrendes F. (Jer 23,29).

Aus den im Bundeskult und im Gerichtsgedanken wurzelnden Theophanievorstellungen ergibt sich, daß Jahwe, wenn er erscheint, von F. begleitet wird (Gen 15,17; Ex 3,2f; 19,18; Ri 6,21; 13,20; Num 14,14; Jes 4,5; Ez 1,28). Damit ist er aber weder als Feuer- noch als Vulkangott bezeichnet; denn Israel unterscheidet zwischen Jahwe selbst und den Begleiterscheinungen bei seinem Kommen. Das F. gehört zu den »Dienern« Jahwes, ist Mittel in seiner Hand (1Kön 19,11f;

Ps 50,3; 104,4). F. ist Symbol für die Heiligkeit Jahwes, der die Welt richtet, aber auch für seine göttliche Macht und Herrlichkeit (Ex 24,17; Jes 6,1–4; Ez 1,27f). Nach Dan 7,10 geht ein Strom von F. unter dem Throne Jahwes hervor, eine Vorstellung, die in der jüd. und christlichen Kosmologie und Apokalyptik eine große Rolle spielte.

In nachexilischer Zeit erwartete man, daß Jahwe zur Vollendung der Geschichte erscheinen würde, wobei F. das Vorzeichen des Tages Jahwes ist (Jo 2,30); die Feinde Jahwes werden durch Schwert und F. vernichtet werden (Jes 66,15ff; Ez 38,22; 39,6; Mal 4,1 Z). Starke Nachwirkung hat auch Jes 66,24: Die im Gericht Verdammten werden dauernd durch F. gequält.

2) Im Spätjudentum wird F. zum Kennzeichen der himmlischen Welt: Das Haus, in dem Jahwe im Himmel wohnt, besteht aus F. und ist von F. umgeben (äthHen 14,9–22 u. ö.). Feuer ist Strafmittel in der Hölle (äthHen 91,9; 100,9; 4Esr 7,38; ApkBar (syr) 44,15 u. ö.). Das Endgericht ist ein Feuer-Gericht (äthHen 102,1; ApkBar (syr) 37,1; 48,39; 4Esr 13,10f; Jub 9,15; 36,10). Auch die Gemeinde von Qumran erwartete, daß die Gottlosen im Endgericht durch F. gerichtet werden (1QS 2,8; 4,13; 1QH 17,13). Unter stoischem und iranischem Einfluß dringt auch die Lehre vom Weltenbrand ins Judentum ein (Sib 2,186ff.238ff u. ö.). Sie findet sich auch in den Qumrantexten in der »kleinen Apokalypse« 1QH 3,25ff.

Rabbinische Spekulation beschäftigte sich mit dem Ursprung des Fs., wobei auch mehrere Verhaltensweisen des Fs. unterschieden wurden. Es wird gesagt, daß die Thora aus F. bestand: Buchstaben von schwarzem F. waren geschrieben auf weißes F. Deshalb kommt es oft, wenn Rabbinen die Thora studieren, zu Feuer-Erscheinungen. Der feurige Strafort der Gottlosen wird Gehinnom (→ Hölle) genannt, wobei im 2. Jh. nChr unter iranischem Einfluß die Lehre vom zwischenzeitlichen Fegefeuer aufkommt.

III Im NT kommt πῦρ *(pyr)* 71mal vor. Als Erscheinung des täglichen Lebens: Mk 9,22; Lk 22,55; Apg 28,5; Hebr 11,34 (als Folter); Offb 17,16; 18,8 (im Krieg). – Im übertragenen Sinn: Jak 3,5f (die Zunge als verderblicher Brand); Lk 12,49 (Feuer der Zwietracht). Entsprechend wird das Verb πυρόω *[pyrọō]* = *verbrennen, entflammt werden* vom Entflammtsein durch Affekte gebraucht: 1 Kor 7,9 von der sexuellen Begierde; 2 Kor 11,29 von mitfühlendem Schmerz.

Besondere theol. Bedeutung hat der Begriff

1) als Zeichen himmlischer, göttlicher Herrlichkeit: Der erhöhte Christus hat Augen wie Feuerflammen (Offb 1,15; vgl. Ez 1,27; Offb 2,18; 19,12). Der Engel von Offb 10,1 hat Beine wie Feuersäulen. Vor Gottes Thron brennen 7 Feuerfackeln (Offb 4,5; 15,2). Da der heilige Geist himmlischen Ursprungs ist, erscheint er in Zungen wie von F.; (Apg 2,3; vgl. Joh 3,3), und F. begleitet die Erscheinung Gottes (Apg 7,30 nach Ex 3,2; Hebr 12, 18ff, bes. V. 29; vgl. Ex 19,12ff).

2) in einigen bildlichen Wendungen: zB in dem Sprichwort 1 Petr 1,7 (vgl. Spr 17,3): So wie Gold durch Feuer wird der Glaube durch Leiden in dieser Welt geprüft. Die Leiden sind eine πύρωσις *[pyrōsis]* (= ein *Verbrennen)*, die zur Versuchung bzw. Erprobung über die Christen kommt, und die ein Zeichen der Endzeit ist (1 Petr 4,12; vgl. V. 7). – In ähnlicher Anwendung wie 1 Petr 1,7 taucht das Bild Offb 3,18 auf: Das durch F. geläuterte (πεπυρωμένον *[pepyrōmẹnon]*) Gold weist auf den wahren wertbeständigen Christusglauben. In dem Bild der geistlichen Waffenrüstung (Eph 6,16) können mit dem Schild des Glaubens die feurigen (πεπυρωμένα *[pepyrōmẹna]*) Pfeile des Bösen abgewehrt werden. Es liegt hier offenbar (vgl. den Zusatz τοῦ πονηροῦ *[tou ponærọu]* → böse) ein dualistisches Denken zugrunde, wonach die Glaubenden als Kinder des Lichts im Kampf mit den Mächten der Finsternis stehen (vgl. dazu die Parr. in den Qumran-Schriften: »Sie haben mich umringt mit allen ihren Kampfwaffen, und Pfeile zerstören, ohne daß einer heilt, und die Speerklinge ist in einem Feuer, das Bäume frißt«; 1 QH 2,25f).

3a) als Bild für das göttliche Gericht in Mt 3,10; Lk 3,9; 7,19; Joh 15,6: Bilder aus dem Bauernleben veranschaulichen das eschatologische Gericht Gottes. Offb 9,17f schildert die zum Strafgericht ausziehenden Rosse, die aus ihren Mäulern Rauch und Schwefel speien, wodurch sie als Verderben bringende Ungeheuer charakterisiert werden. Ebenso deuten die feurigen (πύρινος *[pyrinos]*) Panzer von Roß und Reiter auf das einbrechende Gericht hin. Gott kann schon jetzt F. als Mittel seines Gerichtes brauchen: die Zebedaiden verlangen, daß Jesus die Erlaubnis gibt, daß F. auf das ungastliche Samaritanerdorf falle (Lk 9,54;

vgl. 2 Kön 1,10.12); die letzten gottfeindlichen Mächte, Gog und Magog, werden durch das göttliche F. vernichtet (Offb 20,9). Lk 17,29 erinnert an Gen 19,24; Offb 8,7 an Ex 9,24 (ist ein Vulkan oder ein Stern gemeint?). Die beiden Zeugen in Offb 11 können ihre Feinde mit F. vernichten (vgl. V. 5): Gottes Gerichtsmacht steht zu ihrer Verfügung (vgl. 2 Sam 22,9). Als Zeichen satanischer Verführungsmacht läßt der falsche Prophet F. vom Himmel fallen (Offb 13,13). Ein Engel ist über das F. gesetzt (Offb 14,18). Die Reiter von Offb 6,1–8 erinnern an die Rosse in Sach 1,8; 6,2ff. Der Reiter auf dem roten (πυρρός *[pyrrọs]*) Pferd bringt Krieg und Blutvergießen. In Offb 12,3 bezeichnet die rote Farbe den Drachen, dh den Satan, als kampflüstern und mörderisch.

b) In Lk 12,49f wird die Sendung Jesu als Erfüllung der Weissagung des Täufers dargestellt, nun aber so, daß der, welcher mit Geist und F. tauft, selbst leiden muß; er bringt das Gericht so, daß er es auf sich selbst nimmt, und damit wird das eschatologische Gericht in die Gegenwart des Leidens Jesu hineingenommen. In einem Rätselspruch werden Mk 9,49 Salz und F. miteinander verbunden: das Salz hat reinigende, bewahrende und würzende Kraft, und das F. ist Bild (und Mittel) für das göttliche Gericht; wer zur Gemeinschaft mit Gott gelangen will, muß den alten Menschen ins Gericht geben, indem er sich selbst verleugnet; wer das ablehnt, verfällt dem eschatologischen Zorngericht. In 1 Kor 3,13 erscheint die traditionelle Anschauung vom endzeitlichen Feuergericht, in welchem das Werk jedes Menschen geprüft wird (vgl. unter III,2). Schlechtes Werk wird dabei verbrannt, der Baumeister selber aber wird mit knapper Not gerettet werden, so wie ein Scheit aus einem brennenden Holzstoß gerissen wird. – In at. Wendungen wird in 2 Thess. 1,8 die Parusie beschrieben (vgl. Ex 3,2; Jes 66,15). In Röm 12,20 zitiert Paulus Spr 25,21f und bezieht die Metapher auf das endzeitliche göttliche Gericht. Nur an einer Stelle im NT, in 2 Petr 3,7.10.12 (πυρόω *[pyrọō]*) erscheint die antike Lehre vom Weltbrand, verbunden mit der Erinnerung an die Sintflutkatastrophe des at. Berichtes.

c) Als Gegenbegriff zu »Reich Gottes« (→ Reich, Art. βασιλεία) bzw. → »Leben« (Art. ζωή) erscheint »Feuer« in Mt 13,42; 18,8f; 25,41 par; Mk 9,43.45.47. Die »Feuerhölle« (→ Hölle) von Mk 9,48 erinnert an Jes 66,24. Spätjüd. Gedanken von der gegenwärtigen Bestrafung der Leute von Sodom und Gomorrha durch F. klingen an in Jud 7. F. und Schwefel weisen auf die ewige Verdammnis in der (endzeitlichen) Hölle (Offb 14,10; 19,20; 20,10.14; 21,8). *H. Bietenhard*

Lit.: FLang, Das Feuer im Sprachgebrauch der Bibel, dargestellt auf dem Hintergrund der Feuer-Vorstellungen in der Umwelt, 1951 (Diss. Tübingen) – FMorenz, Feurige Kohlen auf dem Haupt, ThLZ 1953, 187ff – EPax, ΕΠΙΦΑΝΕΙΑ, Theol. Stud. I, 1955, 10 – FLang, Art. πῦρ, ThWb VI, 1959, 927ff.

Finden → Streben

Finsternis

Was dunkel, düster und (davon abgeleitet) finster ist, bildet den Gegensatz zum Hellen, zum → Licht. Im Griech. steht dafür die von σκότος *[skọtos]* hergeleitete Wortgruppe, deren einzelne Vokabeln nicht nur das optisch Wahrnehmbare beschreiben, sondern zugleich auch einen ethisch-religiösen Inhalt aufgenommen haben: die Abwesenheit des Lichtes gibt dem → Bösen, der → Sünde Raum, und insofern kann die Finsternis selbst als böse qualifiziert sein. An dieser Doppeldeutigkeit hat in einem gewissen Maße auch νύξ *[nyx]* = *Nacht* Anteil. In ihr erscheint die Dunkelheit allerdings nicht mehr absolut, sondern gleichsam als begrenzt; das urspr. als Zeitmaß dienende Wort kann, wo es symbolisch verwendet wird, den gleichen Sinngehalt haben wie σκοτία *[skotịa]* = Finsternis.

νύξ

νύξ *[nyx]* Nacht, Finsternis

I νύξ *[nyx]*, lat. *nox*, bezeichnet die *Nacht* als die Zeit ohne Sonnenlicht, die in 3 oder 4 Nachtwachen eingeteilt wird. In übertragener Bedeutung heißt ν.: *Finsternis, Dunkel, Blindheit, Ohnmacht, Tod* u. ä. – νύξ *[nyx]* wird im Profangriech. nur gelegentlich positiv gewertet (zB als Zeit erquickenden Schlafes), meist trägt der Begriff jedoch negativen Charakter. Die Nacht ist unheimlich und schreckbringend. In der Mythologie erscheint Νύξ, die Göttin der N. u. a. als Mutter der Rachegöttinnen. ν. ist auch die Zeit des Zaubers und der den Zauber begünstigenden Mondgöttin.

II Im AT findet sich das Wort als einfache Zeitangabe (zB Gen 7,4; Jon 2,1), zur Bezeichnung der Stunde des Schreckens (Ps 91,5 Adj.; Weish 17,13f: Hölle als Ursprungsort), der Zeit der Trunkenheit (Gen 19,33), der Diebe (Jer 49,9), des Sexualverbrechens (Ri 19,25), des Mordes (Neh 6,10), des Okkultismus (1 Sam 28,8). Nachts ist der Mensch den Sorgen und Anfechtungen bes. ausgesetzt (Hi 7,3; Ps 6,7). Aber ν. ist auch die Zeit Gottes, der durch die Feuersäule den Weg zeigt (Ex 13,21), der im Traum (Gen 20,3) und durch Gesichte (Dan 7,2; Sach 1,8) vernehmlich wird. In der eschatologischen Heilszeit allerdings wird es keine N. mehr geben (Sach 14,7).

III Im NT kommt νύξ *[nyx]* 61mal vor (20mal Synopt., 16mal Apg, 11mal bei Paulus, 6mal Joh, 8mal Offb). Vorwiegend dient ν. im NT als Zeitangabe: In der 4. Nachtwache wandelt Jesus auf dem See (Mt 14,25). Nachts betet er (Lk 6,12: διανυκτερεύω *[dianyktereuō]*; vgl. Mt 26,36ff; auch Apg 16,25: μεσονύκτιον *[mesonyktion]*). Die Stille der N. wählt Nikodemus zu seinem Besuch (Joh 3,2). ν. ist die Stunde der Flucht (Apg 9,25), des Verrates (Joh 13,30), der Verleugnung (Mt 26,34). Formelhafte Zeitangaben stehen zB Mt 4,2 und 12,40. Besonders in Apg erscheint ν. als Zeitraum für das Wirken göttlicher Kräfte. Da tun → Engel ihre Dienste (Apg 5,19; 12,7; 27,23; vgl. Mt 1,20; 2,13); da redet Gott durch Gesichte (→ Sehen) zum Menschen (Apg 16,9; 18,9; vgl. 23,11) und gibt ihm im Traum Weisung (Mt 2,12.22).

Übertragen kann ν. die Bedeutung von → σκοτία *[skotia]* = *Finsternis* haben und im Gegensatz zu φῶς *[phōs]* = → Licht den Bereich der Gottes- bzw. Christusferne bezeichnen (Joh 11,10; 9,4). In ähnlichem Sinn steht ν. bei Paulus im Gegensatz zu ἡμέρα *[hæmera]* = Tag (→ Gegenwart), das die in Jesus Christus angebrochene Heilszeit meint (1Thess 5,5–7; ähnlich Röm 13,12, wo die Gegenüberstellung νύξ – ἡμέρα *[nyx – hæmera]* den Gegensatz von altem = im Vergehen begriffenen und neuem = unmittelbar hereinbrechenden Äon veranschaulichen soll). Wer sich zu ihm hält, der steht nicht mehr im Bann der N. (1Thess 5,5), der ist kein Schlafender mehr und kein Berauschter (1 Thess 5,7), sondern ein Wachender (1Thess 5,6; vgl. 1Kor 16,13; 1Petr 5,8). Ihn wird nach den Verfinsterungen der »wie ein Dieb in der Nacht« (1Thess 5,2) hereinbrechenden Endzeit (Lk 17,34; Offb 8,12) das himmlische Jerusalem aufnehmen, in dem es keine N. mehr geben wird (Offb 21,25), »denn Gott der Herr wird über ihnen leuchten« (Offb 22,5).

H. Ch. Hahn

σκότος

σκότος *[skotos]* Finsternis, Dunkelheit · σκοτία *[skotia]* Finsternis, Dunkelheit · σκοτόω *[skotoō]* verfinstern · σκοτίζω *[skotizō]* verfinstern · σκοτεινός *[skoteinos]* finster, dunkel

I 1) Seit Homer (Il. 5,47; Od. 19,389) findet sich im klassischen Griech. das Maskulinum σκότος *[skotos]* = *Finsternis, Dunkelheit.* Das gleichbedeutende Femininum σκοτία *[skotia]* ist hellenistischen Ursprungs (Apoll. Rhod. IV,1698). Neben diesen Subst. begegnen im NT die Verbformen σκοτόω *[skotoō]* = *verfinstern* (seit Sophokl. Ai. 85), im NT allerdings nur im Passiv, und das hell. σκοτίζω *[skotizō]* (Plut. Col. 24,II,1120e), ebenfalls mit der Bedeutung *verfinstern.*

Ferner taucht im NT noch als Derivat das Adj. σκοτεινός *[skoteinos]* = *finster, dunkel* auf (zuerst bei Aischylos Choeph. 286,661).

2) Die Finsternis bezeichnet im klassischen Griech. zunächst ohne besondere metaphysische Aufladung den Bereich, der durch die Abwesenheit des → Lichtes (φῶς *[phōs]*) charakterisiert ist. Dabei wird vornehmlich die Wirkung der Finsternis auf den Menschen bedacht. Im Dunkeln tappt dieser unsicher herum (Plato Phaed. 99b), da seine Sehfähigkeit stark beeinträchtigt ist. So kann in der F. der an sich Sehende zum Blinden (→ blind) werden, der nicht mehr weiß, wohin er

sich wenden soll. Von daher erscheint das Dunkel »als Bereich der objektiven Gefahr und der subjektiven Angst« (Conzelmann, ThWb VII, 425). Und da letztlich jede Angst in der Furcht vor dem Tode wurzelt, so verdichtet sich der bedrohliche Charakter der F. schließlich zu der Bedeutung des Todesdunkels, dem kein Mensch entrinnen kann (vgl. Homer Il. 4,461). Dunkel ist darum der Hades, die Welt der Toten, die in den mythischen Gestalten der Eumeniden, als der Kinder des Skotos und der Gaia (Sophokl. Oed. Col. 40), bereits in die irdische Welt hineinreicht.

Losgelöst von der eigentlichen, der räumlichen Vorstellung kann die Wortgruppe in übertragenem Sinn zur Beschreibung menschlicher Seins- und Verhaltensweise gebraucht werden. So kann sie die Verborgenheit, das Unberühmtsein eines Menschen bezeichnen. Sie kann aber auch die Heimlichkeit, das Lichtscheue und Betrügerische seines Tuns, die Unklarheit seiner dunklen Rede oder den Mangel an Erleuchtung, Einsicht und Wissen wiedergeben. – »Ins Philosophisch-Begriffliche wird die Wortgruppe nicht erhoben. Die Erwähnung der Dunkelheit dient der Abhebung des Lichtes; sie wird nicht zum eigenen weltanschaulichen Inhalt« (Conzelmann, aaO 427).

3) Das geschieht nun vor allem in der Gnosis. Hier wird aus dem Relationsbegriff die Bezeichnung einer eigenständigen Macht der F. Diese ist unbeschränkte Beherrscherin der irdischen Welt, die so verfinstert ist, daß selbst ihre Lichtkörper nur σκοτεινὸν φῶς *[skoteinon phōs]* = *finsteres* Licht darstellen (Corp. Herm. 1,28). In radikalem Gegensatz zu dieser Finsterniswelt erscheint die jenseitige Lichtwelt, deren Priorität im gnostischen Schrifttum betont wird. Zu ihr hat sich der von einem Lichtfunken beseelte Mensch kraft seiner γνῶσις *[gnōsis]* (s. unter → Erkenntnis), seiner Erleuchtung aufzumachen. Vom Gegenbegriff der Gnosis her erhält so die F. den Charakter der ἄγνοια *[agnoia]*, des Bereiches der den Menschen von seinem Heil fernhaltenden Unwissenheit. Schon durch seinen Leib wird der natürliche Mensch in diesen Bereich hineingebunden. Die Gegenüberstellung von Lichtwelt und Finsterniswelt enthält dementsprechend den Aufruf zur μετάνοια *[metanoia]* (→ Bekehrung), zur Entscheidung: sich aus der F. des Somatischen (Leibgebundenen) dem → Licht, und dh zugleich dem → Leben zuzuwenden.

Am konsequentesten ist dieser zur Entscheidung drängende Dualismus von heilbergendem Licht und tödlicher F. in den metaphysischen Systemen der Mandäer und des Manichäismus entfaltet worden.

1) Charakteristisch für das at. Verständnis der Gegensätzlichkeit von Licht und F. ist der Glaube an Gott als den Schöpfer, der über beiden Mächten steht. Er ist nicht nur der Herr des Lichts, sondern ihm hat sich auch die F. zu beugen, die zunächst in Verbindung mit dem Urmeer, dem Chaos, Erwähnung findet (Gen 1,2). Gott schafft das Licht und die F. (Jes 45,7). Er läßt es Tag und Nacht werden (Ps 104,20; Am 5,8; vgl. Gen 1,4f.18). Im Rahmen seines heilsgeschichtlichen Handelns kann er sich der F. bedienen, die er zB über Ägypten sandte (Ps 105,28; Ex 10,22). II

Das Herrsein Gottes über die F. bedeutet freilich keine Verharmlosung dieser den Menschen angehenden Macht. Wie im Griechentum bezeichnet F. »die ganze Breite des Unheilvollen, Bösen – sowohl im Sinne der Lebensbedrohung, des für mich Bösen, als des moralisch Bösen, des Tödlichen« (Conzelmann, aaO 429). So erscheint auch im AT die F. als der Bereich herabgeminderter Lebensfähigkeit, »denn ist nicht im Dunkel, was bedrängt ist«? (Jes 9,1 Z). Von Natur aus befindet sich der Mensch in diesem Bereich: »Blickt man auf die Erde: siehe, da ist Angst und Finsternis, Dunkel der Drangsal, und in die Nacht ist man hinabgestoßen« (Jes 8,22; vgl. Jes 60,2). Dabei wird allerdings der Begriff F. vornehmlich im theol. qualifizierten Sinn gebraucht: Das Dunkel ist der Ort der Gottesfinsternis. Wo man sich durch Ungehorsam von Gott fernhält, bleibt es dunkel (Ps 107,10f). Umgekehrt aber gilt, daß Gott für den Gottesfürchtigen die F. erhellt. Darum braucht sich der Wanderer im finsteren Tal nicht zu fürchten (Ps 23,4; vgl. 112,4; Jes 50,10; Micha 7,8), denn die F. ist nicht finster für Gott (Ps 139,11f) und den, der sich von ihm führen läßt (vgl. Jes 42,7.16; 49,9).

Mag Gott auch dem Dunkel eine gewisse Macht einräumen, mag er sogar den Frommen der Anfechtung durch F. aussetzen (Ps 88,7; Hi 19,8; 30,26), mag er sich selbst in unbegreifliches Dunkel hüllen (1 Kön 8,12; vgl. Ps 18,10ff), so steht doch darüber die Verheißung, daß das Volk, das im Finstern wandelt, ein großes Licht sehen soll (Jes 9,2 Z).

Alle jedoch, die sich dem Licht Gottes verschließen (vgl. Jes 29,15), wie etwa die Leute, die gegen das Gebot der Elternliebe verstoßen (Spr 20,20), oder wie die Lügner, die aus F. Licht machen (Jes 5,20), gehen dem Tag entgegen, an dem der alle F. durchschauende Gott (Hi 34,21f) das Dunkel der Sünde ins Licht rücken (vgl. Hi 12,22) und furchtbares Gericht halten wird (Hi 34,23f). So verkünden die Propheten den Tag Jahwes für Israel nicht – wie vom Volk erwartet – als Freudentag, sondern als Tag der F., dh des Unheils (Jo 2,2.10; Am 5,20; 8,9), wenn Israel nicht im letzten Moment umkehrt (Jo 2,12ff). Die F. des Gerichtstages wird für die Gottlosen weit schlimmer sein als die F. des zeitlichen → Todes, denn die eschatologische F. bedeutet das endgültige ewige → Verderben des glaubenslosen ungehorsamen Menschen.

2) Besonders der Gedanke von der eschatologischen F. und der jenseitigen Verdammnis wird im spätjüd. Schrifttum akzentuiert und entfaltet (zB Jub 5,14; äthHen 17,6; 63,6; 108,11ff), damit

durch solche Belehrung der Mensch zur Einsicht und zur Entscheidung für den Weg des Lichtes gebracht werde.

Auch in den Texten von Qumran ist der Mensch im Spannungsfeld von Licht und F. eines der wichtigsten Themen. Hier stehen sich Licht und F. als kosmische Mächte gegenüber, die den Menschen in seinem Sein bestimmen. So sucht ihn zB die F. durch ihren Repräsentanten Belial zu verführen (1QM 13,11f; 1 QS 3,21–24). Dem Einfluß der F. und ihrer beherrschenden Macht kann sich der Mensch dadurch entziehen, daß er sich zum Eintritt in den → Bund (II,6) entscheidet. Dadurch kann aus dem Kind der F. ein Sohn des Lichtes werden, dem schließlich ewiges Leben in immerwährendem Licht bereitet ist (1 QS 4,7f).

III Wie in dem bisher erwähnten Schrifttum, so wird die im NT relativ häufig anzutreffende Wortgruppe (σκότος *[skotos]* 30mal; σκοτία *[skotia]* 17mal, davon 14mal in den johanneischen Schriften; σκοτίζεσθαι *[skotizesthai]* 5mal; σκοτοῦσθαι *[skotousthai]* und σκοτεινός *[skoteinos]* je 3mal) sowohl im eigentlichen als auch – und das ist die Regel – im übertragenen Sinn gebraucht.

1) Sie dient als Zeitangabe und bezeichnet als solche das Dunkel der hereinbrechenden oder weichenden Nacht (Joh 6,17; 20,1). Übertragen, aber ohne bes. negative Qualifizierung der F., werden σκοτία *[skotia]* und φῶς *[phōs]* = Licht in Mt 10,27 und Lk 12,3 gebraucht, um den Gegensatz von anfänglicher Verborgenheit und künftiger Öffentlichkeit der Verkündigung Jesu und seiner Jünger zu beschreiben.

2) Eindeutig negativen Bedeutungsgehalt trägt die Wortgruppe an den Stellen, an denen einem lauteren Auge (als dem leitenden Organ) und einem lichten Leib ein böses Auge und ein finsterer Leib entgegengestellt werden (Mt 6,23; Lk 11,34–36): Bei falscher Blickrichtung untersteht der → Leib der Macht der F. Bei der Gefangennahme Jesu (Lk 22,53) und mehr noch in seiner Todesstunde (Mt 27,45; Mk 15,33; Lk 23,44f) konnte diese Macht der F. den Anschein erwecken, einen Sieg errungen zu haben. Doch zu Ostern triumphierte ein für allemal die göttliche Macht des → Lichtes über die satanischen Mächte der F., über Weltnacht und Todesdunkel. Von diesem Sieg her wird die F. im NT zumeist gesehen und bewertet.

3) Der natürliche Mensch ist zunächst in den Machtbereich der F. hineingestellt. Er gehört zum Volk, das im Finstern wohnt (vgl. das Jes-Zitat in Mt 4,16). Unausweichlich ist für ihn das Dunkel des → Todes (vgl. Lk 1,79). Vor allem aber stellt sich die F. dar als Gottesfinsternis. »Vor der Begegnung mit dem Offenbarer bewegt sich das Leben aller Menschen in der F., in der Sünde« (Bultmann, KEK II,115). In dieser Sphäre herrscht die »Gewalt des Satans« (Apg 26,18; vgl. Eph 6,12). Durch sie werden die Menschen dazu getrieben, die bösen → Werke der F. zu tun (vgl. Joh 3,19; Röm 13,12; Eph 5,11). Durch sie wird das Denken der Heiden verfinstert (Eph 4,18) oder, wie es auch heißen kann: »ihr unverständiges → Herz« (Röm 1,21). Durch sie wird aber auch der gesetzestreue Jude u. U. so verblendet, daß er etwa von der → Beschneidung her ein System falscher Heilssicherheit entwerfen und mit diesem zum blinden Blindenführer werden kann (vgl. Röm 2,19; vgl. auch Mt 8,12; 15,14).

Im Blick auf die beherrschende Macht der F. – die in engem Zusammenhang mit den Begriffen → Sünde, → Fleisch und Begierde (→ Begehren) zu sehen ist – geht Paulus an einer Stelle so weit, den Menschen mit dieser Größe begrifflich zu identifizieren und davon zu sprechen, daß die Angeredeten einst F. gewesen wären (Eph 5,8). Dadurch wird deutlich: »Es ist nicht allein eine überirdische dunkle Geistesmacht, die ihm (Gott) heimlich sich widersetzt, nein, die ›Mächte und Gewalten‹ nehmen auch ganz greifbare und sichtbare Gestalten an in den weltlichen und kirchlichen Zuständen« (W. Lüthi, Joh., 11).

4) Freilich erscheint die F. nicht als eine Gott ebenbürtige Macht. (Vgl. Bultmann: »Die σκοτία ist keine selbständige Macht neben dem φῶς, sondern nur damit, daß es φῶς gibt, gibt es σκοτία ... « KEK II,27.) Das deutet schon jene Stelle an, die von der Verfinsterung der Augen, dh von der Verstockung gewisser Menschen durch Gott selbst handelt (vgl. das Ps-Zitat in Röm 11,10; vgl. auch Apg 13,11: Gott blendet durch ein Geistes-

wort, das Paulus ausspricht, den Zauberer Bar-Jesus). Und wie einst bei der Schöpfung, so läßt Gott jetzt in den Herzen der Menschen das Licht aufstrahlen aus der F. (2 Kor 4,6). Er ist der Herr auch über die F.

Dieses sein Herrsein hat er vorzüglich in Jesus Christus erwiesen, den er in die Welt gesandt hat, um durch ihn sein heiliges Volk aus der F. zu seinem wunderbaren Licht zu berufen (1 Petr 2,9) bzw. in »das Reich des Sohnes seiner Liebe« zu versetzen (Kol 1,13). Davon berichtet vor allem Joh mit Hilfe der Licht-F.-Metaphorik. Gleich im Prolog seines Ev.s wird dieses Thema leitmotivisch angeschlagen: »Das Licht scheint in der Finsternis, und die Finsternis hat es nicht angenommen« (Joh 1,5). Licht und F. stehen sich in den johanneischen Schriften in ähnlicher Weise gegenüber wie → Leben und → Tod, → Wahrheit und → Lüge. Die Gegensätze schließen einander aus. (Vgl. die rhetorische Frage des Paulus in 2Kor 6,14: »Was für Gemeinschaft hat das Licht mit der Finsternis?«) Man muß sich für das eine oder das andere entscheiden, für Gott oder gegen ihn, der das Licht und in dem keine F. ist (1 Joh 1,5). Oder genauer: für oder gegen Jesus Christus, der sich selbst als das Licht bezeichnen konnte (Joh 12,46). An seiner Person scheiden sich die Geister. Wer ihn ablehnt, der richtet sich dadurch selbst (Joh 3,18f). Wer ihm dagegen glaubt (Joh 12,46) und ihm nachfolgt (Joh 8,12), der wandelt nicht länger im Dunkeln.

5) Allerdings genügt nicht das bloße Lippenbekenntnis zum Licht. Gemeinschaft mit Gott haben und doch gleichzeitig in F. wandeln, ist nicht möglich. Wer das Gegenteil behauptet, lügt (1 Joh 1,6). Erst der Glaube, der die ganze Existenz bestimmt und der sich zB in der Bruderliebe äußert, versetzt den Menschen aus der F. ins Licht (1 Joh 2,9). Wer seinen Bruder weiter haßt, der verhält sich wie der Mensch der F., der geblendet umherirrt (1 Joh 2,11; vgl. Joh 12,35) und noch nicht begriffen hat, daß die F. vergeht und das einzig wahre Licht schon scheint (1 Joh 2,8).

Für solche Menschen, die sich beharrlich dem Licht verschließen, die Jesus Christus die Anerkennung als Herrn verweigern und die Werke der F. tun – bes. erwähnt werden die Irrlehrer (2Petr 2,17; Jud 13) –, kommt einmal die dunkelste F. des Gerichtes. Bei diesem Strafgericht wird der Herr »auch das Verborgene der Finsternis ans Licht bringen und die Ratschläge der Herzen offenbar machen« (1 Kor 4,5). Und während die einen angenommen werden, werden die F.-Menschen an den finsteren Ort eschatologischen → Verderbens verstoßen werden (Mt 8,12; 22,13; 25,30). Dieses Gericht wird mit der Wiederkunft Christi erwartet, die nach den nt. Berichten, welche sich auf die apokalyptischen Vorstellungen des AT stützen, mit F.-Erscheinungen verbunden sein wird: »Die Sonne wird sich verfinstern, und der Mond wird seinen Schein nicht geben« (Jes-Zitat in Mk 13,24 und Mt 24,29; vgl. Joel-Zitat in Apg 2,20; Offb 8,12; 9,2; 16,10). Eindringlich kann darum Paulus die Christen zu Wachsamkeit und Nüchternheit angesichts der plötzlich einmal hereinbrechenden Parusie aufrufen: »Seid nicht in der F., daß euch der Tag wie ein Dieb überraschen sollte, denn ihr alle seid Söhne des Tages; wir gehören nicht der Nacht noch der Finsternis an. Also lasset uns nicht schlafen wie die übrigen ... « (1 Thess 5,4–6).

H. Ch. Hahn

ZUR VERKÜNDIGUNG **V**

Von alters her wird das Dunkel in der Regel (Ausnahme zB: das den verfolgten Flüchtling bergende Dunkel) als etwas Negatives empfunden. Das beginnt bei der Erfahrung des Wechsels von Tag und Nacht. Während der Tag bzw. die den Tag heraufführende Sonne allgemein begrüßt wird, löst die Nacht Furcht und Angst aus. Sie ist die von Verbrechern, den schwarzen Schafen der Gesellschaft, bevorzugte Zeit, in der sich dunkle Dinge abspielen. »Im finstern Mittelalter« galt es ferner als ausgemacht, daß Hexen und Gespenster um Mitternacht ihr Unwesen trieben.

Das Unheimliche der Nacht liegt zum Teil darin begründet, daß sie dem Menschen die entscheidende Orientierungsmöglichkeit nimmt, was im Zeitalter der Neonlampen freilich nur noch bei Versagen der Stromversorgung oder bei kriegsbedingter Verdunkelung voll bewußt werden kann.

Für den Wissenschaftler gilt alles das als dunkel, wohin das Licht des menschlichen Geistes nicht (oder noch nicht) zu dringen vermag. So sagt Adolf Portmann einmal zum gegenwärtigen Stand der Forschung: »Jetzt blicken wir in das Dunkel, das verbirgt, was wir heute noch nicht wissen, was also wissenschaftliches Problem ist, aber auch die dunkle Sphäre des ewigen Geheimnisses der Wirklichkeit.«

Eine ähnliche Erfahrung der Grenzen des präzisen Wissens machen viele Menschen täglich, wenn sie sich an irgendetwas nur »dunkel erinnern« oder von »düsteren Ahnungen« gepackt sind. Oft widerfährt es einem auch, daß des Nachts das Dunkle des eigenen Unterbewußten aus seinen Tiefen heraufsteigt und sich in beunruhigenden Traumbildern manifestiert. Darin zeigt sich etwas von der Existenzbedrohung, die von der Finsternis im übertragenen Sinn ausgeht. Man denke zB an einen Menschen, der sich auf der Schattenseite des Daseins wähnt, sei es, daß er gerade einen »schwarzen (= Unglücks-) Tag« gehabt hat, sei es, daß er lebenslang ins Dunkel von Armut oder Krankheit gebannt ist. Auch an die Schwermütigen sei erinnert, bei denen man von »umdüstertem Gemüt« oder gar »dunklem Wahne« zu sprechen pflegt.

Trifft eine Existenzbedrohung viele Menschen zugleich, weil die vertraute Welt aus den Fugen gerät, dann häufen sich die Begriffe der Nacht-Metaphorik in den Werken der Dichter. Das läßt sich u. a. an Stellungnahmen gegenüber dem Dritten Reich zeigen. Hier sollten die »Kassandras« (A. Haushofer) und »Schwarzseher« recht behalten, die mit Max Herrmann-Neisse »das Dunkel schon von ferne kommen (sahen), als das Gebirg noch schimmernd sichtbar blieb.« Die »Nachtgesänge unter der Erde«, die in den KZs angestimmt wurden, vermitteln einen erschütternden Eindruck von der trostlosen Finsternis, die über viele hereinbrach.

> »Die Nacht ist endlos, ohne Regung hingeschmolzen,
> Ein totes Meer, . . . ein wüster Raum,
> . . . Nur Nacht, gepackt und dick von pechigem Geschluder.
> Die Nacht ist kahl, und bang durchstößt das Ruder
> Der Zeit die Finsternis, die kahl Verwesung raucht
> . . . Nur Nacht – die Nacht – und keine Seele kann es tragen, . . .« (H. G. Adler)

Aber auch heute können noch viele mit Bert Brecht sagen: »Wirklich, ich lebe in finsteren Zeiten.« Sie spüren: »Ringsum dunkelt alles vor Gefahren« (Lange), denn nach wie vor trifft zu: »Die Nacht der Welt ist groß« (Goes).

> »Es finstert, o wie es finstert in allen Räumen des Himmels.
> Selbst wenn der Mond sich ergießt, sieht das Auge nicht heller,
> Es sieht nur weinendes Licht« (G. v. le Fort).

Daß solche Finsternis den Menschen wesentliche Zusammenhänge nicht erkennen läßt, beschreibt W. H. Auden treffend: »Wir sind völlig im Dunkeln, wir kennen nicht / Die Verbindung zwischen der Uhr, / Der wir zu folgen haben, und dem Wunder, / An welchem wir nicht verzweifeln dürfen.« Der Weg des Menschen scheint im Stockdunkeln wie in einem Tunnel (vgl. F. Kafka, F. Dürrenmatt) zu verlaufen. Fraglich ist dabei vielen, ob dieser Weg überhaupt ein Ziel hat oder »dunkel ohne Ende nach irgendwo führt« (Hemingway). Sicher ist nur, daß er im Tode mündet. Wer darin die endgültige Bestimmung sieht, wird die trotzige Haltung eines Romanhelden von Thomas Wolfe verstehen:

> »Ihm schien das Menschenleben nichts zu sein, nur . . . ein kurzes Aufflackern in grenzenlos-schreckensvoller Finsternis; . . . Er wußte, sein Leben war gering und würde wieder verlöschen, und übrigbleiben würde nur die unermeßliche ewige Finsternis. Und er wußte: mit Hohn auf den Lippen würde er sterben, und mit dem letzten Schlag seines Herzens würde seine trotzige Absage hineintönen in die alles verschlingende Nacht«.

Was angeführt wurde, entspricht der biblischen Sicht des Menschen in Finsternis. Diese radikalisiert freilich die urmenschliche Wertung der Finsternis und legt die entscheidenden und Entscheidung fordernden Zusammenhänge bloß. So wird die empfundene

Finsternis dem Menschen als »Gottesfinsternis« (M. Buber) gedeutet. Von Natur aus befindet er sich im Bereich der Gottesferne, wo der »Fürst der Finsternis« herrscht.

Im NT wird der Begriff der Gottesferne präzisiert: Fern von Gott ist, wer fern von Jesus Christus bleibt. Denn in ihm ist die Lichtfülle Gottes in absoluter Ausschließlichkeit offenbart worden. Seither läßt sich Finsternis nur noch bestimmen als negative Alternative zum Herrschaftsbereich Christi, der sich selbst als das Licht der Welt bezeichnete.

Über sich selbst bleibt der Mensch im Bereich der Christuslosigkeit im Unklaren. Höchstens ahnt er dunkel, daß er seine eigentliche Bestimmung verfehlt. »Wie das Licht die Erhelltheit des Daseins ist, so ist die Finsternis die Verfassung des Daseins, in der es sich nicht versteht . . .« (R. Bultmann, KEK II,27).

Eindeutig bestimmt wird dieser Bereich mangelnder Gottes- und Selbsterkenntnis durch → Sünde und → Tod. Das Verharren in dieser Dunkelheit, in Lüge und Irrtum muß Sünde genannt werden. Denn: »Der Widerstand gegen das Licht liegt nicht an dessen Unzulänglichkeit, sondern allein an dem Menschen« (E. Schweizer, Ego Eimi, 1965², S. 164), und ». . . Finsternis . . . gibt es nur als Empörung gegen das Licht« (R. Bultmann, KEK II, S. 28). Das Ende solcher Empörung aber ist der Tod. Die Finsternis bietet dem Menschen keine Zuflucht. (Vgl. Blumhardt d. J.: »Es ist unter den Menschen das zu allen Zeiten die größte Dunkelheit gewesen, daß sie das Licht ihres Lebens verloren haben und nicht hinaussehen können in ihre Zukunft als eine lebensvolle.«)

Scharf ist die Grenze zwischen dem Reich des Lichtes und dem der Finsternis gezogen. Ein Niemandsland sieht die Bibel nicht vor. Man steht entweder im »Gnadenschein« der »Sonne der Gerechtigkeit« oder liegt »in tiefster Todesnacht«. Dieser Sachverhalt wird im Joh.-Evangelium am deutlichsten ausgesprochen, doch so, daß jeder Hinweis auf die Finsternis letztlich einen Ruf zum → Licht darstellt. Denn seit Christus gekommen ist, gilt jedem als Einladung und Zusage: »Laß dich erleuchten, meine Seele, versäume nicht den Gnadenschein; der Glanz in dieser kleinen Höhle (zu Bethlehem) streckt sich in alle Welt hinein; er treibet weg der Höllen Macht, der Sünden und des Kreuzes Nacht.«

Es versteht sich von selbst, daß die Finsternis nicht automatisch weicht, sondern »daß das Licht-Sein des Christus von den Menschen die Entscheidung fordert, und daß diese *so* ernst ist, weil es dafür ein ›Nicht mehr‹ gibt« (E. Schweizer, zu Joh 9,4f). Auch das NT rechnet damit, daß Menschen »im finstern Heidentum« verharren, sei es, daß niemand sie zum Lichte führt, sei es, daß sie sich ihm bewußt oder im Modus der Gleichgültigkeit versagen.

Zwar bezeugt das NT, daß Jesus Christus die Finsternis entmachtet hat, aber damit wird nicht versprochen, ein Leben im Lichte Christi sei gleichbedeutend mit einem Dasein »sonniger Heiterkeit« im Scheine irdischen Glückes. Es wird im Gegenteil unüberhörbar ausgesprochen, daß auch der Glaubende u. U. zeitweise »im finstern Tal« leiden muß, ja, daß Gott selbst sich vorübergehend in undurchdringliches Dunkel hüllen kann. Aber der Glaubende weiß, daß sein Weg nicht in solcher Finsternis endet, sondern im künftigen Licht. Darum vermag er sich selbst und andere zu trösten: »Staune nicht der Finsternisse! / Aus dem Leide wird das Licht. / Und das ewig Ungewisse / Wandelt sich in Zuversicht!« (S. Stehmann). *H. Ch. Hahn*

Lit.: GDelling, Art. νύξ, ThWb IV, 1942, 1117ff – RBultmann, Zur Geschichte der Lichtsymbolik im Altertum, Philologus 97, 1948, 1ff – SAalen, Die Begriffe Licht und Finsternis im AT, im Spätjudentum und im Rabbinismus, 1951 – RBultmann, Das Evangelium des Johannes, KEK II, 1957¹⁵, 115 u. ö. – HWHuppenbauer, Der Mensch zwischen zwei Welten, AThANT 34, 1959 – WNagel, Die Finsternis hat's nicht begriffen (Joh 1,5), ZNW 50, 1959, 132ff – WLüthi, Johannes. Das vierte Evangelium, 1963 – HConzelmann, Art. σκότος, ThWb VII, 1964, 424ff.

Fleisch

σάρξ

σάρξ *[sarx]* Fleisch · σάρκινος *[sarkinos]* aus Fleisch bestehend, fleischlich · σαρκικός *[sarkikos]* nach Fleischesart, der Sphäre des Fleisches angehörig · κρέας *[kreas]* Fleisch

I σάρξ *[sarx]*, das bei Homer stets (einzige Ausnahme Od. 19,450) im Plural vorkommt, heißt anfangs das *menschliche Fleisch* im Unterschied zu Knochen, Sehnen etc., seit Hesiod auch *tierisches Fleisch* und in der weiteren Entwicklung (dann auch im Sing.) das Fleisch von Fischen und Kleintieren sowie die fleischige Substanz von Früchten. Der → Leib, das σῶμα *[sōma]*, besteht aus Knochen, Blut, Sehnen, Fleisch und Haut (Plat. Phaedr. 98c.d; oder: Haaren, Fleisch, Knochen, Symp. 207d). – Gelegentlich bezeichnet σάρξ *[sarx]* den ganzen physischen *Körper*, der zB alt (σαρκὶ παλαιᾷ *[sarki palaia]* Aischyl. Ag. 72) oder jung sein kann. Typisch ist die Wendung αἱ σάρκες κεναὶ φρενῶν *[hai sarkes kenai phrenōn]* (Eur. El. 387); gemeint sind Menschen, die ohne Verstand, also bloßes Fleisch sind (im AT würde man den Verstand zum Fleisch rechnen, s. u.).

Mit σάρξ *[sarx]* verbindet sich besonders der Charakter der Vergänglichkeit. Wenn die Lebenskraft (ψυχή *[psychæ]* → Seele) und der Drang (θυμός *[thymos]*) entschwinden, vergehen Fleisch und Knochen (Od. 11,219–222). Im Unterschied zu Menschen und Tieren haben die Götter keine σάρξ *[sarx]*, sondern sind νοῦς *[nous]* (→ Vernunft), ἐπιστήμη *[epistæmæ]* = Einsicht, λόγος *[logos]* = → Wort (Epict. Diss. II 8,2). Daher wird dem vergänglichen Fleisch des Menschen je länger, je mehr sein unvergängliches Wesen entgegengesetzt: Der ὄγκος σαρκών *[ongkos sarkōn]*, den man begräbt, ist nicht unser wahres Wesen (Plat. Leges 959c, vgl. »das fremde Gewand des Fleisches« Emp. fr. 126). – Epikur hat dieser Vorstellung jedoch eine andere Wendung gegeben. Vergehen ist nichts anderes als Auflösung der Atome; diese aber hinterläßt keinen Rückstand (Unvergängliches). Daher ist Anfang und Wurzel alles Guten das Wohlbefinden, die ἡδονή *[hædonæ]* (→ Begehren) des Bauches (fr. 409). Wenn die Stimme des Fleisches ruft: »Nicht hungern, nicht frieren, nicht dürsten«, so hört die Seele diese Mahnung (fr. 200). Da die διάνοια *[dianoia]* = Vernunft Ende und Grenze der σάρξ *[sarx]* kennt, fordert Epikur keineswegs zu einem üppigen, sondern im Gegenteil zu einem äußerst beherrschten, maßvollen Leben auf; denn nicht nur die gegenwärtige, sondern auch die zukünftige ἡδονή *[hædonæ]* ist wesentlich zum Glück (fr. 68).

Diese Gedanken sind nun stark vergröbert und in einer zugunsten der Lüste veränderten Form popularisiert worden, vor allem von ihren Gegnern, die aus der platonischen Schule kamen. Denn nach diesen beflecken die Begierden und Lüste des Körpers die → Seele, die an Höherem teilhat, und schon Epikur muß sich gegen die Unterstellung wehren, als spreche er das Verlangen und den Kitzel des Leibes, Hurerei, Trunksucht etc. heilig (fr. 414). Die antiepikureische Polemik ist im Hellenismus weit verbreitet und dringt stark ins Judentum ein.

II Die hebr. Äquivalente für σάρξ *[sarx]* (LXX) sind *bāsār* und *sche'ēr*. Dabei ist *bāsār* das ungleich wichtigere Wort (266mal gegen 17mal), wird indessen auch durch das griech. κρέας *[kreas]* wiedergegeben. Während κρέας *[kreas]* (ca. 50mal, nur für *bāsār*) vorwiegend *Fleisch* als Nahrungsmittel bezeichnet, ist die Bedeutung von σάρξ *[sarx]* (ca. 150mal) weiter: das Wort kann sogar zum Ausdruck für *Menschlichkeit* werden (Jes 40,5.6). *bāsār* verwandt sind: ugar. *bschr* = Fleisch; arab. *baschar* = (urspr.) Haut; vgl. *bāschara* = sich geschlechtlich vereinigen; sich auf einen Kampf einlassen; fraglich akk. *bisru* I = Kleinkind. – Die folgende Darstellung geht vom hebr. Sprachgebrauch aus.

1a) *bāsār* kann zunächst das *Fleisch als Nahrung* des Menschen bezeichnen (1 Sam 2,13.15, κρέας; Fleisch von Wachteln Num 11,33, κρέας; von Schweinen Dtn 14,8 κρέας; von Kühen Gen 41,2, σάρξ). Fleisch und Wein sind Speisen für gute Zeiten (Dan 10,3).

b) Ebenso bezeichnet *bāsār* aber auch das *menschliche Fleisch*: »Gott nahm eine der Rippen (des Menschen) und verschloß die Stelle mit Fleisch« (Gen 2,21; σάρξ). Daniel und seine Freunde blieben trotz herabgesetzter Kost *beri'ē bāsār* = »gut im Fleisch«, also in der körperlichen Verfassung (Dan 1,15 TH: σάρξ).

Nebeneinander genannt werden Ez 37,6.8 Sehnen, Fleisch (σάρξ), Haut und → Geist *(rūach)*, Hi 10,11 Haut, Fleisch (κρέας), Knochen, Sehnen. Im spezifischen Sinne heißt das männliche Glied Fleisch der Scham (Ex 28,42), Fleisch der Vorhaut (Gen 17,11ff σάρξ; Lev 12,3 σάρξ), aber auch einfach Fleisch (Lev 15,2f [LXX: σῶμα]; Ez 16,26 κρέας; 23,20 σάρξ; 44,7.9 σάρξ).

c) *bāsār* kann dann – pars pro toto gebraucht – auch den *menschlichen Körper* im Ganzen bezeichnen: »Ahab ... zerriß seine Obergewänder, tat einen Sack auf sein Fleisch und fastete« (1 Kön 21,27; κρέας). Wenn im Tiefschlaf ein Jahwe-Wort vernommen wird, sträuben sich die Haare am Fleisch (Hi 4,15; σάρξ). Fleisch ist jedoch nicht bloß der Körper, sondern der ganze Mensch als *Person*: »Gott, mein Gott bist du, dich suche ich, meine Seele dürstet nach dir, mein Fleisch schmachtet nach dir ...« (Ps 63,2, σάρξ; vgl. 84,3, σάρξ). Hier bezeichnet Fleisch das Selbst des Menschen. –

d) Das Selbst ist nicht ohne seine Verwandtschaft. Der Verwandte ist »mein Bein und mein Fleisch« (Gen 29,14, σάρξ. Daher meint 2,23: Die Frau ist für den Mann gleichsam der Ort in der Welt, wo er zu Hause ist; sie ist ihm vertraut und heimatlich), der Bruder ist »unser Fleisch« (Gen 37,27, σάρξ). Noch umfassender meint »alles Fleisch« die ganze Menschheit: »Alles Fleisch verscheidet gesamt, und die Menschheit kehrt zum Staube zurück« (Hi 34,15; vgl. Ps 56,6.12; Menschheit = Fleisch). Entsprechend bekommt »alles Fleisch« die Bedeutung »jedermann«: »Es soll kommen alles Fleisch, um anzubeten, sagt Jahwe« (Jes 66,23; πᾶσα σάρξ). Schließlich kann die Wendung Menschheit und Tierwelt umfassen wie Gen 6,17ff; 9,11ff.

e) Durch die angeführten Bedeutungen ist schon klar, daß der anschauliche Ausgangspunkt für AT und griech. Literatur gleich ist, während die anthropologischen Konsequenzen differieren. Im AT bezeichnet Fleisch das Menschsein im Ganzen; der Mensch ist seinem Wesen nach Fleisch. Für die griech. Auffassung hingegen hat der Mensch Fleisch, aber er ist es nicht. Das gilt auch für Epikur, der die fleischlichen Bedürfnisse als das eigentlich Reale versteht, dem unbedingt Genüge getan werden muß. Denn διάνοια *[dianoia]* = Einsicht ist nötig, um nicht zukünftiges Glück dem gegenwärtigen Überschwang zu opfern; und die Glücksgefühle der Seele sind ebenso wie ihre Schmerzempfindungen doch größer als die des Fleisches (fr. 445; Diog Laert X 137).

Der gleiche Unterschied zeigt sich beim Verständnis der Vergänglichkeit. Das Fleisch als Vergängliches bezeichnet im AT dasjenige am Menschen, mit dem er etwas erleidet (Krankheit, Tod, Entsetzen etc.), aber eigentlich nicht die Begehrlichkeit an ihm, die – in dieser Weise zu reden – viel eher zB durch das Herz (Gen 8,21) vertreten ist. So heißt es: »Alles Fleisch ist wie Gras, seine Güte wie die Blume auf dem Feld ... Das Gras verdorrt, die Blume verwelkt« (Jes 40,6.8). So wird der Assyrer Sanherib »ein fleischlicher Arm«, also eine vergängliche Gestalt genannt (2 Chr 32,8), und Gott »dachte daran, daß sie (Israel) nur Fleisch sind – ein Hauch ohne Wiederkehr«. Da vergab er ihnen ihre Schuld (Ps 78,39). Umgekehrt aber sagt Jer 17,5: »Verflucht der Mann, der auf Menschen vertraut, der Fleisch zu seinem Arm macht und dessen Herz von Jahwe weicht.«

2) *schᵉʼēr* (akk. *schīru* Fleisch, Leib; phön. *schʼr* Fleisch) scheint das altertümlichere Wort zu sein und hat die Bedeutungen: *Fleisch zum Essen* (Ex 21,10; Ps 78,20.27), *menschliches Fleisch* (Mi 3,2f; Jer 51,34f), *Blutsverwandter* (Lev 18,6; 20,19; 25,49; Num 27,11; in LXX griech. οἰκεῖος *[oikeios]* bzw. οἰκεῖα *[oikeia]*). Um seiner Bedeutung willen sei Ps 73,26 erwähnt: »Hört auch auf mein Fleisch und mein Herz (= wenn ich auch vergehe Spr 5,11), so bist du doch mein Fels und mein Teil.«

3) Das Judentum stellt in allen seinen Schattierungen eine engere Verknüpfung zwischen der Fleischlichkeit des Menschen und seiner → Sünde her, jedoch ohne das Fleisch als die eigentliche Ursache der Sünde zu deuten. Es knüpft an at. Aussagen an, die das Sich-Verlassen auf Fleisch nicht nur als Torheit, sondern als Sünde beschreiben (Jes 31,3). »Alles Fleisch« ist aber die Menschheit, und dem Menschen ist das Trachten nach Bösem eigen (Gen 8,21). So muß eine Beziehung zwischen Fleisch und Sich-Verlassen auf Fleisch bestehen.

a) Qumran: Noch ganz at. bleibt 1QH 4,30: »Es (das Fleisch) ist in Schuld vom Mutterleibe an« (Ps 51,7). Anders aber redet 1QS 11,12 der Erwählte von sich: »Wenn ich strauchle durch die Sündigkeit meines Fleisches (= meine Sündigkeit), so steht doch fest mein Rechtsspruch durch die Gerechtigkeit Gottes in Ewigkeit.« Wahrscheinlich soll damit gesagt werden, daß der Mensch, sofern er n u r Fleisch ist, zur Gemeinschaft des Frevels gehört; denn kurz vorher (11,9) heißt es: »Ich aber gehöre zu den Menschen der Gottlosigkeit und zur Gemeinschaft des Fleisches des Frevels«, und 1QH 15,16f: »Du, du hast den Gerechten geschaffen und seine Herrlichkeit aus dem Fleisch erhöht; aber die Frevler schaffst du (für die Zeit deines Zorns; Ergänzung).« Gemeint ist wohl, daß der Gerechte sein Leben (= Gerechtigkeit) von Gott empfängt und daß dies Leben nicht mehr vom Fleisch (= Menschsein) ableitbar ist. Der Gegenbegriff zu Fleisch ist jedoch nicht → Geist; denn neben dem Geist der Heiligkeit gibt es ebenso auch den Geist des Frevels und des Fleisches (1QS 4,20f; 1QH 13,13f). Vielmehr steht dem Fleisch stets Gott bzw. seine rechtschaffende Gerechtigkeit gegenüber.

b) Rabbinat: Für den rabb. Sprachgebrauch sind zwei Verschiebungen gegenüber dem AT charakteristisch: Einmal heißt der Mensch in seiner Vergänglichkeit jetzt gern »Fleisch und Blut« (zum ersten Mal belegt bei JesSir 14,18); wichtiger noch ist zweitens die häufige Ersetzung des at. *bāsār* durch *gūph* »*Leib*« (urspr. vielleicht *Höhlung*, arab. *gauf* und dazu vgl. ThWb VII,115). Dahinter steht wohl eine neue anthropologische Auffassung vom Leib als einem Gefäß, das je von verschiedenem Geist erfüllt sein kann. Der Leib wird so zwar nicht abgewertet, da Gott beim Endgericht »die Seele holen und in den Leib stecken und beide zusammen richten« wird (b Sanh 91a). Wohl aber bezeichnet Leib jetzt nicht mehr den Menschen im ganzen: »Alle Geschöpfe, die vom Himmel her geschaffen sind, stammen der Seele und dem Leib nach vom Himmel, und alle Geschöpfe, die von der Erde geschaffen sind, sind der Seele und dem Leib nach von der Erde. Hiervon ausgenommen ist der Mensch: seine Seele stammt vom Himmel, sein Leib von der Erde. Tut der Mensch daher das Gesetz und den Willen des Vaters im Himmel, so ist er wie die oberen Geschöpfe ... Erfüllt er aber nicht das Gesetz und den Willen des Vaters im Himmel, so ist er wie die unteren Geschöpfe« (SDt 305 z33,2). Hier liegt sicher hell.-orientalischer Einfluß vor. Der at. Sprachgebrauch kann jedoch daneben noch stehen bleiben. (Zum Ganzen Str.-B. I,581).

c) Das hellenistische Judentum zeigt seine Eigentümlichkeit schon in zwei charakteristischen Änderungen der LXX gegenüber dem MT: In Ez 10,22 spricht sie nicht vom Fleisch der Keruben, und Num 16,22; 27,16 übersetzt sie die hebr. Wendung »Gott der Geister *(ruchot)* alles Fleisches« griech. mit θεὸς τῶν πνευμάτων καὶ πάσης σαρκός *[theos tōn pneumatōn kai pasæs sarkos]* = »Herr der Geister und alles Fleisches.« Hier setzt sich wie im rabb. Judentum eine stärkere Trennung von Himmel und Erde durch. Im übrigen aber ist die Einschätzung des Fleisches recht verschieden. Nach äthHen 17,6 ist der Hades der Ort, wohin kein Fleisch wandert. Nach Paral Jerem 6,6 wird die σάρξ *[sarx]* Unverweslichkeit haben. ApkEl 35,7f; 42,12f sagt, daß das Fleisch des Körpers zwar abgelegt, aber geistiges Fleisch (σάρκες πνεύματος *[sarkes pneumatos]*) angezogen wird, während nach LebAd 43; 4 Esr 7,78.100 die Seele sich im Tode vom Leibe löst.

Aussagen, die mehr beim kosmologischen Dualismus einsetzen, zeigt man am besten an Philo. Gott ist ihm ein fleisch- und körperloses Wesen. Daher kann man ihn nur durch die fleisch- und körperlose Seele erkennen (Deus Imm 52–56), während der Körper (das Fleisch) für diese Seele Belastung, Knechtschaft, Sarg und Urne ist. So wird die Lösung vom Fleisch in der Askese wichtig, da die Seele sonst in ihrem Höhenflug gehemmt wird. Schuld aber ist erst das Beharren der Seele beim Fleisch (vgl. Leg All III,152). Entsprechend weiß Philo, daß die Seele ἄλογα πάθη *[aloga pathæ]*, der Vernunft widerstreitende Leidenschaften hat und das Böse erzeugt, wenn sie nämlich vom Fleisch überkommen wird (Deus Imm 52); denn der Körper mit seinen Leidenschaften reizt den Menschen zum Sündigen. Andererseits bleibt denkbar, daß der ὄγκος σάρκινος *[ongkos sarkinos]* wie Sandalen unter den Füßen in Dienst genommen werden kann (Sacr AC 63).

III Ähnlich wie im hellenistischen Judentum ist die Einschätzung des Fleisches in den einzelnen Schriften des NT recht unterschiedlich. Sachlich ergibt sich eine Zweiteilung von selbst, die auch vom statistischen Befund unterstützt wird: 91 von insgesamt 147 Belegen von σάρξ *[sarx]* finden sich bei Paulus und den Deuteropaulinen, und zwar bes. in Röm und Gal; auch die Adjektiva σαρκικός *[sarkikos]* (7mal) und σάρκινος *[sarkinos]* (6mal) kommen – mit je einer Ausnahme (Hebr und 1 Petr) – nur in Röm sowie 1 und 2 Kor vor. – In den nicht-paulinischen Schriften tritt das Vorkommen demgegenüber zurück; nur bei Joh findet sich die Vokabel 13mal, Offb und 1 Petr 7mal, sonst nur noch vereinzelt. – κρέας *[kreas]* kommt im NT überhaupt nur 2mal bei Paulus vor, und zwar für Fleisch als Nahrungsmittel.

1) Paulus gebraucht σάρξ *[sarx]* so häufig, daß nur die für das Verständnis wichtigsten Stellen besprochen werden können.

a) Als pures *Fleisch* (von Menschen, Tieren, Vögeln, Fischen) kommt σ. nur 1 Kor 15,39 vor. Gelegentlich bezeichnet es den *menschlichen Körper* (so 2 Kor 12,7 Dorn im Fleisch = Krankheit; Gal 4,13 Schwäche des Fleisches = Krankheit; Gal 4,14 mein Fleisch = der kranke Körper des Paulus), aber darüber hinaus dann auch den ganzen Menschen. Nach 2 Kor 7,5 hat »unser Fleisch« (= wir) keine Ruhe, weil es von außen Kämpfe, von innen Befürchtungen (um den Bestand der Gemeinde) gibt. In der Ehe erleidet das Fleisch Bedrängnisse (1 Kor 7,28), weil jetzt letzte Zeit ist und die geistigen Auseinandersetzungen scharf sind und Verfolgungen drohen (V. 29ff). Wenn Paulus sagt, er habe sich vor Aufnahme seiner Verkündigung nicht mit Fleisch und Blut beraten (Gal 1,16), so hat er sich nicht mit Menschen beraten; und daß Fleisch und Blut Gottes Reich nicht ererben werden (1Kor 15,50), bedeutet nach at. Anthropologie (Spr 5,11), daß der ganze Mensch im Tode vergehen und ein neues σῶμα *[sōma]* entstehen muß (→ Leib).

b) σάρξ *[sarx]* bezeichnet ferner die Verwandtschaft, die jedoch stets nur vorläufige Bedeutung hat. So ist Jesus dem Fleisch nach ein Sohn Davids (Röm 1,3); entscheidend aber ist erst seine Gottessohnschaft seit der Auferstehung nach dem Geiste der Heiligkeit (V. 4). »Israel nach dem Fleisch« (1 Kor 10,18) ist der gesamte, vom Vorvater abgeleitete (Röm 4,1; vgl. 11,14) Volksverband. Aus ihm stammen die dem Fleisch nach verwandten Brüder des Paulus (Röm 9,3; vgl. zu »Verwandte des Fleisches« Lev 18,6 *schᵉ'ēr bᵉsārō)*, aus ihm der Messias (Röm 9,5.8). Die ganze Menschheit meint σ. wohl Phlm 16, wenn Paulus sagt, der Sklave Onesimus sei dem Philemon Bruder »sowohl im Fleisch (als Mensch) als im Herrn«. »Alles Fleisch« sagt Paulus für »Menschheit« jedoch nur im Grundwort seiner Theologie: »Alles Fleisch kann sich nicht rühmen vor Gott!« (Röm 3,20; Gal 2,16; 1 Kor 1,29).

c) Aber σάρξ *[sarx]* wird nicht nur im Sinn des Nachweisens der biologisch-physischen Verwandtschaft gebraucht; es kann auch überhaupt für den Hinweis auf das *Menschliche* Verwendung finden. So sind »die Weisen dem Fleisch nach« die nach menschlichem Ermessen Weisen (1 Kor 1,26; vgl. 2,6 Weisheit des Äons). Die Waffen, die Paulus bei seinem Feldzug braucht, sind nicht mehr menschlich erdachte, sondern von Gott wirksam gemachte (2 Kor 10,4). Ihm stehen die gegenüber, die sich der Gemeinde auf menschliche Weise angenehm machen wollen (Gal 6,12), um sich auf menschliche Weise der Beschneidung einer christlichen Gemeinde rühmen zu können (V. 13). Beschnittene aber stehen wie Unbeschnittene unter dem Urteil, des Ruhmes vor Gott zu ermangeln. Denn der Abstammung, der Beschneidung, dem Gesetzeseifer nach hätte Paulus allen Grund sich zu rühmen; aber das wäre Vertrauen auf ein menschliches Nachrechnen (Fleisch), das bei Gott nicht zählt (Phil 3,3f), weil bei ihm nur der jenseits alles Nachrechnens gerechtfertigte Christ etwas gilt (V. 8–11; vgl. → Denken, Art. λογίζομαι).

d) Das führt zum Gebrauch der Verbindung κατὰ σάρκα *[katạ sạrka]* = *nach dem Fleisch*. Wenn Paulus auch als Mensch (»im Fleisch«) lebt, so führt er seinen Kampf gleichwohl nicht nach der Art menschlicher Überlegungen (»nach dem Fleisch« 2Kor 10,2f; vgl. 1,27). Sich christlicher Visionen zu rühmen, ist ebenso unverständig, wie sich der Beschneidung zu rühmen (2 Kor 11,18). Denn selbst, wenn man die religiösen Leistungen und Fähigkeiten Jesu kennen würde, wäre das nur ein Kennen dem Fleisch nach. Wir aber kennen ihn nur als den jenseits aller menschlichen Möglichkeiten Gerechtfertigten (2 Kor 5,16). So entspricht dem neuen Leben im Geist eine prinzipielle Absage an ein Leben nach menschlichen Möglichkeiten zur Rechtfertigung des Selbst. So denken »wir nicht mehr das, was Sache menschlicher Möglichkeiten (des Fleisches) ist« (Röm 8,4f).

e) Fleisch, dh Menschsein hat daher eine widergöttliche Intention (»Denken«). Es verursacht nicht nur → Sünde, sondern es verfängt sich auch in ihr. So kann Paulus einen hellenistischen Lasterkatalog unter dem Stichwort »Werke des Fleisches bzw. Begierde des Fleisches« aufnehmen (Gal 5,16.19; vgl. Röm 13,14). Vor allem aber kann er Gal 5,17 sagen: »Das Fleisch begehrt wider den Geist, der Geist wider das Fleisch; denn diese liegen miteinander im Streit, damit ihr nicht tut, was ihr wollt.« Dies ist nicht das Fleisch der antiepikureischen Polemik, sondern das Menschsein selbst, sofern es sich gegen Gottes Möglichkeiten auf seine eigenen stellt. Deswegen ist auch das → Gesetz schwach durch das Fleisch, weil es von diesem als Mittel zur Selbstbehauptung gegenüber Gott benutzt werden kann (Röm 8,3). Deshalb sendet Gott seinen Sohn in der Weise des von der Sünde bestimmten Menschseins, um in diesem göttlichsten aller Menschen die Sünde = Selbstrechtfertigung vor Gott aufgrund menschlicher Leistungen zur Verurteilung zu bringen, so daß nach dem Tode nur Gottes Leistung bleibt (Röm 8,3f). Der Glaubende ist also seinen menschlichen Möglichkeiten nach, sein Leben als Leben zu gestalten, schon tot und in diesem Sinne nicht mehr Fleisch (in seinen Möglichkeiten; Röm 8,8f). Er lebt nur noch Gottes Leben: »Denn ich weiß, daß in mir, das ist in meinem Fleisch, nichts Gutes wohnt« (Röm 7,18). Denn der Mensch will zwar das Gute, dh das wahre Leben, vollbringen; tatsächlich aber vollbringt er das Übel, das er nicht will, nämlich den Tod, weil er nicht Gott für sich sorgen lassen, sondern selbst für sich sorgen will. »Also diene ich zwar der Absicht (νοΐ *[no·i]*) nach dem Gesetz Gottes, dem Fleisch nach (in Wirklichkeit) aber dem Gesetz der Sünde« (Röm 7,25b). Hier, wo Paulus eine typisch griech. Redeweise aufnimmt, zeigt sich der ganze Unterschied zum griech. Verständnis des Menschseins: Auch der νοῦς *[nous]*, das vernünftige Erkenntnisvermögen, ist außerstande, das Gute zu erkennen, da ihm der wahre Sinn des Lebens verborgen bleibt durch die Sünde.

f) Paulus kann einerseits sagen, der Glaubende lebe nicht mehr im Fleisch (Röm 7,5; 8,8f; Gal 5,24), und andererseits, er, Paulus, lebe als Glaubender im Fleisch (2 Kor 10,3; Gal 2,20; Phil 1,22–24). Der Widerspruch löst sich durch Phil 1,22–24: Das Im-

Fleisch-Sein ist ihm etwas derart Überwundenes, daß es ihm gleich ist, ob er lebt oder stirbt. Leben heißt in und für Christus, dh nicht mehr aus seinen eigenen Möglichkeiten existieren, und Sterben als Abscheiden und bei Christus sein ist noch viel besser. Aber um der Zukunft der Gottesherrschaft willen ist es notwendiger, im Fleisch zu bleiben, und so ist es ihm möglich.

Der Kol-Brief scheint in der Bildung σῶμα τῆς σαρκός *[sōma tæs sarkos]* stärker hellenistischen Einfluß zu zeigen: σάρξ *[sarx]* ist hier ein Stoff, aus dem das σῶμα *[sōma]* besteht (1,22; 2,11). Entsprechend meint »Unbeschnittenheit des Fleisches« in 2,13 die Zeit vor der Ablegung des Fleischleibes in der Taufe (s. 2,11). σάρξ *[sarx]* ist also nicht eigentlich die Körperlichkeit, sondern das Sich-Verstehen als Fleisch. Was das heißt, zeigt 2,18: Der νοῦς τῆς σαρκός *[nous tæs sarkos]* richtet sich auf Engelmächte, denen der Mensch als σάρξ *[sarx]* unterworfen zu sein scheint. Der Glaubende aber hält sich an das Haupt (2,18), in dem die ganze Fülle der Gottheit leibhaftig ist (2,19); so im Fleisch lebend, ist er nicht jenen Mächten unterworfen, sondern hat in seinem Fleisch teil am Leiden Christi (1,24).

Der Eph-Brief nimmt einen verwandten Gedanken auf: Das Fleisch ist in seinen Begierden offen für die Mächte und Gewalten dieser Welt, die selbst nicht Fleisch und Blut sind (2,2f; 6,12). Als das Vorläufige erscheint σάρξ *[sarx]* in 2,11ff: Die Scheidewand, die zwischen Beschnittenheit im Fleisch und Unbeschnittenheit im Fleisch bestand, riß Jesus durch seinen Tod im Fleisch ein, indem er durch den Tod das Gesetz der in Lehrsätzen bestehenden Gebote vernichtete.

Weder von Paulus noch vom AT bestimmt ist schließlich die Verkündigung von 1 Tim 3,16; denn hier ist die Erscheinung des Ewigen im Fleisch die entscheidende Heilstat.

2a) Recht unterschiedlich sind — verständlicherweise — die nicht-paulinischen Belege. Aus at. Erbe kommt Mt 16,17, wenn dort Fleisch und Blut (= Menschen) Gott selbst gegenübergestellt werden. Das gleiche gilt für Apg 2,31: Der Christus wurde nicht im Hades gelassen, und sein Fleisch schaute nicht die Verwesung; denn »Fleisch« steht hier parallel zu Christus für den ganzen Menschen. Lk 24,39 gibt der Auferstandene zu erkennen, daß er nicht ein Geist sei, weil er Fleisch und Knochen habe (die Sprachform »Fleisch und Knochen haben« scheint hellenistisch zu sein). Mk 14,38: »Der Geist ist bereit, das Fleisch aber schwach« ist nicht at., sondern scheint hellenistischer Weisheit zu entstammen. Aus at. Vorstellung kommt dagegen Jud 7, nach dem die Engel einst Unzucht mit fremdem (menschlichem) Fleisch begingen; dh sie sind selbst Fleisch (Ez 10,22), und ihre Unzucht bestand im Begehren nach *fremdem* Fleisch. 2 Petr 2,10 wandelt dies echt hellenistisch dahin ab, daß man überhaupt nicht nach Fleisch begehren soll, weil solches Begehren Befleckung sei.

Ähnlich spricht 1Petr 2,11 von den fleischlichen (σαρκικός *[sarkikos]*) Begierden, die der Seele im Wege stehen. Christus hat an seiner Fleischlichkeit gelitten, und nur wer im gleichen Geiste wie Christus am Fleisch leidet, wird frei von Sünde (4,1–3) und entgeht den Lastern (des Fleisches, 4,4f). Umgekehrt ist Christus zwar dem Fleisch nach getötet worden; aber dem Geiste nach ist er lebendig gemacht worden (3,18). Entsprechend soll 4,6 wohl sagen: Den Toten wurde gepredigt, damit sie zwar einerseits wie alle Menschen dem Fleisch nach ihr Gerichtsurteil empfingen (was bei ihnen als Toten schon zur Geltung gekommen ist), andererseits aber nach dem Willen Gottes im Geiste leben. Daher dient auch die Taufe nicht der Reinheit des Fleisches, sondern der des Geistes in einem guten Gewissen (3,21).

Aus hellenistischen Vorstellungen spricht auch der Hebr-Brief. Christus ist ein himmlisches Wesen, das eine Zeitlang unter die Engel erniedrigt wurde und so an Fleisch und Blut Gemeinschaft hatte (2,14); das waren »Tage seines Fleisches« (5,7). Durch sein Fleisch hindurch aber schuf er uns den Weg ins himmlische Heiligtum; denn die Sphäre des Fleisches ist der Vorhang, der von jenem trennte, und im Tode durchschritt Jesus ihn (10,20). Er schafft Reinheit des Geistes (Gewissen), nicht des Fleisches wie die Opfer von

Widdern und Stieren (9,13f). Daher sind die δικαιώματα σαρκός *[dikaiōmata sarkos]* Satzungen für die Reinheit des Fleisches.

Eine besondere Bedeutung hat σὰρξ μία *[sarx mia]* (Mt 19,5b) als Übersetzung des hebr. *bāśār 'æchād* von Gen 2,24: Die Verbindung von Mann und Frau (→ Ehe) begründet eine solche »Verwandtschaft«, wie sie sonst nur durch Abstammung besteht (s. o. IId). Dh »ein Fleisch« meint nicht primär den Geschlechtsverkehr (obwohl ihn auch), sondern das Entstehen einer einheitlichen Existenz, einer Totalgemeinschaft von Mann und Frau, die ohne Schaden für das Menschsein selbst nicht aufgesprengt werden kann. Das ist natürlich nicht so zu verstehen, daß jede Ehe automatisch eine solche Totalgemeinschaft wird. Vielmehr ist diese totale Gemeinschaft die »Verheißung« der Ehe, die in Anspruch genommen werden soll. Sie ist der von Gott gewährte Sinn der Ehe (19,6). Dies Wort zeigt also entscheidend die positive Möglichkeit der Ehe für den Menschen überhaupt und nicht so sehr die Unmöglichkeit öffentlich-rechtlicher Ehescheidung.

b) Joh scheint dagegen dem AT näher zu stehen. Er spricht von »allem Fleisch« im Sinne des AT (17,2; vgl. aber auch Mt 24,22). Wenn die Menschen Jesus nicht nach dem Fleisch (7,24: nach dem Augenschein) richten sollen (7,27), so entspricht das Mt 16,17: Man soll ihn nicht nach seinen menschlichen Umständen, sondern nach seinem Gesandtsein beurteilen. Denn das aus dem Fleisch Gezeugte ist Fleisch, und das aus dem Geist Gezeugte ist Geist (3,6). Fragt man also fleischlich (zB historisch) nach Jesus, so bekommt man auch nur fleischliche Auskünfte. So ist das aus dem Fleisch Gezeugte die ganze Menschheit, sofern sie aus sich selbst kommt bzw. aus der Welt, und das aus dem Geist Gezeugte die ganze (neue) Menschheit, sofern sie aus dem Geist kommt (1,13). – Wie sollte man sich dann wundern, daß das Fleisch Jesu nichts nützt? Der Geist ist es ja, der lebendig macht. Dies werden die Menschen dann voll erfassen, wenn Jesus nicht mehr als Fleisch anwesend ist (6,62f).

Dazu aber gehört das andere: Das Wort, das θεός *[theos]* und im Anfang bei Gott selbst war, wurde Fleisch (1,14). Denn indem die Welt sich gegen das → Wort verschließt, genügt nicht die bloße Mitteilung göttlicher Wahrheit (als Gnosis), sondern nur der unmittelbare Einsatz des Wortes als Fleisch unter allem Fleisch, um diesem seine Fremdheit gegenüber dem Wort und damit das wahre Leben, das es nicht hat, zu offenbaren. In diesem Rahmen soll offenbar auch 6,51c–58 verstanden werden. Ißt der Glaubende in der Eucharistie das Fleisch des Offenbarers, so bekennt er sich nicht nur dazu, daß nur Gekommensein des Wortes ins Fleisch ihn erlösen kann (so ThWb VII, 141), sondern auch dazu, daß es mit dem Fleisch (der Welt) nichts ist, daß er also gleichsam die Kraft des fleischgewordenen Wortes zu sich nimmt, um in der Welt zu sein als einer, der nicht von der Welt ist.

Für die Joh-Briefe wird das Bekenntnis zum Gekommensein Jesu ins Fleisch Anlaß zur Scheidung zwischen Glaube und Unglaube (1 Joh 4,2; 2 Joh 7). Denn ihre Gegner möchten den Offenbarer nicht mehr mit dem schlechthin verworfenen Fleisch in Verbindung bringen. Ein typisch hellenistischer Klang kommt zum Vorschein, wenn 1 Joh 2,16 von der Begierde des Fleisches parallel zur Begierde der Augen redet.

Vgl. → Geist; → Herz; → Leib; → Seele. *H. Seebaß*

Lit.: EKäsemann, Leib und Leib Christi, 1933 – WGutbrod, Die paulinische Anthropologie, 1934 – NKrautwik, Der Leib im Kampf des »pneuma« wider die »sarx«, in: Theologie u. Glaube 39, 1949 (kath.) – KGKuhn, πειρασμός, ἁμαρτία, σάρξ im NT und die damit zusammenhängenden Vorstellungen, ZThK 49, 1952, 200ff – ESchweizer, Röm 1,3f und der Gegensatz von Geist und Fleisch bei Paulus, EvTh 15, 1955, 563ff – HWHuppenbauer, Fleisch in den Texten von Qumran, ThZ 13, 1957, 298ff – ESchweizer, Die hellenistische Komponente im neutestamentlichen σάρξ-Begriff, ZNW 48, 1957, 237ff – WDDavies, Paul and the Dead Sea Scrolls. Flesh and Spirit, The Scrolls and the NT, 1958, 157ff – JFichtner/ESchweizer, Art. Fleisch und Geist, RGG II, 1958³, 974ff – OKuss, Römerbrief, 1959 (2. Lfg.), 506ff – ESchweizer u. a., Art. σάρξ, ThWb VII, 1964, 98ff – WSchmidt, Anthropologische Begriffe im AT, EvTh 24, 1964, 374ff – RBultmann, Theologie des NT, 1965⁵, § 22f – ASand, Der Begriff »Fleisch« in den paulinischen Hauptbriefen, 1966 (= Biblische Unters., 2) – EBrandenburger, Fleisch und Geist. Paulus u. d. dualistische Weisheit, 1968 (= WMANT, 29) – RJewett, Paul's Anthropological Terms, 1971.

Fluchen

Unter dem Leitwort *Fluch* sind alle diejenigen Vokabeln zusammengefaßt, deren Sinngehalt darin besteht, daß Menschen durch den Gebrauch von Worten, also nicht durch andere Gewaltanwendung, Schaden zugefügt wird. Das böse Wort steht im Gegensatz zum guten, dem → Segen oder Lob (→ Dank). Seine Erscheinungsformen reichen vom Anzweifeln der Redlichkeit des anderen über die üble Nachrede und das bewußte Herabsetzen (κακολογέω *[kakologeō]*), das → Schmähen und Beleidigen (βλασφημέω *[blasphæmeō]*, καταλαλέω *[katalaleō]*, λοιδορέω *[loidoreō]*) bis hin zum eigentlichen Verfluchen (καταράομαι *[kataraomai]*), einer urspr. wohl auch mit entsprechender Geste ausgedrückten Handlung; sie hat bis heute nach der orientalischen Auffassung die Vernichtung des anderen zum Ziel, indem sie ihn der verheerenden Einwirkung überirdischer Kräfte ausliefert bzw. diese gegen ihn einsetzt. – Gesondert behandelt wird auch das wohl aus dem Aram. stammende, im NT nur einmal bezeugte Schimpfwort ῥακά *[rhaka]* sowie die in der späteren Auseinandersetzung mit Irrlehrern so bedeutsame Bannformel ἀνάθεμα *[anathema]*.

ἀνάθεμα

ἀνάθημα *[anathæma]* das Weihegeschenk · ἀνάθεμα *[anathema]* das Verfluchte, das der Verbannung, dh Gott Verfallene · ἀναθεματίζω *[anathematizō]* verfluchen, mit dem Fluch belegen · κατάθεμα *[katathema]* das der Gottheit Überantwortete · καταθεματίζω *[katathematizō]* fluchen

I ἀνάθεμα *[anathema]*, hell. Nebenform zum attischen ἀνάθημα *[anathæma]*, gebildet aus ἀνά *[ana]* = *auf* und τίθημι *[tithæmi]* = *setzen, stellen, legen,* bedeutet *Aufgestelltes, Hingestelltes, Anheimgegebenes.* Von da aus haben sich folgende Bedeutungen entwickelt: a) die (der Gottheit im Tempel aufgestellte) *Weihegabe, Opfergabe;* b) das (dem Gotteszorn) *Ausgelieferte,* (der Vertilgung) *Geweihte* oder *dem Fluche, dem Banne Verfallene.* Gebanntes ist profaner menschlicher Verfügung entzogen und der Vernichtung anheimgegeben, durch Banngelübde oder Bannfluch (→ καταράομαι; → κακολογέω).

II 1) Die LXX verwendet ἀνάθεμα *[anathema]* fast regelmäßig als Übers. des hebr. *chēræm* = *Bann, Banngut,* vgl. Num 21,3; Jos 6,17; 7,12; Ri 1,17; Sach 14,11, mit urspr. Wurzelbedeutung *verbieten* (arab. *harama), absondern, weihen, vernichten.* Das Banngut (Personen oder Sachen) wird unmittelbar Gott überwiesen und dadurch unauslösbar (Lev 27,18), »verbotener Raum«. Das Bannen ist Recht des Eroberers (Jos 11,21; 1Sam 15,3ff). Das AT kennt die Tötung des Banngutes (Lev 27,19; Dtn 13,16; Jos 10,28ff) oder seine Vernichtung (meist durch Feuer Dtn 13,17), aber auch – offenbar milderer Auffassung zufolge – die Überweisung an die Priester zu deren Unterhalt und Verfügung (Num 18,14; Ez 44,29) und Einweisung von Jungfrauen ins Lager, um sie den Geschädigten zum Weibe zu geben (Ri 21,10ff). –

2) Neben das Verständnis des Bannes als Weihung tritt nun die eigenartige Vorstellung, daß der Bann auch *Strafe* sein kann (Lev 27,29). Wer sich Banngut aneignete oder die Anathema-Vollstreckung verweigerte, verfiel selbst dem Bannfluch (Dtn 7,26; 1Kön 20,42). Ebenfalls wenn ein Verstoß gegen den Sakralbund geahndet (Ri 21,11) oder wenn von Gottes Strafgerichten geredet wird (Jes 34,2.5; 43,28; Jer 50,21.26; Sach 14,11; Mal 3,24 u. ö.), findet die Anathema-Vorstellung als Strafbann Anwendung.

3) Esr 10,8 unterscheidet den Bann über die gesamte Habe vom persönlichen Ausschluß aus der Gemeinde. »Bann und Exkommunikation sind im AT stets unterschiedliche Maßnahmen gewesen« (FHorst, RGG I, 861). In der Exkommunikation werden die Betroffenen von der Volks- und damit der Heilsgemeinschaft getrennt, aber nicht wie im Bann (meist durch Tötung) direkt Gott übergeben.

4) Beim Vorkommen des Wortes ἀνάθεμα *[anathema]* auf der Fluchtafel von Megara (1./2. Jh. nChr) ist jüd. Einfluß zu vermuten. Vom at. Wortschatz her ist der Begriff in die nt. Sprache gekommen. Die talmudische Zeit kennt zwei Bannarten zu Besserungszwecken: den einfachen Synagogen-Bann *(nidduj* von *nādāh* = *ausschließen),* der von jedermann ausgesprochen werden konnte, und den verschärften Synagogenbann *(chēræm),* nur durch Gerichtsausspruch verhängbar.

1) Die alte Form ἀνάθημα *[anathæma]* findet sich im NT nur noch Lk 21,5 im Sinne III
von *Weihegeschenk*. Unter diesen im Tempel aufgestellten Weihegeschenken sind (oft kostbare) Votivgaben (daher »Kleinodien« L) zu verstehen, vgl. 2Makk 2,13; Jdt 16,18f.

2) Paulus nimmt den verengten Gebrauch von ἀνάθεμα *[anathema]* aus der LXX auf: *»das Verfluchte«, »das dem Untergang Geweihte«* (vgl. JBehm, ThWb I, 356).

a) Die schöpfungsmäßige Bruderschaft mit dem jüd. Volk ist für Paulus durch die Zugehörigkeit zur Gemeinde Jesu Christi nicht einfach aufgehoben (Röm 9,3), so daß Paulus sogar bereit ist, zur Rettung seines Volkes dem Bannfluch (ἀνάθεμα *[anathema]*), der Austilgung durch Gott zu verfallen, dh auf die Gemeinschaft mit dem Messias zu verzichten (ἀπὸ τοῦ Χριστοῦ *[apo tou Christou]*) und sich dem eschatologischen Gericht auszuliefern, falls er damit Israel retten könnte. Paulus redet hier in prophetisch-spätjüd. Denkformen; das Verhältnis seiner Bereitschaft zum Opfer Christi steht gar nicht zur Diskussion (vgl. zu Röm 9,3 den ausgezeichneten Forschungsüberblick bei OMichel 224–227).

b) In 1Kor 12,3 geht es um ein Unterscheidungsmerkmal zwischen → Ekstase, die aus dem Geist Gottes gewirkt ist, und solcher, die auf dämonische Einflüsse zurückgeht; Ekstatiker, die das Anathema über Jesus aussprechen, dh die Jesus im Bannspruch der Vernichtung durch Gott übergeben, können nicht aus dem heiligen Geist reden. Solche Ekstatiker sind ganz Mund und Werkzeug dämonischer Kräfte geworden.

c) Die Fluchformel 1Kor 16,22 stammt, wie GBornkamm überzeugend nachgewiesen hat, wie die übrigen Formeln am Schluß des 1Kor aus der Abendmahlsliturgie. Das Anathema will vor dem Mahl die Teilnehmenden auffordern, ihren Glauben zu prüfen – der in der Liebe zum Herrn seinen Ausdruck findet –, damit die Unwürdigen vor dem Genuß des Mahles ausgesondert würden. – Die Formel ἤτω ἀνάθεμα *[ætō anathema]* gibt nun nicht irgendeiner menschlichen Instanz eine »disziplinarische Anweisung«, einen Unwürdigen zu belangen, »sondern sie spricht für den gesetzten Fall die von Gott her fallende Entscheidung aus und überläßt den Frevler dem Strafgericht Gottes, wobei die Verantwortung ganz dem Angeredeten zufällt und das Anathema die Aufforderung zur Selbstprüfung bedeutet« (GBornkamm, Das Ende des Gesetzes I, 125). Vgl. das Maranatha (→ Gegenwart, Art. μαραναθά), das mit dem Hinweis auf den himmlischen Herrn das Anathema noch unterstreicht.

d) Im gleichen Sinne verwendet Paulus das Anathema Gal 1,8.9: Wer ein verfälschtes Evangelium verkündigt, der wird der göttlichen Vernichtung preisgegeben. Wieder handelt es sich nicht um einen Akt der Kirchenzucht im Sinne der Exkommunikation, sondern der Fluch setzt den Schuldigen dem Richterzorn Gottes aus.

3) In diesem Anheimgestelltsein an Gott liegt die theol. Sinndeutung von Weihegabe und Bannfluch. Wie die Weihegabe ein Zeichen der Anerkennung (1Sam 10,27) und der Unterwerfung (1Kön 10,25), der Sühne für verletzte Ehre (Gen 12, 16; 20,16) und der Versöhnung (Gen 32,14f) ist, so wird der vom Anathema Betroffene gleich einer Weihegabe Gottes Urteil unmittelbar überantwortet. Die Hoffnung auf eine letzte Sinnesänderung ist dabei nicht aufgegeben, sondern im Gegenteil durchaus mit eingeschlossen; nur die menschlichen Möglichkeiten sind am Ende.

4) ἀνάθεμα *[anathema]* wird auch in Verbindung mit dem Verbum ἀναθεματίζειν *[anathematizein]* zur Bekräftigung einer resoluten Verpflichtung gebraucht (Apg 23,14), ähnlich wie Dtn 13,15; 20,17. Bei der LXX hat das Verbum meist die Bedeutung: *den Bann vollstrecken* (Num 21,2f; Dtn 13,15; 20,17; Jos 6,21), auch: *mit dem Fluch belegen, verfluchen*. In Mk 14,71 heißt es einfach »fluchen«, gleichbedeutend mit dem in der Parallelstelle Mt 26,74 verwendeten Verbum καταθεματίζειν *[katathematizein]*. Das Subst. κατάθεμα *[katathema]* (Offb 22,3) dagegen ist in der Bedeutung nicht von ἀνάθεμα *[anathema]* zu unterscheiden und bezeichnet ebenfalls *das der Gottheit Überantwortete, das mit dem Bannfluch Belegte.*

H. Aust/D. Müller

κακολογέω

κακολογέω *[kakologeō]* übelreden, verfluchen

I/II κακολογέω *[kakologeō]* ist profangriech. seit Homer nachweisbar, jedoch verhältnismäßig selten gebraucht. Es bedeutet *übelreden, schmähen;* das persönliche wie das sachliche Objekt stehen im Akk. Im LXX-Sprachgebrauch dient κ. zur Wiedergabe des hebr. *qallēl* = *verfluchen* (vgl. Ex 21, 16; 22,27; Ez 22,7); 2 Makk 4,1 steht es in der urspr. Bedeutung *übelreden.* Der Übergang zu der Bedeutung *verfluchen* erklärt sich aus dem Glauben an die Macht des gesprochenen Wortes. Eine Schmähung kann eben auch einen Fluch enthalten.

III Im NT (nur 4 Belegstellen) bedeutet κακολογέω *[kakologeō]* Mt 15,4; Mk 7,10 *verfluchen;* hier liegt Ex 21,16 zugrunde. Jesus setzt sich mit der rabbinischen Auslegung der Gebote auseinander (→ Gebot, Art. ἐντολή; vgl. über sie St.-B. I,709ff); diese erweicht den Ernst der biblischen Aussagen und setzt die Gebote tatsächlich außer Kraft (Mt 15,5.6). Mk 9,39 verbietet Jesus seinen Jüngern, einem fremden Wundertäter zu wehren, der in seinem Namen Dämonen austreiben will; er wird nicht so bald Übles von Jesus reden. Auch Apg 19,9 ist κ. mit *übelreden* wiederzugeben: Die ungläubigen Juden reden übel von dem »Weg«, dh von der christlichen Heilslehre. *W. Mundle*

καταράομαι

καταράομαι *[kataraomai]* verfluchen · κατάρα *[katara]* Fluch, Verwünschung · ἀρά *[ara]* Fluch · ἐπικατάρατος *[epikataratos]* verflucht · ἐπάρατος *[eparatos]* verflucht

I 1) ἀρά *[ara]* = *Fluch* ist seit Homer gebräuchlich; seit dem 5./4. Jh. vChr steht daneben das Kompos. κατάρα *[katara]* in gleicher Bedeutung. καταράομαι *[kataraomai]* = *jemandem* (Dativ) *fluchen* bzw. *ihn verfluchen* (Akk.) steht profangriech. seit Homer; neben dem Part. Pass. κατηραμένος *[katæramenos]* finden sich die Verbaladj.e ἐπάρατος *[eparatos]* (seit Thukydides, nicht LXX) und ἐπικατάρατος *[epikataratos]* = *verflucht;* das letztere ist nur in der LXX und im nachbiblischen Griech. bezeugt.

2) Bei den alten Völkern eignet dem gesprochenen Wort noch eine wirksame Macht, die mit dem Aussprechen gleichsam und selbsttätig in Gang gesetzt wird. So wird der Verfluchte einem unheilvollen Kraftfeld ausgesetzt. Der Fluch wirkt gegen den Verfluchten solange verhängnisvoll, bis die dem Fluch innewohnende Kraft erschöpft ist. Deutlich wird das zB in der griech. Tragödie, in der die Menschen unter dem Zwang der ἀρά *[ara]* handeln. Fluch- wie auch Segensworte sind also mehr als böse bzw. fromme Wünsche.

II 1) In der LXX begegnen uns sowohl ἀρά *[ara]* (Ps 9,28; 13,4; 58,13 u. ö.) als auch κατάρα *[katara];* letzteres ist meist Wiedergabe des hebr. *qelālāh* und bildet das Gegenüber zu εὐλογία *[eulogia]* → Segen (Dtn 11,26–29; 30,1.19): »Das Leben und den Tod habe ich euch vorgelegt, den Segen und den Fluch« (V. 19 E). καταράομαι *[kataraomai]*, meist Wiedergabe des hebr. *qallēl,* steht mit Dativ zB EpJer 65; mit Akk. Gen 12,3; Num 22,6.12 u. ö. (im Wechsel mit dem gleichsinnigen ἀράομαι *[araomai]* Num 22,6.11 bzw. ἐπικαταράομαι *[epikataraomai]* Num 22,17; 23,7 u. ö.). Als κατηραμένη *[katæramenæ]* = *Verfluchte* wird 2Kön 9,34 Isebel bezeichnet. ἐπικατάρατος *[epikataratos]*, hebr. *'ārūr* steht Dtn 27,15ff; 28,16ff bei den Fluchandrohungen am Schluß der Thora. Die Bileamsgeschichte Num 22–24 zeigt, daß auch in Israel der in der Welt der Religionen verbreitete Glaube lebendig war, der Fluch »erfülle sich auf die Handlung des Fluchens hin« (Büchsel, ThWb I,449; auch s. o. I,2): Der Moabiterkönig Balak beauftragt Bileam, Israel zu verfluchen, um so seines mächtigen Feindes Herr zu werden. Aber Gott hindert Bileam, den Fluch auszusprechen; vielmehr muß er Israel gegen den Willen seines Auftraggebers segnen.

Der von Gott oder seinen Boten verhängte Fluch wirkt unwiderruflich. Lehrreich ist hier Jer 26,6: Die Strafe, die hier Jeremia Jerusalem androht, besteht darin, daß es schutzlos dem Fluch der Heiden preisgegeben wird (vgl. 24,9). Ebenso besteht Mal 2,2 das göttliche Gericht darin, daß Gott den Segen der Priester in Fluch verwandelt; diesen Fluch kann nur Gott selbst rückgängig machen.

2) Verfluchungen haben auch im Spätjudentum eine große Rolle gespielt. Die Liturgie des Bundeserneuerungsfestes in der Gemeinde von Qumran zB enthält feierliche Verfluchungen der Heuchler und der Gottlosen, beschrieben mit *meqalēlīm,* ausgesprochen mit *'ārūr* (1QS 2,4ff).

III Im NT findet sich ἀρά *[ara]* nur Röm 3,14 in dem LXX-Zitat Ps 9,28. Erläutert wird damit die Sündhaftigkeit der Menschen, die unter dem Gesetz leben (vgl. V. 9.19). »Kinder des Fluches« (κατάρας *[kataras])* sind die Irrlehrer, die die ungefestigten Seelen verlocken

(2Petr 2,14); von dem Acker, der trotz Regen und Bebauung Dornen und Disteln hervorbringt, heißt es Hebr 6,8 in bildlicher Rede, daß er dem Fluch nahe sei; gedacht ist an Christen, die trotz des geistlichen Segens, den sie empfangen haben, vom → Glauben abfallen (V. 4–10). – Das Verbum καταράομαι *[kataraomai]* finden wir in der Erzählung vom Feigenbaum, den Jesus verflucht, weil er keine Frucht an ihm findet (Mk 11,21). Der Fluch geht in Erfüllung: der Baum verdorrt. Manche Ausleger, zB Schlatter und Schniewind, finden in dieser Erzählung einen bildlichen Hinweis auf Gottes Gericht (vgl. Lk 13,6–9). In das göttliche Gericht dürfen Menschen nicht handelnd eingreifen; darum ist den Christen das Fluchen verwehrt (Röm 12,14.19). Mit dieser Weisung steht Paulus im Einklang mit dem Wort Jesu: Die Jünger sollen die Feinde lieben, diejenigen, die ihnen fluchen, segnen (Mt 5,44; Lk 6,28). Die Mahnung Jak 3,9f weist in dieselbe Richtung.

ἐπάρατος *[eparatos]* = *verflucht* findet sich in der Bibel nur Joh 7,49; das Volk, das an Jesus glaubt, ist – nach dem Urteil der Pharisäer – verflucht; Ursache dieses Glaubens kann nur Unkenntnis des Gesetzes sein. Die Feindschaft der Pharisäer gegen Jesus wird hier sichtbar. Aber auch für Jesus macht der Fluch die Endgültigkeit des göttlichen Gerichtes deutlich: Die im Endgericht verurteilten Sünder sind die Verfluchten (κατηραμένοι *[katæramenoi]* Mt 25,41). Das Verbaladj. ἐπικατάρατος *[epikataratos]* findet sich zweimal im NT (Gal 3,10–13). Es ist im Zusammenhang der Ausführungen gebraucht, in dem der Apostel vom Fluch des Gesetzes und der Erlösung durch Christus redet.

Dieser Fluch des Gesetzes bedeutet das Verfallensein unter das Zorngericht Gottes, das sich auf die ganze sündige Menschheit erstreckt (Röm 1,18; 2,5). Alle trifft der Fluch, die nicht in den Geboten des Gesetzes bleiben (Gal 3,10). Aus Lev 18,5; Dtn 27,26 wird gefolgert, daß die Tat die Sphäre des Gesetzes ist. Doch Juden und Heiden, die der Sünde verfallen sind, werden nicht Täter des Gesetzes (Röm 3,19), sondern bleiben unter dem Fluch. Jesus, der als Verfluchter am Kreuz hing und den Verbrechertod starb, hat den Fluch, der über der sündigen Menschheit lag, und damit Gottes Gericht auf sich genommen; die Begründung aus der Schrift gibt Dtn 21,23. Wir finden hier den Gedanken der Stellvertretung, der auch sonst von Paulus ausgesprochen ist (Röm 3,25; 1Kor 1,30; 2Kor 5,21). Durch den Loskauf Christi ist der Bann des Fluches (s. o. I,2) gebrochen; nun kann der Segen Abrahams zu denen kommen, die sich im Glauben an Christus halten. Als die Erlösten, die zur Sohnschaft Gottes berufen sind und durch den Glauben das Leben haben, dürfen sie die Fülle des Heils, die in der Verheißung des Heiligen Geistes zusammengefaßt ist, empfangen (Gal 3,14; 4,5f).

W. Mundle

ῥακά *[rhaka]* Hohlkopf, Narr

ῥακά

Die Herkunft von ῥακά *[rhaka]* (die Variante ῥαχά *[rhacha]* ist spärlicher bezeugt) ist nicht sicher. Es bietet sich (nach Lohmeyer, Mt zu 5,22) eine Ableitung aus dem Aram., dem Hebr. und dem Griech. an. I/II

a) J. Jeremias (ThWb VI,973) und J. Schniewind (NTD Mt zu 5,22) halten ῥ. für die Übertragung des aram. Schimpfwortes *rēqā'* (= *Hohlkopf*, vgl. hebr. *rîq* = leer im Gehirn), wobei sich unter syr. Einfluß nicht ῥηκά *[rhæka]*, sondern ῥακά *[rhaka]* gebildet hat.

b) Im Griech. der vor-nt. Zeit ist ῥ. nur bezeugt auf einem Zenopapyrus (257 vChr) und bezeichnet dort einen Gassenausdruck.

c) Das Rabbinat bietet für *rēqā'* eine große Zahl von Belegen (vgl. St.-B. I,278.286.385; II, 586.714 u. ö.). *rēqā'* ist hier in der persönlichen Anrede Ausdruck ärgerlicher Geringschätzung. Es wird in der Umgangssprache als harmloses Schimpfwort, etwa im Sinn von *Schafskopf*, *Esel* gebraucht.

Im NT erscheint ῥακά *[rhaka]* nur Mt 5,22. Es wird in einer Steigerungsreihe mit μωρέ *[mōre]* genannt. μωρέ *[mōre]* ist neben ῥ. das meistgebrauchte Schimpfwort, in der Bedeutung drastischer als dieses, etwa mit *Idiot* oder *Narr* (vgl. Ps 14,1) wiederzugeben. So III sind in Mt 5,22 »die beiden gängigsten Alltagsschimpfwörter der Umwelt Jesu zusammengestellt« (J. Jeremias, aaO, 975).

Durch das ἐγὼ δὲ λέγω ὑμῖν *[egọ de lẹgō hymịn]* = »ich aber sage euch« aus dem Munde Jesu wird gegenüber dem AT ein neues Gottesrecht geschaffen. Nicht erst der vollzogene Mord stellt den Menschen unter Todesstrafe, sondern bereits das zornentbrannte Herz, dh die zerstörende Gesinnung, aus der sich das verfluchende Wort löst, verdient das gleiche Urteil. In einer ungeheuren Schärfe macht das Jesuswort deutlich, daß Gottes Gericht über die Sünde radikal und umfassend ist und nicht nur die vollbrachte Tat ahndet, sondern schon die Wurzeln des Handelns frei legt. Jesus will aber nun nicht einfach in einer Überspitzung, die die menschliche Ohnmacht herausstellt, das göttliche Gebot wieder relativieren, sondern er »setzt zugleich die Unausweichlichkeit des Gerichtes und die Tatsächlichkeit eines neuen Tuns« (Schniewind, S. 60). In dreigestufter Steigerung stellt Jesus daher die Sünden der Gedanken und der Zunge, dh auch die Verfluchung eines Menschen, auf eine Stufe mit dem Mord, der nur mit dem Tode gesühnt werden kann.

Th. Sorg

V ZUR VERKÜNDIGUNG

Das Wesen des Fluches wie auch des → Segens wird nur von einer bestimmten Vorstellung des Wortes her recht verstanden werden können. In den modernen Sprachen, die durch die Aufklärung entscheidend mitgeprägt wurden, hat das → Wort weitgehend die Funktion eines bloßen Bedeutungsträgers. Dh mit Hilfe von Wörtern kann der Mensch einen Gedanken, einen geistigen Vorgang anderen Menschen mitteilen, vermitteln. Daß dem gesprochenen Wort eine selbsttätige Macht innewohnt, das ist dem modernen Menschen kaum noch vorstellbar. Für ihn ist das gesprochene Wort — von der bezeichneten Sache abgesehen — meist Schall und Rauch. Aber gerade hierin unterscheidet sich das Sprachverständnis alter Völker und mancher nichteuropäischer junger Völker (zB in Asien und Afrika) grundsätzlich von dem in unserer Alltagssprache gebräuchlichen: Dem Wort eignet eine Kraft, weil im Wort selbst immer etwas von der ausgesprochenen Sache mitenthalten ist. Indem das machthaltige Wort vom Sprecher unbeeinflußbar selbsttätig weiterwirkt, kann es schöpferisch sein, aber auch zerstören; es kann den Menschen in einen Bereich des Heils oder des Unheils stellen (vgl. → Segen). Von hier aus ist der Fluch in seiner ursprünglichen Bedeutung zu verstehen. Es ließen sich zahllose Beispiele aus der Religionsgeschichte oder bes. auch aus der griech. Tragödie beibringen, um aufzuzeigen, wie der einmal ausgesprochene Fluch immer weiter wirkt, bis seine Macht erschöpft ist. Besonders bezeichnend wird diese Fluchvorstellung in dem bekannten Märchen vom »Dornröschen« sichtbar. Der Fluch der 13. weisen Frau kann nicht mehr rückgängig gemacht, sondern durch den Segen der 12. Frau nur noch gemildert werden.

Der Fluch nun ist eine zerstörende Macht, der der Verfluchte ausgeliefert wird. Ein unmotivierter bzw. ungerechter Fluch fällt normalerweise auf den Urheber zurück. Diese Fluchvorstellung ist auch in Israel und im wesentlichen zZ Jesu vorauszusetzen. »Die von einem Fluch ausgehende Unheilsmacht lastet über dem Betroffenen als Verhängnis und vernichtet ihn schließlich, wenn dem Fluch nicht durch Gott Einhalt geboten wird« (JSchabert). Allerdings wird im NT das Fluchen grundsätzlich abgelehnt (Lk 6,28; Röm 12,14; Jak 3,8—11). Gott allein hat es sich vorbehalten, Menschen endgültig der Vernichtung preiszugeben. Doch gerade die Aufforderung zum Segnen und das Verbot des Fluchens zeigen, daß die Mächtigkeit des Fluches nicht geleugnet wird.

Je mehr die Sprache in unserem Kulturkreis aber von dem »magischen Gebrauch« des Wortes befreit wurde, umso weniger blieb von der ursprünglichen Mächtigkeit des Fluches sichtbar, wenn wir von seiner Verwendung in den verschiedenen Zauberpraktiken, die es wohl zu allen Zeiten versteckt gab und gibt, absehen. Er wurde weithin zum einfachen Schimpfwort, von den Moralisten bekämpft. Der ursprünglich einmal Schuld und Verbrechen ahndende Fluch ist heute von Polizeigewalt und Justiz abgelöst worden.

Hat der Fluch dann aber in unserer Zeit noch eine wirkliche Bedeutung? In der Forschung und in der Philosophie beginnt man bereits zu erkennen, daß wir uns mit einer zu einseitigen Beurteilung des Wortes den Blick für andere – wenn auch nicht magische, zauberhafte – Funktionen der Sprache verstellt hatten. Sollte vielleicht doch dem Wort eine Mächtigkeit eignen, die weit über das bloß phonetische Tragen von Mitteilungen hinausgeht, eine Kraft, die unter bestimmten Voraussetzungen im Angesprochenen wirkt? Hängt nicht auch bei uns viel davon ab, w i e etwas gesagt und damit »erlebt« wird? Gilt es nicht auch, den Fluch wieder als Machtäußerung in seiner realen negativen Wirkung neu begreifen zu lernen? »Segen und Fluch sind Lasten, die Gott auf den Menschen legt. Sie erben sich fort, oft unverstanden, unbegriffen. Sie sind etwas Reales. Nichts Magisches, sofern damit ›Zauberhaftes‹ gemeint ist, aber Reales« (DBonhoeffer, Brevier, 89).

Als Christen glauben wir von der Schrift her, daß das ausgesprochene Wort wirkungsmächtig ist, dh daß sich durch das göttliche Wort und von hier aus auch durch das menschliche Wort wirklich etwas ereignet. Die Schrift läßt eine scharfe Trennung von Wort und Geschehen nicht zu. Das Wort eröffnet bzw. verschließt jeweils einen Machtbereich, den Bereich des → Lebens bzw. des → Todes (man denke an die nt. Anathema-Formel!). – Lastet nicht auch heute eine zerstörende Macht, die wir Fluch nennen, über Menschen, wenn sie aus irgendwelchen Gründen aus der Gemeinschaft ausgeschlossen (»verketzert«) werden? Haben wir es nicht lernen müssen, daß Menschen von ihrem Denken her, das über das Wort (Propaganda!) zum Handeln wurde, eine Macht ausgelöst haben, die nun als Fluch auf ganzen Völkern oder Gruppen liegt? Ist es Zufall, daß Versuche zur rationalen Bewältigung und Bereinigung hier oft scheitern? Oder sollte dies doch damit zusammenhängen, daß nur ein Schuldbekenntnis und die Vergebung durch Gott den Bann brechen können?

D. Müller

Lit.: zu ἀνάθεμα, κακολογέω, καταράομαι: LBrun, Segen und Fluch im Urchristentum, 1932 – JBehm, Art. ἀνάθεμα, ThWb I, 1933, 356f – FBüchsel, Art. ἀρά etc, ThWb I, 1933, 449ff – GBornkamm, Das anathema in der urchristlichen Abendmahlsliturgie, ThLZ 75, 1950, 227ff – KHofmann, ἀνάθεμα RAC I, 1950, 427ff – FHorst, Art. Bann, RGG I, 1957^{3}, 860f – MNoth, Die mit des Gesetzes Werken umgehen, die sind unter dem Fluch, Ges. Stud. z. AT, 1957, 155ff – JScharbert, Solidarität – Segen und Fluch im AT und in seiner Umwelt, I, 1958 (kath.) – GBornkamm, Das Ende des Gesetzes, Ges. Aufsätze I, 1961^{3} – JBBauer, Art. Gott, BWb I, 1962, 363f (kath.) – WBauer, Griechisch-deutsches Wörterbuch, Art. ἀνάθεμα, 1963^{5}, 90f – OMichel, Der Brief an die Römer, 1965^{13}, 226. – zu ῥακά: JSchniewind, Das Evangelium nach Matthäus, NTD 2, 1950^{4} – JJeremias, Art. ῥακά, ThWb VI, 1959, 973ff – ELohmeyer, Das Evangelium des Matthäus, Sonderbd. KEK, 1962^{3}.

Frau

Je nachdem in welchem Lebensabschnitt sich eine Frau befindet, ob sie ledig oder verheiratet, kinderlos oder verwitwet ist, wird ihr in biblischer Zeit eine unterschiedliche soziale Einschätzung zuteil, die sich im Gebrauch der hier zusammengefaßten Vokabeln widerspiegelt. γυνή *[gynæ]*, das für *Herrin* wie *Magd, Braut* wie *Ehefrau* oder auch *Witwe* stehen kann, ist allg. Bezeichnung für jedes weibliche Wesen im Gegensatz zum männlichen. Wird eine Frau μήτηρ *[mætær]* = *Mutter* genannt, so wird ihr damit eine bestimmte soziale Ehrenstellung zuerkannt; das Wort wird auch gerne übertragen gebraucht. Die *Witwe* – χήρα *[chęra]* – ist demgegenüber Inbegriff besonderer Armut und Hilfsbedürftigkeit; im NT kann damit auch ein bestimmter Stand in der Gemeinde bezeichnet werden. Die *junge, noch unverheiratete Frau* wird παρθένος *[parthęnos]* genannt. Der Ton kann dabei einerseits auf ihrer reifen, blühenden Jugend, andererseits auf ihrer Unschuld und Reinheit liegen.

γυνή

γυνή *[gynæ]* Frau

I 1) γυνή *[gynæ]* = *Frau, weibliches Wesen* findet sich schon im mykenischen Griech., dann vor allem seit Homer, mit zahlreichen Ableitungen und Komposita. Die Herkunft ist umstritten. Profangriech. kennzeichnet γυνή *[gynæ]* die *Frau* a) im Gegensatz zum Mann (→ Mensch, Art. ἀνήρ); b) im Gegensatz zu Göttinnen, und meint c) die *Ehefrau, Braut, Witwe,* auch *Konkubine;* d) die *Herrin;* e) die *Magd;* f) bei Tieren: das *Weibchen.* γυνή *[gynæ]* ist im Vokativ als Anrede gebräuchlich ohne respektlose Nebenbedeutung (Homer, Sophokles u. a.).

2) Im Griechentum reicht die Einstellung zur Frau von der auffallenden Geringschätzung der athenischen Frau (nur der Hetäre kommt Bildung zu) über die freiere und geachtetere Stellung der dorischen Frau bis zur ausgesprochenen Hochschätzung der Frau in Sparta. »Im ganzen gilt für die Stellung der Frau die Regel: je weiter nach Westen, desto freier« (AOepke, S. 777). – Die griech.-hell. Umwelt des NT zeigt hinsichtlich der Stellung der Frau bei der großen Mannigfaltigkeit im einzelnen starke Parallelen zum gemeinorientalischen Bild, wobei gegenüber dem AT (s. u. II) oft die bes. kultische Bedeutung der Frau auffällt (zB Keuschheitsopfer der Priesterin entweder als unverletzte Jungfräulichkeit oder als sakrale Prostitution, weibliche Gottheiten).

II 1) Im AT untersteht die Frau (γυνή *[gynæ]* steht durchweg für das hebr. *'ischāh)* der Gewalt des Mannes (Vaters, Bruders, Ehemanns; → Ehe). Ihr Wert, aber auch ihre Würde liegt im Gebären (vgl. auch Dtn 25,5ff: Leviratsehe; Gen 24,60; Lev 19,3; 1Sam 1,6; Ps 113,9); Kinderlosigkeit ist Fluch (Gen 29,21–30,24). Eine Belastung ist die Mehrehe. Bei allen amtlichen Kulthandlungen ausgeschlossen (1Sam 1,3ff; vgl. Ex 23,17) neigt die Frau leicht zum Götzendienst. Andererseits darf sie sich frei bewegen (1Sam 1,9ff; 2,1ff u. ö.) und ist, im Unterschied zu ihrer Einstufung in der übrigen orientalischen (Religions-)Welt, als Person (Ruth!) und als Partnerin des Mannes anerkannt. Zuneigung und Treue sind oft Band der Ehe. Der Kaufpreis wird zur Morgengabe (Gen 34,12; Ex 22,15f). Ex 20,12 par zeigt Grundzüge eines Elternrechts; Num 27,36 kennt Erbrecht der Töchter. Besonders die späteren at. Schichten zeigen Übergang zu Höherbewertung der Frau: vgl. den Wandel ihrer Stellung von Ex 20,17 zu Dtn 5,21; von Gen 2,18ff (Frau als Ergänzung des Mannes) zu Gen 1,26ff (Gleichwertigkeit in der Gottebenbildlichkeit) und bes. Ruth. Einflußreiche Frauen, selbst Prophetinnen sind bekannt (vgl. Ex 15,20; Ri 4,4; 2Kön 22,14).

2) Das Spätjudentum bringt teilweise neue Zurücksetzung der Frau: im Tempel Beschränkung auf den »Vorhof der Weiber« (2Chr 8,11) usw. Doch werden neben verachtungsvollen auch anerkennende Worte gefunden. Das Scheidungsrecht des Mannes führt leicht zu sukzessiver Polygamie (→ Ehe, Art. γαμέω; Art. μοιχεύω).

III 1) Im NT bedeutet γυνή *[gynæ]* a) *Frau, weibliches Wesen* (Mt 9,20; Lk 13,11; im Gegensatz zum Mann Apg 5,14); b) *Ehefrau* (Mt 5,28.31f; 1Kor 7,2ff), auch *Braut* (Mt 1,20.24; vgl. Dtn 22,23f). Als Anrede ist γυνή *[gynæ]* im Vokativ gebräuchlich (Mt 15 28; Joh 2,4; 19,26 u. ö.; vgl. I,1). Neben γυνή *[gynæ]* stehen θῆλυς *[thælys]* = *weiblich* (auch als Subst.) Mk 10,6 und mit der speziellen Bedeutung → παρθένος *[parthęnos]* = *Jungfrau* (von Maria Mt 1,23, doch vgl. Gal 4,4) und → χήρα *[chæra]* = *Witwe.*

2) Das NT teilt weder die Verachtung der Frau, noch bringt es radikale Reformen, etwa im Sinn spätantiken Emanzipationsstrebens.

3) Jesu Gleichnisse beschäftigen sich oft mit Leben und Tun der Frau. Mt 13,33; Lk 15,8ff. Er selbst redet mit Frauen; unbekümmert um jüd. Regeln lehrt er sie sogar (Lk 10,39; Joh 4,27). Und auch an ihnen erweist er sich durch Heilungen (Mk 1,29ff par; 5, 22ff par; 7,24ff par u. ö.). Seine Zuwendung und sein Ruf zur Gotteskindschaft gelten, wie den Armen und den Verlorenen, in besonderer Weise auch der Frau, der er damit wie jenen eine neue Würde zuerkennt. Nicht im Zwölferkreis (→ Apostel), wohl aber sonst in der Nachfolge (→ Jünger) Jesu finden wir Jüngerinnen (Lk 8,1–4; Mk 15,40f par; 16,1ff par). Wiederum im Gegensatz zur jüd. Anschauung erscheint die Bezeichnung einer Frau als »Tochter Abrahams« (Lk 13,16); und ebenfalls einer Frau wird das Höchste, nämlich Glaube, zuerkannt (Mt 15,28; vgl. auch Lk 1,28). In der Bewertung der Frau schließt sich Jesus Gen 1,26ff an (vgl. II,1) und will die Folgerung daraus zu ihrem Schutz gezogen wissen (Mt 19,1ff).

4) Der christlichen Gemeinde gehört die Frau voll an (Apg 1,14; 12,12), wie auch die christliche Mission sie mit einschließt (Apg 16,13ff; 17,4.12). Sie ist als Christin ἀδελ-

φή *[adelphæ], Schwester* (→ Bruder, Art. ἀδελφός). Neben passiver Zugehörigkeit finden wir auch Mitarbeiterinnen der Apostel (Apg 18,26; Röm 16,1ff). Das Haus einer Frau dient als Versammlungsort (Apg 12,12). Neben den männlichen Diakonat (Apg 6,1ff) tritt ein weiblicher, zuerst mit freierem Charakter (Apg 9,36ff; 16,15), später als gemeindliches Amt (1Tim 3,11 meint weibliche Diakone; vgl. schon Röm 16,1; hierher gehört auch der Stand der Witwe 1Tim 5,3.9; vgl. auch Tit 2,3ff; → Dienen, Art. διακονέω).

5) Paulus anerkennt die Gleichwertigkeit der Frau in der Gemeinde (Gal 3,28; 1Kor 11,5 nennt Wirken von Charismatikerinnen), doch nicht als Gleichheit oder Gleichrangigkeit (1Kor 11,3ff; vgl. Kol 3,18 par): Von der Schöpfungsordnung her will er ihre besondere Stellung gewahrt wissen, die (in der vom Mann geprägten Gemeinde! vgl. → Mensch, Art. ἀνήρ III) zu wahren notwendig, andererseits (aus gleichem Grund) nur negativ, in Form von Schranken auszudrücken war (1Kor 14,34f). Die Auslegung der Anweisungen und Verbote für ihr Verhalten in den Gemeindeversammlungen (1Kor 11,5ff; 14,34f) ist umstritten. Paulus selbst unterscheidet zwischen Gottes → Gebot und seiner eigenen Meinung bzw. geziemendem Brauch (1Kor 11,13ff; vgl. 7,10.25), der überkommenen Sitten entspricht und die in ihnen zum Ausdruck kommende Stellung der Frau zeigt (1Kor 11,5ff); so nennt Paulus jüd. Sprachgebrauch entsprechend in 1Thess 4,4 die Ehefrau *Gefäß* (σκεῦος *[skẹuos]* des Mannes, um das er in Zucht und Ehrerbietung werben soll. Derartige Anklänge an jüdisches Denken zeigen sich verstärkt in späteren Anweisungen, wie sie 1Tim 2,11ff vorliegen (doch vgl. 1Petr 3,7!). *H. Vorländer*

μήτηρ *[mætær]* Mutter

μήτηρ

1) Die hohe Wertschätzung der *Mutter* bzw. der Eltern ist überall in der Antike festzustellen. Bereits seit vorgeschichtlicher Zeit (das zeigen die zahlreichen Funde kleiner Bildnisse schwangerer Frauen mit ausgeprägten Sexualmerkmalen) empfand der Mensch die Wesensgemeinschaft zwischen Menschen- und Erdenleben. Die Erde wurde zur großen Mutter, die alles gibt und im Sterben wieder alles in ihren Schoß zurücknimmt. So sind in vielen Gebieten die ältesten Göttergestalten Erdmütter (vgl. »mütterliche Erde«, »Mutter Erde«, »Mater terra«, »Magna Mater«). Solche Muttergottheiten, die anthropomorph vorgestellt werden, spielen in den Volksreligionen des Orients eine große Rolle. Ihre Verehrung führte oft zur kultischen Prostitution, um dadurch unmittelbaren Anteil an ihren lebendurchwaltenden Kräften zu erhalten (vgl. Astarte-Kult im alten Kanaan; IIa). Doch kann sich das Bild der Muttergottheit auch vergeistigen und versittlichen und aus dem stark erotischen Bereich der Venusgestalt losgelöst werden wie bei der ägyptischen Isis-Göttin, der Verkörperung der treuen Gattin und Mutter. Umgekehrt kann es die grausamen und blutigen Züge einer Artemis oder Kali annehmen. »Wir finden in den Muttergottheiten die ganze Skala der weiblichen Möglichkeiten« (van der Leeuw, S. 93). I

2) In der griech. Philosophie wird der Mutterbegriff im übertragenen Sinn verwendet, wenn zB Plato (Tim 50d; 51a) von der Materie als »Mutter des Alls« (bzw. »Amme«: Tim 49a; 52d) spricht. Philo bezeichnet in seiner Weisheitsspekulation die Weisheit als »Mutter der Welt und des Logos« (Ebr 31). Überhaupt verwendet er den Ausdruck *Mutter* oft im übertragenen Sinn.

In der LXX wird über 300mal *'ēm* mit μήτηρ *[mætær]* übersetzt. Zu beachten ist folgendes: II

a) Im AT finden wir immer wieder Spuren der Auseinandersetzung mit den Muttergottheiten der heidnischen Umwelt. Der unerbittliche Kampf der Propheten gilt dem kanaanitischen Astarte-Kult. Die Verehrung der Fruchtbarkeitsgöttin war meist mit kultischer Prostitution verbunden (vgl. u. a. 1Sam 31,10; 2Kön 23,13; auch Ri 2,3; 10,6). Die kultische »Unzucht« wurde zum Zeichen des Abfalls von Jahwe (Hos 4,13ff; dazu Offb 17,5).

b) Eine mutterrechtliche Praxis wirkt u. U. noch in besonderen Formulierungen nach wie zB »der Sohn deiner Mutter« anstelle Bruder (Ri 8,19; 9,1.3; Ps 50,20; 69,9), »Haus der Mutter« (Gen 24,28 u. ö.) oder wenn die Mutter für den Sohn die Frau sucht (Gen 21,21). Doch wird die Welt des AT eindeutig vom Patriarchat geprägt, und die mutterrechtliche Beachtung der weiblichen Blutlinie wie Erbfolge tritt dagegen stark zurück. So genießt zB eine Mutter, die Söhne zur Welt gebracht hat, in der von Männern bestimmten Welt des Patriarchats eine besondere Ehrenstellung unter den Müttern und Frauen.

c) Im Elterngebot ist auch die Mutterschaft durch Gott geschützt (Ex 20,12). Die Todesstrafe trifft den, der Vater oder Mutter schlägt oder verflucht (Ex 21,15.17). Doch gilt bei aller starken Bindung an die Eltern, daß der Mensch Vater und Mutter verlassen wird und seinem Weibe anhangen (Gen 2,24).

d) Das AT zeigt wiederholt Mütter, die eine besondere Rolle in der Politik (1Kön 15,13; 2Kön 3,13; Ri 5,7 u. ö.) oder – rückblickend – in der Geschichte des Gottesvolkes gespielt haben (so Sara, Rebekka, Ruth, Hanna, Bathseba etc.).

e) In der prophetischen Verkündigung begegnet der Begriff auch übertragen: Das Volk Gottes wird als Mutter Israel bezeichnet, die Gott (als Eheherrn) anvertraut ist (Jer 50,12). Bei Hos wird sie zur Ehebrecherin (Hos 2,4.7), bei Ez zur Dirne (Ez 16,15). DtJes nimmt das Bild wieder auf: Israel ist die Mutter, die Gott um der Sünde ihrer Kinder willen verstößt (Jes 50,1; dazu Jer 50,12). – Das Bild einer Mutter wird schließlich auf die Hauptstadt → Jerusalem, auf den Berg Zion übertragen, um die sich das Volk wie Kinder um die Mutter schart (2Sam 20,19; vgl. Gal 4, 26; in LXX hier für Mutter μητρόπολις *[mætropolis]*). Das 4Esra-Buch (100 nChr) bezeichnet das irdische Jerusalem als »unser aller Mutter« (10,7).

Nur an zwei Stellen (Jes 49,15: γυνή *[gynæ]* und 66,13) aber vergleicht das AT Gottes Verhalten mit dem Handeln einer Mutter. Der kreatürliche Abstand zu Jahwe im AT verbietet jede Vergöttlichung des Mütterlichen, auch jede geschlechtlich bestimmte Vorstellung vom Gottesbild.

III Im NT kommt μήτηρ *[mætær]* 84mal vor (davon allein 72mal in den Evgg.!). Nie wird der Begriff der *Mutter* bzw. der Mutterschaft zum religiösen Symbol erhoben oder in mythologischen Vorstellungen verwendet.

1) In den Evgg. findet sich neben der ausdrücklichen namentlichen Erwähnung zahlreicher Mütter die ganze Skala der natürlichen Beziehungen zwischen Mutter und Kind. Bes. erwähnt sei hier noch:

a) Nach der synopt. Überlieferung hat Jesus das 4. (5.) Gebot (Ex 20,12) in seiner Unbedingtheit – auch im Hinblick auf die Folgen der Übertretung – voll aufgenommen (Mt 15,4 par; auch Mt 19,19 par). Die pharisäische Erweichung des Gebotes wird hart abgelehnt (Mt 15,5f par Mk 7,11f). Doch wie im AT wird auch die Liebe des Mannes zu seiner Frau bzw. der Frau zu ihrem Mann der zur Mutter vorgeordnet und damit die natürliche Loslösung aus dem Elternhaus bestätigt (Gen 2,24; Mt 19,5 par Mk 10,7f; vgl. Eph 5,31).

b) Sehr scharf kennzeichnet Jesus die Elterngewalt in ihrer Grenze, wenn sie dem Anspruch Gottes widerspricht. Um des Reiches Gottes willen hat die Bindung an das Elternhaus zurückzutreten (Mt 10,37, schärfer Lk 12,53).

2) Bei Paulus ist die Ehrerbietung der Mutter gegenüber wie im ganzen NT eine selbstverständliche Äußerung gottgebundenen Lebens (Röm 16,13; 1Thess 2,7 etc). Daß Paulus nirgends seine Mutter nennt, ist nicht auffällig. Doch vermag Paulus seine seelsorgerliche Bemühung um die neuen Christen mit einer mütterlichen zu vergleichen, so sehr er sich auch daneben als Vater, der in ihnen den Glauben erzeugt hat, bezeichnen kann (Gal 4,19; Phlm 10).

3) Stellung der Mutter Jesu: a) Bei aller Ehrerbietung vor seiner Mutter (der Zwölfjährige ist ihr nach dem Tempelbesuch untertan Lk 2,51), bei aller Fürsorge für sie (während der Kreuzigung) bleibt ein deutlicher Abstand zwischen Jesus und seiner Mutter (vgl. Lk 2,49); er weist sie zurück, als sie ihn in seinem Messiasamt hemmen will (Mt 12,46ff par Mk 3,31ff; Lk 8,19ff), auch bei der Hochzeit zu Kana (Joh 2,4). Bezeichnend ist auch Lk 11,27f, wo Jesus sofort das Lob auf Maria aus einer Besonderung herausnimmt und verallgemeinert: »Ja, selig sind, die das Wort Gottes hören und bewahren« (vgl. Michaelis, ThWb IV, 646).

b) Dieser Einstellung Jesu entspricht die Stellung Marias in der Urchristenheit. In dem Ostergeschehen tritt sie völlig zurück und wird im übrigen NT nur noch einmal Apg 1,14 genannt.

c) »Für das Urchristentum war die Mutter Jesu von weit geringerer Bedeutung als für andere Religionen die ›Mutter des Religionsstifters‹« (Michaelis, ebd., Anm. 11). Der katholische Madonnenkult setzt sich zugleich mit den Aussagen über die Jungfrauengeburt in der Zeit nach dem NT durch und überlagert die im NT noch mannigfaltigen Vorstellungen über das Wie der Menschwerdung Jesu (göttliche Taufzeugung in Mt 3,17; Mk 1,10; Joh 1,33, aber auch bei Lk 3,21 – Vater- und Mutterlosigkeit; Josephszeugung – von den Gegnern vorgebracht). – Die katholischen Vorstellungen von der »Mutter Gottes« und »Himmelskönigin« liegen später als das NT und weisen andererseits auf viel ältere religionsgeschichtliche Wurzeln im Orient hin (vgl. oben I). *E. Beyreuther*

παρθένος *(parthenos)* Jungfrau

παρθένος

I Die Herkunft des Wortes παρθένος *(parthenos)* = *Jungfrau* ist ungewiß. Seine Bedeutungsentwicklung scheint der von *Jungfrau* im Deutschen zu gleichen, wonach zunächst einfach das *Mädchen* gemeint ist, das zur Frau reift bzw. gereift ist. Später verengt sich *Jungfrau* in seiner Bedeutung und meint die vom Manne noch Unberührte. Wie in vielen Kulturkreisen wird die Jungfräulichkeit bei den Griechen hochgeschätzt. In der Religion ist sie Eigenschaft mancher Göttinnen, deren Ursprung oft in den Muttergottheiten des vorgeschichtlich mittelmeerischen Kulturraumes zu suchen ist. Hauptgestalten sind Artemis (lat. Diana), Tochter der Leto, und Athene (lat. Minerva), Tochter des Zeus, die als einzige nicht von einer Frau geboren ist, was auch den Beinamen »Parthenos« – ihr Tempel in Athen heißt »Parthenon« – mitbestimmen mag. In scheinbarem Gegensatz zur Jungfräulichkeit schützen diese Göttinnen, bes. Artemis, oft Geburt, Mutterschaft und Fruchtbarkeit von Acker und Vieh. Hier liegt die Betonung weniger auf der Keuschheit als auf der jugendlichen Fülle mit ihrer magischen Kraft, und der ursprüngliche Charakter einer Muttergottheit tritt dann wieder in Erscheinung. In der späteren Marienverehrung finden sich manche Spuren heidnischer Kulte der göttlichen Mutter und Jungfrau (vgl. JWeerda, Art. Mariologie, RGG IV, 1960³, 767; FCGrant/WvSoden, Art. Muttergottheiten, RGG IV, 1960³, 1227).

II 1) Das Hebr. kennt zwei Wörter für *Jungfrau: ʿalmāh* und *bᵉtūlāh* neben *naʿarāh* = *das junge Mädchen.* Das Vorkommen von παρθένος *(parthenos)* in LXX beschränkt sich für den hebr. Kanon auf die Übers. dieser drei Wörter. Dabei wird *bᵉtūlāh* an 44 der 50 MT-Stellen mit παρθένος *(parthenos)* wiedergegeben, an drei Stellen fehlt eine Übers., Jo 1,8 steht νύμφη *(nymphae)* = *Braut,* Est 2,2 (κοράσια) ἄφθορα *(korasia aphthora)* = *unverdorbene (Mädchen)* und V. 19 (κοράσια παρθενικά *(korasia parthenika)* = *jungfräuliche Mädchen). bᵉtūlāh* meint immer die *unberührte Jungfrau;* sie ist wie der junge Mann Inbegriff der Hoffnung (vgl. Am 8,13; Jes 24,4; Klgl 1,18), und so kann das Wort auch als Bezeichnung für Israel (vgl. Am 5,2; Jer 18,13; 31,4.21) und Jerusalem, die Tochter Judas (Klgl 1,15) und Zions (zB Klgl 2,13) dienen.

Dagegen meint *ʿalmāh* (9mal im MT, davon Ps 46,1 und 1Chr 15,20 bisher unerklärt; abgesehen von diesen beiden Stellen, einer Fehlübers. in Spr 30,19 und den beiden unten behandelten Stellen immer von LXX mit νεᾶνις *(neanis)* übersetzt) einfach das *junge Mädchen* oder die *junge Frau* von der Geschlechtsreife (vgl. Spr 30,19 Z) bis zur ersten Geburt. Nur Gen 24,13, wo ohnehin Unberührtheit vorauszusetzen ist, die in V. 16 ausdrücklich erwähnt wird, und Jes 7,14, wo der hebr. Text sicher nicht eine Unberührte meint, – sonst stünde hier *bᵉtūlāh;* vgl. die Kommentare: OKaiser, ATD 12, 1960; GFohrer, 1960 – übersetzen LXX *ʿalmāh* mit παρθένος *(parthenos).* Jedenfalls ist die Deutung dieser Jes-Stelle in Mt 1,22f nur auf Grund des LXX-Textes möglich. Wohl im Gegensatz zu dieser Deutung haben andere griech. Übers. statt παρθένος *(parthenos)* νεᾶνις *(neanis),* was dem hebr. Wortlaut besser entspricht (s. o.). In Gen 24 und 34 wird insgesamt 5mal *naʿarāh* mit παρθένος *(parthenos)* übersetzt.

2) Wenn im AT von Frauen (Sara, Hanna) erzählt wird, daß sie durch Gottes Handeln nach langer Unfruchtbarkeit doch noch schwanger wurden, dann ist dabei nie an die Ausschaltung des Mannes gedacht. Dasselbe gilt für die Geburt Johannes des Täufers in Lk 1. Auch das spätere Judentum kennt keine anderen Vorstellungen, und den → Messias hat man sich stets wie alle Menschen als von einem menschlichen Vater gezeugt vorgestellt (St.-B. I,49). Erst im hell. Judentum, wo außerjüd. Einflüsse stärker waren, scheinen andere Vorstellungen aufgekommen zu sein; doch davon, daß der Messias von einer Jungfrau geboren wäre, hören wir auch hier nichts.

III 1) Allg. Sprachgebrauch liegt beim Gleichnis von den 10 Jungfrauen vor. Apg 21,9 sind unverheiratete Töchter gemeint. Maria wird nur Mt 1,23 indirekt und Lk 1,27 direkt παρθένος *(parthenos)* genannt. An Enthaltsamkeit ist 1Kor 7 gedacht. Das gilt wohl kaum für Offb 14,4, wo wahrscheinlich wie in 2Kor 11,2 eine übertragene Bedeutung vorliegt. – παρθένος *(parthenos)* begegnet außer Mt 1 und Lk 1 (2,36: παρθενία *(parthenia)* = *Jungfrauschaft)* 3mal Mt 25,1–12; 1mal Apg; 5mal 1Kor 7; 1mal 2Kor 11 und 1mal Offb.

2a) Offb 14,4 meint wahrscheinlich mit παρθένος *[parthęnos]* solche, die im Gegensatz zu Unzüchtigen und Götzendienern (»sich mit Weibern nicht beflecken« hätte dann auch übertragene Bedeutung) fähig sind, sich ungeteilt dem Lamm hinzugeben. In 2Kor 11,2 hofft Paulus, daß er als Brautwerber (vgl. Gen 24) dem kommenden Herrn eine Braut zuführen kann, die sich nicht inzwischen nach einem anderen Jesus umgesehen hat.

b) Die Jungfrauen in 1Kor 7 sind sicher nicht Mädchen, deren Vätern Paulus entsprechende Anweisungen gibt (L), sondern Jungfrauen, die mit einem Manne in Hausgemeinschaft, doch ohne ehelichen Verkehr leben, um ohne Sorge um ihren Lebensunterhalt und doch allein dem Herrn hingegeben dessen Kommen zu erwarten. Lit. in ThWb aaO (s. u.); Kümmel in Lietzmann, Kor I/II,179, denkt dagegen im Anschluß an Schrenk, ThWb III,61, an das Verhältnis des Mannes zu seiner Braut. Die exegetische Entscheidung hängt von der Beurteilung der »Gnosis in Korinth« (Schmithals, FRLANT NF. 48, 1956) ab. Paulus lehnt auch andere bedenkliche Erscheinungen in Korinth (Zungenreden, Taufe für die Toten) nicht einfach ab. Vgl. RGG VI, 1962³, 560: Syneisakten.

c) Wo das NT von Maria als Jungfrau spricht, ist nur die Zeit bis zur Geburt Jesu gemeint. Die Aussagen über Jesu übernatürliche Entstehung in Maria (nicht seine Geburt ist übernatürlich: Lk 2!) sind auf die sogenannten Vorgeschichten bei Mt und Lk beschränkt. Das älteste Ev., Mk, aber auch Joh, wissen nichts davon. Was Mt und Lk darüber sagen, hat je ein verschiedenes Ziel. Lk 1,35 begründet eindeutig (gegen Delling, ThWb V. 833, Anm. 57) Jesu Gottessohnschaft mit dem Wunder, welches über das hinausgeht, was an Elisabeth geschah (V. 36; vgl. o. II,2). Mt dagegen will jüd. Angriffe gegen die bereits umlaufende Tradition von der Entstehung Jesu abwehren. Hinzu kommt das Schriftzitat aus Jes 7,14 (s. o. II,1), mit dem Mt in für ihn typischer Weise die Erfüllung der at. Weissagung anzeigt (→ Jesus Christus).

3) Es ist auffällig, wie bei Mt, abgesehen von dem Jes-Zitat, Maria als → γυνή *[gynæ]* bezeichnet wird (V. 20 und 24; vgl. die verschiedenen Lesarten Lk 2,5). Vor Jesu Geburt bezeichnet es hier jedoch nicht ihr natürliches, sondern ihr Rechtsverhältnis zu Joseph, da Jesus um seiner Davidsohnschaft willen rechtlich als Sohn des Joseph gelten muß (V. 16; vgl. Lk 3,23). Daran haben aber ältere Zeugen der christlichen Tradition wie Paulus und Mk sicher nicht gedacht. Gal 4,4 denkt doch wohl an eine Frau, die auf natürliche Weise empfangen hat. Vor allem aber ist nach Röm 1,3 Jesus gerade »nach dem Fleisch«, dh auf natürliche Weise »entstanden aus dem Samen Davids«. Daß hier an Maria als Davididin gedacht wäre, widerspricht aber wiederum Mt 1,16 und Lk 3,23. Offenbar haben Mt und Lk die ältere Tradition von der ihnen bereits vorliegenden jüngeren Tradition her anders verstanden, als sie ursprünglich lautete. Denn das Zeichen für Jesu Gottessohnschaft ist nach Röm 1,4 die → Auferstehung.

O. Becker

χήρα

χήρα *[chæra]* Witwe

I χήρα *[chæra]*, seit Homer häufig belegt, ist Fem. zu dem Adj. χῆρος *[chæros]* = *beraubt* und bedeutet: die (des Mannes) *Beraubte*; von daher: die *Witwe*.

II 1) Das in LXX mit χήρα *[chæra]* übersetzte hebr. *'almānāh* enthält in der Grundbedeutung das Moment der Vereinsamung, der Verlassenheit und Hilflosigkeit (Leyrer 239). Damit zeigt bereits die Wortbedeutung, daß die Witwen in besonderer Weise als schutzbedürftige Glieder des Volkes angesehen werden. Dem entspricht, daß sie im AT häufig im Zusammenhang mit den Waisen und Fremdlingen erwähnt werden (Ex 22,21.24; Dtn 10,18; 24,17.19ff; 26,12f; 27,19; Jer 22,3 u. ö.). Ihre im allgemeinen bedrängte Lage gründet in der sozialen und rechtlichen Stellung der Frau (vgl. Art. γυνή II) in der damaligen Zeit, bes. in gewissen Bestimmungen des Erbrechtes (→ Erbe).

2) Jahwe selber nimmt sich der Witwen an. Zu ihm dürfen sie Vertrauen haben (Jer 49,11), denn er schafft ihnen Recht (Dtn 10,18; Ps 68,6; Spr 15,25; Mal 3,5) und hilft ihnen auf (Ps 146,9). Darum ist auch sein Volk berufen, ihr Recht zu wahren und an ihnen Barmherzigkeit zu üben, wenn

es sich nicht seinen Zorn zuziehen will. So wird das Volk im Festkult auf den Rechtswillen Jahwes verpflichtet: »Verflucht ist, wer das Recht des Fremdlings, der Waise und der Witwe beugt« (Dtn 27,19Z; vgl. auch Ex 22,22ff; Dtn 10,18; Jes 1,17.23f; 10,2; Jer 7,6; 22,3; Sach 7,10).

3) Dementsprechend gibt es im AT verschiedene Gesetze, die die Lage der Witwen erleichtern: ihr Kleid soll nicht gepfändet werden (Dtn 24,17); im 3. Jahr soll der Zehnte auch ihnen zugute kommen (Dtn 14,29; 26,12f); die Nachlese auf den Feldern usw. soll auch für die Witwen bleiben (Dtn 24,19ff; vgl. Ruth 2,2); ausdrücklich wird bestimmt, daß die Witwen zu den Opfermahlen und Festen einzuladen sind (Dtn 16,11.14), also ihren Platz in der Gemeinde haben. Nach Lev 22, 12f haben die verwitweten Priestertöchter Anteil an der Hebe, wenn sie kinderlos zu ihrem Vater zurückkehren. (Für die Makkabäerzeit vgl. 2Makk 3,10; 8,28.30; im rabb. Judentum folgten weitere Vergünstigungen für die Witwen, vgl. Leyrer 240.)

Dennoch zieht sich die Klage über ungerechte und unbarmherzige Behandlung der Witwen durch das AT (vgl. u. a. Jes 1,23; Ez 22,7; Mal 3,5; Hi 22,9; 24,21; Ps 94,6; Weish 2,10).

4) Eine Fülle von Rechtsfragen, vor allem des Erbrechts, ergibt sich aus der Wiederverheiratung der Witwen, die im AT als selbstverständlich möglich vorausgesetzt und im rabb. Judentum sogar noch erleichtert wird; sie kann jedoch erst drei Monate nach dem Tode des Mannes erfolgen (St.-B. I,47). Zwei Einschränkungen gelten: a) Ein Hoherpriester darf keine Witwe heiraten (Lev 21,14), im rabb. Judentum auch keine »Witwe aus der Verlobungszeit« (St.-B. I,3; vgl. II,393ff). – b) Aus ältester Zeit deuten Spuren darauf hin, daß die Witwe mit dem übrigen Eigentum vererbt werden konnte (1Chr 2,24 LXX; von hierher Ez 22,10?; vgl. auch Gen 35,22; 2Sam 16,20ff; 1Kön 2,13ff). Überbleibsel dieses Erbrechts der Söhne oder Agnaten ist die Leviratsehe (Dtn 25,5ff; → Ehe), die sich bis in die nt. Zeit erhalten hat. Danach war ein Mann verpflichtet, die Witwe seines verstorbenen Bruders zu heiraten, wenn die Ehe ohne Söhne (im rabb. Judentum: ohne Kinder; vgl. Mt 22,24 und St.-B. zSt) geblieben war. Der erste Sohn aus dieser Ehe galt dann als Sohn des verstorbenen Bruders.

5) Übertragen verwendet Jes χήρα *[chæra]* für Babel: »So höre nun dies, du Üppige, die da spricht in ihrem Herzen: ›. . . Ich werde nicht sitzen als Witwe, nicht kinderlos werden‹. Beides wird über dich kommen, plötzlich, an einem Tag: kinderlos wirst du und Witwe . . .« (47,8f Z; vgl. Offb 18,7). Israel aber gilt für den neuen Gottesbund die Verheißung, daß es der Schmach der Witwenschaft (χηρεία *[chæreia]*; gemeint ist das Exil) nicht mehr gedenken wird (54,4).

1) Auch das NT weiß von der bedrängten Lage der Witwen zu reden: von der Rechtswillkür (Lk 18,1ff); von dem Mißbrauch ihres Vertrauens (Mk 12,40 par); von ihrer Armut (Mk 12,41ff par). III

2) Die Gemeinden des NT haben ihre Verantwortung für die Witwen erkannt. Die stärkste Aussage findet sich in Jak, wo aller äußerlichen kultischen Gottesverehrung entgegengesetzt wird: »Ein reiner und unbefleckter Dienst (θρησκεία *[thræskeia]*, → Dienen) vor Gott, dem Vater, ist dieser, Waisen und Witwen in ihrer Trübsal zu besuchen« (1,27 Z). – In der Gemeinde zu Jerusalem gab es schon früh eine geordnete Witwenversorgung (vgl. → Barmherzigkeit und → arm, S. 41 II,4b). Das Murren der hell. Gruppe über eine Benachteiligung ihrer Witwen gegenüber den hebräischen führte dazu, daß man 7 Männer aus dem hell. Teil wählte und sie – nach traditioneller Ansicht – mit der Betreuung dieser Witwen beauftragte (Apg 6,1ff).

3) Für die spätere nt. Zeit ist die »Witwenregel« 1Tim 5,4–16 aufschlußreich. Hier wird zwischen Witwen und »wirklichen Witwen« (ὄντως χῆραι *[ontōs chærai]*) unterschieden (V. 3.5.[9.]16). Die »wirkliche Witwe« ist vereinsamt (V. 5), für sie sorgt die Gemeinde (V. 16); die Witwe dagegen hat Angehörige, denen die Fürsorge für sie obliegt (V. 4. 16). Die wirklichen Witwen wurden in ein Witwenverzeichnis aufgenommen (V. 9). Die Aufnahmebedingungen lassen es als sicher erscheinen, daß die aufgenommenen Witwen damit ein Amt in der Gemeinde erhielten: sie mußten über 60 Jahre alt sein (V. 9); sie durften nur eines Mannes Weib gewesen sein (V. 9; dies dürfte sich auf eine eventuelle zweite Ehe einer Geschiedenen, nicht einer Witwe beziehen); sie mußte »im Ruf guter Werke« stehen: Erziehung fremder Waisen, Gastfreundschaft, Bereitschaft zum demütigen Dienen und Hilfsbereitschaft gegenüber Bedrängten. Vermutlich gehörten diese guten Werke dann auch zu den Aufgaben einer Gemeindewitwe (V. 10). Junge Witwen wurden abgewiesen, denn sie hätten dadurch zu leicht zu Müßiggang usw. verleitet werden können (V. 13). Auch scheint das Verzeichnis den Entschluß vorausgesetzt zu haben, nicht wieder zu heira-

ten; bei jüngeren Witwen aber war zu bedenken: »Wenn sie die Sinnlichkeit Christus abwendig macht, dann wollen sie heiraten. Und dann trifft sie das Urteil, daß sie die erste Treue (dh den im Glauben gefaßten Entschluß, Witwe zu bleiben) gebrochen haben« (JJeremias, NTD, zu V. 11). Dies enthält keine grundsätzliche Ablehnung einer Wiederheirat, denn: »Ich will nun, daß jüngere (Witwen) heiraten . . .« (V. 14 Z). Hier begegnet die Haltung der 2. christl. Generation – anders als in 1Kor 7,8, wo Paulus den Unverheirateten und Witwen sagt: »Es ist gut für sie, wenn sie bleiben wie ich« (Z), eine Aussage, die noch durch die Naherwartung der Parusie bestimmt ist (→ Gegenwart, Wiederkunft).

S. Solle

V ZUR VERKÜNDIGUNG

Auf die uns zur Zeit im abendländischen Kulturraum beschäftigenden Fragen nach dem Verhältnis der Geschlechter, der Rolle der Frau in der Gesellschaft und der sogenannten Gleichberechtigung, haben wir eine direkte Antwort aus der Bibel nicht zu erwarten. Diese Probleme sind nicht eigentlicher Gegenstand der biblischen Verkündigung. Wohl aber ergeben sich aus dem Gottesverhältnis des Menschen und aus der eschatologischen Verkündigung Jesu einige Grundlinien, die beachtenswert sind.

Wenn es auch in alten Kulturen mutterrechtliche Ordnungen gab, so wird jedenfalls im Alten wie im Neuen Testament im allgemeinen eine patriarchalische Gesellschaftsordnung vorausgesetzt, der das eindeutig männliche Gottesbild der Bibel genau entspricht (vgl. H. Ringeling, Die Frau zwischen gestern und morgen, 1962 – Joh. Leipoldt, Die Frau in der Antike und im Urchristentum, 1962). So tritt die Verkündigung Jesu in eine vom at. Gedankengut geprägte Umwelt, in der als wesentliche Funktion der Frau neben der Sorge für das Haus die der Mutter gilt, die Söhne gebiert zur Erhaltung der Sippe und zur Vermehrung des Volkes nach Gottes Verheißung (Völkertafeln, Erzvätergeschichte, Lob der Frau, Spr 31 usw.; besonders deutlich, wo kinderlose Frauen zu Stamm-Müttern werden und darin den Segen Gottes erfahren, bis hin zu Elisabeth, der Mutter des Täufers). Daß diese Ordnung auch im NT noch vorausgesetzt wird, kommt am deutlichsten zum Ausdruck in Aussagen wie Eph 5,23, wo der Mann als das Haupt bezeichnet wird, oder in den Ermahnungen zur Unterordnung der Frau (1Tim 2,11ff u. a.).

Daneben weiß freilich schon das AT von charismatischen Frauengestalten (Deborah, Hanna, Ruth), die neben oder selbst vor den Männern an Schnittpunkten der Geschichte des Gottesvolkes in Erscheinung treten. Das Verständnis Evas als der Urmutter aller Lebenden (Gen 3,20) betont die konstitutive Rolle der Frau für das Menschengeschlecht.

Durch die abendländische Kultur zieht sich von Aristoteles bis zu Schopenhauer und Freud diese patriarchalische Linie hindurch und bleibt auch in der höchsten Verehrung der Frau noch erkennbar (zB ESpranger, Stufen der Liebe, 1965). Freilich taucht daneben immer wieder auch das matriarchalische Leitbild auf, schon in der Marienverehrung des Mittelalters und der beginnenden Neuzeit, in bes. Übersteigerung aber bei der Inthronisierung Evas als Göttin der Vernunft in der Aufklärung. Aber sind dies nicht Symptome für den Gegenschlag des Pendels, der schließlich zu einer mehr und mehr sich durchsetzenden neuen Zuordnung führt? Mann und Frau werden als Partner betrachtet, als selbständige und einander ergänzende Personen in ihrer geschöpflichen Eigenständigkeit ernster genommen. In der werdenden Industriegesellschaft wird die Frau in die sachliche Arbeitswelt und damit in die entpersönlichende Versachlichung und Funktionshaftigkeit des modernen Daseins hineingezogen (vgl. Schelsky, Soziologie der Sexualität), und 1957 wird in Deutschland die Gleichberechtigung der Frau gesetzlich geregelt.

Werden die Funktionen der Frau so mehr und mehr der noch immer überwiegend männlich bestimmten Arbeitswelt angeglichen, obwohl der Weg zu ihrer auch stellungs- und entgeltmäßigen Gleichstellung noch keineswegs zu Ende gegangen ist, so zeigt sich inzwischen bereits eine andere Entwicklung: Die Aufwertung der Familie gegenüber der Arbeitswelt bringt es mit sich, daß nun umgekehrt auch der Mann Funktionen erfüllt, die in einer früheren Zeit eindeutig Sache der Frau waren. In ihren gesellschaftlichen

Funktionen werden offenbar Mann und Frau immer stärker auswechselbar, wobei lediglich biologische Grenzen fest bestehen bleiben (Ausnahme: operative Geschlechtsveränderungen).

So erscheint manchen die Verteilung aller Aufgaben außer den biologischen Funktionen willkürlich geordnet (M. Mead, Mann und Weib), und alle Fixierungen und Katalogisierungen typisch weiblicher Eigenschaften und Aufgaben, die über die besondere Rolle der Mutterschaft hinausgehen, werden in Frage gestellt als von der jeweiligen Sitte bestimmt. Die heutige Relativierung der Geschlechtsnormen kommt am markantesten zum Ausdruck in einem Buch wie: S. de Beauvoir, Le deuxième sexe. Die Schülerin und Partnerin Sartres zeichnet hier ein Bild, das auf ein Individuum jenseits von Mann und Frau hinzielt. Dagegen ist zu fragen, ob bei der Betrachtung des Menschen als ganzheitlichem Wesen nicht der bestimmten biologischen Funktion auch geistige, kulturelle Besonderheiten entsprechen; ob es nicht in der Verkennung oder Leugnung dieser ganzheitlichen Bestimmung seinen Grund hat, daß der Bereich des Leiblichen überbewertet und die fruchtbare Spannung und gegenseitige Ergänzung der Geschlechter allein darauf beschränkt wird?

Die Überlegungen hinsichtlich der funktionalen Auswirkung der Geschlechtlichkeit dürfen freilich nicht im Sinne einer Wert-Abstufung angestellt werden. Schon im AT wird die Gleichwertigkeit von Mann und Frau in ihrer Stellung zu Gott begründet: als Mann und Frau ist der Mensch nach Gottes Bild geschaffen (Gen 1; in Gen 2,18 wird das ergänzende Gegenüber betont). Hier hat auch die Freude aneinander (Gen 2,23) und die Bejahung der Geschlechtsgemeinschaft ihre Wurzel (Hohes Lied), und wie Gottes Geist Männern und Frauen verliehen wird (Jo 3,2), wie durch das 1. Gebot die Herrenrolle des Mannes relativiert wird, so ist die Gehorsamspflicht vor Gott beiden Geschlechtspartnern auferlegt (vgl. A. Paulsen, Geschlecht und Person).

In Fortführung dieser Linie steht nun bes. im NT, wo vielfach die irdischen Strukturen angesichts der Herrschaft Christi relativiert werden (Gal 3,28; Mt 22,30), die Frau wie der Mann als Mensch unmittelbar und in eigener Verantwortung vor Gott und wird wie der Mann zu Dienst und Nachfolge gerufen. Deshalb gilt das »einander untertan« von Eph 5,21 auch für den Mann gegenüber der Frau, gelten alle Ermahnungen für beide Geschlechter (vgl. E. Kähler, Die Frau in den paulinischen Briefen, 1960). Von dem Gedanken des nahen Reiches Gottes her wird die jüd. Scheidungspraxis überwunden durch ein radikales Scheidungsverbot auch für den Mann, das bis zum Tode gilt, wird die Ehelosigkeit gleichwertig neben die Ehe gesetzt und damit deutlich gemacht, daß die leibliche Geschlechtsfunktion nicht die einzige und letzte Bestimmung für die Frau ist (Mt 19,3–12), ohne daß dadurch allgemein Ehe und Leiblichkeit abgewertet werden.

So tut Jesus den – in seiner Zeit und Umgebung – revolutionären Schritt zur Wiederherstellung der Schöpfungsordnung nach Gen 2,18. Er ruft Frauen in seine Nachfolge (Lk 8,1–3), redet mit der Samariterin (Joh 4) und tritt gegen jede Herren- und Doppelmoral ein, wie sie bis heute offen oder heimlich vertreten und gelebt wird (Joh 8). Die Frau wird »Schwester«, wie der Mann »Bruder« genannt wird. Damit hat sie ihren Platz in der Gemeinde neben dem Mann. Wie dieser Platz zu beschreiben ist, treibt schon die Gedanken des Paulus um (1Kor 11) und ist bis heute ein Problem (Pastorin). Von der Haltung Jesu her wird man sich dabei auf keinen Fall vorschnell auf Äußerungen wie 1Kor 14,34 zurückziehen dürfen.

Das biblische Bild der Frau kann einen Beitrag geben zur heutigen Diskussion der Gleichberechtigung, indem allen geschlechtsspezifischen Bestimmungen das verantwortliche Personsein vorangestellt wird bis hin zur Möglichkeit besonderer Erwählung einer Frau wie etwa Marias. Wo die Geschlechterfrage vom Glauben her angefaßt wird, ist die Gleichwertigkeit von Mann und Frau Voraussetzung. Aber eine Einebnung der Unterschiede ist nicht biblisch, weil von der Schöpfung her die Naturanlagen und Aufgaben unterschieden werden (Gen 2) und weil durch die Begabung mit dem Geist Gottes Männer wie Frauen mit je besonderen Gaben und Aufgaben betraut werden können. *W. Günther*

Lit.: zu γυνή, μήτηρ, χήρα: JLeipoldt, Jesus und die Frauen, 1921 – GDelling, Paulus' Stellung zu Frau und Ehe, 1931 – AOepke, Art. γυνή, ThWb I, 1933, 776ff – LKösters, Art. Maria, die Mutter Jesu, LThK VI, 1934, 886ff (kath.) – APaulsen, Mutter und Magd, 1938² – WMichaelis, Art. μήτηρ ThWb IV, 1942, 645ff – FJLeenhardt/FBlanke, Die Stellung der Frau im NT und in der alten Kirche, Kirchl. Zeitfragen 24, 1949 – ASchlatter, Marienreden, (1927) 1951³ – KHRengstorf, Mann und Frau im Urchristentum, 1954 – Gvan der Leeuw, Phänomenologie der Religion, 1956, 10 – EKähler, Zur »Unterordnung« der Frau im NT. Der nt. Begriff der Unterordnung u. seine Bedeutung für die Begegnung von Mann u. Frau, ZEE 1959, 1–13 – FCGrant/WvSoden, Art. Muttergottheiten, RGG IV, 1960³, 1227ff – EKähler, Die Frau in den paulinischen Briefen. Unter bes. Berücksichtigung d. Begriffes der Unterordnung, 1960 – JWeerda, Art. Mariologie, RGG IV, 1960³, 767ff – EKähler, Das Amt der Frau in der Kirche. Colloquium, theol. Blätter d. theol. Konvents d. Bekenntnisgemeinschaft d. Ev.-Luth. Landeskirche Hannover, H. 1, 1962 – JLeipoldt, Die Frau in der antiken Welt und im Urchristentum, 1962 – JMichl/KRahner/AMüller/HSchauerte, Art. Maria, LThK VII, 1962², 25ff (kath.) – OSchilling/JWeilner, Art. Mutter, LThK VII, 1962², 707ff (kath.) – TSBailey, Mann und Frau im christlichen Denken, 1963 – SHanson, Art. Mutter, BHHW II, 1964, 1262f – GGBlum, Das Amt der Frau im Neuen Testament, NovTest VII,4, 1965, 142ff – WPhilipp, Art. Muttergottheit, EKL II, 1958, 1469ff

zu παρθένος: MDibelius, Jungfrauensohn und Krippenkind, SAH 1931/32,4 = Botschaft u. Geschichte I, 1953, 1ff – GErdmann, Die Vorgeschichte des Lukas- und Matthäus-Evangeliums, 1932 (wiss.) – GSchrenk, Art. θέλω, ThWb III, 1938, 43ff, bes. 61 – HLietzmann/WGKümmel, An die Korinther, I.II, HNT 9, 1949⁴, 179 – GDelling, Art. παρθένος, ThWb V, 1954, 824ff – OCullmann, Die Christologie des NT, 1958², 301ff – WWiesner, Art. Jungfrauengeburt, EKL II, 1958, 496ff – KGoldammer/WMarxsen/PAlthaus, Art. Jungfrauengeburt, RGG III, 1959³, 1068f – DBonhoeffer, Christologie, in: Ges. Schriften III, 1960, 233ff – GFohrer, Das Buch Jesaja 1 (1–23), 1960 (Zürcher Bibelkommentare 7) – OKaiser, Der Prophet Jesaja, Kap. 1–12, ATD 17, 1960 – MDibelius, Die Formgeschichte des Evangeliums, 1961⁴, 119ff – AAdam, Art. Syneisakten, RGG VI, 1962³, 560 – WSchmithals, Die Gnosis in Korinth, FRLANT, NF. 48, 1965² – JMFord, The Meaning of »Virgin«, NTSt 12, 1966, 293ff.

Freiheit

ἐλευθερία

ἐλευθερία *[eleutheria]* Freiheit · ἐλεύθερος *[eleutheros]* frei, unabhängig · ἐλευθερόω *[eleutheroō]* befreien · ἀπελεύθερος *[apeleutheros]* der Freigelassene

I ἐλευθερία *[eleutheria]* von ἐλεύθερος *[eleutheros]* (Wurzel *leudh-*, vgl. lat. *liber*, neuhochdt. »Leute«) = *zum Volk gehörig*, und zwar nicht, wie die Bedeutungsverengung »Leute«, soziologisch abwertend, sondern im Gegensatz zum Sklaven und Fremden; also *politisch frei*. So bezeichnet ἐλευθερία *[eleutheria]* die *Freiheit, Unabhängigkeit* in dem Sinne der freien Verfügungsgewalt über sich selbst, unabhängig von anderen. Gebildet hat sich dieser Sprachgebrauch zunächst im Gegensatz zur Unfreiheit des → Sklaven. Entsprechend bedeutet das Adj. ἐλεύθερος *[eleutheros] frei, ungebunden, von freier Herkunft*, meint also einen, der *sein eigener Herr ist*. Später können vereinzelt Adj. und Subst. auch gebraucht werden zur Bezeichnung der Gesinnung, in der diese Freiheit wirksam wird, und zwar entweder a) im guten Sinn (meist): *edel, sich beherrschend, – Edelmut, Freimütigkeit;* oder b) im schlechten Sinn (nicht so häufig): *rücksichtslos, ungeniert*. Das Adj. ἀπελεύθερος *[apeleutheros]* schließt an den urspr. Sprachgebrauch an und bezeichnet einen *Freigelassenen*, also nicht von Natur aus Freien (was für den griech. Begriff wesentlich ist). Entsprechend hat das Verb ἐλευθεροῦν *[eleutheroun]* die Bedeutung *befreien, frei machen*, jedoch nicht nur auf den Sklaven bezogen, sondern auf jegliche Bindung, die die freie Verfügungsgewalt über sich selbst hindert.

1) Im profangriech. Sprachgebrauch hat ἐλεύθερος *[eleutheros]* zunächst einen eminent politischen Sinn. Der ἐλεύθερος *[eleutheros]* ist der zu einer πόλις *[polis]* (Stadtstaat; → Stadt) als Vollbürger Gehörende im Gegensatz zum Sklaven, dem in der politischen Gemeinschaft der Polis Unfreien. Daß er volles Mitspracherecht hat (Recht der freien Rede, die παρρησία *[parræsia]*; → Freimütigkeit), daß er frei über sich innerhalb der Polis verfügen kann, das ist seine Freiheit. Die griech. Polis kann daher bei Aristoteles verschiedentlich als die Gemeinschaft der Freien charakterisiert werden. Damit diese Freiheit, die Aristoteles als das Gute der Polis schlechthin bezeichnet, gewährleistet ist, bedarf es zugleich des Nomos, des → Gesetzes, als des Prinzips der Ordnung. Freiheit und Gesetz sind also nicht Gegensätze, sondern bedingen einander. Die ständige Gefahr ist die Auflehnung gegen das Gesetz im Namen einer (mißverstandenen) Freiheit, die doch nur Willkür ist, weil sie das »Verfügen-über-sich-selbst« mehr sich selbst als den anderen zubilligt. Selbstver-

ständlich findet dieser politische Begriff der Freiheit auch seine zwischenstaatliche Anwendung, wo er zum Begriff der Souveränität führt.

2) In der stoischen Philosophie wandelt sich dieser politisch geprägte Begriff der Freiheit, bedingt durch den Zerfall der Polis und der damit gegebenen Gemeinschaft, bei formaler Bedeutungsgleichheit, zur philosophisch-religiösen Freiheit. Denn verfügbar sind dem Menschen nach der Stoa letztlich nicht die äußeren Dinge (Leib, Geld, Ehre, politische Freiheit etc.); deshalb heißt ἐλευθερία *[eleutheria]* vielmehr Rückzug aus der Scheinwirklichkeit dieser Welt (»Askese«; dieser Begriff kommt so im NT nicht vor!), ein Sich-denkend-Überlassen dem Gesetz und Walten des Kosmos bzw. der Gottheit, die den Kosmos durchwaltet. Dh aber nun, daß sich der Mensch auch von dem befreien muß, was ihn zutiefst an die Welt bindet: seine Leidenschaften (Zorn, Sorge, Mitleid etc.) und die Todesfurcht. Freiheit haben bedeutet hier also, daß der Mensch durch Ausgeglichenheit und Leidenschaftslosigkeit in völliger Harmonie mit dem Kosmos (den Göttern; vgl. Epikt. Diss. IV, 1,89f) lebt und gerade darin sich selbst in die Hand bekommt und so in seinem Wesen über den Kosmos Souveränität gewinnt. Diese Freiheit muß in einem dauernden Kampf und in unendlicher Anstrengung immer neu verwirklicht werden.

3) Die Mysterienreligionen suchten die Frage nach wirklicher Freiheit darin zu beantworten, daß der Myste durch das kultische Geschehen aus dieser heillosen Welt befreit würde und Anteil am Schicksal Gottes bekäme (→ Erkenntnis, Art. γνῶσις).

1) In der LXX wird die Begriffsgruppe ἐλευθερία *[eleutheria]* nur im Gegenüber zum Sklaven (Ex II
21,2.5.27; Lev 19,20; Dtn 15,12f u. ö.) bzw. Kriegsgefangenen (Dtn 21,14; → Gefangener) und nur einmal zur Beschreibung einer Entpflichtung (der Steuerbefreiung 1Sam 17,25) verwendet; sie findet sich aber auffälligerweise weder im Zusammenhang der Befreiung Israels aus Ägypten noch in der Überlieferung von der Rückführung Israels aus dem Exil. Die politische Verwendung von ἐλευθερία *[eleutheria]* ist also offenbar der LXX fremd. Denn wenn 1Sam 17,25 von einem königlichen Freiheitsprivileg erzählt wird, oder wenn 1Kön 21,8.11 ausnahmsweise die *chorim* (wohl ein Adelsprädikat) als »Freie« benannt werden (vgl. auch Neh 13,17; Jer 29,36.2), dann zeigt das nur, daß unter der Monarchie tatsächlich die Israeliten insgesamt zu Unfreien, zu »Königssklaven« wurden (1Sam 8,10ff), aus denen die wenigen privilegierten Freien hervorragen. Auch hier also bleibt alles im Raum der Sklavenfrage.

Die Sklavenfrage aber ist in Israel nur von der Herrschaft Jahwes über sein Volk her zu verstehen. Jahwe schützt in der Rechtsordnung, die er seinem Volk gegeben hat, den Hilflosen und Schwachen, dh auch den Sklaven. Erst später (vgl. Dtn 15,13ff) wird das Eintreten Jahwes für den Sklaven mit der Befreiung Israels aus der Sklaverei Ägyptens begründet. Der versklavte Israelit kann in Israel nie zum Eigentum werden: nach 6 Jahren muß er unentgeltlich freigelassen werden (Ex 21,2ff), ja nach Dtn 15,12 liegt dem Besitzer sogar die soziale Fürsorge für ihn ob. Jer 34,8ff läßt allerdings erkennen, daß auch in Israel gewisse Kreise das in der Umwelt übliche lebenslange Sklaventum erstrebten (vgl. V. 11f). Nicht zuletzt diese sozialen Ungerechtigkeiten wurden für Jeremia (vgl. Amos!) zum Anlaß, geradezu höhnisch den Begriff der Freilassung (V. 17) auf Gottes Gerichtshandeln an Israel zu übertragen.

2) Indessen darf aus dieser engen Bedeutungsabgrenzung der Begriffsgruppe ἐλευθερία *[eleutheria]* in der LXX nicht geschlossen werden, daß für Israel das Problem der Freiheit nicht existiert habe. Nur hat es seine Freiheit (und die seiner einzelnen Glieder) niemals isoliert von Jahwes Erlösungs- und Rettungshandeln zum Gegenstand seiner Betrachtung gemacht. Freiheit ist für Israel Befreit-sein, und zwar durch Jahwe (zB aus Ägypten, Ex 20,2; Dtn 7,8) und von daher identisch mit → Erlösung. Sie ist gerade nicht von Natur gegeben, sondern wird jeweils als gnädige Gabe Gottes erfahren.

Daß Israel als Volk Gottes – auch politisch – allein aus dieser Befreiungstat existiert, hat nun verschiedene Konsequenzen:

a) Die Gabe der Freiheit bleibt an den Geber gebunden. Das Verlassen Jahwes hat den Verlust der Freiheit zur Folge. Das zeigt bes. kraß die Richterzeit (Ri 2,11ff: Abfall von Jahwe – Versklavung – Bekehrung – Befreiung); ganz ähnlich die Geschichte des Nord- und Südreiches in den Königsbüchern. Die assyrische Gefangenschaft ist Folge der Gottlosigkeit des Nordreichs (2Kön 17, 7–23), das babylonische Exil Folge der Gottlosigkeit im Südreich (2Kön 21,10–15; 22,19f; 23,25–27). In den Klageliedern des Jeremia findet dieses Ende der politischen Freiheit Israels erschütternden Niederschlag.

b) Die Tat Jahwes ist grundlegend auch für die menschliche Lebensgemeinschaft. »Nach dem Dekalog gehört Freiheit wie Leben (Ex 20,13), Ehe (V. 14), Ehre (V. 16) und Eigentum (V. 17) zu den Grundrechten des Menschen, die Jahwe seinem Bundesvolk schenkt und schützt; denn Ex 20,15 verbietet ursprünglich Menschendiebstahl« (EFahlbusch im Anschluß an AAlt, EKL I,1374). Diese Hochschätzung der Freiheit gilt auch dem Fremdling (Ex 22,20–23,9; Lev 19,33f) und dem Sklaven (s. o. II,1). Am erstaunlichsten in dieser Hinsicht ist wohl die Vorschrift über entlaufene Sklaven Dtn 23,16f.

c) Auch in der Botschaft der Propheten – die sie selbst in einer einzigartigen Freiheit ausrichten (s. GvRad, Theol. des AT II,83ff) – spielt der Kampf um die Erhaltung dieser von Jahwe gewirkten und an ihn gebundenen Freiheit immer wieder eine bedeutsame Rolle (vgl. Jes 1,23; 10, 1–4; Jer 7,5f; Am 2,6f; 4,1ff; 5,7.11f; Mi 3,1–3; 7,3). Die Versklavung urspr. freier Volksschichten durch den Adel ist Bruch des Gottesrechtes. Den Unfreien wird die Verheißung gegeben, daß der Messias kommen wird, »den Gefangenen die Freiheit zu verkünden und den Gebundenen Lösung der Bande« (Jes 61,1).

3) Im Spätjudentum und zur Zeit Jesu wird das Wort Freiheit vorwiegend in jenem äußeren, politischen Sinn verstanden (vgl. zB das typische Mißverständnis Joh 8,33). So bildeten sich auch immer wieder religiös begründete Freiheitsbewegungen, die die verheißene Freiheit durch Gewalt herbeiführen wollten, indem sie gegen die heidnischen Staatsmächte angingen. Die bekanntesten sind die Makkabäer im 2. Jh. vChr (die mit der politischen Freiheit die religiöse sichern wollten) und die Zeloten zZt Jesu (vgl. Apg 5,37; 21,38).

III 1a) Im NT findet sich ἐλευθερία *[eleutheria]* 11mal (davon 7mal bei Paulus, je 2mal bei Jak und in den Petr-Briefen), ἐλεύθερος *[eleutheros]* 23mal (davon 16mal bei Paulus, 2mal bei Joh, je 1mal bei Mt und 1Petr, 3mal in Offb), ἐλευθερόω *[eleutheroō]* 7mal (davon 5mal bei Paulus, 2mal bei Joh) und ἀπελεύθερος *[apeleutheros]* nur 1Kor 7,22. Der Gebrauch der Wortgruppe konzentriert sich also auf Paulus (bes. die Kap. Röm 6–8; 1Kor 7–10; Gal 2–5) und Joh 8,32–36, während sie im Wortschatz der Synopt. (mit Ausnahme von Mt 17,26) gänzlich fehlt.

b) Bedeutungsnuancen: ἐλευθερία *[eleutheria]* erscheint im NT nirgends in der profangriech. Bedeutung der politisch-äußeren Freiheit; daraus ist zu schließen, daß im NT die Wiedergewinnung der politischen Freiheit des Volkes Israel keine Rolle mehr spielt (Jesus kein politischer Messias!). Auch die formale Bedeutung »über sich selbst und das Dasein Verfügungsgewalt zu besitzen« scheidet im NT vollkommen aus. ἐλευθερία *[eleutheria]* wird ausschließlich gebraucht im Blick auf die »herrliche Freiheit der Kinder Gottes« (Röm 8,21). Sie ist da, »wo der Geist des Herrn ist« (2Kor 3,17). Der Begriff meint die »Freiheit, die wir haben in Christus Jesus« (Gal 2,4), die »Freiheit, zu der uns Christus befreit hat« (Gal 5,1). Wenn Jak 1,25; 2,12 vom »Gesetz der Freiheit« redet, so ist ἐλευθερία *[eleutheria]* die neue Lebensordnung, in der der Mensch in Übereinstimmung mit Gottes Willen lebt. Auch das Verb ἐλευθερόω *[eleutheroō]* wird im NT ausschließlich für die Tat gebraucht, die durch Jesus geschieht oder geschehen ist: »Die Wahrheit wird euch frei machen« (Joh 8,32), »nun ihr frei geworden seid von der Sünde« (Röm 6,18.22) etc.

Dagegen hat ἐλεύθερος *[eleutheros]* meist den profangriech. Sinn des *Freien* im Gegensatz zum δοῦλος *[doulos]*, → Sklaven (Gal 3,28; Eph 6,8; Kol 3,11; Offb 6,15 u. ö.) oder des Unabhängigen gegenüber irgendwelchen Gesetzen (Röm 7,3). Dabei wird etwa Gal 4,22f dann schillernd und führt 4,26.31; 5,1 weiter zum spezifisch nt. Begriff des »in Christus Freien«. Merkmal dieses Freien ist nicht mehr die Gegensätzlichkeit zum Sklaven, sondern daß er als Freier zugleich ein Sklave Christi ist (1Petr 2,16; 1Kor 9,19; vgl. die Selbstbezeichnung des Paulus in Röm 1,1; Phil 1,1): Der ἀπελεύθερος κυρίου *[apeleutheros kyriou]* ist zugleich auch der δοῦλος Χριστοῦ *[doulos Christou]* (1Kor 7,22).

2a) Was heißt Freiheit? Das NT sieht – im Gegensatz zum profangriech. Verständnis – den Menschen grundsätzlich als Unfreien (Röm 6,20; 2Petr 2,19; vgl. Joh 8,39) und spricht ihm jede Möglichkeit ab, sich selbst zu befreien und ungebunden über sich zu verfügen. Gerade der dauernde Versuch des Menschen, sich selbst in die Hand zu bekommen – auf welchem Wege auch immer –, führt in die größte Unfreiheit, in der er seine ursprüngliche Bestimmung verfehlt (Mt 16,25; Joh 12,25). Die wahre Freiheit des Menschen besteht überhaupt nicht in der freien Verfügungsgewalt über sich selbst (weder im politischen noch im stoisch-verinnerlichten Sinn), sondern im Leben mit Gott, im Leben gemäß der ursprünglich göttlichen Bestimmung für den Menschen (Röm 6,22; Gal 5,1.13; 1Petr 2,16), die er nur gewinnt, indem er sich selbst verleugnet (Mt 16,24). Das Paradox ist, daß gerade der Freie nicht sich selbst gehört (1Kor 6,19; 9,19; 1Petr 2,16), sondern dem, der ihn befreit hat (Röm 6,18.22; Gal 5,1), »der für sie gestorben und auferstanden ist« (2Kor 5,15). Das nt. Freiheitsverständnis berührt sich also darin mit dem at., daß es die Gabe der Freiheit gebunden sieht an ihren Geber: »Alles ist euer – ihr aber seid Christi« (1Kor 3,21–23). Auf Grund dieser Gebundenheit, die zugleich ja eine Verbindung ist, erweitert sich der »Geltungsbereich« dieser Freiheit bis dahin, daß selbst überirdische Mächte und übermenschliche Gesetzmäßigkeiten ihrer absoluten Herrschaft beraubt sind, weil sie – von Christus überwunden – den Menschen nicht mehr von Christus absondern können (Röm 8,38; Gal 4,3.9; 1Kor 15,24). Der undurchdringliche Horizont wird in dieser Freiheit transparent.

b) Freiheit wovon? Der Mensch ist unfrei, indem er von den Mächten dieses Äons unterjocht wird (Eph 6,12; vgl. Mt 17,18; Lk 13,16; 1Petr 5,8). Das NT führt nun das Verständnis der Freiheit weit über das des AT hinaus, indem Freiheit die Befreiung von diesen das wahre Menschsein unterdrückenden Mächten der → Sünde (Röm 6,18–22; 8,2–4; Joh 8,31–36), des → Satans (Mt 12,22; Lk 13,16; Eph 6,12), des → Gesetzes (Röm 7,3–6; 8,3; Gal 2,4; 4,21–31; 5,1–13) und des → Todes (Röm 6,20–23; 8,2.21) ist; dh Befreiung vom »alten« Menschen (vgl. Röm 6,6; Eph 4,22; Kol 3,9).

α) Sünde ist im NT nicht eine einmalige Tat, die mit der Zeit vergeht oder ausgelöscht werden kann, sondern sie hat eine dauernde unwiderrufliche Gebundenheit zur Folge für den, der sich ihr einmal zur Verfügung stellt (2Petr 2,19b); er hat nicht mehr die Freiheit, Gott zu dienen, sondern ist zur Sünde gezwungen. Von diesem Zwang soll der Mensch freiwerden. Wer frei ist von der Sünde, ist damit aber keineswegs vor ihr magisch gesichert. Auch der Glaubende muß zum ständigen Kampf gegen die Sünde aufgefordert werden (Röm 6,12.19; 1Kor 6,18f; Eph 6,10ff u. ö.), auch er ist dem Versucher ausgesetzt (2Kor 2,11; 1Thess 3,5) und bleibt sündig. So findet sich neben dem Indikativ der Befreiung von der Sünde, »der wir abgestorben sind« (Röm 6,2), immer zugleich der Imperativ, der Sünde nun keinen Raum mehr zu lassen (V. 12), sondern stattdessen Gott zu leben in Christus Jesus (V. 11). Dies steht aber nicht im Widerspruch zueinander, sondern der Imperativ ist Folge des Indikativ.

ἐλευθερία *[eleutheria]* als Befreiung von dem Zwang zu sündigen (Röm 6,14.18) eröffnet also die bislang unmögliche Möglichkeit, Gott zu dienen (vgl. Jak 1,25; 2,12), weil nun das, was bislang »sondernd« (»Sünde« kommt im Dt. sprachlich von »sondern, trennen«) zwischen Gott und dem Menschen und also dem wahren Menschsein stand, ausgeräumt ist.

β) Das Gesetz (des AT) bringt dem Menschen Gottes unwiderruflichen Willen und soll den Menschen zum Leben (mit Gott) führen (Röm 7,10; 10,5). Aber de facto bewirkt es das Gegenteil, weil es erst recht zur Sünde anreizt (Röm 7,7–13) und die tiefste Gottlosigkeit offenbar macht (Röm 5,20; Gal 3,19). So steht vor dem Gesetz Gottes keiner gerecht da (Röm 3,9ff.23). Was dem Menschen als Heilsweg dienen sollte, wurde ihm zum Fluch (Gal 3,10; Röm 7,10). Von diesem Fluch hat Christus den Menschen befreit (Gal 3,13). Daß der Mensch frei vom Gesetz sein darf, bedeutet demnach keineswegs die Aufhebung des Gesetzes überhaupt (Röm 3,31; 6,15; Mt 5,17); es bleibt auch für den Glaubenden Gottes heiliger Wille (Röm 7,12.14; Mt 5,18f), der nun in der Liebe seine Erfüllung finden soll (Joh 13,34f; Gal 5,13f). Aber es ist nicht mehr der (unmögliche) Weg zum Leben. Das Gesetz (als Heilsweg) hat in Christus sein Ende: Röm 10,4. Lebt der Mensch unter dem Gesetz in der Knechtschaft (Gal 4,3), so kann er durch Christus (V. 5) in der Kindschaft und Erbschaft (V. 7) leben. Darum wird dem das »Wehe« zugerufen, der nun doch wieder versuchen sollte, das Gesetz als Heilsweg aufzurichten (Gal 2,18f) und durch Erfüllung des Gesetzes statt allein aus Glauben selig zu werden (Gal 3,1–5; 5,1ff).

γ) Der Tod ist für den Menschen der Ertrag, den ihm sein Leben unter der Sünde (Röm 6,21.23a) und dem Gesetz (7,10f.23f) bringt (1Kor 15,56). Dabei ist der Begriff Tod schillernd, weil er zugleich den zeitlichen und den ewigen Tod meint (vgl. Röm 8,6). Wie nun Röm 6 die Freiheit von der Sünde, Röm 7 die Freiheit vom Gesetz, so zeigt folgerichtig Röm 8 (vgl. 1Kor 15,26) die Freiheit vom Tod; gemeint ist dabei – wie bei den anderen Mächten – (noch) nicht deren radikale Aufhebung, sondern die Befreiung von der Unausweichlichkeit ihres Zwanges und Anspruches. Auch Christen müssen sterben. Aber ihrem

Tod ist der Stachel genommen (1Kor 15,55), weil sie um die → Auferstehung Christi als das Unterpfand ihrer eigenen Auferstehung wissen. Freiheit vom Tod meint also, daß dem Menschen auch durch seinen Tod hindurch und über ihn hinaus in Christus eine Zukunft und Hoffnung verheißen und verbürgt ist. Darin ist er frei. Die Gewißheit, daß nichts mehr zwischen Gott und ihn treten kann (Röm 8,38f), daß der Tod in seiner Endgültigkeit überwunden ist, kann den Menschen von der Todesfurcht als Furcht vor der endgültigen Vernichtung seiner Existenz befreien.

c) Freiheit wodurch? Diese Befreiung des Menschen liegt nicht im Bereich seiner eigenen Möglichkeiten. Sie geschieht weder durch eine Besinnung auf sich selbst, noch durch einen Akt seines Willens, noch durch ein so oder so geartetes Tun. Darum fehlt im NT auch jeder Aufruf, sie zu erkämpfen, denn sie ist bereits gegeben durch das, was Christus für uns getan hat (Gal 5,1). Nur der Sohn kann die Möglichkeit der Existenz in der ἐλευθερία *[eleutheria]* erschließen (Joh 8,36); sie ist von ihm realisiert im Ereignis des Kreuzes (Gal 3,13). Für den Menschen aber gewinnt sie erst da Gestalt, wo er sich dem gegenwärtigen Ruf des Evangeliums öffnet (2Kor 5,20f), dh wo die Predigt → Glauben wirkt und zu einer dauernden Bindung an Christus und sein Wort führt (Joh 8,31f). Durch die Predigt wird der Mensch auf Grund der Befreiungstat am Kreuz aus einem bis dahin notwendigerweise nur möglichen Leben κατὰ σάρκα *[kata sarka]* *(nach dem Fleisch* = nach menschlichem Maßstab und Denken) fortgerufen, um nun κατὰ πνεῦμα *[kata pneuma]* *(nach dem Geist* Gottes) zu leben (Röm 8,12f; Gal 6,8). Nur wo im Menschen der Heilige → Geist wirkt und zum Lebensprinzip geworden ist, wo sich der Mensch diesem Wirken nicht versperrt, da ist wahre Freiheit (2Kor 3,17; Röm 8,1ff.14; Gal 5,18).

d) Freiheit wozu? Diese geschenkte Freiheit kann freilich mißbraucht werden »als Deckmantel der Bosheit« (1Petr 2,16). Das geschieht da, wo sie im griech. Sinn der freien Verfügungsgewalt des Menschen über sich selbst mißverstanden wird. Sie führt dann zum Libertinismus statt zum Dienst (→ Dienen) am Nächsten (Gal 5,13f). Der wahrhaft Freie erweist seine Freiheit eben darin, daß er frei wird von sich selbst zum Dienst für Gott (1Thess 1,9), zum Dienst der → Gerechtigkeit (Röm 6,18ff) und am Mitmenschen (1Kor 9,19; Jak 1,25); denn »die Liebe Christi dringt ihn also« (2Kor 5,14f). Der Befreite ist ein δοῦλος Χριστοῦ *[doulos Christou]*, ein Sklave Christi geworden (1Kor 7,22; Röm 1,1; Phil 1,1) entsprechend Luthers berühmtem Satz: »Ein Christenmensch ist ein freier Herr über alle Dinge und niemand untertan (nämlich im Glauben); ein Christenmensch ist ein dienstbarer Knecht aller Dinge und jedermann untertan (nämlich in der Liebe).« Dabei kann dieses Dienen mannigfache Ausdrucksformen haben (Gal 5,22; 1Kor 9,19ff); entscheidend ist nur, daß es in der Liebe geschieht (1Kor 13). Je tiefer einer in das »Gesetz der Freiheit« eindringt, desto mehr befreit es ihn zu solchem Tun (Jak 1,25; 2,12).

e) Freiheit als politisches Postulat. Merkwürdigerweise (für den modernen Menschen) spielt im NT die politische Freiheit eine ganz untergeordnete Rolle. Jesus wehrt alle Mißverständnisse in dieser Richtung eindeutig ab: Er und sein Reich leben nicht von dieser äußerlichen Freiheit, sonst würde sie schon nicht so leichtfertig preisgegeben (Joh 19,36). Auch da, wo Jesus seine irdische Macht betont (Mt 28,18), werden keine Konsequenzen in bezug auf eine politische Freiheitsforderung gezogen. Er enttäuscht alle spätjüd. Erwartungen auf einen politischen Messias. Seine Predigt hat ein total anderes Ziel: die Rückkehr zum Vater (d. i. Freiheit!) und nicht die Freiheit vor Menschen (Mt 4,17; Lk 24,47; Joh 8, 34–36 u. ö.).

So ist für den Christen die Freiheit eben nicht mehr eins der höchsten Güter (Hebr 13, 14), das er notfalls durch die Anwendung von Krieg und Gewalt zu erkämpfen berechtigt wäre. Er weiß von einer Freiheit, in der man – mit Christus – auch bereits leben kann, solange die Welt und der Mensch noch nicht geändert sind, einer Freiheit, die damit freilich oft noch unter Leiden verborgen ist (Joh 8,31.38; Röm 8,18–23).

Unüberhörbar ist jedoch, daß innerhalb der Gemeinde ein Zug zur Freiheit im Sinne der Gleichberechtigung aller (ähnlich wie bei den Propheten) vorhanden ist. Wenn auch in der Praxis zunächst noch (allerdings gegenüber der Umwelt abgemildert) die alten Unterschiede Freier-Sklave (Philemon), Mann-Frau (1Kor 14,34 unter Berufung auf das at. Gesetz!) bestehen bleiben, so sind sie doch grundsätzlich hinfällig (Gal 3,28; 1Kor 12,13; Kol 3,11). Die gottgeschenkte ἐλευθερία *[eleutheria]* soll sich auch und sogar zu allererst im Zusammenleben des Volkes Gottes auswirken. Denn die christliche Gemeinde ist eine Gemeinde der Freien (Gal 4,21–31; → Gemeinschaft; → Kirche; → Leib). *J. Blunck*

ZUR VERKÜNDIGUNG V

Schon oft ist Freiheit mißverstanden worden als die Möglichkeit, zu tun was man will. Es ist ein populäres Mißverständnis, daß *der* Mensch frei sei, der unabhängig von anderen über sich selbst verfügen kann. Aber müßte nicht eine Freiheit dieser Art ihre Grenze da finden, wo sie die Freiheit des anderen tangiert oder beeinträchtigt? Hier richten Gesetz und Konvention Schranken auf. Und ist nicht zudem solche Freiheit, zu tun was man will, auch durch natürliche Befähigung und sachliche Umstände eingeschränkt? Darum wäre nach Rousseau nur der wirklich frei, der will, was er kann, und tut, was er will.

Freiheit ist also nie Freiheit an sich und nur für sich. Schon allein um seine profan verstandene persönliche Freiheit zu wahren, muß der Mensch diese an gewissen Punkten eingrenzen lassen, damit sie gemeinschaftlich gesichert wird. Inhalt und Ziel dieser Absicherung bestimmen zwischen Libertinismus und Totalitarismus den Ort der größtmöglichen naturrechtlich verstandenen menschlichen Freiheit. Daß Freiheit so oft in zusammengesetzten Ausdrücken vorkommt (als politische F., F. der Gedanken, Religions-, Kultus- und Gewissensfreiheit usw.), zeigt an, daß dabei an Teilgebiete des Lebens des Menschen und an seine Beziehungen zur menschlichen Gesellschaft, zu den anderen Menschen, gedacht ist. Der wesentliche Inhalt der Freiheitserwartung (individuell oder kollektiv, national, sozial, philosophisch, allgemein religiös, christlich) ist bedingt und bestimmt durch den Glauben und den existentiellen Standort des Betroffenen.

Wie weit Freiheit eine Sache der richtigen Beziehung und Zuordnung ist, wird erst am biblischen Befund deutlich. Im Unterschied zum naturrechtlichen Freiheitsbegriff ist Freiheit im Sinn des Evangeliums immer auf Gott hin ausgerichtet. Sie läßt sich beschreiben als die Freiheit zu wollen, was Gott tut (E. Fuchs). Schon das griech. Wort für den Freien deutet formal an, daß er (wie auch im AT) nicht von Natur aus ein solcher ist, sondern als Befreiter: Gottes Heilstat (in Christus) befreit ihn von der → Sünde und macht ihn frei zur → Gerechtigkeit, befreit vom Dienst der Unreinigkeit zum Dienst der Gerechtigkeit, vom Tod (der der Sünde Sold ist) zum ewigen Leben (als der Gabe Gottes). »In der christlichen Botschaft wird dem Menschen, der sie hört, Freiheit angekündigt, d. h. es wird ihm gesagt, daß er nicht einsam und ohnmächtig den zahllosen Mächten und Einflüssen der Unfreiheit in ihm und um ihn ausgeliefert ist, sondern daß sich ein Herr, Freund und Bruder mit ihm verbündet, der diesen Mächten schlechthin gewachsen ist« (Gollwitzer S. XIII). Damit eröffnen sich für ihn neue Möglichkeiten der Freiheitsverwirklichung bzw. die *einzige* wirkliche Möglichkeit dafür. Das menschliche Selbst, das in sich verschlossen sein will und sich nicht Gott zuwenden, lebt in Versklavung, in der Sprache des Existentialismus: »verdammt« zur Freiheit (Sartre). Gotteskindschaft (Röm 8,14) dagegen ist gebundene, in Pflicht genommene und zielbestimmte Freiheit. Der Mensch kann nur insofern freiheitlich über sich selbst verfügen, als er – in der rechten und angemessenen Weise – über sich verfügen läßt (Schlier, ThWb II, 492). Zu dieser Freiheit hat Christus frei gemacht (Gal 5,1), und alle Alternativen bleiben demgegenüber »knechtisches Joch« (ebd.).

Auch das Verhältnis zum Nächsten muß auf solcher Grundbestimmung geordnet sein im Sinn freiheitlicher Bindung, die sich in individuellen sowie institutionalisierten Funktionen durch Verantwortlichkeit und Zielsetzung von beliebiger Willkür unterscheidet. Freiheit als Befreiung von der Schuld und vom Fluch des → Gesetzes ist »die sieghafte Selbstbehauptung der göttlichen Gerechtigkeit in Christus und in Christus für uns und an uns« (Stalder, 344). Geht es also hier um ein Tun Gottes, so ist Freiheit letztlich nicht von den äußeren Welt- und Lebensumständen abhängig. In diesem Sinne sind im NT auch Sklaven Freie.

Andererseits ist für den Menschen in der von Gott geschenkten Freiheit nicht gleichgültig, wie die Welt ist und was aus ihr wird. Der in Schöpfung und Erlösung gegründete Begriff der Menschenwürde drängt hin auf (zumeist demokratisch verstandene) maximal und universell mögliche, persönliche und völkische Freiheit des Menschen. Der Christ wird von daher sein Handeln weder an utopischen Idealen orientieren, noch vor der Welt in ihrer vorfindlichen Gestalt kritik- und erwartungslos resignieren. Die durch Gottes Wort und Tat verheißene und geschenkte Freiheit will vielmehr durch die von deren Zuspruch Betroffenen im möglichen Maß bereits jetzt sichtbar gemacht und verwirklicht werden. So falsch es also ist, tatenlos abwartend vor den Erscheinungen der Unfreiheit stehen zu bleiben, so sehr muß sich umgekehrt der Christ davor hüten, Gott vermessen ins Handwerk pfuschen zu wollen. Ging nicht z. B. der fanatische Freiheitskampf der jüd. Zeloten im Grunde von der Idee aus, in heroisch konsequentem Einsatz die Theokratie in Israel wieder aufzurichten und so der kommenden und verheißenen Gottesherrschaft machtpolitisch den Weg zu öffnen und sie damit in gewissem Sinne herbeizuzwingen? Aber gerade an einem solchen Beispiel ist deutlich, wie eng Freiheitshoffnung und Erwartung des Heils zusammenhängen: Das eigentliche Ziel dieses Kampfes war das Heil, nicht in nationalistischer Beschränkung, sondern in seiner religiösen Fülle.

Alle Freiheit ist zugleich immer wieder in Frage gestellt und bedroht. Sie ist Mißverständnissen ausgesetzt, weil sich ihr Bezugspunkt verschiebt oder verändert. Am deutlichsten wird dies, wo der Freiheitsbegriff nicht mehr auf Gott, sondern auf den Staat oder den Menschen selbst bezogen und in seiner Orientierung von dorther bestimmt wird. Einmal manipulierbar gemacht, wird er in Wirklichkeit entstellt bis in sein Gegenteil (G. Orwell, 1984: Freiheit ist Sklaverei – Unwissenheit ist Stärke). Unter dem Deckmantel grenzenloser Freiheit ersetzen anonyme geheime Diktaturen die offene Tyrannei, und die modernen Formen des Wirtschaftslebens oder die Massenmedien geben solchen Ausprägungen leicht Raum. Die Bewahrung der nationalen Freiheit kann zum Vorwand werden, unter dem die in dieser Nation lebenden Menschen totalitär verknechtet werden. Wo die für wahre Freiheit nötigen Bindungen (z. B. moralisch und sexuell) dahinfallen, entartet Freiheit zur Zügellosigkeit, die nichts anderes als eine Spielart der Leidenschaft und Knechtschaft ist. So ist die menschliche Gesellschaft von »wachsenden Unfreiheiten« (Gollwitzer S. XII) bedroht. Ihnen gegenüber gilt es für die Christen, in der Freiheit zu bestehen, Zeichen der Freiheit aufzurichten und so der Hoffnung auf Gottes Zukunft Nahrung zu geben. Das aber läßt sich weder durch äußere Strukturen und Ordnungen allein verbürgen, die alle in das Gegenteil verkehrt werden können, noch durch die Pflege einer bloß inneren Gemütsverfassung. Nur wo Christus selbst mit seinem Geist gegenwärtig ist, wo Menschen vor und mit Gott leben, kann sich Freiheit verwirklichen, vielleicht (vgl. Hebr 5,8) mehr unter → Leiden als im Kampf. *H. Beck*

Lit.: ESchürer, Geschichte des jüdischen Volkes im Zeitalter Jesu Christi, I 1901[4], 486f.617f – MMüller, Freiheit, ZNW 25, 1926, 177ff – HJonas, Augustin und das paulinische Freiheitsproblem, 1930 – WBrandt, Freiheit im NT, 1932 – MLuther, Von der Freiheit eines Christenmenschen (1520), in: OClemen, Luthers Werke 2, 1934,1ff – HSchlier, Art. ἐλεύθερος, ThWb II, 1935, 484ff – – EGGulin, Freiheit in der Verkündigung des Paulus, ZSTh 18, 1941, 458ff – OMichel, Der antike und der christliche Freiheitsbegriff, Universitas 1946, 1ff – EFuchs, Die Freiheit des Glaubens, Röm 5–8 ausgelegt, BEvTh 14, 1949 – WJoest, Gesetz und Freiheit. Das Problem des Tertius Usus Legis bei Luther u. die nt. Paränese, 1951 – GBornkamm, Die christliche Freiheit, in: Paulus-Studien, BEvTh 16, 1952, 133ff – RBultmann, Die Bedeutung der Freiheit für die abendländische Kultur, Glauben u. Verstehen II, 1952, 274ff – EDinkler, Zum Problem der Ethik bei Paulus (1Kor 6,1–11), ZThK 49, 1952, 167ff – RZorn, Das Problem der Freiheit, 1952 – KBarth, Das Geschenk der Freiheit, Theol. Stud. 39, 1953 – EGräßer, Freiheit und apostolisches Wirken bei Paulus, EvTh 15, 1955, 333ff – EFahlbusch, Art. Freiheit, EKL I, 1956, 1371ff – KBarth, KD III,4, 1957[2] (passim) – EFuchs, Art. Freiheit (I), RGG II, 1958[3], 1101ff – USchmidthäuser (Hrsg.), Welche Freiheit meinen wir?, 1958 – OWeber, Freiheit in unserer Welt, EvTh 18, 1958, 433ff – CHDodd, Das Gesetz der Freiheit, Glaube u. Gehorsam nach d. Zeugnis des NT, 1960 – OCullmann, Der Staat im NT,

1961² – WEichrodt, Theologie des AT, III, 1961⁴ – MHengel, Die Zeloten, 1961 – KStalder, Das Werk des Geistes in der Heiligung bei Paulus, 1961 – HGollwitzer, Forderungen der Freiheit. Aufsätze u. Reden z. politischen Ethik, 1964² – EKäsemann, Exegetische Versuche und Besinnungen I, 1964³, 263ff (Röm 6,19–23) – ders., Der gottesdienstliche Schrei nach der Freiheit (zu Röm 8,26–27), in: Apophoreta, Festschrift EHaenchen, 1964, 142ff – HThielicke, Theologische Ethik, 1964 (bes. III, 3–51) – GvRad, Theologie des AT II, 1965⁴, 83ff – RBultmann, Die ἐλευθερια, in: Theol. des NT, 1965⁵, 331–353 – vdHeyden, Uhuru, Dt. Pfarrerblatt 19, 1966, 580ff.

Freimütigkeit

παρρησία

παρρησία *[parræsịa]* Freimütigkeit, Offenheit, Öffentlichkeit · παρρησιάζομαι *[parræsiạzomai]* freimütig, offen reden; Zuversicht haben

1) παρρησία *[parræsịa]* bezeichnet seinem urspr. Wortgehalt nach (πᾶν *[pan]* und ῥῆσις *[rhæsis]*, zu ἐρῶ *[erō]* aus Wurzel *wer-*, lat. *verbum*, vielleicht dt. »Wort«) die *Freiheit, alles zu sagen.* Da die Verwirklichung dieser Redefreiheit bisweilen auf Widerstände stößt, erklärt sich *Unerschrockenheit, Freimütigkeit* als weiterer Bedeutungsgehalt von π. Ebenso ist die negative Bedeutung des Wortes *Dreistigkeit, Unverschämtheit* im Reden verständlich als Bezeichnung des Mißbrauchs der Redefreiheit. Übertragen kann π. *Zuversicht* und *Freudigkeit* heißen. Entsprechend heißt das dazugehörige Verb παρρησιάζομαι *[parræsiạzomai]*: *offen, freimütig reden* und *Zuversicht haben.* I

2) Die erst seit Euripides und Aristophanes im Profangriech. auftauchende Wortgruppe gehört zunächst in die Sphäre des Politischen. Sie bezeichnet das demokratische Recht eines Vollbürgers (nicht des → Sklaven oder → Fremden) der griech. Polis: in der Volksversammlung (ἐκκλησία *[ekklæsịa]*) seine Meinung frei herauszusagen (vgl. zB Polybius 2,38,6). Dieses Recht ist geradezu ein Charakteristikum der Demokratie, freilich liegt die Gefahr des Mißbrauchs in ihm, wie Plato zeigt (Resp. 8,557b). Eine wichtige Rolle spielt die π. auch im privaten Bereich, wo sie etwa im Rahmen der φιλία- *[philịa]*-Lehre die Freimütigkeit meint, mit der einer dem Freunde begegnet (vgl. zB Arist.Eth.Nic. 9,2). Im Laufe der geschichtlichen Entwicklung wird schließlich aus dem urspr. politischen ein mehr moralischer Begriff, der als Korrelat zu ἐλευθερία *[eleutherịa]* = → Freiheit bes. im Kynismus von zentraler Bedeutung ist: π. ist hier nicht mehr ein Bürgerrecht, sondern ein Kennzeichen des moralisch Freien, der die Öffentlichkeit nicht scheut.

1) In der LXX kommt die Wortgruppe nur selten vor (Subst. 12mal, Verb 6mal). Gegenüber dem profangriech. Gebrauch ist neu die Anwendung des Begriffes auf Gott und den Menschen, der Gott gegenübertritt. Von der π. Gottes ist in Ps 94,1 die Rede, wo παρρησιάζομαι *[parræsiạzomai]* als Übers. des hebr. *jāpha'* (hi = aufstrahlen, im Lichtglanz erscheinen; ein bes. in bezug auf Jahwe-Epiphanien gebrauchtes Wort, vgl. ThWb V, 874f) dient: Gott soll als Rächer offen hervortreten und den Gottlosen ihren Frevel vergelten. Daß ein solches Auftreten Gottes (vgl. LXX Ps 11,6) mit seiner Wortmächtigkeit zu tun hat, zeigt sich auch Spr 1,20f, wo es von der göttlichen → Weisheit (σοφία *[sophịa]*) heißt: »sie ruft an den Toren, und auf den Plätzen führt sie eine unverhüllte Rede« (παρρησίαν ἄγει *[parræsian ạgei]*). II

Zur Veranschaulichung der Haltung des Menschen vor Gott wird π. in Hi 27,9f und 22,26 benutzt. Beide Male weist π. über die Freiheit des Beters hinaus auf ein Element der Freude (π. steht hier für hebr. *'ānag* hitp. = *Freude haben an)*, das zum freien Umgang des Menschen mit Gott gehört und das dem Gerechten selbst im Gericht noch bleiben wird (Weish 5,1).

2) In der jüd.-hell. Lit. wird weithin das griech. Verständnis der π. übernommen, aber mit at. Elementen verbunden, etwa, wenn das gute → Gewissen, das kein Gottloser haben kann, als Voraussetzung der π. genannt wird. π. findet sich auch hier zur Beschreibung der Gebetshaltung (zB Philo Rer.Div.Her. 5–29) und der bis ins Eschaton reichenden Zuversicht des Gerechten (zB 4Esr 7,98ff).

Im NT kommt παρρησία *[parræsịa]* 31mal vor (13mal in den johanneischen Schriften, 8mal bei Paulus, 5mal in Apg, 4mal in Hebr). Das Verb παρρησιάζομαι *[parræsiạzomai]* findet sich 9mal, und zwar nur in Apg (7mal) und bei Paulus (2mal). Die Bedeutungsnuancen der Wortgruppe bewegen sich zwischen dem Sinngehalt von ἐλευθερία *[eleutherịa]* = → Freiheit und ἐλπίς *[elpịs]* = → Hoffnung. III

1) Zunächst und ganz bes. im JohEv wird von Jesus gesagt, daß er παρρησίᾳ *[parræsia]* wirkt, dh seine Verkündigung geschieht »*im Bereich der Öffentlichkeit*« (Joh 7,26; 11,14.54; 18,20; vgl. Mk 8,32), die jedoch anders aussieht, als Jesu Brüder meinen (Joh 7, 3ff). Die π. Jesu ist nämlich nicht »demonstrative Aufdringlichkeit, sondern ›Öffentlichkeit‹ im Sinne der undemonstrativen Alltäglichkeit« (Bultmann, KEK II,219).

Wenn Jesus παρρησίᾳ *[parræsia]* spricht, so kann das aber auch heißen, daß er *unverhüllt und offen* redet, dh nicht nur in Andeutungen (Joh 11,14; vgl. 10,24f) oder verhüllenden Gleichnissen (vgl. Joh 16,29). Doch nur für den Glaubenden redet Jesus so frei heraus (Joh 16,25.29); der Welt gegenüber spricht er in Gleichnissen (→ Gleichnis, Art. παροιμία), die sie ohne Glauben nicht versteht. So besteht zwischen π. und παροιμία *[paroimia]* eine Spannung, die dem johanneischen Entscheidungsdualismus (Tod-Leben, Wahrheit-Lüge etc.) entspricht und nur im Glauben ihre Auflösung findet.

2) Die παρρησία *[parræsia]* Jesu findet ihre Entsprechung in dem offenen vollmächtigen Zeugnis der Apostel. Immer wieder weiß die Apg davon zu berichten, daß Petrus, Paulus oder andere Männer auftraten und furchtlos Juden oder Heiden gegenüber die Taten Gottes verkündeten (zB Apg 2,29; 4,13; 9,27f u. ö.). Dieser Verwunderung (Apg 4,13), Spaltung (Apg 14,3f) und Verfolgung (vgl. Apg 9,27) hervorrufende Freimut ist freilich keine dem Menschen verfügbare Größe, sondern eine Frucht des heiligen Geistes (Apg 4, 31), die immer wieder erbeten werden muß (Apg 4,29).

3) So wird die παρρησία *[parræsia]* des Zeugen auch bei Paulus und Johannes gesehen. Sie kennzeichnet den Vollzug der rechten Predigt von den Geheimnissen Gottes (Eph 6,19), die Verherrlichung Christi mit Leib und Seele (Phil 1,20). Da die Bewährung u. U. etwa in Gefangenschaft gefordert wird (vgl. Eph 6,20), gewinnt π. geradezu die Bedeutung *Kühnheit, Mut* (1Thess 2,2). Solchen Mut aber hat der Mensch nicht aus sich heraus, sondern nur in Gott (1Thess 2,2) bzw. in Christus (Phlm 8).

Damit auch die Zukunft des Menschen nicht im Zeichen der Angst vor dem Strafgericht steht, sondern im Zeichen der freien Zuversicht, der Offenheit zu Gott, der Hoffnung auf die Fülle der Herrlichkeit Gottes (vgl. 2Kor 3,11f), gilt es bei Christus zu bleiben (1Joh 2,28; Hebr 3,6; 10,35), der ja schon über die Mächte öffentlich (ἐν παρρησίᾳ *[en parræsia]*) triumphiert (Kol 2,15) und einen Zugang zum Heiligtum geschaffen hat (Hebr 10,19; vgl. 4,16). Wer sich im Glauben und dh ja zugleich in der gelebten Liebe (vgl. 1Joh 4,17; vgl. auch die Betonung der π. auf Grund von guter Dienstleistung 1Tim 3,13) an Christus hält und wen darum das eigene Herz nicht verurteilt (1Joh 3,21), der wird die Zuversicht des Beters (1Joh 5,14) haben »und nicht zuschanden werden vor ihm bei seiner Wiederkunft« (1Joh 2,28 Z). So schließt die παρρησία *[parræsia]* gleichermaßen »Vertrauen zu Gott, Heilsgewißheit, Überwindung des Schuldbewußtseins, Erlaubnis und Ermöglichung des Gebetes, Erwartung der Zukunft« in sich (OMichel, KEK XIII,98). *H. Ch. Hahn*

Lit.: HSchlier, Art. παρρησία, ThWb V, 1954, 869ff (dort weitere Lit.) – RBultmann, Theologie des NT, 1961[4], 440 – ders., Das Evangelium des Johannes, KEK II,1, 1962[17], 219 – WCvUnnik, De semitische achtergrond van παρρησία in het Nieuwe Testament, 1962.

Fremd

Menschen, Dinge und Sitten, die den Angehörigen einer bestimmten sozialen Gruppe nicht aus ihrem eigenen Lebensbereich vertraut sind, werden als fremd(artig) empfunden. Welche Reaktionen das Fremde auslöst, ist unterschiedlich, obwohl die Ablehnung überwiegt. Von den hier zusammengefaßten einschlägigen Vokabeln hat ξένος *[xenos]* die größte Spannweite. Es kann neben der vorherrschenden Bedeutung *Fremder, Ausländer* auch

Gastfreund, Gastwirt (auch adjektivisch) heißen; so steht es einerseits – den Unterschied zum Einheimischen und Vertrauten betonend – parallel zu πάροικος [*pạroikos*], andererseits – die Zuwendung hervorhebend – parallel zu φίλος [*phịlos*] = Freund. Als πάροικος [*pạroikos*] wird der *Nachbar*, der *Schutzgenosse* bezeichnet; das Wort ist neben μέτοικος [*mẹtoikos*] term. techn. für den *Nichtbürger*, aber im Gegensatz zu diesem ist der πάροικος [*pạroikos*] mit besonderen (u. U. käuflich erworbenen) Rechten ausgestattet. Wo nicht eine solche Zu- und Einordnung, sondern die Zugehörigkeit zu einem anderen (ἄλλος [*ạllos*]) betont werden soll, findet ἀλλότριος [*allọtrios*] Verwendung; seine Bedeutung reicht von *fremd, seltsam* bis *feindlich*. Als für die Juden das Leben als geduldete oder auch suspekte Nichtbürger zur Regel wurde, sprach man von der Existenz in der διασπορά [*diasporạ*] (abgeleitet von διασπείρειν [*diaspẹirein*] = zerstreuen). Von dort her fand das Wort – im NT aber erst vereinzelt – Eingang in den christl. Sprachschatz.

ἀλλότριος

ἀλλότριος [*allọtrios*] fremd · ἀπαλλοτριόω [*apallotriọō*] entfremden · ἀλλογενής [*allogenǣs*] fremdartig · ἀλλόφυλος [*allọphylos*] fremdstämmig

ἀλλότριος [*allọtrios*] (abgeleitet von ἄλλος [*ạllos*] = anderer, vgl. lat. *alius*) bedeutet *anderer, fremd (fremdartig, fremdländisch), was einem anderen gehört, volks-* und (oder) *landfremd, unpassend, feindlich*. ἀπαλλοτριόω [*apallotriọō*] bedeutet *entfremden, abwendig machen, ausschließen*. ἀλλογενής [*allogenǣs*] (Kompos. aus ἄλλος [*ạllos*] und γένος [*gẹnos*] = Art, Geschlecht) heißt *fremdartig, fremd*; ἀλλόφυλος [*allọphylos*] (Kompos. aus ἄλλος [*ạllos*] und φυλή [*phylǣ*] = Stamm) *fremdstämmig, volksfremd, fremd*. I

In der LXX findet sich ἀλλότριος [*allọtrios*] häufig als Übers. von hebr. *nokrī* = *ausländisch*, urspr. *auffallend* (Gen 31,15; Dtn 14,21; 15,3 u. ö.), gelegentlich aber auch für *zār* = *fremd, artfremd* (Lev 10,1; Dtn 32,16). Meist übersetzt die LXX *zār* aber mit ἀλλογενής [*allogenǣs*] (Ex 29,33; Num 16,40; Lev 22,10; Jo 3,17 u. ö.). – Der *Beisasse* (hebr. *gēr* und *tōschāb*) heißt in der LXX προσήλυτος [*prosǣlytos*] (→ Gottesfürchtiger; zB Ex 22,20; Lev 17,12–15) oder → πάροικος [*pạroikos*] (zB Gen 23,4). Auch der Beisasse ist ein Fremder (vgl. Ex 12,43.45), aber er hat gewisse Rechte und Pflichten innerhalb der Volksgemeinschaft. II

1) Im NT stehen im Bildwort Mt 17,25 die Söhne des Königs den ἀλλότριοι [*allọtrioi*], dh den *Fremden* oder den *Anderen* gegenüber; die Söhne sind frei von Abgaben und Steuern, die ἀλλότριοι [*allọtrioi*] nicht. So sind die Jünger Jesu »Söhne Gottes« und darum von der Tempelsteuer frei. In Lk 16,12 steht ἀλλότριον [*allọtrion*] in Parallele zum »ungerechten Mammon« (V. 11): das Geld, der Besitz dieser Welt ist dem Jünger etwas Fremdes, es ist nicht seine Sache. (Dies ist der Sinn des Textes, ob man nun »das Unsrige« oder »das Eurige« mit verschiedenen Hss. liest.) In Joh 10,5 stehen die Fremden (bzw. der Fremde) als die Unbekannten im Gegensatz zum Hirten, dem die Schafe gehören, dessen Stimme sie kennen und dem sie darum folgen. In dem Zitat Apg 7,6 ist die γῆ ἀλλοτρία [*gǣ allotrịa*] das fremde Land, das Ausland, während Palästina als das Israel verheißene Land die Heimat ist. Doch ist für → Abraham auch das verheißene Land wie das Ausland (Hebr 11,9), gerade nicht die wahre (himmlische) Heimat, weshalb er in Zelten wohnte; dadurch bezeugte er seine Fremdlingschaft in dieser Welt. Der Christ ist Sklave Christi, darum hat er einen »anderen« Sklaven nicht zu richten (Röm 14,4). Paulus rühmt sich nicht der Arbeit oder der Arbeitsmethoden anderer (2Kor 10,15f), dh er will sich nicht mit fremden Federn schmücken. Paulus will nicht einmal an einem Ort predigen, wo schon missioniert wurde; er will nicht auf einem Fundament bauen, das ein anderer gelegt hat (Röm 15,20). Timotheus wird davor gewarnt, vorschnell jemand die Handauflegung zu erteilen, ihn mit einem Dienst zu betrauen, weil er sonst Gemeinschaft bekäme mit den Sünden anderer und dafür zur Verantwortung gezogen würde (1Tim 5,22). Der jüd. Hohepriester betritt das Heiligtum im Tempel mit »anderem Blut«, um es darzubringen; er bringt nicht, wie Jesus am Kreuz, sein eigenes Blut zum Opfer (Hebr 9,25). III

In der Bedeutung *feindlich* steht das Wort Hebr 11,34.

2) ἀπαλλοτριόω *[apallotriọō]* findet sich im NT nur Eph 2,12; 4,18; Kol 1,21 (an allen Stellen Part. Pass. *entfremdet, ausgeschlossen*). Die Leser standen vor ihrer Bekehrung nicht im Bürgerrecht Israels, des von Gott auserwählten Volkes; sie standen – wie die Heiden noch jetzt – außerhalb von Gottes Bund und Verheißung und darum unter Gottes Zorn. Auch kannten sie Gott gar nicht und lebten darum in der Sünde. Nun, nachdem sie Christen geworden sind, sollen sie nicht wieder in den sündigen Zustand zurückfallen.

3) ἀλλογενής *[allogenæs]* steht im NT nur Lk 17,18. Der dankbare Samariter ist ἀλλογενής *[allogenæs]*, denn er ist Nichtjude, und gerade als solcher tut er das, was der Angehörige des Gottesvolkes tun sollte: er dankt Jesus und preist Gott für seine Heilung. – Auch ἀλλόφυλος *[allọphylos]* steht im NT nur an einer Stelle (Apg 10,28): dem Juden ist es verboten, Gemeinschaft mit einem ἀλλόφυλος *[allọphylos]*, dh mit einem Heiden zu haben; denn der Heide ist kultisch unrein und macht den Juden ebenfalls unrein. Erst in Christus werden diese Schranken des Gesetzes aufgehoben. *H. Bietenhard*

διασπορά

διασπορά *[diasporạ]* Zerstreuung

I διασπορά *[diasporạ]* (abgeleitet von διασπείρω *[diaspẹirō]* = zerstreuen) bedeutet die *Zerstreuung*. Das Wort ist erst in der LXX gebildet worden und findet sich fast nur in jüd. und christlicher Literatur; daneben nur bei Plutarch (Suav.Viv.Epicur. 27).

II 1) διασπορά *[diasporạ]* kommt in der LXX 12mal vor, davon 3mal für das hebr. *niddach* = *Versprengtes, Vertriebenes* (Dtn 30,4; Neh 1,9; Ps 147,2). Im übrigen steht es in sehr freier Übers. für *za'awāh* = *Schrecken* (Dtn 28,25; Jer 34,17 = 41,17 LXX), *haschechit* = *Verderben* (Jer 13,14), *mizræh* = *Wurfschaufel* (Jer 15,7), *netsurē* = *die Bewahrten* (Jes 49,6), sowie ohne hebr. Äquivalent in Ps 139 (138 LXX) als Überschrift; Dan 12,2; 2Makk 1,27; Jdt 5,19. Das griech. Wort bezeichnet dreierlei: a) den Vorgang des Zerstreutwerdens bzw. den Zustand des Zerstreutseins der Juden unter die heidnischen Völker (Dtn 28,25; Jer 34,17–41,17 LXX); b) die Gemeinschaft der so in die Fremde Verschlagenen (Jes 49,6; Ps 147,2; 2Makk 1,27; PsSal 8,28); c) den Ort oder die Landschaft, wo die Zerstreuten nun leben (Jdt 5,19; TestAss 7,2).

2) Obwohl διασπορά *[diasporạ]* terminus für die Zerstreuung ist, wird es merkwürdigerweise nie zur Übers. des entsprechenden hebr. terminus *golāh* bzw. *gālūt* (= *Wegführung, Verbannung, Exil, die Weggeführten*) verwendet. Für diese Wörter stehen in der LXX vielmehr: αἰχμαλωσία *[aichmalōsịa]* = Gefangenschaft (21mal) und ἀποικία *[apoikịa]* (19mal), ἀποικεσία *[apoikesịa]* (7mal), μετοικεσία *[metoikesịa]* (7mal), ἀποικισμός *[apoikismọs]* (2mal), παροικία *[paroikịa]* (1mal), die alle soviel wie Ansiedlung in der Fremde, Kolonie, Exil bedeuten. Die LXX bevorzugt also noch die harten, negativen Begriffe (Gefangenschaft, Fremde), wohl aus Treue zum hebr. Original, während daneben schon der neutralere Ausdruck *Diaspora* tritt, der sich schließlich im hell. Judentum durchsetzt. Dieser wortgeschichtliche Wandel spiegelt eine geschichtliche Entwicklung wider: Nach den Eroberungskriegen führten fremde Herrscher Massen von Juden außer Landes, um ihre Kriegskraft zu brechen. Die erste jüd. Großdiaspora entwickelte sich in Babylonien, wohin Nebukadnezar einen Teil der Besiegten deportiert hatte (2Kön 24,14–16; 25, 11–21) und wo die meisten Juden auch nach dem Edikt des Cyrus blieben. Unter dem Eindruck der großen Propheten (Jer 17,1–4; Ez 12,15) wurden Deportation und Exil zunächst als Strafgericht Gottes empfunden. Doch dieses Gefühl verlor sich allmählich, und aus dem Exil wurde das freiwillige Wohnen jüd. Minderheiten in der »Zerstreuung«. Durch die Predigt der exilischen und früh-nachexilischen Propheten (Jes 60; Hag 2,6ff; Sach 8,20ff) wurde ihnen das positive Verhältnis zu der neuen Situation erleichtert: Durch die Zerstreuung Israels will Gott alle Völker heimholen zu sich. Dieses neue Verständnis, mächtig geworden durch die Verkündigung Deuterojesajas, wird dann Anlaß zu der fast weltweiten Missionstätigkeit des Spätjudentums.

III Das NT verwendet διασπορά *[diasporạ]* nur 3mal (so auch das Verb), und zwar zunächst im herkömmlichen Sinn: Joh 7,35 schreibt ἡ διασπορὰ τῶν Ἑλλήνων *[hæ diasporạ tōn Hellænōn]*, dh die unter die Griechen Zerstreuten. In Apg 8,1.4; 11,19 (διασπείρω *[diaspẹirō]*) ist von den sich zerstreuenden Gemeinden die Rede. – Gewichtiger sind Jak 1,1 und 1Petr 1,1. Sind diese Briefe an heidenchristliche Gemeinden gerichtet, dann hat das Wort διασπορά *[diasporạ]* hier eine spezifische, theologische Bedeutung. In Parallele zur jüd. Diaspora haben die Apostel offenbar der Tatsache des »Ausgestreutseins« einen besonderen Sinn beigemessen. Die eigentliche Heimat der Jünger Christi ist nicht ihr Wohnsitz, sondern der Himmel (vgl. Phil 3,20), das obere Jerusalem (vgl. Gal 4,26). Auf Erden sind sie stets in der Fremde, leben sie nur als → πάροικοι *[paroikoi]* (= *Beisassen*), sind sie eine »Aussaat« Gottes, deren Frucht am Tag der großen Sammlung (vgl. Mt 24,31) sichtbar werden wird.

F. S. Rothenberg

ξένος

ξένος *[xenos]* fremd · φιλοξενία *[philoxenia]* Gastfreundschaft · φιλόξενος *[philoxenos]* gastfreundlich · ξενοδοχέω *[xenodocheō]* Gastfreundschaft erweisen

I Das Wort ξένος *[xenos]* (wurzelverwandt mit dem lat. *hostis*, dem dt. Gast) ist belegt seit dem myk. Griech. und seit Homer.

Religions- und Kulturgeschichtliches

1) Unter primitiven Verhältnissen ist der Fremde grundsätzlich der Feind, weil er unbekannt und daher unheimlich ist. Gegenseitige Furcht und Abwehr kennzeichnen das Verhalten des Fremden und seiner Umgebung. Häufig ist der Fremde vogelfrei und wird getötet, oder er wird mit Zauberpraktiken abgewehrt und unschädlich gemacht. Immer ist er rechtlos. Auf einer späteren Entwicklungsstufe kommt es zur Verbindung mit dem Fremden, die ursprünglich auch aus der Furcht erwuchs: Der Fremde kommt von den Göttern her, ist deren »Bote«. Aus Furcht vor den Göttern nimmt man sich des Fremden hilfreich an, nimmt ihn »gastlich« in das Haus auf, und so wird der Fremde Schützling von Religion und Recht.

2) Bei den *Griechen* ist zunächst jeder, der nicht zur eigenen (großen oder kleinen) Gemeinschaft gehört, ein ξένος *[xenos]*. Bei Homer (Od. VI 207f) kommen der Fremde und der Bettler von Zeus her, weswegen man mit ihm zum mindesten höflich umgehen muß. Für den Griechen ist es ein Zeichen der Barbarei, wenn der Fremde rechtlos ist und man mit ihm nach Willkür verfährt. Vor allem Athen hat sich den (und dem!) Fremden gegenüber aufgeschlossen gezeigt (vgl. Sophokles, Oed. Col. 560–568.631–641). Aber im Kult mied man überall den Gebrauch von Gegenständen aus dem Ausland, und der Fremde war von der Teilnahme am Kult ausgeschlossen. Ausgesprochen fremdenfeindlich war aber Sparta, infolge der seit 600 vChr einsetzenden puritanischen Lebensform mit ihren damit verbundenen Fremdenausweisungen. – Jedenfalls stand sonst der Fremde unter dem Schutz des Ζεὺς ἱκέσιος *[Zeus hikesios]*, aber auch der Dioskuren. Wer Fremde verletzt, verfällt der Rache der Erinnyen. Und umgekehrt: Wer die Götter scheut, ehrt auch die Fremden. Von da aus bekommen Tempel und Altäre die Funktion von Asylen für die Fremden, die sich dort gerne niederlassen oder sich unter den Schutz von Priestern stellen. In der Nähe von Heiligtümern entstehen darum seit dem 4. Jh. auch die ersten Gasthäuser für die Fremden; die Kultbesucher kamen oft von weit her und mußten untergebracht und verpflegt werden.

3) Durch die Intensivierung des Kontaktes mit nichtgriech. Städten und Völkern, also seit den Perserkriegen, tritt ein Wandel ein: Fremder ist einfach jeder nicht zur eigenen Kultgemeinschaft, dh Polis, gehörige Mensch. Das hinderte nicht, Bündnisse mit Fremden zu schließen. Aber nach wie vor blieb die Verbannung eine Strafe. In der Religion war die Situation ambivalent: Auf der einen Seite sträubte man sich gegen alle »neuen« oder »fremden« Götter, da sie nicht national und sittengefährdend waren, auf der anderen Seite aber öffnete man zahllosen fremden Kulten Tür und Tor.

4) In Rom war der Fremde theoretisch rechtlos bis in die Kaiserzeit hinein; auch hier war er vom Kult ausgeschlossen. Nur wenn er einen *patronus* hatte, gab es für ihn die Möglichkeit zur Unterkunft und zu Rechtsschutz. Ausweisung lästiger Ausländer war immer möglich. Seit 241 vChr gab es den *praetor peregrinus*, einen Beamten für die Rechtsstreitigkeiten zwischen Bürgern und Fremden.

5) Schon in homerischer Zeit begegnet das System ständiger Gastfreundschaften – eine Sitte, die sich bis in die Spätantike erhielt. Für die Sitte der Gastfreundschaft wird von Griechen und Römern als Motiv – neben der Furcht vor den Göttern – auch die Menschenliebe angegeben und von ihr aus gefordert. In antiken Lasterkatalogen rangiert Unbill gegenüber den Fremden gleich nach Gottlosigkeit und Ehrfurchtlosigkeit den Eltern gegenüber (→ Frömmigkeit, Art. σέβομαι). Die Popularphilosophie mahnte in ihrer Ethik, daß sich jedermann dem Fremden gegenüber willig erzeige. – Der ansässige Fremde hat dem Staate gegenüber Pflichten (zB Bezahlung der Fremden-Steuer, Leistung von Kriegsdienst).

6) Schließlich wurde in der griechischen Philosophie seit dem 4. Jh. der Gedanke des Fremdseins ausgeweitet: Die Seele wird als Fremdling in der Welt angesehen, da ihre wahre Heimat

oberhalb der materiellen Sphäre liegt. Fremdsein wird so zu einer anthropologischen Kategorie. Der Gedanke war vorbereitet durch den Begriff des Ausgestoßenseins in der Tragödie. Der → Leib des Menschen, auch die → Welt, ist nur eine vorübergehende Herberge für die → Seele.

II 1) In LXX kommt ξένος *[xenos]* 21mal vor, meist als Übers. von hebr. *nokrī*. Andere Wörter, die den Fremden bezeichnen, sind → ἀλλότριος *[allotrios]*, ἀλλογενής *[allogenæs]*, → πάροικος *[paroikos]*.

a) Auch im AT ist Gastfreundschaft selbstverständliche Übung und Pflicht (Gen 18,1ff; 19, 1ff; 2Sam 12,4; Hi 31,32). Eine schwere Verletzung des Gastrechts ist die Tat Jaels (Ri 4,17ff), die nur erklärlich ist aus der Not des Existenzkampfes des Gottesvolkes. Unter Gottlosen ist der Fremde der Willkür preisgegeben (Gen 19,9; Ri 19,22). Israels Gesetzgebung verbietet, den Fremden zu bedrücken, weil das Volk selber auch Fremdling war in Ägypten (Ex 22,21; 23,9; Dtn 24,14). Der Fremde genießt die Sabbatruhe wie der Israelit (Ex 20,10), Jahwe liebt und schützt ihn (Dtn 10, 18). Bei der Tempelweihe spricht Salomo ein Fürbittegebet für die Fremden, die kommen werden, um Jahwe zu verehren, damit er auch diese erhöre (1Kön 8,41–43).

b) Israel selbst ist aber im Lande Kanaan Gast und Fremdling (Lev 25,23); ihm gehört das Land nicht, sondern dieses ist Jahwes Eigentum und darf als solches nicht verkauft werden. Indem aber der Israelit Gast (πάροικος *[paroikos]*) Gottes ist, genießt er dessen Schutz (Ps 39,13; 61,5; 119,19; 1Chron 29,15). Weil Israel Gottes Volk ist, darum ist es in einem letzten Sinne fremd in der Welt (Est 3,13; vgl. schon Num 23,9). Das aber geht darauf zurück, daß Jahwe selbst keine Erscheinung oder Kraft der Welt ist, sondern als ihr Schöpfer und Herr über ihr steht und daß er sein Volk zu seinem Eigentum sich erwählt hat. Jahwes Tun kann darum »seltsam« und »befremdlich« sein (Jes 28,21).

c) Es ist ein Unglück, wenn Fremde das Land erobern, das Gott den Israeliten als Wohnsitz gab (Klgl 5,2), wie es auch eine Strafe Jahwes ist, wenn die Israeliten aus dem ihnen von Gott gegebenen Lande in die Fremde weggeführt werden (Jer 5,19; Dtn 29,28 u. ö.).

d) Der Schutz, den der Fremde als Person in Israel genießt, gilt nicht der heidnischen Religion. Fremder Kult in Israel ist Abgötterei, wird verurteilt und bestraft (1Kön 11,4f; Jer 5,19; Jos 24,23; Dtn 4,25ff u. ö.).

e) Jahwe ist Gott über alle Völker (Am 9,7). Von da aus können Israels Propheten von der kommenden Verkündigung von Gottes Herrlichkeit unter den Heiden reden (Jes 42,6ff; 66,19), und die Zuwendung der Heiden zu Jahwe wird verheißen (Jes 14,1; 45,14ff; 56,1–8; Sach 14,16; Ez 47,22f). Den gottlosen Heiden wird die Vernichtung angedroht (Jer 46–51; Ez 25–32). In der Praxis hat man sich nach dem Exil streng von den Heiden abgeschlossen (Neh 13,1–10), Mischehen verboten und bestehende aufgelöst (Esr 9f; Neh 13,23ff).

2) Das rabb. Judentum schätzte die Gastfreundschaft hoch: Wer sie übt, dem wird reicher Lohn in der zukünftigen Welt verheißen. Andererseits wird die Pflicht, Gastfreundschaft zu üben, auf die Juden beschränkt. Griech. Sitten sind über die hell. Diaspora ins Judentum eingedrungen: die ständige Gastfreundschaft (Tob 5,6; Jos. Bell. 3,436 u. ö.), die Einrichtung von Gasthöfen (Lk 10,34). Die Essener unterhielten in jeder Stadt eine Herberge für die Fremden. ξένος *[xenos]* und seine Derivate, aber auch andere Vokabeln aus dem Herbergswesen drangen als Lehnwörter ins Hebr. und Aram. ein.

3) In der hell. Zeit war eine Zeitlang die Gefahr der Überfremdung – auch in religiöser Beziehung – sehr groß (1Makk 1,11–15). Gegen sie richtete sich die makkabäische Erhebung und Reaktion: Die gesetzestreuen Kreise schränkten den Handel mit den Heiden ein, lehnten Tischgemeinschaft und Konnubium mit ihnen ab; sie scheuten sich aus Furcht vor Verunreinigung, heidnische Häuser zu betreten. Andererseits betrieben die Rabbinen eifrig und mit zT großem Erfolg Mission bzw. Proselytenmacherei (vgl. Mt 23,15 und die vor allem in Apg oft erwähnten → »Gottesfürchtigen«). Philo und Josephus bemühten sich, den gegen die Juden erhobenen Vorwurf der Fremden-Feindschaft zu widerlegen. Überhaupt trieb vor allem das hell. Judentum eine eifrige Propaganda und Apologetik. Von 135 nChr an wird der Übertritt zum Judentum von Staats wegen verboten.

4) Folgenreich für alle Zeiten wurde es, daß die LXX die at. Stellen, die vom *gēr* = *Fremden* reden, außer in Hi 31,32 nie durch das adäquate griech. ξένος *[xenos]*, sondern fast durchweg mit προσήλυτος *[prosælytos]* übersetzen: zwar findet sich 11mal daneben auch → πάροικος *[paroikos]*, aber nur 3mal in den Gesetzestexten der Bücher Ex, Lev, Num und Dtn. Das mag schon Ausdruck einer vollzogenen Veränderung sein, hat dann aber jedenfalls dazu geführt, daß alle die Fremden betreffenden Vorschriften und Gebote des AT vom rabbinischen Judentum nur noch auf die Voll-Proselyten bezogen werden (vgl. Str.-B. I,353ff).

III Im NT kommt ξένος *[xenos]* 14mal vor (u. a. 5mal bei Mt, je 2mal in Eph 2, Apg 17 und im Hebr).

1) Vier der fünf Mt-Stellen stehen in Mt 25,31–46: Die Beherbergung des ξένος *[xẹnos]* ist Beherbergung Jesu Christi selbst, Verweigerung des Gastrechts für den Fremden ist Ausschluß Jesu Christi. Nach Mt 27,7 kaufen die Hohenpriester vom zurückerstatteten Verräterlohn des Judas ein Grab für die ξένοι *[xẹnoi]*, dh wohl für in Jerusalem verstorbene Nichtjuden.

2) Nach dem evangelischen Bericht hat Jesus in seiner öffentlichen Tätigkeit sehr oft Gastfreundschaft genossen (Mk 1,29ff; 2,15ff; Lk 7,36ff; 10,38ff u. ö.). Gastfreundschaft erscheint auch in den Gleichnissen Jesu (Lk 10,34f; 11,5ff u. ö.). Gottes Ruf zu seinem Reich wird im Bilde des Gastmahles (vgl. → Herrenmahl) gezeichnet (Lk 13,29; 14, 16ff). Jesus hat seine Jünger zur Predigt des Evangeliums ausgesandt und dabei vorausgesetzt, daß sie in den Städten und Dörfern Gastfreundschaft genießen würden (Mt 10, 11ff; Lk 10,5ff); in ähnlicher Weise hat man im Judentum seiner Zeit Gastfreundschaft vor allem den Rabbinen gegenüber empfohlen.

3) Die urchristliche Mission vollzog sich sehr oft so, daß die Missionare Gastfreundschaft genossen (Apg 10,6; 16,15 u. ö.). In Röm 16,23 erscheint Gaius als ξένος *[xẹnos]*, dh als Gastfreund des Paulus. Ein anderer Gaius wird in 3Joh 5 gelobt für das, was er auswärtigen Brüdern getan hat.

4) Ohne daß die Vokabel ξένος *[xẹnos]* vorliegt, begegnet gelegentlich der Gedanke, daß Gott fremd ist (Joh 8,19; vgl. Apg 17,23). Christus, der nicht »von dieser Welt« ist, ist in diesem Sinne auch fremd (vgl. Joh 8,14.25ff; 9,29f).

5) Vor ihrer Berufung zum Glauben an Christus waren die Heidenchristen ξένοι *[xẹnoi]* und → πάροικοι *[pạroikoi]*; denn als Heiden hatten sie keinen Anteil an der Berufung Israels zum Volke Gottes und waren von den Verheißungen ausgeschlossen. Jetzt aber, in Christus, sind sie Mitbürger der Heiligen, dh der Judenchristen, und Hausgenossen Gottes geworden (Eph 2,19; vgl. den ganzen Zusammenhang Eph 2,11ff). Indem die Christen in dieser Weise zu Bürgern bei Gott werden, haben sie ihr Bürgerrecht im Himmel (Phil 3,20; vgl. Gal 4,26; Eph 2,6; Hebr 11,15f; 12,22f; 13,14). Vorbild dafür waren schon die Erzväter, die die Verheißungen nicht empfingen, sondern nur von ferne sahen und damit zeigten, daß sie auf Erden als ξένοι *[xẹnoi]* und παρεπίδημοι *[parepịdæmoi]* lebten (Hebr 11,13). Damit werden die Christen unter ein neues göttliches Lebensgesetz gestellt, das sie fernhält von den Lastern der Heiden, bei jenen aber nur Befremden hervorruft (ξενίζονται *[xenịzontai]* 1Petr 4,4).

6) Die Athener vermuten, daß Paulus fremde Gottheiten predigen will (Apg 17,18). Sie selbst und die dort ansässigen Fremden sind auf Neues erpicht (Apg 17,21); Paulus aber predigt für ihre Ohren befremdliche Dinge (ξενίζοντά τινα *[xenịzontạ tina]*, Apg 17, 20). Die Gemeinde jedoch wird davor gewarnt, sich durch fremdartige Lehren fortreißen zu lassen (Hebr 13,9). Die Leiden, die über die Gemeinde kommen, sind nicht etwas »Fremdes«, sondern gehören zum Christenstand (1Petr 4,12).

7) Die φιλοξενία *[philoxenịa]* = *Gastfreundschaft*, von der ganzen Gemeinde erwartet (1Petr 4,9), wird den Christen als Tugend empfohlen (Röm 12,13; Hebr 13,2) und unter eine Verheißung gestellt: Weil einige gastfreundlich waren (ξενίσαντες *[xenịsantes]*), haben sie – ohne es zu merken – Engel beherbergt (vgl. Gen 18,3; 19,2f). Muß und soll man nicht daran denken, daß die antike Gastfreundschaft den Boten des neuen Bundes manche Türe öffnete und die Gastgeber dadurch gesegnet wurden? Cornelius nimmt Petrus gastlich auf, Publius den Paulus und seine Begleiter (ἐξένισεν *[exẹnisen]*, Apg 10,23; 28,7). Paulus bittet den Philemon, ihm ein Gastzimmer (ξενία *[xenịa]*) bereit zu machen (Phlm 22). Die Pastoralbriefe lassen erkennen, wie viel Gewicht man der Gastfreundschaft in der jungen Christenheit beimaß. Nicht nur ein Bischof muß φιλόξενος *[philọxenos]* = *gastfreundlich* sein (1Tim 3,2; Tit 1,8); selbst bei einer Witwe wird darauf geachtet, ob sie Fremde gastlich aufgenommen hat (ἐξενοδόχησεν *[exenodọchæsen]* 1Tim 5,10).

H. Bietenhard

παρεπίδημος

παρεπίδημος *[parepịdæmos]* Beisasse

I/II παρεπίδημος *[parepịdæmos]*, abgeleitet von δῆμος *[dæmos]* = → Volk, in LXX nur 2mal belegt, meint den, der sich für kurze Zeit an einem fremden Ort aufhält als Fremdling, den *Fremdling, Beisassen.*

III Im NT 3mal: In 1Petr 1,1; 2,11 werden die Christen παρεπίδημοι *[parepịdæmoi]* genannt. Dabei steht das Wort parallel zu πάροικοι *[pạroikoi]*, das auf Gen 23,4; Ps 39,13 hinweist. Weil ihre wahre Heimat im Himmel ist (vgl. Phil 3,20), sind sie durch die Wahl Gottes aus allen natürlichen Gemeinschaften herausgenommen und leben auf Erden als παρεπίδημοι *[parepịdæmoi]*. Von dieser Berufung und Bestimmung her ergeht die Mahnung, sich der fleischlichen Begierden zu enthalten (1Petr 2,11), dh den Bestimmungen und Gesetzen der wahren Heimat gemäß zu leben. In Hebr 11,13 werden Abraham und die Väter als Vorbilder für die Christen hingestellt. Abraham erwartete die zukünftige Stadt (Hebr 11, 10), und darum lebten er und die Väter auf Erden als πάροικοι *[pạroikoi]* und παρεπίδημοι *[parepịdæmoi]*.

H. Bietenhard

πάροικος

πάροικος *[pạroikos]* Nachbar, ansässiger Fremder · παροικέω *[paroikẹō]* daneben wohnen, Beisasse sein · παροικία *[paroikịa]* Aufenthalt in der Fremde

I πάροικος *[pạroikos]* (Kompos. aus παρά *[parạ]* = bei und οἶκος *[ọikos]* = Haus), urspr. als Adj., später als Subst. gebraucht, bedeutet *benachbart*, der *Nachbar*, der *Nichtbürger*, der *Beisasse*, dh der unter den einheimischen Bürgern wohnt, ohne das Bürgerrecht zu haben, und doch den Schutz des Gemeinwesens genießt. Das Verbum παροικέω *[paroikẹō]* meint *daneben wohnen, Beisasse sein*, das Subst. παροικία *[paroikịa] Beisassenschaft, Fremdlingschaft* (davon über das lat. *parochia* das dt. »Pfarrei« und über lat. *parochus* das dt. »Pfarrer«, nach Kluge-Götze 1960).

II 1) In der LXX begegnet πάροικος *[pạroikos]* über 30mal, vor allem als Übers. von *gēr* und *tōschāb* (beides: *Beisasse*; vgl. → Gottesfürchtiger, Art. προσήλυτος II); παροικέω *[paroikẹō]* über 60mal, vor allem als Übers. von *gūr*; παροικία *[paroikịa]* kommt 16mal vor. – Als πάροικοι *[pạroikoi]* (bzw. mit Formen von παροικέω *[paroikẹō]*) werden zunächst die Nichtisraeliten bezeichnet, die innerhalb von Israel leben (2Sam 4,3; Jes 16,4). Dem Beisassen gegenüber hat Israel bestimmte Verpflichtungen: man soll ihm ein auskömmliches Leben ermöglichen (Lev 25,35ff); er darf von den Früchten des Sabbatjahres bekommen (Lev 25,6); er hat das Asylrecht (Num 35,15) und steht überhaupt ebenso wie Witwen und Waisen unter dem Schutz des Gesetzes (vgl. Ex 22, 21). Andererseits hat er Pflichten: er muß zB den Sabbat halten (Ex 20,10); er darf nicht vom Passahlamm essen (Ex 12,45) oder von der Opfergabe (Lev 22,10). In Ez 47,22f ist die Gleichberechtigung von Israeliten und Beisassen verheißen. Vor allem wird immer wieder betont, daß Israels Erzväter Beisassen gewesen sind (Gen 12,10; 17,8; 19,9; 20,1; 23,4; 35,27; 47,4; Ex 6,4). Mose war Beisasse in Midian (Ex 2,22) und ganz Israel in Ägypten. Von dieser Tatsache aus wird das Verhalten gegenüber den Beisassen motiviert (vgl. Ex 22,21; 23,9 u. ö.). In gewissem Sinne sind die Israeliten immer Beisassen, auch wenn sie im verheißenen Lande wohnen (1Chr 29,15; Ps 39, 13; 119,19.54; 120,5; 3Makk 7,19 u. ö.). Der Grund und Boden Palästinas, aber auch die ganze Erde (vgl. Ps 24,1) gehören Jahwe, und die Israeliten sind darauf nur Beisassen; darum darf der Boden nicht verkauft werden (Lev 25,23). Auf der anderen Seite darf der Fromme Beisasse sein im Zelte Jahwes (Ps 15,1; 61,5) und gerade so die Gottesgemeinschaft erfahren.

2) Für Philo ist der Fromme πάροικος *[pạroikos]*; denn er lebt fern von der himmlischen Heimat. Hier verbinden sich spätantike Weltflucht und -verneinung mit at. Motiven. – Das Rabbinat verlangte vom Beisassen, der im Lande Israels wohnte, das Halten der sog. noachischen Gebote, damit ein Zusammenleben mit ihm überhaupt möglich wäre. Doch dürfte es sich dabei nur um Theorie gehandelt haben.

III Im NT begegnet unsere Wortgruppe nur in Apg, 1Petr und (vereinzelt) Lk, Hebr, Eph (πάροικος *[pạroikos]* 4mal, παροικία *[paroikịa]* 2mal, παροικέω *[paroikẹō]* 2mal). Dabei wird an allen Stellen durch Zitat oder Anspielung auf Israels Geschichte Bezug genommen, so in Apg 7,6 auf Gen 15,13; in Apg 7,29 auf Ex 2,15. In Apg 13,16ff erinnert Paulus an die παροικία *[paroikịa]* Israels in Ägypten (vgl. Ex 6,1.6). Hebr 11,9f betont, daß Abraham als Beisasse im verheißenen Land wie in einem fremden gelebt habe, da er im Glauben Bürger der himmlischen Stadt war. Derselbe Gedanke findet sich unter Verwendung von Wort und Begriff → ξένος *[xẹnos]* und → παρεπίδημος *[parepịdæmos]* in Hebr 11,13 nach Ps 39,13. In Jesus Christus sind die Heidenchristen nicht mehr Fremdlinge (→ ξένοι *[xẹnoi]*) und πάροικοι *[pạroikoi]*, sondern Mitbürger der Heiligen und Hausgenossen Gottes, da die Verheißungen an Israel und die Berufung zum Reiche Gottes auch ihnen gelten (Eph 2,19). Von da aus gesehen sind die Christen aber in einer neuen Weise πάροικοι *[pạroikoi]* und → παρεπίδημοι *[parepịdæmoi]*, nämlich hier auf der Erde. Daraus ergibt sich die Mahnung, daß sie sich von fleischlichen Gelüsten freihalten sollen (1Petr 2,11), daß sie in Gottesfurcht in der Zeit ihrer Beisassenschaft leben sollen (1Petr 1,17). In der Bedeutung *wọhnen* begegnet παροικέω *[paroikẹō]* nur in Lk 24,18, wobei vielleicht daran gedacht ist, daß der fremde Unbekannte als Diasporajude in Jerusalem wohnt, oder daß er ein Festpilger ist, der nur vorübergehend für einige Tage in der Stadt weilt.

H. Bietenhard

ZUR VERKÜNDIGUNG V

Die zahlenmäßig größte Völkerwanderung der Weltgeschichte spielte sich während und nach dem zweiten Weltkrieg ab. Im Verlauf und in der Folge von kriegerischen Ereignissen haben schätzungsweise 150 Millionen Menschen Heimat und Vaterland verloren. Sie waren gezwungen, sich neue Wohnsitze und Lebensmöglichkeiten zu suchen, sofern sie nicht immer noch in Lagern und Notunterkünften hausen. Zahllose Probleme wirtschaftlicher, sozialer, psychologischer und religiöser Art sind damit gestellt worden. Ungezählte Flüchtlinge erlebten ihr Schicksal als Entwurzelung, als Wurzellosigkeit am neuen Wohnort und litten an ihm körperlich, seelisch, geistig, oft selbst dann, wenn sie unter Menschen gleicher Sprache angesiedelt wurden. Um ihres anderen Dialektes, Temperamentes oder ihrer anderen Lebensgewohnheiten willen wurden sie »Fremde«, und viele blieben es auch dann noch, wenn sie wirtschaftlich eingegliedert und sozialer Not enthoben waren. Die Denkschrift der Kammer der EKiD für öffentliche Verantwortung über »Die Lage der Vertriebenen« gibt davon beredte Auskunft. Der fröhliche Weltbürger, der seine Heimatlosigkeit als positiven Wert erlebt, dürfte eine Ausnahmeerscheinung sein und ist dies wahrscheinlich immer gewesen.

Das Phänomen des Fremd-Seins zeigt sich aber auch an einer ganz anderen Stelle: In vielen Ländern Westeuropas hat der wirtschaftliche Aufschwung der letzten Jahre eine ungeheure Nachfrage nach Arbeitskräften gebracht, als deren Folge Hunderttausende von Arbeitern aus wirtschaftlich unterentwickelten Gebieten in die Industrieländer zogen. Sie fanden Arbeit und Brot, aber durch sie kam zugleich an den Tag, daß man selbst in West- und Mitteleuropa auch heute noch dem Fremden auf durchaus unreflektierte, triebhafte Weise begegnen kann: man wehrt ihn ab und sondert sich von ihm ab. Zwar begegnen sich Fremde und Einheimische am jeweiligen Arbeitsplatz; aber im übrigen lebt der Fremde für sich unter Seinesgleichen in einem – oft freiwillig gewählten – Ghetto. Da zudem die Zahl der Ungelernten unter den Gastarbeitern relativ hoch ist und sie demgemäß zu sog. »niedrigen Arbeiten« herangezogen werden, sind vorschnelle, verallgemeinernde und abschätzige Kollektivurteile der Einheimischen auch über ihre menschliche Minderwertigkeit an der Tagesordnung. Daß die Wirtschaft und mit ihr die Basis des eigenen Elitebewußtseins ohne diejenigen zusammenbrechen müßte, welche man so abschätzig beurteilt, bedenkt niemand recht.

An der Problematik des Flüchtlings- und des Gastarbeiter-Daseins wird deutlich, welch bedrängende Aktualität die alte Frage nach dem Verhältnis zum Fremden und das biblische Problem der eigenen Existenz in Fremdlingschaft, in Absonderung von den Seßhaften, Boden- und Sittengebundenen in unserer Gegenwart wieder erlangt hat. Und wie sieht die entsprechende Antwort aus? Der modernen Welt ist der Sinn für die gastliche Aufnahme des Fremden verlorengegangen. Gastfreundschaft wird kaum mehr oder nur in Rudimenten geübt; die schnellen Verkehrsmittel machen sie überflüssig, häufig verbieten es auch ganz einfach die Wohnverhältnisse, Gäste wirklich zu beherbergen. Im wesentlichen nehmen sich Gastgewerbe und Hotellerie ihrer an, natürlich gegen Bezahlung. Der Fremde als willkommener Bote ferner Gegenden und Völker, der interessante Kunde zu bringen vermag, ist verdrängt von den Massenmedien der Presse, des Radios und des Fernsehens; sie berichten rascher und aktueller, wenn auch flüchtiger und unpersönlicher. Im privaten Bereich ist an die Stelle der traditionellen Gastlichkeit die Einladung, die Party, der Empfang getreten. Es hat keinen Sinn, hier einem Verlust nachzutrauern; die Entwicklung nimmt ihren Lauf.

Die Frage ist immerhin, ob heute – vor allem in Großstädten, Vorstädten, Massensiedlungen und »Satellitenstädten«, in denen die Gemeinschaftslosigkeit ein großes Problem, wenn nicht sogar eine Gefahr, darstellt – nicht neue Formen der Gastlichkeit gesucht und gefunden werden müssen. Ob Ansätze und Anfänge, die in dieser Richtung schon gemacht worden sind, nicht des Ausbaus und der Weiterführung bedürfen. Das Wort: »Gastfrei zu sein, vergesset nicht« (Hebr 13,2) ist nicht veraltet, aber es bedarf der Füllung mit neuen Gehalten. So ist gerade in der modernen technisierten Welt die alte biblische Fragestellung nach dem Fremden, der Fremdlingschaft und dem Fremdsein ganz neu und bedrängend aufgebrochen: der Fremde als Flüchtling, als Gastarbeiter, als Neu-Zugezogener steht im Alltag der Welt, des Christen und der Kirche und stellt durch sein bloßes Dasein seine Fragen.

Besondere kirchliche Probleme stellt auch das Phänomen der gegenwärtigen starken Binnenwanderung, des raschen Wechsels von Arbeitsplatz und Wohnort. Wie erfaßt die Kirche mit ihrer Botschaft und ihrer Diakonie diese dem Flugsand gleichenden Volksmassen und gibt ihnen das Gefühl kirchlicher Heimat oder auch nur kirchlicher Präsenz? Wie nimmt die Gemeinde den zugezogenen Fremden auf? Was tut sie, um ihn als vollberechtigtes Glied, als Bruder sich fühlen zu lassen und nicht nur als geduldeten Hergetriebenen (und Kirchensteuerzahler!)? Das Volk Gottes, die Kirche, ist immer verantwortlich für die Fremden, die es in seinen Schutz und in seine Fürsorgepflicht zu nehmen hat, die nicht nur materiell zu verstehen ist. Das Verhalten dem Fremden gegenüber ist ein Gradmesser für die tatsächliche oder nur vorgegebene Christlichkeit. Insbesondere ist zu bedenken, daß im Fremden uns Jesus Christus selbst begegnet (Mt 25,35).

Umgekehrt redete man in christlichen Kreisen früher etwa von der Fremdlingschaft und von der Pilgerschaft der Christen auf Erden. Diese Rede scheint nicht mehr aktuell zu sein. Auch hat sie heute oft einen sentimentalen und weltfremden Beigeschmack, um so mehr, als die Christenheit sich allezeit sehr gut in dieser Welt einzurichten verstand. Zudem ist viel traditionelles christliches Reden von der Fremdlingschaft weniger von der Botschaft des NT ausgegangen als von der antiken Seelenlehre und der damit verbundenen Weltflucht und -verachtung. Platoniker oder Philo von Alexandrien, nicht aber die Bibel, reden davon, daß die Seele ein Fremdling in der Welt ist. Auch der Gedanke darf nicht als christlich ausgegeben werden, daß der Mensch darum ein Fremder in der Welt ist, weil er sterben muß. Gerade der Tod ist der stärkste Ausdruck davon, daß der Mensch der Welt verfallen und darum natürlicherweise in ihr daheim ist. Die Kirche hat in ihrer Verkündigung auch an diesem Punkt den spätantiken Dualismus von oben und unten aufzugeben und an seiner Stelle die Botschaft vom kommenden Gottesreich zu verkünden. Sie wird damit nicht weltflüchtig oder weltverachtend werden, da auch diese Welt Gottes Schöpfung ist, in der er uns das Leben gibt, uns zum Glauben ruft und das Feld zur tätigen Liebe anweist. Auf der anderen Seite bewahrt der Ruf zum Reiche Gottes davor, die gegenwärtige Welt und was in ihr ist (z. B. Heimat und Vaterland) zu verabsolutieren und damit zu vergötzen. Das Leben im jeweiligen Vaterland wird dann als Fügung Gottes angenommen, aber es weist auch über sich hinaus auf das ewige Vaterland des Reiches Gottes – in besonderer Deutlichkeit wohl dort, wo der Staat betont un- oder antichristlich ist. Ein unbekannter Christ des 2. Jh.s hat von den Christen gesagt: »Sie bewohnen jeder sein eigenes Vaterland, aber wie Beisassen, sie nehmen an allem gleich den Bürgern teil, aber sie ertragen alles wie Fremde. Jede Fremde ist ihnen Vaterland und jedes Vaterland ist ihnen Fremde« (Diognetbrief 5,5). Die Fremdlingschaft oder Beisassenschaft der Kirche in dieser Welt wird aber aufgewogen und übertroffen dadurch, daß die Christen berufen sind zu Bürgern des kommenden Gottesreiches, und im Glauben dürfen sie schon jetzt dieses Bürgerrechtes gewiß sein. Das Bewußtsein aber, Bürger des kommenden Gottesreiches zu sein, wird in dieser Welt die Sinne der Christen schärfen für die Probleme aller Fremden neben ihnen und die brüderliche Liebe zu ihnen wecken und aktivieren.

Zum Schluß sei nur noch die Frage gestellt, ob nicht auch der moderne Massentourismus die Kirche vor eine ökumenische Aufgabe stellt: Millionen haben heute Gelegenheit, fremde Länder und Völker aufzusuchen. Ob dabei aber über das rein Geschäftsmäßige oder das bloße Abstandnehmen vom eigenen Alltag hinaus menschliche Kontakte gesucht oder gepflegt werden, ist fraglich. Erst recht fraglich ist, ob im fremden Land der Glaubensbruder aufgesucht wird. Reiche Möglichkeiten, daß Fremde einander kennenlernen, daß Vorurteile abgebaut und die Grundlagen für ein besseres Verständnis zwischen Menschen verschiedener Völker und Kulturen gelegt werden, bleiben so ungenützt. Was könnte die Kirche als Organisation, was könnte der einzelne Christ tun, daß diese Möglichkeiten im Sinne echter Ökumenizität verwirklicht werden? *H. Bietenhard*

Lit.: AvHarnack, Die Mission und die Ausbreitung des Christentums in den ersten drei Jahrhunderten, I, 1923[4], 5ff – FBüchsel, Art. ἄλλος, ThWb I, 1933, 264ff – KLSchmidt, Art. διασπορά, ThWb II, 1935, 98ff – ders., Die Polis in Kirche und Welt, 1940, 14 – KL u. MASchmidt/RMeyer, Art. πάροικος, ThWb V, 1954, 840ff – GStählin, Art. ξένος ThWb V, 1954, 1ff – AvSelms/ELRapp/FLau, Art. Diaspora, RGG II, 1958[3], 174ff – JdeVries/FHorst, Art. Fremde, RGG II, 1958[3], 1124ff – RGyllenberg/BReicke, Art. Fremder, BHHW I, 1962, 498f – HBraun, Die Diaspora und ihre Verheißung im Neuen Testament, Die ev. Diaspora 35, 1965, 97ff.

Freude

Es sind im wesentlichen drei verschiedene Wortgruppen, die im NT menschliche Freude und Beglückung ausdrücken und zugleich ihre besondere Eigenart charakterisieren. Bei χαίρω *[chạirō]* ist das sinnenhafte Wohlbehagen und Wohlergehen Grund der Freude, also das, was man einander zuwünscht bei der Begrüßung und beim Abschied, das, was man sich für sein eigenes Leben an Gutem wünscht: Gesundheit und Glück. εὐφραίνω *[euphrạinō]* dagegen kennzeichnet das Gefühl, die innere Gestimmtheit der Freude, ἀγαλλιάομαι *[agalliạomai]* mehr die äußere Demonstration freudigen Stolzes und die jubelnde Festfreude im Kult.

ἀγαλλιάομαι

ἀγαλλιάομαι *[agalliạomai]* jubeln, frohlocken · ἀγαλλίασις *[agallịasis]* Jubel, Freude

ἀγαλλιάομαι *[agalliạomai]* und ἀγαλλίασις *[agallịasis]* = *jubeln, frohlocken, sich ausgelassen freuen* – nur in der LXX, im NT und bei davon abhängigen christl. und jüd. Schriftstellern nachweisbar – sind späte Neubildungen von profangriech. ἀγάλλω *[agallō]* und ἀγάλλομαι *[agallomai]* (seit Homer bezeugt), die belegt sind in der Bedeutung a) *schmücken, ehren, glänzend machen, verehren* bei Plato und Aristot., b) *prangen, sich mit etwas brüsten* bei Hdt., c) *seine Freude und Lust an etwas haben* bei Homer, d) *im Freudentaumel sein* bei Hdt. – Es handelt sich um eine elementar hervorbrechende Freude, die den ganzen Menschen erfaßt. I

1) In der LXX steht ἀγαλλιάομαι *[agalliạomai]* bzw. ἀγαλλίασις *[agallịasis]* vor allem als Übers. von *gīl* und *rānan*. Es gibt die *kultische Festfreude* wieder, die sich öffentlich demonstrativ über II

Gottes Heilstaten in Vergangenheit und Gegenwart (Ps 32,11 u. a.) äußert, jedoch nicht orgiastisch ist wie in den kanaanäischen Kulten. Die Vokabeln erweitern ihre Bedeutung sehr schnell über den gottesdienstlichen Rahmen hinaus: ἀγαλλιάομαι *[agalliaomai]* wird zum grundlegenden Ausdruck für die gemeinsame wie individuelle Haltung der *dankbaren Freude* vor Gott (Ps 9,15; 16,9; 21,2; 31,8; 35,27; 92,5 u. a.). Dieses Aufjubeln ist Bezeugung geschehener Heilserfahrungen mit Gott wie auch ein jubelndes Preisen seiner kommenden Treuetaten (Hab 3,18 u. a.), die der Glaubende in Jahwe garantiert sieht. Der gottesdienstlich-kultische Grundton bleibt darin erhalten. Der Jubel umfaßt selbst den Kosmos, die stummen Zeugen der Großtaten Gottes wie Himmel, Erde, Berge, Inseln, die mitjubeln bzw. dazu aufgefordert werden (Ps 19,6; 89,13; 96,11; 97,1 u. ö.). Ja, Gott selbst jubelt mit (Jes 65,19). Durch die Propheten während und nach dem Exil weitet sich dieser Jubel Israels über seinen Gott inmitten einer armseligen Gegenwart aus zu einem vorweggenommenen Dank für das endzeitliche Heil und seine messianische Freude (Jes 61!). In dieser eschatologischen Ausrichtung gewinnt diese dankende und lobende Haltung ihre letzte Tiefe (Ps 96,11ff; 97,8; 126,2.5; Jes 25,9 u. a.).

2) Auch für die rabb. Theologie und Frömmigkeit des Spätjudentums bleibt das laute und jubelnde Frohlocken über Gottes Heilstaten in Geschichte, Gegenwart und Endzeit charakteristisch (St.-B. IV,851k, 852m). »Der Sinn des jüdischen Daseins war die Glorificatio Dei.« So begleitet der Jubel »die dramatische Geschichte des Judenvolkes wie die Klänge eines überirdischen Chorals und wurde als Liturgie die entscheidende religiöse Lebensmacht« (EStauffer, Jerusalem und Rom, 1957, S. 102).

3) Im Unterschied zum rabb. Judentum glauben die Frommen von Qumran, daß die Heilszeit bereits angebrochen ist. In Liedern und Gebeten (bes. in den Hodajot und im Schlußteil der Sektenschrift 1QS 10.11) jubeln sie über Gott, der ihnen in seiner Barmherzigkeit das Heil schenkt und ihnen Einsicht in seine Geheimnisse gibt.

III 1) Im NT kommt ἀγαλλιάομαι *[agalliaomai]* 11mal, ἀγαλλίασις *[agalliasis]* sogar nur 5mal vor (→ χαίρειν *[chairein]* 74mal!). Die Vokabeln werden wie in der LXX verwendet. Aber während im AT der jauchzende Jubel dem Dank und der unerschütterlichen Zuversicht dem Gott gegenüber entspringt, der seinem Volk Israel immer wieder geholfen hat und hilft, und der alle Not und Bedrängnis in seiner endgültigen Rettungstat in der messianischen Endzeit beseitigen wird, wendet sich im NT der Freudenjubel dem Gott zu, der in Jesus Christus die eschatologische Heilszeit nun schon geschenkt hat und sie bei dessen Wiederkunft herrlich vollenden wird.

a) In den Evgg. ertönt der Jubel bereits im Advent vor Jesu Kommen. Zacharias wird aufjubeln, wenn der Vorläufer des Herrn geboren wird (Lk 1,14); selbst das Kind im Mutterleib der Elisabeth jubelt mit (Lk 1,44). Christus spricht von frommen Israeliten, die eine kleine Zeit im Lichte Johannes des Täufers jubeln (Joh 5,35). Maria jubelt in ihrem Lobgesang, daß sie in das Heilshandeln Gottes hineingezogen wird (Lk 1,47). Jesus selbst als Bringer der Heilszeit fordert zum Jubel auf und stimmt in ihn selbst ein. Damit beschließt er die Seligpreisungen: »Seid fröhlich und getrost; es wird euch im Himmel wohl belohnt werden.« Jesus jubelt selbst im Geiste, weil die Heilszeit vorhanden ist, denn das Heil wird den Unmündigen offenbar und bleibt, dem gleichzeitigen Gerichtscharakter entsprechend, den Klugen verborgen (Lk 10,21). Selbst Abraham unter den vollendeten Gerechten jauchzt laut auf, daß er Teil hat am Tag des Heils (Joh 8,56). Die entstehende ἐκκλησία *[ekklæsia]* (→ Kirche), die sich durch Gottes Heilshandeln in Jesus Christus als auserwähltes Volk der Endzeit verstehen darf, kann aufgrund von Kreuz, Auferstehung und bevorstehender Wiederkunft des Herrn mit David aufjauchzen (Apg 2,26; Ps 16,9: in der Predigt des Petrus). So heißt es vom Kerkermeister zu Philippi, daß er mit seiner ganzen Familie in freudige Erregung geriet (ἠγαλλιάσατο *[ægalliasato]*), weil er gläubig geworden und damit in die endzeitliche Heilsgemeinde durch Glauben und Taufe eingegliedert worden war (Apg 16,34). Die Urgemeinde stimmt im kultischen Mahl des Brotbrechens den hellen Jubelruf an in der Erwartung der nahen Parusie des Auferstandenen. Sie feiert das Abendmahl ἐν ἀγαλλιάσει *[en agalliasei]* (Apg 2,47 L; vgl. dazu JJeremias, Abendmahlsworte Jesu, S. 245).

b) Bei Paulus fehlt das Wort, nicht die Sache. Zum Teil verwendet er dafür das Verb καυχᾶσθαι *[kauchasthai]*, *sich rühmen* (→ Ruhm).

c) In den übrigen Schriften des NT (mit Ausnahme von Mk und Jak) taucht das Wort vereinzelt auf. In Hebr 1,9 ist es nach Meinung des Verfassers Gott selbst, der den Christus anredet. Christus ist von ihm mit dem Öl des Jubels gesalbt, dh mit Öl, wie man es zu Freudenfesten als Salböl verwendet (vgl. Ps 45,8). In Jud 24 beugt sich die Gemeinde im Lobpreis vor dem, »der euch kann behüten ohne Fehl und stellen vor das Angesicht seiner Herrlichkeit unsträflich mit Freuden« (ἐν ἀγαλλιάσει *[en agalliąsei]*, vgl. Apg 2,46). Der 1Petr fordert die Gemeinde auf, von ihren endzeitlichen Leiden hinwegzuschauen, die geringfügig sind in Anbetracht des Jubels, der in der Endzeit aufbrechen wird (1Petr 1,6.8; 4,13). Wenn die Endzeit gekommen ist, werden »wir uns freuen und aufjubeln« (χαίρωμεν καὶ ἀγαλλιῶμεν *[chąirōmen kai agalliǫmen]* Offb 19,7). Auch an anderen Stellen – nicht nur hier bei Offb 19,7 – sind → χαίρειν *[chąirein]* und ἀγαλλιάομαι *[agalliaomai]* miteinander verbunden (vgl. Mt 5,12; Lk 1,14; 1Petr 1,8; 4,13).

2) So wird die ἀγαλλίασις *[agallịasis]*, die festliche, jubelnde *Freude*, die die Vergangenheit mit einschließt und in die Zukunft weist, zur prägenden Haltung der nt. Gemeinde und des einzelnen Christen in ihr. Sie erfüllt ihre Gottesdienste, verleiht der Danksagung beim → Herrenmahl (Brotbrechen) den Freudencharakter (vgl. Offb 19,7.9), sie gehört zur Grundhaltung im Leben des einzelnen wie der Gemeinde und umfaßt das in Jesus Christus objektiv vollbrachte und auch persönlich erfahrene wie auch das zukünftige Heil. Dadurch werden die Leiden dieser Zeit gering, daß sie bei diesem Ausblick noch unter der Last Grund und Ursache zum paradoxen Jubel schenken. Das ἀγαλλιάομαι *[agalliąomai]* ist ganz und gar mit der Person Christi verbunden: Der Auferstandene und Gegenwärtige wie Wiederkommende selbst ist Grund des Jubels. *E. Beyreuther*

εὐφραίνω

εὐφραίνω *[euphrąinō]* froh machen, froh sein · εὐφροσύνη *[euphrosynæ]* Frohsinn, Freude

Das Verbum εὐφραίνω *[euphrąinō]* – in der griech. Umgangssprache seit Homer nachweisbar – bedeutet im aktiven Sinn: *jemanden erfreuen, froh machen*; als Medium und Passivum: *froh sein*; als Subst. εὐφροσύνη *[euphrosynæ]* (seit Homer): *Frohsinn, Freude, Heiterkeit*. Den Gegenstand der Freude bilden vorzugsweise Ereignisse und Situationen, durch die eine gemeinsame Freude entsteht, zB beim Festmahl. Doch verwenden dieses Wort auch die Philosophen für verinnerlichte und vergeistigte Freude. I

In der LXX wird das Wort wesentlich häufiger als → χαίρω *[chąirō]* verwendet und nicht scharf gegen → ἀγαλλιάω *[agalliąō]* abgegrenzt. Überwiegend ist es Wiedergabe von Wörtern des Stammes *sāmach*, in Jes auch häufiger von *rānan* und *sis*. Seine Verwendung konzentriert sich auf bestimmte Bücher im AT wie Dtn, deuteronomistisches Geschichtswerk, dann vor allem auf die Pss, Klgl, Pred, und die späteren Teile des Jesaja-Buches. Dazu tritt eine auffällig häufige Verwendung in JesSir. Ähnlich liegen auch die Verhältnisse beim Subst. Offensichtlich ist das Wort vor allem der entsprechende Ausdruck für die bei den Kultfeiern (Opfermahlzeiten) aufbrechende gemeinsame jubelnde *Freude*. Der Gottesbegriff des AT (→ Gott II) verwehrt aber die im Heidentum übliche ekstatisch-orgiastische Überschreitung der Grenze zwischen Mensch und Gott. II

Doch ist *Freude* in einer Bedeutungsrichtung jederzeit auch als Ausdruck für die subjektive Beglückung des einzelnen möglich, religiös gewendet für die persönliche Freudenstimmung angesichts der Hilfe Gottes in Notsituationen (zB Ps 13,6). εὐφραίνω *[euphrąinō]* wird schließlich neben ἀγαλλιάω *[agalliąō]* zum »eschatologischen Terminus der endzeitlichen Freude« (Bultmann, ThWb II,771), an der selbst Himmel und Erde teilnehmen (Ps 96,11; 97,1); auch Gott freut sich mit (Jes 65,19). Die Freude gilt als Kennzeichen der ewigen Welt Gottes.

Hier wird man mit Recht darauf hinweisen können, daß die Festfreude bei dem gemeinsamen großen Mahl, die ganz menschliche Freude am Essen und Trinken, an der leiblichen Labsal zu einem Bild wird für die Freude der Endzeit, die in diesen Farben erglüht.

Im übrigen ist eine weitgehende Differenzierung im Gebrauch möglich, was schon die zahlreichen hebr. Äquivalente dokumentieren: *Freude* als Gestimmtheit (zB Ps 16,11); – an etwas (2Sam 1,26; Pred 11,9); – an Gott (Neh 8,10; Ps 33,21); – am Wort (Jer 15,16; Ps 119,14); – am Tun der Gebote (Ps 119,162); – in der Heilszeit (Jes 35,10; 52,12).

Auch in der Frömmigkeit des Spätjudentums hat die *Freude* eine große Bedeutung behalten. Einen breiten Raum nimmt nun die Freude über Gottes Gesetz ein (biblisch schon Ps 19; 119). Die

Feste, bes. Passah und Laubhüttenfest, sind Freudenfeste. – Freude ist das Kennzeichen der erwarteten Heilszeit. In Qumran weiß man das Heil bereits gegenwärtig und jubelt über Gottes Heilsgaben.

Philos Frömmigkeit ist im besonderen Maße auf dieses Stichwort abgestimmt. Von der Festfreude ausgehend bedeutet das Gottsuchen bereits Freude (Spec. Leg. 36 u. a.; vgl. Bultmann, ThWb II, 772). Gott selbst strömt Freude durch den Logos aus, bes. auf alle, die sich seiner durch Tugenden würdig erweisen. Unter dieses Vorzeichen gerät alles, was in Gottes Nähe ist: die σοφία *[sophịa]* = → Weisheit ist voll Freude (χαρά *[charạ])* und Wonne (εὐφροσύνη *[euphrosynæ]* und voll der anderen Güter (Rer. Div. Her. 315; vgl. ThWb II, 772).

III Im NT wird als Bezeichnung der *Freude* eindeutig das Wort χαίρω *[chạirō]* bevorzugt (im umgekehrten Verhältnis zur Häufigkeit in der LXX). εὐφραίνω *[euphrạinō]* kommt 14mal vor, davon 8mal allein im lukanischen Schrifttum (Bevorzugung at. Wendungen!), 3mal bei Paulus und 3mal in der Offb. εὐφροσύνη *[euphrosynæ]* findet sich nur 2mal in der Apg. Insgesamt liegen an 5 Stellen at. Zitate vor.

1) Die Verbindung der Wörter mit dem Jubel und der Festfreude beim Freudenmahl ist offensichtlich und damit die at. Wurzel ihres Gebrauches. εὐφραίνω *[euphrạinō]* bezeichnet also im NT die *Freude* im festlichen Miteinander, die in ihren Äußerungen dort auch demonstriert wird, nicht die innerliche Gestimmtheit eines einzelnen. In Lk 12,19; 16,19 ist es das Essen, Trinken, Sichfreuen – letzteres heißt wohl in Gelagen, in festlich gestimmtem Freundeskreis –, das sich der Mensch ohne Gott als das Erstrebenswerteste wünscht und durch materiellen Besitz sichern möchte. Andererseits ist die Betonung der von Gott gewirkten Freude eine Eigentümlichkeit der lukanischen Schriften (→ χαίρω III,3). Über der Botschaft des 3. Evangelisten liegt der Glanz ungetrübter Freude. So lädt Lk 15,23.32 zur jubelnden Mitfreude über die Rückkehr des verlorenen Sohnes ein, der älteste Sohn wünscht sich Lk 15,29 neidvoll ein gleiches Freudenfest.

Von der *Freude* an den Gaben der Natur als Gottes Schöpfergaben spricht Apg 14,17; Apg 2,26.28 in einer Deutung des Psalmwortes (Ps 16,9.11) auf die Auferstehung von der Freude vor Gottes Angesicht. Apg 7,41 handelt dagegen vom frevelhaften Kultjubel Israels vor dem Goldenen Kalb.

2) Paulus gebraucht normalerweise das Verb χαίρω *[chạirō]* (auch im Zusammenhang von 2Kor 2,2), ist aber Röm 15,10 und Gal 4,27 von den at. Zitaten beeinflußt. In Röm 13,10 sieht er Dtn 32,43 erfüllt: Jubel herrscht darüber, daß nun die Botschaft von Christus zu den Heiden kommt. Ähnlich deutet Gal 4,27 den Ruf zur Freude auf das obere → Jerusalem, die Gemeinde des neuen → Bundes aus Juden und Heiden.

3) Offb 12,12; 18,20 ist es ebenfalls in Anlehnung an at. Zitate (Offb 11,10 ohne diese), der eschatologische Freudenjubel, der mit εὐφραίνω *[euphrạinō]* bezeichnet wird. Wenn also die eschatologische Freude im NT oft im Bild eines Freudenmahles auftaucht, der irdische Jesus selbst die antike Festfreude im gemeinsamen Mahl nicht verschmäht, so fügt sich das Wort εὐφραίνω *[euphrạinō]* völlig ein in den Gesamttenor der »Frohbotschaft«, des εὐαγγέλιον *[euangẹlion]* (→ Evangelium). *E. Beyreuther*

χαίρω

χαίρω *[chạirō]* sich freuen, fröhlich sein · χαρά *[charạ]* Freude

I χαίρω *[chạirō]* = *sich freuen, fröhlich sein, Vergnügen haben,* verwandt mit dem ai. *haryati* = *gern haben* und dem ahd. *geron* = *begehren,* und χαρά *[charạ]* = *Freude* sind seit Homer bezeugt. *Sich freuen über jemanden* oder *etwas* heißt χαίρειν ἐπί *[chạirein epị]* (auch διά *[diạ]*, ἐν *[en]*, περί *[perị]*); der Grund der Freude wird mit ὅτι *[hoti]* eingeleitet oder erscheint in partizipialer Form. Sehr häufig ist die Grußformel χαῖρε *[chạire]*, χαίρετε *[chạirete]* oder auch als Briefeingang der Inf. χαίρειν *[chạirein]*, wobei dann λέγει *[lẹgei]* zu ergänzen ist (vgl. Bl.-Debr. § 480): *Sei (seid) gegrüßt!*, beim Zutrinken: *Wohl bekomm's!*, beim Abschied: *Lebe (lebt) wohl!* Die im NT auftauchenden Wendungen χαίρειν χαρὰν μεγάλην *[chạirein charạn megạlæn]* bzw. χαρᾷ χαίρειν *[charạ chạirein]* gehen wohl auf at. Einfluß zurück (Mt 2,10 vgl. Jon 4,6; Joh 3,29 vgl. Jes 66,10). χαρά *[charạ]* bezeichnet den Zustand, dann aber auch den Gegenstand der Freude.

Zu beachten ist der etymologische Zusammenhang mit χάρις *[charis]*. Jedenfalls gilt für den griech. Sprachbereich, daß χάρις *[charis]* in seiner Bedeutung nicht immer klar von χαρά *[chara]* unterschieden worden ist (vgl. JBHofmann, Etymologisches Wörterbuch des Griechischen 1966, S. 410; siehe auch III, 5a).

II In der LXX taucht χαρά *[chara]* erst in den späteren Schriften auf (hauptsächlich Weish und 1–4 Makk) und ist vor allem Wiedergabe der hebr. Wörter *simchāh* = *Freude, Fröhlichkeit* und *sāsōn* = *Freude*. Es wird unterschieden von χάρις *[charis]*, das am häufigsten *chēn* = *Gnade, Gunst* übersetzt. Mit χαίρω *[chairō]* werden ebenso meistens Wörter vom Stamm *sāmach* = *sich freuen*, aber auch *gīl* = *frohlocken* und *sis* = *sich freuen* wiedergegeben.

Gegenüber dem Gebrauch von → εὐφραίνω *[euphrainō]* ist keine klare Grenze erkennbar, dort ist hebr. Äquivalent auch vorwiegend *sāmach*, oft steht es geradezu synonym mit χαίρω *[chairō]* (Klgl 4,21; Spr 29,6; Est 8,17; 9,17 u. ö.), doch läßt Sir 30,16 noch eine gewisse Differenzierung zu. εὐφραίνω *[euphrainō]* steht im Grunde doch näher bei → ἀγαλλιάομαι *[agalliaomai]*, da es auch Wörter wie *schīr* = *singen* übersetzt. χαίρω *[chairō]* umgreift sowohl das subjektive Gefühl wie den objektiven Gegenstand und Grund der Freude. Es kommt damit von den Wörtern der Gruppe dem hebr. *schālōm*, → *Friede, Heil* am nächsten, wie es ja auch Jes 48,22; 57,21 dieses überträgt (vgl. Tob 13,16S χαίρειν ἐπὶ τῇ εἰρήνῃ *[chairein epi tæ eirænæ]*). Nur selten tauchen Verb und Nomen im Zusammenhang mit der kultischen Freude auf (Ps 30,12); an solchen Stellen stehen fast ausschließlich ἀγαλλιάομαι *[agalliaomai]* oder εὐφραίνω *[euphrainō]*.

1) Unspezifischer Gebrauch als Grußformel liegt vor allem in 1–4Makk vor; die allg. Bedeutung *gern haben, erfreut sein* zB Gen 45,16; Jes 39,2 = 2Kön 20,13.

Unbefangen ist im AT die Freude an irdischen Gütern: an Gesundheit (Sir 30,16), an wohlgeratenen Kindern (Spr 23,25), an Essen und Trinken (1Kön 3,1; vgl. Ps 104,14f), an Frieden im Lande (1Makk 14,11 εὐφραίνω *[euphrainō]*). Aber ebenso weiß es von der Vergänglichkeit der Freuden und ihrer Bedrohung durch Wechselfälle des Lebens: Nach dem Lachen kommt das Weinen (Spr 14,13).

2) Gott ist der Spender aller Freude und aller Segensgüter (1Kön 8,66). Er gibt – und das wiegt mehr als alle vergängliche Segensgabe – sein gutes Wort (1Kön 8,56). Dieses Wort tröstet und erquickt zur Zeit der Anfechtung und Bedrängnis (Jer 15,16). Es läßt ausharren auf die Zeit, in der Gott die Trauer in Freude verkehren wird (Ps 126,5). So ist die Furcht des Herrn eine Quelle der Freude (Sir 1,12).

Folgerichtig dient χαίρω *[chairō]* darum auch zur Beschreibung der eschatologischen Freude, der Beglückung über das Heil und den Frieden der Endzeit (Jo 2,21.23; Jes 66,10.14; Sach 10,7; Tob 13,15, hier zusammen mit ἀγαλλιάομαι *[agalliaomai]*!).

3) Im rabbin. Judentum wird die Freude am → Gesetz betont. Die Lesung des Pentateuch wird als Gesetzesfreude bezeichnet (vgl. St.-B. IV, 154; ThWb II, 772). Die Freude am Gesetz ist »vollkommene Freude« (St.-B. zu Joh 16,24). Bei Philo ist die göttliche → Weisheit eine Quelle der Freude (Rer. Div. Her. 315). Die reine Freude hat nur Gott, sie ist jenseitig. Sie wird dem Menschen in der mystischen Vereinigung mit ihm zuteil (Abr. 201–207; Spec. Leg. II, 54f).

4) Auch in Qumran entspringt die Freude *(simchāh)* der Erkenntnis der Wahrheit (1QH XI, 30), aber hier ist es die Erkenntnis der → Erwählung und des Erbarmens Gottes mit seinen Erwählten. Bestimmend ist der Gegensatz von jetziger Trauer in Heimsuchung und Züchtigung (1QH IX, 24) und der Freude des Endsieges (1QM XIII, 12f; XIV, 4; XVIII, 8 u. ö.); ein Feldzeichen des Endkampfes trägt die Aufschrift »Freude Gottes« (1QM IV, 14). Nach dem Sieg werden die Söhne des Lichts in einen Zustand ewiger Freude und Herrlichkeit versetzt (1QH XIII, 6).

III Die Schwerpunkte des nt. Vorkommens liegen beim Verbum (insgesamt 74mal) und beim Subst. (insgesamt 59mal) in den Evgg. und den Paulusbriefen. Zusammengenommen kommen χαίρω *[chairō]* und χαρά *[chara]* vor: bei Lk 20mal (in Apg zusätzlich 11mal), Joh 18mal, Mt 12mal, Phil 14mal, 2Kor 13mal, Röm 7mal, 1Thess 6mal. Nicht zufällig tauchen die Worte vor allem da auf, wo von der eschatologischen Erfüllung in Christus bzw. vom Sein in ihm und der Hoffnung auf ihn expressis verbis die Rede ist. Doch darf nicht übersehen werden, daß die gesamte nt. Botschaft als Verkündigung von Gottes Heilshandeln in Christus Freudenbotschaft (→ Evangelium) ist.

1) Der allg. Gebrauch als Grußformel bedarf nur kurzer Erwähnung. Als Briefeingang steht χαίρειν *[chairein]* Apg 15,23; 23,26; Jak 1,1 (→ Buch, Art. ἐπιστολή). 2Joh 10 werden die Adressaten ermahnt, den Irrlehrern die Gastfreundschaft und den Willkommensgruß zu verweigern, damit sie in keiner Weise an deren Umtrieben mitschuldig werden. Mt 28,9 ist es gerade das vertraute, alltägliche χαίρετε *[chairete]*, mit dem sich der

Auferstandene seinen Jüngern zu erkennen gibt. Wenn in Mt 26,49; 27,29 par Jesus hohnvoll als Rabbi bzw. König der Juden gegrüßt wird, so schwingt eine heimliche Ironie mit, nach der ihm unter der Maske völliger Verblendung der Gruß entboten wird, der ihm gebührt. Lk 1,28 liegt das Besondere des Grußes, das Maria tief erschrecken läßt, nicht in dem χαῖρε *[chạire]* selbst, sondern in seiner Erweiterung.

2) Nach dem Zeugnis der Synopt. ist die Zeit Jesu Freudenzeit: »Wie können die Hochzeitsleute Leid tragen, solange der Bräutigam bei ihnen ist?« (Mt 9,15 par: → fasten). Das unterscheidet ihn schlechthin vom Täufer und allen at. Propheten, daß das eschatologische Heil in ihm schon gegenwärtig ist: Blinde sehen und Lahme gehen, Aussätzige werden rein und Taube hören, Tote stehen auf und Armen wird das Evangelium gepredigt (Mt 11,5 par). Das ist die Wirkung seines Tuns und seiner Verkündigung, daß Freude einkehrt (Lk 19,6). Auch wo er zum Ärgernis wird, wo der Weg der Nachfolge in Leid und Verfolgung führt, soll die freudige Gewißheit des Heils nicht zum Erliegen kommen: Seid fröhlich und getrost, es wird euch im Himmel wohl belohnt werden (Mt 5,12)! Jesus ist der kommende Weltrichter. Darum gilt dem, der seinem Wort und Auftrag treu bleibt, sie nicht nur mit einer ersten schnell verfliegenden Freude aufnimmt (Mt 13,20 par), einst der einladende Ruf: Gehe ein zum Freudenmahl deines Herrn! (χαρά *[charạ]*, s. JJeremias, S. 57; vgl. Mt 22,2ff; Offb 19,7.9). Bei der Begegnung mit dem Auferstandenen ist es darum neben dem Erschrecken eben auch große Freude, die die Jünger erfaßt (Mt 28,8 par).

3a) Bei Lk ist nun in besonderer Weise die Freude ein Grundthema seines Evangeliums. Schon in der Vorgeschichte klingt es kräftig an: Zacharias wird Freude und Wonne verheißen, viele werden sich freuen über die Geburt des Johannes (Lk 1,14) um der »Geschichte« willen, die nun Gott mit seinem Volk beginnt (vgl. 2,15). Bei der Begegnung Elisabeths mit der Mutter des Heilandes (vgl. 2,11) hüpft das Kind vor Freuden in ihrem Leibe (1,44 ἐν ἀγαλλιάσει *[en agallịasei]*). In der feierlichen Sprache der at. Pss erklingt der jubelnde Lobpreis Gottes im Magnificat der Maria (1,47 ἠγαλλίασεν *[ægallịasen]*) und im Lobgesang des Zacharias (1,68ff). Grund und Inhalt der »großen Freude« ist die Weihnachtsbotschaft, daß Gott in Jesus sein Volk besucht und erlöst hat (1,68), daß er sich der verlorenen Menschheit angenommen hat, wie er es den Vätern (1,55) und den Propheten (1,70) verheißen hatte, daß er Wohlgefallen (2,14 εὐδοκία *[eudokịa]*) an seinen Menschen hat.

Eine wesentliche Wirkung der Wundertaten Jesu ist Freude (13,17). Wenn die 70 Jünger an Jesu Macht über die bösen Geister Anteil bekommen und sich dessen stolz freuen (10,17), so wiegt doch die Freude an Gottes erwählender Liebe mehr: Freuet euch aber, daß eure Namen im Himmel geschrieben sind! (10,20; vgl. Mt 7,22f). Daran liegt eben alles, daß Gott selbst an den Verlorenen barmherzig handelt. Freude herrscht im Himmel über einen Sünder, der Buße tut (Lk 15,7.10.23). Umkehr ist Freude (JSchniewind, S. 14). Das ganze Gleichniskapitel Lk 15 ist ein einziges Werben Jesu um Mitfreude darüber, daß das Verlorene zum Vater zurückfindet (15,6.9.32).

Ganz anders als bei Mk (16,8) ist dann auch der Schluß des Evangeliums geprägt von dem Ton staunender überquellender Freude (Lk 24,11.41.52). V. 46 ist gewissermaßen das Resümee des Evangeliums: Der Zeit Jesu folgt die Zeit der Kirche, in der in seinem Namen die Predigt der Buße (der Freude der Buße!) die Grenzen Israels überschreitend unter alle Völker hinausgetragen wird.

b) Davon berichtet die Apg, und zwar so, daß besonders die Freude über die nicht aufzuhaltende Ausbreitung der Kirche im Weltmaßstab immer wieder anklingt. Hier ist es zunächst die Freude der Apostel, um Christi willen Schmach und Verfolgung zu leiden (5,41; vgl. Mt 5,11f). Die Kraft zu dieser Freude gibt der heilige Geist (13,52; vgl. 7,55). Keine Verfolgung kann den Siegeslauf des Evangeliums hindern (20,24 v. l. μετὰ χαρᾶς *[metạ charạs]*). Freude herrscht über das Hinzuströmen der Heiden (11,23; 13,48; 15,3), Freude ist die Wirkung der Heidenpredigt und -taufe bei den Betroffenen selbst (8,8.39; 15,31).

4) Im JohEv spielt der eschatologische Terminus der χαρὰ πεπληρωμένη *[charą peplærōmęnæ]*, der vollkommenen Freude (ähnlicher Sprachgebrauch 1Joh 1,4; 2Joh 12) eine große Rolle. Er klingt schon 3,29 deutlich an: Die Freude des Täufers über den verheißenen Offenbarer, den »Bräutigam«, hat sich nun erfüllt (vgl. Mt 9,14f par). Jetzt ist die eschatologische Stunde, in der neben der fortdauernden Aussaat schon geerntet wird (4,35f), Jesus schon das aufgetragene Werk vollendet (4,34). Über diesen Tag der beginnenden Ernte freut sich Abraham in der himmlischen Welt mit (8,56). Die vollkommene Freude, die Jesus jetzt schon hat, weil er in völliger Gemeinschaft mit dem Vater steht (14, 20) und seinen Willen tut (4,34), soll auch den Jüngern zuteil werden (15,11). Das erbittet er vom Vater (17,13), darum mahnt er die Seinen, in ihm (15,4), in seiner Liebe zu bleiben (15,9). Darin vollendet sich sein Werk der Liebe, daß er sein Leben für die »Freunde« läßt (15,13); die Offenbarung vollendet sich im Fortgang Jesu von den Seinen (16,10). Aber er läßt sie nicht als Waisen zurück (14,18), er bittet den Vater um die Sendung des Trösters (14,16.26), er bezeugt sich ihnen selbst als der Auferstandene (14,19; 20,20 ἐχάρησαν *[echąræsan])*, er verheißt ihnen die Erhörung des Gebetes in seinem Namen (15,7.16).

Diese Freude und diesen Trost kann die Welt wie den Frieden, den er gibt (14,27; 16,33), nicht nehmen, denn sie gründen in der → Offenbarung und sind kein Weltphänomen (Bultmann, S. 449). Aber gerade darum kommt es zur Scheidung von der Welt, darum droht ihr Haß und ihre Verfolgung (15,19; 16,2). Aber die Angst ist gebannt, weil Jesus die Welt überwunden hat (16,33; vgl. 1Joh 1,4); die jetzige Traurigkeit wird in Freude verkehrt werden (16,22). Diese eschatologische Freude »wird nicht als ein psychischer Zustand der Entzückungen beschrieben, sondern als die Situation bestimmt, in der die Glaubenden nichts mehr zu fragen brauchen« (Bultmann, S. 449).

5) Daß die Freude des Christenstandes nur im paradoxen Miteinander von Traurigkeit, Bedrängnis und Sorge zu haben ist, ja daß sie gerade dort ihre Kraft beweist, davon zeugen die paulinischen Briefe.

a) Nur weil diese Freude »jenseits der Freude, die man ›hat‹, empfindet, zeigen kann«, ihren Ort hat, weil sie Freude ἐν κυρίῳ *[en kyrįō]*, im Herrn, also außerhalb unserer selbst ist (Barth, S. 119), kann Paulus immer wieder an sie erinnern, zu ihr rufen und mahnen (Phil 3,1; 4,4.10; Röm 12,12; 2Kor 6,10). Sie ist »Freude des Glaubens« (Phil 1,25; Röm 15,13); daher gründet sie in der Hoffnung und Zuversicht des Glaubens, die durch alle Kämpfe und Ängste hindurch (2Kor 7,5) der Rechtfertigung durch Christus gewiß ist (Röm 8,31f) und seiner als des auferstandenen Herrn gewärtig ist. Als Freude des → Glaubens ist sie daher auch Frucht des → Geistes (Gal 5,22), Freude in dem heiligen Geist (Röm 14,17; 1Thess 1,6; damit ist sie ein Charisma und tritt insofern in die Nähe des Begriffes χάρις *[chąris]*; → Gnade). Weil so der Glaube und seine Freude ganz und gar nicht unsere Sache sind, kann Paulus sogar noch zuversichtlich sein und sich freuen, wenn Christus aus unlauteren Motiven gepredigt wird; liegt es doch allein daran, daß er sein gutes Werk tut, daß möglichst viele Menschen an seinem Evangelium Anteil bekommen (Phil 1,5f).

b) Im 2Kor-Brief ist es die θλῖψις *[thlįpsis]* (→ Bedrängnis, Art. θλῖψις), sowohl die Trübsal der äußeren Bedrängnis wie die Betrübnis über die Zurechtweisungen des Apostels, der Paulus mit ganzer Entschiedenheit die Freude gegenüberstellt. Er möchte den Korinthern Gehilfe der Freude (συνεργός *[synergǫs]* 1,24) sein. Seine Freude, die Freude ἐν κυρίῳ *[en kyrįō]* ist (13,11; vgl. Phil 3,1!), soll auch in Korinth die Übermacht über alle θλῖψις *[thlįpsis]* gewinnen (2,3). Nicht die Resignation, nicht die tödliche Traurigkeit (λύπη *[lypæ])* der Welt soll das letzte Wort haben, sondern die Freude eines geläuterten Glaubens (7,10). Nachdem Paulus vorher hart getadelt hatte, ist er nun auf Grund der positiven Wirkung seiner Mahnung wieder zuversichtlich geworden (7,13); ja, fast hat er den Eindruck, daß er zu streng verfahren ist (7,11). Umso erfreuter ist der Apostel nun, da ihm durch den Bericht des Titus alle Besorgnis genommen ist (7,16).

c) Den Phil-Brief schreibt Paulus aus der Gefangenschaft (in Ephesus?). Der Ausgang des Prozesses ist noch ungewiß. Eine gewisse Vereinsamung des Apostels ist spürbar (2,20f). Die rechte Verkündigung des Evangeliums ist in Gefahr (1,15ff; 2,21). Auch hier also θλῖψις *[thlịpsis]* (4,14; vgl. Kol 1,24), Anlaß zur Sorge. Und doch auch hier Anlaß zu Dank und ungebrochener Freude: Dank für die Teilhabe der Philipper am Evangelium (1,5), Freude über die fortdauernde Verkündigung Christi (1,18). Das Evangelium, Christus veranlassen Paulus, so nachdrücklich zur Mitfreude aufzurufen (2,17f), die Sorge hinter sich zu werfen (4,6), in der Gemeinschaft des Geistes eines Sinnes zu sein (2,1f). Mag Anlaß zur Sorge bestehen, mag Paulus einem baldigen Tode entgegengehen, was tut's! Wenn nur Christus verherrlicht wird an seinem Leibe (1,20)!

So ist die Freude im Phil-Brief ein ungebrochenes »trotziges Dennoch« (Barth, S. 118; vgl. Phil 2,17). Freilich ein Dennoch, das sich nicht auf sich selbst stellt, sondern sich aus unermüdlichem Gebet nährt (4,6; vgl. 1Thess 5,16; Kol 1,11), das sich an dem Lauf des Evangeliums über die Welt aufrichtet (1,5f; 1Thess 3,9; Kol 2,5), das sich auf das Gedeihen der Missionsgemeinden beruft (1Thess 2,20: »Ihr seid mein Ruhm und meine Freude«).

d) Die Zeit des Leidens und der Anfechtung ist begrenzt. Der Herr ist nahe! (Phil 4,5; vgl. 1Thess 5,2f; 3,3). Darum gründet das Dennoch der Freude vor allem in der Hoffnung, nach dem Mitleiden auch mit verherrlicht zu werden (Röm 8,17). Dieses freudige und getroste Harren auf den Tag Christi relativiert die Gegenwart. *Gaudium in domino parit veram aequitatem:* Die Freude im Herrn gebiert wahren Gleichmut (Bengel, zit. Barth, S. 119). Diese »Lindigkeit« (Phil 4,5 L) befreit einerseits zur Solidarität mit dem Nächsten (Röm 12,15), andererseits verweist sie gegenwärtige Freuden und Leiden in den Bereich der vorletzten Dinge (1Kor 7,30; 2Kor 6,10).

6) Diese paulinische Verkündigung der Freude in Leid und Anfechtung bewährt sich zur Zeit der Abfassung der späteren nt. Briefe, in der schon regelrechte Christenverfolgungen den Fortbestand der Gemeinden bedrohen (1Petr 4,13; vgl. Röm 8,17). Der Raub der materiellen Güter kann doch das Gut der Freude nicht entreißen (Hebr 10,34; vgl. Luther: »Nehmen sie den Leib, Gut, Ehr, Kind und Weib, . . .«). Das bedeutet aber nicht, daß die Verfolgung nicht mehr wirkliche, notvolle Anfechtung bliebe (Hebr 12,11). Deshalb ergeht die Mahnung zur Geduld (Hebr 10,36), zum gehorsamen Bleiben in der rechten Lehre (Hebr 12,17). Christus hat sich freiwillig der Freude begeben und die Schmach des Kreuzes auf sich genommen, nur der Aufblick zu ihm kann den Angefochtenen Geduld und Durchhaltevermögen geben (Hebr 12,2; vgl. 1Petr 1,8f).

Jak 1,2 steht an der Grenze einer Freude am Martyrium (vgl. Apg 5,41), die im Verlauf der Kirchengeschichte oft nahezu in eine Martyriumssucht umschlagen konnte. Jak 4,9f kann für einen Glauben, der sich am NT orientiert, nicht gesetzlich gehandhabt werden, das verwehrt ihm der Gehorsam gegenüber dem auferstandenen Herrn. Ein solches Verhalten würde die letzte Tiefe und alleinige Gültigkeit seines Kreuzes verleugnen.

E. Beyreuther/G. Finkenrath

V ZUR VERKÜNDIGUNG

Die nt. Freudengabe ist ein Geschenk Gottes. Sie erwächst aus dem Ja Gottes zu der gebrochenen Existenz des Menschen, der in Sünde und Sorge, in Ichsucht und Todesverfangenheit lebt. Indem Gott ihm Vergebung der Sünden schenkt, hebt er ihn aus der heimlichen und unheimlichen Anklage, sein Leben zu verfehlen, ruft er ihn aus der Ausweglosigkeit des verlorenen Sohnes heim. So wurzelt Freude im geschenkten Heil (vgl. Lk 2,10; → Erlösung), ja ist geradezu mit diesem identisch. Denn die Gabe der → Vergebung ist keine theoretische Lehre, sondern Ermöglichung und Recht der steten und lebendigen freien Begegnung mit dem Herrn und dem Nächsten. Je stärker dieses Band einer wirklichen Gemeinschaft mit dem Herrn ist, desto mehr wird das Leben von dem getragen und geprägt, was das NT unter Freude versteht.

Was für die at. Gemeinde galt, daß sie ihrer gemeinsamen Freude im Gottesdienst, in der Kultgemeinschaft einen entsprechenden Ausdruck gab, gilt auch für die nt. Gemeinde:

Sie freut sich an ihrem Heil im gemeinsamen Gottesdienst. Ihre Abendmahlsfeiern stehen unter dem Zeichen der Freude am Heil. Selbst die Tischgemeinschaft zeigt diesen Freudencharakter, weil ihre Teilnehmer sich als gemeinsam von Gott Beschenkte verstehen (→ Herrenmahl; → Hunger).

Die Freude am Heil bleibt aber in Spannung zur Anfechtung, zu all den Faktoren, von denen vielfach die Freude jedes Menschen, nicht nur des Christen, bedroht ist, zu den Rätseln, Sinnlosigkeiten und Unbegreiflichkeiten des Daseins. Diese Spannung gilt es im Glauben auszuhalten; und Paulus zeigt, wie mitten in Situationen, in denen dem Menschen das Wort »Freude« als Hohn erscheint, die Trübsal Erquickung erfährt, wie sie durchleuchtet wird von einer Freude an dem Gott, den man zu oft nicht verstehen, dem man aber dennoch immer vertrauen darf. Diese Freude ist auf ihn gerichtet, der in Christus gehandelt hat und der an uns handeln wird. Alle Freude ist zugleich eschatologisch ausgerichtete Vorfreude auf das, »was kein Auge gesehen und kein Ohr gehört hat und in keines Menschen Herz gekommen ist, was aber Gott bereitet hat denen, die ihn lieben« (1Kor 2,9). Nur so läßt sich die Aufforderung zur Freude verstehen, die sonst als Zumutung erscheinen muß. Dabei wird auch das ganz natürliche Freudeverlangen des Menschen nicht geleugnet. Die Schrift bezeugt einen Gott, der den Menschen auf die Freude angelegt hat, der ihm ein Füllhorn an guten Gaben ausgeschüttet hat, der seine Sonne scheinen läßt über Gerechten und Ungerechten. Der Mensch darf Freude suchen an all den Gaben, die ihm zuteil werden in der Schöpfung. Daß er sie nicht vergötzen darf, liegt bereits im 1. Gebot ausgesprochen.

Diese Spannweite der Freude, wie sie sich in den Aussagen der Bibel darstellt, ist nun aber in der Geschichte der Christenheit nicht durchgehalten worden. Das asketische Mißverständnis hat in der alten und mittelalterlichen Kirche, praktisch bis in die Gegenwart, eine Leibfeindlichkeit erzeugt, die die Begegnung der Geschlechter erschreckend einseitig nur unter dem Gesichtspunkt eines darin potentiell miteingeschlossenen Mißbrauches gesehen hat, bis hin zur Verfemung des Erotischen überhaupt. Diese vermeintlich christl. Leibfeindlichkeit ist mitschuldig geworden am Überschäumen der erotischen Welle in der säkularisierten Welt. Im Pietismus ist nur zu oft ausschließlich auf die subjektive Freude hingewiesen worden. Das hatte zur Folge, daß Freude als eine erhöhte Stimmungslage verstanden wurde bis hin zu einer dauernden Trunkenheit in Gefühlsseligkeit. Demgegenüber ergreift die Freude im nt. Sinne gewiß auch das Gemüt, aber sie ist eben nicht anthropozentrisch begründet.

Kants Pflichtethik bis hin zur Unliebenswürdigkeit zieht nur eine Linie aus gegenüber der Glückseligkeitslehre der Aufklärung. Doch müssen Pflicht und Freude nicht Gegner sein. Die Aufgabe der Weltbemächtigung (Gen 1,26ff) ist begleitet von der Freude des Entdeckens, des Ordnens, des Beherrschens im Bereich der Schöpfung. Die Pracht und den Reichtum der Natur empfindet der Glaube als Schöpfungsgabe dem Menschen zugut, so daß er singen kann: »Geh aus mein Herz und suche Freud . . .«

Mit dem biblischen Verständnis der Freude soll der Christ nun leben in einer Welt, die nicht nur eine hochentwickelte Kultur der Freude anzubieten hat, sondern die es obendrein meisterhaft versteht, das Verlangen nach Freude kommerziell auszunutzen (Vergnügungsindustrie). Wollte er hier nur als kritischer Beckmesser gegenüber seinen Mitmenschen auftreten, so würde er sicher hoffnungslos mißverstanden. Glaubhaft kann er nur werden, wenn er durch sein Wesen und seine Lebensführung unaufdringlich und darum sehr dringlich auf die Freude hinweist, die bleibt, die sich »verklärt«, die in der Anfechtung nicht erstirbt, sondern überhaupt erst zur vollen Reife kommt. Und vielleicht wäre es doch ein besonders bezeichnender Umbruch, wenn die Überwindung des Egoismus durch den Glauben auch dazu führte, daß sich Christen unbefangen und neidlos für und mit anderen freuen könnten. Es hat allezeit Menschen von großer und beglückender Ausstrahlungskraft gegeben, deren Charisma eine ansteckende Fröhlichkeit war und ist. Unter den verheißenen Gaben des Heiligen Geistes ist das Charisma der Freude nicht zuletzt genannt!

Nur von einer solchen Grundhaltung aus, die sich nicht im »Mißvergnügen« am Negativen versteift, wird dann auch die notwendige Kritik an einer nicht mehr beglückenden, sondern zerstörenden Jagd nach Vergnügen um jeden Preis Gehör finden können, in deren Sog der Mensch der Moderne zu geraten droht. Von hier aus wird aber auch davor zu warnen sein, die Freude nur jenseits der Arbeitswelt zu suchen und diese selbst damit unter den Fluch der Freudlosigkeit zu stellen; denn dadurch würde das Leben des Menschen leicht in eine völlig entleerte und eine vermeintlich gefüllte Sphäre zerfallen und sein Wesen selbst gespalten. Die Phantasie der schöpferischen Liebe wird Wege zu suchen und zu zeigen haben, von denen heilende Kräfte ausgehen können.

Dabei haben wir einer weitergehenden Dechristianisierung ins Auge zu sehen, verbunden mit einer stillen Resignation der Besten über die letzten Fragen, einem heimlichen Atheismus, in dem jene antike heidnische Losung »Lasset uns essen und trinken, denn morgen sind wir tot« eine aushöhlende Gestalt zu gewinnen sucht. Je mehr dies deutlich wird, müssen alle vordergründigen Appelle sich zu freuen unsinnig und lächerlich erscheinen. Was bleiben könnte, ist nichts anderes als hier ganz praktisch den Weg der Christen zu demonstrieren (nicht bloß zu deklamieren) und zu den wahren Wurzeln jener Freude zu führen, in der auch die irdischen Freuden nicht in der Anfechtung und Trübsal erstickt werden, sondern eine rechte Rangordnung erfahren. Das ist lohnend genug.

E. Beyreuther

Lit.: EGGulin, Die Freude im NT I/II, 1932/36 – RBultmann, Art. ἀγαλλιάομαι, ThWb I, 1933, 18ff – ders., Art. εὐφραίνω, ThWb II, 1935, 770ff – BReicke, Diakonie, Festfreude und Zelos in Verbindung mit der altchristlichen Agapenfeier, 1951 – ESchick/AAuer, Art. Freude, LThK IV, 1960², 361 (kath.) – WWeilner, Art. Freude, BThW 1962², 378ff (kath.) – ABduToit, Der Aspekt der Freude im urchristlichen Abendmahl, 1965; – speziell zu χαίρω: KBarth, Erklärung des Philipperbriefes, 1943 – RBultmann, Das Evangelium des Johannes, KEK II,1, 1964¹⁸.

Freund, Freundschaft → Bruder; → Liebe

Friede

εἰρήνη

εἰρήνη *[eirǣnæ]* Friede · εἰρηνεύω *[eirænẹụō]* in Frieden leben, Frieden haben · εἰρηνικός *[eirænikọs]* friedlich · εἰρηνοποιός *[eirænopoiọs]* Friedensstifter · εἰρηνοποιέω *[eirænopoiẹō]* Frieden schaffen

I 1) εἰρήνη *[eirǣnæ]* = *Friede* (seit Hom., auch Inschriften und Papyri, etymologisch ungeklärt) ist in seinem profangriech. Wortgehalt zuständlicher Gegensatz zu bzw. Unterbrechung des Krieges. Friede ist Zustand der Ordnung und des Rechts, aus dem Wohlstand und Segnungen hervorgehen.

2) Bei Plato und Epikt. kann εἰρήνη *[eirǣnæ]* auch *friedliches Verhalten* bezeichnen, jedoch wird friedliche Gesinnung meist wiedergegeben durch φιλία *[philịa]* (= → Liebe, Freundschaft) oder ὁμόνοια *[homọnoia]* (= Einigkeit, Eintracht); der friedliche Gemütszustand durch γαλήνη *[galǣnæ]*, Windstille. Erst in der Stoa (Epikt. und Mark Ant.) findet sich Friede als *Seelenfriede.* εἰρηνεύω *[eirænẹụō]* (seit Platon, auch im Medium gebraucht) = *in Frieden leben, Frieden haben* bezeichnet das Sein in der Zuständlichkeit des Friedens und – nur ausnahmsweise und spät – aktive Bewirkung oder Heraufführung des Friedens (LXX 1Makk 6,60; Jos. Bell. 2,367; Dio C 77,12,1; Did 4,3; Barn 19,12; nicht im NT). εἰρηνικός *[eirænikọs]* *friedlich* (Adj.) umfaßt in Gegensatz zu πολεμικός *[polemikọs]*, *kriegerisch*, alles, was sich auf Frieden bezieht. Die Komposita εἰρηνοποιέω *[eirænopoiẹō]*, *Frieden schaffen, Frieden stiften* (erst seit LXX), und εἰρηνοποιός *[eirænopoiọs]*, *Friedensstifter*, begegnen profangriech., allerdings nur sehr selten, im Sinn der politischen *Befriedung* (durch röm. Kaiser) mit machtvollem Arm (vgl. lat. *pacare).*

1) Altes Testament. a) In der LXX ist εἰρήνη *[eiræ̨næ]* fast durchweg an Stelle des hebr. *schālōm* getreten (Ausnahmen: vorwiegend bei Kommen und Gehen und als Grußformel vorkommende Wendungen, zB Gen 26,31; 43,23; aber auch Jer 20,10; Jes 48,22; 57,21; dort σωτηρία *[sōtæria]*, χαίρειν *[chairein]* u. a.). Nur der Gebrauch von εἰρήνη *[eiræ̨næ]* zur Bezeichnung des von Gott kommenden *Wohlergehens* ist konstant (ThWb II, 407). – An ca. 15 Stellen ist εἰρήνη *[eiræ̨næ]* in der LXX für insgesamt 4 andere hebr. Wörter des Bedeutungskreises → *Ruhe, Sicherheit, Sorgenfreiheit, Vertrauenszustand* eingetreten (1Chr 4,40; Hi 11,18; Spr 3,23; Jes 14,30; Ez 34,27; 38,8 u. a. m.). Für das hebr. *schālōm* (s. u. IIb) ist nicht so sehr wie beim griech. εἰρήνη *[eiræ̨næ]* der Gegensatz zum Krieg als vielmehr der zur Gestörtheit des gemeinschaftlichen Wohlergehens des Volkes konstitutiv, das uU Kriegführung geradezu erfordert (vgl. 2Sam 11,7). So wird in der LXX auch εἰρήνη *[eiræ̨næ]* vor allem Ausdruck für die allgemeine *Wohlfahrt*, die ganz an Jahwe als an ihrem Geber orientiert und von ihm abhängig ist. Ja, Ri 6,24 (hebr. Text) kann es heißen: Jahwe ist der Friede. *schālōm* umschließt alles von Gott Gegebene auf allen Lebensgebieten (ThWb II, 406). εἰρήνη *[eiræ̨næ]* als von Gott herkommend nähert sich also dem Begriff des Heils (σωτηρία *[sōtæria]*; → Erlösung, Art. σῴζω B) als des dem Menschen von Gott her zukommenden Guten (Ps 84,12; → Gott). Wo Gott seinen Frieden abzieht, kehrt die Trauer ein (Jer 16,5). II

b) Im ganzen hebr. AT umfaßt die Wortbedeutung von Friede *(schālōm)* das *Wohlsein* im weitesten Sinne des Wortes (Ri 19,20), das *Glück* (Ps 73,3), sogar in bezug auf die Gottlosen; leibliche *Gesundheit* (Jes 57,18; Ps 38,4), die Haltung der *Zufriedenheit* (Gen 26,29 beim Gehen; Ps 4,9 im Schlaf; Gen 15,15 u. a. m. im Sterben), das friedliche Verhältnis des *Einverständnisses* zwischen Völkern und Menschen (1Kön 5,26; Ri 4,17; 1Chr 12,17.18), das *Heil* (Jes 45,7; Jer 29,11) auch als beständiges Heil (Jer 14,13). Teilhabe an diesem Frieden schließt die Teilhabe an den damit verbundenen Heilsgaben ein. Wer daraus verstoßen wird, muß des Guten vergessen (Klgl 3,17). Der *schālōm (Friede)* ist sozial orientiert und mit der politischen Erwartung Israels verbunden. Die enge Verbindung von *schālōm* mit dem Begriff der *tsᵉdāqāh* (→ Gerechtigkeit; Jes 48,18 und Ps 85,11), mit den konkreten Begriffen des Rechtes und Rechtspruches *(mischpāt*; Sach 8,16) und sogar dem der Obrigkeit (hebr. *pᵉkudāh*; LXX ἄρχοντας *[archontas]* und ἐπισκόπους *[episkopous]*, vgl. → Anfang; → Bischof; Jes 60,17) beweist seine öffentliche, weit über das Persönliche hinausgehende Bedeutung.

Nach 597 und 587 wird die Friedensbotschaft Kern prophetischer Verheißung bes. von DtJes. Nach der Zerstörung Jerusalems haben die falschen Heilspropheten (Jer 6,14; 8,11; Ez 13,10.16) keine Chance mehr. Das Verständnis des Friedensbundes Gottes (Jes 54,10) wird bei DtJes eschatologisch: Gerechtigkeit, Glanz, Heil, Herrlichkeit (Jes 62,1.2) erscheinen als Signatur endzeitlicher Erwartung. Die in Sünde gefallene, mit gerechtem Gericht gestrafte und sich selbst widerstreitende Welt und Schöpfung soll wieder heil gemacht werden (Jes 11,6–9; 29,17–24; 62,1–9) in einem Akt der Neuschöpfung, der Himmel und Erde umfaßt (Jes 65,17–19; s. auch Offb 21,1–4). Die Botschaft von der Erneuerung des Friedensbundes mündet ein in die Erwartung des prophetisch verheißenen ewigen Friedens, der alle Völker umfaßt. Das Kommen der Heilszeit ist manchmal mit der Erwartung des Friedenskönigs (→ Messias) verbunden (Jes 9,5.6), der als der Gesalbte Gottes (Jes 61,1.2) Bringer und Anfänger des Friedensreiches ist.

2) Spätjudentum. a) Im rabb. Schrifttum liegt dem Friedensbegriff die Konzeption von Jahwes *schālōm* (s. II,1b) zugrunde, erfährt aber eine Ausweitung sowohl in der Gott-Mensch-Beziehung als auch auf der Ebene der zwischenmenschlichen Beziehungen. *schā'al bᵉschālōm* (Begrüßung) als *nach dem Frieden fragen*, dh ihn jemandem wünschen, rückt die Grußformel in die Nähe des *Segenswunsches*; *schālōm* und *bᵉrākāh* (Segen) beginnen zu korrespondieren (ThWb II, 408). *schālōm* wird Zielpunkt und Fülle der Heilserwartung. Dem Bild dieses Friedens gilt es nachzujagen (Rabbi Hillel, Ab 1.12), auch Frieden zwischen den Menschen zu stiften. Die Rolle des Friedensstifters bei den Rabbinen kommt der im NT nahe. Das Spätjudentum nähert sich hier dem nt. Liebesgebot, weniger aus positiver Nächstenliebe als vielmehr darum, alles auszuräumen, was den *schālōm* aufhält und verhindert. Was für die Beziehung von Mensch zu Mensch gilt, trifft auch auf die des Menschen zu Gott zu. So gewinnt *Friede* eine neue Dimension, bei der Tat und Versäumnis des Menschen verstärkt ins Gewicht fallen.

b) Auch in den Pseudepigraphen ist εἰρήνη *[eiræ̨næ]* das *Heil*, das sich zwar u. a. in der Aufhebung des Krieges erweist, aber mehr umfaßt. Im Test XII bedeutet *Friede* das Nicht-Ausbrechen des Gerichtes im Sinn der Verschonung und des Erbarmens, zumindest des Aufschubs. Während Jos. ganz der at.-rabb. Linie folgt, wird bei Philo die Friedensvorstellung auch im Sinne des Seelenfriedens introvertiert und dieser Gesichtspunkt dem des äußeren und objektiv feststellbaren Sachverhaltes zugeordnet. Von der griech. Philosophie beeinflußt wird bei Philo im seelischen Bereich Friede auch verstanden als Sieg über Versuchung und Begierden.

c) Qumran: Vom abgefallenen Israel abgesondert (1QS 8,4–9; CD 1,4 u. ö.) betrachtet sich die Qumrangemeinde als die eschatologische Heilsgemeinde, für die das eschatologische Heilsgut des Friedens bereits angebrochen ist. Sie spricht vom ewigen Frieden (1QS 2,4), vom Übermaß des Friedens (1QS 4,7), vom Frieden ohne Ende und Aufhören (1QH 7,15), vom dauernden Frieden

(1QH 15,16) und vom Frieden ohne Grenze (1QH 18,30). Noch steht die Gemeinde freilich auch im Kampf (Belial gegen Israel/Michael, CD 4,13 u. ö.; Söhne des Lichtes, 1QM 1,11, gegen Söhne der Finsternis, 1QM 1,9.10). Das Kommen des Friedens ist mit Heimsuchung (1QH 1,17) verbunden, durch den Brand im Schmelzofen wird das Heil der Erprobten befestigt (1QM 17,1); schon ist der Bund des Friedens (= Heil) von Gott mit dem Griffel des Lebens für ewig eingegraben (1QM 12,3). Dieser Friede wird nicht mehr »verstoßen« (1QH 9,11) und ist schon gegenwärtige, heilvolle Obhut (1QH 9,33); Friede ist identisch mit Heil (→ Erlösung, Art. σῴζω), mit Glück. Frieden Gottes (1QM 3,5; 4,14) und Jauchzen Gottes (→ Freude, Art. ἀγαλλιάομαι) bei glücklicher Heimkehr (1QM 3,11) sind Losungsworte des erwarteten endgültigen Sieges (→ Sieg).

III εἰρήνη *[eirænæ]* – im NT insgesamt 91mal – findet sich in den Evgg. 24mal, und zwar bei Mt 4mal, nur in der Aussendungsrede Kap. 10; bei Mk 1mal als Grußformel 5,34; bei Lk 13mal; bei Joh 6mal in den sog. Abschiedsreden und Kap. 20, immer als Gabe Jesu an die Jünger; dazu 7mal in der Apg; 43 Belege entfallen auf das paulinische Schrifttum (am häufigsten in Röm: 10mal und Eph: 8mal), 11 auf die Pastoralbriefe, 4 auf Hebr und zwei auf die Offb. In Verbindung mit → Gnade (χάρις *[charis]*) als von Gott dem Vater herkommend (ἀπὸ θεοῦ πατρός *[apo theou patros]*) insgesamt 12mal. Das Verbum εἰρηνεύειν *[eirænęuein]* kommt 3mal bei Paulus und εἰρηνοποιός *[eirænopoios]* 1mal in Mt 5,9 vor, εἰρηνικός *[eirænikos]* nur Hebr 12,11; Jak 3,17. Das Hauptgewicht liegt auf dem Simplex, von Vulg. immer mit *pax* übersetzt, außer 1Petr 5,14 *(gratia)*.

1) Innerhalb der Schriften des NT ist eine Entwicklung des Begriffes εἰρήνη *[eirænæ]* nicht festzustellen. Er ist von der LXX und dem dahinterstehenden hebr. AT her formal bestimmt und inhaltlich durchdrungen; aber auch die unter I dargestellten Gehalte wirken weiter. So ist Friede verstanden (vgl. Ia) als Gegensatz zum Krieg Lk 14,32 (Aramaismus!), Apg 12,20, und im Sinn äußerer Sicherheit Lk 11,21, Apg 24,2; mehr an das AT anschließend ekklesiologisch als Gegensatz zur Unordnung 1Kor 14,33; als Ausdruck der Eintracht zwischen Menschen Apg 7,26; Gal 5,22; Eph 4,3; Jak 3,18 (negativ Mt 10, 34); auch als messianischer Heilsbegriff Lk 1,79; 2,14; 19,42. Und so kann das Wort schließlich Eph 6,15 (Evangelium des Friedens) und ähnlich Apg 10,36; Eph 2,17 Inhalt und Ziel der christl. Verkündigung überhaupt beschreiben. Denn, vom hebr. *schālōm* herkommend, ist *Friede* die Auswirkung der übergeordneten Vorstellung des *Heil-Seins*, das als neue Gotteswirklichkeit schon angebrochen, wirklich, aber doch seiner vollen Verwirklichung noch harrend, in die Gegenwart hereinragt. Er ist bedingt durch die Erlösungstat Gottes (soteriologisch; → Erlösung), Zeichen der schon beginnenden Neuschöpfung Gottes (eschatologisch), in deren Vollendung er seine volle Macht haben wird (teleologisch). Erst im untergeordneten Sinn ist *Friede* auch Bestimmung des Verhältnisses von Mensch zu Mensch und der Gott-Mensch-Beziehung: Als psychologisch faßbare Kategorie ist er Konsequenz der Teilhabe am alles umfassenden Frieden Gottes.

2a) Im Gegensatz zu ἀκαταστασία *[akatastasia]*, Unordnung, bewirkt Friede eine Ordnung, deren Urheber Gott als der Gott des Friedens ist (1Kor 14,33; vgl. auch Röm 15, 33; 16,20; Phil 4,9; 1Thess 5,23; Hebr 13,20). Die Zuordnung der Aussagen vom Frieden zu denen von der → Liebe (ἀγάπη *[agapæ]*) in 2Kor 13,11 und der → Gnade (χάρις *[charis]*) bes. in den Briefeingängen (1Kor 1,3; Gal 1,3; Phil 1,2; 2Thess 1,2 u. ö.), von → Leben (ζωή *[zōæ]*) Röm 8,6 im Gegensatz zum → Tod (θάνατος *[thanatos]*) und zur Trübsal (θλῖψις *[thlipsis]*) Joh 16,33 zeigt schon die ganze Breite der Heilserwartung. Der Friede kommt von dem, der da ist und der da war (vgl. Hebr 7,2: Verweis auf Melchisedek als Prototyp des Friedenskönigs – βασιλεὺς εἰρήνης *[basileus eirænæs]*) und der da kommt (Offb 1,4). Dieser Friede unterscheidet sich, was im JohEv hervorgehoben wird, nicht nur quantitativ, sondern qualitativ von dem der Welt (Joh 16,33), indem er von Christus selbst gegeben wird. Friede im Himmel und Herrlichkeit (δόξα *[doxa]*) in der Höhe (Lk 19,38) gehören gleicherweise zur Heilserwartung; er ist nur möglich, wenn er allumfassend ist.

b) Christus ist der Friedensmittler, mit dessen Kommen die Gottesherrschaft anbricht, die Versöhnung erfolgt (Röm 5,1; Kol 1,20; so auch Lk 2,14 und 1,79 mit Bezug auf die Geburt Jesu bzw. des Johannes verstanden); ja er ist nun, wie im AT Jahwe, der Friede (Eph 2,14–18). Während im JohEv betont wird, daß Christus seinen Frieden seinen Jüngern gibt (Joh 14,27), legen die Aussendungsreden das Gewicht darauf, daß die bevollmächtigten Jünger ihn weitertragen; wird er von denen, denen er angeboten wird, abgelehnt, so kehrt er zu den Jüngern zurück (Lk 10,5f; Mt 10,13). Die profan-griech. Grußformel (für Briefeingänge χαίρειν καὶ εἰρήνη *[chąirein kai eiręnæ]*) wird vertieft im Gruß (s. o.) der paulinischen Briefe (→ Buch, Art. ἐπιστολή III).

So ist εἰρήνη *[eiręnæ]* im NT charakterisiert als der Friede Christi (Kol 3,15) und Gabe des Vaters und des Sohnes (Röm 1,7; 1Kor 1,3 u. ö.), und er wird in Gemeinschaft mit Christus gewonnen und gewahrt (Joh 16,33; Phil 4,7; 1Petr 5,14). Alle Heiligung, Bewahrung (1Thess 5,23) und Vollendung (Hebr 13,20) dienen der Vertiefung der Teilhabe am Gottesfrieden, und Gott wird den dies hindernden → Satan zertreten (Röm 16, 20); aber der Friede kann auch verkannt (Lk 19,42), vergessen und verdunkelt (Röm 3,12. 17) oder abgelehnt (Lk 10,5f; Mt 10,13) werden. Hebr 13,21: ἐν παντὶ ἀγαθῷ *[en panti̧ agathǭ], in allem guten Werk* (oder: in allem Guten), kann moralisch-ethisch oder auch als Wohlsein gemeint sein, wie auch διὰ παντὸς ἐν παντὶ τρόπῳ *[dia̧ pantos en panti̧ tropǭ]* (2Thess 3,16), *allenthalben und auf mancherlei Weise,* alle Friedensgüter (Wohlsein, Gesundheit, Glück, Eintracht) in sich schließen kann. Aber selbst diese müssen preisgegeben werden, wenn sie dem Frieden Gottes entgegenstehen, so daß an Stelle der εἰρήνη *[eiręnæ]* Entzweiung (Lk 12,51ff) entsteht; für falschen Frieden ist kein Raum. Seinem Wesen nach gründet der Friede in dem Recht- und Heilsein, das Gott dem Menschen um der Verdienste Christi willen schenkt (LThK 4,367).

3) Friede als *Heil-Sein* von Mensch und Welt (2Kor 5,17; Gal 6,15) schließt eine Neuordnung der gegenseitigen menschlichen Beziehungen in sich. Darum: Habt Frieden untereinander (Mk 9,50; im Anschluß an τὸ αὐτὸ φρονεῖτε *[to autọ phronẹite]*, habt einerlei Sinn, wahrscheinlich auch 2Kor 13,11), aber auch mit allen Menschen (Röm 12,18), so es möglich ist (s. o. III,2b) und soviel an euch ist (ebd.). Weil die βασιλεία τοῦ θεοῦ *[basilẹia tou theọu]*, die Gottesherrschaft δικαιοσύνη *[dikaiosynæ]*, Gerechtigkeit und εἰρήνη *[eiręnæ]*, Friede ist (Röm 14,17), schließt sie den Frieden als Eintracht zwischen den Menschen ein. Und im Frieden vollzieht sich die οἰκοδομή *[oikodomæ]*, die Auferbauung der Gemeinde (Röm 14,19) in der Freude des heiligen Geistes (V. 17). Der Friede, zu dem die Gemeinde berufen ist (1Kor 7,15), ist Geschenk und Gabe Gottes (s. o.), der den Menschen mit ihm erfüllt (Röm 15,13), ihn gibt (1Petr 1,2; Jud 2), ihn in des Menschen Herzen regieren (Kol 3,15) und so als → Frucht des Geistes (Gal 5,22) in Erscheinung treten läßt. Nachdem Gott durch Christus Frieden hat verkündigen lassen (εὐαγγελιζόμενος εἰρήνην *[euangelizọmenos eirænæn]*, Apg 10,36, Zitat von Jes 52,7; → Evangelium; vgl. auch Eph 2,17), werden auch Menschen εἰρηνοποιοί *[eirænopoiọi]*, *Friedensstifter, Friedensmacher* (Mt 5,9). 2Tim 2,22 und Hebr 12,14 legen dann den Akzent darauf, daß der Friede vom Menschen »im Bunde mit« (ThWb II,415) den anderen zu suchen und zu erjagen ist (vgl. auch 1Petr 3,11 und Jak 3,18).

4) An wenigstens einer Stelle im NT ist *Friede* auch im Sinne einer den einzelnen Menschen ganzheitlich durchdringenden (→ Fülle, Art. πληρόω) Kraft zu verstehen (Röm 15,13, zusammen mit → Freude), wenn auch hier der Rahmen des objektiven Tatbestandes (Röm 5,1) nicht außer Acht gelassen werden darf. Aber solcher Friede ist weder Distanzierung vom Geschehen in der Umwelt im Sinn der Stoa, noch Spiritualisierung und »Verinnerlichung«, sondern freudige Gewißheit, an dem schon angebrochenen Gottesfrieden teilzuhaben. *H. Beck*

ZUR VERKÜNDIGUNG V

Wenige Worte sind so ihrem Sinn entfremdet, mißverstanden und mißbraucht worden, wie »Friede«, man kann geradezu von »ideologischen Verballhornungen« (Schlette, S. 51f) sprechen. Auch wenn existentielle Christlichkeit in der Welt weithin zu schwinden scheint, breiten sich Ideen und Denkstrukturen christlichen Ursprungs in allen Ländern und Religionen weiter aus. Das Vokabular wird übernommen, aber seine Bedeutung hat sich unter der Hand gewandelt. Diese Diskrepanz zwischen der biblischen Bedeutung und dem durch den Säkularismus bedingten Gebrauch und Mißbrauch bis in die politischen Auseinandersetzungen hinein macht das Wort Frieden schillernd, zweideutig und zweifelhaft. Je mehr gerüstet wird und je raffinierter die Methoden des Daseinskampfes werden, um so schwieriger werden Friedenskonferenzen und um so zweifelhafter Friedensbotschaften. Die Wiedergewinnung der mit der biblischen Wortbedeutung verbundenen heilsinhaltlichen Vorstellung und Heilserwartung könnte auch die Rede von Frieden wieder verstärkt glaubmöglich machen und auf das Neue mit Hoffnung füllen.

Vom faulen Frieden, den auch die vorexilischen falschen Heilspropheten verkündeten (»Friede! Friede! Und ist doch nicht Friede«, Jer 8,11), als dankbar, ergeben oder auch leichtsinnig hingenommene Atempause zwischen aufeinanderfolgenden Katastrophen (Th. Wilder: Wir sind noch einmal davongekommen) muß die Rückkehr in die Heilsdimension (→ Erlösung) erfolgen. Das bedeutet mehr als die Ausdehnung einer kriegsfreien Zone mit äußerlich einigermaßen gesicherten Lebensverhältnissen auf die ganze Welt. Auch die Erstellung eines umfassenden Friedenszustandes (als Ausschaltung und Verhinderung kriegerischer Auseinandersetzungen) auf globaler Ebene durch die Vereinten Nationen wäre noch nicht die Erfüllung biblischer Friedenszusage und -erwartung. Der Friede, den das Evangelium verkündet, und der heilsgeschichtliche Teilhabe am Frieden Gottes ist, bedeutet und verheißt mehr.

Die vom AT herkommende Friedensvorstellung und -erwartung transzendiert alles, was sich in der griechischen Antike in dieser Hinsicht findet. Die schon bei Hesiod begegnende Lehre vom goldenen Zeitalter mit dem sich daran anschließenden Verfall findet auch bei Ovid dichterischen Ausdruck: »Erst entstand die goldene Zeit, die ohne Behörde, frei und ohne Gesetz, das Recht und die Treue bewahrte. Furcht und Strafe kannte man nicht . . .« (Reclam U. B. Nr. 7711, S. 6). Vergil verkündet in seiner 4. Ekloge wiederum das Nahen des goldenen Zeitalters, das durch die Geburt eines göttlichen Knaben angekündigt werden soll. Die *pax Romana* brachte unter dem Regiment des Augustus dem Mittelmeerraum ein bis dahin noch nicht gekanntes Ausmaß umfassenden Friedens. Die mit der Evangeliumsverkündigung in den so disponierten Raum vorstoßende Friedensbotschaft ist in ihren wesentlichen Zügen ohne die Voraussetzung des AT jedoch nicht zu verstehen und von daher bestimmt.

Dieser Gottesfriede (hebr.: *Schalom)* ist auch mehr als die Wiederherstellung einer ungebrochenen menschlichen Rechtsordnung im Sinn altdeutscher und germanischer Vorstellungen, für die damit (dem sprachlichen Verwandtschaftsbereich entsprechend) auch Befriedigung, Freude und Freundschaft zusammenhängen. Die Friedenssehnsucht des Menschen zielt nicht nur auf die Wiederherstellung geordneter zwischenmenschlicher Beziehungen hin. Sie ist nicht unbedingt opportunistisch bedingt in dem Sinn, daß durch einen erwünschten Friedenszustand das Leben leicht und problemlos bei größtmöglichem Fortschritt und Wohlergehen würde. Sie hat vielmehr eine religiöse Wurzel. In ihr spiegelt sich das Bewußtsein von verlorener Ganzheit, die die → Sünde zerstörte. Friede ist aber Wiederherstellung und Verwirklichung von → Heil. Im Sinn von Eph 2,14 war Jesus als der Christus der Bringer dieses heil-machenden Friedens. Für das Spannungsfeld, in dem dies durch ihn geschah, ist kennzeichnend einerseits die Verwirklichung des soldatisch verstandenen Friedens im Römischen Imperium zur Zeit des Kaisers Augustus und andererseits die Preisgabe allen greifbaren Friedens durch die Zeloten, die gerade durch ihren fanatischen Kampf das erwartete endzeitliche Friedensreich aufgerichtet sehen wollten. In beiden Fällen erscheint jedoch die Friedenshoffnung in einer umfassenden Dimension, die wiederzugewinnen wir nach der einseitigen Verinnerlichung und Spiritualisierung der Friedensvorstellung gerade im Begriff sind.

Die vom AT herkommende und von Jesus aufgenommene Vorstellung des Gottesfriedens, des Schalom, über die Menschenwelt, grundlegender Ausdruck für die mit Christus geschaffene neue Weltsituation, sollte Leitmotiv alles christlichen Dienstes sein

(Hoekendijk S. 6). Sie schließt Gottes Heilswillen für die ganze Schöpfung ein, so daß schon jetzt gilt: »Der Friede ist unter uns.« Und doch bleibt er zugleich ein Gegenstand hoffnungsvoller Erwartung und über den *modus vivendi* für die Gegenwart hinaus vergegenwärtigte Zukunft. In dieser Qualifikation fordert er Neugestaltung des individuellen Lebens und der gesamten Weltordnung. Er ist nicht nur himmlisch, sondern auch weltlich, auf Erden (Lk 2,14).

Weil das so ist, übernimmt sich die Kirche in ihrer Verkündigung nicht, wenn sie bei richtigem Ansatz und so orientierter Zielsetzung mit den Sachfragen (Wirtschaft, Gesellschaft, Bildung, Politik usw.) der Welt befaßt ist. Die Thematik von »Kirche und Gesellschaft« sowie auch das Bemühen der Kommission für internationale Angelegenheiten im Rahmen des Ökumenischen Rates der Kirchen gehört legitim mit zum Friedenszeugnis der Kirche. Zur Bezeugung des Friedens gehört es, daß sie sich um einen Ausgleich zwischen den reich industrialisierten und den elend hungernden Menschen und Ländern dieser Welt bemüht, daß das Freund-Feind-Denkschema überwunden wird, die rassische Diskriminierung aufgehoben und Gegensätze entschärft werden, daß unduldsamer Konfessionalismus jeglicher fanatischer Prägung überwunden wird, daß Konflikte statt kriegerisch friedlich beigelegt werden, daß die zwischenmenschlichen Beziehungen auf- und ausgebaut werden. Bei ihrer Teilhabe an darauf gerichteten Bemühungen der Menschheit bezeugen Christen und die Kirche die Friedensbotschaft, mit der sie leben, und den Frieden, auf den sie zugehen. Der Mensch darf Friedensmacher sein, weil Gott Frieden gibt.

Weil dieser Friede alle Bereiche menschlichen Lebens umfaßt, muß die Welt in allen ihren äußeren Bezügen ernst genommen werden. Denn dieser Friede meint den in dieser Welt lebenden und anderen zugeordneten Menschen. Nachdem Gott mit der Welt durch Christus Frieden gemacht hat (Kol 1,20), darf, kann und soll es auch Frieden von Mensch zu Mensch geben, muß er auch über die Grenzen von Kirche und Gemeinde hinaus gesucht und erjagt werden (Röm 12,18).

Schließlich gehört es zum Frieden, daß der Mensch ihn in sich und mit sich selbst hat. Hier hat die Unzufriedenheit und Friedenslosigkeit des modernen Menschen vor allem ihren Sitz. Wer Frieden begreift und erwartet, hat an ihm schon teil, auch wenn dem alle äußeren Daseinsumstände und -bedingungen zu widersprechen scheinen (Joh 16,33). Die beim einzelnen Menschen selbst liegende und im Glauben gegründete Gelassenheit, die aus Wissen um und Teilhabe am Frieden erwächst, ist nicht Kompensierung von in der Welt vorfindlichem Friedensdefizit, nicht ein Ausweichen in den der Welt nicht zugänglichen Raum philosophischer Autonomie, auch nicht nur persönliches Wissen von der Vergebung der Sünden und der Versöhnung mit Gott, sondern in den gewissen Verheißungen Gottes für Welt und Menschheit unerschütterlich gegründete Zuversicht.

Gegen alle scheinbare Vergeblichkeit seiner Bemühung um Erstellung und Erhaltung des Friedens zieht sich der Christ nicht tatenlos in mystisches Innenleben zurück, in der Erwartung perfekten innerlichen, die Welt ausklammernden Friedens, sondern er riskiert Enttäuschung, Niederlage und Mißverständnis, wenn er sich ganz einsetzt für den Frieden dieser Welt. Wo der ganze Friede aussteht, werden wenigstens Friedenszeichen aufgerichtet.

Das Ergebnis ist nicht nur optimal mögliches Stückwerk im Sinn der Verteidigung von Inseln des Friedens in steigenden Fluten des Chaos, nicht evolutionärer Optimismus, der »es schon schaffen« will, keine Vernunftrechnung, die darauf spekuliert, daß Krieg nicht mehr rationell ist, nicht pragmatisch nützliche Ordnung, die sich schließlich »bezahlt macht«, nicht frommes Ornament zur Verzierung selbstsüchtiger und materiell orientierter Realpolitik, sondern Bezeugung und Erfahrung des angebrochenen und erwarteten Schalom, dessen Zeichen schon mitten in der Gegenwart sichtbar werden und dessen kommende Vollendung geglaubt und verkündigt wird. *H. Beck*

Lit.: WFoerster/GvRad, Art. εἰρήνη, ThWb II, 1935, 398ff – EStauffer, Die Theologie des NT, 1947 – WFreytag, Kirchliche Wirklichkeit heute, EMZ 15, 1958, 161f – JJStamm/HBietenhard, Der Weltfriede im Alten und Neuen Testament, 1959 – ESchick/EBiser, Art. Friede I, LThK IV, 1960², 366ff (kath.) – EBiser, Wege des Friedens, 1961 (kath.) – HWWolff, Friede ohne Ende. Eine Auslegung von Jes 7,1–7 u. 9,1–6. Bibl. Stud. 35, 1962 – Der Große Duden, Art. Friede, Bd. 7 Etymologie, 1963, 186 – JCHoekendijk, The Call to Evangelism, World Council of Churches, Occasional Papers II/7, 1963 – HBraun, Qumran und das NT, 1966 – Concept, Special Issue Nr. 11, 1966, Ökumen. Rat d. Kirchen, The Church for Others, 11f – Frieden, Einführung in das Thema des 13. Dt. ev. Kirchentages, 1967 – HRSchlette, Wird die Welt christlicher?, 1967 (= Kontexte, 4) – ThStrohm, Der theologische Beitrag zur Friedensdiskussion, EvTh 30, 1970, 527ff – PStuhlmacher, Der Begriff des Friedens im Neuen Testament und seine Konsequenzen, in: Historische Beiträge zur Friedensforschung, 1970, 21ff – HSchlier, Der Friede nach dem Apostel Paulus, GuL 44, 1971, 282ff – HHSchmid, šalom. »Friede« im Alten Orient und im Alten Testament, 1971 – EBrandenburger, Frieden im Neuen Testament, 1972 – AStrobel, Die Friedenshaltung Jesu im Zeugnis der Evangelien, – christliches Ideal oder christliches Kriterium?, ZEE 17, 1973, 97ff – EDinkler, Eirene, SHAW. PH, 1973, 1 – GBaumbach, Das Verständnis von Frieden im Neuen Testament, 1974 (= Theol. Vers., 5).

Frömmigkeit, Gottesverehrung

Gegenüber dem, was Ehrfurcht gebietet, ihm hoch und heilig erscheint, wahrt der Mensch scheuen, wenn nicht gar furchtsamen Abstand. Diese Distanzierung ist der Grundgehalt der Wortgruppe σέβομαι *[sẹbomai]*, deren Bedeutungen sich dann dadurch erweitern, daß sie sich auch auf das rechte, angemessene Verhalten dem Verehrenswürdigen gegenüber erstrecken; dabei wird die ganze Breite von der Achtung des Mitmenschen und der gemeinsamen Lebensordnung bis zur kultischen Verehrung umfaßt. Demgegenüber eignet der εὐλαβής *[eulabæs]*-Gruppe mehr der Charakter der Vorsicht und Behutsamkeit, von woher sie dann zur Bezeichnung des normalen religiösen Verhaltens wird. Das zur festen Bezeichnung für Nicht-Juden, die sich zur Synagoge hielten, gewordene Adj. σεβόμενος *[sebọmenos]* ist mit den sachlich verwandten Wörtern gesondert behandelt (→ Gottesfürchtiger).
→ Dienen; → Furcht.

εὐλάβεια

εὐλάβεια *[eulạbeia]* Frömmigkeit, Furcht · εὐλαβής *[eulabæs]* fromm · εὐλαβέομαι *[eulabẹomai]* Ehrfurcht haben, sich fürchten

I Die mit εὐλάβεια *[eulạbeia]* zusammenhängende Wortgruppe ist profangriech. seit dem 3./4. Jh. vChr nachweisbar und bezeichnet urspr. die *Vorsicht, Behutsamkeit, Gewissenhaftigkeit* und von hier aus dann im Neugriech. allg. die *Frömmigkeit*, das normale religiöse Verhalten. Origenes nennt sie die κατὰ σεβασμοῦ εὐλάβεια *[katạ sebasmọu eulạbeia]*, die »ehrfürchtige Scheu«; das Wort σεβασμός *[sebasmọs]* (vgl. εὐσεβής *[eusebæs]*) hebt dabei das Moment der Ehrfurcht hervor. – Daneben entwickelt sich aus der Grundbedeutung der Sinn *Angst, Furcht.*

II In der LXX ist bes. das Verbum häufig; der Ursinn von εὐλαβέομαι *[eulabẹomai]* = *sich vorsehen* ist zB Dtn 2,4; Sir 18,27; 26,5 klar erkennbar. Darum wird das Wort zur Bezeichnung des »numinosen« Erschreckens (→ Wunder, Art. θαῦμα) nicht verwandt. Die Bedeutung *fürchten* herrscht in LXX vor: Ex 3,6; 1Sam 18,15.29 (für hebr. *jārē'* bzw. *gūr* usw.); öfter findet sich auch die Zusammenstellung mit φοβεῖσθαι *[phobẹisthai]*, von dem es dann nicht unterschieden werden kann, zB Jer 5,22; Mal 3,16. Doch kann εὐλαβέομαι *[eulabẹomai]* auch für hebr. *chāsāh* eintreten; die Übers. *vertrauen, ehren* ist dann sachgemäß (Nah 1,7; Zeph 3,12 u. ö.). So nähert sich εὐλαβέομαι *[eulabẹomai]* dem Begriff *Frömmigkeit*; zu dem Adj. εὐλαβής *[eulabæs]* = *fromm* findet sich Mi 7,2; Sir 11,17 sowie Apg 22,12 die Textvariante εὐσεβής *[eusebæs]*. Das Subst. εὐλάβεια *[eulạbeia]* findet sich Jos 22,24; Weish 17,18 in der Bedeutung *Furcht*; Spr 28,14 heißt es *vorsichtige Scheu.*

III 1) εὐλαβής *[eulabæs]* kommt im NT 4mal vor und bedeutet wie in LXX *fromm, gottesfürchtig*. So wird Simeon Lk 2,25 als εὐλαβὴς καὶ δίκαιος *[eulabæs kai dịkaios]* = gottesfürchtig und gerecht beschrieben. Apg 2,5 werden die Zeugen des Pfingstereignisses aus der jüd. Diaspora als »fromme Männer« bezeichnet, desgleichen Apg 8,2 die Männer, die den Stephanus bestatten. Apg 22,12 ist der von dem Herrn zu Saulus gesandte Ananias ein ἀνὴρ εὐλαβής *[anæ̣r eulabæ̣s]* nach dem Gesetz, dh in der Erfüllung des Gesetzes wird die jüd. Frömmigkeit sichtbar.

2) εὐλάβεια *[eulạbeia]* findet sich im NT nur Hebr 5,7 und 12,28. Hebr 5,7 gehen schon die alten Übers. in ihrem Verständnis der Worte εἰσακουσθεὶς ἀπὸ τῆς εὐλαβείας *[eisakousthẹis apọ tæs eulabẹias]* auseinander; Itala übersetzt *a metu*, dh *erhört* (errettet) *von seiner Angst*. Wahrscheinlicher ist indessen das Verständnis der Vulgata: *pro sua reverentia:* Jesus wurde *aufgrund seiner Frömmigkeit*, dh seines Gehorsams (V. 8) erhört. Die Auferweckung Jesu ist die Antwort Gottes auf Jesu Flehen in den Tagen seines Fleisches gewesen (vgl. Phil 2,8ff). Hebr 12,28 wird durch V. 29 das Verständnis der εὐλάβεια *[eulạbeia]* als Furcht, Angst nahegelegt (vgl. Phil 2,12 »Furcht und Zittern«); doch ist die Übers. »Frömmigkeit« ebenso möglich. Das Verbum εὐλαβεῖσθαι *[eulabẹisthai]* findet sich im NT nur Apg 23,10 (εὐλαβηθείς *[eulabæthẹis]* neben dem gleichbedeutenden, aber in den Hss. besser bezeugten φοβηθείς *[phobæthẹis]*, → Furcht); Hebr 11,7 bezeichnet εὐλαβηθείς *[eulabæthẹis]* die Haltung des gläubigen Noah beim Bau der Arche; die Übers. »in Gottesfurcht« (Z) wird das Richtige treffen. *W. Mundle*

σέβομαι

σέβομαι *[sẹbomai]* verehren, scheu zurücktreten · σεβάζομαι *[sebạzomai]* religiöse Verehrung erweisen · σέβασμα *[sẹbasma]* Gegenstand religiöser Verehrung, Heiligtum · εὐσεβέω *[eusebẹō]* verehren, fromm sein · εὐσέβεια *[eusẹbeia]* Frömmigkeit, Gottesfurcht, Religion · εὐσεβής *[eusebæ̣s]* gottesfürchtig, fromm · θεοσέβεια *[theosẹbeia]* Gottesfurcht bzw. -verehrung, Frömmigkeit · θεοσεβής *[theosebæ̣s]* fromm, gottesfürchtig · ἀσέβεια *[asẹbeia]* Freveltat, Gottlosigkeit · ἀσεβής *[asebæ̣s]* gottlos, frevelhaft · σεμνός *[semnọs]* ehrbar, verehrungswürdig, heilig · σεμνότης *[semnọtæs]* Ehrbarkeit, Heiligkeit, Würde

1) Der Stamm σέβ- *[sẹb-]* bedeutet urspr. *vor jemand* oder *etwas zurücktreten, einen räumlichen* I
Abstand herstellen. Aus dieser räumlichen wird, indem die Wortgruppe mehr und mehr den Grund für dieses Abstandnehmen angibt, die übertragene Bedeutung, in der es um eine Scheu geht, die vom Sich-Schämen über das Staunen bis in die Nähe der Furcht reicht. Diese Haltung wird ausgelöst durch etwas Hohes, Hehres oder durch die Gefahr einer Verfehlung.

Das Aktiv σέβω *[sẹbō]* (nachhomerisch) ist selten, meist stehen die Media σέβομαι *[sẹbomai]* oder σεβάζομαι *[sebạzomai]* (von σέβας *[sẹbas]*). Die Zusammensetzung mit εὖ *[eu]* findet sich beim Verb (εὐσεβέω *[eusebẹō]*) selten, das Subst. εὐσέβεια *[eusẹbeia]* und das Adj. εὐσεβής *[eusebæ̣s]* hingegen sind häufig belegt. Die sprachlich auf das Verhältnis zu Gottheiten verengte Form θεοσέβεια *[theosẹbeia]* unterscheidet sich in Gebrauch und Bedeutung jedoch nicht wesentlich. σέβασμα *[sẹbasma]* ist der Gegenstand religiöser Verehrung, das *Götterbild*; im Plur. oft: der *Kult*.

Das Negativum ist ἀσεβής *[asebæ̣s]*, ἀσέβεια *[asẹbeia]*; es wird gebraucht zur Bezeichnung der *Freveltat* gegen einen Menschen, bei der die geltenden Rechtsordnungen durchbrochen werden.

σεμνός *[semnọs]*, σεμνότης *[semnọtæs]* bezeichnet das *Hohe, Hehre, Heilige*, das Verehrung hervorruft. Im Unterschied zu σέβω *[sẹbō]* ist hier aber ein stärker ästhetisches Moment enthalten: Ein Königsthron, ein Schmuck, auch erhabene Musik werden so bezeichnet. Häufig finden sich Adj. und Subst., um mit ihnen die Majestät der Gottheit zu beschreiben; aber auch der feierliche Ernst und die Erhabenheit eines Menschen können so bezeichnet werden.

2) Die vom Stamm σέβ- *[sẹb-]* abgeleiteten Vokabeln sind im Griech. sehr häufig, weil sich in ihnen die Frömmigkeit und Religiosität des Griechen charakteristisch ausdrückt. Sie besteht nicht – wie im biblischen Bereich – in der Gehorsamsbindung an einen einzigen, persönlich gedachten Gott; vielmehr darin, daß ganz allgemein eine in Dingen, Menschen oder Göttern liegende Erhabenheit heilige Scheu, Staunen, Bewunderung hervorruft. Die religiöse Verehrung kann sich dementsprechend auf sehr verschiedene Objekte richten: das Vaterland, eine Landschaft, Träume, die Eltern, Verstorbene, Heroen. Später blaßt der Inhalt ab, und σέβομαι *[sẹbomai]* kann die Bedeutung *glücklich preisen* annehmen.

Verehrungswürdig sind für den Griechen vor allem die Glieder der eigenen Familie einschließlich der Vorfahren, die Götter und die von diesen garantierten Ordnungen. Im religiösen Sprachgebrauch ist der Übergang von Achtung, Ehrung zur kultischen Verehrung fließend. εὐσέβεια *[eusẹbeia]* ist eine der Tugenden, die einen rechtschaffenen und den Göttern angenehmen Menschen ausmachen.

Die Negativbildung ἀσέβεια *[asẹbeia]* beinhaltet gleicherweise eine ethische und religiöse Qualifikation. Bei der engen Verbindung der Ordnungen der griech. Polis (→ Stadt, Art. πόλις I) mit der Verehrung der Götter wird der ἀσεβής *[asebæs]* oft neben dem ἄδικος *[ạdikos]* (→ Sünde, Art. ἀδικία) genannt; Ehrfurchtslosigkeit gegen die Götter und Vernachlässigung des obligaten Kultes gelten als asozial. Dabei ist ἀδικία *[adikịa]* die gegen die Ordnungen gerichtete, ἀσέβεια *[asẹbeia]* die gegen die Götter gerichtete Seite im Verhalten eines Menschen, der sich nicht in der erwarteten Weise in das Gemeinwesen einfügt.

Speziell auf den Staatskult bezieht sich ἀσέβεια *[asẹbeia]* in den athenischen Asebie-Prozessen (vor allem gegen Sokrates). Die Götterverehrung nahm in Griechenland immer mehr ab zugunsten einer philosophischen Meinung und einer ethisch-moralischen Haltung. Ein Philosoph konnte Atheist sein (ἀθεότης *[atheọtæs]*). So wurden auch die Christen bezeichnet, weil sie den alten Göttern keine Verehrung zollten. Als Leugner der alten Götter brauchten die Christen indessen nicht zugleich auch der ἀσέβεια *[asẹbeia]* bezichtigt zu werden; denn als ἀσεβής *[asebæs]* galt nur ein Mensch ohne jede Religiosität und ohne Moral.

II In der LXX erscheinen unsere Begriffe selten, weil die Frömmigkeit im AT völlig anders begründet ist als im Griechentum. Der Gott, der als Schöpfer den Menschen in seinem Wollen und Tun ganz in seinen Dienst nimmt, erwartet von ihm nicht fromme Scheu, die in der kultischen Verehrung bei bestimmten Gelegenheiten oder im rhetorisch-geistigen Bereich ihren zureichenden Ausdruck finden könnte, sondern der aktive Gehorsam wird hier neben der Anbetung zum entscheidenden Kennzeichen der Gottesfurcht (φόβος θεοῦ *[phọbos theọu]*, → Furcht), die als eigentlich at. Gegenüber zum griech. Frömmigkeitsbegriff anzusehen ist. Dementsprechend geben εὐσέβεια *[eusẹbeia]* etc., wo diese Vokabeln überhaupt gebraucht werden, meist Worte des Stammes *jārē'* = *fürchten* wieder.

Erst in der Weish.-Lit., bei Hiob und in den Apokryphen (bes. 4Makk!) kommen die Vokabeln häufiger vor, worin sich griech.-hellen. Einfluß verrät. Das gilt auch für die 12 Stellen der σεμνός *[semnọs]* – Wortgruppe (Subst. und Adv. nur je 1mal, das Verbum gar nicht belegt): bis auf 3 Belege in Spr und 1 v. l. finden sich alle in Makk. Mit diesem Adj. wird das beschrieben, was hehr und heilig und damit Gottes würdig ist; im Unterschied zu ἅγιος *[hạgios]* (→ heilig) überwiegt hier also die ästhetische Komponente.

Das negative Kompositum ἀσεβής *[asebæs]* wird in LXX synonym mit ἄδικος *[ạdikos]* = *ungerecht* verwendet und kann sowohl die Einzeltat als auch die sich von Gott entfernende Gesamthaltung von Menschen bezeichnen. Ein Unrecht im zwischenmenschlichen Bereich ist auch und gerade in Israel (vgl. I) immer zugleich ein Verstoß gegen Gott und seine Gebote. So stehen ἀσέβεια *[asẹbeia]* und ἀδικία *[adikịa]* stets in großer Nähe zur ἁμαρτία *[hamartịa]*, der → Sünde: Sozialordnung und soziale Gerechtigkeit sind von der Gottesverehrung nicht abtrennbar.

III 1) Im NT begegnen wir der Wortgruppe selten. σέβομαι *[sẹbomai]* findet sich außer dem Zitat Mk 7,7 par nur in der Apg und hier meist in seiner adj. Form als feststehender Terminus zur Bezeichnung der dem Judentum nahestehenden Griechen (→ Gottesfürchtiger). σέβασμα *[sẹbasma]* ist Apg 17,23 und 2Thess 2,4 der heidnische Kultgegenstand. σεβάζομαι *[sebạzomai]* erscheint nur Röm 1,25, wo es die religiöse Verehrung meint; εὐσεβέω *[eusebẹō]* (nur 2mal), das Adj. εὐσεβής *[eusebæs]* und das Adv. εὐσεβῶς *[eusebọs]* (3 bzw. 2mal) und bes. das Subst. εὐσέβεια *[eusẹbeia]* (15mal) werden bis auf 4 Belege in Apg ausschließlich in den Pastoralbriefen und in 2Petr gebraucht. Σεβαστός *[sebastọs]* ist Apg 25,21.25 einfach Übers. von *Augustus* = der *Erhabene* ins Griech.; Apg 27,1 wird es adjektivisch gebraucht und kennzeichnet hier eine Truppe als »kaiserlich«, eine übliche Bezeichnung für bestimmte Hilfstruppen.

Ähnlich wie ὅσιος *[họsios]* (→ heilig), das bes. gerne neben δίκαιος *[dịkaios]* (→ Gerechtigkeit) steht, ist auch εὐσεβής *[eusebæs]* und εὐσέβεια *[eusẹbeia]* im griech. Raum Bezeichnung für eine sittliche Haltung. Beide Begriffe sind im hell. Judentum häufig, fehlen in der älteren nt. Lit. fast ganz, treten aber in den Pastoralbriefen stark hervor. Die Wortgeschichte ist nur so denkbar, daß das Urchristentum die Vokabeln zunächst nur für die außer-christl. Frömmigkeit gebrauchte, erst die Pastoralbriefe und 2Petr sie dann mit einem christl. Inhalt gefüllt haben. Eine Ausnahme macht die Negativbildung ἀσέβεια *[asẹbeia]* = *Gottlosigkeit* (in Gesinnung und Haltung) bzw. das Adj. ἀσεβής *[asebæs]*, die sich auch bereits bei Paulus (Röm) finden.

2) Während λατρεύω *[latreụō]* (→ Dienen) ein neutraler Begriff für den kultischen Gottesdienst ist, haftet σέβομαι *[sẹbomai]* immer die anthropologische Eigenheit typisch

griech. Frömmigkeit an, der distanzierten Reverenz vor dem Hohen und Erhabenen, die sich auf Gott und Christus nur sehr schwer übertragen läßt, weil hier der Vertrauensgehorsam in personaler Bindung bestimmend ist.

Indem Paulus aber den vor-christl. Menschen in Röm 1,18 als in ἀσέβεια *[asẹbeia]* und ἀδικία *[adikịa]* (→ Sünde) gefangen bezeichnet und feststellt, daß der Zorn Gottes über ihm steht, weil er Geschaffenes als göttlich verehrt anstelle des Schöpfers selber (Röm 1,25), hat er über die gesamte zeitgenössische Religiosität das Urteil gesprochen, daß sie eigenem Gutdünken folgend den einen Gott und seinen Willen verfehlt, und zwar im kultischen wie im zwischenmenschlichen Bereich. Darum wird nun – wie in LXX – zwischen ἀσέβεια *[asẹbeia]* und ἀδικία *[adikịa]* nicht mehr streng unterschieden (vgl. aber I!), weil angesichts der Christusoffenbarung beide ἁμαρτία *[hamartịa]* = → Sünde sind. Vor diesem Hauptbegriff für die Wirkung der gegengöttlichen Kräfte treten alle anderen, so auch ἀσέβεια *[asẹbeia]* zurück.

Wie im AT können auch bei Paulus ἁμαρτωλός *[hamartōlọs]* und ἀσεβής *[asebæ̣s]* nebeneinander stehen zur Bezeichnung des Sünders, den Christus gerecht macht (vgl. Röm 5,6 mit 5,8; Röm 4,5). Diese Verbindung haben die Pastoralbriefe übernommen: 1Tim 1,9; vgl. 1Petr 4,18. Hier ist aber ἀσέβεια *[asẹbeia]* bes. der Gegensatz zu dem vielgebrauchten εὐσέβεια *[eusẹbeia]*: Nach Tit 2,12 erzieht die → Gnade zur Abkehr von unfrommem Wesen, zu einem Leben, das als σωφρόνως καὶ δικαίως καὶ εὐσεβῶς *[sōphrọnōs kai dikạiōs kai eusebọs]*, *besonnen, gerecht und fromm* bezeichnet wird. 2Tim 2,16 wird mit ἀσέβεια *[asẹbeia]* die gottferne Haltung der Irrlehrer beschrieben.

3) Bei Joh wird in 9,31 zwar das ganz nach griech. Frömmigkeit klingende Wort θεοσεβής *[theosebæ̣s]* verwendet. Der ergänzende Hinweis, daß Frömmigkeit im Tun des Willens Gottes besteht, zeigt jedoch, daß auch diese Aussage fest in der at.-jüd. Tradition verwurzelt ist. In der Apg wird Gottesfurcht durch die Verbindung von εὐσεβής *[eusebæ̣s]* und φοβούμενος *[phobọumenos]* beschrieben (10,2): Gott wird verehrt, indem man ihn fürchtet, dh ihm Ehrfurcht, Gottesdienst und Opfer entgegenbringt. Zugleich ist dabei der Abstand gewahrt, weil der Mensch Sünder ist. Von daher ist auch der in der Apg gebrauchte feststehende Terminus σεβόμενος *[sebọmenos]* zu verstehen, mit dem diejenigen Heiden bezeichnet werden, die den jüd. Gott verehren, ohne doch ganz zu seinem Volk zu gehören, dh ohne Beschneidung und Gesetzestreue (Apg 13,43.50; 16,14; 18,7 u. a.; → Gottesfürchtiger). Daneben wird die Wortgruppe natürlich auch für die heidnische Götterverehrung verwendet (vgl. Apg 17,23; 19,27).

4) Wenn die Pastoralbriefe unbedenklicher als die anderen nt. Schriften hier das griech. Vokabular benutzen, so dürfte der Grund darin zu suchen sein, daß der → Glaube, die πίστις *[pịstis]*, stärker als bei Paulus zu einer Tugend geworden ist und nun vor allem eine christl. Lebenshaltung meint. Nur deshalb konnte der at. Begriff φόβος θεοῦ *[phọbos theọu]* so konsequent durch den hell. der εὐσέβεια *[eusẹbeia]* ersetzt werden. Die Haltung des Glaubenden – εὐσεβῶς ἐν Χριστῷ *[eusebọs en Christọ]* (2Tim 3,12; vgl. 1Clem 1,2) – ist zwar im Christusglauben begründet (1Tim 3,16; vgl. 6,3), und ihr Geheimnis ist die Offenbarung Gottes im Fleisch. Der nt. Fromme versteht sich indessen nun wesentlich als Nachfolger des Vorbildes Jesu Christi. Das aber hat auch zur Folge, daß Frömmigkeit zu einem Glied in der Reihe christl. Tugenden wird (1Tim 6,11; Tit 1,1; 2,12). So erhält hier die πίστις *[pịstis]*, der Glaube eine besondere Färbung gegenüber dem sonstigen Gebrauch im NT, indem die guten Werke sehr betont mit eingeschlossen sind (1Tim 2,10; 5,4), wenn es auch noch nicht zu einer Werkgerechtigkeit kommt, deretwegen die Irrlehrer gerade bekämpft wurden (1Tim 4,7f; 6,5f; 2Tim 3,5). Aber das Glaubensverständnis ist diesseitig, sittlich geworden; die Bestimmung der Frömmigkeit von ihrem Ziel, dem kommenden Gottesreich her, finden wir nur einmal angedeutet (1Tim 4,8).

5) In diesen Rahmen paßt auch die Verwendung der σεμνότης *[semnọtæs]*-Gruppe (Subst. 3mal, Adj. 4mal). Bei Paulus wird sie nur an einer Stelle verwendet (Phil 4,8), wo Weisungen für die Haltung der Christen im täglichen Leben gegeben werden. Sonst finden

wir sie fast ausschließlich in den Pastoralbriefen. Die σεμνότης *(semnotæs)* unterscheidet sich von der εὐσέβεια *(eusebeia)* dadurch, daß damit ohne direkten Bezug auf Gott eine ethisch-ästhetische Haltung bezeichnet wird im Sinne zuchtvoller Wohlanständigkeit. Ernster Sinn in Lehre und Leben wird von den führenden Kreisen der Gemeinde erwartet. Durch gute Hausführung und persönliches Vorbild sollen die Kinder zu gehorsamer Ehrbarkeit heranwachsen (1Tim 2,2; 3,4.8; Tit 2,2.7).

6) Im Jud- und 2Petr-Brief werden die Christen als die Gerechten beschrieben, die wie damals Noah und Lot inmitten einer Menschheit von Gottlosen (ἀσεβεῖς *(asebeis)*) leben (Jud 4.15.18; 2Petr 2,5f; 3,7). εὐσέβεια *(eusebeia)* ist hier als der christl. Wandel verstanden, der auf das Ziel der Wiederkunft Christi ausgerichtet ist (2Petr 3,11f). Der in dieser Erwartung lebende Christ gelangt zur Erkenntnis und wird vor der Versuchung bewahrt (2Petr 1,3–8; 2,9). *W. Günther*

V **ZUR VERKÜNDIGUNG**

Fromm zu sein, gilt heute nicht mehr als erstrebenswert. Nicht nur im allgemeinen Sprachgebrauch geht das Assoziierungsgefälle des Wortes zur »Frömmelei« hin; auch in der Verkündigung der Kirche scheint man den Ausdruck zu meiden, weil er eben Mißverständnisse heraufführt, weil er das Verständnis in eine falsche Richtung lenkt. Oder erstarb das Wort, weil man auch inhaltlich nichts mehr damit zu verbinden weiß? Von der »frommen Großmutter« kann man noch mit Respekt sprechen; aber für die Gegenwart ist vielleicht gerade noch im Kindergebet Frömmigkeit als Kennzeichen einer Lebenshaltung toleriert.

Liegt der Grund für diese Abwertung des Wortes darin, daß sich Lebensstil und Leitbilder der Gesellschaft und der Menschen durch die letzten Jahrhunderte und besonders in den letzten Jahrzehnten gewandelt haben? Natürlich beherrschten kirchliche Sitte und gottesdienstliche Bräuche, Kirchtürme und biblische Sprache ehedem viel stärker das Bild der Städte und Dörfer und das Leben in ihnen als heutzutage. Aber ist sicher, daß der Einhaltung von Lebensformen auch die innere Haltung korrespondierte? Von daher sollte man sich hüten, das Bild der Vergangenheit zum Leitbild zu erheben. Es könnte sich nicht nur als Fiktion erweisen; es ist auch höchst fraglich, ob es der Intention der biblischen Aussagen entspräche.

Der Schlüssel für den Sinn-Wandel unseres Begriffes scheint eher an einer anderen Stelle zu liegen. Die etymologische Untersuchung weist aus, daß »fromm« ursprünglich ein Wort aus dem praktischen Lebensbezug gewesen ist. Herkommensmäßig verwandt mit »Fürst« bezeichnete das althochdeutsche *fruma* den Vorteil, den Nutzen (vgl. noch die Wendung »zu Nutz und Frommen«), und gewinnt von daher im Mittelhochdeutschen das Adj. *vrum* die Bedeutung *förderlich;* mit Bezug auf Personen charakterisierte das Wort diese als tüchtig, rechtschaffen (vgl. Luthers »frommer und getreuer Knecht«), und hat dann im Deutschen erst durch die Sprache der Bibelübersetzung religiöse Färbung bekommen, bis es schließlich auf diese eingeschränkt und zum Begriff für ein gottergebenes, den Lebensgebräuchen der Christenheit entsprechendes Verhalten wurde. Jenes schon erwähnte Empfinden für das Auseinanderklaffen von äußerer und innerer Haltung brachte die Wortbildung »frömmeln« (18. Jh.) hervor, während daneben eine Tendenz in Richtung fügsamer Ergebenheit (»lammfromm«) das Wort noch weiter von der urspr. Bedeutung entfernte. So läßt sich an der Geschichte dieses Wortes zugleich beobachten, wie das Evangelium zunächst in die Weite des allg. Sprachgebrauches (und das heißt: des Lebensgefüges) hineingriff, dann mehr und mehr eingegrenzt wurde und schließlich ein christlich-kirchlicher »Raum« aus der »Welt« ausgegliedert wurde.

Angesichts dieser Situation stellt sich der christlichen Kirche die Aufgabe, die Lebensgestalt des Glaubens wieder aus dem Ghetto zu befreien und ihr einen Ausdruck zu geben, an dem erkennbar wird, daß es nicht nur um ein religiöses Verhalten etwa im Gebet und der Einhaltung von Sitten des Kultus geht, sondern darum, daß das Evangelium in den praktischen Bezügen der Welt bewährt werden will, um den Geist Christi dort zu bezeugen, wo die Menschen ihre täglichen großen und kleinen Lebensentscheidungen zu treffen haben. Was hier erkennbar werden müßte als »Frömmigkeit in einer weltlichen Welt«, wäre nicht einfach Weltoffenheit im Sinne einer Gleichschaltung, sondern Solidarität im Mit-Leben und Mit-Leiden, Übernehmen fremder Last und Entmachtung von Schuld und Bosheit aus der Kraftquelle ständiger Christus-Verbindung heraus. Dabei brauchte eben nicht der Weg zu dieser Quelle, das Gebet und das Hören auf das Wort, allen Augen sichtbar zu werden, sondern eher sollten Verhalten und Entscheidung die Frage wachrufen, woher solche Kraft kommt. Der Jünger wird nicht aus seiner Zeit heraustreten, aber er wird, wo der Glaube seine → Frucht bringt, mitten darin sichtbar machen, daß er einen anderen Grund und eine andere Orientierung kennt, daß man Freiheit von den scheinbar unabänderlichen Gesetzen der Welt gewinnen kann.

Wenn diese Überlegung zutrifft, kann es also nicht darum gehen, das Wort »fromm« wieder hoffähig zu machen. Vielleicht wird es noch lange seinen Beigeschmack behalten. Es wird vielmehr darauf ankommen, von der Sache, nämlich von der Orientierung am Willen Gottes und dem Einstimmen in die Anbetung Gottes mit neuen Worten zu reden; sie mögen heute so »weltlich« klingen, wie »fromm« damals weltlich klang. Der Ansatz dazu wird aber zugleich in beidem liegen müssen; denn Sendung und Dienst ist nicht möglich ohne Sammlung und Konzentration. Frömmigkeit wird da ihre neue, ihre je angemessene Gestalt finden, wo Menschen einerseits sich ganz vor Gott zu beugen und andererseits in der Hinwendung zum Mitmenschen diesem Repräsentant Christi zu sein vermögen. Denn Frömmigkeit kann nicht identisch sein mit der Praktizierung dauernd feststehender Verhaltensregeln, sondern nur mit der Christus je adäquaten Verhaltensweise (vgl. Joh 17,18).

L. Coenen

Lit.: RBultmann, Art. εὐλαβής, ThWb II, 1935, 749ff – JJeremias, Hebr 5,7–10, ZNW 44, 1952/53, 107ff – AStrobel, Die Psalmengrundlage der Gethsemane-Parallele Hebr 5,7ff, ZNW 45, 1954, 252ff – WFoerster, εὐσέβεια in den Pastoralbriefen, NTSt. 5, 1959, 213ff – HJSchultz (Hrsg.), Frömmigkeit in einer weltlichen Welt, 1959 – EMKredel/AAuer, Art. Frömmigkeit, LThK IV, 1960², 398ff – WFoerster, Art. σέβομαι, ThWb VII, 1964, 168ff – BMaurer, Was heißt heute fromm?, 1966 – Strukturwandel der Frömmigkeit. Festschr. z. Geb. DvOppen, hrsg. v. EAmelung u. a., 1972.

Frucht

καρπός

καρπός *[karpos]* Frucht · καρποφορέω *[karpophoreō]* Frucht tragen, bringen · ἄκαρπος *[akarpos]* unfruchtbar

Im Profangriech. wird καρπός *[karpos]* (vgl. lat. *carpo = rupfen)* bes. von der *Frucht des Feldes* gebraucht (Homer), öfters aber auch von den *Nachkommen der Tiere* (Xenophon); in erweiterter Bedeutung finden wir es für das, was bei einem Unternehmen zum Guten oder Unguten herauskommt: das *Ergebnis*, der *Ertrag* (Philo, Marc Aurel). I

In der LXX steht καρπός *[karpos]* hauptsächlich für das hebr. *p^e^rî*, das im AT verwendet wird für die *Frucht* der Pflanzen (zB Dtn 1,25; Mal 3,11), aber auch für *Leibesfrucht, Nachkommenschaft* (zB Gen 30,2; Dtn 7,13; Mi 6,7; Ps 21,11), schließlich auch übertragen für die *Folge einer Tat* (so zB Hos 10,13; Jer 6,19; 17,10). II

Diese letztere Verwendung hat bes. das Spätjudentum übernommen. »Der Gerechte bringt gute Frucht, der Ungerechte bringt schlechte Frucht.« Mit *p^e^rî* bzw. καρπός *[karpos]* wird nicht nur in der Bedeutung *Zins* (als Frucht eines Geschäftes) die Geschäftssprache bereichert, sondern zugleich mit der zunehmenden Betonung des Jenseitsglaubens auch die Theologie. So unterschied man zB beim Reden von der Sünde Stammkapital (sog. Ursünde; hebr. *qæræn)* und Zinsen (die Einzelsünden). Ersteres wird der Bestrafung im Jenseits vorenthalten, letztere werden hier bestraft, teils dadurch, daß sie zur Plage des Menschen immer neue Sünden gebären.

1a) Im NT finden wir καρπός *[karpos]* (66mal, am häufigsten bei Mt, kaum bzw. gar nicht in den Pastoralbriefen und den kath. Briefen, außer Jak.) zunächst in seiner einfachen III

Bedeutung als *Frucht* der Pflanzen (Mt 21,19 par; 13,8 par; Lk 12,17) bzw. als das aus dem Boden hervorkommende *Gewächs* (Jak 5,7.18; vgl. auch Lk 20,10); dabei machen gerade Stellen wie Jak 5 deutlich, daß der Mensch durch sein Schaffen das Werden der Frucht zwar vorbereiten und fördern, sie selbst aber nur als Gabe erwarten und empfangen kann; was ihm zufällt, ist → Saat und Ernte. Wie sehr das Entstehen der Frucht menschlicher Willkür entzogen ist, geht auch daraus hervor, daß diese zu bestimmter Zeit eben in ihrem καιρός *[kairọs]* (Mt 21,34) heranreift. Sie hat auch nicht beliebige Gestalt, sondern ist immer von vornherein bestimmt durch den Samen (vgl. dazu 1 Kor 15,35ff), so daß man von der Frucht auf die sie hervorbringende Pflanze zurückschließen darf (Mt 12,33 par; vgl. Mt 7,16.20). Das gilt aber nicht nur bezüglich der Art, sondern auch der Qualität. Wenn — vor allem bei Mt — gute und böse oder faule Früchte (καρποὺς καλοὺς *[karpọus kalọus]* und καρποὺς πονηροὺς *[karpọus ponærọus]* Mt 3,10; 7,17.18.19 bzw. καρπὸν σαπρὸν *[karpọn saprọn]* Mt 12,33; vgl. auch Lk 6,43) einander gegenübergestellt werden, dann, um damit zu sagen, daß die nicht der Erwartung entsprechende Frucht unbrauchbar ist und ihren Träger (den Baum, Mt 7,19; Lk 3,9; 13,6ff) als unbrauchbar bestimmt.

b) Im Sinne von *Leibesfrucht* = *Kind* findet sich κ. nur bei Lukas (Lk 1,42; Apg 2,30).

2) Haben schon die unter 1a genannten Stellen nicht den als Bild benutzten Naturvorgang, sondern den Menschen vor Gott im Blick, so gilt dies erst recht für die übrigen Belege, in denen der Begriff καρπός *[karpọs]* (vielfach verbunden mit ποιεῖν *[poiẹin]* = *tun* oder φέρειν *[phẹrein]* = *tragen, hervorbringen;* in der verbalen Verbindung καρποφορεῖν *[karpophorẹin]* 8mal bei den Synopt. und Paulus) auf das Leben der Menschen angewandt wird.

a) Wenn nach dem Zeugnis der Synopt. Johannes der Täufer gute Taten des Menschen als Früchte seiner Buße fordert (Mt 3,8 par), so wird hier durch die Verwendung des Begriffes κ. gerade angedeutet, daß es sich dabei in erster Linie nicht um das willentliche, selbstgesteuerte Tun des Menschen handelt, sondern gerade um jenes »Frucht-tragen«, das aus seiner Hinwendung zu Gott und der in ihm wirkenden Kraft des Geistes folgt. — Wenn Jesus lehrt, daß wahre Jünger als solche geradezu an ihren Früchten erkannt werden (Mt 7,16ff), die sie in der echten Nachfolge bringen, so ist damit gemeint, daß sich ihr Glaube in ihrem Lieben lebendig erweist; im Empfangen der göttlichen Liebe werden sie lieben, im Wahrnehmen der Verzeihung werden sie verzeihen, kurz, in der an ihnen geschehenen und weiter geschehenden Heiligung werden sie Gott die Ehre geben, indem sie den Ertrag göttlichen Wirkens in ihnen selbst durch ihr Tun und in ihrem Reden anderen zu deren Verfügung entgegentragen. Auch die bildhafte Aussage, daß in Gottes Gericht jeder Baum, der ohne Frucht ist, als wertlos verworfen werden wird (Mt 3,10; 7,19; Lk 13,6), beinhaltet ja die Frage nach den Auswirkungen des Glaubens bei dem, der das Wort angenommen hat, und stellt denen, die das Wachstum der Frucht unterdrücken oder jedenfalls ihren Genuß anderen Menschen vorenthalten wollen, ihren Lohn vor Augen.

b) Das JohEv verwendet die Redewendung καρπὸν φέρειν *[karpọn phẹrein]* vor allem in Joh 15,2ff, wo als das Geheimnis der Frucht hervorbringenden Macht des Jüngers Jesu die enge Gemeinschaft mit dem Herrn gesehen wird. Sein Tod ist der Wurzelboden, aus dem reiche Frucht wächst (Joh 12,24), indem sein Sterben am Kreuz Erlösung für die Menschen schafft. Er als der Weinstock (dh hier: der Lebensbaum) durchströmt seine Ranken mit jener Lebenskraft, die Voraussetzung und Ermöglichung des Glaubens ist. Wohl kann der Mensch es aus den ihm gegebenen eigenen Kräften zu sittlichen und technischen Leistungen bringen; aber die »Früchte des Evangelii« (Luther), das, was Gott von ihm erwartet, können nur wachsen auf dem Boden des Gehorsams, der zunächst darin besteht, daß der Mensch die durch Christi Tod geschaffene Verbindung zwischen Schöpfer und Geschöpf anerkennt. Dann braucht er nicht mehr an seine eigenen Leistungen zu denken und ist — von der Angst des Versagens befreit — zu höchster Anstrengung (»mehr Frucht«

Joh 15,2.5.8) imstande; weil der Grund seines Frucht-bringens außerhalb seiner Existenz liegt, ist der Ertrag unverlierbar; er zählt und bleibt für das ewige Leben (Joh 4,36; 15,16).

c) Paulus erkennt die gute Tat (= Frucht) als von Gott selbst, von Jesus Christus oder dem Heiligen Geist gewirkte Frucht des Glaubens, der Gerechtigkeit (καρπὸς δικαιοσύνης *[karpos dikaiosynæs]* Phil 1,11; so auch Hebr 12,11; Jak 3,18), des Lichtes (τοῦ φωτός *[tou phōtos]* Eph 5,9). Sie wird gerade bei Paulus deutlich von der eigenen Anstrengung zur Erlangung des Heils unterschieden (vgl. Gal 5,22; Kol 1,10). Während der nur relativ selten im positiven Zusammenhang gebrauchte Begriff ἔργον *[ergon]* = Werk der technisch-handwerklichen Welt entstammt und das meint, was der Mensch durch eigene Anstrengung »produziert«, kommt καρπός *[karpos]* aus dem natürlich-wachstumsmäßigen Lebensbereich und meint das, was dank der Verbindung mit dem Lebenskraft spendenden Baum oder Grund wie selbstverständlich (vgl. das αὐτομάτη *[automatæ]* = von selbst Mk 4,28!) wächst; dieses Wachstum (→ Wachsen) als Symptom des → Lebens aber liegt nicht in der Verfügbarkeit des Menschen. Indem Paulus diesen Begriff verwendet, will er betonen: Wer in den Leib Christi hineingenommen ist, in wem der Geist Christi wirksam ist, wer an den Gaben dieser Lebensgemeinschaft teilhat, bei dem werden »wie von selbst« – weil sie eben nicht »Produkt« sind! – auch die Auswirkungen, die »Früchte«, sichtbar. Während die an Christus Glaubenden so Gott ihre Frucht bringen, für ihn leben, kann die Macht der sündigen Begierden ihre Frucht nur dem Tode entgegentragen (Röm 7,4f).

d) Wo es an Frucht fehlt, braucht das NT – außer Jud 12 immer im übertragenen Sinn – das Adj. ἄκαρπος *[akarpos]* = *keinen Gewinn bringend* (zB Mk 4,19 par; Tit 3,14; 2 Petr 1,8); Eph 5,11 werden die Werke der Finsternis, 1 Kor 14,14 der νοῦς *[nous]* = Verstand im Gegensatz zum πνεῦμα *[pneuma]* = Geist in der Anbetung (Zungenrede) als ἄκαρπος *[akarpos]* bezeichnet.

4) Meint somit καρπός *[karpos]* weitgehend die Auswirkung des Glaubens auf das persönliche Leben der einzelnen oder auch der Gemeinden, im Zeugnis und im Verhalten (→ Wandel), so wird das Wort doch von Paulus in einem weiteren Sinne auch für die Ergebnisse seiner eigenen missionarischen Arbeit (Röm 1,13; Phil 1,22) gebraucht. Es kann sogar in dem Sinne verstanden werden, daß die Apostel, Missionare bzw. überhaupt die die Gemeinden mit ihrer Arbeit Erbauenden »von ihren Früchten leben«, dh also Anspruch auf den Unterhalt durch die Gemeinden haben (1 Kor 9,7; 2 Tim 2,6). An diesen Stellen ist also – wie Mt 21,41ff; Lk 20,10 – die Frucht unter dem Gesichtspunkt der Nutznießung gesehen (vgl. auch Joh 4,36!).

5) Zweimal findet sich καρπός *[karpos]* in Offb 22,2; im Bild der jeden Monat Frucht tragenden Bäume des Lebens ist die Fülle göttlicher Durchdringung in der neuen Welt angedeutet, in der Schmach und Sünde überwunden und alle Hindernisse der Wirksamkeit des göttlichen Geistes ausgeräumt sind. *R. Hensel*

ZUR VERKÜNDIGUNG V

Erwägt man das Geheimnis des Glaubens unter dem Aspekt, daß er Frucht des Geistes und des Wortes ist, also ganz und gar Gottes Werk, und bedenkt man, daß auch alles, was man von dem Glaubenden erwarten kann, wiederum nur Gewächs aus einer Wurzel ist, über die wir nicht verfügen, – tritt dann nicht ein großes Fragezeichen hinter die gegenwärtige Gestalt unserer Kirche und unserer Theologie? Was läßt sich denn unter diesem Aspekte überhaupt vorausplanen, welche Ziele kann sich der Mensch im Dienste des Evangeliums und unter der Herrschaft Gottes legitimerweise stecken? Das Erfolgsdenken unserer Generation aber ruht doch auf dem Leitbild, daß man sich selbst ein Ziel setzt und es trotz aller Widerstände erreicht. Zwar gehört zum Erfolg auch ein Stück Glück, aber im wesentlichen ist er das Ergebnis von Umsicht, Geschick und Können. So wird man die Dinge aber nicht sehen dürfen, wenn das, was es zu »erreichen« gilt, Frucht ist aus einer Saat, die man selbst weder machen noch hinsichtlich ihrer Wirksamkeit manipulieren kann.

Eben dies aber unterscheidet alle Arbeit mit dem Evangelium, vielleicht überhaupt alle Begegnung mit dem Menschen, von den Gesetzmäßigkeiten einer technischen und wirtschaftlichen Welt. Hier wird die Herrschaft – die Meisterungsaufgabe des Menschen der Welt gegenüber – gewandelt in ein Warten und Dienen. Der Erfolgreiche sucht Selbstbestätigung und Anerkennung; wer von Frucht im Sinne des Glaubens spricht, wer damit zu tun hat, muß selbst zurücktreten, wird ungleich stärker als an jeder anderen Stelle auf eigene Konzeptionen verzichten und in die Gesetzmäßigkeiten des Wirkens Gottes hineinlauschen müssen.

Gewiß gibt es Regeln des Wachstums, und ob Frucht gedeiht, hängt dann auch von der Pflege und den äußeren Umständen ab, vom Nachgehen und Beobachten, und davon, daß man das Gebotene (nicht mehr, aber auch nicht weniger) zur rechten Zeit (dem καιρός *[kairọs])* tut. Wer zuviel harkt oder tränkt, wer künstliche, technische Methoden industrieller Massenproduktion anwenden wollte, wer hier »züchten« will, wer selbst den Termin und das Ergebnis vorausbestimmen will, begibt sich außerhalb des Gesetzes des Geistes. Damit ergibt sich die Frage, was hier überhaupt planbar ist. Daß der Glaube und die Werke als Frucht qualifiziert werden, sollte ständig daran erinnern, daß Gott es in eigener Hand hat und behält, was aufgeht oder stirbt, und daß er nicht nur die Art des Gewächses, sondern auch Qualität und Quantität bestimmt. Planung künftiger Konzeption der Kirche folgt also den gleichen Gesetzen, denen auch das Herausfinden, die Anerkennung und das Einsetzen der von Gott gegebenen geistlichen Gaben in die konkreten Aufgaben und Dienste gehorchen sollte. Ist uns aber das Saatgut anvertraut, so werden wir uns vor allem hüten müssen, in irgendeinem Schematismus zu erstarren oder uns an irgendeiner aus der Vergangenheit stammenden oder für die Zukunft entworfenen Vorstellung festzubeißen. Glaube und Gehorsam sind ja eben nicht Folgeerscheinungen vergangener Grundsätze oder Leitbilder; Frucht werden sie ja nur genannt, weil der Herr des Glaubens durch seine Gaben und dadurch, daß er mit der Gestalt der jeweiligen Umwelt auch Aufgabe und Lebensbedingung des Glaubens trägt, die Zeugnisse des in ihm liegenden Lebens ständig neu hervorbringt. Wer weiß denn, welches Gewächs e r morgen will? Wer könnte es auf dem Reißbrett konstruieren? Es ist doch wohl gerade das Wunderbare, daß der göttliche Keim, wo er durch Menschenhand gesät ist, doch aus Gottes Kraft ganz eigenes Leben entfaltet und daß der darüber wachende Herr selbst zustandebringt, daß in der Aussage wie in der Tat sich die Antwort ausprägt, die jetzt und hier geboten ist, – wenn man die werdende Frucht nur wachsen läßt, statt sie durch Gängelung verkümmern zu lassen. Das aber lehrt beobachten, hoffen, staunen. Es nimmt menschlichem Denken und Wirken alle Priorität, aber es mehrt die Ehre Gottes. *L. Coenen*

Lit.: FHauck, Art. καρπός, ThWb III, 1938, 617ff – RBultmann, Das Evangelium des Johannes, KEK II,1, 1964[18], 409f.

Fülle, Uberfluß

Den Wörtern der Gruppe ist gemeinsam, daß sie alle urspr. Vorgänge bezeichnen, durch die ein vorgegebener Raum beansprucht, ausgefüllt oder sogar über-füllt wird. Am nächsten bei der gegenständlich-räumlichen Bedeutung bleibt πίμπλημι *[pịmplæmi] ein Gefäß füllen*, auch in bezug auf den Menschen: *mit Nahrung füllen, sättigen*. Weitaus häufiger ist πληρόω *[plærọō]* mit seinen zahlreichen Ableitungen, das ebenfalls *ausfüllen, erfüllen* im wörtl. Sinne bedeuten kann, aber vor allem in geistigem Sinne gebraucht wird, um auszudrücken, daß ein Mensch oder ein Zeitabschnitt mit etwas erfüllt, dh durch etwas bestimmt wird oder daß er »voll« gemacht, also *vollendet* wird; dabei ist das Maß oft durch längst vorher gegebene Voraussetzungen und Bitten gesetzt. Das Subst. πλήρωμα *[plærōma]* ist im NT als eschatologischer Terminus sowohl auf die Fülle der Zeit wie auf die schlechthinnige Vollendung des Gotteswillens bezogen. περισσεύω *[perissęųō]* und seine Ableitungen haben ihre spezifische Nuance darin, daß das jetzt Vorhandene bzw. Anstehende sich in den bisher gegebenen oder vorgestellten Raum nicht mehr fassen läßt und ihn also überflutet oder sprengt; es dient so auch dazu, in eschatologischem Sinne die *Überfülle* der Heilszeit auszudrücken. πλῆθος *[plæthos]* meint dagegen mehr – in Absehung von dem umgrenzenden Raum – eine *Vielheit, Menge,* bes. eine *Menschenmenge,* auf die Gemeinde bezogen ihre *Vollzahl,* ihre *Gesamtheit.* χωρέω *[chōręō]* endlich, von χῶρος *[chōros]* *leerer Raum, Zwischenraum* abgeleitet, bedeutet *Raum geben, Platz machen,* in geistigem Sinn *aufnehmen, begreifen.*

περισσεύω

περισσεύω *[perissęųō]* überfließen, reich machen · περισσός *[perissǫs]* überreichlich · περισσεία *[perissęịa]* Überfluß · περίσσευμα *[perịsseuma]* Überschuß · ὑπερπερισσεύω *[hyperperissęųō]* im Überfluß vorhanden sein · ὑπερ(εκ)περισσῶς *[hyper(ek)perissǭs]* über alle Maßen

περισσεύω *[perissęųō]* (aus περί *[perị]* und νεοσσός *[neossǫs]*) ist intrans. und bedeutet (so seit Hesiod) *darüber hinausliegen, überschießen;* gelegentlich trans. *Überfluß gewähren, reich machen.* περισσός *[perissǫs]* (aus περι-τjός *[peri-tjǫs]*) heißt a) über das gewöhnliche, b) das rechte, c) ein bestimmtes Maß hinausgehend, also a) *überreichlich,* b) *überflüssig,* c) *übrigbleibend;* das Adv. περισσῶς *[perissǭs]* *über die Maßen.* I

περισσεία *[perissęịa]* Überfluß, περίσσευμα *[perịsseuma]* *Überfluß, Überrest,* ὑπερπερισσεύω *[hyperperissęųō]* *überreich vorhanden sein,* medial *Überfluß haben* (mit τινί *[tinị]* = an etwas) sind spätgriech., nicht häufig belegte Bildungen; ὑπερεκπερισσῶς, -οῦ *[hyperekperissǭs, -ǫụ]* und ὑπερπερισσῶς *[hyperperissǭs]* *über alle Maßen* gehören ganz in den Bereich des biblischen bzw. nt. Griech.

In LXX geben das nicht häufige περισσεύω *[perissęųō]* und seine Derivate fast nur hebr. Wörter vom Stamm *jātar* wieder. II

1a) περισσεία *[perissęịa]* findet sich nur in Pred, vorwiegend in der Bedeutung *Gewinn, Vorteil.* Alles blinde Mühen und Schaffen bringt keinen wirklichen Gewinn (1,3). Der Weise wie der Tor (2,14b; 6,8), der Mensch wie das Vieh (3,19) müssen dahin und werden vergessen. Gott beschenkt als freier Herr mit irdischen Gütern (6,2), deshalb soll sie der Mensch dankbar genießen und nicht mit Gott über den ihm zugewiesenen Platz hadern (6,9f). Diese Weisheit aber, die die Freiheit des Schöpfers anerkennt, ist wahrer Gewinn (7,12.19; vgl. 2,13f; 12,13).

b) περισσεύω *[perissęųō]* bedeutet 1Makk 3,30 *einen Vorrang,* 1Sam 2,33.36 *Nachkommenschaft haben,* sonst *Überfluß haben* (Sir 11,12). Nach Sir 19,24 steht derjenige, der sich seiner Klugheit gar zu sicher ist, in um so größerer Gefahr, das Gesetz zu übertreten.

c) περισσός *[perissǫs]* bezeichnet das *Übrige,* den *Rest* (Ex 10,5; 2Sam 25,11), das *Überflüssige, Unnütze* (Spr 2,15), aber auch *Außerordentliche, Hervorragende* (Dan 5,12.14), den *Vorteil* (Spr 14,23).

2) Das Spätjudentum erwartet einen Überfluß und beseligenden Reichtum an allen erstrebenswerten Gütern in der Heilszeit: zahlreiche Nachkommenschaft, Besitz, überschwengliche Ernteerträge (vgl. äthHen 10,17–19; ApkBar 29,5–8; St.-B. IV,886f), auch an Gütern wie Freude (äthHen 51,5f), Gerechtigkeit und Weisheit (äthHen 48,1), Geist und Leben aus Gott (Sib IV, 46.189 u. a.).

Im NT findet die Wortgruppe eine relativ häufige Verwendung: περισσεύω *[perissęųō]* 39mal, περισσός *[perissǫs]* mit seinen Komparativ- und Adverbformen 37mal, περίσσευμα *[perịsseuma]* 5mal, περισσεία *[perissęịa]* 4mal, die mit ὑπερ *[hyper]* gebildeten Formen im ganzen 6mal, alle Wörter ganz überwiegend in den paulinischen Schriften, daneben vor allem in den Evgg. Allen Wörtern eignet das Moment des alle Maße weit übertreffenden *Übermaßes* und der alle vorgegebenen Grenzen überschwemmenden *Fülle.* Durch den Vorgang des Überfließens werden bestehende Maßstäbe und Regeln außer Kraft gesetzt, wird Vergleichbares unvergleichbar. III

Inhaltlich ist der nt. Gebrauch bestimmt von dem Gedanken, daß die Überfülle der Heilszeit mit dem Auftreten Jesu für einen bestimmten Kreis von Menschen, mit seiner Auferstehung aber für die ganze Welt erkennbar und erfahrbar wurde. Daneben findet sich allerdings auch ein uneschatologischer Gebrauch.

1a) In den Evgg. findet sich περισσεύω *[perissẹuō]* in der eigentlichen Bedeutung *Überfluß, viele Güter haben:* in Mk 12,44 von der Witwe, die ihren ganzen Besitz preisgibt, während andere aus ihrem Überfluß geben, und Lk 12,15, wo vor falschem Vertrauen auf ein großes Vermögen gewarnt wird; dazu im Sprichwort Mt 12,34 par: Wes das Herz voll ist, des geht der Mund über. Je mehr Jesus Schweigen über seine Wundertaten gebietet, desto mehr werden sie weitererzählt (Mk 7,36). Das Geheimnis seiner Person drängt auf Grund der Gewalt seiner Wirkung zur öffentlichen Kundgabe. Die Menge verwundert sich über alle Maßen (Mk 7,37 ὑπερεκπερισσῶς *[hyperekperissọ̄s]*, ebenso die Jünger (Mk 6,51 ὑπερεκπερισσοῦ *[hyperekperissọu]*).

b) Zwar ist schon Johannes, der Wegbereiter Jesu (Mt 11,9), mehr als ein Prophet; aber gemessen an dem sieghaften Hereinbrechen des Himmelreiches mit Jesu Auftreten steht er doch erst an seiner Schwelle. Mit einzigartiger Vollmacht ruft Jesus die Mühseligen zu sich, um sie zu erquicken (→ Ruhe, Art. ἀναπαύω). Das wird anschaulich in den Erzählungen von der wunderbaren Speisung der 4000 bzw. 5000 in der Wüste (Mt 14,20; 15, 37par; Joh 6,12f). In allen Fassungen der Erzählung wird bes. die *übrigbleibende Menge* an Brot (12 Körbe voll, Mk 8,8: περίσσευμα *[perịsseuma]*; Joh 6,13 Steigerung) hervorgehoben. Jesus vermag mehr von seinem Vater zu erwirken als Mose in der Wüste: er gibt mehr als den täglichen Lebensunterhalt (vgl. Ex 16,18); in Jesus haben die Seinen Leben und volle Genüge (Joh 10,10 περισσόν *[perissọn]*). Hier wird offenbar, daß Gott *überreich* an Gnade ist, die er den Verlorenen bereithält (Lk 15,17 im Bild der Fülle des Brotes).

c) Diesem überreichen Angebot ist nur ein Übermaß an Rechtverhalten angemessen, das die → Gerechtigkeit der Schriftgelehrten weit übertreffen muß (Mt 5,20 gesteigert durch πλεῖον *[plẹion]*; vgl. Mt 5,47f): der Vollkommenheit des Vaters soll die Vollkommenheit der Jünger entsprechen. Angesichts der Radikalität dieser Forderung muß sich die bange Frage aufdrängen, welcher Mensch ihr denn eigentlich gerecht werden kann (Mt 19, 25par). Das NT antwortet darauf, daß alle Selbstsicherheit, aller Reichtum im umfassenden Sinne (Mt 19,24), alle pharisäische Kasuistik (Mt 5,37: was über ja und nein hinausgeht, ist vom Übel; Mt 15,4f Aufweichung des Elterngebotes) ausgeschlossen sind; der Glaube soll aber doch darauf vertrauen, daß bei Gott alle Dinge möglich sind (Mt 19,26), er also auch dem Glauben den Gehorsam ermöglichen kann.

Angesichts der alle Grenzen sprengenden Liebestat Gottes in Christus wiegt die Gottes- und Nächstenliebe mehr als die Beobachtung des Kultus (Mk 12,33; vgl. Lk 20,47). Ein kleiner Glaube wird reich belohnt werden. Wer aber um Gottes erwählende Liebe so unvergleichlich wissen könnte wie das pharisäische Judentum und sie doch jetzt in Christus ablehnt, den erwartet ein umso strengeres Gericht (Lk 12,48; Mt 13,12).

2a) Paulus benutzt im Römerbrief περισσεύω *[perissẹuō]* und seine Derivate gern, wenn er von der rechtfertigenden → Gnade Gottes spricht, für die nichts und niemand unerreichbar ist: Gott ist reich für alle, die ihn anrufen (Röm 10,12). Die Gnade ist dem → Gesetz, das für eine Zwischenzeit in Geltung stand, um unsere → Sünde offenbar zu machen, übermächtig geworden (5,20 ὑπερπερίσσευσεν *[hyperperịsseusen]*), sie erstrahlt jetzt umso herrlicher (2Kor 3,10). Wie in Adam die Sünde zur Herrschaft kam, so in Christus umso überschwenglicher die Gnade (Röm 5,15; vgl. 10,4). Weil dieses Übermaß an Gnade (5,17 περισσεία *[perissẹia]*) unüberbietbar ist, kann daneben keine Berufung auf die Gesetzeserfüllung mehr Raum haben (3,20). Der Vorzug (3,1 περισσόν *[perissọn]*) der Juden besteht allein darin, daß ihnen die Verheißungen anvertraut waren. Ihre Leugnung konnte und kann jedoch den Siegeslauf der Gnade nicht hindern; vielmehr bewirkt sie, daß diese nun zu den Heiden überströmt (ἐπερίσσευσεν *[eperịsseusen]* 3,7; vgl. 11,11).

Wie Juden und Heiden allein auf die Gnade geworfen sind (11,32), so erbittet Paulus den Römern den Reichtum der Hoffnung auf den gnädigen Gott (Röm 15,13 εἰς τὸ περισσεύειν *[eis to perisseụein]*). Vgl. Eph 3,20: Gott kann *überschwenglich* (ὑπερεκπερισσοῦ *[hyperekperissoụ]*) erfüllen über Bitten und Verstehen. Nach Eph 1,7f wird eben dieser Reichtum der Gnade erfahren in der Erkenntnis des in aller Welt wirksamen und für alle Welt geltenden Heilswerkes Gottes in Christus. Das Bewußtsein, daran teilzuhaben, darin eingepflanzt zu sein, weckt überschwenglichen Dank (Kol 2,7).

b) Wie der Apostel übereifrig in der Verfolgung der Gemeinden war (Apg 26,11), wie er sich ebenso übereifrig in der Gesetzesfrömmigkeit übte (Gal 1,14), so ist er nun mit gleichem Einsatz um den Fortgang des Heilswerkes Christi, um das Wachstum und die Heiligung der Gemeinden bemüht (vgl. 1Kor 15,58; Phil 1,9.26; 1Thess 3,12; 4,1.10 immer περισσεύειν *[perisseụein]*). In 1Thess 3,10 bittet er inbrünstig (ὑπερεκπερισσοῦ *[hyperekperissoụ]*) darum, daß ihm durch persönliche Anwesenheit eine Förderung der → Gemeinde ermöglicht wird (vgl. 2,17). Die Korinther mahnt der Apostel, ihre Gaben zur Erbauung (→ Haus) der Gemeinde zu nutzen und sie so in den Dienst an ihr überfließen zu lassen (14,12 περισσεύω *[perisseụō]*). Schützend stellt er sich vor die Schwachen, die an dem Verzehr von Götzenopferfleisch Anstoß nehmen und mahnt die Starken, nicht von ihrer Freiheit Gebrauch zu machen, da sie keinen Vorzug bedeutet (8,8).

Der Apostel selbst kann darben und Überfluß haben, je nachdem, ob jenes geboten erscheint, dieses geschenkt wird (Phil 4,12.18). Er hat sich mehr (περισσοτέρως *[perissotẹrōs]*) gemüht und mehr gelitten (1Kor 15,20; 2Kor 11,23; 12,15), er hätte mehr als seine Gegner Anlaß, sich zu rühmen (2Kor 1,12; 10,8). Aber er soll sich an der Kraft genügen lassen, die sich in der Schwachheit beweist (2Kor 12,9). So wecken auch Gefangenschaft und Leiden des Apostels umso mehr Bekennermut (Phil 1,14; vgl. Lk 12,4).

c) Besonderes Gewicht kommt περισσεύω *[perisseụō]* im Zusammenhang mit der Kollekte für Jerusalem im 2Kor-Brief zu. Es geht Paulus um mehr als ihren materiellen Ertrag: sie ist ein Prüfstein der Liebe der Gemeinden, ob sie der Selbstaufopferung Jesu entspricht (8,8f). Deshalb lobt er die mazedonischen Gemeinden, daß bei all ihrer Armut ihre Gabe einen überströmenden Reichtum an Opferbereitschaft ans Licht brachte (ἐπερίσσευσεν *[eperịsseusen]*). So wurde ihnen auch ein *Übermaß* (περισσεία *[perissẹia]*) an Freude zuteil (8,2). Der Apostel ist davon überzeugt, daß Gott überreich Möglichkeiten gibt, gute Werke zu tun, das entspricht seiner überströmenden Gnade (9,8). In 9,12 wird deutlich, daß die Kollekte ein entscheidendes Band zwischen der Jerusalemer Gemeinde und der Heidenkirche darstellt, denn sie wird überschwenglichen Dank gegen Gott hervorrufen und mit ihm die Anerkennung seines gnadenvollen Wirkens unter den Heiden.

3) Der Hebr-Brief mahnt die Gemeinde in der Bedrängnis, das Ziel im Auge zu behalten und mit umso größerer Aufmerksamkeit (περισσοτέρως *[perissotẹrōs]*) auf das Wort der Verheißung zu achten (2,1), hat sich doch Gott in einem Eid Abraham überschwenglich als treu erwiesen (6,17); das sagt noch klarer das Psalmwort 110,4 (7,15; beide Stellen haben περισσότερον *[perissọteron]*), das Christus hoch über Melchisedek stellt.

In Jak 1,21 ist mit περισσεία κακίας *[perissẹia kakịas]* nicht der noch ausstehende Rest an Bosheit, sondern im wörtlichen Sinne die übergroße, übermäßige Bosheit gemeint.

Th. Brandt

πλῆθος

πλῆθος *[plæthos]* Fülle, Menge · πληθύνω *[plæthỵnō]* füllen, voll machen, wachsen

Das Subst. πλῆθος *[plæthos]* (seit Homer) enthält die Wurzel *ple-* = *füllen* und meint die *Fülle,* I
Menge, Vielzahl im Gegensatz zu Wenigem oder einem einzelnen; dann das, was sich nicht mehr zählen läßt. Das Verb πληθύνω *[plæthynō]* (die Endung -ύνω *[-ynō]* bezeichnet ein Machen) bedeutet *füllen, vollmachen,* intrans. *voll sein* oder *werden.*

Das Subst. wird gebraucht a) als allg. Maßbegriff von Sachen eine *große Anzahl* und von der Zeit *Länge, Dauer.* b) bei Personen allg. *Menschenmenge, Haufe;* militärisch *Truppenmasse;* soziologisch (abwertend) die *Masse*, der geistige und ethische Urteilsfähigkeit fehlt; in einer Demokratie die *Gesamtheit* der Stimmberechtigten bzw. die *Mehrheit*, die den Ausschlag in politischen Entscheidungen gibt; *Volk, Bevölkerung*; die bestimmte *Versammlung* (zB die Bürgerschaft Athens); im Sprachgebrauch religiöser Gemeinschaften als Ausdruck für die Gesamtheit der Mitglieder, die gesamte *Gruppe, Gemeinde*. Dem Subst. kann Nachdruck verliehen werden durch den Plur. *(Mengen, Scharen)* oder ein hinzugefügtes Adj. (zB sehr groß). πλῆθος *[plǣthos]* steht auch als Adj. *viel*, Komparativ die (große) *Mehrzahl*, Superlativ *die meisten*. – Das Verb bedeutet dem Gebrauch des Subst. entsprechend trans. *(ver)mehren, vergrößern*, etwas *reichlich tun*, im Pass. und intrans. *sich mehren, wachsen, zunehmen, sich füllen*.

II Die LXX hat πλῆθος *[plǣthos]* fast 300mal, πληθύνω *[plǣthynō]* ca. 200mal, am häufigsten als Übers. für Ableitungen vom Wortstamm *rābāh* = *viel sein, viel werden* (Subst. *rōb* = *Vielheit, Menge)*. Sie sind wesentlich zur Beschreibung der reichlichen Fülle göttlichen Gebens: im Schöpfungssegen (Gen 1,22.28), im Versprechen einer großen Nachkommenschaft an die Erzväter und das Gottesvolk (Gen 17,2.4; 22,17; Ex 1,7.20; 32,13), in der Zuwendung reichen Segens (Dtn 28,11) und des Heils (Ps 5,8; 31,20; 51,3; vom Heilskönig Ps 72,7; im Gruß zugewünscht Dan 3,31; 6,26). Gottes Fülle an Herrlichkeit (δόξα *[dọxa]* Ex 15,7) und Hoheit (μεγαλωσύνη *[megalōsynæ]* Ps 150,2) ist zu rühmen, wogegen der Mensch keinen Anlaß hat, auf die Größe seiner Kraft zu vertrauen (Ps 33,16), noch das Volk auf die Länge seiner Krieger (Hos 10,13) oder auf die Fülle seiner Opfer (Jes 1,11; s. Delling 276). Der Größe und Erhabenheit Gottes steht stattdessen auf seiten des Menschen eine Fülle von Schuld gegenüber (Gen 6,5; Am 4,4; Sir 5,6; 23,3.16).

Auch in den Qumrantexten ist das dem griech. πλῆθος *[plǣthos]* entsprechende Subst. *rōb* häufig. So dient es zur Bezeichnung der Menge der Gemeindeglieder (1QS 5,2.9; 6,19). Oft steht es verstärkend bei einem Heilsbegriff: Fülle der Gnade, Fülle des Erbarmens, Fülle des Heils usw.

III Im NT erscheint πλῆθος *[plǣthos]* 31mal, davon 24mal (und einmal v. l.) in den lukanischen Schriften; πληθύνω *[plǣthynō]* 11mal, davon 5mal in der Apg.

Die Wörter können im NT zunächst dazu dienen, die *Fülle* im Geben Gottes zu demonstrieren: So wird die at. Aussage vom Anwachsen des Gottesvolkes (→ Volk, Art. λαός; → Wachsen, Art. αὐξάνω) zitiert (Apg 7,17 = Ex 1,7; Hebr 6,14 = Gen 22,17; Hebr 11,12 = Gen 15,5): die »große Anzahl« zeigt dabei den Reichtum der göttlichen Verheißung. Sodann ist es in den Grußformeln 1Petr 1,2; 2Petr 1,2; Jud 2 nt. Segenswunsch, daß die göttlichen Heilsgaben in zunehmendem Maße im Gemeindeleben wirksam werden.

Jak 5,20 und 1Petr 4,8 (= Spr 10,12) wird verheißen, daß christl. Retter- und Nächstenliebe jede noch so große Zahl von Sünden zudeckt. Dabei will der Ausdruck πλῆθος ἁμαρτιῶν *[plǣthos hamartiọn]* (der MT zu Spr 10,12 sagt: »Liebe deckt alle Sünden zu«) nicht so sehr hervorheben, wie viele Sünden begangen worden sind (zahlenmäßig angerechnet in der himmlischen Buchführung), sondern die sündentilgende Wirkung der an den betreffenden Stellen gemeinten Tat soll als besonders groß erscheinen. Nach 2Kor 9,10 wird Gott dafür sorgen, daß Liebesgaben keinen arm machen, sondern reichen Segen eintragen.

Bei Lk beschreiben die Wörter häufig das große Ausmaß der Wirkung Jesu und des Evangeliums, das »Massen« in Erregung (Lk 8,37; Apg 14,4; 21,36) und Bewegung bringt (Lk 6,17f par; 23,27; Apg 5,14.16; 14,1; 17,4). Bereits im reichlichen Fischzug des Petrus (Lk 5,6; Joh 21,6) wird die missionarische Tätigkeit des Apostels und der Erfolg des Evangeliums unter den Völkern vorgezeichnet. Vor allem das Verb wird gebraucht, wenn gezeigt werden soll, wie sich durch die Ausbreitung des Wortes Gottes die Christen mehren (Apg 6,1.7; 9,31; 12,24 im Anklang an at. Worte: auch zur neuen Schöpfung und zum nt. Heilsvolk gehört das »Sich-mehren« als Zeichen des Segens).

Schriftstellerisch bedient sich Lk darüber hinaus des Subst.s πλῆθος *[plǣthos]*, um neben der (namenlosen) Menge einen kleineren Personenkreis bes. deutlich herauszuheben (Lk 1,10: der Priester und die Menge; 2,13: der Engel des Herrn und das Himmelsheer; 6,17: die Jünger und das Volk; Apg 6,2.5: die Zwölf und die Christen), um die Geschlossenheit einer größeren Schar zu betonen (»die Gesamtheit« Apg 4,32; 14,4; 23,7), um die Einheitlichkeit im Verhalten der betreffenden Menge zu unterstreichen (Lk 19,37; 23,1; Apg 4,32; 25,24).

Bei Lk hat daneben πλῆθος *[plǣthos]* auch die Bedeutung *religiöse Gemeinde* (Gottesdienstteilnehmer: Lk 1,10; Apg 19,9; die Christenschar: Apg 4,32; die große Gemeindeversammlung: 6,2.5; 15,12.30; 21,22 v. l.).

Mt 24,12 spricht von der Endzeit, in der die Jünger unter dem Druck der Not nicht matt werden sollen, vor allem, wenn die Abwendung vom göttlichen Gesetz, das Antichristliche (auch innerhalb der Christenheit) ein Ausmaß annehmen wird, daß sie es kaum mehr zu ertragen vermögen. *W. Bauder*

πληρόω

πληρόω *[plærọō]* erfüllen, vollenden · πλήρης *[plæræs]* voll, vollständig · πλήρωμα *[plærōma]* Fülle, Vollmaß · ἀναπληρόω *[anaplærọō]* ausfüllen, vertreten · πληροφορέω *[plærophorẹō]* vollbringen, überzeugen · πληροφορία *[plærophorịa]* Fülle, volle Überzeugung · πίμπλημι *[pịmplæmi]* erfüllen, vollmachen · ἐμπίμπλημι *[empịmplæmi]* füllen, sättigen

1) πλήρης *[plæræs]* und seine Derivate finden sich in der griech. Lit. seit Aischyl., πίμπλημι *[pịmplæmi]* seit Homer, πληροφορέω *[plærophorẹō]* dagegen als späte Bildung 1mal bei Ctesias, sonst 2. Jh. vChr. Die Vielzahl der Bedeutungen aller dieser Wörter leitet sich her aus der gemeinsamen Wurzel πλη- *[plæ-]* = *voll, Fülle.* So bedeuten πληρόω *[plærọō]* oder auch ἐμπίμπλημι *[empịmplæmi]* wörtl. *einen Behälter füllen,* wobei das Resultat mit πλήρης *[plæræs]* oder πλήρωμα *[plærōma]* bezeichnet wird, speziell zB vom *Bemannen* eines Schiffes. Dann übertragen einen Wunsch *erfüllen,* ein Gebet *erhören,* Wut, Zorn *stillen,* Begierden *befriedigen.* Weiterhin Pflichten *nachkommen,* Arbeit *ableisten.* Dann auch *auf das Vollmaß bringen, voll erstatten* (Lohn, Tribut), eine Lücke *auffüllen, ergänzen* (auch stellvertretend: ἀναπληρόω *[anaplærọō]*). Zeitlich im Pass. *ablaufen, zu Ende gehen;* zB ein volles Jahr (πλήρης *[plæræs]*), eine Vollzahl von Jahren (πλήρωμα *[plærōma]*). I

2) Wie der Mensch mit Schmerzen, Freuden, Eros, Tugenden erfüllt werden kann, so kann sogar von ihm gesagt werden, er sei mit Gott *erfüllt* (πλήρης θεοῦ *[plæræs theọu]*, Pollux, Onom. I,15), dh enthusiastisch von Gott besessen bzw. von ihm inspiriert (Pollux ebd. 16). So wird von der Pythia gesagt, daß sie von Gottes Geist erfüllt die Orakel spricht (Origenes, Contr. Cels. VII,3). Diese mantische Erfüllung mit Gott ist zu unterscheiden von dem Gedanken, daß Gott durch das All hindurchgeht und es erfüllt (so Zeus Sarapis bei Aelius Aristides, Or. 45,21). Das braucht nicht pantheistisch gemeint zu sein, wie sich aus dem Vorkommen solcher Ausdrücke bei Philo beweisen läßt. Sein »das All erfüllender Gott« ist, trotz stoischer Einflüsse, ein transzendenter Gott (platonischer Dualismus), der das All erfüllt mit seiner Allgegenwart und Allwirksamkeit (wie im AT).

1) In der LXX werden mit den ungefähr gleich häufig vorkommenden Verben πληρόω *[plærọō]* und πίμπλημι *[pịmplæmi]* und den übrigen Derivaten ganz überwiegend Formen von *mālē'* wiedergegeben, seltener auch *sāba'*, *tāmam* und *schālēm* u. a. Es liegt die gleiche Bedeutungsbreite vor wie in I angegeben: wörtl. vgl. 2Kön 4,4; Gen 21,19; 42,25 u. a.; Ps 96,11 und 98,7 in der Wendung: das Meer und was es erfüllt; Gen 1,28; 9,1 als Auftrag an den Menschen, die Erde zu füllen, vgl. Ps 24,1: die Erde und was sie erfüllt. In übertragener Bedeutung finden sich πληρόω *[plærọō]* und die Derivate für das *Erhören* von Gebeten (Ps 20,6), das *Beenden* einer Arbeit (1Kön 7,51), das *Bezahlen* des Tributs (2Makk 8,10 ἐκπληρόω *[ekplærọō]*), das *Ergänzen* von Worten eines anderen (1Kön 1,14), das *Zum-Vollmaß-Bringen* der noch fehlenden Strafe (Weish 19,4 προσαναπληρόω *[prosanaplærọō]*). II

2) Häufig steht πληρόω *[plærọō]* (seltener πίμπλημι *[pịmplæmi]*) in Verbindung mit Zeitbegriffen: eine Zeit *voll machen,* meistens im Passiv = *ablaufen, zu Ende gehen.* Dabei ist vorausgesetzt, daß es ein bestimmtes Maß an → Zeit gibt, die notwendig völlig zu Ende gehen muß, weil es durch die Natur (zB Gen 25,24), ein Gelübde (Num 6,5), das Gesetz (Lev 8,33) oder durch Gottes Wort (vgl. die 70 Jahre Jer 25,12; 2Chr 36,21) so gefordert oder bestimmt ist. Interessant ist in diesem Zusammenhang Tob 14,5[7]. Tobias hat V. 4[6] gesagt, daß Israel bis zu einer Zeit verwüstet sein würde (μέχρι χρόνου *[mẹchri chrọnou]*), aber Gott wird die Verbannten zurückbringen. Auch das Gotteshaus wird wieder erbaut werden, aber nicht mehr so aussehen wie vorher. Doch diese Inferiorität wird nur zeitlich sein, sie besteht, »bis die Zeiten des Äons (BA; Sinaiticus: die Zeit der Zeiten) erfüllt sind«. Dann wird die endgültige Rückkehr stattfinden und auch das Haus Gottes wieder erbaut werden in voller Pracht »bis auf alle Geschlechter des (neuen?) Äons« (L: auf ewige Zeiten). Zugrunde liegt die Vorstellung, daß Gott ein Maß für die Zeiten der Menschen festgesetzt hat (vgl. dazu noch Dan 12,13 LXX). Im gleichen Sinn wird im AT über das Erfüllen der Sünden gesprochen, denn auch hier ist an ein Maß (obwohl das Wort selbst nicht expressis verbis genannt wird) gedacht, das erfüllt werden muß, so Gen 15,16: denn (das Maß) der Sünden der

Amoriter ist noch nicht voll. Das Zum-Vollmaß-Kommen ihrer Sünden bedeutet für die vier gottlosen Königreiche das Ende ihrer Herrschaft (Dan 8,23). Sehr aufschlußreich ist nun die theol. Anschauung von 2Makk 6,12–16: Der Jammer des Volkes Israel ist nur Gottes fortwährende Bestrafung, welche zur Warnung geschieht (V. 12), denn so will Gott die Sünder schützen vor einer endgültigen Strafe (V. 13). Sie wissen: Unser Herr sieht uns nicht so lange zu wie den anderen Völkern, die er läßt hingehen, bis sie ihr Maß der Sünden erfüllt haben, daß er sie danach strafe; sondern er wehrt uns, daß wir's nicht zuviel machen und er zuletzt sich nicht an uns rächen müsse (V. 14).

3) Einen spezifisch at. Gebrauch des Begriffes haben wir vor uns, wenn gesagt wird, daß das durch die Propheten gesprochene Gotteswort in Erfüllung geht, vgl. 1Esr 1,57 (ἀναπλήρωσις *[anaplærōsis]*), 1Kön 2,27; 2Chr 36,21–22 (πληρόω *[plærọō]*). Es ist Jahwe selber, der das durch ihn Geweissagte selbst zur Ausführung bringt (1Kön 8,15.24).

4) Von Erfüllung (ἐμπίμπλημι *[empịmplæmi]*) mit dem Geist Gottes ist mehrfach die Rede. Sie ist das Merkmal der Propheten (Sir 48,12) und kann mit Handauflegung übertragen werden (Dtn 34,9). Auch kunstfertige Werkmeister sind durch Gott mit einem Geist, nämlich der Erkenntnis und Kunstfertigkeit erfüllt (zB Ex 28,3; 31,3). Die Geisteserfüllung wird auch denen zuteil, die den Herrn suchen und das Gesetz studieren (Sir 39,8), so daß sie andere in der heiligen Schrift unterweisen (V. 9f). Auch wer seine Zunge im Zaum hält, wird mit dem Geist erfüllt (Spr 15,4 LXX).

Wenn Weish 1,7 sagt: »Der Geist Gottes erfüllt den Weltkreis«, so ist das (ebensowenig wie bei Philo, s. I) nicht pantheistisch gemeint, sondern vielmehr ein Bekenntnis, daß Gott alles hört und weiß und die Sünde straft (s. den Kontext). In ähnlichem Sinne ist Jer 23,24: »Erfülle ich nicht Himmel und Erde?« gemeint: Gott sieht alles. – Daß Gott sich in vollem Maße offenbaren wird, wird ausgesprochen in dem Satz, daß seine Herrlichkeit (*kābōd* = δόξα *[dọxa]*) die Erde erfüllen soll bzw. erfüllt (vgl. Ps 72,19; Jes 6,3; Num 14,21). Anfänglich war diese Herrlichkeit Jahwes beschränkt auf die Stiftshütte (Ex 40,34–35), den ersten (1Kön 8,10–11; 2Chr 5,14; 7,1) und zweiten (Hag 2,9) Tempel oder in ihrer Fülle nur wenigen erkennbar; aber in der Endzeit »wird die Erde voll werden von Erkenntnis der Herrlichkeit des Herrn« (Hab 2,14 πίμπλημι *[pịmplæmi]*).

5) Die Qumranschriften gebrauchen *mālē'* meistens, um die Beendigung eines Zeitraumes zu kennzeichnen (zB 1QS VII, 20.22), aber auch im prägnant eschatologischen Sinne: alles Sein und Geschehen erfüllt sich nach einem festen, bei Gott schon beschlossenen Plan (1QS III, 16; vgl. 1QM XVII, 9). Für die Heilszeit des Endes wird erwartet, daß Gott sein Land mit reichen Segensgütern füllt und in Jerusalem der Reichtum der Völker zusammengebracht wird (1QM XII, 12ff; vgl. XIV, 4).

III Das NT hat in seinem vielfältigen Gebrauch der Vokabeln vieles gemein mit dem, was schon unter I und speziell unter II angeführt ist. Nahe bei der wörtl. Bedeutung bleiben durchweg die im NT nicht sehr häufigen Wörter πίμπλημι *[pịmplæmi]* und sein Kompos. ἐμπίμπλημι *[empịmplæmi]*, beide vorwiegend von Lk benutzt, das eine, um die sehr plastisch-gegenständlich vorgestellte Geistes*begabung* zu kennzeichnen, das andere, um wiederum sehr plastisch das *Sättigen* bzw. *Sattsein* zu beschreiben (zum letzteren vgl. Lk 1,53; 6,25). πληρόω *[plærọō]* kommt nicht nur der Häufigkeit und Vielfalt seines Vorkommens (86mal) wegen größere Bedeutung zu, sondern deshalb, weil es im Zusammenhang mit der Schrifterfüllung nahezu terminus technicus ist und auch als Bezeichnung der eschatologischen Erfüllung der → Zeit ein besonderes theol. Gewicht erhält. πλήρης *[plẹræs]* wird außer in den wörtl. synopt. Belegen nur in Lk- und Joh-Schriften in Beziehung auf den Menschen verwendet: wie er *voll* heiligen → Geistes genannt werden kann, so auch *voll* → Glauben, *voller* guter → Werke usw. (vgl. nur Apg 6,3.5; 9,36). Dem Verb → περισσεύω *[perissẹuō]* stehen πληροφορέω *[plærophorẹō]* und πληροφορία *[plærophorịa]* (zusammen 10mal) am nächsten, obwohl es gerade für diese beiden Wörter viele Übersetzungsmöglichkeiten gibt. 2Tim 4,5.17 bezeichnet das Verb die *Ausrichtung* des Dienstes der Verkündigung. Bei πληροφορία *[plærophorịa]* kann man schwanken, ob man wörtl. mit *Fülle, Menge* oder übertragen mit *Gewißheit*, feste *Überzeugung* übersetzen soll. Ebenso ist bei πλήρωμα *[plẹrōma]* nicht immer leicht zu entscheiden, ob es mehr verbal als Vorgang oder mehr substantivisch-gegenständlich aufzufassen ist. Der Begriff taucht vor allem bei Paulus auf. Da es für den urspr. Wortsinn nur wenige Belegstellen gibt (πληρόω *[plærọō]* Joh 12,3; Apg 2,2; πίμπλημι *[pịmplæmi]* Lk 5,7; auch Kompos. wie συμπληρόω *[symplærọō]* Lk 8,23 usw.), können wir unsere Aufmerksamkeit im wesentlichen dem mehr theol. Gebrauch des Begriffes *Erfüllen* zuwenden.

1) Die Erfüllung des at. Schriftwortes.

a) Die nt. Gemeinde ist sich der Kontinuität mit dem AT lebendig bewußt gewesen. Sie hat ihre Kraft im AT gefunden, nicht nur, weil sie in ihrer Apologetik und Mission einer Legitimation gegenüber dem Judentum bedurfte, sondern weil sie von Anfang an (Jesus!) in ihrem religiösen Bewußtsein die Notwendigkeit einer Begründung ihrer Existenz aus dem AT empfunden hat. Darum findet sich bisweilen in ihrer Referierung des AT eine überraschende Selbstverständlichkeit, die durch das Stichwort Erfüllung gekennzeichnet ist. Das gebräuchliche Wort ist dabei πληρόω *[plærọō]*, je 1mal ἀναπληρόω *[anaplærọō]* und πίμπλημι *[pịmplæmi]*.

b) Die Erfüllung wird oft durch die Konj. ὅπως *[họpōs]* und ἵνα *[hịna]* als eine Finalität gekennzeichnet: *auf daß* (so meistens bei Mt und Joh). Das gilt bes. von jenen Erfüllungszitaten, die ihren Ursprung darin haben, daß die Gemeinde ihren Glauben (Jak 2, 23) und bestimmte Stücke der Geschichte Jesu so versteht, daß hier Züge anschaulich und realisiert werden, die sie schon in der at. Offenbarung geweissagt fand und die also längst zum Heilsplan Gottes gehören. – In diesem Sinn wird von der *Erfüllung* der Schriften (γραφαί *[graphạị]* Mk 14,19; → Schrift) gesprochen, von allem, was geschrieben ist (Lk 21,22); man dachte dabei vielleicht an das ganze AT (Lk 24,44: Moses, Propheten, Psalmen), aber im besonderen an die Schriften der Propheten (Mt 26,56). Meistens hat man eine spezielle Stelle im Sinn und leitet sie dann ein mit »was gesagt ist (τὸ ῥηθέν *[to rhæthẹn]*) bei« (Mt: 10mal) oder mit »das Wort« (ὁ λόγος *[ho lọgos]* Joh 12,38; 15,25), »die Schrift« (dh die Schriftstelle, ἡ γραφή *[hæ graphæ]*, Mk 15,28; Joh 13,18; 17,12; 19,24.28. 36; Apg 1,16; Jak 2,23; vgl. Lk 4,21). Die Quelle der Zitate liegt, wie gesagt, oft bei den Propheten, so daß auch von der Erfüllung der Prophezeiung (Mt 13,14: ἡ προφητεία *[hæ prophætẹịa]*) und der Worte der Propheten (Apg 13,27; → Prophet) gesprochen werden kann.

Die Propheten, deren Worte als »Schrift« zitiert werden, sind bisweilen genannt (Jesaja bei Mt 4mal; Joh 12,38; Jeremia Mt 2,17; 27,9; vgl. II, zu 2Chr 36,21), bisweilen nur angedeutet durch »der Prophet« (Mt: 5mal); Mt aber kennzeichnet ihre Aktivität ausdrücklich als eine untergeordnete (διά *[dịa]* = durch, mittels, 10mal). Hinter der Schrift oder Stelle steht bei ihm als eigentlicher Urheber Gott selbst (ὑπό *[hypọ]* = durch, vgl. 1, 22; 2,15). Es ist Gott, der es im voraus verkündigt hat (Apg 3,18).

c) Wie Gott der Urheber ist, so gilt eben er auch als der Erfüller des durch ihn gesprochenen Wortes; das findet seinen Ausdruck in der so häufig vorkommenden Umschreibung mit dem semitisierenden Passivum *erfüllt werden*. Daß es wirklich Gott ist, der zur Erfüllung bringt, wird deutlich Apg 13,33 und nicht weniger 3,18. Daß damit die Beteiligung des Menschen nicht ausgeschlossen ist, wird Apg 13,27 gesagt: Die Jerusalemer ... haben mit ihrem Urteilsspruch die Worte der Propheten ... zur Erfüllung gebracht.

Daneben wird im NT auch von einer Erfüllung der Worte eines Engels (Lk 1,20) und der Worte Jesu (beidemal Joh 18: V. 9 und 32) gesprochen. – Bei der Bewertung des Schriftbeweises ist zu beachten, daß von der als eschatologisch verstandenen Gegenwart auf das at. Schriftwort zurückgegriffen wird, nicht umgekehrt (vgl. das häufige καθὼς γέγραπται *[kathọ̄s gẹgraptai]* zB Mk 1,2; Lk 2,23 u. ö.). Durchweg ist der LXX-Wortlaut vorausgesetzt, nicht der hebr. Text. Es werden einzelne Schriftstellen als geheimnisvolle Voraussage der jetzt hereinbrechenden Endereignisse verstanden (→ Geheimnis; → Offenbarung, Art. ἀποκάλυψις); im at. Wort entdeckt der Glaube die Verheißung des jetzt sich ereignenden Heiles. In dem Bemühen, der Schrift möglichst viele Geheimnisse zu entreißen (vgl. ἐρευνᾶτε τὰς γραφάς *[ereunạte tas graphạs]* = *ihr durchforscht die Schriften*, Joh 5,39), entwickelt sich dann die Form des Schriftbeweises, wie sie bei Mt vorliegt. Aber selbst hier bleibt gegenüber dem Judentum eine auffällige Freiheit gegenüber dem Wortlaut des AT, war doch schon die Stellung Jesu zu diesem Wortlaut kritisch (vgl. Mt 5,17; Mk 10,2ff). Auch Paulus unterscheidet zwischen Geist und Buchstabe (2Kor 3,7ff). Bisweilen legt er schon das at. Wort allegorisch aus (1Kor 9,9), wie es auch bei der sekundären Gleichnisdeutung geschieht (vgl. Mk 4,13–20). Der Hebr-Brief ist eine regelrechte Homilie, dh eine schrittweise Auslegung zusammenhängender Schriftabschnitte.

2) Die Erfüllung der → Zeit.

a) Im allg. Sinn bedeutet das *Erfüllt-werden* (im NT nur passivisch) der Zeit ein bloßes *Zu-Ende-gehen, Ablaufen.* Es kommen dann die Verben πίμπλημι *[pịmplæmi]* (Lk – Kindheitsgeschichte – 1,23.57; 2,6.21.22; 2,43 τελέω *[telẹō]*) und πληρόω *[plærọō]* (Apg 7,23.30; 9,23; 24,27; vgl. 19,21) in Betracht. Es sind Tage (5mal) oder Jahre (3mal), die *vorübergehen,* bzw. der *Zeitpunkt* (Lk 1,57), der *gekommen* ist. Vielleicht wird dem Verb πληροφορέω *[plærophorẹō]* (Lk 1,1) eine zeitliche Bedeutung beizumessen sein (»die Geschichten, die unter uns *geschehen* sind«). Auch das Subst. *Erfüllung* (πληροφορία *[plærophorịa]*) gehört in Apg 21,26 zu dieser Kategorie.

b) Prägnanter ist der Begriff der *Erfüllung* in Lk 21,24, wo die Urteilsvollstreckung über Jerusalem begrenzt wird, »bis daß der Heiden Zeit erfüllt ist« (vgl. Tob 14 unter II, 2). Mehr noch als bei dem unter a) Gesagten ist hier der Gedanke lebendig, daß Gott (Passiv!) die Zeiträume und Zeitpunkte bestimmt. Die → Zeit (Art. αἰών) hat eine Funktion im Heilsplan. – In Lk 9,51 und Apg 2,1 bedient Lk sich des Kompos. συμπληρόω *[symplærọō]* (Passiv): die Tage seiner Aufnahme (ἀνάλημψις *[anạlæmpsis]*) standen im Begriff *anzubrechen;* analog in Apg: die Ankunft des Geistes (V. 2) *erfüllt* sich erst am Pfingsttag (V. 1), dh Gott ist es, der diese Zeit bestimmt.

c) »*Erfüllt* ist die Zeit« (πεπλήρωται ὁ καιρός *[peplærōtai ho kairọs]*), so lautet Mk 1,15 die prägnante Zusammenfassung der ersten Predigt Jesu: Der von Gott festgesetzte und von Israel erwartete Termin ist jetzt angebrochen. Damit steht Mk 1,15 in der Nähe von Lk 4,21. – Im JohEv hingegen sagt Jesus: »Meine Zeit ist noch nicht erfüllt« (Joh 7,8 ὁ ἐμὸς καιρός *[ho emọs kairọs]*). Obwohl die Zeit schon angebrochen ist, nämlich die Zeit von Gottes Handeln in Christus, so liegt das Geschehen des Erdenlebens Jesu doch völlig in Gottes Hand; darüber kann der Mensch, auch Jesus selber, nicht verfügen (vgl. Joh 2,4; 7,30; 8,20), – erst später wird das Jesus deutlich (Joh 12,33; 13,1; 17,1).

d) Paulus gebraucht in diesem Zusammenhang (Gal 4,4) das Subst. πλήρωμα *[plæ̣rōma]*: »als aber die *Erfüllung* der Zeit (χρόνος *[chrọnos]*) kam, sandte Gott seinen Sohn«, und das umfaßt seine Geburt (V. 4) und seinen Tod (V. 5). Dies bedeutet nicht nur, daß eine bestimmte Zeit abgelaufen oder daß ein festgesetzter Zeitpunkt angebrochen ist, sondern vielmehr, daß in der göttlichen Heilsökonomie die menschliche Zeit *zum Vollmaß gekommen* ist. Paulus verbindet darum in Eph 1,10 die οἰκονομία *[oikonomịa]*, die Haushalterschaft (→ Haus) mit dem πλήρωμα *[plæ̣rōma]* der Zeiten (καιρός *[kairọs]*). Er will damit hervorheben: Das Christusgeschehen liegt nicht im Bereich der menschlichen Bedingungen und Möglichkeiten, sondern nur im Ratschluß Gottes (V. 9).

3) Die Erfüllung des Gotteswillens.

a) Wo im NT von der *Erfüllung* des → Gesetzes gesprochen wird, geht es immer um einen Grundgedanken: die vollständige Erfüllung ist die Liebe (Röm 13,10 πλήρωμα *[plæ̣rōma]*; → Liebe, Art. ἀγάπη), »denn wer den anderen liebt, der hat das Gesetz erfüllt« (πεπλήρωκεν *[peplæ̣rōken]* V. 8). Auch in Gal 5,14 sagt Paulus, daß das ganze Gesetz in einem Wort erfüllt ist, nämlich in dem, was Lev 19,18 geschrieben steht (vgl. Mt 22,39; Joh 13,34). Dieses nun kann konkret bedeuten: »Einer trage des andern Last, so werdet ihr das Gesetz Christi vollständig erfüllen« (ἀναπληρώσετε *[anaplærọ̄sete]* Gal 6,2).

b) Jesus sagt in Mt 5,17 ausdrücklich, daß er nicht gekommen ist, um das Gesetz oder die Propheten, dh die Schriften, worin Gott seinen Willen bekannt gemacht hat, aufzulösen, sondern um sie zu erfüllen. Wie man auch die Spannung zwischen den Worten 5, 18–20 und 21ff zu lösen versucht, dies ist deutlich, daß die Erfüllung nicht formell verstanden werden darf, sondern daß auch hier das Grundmotiv die Liebe ist. Diese Liebe hat Jesus gezeigt, indem er vom Anfang an (Mt 3,15) »alle Gerechtigkeit« erfüllte.

c) Die Rechtsforderung des Gesetzes ist noch da, aber der Todesstachel ist nun weggenommen: durch Christi Rechtstat (δικαίωμα *[dikạiōma]*) ist die Gerechtigkeit zu uns gekommen (Röm 5,18). Die Sendung des Sohnes Gottes und die Verurteilung der Sünde im Fleisch (8,3) schließt aber nun die Finalität ein, »daß die Rechtsforderung (δικαίωμα *[dikạịōma]*) des Gesetzes in uns erfüllt würde«, und die Möglichkeit dazu liegt darin, daß Christen nicht nach dem Fleisch, sondern nach dem Geist wandeln (V. 4).

4) Erfüllung mit dem Geist.

Darüber wird in Verbindungen mit πίμπλημι *[pịmplæmi]* und πληρόω *[plærọō]* nur im Passiv (Gott ist der Spender) gesprochen; daneben tritt das Adj. πλήρης *[plæræs]* auf. Der Begriff ist spezifisch lukanisch. Paulus hat eine andere Pneumatologie entwickelt als Lukas (zum Ganzen → Geist; → Gemeinschaft, Art. ἔχω).

a) Lk 1 wird das Verb πίμπλημι *[pịmplæmi]* gebraucht (V. 15): Johannes wird von Mutterleib an »erfüllt werden mit dem heiligen Geist«; ebenso werden schon seine Eltern Elisabeth (V. 41) und Zacharias (V. 67) *voll* des heiligen Geistes bei ihren Weissagungen.

b) Lk 4,1a wird über Jesus berichtet, daß er nach der Taufe »voll heiligen Geistes« zurückkehrte. Aus der Parallelstelle Mk 1,12 ist ersichtlich, daß in der älteren Tradition eine andere — at. dynamische — Vorstellung bestand: Der Geist treibt (ἐκβάλλει *[ekbạllei]*) als eine personhafte Macht Jesus in die Wüste (vgl. die zeitweise Geistbegabung der charismatischen Führer im Richterbuch). Bei Lk liegt dagegen die Anschauung vor, mit der Taufe werde in einem besonderen Akt der Geist als eine nun ständig dem Empfänger verbleibende wunderbare Kraft verliehen.

c) Was bis Pfingsten, dem entscheidenden Datum für die weltweite Kirche, nur wenigen Bevorzugten zuteil wurde, ist von diesem Tag an das wichtigste Kennzeichen der → Kirche aus Juden und Heiden. Nach Apg 2,4 wurden alle »voll des heiligen Geistes«, was offenbar wird in der Zungenrede. Die Verbindung von *erfüllt werden* (πιμπλάναι *[pimplạnai]*) mit *sprechen* kommt auch 4,8 und 4,31 vor (s. auch 13,9); sie will besagen, daß die Erfüllung kein Ziel an sich ist, sondern die Bedingung für das Sprechen mit Freimut in der Missionssituation (vgl. bes. Apg 4,31). Obwohl Erfüllung mit dem Geist ein Merkmal der Christen überhaupt zu sein scheint, wird sie doch bei einzelnen Personen bes. hervorgehoben, so bei Stephanus (Apg 6,5.10; 7,55), Paulus (9,17), Barnabas (11,24).

d) Apg 6 zeigt, daß im Zusammenhang mit der Gabe des Geistes offenbar eine Vielheit von Qualitäten verliehen wird, die den Christen in unterschiedlicher Weise zuteil werden: Weisheit (V. 3.10), Glaube (V. 5), Gnade und Kraft (V. 8). »Voll der Gnade« (πλήρης χάριτος *[plæræs chạritos]*) ist eine spezifisch lukanische Wendung (8mal im Ev.; 17mal in Apg; → Gnade, Art. χάρις). Zu Apg 13,52 → Freude, Art. χαίρω.

Ohne den Geist kann der Mensch von schlechten Qualitäten erfüllt werden, von Zorn (Apg 19,28; Lk 4,28), Tollheit (Lk 6,11), Eifer (Apg 5,17; 13,45), überwiegend mit πίμπλημι *[pịmplæmi]* verbunden. Als den Urheber dieser Laster entlarvt der mit dem Geist erfüllte Petrus den → Satan (Apg 5,3; 13,9). Es gibt offenbar keine neutrale Position des Menschen zwischen Christus und Satan (vgl. Lk 11,23ff).

e) In dieser Alternative sieht auch Paulus den Menschen; entweder bringt er »Frucht des Geistes« oder er tut »Werke des Fleisches« (Gal 5,19.22). Das wird auch Phil 1,11 deutlich, wo Paulus so zur Heiligung mahnt, daß die Philipper sich erfüllen lassen sollen mit der »Frucht der Gerechtigkeit«, die ihnen Christus erwirkt. Hier kommt aber zugleich auch die ganz andere Pneumatologie des Paulus zum Vorschein: »Mit der Kraft des Geistes *erfüllt werden*« bedeutet »im Geist leben« (Gal 5,25) bzw. »in Christus sein«, den Sinn Christi haben (1Kor 2,16) und so als ein Glied des Leibes Christi durchströmt werden von der Fülle der Gnadengaben (→ περισσεύω).

5) Die Fülle des Christus.

Es gibt einige Stellen im NT, wo vom Erfülltsein Christi die Rede ist; dabei tritt dann auch das Wort πλήρωμα *[plærōma]* hervor, dessen Bedeutung nicht leicht eindeutig zu bestimmen ist: In Röm 11,12.25 ist es zB das *Vollmaß*, die *Totalität*, 15,29 bezeichnet es die *Fülle*, Röm 13,10 aktivisch die *Erfüllung* (s. o.).

a) Joh 1,16 wird vom fleischgewordenen → Wort (vgl. Art. λόγος) gesagt, daß es eine *Fülle* besitzt; darüber war schon V. 14 gesprochen, wo der Logos als »voller Gnaden und Wahrheit« bezeichnet wird. Diese Fülle ist nicht ein gnostisches Geheimnis der himmlischen Welt, sondern wie die Herrlichkeit (δόξα *[dọxa]*) in V. 14 → Offenbarung: Menschen können sie sehen und an dieser Herrlichkeit Anteil erhalten, nehmen.

b) Nach Kol 2,9 wohnt in Christus die ganze *Fülle der Gottheit* leiblich (vgl. 1,19). Diese Fülle, die 1,15–18 beschrieben wurde, ist ganz auf Kreuz (V. 20), Tod (V. 22) und Auferstehung (V. 18) bezogen; darum haben auch die Gläubigen diese Fülle in ihm (2,10), weil sein Kreuz, sein Tod und seine Auferstehung durch den Glauben (2,12ff) nun auch ihr Leben versöhnen, erneuern und am Triumph teilnehmen lassen.

c) Die Gläubigen haben an dieser Fülle teil (Kol 2,10); aber daß dieses heilsgeschichtliche Faktum ihren eigenen Beitrag zur Erfüllung nicht ausschließt, zeigt uns Eph 3, 19: die Erkenntnis der Liebe Christi wird dazu helfen, immer tiefer einzudringen in den Reichtum dieser Fülle. Nun ist diese Erkenntnis nicht selbstverständlich da, sie hat ihre Voraussetzung: Die Erbauung der Gemeinde als des Leibes Christi durch die Dienste muß dazu führen, daß die Einheit des Glaubens und damit die Erkenntnis des Sohnes Gottes verwirklicht wird. Dieses nun wird weiterführen zum Vollmaß der Glaubenserkenntnis, die nicht mehr umgetrieben wird von jedem Windhauch einer falschen Lehre (4,13). Solche Glaubenserkenntnis hat ihren Garanten in Christus, »der alles in allen erfüllt«, und ihren Halt in der Gemeinde, die seine Fülle genannt wird (1,23).

6) Die Erfüllung des Sündenmaßes.

Wir sahen schon (s. II), wie das Erfüllen des Maßes der Sünden im AT auf die Heiden bezogen wurde; Tob 14,5 beschränkte es auf sie und argumentierte, daß Gott das Volk Israel dagegen schützte. Mt 23,32 sagt Jesus ausdrücklich zu den Juden, daß sie das Maß (τὸ μέτρον *[to mętron]*) ihrer Väter *erfüllen*, dh daß sie ebensoviel sündigen wie die Väter, oder, daß sie das, was noch fehlt an Sünden, *ergänzen*. Auch Paulus hat 1Thess 2,16 den Ausdruck gegen die Juden gerichtet: »auf daß sie (das Maß) ihrer Sünden *erfüllen* (ἀναπληρόω *[anaplærọō]*), vereiteln sie die Heilspredigt zu den Heiden.«

7) Die Auffüllung eines Mangels.

In den paulinischen Briefen werden die Verben ἀναπληρόω *[anaplærọō]* (1Kor 16,17; Phil 2,30), ἀνταναπληρόω *[antanaplærọō]* (Kol 1,24) und προσαναπληρόω *[prosanaplærọō]* (2Kor 9,12; 11,9) mit ὑστέρημα *[hystęræma]* = *Mangel* (Sing. und Plur.) verbunden: *ersetzen*, was (einem) fehlt. So waren an der ersten Stelle die drei Brüder für Paulus ein Ersatz für die von ihm getrennte Gemeinde; ähnlich an der zweiten Stelle: Epaphroditus diente Paulus statt (und als Vertreter) der Gemeinde; oder vielleicht: er *ergänzte*, was an ihrem Dienst für Paulus noch fehlte. Kol 1,24 geht es wohl darum, daß es auch jetzt noch »Trübsale« Christi gibt (→ Bedrängnis, Art. θλῖψις III,2), denn die Drangsale der Kirche sind von denjenigen Christi nicht zu lösen. Nicht alle Bedrängnis ist durch den geschichtlichen Jesus erlitten, es bleibt ein Teil übrig für die Glieder des Leibes Christi, dh der Kirche. Paulus, der Diener (V. 23.25), empfindet das große Leiden, das ihm zufällt, gewissermaßen stellvertretend: es gibt ein bestimmtes Maß von → Leiden für den Leib Christi, und darum kann er so erfreut sein über eigenes Leiden, weil er damit das Leiden der Gemeinde teilweise vorwegnimmt.

8) Die vollkommene Freude.

Im JohEv und den Joh-Briefen taucht häufig die Verbindung von → Freude (χαρά *[charą]*) als Subj. mit dem Verb *erfüllt werden* (πληρόω *[plærọō]* im Pass.) auf. Diese Freude ist Jesu Freude (Joh 15,11a; 17,13), die er durch sein Kommen (3,29), seine Worte (15,11; 17,13) und sein Wiederkommen (16,22) in seinen Jüngern wirkt (15,11; 17,13), und welche den Schmerz (der ihre Herzen erfüllt, 16,16) ersetzt (16,20). So wird Christi Freude ihre Freude (15,11; 16,24, vgl. 1Joh 1,4). Diese Freude nun bekommt mit dem Weggang Jesu ihr eigenes Leben in den Jüngern: sie wird *vollendet, vollkommen* (3,29; 15,11; 16,24; 17,13; 1Joh 1,4; 2Joh 12). Das Pass. unterstreicht, daß Gott der wahre Vollender dieser Freude ist (→ Freude, Art. χαίρω). *R. Schippers*

χωρέω *[chōręō]* Raum geben, aufnehmen, gelangen

χωρέω

χωρέω *[chōręō]* ist verbale Ableitung von χῶρος *[chǫros]* bzw. χώρα *[chǫra]* = freier Raum, freies Land. I

1) Intrans. bedeutet es: *Raum geben, von einem Ort zum anderen in Bewegung sein;* a) von Personen: zB *im Kampf zurückweichen* (Hom. Il.17,533); mit Präp. in übertragenem Sinn: *etwas in Angriff nehmen und durchführen,* zB einen Aufstand beginnen (Appian bell. civ. 5,4,30); *zum Bereuen einer Tat kommen* (Plut. Fluv. 9,2). – b) Auf Sachen bezogen bezeichnet es u. a. die *Bewegung* von Stoffen, bes. zB im Flüssigkeitshaushalt des Körpers (Aristot. Probl. 1,55); die *Verbreitung* von Befehlen und Nachrichten (Xenoph. Inst. C. 3,3,62; Plat. Epist. 7,338B) sowie einen bestimmten *Verlauf* von Vorgängen und Unternehmungen, zB eines Krieges (Thuk. 1,82,6; ohne Näherbestimmung von erfolgreichem Ablauf Plut. Galba 10,1).

2) Trans. bedeutet es: a) *aufnehmen können, fassen* (Hohlmaße, Gefäße Diod. Sic. 13,83,3); b) übertragen gebraucht *jemanden ertragen können* (von einer Stadt Demosth. 21,200); in nachchristlicher Zeit (vgl. II 2b) auch von geistigem und seelischem Aufnahmevermögen (Plut. Cato Min. 64,3).

1) In LXX ist χωρέω *[chōręō]* selten und nicht zum bevorzugten Träger der Bedeutung eines semitischen Stammes geworden. Es bezeichnet das *Fassungsvermögen* kultischer Geräte (zB 1Kön 7, 38; vgl. Joh 2,6, s. u. III,2a). II

2) In der Lit. des hellen. Judentums außerhalb der LXX hingegen ist χ. verhältnismäßig häufig. a) Intrans.: den Krieg *aufnehmen* (Jos. Bell. 6,130); die Bosheit der Menschen *nimmt zu* oder *breitet sich aus* (Test. Iss. 1,11). – b) Trans. mehrfach: vom Unvermögen des Menschen, die geschenkte Gotteserkenntnis zu *fassen* (Philo spec. leg. 1,44) oder Gottes Worte zu *ertragen* (post. Caini 143).

1) Intrans. Gebrauch: »Zur Umkehr gelangen« in 2Petr 3,9 entspricht dem Gebrauch von χωρέω *[chōręō]* im Sinn von *sich zu einer Handlung entschließen* und sie durchführen; gemeint ist wohl ein einmaliger Akt, der möglich wird, weil Gott das Endgericht hinausschiebt. »In den Bauch wandern« (Mt 15,17) entspricht der Beschreibung physiologischer Vorgänge durch die Medizin (vgl. I,1b) und unterstreicht in gewisser Weise die vom Denken und Wollen (καρδία *[kardįa]* → Herz) unabhängige »Natürlichkeit« des Prozesses. – Sicher intrans. im Sinne von *sich ausbreiten, Fortschritte machen* ist χ. auch in Joh 8,37. Die Annahme, ἐν *[en]* sei wie Lk 9,46 im Sinne von εἰς *[eis]* zu verstehen (das Wort Jesu findet keinen Eingang), ist weniger wahrscheinlich. Ist der Zusammenhang von Joh 8,30 an ursprünglich, so redet Jesus zu Juden, die sein Wort zustimmend gehört haben, ohne daß jedoch dieses Wort bei ihnen zur Wirkung kommt (Joh 8,37; der Gegensatz zu 8,31 bleibt schwierig). Gemeint ist wohl ein Prozeß, durch den der Mensch aus der Knechtung unter der Sünde befreit wird (8,32.34). III

2) Trans. gebraucht beschreibt χ. a) das *Fassungsvermögen* zB der Wasserkrüge (Joh 2,6), eines bestimmten Platzes (Mk 2,2; der Raum an der Tür ist logisches Subj. zu χ.), oder des Weltalls (Joh 21,25); b) das *Erfassen,* die *Erkenntnis* einer – in Entsprechung zu Mt 13,11.16f.19.23 u. a., wo das Verstehen der Jünger von Mt hervorgehoben wird – apokalyptischen Lehre Jesu (Mt 19,11f; die Lehre wohl V. 9 oder 10). Zeigt χωρέω *[chōręō]* über das Verstehen hinaus eine damit verbundene Fähigkeit zum Vollzug der Lehre an (»gewachsen sein«)? In Mt 19,12 liegt eine auch sonst im Urchristentum bekannte Form der apokalyptischen Mahnung vor, die eine Gruppe von Menschen, denen eine Einsicht bzw. die Befähigung zu einer solchen gegeben ist, auffordert, davon Gebrauch zu machen, und damit diese Gruppe von anderen abgrenzt. – Die Bitte des Paulus: »Nehmt mich auf«, »ertragt mich« (2Kor 7,2) führt seine Aufforderung: »Werdet auch ihr weit« (2Kor 6,13) fort und entspricht seiner Zusicherung: »Ihr seid in mir nicht bedrängt.« Die Korinther sollen wohl Paulus so, wie er sich ihnen in 2Kor 1–6 zu erkennen gegeben hat, in seinem apostolischen Amt und damit als ihren Ruhm am Tage Jesu anerkennen (2Kor 1,14).

P. Schmidt

Lit.: zu περισσεύω: RSteiger, Die Dialektik der paulinischen Existenz, 1931 – ASchlatter, Paulus, der Bote Jesu. Eine Deutung seiner Briefe an die Korinther, 1934 – FHauck, Art. περισσεύω, ThWb VI, 1959, 58ff; – zu πλῆθος: GDelling, Art. πλῆθος, ThWb VI, 1959, 274ff;

zu πληρόω: HSchlier, Christus und die Kirche im Epheserbrief, Beitr. z. hist. Theol. 6, 1930 – HLjungman, Das Gesetz erfüllen, Lunds Universitets Arsskrift NF. I,30,6, 1954 – GDelling, Art. πλήρης, ThWb VI, 1959, 283ff – HBerkhof, Die Katholizität der Kirche, 1964 – ASuhl, Die Funktion der alttestamentlichen Zitate und Anspielungen im Markusevangelium, 1965 (dort weitere Lit.) – WRotfuchs, Die Erfüllungszitate des Matthäusevangeliums, 1969 (= WMANT, 88) – JErnst, Pleroma und Pleroma Christi, 1970 – JMvCangh, La Bible de Matthieu: les citations d'accomplissement, RThL 6, 1975, 205ff – SPrabhu, The Formula Quotations in the Infancy Narratives of Matthew, 1975 (= AnBi, 63).
zu χωρέω: PKetter, Nicht alle fassen das Wort, Pastor bonus 49, 1938/39, 311ff (kath.) – JBlinzler, Εἰσὶν εὐνοῦχοι, ZNW 48, 1957, 234ff.

Fürbitte → Gebet

Fürsprecher

παράκλητος

παράκλητος *[paraklætos]* Helfer, Beistand

I Obwohl παράκλητος *[paraklætos]* (von παρακαλέω *[parakaleō]*, seit Demosth. überliefert) allg. den zugunsten eines anderen Auftretenden, den *Mittler*, den *Fürsprecher*, den *Helfer*, und nur selten im engeren Sinne den Rechtsbeistand vor Gericht (lat. *advocatus*; Tertullian, Cyprian u. a.) meint (Bauer), ist das Wort in der Profangräzität durchaus vom Rechtsleben her verständlich. Der ursprünglich zum Helfen Herbeigerufene übt die aktive Tätigkeit »eines Anwalts, Beistandes oder Fürsprechers bei der zuständigen Instanz« aus (Behm). Die Religionsgeschichte kennt eine Vielzahl von mythologischen Fürsprechern; es sei insbesondere der mandäische Jawar genannt.

II Die Übers. des hebr. *m^enachamim* mit παράκλητοι *[paraklætoi]* (durch Aquila und Theodotion; LXX hat παρακλήτορες *[paraklætores]*) ist bezeichnenderweise singulär (Hi 16,2). Gemeint sind die Freunde, die Hiob gut zureden wollen, es aber nicht können. Es ist daher die Frage, ob die »Tröster« und der Satan einander korrespondieren (vgl. Hi 1,6ff; 2,11ff; → Ankläger). Philo (und auch Josephus; dort nur ἀπαράκλητος *[aparaklætos]*, δυσπαράκλητος *[dysparaklætos]*) versteht den Ausdruck im Sinne von *Fürsprecher, Ratgeber, Helfer*. Das rabb. Judentum transskribiert das Wort und gebraucht es ebenfalls als »Fürsprecher«, insbesondere von Gott (Billerbeck). In der Qumran-Lit. ist kein entsprechendes Wort belegt. Dem Judentum ist eine Vielzahl von Fürsprechern bekannt, zB Mose, die Patriarchen, die Engel. Erst sekundär dringt die Bedeutung »Tröster« in der altchristlichen Lit. »durch Anlehnung an παρακαλεῖν *[parakalęin]*« durch (Schnackenburg).

III Obwohl παράκλητος *[paraklætos]* urspr. in passivem Sinn den *Herbeigerufenen* meinte (vgl. Bauer), zeigen die nt. Stellen, wie fern diese Bedeutung dem NT liegt; denn der Paraklet wird nicht herbeigerufen, sondern gesandt (Joh 14,26; 15,26; 16,7), gegeben und empfangen (Joh 14,16f). Der Paraklet legt nicht nur ein gutes Wort ein, sondern bringt tätige Hilfe, so daß die Übers. *Helfer, Beistand* seine Tätigkeit besser wiedergibt. Das Sühnen (1Joh 2,1f) zeigt eindeutig den soteriologischen Charakter. Über die Aufgaben eines Fürsprechers geht es hinaus, wenn es von ihm heißt, er werde die Welt strafen (Joh 16,7ff). Das »Lehren« und »Erinnern« (Joh 14,26), das »Kennen« (14,16f) und das »Bezeugen« (15,26) bedeuten keine unverbindliche Information, sondern stellen die »Fortsetzung des Offenbarungswirkens Jesu« sicher (Bultmann). Das Führen in alle Wahrheit und das Künden der kommenden Dinge (Joh 16,13) meinen keinen neugierigen Blick in die Zukunft, sondern die Kontinuität von dem historischen Jesus zum verkündigten Christus (V. 14). Damit führen die Paraklet-Sprüche in ein Stadium urchristlicher Geschichte, deren Problematik Lukas auf seine Weise gelöst hat (vgl. Apg 1f): Der Geist zeichnet Jesus aus und hebt damit die Jesus-Zeit besonders heraus; andererseits besitzt die Kirche den Geist und steht insofern mit Jesus und seiner zur Vergangenheit gewordenen Zeit in Kontinuität (→ Geist). Allerdings liegt der von der kath. Theologie herausgestellte Gedanke den Texten fern, daß der Paraklet, gebunden an ein institutionelles Lehramt, die apostolische, in der Kirche aufbewahrte und entfaltete Tradition begründe (Mußner, Schnackenburg).

Ein weiterer Gesichtspunkt ergibt sich insofern, als mit dem Wort Paraklet im NT einerseits eine Person, andererseits eine Kraft gemeint ist. Der Paraklet ist bei Joh »der Nachfolger Jesu«, der selbst »Paraklet« genannt wird (14,16; 1Joh 2,1). Die ihm gegebene Apposition bestimmt ihn jedoch als »Geist der Wahrheit« (14,17; 15,26; 16,13) oder als »heiligen Geist« (14,26), ein Wesen, hinter dem man eine himmlische Kraft vermutet (Betz). Die Frage liegt demnach nahe, ob mit dem Paraklet eine bestimmte Person gemeint ist, etwa »ein prophetischer Lehrer, der Jesu Offenbarung bewahrt, ergänzt und vollendet« (Betz), oder gar der Evangelist selber (Sasse). Doch scheint die Gleichsetzung mit dem Geist, von Bultmann als die entscheidende Interpretation übernommener Vorstellungen durch den 4. Evangelisten dargestellt, gegen die Identifizierung mit einer bestimmten Person zu sprechen.

Einzige Ausnahme ist Jesus, der neben dem Geist ein Paraklet genannt wird (Joh 14, 16; 1Joh 2,1). Diese Beschränkung des Paraklet-Titels auf Jesus und den Geist erfordert ein theol. und zugleich polemisches Verständnis: Sie allein und nicht die Vielzahl außerchristlicher Offenbarer- und Helfergestalten sind die einzigen und wirklichen Parakleten, so daß sich von hier aus die immer wieder hervorgehobene Bindung an den Vater erklären läßt. Allerdings wird man die Variabilität der Vorstellungen nicht voll ausdeuten dürfen; denn einerseits ist es Jesus, der den Paraklet vom Vater her sendet (Joh 15,26), andererseits geht der Paraklet auf Bitten Jesu (Joh 14,16) vom Vater aus (Joh 14,26); nach Joh 14,26 ist Jesus selbst ein Paraklet, von dem der andere Paraklet unterschieden wird.

Auffallend ist, daß sich der terminus παράκλητος *[paraklætos]* selbst nur in den johanneischen Schriften und dort, abgesehen von 1Joh 2,1, nur innerhalb des Redenstoffes findet (Joh 14,16.26; 15,26; 16,7, vgl. V. 12ff). Insofern sind die Paraklet-Sprüche von den Problemen, die das JohEv und insbesondere seine Reden aufgeben, nicht zu trennen. Darüber hinaus stellt sich die traditionsgeschichtliche Frage, ob sich die Paraklet-Aussagen über Johannes hinaus in ältere Schichten zurückverfolgen lassen. Die ältere nt. Lit. scheidet aus; denn weder die synopt. Tradition noch Paulus gebrauchen den Ausdruck. Röm 8, 26.34 ist weder inhaltlich noch stilistisch eine Parallele (vgl. auch Hebr 7,25). Damit ist schon gesagt, daß der historische Jesus den Begriff vermutlich nicht verwendet hat. Gehen demnach die Paraklet-Sprüche auf nicht mehr greifbare vorchristliche, vom JohEv benutzte Traditionen zurück? Oder gibt es außerchristliche themen- und religionsgeschichtliche Voraussetzungen, die ihren Einfluß ausübten und zu der im JohEv vorliegenden Form führten? Daher bleibt es für die Auslegung von Bedeutung, welches Gewicht man den literarkritischen und religionsgeschichtlichen Voraussetzungen zuschreibt. *G. Braumann*

Lit.: ADeißmann, Licht vom Osten, 1923⁴, 285f – HSasse, Der Paraklet im Johannesevangelium, ZNW 24, 1925, 260ff – HWindisch, Die fünf Parakletsprüche, in: Festschrift AJülicher, 1927, 110ff – SMowinckel, Die Vorstellungen des Spätjudentums vom heiligen Geist als Fürsprecher und der johanneische Paraklet, ZNW 32, 1933, 97ff – NJohansson, Parakletoi, 1940 – RBultmann, Das Evangelium des Johannes, KEK II,1, 1941[10], 437ff – WMichaelis, Zur Herkunft des johanneischen Paraklet-Titels, in: Coniectanea Neotestamentica 11, 1947, 147ff – CKBarrett, The Holy Spirit in the Fourth Gospel, JThSt New Series 1, 1950, 1ff – GBornkamm, Der Paraklet im Johannesevangelium, in: Festschrift RBultmann, 1950, 12ff – JBehm, Art. παράκλητος, ThWb V, 1954, 798ff – OSchmitz/GStählin, Art. παρακαλέω, ThWb V, 1954, 771ff – SSchulz, Untersuchungen zur Menschensohn-Christologie im Johannesevangelium, 1957, 142ff – JJeremias, Heiligengräber in Jesu Umwelt, 1958, 133ff – OBetz, Der Paraklet, Fürsprecher im häretischen Spätjudentum, im Johannesevangelium und in neu gefundenen gnostischen Schriften, 1963 (Arbeiten z. Geschichte d. Spätjudentums u. Urchristentums, Inst. Jud. Tübingen, Bd. II) – GWLocher, Der Geist als Paraklet, EvTh 26, 1966, 565ff – REBrown, The Paraclete in the Fourth Gospel, NTS 13, 1966/67, 113ff – GJohnston, The Spirit-Paraclete in the Gospel of John, 1970 – UBMüller, Die Parakletvorstellung im Johannesevangelium, ZThK 71, 1974, 31ff – RSchnackenburg, Das Johannesevangelium III, 1975, 156ff (= HThK IV,3).

Fürst → Anfang; → *Herrschaft

Furcht

φόβος

φόβος *[phọbos]* Angst, Furcht · φοβέομαι *[phobẹomai]* sich fürchten · φοβερός *[phoberọs]* furchteinflößend, furchtsam

I φόβος *[phọbos]* bedeutet *Angst, Furcht* und ist wie das zugehörige Verbum φοβέω *[phobẹō]* = *erschrecken* schon im mykenischen Griech. (Linear B) belegt. Zuweilen wird mit dieser Wortgruppe auch die Furcht vor den Göttern, die heilige Scheu bezeichnet, während im allgemeinen für die ehrfurchtsvolle Haltung der Gottheit gegenüber die mit σέβομαι *[sebomai]* in Zusammenhang stehende Wortgruppe (εὐσέβεια *[eusẹbeia]* oder umgekehrt ἀσέβεια *[asẹbeia]* usw.) Verwendung findet (vgl. WFoerster, Art. σέβομαι ThWb VII,146ff; vgl. → Frömmigkeit).

II 1) In der LXX kommt zu den genannten Bedeutungen hinzu, daß auch *der* oder *das zu Fürchtende* mit φόβος *[phọbos]* (hebr. *pachad = Schreck)* bezeichnet werden kann; das gilt Gen 31,42.53; Jes 8,13 sogar von Gott. Das Verbum ist hier (wie auch im NT!) nur medial gebraucht (ausgenommen Weish 17,9) und bedeutet *Angst haben, sich fürchten,* intrans. mit der Präposition ἀπό *[apọ]* Lev 26,2; Dtn 1,29 usw.; trans. *fürchten* mit personalem oder sachlichem Objekt Num 14,9; Spr 13,13 (vor einem fremden Volk; dem Gebot); Lev 19,3, Spr 24,21 (ehrfurchtsvolle Scheu vor den Eltern; dem König). Das Adj. φοβερός *[phoberọs]* = *furchteinflößend, schrecklich, furchtbar* (im profanen Griech. seit dem 5. Jh. vChr belegt) wird bes. von Gott und seinen Werken (Ps 65,3 LXX) gebraucht; das seltene Subst. φόβητρον *[phọbætron]* (auch φόβηθρον *[phọbæthron]*) = *Schrecknis* findet sich zB Jes 19,17 LXX; Justin Apologie II,8,7 (im NT Lk 21,11).

2) Für das Gottesverhältnis des Israeliten ist es im Unterschied zur religiösen Haltung der Griechen kennzeichnend, daß der Mensch Gott immer nur in Furcht und Liebe gegenübertreten kann, weil er groß, mächtig und furchtbar ist (Dtn 10,17f; vgl. 1Chr 16,25) und doch dem Menschen gnädig zugewandt (Dtn 6,5.13). Von daher ist die häufige Anrede: »Fürchte dich nicht« (Gen 15,1; Ri 6,23; Jes 44,2 u. ö.) zu verstehen, die ungebrochen auch ins NT hineinragt. Denn Gottes Gnade und Zuneigung heben den Ernst seines Anspruches nicht auf; er verlangt den totalen Gehorsam des Menschen (Am 5,6f; Hos 6,6) deshalb, weil dessen Liebe nicht in bloßem Gefühl sich erschöpfen, sondern im Handeln sich erweisen soll, wie das ja auch von Gottes Liebe gilt (vgl. Jes 41,13 u. ö.). Doch ist das Motiv der Furcht vorherrschend; die Furcht Gottes wird zum wesentlichen Motiv des Gehorsams in den Gesetzen des Pentateuch (Lev 19,14.32; Dtn 13,11; 17,13 usw.) und bestimmt die religiöse Grundhaltung at. Frömmigkeit, was bes. in den Psalmen, den Sprüchen und bei Jesus Sirach deutlich wird (vgl. Ps 103,11.13.17; Spr 1,7; 23,17; Sir 1,11ff u. ö.). Seine Feinde hingegen, auch Not und Gefahr braucht der auf Gott vertrauende Fromme gerade deshalb nicht zu fürchten (Ps 27; 46 usw.).

An der Häufigkeit der Wortgruppe φοβεῖσθαι *[phobẹisthai]* gemessen, ist – im Gegensatz zum profangriech. Gebrauch – die Verwendung des sinnverwandten σέβομαι *[sẹbomai]* und εὐλαβέομαι *[eulabẹomai]* = *sich fürchten* in LXX selten.

III 1) Der nt. Sprachgebrauch der Wortgruppe folgt den in I und II erwähnten Bedeutungen. Als Gegenstand der Furcht erscheinen Lk 1,12; 2,9; Mt 28,4 Engelerscheinungen, Lk 21,26 endzeitliche Katastrophen, Hebr 2,15 der Tod, Röm 13,3 die ἄρχοντες *[ạrchontes]* = Machthaber, Joh 7,13; 20,19 sind es »die Juden«. Furcht im Sinne von Angst bezeichnet die schon in LXX (Ex 15,16 u. ö.) vorkommende Wendung φόβος καὶ τρόμος *[phọbos kai trọmos]*, *Furcht und Zittern* (1Kor 2,3; 2Kor 7,15; Phil 2,12; vgl. Mk 5,33). Ähnlich werden Sir 4,17 φόβος *[phọbos]* und δειλία *[deilịa]*, *Furchtsamkeit, Verzagtheit* zusammengestellt; das Wort δειλία *[deilịa]* findet sich im NT 2Tim 1,7, das Verbum δειλιάω *[deiliạō]*, *verzagt, furchtsam sein* Joh 14,27 (vgl. Dtn 1,21; 3Makk 6,19 u. ö.). Im Sinne der ehrfürchtigen Scheu vor Gott wird die Wortgruppe φόβος *[phọbos]* zB Apg 9,31; 2Kor 7,1; Kol 3,22 (vgl. auch Eph 5,21 für Christus), für die Anerkennung menschlicher Autorität (Ehemann, Herren) Eph 6,5; 1Petr 2,18; 3,2.16 gebraucht. φοβεῖσθαι *[phobẹisthai]* = *sich fürchten* kann mit ἀπό *[apọ]* stehen (Mt 10,28; Lk 12,4 u. ö.), aber auch trans. mit personalem bzw. sachlichem Objekt (Mt 14,5; Hebr 11,23 u. ö.; das Volk, das Gebot, Naturerscheinungen, wobei Gegenstand der Furcht eigentlich immer die dahinterstehende Macht ist). In der abgeschwächten Bedeutung *befürchten* kommt das Verbum zB Apg 23,10; Gal 4,11 vor. – Der Ausdruck φοβούμενος τὸν θεόν *[phobọumenos ton theọn] gottesfürchtig* ist Apg 10,2.22; 13,16.26 Bezeichnung der Nicht-Israeliten, die Beziehungen zur jüd. Synagoge unterhalten (→ Gottesfürchtiger). Das Adj. φοβερός *[phoberos]* = *furchteinflößend, schrecklich* findet sich Hebr 10,27.31; 12,21.

2) Auch im NT erscheint also Gottesfurcht bzw. die Furcht Christi (Eph 5,21) als Motiv und Gestalt rechter christlicher Haltung (zB Lk 18,2.4; Apg 9,31; 1Petr 2,17; Offb 11,18). Die eindrückliche Mahnung, Gott zu fürchten, der Leib und Seele in der Hölle (γέεννα *[gehenna]*) verderben kann und in dessen Hände zu fallen furchtbar ist (Mt 10, 28; Hebr 10,27), hat Jesus selbst seinen Jüngern eingeschärft. Diese Mahnung steht, wie die Verkündigung der Apostel zeigt (2Kor 5,11; 1Petr 1,17), in eindeutigem Zusammenhang mit der Gerichtserwartung; deshalb sollen die Philipper »mit Furcht und Zittern« ihre Rettung bewirken (Phil 2,12).

3) Diese Furcht, die die Menschen bei der Begegnung mit Gott und seinen Boten überkommt (→ Wunder, Art. θαῦμα; → Ekstase, Art. ἔκστασις), ist auch aus den Berichten über die Machttaten Jesu und der Apostel sowie über die Christus- und Engelerscheinungen (→ Offenbarung) ersichtlich. Aber gerade hier, wo Gott sich dem Menschen gnädig zuwendet, finden wir auch immer wieder, wie schon im AT, die Aufforderung: μὴ φοβοῦ *[mæ phobou]* = Fürchte dich nicht!, so in den Geschichten von der Tochter des Jairus und dem Fischzug des Petrus (Mk 5,36; Lk 5,10), bei den Engelerscheinungen des Zacharias und der Maria (Lk 1,13.30), der Vision des Paulus (Apg 18,9; 27,24), dem Gesicht des Johannes auf Patmos (Offb 1,17), in dem Zitat Joh 12,15 (vgl. Jes 41,10.13; Sach 9,9f); im Plural erscheint sie in der Weihnachtsgeschichte Lk 2,10, in dem Bericht vom Meerwandel Jesu Mk 6,50 par, in der Geschichte von der Verklärung Jesu und dem Osterbericht (Mt 17, 7; 28,5.10).

4) Die Mahnung zur Furchtlosigkeit findet sich aber auch häufig in bezug auf Menschen und die Umwelt: Nicht zu fürchten brauchen die Jünger diejenigen, die nur den Leib töten (Mt 10,26.28 par); die kleine Herde den Mangel (Lk 12,32); die Christen die Drohungen ihrer Widersacher (Phil 1,28) und das Leiden (1Petr 3,14; Offb 2,10). Denn die Furcht vor den Menschen wird ihnen durch die Geborgenheit in Gott genommen (Mt 10, 30f; Hebr 11,23.27; 13,6).

5) Die Briefe des NT geben den eigentlichen Grund für die Überwindung der Furcht deutlich an: Hebr 2,15 erscheint Christus als der Erlöser aus der Knechtschaft, der die Menschen durch die Todesfurcht verfallen waren. Röm 8,14f spricht Paulus unter Hinweis auf den Gebetsruf »Abba, Vater!« vom Geist der Sohnschaft (Kindschaft), den die Christen empfangen. Dieser aber ist als Geist der Kraft, Zucht und Liebe dem Geist knechtischer Furcht entgegengestellt und schließt ihn aus (2Tim 1,7). Auch 1Joh 4,18 wird hervorgehoben, daß in der → Liebe keine Furcht ist; die vollkommene Liebe treibt die Furcht aus. Diese Liebe, nicht die Furcht vor → Strafe ist nach 1Joh 5,3 Motiv und Motor des Gehorsams.

6) So steht der Christ beständig vor der Aufgabe, das Motiv der Furcht durch das der Liebe zu überwinden; mehr als die Gottesfurcht erscheint im NT denn auch der → Glaube, der in der Liebe tätig ist (Gal 5,6), als Inbegriff christlicher Haltung. Die zwischen Furcht und Liebe bestehende Spannung berechtigt indessen nicht dazu, die aus der Gerichtserwartung hervorgehende Gottesfurcht allein auf den Einfluß der jüd. Synagoge zurückzuführen und als Restbestand jüd. Denkens abzutun. *W. Mundle*

Lit.: WLütgert, Die Furcht Gottes, in: Theol. Stud. f. MKähler, 1905, 163ff – LKoehler, Die Offenbarungsformel »Fürchte dich nicht« im AT, SThZ 36, 1918, 33ff – HCremer/JKögel, Biblisch-theologisches Wörterbuch der nt. Gräzität, 1923[11], 1115ff – RBultmann, Theologie des Neuen Testaments, 1958[3], 243f. 321f. 561f – SPlath, »Furcht Gottes«. Der Begriff »Furcht« im Alten Testament, 1963 – WFoerster, Art. σέβομαι, ThWb VII, 1964, 168ff (bes. 196ff) – AStrobel, Furcht, wem Furcht gebührt. Zum profangriech. Hintergrund von Röm 13,7, ZNW 55, 1964, 58ff – JBecker, S S C C, Gottesfurcht im Alten Testament, Analecta Biblica 25, 1965 (kath.) – SJdeVries, Note concerning the Fear of God in the Qumran Scrolls, Rev. de Qumran 5, 1965, 233ff – HRBalz, Furcht vor Gott?, EvTh 12, 1969, 626ff – KRomaniuk, Der Begriff der Furcht in der Theologie des Paulus, BuL 11, 1970, 168ff.

Gabe

Eine *Gabe* – δῶρον *[dōron]* und verwandte Wörter –, die man einem anderen übereignet oder anvertraut, wird erst qualifiziert durch den Grund, aus dem sie gegeben wird, oder den Zweck, zu dem sie gegeben wird. Nicht der in sich gleiche Akt des Gebens – griech. δίδωμι *[didōmi]* – ist hier also das Charakteristische, sondern die Intention der Gabe. Denn diese kann entweder eine übernommene Verpflichtung erfüllen oder zur Tilgung einer Verschuldung dienen (= Leistung), oder aber sie kann den Charakter eines freien unveranlaßten Geschenkes haben. Sofern der Mensch der Gottheit etwas gibt, hat seine Gabe den Charakter eines → Opfers. Bezeichnenderweise liegt im NT jedoch das theol. Schwergewicht auf der Gabe als Geschenk Gottes an den Menschen, wobei → Jesus Christus und seine Erlösungstat als die eine große und grundlegende Gabe Gottes erscheinen. Daneben tritt die Gabe des heiligen → Geistes mit ihren verschiedenartigen Charismen (→ Gnade, Art. χάρισμα); erstere gibt dem Menschen Teil am Christusgeschehen und der → Gemeinschaft mit Christus, letztere rüsten ihn aus zu dem aus dieser Gemeinschaft folgenden Dienstauftrag. – ἀρραβών *[arrabōn]* ist als *Vor-Gabe, Angeld* der eingeschränktere Begriff, der das Faustpfand kennzeichnet, welches die Erfüllung (→ Fülle) des Verheißenen gewährleistet.

ἀρραβών

ἀρραβών *[arrabōn]* Anzahlung, Angeld

I/II ἀρραβών *[arrabōn]* (aus dem Semitischen entlehnt) ist ein Rechtsbegriff aus der Geschäfts- und Handelssprache, der sich nur selten findet (Isaeus, Aristot. und späte Grammatiker [Suidas]) und bedeutet 1. *Anzahlung*, durch welche man bereits Rechtsanspruch auf die noch nicht bezahlte Sache erhält; 2. *Angeld (Zugabe, Handgeld)*, durch das ein Vertrag rechtsgültig wird, und 3. auch an einer Stelle (Gen 38,17ff) *Pfand*. In allen drei Fällen geht es um eine Leistung, »durch die sich der Betreffende dem Empfänger gegenüber zu weiterer Leistung verpflichtet« (Bauer, 217). Auch übertragener Gebrauch (zB die Geschicklichkeit als α. des Lebens, Antiphon. Fragm. 123,6) ist möglich.

III Alle drei Stellen an denen der Begriff im NT vorkommt, beziehen sich auf den heiligen → Geist.

1) Eph 1,14 interpretiert die beiden anderen Stellen: Der Geist als gegenwärtiges Angeld für unser zukünftiges → Erbe (Art. κλῆρος) verbürgt das künftige, volle Heil, dh die Teilhabe an der Gottesgemeinschaft. Vermutlich steht die Aussage Eph 1,14 wie auch 2Kor 1,22 im Zusammenhang mit der Taufe (→ Siegel). In der Versiegelung wird der heilige Geist als Angeld in das menschliche → Herz (καρδία *[kardia]*) gegeben. Die durch das Angeld des Geistes vertretene zukünftige Wirklichkeit erscheint 2Kor 5,5 als das vom Himmel her erwartete »Haus«, das einst die gegenwärtige »Hütte«, unseren irdischen Leib, ersetzen wird. Der Geist ist also bei Paulus nicht das Angeld für eine vom irdischen Körper befreite Seele, sondern für eine neue Existenz in einem unsterblichen Leibe (himmlisches Gewand; → Bekleiden, Art. δύω).

2) Ähnlich Röm 8,23, wo gemäß 2Kor 1,22; 5,5 der Genitiv »des Geistes« sagt, was mit ἀπαρχή *[aparchē]* (Erstlingsgabe; → Opfer) gemeint ist (ἀπαρχή *[aparchē]* wie ἀρραβών *[arrabōn]* nicht vorläufiger Anteil am Geist, s. ESchweizer, Art. πνεῦμα, ThWb VI, 420, Anm. 595). Polyk 8,1 ist Jesus Christus als ἀρραβών *[arrabōn]* bezeichnet. Das NT dagegen vermeidet dies und spricht von ihm nur als ἔγγυος *[engyos]* (= Bürge; → Bund).

An allen drei nt. Stellen darf aber der Begriff ἀρραβών *[arrabōn]* von seiner Grundbedeutung her nicht so verstanden werden, als würde Gott im Angeld des Geistes rechtlich unser Schuldner. Auch die »Anzahlung«, die Gott im Geist gibt, bleibt freie unverdiente Gabe Gottes an den Menschen.

O. Becker

δῶρον

δῶρον [dọron] Geschenk · **δωρεά** [dōreạ] Geschenk, Gabe · **δωρεάν** [dōreạn] geschenkweise · **δωρέομαι** [dōrẹomai] schenken · **δώρημα** [dọræma] Geschenk · **δίδωμι** [dịdōmi] geben, schenken · **προσφορά** [prosphorạ] Darbringung, Opfer

δῶρον [dọron] = *Gabe, Geschenk* (schon im mykenischen Griech. belegt), von gleicher Wurzel wie δίδωμι [dịdōmi] = *geben, schenken* (μεταδίδωμι [metadịdōmi] = *Anteil geben an;* δόσις [dọsis], δόμα [dọma] ganz selten, *Gabe*). Als Ableitung findet sich δωρέομαι [dōrẹomai] = *schenken* (Med., urspr. auch im Aktiv gebräuchlich), daneben als Subst. δώρημα [dọræma] (attisch) = *Geschenk* und δωρεά [dōreạ] = *Geschenk, Gabe, Verleihung* usw. Dessen Akk. δωρεάν [dōreạn] wird adverbial gebraucht mit der Bedeutung *geschenkweise, umsonst, unverdientermaßen.* I

Im außerbiblischen Gebrauch bezeichnet δῶρον [dọron] (ähnlich auch δωρεά [dōreạ]) bes. das *Ehrengeschenk.* Als von den Göttern gegebene Gabe (zB bei Homer) kann es auch den Sinn von *Fügung* annehmen. Von Menschen den Göttern dargebracht, bezeichnet δῶρον [dọron] die *Weihegabe.* Daneben begegnet es als *Abgabe (Steuer), Bestechungsgeschenk* usw.

1) Die LXX benutzt δῶρον [dọron] als Übers. verschiedener hebr. Begriffe mit folgenden hauptsächlichen Bedeutungen: a) allg. von *Geschenken,* die sich Menschen untereinander machen (Gen 24,53; 32,13.18ff u. ö.); b) im Sinne von *Tribut* (Ri 3,15.17f u. ö.; Ri 5,19: *Beute);* c) als *Bestechungsgeschenk* (Ex 23,7f; Dtn 16,19; 27,25; Ps 15,5 u. ö.; Dtn 10,17 u. ö.: abwehrend in bezug auf Gott); d) am häufigsten ist die kultische Bedeutung *Opfergabe,* hebr. *qorbān,* vor allem in Lev und Num (Lev 1,2f.10.14; 2,1.4ff usw.; Num 5,15; 6,14.21 usw.; daneben auch für *minchāh* in Gen 4,4; für *nædær* in Dtn 12,11 u. ö.), oft mit dem Verb προσφέρω [prosphẹrō] = *herbei-, darbringen* (προσφορά [prosphorạ] = *Opferhandlung, Opfer,* vgl. → Opfer, Art. θύω); e) *Gaben,* die Gott gebracht werden in Anerkennung seiner Macht und Größe (von Königen Ps 68,30; 72,10; von Völkern Jes 18,7, vgl. Ps 68,32 usw.); f) *Gaben,* die Gott gibt (Gen 30,20). II

In der spätjüd. Lit. kommt δῶρον [dọron] selten vor. δώρημα [dọræma] erscheint in LXX nur einmal (außerkanonisch).

2) δωρέομαι [dōrẹomai], in LXX selten, steht für 3 hebr. Verben in der Bedeutung des *Gebens:* a) der Menschen untereinander *(nātan* Est 8,1; auch Spr 4,2), b) des Menschen an Gott *(qorbān* Lev 7,15 LXX: V. 5), c) Gottes an den Menschen *(sābād* Gen 30,20). Allgemeiner und weit häufiger ist δίδωμι [dịdōmi], das in der Regel das hebr. *nātan* = *geben,* ebenfalls in dieser dreifachen Bedeutung, daneben aber noch eine Vielzahl weiterer Verben wiedergibt.

3) δωρεά [dōreạ] begegnet in der spätjüd. Lit. häufig, in den kanonischen Büchern dagegen durchweg in der adverbial gebrauchten Akk.-Form δωρεάν [dōreạn], und zwar – entsprechend dem hebr. Terminus *chinnām* – in den Bedeutungen a) *unentgeltlich* (= *ohne Bezahlung* Ex 21,2.11; Num 11,5; 2Sam 24,24 u. ö.; = *ohne Lohn* Gen 29,15; Jer 22,13 u. ö.); b) *ohne Grund, Ursache, Schuld* (1Sam 19,5; 25,31; Ps 35,7 u. ö.); c) *vergebens* (Ez 6,10; Mal 1,10).

1a) Im NT steht δῶρον [dọron] (19mal) je 1mal für das menschliche (Offb 11,10; vgl. Mt 7,11 par: δόμα [dọma]) und göttliche *Schenken* (Eph 2,8); für letzteres findet sich öfter δωρεά [dōreạ], zB Joh 4,10; Apg 2,38; Röm 5,15.17; 2Kor 9,15; Eph 4,7; Hebr 6,4; in Röm 5,16 und Jak 1,17: δώρημα [dọræma], an letzterer Stelle zusammen mit δόσις [dọsis]. Im übrigen ist δῶρον [dọron] die *Opfergabe* (zB Mt 5,23f; 23,18f; Mk 7,11; Lk 21,1.4; Hebr 5,1; 8,3f; 9,9; 11,4; in Mt 2,11 als Huldigungsgabe). Die gelegentliche Verbindung mit προσφέρω [prosphẹrō] *(herbei-, darbringen)* unterstreicht dabei den Zusammenhang mit dem at. Opferdienst. In diesem Sinn wird δῶρον [dọron] zum Parallelbegriff von θυσία [thysịa] = → *Opfer* oder προσφορά [prosphorạ] = *Darbringung, Opfer.* III

b) δίδωμι [dịdōmi] (416mal im NT) begegnet in allen Bedeutungsnuancen des *Schenkens, Gebens, Verleihens, Gewährens,* sowohl unter Menschen (Mt 7,11a; Apg 20,35 u. ö.; daneben δωρέομαι [dōrẹomai] Mk 15,45 und μεταδίδωμι [metadịdōmi] Lk 3,11; Röm 1,11; 12,8; Eph 4,28; 1Thess 2,8), als auch von Gott (Mt 7,11b; 1Joh 4,13; Offb 2,7.17, vgl. auch 3,21 u. ö.; in diesem Sinne auch δωρέομαι [dōrẹomai] 2Petr 1,3); auch die Bedeutung *opfern* kommt vor (Lk 2,24). Übertragene Bedeutung findet sich Mk 10,37; Apg 13,20 u. ö.

c) δωρεάν [dōreạn] (8mal im NT) hat den im AT gebräuchlichen dreifachen Sinn a) *umsonst, unentgeltlich* (Mt 10,8; Röm 3,24; 2Kor 11,7; 2Thess 3,8; Offb 21,6; 22,17); b) *ohne Grund, Ursache, Schuld* (Joh 15,25 Zitat); c) *vergebens* (Gal 2,21).

2) δῶρον *[dọron]* und δίδωμι *[dịdōmi]* als Begriffe des Opferdienstes (hierzu ausführlicher unter → Opfer) finden sich einerseits in Berichten und Hinweisen, in denen einfach von der gängigen Opferpraxis die Rede ist (Mt 5,23f; 8,4; Lk 2,24; bei Lk 21,1.4 in der Bedeutung *Opfergeld)*. Daneben stehen andere Stellen (Mk 7,11; Mt 15,5), die in Anknüpfung an die at. Prophetie das Mißverständnis abwehren, als könne durch Opfer (auch im übertragenen Sinn) der Gehorsam gegenüber Gottes Willen ersetzt werden (vgl. Jes 1,10–17; Mi 6,6–8, auch Dtn 10,12f). In direkter Auseinandersetzung mit dem Problem des Opferkultes finden wir den Hebr-Brief, der diesem – nur vorläufigen – Kult (Darbringung seitens der Menschen 5,1ff; 8,3f u. ö.: δῶρον *[dọron]* zusammen mit θυσία *[thysịa])* das endgültige und »ein für allemal« geschehene Opfer (προσφορά *[prosphorạ]*, θυσία *[thysịa])* Christi entgegenstellt (7,26–28; 9,25ff; 10,10ff u. ö.; vgl. auch Eph 5,2 u. a.).

3) Damit ist auch hinsichtlich unserer Ausdrücke die nt. Aussage über den schenkenden Gott deutlich, und zwar gleich in ihrem soteriologischen Bezug auf die Erlösungstat Christi (→ Erlösung).

a) Allg. zeigt sich dieser Bezug, wo davon gesprochen wird, daß Gott seinen Sohn »gab« (Joh 3,16), oder wo die Sendung Jesu schlechthin als die Gabe bezeichnet wird (δωρεά *[dōreạ]* Joh 4,10) usw. Formelhaft erscheint die Aussage, daß Christus sich für uns, für unsere Sünden »gegeben« hat, in Gal 1,4; 1Tim 2,6 u. ö.

b) Daneben finden sich spezielle Bezugnahmen auf Jesu Kreuzestod: Jesus gibt sein Leben als Lösegeld für viele (Mk 10,45par; vgl. Joh 10,15b usw.). Entsprechend redet der Abendmahlsbericht nach Lk (22,19) von dem »für euch gegebenen Leib«.

c) Die hierdurch für den Christen geschaffene Gewißheit, zur auserwählten → Gemeinde Christi auf immer gehören zu dürfen, wird bei Joh vor allem darin begründet gesehen, daß diese Gemeinde ihm (Christus) von Gott gegeben worden ist (10,28f; vgl. 17,6ff). Die Zugehörigkeit zur Gemeinde wiederum läßt teilhaben an der Gabe des ewigen → Lebens (10,28 u. ö.).

d) Bei Paulus ordnen sich die Begriffe des Schenkens in seine Verkündigung von der freien und unverdienten (δωρεάν *[dōreạn]* Röm 3,24) Gnade Gottes ein, die den Sünder »ohne Verdienst« gerecht spricht (→ Gerechtigkeit; → Gnade; → Versöhnung). δωρεά *[dōreạ]* bzw. δώρημα *[dọræma]* (Röm 5,15–17; 2Kor 9,15) können neben χάρισμα *[chạrisma]* usw. zusammenfassend das gesamte Heilshandeln Gottes (Begnadung, Rechtfertigung, Versöhnung) kennzeichnen (vgl. auch Eph 2,8).

e) Wird Gott allgemein als Spender aller guten Gaben gepriesen (Jak 1,17, vgl. Mt 7,11b u. ö.) und mit begründeter Zuversicht angerufen (Mt 7,7), so ist doch die eine große Gabe, die er in seine Gemeinde gibt, sein → Geist (2Kor 1,22; 5,5; 1Thess 4,8; Lk 11,13; vgl. Apg 2,38 u. ö., daneben auch die at. Zitate in Apg 2,17f und Hebr 8,10). Alles andere, was an Gaben in der Gemeinde genannt wird (öfter χάρισμα *[chạrisma]*, → Gnade), ist Wirkung dieser einen Gabe (Röm 12,3ff; 1Kor 12,1ff; vgl. auch 2Petr 1,3 u. a.). In den Sendschreiben der Offb (2–3) wird das Geschenk des ewigen Lebens dem in Aussicht gestellt, der in der Anfechtung »überwindet«.

4) Ist der Mensch in Christus beschenkt, so ist seine Antwort, entsprechend dem Doppelgebot aus Mt 22,37–40, ein doppeltes Geben.

a) Gott gibt er sich selbst (vgl. 2Kor 8,5 und sinnverwandte Stellen). Dies ist nach dem NT das einzige legitime »Opfer«, das von Menschen Gott dargebracht werden kann und soll (Röm 12,1 u. ö.), und das alle »Opfer« des Wortes und der Tat einschließt (Hebr 13,15f; 1Petr 2,5), ja seine Konsequenz in der Hingabe des Lebens für Christus finden kann (Phil 2,17 u. ö.).

b) Den Menschen gegenüber steht das Geben des Beschenkten ebenfalls unter dem »neuen Gebot« Christi (Joh 13,34). Dies zeigt sich zunächst wiederum innerhalb der Gemeinde, wo das Geben ein Widerschein des Gebens Gottes sein soll: schlicht, ohne Nebengedanken zu geben (Röm 12,8) entspricht dem, was Jak 1,5 über Gottes Geben aussagt;

vgl. auch 2Kor 9,7 über Gottes Liebe zu dem fröhlichen Geber (δότης *[dotæs]*, nur hier im NT), sowie Mk 12,41–44 = Lk 21,1–4 (Jesu Urteil über die Gabe der armen Witwe) und die Gebote der Bergpredigt (Mt 5,42; vgl. Lk 6,38 u. ö.). Seine tiefste Bedeutung aber erhält das Geben des Beschenkten, wo es sich um das Weiterreichen des empfangenen Evangeliums handelt (Röm 1,11; 1Thess 2,8 u. ö.; vgl. Mt 10,8b). *H. Vorländer*

Lit.: JBehm, Art. ἀρραβών, ThWb I, 1933, 474 – FBüchsel, Art. δίδωμι, ThWb II, 1935, 168ff.

Gebet

Der umfassendste Ausdruck für das Gebet im NT ist προσεύχομαι *[proseuchomai]*. Er bezeichnet jede Art von *in Verbindung treten mit Gott* und kann daher ohne nähere Inhaltsangabe stehen. δέομαι *[deomai]*, δέησις *[deæsis]* dagegen bezeichnet, wie αἰτέω *[aiteō]*, das ausgesprochene *Bittgebet*, daher meist mit Inhaltsangabe und Angabe der Person, an die sich die Bitte richtet, und auf bestimmte Akte des Betens beschränkt. Bei αἰτέω *[uiteō]*, αἴτημα *[aitæma]* schwingt mitunter die Grundbedeutung *etwas haben wollen* noch mit, so daß es einen etwas energischeren, manchmal direkt fordernden Klang hat. ἐρωτάω *[erōtaō]* (vgl. αἰτέω *[aiteō]*) hingegen hat, wo es *bitten* bedeutet, einen intimeren Klang. Auch βοάω *[boaō]*, βοή *[boæ]* und κράζω *[krazō]* (beide bedeuten *schreien)* können das *Gebet* zu Gott ausdrücken. Sie werden gewöhnlich dann gebraucht, wenn das Gebet zu Gott bzw. zu Jesus Christus aus irgendeiner großen menschlichen Not und Bedrängnis kommt und daher den Charakter des Hilfeschreis (zB Kranker und Geängsteter) annimmt. Auch γονυπετέω *[gonypeteō]* drückt ein intensiviertes *Beten* und *Bitten* aus, während προσκυνέω *[proskyneō]* mehr das huldigende *Anrufen* und *Anbeten*, αἰνέω *[aineō]* und εὐχαριστέω *[eucharisteō]* das *Lob-* und *Dankgebet* bezeichnen (→ Dank).

αἰτέω

αἰτέω *[aiteō]* bitten, fordern · αἴτημα *[aitæma]* Bitte, Forderung · ἀπαιτέω *[apaiteō]* zurückfordern · ἐξαιτέομαι *[exaiteomai]* sich ausbitten · παραιτέομαι *[paraiteomai]* sich losbitten, ablehnen

I Die Grundbedeutung von αἰτέω *[aiteō]* ist *etwas haben wollen, als seinen Anteil verlangen.* Entsprechend bedeutet αἰτέω *[aiteō]* im profanen Griech. sowohl *bitten* wie *verlangen, fordern.* Die mediale Form übersetzt man am besten mit *sich erbitten*, u. U. auch mit *sich ausbitten* oder *sich wünschen.* Demgemäß bedeutet das Nomen αἴτημα *[aitæma]* das *Erbetene*, sowohl im Sinne von *Bitte, Begehren* wie auch von *Verlangen, Forderung* (zB αἴτημα τυραννικόν *[aitæma tyrannikon]* = die Tyrannenforderung, Plut. Demetr. 3). ἀπαιτέω *[apaiteō]* verschärft das Stammverb nach der Richtung des Forderns hin (zB Rechenschaft fordern, Plat. Resp. X,599b), und zwar entsprechend der Vorsilbe ἀπ- *[ap]* im allg. als eines Zurück-Verlangens. Das Derivat ἐξαιτέομαι *[exaiteomai]* ist ganz wörtl. zu übersetzen mit *sich auslitten.* παραιτέομαι *[paraiteomai]* hat gemäß dem Sinn der Vorsilbe παρ- *[par-]* die Grundbedeutung *sich losbitten* von einer Verpflichtung.

II Das hebr. Äquivalent ist *schā'al.* Es hat die Bedeutung *verlangen, wünschen, sich ausbitten* (Dtn 10,12; Ri 5,25; 1Sam 12,13; Hi 31,30 u. ö.). Auf Gott bezogen kommt es der Bedeutung *beten* sehr nahe und ist oft verbunden mit der dankbaren Bezeugung der Erhörung (zB 1Sam 1,20; Ps 105,40; 21,5). Ferner heißt es *fragen, sich erkundigen* (Gen 24,57 LXX ἐρωτάω *[erōtaō]*), in der Gerichtssprache *untersuchen* (Dtn 13,15 ἐρευνάω *[ereunaō]*), *befragen* (Ri 18,5 LXX ἐπερωτάω *[eperōtaō]*). αἰτέω *[aiteō]* tritt nun für *schā'al* nur dort ein, wo es sich um konkretes Haben-Wollen handelt (so Ex 3,22; Jos 14,12; Ri 5,25; 1Sam 12,17): zB erbittet sich Hanna von Jahwe einen Sohn, und Eli verheißt ihr, »was du von ihm erbeten hast« (1Sam 1,17). So muß auch die durch den Gebrauch dieses Verbums mit ausgedrückte Erhörungszusage der Pss stets auf dem Hintergrund der konkreten Bitte gesehen werden.

III 1) Im NT hat αἰτέω *[aitęō]*, αἰτέομαι *[aitęomai]* (insgesamt 70mal) meist die Bedeutung *bitten, sich erbitten.* Es findet sich relativ gleichmäßig in allen Evgg., nur sehr selten bei Paulus, gar nicht in den Pastoralen, Hebr und Offb.

a) Für den zwischenmenschlichen Bereich läßt sich feststellen, daß die mediale Form des Verbs (αἰτέομαι *[aitęomai]*) fast immer höher gestellten Personen gegenüber Anwendung findet (Mt 14,7; 27,20; Lk 23,23; Apg 9,2 u. ö.) und daher einen etwas amtlichen Charakter bekommt. – Die aktive Form des Verbs (αἰτέω *[aitęō]*) hat im allg. keine besonderen Nuancen. Nur in Mt 5,42 geht aus dem Zusammenhang hervor, daß αἰτέω *[aitęō]* hier den Beigeschmack des Unangenehmen hat: *etwas Unangenehmes verlangen, erbitten* oder zumindest das Bitten als etwas Unangenehmes empfinden (daher αἰτέω *[aitęō]* hier auch zu übersetzen mit *angehen!*). Aber das Herrenwort betont an dieser Stelle, daß der Jünger trotzdem auch solche Bitten erhören und erfüllen soll (vgl. das zu Mt 7,7.8 Gesagte). Die Aussage hat hier also schon ethische Konsequenzen. Ich soll meine Abneigung überwinden und dem Bittenden mein Herz und meine Hand öffnen. Denn in der Bitte des andern erreicht mich Gottes Anruf selbst, mich ihm zu öffnen und gehorsam zu sein.

b) Im religiösen Bereich, dh an den Stellen, wo das Bitten sich an Gott richtet, ist ein Bedeutungsunterschied zwischen aktiver und medialer Form des Verbums (αἰτέω *[aitęō]* und αἰτέομαι *[aitęomai]*) nicht zu erkennen. Das Bitten kommt hier naturgemäß der Bedeutung *beten* (im Sinne des Bittgebets) sehr nahe (vgl. nur Mt 21,22: bitten im Gebet!). Doch hat das NT für das Bittgebet noch andere Ausdrücke, die manchmal mit αἰτέω *[aitęō]* parallel gebraucht werden, so → προσεύχομαι *[prosęuchomai]* (Mk 11,24; Kol 1,9), das meist ohne nähere Inhaltsangabe auftritt und das *Gebet* im umfassenden Sinn bezeichnet, oder *die Knie beugen* (vgl. → γονυπετέω; Eph 3,13f), das bes. die demütige Haltung des Beters vor Gott betont. Auch ἐρωτάω *[erōtąō]* taucht als Parallelbegriff von αἰτέω *[aitęō]* auf (1Joh 5,16), doch wird es in der Regel dort gebraucht, wo ein engeres Verhältnis des Bittenden zum Gebetenen vorliegt, so bei den Bitten der Jünger an Jesus und bei den Bitten Jesu an Gott, während bei den Bitten der Jünger an Gott meist αἰτέω *[aitęō]* gebraucht wird. ἐρωτάω *[erōtąō]* hat urspr. die Bedeutung *fragen* (aus einem Zwiegespräch heraus) und hat sich von daher den intimeren Gesprächscharakter bewahrt. – Ein anderer Ausdruck für *bitten* im NT ist → δέομαι *[dęomai]*, das meist dort gebraucht wird, wo das Bitten aus einer konkreten Situation herauswächst (darum auch häufig für die Fürbitte!).

Auffällig ist, daß αἰτέω *[aitęō]* nie von Jesu eigenem Bitten und Beten gebraucht wird, sondern dafür ἐρωτάω *[erōtąō]* und δέομαι *[dęomai]* stehen (zB Joh 14,16; 16,26; Lk 22, 32). Doch mag das mit der oben erwähnten Eigenart von ἐρωτάω *[erōtąō]* zusammenhängen.

c) Bezeichnend ist, daß überall, wo vom Bitten zu Gott die Rede ist, betont wird: solches Bitten wird erhört! Vgl. Mt 6,8; 7,7–11; 18,19; 21,22; Joh 14,13f; 15,7.16; 16, 23f.26; 1Joh 3,22; 5,14f; Jak 1,5. Es ist, als wollten die Zeugen des NT hier dem Leser in bes. Weise Mut machen zum Beten, indem sie dem Bittenden die Gewißheit geben, daß seine Bitten bei Gott Gehör finden. Das NT weiß, daß alles Bitten und Beten zu Gott von dieser Gewißheit lebt, und daß es erstirbt, sobald diese Gewißheit zweifelhaft oder hinfällig wird.

Welche Begründung gibt das NT für diese Gewißheit? In Mt 7,8 wird die Tatsache, daß Bitten erhört werden, als allgemein geltende Grundregel im Reich Gottes ausgesprochen: »Jeder, der bittet, empfängt.« Diese Grundregel ist hier die Begründung (mit »denn« angefügt) für die Aufforderung und die damit verbundene Verheißung: »Bittet, so wird euch gegeben!« Die letzte und tiefste Begründung aber geben Stellen wie Mt 6,8; Joh 15, 16; 16,23.26f; Kol 1,9–12 und bes. Mt 7,9–11: Gott ist der Vater, der die Seinen liebt, mehr noch als ein irdischer Vater seinen Sohn liebt, und der sie aus dieser Liebe heraus keine Fehlbitte tun lassen kann, sondern ihnen gibt, was sie brauchen. Der letzte Grund für die Erhörungsgewißheit des Bittenden ist also die Gewißheit der Vatergüte und Liebe Gottes, die Jesus den Seinen gibt. – Es ist darin unausgesprochen noch eine andere Gewißheit enthalten, die durch die ganze Bibel geht und hinter jedem ihrer Sätze steht: die Gewißheit, daß Gott ein lebendiger Gott ist, der hört und sieht, und der ein Herz hat.

Weil Gott so mit uns verfährt, sollen wir auch mit unserem Nächsten so verfahren, sollen ihn erhören, wenn er uns bittet (Mt 5,42). Der letzte Grund für unser Geben soll die täglich neu erfahrene schenkende Vatergüte Gottes sein.

d) Allerdings wird auch immer wieder darauf hingewiesen, daß solches Bitten zu Gott, das erhört wird, rechtes Bitten sein muß. Schon in Mt 7,7f ist darauf angespielt, wenn parallel zu *bitten* die Verben → *suchen* und *anklopfen* gebraucht werden. Suchen wird in der Bibel sehr häufig auf Gott bezogen; es bedeutet die Gott zugewandte Haltung des Menschen. Das gibt zugleich einen Hinweis auf den Inhalt des rechten Bittens: Es muß dem Wesen dessen entsprechen, an den es sich wendet! Dann aber wird das Erbetene immer gottgemäß, Gott wohlgefällig sein; es wird mit dem Willen Gottes übereinstimmen (etwas erbitten »nach seinem Willen«: 1Joh 5,14). Gott bitten bedeutet, etwas Rechtes, etwas Gutes von ihm erbitten (Mt 7,11), bedeutet, alles zusammengefaßt, »den heiligen Geist« erbitten (Lk 11,13). – An anderen Stellen wird das rechte Bitten als ein Bitten im → Glauben beschrieben: Mt 21,22; Jak 1,5f (Verwandtschaft von Jak und Mt!). Das Bitten darf nie vergessen, an wen es sich wendet: an den lebendigen und allmächtigen Gott, bei dem nichts unmöglich ist und von dem man darum alles erwarten darf! Zweifel wäre Unrecht an Gott, würde Gott in seiner Gottheit nicht ernst nehmen, sein Wesen verfehlen und darum auch nichts von ihm empfangen (Jak 1,7). Rechtes Bitten ist mit dem Glauben verbunden, und das heißt zugleich: mit der Erhörungsgewißheit. Diese darf so groß sein, daß der Bittende sogar glauben darf, er habe das Erbetene schon empfangen im Augenblick seines Bittens (Mk 11,24; 1Joh 5,15). – In den johanneischen Schriften wird an den entsprechenden Stellen das Bitten im Glauben umschrieben: Es wird dargestellt als ein Bitten, das aus dem »Bleiben seiner Worte in uns« (Joh 15,7) entspringt, dh also aus der engen Verbindung mit Jesus und seinem Wort, wodurch gewährleistet ist, daß das Bitten sich nach Jesu Willen richtet. Mehr ins Ethische gewendet ist der Gedanke in 1Joh 3,22: »Was wir bitten, empfangen wir von ihm, weil wir seine Gebote halten und tun, was vor ihm wohlgefällig ist«, dh weil unser Bitten aus der rechten Stellung zu Gott heraus geschieht. Hier ist die Verbindung mit Jesus im Gebet auf eine kurze Formel gebracht. Johannes kann das rechte Bitten auch ein »Bitten im Namen Jesu« (Joh 14,13f; 15,16; 16,24.26) nennen. – Weil solches Bitten Erhörung findet und mit der Gewißheit erhört zu werden verbunden ist, führt es zur Freude (Joh 16,24). Hierher gehört vielleicht auch die Stelle Mt 18,19, wo das gemeinsame Bitten mehrerer Jünger das Zeichen dafür ist, daß sie alle eigensüchtigen Wünsche zurückgestellt haben. Falsches, selbstsüchtiges Bitten hingegen empfängt nichts von Gott (Jak 4,3; Mk 10,35).

2) αἰτέω *[aitẹō]* = *verlangen, fordern*. Bezieht sich αἰτέω *[aitẹō]* auf eine untergeordnete Person, so nimmt es naturgemäß leicht die Bedeutung *fordern, verlangen* an (Lk 1,63; Apg 16,29); so auch, wenn der Gläubiger vom Schuldner ausgeliehenes und anvertrautes Gut zurückverlangt bzw. Rechenschaft darüber fordert (so auf Gott übertragen Lk 12,48). – In 1Petr 3,15 hat das »Rechenschaft-Fordern« (über die Hoffnung) die Bedeutung *einen Erweis der Wahrheit und Glaubwürdigkeit verlangen* oder auch einfach *Auskunft verlangen*.

Von dieser Bedeutung her erhellt auch, was eigentlich dahintersteht, wenn die Juden »Zeichen« fordern (1Kor 1,22). Wenn der Mensch sich so verhält, stellt er sich in Wirklichkeit über Gott und fordert Rechenschaft von ihm; er fordert, daß er sich ihm gegenüber legitimiere bezüglich dessen, was er in Christus tat.

3a) Das Wort αἴτημα *[ạitæma]* kommt im profanen Sinn Lk 23,24 vor. Im religiösen Sinn, dh auf Gott bezogen bedeutet es ebenfalls *Bitte* und zwar vor allem die einzelne Bitte im Hinblick auf ihren Inhalt (so Phil 4,6 und 1Joh 5,15).

b) ἀπαιτέω *[apaitẹō]* verschärft oft das Stammverb im Sinne des *Forderns*, wird aber vor allem (als ein Zurück-Verlangen) gebraucht, wenn etwas Entwendetes zurückgegeben werden soll (Lk 6,30: Steigerung und Verschärfung des Gebotes: »Wer dich bittet, dem gib!«), oder wenn anvertrautes, nur auf Zeit entliehenes Gut an den Eigentümer und Herrn zurückerstattet werden soll (Lk 12,20: das Leben des Menschen an Gott; hier sind also die eigentlichen Besitzverhältnisse schon im Verb ausgedrückt, ebenso Lk 12,48 D u. a.).

ἐξαιτέομαι *[exaitẹomai]* steht nur Lk 22,31: *sich ausbitten, die Auslieferung verlangen,* und zwar von Gott, dem der Auserbetene (Petrus) eigentlich gehört, zum Zweck der Erprobung und Prüfung, bes. hinsichtlich der Echtheit und Beständigkeit des Glaubens, mit dem Hintergedanken, ihn zu Fall zu bringen.

c) παραιτέομαι *[paraitẹomai]* wird Mk 15,6 im Sinne von *für sich losbitten* gebraucht, Lk 14,18f im Sinne von *sich losbitten,* wo es dann aber, da die Verpflichtung eine Einladung ist, die Bedeutung von *entschuldigen* bekommt. Ist die Verpflichtung etwas, das als untragbare Zumutung empfunden wird, so kann das Verb die Bedeutung *ablehnen, sich weigern* haben, so Apg 25,11 und Hebr 12,19.25 (Gott und sein Wort) oder auch *ablehnen, zurückweisen,* so 1Tim 4,7; 5,11 (nämlich die Aufnahme in die Witwenliste der Gemeinde); 2Tim 2,23; Tit 3,10. An den letztgenannten Stellen in den Pastoralbriefen handelt es sich (der Stellung der Briefempfänger entsprechend) um Maßnahmen der Lehrzucht und der Gemeindeverwaltung, so daß hier das Ablehnen und Zurückweisen schon mehr amtlichen Charakter trägt. Ob dabei Tit 3,10 im Sinn von »Exkommunikation« gemeint ist oder nur ähnlich wie 1Tim 6,5 im Sinn von »die Gemeinschaft abbrechen« (P, Koine u. a.), ist nicht mit Sicherheit auszumachen. *H. Schönweiß*

γονυπετέω

γονυπετέω *[gonypetẹō]* kniefällig verehren, anbeten

1) γόνυ *[gọny]* = *Knie* kommt im NT (mit Ausnahme von Hebr 12,12) nur in Verbindung mit Verben vor, die dann *einen Kniefall machen* bedeuten.

2) In der griech. Welt, in die diese Sitte aus dem Orient eindrang, wurde der Kniefall geübt vom Sklaven gegenüber dem Herrn und vom Betenden gegenüber den Göttern, meist aber nicht mit γονυπετέω *[gonypetẹō]*, sondern mit προσκύνησις *[proskynæsis]* (vgl. den Art.) und ἱκετεία *[hiketẹia]* bezeichnet. Die Grundvorstellung ist hier auch eine andere (προσκυνέω *[proskynẹō]* = *einen Handkuß zuwerfen).*

II In Israel tritt die aus dem Orient am Rande ins AT eingedrungene Zeremonie des Kniefalls erst auf, als seine Könige sich den orientalischen Großkönigen im Stil angleichen und dementsprechend auch derartige Zeichen der Unterwürfigkeit verlangen (1Chr 29,20); zugleich läßt sich aber auch die Übernahme der gemein-orientalischen Sitte des Kniefalls vor den Göttern beobachten. Charakteristisch für das AT ist nun, daß diese Handlung hier auch auf die erwartete Heilszeit bezogen wird (Jes 45,23). Das Niederfallen ist im AT also Zeichen der Unterwerfung und Huldigung, der Demut und Ehrfurcht vor dem allmächtigen Gott (Ps 95,6).

III 1) Im NT wird der Plur. τὰ γόνατα *[ta gọnata]* mit τιθέναι *[tithẹnai]* oder κάμπτειν *[kạmptein]* zu der Wendung *die Knie beugen* verbunden. Sie drückt entweder aus a) die Ehrfurcht vor dem Höherstehenden bzw. die Huldigung vor dem König, dh die Anerkennung seiner Macht und Hoheit (wie in Mk 15,19, hier in Parallele zu → προσκυνέω *[proskynẹō]* ohne besonderen Bedeutungsunterschied), die Anbetung und Verehrung, die nur Gott zusteht, keinem Götzen (Röm 11,4); die Anerkennung Gottes als des obersten Richters (Röm 14,11) oder die Anerkennung Jesu als des Herrn in seiner allumfassenden Majestät und kosmischen Bedeutung (Phil 2,10).

b) Inhaltlich bes. gefüllt ist die Wortverbindung in Lk 5,8, wo sie die demütige Haltung des Menschen ausdrückt, der angesichts der Gnadenfülle, die Jesus ihm schenkt, seine Sündhaftigkeit und Verlorenheit und darum das völlig Unverdiente jenes Gnadengeschenks erkennt. Das Niedersinken vor Jesus ist hier Zeichen der Buße, einer Umkehr und Wandlung also, mit der der Glaube beginnt. Ähnlich ist in Joh 9,38 προσκυνέω *[proskynẹō]* das Zeichen des Glaubens an Jesus.

c) An vielen anderen Stellen ist das Niederfallen einfach die das Gebet begleitende Gebärde (vgl. → προσεύχομαι *[proseuchomai]*, → δέομαι *[deomai]*, → αἰτέω *[aiteō]*) und unterstreicht dessen Ernst und Dringlichkeit, wie zB Lk 22,41; Apg 7,60; 9,40 u. ö.

2) γονυπετέω *[gonypeteō]* wird parallel zu o. a. Wortverbindungen gebraucht (zB Mt 27,29), vor allem aber auch zur Verstärkung der Dringlichkeit einer Bitte oder Frage (kniefällig bitten!), zB Mt 17,14; Mk 1,40 (parallel dazu προσκυνέω *[proskyneō]* in Mt 8,2!); 10,17.

H. Schönweiß

δέομαι

δέομαι *[deomai]* bitten · δέησις *[deæsis]* Bitte · προσδέομαι *[prosdeomai]* bedürfen

Die Grundbedeutung von δέομαι *[deomai]* ist *ermangeln, bedürfen* (vgl. προσδέομαι *[prosdeomai]!*). Daraus entwickelte sich die Bedeutung *bitten, flehen,* für das Subst. δέησις *[deæsis]*: die *Bitte.* I

δέομαι *[deomai]* wird in der LXX in der Bedeutung *flehen* gebraucht. Relativ häufig steht es II
ι *chānan* hitp. = *um Gnade flehen.* So fleht Esther den König an (Est 8,3), Jakob den Engel (Hos 2,5), der verelendete Hiob seinen Knecht (Hi 19,16), der Beter Gott um Erbarmen (1Kön 8,33.47; 's 30,9; 142,2). δέομαι *[deomai]* kann aber auch für *chālāh* pi. = *begütigen, besänftigen* stehen. Der Beter versucht, Gottes Zorn durch sein Flehen zu besänftigen (Ex 32,11; 1Kön 13,6; Sach 8,21; Jer 26,19); das Flehen kann begleitet sein von → Opfern (1Sam 13,12) oder verbunden mit der Abkehr von der Sünde (Dan 9,13). Gelegentlich steht δέομαι *[deomai]* für die Partikel *bi* und *nā'* (Gen 43,20; 44,18; Ex 4,10; Num 12,13) im Sinne von *bitte . . ., mit Verlaub . . .,* bei der Anrede an einen Höhergestellten.

2) Mit dem Subst. δέησις *[deæsis]* übersetzt die LXX die hebr. Wörter *techinnāh* = *Flehen* (zB Ps 28,2), *rinnāh* = *Klageruf, Gebetsklage* (zB Ps 106,44) und *schawe'āh* = *das Schreien um Hilfe* (zB Ps 34,16). Es wird nur für das Flehen und Rufen im Gebet zu Gott gebraucht. Oft steht es mit προσευχή *[proseuchæ]* = *Gebet* zusammen (zB 1Kön 8,38.45; Ps 6,10; 17,1; 39,13; Jer 11,14 u. ö.), ist also weitgehend Parallelbegriff zu letzterem (vgl. Art. προσεύχομαι).

Im NT wird δέομαι *[deomai]* nur in der Bedeutung *bitten, flehen,* die *Bitte* gebraucht: III

1) Zunächst ganz im allg. Sinn als Höflichkeitsformel, ohne eigentliches Objekt bzw. einen Objektsatz, ähnlich unserem *bitte* mit nachfolgender direkter Rede (Apg 8,24; 21,39) oder Inf. (Apg 26,3).

2) An einigen Stellen hat δέομαι *[deomai]* das volle Gewicht des ernstlichen Bittens, ja Flehens; ein lockender, werbender, liebevoll zuredender Ton liegt darin, so 2Kor 5,20 (vgl. Apg 2,40!); 8,4; 10,2; Gal 4,12.

3) In allen anderen Fällen hat δέομαι *[deomai]* religiöse Bedeutung und wird für das Bitten zu Jesus bzw. zu Gott angewandt. Es sind ganz konkrete Bitten, die vorgebracht werden. Sie entspringen einer konkreten Not und erwarten von Jesus bzw. von Gott eine ganz bestimmte Hilfe äußerlicher oder geistlicher Art. Hilfe in äußerer Not wird von Jesus Lk 5,12; 9,38 erbeten. Dabei belegen Stellen wie Lk 8,28; 9,38, daß in δέομαι *[deomai]* meist noch das Moment des Flehens mitenthalten ist (vgl. auch die folgenden Stellen!). Lk 1,13; 1Thess 3,10 zeigen aber, wie auch das scheinbar äußere Anliegen auf ein geistliches Ziel gerichtet ist, so daß hier nicht mehr nach äußerlich — innerlich differenziert werden kann.

Um Vergebung soll Gott gebeten werden Apg 8,22; um Arbeiter für die Ernte Gottes Mt 9,38; um das Bestehenkönnen am Jüngsten Tag Lk 21,36. Hier wie an vielen anderen Stellen (auch an einigen der schon genannten) steht *bitten* absolut, ohne das Akk.-Objekt »Gott«; dies ist dann natürlich jeweils zu ergänzen.

4) Wird die Bitte nicht im eigenen Interesse, sondern für jemand anders vorgebracht, so hat δέομαι *[deomai]* die Bedeutung *Fürbitte üben* (so zB Apg 8,24; Röm 10,1; 2Kor 1,11). Dabei steht δέομαι *[deomai]* oft ohne Angabe des Inhaltes der Fürbitte und meint dann die ganze brüderliche Haltung, mit der ein Christ für den andern vor Gott

einsteht (zB Phil 1,4; Eph 6,18). So kommt es, daß die Fürbitte manchmal direkt Mittel und Zeichen der herzlichen Verbundenheit und Gemeinschaft der Christen untereinander ist (so zB 2Kor 9,14; 2Tim 1,3). Dieser Gedanke mag auch an anderen Stellen mitschwingen, wo er nicht ausdrücklich erwähnt wird. Daß Paulus solche Fürbitte hoch schätzte und Großes von ihr erwartete, geht aus Stellen hervor wie 2Kor 1,11; Phil 1,19. Hinter Jak 5,16 steht ein ganz ähnlicher Gedanke, noch präzisiert durch die Zusätze »des Gerechten Bitte« (hier gleichbedeutend mit »des Gläubigen Bitte«; vgl. V. 15!) und »wenn es lebendig, tätig ist«, dh wenn es ein kräftiges und tätiges Sichaufschwingen zu Gott ist, ein wirkliches Reden mit ihm – was allerdings selbst auch wieder ein Geschenk Gottes ist! Ähnlich sagt auch 1Petr 3,12 (nach einem Zitat aus Ps 34,16), daß die Bitte des »Gerechten« von Gott erhört wird (über Gebetserhörung vgl. auch → αἰτέω).

5) Es ist verständlich, daß in allen Fällen, wo die Bitte sich an Gott richtet, die Bedeutung von δέομαι *[dẹomai]* leicht überwechseln kann nach *beten, Gebet*. Man kann oft beides übersetzen. Bes. häufig ist dies der Fall, wenn δέομαι *[dẹomai]* ohne Inhaltsangabe steht (zB Apg 10,2; Hebr 5,7, hier neben ἱκετηρία *[hiketærịa]* = das *Flehen*, die flehentliche *Bitte*, urspr. des Schutzsuchenden). Darum steht δέησις *[dẹæsis]* – wie schon im AT – des öfteren neben προσευχή *[proseuchæ̣]* (das dann die noch allgemeinere Bedeutung hat, → προσεύχομαι, so zB Röm 1,10; Eph 6,18; Phil 4,6, hier daneben noch αἴτημα *[ạitæma]* = die einzelne *Bitte*, das einzelne *Anliegen*, → αἰτέω; 1Tim 2,1, hier noch ergänzt durch ἔντευξις *[ẹnteuxis]* = das *Bittgebet)*.

Das Gebet ist die wichtigste Lebensäußerung des christl. Glaubens (1Tim 2,1)! Es ist direkt das Kennzeichen des Christen (1Tim 5,5; vgl. Apg 9,11!). Auch Jesus hat gebetet (Hebr 5,7; vgl. Lk 22,44) und Fürbitte geübt (Lk 22,32)!

προσδέομαι *[prosdẹomai]* steht nur Apg 17,25: *bedürfen, nötig haben*. Hier kommt der ursprüngliche Wortsinn von δέομαι *[dẹomai]* wieder zum Vorschein. Lukas unterstreicht damit an dieser Stelle die Selbstgenügsamkeit und völlige Unabhängigkeit Gottes und damit sein über alles Menschliche hoch erhabenes Wesen. *H. Schönweiß*

προσεύχομαι

προσεύχομαι *[prosẹuchomai]* beten, flehen · εὔχομαι *[ẹuchomai]* bitten, geloben · εὐχή *[euchæ̣]* Gebet, Gelübde · προσευχή *[proseuchæ̣]* Gebet

I εὔχομαι *[ẹuchomai]* ist terminus technicus für die Anrufung einer Gottheit und umfaßt daher alles, was eine solche Anrufung beinhalten kann: *bitten, flehen, geloben, weihen* bzw. (beim Subst.) *Bitte, Flehen, Gelübde*, alles zusammenfassend *beten, Gebet*. (Von der Grundbedeutung des Verbs *mit Zuversicht von sich aussagen* her kann es auch heißen *sich rühmen, prahlen, beteuern.)*

Im Profangriech. ist das Gebet oft mit dem Opfer verbunden, mit Hilfe dessen man die Götter günstig zu stimmen trachtete. Es ist zumeist *Bittgebet*. Anfangs (die Vokabel kommt schon im mykenischen Griech. vor!) nahezu ganz auf äußere Güter gerichtet, bezieht die Wortgruppe sich später (zB bei den Tragikern) auch auf geistliche und sittliche Werte (vgl. Aischyl. Choeph. 140f; Eur. Med. 635ff!) bzw. drückt die Bitte um Bewahrung vor geistlich-sittlicher Schädigung aus. Charakteristischerweise fehlt die Erhörungsgewißheit, weil der Glaube an die Allgegenwart des göttlichen Prinzips die Epiphanie ausschloß. In der hell. Mysterienfrömmigkeit erlebt der Betende im Gebet die Nähe der Gottheit, bes. aber in dem selten geschenkten Höhepunkt der »Gottesschau«, in der alles Beten erlischt und in seliges Schweigen einmündet. Das Bittgebet um irdische Dinge und die Fürbitte treten hier ganz zurück.

II 1) Im AT spielt das Gebet eine ganz entscheidende Rolle. Das hängt damit zusammen, daß das Charakteristische und Wesentliche an Israel das Verhältnis zu seinem Gott ist. Die gesamte Geschichte Israels wird daher vom Gebet durchzogen und getragen; an allen wichtigen Punkten ihrer Darstellung taucht das Reden des Menschen mit Gott auf. Es ist dabei nicht nötig, daß die spezifischen hebr. Ausdrücke für *beten, Gebet*, nämlich *ʿātar* = *beten, bitten*, oder *pālal* = *beten, bitten* und *tᵉphillāh* = *Gebet* erscheinen. Oft ist der Vorgang einfach mit den Worten *reden, rufen, schreien*, oder auch *stöhnen, seufzen* und *weinen* (als Kennzeichen gesteigerter innerer Beteiligung) beschrieben. Daß der at. Beter jedoch bei aller Intensität seines Betens nie vergaß, daß er mit dem heiligen und allmächtigen Gott redete (eigentlich ein unmögliches Unterfangen, nur ermöglicht durch Gottes herablassende Güte und Gnade, die dem Menschen dies erlaubt!), zeigt sich an dem Wort *hischtachawāh*, das viel gebraucht wird und eigentlich *sich niederwerfen* (vor einer hochstehenden Person) bedeutet (s. Art. → προσκυνέω). Damit mag auch angedeutet sein, in welcher Haltung man in der Regel gebetet hat (obwohl auch die stehende Gebetshaltung bezeugt ist). Parallel dazu wird mitunter vom »Niederfallen auf die Knie« geredet. Die innere Haltung des Beters war also stets die der → Demut. – Außerdem kennt das AT eine große Anzahl von Ausdrücken für das Lob- und Dankgebet, zB das bekannte *hālal* = loben, preisen, rühmen *(Hallelu-ja* = lobet den Herrn; *ja* = Jahwe), und eine ganze Reihe von Wörtern, die den Gedanken des Preisens noch intensivieren: jubeln, jauchzen, singen (das oft von Instrumenten begleitet wird; → Dank).

2) Das at. Gebet ist dadurch gekennzeichnet, daß es sich an den einen Gott richtet, der der Gott Israels ist, aber zugleich auch Herr der Völker und der ganzen Welt, und der sich als solcher seinem Volk geoffenbart hat (1Kön 8,22ff; 2Kön 19,15). Der Israelit betet daher stets zunächst als Glied seines Volkes, nicht als einzelner (Ps 35,18; 111,1), und er weiß, wessen er sich zu Gott zu versehen hat. Er weiß auch, daß Gott sein Beten hört, ja es erhört, wenn es in Übereinstimmung mit seinem Willen geschieht (Ps 3,5; 18,7; 65,3; Jer 29,12). Er betet daher aus einem starken Vertrauen (Ps 17,6f); freilich kennt er auch Anfechtung und Zweifel, aber diese sind ja nur möglich eben von jener Grundlage aus. Er weiß weiter, daß diesem (heiligen!) Gott gegenüber sein Beten nicht zur frommen Leistung werden kann, die Gott dann seinerseits durch seinen Segen honorieren müßte (typisch ist hierfür die Gegenüberstellung des Gebetes des Jahwepropheten Elia und des Gebetes der Baalspriester, bei denen das »Gebet« zur Technik der wortreichen Einwirkung auf den Gott degradiert ist: 1Kön 18,26!). Er weiß schließlich, daß Gott Person ist; darum trägt sein Beten ganz persönliche Züge und ist konkret. Der Israelit betet in dem Bewußtsein, wirklich mit Gott zu reden und ihn nicht nur anzurufen wie eine stumme Gottheit (Gen 18,22–33; 1Sam 1,10f; Ps 77, 1–11)! Solches Reden mit Gott kann sich zu einem ausgesprochenen Ringen mit Gott steigern, vor allem im Fall der Fürbitte (Ex 32,11–14; Num 14,13–21; Dtn 9,26–29; Neh 1,4–11). Typisch ist dabei, mit welchen Waffen der Beter kämpft: er beruft sich auf Gottes → Verheißungen, er erinnert ihn an seine bisherigen Heilstaten, vor allem an die → Erwählung des Volkes und an seine → Erlösung aus Ägypten, er appelliert an Gottes → Ehre, ja an sein Wesen selbst, das doch → Geduld, → Gnade und → Barmherzigkeit ist (vgl. die zuletzt erwähnten Stellen!).

Weiter dankt der Beter Gott für die Wunder, die er in der Geschichte seines Volkes getan hat (Ps 105; 106), und erbittet von ihm weitere Führung und Leitung, weitere Rettung aus allen möglichen Nöten. Praktisch kann das Bitten und Danken alles beinhalten, was für das äußere Leben und das Heil des Menschen (des einzelnen wie der Gemeinde) nötig ist. So gewinnt das ganze Leben des einzelnen wie des Volkes durch das Gebet eine dauernde intensive Ausrichtung auf Gott.

Als Verstärkung des Gebetes wird mitunter das → Fasten erwähnt (Neh 1,4; Esr 8,23; Jo 1, 14; 2,12.15–17; Jer 14,12), wahrscheinlich vor allem gedacht als Ausdruck einer bußfertigen, demütigen Haltung Gott gegenüber, aus der heraus ja das Beten immer kommen soll.

3) Das Gebet ist an keine besondere kultische Stätte gebunden, sondern kann überall erfolgen (Gen 24,26f.63), wenn es natürlich auch in den Heiligtümern, später vor allem im → Tempel in Jerusalem bes. gepflegt wird.

4) Schon das AT kennt den Unterschied zwischen echtem und unechtem Gebet und sieht ihn darin, daß das echte Gebet ein Gebet »des Herzens« ist, dh daß es unter Beteiligung der ganzen Person geschieht und der Mensch sich mit seiner ganzen Existenz vor Gott und unter Gott stellt (Jer 29,12ff). Unechtes Gebet dagegen ist »Lippengebet«, dh Gebet, das nur Worte und Formeln spricht (oder gar nach-spricht) und die Hingabe, das Opfer des »Herzens« und Lebens an Gott und seinen Willen nicht vollzieht oder zumindest nur formal vollzieht, ohne der eigentlichen Intention des Willens Gottes, der sich zB in seinen Geboten manifestiert, gerecht zu werden (Jes 1,15ff; 29, 13; Am 5,23f).

Damit hängt zusammen, daß das AT auch von Gebetshindernissen weiß, die eine Erhörung des Gebetes erschweren oder gar unmöglich machen, zB Ungehorsam (Jes 1,15–17; 59,1.2; Dtn 1, 43–45), Lieblosigkeit gegenüber den Nächsten (Jes 58,3–10), Ungerechtigkeit (Mi 3,1–4).

Die hier geschilderte Eigenart des at. Betens ist vor allem an den Pss abzulesen, einer einzigartigen Sammlung kultischer und individueller Gebete.

5) Auch in der Frömmigkeit des Spätjudentums spielte das Gebet eine große Rolle. Fasten und Beten sind die vornehmlichsten frommen Übungen. Während es zZt Jesu noch eine große Mannigfaltigkeit der Gebete in bezug auf Form und Inhalt gab – das zeigen gerade die in Qumran gefundenen Gebetstexte –, hat die pharisäische Orthodoxie seit dem Ausgang des 1. Jh.s auch die Gebetsfrömmigkeit reglementiert. Das gilt nicht nur für die (kultischen) Synagogengebete, von denen das *Schema* (Dtn 6,4ff) und das *Schemone Esre* (18 Bitten, vor allem auf das Heil des einzelnen und der Gemeinde bezogen) schon in ältere Zeit zurückreichen, sondern auch für das private Gebet (Tragen von Gebetsriemen am linken Arm und Stirn, an denen Kapseln befestigt waren, die Pergamentröllchen mit Bibeltexten enthielten: ein – irrtümlich – wörtliches Befolgen von Dtn 6,8). Die von einzelnen Rabbinen überlieferten Gebete erweisen sich als bemerkenswert einförmig. Auch der die ganze Frömmigkeit bestimmende Verdienstgedanke prägte das Gebet.

III προσεύχομαι *[proseuchomai]* kommt im NT 85mal, προσευχή *[proseuchæ]* 37mal vor, wobei beide sich bes. häufig in der Apg finden. Im JohEv und in den Joh-Briefen fehlen beide Wörter ganz. Das Simplex εὔχομαι *[euchomai]* findet sich nur 6mal im NT (Apg, Paulus 3Joh), εὐχή *[euchæ]* nur 3mal (Apg und Jak).

1a) Im NT wird das Gebet, wie es sich im AT herausgebildet hatte, in allen Punkten aufgenommen und am Beten Jesu orientiert, von dem im NT immer wieder gesprochen wird (vgl. 2a!) und das seinerseits wieder aus dem Gebets- und Gedankenschatz des AT schöpft. Das nt. Gebet wendet sich an Gott bzw. an Jesus, der nun auch als → »Herr« (Kyrios) angeredet wird. Bes. bezeichnend sind hier die Stellen mit *anbeten* (→ Art. προσκυνέω). Aber auch das προσεύχεσθαι *[proseuchesthai]* kann sich auf Jesus richten (zB Offb 5,8; Apg 9,39f; auch in Apg 9,11 ist das Gebet zu Jesus gemeint, da hier das Neue in der Situation des Paulus hervorgehoben werden soll!). Damit bezeugt die erste Gemeinde, daß sie Jesus Christus als ihren »Herrn« und ihr lebendiges Haupt ansieht, das durch den Tod zum Leben hindurchgedrungen ist (→ Auferstehung). Man kann infolgedessen zu ihm wie in seinen Erdentagen in eine lebendige, persönliche Verbindung treten, mit ihm Zwiesprache halten (vgl. Apg 9,10–16; 2Kor 12,8f!). Daraus geht hervor, daß echtes Gebet nicht als Monolog verstanden wird, sondern als Dialog, in dem der Beter immer wieder auch selbst still wird und hört und Jesu Wort und Auftrag vernimmt. Auch im NT ist Beten also etwas sehr Persönliches und Konkretes, ein echtes Gespräch mit Gott bzw. Jesus Christus. Und da der nt. Fromme noch deutlicher als der at. um Gottes Vatersein weiß, kommt sein Beten aus einem kindlichen Vertrauen heraus, was sich auch in der für das NT typischen Anrede »Vater« zeigt, die Jesus seine Jünger zu gebrauchen lehrte (Mt 6,6–9; Lk 11,2; Eph 3,14f; oder das aram. Wort für Vater *Abba:* Röm 8,15; Gal 4,6). Gerade darin kommt der Gegensatz zum spätjüd. Gebet am stärksten heraus.

b) Die feste Gewißheit des Beters, daß seine Gebete erhört werden (vgl. Art. αἰτέω), ist im NT noch stärker als im AT; denn sie gründet sich auf die Erfahrung von Gottes Vaterliebe in Jesus Christus. Jesus hat diese Gewißheit, die aus dem Glauben kommt, auch ganz bewußt gestärkt und ihr die Erhörung verheißen (zB Mk 11,24: »Glaubet, daß ihr es damit schon empfangen habt!«). Diese Gewißheit läßt sich auch durch gegenteilige Erfahrungen (Gott erhört anscheinend die Gebete nicht!) nicht dazu verleiten, an Gottes Vaterliebe oder an der Kraft des Gebetes zu zweifeln (Jesus in Gethsemane!).

c) Rechtes Gebet vermag viel: In ihm drückt sich der → Glaube aus, der rechtfertigt (Lk 18,10.14); solches Gebet schenkt den heiligen Geist (Lk 11,13), es gibt Klarheit über den weiteren Weg (Mk 1,35–39), in ihm empfängt und nimmt der Beter die Waffenrüstung Gottes, ja das Gebet ist der Weg, auf dem dem Jünger überhaupt alle geistlichen Gaben zugeeignet werden. Es ist gleichsam die ausgestreckte Hand des Menschen, die Gott füllt (Eph 6,17–20). So überwindet rechtes Beten das Sorgen (Phil 4,6). Es ist aber zugleich auch ein Kämpfen mit den Mächten des Bösen und der Finsternis (Röm 15,30; Kol 14,12; vgl. Mt 6,13!).

Auf der anderen Seite weiß auch das NT von Hindernissen, die das Gebet unwirksam machen können: Zuchtlosigkeit und Lieblosigkeit (1Petr 3,7; Jak 4,3), Unglaube und Zweifel (Jak 1,5–7), Unversöhnlichkeit (Mt 5,23f; Mk 11,25).

d) Inhaltlich kann auch das nt. Gebet die kleinsten Dinge wie die größten, die Anliegen des Tages und der Ewigkeit umfassen. Das beste Beispiel dafür ist das Vaterunser (Mt 6,9ff und Lk 11,2ff). Hier steht die Bitte um das tägliche Brot und damit auch um all die anderen Dinge des täglichen Bedarfs mitten zwischen den Bitten um das Kommen des Reiches Gottes und das Sichdurchsetzen seines Willens einerseits und den Bitten um die Vergebung der Schuld, um die Bewahrung in der Versuchung und um die Erlösung von allem → Bösen (und auch von dem personifizierten Bösen; vgl. Art. πονηρός III, 2b) andererseits. Freilich wird es seine Bedeutung haben, daß die Bitten, die sich auf Gott, seinen Willen, sein Reich und seinen Namen beziehen, voranstehen. In Mt 6 wie in Lk 11 ist das Vaterunser eingebettet in längere Ausführungen über das rechte Beten (Mt 6,5–15; Lk 11,

1–13): zu ihm gehören Einfalt, Sammlung, Zucht, zuversichtliche Geduld – und Gehorsam.

e) Die vom Bittgebet unterschiedenen Arten des Gebetes sind, wie im AT, die Fürbitte, deren Wirksamkeit vor allem Paulus und Jakobus sehr betonen (Röm 15,30; 1Thess 5,25; 2Thess 3,1; Jak 5,14–18) und die sich auf alle Menschen erstrecken soll, auch auf die Feinde (Mt 5,44), das Lob- und Dankgebet (→ Dank, Art. αἰνέω und Art. εὐχαριστέω) und die Anbetung (die sich ganz an Gott selbst wendet, sich nicht bezieht auf seine Gaben, seien sie irdischer oder geistlicher Art, vgl. vor allem Offb). Oft wird erwähnt, daß das Gebet anhaltend sein soll (zB ἐκτενῶς *[ektenōs]* Apg 12,5; 1Petr 1,22; vgl. auch → Geduld, Art. καρτερέω). Das will sagen, daß der Christ immer in der Gegenwart seines Herrn und im Gespräch mit seinem Herrn leben soll, stets auf ihn ausgerichtet (Kol 14,2 u. ö.).

Die Gebetshaltung war entweder kniend (Apg 21,5; Eph 3,14), wobei sogar die Stirn den Boden berühren konnte (Mt 26,39), oder stehend (Mk 11,25; Lk 18,11.13), u. U. mit erhobenen Händen (1Tim 2,8).

Das gemeinsame Gebet scheint in der Urchristenheit üblich gewesen zu sein, sowohl im Gottesdienst (1Kor 11,4f; 14,13–16.26) wie im kleineren Kreis (Mt 18,19, wo Jesus dem gemeinsamen Gebet eine besondere Verheißung gibt; Apg 2,46f; 12,12), wenn auch das einsame Gebet der Quellort alles Betens bleibt (Mt 6,6; Jesu Beten in der Einsamkeit: Mt 14,23; Mk 1,35; Lk 5,16; 6,12; 9,18). – Formulierte Gebete hat es sicher gegeben; doch auch sie stellten kein starres Schema dar, wie gerade die Überlieferung des Vaterunsers in zwei Varianten beweist (Mt 6,9ff; Lk 11,2ff).

2) Das Gebet bei einzelnen nt. Schriftstellern:

a) Auffällig ist der häufige Gebrauch von προσεύχομαι *[proseuchomai]* in den lukanischen Schriften. Für Lk ist das Gebet eine wesentliche Erscheinungsform christl. Glaubens und Lebens. Jesus ist ihm das direkte Vorbild eines rechten Beters (Lk 11,1). Alle wichtigen Punkte im Leben Jesu wie im Leben seiner Apostel und seiner Gemeinde sind dadurch markiert, daß die Betroffenen sich betend an Gott wenden; alle wichtigen Entscheidungen werden im Gebet getroffen (Lk 3,21f; 6,12f; 9,18.28ff; 22,44; 23,34; Apg 1, 14.24f; 6,6; 9,11; 10,9; 13,3). Daß das Gebet als echtes Gespräch mit Gott erfahren wurde, geht auch daraus hervor, daß die Betenden sehr oft ganz konkrete Weisungen von Gott empfangen (zB Apg 10,9ff.30ff; 13,2).

b) Bei Joh taucht die Sprachgruppe εὔχομαι *[euchomai]* überhaupt nicht auf. Wo von Jesu Beten die Rede ist (wie Joh 11,41; 17,1), werden die gewöhnlichen Wörter des Redens und Sprechens gebraucht, nur dadurch qualifiziert, daß bemerkt wird, Jesus habe seine Augen aufgehoben zum Himmel. Dabei fällt auf, daß Jesus fast immer aus der jeweiligen Situation heraus mit seinem himmlischen Vater spricht, in aller Öffentlichkeit, sich also nicht besonders zum Gebet zurückzieht (bes. deutlich Joh 12,27f). Joh bringt damit zum Ausdruck, daß Jesus in dauernder Verbindung mit Gott steht, das Beten bei ihm keinen besonderen Akt erfordert; Joh versteht Jesu ganzes Leben als Gebet. Die Besonderheit seines Verhältnisses zu Gott hebt Joh auch dadurch hervor, daß Jesus nie zusammen mit seinen Jüngern betet.

c) Paulus legt bes. Gewicht darauf, daß das rechte Gebet geistgewirkt sei (Röm 8, 15.26; Gal 14,6; an beiden Stellen verwendet Paulus – neben προσεύχομαι *[proseuchomai]* in Röm 8,26 – das Verbum κράζω *[krazō]* = schreien, das hier die aus dem Kindesbewußtsein kommende Freiheit, Freudigkeit und Zuversicht des Gebetes zu Gott ausdrückt). Es entspringt also nicht menschlichem Vermögen und kann nie als menschliche Leistung gelten. Es ist, wie der Glaube selbst, dem es entstammt, ja mit dem es nahezu identisch ist, Geschenk von oben (vgl. auch Eph 6,18: Beten im Geist). Für Paulus ist das Beten letztlich ein Reden des dem Glaubenden innewohnenden, ihn »treibenden« → Geistes (Röm 8, 14) mit Gott selber, »der der Geist ist« (2Kor 3,17; vgl. Joh 4,23f). Darum ist das Gebet in seiner Wirkungskraft auch nicht abhängig von menschlicher Redegewandtheit oder einer bestimmten inneren Verfassung. Vielmehr betont der Apostel, daß geistgewirktes Beten die Gewißheit des Heils zugleich erweist und stärkt (Röm 8,16). Wenn Paulus an anderer Stelle sagt, sein Dankgebet geschehe »durch Christus« (Röm 1,8; 7,25), so ist damit das gleiche gemeint.

Paulus kennt aber auch ein geisterfülltes Beten, das die Schranken der menschlichen Rede und die Grenzen der Verständlichkeit überschreitet: das sog. Beten in Zungen oder Beten im Geist (1Kor 14,14–16). Er läßt indes keinen Zweifel daran, daß er das auch dem mitanwesenden Zuhörenden verständliche Gebet hoch über das Gebet in Zungen stellt (1Kor 14,19; vgl. → Zunge), weil nur, wo die anderen zustimmen können, die → Gemeinde als Leib erbaut wird (→ Haus, Art. οἶκος). – Daß freilich auch Joh im geistgewirkten Gebet das Neue des christl. Betens sieht, zeigt Joh 4,23f (»anbeten im Geist und in der Wahrheit«: vgl. Art. προσκυνέω!).

d) Besondere Erwähnung verdient an dieser Stelle Jak 5,13ff: Hier wird einerseits gefordert, daß das Gebet das ganze Leben des Christen, in guten wie in bösen Tagen, begleiten solle, der Christ also gleichsam alles, was ihm begegnet, im Gebet vor Gott bringen und erst so das ihm dadurch Zuwachsende erfahren solle; andererseits wird das Gebet, verbunden mit Handauflegung, Salbung und Sündenbekenntnis, für Krankheitsfälle bes. empfohlen. → Handauflegung (»über ihm beten«) und → Salbung mit Öl sind dabei als Konkretisierung und Verständlichmachung des Gebetes als Handlung an dem einzelnen aufgefaßt; das Sündenbekenntnis hat seine Bedeutung hier als Beseitigung der Gebetshindernisse. – Schließlich kommt προσευχή *[proseuchæ]* in Apg 16,13.16 (nur hier) in der Bedeutung *Gebetsstätte* vor.

H. Schönweiß

προσκυνέω

προσκυνέω *[proskynęō]* anbeten, fußfällig verehren · προσκυνητής *[proskynætæs]* Anbeter

I Die Grundbedeutung von προσκυνέω *[proskynęō]* ist nach Meinung der meisten Forscher *küssen*. Die Vorsilbe zeigt die Verbindung mit vorgriech. Kultvorstellungen: Auf ägyptischen Reliefs sind Anbetende dargestellt, die mit ausgestreckter Hand der Gottheit einen Kuß zuwerfen (προσ- *[pros-]*). Es ist bei den Griechen terminus technicus der Götterverehrung und hat die Bedeutung *niederfallen, sich zu Boden werfen, fußfällig verehren*. Wahrscheinlich kam es zu dieser Bedeutung, weil man beim Küssen der Erde (Erdgottheit!) und des Götterbildes sich zu Boden werfen mußte. Später wurde προσκυνέω *[proskynęō]* auch im Blick auf die Herrschervergötterung und den röm. Kaiserkult gebraucht. – Neben dem äußeren Akt des Niederfallens und Anbetens kann προσκυνέω *[proskynęō]* auch die entsprechende innere Haltung der Ehrerbietung und Demut bezeichnen.

II In der LXX ist προσκυνέω *[proskynęō]* Übers. von *hischtachawāh* und (fast nur Dan) *sāgad*, beide mit der Grundbedeutung: *sich bücken, krümmen, verneigen*. Während im Griech. προσκυνέω *[proskynęō]* in der Regel trans. konstruiert wird, fehlt in der LXX der folgende Akk. fast immer. An seine Stelle tritt eine präpositionale Wendung (Übers. einer Verbindung mit *le*): auf die Erde (mit ἐπί *[epį]*, Gen 18,2 u. ö.), vor dem Volk (mit ἐναντίον *[enantįon]*, Gen 23,12 u. ö.), vor Gott (mit ἐνώπιον *[enōpion]*, Ps 22,28), vor deinem heiligen Tempel (mit πρός *[pros]*, Ps 5,8); stattdessen findet sich auch eine Dativkonstruktion (Gen 24,26 u. ö.). Dieser Semitismus grenzt die Jahweverehrung ab gegen die distanzlose heidnische Götterverehrung. Denn Israels Gott wird bilderlos verehrt und kann deshalb auch nicht »handgreiflich« angebetet werden. Immer aber bleibt dem Wort der konkrete Sinn der Beugung erhalten, nur daß sie als Beugung unter den Willen des Erhabenen verstanden wird (vgl. Ex 12,27f). Wie das Falten oder Kreuzen der Hände und Arme die Sammlung des Beters bezeichnet, wie das Erheben der ausgebreiteten Hände sein Bitten zum Ausdruck bringt, so ist das körperliche Sich-Beugen Ausdruck seiner Bereitschaft, sich dem Willen dessen zu beugen, dem er sich in dieser Weise zuwendet. Wo προσκυνέω *[proskynęō]* auf Menschen bezogen wird, ist es immer der Höherstehende, an Macht Überlegene, dem die Verehrung entgegengebracht wird (vgl. 2Sam 18,21). Daß man hier aber stets bestimmte Grenzen wahrte, zeigt Est 3 (vgl. V. 2 und V. 5!), wo sich ein Jude unter Lebensgefahr weigert, die Proskynese vor einem heidnischen Fürsten zu vollziehen.

III 1) Im NT kommt das Wort 59mal vor, davon allein 24mal in Offb und 11mal im JohEv, sowie 9mal bei Mt (dem Königs-Ev.). Es nimmt die at. Bedeutung auf und führt sie weiter. Nur wird hier προσκυνέω *[proskynęō]* (mit Dat. oder Akk. konstruiert ohne Unterschied der Bedeutung) allein in Beziehung auf Gott bzw. Jesus Christus gebraucht (auch in Mt 18,26 ist ja der König symbolische Figur für Gott!). Apg 10,25f; Offb 19,10; 22,8f wird ausdrücklich festgestellt, daß die Anbetung nur Gott zukomme, auch einem Apostel nicht (Petrus!), selbst einem Engelwesen nicht. Darum ist überall, wo die Proskynese Jesus gegenüber geübt wird, ausdrücklich oder unausgesprochen der Gedanke mit eingeschlossen, daß Jesus der König (Mt 2,2), der Herr (Mt 8,2), der Gottessohn (Mt 14,33) ist, der in göttlicher Vollmacht handeln kann (zB Mt 14,33; Mk 5,6; 15,19). Deshalb ist die Proskynese oft mit der Bitte um Hilfe in schwerer Not verbunden und verstärkt einerseits diese Bitte, ist aber andererseits Zeichen des der Erhörung gewissen Glaubens an den göttlichen Helfer und Retter (zB Mt 8,2; 9,18; 15,25). In Joh 9,38 ist die Proskynese geradezu das Kennzeichen, ja die Konkretisierung des Glaubens: glauben heißt Jesus anbeten, ihn als Herrn anerkennen, ihm als König huldigen. Die Proskynese ist daher vor allem dem auferstandenen und erhöhten Herrn gegenüber am Platze (Mt 28,9.17; Lk 24,52).

Wenn der Satan Mt 4,9 (Lk 4,7) in Umkehrung der wahren Verhältnisse von Jesus die Proskynese verlangt, so zeigt sich gerade darin, daß er der große Gegenspieler und Widersacher Gottes ist, der das, was Gott allein zusteht (Mt 4,10; Lk 4,8), an sich reißen und damit alle guten Pläne und Ordnungen Gottes umstoßen möchte.

2) Im Zusammenhang damit wird die Proskynese zum Zeichen der grundlegenden religiösen Einstellung des Menschen: Seine Anbetung zeigt, wer sein Gott ist, ob der wahre Gott oder die Götzen und Dämonen, ja Satan selbst (vgl. Offb 9,20; 13,4.8.12 u. ö.); denn das Gottesverhältnis des Menschen äußert sich vornehmlich in der Anbetung, überhaupt im Gebet. Der Ruf zur Umkehr kann daher die Form annehmen »Betet Gott an!«, dh erkennt seine Schöpfermacht und seine Richterherrlichkeit, sein alleiniges Herrschaftsrecht und seinen Herrschaftsanspruch auf euch an (Offb 14,7)! In Joh 4,23 (hier auch das einzige Mal das Subst. προσκυνητής *[proskynætæs]!)* und V. 24 sagt Jesus, daß rechte Anbetung nur dort entstehen kann, wo der Mensch sich in Gottes Wesen, das Geist und Wahrheit ist, hineinnehmen läßt (durch Jesus Christus und seinen Geist!).

3) Wo προσκυνέω *[proskynẹō]* absolut gebraucht wird, bedeutet es so viel wie *am Gottesdienst teilnehmen, Gebete verrichten* (zB Joh 12,20; Apg 8,27; 24,11). Von daher hat sich προσκυνέω *[proskynẹō]* in der Offb zur Bezeichnung einer besonderen Gebetsart, der *Anbetung*, entwickelt. In den verschiedenen Anbetungshymnen der Offb (4,8–11; 5, 8–10.12–14; 7,10–12; 11,15–18; 12,10f; 15,3f; 16,5–7; 19,1–7) kommt ihre Eigenart gut zum Ausdruck: Sie richtet sich auf Gott selbst (bzw. Jesus Christus selbst), auf sein Wesen (also nicht auf seine Gaben wie der Dank!) und auf sein Wirken im weltweiten Rahmen (Schöpfung Offb 4,8–11; Regierung 15,3f; 16,5–7; Erlösung 5,8–10; Vollendung 11,15–18). Die Hymnen preisen Gott in immer neuen Wendungen, mit immer neuen Begriffen und Würdenamen und sprechen ihm die höchsten Werte und Eigenschaften zu (Ewigkeit, Allmacht, Ehre, Weisheit, Heiligkeit, Kraft usw.), um auf diese Weise zu versuchen, – stammelnd – auszusagen und zu bekennen, wer Gott sei. Oft geschieht dies in der Form der Königsakklamation: »Du bist würdig!« (Offb 4,11; 5,9.12), »Heil!« (7,10). Gebetsrufe werden eingestreut (Halleluja; Amen: 7,12; 19,1.3.4). Ein großartiger universaler Zug geht durch diese ganzen Lieder hindurch. In solcher Anbetung vor Gott kommt alles menschliche Bitten – und Danken! – zur Ruhe (vgl. Mt 6,13b!). *H. Schönweiß*

ZUR VERKÜNDIGUNG V

Das Gebet tritt überall dort in Erscheinung, wo der Mensch zu Gott in Beziehung tritt, dh (nach biblischem Sprachgebrauch) »glaubt«. Gebet und → Glaube haben daher dieselben Voraussetzungen: Sie sind nur möglich, weil Gott seine Einsamkeit und Verborgenheit verlassen, sein Schweigen gebrochen und sich selbst, seinen Namen und seinen Willen, dem Menschen geoffenbart und zu ihm gesprochen hat in seinem Wort. Der Mensch kann nur zu Gott in Beziehung treten, weil Gott zu ihm in Beziehung trat, zuletzt, alles erfüllend und zusammenfassend, in Jesus Christus. Der Mensch kann nur mit Gott reden, weil Gott vorher mit ihm geredet hat. Im Gebet stellt sich der Mensch Gottes Anruf und Angebot. Das Gebet ist also letztlich Antwort des Menschen auf Gottes Wort. Es wird daher auch nur gesund und lebendig bleiben, wenn es in Verbindung bleibt mit Gottes Wort, wenn es aus dieser Quelle immer wieder schöpft.

Das Gebet ist demnach nicht einfach Besinnung des Menschen auf sich selbst, auf sein Wesen und sein Ziel, auch nicht Versenkung in sich selbst, in die Tiefen seiner Seele, es ist (als Fürbitte) auch nicht primär Ausdruck seiner Verbundenheit mit dem Mitmenschen, Ausdruck seines An-ihn-denkens und also seiner Mitmenschlichkeit, sondern das Gebet hat als Gegenüber einen lebendigen und persönlichen Gott, der hört und sieht und redet. Weil Glaube und Gebet Gott wirklich Gott sein lassen, dh seiner Freiheit und Macht keine Grenzen setzen, und weil sie der Liebe und Treue dieses Gottes gewiß sind, der verheißen hat, er wolle das Rufen des Beters hören und erhören, darum rechnet das Gebet mit Erhörung, ja ist dessen gewiß (→ Hören). Das Gebet sieht wie der Glaube die Welt nicht als in sich geschlossenes und in sich ruhendes Ganzes an, sondern es sieht die Welt umschlossen von Gottes Wirken, durchdrungen von seinem Willen und Geist, beherrscht von seiner Macht, für die es keine Unmöglichkeiten gibt; für den Beter ist die Welt offen zu Gott und darum auch zum Wunder der Gebetserhörung hin. Die Gewißheit der Erhörung gründet dabei nicht in menschlichen Voraussetzungen, zB im formvollendeten Gebet, sondern allein in der Treue Gottes, der zugesagt hat, daß er kein Gebet im Nichts verhallen lasse, und sei es noch so stammelnd und aus der Verzweiflung geboren, aus der sich nur noch ein Schrei loszuringen vermag. Es fällt im NT auf, wie gerade die kurzen Hilfeschreie zu Jesus Erhörung finden (Mt 8,25; 9,27; 14,30; 15,22; Lk 23,42 u. a.). Sogar Paulus sagt: »Wir wissen nicht, was wir beten sollen, wie sich's gebührt« (Röm 8,26), und er vertraut darauf, daß »der Geist unserer Schwachheit aufhilft« und »uns selbst vertritt«. Wir sind also auch beim Beten, wie in unserem ganzen Christsein, nicht auf uns gestellt. Sobald wir beten, ist Gottes → Geist dabei und bringt unser Beten zurecht. Ja, im Grunde ist unser Gebet wie der Glaube Gottes Geschenk und Wirkung seines Geistes. Wo immer ein Gebet zu Gott emporsteigt, da ist der Heilige Geist am Werk. Nur für den Unglauben ist Beten unmöglich. Darum ist beten können schon Gnade.

Allerdings weiß der Beter, daß Gott nicht wie ein Automat auf sein Gebet reagiert, sondern daß Gottes Erhören seine Zeit und Stunde hat und daß auch die Art, in der Gott ein Gebet erhört, sehr verschieden sein kann von den Vorstellungen des Beters. Trotzdem vertraut er darauf, daß Gott sein Bestes im Sinne hat und ihm gewährt, was zu seinem Heile dient. Freilich können schwere Schicksalsschläge, die scheinbar sinnlos über den Menschen hereinbrechen, das Gebet wie den Glauben eines Menschen vorübergehend erlahmen lassen oder auch ganz zum Erliegen bringen. Er kann sich dann nur daran halten, daß ein anderer (mit seinem Gebet) für ihn eintritt, nämlich Jesus Christus selbst (vgl. Lk 22,31f).

Weil der Glaubende nicht nur dies oder das, sondern schlechthin alles auf Gott bezieht, kann sein Gebet praktisch alles zum Gegenstand haben, von den kleinsten Nöten und Freuden des Alltags bis hin zur Sorge um sein Heil und das Heil der Welt, bis hin zur Freude auf Vollendung und Seligkeit (vgl. das Vaterunser!). Alles kann zum Gebet werden. Das Gebet weist daher einen großen Reichtum an Formen und Arten auf: als Bittgebet bringt es die kleinen und großen persönlichen Anliegen vor Gott; als Beichtgebet bekennt es Schuld vor Gott und bittet um Vergebung; als Fürbitte tritt es für den andern ein, für den einzelnen wie für Kirche und Volk; als Dankgebet bringt es Gott Lob und Dank für allen geistlichen und leiblichen Segen im persönlichen Leben, im Leben der Gemeinde, der Kirche, des Volkes und der ganzen Christenheit auf Erden, als Anbetung steht es vor Gott selbst (schaut also auch nicht mehr bittend oder dankend auf seine Gaben) und preist seinen Namen und seine Herrlichkeit.

Das Gebet ist also eine Lebensäußerung des Glaubens, so eng mit ihm verbunden, daß es zur Selbstbezeichnung der Christen in den ersten Gemeinden wurde: sie bezeichnen sich als solche, »die den Namen unseres Herrn Jesu Christi anrufen« (1Kor 1,2; Apg 9,14). Von daher ist es unmöglich, das Gebet als fromme Übung, als verdienstliches Werk anzusehen (bes. dann noch in seiner Häufung, zB als Satisfaktion nach der Beichte!), wie es noch weithin in der kath. Kirche geschieht. Aber auch, wo es in einem ev. Traditionschristentum als rein formale Sitte und Erfüllung einer religiösen Pflicht geübt wird, hat es seinen eigentlichen Sinn verloren.

Das Gebet ist vielmehr Ausdruck einer lebendigen Verbindung und eines personalen Verhältnisses zu Gott und zu Jesus Christus und erweist gerade darin seine Kraft und seinen Segen: Der Mensch steht dann nicht mehr allein sich selbst, dem Leben, der Welt und ihren Mächten gegenüber, sondern er weiß um den väterlichen Hintergrund der Welt, der in Jesus Christus offenbar geworden ist, und erfährt sich von daher in einem letzten Sinn geborgen. Er muß nicht mehr krampfhaft einen Halt an sich oder in sich selbst suchen oder an einem Gegenstand, Wert oder Ereignis dieser Welt, was immer dem Münchhausenschen Versuch, sich selbst aus dem Sumpfe zu ziehen, gleichkommt, sondern er weiß sich von jenseits seiner selbst, und darum wirklich, gehalten. Er braucht nicht mehr das Selbstgespräch der Angst zu führen, das sich selbst Mut einzureden versucht, sondern er kann zu einem Du sprechen. Dadurch wird die Einsamkeit durchbrochen und die Angst überwunden. Er sieht die Welt nicht mehr vom Nichts und vom Chaos umlagert, sondern von der Treue Gottes umschlossen und kann daher mit Vertrauen in ihr und an ihr arbeiten und für sie hoffen. Beten und Handeln in der Welt gehören daher zusammen. Hier kann nicht eins das andere ersetzen; das Gebet dispensiert nicht vom Tun, noch das Tun vom Gebet.

H. Schönweiß

Lit.: MLuther, Eine einfältige Weise zu beten für einen guten Freund, 1535, WA 38, 358ff – WHerrmann, Der Verkehr des Christen mit Gott, 1886 (wiss.) – FHeiler, Das Gebet. Eine religionsgesch. und religionspsychol. Unters., 1918 (wiss.) – JHorst, Proskynein, 1932 (wiss.) – HSchlier, Art. γόνυ, ThWb I, 1933, 738ff – GStählin, Art. αἰτέω, ThWb I, 1933, 191ff – HGreeven, Art. δέομαι, ThWb II, 1935, 39ff – JHerrmann/HGreeven, Art. εὔχομαι, ThWb II, 1935, 774ff – FBüchsel, Art. ἱκετηρία, ThWb III, 1938, 297f – HThielicke, Das Amt des Beters, 1940 – ders., Das Gebet, das die Welt umspannt, 1945 – KGKuhn, Achtzehngebet und Vaterunser und der Reim, 1950 – JJeremias, Kennzeichen der ipsissima vox Jesu, in: Synopt. Studien, Festschrift AWikenhauser, 1953, 86ff – OHallesby, Vom Beten, 1954 – GSchrenk/WQuell, Art. πατήρ, ThWb V, 1954, 946ff (bes. 984ff) – CWestermann, Das Loben Gottes in den Psalmen, 1954 – ADietzel, Beten im Geist. Eine religionsgesch. Parallele aus d. Hodajot z. paulin. Beten im Geist, ThZ 1957, 12ff – RSchnackenburg, Art. Bittgebet, LThK II, 1958², 514ff – HGreeven, Art. προσκυνέω, ThWb VI, 1959, 759ff – AKöberle, Schule des Gebets, 1959 – RSchnackenburg, Die »Anbetung in Geist und Wahrheit« (Joh 4,23) im Lichte von Qumran-Texten, BZ 3, 1959, 88ff (kath.) – JScharbert, Die Fürbitte in der Theologie des AT, ThGl 50, 1960, 321ff (kath.) – JJeremias, Das Vaterunser im Lichte der neueren Forschung, Calwer Hefte 50, 1962 – ELohmeyer, Das Vater-Unser, 1962 (wiss.) – HSchönweiß, Beten? Ja, aber wie?, 1962 – GEichholz, Auslegung der Bergpredigt, BSt 37, 1963, (bes. 109ff) – JMNielsen, Gebet und Gottesdienst im NT, 1963 (kath.) – KHMiskotte, Der Weg des Gebets, 1964 – KNiederwimmer, Das Gebet des Geistes, Röm 8,26f, ThZ 20, 1964, 252ff – JMRobinson, Die Hodajot-Formel in Gebet und Hymnus des Frühchristentums, in: Apophoreta, Festschr. EHaenchen, 1964, 194ff – OKuß, Das Vaterunser, in: ders., Auslegung und Verkündigung 2, 1967, 277ff – JCarmignac, Recherches sur le »Notre Père, 1969 (Lit.) – EFuchs, Gebet und Gebetssituation, EvTh 29, 1969, 133ff – HSchultze, Gebet zwischen Zweifel und Vertrauen, EvTh 30, 1970, 133ff – GMainberger, Gebet, Sprache und Erfahrung, Ling. Bibl. 7/8, 1971, 7ff – AVögtle, Der eschatologische Bezug der Wir-Bitten des Vaterunser, Festschr. WGKümmel, 1975, 344ff.

Gebot, Weisung

Das, was auf Grund autoritativer Verordnung oder eigener fester Überzeugung unumstößliche Gültigkeit besitzt, wird als δόγμα *[dọgma]* oder ἐντολή *[entolæ̣]* oder παράγγελμα *[parạngelma]* (oder mit den entsprechenden Verben) bezeichnet. Ein δόγμα *[dọgma]* ist entweder ein Satz, der sich dem Denken als richtig erwiesen hat, also zB ein philosophischer *Lehrsatz*, oder ein amtlicher *Erlaß*, der bedingungslosen Gehorsam verlangt; so sind für jüd.-hell. Denken auch die mosaischen Gesetze δόγματα *[dọgmata]*. ἐντολή *[entolæ̣]* ist ein *Befehl*, eine streng zu befolgende *Anweisung*, und auch παραγγέλλω *[parangẹllō]* – Grundbedeutung: *eine militärische Meldung weitergeben* – wird für das Erteilen einer autoritativen Weisung gebraucht. Den hier behandelten Wortgruppen sind die unter → Gesetz aufgeführten eng verwandt.

δόγμα

δόγμα [dogma] Verordnung, Lehrsatz · δογματίζω [dogmatizō] anordnen

I Das Wort stammt vom Verbum δοκέω [dokeō] (= 1. *glauben, meinen, dafür halten;* 2. *beschließen*). Aus der Wurzel δοκ [dok] (δεκ- [dek] mit [o]- Ablaut) und dem Nominalsuffix -μα [-ma] wird das Nomen δόγμα [dogma] = die *Meinung*, der *Beschluß* und von diesem Subst. dann das intensive Verb δογματίζω [dogmatizō] = *Beschlüsse auferlegen, anordnen* gebildet.

Bei den Vorsokratikern nur 3mal und zwar immer im Zusammenhang mit Pythagoras belegt, ist das Wort seit Xenophon (4. Jh. vChr) a) in profaner Sprache (= *Meinung*), b) in philosophischer (= *Lehrsatz, Grundsatz, Lehre*), c) in religiöser (δόγμα θεοῦ [dogma theou] = *Gottes Ratschluß*) und d) vor allem in amtssprachlicher Verwendung gebräuchlich (behördliche *Verordnung, Erlaß, Edikt;* dabei liegt der Ton auf der öffentlichen Bekanntmachung; vgl. Bauer und ThWb II, 233f).

II 1) In den späten Schriften der LXX begegnen dann a) im letztgenannten Sinne δόγμα [dogma] (Est 4,8; Dan 2,13; 4Makk 4,23ff) und δογματίζω [dogmatizō] (Dan 2,13; Est 3,9; 2Makk 10,8), das erst seit dem 2. Jh. vChr nachweisbar ist. – Ferner wird b) δόγμα [dogma] nun für die göttliche *Verordnung* des mosaischen Gesetzes verwandt (3Makk 1,3) und c) δογματίζω [dogmatizō] für das *Beschließen* in der Gemeinde (2Makk 15,36).

2) Im Spätjudentum verstehen Josephus und Philo (1. Jh. nChr.) vergleichsweise das mosaische Gesetz als System von heiligen Lehrsätzen, δόγματα [dogmata] einer göttlichen Philosophie, die als das erhabenste aller Systeme den Lehren der übrigen antiken Philosophie überlegen ist (s. ThWb aaO).

III 1a) Im NT finden wir den Begriff in der Bedeutung von I,d in den lukanischen Schriften: am Beginn der Weihnachtsgeschichte Lk 2,1 (δόγμα [dogma] vom Kaiser Augustus zur Volkszählung) und Apg 17,7; ferner Hebr 11,23 in einigen Hss.

b) In Apg 16,4 werden ähnlich 2Makk 15,36 (s. o. I,1b) die in den Missionsgemeinden durchzuführenden *Beschlüsse* des sog. Apostelkonzils δόγματα [dogmata] genannt.

c) Eph 2,15 gebraucht den Plur. zur Bezeichnung von Einzelsatzungen der Gebote (ἐντολῶν [entolōn]; → Art. ἐντολή) des mosaischen Gesetzes (→ Art. νόμος). Kol 2,14 nennt diese Satzungen als Inhalt des gegen uns gerichteten Schuldscheins, den Gott ans Kreuz geheftet hat. Und Kol 2,20 verbietet deshalb der Gemeinde, sich Satzungen, wohl Speise- und Reinheitsvorschriften (V. 21f), auferlegen zu lassen (δογματίζω [dogmatizō]).

2) Wo δόγμα [dogma] säkular gebraucht wird als öffentliche behördliche Verfügung, hat es nur indirekt theol. Bedeutung: Die Eltern Moses werden Zeugen des Glaubens, indem sie furchtlos das Knabentötungsgebot (δόγμα [dogma]) des Pharao mißachten (Hebr 11,23 in einigen Hss.). Das *Edikt* (δόγμα [dogma]) des Kaisers muß dem Heilsplan Gottes dienen, den Messias in Bethlehem zur Welt kommen zu lassen (Lk 2,1ff). Die Feinde der christl. Mission klagen die Christen wegen des Ausschließlichkeitsanspruches des Königstitels Jesu, der zu den kaiserlichen *Edikten* (δόγματα [dogmata]) in Widerspruch steht, des Hochverrats an (Apg 17,7; s. Haenchen 453). — In den genannten Zusammenhängen zeigt sich Ohnmacht und Dienstbarkeit aller *Erlasse* (δόγματα [dogmata]) der Mächtigen gegenüber dem Heilshandeln Gottes.

3) »Mit Christi Tod ist das Gesetz« mit allen Geboten und *Satzungen* (δόγματα [dogmata]) »als Heilsfaktor aus der Welt geschafft« (MDibelius, S. 70 zu Eph 2,15; vgl. Kol 2,14; auch 2,20ff für die Satzungen der »Weltelemente«).

4) Umso erstaunlicher erscheint die Verwendung des Begriffes δόγμα [dogma] im positiven Sinne (s. o. II) für die in der gesamten Christenheit verbindliche → *Lehre*. Diese Entwicklung bahnt sich Apg 16,4 an, ist bis zum Ende des 4. Jh. abgeschlossen und bestimmt bis heute das Verständnis des christl. Dogmas, nicht ohne die Gefahr, Dogma als kirchliche Rechtssatzung, die intellektuelle Zustimmung verlangt, gesetzlich mißzuverstehen und von der Christusbotschaft (→ Verkündigung) zu trennen. *H. H. Eßer*

ἐντολή [entolǣ] Gebot · ἐντέλλομαι [entẹllomai] befehlen

ἐντολή

Das Subst. ἐντολή [entolǣ] = *Auftrag, Anordnung, Anweisung, Geheiß, Ermahnung, Befehl, Gebot, Gesetz*, abgeleitet vom Dep. med. ἐντέλλομαι [entẹllomai] = *beauftragen, auftragen, bestellen, befehlen* (jemandem etwas: τινί τι [tinị ti], oder absolut bzw. mit Akk. mit Inf. oder Inf. pass.), hat das substantivierte Part. Perf. τὰ ἐντεταλμένα [ta entetalmẹna] = das *Befohlene, Aufgetragene* verdrängt. Verb und Subst. (seit Aischyl., Pindar, Hdt. 5. Jh.) bezeichnen vorwiegend die konkrete einzelne *Dienstanweisung* (daher auch häufig der Plur. des Subst., zB ἐντολὰς δοῦναι [entolạs dọunai] = *Instruktionen geben*) eines sozial höher Stehenden an einen Untergebenen, im Unterschied zum Gesamtbereich oder dem ethischen Gehalt des → Gesetzes. I

Der profane Gebrauch herrscht vor, aber auch zur Bezeichnung der *Befehle* Gottes wird die Wortgruppe schon früh (Aischyl., Pindar) gebraucht, analog zu königlichen bzw. kaiserlichen Verordnungen (→ Art. δόγμα); diese am häufigsten in Inschriften und Papyri belegt. In nachchristl. Zeit (4. Jh.) wird die Wortgruppe außerdem als terminus technicus für die Prozeßbevollmächtigung verwandt.

1) Rund 400mal (davon 39mal ohne hebr. Äquivalent) findet sich das Verb in der LXX, 244mal (davon 46mal ohne hebr. Äquivalent) das Subst. Die Schwerpunkte des Vorkommens liegen bei beiden im Pentateuch (beim Verb mehr als die Hälfte aller Stellen) und dort im Dtn. Ferner weisen das deuteronomistische und das von ihm abhängige chronistische Geschichtswerk vielfach unsere Wortgruppe auf (s. u. 2). Im übrigen ist das Verb bei Jer häufig, das Subst. in den Pss. II

2a) Unter den Äquivalenten herrscht vor die Wurzel *tswh* (344mal *tsāwāh;* 159mal *mitswāh).*

α) *tsāwāh* bedeutet: *bestellen, beordern, aufbieten* (eine Person oder Sache an einen Ort zu einer Aufgabe); zB bestellt Jahwe einen Fürsten über sein Volk (2Sam 13,14; 6,21); seine Engel über seine Schützlinge (Ps 91[90],11; auch wiedergegeben durch ἀποστέλλω [apostẹllo], → Apostel, zB Jes 10,6; Ex 4,28) und bietet Hilfeleistungen auf für Israel (Ps 44,5 = LXX 43,4); – *tun heißen, befehlen, gebieten* (Gen 32,18); oder durch folgende Negation inhaltlich *verbieten* (Gen 2,16; 18,1); – *auftragen* (für die Zusammenfassung von Befehlen, Gen 6,22; Ex 7,2; Dtn 1,3 u. ö.).

β) *mitswāh* wird wie das Verb auch für menschliches, vorwiegend aber göttliches *Befehlen* gebraucht. Im Pentateuch ist es letzterem vorbehalten. Dort vor allem begegnen auch die feststehenden Formeln: Gebot Jahwes, Gebot (meines, unseres) Gottes, sein Gebot, seine Gebote, diese Gebote, das Gebot; in der Rede Gottes: Meine Gebote: in der Anrede an ihn (häufig in den Pss): Deine Gebote. Dabei ist der Inhalt der mit der Formel gemeinten Gebote jeweils als bekannt vorausgesetzt. Das Subst. hat die Bedeutungsbreite: Auftrag, Befehl, einzelnes Gebot, Summe aller Gebote (dann meist Plur., oft mit φυλάσσεσθαι [phylạssesthai]), Anrecht (Neh 13,5 [LXX Esr 2,23,5]), Verpflichtung (Neh 10,33 [LXX Esr 2,20,33]; Z = V. 32).

b) Unter den übrigen seltenen Äquivalenten überwiegt die Wurzel *pqd* (24mal). Das Verb *pāqad* wird 6mal durch ἐντέλλεσθαι [entẹllesthai] wiedergegeben, im qal in der Bedeutung *jemanden beauftragen, betrauen* (2Chr 36,23) und *zur Verantwortung ziehen, ahnden* (die Bosheit Jes 13,11); im pi. bedeutet es *mustern* (ein Heer Jes 13,4; Subjekt ist in allen Fällen Gott); im nif.: *abhandenkommen, fehlen* (1Sam 25,7.21 LXX 1Kön; V. 15 in gleichem Sinne im qal).

Das Subst. *piqqūdīm* (18mal als Äquivalent) ist terminus technicus für die *Anweisungen, Befehle* Gottes: Ps 103[LXX 102],18; 111[LXX 110],7; 119[LXX 118] (dort 21mal in der Formel: deine Anweisungen; davon übers. die LXX jedoch 5mal – V. 27.56.93.94.141 – mit δικαιώματά σου [dikaiọ̄mata sou]; → Gerechtigkeit).

c) 10mal findet sich die Wurzel *dbr* (davon 6mal das Wort *dābar* = *sprechen, reden)* als Entsprechung, von LXX sinngemäß mit *Befehl* bzw. *befehlen* übers., weil immer Jahwe oder sein Bevollmächtigter (Dtn 28,14 Mose; Jos 4,12 Josua) Subjekt des Redens ist und der Inhalt der Rede in konkreter Weisung besteht: Ex 7,13; 23,22; Jos 4,12 (Kriegsplan); 11,23; 1Kön[LXX 3Kön] 13,17; Jer 19,15; einer Sammlung von Geboten: Ex 34,32b; Dtn 28,14 (Segen- und Fluchworte beim Bundeserneuerungsfest) oder dem grundsätzlich Gehorsam fordernden Anspruch Gottes: Ps 119,57 und 139.

d) Besondere Beachtung verdient das nur 8mal begegnende Äquivalent *choq, chuqqāh* (hier meist Plur.). Es bedeutet wörtl. das *Feststehende,* (in Stein) *Eingegrabene, Eingeritzte,* schriftlich und damit endgültig Festgelegte (gebräuchlichste Wiedergabe in den deutschen Übers.n: *Satzungen;* vgl. → Gesetz, bes. Art. στοιχεῖα). Die deuteronomistische Theol. verwendet es dort, wo es auf die ungeschmälerte, lebensnotwendige Weitergabe des Überlieferten ankommt: Dtn 6,24 für die Belehrung der Kinder über das Bekenntnis; 16,12 für Vorschriften über die Feste; 28,15 für die beim Bundeserneuerungsfest proklamierten Lebensregeln Israels; im Testament Davids an Salomo 1Kön[LXX 3Kön] 2,3; in der prophetischen Designierung Jerobeams I. zum König (1Kön 11,38). In dieser Tradition, ihrem Tradiert- und Gelebtwerden verwirklichen sich → Bund, Recht und → Gerechtigkeit, Gebot und Befehl Gottes (1Kön 3,14 Antwort Gottes auf das Gebet Salomos). Das

Grundverhältnis Gottes zu seinem Volk ist bestimmt durch das verkündigte und im Gehorsam gelebte Gebot, auch dann, wenn die nationale Einheit verlorengeht (Ende des Nordreiches, Babylonisches Exil). Für die Lebensordnung der Heimkehrergemeinde nach dem Exil wird das neu verkündigte Gebot konstitutiv (Neh 8ff). – Mißachtung der göttlichen Satzungen zieht die Strafe Jahwes auf sich (1Kön[LXX 3Kön] 11,11). Aber dem umkehrbereiten Sünder eröffnet das künftige Einhalten der Lebensregeln Jahwes Vergebung früherer Schuld und neu geschenktes Leben (Ez 18,21f).

e) Schließlich steht ἐντολή *[entolæ]* ganz selten für das hebr. *tōrāh* und gibt dann den sekundären Sinn dieses Äquivalentes wieder, die Zusammenfassung, *Summe der Gebote Gottes*, also das ganze, für das Ethos Israels maßstäbliche Gesetz Gottes (2Kön 21,8 – 3mal der Stamm ἐντελ- *[entel-]*; 2Chr 12,1 – Plur. für den hebr. Sing.; 2Chr 30,16 und im Königsgesetz Dtn 17,19: »alle Worte dieses Gesetzes« hebr.; LXX: »alle diese Gebote« parallel zu *chuqqim* = δικαιώματα *[dikaiōmata]*, Satzungen).

3) In den Qumrantexten nehmen die unter 2) genannten hebr. Wortgruppen eine beherrschende Stellung ein; rund 235mal kommen sie als Bedeutungsäquivalent zu *Gebot, gebieten* usw. vor, davon 26mal *tsāwāh*, 25mal *mitswāh*, 33mal *pāqad*, 14mal *p^equddāh*, 1mal *piqqūdim*; 5mal das Verb *dābar*, 12mal das Subst. *dābār*; 50mal *choq*, davon 16mal der Sing., häufig absolut gebraucht; 2mal das Verb *chāqāq*, 3mal *chuqqāh*; 63mal *tōrāh* in der 2e) genannten Bedeutung, meist absolut gebraucht, sonst als »Gesetz des Mose«. Dies bekräftigt vom Sprachlichen her, daß es der Sekte um schriftgemäß wörtl. Befolgung der Gebote des Pentateuch und der Propheten geht (1QS 1,3), und zwar in Abgrenzung gegen die laxe Gesetzespraxis des Jerusalemer Priestertums. Stereotyp kehren die Formeln wieder: »wie er (Gott) befohlen hat« (1QS 1,3 u. 17; 5,1.8.22 u. ö.), »die ich dir befohlen habe«; »was ich dir heute befehle« (1Q 22, 1,3; 4,6.9 u. ö.); alles, »was du befohlen hast« (1QH 15,11 und 18–19). Der durch ständiges Lernen und Leben in Erinnerung gehaltene Inhalt der mosaischen Gebote wird in diesen summarischen Formeln und im absoluten Gebrauch der Worte *Gebot, Gesetz* usw. als bekannt vorausgesetzt. Die Einhaltung dieser Lebensnorm ist ausschlaggebend für die Zugehörigkeit zu den Kindern des Lichts und dann endgültig für das Bestehen im bevorstehenden letzten → Gericht Gottes (s. 1QM insgesamt). Von daher versteht sich bes. die Vorliebe für die Wortgruppe *pqd*, die in ihrer Bedeutungsbreite einen ganzen Geschichtszusammenhang umgreift; sie bezeichnet die der Sekte zugehörigen gemusterten Männer (1QM 2,4; 12,8 u. ö.; CD 10,2 u. ö.), das Achten der Gebote (1QS 5,22), die Gebote selbst (CD 20,2) wie auch das Zur-Verantwortung-Ziehen von seiten Gottes (nicht einfach »heimsuchen«; vgl. → Bischof, Art. ἐπίσκοπος, III) für die auf das Gebot im Lebensvollzug gegebene Antwort (CD 8,3 u. ö.; zu den Aktionsformen s. o. 2,b).

Nur vereinzelt begegnet der Hinweis auf die Notwendigkeit, die ewigen Gebote Gottes in der jeweiligen geschichtlichen Gegenwart zu aktualisieren (1Q 22, 2,8; 1QS 9,12ff). An letztgenannter Stelle ordnet die Sektenregel die jeweilige Konkretisierung der göttlichen Gebote durch den Lehrer, Unterweiser an. – Da sich die Gemeinderegeln als konsequente Interpretation des mosaischen Gesetzes verstehen, wird hin und wieder der Begriff *Gebot (choq)* auch zur Bezeichnung dieser Regeln verwandt (zB 1QS 9,12ff; 1QSa 1,5; CD 12,20). – Die Bezeichnung der Schöpfungsgesetze mit Begriffen der ethischen Terminologie läßt erkennen, daß der Dualismus Licht-Finsternis dem Schöpfungs- und Bundesglauben eingeordnet ist (vgl. CD 2,21; 1QM 10,12; 1QH 1,10; 12,5). Insgesamt spiegelt gerade die Verwendung unserer Begriffsgruppe in den Qumrantexten eine starre Rekapitulation priesterschriftlicher und deuteronomistischer Ethik wider (s. o. 2a und d).

4) Während in der übersehbaren streng geregelten Lebensgemeinschaft von Qumran die Überschaubarkeit sittlichen Verhaltens gewährleistet erscheint, krankt das synagogale Judentum an einer sich »in lauter Einzelforderungen und Einzelakte . . . auflösenden atomistischen Ethik« (Schrenk, aaO, 543; vgl. St.-B. I, 814ff; IV, 3–19; 490–500). – Im Gegensatz zu den at. Apokryphen und Pseudepigraphen, die an Wortgebrauch und Begriffsinhalten des AT und der LXX festhalten, zieht Josephus – wohl in Anpassung an röm. Denken – juridische Begriffe dem religiösen ἐντολή *[entolæ]* vor, und zeigt Philo eine im stoischen Denken begründete Abneigung gegen die Notwendigkeit konkreter Gebote, deren der über eigenes Wissen und freiwilligen Antrieb Verfügende nicht bedarf (vgl. Schrenk, aaO).

So lebt das Judentum zZt Jesu in der Spannung zwischen der Suche nach zusammenfassenden Grundgeboten, der Verpflichtung der Halachah (der katechismusartigen Weitergabe ethischer Regeln) zur Einhaltung einer belastenden Kasuistik und dem Versuch, zwischen gewichtigen und weniger gewichtigen Geboten zu unterscheiden (vgl. St.-B. I, 903.907; II, 87f; III, 543; 4Makk 5,20 und das Doppelgebot, zusammengesetzt aus Dtn 6,5 und Lev 19,18, s. Mk 12,29–31 par). – Das theol. Problem liegt im Fehlen einer vollmächtigen prophetischen Verkündigung, die das → Gesetz ins gegenwärtig gültige Gebot aktualisiert.

III Im NT findet sich das Subst. 68mal, das Verb 14mal. Die Schwerpunkte liegen in den johanneischen Schriften, einschließlich der Offb (34mal, davon 14mal im JohEv, das Verb nur dort, 3mal) und in den paulinischen Briefen (14mal, nur das Subst., davon 7mal im

Röm). Von den Synopt. gebraucht Mt das Subst. 6mal, das Verb 4mal; Mk das Subst. 8mal, das Verb 2mal; das LkEv das Verb 1mal, das Subst. 5mal. Der übrige Gebrauch verteilt sich auf Apg (3), Hebr (6), 2Petr (2).

1) Die Verkündigung Jesu nach dem Zeugnis der Synopt. stellt sich ohne Vorbehalte der spannungsreichen Diskussion um das Gebot (s. o. II,4). Jesus lehnt es ab, die Geschäfte der Kasuistik zu betreiben und Rangordnungen aufzurichten zwischen kleinsten und darum zu vernachlässigenden Geboten (ἐντολή *[entolæ]* als Einzelbestimmung; Mt 5, 19) und einem größten (im Sinne des alles umschließenden, einheitlichen Gesetzes: μεγάλη ἐν τῷ νόμῳ *[megalæ en tō nomō]* = groß, überragend im Gesetz, Mt 22,36; V. 38 und Mk 12,28: πρώτη *[prōtæ]* = das erste; Mk 12,31: μείζων τούτων *[meizōn toutōn]* = größer als die [beiden] genannten). Er weigert sich auch, das Gebot der Gottesliebe gegen das der Menschenliebe ausspielen zu lassen (s. obige Stellen; vgl. auch Lk 10,25ff, formal dort nicht ἐντολή *[entolæ]*) oder gar Gottes eindeutiges Gebot durch Menschensatzungen (παράδοσις τῶν ἀνθρώπων *[paradosis tōn anthrōpōn]* bzw. ὑμῶν *[hymōn]* = menschliche bzw. eure Tradition) unter dem Vorwand vorrangiger Gottesliebe außer Kraft setzen zu lassen (Mt 15,3: übertreten; par Mk 7,8f: aufgeben). Stattdessen verkündigt Jesus die Untrennbarkeit der Gottes- und Menschenliebe (Mt 22,39f: »das zweite ist ebenso groß wie dieses. In diesen zwei Geboten . . .«; par Mk 12,31: »Größer als diese [beiden] ist kein anderes Gebot«), indem er das Gebot auf seinen ursprünglichen Sinn des Angebotes zum Leben aus Gottes Liebe zurückführt, die es ermöglicht, Gott u n d den Nächsten dankbar zu lieben:

Mk 10,19ff par: Das Angebot an den reichen Jüngling, unter Hingabe aller Güter an die Armen selbst vorbehaltlos aus der täglichen Fürsorge Gottes in der Nachfolge zu leben, V. 21 par; Mk 10,3ff par Mt 19,3ff: Gottes Gebot als Angebot schützt ursprünglich die Freude der Ehe und beabsichtigt nicht, eine Kasuistik der Ehescheidung zu ermöglichen *(Gebot, gebieten* bezeichnet Mk 10, 3.5; Mt 19,7 das a u ß e r dekalogische mosaische Gebot Dtn 24,1). Und das Gleichnis vom barmherzigen Samariter – Rahmen und Beispielerzählung – Lk 10,25–37 zeigt, daß die liebende Zuwendung Jesu zu seinem gesetzeskundigen Gegner, in der diesem Gottes Liebe begegnet, es ermöglicht, die zerrissene Einheit von Gottesliebe und Nächstenliebe (vgl. V. 27 mit V. 29) wiederzugewinnen: Indem dem liebenden Gebot Gottes entsprochen wird (V. 37; V. 33–35), geschieht Gottesliebe in Gehorsam und Nächstenliebe in Wahrnehmung der von Gott angebotenen Gelegenheit zur Diakonie zugleich (→ Barmherzigkeit, Art. σπλάγχνα III, 2b; auch Zur Verkündigung).

In der Einheit seines Redens und Tuns, im Unterschied zu seinen die Menschen mit dem Gebot belastenden Gegnern (Mt 23,4 par vgl. mit Mt 11,28–30: φορτίον *[phortion]* = »bildlich von der drückenden Last der Gebote«, Bauer, 5. Aufl., 1710f), erweist Jesus seine prophetische und königliche Vollmacht gegenüber dem Gebot (Antithesen der Bergpredigt, Mt 5,21–48; Herrschaft über das Sabbatgebot, Mk 2,23–27), nicht in der Tendenz, es aufzulösen, sondern die Diskussion über das Gebot und die Gefangenschaft unter dem in menschliche Regie geratenen Gebot dadurch zu überbieten, daß er den Blick auf den Geber des Gebotes lenkt (zu V. 48 vgl. Mt 5,17). Die Aktualisierung des Gebotes ist jetzt angesichts der in Jesus erschlossenen Nähe Gottes kein Problem mehr.

Schließlich erfüllt Jesus letztgültig das entscheidend konkrete Gebot Gottes zur Selbsthingabe für die Menschheit (Mk 14,36par; vgl. Phil 2,8; Joh 19,30). Seitdem kann rechtens mit den johanneischen Schriften von einem »neuen Gebot« (καινὴ ἐντολή *[kainæ entolæ]*, Joh 13,34 u. ö.; s. u. 3) gesprochen werden oder mit dem Missionsbefehl nach Matthäus (Mt 28,20; vgl. die Weisung Jesu Apg 1,2.8) vom Halten alles dessen, was Jesus befohlen hat, oder vom Dank an Gott durch Jesus Christus, dem das Gebot ein- und untergeordnet ist, kraft dessen es aber im Geiste geschieht (Röm 7,25 zu Röm 7,1–24 und Röm 8,2; s. u. 2a).

Die übrigen synopt. Stellen, an denen ἐντολή *[entolæ]* und ἐντέλλεσθαι *[entellesthai]* vorkommen, sind hier nur von formaler Bedeutung und bewegen sich in dem unter II genannten Gefälle: Die Eltern des Täufers wandeln »in allen Geboten« (Lk 1,6). Die Frauen aus der Nachfolge Jesu ruhen am Sabbat »nach dem Gebot« (κατά *[kata]* und Akk.: *entsprechend*, Lk 23,56). In der Versuchungsgeschichte zitiert der Teufel Ps 91 [LXX 90],11:

». . . Schutzauftrag geben, dich betreffend« (ἐντέλλεσθαι + περί *[entellesthai + peri]* mit Gen., Mt 4,6par; Lk zusätzlich: »dich zu bewahren«). Jesus gebietet seinen Jüngern Schweigen über seine Verklärung (Mt 17,9; Mk, der das Messiasgeheimnis betont, hat hier – 9,9 – διαστέλλειν *[diastellein]* = *dringend einschärfen)*.

2a) War es rabb. Auffassung, daß das → Gesetz das beste von Gott gegebene Mittel sei, den bösen Trieb niederzuzwingen (vgl. St.-B. III,237), so entfaltet Paulus dagegen in dem zentralen Abschnitt Röm 7,7ff die schärfste Antithese. »Für Paulus ist nur der → Geist Gottes die Kraft, die den bösen Trieb niederzwingt« (Michel, aaO, 147; vgl. o. 1). Im Ich-Stil bezeugt der Apostel die offenbarungsgeschichtliche Funktion des Gesetzes, die Macht der Sünde zu enthüllen. Obwohl das Gesetz heilig ist (V. 12), erweist es sich schließlich in der Zwangsfolge Begierde (→ Begehren, am Gebot entzündet), → Sünde, → Tod als auf den Tod hin wirksam (V. 10; s. Bornkamm, aaO). Gesetz (νόμος *[nomos]*) und ἐντολή *[entolæ]* werden im ganzen Abschnitt V. 7–13 gleichgesetzt, aber in der Absicht, durch ἐντολή *[entolæ]* die Konkretisierung des Gesetzes auszudrücken (». . . so, daß der νόμος akut wird in der ἐντολή«, Schrenk, aaO, 547). *Gebot* bezeichnet zwar nicht das Paradiesgebot, denn zitiert wird das 10. Gebot des Dekalogs (Ex 20,17 par Dtn 5,21; zur Radikalisierung ohne Objekte!), aber der verhängnisvolle zwangsläufige Sturz von der Begierde in die Sünde bis hin zum (eschatologischen) Tod zeigt die ontischen (also bleibende Seinswirklichkeit eingestehenden) Merkmale der Sündenfallgeschichte Gen 3 (s. StLyonnet, aaO). Zweimal braucht Paulus die Formulierung: die Sünde fand einen Angriffspunkt, bekam einen Anstoß (ἀφορμὴν λαβοῦσα *[aphormæn labousa]*) durch das Gebot (V. 8.11). So bewirkt sie jede Art von Begierde (V. 8) und betrügt und tötet durch das Gebot, also, indem sie sich des Gebotes bedient (vgl. Michel zu V. 8). Ja, das Gebot hat die Sünde erst aus ihrer Virulenz erweckt und ihre todbringende Macht ins Leben gesetzt, an der das sich mit ihm einlassende Ich zugrunde geht (V. 9f). Dennoch ist das Gebot heilig, gerecht und gut (V. 12), nicht nur, weil es Gott entspricht (= gut), zum Leben gegeben ist (V. 10), für Gottes Recht einsteht (= gerecht), sondern vor allem, weil es zum Dienste Gottes ausgesondert ist (= heilig und damit auf der Seite des Geistes kämpfend: πνευματικός *[pneumatikos]*; V. 14), um in seinem letztlich heilsamen Dienst durch das Übermächtigmachen der Sünde den Menschen der Aussichtslosigkeit und Tödlichkeit seines Kampfes zu überführen, den er nur auf sich gestellt unter dem Gesetz mit der persönlichen Macht der Sünde führt (V. 24), und ihn hinzutreiben zum rettenden Machtbereich des Evangeliums von Jesus Christus (V. 25a, Kap. 8,1ff; vgl. Michel 151, Fußnote 5). – Damit liegt die Verkündigung des Paulus, des Boten des Auferstandenen, auf der Linie der Predigt Jesu (s. o. 1): Auch der Apostel nimmt die Angeredeten heraus unter der Last der Gebote und konfrontiert sie dem im Christusgeschehen gültig gewordenen, also gegenwärtigen Heilswillen Gottes. – Nirgends begegnet diese Grundtendenz paulinischer Predigt konzentrierter als in der bekenntnishaften Formel Eph 2,15: »Er (Christus) hat in seinem Fleisch das Gesetz mit allen Geboten, die sich in Satzungen äußern, außer Geltung gesetzt.« Die Häufung von Synonymen (τὸν νόμον τῶν ἐντολῶν ἐν δόγμασιν *[ton nomon tōn entolōn en dogmasin]*) kennzeichnet das summarische Wegfegen, das in der Christustat geschah (vgl. M. Dibelius/Greeven, zSt. und → δόγμα III). – Aus dem gleichen Grunde ermahnt die deuteropaulinische rechte Lehre (Tit 1,14), »nicht Geboten von Menschen« (ἐντολαῖς ἀνθρώπων *[entolais anthrōpōn]*) anzuhängen, die hier sogar gleichgesetzt werden mit »jüdischen Mythen« (vgl. auch o. Mk 7,8f par).

Es widerspricht dem nicht, wenn Paulus wie Jesus (s. o. 1, vor allem Mt 19,17) zum »Halten der Gebote Gottes« (τήρησις ἐντολῶν θεοῦ *[tæræsis entolōn theou]*) auffordern kann (1Kor 7,19). Der Vergleich mit Gal 5,6 und 6,15, die den gleichen Vordersatz bringen (»weder Beschneidung noch Vorhaut gilt, sondern . . .«), zeigt, daß der → Glaube, der sich – allerdings – durch Liebesübung auswirkt (Gal 5,6), bzw. die Neuschöpfung (→ Schöpfung; Gal 6,15) Voraussetzung dafür sind, daß das Halten der Gebote gefordert werden kann. 1Kor 7,19 wehrt unter dieser Voraussetzung einem christl. Libertinismus (vgl.

u. 3 und 4). – Auch Eph 6,2, wo Paulus die Verheißung des 5. Gebotes (= Ex 20,12) hervorhebt, und Röm 13,9, wo er das Gebot der Nächstenliebe (Lev 19,8) die Zusammenfassung aller Einzelgebote der 2. Tafel des Dekaloges nennt, stehen im Zusammenhang der apostolischen Paränese, jenes Imperativs, der im vorausgegangenen, entfalteten Indikativ gründet.

Mehrmals braucht Paulus ἐντολή *[entolæ]* auch zur Bezeichnung jener Anordnungen, die er in apostolischer Vollmacht gibt: Kol 4,10 (Plur. allgemeiner, etwa *Aufträge*, vgl. den Sing. Apg 17,15); 1Kor 14,37 (sehr betont: was er schreibt, ist Gebot des Herrn — so die ältesten Lesarten — und wird im Geiste als solches anerkannt). 1Tim 6,14, die deuteropaulinische Aufforderung zum Bekenntnis in Verfolgung, schärft im gleichen Sinne dem Adressaten ein, das apostolische Lehrgut, »das Anvertraute« (ἐντολή *[entolæ]* in Analogie zu παραθήκη *[parathækæ]* 6,20, – mit MDibelius-Conzelmann zSt.) »unbeschädigt . . . zu bewahren« (s. u. → παραγγέλλω).

b) In Übereinstimmung mit Paulus (s. o. zu Eph 2,15) entfaltet der Hebr programmatisch am Thema der Überlegenheit des himmlischen königlichen Hohenpriestertums Christi über das levitische Priestertum die These der Ungültigkeitserklärung (ἀθέτησις *[athetæsis]* ist juristischer term. techn.) des früher gegebenen (kultischen) Gebotes (7,18) und seiner Überbietung durch eine bessere Hoffnung (weil das → Gesetz, als dessen Teil das Gebot im Hebr immer verstanden ist — s. Röm 7,7ff —, nichts zur Vollendung gebracht hat, vgl. Röm 7,10). 7,16 redet Hebr im gleichen Sinne von der Ablösung der Ordnung fleischlichen Gebotes (dh an das Vergängliche gebundenen Gebotes) durch die Kraft unauflöslichen Lebens (οὐ κατὰ νόμον ἐντολῆς σαρκίνης *[ou kata nomon entolæs sarkinæs]* und ἀλλὰ κατὰ δύναμιν ζωῆς ἀκαταλύτου *[alla kata dynamin zōæs akatalytou]* entsprechen einander antithetisch). – Die übrigen Stellen schildern at. Sachverhalte: 7,5; 9,19 und 20 bewegen sich im säkularen Sprachgebrauch; 11,22 (hier ἐνετείλατο *[eneteilato]*: testamentarische Verfügung treffen).

3a) Im JohEv begegnen die Begriffe ἐντολή *[entolæ]*, ἐντολαί *[entolai]* sowie das Verb ausschließlich in der Beziehung zu dem einen Sohn, dem Offenbarer (Ausnahme: 11,57 der polizeiliche Sprachgebrauch: *Anordnungen* der Hohenpriester und Ältesten — so ältere Lesart —, über den Aufenthaltsort Jesu Anzeige zu erstatten). Unsere Begriffe werden nur in Redestücken verwandt, die zu verstehen sind als Selbstverkündigung des Sohnes. Der vielfache Wechsel zwischen Plur. und Sing. des Subst. hat keine inhaltliche Bedeutung (vgl. RBultmann, 15. Aufl., S. 416: »Wie des Vaters ἐντολαί an Jesus [15,10] in Wahrheit eine ἐντολή sind [12,49f], so redet er bald von seinen ἐντολαί [15,10; 14,15.21], bald von seiner ἐντολή [13,34; 15,12]« und: »seine Gebote . . ., die in Wahrheit ja nur ein Gebot sind, das Gebot der Liebe«, 15,12; s. auch Schrenk, aaO, 550,3). Auch die Redewendungen *die Gebote halten* (τηρεῖν *[tærein]*) Joh 14,15; 15,10; *die Gebote haben* (ἔχειν *[echein]*) *und halten* 14,21; *das Wort* (λόγον *[logon]*) *halten* 8,51f.55; 14,23; 15,20; 17,6; *die Worte* (λόγους *[logous]*) *halten* 14,24 sind austauschbar, weil das Wort des Sohnes die Quelle des Gebots ist.

α) Die Grundbeziehung, die von dem einen Gebot bestimmt wird, ist die des einen Vaters zu dem einen Sohn (10,18; 14,31; 15,10, auch 12,49f). Hier besteht kein Widerstreit zwischen der dem Sohn gegebenen Vollmacht, dessen freier Entscheidung und dessen aktivem Gehorsam (vgl. 10,18 mit 10,17; 14,31); auch nicht zwischen Reden und Tun des Sohnes (12,49; s. o. zu 1). Insofern ist das Gebot des Vaters ewiges Leben (12,50), nicht weil jeder es tun und dadurch ewiges Leben erwerben könnte, sondern weil die Erfüllung dieses Gebotes durch den Sohn ewiges Leben für die Welt bedeutet. Im Halten der Gebote des Vaters liebt der Sohn den Vater (14,31), und bleibt der Sohn in der Liebe des Vaters, dh in der Liebe, mit der ihn der Vater liebt (15,10). Diese Liebe ist nicht rein innertrinitarischer oder mystischer Art, sondern geschichtlich wirksam (3,16): Sie bedeutet Hingabe des Sohnes durch den Vater und Selbsthingabe des Sohnes für die Jünger (14,9; 15,12c — 14a), die bei Joh die ganze eschatologische Gemeinde repräsentieren (10,16; 17,20ff u. ö.).

β) Die Geschichtlichkeit der Liebe des Sohnes endet nicht an den Geliebten; sie bedingt, begründet und ermöglicht ihre Weitergabe durch die Geliebten: »da ich ja (zu καθώς [kathọs] vgl. Blaß-Debrunner, 9. Aufl., 453,2; RBultmann, Johannes, zSt.) euch geliebt habe, damit ihr einander liebt« (13,34b). Diese Liebe zu üben, ist deshalb ein neues, das e i n e neue Gebot (V. 34a; 15,12; wieder καθώς [kathọs] als Begründungs- und Entsprechungs-Konjunktion; vgl. 15,14b und 15,17 – hier jeweils das Verb), weil die einmalige Begründung in der Liebestat des Sohnes eine neue Weltzeit heraufgeführt hat. Historisch oder ethisch ist dies Gebot keineswegs neu (s. II und III,1). »Die Liebe der Jünger soll in der empfangenen Liebe Jesu Grund und Norm haben« (RBultmann zu 15,12). Aller Gesetzlichkeit, aber auch allem Antinomismus, der meint, dieses konsequenten einen Imperativs in gnostischer Überheblichkeit entraten zu können, ist damit gewehrt (13,35; vgl. o. zu 1Kor 7,19; auch 3b und 4; vgl. ferner o. zu Lk 10,25ff und Röm 13,9). – In der Liebe der Jünger untereinander lieben sie zugleich den Sohn und umgekehrt (14,21 zu 14,15); und das → Bleiben an den Geboten des Sohnes bedeutet Bleiben in seiner Liebe, wie sein eigenes Bleiben am Gebot des Vaters Bleiben in der Liebe des Vaters bedeutet (15,10; s. o. 1). Wer aber im Haben und Halten der Gebote des Sohnes den Sohn liebt, der wird auch vom Vater geliebt werden, und der Sohn wird ihn ebenfalls lieben und sich ihm selbst als der Erhöhte (s. RBultmann, zSt.) offenbaren (14,21).

b) Für die Joh-Briefe gilt formal zunächst das gleiche wie im JohEv: Plur. (1Joh 2, 3.4; 3,22.24; 5,2.3; 2Joh 6a) und Sing. (1Joh 2,7.8; 3,24; 2Joh 4.5.6b) wechseln, und das Halten der Gebote bzw. des Gebotes wird mit dem Halten des Wortes gleichgesetzt (1Joh 2,4f.7). Darüber hinaus aber sind bezeichnende formale Unterschiede zum Ev. festzustellen, die auch inhaltliche Bedeutung haben. In den Briefen wird nicht mehr das Gebot vom Sohn selbst proklamiert, sondern über Gottes bzw. Jesu Gebot gesprochen oder gar meditiert. Daß im Unterschied zum JohEv auch mehrfach vom »Gebot Gottes« bzw. ». . . vom Vater« die Rede ist, ohne daß dabei an anderes gedacht wäre als an das Liebesgebot des JohEv (das at. Gebot kommt nicht in Sicht), zeigt den zeitlichen Abstand vom Ev.: 1Joh 3,21–23a; 5,2; 5,2.3; 2Joh 4. Die apologetische Situation von Verfasser und Adressaten im Kampf gegen libertinistischen Doketismus (der vermutlich die Christuswürde Jesu ebenso bestritt wie die Notwendigkeit eines auch für Pneumatiker verbindlichen Ethos, vgl. HNT 15, 3. Aufl., 127) macht ferner Erweiterungen im Begriff des Gebotes notwendig: »dies ist sein (Gottes) Gebot, daß wir glauben an den Namen seines Sohnes Jesus Christus und einander lieben« (1Joh 3,23; vgl. Gal 5,6; 1Kor 7,19). Auch kann der Begriff des Gebots ganz neu gefüllt werden: die von Gott gegebene Zeitansage (der Kairos) ist jetzt das neue Gebot: »die Finsternis ist im Vergehen, und das wahrhaftige Licht scheint bereits« (1Joh 2,8). Andererseits gilt das bei der Missionierung dieser Gemeinden gepredigte Liebesgebot, jenes »neue Gebot« des JohEv (s. o. 3a), jetzt als das »alte Gebot« (1Joh 2,7), das die Gemeinden »von Anfang an« gehört haben (ebd. 2Joh 5.6; παλαιά [palaiạ] bedeutet hier altbekannt und altbewährt, gegenüber den enthusiastischen neuen Lehren der doketischen Gnostiker). Dies bewährte Gebot ist so eingefleischt, daß der Verfasser davon ohne Artikelgebrauch redet (1Joh 3,23b; 2Joh 4.6). Ja, das in den Gemeinden tatsächlich gehaltene Gebot gibt Grund zur Gewißheit, alle Bitten von Gott erfüllt zu bekommen (1Joh 3,22). – Kürzer als das jüd.-synopt. Doppelgebot (vgl. Mk 12,28ff par) faßt 1Joh 4,21 als Gebot Jesu (von »ihm«) die Gottes- und Bruderliebe zusammen; der Akzent liegt wiederum auf letzterer. Aber auch der gegenteilige Akzent ist möglich: die Liebe zu Gott und das Tun seiner Gebote macht die Liebe zu den Kindern Gottes erkennbar (1Joh 5,2). Anklänge an den Heilandsruf Mt 11,28ff und auch an die Siegesgewißheit 1Joh 2,8 sind 1Joh 5,3f zu hören: Die Erfüllbarkeit der Gebote ist von seiten Gottes und von seiten der dazu ausgerüsteten Menschen gewährleistet (vgl. HNT 15, 3. Aufl., zSt.).

c) In gleicher Siegesgewißheit bezeugt die Offb die gegenwärtige Anfechtung (12,17 durch die Forderung des Bilderdienstes), die Geduld und den Endsieg (12,14 und 22,14; hier die meisten Lesarten) derjenigen, welche die Gebote Gottes und das Zeugnis Jesu halten. Nie mehr wird in der johanneischen Verkündigung von Geboten gesprochen, ohne daß Jesus genannt wird (s. Schrenk, aaO, 552).

4) Noch stärker als 1 und 2 Joh polemisiert 2Petr gegen libertinistische Gruppen in den angeredeten Gemeinden (zur Situation vgl. HNT 15, 3. Aufl., 98): Die Gegner wenden sich ab von dem ihnen überlieferten heiligen Gebot (2,21; damit ist die ganze christl. Lehre gemeint, vor allem in ihren ethischen Gehalten, die im gleichen Vers »Weg der Gerechtigkeit« – vgl. Spr 21,16; Hi 24,13; Mt 21,32 – genannt wird). Das einzige Abwehrmittel gegen die Libertinisten ist die Erinnerung an die at. Prophetie und das von den Aposteln überlieferte Gebot des Herren und Retters (3,2). An beiden Stellen ist der Weg gebahnt, Jesus als den Verkünder einer *nova lex* und christl. Lehre als deren Summe zu verstehen.

5) Vollends bieten die Apostolischen Väter in ihren ermahnenden Abschnitten das Bild einer neuen Gesetzlichkeit. Das Schema der Zwei-Wege-Lehre (vor allem Barn 19ff; vgl. Herm mand) verheißt denen, die Christi Gebote (seltener »Gottes Gebote«: Barn 4,11; 1Clem 50,5) nicht hören und halten, ewige Strafe (2Clem 4,5 = unbekanntes Herrenwort; 6,7), denen aber, die die Gebote halten, ewiges Leben (2Clem 8,4; Herm vis III, 5,3; mand VIII,12; sim X,3,4, hier Gebot des Bußengels; vgl. vis V,5ff). – Ignatius mahnt die Gemeinden, dem Bischof untertan zu sein wie dem Gebot (absolut, IgnTrall 13,2); er rühmt sie, weil sie geeint sind in jedem der Gebote Christi (IgnRöm inscr.), »geschmückt mit den Geboten Jesu Christi« (IgnEph 9,2). Weisungen der Bergpredigt werden verstanden als das »Gebot und Anordnungen (παραγγέλματα *[parangęlmata]*, → παραγγέλλω) des Herrn« (1Clem 13,3). Der fast ausschließliche Gebrauch des Plur. erweist den weiten inhaltlichen Abstand vom johanneischen e i n e n Gebot (s. o. 3a). *H. H. Eßer*

παραγγέλλω

παραγγέλλω *[parangęllō]* anordnen · παραγγελία *[parangelịa]* Anordnung

παραγγέλλω *[parangęllō]* = *anordnen, befehlen* (τινί τι *[tinị ti]* oder Inf.), urspr. *Weitergabe eines Befehls;* παραγγελία *[parangelịa]* = *Anordnung, Weisung,* profangriech. seit dem 5./4. Jh. vChr. Die Wörter werden verwandt bei Anordnungen von Autoritätspersonen verschiedenster Art, bei militärischem Befehl wie bei den Weisungen der Philosophen (Epiktet) oder »des Gottes« (bei Plato). Wesentlich ist, daß ein bestimmter Personenkreis in Pflicht genommen wird. I

Das Subst. fehlt in der LXX; dafür steht 1Sam 22,14 das gleichbedeutende παράγγελμα *[parạngelma]*. Das Verbum ist in der LXX häufig Wiedergabe des hebr. *schāma'* (pi. und hif.) = *aufbieten, ansagen.* Es wird gebraucht vom militärischen Aufgebot der Könige und Heerführer (1Sam 15, 4; 23,8; 1Makk 5,58 u. ö.), vom Gebot des Josua oder Cyrus (Jos 6,7; 2Chr 36,22) usw. In der prophetischen Weissagung Jer 27 (MT: 50),29; 28 (MT: 51),27 steht das Wort vom Aufruf zum Kampf gegen Babel. Religiösen Charakter trägt auch die Weisung Daniels oder des Judas Makkabäus (Dan 2,18; 2Makk 13,10); gottwidrigen Inhalt hat Nebukadnezars Gebot der Anbetung seines Kultbildes (Dan 3,4). II

1) Auch das NT gebraucht beide Wörter in profanem Sinn. Apg 16,23f werden auf das Gebot der Stadtobersten von Philippi Paulus und Silas ins Gefängnis geworfen; Apg 23, 22.30 schützen die Befehle des »Obersten« Lysias Paulus gegen die Mordpläne seiner Gegner. Die Hohenpriester verbieten den Aposteln das Reden und Lehren im Namen Jesu (Apg 4,18; 5,28.40); die verstärkende (semitisierende) Konstruktion παραγγελίᾳ παρηγγείλαμεν *[parangelịa paræng̣eilamen]* (5,28) unterstreicht den Ernst dieses Verbotes. Apg 15,5 erklären judenchristl. Pharisäer, man solle den Heidenchristen die Beobachtung des Mosegesetzes gebieten. III

2) In den Evgg. wird nur das Verbum in einigen synopt. Stellen und zwar ausschließlich von Weisungen Jesu gebraucht. Bei der Speisung der Viertausend gebietet Jesus der Menge, sich zu lagern (Mt 15,35; Mk 8,6). Schweigen fordert Jesus von dem geheilten Aussätzigen bzw. den Eltern der Tochter des Jairus über das Wunder (Lk 5,14; 8,56). Die

gleiche Anordnung erhalten die Jünger bei dem Messiasbekenntnis (Lk 9,21). Auf Weisungen, die der Herr den Jüngern bei ihrer Aussendung gibt, beziehen sich die Aussagen Mt 10,5; Mk 6,8. Dem unreinen Geist gebietet Jesus, aus dem Besessenen auszufahren (Lk 8,29); die gleiche Weisung erteilt Paulus »im Namen Jesu« dem Wahrsagegeist einer Magd (Apg 16,18). Apg 1,4 gibt der Auferstandene den Jüngern den Befehl, vor dem Pfingstgeschehen Jerusalem nicht zu verlassen. In der apostolischen Predigt, die unter dem Befehl Jesu steht und durch die Gott den Menschen gebietet, Buße zu tun (Apg 10,42; 17, 30), setzt sich die Vollmacht Jesu fort.

3) Das gleiche Bild zeigen die apostolischen Briefe: 1Kor 7,10 begründet Paulus das Verbot der Ehescheidung mit dem Wort des Herrn; hier unterscheidet er die Autorität Jesu von seiner eigenen. Er will damit die Weisungen, die er »durch den Herrn Jesus« der Gemeinde gibt, für absolut verbindlich erklären (vgl. 1Kor 7,25, aber auch 1Thess 4,2). Apostolische Vollmacht steht hinter den Anordnungen über das Verhalten der Frau im Gottesdienst und den Mahnungen, die Christen sollten sich der heidnischen Außenwelt gegenüber wohlanständig verhalten, in Ruhe arbeiten und ihr eigenes Brot essen (1Kor 11,17; 1Thess 4,11; 2Thess 3,12). Mag es sich hier um mündliche oder schriftliche Weisungen handeln, der Apostel erwartet, daß sich die Gemeinde nach ihnen richtet, ja mit jedem Bruder, der nicht nach der apostolischen Überlieferung wandelt, die Gemeinschaft aufgibt (2Thess 3,4.6.10ff). Im 1Tim fordert Paulus, daß Timotheus die ihm anvertraute apostolische Weisung (παραγγελία *[parangelia]*), die falsche Lehre verbietet und deren Inhalt »Liebe aus reinem Herzen und gutem Gewissen und ungeheucheltem Glauben« (Z) ist (1,3.5.18), weitergibt und ohne Flecken und Tadel bewahrt (6,13). Die apostolischen Weisungen gelten auch einzelnen Gruppen, den »Witwen« (5,7) oder den Reichen (6,17). Die feierliche Anrufung Gottes und Christi (6,13) macht auch hier deutlich, welche Autorität hinter der apostolischen Anordnung steht. *W. Mundle*

V ZUR VERKÜNDIGUNG

Die Predigt des Gebots gehört zu dem am meisten mißverstandenen, mißbrauchten und mißachteten Tun in der Geschichte des Volkes Gottes. Die Extreme ihres Fehlschlagens sind markiert dadurch, daß sie völlig voraussetzungslos geschah, und dadurch, daß sie aus Furcht vor Gesetzlichkeit überhaupt unterblieb. Das eine ist die besondere Gefahr des nachexilischen Alten, das andere die besondere Unterlassung des Neuen Bundes von frühchristl. Gnostikern bis hin zu einem alt- und neuprotestantischen Antinomismus.

In der Gegenwart schwankt die Einstellung zum Gebot zwischen der Forderung an »die Kirche«, eindeutige, am besten gar kasuistische Weisung zu allen Problemen modernen Lebens von der Intimsphäre bis zur Weltpolitik zu geben, und der Abwehr jeder kirchlichen Weisung, auch im Bereich der 2. Tafel des Dekalogs; die erstere Haltung hat ihren Grund darin, daß ohnehin das Leben in der technisierten Welt rundum reglementiert ist durch eine Vielzahl von Geboten und Verboten (Straßenverkehr!) und »man« im Trott der Außengesteuertheit bleiben möchte; – in der anderen findet seinen Niederschlag, daß der sog. »moderne Mensch«, der sich selbst als mündig versteht, nach einem Restspielraum persönlicher Freiheit verlangt und sich verbittet, daß die Kirche die Rolle als Überlieferin, Wächterin und kraftlose Gouvernante des Gebots spielt. – Vom Glauben her beurteilt, sind beide Extremhaltungen und auch alle Zwischenpositionen die ohnmächtige Auflehnung des Menschen, der fromm oder säkular, ohne es eindeutig zu wissen, unter das Gesetz verknechtet ist (Röm 1–3).

Die Kirche kann sich allerdings nicht damit zufriedengeben, solche Aburteilung zur Kenntnis zu nehmen. Sie sollte sich vielmehr demütig fragen, wieviel sie durch eigenes Versagen in Verkündigung und Leben dazu beigetragen hat, daß jenes Zerrbild des Gebotes überhaupt entstehen konnte. Positiv aber stellt sich ihr dann die Aufgabe, die Frage zu beantworten: Wie kann es wieder dahin kommen, daß das Gebot als Ermächtigung für die Freiheit zum Leben angenommen wird (s. in der Lit. vor allem KBarth, ELange, WSchweitzer)?

Dazu einige Grundüberlegungen, die die Zielrichtung der Predigt Jesu, der paulinischen, johanneischen und auch der reformatorischen Verkündigung aufnehmen:

Das Gebot hat im Glauben nie eine Erstfunktion, nicht einmal die, als Aktualisierung des → Gesetzes prinzipiell Hintreiber zu Christus hin (Gal 3,24; vgl. Röm 7,10ff) zu sein; das ist es nur menschheits- und individualgeschichtlich. Der unvermittelte und selbstmächtige Umgang mit dem Gebot ist ewig tödlich. Das Gebot hat seinen Platz nur innerhalb der Zusage des → Bundes; das gilt für das Neue wie das Alte Testament (auch für das Verständnis der Paradieses- und Sündenfallgeschichte ist der »Bund als innerer Grund der Schöpfung« — KD III,1 — zu denken). Der Dekalog ruht auf dem Grundzuspruch des 1. Gebotes. Ohne die dortige Selbstzusage des lebendigen Gottes, auf die jeder weitere Satz zu beziehen ist, sind alle übrigen Gebote ein Torso und wären nichts anderes als tötender Buchstabe.

Für die Gemeinde des Neuen Bundes aber liegt der einzige lebensträchtige Zugangsweg zum Gebot da, wo der Gott des Alten Bundes sich in Jesus von Nazareth selbst erschließt. Dieser Weg eröffnet sich, wo das Christusgeschehen bezeugt und verkündigt wird, wo Christus, die Wahrheit dieses Wortes bestätigend, im Heiligen Geist gegenwärtig ist. In dieser Wirklichkeit herrscht die unumkehrbare Reihenfolge: Zuspruch — Anspruch, Evangelium — Gesetz, Angebot — Gebot. Weil hier Liebe zuvor empfangen wurde und wird, ist hier in der Tat »nichts vorgeschrieben — außer Liebe« (JATRobinson, 120ff).

Die breitbahnigen Richtungsangaben für das Leben mit dem »Neuen Gebot« schließen nicht aus, daß es in Predigt, Seelsorge und Unterweisung zu vollmächtiger Zusage und vollmächtigem Hören und Leben konkreter Weisung und ihr akut entsprechendem Gehorsam kommt. Auf solchem Wege wort- und geistgeleiteter Christusnachfolge werden die Sperrzonen der Verbote des Dekalogs nicht verletzt und bleiben negativ gültig (s. die Form der paulinischen Paränese). Insofern wird in der Nachfolge Christi Gottes Gebot erfüllt im Vollzuge der dankbaren Gemeinschaft mit Christus. Der christl. Willensweg zum akuten Gebot ist das → Gebet vor, unter und nach der Verkündigung. Ihm ist vom Herrn des Lebens Antwort verheißen für alle Lebensbereiche.

Es wird einer langen geduldigen Arbeit bedürfen, gegen viele geschichtliche und natürliche Umdeutungen, schon von der Unterweisung im Kindesalter an jenes Verhältnis zum Gebot Christi dem Verständnis einzupflanzen, das auf die lebensmächtige Weisung des Herrn zugeht als auf das Geschenk der Freiheit. *H. H. Eßer*

Lit.: EBrunner, Das Gebot und die Ordnungen, 1932 — KBarth, Evangelium und Gesetz, ThExh 32, 1935 — GKittel, Art. δόγμα, δογματίζω, ThWb II, 1935, 233ff — GSchrenk, Art. ἐντέλλομαι, ἐντολή, ThWb II, 1935, 541ff — AHunt, The Great Commandement, The Expository Times 56, 1944, 82f — KBarth, KD III,1, 1945, 258ff; III,4, 1951 — EFuchs, Die Freiheit des Glaubens, 1949, 55ff — RBultmann, Das Evangelium des Johannes, KEK II,1, 1950^{11} — AAlt, Die Ursprünge des israelitischen Rechts, Kl. Schriften I, 1953, 278ff — KBarth, Das Geschenk der Freiheit, Theol. Stud. 39, 1953 — MDibelius/HGreeven, An die Kolosser, Epheser. An Philemon, HNT 12, 1953^{3} — OSchmitz, Art. παραγγέλλω, παραγγελία, ThWb V, 1954, 759ff — MDibelius/HConzelmann, Die Pastoralbriefe, HNT 13, 1953^{3} — HDiem, Art. Dogmatik, EKL I, 1956, 947ff — HFahlbusch/NHSoe, Art. Ethik, EKL I, 1956, 1166ff (Lit.) — HKremers, Art. Dekalog, EKL I, 1956, 852ff (Lit.) — ELohmeyer, Die Briefe an die Philipper, an die Kolosser und an Philemon, KEK IX, 1956^{11} — EHaenchen, Die Apostelgeschichte, KEK III, 1957^{11} — OMichel, Der Brief an die Römer, KEK IV, 1957^{11} — DBonhoeffer, Schöpfung und Fall, 1958, 456ff — GBornkamm, Das Ende des Gesetzes, 1958^{2}, 55ff — GGloege, Art. Dogma II, RGG II, 1958^{3}, 221ff — WJoest/FLau, Art. Gesetz VI.VII, RGG II, 1958^{3}, 1526ff (Lit.) — HvanOyen, Art. Ethik, RGG II, 1958^{3}, 708ff (Lit.) — OWeber, Freiheit in unserer Welt, EvTh 18, 1958, 433ff — HBraun, Röm 7,7—25 und das Selbstverständnis des Qumran-Frommen, ZThK 56, 1959, 1ff — GWLocher, Glaube und Dogma, Theol. Stud. 57, 1959 — WSchweitzer, Freiheit zum Leben, 1959 — WZimmerli, Die Frage des Reichen nach dem ewigen Leben, EvTh 19, 1959, 90ff — EKäsemann, Gottesdienst im Alltag der Welt, BZNW 26, 1960, 165ff — JMoltmann, Die Wahrnehmung der Geschichte in der christlichen Sozialethik, EvTh 20, 1960, 263ff — WCvanUnnik, Die Rücksicht auf die Reaktion der Nichtchristen als Motiv in der altchristlichen Paränese, BZNW 26, 1960, 221ff — RDeichgräber, Gehorsam und Gehorchen in der Verkündigung Jesu, ZNW 52, 1961, 119ff — WSchrage, Die konkreten Einzelgebote in der paulinischen Paränese, 1961 — HThielicke/HHSchrey, Glaube und Handeln, 1961^{2} (dort weitere Lit.) — HGollwitzer, Forderungen der Freiheit, 1962 – StLyonnet, Tu ne convoiteras pas (Rom VII,7), in: Freundesgabe O. Cullmann, 1962, S. 157ff – ders.; L'histoire du salut selon le chapitre VII de l'Epitre aux Romains, Biblica 1962, S. 117ff – WMatthias, Der anthropologische Sinn der Formel Gesetz und Evangelium, EvTh 22, 1962, 410ff – DvonOppen, Der Mensch in der offenen Situation, ZThK 59, 1962, 315ff – HGraf von Reventlow, Gebot und Predigt im Dekalog, 1962 – WAndersen, Der Gesetzesbegriff in der gegenwärtigen theologischen Diskussion, ThExh NF 108, 1963 – EThurneysen, Die Bergpredigt, ThExh NF. 105, 1963 – DBonhoeffer, Nachfolge, 1964[8] – MElze, Der Begriff des Dogmas in der Alten Kirche, ZThK 61, 1964, 421ff – EKäsemann, Der gottesdienstliche Schrei nach der Freiheit, BZNW 30, 1964, 143ff – EKamlah, Die Form der Katalogischen Paränese im NT, Wiss. Unters. z. NT 7, 1964 – ELohse, Christologie und Ethik im Kolosserbrief, BZNW 30, 1964, 156ff – JATRobinson, Gott ist anders, 1964[4] – RWalker, Allein aus Werken, ZThK 61, 1964, 155ff – HFlender, Leben und Verkündigung in den synoptischen Evangelien, EvTh 25, 1965, 701ff – RKnierim, Das erste Gebot, ZAW 77, 1965, 20ff – ELange, Die zehn großen Freiheiten, 1965 – ENielsen, Die zehn Gebote, 1965 – BReicke, Die zehn Worte in Geschichte und Gegenwart, 1972 (= Beitr. z. Gesch. d. bibl. Exegese, 13).

Geburt, Werden, Zeugung

Die Wörter dieser Gruppe betreffen alle den Vorgang der Entstehung neuen Lebens, einerseits ganz wörtlich, andererseits in allgemeinem, übertragenem Sinn. Dabei bezeichnet τίκτω *[tịktō]* nur den körperlichen Akt der Geburt eines Kindes, die Niederkunft im engeren Sinn selbst, während das häufiger gebrauchte γεννάω *[gennạō]* in seiner Bedeutung auch den Akt – und das Element – der Zeugung einschließt; es erhält theol. Gewicht dadurch, daß es bes. für die Menschwerdung Jesu mit ihren wunderbaren Begleitumständen gebraucht wird, dann im JohEv – auch mit der Vorsilbe ἀνά- *[anạ-]* – die völlige Erneuerung des Menschen durch die Wirkung des Geistes beschreibt. Im letzteren Sinne findet sich auch παλιγγενεσία *[palingenesịa]* für den Akt, durch den etwas völlig Neues an die Stelle des Bisherigen gesetzt wird. γίνομαι *[gịnomai]*, urspr. *geboren werden* (vgl. das lat. *gignere)* ist im nt. Sprachgebrauch weithin abgeblaßt zu der allg. Bedeutung *werden, geschehen, sein* (vgl. lat. *esse)*, zT in Anlehnung an die hebr. Wendung *wajᵉhī* (die davon abgeleiteten Subst.e γενεά *[geneạ]* und γένεσις *[gẹnesis]* sind unter → Geschlecht gesondert behandelt). ἔκτρωμα *[ẹktrōma]* endlich meint die außerhalb der dafür bestimmten und nötigen Zeit zur Welt gebrachte Leibesfrucht.

→ Geschlecht; → Kind; → Sohn

γεννάω

γεννάω *[gennạō]* zeugen, gebären · ἀναγεννάω *[anagennạō]* wiederzeugen, wiedergebären

I γεννάω *[gennạō]* (vgl. die Rückbildung γέννα *[gẹnna]* = *Ursprung, Geburt, Geschlecht)* »causal of γίνομαι *[gịnomai]*« (Liddell-Scott), gehört zu der weitverzweigten Sprachwurzel *gen*, lat. *genus*, ahd. *kind*, auch in *praegnans, malignans* usw. enthalten; ferner lat. *(g)nascor*, davon *natus, natio, natura, naevus* (Prellwitz und Menge).

Wie τίκτω *[tịktō]* und τεκνόω *[teknọō]* wird γεννάω *[gennạō]* vom *Erzeugen* durch den Vater und vom *Gebären* der Mutter gebraucht: Dh wie im Hebr., in LXX und im NT findet γεννάω *[gennạō]* – zumindest in der späten griech. Lit. (Apollodor, Lucian, Plutarch) – nicht geschlechtsspezifiziert Verwendung. γεννάω *[gennạō]* hat die Bedeutung *come into being, ins Leben kommen*, später in der profanen Umwelt des NT daneben auch – sei es in metaphorischem oder verwaschenem Gebrauch – die allgemeinere *hervorbringen* (vgl. auch Tim 2,23 oder Gal 4,24).

Das Kompos. ἀναγεννάω *[anagennạō]* wird in der Bedeutung *wiedererzeugen, wiedergeboren werden lassen* verwendet. Die oft angenommene Herkunft aus dem Sprachgebrauch der Mysterien ist unwahrscheinlich, da das Verb (ἀναγεννόμενος *[anagennọmenos]*) bisher nur an einer einzigen – und dazu sehr späten – Stelle (Sallust) nachweisbar ist. Allerdings kommt im Hell. *renatus* in dem Mithras- und Isiskult vor.

II Im AT entspricht γεννάω *[gennạō]* vorwiegend *jālad* = *Kind haben;* seltener *chil* (wörtl. *wälzen)*, letzteres zusammen mit *chābal* pi. *(kreißen)*, in LXX oft mit ὠδίνω *[ōdịnō]* wiedergegeben; ferner *hārāh* = *schwanger werden, Mutter werden; pilēt* = *hervorbrechen lassen, gebären* und euphemistisch *milēt* = *entschlüpfen*. Neben der Bedeutung *zeugen, gebären, hervorbringen* (Geschlechtsregister!) und metaphorischen Wendungen wie zB »Wer ist des Regens Vater? Wer hat die Tropfen des Taus gezeugt?« (Hi 38,28) ist bes. zu beachten:

1) Wo zum Zeichen des Vertrauens oder einer besonderen Verbundenheit zwischen Menschen die Anrede → »Vater« bzw. »Sohn« (→ Kind, Art. υἱός) gebraucht wird (zB 1Sam 3,16; 24, 12; 2Kön 2,12), findet sich – im Gegensatz zum NT – nie γεννάω *[gennąō]*. Ebenso fehlt das Verb an den wenigen Stellen, wo von der Zeugung des Volkes durch → Gott (zB Ex 4,22; Jer 31,9, → Erster, Art. πρωτότοκος; Ez 16,8; 23,4) oder wo von Gott als dem Vater bzw. den Israeliten als Kindern und Söhnen Gottes gesprochen wird. Das Fehlen des Verbs in diesem Zusammenhang wie überhaupt die wenigen at. Belege für eine Zeugungsvorstellung im Blick auf Jahwe und Israel zeigen den krassen Gegensatz, in dem Israel zu seiner religiösen Umwelt steht. Von deren Zeugungsmythen rückt das AT betont ab. Nicht durch eine naturhafte Zeugung ist Israel Jahwes Volk, sondern durch den geschichtlichen Akt der → Erwählung.

2) Die Zeugung des Königs-Messias durch Gott (hebr. *jālad*, griech. γεννάω *[gennąō]*) wird an 2 Stellen im AT ausgesprochen: Ps 2,7 und Ps 110,3 nach LXX, die entgegen dem hebr. Text »aus dem Schoß der Morgenröte kommt dir der Tau der Jugend« (nach Kautzsch) übersetzt: »vor (der Erschaffung des) Morgensterns habe ich dich gezeugt«.

Die Vorstellung, daß der König als irdischer Repräsentant der Gottheit »Gottes Sohn« sei, ist im alten Orient geläufig. »Jedoch sind die Voraussetzungen, unter denen diese Gottessohnschaft zu sehen und zu verstehen ist, jeweils genau zu bestimmen« (HJKraus, aaO I,18). Bemerkenswert sind die ägyptischen und mesopotamischen Parallelen. Aber wenn auch Israel ganz eindeutig hier weitgehend Begriffsgut altorientalischer Königsrituale übernommen hat (vgl. GvRad, I,320), heißt das nicht, daß nun an unseren Ps-Stellen wie auch 2Sam 7 (das sich »beinahe als Kopien von längst konventionierten ägyptisch-höfischen Zeremonialtexten« erweist, GvRad, I,53) Israel die Begrifflichkeit nicht vom Jahweglauben aus umgeprägt und eigen gefüllt hat. Ägypten hatte die mythischverwurzelte Vorstellung, Pharao sei durch die physische Zeugung des Gottes Amun Sohn Gottes. Darin kommt die at. Vorstellung dem mesopotamischen Ritual näher, in dem der König der von den Göttern eingesetzte, erwählte Diener ist. Die Sohnschaft des israelitischen Königs beruht jedoch weder auf einer physischen Zeugung noch darin, daß er durch seine Thronbesteigung naturnotwendig in die »Sphäre der Göttlichkeit eintrat, sondern durch eine Willensentscheidung des Gottes Israels beim Antritt seines Königsamtes zum Sohn e r k l ä r t wurde« (MNoth, 222). Auf die Sohnschaft durch Adoption weist auch bes. das »heute« in Ps 2,7 hin; unübersehbar ist der Zusammenhang der Ps-Stellen mit der Nathan-Weissagung (2Sam 7). Sie haben ihr Fundament in der Erklärung, »die der Prophet Nathan dem David und seiner Dynastie für alle Zeiten gegeben hat« (HJKraus, I,20f).

Von hier gehen Linien zur nt. christologischen Deutung (Apg 4,25; 13,33; Hebr 1,5; Offb 2, 27; Mt 22,43; 1Kor 15,25; Hebr 1,13 u. a.). Daß an keine physische Zeugung gedacht ist, zeigt auch die Verbindung mit »dem Samen Davids«. *zæraʿ* = *Same, Nachkommenschaft* wird individuell und kollektiv gebraucht. Die Spannung von Mt 1,16 und Lk 1,33b.35b – Stammbaum Davids – Gottes Sohn ist schon at.! Bei den »Sohn«-Stellen von Jes 7 und 9 steht γεννάω *[gennąō]* nicht (→ Sohn Gottes). Und ἀναγεννάω *[anagennąō]* kommt – abgesehen von einer apokryphen Stelle – in LXX gar nicht vor.

3) Im palästinensischen Spätjudentum findet sich der Gedanke einer Zeugung durch Gott nur im Zusammenhang mit den messianischen Erwartungen. In der umfangreichen rabb. Lit. gibt es freilich nur einen Beleg für die Deutung von Ps 2,7 auf den Messias (b Suk 52a). Wahrscheinlich erklärt sich dieses Schweigen der Rabbinen aus dem Gegensatz zum Christentum, das Ps 2,7 auf Jesu Gottessohnschaft bezog. Das Bild wird jedoch ergänzt durch die Qumrantexte, in denen die Nathanweissagung (bes. 2Sam 7,14a) auf den »Sproß Davids« gedeutet wird (4QFlor 1,10ff; vielleicht auch 1QSa II,11). Aber »eine Gotteskindschaft des Messias in physischem Sinn kommt in der alten Synagoge nicht vor, auch keine Praeexistenz« (St.-B.; → Schöpfung, Art. κτίζω; → Werk, Art. ποιέω). In PsSal ist Ps 2,7 aufgenommen, bezeichnenderweise aber gerade die Zeugung des Messias nicht (→ Sohn Gottes).

Im hell. Judentum gebraucht Philo γεννάω *[gennąō]* von Gott, und zwar zur Bezeichnung seiner Schöpfertätigkeit: Der Logos, Tiere und Pflanzen sind von Gott gezeugt. Auf das Verhältnis Gottes zu den Frommen wendet Philo den Begriff jedoch nicht an. (Beachte die spätere Kontrastierung von γεννάω *[gennąō]* und κτίζω *[ktįzō]* im Nicänum!).

4) Im Hellenismus, insbesondere »in den Mysterien, spielen Vorstellungen und Vorgänge aus dem Geschlechtsleben eine erhebliche Rolle . . . Aber von einer Geburt des Mysten durch eine Göttin bzw. Erzeugung durch einen Gott scheint nicht geredet zu sein, wenigstens nicht in vorchristlicher oder urchristlicher Zeit, nur von Adoption« (Büchsel, I,667f).

ἀναγεννάω *[anagennąō]* kommt bei Philo nicht, bei Josephus ganz allg. (zB von Früchten) vor. Das Subst. ἀναγέννησις *[anagęnnæsis]* = *Neugeburt* verwendet Philo zur Wiedergabe der stoischen Lehre von der Welterneuerung nach der ἐκπύρωσις *[ekpyrōsis]* = *Weltenbrand*. Dasselbe nennt er sonst → παλιγγενεσία *[palingenesia]* = *Wiedergeburt*. »ἀναγεννάω war zZt des NT ein wenn auch nicht häufig, so doch allgemein und nicht nur in den Mysterienkulten gebrauchtes Wort, genau wie das lat. *renasci*« (etwa bei Cicero; Büchsel, ThWb I,672).

III γεννάω *[gennaō]* findet sich im NT 97mal, davon allein 45mal bei Mt und 28mal in der johanneischen Lit. Ein bes. geprägter Sprachgebrauch liegt im NT nicht vor: neben γεννάω *[gennaō]* wird → τίκτω *[tiktō]*, ἀποκύω *[apokyō]*, ὠδίνω *[ōdinō]* (→ Klagen, Art. λύπη) verwendet; vgl. auch → παλιγγενεσία *[palingenesia]*, ἀνακαίνωσις *[anakainōsis]* = *Erneuerung*. – Im eigentlichen Sinn wird γεννάω *[gennaō]* aktiv und passiv nicht geschlechtsspezifiziert (vgl. I) vom Mann oder von der Frau gebraucht (zB Mt 1,3.5f; 2,1.4; 19,12; Lk 1,13; Joh 9,34; 16,21; Gal 4,23 u. ö.).

Übertragene Verwendung liegt vor:

1) wenn von einer Zeugung durch Gott selbst gesprochen wird: a) Lk 3,22 (westliche Lesart); Apg 13,33; Hebr 1,5 und 5,5 (im Hebr bezeichnenderweise in Verbindung mit Ps 110 und 2Sam 7,14!) zitieren Ps 2,7, weil sie in Jesus Christus den wahren Sohn und König Gottes sehen. Er hat das erfüllt, was die israelitischen Könige unerfüllt weitergaben, denn er hat als der Gekreuzigte und Auferstandene das at. Amt des Gesalbten als der wahre Gesalbte angetreten. Bezeichnenderweise haben die nt. Zeugen Ps 2,7 nicht auf die Geburtsgeschichte Jesu bezogen. Wo der Ps 2 im NT zitiert wird, ist ein physisches Verständnis, also ein geschlechtliches Erzeugtsein aus Gott, total ausgeschlossen, Apg 13, 33 bezieht sich das »heute habe ich dich gezeugt« eindeutig auf die → Auferweckung Jesu. Dagegen weist das »Heute« der Erzeugung in der westlichen Lesart Lk 3,22 auf die → Taufe in der Jesus den göttlichen Geist empfängt. Schwierig und kaum zu entscheiden ist die Bedeutung des »Heute« Hebr 1,5 und 5,5. Bezieht es sich auf die Taufe (so eine Erwägung Strathmanns) oder geht es um die Bestätigung der Sohnschaft durch eine himmlische Proklamation nach der Erhöhung (so EKäsemann, Das wandernde Gottesvolk, 58ff)? Oder liegt auf der zweiten Hälfte des Zitates überhaupt kein Gewicht (so Strathmann aaO 78)? Wie auch immer das »Heute« an den einzelnen Stellen zu verstehen sein mag, eines ist sicher, daß das Erzeugtsein durch Gott das at. Verständnis der Adoption sprengt. Die Sohnschaft Jesu umschreibt das Geheimnis der Menschwerdung Gottes. Jesus ist der ἔσχατος Ἀδάμ *[eschatos Adam]*, *der letzte Adam* (1Kor 15,45). »Die Alternative: entweder müsse das Erzeugtsein Jesu durch Gott im Sinne einer Adoption oder der jungfräulichen Geburt gedacht sein, beruht auf einer Verkennung des urchristlichen Christusglaubens und Schriftverständnisses, vor allem der grundlegenden Bedeutung der Auferstehung Jesu und des mit ihr gegebenen Beginnes des neuen αἰών« (Büchsel; → Zeit, Art. αἰών).

b) Mit γεννηθῆναι ἐκ *[gennæthænai ek]* = *gezeugt werden aus* bezeichnen nun die johanneischen Schriften auch den Ursprung der Glaubenden. Die Wendung steht gleichbedeutend mit γεγέννησθαι ἐκ *[gegennæsthai ek]* = *gezeugt sein aus*, (ἐξ)έρχεσθαι ἐκ *[(ex)erchesthai ek]* = *kommen aus* (zB Joh 8,42) und εἶναι ἐκ *[einai ek]* = *sein aus* (zB Joh 8,42; Apg 5,39; 1Joh 3,10). Der Glaubende weiß, daß sein eigentliches Sein nicht im Diesseitigen gründet, sondern daß er seinen Ursprung und sein Ziel in Gott durch Jesus Christus hat. So bedeutet γεννηθῆναι *[gennæthænai]* auch im Gespräch mit Nikodemus (Joh 3,3.5.6.7.8), »daß der Mensch einen neuen Ursprung erhält«; er muß »seinen alten Ursprung mit einem neuen vertauschen; er muß ›wiedergeboren‹ werden« (Bultmann, Johannes, 97f). Johannes hat hier den Gedanken des Gezeugtwerdens (»aus Gott« 1Joh 3,9; aber auch 1Joh 2,29; 4,7 u. ö.; »von oben« Joh 8,23) in den Gedanken der Wiedergeburt umgeprägt, ohne jedoch damit eine sachliche Änderung zu vollziehen. In der Wiedergeburt begreift der Glaubende, w o h e r er sein eigentliches Leben hat (Joh 1,12.13), das nicht in menschlicher Zeugung begründet ist. Für menschliches Denken bleibt eine solche »Wiedergeburt« zwangsläufig absurd (Joh 3,4), denn sie liegt nicht in den natürlichen Möglichkeiten des Menschen, sondern sie geschieht durch die wunderbare Kraft des Heiligen → Geistes (γεννηθῆναι ἐκ πνεύματος *[gennæthænai ek pneumatos]* = *aus dem Geist gezeugt werden* 3,5.6.8 u. ö.). Erst der Glaubende, der aus dem Geist geboren seinen Ursprung begreift, bekommt die Augen für sein Anteilhaben am Reich Gottes geöffnet (3,5; vgl. Mt 19,28).

Die Wendung ἄνωθεν γεννηθῆναι *[anōthen gennæthænai]* = *von oben gezeugt* (im Gegensatz zu τῶν κάτω *[tōn katō]* = *von unten)* stammt vermutlich aus der Terminologie der Gnosis und hat bei Johannes wohl die gleiche Bedeutung wie ἐκ θεοῦ *[ek theou]* = *aus Gott* (Joh 3,3.7; vgl. 8,23 und 19,11). ἄνωθεν *[anōthen]* kann jedoch auch die Bedeutung von *wieder* haben. Erwähnt werden soll noch, daß zwar Joh 3,5 γεννηθῇ ἐξ ὕδατος *[gennæthæ ex hydatos]* = *aus Wasser gezeugt werden* erwähnt ist, Joh 1 aber und 1Joh (ähnlicher Sachverhalt bei Paulus!) die Geburt aus Geist aber ganz ohne Hinweis auf die Taufe bleibt. Johannes und Paulus scheinen die Taufe als etwas Hinzugekommenes, Zweitrangiges angesehen zu haben (Joh 4,2; 1Kor 1,14–17!). Erst bei Just. und Iren. ist Wiedergeburt ein Synonym zu → Taufe (→ Wasser, Art. ὕδωρ). Zu wenig untersucht ist, ob ὕδωρ *[hydōr]* Joh 3,5 sich nicht auf die Schöpfung Gen 1,2 bezieht und daß die Waschung nicht Ursache und vorausgehend, sondern nachfolgend der Geburt ist.

2) Paulus verwendet γεννάω *[gennaō]* 1Kor 4,15 und Phlm 10 (vgl. Gal 4,19 ὠδίνω *[ōdinō]*) als Ausdruck für seine Bemühungen in der Verkündigung und Seelsorge, durch die Gott Menschen zum Glauben kommen ließ. Das gleiche ist gemeint, wenn er an anderen Stellen von »seinem Sohn« spricht (vgl. 1Kor 4,17; 1Tim 1,2; 2Tim 2,1; auch 1Petr 5,13 u. ö.). Immer handelt es sich um eine »geistliche Zeugung«. → Sohn; → Vater.

Vielleicht hat das zeitgenössische Judentum von der Gewinnung eines Proselyten ähnlich geredet; jedenfalls legt das Rabbinat gelegentlich das Gebot des Fruchtbarseins (Gen 1,28; 9,7) dahin aus, daß es bedeute, der Israelit habe andere für seinen Glauben zu gewinnen. »Gott rechnet es ihm so an, als hätte er geschaffen *(bārā')* und gebildet *(jātsar)* und geformt *(rāqam)*. Er steht so unmittelbar neben Gott als dem Schöpfer ex nihilo« (Rengstorf). bJeb 22a heißt es: »Ein übergetretener Proselyt gleicht einem Kinde, das gerade geboren ist« (Rengstorf, ThWb VI,665f). Paulus hat also wahrscheinlich in der Ausdrucksweise »Gläubige erzeugt zu haben« jüd. Sprachgebrauch aufgenommen und weitergeführt.

3) ἀναγεννάω (ἄνωθεν) *[anagennaō anōthen]* findet sich im NT nur 1Petr 1,3 und 1,23 und hat hier einen ganz ähnlichen Sinn wie γεννηθῆναι *[gennæthænai]* Joh 3,3.5ff (s. o.; vgl. παλιγγενεσία *[palingenesia]*). »Das NT hat die Vorstellung der Wiedergeburt bzw. der neuen Zeugung aus Gott nicht, wie die ältere religionsgeschichtliche Schule annahm, aus den Mysterien ›übernommen‹, sondern aus eigenen Ansätzen und aus Anregungen der hellenistischen wie der jüdischen Umwelt entwickelt. Die älteste nt. Stelle, 1Petr 1,3.23, steht in einem at.-jüdischen Traditionszusammenhang ›der Fremdlingschaft des heiligen Gottesvolkes (1Petr 1,1–2.10)‹« (LGoppelt, Sp. 1697). Durch das verkündigte Evangelium, durch das Wort des lebendigen Gottes (1,23) sind die Glaubenden wiedergeboren, dh von Gott in ein neues Leben gerufen worden. Das Wesen dieses neuen Lebens wird als ἐλπὶς ζῶσα *[elpis zōsa]* (1,3; → Hoffnung, Art. ἐλπίς), als πίστις *[pistis]* (1,9; → Glaube) und als ἀγάπη *[agapæ]* (1,22; → Liebe) beschrieben. Die Neugeburt des Menschen ist nun nach dem NT nicht etwa durch eine dem Menschen eignende und damit verfügbare Möglichkeit zu erreichen und zu bewahren (1,5), sondern allein durch göttliches Erbarmen möglich (1,3). »Gott hat sich in der Auferstehung Jesu . . . unser erbarmt, in einer vollmächtigen, königlichen, freien Weise, so daß er die ganze Todeswirklichkeit in Jesus Christus ein für allemal aufgehoben, daß er unser Leben in seinem Anspruch, ›Leben‹ zu sein, durchgestrichen und entrechtet hat, daß er ein anderes, neues, bleibendes und unbeflecktes Leben so nahe an dieses unser Leben heranbrachte, daß wir das neue ergreifen und das alte fahren lassen konnten« (HJIwand, Predigt-Meditationen, S. 344). Aber der Glaubende hat sein Leben immer nur in der Hoffnung. Dh also, daß das Dasein der Glaubenden einerseits unter dem Indikativ steht: ihr seid zur Hoffnung wiedergeboren (1,3), andererseits aber unter dem Imperativ: deshalb hoffet (1,13) und verwirklicht damit als

die Neugeschaffenen immer wieder die Scheidung vom alten, überwundenen Äon. Bestimmend jedoch für die Wiedergeburt bleibt die Tat Gottes in der Auferstehung Jesu Christi.

A. Ringwald

γίνομαι

γίνομαι *[ginomai]* werden, entstehen, geboren werden · ἀπογίνομαι *[apoginomai]* sterben · γένεσις *[genesis]* Entstehung, Geburt

I/II 1) γίνομαι *[ginomai]*, jonisch und seit dem 4. Jh. gemeingriech., Nebenform zu dem schon im myken. Griech. belegten γίγνομαι *[gignomai]* (Wurzel γεν- *[gen-]*), gibt die verschiedensten Nuancen von *Zum-Dasein-gelangen, Werden, Entstehen* wieder.

2) In LXX findet es sich neben dem gewöhnlichen Gebrauch auch als Ersatz für die Formen von εἰμί *[eimi]*. In der Konstruktion καὶ ἐγένετο . . . καί *[kai egeneto . . . kai]* (vgl. zB Gen 4,8 u. ö.) wird damit jedoch eine dem Griech. fremde hebr. Satzkonstruktion wiedergegeben: *wajehi be . . . wa* = und es geschah, daß . . .

3) ἀπογίνομαι *[apoginomai] (weg-werden)* ist Kompos. und hat die Bedeutung *weggehen, aufhören,* dann *hinscheiden.* In LXX findet es sich nicht. – Als Subst. ist zB von γίνομαι *[ginomai]* abgeleitet γένεσις *[genesis]* = *Entstehung, Geburt.*

III 1) Das im NT häufig vorkommende Verb γίνομαι *[ginomai]* = *werden, entstehen* besitzt folgende Bedeutungsnuancen:

a) *geboren werden,* zB Gal 4,4; vom *Wachsen* einer Frucht, zB Mt 21,19; *entstehen* von eintretenden (Natur-)Ereignissen, Tageszeiten usw. zB Mt 8,26; Apg 6,1; 12,18; *gemacht, geschaffen werden* zB Joh 1,3; Mt 11,21; *zu etwas werden,* um eine eintretende Veränderung, einen anderen Zustand zu bezeichnen, zB Mk 1,17; auch zur Bezeichnung einer Ortsveränderung in der Bedeutung *kommen,* zB Gal 3,14. γίνομαι *[ginomai]* wird auch in der Verbindung mit einem Verbaladj. zur Umschreibung des Passivs gebraucht, zB Joh 12, 42; Apg 12,23; *geschehen, sich begeben, sich ereignen,* so häufig in Lk und Apg gebraucht, um den Fortschritt der Handlung anzugeben (καὶ ἐγένετο δέ *[kai egeneto de]* mit nachfolgendem καί *[kai]* und Verb. fin.; aber auch ohne καί *[kai]* wird das pleonastische ἐγένετο *[egeneto]* von Lk bevorzugt gebraucht; vgl. Blaß-Debrunner, § 442,5), zB Lk 5,1; 9,28 u. ö. – Hierhin gehört auch die von Paulus oft gebrauchte abwehrende Verneinung μὴ γένοιτο *[mæ genoito]* = das sei ferne! (Röm 3,4; 6,3 u. ö.).

b) γίνομαι *[ginomai]* kann auch für εἰμί *[eimi]* = *sein* stehen (zB Mt 10,16; Mk 4, 22); auch mit Gen. der Herkunft und Zugehörigkeit (Blaß-Debrunner, § 162,7; zB Lk 20, 14; 2Petr 1,20); mit Dat. der Person: jemandem *angehören* (Röm 11,5); mit Präp. und Adv.: *sich befinden* (1Kor 16,10).

c) Eine religiöse und theol. Bedeutung liegt dem Verb γίνομαι *[ginomai]* nicht bei.

2) ἀπογίνομαι *[apoginomai]* kommt nur 1Petr 2,24 vor: ». . . welcher unsre Sünden selbst hinaufgetragen hat an seinem Leib auf das Holz, auf daß wir, der Sünde abgestorben (ἀπογινόμενοι *[apoginomenoi]*), der Gerechtigkeit leben« (L). 1Petr 2,24 gebraucht es in der Bedeutung *sterben;* es steht im Gegensatz zu leben (ζήσωμεν *[zæsōmen]*). Mit ἀπογίνομαι *[apoginomai]* wird an dieser Stelle der Wandel angegeben, der sich durch Christi Heilstat im Leben eines Gläubigen vollzogen hat und der mit der Wiedergeburt (s. ἀναγεννάω unter → Geschlecht) einsetzt. Dieses Absterben ist eine Station auf dem Weg zur Erneuerung, die Christi Sühnetod im Leben eines Menschen bewirkt (vgl. Röm 6,8.11).

3) γένεσις *[genesis]* in der Bedeutung *Entstehung, Geburt* liegt Mt 1,18; Lk 1,14 vor. Ferner bedeutet es das *erschaffene Leben,* das *Dasein.* Jak 1,23: »Der ist gleich einem Manne, der sein leiblich Angesicht (πρόσωπον τῆς γενέσεως αὐτοῦ *[prosōpon tæs geneseōs autou]* = wörtl. die *Gestalt seines Daseins)* im Spiegel beschaut.« An 2 Stellen ist seine Bedeutung besonders zu beachten:

a) Mt 1,1: »Der Stammbaum Jesu Christi« (βίβλος γενέσεως *[biblos geneseōs]*). Diese Formel geht auf at. Vorbild zurück, wo es einen Stammbaum, Geschlechtsregister (zB Gen 2,4; 5,1; 11,10) oder eine Geschichtserzählung (Gen 6,9; 37,2) oder beides zugleich einleitet. Unter den Auslegern ist einerseits die Meinung vertreten, daß Mt 1,1 als »Buch der Geschichte Jesu Christi« (Zahn) und somit als Überschrift für das ganze Ev. zu verstehen sei; andererseits faßt man diese Formel als Überschrift des Geschlechtsregisters 1,2—17 auf (Lohmeyer, Michaelis). Mt 1,1 muß wohl als »Buch des Geschlechtes (Stammbaum) Jesu Christi« verstanden werden. Gegen die Übers. »Buch der Geschichte« (L) spricht, daß dann ein Übergang zu V. 2 zu erwarten ist und daß die eigentliche Geburtsgeschichte mit V. 18 gesondert eingeleitet werden müßte.

b) Jak 3,6: »Rad des Lebens« (τροχὸς τῆς γενέσεως *[trochos tæs geneseōs]*). Mit diesem Ausdruck will Jak den Wirkungsbereich der kleinen Zunge angeben. Die religionsgeschichtliche Methode hat darin den gleichlautenden Terminus der orphischen Lehre erkannt, der den Gedanken der ewigen Wiederkehr umschreibt. Jüd. Kreise haben wahrscheinlich diesen Ausdruck übernommen. »Freilich übernahmen sie nicht die ursprüngliche technische Bedeutung; der Ausdruck hatte wohl schon seinen orphischen Charakter verloren und war zu einer geläufigen Wendung für des Lebens Auf und Ab geworden, — wie heute etwa der Darwins Lehre zugehörige Terminus ›Kampf ums Dasein‹ eher an allgemeine soziale als an bestimmte naturgeschichtliche Verhältnisse denken läßt« (MDibelius, KEK 15, 1964^{11}, 183). *J. Guhrt*

ἔκτρωμα *[ektrōma]* Fehlgeburt

ἔκτρωμα

ἔκτρωμα *[ektrōma]*, über das Verb ἐκ-τιτρώσκω *[ek-titrōskō]* = *eine Fehlgeburt haben* aus dem Grundwort τρώω *[trōō]* = *verwunden, verletzen, beschädigen* abgeleitet, bezeichnet im Profangriech. (seit Aristot.), bes. in der Ärztesprache die *Fehl-* bzw. *Frühgeburt*, auch den Abortus, die *verfrühte Totgeburt*. Auch in der LXX findet sich die Vokabel in diesem Sinn als drastisches Bild für das nicht zur Existenz oder Entwicklung Gekommene (Hi 3,16; Pred 6,3) bzw. die vernichtete Existenz (Num 12,12). I/II

Im NT kommt das Wort nur 1Kor 15,8 vor, wo Paulus von den Erscheinungen des Auferstandenen spricht und mit den Worten schließt: »Zuletzt von allen erschien er auch mir, gleichsam als der Totgeburt.« III

Zur rechten Deutung dieser umstrittenen Stelle ist exegetisch der bestimmte Artikel vor ἔκτρωμα *[ektrōma]* (nicht = Anführungszeichen oder = unbestimmtem τινί *[tini]*) zu beachten. Er will diese Geburt als etwas Absonderliches, ja Schockierendes herausheben, allein gemildert durch das ὡσπερεί *[hōsperei]* = gleichwie. Das »auch mir« steht betont ganz am Ende und stellt Paulus in der Verworfenheit seines damaligen Christushasses allen anderen Jüngern gegenüber.

Abzulehnen sind Deutungen, die den Vergleichspunkt bei ἔκτρωμα *[ektrōma]* in dem Plötzlichen oder Gewaltsamen der Umkehr sehen (Calvin, JWeiß), an die erst späte Berufung des Paulus denken oder an das Fehlen der Zurüstung, die den anderen Aposteln zuteil wurde (Lange), oder gar an die kleine Gestalt (Wetstein). Unnötig ist auch die Annahme, Paulus greife mit dem Gebrauch des Wortes einen auf ihn angewandten Schimpfnamen auf (Harnack). Vielmehr wird sich die Deutung in erster Linie von V. 9 bestimmen lassen müssen; dann aber treten eindeutig die starken Hinweise auf die Unwürdigkeit des einstigen Verfolgers (»denn ich, der Geringste, nicht wert, ein Apostel genannt zu werden«, wobei »Apostel« hoher Ehrenname ist!) hervor. Versteht man so ἔκτρωμα *[ektrōma]* nicht als Früh-, sondern als *Totgeburt*, so liegt für Paulus in der Aufnahme dieses Wortes der frohe Dank, daß Gott ihn in der ganzen Verworfenheit des damaligen Verfolgers als einen vor allen anderen Unwürdigen dennoch zum Apostel bestellte. *H. Müller*

παλιγγενεσία

παλιγγενεσία *[palingenesia]* Wiedergeburt

I παλιγγενεσία *[palingenesia]* ist aus πάλιν *[palin]* (= *wieder, aufs neue)* und γένεσις *[genesis]* (= *Entstehung, Zeugung, Geburt)* zusammengesetzt und kann in der Umgangssprache ganz verschiedene Arten der *Erneuerung* bezeichnen (zB die Wiederkehr bzw. Wiederherstellung des Früheren, die Rückkehr in die alten Verhältnisse, Beendigung der Gefangenschaft, Wiederherstellung nach Krankheit etc.). »Die Vorstellung von der Geburt (eines Menschen), gar die von einer Geburt auf Grund geschlechtlicher Erzeugung ist in dem Wort ursprünglich nicht enthalten« (Büchsel, S. 685 Anm. 2).

1) Eine bestimmte begriffliche Prägung hat dieses Wort in der Stoa erhalten. Es besitzt dort kosmische Ausmaße; denn der Kosmos wird in periodischer Wiederholung durch einen Weltenbrand (ἐκπύρωσις *[ekpyrōsis]*) vergehen und danach in einer Wiedergeburt (παλιγγενεσία *[palingenesia]*) neu erstehen. Der neue Kosmos gelangt allerdings durch die Wiedergeburt nicht zu einer neuen Seinsweise oder Qualität; die dahingegangene Welt ist aufs neue wieder da. Plutarch gebraucht das Wort, wenn er die Dionysos- und Osiris-Mythen beschreibt, auch in individuellem Sinn als Wiedergeburt von Seelen (dann synonym mit ἀναβίωσις *[anabiōsis]* = Wiederbelebung). Auch sonst wird παλιγγενεσία *[palingenesia]* gebraucht, um die Wiedergeburt einzelner Menschen in der neuen Weltperiode auszudrücken. Neben einem kosmischen Geschehen bezeichnet παλιγγενεσία *[palingenesia]* also auch einen menschlichen Vorgang.

2) In den Mysterienreligionen der hell. Zeit nahm die Idee der Wiedergeburt einen großen Platz ein, wenn auch nicht nachgewiesen werden kann, welche Rolle der Gebrauch des Wortes dort spielte. Alle Mysterienreligionen kennen eine Gottheit, die stirbt und zu neuem Leben erwacht. Während der Kulthandlungen wurde diese Wahrheit nicht gelehrt, sondern in einer dramatischen Aufführung dargestellt, an der die Eingeweihten (Mysten) teilnahmen und somit Anteil an der lebenspendenden, erneuernden Kraft ihrer Gottheit bekamen. Die Wiedergeburt ist dort also die Erneuerung zu einem höheren göttlichen Sein. Die alte religionsgeschichtliche Schule hat versucht, die Wiedergeburt im NT (dh Tit 3,5) auf den Einfluß der Mysterienreligionen zurückzuführen (vgl. dazu → Geschlecht, III,3 ἀναγεννάω *[anagennaō]*). Doch ist diese Verbindung im Blick auf die sehr verschiedene Lehre und die späte Bezeugung der Wiedergeburtsmysterien sehr umstritten. Daß der nt. Sprachgebrauch an dieser Stelle gewisse Parallelen in den Mysterien hat, ist allerdings nicht zu leugnen.

II 1) Das Wort παλιγγενεσία *[palingenesia]* kommt ebenso wie ἀναγεννάω *[anagennaō]* (→ Geschlecht, II) in LXX nicht vor, nur eine verbale Wendung findet sich (Hi 14,14 ἕως πάλιν γένωμαι *[heōs palin genōmai]*); sie ist eine freie Wiedergabe des hebr. Textes, um ein Leben nach dem Tode zu bezeichnen. Mit dem Begriff fehlt aber auch die Vorstellung »einer Wiedergeburt am einzelnen Menschen im gegenwärtigen Äon, wie er in der nt. Auffassung vorliegt« (JDey). Vorhanden ist allerdings der Gedanke einer eschatologischen Erneuerung des Volkes Israel durch Gott: »Ich will euch einen neuen Geist geben und will das steinerne Herz wegnehmen aus eurem Leibe, und ein fleischernes Herz geben« (Ez 11,19). Er will sein Gesetz in ihr Herz geben und in ihren Sinn schreiben (Jer 31,33; vgl. Jes 60,31; Jer 24,7; 31,18; Ez 36,26f). Diese Veränderung und Neuwerdung ist als ein zukünftiges Heilsgut angekündigt, das der Herr selbst wirkt. Das Volk ist zu einer solchen Veränderung von sich aus nicht fähig (Gen 6,5; 8,21; Jer 13,23). Darum kann der Glaubende nur seinen Gott bitten: »Schaffe in mir ein reines Herz und gib mir einen neuen gewissen Geist!« (Ps 51,12). Vgl. auch die Verheißung einer Wiederherstellung Israels Ez 36,24.25; Jes 11,1ff; Ez 37,25f; Mi 4,6f u. a., eines neuen Bundes Jer 31,31f; Ez 34,25, eines neuen Jerusalems Sach 14,10.11.16 u. a., die Erschaffung eines neuen Himmels und einer neuen Erde Jes 65,17; 66,2. So legt sich die Vermutung nahe, daß die nt. Vorstellung von der Wiedergeburt ihre Wurzeln in der prophetischen Verkündigung von der Wiederherstellung und Erneuerung in der messianischen Heilszeit hat.

2) Im griech. sprechenden Judentum wird das Wort παλιγγενεσία *[palingenesia]* recht häufig gebraucht. So drückt Philo damit sowohl das Wiederaufleben der Welt nach der Sintflut als auch einzelner Personen aus. Josephus nennt das neu erstandene israelitische Volksleben nach dem Exil die παλιγγενεσία *[palingenesia]* des Vaterlandes. Das vom AT geprägte Denken der Juden gibt dem Wort aber einen anderen Inhalt als die Stoa. Die neue Existenz der Welt ist nicht einfache Wiederkehr der vorigen. Die Wiedergeburt ist einmalig und geschieht nicht in periodischer Folge.

III Im NT kommt das Wort παλιγγενεσία *[palingenesia]* nur an 2 Stellen vor:

1a) Mt 19,28, wo Jesus seinen Jüngern auf die Frage nach dem Lohn der Nachfolge antwortet (ihr . . . werdet dereinst bei der Wiedergeburt . . . auch sitzen auf zwölf Thronen . . .; vgl. Lk 23,30), ist *Wiedergeburt* ein eschatologischer Terminus, mit dem die Erneuerung der Welt bezeichnet wird. Sie findet statt, wenn der Menschensohn als Richter in der Lichtherrlichkeit erscheinen wird. Sowohl der hier gebrauchte Hoheitstitel »Sohn des

Menschen« als auch der Hinweis auf die Ausübung des Gerichtes ordnen die Wiedergeburt dem Endgeschehen zu (vgl. Offb 21,1–5). Die Übereinstimmung mit dem stoischen Sprachgebrauch ist nur formal; denn der neue Kosmos ist im NT eine Welt anderer Ordnung und Qualität. – Eine andere Auslegung gibt J. Schniewind zu erwägen: »Da . . . unser Spruch in seiner gesamten Haltung zur Urgemeinde weist, so könnte man vermuten, daß Wiedergeburt hier die neue Lebensgestalt der neuen Menschen bezeichnet, die an Gottes Herrschaft teilhaben« (NTD 2,207; zu Joh 3,3–8; → Geschlecht).

b) Tit 3,5 beschreibt die *Wiedergeburt* als eine reine Heilstat Gottes, die am Menschen und im Menschen, aber nicht durch den Menschen geschieht. Diese Rettungstat kann nur eintreten, weil die »Güte und Menschenfreundlichkeit Gottes« in Jesus Mensch geworden ist (V. 4). Zugeeignet wird nun die Rettung dem Menschen »durch das Bad der Wiedergeburt und Erneuerung im heiligen Geist«, durch eine Reinigung. Das Bild vom Bad wird wohl im Hinblick auf die → Taufe gebraucht (ebenso Eph 5,26). In der Taufe empfängt der Glaubende den heiligen Geist (vgl. Apg 2,38); Bad und Geistempfang sind hier als Einheit gesehen, wie Joh 3,5 von der Wiedergeburt durch Wasser und Geist die Rede ist. – Dabei ist selbstverständlich eine andere Vorstellung von der Taufe (zB Erwachsenentaufe) vorausgesetzt, als wir sie allgemein mit der Taufe verbinden. – Der wiedergeborene Mensch ist der, der aus der Hoffnung lebt, daß er in der zugesprochenen Gerechtigkeit Gottes Erbe und Teilhaber zukünftigen Lebens sein wird. In dieser Erneuerung ist eine dem vormaligen Wandel (V. 3) entgegengesetzte Lebensweise geschaffen. Die Wiedergeburt schließt also eine grundlegende sittliche Neuorientierung ein (→ Geschlecht, III,3 ἀναγεννάω und III,1b).

2) Auch wenn die Begriffe παλιγγενεσία *[palingenesịa]* oder das als Verb gebrauchte ἀναγεννάω *[anagennạō]* (vgl. auch ἀνακαινοῦσθαι *[anakainọusthai]* Kol 3,10; 2Kor 4,16; ἀνακαίνωσις *[anakạinōsis]* Röm 12,2; Tit 3,5) nur sehr selten im NT vorkommen, so ist doch der Sachverhalt, der hier zur Sprache kommt, dem ganzen NT geläufig: zB bei Paulus εἴ τις ἐν Χριστῷ, καινὴ κτίσις *[ei tis en Christọ̄, kainæ ktịsis]* (2Kor 5,17) oder die Verbindung der Taufe mit εἶναι ἐν Χριστῷ *[ẹinai en Christọ̄]* (Gal 3,27; Röm 6,3; vgl. auch die Verwendung von γεννάω *[gennạō]*, → Geschlecht, III,1b).

Im NT ist die *Wiedergeburt* nicht wie in den Mysterienkulten dinglich, magisch zu verstehen, als könne sie durch kultische Handlungen (rituale Waschungen, Blutzeremonien) erworben werden. Sie kommt nur durch eine Tat Gottes zustande. Die Taufe bewirkt die Wiedergeburt nicht durch ihren Vollzug. Tit 3,5 bezeugt, daß das Bad nur durch den heiligen Geist erneuernde Wirkung besitzt. Die Wiedergeburt bringt keine sündlose Vollkommenheit, sie führt zur täglichen Bekehrung (Tit 2,12).

Mt 19,28 erinnert aber wohl daran, daß die Wiedergeburt eschatologisch und weltumfassend zu verstehen ist. Als ein dem Menschen widerfahrendes Heil muß sie in weiterem Rahmen verstanden werden. Auch wenn in Mt 19,28 und Tit 3,5 zwei verschiedene Vorstellungen zugrundeliegen, ist vielleicht doch eine Beziehung mit zu sehen. Der von Natur tote und kraft der Wirkung des heiligen Geistes in ein neues Leben versetzte Mensch ist nicht das einzige Endziel der Heilsgeschichte. Am Horizont des NT erscheint die neue → Schöpfung (2Kor 5,17; 2Petr 3,13; Offb 21,5), die Wiederherstellung aller Dinge (Apg 3,21). Mit der Wiedergeburt tritt die neue Heilswirklichkeit in einem Gnadenakt zeichenhaft mitten in diese Welt und die menschliche Existenz. Der Wiedergeborene ist ein auf das universale Heilswerk ausgerichteter Mensch.

Es muß aber betont werden, daß das Bild der Wiedergeburt im NT eigentlich nie über die Veranschaulichung des Heilsgeschehens hinaus ausgedeutet wird, so daß es an Gewichtigkeit andere Vorstellungen wie etwa des »in Christus Seins« oder das »Anziehen Christi« überträfe.

J. Guhrt

τίκτω

τίκτω *[tịktō]* hervorbringen, gebären

I τίκτω *[tịktō]* (aus der reduplizierten Wurzel τεκ- *[tek-]*, seit Homer, Od. 4,86 belegt) bedeutet: *zur Welt, ins Leben, in die Erscheinung bringen, hervorbringen, erzeugen, gebären,* und zwar a) vom Menschen, sowohl vom Manne wie – häufiger – von der Frau: *zeugen* bzw. *gebären;* – b) von Tieren (da allerdings nur von weiblichen): *werfen, Eier legen;* – c) von der Erde: *tragen, hervorbringen, sprießen lassen;* – d) im übertragenen Sinn: *hervorbringen, aus sich heraussetzen* (zB Worte, Gedanken, Kriege, Feindschaften, Gottlosigkeit; so bei Aischyl.).

II In der LXX steht τίκτω *[tịktō]* fast ausschließlich (215mal) für das hebr. *jālad* = *gebären,* nur je einmal für *hārāh* = *empfangen, schwanger werden,* und für *mālat* = *retten, gebären* (Jes 66,7). Der profangriech. Sprachgebrauch wird in LXX im allgemeinen beibehalten, jedoch wird der Begriff jetzt ganz überwiegend auf das Gebären der Frau bezogen, während die Zeugung durch den Mann fast ausschließlich durch → γεννάω *[gennạō]* ausgedrückt wird. In erster Linie beschreibt das Wort den kreatürlich-biologischen Akt des Gebärens als notvolles und unverfügbares Widerfahrnis (Jes 13,8; 26,17f), im Gegensatz zu γεννάω *[gennạō]* als Auswirkung der voraufgegangenen Zeugung (zu Jes 7,14 → Frau, Art. παρθένος). Wie vom Menschen kann τίκτω *[tịktō]* auch von Tieren gebraucht werden (Gen 30,39), ja sogar im Blick auf die Saat, die aus der Erde sprießt (Jes 55,10). In dieser Bedeutung begegnet τίκτω *[tịktō]* auch noch bei Philo in einer freilich nicht mehr streng biblischen, weil der Naturvergötzung Vorschub leistenden Rede, die von der Erde als der πάντα τικτοῦσα γῇ *[pạnta tiktọusa gæ]* spricht.

Aber auch im übertragenen Sinn wird τίκτω *[tịktō]* schon in der LXX verwandt, wenn etwa – negierend – davon die Rede ist, daß ein Volk (Num 11,12), eine Stadt und ihre Bewohner (Jes 66,8) nicht durch einen einzigen Akt *geboren* werden; oder wenn von dem Unrecht gesprochen wird, das die Unheilschwangeren *gebären* (Ps 7,15; Jes 59,4), also von dem, was – bis dahin noch verborgen – mit unwiderstehlicher Gewalt aus einem Menschen hervorbrechen kann. Von Jahwe selbst als dem Herrn alles Geschehens wird τίκτω *[tịktō]* nie gebraucht, sondern nur das – allerdings ebenfalls für das hebr. *jālad* stehende – γεννάω *[gennạō]* (Ps 2,7; Dtn 32,18).

III 1) Im NT wird τίκτω *[tịktō]* vor allem in den matthäischen und lukanischen Vorgeschichten von der Ankündigung und Geburt des Johannes und Jesu sowie in der Offb (12, 2.5) von der Geburt des zum Weltherrscher und Welterlöser bestimmten und vor der Gewalt des Drachen alsbald zu Gott entrückten Kindes durch das himmlische Weib gebraucht. Auch hier wird es gelegentlich durch das gleichbedeutende γεννάω *[gennạō]* ersetzt. Es fällt aber auf, daß γεννάω *[gennạō]* mehr im allg. Sinne, zB in der Ankündigung geschehender (Lk 1,13.35) oder im Bericht geschehener Geburt (Mt 1,16) verwandt wird, während τίκτω *[tịktō]* den konkreten Akt des Gebärens (Lk 2,6f) und die Tatsache des eben Geborenseins (Lk 2,11) ausdrückt. τίκτω *[tịktō]* ist das drastischere, derbere Wort für das brutum factum der Geburt und des Gebärens; es steht dort, wo man gleichsam die Wehen der Geburt noch mitempfinden soll (Joh 16,21; Offb 12,3), oder auch die Schande derer, die nicht gebären kann, weil sie unfruchtbar ist (Gal 4,27). Das deutsche Wort *niederkommen,* das gleicherweise die Freude und die Anspannung, die in dem Plötzlichen und Elementaren des biologischen Geburtsvorgangs mit seinen Schmerzen und Todesgefahren liegt, ausdrückt, entspräche am besten dem griech. τίκτω *[tịktō].* Darum wird es auch nie dort gebraucht, wo im allg. Sinn vom Geborensein (Gal 4,4) oder von Geburt im geistigen oder geistlichen Sinne (Wiedergeburt) die Rede sein soll.

Damit hängt es auch zusammen, daß τίκτω *[tịktō]* im NT (einmal ersetzt durch τεκνόω *[teknọō]* Hebr 11,11 Hs. D) ausschließlich von der Frau gesagt wird. Dabei wird in den Pastoralbriefen die im AT über allem Gebären liegende Verheißung für die Frau nun dahin umgedeutet, daß für sie das Gebären und Aufziehen von Kindern zu einer zum Heil mitwirkenden Funktion erklärt wird und daß nur eine Frau, die dadurch sich ausgewiesen hat, in den urchristl. Witwenstand aufgenommen werden konnte (τεκνογονέω *[teknogonẹō]* 1Tim 2,15; 5,14; τεκνοτροφέω *[teknotrophẹō]* 1Tim 5,10).

2) Im übertragenen Sinn kommt τίκτω *[tịktō]* in der nt. Lit. nur selten vor: a) die Erde gebiert nützliche Pflanzen (Hebr 6,7), und b) die Begierde gebiert Sünde (Jak 1,15). In diesen beiden Fällen steht τίκτω *[tịktō]*, um den naturnotwendigen Wirkungszusammenhang zwischen Empfangen und Gebären auszudrücken: wo Regen – dort Frucht; wo

Begierde – dort Sünde; wo Sünde – dort Tod. (Jak 1,15.18 begegnet in diesem Zusammenhang das auch noch zu unserer Wortgruppe gehörige ἀποκύω *[apokyō]* = *gebären*, das an den beiden Stellen die übertragene Bedeutung *hervorbringen* hat.) *G. Bauer*

ZUR VERKÜNDIGUNG V

In dieser Wortgruppe sind so verschiedene biblische Vokabeln zusammengefaßt, daß sie in der deutschen Sprache und also auch in der Verkündigung kaum mit einem einzigen Wort umschlossen werden können. Denn »vom Weibe geboren« zu werden, um »kurze Zeit voll Unruhe« zu leben (Hiob 14,1) ist eines – und »von oben her«, »aus Wasser und Geist geboren« zu werden, um Gottes ewiges Reich zu sehen (Joh 3,3.5) ist ein anderes. Wie es auch eines ist: »aus dem Willen eines Mannes gezeugt« zu werden – und ein anderes: »aus dem Willen Gottes gezeugt« zu werden (Joh 1,13).

Trotzdem wird der Verkündiger unschwer die Hilfe erkennen können, die ihm damit angeboten wird, daß ihm hier nacheinander alle jene Begriffe begegnen, die im biologischen, metaphorischen, psychologischen und spirituellen Sinne den Akt und das Faktum des Hervorbringens, des Ins-Leben- und In-die-Erscheinungbringens und -gebrachtwerdens beschreiben. Denn so inkommensurabel faktisch auch Begriffe wie Geburt und Wiedergeburt – um die beiden wichtigsten aus unserer Gruppe zu nennen – sind, so gehören sie doch nicht nur stichwortmäßig, sondern auch theologisch zusammen. Und zwar nicht nur in dem Sinne, daß das biologisch-kreatürliche Geschehen Voraussetzung und Gleichnis für das geistig-geistliche Geschehen ist – das ist auch wahr! –, sondern vor allem in dem Sinne, daß wir in dem allgemeinen Wort »Geburt« in jedem Fall mit einem Ereignis konfrontiert werden, das dem Menschen als unverfügbares → Wunder von dem widerfährt, der allein → Leben – irdisches und ewiges, kreatürliches und spirituelles Leben – schaffen kann: von dem creator spiritus, dem Schöpfer Geist also.

Theologisch ist der Begriff Geburt dem Begriff der → Schöpfung, und der Begriff der Wiedergeburt dem der neuen Schöpfung nachgeordnet: Geburt und Wiedergeburt betonen die Konkretion und Personalität des Schöpfungsgeschehens, das Beteiligt- und Betroffensein des gebärenden, geborenen und auf Wiedergeburt angewiesenen Menschen bei und von dem Geburtsakt an, dessen eigentlicher Autor Gott ist.

Der Mensch, der »geboren, nicht geschaffen« ist – wie es im Nicänum von dem »vom Weibe geborenen« (Gal 4,4) und »von Gott gezeugten« (Heb 5,5) Jesus von Nazareth bekannt wird – ist eben nicht nur Geschöpf, sondern → Kind Gottes. Sein Geborensein und auch sein unter Schmerzen Gebären müssen ihm nicht Fatum, unentrinnbares Schicksal sein, sondern werden ihm Geschenk und Auftrag. Und seine Wiedergeburt ist ihm nicht idealistische Erkenntnis des naturhaft verliehenen göttlichen Funkens in ihm, sondern gläubige Annahme seiner ihn neu schaffenden → Erwählung durch Gott. Dies alles hat der Verkündiger zu beachten und zu bezeugen in einer doppelten Richtung:

Erstens im Blick auf den biologischen Bereich, in dem heute in erregender Weise wissenschaftlich experimentiert und technisch manipuliert werden kann. Die früher weithin tabuisierten Worte und Fakten Zeugung – Empfängnis, Schwangerschaft – Geburt begegnen heute in Verbindung mit bestimmten Ausdrücken einer von der Technik geprägten Sprache: k ü n s t l i c h e Zeugung (Insemination) – Empfängnis v e r h ü t u n g – Schwangerschafts u n t e r b r e c h u n g – Geburten k o n t r o l l e – Geburten ü b e r s c h u ß usw. Dies zeigt an, daß der Mensch, dem heute fast alles »machbar« erscheint, sich nicht mehr schlechthin als »Gemächte« Gottes begreift. Man wird die schwerwiegenden Probleme, die sich von der Biologie, Medizin, Soziologie, Psychologie, Genetik und Kybernetik in dieser Sache ergeben, von der Theologie her nicht mit leichter Hand beiseite schieben können. Die Theologie wird sich vielmehr intensiv mit diesen Problemen zu befassen und die Kirche wird in ihrer Verkündigung Aussagen zu treffen haben, die vor dem Horizont jener neuen Möglichkeiten als verantwortlich und hilfreich bestehen können. Sie wird aber bei alledem nicht darauf verzichten dürfen, die Grenze deutlich zu markieren, die dem Menschen und seiner Fähigkeit zu technischer Manipulation biologischer Vorgänge gesetzt sind. Diese Grenze verwehrt es dem Menschen, aus nur utilitaristischen und wissenschaftsgläubigen Gründen ohne Erkenntnis der Ambivalenz allen Fortschritts die letzte und alleinige Verfügungsgewalt über die Entstehung oder Unterdrückung, über die Züchtung und Verwaltung menschlichen Lebens in die eigene Hand zu nehmen. Sie mahnt ihn daran, sein eigenes Geborensein vom Weibe und jede neue menschliche Geburt nicht als willkürlich geplantes Laboratoriumsprodukt, sondern als wunderbare Gabe des Gottes zu begreifen, der in einem letzten Sinne der Erzeuger, Hervorbringer und darum auch der alleinige Herr über alles menschliche Leben – auch das ungeborene und mißgeborene Leben – ist.

Eine ähnliche Grenze wird die christliche Verkündigung zweitens im Blick auf den mit dem Begriff Wiedergeburt eröffneten Bereich zu markieren haben. Auch hier geht es darum, Gott als den alleinigen Herrn und Vollbringer dieses Geschehens zu verkündigen und die Erwartung und Annahmebereitschaft des Menschen für das unverfügbare Wunder dieses Widerfahrnisses zu wecken. Sie wird darum kritisch sein gegenüber alten (Gnosis) und neuen (Anthroposophie) Mysterienreligionen, die die Wiedergeburt in ein naturhaft-zyklisches und kosmisches System bringen und damit die Einmaligkeit irdischen Geborenseins und das Angewiesensein auf die Freiheit und Barmherzigkeit Gottes, der allein Wiedergeburt verleiht, verleugnen. Sie wird aber auch kritisch sein gegenüber jedem naiv methodistischen, psychologischen und moralischen Verständnis, das Wiedergeburt lehrt und fordert als Entscheidung und Tat des geistbegabten, bekehrten oder auch nur moralisch aufgerüsteten Menschen. Alles, was hier zu den zentralen biblischen Wahrheiten von der → Bekehrung, Erneuerung, dem → Leben im Geist, dem Sein in Christus, der neuen Schöpfung, der → Taufe und → Heiligung zu sagen ist, wird streng christologisch, pneumatologisch und eschatologisch ausgerichtet zu verkündigen sein. Wiedergeburt ist ausschließlich Gottes Tat, in Jesus Christus schon geschehen, von uns immer noch und immer wieder aufs neue zu erbitten und zu ergreifen bis zu jener Wiedergeburt, von der Mt 19,28 redet.

G. Bauer

Lit.: CFKling, Die Korintherbriefe, Theol.-hom. Bibelwerk, NT, Teil 7, 1861, 226f – WBousset, Die Briefe. Die johanneischen Schriften, SNT II, 1908², 147ff – AvHarnack, Die Terminologie der Wiedergeburt u. verwandter Erlebnisse in der älteren Kirche, TU XLII, 3, 1918, 97ff – KHRengstorf, Jebamot, 1929 – FBüchsel, Johannes u. der hell. Synkretismus, o. J. – ders., Art. γίνομαι, ThWb I, 1933, 680ff – FBüchsel/KHRengstorf, Art. γεννάω, ThWb I, 1933, 663ff – ASchlatter, Paulus, der Bote Jesu, 1934, 400ff – JSchneider, Art. ἔκτρωμα, ThWb II, 1935, 463ff – JDey, Παλιγγενεσία. Ein Beitrag z. Klärung d. religionsgesch. Bed. von Tit 3,5, NTA 17/5, 1937 – ALindenmeyer, Regeneratio. Das neumachende Handeln Gottes am Menschen u. an der Welt, 1943 – WSchweitzer, Gotteskindschaft, Wiedergeburt und Erneuerung im NT und seiner Umwelt, 1944 (Diss.) – ESjöberg, Wiedergeburt und Neuschöpfung, StTh 4, 1951/52, 44ff – GBolsinger, Die Ahnenreihe Christi nach Mt und Lk, BuK 12, 1957, 112ff (kath.) – MDibelius, Der Brief des Jakobus, KEK XV, 1964¹¹, 183 – JSchniewind, Das Ev. nach Matthäus, NTD 2, 1964¹¹ – WDantine, Der Mensch zwischen Wiedergeburt und Geburt, KuD 11, 1965, 220ff – JSchreiner, Geburt und Tod in biblischer Sicht, BuL 7, 1966, 127ff.

Gedenken

μιμνήσκομαι

μιμνήσκομαι *[mimnæ̣skomai]* gedenken, sich erinnern · μνεία *[mnẹịa]* Gedenken · μνήμη *[mnæ̣mæ]* Erinnerung, Gedächtnis · μνημονεύω *[mnæmonẹụō]* gedenken, erwähnen · μνημόσυνον *[mnæmọsynon]* Erinnerung · ἀνάμνησις *[anạmnæsis]* Erinnerung, Gedächtnis · ὑπόμνησις *[hypọmnæsis]* Erinnerung

I 1) μιμνήσκομαι *[mimnæ̣skomai]* ist abgeleitet aus der indoeuropäischen Wurzel *mēn = denken, geistig erregt sein*. Die Vokabeln dieser Wurzel begreifen in sich 3 Bedeutungsrichtungen: a) *mẹ-, mn-*: zum Ausdruck der Intention und Willensrichtung des Menschen als ganzen (griech. μέμονα *[mẹmona] = gedenke, habe Lust, verlange)*; b) zum Ausdruck der durch geistige Erregung bewirkten Äußerung bis zum Übermaß an Heftigkeit (griech. μαίνομαι [mainomai] = *bin verzückt, rase,* → Ekstase; μένος [menos] = *Macht, Gewalt, Wildheit, Lebhaftigkeit* etc); c) *menā-, menei-:* zum Ausdruck der dem Menschen innewohnenden oder geäußerten geistigen Bewegung (griech. μέμνημαι [memnæmai] = *bin eingedenk,* μιμνήσκω,-ομαι [mimnæskō,-omai] = *erinnere (mich), erwähne,* μνήμων [mnæmōn] *Ratgeber,* μνῆμα [mnæma] = *Denkmal;* Boisacq, S. 625). Aus diesem Zusammenhang ergibt sich im Bereich der indoeuropäischen Sprachen im ganzen folgender Bedeutungskomplex: *gedenken, (sich) erinnern* als geistiges Vermögen und daraus erwachsende Leistung, die Vergangenheit mit der Gegenwart zu verknüpfen; *bedenken, erwägen* zur Verknüpfung des gegenwärtigen Handelns mit der Zukunft; *eingedenk sein, beachten, erwähnen, künden* für die Auswertung des Bezuges zur Vergangenheit und zur Zukunft im gegenwärtigen Handeln (zum ganzen vgl. Boisacq, S. 627 und 638).

Verba und Subst.a, Simplex- und Kompositaformen aller vorkommenden Vokabeln (Liddell-Scott nennt allein 45!) werden im Griech. unterschiedslos verwandt. Es ist kein grundsätzlicher Bedeutungsunterschied zwischen Komposita wie ἀνάμνησις [anamnæsis] und ὑπόμνησις [hypomnæsis] einerseits und den Simplexformen wie etwa μιμνήσκω [mimnæskō], μνήμη [mnæmæ] etc andererseits festzustellen (vgl. Behm, Art. ἀνάμνησις etc, ThWb I, 351f und OMichel, Art. μιμνήσκομαι etc, IV, 678ff!). Wegen dieses starken inneren Sinnzusammenhanges und der Schwierigkeit, die verschiedenen Vokabeln eindeutig zu interpretieren und gegeneinander abzugrenzen, übersetzen viele Theologen alle Vokabeln des Stammes μνη- [mnæ-] mit *gedenken, (sich) erinnern* (bzw. die entsprechenden Nomina). Dann muß man aber in Kauf nehmen, daß die eigentlich bedeutungsvollen Nuancen nicht zur Geltung kommen.

2) In der griech. Lit. (von Homer bis zu den Inschriften und Papyri der hell. Periode) finden wir folgende belegbare Hauptbedeutungen: a) *sich* oder *andere erinnern, wieder-erinnern* (vor allem Plato: ἀναμιμνήσκεσθαι, ἀνάμνησις [anamimnæskesthai, anamnæsis]), *Erinnerung, Gedächtnis:* 50% aller vorkommenden Vokabeln. Bei trans. Gebrauch stehen vor allem Komposita mit ἀνα- [ana-], ἐπι- [epi-], ὑπο- [hypo-]. – b) *bedenken, denken an, erwägen, überlegen, sich besinnen* (nicht bei allen untersuchten Schriftstellern und Sammlungen): 5%. – c) Freundlich helfend oder feindlich rächend, strafend *gedenken, sich bekümmern um, wollen, erstreben, anstreben, begehren:* 10% (Homer: fast 50%). – d) Gegenwärtig *im Gedächtnis haben, eingedenk sein, beachten, befolgen:* 10%. – e) Mündlich oder schriftlich *erwähnen, bekanntgeben, rufen, nennen, künden, ermahnen; Urkunde, Dokument* (oft. Kompositum mit ὑπο- [hypo-]): 25%. Besondere Bedeutung hat die ἀνάμνησις [anamnæsis] bei Plato. Er schließt von der Fähigkeit, hinter der Erscheinung der Dinge und Vorgänge etc. ihre »Idee« wiederzuerinnern, auf die körperlose, freie, rein geistige Präexistenz der → Seele und ihr Fortleben nach dem Tode (s. bes. Phaedr. 73C).

3) Von Homer an bis in die christl. und nachchristl. Spätzeit ist μνήμη [mnæmæ] einer der zentralen Begriffe der altgriech. und hell.-griech. Religionen, Kulte und religions-philosophischen Systeme.

a) Bei *Homer* ist der Hades das Reich der λήθη [læthæ], der Vergessenheit und des Vergessens. Seine Bewohner sind stumm und vergessen. Hier läßt sich die Gleichung aufstellen: Vergessen = Schweigen = Tod, Gedenken = Reden = Leben (Hom. Od. 11,71.97ff.140ff.147ff).

b) Während Gedenken und Vergessen bei Homer noch psychisch zu deuten sind, ist in der *Orphik* die μνήμη [mnæmæ] als Göttin personifiziert (Μνημοσύνη [Mnæmosynæ]); andererseits ist sie auch als Gabe der Göttin (Wasser aus dem göttlichen Quell, Totenpaß) das unsterbliche Leben der Seelen aus göttlichem Stamm (AOlivieri, Lamellae Aureae Orphicae, Kl. Texte 133, 1915). Hier ist das Gedenken also die naturhafte Macht und der durch sie in Gang gesetzte Prozeß in einem.

c) In der *Gnosis* ist das Vergessen als Schicksal und Schuld der Seele, die sich aus der himmlischen Heimat und damit aus der Einheit des Göttlichen entfernt hat (→ Einer, Art. εἷς, II,1), die Folge einer Vergiftung durch das Irdisch-Böse. Ebenso physisch vollzieht sich die Wiedererinnerung, die als erster Schritt auf den Rückweg zur himmlischen Heimat führt. Diese Wiedererinnerung wird durch die Ankunft des Erlösers (in Gestalt des »Rufes«, »Himmelsbriefes«, »Gesandten« o. ä.) ausgelöst. Der »Ruf« ist gewissermaßen die Zauberformel, die den Prozeß in Gang bringt (so dargestellt im »Seelenhymnus« der Thomasakten, ähnlich in der manichäischen Lit.).

d) Diese Linie wird auch in den *Mysterien* weitergeführt, wo das Gedenken des Schicksals des jeweils verehrten Kultgottes in oft mystisch-magischen Riten sinnenfällig vollzogen wird.

Diese Andeutungen dürften deutlich machen, daß die Wortgruppe des Stammes μνη- [mnæ-] im NT nicht auf diesen Bereich zurückgeführt werden kann (so vielfach in den Werken der sog. »Benediktinischen Schule«, Odo Casel u. a., und in den Arbeiten jener ev.-luth. Theologen, die das »Gedenken« als eine sakramentale »Repräsentation« des erhöhten Christus deuten wollen (vgl. Bartels, EvTh, 20. Jg., 1960, 364ff).

1) In LXX entspricht der Stamm μνη- [mnæ-], zumeist eingesetzt für Vokabeln des hebr. Stammes II
zkr, weithin dem gemein-griech. Gebrauch. Bedeutungen: a) *erinnern* etc. (Gen 40,23; Weish 12,2;

Gen 8,1); b) *bedenken* etc. (Jes 47,7; Sir 41,1f); cα) freundlich helfend und feindlich *gedenken* etc. meist von Gott gebraucht (53mal), selten (4mal) von Menschen (Gen 30,22; Jer 40,8 LXX). Bes. das Dtn »entwickelt geradezu eine Theologie des Gedenkens« (Michel, ThWb IV, 678f); cβ) *eingedenk sein* etc. (Dtn 15,15 u. ö.; Michel, aaO); d) *erwähnen* etc. (Dan 5,10 LXX; Est 2,23; 2Kön 18,18 LXX). Daneben findet sich ein spezifisch biblischer Gebrauch, der im außerbiblischen Griech. teilweise vorgebildet ist. Dieser Gebrauch geht zweifellos auf das Konto der altorientalisch-hebr. Einflüsse, die Wortlaut und Stil der LXX nachhaltig beeinflußt haben. So weicht die Verteilung der Bedeutungen von μνη- *[mnæ-]* im AT charakteristisch von der im außerbiblischen Griech. und im – anderen Einflüssen ausgesetzten – Judentum ab (in Klammern das profane Griech.): a) 24 (50)%; b) 5 (5)%; cα) 18 (10)%; cβ) 30 (10)%; d) 23 (25)%.

2) Die spezifisch biblischen Bedeutungen sind unter 1d) bereits mit aufgeführt, nämlich

a) im → Gebet vor Gott *erwähnen, anrufen* (προσεύχεσθαι *[proseuchesthai]*; ἐπικαλεῖσθαι *[epikaleisthai]*): Ps 109 (108 LXX), 14, sinngemäß zu umschreiben: »Der Ankläger (Hi 2,1: Satan) möge die Gesetzwidrigkeit seiner Väter beim Gericht vor Gott vortragen« (ἀναμνησθείη *[anamnæsthẹiæ]*, hebr. *jizzākēr*). In Ps 62,7; Ez 33,13 LXX ist mit *denken an, gedacht werden* (L) die fürbittende Erwähnung vor Gott gemeint (vgl. auch Jes 48,1; Michel, Art. ὁμολογέω, ThWb V, 204, 204f; Bartels, Gedächtnis, 13f und Anm. 86–97).

b) *verkündigen, feiern, begehen* (vgl. → Feste, Art. ἑορτή; vgl. → Verkündigung, Art. ἀγγέλλω). Die Gegenwart des Volkes Israel, sein Glaube an Jahwe als Retter und Befreier, sein Gehorsam gegen ihn als Führer und Herrn der Geschichte, die gottesdienstliche Anbetung – alles beruht auf der Erfahrung der gnädigen Hilfe Gottes in vergangenen Zeiten. Die Verkündigung dieser Erfahrung nimmt so die Form der *Erinnerung* an. In ihr spricht der Gott, der in der Vorzeit große Taten getan hat, in die Gegenwart des Gottesvolkes hinein. So wird die Heilsgeschichte im gesprochenen, gesungenen und gehörten Wort der täglichen Anbetung und der wiederholten Feste zur verpflichtenden Gegenwart gemacht (vgl. HWWolff, Das Alte Testament und das Problem der existentialen Interpretation, EvTh, 23. Jg., 1963, 10.14f). Daher haben die Vokabeln unserer Wortgruppe (schon vom hebr. *zkr* her, vgl. WSchottroff, Gedenken, 23) das Moment der autorisierten Botschaft, der Proklamation wie ἀγγέλλειν *[angellein]* (so gelegentlich schon bei Aristoteles): Ps 71(70), 15–17; V. 16: ich preise deine Gerechtigkeit allein (L), wörtlich: ich gedenke, dh ich spreche (verkündigend) aus. Während das verkündigende Gedenken hier mündlich geschieht, wird es in Ex 13,8; Jos 4,6f schriftlich überliefert (→ Wunder, Art. σημεῖον). μνημόσυνον *[mnæmọsynon]* (hebr. *zikkarōn*) in Ex 12,14 ist geradezu die *Festbegehung*, der *Feiertag* durch Verkündigung der biblischen Botschaft (vgl. GvRad, Theol. AT I, 241; Bartels, Gedächtnis, 14–17 und Anm. 98–124).

c) *glauben, gehorchen, sich bekehren, umkehren.* Gottes gedenken in diesem Sinne heißt ihm dienen, ihn anbeten, ihm gehorchen und nachfolgen, ihn als Schöpfer und Herrn anerkennen (Num 15,39f; Tob 1,11f, vgl. H. Graf Reventlow, Das Amt des Mazkir, ThZ 1959, 161ff, s. bes. S. 165). Formelhaft kann durch »Gottes gedenken« der Glaubensstand eines Menschen umfassend ausgedrückt werden (Jud 13, 19; Tob 2,2). So ist in Ps 22(21),28f mit μνησθήσονται *[mnæsthæsontai]* (*jizkᵉrū*) parallel zu ἐπιστραφήσονται *[epistraphæsontai]* (*jāschubū*) wohl der Akt der gläubigen Zuwendung zu dem Herrn gemeint (vgl. den pharisäischen Psalm 4,21; Bartels, Gedächtnis, 18f und Anm. 125–130).

d) *lobpreisend, anbetend bekennen* (→ Bekennen; → Danksagung, Lobpreis, Art. αἰνέω; → Segen, dort εὐλογέω). Wo Vokabeln der Wortgruppe μνη- *[mnæ-]* synonym mit oder metonymisch für ὁμολογέω *[homologẹō]* = *bekennen*, hebr. *hōdāh, tōdāh*, stehen, schließen sie die Bedeutung *gottesdienstlich bekennen* zumindest ein, wenn sie nicht dadurch bestimmt sind. Hierher gehören neben Ps 30(29),5; 97(96),12; 45(44),18; 6,6 (vgl. Sir 17,27f; Bar 2,17; Bartels, Gedächtnis, 24) und Tob 14,7ff vor allem die Psalmüberschriften in Ps 38 (37 LXX) und 70 (69 LXX) im Titel. Beide Überschriften dürften sich (analog den entsprechenden in Ps 59,79 und 144 LXX) auf den Inhalt der Pss beziehen (38,19; 70,5) und wahrscheinlich liturgische Rubriken darstellen (vgl. Schottroff, S. 334ff). Sie sind dann zu übersetzen »zum Bekennen«, was praktisch in einer gottesdienstlichen Rezitation geschehen sein könnte (Bartels, Gedächtnis, 23–26 und Anm. 188–208). Dieser Gebrauch ist aus dem hebr. *zākar* in das Übersetzungs-Griech. der LXX übergegangen; im profanen Griech. fehlt hierzu jede Analogie.

3) Im Judentum tritt dann allerdings der spezifisch biblische Gebrauch zurück. Das helfende bzw. strafende Gedenken wird stark rationalisiert, so zB zu Gen 30,22. Hier wird das Gedenken Gottes als seine Erinnerung an Rahels gute Werke interpretiert: »An was gedachte er? An ihr Schweigen gegenüber ihrer Schwester . . . woran dachte er? Daran, daß sie ihre Nebenfrau ins Haus gebracht hatte« (Midr. Ber. Rabba 355). Andererseits lebt die biblische Bedeutung *helfen, gnädig sein* in der Liturgie fort (vgl. die sog. *zikrōnōt* in der Liturgie des Neujahrstages, PFiebig, Rosch-ha-schana, 1914). Die Bedeutung *erwähnen* findet sich häufig in der Formel »er erwähnte ihn lobend« (Joma III,9b u. ö.). Bezeichnend ist die Ersetzung des Gottesnamens durch *'azkārāh* (Michel, ThWb IV,686, Anm. 1; Meyer, Art. κρύπτω etc., ThWb III,983,40; Schottroff, S. 333 und Anm. 1). Hier steht Gedenken für *schēm* = *Name* (so gelegentlich schon im AT: Ex 20,24 LXX, wo für hebr.

zākar ὀνομάζειν *[onomązein]* steht). – Stärker als in der rabb. Lit. lebt die Bedeutung des gnädigen und helfenden Gedenkens Gottes in den Qumrantexten weiter. So heißt es, daß Gott an den alten Bund dachte und den neuen Bund für die von ihm Erwählten gab. Im eschatologischen Krieg gedenkt Gott der Kinder des Lichts und hilft ihnen gegen die Kinder der Finsternis.

1) Insgesamt 72% aller Stellen im NT stimmen mit dem gemein-griech. Gebrauch überein. III

a) *erinnern* etc.: 20% (50% im profanen Griech), zB Mt 26,75 (ἐμνήσθη *[emnæsthæ]* mit Gen. part. des Objektes); Mk 14,72 (ἀνεμνήσθη *[anemnæsthæ]* mit Akk. der Sache); Lk 22,61 (ὑπεμνήσθη *[hypemnæsthæ]*); Mt 16,9 (μνημονεύετε *[mnæmonęuete]*); 2Petr 1, 15 (μνήμην ποιεῖσθαι *[mnæmæn poięisthai]*); 2Tim 1,6 (ἀναμιμνήσκω *[anamimnæskō]* mit Akk. der Person und Inf.);

b) *bedenken* etc.: 6,5% (5%): Lk 17,32 (μνημονεύετε *[mnæmonęuete]* mit Gen. part. des Objektes); Hebr 10,32 (ἀναμιμνήσκεσθε *[anamimnæskesthe]* mit Akk. der Sache); Lk 16,25 (μνήσθητι *[mnæsthæti]* mit abhängigem Aussagesatz für die erinnerte Sache);

cα) *helfend gedenken* etc.: 14,5% (10%), davon 4 at. Zitate, die anderen Stellen sind stark at. gefärbt: Lk 23,42 (μνήσθητί μου *[mnæsthætį mou]* sinngemäß zu übersetzen: rette mich!); Offb 18,5 (ἐμνημόνευσεν *[emnæmǫneusen]* mit Akk. der Sache); Gal 2,10 (ἵνα μνημονεύωμεν *[hįna mnæmonęuōmen]*) mit Gen. part. des Objektes, in diesem Fall der Person); cβ) *eingedenk sein* etc. 26% (10%). Erinnern, gedenken als Übers. der hierher gehörenden Stellen wäre in den meisten Fällen zu blaß; die »Erinnerung« wird hier durchweg als eine Macht verstanden, die das gegenwärtige Handeln beeinflußt (vgl. 1Esr 4,21 LXX). Hebr 11,15 (ἐμνημόνευον *[emnæmǫneuon]*): »Wenn es ihnen um jenes (Vaterland) gegangen wäre, von dem sie ausgezogen waren, hätten sie Gelegenheit gehabt, umzukehren.« 2Petr 3,2 (Schriften, Tradition, vgl. Michel, 681); 2Tim 2,14; 1Kor 11,2 bedeutet ὅτι μέμνησθε *[hǫti męmnæsthe]*: »daß ihr mich beachtet, und zwar so (epexegetisches καί *[kai]*), daß ihr die Überlieferung haltet, wie ich sie euch überliefert habe.« 2Tim 1,5 (ὑπόμνησιν λαβών *[hypǫmnæsin labǫn]*, »indem ich mich überzeugte«);

d) *erwähnen* etc.: 5% (25%): 2Kor 7,15 αὐτοῦ . . . ἀναμιμνησκομένου *[autǫu . . . anamimnæskomęnou]* »wenn er euer aller Gehorsam erwähnt«; 3Joh 10: »ich werde seine Werke (vor dem Gemeinderat) anklagend vorbringen«; Offb 16,19: »wurde vor Gott verurteilt« (vgl. Ps 109[108],14). Der Inhalt des Urteilsspruches wird durch den Inf.-Satz »ihr den Becher mit dem Wein seines grimmigen Zornes zu geben« (ELohse) ausgedrückt.

2) Der spezifisch biblische Gebrauch liegt nur in 28% der Stellen vor.

a) *im Gebet aussprechen* etc.: Apg 10,4 ἀνέβησαν εἰς μνημόσυνον *[anębæsan eis mnæmǫsynon]*, »stiegen auf, um vor Gott ausgesprochen zu werden« (vgl. Tob 12,12 LXX; äthHen 47,1f findet sich der entsprechende Gedanke, daß die »Heiligen«, dh die Engel, Fürbitter im Himmel sind); 1Thess 1,2: μνείαν ποιούμενοι *[mnęian poioụmenoi]*; 1,3: μνημονεύοντες *[mnæmonęuontes]*, beides bedeutet *fürbitten*.

b) *verkündigen*: 2Petr 1,12.13: ὑπομιμνήσκειν, *[hypomimnæskein]*, ὑπόμνησις *[hypǫmnæsis]* auf V. 3–11 bezogen und durch παροῦσα ἀλήθεια *[parǫusa alæ̨theia]*, »vorhandene Glaubensbotschaft«, erläutert; Joh 14,26: ὑπομνήσει ὑμᾶς *[hypomnæsei hymąs]*; in der Er-Innerung dessen, was als Botschaft Jesu schon gehört ist und gewissermaßen im Innern der Hörer ruht, durch den Heiligen Geist vollzieht sich jeweils aufs neue die aktuelle Proklamation der Gottesherrschaft Christi; 1Kor 4,17: Paulus soll durch das ἀναμιμνήσκειν *[anamimnæskein]* des Timotheus als Apostel Christi, dh als Träger des Evangeliums in »Weg« und »Lehre« den Korinthern gleichsam selbst verkündigt werden. Der Apostel gehört zum »eschatologischen Geschehen« hinzu (Bultmann, Theol., 303); Mk 14,9: daß die Frau in einer prophetischen Handlung Jesus zu seinem Begräbnis gesalbt hat, wird gesagt werden εἰς μνημόσυνον αὐτῆς *[eis mnæmǫsynon autæ̨s]*, »um durch das Erinnern an sie (den Tod des Herrn) zu verkündigen.« Sie wird zu einem Bestandteil des nt. Kerygma. Die Ermahnung in Form der ἀνάμνησις *[anąmnæsis]* oder ὑπόμνησις *[hypǫmnæsis]* ist eine besondere Ausprägung der Verkündigung: 2Tim 1,6; Tit 3,1.

c) *glauben:* 2Tim 2,8: μνημόνευε Ἰησοῦν Χριστόν *[mnæmoneue Iæsoun Christon]*. Der Inhalt des Gedenkens ist eine kurze Glaubensformel (vgl. Röm 1,3f, dort nur umgekehrte Reihenfolge), deren Herkunft aus der evangelischen apostolischen Tradition betont wird.

d) *bekennen:* Hebr 10,3 ἀνάμνησις ἁμαρτιῶν *[anamnæsis hamartiōn]*, das öffentliche Sündenbekenntnis beim Opfer des großen Versöhnungstages (so schon Bengel, Gnomon zSt.). Da das Opfer die Sünde nicht wegnehmen kann, dient es dazu, diese aufzudecken. Wer jährlich um der Sünde willen Opfer darbringt, bekennt dadurch, daß er nach wie vor Sünder ist (Bartels, Gedächtnis, 26 und Anm. 209f).

3) Die wichtigsten Stellen für die zuletzt genannte Bedeutung unserer Wortgruppe finden sich aber im Zusammenhang mit den nt. Abendmahlsberichten (→ Herrenmahl), 1Kor 11,24.25; Lk 22,19: τοῦτο ποιεῖτε εἰς τὴν ἐμὴν ἀνάμνησιν *[touto poieite eis tæn emæn anamnæsin]*. »Dies tut« (τοῦτο ποιεῖτε *[touto poieite]*) ist die Zusammenfassung der Handlungen, die die Teilnehmer am Herrenmahl tun sollen, wie Jesus bei der Einsetzung des Herrenmahls am Vorabend der Passion nach dem Bericht der Synopt. Alle Worte und Handlungen sind bestimmt εἰς τὴν ἐμὴν ἀνάμνησιν *[eis tæn emæn anamnæsin]*. Der Vergleich mit den unter II,2d besprochenen at. Stellen und Hebr 10,3 legt es nahe, diesen sog. »Wiederholungsbefehl« sinngemäß zu paraphrasieren: »dies tut, um euch im Essen des Brotes und im Trinken des Kelches – dh also in der Teilhabe (κοινωνία *[koinōnia]*; → Gemeinschaft) an meinem Leben (σῶμα *[sōma]*; → Leib) und Sterben (→ Blut, Art. αἷμα) – im Wort der → Verkündigung (καταγγέλλειν *[katangellein]* V. 26) und im Lobgesang (ὑμνήσαντες *[hymnæsantes]* Mk 14,26, → Lied, Art. ὕμνος III) vor der Welt zu mir, eurem gegenwärtigen Herrn, zu bekennen.« Alle diese Bezüge sind an dieser Stelle in ἀνάμνησις *[anamnæsis]* = *Gedächtnis* enthalten (eingehende Einzelanalyse s. Bartels, Gedächtnis, 27–42 und Anm. 212–334; dort wird auch die wichtigste Lit. dazu kritisch besprochen). Entsprechend wird in den altkirchlichen Abendmahlsliturgien (und diese sind eine authentische Interpretation der Einsetzungsworte!) die »Anamnese« zu einer – teilweise ausgedehnten – Bekenntnisformel ausgestaltet. Ansätze hierzu finden sich schon bei Justin dem Märtyrer (Dial. 70,4) und in der sog. Hippolytischen Kirchenordnung (Bartels, Gedächtnis, 42–49 und Anm. 336–339). Entsprechend ist in der Alten Kirche die Teilnahme am Herrenmahl Rechtspflicht der getauften Gemeindeglieder (Const. Ap. VIII, 47,9; ausgeschlossen sind alle nicht voll Kirchenrechtsfähigen, Const. Ap. XII,1f).

4) Die Bedeutung der urspr. durchaus profan gebrauchten Wortgruppe μιμνήσκω *[mimnæskō]* etc., deren Vokabeln, dem etymologischen Befund entsprechend, eine Spannweite vom geschlechtlichen Begehren bis zum Hochgeistigen in der Philosophie zeigen, ist durch die Aufnahme in die griech. Bibel von den hebr.-altorientalischen Äquivalenten her in folgenreicher Weise – in Richtung auf das Gottesdienstliche – erweitert worden (Schottroff, aaO., passim). Das NT ist hierin klar und eindeutig dem AT gefolgt und zwar weithin gegen den gemein-griech. Sprachgebrauch.

Dieser Vorgang ist deshalb bedeutungsvoll, weil zum Ausdruck des Gottesdienstlichen im Griech. des NT so viele andere Vokabeln zur Verfügung stehen. Wenn dennoch die Wortgruppe μνη- *[mnæ-]* als gottesdienstlicher Terminus in die urchristl. Sprache eingeführt wird – wobei die Bedeutung in den Mittelpunkt tritt, die im Profangriech. durchaus peripher ist, – so ist das ein sicheres Zeichen dafür, daß die sonstigen nt. Vokabeln dieser Richtung einer Ergänzung bedurften. Nach der biblischen Botschaft des AT und NT gehören Gottesdienst, Kultus (auch das Opfer) dem Bereich des Geschichtlichen an. Gottes Offenbarung läuft nicht im Kreislauf natürlichen Entstehens und Vergehens ab (Naturreligionen); sie ist kein automatisch abrollender Prozeß (Mysterien, Gnosis); vielmehr geschieht sie im Fortgang der Geschichte (wenn auch diese sprengend, vgl. Bultmann, Theol., §3,3) vom Gestern zum Heute und weiter in die Zukunft, vom Sinai nach Golgatha, vom at. Bundesvolk zur Gemeinde Christi, zu uns und weiter zum Ende und zur endgültigen Gottesherrschaft. Entsprechend ist alles Gottesdienstliche in der Gemeinde von Anbeginn notwendig geschichtlich, worthaft, personal, nicht naturhaft, mystisch, drastisch. Das gilt für die Wortverkündigung, die ein vorzeiten Geschehenes aus dem »Inneren« des Gedächtnisses, der mündlichen oder schriftlichen Tradition, zu »äußern« und hierdurch wieder zu »er-innern« hat. Das gilt für das Herrenmahl, zum »Gedächtnis« von Jesus damals und dort eingesetzt für eine bestimmte Zeit innerhalb der Geschichte der Gemeinde, »bis er kommt« (1Kor 11,26). Dieses Herrenmahl hat sein Leben von dem vorzeiten geschehenen Ereignis der Passion. Deshalb geschieht jede Feier des Herrenmahls – wie die Wortverkündigung – εἰς ἀνάμνησιν *[eis anạmnæsin]* Jesu Christi, im »Äußern« des »Erinnerten« zu neuem »Er-Innern«.

»Gedenken« im verkündigenden Wort und »Gedenken« im lobpreisenden Bekennen begegnen einander. In den Dienst der Offenbarung Gottes genommen ist es worthaft und damit wahrhaft geistig und personal, aber dennoch nicht bloßes Reden, nicht untätig. »Gottes Gedenken ist wirksames und schaffendes Ereignis« (Michel, ThWb IV,678). Es geschieht helfend (Gen 30,22) und richtend (Offb 16,19). Dem kommt das menschliche Gedenken entgegen, vollzogen im Rechtsakt des öffentlichen Bekennens, das so total, ja körperhaft ist wie Essen und Trinken es nur sein kann, vollzogen aber auch in der helfenden Geldgabe der Kollekte (Gal 2,10). So ist durch die Wortgruppe μνη- *[mnæ-]* auch ein biblisch zentraler Begriff ausgedrückt, der das Ganze göttlichen und menschlichen Lebens umfaßt im »Wort« der Offenbarung und in der »Antwort« des Glaubens. *K. H. Bartels*

Lit.: JBehm, Art. ἀνάμνησις, ThWb I, 1933, 351f – RMeyer, Art. κρύπτω ThWb III, 1938, 979ff – JBegrich, Sōfēr und Mazkīr, ZAW NF. 17, 1940/41, 1ff – OMichel, Art. μιμνήσκομαι, ThWb IV, 1942, 678ff – EKäsemann, Eigenart und Anliegen der paulinischen Abendmahlslehre, EvTh 7, 1947/48, 263ff = Ex. Vers. u. Bes. I, 1960, 11ff – GSchmidt, MNHΣΘHTI, in: Viva Vox Evangelii, Festschr. WMeiser, 1951, 259ff – JJeremias, Mk 14,9, ZNW 44, 1952/53, 103ff – PBrunner, Zur Lehre vom Gottesdienst, Leiturgia I, 1954, 84ff – DJones, ἀνάμνησις in the Septuagint and the Interpretation of 1Cor XI,25, IThSt 6, 1955, 183ff – JJPetuchowski, »Do This in Remembrance of Me« (1Cor XI,24), JBL 76, 1957, 293ff – KHBartels, Dies tut zu meinem Gedächtnis. Zur Auslegung von 1Kor 11,24.25, 1959 (Diss. Mainz; dort weitere Lit.) – HGraf Reventlow, Das Amt des Mazkīr, ThZ Basel 15, 1959, 161ff – KHBartels, Der theoretische Quellort der »Sammlung« und ihre Parole »Katholische Reformation«, EvTh 20, 1960, 364ff – PNeuenzeit, Das Herrenmahl. Studien zur paulinischen Eucharistieauffassung, 1960 (kath.) – EPBlair, An Appeal to Remembrance. The Memory Motif in Deuteronomy, Interpretation 15, 1961, 41ff – PAHdeBoer, Gedenken und Gedächtnis in der Welt des AT, 1962 – OHaggenmüller, Erinnern und Vergessen Gottes und der Menschen, Bibel und Leben 3, 1962, 1ff – WSchottroff, »Gedenken« im Alten Orient und im Alten Testament, Wiss. Mon. 15, 1964 – JJeremias, Die Abendmahlsworte Jesu, 1967[4].

Geduld

Die Begriffe dieser Gruppe kennzeichnen alle das menschliche Ertragen bestimmter Widrigkeiten des Lebens, ob der Betroffene sie nun passiv über sich ergehen läßt oder aber mehr aktiv ihnen mutig Widerstand leistet. Dabei bleibt μακροθυμία *[makrothymịa]* am meisten, καρτερέω *[karterẹō]* am wenigsten im Bereich einer passiven Haltung. Eigentlich der militärischen Sprache angehörend lassen sich die hier behandelten Begriffe naturgemäß gut auf das Bild des Lebenskampfes übertragen. ἀνέχω *[anẹchō]* – urspr. *in die Höhe halten,* dann intrans. *innehalten,* medial *sich aufrechthalten, ertragen* – hat die größte Bedeutungsbreite. καρτερέω *[karterẹō]* heißt *stark, standhaft sein,* auch unter Ertragen von Widerständen *beharrlich etwas tun;* es ist in der griech. Ethik term. techn. für die aufrechte Haltung des Weisen. Das im Griech. seltene μακροθυμία *[makrothymịa]* hingegen charakterisiert dort resignierendes Sich-Ergeben in eine Lage, die kaum Aussicht auf Änderung bietet; im theol. Bereich bekommt das Wort dann allerdings eine positivere Wendung: Die μακροθυμία *[makrothymịa]* Gottes steht als *Langmut* zwischen den Polen von Zorn und Gnade. ὑπομένω *[hypomẹnō]* heißt zunächst *zurückbleiben, abwarten,* bezeichnet dann aktiver die Überwindung von Schwierigkeiten: *abwartend sich widersetzen, Mut zum Wagnis haben.*

ἀνέχομαι

ἀνέχομαι *[anẹchomai]* aushalten, ertragen · ἀνοχή *[anochæ]* Aufschub, Frist, Zurückhaltung, Nachsicht

I Das Verbum ἀνέχομαι *[anẹchomai]* wird im profanen Griech. auch aktiv gebraucht; die Vorsilbe ἀνά *[ana]* hat ihm eine Fülle von Bedeutungen gegeben; mit Objekt etwa: *hochhalten, ehren, zurückhalten;* ohne Objekt *hervorragen,* aber auch *innehalten, beharren, ertragen.* Im NT steht nur das Medium, das auch in der sonstigen Lit. überwiegt, in der Bedeutung *aushalten, ertragen.* ἀνέχου καὶ ἀπέχου *[anẹchou kai apẹchou]* heißt es bei Epiktet.

II In LXX vertritt das Verb mehrere hebr. Wurzeln, die gemeinsam das *Zurückhalten* einer sich hervordrängenden Handlung aussagen, die dann später unter hohem »Staudruck« und emphatisch doch noch hervorbricht. Solche Aussagen können sich sowohl auf den Menschen (Gen 45,1; Hi 6,11) als auch auf Gott (Jes 1,13; 42,14) beziehen. Es ist aber die Tendenz zu spüren, das Emphatische auf die Seite des Menschen zu verlegen (Jes 63,15; 64,12): der Mensch schreit geängstigt auf, weil Gott schweigt, sich zurückhält. ἀνοχή *[anochæ]* begegnet in LXX nur einmal 1Makk 12,25 – rein zeitlich (= Aufschub).

III 1) Auch im NT ist der Wortgebrauch von ἀνέχομαι *[anẹchomai]* — 15mal, vorwiegend in den paulinischen Schriften — nicht einheitlich. Die Erfassung seiner Bedeutung ist darum erschwert, weil es nicht selten in älterem Traditionsgut und formelhaften Wendungen steht. Kol 3,13 ist die Nähe zum Katalog der 5 Tugenden nicht zu übersehen, doch soll das Partizip hier das letzte Glied der Kette, die μακροθυμία *[makrothymịa]* erläutern (Lohmeyer, KEK). In dem personalen Objekt aber ist ein Charakteristikum des nt. Wortgebrauchs aufgezeigt: Wo das ἀνέχεσθαι *[anẹchesthai]* geübt wird, zerreißt die Kette der in den überlieferten Katalogen sich selbst genügenden Tugenden und stellt der Christ sich in den Dienst am anderen. Dabei ist ferner wichtig die hier ausdrücklich betonte, an anderer Stelle vorausgesetzte Gegenseitigkeit: ἀλλήλων *[allælōn]*.

Aus älterem Gut stammt auch die Verwendung von ἀνοχή *[anochæ]* in Röm 2,4 und 3,26: Gott hält den Ausbruch seines Zorns, die Strafe, zurück, bis er seine Gerechtigkeit in Christus verwirklicht, offenbart und der Zeit des Gesetzes ein Ende macht. Hier führt eine gerade Linie zu Jesu Ausruf Mk 9,19 par. Nicht das Menschsein oder die Leiblichkeit ist ihm schwer erträglich, sondern dies ungläubige Geschlecht, dh die Menschen. Er erleidet in seinem eigenen Leben das göttliche Ansichhalten, bis in Tod und Auferstehung die Zeit der Gerechtigkeit anbricht. Er erträgt und weiß, daß er es tut. Doch trägt er nicht in Unwillen, sondern in der verhaltenen, zur Offenbarung drängenden Liebe des Gottessohnes, der gerade dem schwachen Glauben zu Hilfe kommt. Entsprechend wird man auch Kol 3,13 »ertragen« und »vergeben« sauber voneinander trennen müssen. Das Ertragen geschieht im Licht der Offenbarung Gottes unter den Menschen.

2) In der Liebe werden wir ertragen und ertragen einander. So mutet Paulus 2Kor 11,1 den Korinthern zu: ertraget mich! Als ein Geringer, Schwacher kommt er zu ihnen, ohne die äußeren Zeichen apostolischer Vollmacht, wie jene Überapostel sie tragen. Er aber ist Apostel und trägt die Wahrheit des Christus, der die Korinther in der Liebe trägt: darum sollen sie ihn ertragen. Hier bekommt die Gegenseitigkeit, das ἀλλήλων *[allælōn]* theol. Gewicht: im Gesandten ertragen sie den Sender, im Wort der Ermahnung den Redenden (vgl. Hi 13,22), in seiner Lehre den Offenbarer der Wahrheit (vgl. 2Tim 4,3) und werden von ihm getragen. So kann auch 1Kor 4,12 schon nach dem Kontext (»segnen« und »gute Worte geben«) nur personal verstanden werden: Paulus erträgt die Verfolger; und wenn auch der Bezug zu Mt 25,35 nicht sicher zu belegen ist, so redet Paulus doch in großer Nähe zu diesem Gleichnis.

3) Übrigens ist ἀνέχεσθαι *[anẹchesthai]* in Apg 18,14 terminus technicus für »eine Klage zur Weiterbehandlung annehmen«. — ἀνεκτός *[anektọs]* im Komparativ (Mt 10,15; 11,22 par) = *erträglicher* wird auch in der sonstigen Lit. gebraucht.

ἀνοχή *[anochæ]* läßt sich begrifflich nicht klar von μακροθυμία *[makrothymịa]* unterscheiden, man kann aber einige Akzente feststellen. Sicher eignet der μακροθυμία *[makrothymịa]* nicht das Tätige, Kraftvolle, so daß für sie die Übers. *Geduld* treffender ist; sie ist außerdem stärker auf das Eschaton, auf das Handeln Gottes im Endgericht bezogen, indes ἀνοχή [anochæ] die heute gewährte Frist markiert. *U. Falkenroth*

καρτερέω

καρτερέω [karterẹō] stark, standhaft sein; ausdauern · προσκαρτερέω [proskarterẹō] beharren bei; festhalten an · προσκαρτέρησις [proskartẹræsis] Ausdauer, Beharrlichkeit

καρτερέω [karterẹō], von κράτος [krạtos] = Stärke, bedeutet *stark bleiben, ausharren, standhaft* I/II
sein und ist profangriech. seit dem 4. Jh. vChr nachgewiesen. In gleichem Sinn findet es sich in LXX: Hi 2,9 (als Wiedergabe des hebr. *chāzak*, im Hiph. = *festhalten an*); Sir 2,2; 12,15. Vom geduldigen Ausharren der jüd. Märtyrer ist das Wort 4Makk 9,9.28 u. ö. gebraucht. – Das Kompos. προσκαρτερέω [proskarterẹō] hat dieselbe Grundbedeutung, hebt aber das Moment der Dauer noch stärker hervor: *ausdauern, verharren, bleiben bei* einer Person, Gesinnung oder Tätigkeit; mit Dativ bzw. ἐν [en]. In LXX bedeutet das Verbum Num 13,20 *ausdauern*, Tob 5,8 (S) *erwarten*; Sus 6 (Theodotion) ist es von dauerndem Aufenthalt gebraucht. Das Subst. προσκαρτέρησις [proskartẹræsis] ist außerhalb des NT einmal bei Philodem (1. Jh. vChr) und 2mal in Inschriften der jüd. Diaspora (Panticapäum am Schwarzen Meer) nachgewiesen.

1) Im NT findet sich καρτερέω [karterẹō] nur Hebr 11,27. Hier wird der Glaube des Mo- III
se beschrieben. Nach Hebr 11,1.3 ist → Glaube ein Überführtsein (durch Gott; s. Büchsel, ThWb II,473) von den unsichtbaren Dingen. So heißt es auch von Mose: Er harrte aus, wie wenn er den sähe, der unsichtbar ist. Dieses Ausharren, das sich unbeirrt auf den unsichtbaren Gott richtet und mit seiner Wirklichkeit rechnet, ermöglicht die Glaubenshaltung, wie sie, vorbildlich für die christlichen Leser, V. 24–28 am Beispiel des Mose aufgezeigt wird.

2) Häufiger (10mal) findet sich das Verbum προσκαρτερέω [proskarterẹō] und zwar bes. in der Apg. a) Es wird teilweise im profanen Sinn zur Kennzeichnung der Dauer gebraucht. So gibt Mk 3,9 Jesus seinen Jüngern den Auftrag, daß ein Boot dauernd für ihn bereit liegen soll. Von dauerndem Aufenthalt bei einem Menschen ist Apg 8,13; 10,7 die Rede; der getaufte Magier Simon bleibt ständig bei Philippus; Soldaten gehören zur ständigen Begleitung des Hauptmanns Cornelius. Von den Regierenden sagt der Apostel Röm 13,6, daß sie als Diener Gottes ständig mit der Erfüllung ihrer Aufgaben beschäftigt sind.

b) Aber solche Beständigkeit hat auch in der Nachfolge Jesu Bedeutung. Zum Ausharren im Glauben, wie es Hebr 11,27 beschrieben wird, gehört auch das Verharren im → Gebet. Darum richtet der Apostel diese Mahnung eindringlich an die Christen (Röm 12, 12; Kol 4,2). Inhaltlich entspricht sie der Weisung Jesu (Lk 11,1–13; 18,1–8). Auch die Apg verwendet das Wort προσκαρτερέω [proskarterẹō], um die geistliche Haltung der Jüngergemeinde zu kennzeichnen: Mit anhaltendem, einmütigem Gebet bereitet sich die kleine Schar der Jünger, die die Verheißung des heiligen Geistes empfangen hat, vor dem Pfingstfest auf ihre Erfüllung vor. Dem entspricht das Bild der Gemeinde, die sich nach dem Pfingstgeschehen sammelt: »Sie verharrten in der Lehre der Apostel und in der Gemeinschaft, im Brechen des Brotes und in den Gebeten« (Apg 1,14; 2,42 Z). Das Pfingstgeschehen hat in der ersten Gemeinde eine dauernde Bestimmtheit des christlichen Lebens zur Folge gehabt; als Ausdruck dieser inneren Haltung ist auch das in V. 46 berichtete einmütige Verharren im Tempel zu verstehen; das Festhalten an der apostolischen Lehre und der Treue im Gebet ist ohne die tragende Kraft der Gemeinschaft nicht denkbar. Auch als die Gemeinde wächst, sehen es darum die Apostel als ihre Aufgabe an, im Dienste des Wortes und im Gebet zu verharren (Apg 6,4).

3) Das Wort προσκαρτέρησις [proskartẹræsis] findet sich nur Eph 6,18 im NT. Auch hier werden die Christen zur Beharrlichkeit im Gebet und in der Fürbitte aufgemuntert; diese Fürbitte soll im heiligen Geist geschehen und wie Kol 4,2 den Apostel einschließen. Die feierlichen Worte: »Seid hierzu wach mit aller Beharrlichkeit und Fürbitte für alle Heiligen, auch für mich« (V. 18.19 Z) geben der apostolischen Aufforderung den gebührenden Nachdruck. *W. Mundle*

μακροθυμία

μακροθυμία *[makrothymịa]* Geduld, Langmut · μακρόθυμος *[makrọthymos]* langmütig · μακροθυμέω *[makrothymẹō]* langmütig sein, Geduld haben

I μακροθυμία *[makrothymịa]* taucht – im Unterschied zu anderen Komposita von θυμός *[thymọs]* (→ Zorn) – im Griech. erst spät (bei Menander) auf und ist sehr selten. Es bezeichnet eine rein menschliche, ja für das Menschsein typische Tugend: das lange Halten des θυμός *[thymọs]*, des Zornes, der Erregung, also die *Geduld* (im Gegensatz zu ὀξυθυμία *[oxythymịa]*, dem Jähzorn); denn während die Götter das Leid nicht kennen, muß der Mensch sein Schicksal in Geduld tragen. Selbst da, wo verzweifelte Ausdauer Bewunderung erregt, schwingt im Gebrauch unseres Wortes Resignation mit. Positiv spricht es ein bedächtig zögerndes, wenn auch unbeirrtes *Abwarten*, die *Beharrlichkeit* aus. Obwohl die Stoa Ausdauer und Beharrlichkeit kennt und hoch achtet, fehlt μακροθυμία *[makrothymịa]* in ihrem Sprachgebrauch, vielleicht weil oft der dem Wort innewohnende Gehalt fälschlich als verzichtende Haltung verstanden wurde. Es muß festgehalten werden, daß es sich im Griechentum wesentlich um eine auf die eigene Charakterbildung des Menschen, nicht aber auf den Mitmenschen bezogene Tugend handelt.

II Während μακροθυμία *[makrothymịa]* im profanen Griechentum im psychologischen Sinne gebraucht wird, kennt die LXX die Wortgruppe in vergleichbarem Sinne nur in der Weisheits-Lit., während bes. das Adj. μακρόθυμος *[makrọthymos]* eine Eigenschaft Jahwes kennzeichnet. Anthropomorphes Verständnis ist schon in der hebr. Wendung *'æræk 'appajim* »den Zorn zurückhalten« vorgegeben, an deren Stelle μακροθυμία *[makrothymịa]* bzw. μακρόθυμος *[makrọthymos]* oft getreten ist (zB Num 14,14; Ps 86,15; 103,8; Jo 2,13; Nah 1,3); von daher ist dem Wort die Vorstellung von aufgestautem Zorn und nur befristeter Langmut unverwischbar eingeprägt. Wenn Israel nach Ex 34,6 vielfach von Gottes Ansichhalten spricht und sich in seiner Schuld sogar darauf beruft (Weish 15,1ff), so weiß es einerseits, daß auf dem Grund des göttlichen Ansichhaltens die Gnade für Gottes Volk bereitliegt, weiß aber auch von der Spannung zwischen Zorn und Gnade; man kann Gottes Langmut verspielen und so seinem Zorn zum Durchbruch helfen (Ps 7,12ff). Dabei fällt es auch dem Gehorsamen nicht immer leicht, Gott in seiner Langmut zu folgen (Jer 15,15; Jon 4,2); aber Geduld wird nun mehr und mehr eine Tugend, die von dem Weisen gefordert wird (Spr 19,11; Sir 29,1ff!), und die Weisheits-Lit. bemüht sich, sie gegenüber anderen menschlichen Eigenschaften herauszuheben (Spr 14,29; 16,32; 25,15). – Wo die Rabbinen μακροθυμία *[makrothymịa]* erörtern, wehren sie der Verflachung des Begriffes zur bloßen Nachsicht und finden den Sinn der göttlichen Langmut in der Erziehung des Menschen zur Besserung und Buße.

III Im NT ist *Langmut* nun sowohl eine Eigenschaft Gottes als auch des mit Jesus Christus verbundenen Menschen, wobei das Subst. nur im Briefcorpus verwendet wird; im johanneischen Schrifttum fehlt die Wortgruppe ganz. Hebr 6,9–15; Jak 5,7–11 und in etwa 2Petr 3,4ff ist der Begriff thematisch abgehandelt. Bei μακροθυμία *[makrothymịa]* steht meist die Präp. ἐπί *[epị]*, aber auch πρός *[pros]*, εἰς *[eis]* und διά *[dịa]* sind nachgewiesen.

Der Zusammenhang zwischen göttlicher und menschlicher Geduld wird im Gleichnis vom Schalksknecht Mt 18,21ff (bezeichnenderweise unter Verwendung nicht des Subst., sondern des Verbums μακροθυμέω *[makrothymẹō]* V. 26.29) fast programmatisch für das ganze NT offengelegt.

1) Eine unvorstellbare, untilgbare → Schuld wird einer geringen, im Rahmen normalen Verdienstes durchaus zu erstattenden gegenübergestellt. So wird die unvergleichliche Größe göttlicher Langmut plastisch, wird zugleich dem Mißverständnis gewehrt, als wolle Gott uns zur Nachahmung seiner Langmut aufrufen oder nur Gelegenheit geben, uns zu bessern. Vielmehr schafft er uns durch seine Langmut Raum zum Leben, neue Lebensmöglichkeit. – Genauso erinnert Paulus Röm 2,4 daran, daß Gottes Langmut uns zur μετάνοια *[metạnoia]* führt, dh bei ihm: zum Gehorsam des Menschen, der von der Macht der Sünde befreit ist. Wie Röm 2,4, so steht Gottes berechtigter Zorn immer im Hintergrund, aber seine Geduld erhält durch die beigefügte χρηστότης *[chræstọtæs]* (→ Gut) die Farbe der Güte. Sein Zorn würde verharmlost, wollte man seine Langmut allein als erziehendes Handeln, als Gelegenheit zur Besserung deuten. Klar sagt es Paulus Röm 9,22: Gott trägt die zum Zorn bestimmten Menschen noch in seiner Geduld, um seine Macht und seinen Erbarmungswillen an seinen Auserwählten hell ins Licht zu stellen (vgl. 1Petr 3,20). Auch 1Tim 1,16 hat die Geduld (hier wie 2Petr 3,15 von Christus ausgesagt) Offen-

barungscharakter: das Leben des Paulus unter der Geduld Gottes ist Zeichen dafür, daß Erbarmung geschieht.

2) Nun werden im Gleichnis Mt 18 menschliche und göttliche Geduld auf besondere Weise in Beziehung, ja Abhängigkeit gebracht: Schafft Gott in seiner Langmut Raum zu neuem Leben, so bewährt sich dieses Leben im Üben der → Vergebung. So bekommt die μακροθυμία *[makrothymịa]* in den nt. Tugendketten Farbe. Bei Paulus werden diese Reihen in die Paränese eingegliedert als »Frucht des Geistes« (Gal 5,22; Kol 1,11; vgl. auch 1Thess 5,14; 2Tim 3,10) oder »Wandel im Geist« (Eph 4,2; Kol 3,12). Von Mt 18 her kann man aber nicht mit Schlier von »charismatischen Tugenden« sprechen, sondern vom Tun des Menschen, der durch Gottes Langmut Gnade und Vergebung empfangen hat (2 Kor 6,1ff). Die ständige Nachbarschaft zu χρηστότης *[chræstọtæs]* und πραΰτης *[pra·ỵtæs]* (→ Demut, Art. πραΰς) zeigt, daß mit μακροθυμία *[makrothymịa]* nicht die – nach griech. humanistischem Ideal – sich selbst dienende Tugend als Haltung gemeint ist, sondern die dem Nächsten sich öffnende, begegnende, ihm den Raum zu gemeinsamem Leben erschließende Tat. Geduld, Langmütigkeit des Menschen in diesem Sinne ist also nicht eine Charaktereigenschaft, sondern ein Tun, ja das erste Tun der Liebe (1Kor 13,4).

3) Dieses auf den Menschen gerichtete Tun der Liebe ist aber nicht letztes Ziel der Geduld. Voll verhaltener Sehnsucht schaut der Mensch unentwegt aus nach Gottes Entscheidung im Endgericht. Jak 5,7–11 hat diese zweifache, auf den Menschen und auf Gottes Gericht sich streckende Geduld eben von der Zukunft her miteinander verknüpft. Die brennende Erwartung, die das Ende von Feindschaft, Verfolgung und Leid herbeisehnt, ist gebändigt durch die Geduld. Glaube und Hoffnung aber, die Wurzeln christlicher Geduld, wissen, daß an diesem Tage nicht Gottes Zorn herrschen, sondern Gottes Verheißung erfüllt wird (2Petr 3,8–16; Hebr 6,11ff); daß an diesem Tage sich Gottes Langmut als Großmut erweisen wird (2Petr 3,15). Das Eschaton gibt der μακροθυμία *[makrothymịa]* Spannung und Gewicht. Diese Tatsache mag eine Hilfe zum Verständnis des schwierigen Satzes Lk 18,7 sein: Gott gewährt seinen Erwählten Raum, in der Spannung der Gegenwart aus der Hoffnung auf sein barmherziges Gericht zu leben. *U. Falkenroth*

ὑπομένω

ὑπομένω *[hypomẹnō]* geduldig sein, ausharren · ὑπομονή *[hypomonæ̣]* Geduld

Das Verbum ὑπομένω *[hypomẹnō]*, seit Homer bezeugt, heißt *zurückbleiben, stehenbleiben und* I
nicht weichen, am Leben bleiben, standhalten, durchhalten; schließlich *warten, erwarten* (mit Akk.). Es wird vorwiegend im kriegerischen Zusammenhang gebraucht und ist zunächst ethisch neutral. Seit Plato kommt dann auch das Subst. ὑπομονή *[hypomonæ̣]* in Gebrauch, und nun haben beide Worte einen wertenden Charakter, und zwar in doppelter Hinsicht: in der Bedeutung *Standfestigkeit,* beständiges, starkes *Ausharren* gehört die ὑπομονή *[hypomonæ]* bzw. das ὑπομένειν *[hypomẹnein]* zu den edelsten Mannestugenden, in den ethischen Systemen Platos und Aristoteles' gleichermaßen hoch geschätzt. Ein stolzer freier Grieche erträgt Belastungen, hält Schwierigkeiten und Gefahren aus, und zwar, ohne eine greifbare oder moralische Belohnung zu erwarten, allein um seiner Ehre willen. In dieser positiven Wendung bezeichnet das Wortpaar also das aktive Bewähren einer Tugend. Daneben gibt es freilich auch die negative Bedeutung: das schimpfliche, unehrenhafte, rein passive *Ertragen* jedweder Erniedrigung, Schmähung, Ächtung, Sklaverei oder Tyrannis, sei es aus Angst, Schwäche oder Bequemlichkeit.

Die LXX hat aus dem Wort überwiegend die Bedeutung *warten, erwarten* herausgehört und ver- II
wandte es zur Übertragung entsprechender Begriffe wie *qawāh = harren, hoffen; jāchal = warten; chakāh = geduldig warten.* Diese persönliche Erwartung scheint sich in besonderer Weise auf das Bundesverhältnis zu gründen, denn vielfach wird gerade Israel als Volk zu solchem Harren gerufen oder der die Völker beherrschende Gott Israels genannt (Jer 14,8; 17,13; Ps 52,11; 129,4ff), und es ist die Bundesverheißung, deren Erfüllung man herbeisehnt (Ps 36,9; 34). Es ist keine schwächliche Sklavenhaltung, vielmehr ein gespanntes *(qaw* = die gespannte Schnur), kraftvolles Sich-Ausstrecken, das sich aus Gott selber, dem Ziel der Erwartung, nährt (Jes 40,31). So ist die

ὑπομονή *[hypomonæ]* ganz allg. die Haltung dessen, der aus dem Eschaton (→ Ziel, Ende, Art. ἔσχατος) lebt (Hab 2,3; Zeph 3,8; Dan 12,12); in diesem Sinne wird das Wort ja dann auch von den Synopt. gebraucht.

Hiob und einige andere spätere biblische Schriftsteller kennen und gebrauchen ὑπομονή *[hypomonæ]* auch im »griechischen« Sinne von *standhalten, ausharren* in Nöten (Hi 6,11; Sir 22,18), oft auch mit einem bestimmten Objekt. Diese andere Linie zieht sich durch die Lit. des Spätjudentums (vor allem 4Makk), bis sie im NT von Paulus aufgenommen wird.

III 1) Die Synopt. haben ὑπομένω *[hypomenō]* nur in dem dreifach überlieferten Jesuswort: »Wer aber beharret bis ans Ende, der wird gerettet« (Mk 13,13 par) und ὑπομονή *[hypomonæ]* – im aktiven Sinn – Lk 8,15 und 21,19. Nach dem Kontext darf man urteilen, daß an diesen Stellen das Ausharren nicht im Blick auf eine sehr lange Wartezeit, sondern eher im Blick auf die Schwere der Anfechtung, die »Wehen der Endzeit«, die es in Kraft und Ausdauer zu durchstehen gilt, gemeint ist. Das Ziel, dem diese Geduld entgegenwartet, ist die Wiederkunft Christi (Mk 13,21 und 26; → Gegenwart, Art. παρουσία). Beide Motive klingen also an: das geduldige Ausharren und die unerschütterliche Erwartung.

2a) Bei Paulus hingegen liegt der Ton auf der Last, der θλῖψις *[thlipsis]* (→ Bedrängnis), um die es bei der ὑπομονή *[hypomonæ]* immer – auch außerhalb der paulinischen Briefe – geht. Röm 5,3 bringt eine Klimax, die freilich in systematischer Hinsicht nicht zu pressen ist. Ihr Sinn ist klar: Trübsal, Geduld, Bewährung, Hoffnung (beachte die ähnliche Zusammenfügung der Begriffe in Jak 1,2ff, KEK zSt) wollen nicht eine Stufenfolge christl. Tugenden sein, sondern das Leben dessen umreißen, der aus Glauben gerecht geworden ist; denn Paulus redet hier vom Verhältnis zwischen → Glauben und → Hoffnung. Das neue Leben ist zwar Grund zum Rühmen, aber Paulus, der gerade darin stets zurückhaltend ist, setzt hier noch einmal an: Wir rühmen uns der Trübsale. Die Trübsale mögen die konkreten widrigen Ereignisse, Mächte und Maßnahmen gewesen sein, die Apostel und Gemeinde in der Welt damals trafen. Paulus waren sie nicht nur welthaftes zufälliges Geschehen, das man geduldig, standhaft, geduckt durchstehen muß, um das herrliche Ziel der Hoffnung zu erlangen, sie waren vielmehr entscheidende Merkmale des Christseins überhaupt, Anfechtung durch den Antichrist, gewiß auch das, was bei Mk als »Wehen der Endzeit« aufgezählt wird und mehr: sie waren ihm die gegenwärtige Gestalt des Lebens im Glauben, nicht Vorstufe, sondern Wirklichkeit der Gerechtigkeit, sie waren ihm das Ärgernis des Kreuzes selber.

b) So hat nun ὑπομένω *[hypomenō]* bei Paulus die wichtige Funktion eines Korrektivs: Der Glaubende kann das Ziel seines Rühmens nicht sehen, er hat die θλῖψις *[thlipsis]*, das Kreuz, das Leiden, das aber das Leiden Christi ist; dessen tröstet er sich, und dieser Trost weckt in ihm die Kraft der *Geduld* (2Kor 1,6; Röm 15,4). Den Gebrauch der ὑπομονή *[hypomonæ]* als Korrektiv finden wir bei Paulus vielfach: 2Kor 12,12 sieht er sich genötigt, seine apostolische Beglaubigung vorzulegen. Gewiß kann er sich auch der Merkmale rühmen, die von den Korinthern erwartet wurden: Zeichen und Wunder. Sie sind aber nicht das Entscheidende, denn ein Apostel steht in der Anfechtung und ist ausgewiesen ἐν ὑπομονῇ *[en hypomonæ]*. Auch 2Kor 6,4 finden wir zwar ein einziges Rühmen seines Amtes, aber er ist Gottes Diener, und so beginnt sein Rühmen mit dem alles Folgende bestimmenden Vorzeichen ἐν ὑπομονῇ *[en hypomonæ]*. Vielleicht darf man sogar die Erwähnung der Geduld in Röm 2,7 als Bedingung für eine positive Wertung der guten Werke verstehen; denn was könnte ein Paulus an guten Werken loben, wenn nicht dies, daß sie καθ' ὑπομονήν *[kath hypomonæn]* geschehen?

Nun wäre freilich eine Geduld ohne Hoffnung so »leer«, wie Christi Tod ohne die Auferstehung; Kraft und Halt allen Ausharrens ist die Hoffnung. Röm 12,12 steht beides gleichwertig nebeneinander; 1Thess 1,3 ist die Geduld der Hoffnung zugeordnet, 2Thess 1,4 dagegen dem Glauben, 3,5 wiederum an die Stelle der Hoffnung gerückt, wie sie überhaupt oft im Bereich der Trias Glaube, Liebe, Hoffnung sich findet (1Kor 13,7). Paulus will dem wehren, daß christl. Hoffnung aus den Fugen gerät, die Wirklichkeit überspringt und ins Schwärmen fällt; darum legt er ihr die Fessel der Geduld an (Röm 8,25, auch Michel vermutet an dieser Stelle die korrigierende Bedeutung der ὑπομονή *[hypomonæ]*).

3) Vom Ziel der ὑπομονή *[hypomonæ]* spricht der Hebr: Sie wartet auf das Eintreffen des Verheißungswortes (10,36). Aber ehe es in Erfüllung geht, muß die gegenwärtige Existenz auf dieser Erde ganz vergehen. Ist aber der Glaube so ganz auf die Zukunft gerichtet, dann meint ὑπομονή *[hypomonæ]* das Aushalten all dieser in der sichtbaren Welt nun einmal unabänderlichen Belastungen und Bedrohungen, weil Gott dem allen ein Ende bereiten und sein Wort erfüllen wird. In der Geduld kann man es ertragen, wenn das irdische Gut geraubt wird, weil dem Glaubenden eine bessere Habe im Himmel bereitliegt (10,32); Beschwernis des Augenblicks kann erdulden, wer den Kampfpreis erringen will (12,1); Ungeduld, Abfall vom Ziel der Hoffnung, ist die eigentliche Gefährdung des Glaubens, die Sünde schlechthin: »Wir aber sind nicht von denen, die da weichen« (10,39; ὑποστολή *[hypostolæ]* bei Hebr Gegenbegriff zu ὑπομονή *[hypomonæ]*; ähnlich 2Tim 2,12). Die Gewichte sind hier verschoben, Hebr wie Paulus wissen von Gemeinde in der Bedrängnis. Ihre Geduld ist aber für Paulus die Bewährung ihres Glaubens an den erniedrigten Christus; für Hebr hingegen ist die Bedrängnis nicht konstitutiv, sie ist vielmehr zur Erziehung auferlegt und will durchgehalten werden, um hernach das verheißene Heil zu erlangen.

4) Während ὑπομονή *[hypomonæ]* in den Tugendreihen (1Tim 6,11; 2Tim 3,10; Tit 2,12; 2Petr 1,6) ohne nähere Bestimmung vorkommt, wird in der Offb noch einmal ganz konkret der Inhalt des beharrlichen Wartens ausgesprochen: die Wiederkunft Christi (→ Gegenwart). In dieser Erwartung stehen sowohl der Seher (1,9) wie auch die Gemeinden (2,2; 2,19; 3,10). Wer in Geduld wartet, wird den Bedrängnissen der letzten Tage enthoben (3,10); so richtet sich die »Geduld der Heiligen« auf diese letzten Leiden, denn ihnen folgt der Messias auf dem Fuße (13,10; 14,12). *U. Falkenroth*

ZUR VERKÜNDIGUNG V

Nur scheinbar liegen diese biblischen Begriffe auf der gleichen Ebene mit den Tugendidealen griechischer oder römischer Philosophie und Ethik. In Wirklichkeit begegnet uns das biblische Zeugnis von der Geduld aber nicht primär als ethische Forderung, sondern als Erkenntnis und Bezeugung göttlichen Verhaltens der ganzen Welt, bes. aber seinem Volk gegenüber. Indem Gott den Menschen (man denke an Kain, Noah und Ninive) und indem er sein Volk (etwa bei der Wüstenwanderung oder auch angesichts ihrer je neuen Abwendung von seiner Bundesordnung im verheißenen Land) trägt und erträgt, eröffnet er die Möglichkeit, auch in Schuld weiter zu leben. K. Barth (KD II, 1, 457ff) malt das Bild von dem geduldigen Gott vor dem Hintergrund der Möglichkeit, daß Gott ja die Menschen um seiner Heiligkeit willen auch vernichten konnte. Und in der Tat läßt die Bibel diese Möglichkeit jedesmal anklingen, wenn sie von Gottes Schelten, seinem → Zorn und davon berichtet, daß ihn seine Güte gereuen könnte; und sie steht im Hintergrund, wo Abraham und Mose um Gottes Geduld ringen, und wo im NT denen, die nicht umkehren, das nahe → Gericht verkündet wird.

Gott selbst aber bestätigt und rechtfertigt das Zeugnis von seiner Geduld in Jesus Christus, seinem Kommen ins Fleisch, seinem Leiden und Sterben. Indem er, statt sein richterliches Urteil an den Menschen zu vollstrecken, seinen Zorn und die uns zukommende Strafe zurückhält, gewährt er seinen Geschöpfen Raum, in ihrer Geschöpflichkeit nach ihren Gaben und Kräften zu leben und sich zu entfalten. Weil Christus Zorn und Strafe getragen und die ganze Gerechtigkeit erfüllt hat, gibt Gott Zeit, werden – mit allen damit verbundenen Risiken – Gute und Böse noch erhalten. Nicht schwächliches »Geschehenlassen« oder schicksalhaftes »Abrollen« ist dieses göttliche Erhalten, dieses oft unbegreifliche Weitergehen der Geschichte, etwa auch trotz der Verfolgungen seiner Kirche und der Versklavung ganzer Völker. Gott leidet unter der Gottferne seiner Geschöpfe; aber er leidet, weil er sie liebt, und er erhält sie auf das Ziel hin, daß sie in Christus umkehren (→ Bekehrung) und in sein Ebenbild verwandelt werden. Gäbe es diese starke und schaffende

Geduld nicht, wer wollte das Recht für sich in Anspruch nehmen, als ganz Gehorsamer zu bestehen?

Es ist nötig, diese frohe Botschaft von Gottes Geduld zuerst auszurichten; erst nachdem dies gesagt ist, und indem es ständig im Auge behalten wird, kann man auch von menschlicher Geduld reden. Dabei nun wird man sich davor hüten müssen, die nt. Mahnung zur Geduld als bloßen Aufruf zur Nachahmung, zur Imitatio zu hören. Sie richtet sich vielmehr darauf, auf Gottes Handeln, auf die Erfüllung seiner Verheißungen und Zusagen warten zu können. In zwei Richtungen ergeht dieser Ruf:

Einmal wendet er sich an die Ungeduldigen, denen alles zu lange dauert. Nicht warten zu können, ist die Versuchung derer, deren Glaube die Herrschaft Gottes verwirklicht sehen möchte. Sie leiden darunter, daß diese Welt so fern von Gott ist, sie wollen Gottes Geduld vorgreifen und seine Gerechtigkeit auf ihre Weise in der Welt Wirklichkeit werden lassen. Sie eifern, wo sie verkünden sollen, drängen, wo sie beten dürfen, richten, wo sich Gottes Barmherzigkeit offenbaren will. In ihrer Ungeduld verfehlen sie die Gabe, die Gott dem schenkt, der in Gewißheit seiner Zukunft mit ihm wartet. Denn um der Geduld Gottes willen dürfen ja wir den anderen in seinem Anderssein gelten lassen, dürfen, indem wir Gemeinschaft mit ihm suchen, die Vielfalt göttlicher Schöpfung in ihm entdecken; dürfen, indem wir seinen Widerspruch, seine Bosheit und Schuld geduldig aushalten, die überwindende Kraft der Liebe erfahren. Wer sich in solcher Geduld übt, geht in Freiheit selbst in die Welt des Feindes hinein und beginnt vielleicht gerade in ihm den von Gott geliebten zu erkennen, gerade ihn in seine eigene Welt hineinzulassen und an ihm die Liebe zu bewähren. So bändigt Geduld das falsche blinde Drängen und schenkt die Freude zu sehen, wie Gott auf seine Weise seine Schöpfung zu sich zurückführt.

Wir müssen aber in unserer Zeit auch die andere Richtung sehen, in die der Ruf zur Geduld erklingt: er ruft die Müden, die ohne Hoffnung sind, stumpf ihrem Schicksal ergeben. Ihnen soll die Mahnung zur Geduld ein Weckruf sein: Es ist nur Gottes Geduld, die den Dingen noch Raum gibt; aber sie wird nicht ohne Ende sein. Es lohnt sich zu warten! Gott bleibt am Werk und wird erfüllen, was er zugesagt hat. Mit seiner → Hoffnung gibt er uns Kraft und ermuntert uns, unter der Unbill unseres Weges, unter den Schlägen und Enttäuschungen, auch in Fruchtlosigkeit und Gleichgültigkeit unserer Tage standzuhalten. Er wandelt unsere Resignation in begieriges Warten. Die Wut der Cäsaren und Mächtigen konnte die Märtyrer deshalb nicht dem Fatalismus oder der Hoffnungslosigkeit preisgeben, weil sie über dem durch → Leiden verherrlichten Christus die Krone des Sieges, Sinn und Ziel alles Leidens, schauten. Hoffnung beflügelt die Geduld und reißt uns aus dem Rückzug auf uns selbst in das Warten mit der ganzen Schöpfung auf den kommenden Herrn.

U. Falkenroth

→ Demut

Lit.: HSchlier, Art ἀνέχω, ThWb I, 1933, 360f – FBüchsel, Art. ἐλέγχω, ThWb II, 1935, 470ff – WGrundmann, Art. καρτερέω, ThWb III, 1938, 619ff – FHauck, Art. μένω, ThWb IV, 1942, 578f – FHorst, Art. μακροθυμία, ThWb IV, 1942, 377ff – EKäsemann, Zum Verständnis von Röm 3,24–26, ZNW 43, 1950/51, 150ff (= Ex. Vers. u. Bes. I, 1960, 96ff) – ders., Das wandernde Gottesvolk. Eine Unters. zum Hebräerbrief, 1957^{2}, 19ff – GBornkamm, Die Offenbarung des Zornes Gottes, in: Das Ende des Gesetzes, 1958, 9ff – JJeremias, Die Gleichnisse Jesu, 1962^{4} (zu Mt 18, 23–35; Lk 18,1–8) – HSchlier, Der Brief an die Galater, KEK VII, 1962^{12} – OMichel, Der Brief an die Römer, KEK IV, 1963^{12} – HRiesenfeld, Zu μακροθυμεῖν (Lk 18,7), in: Nt. Aufsätze, Festschr. JSchmid, 1963, 214ff – KWennemer SJ, Die Geduld in neutestamentlicher Sicht, Geist u. Leben 36,1, 1963, 36ff (kath.) – MDibelius, Der Brief des Jakobus, KEK XV, 1964^{11}, 125ff – ELohmeyer, Die Briefe an die Philipper, Kolosser und an Philemon, KEK IX, 1964^{13} (zu Kol 3,13).

Gefangener → Sklave

Gegenwart, Wiederkunft

Sachlich gehören die hier verhandelten Vokabeln zusammen mit den unter → Ziel, Ende sowie den unter → Kommen untersuchten Begriffen. Denn in diesem ganzen Begriffsfeld zeigt sich allenthalben die gleiche Spannung, die christl. Eschatologie nun einmal innewohnt, die Spannung zwischen dem schon Gegenwärtigen und dem noch (in der Zukunft) zu Erwartenden. Die genaue Erhebung des Bestandes zeigt, daß sich dieses Spannungsfeld nicht etwa zwischen verschiedenen Worten darstellt, sondern daß sie nahezu in jede einzelne Vokabel hineinreicht. – Wenn hier drei Vokabeln gesondert aufgeführt werden, so deshalb, weil gemeinhin sowohl die Parusie als auch der (Jüngste) Tag als Aussagen über noch zu Erwartendes, Zukünftiges verstanden werden und auch der Ruf »Maranatha« dahin zu weisen scheint.

παρουσία *[parousịa]* = *Ankunft, Anwesenheit,* im hell. Bereich ein politischer und religiöser Terminus, wird im NT überwiegend auf die Wiederkunft Jesu am Ende dieses Äons (→ Welt, Art. αἰών) bezogen und berührt sich insofern eng (vgl. 2Petr 3,12) mit dem mehr vom AT her gefüllten ἡμέρα *[hæmẹra]*, das, abgesehen von seinem rein technischen Gebrauch als *Zeitmaß*, ebenfalls den *Jüngsten Tag* bzw. den *Tag der Wiederkunft Christi* meint. Ausdruck der Gewißheit oder der zuversichtlichen Hoffnung ist der aram. Ausruf μαραναθά *[maranathạ]*, der sowohl mit »Unser Herr ist gekommen« als auch durch »Unser Herr, komm« übersetzt werden kann.

ἡμέρα *[hæmẹra]* Tag

ἡμέρα

Der *Tag* umfaßt entweder den Zeitraum von 24 Stunden, schließt also die Nacht ein (Xenoph. An. IV 7,18: sie blieben drei Tage; vgl. Mk 6,21) oder schließt die Nacht aus (Xenoph. An. II 2,13: als es aber Tag wurde; vgl. Mt 4,2). Mit ἡμέρα *[hæmẹra]* kann aber auch ein größerer, über den kalendarischen Tag hinausgehender *Zeitraum* (Soph. Ai. 623f: wo nun die Mutter, aufgewachsen an altem Tag = in alter Zeit . . .), zB die *Lebenszeit* (Soph. Oed. Col. 1216f: denn viel haben die mancherlei Tage = die Lebenszeit hinterlassen), oder allg. die Zeit (Soph. El. 266f: was für [Schicksals-]Tage, meinst du, habe ich, wenn ich auf dem Thron Aigisthos sitzen sehe; vgl. Eph 6,13; 1Petr 3,10) gemeint sein. I

1) Mit den Jahren (2Kön 17,1) und Monaten (Ex 2,2) dienen die Tage (hebr. Äquivalent ist fast immer *jōm*, vielfach im Zusammenhang fester Redewendungen) der Zeiteinteilung (Gen 1,5–2,2) und der Zeitangabe (Jos 6,3). Der Tag kann die Nacht umfassen und dann mit dem Abend beginnen (Gen 1,5), oder aber von der Nacht unterschieden werden (Jes 60,11). Es kann ein bestimmter Tag (Gen 4,14: heute; Hi 3,1: Geburtstag) oder (im Plur.) ein Zeitraum (Gen 6,3: Lebenszeit; Gen 8,22: solange die Erde besteht; Ps 90,4: tausend Jahre sind vor dir wie der Tag, der gestern vergangen ist; Jes 60,20: die Tage des Leides; Ri 17,10: das Jahr) bezeichnet werden. Einzelne Tage haben einen besonderen Charakter und eine besondere Qualität: Während 6 Tage der Woche Arbeitstage sind, ist der 7. Tag der Sabbat (Ex 20,9f; Lk 4,16); es gibt Festtage (Hos 2,15; Neh 8,9; Gal 4,10); der Tag in den Vorhöfen ist besser als sonst tausend (Ps 84,11); über den Tag des Todes verfügen die Menschen nicht (Pred 8,8). II

2) Theol. bes. wichtig sind die Stellen, die vom Tag Jahwes *(jōm Jāhwæh)* sprechen. Die Wendung ist aber mit verschiedenen Inhalten gefüllt: Ursprünglich war der Tag Jahwes wohl ein Freudentag (so setzt es Am 5,18.20 voraus; vgl. Sach 14,7), während die Propheten die volkstümliche Vorstellung eines Heilstages in die Verkündigung eines hoffnungslosen Gerichtstages umdeuten (Am 5,18.20; Jo 1,15; 2,1 u. ö.). Die verschiedenen Stellen meinen entweder ein politisches (Ez 34,12), ein kultisches (vgl. Mowinckels These vom Thronbesteigungstag Jahwes) oder das eschatologische Ereignis (Am 8,9; Jes 2,11f.17 u. ö.), oft verbunden mit kosmologischen Vorstellungen (Zeph 1,15; Jo 3,4).

In vielen Fällen ist es schwer, das eine vom anderen zu unterscheiden. Der Tag Jahwes kann die Katastrophe Jerusalems meinen und damit der Vergangenheit angehören (Klgl 1,21) oder noch ausstehen (die eschatologischen Stellen, s. o.); er kann nahe bevorstehen (Ez 7,7) und damit die Hörer der prophetischen Verkündigung aufmerken lassen (Mi 1,2); es kann kein Termin genannt werden (Jes 24,21) oder er kann – als Ausrede der Sünder – als nicht nahe angesehen werden (Am 6,3; 9,10). Damit zeigt sich, daß die Botschaft vom Tag Jahwes nicht losgelöst von konkreten Situationen, sondern nur im Zusammenhang mit bestimmten Verhältnissen gesehen werden kann.

3) Das Spätjudentum führt den Gedanken vom zukünftigen Tag weiter. Nun erst wird die Eschatologie zu einem Lehrstück von den letzten Dingen, zur ausgestalteten Apokalyptik. Die Frage wird gestellt: Wie lange noch währt diese Zeit, wann kommt die neue Zeit (4Esr 4,33.35; vgl. Mk 13,4). Eine Zeit der Drangsal, die gegliedert wird (ApkBar 27: zwölf Zeiten der Drangsal), geht der messianischen Zeit vorauf, zu der u. a. Ungerechtigkeit und Zuchtlosigkeit gehören (4Esr 5,2ff; vgl. Mt 24,12). Mit Vorzeichen kündigt sich die neue Zeit an (ApkBar 25,4; vgl. Mk 13,24). Das Ende (ApkBar 29,7f; vgl. Mk 13,7) ist der Übergang zu den Tagen des Messias, die u. a. kein Gericht mehr bringen, sondern Weisheit, Sündlosigkeit, Leben (Hen 5,8f). Mit den Tagen des Messias identisch ist in älterer Zeit die zukünftige eschatologische Welt, später jedoch wird beides in zwei aufeinander folgende Epochen getrennt (s. St.-B. II,552 u. ö.).

Man erwartet in den Tagen des → Messias die Erneuerung, Verbesserung und die → Wiederherstellung dessen, was einstmals, u. a. durch Adams Sünde verloren gegangen war: zB werden die Völker, die Israel unterdrückt hatten, vernichtet, während die Grenzen des eigenen Landes wieder voll hergestellt werden; Jerusalem wird in Herrlichkeit erbaut, im neuen → Tempel wird der Opferdienst wiederhergestellt, obwohl es auch Gegenstimmen gibt; Israel wird in einem bisher nicht bekannten Maße reich, die Fruchtbarkeit der Menschen und der Natur wird gesteigert, der böse Trieb und der Teufel werden vernichtet, der heilige Geist ausgegossen, Krankheiten und Tod beseitigt, die Toten stehen auf (s. St.-B., s. v.).

Die Qumrantexte wissen den eschatologischen Tag vorausbestimmt (1QM 13,14). Er wird die Vernichtung derer bringen, die die Gebote nicht hielten (CD 8,1); vernichtet werden an diesem Tag der Heimsuchung Gottes (ebd.), am Ende der Tage (1QpHab 2,6; 9,6), am Tag der Rache (1QS 10,19), am Tag der Schlachtung (1QH 15,17) die Frevler (ebd.) und die, die die Schnitzbilder der Völker verfertigten (1QpHab 12,13f; 13,1ff). Es wird zu diesem Zeitpunkt einen Kampf und ein heftiges Gemetzel geben (1QM 1,9). Die Söhne des Lichts werden gegen die der Finsternis kämpfen (1QM 1,11). Alle kampffähigen Männer sollen am Tag des Unheils bereit sein zum Tag der Rache (1QM 7,5; 15,2f). Dann wird Gott gepriesen (1QM 18,5), und errettet werden am Tag des Gerichts, die willig sind, hinzugefügt zu werden zu den Erwählten (1Q 14,7ff). Ein Tag Jahwes ist den Texten von Qumran anscheinend jedoch unbekannt.

III 1) In den kurzen Auferstehungstraditionen (→ Auferstehung) fällt auf, daß eine Zeitangabe genannt wird: am dritten Tag (1Kor 15,4; Mt 16,21; Lk 9,22) bzw. nach drei Tagen (Mk 8,31; 9,31; 10,34), so daß man gefragt hat, ob ein bestimmtes Glaubensinteresse an der Formulierung beteiligt war, ob man nämlich (außer anderen zu erwägenden Möglichkeiten; s. Delling, ThWb II, 951f) mit Hilfe des Schriftbeweises (vgl. Hos 6,2) zu der Dreizahl gelangte.

Ähnlich liegt es mit der Spanne von 40 Tagen. Sie ist schon im AT von Bedeutung: Ex 34,28 wird von → Mose, 1Kön 19,8 von → Elia gesagt, sie hätten 40 Tage und Nächte gefastet. Ist das Fasten Jesu (Mk 1,13) nur eine zufällige Parallele, oder haben diese und andere at. Stellen (vgl. Dtn 8,2f.15f) auf die Ausgestaltung der nt. Versuchungsgeschichten (Mk 1,13 par) eingewirkt?

2a) Fast alle Schichten der nt. Lit. enthalten die Erwartung des Jüngsten Tages: urchristl.-vorpaulinisch Röm 13,12; Paulus (Röm 2,5); Q (Mt 10,15; Lk 10,12); Markus und seine Tradition (Mk 13,32); Matthäus und seine Tradition (Mt 12,36); Lukas (Apg 17, 31); eine Schicht (wie man vielfach annimmt, wohl die spätere, in der Schlußredaktion ausgeprägte) des JohEv (Joh 6,39; vgl. auch 1Joh 4,17); Jud 6; 2Petr 3,12; Eph 4,30; 2Tim 1,12; Offb 9,6 u. a. m. Andere Teile des JohEv (nach heutiger Vermutung wohl die ursprünglicheren) enthalten die Vorstellung, daß der Jüngste Tag nicht erst noch kommen wird, sondern mit Jesu Kommen und dem Vollzug des Glaubens schon eingetroffen sei (Joh 3,18f; s. auch Joh 7,37!).

Die Formulierungen wechseln: Es ist von jenem Tag (2Tim 4,8), vom letzten Tag (Joh 6,30), vom Tag des Zornes (Offb 6,17), vom Tag des Gerichts (2Petr 2,9), vom Tag des Herrn (1Thess 5,2), vom Tag des Menschensohnes (Lk 17,24), vom Tag Christi (Phil 2,16), vom großen Tag Gottes (Offb 16,14) oder vom Tag schlechthin die Rede (1Thess 5,4). Geläufig ist auch der Plur. (2Petr 3,3).

b) Unterschiedlich sind die Aussagen über den *Termin* des Jüngsten Tages. Während Paulus die apokalyptische Erwartung des noch in der Zukunft liegenden Tages vorfand, übernahm (Röm 2,5) und weiterführte (2Kor 1,14), weiß er trotzdem sich jetzt schon in das eschatologische Geschehen einbezogen, so daß er nicht nur die vorgefundene Überlieferung von der Nähe des Jüngsten Tages (Röm 13,12) übernimmt, sondern darüber hinaus dazu aufruft, »wie am Tage« zu wandeln (V. 13), »jetzt« ist der Tag des Heils (2Kor 6,2): die Zeiten gehen ineinander über. Bei längerem Ausbleiben der Parusie wird die Nähe des erwarteten Tages (Röm 13,12) von der Ferne des Jüngsten Tages abgelöst (2Petr 3,8). Daß der Jüngste Tag plötzlich kommt, ist unabhängig von der Nah- oder Fernerwartung und wird in verschiedenen Schichten des NT herausgestellt: 1Thess 5,2.4; Lk 21,34f; 2Petr 3,10 u. a. m. Der Termin ist unbekannt (Mk 13,32; Mt 24,42; 25,13). Entsprechend der Apokalyptik geht dem Jüngsten Tag eine Zeit der Drangsal und der Katastrophen voraus (vgl. Mk 13; 2Tim 3,1; Offb 2,10), oder beides liegt ineinander (so anscheinend 2Kor 6,2ff).

c) Die *inhaltliche* Ausgestaltung führt zu folgenden Ergebnissen: Gott (Apg 17,31) bzw. Christus (1Kor 1,8; Phil 1,6.10; 2Kor 5,10) wird der Richter (→ Gericht) der Welt sein, der einem jeden nach seinem Tun vergelten wird (Röm 2,5); die Trennung zwischen denen, die eingehen in das Reich, und denen, die verworfen werden, wird – nach Mt – erst zu diesem Termin geschehen, während die Kirche jetzt noch ein *corpus mixtum* ist (Mt 25,34.41), also beide ungeschieden in sich einigt. Die Auferstehung der Toten hängt mit dem Weltgericht zusammen (1Kor 15,52; Joh 11,24). Damit wird der Jüngste Tag sowohl zu einem Tag der → Furcht (Mt 10,15) als auch zu einem Tag der → Freude (Lk 6, 23; 21,28; 2Tim 4,8).

Die Predigt vom Jüngsten Tag bezieht sich aber nicht nur auf die Zukunft, sondern will zugleich die Gegenwart ansprechen: Für Paulus ist die jetzt bestehende Gemeinde der Ruhm am Jüngsten Tag (Phil 2,16; 2Kor 1,14), das Verhalten in dieser Zeit hat »wie am Tage« zu geschehen (Röm 13,13) oder in Verantwortung vor dem Jüngsten Tage (Mt 25, 31ff). Es gilt, wachsam zu sein, weil der Termin des Jüngsten Tages unbekannt ist (Mt 24, 42) oder weil der Jüngste Tag plötzlich kommt (1Thess 5,6). Die Abendmahlsfeier hat einen eschatologischen Aspekt; → Herrenmahl.

3) Die Zukunft des Jüngsten Tages (Mt 25,13) schließt nicht aus, daß der Erhöhte auch jetzt schon »alle Tage« bei seiner Gemeinde ist (Mt 28,20; 18,20); vgl. dagegen Joh 16,16ff. Eine gewisse Dauer der Zeit wird mit καθ' ἡμέραν *[kath hæmẹran]* = *täglich*, ἡμέρᾳ καὶ ἡμέρᾳ *[hæmẹra kai hæmẹra]* = *Tag für Tag* u. a. formuliert. Diese → Zeit, wenn sie auch schon in den neuen Äon übergeht (1Kor 15,20ff; 2Kor 4,16), ist noch von der Drangsal bestimmt (1Kor 15,31f: ich sterbe *täglich*; Röm 8,38; 2Kor 11,28). Erst recht dann, wenn der Jüngste Tag in weite Ferne rückt, hat diese Zeit ihr besonderes Gewicht: Es gilt, sein Kreuz *täglich* zu tragen (Lk 9,23), das *tägliche* Brot wird erbeten (Lk 11,3), man versammelt sich *täglich* im Tempel (Apg 2,46), und die Gemeinde wächst *täglich* (V. 47).

4) Der Besuch der Missionare in den Gemeinden dauerte in der Regel nur kurze Zeit, einige Tage: Paulus blieb in Jerusalem 15 Tage (Gal 1,18); nach Apg 10,48 wird Petrus gebeten, einige Tage zu bleiben; nach Apg 16,12 bleibt Paulus in Philippi einige Tage (Ausnahme: Paulus in Korinth, Apg 18,11.18). *G. Braumann*

μαρανα θά *[maranathạ]*

μαραναθά

μαραναθά *[maranathạ]* ist ein aram. Wort, das sich im NT nur in 1Kor 16,22 findet. Das sprach- I/II
liche Verständnis ist umstritten. Als sicher kann gelten, daß das aram. *māran* oder *māranā'* = *unser Herr* mit dem Verb *'atā'* = *kommen* zu verbinden ist. Entweder versteht man *māran 'atā'* perfektisch = *unser Herr ist gekommen* oder imperativisch *māranā' tā'* bzw. *'ætā'* = *unser Herr komm!* Andere Möglichkeiten des sprachlichen Verständnisses sind nicht wahrscheinlich.

III Abgesehen von 1Kor 16,22 findet sich das Wort in den Abendmahlsgebeten der »Apostellehre« (Did 10,6; ca. 100 nChr). Alle spätere Erwähnung im kirchlichen Sprachgebrauch geht auf 1 Kor 16,22 zurück. Die Heimat des Wortes ist umstritten. W. Heitmüller (ZNW 1912, 333f) und W. Bousset (Kyrios Christos 1921², 84) nahmen an, daß das Wort in den griech. und aram. redenden Gemeinden von Antiochia und Damaskus entstanden sei. Die Bezeichnung der Götter als »Herren« (κύριοι *[kyrioi]*, vgl. 1Kor 8,5) war im hell. Synkretismus weit verbreitet; nach Heitmüllers und Boussets Auffassung soll das μαρανάθά *[maranatha]* die Übertragung der heidnischen Gottesbezeichnung κύριος *[kyrios]* auf Jesus bezeugen. Wir wissen zu wenig von den genannten Gemeinden, um diese These zwingend zu widerlegen; es läßt sich aber auch kein durchschlagender Einwand gegen die Annahme geltend machen, daß sich schon die Urgemeinde in Jerusalem zu dem auferstandenen Christus als ihrem Herrn bekannt hat. Darum hält auch heute noch die Mehrzahl der Ausleger die Entstehung der Formel in der Gemeinde zu Jerusalem für wahrscheinlicher.

1) Beides, das perfektische wie auch das imperativische Verständnis der Formel ist vertretbar. Die Kirchenväter haben das Wort meist perfektisch verstanden; die perfektische Deutung kann aber das Präsens einschließen: »Unser Herr ist gekommen und ist jetzt da.« Besteht diese Deutung zu Recht, so ist vielleicht Phil 4,5 (Der Herr ist nahe) ein Hinweis auf die Formel μαρανάθά *[maranatha]*. Die Aussage 1Kor 16,22 ist dann eine Warnung: Die vorhergehenden Worte »Wenn jemand den Herrn nicht lieb hat, der sei verflucht« (E), werden durch den Hinweis auf die Nähe des Herrn noch unterstrichen. Dasselbe würde von der Aufforderung zur Buße in Did 10,6 gelten.

2) Wahrscheinlicher aber ist die imperativische Deutung: Unser Herr komm! Für sie kann man sich auf Offb 22,20 berufen. Die Worte »Amen, ja komm, Herr Jesu« können eine (freie) Wiedergabe des urspr. aram. Gebetsrufes sein. Hinzu kommt, daß das gleichfalls aus der Muttersprache Jesu überlieferte Wort *'abbā'* = *Vater* (Mk 14,36; Röm 8,15; Gal 4,6) ebenfalls ein Gebetsruf ist. Es ist leicht verständlich, daß man diese kurzen Gebetsworte in ihrer Urform weitergegeben hat. Ein unmittelbarer Zusammenhang mit dem Kontext ist nicht unbedingt erforderlich.

Da in Did 10,6 das Wort μ. in den Abendmahlsgebeten vorkommt, liegt die Annahme nahe, daß es in der Abendmahlsliturgie Verwendung fand, u. U. dort sogar von Anfang an verankert war (so Hahn 104), obwohl das nicht mehr eindeutig zu erheben ist. Aus 1 Kor 11,26 sehen wir, daß das älteste Abendmahl in der Hoffnung auf den kommenden Herrn gefeiert wurde; auch die Einsetzungsworte Mt 26,29 par weisen auf diese Endvollendung hin. Die Abendmahlsgebete der Apostellehre (Kap. 9 und 10) zeigen, wie lebendig auch später noch diese Hoffnung geblieben ist. So wird man das μ. nach Offb 22, 20 als eine Bitte um das Kommen des Herrn im Sinne des letzten Advents verstehen dürfen. Das bedeutet nicht, daß bei diesem Wort ausschließlich an diesen Advent gedacht ist. Wie Joh 14,18 vom Kommen des Auferstandenen zu den Seinen redet, so könnte das μ. auch die Bitte um dieses Kommen enthalten. Im Abendmahl hat die Gemeinde die teilweise Erfüllung dieser Bitte erfahren. Stammt der Gebetsruf aus der ältesten Gemeinde, so ist damit sichergestellt, daß diese das Gebet zu Jesus bereits gekannt hat. *W. Mundle*

παρουσία

παρουσία *[parousia]* Gegenwart, Anwesenheit · πάρειμι *[pareimi]* anwesend, gekommen sein

I πάρειμι *[pareimi]* bezeichnet sowohl (präsentisch) das *Dasein* als auch (perfektisch) das *Gekommensein*. παρουσία *[parousia]* meint einerseits die wirksame *Gegenwart*, die *Anwesenheit*, neutral den *Besitz*, das *Vermögen*, die *Einkünfte*, die *Heeresmacht*, andererseits das Eintreffen der Gegenwart, die *Ankunft*. Technisch wird das Subst. für die Ankunft eines Herrschers verwendet (zB »als sie die Parusie des Königs ankündigten«; »zu erwarten die Parusie des Antiochos«; s. Deißmann, Licht vom Osten, 314ff). So liegt es nahe, von der hilfreichen Ankunft der Götter zu sprechen (vgl.

Corp. Herm. I,22: »Meine Parusie wird ihnen zur Hilfe«; entsprechend der Vorstellungswelt der hell. Mysterienreligionen), deren Parusie nicht nur futurisch gedacht, sondern in der Gegenwart als verwirklicht erfahren wird (vgl. etwa: »Im Jahre 69 der ersten Parusie des Gottes Hadrianos in Hellas«; ca. 193 nChr, s. Deißmann, ebd., 319).

II Die griech. Übers.en des AT verwenden πάρειμι *[pąreimi]* als Synonym für verschiedene hebr. Vokabeln, zB *bō'*, die in der Bedeutung *kommen* übereinstimmen. Das Subst. παρουσία *[parousįa]* »kommt nur in originalgriechischen Schriften vor« (Oepke, Art. παρουσία, ThWb V, 862). Sinngemäß ist allerdings seit ältesten Zeiten im Bereich des AT vom Kommen Gottes die Rede: Gott manifestiert sich im Sieg (Ri 5,4f), er kommt als Weltkönig (Ex 15,18; Ps 24,7ff; 95,3f), im Traum (Gen 20,3), in seinem Geist (Num 24,2), mit seiner Hand (1Kön 18,46), in seinem Wort (2Sam 7, 4) und am Ende der Tage (Jes 2,2 u. ö., vgl. Art. → ἡμέρα). Vom Kommen des Gesalbten (Gen 49, 10?; Sach 9,9f) ist die Rede. Messiasse werden in den Qumran-Texten erwartet (1QS 9,10f). Für das nt. Verständnis ist vor allem die Erwartung Gottes in den jüd.-apokalyptischen Texten (die allerdings christl. überarbeitet sein können) von Bedeutung (TestLev 8,14f: »Es steht aus Juda ja ein König auf und schafft ein neues Priestertum für alle Heiden nach der Heiden Art. Und seine Ankunft wird begehrt gleichwie die eines Gottesmannes vom Stamme unseres Vaters Abraham«; TestJud 22,2: »Durch fremde Völker wird mein Königreich vernichtet, bis daß für Israel das Heil erscheint und Jakob ruht in Frieden«; nach Rießler). Daneben ist vom Kommen des Messias die Rede (äthHen 38,2: »wenn der Gerechte vor den Augen der Gerechten erscheint«; 49,4: »er wird die geheimen Dinge richten«; nach Rießler). Josephus meint mit παρουσία *[parousįa]* die hilfreiche Gegenwart Gottes; bei Philo ist wohl πάρειμι *[pąreimi]*, nicht aber παρουσία *[parousįa]* belegt.

III 1a) Paulus verwendet das Verb πάρειμι *[pąreimi]* in der Bedeutung *dasein, anwesend sein,* und zwar 1 und 2Kor nur in der Part.-Form παρών *[parǫn]*. Der Apostel unterscheidet seine persönliche, leibliche Abwesenheit (ἀπὼν τῷ σώματι *[apǫn tō sǫmati]*) von seiner Anwesenheit im Geist (παρὼν δὲ τῷ πνεύματι *[parǫn de tō pnęumati]*; 1Kor 5,3) und meint mit dem Wort seine Anwesenheit in Korinth (2Kor 10,2.11; 11,9; 13,2.10) und seine Anwesenheit bei den Galatern (Gal 4,18.20). Die gleiche Bedeutung liegt Joh 11,28; Offb 17,8 vor. Stattdessen kann die perfektische Bedeutung *gekommen sein* eintreten und die Bewegung und Richtung des Kommens verknüpft werden. In diesem Sinn gebraucht Lk das Wort (Lk 13,1; Apg 10,21; 12,20; 17,6), so daß zu erwägen ist, ob diese Bedeutung nicht auch Apg 10,33; 24,19 zutrifft. Unpersönlich wird πάρεστιν *[pąrestin]* Kol 1,6 verwendet: das Evangelium, das zu euch gekommen ist. Joh 7,6 ist der Kairos (→ Zeit, Ewigkeit, Art. καιρός) noch nicht gekommen. πρὸς τὸ παρόν *[prǫs to parǫn]* heißt *für jetzt, für den Augenblick* (s. Bauer, Griech.-Dt. Wörterbuch; Hebr 12,11). Schließlich liegt die Bedeutung *zur Verfügung stehen, vorhanden sein* vor (Hebr 13,5; 2Petr 1,9.12).

b) Das Subst. παρουσία *[parousįa]* bezeichnet allg. (so nur bei Paulus) die *Anwesenheit* und die *Ankunft* (als Eintritt der Anwesenheit): Paulus freut sich über die Anwesenheit des Stephanas (1Kor 16,17), sieht sich von Gott durch die Ankunft des Titus getröstet (2Kor 7,6f), spricht von seinem Kommen nach Philippi (Phil 1,26; 2,12) und muß sich vorwerfen lassen, er sei in seinen Briefen zwar wuchtig, bei seiner persönlichen Anwesenheit und in seiner Rede aber schwächlich (2Kor 10,10).

2) Die nt. Parusie-Aussagen im speziellen Sinne hängen aufs engste mit der Entwicklung der nt. Eschatologie zusammen. Jesus selbst rechnete mit der unmittelbaren Nähe des Reiches Gottes und sah die Gegenwart insofern von der Parusie her bestimmt, als das jetzige menschliche Verhalten auf das kommende Geschehen hin ausgerichtet sein sollte (vgl. zB Mk 3,27; Lk 17,23f). Obwohl Gegenwart und Zukunft als ein Nacheinander verstanden sind, wirkt sich die Zukunft auf die Gegenwart aus; allerdings nicht in der Weise, daß die Zukunft in der Gegenwart realisiert und vorweggenommen würde, sondern in der Weise, daß der Mensch seine Entscheidungen in Verantwortung vor der unmittelbar bevorstehenden Gottesherrschaft trifft. Mit Jesu → Tod und → Auferstehung (bzw. Erhöhung) ändert sich die eschatologische Erwartung. Während Jesus selbst nämlich sicher die Nähe des Reiches Gottes, nicht aber mit gleicher Sicherheit auch seine eigene Wiederkunft erwartete, wird nun der Parusiegedanke mit der von der Gemeinde erwarteten Ankunft Jesu am Ende der Tage verbunden (→ Sohn Gottes, Art. υἱὸς τοῦ ἀνθρώπου). An der Nähe der kom-

menden Ereignisse wird zunächst festgehalten (vgl. Paulus). Später aber rückt für das Bewußtsein der Gemeinde die Parusie, da sie verzieht und im Laufe der Zeit nicht eintrifft, immer mehr in die Ferne (vgl. zB den 3. Evangelisten) und droht zuletzt gänzlich aufgegeben zu werden (vgl. die von 2Petr bekämpften Gegner) oder an Bedeutung zu verlieren (vgl. Kol; Eph). Dort, wo die Gegenwärtigkeit des Heils und die Gegenwart Christi herausgestellt werden (vgl. zB Gal 2,20), kann die Parusieerwartung in gewisser Weise von dem »schon jetzt« relativiert werden (vgl. zB Joh 6,39ff; 11,24–26). Insofern führt die Parusieverzögerung zwar zu Krisen; weil man aber die Ausrichtung auf Jesus selbst der Parusie überordnet, können diese die Gemeinden nicht sprengen. Schließlich wird daran festgehalten, daß das Kommen der Parusie plötzlich eintritt (vgl. 1Thess 5,1ff; Lk 17,23f).

Der Terminus παρουσία *[parousịa]* ist im NT nicht häufig (24mal, davon 14mal bei Paulus; s. auch ἡμέρα; → Offenbarung, Art. ἐπιφάνεια im Zusammenhang mit futurischen Aussagen). »Die Vokabel ist hellenistisch. Aber ihr wesentlicher Gehalt stammt aus dem AT, dem Judentum und dem urchristlichen Gedankengut« (Oepke, Art. παρουσία, ThWb V, 863), setzt also schon den Übergang des Judenchristentums zum Hellenismus voraus. Gleichwohl sind die Parusieaussagen religionsgeschichtlich nicht von den apokalyptischen Vorstellungen zu trennen, doch fehlen im NT die sonst üblichen Ausmalungen und zwar aus dem Grunde, weil das Gewicht auf der erwarteten Ankunft Jesu ruht. Die älteste nt. Stelle, die von der παρουσία *[parousịa]* spricht, ist das von Paulus angeführte (vielleicht aus der urchristlichen Tradition, nicht von Jesus stammende?) Herrenwort in 1Thess 4,15. Inhaltlich geht es um die enge Verflechtung von → Auferstehung und Parusie; denn weder die Entschlafenen haben einen Nachteil noch die Lebenden einen Vorteil, wenn die Parusie eintrifft. Den gleichen Gedanken nimmt 1Kor 15,23 auf und hebt hervor, daß Christus in diesem entscheidenden Augenblick Herr über alle ist. Zwar gibt es in der Parusie (bei Paulus wird παρουσία *[parousịa]* immer mit ἐν *[en]* verbunden, wenn das Wort im engeren theol. Sinn verwendet wird; nur 1Thess 4,15 steht εἰς *[eis]*) verschiedene Klassen, ohne daß man aber im Sinne des Apostels ein Zwischenreich, eine doppelte Auferstehung oder eine systematische Reihenfolge der Parusie-Ereignisse vorauszusetzen hätte (Kümmel). Paulus durchbricht nun die apokalyptischen Vorstellungen insofern, als sich die Endereignisse schon jetzt auswirken; es gilt nämlich, nicht in Trauer, sondern in Hoffnung zu leben (1Thess 4,13; 5,23). Und der Apostel kann die Gemeinde, von der er jetzt auf Betreiben des Satans getrennt ist, als seine Hoffnung in der Parusie Jesu bezeichnen (1Thess 2, 19). Eine andere Situation hat offensichtlich 2Thess vor Augen. Die Spannung zwischen (hell. im »Sakrament« und im »Geist«; → Geheimnis, → Geist) erlebter Gegenwart Christi (2,2) und (jüd.-apokalyptisch) ausstehender Parusie liegt offen zutage; denn der Brief setzt sich gegen Kreise, die die Zukunft in der Gegenwart vorwegnahmen, derart scharf zur Wehr, daß vom Satan und seiner Parusie die Rede ist, die vor der Parusie Christi Wirklichkeit wird (2,8).

3) Die Parusieverzögerung führt also zu der Frage, ob man überhaupt noch mit dem ausstehenden Tag rechnen soll. In dieser Situation ruft Jak 5,7f zur Geduld auf und hält an dem → Kommen fest, wenn auch die Naherwartung (ἤγγικεν *[ængiken]*) zur Fernerwartung geworden ist (μακροθυμήσατε *[makrothymæsate]*; → Geduld, Art. μακροθυμία). 2Petr 1,16; 3,4ff schärft die Parusieerwartung ein, obwohl sich im Laufe der Zeit nichts geändert hat. Das Nebeneinander unterschiedlicher Erwartungen zeigt sich zB beim ersten Evangelisten darin, daß Jesus einerseits schon jetzt bei der versammelten (Mt 18,20) und missionierenden (Mt 28,20) Gemeinde bis ans Ende des Äons ist, andererseits aber der Menschensohn erst später (Mt 24,39), an einem Tage, den niemand kennt (V. 36), plötzlich (V. 27) und zu einem Zeitpunkt, an dem man sorglos in den Tag hineinlebt (V. 37f), kommen wird. Auch 1Joh 2,28 ist das Nebeneinander präsentischer Aussagen und futurischer Eschatologie noch deutlich erkennbar: Einerseits setzt das »Bleiben in ihm« Jesu schon erfolgte Parusie voraus, andererseits wird seine Offenbarung (= Ankunft) erst noch erwartet; deshalb vermuten manche Ausleger hier zwei literarische Schichten.

Angesichts der verschiedenartigen Parusievorstellungen im NT sieht man sich in unserer Zeit vor die Frage gestellt, ob und welcher Aussage man sich anschließen soll. Kann man die den Aussagen innewohnende Verkündigung (Kerygma) von ihrem (überholten) apokalyptischen Weltbild (Mythos) trennen, indem man die bisher nicht eingetretene Parusie als die Unverfügbarkeit des Heils, das wir nicht besitzen können und das je und je auf uns zukommt und uns zugesprochen wird, interpretiert? Kann insofern die Gegenwart von der Hoffnung her überwunden werden? Oder soll man, anknüpfend an die Theologie des dritten Evangelisten, sich in den Ablauf der Heilsgeschichte eingegliedert wissen, der in einer unabsehbaren Ferne in die Parusie ausmündet? Oder sollte man radikal auf die verschiedenen Parusieerwartungen verzichten, weil es uns unmöglich scheint, sie zu aktualisieren? Harmonisierungsversuche scheitern vor allem daran, daß Nah- und Fernerwartung sich nicht auf einen Nenner bringen lassen, sondern sich widersprechen. Hinzu kommt die Unausgeglichenheit zwischen gegenwärtigem und zukünftigem Heil. Die unserer Zeit aufgegebene theol. Frage ist die, ob mit Hilfe eschatologischer Aussagen die Christus-Verkündigung zur Geltung gebracht werden kann. Es handelt sich also weniger um einen dogmatischen locus von den letzten Dingen, sondern vielmehr um die Frage, wie sich die Parusie-Aussagen im Rahmen der Verkündigung von Christus für diese Zeit aktualisieren lassen.

G. Braumann

ZUR VERKÜNDIGUNG V

Stellt man sich dem Ergebnis, daß sich die nt. Parusieaussagen nicht in eine einheitliche, widerspruchslose Lehre pressen lassen, so scheint eine biblizistisch verstandene Verkündigung kaum möglich zu sein. Die landläufig vertretene Behauptung nämlich, nach dieser Zeit auf Erden komme nach oder ohne Zwischenstadien mit dem Gottesgericht und mit dem Jüngsten Tage das ersehnte Himmelreich, ist gerade nicht die volle biblische Wahrheit, sondern insofern nur ein Teilaspekt, als damit weder die Naherwartung noch das Schon-Jetzt der Zukunft zur Sprache kommen.

Schon ein Blick in die Kirchen- und Dogmengeschichte zeigt, daß es niemals gelungen ist, säntliche Aussagen des NT zugleich und gleichzeitig aufzunehmen. Oft führten heftige Auseinandersetzungen zur Verwerfung bestimmter Meinungen und zum Ausschluß der sie vertretenden Gruppen aus der Kirche.

Die Problematik kann man sich verdeutlichen, indem man sich Extreme vor Augen führt, zwischen denen es eine Fülle anderer Möglichkeiten gibt. Der schwindenden Parusieerwartung stellte im 2. Jh. der Montanismus die Prophezeiung des unmittelbar bevorstehenden Weltendes entgegen. Dieser apokalyptisch verstandene Chiliasmus (vgl. dazu Offb 20,1–6) bestimmte für Jahrhunderte die christl. Gemeinden und wurde erst allmählich überwunden (vor allem durch Augustin). Immer wieder aber gewann dieser apokalyptische Aspekt innerhalb der Kirchengemeinde an Aktualität. Es sei nur an Joachim von Floris, Bengel, die Adventisten und an die Zeugen Jehovas erinnert, die nach der Herrschaft Lucifers in dieser Zeit mit der Harmagedon-Schlacht den großen Umschwung erwarten, den Beginn des tausendjährigen Reiches. Immer wieder haben große Kriege, die Bedrohung durch die Atombomben oder auch die Tatsache, daß die christl. Missionare bis in die entlegensten Teile der Erde vorgedrungen sind, zu Spekulationen über das bevorstehende künftige → Reich Gottes geführt. Ein anderer Versuch, die apokalyptischen Parusieaussagen zur Geltung zu bringen, war der, das tausendjährige Reich nicht in naher oder ferner Zukunft zu erwarten, sondern es schon jetzt verwirklicht zu wissen: Münster in Westfalen erlebte das Reich Zion, das allerdings nur kurze Zeit bestand und 1535 ein Ende fand.

Neben den verschiedenen zeitlichen Kategorien gibt es verschiedene räumliche Vorstellungen. Die eine Möglichkeit ist die, das Reich Gottes hier auf Erden zu erhoffen; andere verlegen die kommende Gottesherrschaft dagegen in den Himmel, wieder andere kombinieren beides miteinander. Die Uneinheitlichkeit der Auffassungen kommt auch dadurch zum Ausdruck, daß die einen von einer zeitlosen Ewigkeit, die anderen dagegen von der Zeitgebundenheit sprechen: Im Gefolge von A. Ritschl sah man das Reich Gottes schon in dieser Zeit verwirklicht; R. Rothe ging so weit, daß er annahm, die Kirche würde sich in einem völlig verchristlichten Staat auflösen und überflüssig machen.

Keiner der genannten Entwicklungen kann man die Berufung auf die Bibel absprechen: In irgendeiner Hinsicht lassen sich Verbindungsfäden zum NT in jedem Fall nachweisen. Der Vorwurf, man habe aber jedes Mal nur einseitig den Gehalt der Bibel erfaßt, trifft deshalb nicht, weil man anscheinend immer nur Teilaspekte der Bibel aufnehmen kann: Denn kann man wirklich die Naherwartung und zugleich die Fernerwartung (vgl. EKG 120: O Jesu Christ, du machst es lang mit deinem Jüngsten Tage) behaupten, eine zeitlose Ewigkeit (vgl. EKG 324: O Ewigkeit, du Donnerwort; o Anfang sonder Ende. O Ewigkeit, Zeit ohne Zeit) und zugleich die Zeitgebundenheit? Kann man das Reich Gottes für diese Erde und zugleich für den Himmel erwarten? Kann man mit dem Schon-Jetzt (vgl. EKG 91: Solch Himmelfahrt fängt in uns an, bis wir den Vater finden) und zugleich mit dem Erst-Später (vgl. EKG 311: Drum müssen wir solchs sparen bis an den Jüngsten Tag; dann wollen wir erfahren, was Gott ist und vermag) rechnen? Kommt die Parusie mit dem Jüngsten Tag (vgl. EKG 315: Ich weiß, daß ich am Jüngsten Tag ohn alle Klag werd auferstehn aus meinem Grab. Mein lieben Gott von Angesicht werd ich anschaun, dran zweifl ich nicht, in ewger Freud und Seligkeit) oder schon nach dem Tode (vgl. EKG 326: Du ziehst mich, wenn ich scheide, hin vor dein Angesicht; EKG 248: Ach Herr, laß dein lieb Engelein an meinem End die Seele mein in Abrahams Schoß tragen)?

Die Problematik ist insofern noch komplexer, als wir nicht mehr in der Lage sind, das hinter Gegenwart und Parusie stehende Zeitverständnis der Bibel einfach und ungebrochen zu übernehmen, zumal es im NT ein einheitliches Zeitverständnis gar nicht gibt, sondern mindestens zwei verschiedene Auffassungen: Einerseits wird die Zeit als ein historischer Ablauf, als eine Kette von Ereignissen und Epochen gesehen, die apokalyptisch enden; andererseits (vgl. Joh, aber auch Paulus) sieht man mit der Erhöhung Christi das Ende der Zeit schon gekommen und rechnet nicht mehr mit einer noch folgenden Historie, weil für den Glaubenden schon in der Gegenwart die Zukunft begonnen hat. Hinzu kommt die Frage, welche Bedeutung man den Veränderungen des Weltbildes zuerkennt: Soll man an dem Weltbild der Bibel mit den verschiedenen Stockwerken (oben, hier, unten) festhalten, und kann man dieser Zeit das apokalyptische Zeitalter aufstocken?

Glatte Antworten sind angesichts dieser Problematik verdächtig, die Vielfalt der nt. Aussagen zu nivellieren. Eine Patentlösung gibt es bis jetzt nicht. Es gilt daher, nach der Intention der biblischen Aussagen zu fragen. Insofern müßte uns die Vielfalt der nt. Vorstellungen erlauben, innerhalb des kirchlichen Lebens die biblischen Intentionen zur Sprache zu bringen. Mit manchen Sekten (vgl. Zeugen Jehovas und Adventisten) steht uns warnend vor Augen, wohin es führt, wenn die Gegenwarts- und Parusieaussagen verselbständigt, von der Christus-Verkündigung gelöst und damit zum Vor-Wissen künftiger Ereignisse werden. Die Gegenwart und Parusie haben nur ein Recht innerhalb der Verkündigung von Jesus Christus und sind dem Christus-Zeugnis untergeordnet. Von daher kann, wenn die Fernerwartung und die apokalyptische Komponente (vom Text her) aufzunehmen sind, anschaulich und bildhaft gezeigt werden, wie verschieden diese Welt von der Welt Gottes ist. Unter dem Gesichtswinkel der Fernerwartung tritt insbesondere der kosmologische und weltumspannende Gesichtspunkt in den Vordergrund; es besteht allerdings die Gefahr, daß die Bedeutung der gegenwärtigen Zeit zurücktritt und einer gewissen Weltflucht und nur noch dem Jenseits das Wort geredet wird. Eben dies ist nicht möglich, wenn Christus als der Nahe verkündigt wird. Die Naherwartung und das Schon-Jetzt der Zukunft aktualisieren das Heilsgeschehen in dieser Zeit. Sie schärfen die persönliche Verantwortung. Sie heben diese Zeit aus der Vor-läufigkeit heraus und erweisen sie als eine endgültige Entscheidungszeit. Sie bergen dafür aber umgekehrt die (nicht notwendigerweise ihnen innewohnende) Gefahr in sich, daß das noch Ausstehende völlig aus dem Blickfeld gerät.

Die verschiedenen Zeugnisse der Parusieerwartung leiten uns an, unseren Herrn als den kommenden Herrn zu verkündigen, der auf uns zukommt, dessen Reich wir als das kommende Reich erwarten (vgl. die 2. Bitte des Vaterunsers), den wir nicht »haben« oder besitzen, sondern der uns ergreifen will, den wir nicht begreifen können, der aber schon dabei ist, auf uns zuzukommen. Man sollte sich nicht scheuen, den je gebotenen Aspekt voll zu betonen, wird sich nur davor hüten müssen, ihn zu verabsolutieren. Jedenfalls aber hat es die Parusieverkündigung keineswegs nur mit »letzten Dingen« zu tun, sondern die Erwartung der Parusie meint diese Zeit, indem sie unser Tun und Leben betrifft. Die Parusie wirkt sich nun schon aus. Sie bestimmt unser Hoffen (vgl. EKG 330: ich bin durch der Hoffnung Band zu genau mit ihm verbunden).

→ Kommen; → Reich; → Zeit; → Ziel, Ende. *G. Braumann*

Lit.: HJHoltzmann, Lehrbuch der neutestamentlichen Theologie, 1911[2] – WBousset, Kyrios Christos, 1921[2] – GGloege, Reich Gottes und Kirche im NT, 1929 – ASchweitzer, Die Mystik des Apostels Paulus, 1930 – HEWeber, »Eschatologie« und »Mystik« im Neuen Testament, 1930 – PVolz, Die Eschatologie der jüdischen Gemeinde, 1934[2] – FBuri, Die Bedeutung der neutestamentlichen Eschatologie für die neuere protestantische Theologie, 1935 – GDelling, Das Zeitverständnis des NT, 1940 – ROtto, Reich Gottes und Menschensohn, 1940[2] – WMichaelis, Der Herr verzieht nicht die Verheißung, 1942 – OCullmann, Christus und die Zeit, 1946 (1963[3]) – ders., Das wahre durch die ausgebliebene Parusie gestellte neutestamentliche Problem, ThZ 3, 1947, 177ff (= Vorträge u. Aufsätze, 1967, 414ff) – GBornkamm, Die Verzögerung der Parusie (in memoriam ELohmeyer), 1951, 116ff – EKäsemann, Eine Apologie der urchristlichen Eschatologie, ZThK 49, 1952, 272ff (= Ex. Vers. u. Bes. I, 1960, 135ff) – WMichaelis, Kennen die Synoptiker eine Verzögerung der Parusie? Synopt. Studien f. AWikenhauser, 1953, 107ff – MWerner, Die Entstehung des christlichen Dogmas, 1954[2] – WGKümmel, Verheißung und Erfüllung. Unters. z. eschatologischen Verkündigung Jesu, AThANT 6, 1956[3] – HBraun, Der Sinn der neutestamentlichen Christologie, ZThK 54, 1957, 341ff – PhVielhauer, Gottesreich und Menschensohn, Festschr. GDehn, 1957, 51ff (= Aufsätze z. NT, Theol. Büch. 31, 1965, 55ff – RBultmann, Theologie des NT, 1958[3] – HConzelmann, Art. Eschatologie IV, RGG II, 1958[3], 665ff – OCullmann, Die Christologie des NT, 1958[2] – ders., Parusieverzögerung und Urchristentum, ThLZ 83, 1958, 1ff (= Vorträge u. Aufsätze, 1967, 427ff) – WGKümmel, Das Neue Testament. Geschichte d. Erforschung seiner Probleme, 1958 – HWBartsch, Zum Problem der Parusieverzögerung bei den Synoptikern, EvTh 19, 1959, 116ff – ESchweizer, Der Menschensohn, ZNW 50, 1959, 185ff (= Neotestamentica, 1963, 56f) – RBultmann, Geschichte und Eschatologie im NT, Glauben und Verstehen III, 1960, 91ff – EGräßer, Das Problem der Parusieverzögerung in den synoptischen Evangelien und in der Apostelgeschichte, BZNW 22, 1960[2] – RFBarkey, eggizein, phthanein and realized eschatology, JBL 82, 1963, 177ff – HGreeven, Kirche und Parusie Christi, KuD 10, 1964, 113ff – GELadd, Jesus and the Kingdom, 1964 – JASint, Parusie-Erwartung und Parusie-Verzögerung im paulinischen Briefkorpus, ZKathTh 86, 1964, 47ff – EEEllis, Present and Future Eschatology in Luke, NTSt 12, 1965/66, 27ff – HWKuhn, Enderwartung und gegenwärtiges Heil, Studien zur Umwelt des NT 4, 1966 – NPerrin, Rediscovering the Teaching of Jesus, 1967 – AJMattill, Naherwartung, Fernerwartung, CBQ 34, 1972, 276ff – EGrässer, Die Naherwartung Jesu, SBS 61, 1973 – HRiedinger, Zukunft Jesu, 1973.

zu ἡμέρα: HLStrack/PBillerbeck, Kommentar zum Neuen Testament I, 1923, 953; II, 1924, 812ff – WBousset, Die Religion des Judentums im späthellenistischen Zeitalter, 1926[3], 202ff – GvRad/GDelling, Art. ἡμέρα, ThWb II, 1935, 945ff – GDelling, Art. κολοβόω, ThWb III, 1938, 883 – RBultmann, Theologie des NT, 1958[3], 79 – WRordorf, Der Sonntag. Geschichte des Ruhe- und Gottesdiensttages im ältesten Christentum, 1963 – WGKümmel, Die Naherwartung in der Verkündigung Jesu, in: Zeit und Geschichte, Dankesgabe an RBultmann, 1964, 31ff (= Heilsgeschehen und Geschichte, 1965, 457ff).

zu μαραναθά: WHeitmüller, Zum Problem Paulus und Jesus, ZNW 13, 1912, 320ff – GQuell/WFoerster, Art. κύριος, ThWb III, 1938, 1038ff, bes. 1094 – KGKuhn, Art. μαραναθά, ThWb IV, 1942, 470ff – GBornkamm, Das Anathema in der altchristlichen Abendmahlsliturgie, in: Das Ende des Gesetzes, 1958[2], 123ff – OCullmann, Die Christologie des NT, 1958[2], 214ff – CFDMoule, A Reconsideration of the Context of Maranatha, NTSt 6, 1959/60, 307ff – GKlein, Art. Maranatha, RGG IV, 1960[3], 732f – JSchmid, Art. Maranatha, LThK VI, 1961[2], 1370 (kath.) – SSchulz, Maranatha und Kyrios Jesus, ZNW 53, 1962, 125ff – FHahn, Christologische Hoheitstitel, 1963, 95ff.

zu παρουσία: ADeißmann, Licht vom Osten, 1923[4], 314ff u. ö. – MDibelius, An die Thessalonicher, NT 11, 1937[3] (Exkurs zu 1Thess 2,19) – JDupont, Σὺν Χριστῷ, 1952, 55ff – AOepke, Art. παρουσία, πάρειμι, ThWb V, 1954, 856ff – HConzelmann, Art. Parusie, RGG V, 1961[3], 130ff – ALMoore, The Parousia in the New Testament, 1966 (= Suppl. to NT, 13).

Gegründet → Fest

Geheimnis

μυστήριον

μυστήριον *[mystǣrion]* Geheimnis · μυέω *[myẹō]* einweihen, unterweisen

I 1) μυστήριον *[mystǣrion]*, seit den Tragikern belegt, von μύω *[myō]* = *(den Mund) verschließen*, ist Bezeichnung für das, was nicht gesagt werden darf oder gesagt werden kann. Der Plur. ist fast ausschließlich term. techn. für jene Art kultischer Feiern, wie sie seit dem 17. Jh. vChr in Eleusis stattfinden und in hell., bes. christl. Zeit als Isis-, Attis-, Mithras-Mysterien usw. weite Verbreitung finden. In der Mysterienfeier, einer kultisch-dramatischen Darstellung des Leidens der Gottheit und ihrer Überwindung des Todes, erlangen die Eingeweihten das Heil (σωτηρία *[sōtæria]*; → Erlösung, Art. σῴζω), indem sie durch sakramentale Handlungen (Taufen, Mahlzeiten, Sterbe- und Auferstehungsriten) Anteil am Geschick des Kultgottes bekommen und selbst vergottet werden. Die kultischen Handlungen und Symbole werden streng geheim gehalten.

2) μυέω *[myẹō]* heißt urspr. *(in die Mysterien) einweihen*, kommt aber dann auch übertragen – so im nt. Griech. – in der Bedeutung *unterweisen, unterrichten* vor.

3) Schon Plato überträgt Vorstellungen und Termini der Mysterienkulte auf die Philosophie, indem er den Weg der Erkenntnis des unwandelbaren Seins als den Weg der wahren Weihe beschreibt (vgl. Theaetet 156a; Gorgias 497c). In der späteren mystischen Philosophie, vor allem im Neuplatonismus, ist μυστήριον *[mystǣrion]* das, was wesensmäßig nicht direkt ausgesprochen werden kann. Die mystische Rede ist uneigentliche Rede (ThWb IV,816).

In der Gnosis (→ Erkenntnis) sind schließlich die μυστήρια *[mystǣria]* geheime, auf die Erlösung der Seele abzielende Offenbarungen, die nur den τέλειοι *[tẹleioi]*, den Vollkommenen zuteilwerden.

II 1a) In der LXX kommt μυστήριον *[mystǣrion]* erst in den späten, der hell. Zeit angehörenden Schriften vor; ähnlich ἀποκάλυψις *[apokalypsis]* = → *Offenbarung*, sofern es sich theol. um Offenbarung eines Geheimnisses handelt. Die Anschauung, daß Gottes Reden und Handeln in der Geschichte *(dābar*; → Wort) in dem Sinne offenbar ist, daß es vor aller Welt Augen geschieht, wird im AT – das belegt schon der rein äußerliche Befund – nur zögernd und nie ganz aufgegeben (vgl. Jes 45,19; 48,16: Gott redet nicht im Verborgenen; Am 3,7f widerspricht geradezu dem späteren Verständnis von Geheimnis [hier *sōd*]: Jahwe redet: Wer sollte nicht weissagen?).

b) Wo dann später in der LXX die Terminologie der Mysterien auftaucht, charakterisiert sie häufig heidnische Kulte (Weish 12,5; 14,15.23; 3Makk 2,30 u. ö.). Dagegen wird an Stellen wie Weish 2,22; 6,22; 8,4 zwar positiv der Weg zur göttlichen → Weisheit in Anlehnung an Mysterienvorstellungen beschrieben, aber auch hier ist die Bereitschaft, diesen zu verkündigen, die Wahrheit nicht zu sparen (Weish 6,22), noch gut alttestamentlich.

An den Stellen außerhalb Weish und Dan findet sich μυστήριον *[mystǣrion]* in profaner Bedeutung: *Geheimpläne* politischer Führer (Tob 12,7.11; Jdt 2,2); militärische *Geheimnisse* (2Makk 13,21), *Geheimnisse*, die Freunde miteinander teilen (Sir 22,22; 27,16f.21).

2) In Dan, wo μυστήριον *[mystǣrion]* am häufigsten vorkommt, gibt das Wort, sonst immer für das hebr. *sōd* = *vertrauliches Gespräch, Geheimnis* eintretend, das aram. *rāz* wieder und gewinnt dadurch eine ganz bestimmte theol. Bedeutung: es ist *eschatologisches Geheimnis*, Schau dessen, was nach Gottes Ratschluß in Zukunft geschehen soll (Dan 2,28). Als Traumgesicht bedarf es der Deutung durch den vom Geist inspirierten Seher (Dan 4,6), denn Gott alleine ist die Enthüllung vorbehalten (Dan 2,28f).

Damit schlägt Dan die Brücke zur speziellen Verwendung des Begriffes in der spätjüd. Apokalyptik: Hier sind die μυστήρια *[mystǣria]* ausschließlich die Geschehnisse der letzten Zeit: Gericht und Strafe für die Sünder (äthHen 38,3), Belohnung der Gerechten (äthHen 103,2ff) und die kosmischen Katastrophen jenes Enddramas (äthHen 83,7). Die künftigen Geschehnisse sind jetzt schon als Gottes Ratschlüsse real in der himmlischen Sphäre vorhanden, die der apokalyptische Seher in der Vision schaut (hebrHen 71,3f). Er weiß nun um »das Herannahen der Perioden« (syrBar 81,4), er erfährt, was mit göttlicher Notwendigkeit am Ende der Tage geschehen wird (ThWb IV,822). Aber das Erschaute behält insofern seinen Geheimnischarakter, als es selbst wiederum nur zeichenhaft, orakelhaft weitergegeben werden darf (äthHen 68,1 »Zeichen aller Geheimnisse«) und einem bestimmten Kreis der Wissenden vorbehalten bleibt (4Esr 12,36ff).

3a) In der rabbin. Lit. wird im Zusammenhang der Deutung der schriftlichen und mündlichen Tradition auch von *Geheimnissen* gesprochen. Die »Geheimnisse der Tora« (hebrHen 11,1) geben Einblick in ihre Gründe beim Geber des Gesetzes und damit als »Geheimnisse der Schöpfung« in seine Pläne mit der Welt. Diese Geheimnisse gehören zu einer Geheimlehre nach Art der Gnosis. Die esoterische Auslegung von Gen 1,1ff und von Ez 1f ist das »Werk des Wagens« (vgl. MChagiga II,1; JJeremias, Jerusalem, S. 270 und HBietenhard, Himmlische Welt, S. 86ff).

b) Ganz im Rahmen der apokalyptischen Vorstellungen sprechen die Texte von Qumran von den Geheimnissen, die Gott den Menschen bereitet hat, häufig in stereotyper Verbindung mit *pælæ'* = *Wunder, wunderbar. sōd* und *rāz* werden dabei nicht begrifflich unterschieden (vgl. 1QH 4,27.28). Die »wunderbaren Geheimnisse« sind Gottes Ratschlüsse, nach denen er – streng dualistisch und prädestinatorisch – den einen Teil der Menschheit, die Söhne des Rechts, für die Wege des Lichts (1QS3,20), den anderen Teil, die Söhne des Unrechts, für die Wege der Finsternis (1QS 3,21) ausgesondert hat. Einzelne (der Lehrer der Gerechtigkeit?) sind gesetzt »zum Zeichen für die Erwählten und zum Dolmetsch der Erkenntnis in wunderbaren Geheimnissen, um die Männer der Wahrheit zu prüfen« (1QH 2,13f). In einer ungebrochenen Linie geben die Geheimnisse Auskunft über Gottes Plan mit der Welt von ihrem Anfang bis zu ihrem Ende: über seine Schöpfung (1QH 1,9ff; 1QS 3,15), über seine Geschichtstaten (1QH 4,29), über die kultischen Einrichtungen, die im Sinne der qumranischen Observanz gedeutet werden (CD 3,14ff). Diese drei Inhalte werden in einer Art inspirierter Exegese der schriftlichen Tradition entnommen. Die Deutung korrigiert und interpretiert neu die tradierten Prophezeiungen (1QpH 7,7f). Es treten die Offenbarungen hinzu, die über die Zeit der Heimsuchung (1QS 3,21f) und den Endkampf der Söhne des Lichts gegen die Söhne der Finsternis unterrichten (1QM 14,14ff).

μυστήριον *[mystærion]* kommt im NT relativ selten vor (im ganzen 27 bzw. 28mal). Es ist III
bezeichnend, daß es sich am häufigsten (20 bzw. 21mal) bei Paulus und in den Deuteropaulinen findet (1Kor: 5 bzw. 6; Eph: 6; Kol: 4; 2Thess: 1; 1Tim: 2), da diese sich unmittelbar mit den Mysterienkulten und der Gnosis auseinanderzusetzen haben. 3mal steht das Wort bei den Synopt. und begegnet dann noch naturgemäß in Offb (4mal). Auffällig ist das gänzliche Fehlen im JohEv. Hat das seinen Grund in der johanneischen Christologie?

1) Mk 4,11 par greift insofern ein Anliegen der Apokalyptik auf, als mit dem Bild von der Ernte die Frage nach dem Eintreffen des Gottesreiches angeschnitten wird. Für Mk ist diese Frage mit dem Auftreten Jesu beantwortet. Der Sinn der Gleichnisse (Plur. in V. 11!), dh der Lehre Jesu überhaupt, ist sein Weg ans → Kreuz; damit bricht das → Reich Gottes in diese Welt herein. Es ist ein Grundgedanke des MkEv (WWrede nennt ihn »Messiasgeheimnis«), daß die Jünger wie das Volk diesen Weg nicht als nach Gottes Willen geschehend verstehen (vgl. 3,35), obwohl doch den Zwölfen direkte Belehrung zuteil wird (4,11; 8,17; vgl. dagegen Mt 13,51; → Gleichnis, Art. παραβολή). Erst der heidnische Soldat unter dem Kreuz bekennt: Wahrlich, dieser Mensch ist Gottes Sohn gewesen! (15,39). Nur die bösen Geister wissen von Anfang an, daß die Äonenwende da ist (1,24).

Diesen strengen Bezug auf das engere Geheimnis des Weges Jesu haben Mt und Lk aufgegeben und sprechen von den Geheimnissen, die zu wissen den Jüngern gegeben ist (Mt 13,11; Lk 8,10). Der Plur. besagt hier, daß die Ratschlüsse Gottes mit Christus und seiner Gemeinde, in den Schriften des AT verborgen, aber für seine Jünger deutbar, jetzt ihre Erfüllung finden (vgl. den häufigen Hinweis auf die Erfüllung at. Weissagungen: Mt 2,17.23; 3,3 u. ö.; Lk 24,26 u. ö.). Der Leidensweg Jesu und seiner Gemeinde steht nach Lk unter einem göttlichen Muß (δεῖ *[dei]*, vgl. Lk 24,26; → Notwendigkeit, Art. δεῖ) und mündet in die Herrlichkeit der himmlischen Sphäre (vgl. Lk 23,43; Apg 7,55).

2) Es ist das Geheimnis des Kreuzes Christi und des darin sich offenbarenden Heilsratschlusses Gottes mit der Welt, das Paulus in 1Kor seinen Gegnern mit aller Entschiedenheit entgegenhält: Nur Jesus, und dieser als Gekreuzigter! (1Kor 2,2; vgl. 1,23). Das ist das »Geheimnis Gottes« schlechthin (2,1; gut belegte v. l.). Auch wenn sich der Apostel der Mysterienterminologie bedient (τέλειοι *[teleioi]* 2,6; ἐν μυστηρίῳ *[en mystæriō]* 2,7; ψυχικός *[psychikos]* – πνευματικός *[pneumatikos]* 2,14.15), versteht er dieses Mysterium doch ganz im Sinne der Apokalyptik: Vor aller → Zeit hat Gott in seiner Weisheit das Kreuz Christi zu unserer Herrlichkeit, dh zu unserer Verherrlichung am Ende der Zeiten, vorherbestimmt (2,7; → Bestimmen, Art. ὁρίζω, vgl. Röm 16,25). In Zeit und Geschichte hat sich ereignet, was in der himmlischen Welt schon bereitet und im at. Prophetenwort verheißen war (1,19: Jes 29,14; 2,9: Jes 64,3). Das Geheimnis des göttlichen Ratschlusses haben die Machthaber dieses Äons nicht erkannt (2,6); wer sich aber – durch den → Geist erleuchtet (2,12) – jetzt diesem beugt und ihn anerkennt, der steht stammelnd vor seiner

Unergründlichkeit (1,23; 2,3), er begreift von ihm nur so viel, daß es ihn mit zwingender Gewalt in Dienst nimmt (9,16) und aller Selbstruhm ausgeschlossen ist (1,31; 3,21).

Nur so, in Schwachheit und Demut, sind die → Apostel als Diener des gekreuzigten Christus Verwalter der Geheimnisse Gottes (4,1; → Haus, Art. οἶκος). Sie beugen sich der οἰκονομία *[oikonomia]* Gottes (Eph 3,9) und können sich nur dessen rühmen, daß er sie trotz aller Schwachheit und Untüchtigkeit als Werkzeuge seiner Gnade zu gebrauchen weiß (1Kor 1,26f; 2Kor 1,12).

3) Nahezu an allen Stellen seines nt. Vorkommens steht μυστήριον *[mystærion]* zusammen mit Verben des Offenbarens oder Verkündigens (→ Offenbarung; → Verkündigung), dh es ist selbst Gegenstand des Offenbarens (vgl. ThWb IV,827). Es ist gegenwärtiges Geheimnis, nicht ein abgeschlossenes Faktum der Vergangenheit, das sich einfach zur Kenntnis nehmen ließe, sondern Bewegung, in die die Betroffenen hineingezogen werden (→ Erkenntnis, Zur Verkündigung).

Das zeigt anschaulich der Kolosserbrief: Der Apostel »erfüllt« (1,26) durch sein Amt das Mysterium Christi (4,3), dh er bringt es zur Ausführung, er treibt es der Vollendung entgegen, indem er an seinem Leibe erträgt und auf sich nimmt, was noch fehlt an den Trübsalen Christi (1,24). Χριστὸς ἐν ὑμῖν *[Christos en hymin]*, die weltweite Kirche und Christus als ihr Haupt, der durch seinen Tod den Kosmos, die gesamte Menschheit versöhnt hat (1,18), das ist der Reichtum des Christusmysteriums (1,27). Dieser war früheren Zeiten und Generationen vorenthalten (1,26), jetzt aber ist er den dazu Ausersehenen zur Austeilung an alle Menschen (1,28) anvertraut, um sie alle als τέλειοι *[teleioi]* ganz in das Kraftfeld des Erstgeborenen von den Toten (1,18) einzubeziehen, sie seinem Auferstehungsleibe einzufügen (1,28).

Auch in Eph besteht das Christusmysterium wesentlich darin, daß durch Christus den Heiden der Zugang zum Vater alles Geschaffenen (3,15; vgl. 2,18) eröffnet ist, daß sie Glieder der Weltkirche aus Juden und Heiden sind (hier das Bild vom Bau 2,20f), in deren Haupt bzw. Eckstein die ganze Schöpfung ihren gemeinsamen Angelpunkt hat. So war es Gottes Wille vor aller Zeit (3,9; vgl. 1,9), so erfordert es seine Ökonomie (3,6), in die den Menschen in der Vergangenheit kein Einblick gewährt wurde, jetzt aber, da die Zeit erfüllt ist (1,10), hat Gott den Verkündigern des Evangeliums (3,8) seinen Willen kundgetan, damit durch sie sein Vorsatz zur Erfüllung komme (1,9f). Diese Bewegung geht noch durch die Welt, noch sind Widerstände da. So steht nicht zufällig am Ende des ersten Briefteiles die Mahnung zur → Geduld (3,13) und die Fürbitte des Apostels (3,14ff).

Christologisch bestimmt ist außer den besprochenen Stellen nur noch 1Tim 3,9.16. Als μυστήριον τῆς πίστεως *[mystærion tæs pisteōs]* (3,9) bzw. τῆς εὐσεβείας *[tæs eusebeias]* (3,16) hat es zum Inhalt das Bekenntnis zu Christus und seinem Erlösungswerk. μυστήριον *[mystærion]* ist also hier Umschreibung eines formulierten Glaubensbekenntnisses (vgl. den Hymnus 3,16; → Bekennen).

4) In den Rahmen der göttlichen Ökonomie, die den Lauf der Geschichte auf ein bestimmtes, bei Gott schon beschlossenes Ziel hinlenkt, gehört auch die Frage nach dem Geschick → Israels. Dem Gedanken, Gott habe sein Volk verstoßen – so ersichtlich an seiner Verstocktheit – widersteht der Apostel mit einem entschiedenen μὴ γένοιτο *[mæ genoito]*! (Röm 11,1). Gegen alle Vernunfts- und Erfahrungsgründe (11,19f.25a) entfaltet er das Geheimnis von der endlichen Annahme des erwählten Volkes: Nur für eine begrenzte Zeit ist Israel mit Blindheit geschlagen worden, damit das Evangelium seinen Lauf zu den Heiden nehmen und ihre → Fülle (Art. πληρόω) herzuströmen kann (11,25). Das Wissen um die gegenwärtige → Erwählung im Glauben (11,20) wie um das zukünftige Heil der jetzt noch Verstockten (11,31) bewirkt nicht Stolz und Überhebung, sondern ehrfurchtsvolle Scheu und Anbetung. Ist doch das Mysterium der freien → Gnade unergründlich und unüberbietbar (11,33ff).

5a) 1Kor 14 stellt sich Paulus gegen eine übertriebene Hochschätzung der Zungenrede. Sie ist nach seinem Urteil der Verkündigung untergeordnet, denn sie ist nicht für andere aus sich heraus verständlich und dient nicht der Auferbauung der Gemeinde (14, 2.16). Die Geheimnisse, die der Ekstatiker in lallenden Lauten von sich gibt, bedürfen der Interpretation (14,13). Über aller ekstatischen Erfahrung göttlicher Geheimnisse steht die Liebe (13,2).

1Kor 15,51 setzt die Naherwartung der Parusie voraus. Als ein apokalyptisches Geheimnis teilt Paulus den Korinthern mit, daß noch zu Lebzeiten vieler Glieder der Gemeinde der Tag der Auferweckung der Toten hereinbrechen wird, an dem alle dann noch Lebenden verwandelt werden.

b) In Eph 5,32 bezieht sich μυστήριον *[mystæ̣rion]* auf den allegorischen Sinn des Schriftwortes: Gen 2,24 wird auf die Beziehung zwischen Christus und der Kirche gedeutet. Das ἐγὼ δὲ λέγω ὑμῖν *[egọ̄ de lẹgō hymịn]* des Apostels wendet sich gegen andere Deutungsmöglichkeiten.

c) Ganz apokalyptisch geprägt ist 2Thess 2,7. Der Zusammenhang handelt von den Ereignissen, die der Parusie voraufgehen werden. Bevor Christus wiederkommt, tritt eine Periode des Abfalls ein, in der der ἄνθρωπος τῆς ἀνομίας *[ạnthrōpos tæs anomịas]*, der → Antichrist, die Oberhand gewinnt (2,3f). Noch ist eine Macht da, die sein Erscheinen hindert (κατέχων *[katẹchōn]*), aber schon regt sich das Geheimnis der ἀνομία *[anomịa]*, schon dämmert die Periode des Antichrist herauf (2,7).

d) Auch in Offb haben die μυστήρια *[mystæ̣ria]* apokalyptische Ereignisse zum Inhalt, die in einer Zeit der Bedrängnis der Wiederkunft des Herrn voraufgehen werden. In dunklen Zeichen und Bildern, die der Deutung bedürfen, werden die Geheimnisse geschaut. Aber Gott läßt sie seine Gemeinde wissen durch Prophetenmund (10,7), durch den Seher (17,7; vgl. 1,19); er behält den Sieg (18,2; 19,6); das tröstet seine Gemeinde in der Zeit schwerster Bedrängnis und Verfolgung.

Offb 1,20 spricht als Einleitung zu den sieben Sendschreiben vom Geheimnis der sieben Gemeinden und ihrer Engel. In der Kundgabe des Geheimnisses wird ihnen eröffnet, welches Urteil sie in Gottes Augen, die allen trügerischen Schein der Würdigkeit durchdringen, verdient haben und werden sie zur Buße gemahnt. *G. Finkenrath*

Lit.: JSchneider, »Mysterion« im NT, Theol. St. u. Kr. 104, 1932, 255ff – GBornkamm, Art. μυστήριον, ThWb IV, 1942, 809ff – EVogt SJ, »Mysteria« in textibus Qumran, Biblica 37, 1956, 247ff – HKrämer, Zur Wortbedeutung »Mysteria«, Wort u. Dienst, Jahrbuch d. theol. Schule Bethel, NF. 6, 1959, 121ff – JLeipoldt, Art. Mysterien, RGG IV, 1960³, 1255ff – GStrecker, Zur Messiasgeheimnistheorie im Mc., StudEv III, 1961, 87ff – JJeremias, Jerusalem zur Zeit Jesu, 1962³, bes. 270 – JGnilka, Art. Mysterium, LThK VII, 1964², 727ff (kath.) – EFuchs, Das Sakrament im Lichte der neueren Exegese, Schriftenreihe d. Kirchl.-Theol. Sozietät in Württemberg 1, o. J. – GHaufe, Die Mysterien, in: Umwelt d. Urchristentums I, 1965, hrsg. v. JLeipoldt u. WGrundmann, 101ff – WLuz, Das Geheimnismotiv und die markinische Christologie, ZNW 56, 1965, 9ff – ESchweizer, Zur Frage des Messiasgeheimnisses bei Markus, ZNW 56, 1965, 1ff – EJüngel, Das Sakrament – was ist das?, EvTh 26, 1966, 320ff – KKoch, Die Apokalyptik und ihre Zukunftserwartungen, in: Kontexte Bd. 3, 1966, 51ff – PPMeyer, Messianic Secret and Messianic Didache in Mark's Gospel, Oikonomia, 1966, 57ff.

Gehorsam → Hören

Geist

πνεῦμα

πνεῦμα *[pnẹụma]* Geist · πνέω *[pnẹō]* wehen · πνοή *[pnoæ̣]* Atmen, Wehen · ἐκπνέω *[ekpnẹō]* aushauchen · ἐμπνέω *[empnẹō]* schnauben · πνευματικός *[pneumatikọs]* geistlich · θεόπνευστος *[theọpneustos]* von Gott eingegeben

Die griech. Wurzel πνεϝ- *[pnew-]*, von der der nt. Begriff für *Geist* abgeleitet ist, steht für die I
energiegeladene Bewegung der Luft. Von den Derivaten bedeutet: πνέω *[pnẹō] wehen, blasen* (vom

Wind und von der Luft überhaupt, auch in einem Musikinstrument); *atmen* (auch im Sinne von *am Leben sein*); *aussenden* eines Duftes o. ä., auch von Feuer; *ausstrahlen* von Zorn, Mut, aber auch von Gunst (was alles wohl als vom Element der Luft getragen vorgestellt ist). – πνοή [pnoæ] *Wehen, Blasen; Atmen* (speziell auch *Schnauben*); *Inspiration* einer Gottheit; *Dampf, Ausdünstung.* – ἐκπνέω [ekpnęō] *ausatmen, herauswehen; aufhören zu atmen* (sowohl als *sterben* wie als *außer Atem kommen*), *aufhören zu wehen.* – ἐμπνέω [empnęō] *einatmen; beim Atmen* (auch *am Leben*) *sein; auf etwas, in etwas blasen, einhauchen* (auch im Sinne von *etwas eingeben*). – πνεῦμα [pnęuma], das im NT so bedeutsame Wort für *Geist*, ist von dieser Wurzel mit dem Suffix -μα -[ma] gebildet und bezeichnet das, was bei dieser Aktion herauskommt: die *bewegte Luft* als besondere Substanz mit einem Unterton auf der in dieser Bewegung wirksamen Potenz. Zunächst steht also πνεῦμα [pnęuma] für den *Wind* und den *Atemhauch.*

Sicher belegt erst seit den Vorsokratikern übernimmt es immer mehr die Aufgaben verwandter Begriffe und wird in hell. Zeit ein Terminus von einigem Rang; es bleibt dabei stets etwas Stoffliches.

Die Luft des Atems wird als Träger des Lebens verstanden (zB den Atem abbrechen = sterben, Aischyl. Pers. 507). Griech. Mediziner haben seit dem 5. Jh. eine darauf aufbauende Physiologie entwickelt und bald ein inneres, angeborenes Pneuma von der eingeatmeten Luft unterschieden. Dies »mitentstandene Pneuma« ist bei Aristot. die formgebende Kraft, die aus dem Embryo die vollendete Gestalt entwickelt und dann im Menschen zum Werkzeug wird, mit dem die Seele den Körper lenkt.

Ist es so schon in die Nähe zu ψυχή [psychæ] = → *Seele* gerückt, wenn auch als Stoff von diesem funktionalen Terminus unterschieden, so übernimmt es in der stoischen Philosophie als »seelisches Pneuma« deren Funktion bei der Tätigkeit der Sinne, beim Sprechen und Denken (bei einigen Stoikern wird es sogar mit νοῦς [nous] = *bestimmendes geistiges Vermögen* identisch). Dabei ist es in der Stoa zu einem die verschiedenen Wesenheiten zusammenfassenden und in ihre spezifischen Erscheinungen ausformenden Grundprinzip geworden: Als feinster ätherischer Stoff, lufthaltig und feuerartig, ordnet es in absteigenden Stufungen die Welt und ermöglicht so deren Existenz; rein ätherisch ist der Logos, der Gott, als geistiges Feuer ist es die Seele des Menschen, als physisches Pneuma gestaltet es die Pflanzen, und als habituelles Pneuma hält es die Gegenstände zusammen. So wird es zum fünften Element, zur Quintessenz, wie es schon vorher anstelle von der Luft unter den vier Grundelementen aufgetaucht war.

Anstelle des allgemein üblichen funktionalen Terminus ἐπίπνοια [epįpnoia] = *Anhauchen*, unter dem Plato eine Theorie der verschiedenen Formen der inspirierten Manie gegeben hatte (Phaedr. 244ff, vgl. 265b), setzt Plutarch – und eine Reihe anderer – wohl unter stoischem Einfluß mit offensichtlichem Rückgriff auf Plato Pneuma für *Inspiration* als das stoffliche Medium, das als Kraft die Wahrsagenden erfüllt. Dies prophetische Pneuma heißt in der Folge enthusiastisch, seherisch, daimonartig, heilig (ἱερόν [hierọn]), sogar göttlich. Es ist in der Volksreligion mit ihrem Zauber und Prophetentum lebendig gewesen, wie Papyrusfunde erkennen lassen. In der sog. Mithrasliturgie (ed. ADietrich, 1923³, 4,14.21) ist es unter den vier Elementen als »heiliges« und »unsterbliches« Pneuma die Kraft der Erhöhung über die sterbliche Natur (wohl in Analogie zur prophetischen Ekstase).

Schließlich findet es sich, gewiß unter vorderorientalischem, womöglich jüd. Einfluß, in hell. Inschriften und Papyri (dann auch bei späteren Schriftstellern, zB Jamblich, Myst. II,3.10) im Sinne von *Geistwesen, Dämon.*

πνευματικός [pneumatikọs], das von πνεῦμα [pnęuma] mit dem Suffix der Zugehörigkeit -ικός [-ikọs] abgeleitete und dessen Bedeutungen teilende Adj., wird seit den Vorsokratikern gebraucht.

θεόπνευστος [theọpneustos]: *von Gott eingehaucht* wird selten und erst in hell. Zeit im Zusammenhang mit der Mantik und nur einmal allg. für die Weisheit gebraucht.

II Die hebr. Grundlage für πνεῦμα [pnęuma] ist in der LXX fast ausschließlich *rūach*, nur 3mal geht πνεῦμα [pnęuma] auf *n^eschāmāh (Hauch, Atem)* zurück. Umgekehrt beherrscht πνεῦμα [pnęuma] in LXX zusammen mit ἄνεμος [ąnemos] *(Wind)* als Übers. das Feld: Für die 377 Belege von *rūach* im MT steht 264mal das erste und 49mal das zweite. *rūach* bezeichnet zunächst das Erstaunliche, daß sich das Ungreifbare, die Luft, bewegt; dabei erregt diese Bewegung selber nicht so sehr die Aufmerksamkeit wie die Dynamik, die sich in ihr bekundet. Die Grundbedeutung ist also etwa *Wehen.*

1) So steht es an etwa einem Drittel der Stellen für den *Wind*, der in seiner Ungreifbarkeit eine unvermittelte Wirkung Gottes ist (Gen 8,1; Am 4,13; Jes 40,7; Ps 104,4). Dabei hat *rūach* zwei spezielle Bedeutungen gewonnen: konkret die *Windrichtung* (zB Ez 37,9; 42,16–20) und übertragen – wegen der Flüchtigkeit (vgl. Ps 78,39) – das *Nichtige*, das *Nichts* (etwa Pred 5,15 LXX: ἄνεμος [ąnemos]).

2) Als *Atem* findet sich dies gleiche Phänomen im Menschen (vgl. Ez 37,8.10 mit V. 9), wie auch im Tier (Pred 3,19.21 u. ö.). Er ist Ausdruck der Lebensenergie (sowohl individuell: Ri 15,19,

wie kollektiv: Num 16,22), die den Götzen fehlt (Jer 10,14), nicht aber Gott (Ps 33,6) und dem Messias (Jes 11,4). Gott gibt (s. Jes 42,5 für viele andere) und schützt ihn (Ps 31,6), wie es ihm freisteht, ihn wieder zu nehmen (Ps 104,29); er kehrt dann zu Gott zurück (Pred 12,7). Diese Lebendigkeit zeigt sich in verschiedener Intensität; dabei steht ihre Dynamik im Vordergrund, ohne daß an den Hauch des Atems gedacht werden muß. Sie zeigt sich durch Unruhe (Gen 41,8), Kummer (Gen 26,35) und ähnliches bis zur Verzweiflung (Hi 17,1) beeinträchtigt, in Eifersucht (Num 5,14) oder Zorn (Ri 8,3) gesteigert, – den Zorn Gottes zeichnet mit deutlichem Anklang an die Grundbedeutung die drastische Wendung »Atem seiner Nase« (Ex 15,8; Hi 4,9).

Daran läßt sich die at. Weise, vom Menschen zu reden, erkennen: nicht in einer Objektivation, die die menschlichen Fähigkeiten zuständig aufgliederte, sondern vielmehr ganz gegenständlich, so wie die Menschen in Erscheinung treten, wie sie gegen ihre Mitmenschen, in ihrem Tun, unter der Weisung Gottes sich verhalten; so gegenständlich, daß anschauliche, körperliche Phänomene die Grundausdrücke dazu liefern. Bei *rūach* ist also die bewegte Luft des Atems Ausdruck der Dynamik des menschlichen Verhaltens: in dessen gesteigerter oder beeinträchtigter Energie (s. o.), darüber hinaus in der Ausrichtung dieser Energie (»den Geist wecken«, zB Esr 1,1, dh zu einem Entschluß bringen; in diesem Sinne kann Geist synonym mit Plan, Absicht sein, Jes 19,3), wie es sich andern Menschen gegenüber gibt: als demütig (zB Spr 16,19) oder hochmütig (Pred 7,8), als geduldig mit langem (Pred 7,8) oder als ungeduldig mit kurzem Atem (Spr 14,29) oder zuverlässig (Spr 11,13, πνοή *[pnoæ]*), in Offenheit vor Gott (zB Ps 32,2), in Stetigkeit (zB Ps 51,12; 78,8), als gebrochenes und vom Leid gebeugtes Angewiesensein auf Gottes Hilfe (Ps 34,19; 51,19), aber auch als Ungehorsam gegen Gott (Hos 4,12; Jes 29,24). Der Unterschied zu dem am nächsten verwandten Begriff »Herz«, mit dem Geist gern parallel steht (vgl. Ex 35,31 für zahlreiche andere Belege), ist mit der anderen Erscheinungsform schon zu fassen: Das Herz wohnt im Menschen, ist zwar auch von Gott geschaffen, aber nicht als eine solche in den Menschen ein- und ausgehende Gabe wie der flüchtige Atem des Geistes. Bezeichnet das Herz das Wollen, den Entschluß, den Mut, dann der Geist die Intention der Lebensenergie, das Aussichheraustreten des Menschen in seinem Handeln – auch gerade als Ekstase (s. u.).

Dabei wird der Geist niemals zum Begriff einer höheren, den Menschen von der Tierwelt scheidenden Qualität. Vielmehr ist Geist, so wie der Wind von Gott kommt und der Geist des Menschen Gottes Gabe ist, wesentlich Gottes Sache. An etwa 100 Stellen ist er ausdrücklich Geist Gottes (zB Gen 1,2) oder Jahwes genannt (zB Jes 11,2), als Gottes Macht (Jes 31,3 im Gegensatz zur Ohnmacht des Fleisches, dh der Geschöpfe), die unentrinnbar, überall gegenwärtig ist (Ps 139,7). Als solche dynamische Kraft dringt er auf den Menschen ein (Ri 14,6; 1Sam 16,13 u. ö.), bekleidet ihn (Ri 6,34 u. ö., dh er trägt ihn, wie ein Mensch ein Kleid), kommt in ihn (Ez 2,2 u. ö.), läßt sich auf ihn nieder (2Kön 2,9; Jes 11,2 u. ö.), treibt ihn an (Ri 13,25); all das kennzeichnet das kraftvolle Einwirken Gottes zu einem ekstatischen, die menschlichen Möglichkeiten hinter sich lassenden Tun: die rettende Tat der Richter (Ri 3,10; 6,34; 11,29; 1Sam 11,16; 16,13; Num 27,18), Amt und Rede der Propheten (das Verb für die durch den Geist gewirkte Ekstase – zB Num 11,25–27; auch 1Sam 18,10 – ist von der gleichen Wurzel wie »Prophet« gebildet; für das Amt des Propheten vgl. zB 2Kön 2,9; Neh 9,30; für die Rede Num 24,2; Ez 11,5 und viele andere; für die ekstatische Vision des Propheten Ez 3,12; 8,3; 11,1.24), jede ekstatische Rede (zB 2Sam 23,2; auch Gen 41,8); sogar die Befähigung des Erbauers der Stiftshütte (Ex 31,3), wie dann überhaupt jede überragende Begabung (etwa Dan 6,4).

3) Selbst das zerstörerische Böse ist ein von Gott gesandter Geist; denn das AT kennt keine von Gott unabhängige Gewalt des Bösen (1Sam 16,14.15.16.23; Jes 29,10; 1Kön 22,21f).

4) Bei den Schriftpropheten findet sich eine umgrenzte den Geist betreffende Verkündigung: Nach Jes 32,15–20 (vgl. Jes 44,3) beendet Gott das Gericht über die stolze Sicherheit dadurch, daß er den Geist aus der Höhe ausgießt, der wie Regen Fruchtbarkeit wirken wird: nämlich Gerechtigkeit, Ruhe und Zuflucht. Dies Heil bewirkt nach Jes 11,1–8 der Davidsproß: Weil er vom Geist Gottes bestimmt ist, übt er eine gerechte, unbestechliche Herrschaft aus in paradiesischem Frieden. Gott selber wirkt durch Gericht und Heil, daß die gottlose Ausrichtung (vgl. Hos 4,12; Jes 29,24) überwunden wird, und gibt einen neuen, in ihm gegründeten Geist (Ez 11,19f; 18,31; 36,26f; 39, 29; daneben individuell Ps 51,12). Das hat Hesekiel als eine Wiedererweckung des durch seinen Ungehorsam gestorbenen Israel verkündigt (31,1–14; diese Vision schildert die Neukonstituierung des Gottesvolkes, wie aus der gesamten Prophetie des Hesekiel zu erschließen ist, nicht eine Wiederbelebung einzelner Glieder des Volkes). Auch im 2. und 3. Teil des Jesaja ist diese Verkündigung aufgenommen. Der Gottesknecht bringt diese in Jes 11 beschriebene heilsame Herrschaft auch unter die Heiden (Jes 42,1–4; 49,1–6); die feste, unwiderrufliche Begabung mit dem Geist erfüllt die Bundesverheißung (Jes 59,21; vgl. Jo 3,1f), wie nach Jes 63,11–14 die Gabe des Geistes an Mose und die Rettung durch den Geist Kennzeichen der urtümlichen Heilszeit vor der Landnahme waren. Diese Verheißung sehen die nachexilischen Heilspropheten in der Neugründung Israels in Jerusalem sich erfüllen (Hag 2,5: der Geist inmitten des Volkes gewährt Schutz; Sach 4,6: nicht Heer oder Kraft, der Geist Gottes wirkt das Heil). In dieser Prophetie ist Gottes gewaltiger, alles durch-

dringender, aber ungreifbarer Geist auf den Bund bezogen. Der Bund zeigt, wie Gott wirkt, zum Heil des Gottesvolkes nämlich, und was er wirkt, die Gründung des Handelns seines Volkes in seinem heilsamen Willen, des Volkes gottwidrigem Verhalten zum Trotz.

5) Unter dem Einfluß der hell. Umwelt ist im Judentum der von Gott dem Menschen als Lebenskraft eingehauchte Geist als selbständiger Teil des Menschen (terminologisch von »Seele« nicht unterschieden) dem Leib gegenübergestellt worden; der Leib ist irdisch, der Geist stammt vom Himmel (Weish 15,11; rabb. Belege dafür und für das Folgende bei Sjöberg, ThWb VI,374ff). Dabei ist im palästinensischen Judentum »Leib« niemals das Gefängnis der Seele noch deren Verführer zur Sünde. Philo aber nennt das Fleisch die »Last«, die den Geist niederbeugt und in dem Irdischen verhaftet; man muß es deswegen um des Geistes willen meiden (gig. 31ff). Im Unterschied zum hell. Judentum ist Geist dabei im palästinensischen nicht Teil einer göttlichen Substanz, sondern als Geschöpf stets von Gott eindeutig geschieden. Dieser Geist hat Unsterblichkeit (Weish 12,1; Jub 23,26–31; äthHen 39,4ff) und später auch Präexistenz.

6) In den Schriften von Qumran begegnet Geist als das, was sich in Einsicht und Lebensführung des Menschen vor Gott kundtut (1QS V,21.24) wie das Abtrünnigwerden des Geistes zu einem sündigen Wesen führt (1QS VII,18.23), also als Begriff für die Grundausrichtung, die den Menschen bestimmt. Sie kann unterschiedliche Charakteristika annehmen (zerbrochen 1QS VIII,3; abtrünnig VIII,12 usw.); auch kollektiv als »Geist der Gemeinschaft seiner (dh Gottes) Wahrheit« = »Geist der Rechtschaffenheit und Demut«, der die Sünden sühnt (1QS III,7f). Dieser Geist ist als eine besondere Einsicht dem Frommen von Gott gegeben (1QH XII,11; XIII,19 u. ö.), oder auch von jeher in ihm erschaffen (1QH IV,31; XV,22 u. ö.), also entweder als eschatologische Gabe oder prädestinatianisch verstanden.

7) Während der himmlische Hofstaat im AT nirgends »Geister« genannt wird, der »Geist«, der die Propheten inspiriert, nur ihm zugezählt wird (1Kön 22,21ff), wird im ganzen Judentum »Geister« ein Sammelname für die himmlischen Wesen (zB äthHen 15,4.6). Geister mit und ohne das Beiwort »böse« heißen auch die dem Judentum sehr geläufigen Dämonen (zB äthHen 15,6–10). Damit verbindet sich der die ganze apokalyptische Lit. durchziehende Glaube an Satan und seine Geister als Widersacher Gottes und Verführer der Menschen zur Sünde (in der rabb. Lit. tritt das zurück; hier schädigen die Dämonen die Menschen an Gesundheit und Leben).

8) Unter dem Einfluß einer iranischen Kosmologie, nach der die Epochen der Welt Stadien des Kampfes des Ormazd gegen Ahriman (den bösen Geist) und je einem Gefolge von Geistern sind, ist in den Schriften von Qumran die Lehre von den zwei Engeln oder Geistern der »Gerechtigkeit« oder des »Lichtes« und der »Verfehlung« oder der »Finsternis« entwickelt, die sich als von Gott für den Menschen eingesetzte Prinzipien von Gut und Böse in der Welt bekämpfen (1QS III,13–IV,26). Sie sind je von einem Kreis von Tugenden bzw. Lastern umgeben, die Geister heißen (Anklänge an diese Lehre finden sich auch in TestXII, zB Jud 20; Ass 6; Rub 3).

9) »Geist Gottes« (zB äthHen 91,1; Philo sagt »göttlicher Geist«) und »heiliger Geist« (so in der rabb. Lit.) heißt einmal der von Gott stammende Geist des Menschen, vor allem aber eine selbständig handelnde, außermenschliche Wesenheit, die Gottes Werk auf Erden tut, so die Schöpfung (Weish 1,7; 12,1 u. ö.), vor allem die Prophetie (etwa Sir 48,12; nach rabb. Auffassung redet er vor allem in den Schriften des AT, die alle »durch ihn gesagt« sind). Dabei wird die jesajanische Verheißung des besonders mit dem Geist begabten Messias aufgenommen (TestLev 18,7.11 u. ö.) wie auch die von Jo 3,1–3 von der prophetischen Begabung aller Frommen in der Endzeit (Sib 3, 582ff).

III Gegenüber dem sehr häufigen Vorkommen von πνεῦμα *[pneuma]* (379mal) und der relativen Häufigkeit von πνευματικός *[pneumatikos]* (26mal) finden sich die Verbalformen nur an wenigen Stellen.

πνέω *[pneō]* wird 7mal für das *Wehen* des Windes gebraucht. Beachtung verdient Joh 3,8, weil hier an der Erscheinung des Windes die Wirkungsweise des Geistes erläutert wird. πνοή *[pnoē]* steht nur Apg 17,25 (für das *Atmen* als Lebenskraft) und Apg 2,2 (für den *Wind*, mit dem der Geist kommt).

ἐκπνέω *[ekpneō]* findet sich nur 3mal, und zwar in bezug auf den Tod Jesu (Mk 15, 37.39; Lk 23,46). Lk hat das, wie 23,46a zeigt, als *Aushauchen* des Geistes in Gottes Verfügung verstanden (vgl. auch Mt 27,50; Joh 19,30).

ἐμπνέω *[empneō]* taucht nur Apg 9,1 auf, dort in Verbindung mit der Drohung und dem Mord, die Paulus auf die Jünger schnaubt, dh gegen sie richtet. Die befremdliche Formulierung erklärt sich wohl aus der Vorliebe der Apg für eine at. gefärbte Redeweise.

θεόπνευστος *[theopneustos]* steht im NT nur 2Tim 3,16, als Adj. zu »alle Schrift« gestellt, die damit – nicht im Sinne der späteren Inspirationstheorie, der es auf die Garantie der Fehlerlosigkeit ankam, sondern im Unterschied zur menschlichen Weisheit – als *von Gott eingegeben* und daher wirkungskräftig gekennzeichnet wird. Eine solche Inspirationslehre findet sich auch im Judentum (vgl. St.-B. IV, 435ff).

1) Die πνεῦμα *[pneuma]*-Aussagen der Synoptiker.

a) unreine Geister: πνεῦμα *[pneuma]* steht bei Mk häufig im Sinne des jüd. Sprachgebrauches gleichbedeutend mit → *Dämon,* meist mit dem Beiwort »unrein«. Damit sind zunächst – den Vorstellungen im damaligen Palästina entsprechend – psychische Störungen bezeichnet, deren Anfälle über den Betroffenen wie eine ihm überlegene Macht kommen (vgl. Mk 1,26; 5,3–5; 9,17f). Aber gerade weil man darin Wirkungen einer schädlichen Gewalt sah, stellten sich die Heilungen als mehr als nur einmalige Hilfen dar. Jesus hat unbeschränkt Vollmacht über die unreinen Geister (Mk 1,27), die er den Jüngern bei der Aussendung weitergibt (Mk 6,7); die Geister erkennen Jesus als Gottes Sohn und damit als ihren Bezwinger (Mk 3,11). In diesem letzten Kampf gegen den Bösen (vgl. Mk 3,22–27) ist es unvergebbar, wenn Jesu Gegner seine Vollmacht einem unreinen, dh hier bösen Geist zuschreiben (Mk 3,30); denn sie nehmen damit gegen Gottes Streiter Stellung (Mk 3,28–30). In den Austreibungen wird also Jesu Sieg über den Bösen und die Schar seiner Geister offenbar (Mk 5,2ff).

Die Mt und Lk gemeinsame Tradition denkt in dem Spruch vom Rückfall offenbar nicht an eine Störung der Psyche, sondern sieht durch den zurückkehrenden unreinen Geist und seine Genossen den Betroffenen um so mehr dem → Bösen anheimfallen (Mt 12,43–45 par). So sind wohl auch Mt 8,16 und Lk 6,18; 7,21; 8,2, wo summarisch vom Austreiben unreiner Geister die Rede ist, als Befreiung von den Einwirkungen des Bösen zu verstehen.

b) Jesus und der Geist: Bei seiner → Taufe steigt der Geist in Gestalt einer Taube auf Jesus herab (Mk 1,10 parr; vgl. Joh 1,32f). Die folgende Gottesstimme stellt ihn dabei als den seit Jes als Geistträger im ausgezeichneten Sinne erwarteten Messias heraus. Das ist die Grundlage des Evangeliums. Mt 12,18 und Lk 4,18 knüpfen ausdrücklich an jesajanische Verheißungen an, die nun in Jesus erfüllt sind (vgl. Mt 12,28 und Lk 4,21).

Die einmalige Geistbegabung Jesu heben die Geburtsgeschichten hervor: Nicht nur von Geburt an ruht der Geist auf ihm (wie bei dem Täufer als letztem Propheten, Lk 1,15–17; vgl. 1,80), er ist vom heiligen Geist selber gezeugt (Lk 1,35; eng verwandt Mt 1,18.20). Von einer jungfräulichen Erzeugung durch die Gottheit reden auch hell. Texte dieser Zeit, so Philo, Cher. 12–15; Plutarch, quaest. conv. VIII, 1,718b; → Frau, Art. παρθένος).

Nach dem Vorbild der Propheten entrückt der Geist Jesus in die Wüste (Mk 1,12 par; vgl. etwa 2Kön 2,16; Ez 3,12). Bei Lk wird daraus eine besondere Ausrüstung Jesu: voll des Geistes kann er der Versuchung entgegengehen (4,1), wie er so auch seine Aufgabe in Galiläa antritt (4,14); der Vergleich mit Simeon zeigt die Überbietung, dieser kommt nur »im Geist« in den Tempel, der Geist ist »auf ihm« (2,25–27). Sonst ist von Wirkungen des Geistes bei Mk und Mt nicht mehr die Rede (Mk 2,8; 8,12 meinen wegen des Possessivpronomens wohl Jesu – allerdings wunderbares – geistiges Vermögen). Lk schildert noch Jesu Rede beim Heilandsruf als prophetische Begeisterung (10,21, ähnliches bei Elisabeth 1,41, Maria 1,47 und Zacharias 1,67).

c) Der heilige Geist als Gabe an die Gemeinde: Durch Jesus erfüllt sich die Verheißung der allgemeinen Geistausgießung (Mk 1,8 parr; Mt und Lk haben mit der Fortsetzung »und Feuer« wohl das Ursprüngliche, vgl. Joh 1,33; Apg 1,5; 11,16). Die Gemeinde hat das auf die Geistbegabung bezogen; aber das Täuferwort wird ursprünglich die Wassertaufe als Vorbereitung auf das → Gericht des Messias mit Sturm und Feuer bezeichnet haben (vgl. die Fortsetzung bei Mt: der Sturm sondert die Spelzen ab, das Feuer verbrennt sie; vgl. Jes 41,16).

Bei Lk ist der Geist jedem, der darum bittet, verheißen (11,13). Ähnlich ist die Begründung des Aufrufs zum → Gebet in Gethsemane zu deuten (Mk 14,38 par): Die Schwäche des Fleisches ist der Grund zum Gebet um einen bereitwilligen Geist (so formuliert im

Anschluß an Ps 51,14). Neben dieser allgemeinen Geistbegabung steht bei Mk und Mt – wohl aus alter Tradition (vgl. 1Petr 4,14) – die Verheißung eines geistgewirkten Zeugnisses des Märtyrers in den Verfolgungen der Endzeit (Mk 13,11 par).

Allgemeinem jüd. Sprachgebrauch entsprechen: der mit dem Atem vergehende Lebensgeist (Mt 27,50; Lk 23,46; vgl. 8,55); »Gespenst« (Lk 24,37.39). Im Sinne von *sch*ᵉ*phal rūach* = »niedrig im Geist« ist Mt 5,3 »arm im Geist« zu deuten: im Gegensatz zum Hochmut der Reichen steht die Armut als Ausdruck der Demut.

2) Apostelgeschichte. Nach den Aussagen der Apg erfüllt sich in der Kirche, mit Pfingsten, die Verheißung der allgemeinen Geistausgießung in der Endzeit (2,17f deutet das in 2,4 geschilderte Ereignis in diesem Sinne; vgl. 1,5): Jesus als der auferstandene Christus, von Gott mit dem Geist begabt, gibt ihn seiner Gemeinde (2,33; vgl. 10,38). Durch die → Taufe der Geistbegabten (2,38; auch durch die mit dem Taufakt verbundene Handauflegung 8,15.17; 9,17f; 19,3–6), aber auch als Folge der Missionspredigt breitet sich der Geist weiter aus (10,44f.47 u. ö.; in diesem Ereignis erfüllt sich die Verheißung der Geisttaufe ebenso wie im Pfingstgeschehen, wie in der Pfingstgeschichte mit dem Zeugnis von den Proselyten die Völkermission vorweggenommen ist).

Der Geist gehört wesentlich zur → Kirche (9,31; 13,52; »Geist« begegnet vor allem in den Kap. 1–11; will Lk sagen, daß er vor allem in der Urzeit der Kirche lebendig war?). Er wirkt in ihr. So 20,28 mit der Einsetzung von Amtsträgern, wie er die Voraussetzung zum Amt der Diakonen ist (6,3); einzelnen, die etwas Besonderes tun, wird er besonders zugesprochen (6,5; 11,24; 13,9; 18,25 – obgleich Apollos noch nicht christlich getauft ist). Er kommt allen Getauften zu (2,38). Dabei äußert er sich vor allem als eine Kraft (1,8), die Außerordentliches wirkt: das ekstatische Zungenreden, das Lk mit dem freimütigen Reden des Wortes in Verbindung bringt (2,4ff wird es als Sprachwunder gedeutet; wie in 10,46 und 19,6 die Gemeinde vom Geist angefallen in Zungen redet, so sagt sie in 4,31 das Wort in Freimut); die prophetische Vorhersage (wie David, 1,16, und Jesaja, 28,25, so sagen nun unmittelbar auch die christlichen Propheten voraus: 11,28 u. ö.), wie überhaupt die Weisungen (Jesus als der Geber des Geistes lenkt so seine Gemeinde: 1,2; 8,29 u. ö.; als Hinderung 16,6f), – auch hier ist dem eine nicht-ekstatische Erscheinung parallelisiert: Die Entscheidung des Apostelkonzils geschieht durch Entschluß der Apostel und des heiligen Geistes (15,28); der Vorhersage seiner Leiden in Jerusalem entspricht, daß Paulus – im Geiste gebunden – sich entschließt, dorthin zu gehen (19,21; 20,22. Paulus deutet so die Weisung richtig, während die Jünger, den Geist mißverstehend, Paulus dem Leid entziehen wollen). Eine Wirkung des Geistes ist weiter als Erfüllung der Verheißung der Evangelien das Zeugnis in der Verfolgung (ekstatisch-visionär der Märtyrer Stephanus: 7,55; in ausführlicher Predigt Petrus: 4,8; 5,32).

Der Geistbegriff der Apg ist offenbar überhaupt schillernd: Einerseits fällt der Geist wie im AT die Menschen von außen an (zB 10,44), ist als selbständig handelndes Wesen dargestellt (2,4 u. ö.), andererseits wie eine den Menschen dauernd erfüllende Kraft wie in den griech. Texten. Kennzeichnend ist dabei die Zusammenordnung mit einem anderen Begriff des frommen Lebens (6,3 mit Weisheit; 6,5; 11,24 mit Glaube). Das bezeichnet eine besondere Gabe (vgl. 6,5 mit 6,8. 10; 6,3 mit 8,7).

Dabei sind zwei Dinge bes. hervorgehoben: einmal die Bindung des Geistes an die Kirche und ihre rechten Vertreter. In 8,14–24 teilen sie erst den Geist mit. Der Magier Simon, der – obschon getauft – das nicht kann, will diese Gabe kaufen und wird von Petrus zurechtgewiesen. Jüd. Magier machen sich, auch wenn sie den Namen Jesu gebrauchen, den Geistern gegenüber nur lächerlich (19,13–16). Dahinter stecken sicherlich Auseinandersetzungen mit Häretikern, denen der Geistbesitz streitig gemacht wird; vgl. auch 19,2. Im Gegensatz dazu wird Apollos der Geistbesitz zuerkannt, und er wird in die Kirche aufgenommen (18,25).

Zum anderen wird der Kampf und Sieg des Geistes gegen die bösen Geister betont: wie Ananias und Petrus stehen sich Satan und der heilige Geist gegenüber (5,3; 13,9; vgl.

5,16; 16,7ff); bei den Aposteln strahlt diese Kraft sogar von ihrem Schatten bzw. Schweißtuch aus (19,12). Der Geist in Paulus ergrimmt über die Dämonenverehrung in Athen (17, 16); Zauberbücher werden verbrannt (19,17–19).

πνεῦμα *[pneuma]* bedeutet in Apg also Gottes endgültiges Einwirken, das sich durch Jesus an der Kirche vollzieht, in seiner Erscheinungsart jedoch nicht eindeutig definiert ist, – es kann ekstatisch sein, sich aber auch ohne eine solche Sprengung des Zusammenhanges vollziehen; aber stets wirkt es das Außergewöhnliche.

3) Bei Paulus ist πνεῦμα *[pneuma]* in vierfacher Bedeutung gebraucht, wobei diese nicht gegeneinander klar abgegrenzt sind, sondern aufeinander bezogen sind und ineinander übergehen:

aα) Geist des Menschen. Nicht als Bestand einer psychologischen Aufgliederung, sondern vielmehr als das Ich in seinen Absichten (zB Röm 1,9), Empfindungen (1Kor 16,18 u. ö.), seinem Erkennen (als Selbstbewußtsein 1Kor 2,11). So kann es dem Leib gegenübertreten (1Kor 7,34; vgl. 2Kor 7,1 u. ö.; nur einmal formelhaft eine dreifache Gliederung in Geist, Seele und Leib in 1Thess 5,23), ja von ihm getrennt gedacht werden (1Kor 5,3.5; Kol 2,5). Diesem Ich bezeugt sich der Geist Gottes (Röm 8,15f; 1Kor 2,11; vgl. Gal 6,18 u. ö.), es tritt dann als ein Geist der Sanftmut, Liebe o. ä. unter dessen Prägung (1Kor 4,21 u. ö.), wie es Paulus in seinem Dienst (Röm 1,9) in der Gabe seiner apostolischen Vollmacht (1Kor 5,5; Kol 2,5) kennzeichnet. 1Kor 5,5 stellt diesen Geist gegen das Fleisch. Wenn Paulus in 1Kor 14,14 den Geist der Vernunft entgegenstellt, so redet er wie Philo, der »Geist« als die ekstatische, die Vernunft für die Zeit der Eingebung entthronende Kraft ihr überordnet (Rer. Div. Her. 265; Spec. Leg. IV,49). Er übernimmt dabei wohl die Redeweise der korinthischen Ekstatiker, deren Bewertung der inspiratorischen Geister (14,12, der Plur. nur hier und in 14,32, dort als Bezeichnung der Inspiration der Propheten, vgl. Offb 22,6) er aber bekämpft, weil er die Ekstase der Liebe unterordnet (14,15f; vgl. 12,31–13,1).

β) der personifizierte Geist Gottes (zB Röm 8,16; 1Kor 2,10);

γ) die Gabe an den Menschen (zB Röm 5,5; 1Kor 2,12);

δ) eine Dimension, gekennzeichnet durch die Präp. ἐν *[en]* = *in* und κατά *[kata]* = *gemäß* (Röm 2,28f u. ö.).

b) Um diese drei letztgenannten Bedeutungen geht es in der paulinischen Theologie des Geistes. Diese durchdachte, geklärte Theologie geht von folgenden Voraussetzungen der hell. Missionsgemeinden aus:

der essenischen Zwei-Engel-Lehre (Gal 5,16–26; 1Kor 2,12 vgl. 2,2; 6,12; 1Tim 4,1; 2Tim 1,7; 1Joh 4,6);

dem Geist als Kraft der Inspiration (1Kor 2,10 u. ö.; vgl. 1Petr 1,11f; 2Petr 1,21; Hebr 9,8 u. ö.; auch als Ekstase: 1Thess 5,19; vgl. auch die Liste der Geistesgaben 1Kor 12,10. 1Kor 12,3 nennt ein Unterscheidungskriterium für die Geister; vgl. auch 1Joh 4,1ff; Jud 19f);

der hell. Auffassung des Geistes als himmlische, dem Irdischen – meist »Fleisch« genannt – entgegengestellte Kraftsphäre (zB stellt Röm 1,3f in einer übernommenen Formel Jesus als Davidssohn in der fleischlichen Sphäre gegen seine durch die Auferstehung erworbene Würde als Gottessohn in der himmlischen; Paulus korrigiert das Nacheinander, indem er mit Gottes »Sohn« einleitet, vgl. ESchweizer, ThWb VI, 414f; so unterscheiden auch 1Petr 3,18b; 4,6; 1Tim 3,16).

c) In dieses Denken in Sphären gehört auch das Adj. πνευματικός *[pneumatikos]* = *geistlich*. Es kennzeichnet die Zugehörigkeit zur himmlischen im Gegensatz zur irdischen Sphäre: Röm 7,14 u. ö.; vgl. 1Petr 2,5; von der durch den Geist gegebenen Erkenntnis der himmlischen Dinge = Evangelium in Röm 15,27; 1Kor 9,11; 2,13; vom Menschen, der so vom »Geist« bestimmt ist, in 1Kor 2,13; 3,1; Gal 6,1; in 1Kor 14,37 von dem speziell ekstatisch Begabten;

aus der frühchristl. Tradition: der Geist als die der Gemeinde gegebene eschatologische Gabe (Röm 5,5; Gal 4,6; sie bereitet das kommende Heil vor: 2Kor 1,22; vgl. Hebr 6,4f; Eph 1,13; 4,30);

die Mitteilung des Geistes in der Taufe (1Kor 6,11; 12,13 vgl. Joh 3,5; Tit 3,5 = die in der Taufe erneuernde Kraft);

als Begleiter der Missionspredigt (1Kor 2,4; 1Thess 1,5; vgl. zB Hebr 2,4);

die Manifestation des Geistes im Gottesdienst (Röm 8,26; 1Kor 12,3.8; 14; Kol 1,9; 3,16; vgl. Eph 5,19; 6,17f);

als Kraft der Heiligung (Gal 5,22 u. ö., vgl. 1Petr 1,2; 2Thess 2,13).

d) Geist ist für Paulus wesentlich Gegenbegriff zu → »Fleisch« (Röm 8,2–13; Gal 5,17); aber das nicht als die Möglichkeit des Menschen, im Unterschied zum triebhaften Leben sich nun spirituell zu verhalten, nicht also als eine im Leib gefangene himmlische Substanz, der es sich unter Bekämpfung des Leibes zuzuordnen gilt. Er ist vielmehr Gottes Stiftung: als Gottes Geist wohnt er in uns (Röm 8,9; 1Kor 6,19 u. ö.); dort wirkt er als Kraft (das legt schon die Wortbedeutung in ihrem Ursinn nahe. Vgl. Röm 8,14; Gal 5,18). Deswegen ist der »in ihm«, im Bereich seiner Wirkung, in dem der Geist »wohnt« (Röm 8,9). Es ist dasselbe wie »den Geist haben«, wie wohl auch der Ruf »Abba, lieber Vater« im Geist (Röm 8,15) nichts anderes ist, als wenn der Geist im Herzen der Christen diesen Ruf selber tut (Gal 4,6), denn er ist die Kraft, die den Ruf hervorbringt.

Der Geist ist also für Paulus noch nicht im Sinne der Trinitätslehre Person, aber auch primär nicht eine himmlische Substanz (nur in 1Kor 15,44 ist »geistlicher Leib« offensichtlich substantiell gemeint), vielmehr steht er kategoriell (Röm 2,28f, dabei zeigt die Parallele zu »Herz«, daß er durchaus in Analogie zum Geist des Menschen vorgestellt ist; vgl. 1Kor 2,11); er dient weiter als Maßstab (Röm 8,4 u. ö.) und ist vor allem qualitativ beschrieben (Röm 8,15 u. ä. ö.). Die Antithese Geist und Fleisch stellt die Menschen und ihre Art gegen Gott und das, was er wirkt (Gal 3,2–5; Phil 3,3); deswegen stellt der Geist vor die Wahl, auf Leistungen, die von uns vollbracht sein wollen, oder auf die Botschaft des Glaubens, dh auf das, was Gott für uns und auch in uns tut, unser Leben zu bauen.

e) Aber damit ist schon ein zweiter Gegensatz angeklungen, der für *Geist* bei Paulus bestimmend ist: der zwischen dem alten Bund und der Neusetzung des Geistes (Röm 2,27. 29; 7,6; 2Kor 3,3.6.7f). Das Gesetz, das zum Tode führt, weil es das Fleisch nicht überwindet, steht gegen den das neue Leben stiftenden Geist (2Kor 3,6; vgl. Röm 8,3). Die Neusetzung ist dabei grundsätzlich, sie eröffnet im Gegensatz zur alten, gottfernen eine neue Menschheit (1Kor 15,45).

Das zeigt nun das für die Pneumatologie des Paulus Entscheidende: die Bestimmung Jesu durch den Geist und des Geistes durch Jesus. Der Herr ist der Geist (2Kor 3,17; 1Kor 15,45; Christus in euch = der Geist in euch Röm 8,10), doch nicht im Sinne einer Identifikation sondern vielmehr so, daß er als der Herr des Geistes (2Kor 3,18) im Geist am Werke ist, der deswegen auch sein Geist genannt werden kann (Röm 8,9; Gal 4,6; 2Kor 3,17b). Dh, daß wir ihm gehören, mit dem Ergebnis, daß »der Leib zwar tot ist wegen der Sünde, der Geist aber Leben wegen der Gerechtigkeit« (Röm 8,9f).

Auf der Entfaltung dieser Wirkungen des Geistes liegt der Schwerpunkt: einerseits in der Gemeinschaft der Gemeinde (vgl. die Aufzählung 1Kor 12,4–11, auch 12,28; Röm 12,6ff). Neben ekstatische Bekundungen des Geistes stellt Paulus dabei bewußt auch andere; denn jeder Dienst in der Gemeinde ist nach ihm eine solche Gabe des Geistes. Durch diesen real in der Taufe und im Abendmahl mitgeteilten Geist, der sich in seinen Gaben bekundet, wird die Gemeinde gemeinsam am Leben erhalten und so vereint (1Kor 12,13). In ihr sind durch die neue Bestimmung durch den Geist und seine Gaben die Unterschiede der alten Schöpfung aufgehoben; deswegen ist er der Geist der Gemeinschaft (2Kor 13,13; Phil 1,27; 2,1). Nach Gal 3,5.14 gewährt der Glaube den verheißenen Geist. Andererseits wirkt der Geist auch am einzelnen: Er bezeugt und vermittelt dadurch die Sohnschaft (Röm 8,15f; Gal 4,6); er unterstützt, indem er vor Gott interpelliert (Röm 8,

26; vgl. Phil 1,19). Zusammenfassend kann man sagen: Er macht lebendig, indem er die Gerechtigkeit gewährt (2Kor 3,6; 1Kor 6,11; Röm 15,16). Dh ganz inhaltlich: Er äußert sich in den in Gal 5,22 genannten Tugenden (vgl. Röm 5,5; 15,30). So ist Gottes Herrschaft im Geist gegenwärtig; denn er wirkt Gerechtigkeit, Friede und Freude (Röm 14,17).

f) Damit ist auch gesagt, daß der Geist nicht diese Herrschaft selber ist; er ist nur Angeld (als Versiegelung 2Kor 1,22; als Gottes vorbereitende Wirkung 2Kor 5,5), Vorgabe (Röm 8,23; → Gabe, Art. ἀρραβών) und so die Grundlage der Hoffnung auf die kommende Vollendung (Gal 5,5; Röm 15,13). Diese Hoffnung formuliert Röm 8,11 so: Wegen des so in uns wirkenden Geistes wird Gott unsere Leiber auch lebendig machen; denn es ist der Geist des Gottes, der Christus von den Toten auferweckt hat, der also das Tote ins Leben ruft. Diese gegenwärtige, vorbereitende Wirkung des Geistes vollzieht sich so, daß sie den Menschen zum Tun des Guten bewegt (Röm 8,14; Gal 5,18), dazu, daß sie die Taten des von der Sünde getriebenen Fleisches in sich töten (Röm 8,13; Gal 5,16). So folgt aus der Gabe des Geistes eine vom Geist bestimmte Lebensführung (Gal 5,25); denn der Geist zwingt nicht, er ermöglicht vielmehr das freie Tun und stellt so vor die Wahl, ob man ihm folgen will und so zum Leben kommen (Gal 6,8).

4) Johannes. Kennzeichnend für die gleichfalls ausgebildete, aber in ihrer meditativen Gestalt unkomplizierte Pneumatologie des Joh ist die Bestimmung von *Geist* durch die Botschaft, daß Jesus selber »Weg, Wahrheit und Leben« und damit das »Licht der Welt« ist (6,63; das ist es auch, was die Jünger empfangen 20,22), das nun aber nicht als empirischer Mensch, sondern als der, der »von Gott kommt und zu Gott geht« (deswegen kommt der Geist erst nach Jesu Tod, 7,39). Wenn Joh so als Bereiche himmlischer bzw. irdischer Herkunft traditionell, dh imSinne der Tradition, der er verpflichtet ist, Geist und Fleisch einander gegenüberstellt (3,6; 6,63), so ist das für ihn durch den unüberbrückten Unterschied zwischen Gott, der Geist ist (4,24), und den Menschen in ihrer gottlosen Welt bestimmt. Durch die Sendung Jesu können wir Gott nun »in Geist und Wahrheit anbetend« nahen (4,23f); denn in Jesus begegnet uns Gott, so daß wir ihn erkennen können, sofern wir vom Geist, von Gott her wiedergeboren sind (3,3–5; vgl. 1,13), sofern wir also vom Geist und nicht mehr vom Fleisch im johanneischen Sinne bestimmt sind, was für die Welt ebenso rätselhaft ist, wie das Wehen des Windes (3,8, πνεῦμα *[pneụma]* ist hier bewußt in seiner Doppeldeutigkeit verwendet). Im Parakleten, dem → Fürsprecher und »Geist der Wahrheit«, kommt Jesus wieder zu seinen Jüngern, indem sie durch diesen die Wahrheit seiner Botschaft erkennen und bewahren, und ihn so als lebend schauen (14,16–20.26; 15, 26; 16,13).

5) Von den übrigen Schriften des NT sei hier angeführt, was über den bei Paulus erwähnten gemein-urchristl. Sprachgebrauch hinausgeht: Jak 2,26 = das den Leib belebende Prinzip, das Gott in uns Wohnung nehmen ließ und deswegen eifersüchtig rein zurückfordert (Jak 4,5). In 1Petr 3,19; Hebr 12,23 werden verstorbene Menschen, in Hebr 1,7.14; 12,9 himmlische Wesen als Geister bezeichnet.

Die Offb geht vom jüd. Sprachgebrauch aus. Der Geist bewirkt die Ekstase des Apokalyptikers (1,10 u. ö.) und redet zur Gemeinde (2,7; 22,17 u. ö.); die sieben Erzengel heißen Geister (1,4 u. ö.) wie die Dämonen (16,13f). Der lebenspendende Geist ist in 11,11 und 13,15 gemeint.

E. Kamlah

ZUR VERKÜNDIGUNG V

Die Bedeutungen, die man in der Umgangssprache heute mit dem Wort »Geist« verbindet, geben der Verkündigung ein besonderes Problem auf. Ursprünglich von der Wurzel *gheis-* = *aufgebracht, erregt* gebildet, um ein germanisches Äquivalent für die biblischen Begriffe ruach/πνεῦμα *[pneụma]* zu haben, hat Geist sein dynamisches Grundelement völlig verloren, – nur noch in »begeistern« leuchtet es durch. Für uns ist heute Geist durch den Gegensatz zum Körperlichen, zu den Trieben, zur äußeren Form und ähnlichem bestimmt. Das zeigen auch die beiden Formen des Angriffes auf das Christentum, die zu einer kritischen, aber auch selbstkritischen Auseinandersetzung nötigen: die des Marxismus und die von gewissen Vertretern der Tiefenpsychologie vorgetragene. Beide nämlich sehen im Christentum als einer Religion des Geistes die wesentliche Ursache zu einem Spiritualismus, der zum Ungeistigen – sei es das Materielle, seien es die Triebe – allein negativ eingestellt ist. Zudem aber droht – selbst innerhalb der Christenheit – der nt. Begriff zu einem inhaltlich nicht mehr gefüllten Eigennamen der dritten Person der Trinität zu verblassen oder – zB bei den Pfingstgemeinden – an ein ekstatisches Gruppenerlebnis gebunden zu werden.

Man ist also darauf angewiesen, den nt. Begriff zu umschreiben. Was er bezeichnet, ist Gottes Zuwendung zu den Menschen und das Ereignis seines gegenwärtigen Einwirkens. Und weil diese Zuwendung die davon Betroffenen in einen völlig neuen Lebenszusammenhang stellt und sie nun ganz tragen will, geschieht sie nicht nur in einzelnen immer neuen Taten, sondern vielmehr in einer von Gottes Taten bestimmten Geschichte. Erst im Rahmen dieses von Gott ausgehenden Geschehens läßt sich theologisch klar vom Geist reden; solches Reden gewinnt seine Eindeutigkeit darin, daß Jesus als der verheißene Messias völlig unter dieser Einwirkung Gottes steht und daß durch ihn das Heil eintritt. Auf dem Boden des im at. Zeugnis Verheißenen zu verstehen, stellt die programmatische Mitteilung der Geistbegabung Jesu also heraus, daß dieser Jesus es ist, durch den Gott sein Werk an seinem Volk endgültig aufnimmt, weisen die Aussagen von der Erzeugung Jesu durch den Geist darauf hin, daß schon die Existenz Jesu dies Ereignis ist. Durch ihn wirkt Gott nicht nur, er ist vielmehr dies Wirken Gottes selbst. Die Auferweckung und die Einsetzung des Auferstandenen zum Herrscher sind als das eigentliche Zentrum dieser Einwirkung Gottes verstanden. Indem die christliche Verkündigung sie ausruft, greift Gottes Einwirkung nach allen Menschen. Die Bindung des Geistes an die Gemeinde durch die Apg fixiert daher den Ort dieses Ereignisses: Es hat nun seinen Platz und seine Form gewählt – und bleibt dabei doch das Außerordentliche, aus menschlicher Perspektive Rätselhafte, Unfaßbare, Gottes freie Tat.

In diesem vom Geist Gottes ausgehenden und bestimmten Geschehen tritt Gottes Wahrheit und → Gerechtigkeit unserem menschlichen Wesen und unserer Handlungsweise entgegen. Und vor dem Geist Gottes mit seiner Liebe, Freude, Gerechtigkeit und Wahrheit stehen wir als vom Bösen erfaßt, dem Tode ausgeliefert, als → Fleisch da (vgl. die Antithesen von 2Kor 6,4–10).

Gott schenkt allen Menschen das Leben, den Lebenshauch; in diesem Sinne wirkt also Gottes Geist in der ganzen Schöpfung. Gottes Zuwendung findet aber ihren besonderen und zentralen Ausdruck darin, daß er im Evangelium alle Menschen in seine Kindschaft ruft, um so ihren Willen mit dem seinen in Übereinstimmung zu bringen, sie in ihrem Geist neu zu erschaffen. So, als bewußt aufgenommene, erkannte und erwiderte Zuwendung ist der Geist Gottes nur in denen, die seine Tat zur Grundlage ihres Wollens und Tuns, ihres Seins im ganzen machen, die »im Geiste wandeln« (Gal 5,25). Man muß also soteriologisch reden, wenn man vom Geist Gottes redet: Der, der die falsche Ausrichtung unseres auf sich selbst bezogenen Seins zutage bringt, ist es auch, der uns ein neues Sein durch die immer wieder vollzogene Identifizierung mit Gottes Geist schon jetzt möglich macht. Und diese Soteriologie ist eschatologisch; dh sie steht nicht nur im Gegensatz zu unserem vorgegebenen, auf sich selbst bezogenen Sein, sondern sie hebt es auch auf, überwindet es immer neu zu einem neuen, gottgemäßen, obwohl die Bedingungen unseres Lebens, so wie sie sich unserem Erkennen bieten, ihm widerstreiten.

Die Hinzuwendung Gottes im Geiste wird dem Betroffenen unmittelbar erfahrbar. Er erlebt darin die Überwindung seines Selbst, die Manifestation einer unendlich überlegenen Kraft an ihm. Im Laufe ihrer in der Bibel erkennbaren Geschichte gewinnt diese Manifestation klarere Formen. Sind es zunächst die wie Derwische tanzenden Propheten um Saul, die diese Kraft überwältigt, werden es dann Propheten wie Amos, die aus ihrem Beruf und ihren natürlichen Zusammenhängen gerissen zum Widerspruch gegen das Treiben ihrer Glaubensgenossen gezwungen und so zu lebendigen Erscheinungen des Neins Gottes zur Ungerechtigkeit ihrer Mitmenschen werden. Immer deutlicher wird, daß nicht das Erlebnis einer überlegenen Macht das hervorstechende Kennzeichen des Geistes Gottes ist, sondern vielmehr die Übereinstimmung der von diesem Ereignis Betroffenen mit Gottes Gerechtigkeit und Güte, wie sie in Jesus offenbart ist und in der Liebe ihren Ausdruck findet. Das ist der Grund, dessentwegen Paulus den korinthischen Ekstatikern entgegentritt. Sie nämlich sind der Gefahr erlegen, sich selbst wegen ihrer Erlebnisse zu überschätzen, und sind gerade so vom Geist abgefallen. Dessen notwendiges Kennzeichen ist die in Jesus offenbarte Einheit von Gerechtigkeit und Güte, die → Liebe. Diese Liebe Gottes aber ist die gleiche, die auch noch in der einfachsten Tat der Nächstenliebe zutage tritt. Und damit zeigt sich ein weiteres Moment, das bei der Rede vom Geist Gottes zu nennen ist: Die Tat Gottes an uns wird unmittelbar in dem dauernden Wirken der Liebe Gottes an uns, unter uns und durch uns erfahrbar und ist nicht an das Erlebnis einer Ekstase gebunden. Diese Erkenntnis, daß Gottes lebendige, uns tragende Gegenwart uns zu dem anderen hin und für ihn erschließt, gehört für die christliche Gemeinde unabdingbar zur Erfahrung des Geistes Gottes hinzu. Deswegen sind in der Theologie des Paulus dies die beiden Weisen, in denen sich der Geist konkretisiert: Einmal in den Gnadengaben von 1Kor 12, die ihr Maß in der Liebe (1Kor 13) haben; denn auf diese Weise trägt und bestimmt der Geist im Leibe Christi die Kinder Gottes. Und zum anderen im Verhalten des »neuen Menschen«, das der Katalog in Gal 5,22 die Frucht des Geistes nennt; und auch hier steht das Maß der Liebe offenbar im Hintergrund.

E. Kamlah

Lit.: FBüchsel, Der Geist im NT, 1926 – KLSchmidt, Das Pneuma Hagion bei Paulus als Person und als Charisma, Eranos-Jahrbuch 1945, 187ff – GVerbecke, L' évolution de la doctrine du pneuma du stoicisme à SAugustin, 1945 – CKBarret, The Holy Spirit and the Gospel Tradition, 1947 – ESchweizer, Geist und Gemeinde im NT und heute, ThExh NF. 32, 1952 – LKöhler, Theologie des AT, 1953[3], bes. 96ff – RBultmann, Theologie des NT, 1954[2], bes. 151ff. 202ff. 330ff – GWHLampe, The Holy Spirit in the Writings of St. Luke, in: Studies in the Gospel, 1955, 159ff – GSchulze-Kadelbach, Zur Pneumatologie des Johannes-Evangeliums, ZNW 46, 1955, 279ff – ESchweizer, Röm 1,3ff und der Gegensatz von Fleisch und Geist vor und bei Paulus, EvTh 15, 1955, 563ff (= Neotestamentica, 1963, 180ff) – ders., Gegenwart des Geistes und eschatologische Hoffnung bei Zarathustra, Gnostikern und den Zeugen des NT, in: The Background of the NT and its Eschatology, Festschr. CHDodd, 1956, 482ff (= Neotestamentica, 1963, 153ff) – EKäsemann, Art. Geist und Geistesgaben im NT, RGG II, 1958[3], 1272ff – ESchweizer u. a., Art. πνεῦμα, ThWb VI, 1959, 330ff – ULuck, Historische Fragen zum Verhältnis von kyrios und pneuma bei Paulus, ThLZ 85, 1960, 845ff – EGaugler, Der Geist und das Gebet der schwachen Gemeinde. Eine Auslegung von Röm 8,26–27, Intern. kirchl. Zs. 51, 1961, 67ff – WGrundmann, Der Pfingstbericht der Acta in seinem theologischen Sinn, Studia Evangelica II, 1961, 584ff – JHermann, Kyrios und Pneuma. Studien z. Christologie d. paulinischen Hauptbriefe, 1961 (kath.) – WFoerster, Der hl. Geist im Spätjudentum, NTSt 8, 1961/62, 117ff – KStalder, Das Werk des Geistes in der Heiligung bei Paulus, 1962 – FLieb, Der Heilige Geist als Geist Jesu Christi, EvTh 23, 1963, 281ff – OPerels, Begründung und Gebrauch der heiligen Taufe, 1963 – HSchlier, Zum Begriff des Geistes nach dem Johannesevangelium, in: Nt. Aufsätze. Festschr. JSchmid, 1963, 233ff – EKäsemann, Die Johannesjünger in Ephesus (Act 19,1–7), in: Ex. Vers. u. Bes. II, 1964, 158ff – ders., Der gottesdienstliche Schrei nach Freiheit, in: Apophoreta, Festschr. EHaenchen, 1964, 142ff – KNiederwimmer, Das Gebet des Geistes, Röm 8,26f, ThZ 20, 1964, 252ff – OPerels, χάρισμα im Neuen Testament, Fuldaer Hefte 15, 1964 – CHCave, The Obedience of Unclean Spirits, NTSt 11, 1965, 167ff – HJKraus, Gottesdienst im alten und neuen Bund, EvTh 4/5, 1965, 171ff – JSchreiner, Geistbegabung in der Gemeinde von Qumran, BZ 9, 1965, 161ff – EBrandenburger, Fleisch und Geist, 1968 (= WMANT, 29) – ODilschneider, Ich glaube an den Heiligen Geist, 1969 – BRigaux, L'anticipation du salut eschatologique par l'Esprit, AnBi 42, 1970, 101ff – PSchäfer, Die Vorstellung vom Heiligen Geist in der rabbinischen Literatur, 1972 (= StANT, 28) – GHaufe, Taufe und Heiliger Geist im Urchristentum, ThLZ 101, 1976, 561ff.

Geiz

πλεονεξία

πλεονεξία *[pleonexia]* Geiz, Habgier · πλεονεκτέω *[pleonekteō]* übervorteilen · πλεονέκτης *[pleonektæs]* Gewinnsüchtiger · φιλαργυρία *[philargyria]* Geldgier, Geiz

Die Grundbedeutung der Wörter dieser Gruppe ist das *Mehrhaben*, das *Mehr-haben-wollen*, entsprechend ihrer Herleitung von πλέον *[pleon]* und ἔχω *[echō]*. I

Im Griech. bezieht sich die Wortgruppe nicht nur auf materiellen Besitz. Beim frühesten Beleg (Hdt. VII,149) bezeichnet die πλεονεξία *[pleonexia]* das unmoralische Streben nach Macht. Bei

Thukydides (III,82) ist sie neben φιλοτιμία *[philotimia]* (= Ehrgeiz) der entscheidende Antrieb für das menschliche Handeln überhaupt und damit für den Fortgang von »Geschichte«. Bei Plato heißt πλεονεκτέω *[pleonekteō]* sowohl jemanden *übertreffen* im gerechten Handeln als auch jemanden *übervorteilen*. Das Subst. wird von ihm und Aristoteles immer negativ im Sinne von *Begierde, Habsucht* gebraucht, wobei auch die sexuelle Begierde mit eingeschlossen ist. In einer gerechten Ordnung menschlicher → Gemeinschaft darf es keine πλεονεξία *[pleonexia]* geben. Kyniker und Stoiker verwerfen alles Begehren, da Besitz aller Art Bindung an das Nichtige bedeutet.

II In der LXX taucht die Wortgruppe nur an wenigen Stellen auf; so vor allem in der prophetischen Schelt- und Drohrede gegen unredlichen Gewinn und gewaltsame Bereicherung der politisch Mächtigen (Jer 22,17; Ez 22,27; Hab 2,9). 2Makk 4,50 bezeichnet πλεονεξία *[pleonexia]* die Bereicherung durch Bestechungsgelder. Es liegt also der Ton auf dem widergöttlichen, verwerflichen Charakter der Habsucht. Deshalb bittet der Beter des 119. Psalms um Bewahrung vor der πλεονεξία *[pleonexia]* (V. 36).

III 1) Im NT finden sich die Wörter dieser Gruppe nur bei Paulus, außer πλεονεξία *[pleonexia]*, das auch Mk 7,22; Lk 12,15 und 2Petr 2,3.14 steht. Das durch sie bezeichnete Handeln wird auch hier stets negativ beurteilt und ist wahrscheinlich außer in 2Kor 2,11 immer auf materiellen Gewinn gerichtet. So bedeutet πλεονεκτέω *[pleonekteō]* (2Kor 7,2; 12,17f; 1Thess 4,6; 2Kor 2,11) *übervorteilen, begaunern, überlisten*; πλεονέκτης *[pleonektæs]* (1Kor 5,10f; 6,10; Eph 5,5) der *Habgierige*, der *Gewinnsüchtige*; πλεονεξία *[pleonexia]* (oben genannte Stellen und Röm 1,29; 2Kor 9,5; Eph 4,19; 5,3; Kol 3,5; 1Thess 2,5) *Gewinnsucht, Habgier, Geiz*. Die Subst.e werden von Luther zu schwach lediglich mit Geiz bzw. der Geizige wiedergegeben.

2) In den Lasterkatalogen ist πλεονεξία *[pleonexia]* Kennzeichen eines Lebens ohne Gotteserkenntnis (Röm 1,29; 1Kor 6,10f), ohne Glauben und Gehorsam (1Kor 5,10f; Eph 5,3). Wo das Band zwischen Geschöpf und Schöpfer zerschnitten ist, gerät auch das Zusammenleben der Menschen untereinander in Unordnung. Der Mensch, der nicht mehr in Gott Ziel und Erfüllung hat, sucht die Erfüllung bei sich selbst, im eigenen Besitzen- und Haben-wollen, ja er erhebt sich letzten Endes selbst zum Abgott, der sich alles zu unterwerfen strebt. Deshalb wird in Kol 3,5 die Habgier mit Abgötterei (εἰδωλολατρία *[eidōlolatria]*; → Bild, Art. εἴδωλον) gleichgesetzt. In Mt 6,24 par ist es der Mammon (→ Besitz, Art. μαμωνᾶς), das Vermögen selbst, das den scheinbar über es verfügenden Menschen als ein Götze in seinen Bann schlägt. Ob in 1Thess 4,6 Übervorteilung in einer geschäftlichen Angelegenheit oder der Eingriff in die fremde Ehe gemeint ist, ist nicht sicher auszumachen (vgl. ThWb, zSt und Schrage, Einzelgebote, 62).

3) Für Christen gibt es keine Gemeinschaft mit Menschen dieser Art in der Gemeinde (1Kor 5,11). Sie schließen sich selbst durch ihre πλεονεξία *[pleonexia]* davon aus und haben deshalb auch keinen Zugang zum endzeitlichen Gottesreich (1Kor 6,10; Eph 5,5; vgl. → Besitz, Art. πλοῦτος, Art. χρῆμα). Wie Unzucht und Unkeuschheit soll auch die Habgier nach Eph 5,3 (nicht wörtl. zu verstehen, s. Schlier, aaO, 233) aufs strengste vom Leben der Gemeinde ferngehalten werden. In Kol 3,5 werden diese Laster »Glieder, die auf Erden sind« genannt, die »getötet« werden sollen. Das Wort erinnert an Mt 5,29f und mahnt, die der Sünde verhaftete Leiblichkeit unter die Herrschaft des neuen geistlichen Lebens zu stellen, dessen verwandelnde und befreiende Kraft sich an Christus schon erwiesen hat (Kol 3,3f; → Fleisch; → Geist).

4) Nach der Darstellung des 2Petr ist es ein besonderes Kennzeichen der Irrlehrer, daß sie sich für ihren Dienst bezahlen lassen und auf materiellen Gewinn aus sind (2Petr 2,3.14). Ebenso machen die Gegner des Paulus mit dem Wort Gottes Geschäfte (καπηλεύοντες *[kapæleuontes]* 2Kor 2,17). Demgegenüber kann Paulus darauf hinweisen, daß er in der Regel sogar für seinen unmittelbaren Lebensunterhalt mit seinen eigenen Händen gearbeitet hat (Phil 4,15; 1Thess 2,9), auch in Korinth kann man nicht behaupten, er und seine Mitarbeiter hätten sich durch ihren Dienst bereichern wollen (2Kor 7,2; 12,17). Wenn es aber um die Kollekte für Jerusalem geht, weiß Paulus sehr eindringlich um eine großzügige Gabe zu bitten (2Kor 8f).

F. Selter

5) Wenn in 1Tim 6,10 der *Geiz*, genauer die *Geldgier* (φιλαργυρία *[philargyria]*) die Wurzel aller Laster (πάντων τῶν κακῶν *[pantōn tōn kakōn]*; → Böse, Art. κακός) genannt wird, so mag das übertrieben klingen. Es liegt ja zudem hier die Übernahme eines antiken Sprichwortes vor, das auf dem Hintergrund einer negativen heidnisch-philosophischen Wertung alles Materiellen zu sehen ist (Demokrit u. a. bezeichnen die Geldgier als »Metropole« alles Bösen, vgl. nur Diog Laert VI 50). Aber es spricht sich in diesem Satz doch auch die Erfahrung aus, daß der Traum von Reichtum und Glück eine dämonische Gewalt über das Leben eines Menschen oder eines Volkes gewinnen kann.

In seinem biblischen Kontext bekommt das Sprichwort seine Zuspitzung, indem es auf das Gottesverhältnis des Menschen angewendet wird. Das eigensüchtige Raffen materiellen Besitzes hat sein Urbild in jenem Griff nach der verbotenen Frucht des Paradieses und ist das sicherste Indiz dafür, daß hier das Leben mit seiner Begrenzung durch Zeit, Umstände und Lebensinteressen anderer nicht mehr dankbar aus Gottes Hand genommen wird. Die Geldgier setzt eine trennende Mauer von Eigensucht gegen Gott und den Nächsten aus sich heraus und treibt den von ihr Besessenen in die völlige Isolierung. Insofern ist das Streben nach Reichtum tatsächlich eine Keimzelle totaler Gottentfremdung des Menschen (→ Besitz, Zur Verkündigung). *G. Finkenrath*

Lit.: EKlaar, pleonexia, -ektäs, -ektein, ThZ 10, 1954, 395ff – HSchlier, Der Brief an die Epheser, 1957 (passim) – GDelling, Art. πλεονέκτης, ThWb VI, 1959, 266ff – WSchrage, Die konkreten Einzelgebote der paulinischen Paränese. Ein Beitrag z. nt. Ethik, 1961.

Gemeinde → Kirche

Gemeinschaft

Wo Menschen ihre Existenz auf das gleiche Fundament gründen, wo sie von einem gleichen, gemeinsamen Ursprung oder Ziel her bestimmt sind, entsteht auch unter ihnen eine Bindung, ein Für-einander, welches über das bloße Mit-einander hinausgeht. Während ἔχω *[echō]* = *haben*, bes. aber dessen Kompositum μετέχω *[metechō]* = *teilhaben* den Blick mehr auf den einzelnen am Besitz eines Gutes Beteiligten bzw. dann auf dessen Teilhabe richtet, fassen die Vokabeln der Gruppe κοινωνία *[koinōnia]* mehr die Mitte, das Gemeinsame ins Auge und erst von daher dann auch die daran partizipierenden Einzelnen. Daß Gemeinschaft aber nicht nur im Nehmen besteht, sondern zugleich eine aktive Beteiligung, einen Beitrag verlangt, kommt darin zum Ausdruck, daß μέτοχος *[metochos]* und κοινωνός *[koinōnos]* den *Mitarbeiter* bezeichnen und κοινωνία *[koinōnia]* auch die *Hilfeleistung*, die *Liebesgabe* heißen kann. – Beide Gruppen werden im NT vor allem gebraucht, um Aussagen über das Verhältnis des Menschen zu Gott bzw. zu übermenschlichen Gewalten zu machen.

ἔχω

ἔχω *[echō]* haben · μετέχω *[metechō]* teilhaben · μετοχή *[metochē]* Teilhabe · μέτοχος *[metochos]* teilhaftig, Teilhaber

ἔχω *[echō]*, *besitzen, (zurück-)halten, haben;* Aorist: *erwerben, in Besitz nehmen;* intrans.: *sich verhalten;* verwandt dem altind. *sáhate* = *bewältigt, besiegt* (Frisk, Griech. etymol. Wörterbuch), wurzelverwandt mit dem dt. »Sieg«, bezeichnet jede Art von *haben* und *halten*, wobei die durch ἔχω *[echō]* hergestellte Beziehung zwischen Subj. und Obj. jede materielle, personale oder übertragene Bedeutung haben kann. Subj. und Obj. können sich in diesem Beziehungsverhältnis verkehren (er I hat eine Krankheit – die Krankheit hat ihn). Weiterhin bezeichnet das Wort den Eintritt in irgendeinen all dieser möglichen Zustände: *erlangen, erhalten, bekommen.*

Diese große Bedeutungsbreite gab offenbar Aristoteles die Möglichkeit, ἔχω *[echō]* in seiner Kategorienlehre, die jedenfalls dem Inhalt nach als echt angesehen wird, zu übernehmen (Kat 15p 15b). Andererseits ließ sie ihm auch die Freiheit, es zusammen mit κεῖσθαι *[keisthai]* in anderen Schriften wegzulassen bzw. anders einzuordnen (vgl. Überweg-Praechter I, 1953, S. 376). In seiner späteren Metaphysik zählt er es ebenfalls unter den dort besprochenen 30 Aussageweisen auf (Met. IV, 23, p 1023a). Bei seinen Überlegungen, welche Aussageweise (Kategorie) für ein Objekt grundlegend sei, bezeichnet er mit ἔχω *[echō]* die Aussage, die ein Objekt dadurch als solches charakterisiert, daß es zu einem anderen in der Beziehung des Habens steht.

μετέχω *[metechō]* heißt *teilhaben.* Es hat zum Objekt immer einen Gen. Part. und steht oft in Erweiterungen zB μέρος μετέχειν τινός *[meros metechein tinos].* μετοχή *[metochæ]* ist dementsprechend die *Teilhabe,* μέτοχος *[metochos]* heißt *teilhaftig.*

Sehen wir auf den für unseren Zusammenhang bedeutsamen Sprachgebrauch, so sind zwei Linien bes. zu beachten: die rationale, die Haben als sachliche Aussageweise versteht (Aristot.), und die enthusiastische, der Haben zur Bezeichnung der Besessenheit oder mystischen Teilhabe dient. Diese äußert sich darin, daß zB Homer, Plato, Plotin u. a. vom δαιμόνιον ἔχειν *[daimonion echein]* reden, der im Menschen wirke und den ein Mensch habe. Sie mündet dann später in ein pantheistisch-mystisches Haben des Göttlichen, Einen bei Plotin. Der νοῦς *[nous]* wird in der späteren Philosophie zur Weltseele, die keine personhaften Züge mehr trägt. Nun heißt es nicht mehr, daß der Mensch den νοῦς *[nous]* oder λόγος *[logos]* hat, sondern daß er an ihm teilhat (μετέχει *[metechei]*). μετοχή *[metochæ]* ist bei Plato Bezeichnung für das Verhältnis des Einzeldings zur Idee. Das Niedere, Relative hat am Höheren, Absoluten teil. Daraus entwickelt sich im Laufe der Philosophiegeschichte eine kosmische Hierarchie alles Seienden, die in einer ungebrochenen Linie der Teilhabe bis in die Überwelt hinaufgeführt wird (Plotin, vgl. ThWb II, 830). Die theol. Seite dieser kosmischen Teilhabe stellt sich später vor allem in der Emanationstheorie des Origines dar.

II Das Hebr. kennt kein spezielles Wort für ἔχω *[echō].* Der im Griech. so bezeichnete Tatbestand wird dort mit dem Dat., einem Pronomen, einer Präposition oder durch verbale Umschreibung ausgedrückt, zB jemand oder etwas ist in der Hand eines anderen (*'æl jad, bidē* o. ä., LXX 12mal). Ein Blick in die LXX-Konkordanz belehrt über die verwirrende Fülle der hebr. Ausdrücke, die mit ἔχω *[echō]* übersetzt werden (über 50 verschiedene hebr. Wendungen!). Von den über 500 Stellen, an denen ἔχω *[echō]* in der LXX vorkommt, entfällt ein großer Teil auf die wenigen Texte, die kein hebr. Original haben. Mit den Komposita μετέχω *[metechō]*, μετοχή *[metochæ]*, μέτοχος *[metochos]* verhält es sich ähnlich wie mit κοινωνέω *[koinōneō]* etc.: die Wörter tauchen erst in den späten Schriften des AT auf, μετέχω *[metechō]* übersetzt präpositionale Wendungen, μετοχή *[metochæ]* und μέτοχος *[metochos]* vor allem Wörter vom Stamm *chābar = binden, verbinden.*

Der rein sprachliche Gebrauch ist an allen diesen Stellen nicht verschieden vom sonstigen Vorkommen in der griech. Lit.. Fragen wir jedoch nach der theol. Aussage, so dürfen wir nicht vom griech., sondern müssen vom hebr. Denken ausgehen, dh es muß ihr at. Hintergrund entfaltet werden.

Im Mittelpunkt der at. Botschaft steht das Bekenntnis: Gott hat sein Volk erwählt. Es ist sein Eigentum, und das bedeutet umgekehrt: Er ist seines Volkes Gott (Ps 33,12; 144,15; vgl. Hos 2, 21–25). Es soll deshalb keine anderen Götter neben ihm haben (Ex 20,2f). Weil aber Jahwe seines Volkes Gott ist, so ist er damit auch des Einzelnen Stärke, Fels, Burg, Erretter usw. (zB Ps 18,3; 27,1). Er ist der Erbbesitz der Leviten (→ Erbe, Art. κλῆρος; zB Dtn 10,9; Ez 44,28 u. ö.). So kann Israel bekennen: Wir haben einen Gott, der da hilft (Ps 68,21; vgl. Ps 73,25 L). Esther betet: »Ich habe keinen Helfer außer dir!« (4,17t LXX; ähnliche Wendungen in Makk sowie der nachchristl.-griech. Lit. s. ThWb II, 817.822f).

Zwar steht an allen diesen at. Stellen außer dem späten Esther-Beleg nicht ἔχω *[echō]*, aber die dort beschriebene Gemeinschaft, die Gott seinem Volk durch den → Bund gewährt, ist die Grundlage dessen, was das nt. *Haben* inhaltlich bestimmt. Darauf nimmt zB Paulus deutlich Bezug: Israel hat das → Gesetz und rühmt sich dessen (Röm 2,20.23); es hat Eifer für Gott (Röm 10,2), ja es hat noch viel mehr: die Kindschaft, die Gegenwart Gottes bei seinem Volk (→ Ehre, Art. δόξα), die Bundesschlüsse, den rechtmäßigen Kult (→ Opfer), die → Verheißungen, die Väter, die Herkunft Christi nach dem Fleisch (Röm 9,4f), kurz die ganze Heilsgeschichte bis auf Christus hin, – aber es hat eben noch nicht die Erfüllung in Christus. Davon kann erst das NT zeugen.

III Im NT finden wir ἔχω *[echō]* in den einzelnen Schriften in der Häufigkeit zwar verschieden verteilt, aber in der ganzen Bedeutungsbreite wie im profanen Griech. und der LXX. Hier können wir nur auf die theol. bedeutsamen Linien achten:

1) Zunächst erscheint ἔχω *[echō]* als Ausdruck einer Gemeinschaft. Die im profanen Griech. vorkommende Ausdrucksweise δαιμόνιον ἔχειν *[daimonion echein]* findet sich auch

in den Synopt. (Mt 11,18 par). Aber hier ist von den Dämonen nur so die Rede, daß Jesus der Herr ist über sie. Darum ist der Vorwurf, er habe den Beelzebul, dh er sei von ihm besessen (Mk 3,22.30, vgl. Joh 7,20; 8,48; 10,20f), so widersinnig und schuldvoll (vgl. ἀκάθαρτον πνεῦμα ἔχειν *[akątharton pnẹuma ẹchein]* Mk 7,25; Lk 4,33 u. ö.; vgl. 13,11).

Auch das NT hat Aussagen wie Kinder, Söhne, Brüder, eine Frau *haben* usw. Es kennt ἔχω *[ẹchō]* absolut gebraucht als Ausdruck für geschlechtliche Gemeinschaft (Mt 14,4). Dem oben genannten Gebetswort Esthers entspricht im NT etwa das Wort des Kranken am Teich Bethesda: »Ich habe keinen Menschen, der mich an den Teich bringe« (Joh 5,7) oder das des Paulus: »Ich habe keinen, der so meines Sinnes sei« (Phil 2,20, vgl. 1,7).

Theol. bedeutsam sind jedoch vor allem die Stellen, an denen *haben* das Gottesverhältnis ausdrückt, zB sagen Joh 8,41 die Juden, sie hätten Gott zum Vater; Kol 4,1 wird den irdischen Herren gesagt: Wisset, daß ihr einen Herrn im Himmel habt! In diesem Haben-Verhältnis bleibt jedoch ein bestimmtes Gefälle erhalten; das zeigen schon die Zusätze »zum Vater«, »im Himmel«. Erst in Jesus ist dieses Verhältnis geklärt. Er tritt vermittelnd zwischen die Menschen und ihren himmlischen Vater. Er ist der → Fürsprecher (1Joh 2,1), der Hohepriester (Hebr 4,14; 8,1; 10,21). Andererseits: wer ihn verachtet, hat schon seinen Richter (Joh 12,48).

2) Mit diesem *Haben* ist letztlich wie im AT die Gottesgemeinschaft als solche gekennzeichnet, die nicht durch menschliches Bemühen, sondern durch Gottes Zusage und Gabe gestiftet ist und auf Grund deren der Israelit das Heil besitzt. Als Besitz des Heils ist dieses *Haben* allein gegründet in Jesus Christus, durch den wir nach Gottes Ratschluß und Willen das Heil und Leben haben (zB Joh 5,24). Das betont neben dem Hebr und Paulus vor allem Johannes in besonderer Weise.

So heißt es 1Joh 5,12: »Wer den Sohn Gottes hat, der hat das Leben.« Damit ist das Bekenntnis zu Jesus Christus die Bedingung für den Besitz des Heils. »Wer weitergeht (über das Bekenntnis zu Jesus Christus, dem Fleischgewordenen, hinaus) und bleibt nicht in der Lehre Christi, der hat Gott nicht; wer in der Lehre Christi bleibt, der hat beide, den Vater und den Sohn« (2Joh 9). Man kann also von Gott wissen und reden, ja man kann sogar behaupten, Gott zu haben, wie die Irrlehrer es tun, — und ihn doch nicht haben. ἔχω *[ẹchō]* ist hier Ausdruck für die reale Glaubensgemeinschaft und den wirklichen Glaubensbesitz in seinem vollen, tiefen Sinn. »Gemeinschaft haben« untereinander und mit Christus (1Joh 1,6f), ihn »kennen« (1Joh 2,3), in ihm »bleiben« (V. 6 u. ö.) — alles polemisch aufgenommene Worte — meinen stets dieselbe Sache, wofür ἔχω *[ẹchō]* der abgekürzte Ausdruck ist. Hierher gehören auch die Stellen, die vom Haben des ewigen → Lebens (Joh 3,15f.36), des → Friedens (16,33), des → Lichtes (8,12; 12,35f) u. ä. sprechen.

Diese Gemeinschaft mit Gott, die bei den Gegnern in Wirklichkeit mystische Selbstbemächtigung Gottes ist, wird eben nur möglich in dem fleischgewordenen Gottessohn, in Jesus. Sie wird gewirkt durch das Zeugnis des Heiligen Geistes, das die Christen haben (1Joh 2,20.27; 5,10). Wer nun das Zeugnis des Vaters und sein Wort nicht in sich wohnen hat, kennt Gott nicht und hat kein Leben (Joh 5,38ff). Wer aber mit ihm in personhafter und dh in geschichtlich- und geistgewirkter Beziehung steht, hat den Vater und hat das Leben. Dazu gehört auch das → Bekennen (1Joh 4,2.15; 2Joh 7) und das → Bleiben in der rechten Lehre (2Joh 9) sowie das Halten seines Wortes und seiner Gebote (1Joh 2,3ff).

So greift Johannes — und das verbindet ihn in gewisser Weise mit den Synopt. und Paulus — die prophetisch-eschatologische Verkündigung des Täufers derart auf, daß er die dort als nahe verkündigte Heilszeit im Kommen Christi anbrechen sieht. Damit ist der in den Bereich der spätjüd. Apokalyptik gehörende Gedanke, daß die Gegenwart heilsleer sei, daß alles Heil, jetzt nur wenigen begnadeten Sehern offenbart, erst völlig in der Zukunft zu erwarten sei, abgewehrt, und zwar nicht nur durch das johanneische, sondern durchgängig durch das ganze nt. Schrifttum. Die Christen haben schon in dieser Zeit durch und in Christus den Frieden mit Gott (Röm 5,1), die Erlösung durch sein Blut (Eph 4,7; Kol 1,14), den Zugang zum gnädigen Ratschluß Gottes und dem in ihm beschlossenen

Heil (Eph 3,12). Jetzt ist der Tag des Heils (2Kor 6,2). Das Leben ist da als volles Heil in Christus (Joh 3,16.36).

3) Das wird nun bei Paulus in anderer Weise stark betont. Teilhaben am Heil ist Sein in Jesus Christus, und zwar durch seinen → Geist. Es ist geistliches Haben. »Wer Christi Geist nicht hat, der ist nicht sein« (Röm 8,9). Der Geist Christi, sein νοῦς *[nous]* (1Kor 2,16; → Vernunft), gibt Paulus die Vollmacht, die Gemeinde in den Gehorsam und die Nachfolge zu rufen (→ Macht, Art. ἐξουσία). Das *Haben* des Geistes bedeutet genau genommen ein Gehabt-Werden durch den Geist (Röm 8,14). Der Glaubende gehört nicht mehr sich selbst (1Kor 6,19; vgl. 3,16), er ist Christi Knecht (Röm 1,1; 1Kor 7,22). Zum anderen bedeutet es, daß alles geistliche Haben so an diesen Herrn gebunden ist, daß wir diesen Schatz nur in irdenen Gefäßen haben (2Kor 4,7) und allezeit das Sterben Jesu an unserem Leibe tragen (2Kor 4,10ff). Weil der Geist Angeld, Unterpfand (→ Gabe, Art. ἀρραβών) ist (Röm 8,23; 2Kor 1,22; 5,5), bleibt der Glaubende diesseits der Todesgrenze, die Christus schon durchbrochen hat. Aber als Angeld der künftigen Auferstehungsherrlichkeit gibt er uns auch die Gewißheit (Röm 8,11), daß einmal unser irdisches Haus zerbrochen wird (2Kor 5,1) und wir an ihr Anteil bekommen. Unser Haben in diesem Äon ist ein »Haben auf Hoffnung« (ThWb II,284; vgl. Röm 5,2; Phil 3,8ff).

Hier liegt die antignostische Spitze der paulinischen Aussage. Wenn die Enthusiasten in Korinth behaupten, sie hätten schon die Auferstehungsherrlichkeit (1Kor 4,8.10; 15,12), so stellt Paulus das Wort vom Kreuz dagegen (1,17.23). Gegenüber der Selbstherrlichkeit der Gnosis, die zerstört, betont er die Liebe, die aufbaut (8,1). Letztere wird auch gegen libertinistische Tendenzen ins Feld geführt (10,23f; 13,2). Paulus, der um des Evangeliums willen viel Leid und Auseinandersetzung ertragen, ja das Sterben Christi an seinem Leibe tragen muß (2Kor 4,10), empfängt aber eben um dieses Leidens willen viel Stärkung und Trost (2Kor 1,5).

4) So wenig dieses *Haben* im Sinne eines ruhenden Besitzes verstanden werden kann, ebensowenig ist es frei von der Bindung an den Gehorsam. Letzteres wird bestätigt durch den Gebrauch von μετέχω *[metẹchō]* bei Paulus und im Hebr-Brief. Weil die Teilhabe an der δικαιοσύνη *[dikaiosỵnæ]* den Menschen in seiner ganzen Existenz verpflichtet, schließt sie die ἀνομία *[anomịa]* aus (2Kor 6,14). Das Sein in Christus läßt keinen Raum für die Sünde. Die christl. Mahlgemeinschaft macht die heidnische Opfergemeinschaft unmöglich und umgekehrt (1Kor 10,17.21). μετέχω *[metẹchō]* wird fast synonym gebraucht mit κοινωνέω *[koinōnẹō]* etc.; das dort Gesagte gilt auch hier. Im Hebr geht es vor allem um die Teilhabe an Leiden und → Geduld Christi. Die, die jetzt μέτοχοι Χριστοῦ *[mẹtochoi Christọu]* (Hebr 3,14; vgl. 6,4) sind, werden aufgefordert, durch geduldiges Ausharren in der Verfolgung und Festhalten am rechten Glauben die künftige Teilhabe an seiner Herrlichkeit nicht zu verwirken. So werden alle als μέτοχοι παιδείας *[mẹtochoi paidẹias]* in Zucht genommen, und gerade diese weist sie als rechte Gotteskinder aus (12,8).

5) Wie also alles geistliche Haben unter dem Herrschaftsanspruch des gegenwärtigen und kommenden Herrn steht, so ist auch der Besitz materieller Güter von daher bestimmt. »Was hast du, das du nicht empfangen hast?« (1Kor 4,7). Auch um die ganz »irdischen« Güter will Gott in der rechten Haltung gebeten sein (Jak 4,2). Ihr Gebrauch aber steht unter dem eschatologischen Vorbehalt. Darum ist Paulus einer, der »nicht hat und doch alles hat« (2Kor 6,10), und er fordert ebenso die Korinther auf zu haben, als hätten sie nicht (1Kor 7,29ff). Aber nicht nur um der künftigen Herrlichkeit willen sollen sie sich von allem Besitz lösen können, sondern auch durch Arbeit Besitz erwerben, damit sie »haben zu geben dem Dürftigen« (Eph 4,28). So ist die gesamte nt. Aussage über Haben und Teilhaben Zeugnis von Gottes Tat in Jesus Christus im Ausblick auf die künftige Herrlichkeit. Die Teilhabe ist aber schon jetzt realisiert im Heiligen Geist, der uns in die Kindschaft, den Gehorsam, die Liebe und die Hoffnung stellt. *J. Eichler*

κοινωνία

κοινός [koinọs] gemein, gemeinsam · κοινόω [koinọō] profanieren · κοινωνέω [koinōnẹō] Anteil haben, geben · κοινωνία [koinōnịa] Gemeinschaft, Beteiligung · κοινωνικός [koinōnikọs] mitteilsam, gemeinnützig · κοινωνός [koinōnọs] Genosse · συγκοινωνός [synkoinōnọs] Mitgenosse · συγκοινωνέω [synkoinōnẹō] mitbeteiligt sein

1) κοινός [koinọs], seit dem myk. Griech. belegt, etymologisch von *com-jos = zusammengehend* (lat. *cum*) hergeleitet, bedeutet auf Sachen bezogen: *gemeinsam, gemeinschaftlich, öffentlich.* Daher ist τὸ κοινόν [to koinọn] die *Gemeinde,* das *Gemeingut,* im Plur.: *öffentliche Angelegenheiten, Staat.* Auf Personen bezogen heißt κοινός [koinọs] *verwandt, mitbeteiligt, gleichgesinnt.* Entsprechend bedeuten κοινόω [koinọō] *Anteil geben an, vereinigen, mitteilen,* auch *profanieren;* κοινωνέω [koinōnẹō] *gemeinschaftlich besitzen, Anteil haben, sich anschließen;* κοινωνία [koinōnịa] *Gemeinschaft, Teilnahme, Umgang;* κοινωνικός [koinōnikọs] *gemeinnützig;* κοινωνός [koinōnọs] als Adj. *gemeinsam,* das Subst. *Gesellschafter, Teilnehmer.* I

κοινωνία [koinōnịa] ist in der griech. und hell. Welt eine Bezeichnung für die selbstverständliche, ungebrochene *Gemeinschaft* zwischen Göttern und Menschen. Selbst Philo (Vit. Mos. I, § 158) spricht »von der erhabenen Gemeinschaft (des Mose) mit dem Vater und Schöpfer des Alls«, während in LXX das Wort als Bezeichnung für das Verhältnis zwischen Gott und Mensch fehlt.

κοινωνία [koinōnịa] bezeichnet ferner die enge Verbindung und brüderliche Beziehung der Menschen untereinander und wird von den Philosophen aufgegriffen, um das erstrebte Ideal zu verdeutlichen. Der Lebensbund, der die Pythagoreer vereint, heißt ἡ τοῦ βίου κοινωνία [hæ tou bịou koinōnịa]. κοινωνία [koinōnịa] gewinnt so geradezu die Bedeutung *Bruderschaft* und wird stehender Ausdruck für die Gestaltung des gesellschaftlichen Lebens. Dem in der hell. Gesellschaft aufbrechenden ethischen Atomismus entgegengesetzt ist die stoische Staatslehre. Sie kreist um das ζῷον κοινωνικόν [zọon koinōnikọn], das das aristotelische ζῷον πολιτικόν [zọon politikọn] vertieft und ablöst. Der Philosoph wird zum Erzieher der Völker, und seine Lehre fundamentiert die politische Ökumene. Ein bemerkenswertes Beispiel für diese Entwicklung ist die Inschrift auf dem Grabmal des Antiochos von Kommagene, dem wichtigsten Dokument des Hellenismus im 1. Jh. vChr. Siebenmal erscheint hier κοινός [koinọs], und dieser Begriff wird Zeugnis nicht nur des religiösen Synkretismus – Götter aus vier Kulturkreisen sind »gemeinsam thronend« gedacht, und Antiochos hat sein eigenes Bild daneben gestellt, – sondern auch des sich immer weiter ausbreitenden Kosmopolitismus.

2) Plato entwirft im »Staat« und in den »Gesetzen« kommunistische Utopien. Sein Versuch, in Syrakus bei Dionys diese Ideale in die Tat umzusetzen, scheiterte ebenso wie die von den Römern blutig unterdrückte Sozialrevolution des Aristonikos 133/132 in Pergamon. Immerhin ging der Anstoß zu diesen umwälzenden neuen Ideen von der von religiöser Glut erfüllten Dichtung Hesiods aus (um 700 vChr). In seinen »Werken und Taten« verkündete er dem unter dem Druck der Adelsherrschaft seufzenden Volk den Mythos vom goldenen Zeitalter, in dem die Träume von Glück, Gleichheit, Gerechtigkeit und Brüderlichkeit in eine lichte Urzeit verlegt werden. Hier wie daran anschließend bei Plato (Kritias 110: »Keiner von ihnen hatte ein ausschließliches Eigentum, sondern sie sahen alles als ihnen allen gemeinsam an und verlangten über einen genügenden Unterhalt hinaus nichts von ihren Mitbürgern«) hat die Gütergemeinschaft einen rückwärts gerichteten »urzeitlichen« Aspekt (Urathen), während diejenige der Urgemeinde in Jerusalem nur vom »endzeitlichen« Erleben her verstanden werden kann. Auch wenn der Stoiker brüderlichen Gemeinsinn fordert (»Freunde müssen teilen, gemeinsam ist das Besitztum der Freunde«), begründet er seine Forderung in einem Idealbild der Urzeit, das er in seiner reinen Gestalt als unwiederbringlich verloren betrachtet. Das NT hat dagegen seine Blickrichtung nicht nach rückwärts, sondern nach vorwärts, es weiß davon, daß diese Welt eine verlorene Welt ist, in die erst der neue Äon hereinbrechen muß.

1) In der at. Urgeschichte geht nach dem Bruch der Gemeinschaft mit Gott auch die Einheit der Menschheit verloren. Aber das vergebende und tragende Heilshandeln Gottes hört nicht auf, sondern geht neue Wege (vgl. Gen 8,21f; 12,3). Abraham, danach das Volk Israel stehen in einem Heilsverhältnis zu Jahwe, dessen Fernziel es ist, die Kluft zwischen Gott und Menschen zu überbrücken. II

Gott handelt mit Israel als Volksgemeinschaft und macht an ihr seine Verheißungen wahr. Ihr gibt er das Land als Erblehen, das letzten Endes ihm selbst gehört (Lev 25,23). Die Sippen und Familien sind nur Nutznießer des ihnen zugewiesenen Teiles, erst recht die einzelnen. Darum haben sie kein Recht zur Veräußerung. Aus dieser Sicht heraus muß der Justizmord an Naboth (1Kön 21) beurteilt werden, dessen Hintergrund der Zusammenprall zwischen dem oben beschriebenen alt-israelitischen Bodenrecht und dem kanaanäischen Königsrecht ist, das Ahab praktizieren möchte.

Von hier aus kann man die Linie zur Prophetie überhaupt ziehen, die sich insgesamt ebenso wie Elia gegen den Bruch des alten Rechtes, gegen jede Bodenspekulation wendet (zB Jes 5,8) und für die Interessen der Gemeinschaft eintritt.

Diese selbstverständliche Zusammengehörigkeit von Gott, Volk und Land reicht bis in die nt. Zeit hinein, da Israel sich einen Übertritt zum Glauben an seinen Gott nicht vorstellen konnte ohne Eintritt in seine Gemeinde und Aufnahme in den Volksverband (s. die Bedeutung von *qāhal* für → Israel, die Gemeinde [→ Kirche] und die Übernahme der → Beschneidung).

2) Das theol. Motiv der gestörten Gemeinschaft mit Gott (Urgeschichte), das Problem der Bewahrung der Volksgemeinschaft in der Ordnung, die nach Jahwes Willen ist (vgl. Jes 5,8), und die heilsgeschichtliche Bedeutung dieser Gemeinschaft (vgl. die universale Weite des Geschichtsbildes von J, zB Gen 12,3, und der späteren Prophetie, Jes 49,6) spielen also im AT eine große Rolle. Umso mehr muß auffallen, daß die Wortgruppe vokabelmäßig fast ausschließlich erst in den späten Schriften des AT (Pred, Spr, Weish, 1–4Makk) auftaucht, vornehmlich als Wiedergabe der hebr. Wörter vom Stamm *chābar* = *verbinden, zusammenfügen*. Ob das Fehlen dieses Begriffes in den früheren at. Schriften freilich nur durch die Abneigung gegen Abstraktionen verursacht wird, ist zweifelhaft. Dagegen spricht zB die starke Betonung des → Bundes, der Zugehörigkeit des einzelnen zum → Volk (auch → Israel), – Gemeinschaftsbegriffe, die aber im Gegensatz zu dem quasi genossenschaftlichen κοινωνία *[koinōnịa]*-Begriff die unumkehrbare Richtung von Jahwe als dem Stifter und Garanten zu den in die Gemeinschaft Gezogenen betont. – Wo unsere Vokabeln in der LXX auftauchen, werden sie denn auch einfach im allg. Sinn verwendet (zB Pred 9,4f »Gemeinschaft der Lebenden«; Spr 21,9; 25,24 Zusammenleben mit einer zänkischen Frau; Hi 34,8 Verkehr mit Sündern; was einem rechten Israeliten verboten ist). 1Makk 1,47 hat κοινός *[koinọs]* schon die Bedeutung *profan, kultisch unrein,* in der es später häufig vorkommt (vgl. Apg 21,28; Offb 21,27).

3) Nach Josephus (Bell. II,119–161) und Philo (Q. P. L. Kap. 12–13) war das Zusammenleben der Essener ganz vom Gedanken der alle Mitglieder gleichstellenden Gemeinschaft getragen. Das belegen eindrücklich die Selbstzeugnisse der Qumrangemeinde am Toten Meer. Von jedem Mitglied wurde die Abgabe des Besitzes verlangt (Burrows, Mehr Klarheit über die Schriftrollen, 1958, S. 70.100.331). Es hatte seinen ganzen Besitz in das Gemeindevermögen einzubringen. Hauptsächlichstes Motiv hierfür war nicht so sehr das Ideal brüderlicher Gütergemeinschaft wie im Griechentum, sondern die Auffassung, daß am Geldbesitz die Sünde klebt, Geld ist »Besitz der Gottlosigkeit«, von Unreinheit befleckt; und aus diesem Grunde trennt sich der Essener vom Privateigentum.

Auch die Therapeuten, nach Philo (Vit. Cont.) ein Verein jüd. Männer und Frauen, die sich ganz dem Schriftstudium ergeben hatten, lebten von der Welt mönchisch-klösterlich zurückgezogen in Gemeinschaften, die kein Privateigentum kannten. Hier (§ 25) taucht zum ersten Mal das Wort μοναστήριον *[monastærion]* auf. Die christl. Klöster haben diese Tradition eines asketisch begründeten, monastischen Gemeineigentums fortgesetzt.

Im Traktat Pesachim VII,3a.13a dient *chaburāh* = *Bruderschaft, Genossenschaft* zur Bezeichnung der Passahgesellschaft: »Dereinst wird der Heilige (Gott) . . . den Frommen ein Festmahl bereiten.« David wird am Himmelstisch den Becher mit Wein spenden. Dieses eschatologische Mahl erinnert an Lk 22,18 und an Did 9,2.

III Bei den Synopt. und im JohEv fehlt κοινωνία *[koinōnịa]* ganz, findet sich dagegen 13mal bei Paulus und erweist sich damit als typisch paulinischer Begriff. Ganz ähnlich verhält es sich mit κοινωνέω *[koinōnẹō]*. Besondere Beachtung erfordert darüber hinaus die Verwendung von κοινός *[koinọs]* und κοινωνία *[koinōnịa]* in Apg 2 und überhaupt dem lukanischen Bild der Urgemeinde (→ Geist; → Kirche). An den anderen Stellen bedeutet κοινός *[koinọs]* (Mk 7,15; Mt 15,11; Apg 10,14) wie auch κοινόω *[koinọō]* (Mk 7,18 par; Apg 10,15; 21,28) *profan* bzw. *profanieren, kultisch unrein machen.* κοινωνός *[koinōnọs]* heißt *Gefährte, Mitarbeiter* (Lk 5,10; 2Kor 8,23; Phlm 17). An der Mehrzahl der Stellen ist aber adjektivisch mit *teilnehmend, teilhabend* zu übersetzen oder verbal zu umschreiben. κοινωνικός *[koinōnikọs]* kommt nur 1Tim 6,18 in der Bedeutung *hilfreich, freundlich gesinnt* vor. συγκοινωνός *[synkoinōnọs]* und συγκοινωνέω *[synkoinōnẹō]* finden sich nur bei Paulus und Offb (1,9; 18,4) und bedeuten *mit teilhabend; mit teilhaben.*

1) In der Apg wird uns bei der Schilderung des Lebens der U r g e m e i n d e auch von deren Gütergemeinschaft berichtet. Dieser »religiöse Liebeskommunismus« (Troeltsch) der Urgemeinde war Auswirkung einer enthusiastischen Liebe, hatte aber die Fortdauer des privaten Erwerbs sowie die Freiwilligkeit des Opferns und Schenkens an Bedürftige zur Voraussetzung. Er kennt weder gemeinsame Produktion noch gemeinsame Konsumtion,

wurde nicht organisiert und ist nicht unter wirtschaftlichen Kategorien zu sehen. Er stammt aus der unbekümmerten Sorglosigkeit, die Jesus predigte, und aus seiner weltüberlegenen Besitzverachtung (Mt 6,25–34) und ist als Fortsetzung des Gemeinschaftslebens anzusprechen, das Jesus mit seinen Jüngern durchführte (Lk 8,1–3; Joh 12,4ff; 13,29). Die Gleichheitsidee fehlt völlig. Wenn außerordentliche Leistungen des Barnabas (Apg 4,36) sowie des Ananias und der Saphira (Apg 5,1ff) bes. hervorgehoben werden, war die Gütergemeinschaft nicht allgemein, was bei der großen Kopfzahl der Gemeinde auch nicht möglich gewesen wäre. Das Apg 12,12 erwähnte Haus der Maria ist auch ein Hinweis darauf, daß Privatbesitz durchaus vorkam. Lk hat aus wenigen Einzelfällen verallgemeinert, aber die Liebesgesinnung richtig geschildert, die durch die gesteigerte Enderwartung intensiviert worden war. Man könnte die κοινωνία *[koinōnịa]*, die Apg 2,42 in absolutem Sinn gebraucht ist, als einen Bestandteil des gottesdienstlichen Lebens ansehen, da ja auch die drei anderen Begriffe zum Gottesdienst gehören: Apostellehre, Brotbrechen, Gebet (BReicke, Glauben und Leben der Urgemeinde, 1957, S. 56). Dann wäre κοινωνία *[koinōnịa]* mit »Kommunion« oder »liturgische Kultgemeinschaft« zu übersetzen. Aber mit κοινωνία *[koinōnịa]* wird etwas Neues, Selbständiges ausgesagt. Der Begriff meint die durch den Geist gewirkte Einmütigkeit (→ Einmütig) und Einigkeit. Der einzelne war ganz von der Gemeinschaft getragen. Sicher hatte der Hellenist Lukas bei seiner Schilderung das im Auge, was man von Pythagoreern und Essenern wußte. Der gebildete Leser mußte den Eindruck gewinnen, daß hier das griech. Gemeinschaftsideal verwirklicht war.

Die Urgemeinde hatte zweifellos finanzielle Sorgen. Die aus Galiläa zugewanderten Fischer und Bauern konnten in der Großstadt schwer Broterwerb finden. Zudem verschlechterte sich die wirtschaftliche Lage Palästinas durch Hungersnöte und fortgesetzte Unruhen. So war die Verarmung der Urgemeinde keine Folge der Gütergemeinschaft. Die von Paulus nach Jerusalem mitgebrachte Kollekte war sichtbarer Ausdruck der Gemeinschaft der Gemeinden. Hier hat κοινωνία *[koinōnịa]* einen religiösen Klang (es geht dabei um das Bekenntnis zu dem einen Evangelium, das Heiden und Juden verbindet, 2Kor 9,13!), und sie gehört hinein in das geistliche und leibliche Geben und Nehmen, von dem Paulus Röm 15,26 spricht. In Jerusalem war wirklich Not; die »Armen« unter den jerusalemischen Heiligen waren sicher in der Mehrheit. Auf den von Jerusalem ausgegangenen Strom »geistlicher Gaben« wird mit einer Gegenbewegung »irdischer Gaben« geantwortet (Peter Brunner).

Das Beispiel der Urgemeinde blieb vereinzelt; seine Nachahmung wurde weder gefordert noch vollzogen. Die Aufrechterhaltung des Privateigentums war in allen Gemeinden eine Selbstverständlichkeit. Das Christentum brachte eine neue Gesinnung, keine neue Gesellschaftsordnung. Friedrich Naumann sagte auf der Ev.-sozialen Konferenz 1895: »Es ist nicht möglich, vom Standpunkt der Religion zu einem wirtschaftlichen System zu kommen.« Aber »es steckt im Christentum ein revolutionäres Element, freilich an sich, ohne jeden Willen zur Revolution« (Troeltsch, Soziallehren, S. 49).

2) Bei P a u l u s gewinnen κοινωνία *[koinōnịa]* und die damit zusammenhängenden Worte zentrale Bedeutung. Eine genaue Analyse seines Begriffes *Gemeinschaft* ergibt, daß bei ihm κοινωνία *[koinōnịa]* niemals in profaner, sondern nur in religiöser Bedeutung vorkommt (Seesemann, Der Begriff κοινωνία im NT, S. 99). κοινωνία *[koinōnịa]* ist bei ihm niemals mit *societas*, Genossenschaft, Gemeinschaft gleichzusetzen, sie ist keine Parallele zu ἐκκλησία *[ekklæsịa]* und hat mit Gemeinde (→ Kirche) nichts zu tun. Sie entspricht darum auch nicht der *Chabura* der Juden. Ebensowenig ist sie ein Verband von Einzelpersönlichkeiten, die sich in einer gemeinsamen Idee zusammenschließen, wie es in der Stoa der Fall war. So ist κοινωνία *[koinōnịa]* sowohl gegen das Griechentum wie gegen das Judentum abzugrenzen.

a) Paulus kennt einen diesseitig im Wesen des Menschen begründeten Gemeinschaftsbegriff nicht. Für ihn bezieht sich die κοινωνία *[koinōnịa]* streng auf die Glaubensbeziehung zu Christus: Anteilnahme am »Sohn« (1Kor 1,9), am »heiligen Geist« (2Kor 13,

13), am »Evangelium« (Phil 1,5), an den fortdauernden »Leiden Christi« (Phil 3,10), am »Glauben« (Phlm 6), — wir haben es immer mit einem Genitivobjekt zu tun. In Gal 2,9 ist mit κοινωνία *[koinōnia]* nicht ein durch Handschlag bekräftigter, subjektiver Vertrag, sondern die gegenseitige Anerkennung des »Seins in Christus« gemeint. Ebenso bedeutet 1Kor 10,16 κοινωνία *[koinōnia]* die Anteilnahme an Leib und Blut Christi und somit das Einswerden mit dem erhöhten Christus. Diese Christusgemeinschaft kommt durch einen schöpferischen Eingriff Gottes zustande; sie geschieht als Umwandlung des Menschen, die bis in die Wurzeln des Seins hinabreicht, also die Geburt einer neuen Existenz ist und nur durch den Gegensatz von Tod und Leben ausgedrückt werden kann. Das neue Sein ist nicht »Vergottung« im Sinne der Mystik und der hell. Mysterienreligionen, sondern ein Hineingenommenwerden in Jesu Tod, Begräbnis, aber auch Auferstehung und Herrlichkeit. Es kommt nicht zu einer Auslöschung der Persönlichkeit und nicht zu einer Verschmelzung der Persönlichkeiten, sondern zu einem neuen, in der Vergebung der Sünden begründeten Verhältnis. Paulus drückt das in paradoxen Aussagen aus, er vollzieht neue Wortprägungen in alogischen Denkbildern, in denen er — manchmal erstmalig und einmalig (vgl. die gesperrten Wörter) — diese κοινωνία *[koinōnia]* schildert und gegen das »mystische Mißverständnis« sichert: συζῆν *[syzæn]* mit-leben (Röm 6,8; 2Kor 7,3), συμπάσχειν *[sympaschein]* mit-leiden (Röm 8,17), συσταυροῦσθαι *[systaurousthai]* mit-gekreuzigtwerden (Röm 6,6), συνεγείρεσθαι *[synegeiresthai]* mit erweckt-werden (Kol 2,12; 3,1; Eph 2,6), συζωοποιεῖν *[syzōopoiein]* mit-lebendig-gemacht-werden (Kol 2,13; Eph 2,5), συνδοξάζειν *[syndoxazein]* mit-verherrlicht-werden (Röm 8,17), συγκληρονομεῖν *[synklæronomein]* mit-erben (Röm 8,17), συμβασιλεύειν *[symbasileuein]* mit-herrschen (2Tim 2,12). Die Leiden des Apostels, die ein Teil des Christus auferlegten Gesamtleidens sind (Phil 3,10; Kol 1,24), geben ihm Anwartschaft auf die Herrlichkeit (vgl. Phil 3,10 mit Röm 8,17; 1Thess 4,17).

b) Außer Mt 23,30, wo die Pharisäer eine Mitschuld am Blute der Propheten ablehnen, und den Stellen, an denen es *Mitarbeiter, Genosse* bedeutet, gehört auch κοινωνός *[koinōnos]* unmittelbar in den Bereich dieses paulinischen Gebrauches. 1Kor 10,18 bedeutet das Essen von Opferfleisch (wenn es ausdrücklich so deklariert wird!) Teilnahme am heidnischen Opfer und Gemeinschaft mit den Dämonen, die von der christl. Mahlgemeinschaft, von der Gemeinschaft mit Christus ausschließt (→ Herrenmahl). 2Kor 1,7 wie 1Petr 5,1 geht es um die Teilhabe des Apostels und der Gemeinde am Leiden und an der Auferstehungsherrlichkeit ihres Herrn. Wer in der Nachfolge Christi (→ Jünger, Art. ἀκολουθέω, μιμέομαι) → Bedrängnis, Verfolgung erleidet, darf der festen Zuversicht sein, daß er wie sein Herr durch Anfechtung und Tod hindurch das Leben erlangen wird. Im gleichen Zusammenhang spricht Hebr 10,33 von der Solidarität mit den von Verfolgung Betroffenen und mahnt zur → Geduld. Nach 2Petr 1,4 wird dem Glaubenden durch die Erkenntnis der Herrlichkeit (→ Ehre, Herrlichkeit) Gottes und Christi die Kraft zu einem neuen Wandel und zum geduldigen Ausharren geschenkt. Insofern hat er schon jetzt Anteil an der göttlichen Natur, die allem welthaften Sein überlegen ist. Ähnlich geht es bei den Stellen, an denen συγκοινωνέω *[synkoinōneō]* und συγκοινωνός *[synkoinōnos]* vorkommen, um die abzulehnende Gemeinschaft mit dem Bösen (Eph 5,11; Offb 18,4), um die Solidarität im Leiden (Phil 4,14) wie um die Teilhabe am Evangelium und seiner Verheißung (1Kor 9,23; Phil 1,7) zu bezeichnen. Nach Röm 11,17 bekommen die Heiden als die auf den Ölbaum Israel aufgepfropften Zweige Anteil an seiner Erwählung und an seinen Verheißungen.

In 1Joh 1,3.6.7, wo auch κοινωνία *[koinōnia]* steht, ist nicht von einem mystischen Verschmelzen mit Christus und Gott die Rede, sondern von der Gemeinschaft in dem Glauben, der die apostolische Verkündigung rein bewahrt und bekennt, daß er ständig der Sündenvergebung durch Christus bedarf. So ist aller sektiererische Hochmut ausgeschlossen.

J. Schattenmann

Lit.: GUhlhorn, Die christliche Liebestätigkeit in der alten Kirche I, 1882 — ETroeltsch, Die Soziallehren der christlichen Kirchen und Gruppen, 1912 (passim) — FHauck, Die Stellung des Urchristentums zu Arbeit und Geld, 1921 – FMeffert, Der »Kommunismus« Jesu und der Kirchenväter, 1922 – RvPöhlmann, Geschichte der sozialen Frage und des Sozialismus in der antiken Welt, 3, 1925 – HSeesemann, Der Begriff κοινωνία im NT, 1933 – HHanse, Art. ἔχω, ThWb II, 1935, 816ff – FHauck, Art. κοινός, ThWb III, 1938, 789ff – JLLeuba, Institution und Ereignis, 1952 – BReicke, Glauben und Leben der Urgemeinde, 1957 – MBurrows, Mehr Klarheit über die Schriftrollen, 1958, 70.100.331 – EHaenchen, Die Apostelgeschichte, KEK III, 1965[14], 187ff – GFitzer, Taufe – Gemeinschaft – Mission, in: Verborum Veritas, Festschr. GStählin, hrsg. v. OBöcher/KHaacker, 1970, 263ff – GDFischer, Zum Koinonia-Charakter christlicher Gemeinde, ThGl 61, 1971, 39ff – MMcDermott, The Biblical Doctrine of KOINΩNIA, BZ 19, 1975, 64ff; 219ff.

Genügen

Daß die vorfindliche Wirklichkeit kaum einmal dem gesetzten oder geforderten Maß entspricht, daß entweder ein vorgestelltes Ziel nicht erreicht oder aber die gegebenen Verhältnisse als unangemessen empfunden werden, – dadurch ist jenes Feld gekennzeichnet, in das unsere Vokabeln gehören. Was dem fest umrissenen Maß, der Forderung entspricht, ist ἱκανός *[hikanọs]*, und zwar im ethischen *(wert, würdig, tauglich)* wie im sachlichen Sinne *(genug, ziemlich viel)*; vgl. hierzu auch → richtig, Art. ἄξιος und die Vokabeln der Gruppe → Fülle. Richtet sich die Intention aber nicht auf die Erfüllung des Maßes, sondern umgekehrt auf seine Anerkennung, auf das Bleiben innerhalb der – entweder selbst gesetzten, rein faktischen oder als gottgegeben verstandenen – Grenzen und Möglichkeiten, dann gibt dem die ἀρκέω *[arkẹō]*-Gruppe Ausdruck; sie berührt sich hier eng mit den unter → Demut verhandelten Vokabeln.

ἀρκέω

ἀρκέω *[arkẹō]* genügen · ἀρκετός *[arketọs]* genügend · αὐτάρκεια *[autạrkeia]* Genügsamkeit · αὐτάρκης *[autạrkæs]* genügsam

ἀρκέω *[arkẹō]* = *genügen, ausreichen;* Pass.: *sich genügen lassen, zufriedengestellt werden,* findet sich schon bei Homer in der Bedeutung *Schutz bringen, abwehren, Kraft haben, helfen.* Das Adj. ἀρκετός *[arketọs]* taucht erst im 1. Jh. nChr auf (Chrysippus von Tyana, Handbuch der Kochkunst) und bezeichnet das, was *genügend, ausreichend* ist, während das Subst. αὐτάρκεια *[autạrkeia]* (seit dem 5. Jh. vChr, Demokrit, Hippokrates) = *genügendes Auskommen, Genügsamkeit* gern den Zustand des unabhängigen Mannes beschreibt, der auf sich selbst gestellt ist. Entsprechend heißt αὐτάρκης *[autạrkæs] genügsam,* von daher auch *stark* (Hdt. 1,32), häufig in der Verbindung αὐτάρκης εἶναι *[autạrkæs ẹinai]* = *sich genügen lassen.* I

In der stoischen Moralphilosophie wird die Fähigkeit des ἀρκεῖσθαι *[arkẹisthai]* zum Inbegriff aller Tugenden. So urteilt der Stoiker Diogenes Laertius über Sokrates, er sei αὐτάρκης καὶ σεμνός *[autạrkæs kai semnọs]* = genügsam und fromm. Wer die Tugend der Genügsamkeit übt, bescheidet sich klug mit dem, was seiner besonderen Natur bzw. seinem δαίμων *[dạimōn]* entspricht, oder – so andere – was er von den Göttern empfangen hat; er wird unabhängig von den Dingen und ruht in sich selbst bzw. fügt sich in das ihm von den Göttern zugemessene Geschick (Diogenes Laert. II,24; Epict. Diss. I,1,12f). Bedürfnislosigkeit wird zum Ideal der Stoa.

Die LXX verwendet ἀρκέω *[arkẹō]* und seine Derivate nur selten (hebr. Äquivalente sind vor allem *mātsā'* = *ausreichen, erreichen* und *hōn* = *Reichtum,* adv. *genug):* in Num 11,22 in der Bedeutung *ausreichen, genug sein;* in 1Kön 8,27 in der Bedeutung *hinreichen, fassen;* in Spr 30,15; 2Makk 5,15; 4Makk 6,28; Weish 14,22 als *genügen.* Darüber hinaus kennt die at. Frömmigkeit mehr von der Weisheit der Bescheidung, als der rein vokabelmäßige Befund erkennen läßt (vgl. Ps 73,23ff; 131; dazu ThWb I, 465f). II

Im NT sind die Vokabeln nicht häufig: ἀρκέω *[arkẹō]* und ἀρκετός *[arketọs]* kommen insgesamt nur 11mal vor, davon 6mal in den Evgg.; αὐτάρκης *[autạrkæs]* und αὐτάρκεια *[autạrkeia]* (insgesamt 3mal) finden sich nur im paulinischen Sprachgebrauch bzw. daran anschließend. III

1) Einerseits drückt im NT ἀρκέω *[arkẹō]* das *Genügen, Ausreichen* einer Sache aus (Mt 25,9 Öl; Joh 6,7 Brot), andererseits beschreibt es die Lebenshaltung, die sich genügen läßt an dem, »was da ist« (Hebr 13,5), »an Nahrung und Kleidung« (1Tim 6,8) oder an »Sold« (Lk 3,14).

2) ἀρκετός *[arketos]*, genug (sein), steht als adjektivisches Prädikat in Mt 6,34; 10, 25; 1Petr 4,3. αὐτάρκεια *[autarkeia]* kommt nur in 2Kor 9,8 und 1Tim 6,6 vor. Paulus ist der Überzeugung, daß die Korinther, wenn sie nur von Herzen geben, »in allen Dingen allewege volle Genüge« haben werden, dh Gott wird sie reich beschenken mit den lebensnotwendigen Gütern. 1Tim 6,6 sieht gerade in der Genügsamkeit (Z), wenn sie mit → Frömmigkeit verbunden wird, einen großen Gewinn. Hier zeigt sich eine große Nähe zum stoischen Denken (vgl. das Urteil des Diog. Laert. über Sokrates; s. o. I). Ähnlich kennzeichnet Paulus seine eigene Lebenshaltung in Phil 4,11 als sich »genügen zu lassen« in jeder Lage (αὐτάρκης εἶναι *[autarkæs einai]*).

3) Feststellung und Forderung solcher durch ἀρκεῖσθαι *[arkeisthai]* gekennzeichneten Lebenshaltung haben im NT das Vertrauen der Kinder Gottes zur Voraussetzung. Sie wissen sich in der Vaterliebe Gottes geborgen und können deshalb an dem, was vorhanden ist, Genüge haben, weil Gott es ihnen so zumißt und weil er sich in seinen Verheißungen für ihr Leben verbürgt (Hebr 13,5). Vertrauen (→ Glaube) bannt die → Sorge um die Zukunft, weil diese ebenso wie der gegenwärtige Tag von Gott versorgt wird (Mt 6,34). Dazu aber werden sie der Sorge um sich selbst entbunden, damit sie frei werden zur Fürsorge für die anderen.

Überschwenglich kann Paulus die Gnade Gottes rühmen, die im Überfluß (→ Fülle, Art. περισσεύω) denen gegeben wird, die gern geben. Gott gibt ihnen »volle Genüge« (vgl. Joh 10,11 L: περισσόν *[perisson]*) und macht sie reich zu jedem guten Werk. Nicht mehr die un-abhängige Selbstgenügsamkeit ist im Evangelium das Kennzeichen der nt. αὐτάρκεια *[autarkeia]*, sondern die Freiheit zum Weitergeben, das erstaunliche Phänomen, daß der Mensch nun eben nicht mehr seine eigene Existenzgrundlage in den Mittelpunkt stellt.

4) Für Paulus ist die Bescheidung ein ganzes Ja zu dem, was Gott darreicht (vgl. Phil 4,11). Er trennt nicht zwischen notwendigen und überflüssigen Dingen, sondern hält sie zusammen im Dank für alles. Fülle und Not – beides kann der Apostel bejahen als zu seinem Leben gehörig, und er dankt dafür, daß er beides samt der gnädigen Vergebung und der lebenschaffenden Kraft Gottes als Gabe empfangen hat. Nicht mehr als die gnädige Zuwendung Gottes zu begehren, sich daran genügen zu lassen, darin muß sich Paulus an und mit jener Krankheit üben, die er als Pfahl im Fleisch trägt und an der ihm von Mal zu Mal neu bewußt wird, daß er in seinem eigenen Vermögen ganz und gar abhängig ist von dem, was sein Herr ihm ermöglicht (2Kor 12,7ff).

5) Endlich wird die Intention des Wortes noch an einer anderen Stelle, nämlich Joh 14,8 deutlich. Als Philippus den Wunsch äußert, den Vater zu sehen (gezeigt zu bekommen), weil – nach den hier überlieferten Worten – er dann »zufrieden« sei (καὶ ἀρκεῖ ἡμῖν *[kai arkei hæmin]*), wird er darauf hingewiesen, daß das Maß für den Menschen, auch den Jünger, enger gesteckt ist: Es genügt, Christus zu sehen; denn wer ihn sieht, sieht den Vater. Die Offenbarung Gottes in Jesus ist so vollständig und umfassend, wie sie der Mensch in der Gegenwart überhaupt nur zu fassen vermag. *B. Siede*

ἱκανός

ἱκανός *[hikanos]* genug, würdig, tüchtig · ἱκανότης *[hikanotæs]* Tüchtigkeit · ἱκανόω *[hikanoō]* tüchtig machen

I ἱκανός *[hikanos]*, erst seit den griech. Tragikern bezeugt, ist abgeleitet von ἱκάνω *[hikanō]* = *hingelangen*. Das Wort bezeichnet das dem gesteckten Ziel, der gesetzten Absicht entsprechende Ergebnis im Sinne von *hinreichend, hinlänglich, groß* oder *zahlreich genug*. Von Personen ausgesagt bedeutet es *tüchtig, kompetent*.

II 1) In LXX (und anderen jüd. und christl. Übers.n des AT) gibt ἱκανός *[hikanos]* zumeist das hebr. *dai* = *Bedarf* wieder: was Künstler zu ihrer Arbeit brauchen (Ex 36,7), was der Bruder an Hilfe braucht (Lev 25,25ff), was man gegen den Hunger braucht (Spr 25,16), was man zum Opfer braucht (Lev 5,7), was es bis zum Gottesgericht noch braucht (Ob 5) usw. Hier wird also nicht mehr ein Ergebnis oder eine Person gemessen an dem erreichten oder nicht erreichten Ziel, sondern alles wird auf eine Person und ihren Bedarf bezogen: Der Wortsinn hat sich vom sachlichen Messen *(ausreichen, genügen)* zum personalen Bezug *(brauchen, bedürfen)* hin verschoben.

2) Weiter fällt auf, daß LXX den Gottesnamen *Schaddaj* (neben παντοκράτωρ *[pantokrạtōr] = Allbeherrscher)* gern durch ὁ ἱκανός *[ho hikanọs]* übers. und deutet; *Schaddaj* war urspr. wohl ein nichtisraelitischer Gott gewesen, von dem man sich Jahwe zuwenden konnte (zu Ps 91,1f vgl. Eißfeldt III,441ff). Die Priesterschrift der Genesis sah die Erzväterfamilien als Verehrer *Schaddajs* an (17,1; 28,3; 35,11; 43,14; 48,3) und läßt sie erst durch Moses Berufung zu Jahwe finden (Ex 6,2ff). Doch bald kannte man *Schaddaj* nur noch als Beinamen Jahwes (zu Ps 91,9, vgl. Eißfeldt I,145f), dessen Bedeutung nicht verstanden wurde. Ein prophetischer Deutungsversuch liegt uns noch Jes 13,6; Jo 1,15 übereinstimmend vor: *Schaddaj* bringt das gewaltige Gericht *(schōd)* über sein Volk Israel. Eine andere Deutung entstand durch die LXX-Übers.: Man trennte den hebr. Konsonantenbestand in zwei Teile, vokalisierte sie als *sche* und *dai* und las: Jahwe, »der (sich selbst) genügt«, der Allmächtige (Ruth 1,20f; Hi 21,15; 31,2; 40,2; Ez 1,24). Jahwe muß als Schaddaj nicht einem äußeren Ziel, einem Maß, einem Ideal genügen (das wäre der griech. Gedanke der Moira, der auch die Götter unterworfen sind), sondern setzt sich selber und damit seiner Schöpfung das Maß.

1) Der Gebrauch des Wortes im NT stammt vorwiegend aus dem hell., griech.-jüd. bestimmten Sprachraum: Weitaus die meisten Belege finden sich bei Lk (27 von 40). ἱκανός *[hikanọs]* bezeichnet bei ihm fast ausschließlich eine *Menge,* — an Zeit (Lk 8,27 u. ö.) oder Zahl (Apg 11,24 u. ö.). Theol. Gewicht ist hier nicht zu erkennen. III

Eine Ausnahme bildet das kaum deutbare Wort von den zwei Dolchen Lk 22,38: Jesus, der in der Heilszeit seiner Gegenwart Apostel ohne äußere Sicherung ausgesandt hatte (V. 35), weist sie nun auf den in Drangsalen notwendigen Durchhaltemut hin. Die Dolche sind nicht zum Gebrauchen gedacht, wie Lk 22,49ff und Apg 21,38ff zeigen. Vielmehr sollen Apostel den Mut solcher »Dolchmänner« haben, die ihr Leben für ihren Auftrag einzusetzen bereit sind. Da Jesus das bei ihnen erkennt, sagt er: Es ist genug! Eine Zwei-Schwerter-Theorie, durch die die Bulle Unam Sanctam 1302 dem »Nachfolger Petri« oberste weltliche und geistliche Macht zusprechen wollte, läßt sich diesem Vers also nicht entnehmen.

2) Außerlukanische Belege für ἱκανός *[hikanọs]* im NT finden sich fast nur bei Paulus. Sie zeigen im Zusammenhang mit Mk 1,7 und Mt 8,8, daß eine urchristl. Bekenntnissprache entstanden ist: von mir aus bin ich nicht würdig (2Kor 3,5), ist niemand würdig (2Kor 2,16), → Apostel zu sein (1Kor 15,9), dem neuen Bund (2Kor 3,16), ja Christus selber zu dienen (Mk 1,7). Ich bin seiner Gegenwart nicht wert (Mt 8,8), die mich zu seinem Ebenbild macht (vgl. 1Kor 11,1). Es ist Gottes Gnade und Gabe allein, daß wir dennoch dazu tüchtig sind (2Kor 3,5f; Kol 1,12: ἱκανότης *[hikanọtæs]* und ἱκανόω *[hikanọō])*. 2Tim 2,2 zeigt demgegenüber deutlich, daß in nachpaulinischer Zeit die Frage nach der menschlichen Eignung und den vorhandenen Fähigkeiten immer mehr in den Vordergrund trat und das Wissen überdeckte, daß des Christen Würde immer Gottes Geschenk ist. Daher fehlt Begriff und Sache in den späteren Schriften des NT! Paulus jedenfalls, der den griech. Wortgebrauch im Sinne einer längeren Zeit (Röm 15,23) und beträchtlichen Zahl (1Kor 11,30) durchaus kennt, schließt sich in seinen Aussagen an die LXX und ihre Übers. von *dai = Bedarf* an: für die Würde des Christen ist sein Wert bedeutungslos; nicht die Werke, die er für Gott tut, sondern die Werke, deren es von Gott bedarf und die er von ihm empfängt, gelten vor Gott allein (vgl. Ex 4,10ff).

W. von Meding

Lit.: RBultmann, Der Stil der paulinischen Predigt und die kynisch-stoische Diatribe, FRLANT 13, 1910 – ASchlatter, Die beiden Schwerter, Beitr. z. Förderung d. christl. Theol. 20,6, 1916 (zu Lk 22,35ff) – HWindisch, Der zweite Korintherbrief, KEK VI, 1924⁹ – GKittel, Art. ἀρκέω, ThWb I, 1933, 464ff – KHRengstorf, Art. ἱκανός, ThWb III, 1938, 294ff – WMichaelis, Art. μάχαιρα, ThWb IV, 1942, 530ff – AAlt, Der Gott der Väter, in: Kleine Schriften z. Geschichte d. Volkes Israel I, 1953, 1ff – ELohmeyer, Die Briefe an die Philipper, Kolosser und an Philemon, KEK IX, 1956[11], 179f – HConzelmann, Die Mitte der Zeit, 1964[5], 74f – OEißfeldt, Kleine Schriften III, 1965, 441ff – KHRengstorf, Das Evangelium nach Lukas, NTD 3, 1965[10], 249.

Gerechtigkeit

δικαιοσύνη

δικαιοσύνη *[dikaiosynæ]* Gerechtigkeit · δίκαιος *[dịkaios]* gerecht · δικαιόω *[dikaiọō]* rechtfertigen · δικαίωμα *[dikạiōma]* Rechtsforderung, Rechtssatzung · δικαίωσις *[dikạiōsis]* Rechtfertigung

I Alle Vokabeln dieser Gruppe sind aus dem Subst. δίκη *[dịkæ]* abgeleitet, das als urspr. Wurzelnomen die *Weiserin* und die *Weisung* heißen kann (Frisk). Zu »Weiserin« vgl. Hes. Erga 256ff: Sie ist die Tochter des Zeus und nimmt an seiner Weltregierung teil. Zu »Weisung« vgl. ebd. 275ff: Zeus hat den Menschen im Unterschied zu den Tieren, die wohl den νόμος *[nọmos]* = das → Gesetz haben (nämlich sich aufzufressen), die δίκη *[dịkæ]* zur Ermöglichung des menschlichen Lebens gegeben; ihr steht störend und zerstörend die Gewalt (βίη *[bịæ]*) gegenüber. In religiöser Haltung gründend ist δίκη *[dịkæ]* also (wie alles griech. Göttliche) eine übermächtig erfahrene Grundkraft der geordneten Welt: nicht von Gott über bzw. für diese Welt gesetztes Recht, sondern immanente, vorhandene Seinsordnung, bezogen auf das Zusammenleben menschlicher Gemeinschaft. Nach-homerisch verstand man sie auch als »Sühne, Strafe« bzw. als die Göttin der Strafe und Strafverfolgung. – In den der Entstehung der Polis (→ Stadt) vorausgehenden Auseinandersetzungen wurden δίκη *[dịkæ]* und seine Ableitungen zu Kampfwörtern und dann zu tragenden Begriffen der Polis. Entscheidend wichtig wurde hierbei der Gedanke, daß Gerechtigkeit dann herrsche, wenn ein jeder das ihm Zukommende tue (Platon: τὰ ἑαυτοῦ πράττειν *[ta heautọu prạttein]*). Dh gerecht war es, das Bestehen ganz unterschiedlicher gesellschaftlicher Vollmachten und Ränge zu akzeptieren und selbst das dem eigenen Rang Angemessene zu übernehmen. Die δίκη *[dịkæ]* nimmt den Rang einer vorfindlichen, unantastbaren Grundordnung des Daseins ein.

1) δίκαιος *[dịkaios]* = *gerecht* ist anfangs demnach der, der sich zum und im Gefüge seiner Gemeinschaft angemessen verhält und die Pflichten gegenüber Göttern und Menschen beachtet (Od. 13,209); durch letzteres ist er unterschieden vom δυσσεβής *[dyssebæs]* (Aisch. Th. 598; vgl. → Frömmigkeit). Weil sich mit dem Wesen des Gerechten Hybris und Unzivilisiertheit nicht vertragen (Od. 9,175), heißt eine zivilisierte, den Regeln der ordentlichen Gesellschaft angemessene Weise zu leben (im Unterschied zu den Barbaren) δικαία ζωή *[dikạia zōæ]*, eine schickliche angemessene Weise zu freien δικαίως μνᾶσθαι *[dikạiōs mnạsthai]* (Od. 14,90). – In späterer Zeit wird der Begriff verallgemeinert zu der Bedeutung *einem Geordneten (Gefügten) angemessen;* so ist ἅρμα δίκαιον *[hạrma dịkaion]* ein gleichmäßig fahrender Wagen, δίκαιος βάσανος *[dịkaios bạsanos]* eine unparteiische Prüfung, τῷ δικαιοτάτῳ τῶν λόγων *[tō dikaiotạtō tōn lọgōn]* die sachgemäßeste Art zu reden. Am bedeutsamsten ist aber fraglos die rechtlich-ethische Komponente des Begriffes, der zufolge δίκαιος *[dịkaios] gerecht* heißt im Sinne von dem Gesetz, der vorfindlichen (statischen) Ordnung entsprechend. Besonders beliebt ist das Neutrum »das Rechte«, und zwar im juristischen und ethischen Sinne, zB τὸ δίκαιον τὸ νόμιμον καὶ τὸ ἴσον *[to dịkaion to nọmimon kai to ịson]* (Arist. Eth. Nic. 1129a 34); οὐδὲν τῶν δικαίων ποιεῖν τινι *[oudẹn tōn dikạiōn poiẹin tini]* heißt: jemandem nichts von dem tun, was recht und billig ist; τὰ δίκαια λαμβάνειν *[ta dịkaia lambạnein]*: das Zukommende nehmen. So wird τὸ δίκαιον *[to dịkaion]* auch zur Bezeichnung für den *Rechtsanspruch*, während τὰ πρὸς ἀλλήλους δίκαια *[ta pros allælous dịkaia]* die Verträge und Verpflichtungen meint, die man miteinander hat.

2) Eine spätere Bildung mit der abstrahierenden Endung -σύνη *[-synæ]* ist das Subst. δικαιοσύνη *[dikaiosynæ]* (seit Theognis 1,47: ἐν δὲ δικαιοσύνῃ συλλήβδην πᾶς ἀρετή ἐστιν *[en de dikaiosynæ syllæbdæn pas aretæ estin]*). Das Wort bezeichnet einerseits die Qualität des Gerechten (δικαιοσύνη δικαστική *[dikaiosynæ dikastikæ]* ist die dem Gesetz entsprechende Gerechtigkeit), andererseits ist sie aber auch selbst Maßstab und ihre jeweilige Wiederherstellung Ziel für das Handeln des Richters (sie ist ὡς ὁ νόμος *[hōs ho nọmos]*, Arist. Rhet. I,9p, 1366b, 9ff), also iustitia distributiva. Zusammen mit φρόνησις *[phrọnæsis]* vernünftiger Einsicht, σοφία *[sophịa]* Weisheit, σωφροσύνη *[sōphrosynæ]* Besonnenheit und ἀνδρεία *[andrẹia]* Tapferkeit, Mannhaftigkeit gehört sie zu den vier Kardinaltugenden.

In Verbalform wird (seit Pind. und Aisch.) der Gehalt des Adj. und der beiden Subst.e durch das aus ihnen gebildete δικαιόω *[dikaiọō]* ausgedrückt; es heißt: a) *zum Rechten bringen*, zB das Gesetz des Gewalttätigen (Pi. Fr. 169,3); b) *als Recht fordern, für recht halten, als Urteil verkünden;* c) *jemandem Recht* (das ihm Zukommende) *widerfahren lassen*, entweder im Sinne von *strafen* (Hdt. 1,100) oder *als gerecht erklären, rechtfertigen* (seit LXX).

Zwei andere Subst.e des gleichen Stammes schließlich bezeichnen das durch die Handlung Geschehene oder auch die konkrete personale Anwendung dessen, was recht ist (δίκαιον *[dịkaion]*, δίκη *[dịkæ]*). δικαίωμα *[dikạiōma]* (seit Plat., Arist.) heißt: a) *rechte Handlung;* b) *Urteil* im Sinne von Strafbuße oder Gerechtigkeitserklärung, kann aber auch c) seit LXX *Anordnung, Gebot* und d) *Rechtsdokumente, Beglaubigungsschreiben* bezeichnen. – δικαίωσις *[dikạiōsis]* (seit Thuk.) heißt: a) *Verdammung, Bestrafung;* b) *Gerechterklärung;* aber auch c) *gerechter Anspruch* oder d) *die Weise*, über gerecht und ungerecht *zu urteilen.*

Außer δικαίωμα *[dikạịōma]* = *Satzung*, das am häufigsten für hebr. *chōq* oder *chuqqāh* (ca. 70mal) II
und *mischpāt* (ca. 40mal) eingetreten ist und hier nicht weiter behandelt wird (vgl. → Gesetz), hat die Wortgruppe ganz überwiegend zur Übers. der Wurzelgruppe *tsādaq* Verwendung gefunden: δίκαιος *[dịkaios]* ca. 180mal für *tsaddiq* und 43mal für Ableitungen, daneben (relativ selten) für *'æmæt* = *treu, jāschār* = *recht, richtig, mischpāt* = *Recht, nāqī* = *unschuldig;* δικαιοσύνη *[dikaiosynæ]* ca. 220mal für *tsᵉdāqāh* oder *tsædæq* und 6mal für *tsaddiq,* daneben für *'æmæt* = *Treue, chæsæd* = *Gnade* und *mischpāt* = *Recht;* δικαιοῦν *[dikaiọụn]* 22mal für *tsādaq,* nur vereinzelt für andere Wörter. Daher kann die folgende Darstellung sich auf die entscheidende Wurzelgruppe beschränken.

1) Die at. Vorstellung von Gerechtigkeit wurzelt nicht in der Übereinstimmung von Taten mit bestimmten absoluten Rechtsnormen, sondern in der Angemessenheit des Verhaltens in einer zweiseitigen Beziehung. Gottes Gerechtigkeit zeigt sich daher in seinem gottgemäßen Handeln an seinem Volk, also in seinem Retten und in seinem Heil (Jes 45,21; 51,5f; 56,1; 62,1). Seine Gerechtigkeiten wurden in frühester Zeit (Ri 5,11) und immer neu gerühmt (1Sam 12,7; Jes 45,24; Mi 6,5; Ps 103,6; Dan 9,16). Wer Rettung ersehnte, rief nach Gottes Gerechtigkeit, dh aber nach seinem Eingreifen (Ps 71,2; 143,11), und die Feinde wurden an ihr zuschanden (Jes 41,10f; 54,17; Ps 129,4f). Um Israels willen konnte Gottes Gerechtigkeit sogar der Natur des Landes zuteil werden zu ihrem Gedeihen (Hos 10,12; Jo 2,23; Jes 32,15ff; 48,18f). Israels Platz war hier die Teilhabe an Gottes Gerechtigkeit (Ps 24,5), die geradezu räumlich beschrieben sein kann (Ps 89,17; 69,28).

2) Von dem eigenen Gerechtsein spricht die vorexilische Zeit wenig, weil es darauf ankommt, bei und in dieser dem Volk zugewandten Gerechtigkeit zu bleiben. Wer das Gott angemessene Verhalten nicht lebt, hat zu ihr erst gar keinen Zugang (Ps 15; 24,3f). Denn Gerechtigkeit Gottes ist vielmehr per se Heilsgut. Dem entspricht, daß Gerechtigkeit im AT nirgendwo Strafe bedeutet. In rein menschlichen Verhältnissen zeigt sich das dadurch, daß es im Gericht nicht heißt: Der Schuldige wird gerecht bestraft, sondern: Der Gerechte wird gerecht gemacht und der Schuldige schuldig (Dtn 25,1). Spricht man von menschlicher Gerechtigkeit, so ist vorexilisch überwiegend das mitmenschliche Verhalten (und nicht so sehr das Verhältnis zu Gott) gemeint, sofern es durch vorgegebene Beziehungen (Sippe: Gen 38,26; König und Offizier: 1Sam 24,15) oder durch Gottes Recht geordnet ist (Zeph 2,3; beides Am 5,7; 6,12).

Seit der geistesgeschichtlichen Wende des Exils sprechen die Texte jedoch mit großer Unbefangenheit von der Gerechtigkeit des Frommen vor Gott. Vor dem Exil war das Unterpfand der Gegenwart Gottes beim Volk der freie unabhängige Landbesitz gewesen, auf den sich Gottes Gerechtigkeit ebenso bezog wie auf das Volk. Seit dem Exil aber wurde die Gabe des Gesetzes zum Unterpfand. Damit erhielt die mitmenschliche Gerechtigkeit einen festen, zum großen Teil normierten Bezugsort, und dieser war zugleich der Raum, in dem sich die Teilhabe an Jahwes Gerechtigkeit vollzog und bewährte. Wenn daher Psalmenbeter das Urteil »gerecht« für sich in Anspruch nahmen (Ps 7,9; 17,1–5; 18,22–24; 26,1–6), so geschah es in diesem Sinne der Zugehörigkeit zu dem Volk, dem Jahwe Anteil an seiner Gerechtigkeit gegeben hat; denn daß er allein das Urteil »gerecht« aussprechen kann, hatte der Kult seit langem verkündet. Jene Aussage war also ein Bekenntnisakt: Indem man am Kult teilnahm, war man nicht von Jahwes Gerechtigkeit ausgestoßen. Ferner glaubte man, daß das Gesetz leicht zu halten sei, und bekannte sich mit dem Titel »gerecht« gern zum Gesetz als der Quelle für das tägliche Leben (v. Rad, 378f). Allerdings kann es ganz vereinzelt auch schon heißen, daß vor Gott eigene Gerechtigkeit nichts gilt (Ps 143,1; Hi 4,17), sondern nur sein Erbarmen (Dan 9,18). So nimmt das Wort Gerechtigkeit nach-alttestamentlich immer mehr den Charakter von Güte (→ Gnade) an, die dem unparteiischen Richten Gottes als korrigierendes Element an die Seite gestellt wird (vgl. v. Rad, I D 3; Horst, 1403ff).

3) Für das rabb. Judentum ist Gerechtigkeit nichts anderes als Übereinstimmung mit dem Gesetz. Ein großer Teil der Gesetze (vor allem der rituellen) gab an sich keinen Sinn mehr. Er diente aber nach seiner Überzeugung zur Schulung im Gehorsam und vor allem zum Erwerb von Verdiensten. »Denn die Leidenschaf zum Gehorsam« (nach Kilisch) transformierte sich nun in das Streben nach dem Erwerb eines Anteils am Gottesreich durch Verdienste. Als bes. verdienstlich gelten Wohltätigkeit und Liebestätigkeit. Wohltätigkeit *(tsᵉdāqāh)* umfaßt alles, was durch materielle Aufwendungen geleistet werden kann, also Hungrige speisen, Nackte kleiden, Durstige tränken etc. Liebeswerke sind dagegen solche, zu denen eine moralische Überwindung gehört, wie trauern mit Trauernden, Unglückliche trösten, Kranke besuchen, Gefangene aufsuchen (vgl. Mt 25,35f). Allerdings zeigen auch viele Beispiele, daß das Vertrauen auf Gott Großes bei ihm erwirkt. Der Glaube Moses' allein zB genügte für Gott, um bei der Flucht Israels aus Ägypten das Meer zu spalten. Der Titel »ein Gerechter« wurde nicht vielen zuerkannt (hauptsächlich biblische Gestalten, vgl. Mach 242ff), und man war der Überzeugung, daß niemand ohne Gnade gerecht würde, auch nicht die Väter der Welt (Abraham, Isaak, Jakob). Jedem aber, der sich bemüht, hilft Gott in entgegenkommender Weise. Das Gericht schließlich wird die Verdienste gegen die Schulden abwägen. Überwiegen die Verdienste, ist der Betreffende ein Gerechter. Überwiegen die Schulden, ist er ein Frevler. Ist die Waage ausgeglichen, so müssen die Betreffenden nach der einen Ansicht

in die Hölle und werden von dort nach einiger Zeit als geheilt wieder aufsteigen, nach der anderen wird Gott aus seinem großen Schatz und den Verdiensten der Gerechten nehmen, um die Mittelmäßigen zu Gerechten zu machen (vgl. R. Mach, Der Zaddik in Talmud und Midrasch, 1957; A. Marmorstein, The old Rabbinic doctrine of God, 1922).

4) Für die Gemeinde von Qumran scheint ein stark ausgeprägtes Bewußtsein der eigenen Schuld und der Vergänglichkeit bezeichnend gewesen zu sein, weswegen die Berufung auf Gottes Rechtfertigung immer wiederkehrt: »Denn ich: bei Gott ist meine Rechtfertigung *(mischpāt)*«, »durch seine Gerechtigkeiten wischt er weg meinen Frevel«, »aus der Quelle seiner Gerechtigkeit ist meine Rechtfertigung«, »wenn ich strauchle durch die Schuld meines Fleisches, so steht auf meine Gerechterklärung durch die Gerechtigkeit Gottes in Ewigkeit« (1QS 11,2.3.5.12). »Ich erkannte, daß nicht beim Menschen liegt die Gerechtigkeit und nicht beim Menschenkind vollkommener Wandel. Bei Gott dem Höchsten sind die Taten der Gerechtigkeit (= Gnade 11,18; 16,9); aber der Wandel der Menschen besteht nicht, außer durch den Geist, den Gott ihm geschaffen hat« (1QH 4,30). So eindrucksvoll die Übereinstimmung mit paulinischen Aussagen auf den ersten Blick ist, bleibt doch zu beachten, daß Gerechtigkeit andererseits festgelegt ist nicht bloß auf das Gesetz wie allg. im Judentum, sondern speziell auf die radikalisierte rechte Lehre des Lehrers der Gerechtigkeit. Denn wenn die Gemeindeglieder »Söhne der Gerechtigkeit« (1QS 9,14) bzw. »Erwählte der Gerechtigkeit« (1QH 2,13) heißen, so bedeutet das nichts anderes, als daß sie der rechten Lehre ihres Lehrers Folge leisten; und die rechtfertigende Gnade Gottes schien sich im wesentlichen in der Offenbarung dieser rechten Lehre radikalisierter Gesetzesfrömmigkeit zu zeigen (vgl. G. Jeremias, Der Lehrer der Gerechtigkeit, S. 308ff).

III Das NT bietet die Wortgruppe in zT weit auseinanderliegenden Prägungen, wobei vom Vorkommen her sich nur das Adj. δίκαιος *[dịkaios]* in fast allen nt. Schriften findet, am häufigsten bei Mt und Paulus (je 17mal), während die übrigen Vokabeln vorwiegend zum paulinischen Sprachschatz, sogar speziell dem des Röm, gehören. Um die je bes. Verwendung schärfer herausarbeiten zu können, muß auf die Interpretation leicht verständlicher Stellen verzichtet werden.

1) Für M a t t h ä u s sind die Aussagen über die Gerechtigkeit geradezu Grundlagen seiner Verkündigung. Schon das Werk des Täufers wird so charakterisiert: Johannes kam auf dem Weg der Gerechtigkeit (21,32), dh seine Buß- und Taufforderung an ganz Israel, ohne daß sich irgendeiner auf einen Anspruch vor Gott hätte berufen können (zB Abraham ist unser Vater), erging nach Jesu Urteil im Namen des jetzt sein Reich heraufführenden Gottes. Um daher »alle Gerechtigkeit zu erfüllen« (3,15), unterstellte er sich der Johannes-Taufe. Darum sind die selig, die da hungert und dürstet nach Gerechtigkeit (5,6); denn sie sind solche, die, ob sie gesetzestreu leben (1,19) oder nicht, einzig danach verlangen, daß Gott sie rechtfertigt. In der Konsequenz dieser Gerechtigkeit wandte sich Jesus speziell an die Sünder, nicht an die Gerechten (9,13; vgl. Mk 2,17), die ihrer nicht zu bedürfen meinten. Zwar bestreitet er diesen nach Mt ihre Gerechtigkeit (im Sinne der Erfüllung des → Gesetzes) nicht; denn auch er kann wie die rabb. Tradition von den beispielhaften Gerechten Israels reden (10,41; 13,17; 23,15.29, stets zusammen mit Propheten). Der Konflikt mit den Pharisäern und Schriftgelehrten, die meinten, sie seien auf dem Weg der Gerechtigkeit (23,27f), entstand erst dadurch, daß sie ihre Gerechtigkeit nicht als Gottes freie Gabe verstehen konnten, sich daher der Johannes-Taufe nicht unterstellten (21,32); sie murrten, weil Gott abgesehen von gerechter Belohnung auch geschenkweise beruft (20,13–15). Und während es für sie dauernd um Abgrenzung durch eigene Heiligung geht, will Jesus jetzt noch nicht die Bösen von den Gerechten geschieden wissen (13,49), sondern behält diese Entscheidung dem → Gericht Gottes vor.

Mit dieser Verkündigung wollte Jesus nach Mt jedoch keine Erweichung des erklärten Gotteswillens; im Gegenteil: »Wenn eure Gerechtigkeit nicht mehr wird als die der Pharisäer und Schriftgelehrten, werdet ihr nicht in das Himmelreich eingehen« (5,20). Jesus verschärft die Thora oder hebt sie auf (5,21ff) nach dem Maßstab dessen, was Gott tut, der, wie die Johannes-Taufe offenbarte, nun auch seine Feinde liebt und d e s w e g e n regnen läßt über Gerechte und Ungerechte (5,44f; der Wortlaut von V. 45 ist gut rabb.). Wenn dieser Gerechtigkeit wegen ein Konflikt entsteht (mit dem Wortlaut des Gesetzes), so ist selig, wer ihretwegen verfolgt wird (5,10; wie Jesus). »Trachtet am ersten nach dem Reich

Gottes und seiner (Gottes) Gerechtigkeit« ruft Jesus (6,33). Diese Gerechtigkeit aber kann man nicht vor den Augen der Menschen zur Schau stellen (6,1); denn dann sucht man → Lohn bei den Menschen und nicht bei Gott, wie die Pharisäer, die — wie getünchte Gräber — zwar für die Augen der Mitmenschen gerecht aussehen, innen aber — und damit vor Gottes Augen — voll unreiner Gedanken sind (23,27f).

2) Bei Lukas hat die Wortgruppe Bedeutung vor allem deswegen, weil u. a. durch sie das Christentum als legitime Fortsetzung des Judentums (einer von den Römern geduldeten Religion, sog. *religio licita)* erwiesen werden konnte. Daher erwähnt er namentlich jüd. Gesetzesfromme — δίκαιοι *[dịkaioi]* — im Umkreis Jesu (1,6 Zacharias und Elisabeth; 2,25 Simeon; 23,50 Joseph von Arimathia), denen der röm. Hauptmann Cornelius zur Seite gestellt wird (ἀνὴρ δίκαιος *[anær dịkaios]* Apg 10,22.35). Jüd.-endzeitliche Hoffnung auf den wiederkommenden → Elia, der die Ungehorsamen zum Denken der Gerechten bekehren wird (1,17), und auf ein Leben in immerwährender Gerechtigkeit (1,75 δικαιοσύνη *[dikaiosynæ]* hier neben ὁσιότης *[hosiọtæs]* Heiligkeit, → heilig) leiten sein Evangelium ein. Diesen endzeitlichen Elia erkennt er in Johannes dem Täufer, bei dem sich Zöllner und öffentliche Sünder taufen ließen, um so Gott Recht zu geben (ἐδικαίωσαν *[edikạịōsan]*; 7, 29), während die Pharisäer und Schriftgelehrten, sich selbst täuschend, meinten, sie könnten sich selbst vor den Menschen als Gerechte darstellen (20,20) oder seien schon gerecht (16,15). Plastisch gezeichnet ist das im Gleichnis vom Pharisäer und Zöllner (18,9—14; der Sache nach ein rabb. Schulbeispiel für falsches Selbstvertrauen; vgl. Str.-B. II,210f).

Im Himmel aber ist über einen, der Buße tut, mehr Freude als über 99 Gerechte (15, 7); zwar, so will Lk sagen, ist Freude im Himmel über die Gerechten; aber die größte Freude entsteht an denen, die sich bekehren (→ Bekehrung). Denn das ist das Große an Jesus, daß er durch sein Wort verdorbenen, sündigen Menschen, die religiös und gesellschaftlich ausgestoßen waren, eine neue Existenz ermöglichte (5,32); und zwar nicht nur den Juden, wie die jüd. Religion, sondern auch den Nichtjuden (Apg 10,22.35)! Der exemplarische Gerechte ist daher Jesus (bei Mt ein Nebenzug 27,19): Bei seinem Ableben erkennt es der röm. Hauptmann (23,47), und von da an wird es zu einem wesentlichen Punkt der Verkündigung (Apg 3,14; 7,52; 22,14). Als dieser Gerechte schlechthin ist er daher vor der Auferstehung aller Gerechten (14,14; und Ungerechten 24,15) von Gott auferweckt und damit betraut worden, alle Völker in Gerechtigkeit zu richten (Apg 17,31). Darin gipfelt die lukanische Verkündigung, die daher in der Auseinandersetzung mit den jüd. Behörden die Frage nach der Gerechtigkeit in dem Satz zuspitzen kann: »Ob es vor Gott gerecht ist, euch mehr zu gehorchen als Gott — urteilt!« (Apg 4,19).

3a) Das JohEv hat δικαιοσύνη *[dikaiosynæ]* nur in einer bedeutsamen Wendung gebraucht: Der Paraklet (→ Fürsprecher) wird der Welt gegenüber das Beweisverfahren hinsichtlich der Sünde, der Gerechtigkeit und des Gerichts führen (16,8). Zu beweisen ist, daß die Gerechtigkeit offenbar wurde, indem Jesus zum Vater ging (16,10). Denn Gerechtigkeit findet die Welt nicht in sich selbst, auch nicht in ihrem besten und würdigsten Vertreter, Gerechtigkeit kommt nur vom Vater und ist bei ihm. Daher mußte Jesus sich seinen Jüngern entziehen, damit sie ihre Hoffnungen nicht welthaft auf ihn setzten, sondern auf den Vater allein, mit dem Jesus eins ist. — Sonst findet sich aus der Gruppe nur δίκαιος *[dịkaios]* an 3 Stellen als Bezeichnung eines angemessenen, sachgemäßen Urteils.

b) Eine ganz eigene Note zeigt der 1Joh-Brief (2. und 3Joh nicht belegt). Streng scheidet er zwei Sphären: »Meine Kinder, niemand möge euch irreführen. Wer die Gerechtigkeit tut, ist gerecht, wie jener (Christus) gerecht ist. Wer die Sünde tut, ist aus dem Teufel, weil der Teufel vom Ursprung an sündigt« (3,7; vgl. 3,10). Das heißt: nur einer der beiden Sphären kann man angehören. Aber von derjenigen, der man angehört, wird man ganz geprägt; »wenn ihr wißt, daß er (Christus) gerecht ist, so erkennt, daß jeder, der die Gerechtigkeit tut, aus ihm gezeugt ist« (2,29). Freilich gibt es nur einen einzigen vollkommen Gerechten: Jesus (2,1) und nur einen, der vom Ursprung an sündigt (2,29). Daher ist entscheidend, auf wessen Seite man sich schlägt, ob auf die Seite dessen, der von

Ursprung an sündigt, oder auf die Seite des Gerechten, dh ob man seine Sünde bekennt und einsieht (1,9—2,2) oder nicht. Die Strenge der Scheidung (vgl. noch 3,12) erklärt sich wohl daher, daß viele Christen aus dem Gefühl der Gemeinschaft mit Gott meinten, nicht mehr zu dieser, sondern schon zur himmlischen Welt zu gehören (vgl. 1,9), und daher glaubten, der Macht der → Sünde nicht mehr verfallen zu können.

4) Bei Paulus wird die gesamte Wortgruppe am häufigsten und differenziertesten gebraucht. In seiner Verkündigung von Gottes Gerechtigkeit und Gottes Rechtfertigen findet er zugleich am stärksten von allen nt. Schriften die Verbindung zur at. Tradition. Gottes Gerechtigkeit ist bei ihm im wesentlichen das gottgemäße, von der Bundestreue bestimmte Handeln an seinem Volk, das er zugleich durch dieses Handeln zu einer neuen Menschheit (Israel aus Juden und Heiden) konstituiert. Diese Gerechtigkeit Gottes erweist sich darin, daß Gott sich sozusagen durch die Sünde der Menschheit nicht aus seinem Konzept bringen läßt, sondern der Auflehnung zum Trotz sein Heil und seine Herrschaft gegen sie durchsetzt. Indem aber die Sünde so grundlegend angegangen wird, kann die Grenze Israels zu den Heiden überschritten werden und das neue Gottesvolk entstehen. Die Übertretung des Einen (→ Adam), sein Mißtrauen gegenüber Gott (Gen 3) hatte das Mißtrauen in die Menschheit gebracht und so zum Verdammungsurteil für alle geführt. Nun hat die Rechttat (δικαίωμα *[dikạiōma]*) des Einen (Christus), sein absolutes Vertrauen auf den, der die Gottlosen gerecht macht, trotz des Fluches der Sünde die Möglichkeit eines ebenso unbedingten Vertrauens zu Gott in die Menschheit gebracht. Das wird zum Rechtfertigungsurteil (δικαίωσις *[dikạiōsis]*), zur Gerechterklärung (δίκαιοι κατασταθήσονται *[dịkaioi katastathæsontai]*) der neuen Menschheit bei der Parusie führen (Röm 5,16—19).

Im einzelnen lassen sich folgende Aspekte unterscheiden:

a) Aus den Werken des Gesetzes, also auf Grund eines vollständigen Gehorsams wird kein Mensch gerechtfertigt (Röm 3,20.28; Gal 2,16; 3,11): Christus hätte ja auch nicht zu sterben brauchen, wenn es durch das Gesetz δικαιοσύνη *[dikaiosynæ]* gäbe (2,21; vgl. 3,21). Wer fortan aus den → Werken des Gesetzes gerechtfertigt werden will, ist darum aus der → Gnade gefallen (Gal 5,4). So sind die Menschen, die der Gerechtigkeit des Gesetzes nachjagen, an einen Strauchelstein geraten (9,32); denn mit Christus hat dieses Gesetz seine absolute Gültigkeit verloren (10,4), und zwar weil nach seinem Maßstab er, der von keiner Sünde (= Sorge um die eigene Gerechtigkeit) wußte, rechtens zur Sünde (= Auflehnung gegen den im Wortlaut des Gesetzes deklarierten Gotteswillen) gemacht wurde (2Kor 5,21). Dem scheint Röm 2,13 zu widersprechen: Die Täter des Gesetzes werden gerechtfertigt (nicht die Hörer; vgl. auch 10,5). Aber Israel erreicht eben die Erfüllung des Gesetzes nicht (9,31). Denn nur, wenn ein Mensch zuvor schon von der Gerechtigkeit Gottes ergriffen und erfüllt ist, kann er den Willen Gottes tun; sonst bemächtigt sich die Sünde des Gesetzes (Röm 7), und gegen sie ist der Mensch machtlos, weil die Sünde primär nicht ein böses Tun oder der böse Trieb ist, sondern das menschliche Streben nach eigener Gerechtigkeit und Rechtfertigung (Röm 10,3). Daher kann nur der, der der Sünde abgestorben und so gerechtfertigt ist (Röm 6,7), Gottes Willen tun (6,10).

b) Paulus schließt daraus, daß der Mensch nur aus → Glauben an Christus gerechtfertigt werden kann (Röm 3,26.28; 5,1; Gal 2,16), dh aus reinem Vertrauen auf Gottes Gnade, die es nur umsonst geben kann (Röm 3,24). Juden und Nichtjuden werden auf die gleiche Weise gerechtfertigt: die Beschneidung (Israel) aus Glauben und die Unbeschnittenheit (die Völker) durch Glauben (Röm 3,30; vgl. Gal 3,8). Paulus stützt sich dabei auf das Zeugnis der Schrift von Abraham, der auf den Gott vertraute, der den Gottlosen rechtfertigt (Röm 4,5.9.11; Gal 3,6). Entsprechend ist δικαιοσύνη *[dikaiosynæ]* am Übergang von Röm 3,20 zu V. 21ff verstanden als die Weise, wie Gott rechtfertigt. Röm 3,20 lautet: »Deswegen wird aus Gesetzeswerken kein Fleisch gerechtfertigt vor Gottes Angesicht«; 3, 21 fährt fort: »Jetzt aber ist Gottes Gerechtigkeit offenbart worden . . ., Gerechtigkeit aber aus Glauben . . .« Ergebnis dieser Gerechtigkeit Gottes ist daher das »umsonst durch Gnade gerechtfertigt« (V. 24). V. 25f nehmen das noch einmal auf: »(Christus Jesus) hat Gott aufgerichtet als durch Glauben gültige Sühne in seinem Opfertod (Blut), (geschehen) zum Erweis seiner Gerechtigkeit, wegen des Hingehenlassens der früheren Sünden zur Zeit der Geduld Gottes, zum Erweis nämlich seiner Gerechtigkeit für den gegenwärtigen Augenblick, damit er sei gerecht und gerecht machend den aus Glauben an Jesus Christus (Lebenden).« Die Sühne wird demnach dreifach erläutert: Einmal ist sie nur durch Glauben gültig und faßbar, da Christus selbst aus G l a u b e n an den, der den Gottlosen gerecht macht (Phil 2,8), sich zum Gottlosen hatte machen lassen. Die Sühne ist daher e x t r a n o s f ü r d e n G l a u b e n, da nur dieser mit Christus stirbt. – Zum anderen sühnt der Opfertod Jesu, weil in ihm der Erweis der Gerechtigkeit Gottes geschah. Dh in seinem Opfertod ging es nicht um die Rechtfertigung des in offiziell-jüd. Sicht gotteslästerlichen Jesus, sondern um die universale Rechtfertigung aus Glauben, die Jesus im Tod für uns vertrat (vgl. 1Kor 1,30). – Drittens erweist sich diese Rechtfertigung, die Parusie vorwegnehmend, schon jetzt. Dadurch ist Gott selbst gerecht; denn er stürzt den Menschen nicht in die Sünde, damit der Mensch Gottes Gnade fühlen könne (vgl. die Diskussion 3,5ff), sondern trotz der bestehenden Entfremdung zwischen Gott und Mensch ermöglicht Gott schon jetzt glaubendes Vertrauen und damit neues Leben schon vor dem Erscheinen seiner neuen Welt (Röm 5, 17). – Die Weise, wie Gott rechtfertigt, meinen auch Röm 4,11.13 δικαιοσύνη πίστεως *[dikaiosynæ pisteōs]*; 5,17 δωρεᾶς τῆς δικαιοσύνης *[dōreas tæs dikaiosynæs]*; 9,30; 10,6. 10; Phil 3,9 δικαιοσύνην τὴν ἐκ πίστεως *[dikaiosynæn tæn ek pisteōs]* = Gerechtigkeit aus Glauben.

c) Dadurch daß der Glaubende mit Christus der → Sünde abgestorben und gerechtfertigt ist (Röm 6,7), lebt er nur noch Gott (6,11). Anders ausgedrückt heißt das: »Dank sei Gott, daß . . . ihr, befreit von Sünde, Sklaven geworden seid der Gerechtigkeit« (6,18; vgl. V. 19). Paulus kann deshalb von einem der Gerechtigkeit Gottes Untertan-sein reden (Käsemann; vgl. noch Röm 10,4); aber diese Formulierungen variieren nur die Verkündigung von der ausschließlichen Zugehörigkeit zu Gott, wie 6,13.22 zeigen: »Jetzt aber (seid ihr) befreit von der Sünde und Gottes Sklaven geworden . . . Stellt eure Glieder nicht der Sünde zur Verfügung als Waffen des Unrechts, sondern stellt euch Gott zur Verfügung als aus Toten belebte und eure Glieder Gott als Waffen der Gerechtigkeit.« Ähnlich kann Paulus daher vom Dienst der Gerechtigkeit (2Kor 3,9; vgl. 11,15) und von ihren Waffen (Gal 6, 7) reden, weil die Gerechtigkeit Gottes die Weise ist, wie Gott sich offenbart, um da und nur da ergriffen zu werden (Röm 1,16f).

d) Wie die → Auferstehung die Vorwegnahme der öffentlichen universalen Gottesherrschaft ist, so ist die Gerechtigkeit im νῦν καιρῷ *[nyn kairō]*, dem jetzigen Augenblick (Röm 3,26), die Vorwegnahme der Gerechtigkeit Gottes als Parusie-Geschehen. Denn die Glaubenden erwarten »durch den Geist aus Glauben die Hoffnung der Gerechtigkeit« (Gal 5,5; vgl. 2,17; Röm 5,19). Gleichwohl redet Paulus außer an diesen Stellen vom δικαιοῦσθαι *[dikaiousthai]* = *Gerechtfertigt-werden* der Glaubenden stets im Präteritum. Die Einheit von erwarteter und gegenwärtig gültiger Gerechtigkeit liegt darin, daß die Glaubenden zwar schon Eigentumsvolk Gottes geworden sind, Gott aber seinen Rechtsstreit mit der Welt als ganzer hat (Röm 5,18 »alle Menschen«).

Die Rechtfertigung des einzelnen hat daher ihren Ursprung ausschließlich in der aller Menschen (Röm 5,19). Daher haben nicht wir die Gerechtigkeit, sondern sie hat uns (6,18), und wir sind ihre Diener (2Kor 3,9). So kommt unsere Rechtfertigung aus der Zukunft Gottes und sendet in sie hinein.

5a) Wie fremdartig die paulinische Verkündigung von Gottes Gerechtigkeit der jungen Christenheit blieb, zeigt der Umstand, daß die Wortgruppe bei Kol überhaupt nicht, im Eph nur in Anklängen vorkommt (4,24: der neue Mensch ist »Gott-gemäß geschaffen in Gerechtigkeit und wahrer Heiligkeit«; um den abgründigen Mächten des Bösen begegnen zu können, braucht man den Panzer der göttlichen Gerechtigkeit 6,14; die Frucht aber des göttlichen Lichts sind Güte, Gerechtigkeit und Wahrheit 5,9), während die Pastoralbriefe völlig aus dem Geist hellenistischer Tugenden denken: 1Tim 6,11; 2Tim 2,22 (»Jage nach der Gerechtigkeit . . .«); Tit 1,8 (Tugendliste des »Bischofs«); 2,12 (Gottes heilsame Gnade erzieht uns, damit wir »besonnen, gerecht und fromm leben im gegenwärtigen Äon«). Entsprechend ist die Schrift nützlich »zur Erziehung der Gerechtigkeit« (2Tim 3,18), und das Gesetz ist nur für Gesetzlose und Unheilige gedacht, nicht aber für Gerechte, die durch ihre Tugend das Gesetz weit übertreffen (1Tim 1,9). So wird der Herr, der gerechte Richter (vgl. Offb 19,12), dem Apostel am Ende seines Laufes den Kranz der Gerechtigkeit verleihen (2Tim 4,7f). Ermöglicht aber wird die Predigt der Tugend dadurch, daß »wir gerechtfertigt sind durch jenes (Christi) Gnade« (Tit 3,7); denn »Gott hat uns nicht aus Werken einer Gerechtigkeit, die wir gewirkt hätten, sondern gemäß seinem Erbarmen gerettet« (Tit 3,5).

b) Auch der Hebr-Brief zeigt kaum Einflüsse paulinischer Verkündigung. Die Gerechtigkeit, die er schaut, ist bestimmt vom Glauben an den unsichtbaren Gott. In diesem Sinn spricht er von einer Gerechtigkeit κατὰ πίστιν *[kata pistin]* (11,7; vgl. V. 4. 33f; → Glaube). Zu dieser Gerechtigkeit führt Gottes παιδεία *[paideia]* (vgl. 12,5–11), den vollendeten Gerechten hat er eine Stätte in den Himmeln bereitet (12,23). Der Sohn aber ist entsprechend seinem »Prototyp Melchisedek« (7,2) der König der Gerechtigkeit (1,19). – Mit dem Wort δικαίωμα *[dikaiōma]* führt Hebr 9,1 Satzungen des Alten Bundes ein, die 9,10 als »Satzungen des Fleisches«, dh die bloß vergängliche Sphäre betreffend, gekennzeichnet werden. Gemeint sind wohl speziell die kultischen Satzungen.

c) Wenn daher der Jak-Brief direkt gegen paulinische Tradition polemisiert (2,14–26), so kann das nicht allzu sehr verwundern. Wie anders bereits die Fragestellung des Jakobus gegenüber Paulus war, zeigt schon die Einleitung V. 14: »Was nützt es, meine Brüder, wenn jemand sagt, er habe Glauben, aber er habe keine Werke?« Ihm steht ein Glaube vor Augen, der eine bestimmte Lehre für wahr hält und diese Wahrheit als rechtfertigend ansieht. Ebenso sind die Werke, derentwegen nach Jakobus der Mensch gerechtfertigt wird, nicht die, die Paulus meint. Denn es geht hier nicht um den Gegensatz: absolutes Vertrauen zu Gott – Bemühung um Anerkennung bei Gott, sondern um den viel einfacheren: etwas für wahr halten, ohne das Handeln folgen zu lassen – eine Wahrheit erkennen, die sich in Tätigkeit und Leben auswirkt. – Daneben überliefert Jakobus, wenn er von der Gerechtigkeit (1,20; 3,18) und den Gerechten spricht (3,5; 5,6.16; vgl. auch 1Petr 3,12), gut jüd. Tradition.

d) Im 1Petr-Brief hat Gerechtigkeit nur den Sinn des unbedingten Rechttuns. Dessen Vorbild ist Jesus, der als Gerechter für die Ungerechten starb (3,18), der, als er litt, nicht drohte, sondern alles dem überließ, der gerecht richtet (2,23; vgl. Offb 16,5); denn dessen Augen haben acht auf den Gerechten (3,12, AT-Zitat). So sollen »wir, von Sünden los, der Gerechtigkeit (= Rechttun) leben« (2,24). Ja, glückselig ist, wer um der Gerechtigkeit willen leiden muß (3,14). In Aufnahme des at. Brauchs kann daher gerecht auch einfach Bezeichnung des zur christlichen Gemeinde Gehörenden sein. – Ähnlich nennt der 2Petr-Brief, der im übrigen nur at.-jüd. Überlieferung zitiert (2,5.7; 3,13), das Christentum »den Weg der Gerechtigkeit« (2,11). *H. Seebaß*

Lit.: GQuell/GSchrenk, Art. δίκη, ThWb II, 1935, 176ff – JPedersen, Israel I/II. Its Life and Culture, 1946, 336ff – HvOyen, Biblische Gerechtigkeit und weltliches Recht, ThZ Basel 6, 1950, 270ff – KKoch, *Sdq* im AT, 1953 (Diss. Heidelberg) – AOepke, Δικαιοσύνη θεοῦ bei Paulus in neuer Beleuchtung, ThLZ 78, 1953, 257ff – HDWendland, Zur kritischen Bedeutung der neutestamentlichen Lehre von den beiden Reichen, ThLZ 79, 1954, 321ff – HHWalz/HHSchrey, Gerechtigkeit in biblischer Sicht, 1955 – ThPreiss, Die Rechtfertigung im johanneischen Denken, EvTh 16, 1956, 289ff – OKuss, Der Römerbrief, 1. Lfg., 1957, 115ff – GvRad, Theologie des AT I, 1957, 368ff – GBornkamm, Die Frage nach der Gerechtigkeit Gottes (Theodizee und Rechtfertigung), in: Das Ende des Gesetzes, 1958, 196ff – JDaniélou, Der Gott der Heiden, der Juden und Christen, 1958 – NJHein/FHorst/ESchweizer, Gerechtigkeit Gottes, RGG II, 1958[3], 1402ff – SSchulz, Zur Rechtfertigung aus Gnaden in Qumran und bei Paulus, ZThK 56, 1959, 155ff – GBornkamm/GBarth/HHeld, Überlieferung und Auslegung im Matthäus-Evangelium, 1960 – WGrundmann, Der Lehrer der Gerechtigkeit von Qumran und die Frage nach der Glaubensgerechtigkeit in der Theologie des Apostels Paulus, Rev. d. Qumran 2, 1960, 237ff – RBultmann, Theologie des NT, 1961[4], 271ff (§ 28–30) – EKäsemann, Gottesgerechtigkeit bei Paulus, ZThK 58, 1961, 367ff (= Ex. Vers. u. Bes. II, 1964,

181ff – RBultmann, δικαιοσύνη θεοῦ, JBL 83, 1964, 12ff – ChrMüller, Gottes Gerechtigkeit und Gottes Volk, 1964 (= FRLANT, 86) – DHill, Δίκαιοι as a Quasi-Technical Term, NTSt 11, 1965, 296ff – AJepsen, *ṣādaq* und *ṣᵉdaqāh* im Alten Testament, in: Gottes Wort und Gottes Land, Festschr. HWHertzberg, hrsg. v. HReventlov, 1965, 78ff – PStuhlmacher, Gerechtigkeit Gottes bei Paulus, 1965 (= FRLANT, 87) – KKertelge, »Rechtfertigung« bei Paulus, 1967 (= NTA, 3) – KSchwarzwäller, Christi Recht, EvTh 27, 1967, 461ff – HConzelmann, Die Rechtfertigungslehre des Paulus: Theologie oder Anthropologie, EvTh 28, 1968, 389ff – KHSchelkle, Gerechtigkeit nach dem Neuen Testament, BuL 9, 1968, 83ff – HHSchmid, Gerechtigkeit als Weltordnung, 1968 – HGünther, Die Gerechtigkeit des Himmelreiches in der Bergpredigt, KuD 17, 1971, 113ff – WSchenk, Die Gerechtigkeit Gottes und der Glaube Christi, ThLZ 1972, 161ff – ELohse, Die Gerechtigkeit Gottes in der paulinischen Theologie, in: ders., Die Einheit des Neuen Testaments, 1973, 209ff.

Gericht, richten

Wo im privaten wie auch bes. im öffentlichen Bereich menschliches Handeln auf seine Normentsprechung hin geprüft, beurteilt und im gegebenen Falle verurteilt wird, erscheint im NT die sehr umfangreiche Wortgruppe κρίνω *[krịnō] beurteilen, richten.* Soweit παραδίδωμι *[paradịdōmi]* die Bedeutung (einem Urteil oder einer Strafe) *ausliefern* hat, wird es in dieser Gruppe mitverhandelt; im übrigen gehört diese Wortgruppe von ihrer Grundbedeutung »überliefern« her unter → Lehre.

κρίμα

κρίμα *[krịma]* Entscheidung, Beschluß, Urteil · κρίνω *[krịnō]* sondern, beurteilen, richten · ἀνακρίνω *[anakrịnō]* untersuchen, prüfen · κρίσις *[krịsis]* Entscheidung · κριτής *[kritạ̄s]* Richter · συγκρίνω *[synkrịnō]* vergleichen, beurteilen · κατάκριμα *[katạkrima]* Strafe, Verdammnis · κατακρίνω *[katakrịnō]* verurteilen · κατάκρισις *[katạkrisis]* Verurteilung · καταγινώσκω *[kataginọ̄skō]* verurteilen

κρίμα *[krịma]* = das *Gericht* ist eine zwar bei Aischylos einmal belegte, aber erst ganz spät (seit LXX) zu Bedeutung gekommene Bildung von κρίνω *[krịnō]* = *richten*, das mit vielfältigen und zahlreichen Nominal- und Verbalverbindungen Hauptbegriffe der Rechtssprache gebildet hat. Es gehörte ihr aber weder urspr. an, noch sind seine Bedeutungen auf diesen Bereich beschränkt. I

1a) Von seiner Grundbedeutung, in der κρίνω *[krịnō] sondern, sichten* heißt (so noch bei Homer), gewinnt das Wort in der griech. Lit. seine besondere Nuancierung in allen Bereichen menschlicher Wertung: *aussondern, scheiden, unterscheiden, auswählen, anerkennen, gut heißen, schätzen, den Vorzug geben.* Dabei rückt die dem Sondern vor- und mitgegebene Bewertung des Ausgesonderten in den Vordergrund, so daß κρίνω *[krịnō] beurteilen, urteilen, richten, entscheiden* heißt, auch *meinen, beschließen, sich vornehmen;* medial und passiv dann *streiten, debattieren, kämpfen.*

b) Diesen Vorgang drückt auch das Kompositum συγκρίνω *[synkrịnō]* aus in seinen Bedeutungen: *vergleichen, beurteilen, messen.* Es heißt auch – wie κρίνω *[krịnō]* medial gebraucht – *erklären, auslegen, deuten* (Träume).

c) ἀνακρίνω *[anakrịnō]*, seit Thukydides nachgewiesen, drückt das zur Beurteilung führende Befragen aus: *untersuchen, prüfen, verhören, ausfragen, nachfragen, forschen.*

d) Das Subst. κρίμα *[krịma]* heißt entsprechend der komplexen Bedeutung des Verbums *Entscheidung, Beschluß,* auch *Streitfrage, Streitfall.*

e) In dieser Bedeutung steht κρίμα *[krịma]* parallel zu seiner Ableitung κρίσις *[krịsis]*, das *Entscheidung* (des Kampfrichters, in der Schlacht, in der Krankheit) meint, auch *Scheidung, Auswahl, Entzweiung, Streit.*

f) Das die Entscheidung oder Auswahl treffende Subj. heißt κριτής *[kritạ̄s]: Beurteiler, Richter, Kampfrichter.* (Die Vokabel kommt im profanen Griech. nur ganz selten vor, attisch und jonisch wird sie nie für den Strafrichter gebraucht.) Abgeleitet davon ist – seit Plato nachweisbar – die Adjektivbildung κριτικός *[kritikọs]*: der urteilsfähige, der im Richten geübte *Richter.*

2a) κρίνω *[krịnō]* als juristischer terminus technicus bedeutet *richten, vor Gericht ziehen, verurteilen.* Dabei können das Gericht, κρίμα *[krịma]*, göttlich und menschlich, die Richter, κριταί *[kritại]*, berufene Amtsträger und unberufene Personen sein. Die hohe (göttliche) richterliche Gewalt bedingt, daß meistens Gericht und Auswirkung des Gerichts in eins gesehen werden, so daß κρίμα *[krịma]* auch *Urteil, Verurteilung, Verdammung* und *Strafe* heißt.

b) Die gleiche Bedeutung hat das Kompos. κατακρίνω *[katakrịnō]: verurteilen*, und das seltene Subst. κατάκρισις *[katạkrisis]: Verurteilung.* Im 1. Jh. vChr erstmalig nachgewiesen ist das

Subst. κατάκριμα *[katakrima]* in der Bedeutung *Strafe, Verdammnis.* Bemerkenswert ist die im Corpus Papyrorum Raineri (ed. 1895) belegte Bedeutung, in der κατάκριμα *[katakrima]* die »gerichtlich auferlegte Verpflichtung, die auf einem Grundstück ruht«, meint.

c) Nicht mehr streng juristischen, sondern mehr moralischen Charakter hat das vereinzelt vorkommende, bei Philo belegte, aus dem Adj. und der Vorsilbe αὐτό *[auto]* = *selbst* gebildete Wort αὐτοκατάκριτος *[autokatakritos]*: *selbstverurteilt, von sich selber verurteilt.* Gleichfalls selten und spät (2. Jh. nChr) ist das Kompos. πρόκριμα *[prokrima]*, als juristischer terminus technicus das *Vor-Urteil*, das der folgenden endgültigen Entscheidung dient; dann auch, moralisch, das *Vorurteil*, die vorgefaßte Meinung (die der richterlichen Entscheidung im Wege steht). – Moralische Wertung drückt auch das seit Aischylos und Herodot belegte καταγινώσκω *[kataginōskō]* *verurteilen* aus, eigentlich *etwas (Schlechtes) an jemandem bemerken, ertappen, als schuldig erkennen, verachten.*

II 1) Im AT gebraucht LXX κρίνω *[krinō]* vorwiegend als Übers. der hebr. Wörter *schāphat, dīn* und *rīb.* Dadurch bekommt κρίνω *[krinō]* = *richten* eine weitergehende und über den allg. griech. Sprachgebrauch hinausgehende Bedeutung, denn *dīn* heißt neben richten auch *strafen, hadern, zum Recht verhelfen* (Gen 15,14; 2Sam 19,10; Gen 30,6; Dtn 32,36; Ps 54,3; Jer 5,28); *rīb* heißt *zanken, prozessieren, den Rechtsstreit führen* (Gen 26,21; Ri 8,1; 21,22; 1Sam 24,16). Das am häufigsten vorkommende *schāphat* trägt noch Nuancierungen bei, so daß Richten als Ausdruck für die Ausübung von Herrscherfunktionen erscheint (Ex 2,14; 1Sam 8,20; 2Sam 15,4.6). Es schafft Heil, Befriedung und Rettung (bes. den Bedrängten und Rechtsverminderten; Dtn 10,18; »Gott, gib dein Gericht dem König und deine Gerechtigkeit des Königs Sohn, daß er dein Volk richte mit Gerechtigkeit und deine Elenden rette« Ps 72,1f L). – Die in Ri genannten »großen« Richter (LXX κριταί *[kritai]*) sind die von Gott erweckten Retter (Helfer, Heilande L), die den Stämmen Israels gegenüber ihren Feinden zum Recht verhelfen, die Bedränger vernichten oder vertreiben und so dem Land Heil, Ruhe und Frieden bringen (Ri 3,9.15). – κρίμα *[krima]* kann auch *Satzung* heißen (Lev 18,5; 20,22). In Jer 51,10 ist das hebr. *tsedāqāh* = *Gerechtigkeit* mit κρίμα *[krima]* übersetzt.

2) In Israel wird urspr. im Gericht nicht Recht gesprochen nach feststehenden Normen absoluter Sittlichkeit, sondern im Richten wird der verletzte und gestörte Gemeinschaftsfrieden des jeweiligen Lebensbereiches (Sippe, Stamm, Stämmeverband) – in schweren Fällen durch Ausmerzen des störenden Mitgliedes – wieder hergestellt. Nach der Landnahme wird das Gericht teils in den Sippen oder Stammesverbänden von deren Häuptern und Stammesältesten, teils in den lokalen Rechtsgemeinden in Dorf und Stadt im Tor von den Ältesten, unter Mitspracheberechtigung aller Vollbürger, gehalten (Ruth 4,1ff). In Jerusalem sind Amtsleute (Fürsten L; Dtn 1,15) als Richter eingesetzt (Jes 1,23; Jer 26). Gewisse Amtspersonen, deren Funktion noch nicht eindeutig erhellt werden konnte, tragen den Namen »Richter Israels«. Eine Namenliste dieser »Richter Israels« sieht man (Noth) in der Aufzählung der sogenannten »kleinen Richter« in Ri 10,1–5; 12, 7–15.

3) In Israel ist alles Recht Gott zugeordnet: Jahwe ist Herr und Richter (Dtn 1,17). Als Richter hilft er seinem Volk (Ri 11,27; 2Sam 18,31). Er hält auf Recht (Ps 7,12) und läßt seine Ehre nicht schänden. Himmel und Erde oder die Völker der Erde werden oft als Tribunal angerufen (Jes 1,2; Jer 2,12; Mi 6,1; Ps 50,1–6). Er richtet die Völker (Gen 11,1ff; Ps 67,5; Am 1.2; Jo 4,2; Mal 3,2ff), bes. am »Tage Jahwes«, an dem er alle Gottlosigkeit ausrottet (Jes 2,12–18; 13,9; Jer 46,10; Ez 30,3ff; Zeph 1,7–18). Er gewährt Rechtshilfe, wem Gewalt und Unrecht angetan wird (Gen 4,9f). Seinem unerforschlichen Gericht muß man sich beugen (Hiob). Gerecht sind seine Gerichte, dh sie entsprechen der Bundestreue, in der sich Jahwe seines ausgesonderten Volkes annimmt, es führt und zurechtbringt. So stehen Liebe, Gnade und Barmherzigkeit hinter dem göttlichen Richten, das Heilserweisung ist (Jes 30,18; Ps 25,6–9; 33,5; 103,6ff; 146,7). »Er wird Recht schaffen und sich über seine Diener erbarmen« (Dtn 32,36).

4) In den Gerichtsreden der Propheten wird jetzt zuerst das Gericht über Israel verkündigt (Am 5,18; 8 und 9; Hos 4,1; Mi 1; Jer 2,4–9; Jes 41,1ff; 48,1ff; 50,1ff). Weil Israel erwählt ist, wird es gerichtet (Am 3,1ff; Ez 20,33–38). Jahwe, der Richter, ist dabei der Weltenkönig, der Völker und Mächte als Werkzeuge seines Gerichtes gebraucht. »Alles in der Botschaft der großen Propheten ist von daher zu verstehen, daß sie heilsgeschichtlich eine ganz neue Stunde für Israel anbrechen sehen: ein Handeln Gottes, das schreckliche Gerichte und geheimnisvolle Bewahrung bringen wird. Berufungen auf alte Heilssetzungen verfangen nicht mehr. Israel hat völlig versagt, versagt am Heilswalten Jahwes« (vRad; Jes 5,1ff; Hos 13,5–9). Die Zukunft Israels oder seines Restes wird in einer ganz neuen Heilstat Gottes liegen (Jer 31,31ff).

5) In der nachexilischen Zeit bekommt die Schilderung von Gottes Gericht apokalyptische Züge. Der Strafcharakter ist betont. Die widergöttlichen Menschen und Mächte (Heer in der Höhe, äthHen 10,6) werden zerschlagen (Gog und Magog, Sib 3). Die »Gemeinde der Bosheit« wird vernichtet, die »Söhne des Lichtes« erlangen das Heil (Qumran). Das Vergeltungsdogma, im Unglück – als Strafe für eine Schuld – Gottes Gericht zu sehen, belastet das Zusammenleben der Menschen

und ihren Glauben an Gottes Gerechtigkeit. Ein Ausweg in dieser Beklemmung ist die Verlängerung der ausgleichenden Gerechtigkeit Gottes, der menschlichen Nachprüfung entzogen, in der Annahme eines Gerichtes auch über die Toten und nach dem Tode (PsSal 3,1ff; äthHen). Gott oder der »Menschensohn« sind die Weltenrichter am »Jüngsten Tag« (4Esr 7; Hen).

1) Neben Bildreden von Ernte (→ Saat), Sichtung, Scheidung (vgl. Mt 13,30f.40f.49; 24, III
31.40f; 25,31ff) bringt das NT eine Fülle von vorjuridischen und juridischen Aussagen, in denen die Begriffe κρίμα [*krịma*], κρίνω [*krịnō*] und ihre Ableitungen in ihren komplexen Bedeutungen, wie sie sie in der griech. Lit. und zusätzlich in der LXX erfahren haben, gebraucht werden.

a) κρίνω [*krịnō*] hat allg. die Bedeutungen: *unterscheiden, den Vorzug geben, gut heißen* (Röm 14,5a: einem Tag gegenüber dem anderen den Vorzug geben; Röm 14,5b: jeden Tag gut heißen); ferner: *sich halten für* (Apg 13,36; 16,15), *für . . . erklären* (Apg 26, 8), *schlecht machen, entscheiden, urteilen* (Mt 7,1f; Lk 7,43; Apg 4,19; 15,19; Röm 14,3ff; 1Kor 4,5; 10,15.29; 2Kor 5,14; Kol 2,16). – In entsprechender Bedeutung wird auch πρόκριμα [*prọkrima*] gebraucht (ohne eigenes *Gutdünken*, ohne *Vorurteil*, 1Tim 5,21). – Sodann heißt κρίνω [*krịnō*]: *beschließen, sich vornehmen* (Apg 3,13 u. ö.; Röm 14,13; 1Kor 2,2; 5,3; 7,37; Tit 3,12). – συγκρίνω [*synkrịnō*] heißt *deuten* (1Kor 2,13: Geistliches für Geistbegabte) und *vergleichen* (2Kor 10,12). ἀνακρίνω [*anakrịnō*] kommt vor in der Bedeutung *nachfragen, forschen* (Apg 17,11; 1Kor 10,25.27; 14,24), *verhören* (Lk 23,14; Apg 4,9; 12,19; 24,8; 28,18; 1Kor 4,3; 9,3), *untersuchen, prüfen* (1Kor 2,14).

b) Im engeren juristischen Sinn werden κρίνω [*krịnō*] und κρίμα [*krịma*] im NT sehr häufig verwendet. κρίνω [*krịnō*] hat dabei die Bedeutung: *richten*, passiv: *vor Gericht ziehen, verurteilen, strafen*, medial: *streiten.*

Menschen richten nach dem → Gesetz (Joh 18,31; Apg 23,3; 24,6); der Apostel und die Gemeinde richten (1Kor 5,12; 1Kor 6,2f: den Kosmos und die Engel); Paulus steht vor Gericht (Apg 23,6); das Volk kann nicht das rechte Urteil finden (Lk 12,57); der Schalk wird auf Grund seiner eigenen Aussagen gestraft (Lk 19,22; → Strafe). Leute ziehen sich vor Gericht, um miteinander zu streiten (Mt 5,40; 1Kor 6,6). – Gleichbedeutend ist der Gebrauch des Subst. κρίμα [*krịma*]: Jünger Jesu sollen nicht richten, und mit dem Urteil, das man über andere fällt, wird man selbst gerichtet (Mt 7,1f). Die Christen in Korinth haben Streitfragen (Prozesse) miteinander (1Kor 6,7). – Ebenso wird auch κρίσις [*krịsis*] gebraucht: *Gericht* (als Behörde: Mt 5,21); richtendes *Urteil* eines Menschen über andere (Joh 7,24), der Engel über den Teufel (2Petr 2,11; Jud 9). κριτής [*kritæs*] heißt der befugte (Mt 5,25; Lk 12,14.58; 18,2) und der unbefugte (Jak 2,4; 4,11) *Richter*, auch der, der das Unrecht offenbar macht (Mt 12,27). – αὐτοκατάκριτος [*autokatạkritos*] (nur Tit 3,11) ist der, der *von sich selber verurteilt* ist. – καταγινώσκω [*kataginọskō*] heißt (1Joh 3,20f; Gal 2,11): von seinem Herzen bzw. durch sein eigenes Verhalten *schuldig erkannt* und *verurteilt werden.* – Das Verurteilen durch Menschen wird auch durch κατακρίνω [*katakrịnō*] ausgedrückt: Die Leute von Ninive werden auftreten am Jüngsten Gericht mit diesem Geschlecht und werden es verurteilen (Mt 12,41; Hebr 11,7). »Hat dich niemand verurteilt?« (Joh 8,10f). »Worin du einen andern richtest, verdammst du dich selbst« (Röm 2,1). »Wer will verdammen?« (Röm 8,34). Jesus wird zum Tode verurteilt (Mt 20,18; 27,3; Mk 14, 64). – Zweimal kommt das Subst. κατάκρισις [*katạkrisis*] vor: »Dienst der Verurteilung« (2Kor 3,9) und »nicht um zu verurteilen« (2Kor 7,3). In Genitiv-Verbindung heißt κρίμα τῆς πόρνης [*krịma tæs pọrnæs*] Strafgericht an der Hure (Offb 17,1); κρίμα θανάτου [*krịma thanạtou*] Todesstrafe (Lk 24,20).

LXX-Einfluß zeigt sich bei κρίμα [*krịma*] in der Bedeutung *herrschen:* Jüngern und Märtyrern wird Befugnis zum Herrschen gegeben (Lk 22,30; Offb 20,4); die zwölf Apostel herrschen über die zwölf Stämme (Mt 19,28). Ebenso bei κρίσις [*krịsis*] in der Bedeutung *Recht* (Mt 12,18; 23,23; Apg 8,33).

Gott und Christus richten (Joh 5,22.29f u. ö.; Apg 6,10). Sie heißen κριτής [*kritæs*]: *Richter* (2Tim 4,8; Hebr 12,23; Jak 4,12; 5,9; Apg 10,42). – κριτικός [*kritikọs*] = *Richter* wird das Wort Gottes genannt (Hebr 4,12). – Auch wo die Passiv-Form verwendet wird, ist der göttliche Richter gemeint (Offb 11,18). Christus richtet Lebende und Tote (2Tim 4, 1; 1Petr 4,5f), auch das Verborgene des Menschen (Röm 2,16), den Erdkreis (Apg 17,31), einen jeden nach seinen Werken (1Petr 1,17; Offb 20,12f; vgl. 2Kor 5,10). – Gleicherweise wird das Subst. κρίμα *[krịma]* gebraucht: Jesus ist gekommen, ein Gericht herbeizuführen (Joh 9,39); unbegreiflich sind Gottes Entscheidungen (Röm 11,33); sein richterliches Handeln nimmt seinen Anfang bei der Gemeinde (1Petr 4,17); sein ist das zukünftige und ewige Gericht (Apg 24,25; Hebr 6,2). Das göttliche Urteil schließt oft die → Strafe mit ein (Joh 3,17f; Röm 2,12; 3,6; 1Kor 11,31f; 2Thess 2,12; Hebr 10,30; 13,4; Jak 5,9). Gottes Verdammungsurteil ist gerecht (Röm 2,2f; 3,8) und läßt nicht auf sich warten (2Petr 2,3). Der Fürst dieser Welt ist verdammt (Joh 16,11). – Göttliche Verurteilung, die wirkt, was sie sagt, also *Verdammung*, wird mit κατάκριμα *[katạkrima]* ausgedrückt (Röm 5,16.18; 8,1). Auch durch das Verb κατακρίνω *[katakrịnō]*, das neben dem Verurteilen durch Menschen auch göttliches Verurteilen besagt, wird die im Verurteilen einbeschlossene Verdammung bezeichnet: Gott verdammte die Sünde im Fleisch (Röm 8,3). Er hat Sodom und Gomorra zu Asche gemacht und verdammt (2Petr 2,6). Als Gerichtete werden wir gezüchtigt, auf daß wir nicht samt der Welt verdammt werden (1Kor 11,32); vgl. auch das Passiv in Mk 16,16 und Röm 14,23! Parallel zu κρίμα *[krịma]* = *Gericht* wird häufig κρίσις *[krịsis]* gebraucht: Gottes oder Christi Gericht (Joh 5,31; 2Thess 1,5); ihr Tag (Stunde) des Gerichtes (Mt 10,15 u. ö.; 2Petr 2,9; 3,7; 1Joh 4,17; Jud 6; Offb 14,7; 1Tim 5,24; Hebr 9,27). Das Strafgericht bringt Scheidung (Joh 3,19) und Vernichtung (Hebr 10,27). Wer Jesu Wort hört und ihm glaubt, kommt nicht ins Gericht (Joh 5,24). Die Toten, die Übles getan haben, werden auferstehen zum Gericht (Joh 5,29).

2) War schon im AT alles Gericht Gott zugeordnet, so steht auch im NT alles menschliche Richten, Urteilen und Strafen in der Klammer des herrschaftlichen Richtens Gottes, in letzter Konsequenz ausgesprochen in Mt 7,1: »Richtet nicht, auf daß ihr nicht gerichtet werdet.« Nur das Ausrichten des göttlichen Gerichtes ist der Gemeinde Jesu gegeben (1Kor 5,12; 6,2). Das Zusammenleben der Menschen regelt die Liebe, bis hin zur Feindesliebe. Im Angesicht der offenbaren Gerechtigkeit Gottes bleibt kein Mensch vor Gott gerecht, über alle ist Gottes Zorn entbrannt. Niemand kann sich entschuldigen (Röm 1–3). Daher hat letztlich kein Mensch das Recht, einen anderen zu richten. Wehe den Unbarmherzigen und Überheblichen, die blind sind gegenüber ihrer eigenen Verlorenheit, die nicht bereit sind, zu verzeihen und für ihre Feinde zu beten (Mt 5,23ff.43ff; 7,1–5; Lk 18,9ff).

Die Unbegreiflichkeit der Gerichte Gottes (Röm 11,33) zerstört das starre Gefüge des Vergeltungsdogmas; die menschliche Unart »Wie du mir, so ich dir« läßt sich nicht auf Gottes richterliches Handeln übertragen (Lk 6,32; 13,1–5; Joh 9,2f).

Daß Gott der Richtende ist, wird somit zu einer Zentralaussage des NT; nicht nur in der Häufigkeit der Erwähnung, sondern inhaltlich, so daß sich Überschneidungen mit den Hauptbegriffen nt. Verkündigung ergeben (→ Ehre; → Gerechtigkeit; → Gnade; → Herr; → Liebe; → Lohn; → Schuld; → Strafe; → Sünde; → Vergebung; → Versöhnung; → Zorn). Freilich finden die aus den Vorstellungen des Rechtes genommenen Begriffe *Gericht* und *richten* an der Unbegreiflichkeit Gottes ihre Grenzen und Sprengungen, vor allem, wenn sich in der Unbegreiflichkeit seiner Entscheidungen seine Liebe offenbart.

Diese »andere Seite« der Liebe Gottes ist nun in allen Schriften des NT ausgesagt. Dabei ist in der Form der Einfluß des AT und der jüd. Apokalyptik unverkennbar.

Jesus – wie Johannes der Täufer – predigt durch Wort und Tat die Nähe des göttlichen Gerichtes, die zu Hoffnung und Buße treibt (Lk 13,6ff), die ein Wehe über die Unbußfertigen bringt (Mt 11,20ff; 12,41f). Die Erwartung des Gerichts besagt, daß der Mensch mit all seinen Entscheidungen auf die ewige Entscheidung Gottes über ihn zugeht. Vor Gott ist nichts vergessen, keine Tat, kein Wort. Das Gericht Gottes ist die eigentliche Wirklichkeit, von der her und auf die hin der Mensch lebt (Mt 10,28). Rettung in diesem Gericht gibt es nur durch Vergebung.

Für Paulus und die Urgemeinde ist Jesus in gleicher Weise wie Gott der Weltenrichter. Göttliche Geduld läßt den Menschen noch Zeit zur Umkehr. Sie besteht im Glauben an Christus, »der für uns zur Sünde gemacht ist, auf daß wir würden in ihm die Gerechtigkeit, die vor Gott gilt« (2Kor 5,21 L). Der Richter ist der Retter. Das Gericht über die Ungläubigen ist schon jetzt, indem sie den Retter verwerfen, hereingebrochen, während die Glaubenden dem Gericht enthoben sind (JohEv). Sie haben Zuversicht auf den Tag des Gerichts, was wiederum jetzt ethische Konsequenzen mit sich bringt. Die eschatologische Spannung in den Gerichtsaussagen ist nicht durchbrochen, weder durch Betonung der Gegenwärtigkeit im JohEv, noch in der Betonung der Zukünftigkeit in der Offb. Wohl sind die apokalyptischen Aussageelemente verschieden verteilt.

Immer nur wird sich der Zugang zu den nt. Aussagen über das Gericht Gottes eröffnen in einer Verlängerung der Gerichtsreden der at. Prophetie. Der Erwählte wird gerichtet. Die neue Heilstat Gottes, in der Gott in allen Gerichten zu seinem erwählten Volk steht und mit dem Einsatz seiner Ehre seine Bundestreue hält, ist das Gottesgericht in der Kreuzigung Christi. Im Zuge der Verkündigung des »Wortes vom Kreuz« offenbart sich erst mit dem Evangelium der Zorn Gottes (Röm 1–3). Christus »wird gesetzt zu einem Fall und Auferstehen« (Lk 2,34). *W. Schneider*

παραδίδωμι *[paradịdōmi]* ausliefern, preisgeben, überantworten

παραδίδωμι

παραδίδωμι *[paradịdōmi]*, seit Pindar belegt, ist ein Wort mit breiter Anwendungsmöglichkeit und bedeutet jede Art von betontem Geben oder Weggeben: *ausliefern, hingeben, darbieten, preisgeben, überantworten, verraten.* In der Gerichtssprache: *zwangsweise vorführen, gefangen einliefern* (mit εἰς *[eis]* wird Ziel und Zweck dieser Tätigkeit angeschlossen). Der Betroffene wird zB dem schwarzen Chaos des Verderbens (Zauberpapyri), dem Tode (Papyri) oder auch guter Zucht (Demetrius von Phaleron) überantwortet. Vom Übergeben eines Gefangenen als einem Vorgang, der die Lage des Betroffenen nicht oder kaum verändert, erstreckt sich die Bedeutungsbreite von παραδίδωμι *[paradịdōmi]* über *preisgeben* und *dahingeben* bis hin zur Verwerflichkeit des *Verrates,* durch den der freie, unbescholtene und vielleicht schuldlose Mensch ins Verderben gestürzt wird. I

Sofern das Verb im Zusammenhang mit παράδοσις *[paradosis]* = *Lehrüberlieferung* steht, ist es unter → Lehre, Art. παράδοσις abgehandelt.

Die LXX verwendet παραδίδωμι *[paradịdōmi]* ca. 200mal. Obwohl dem griech. Verb im hebr. Text 26 verschiedene Wörter zugrunde liegen, steht doch παραδίδωμι *[paradịdōmi]* überwiegend (ca. 150mal) für hebr. *nātan,* das primär *geben,* sekundär (mit Zusatz) *übergeben, herausgeben, preisgeben* heißt. Die Formel παραδοῦναι εἰς χεῖράς τινος *[paradounai eis cheiras tinos]* = *in jemandes Hände übergeben,* ist im Profangriech. nicht nachzuweisen, in LXX aber (von dort in das NT übernommen) sehr häufig. Die Formel stammt letztlich aus dem Bereich der Jahwekriege. Vor Kampfbeginn holte man das Orakel bei einem Priester oder Propheten ein, das im günstigen Falle lautete: »Ich (Jahwe) gebe sie in deine Hände, Israel.« War Israel selbst ungehorsam, so gab Jahwe es in die Hände fremder Völker (Ri 2,14 Räuber; 6,13 Midianiter; Jes 65,12 dem Schwert; Jer 32,4 Zedekia, dem König von Babel). Im deuteronomistischen Sprachkreis nimmt die alte Formel den Sinn der totalen Vernichtung aller früheren Landbewohner an (zB Dtn 1,8), bekommt aber von da an überhaupt eine breitere Streuung. Aus ihrem Ursprung erklärt sich, daß das Subj. des Ausliefems fast immer Gott ist und daß das Wort παραδίδωμι *[paradịdōmi]* nahezu überall den Klang der Auslieferung zum Untergang, zur Niederlage, zur Vernichtung, zum Tode hat. Jes 43,3 heißt es, Jahwe habe Ägypten, Äthiopien und Saba (militärisch-machtpolitisch) für Israel als Lösegeld gegeben, dh er hat jenen eine Niederlage zugefügt, um Israel für sich zu gewinnen. Analog heißt es Jes 53,5, der Gottesknecht sei um »unserer Missetat willen« in den Tod gegeben worden, zur Errettung für viele. Das bedeutet wohl, daß der Gottesknecht von seinen Leuten schuldhaft verraten wurde und sein Tod für sie zu einem Erwachen aus ihrer Ablehnung jenes Gottesknechtes wurde. II

1) Im NT erscheint παραδίδωμι *[paradịdōmi]* insgesamt 120mal; davon 84mal in den Evgg., 13mal in Apg, nur insgesamt 19mal in den paulinischen Briefen (Röm 6mal, 1Kor 7mal, Eph 3mal, je 1mal 2Kor, Gal, 1Tim), 1 und 2Petr 3mal, Jud 1mal. In Hebr, Offb und den Johannes-Briefen kommt παραδίδωμι *[paradịdōmi]* gar nicht vor. III

παράδοσις *[paradosis]* im Sinne von *Auslieferung* oder *Verrat* findet sich gar nicht im NT, sondern nur als *Lehrüberlieferung* (→ Lehre, Art. παράδοσις).

2) Der Schwerpunkt des nt. παραδίδωμι *[paradịdōmi]* = *übergeben, dahingeben* liegt in seiner Bedeutung als Übergabe zu Gericht und Tod. Daß Johannes der Täufer ausgeliefert war (παρεδόθη *[paredọthæ]* Mt 4,12), bedeutet seine Gefangenschaft, die zur Hinrichtung führt. Der Widersacher liefert aus an den Richter (Mt 5,25), der Richter überantwortet an den Gerichtsdiener (Lk 12,58). Die Nachfolger Jesu werden ins Synhedrium (Mt 10,17) und in die Synagogen (Lk 21,12) eingeliefert werden und Verfolgung und Bedrängnis ausgesetzt sein (Mt 24,9). Der Bruder wird den Bruder zum Tode überantworten (Mk 13, 12), vgl. auch Apg 8,3 und 22,4 (Saulus als Christenverfolger) und Apg 12,4 (Gefangennahme des Petrus).

3) Die meisten Stellen, an denen παραδίδωμι *[paradịdōmi]* vorkommt, beziehen sich jedoch auf die Leidensankündigungen und die Passion Jesu selbst (→ Leiden). Er wird überantwortet in die Hände der Menschen (Mt 17,22 par), den Hohenpriestern und Schriftgelehrten (Mt 20,18), den Heiden (Mt 20,19 par), Pilatus (Mt 27,2), zum Todesurteil (Lk 24,20) und zur Kreuzigung (Mt 26,2). Als der Überantwortende ist Judas der Verräter. Der häufige Gebrauch von παραδίδωμι *[paradịdōmi]* im NT und gerade in der Passionsgeschichte entspricht der Verwendung des Wortes als term. techn. der Gerichtssprache und der Martyrienberichte. Im Kontext der Einsetzungsworte für das Abendmahl kommt παραδίδωμι *[paradịdōmi]* in Bezug auf den Sühnetod Christi nur in 1Kor 11,23 vor (ἐν τῇ νυκτὶ ᾗ παρεδίδετο *[en tæ nyktị hæ paredịdeto]*, in der Nacht, da er verraten wurde bzw. dahingegeben wurde; vgl. das ὑπὲρ ὑμῶν *[hypẹr hymọ̄n]* in V. 24).

4) Übergabe an andere als menschliche Gerichtsinstanzen: Röm 1,24 in schändliche Lüste; Eph 4,19 Heiden ergeben sich selbst der Unzucht (auch darin liegt Gericht!); Israel, daß sie dienten dem Heer des Himmels (Apg 7,42). Paulus übergibt 1Kor 5,5 und 1Tim 1, 20 an den Satan. Jüd. Überlieferung gemäß galt der Satan als Vollstrecker des göttlichen Gerichtes.

5) παραδίδωμι *[paradịdōmi]* begegnet schließlich auch in Wendungen, die Lebenshingabe und Sterben bedeuten (Joh 19,30 den Geist aufgeben = verscheiden; Apg 15,26 das Leben dahingeben = es einsetzen; Gal 2,20 der Sohn Gottes, der sich selbst dahingab; s. auch Eph 5,25 und Röm 8,32).

6) Nur an wenigen Stellen kommt παραδίδωμι *[paradịdōmi]* anders als in Bezug auf Gericht und Sterben vor. So kennzeichnet die Übergabe göttlicher Herrschergewalt an Jesus seine Machtstellung als Messias (Mt 11,27; Lk 10,22; 1Kor 15,24; s. auch Mt 28,18), aber auch der Diabolos behauptet, ihm sei es überlassen, Macht zu verleihen, sie sei ihm selbst zu freier Verfügung übergeben worden (Lk 4,6). In Apg 14,26 werden Paulus und Barnabas in Antiochien der Gnade Gottes anbefohlen, dh unter ihren Schutz und ihre bewahrende Wirkung gestellt.

H. Beck

V **ZUR VERKÜNDIGUNG**

Die nt. Bezeugung des Gerichtes Gottes trifft den frommen, gläubigen Menschen als Belästigung in seiner Heilssicherheit. Fängt alles Gericht immer am Hause Gottes an, und ist Christus der für die Erwählten Gerichtete, so ist diese Gnade Gottes doch Ruf an die Seite des Gekreuzigten, verlangt sie das Bekenntnis zu ihm, so stehen Christen »bei Gott in seinem Leiden« (Bonhoeffer).

Gegen diese Standortbestimmung sträubt sich alles im Menschen, und es muß gerade die Gnade Gottes zum Gericht werden; denn sie läßt ans Licht kommen, wie sehr der Mensch in Widerspruch zu Gott lebt. Der Glaube des Christen besteht so immer in dem zwiefachen Widerfahrnis von Gnade und Gericht, Gericht und Gnade. »Dabei kann nur im Blick auf Christus gesagt und erfahren werden, daß die Gnade im Gericht triumphiert, daß Gottes Ja auch angesichts unseres Nein und mitten in ihm wahrhaftiges Ja ist. Das ist nie anders als in der Gestalt der Erwartung und Hoffnung auszusagen« (OWeber). Christus, der Retter, richtet, und der Richter rettet: das ist die angebrochene Zukunft dieser Welt, dem läuft ihre Geschichte entgegen. Von ihm erfährt sie Sinn, Ziel und Ende und erhält gegenwärtig Bestand wie auch Vorläufigkeit. »Von Gott angenommen, im Kreuz gerichtet und versöhnt, das ist die Wirklichkeit der Menschheit« (Bonhoeffer). Darauf zielen alle »Gerichtspredigten« des AT wie des NT. Wo dies geglaubt und erkannt wird, hat die Predigt des Evangeliums in Wort, Taufe und Abendmahl eine in die Krisis führende Macht, ist »Duft« des Lebens zum Leben oder »Duft« des Todes zum Tod (2Kor 2,16).

Wo diese Wirklichkeit aber nicht akzeptiert wird, muß die Aussage vom Gericht Gottes, vom Gerichteten und Gekreuzigten fremd, töricht und anstößig erscheinen. Der Mensch nimmt sich dann seinerseits die Freiheit, ein Urteil über Gottes Handeln in seinem eigenen Leben und in der Geschichte zu fällen; indem er aber ihn vor das Tribunal seines Denkens und seiner Auffassungen zieht, will er sich selbst dem Urteil Gottes entziehen. Das mag seinen Grund auch darin haben, daß ihm oft durch Hinweise auf Geschichts- oder Naturkatastrophen, auf persönlich treffende Schicksalsschläge das göttliche Richten zu beweisen versucht worden ist. In der Dahingabe an das Böse, im Schweigen zur Bosheit der Mitmenschen, in Natur und Geschichte, im Tod Gottes Gericht sehen zu sollen, – das hat aber letztlich nur ein anklagendes Fragen nach Gottes Gerechtigkeit ausgelöst: Wie konnte Gott das zulassen? Wie konnte das geschehen, wenn es einen Gott gibt? Gott, wo warst du? Mithin ist die Theodizee-Frage weithin die einzige Frage nach Gott geworden.

Aber der Versuch, Gottes Gerichte einsichtig zu machen, ist zum Scheitern verurteilt. Er trifft auf den Unglauben, der in allem schrecklichen Geschehen nur menschliche Unvollkommenheiten, Zufall und willkürliches Schicksal zu sehen vermag, der gerade in solchen Erfahrungen den Glauben an einen persönlichen Gott verloren hat. So ist die wohlwollende Antwort eines Leibniz längst verstummt, und statt ihrer erklingt zumeist nur noch eine Anklage am Rande von Atheismus und Nihilismus, wenn sie nicht längst die Grenze dorthin überschritten hat. Denn die Botschaft von Gott dem Richter trifft auf die natürliche Ablehnung des Menschen, der, in seinen eigenen Gesetzen verhaftet, aus ihnen die Maßstäbe seines Urteilens und die Autorität zum Richten gewinnt. »Der Erfolg ist das Maß und die Rechtfertigung aller Dinge. Der Erfolg ist das Gute schlechthin« (Bonhoeffer).

Die bedrängende Problematik, die sich hieraus für das Zurechtfinden und Sich-Abfinden, für Verhalten, Beurteilen und Verstehen des Menschen ergibt, hat ihren beredten Ausdruck gefunden in der gegenwärtigen Literatur, bei der »Gericht« und »Prozeß« in Variation auffallend häufig vorkommende Themen sind. Als fragwürdig wird dabei herausgestellt, ob im Entscheidenden Gericht überhaupt möglich ist, ob Maßstäbe vorhanden sind, die als verbindlich angesehen werden dürfen, ob es eine Instanz geben kann, vor der der Mensch sein Tun und Denken verantworten muß. Indem die Fragwürdigkeit einer von Staat und Gesellschaft getragenen Rechtsprechung aufgedeckt und die »Schuld der Richter« angeprangert wird, zeigt sich hier das Ergebnis einer Entwicklung, in der jenes letzte »Überantworten« (1Kor 5,5) an das Urteil Gottes, zu dem der Christus-Glaube die Menschen – auch die Mächtigen – befreite, verlorenging und eben darum das Ausscheiden des Straffälligen oder gar des nach den Maßstäben der Maß-gebenden Schuldigen aus der Gesellschaft die einzig mögliche Konsequenz ist. Die Fülle der vorgelegten Versuche spiegelt die Unlösbarkeit der Problematik im ganzen (vgl. Emmel, Das Gericht in der deutschen Literatur des 20. Jahrhunderts).

So wird die Verkündigung vom Gericht Gottes und vom Richten und Urteilen der Menschen daran zu messen sein, ob es ihr gelingt, den heiligen Ernst Gottes gegen den Bruch von Recht und Ordnung zugleich mit seiner mitten im Richten doch nur das Heil des Schuldigen suchenden Liebe erkennbar zu machen. Dies hätte im Bereich menschlichen Richtens und Handelns gerade nicht die absolute Relativierung (die ja den verbindlichen Maßstab bestreitet) zur Folge, wohl aber eine echte Relativität, eine Erkenntnis der Vorläufigkeit des eigenen Urteils dem Mitmenschen gegenüber, mit dem zusammen man vor Gottes Gericht stehen wird. Es bedeutete dann sicher nicht, daß menschliches Urteil (auch

Zuerkennung von Strafe) aufgehoben wäre, wohl aber legte es Last und Verantwortung dieses Urteils bleibend dem Richtenden auf; erst Gottes letztes Gericht wird an den Tag bringen, wer gerecht war. Rechtfertigung ist seine, nicht des Menschen Sache; und dabei muß deutlich sein, daß sie eben nur im Namen und auf Grund der Tat Christi erfolgt.

→ **Gerechtigkeit**; → **Strafe**; → **Verderben** *W. Schneider*

Lit.: HBraun, Gerichtsgedanke und Rechtfertigungslehre bei Paulus, 1930 – FBüchsel/VHerntrich, Art. κρίνω, ThWb III, 1938, 920ff – KBarth, KD II,2, 1942, 819ff – GBornkamm, Der Lohngedanke im NT, Theol. u. Verk., 1947, 7f – DBonhoeffer, Ethik, 1949, 19ff – EDinkler, Rechtsnahme und Rechtsverzicht, Zum Problem der Ethik bei Paulus, ZThK 49, 1951, 167ff (= Signum Crucis, 1967, 204ff) – GBornkamm, Die Offenbarung des Zornes Gottes, in: Das Ende des Gesetzes, 1952, 9ff – AAlt, Ursprünge des israelitischen Rechts, Kl. Schr. I, 1953, 278ff – KBarth, KD IV,1, 1953, 171ff – RBultmann, Theologie des NT, 1953, 64ff.379ff – LKöhler, Die hebräische Rechtsgemeinde, in: Der hebräische Mensch, 1953, 143ff – EKäsemann, Sätze heiligen Rechtes im NT, NTSt 1, 1954, 248ff (= Ex. Vers. u. Bes. II, 69ff) – MNoth, Geschichte Israels, 1954^{2}, 96ff – PAlthaus, Die letzten Dinge, 1956^{6}, 172ff – RBultmann, Das Evangelium des Johannes, 1956^{14}, 92f.149ff – FHorst, Recht und Religion im Bereich des AT, EvTh 16, 1956, 49ff – GBornkamm, Das Gottesgericht in der Geschichte, Stud. z. Ant. u. Urchr., 1959, 47ff – HSchuster, Rechtfertigung und Gericht bei Paulus, Stat crux dum volvitur orbis, 1959, 57ff – RWalker, Die Heiden und das Gericht. Zur Auslegung von Röm 2,12–16, EvTh 20, 1960, 302ff – GvRad, Theologie des AT II, 1961^{3}, 409f – OWeber, Grundlagen der Dogmatik II, 1962, 718ff – JBlank, Krisis, Untersuchungen zur johanneischen Christologie und Eschatologie, 1964 (kath.) – WRichter, Zu den »Richtern Israels«, ZAW 77, 1965, 40ff – LMattern, Das Verständnis des Gerichtes bei Paulus, 1966.

Geruch

ὀσμή

ὀσμή *[osmæ]* Geruch, Duft · εὐωδία *[euōdia]* Wohlgeruch

I ὀσμή *[osmæ]*, jonisch ὀδμή *[odmæ]* heißt der *Geruch*, der *Duft*. – Das Altertum stellt sich den Geruch so stofflich vor, daß vom Duft des Wassers ein Baumstumpf die Kraft zu neuem Leben empfängt (vgl. Hi 14,9). Aristoteles erwähnt die Ansicht der Pythagoräer, »daß einige Lebewesen sich von den Düften ernähren« (De Sensu 5). Der Geruch enthält also in einem ganz naturhaften Sinn eine lebenspendende Kraft. Diese naturhafte Auffassung vom energiegeladenen Geruch tritt auch im religiösen Bereich hervor. Bei der Offenbarung der Gottheit spielt der von ihr ausgehende Geruch als »Träger und Wirker göttlichen Lebens« (Lohmeyer, Vom göttlichen Wohlgeruch, 13) eine wichtige Rolle.

II Auch im AT ist die Vorstellung von der durch den Geruch empfangenen Lebenskraft vorhanden: wenn der Sänger des Hohen Liedes (zB Hhld 4,10; 4,16 u. ö.) den berauschenden Duft seiner Geliebten besingt, wenn Moabs Kraft mit der des ausgereiften Weins und seines Bouquets verglichen wird (Jer 48,11), wenn der Geruch des frischen Fells Isaak zum Indiz des erstgeborenen, kraftvoll jagenden Sohnes wird (Gen 27,27). Vor allem aber die Priesterschrift verwendet das Wort in Gen bis Num: Das Opfer dient dem Herrn »zum lieblichen Geruch« (Z; Lev 2,12; ähnlich Lev 1,9.13.17 u. ö.). Dahinter steckt noch die Vorstellung, daß Gott sich von dem zum Himmel aufsteigenden Geruch des Opfers nährt. Lev 26,31 und Am 5,21 zeigen aber auch die Grenzen dieser naturhaften Auffassung im AT. Gott ist nicht auf die Darbringung von Opfern und ihren Geruch angewiesen. – Im übertragenen vergeistigten Sinn wird von der Weisheit gesagt, daß sie Wohlgeruch verbreitet (Sir 24,15). Sir 39,14 nennt das Lob Gottes durch den Frommen einen Wohlgeruch. Aber selbst in diesem übertragenen Gebrauch wird der naturhafte Hintergrund noch sichtbar, daß in dem Wohlgeruch, den Weisheit und Gotteskraft verbreiten, Lebenskraft steckt.

III ὀσμή *[osmæ]* findet sich im NT nur 6mal, davon 2mal in der aus dem AT stammenden Verbindung ὀσμὴ εὐωδίας *[osmæ euōdias]*; letzteres findet sich daneben nur noch einmal in der Bedeutung *Wohlgeruch* zwischen zwei ὀσμή *[osmæ]*-Stellen (2Kor 2,15).

In der Salbungsgeschichte von Bethanien (Joh 12,3) ist vom Duft der Salbe die Rede, der das Haus erfüllt. Neben dem eigentlichen Sinn ist der Begriff hier wohl auch symbolisch gemeint: Wie der Duft der Salbe das Haus erfüllt, so wird bald der Wohlgeruch der Erkenntnis die Welt erfüllen (vgl. Bultmann, JohKomm. zSt). – Eph 5,2 wird der Tod Christi ein Opfer genannt, das Gott ein lieblicher Duft (ὀσμὴ εὐωδίας *[osmæ euōdias]*) ist. Diese bildliche vergeistigte Verwendung des Begriffes tritt besonders deutlich Phil 4,18 hervor, wo Paulus die von den Philippern an ihn geschickte Geldunterstützung »einen lieblichen Duft« (Z) nennt. Der Begriff ist über die Opfervorstellung im engeren Sinne hinaus zum »Symbol jeder Gabe (geworden), die der einzelne Gott darzubringen hat« (Lohmeyer, PhilKomm. zSt).

Die naturalistische Auffassung von der Leben und Tod spendenden Kraft der ὀσμή *[osmæ]* schlägt dagegen wieder 2Kor 2,14–16 durch. Mit dem Wirken des Apostels wird der Geruch der Gotteserkenntnis verbreitet. Ja, der Apostel selbst ist Träger des Wohlgeruches Christi. Dieser in der Verkündigung des Paulus wirkende Geruch der Gotteserkenntnis hat ein doppeltes Ergebnis: Den Hörenden vermittelt er göttliches Leben, den der Botschaft Widerstrebenden dagegen den ewigen Tod. Paulus benutzt die naturalistische Vorstellung, um den Entscheidungscharakter des Evangeliums und die in ihm tätige Gotteskraft anschaulich zu machen.

Vgl. auch → Sieg, Art. θριαμβεύω. *O. Flender*

Lit.: ELohmeyer, Vom göttlichen Wohlgeruch, SAH 10,9, 1919 – AStumpff, Art. εὐωδία, ThWb II, 1935, 808ff – GDelling, Art. ὀσμή, ThWb IV, 1954, 492ff – RBultmann, Das Evangelium des Johannes, KEK II, 1964[18] (zu Joh 12,3) – ELohmeyer, Die Briefe an die Philipper, Kolosser und an Philemon, KEK IX, 1964[13] (zu Phil 4,18).

Geschlecht

γενεά

γενεά *[geneą]* Geschlecht · γενεαλογία *[genealogįa]* Stammbaum · γενεαλογέω *[genealogęō]* das Geschlecht ableiten · ἀγενεαλόγητος *[agenealǫgætos]* ohne Stammbaum

γενεά *[geneą]*, abgeleitet von der Wurzel γεν- *[gen-]*, bedeutet zunächst die *Geburt*, auch die (edle) *Abstammung*, dann die *Nachkommenschaft*, der *Stamm*, das *Geschlecht* (= die durch gemeinsame Abkunft Verbundenen). Die in der gleichen Zeit Geborenen bilden eine Generation (»Drei Generationen von Männern sind hundert Jahre«, Hdt. II,142). Hier schließt die Bedeutung *Zeitgenossenschaft, Zeitalter* an. In der LXX ist γενεά *[geneą]* fast immer Übers. von *dōr* und hat die Bedeutung *Generation*, wobei entsprechend der ganzen Sachlage sehr oft die Geschichte Israels in ihrer zeitlichen Länge und Tiefe als eine durch viele Generationen (von »Geschlecht zu Geschlecht«, von »Geschlechtern zu Geschlechtern«) reichende Tat Gottes angesehen wird. I/II

Das aus dem gleichen Stamm gebildete, mit dem Verbum γίνομαι *[gįnomai]* (→ Geburt) zusammengehörige Subst. γένος *[gęnos]*, ebenfalls häufig mit *Geschlecht* übers., hat – abgesehen von seinem Eintreten für das hebr. *min* = *Art* in Gen 1 – sowohl in LXX als auch im NT vor allem die Bedeutung *Nation, Volk* bzw. *Volksstamm* und wird deshalb unter → Volk verhandelt.

γενεά *[geneą]* kommt im NT 43mal, vorwiegend in den Evgg. und in der Apg vor; die Komposita finden sich dagegen nur selten: γενεαλογέομαι *[genealogęomai]* 1mal; γενεαλογία *[genealogįa]* 2mal; ἀγενεαλόγητος *[agenealǫgætos]* 1mal. III

1) Die Bedeutung des Wortes im NT kommt zunächst von dem oben beschriebenen längs gerichteten, zeitlichen γενεά *[geneą]*-Begriff her. Sie liegt schon Mt 1,17 im Zusammenhang mit der Darstellung des Stammbaumes Jesu 4mal vor. – Fernste Vergangenheit wird – at. und spätjüd. Sprachgebrauch entsprechend – durch die Wendung ἀπὸ γενεῶν *[apǫ geneǭn]*, *seit Generationen* (Kol 1,26; ähnlich Apg 15,21) bezeichnet. Entsprechend wird mit εἰς γενεὰς καὶ γενεὰς *[eis geneąs kai geneąs]*, *in allen Generationen* (Lk 1,50; ähnlich 1,48; Eph 3,21) die unendliche Zukunft ausgedrückt (vgl. noch Apg 13,36 Davids Generation und Apg 14,16; Eph 3,5 frühere Generationen). Hier ist auch der Begriff γενεαλογία *[genealogįa]* einzuordnen, der eindeutig auf Stammbaum- und Geschlechterforschung abgezielt ist und im NT nur 1Tim 1,4 und Tit 3,9 vorkommt. Nur eine gekünstelte Exegese wird in den an diesen Stellen bekämpften Leuten etwas anderes als Juden sehen, die im Anschluß an at. und andere Stammbäume allerhand μῦθοι Ἰουδαϊκοί *[mythoi*

Joudaikoi) entwickelten, wobei es sich durchaus um vorchristl., gnostische Spekulationen gehandelt haben kann. Es ist aber auch möglich, daß von ebionitischer Seite mit entsprechenden Argumenten gegen die in den christl. Gemeinden umgehenden Lehren von der wunderbaren Geburt Jesu gekämpft wurde (vgl. die Stammbäume bei Mt 1 und Lk 3).

Im Gegensatz zu den im AT sonst üblichen Angaben über die Herkunft einer Person (»Sohn des . . .«) wird Melchisedek in Gen 14 ohne solche Angaben eingeführt. Darum bezeichnet ihn der Hebr in 7,3 als ἀγενεαλόγητος *(agenealogætos)*; in 7,6 als μὴ γενεαλογούμενος *(mæ genealogoumenos)*, dh er kann nicht wie andere aus den gewöhnlichen natürlichen Geschlechterfolgen abgeleitet werden. Damit will der Verfasser des Hebr in keiner Weise indirekt die wahre Menschlichkeit Jesu in Frage stellen. Doch ist für ihn diese eben verbunden mit seiner wahren Göttlichkeit.

2) Nahezu die sämtlichen übrigbleibenden nt. γενεά *(genea)*-Stellen reden von d i e s e r γενεά *(genea)*. Offensichtlich handelt es sich dabei, wie die ständige Nachstellung des Demonstrativums zeigt, um eine Wiedergabe von *haddōr hazzæh*. Interessanterweise kennt das AT diesen Ausdruck als stereotype Wendung im Sinne des nt. Gebrauchs nicht. Ps 12,8 steht immerhin sehr nahe (vgl. Gen 7,1; Ex 1,6; Dtn 1,35). Das Demonstrativum hat an diesen Stellen pejorativen, dh abschätzigen Charakter. Es ist von der *Art* die Rede, die in dieser Welt den Kindern des Lichtes gegenübersteht und (in Verdeutlichung des bloßen αὕτη *(hautæ)*) ungläubig (Mk 9,19), ungläubig und verdreht (Mt 17,17), ehebrecherisch (Mk 8,38), böse und ehebrecherisch (Mt 12,39), böse (Lk 11,29), verdreht (Apg 2,40), verdreht und verkehrt (Phil 2,15) genannt wird. Das Lied Moses in Dtn 32 (V. 5 und 20) scheint hier einen gewissen Einfluß auf die Formulierungen gehabt zu haben. Das zeitliche, »genealogische« Moment ist an diesen Stellen gänzlich aus dem Begriff ausgeschieden. Der Ton liegt vollständig auf der Sündhaftigkeit dieser *Art*, dieses *Schlages*.

3) In der Zukunftsrede Jesu haben wir offensichtlich diese zweite Bedeutung des Begriffes vor uns: Mk 13,30; Mt 24,34; Lk 21,32. Es gibt ja anderweitig keine einzige nt. Stelle, an der das hier abermals erscheinende αὕτη *(hautæ)* nicht seinen pejorativen Charakter hätte. Da aber im Logion selber von einem Vergehen dieser γενεά *(genea)* die Rede ist, kommt auch das zeitliche, genealogische Element in zweiter Linie zur Geltung. Dann hätte Jesus mit diesem Wort für bestimmte Ereignisse doch eine Frist gesetzt. Es fragt sich dann nur noch, für welche. Hier gehen die Meinungen auseinander.

a) Nur eine umfassende Analyse des Textes von Mk 13 und seiner Parallelen kann zu einer Klärung der Situation führen. Hier seien in aller Kürze die folgenden Feststellungen gemacht. Mk 13,1–36 ist mit seinen 600 Worten innerhalb der grundlegenden synopt. Traditionsgeschichte (»triplex traditio marciana«, De Solages) der umfangreichste in sich geschlossene Abschnitt. Dem Charakter nach haben wir (wie Mk 4) ein wesentliches Stück urchristl. Didache vor uns, wie ja überhaupt das MkEv nicht Kerygma-, sondern Didache-Charakter aufweist (zu beachten ist die Wortgruppe διδάσκειν *(didaskein)* – διδαχή *(didachæ)* – διδάσκαλος *(didaskalos)*; → Lehre, Art. διδάσκω), im allgemeinen, im besonderen Mk 1,22.27; 4,1.2; 11,18; 12,38. In Mk 13,1–4 wird als »Sitz im Leben« eine reine Didache-Situation entworfen. Der Versuch, aus dem ganzen Abschnitt von 13,1–36 literarkritisch ein mehr oder weniger großes Stück als Fremdkörper herauszulösen, scheitert schon daran, daß der ganze Text wortstatistisch und grammatikalisch durchgehend Markus-Charakter trägt. Im Laufe der neuen Auslegungsgeschichte sind bezeichnenderweise die Einschnitte von den verschiedenen Forschern an immer neuen und immer anderen Orten gemacht worden. Die Bezeichnung des ganzen Kapitels oder eines seiner Teile als »Apokalypse« führt nur in die Irre. Die typischen Merkmale aller Apokalypsen (Geschichtsschreibung in Form von Prophetie, himmlische Szenerie, astronomische Spekulationen, Tier-, Farben- und Zahlsymbolik, visionärer Charakter, Übermittlung der himmlischen Botschaft durch Engel, Pseudonymität, exakte Zeitberechnung, Ausmalung der himmlischen oder höllischen Zustände usw.) fehlen vollständig, und wo der Apokalyptik einzelne Begriffe und Aussagen entlehnt werden, sind diese auf typisch unapokalyptische, ja antiapokalyptische Weise umgeformt. Die das ganze Kap. beherrschenden Imperative sind ihrem Wesen nach unapokalyptisch. Wir haben eine Mahnrede der urchristl. Didache vor uns, die in ihrer heutigen Form vom Verfasser und der ihm vorliegenden Gemeindetradition aus einzelnen Elementen zusammengefügt worden ist. Im Verband des Mk-Textes ist der Abschnitt nach der Intention des Redaktors deutlich als Abschiedsrede erkennbar. Dieser Redetypus ist in der Lit. der vorchristl. Zeit und des Spätjudentums sowie im übrigen NT vielfach zu beobachten. Wesentliche und immer neu wiederkehrende Motive sind dabei der Hinweis auf kommende Verführung und Verfolgung, die Verheißung der kommenden Erlösung und die Mahnung zur Wachsamkeit.

b) Genau diese Motive sind in Mk 13 und seinen Parallelen vorhanden und verbunden mit einem Überlieferungsstück, das Jesus den kommenden Untergang Jerusalems ansagen läßt (1–4; 14–20). Die Lk-Parallele zu Mk 13,14–20 (Lk 21,20–24) verrät deutlich genug, wie Lk die verhüllende Redeweise des Mk verstanden hat. Dodd, Michaelis und andere haben gezeigt, daß darum die Lk-Fassung noch keineswegs als *vaticinium ex eventu* zu verstehen ist. Erst die theol. Interpretation erweist es in seinem Zusammenhang als solches: Jerusalem ist Inbegriff des Volkes Israel, das nun dem Verstockungsgericht verfällt, während die καιροὶ ἐθνῶν *[kairoi ethnōn]* im Sinne von »Heilszeiten der Heiden« (vgl. Apg 28,24–28; Röm 11,25.26) angebrochen sind. Sie werden ihrerseits ohne jede Berechenbarkeit (Lk 17,20f), aber in Bälde (aus Lk 18,8; 21,34–36 darf man schließen, daß Lk für seine eigene Zeit durchaus die Naherwartung des Endes vertritt!) mit dem Kommen des »Reiches Gottes«, des »Menschensohnes«, des »Tages des Herrn« zu Ende gehen. Während also bei Lk das »Ende« Jerusalems und das »Ende der Welt« klar voneinander getrennt sind, hat Mt das Gerichtswort über Jerusalem, das sowohl ihm wie Lk in der Logienquelle (Mt 23, 37–39 = Lk 13,34.35) und im Sondergutstoff (Mt 22,7; Lk 19,41–44; 23,28–32) vorlag, eng miteinander verklammert, was schon die Fragestellung (Mt 24,3), dann bes. deutlich die Zeitbestimmung in 24,29 (εὐθέως *[eutheōs]!*) und überhaupt die gesamte Neufassung der Rede durch den ersten Evangelisten zeigt. Der Mk-Text steht in dieser Hinsicht sachlich ziemlich genau mitten zwischen Lk und Mt. Der Ausdruck συντελεῖσθαι *[synteleisthai]* in Mk 13,4 ist keineswegs ein term. techn. der Apokalyptik, wie ausgerechnet unter Zitierung von Apg 21,27 behauptet worden ist, und das Adverbiale der Zeit in Mk 13,24 (»aber in jenen Tagen nach jener Trübsal«) ist sprachlich semitisierend und zwiespältig, sachlich »neutral«. Mk steht hier wie allenthalben auf eine Weise in der Mitte, wie es bei ihm textlich ja ohnehin auf der ganzen Linie der Fall ist, was De Solages mit seiner Untersuchung nun doch endgültig bewiesen haben dürfte.

Erst von solchen Erwägungen her kann das Wort in Mk 13,30 und den Parallelen erklärt werden. Bei Mt hat es den Sinn von *diese Generation*, und Jesus hätte nach der Darstellung des ersten Evangelisten das Ende dieses Äons (→ Zeit, Art. αἰών) in Zusammenhang mit dem Gericht über Jerusalem am Ende jener ersten Generation erwartet (so wären auch Mk 9,1 und Mt 16,28 zu verstehen). Lk aber hätte im Angesicht der Ereignisse des Jahres 70 und ihres theol. Bezuges zur Verkündigung des Paulus γενεά *[genea]* als *Art*, vielleicht sogar als *Israel* verstanden. Da in den erwähnten Stellen des Sondergutes und der Logienquelle das Gericht über Jerusalem und das Weltende nicht miteinander verknüpft sind und der Text von Mk 13 im allgemeinen, von 13,4 und 24 im besonderen, recht unbestimmt und offen klingt, werden wir schließen müssen, daß Jesus sich in dieser Hinsicht recht unbestimmt geäußert hat. Die Evangelisten aber waren nicht Kopisten, sondern Zeugen, die das gehörte Wort, geleitet vom Geist, je in ihre Zeit hinein nachführten und bezeugten.

Apg 8,33 ist wörtliche Wiedergabe von Jes 53,8 und nur schwer zu verstehen. Sicherlich liegt der genealogische Gebrauch des Begriffes vor. *R. Morgenthaler*

Lit.: APfleiderer, Über die Komposition der eschatologischen Rede Mt 24,4ff, Jahrb. für Deutsche Theol., 1868 – GCBPünjer, Die Wiederkunftsreden Jesu, Zeitschr. f. wiss. Theol. 2, 1878 – EFStröter, Die große Zukunftsrede des Herrn nach Mt 24, 1922 – APiganiol, Observation sur la date de l'apocalypse synoptique, 1924 – ASchlatter, Der Evangelist Matthäus, 1929, 554 (zu Mt 18,15) – FBüchsel, Art. γενεά ThWb I, 1933, 660f – FBusch, Zum Verständnis der synoptischen Eschatologie, Mk 13 neu untersucht, 1938 – CHDodd, The Fall of Jerusalem and the »Abomination of Desolation«, Journal of Roman Studies, 1947 – GHarder, Das eschatologische Geschichtsbild der sog. kleinen Apokalypse Mk 13, Theologia Viatorum, 1952, 71ff – GRBeasley-Murray, Jesus and the Future. An Examination of the criticism of The Eschatological Discourse, Mark 13 with Special Reference to the Little Apocalypse Theory, 1954 – ders., A Commentary on Mark thirteen, 1957 – GBolsinger, Die Ahnenreihe Christi nach Mt und Lk, Bibel u. Kirche 12, 1957, 112ff – MMeinertz, »Dieses Geschlecht« im NT, Bibl. Zeitschr. 1, 1957, 283ff – Bde Solages, Synopse Grecque des Evangiles, méthode nouvelle pour résoudre le problème synoptique, 1959 – GNeville, The Advent Hope. A Study of the Content of Mark XIII, 1961 – Edes Places, »Ipsius enim genus sumus« (Act 17,28), Biblica 43, 1962, 388ff – WGKümmel, Die Naherwartung in der Verkündigung Jesu, Zeit u. Geschichte, 1964, 38f (= Heilsgeschehen und Geschichte, 1965, 463).

Gesetz

Menschliches Zusammenleben erfordert eine tragende Ordnung und gemeinsam anerkannte Verhaltensregeln. Von den in diesen Zusammenhang gehörenden Vokabeln hat νόμος *(nomos)* die umfassendste Bedeutung; es bezeichnet urspr. das auf Grund gemeinschaftlicher Vereinbarungen beruhende Verteilsystem, dann allgemeiner die auf Absprache basierende öffentliche *Ordnung*, im Plur. die das Leben regelnden *Gesetze*. Andererseits werden der νόμος *(nomos)* bzw. die νόμοι *(nomoi)* religiös begründet, im Transzendenten verankert und beanspruchen von daher als autoritative göttliche Weisung oder kosmisches Prinzip absolute Gültigkeit. ἔθος *(ethos)* dagegen ist der nur ungeschriebene, aber darum nicht weniger eindeutige und gültige *Brauch*, die *Sitte*, das, was man normalerweise tut; im NT dann auch der kultische Brauch, die Ordnung des Priesterdienstes. στοιχεῖον *(stoicheion)* bezeichnet urspr. die Reihe, in der man steht, also die *Grundordnung*, der man sich zu fügen hat; daran anschließend sind die στοιχεῖα *(stoicheia)* die *Elemente*, die Grundbestandteile kosmischer wie auch menschlicher Ordnung.

ἔθος

ἔθος *(ethos)* Brauch, Sitte · ἦθος *(æthos)* Sitte, Lebensweise

I a) ἔθος *(ethos)*, seit Aischyl. überliefert, entstammt der Wurzel σϝεθ *(sfeth)* (lat. *suetus*, deutsch: *Sitte)* und bedeutet *Herkommen, Gewohnheit, Brauch, Sitte*. Mit den Präp. ἐξ *(ex)*, κατά *(kata)*, διά *(dia)*, ἐν *(en)* oder dem instrumentalen Dativ heißt es: *nach, aus diesen Grundsätzen* bzw. *in der üblichen Weise*.

b) Das verwandte ἦθος *(æthos)*, seit Homer, bezeichnet stärker die Abstraktion: *Sitte, Gepflogenheit*, Plur. *Sitten*.

II Im kanonischen Text des AT haben beide Begriffe keine Äquivalente (Gesamtvorkommen 15mal, davon 7mal ἦθος *(æthos)*).

a) Hinter einigen griech. Übers.n neben der LXX zu Ri 18,7 und 1Kön (LXX 3Kön) 18,28 scheint aber für ἔθος *(ethos)* die hebr. Form *k^e mischpāt* zu stehen: *nach der* (völkischen, heidnischen) *Sitte, Art der* . . .; es wird also ἔθος *(ethos)* als *Volksbrauch*, vor allem im Zusammenhang mit → Festen verwendet. In den außerkanonischen Schriften ist das Vorkommen des Begriffes je durch ständischen, ethnischen oder traditionellen Bezug bestimmt: Geschenksitte gegenüber Angehörigen der Königsfamilie (1Makk 10,89), Hinrichtungsbrauch (2Makk 13,4), Sitte der Vorfahren (2Makk 11,25; 4Makk 18,5), Gewohnheit der Priester (Dan Bel 15 v. l.), auch Regel des kultischen Lebens. Auch die in ihr Gegenteil verkehrte Sitte kann ethische und gesetzliche Kraft gewinnen (4Makk 18,5; Weish 14,16: ὡς νόμος *(hōs nomos)*, wie ein Gesetz; → νόμος).

b) In der LXX hat ἦθος *(æthos)* durchweg den Sinn der vitalen Impulse, Stimmungen (4Makk 1,29; 2,7; 2,21; 5,24), Gesinnung (4Makk 13,27), aber auch der Lebensweise als Ergebnis ethischer oder biotischer Antriebe. Eine Lebensweise kann direkt aus dem Gesetz (Sir Prol 27; v. l. ἔννομος *(ennomos)*; → νόμος, III) hervorgehen, oder auch der Tugend (4Makk 13,27 s. o.) wie negativ aus einer lügenhaften Gesamthaltung (Sir 20,26).

III Im NT finden sich die beiden Begriffe insgesamt an 13 Stellen (davon nur 1mal ἦθος *(æthos)*: 1Kor 15,33. – ἔθος *(ethos)*: 3mal bei Lk; 7mal Apg; 1mal Joh; 1mal Hebr). Auch hier spannt sich die Begriffsbreite von religiöser, oft identisch mit völkischer Sitte bis hin zu persönlicher Gewohnheit. Die Grenzen der Begriffsgruppen (Gewohnheit, Ordnung; Sitte; Tradition; so Schmoller) sind fließend. Inhaltlich ist es sinnvoll, die rein berichtende Verwendung der Begriffe von jenen Stellen zu unterscheiden, wo die Frage der Sitte, Tradition eine entscheidende Rolle spielt beim Zusammenstoß von frühchristl. Verkündigung und Lebenspraxis mit traditionellem jüd. und spätantikem Leben.

In berichtenden Abschnitten der Evgg. wird ἔθος *(ethos)* qualifiziert als Priester-Dienstgebrauch (Lk 1,9), Oster- und Erziehungstradition (Lk 2,42; der Vater hat die Pflicht, seinen Sohn bei Erreichen der Geschlechtsreife mit dem Alter von 12 Jahren durch Mitnahme zu den 3 großen Festen in die heiligen Vorschriften einzuführen), jüd. Bestattungssitte (Joh 19,40) oder persönliche Gewohnheit Jesu zB des Synagogenbesuchs (Lk

4,16: κατὰ τὸ εἰωθός *[katạ to eiōthọs]* = nach seiner Gepflogenheit; vgl. Apg 17,2 für Paulus) oder als Festpilger, tagsüber im Tempel zu lehren, dann aber in der Nähe des Ölbergs, außerhalb der Stadt zu übernachten (Lk 22,39), eine Gewohnheit, die an alte Sitten anknüpft und ihn für Judas und die Häscher auffindbar macht.

In die frühchristl. Polemik führen folgende Redezitate: Apg 15,1 die Auseinandersetzung zwischen Juden- und Heidenchristen um die auf Mose (vgl. Lev 12,3; nicht Abraham, Gen 17,10) zurückgeführte Beschneidungspflicht; schon vorher stehen Stephanus (Apg 6,14) und nachher Paulus (Apg 26,3; 28,17) unter dem Vorwurf, die mosaischen bzw. väterlichen Sitten zu ändern. Damit ist wohl die alte Klage gegen Jesus aufgenommen, er wolle das Gesetz auflösen (vgl. Mk 2,23ff; 3,2ff; 7,14f; Mt 5,18 u. 21). — → Volk und Gesetz (vgl. → νόμος III; s. Apg 21,28) werden von den Gegnern des Paulus identifiziert und die Verdächtigung, beide gleichzeitig durch Sektenbildung zu gefährden, ihm vorausgeschickt (s. Apg 24,5). — Röm. Prozeßrecht wird von Paulus in Anspruch genommen (Apg 25,16); röm. Staats- und Religionsrecht nehmen die röm. Sklavenhalter zu Philippi gegen die scheinbar jüd. Glaubenspropaganda (Apg 16,21) in Anspruch. Den Römern war verboten, Proselyten der jüd. *religio licita* zu werden (vgl. Haenchen zSt).

Auch in die innere Gefährdung der frühchristl. Gemeinden gibt die Verwendung der beiden Begriffe Einsicht: Der Mangel an Distanz zur libertinistischen Lebensweise der Umwelt wird der Gemeinde zum Verhängnis (ἦθος *[æthos]* 1Kor 15,33; Paulus zitiert Menander, 4. Jh. vChr, zur Warnung). — Hebr 10,25 erwähnt, daß das Fehlen beim Gottesdienst einigen schon zur Gewohnheit (ἔθος *[ẹthos]*) der Gleichgültigkeit geworden ist, der die Gemeinde mit geistlicher Ermahnung unter Hinweis auf den nahe bevorstehenden göttlichen Gerichtstag begegnen soll. *H. H. Eßer*

νόμος

νόμος *[nọmos]* Gesetz, Norm · νομικός *[nomikọs]* das Gesetz betreffend, gesetzeskundig · νομίμως *[nomịmōs]* dem Gesetz entsprechend, nach der Regel · νομοδιδάσκαλος *[nomodidạskalos]* Gesetzeslehrer · νομοθεσία *[nomothesịa]* Gesetzgebung · νομοθετέω *[nomothetẹō]* Gesetze geben · νομοθέτης *[nomothẹtæs]* Gesetzgeber · ἀνομία *[anomịa]* Gesetzlosigkeit · ἄνομος *[ạnomos]* gesetzlos, gesetzwidrig · ἔννομος *[ẹnnomos]* unter dem Gesetz, ordnungsmäßig · παρανομέω *[paranomẹō]* das Gesetz verletzen

1a) Das Subst. νόμος *[nọmos]* ist gebildet aus dem Verbum νέμω *[nẹmō]* = *verteilen, aus-, zu-,* I
erteilen, verleihen, bes. im Sinne einer Besitz zuteilenden Handlung, der Zuweisung von Weide- und Ackerfläche o. ä. (νομή *[nomæ]* ist der *Weideplatz,* die *Weide).* Damit werden Vorgänge gekennzeichnet, die überall dort notwendig sind, wo Menschen in kleinster oder größerer Gemeinschaft ihr Verhältnis zu den Lebensgütern in verbindlicher, Recht setzender Weise ordnen, so daß dadurch individueller oder Gruppenbesitz bzw. Eigentum entsteht. Das Grundverb deckt dementsprechend auch alle Bedeutungsmöglichkeiten vom zeitlich begrenzten bloßen *Überlassen, Gewähren* bis hin zum endgültigen *Zur-Verfügung-Stellen, Übertragen, Überschreiben.* Mit den zugehörigen Präpositionen, personalen und sachlichen Objektbezeichnungen und Qualifizierungen dieses Handelns werden dann unmittelbar ethische Wertungen ausgedrückt: *Gleiches gewähren, Billigkeit üben, unparteiisch sein,* aber auch: *bevorzugen, zurücksetzen.* Ferner wird sinngemäß das Ergebnis des Verteilens mit dem gleichen Verb bezeichnet in der Bedeutung: *sich aneignen, innehaben, besitzen, bewohnen, nutzen* usw.; pass.: *gehören.* — Die med. Bedeutung läßt noch den Gemeinschaftsakt erkennen: *untereinander verteilen* (ein Erbe o. ä.). —

b) Der übertragene Sinn umfaßt die Wahrung des Anvertrauten: *hüten, behüten,* wie auch die Einschätzung der mit dem Verteilgut Bedachten im Urteil der Verteiler: *achten, ansehen als, halten für, schätzen* u. ä.

2) So ist der Begriff νόμος *[nọmos]* (seit Hesiod, 7. Jh. vChr, literarisch nachweisbar) urspr. ebenfalls orientiert an dem Vorgang des Verteilens und seinem Ergebnis: Das Festgesetzte, Angeordnete, Zugeteilte, darüber hinaus aber vorwiegend an den dadurch entstandenen geregelten, geordneten und Tradition gewordenen Verhältnissen; er bezeichnet *Sitte, Brauch, Satzung, Gesetz,* als Repräsentanz in Erfahrung bewährter Verteil- und Ordnungsetzungen. —

Juridische, sittliche und religiöse Bedeutung des νόμος *[nomos]* sind in allen urtümlichen Lebensverhältnissen nicht voneinander zu trennen, da alle Güter aus göttlicher Herkunft verstanden und die Götter als Garanten der Ordnung des Kosmos und der zwischenmenschlichen Beziehungen geglaubt werden. Von daher bleibt die Bindung des Gesetzes an das Göttliche ein durchgängiger Zug der Geschichte, die auch in Zeiten der Anthropologisierung des νόμος *[nomos]* (s. u.) unterschwellig weiterwirkt. (Die enge Verflochtenheit von Götterverehrung, Sitte und Staatspflicht kommt zum Ausdruck in der Anklageformel gegen Sokrates: Er tue Unrecht, indem er die Götter, welche die Polis dem Kultbrauch gemäß verehre – νομίζειν *[nomizein]* –, nicht [so] verehre; Plat. Apol. 24b; → Frömmigkeit, Art. σέβομαι).

3) Im politischen Gebrauch wird νόμος *[nomos]* verstanden als positivster Gehalt der Polis, richterliche *Norm, Rechtsbrauch, politisches Gesetz.* Etwa vom 5. Jh. vChr an wird der νόμος *[nomos]* in νόμοι *[nomoi]* niedergeschrieben und bekommt dadurch die spezielle Bedeutung *geschriebenes Gesetz, Staatsverfassung* der Polis, *staatliches Zwangsgebot, staatlicher Befehl,* auf dessen Nichtbefolgung Strafe steht. – Mit der totalen Politisierung des νόμος *[nomos]* ist seine Relativierung und Anthropologisierung eingeleitet. Daß ein νόμος *[nomos]* gegen den anderen steht in der Weise, daß sie beide Geltung beanspruchen, aber unvereinbar sind und Menschen deshalb in diesem Gegensatz aufgerieben werden, liefert den Stoff von Tragödien (Antigone!). Ja, es wird sogar der νόμος *[nomos]* als menschliche Übertreibung der φύσις *[physis]* als dem Allgemeingültigen gegenüber abgewertet.

4) Die Philosophie – selbst die Sophistik – hält das Bewußtsein wach, daß der Mensch wegen aller Fragwürdigkeit menschlicher νόμοι *[nomoi]* ohne die Entsprechung zum kosmisch-universalen νόμος *[nomos]* nicht existieren kann, und sei es, daß nur noch eine innerliche Einstimmung auf den Kosmos die Gelassenheit im Weltablauf verleiht (so in der Stoa). Gegenüber der sophistischen Kritik an der absoluten Gültigkeit des νόμος *[nomos]* verknüpfen ihn Plato und Aristoteles je auf ihre Weise anthropologisch mit dem νοῦς *[nous]*, dem Geist, und ermöglichen damit erneut eine Bindung an das Göttliche (vgl. ThWb IV,1025). – Die Spätantike zZt des NT leidet am Verlust eines für die gesamte bekannte Welt verbindlichen, verpflichtenden νόμος *[nomos]*. Die Reprojizierung des irdischen νόμος *[nomos]* in die überlegene Sphäre des Urgrundes allen Seins (= Hypostasierung), wie sie die meisten gnostischen Systeme kennzeichnet, ist ein sehnsüchtiger Versuch, auf religiösem Wege die verlorene Einheit des νόμος *[nomos]* und unter dem νόμος *[nomos]* wiederzugewinnen.

II 1) In der LXX kommt νόμος *[nomos]* rund 430mal vor, davon etwa 200mal ohne hebr. Äquivalent; für die übrigen Stellen ist das vorherrschende Äquivalent *tōrāh,* daneben 16mal *dāt* und 12mal *choq, chuqqāh.* – Der Schwerpunkt der Häufigkeit im kanonischen AT liegt im Pentateuch, mit Ausnahme der Gen (rund 60mal, davon 25mal im Dtn und 20mal im Lev). Es folgen Esra und Nehemia, allerdings einschließlich des apokryphen 1Esr, (53mal); dann die Pss (40mal, davon 27mal im Ps 119 [LXX 118]). Unter den Propheten verwendet Jer den Begriff am häufigsten (15mal). – Der hohe Anteil der außerkanonischen Schriften am Wortgebrauch (davon die Makk-Bücher rund 100mal und Sir 30mal) weist auf die Bedeutung des Gesetzesdenkens im Judentum der beiden letzten Jh. vChr hin. – Von den unter III mitbehandelten Derivaten spielen nur ἀνομία *[anomia]* *(Gesetzwidrigkeit;* etwa 150mal) und ἄνομος *[anomos]* *(gesetzlos;* etwa 50mal) in der LXX eine quantitative Rolle.

2) Nun hat freilich *tōrāh* an vielen Stellen, wo es mit νόμος *[nomos]* übersetzt ist – nur diese sind im folgenden berücksichtigt –, keineswegs die Bedeutung *Gesetz.* Umso einschneidender mußte die vorwiegende Übersetzung mit νόμος *[nomos]* zu einer Zeit sein, in der im griech. Denken mit νόμος *[nomos]* ein feststehender Inhalt verbunden war, das Gesetz aber auch im jüd. Denken als ewige, geschriebene Norm verstanden wurde.

a) Ursprünglich bezeichnet *tōrāh* – meistens im Sing. gebraucht – eine aktuelle von Gott eingeholte *Weisung,* einen *Bescheid* für eine gegebene Lage; der ebenfalls vorkommende Plur. verdeutlicht die Konkretheit und Variabilität solcher Weisungen: Ex 16,28; 18,16.20 (alle 3 Stellen bezeichnenderweise mit τὸν νόμον *[ton nomon]* übersetzt). Aktuelle Weisung wird ebenso von Propheten (Jes 1,10; 5,24 u. ö.; Mi 4,2; Jer 6,19) wie von Priestern erteilt (Hos 4,6; Jer 2,8; Dtn 17,9.11; Ez 7,26) oder auch vom Richter (Dtn 17,9.11f). Die prophetische Gerichtsandrohung trifft jene Priester und Propheten, die eigenmächtig Weisung erteilen, ohne sie empfangen zu haben (Jer 2,8; 8,8; Zeph 3,4; Ez 22,26).

b) Auch menschliche *Belehrung* durch einen Weisheitslehrer (Spr 13,14; 28,4.7.9) kann *tōrāh* = νόμος *[nomos]* genannt werden.

c) Näher am Begriff des Gesetzes liegt die *Einzelanordnung* für die verschiedenen Opferarten (Lev 6,2[9].7[14].18[25] u. ö.) oder ein bestimmtes priesterliches Verfahren (Num 5,29 bei Ehebruchsverdacht; 6,13.21 hinsichtlich der Gottgeweihten u. ä.).

d) Erst nach der deuteronomistischen Reform taucht der Begriff *Gesetz Jahwes* (2Kön 10,31; Ex 13,9; aus der Ergänzung des jahwistischen Grundtextes Am 2,4 [deuteronomistische Erweiterung]; Jer 8,8 u. ö.), *Gesetz Gottes* (Jos 24,26 u. ö.), von Mose gegeben (Jos 8,31 [LXX 9,2]; 2Kön 23,25 u. ö.), als *Zusammenfassung* und *Inbegriff der Gesetze* auf, ohne nähere Bestimmung oder Aufzählung der zugehörigen Gesetzesstücke. Das Deuteronomium selbst wird *Buch des Gesetzes* genannt (Dtn 28,61; 29,20; 30,10; 31,26 [vgl. v. Rad, Theologie I, 220]; Jos 1,8; 2Kön 22,8.11) oder, nach dem Exil, der ganze Pentateuch (Neh 8,3). Dem entspricht die Formel »im Gesetz geschrieben« im nachexilischen Schrifttum (Neh 8,1; 10,35 [LXX 34],37 [LXX 36]; Dan 9,11; 2Chr 23, 18 u. ö.), die das Gesetz als geschriebene Norm versteht.

e) Ob mehr an eine mündliche Weisung oder ein geschriebenes Gesetz gedacht ist, lassen auch die Verben für den Empfang und die Annahme bzw. Beachtung der *tōrāh* erkennen. Zu ersterem Verständnis gehören Formeln wie: die Weisung anmahnen (Ex 18,20), auf sie hören (Jes 42, 24), sie vergessen (Hos 4,6); verachten (Jes 5,24); gegen sie freveln (Hos 8,1). – Das spätere Verständnis bringen dagegen die Wendungen: das Gesetz beachten, halten (Ps 119 [LXX 118],34.44; Spr 28,4 u. ö.); im Gesetz wandeln = das Leben führen (Ex 16,4; Ps 78 [LXX 77],10; 119 [LXX 118],1; 2Chr 6,16 u. ö.) zum Ausdruck.

3) Mit *choq* wird bezeichnet a) *Opferforderung, -anrecht* (L), *-gebühr* (Z) *Jahwes* (Lev 6,15 [LXX 22]) oder b) die kultisch verkündigte *Rechtsordnung*, auf die Israel verpflichtet wird (Jos 24,25; vgl. AAlt, aaO 302; GvRad, Theologie I,27). – Das Femininum *chuqqāh* – im Plur. – hat die Bedeutung a) *Schöpfungsordnungen, Naturgesetze* (Jer 31 [LXX 38],36); b) *Passahordnung* (Ex 12,43; Num 9,3.14 u. ö.); c) *Satzungen des Alltagsrechts* (Lev 19,19.37); d) *Opferordnungen* (Jer 44 [LXX 51],23).

4) Nur in späten Schriften des AT begegnet das Äquivalent *dāt*, das immer ein geschriebenes Gesetz bezeichnet, sei es das *Gesetz Gottes* (Esr [LXX 2 Esr] 7,12.14.21.25.26; Dan 6,6 [LXX und Z 5; hier identisch mit *Religion, Gottesverehrung*]; 7,25; Est 3,8 Plur. interpretiert als Volksgesetze) oder das *Gesetz*, die *Verordnung* des Königs (Esr 7,26; Est 1,8.13.15.19; 3,8; 4,16).

5) Schon der Überblick über den Begriffsgebrauch erweist, daß weder einfach von d e m Gesetz im AT, geschweige denn vom AT selbst als Gesetz gesprochen werden kann. Selbst für den Pentateuch ist die spätere (s. o. 2d) Gesamtbenennung *tōrāh* oder *Gesetz* eine *pars-pro-toto*-Bezeichnung. Gattungsmäßig sind im wesentlichen 3 Gruppen von Rechts- oder Gesetzesstücken zu unterscheiden:

a) Das nicht genuin israelitische *kasuistische Recht*, das nach der Landnahme weitgehend aus der kanaanäischen Rechtspraxis übernommen wurde; es hat seinen Sitz im Leben in der Rechtsgemeinde im Tor; weite Teile des Bundesbuches (Ex 21,1 – 23,19) enthalten solche »wenn . . . dann«-Reihen.

b) Das *apodiktische Recht*, das genuin israelitischen Ursprungs ist, noch aus der Zeit der Mobilität der Stämme stammt und in thetischen Zehner- oder Zwölfer-Reihen (Behaltemöglichkeit!) formuliert ist: »wer . . . der soll des Todes sterben« (Ex 21,12.15ff u. ö.) oder »Ich bin Jahwe . . . du sollst, wirst nicht . . .« (Dekalog Ex 20,2ff) u. a.; es hat seinen Sitz im Leben in der Kultgemeinde, besonders beim Bundesfest und Bundeserneuerungsfest; es wacht »elementar über dem Menschsein des Menschen« (v. Rad I,197). – Die Zehn Gebote werden im AT übrigens niemals »Gesetz« genannt (s. ebd.). –

c) *Rein kultische Bestimmungen*, für deren Anwendung und Auslegung die → Priester zuständig sind (s. o. 2c; vgl. auch Haggai 2,11 [LXX 12]).

Das *Gesetz* als Inbegriff solcher Rechtsstücke ist dem → Bund nach- und eingeordnet. Es ist die Lebensordnung der Befreiten (1. Gebot als Voraussetzung der andern), »mündiger Gehorsam, den Jahwe fordert« (v. Rad I,199; vgl. Dtn 30,14). »Die Gebote waren kein Gesetz, sondern ein Geschehen, das jeder Generation von Jahwe her jeweils in ihrem hic et nunc widerfuhr und dem sie sich zu stellen hatte« (ebd. 200; Prophetie!). – Dieses urtümliche Verständnis des Gesetzes wandelt sich in nachexilischer Zeit, als das Gesetz die nachexilische Gemeinde k o n s t i t u i e r t e (Neh 8) und ihr zum Diktat wurde, statt ihr als Heilsordnung zu dienen. (Zum Ganzen vgl. v. Rad I,192ff, dort weitere Lit.)

6) Zum Gesetzesverständnis der Qumransekte vgl. → Gebot, Art. ἐντολή II,3.

7a) Im Judentum der beiden letzten Jahrhunderte vChr und zZt Jesu herrscht formal der absolute Gebrauch von νόμος *[nomos]* vor. – Darin äußert sich das nunmehr zum israelitischen Gemeingut gewordene Verständnis des Gesetzes: Das Gesetz ist eine absolute Größe, unabhängig vom Bunde. An der Erfüllung des Gesetzes entscheidet sich nun die Zugehörigkeit zum Gottesvolk, das sich jetzt nicht mehr aus der lebendigen Offenbarungsgeschichte Jahwes mit ihm versteht, sondern sich durch den Gehorsam der Gesetzesfrommen (→ Pharisäer) konstituiert sieht. Die aufweisbare Gesetzespraxis ist das eindeutige Unterscheidungsmerkmal zwischen dem wahren Israel und den Nichtjuden sowie den Gottlosen innerhalb des Volkes. – Damit hat das Gesetz eine beherrschende Mittlerfunktion zwischen Gott und Mensch bezogen, ist zur personifizierten Zwischenmacht, zur Hypostase, geworden. Das ganze Leben wird vom Gesetz geregelt und regelbar. – Vor allem im hell. Judentum rückt das Gesetz damit an die Seite der ebenfalls hypostasierten → Weisheit. Auch in dieser Sicht ist es abtrennbar von seiner ursprünglichen Erkenntnisquelle, dem geschenkten Bunde, und darüber hinaus in der hell. Welt – apologetisch und im Forum der Philosophien konkurrenzfähig – anbietbar als *Weltgesetz*, dh als universal gültig. Seine geschichtliche Universalität wird zugleich auch nach rückwärts ausgedehnt: Schon die Patriarchen haben es gekannt, ja es hat Präexistenz vor allem Geschaffenen. Die Universalisierung und die Lösung vom Bund erlauben ferner, in hell. Umwelt das Gesetz rational zu begründen, sogar als die überlegene Philosophie zu proklamieren (→ Gebot, Art. δόγμα II). Methodisches Mittel dazu ist seine Allegorisierung, die zugleich Enthistorisierung bedeutet.

b) Auch das rabb. Judentum bindet die Selbstverschließung Gottes nicht mehr an den Bund, sondern an die Bundes s a t z u n g der Thorah. Exegetisch gewinnt dadurch die Thorah die Rolle des »Kanons im Kanon«, schon bevor dieser definitiv festgelegt ist, also das normative Übergewicht gegenüber den beiden andern heiligen Schriftkorpora, den »Propheten« und den sog. »Schriften«: In der Thorah ist alles schon keimhaft angelegt, was sie nur entfalten. Von der Thorah (identisch mit dem Pentateuch) glaubt Israel nun, daß sie als fertiges Werk Mose von Gott übergeben wurde. Gott hat sich nicht nur an sie gebunden, er i s t und b l e i b t auch an sie gebunden. An ihrer Erfüllung entscheidet sich Leben und Tod des Menschen, damit aber auch religiöser Stolz und religiöses Minderwertigkeitsgefühl des Menschen (s. Lk 18,9–14). Die Thorah wird als erfüllbar angesehen. Kasuistik sowohl wie Zusammenfassung des Gesetzes in wenige Gebote oder in ein Kerngebot dienen der Erfüllbarkeit des Gesetzes (Rabbi Hillel »Was dir nicht lieb ist, das tue auch deinem Nächsten nicht. Das ist die ganze Thorah, alles andere ist nur die Erklärung, geh und lerne sie!«, negative Entsprechung zur Goldenen Regel, Mt 7,12; oder ebd. die Behauptung, daß schon Amos [5,4] und Habakuk [2,4!] die Thorah auf e i n Gebot reduzieren. Zitat und zum Ganzen s. W. Gutbrod aaO). Studium und Erfüllung der Thorah gelten im Judentum zZt Jesu als der Weg zur Gerechtigkeit und der Weg zum → Leben (vgl. Lk 10,28).

III Im NT kommt das Subst. νόμος *[nomos]* (191mal) am häufigsten bei Paulus vor: 119mal, mit den Schwerpunkten Röm (72mal), Gal (32mal), 1Kor (9mal). Von den übrigen Schriften treten hervor: Apg (17), Joh und Hebr (14), Jak (10), Lk (9), Mt (8mal). νόμος *[nomos]* fehlt bei Mk, in den Katholischen Briefen außer Jak, ferner in der Offb. – Das seltene Vorkommen des Begriffes bei den Synopt. darf nicht hinwegtäuschen über die intensive sachliche Auseinandersetzung Jesu mit der Problematik des Gesetzes (vgl. Mk 2,23–28; 10,1–12 u. ö.).

1) Was im zusammenfassenden Urteil über das Gesamtwerk Jesu (Joh 1,17 und Eph 2,14–18) festgestellt wird, gilt auch schon für seine eigene Verkündigung: J e s u s räumt die Mittlerstellung des Gesetzes aus und eröffnet in seinem Reden und Handeln den unmittelbaren Zugang zu Gott (vgl. bes. die Gleichnisgruppe Lk 15; ferner 18,9–27; Mt 11, 28–30 u. viele andere synopt. Stellen).

a) Sein Zeugnis über die Bedeutung Johannes des Täufers (Mt 11,7–19) erhebt Jesus (V. 11–15) zu einem indirekten Selbstzeugnis: Der Täufer ist der reinkarnierte Elia (V. 14), der e i n e Epoche der Gottesherrschaft beendet und eine n e u e , welche die unmittelbare Gottesherrschaft heraufführt, ankündigt. Die Verkündigungsfunktion aller Propheten und des Gesetzes ist damit ans Ziel gekommen (V. 13) und abgeschlossen (»Propheten und Gesetz« sind hier formal auch als Schriftteile, vor allem aber inhaltlich in ihrer heilsgeschichtlichen Aufgabe verstanden. Beachtlich sowohl die Vorordnung der Propheten vor das Gesetz, wie auch das dynamische Verständnis beider: Sie verkündigen, predigen [L: weissagen], üben → Prophetie = προφητεύειν *[prophæteuein]!)*. – Die Par. bei Lk 16,16 ordnet dies Wort Jesu zielbewußt in das heilsgeschichtliche Schema ein: »Gesetz und Propheten bis Johannes« (ohne Verb!), von da an wird die Königsherrschaft Gottes (»direkt« könnte man ergänzen) wie eine Siegesnachricht proklamiert (εὐαγγελίζεται *[euangelizetai]*; → Evangelium).

Auch in den sog. Antithesen der Bergpredigt (Mt 5,21–48) setzt Jesus grundsätzlich dem erfüllungszufriedenen Umgang mit Einzelgeboten des Gesetzes ein Ende (V. 20.46), indem er sie radikalisiert, dh an ihre Wurzel, die uneingeschränkte Entsprechung zur Königsherrschaft Gottes in Denken und Handeln, zurückführt (V. 20.48). Er erhebt damit einen unerhörten Anspruch, markiert durch die antithetische Vollmachtformel »Ich aber sage euch!« (V. 22.28.32.34.39.44), die das im Gesetz zu den Alten Gesagte (V. 21.27.31. 33.38.43) als durch ihn ein für allemal überholt erklärt. Dieser Anspruch muß bei denen, die in ihm nicht den Bringer der Gottesherrschaft und in seinen Forderungen nicht die nun ermöglichte Lebensordnung der endzeitlichen Gemeinde erkennen, seine Verurteilung wegen Auflösung des Gesetzes (V. 17) provozieren.

b) An diesem Punkt der Auseinandersetzung macht Jesus jedoch deutlich, daß sich sein Anspruch nicht gegen das Gesetz richtet (Mt 5,17–19), sondern gegen das selbstgerechte Umgehen des Menschen mit dem Gesetz (V. 19–20; vgl. Paulus Röm 7,12). Die Forderung des Gesetzes nach umfassender und in lebendiger Gottesbeziehung gelebter Erfüllung will er in Einzigkeit gehorsam aufnehmen (V. 17), – wie er von seiner Beschneidung bis zum Kreuzestod tut, nach geltendem jüdischen Gesetz zum Tode verurteilt (vgl. Joh 19,7). – Die Unantastbarkeit des Gesetzes (Mt 5,18; vgl. Lk 16,17) bestimmt auch die Gesprächshaltung Jesu in seinen Dialogen mit den Gesetzeslehrern (νομικοί *[nomikoi])*, den Spezialisten für die ethische Gesetzesinterpretation und theologischen Führern der → Pharisäer. Jesus teilt mit ihnen die Konzentration des Gesetzes im Doppelgebot (Mt 22,34–39; vgl. Lk 10,25–28), aber er lehnt eine Wertabstufung innerhalb des Doppelgebotes ab und polemisiert in seinen Weherufen gegen das Verkennen der auf → Recht, → Barmherzigkeit und → Glauben ausgerichteten Grundintention des Gesetzes (Mt 23,23).

c) Abgesehen von wörtlichen Zitaten aus der Thorah ist in den Worten Jesu und im Sprachgebrauch von Mt und Lk formal meist das ganze Gesetz als Teil der Schrift gemeint ohne nähere Einzelbestimmung des Inhalts: »Gesetz« (Mt 5,18; 12,5; Lk 2,27; 10,26; 16, 17); »Gesetz und Propheten« (Mt 5,17; s. auch 1a); »Gesetz des Herrn« (Lk 2,23.24.39); »Gesetz des Mose« (Lk 2,22; vgl. auch Apg 28,23 ». . . und die Propheten«); »Mose und die Propheten« (Lk 24,27). Auch die Dreiteilung »Mose und die Propheten und die Psalmen« (Lk 24,44) kommt vor.

2) In ständiger Auseinandersetzung mit seiner eigenen pharisäischen Vergangenheit, seinen jüd. und judenchristl. Gegnern entfaltet Paulus eine Theologie des Gesetzes geschichtlich in Beziehung zur Verheißung, personal in Beziehung zu Christus. Dabei versteht sich Paulus keineswegs etwa als zweiter Lehrer der Christenheit neben Jesus oder gar als neuer an dessen Stelle! Er bleibt inhaltlich in den von Jesus vorgezeichneten Bahnen, füllt sie nur von der grundlegenden Bedeutung des jetzt in Kreuz und Auferstehung abgeschlossenen Werkes Christi her. Wie in Lk 10,25–37 schon deutlich wird, daß die volle ungeteilte Bejahung des Gesetzes im Tun (V. 37) nur und erst möglich wird unter der liebenden Anrede Jesu, die Gemeinschaft mit ihm schenkt und → Nachfolge bedingt, so ist nachösterlich nur und erst der Mensch, der »in Christus« ist, in der Lage, das Gesetz dankbar zu erfüllen, ohne die Absicht der Werkgerechtigkeit, vielmehr in der Freiheit des zu Liebe und Gehorsam Freigemachten. – Von dieser Position des einmalig Neuen wird auch für Paulus (vgl. o. 1a) die Negation der Allein- und Selbstgültigkeit und die heilsgeschichtlich-funktionale Sicht des Gesetzes (s. u. a–d) bestimmt, nicht durch psychische Komplexe eines ehemals pharisäischen Konvertiten (vgl. Phil 3,5–11). Der Heidenmissionar Paulus weiß in prophetischem Durchblick, daß Berechtigung, Glaubwürdigkeit, Gültigkeit und Erfolg der Universalität des → Evangeliums auf dem Spiele stehen ohne den Hintergrund einer ausführlichen, komplexen Theologie des Gesetzes (s. Röm und Gal!).

Paulus braucht νόμος *[nomos]* sowohl als Bezeichnung für den Pentateuch (Röm 3,21b; Gal 4,21), wie für die gesamte Schrift (Röm 3,19, Sammelbegriff für die Zitatsammlung aus allen 3 Schriftteilen, V. 10–18; 1Kor 14,21 zitiert Jes 28,11f und Dtn 28,49), bes. aber für das mosaische Gesetz, speziell den Dekalog (Röm 2,14a; 2,17; 3,28; 7,12; Gal 5,3) in seiner Forderung unbedingten Gehorsams von den Juden (aber auch Röm 2,14b ist zu übersetzen: »Die Heiden sind sich selbst das Gesetz«, weil – so wäre inhaltlich zu ergänzen – Gott ihnen das Gesetz auf andere Weise gegeben hat, s. V. 15). Aber er benutzt das Wort auch für das Gesetz im partiellen (= Ehegesetz, soweit es die Frau betrifft, Röm 7,2b) und schließlich Gesetz im übertragenen Sinne, meist definiert durch einen Genitiv (zB Röm 3,27 göttliche Anordnung im weitesten Sinne; Röm 7,23c.25b; 8,2; Gal 6,2 Genitiv der Urheberschaft ; Röm 7,23a und b Gesetzmäßigkeit). – Des öfteren redet

Paulus vom Gesetz wie von einer persönlichen Größe: Es spricht (Röm 3,19); sagt (Röm 7,7; 1Kor 9,8); wirkt (Röm 4,15); herrscht (Röm 7,1). Darin teilt er nicht die Vorstellung vom hypostasierten Gesetz (s. o. II,7), sondern er meint damit das lebendige Gegenüber Gottes, der durch das Gesetz personhaft wirkt.

Erkenntnisgrund für das inhaltliche Verständnis des Gesetzes bei Paulus ist das → Kreuz Christi.

a) In seinem Kreuzestod bejaht Jesus das Verdammungsurteil des Gesetzes, das über allen Menschen liegt. – Er wird ein Fluch (Gal 3,13), wird zur Sünde gemacht, ist nur noch Repräsentant der Sünde der andern (2Kor 5,21; vgl.: er wurde unter die Gesetzlosen, die Verbrecher, μετὰ ἀνόμων *[meta anomōn]*, gerechnet, Lk 22,37; Mk 15,28 Apparat = Zitat Jes 53,12). In diesen Aussagen ist ein gezieltes Handeln Jesu gemeint, das stellvertretend für uns geschieht.

b) Christus erfüllt darin zugleich allen vom Gesetz geforderten *Gehorsam* (Phil 2,8; die paulinische Einfügung »ja zum Tode am Kreuz«, V. 8b, in den vorgegebenen Hymnus unterstreicht die äußerste Solidarität mit den unter dem Gesetz Geknechteten). – Es geht nach der Erfüllung des Gesetzes durch ihn nicht mehr um zu erfüllende Bedingungen, sondern um die erfüllte Tatsache des Gesetzes (Röm 3,31).

c) Im → Glauben sind die Christen nicht mehr unter dem Gesetz (1Kor 9,20b, Parenthese); sie sind frei, denen ohne Gesetz (ἀνόμοις *[anomois]*; L »Heiden«) wie einer ohne Gesetz zu werden (ἄνομος *[anomos]*, V. 21, 4mal im Wortspiel verwandt), aber auch frei, in der → Liebe das Gesetz zu erfüllen (Röm 13,10b; Gal 5,14.22), denen unter dem Gesetz, also den Juden, wie einer unter dem Gesetz zu werden (1Kor 9,20). Gegenwärtiger Urheber und Impuls solcher Liebe ist der → Geist Gottes und Christi (Röm 8,4; Gal 5,22), der sie aus dem Machtbereich des Gesetzes und des → Fleisches und ihrer Folgen, der → Sünde und des → Todes, ausgrenzt (ebd. und Gal 5,18).

d) Weil Christus für die Glaubenden des Gesetzes Ende und Ziel (τέλος *[telos]*) ist (Röm 10,4), läßt sich vom Ziel aus die heilsgeschichtlich abgeschlossene und die abseits von Christus gültige Funktion des Gesetzes rückschauend beschreiben (Röm 5,20f; Gal 3,19–29). Das heilige, gute Gesetz (Röm 7,12; die Gesetzgebung, νομοθεσία *[nomothesia]*, zählt Paulus Röm 9,4 zu den Gottesgeschenken an Israel) ist von Gott zweckbestimmt in die Sündengeschichte der Menschheit hineingesetzt worden (Gal 3,19), zwischenhineingekommen (Röm 5,20), d a m i t die → Sünde mächtig würde (ebd.; vgl. Röm 7,8–13; → Gebot, Art. ἐντολή III,2a; ferner 1Kor 15,56b), bzw. die Menschheit bis auf das Christusgeschehen hin eingeschlossen bliebe, ohne Aussicht auf Entkommen, unter Sünde und Gesetz (Gal 3,22f). Ein nur von der übermächtigen → Gnade (Röm 5,20b) und von der geschenkten Sohnschaft bei Gott her (Gal 3,25ff) erträglicher Gedanke!

e) Daraus ergeben sich für den einzelnen, der *unter dem Gesetz* (ἐν νόμῳ *[en nomō]* Röm 2,12b) vor Gott steht, folgende Konsequenzen: Das Gesetz fordert ganzheitliche Erfüllung (Gal 3,10 = Zitat Dtn 27,26), nur wer es t u t , wird leben und gerechtfertigt sein (Gal 3,13b zit. Lev 18,5; Röm 2,13b). Wer es nicht tut, ist verflucht (Gal 3,10; Röm 2,12b). Das Gesetz macht nicht aus dem Hören gerecht; nur dadurch, daß er es kennt, hat der Mensch noch keinen Anteil an Gott (Röm 2,12a). Gerechtsein beruht vielmehr auf Lebendiggemachtsein, und eben das leistet das Gesetz nicht (Gal 3,21; Röm 7,9f), sondern nur der Christusglaube (Gal 3,26f). So sind verbunden Gesetz und Sünde, Glauben und Verheißung. Aber das Gesetz ist nicht gegen die Verheißung (Gal 3,17), vielmehr muß es heilsgeschichtlich und im Lebensweg des einzelnen Christus und dem Glauben an ihn »pädagogisch« (als Hintreiber, L »Zuchtmeister«) dienen (V. 24 und 25). So »leistet« es nichts anderes als erschreckende Erkenntnis der Sünde, die nicht heilmacht (Röm 3,20; 7,7), und bewirkt den Hilfeschrei in der Verlorenheit (Röm 7,24), der nur von Jesus Christus mit Hilfe beantwortet werden kann (Röm 7,25).

f) Aber auch der Mensch, der zeitlich vor und außer Christus *ohne Gesetz* (ἀνόμως *[anomōs]*, Röm 2,12a zweimal; das Adv. nur hier im NT) sündigt, entspricht dem Willen

Gottes nicht (Röm 3,23). Außerhalb des Gesetzes bindet Gott sein Urteil über den Menschen an das Tun des Guten (Röm 2,6f), denn die Heiden sind in der Lage, das Gute zu wissen, da das Werk des Gesetzes in ihr Herz geschrieben ist (V. 15; s. 1,32). So entspricht der Tat des Gesetzes beim Juden (V. 13) das gute Werk beim Heiden (V. 7), und dem Sündigen unter dem Gesetz bei den Juden (V. 12b) das Betreiben des Bösen bei allen Menschen, Juden und Nichtjuden (V. 9). Beide erfahren, ob innerhalb oder außerhalb des jüd. Gesetzes lebend, die gleiche Beurteilung, ohne Ansehen der Person (V. 11f.16) nach den Werken. Sie ist für alle vernichtend und tödlich (Röm 3,23.27; 7,10.11c.13), weil keiner dem Wissen um das Gute in seinen Taten entsprochen hat (3,23; 7,18f.21). So sind alle Menschen auf die gerechtmachende Tat Christi und ihre Annahme im Glauben angewiesen (Röm 3,25f; 29f), und zwar ohne die Leistung der Werke des Gesetzes (V. 28) und auch ohne Mitbeteiligung (χωρίς *[chōris]*; L: ohne Zutun) des Gesetzes (V. 21): Das »Nun aber« signalisiert das grundlegend Neue.

g) Damit ist auch die grundsätzliche Schwäche des Gesetzes ausgesagt, es hat als Mittel gegen die Sünde nur das Verbot und die Verurteilung und kann sie nicht überwinden, weil es auf die Mithilfe des schwachen → Fleisches, dh des zum Gehorsam nicht fähigen, selbstmächtig sein wollenden Menschen angewiesen ist (Röm 8,3). Das Gesetz gehört zum Wesensbestand dieser Welt (→ στοιχεῖα *[stoicheia]*) und kann deshalb nicht über ihn hinausführen. Was das Gesetz fordert, kann nur der Geist auf Grund der Christustat bewirken (V. 4, s. o. c). Das Wesen des Gesetzes ist tötender Buchstabe, das Wesen des Lebens im neuen Bunde ist lebendigmachender → Geist (Röm 7,6; 2Kor 3,6).

h) Das im Geist erfüllbare Gebot der Liebe (s. o. c und g) kann nun auch »Gesetz Christi« genannt werden (Gal 6,2; vgl. 1Kor 9,21: ἔννομος *[ennomos]* Christi sein = *unter dem Gesetz* Christi stehen). Es ist die Thorah des Herrn, die er selbst gelebt hat, nun lebenschaffend zum Zuge bringt und deren Erfüllung er darum fordern kann.

i) Das Gesetz wird nun gelegentlich sekundär herangezogen, um die Weisung für das evangelisch begründete Gemeindeleben durch Schriftbeweis mitzutragen: 1Kor 9,8ff stützt ein allegorisch verwendetes Zitat aus Dtn 25,4 das Anrecht der Apostel auf Lebensunterhalt. 1Kor 14,21 setzt Paulus ein aus Dtn 28,49 und Jes 28,11f kombiniertes Zitat ein, um das Zungenreden zu ordnen. 1Kor 14,34 begründet ein Hinweis auf Gen 3,16 das Schweigegebot für die Frauen in der Gemeinde, das wohl nicht generell gemeint ist, sondern ihnen verwehren will, sich durch Zungenreden hervorzutun. – Grundsätzlich gilt jedoch auch für die Ordnung des Gemeindelebens nicht der Satz »Was nicht dem Gesetz entspricht, ist Sünde«, sondern ausschließlich: »Alles aber, was nicht aus → Glauben (kommt), das ist Sünde« (Röm 14,23).

3) In den späteren paulinischen Briefen finden sich sowohl Aussagen über das Gesetz, die der urspr. paulinischen Theologie des Gesetzes voll entsprechen, als auch solche, die eine neue Umstrittenheit des Gesetzesverständnisses und sogar eine neue vordergründige Bejahung des Gesetzes als Ordnungsprinzip zeigen.

a) Völlig auf der Höhe der paulinischen Gesetzeslehre bleibt Eph 2,15 (s. o. 2b und vor allem → Gebot, Art. δόγμα III).

b) Im Kampf gegen gnostischen Libertinismus und Asketismus entsteht ein Nützlichkeits-Legalismus, der zwar in 1Tim 1,8 mit Röm 7,12 noch Paulus zitieren kann, aber hinter der theol. Komplexheit der dort ausgesprochenen Erkenntnis zurückbleibt. Christus ist erschienen, »um uns von aller Gesetzlosigkeit (ἀνομία *[anomia]*) zu erlösen« (Tit 2,14 = Zitat Ps 130,8). Das Gesetz ist »eine Lebensordnung, die dem Anständigen selbstverständlich ist; die andern« (die ἄνομοι *[anomoi]*: die *Gesetzlosen*) »erfahren sie mit Recht als Zwang« (Dibelius-Conzelmann, aaO, zu 1Tim 1,9). »Der Gerechte« (ebd.) scheint hier nicht mehr der aus → Glauben Gerechte (Röm 1,17; Gal 3,11) zu sein. – Daß das Gesetz gut sei, wenn man es dem Gesetz entsprechend (νομίμως *[nomimōs]*) gebrauche (ebd.), hebt sich sicher sowohl im Blick auf die unbedingte Heiligkeit des Gesetzes als auch im Blick auf seinen Gebrauch von Röm 7,13ff ab. – Die falschen Gesetzeslehrer (νομοδιδάσκαλοι *[nomodidąskaloi]* 1Tim 1,7) sind sowohl solche, die den Antinomismus (so hier) predigen, als auch jene, die durch rigoristische Forderungen (1Tim 4,1–3) die Gemeinde verwirren. (An letztgenannter Stelle erscheinen übrigens gut paulinisch → Glaube und Dankbarkeit im Gegensatz zu den asketischen Vorschriften als der gottgewollte Zugang zu den Gütern der Schöpfung.) – Ähnlich wie der 1Tim empfiehlt Tit 3,9 Kämpfe, die das Gesetz betreffen (μάχας νομικάς *[mąchas nomikąs]*), zu meiden. – Griech. Denkweise steht hinter dem Gebrauch von νομικός *[nomikọs]* (Tit 3,13; hier: »Jurist«, vgl. Dibelius-Conzelmann zSt) und νομίμως *[nomįmōs]*, der Wettkampfregel entsprechend (2Tim 2,5). – In der Apokalypse des 2Thess (2,1–12) wird das Noch-Ausstehen der Wiederkunft Christi begründet mit dem nach jüd. Apokalyptik vorher notwendigen Auftreten des Menschen der Gesetzlosigkeit (ἄνθρωπος τῆς ἀνομίας *[ąnthrōpos tæs anomįas]* V. 3), des Gesetzlosen (ἄνομος *[ąnomos]* V. 8) und dem zwar schon wirksamen, aber noch nicht enthüllten Geheimnis der Gesetzlosigkeit (V. 7; Z jeweils: Gesetzesfeind bzw. -feindschaft; vgl. Mt 24,12; vgl. AOepke, aaO zSt).

4) In konsequenter Weiterführung des paulinischen Denkens versteht der Hebr das Gesetz, besonders hinsichtlich des Kultes, als Ausdruck des abgelösten, dem Neuen Bunde unterlegenen Alten Bundes (8,13; 10,9b). Ausgedehnte Darlegungen beweisen die Überlegenheit des einmaligen, ein für allemal gültigen Opfers des Hohenpriesters Christus, in dem er selbst Gabe und Darbringer ist, über das Opfer der at. Priester (4,14–5,10; 7,1–10.18; vgl. auch die Typologie Mose – Christus 3,1–6).

So begegnet νόμος *[nọmos]* in dem Schema Unterlegenheit – Überlegenheit jeweils im negativen Teil des Vergleichs: Vergleiche 7,5 mit 7,6–8 (Melchisedek = Typos des Christus; »diese zwar . . . er aber«); 7,12 mit 7,13ff ». . . der nämlich«; 7,16a mit 7,15 und 16b ». . . nicht nach dem Gesetz (Z: der Vorschrift) eines fleischlichen Gebots«; 7,19a mit 19b ». . . Gesetz – größere Hoffnung«; 7,28a mit 7,28b ». . . Gesetz . . . Menschen – aber Wort des Eidschwurs . . . den Sohn«; 8,4f mit 8,5b und 6: Gesetz . . . Gaben . . . Abbild . . . Schatten – Urbild . . . überlegener Gottesdienst . . . besserer Bund . . . bessere Verheißungen; 9,19ff mit 9,24ff: Wiederholung – Einmaligkeit; 10,1 mit 10,2b »alljährliches Opfer – einmal gereinigt«; 10,8 mit 10,9a und 10: Opfer nicht gewollt, wie nach dem Gesetz dargebracht – aber Christi Bereitschaft, den Willen Gottes zu tun.

Auch am Gebrauch des Verbums νομοθετέω *[nomotheteō]*, *Gesetze geben* (mit personalem Pass.: *Gesetze empfangen)*, wird die schematische Antithese durchgehalten; 7,11: Das Volk des Alten Bundes hat im Blick auf das levitische Priestertum *Gesetze empfangen;* 8,6: Christus ist der Mittler eines besseren Bundes, der auf Grund einer besseren Verheißung *gesetzlich eingerichtet worden ist.* –

Wie bei Paulus ist die Überwindung der *Gesetzlosigkeit* (ἀνομία *[anomįa]*) durch Christus Grund für die Gültigkeit des Neuen Bundes: Der Sohn hat die Gesetzlosigkeit gehaßt (1,9 = Zitat Ps 45,8), der Heilige Geist hat ihre jetzt geschehene endgültige Vergebung durch den Propheten angekündigt (10,17 = Zit. Jer 31,34). Auf dieser Gültigkeit ruht auch beim Hebr die Feststellung, daß das Gesetz nichts und niemals zur Vollendung geführt hat (7,19 und 10,1c) und der at. Kult erledigt ist: »Wo Vergebung ist, da gibt es keine Opfergabe mehr für die Sünde« (10,18).

5) Im JohEv kommt es an der Frage des Gesetzes zu den heftigsten Zusammenstößen zwischen dem sich selbst verkündigenden Offenbarer und den Juden, die bei Joh den selbstmächtigen Kosmos repräsentieren. Sie messen den Offenbarer am Gesetz (7,23.52; 8,5; 12,34; Pss- und Prophetenstellen als »Gesetz«!; 19,7), und er mißt sie am Gesetz, das er souverän kennt, auslegt und mit dem er ihre Heuchelei entlarvt (7,19; 8,17; 10,34; 15, 25; an beiden letztgenannten Stellen werden Ps 82,6 und 35,19 »Gesetz« genannt). In diesen Streitgesprächen spiegelt sich zugleich die Auseinandersetzung des Verfassers und der hinter ihm stehenden Gemeinden mit einer jüd. Gnosis wider.

Das JohEv entfaltet nun die Grundthese (1,17), daß die in Jesus Christus offenbar gewordene Gnosis (→ Erkenntnis, Art. γινώσκω) und → Wahrheit gegenüber dem von Mose gegebenen Gesetz die volle Gottesoffenbarung bringt (Bultmann, aaO, zSt weist auf die Nähe zum paulinischen Denken hin). Die mehrfache Wendung »euer Gesetz« (8,17; 10,34) bzw. »ihr Gesetz« läßt erkennen, daß der Sohn dem Gesetz nicht untersteht. Jesus hält den Juden vor, daß ihre Berufung auf Mose nur der Selbstrechtfertigung dient und keiner von ihnen das Gesetz tut (7,19; vgl. Röm 2,17–24). Er durchbricht die pedantische und selbstsichere Handhabung des Gesetzes zugunsten des Heilens und Vergebens (7,23; 8,5 zu 8,7bff. Die dem JohEv später eingefügte Perikope von der Ehebrecherin kennzeichnet genau die Spannung zwischen Jesus und seinen gesetzeseifrigen Gegnern). Er benutzt das Gesetz bzw. die »Schriften« des Alten Bundes zur Stützung seines Selbstzeugnisses (8,7; 10,34). Andererseits hindert die Juden ihr Verständnis der → Schrift als Vorschrift und Buchstabe, die gegenwärtige Offenbarung Gottes zu erkennen (12,34).

Wie sehr die Handhabung des Gesetzes Spezialistensache geworden war und damit zugleich manipulierbar, zeigt die Debatte im Hohen Rat nach einem gescheiterten Versuch, Jesus zu verhaften: »Das Volk kennt das Gesetz nicht« (7,49), urteilen die Pharisäer, während einer von ihnen, Nikodemus, sie auf ihre eigene Mißachtung des Gesetzes hinweisen muß (V. 51). –

In der letzten Gesetzesdebatte über Jesus vor Pilatus erweist sich die ganze Paradoxie der Versklavung der Gegner Jesu unter das Gesetz: Die nach Lev 24,16; Ex 20,7 (vgl. Joh 5,18) beschlossene Todesstrafe zu vollstrecken, erlaubt das Besatzungsrecht nicht. Pilatus laviert die Ankläger geradezu mit seiner Aufforderung, Jesus nach ihrem Gesetz zu richten, in das Eingeständnis ihres Hasses und ihrer Machtlosigkeit hinein (18,31). Nur unter Berufung auf das mosaische Gesetz, ihr Gesetz (19,7), können sie die Vollstreckung ihres Tötungsbeschlusses durch eine die Juden mißachtende Hinrichtungsart erreichen. So aber dienen sie dem Opferwillen dessen, gegen dessen Offenbarung sie sich sträuben. Damit erfüllt sich zugleich das ihnen von Jesus angesagte Urteil des »Gesetzes« (Ps 69,5) gegen sie selbst (15,2f).

6) Im 1Joh begegnet 3,4 zweimal die Gleichsetzung: → Sünde = Gesetzwidrigkeit, Übertretung des Gesetzes (ἀνομία *[anomịa]*). Damit ist keine neue gesetzliche Ethik heraufgeführt, sondern die gnostische Irrlehre der Sündlosigkeit bekämpft (s. 1,8.10; vgl. auch 2Petr 2,1f und 8 die Polemik gegen den Wandel in gesetzwidrigen Taten, ἀνόμοις ἔργοις *[anọmois ẹrgois]*). Der 1Joh unterscheidet zwischen der »Sünde zum Tode« (5,16b), dem Abfall vom wahren Glauben an Jesus, den Sohn Gottes (5,1–12), und der »Sünde nicht zum Tode« (5,16a und 17), die bekannt und vergeben werden kann (1,9). Der im wahren Glauben Bleibende anerkennt angesichts seiner Übertretungen des Gesetzes (ἀνομία *[anomịa]*) die auch für ihn notwendige und mögliche Sündenvergebung. Es kommt für ihn alles auf das Bleiben in Christus an (2,1b; 3,6), dann hält er die → Gebote und tut das Gott Wohlgefällige (3,22ff; vgl. WMarxsen, aaO, 222f).

7) Zweimal findet sich bei Jakobus die scheinbar widersprüchliche Formel νόμος ἐλευθερίας *[nọmos eleutherịas]*, »Gesetz der Freiheit« (1,25 und 2,12), je ausgerichtet auf die spezielle Forderung des Jak, nicht nur Hörer, sondern auch Täter des Wortes zu sein (1,22). In 1,25 zeigt das beigefügte τέλειος *[tẹleios]*, vollkommen, noch den jüd. Denkhintergrund (vgl. Ps 19,8), während die Verbindung »Gesetz der Freiheit« griech., vor allem stoischen Ursprungs ist. Die Formel entstammt wohl der judenchristl. Diaspora und bezeichnet vor allem die Sammlungen von Weisungen Jesu (s. die Bergpredigt, Mt 5–7, und die Feldrede, Lk 6,20ff), die als Lebensregel verstanden werden und deren Befolgung freimacht vom wörtlichen Befolgen des at. Gesetzes (s. MDibelius, aaO, 110–113; 138). Beide Male wird dem Tun des Gesetzes der Freiheit als Lohn die Seligkeit verheißen. Der vorausgehende Kontext und 2,13 machen deutlich, daß Taten der → Barmherzigkeit (Art. ἔλεος III,5b) der Hauptinhalt des Gesetzes der Freiheit sind. Dieses Gesetz nennt Jak auch das königliche Gesetz (νόμος βασιλικός *[nọmos basilikọs]*; 2,8), das sich im Gebot der Nächstenliebe zusammenfassen läßt (»königlich« braucht sich nicht unbedingt auf den König Jesus zu beziehen, sondern kann ebenso nur die Erhabenheit dieses Gebots meinen; s. MDibelius 32ff). Wer dieses Gebot hält, ist von der Furcht frei, jedes einzelne Gebot des jüd. Gesetzes halten zu müssen, um das ganze Gesetz zu halten (2,10f; vgl. Gal 3,10). Wer allerdings dieses königliche Gesetz durch Ansehen der Person willkürlich handhabt (2,1ff.9), verfällt in gleicher Weise dem erbarmungslosen letzten Urteil, wie wenn er das at. Gesetz nicht gehalten hätte (2,13a). Das Verbot der Verleumdung und des Richtens (4,11f) kann, wie häufig ein Wort des Jak, sowohl at. (Lev 19,16), wie auch nt. (Mt 7,1–5, vgl. Röm 2,2) abge-

leitet werden. »Gesetz« hätte dann eine je verschiedene Bedeutung, entweder at. Gesetz oder wie das »Gesetz der Freiheit«: eine Weisung oder die Zusammenfassung der Weisungen Jesu (s. o.). Tenor der Aussage bleibt: Schlechtmachen eines Bruders (aus der Gemeinde) ist Schlechtmachen und Richten des Gesetzes. Wiederum: Der Mensch ist aber zum Täter des Gesetzes bestimmt (s. o.). Gesetzgeber (νομοθέτης *[nomothętæs]*) und Richter aber ist nur einer. Mit ihm, dessen Urteil letztgültig ist (4,12a), hat der den andern Richtende letztlich zu tun (vgl. Röm 14,4). Die zweifache, im Judentum übliche Umschreibung des Gottesnamens: »einer« und die Prädikation ὁ δυνάμενος *[ho dynąmenos]* überläßt es wiederum dem Leser, unter dem »Gesetzgeber« sowohl Gott als auch Jesus Christus zu verstehen.

8) Die A p o s t e l g e s c h i c h t e vermittelt ein lebendiges Bild von den Kämpfen um die Gültigkeit des Gesetzes zwischen Juden sowie gesetzestreuen Judenchristen einerseits und universalistisch denkenden hell. Christen andererseits (vgl. o. 3; ferner EHaenchen, aaO, 213—222). Mit Ausnahme von 15,5 und 23,29 finden sich alle Äußerungen über das Gesetz in Redestücken, die zwar keinen Protokollcharakter haben, aber im Stil der Geschichtsschreibung des Verfassers Personen und Situationen treffend charakterisieren. Auffallend ist die Parallelität der Vorwürfe und des Vorgehens gegen die Exponenten der hell. Christen zur Polemik und zum Prozeß gegen Jesus. Insofern sind die Jünger in der Tat nicht über ihren Meister (Mt 10,23ff). —

Die Anklage bzw. der Protest lauten: Reden gegen den Tempel und das Gesetz (6,13 gegen Stephanus, s. auch V. 11); Überredung der Leute, Gott auf gesetzwidrige Weise (παρὰ τὸν νόμον *[parą ton nǫmon]*) zu verehren (18,13 gegen Paulus in Korinth); Lehre gegen Volk, Tempel und Gesetz »an alle, überall« (21,28 gegen Paulus in Jerusalem; vgl. auch 21,21; vgl. Mt 26,61 par; 24,2 par; Joh 2,19—21 zu »Tempel«; Mt 5,17f; Röm 4,31 zu »Gesetz«). Die Verteidigungsrede des Stephanus behauptet, daß der Tempel nicht Gottes Wohnung sei (7,48f), und steigert sich zu dem Vorwurf, daß die Juden das Gesetz nicht halten (7,53; vgl. Röm 3,19f; Joh 7,19). Stephanus provoziert damit die sofortige Lynchjustiz an ihm, Steinigung vor Abschluß des Gerichtsverfahrens (7,57ff). — Paulus hingegen eröffnet seine Verteidigungsrede gegen seine jüd. Ankläger vor Festus mit der These, weder gegen das Gesetz der Juden noch gegen den Tempel ein Verbrechen begangen zu haben (25,8). Das entspricht der Gesamthaltung, die er seit seiner letzten Ankunft in Jerusalem zeigt:

Die Jerusalemer Judenchristen haben der freudigen Begrüßung die Feststellung hinzugefügt, daß sie Eiferer für das Gesetz geblieben sind (21,20); sie berichten ihm über die ungünstigen Nachrichten, die über ihn vorliegen, — Gesamttenor: Er lehre die Juden den Abfall von → Mose, Verzicht auf die Kinderbeschneidung und jüd. Sitte (→ ἔθος III) —. Sie raten Paulus in der für ihn lebensgefährlichen Situation, sich Juden und Judenchristen als *gesetzestreu* (φυλάσσων τὸν νόμον *[phyląssōn ton nǫmon]*) zu erweisen durch die Übernahme der Auslösung von vier mittellosen Nasiräern, eine Liebestat, die bei den Juden als bes. fromm galt. Auch die erneute Einschärfung der Gültigkeit des sog. Aposteldekrets für die Heidenchristen (vgl. 15,28f) spricht für die Bemühung der Jerusalemer Gemeindeleitung, äußerste Loyalität gegenüber den Juden zu bewahren und zugleich die Verbindung zur paulinischen Heidenchristenheit nicht zu verlieren (zu 21,20—25, s. EHaenchen aaO, 537—545).

Paulus tritt der Bitte der Jerusalemer Gemeinde entsprechend als frommer Jude auf (21,26). Dennoch wird der Protest kleinasiatischer Juden, die ihn wiedererkennen, gegen seine Missionspraxis öffentlich laut (21,28, s. o.) und führt fast zur Lynchjustiz an ihm. In der Rede an das Volk, die ihm der Besatzungstribun Claudius Lysias nach seiner Verhaftung erlaubt, betont Paulus seine Erziehung im Gesetz (22,3) und auch die Gesetzestreue des Ananias (22,12; s. auch in den Verteidigungsreden vor Felix und Agrippa: 24,14 und 26,5). Den Hohenpriester, der ihm im Zwischenverhör auf den Mund schlagen läßt, greift Paulus wegen *Verletzung des Gesetzes* (παρανομεῖν *[paranomeįn]*; s. Lev 19,15a; vgl. Joh 18,22f) bei der Handhabung des Gesetzes an (23,3).

Diese gesetzesbejahende Haltung des Paulus erklärt sich aus seiner 1Kor 9,19ff dargelegten Freiheit vom Gesetz (s. o. 2c). Sie weiß sich im Dienst des Evangeliums und steht nicht im Widerspruch zu der Feststellung vom heilsgeschichtlichen »Ende des Gesetzes« (Röm 10,4), die derselbe Apostel kurz vorher von Korinth aus nach Rom schrieb (vgl. auch Röm 11,13f). Im übrigen zeigt die Apg einen Paulus, der zwar der Forderung der ehemals pharisäischen Judenchristen widersteht, bekehrten Heiden Beschneidung und Halten des Gesetzes zur Pflicht zu machen (15,1f), aber die Bestimmungen des Aposteldekrets (s. 15, 28f) den Gemeinden weitergibt (16,4) und sogar seinen jüd.-griech. Gehilfen Timotheus aus Rücksicht auf die Juden beschneiden läßt (16,3). In der Predigt in der Synagoge zu Antiochien in Pisidien verkündet Paulus den Christus gleichsam nur als den Vollender der durch das Gesetz nicht vollkommen bewirkten Rechtfertigung (13,38; wenn nicht, so etwa EHaenchen zSt, Lk hier nur auf unscharfe Weise die paulinische Rechtfertigungspredigt im Unterschied zum Gesetz des Mose charakterisieren will).

Bemerkenswert ist noch das wohl zutreffend geschilderte Verhalten der röm. Behörden, die jeweils den Vorwurf der allgemeinen Gesetzwidrigkeit des Redens der christl. Missionare reduzieren auf den Tatbestand einer Streitfrage des jüd. Gesetzes: Gallio (18,15); Claudius Lysias (23,29; vgl. Pilatus, Joh 18,31).

9) Zum Verständnis des christl. Glaubens als einer *nova lex* im nachapostolischen Zeitalter s. → Gebot, Art. ἐντολή III,4 und 5. *H. H. Eßer*

στοιχεῖα

στοιχεῖα *(stoicheia)* Elemente, Anfangsgründe · στοιχέω *(stoicheō)* sich an eine Regel halten · συστοιχέω *(systoicheō)* entsprechen

Aus der Wurzel στίχος *(stichos)* bzw. στοῖχος *(stoichos)* = *Reihe, Linie,* spez. *Schlachtreihe* (seit Herodot 5. Jh. vChr), aber auch *Vers* (vgl. in der Poesie die Begriffe Distichon, Akrostichon), stammen die Verben στιχάομαι *(stichaomai)*, Dep. med., und στοιχέω *(stoicheō)*, *sich in einer Reihe befinden, zu einer Reihe gehören, in einer Reihe bleiben, in Reih und Glied marschieren* (etwa seit Anfang 4. Jh. lit. nachweisbar); im übertr. Sinne *mit einer Ordnung* (vertraglich) *übereinstimmen;* ferner das Subst. τὸ στοιχεῖον *(to stoicheion)*: spez. der *Stift an der Sonnenuhr,* der *Schatten der Sonnenuhr,* die *Schattenlänge,* im übertr. Sinne der *Bestandteil* des Wortes (= Buchstabe, Silbe), des Kosmos (= Element), von daher *Urbestandteil* (= Anfang, Grundlage usw.). Alle Bedeutungen sind schon seit Anfang 4. Jh. vChr aufweisbar. Die Weiterbildung συστοιχέω *(systoicheō)* (seit 2. Hälfte 4. Jh.) ist Intensivierung des Verbs: *sich in der gleichen Reihe befinden, Vordermann halten.* I

Das Subst. kommt in der LXX nur 3mal (jeweils im Plur.) in den Apokryphen vor, davon zweimal in der Bedeutung *Elemente des Kosmos, Materie* (Weish 7,17; 19,18), einmal in der Bedeutung *menschliche Lebenssubstanz* (4Makk 12,13). – Das Verb στοιχέω *(stoicheō)* findet sich nur Pred 11,6 mit dem Sinn *gelingen, glücken* (vgl. die Redeweise »in die Reihe kommen«); das hebr. Äquivalent *kāšer* bedeutet auch *angemessen sein,* s. Est 8,5 (s. o. I). II

1) Im NT begegnet das Verb nur 5mal (1mal Apg; 4mal bei Paulus). Apg 21,24 ». . . auch du in der Reihe stehst als einer, der das Gesetz hält« (vgl. νόμος III,8 zSt und Delling, aaO 668) macht die Bedeutung am deutlichsten: Die *Lebensführung in einer bestimmten, bewährten Ordnung;* das zeigt auch Phil 3,16: »in eben dem Erreichten auch im Lebensvollzug weiter übereinstimmen« (so der Sinn der ältesten und kürzesten Lesart; die andern Lesarten betonen eigens den gemeinsamen Maßstab des Wandelns bzw. die gleiche Gesinnung). – Gal 6,16 faßt Paulus die vorher (V. 15) gegebene Regel mit dem Wort »Kanon« zusammen, das er mit dem Verb verbindet: »sich an diese Lebensregel halten«. Gal 5,25b wäre demnach zu übersetzen: . . . dem Geist entsprechend unser Leben führen (H. Schlier, aaO übers. treffend »uns nach dem Geiste *ausrichten«).* – Röm 4,12 ist das Moment der Richtungstreue schon durch den Kontext gegeben: »in den Spuren (vgl. modern »in der Spur«) bleiben«, nämlich des Glaubens . . . Abrahams. – Das Kompos. συστοιχέω *(systoicheō)* schließt Gal 4,25 eine der beiden Reihen V. 22ff ab, nämlich die der Knechtschaft: Hagar gehört in e i n e Reihe mit dem jetzigen Jerusalem. (Inhaltlich ist hier der Sinai, der Berg der Gesetzgebung, so mit στοιχέω *(stoicheō)* verbunden wie Apg 21,24 das Gesetz.) III

2) Das Subst. wird ausschließlich im Briefgut des NT verwendet (7mal, immer im Plur.; davon 4mal bei Paulus; 1mal Hebr; 2mal 2Petr). – Am einfachsten zu deuten sind die beiden apokalyptischen Stellen 2Petr 3,10.12: Die *Elemente* (gedacht ist an Erde, Wasser, Luft; genannt davon nur das erste; das letzte bezeichnet durch »Himmel«) werden sich im Weltenbrand im Urelement, dem Feuer, auflösen (V. 10) bzw. in ihm zerschmelzen

(V. 12). – Auch Hebr 5,12 ist eindeutig durch die Hinzufügung von ἀρχή *[archę]*, Anfang: die *Grund-* und *Anfangsbegriffe* (L »ersten Anfang«; Z »ersten Anfangsgründe«; die Doppelung hat abschätzigen Klang) sind den Adressaten des Hebr nicht einmal geläufig.

Umstritten ist bei den beiden Gal- (4,3.9) und den beiden Kol- (2,8.20) Stellen die Frage, ob die στοιχεῖα τοῦ κόσμου *[stoichẹia tou kọsmou]*, die *Elemente der Welt*, Engel, Dämonen, Götter, personifizierte Mächte einer bestimmten gnostischen Irrlehre sind (so die Mehrzahl der Ausleger, vgl. Delling Fußn. 95–108) oder nicht (so Delling aaO).

Die Alternative ist ohnehin belanglos, da die gnostischen Ursprungsreihen zwar religionsgeschichtlich gesehen zT synkretistisch bestimmt, aber faktisch nur Ausdruck eines philosophisch-religiösen Welt- und Existenzverständnisses sind, s. HJonas aaO.

Wichtig, daß Paulus Gal 4,1–11 die »Elemente der Welt« nicht positiv qualifiziert, sondern sie durch den Befreier Christus überwunden weiß! Sie sind im Verhältnis zu ihm schwach und armselig (V. 9; → arm, Art. πτωχός III,3b), keine Götter (V. 8), für die sie die jetzt bekehrten Heiden früher hielten. – Auch das Gesetz wird unter die Elemente der Welt gerechnet (vgl. die Wir-Form V. 3 u. 5) und damit als abgetan erklärt. »Elemente der Welt« sind also alle Wirklichkeiten, in denen der Mensch abseits von dem lebendigen, in Christus offenbaren Gott sein Dasein gründet und die ihm dadurch zu ihn versklavenden Göttern werden (vgl. Luthers Auslegung des 1. Gebots im Großen Katechismus!). –

Auch in Kol 2,8 gehören Überlieferung von Menschen und »Elemente der Welt« zusammengefaßt als »Philosophie«, zu dem, was die Menschen als Beute wegzureißen (συλαγωγεῖν *[sylagōgẹin]*) versucht, dem, was Christus und seinem Siegeszug (V. 10–15) aber längst erlegen ist (V. 15. Zur Häresie des Kol vgl. GBornkamm, Ges. Aufs. I, aaO). – Wie in Gal 4,3.5 Weltelemente und Gesetz, sind in Kol 2,20 »Elemente der Welt« und Satzungen durch den Begriff δογματίζειν *[dogmatịzein]* (→ Gebot, Art. δόγμα III,1b u. 3) in negativer Qualifikation miteinander verbunden: Zu beiden und ihren praktischen Lasten (V. 21ff) hat der mit Christus Gestorbene (V. 20) keine Lebensbeziehung mehr (zum neuen Leben mit Christus, s. 3,1). »Die Verehrung der Weltelemente gründet sich auf die Voraussetzung, daß das Problem des Lebens ein letztes und undurchdringliches sei, beim urchristlichen Glauben handelt es sich um das Wesen Gottes, in dessen Wirken auch das Problem des Menschen zur Ruhe kommt« (ELohmeyer, Exkurs »Elemente der Welt«, aaO 103ff).

H. H. Eßer

V ZUR VERKÜNDIGUNG

Vordringliche Aufgabe des Predigers, der n a c h der historisch-kritischen Erforschung der Bibel lebt und sich zur jeweiligen Verkündigung rüstet, wird die Beachtung der s p e z i f i s c h e n Auffassung vom Gesetz in der einen jeweils zu erschließenden Perikope sein. Diese spezifische Auffassung ist jedoch zu sehen im G e s a m t panorama des Gesetzesverständnisses und zugleich abzugrenzen gegen die nächstliegenden verwechselbaren Begriffsgehalte.

Unerläßlich bleibt für alle verschiedenen Auffassungen vom Gesetz der Aufweis ihrer positiven oder negativen bzw. auch dialektischen Christus-Beziehung. Das gilt auch für die at. Gesetzesauffassungen, die, vor allem soweit sie vorexilischem Denken entstammen, vom Neuen → Bund her in ihrer den Bund überhaupt bewahrenden Funktion (Dekalog) neu gewertet und in ihrem Angebotcharakter (→ Gebot) erkannt werden können. Damit ist einer Abwertung des Gesetzes im AT oder gar einer Abwertung des gesamten AT als erledigter Aufforderung zu werkerischer Gesetzlichkeit gewehrt, andererseits und zugleich aber vom Christus-Geschehen aus das AT weithin als Lebensbuch des Volkes Gottes aller Zeiten aktuell erschließbar.

Der vorgeschlagene Zugang zu den biblischen Gesetzestexten entnimmt den Verkündiger der Gefahr, einen gesetzlich mißverstandenen Paulus zum alleinigen Maßstab aller Gesetzesauslegung zu machen und dadurch dem Antinomismus zu verfallen. Er bewahrt ebenso davor, das weitverbreitete Mißverständnis des christlichen Glaubens als einer normativen Gesetzesreligion zu fördern oder zu stützen (→ Freiheit; → Gebot).

Grundsätzlich sollte der Verkündiger allerdings – zumindest zur eigenen Klarheit – der von Paulus aufgeworfenen Problematik »Gesetz und Christus« und auch ihrer reformatorischen und nachreformatorischen Fassung »Gesetz und Evangelium« nicht ausweichen. Wenn er aber solche Texte, die unter den Gesichtspunkten der Begriffsgruppe »Gesetz« zu sehen sind, dazu in Beziehung setzt, so darf er sich nicht dazu verleiten lassen, ihnen eine konfessionalistische oder sonstwie vorgefaßte Lehrkonzeption schablonenhaft überzustülpen. – Es ist eher erstrebenswert, daß die Hörer der Verkündigung im Laufe der Zeit, gegebenenfalls auch hin und wieder durch Überblick verschaffende Lehrpredigten gefördert, eine Einsicht in die Vielfalt biblischen Gesetzesverständnisses bekommen.

Die allg. Voraussetzung, in der jegliche Verkündigung den Hörer wie den Verkündiger vorfindet, ist die, daß er immer schon, ob als Christ oder säkularisierter Mensch, »mit den Werken des Gesetzes umgeht«, notwendigerweise Normen setzt und selbst Normen untersteht, daß er andere und sich an Normen mißt und zugleich unter Normen leidet und an ihnen zerbricht. Ja, er muß die zum Tode voreilende Bedingtheit und Begrenztheit seines Lebens als eine seine ganze Existenz übergreifende Norm erkennen. Rechte Predigt des Gesetzes radikalisiert diese Unausweichlichkeit und Unentrinnbarkeit allen Stehens unter dem Gesetz; sie deckt die innerweltliche und die letztliche Tödlichkeit aller menschlichen Autonomie auf, der kollektiven wie der individuellen. Aber sie hat darin nicht ihr eigentliches Ziel. Dieses liegt vielmehr darin, den Hörer in den Machtbereich der gnädigen Ordnung Gottes hineinzuversetzen, wie sie in der Beugung Jesu Christi unter das Gesetz begründet, in seinem Sieg über die Gesetzmäßigkeit der → Sünde und des → Todes gewonnen ist, und wie sie in der Freiheit seines Geistes (→ Geist) uns zukommt. So löst nachösterliche Gesetzespredigt den Zwang jeglicher Knechtschaft ab durch das Gesetz der → Freiheit, die im Christus-Bunde herrscht.

Um so befreien zu können, wird die Gesetzespredigt immer entlarven, dh auch geheime und untergründige Bindungen aufdecken und als das kennzeichnen müssen, was sie sind. Dabei stellt sich ihr heute eine besondere Schwierigkeit in der Tarnung moderner Gestalten der Unfreiheit entgegen: Die Zwangsstrukturen der Zukunftsgesellschaft werden in Antithese zu den Verhältnissen von gestern und heute als absolute, erstrebenswerte Freiheiten angepriesen. So bedarf es schon einer prophetischen Analyse der Gefährdungen der heutigen und der zukünftigen Menschheit, unter genauer Kenntnis gesellschaftlicher Zusammenhänge und Tendenzen (s. Cox und van Leeuwen). Diese Analyse wird mit den modernen Gegenutopien aufweisen, daß aller menschliche Fortschritt die Normen, unter denen Menschsein in begrenzter Geschöpflichkeit steht, nicht durchbrechen kann. – Doch sie wird sich nicht in einen Kulturpessimismus verlieren, sondern mitten im Fortschreiten der technischen Weltbemächtigung die Kreaturgrenze bejahen, die das Geschöpf vom Schöpfer trennt, und die neuen Möglichkeiten aufweisen, die neue wissenschaftliche Erkenntnis dem Dienst am Menschen eröffnet. – Die Zukunftsgesellschaft wird der Christen bedürfen, die in jeglicher »Freiheit vom Gesetz« leben und nicht »aus Furcht des Todes ihr ganzes Leben Knechte« sein müssen (Hebr 2,15). *H. H. Eßer*

Lit. zu I/II: JBegrich, Thorah, BZAW 66, 1936 – WDDavies, Thorah in the Messianic Age and for the Age to Come, 1952 – AAlt, Die Ursprünge des israelitischen Rechts, Kl. Schriften I, 1953, 278ff – WKöhler, Theologie des Alten Testaments, 1953, § 38 – HJonas, Gnosis und spätantiker Geist I[2] (1964[3]); II,1, 1954 – MNoth, Die Gesetze im Pentateuch, Ges. Stud. 1957, 9ff – GvRad, Theologie des Alten Testaments I, 1957, 192ff (Lit.) – EWürthwein, Der Sinn des Gesetzes im Alten Testament, ZThK 55, 1958, 255ff – RHentschke, Gesetz und Eschatologie in der Verkündigung der Propheten, ZEE 4, 1960, 46ff – WZimmerli, Das Gesetz im Alten Testament, ThLZ 85, 1960, 481ff – FHorst, Gottes Recht. Gesammelte Studien zum Recht im Alten Testament, 1961 – HGraf Reventlow, Das Heiligkeitsgesetz, 1961 – DRößler, Gesetz und Geschichte. Unters. z. Theol. d. jüd. Apokalyptik u. d. pharisäischen Orthodoxie, 1962[2] – ADünner, Gerechtigkeit nach dem Alten Testament, 1963 – ChFeucht, Untersuchungen zum Heiligkeitsgesetz, 1963 – KHMiskotte, Wenn die Götter schweigen, 1963, 231ff – RRendtorff, Die Gesetze in der Priesterschrift, 1963[2] – WZimmerli, Das Gesetz und die Propheten, 1963 – OEißfeldt, Das Gesetz ist zwischeneingekommen, ThLZ 91, 1966, 1ff – JSchreiner, Die Zehn Gebote im Leben des Gottesvolkes. Dekalogforschung u. Verkündigung, 1966 (kath.) – GBertram, Zur Bedeutung der Religion der Septuaginta in der hellenistischen Welt, ThLZ 92, 1967, 245ff;

zu III: WGKümmel, Paulus und der jüdische Traditionsgedanke, ZNW 33, 1934, 105ff (= Heilsgeschehen und Geschichte, 1965, 15ff) – HPreisker, Art. ἔθος ThWb II, 1935, 370ff – PBläser, Das Gesetz bei Paulus, 1941 – ChrMaurer, Die Gesetzeslehre des Paulus, 1941 – HKleinknecht/WGutbrod, Art. νόμος ThWb IV, 1942, 1016ff – HSchlier, Der Brief an die Galater, KEK VII, 1951[11] – MDibelius, Die Bergpredigt, in: Botschaft und Geschichte I, 1953, 79ff – ders./HConzelmann, Die Pastoralbriefe, HNT 13, 1953[3] – MDibelius/HGreeven, An die Kolosser, Epheser. An Philemon, HNT 12, 1953[3] – ELohmeyer, Die Briefe an die Philipper, an die Kolosser und an Philemon, KEK IX, 1956[11] – GBornkamm, Das Ende des Gesetzes, Ges. Aufs. I, 1958[2] – KHSchelkle, Paulus – Lehrer der Väter. Die altkirchliche Auslegung von Röm 1–11, 1959 – CHDodd, Das Gesetz der Freiheit, Glaube u. Gehorsam nach d. Zeugnis des NT, 1960 – LBaeck, Paulus, die Pharisäer und das Neue Testament, 1961 – ChrDietzfelbinger, Paulus und das Alte Testament, ThExh 95, 1961 – FNeugebauer, In Christus. Eine Untersuchung z. paulinischen Glaubensverständnis, 1961 – GDelling, Art. στοιχέω, ThWb VII, 1963, 666ff (Lit.) – EJüngel, Das Gesetz zwischen Adam und Christus, ZThK 60, 1963, 42ff – WMarxsen, Einleitung in das Neue Testament, 1963 – HSchlier, Mächte und Gewalten im NT, 1963[3] – HJSchoeps, Jesus und das jüdische Gesetz, in: Studien zur unbekannten Religions- und Geistesgeschichte, 1963, 41ff – RBultmann, Das Evangelium des Johannes, KEK II,1, 1964[18] – MDibelius, Der Brief des Jakobus, KEK XV, 1964[11] – ELohse, Christologie und Ethik im Kolosserbrief, BZNW 30, 1964 – EESchneider, Finis legis Christus, Röm 10,4, ThZ 20, 1964, 410ff – RWalker, Allein aus Werken, ZThK 61, 1964, 155ff – JDuncan/MDerrett, Law in the New Testament, ZNW 56, 1965, 184ff – KGalley, Altes und neues Heilsgeschehen bei Paulus, 1965 – EHaenchen, Die Apostelgeschichte, KEK III, 1965[14] – AOepke, Die Briefe an die Thessalonicher, NTD 8, 1965[10] – PStuhlmacher, Gottes Gerechtigkeit bei Paulus, 1965 – CHaufe, Die Stellung des Paulus zum Gesetz, ThLZ 91, 1966, 171ff – OKuß, νόμος bei Paulus, Münchner Theol. Zeitschrift 17, 1966, 173ff (Lit.) – OMichel, Der Brief an die Römer, KEK IV, 1966[12] – KNiederwimmer, Der Begriff der Freiheit im Neuen Testament, 1966 – ASchulz, Unter dem Anspruch Gottes. Das nt. Zeugnis v. d. Nachahmung, 1967 (kath.);
allgemein: KBarth, KD I,2, 339ff.419ff.423f.451ff; II,2,612ff.819ff; III,3,352ff; III,4; IV,1,154ff. 400ff.649ff; IV,2,425ff; IV,3,425ff; 1932–1959 – ders., Evangelium und Gesetz, ThExh 32, 1935 – PAlthaus, Gebot und Gesetz, 1952 – RCSchultz, Gesetz und Evangelium in der lutherischen Theologie des 19. Jh.s, Arb. z. Gesch. u. Theol. d. Luthertums 4, 1955ff – OBückmann u. a., Art. Gesetz, EKL I, 1956, 1551ff (Lit.) – GEbeling, Erwägungen zur Lehre vom Gesetz, ZThK 55, 1958, 270ff – HvGlasenapp u. a., Art. Gesetz, RGG II, 1958[3], 1511ff (Lit.) – GBornkamm, Gesetz und Natur, in: Ges. Aufs. II, 1959, 93ff – RBring, Die Erfüllung des Gesetzes durch Christus, Kerygma und Dogma 5, 1959, 1ff – EWolf, Christum habere omnia Mosis, Bemerkungen z. Problem Gesetz u. Evangelium, in: Für Kirche u. Recht, Festschr. f. JHeckel, 1959, 287ff – HGollwitzer, Zum Verhältnis von Gesetz und Evangelium, Theologia Viatorum VIII, 1960/61, 30ff – WJoest, Gesetz und Freiheit, 1960[3] – WKreck, Schöpfung und Gesetz, Kirche i. d. Zeit 15, 1960, 369ff – GWingren, Adam, wir und Christus, Kerygma u. Dogma 7, 1961, 54ff – WZimmerli, Das Gesetz und die Freiheit, in: Juden, Christen, Deutsche, 1961, 294ff – HBerkhof, Gesetz und Evangelium, in: Vom Herrengeheimnis der Wahrheit, Festschr. HVogel, 1962, 127ff – KFrör, Die theologische Lehre von Gesetz und Evangelium und ihre Bedeutung für die Pädagogik, in: Glauben u. Erziehen, Festgabe GBohne, 1962, 127ff – KHKandler, Evangelium nihil aliud quam expositio legis, Neue Ztschr. f. system. Theol. 4, 1962, 1ff – WMatthias, Der anthropologische Sinn der Formel Gesetz und Evangelium, EvTh 22, 1962, 410ff – WAndersen, Der Gesetzesbegriff in der gegenwärtigen theologischen Diskussion, ThExh NF 108, 1963 – HGerdes, Die Frage von Gesetz und Evangelium in der gegenwärtigen theologischen Diskussion, in: Wahrheit u. Glaube, Festschr. EHirsch, 1963, 100ff – HJIwand, Gesetz und Evangelium, Nachgelassene Werke 4, 1964 – ELange, Die zehn großen Freiheiten, 1965 – HBeintker, Zur Vollmacht der ethischen Forderung des Gehorsams, ThLZ 91, 1966, 241ff – HCox, Stadt ohne Gott?, 1966, 59ff – ATh van Leeuwen, Christentum in der Weltgeschichte, 1966, 65ff.226ff.323.342 – GBornkamm, Wandlungen im alt- und neutestamentlichen Gesetzesverständnis, in: ders., Gesammelte Aufsätze 4, 1971, 73ff (= BevTh, 53) – RSmend, Das Gesetz und die Völker, in: Probleme biblischer Theologie, Festschr. GvRad, hrsg. v. HWWolff, 1971, 494ff – KBerger, Die Gesetzesauslegung Jesu. Ihr Hintergrund im Judentum und im Alten Testament, 1972 (= WMANT, 40) – PSchäfer, Die Tora der messianischen Zeit, ZNW 65, 1974, 27ff.

Gesicht → Angesicht; → Sehen

Gesinnung

φρόνησις

φρονέω *[phronẹō]* denken, urteilen, gesinnt sein · φρόνημα *[phrọnæma]* Denken, Sinnesart · φρόνησις *[phrọnæsis]* Verstand, Klugheit · φρόνιμος *[phrọnimos]* verständig, einsichtsvoll

I Die vom Stamm φρεν- *[phren]* abgeleiteten Wörter sind der klassischen griech. Lit. geläufig, das Verb φρονέω *[phronẹō]* seit Homer, die Subst.e φρόνημα *[phrọnæma]* und φρόνησις *[phrọnæsis]* seit Aischyl. bzw. Sophokl., das Adj. φρόνιμος *[phrọnimos]* ebenfalls seit Sophokl. Es überwiegen die allgemeinen Bedeutungen der Wörter, und zwar für das Verb: *denken, urteilen, meinen,* aber auch *den Sinn richten auf, gesinnt sein;* für das Subst.: das *Denken,* der *Verstand,* dann: *Sinnes-*

art, Gesinnung. Das schließt nicht aus, daß φρόνησις *[phronæsis]* öfter, bes. aber bei Plato und Aristot., eine gefülltere Bedeutung haben kann: nämlich *vernünftige Einsicht, Klugheit*. Entsprechend bedeutet φρόνιμος *[phronimos]* *verständig, klug, einsichtsvoll*.

Alle Wörter erscheinen auch in den griech. Übers.en des AT. Die hebr. Äquivalente sind sowohl II
chākam und seine Ableitungen als auch *bīn* und dessen Ableitungen, wobei letzteres nur wenig häufiger der Übers. zugrundeliegt. Verschiedene Bedeutungen sind möglich. So steht φρόνησις *[phronæsis]* zB auch für *Schlauheit, List* (Hi 5,13), entsprechend φρόνιμος *[phronimos]* in Gen 3,1. Einmal meint φρόνησις *[phronæsis]* das *Berufswissen (dā'at)* des Bauern (Spr 24,5), 2mal wird es in der Übers. des Dan bei Theodotion im Sinne von *Verstand* für die Ausbildung am Palast des persischen Königs gebraucht (Dan 1,4; 5,12; hier wohl speziell *Scharfsinn* bei Traumauslegung). Sonst aber kommt die Wortgruppe, zumal Subst. und Adj., vorwiegend in der at. Weisheitslit. vor; es ist einleuchtend, daß hier die Bedeutung *Einsicht* überwiegt. Subst. und Adj. werden regelmäßig mit Bezug auf den Menschen gebraucht: jedoch kann φρόνησις *[phronæsis]* gelegentlich auch zur Bezeichnung der schöpferischen Einsicht Gottes gebraucht werden (zB Jes 40,28; Jer 10,12; Spr 3, 19; in den beiden letzten Stellen parallel mit σοφία *[sophia]*, → Weisheit). Man kann daher für den Gebrauch der Wortgruppe im Bereich der LXX eine gewisse Füllung des Begriffes in Richtung auf den at. Weisheitsbegriff (s. → Weisheit, Art. σοφία II) feststellen.

1) Im NT gilt das nur mit großen Einschränkungen. Das mag zunächst daran liegen, daß III
hier das Verb vorwiegt: φρονέω *[phroneō]* erscheint 26mal, davon allein 23mal bei Paulus. Dagegen finden sich φρόνημα *[phronæma]* 4mal (alle Stellen Röm 8), φρόνησις *[phronæsis]* 2mal und φρόνιμος *[phronimos]* bzw. das adverbiale φρονίμως *[phronimōs]* zusammen 15mal. Das Verb hat nämlich gegenüber φρόνημα *[phronæma]* und φρόνησις *[phronæsis]* die Tendenz zur allgemeinen Bedeutung; es ist gleichsam neutraler und gewinnt seine Füllung durch seine grammatische Beziehung zu anderen Worten oder durch eine Verbindung mit einem anderen Wort. Das wird bereits deutlich an den Stellen, in denen φρονέω *[phroneō]* den Sinn *meinen, denken, urteilen* hat, zB Apg 28,22; 1Kor 13,11; ähnlich Phil 1,7; 4,10. Hier geht es eigentlich gar nicht so sehr um den Vorgang des Denkens oder Sinnens, sondern um den Inhalt dessen, was einer meint.

Das zeigt sich noch deutlicher dort, wo das meist absolut gebrauchte φρονέω *[phroneō]* seinen eigentlichen Sinn erst erfährt durch die Richtung, die es nimmt. Diese wird etwa durch die Präp. ὑπέρ *[hyper]* (Röm 12,3) oder durch so charakteristische Vokabeln wie σοφός *[sophos]* (Röm 12,3) oder ταπεινός *[tapeinos]* (vgl. die Wortverbindung ταπεινοφροσύνη *[tapeinophrosynæ]* Phil 2,3, s. → Demut, Art. ταπεινός) oder durch das Objekt τὰ ὑψηλά *[ta hypsæla]* (Röm 11,20; 12,16) bestimmt. Alle diese Worte, die zT mit φρονέω *[phroneō]* zu Wortverbindungen zusammentreten (ὑπερφρονέω *[hyperphroneō]*, σωφρονέω *[sōphroneō]* Röm 12,3) machen durch ihre Richtungsangabe (nach »oben« oder »unten«) φρονέω *[phroneō]* erst zu dem, was es im Zusammenhang der betreffenden Stelle ist. Das von Paulus Röm 12,3 gebrauchte Wortspiel, in dem er die Gemeinde ermahnt, daß sie »den Sinn nicht höher richten soll, als zu sinnen sich geziemt, sondern darauf sinnen soll, besonnen zu sein« (Z), läßt erkennen, wie sehr Denken und Sinnen durch ihre Richtung und ihr Ziel bestimmt werden.

2) Damit wird freilich dann auch deutlich, daß es, obwohl das Verb urspr. nicht inhaltlich gefüllt ist, so etwas wie ein neutrales Denken dennoch nicht geben kann. Der Mensch ist immer »auf etwas aus«; sein Sein hat notwendig ein »Auf-etwas-aus-sein« bei sich, ein Suchen und Trachten, ein Besitzergreifen-Wollen und ein Parteinehmen. Hierher gehört das nur Röm 8 vorkommende φρόνημα *[phronæma]*, das man am besten mit *Trachten* übersetzt. Im Zusammenhang dieses Kapitels, das das neue Leben in Christus als ein Leben im Geiste Gottes beschreibt, bezeugt Paulus, daß sowohl zu der Machtsphäre des »Fleisches« (s. dort) als auch zu der Machtsphäre des »Geistes« ein je eigenes Trachten gehört. Darum werden die, die »fleischlich sind« (οἱ κατὰ σάρκα ὄντες *[hoi kata sarka ontes]*; Röm 8,5), auch fleischlich gesinnt sein: dh wie ihr ganzes Leben wird auch ihr Sinnen und Trachten auf »das Nur-Menschliche, Irdisch-Vergängliche« (Bultmann, Theol., 234) ausgerichtet sein. Hingegen wird sich das Trachten der im → Geiste Gottes Lebenden (οἱ δὲ

κατὰ πνεῦμα *[hoi de kata pneuma]*, erg. ὄντες *[ontes]*; Röm 8,5) darauf richten, ihr Leben unter der Verheißung und dem Anspruch des Geistes zu führen. Solchem Gesinntsein ist »Leben und Frieden« verheißen (Röm 8,6). Das Trachten des Fleisches aber bedeutet Tod, entsprechend der grundsätzlichen Bestimmtheit des Fleisches durch den Tod (vgl. Röm 5,21; 6,23) und auf Grund der Tatsache, daß das Trachten des Fleisches notwendig Rebellion wider Gott sein muß, weil es sich dem Gesetz Gottes nicht unterwerfen kann (Röm 8,7). Die enge Verflechtung von Sein (in Christus, im Geist, im Glauben oder – dem entgegengesetzt – im Fleisch, in der Sünde, im Tode) und entsprechendem Gesinntsein wird an dieser Stelle überzeugend deutlich. Denken, Sinnen und Trachten des Menschen können nicht unabhängig von der Gesamtausrichtung seines Lebens gesehen werden. Vielmehr wird diese sich in dem widerspiegeln, worauf der Mensch aus ist.

Entsprechend dieser aus der Gesamthaltung des Menschen resultierenden Verflechtung von Sein und Gesinntsein kann innerhalb des eigentlichen Begriffes für φρονέω *[phroneō]* eine ebenso umfassende Bedeutungsfülle festgestellt werden: Es drückt nicht nur eine Tätigkeit des → Verstandes aus, sondern ebenso eine Richtung des Willens; es ist Anteilnahme und Entschluß zugleich. Das kann so weit gehen, daß φρονέω *[phroneō]* geradezu *Partei nehmen* für jemanden oder für eine Sache bedeutet. Röm 8,5 ist wenigstens im Nebenklang diese Bedeutung mitzuhören, während sie Mk 8,33 (par Mt 16,23) überwiegt. Petrus wird von Jesus zurechtgewiesen, weil sein Denken und Wollen Parteinahme nicht für die Sache Gottes, sondern für die Sache der (Gott feindlich gegenüberstehenden) Menschen ist. Gott will das Opfer Jesu, und indem Petrus sich diesem Willen Gottes widersetzt, betreibt er die Sache der Feinde Gottes, ja, ist er auf der Seite des Widersachers selber (»Hinweg von mir, Satan!«).

3) In welche Richtung soll aber das Trachten des Christen gehen, worauf soll er aus sein, was ist das Sinnen, das »sich geziemt« (Röm 12,3 Z)? Das, was dem natürlichen Menschen als einleuchtendste Antwort erscheinen will, nämlich nach hohen Dingen zu streben, könnte zunächst auch dem Christen naheliegen. Gott hat ihm ja Gaben gegeben, die er bis zur höchsten Vollendung erstreben und einsetzen könnte. Dieses Trachten nach »Hohem« freilich kann in der Gemeinde zu Eifersucht, Enttäuschung und Spaltungen führen, wie das korinthische Beispiel zeigt. Darum mahnt der Apostel zur Besonnenheit gemäß dem »Maß des Glaubens« (Röm 12,3). Denn »was nicht aus Glauben geschieht, ist Sünde« (Röm 14, 23 Z), und der Glaube, das neue Sein in Christus, wird dem Gesinntsein die rechte Richtung und das richtige Maß verleihen und es vor Hochmut bewahren.

Daß dem, der auf »Hohes« aus ist, die Gefahr des Hochmuts droht, wird auch Röm 11, 20 gesagt, wo ὑψηλὰ φρονεῖν *[hypsēla phronein]* eindeutig *stolze Gedanken hegen, hochmütig sein* bedeutet. Röm 12,16 mahnt Paulus: »Richtet euren Sinn nicht auf die hohen Dinge, sondern lasset euch zu den geringen Dingen hinziehen« (Z; bzw. »zu den geringen Brüdern«, je nach sächlicher oder maskuliner Übers. von τοῖς ταπεινοῖς *[tois tapeinois]*). Denn die sich selbst für klug halten (φρόνιμοι παρ' ἑαυτοῖς *[phronimoi par' heautois]* Röm 12,16b, abgewandeltes Zitat aus Spr 3,7), stehen unter Gottes Gericht: »Gott widersteht den Hochmütigen, den Demütigen aber gibt er Gnade« (1Petr 5,5, Zitat aus Spr 3,34; s. u. unter 6b). Ob nun, wie das vermutlich in Röm 12,16 der Fall ist, vor der geistlichen Überheblichkeit der Pneumatiker gewarnt werden soll oder, wie in Röm 11,20, der Hochmut der Heidenchristen gegenüber Israel getadelt wird, – das Ziel des Trachtens des Christen ist klar: hinunter zu den Niedrigen und Geringen und in Richtung auf die Einheit der Gemeinde, die durch die Überheblichkeit der einzelnen oder ganzer Gruppen gefährdet wird.

4) Dabei sind, wie so oft bei Paulus, Motiv und Richtung des Handelns aufs engste miteinander verbunden. Denn die Mahnung, sich zu den Niedrigen und Geringen zu halten und so gesinnt zu sein, und die damit zusammenhängende Aufforderung, »eines Sinnes zu sein« (τὸ αὐτὸ φρονεῖν *[to auto phronein]*, 5mal bei Paulus, nämlich Röm 12,16; 15,5; 2Kor 13,11; Phil 2,2; 4,2; ebenso τὸ ἓν φρονεῖν *[to hen phronein]* Phil 2,2 und im gleichen Sinn οὐδὲν ἄλλο φρονεῖν *[ouden allo phronein]* Gal 5,10; vgl. Phil 3,15), entsprin-

gen ja nicht einfach einer pragmatischen Haltung, die die Einheit der Gemeinde aus praktischen Erwägungen über alles stellt. Vielmehr werden die Mahnung, eines Sinnes zu sein, und die Warnung vor der Überheblichkeit, die öfter miteinander erscheinen (zB Röm 12, 16; 15,5; inhaltlich auch Röm 11,20; Phil 3,15), von Paulus auf die die Gemeinde begründende und tragende Christuswirklichkeit zurückgeführt. Das geschieht beispielhaft in den Versen, die den Christus-Hymnus Phil 2,6–11 einleiten. Im Zusammenhang (V. 2) erscheint die beinahe überschwenglich vorgetragene Bitte, »eines Sinnes zu sein«. Diese von der Gemeinde erwartete Gesinnung wird in V. 5ff motiviert mit dem Verweis auf das Sein der Christen in Christus und das dieses Sein begründende Handeln Jesu Christi in seiner Selbsterniedrigung.

Die Übers. und damit Deutung von Phil 2,5 ist umstritten; auf den ersten Blick mag die Übers. von Z überzeugen: »Diese Gesinnung heget in euch, die auch in Christus war.« Dann wäre Jesu Selbsterniedrigung Vorbild der gleichen Gesinnung in der Gemeinde. Es fragt sich aber, ob man ἐν Χριστῷ Ἰησοῦ *[en Christọ̄ Jæsọu]* nicht, wie so oft bei Paulus, formelhaft als Bezeichnung des Verhältnisses des einzelnen zu Christus verstehen muß: »Hegt eine solche Gesinnung untereinander (bei euch), wie (ihr sie als Leute) in Christus Jesus (hegen müßt)« (ähnlich Bauer, WB zum NT, Sp. 1713). Dann wäre das durch die Selbsterniedrigung Jesu begründete und eröffnete neue Leben der Gemeinde (→ Kirche) unter seiner → Herrschaft (vgl. auch V. 10f) das Motiv für den Ruf zur Einheit. Diese Auffassung wird gestützt durch Phil 4,2, wo Gemeindeglieder aufgefordert werden, »gleichgesinnt zu sein im Herrn« (τὸ αὐτὸ φρονεῖν ἐν κυρίῳ *[to autọ phronẹin en kyriọ̄]*); auch hier dürfte »in dem Herrn« formelhaft als Bezeichnung des neuen Seins in Christus stehen (vgl. Bauer, ebd., Sp. 55; vgl. → Leib). Unter den sonstigen Stellen, die zur einmütigen Gesinnung aufrufen, fällt wegen seiner Begründung noch der Gebetswunsch Röm 15,5 auf, Gott möge der Gemeinde verleihen, τὸ αὐτὸ φρονεῖν κατὰ Χριστὸν Ἰησοῦν *[to autọ phronẹin katạ Christọn Jæsọun]*. Das bedeutet sowohl »nach dem Vorbild Jesu Christi« (»denn auch Christus hat sich nicht selbst zu Gefallen gelebt« V. 3 Z) als auch: gemäß dem Geist Christi. Gemeint ist die von Gott in Christus geschenkte Möglichkeit, Einheit und Einigkeit zu finden. Auch diese Stelle würde also der Feststellung nicht widersprechen, daß im NT und bes. bei Paulus eine enge Verflechtung von Sein und Gesinntsein bezeugt wird: das neue Sein in Christus schafft und fordert das neue Gesinntsein, das in der Einheit der Gemeinde konkret wird. — Vgl. hierzu auch → einmütig.

5) Mit dem neuen Sein in Christus wird auch die Aufforderung in Kol 3,2 begründet, den »Sinn auf das (zu richten), was droben ist, nicht auf das, was auf Erden ist« (Z). τὰ ἄνω *[ta ạnō]* (→ Himmel) ist hier gerade nicht das menschlich Hohe, sondern der Herrschaftsbereich des erhöhten Christus (vgl. Kol 3,1), der die Seinen von allen anderen Bindungen befreit. Im Gegensatz dazu beschuldigt Paulus Phil 3,19 seine Gegner, »auf das Irdische aus zu sein« (τὰ ἐπίγεια φρονεῖν *[ta epịgeia phronẹin]*) und den »Bauch« zum Gott zu machen.

6) Das Adj. φρόνιμος *[phrọnimos]* bzw. dessen Adv. φρονίμως *[phronịmōs]* erscheinen 10mal in den Evgg. und 5mal bei Paulus.

a) Alle Stellen in den Evgg. finden sich in Gleichnissen oder Bildworten. In ihnen wird einsichtiges und kluges Handeln zum Gleichnis für das der Gottesherrschaft entsprechende Verhalten. Die Beispiele sind der alltäglichen Welt entnommen, wenn auch gelegentlich grotesk übersteigert: Der kluge Mann baut sein Haus auf felsigen Grund (Mt 7, 24); die fünf klugen Jungfrauen haben einen Vorrat an Öl (Mt 25,1ff); ein kluger und treuer Haushalter wird beim Kommen seines Herrn wach und bereit sein (Mt 24,45; par Lk 12,42); der ungerechte Haushalter handelt klug, weil »die Söhne dieser Welt ihrem Geschlecht gegenüber klüger sind als die Söhne des Lichts« (Lk 16,8 Z), und die Klugheit der Schlangen wird Mt 10,16 den Jüngern als Vorbild hingestellt. Jedoch wird man sagen müssen, daß die den Jüngern vorgestellte, der Gottesherrschaft entsprechende Klugheit sich nicht einfach am alltäglich-menschlichen Verhalten orientiert. Vielmehr zeigt das Auftauchen des Gegensatzbegriffes μωρός *[mōrǫs]* = töricht (→ Torheit) im Zusammenhang der beiden zuerst genannten Gleichnisse (Mt 7,26; 25,2f.8), daß hier der at. Weisheitsgedanke mithineinspielt: Klug ist, wer den Willen des Herrn tut (Mt 7,24); töricht ist, wer den Gehorsam verweigert. So läßt sich als die Intention des Begriffes φρόνιμος *[phrǫnimos]* in den Evgg. zusammenfassend formulieren: Gehorsam ist die Klugheit der Glaubenden.

b) Die paulinischen Stellen sind offenbar von einem Schlagwort bestimmt, das bei den korinthischen Pneumatikern umgegangen sein dürfte: ἡμεῖς δὲ φρόνιμοι *[hæmęis de phrǫnimoi]* und gegen das Paulus 1Kor 4,10; (10,15); 2Kor 11,19 polemisiert. Die von den Pneumatikern für sich beanspruchte Klugheit orientierte sich an menschlicher Weisheit und gefährdete durch ihre Überheblichkeit die Einheit der Gemeinde (s. o. III,3.4). Darum begegnet ihr Paulus sowohl mit dem Hinweis auf sein eigenes Leiden als Apostel (was jedoch das Mittel der Ironie nicht ausschließt, zB 1Kor 4,10; 2Kor 11,19) als auch mit der durch das at. Gotteswort gestützten Warnung, daß der, der sich selbst für klug hält, dem Gericht Gottes verfällt (Röm 11,25; 12,16). → Kreuz; → Torheit; → Weisheit.

7) Von allen Begriffen der Wortgruppe hat φρόνησις *[phrǫnæsis]* die größte Nähe zu dem at. Weisheitsbegriff (s. o. II; s. → Weisheit, Art. σοφία). Eph 1,8, wo es neben σοφία *[sophịa]* steht, bedeutet es *Einsicht, Klugheit.* Lk 1,17 könnte es einfach *Gesinnung, Denkungsart* heißen; jedoch seine Verbindung mit δίκαιοι *[dịkaioi]* zu φρόνησις δικαίων *[phrǫnæsis dikaịōn]* und der stark at. gefärbte Zusammenhang legen nahe, hier *Einsicht* der Gerechten zu übersetzen. Solche Einsicht wäre dann freilich nicht einfach vernünftige Einsicht, sondern die im AT vorgebildete Hinwendung des Gottesvolkes zum Gehorsam des Glaubens. *J. Goetzmann*

Lit.: GBertram, Art. μωρός ThWb IV, 1942, 837ff – EFuchs, Die Freiheit des Glaubens, 1949 – JSchniewind, Das Evangelium nach Markus, NTD 1, 1949[5] – ders., Das Evangelium nach Matthäus, NTD 2, 1950[4] – KHRengstorf, Das Evangelium nach Lukas, NTD 3, 1952[6] – RBultmann, Theologie des NT, 1953 – JJeremias, Zur Gedankenführung in den paulinischen Briefen, Studia Paulina in honorem J. de Zwaan, 1953, 146ff (= Abba, 1966, 269ff) – ELohmeyer, Das Evangelium des Markus, 1953 – ders., Der Brief an die Philipper, 1953[9] – OMichel, Der Brief an die Römer, 1955 – EKäsemann, Kritische Analyse von Phil 2,5–11, in: Ex. Vers. u. Bes. I, 1960, 51ff – GBornkamm, Zum Verständnis des Christus-Hymnus Phil 2,6ff, Stud. z. Antike u. Christentum, 1959, 177ff – RMartin, An Early Christian Confession. Phil 2,5–11 in Recent Interpretation, 1960 (Lit.) – ELohmeyer, Kyrios Jesus (SBAH, Phil.-Hist. Kl. 4, 1928, Nachdruck), 1961 – GBraumann, Vorpaulinische christliche Taufverkündigung bei Paulus, 1962, 56ff – JJeremias, Die Gleichnisse Jesu, 1962[6], bes. 43 – ESchweizer, Erniedrigung und Erhöhung bei Jesus und seinen Nachfolgern, 1962[2], 93ff – GFohrer, Art. σοφία, ThWb VII, 1964, 476ff – DGeorgi, Der vorpaulinische Hymnus Phil 2,6–11, Zeit u. Geschichte, 1964, 263ff – GStrecker, Redaktion und Tradition im Christus-Hymnus Phil 2,6–11, ZNW 55, 1964, 63ff – AFeuillet, L' hymne christologique de l' épître aux Philippiens, RB 72, 1965, 352ff.481ff – WGrundmann, Art. ταπεινός, ThWb VIII, 1965, 1ff.

Gestalt

Unter Gestalt versteht man gemeinhin dasjenige, was von einer Person oder Sache dem Betrachter durch empirische Sinneswahrnehmung erkennbar wird; der Begriff umschließt dabei Umriß wie Verhaltensweise. In der Regel ist die Gestalt Ausdruck des Wesens und läßt dieses erkennen. Das kommt auch in den hier zusammengefaßten griech. Vokabeln zum Ausdruck, denen die im deutschen Denken so beliebte strenge Differenzierung zwischen beidem fremd ist; freilich betont jede von ihnen bestimmte Aspekte. So meint εἶδος *[ęidos]* die schaubare typische Gestalt einer Sache oder Person, in der sich zugleich ihr eigentliches Wesen ausdrückt, während μορφή *[morphæ]* nicht diese art- oder gattungsgemeinsame, sondern die spezielle personzugehörige Daseinsgestalt bezeichnet, und zwar nicht so sehr unter dem Gesichtspunkt des Wahrnehmens, als vielmehr ihres faktischen Bestehens. σχῆμα *[schæma]* hingegen legt das Gewicht auf die Verhaltensweise als Ausdruck des Wesens, nur ausnahmsweise auch im Unterschied dazu (als Verhüllung oder Vortäuschung). ὑπόστασις *[hypostasis]* endlich ist von seiner Grundbedeutung Grundlage, Wesen her zum festen Begriff für jenes Urbild geworden, von dem das in Erscheinung tretende Abbild (nach Gestalt und Wesen) geprägt und bestimmt wird. (Vgl. die unter → Bild genannten Vokabeln.)

εἶδος *[eidos]* Gestalt, äußere Erscheinung

εἶδος

I Das Subst. εἶδος *[eidos]*, zu εἴδω *[eidō]* = lat. *video* gehörig, seit Homer belegt, bezeichnet die *Erscheinung*, die *sichtbare Gestalt* im Sinne der Verbundenheit von sichtbarer Erscheinung und Realität (vgl. Hdt. I,8,1: »und auch das εἶδος *[eidos]* der Frau pries er«; gemeint ist die Schönheit, die nicht nur als äußere Hülle das eigentliche Wesen umgibt). Plato sagt: Ein jedes εἶδος *[eidos]* (Idee) besitzt ein Sein (Phaid. 102 a.b: ». . . daß eine jede der Ideen etwas ist«). Die moderne Unterscheidung von äußerlich und innerlich, von Sichtbarem im Gegensatz zum Unsichtbaren, von Schale und Kern, von äußerem Behälter im Gegensatz zum wesentlichen Inhalt ist hier nicht angemessen und überhaupt dem griech. Denken fremd. Aristoteles unterscheidet zwar εἶδος *[eidos]* (→ μορφή *[morphæ]*) von ὕλη *[hylæ]*, *Stoff*, aber nicht als zwei verschiedene Materien. Das εἶδος *[eidos]* ist Ausdruck des Wesens in sichtbarer Gestalt.

II LXX übersetzt vor allem *mar'æh* und *to'ar* mit εἶδος *[eidos]*. Auch an diesen Stellen (vgl. zB Gen 29,17; Jes 53,2f) ist die äußere Erscheinung des ganzen Wesens gemeint, nicht nur die äußere Schale, hinter der man eventuell auch etwas ganz anderes vermuten könnte: ἐν εἴδει *[en eidei]* spricht Gott zu Mose; dem entspricht, daß Mose die Herrlichkeit Gottes, ihn selbst, sieht: τὴν δόξαν κυρίου εἶδεν *[tæn doxan kyriou eiden]* (Num 12,8).

III 1) εἶδος *[eidos]* kommt nur 5mal im NT vor: je 2mal bei Paulus und Lk, 1mal bei Joh. 1Thess 5,22 geht auf Hi 1,1.8 zurück (von jeder bösen Tat hielt er sich fern); doch ist »Tat« mit εἶδος *[eidos]* übersetzt. Vielleicht klingt die Bedeutung *Münzsorte* für εἶδος *[eidos]* an (vgl. Kittel), vielleicht ist aber auch allg. die *Art* gemeint (vgl. Bauer, Wörterbuch): von jeder schlechten *Sorte* bzw. *Art* haltet euch fern!

2) 2Kor 5,7 ist die Exegese insofern schwierig, als εἶδος *[eidos]* in der Regel nicht das Schauen, sondern die *schaubare Gestalt* heißt. Der Gegensatz ist der → Glaube. Was aber ist Subjekt? V. 7a sind »wir« das Subjekt des Glaubens. Sind »wir« V. 7b auch das Subjekt der sichtbaren Gestalt, so würde diese Zeit als Sphäre des Glaubens jener kommenden Zeit gegenübergestellt, in der wir eine sichtbare Gestalt haben werden.

Oder ist V. 7b mit der sichtbaren Gestalt der Herr gemeint? Dann müßte man einen schroffen Subjektwechsel annehmen: V. 7a »wir«, V. 7b »der Herr«. Der Sinn wäre: Wir wandeln διὰ πίστεως *[dia pisteōs]*, der Herr aber in sichtbarer Gestalt. Bedenken erheben sich gegen den Subjektwechsel, den man einschieben müßte.

So ergibt sich drittens die Frage, ob Paulus nicht etwas anderes meint, als er formuliert, nämlich: Wir leben jetzt im Glauben und nicht im Schauen.

3) Lk interpretiert den heiligen → Geist, der wie eine Taube herabkommt (Mk 1,10), als leiblich sichtbare Gestalt (Lk 3,22). Offenbar soll die Realität des Geschehenen (beweisend?) dargetan werden. Die Verklärung formuliert der dritte Evangelist neu (vgl. Mk 9,2f): Das Aussehen des Gesichts wurde ein anderes (Lk 9,29). Eine besondere Tendenz läßt sich mit dieser Formulierung kaum nachweisen.

4) Joh 5,37b enthält die Aussage: Niemals habt ihr Gottes Stimme gehört, und seine sichtbare Gestalt habt ihr nicht gesehen. Der Ton liegt auf der ersten Hälfte, wie V. 38a zeigt. Daß man Gott in sichtbarer Gestalt nicht sehen kann, ist at. Tradition (vgl. zB Dtn 4,12), doch niemals ist dies als Vorwurf gemeint. So kann man die Wendung nicht ausdeuten; vielmehr soll lediglich gesagt sein, daß man auf Gott nicht acht hatte.

G. Braumann

μορφή

μορφή [morphæ] Gestalt · σύμμορφος [symmorphos] gleichgestaltig · συμμορφίζομαι, -όομαι [symmorphizomai, -ǫomai] dieselbe Gestalt annehmen · μεταμορφόομαι [metamorphǫomai] umgestalten · μόρφωσις [mǫrphōsis] Gestaltung, Verkörperung

I 1a) μορφή [morphæ], seit Homer belegt, bedeutet zunächst *Gestalt* als *äußere Erscheinung* (Aischyl. Prom. 21f: damit du weder Stimme noch Gestalt der Menschen siehst), dann aber auch die *Verkörperung* der Gestalt, die *Person*, sofern sie in Erscheinung tritt (Soph. El. 1156ff: doch das hat der Unglücksgeist . . . geraubt, der da dich zu mir sendet: statt der liebsten Gestalt Staub und unnützen Schatten). Die griech. Philosophie kommt in der Problematik Stoff-Gestalt nach ersten Anfängen (Plato, Phaedr. 271a: . . . ob sie, scil. die Seele, ein Eines und Gleichartiges ist oder etwas Vielgestaltiges entsprechend der μορφή [morphæ] des Körpers; vgl. vor allem Phaid. 103e.104d) erst bei Aristoteles zu einer genaueren Begrifflichkeit: der Stoff (ὕλη [hylæ]) wird von seiner Gestalt (μορφή [morphæ], → εἶδος [eidos]) unterschieden; der Stoff trägt eine Fülle von Möglichkeiten in sich, zur Gestalt zu werden und als Gestalt in Erscheinung zu treten.

Doch ist diese Begrifflichkeit nicht so zu verstehen, daß die Gestalt vom Stoff wie die Schale vom Kern abtrennbar wäre, vielmehr werden an demselben Gegenstand nur verschiedene Gesichtspunkte, Prinzipien unterschieden. Die äußere Erscheinung kann nicht von dem Wesen getrennt werden, sondern mit der äußeren Erscheinung ist das Wesen selbst gemeint.

b) Dementsprechend bezeichnet μόρφωσις [mǫrphōsis] die *Gestaltung, Verkörperung;* σύμμορφος [symmorphos] *dieselbe Gestalt habend;* συμμορφίζομαι [symmorphizomai] und συμμορφόομαι [symmorphǫomai] *dieselbe Gestalt annehmen* und μεταμορφόομαι [metamorphǫomai] *umgestalten, verwandeln* (vgl. Bauer, Wörterbuch).

2) Von besonderer Bedeutung für die nt. Texte ist das Wort in den Schriften, die in den Bereich der Gnosis und der hell. Mysterienreligionen gehören. Mit dem Auftreten der Götter in verschiedenen Gestalten (vgl. Ovid Metam. VIII,626: Jupiter in sterblicher Gestalt, *specie mortali)* sind diese Texte nicht primär zu vergleichen, da es nicht so sehr um die Verwandlung der Gottheit in menschliche Gestalten (vgl. aber Phil 2,6), sondern umgekehrt um die Verwandlung der Menschen in göttliche Gestalten geht. Die μορφή [morphæ] wird nicht als äußere Hülle gewechselt, sondern mit dem Wechsel der äußeren Erscheinung ist zugleich das eigentliche Wesen mitgemeint (vgl. Pistis Sophia c.66: eine von ihnen verwandelte sich in die Gestalt einer großen Schlange, eine andere wiederum verwandelte sich in die Gestalt eines Basilisken . . .), ja die Bedeutung *äußere Erscheinung* kann gegenüber der Bedeutung *Wesen* zurücktreten (Pistis Sophia c. 143: . . . zu dem Orte, an dem es weder Frau noch Mann gibt, noch gibt es Gestalten an jenem Ort, sondern ein beständiges, unbeschreibbares Licht; Orac. Sib. II,230: und alle sehr trauernden Gestalten führt er zur Krisis). Die äußere Erscheinung ist jedenfalls nicht als Gegensatz zum eigentlichen Wesen, sondern gerade als Ausdruck des eigentlichen Wesens gemeint.

So wird in den hell. Mysterienreligionen in unübersehbarer Fülle von Verwandlungen erzählt. Der Myste verändert sich durch Weihen und Riten in göttliche Substanzen, er verändert sich, er vergottet sich (Corp. Herm. 13,3: und ich ging in ein unsterbliches Soma; und ich bin jetzt nicht, was [ich] vorher [war], sondern ich bin wiedergeboren im νοῦς [nous]): der ganze Mensch ist betroffen, nicht nur ein Teil oder ein Etwas an ihm.

II 1) μορφή [morphæ] kommt in den griech. Übers.en des hebr. AT sehr selten vor und tritt (im ganzen 9mal) für verschiedene hebr. Wörter ein: *t^emūnāh* (Hi 4,16), *tabnīt* (Jes 44,13), *tsælæm* (Dan 3,19), vgl. dazu Lohmeyer, Philipperbrief, 91f; Behm, ThWb IV,753f.

Zwar redet auch das AT von Gott anthropomorph (wie können Menschen auch anders von Gott reden?; vgl. dazu KBarth, KD II, 1,250f u. ö.): nach Gen 18,1ff etwa kommt Gott in Gestalt von drei Männern zu Abraham. Doch bringt die LXX μορφή [morphæ] niemals mit der Gestalt Gottes in Verbindung.

2) Die jüd. Apokalyptik erwartet für die Zukunft eine Verwandlung der gegenwärtigen Welt: Aber nicht jetzt vollzieht sich der Wandel, vielmehr steht er noch aus (syrBar 51,1 Rießler: und ging der festgelegte Tag vorüber, dann wandelt sich der Sünder Aussehen. Die recht gehandelt, erscheinen alsdann herrlich).

III μορφή [morphæ] und seine Ableitungen kommen nur selten im NT vor, das Stammwort selbst nur 2mal. Es ist bemerkenswert, daß die Verwendung der Wörter (außer Mk 9,2; 16,12) auf das Corpus Paulinum beschränkt ist.

1) Wenn auch neuerdings wieder umstritten ist, ob Phil 2,6—11 eine einheitliche Komposition ist und ob Paulus in größerem Umfang (Strecker: V. 8) ein vorgefundenes Lied interpretiert hat, so ist doch kaum bestritten, daß Paulus ein älteres Christuslied zitiert, zu dem schon die Wendungen μορφὴ θεοῦ [morphæ theou] und μορφὴ δούλου

(morphæ doulou) = *Knechtsgestalt* (→ Sklave) gehörten. Von Christus wird gesagt, er sei ἐν μορφῇ θεοῦ *(en morphæ theou)* gewesen. Das ἐν *(en)* meint nicht, das eigentliche Wesen Christi sei von seiner Gestalthaftigkeit verschieden gewesen (so Lohmeyer), gleichsam als Hülle oder als Rolle, die ein Schauspieler spielt; sondern das Wesen Christi wird gerade als göttliches Wesen definiert, das, in Analogie zu den hell. Mysterienreligionen, »in« göttlicher Substanz und Kraft existierend gedacht wird (vgl. Käsemann). Es wird nicht nur gesagt, Christus sei von göttlicher Herrlichkeit umgeben gewesen oder habe die gleiche Gestalt wie Gott gehabt (vgl. Cullmann), vielmehr sei seine Daseinsweise göttlich gewesen. Ob seine »Natur« (in gnostischem Sinne) göttlich zu nennen war (vgl. Cerfaux u. a.) oder nicht (vgl. Michaelis), bleibe dahingestellt. Jedenfalls ist das Wesen Christi als göttliche Daseinsweise definiert. Von dieser göttlichen Daseinsweise wird gesagt, Christus habe in der Vergangenheit (ὑπάρχων *(hyparchōn)* = seiend, sie besitzend) in ihr existiert, also vor seiner Menschwerdung, in seiner Präexistenz. ἐν μορφῇ θεοῦ *(en morphæ theou)* kennzeichnet also seine Existenz vor seinem Erdenleben, nicht aber seine Existenz in seinem Erdenleben (ἐκένωσεν *(ekenōsen)* = entleerte, »entäußerte«; → Leer). Die »Knechtsgestalt« löst die »Gottesgestalt« ab, nicht tritt die Knechtsgestalt als Verkleidung zusätzlich oder ergänzend zu der präexistenten Gestalt hinzu, sondern die Daseinsweise Christi ändert sich »wesentlich«.

Die Daseinsweise Christi in seiner Erdenzeit wird eine »Knechtsgestalt« genannt. Nicht ist mit dieser Definition eine Ehrenbezeichnung entsprechend dem Gottesknecht (Jes 53) gemeint (Lohmeyer, Jeremias; → Sohn Gottes, Art. παῖς θεοῦ) oder das Bild des leidenden Gerechten (Schweizer), sondern Christus begibt sich in eine Daseinsweise, die »als Gefangenschaft und Knechtschaft unter dem Regiment der kosmischen Gewalten, der ›Weltelemente‹« aufzufassen ist (Bornkamm).

Nicht »große Spekulationen und tiefsinnige Betrachtungen« (Friedrich), mit denen dogmatische Lehrsätze bewiesen werden könnten, enthält das Christuslied, sondern schlicht die Darstellung einer kontinuierlichen Ereignisfolge (Käsemann): von der präexistenten göttlichen Daseinsweise, die Christus aufgab, zu einer irdischen Existenz, deren Wesen die δουλεία *(douleia)*, das Sklavendasein, war.

2) Phil 3,21 ist ähnlich zu verstehen. Terminologisch erinnert diese Stelle an Phil 2,6ff (vgl. Güttgemanns, Strecker) und enthält vielleicht ebenfalls eine vorpaulinische Tradition: Kein Verkleiden in dem Sinne, daß das eigentliche Wesen nur verhüllt würde (→ Bekleiden), ist gemeint, sondern eine »substantielle« Veränderung des Niedrigkeits-Soma, das ein gänzlich und vollkommen anderes Soma, ein Herrlichkeits-»Leib« wird (→ Leib). σύμμορφος *(symmorphos)* meint nicht ein Ähnlichwerden, Gleichschalten oder Gleichwerden (das σύν *(syn)* ist zunächst irritierend), sondern ein Existieren im Christus, dessen Soma-Weise uns durchdringt, ohne allerdings unsere Person aufzulösen (vgl. dazu Jervell, Güttgemanns). Christus und wir sind keine scharf getrennten Individuen gemäß dem modernen Verständnis der Persönlichkeit, sondern wir haben unsere Existenz im Kraftbereich Christi (vgl. Jervell); s. σχῆμα *(schæma)*.

Röm 8,29 setzt voraus, daß Christus das »Urbild« Gottes ist (→ Bild, Art. εἰκών), dh in Christus ist Gott real präsent. Das σύμμορφος *(symmorphos)* bedeutet wieder: Wir werden diesem Christus nicht nur ähnlich oder gleich, sondern wir kommen in denselben Kraftbereich wie er, wir werden mit derselben »Substanz« identifiziert wie er, wir geraten in dasselbe Wesen wie Christus hinein. Man könnte, entsprechend den hell. Mysterienreligionen, von einer »Vergottung« bzw. einer »Verchristung« sprechen (die Bedenken von Behm, ThWb IV, 766, sind zT nicht stichhaltig); doch so, daß Christus innerhalb dieses Bereichs ein Gegenüber (Erstgeborener unter vielen Brüdern) bleibt (so auch 2Kor 3,18).

Phil 3,10 verbindet Paulus das συμμορφίζομαι *(symmorphizomai)* mit dem Tode Christi. Wieder ist nicht an ein Ähnlichwerden der Art gedacht, daß der Apostel mit seinem Märtyrertod dem Tod Jesu am Kreuz gleich werden wollte. Vielmehr sieht der leidende Paulus in seinem Tod den Tod Christi Wirklichkeit werden, der Tod Christi gewinnt im

Tode des Apostels Gestalt. Jesu Tod ist für Paulus nicht nur ein historisches Datum der Vergangenheit, sondern ein Ereignis der Gegenwart: obwohl auch hier wieder Christus und Paulus zwei verschiedene Personen bleiben. Vgl. → Gleich.

3) Gal 4,19 beschreibt Paulus das *Gestalt-Gewinnen* (μορφοῦσθαι *[morphousthai]*) unter dem Bilde des Gebärens. Nicht das richtige Bild von Christus, die richtige Lehre über ihn im Gegensatz zu den Lehrverzerrungen der Galater (so Hermann) ist gemeint, sondern das Zur-Welt-Kommen, wie das Kind durch die Gebärende zur Welt kommt (→ Geburt). Christus selbst, sein Wesen, soll in seiner Realität hervorgebracht werden.

Röm 12,2 ist kein Gesinnungswechsel oder ein neues ethisches Bewußtsein, sondern eine vollständige Veränderung, Umwandlung, ein Neuwerden des ganzen Menschen von Grund auf insofern gemeint, als der Mensch sich nun neu verstehen kann (s. Bultmann, Theol. 211ff; → Vernunft, Art. νοῦς).

4) Röm 2,20 spielt Paulus möglicherweise auf eine jüd. Propagandaschrift an, die im Titel von der μόρφωσις *[morphōsis]* sprach (s. Michel u. a.): Im Gesetz sind Erkenntnis und Wahrheit beschlossen, sind sie real vorhanden.

5) Waren die bisher genannten Stellen primär auf Grund der religionsgeschichtlichen Umwelt von Gnosis und Mysterienkulten verständlich, so legen sich an den übrigen Stellen andere Interpretationen nahe: 2Tim 3,5 hat μόρφωσις *[morphōsis]* die Bedeutung *Schein;* die Ketzer sind nicht wirklich fromm, sie sind nur scheinbar fromm.

6) Nach dem Mk-Anhang (Mk 16,12) erscheint Jesus in anderer *Gestalt,* ohne daß die Frage anklingt, wie denn der Auferstandene als der erkannt werden kann, der er vor seinem Tode war.

7) Die Verklärungsgeschichte (Mk 9,2ff) schließt sich an das Petrus-Bekenntnis an (Mk 8,27ff) und bringt in diesem wohl von Mk hergestellten Zusammenhang die himmlische Bestätigung des vorausgegangenen menschlichen Bekenntnisses: Mensch und Gott bekennen sich zu Jesus. Nach Mk wird die Veränderung, die an Jesus vor sich geht, an seinen schneeweißen Kleidern erkannt; nach Mt 17,2 leuchtet das Angesicht Jesu, und die Kleider werden weiß wie Licht (Lk formuliert anders). *G. Braumann*

σχῆμα

σχῆμα *[schēma]* Erscheinung, Aussehen · μετασχηματίζω *[metaschēmatizō]* verwandeln, umgestalten · συσχηματίζω *[syschēmatizō]* gleichgestalten

I σχῆμα *[schēma]*, von ἔχω *[echō]* = *Haben* als Zustand, *Sich-Verhalten* als Tätigkeit, wird erst seit den Tragikern gebildet und bedeutet a) das *Sichverhalten;* b) das *Aussehen:* für das Objekt selbst seine *Gestalt*, am Objekt seine *Kleidung*. Wertend bezeichnet σχῆμα *[schēma]* positiv die *Würde, Pracht,* negativ die *Großtuerei*. Das griech. Denken trennt nicht zwischen außen und innen; also ist σχῆμα *[schēma]* immer Wesensaussage, dem optischen Bereich entnommen, auch beim Schauspieler, der mit der Rolle auch ihr Wesen annimmt (Plato Leg. XI,918e). Die Gestalt kann aber trügen; dann wird aus Erscheinung der Schein, und σχῆμα *[schēma]* hat die Bedeutung *Vorwand*. – Es kann dann speziell die *Tanzfigur* (Plato Ion. 536c), die (Körper-) *Haltung* (Eur. Med. 1072), die *schöne Gestalt* (Eur. Ion. 238ff), auch die *Lebensweise* (Eur. Med. 1039), die *Kleidung* (Xen. Cyr. V. 1,5), vereinzelt auch der *Schein* (Theophr. Hist. Plant. III 12,7) gemeint sein.

Bei alledem hat man sich aber davor zu hüten, modernem Denken gemäß σχῆμα *[schēma]* nur auf die äußerlichen Dinge zu beziehen, während das eigentliche Wesen ein anderes wäre. Der Betrachter sieht nicht nur die Hülle, sondern erkennt mit der »Hülle« die ganze Gestalt.

συσχηματίζω *[syschēmatizō]* heißt nicht nur *sich* äußerlich in der Form *angleichen,* sondern (seit Aristot.) *Gestalt annehmen* von etwas, *sich* wesentlich mit anderem *identifizieren*. Im NT kommt nur das Pass. vor.

μετασχηματίζω *[metaschēmatizō]* meint einen Vorgang, durch den ein Gegenstand oder eine Person wesentlich *umgestaltet,* durch den die Gestalt verändert wird.

II Jes 3,17 LXX (einzige Stelle mit hebr. Äquivalent) wird die stolze Haltung der Frauen mit σχῆμα *[schēma]* beschrieben, 4Makk 9,22 wird die Verwandlung der Märtyrer im Tode zur Unvergänglichkeit mit μετασχηματίζω *[metaschæmatịzō]* formuliert. Dagegen hat das Wort in 1Sam 28,8 die Bedeutung *verkleiden:* Saul macht sich unkenntlich.

Philo und Josephus bedienen sich der Wortgruppe in ihren vielfältigen Nuancen (s. ThWb).

σχῆμα *[schæma]* kommt nur 2mal im NT vor und zwar nur bei Paulus; συσχηματίζω *[sys-* III
chæmatịzō] ebenfalls nur 2mal (bei Paulus und 1Petr); μετασχηματίζω *[metaschæmatịzō]* nur bei Paulus und zwar insgesamt 5mal (Kor-Briefe, Phil 3).

1) Phil 2,7 geht auf eine vorpaulinische Tradition zurück und stellt mit σχήματι εὑρεθεὶς ὡς ἄνθρωπος *[schæmati heurethẹis hōs ạnthrōpos]* weder den sittlichen Charakter Jesu in seinem Erdenleben (Lohmeyer) noch das Auftreten Jesu (Dibelius), auch nicht die Tatsächlichkeit seines Menschseins dar, sondern die Erscheinungsweise des Menschseins Jesu (Käsemann u. a.), wie sie jeder sehen konnte (εὑρεθεὶς *[heurethẹis]*). Paulus selbst legt nirgendwo sonst in seinen Briefen irgendeinen Wert auf diesen Gesichtspunkt (s. weiter unter Art. → μορφή).

2a) Wie real Paulus σχῆμα *[schæma]* versteht, zeigt 1Kor 7,31: Nicht die Form dieser Welt vergeht, nicht um die Veränderung von Äußerlichkeiten geht es, sondern die Substanz dieser Welt ist dabei zu vergehen.

b) Phil 3,21 stellt die eschatologische Verwandlung der Christen dar: Es kommt mit dem μετασχηματίζω *[metaschæmatịzō]* zwar nicht zu einer (gnostischen) Identifikation von Christus und Gläubigen (s. Güttgemanns), aber doch zu einer realen Teilhabe an Christi Herrlichkeits-Leib (→ μορφή).

c) Röm 12,2 geht es bei συσχηματίζω *[syschæmatịzō]* nicht um ein Anpassen, nicht um kleinere oder größere Konzessionen an diesen Äon, nicht um ein Gleichstellen, Sichgleichschalten mit ihm, sondern um ein Aufgehen in ihm, um ein Sichaufgeben in ihm, um ein totales Anheimfallen: davor wird gewarnt. Man würde sich sonst ganz und gar diesem Kraftbereich ausliefern (vgl. 1Petr 1,14).

d) 1Kor 4,6 sagt Paulus, er habe das (ταῦτα *[tạuta]*; s. die Komm.) nicht nur exemplifiziert oder angewendet, sondern »dieser Belehrung habe ich die Form einer Ausführung über mich und Apollos gegeben« (Bauer, WB; anders Schneider, ThWb).

3) 2Kor 11,13–15 will Paulus nicht den Akt oder den Vorgang einer Verwandlung oder Verkleidung beschreiben, da der Apostel nicht daran denkt, es habe einmal Pseudoapostel gegeben, die sich in die Gestalt von Aposteln umgewandelt oder mit apostolischem Gewand umhüllt hätten. Vielmehr liegt der Ton darauf, daß die Pseudoapostel als Apostel auftreten und in Erscheinung treten. Beachtet man, daß zZt des Paulus noch nicht scharf definiert war, was man unter einem → Apostel zu verstehen habe, und daß sich die auftretenden Gegner (ob die Urapostel, ihre Abgesandten oder ganz andere Gegner gemeint sind, bleibe dahingestellt) tatsächlich Apostel nannten, ihrer Meinung nach auch Apostel waren, sich als solche ehrlich und wahrhaftig verstanden und ausgaben, so kann man dem μετασχηματίζω *[metaschæmatịzō]* das Moment realer Tatsächlichkeit nicht absprechen: In den Augen vieler waren diese Gegner wirkliche Apostel. Erst Paulus ist es, der sie Pseudo-Apostel nennt; immerhin sind sie auch für Paulus Apostel, wenn auch Pseudo-Apostel.

Die Bedeutung *verkleiden, verstellen, nur scheinbar die Gestalt annehmen, sich den Schein geben als ob* (so die gängige Auslegung) liegt also gerade nicht nahe, sondern eher die Bedeutung *sich real identifizieren,* von Paulus allerdings ironisch verstanden: Die Pseudo-Apostel nehmen wirklich die Gestalt der Apostel an, sie identifizieren sich mit ihnen, sie geben sich als Apostel aus; sie sind Apostel, aber falsche Apostel.

Ähnliches gilt für den Satan: Er verkleidet sich nicht nur als Lichtengel, er spielt nicht nur äußerlich den Lichtengel, sondern er identifiziert sich realiter mit ihm, er nimmt sein Wesen an. Das Moment des Scheins kommt erst V. 15 zur Geltung: weniger aber durch μετασχηματίζω *[metaschæmatịzō]* als durch das nun eingefügte ὡς *[hōs]*. Die Diener des Satans geben sich, sind wirklich »wie« Diener der Gerechtigkeit. So hat μετασχηματίζω *[metaschæmatịzō]* auch an diesen Stellen dieselbe Bedeutung wie an den übrigen Stellen der Paulus-Briefe.

G. Braumann

ὑπόστασις

ὑπόστασις *[hypostasis]* Grundlage, Wesen, Zuversicht

I 1) Auszugehen ist vom Verbum ὑφίστημι *[hyphistæmi], darunterstellen,* reflexiv *sich darunterstellen, sich widersetzen, zu Boden sinken.* Das davon abgeleitete Subst. ὑπόστασις *[hypostasis]* schließt eine große Zahl von Bedeutungsnuancen in sich, wobei hier sogleich auch LXX-Belege und solche aus relativ später Zeit mitzuerwähnen sind:

a) konkret, dinglich: das *Darunterstehende,* die *Grundlage* (Sextus Empiricus, ad Math 8, 161.183; 10,335), der *Grund* im Wasser, wo man Fuß fassen kann (Aristot. HA 551^b 29), die wirtschaftliche *Grundlage, Bestand* an Vermögen und Äckern, so häufig in Papyri (Preisigke, Wörterbuch der griechischen Papyrusurkunden II, Sp. 672), *Schatz, substantia bonorum operum* (4Esr 8, 36); ferner *Lebensausgangspunkt, Sternstunde* der Geburt, militärische *Stellung, Posten* (Nah 2,7 LXX; 1Sam 13,23), *Besatzung, Hinterhalt* (Hdt. 8,91), der *Sitz* (für ἔνεδρα *[enhedra]*, Sokrates, Historia Ecclesiastica III,7), *Substanz* (LXX: Ps 88,48; 138,15), *materielle Substanz* (Chrysippus, SVF II,503; Arius Did. SVF II,163,8f), *Wesen* (PsSal 17,24), *Bestand,* fast soviel wie *Ursprung.*

b) Als menschliche Haltung meint ὑπόστασις *[hypostasis]* zunächst das *Sichdarunterstellen, Standhalten, Aushalten* (Polyb. IV,50,10); ἀνυπόστατα *[anhypostata]* das, was man nicht aushalten kann (Polyb. IV,8,10); zB das *Aushalten* der Marter (Jos. Ant. 18,24), das *Sichdarunterstemmen,* das *Unterfangen* (neben ὁρμή *[hormæ]*, Aelian fg 56 [bei Suidas]; Diodor XVI,33,1), das *Sichunterstehen, Sich-anheischig-Machen* (Hdt. IX,34,2; Eur. Iph. Aul. 360), das *Eingehen* eines Wagnisses (Diodor I,3,7; XVI,32,3; Hdt. III,127,2), *Halt, Beständigkeit* (Aristot. Metaph. 382b,14, Ed. Bekker); damit verwandt sogar *Hoffnung, Zuversicht* (LXX Ez 19,5; Ruth 1,12; Polyb. VI,55,2; neben τόλμα *[tolma], Widerstand,* Thuk. I,144,5; VII,66,2) und *Widerstandskraft* (Polyb. VI,55,2).

c) Im physikalischen Bereich bezeichnet ὑπόστασις *[hypostasis]* das, was sich unten setzt, den *Bodensatz* (Aristot. Part. An. 671b,20; Metaph. 358a,8, Ed. Bekker; Menander, bei D. Socrates, Historia Ecclesiastica III,7), *Rückstand* (Hippocr. Coac. 146), das *Sediment* beim Schmelzprozeß (Polyb. XXXIV,9,10f; Strabo. III,10).

d) Im philosophischen Sprachgebrauch kann ὑφίσταμαι *[hyphistamai]* auch heißen *sinnfällig werden, sich absetzen, in Erscheinung treten,* meint also das Übergehen vom latenten in den manifesten Zustand, die Aktualisierung (zB Weish 16,21), *Realisierung,* das *Substanz-, Stoff-, Gegenstand-sein* (Plut. Comm. Noat. 50,1085 E). Es bedeutet dann, daß der in der Materie immanente Logos (→ Wort) sie zur Formung bringt, wobei die ὑπόστασις *[hypostasis]* vom ὑποκείμενον *[hypokeimenon]*, dem zugrundeliegenden, noch nicht qualifizierten Sein-an-sich zu unterscheiden ist. So ist Gott als Weltlogos Ursache der ὑπόστασις *[hypostasis]* der Welt. Nach neupythagoräischer Anschauung ist es die → Zahl (Sext. Emp. ad Math VII,93). So bedeutet ὑπόστασις *[hypostasis]* die *Realisierung* eines Vorhabens (Diodor I,3,2; Jos c Ap 1,1), das In-Beziehung-Treten und -Stehen von Materie und Qualität, ohne das es nichts Sinnfälliges, kein wahres Sein geben kann; so auch *Aktualisierung* eines Körpers (Arius Did, fr. Phys. 2 = DDG 448^{12}).

2) Von daher lassen sich als bestimmende Strukturelemente des Wortes nennen:

a) das dauerhaft *Konstituierte;* b) die ständige Beziehung auf die *Realität* des Einzeldings; c) weil fast soviel wie Wesen (οὐσία *[ousia]*): *Verwirklichung* (s. dazu bes. Dörrie; Aristot. Top. II,4p 161,30), bes. bei den Stoikern. ὑπόστασις *[hypostasis]* ist das substantielle, konkrete *Sein* zwischen den nur aktuellen, aber zufälligen, und den nur gedanklichen Realitäten.

ἐπίνοια *[epinoia]* = *Gedanke* und ἔμφασις *[emphasis]* = *Erscheinung* haben wohl ὕπαρξις *[hyparxis]* = *Existenz, Dasein,* nicht aber ὑπόστασις *[hypostasis]* = *Wirklichkeit;* SVF III,26; Diog. Laert. 7,135; hier der Gegensatz von κατ' ἐπίνοιαν *[kat epinoian]* und καθ' ὑπόστασιν *[kath' hypostasin]*; SVF III,267,3; Boethos [2. Jh. vChr], ähnlich Seneca, Brief 58 [SVF II,332]; ähnlich die Beurteilung von φαντασία *[phantasia].* Diese Unterscheidung stammt wahrscheinlich schon von Poseidonios, s. auch Traumbüchlein [Oneirocriticus] des Artemidor [2. Jh. nChr] (3,14).

So treten Wirklichkeit und Schein einander gegenüber (Diog. Laert. 9,91; Poseidonios bei Aetius III,5 = DDG 371,27; Aristot. Mund. 4,395a,30, Ed. Bekker). So gilt die → Zeit als νόημα *[noæma]* und μέτρον *[metron]*, nicht als ὑπόστασις *[hypostasis]* (Antiphon X,9 = Aetius I,22,6 = Doxogr 3,18b 22). Hierher gehört auch Philo, wenn er von der αὐγή *[augæ]*, dem Glanz, sagt, daß er keine Realität, keine ὑπόστασις *[hypostasis]* von sich aus hat (De Aet. Mundi 88.92). Bei den Mittelplatonikern (50 vChr bis 250 nChr) ist ὑπόστασις *[hypostasis]* das *Sinnfälligwerden* des Weltgeistes oder der Weltseele. Zum Sein gehört auch nach Albinos (did. 10,2p, 164,17ff) eine ὑπόστασις *[hypostasis].* Für die Peripatetiker bedeutet ὑπόστασις *[hypostasis] Bestand* des konkreten Einzeldings, ist also nicht weit entfernt von *substantia.*

II Ein wie komplexer Begriff ὑπόστασις *[hypostasis]* gerade in der hell. Zeit war, ein Modewort wie heute »Existenz« (so Dörrie), geht aus LXX hervor: An 20 Stellen werden 15 verschiedene, also immer wieder andere hebr. Äquivalente mit diesem Subst. wiedergegeben – ein seltener Fall. Der Begriff ὑπόστασις *[hypostasis]* war also schon im 1. und 2. vorchristl. Jh. eine gängige philosophische Münze. Daraus mag sein Eintreten für so viele bedeutungsverschiedene Äquivalente zu verstehen sein. ὑπόστασις [hypọstasis] steht:

1) für *mā'amād* = *Grund* zum Stehen im Wasser (LXX Ps 68,3), für *jeqūm* = *Bestand, Wesen* (Dtn 11,6), für *chælæd* = *Lebensdauer* (LXX Ps 38,5; 88,47), für *michjāh* = *Lebensmittel, Lebensunterhalt, Substrat der Ernährung* (Ri 6,4), für *kenā'āh* = *Habe* (Jer 10,17), für *matsāb* = *Posten, Stellung* (militärisch, 1Sam 14,4), für *matsēbāh* = *Säule*, das *Aufgerichtete* (Ez 26, 11), für *tekūnāh* = *Ausstattung, Einrichtung* (des Tempels; Ez 43,11), für *ruqqāmāh* = das *Gewirkte*, das *Gebilde* (LXX Ps 138,15).

2) Den philosophisch bestimmten Gebrauch aufnehmend steht das Wort für *sōd* = *Rat, Vorhaben* (Jer 23,22), für *massā'* = *Last* (Dtn 1,12), für *tōchælæt* = *Hoffnung, Zuversicht* (LXX Ps 38,8), für *tiqwāh* = *Hoffnung, Gewähr, Aussicht* (Ez 19,5). Die beiden letztgenannten hebr. Äquivalente geben dem Begriff ὑπόστασις [hypọstasis] ihrerseits im biblischen Umkreis einen neuen Sinn, nämlich *Hoffnung* und *Zuversicht*, was für das Verständnis der nt. Verwendung wichtig wird.

Daß ὑπόστασις [hypọstasis] im NT nur 5mal begegnet, hat vielleicht seinen Grund darin, daß das NT – bis auf den Verfasser des Hebr – an philosophischen Gedankengängen nicht teilnimmt. III

1) 2Kor 9,4: ». . . daß wir nicht beschämt werden in diesem Wagnis, Unternehmen, Unterfangen« (so Schlatter, zSt), nämlich der Kollekte. Bachmann (zSt) möchte es als *Zuversicht* deuten, ähnlich Plummer (zSt), Lietzmann als *Vertrauen*, letzteres unter Berufung auf Hebr 3,14; 11,1; LXX Ps 38,8; Ez 19,5; Ruth 1,12. Man muß aber bedenken, daß diese Bedeutung gerade zu den selten gebrauchten gehört. Ähnlich 2Kor 11,17, wo es besser heißt *Vornehmen, Unterfangen, Wagnis* des Rühmens.

2) Während der paulinische Sprachgebrauch von ὑπόστασις [hypọstasis] nicht viel hergibt, ist die Bedeutung im Hebräerbrief umso interessanter.

a) Hebr 1,3 ist ὑπόστασις [hypọstasis] ein wichtiger Begriff in der Christologie. Von Christus heißt es dort, daß er das Prägebild, der Abdruck (BWeiß, Hebr[6], zSt), das Abbild (Bachmann, zSt) des Wesens Gottes ist. Hier ist also die ὑπόστασις [hypọstasis] das dem Prägebild »zugrundeliegende« Urbild Gottes, wie 1Clem 33,4 der von Gott erschaffene Mensch als Gottes Abbild, χαρακτήρ [charaktær] bezeichnet wird. Moffat (Crit. Comm. zSt) entscheidet sich schon hier für die Bedeutung: *Verwirklichung*, ὑπόστασις [hypọstasis] sei das, was Gott in Wesenheit, in Wirklichkeit bringt *(the bring on essence of God)*, also die *Aktualisierung*, die *Verwirklichung* Gottes. Er versteht also das αὐτοῦ [autọu] (= sein) als genitivus objectivus, nicht subjectivus.

b) Hebr 3,14: Einige Hss. fügen zu ὑποστάσεως [hypostạseōs] αὐτοῦ [autọu] hinzu, verstehen also ὑπόστασις [hypọstasis] hier als *Wesen* Christi. Eine Hs., wahrscheinlich unter Bezugnahme auf V. 6 und auf 1Tim 5,12, ersetzt ὑποστάσεως [hypostạseōs] durch πίστεως [pịsteos], versteht also ὑπόστασις [hypọstasis] hier als → *Glaube*, bzw. Glaubenszuversicht. ὑπόστασις [hypọstasis] bedeutet nun hier nicht Wesen (Luther: »Das angefangene Wesen«), auch nicht Fundament (Erasmus), sondern vielmehr *Zuversicht* in jenem biblischen Sinn, wie er aus den obigen Stellen der griech. Übers. hervorgeht. So verstehen denn die Ausleger ὑπόστασις [hypọstasis] als *Erwartung*, sichere → *Hoffnung, Zuversicht, Überzeugung, Festigkeit, Sicherheit*, also ähnlich wie Langmut (6,12), und Geduld (10,36; 12,1). Der Genitiv ist als genitivus possessivus zu verstehen: *der zu der Zuversicht gehörige Anfang*, nicht als genitivus appositivus: *der Anfang, der in der Zuversicht besteht* oder *der Anfang, der durch Zuversicht qualifiziert war*. Es könnte aber auch *Unterfangen, Unternehmen* bedeuten.

c) Man sieht, daß Hebr den Begriff ὑπόστασις [hypọstasis] sehr verschieden verwenden kann, darum auch in einer dritten Bedeutung Kap. 11,1. Hebr 1,3; 3,14 sind für das Verständnis von 11,1 nicht zwingend. Hier bieten sich folgende Möglichkeiten des Verständnisses an:

α) *Zuversicht, Erwartung*, zuversichtliches *Vertrauen* des Gehofften; der Genitiv ist also als genitivus objectivus verstanden (so zB BWeiß, unter Bezugnahme auf 3,14, ähnlich

Riggenbach, Moffat, Windisch. Für diese Deutung spricht 10,38, wo Kleinmut und Glaube einander gegenübergestellt werden).

β) *Unterpfand, Gewähr, Garantie* (zB Spicq, Komm II,37: *Une garantie des réalités célestes).*

γ) *Realisierung, Verwirklichung* (bes. Dörrie aaO, WBauer, Wörterbuch zum NT, auch Kirchenväter, Vulgata: *Sperandarum substantia rerum).* Dagegen bes. Riggenbach (zSt): »Der Gedanke, daß der Glaube den erhofften, zukünftigen Dingen gegenwärtige Existenz verleiht, ... rückt den Glauben ... stark in die Nähe der Illusion.«

Windisch verweist auf den Zusammenhang, besonders auf 10,39: ὑπόστασις *[hypostasis]* ist ein *zuversichtliches Sich-Stützen-auf* im Gegensatz zur ὑποστολή *[hypostolæ]*, zum *Kleinmut.* Dort aber ist der Gegensatz der von πίστις *[pistis]* und ὑποστολή *[hypostolæ].* In der großen Beispielsaufzählung im Kap. 11 geschieht etwas: Der Glaube ergreift nicht nur ein Geschehen, ein Tun Gottes wie die Schöpfung (11,3), sondern zeitigt selbst ein Geschehen. Das reichlichere Opfer und der Gott wohlgefällige Wandel Abels, der Bau der Arche, die Rettung Noahs, der Auszug und die Fremdlingschaft Abrahams, die »Opferung« Isaaks, die Segnung durch die Väter, der Aufbruch Moses, die Rettung der Erstgeburt Israels durch das Passahblut, der Durchzug durch das Schilfmeer, die Eroberung Jerichos, Rahabs Rettung, dies alles sind Geschehnisse, Heilsgeschehen, Geschichte des Volkes Gottes, etwas Neues und Einzigartiges auf Erden. Gewiß, das Ziel aller Hoffnung steht noch aus. Was geschildert wird, ist nicht das κομίζεσθαι *[komizesthai]*, das *Davonbringen* der Erfüllung der Verheißungen. Aber die aufgezählten Gestalten sind Garanten für ihre endgültige Verwirklichung für Gottes Volk. Deshalb werden die Adressaten aufgefordert, die Versammlung nicht zu verlassen (10,25), bei dem Gottesvolk zu bleiben, in dem der Glaube eine neue Wirklichkeit schafft und so Gottes Taten geschehen.

In 11,1 ist zu beachten, daß im parallelismus membrorum der Glaube ἔλεγχος οὐ βλεπομένων *[elengchos ou blepomenōn]* genannt wird, *Erweis, Überführung* von nicht sichtbaren Dingen. Dies könnte man von der bloßen Zuversicht nicht sagen. *Nichtzweifeln* (L) ist weniger als *Überführung.* Es ist der »gewissen Zuversicht« (L) angeglichen. Die Frage ist, ob nicht umgekehrt ὑπόστασις *[hypostasis]* nach ἔλεγχος *[elengchos]* auszulegen ist, dh also in Richtung der Bedeutung *Verwirklichung.*

Da Hebr in Kap. 11 auf frühjüd. Beispielsaufzählungen (Weish 10; Sir 44—50; 4Makk 16,16—23) fußt, ist ernstlich zu fragen, ob sein Glaubensbegriff nicht in der Nähe des jüd. zu suchen ist. Im Judentum unterscheidet man *zakūt tōrāh* und *zakūt 'æmūnāh*, → Gerechtigkeit des Gesetzes und Gerechtigkeit des Glaubens, kennt also die beiden, von Paulus gern gebrauchten Ausdrücke, versteht aber unter Gesetzesgerechtigkeit ein formal und äußerlich der Gesetzesforderung entsprechendes Verhalten, unter Glaubensgerechtigkeit ein ebenfalls der göttlichen Forderung entsprechendes, aber durch den Glauben qualifiziertes oder ermöglichtes Verhalten. Beachtet man, wie vom Glauben in dem ganzen Kapitel 11 im dativus instrumenti die Rede ist, wird man diesen Glauben als die die Taten und das Verhalten der Genannten ermöglichende Beziehung zu den Befehlen und Verheißungen Gottes ansehen, als das, durch das das Erhoffte Stück für Stück in den Umkreis der Wirklichkeit tritt, Geschichte wird. (Dörrie: Der Glaube verwirklicht Dinge, die noch nicht oder παρὰ φύσιν *[para physin]*, dh gegen die Natur sind. »Der Glaube verleiht dem, was wir erhoffen, die volle Sicherheit künftiger Verwirklichung. Der Glaube verleiht dem, was wir nicht sehen, die volle Sicherheit eines Beweises.«) Will man das etwas Unbestimmte des Begriffs wiedergeben, so empfiehlt sich die Bedeutung *Niederschlag*, die auch zu den oben erwähnten Bedeutungen von ὑπόστασις *[hypostasis]* gehört und im Deutschen auch im geistigen und geschichtlichen Sinn verwendet wird. ἐλπιζομένων *[elpizomenōn]*, der gehofften Dinge, ist nicht genitivus objectivus, als würde das Gehoffte wirklich, sondern das Gehoffte bewirkt durch den Glauben — also genitivus subjectivus — Taten und Haltungen: Abraham zB hofft auf die künftige Stadt und deshalb wählt er die Fremdlingsexistenz. *G. Harder*

V ZUR VERKÜNDIGUNG

Gottes Wirklichkeit und Wesen wird in Jesus allein offenbart, nur hier als in ihrem Prägebild ist sie zu erkennen. Dabei handelt es sich nicht um spekulative Theologie. Vielmehr besagt Hebr 1,3, daß die Offenbarung Gottes streng auf das Jesus-Christus-Geschehen beschränkt ist. Gottes Wille und Wirken ruht nicht in sich selbst und könnte als solches nie von Menschen erfaßt werden. Nur von seinem Abbild, von dem Ereignis Jesus Christus her ist Gottes Wesen und Wirklichkeit zu erkennen. So ist Jesus schlechthin d a s Abbild, und zwar eben das ganze Jesus-Ereignis, der Gekreuzigte wie der Auferstandene; – nicht die → Schöpfung als Werk der Weisheit Gottes, so daß die → Weisheit dieses Prägebild des Wesens Gottes wäre; nicht das → Gesetz, das den Willen Gottes für sein Volk, die Forderung Gottes an den Menschen verkündet, das den Menschen aufruft, mehr zu sein, als er ist, auf sich zu verzichten und Gottes Knecht zu werden, sondern der »Sohn«, der Mensch, ihn hat Gott zum Hohenpriester, zum Versöhner, zum Menschen an des Menschen Stelle gemacht, in ihm tritt Gott für den Menschen ein. Man kann umgekehrt sagen, daß von diesem Prägebild ein Licht auf das Urbild fällt: Gott ist seinem in Jesus Christus geoffenbarten Wesen nach Gott für den Menschen, Gott, der für den Menschen eintritt, sich des Menschen annimmt, dem Menschen den Weg über sich selbst hinaus verheißt und ermöglicht.

Damit hängt zusammen, daß Gott seinen Heilsplan verwirklicht im Bereich des → Glaubens, der Gottes Wirklichkeit in seinen → Verheißungen, in der Eröffnung seiner Zukunft ergreift. Dies geschieht aus einer Bewegung heraus, so wie im Hebräerbrief die obere Welt an der Bewegung, an den Geschehnissen der irdischen Welt teilnimmt. Diese obere Welt ist zugleich die zukünftige, erhoffte, verheißene Welt, aber eben nicht so, daß die untere Welt Abbild der unbewegten oberen wäre, sondern so, daß die obere, die zukünftige Welt an die Stelle der unteren tritt. Sofern der Glaube die Verheißungen in dem Jesus-Christus-Ereignis erfüllt sieht, ergreift er Jesu Tod als ein Gegenwart-Werden der zukünftigen Welt (Hebr 9,11–15), hält sich um so mehr an die noch nicht erfüllten Verheißungen. Er bezeugt in Wort und Tat die eschatologische Bedeutsamkeit Jesu Christi. Und er schafft der göttlichen Wirklichkeit in dieser Welt Raum, und zwar in Taten des Gehorsams und der → Geduld. So will dieser Glaube, ja: will Christus selbst in denen, die mit ihm verbunden sind, die von seinem → Geist beherrscht werden, seine konkrete Gestalt gewinnen. Oder ist das nur Fiktion, Spekulation? Diese Frage kann niemals durch Behauptungen und Worte widerlegt werden, sondern nur durch den Ausweis des Lebens der Christen; so wie es eines ist, um die Begegnung mit der »oberen Welt« im Kultus der Gemeinde (Hebr 12,22ff) zu wissen, sie zu bekennen, und ein anderes, aus der Gegenwart Christi im ganzen Leben in der → Nachfolge die Konsequenz zu ziehen. Das gilt für den einzelnen und für die → Kirche als ganze. Daß Wesen und Gestalt nicht auseinanderklaffen, sondern einander korrespondieren, daß m. a. W. Christus in den Seinen erkennbar, widergespiegelt wird, dies sollte eine der vornehmsten Aufgaben der Christen sein.

→ Bild; → Vorbild *G. Harder*

Lit.: BWeiß, Der Brief an die Hebräer, KEK XIII, 1897[6] – JABengel, Gnomon Novi Testamenti, 1915[6], 783f (zu Phil 2,6f) – APlummer, A Critical and Exegetical Commentary on the Second Epistle of St. Paul to the Corinthiens, ICC, 1915 – PhBachmann, Der 2. Brief an die Korinther, 1922[4] – ERiggenbach, Der Brief an die Hebräer, 1922[2/3] – ASchlatter, Die Theologie der Apostel, 1922 – HCremer/JKögel, Biblisch-theologisches Wörterbuch der nt. Gräzität, 1923[11] (zu ὑπόστασις) – JMoffat, A Critical and Exegetical Commentary on the Epistle to the Hebrews, 1924 – KBarth, Der Philipperbrief, 1927 – RReitzenstein, Die hellenistischen Mysterienreligionen, 1927[2] – ASchlatter, Der Glaube im NT, 1927 (4. Bearb.), 614ff – WFOtto, Die Götter Griechenlands, 1929 – ELohmeyer, Der Brief an die Philipper, Kolosser und an Philemon, KEK IX, 1930[8] – HFWeber, Eschatologie und Mystik im NT, 1930 – HWindisch, Der Hebräerbrief, HNT 14, 1931[2] – RIWitt, Ὑπόστασις, Amicitiae Corolla, Festschr. RHarris, 1933, 319ff – GKittel, Art. εἶδος, ThWb II, 1935, 371ff – WMichaelis, Der Brief des Paulus an die Philipper, ThHKNT XI, 1935 – JHempel, Gott und Mensch im AT, 1936 – MDibelius, An die Philipper, HNT 11, 1937[3] – ASchlatter, Paulus, der Bote Jesu, 1938[4] – CArpe, Substantiae, Philologus, 1940, 65ff – JBehm, Art. μορφή, ThWb IV, 1942, 750ff – HLietzmann/WGKümmel, An die Korinther I/II, HNT 9, 1949[4] – EKäsemann, Kritische Analyse von Phil 2,5–11, ZThK 47, 1950, 313ff (= Ex. Vers. u. Bes. I, 1960, 51ff) – CSpicq, L' épître aux Hébreux II, 1952/53 – HDörrie, Ὑπόστασις. Wort und Bedeutungsgeschichte. Nachr. der Akad. d. Wiss. Göttingen, 1955, 35ff – ders., Zu Hebr 11,1, ZNW 46, 1955, 196ff – RHermann, Über den Sinn des Μορφοῦσθαι Χριστὸν ἐν ὑμῖν in Gal 4,19, ThLZ 80, 1955, 713ff – OMichel, Der Brief an die Römer, KEK IV, 1955 – OCullmann, Die Christologie des Neuen Testaments, 1958[2] – GBornkamm, Zum Verständnis des Christus-Hymnus Phil 2,6–11, in: Stud. z. Antike u. Urchristentum,

BEvTh 28, 1959, 177ff – KBarth, KD I,2, 1960[5], 348ff – JJervell, Imago Dei, 1960 – ELohmeyer, Kyrios Jesus, 1961[2] – JSchneider, Art. σχῆμα, ThWb VII, 1964, 954ff – GStrecker, Redaktion und Tradition im Christushymnus Phil 2,6–11, ZNW 55, 1964, 63ff – EGräßer, Der Glaube im Hebräerbrief, 1965 – EGüttgemanns, Der leidende Apostel und sein Herr, 1966 – DHWallace, A Note on μορφή, ThZ 22, 1966, 19ff; vgl. auch Lit. zu Gestalt.

Gesund, Heil

Wo Heil und Wohlbefinden des Menschen beeinträchtigt sind, richtet sich das Handeln Gottes und der Auftrag der Christen darauf, sie wiederherzustellen und zu erhalten. Sofern es sich darum handelt, Genesung von körperlicher oder geistiger → Krankheit herbeizuführen, wird dies entweder (am häufigsten) durch das uns vom Fremdwort Therapie her bekannte θεραπεύω *(therapẹụō)* oder auch durch ἰάομαι *(iạomai)* ausgedrückt. Die θεραπεύω *(therapẹụō)* urspr. eigene Bedeutung des Dienstes für Höherstehende und auch des kultischen Dienstes (wie das wurzelverwandte θρῆσκω *(thrẹskō))* ist im NT bezeichnenderweise sehr selten; das Gefälle des Dienens ist umgekehrt und zugleich in seiner Zielsetzung gewandelt worden. Wer oder was geheilt, dh von seinen Gebrechen und Krankheiten befreit ist, wird ὑγιής *(hygiẹs)* genannt; das dazugehörige Verbum ὑγιαίνω *(hygiạinō)*, nur bei Lk synonym zu θεραπεύω *(therapẹụō)* und ἰάομαι *(iạomai)* für die körperliche Heilung gebraucht, kommt hauptsächlich in den Pastoralbriefen vor, und zwar zur Bezeichnung einer den kirchlichen Regeln (→ Kanon) entsprechenden, dh orthodoxen → Lehre.

θεραπεύω

θεραπεύω *(therapẹụō)* heilen · θεράπων *(therạpōn)* Diener · θεραπεία *(therapẹia)* Dienerschaft

I/II θεραπεύω *(therapẹụō)* hat im Profangriech. die Bedeutung *dienen, dienstbar sein* (als Dienender einem Mächtigeren gegenüber; so auch *dienen* im Sinne der Götterverehrung, dh im kultischen Handeln), *sorgen für, pflegen* (zB als Arzt), von daher schließlich *heilen*. Beim Heilen ist meist an ein medizinisches Bemühen gedacht.

Einigermaßen häufig gebraucht die LXX nur θεράπων *(therạpōn)* für hebr. ʿæbæd = *Diener, Knecht*. Der Gebrauch des Verbs macht den Eindruck recht ungenauer Verwendung: 2mal für *jāschab* = *sitzen* (Est 2,29; 6,10); 1mal für ʿæbæd (Jes 54,17); 1mal für *hālāh* pi. = *besänftigen* (Pred 19,6); 1mal für *bāqasch* pi. = *suchen* (Pred 29,26). Das Verb scheint also bei der Übers. recht zufällig herangezogen zu sein.

III Bezeichnend für das Vorkommen von θεραπεύω *(therapẹụō)* im NT ist einmal, daß von 43 Stellen allein 40 auf die Synopt. und die Apg entfallen; zum anderen, daß bis auf eine Stelle (Apg 17,25) θεραπεύω *(therapẹụō)* ausschließlich die Bedeutung *heilen* hat. Dh im NT fehlt θεραπεύω *(therapẹụō)* in seiner profanen Bedeutung *dienen* gänzlich (vgl. θεραπεία *(therapẹia)* Lk 12,42 »Dienerschaft« oder θεράπων *(therạpōn)* Hebr 3,5 im Sinne von »Diener«), und die kultische Verwendung *Gott verehren* findet sich nur Apg 17,25, wo Paulus aus Jes 42,5 folgert (vgl. Apg 17,24), daß Gott als der Schöpfer der Welt und Herr Himmels und der Erde nicht in von Menschen geschaffenen Tempeln wohnt und deshalb auch nicht im Opferkult »verehrt« werden kann (vgl. Apg 7,42f).

1) Nur Lk 4,23 (in dem Sprichwort »Arzt, heile dich selbst«) und 8,43 (die blutflüssige Frau »konnte von niemand geheilt werden«) bezeichnet θεραπεύω *(therapẹụō)* ein Heilen durch menschlich-medizinisches Bemühen. An den übrigen Stellen wird θεραπεύω *(therapẹụō)* für die Beschreibung der Wunderheilungen Jesu wie der Jünger verwendet.

a) Das Wirken Jesu ist in den Evgg. als Lehren und Wunder-Tun überliefert (Mt 4, 23f; 9,35; Lk 6,18 u. ö.). Die Heilungsberichte, in denen θεραπεύω *[therapeuō]* vorkommt, sind ein wesentlicher Teil des wunderbaren Wirkens Jesu, das aber nur dann richtig verstanden werden kann, wenn es im unauflösbaren Zusammenhang mit Jesu Lehren gesehen wird. Das ist bes. deutlich an der Komposition des MtEv erkennbar: Die beiden großen Sammelberichte über Jesu → Lehre (Kap. 5–7) und über seine → Wunder (Kap. 8–9) werden von den beiden gleichlautenden Versen Mt 4,23 und 9,35 (Jesus »lehrte in ihren Schulen und predigte das Evangelium von dem Reich und heilte allerlei Seuche und allerlei Krankheit im Volke«, an beiden Stellen θεραπεύω *[therapeuō]*) eingerahmt. Damit wird das Doppelamt des Christus, Lehre und Heiltätigkeit, betont (vgl. HJHeld, S. 234).

Wenn Jesus immer wieder die Kranken heilt (Mt 4,24; 12,15; 14,14; 15,30 u. ö.), so steht er damit nicht in einer Reihe mit den hellenistischen θεῖοι ἄνθρωποι *[theioi anthrōpoi]* (göttliche Menschen), die in ihren Wunderheilungen ihre göttlichen Fähigkeiten ausweisen. Sondern mit den messianischen Taten der Heilungswunder werden die at. Weissagungen durch den Gottesknecht erfüllt (Mt 8,16, dazu vgl. 8,17 und Jes 53,4). Nicht die Heilungen weisen Jesus als den Christus aus, vielmehr müssen sie sich selbst auf dem at. Hintergrund als Taten des Gehorsams Jesu und damit als notwendiger Teil seines Christuswerkes erweisen. Dieser Glaube steht auch hinter den vielen Summarien (Mt 4,24; Mk 1,34; 3,10 u. ö.), in denen öfter betont wird, daß a l l e Heilung finden, die sich an Jesus wenden; auch hier ein at. Anklang (vgl. Jes 53). Von daher hat er dann auch die Vollmacht, am Sabbath zu heilen (Mt 12,10; Mk 3,2; Lk 6,7; 13,14). In dem Eintreten für die Hilflosen zeigt sich Jesus als der Knecht Gottes (Mt 8,7; 19,2).

b) Mk 6,5.6 steht die merkwürdige Andeutung, daß Jesus in Nazareth keine nennenswerten Wunder tun konnte. Der Heilung durch Jesus geht – in den meisten ausführlichen Heilungsberichten erkennbar – der → Glaube der zu Heilenden bzw. der Bittenden voraus (vgl. Mt 8,8f.10.13; 9,27ff; 15,21ff; 8,43ff; vgl. Mk 5,34 u. ö.). So wird zB der Glaube, der sich in der vertrauenden Hinwendung jenes Hilfe suchenden Vaters zu Jesus kundtut, nachdem die Jünger bereits versagt hatten (Mt 17,16), in der Heilung (V. 18) gerechtfertigt. Dem Glauben widerfährt Heilung, weil er vertraut hat, daß Gottes Macht in Jesus nicht am Ende ist, wo menschliche Möglichkeiten erschöpft sind. Die Heilung begründet also nicht den Glauben, sondern setzt ihn voraus (vgl. Mk 6,5f). Dh aber nicht, daß der Glaube selbst die Wunder wirkende Kraft ist, sondern er ist die Bereitschaft, das Wunder zu empfangen.

c) Neben den Heilungen körperlicher Gebrechen stehen die Heilungen von Dämonenbesessenen (Mt 8,16; Mk 1,34; 3,10f; Lk 4,40f u. ö.). Auch darin zeigt sich der messianische Anspruch. Die satanischen Mächte sind seiner Vollmacht und seinem Wort unterworfen. Indem er durch sein Wort die Macht über die Dämonen ausübt, unterscheidet er sich grundlegend von den üblichen Exorzisten seiner Zeit. In den Dämonenaustreibungen blitzt bereits die eschatologische Herrscherstellung Jesu auf (vgl. → Dämon).

d) Jesus gibt nun auch seinen Jüngern Anteil an seiner Heilungsvollmacht (Mt 10, 1.8; Mk 6,13; Lk 9,1.6). Dh die Jünger treten nicht nur im Blick auf Jesu Lehre in sein Werk ein, sondern er sendet und bevollmächtigt sie zu demselben Christuswerk, das er tat. Voraussetzung ist der bedingungslose Glaube (Mt 17,16ff), in dem die Gemeinde den helfenden Christus unter sich hat (vgl. Apg 5,16; 8,7 u. ö.). In den Heilungen der Jünger war der Gemeinde ein Zeichen für die wirksame Gegenwart ihres erhöhten Herrn gegeben.

2) Zusammenfassend dürfen wir sagen: Die Heilungsgeschichten werden im NT nicht berichtet, um an der Überwindung von Naturgesetzlichkeiten die Messianität Jesu zu »erweisen«. »Das Wunder wird nicht als Durchbrechung des naturgesetzlichen Zusammenhanges empfunden, was noch gar nicht im Bereich neutestamentlicher Schau liegt, sondern als Sieg im Kampf der Gewalten, die um die Herrschaft über diesen Kosmos ringen: Und damit sieht das NT in die Tiefen des Weltgeschehens« (HWBeyer, ThWb III, 131).

Obwohl die Heilungswunder wie überhaupt die Wundertaten in den Evgg. immer wieder hervorgehoben werden (vgl. zB bei Mt die Ersetzungen des διδάσκειν *[didaskein]* durch θεραπεύειν *[therapeuein]* 14,14; 19,2!) als Auswirkungen der Vollmacht des Kyrios, so erhalten sie doch kein Eigengewicht. *F. Graber / D. Müller*

ἰάομαι

ἰάομαι *[iaomai]* heilen, wiederherstellen · ἴασις *[iasis]* Heilung · ἴαμα *[iama]* Heilung · ἰατρός *[iatros]* Arzt

I ἰάομαι *[iaomai]*, seit Homer, *heilen, wiederherstellen* wird im eigentlichen Sinne als medizinischer Terminus verwendet, aber auch übertragen-bildlich: Befreiung von einem Übel, zB der Unwissenheit (Sallust), oder intellektueller Mängel; die Heilung »seelischer« Erkrankungen und anderes. Ebenso werden die Subst.e ἴασις *[iasis]* und ἴαμα *[iama]* = *Heilung* und ἰατρός *[iatros]* = *Arzt* direkt und übertragen gebraucht.

1) Die verschiedenen Heilungsbräuche in der Menschheitsgeschichte wird man nur dann richtig verstehen können, wenn man die Vorstellungen über die verschiedenen Krankheitsursachen kennt (→ Schwachheit) und damit das, was in der Heilung bekämpft werden muß. Abgesehen von den ursächlich leicht einsichtigen äußeren Verwundungen (also chirurgischen Leiden) sind für den primitiven Menschen Krankheiten nicht einfach physiologische Lebenserscheinungen, die erforscht, ursächlich erfaßt und somit eventuell geheilt werden können. Krankheiten werden ursprünglich im wesentlichen als Folgen von Angriffen äußerer Kräfte (der Götter, Dämonen, magischer Mächte wie → Fluch, Bann, → Sünde, Schuld etc.) angesehen. Um Heilung zu erlangen, wurden Exorzismen (um Dämonen auszutreiben), verschiedene Zauberpraktiken (dabei die ersten Ansätze zu Arzneimitteln), suggestive Beeinflussungen angewendet, oder durch Gebete und Opfer eine Aussöhnung mit der Gottheit versucht. Die Heilung wurde also wie die Erkrankung als Folge des Eingreifens eines überlegenen Willens verstanden. Damit soll jedoch nicht gesagt werden, daß die Anfänge einer rationalen medizinischen Behandlung einfach auf Magie und Zauber beschränkt sind. »Die Medizin erreicht ihre erste Blüte schon im 3. Jt. vChr bei den alten Ägyptern. Der Ruhm, die Heilkunde auf eine empirische und rationale Grundlage gestellt zu haben, gebührt aber vor allem den Griechen« (FBüchsel, ThWb III, 195). Schon bei Homer erfahren wir, welche Hochschätzung bei ihm die Ärzte überhaupt (vgl. Il.11,514), bes. aber die ägypt. (vgl. Od. 4,220–233) genießen. Allerdings ist bei ihm das rational-medizinische Denken von magischen Anschauungen noch nicht klar zu trennen. Wie sich allmählich in Griechenland mit dem Durchsetzen der Medizin ein eigenes Ärzteethos bildet, zeigt bes. schön der Ärzteeid des Hippokrates (geboren 460 vChr).

2) Es ist aber unmöglich, nun die Anschauungen der Wirklichkeit in der biblischen Umwelt in einen rationalen und einen magischen Entwicklungsstrang zu zerlegen. Die Begegnung mit den verschiedensten Mächten in der Bewältigung des Lebens ist für den antiken Menschen viel komplexer gewesen, als wir es von unserem einseitig wissenschaftlichen Denken her allgemein erfassen können. Dh auch das Verhältnis zwischen den Anfängen einer rationalen Medizin und den »übernatürlichen«, auf den Einfluß übergeordneter Mächte zurückgeführten Wunderheilungen ist sehr verwickelt und unauflösbar. So werden in den verschiedenen Völkern immer wieder besondere Heilgottheiten verehrt (in der älteren griech. Zeit zB Apollon, später Asklepios; in Ägypten zB Imhotep; im assyr.-babylonischen Bereich Tammuz), in deren Namen tempelartige Gebäude als Heilstätten gebaut wurden (zB das berühmte Asklepieion von Kos oder das Heiligtum von Epidauros), in denen Priester als Ärzte einen regelrechten Kurbetrieb versorgten. Die verschiedensten Opfer wurden dabei nicht nur zum Zwecke einer Heilung, sondern auch als Dank für erfahrene Wunderheilungen dargebracht. Die mannigfachen Berichte von Wunderheilungen in der biblischen Umwelt sind oft bis ins Groteske ausgeschmückt. Es gibt eigentlich nichts, was nicht in diesem Bereich möglich wäre. Sogar Täuschungen und Schnippchen gegenüber der Gottheit, um eine Heilung zu erreichen, werden erzählt, worauf dann die Gottheit durch ein Strafwunder antwortet.

Da auch Könige ursprünglich gleichzeitig oberste Priester sind und damit »Heilandsfunktionen« ausüben (vgl. die königlichen Bräuche noch im Mittelalter zB in Shakespeares Macbeth IV,3 oder bei Philipp dem Schönen von Frankreich: »Der König berührt dich, Gott heilt dich!«), wird verständlich, daß uns zB von Kaiser Vespasian berichtet wird, daß er Blinde durch Berührung und mit Speichel ebenso Gelähmte geheilt habe.

Zusammenfassend darf gesagt werden, daß die Götter auch Ärzte, dh Heilende sind »sowohl im kosmisch-universalen als auch in einem innerlichen Sinn. Die typisch griechische Denkform der Analogie führt hier zu einer besonders organischen Art, sich das göttliche Walten in der Welt vorzustellen. Die Götter werden zu Heilung spendenden Mittlern zwischen Zeus und den Menschen« (Büchsel, 198).

1) In LXX steht ἰάομαι *[iaomai]* häufig für hebr. *rāphā' = gesund machen, heilen.* Bezeichnend für den Jahweglauben ist, daß allein Jahwe für jede Art von Heilung zuständig ist (»Ich, Jahwe, bin dein Arzt« Ex 15,26; vgl. 2Kön 5,7). Sich an einen Arzt oder gar an eine andere Gottheit wegen Heilung einer Krankheit zu wenden, war Unglaube, Mißtrauen gegen Jahwe und Verstoß gegen das 1. Gebot (2Kön 1; 2Chr 16,12). Wie alle Krankheiten und alles Erleiden von Jahwe selbst kommen, so kann er es auch allein sein, der verbindet und heilt (Hi 5,18). Durch diese totale Bindung von Krankheit und Heilung an Jahwe wird im AT die Scheidung in äußere, ursächlich verstehbare Krankheiten (Wunden durch Unfall, kriegerische Verwundung, Tierbiß etc.) und andere »innere« Krankheiten hinfällig (s. o. I,1). Der Mensch ist in seiner ganzen Existenz allein von Jahwe abhängig. Dh nicht, daß Dämonen und andere Kräfte im Blick auf Krankheiten keine Bedeutung mehr hätten. Vielmehr werden sie nun im Dienste Gottes gedacht (vgl. Ex 12,23; Hab 3,5 u. ö.). II

Diese Beurteilung der Krankheiten und ihrer Heilungen als Kennzeichen von Jahwes Heimsuchung bzw. seiner neuen gnädigen Zuwendung bringen bes. den Frommen oft in schwere innere Konflikte (vgl. dazu bes. das Buch Hiob und die Pss, zB Ps 38; 51; bes. 88), die bis zur Auflehnung gegen Jahwe führen können, wenn die Krankheit als unverdient empfunden wird (Ps 73,22; Hi 9, 17ff). Und doch wendet sich der Fromme in Bitte, Klage und Dank allein an Jahwe, der ihm als einziger Heilung schenken kann (Ps 30,3; 103,3; vgl. Weish 16,12).

Trotz dieser radikalen Einstellung zur Krankheit und ihrer Heilung gibt es auch einige Stellen, die auf die Verwendung therapeutischer Praktiken hinweisen (zB 1Kön 17,21; 2Kön 4,34; 5, 13ff; 20,7). Es sind aber selten rational-medizinische Mittel, die hier von Propheten als göttliche Werkzeuge angewendet werden. Es handelt sich vielmehr um Wunderheilungen im Vertrauen auf die Heilkraft Jahwes. Die Priester treten im AT nicht als Therapeuten auf. Ihre Funktion beschränkt sich vielmehr auf eine Art »Gesundheitspolizei«, durch die eine geschehene Heilung festgestellt wird (Lev 13f). Nur an ganz wenigen Stellen finden wir in älteren Schriften Anspielungen auf Ärzte (vgl. Gen 50,2; Jes 3,7; Jer 8,22), die wohl auf ägyptische bzw. später auf griech. Einflüsse zurückgehen. Das ändert sich in späterer Zeit, zB in dem merkwürdigen Kap. 38 bei JesSir. Aber auch hier, wo bereits eine Bejahung der Tätigkeit des Arztes gefunden worden ist, bleibt der Dienst des Arztes ganz an Gott gebunden, der ihn einsetzt und ihm im Gebet die Weisheit für sein Tun schenkt (V. 1f; 9–14). Wichtig für das at. Verständnis von Krankheit und Heilung ist noch die Vorstellung, daß leibliche Krankheit und Sünde in einem sehr engen Zusammenhang stehen. Die Krankheit ist in diesem Sinne Offenbarung des Gotteszornes im Blick auf bestimmte Versündigungen (Ps 32,1ff; 38,3ff; 39f u. ö.). Heilung wird hier zum Bild der Vergebung, seiner Barmherzigkeit, seines Naheseins (Jes 6,10; Ps 30,3; 41,5; 103,3 u. ö.). Immer aber ist es Gott selbst, der den Menschen verläßt und der ihn in seiner Güte wieder annimmt.

2) Im Judentum steht man der Medizin zT ebenfalls noch sehr gehemmt gegenüber, obwohl uns auch von Rabbinen berichtet wird, die als Ärzte tätig waren. Im Blick auf Wunderheilungen hat das Judentum teil an den allgemein verbreiteten Vorstellungen. Besprechungen, Beschwörungen und andere Praktiken (zB Benutzung von Speichel zur Heilung) spielen noch eine große Rolle (vgl. St.-B. I, 627; II,15,17; IV, 527ff). Von wenigen Ausnahmen abgesehen treten aber die Rabbinen selbst nicht als Wunderheiler in der Überlieferung auf. »Der neutestamentlichen Überlieferung historisch am nächsten verwandt« sind vielleicht »die altbiblischen Stoffe (Abraham im Genesisapokryphon 20,21ff als Wundertäter) und die rabbinischen Wundererzählungen aus tannaitischer Zeit (zB R. Chanina ben Dosa nach b. Berach 34b)« (OMichel, BHHW II, 679).

ἰάομαι *[iaomai]* kommt im NT 26mal vor (davon 20mal bei den Synopt. und Apg); ἴασις *[iasis]* 3mal und zwar nur bei Lk; ἰατρός *[iatros]* 6mal, bis auf Kol 4,14 (»Lukas der Arzt«) nur bei den Synopt., ἴαμα *[iama]* 3mal 1Kor 12. III

Die Statistik zeigt uns bereits, daß es sich bei dieser Wortgruppe abgesehen von ἴαμα *[iama]* überwiegend um bei den Synopt. und dabei bes. bei Lk (20 Stellen von insgesamt 38) verwendete Begriffe handelt.

1) Der Gebrauch von ἰάομαι *[iaomai]* entspricht in den Evgg. und in Apg dem von → θεραπεύω *[therapeuō]*. Zur theol. Beurteilung der Heilungswunder gilt deshalb auch das, was unter III zu θεραπεύω *[therapeuō]* gesagt ist. Die Heilungen Jesu und dann seiner Jünger sind Zeichen der anbrechenden Gottesherrschaft (Lk 9,2.11.42; Apg 10,38 u. ö.) und damit Erfüllung der at. Prophetie (vgl. Jes 61,1f; Jes 35,3–6 u. a.). »Für den Evangelisten ist Jesus der Geistträger, der die eschatologische Heilszeit heraufführt; er entspricht in seinen befreienden und erlösenden Handlungen dem Willen Gottes, der im Prophetenwort . . . in der Schrift vorgezeichnet ist. Eine allgemeine Amnestie für die Verschuldeten und Gefangenen, wie sie dem Erlaßjahr entspricht, wird zum Bild für die Wirksamkeit Jesu« (OMichel, BHHW II, 679f).

Damit ist jedoch nicht geleugnet, daß das NT an dem in jener Zeit üblichen Verständnis der Krankheit Anteil hat (vgl. Lk 13,11; Apg 12,23 u. ö.). Wie wir unter I und II sahen, sind auch die Wunderheilungen Jesu nicht ohne Parallelen zur außerbiblischen Umwelt. Und sicherlich sind auch die von Jesus und den Jüngern berichteten Taten nicht immer frei von Ausmalungen und vom Hinzuwachsen neuer wunderbarer Züge (vgl. Mk 5,1ff; Lk 22,51; Apg 12,23; 5,15f u. a.; oder die Steigerung Mk 5,21ff par; Lk 7,11ff und Joh 11,1ff). Vergleichen wir aber die nt. Heilungsgeschichten mit den romanhaft ausgeschmückten Erzählungen zB im Thomasev. oder in den apokryphen Apostelgeschichten, so fällt doch neben all den allgemein bekannten Zügen (Ärzte können nicht helfen, vgl. Mk 5,26ff; das überraschende und schnelle Eintreten des Wunders, vgl. Lk 8,47; der Geheilte trägt selbst seine Matratze nach Hause, Joh 5,8ff usw.) meist die sachliche, schlichte Erzählweise auf, der es nicht um das Verherrlichen eines antiken Wunderheilers oder auch um die Wunder an sich geht. Es ist in den meisten Berichten noch das Bewußtsein von der Nachricht geschehener Ereignisse spürbar, die von der Botschaft Jesu her verstanden und gedeutet wurden. Es fehlen burleske, zauberhafte und sensationelle Züge. Die Heilungen Jesu sind bestimmt durch sein → Wort und den → Glauben (Mt 8,8.13; 15,28; Lk 7,7 u. ö.). Damit unterscheiden sie sich bei aller Verwandtschaft grundsätzlich von den Heilungserscheinungen der Umwelt. Ebenso durchbricht Jesus das einseitige jüd. Vergeltungsdogma, nach dem jede Krankheit nachweisbar Folge einer bestimmten → Sünde ist (vgl. Joh 9,2ff), ohne daß Jesus den grundsätzlichen Zusammenhang von Sünde und Krankheit leugnet (so zB Joh 5, 13f; vgl. dazu Jak 5,16). Im Mittelpunkt aller Heilungen steht nicht das Heilungswunder, sondern der Heilende selbst, mit dessen vollmächtiger Verkündigung der Anbruch des neuen Äons gekommen ist (vgl. in diesem Zusammenhang den häufigen Hinweis bes. bei Lk, daß Jesus alle heilte: Lk 6,19; Apg 10,38). »Die Vollmacht Jesu wird in allen Evangelien als selbstverständliche, dem Jünger wie dem Gegner Jesu erfaßbare Tatsache geschildert. Eine eigene Fragestellung tritt uns dann in den Weg, wenn ausdrücklich hervorgehoben wird: eine besondere Kraft ging von ihm aus (Mk 5,30ff; Lk 6,19). Diese dem Hellenismus besonders naheliegende Vorstellung ist realistisch gemeint und hängt offenbar mit einem entsprechenden Geistverständnis zusammen« (OMichel, 680f).

Wenn uns auch die Wunderheilungen von unserem rationalen Denken her vor schwierige Fragen stellen, sollten wir uns doch davor hüten, in der Beurteilung der Heilungswunder in psychologischen Erklärungen stecken zu bleiben. Mit unseren modernen historischen Fragestellungen stehen wir in der Gefahr, uns den Blick für die eigentlichen Aussagen und den Anspruch der Berichte zu verstellen; denn die eigentliche »Pointe« liegt in der Regel außerhalb des eigentlichen Wunders im Zusammenhang des Auftretens Jesu. »Die Wunderheilungen Jesu nehmen hiernach, trotz aller vorhandenen Analogien, in der Religionsgeschichte eine besondere Stellung ein. Sie stehen in unzertrennlichem Zusammenhang mit der Eigenart und dem einzigartigen Sendungsbewußtsein Jesu« (FOepke, 213).

2) 1Kor 12 begegnet in der Aufzählung der verschiedenen Gnadengaben 3mal der Begriff ἴαμα *[iama]* = *Heilung*. Während nach den Aussendungsberichten (Mt 10,1.8; Mk 6,13; Lk 9,1: an allen diesen Stellen θεραπεύω *[therapeuō]*; Lk 9,2 ἰάομαι *[iaomai]*) und nach der Apg (vgl. 2,43) allen Aposteln mit dem Auftrag der Evangeliumsverkündigung auch die Vollmacht zu Heilungen gegeben wurde, weist Paulus diese Tätigkeit nun dem zu, der durch ein besonderes Charisma dazu eigens von Gott begabt worden ist. Die Heilungsgabe ist eine Funktion unter anderen, die alle in der Gemeinde als dem Leibe Christi einander zugeordnet sind. *F. Graber / D. Müller*

ὑγιής

ὑγιής *[hygiæs]* gesund, heil · ὑγιαίνω *[hygiainō]* gesund machen, heilen

ὑγιής *[hygiæs]*, seit Homer, bedeutet a) wörtlich: (leiblich) *gesund, wohlauf, kräftig, munter, unverletzt;* b) übertragen: *von gesundem Verstand, vernünftig, gescheit, nüchtern, von gutem Urteil.* Dementsprechend ὑγιαίνω *[hygiainō] gesund sein, bei gesunden Sinnen sein, gescheit* oder *vernünftig sein.* ὑγίαινε *[hygiaine]* wurde seit Aristot. oft als Grußformel im Sinne von »leb wohl!« verwendet. I

In der griech. Lit. (schon bei Homer) und vor allem später in der griech. Popularphilosophie ist ὑγιής *[hygiæs]* bzw. ὑγιαίνω *[hygiainō]* (häufig in Verbindung mit λόγος *[logos]*) eine geläufige Wendung, um eine Anschauung oder Meinung als *einsichtig, vernünftig* und damit »gesund« von einer falschen und somit »kranken« Ansicht abzugrenzen (vgl. zB Plato, Phaedr. 242c; Epikt. I,11,28; III,9,5 oder Philo Abr. 223; 275).

In der LXX werden ὑγιής *[hygiæs]* und ὑγιαίνω *[hygiainō]* (ca. 50mal) nur in direktem Sinne verwendet (zB Gen 37,14; Jes 38,21; vgl. Lev 13,10ff für *michjāh* = »Bildung von neuem Fleisch«). Meist steht es für das hebr. *schālōm = heil, unversehrt, friedlich* und zwar wie in der späteren profangriech. Verwendung (vgl. I) als Grußformel im Sinne von »Friede sei mit dir!« (1Sam 25,6; 2Sam 14,8; 20,9; auch Gen 29,6; 43,27f; Ex 4,18; vgl. 2Makk 9,19 u. ö.). II

Von den 23 Stellen, an denen sich ὑγιής *[hygiæs]* bzw. ὑγιαίνω *[hygiainō]* im NT findet, entfallen allein 12 auf die Evgg. und 9 auf die Pastoralbriefe. Darüber hinaus kommt die Wortgruppe in den übrigen nt. Schriften nur noch Apg 4,10 und 3Joh 2 vor. III

1) In den Evgg. (und Apg) werden ὑγιής *[hygiæs]* und ὑγιαίνω *[hygiainō]* ausnahmslos im eigentlichen Sinne *gesund, heil* gebraucht.

a) Meist ist das Gesundsein die Folge eines Heilungswunders (→ Wunder; vgl. θεραπεύω *[therapeuō]* und ἰάομαι *[iaomai]*) durch Jesus (Mt 15,31; 12,13; Lk 7,10; Joh 5,9ff) bzw. die Jünger (Apg 4,10). Der → Glaube bewirkt die rettende Tat und damit die Heilung. Dieser Glaube ist nach der Erzählung Mk 5,25ff nicht immer frei von magischen Elementen. Aber das Wort Jesu »Gehe hin mit Frieden und sei gesund (ὑγιής *[hygiæs]*) von deiner Plage« bestätigt selbst das auf so ungewöhnliche Weise zustandegekommene Heilungswunder.

An all diesen Stellen bezeichnen ὑγιής *[hygiæs]* bzw. ὑγιαίνω *[hygiainō]* aber nicht nur einfach einen physisch gesunden Zustand. Der in der Begegnung mit Jesus gesund Gewordene ist der Mensch, der durch das messianische Wort in seiner Ganzheit geheilt ist (Joh 7,23), dh auch von seinen Sünden (vgl. Lk 5,21ff). In der Heilung der Lahmen, Blinden und Tauben (Mt 15,21; vgl. Mk 7,37; 8,23) wurde die Verheißung von Gottes Kommen (Jes 35,4ff) erfüllt. Gesundsein ist also hier nicht Folge einer medizinischen Bemühung, sondern weist auf eine tiefere Heilung hin und ist darin Zeichen der anbrechenden Heilszeit.

b) Ähnlich wie in den oben genannten Stellen meint wohl auch das ὑγιαίνοντα *[hygiainonta]* in Lk 15,27 nicht nur das physische Gesundsein (vgl. 15,24). Der aus der Entfremdung ins Vaterhaus Heimgekehrte hat seine ursprüngliche Bestimmung als Sohn wiedererhalten. Darin ist er nun der Gesundgewordene. In Jesus, in seinem befreienden und heilenden Wort begegnet der Mensch dem entgegenlaufenden Vater und erfährt seine Gesundung. So rechtfertigt Jesus gegenüber den »im Hause Gebliebenen« seine Sendung zu den Verlorenen in dem doppelgliedrigen Bildwort Lk 5,31: »Die Gesunden (ὑγιαίνοντες *[hygiainontes]*) bedürfen des Arztes nicht, sondern die Kranken.« Es ist nicht ausgeschlossen, daß Jesus hier ein volkstümliches Sprichwort aufnahm, um die Art seines Verhaltens und seines (messianischen) Tuns zu rechtfertigen (vgl. Mk 2,17, dort ἰσχύοντες *[ischyontes]!*). Wenn Jesus die Pharisäer und Schriftgelehrten hier als die »Gesunden« bezeichnet, ist das sicherlich nicht ironisch zu verstehen. Die »Gesundheit« wird ihnen grundsätzlich nicht bestritten, auch wenn sich ihr Gesundsein nun an der Einstellung zum Handeln Gottes in Jesus bewähren muß (vgl. Lk 15,28—32), damit es nicht zum Eigenruhm umschlägt und zerbricht.

2) Übertragene Bedeutung liegt in den Pastoralbriefen vor. ὑγιαίνω *[hygiạinō]* und ὑγιής *[hygiæs]* sind hier charakteristische Begriffe zur Bezeichnung des rechten Glaubens (ὑγιαίνειν [ἐν] τῇ πίστει *[hygiạinein (en) tæ pịstei]* Tit 1,13; 2,2), der rechten → Lehre (ὑγιαίνουσα διδασκαλία *[hygiạinousa didaskalịa]* 1Tim 1,10; 2Tim 4,3; Tit 1,9; 2,1) bzw. der rechten Botschaft von Jesus Christus (ὑγιαίνοντες λόγοι *[hygiạinontes lọgoi]* 1Tim 6,3; 2Tim 1,13; vgl. λόγος ὑγιής *[lọgos hygiæs]* Tit 2,8). In diesem Sprachgebrauch kommt die Einwirkung der griech. Popularphilosophie auf die Pastoralbriefe zur Geltung (in der LXX fehlt diese Verwendung ganz). Die Wortgruppe ὑγιαίνω *[hygiạinō]* wird schon bei Homer und Herodot, vor allem aber auch im philosophischen Sprachgebrauch der Zeit (s. unter I) im Sinne von *vernünftig, richtig, nüchtern, gesund* (im Gegensatz zur kranken, falschen Meinung) häufig verwendet. ὑγιαίνω *[hygiạinō]*, das im Zusammenhang mit dem »Wort« oder der »Lehre« im übrigen NT nirgends verwendet wird, ist jedoch in den Pastoralbriefen nicht so zu verstehen, als ob die Botschaft von Christus einfach rational einsichtig gemacht werden sollte. Es sollen vielmehr im Rückgriff auf die paulinische Theologie durch eine fest geprägte Lehre Probleme (hier u. a. die Abwehr der Häresie) normativ gelöst werden (1Tim 1,6ff; 6,3; 2Tim 4,3f u. ö.; vgl. 1Tim 1,1ff; Tit 1,1–3 u. ö.). »Dem Enthusiasmus der Gnosis setzt die Kirche die Lehre überhaupt, der falschen gnostischen Lehre die sukzessiv gesicherte rechte Lehre entgegen« (WSchmithals, RGG V, 145). Damit ist aber im Blick auf den paulinischen Sprachgebrauch ein Wandel im Verständnis der Botschaft zu beobachten. Während bei Paulus das Evangelium allein pneumatisch erfaßt werden kann (vgl. die Dialektik von Weisheit und Torheit!), ist es in den Pastoralbriefen fast statisch zu einer festen Lehrtradition geworden, die als eindeutiges Prinzip zB gegen die Häresie angewendet werden kann. So wird in den Pastoralbriefen die Irrlehre nicht diskutierend, begründend bekämpft, sondern man begnügt sich festzustellen, daß sie nicht mit der Lehrtradition übereinstimmt und damit nicht »gesund«, »einsichtig« ist. »Gesund im Glauben« (Tit 2,2) ist also der, für den die tradierte apostolische Lehre verbindliche Norm ist.

Die zentrale Verwendung von ὑγιαίνω *[hygiạinō]* und ὑγιής *[hygiæs]* in den Pastoralbriefen hat immer wieder eine besondere Rolle bei der Frage nach der Verfasserschaft dieser Briefe gespielt (vgl. dazu zB den Exkurs zu 1Tim 1,10 von MDibelius, HNT 13, S. 20f und die Übersicht von WKasch im EKL III, Sp. 79f). *D. Müller*

Lit.: HWBeyer, Art. θεραπεία, ThWb III, 1938, 128ff – AOepke, Art. ἰάομαι, ThWb II, 1938, 194ff – HGreeven, Krankheit und Heilung, 1948 – MDibelius/HConzelmann, Die Pastoralbriefe, HNT 13, 1955³, 20f – KHeim, Jesus der Herr. Die Führervollmacht Jesu und die Gottesoffenbarung in Christus, 1955⁴ – HHaag (Hrsg.), Art. Krankheit, 963f, Art. Wunder Jesu, 1724ff, Bibel-Lexikon, 1956 (kath.) – JLeipoldt, Von Epidauros bis Lourdes, 1957 – KBeth, Art. Heilung, RGG III, 1959³, 194ff – ADupont-Sommer, Exorcisme et guérisons dans les écrits de Qoumrân, VT Suppl 7, 1959, 246ff – HDoebert, Das Charisma der Krankenheilung, 1960 – HJHeld, Matthäus als Interpret der Wundergeschichten, in: GBornkamm, GBarth, HJHeld, Überlieferung und Auslegung im MtEv, 1960², 155ff – WSchmithals, Art. Pastoralbriefe, RGG V, 1961³, 145 – WKasch, Art. Pastoralbriefe, EKL III, 1962², 79ff – GvRad, Theologie des AT I, 1962⁴, 285ff – JHempel/OMichel, Art. Heilen, BHHW II, 1964, 678ff – Hvan der Loos, The Miracles of Jesus, 1965.

Gewalt → Kraft

Gewinn → Lohn

Gewissen

συνείδησις

συνείδησις *[synẹidæsis]* Gewissen, Bewußtsein · σύνοιδα *[synoida]* mitwissen, bewußt sein

Seit Aischyl. und Hdt. findet sich im klassischen Griech. die Verbform σύνοιδα *[synoida]* mit den Bedeutungen: a) *Mitwisser sein* (zB als belastender oder entlastender Zeuge) und b) – in der reflexiven Form σύνοιδα ἑαυτῷ *[synoida heautọ̄]* – *sich bewußt sein* (vgl. den berühmten Satz des Sokrates: »Dessen bin ich mir doch bewußt, daß ich weder viel noch wenig weise bin«, Plato Ap. 21b). I

Das Subst. συνείδησις *[synẹidæsis]* (synonym dazu das substantivierte Neutrum des Part. συνειδός *[syneidọs]* = das *Erinnerungsvermögen;* seit Demosth.) läßt sich zuerst bei Democr. (Frgm. 297) nachweisen. Es bezeichnet je nachdem das *Bewußtsein*, das *Gewissen* oder auch die *Gewissenhaftigkeit.*

1) Ursprünglich scheint συνείδησις *[synẹidæsis]* den noetischen Gehalt gehabt zu haben: das *Vermögen, sich zu sich selbst* und bes. sich rückblickend zu der eigenen Vergangenheit *zu verhalten.* Da solche Rückschau nicht bei einfachen Feststellungen stehen bleibt, sondern zu Wertungen führt, zu Urteilen nach Maßgabe von gut und böse, gewann das Wort allmählich die geläufige moralische Bedeutung *Gewissen.* Diese Entwicklung beginnt mit den »Sieben Weisen« (Periandros, Bias; überliefert bei Stobaios) und häuft sich seit dem 1. Jh. vChr mit diesem Bedeutungsgehalt, zumal bei den Historikern (Dion, Strabo, Plutarch). Je nachdem, ob der Mensch sich im Blick auf sein Tun vor dieser urteilenden Instanz in sich selbst rechtfertigen kann oder nicht, wird von einem guten (ἀγαθή *[agathæ]* und ὀρθή *[orthæ]*) oder bösen (δεινή *[deinæ]* und πονειρά *[poneirạ]*) *Gewissen* gesprochen. Dabei wird das gute Gewissen in der Regel als das zur Ruhe gekommene, das ruhige verstanden, während das schlechte Gewissen sich dadurch unangenehm bemerkbar macht, daß es seinen Träger unruhig umtreibt (vgl. Eur. Or. 396, wo der Muttermörder Orest als Krankheit, die ihn zugrunde richtet, anführt: ἡ σύνεσις, ὅτι σύνοιδα δειν᾽ εἰργασμένος *[hæ synesis, họti synoida dein᾽ eirgasmẹnos]*, dh das Gewissen als Bewußtsein schlimmer Taten). Mythologische Verkörperung solchen bedrängenden schlechten Gewissens sind in der griech. Lit. die Erinnyen.

2) Auffallend ist, daß im vorchristl. Griechentum fast ausschließlich von einem bösen Gewissen die Rede ist, während die Römer öfters auch von einer *conscientia bona* oder gar *praeclara* und *optima* (vor allem Cicero) sprechen können. Trägt *conscientia* als das rückwärts gewandte Wissen um Verfehlungen und Laster auch hier häufig einen anklagenden und beunruhigenden Charakter, so kommt es doch, zB bei Caesar »in der ethisch-robusten Struktur des römischen Offiziers und Rechtsgelehrten, der es mit klar umrissenen und erfüllbaren Aufgaben zu tun hat, . . . auch zum Bewußtsein der erfüllten Pflicht« (Maurer, 906).

Vor allem in der jüngeren Stoa (Seneca) wird dann unter dem Einfluß der Pythagoreer die Rückwärtsgewandtheit der Gewissensfunktion dadurch aufgelockert, daß man in dem Gewissen einen Wächter (ἐπίτροπος *[epịtropos]*, *testis)* sieht, den Gott dem einzelnen beigegeben habe, damit er unter Anleitung dieses Beistandes naturgemäß lebe und seinen sittlichen Fortschritt betreibe. »In seinem Gewissen hat er den untrüglichen Wegweiser für sein Handeln« (MPohlenz, Die Stoa I, 1948, 320). Dessen Aufgabe ist zwar immer noch in erster Linie die einer kritisch prüfenden Instanz im Menschen, die Geschehenes oder höchstens Geschehendes beurteilt, »aber die Wende zum Gewissen als Führungsinstanz wird vorbereitet« (Maurer, 906).

1) Das AT kennt kein eigenes hebr. Wort für das Phänomen des Gewissens. (In der LXX taucht συνείδησις *[synẹidæsis]* nur an 3 späten Stellen auf: Pred 10,20; Weish 17,11; Sir 42,18.) Das dürfte seinen Grund in einem von dem griech. verschiedenen Menschenverständnis haben. Für den Israeliten des alten Bundes tritt das Problem des Sich-zu-sich-selbst-Verhaltens hinter dem Verhalten zu Gott zurück. Statt der Erhellung des eigenen Bewußtseins geht es um ein Rechenschaftablegen vor Gott, zu dem man sich bekennt und dessen Gesetz man Gehorsam leisten will. »Das Ge-wissen wird zum Ge-hören im Sinn des willentlichen Angehörens« (Maurer, 907). II

Das heißt nicht, daß das AT der Sache nach so etwas wie ein böses quälendes Gewissen überhaupt nicht kennte. Aber die Stimme des Gewissens besitzt eigentlich keinen Eigenwert. Sie ist die Stimme des göttlichen Richters, der vom Menschen Rechenschaft über sein Tun fordert. Diese Stimme läßt das → Herz (hebr. *lēb;* dies Organ übernimmt im AT Gewissensfunktionen. Z übersetzt u. a. an den genannten Stellen *Gewissen)* des Sünders David schuldbewußt schlagen (1Sam 24,6; 2Sam 24,10). Sie ruft ihn zu Buße und Reue und läßt ihn mit Ps 51,12 bitten: »Schaffe in mir, Gott, ein reines Herz und gib mir einen neuen gewissen Geist!« Die Vorstellung des reinen Herzens – in LXX noch häufiger als in der Masora – weist auf die Wendung vom guten Gewissen im NT.

2) Wo dann in LXX συνείδησις *[synẹidæsis]* begegnet, ist eine Umorientierung auf den griech. Gewissensbegriff hin feststellbar. Das wird zB Weish 17,11 deutlich, wo von einem mora-

lisch verstandenen bösen Gewissen die Rede ist, das »die Funktion des Anklägers und Richters in einer Person« enthält (Maurer, 908).

3) Noch greifbarer ist das Zusammentreffen von at. Herzensvorstellung und hell. Gewissensbegriff bei Philo. Er »schafft zum ersten Mal eine theologisch durchdachte Lehre vom Gewissen« (Maurer, 910), »dessen Stimme er ebenso laut vernimmt wie der Römer Seneca« (Pohlenz, aaO, 377). Allerdings ist das Gewissen für ihn keine autonome Instanz, sondern eine vom Gesetz Gottes normierte Größe, deren Aufgabe das ἐλέγχειν *[elengchein]* ist, dh das den Menschen zu Sündenbewußtsein und Reue führt. Es »tritt . . . als Ankläger auf, beschuldigt, klagt an und beschämt; als Richter hinwiederum belehrt es, erteilt Zurechtweisung, mahnt zur Umkehr, und hat es überreden können, dann ist es erfreut und ausgesöhnt«, sonst beunruhigt es weiter (Decal. 87). Das alles tut das Gewissen, um den Sünder wieder in die Arme des barmherzigen Gottes zu treiben. Diese Bezogenheit auf Gott ist das at. Grundelement in der Gewissenslehre Philos.

III Im NT steht das Verb σύνοιδα *[synoida]* nur an 2Stellen, wo es einmal reflexiv das *Sichbewußt-Sein* meint (1Kor 4,4), und zum anderen die *Mitwisserschaft* bezeichnet (Apg 5,2). Das Subst. συνείδησις *[syneidæsis]* findet sich dagegen 30mal im Nestle-Text (dazu in einigen Hss. von Joh 8,9). In den Evgg. und bei Joh kommt es nicht vor; die Stellen verteilen sich, von zwei Vorkommen in Apg abgesehen, auf Paulus und die nachpaulinischen Briefe.

1) In Röm 2,15 steht συνείδησις *[syneidæsis]* neben καρδία *[kardia]* (→ Herz) und λογισμοί *[logismoi]* (→ Denken, Art. λογίζομαι; vgl. Röm 14,1: διαλογισμοί *[dialogismoi]*) als den kritikfähigen Organen, die auch dem Heiden ein Leben ermöglichen, das dem des Juden nach dem Gesetz entspricht. Dabei fällt dem Gewissen die Rolle zu, durch συμμαρτυρεῖν *[symmartyrein]* (= mitbezeugen; vgl. Röm 9,1, wo Paulus das Gewissen als Zeugen für sein Nichtlügen anruft) das Bewußtsein von dem ins Herz geschriebenen Gesetz zu aktivieren. Das Gewissen erscheint – bildlich gesprochen – als Instanz, die kein Grundgesetz erlassen kann (das ist von Gott her vorgegeben), die aber über die Ausführungsbestimmungen zu befinden hat.

Das wird deutlich an den Stellen, an denen Paulus die Frage der Korinther nach dem Genuß von Götzenopferfleisch behandelt (1Kor 8,7ff; 10,25ff). Zweierlei betont Paulus in diesem Zusammenhang: Einmal proklamiert er die Freiheit des Christen von der Bevormundung durch ein fremdes Gewissen. Es geht ihm um »das durch das Wort Gottes befreite Gewissen« (KBarth, KD I,2,788). Zum anderen ruft er zur Rücksichtnahme gegenüber dem empfindsameren Gewissen anderer auf.

Wie Paulus sich über die Zustimmung seines eigenen von Gott her normierten Gewissens freut (2Kor 1,12), so hofft er, daß auch das Gewissen anderer die – vor Gott offenbare – Lauterkeit seiner missionarischen Existenz anerkennt (vgl. 2Kor 4,2; 5,11). Erstrebenswert ist also nicht nur die Vermeidung eines bösen, anklagenden Gewissens (wie zB Joh 8,9 erwähnt), sondern vielmehr das Haben eines guten, die Übereinstimmung von Glauben und Leben bestätigenden Gewissens. Unter Berufung auf ein so in den Willen Gottes einwilligendes Gewissen (vgl. 1Petr 2,19) kann Paulus auch Gehorsam gegenüber der Obrigkeit fordern (Röm 13,5).

Von daher gewinnt Apg 24,16 geradezu programmatische Bedeutung: Ich (= Paulus) »übe . . . mich . . ., allezeit ein unverletztes (ἀπρόσκοπον *[aproskopon]*) Gewissen zu haben gegenüber Gott und den Menschen« (Z; vgl. Apg 23,1).

2) Nachdrücklich wird ein gutes Gewissen in den Pastoralbriefen gefordert. Im Unterschied zu den »Befleckten und Ungläubigen«, deren Sinn (νοῦς *[nous]*) und Gewissen befleckt ist (Tit 1,15; vgl. auch 1Tim 4,2: das gebrandmarkte Gewissen der Lügenredner), sollen die Christen ein gutes (ἀγαθήν *[agathæn]*) Gewissen haben (1Tim 1,19; vgl. 1Petr 3,16) bzw. Gott mit reinem Gewissen (ἐν καθαρᾷ συνειδήσει *[en kathara syneidæsei]*) dienen (vgl. 2Tim 1,3). So wird das gute bzw. reine Gewissen zu einem Merkmal des Christen, »denn für den Christen fällt das Gewissensurteil mit dem Glaubensurteil zusammen« (Schrage, 152). Neben einem reinen Herzen (καθαρὰ καρδία *[kathara kardia]*) und ungeheuchelten Glauben (πίστις ἀνυπόκριτος *[pistis anhypokritos]*) wird 1Tim 1,5 das Gewis-

sen als Quellgrund für die Tat der Liebe genannt. Zusammenfassend kann das reine Gewissen als der Ort vorgestellt werden, an dem »das Geheimnis des Glaubens« zu haben ist (1Tim 3,9). Darum ist die »Bitte an Gott um ein gutes Gewissen«, die nach 1Petr 3,21 das Wesen der Taufe ausmacht, so wichtig. Sie ist freilich an den Auferstehungsglauben geknüpft (→ Auferstehung; → Glauben).

3) Diesen christologischen Grund der nt. Gewissensauffassung betont auch Hebr, wenn er davon redet, daß das Blut Christi unser Gewissen von den toten → Werken reinigt (9,14; vgl. 10,22). Im Spätjudentum war eine völlige Befreiung vom Sündenbewußtsein trotz regelmäßiger Kulthandlungen nicht möglich (vgl. Hebr 9,9; 10,2). Erst seit dem hohepriesterlichen Opfer Christi und durch dieses gilt der Trost, »daß wir ein gutes Gewissen haben« (Hebr 13,18 Z).

4) So wandelt sich durch den Glauben an die vergebende Kraft Jesu Christi das Verständnis des Gewissens: Aus der stark rückwärts gewandten Größe des moralisch bösen Gewissens im Griechentum wird das fiduzial reine Gewissen, dessen Reinheit darin besteht, daß sein Träger sich seiner christologischen Glaubensgrundlage bewußt ist und die Grundnormierung des Gewissens durch das Wort Gottes beherzigt, um Gott in Liebe zu dienen.

H. Ch. Hahn

ZUR VERKÜNDIGUNG V

Wie die Sterblichkeit so gehört auch das Vermögen, zwischen gut und böse zu unterscheiden, zum Wesen des Menschen (vgl. Gen 2,17). Sein Gemeinschaftsbezug machte bereits in Urzeiten Normen notwendig, die um der Lebensordnung willen eingehalten werden mußten. Wer sie verletzte, stellte sich dadurch – wie Kain – gegen die Gemeinschaft. Er entschied sich für das gesellschaftlich Böse.

Die Instanz im Menschen, welche bestimmenden Einfluß auf eine solche Entscheidung für oder gegen die Einhaltung vorgegebener Normen ausübt, nennen wir das Gewissen. Es erscheint als die entscheidende Orientierungshilfe, die der Mensch für sein gesamtes Handeln besitzt. Als solche tritt es nicht nur *nach* irgendwelchen Taten im Sinne des »inneren Richters« (Kant) hervor, der einem Angeklagten seine Schuld vorhält, sondern schon *vor* einer Handlung kann es sich abratend oder zuredend bemerkbar machen. Hört der Mensch auf die Stimme des Gewissens und unterläßt die beabsichtigte Tat, die gegen die gültigen Normen verstoßen würde, dann wird das Gewissen wieder ruhig. Er behält ein gutes Gewissen, von dem der Volksmund sagt, daß es ein sanftes Ruhekissen sei.

Zur relativen Freiheit des Menschen gehört es jedoch, daß er dem zur Normeinhaltung ratenden Gewissen bisweilen kein Gehör schenkt, sondern es zum Schweigen zu bringen und auszuschalten sucht. Daß sich ein Gewissen aber nicht so leicht betäuben läßt, zeigt etwa die Rede von den Gewissensbissen, die eine böse Tat zur Folge hat. Das Gewissen wird zum unerbittlichen Ankläger, weshalb man ihm selbst – in einem unscharfen Sprachgebrauch – nicht selten die Schlechtigkeit und Bosheit anlastet, die es aufdeckt, indem man von einem »schlechten« oder »bösen« Gewissen spricht. Unablässig setzt das anklagende und verurteilende Gewissen dem Übeltäter zu und hält ihm sein Unrecht vor, begleitet ihn wie ein »Schatten«, der sich nicht abschütteln läßt. Bis in die Träume hinein verfolgt es ihn wie den Heimkehrer Beckmann in Borcherts »Draußen vor der Tür«. (Vgl. Th. G. v. Hippel: »Ein böses Gewissen . . . ist Kläger, Richter, Henker in einer Person. Die Nachtigall singt dir: du bist ein Dieb, die Lerche: du hast gestohlen.«)

Die Weltliteratur ist voll von Beispielen zur Veranschaulichung des Sprichwortes: »Bös Gewissen böser Gast, weder Ruhe weder Rast.« Eindringlich wird der Druck des »schlechten Gewissens« zB von Shakespeare in einem Monolog »Richard III.« beschrieben: »O feig Gewissen, wie du mich bedrängst! / . . . Ist hier ein Mörder? Nein. – Ja, ich bin hier . . . / Ich bin ein Schurke – doch ich lüg', ich bin's nicht! / Tor, rede gut von dir! – Tor, schmeichle nicht! / Hat mein Gewissen doch viel tausend Zungen, / Und jede Zunge bringt verschiednes Zeugnis, / Und jedes Zeugnis straft mich einen Schurken.«

Die Beunruhigung durch ein von bösen Taten belastetes Gewissen führt manchmal dazu, daß Menschen ihr Gewissen nicht nur zu betäuben, sondern zu töten suchen. Ob es im Verlauf solcher Bemühungen wirklich zu völliger Gewissenlosigkeit kommen kann, ist dabei von geringerer Bedeutung als die Tatsache, daß Menschen immer wieder versuchen, ihrer Gewissenskonflikte dadurch Herr zu werden, daß sie sich von dem Gewissen und seinem Anspruch lossagen, zB indem sie mit Richard III. behaupten: »Gewissen ist ein Wort für Feige nur, / Zum Einhalt für den Starken erst erdacht.«

Zur Genüge beweist die Geschichte der Menschheit, daß es skrupellose Menschen gab und gibt, die den Gewissensanspruch verdrängen. Pointiert konnte Stanislaw J. Lec formulieren: »Sein Gewissen war rein. Er benutzte es nie.« Als Mensch, der von seinem Gewissen keinen Gebrauch macht, wird der erscheinen, der ohne Rücksicht auf andere seinen eigenen Neigungen und Wünschen folgt: der Egoist. Er braucht nicht im strengen Wortsinn gewissenlos zu sein, doch stellt sich bei ihm die Frage nach der Normierung seines Gewissens. Sie ist das eigentliche Kernproblem dieses Zentralbegriffes der Ethik. Denn »das Gewissen ist nicht so sehr eine normierende Instanz, die den Inhalt der Forderung erst erzeugt und aus sich heraussetzt, als eine prüfende Instanz, die als Normbewußtsein das zu Tuende oder Getane beurteilt und kontrolliert« (WSchrage).

Von ausschlaggebender Bedeutung ist demnach, w e r das Gewissen bestimmt und w i e dieses kritische Meßgerät geeicht wird. Diese Frage läßt sich für den egoistischen Menschen leicht beantworten. Es sind, grob gesagt, sein eigener Nutzen und Vorteil, die als normgebendes Prinzip gelten. Verantwortung gegenüber der Gemeinschaft oder gar vor einer transzendenten Macht spielen darum keine nennenswerte Rolle. Er ist sich selbst Maß aller Dinge und darum auch seines Gewissens.

Viel stärker aber fällt wohl die gerade in unserer Zeit zunehmende Gewissensprägung durch die den Einzelnen umgreifende Gesellschaft ins Gewicht. Der amerikanische Soziologe David Riesmann bezeichnet dieses Phänomen, das den modernen Menschen zur »Verhaltenskonformität« verleitet, als »Außen-Lenkung«, und HSchelsky interpretiert es geradezu »als eine neue Form des Gewissens«. Indessen – ist dieses außengesteuerte Gewissen wirklich eine so neue Erscheinung? Ist sie nicht, zumindest außerhalb des christlich bestimmten Raumes, immer schon die Regel gewesen, und war sie es nicht – mit veränderten Maßstäben – dann auch in der sog. »christlichen Gesellschaft«? Der Mensch, dessen gutes Gewissen in der Konformität seines Handelns mit dem der Masse besteht, wird sich jedenfalls kaum in die Rolle des Außenseiters drängen lassen, der gegebenenfalls auch mit Zivilcourage gegen einen von der Gesellschaft ausgeübten Gewissensterror protestieren würde.

Zu einem solchen »Aufstand des Gewissens« wäre allenfalls ein Mensch fähig, der sein Gewissen etwa von dem kategorischen Imperativ Kants normieren ließe oder der sich – ob nun im Sinne Camus' (Der Ungläubige an die Christen: ». . . ich kämpfe den Kampf gegen jene Welt weiter, in der Kinder leiden und sterben . . .«) oder Jaspers' (Über Bedingungen und Möglichkeiten eines neuen Humanismus) – einem humanitären Ethos verpflichtet fühlte. Aber wie lange vermag er durchzuhalten? Gerät er nicht fast unausweichlich in jene Situation, die Bonhoeffer so deutlich gezeichnet hat und in der das idealistische wie das humanistische Gewissensverständnis scheitern: »Einsam erwehrt sich der Mann des Gewissens der Übermacht der Entscheidung fordernden Zwangslagen. Aber das Ausmaß der Konflikte, in denen er zu wählen hat – durch nichts beraten und getragen als durch sein eigenstes Gewissen –, zerreißt ihn. Die unzähligen ehrbaren und verführerischen Verkleidungen, in denen das Böse sich ihm nähert, machen sein Gewissen ängstlich und unsicher, bis er sich schließlich damit begnügt, statt eines guten ein salviertes Gewissen zu haben, bis er also sein eigenes Gewissen belügt, um nicht zu verzweifeln . . .« (Widerstand und Ergebung, 1955, 11f).

Was den Christen vom Humanisten unterscheidet, ist sein Gottesverhältnis. Er steht nicht einsam in der Welt, sondern weiß sich als Glaubender in allen Situationen auf Gott bezogen. Gott ist es, der sein Gewissen schärft; und ihm gegenüber ist der Christ Rechenschaft schuldig, versteht er sich doch als »der Verantwortliche, dessen Leben nichts sein will als eine Antwort auf Gottes Frage und Ruf« (Bonhoeffer). So binden weder Eigennutz noch die »Moral des guten Durchschnitts« (ESpranger) bzw. die »Diktatur des Man« (Heidegger), noch auch humanistische Ideale das Gewissen eines Christen, sondern »einzig und allein das Gebot Gottes« (Luther).

Indem das Gewissen des Glaubenden sich von Gott bestimmen läßt, werden ihm die Absolutheitsansprüche welthafter Bestimmungsmächte relativiert. Gerade die Bindung an den im Evangelium begegnenden Willen Gottes also gibt dem Menschen Freiheit. Natürlich enthebt auch eine solche im Evangelium begründete Gewissensfreiheit den Christen nicht aller Konflikte, die sich etwa durch einander ausschließende »ethische Forderungen« (Løgstrup) ergeben. Stets neu muß der Christ den jeweils für ihn persönlich gültigen Willen Gottes zu erkennen suchen – wobei ihm Übung und Erfahrung der Vergangenheit, so hilfreich sie sein mögen, doch höchstens Anleitung sein können –, denn »das Gewissen ist ein je-meiniges in einer gegebenen Situation« (H. v. Oyen, 39). Dabei kann der Glaubensgehorsam in extremen Situationen sogar einmal die »teleologische Suspension des Ethischen«, dh das Überspringen allgemeingültiger Normen verlangen. Diese Problematik und damit die Schärfe des hierbei möglichen Gewissenskonfliktes veranschaulicht Kierkegaard eindringlich an der Geschichte von der Opferung Isaaks (Furcht und Zittern). Es entspricht dieser Anschauung von der im Glauben gegebenen relationierten Selbständigkeit des christl. Gewissens, wenn Tillich von einem »transmoralischen Gewissen« redet, »das nicht im Gehorsam gegenüber einem moralischen Gesetz, sondern gemäß der Teilhabe an einer Wirklichkeit urteilt, die den Bereich der moralischen Gebote überschreitet«.

Solche Teilhabe des Gewissens am neuen Sein ist vollgültig durch Gottes Selbstoffenbarung in Jesus Christus ermöglicht worden. Seit der Inkarnation kann das Gewissen eines Christen sich nur von einer Instanz absolut normieren lassen: von Christus selbst. Da Christus dem nachösterlichen Menschen im Wort der Verkündigung begegnet, meint das konkret: daß ein christliches Gewissen am Wort orientiert sein muß. »Das gute Gewissen ist das im In-Sein im Wort (Christus) sich findende Gewissen« (GJacob, Der Gewissensbegriff in der Theologie Luthers, 1929, 49).

Von dem christozentrisch gefüllten Wort her geschieht dem menschlichen Gewissen ein Doppeltes, das u. a. die Erfahrungen von Paulus und Luther widerspiegeln:

1) Das vor dem Zorn Gottes »erschrockene Gewissen« (Luther) wird von dem u. U. in die Verzweiflung treibenden Zwang des Gesetzes befreit, indem ihm Christus als »Ende des Gesetzes« verkündet wird.

2) Dem befreiten Gewissen wird verdeutlicht, daß es seine Gewissensfreiheit nur hat, wenn es den Herrschaftsanspruch Christi als verbindlich anerkennt. Damit tritt »an die Stelle idealistischer Autonomie« – oder gesellschaftlicher Heteronomie – »des Gewissens ... der Glaubensgehorsam, der in Verantwortung für den Nächsten vor Gott auch frei ist zur Übernahme der mit dem Handeln verbundenen Schuld im Bereich der Solidarität der Mitmenschlichkeit« (EWolf, RGG II, 1958³, 1556).

Freilich bleibt auch dabei die Möglichkeit des Gewissensirrtums offen, der seinen Grund in einem Mißverständnis des konkret von Christus Geforderten, m. a. W. in einer falschen Beurteilung und Anwendung vermeintlicher Glaubenserkenntnisse hat. Als hilfreich gegen solchen Irrtum erweist sich häufig der »Rückhalt an einer schützenden Gemeinschaft« (FDelekat), die durch Rat und Gebet Verantwortungsübernahme mitzutragen vermag.

Für die Verkündigung ergibt sich aus dem Angeführten, daß alles darauf ankommt, »ob wir heute überzeugend, die Gewissen treffend, dh befreiend, lebendig machend (und das schließt ein heilsames Töten ein!) das Evangelium mitzuteilen vermögen, dh den Glauben, von dem gilt, daß er bona conscientia ist« (GEbeling, 446). *H. Ch. Hahn*

Lit.: MPohlenz, Die Stoa I, 1948, 320.377 – DBonhoeffer, Ethik, 1949, 186ff – FDelekat, Der gegenwärtige Christus, 1949, 104ff – Cvon Monakow, Gehirn und Gewissen, 1950 – PTillich, Der Protestantismus, 1950, 181ff – GWehrung, Welt und Reich, 1952, 315ff – EWolf, Vom Problem des Gewissens in reformatorischer Sicht, in: Peregrinatio I, 1954, 81ff – CHPierce, Conscience in the New Testament, 1955 – BReicke, Syneidesis in Röm 2,15, ThZ 12, 1956, 157ff – PAlthaus, Paulus und Luther über den Menschen, 1958 – RBultmann, Theologie des NT, 1958³, 211ff – Das Gewissen, Studien a. d. CGJung-Institut VII, 1958 – KBarth, KD I,2, 1960⁵, 788f – Hvan Oyen, Über das Gewissen, in: Spannungsfelder der ev. Soziallehre, hrsg. v. FKarrenberg, 1960, 39ff – ChMaurer, Glaubensbindung und Gewissensfreiheit im NT, ThZ 17, 1961, 107ff – WSchrage, Die konkreten Einzelgebote in der paulinischen Paränese, 1961, 152ff – JStelzenberger, Syneidesis im NT, 1961 (kath.) – HThielicke/HHSchrey (Hrsg.), Glaube und Handeln, Samml. Dieterich 130, 1961², 260ff – HGDrescher, Das Gewissen. Das Gespräch 32, 1961 – LEckstein, Stufen der Gewissensbildung, Calwer Hefte 42, 1961 – WLoch, Biologische und gesellschaftliche Faktoren der Gewissensbildung, in: Wege zum Menschen, 1962, 346ff – WRoß, Der Fluch des guten Gewissens, in: Wege zum Menschen, 1962, 138ff – JStelzenberger, Syneidesis, Conscientia, Gewissen. Studie z. Bedeutungswandel eines moral-theol. Begriffes, 1963 (kath.) – ThThun, Die religiöse Entscheidung der Jugend, 1963, 239ff – ChMaurer, Art. σύνοιδα, ThWb VII, 1964, 897ff – HHSchrey, Art. Gewissen, in: Theol. f. Nichttheologen II, 1964, 33ff – GEbeling, Theologische Erwägungen über das Gewissen, in: Wort u. Glaube, 1965³, 429ff – HThielicke, Theologische Ethik I, 1965³, 481ff – EWolf, Gewissen zwischen Gesetz und Evangelium, in: Peregrinatio II, 1965, 104ff – WKorff, Ehre, Prestige, Gewissen, 1966 – METhrall, The Pauline Use of σύνείδησις, NTS 14, 118ff – KHNeufeld, Das Gewissen, BuL 12, 1971, 32ff.

Glaube

Die hier behandelten Vokabeln beschreiben im Kern jene persönliche Beziehung zu einer Person oder Sache, die durch Vertrauen und Zuverlässigkeit begründet ist (einschließlich deren Negation). Kommt diese Beziehung dadurch zustande, daß der andere durch Überredung bzw. Überzeugung gewonnen wird, so findet πείθομαι [pẹithomai] Verwendung; die Perf.-Form πέποιθα [pẹpoitha] drückt die so entstandene feste Meinung und Zuversicht aus. Vom gleichen Verbalstamm sind die Vokabeln der πίστις [pịstis]-Gruppe abgeleitet. Sie bezeichnen urspr. das Treuverhältnis von Bundespartnern und die Zuverlässigkeit ihrer Zusagen, allgemeiner dann die Glaubwürdigkeit von Aussagen, Berichten und Vorstellungen überhaupt, seien sie religiöser oder profaner Art. Im nt. Griech. erhalten sie ein eigenes Gewicht und eine spezifische Füllung dadurch, daß sie auf das Verhältnis zu Gott in Christus angewendet werden, also die vertrauensvolle Annahme und Anerkennung dessen kennzeichnen, was Gott in ihm getan und verheißen hat.

πείθομαι

πείθω [pẹithō] überzeugen, überreden · πείθομαι [pẹithomai] gehorchen, glauben · πέποιθα [pẹpoitha] überzeugt sein, vertrauen · πεποίθησις [pepọithæsis] Vertrauen, Zuversicht · πειθός [peithọs] überredend · πειθαρχέω [peitharchẹō] gehorchen · πεισμονή [peismonæ] Überreden · ἀπειθέω [apeithẹō] ungehorsam sein · ἀπειθής [apeithæs] ungehorsam · ἀπείθεια [apẹitheia] Ungehorsam · πιθανολογία [pithanologịa] Überredungskunst

I 1) Dem Stamm πειθ- [peith-] (πιθ- [pith-], ποιθ- [poith-]) liegt die Bedeutung *vertrauen* zugrunde (vgl. lat. *fido, fides*; derselbe Stamm ist auch Grundlage für die Bildungen mit πιστ- [pist-]; → πιστεύω [pistẹuō]). Das Vertrauen kann sich nun entweder auf eine Aussage beziehen, so daß es die Bedeutung *Glauben schenken, sich überzeugen lassen* bekommt, oder aber auf eine Aufforderung, so daß der Stamm die Bedeutung *gehorchen, sich überreden lassen* gewinnt. Das urspr. intrans. Aktiv πείθω [pẹithō] = *vertrauen* wurde erst auf dem Weg über das Pass. *(überzeugt* bzw. *überredet werden)* zum trans. *überzeugen, überreden* (freilich schon seit Homer), während die Bedeutung *vertrauen* mit den beiden oben genannten Zweigen vom Med. Pass. πείθομαι [pẹithomai] übernommen wurde. Nur das Perf. II πέποιθα [pẹpoitha] behält als Aktiv die urspr. intrans. Bedeutung (eigentlich *Vertrauen gefaßt haben* mit Wirkung bis in die Gegenwart) und hat den präsentischen Sinn *fest vertrauen, sich verlassen,* während das Med. Pass. des Perf. I πέπεισμαι [pẹpeismai] (eigentlich *überzeugt worden sein* bzw. *sich überzeugt haben)* in ebenfalls präsentischem

Sinn *überzeugt sein* heißt. – Spätgriech. ist das von πέποιθα *[pępoitha]* abgeleitete Subst. πεποίθησις *[pepǫithæsis]* = *Vertrauen, Zuversicht.*

2) Das von πείθω *[pęithō]* abgeleitete Adj. πειθός *[peithǫs]* = *überredend* findet sich außer 1Kor 2,4 nirgends im Griech., während die andere Lesart das im Griech. zwar gebräuchliche, aber sonst im NT nicht vorkommende Subst. πειθώ *[peithǭ]* = *Überredungskunst* (s. u. 4) hat. – Vom gleichen Stamm wie πείθω *[pęithō]* kommt πιθανός *[pithanǫs]* = *überzeugend, glaubwürdig* und davon πιθανολογία *[pithanologįa]* für das *Überzeugen* durch Wahrscheinlichkeiten im Gegensatz zur ἀπόδειξις *[apǫdeixis]* = Beweis (Plato Theaetet 162e; vgl. 1Kor 2,4; → Zeigen). – Für πεισμονή *[peismonæ̨]* = *Überreden* oder *Überredetwerden* ist Gal 5,8 der früheste und im NT einzige Beleg. – Das Verb πειθαρχέω *[peitharchęō]* = *gehorchen* ist seit Sophokles gebräuchlich und von dem Adj. πείθαρχος *[pęitharchos]* = *dem Vorgesetzten, der Regierung, einer Autorität* (ἀρχή *[archæ̨]*) *gehorchend* abgeleitet.

3) Von ἀπειθής *[apeithæ̨s]* = *ungehorsam* abgeleitet ist ἀπειθέω *[apeithęō]* = *ungehorsam sein* und ἀπείθεια *[apęitheia]* = *Ungehorsam.* So auch im klassischen Griech.

4) Die aktive Bedeutung *überzeugen, überreden* ist für griech. Denken bes. charakteristisch. Bezeichnend ist, daß Πειθώ *[Peithǭ]* (*Überredungskunst;* s. o. 2) als Göttin angesehen wird. πείθω *[pęithō]* kann aber auch von der Bedeutung *überreden* her die Bedeutung *verführen, bestechen* bekommen. – Das Med. Pass. *vertrauen, sich verlassen* kann sich auch im profanen Griech. auf den Gott beziehen. Aus der Bedeutung *sich überzeugen lassen* ergibt sich die Variante *(einem anderen) glauben;* aus der Bedeutung *sich überreden lassen* der Gebrauch im Sinne von *(einem anderen) folgen, folgsam sein, gehorchen* (Plato Apologie 29d: »Ich werde aber dem Gott mehr gehorchen als euch.«). – Zu πέποιθα *[pępoitha]* vgl. Aischyl. Eum. 826, wo Athene zum Chor der Eumeniden sagt: Κἀγὼ πέποιθα Ζηνί *[Kagǭ pępoitha Zæni̧]* = Auch ich verlasse mich auf Zeus.

II

1) Die hebr. Sprache hat im Gegensatz zum Griech. kein Wort für *überreden, überzeugen.* An den wenigen Stellen, wo die nicht-perfektischen Aktionsarten von πείθω *[pęithō]* und πείθομαι *[pęithomai]* in LXX vorkommen (am häufigsten in 2 und 4Makk und Tob), fehlt ein hebr. Äquivalent.

2) Anders verhält es sich mit dem Perfekt πέποιθα *[pępoitha]*, das etwa 80mal für das hebr. *bātach* = *Vertrauen haben, sicher sein* eingetreten ist. Dieses hebr. Wort und seine Ableitungen werden allerdings zusammengenommen fast genauso oft wie mit πέποιθα *[pępoitha]* auch mit ἐλπίζω *[elpįzō]* bzw. ἐλπίς *[elpis]* oder ἐπελπίζω *[epelpįzō]* (→ Hoffnung) übersetzt, während andererseits πέποιθα *[pępoitha]* auch mehrere andere hebr. Wörter (vor allem *chāsāh* = *Zuflucht suchen,* das freilich doppelt so oft mit ἐπελπίζω *[epelpįzō]* übersetzt ist) wiedergibt. Bes. im ersten Jes (10,20) und in Jer, daneben aber auch in der Spruchweisheit und – neben dem häufigeren ἐλπίζω *[elpįzō]* – in den Vertrauensliedern des Psalters (vgl. Ps 24[25],2; 56[57]1) hat πέποιθα *[pępoitha]* dazu gedient, den Inhalt des Vertrauens und den Grund der → Hoffnung Israels zu kennzeichnen, der in der Bundestreue Gottes, in seiner → Erwählung und in seinem Verheißungswort liegt, und dieses Vertrauen von demjenigen auf Menschen und Götzen und materielle Werte abzuheben (vgl. Jes 17,7f; 32,3; 36,6; Jer 7,4; Ps 117[118],8).

Nur einmal steht in LXX πεποίθησις *[pepǫithæsis]* für *bittāchōn Vertrauen* (von *bātach*), und zwar 2Kön 18,19.

3) Entsprechend dem zu πείθω *[pęithō]* Gesagten fehlt in LXX das Subst. πιθανολογία *[pithanologįa]*, und auch πειθαρχέω *[peitharchęō]* findet sich, abgesehen von zwei apokryphen Stellen, nur Dan 7,27. – Dagegen wird ἀπειθέω *[apeithęō]* – und vereinzelt auch ἀπειθής *[apeithæ̨s]* – zur Charakterisierung des Volkes gebraucht, das Gott nicht gehorcht, und zwar bes. im Dtn und bei Jes zB für den hebr. Stamm *mrh* = *widerspenstig sein* u. a. (so Dtn 1,26; 9,23f; Jes 3,8; vgl. aber auch Plato Spec. Leg. V,741d: »damit . . . sie den bestrafen, der nicht nur dem Gesetz, sondern auch dem Gott ungehorsam ist«, τὸν ἀπειθοῦντα *[ton apeithǫunta]*).

III

Im NT kommen πείθω *[pęithō]*, πείθομαι *[pęithomai]* und πέποιθα *[pępoitha]* zusammengenommen (nach Morgenthaler) zahlenmäßig am häufigsten bei Paulus (22mal), relativ am häufigsten aber in Apg (17mal) vor. Das Verb fehlt gänzlich dagegen in Mk, Joh, 1 und 2Petr, Jud und Offb sowie in 1Kor, Eph, Kol, 1Thess, 1Tim und Tit. Eine Untersuchung der einzelnen Stellen zeigt, daß Paulus – wie die LXX – die Aktivformen nur selten (2mal) gebraucht, hingegen bes. häufig die perfektischen πέποιθα *[pępoitha]*-Formen (sonst nur in Zitaten bei Mt und Hebr sowie 2mal bei Lk); auch das Subst. πεποίθησις *[pepǫithæsis]* kommt nur in den paulinischen Schriften vor (6mal). πειθαρχέω *[peitharchęō]* wird – mit Ausnahme von Tit 3,1 – nur in Apg gebraucht (3mal).

Die Negationen sind relativ selten. Während das Verbum ἀπειθέω *[apeithęō]* 13mal (davon 5mal in Röm, 4mal in 1Petr) erscheint, finden sich Subst. und Adj. nur je 6mal, letzteres außer Röm 1,30 nur in den Pastoralbriefen sowie bei Lk und Apg, ἀπείθεια *(apẹitheia)* je 2mal in Röm, Eph und Hebr.

1) Die Bedeutungsbreite und die -nuancen des Verbums lassen sich am ehesten erkennen, wenn man nach den Aktionsarten (Beginn, Ende oder Dauer einer Handlung) fragt.

a) Die aktive Form πείθω *(pẹithō)* hat im NT, wenn sie im Aorist erscheint (Mt 27, 20; Apg 12,20; 14,19; 19,26), immer die Bedeutung *(mit Erfolg) überreden* bzw. *verführen* oder gar *bestechen*, und zwar ohne bes. theol. Gewicht.

Im Gegensatz dazu drückt das Imperfekt den Versuch aus, jemanden zu einer bestimmten Einsicht oder Handlung zu bewegen. Charakteristisch ist dabei, daß die Apg das Verb allem Anschein nach zur Bezeichnung der Predigt des Paulus gegenüber den der Synagoge angehörenden Juden und → Griechen (Proselyten; → Gottesfürchtiger) gebraucht, bei denen er nicht erst den Glauben an den einen Gott wecken muß, sondern die er nur noch von der neuen in Christus geschenkten Gnade (13,43) zu überzeugen versucht (durch Lehrvorträge 18,4; → Denken, Art. διαλογίζομαι). Genauso wie beim Imperfekt liegen die Dinge beim Part. Präs.: Nach 19,8 versucht Paulus vom Reich Gottes zu überzeugen, und dies dürfte nach 28,33 mit »von Jesus überzeugen« gleichbedeutend sein.

b) Beim Ind. Präs., der nicht nur zur Bezeichnung der Dauer einer Handlung (Aktionsart), sondern auch der Gegenwart (Zeitstufe) dient, entscheidet der Zusammenhang über die Bedeutung. Diese ist an den drei in Frage kommenden Stellen (Apg 26,28; 2Kor 5,11; Gal 1,10) umstritten. EHaenchen (Die Apostelgeschichte, 1961[13]) übersetzt Apg 26,28 wohl richtig: »Bald überredest du mich, den Christen zu spielen«; ganz wörtlich wäre: »Bald überredest du mich, daß ich anfange, den Christen zu machen« (ποιῆσαι *(poiẹsai)* Aor. als Fachausdruck der Theatersprache). Diese Worte des jüd. Königs Agrippa dürfen jedoch nicht ironisch verstanden werden, sondern zeigen an, wie dieser ums Haar vor seiner Bekehrung steht (er ist Jude!, darum gilt wahrscheinlich das 1a Gesagte); andererseits läßt der gewählte Ausdruck aber auch wieder die Distanzierung erkennen: Vom Christwerden wird (nach den besseren Hss.) eben nicht direkt gesprochen (andere Deutungen der Stelle: ThWb VI, 1f Anm. 4).

2Kor 5,11 und Gal 1,10 dagegen – die einzigen paulinischen Aktiv-Stellen – sprechen wohl nicht so direkt von einem Überzeugen, das zur Annahme der Christusbotschaft führen soll. Paulus, der sich gegen den Anspruch scheinbarer Autoritäten verteidigt, die gegen ihn arbeiten, versucht hier, von sich selbst zu überzeugen, aber nicht, weil er es für seine Person nötig hätte, weil er Menschen gefallen wollte (Gal 1,10), sondern um des von ihm verkündigten Evangeliums willen.

c) Im Futur hat das Aktiv die Bedeutung *(besänftigend) überreden, beruhigen*, kommt also dem Aorist sehr nahe. Vielleicht ist auch Mt 28,14 an Bestechung gedacht. In 1Joh 3,19 geht es um die rechte Selbsterkenntnis. Sie zeigt immer ein Doppeltes: Einmal, ob wir aus der Wahrheit sind oder nicht (und das erweist sich daran, ob unsere Liebe sich auch im Tun als solche erweist), und zum anderen, ob wir uns vor Gott verurteilen müssen oder nicht. Dieses Doppelte darf man nicht einfach parallel sehen; denn nur wer aus der Wahrheit ist, kann sich selbst doch vor Gott verurteilen, obwohl er es nicht immer muß (V. 21). Wenn ihn jedoch sein Herz dazu treibt, dann darf er es – vor Gott! – beruhigen, weil Gott nicht nur um unsere Schuld, sondern auch um das von ihm gewirkte Neue in uns besser Bescheid weiß als wir selbst.

2) Das Med. Pass. πείθομαι *(pẹithomai)* kennzeichnet, der anderen Aktionsart entsprechend, das Ergebnis, den Erfolg einer Beeinflussung. Das gilt jedenfalls für Aorist, Imperfekt und Futur, die sich im NT nur im lukanischen Schriftgut finden.

a) Der Aorist erscheint 3mal. Apg 17,4 zeigt er den Erfolg eines Lehrvortrages (V. 2: διαλέγομαι *(dialẹgomai)*) des Paulus in einer Synagoge an (vgl. das oben 1a Gesagte), Apg 5,39 den des Gamaliel mit seinem Rat. Es ist bezeichnend für die Apg, daß sie an beiden Stellen die gleiche Form des Verbs gebrauchen kann. An beiden Stellen wie auch Apg 23,21, wo – ohne theol. Gewicht – davor gewarnt wird, sich auf einen falschen Rat einzulassen, weist der auf das Verb folgende Dativ auf die Person des Einwirkenden hin und ist die Bedeutung zwischen *sich von jemandem bestimmen, überreden lassen* und *jemandem folgen, gehorchen* zu suchen.

b) Entsprechend bedeutet das Imperfekt, daß jemand unter dem Einfluß eines anderen bzw. seiner Worte stand und sich in seiner Meinung oder seinen Handlungen davon bestimmen ließ (so Apg 27,11, wo wiederum das Verhalten von Juden gemeint ist. Das Gegenteil wird in Apg 28,24 mit ἀπιστέω *[apistẹō]* wiedergegeben; → πίστις), so daß πείθομαι *[pẹithomai]* die Bedeutung *(seinen Worten) glauben* hat. Von daher kann es natürlich auch die Anhängerschaft zu bestimmten Personen ausdrücken (Apg 5,36.37).

c) An der einzigen Stelle mit Futur (Lk 16,31, auf einen Konjunktiv mit ἐάν *[eạn]* als hypothetische oder mögliche Tatsache der Zukunft folgend) hat das Verb die Bedeutung *sich überzeugen lassen.* Wie in der Apg Paulus in der Form nicht anders als Gamaliel überzeugt, nämlich durch Gründe, denen jeder Jude eigentlich zustimmen müßte, so läßt sich nach Lk 16,31 umgekehrt, wo solche Zustimmung verweigert wird, der Mensch auch dann nicht überzeugen, wenn einer von den Toten auferstände.

d) Das Präsens, ohne bes. theol. Gewicht Apg 21,14 als *sich überreden lassen*, bedeutet Apg 26,26 und Hebr 13,18 *überzeugt sein*, an allen anderen Stellen heißt es *gehorchen* (so Gal 5,7; Hebr 13,17; Jak 3,3). — In Röm 2,8 wird der Ungehorsam (s. u. ἀπειθέω *[apeithẹō]*) gegenüber der Wahrheit mit dem Verfallensein an die Ungerechtigkeit begründet. Diese ist im Glauben aufgehoben; wo statt seiner aber aufs neue das Gesetz beobachtet wird, führt dies zwangsläufig wieder zum Ungehorsam gegenüber der Wahrheit: Gal 5,7 (s. u. πεισμονή *[peismonæ]*).

e) Das Perfekt kennzeichnet immer einen Zustand, in dem der Akt der Prüfung und des Abwägens abgeschlossen, also eine feste Überzeugung schon vorhanden ist, so Lk 20,6; Röm 8,38; 14,14 (mit »im Herrn«; vgl. unten πέποιθα *[pẹpoitha]*); 15,14; 2Tim 1,5.12; Hebr 6,9. Dabei kann es sich sowohl um Überzeugungen handeln, die einzelne Sachverhalte oder Menschen betreffen (zB Lk 20,6 darüber, daß Johannes ein Prophet sei) als auch um eine im Glauben gewonnene, allumfassende und unerschütterliche Gewißheit (Röm 8,38).

3) Das Perfekt II πέποιθα *[pẹpoitha]* heißt mit ἐπί *[epị]* stets *sich verlassen auf*, setzt also die gewonnene Überzeugung voraus und läßt sie zur Grundlage weiteren Denkens und Handelns werden. Dabei kann es sich um das Vertrauen darauf handeln, daß man selbst gerecht sei (Lk 18,9; negativ 2Kor 1,9; vgl. den Zusatz Mk 10,24 und Lk 11,22). Es kann aber auch um das Zutrauen gehen, das man im guten Sinn auf Menschen setzt: Paulus verläßt sich auf die Gemeinde (2Kor 2,3 und 2Thess 3,4 — hier »im Herrn«, vgl. Gal 5,10; Phil 2,24). Doch könnte an beiden Stellen das Verb auch vom folgenden ὅτι *[họti]* her verstanden werden, so daß wie an den anderen Stellen πέποιθα, ὅτι *[pẹpoitha, họti]* mit *die feste Überzeugung haben, daß* und ἐπί *[epị]* wie εἰς *[eis]* in Gal 5,10 mit »im Hinblick auf« zu übersetzen wäre. Dann bezöge sich die Überzeugung weniger auf Personen als auf von Gott gestiftete Sachverhalte, auf die Paulus sich »im Herrn« verläßt — etwa die Treue Gottes, sein begonnenes Werk auch zu vollenden, und damit letztlich eben auf den Herrn selbst. Daß damit gleichzeitig eine Hoffnung auf Zukünftiges ausgedrückt ist, macht neben dem Gebrauch von πέποιθα *[pẹpoitha]* in LXX auch Phil 1,25 und 2,24 deutlich, wo Paulus seine Überzeugung ausspricht, daß um dieses Werkes willen er bleiben und selbst noch einmal nach Philippi kommen werde. Mit ἐν *[en]* steht πέποιθα *[pẹpoitha]* nur Phil 3,3f in Analogie und zugleich im Unterschied zu »in Christus Jesus (sich rühmen)«; hier bedeutet es wie in der Konstruktion mit ἐπί *[epị]* *sich verlassen auf* (Fleisch). Eine Überzeugung drückt πέποιθα *[pẹpoitha]* auch aus, wenn ihm der Inf. folgt: Röm 2,19; 2Kor 10,7 heißt wörtlich: »Ist sich jemand sicher, Christus zu gehören, der überlege auch dies bei sich, daß . . .« Mit Dativ heißt πέποιθα *[pẹpoitha]* einfach *vertrauen:* Phil 1,14 (»im Herrn« eher auf πέποιθα *[pẹpoitha]* als auf »Brüder« bezogen) und Phlm 21. Das für den Psalter bes. charakteristische Sichverlassen auf Gott kommt unmittelbar nur zum Ausdruck, wo

at. Zitate auf Jesus bezogen werden: Mt 27,43 und Hebr 2,13 meinen, daß sich in ihm das persönliche Ergehen und Hoffen des at. Beters erfüllt. Das Gottvertrauen ist nun aufgegangen im Glauben an Jesus Christus. Das gilt auch für 2Kor 1,9, weil das Sichverlassen auf Gott, der die Toten auferweckt, aus dem Glauben an den Auferstandenen kommt.

4) Das Subst. πεποίθησις *[pepọithæsis]* hat Phil 3,4 dieselbe Bedeutung wie das Verb in V. 3f und drückt wie dieses mit ἐν σαρκί *[en sarkị]* = *auf Fleisch* verbunden, die aus der Gesetzesbeobachtung erwachsende Selbstsicherheit aus. 2Kor 3,4 dagegen meint es die aus dem apostolischen Auftrag erwachsende (V. 5f!) Zuversicht, aus der heraus Paulus die Gemeinde in Korinth als seinen mit Gottes Geist in fleischerne Herzen geschriebenen Empfehlungsbrief bezeichnen kann (V. 3). Das Vertrauen zu Menschen — 2Kor 8,22 mit εἰς *[eis]* (vgl. Gal 5,10) = »im Hinblick auf« ausgedrückt — ist hier ganz und gar zur in Gott (πρὸς τὸν θεόν *[pros ton theọn]*) gegründeten Zuversicht geworden. In 2Kor 1,15 ist die Zuversicht von dem her zu verstehen, was Paulus V. 13f als seine → Hoffnung (ἐλπίζω *[elpịzō]* V. 13) ausspricht. In 2Kor 10,2 ist die in seinem Auftrag als Apostel begründete (s. o. zu 3,4) Zuversicht gemeint, in der Paulus es wagen könnte, gewissen Leuten gegenüber energisch aufzutreten. — In Eph 3,12 ist mit dem »Zugang in Zuversicht« (παρρησία *[parræsịa]*) diese → Freimütigkeit näher erläutert (καί *[kai]* epexegeticum).

5) Zu dem Adj. πειθός *[peithọs]* bzw. dem Subst. πειθώ *[peithọ̄]* ist zu sagen, daß der Sinn von 1Kor 2,4 sich gleich bleibt, ob man ἐν πειθοῖς *[en peithọis]* (von πειθός *[peithọs]*) σοφίας λόγοις *[sophịas lọgois]* = *in überredenden Weisheitsworten* oder ἐν πειθοῖ *[en peithọi]* (von πειθώ *[peithọ̄]*) σοφίας *[sophịas]* (andere dazu λόγοις *[lọgois]* oder λόγων *[lọgōn]* = *in der Überredungskunst der Weisheit* (erg. *durch* bzw. *der Worte*) liest. In jedem Fall ist klar, daß die Korinther nicht durch menschliche → Weisheit und deren Methode des Überredens zum Glauben kamen. — Diese Methode des Überredens ist in Kol 2,4 mit dem Subst. πιθανολογία *[pithanologịa]* = *Überredungskunst* gemeint; durch sie wird man betrogen.

6) Das Subst. πεισμονή *[peismonæ̣]* dürfte Gal 5,8 aktiv (von πείθω *[pẹithō]*) zu verstehen sein, obwohl hier ein Wortspiel mit dem voraufgegangenen πείθεσθαι *[pẹithesthai]* vorliegt. Dann wäre der Erfolg dieses nicht von Gott stammenden Überredens, daß die Galater sich nicht mehr von der Wahrheit »überreden« lassen. Doch läßt sich das Wortspiel im Deutschen nicht nachahmen, weil πείθεσθαι *[pẹithesthai]* hier schlicht *gehorchen* heißt. (Zu πεισμονή *[peismonæ̣]* als *Überredetwerden* vgl. ThWb VI, S. 9; zum Text von V. 7: aaO S. 4, Anm. 11; dagegen HSchlier, Der Brief an die Galater, 1962[12], 236.)

7) Das Verbum πειθαρχέω *[peitharchẹō]* bezeichnet sowohl den Gehorsam gegenüber Gott (Apg 5,29; vgl. oben I,2 zu πείθομαι *[pẹithomai]*; 5,32) als auch gegenüber Menschen (27,21 = πείθομαι *[pẹithomai]* V. 11); Tit 3,1 wird er gleichgestellt mit der Unterordnung unter die Regierungsbehörden.

8a) ἀπειθής *[apeithæ̣s]* = *ungehorsam* erscheint Apg 26,19 in der Verneinung und ist hier stilistisches Mittel, um den Gehorsam des Paulus gegenüber der himmlischen Erscheinung vor Damaskus zu betonen. Röm 1,30 und 2Tim 3,2, in den sog. Lasterkatalogen, bezieht sich ἀπειθής *[apeithæ̣s]* auf den Ungehorsam gegenüber den Eltern.

b) An allen anderen Stellen ist, wo ἀπειθής *[apeithæ̣s]*, das Subst. ἀπείθεια *[apẹitheia]* oder das Verbum ἀπειθέω *[apeithẹō]* auftauchen, wie in LXX (daran erinnernd Lk 1,17; Gegensatz zu δίκαιος *[dịkaios]*) dem Sinne nach von Ungehorsam gegen Gott die Rede, und zwar meist im Gegensatz zum Glauben: Joh 3,36; Apg 14,2; 19,9 (von Juden, die sich nicht überzeugen lassen; s. oben III,1b πείθω *[pẹithō]*, πείθομαι *[pẹithomai]*); Röm 15,31; Eph 2,2 und 5,6 (Gegensatz zu den »Söhnen des Ungehorsams« = »Nichtchristen« sind die »Söhne des Lichts« V. 8); Tit 1,16. — Eine besondere Nuance bietet hier der 1Petr, wo dieser Ungehorsam qualifiziert wird als Ungehorsam gegenüber dem Wort bzw. dem Evangelium (1Petr 2,8; vgl. Lesarten V. 7; 3,1; 4,17; zu Röm 2,8 s. o. 2) bzw. als mangelnde Gehorsamsbereitschaft der Menschen vor der Sintflut trotz der Geduld Gottes (1Petr

3,20). – In Hebr 3,18; 4,6 wird den Christen (vgl. V. 11) die Haltung der Wüstengeneration als warnendes Beispiel vorgehalten; wer nach rückwärts blickt, sein Ohr den heutigen Weisungen Gottes verschließt und nicht bereit ist, seine Zukunft je neu aus der Hand Gottes vertrauensvoll zu erwarten, wird zu Fall kommen. – Weil sie durch den Glauben von diesen unterschieden ist, verfällt die Dirne Rahab nicht der Vernichtung, die die Ungehorsamen von Jericho trifft (Hebr 11,31). Ebenso aber waren auch die Christen aus den Heiden einst ungehorsam (Röm 11,30; vgl. Tit 3,3), haben aber nun (νῦν *[nyn]*) durch die ἀπείθεια *[apeitheia]* Israels, dadurch also, daß Gottes Bundesvolk im ganzen in den neuen Bund in Jesus Christus nicht eintreten wollte (vgl. Röm 10,21), Gottes Barmherzigkeit erfahren. Israels Ungehorsam ist nun (νῦν *[nyn]*) durch seinen Widerstand gegenüber der den Heiden widerfahrenen Barmherzigkeit verstärkt worden (11,31; Z setzt dagegen hinter ἠπείθησαν *[æpeithæsan]* ein Komma, was aber kaum richtig ist), – und gerade dadurch kann ihnen nun (νῦν *[nyn]*, später hat man aus dem dritten νῦν *[nyn]* ein »später« gemacht oder es gestrichen!) ebenfalls Gottes Barmherzigkeit widerfahren!

So zeigt sich in der Spitze des Gedankenganges von Röm 9–11, daß jenes Fehlen von Vertrauen und Gehorsam, von Glauben und Ausrichtung auf den Willen Gottes die normale Situation des Menschen ist (Röm 11,32), aus der nur Gott selbst ihn erretten kann, indem er sich seiner erbarmt und ihm Glauben schenkt. *O. Becker*

πίστις

πίστις *[pistis]* Glaube · πιστεύω *[pisteuō]* glauben · πιστός *[pistos]* zuverlässig, treu · πιστόω *[pistoō]* vertrauen · ἀπιστία *[apistia]* Unglaube · ἀπιστέω *[apisteō]* nicht glauben · ἄπιστος *[apistos]* ungläubig

Die Wortgruppe πίστις *[pistis]* in der Profan-Gräzität. I

1a) In der klassischen Lit. bedeutet πίστις *[pistis]* das *Vertrauen*, das man in Menschen oder Götter setzt (Hes. Op. 372; Soph. Oed. Tyr. 1445), die *Glaubwürdigkeit* (Soph. Oed. Col. 611), den wirtschaftlichen *Kredit* (Demosth. 36,57), die *Garantie* (Aischyl. Fr. 394), *Beweis* (Democr. 125) oder *anvertraute Sache* (IG 14,2012 A 23). πιστεύω *[pisteuō]* heißt dementsprechend: einer Sache oder Person *vertrauen* (Hdt. 1,24; Aischyl. Pers. 800ff). Es kann sich auf sagenhafte Berichte (Hdt. 4,96) und religiöse Vorstellungen (Plat. Gorg. 524a) beziehen und diese bestätigen. In der Konstruktion πιστεύω τινί τι *[pisteuō tini ti]* bedeutet es: jemandem eine Sache oder Person *anvertrauen* (Xenoph. Mem. 4,4,17). In bezug auf Personen hat πιστεύω *[pisteuō]* auch den Sinn *gehorchen* (Soph. Oed. Tyr. 625). Das Passiv bedeutet *Vertrauen genießen* (Xenoph. An. 7,6,33). Das Adj. πιστός *[pistos]* heißt *vertrauend* (Theogn. 283), *vertrauenswürdig* (Hom. Il. 2,124). τὸ πιστόν *[to piston]* ist *Zuverlässigkeit* bzw. *Treue* der durch einen Vertrag Gebundenen (Aischyl. Ag. 651; Xenoph. An. 2,4,7). Das Verbum πιστόω *[pistoō]* trägt die Bedeutung jemanden oder sich selbst *zur Treue verpflichten* (Soph. Oed. Col. 650); im Passiv *sicher werden, vertrauen* (Hom. Od. 21, 217f). Eine besondere Färbung der Wortgruppe πίστις *[pistis]* liegt vor, wo sie – die Zuverlässigkeit gerade einschränkend – in ihrer Bedeutung zur δόξα *[doxa]* hintendiert (vgl. Plat. Phaid. 107b).

ἀπιστία *[apistia]* ist *Mißtrauen* (Theogn. 831) oder *Unzuverlässigkeit* (Soph. Oed. Col. 611), *Unglaubwürdigkeit* (Hdt. 1,193). ἀπιστέω *[apisteō]* heißt *mißtrauisch, ungläubig sein* (Hom. Od. 13,339), speziell: *ungehorsam sein* (Soph. Ant. 219,381f). ἄπιστος *[apistos]* bedeutet *mißtrauisch* (Hom. Od. 14,150), *unzuverlässig* (Thuk. 1,120,4).

b) Ursprünglich ist mit der Wortgruppe ein Verhalten beschrieben, das dem Vertrag bzw. Bund gerecht wird; also ist sie sozial bestimmt und geeignet, ein verfehltes Verhalten herauszustellen. Um eine Kampfpause zu erreichen, sind Abmachungen notwendig, die zur Treue verpflichten (Hom. Il. 2,124: ὅρκια πιστά *[horkia pista]*). Enttäuschtes Vertrauen führt zur Anklage: »an Frauen ist nichts Vertrauenswürdiges« (Hom. Od. 11,456). Es kommt auf die kritische Situation an, in der sich herausstellt, was Treue ist. Die Erfahrung der Treue und Untreue steht also am Anfang.

c) Schon früh ist auch die religiöse Beziehung einbeschlossen: die Götter verbürgen die Gültigkeit eines Bündnisses oder Vertrages (Hom. Il. 2,115ff: die Wichtigkeit des Schwurs). Die Wortgruppe kann aber auch unmittelbar auf die Gottheit bezogen werden, wenn die Glaubwürdigkeit eines Orakelspruches auf dem Spiele steht. Es geht um die Anerkennung der rettenden Macht der

Götter angesichts einer drohenden Gefahr (Aischyl. Sept. c. Theb. 211f), um die Souveränität des Gottes in seiner Unbegreiflichkeit (Iph. Taur. 14,75f: »wer das Gotteswort vernimmt und ihm nicht gehorcht, der ist von Sinnen«), um die Macht des Gottes, das Schicksal des Menschen auch gegen seinen Willen zu lenken (Soph. Oed. Tyr. 1445). In derartigen Fällen spielt auch die πίστις *[pịstis]*-Gruppe eine Rolle: Der Gehorsam gegen den Willen des Gottes wird geradezu dem Menschen abgenötigt.

d) Eigenartige Ausprägung gewinnt der Glaube in der enthusiastischen Frömmigkeit des Empedokles aus Agrigent (5. Jh. vChr). Er tritt auf als unsterblicher Gott, der den Pfad zum Heil weist (fr. 112), und fordert für seine Lehren über Kosmogonie und Seelenwanderung als göttliche Offenbarungen Glauben, dh Fürwahrhalten (fr. 114ff). Glauben und Erkennen der autoritativ verkündigten Offenbarung sind letztlich dasselbe (fr. 4.5).

Am Ausgang der klassischen Epoche stehen die zwischen 350 und 300 vChr redigierten Inschriften des Asklepiosheiligtums in Epidaurus. Auch hier fordert man Glauben, und zwar an die Wunderkraft des Gottes (RHerzog, Die Wunderheilungen von Epidaurus, 1931).

2a) In der hell. Zeit entwickelt πίστις *[pịstis]* im Kampf mit Skeptikern und Atheisten den Sinn von glauben als Überzeugtsein vom Dasein und Wirken der Götter; es vertritt nun die Stelle des älteren νομίζω *[nomịzō]* (Plut. superst. 11; Per. 32; Amat. 13). Das lehrhafte Element tritt nun allgemein und konstitutiv heraus. πίστις *[pịstis]* als Gottesglaube steht für die theoretische Überzeugung; man legt aber Wert darauf, daß die Gestaltung des Lebens dieser Überzeugung entspricht, und insofern kann πίστις *[pịstis]* die praktischen Züge des älteren εὐσέβεια *[eusẹbeia]* (→ Frömmigkeit) in sich aufnehmen (vgl. Plut. ser. num. Pun. 3; Pyth. Or. 18). Die Spannung zwischen sichtbarer und unsichtbarer, zwischen körperlicher und geistiger Welt hinterläßt ebenfalls deutliche Spuren in der Diskussion. Das Ergebnis ist ein versachlichter Glaubensbegriff, der in dem philosophisch durchdachten neuplatonischen Lehrsystem eine bestimmte erkenntnismäßige und traditionsbedingte Überzeugung hervorruft (Plot. Enn. I,3,3; V, 8,11; Porph. Marc. 21ff).

b) Besonders wichtig ist das stoische Verständnis des πίστις *[pịstis]*-Begriffes: Der Philosoph drückt seine Anerkennung der göttlichen Weltordnung aus, deren Mittelpunkt er selbst als autonome sittliche Persönlichkeit ist (Epict. II,14,11–13). Insofern bringt die πίστις *[pịstis]* das Wesen des Menschen zur Erscheinung (Epict. II,4,1). Die Treue des Menschen zu seiner moralischen Bestimmung führt zur Treue gegen andere (Epict. II,4,1–3; II,22).

c) In den Mysterienreligionen bezeichnet Glaube die Hingabe an die Gottheit durch Befolgen ihrer Vorschriften und Lehren sowie die Unterstellung unter ihren Schutz (Apul. Metam. XI,25–28; POxy. XI,1380,152). Für die Hermetik (= ein Corpus synkretistischer, platonisch beeinflußter Offenbarungsschriften aus dem 2. und 3. Jh. nChr) ist der Glaube eine höhere Form des → Erkennens, liegt daher im Bereich des νοῦς *[nous]* (→ Vernunft). In mystischer Weise wird der Mensch über den Bereich des Logos hinausgeführt, bis sein Geist in der Glaubenserkenntnis zur Ruhe kommt; darin hat er Anteil am Göttlichen (Corp. Herm. IX,10; Ascl. 29). Es scheint, daß neben dem Judentum und Christentum vor allem die Mysterienreligionen Glauben an ihre Gottheit und die von ihnen vorgetragene Offenbarung bzw. Lehren fordern (zB Isis- und Osiriskult). Dabei wird dem Glaubenden das Heil, welches bei den Mysterienreligionen gleichbedeutend ist mit Vergottung, verheißen. In den Umkreis des Judentums und Christentums gehören doch wohl die »Göttersöhne« (→ Kind, Art. υἱός), die mit einem ausdrücklichen Offenbarungsanspruch auftreten, so daß eine Alternative zum Christentum entsteht. Alle sind mit der gleichen Aufforderung bei der Hand: »Glaube, wenn du gerettet werden willst, oder packe dich fort« (Orig. Cels. VI,11).

3) Man hat in der Profangräzität eine Begriffsgruppe vor sich, die ein breitgelagertes Wortfeld darstellt. Sie wird zur Beschreibung zwischenmenschlicher Beziehungen und des Verhältnisses zum Göttlichen gebraucht. Die konkrete Bedeutung ist durch die jeweilige Strömung der Philosophie und Religiosität bestimmt. Ursprünglich handelt es sich um eine Bindung und Verpflichtung, doch wird aus ihr in der Stoa ein theoretisch begründetes Lebensgesetz, das den einzelnen in Übereinstimmung mit dem Kosmischen bringt. Gefährlich wird eine Entwicklung, in der die πίστις *[pịstis]* für einen Offenbarungsanspruch gefordert wird, der sich nicht mehr kontrollieren läßt.

II Der Glaubensbegriff im AT.

1a) Im hebr. Sprachraum bedeutet der Stamm *'āman* im Nifal *zuverlässig, treu sein.* Er kann auf Menschen angewandt werden (zB Moses Num 12,7; Diener 1Sam 22,14; Zeuge Jes 8,2; Bote Spr 25,13; Propheten 1Sam 3,20), aber auch auf Gott selbst, der seinen Bund und seine Gnade denen bewahrt, die ihn lieben (Dtn 7,9). Besonderes Gewicht wird darauf gelegt, daß das Wort Gottes bzw. des Menschen seine Zuverlässigkeit bewährt und durch die Übereinstimmung mit der nachfolgenden Handlung sich als gültig herausstellt (1Kön 8,26; 1Chr 17,23ff; vom Menschen Gen 42,20). An manchen Stellen (Num 12,7; 1Sam 3,20; Hos 12,1) nimmt das Nifal die Bedeutung *betraut werden mit* an. In einer alten Überlieferungsgeschichte, die auf eine Grundverheißung zurückgeht (2Sam 7,8ff), wird die davidische Dynastie als »beständiges Haus« charakterisiert. Diese »Beständigkeit« beruht nicht auf den Eigenschaften der Träger der Dynastie bzw. menschlicher

Maßnahmen, sondern auf dem Tun Jahwes, das durch seine Verheißung in Gang gesetzt wird (2Sam 7,16; 1Sam 25,28). Das Nifal von *'āman* bringt also ein unveränderliches Datum zum Ausdruck, mit dem die künftigen Geschlechter trotz aller geschichtlichen Wechselfälle rechnen können und müssen.

Verwandt ist der hebr. Stamm *bāṭach* (LXX: πεποιθέναι *[pepoithẹnai]*, ἐλπίζω *[elpịzō]*) mit der Bedeutung *sich sicher fühlen, sich verlassen auf*, wobei die negative Bewertung dieses Verhaltens überwiegt; man verschafft sich falsche Sicherheit (Hab 2,18) bzw. setzt seine Hoffnung auf Falsches (Hos 10,13). Daneben freilich wird er schon früh auch auf Jahwe bezogen, der die Sicherheit begründet (Jer 39,18; 2Kön 18,30).

b) Später hat man den Stamm *btch* an den anderen Stamm *'mn* dem Sinn nach angeglichen. Grundlegend für den at. Glaubensbegriff sind die Aussagen von Ex 4,1–9.27–31. Hier handelt es sich um die Frage, wie Moses seinen Anspruch, göttlich Beauftragter zu sein, dem Volk gegenüber durchsetzt. Auf Moses' Einwand hin, man werde seine Beauftragung in Zweifel ziehen, verspricht und bekräftigt Gott seine Legitimierung durch drei Wunder. Daraufhin glaubt das Volk an den Auftrag des Moses und an die kommende Erlösung. Der Glaube ist hier also an einen Auftrag gebunden, der ausdrücklich durch eine göttliche Legitimation bekräftigt wird. Der Glaube an das Wort ist nicht lösbar von der Haltung zum Gesandten.

c) Zugespitzt ist der absolute Gebrauch bei Jesaja. In der Aussprache mit Ahas wagt der Prophet angesichts der politischen Bedrohung das Wort: »Glaubt ihr nicht, so bleibt ihr nicht« (7,9). Im festen Vertrauen allein auf den Ewigen liegt der Bestand des Volkes. Darum ist ein politisches Verhalten gefordert, das diesem Vertrauen entspricht. In Jes 28,16 begegnet das Zionswort, das vom Stein und Eckpfeiler spricht: »Wer glaubt, flieht nicht.« Nur der Glaubende wird in der kommenden Katastrophe des göttlichen Schutzes gewiß sein können. Der Prophet ist selbst ein Beispiel des gläubigen Vertrauens: »Ich harre auf Jahwe, der sein Angesicht vor dem Hause Jakobs verbirgt, und ich hoffe auf ihn« (8,17). Das gespannte »Hoffen auf Jahwe« – hier mit anderen hebr. Verben verbunden – streckt sich der Zukunft entgegen. Moses war Führer zum Heil, an den der Weg des Glaubens gebunden wurde; die Propheten dagegen stehen mitten in der Katastrophe des Volkes als Sprecher und Mund Gottes, der sie in eine fast aussichtslose Situation stellt. Und doch ist der Glaube, der dem Volk aufgegeben ist, ein Weg zur Rettung aus der Katastrophe in eine Zukunft jenseits des Unheils.

d) Für den Zusammenhang des AT mit dem NT ist neben den genannten Jes-Stellen Gen 15,6 von Bedeutung, wo vom Glauben Abrahams als Bereitschaft, die reiche Verheißung anzunehmen, gesprochen wird. Er hat sich festgemacht und auf das Wort Gottes eingestellt. Im »Anrechnen« des Glaubens liegt ein deklaratorischer Akt, wie er sonst von Priestern her gebräuchlich ist. Gott bestimmt dies Vertrauen Abrahams als das Verhalten, das dem Bundesverhältnis entspricht. In der Gemeinschaft mit Gott liegt ein Anspruch, den der Mensch dann erfüllt, wenn er vertraut. Der Lehrsatz Gen 15,6 umschreibt nicht das ganze Verhältnis Abrahams zu Gott, wohl aber ist ihm angesichts einer bestimmten Situation eine zusagende grundsätzliche Entscheidung von Gott her gefallen. Der Lehrsatz stammt aus einer Zeit, in der die Fragen des Glaubens schon bewußt wurden (vRad).

e) Für die jüd. und christl. Tradition wird der prophetische Zusammenhang Hab 2,3–4 von Wichtigkeit. Die von Gott geschenkte Schauung wird ausdrücklich bekräftigt. Sie wird aufbewahrt auf das Ende und bleibt nicht aus. Nun wird der »Vermessene« durch ein ausdrückliches Gotteswort verurteilt, dem »Gerechten« auf Grund seiner Treue das Leben verheißen. Es wird damit gerechnet, daß der »Vermessene« auf die feindliche Weltmacht, der »Gerechte« dagegen auf Juda als Volk zu beziehen ist; doch zeigt der textkritische Überlieferungsprozeß, daß schon frühzeitig der Gottesspruch auf den einzelnen Frommen gedeutet wurde (KElliger). »Treue« und »Glauben« stehen hier dicht nebeneinander (*'æmūnāh*): Gemeint ist das unbeirrbare Festhalten an Gottes Wort auch gegen allen gegenteiligen Schein. Der Sinn verschiebt sich, wenn in der LXX die Verheißung lautet: »der Gerechte wird auf Grund meiner Treue (ἐκ πίστεώς μου *[ek pisteọs mou]*) leben«.

f) In einer späteren Schicht des AT, die das Bekenntnis des Frommen zur Tora ausdrücklich festhält, wird die Zuverlässigkeit der Gebote bes. unterstrichen (Ps 111,7; 119,66). Der Fromme wird durch die Gebote im Willen Gottes unterwiesen und weiß, daß er aus ihnen Weisheit und Erkenntnis empfängt. Er kann sich in den Anfechtungen des Lebens als Knecht Gottes (→ Sohn Gottes, Art. παῖς θεοῦ), der sich nach seinen Worten ausrichtet, auf die Zuverlässigkeit der → Gebote verlassen. – Man darf nicht allg. die nachexilische Tora-Frömmigkeit »nomistisch« nennen: *tōrāh* und *dābār* sind auch jetzt lebendige Größen, die vom Frommen in Gehorsam und Vertrauen angeeignet und in Danksagung und Bekenntnis gepriesen werden. Die Betonung der Einsicht und Erkenntnis Gottes deutet aber auf ein weisheitliches Heilsverständnis hin, das auch dem Glauben eine veränderte Stellung zuweist (HJKraus). Zusammenfassend wird man sagen können, daß *hæ'æmīn* und *'æmūnāh* im AT einen lebendigen Akt des Vertrauens, aber auch des Einsatzes der menschlichen Existenz in einer geschichtlichen Situation beschreiben, daß die Begriffsgruppe nicht aus dem personal bestimmten Bereich heraustritt; darin liegt auch die Ausrichtung auf die Zukunft mit besonderem Nachdruck. Das Vergangene wird zum Ausgang, aber nicht zum Ziel des

Vertrauens; es kommt alles auf die Überwindung des widergöttlichen Widerstandes und auf die Verwirklichung der göttlichen Heilsabsicht an. Vor allem bei den Propheten weiß man darum, daß der Glaube durch Not und Gericht hindurchgehen muß, ehe er im zukünftigen Heil sein Ziel erreicht. In erster Linie geht es beim »Glauben« im AT um das Schicksal → Israels, obwohl immer wieder das Verhalten eines einzelnen Menschen maßgebend sein kann (vgl. Gen 15,6). Die LXX gibt den hebr. Stamm *'āman* durchweg mit πιστεύω *[pisteuō]* wieder und versucht, den Reichtum der at. Begriffsgruppe in sich aufzunehmen.

2) Die Nachwirkung der Wortgruppe im späteren Judentum.

a) Im späteren Judentum fällt das Schwergewicht auf die Haltung des einzelnen. In b. Sota 48b wird ein Lehrspruch R. Elieser b. Hyrkanos' überliefert: »Wenn jemand Brot im Korbe hat und spricht: was werde ich morgen essen, so gehört er zu denen, die klein im Vertrauen sind.« Er weiß, daß der Glaube genügsam ist (Spr 30,8) und die Sorge um das Überflüssige zu überwinden hat. »Klein im Glauben« wird zum abwertenden Bildwort, das ein Versagen darstellt. Nach b. Taanith 8a lehrt R. Ami: »Der Regen kommt nur wegen der Leute der Treue« (mit Berufung auf Ps 85,12). Der Begriff »Männer des Vertrauens« (*'ansché 'amanāh*) ist in der rabb. Lit. das Merkmal eines bestimmten vorbildlichen Verhaltens, das feststellbar ist; man klagt über sein Fehlen (Sota 12b). Sprache und Denkform sind anders als in den älteren Schichten des AT: Der Glaube wird wie in den Weisheitsschriften gelehrt und eingeschärft. Wegen seiner Einheit mit der Treue ist und bleibt er das wichtigste Merkmal der → Gerechtigkeit. Berühmt ist das »Hohelied des Glaubens« in Mech. Ex. 14,31, das mit den Worten »Groß ist der Glaube« beginnt. Es geht um das Verständnis von Ex 14,31: Glaube an Gott und an seinen Knecht Moses. Wer an den Hirten Israels glaubt, glaubt an Gott selbst, der sprach und die Welt ins Sein rief. Es schließen sich im Weisheitsstil das Lob des Glaubens und seines Lohnes an. »Lohn« wird auf den heiligen → Geist gedeutet, der im Hymnus und Bekenntnis die Heilstaten Gottes preist (Ex 14,31; 15,1). Im Zusammenhang mit dem at. Grundtext steht die Tatsache, daß hier der Glaube des Volkes im Vordergrund steht. Hoffnung auf Zukünftiges ist gegeben, aber das ganze ist unenthusiastisch.

b) In der Qumrantradition wird die Grundstelle Hab 2,4 lehrhaft auf »alle Täter des Gesetzes« ausgelegt, also auf die Glieder der Gemeinschaft: Gott wird sie erretten aus dem Haus des Gerichts wegen ihrer Mühsal und wegen ihrer Treue zum Lehrer der Gerechtigkeit (1QHab 8,1–3). Das Tun des Gesetzes ist hier der entscheidende Oberbegriff, die Treue zum Lehrer dagegen das Festhalten an der ihm geoffenbarten Erkenntnis.

c) In der späteren apokalyptischen Lit. spielt der Glaubensbegriff deshalb eine besondere Rolle, weil die Erwartung der Zukunft grundsätzlich Glauben verlangt. Das Tun des Gesetzes und die Herausstellung der apokalyptischen Erwartung beginnen sich zu differenzieren (4Esr 9,7; syrBar 57,2). Doch bleibt der enge Zusammenhang bewahrt (syrBar 54,5.21). Das Offenbarwerden der eschatologischen Wahrheit ist gleichzeitig Vergeltung von Gehorsam und Ungehorsam: »In Wahrheit trägt den Lohn davon, wer gläubig ist« (syrBar 57,16). In diesen apokalyptischen Kreisen vollzieht sich eine Scheidung der wahren Gemeinde von ihren Gegnern mit Hilfe des Glaubensbegriffes. Dabei tritt das ekstatische Element zugunsten der weisheitlichen Lehrtradition zurück.

d) Im hell. Judentum setzt sich der Glaube als Bekenntnis zur at. Offenbarung mit der heidnischen Umwelt auseinander, hat daher Anderssein und den Abstand vom Heidentum herauszustellen, muß aber doch in Fragen der gemeinsamen Bildung, Lebensform und Weisheit nach den Wurzeln der menschlichen Erkenntnis fragen. Typisch ist in der Weish die Gegenüberstellung der »Gottlosen« und des »Gerechten« mit ihrer verschiedenen Lebensauffassung (Weish 2,1ff; 3,1ff). Das Glauben in Weish steht innerhalb der Gerechtigkeits- und Weisheitslehre (1,2; 3,9) und tritt in festen Formeln auf (οἱ πεποιθότες *[hoi pepoithotes]*, → πείθομαι; οἱ πιστοί *[hoi pistoi]*; οἱ ἐκλεκτοί *[hoi eklektoi]*, → Erwählung, Art. ἐκλέγομαι). Das Glauben steht in einer festen Tradition, während das Erkennen und Sichbewähren zur eigentlichen Aussage kommt. Auch in 4Makk 15,24; 16,22; 17,2 haben wir ein vorgegebenes und grundsätzliches Element vor uns (ἡ πρὸς θεὸν πίστις *[hæ pros theon pistis]*). Der Glaube tritt in den Bereich der philosophischen Interpretation und wird zur Gesinnung und Tugend.

Auch bei Philo kann der auf Gott gewandte Glaube Vertrauen und Voraussetzung alles menschlichen Seins und Verhaltens werden; gerade der Weise ist im Verhältnis zu Gott der »Glaubende«, wie Gott ihm durch seine Verheißungen seinerseits selbst Vertrauen gibt (de Abr. 268ff; 272ff). Wie im damaligen Judentum überhaupt gilt der Glaube als Quelle und Summe jedes sonstigen Verhaltens. Auch bei ihm ist – wie im 4Makk – der Glaube lehrbar und lernbar: Man lernt das Veränderliche und Unveränderliche zu unterscheiden (leg. all. 2,89). Josephus stellt nebeneinander Aussagen über die rechte Meinung von Gott (ὀρθὴ δόξα *[orthæ doxa]*) und das »Vertrauen« zu Gott (ἡ περὶ τοῦ θεοῦ πίστις *[hæ peri tou theou pistis]*): Damit kommt die lehrhaft-hell. und die at. Tradition zu Wort (c. Ap. 2,169; 256). Bei der Schilderung der messianischen Verführer fehlt selbstverständlich eine Verwendung der πίστις *[pistis]*-Gruppe.

e) Die samaritanische Religion betont die Bedeutung des Glaubens stärker als die jüd., was sich an der Rolle von Haggada, Lehre und Bekenntnis zeigt.

Die Frage nach der πίστις *[pistis]* und der Forderung, die im Namen Gottes an den Menschen gestellt wird, ist eine Absage an die bisherige Kultfrömmigkeit und an die rabb. Lehrbildung. Sie ist außerdem das besondere Kennzeichen der urchristl. Missionspredigt im hell. Raum (RBultmann). Und doch durchläuft dieser Gang der urchristl. Tradition verschiedene Stufen, die nicht übersprungen werden dürfen. Tatsache ist, daß die Täuferpredigt die Umkehr in entschlossener Einseitigkeit in den Mittelpunkt stellt, daß auch die älteste Proklamation der Gottesherrschaft unter der Umkehrforderung steht (Mt 3,2; 4,17). Eine Glaubensforderung ist in den Täuferstücken nicht nachweisbar (ASchlatter). Und doch erinnert die Zerschlagung aller vorgegebenen Sicherheit (Mt 3,9) an die frühere Auseinandersetzung zwischen dem *'āman* und dem falschen *bātach*. Auch stellt die Sendung des Täufers die Frage nach ihrer Legitimität, also auch nach dem Glauben (ausdrücklich Mt 21,25.32). Darüber hinaus gilt aber, daß trotz aller einbeschlossenen Glaubenselemente weder Qumran noch Johannes der Täufer noch die alten zelotischen Bewegungen unter einer ausdrücklichen Glaubensforderung standen. Erst in der nachösterlichen Situation, während der urchristl. Mission, entsteht die programmatische Weiterbildung: »kehrt um und glaubt an das Evangelium« (Mk 1,15). Das Evangelium wird zu einer festen Lehrtradition, die den legitimen Anspruch erhebt, von jedem Hörer angenommen zu werden. Nun ist die Umkehr der Täuferpredigt (Mk 1,4) in die Glaubenspredigt der hell.-christl. Tradition eingegangen. Eben dieser Weg ist in der folgenden Darstellung im einzelnen zu verfolgen. III

Wo die Wortgruppe πίστις *[pistis]* / πιστεύω *[pisteuō]* im NT gebraucht wird, geschieht das zunächst als Weiterbildung der at.-jüd. Tradition mit der ihr eigenen Fragestellung. Abweichend vom allgemeinen Griech. und LXX fällt das häufige πιστεύω εἰς *[pisteuō eis]* = *glauben an* (zB Gal 2,16; Joh 1,12; 3,18) auf, das in die Missionssprache gehört. Auch die ὅτι *[hoti]*-Sätze, die den Glauben an ein bestimmtes Ereignis der Geschichte Jesu (1Thess 4,14; Röm 10,9) oder an eine christologische Aussage (Joh 20,31) binden, sind für den Sprachgebrauch der hell. Gemeinde bezeichnend. Ein bestimmter geschichtlicher Sachverhalt wird dann in das christologische Bekenntnis aufgenommen. Die »Abkehr von den toten Werken« und der »Glaube an Gott« sind wichtige Lehrstücke des urchristl. Katechismus (Hebr 6,1). Wichtiger ist der zugespitzte πίστις *[pistis]*-Begriff im Umkreis der paulinischen Theol.: die Annahme der christl. → Verkündigung und der Heilsglaube, der zusammen mit dem Evangelium ausgerufen wird (Röm 1,8; 1Thess 1,8). Die πίστις *[pistis]* ist für Paulus unlöslich an die Verkündigung selbst gebunden. Am deutlichsten ist also der Sprachgebrauch der urchristl. Missionspredigt.

1) Jesus und die synoptische Tradition.

Innerhalb der Wundergeschichten begegnet öfter ein Hinweis auf den Glauben des Kranken oder seiner Umgebung (Mk 2,5; 5,34.36; 10,52; Mt 8,10). Gemeint ist das Vertrauen auf Jesu Sendung und seine Macht, aus einer Not zu retten. Diese Heilstaten stehen im Dienst seines Auftrages und wollen einen vorgefundenen Glauben bestätigen. Daß die Frage nach dem Glauben mit diesen Wundergeschichten verbunden ist, kann nicht bestritten werden; Jesus will nicht nur aus einer leiblichen Not herausführen, sondern Menschen zu Zeugen seines Heilshandelns machen. Es handelt sich keineswegs um eine Bedingung für sein Tun, sondern um das Festhalten des Zieles, das über den leiblichen Prozeß hinausgeht: Er will nicht nur »Heiler« sein, sondern Helfer im Auftrag Gottes. Darum fragt er mehr nach dem Glauben, als daß er ihn befiehlt. Im Vertrauen des Menschen liegt eine Möglichkeit, die Gott den Weg bereitet, daß er sein Werk tun kann. Es ist also nur ein Ansatz und eine Vorstufe für das, was später von der hell. Gemeinde ausgesagt wird.

In Mk 6,5–6 findet sich ein Bericht über den Widerstand Nazareths, der Heimatstadt Jesu: Die Verweigerung des Glaubens ist hier so stark, daß er keine »Machttat« tun kann; er beschränkt sich auf eine Hilfe für einzelne Kranke. Ist sein Heilshandeln an den Glauben gebunden, so gilt ebenso, daß die Verweigerung des Glaubens auf seine Abwehr stößt. Daß Jesu »Machttat« hier deshalb unmöglich sei, weil er auf den Unglauben der Nazarener stieß, ist nicht im Sinn des Evangelisten. In der Lehrtradition Jesu finden wir mehrmals Sprüche, die über die jeweilige Situation hinauszugehen scheinen (Mk 9,23; 11,22–24; Lk 17,5–6; Mt 17,20). Das Besondere an diesen Worten über den Glauben liegt darin, daß dem Glaubenden unbegrenzte Möglichkeiten zugeschrieben werden, und daß Jesus seine Jünger ausdrücklich zu diesem grenzenlosen Glauben aufruft. Trotz aller äußeren Berührung mit rabb. Parallelen stehen diese Jesusworte in der Überlieferung isoliert da. Auffallend ist an ihnen zunächst der emphatische, bekenntnisartige Ton. Jesus ordnet sich selbst dem Glauben ein, unterstellt sich seinen Möglichkeiten und macht dem Menschen Mut, sich seinem Beispiel anzuschließen (JSchniewind). Die Bilder vom Berge versetzenden Glauben (Mk 11,23) und vom Feigenbaum, der entwurzelt wird (Lk 17,6), bestätigen das Machtwort, das selbst die Schöpfung zu verändern vermag. Die Jüngeranweisung Mk 11,24f zeigt, daß die Tradition die Verheißung, die auf dem Machtwort liegt, mit dem Bittgebet verbindet. Das Bittgebet wird für die Tradition zur Voraussetzung für das Machtwort.

Der Gottesglaube (Mk 11,22: ἔχετε πίστιν θεοῦ *[echete pistin theou]* = habt Glauben an Gott!) ist für Jesus ein Offensein für die Möglichkeiten, die Gott setzt, und ein Mit-Gott-Rechnen, das sich nicht mit dem Gegebenen und Gewordenen zufrieden gibt. Wendungen wie dieses ἔχειν πίστιν θεοῦ *[echein pistin theou]* (Mk 11,22) und προστιθέναι πίστιν *[prostithenai pistin]* (Lk 17,5: mehre uns den Glauben) zeigen, wie man später die Glaubensunterweisung Jesu verstand: Es war eine besondere Art des Glaubens an Gott, bzw. Jesus »fügte Glauben hinzu«. Der Gegensatz klein/groß (Lk 17,6; Mt 17,20) stellt menschliches Verhalten und Größe der Verheißung einander gegenüber. Was sich im Menschen abspielt, ist klein gegenüber dem Großen, das sich von Gott her ereignet. Jesus spricht vom grenzenlosen Glauben jedoch wie von etwas Neuem; er fügt nicht nur hinzu, sondern er macht Bahn auf ein Neues hin. Von aller Schwärmerei bleibt sein Wort deshalb geschieden, weil es nicht aus dem ständigen Ringen um Gott, aus dem Sprechen mit ihm herausfällt: Es steht im Schatten des Vertrauens (hebr. *bittachōn)* und Erkennens (hebr. *da'at)*. Jesus wendet sich an den einzelnen, gerade weil sein Volk als ganzes zur Entscheidung des Glaubens aufgerufen wird (Lk 19,42). In der synopt. Tradition findet man, wenn vom Glauben gesprochen wird, nur abgegrenzte Aussagen; spätere Einflüsse sind zudem deutlich erkennbar (Mk 1,15: Erweiterung des Imperativs μετανοεῖτε *[metanoeite]* = kehrt um, tut Buße, im Hinblick auf das Annehmen der Heilsbotschaft). Doch darf man nicht vergessen, daß jeder Ausruf und jede Aussage Jesu die Elemente des Glaubens, des Vertrauens, des Erkennens, des Sich-Entscheidens, des Gehorchens, des Sich-Fügens in sich trägt; ohne die Vielgestaltigkeit des Glaubens (hebr. *'æmunāh)* und des Vertrauens (hebr. *bittachōn)* ist die Verkündigung Jesu nicht verstehbar. Der Glaube Jesu ist unmittelbar der Wirklichkeit zugewandt; er greift in den Lebensakt ein und vollzieht sich nicht als Abstraktion.

2) Paulus und die nachpaulinische Tradition.

Paulus setzt schon feste Lehrzusammenhänge der judenchristl.-palästinensischen und hell. Überlieferung voraus und greift auf Grund seiner Sendung durch den auferstandenen Herrn in konkrete Fragen seiner Gemeinden ein. Die Menschen, die er anredet, sind »die Glaubenden« (οἱ πιστεύοντες *[hoi pisteuontes]* Röm 1,16; 3,22; 4,11; 1Kor 1,21), ihre Hinwendung zu Gott ist ein »zum Glauben kommen« (πιστεύειν *[pisteuein]* 1Kor 15,2.11); der »Glaube« ist Annahme der Heilsbotschaft, ein auf das Evangelium ausgerichtetes, normiertes Verhalten (ἡ πίστις *[hæ pistis]* Röm 1,8; 1Kor 2,5; 15,14.17). Es ist ein ausgesprochener Heilsglaube, der sich auf das → Kreuz Jesu und seine Auferweckung gründet (1Kor 15,3–4.11). Dies einmalige Geschehen ist der von Gott gesetzte Maßstab, der jede theol. Aussage und jedes christl. Verhalten bestimmt. Das zeigt sich in der Auseinandersetzung mit dem Judentum und dem Judaismus, die beide von der Geltung des Alten Bundes und des Gesetzes ausgehen und die Schärfe der eschatologischen Existenz mißdeuten, aber auch in der Abklärung gegenüber dem hell. Enthusiasmus und der Gnosis, die den

Ernst der Zukunft und der Eschatologie überspielen. Die → Gerechtigkeit, die aus dem Glauben empfangen wird (ἐκ πίστεως *[ek pịsteōs]*, διὰ πίστεως *[dia pịsteōs]*, εἰς πίστιν *[eis pịstin]* = *aus Glauben, durch Glauben, in Glauben)*, ist ein Geschenk der → Gnade und widerspricht jedem menschlichen Selbstruhm, macht ein Verhältnis des Menschen zu Gott, das auf dem Tun des Gesetzes aufgebaut ist, grundsätzlich unmöglich (Gal 3,10ff.23ff; Röm 3,27–31). Alter und Neuer Bund stehen in Ablösung zueinander, sowohl in bezug auf ihre geschichtliche Geltung wie auch in ihrer Wirkung auf den Menschen (Gal 3,23ff; 4,21–31; 2Kor 3,6). Am Glauben erkennt man das eschatologische Heilsgeschehen, das durch die Berufung Abrahams vorweggenommen wird (Röm 4,9ff; Gal 3,17ff), das aber in der Völkermission seine letzte Zielsetzung erfährt (Röm 4,17ff; Gal 3,26–29). In der Auseinandersetzung mit dem hell. Enthusiasmus und der Gnosis, die von einem spekulativ gedeuteten Tauf- und Geistempfang ausgehen, hält Paulus sowohl an der Vorläufigkeit und geschichtlichen Konkretheit wie auch an seinem Ausgerichtetsein auf ein eschatologisches Ziel fest (2Kor 5,7). Da der Glaube das Element des Sich-Festigens (hebr. *'āman)* wie auch des Vertrauens (hebr. *btch)* in sich trägt, geht er auch bei Paulus gern in den Prozeß des Hoffens über (Röm 8,24; 1Kor 13,13).

Von Wichtigkeit sind die bei Paulus beliebten Aufzählungen, in denen triadisch Glaube, Liebe, Hoffnung didaktisch einander zugeordnet werden (1Thess 3,5.8; 1Kor 13,13; Kol 1,4f). Es handelt sich dabei nicht um hell. »Tugenden«, zu denen der Mensch aufgerufen wird, sondern um verschiedene Aspekte, die aus der Verkündigung abgeleitet sind und den Aufbau der Gemeinde tragen. Spuren außerchristl. Reihen, die der paulinischen Trias zugrunde liegen sollen, sind umstritten (doch vgl. Porphyr. Marc. 24: vier Glieder). Sollten »Gnostiker« die Neigung zu »Reihen« haben, dann fällt um so mehr der antispekulative Charakter der paulinischen Trias ins Gewicht. Unter dem Gesichtspunkt der eschatologischen Verwandlung ergibt sich eine Differenzierung: Glaube und → Hoffnung treten in die Erfüllung, die → Liebe bestimmt allein den neuen Äon (1Kor 13,13). Man wird die paulinische Trias nicht als »Charismen« bezeichnen können – sie steht diesen selbständig gegenüber –, sondern als didaktische Darstellung der Botschaft selbst, die für alle Gemeindeglieder ohne Unterschied verpflichtend ist. Die Charismen haben eine andere Struktur als die paulinische Entfaltung der Trias (→ Gnade, Art. χάρισμα). Andererseits ist es das paulinische Bestreben, in die Geistlehre die Fülle der Gaben so einzuordnen, daß auch der »Glaube« als eine Gabe unter anderen erscheint (1Kor 12,9). Damit ist keinesfalls der rechtfertigende Glaube gemeint, vielleicht aber auch nicht der »ganze Glaube«, der Berge versetzt (1Kor 13,2). Die Trennung von »Weisheitsrede« und »Erkenntnisrede«, die vorangehen, ist allein deutlich.

Das Unanschauliche, das Unsichtbare (τὰ μὴ βλεπόμενα *[ta mæ blepọmena])* tritt nun in Spannung zum Sichtbaren auf und deutet die Unverfügbarkeit der Zukunft, den Gegensatz zwischen dem, was dem Menschen zugängig ist, und dem, was Gott allein erschließen kann, an (2Kor 4,18; 5,7). Das Unanschauliche und Unsichtbare ist also keine platonische »Jenseitigkeit«, sondern das dem Glauben und Vertrauen geöffnete Ziel der christl. Existenz. Das Kreuz des Christus ist und bleibt der kritische Einsatzpunkt gegen Gesetzeslehre (Gal 2,21) und spekulative Weisheit (1Kor 1,17), die Auferweckung legt den Weg frei für eine in der Taufe geschenkte neue Existenz (Röm 6,4; 2Kor 5,17).

Einen festen Stil verrät der Lehrsatz Gal 5,6, der den Wandel vom alten Äon zum neuen beschreibt: Der Unterschied zwischen Beschneidung und Unbeschnittenheit fällt hin, maßgebend allein bleibt der Heilsglaube, der durch Liebe wirksam ist (vgl. 6,15; 1Kor 7,19). Hier wird in der Taufe neues Recht gesetzt, das alle bisherigen Unterschiede überwindet. Der Wille Gottes, der im Gesetz gefordert wird, erhält seine eschatologische Erfüllung im Vollzug der Liebe. Diese bei Paulus stark betonte Losung stellt den Prozeß des Glaubens in die eschatologische Verwandlung, die der Geistlehre unmittelbar entspricht. Glaubenslehre und Geistvollzug sind durch die → Taufe aufeinander ausgerichtet.

Von Wichtigkeit ist das Verständnis des durch den Glauben bestimmten Lebens, das durch die Spannung zwischen Indikativ und Imperativ gekennzeichnet ist (RBultmann). Der Gerechtfertigte ist als Getaufter in den Kampf zwischen → Geist und → Fleisch gestellt (Röm 8,4ff; Gal 5,16ff) und wird aufgerufen, sich den Aufgaben des Geistes nicht zu entziehen. Ohne diesen Gehorsam gegen die Aufgaben des Geistes gewinnt der Glaube nicht die Kraft, die ihm in der Auseinandersetzung abgefordert wird (1Kor 2,4).

Das »Schwachsein« im Glauben (Röm 14,1) führt in eine bestimmte Diskussion ein, die mit kritischen Urteilen verbunden ist, denen auch Paulus sich nicht entzieht. Denn es gibt umgekehrt ein Wachstum des Glaubens (2Kor 10,15), eine Standfestigkeit im Glauben (1Kor 15,58) und ein selbstkritisches Fragen, ob die eigene Haltung wirklich dem Glauben entspringt (vgl. den wichtigen Lehrsatz Röm 14,23). Alle diese Mahnungen zeigen, wie stark der Glaube nicht nur einem kritischen Urteil ausgesetzt ist, sondern immer wieder auch sich selbst diesem kritischen Urteil aussetzt. Durch die Tatsache, daß das Evangelium im Kreuz Jesu seine letzte Zuspitzung und Grundlegung erfährt, muß auch der Glaube sich ständig an dieser Norm messen lassen. Er wird zur lebendigen Bewegung, die ausgerichtet ist und sich ausrichten läßt. Auch an diesem Punkt entspricht die Situation der Lehre vom Geist Gottes.

Nach Eph 4,3ff gilt es, die »Einheit des Geistes« festzuhalten. Damit wird die Paränese in eine Richtung gelenkt, die in der Folgezeit schicksalhaft wird. Trotz der Verschiedenheit der Gruppen und Auseinandersetzungen will die nachapostolische Tradition die gemeinsame Ausrichtung festhalten. In Eph 4,5 steht der »eine Glaube« (μία πίστις *[mia pistis]*) neben dem »einen Herrn« und der »einen Taufe«, als wenn in dieser Trias das Taufgeschehen entfaltet werde. Die im Taufgeschehen geschenkte gemeinsame Ausrichtung ist ein Prozeß, der auf ein Ziel hin sich bewegt (4,13). Er wird von Christus selbst gelenkt.

3) Die johanneische Tradition.

Hier tritt wie im Semitischen der Gebrauch des Verbums ganz in den Vordergrund. Nur gelegentlich findet sich das Subst. in den Briefen (1Joh 5,4) und in der Offb (2,13.19; 13,10; 14,12). Das Adj. πιστός *[pistos]* (Gegensatz: ἄπιστος *[apistos]*) kann auch auf Jesus Christus, auf seine Zeugen und auf die Gemeinde angewandt werden (Offb 1,5; 2,10.13; 1Joh 1,9; 20,27). Vor allem in der Offb ist die Verbindung mit dem semitischen Denken deutlich: Der Glaube bzw. der Akt des Glaubens nimmt die Haltung der Treue an. Auch die Offb bildet didaktische »Reihen«, in denen die »Werke« (ἔργα *[erga]*) den Oberbegriff darstellen (2,2.19); erscheint hier die πίστις *[pistis]*, dann liegt das Motiv der »Treue« nahe (2,19). Für die johanneische Tradition gilt grundsätzlich, daß die Haltung des Glaubens durch die in der Gemeinschaft gültige Homologie normiert und geformt ist. Die Herausstellung der Homologie ist auch für das Ev. von Wichtigkeit, in dem die Homologien sich auf die Zeugnisse der Geschichte gründen.

Die Denkform ist anders als sonst im NT: Aus dem von Gott legitimierten Zeugnis, an dem auch das Zeichen teilhat, stammt der Glaube, der sich an alle Menschen richtet (Joh 1,7). Der Anspruch des »Wahren« und »Wahrhaftigen« (→ Wahrheit) unterstreicht dies von Gott Legitimiertsein, so daß der Mensch, der aus der »Wahrheit« ist, gerade diesen Ruf Gottes vernimmt (Joh 18,37). Glauben und Erkennen (Joh 6,69), Erkennen und Glauben (Joh 17,8; 1Joh 4,6) sind nicht voneinander verschiedene Prozesse, sondern lehrhafte Zuordnungen, die von der Annahme des Zeugnisses unter verschiedenen Aspekten sprechen: Nur der Glaube, der das Zeugnis annimmt, erkennt; wer die Wahrheit erkennt, ist auf den Glauben gewiesen. Die Zuordnung des Erkennens (→ Erkenntnis) zum Glauben ist antignostisch und antispekulativ. Der Hörer soll wissen, daß im Heil beides liegt, sowohl die Annahme des Zeugnisses wie auch die selbständige Verarbeitung und Gestaltung, die dem Zeugnis entspricht (wichtig die Unterscheidung Joh 4,42).

Eng verbunden sind auch glauben und leben. Wer an den Sohn glaubt, hat die Verheißung, nicht zugrunde zu gehen, sondern ewiges Leben zu haben (3,16–18; 11,25). Die → Verheißung weist auf eine Erfüllung hin, die schon in der Gegenwart liegt. Die Feindschaft der Welt gegen Gott ist nicht metaphysisch bestimmt, sondern vollzieht sich als

Reaktion gegen den Gesandten Gottes (Joh 3,20; 7,7; 15,18.23), in die auch der Jünger hineingezogen wird. Hat der Glaubende diese Spannung der Welt auszuhalten, so geschieht dies dadurch, daß er sich von ihrem Getriebensein trennt und nach der Durchführung des Willens Gottes fragt (1Joh 2,15–17). Die Spannung des Glaubenden zur → Welt wird also nicht spekulativ entfaltet. In die Problematik der Ostertradition reicht die grundsätzliche Seligpreisung Joh 20,29, die den Glauben preist, der auf das Schauen verzichten kann. Damit wird nicht an der apostolischen Ostertradition Kritik geübt, sondern dem Nachgeborenen der gleiche Zugang zur Osterfreude gebahnt (anders RBultmann).

Das ursprüngliche Heilsgeschehen ist also abgeschlossen. Eine neue Problematik setzt mit einer neuen Generation ein, die unter der Doppellosung steht: »nicht sehen und doch glauben« (Joh 20,29) bzw. »nicht sehen und doch lieben« (1Petr 1,8). Daß auch in 1Petr 1,8 diese Doppellosung auf Jesus Christus selbst bezogen ist, zeigt die Berührung mit dei johanneischen Tradition an. Im allgemeinen setzen sich aber später die paränetischen »Reihen« durch, in denen »Glaube« und »Liebe« nebeneinander treten, immer wieder neu interpretiert werden und unter hell. Aspekten erscheinen (1Tim 2,15; 4,12; 6,11; 2Tim 2,22). Aber auch in diesen nachapostolischen Reihen haben wir keineswegs eine einfache Übernahme hell. »Tugenden« vor uns, sondern eine erweiterte Einweisung in den neuen Lebensstand, wie er aus dem Taufunterricht bekannt war.

4) Wichtiges Glaubensverständnis aus dem übrigen NT.

Der Sprachgebrauch der A p g weist oft zurück auf Formeln und Wendungen der Missionssprache. Man kommt zum Glauben an Gott (16,34) oder an den Kyrios (5,14; 18,8). Die Aufforderungen zum Glauben verbinden sich unmittelbar mit der Verheißung der eschatologischen Errettung (16,31). Ein neues Vertrauen auf das »Geschriebene« bricht auch in christl. Kreisen auf (24,14; 26,27). Damit entsteht eine heilsgeschichtliche Betrachtung, die der jüd.-hell. Frömmigkeit analog ist (vgl. zur Kontinuität 2Tim 1,5).

Eine selbständige Lehrtradition begegnet im H e b r . Er schließt sich weithin at. Motiven an und gestaltet von unserer Begriffsgruppe aus die Geschichte der Väter. Auch die Paränese nimmt u. a. gerade die Verheißung des Glaubens und die Warnung vor dem Unglauben auf (Hebr 10,37–38 = Hab 2,3–4). Vor allem bietet der Hebr in 11,1 eine lehrhafte Definition, die at. und hell. Motive in sich vereinigt. Sie bringt nicht eine Zusammenfassung aller Elemente des Glaubens, wohl aber derer, die für die verfolgte Gemeinde die entscheidenden sind: Bürgschaft für Gehofftes und Überführtsein von dem Unsichtbaren. Das Zukünftige und das Unsichtbare werden hier eng miteinander verbunden. Mit dieser Definition beginnt der Überblick über die Vätergeschichte c. 11 und die Darstellung der nt. Gemeinde (12,1–11). Jesus Christus erscheint dabei als »Anfänger und Vollender des Glaubens« (12,2ff). Er ist der von Gott Vollendete und kann nunmehr den Kampf um die Vollendung zum Abschluß bringen. Die Bewegung des Glaubens ist mit der Verheißung dem Gottesvolk aufgegeben. Die zukünftige Welt ist das Ziel, das im Gotteswort verheißen ist. Die Spannung zwischen Diesseits und Jenseits, ein Merkmal der hell. Tradition, kommt damit zu einer neuen Ausprägung.

In den P a s t o r a l b r i e f e n wird paulinisches Gut weitergegeben, doch steht es innerhalb einer neuen Konzeption, die sich gegen Enthusiasmus und gnostische Irrlehre zur Wehr setzt. Wenn 1Tim 1,5 den Lehrsatz aufstellt: Das Ziel der Weisung aber ist Liebe, geboren aus reinem Herzen, gutem Gewissen und ungeheucheltem Glauben, dann zeigt sich darin eine neue anti-enthusiastische Ausrichtung. Das Gebot wird neu begründet, wobei auch der Glaube mitbeteiligt wird. Das »Gesundsein« des Glaubens (Tit 1,13; 2,2) setzt einen neuen Maßstab, der das Christsein gegen alle Verirrung abgrenzt. Der philosophisch-weisheitliche Einschlag verstärkt das Selbstbewußtsein der sich festigenden Kirche.

J a k stellt zusammen mit der sonstigen paränetischen Tradition den Glauben bewußt in die Notwendigkeit der Bewährung (1,3 vgl. 1Petr 1,7), verlangt aber eine Absage an jedes Verhalten, das dem lebendigen Vertrauen und Bekennen widerspricht (1,6–8). Für ihn sind Glaube und gehorsames Verhalten unlösbar miteinander verbunden: Der Glaube als Vertrauen und Bekennen vermag als solcher nicht zu retten. Erst durch den Gehorsam (→ Hören, Art. ὑπακοή) und ein Verhalten, welches das Gebot Gottes erfüllt, kommt der Glaube zur Vollendung (2,22). Jak hat einen Gegner vor sich, der nicht das Glauben angreift, wohl aber sich dem Gehorsam entzieht. Der Brief steht in einer Lehrtradition, deren Thesen von Paulus abweichen.

5) Glaube als Akt, Struktur und Inhalt.

In einzigartiger Weise ist das Christentum zu einem Glaubensgeschehen geworden, in dem sowohl der Akt des Glaubens als auch die mit diesem Glauben verbundenen Denkformen und Strukturen und schließlich die sachlichen Beziehungen und Normen (vgl. das Evangelium, das Kerygma, das Wort Gottes) eine besondere Bedeutung erlangt haben. Es ist bezeichnend, daß andere im Urchristentum vorhandene Denkstrukturen (zB vom Geist bzw. von der Erkenntnis ausgehende), die ursprünglich selbständig waren, in innerer Spannung zur Denkstruktur des Glaubensgeschehens bestehen blieben. Wenn letztlich das Christentum sich als Glaubensgeschehen durchsetzte, dann deshalb, weil in dieser Tatsache sein Wissen um die geschichtliche Situation und die Normierung durch den Anspruch des Evangeliums am stärksten zum Ausdruck kommen kann. Nur in der Relation zum Evangelium und zum Anspruch des Wortes Gottes vermag der Glaube das auszusagen, was ihm der Sache nach aufgegeben ist. Der Christ weiß sich begnadigt und aufgerufen, einen konkreten Weg zu gehen, der in einem Ziel endet. Das Heilshandeln Gottes geht voraus: Grundlage des Glaubens ist also das Sich-Kundtun Gottes. Der Glaube ist und bleibt der Erkenntnis vorgeordnet, die Erkenntnis aber gehört zur Substanz des Glaubens.

O. Michel

V ZUR VERKÜNDIGUNG

In seiner gewichtigsten Bedeutung meint das Wort »Glaube« ein menschliches V e r h a l t e n , das bestimmt ist durch den Anruf Gottes. Glaube muß dann verstanden werden als Reaktion auf göttliches Handeln bzw. Realisierung göttlicher Verheißung; er spiegelt Gericht und Gnade, Einstellung auf die Zukunft und Unanschaulichkeit Gottes jeweils wider. Der konkrete und geschichtlich differenzierte Anruf Gottes begegnet in einem Handeln Gottes, das verborgen ist und sich doch enthüllt, das ganz in die Geschichte der Menschen eingeht und doch an Auftrag und Sendung gebunden ist, das schließlich auch seine nachhaltigen Spuren in der Abfassung der Schrift hinterlassen hat. → Israel hat an diesem geschichtlichen Prozeß zuerst Anteil, durch → Jesus ist der Völkerwelt das Tor aufgeschlossen, und durch seine Gemeinde wird der Anruf Gottes weitergegeben. »Glaube« nimmt in Anspruch, vor die Autorität des göttlichen Anrufes und damit vor Gottes Autorität selbst gestellt zu sein. »Auf der Leiter der Abstraktion kommt man nicht zu dem lebendigen Gott hinauf, nur auf der Himmelsleiter seiner Selbstoffenbarung in der Geschichte« (MKähler). Darum muß das Vertrauen und Standhalten des Glaubens angesichts der Erfahrungen des Alltags jeweils neu vollzogen bzw. in Diskussionen und Reflexionen gewonnen und durchgetragen werden.

Während älteres Denken noch zur Beweisbarkeit Gottes zB auf Grund der Ordnung des Kosmos oder der Existenz des Menschen neigt, damit aber der Gegenargumentation des Atheismus preisgegeben ist, während eine ebenso bedenkliche Theorie der Unbeweisbarkeit Gottes Glauben und Wissen auseinanderreißt, umschließt der biblisch begründete Glaube – in den Denkformen einer vergangenen Zeit ausgedrückt – Erkenntnis, Wissen und Schlußverfahren. Der Mensch lernt in der Konfrontation mit Gott zu fragen, was dieser Glaube bedeutet, worauf er sich einläßt und worauf sein Ziel gerichtet ist. Trotz aller Bindung an die Vergangenheit ist der Akt des Glaubens geprägt durch das entscheidende Ernstnehmen der Gegenwart und durch ein Sich-Öffnen für eine Zukunft, in der er trotz aller Not und allem Kampf das von Gott verheißene Heil der ganzen Menschheit erwartet. Dabei geht es in diesem Akt des Glaubens nicht nur um persönliche Gewißheit, sondern um die Glaubwürdigkeit der Sache, die dem Jünger in Verkündigung und Dienst anvertraut ist.

Glauben, Erkennen und Schließen sind also nicht biblizistisch gesichert und abgeschlossen, sondern stehen in einem bleibenden Prozeß, der über sich selbst hinausweist.

Die Glaubwürdigkeit des Anrufes Gottes verlangt nicht nur den Versuch, Glauben, Erkennen und Schließen in den Anfechtungen unserer geschichtlichen Existenz ernstzunehmen, sondern den konkreten Einsatz des Glaubenden als eines von Gott Beauftragten in der Heillosigkeit der menschlichen Geschichte. Es geht im NT keineswegs um notwendige Hilfsaktionen und Demonstrationen christl. Verpflichtung (mit einseitiger Berufung auf Lk 10,30–37), als sei die Heillosigkeit dieser Welt schon aufgehoben, sondern um die eschatologisch bestimmte Zeichenhaftigkeit, Auseinandersetzung und Hilfeleistung, die dem Glaubenden angesichts einer aussichtslosen Situation ständig aufgegeben ist. Das Abstoßen des Bösen, das Sterben an der Gewalt des Bösen, das Sichhineinstellen in den Sieg Jesu über das Böse sind charakteristische Merkmale des nt. bestimmten Glaubens und dürfen auch in der Gegenwart bezeugt werden. Der eschatologische Grundcharakter des Urchristentums ist schon deshalb unaufgebbar, weil nur in ihm der Widerstand der geschichtlichen Existenz gegen das göttliche Heilswort einen sachlichen Ausdruck findet. »Aber gerade diese Voraussetzung, daß die Wirklichkeit der Welt oder des Menschseins gottverbunden ist, ist fraglich« (JMoltmann).

Das Judentum, das die aus ihm hervorgegangene Heilsbotschaft Jesu abgelehnt hat, empfindet diesen dialektischen Bezug auf die irdische Wirklichkeit als eine gefährliche Unsicherheit. Auch in ihm fehlt es nicht an Stimmen, die besonderes Gewicht auf Vertrauen zu Gott, Verwirklichung seines Willens und Heiligung des Alltags legen; das Christentum beantwortet diese Anliegen nicht auf dem Weg der Erfüllung der Tora, sondern auf dem Weg der Weisung Jesu. Auf keinen Fall darf man jedoch »Vertrauen« als das jüd., »Fürwahrhalten« als das christl. Merkmal des Glaubens ansehen (MBuber). Es geht vielmehr um die bei Paulus und im Hebr gestellte Frage, inwieweit der → Bund Gottes vom Sinai durch das Opfer Jesu am → Kreuz auf Golgatha aufgehoben und erfüllt wird. Diese Dialektik von Aufhebung und Erfüllung verlangt aber in der Gegenwart ein Eingehen auf das bleibende Wort der heiligen Schrift und der verschiedenen Geschichte der beiden Konfessionen.

In der Schrift wird jeder falsche Versuch, Glauben zu gründen und von anderen zu fordern als ebenso gefährlich gebrandmarkt wie die Verweigerung bzw. die Kraftlosigkeit des Glaubens. Zu allen Zeiten stand Glaube gegen Irrwege, Scheinglaube gegen wirklichen Glauben – nicht erst heute. Daran wird die Ausweglosigkeit der Existenz auch des glaubenden Menschen deutlich, dessen Glaube ganz und ausschließlich in seinem Verhältnis zu Gott gründet, und der, auf sich gestellt, über das Wasser nicht gehen kann. Das Wort und das Kreuz Jesu »retten«, dh sie bleiben die Grundlage des Glaubens und machen ihn zu dem eschatologischen Geschehen, das vor Gott Bestand hat.

Kennzeichen unserer Zeit ist einerseits ein neuer Durchbruch säkularen Denkens, andererseits eine verstärkte Besinnung auf das Menschsein überhaupt und seine Möglichkeiten, sich Zukunft zu erkämpfen. Von hier aus ist auch eine Formalisierung und Säkularisierung des Glaubensbegriffes zu verstehen, die ebenso wie seine philosophischen Analysen (zB KJaspers, GMarcel) von Gewichtigkeit sind. Es fällt aller echten Betrachtung menschlicher Existenz auf, wie schwer es ist, die idealisierenden Abwege philosophisch, aber auch theologisch zu überwinden.

RBultmann (Theol. des NT, 1965[5], S. 300) unterscheidet bei Paulus zwei Akte, damit aber auch zwei voneinander zu differenzierende Begriffe des Glaubens: 1. einen Glauben, der in der Willigkeit besteht, die berichteten Tatsachen für wahr zu halten und in ihnen einen Erweis der Gnade Gottes zu sehen, 2. einen Glauben, der als Hingabe an die Gnade Gottes eine radikale Veränderung des bisherigen Selbstverständnisses bedeutet. Er sucht mit Recht nach der eigentlichen Intention des Paulus. Zunächst steht der Apostel in einer vorgegebenen Geschichtstradition, zu der er um des Heiles willen, das in ihr verheißen und angekündigt ist, ein grundsätzliches Ja sagt. Er verteidigt diese Geschichtstradition gegen ihre Auflösung in Gnosis und Schwärmerei und zitiert sie mitten in seiner aktuellen Problematik. Er weiß sich aber auch selbst an einem bestimmten Platz der eschatologisch bestimmten Geschichte stehend und gerufen, Kreuz und Auferweckung als Glauben weckendes und Menschen rettendes und richtendes Geschehen auszurufen. Seine Botschaft ist also Zeugnis eschatologischer Geschichte und selbst in diese Geschichte hineingesetzt.

Die anthropologische Frage wird durch das → Kreuz Jesu aufgerissen, sie bleibt aber im kosmischen und eschatologischen Rahmen offen: Gerechtigkeit vollzog sich am Kreuz und wirkt auf die Vollendung der Geschichte und der Menschheit hin. Die durch das Kerygma aufgewiesene Spannung im Heilsgeschehen zwischen dem »Nicht mehr« und dem »Noch nicht« ist der uns zugewiesene Ort. Er entspricht sowohl dem Gehorsam, den wir im Glaubensakt schulden, wie auch dem in der → Taufe uns zugesprochenen Sein in Christus. Glaube ist die Existenzweise in diesem Spannungsfeld, er ist immer an ein Jetzt und an einen geschichtlichen Ort gebunden. Darum muß er sich weigern, das konkrete Jetzt und diesen geschichtlichen Ort gegen irgendeine Utopie, Unwirklichkeit oder ein falsches Transzendieren einzutauschen. Und doch ist er um der Gottesfrage willen von Anfang an ein Ernstnehmen des Unanschaulichen, des noch nicht Sichtbaren, des Zukünftigen. Von hier aus sollten wir gegen jede idealistische oder schwärmerische Vorwegnahme der Vollendung (zB Besitz des Heils; Leitbild der triumphierenden Kirche) und gegen jede punktuell verkürzte Aufforderung zur Entscheidung, mit der dann alles bewältigt wäre, ebenso Stellung nehmen wie gegen die Vorstellung, alles Heil liege erst in einer (womöglich »jenseitigen«) Zukunft und Welt und Zeit seien heil-los. Beidemal würde jene zum Glauben gehörende Spannung aufgehoben. So widerspricht auch jede doketische Verherrlichung der Vergangenheit, die den Christen hindert, auf die Zukunft Jesu Christi wach zu sein, der gebotenen Nüchternheit. *O. Michel*

Lit.: ASchlatter, Der Glaube im Neuen Testament, 1927[4] – WMundle, Der Glaubensbegriff des Paulus, 1932 – EFuchs, Jesus und der Glaube, ZThK 55, 1948, 170ff (= Ges. Schriften II, 1960, 238ff) – OMichel, Grundfragen der Pastoralbriefe. Auf dem Grunde der Apostel und Propheten, in: Festschr. ThWurm, 1948, 83ff – MBuber, Zwei Glaubensweisen, 1950 – FNötscher, Zur theologischen Terminologie der Qumrantexte, 1956 – UNeuenschwander, Glaube. Eine Besinnung über Wesen und Begriff des Glaubens, 1957 – RBultmann, Theologie des Neuen Testaments, 1958[5], 315ff. 427ff – CHRatschow u. a., Art. Glaube, RGG II, 1958[3], 1586ff – RBultmann, Art. πείθω, ThWb VI, 1959, 1ff – ders./AWeiser, Art. πιστεύω, ThWb VI, 1959, 174ff – EPfeiffer, Glaube im AT. Eine gramm. lexikal. Nachprüfung gegenwärtiger Theorien, ZAW 71, 1959, 151ff – CHDodd, Das Gesetz der Freiheit. Glaube und Gehorsam nach dem Zeugnis des NT, 1960 – CDietzfelbinger, Paulus und das Alte Testament, ThExh 95, 1961 – GEichholz, Glaube und Werk bei Paulus und Jakobus, ThExh 88, 1961 – ChMaurer, Glaubensbindung und Gewissensfreiheit im NT, ThZ 17, 1961, 107ff – FNeugebauer, »In Christus«. Eine Unters. z. paulin. Glaubensverständnis, 1961 – WKünneth, Glauben an Jesus? Die Begegnung d. Christologie mit d. modernen Existenz, 1962 – HSchlier, Der Brief an die Galater, KEK VII, 1962[12] – HLjungman, Pistis, 1964 – EHaenchen, Die Apostelgeschichte, KEK III, 1965[14] – WGKümmel, Der Glaube im Neuen Testament, seine katholische und reformatorische Deutung, in: Heilsgeschehen und Geschichte, 1965, 67ff – PStuhlmacher, Glauben und Verstehen bei Paulus, EvTh 26, 1966, 337ff – GEbeling, Wort und Glaube, 1967[3], bes. 203ff – HBinder, Der Glaube bei Paulus, 1968 – HDBetz, Ursprung und Wesen christlichen Glaubens nach der Emmauslegende, ZThK 66, 1969, 7ff – KHaacker, Was meint die Bibel mit Glauben?, Theol. Beiträge 1970, 133ff – RMayer, Theologie und Glaube, EvTh 31, 1971, 51ff – HSchalück, Glaube – Dogma – Theologie, FS 53, 1971, 45ff – FHahn, Sehen und Glauben im Johannesevangelium, in: Neues Testament und Geschichte, OCullmann z. 70. Geb., hrsg. v. HBaltensweiler/BReicke, 1972, 125ff – WSchenk, Die Gerechtigkeit Gottes und der Glaube Christi, ThLZ 97, 1972, 161ff – GStrecker, Handlungsorientierter Glaube, 1972 – DLührmann, Pistis im Judentum, ZNW 64, 1973, 19ff – GBarth, Glaube und Zweifel in den synoptischen Evangelien, ZThK 72, 1975, 269ff – DLührmann, Glaube im frühen Christentum, 1976.

Gleich

Werden Gegenstände, bes. aber Personen im Ganzen oder unter bestimmten Gesichtspunkten miteinander verglichen und aufeinander bezogen bzw. aneinander gemessen, wird also die Frage nach dem ihnen Gemeinsamen oder sie Unterscheidenden gestellt, so finden in der griech. Sprache die von ἴσος *[ịsos]* oder ὅμοιος *[họmoios]* gebildeten Wörter Verwendung. Wenn auch eine scharfe Differenzierung der beiden Wortgruppen nicht generell möglich ist, weil sie zT untereinander austauschbar geworden sind, so weist die ἴσος *[ịsos]*-Gruppe im allg. doch stärker auf eine formale, objektiv meßbare und feststellbare Gleichheit und Entsprechung hin, während die mit ὅμοιος *[họmoios]* zusammenhängenden Vokabeln mehr die inhaltlich, wesensmäßige Gleichheit, also die Übereinstimmung in bestimmten Charakteristika, die Art- oder Gattungsgleichheit ausdrücken.

ἴσος

ἴσος *[ịsos]* gleich, entsprechend · **ἰσότης** *[isọtæs]* Gleichheit, Billigkeit · **ἰσότιμος** *[isọtimos]* gleichwertig · **ἰσόψυχος** *[isọpsychos]* gleichgesinnt

1) Bereits bei Homer viel gebraucht, drücken ἴσος *[ịsos]* und ἰσότης *[isọtæs]* auf der frühesten Stufe eine Grundregel beim Austeilen der Kriegsbeute aus; denn dabei war nicht allein auf die gleiche Menge, sondern auch auf die Gleichwertigkeit der verteilten Stücke zu achten. So bezeichnen ἴσος *[ịsos]* und ἰσότης *[isọtæs]* I

a) *formale Gleichheit*, zB an Zahl, Wert (gleiche Zinsen, Stimmenzahl, Geldbeträge, räumliche Ausmaße bzw. Zeiträume; Wasser und Wein werden zu gleichen Teilen gemischt usw.);

b) von daher weiter *inhaltliche Gleichheit*, zB der Abschrift mit dem Original, der Zeugenaussagen, der Chancen im Krieg usw.

c) Seine eigentliche geistige Bedeutung empfängt der Begriff im griech. Verfassungs- und Rechtsleben. Die griech. Demokratie in den Stadtstaaten beruht auf dem Prinzip, daß alle Bürger die gleiche gesellschaftliche Stellung besitzen und die gleichen Rechte genießen. Als stehender Ausdruck für diese politische Gleichheit werden ἴσος *[ịsos]* und → ὅμοιος *[họmoios]* verwendet.

Auch die richterliche Gerechtigkeit beruht auf der Anwendung des Gleichheitsprinzips auf alle Parteien. So wird ἴσος *[ịsos]* zum Ausdruck für *unparteiisch* und nähert sich dem Begriff δίκαιος *[dịkaios]*, *gerecht* (→ Gerechtigkeit), so daß beide Begriffe miteinander ausgetauscht werden können. Über die Unparteilichkeit im Rechtsleben hinaus bedeutet die Anwendung des Gleichheitsprinzips überhaupt das, was jedem Bürger zugestanden werden muß, das, was *recht und billig* ist.

2) Das Verhältnis zwischen Gerechtigkeit und Billigkeit wird in den einzelnen philosophischen Schulen verschieden bestimmt. In der stoischen Tugendlehre fließt aus dem Willen zur Gerechtigkeit die Rechtlichkeit und Billigkeit. Bei Philo (Traktat περὶ ἰσότητος) heißt es umgekehrt: ἰσότης μήτηρ δικαιοσύνης *[isọtæs mætær dikaiosynæs]*, *die Billigkeit ist Mutter der Gerechtigkeit.* Schließlich können beide Begriffe zu einem austauschbaren Begriffspaar werden: ἴσον ἢ δίκαιον *[ịson æ dịkaion]*, billig oder recht.

3a) Hinter den Vorstellungen der Rechtsgleichheit und Billigkeit stehen philosophische Grundüberzeugungen von der Wesensgleichheit aller Menschen, die bei Homer noch unreflektiert anzutreffen sind, bei Plato und Aristoteles jedoch philosophisch unterbaut werden. In der ursprünglich rigoristischen stoischen Ethik führt dieser Gedanke der Gleichartigkeit der Menschen sogar zur Einebnung der natürlichen Unterschiede innerhalb der guten oder bösen Gedanken und Taten, wobei dann Gradunterschiede nur noch als wenig bedeutend und nicht mehr ausschlaggebend angesehen werden. Gut ist gut, und böse ist unterschiedlos böse.

b) Als Ordnungsprinzip bedeutet ἰσότης *[isọtæs]* die *kosmische Harmonie*, das Ausgewogensein aller Kräfte. Dieses kosmische Prinzip soll sich im Ausgleichsstreben der Menschen widerspiegeln.

c) Dieser im griech. Geistesleben so stark entwickelte Sinn für Gleichheit hat bei der Wendung der griech. Philosophie zur Erlösungslehre im Hellenismus über die Heroenverehrung schließlich zur Vergottungslehre geführt. Bereits im Epos des Homer wie später in der Tragödie werden für die Heroen, die man im Besitz göttlicher Kräfte glaubte, Worte verwendet wie: δαίμονι ἴσος *[dạimoni ịsos]*, ἰσόθεος *[isọtheos]*, ἰσοδαίμων *[isodạimōn]* (gottgleich, göttergleich). Plato zeigt den philosophischen Idealweg: ὁμοιοῦσθαι τῷ θεῷ κατὰ τὸ δυνατόν *[homoioụsthai tō theọ katạ to dynatọn]* (*Gott so weit wie möglich gleich werden*, Theaet. 176). Entsprechend ist der ideale »göttliche Mensch« auch gewissermaßen Gott gleich: ἰσόθεος *[isọtheos]*.

II 1) In der LXX finden sich ἴσος *[isos]* und ἰσότης *[isotæs]* nicht sehr häufig. ἴσος *[isos]* übersetzt vor allem einfach die Vergleichspartikel k^e (so überwiegend in Hi) oder *'æchad* in vergleichender Gegenüberstellung (so in Ez). Von den vielen mit ἴσος *[isos]* gebildeten Komposita hat nur ἰσόψυχος *[isopsychos]* eine hebr. Entsprechung: *k^e'ærkī (meinesgleichen,* Ps 55,13; vgl. Dtn 13,6). Alle anderen tauchen erst in den Schriften der hell. Zeit auf und bringen stärker hell. Vorstellungen zum Ausdruck, die vor allem mit dem politischen Gleichheitsprinzip zusammenhängen, so zB ἰσηγορέομαι *[isægoreomai]* (Sir 13,11: *die gleiche Redefreiheit haben),* ἰσόμοιρος *[isomoiros]* (2Makk 8,30: *zu gleichen Anteilen),* ἰσονομέω *[isonomeō]* (4Makk 5,24: *gleiche Rechte haben),* ἰσοπολίτης *[isopolitæs]* (3Makk 2,30: *Vollbürger).*

2) In der weisheitlichen und religiösen Aussage lassen sich demgegenüber charakteristische Unterschiede zur griech. Verwendung feststellen, die bei → ὅμοιος *[homoios]* und seinen Derivaten noch deutlicher hervortreten. Die natürliche Wesensgleichheit aller Menschen wird vor allem in der Vergänglichkeit und Hinfälligkeit, im Erleiden von Geburt und Tod gesehen (Weish 7,3.6). Im Gegensatz zur griech. Heroenverehrung und dem Gedanken einer Vergottung des Menschen wird der radikale Abstand zwischen Gott und seinen sterblichen Geschöpfen betont: Kein Sterblicher darf sich vermessen, Gott gleich sein zu wollen (ἰσόθεος *[isotheos]* 2Makk 9,12), nicht einmal die Himmlischen können ihm verglichen werden (ἰσόω *[isoō]* Ps 89,7). »Das AT hallt in erhabener Monotonie wider von dem Michaelsruf: Wer ist wie Gott? (ThWb III,352; vgl. Jes 44,7 τίς ὥσπερ ἐγώ *[tis hōsper egō]* = Wer ist wie ich?; ähnlich Jer 10,6; 49,19). Darum ist die satanische Einflüsterung: Ihr werdet sein wie Gott! (Gen 3,5 LXX: θεοί *[theoi]*) die Urversuchung des Menschen, und sein Erliegen ihr gegenüber steht am Anfang einer leidvollen Menschheitsgeschichte (zu Gen 1,26 → ὅμοιος II).

3) Im Spätjudentum ahnt man bei aller Freude am Gesetz und aller erstrebten Gesetzestreue, daß ungeachtet des verschiedenen Grades diesseitiger Gesetzeserfüllung für alle Messiasgläubigen der Lohn in der Ewigkeit als Gnadenlohn gleich sein wird (St.-B. I,832f). Denn der Messias wird sein Volk so führen, daß alle Glieder desselben einander gleich sein werden unter seiner Gnadennähe (PsSal 17,41–46).

III Im NT finden sich ἴσος *[isos]* bzw. das Adv. ἴσα *[isa]* 8mal (in allen Evgg. sowie Apg, Phil und Offb), ἰσότης *[isotæs]* 3mal (2Kor und Kol), ἰσότιμος *[isotimos]* nur 2Petr 1,1, ἰσόψυχος *[isopsychos]* nur Phil 2,20.

1) An einigen Stellen bleibt die Verwendung von ἴσος *[isos]* im Rahmen des griech. profanen Verständnisses, wie es sich auch zT in der LXX widerspiegelt: Es kennzeichnet die Maßeinheit (Lk 6,34; Offb 21,16) oder – umgekehrt – im Prozeß Jesu die Ungleichheit der Zeugenaussagen (Mk 14,56.59); und in Phil 2,20 empfiehlt Paulus der Gemeinde Timotheus als einen völlig gleichgesinnten (ἰσόψυχος *[isopsychos]*) und bewährten Mitarbeiter.

2a) Die alle nationalen und religiösen Grenzen sprengende Gleichheit unter den Christen in bezug auf ihre Teilhabe am Heil (→ Gemeinschaft) wird als ein Wunder erfahren, und zwar durch die gleiche Geisterfahrung, die alle Scheidewände zwischen den christusgläubigen Juden und den einstigen Heiden aufhebt (Apg 11,17; vgl. 2Petr 1,1 ἰσότιμος *[isotimos]*). Diese Aufhebung der Unterschiede wird bekräftigt durch das Wort Jesu von der eschatologischen Gleichheit der Christen. Sie werden den gleichen → Lohn (Art. μισθός) im Himmelreich als Gnadengeschenk empfangen, ob sie früh oder spät erst in die Arbeit im Weinberg eingetreten sind (Mt 20,12).

b) Dabei wird von der Gemeinde die in der Gegenwart bestehende soziale Ungleichheit ihrer Glieder nicht geleugnet oder einfach aufgehoben. Aber das Miteinander von Arm und Reich, von Herren und Sklaven bekommt neue Regeln und Maßstäbe, und zwar durch die → Liebe als neues regulierendes Lebensprinzip zwischen den Christen. So werden die Herren ermahnt, ihre Sklaven gerecht zu behandeln, ihnen ohne Ansehen der Person ἰσότης *[isotæs]* zukommen zu lassen (Kol 4,1); dh diese sind nicht mehr der freien Willkür überlassener Besitz, sondern Brüder in Christus. Die Bruderliebe sorgt stets für den nötigen Ausgleich wie zB in der Urgemeinde zu Jerusalem (Apg 2,44f; 4,36f), so daß die Unterschiede auch zwischen Begüterten und Armen nicht quälend werden (→ Gemeinschaft, Art. κοινός).

Unter dieser Voraussetzung kann Paulus die Korinther auf ihr griech. Gleichheitsempfinden ansprechen, indem er sie mahnt, aus Billigkeit einen Ausgleich (ἰσότης *[isotæs]*) zwischen ihrem eigenen Überfluß und dem Mangel der Gemeinde in Jerusalem – wie selbstverständlich – zu schaffen (2Kor 8,13.14).

Diese neue Haltung der Bruderliebe bedeutet ebenso eine Befreiung zur Feindesliebe und überbietet das Gesetz des *»do ut des«*, das ja auch die Sünder praktizieren, wenn sie einander beistehen, »weil sie Gleiches wiedernehmen« (Lk 6,34).

c) Wie die äußere Ungleichheit nicht bestritten wird, so auch nicht eine innere Differenzierung in der Gemeinde. Die Gnadengaben (→ Gnade, Art. χάρισμα) sind verschieden, und sie werden verschieden verteilt (Mt 25,14ff; 1Kor 12,28ff; Röm 12,6ff; Eph 4,16; Mk 4,24; Röm 12,3). Aber am Bild vom → Leib und seinen Gliedern zeigt Paulus ihre Zuordnung und ihre Gleichwertigkeit in Christus (1Kor 12,12ff); die verbindende Kraft ist die Liebe (1Kor 13).

Auch der Lohngedanke (→ Lohn, Art. μισθός) erfährt im NT eine Einschränkung. Er ist nicht »Achse der Frömmigkeit« wie weithin im Judentum (vgl. Sir 44,21). Wenn er noch festgehalten wird, so vor allem in bezug auf das jüngste Gericht, das den Unglauben und seine Taten nicht unbestraft lassen wird. Die Gnade aber läßt sich nicht verdienen. Sie ist Geschenk, dem gegenüber alle Empfänger gleich würdig sind (Röm 11,32).

So setzt das NT den »säkularen Formen einer Gleichheit, die durch irdisches Recht und Gerechtigkeit bestimmt ist, . . . eine andere Gleichheit entgegen, die durch die Liebe der Christen und durch die Gnadengaben Gottes hergestellt wird« (Stählin, ThWb III, 348, 34–37).

3) Zwei Stellen sprechen von der G o t t g l e i c h e i t J e s u :

a) In Joh 5,17 sagt Jesus: »Wie mein Vater noch ständig wirkt, so wirke auch ich!« Vorher hat er das Sabbatgebot gebrochen. Daraufhin werfen ihm die Juden vor, er stelle sich Gott gleich. In gewisser Hinsicht haben sie mit diesem Vorwurf recht, weil sie von ihren Voraussetzungen her diese behauptete Gleichheit nur als frevelhafte Anmaßung einer Unabhängigkeit von Gott verstehen können (Bultmann, Johannes, S. 183; St.-B. II, 462–464), während sie für Jesus gerade das Umgekehrte bedeutet: Er offenbart den Vater als der gehorsame Sohn, ohne daß damit der Größe des Vaters (Joh 14,28), der durch ihn wirkt, Abbruch geschähe. Der Sohn ist dem Vater also gleich in der Übereinstimmung des Wirkens (5,19ff). Man kann daher die Joh 5,18 ausgesprochene Gottgleichheit Jesu als »Würde-, Willens- und Wesensgleichheit« fassen (ThWb III,353).

b) Im Christushymnus Phil 2,6–11 begegnet die Wendung, Jesus habe »es nicht für einen Raub gehalten«, dh er habe es nicht als seinen Besitz und Vorteil bewahrt, »Gott gleich zu sein« (εἶναι ἴσα θεῷ *[einai isa theō]* V. 6), sondern er habe sich dieser Gleichheit entäußert (V. 7). Die mannigfachen Probleme dieser Textstelle können hier nur entfernt angedeutet werden: Zunächst ist zu beachten, daß sie innerhalb der »Ereignisfolge eines in sich zusammenhängenden Geschehens« ausgelegt sein will und daher eine »Wesensdefinition im Sinne der altkirchlichen Christologie« nicht hergibt (Käsemann, S. 76), also eine Einzelbetrachtung über die Art der Gottgleichheit des präexistenten Jesus nicht zuläßt. Entscheidend ist die Behauptung der Präexistenz und des damit gegebenen Seins in der Sphäre Gottes als solche. Das Erregende an der Aussage von Phil 2,6f ist dann darin zu sehen, daß der Präexistente ohne Vorbehalt eingeht in die Sphäre des Menschen, des Todes, zweideutiger Geschichtlichkeit. Dabei handelt es sich nicht allein um einen vorbildlichen Gehorsam (V. 8), um »beispielhafte Demut« (Lohmeyer, S. 42), sondern objektiv um Inkarnation. Zum Weiteren s. → ὅμοιος.

E. Beyreuther

ὅμοιος

ὅμοιος *[homoios]* gleich, gleichartig · ὁμοιόω *[homoioō]* gleichen, vergleichen · ὁμοιότης *[homoiotæs]* Gleichartigkeit, Übereinstimmung · ὁμοίωμα *[homoiōma]* Gleichheit, Abbild · ὁμοίωσις *[homoiōsis]* Ähnlichkeit · ὁμοιοπαθής *[homoiopathæs]* gleichgeartet · παρόμοιος *[parhomoios]* ähnlich · παρομοιάζω *[parhomoiazō]* ähnlich sein · ἀφομοιόω *[aphhomoioō]* ähnlich, gleich machen

I 1) Das Adj. ὅμοιος *[homoios]* ist aus der Wurzel ὁμός *[homos]* abzuleiten, die mit ἅμα *[hama]* zusammenhängt (vgl. lat. *simul, similis;* ahd. *sama* = *samt*), und seit Homer allg. gebräuchlich. Man unterscheidet eine vierfache Bedeutung:

a) *gleichartig, gleich, von gleicher Beschaffenheit,* auf Personen und Sachen bezogen. Zur Kennzeichnung eines solchen Sachverhaltes erscheint ὅμοιος *[homoios]* öfter mit → ἴσος *[isos]* verbunden, um eine Gleichartigkeit nachdrücklich zu betonen; andererseits können gelegentlich auch ὅμοιος *[homoios]* und ἴσος *[isos]* miteinander ausgetauscht werden.

b) *gesinnungsgleich,* dadurch *gleichwertig, mit gleichen Rechten ausgestattet (Parteigenosse, Gesinnungsfreund).* So sind οἱ ὅμοιοι *[hoi homoioi]* in Sparta und ähnlich verfaßten griech. Stadtstaaten die Bürger, die gleichen Zugang zu allen Ämtern besitzen.

c) Das allen *gleichmäßig Zugeteilte,* das *Gemeinsame,* zB am Besitz oder am Lebensgeschick (ὁμοίη μοῖρα *[homoiæ moira]* Hom. Il. 18,120).

d) In der Geometrie bezeichnet ὅμοιος *[homoios]* eine *Gleichheit* im Sinne der Übereinstimmung (vgl. ThWb V,186f).

2) Das Verb ὁμοιόω *[homoioō]* bleibt in diesem Spielraum, den das Adj. einnimmt, und wird seit Homer in diesem Sinne aktiv angewandt: jemanden einer Person oder Sache *gleichmachen,* dann *gleich achten, vergleichen,* Pass.: *ähnlich sein, gleichen.*

3) Als Subst.e treten nebeneinander ὁμοιότης *[homoiotæs]*, ὁμοίωσις *[homoiōsis]* und ὁμοίωμα *[homoiōma]*.

a) ὁμοιότης *[homoiotæs]* (seit den Vorsokratikern) und das seltenere ὁμοίωσις *[homoiōsis]* stehen sich in der Bedeutung sehr nahe. Der Akzent liegt bei ὁμοιότης *[homoiotæs]* auf einer *Gleichartigkeit, Gleichheit, Übereinstimmung,* die u. U. erst hergestellt worden ist bzw. entdeckt wird und nicht von vornherein besteht. – ὁμοίωσις *[homoiōsis]* das *Ähnlich-(Gleich-)machen* bzw. *-sein* begegnet bei den Grammatikern im Sinn von *Vergleich, Analogie.* Es wird auch als Gattungsbegriff verwendet (Aristot., De Plantis).

b) ὁμοίωμα *[homoiōma]*, im Profangriech. selten vorkommend, ist das *Gleichgestaltete,* das *Abbild.* Der Ton liegt auch hier auf einer Übereinstimmung, einer Ähnlichkeit, nun in bezug auf die konkrete Einzelgestalt. ὁμοίωμα *[homoiōma]* rückt damit in die Nähe von εἰκών *[eikōn]* (→ Bild; → Gestalt). Aber auch wenn Plato manchmal beide Begriffe synonym verwendet, bleibt eine Unterscheidung doch insofern möglich, als εἰκών *[eikōn]* mehr für sich, ὁμοίωμα *[homoiōma]* mehr im Blick auf seine Vergleichbarkeit hin betrachtet wird. *Nachahmung, Abbildung, Gleichgestalt* sind die entsprechenden Übersetzungen (vgl. ThWb V,191).

4) ὁμοιοπαθής *[homoiopathæs]* bedeutet wörtl. *Gleiches leidend,* dann allg. *gleichgeartet.* Das seltene παρόμοιος *[parhomoios]* heißt *ähnlich* im Sinne von *fast gleich,* setzt also einen gewissen Mangel an Übereinstimmung mit dem Abgebildeten bzw. Verglichenen voraus. παρομοιάζω *[parhomoiazō], ähnlich sein,* findet sich nur im NT (Mt 23,27). Auch ἀφομοιόω *[aphhomoioō]* heißt *ähnlich machen, nachbilden,* im Pass. *ähnlich sein* oder *werden.*

II In der LXX hat ὅμοιος *[homoios]* überwiegend zwei hebr. Äquivalente, die in den Bereich des einfachen Vergleiches gehören und für sich genommen kein besonderes Gewicht haben: *k*e*mō* (Erweiterung der Vergleichspartikel *k*e = *wie,* und *mīn* = *Art, Gattung* in Wendungen wie *gleicher Art, ihresgleichen* (zB ähnliche Tierarten in Lev 11). Dagegen stehen die Derivate vor allem für *dāmāh* = *ähnlich sein, gleichen* und bes. *d*e*mūt* = *Abbild, Kopie.* Es ist hier eine weitgehende Übereinstimmung mit dem griech. Sprachgebrauch erkennbar. – ὁμοιόω *[homoioō]* begegnet häufig in der Einleitung zu Bildern und → Gleichnissen (zB Ps 144,4; Hhld 2,17; 7,8; Sir 13,1, immer *dāmāh*), dann auch in Aussagen über die Unvergleichbarkeit Jahwes; zB Jes 46,5: Wem wollt ihr mich vergleichen? (→ ἴσος II). Gen 34,15.22f scheint *'ōt* = *willfahren* fälschlich mit ὁμοιόω *[homoioō]* übersetzt zu sein.

Von den Subst.en begegnet ὁμοίωμα *[homoiōma]* am häufigsten, seltener ὁμοίωσις *[homoiōsis]* (6mal für *d*e*mūt,* insgesamt 9mal), ὁμοιότης *[homoiotæs]* nur 5mal (1mal für *mīn*). Ersteres steht Dtn 4,15ff für *tabnīt* = *Abbild* bzw. *t*e*mūnāh* = *Figur* im Zusammenhang mit dem 2. Gebot, Ez 1,4ff u. ö. als Bezeichnung der geheimnisvollen Gestalten, die der Prophet schaut. Zu Jes 40,18 τίνι ὁμοιώματι ὡμοιώσατε αὐτόν *[tini homoiōmati hōmoiōsate autọn]* lautet wohl die Übers. am besten: Was für ein Abbild wollt ihr von ihm machen? – ὁμοιότης *[homoiotæs]* ist Gen 1,11f mit *Art,* Weish 4,19 und 4Makk 15,4 mit *Ähnlichkeit* zu übersetzen. Ganz analog bedeutet πᾶσα ὁμοίωσις *[pasa homoiōsis]* in Ez 8,10 lauter *Arten* bzw. *Bilder* (von kriechenden und vierfüßigen

Tieren) und in Ez 1,10 *Ähnlichkeit*. Dan 10,16(Θ) überträgt man am besten ὡς ὁμοίωσις υἱοῦ ἀνθρώπου *[hōs homoiōsis hyiou anthrōpou]* mit »wie die Gestalt eines Menschen« (hebr. *bæn 'ādām* = Mensch).

Im Gegensatz zu der sonst so betonten Unvergleichbarkeit Jahwes (s. auch → ἴσος II) heißt es Gen 1,26, Gott habe den Menschen κατ' εἰκόνα ἡμετέραν καὶ καθ' ὁμοίωσιν *[kat eikona hæmeteran kai kath homoiōsin]* geschaffen, wobei εἰκών *[eikōn]* das hebr. *tsælæm* übersetzt, ὁμοίωσις *[homoiōsis]* *dᵉmūt*. Zwar wird hier dem Menschen eine bes. geschöpfliche Würde, bes. *kābōd* (Herrlichkeit) zugesprochen; aber die Aussage von der Gottebenbildlichkeit »hat ihr eigentliches Schwergewicht in der Bestimmung, w o z u sie dem Menschen gegeben ist« (vRad, Theologie des AT I,158), nicht in einer einfachen Gleichsetzung. Zudem kann man den Plur. als *Verhüllung* verstehen. Dann besagte das ἡμετέραν *[hæmeteran]* nicht mehr, als daß der Mensch »elohim-artig« erschaffen ist (vgl. Ps 8,6; LXX: ἄγγελοι *[angeloi]*). Beides zusammengenommen würde bedeuten, daß der Mensch Mandatar Gottes ist und seine einzigartige Würde als solcher hat (vRad, ebd., 160; → Bild, Art. εἰκών).

Die Schwerpunkte des nt. Vorkommens liegen beim Adj. (Adv.) und Verb in den Evgg. (bei III
ὅμοιος *[homoios]* 21 von 45, ὁμοίως *[homoiōs]* 19 von 31, ὁμοιόω *[homoioō]* 12 von 15 Stellen), darüber hinaus bei ὅμοιος *[homoios]* in der Offb (21mal); andererseits bei den Subst.en im paulinischen Schrifttum und im Hebr (ὁμοίωμα *[homoiōma]* 4mal im Röm und 1mal im Phil von insgesamt 6maligem Vorkommen; ὁμοιότης *[homoiotæs]* nur 2mal Hebr). ὁμοιόω *[homoioō]* und ἀφομοιόω *[aphhomoioō]* finden sich nur je 1mal im Hebr (letzteres einzige Stelle); ὁμοίωσις *[homoiōsis]* ist nur 1mal in Jak, ὁμοιοπαθής *[homoiopathæs]* je 1mal in Apg und Jak belegt.

1) Wo Adj. und Verb (auch das einmalige παρομοιάζω *[parhomoiazō]* Mt 23,27) in den Evgg. begegnen, stehen sie ganz überwiegend in den Einleitungsformeln zu den Gleichnissen Jesu, so vor allem bei Mt (Lk bevorzugt mehr die nicht eingeleitete Form des Gleichnisses, zB Lk 7,41; 10,30; 12,16); 10mal verwendet allein Mt die Formel ὁμοία ἐστὶν ἡ βασιλεία τῶν οὐρανῶν *[homoia estin hæ basileia tōn ouranōn]* bzw. ὡμοιώθη, ὁμοιωθήσεται *[hōmoiōthæ, homoiōthæsetai]* (zB 13,31.33. 44.45). Aram. Grundlage zu dieser Formulierung ist eine knappe Dativkonstruktion mit *lᵉ*; dementsprechend muß übersetzt werden: »Mit der Königsherrschaft Gottes verhält es sich wie mit . . .« (der Vergleichspunkt ist zB Mt 13,45 nicht der Kaufmann, sondern die Perle; Mt 22,2 nicht der König, sondern die Hochzeitsfeier usw.). Die dem ausgeführten aram. Dativanfang entsprechende Konstruktion findet sich zB Lk 13,20f: »Wem soll ich die Königsherrschaft Gottes vergleichen? Es verhält sich mit ihr wie mit . . .«, oder noch breiter Mk 4,30f (vgl. zum ganzen JJeremias, Gleichnisse, 99ff; → Gleichnis, Art. παραβολή).

2) An den anderen Stellen steht ὅμοιος *[homoios]* in sehr verschiedenen Zusammenhängen.

a) In Mt 22,39 wird im Doppelgebot die Nächstenliebe der Gottesliebe als deren notwendige Entsprechung und Abbildung an die Seite gestellt (ὁμοία *[homoia]*; → Bruder, Art. πλησίον). – Nach Joh 8,55 wäre Jesus ein Lügner, ein Leugner des offenbarenden und sendenden Gottes wie seine Gegner (ὅμοιος ὑμῖν ψεύστης *[homoios hymin pseustæs]*), wenn er schweigen und das Ärgernis vermeiden wollte (vgl. Bultmann, 227).

b) ὅμοιος *[homoios]* findet sich weiterhin im Zusammenhang der Polemik gegen den Götzendienst in Apg 17,29. Daß Gott nicht abbildbar ist, findet gerade im gebildeten Griechentum Resonanz; gerade diesem aber will die Areopagrede beispielhaft das Christentum als die einzig wahre Verehrung des »unbekannten Gottes« (V. 23) apologetisch darlegen. – In den Zusammenhang der Götzenpolemik gehört auch Röm 1,23. Die Heiden haben von den Gestalten (εἰκόνες *[eikones]*) der Menschen und Tiere Abbilder (ὁμοιώματα *[homoiōmata]*) angefertigt und diese an die Stelle Gottes gesetzt (vgl. Michel, 60). Damit wird die Offenbarung des wahren Gottes negiert, zu der nach V. 19f auch die Heiden Zugang hatten.

Mit einem naiven heidnischen Götzenglauben hat Apg 14,11 zu tun, wo die Volksmenge glaubt, ihre Götter Zeus und Hermes hätten in Barnabas und Paulus Menschengestalt angenommen (ὁμοιωθέντες *[homoiōthentes]*). Die Apostel protestieren unter dem Hinweis darauf, daß auch sie gewöhnliche Menschen (ὁμοιοπαθής *[homoiopathæs]* *gleich-*

geartet) und nur Boten des lebendigen Gottes sind (V. 15; ὁμοιοπαθής *[homoiopathęs]* sonst nur noch Jak 5,15: Elia war wie wir ein sterblicher Mensch).

c) Um die Erwartung, daß wir Jesus bei seiner Parusie gleich sein (ὅμοιοι αὐτῷ ἐσόμεθα *[hǫmoioi autǫ esǫmetha]*) und ihn sehen werden, wie er ist, geht es 1Joh 3,2. Sind wir jetzt noch darauf angewiesen, in seinem Wort nach der rechten Christuserkenntnis zu suchen und läßt dieses Wort nur zeichenhaft sein wahres Wesen erkennen (vgl. 1Kor 13, 12), so soll uns demgegenüber bei der Parusie ein ungehinderter Verkehr auf »gleicher Wesensstufe« ermöglicht sein (FHauck, NTD II, 129ff). Jedoch liegt eine isolierte spekulative Betrachtung über die künftige Gottgleichheit nicht in der Absicht des Verfassers (vgl. die unmittelbar anschließende Paränese V. 3!).

In Offb 1,13 und 14,14 ist das »der einem Menschensohn gleicht« (zur grammatischen Konstruktion vgl. Bl.-Debr. § 182,4) im Rahmen der Menschensohnchristologie zu deuten; dh der »Menschensohn« von Dan 7,13, der von Gott eingesetzte königliche Weltrichter, ist der erhöhte Christus, der kommende Messias (s. auch II).

d) ὅμοιος *[hǫmoios]* kommt im übrigen in Vergleichen vor, ohne selbst besonderes Gewicht zu haben: Gal 5,21 in der Wendung »und dergleichen«, ebenso Mk 7,13 (παρόμοιος *[parhǫmoios]*); ferner Offb 2,18; 4,3.6.7 u. ö. im bildhaften Vergleich. Dasselbe gilt Offb 9,7 für ὁμοίωμα *[homǫiōma]*.

3) ὁμοίωμα *[homǫiōma]* spielt in den christologischen Aussagen des Röm und Phil eine gewichtige Rolle, und zwar gleicherweise als Ausdruck der Gottgleichheit des Präexistenten wie der Menschheit des Inkarnierten.

a) In Röm 5,14 wird sichergestellt, daß die Menschheit als ganze wie Adam der Herrschaft des Todes unterworfen ist, auch wenn sie nicht in derselben exemplarischen Weise gesündigt hat wie er (ἐπὶ τῷ ὁμοιώματι *[epį tō homoiǫmati]*). → Adam ist der Gegentyp (τύπος *[tyṗos]*, → Vorbild) des zweiten Adam Christus. Was dieser an Gnade erwirkt, überbietet weit die Entsprechung zu dem Fall des ersten Menschen (πολλῷ μᾶλλον *[pollǭ mạllon]*, V. 15; → Fülle, Art. περισσεύω).

b) Röm 6,5 bereitet der Exegese Schwierigkeiten. Je nachdem, ob man ὁμοίωμα *[homǫiōma]* an dieser Stelle als *Bild, Abbild* im konkreten Sinn oder als abbildendes Geschehnis, *Vergegenwärtigung eines Geschehnisses* versteht, ergibt sich eine unterschiedliche Deutung. Zieht man die zweite Möglichkeit (seltener, aber hier wohl zutreffend) vor, so besagt die Stelle: »Im Taufgeschehen ist der Tod Jesu Christi gegenwärtig da, wenn auch in einer von Golgatha verschiedenen Gestalt«, und wir sind »in dasselbe Heilsgeschehen hineingenommen« (σύμφυτοι *[sy̨mphytoi]*, wörtl. zusammengewachsen; Michel, 154; vgl. außerdem ThWb V,191ff).

c) Auch Röm 8,3 kann leicht zu Fehldeutungen führen. Dies liegt an der umständlichen Formulierung, nach der Gott seinen Sohn »in die Gleichgestalt des sündlichen Fleisches« geschickt hat (ἐν ὁμοιώματι σαρκὸς ἁμαρτίας *[en homoiǫmati sarkǫs hamartįas]*). Diese Umständlichkeit hat ihren Grund in der theol. Schwierigkeit, die Fleischwerdung, also das Paradox des *vere deus, vere homo* im Hinblick auf die Rechtfertigung des Sünders (vgl. den Kontext) begrifflich zu fassen. »Paulus will mit Nachdruck hervorheben, daß die Nacht der Sünde eine kosmische Einheit ist, daß sie aber an einem ganz bestimmten Punkt durchbrochen wird« (Michel, 190). Indem Jesus in der Gestalt und unter der Last unserer Leiblichkeit der Gehorsame bleibt, ist er »in einzigartigem Sinne zum Zeichen der Gerechtigkeit Gottes geworden« (Michel, ebd.).

d) Ähnlich wird Phil 2,7 das Sein des Inkarnierten als ἐν ὁμοιώματι ἀνθρώπων γενόμενος *[en homoiǫmati anthrǫpōn genǫmenos]* beschrieben: Er nahm Menschengestalt an, er wurde den Menschen gleich.

Es ist immer wieder versucht worden, diese Gleichheit als uneigentliche, nur scheinbare zu fassen. Dem kommt zB JSchneider sehr nahe, wenn er sagt, »daß Christus auch als Mensch im Kern seines Wesens der geblieben ist, der er war« (ThWb V,197). Alle Deutungen in dieser Richtung können der Gefahr irgendeiner Form des Doketismus wohl kaum ausweichen, wenn auch das Gegenteil beteuert wird. Ebenso scheint es uns verwehrt zu sein, im Anschluß an V. 5 den Tenor von Phil 2,5–11 ethisch zu bestimmen (Jesus begab sich aus freiem Entschluß der göttlichen Natur, er leistete freiwillig den Gehorsam bis zum Tode), was darauf hinausliefe, daß ὁμοίωμα *[homoiōma]* die vorbildliche Gestalt des Glaubensgehorsams wäre. Vielmehr hat EKäsemann gezeigt, daß der Hymnus eschatologisch und soteriologisch zu verstehen ist. Was schon zu Röm 8,3 gesagt wurde, gilt hier uneingeschränkt: Christus hat objektiv eine geschichtlich einmalige, unverwechselbar menschliche Gestalt angenommen, er war dem Todesfluch der sündigen Menschheit – wenn auch selbst sündlos (vgl. Hebr 4,15) – objektiv preisgegeben und hat gerade so an einem konkreten Punkt die Macht der Sünde und des Todes gebrochen.

Auch hier soll also das Geheimnis der Inkarnation in seiner Heilsbedeutung entfaltet werden, notwendig in Formulierungen, die für dogmatische Spekulationen unzugänglich sind, denn dieses Geheimnis ist nur als Paradox beschreibbar.

4a) Auch im Hebr wird durch ὁμοιόω *[homoioō]* (ἀφομοιόω *[aphhomoioō]*) und ὁμοιότης *[homoiotæs]* im Zusammenhang christologischer Aussagen nachdrücklich betont, daß Christus uns »in allen Stücken« (κατὰ πάντα *[kata panta]*) gleich wurde (2,17 ὁμοιόω *[homoioō]*), und das bedeutet: er war versucht wie wir (4,15 καθ' ὁμοιότητα *[kath homoiotæta]*). »Das ›Gleich-Werden‹ bezeichnet das Gebundensein an Geschichte und Menschsein, an Versuchung, Leiden und Sterben« (Michel, Hebräer, 163). Daß Christus Fleisch und Blut annimmt, also in die Situation des Menschen vor Gott gestellt wird, offenbart sich der theol. Erkenntnis als → Notwendigkeit (ὤφειλεν *[ōpheilen]* 2,17), denn so allein kann das Todesverhängnis, das über der Menschheit lastet, gewendet werden (vgl. Michel, aaO).

b) Im 7. Kap. des Hebr wird der Sohn Gottes mit Melchisedek im Sinn von Urbild und Abbild verglichen. »Gott ist der Bildner, der dem Ereignis der Endzeit ein Zeichen der Urzeit entsprechen läßt« (Michel, Hebräer, 163; 7,3 ἀφομοιώμενος *[aphhomoiōmenos]*). Melchisedeks Priestertum ist weder zeitlich begrenzt noch wird ein Stammbaum nachgewiesen oder finden Geburt und Tod im AT Erwähnung. Daraus erschloß die rabb. Exegese sein besonderes Sein und Amt (St.-B. III,694f). Wenn nun nach Hebr 7,15 Christus in sein Priesteramt nach der Weise Melchisedeks (κατὰ τὴν ὁμοιότητα *[kata tæn homoiotæta]*) eingesetzt wird, so soll damit gesagt werden, daß er ein zeitlich nicht begrenztes Amt und Anteil an der Kraft unzerstörbaren Lebens (V. 16) hat, zu dem er seinen Brüdern (2,17) als ihr »Herzog« (12,2) den Zugang erwirkte (vgl. 10,19ff).

5) Die einzige Stelle, an der ὁμοίωσις *[homoiōsis]* begegnet (Jak 3,9), warnt vor dem Fluch in der Weise, daß sie an den Extremen »Gott loben« – »dem Menschen fluchen« den inneren Widerspruch aufzeigt: Der Mensch ist nach Gen 1,26 als Ebenbild Gottes erschaffen (καθ' ὁμοίωσιν *[kath homoiōsin]*), weshalb sich der Fluch indirekt gegen Gott selbst wendet. *E. Beyreuther/G. Finkenrath*

Lit.: GStählin, Art. ἴσος, ThWb III, 1938, 343ff – FHauck, Die Kirchenbriefe, NTD 10, 1953[6] – JSchneider, Art. ὅμοιος, ThWb V, 1954, 186ff – EKäsemann, Kritische Analyse von Phil 2,5–11, in: Exeg. Vers. u. Bes. I, 1960, 51ff – ELohmeyer, Kyrios Jesus, SBAH philosoph.-hist. Kl. 4, (1928) 1961 – JJeremias, Die Gleichnisse Jesu, 1962[6] – GvRad, Theologie des AT I, 1962[4] – OMichel, Der Brief an die Römer, KEK IV, 1963[12] – RBultmann, Das Evangelium des Johannes, KEK II, 1964[18] – DGeorgi, Der vorpaulinische Hymnus Phil 2,6–11, in: Zeit u. Geschichte, Festschr. RBultmann, 1964, 263ff – OMichel, Der Brief an die Hebräer, KEK XIII, 1966[12].

Gleichnis

Das *Gleichnis* ist eine Redegattung, die den Gedanken mit Hilfe eines Bildes veranschaulicht. Im Altertum – und damit auch in der Bibel – ist die bildhafte Rede sehr verbreitet. Sie dient oftmals dazu, geistige Sachverhalte bewußt zu machen, für die entsprechende abstrakte Begriffe (noch) fehlen. Heute ist die bildhafte Rede mehr und mehr im Schwinden, da sie durch *abstracta* substituiert wird. Sie bleibt deshalb dem Leser antiker Texte verschlossen, versucht er nicht, die Formen bildhafter Rede scharf zu unterscheiden. Man unterscheidet zwischen Bildwort (→ Bild), Metapher, korrektem Vergleich (→ Gleich, Art. ὅμοιος), reinem Gleichnis (παραβολή *[parabolæ]*), Parabel, Beispielerzählung (παράδειγμα *[paradeigma]*) und Allegorie bzw. allegorischer Erweiterung.

Diese sieben Begriffe stehen in Beziehung zu παραβολή *[parabolæ]*. Da Luther auch παροιμία *[paroimia]* (Sprichwort) mit Gleichnis wiedergibt, ist auch dieser Begriff hier zu verhandeln.

παραβολή

παραβολή *[parabolæ]* Gegenbild, Typus; Gleichnis · αἴνιγμα *[ainigma]* dunkle Rede, Rätselrede, Rätsel · ἀλληγορέω *[allægoreō]* allegorisch reden

I παραβολή *[parabolæ]*, seit Plato und Isokrates, ist ableitbar von παραβάλλω *[paraballō]* (παρά *[para]* = daneben; βάλλω *[ballō]* = werfen, bringen, stellen) *danebenstellen, nebeneinanderhalten, vergleichen* (Plato, Gorgias 475e; Isokrates 9,34). Es bedeutet: a) das *Nebeneinanderhalten*, die *Vergleichung* (Plato, Philebus 33b; Isokrates 12,227); b) das *Nebeneinanderstellen, Zusammentreffen*, die *Konjunktion* (astronomischer term. techn.); c) das *Wagnis;* d) die *Parabel* im Kegelschnitt (mathematischer term. techn.).

1) In der Rhetorik wird auf Grund der ersten Bedeutung das Wort zum term. techn. für eine bestimmte Redeform, die von anderen unterschieden wird. Die Rhetorik kennt u. a. a) das Bild (εἰκών *[eikōn]*); b) die Metapher (μεταφορά *[metaphora]*); c) den Vergleich (ὁμοίωσις *[homoiōsis]*); d) das Gleichnis (παραβολή *[parabolæ]*); e) die Beispielerzählung (παράδειγμα *[paradeigma]*) und f) die Allegorie (ἀλληγορία *[allægoria]*).

Nach Aristot. dient der korrekte Vergleich und das reine Gleichnis als Induktionsbeweismittel (Rhet. II,20). Durch die Vergleichung von Bekanntem mit Unbekanntem, bei der der Hörer selbst die Ähnlichkeit zu finden hat (das *tertium comparationis* wird meist nicht genannt, um den Hörer in die gedankliche Bewegung des Erfassens, Vergleichens und Erwägens zu bringen), durch die Analogie, kommt es zum Analogieschluß (vgl. auch Plato, Leg. 6,758a; Phaed. 82e; 85e; 87b; Ap. 30e; stoisch-kynische Diatribe: Epict. Diss. 1,24,19f; 2,14,21f; 4,7,22f u. ö.). Die homerischen Gleichnisse hingegen wollen oft nur veranschaulichen oder haben nur dichterische Funktion (in der Ilias begegnen 189, in der Odyssee 39 reine Gleichnisse). Bezeichnend für alle diese Vergleiche und reinen Gleichnisse ist, daß ihr Bild meist dem Leben, der jedermann zugänglichen Wirklichkeit entnommen ist.

2) Von diesen Formen wird in der Rhetorik die A l l e g o r i e scharf unterschieden, obzwar Quintilian (Oratoria 8,6,48) die Mischformen geradezu empfiehlt. Das Subst. ἀλληγορία *[allægoria]* (ἄλλα ἀγορεύω *[alla agoreuō]* = *etwas anderes sagen)* findet sich bei Cicero (Orationes 27,94), das Verbum ἀλληγορέω *[allægoreō]* zuerst bei Philo (Cher. 25; Som. 2,31; Vit. Cont. 28), Josephus (Ant. 1,24) und später bei Athenaeus (2,69c). Das relativ späte Vorkommen macht wahrscheinlich, daß es aus hell. Zeit, vermutlich aus der stoisch-kynischen Diatribe, stammt. Das Verb hat die Bedeutung: a) *allegorisch reden;* b) *allegorisieren.* Das Allegorisieren bzw. die Allegorese hat immer in bezug auf heilige Urkunden eine große Rolle gespielt. Wenn diese nämlich antiquiert waren, legte man ihnen mittels der allegorischen Erklärung einen neuen, zeitgenössischen Inhalt bei und bewahrte so ihre Autorität als eine kanonische. Somit ist die Allegorese »eine späte, gleichsam epigonenhafte literarische Form. Sie setzt eine Entwicklungsstufe voraus, die sich schon innerlich überlebt hat. Aber, obwohl sie überwunden ist, versucht man das aus ihr Stammende festzuhalten« (CHPeisker, Das AT – Gabe und Aufgabe, in: ders., Kleine Predigttypologie II, S. 17).

3) Mit rhetorischen Formen im allgemeinen oder mit der Allegorie im besonderen hat das R ä t s e l nichts zu tun, obzwar dem uneingeweihten Hörer die Allegorie rätselhaft bleibt. αἴνιγμα *[ainigma]* = *dunkle Rede, Rätselrede, Rätsel*, seit Pindar und Aischyl. (Prom. 613), Gegenteil von ἁπλοῦς λόγος *[haplous logos]*, urverwandt – wie im Deutschen und Hebr. – mit dem Verb *raten, einen Rat geben, anempfehlen;* vgl. παραινέω *[paraineō]*, αἰνέω *[aineō]*. Das Rätsel bedient sich gerne der literarischen Form der Metapher (III,1b), versteht sich aber mehr als Weisheitsrede. Das Rätsel galt daher als Prüfstein der Weisheit. Die Rätselrede gehört sachlich zum Orakel- und Prophetenspruch (→ Prophet I). So konnten zB Sprüche der Sibylle rätselhaft sein (Sib. 3,811f; vgl. Soph. Oed. Tyr. 1525; Eur. Phoen. 1688 u. ö.).

II In der LXX ist παραβολή *[parabolæ]* stets Äquivalent für das Subst. *māschāl* oder das Verb *mšl* (konjiziere in παραφορά *[paraphora]* oder περιφορά *[periphora]* Pred 1,17). – *māschāl* meint a) einen *Spruch, der einen Vergleich enthält* oder *Spott enthält;* b) einen *Weisheitsspruch*, die weisheitliche Unterweisung; c) *Formen des Gleichnisses* (III,1,a–g). Das Verbum dementsprechend: *ein mäschāl sagen, erzählen.*

Das Verb bedeutet urspr. *ähnlich, gleich sein.* Deshalb wird das Subst. urspr. die Bedeutung *Vergleichung, Gleichsetzung* gehabt haben. In der langen Geschichte, die von der (1) Volks- in die (2) Weisheits- und später in die (3) Prophetenrede überging, wuchs ihm ein sehr breites Bedeutungsfeld zu, das in seinen stark differenzierten Inhalten von der LXX, den Rabbinen und folgend dem NT übernommen wurde. Es wird jedoch stets eindeutig als term. techn. »für die eine, bald für die andere Gattung« oder Form gebraucht und nicht als »Gesamtbegriff, in dem die einzelnen Genera (i. e. Gattungen und Formen) zusammengefaßt wären« (OEißfeldt, aaO S. 33).

1) So hat *mäschāl* in der Volksrede zuerst einmal das *Sprichwort* (vgl. → παροιμία), das oft einen Vergleich enthält, bezeichnet (Ez 18,2; 1Sam 10,12; 24,14). Trifft der Spruch oder Vergleich eine Person und macht sie lächerlich oder setzt sie als nicht beispielhaft herab, bezeichnet *mäschāl* den *Spottspruch* (Hab 2,6; Jes 14,4).

2) Später wird *mäschāl* term. techn. der Weisen und bezeichnet den an Vergleichen reichen *Weisheitsspruch* (→ παροιμία II; vgl. Spr 26,7.9) und die weisheitliche Unterweisung (Spr und deren Sammlungen tragen diese Überschrift: 1,1 παροιμία *[paroimịa]*; 10,1; 25,1 παιδεία *[paideịa]*). Wie der orientalische, so liebt auch der at. Weise den rätselhaft dunklen Spruch. So tritt *mäschāl* in die Nähe von *chidāh*, mit dem es sogar synonym gebraucht werden kann (Spr 1,6).

Die LXX übersetzt *chidāh* sachgemäß richtig mit αἴνιγμα *[ạinigma]*: a) *Rätselfrage;* b) *Rätselrede.* Die a) Rätselrede (1Kön 10,1 par; Ps 49,5 Aquila) gehört zur Weisheitspflege am Hofe Salomos und hat in der Weisheitslit. ihren Ort (Spr 1,6; 30,7–30). Das einzig wörtlich mitgeteilte at. Rätsel findet sich Ri 14,12–20 (*chidāh*, in LXX mit πρόβλημα *[prọblæma]* übers.), dessen Lösung (14,18) wiederum ein Rätsel ist. Lösungswort ist »Liebe«. – Die Rätselrede bedarf der erklärenden Interpretation. Sie begegnet mit dem Orakelspruch (Bileam: Num 23,7.18; 24,3.15.20–23) in dem Raum der Prophetie (→ Prophet I; II). Gott redet zu den Menschen – nicht aber zu Mose – in Rätselrede (Num 12,8), auch der Prophetenspruch ist Rätselrede (Ez 17,2 Symmachus).

3) Auch im Raum der Prophetie (→ Prophet) hat *mäschāl* seinen Ort, einerseits als Sprichwort und Spottspruch (s. o. II,1), andererseits dadurch, daß es wohl nicht dem Worte, aber der Sache nach vorhanden ist, insofern die meisten Formen des *Gleichnisses* (III,1,a–g) begegnen. Je später je mehr treten die ausgeführten Formen (III,1,d–g) in den Vordergrund, um die prophetische Rede zu erläutern, zu bekräftigen und eindringlicher zu machen. Auch die *Allegorie* will Eindringlichkeit, nur geht sie dabei einen anderen Weg: Durch eine gewisse Verhüllung will sie den Hörer zum Aufmerken reizen (vgl. Ez). Später begegnet die allegorische Vision (→ Prophet II; Sach; Dan 2; 4; 7; 8; äthHen 85–90; 4Esr 9,26–13,56). In einem engen Verhältnis zu den prophetischen Gleichnissen stehen die prophetischen symbolischen Handlungen (→ Prophet II), deren Deutung (Ez 24,3) *mäschāl* genannt wird. Im Judentum beinhaltet *mäschāl/matlā* die ganze Breite, die ihm im Laufe der Zeit zugewachsen ist. Wohl überwiegen die reinen Gleichnisse (»Ich will dir ein Gleichnis erzählen: Womit ist die Sache zu vergleichen?«), doch je später je mehr die Allegorie. Sie wird im hell. Judentum zum Manierismus. Auf dem Hintergrund der zahlreichen rabb. Gleichnisse lassen die von Jesus »eine ausgesprochen persönliche Eigenart, eine einzigartige Klarheit und Schlichtheit, eine unerhörte Meisterschaft der Gestaltung« erkennen (JJeremias, aaO, S. 8).

Auffällig ist dagegen, daß sich in den Qumran-Schriften das Subst. *mäschāl/matlā* überhaupt nicht findet (das Verb nur in der Bedeutung *herrschen*), obwohl in den Hodajot (Dankliedern) zahlreiche mehr oder weniger ausgeführte Reihen von Metaphern und Gleichnissen vorkommen.

Im NT begegnet παραβολή *[parabolæ]* nur in den Synopt. (48mal) und im Hebr (2mal), III
αἴνιγμα *[ạinigma]* nur 1Kor 13,12 (undeutliches, rätselhaftes *Bild*), ἀλληγορέω *[allægo-rẹō]* nur Gal 4,24 (*allegorisch reden*), das Subst. ἀλληγορία *[allægorịa]* begegnet im NT gar nicht. παραβολή *[parabolæ]* hat im NT folgende Bedeutungen:

1) Im Hebr ist das Zelt Typus der Heilszeit (9,9), die Rückgabe Isaaks Gegenbild der Totenauferweckung (11,19). In Mk 7,17 par ist es der Spruch, in Lk 4,23 das Sprichwort. An allen anderen nt. Stellen hat es die Bedeutung *Gleichnis* in einer seiner Differenzierungen:

a) das B i l d w o r t. Im Bildwort werden Bild und Sache ohne Vergleichspartikel (wie) nebeneinandergestellt, wobei das Bild (das Bekannte) die Sache (das Unbekannte) verdeutlichen soll, zB »Ihr seid das Licht der Welt« (Mt 5,14; vgl. weiterhin Mk 2,17.19 – vgl. dazu Am 3,8; 6,12; Jes 40,7; Jer 12,5; Spr 6,27–29; Mk 25,14). Bei solchen Bildworten geschah es oft, daß sich das Bild von der Sache trennte – zumal die Sache oft im Kontext ausgesprochen war – und isoliert überliefert wurde. In der Isolation entzieht es sich oft der Deutung, zB Mk 9,49, das durch den sekundären Zusatz auch nicht verständlicher wird (vgl. Mt 7,6; 24,28 par). In diesem Stadium nimmt es oft metaphorischen Charakter an, wie das Bildwort der Metapher nahesteht.

b) Die Metapher ist ein durch einen Vergleich zustande kommender bildlicher, meist vom Konkreten zum Abstrakten übertragener Ausdruck, zB »Er ist das Haupt der Familie« oder »Frühling des Lebens«. Vgl. weiterhin Mt 7,13f; 9,37f; 15,13; 1Kor 9,9 (vgl. Jes 5,1: Weinberg = Braut bzw. Israel).

Die Metapher setzt das Bild nicht neben die Sache, wie im Bildwort, sondern statt der Sache. Man muß von vornherein wissen, welche Sache hinter der Metapher steckt, sonst bleibt sie unverständlich. Deshalb beruht alles metaphorische Reden auf Konvention.

c) Der korrekte Vergleich ist ein Satz, in dem Sache und Bild mit Vergleichspartikel nebeneinandergestellt werden. Es gibt aber nur einen, hauptsächlichen Vergleichspunkt: das *tertium comparationis.* ZB »Ihre Haare (Sache) sind so blond wie Stroh (Bild)«. Vgl. weiterhin Mt 10,16; Lk 11,44 (vgl. Spr 11,22; 25,11–13; 26,1ff; Jes 16,2; Hos 2,1–5; 6,9; Ps 127,4).

Der korrekte Vergleich kommt nur selten vor, meist wird er in ein Bildwort übergegangen sein und sich darüber hinaus in der Tradition metaphorisch überfärbt haben. Das Bild im korrekten Vergleich ist der jedermann zugänglichen Wirklichkeit entnommen.

d) Das reine Gleichnis ist eine Erzählung, die sich aus einem korrekten Vergleich oder einem Bildwort heraus entwickelt hat. Zwei Dinge, Vorgänge oder Sachverhalte (Bild und Sache), die einander ähnlich sind, werden verglichen, wobei das Bekannte das Unbekannte verdeutlichen soll. Das Bild schildert einen typischen Vorgang oder Zustand, dh es »ist der jedermann zugänglichen Wirklichkeit entnommen, weist hin auf Dinge, die jeden Tag geschehen, auf Verhältnisse, deren Dasein der schlechteste Wille anerkennen muß« (AJülicher, aaO I, S. 93). Es gibt nur einen hauptsächlichen Vergleichspunkt. Beispiel: »Das Reich der Himmel ist gleich einem Sauerteig . . .« Mt 13,33. Vgl. weiterhin Mt 13,31f; Lk 14,28–33; 15,4–10; 17,7–10 (vgl. Jes 28,23–25; Jer 18,1–6).

»Das Gleichnis beugt jeder Opposition vor, indem es nur von Unzweifelhaftem redet . . ., (es) operiert mit ›niemand‹, mit ›kein‹, mit ›jeder Mensch‹, mit ›wann immer‹, ›so oft nur‹ usw., es sucht den Hörer durch die Wucht des ›Überhaupt‹ . . . gleichsam zu erdrücken« (AJülicher, aaO I, S. 97f; die griech. Wörter wurden übersetzt).

e) Die Parabel unterscheidet sich vom reinen Gleichnis nur im Bild, das eine frei erfundene Geschichte ist, die einmal Vorgekommenes nachzeichnet. »Nicht, was jeder tut, was gar nicht anders sein kann, wird uns vorgehalten, sondern was einmal jemand getan hat, ohne zu fragen, ob andere Leute es auch so machen würden« (AJülicher, aaO I, S. 93).

Beispiel: »Es war ein Richter in einer Stadt . . .« (Lk 18,2ff). Vgl. weiterhin Lk 11, 5–8; 14,16–24 (vgl. 2Sam 12,1–4). »Durch ihre Anschaulichkeit ersetzt die Parabel, was das Gleichnis durch die Autorität des allgemein Bekannten und Anerkannten voraus hat. Die Parabel steht sogar höher, weil sie feiner ist, die Tendenz weniger merken läßt . . . Die Parabel . . . bittet: Hörer, laß Dir nur einen Fall erzählen, wenn er Dich nicht gewinnt, will ich stille sein . . .« (AJülicher, aaO I, S. 97f; die griech. Wörter und das Wort Fabel wurden übersetzt).

f) Die Beispielerzählung ist eine frei erfundene Geschichte, die ein *exemplum,* einen Musterfall erzählt, der vom Hörer verallgemeinert werden soll. »Geh auch du hin, tue desgleichen!« (Lk 10,37) bzw. nicht desgleichen. Beispiel: »Zwei Menschen gingen hinauf in den Tempel, um zu beten, der eine ein Pharisäer und der andere ein Zöllner . . .« (Lk 18,10–14). Vgl. weiterhin: Lk 10,30–37; 12,16–21; 16,19–31 (vgl. 2Sam 14,5–7). Es ist bemerkenswert, daß nt. Beispielgeschichten nur bei Lukas begegnen.

g) Die Allegorie ist eine frei erfundene Geschichte, die etwas anderes sagt als sie meint, indem sie Metapher an Metapher reiht; sie ist eine *metaphora continua.* Beispiel: »Das Reich der Himmel ist gleich einem König, der seinem Sohn die Hochzeitsfeier rüstete . . .« (Mt 22,2–10). Vgl. weiterhin Joh 10; 15; Röm 11,17–24; 1Kor 3,10–13 (vgl. Ez 16; 17; 19; 23; 31; 34; Ps 80,9–20).

»Die Allegorie will uns eine ... Wahrheit in ausdrucksvoller Form vor die Seele stellen, indem sie dieselbe in einer Reihe von Bildern malt, die das in Wahrheit Gemeinte andeuten und doch verhüllen« (HWeinel, aaO, S. 2). Wie die Metapher, so beruht auch die Allegorie auf Konvention. Sie ist nur verständlich, wenn die Metaphern bekannt sind, da diese ja Zug um Zug übersetzt werden müssen, und wenn der Sachverhalt, den sie schildert, bekannt ist. Sie ist eine nur dem Eingeweihten verständliche Literaturform, deren Funktion es nicht ist, mit Sachverhalten bekannt zu machen, sondern bekannte Sachverhalte zu werten. Ez 17,12–21 bietet eine Musterauslegung. Wohl begegnen Allegorien auch im NT, sie werden aber als παραβολή *[parabolæ]* und nicht als ἀλληγορία *[allægoria]* bezeichnet (Mt 22,1).

2) Allegorese des AT begegnet im NT nur 1Kor 9,9. Die Deutungen in 1Kor 5,6–8; 10,4; Gal 3,16; 4,21–31 (dort begegnet ἀλληγορέω *[allægoreō]*) sind typologische Deutungen mit allegorischen Zügen. Die Allegorese des AT setzt im weiten Umfange erst mit dem Barnabasbrief ein.

Die Rätselrede (αἴνιγμα *[ainigma]*) ist keine nt. literarische Form. Wie Gott im AT zu den Menschen in Rätselrede (s. o.) spricht, so schauen wir die Vollendung (1Kor 13,10) rätselhaft durch einen Spiegel (ἔσοπτρον *[esoptron]*) und nicht unmittelbar (»von Angesicht zu Angesicht« 13,12).

Bei aller Differenzierung der Gleichnisse sollte man bedenken, daß sie der lebendigen Sprache entstammen und daher meist in Mischformen auftreten.

3) Dazu sind noch weitere 5 Formgesetze zu beachten:

a) Das Gleichnis als Spiel. Beim reinen Gleichnis und den verwandten Formen unterscheidet man zwischen Bild- und Sachhälfte und sucht nach dem Bereich, in dem beide Hälften sich überschneiden: dem Vergleichspunkt. Bei den ausgeführten Formen zeigt es sich, daß die Bildhälfte kein statisches Bild wiedergibt, sondern ein Spiel vor dem Hörer inszeniert, das sich in Szenen gliedern läßt. Deshalb sollte man besser von Spielhälfte sprechen (GEichholz, aaO).

b) Das Gesetz der Knappheit besagt, daß die Spielhälfte extrem knapp, prägnant und schlicht erzählt ist. Entbehrliche Affekte und Motive werden verschwiegen, mehr als drei Personen oder Personengruppen treten nie auf (Gesetz der Dreizahl), in einer Szene gleichzeitig nur zwei handelnde (Gesetz der szenischen Zweizahl). Ist der Schluß unwesentlich oder selbstverständlich, fehlt er sogar.

c) Das Gesetz der Einsträngigkeit besagt, daß es im Spiel nur einen sich entwickelnden Handlungsgang gibt, nie zwei oder mehr sich parallel entwickelnde. Dazu wird das Spiel nur von einem Blickpunkt her erzählt.

d) Für den Ausleger ist das Gesetz des Achtergewichtes wichtig, denn nach diesem steht das Wichtigste immer am Ende.

e) Das Gesetz des Hörerbezuges will sagen, daß der Stoff der Spielhälfte der Welt des Hörers entnommen ist und sein Erleben und Denken widerspiegelt. Auch sind die Gleichnisse direkt auf den Hörer zugesprochen. So sind die Fragegleichnisse eine einzige große Frage, die den Hörer zur Antwort zwingt. Zudem wird er in das Gleichnis hineingezogen, insofern er sich in der Hauptfigur porträtiert findet und dadurch nicht nur getroffen, sondern auch betroffen ist (HGreeven, aaO).

4) Neben den Formgesetzen gibt es Traditionsgesetze, da die Gleichnisse in der Tradition zT erhebliche Veränderungen erfahren haben. Eine große Zahl der Gleichnisse hat in der Tradition einen neuen Adressaten bekommen (Adressatenwechsel), wobei aus Gleichnissen, die an Außenstehende gerichtet waren, oft Jüngergleichnisse wurden. Damit ist meist eine Akzentverschiebung (Akzentwechsel) gekoppelt. Oft fügt die Tradition ein zweites Gleichnis bei, um den Akzent des ersten zu wiederholen und damit zu unterstreichen (Doppelgleichnis). Dem Adressaten- und Akzentwechsel dient auch die Allegorisierung der Gleichnisse, die immer erst die Tradition vornahm (Mk 4,13–20; Mt 13,36–43). Die Evangelisten waren eben keine Archivare, sondern verantwortliche, freie Tradenten. Ihre

Freiheit »ist paradox als Versuch des Gehorsams zu verstehen; sie entspringt gerade ihrer Gebundenheit an das tradierte Wort« (GEichholz, Einführung, aaO, S. 40).

5) Eine einstimmige B o t s c h a f t der Gleichnisse ist nicht aufzuzeigen, sie muß je einzeln erhoben werden. Umfassend kann man sagen, daß alle Gleichnisse »unlöslich mit der Christologie verbunden« (EHoskyns, aaO, S. 140), daß sie primär eschatologisch sind und zwei Themenkreise haben: das → Reich Gottes und die Buße (→ Bekehrung). Zum ersten Themenkreis gehören die Wachstumsgleichnisse (Mk 4; Mt 13), aber auch die Gleichnisse, die von Gott und seinem Tun sprechen (Lk 15,11–32; Mt 20,1–16; 25,14–30). Der zweite Themenkreis schärft die Dringlichkeit der Buße ein (Lk 12,16–20; 13,6–9), die entschlossenes (Lk 16,1–8), radikales (Mt 13,44–46), wachsames (Mt 24,42 – 25,13) Handeln fordert, weil das Reich nahe ist. Zu diesem Kreis gehören auch die Gleichnisse, die vom Handeln am Nächsten sprechen (Mt 18,23–35; Lk 10,30–37).

6) **Die Breite der Gleichnistradition, die auf Verdeutlichen und Verstehen zielte,** stand im Gegensatz zur Konzeption des Mk, dessen beherrschendes Motiv die geheime Messianität ist. Diesen Widerspruch überwand Mk durch die Parabeltheorie (4,10–12.33f par), die besagt, daß die Gleichnisse die Außenstehenden verstocken sollen. Damit sind die Gleichnisse der marcinischen Konzeption eingeordnet und dienstbar gemacht. Das verwendete, ursprünglich selbständige Logion (V. 11f) zeigt palästinensisches Kolorit und scheint sehr alt zu sein. Soll es ursprünglich besagt haben, die Gleichnisse Jesu zielten auf Verstockung? Das widerspräche der Natur der Gleichnisse und dem Wesen Jesu! JJeremias (aaO, S. 12–14) versucht, den ersten Widerspruch zu lösen, indem er παραβολή *[parabolæ]* mit »Rätselwort« (II,2) übersetzt: »Denen aber, die draußen sind, ist alles rätselvoll«. Damit ist aber nur ein Widerspruch gelöst. Beide lösen sich, übersetzt man das ἵνα *[hina]* gemäß dem hebr. Äquivalent *lᵉmaʿan*, das an vier at. Stellen (Dtn 29,18; Jer 7,18; 27,10.15) das Resultat beschreibt. Dann besagt das Logion: Das Wirken Jesu wird den Glaubenden zur Offenbarung; zu den anderen spricht Jesus in Gleichnissen; diese verstehen aber die Gleichnisse nicht, können sich deshalb nicht bekehren und erlangen nicht die Vergebung. Das Resultat, nicht aber die Absicht der Gleichnisse, ist die Verstockung. Bei dieser Übersetzung paßt das Logion zu keiner Lehrform Jesu besser als zu den Gleichnissen (vgl. C. H. Peisker, ἵνα, S. 126f).

C. H. Peisker

παροιμία

παροιμία *[paroimia]* Sprichwort, Weisheitsspruch; verhüllte Rede, Rätselrede

I Das Subst. παροιμία *[paroimia]*, belegt seit Aischyl. (Ag. 255; vgl. ferner Sophokl. Ai. 664; Plato Resp. I,329 u. ö.), ist etymologisch abzuleiten von παρά *[para]* *am Rande von, längs* und οἴμη *[oimæ]* *Weg, Gang*, Gang einer Erzählung oder eines Liedes, *Sage, Lied;* es bezeichnet also ein *Sprichwort*, das nicht selbständig gebraucht wird, sondern die Rede u. ä. begleitet, ergänzt, zusammenfaßt. Zu seinem Wesen gehört es, allbekannt (Sprichwort: vielgesprochenes Wort), volkstümlich, der allg. Erfahrung entsprechend, eine anerkannte Wahrheit enthaltend, treffend, prägnant, zeitlos zu sein. Popularität und Traditionsbildung scheiden es vom Aphorismus und der Sentenz (γνώμη *[gnōmæ]*, → Erkenntnis, Art. γινώσκω I; bei Aristot. Rhet. II,21,1395,17 ist die Grenze fließend), das Fehlen des Rahmens vom Apophthegma (ein Logion, das in einen konkreten Rahmen gefaßt ist). Aristot. (Rhet. III,11,1413,14) rechnet es wegen der Bildhaftigkeit zur Metapher (→ παραβολή I), andere wegen der häufigen Bezüge auf Tiere und Pflanzen zur Fabel (→ Mythos I). Zu Sprichwortsammlungen kommt es durch Aristot., Klearch, Zenobius u. a. (vgl. die Sprichwortsammlungen durch Luther, Agricola, Erasmus).

II In der LXX begegnet παροιμία *[paroimia]* nur 9mal, u. a. als Titel des Buches der Sprüche (1,1; aber auch 26,7) und in Sir (6,35; 8,8; 18,29; 39,3; 47,17). Durch diesen Gebrauch erweist es sich als term. techn. der weisheitlichen Unterweisung (→ παραβολή II,2). Es ist Äquivalent für hebr. *māschāl* = *Weisheitsspruch* (→ παραβολή II). Bei Philo (De Abrahamo 235; De Vita Mosis 1,156; 2,29) begegnet es in der Bedeutung *Sprichwort*. Bei den Rabbinen waren Sprichwörter sehr beliebt. Sie wurden eingeleitet zB durch »so sagen die Leute«, »man sagt im Sprichwort« (St.-B. s. v.).

1) Die Logien Jesu werden in ihrer Gesamtheit oftmals als Sprüche bezeichnet. Eine III
Spruchsammlung ist das Thomasev., Papyrus Oxyrhynchus (1.654f.840) und die aus Mt und Lk erschlossene Logienquelle (Q). Sprüche im Sinne der weisheitlichen Unterweisung finden sich in den Jesus-Logien, zB Mk 9,50 par; Mt 5,15 par; 6,19f par. 22f par; aber auch in den Briefen, zB Röm 12,20; Hebr 12,5f; Jak 4,6; 2Petr 2,22 mit at. Zitaten; 1Kor 15,33 mit einem Zitat aus Menander, Thais. In den Jesus-Logien finden sich auch Sprichwörter, die in der Regel aus dem rabb. Raum stammen (vgl. St.-B. s. v.): zB Mk 2,17 par; 4,22 par; 6,4 par; Mt 6,21 par. 34; 7,4 par. 16 par; 15,14 par; 24,28 par; Lk 4,23). Manchmal kann es sich um Neubildungen durch Jesus handeln, die später zu Sprichwörtern wurden. In den Briefen begegnen Sprichwörter zB bei Jak 3,5.12. In 2Petr 2,22 steht ein Weisheitsspruch und ein Sprichwort. Beide sollen das verächtliche Verhalten der gnostischen Irrlehrer demonstrieren.

Auffällig ist nun, daß, obwohl sich im NT an vielen Stellen (s. o.) der Sache nach Sprichwörter finden, doch nur an wenigen Stellen (Joh 10,6; 16,28.29; 2Petr 2,22) Spruch und Sprichwort auch durch die Vokabel παροιμία *[paroimịa]* bezeichnet werden. Zudem nehmen die johanneischen Belege eine Sonderstellung ein.

2) Nur bei Joh nämlich (10,6; 16,25.29) begegnet im NT παροιμία *[paroimịa]* im Sinne von *verhüllter Rede, Rätselrede.* Diese Bedeutung ist durch das hebr. Äquivalent *māschāl* und die dadurch entstandene Nähe zu → παραβολή *[parabolæ]* verursacht. So wird rückblickend Jesu Rede vom Hirten (10,6), ja sein Reden überhaupt (16,25) als rätselhaft bezeichnet. Der Rätselrede wird die spätere unverhüllte Offenbarungsrede (→ Freimütigkeit) gegenübergestellt (16,25.29). Dies kann rein zeitlich verstanden werden, zB: der irdische Jesus sprach rätselhaft, der erhöhte Christus spricht unverhüllt. Diese Deutung birgt aber einige Schwierigkeiten: Man kann die Jesus-Worte bei Joh wirklich nicht als verstandesmäßig schwer verständlich bezeichnen, auch vermag man nicht zwischen rätselhaften und offenen Worten zu unterscheiden; rätselhaft heißt bei Joh wahrscheinlich nicht: verstandesmäßig schwierig! Die Rätselhaftigkeit der Worte ist nicht im Wort, sondern im Hörer begründet. Deshalb sind die Worte rätselhaft und unverhüllt zugleich. Rätselhaft bleiben die Worte, sofern der Hörer sie verstandesmäßig verstehen will. Unverhüllt sind sie dem, der in »der neuen, der eschatologischen Existenz« (RBultmann, Johannes, S. 452; »Zeit« – ὥρα *[hōra]* – = eschatologische Stunde) steht. »Jesu Worte gewinnen ihre Verstehensmöglichkeit erst in der Wirklichkeit der gläubigen Existenz« (ebd.). *C. H. Peisker*

Lit.: AJülicher, Die Gleichnisreden Jesu, I².II, 1910 – OEißfeldt, Der Maschal im AT, BZAW 24, 1913 – HWeinel, Die Gleichnisse Jesu, 1929⁵ – FBüchsel, Art. ἀλληγορέω, ThWb I, 1933, 260ff – GKittel, Art. αἴνιγμα, ThWb I, 1933, 177ff – LGoppelt, Typos, 1939 – HGreeven, Wer unter euch . . .?, Jahrb. d. Theol. Schule Bethel, 1952, 86ff (Fragegleichnisse) – FHauck, Art. παραβολή, ThWb V, 1954, 741ff – ders., Art. παροιμία, ThWb V, 1954, 852ff – ARJohnson, *māšāl*, VT Suppl. 3, 1955, 162ff – CEMacartney, The Parables of the OT, 1955² – AJolles, Einfache Formen, 1956² – WMichaelis, Die Gleichnisse Jesu, 1956³ – LGoppelt, Art. Allegorie II, RGG I, 1957³, 239f – EHoskyns/NDavey, Das Rätsel des NT, ThB 7, 1957 – GFohrer/ELDietrich/NADahl, Art. Gleichnis und Parabel II, RGG II, 1958³, 1615ff – ELohse, Die Gottesherrschaft in den Gleichnissen Jesu, EvTh 18, 1958, 145ff – CHDodd, The Parables of the Kingdom, 1961⁵ – FMußner, Die Botschaft der Gleichnisse Jesu, 1961 – HZimmermann, Die Botschaft der Gleichnisse Jesu, Bild u. Leben 2, 1961, 92ff – JJeremias, Die Gleichnisse Jesu, 1962⁶ – GSchille, Art. Gleichnis, BHHW I, 1962, 577ff – USkladny, Die ältesten Spruchsammlungen, 1962 – GEichholz, Einführung in die Gleichnisse, BSt 37, 1963 – RBultmann, Das Evangelium des Johannes, 1964¹⁸, bes. 285.452ff – ders., Die Geschichte der synoptischen Tradition, FRLANT NF 12, 1964⁶, s. v. – CHCave, The Parables and the Scriptures, NTSt 11, 1964/65, 374ff – GEichholz, Das Gleichnis als Spiel, in: Tradition und Interpretation, 1965, 57ff (= ThB, 29) – CWestermann, Art. Rätsel, BHHW III, 1966, 1552f – CAKeller/BReicke, Art. Sprichwort, BHHW III, 1966, 1837ff – ELinnemann, Gleichnisse Jesu, 1966⁴ – JDupont, Le chapitre des paraboles, Nouv. Rev. Théol. 99, 1967, 800ff – CHPeisker, Das Gleichnis vom verlorenen Groschen, EvEr 1967, 58ff – CHPeisker, Konsekutives ἵνα in Mk 4,12, ZNW 59, 1968, 1ff – KPJörns, Die Gleichnisverkündigung Jesu, in: Der Ruf Jesu und die Antwort der Gemeinde, Festschr. JJeremias, hrsg. v. ChBurchard u. a., 1970, 157ff – DOVia, Die Gleichnisse Jesu, 1970 (= BEvTh, 57) – GEichholz, Gleichnisse der Evangelien, 1971 – AWeiser, Die Knechtsgleichnisse der Evangelien, 1971 (= StANT, 29) – CHECarlston, The Parables of the Triple Tradition, 1975.

Glied → Leib

Gnade

χάρις

χάρις *[charis]* Gunst, Dank, Wohlwollen, Wohltat · χάρισμα *[charisma]* aus Wohlwollen geschenkte Gabe · χαρίζομαι *[charizomai]* aus Gnade schenken, jemandem zu Gefallen sein, verzeihen · χαριτόω *[charitoō]* mit Huld beglücken, begnaden

I 1) Die Wörter der griech. Wurzel χαρ *[char]* bezeichnen das, was Wohlbehagen erzeugt. Sie gehören zur idg. Wortfamilie: *ger-on* (althochdeutsch), *Gier, begehren; Geier* (neuhochdeutsch); lat. *caritas*, vgl. χαρά *[chara]* (→ Freude). χάρις *[charis]* (seit Homer), in der Dichtung nicht immer klar von χαρά *[chara]* (seit Sappho) unterschieden, bedeutet das, was zwischenmenschliches Wohlbehagen bringt (vgl. χάρμα *[charma]*; frz. *charme*, Gegenstand der Freude, Reiz), während χαρά *[chara]*, → *Freude*, individuelles Ergebnis bzw. Ausdruck dieses Wohlbehagens ist. Von dieser Grundbedeutung des Subst. leiten sich die Einzelbedeutungen von χάρις *[charis]* ab: *Huld, Gunst, Zuneigung, Wohlgefallen, Gefälligkeit, Gunstbezeugung, Liebesdienst, Wohltat;* im Plur.: *Gegendienst, Erkenntlichkeit, Vergeltung, Dank* (diese Bedeutung seit Eur. 5. Jh. vChr). Der Akk. Sing. mit ἔχειν *[echein]* bedeutet *dankbar sein;* unter Hinzufügung von πρός τινα *[pros tina]*: *Gunst bei jemandem besitzen.* Mit ἀποδοῦναι *[apodounai]* bzw. ὀφείλειν *[opheilein]* verbunden, heißt der Akk. Sing. *Dank abstatten* bzw. *zum Dank verpflichtet sein.* Die charakteristische Verwendung des Subst. kennzeichnen: a) die artikellosen Verbindungen mit: εἰς *[eis]* = *zu Dank; als Gunst;* ἐν *[en]* = *zugunsten;* πρός *[pros]* = *zu Gefallen; in Güte; nach Belieben;* σύν *[syn]* = *zur Zufriedenheit;* b) die adv. Wendung χάριν τινός *[charin tinos]* = *zu jemandes Gunsten; um . . . willen; wegen.*

Die χάρις *[charis]* bezeichnet sowohl die Gesinnung der Götter als auch der Menschen (zB die Erlasse der Kaiser). – Ähnlich wie χάρμα *[charma]* (vgl. lat. *carmen, Zauberspruch*) kann auch χάρις *[charis]* die körperliche Ursache der wohlwollenden Zuwendung, *Reiz, Liebreiz,* im Plur. *liebenswürdige Eigenschaften* bezeichnen. – Im Mythos begegnen die Hypostasierungen der χάρις *[charis]*: Χάρις *[Charis]* ist die überaus schöne Gattin des Hephästos; αἱ Χάριτες *[hai Charites]*, die Grazien, sind die Schöpferinnen und Verleiherinnen der Anmut.

2) Das abgeleitete Subst. χάρισμα *[charisma]*, *Gnadengabe, Gnadengeschenk* (nur: von Seiten Gottes an die Menschen) ist in der vorchristl. Lit. nur in je einer LXX-Lesart zu Sir 7,33; 38,30 und Ps 30(31),22 zu finden. In der profanen nachchristl. Lit. kommt es bei Aleiphron (2. Jh.) in der Bedeutung *wohlwollend gespendete Gabe* vor.

3) Das Verb χαρίζομαι *[charizomai]* (allg. seit Homer) mit göttlichem Subj. findet sich in der Bedeutung *aus Gnaden schenken* in der profanen Lit. erst bei Ael. Arist. (2. Jh. nChr). – Im Blick auf zwischenmenschliche Beziehungen heißt es *einem etwas Angenehmes erweisen; gütig, hold, willfährig sein; jemandem zu Gefallen sein* bzw. *leben* (seit Diod. S, 1. Jh. vChr); in Verbindung mit τινὶ πρός τι *[tini pros ti]* zB *einen Gott sich durch Opfer geneigt machen;* von der Frau: *jemandem ihre Gunst schenken; den Leidenschaften frönen.* χαρισάμενος *[charisamenos]*, absolut gebraucht, heißt *zu Gefallen.* – Stark im ethisch-juridischen Bereich liegt der Wortsinn *schenken = erlassen, vergeben, verzeihen* mit dem Dat. der Person und dem Akk. der Sache (seit Dionysius Halicarnassos, 1. Jh. vChr), bes. in der Verwendung *jemandes Leben* (einem Dritten) *schenken,* dh ihn jemandem zu Gefallen freigeben (vgl. III zu Apg 3,14; 25,11.16; 27,24; Phlm 22). – Im Perf. und Plusqpf. Pass. bedeutet das Verb *angenehm, lieb, erwünscht sein;* das Part. Perf. hat den subst. Sinn *Angenehmes, Liebes;* vgl. die Formel ὡς κεχαρισμένοι *[hōs kecharismenoi]*: *so, wie Beschenkte.*

4) Das Verb χαριτόω *[charitoō]* begegnet nur an wenigen LXX- und außerkanonischen Stellen (Sir 18,17; einer Variante zu Ps 17[18],26; Arist. 225 und TestJos 1,6), immer in Beziehung auf göttliches Begnaden. Sonst ist es dem NT vorbehalten und der sehr späten nachchristl. profanen Lit. (Libanius, 4. Jh.).

II 1) Etwa 190mal gebraucht die LXX das Wort χάρις *[charis]*, davon haben nur etwa 75 Stellen ein hebr. Äquivalent. Unter den Äquivalenten überwiegt bei weitem das Subst. *chēn* (61mal), meist in der Bedeutung *Gunst, Geneigtheit;* selten: *Anmut, Schönheit, Liebreiz* (so Ps 45,3[LXX 44,2]; jeweils adj. Spr 1,9; 4,9; 5,19). – Weitere Äquivalente sind *rātsōn* (3mal), *Wohlgefälliges* (mitmenschlich: Spr 10,32); *Wohlgefallen,* das man bei Gott finden will (Spr 11,27); *Wohlgefallen,* das Gott an jemandem findet (Spr 12,2); *chæsæd* (2mal), *Gunst* (Esth 2,9.17, hier parallel zu *chēn*); *racham* (2mal; Plur.; → Barmherzigkeit, Art. οἰκτιρμός II; Art. σπλάγχνα II), *liebevolles Empfinden* (Dan 1,9), *Erbarmen* (Gen 43,14) je 1mal; *tob* = *etwas Gutes* (Spr 18,22); *gedulah* = *Ehrenerweis* (Esth 6,3); die konjunktionale bzw. präpos. Bedeutung *bamæh* = *weswegen* (2Chr 7,21); *biglal* = *um . . . willen* (Variante 1Kön 14,16); *chalaq* (Ez 12,24) = *schmeichlerisch-glatte Anpassung* (WZimmerli, BKAT zSt.).

2a) Der Wortgebrauch *chēn* verdeutlicht, was »Gnade« geschichtlich-dynamisch ist: Die Überwindung der situationsbedingten oder grundsätzlichen Machtdistanz zwischen Starken und

Schwachen (→ Arm, B II) durch die Initiative des (der) Stärkeren. Dieser handelt aus freiem Entschluß, aber gerade bewegt vom Angewiesensein und der Bitte des Schwächeren. Eine typische Redewendung für dieses Geschehen, beurteilt vom Standpunkt des Schwachen aus, ist die Formel: *Gnade finden in jemandes Augen* = *sich seine Gunst, Beliebtheit, Geneigtheit* (!), also *Herablassung*, sein *Verständnis erwerben*. Das Ereignis selbst ist dann das, was den Schwächeren wohlgefällig macht zB: Jakob vor Esau (Gen 32,6 [LXX V. 5]); Joseph vor Potiphar, vor den Leuten des Pharao (Gen 39,4 und 50,4); die Ägypter vor Joseph (Gen 47,25); Ruth vor Boas (Ruth 2,2.10.13); eine Jungvermählte vor ihrem Mann (hier Negation, Dtn 24,1); Hanna vor Eli (1Sam 1,18); David vor Saul, vor Jonathan (1Sam 16,22 und 20,3); Joab vor David (2Sam 14,22); Esther vor dem König (Esth 8,5 u. ö.). Dieses Angenommenwerden wird als Glück, Heil empfunden (Pred 9,11) oder gewünscht (Sach 4,7). Oft kann es nur als Ergebnis des besonderen Eingreifens Gottes verstanden werden, der den Schwächeren Gunst verschafft (Gen 39,21; Ex 3,21; 11,3; 12,36).

b) Verhältnismäßig selten bezeichnet *chēn* das Handeln Gottes, meist im Sinne seiner unverdienten erwählenden Zuwendung: Noah wird (Gen 6,8) aus der zum Untergang verurteilten Menschheit ausgesondert (vgl. u. zu Gen 8,21f). Die Auswahl dieses Einzelnen läßt zugleich das Erbarmen mitten im Gericht erkennen. – Der erwählte Mittler Mose darf Jahwe an die erwählende Zuwendung erinnern (Ex 33,12.13a) und deshalb erneute Zuwendung Jahwes erbitten (Ex 33,13b, 16, vgl. Num 11,11), die in der geschichtlichen Fürsorge Jahwes für das Bundesvolk erkennbar wird und von Etappe zu Etappe um der Fürbitte des Mittlers willen neu zugesagt wird und geschieht (Ex 33,17). – Auch David liefert sich in geschichtlicher Krisensituation der freien Zuwendung Jahwes aus (2Sam 15,25). Beugung vor Gott, → Demut und Bitte erscheinen hier als die menschenmöglichen, aber nicht zwingenden Voraussetzungen der erbarmenden Zuwendung Gottes. – Die Weisheitslit. erkennt in der Korrespondenz von menschlicher Demut und göttlicher Gnade eine Gesetzmäßigkeit der Geschichte Gottes mit den Menschen (Spr 3,34; aufgenommen 1Petr 5,5). – Umstritten ist die Übers. von Sach 12,10: L: »Geist der Gnade«. Jedenfalls ist hier an eine Wirkung der endzeitlichen Geistausgießung beim Menschen gedacht (vgl. Jo 3,1); der Sinn liegt zwischen »Mitleid« (L. Köhler, Lexikon) und »Rührung« (K. Elliger, ATD 25 zSt.). Auch beim folgenden Subst. (L: »Gebet«; Elliger, a. a. O.: »Ergriffensein«) liegt die Wurzel *chnn* zugrunde.

c) Auch der geschichtliche Strafaufschub ist Gnadenhandeln Gottes (2Kön 13,23 *chnn*). Dort, wo der Begriff nicht begegnet, kommt häufig doch die Sache vor: 1Kön 21,29; 2Kön 10,30; 14,26. So reden die AT-Theologien (s. dort das Registerstichwort »Gnade«) zu Recht davon, daß, weit über das Vorkommen des Begriffes hinaus, alles »Leben aus dem Gnadenwillen Gottes« fließt (L. Köhler, a. a. O. 128) bzw. Jahwes Gnade »jede Art von äußerer Lebensförderung« wirkt (v. Rad I, a. a. O., 228). Auch die theologische Konzeption des Jahwisten, in der dem Überhandnehmen der Sünde das Mächtigerwerden der Gnade folgt, ist hier, abseits von der Begrifflichkeit, zu bedenken: Sintflut – Noahbund (bes. Gen 8,21f); Turmbau – Abrahambund zum Segen aller Völker (Gen 11 – Gen 12). In Ps 63,4 stößt das AT dann schon zur »Entdeckung des Geistlichen als einer Wirklichkeit jenseits der Hinfälligkeit des Körperlichen« vor (v. Rad I,401): »Deine Gnade (L.: wörtlich → Barmherzigkeit, = ἔλεος [eleos]) ist besser als Leben.«

3) Die **apokryphe Weisheitslit.** kennt über die übliche at. Begrifflichkeit hinaus das Verständnis der Gnade als Lohn für Werke, sowohl der Wohltätigkeit (Sir 12,1; 17,22; 35,2; 40,17; Pass. als Umschreibung des Gottesnamens), als auch der Entsagung, wohl des Märtyrers (Weish 3,14 τῆς πίστεως χάρις [*tæs pisteōs charis*] = des Glaubens *Gnadenlohn*, nämlich »für den unschuldig Entmannten«; vgl. Jes 56,3ff). – Zur Gnade des Martyriums vgl. 4Makk 11,12: Der Unterdrücker begnadet mit herrlichen Gnaden, weil er . . . vergönnt, im Leiden die Stärke der Gesetzestreue zu zeigen.

4) In den **Qumran-Texten** begegnet – verbunden vor allem mit dem Begriff *chæsæd*, aber auch mit *rātsōn* (*chēn* fehlt) – eine ausgeprägte Gnadentheologie, die innerhalb der Bundesgnade (1QM 12,3 u. ö., vgl. → Barmherzigkeit, Art. ἔλεος II) auch die dem Einzelnen gewährte und von ihm erhoffte Zuwendung Gottes in Bekenntnis und Gebet ausspricht: 1QS 11,12.13 (»durch seine Gnadenerweise kommt meine Rechtfertigung«!); 1QH 2,23.25; 4,37; 7,27.35 9,10 (»ich wählte das Gericht über mich . . ., denn ich harre auf deine Barmherzigkeit«); 9,14 (»Hoffnung . . . durch deine Barmherzigkeit«); 11,31; 16,12. Obwohl die Qumran- und Paulustexte in der tiefen Erkenntnis der menschlichen Sünde und im Wissen darum, daß uns Gott gerechtmachen und begnadigen kann, einander nahestehen, besteht dennoch ein grundlegender Unterschied zur späteren paulinischen Theologie; die grundsätzliche Befreiung vom Gesetz ist noch nicht geschehen (s. H. Braun, a. a. O.; vgl. Conzelmann, a. a. O., 255). – Das göttliche Wohlgefallen (*rātsōn*) wirkt als Vorsehung und Vorherwissen, die zu gutem Wandel und zur Erkenntnis befähigen (1QS 11,18; 10,6; 14,13 u. ö.). Durch Gehorsam und Opfer kann auf dies Wohlgefallen eingewirkt werden (1QS 9,4f; 1QM 2,5).

5) Die **rabb. Lit.** zeigt keineswegs eine einseitige Werkgerechtigkeits-Lehre. Einerseits ist die Gnade menschlichem Ethos erwirkbar (vgl. St.-B. I,767f; II,152), und Gnade geschieht nur dort, wo Werke mangeln, denn Lohn empfängt man nur für eine Tat (4Esr 8,31–33.36; vgl. St.-B.

III,201 zu Röm 4,4; III,268 zu Röm 9,15 = Ex 33,19; ferner IV,21, Exkurs zur Bergpredigt), andererseits besteht das Wissen um die Notwendigkeit der beginnenden und vollendeten Gnade für jegliches Handeln, auch das der Erwählten (Arist 195, vgl. St.-B. III,618f), und um den göttlichen Lohn als Gnadenlohn (vgl. St.-B. IV,486ff zu Mt 20,1–16). Die alte Synagoge hat nach St.-B. IV, 490 den Gedanken des Gnadenlohnes nicht festgehalten, allerdings auch die Erkennbarkeit der Erwählung am innerweltlichen Erfolg verneint. Der Erfolgreiche ist verdächtig, seinen zukünftigen Lohn schon dahin zu haben.

III 155mal verwendet das NT den Begriff χάρις *[charis]*. Der Schwerpunkt liegt in den paulinischen Briefen (100mal), speziell in den Kor-Briefen (10 und 18mal), Röm (24mal) und Eph (12mal). Innerhalb der kathol. Briefe weist der 1Petr (10mal) den häufigsten Wortgebrauch vor dem Hebr (8mal) auf. Die Apg verwendet χάρις *[charis]* 17mal, das LkEv 8mal, Joh 4mal; bei Mt und Mk fehlt der Begriff. – χάρισμα *[charisma]* ist, mit Ausnahme einer Stelle im 1Petr, ein ausschließlich paulinischer Begriff (16mal). χαρίζεσθαι *[charizesthai]* begegnet lediglich bei Paulus (16mal) und Lk (LkEv 3mal, Apg 4mal), ebenso χαριτοῦν *[charitoun]* (je 1mal).

1) In der Verkündigung Jesu ist vermutlich der Gnadenbegriff im Sinne der unverdienten Zuwendung Gottes nicht vorgekommen, aber die Inhalte seiner Verkündigung und sein gesamtes Handeln vergegenwärtigen Gottes Herablassung zu den Gebrechlichen, Armen, Hoffnungslosen, Verlorenen (Mt 11,5.28ff; Mk 10,26ff; Lk 15). Unermeßlicher Schulderlaß (Mt 18,21–34), Gnadenlohn im Reiche Gottes (Mt 20,1–16), Begnadigung zu neuem Leben (Lk 13,6–8; 7,36–50; 19,9f) sind zentrale Themen seines Wirkens.

2a) An den wenigen Stellen, wo Lukas den Gnadenbegriff in Reden Jesu einführt, bedeutet er *endzeitlichen Dank*, Lohn für natürlicherweise Selbstverständliches (Lk 6,32–34, vgl. Mt 5,46; Lk 17,9), und ist fast im Gegensatz zu seinem Hauptsinne verwendet. – In 4,22 scheint die Formulierung »Worte der Gnade« sowohl die überraschende rhetorische Kraft der Rede Jesu, seine Vollmacht (s. V. 22c, vgl. Eph 4,29; Kol 4,6) wie die Kühnheit seines Anspruches (V. 21 zu V. 18f), als auch den Inhalt seiner Predigt (s. o. Mt 11,5) zu umfassen.

Im übrigen gebraucht Lk χάρις *[charis]* in at. Bedeutung, um die *Gunst*, das *Angenehmsein* Marias oder des Knaben Jesus vor Gott (1,30; 2,40) und den Menschen (2,52; Zit. 1Sam 2,26) auszusagen. Ein besonderes dogmengeschichtliches Gewicht hat der Engelgruß an Maria: »Begnadete!« (Lk 1,28; κεχαριτωμένη *[kecharitōmenæ]*; L: Hochbegnadete) erhalten, der Maria keineswegs wesensmäßig aus der übrigen Menschheit heraushebt (für Stephanus gilt zB ebenso, daß er voll der Gnade ist, Apg 6,8), sondern ihr als besondere Gunst Gottes dieses heilsgeschichtlich einmalige Magd-sein-können, das ihr widerfährt (γένοιτο *[genoito]* Lk 1,38) zusagt.

b) In der Apostelgeschichte ist Gnade jene Kraft, die von Gott oder dem erhöhten Christus ausgeht, das Wirken der Apostel begleitet und den Missionserfolg ermöglicht (Apg 6,8; 11,23 Missionserfolg; 14,26; 15,40; 18,27). Sie kommt im »Wort der Gnade«, das identisch ist mit dem → Evangelium (13,43; 14,3 der Kyrios bezeugt es selbst; 18,27 identisch mit »Gnade«; 20,24.32). – Auch dort, wo die Bedeutung *Gunst bei Menschen* mitschwingt, ist die Urheberschaft Gottes entscheidend (2,47; 4,33; ausschließlich in der Bedeutung *menschliche Gunst* nur 24,27 = 25,9; 25,3). – Der paulinische Gegensatz → »Gesetz-Gnade« (vgl. 4a) schwingt noch nach beim Apostelgespräch in der Gegenüberstellung von »Joch« (ζυγός *[zygos]*, s. Mt 11,28ff) und »Gnade« (15,10f).

χαρίζεσθαι *[charizesthai]* verwendet die Apg 4mal im Sinne *jemandem das Leben eines Dritten schenken* (3,14; 27,24) bzw. *preisgeben* (25,11.16).

3) Im JohEv. kommt χάρις *[charis]* nur 4mal im Prolog vor, vermutlich unter Einfluß paulinischen Denkens, und spielt im weiteren Ev. keine Rolle mehr. Typisch paulinisch (vgl. 4a) ist die Antithese → Gesetz-Gnade (1,17). Der Evangelist hat hier – wie auch 1,14 – einen seiner Lieblingsbegriffe, → »Wahrheit«, mit χάρις *[charis]* gleichgesetzt. Wie bei Paulus sind Christusereignis, hier bes. die Fleischwerdung, und Gnade identisch; wie in den Deu-

teropaulinen und den Pastoralbriefen (vgl. 5,6) wird Gnade vor allem als Inhalt seiner Herrlichkeit (δόξα *[dọxa]* V. 14) und in ihrer überquellenden → Fülle (χάριν ἀντὶ χάριτος *[chạrin antị chạritos]* = »Gnade um Gnade«) hervorgehoben (V. 17; vgl. V. 14). Im Gesamttext des JohEv können die Gaben, die der Offenbarer bringt: »Leben«, »Licht« u. a. und mit denen er identisch ist (s. die → Ich-bin-Worte), nur je als sein Gnadengeschenk verstanden werden.

4) Für Paulus ist χάρις *[chạris]* der Inbegriff der entscheidenden Heilstat Gottes in Jesus Christus, die in seinem Opfertod geschehen ist, und aller Konsequenzen ihrer Vergegenwärtigung und Endgültigkeit (Röm 3,24ff). – Daher ist die Verwendung von χάρις *[chạris]* in den Briefanfängen und -schlüssen des Apostels und seiner Schule weit mehr als bloße Höflichkeitsfloskel: »Gnade« ist nicht nur Heilswunsch, sie ist dadurch qualifiziert, daß sie Gnade Christi ist (zB 2Kor 13,13 Jesu).

a) Der Apostel entfaltet Wirklichkeit und Mächtigkeit der χάρις *[chạris]* in harter Auseinandersetzung mit dem rabbinischen Werkgerechtigkeits- und Synergismus-Denken (s. o. II,5; → Gesetz III,2), so daß er zwei antithetische, einander ausschließende Reihen aufstellt: Gnade, Geschenk, Gerechtigkeit Gottes, Überfluß, Glauben, Evangelium, Berufung, in der Gnade, Hoffnung einerseits und Gesetz, Lohn, Sünde, Werk, geschuldete Leistung, eigene Gerechtigkeit, Ruhm, fleischliche Weisheit, Vergeblichkeit andererseits. – Person und Werk des Sohnes stehen dafür ein, daß in der Begnadigung von seiten des Richters → Gerechtigkeit und Gnade nicht auseinanderfallen (Röm 3,21ff; 8,32; Gal 2,20f; Phil 2,8ff). Darum ist in Christus die Gnade Gottes als Reichtum gegeben (1Kor 1,4), unabhängig von ihm kann von Gnade nicht geredet werden (vgl. 1Kor 1,30f; s. auch Joh. 1,14.16f), was zugleich bedeutet, daß Gnade nie zu einem habitus werden kann, nie in die eigene Verfügbarkeit gerät.

b) In folgenden Briefabschnitten verwendet Paulus die genannten Gegensatzreihen oder deren Teile, und in ihnen begegnet die χάρις *[chạris]* an zentraler oder abschließender Stelle, meist auch durch einen Gegensatz definiert:

α) Röm 3,21–31: V. 24 »alle . . . werden geschenkweise (δωρεάν *[dōreạn]*; L: ohne Verdienst; vgl. → Gabe, Art. δῶρον) gerecht gemacht durch seine (Gottes) Gnade auf Grund der Erlösung in Christus Jesus«. Gnade ist hier Begnadigung durch den göttlichen Richter, der die von Christus erworbene → Gerechtigkeit den Sündern zuspricht.

β) Röm 4,2.25: V. 4 »aus Gnaden« (κατὰ χάριν *[katạ chạrin]*) und »nach Geschuldetem« (κατὰ ὀφείλημα *[katạ ophẹilæma]*; L: aus Pflicht), dh Lohn auf Grund von geleisteten Werken, schließen einander aus. – V. 16: »Deshalb: ›aus Glauben‹, damit es der Gnade entsprechend sei, damit die Verheißung fest sei für alle Nachkommen, nicht nur für die aus dem Gesetz allein«. Die freie Zuwendung Gottes macht allein die heilsgeschichtliche Ausdehnung der → Verheißung auf alle Menschen verläßlich.

γ) Röm 5,15–21 (6,1): V. 15 »nicht wie mit der Übertretung (παράπτωμα *[parạptōma]*), so auch mit der Gnade« (hier χάρισμα *[chạrisma]* im Sinne von χάρις *[chạris]*). χάρισμα *[chạrisma]* ist hier die Gabe des Lebens, die »als Gnade Gottes und Geschenk durch die Gnadentat des einen Menschen Jesus Christus auf viele im Überfluß gekommen ist« (vgl. auch V. 20b!). Die Übermacht der Gnade ist jedoch keine von Menschen manipulierbare Funktion der mächtiger werdenden → Sünde (6,1), sondern eine durch Jesus Christus neu und endgültig gesetzte Herrschaftswirklichkeit. Wie eine mächtige Person übt sie Königsmacht aus (βασιλεύειν *[basilẹuein]*). Ihr Grund ist die neue → Gerechtigkeit, ihr Regierungsziel das ewige → Leben (5,21).

δ) Röm 6,12–23 führt diesen Gedanken weiter. V. 14f: Der mit Christus Gestorbene und in ihm Lebende (V. 11) lebt nicht mehr unter der Herrschaft der → Sünde (ἁμαρτία *[hamartịa]*), sondern unter der der Gnade (V. 15 nimmt die Formel auf und wehrt ihr Mißverständnis ab, wie o. 6,1f). – Gottes Gnadengabe (χάρισμα *[chạrisma]*) des ewigen Lebens hat die Macht des Todes als der Sünde Sold zur erledigten Vergangenheit gemacht (V. 21ff).

ε) Röm 11,5f: »Gnadenwahl« (ἐκλογὴ χάριτος *[eklogæ̣ chạritos]*) und »kraft der → Werke« (ἐξ ἔργων *[ex ẹrgōn]*) haben nichts miteinander zu tun, sonst wäre Gnade nicht länger mehr (reine) Gnade gegen das rabbinische Leistungs- oder Ergänzungsprinzip (s. o. II,5).

ζ) 2Kor 1,12: Dem jüd. Selbstbestimmungswillen durch Werke des Gesetzes (s. α, β, ε) entspricht das griech. Autonomiestreben vermittels fleischlicher → Weisheit (σοφία σαρκική *[sophịa sarkikæ]*). Dem Ruhm beider widerspricht die Gnade Gottes als einzige Kraft des Apostolats (s. u.) und der Lebensführung des Christen (vgl. 1Kor 1,30f).

η) Gal 2,21 stößt Paulus zur äußersten Konsequenz seiner Gnadentheol. vor: »Gerechtigkeit vermittels des → Gesetzes« (διὰ νόμου *[dịa nọmou]*) hieße Wegwerfen der Gnade und damit Vergeblichmachen (hier δωρεάν *[dōreạn]* in negativer Bedeutung) des Todes Christi als des Grundes der Begnadigung.

ϑ) Gal 5,1–6: V. 4: Das, was Paulus 2,21 für sich selbst verneint, wirft er dem Teil der galatischen Gemeinde, der durch das → Gesetz gerecht werden will, als schon geschehen vor: Das Losgekommensein von Christus und das Herausgefallensein aus der Gnade, gleichsam den Absturz in die Abgründe der eigenen Gerechtigkeit und damit der Unfreiheit.

c) Außer dem antithetischen Gebrauch von χάρις *[chạris]* verwendet Paulus den Begriff auch in verschiedenen anderen Zusammenhängen:

α) Mit dem Ausruf »Gott aber sei Dank« (χάρις δὲ τῷ θεῷ *[chạris de tō theọ̄]* oder τῷ δὲ θεῷ χάρις *[tō de theọ̄ chạris]* Röm 6,17; 7,25; 1Kor 15,57; 2Kor 2,14; 8,16; 9,15) preist der Apostel an Schwerpunkten seiner Briefe (Röm 7,25!) das Gnadenhandeln Gottes (vgl. 1Tim 1,12; 2Tim 1,3; Hebr 12,28 die Formel ἔχειν χάριν *[ẹchein chạrin]*).

β) »Mit Danksagung« (χάριτι *[chạriti]*) geschieht die das Gewissen nicht belastende Teilhabe an den natürlichen Gütern (1Kor 10,30).

γ) Das geistliche Lied wird als Dank zu Gott verstanden (Kol 3,16).

δ) In 1Kor 16,3; 2Kor 8,6.7.19 ist χάρις *[chạris]* term. techn. für die Dankes- und Liebesgabe (L: »Liebesgabe« bzw. »Liebeswerk«) der Kollekte für die Jerusalemer Gemeinde.

d) Von der grundlegenden Begnadigungsstat, dem gültigen Freispruch her (Röm 8, 31ff) versteht Paulus die gesamte Bewegung des Christenlebens zwischen Anfang und Ziel als Gnade (2Kor 6,1–9; Röm 5,2; vgl. auch Joh 1,16). Ihre Verankerung im Vorsatz Gottes (πρόθεσις *[prọthesis]*) sichert ihre Alleingültigkeit (Röm 8,28). Menschliche Schwachheit, nicht Selbstbestimmung, ist ihr Wirkfeld (2Kor 12,9). Der neue Mensch bleibt so auf sie angewiesen wie der freigesprochene Strafgefangene auf die Beziehungen, den Einfluß, die Aufgaben, die vom Bewährungshelfer angeboten werden und das Leben in Freiheit ermöglichen (1Kor 15,10). So geschieht sowohl der Apostolat im besonderen (Röm 1,5; 12,3; Röm 15,15; 1Kor 3,10; Gal 2,9; Phil 1,7), wie christl. Dasein und Ethos überhaupt (Röm 12,3.6; 1Kor 1,4ff; 2Kor 4,15; 6,1; 8,1; 9,8: alle Gnade 14; Phil 1,7 Gnade als Band der Gemeinschaft) »auf Grund« und »vermittels« (häufig ausgedrückt durch διά *[dịa]*) der gegenwärtigen Zuwendung des Christus. (Die verdinglichenden Wendungen »gegeben«, »überfließen« u. ä. bedeuten keine Verdinglichung der Gnade selbst, sie kennzeichnen vielmehr deren Wirklichkeit im menschlichen Leben.)

e) Die je verschiedene Wirksamkeit der einen Gnade im einzelnen Christen durch den einen → Geist nennt Paulus χάρισμα *[chạrisma]*, persönliche *Gnadenbegabung*. Dieser Gebrauch von χάρισμα *[chạrisma]* ist der spezielle im Unterschied zum generellen (s. o. zu Röm 5,15f; 6,23). Jeweils im 12. Kap. des Röm und des 1Kor entwickelt Paulus die Bedeutung dieser speziellen geistlichen Dienstbefähigung für das Leben der Gemeinde nach innen und nach außen: Prophetie als Gabe der Verkündigung, Diakonie, Lehrtätigkeit (διδασκαλία *[didaskalịa]*), geistliche Ermahnung (παράκλησις *[parạklæsis]*), Gemeindeleitung, aber auch Wohltätigkeit und Erbarmen (→ Barmherzigkeit) – so Röm 12,6–8; darüber hinaus hatte Paulus schon 1Kor 12,9ff und 28ff genannt: → Glauben, die Gabe der Krankenheilung, besondere Vollmachttaten der Unterscheidung der Geister, der Zungenrede, der Auslegung der Zungenrede und als obersten in der Rangordnung der Dienste den Aposteldienst (→ Apostel). Zwar ist für Paulus kein Christ vorstellbar, der keine Gnadengabe hätte, aber eine

Mehrzahl von Gnadengaben kann durchaus einen einzelnen auszeichnen: Er selbst hat neben dem Apostolat (2Kor 1,11) noch die Gabe der Ehelosigkeit (1Kor 7,7), die nicht notwendig zum Apostolat gehört (1Kor 9,5), auch die der Zungenrede (1Kor 14,18), gewiß auch die der Prophetie, Lehre, Gemeindeleitung u. a. gehabt. Die geistliche Dienstfähigkeit bleibt im Rahmen des jeweiligen χάρισμα *[charisma]*, das nicht ehrgeizig überschritten werden soll (1Kor 12,11–27; Röm 12,3–5; vgl. auch 1Petr 4,10). Dennoch ermahnt Paulus zum Eifern (ζηλοῦν *[zælou̧n]*) nach den besten Gnadengaben (1Kor 12,31), was sicherlich nicht durch Leistung, sondern nur durch → Gebet und Gehorsam (→ Glaube, Art. πείθομαι), der die ganze Fülle der Gnade annimmt, geschehen kann. – Röm 11,29 bezeichnet χαρίσματα *[charismata]* die bleibenden heilsgeschichtlichen Vorrechte Israels (vgl. 9,4f).

f) Das Verb χαρίζομαι *[charizomai]* bezeichnet in seiner Hauptbedeutung wie das Subst. das entscheidende *Gnadengeschenk* Gottes. Röm 8,32: das allumfassende Schenken Gottes in der Hingabe seines Sohnes (vgl. Joh 3,16); der Geist Gottes führt in die Erkenntnis des von Gott Geschenkten (1Kor 2,12); nur mit der → Verheißung (ἐπαγγελία *[epangelia]*) ist das freie Schenken Gottes schon im Alten Bund verbunden (Gal 3,18), nicht mit dem → Gesetz. Die Bereitschaft, um Christi willen zu leiden, ist ebenso wie der Glaube von Gott der Gemeinde aus Gnaden um Christi willen geschenkt (Pass. als Umschreibung des Gottesnamens, Phil 1,29). Von der Fürbitte der Hausgemeinde des Philemon erhofft der gefangene Paulus, daß er dieser Gemeinde als Gast geschenkt werde (Pass. wie oben, Phlm 22).

Die zweite Bedeutung des Verbs heißt *vergeben:* 2Kor 2,7.10 (vgl. auch Eph 4,32; Kol 3,13; 2,13: das Vergeben untereinander, da ja Gott in Christus bzw. der Kyrios uns vergeben hat). 2Kor 12,13 heißt das Verb fast ironisierend *verzeihen.*

5) Im Epheserbrief begegnet nur an 2 Stellen die oben unter 4b aufgewiesene Verwendung von χάρις *[charis]* in antithetischem Zusammenhang: 2,5: »tot in der Sünden . . . mit Christus lebendig gemacht, aus Gnaden« (χάριτι *[chariti]*); ferner 2,8 zu 2,9: »aus Gnaden . . . durch den Glauben . . . Gottes Gabe« im Gegensatz zu »nicht aus euch . . ., nicht aus den Werken, damit sich nicht jemand rühme«. Anders als in Röm, Kor u. Gal ist jedoch χάρις *[charis]* an beiden Stellen nicht mit δικαιόω *[dikaioō]* verbunden, das im Eph und Kol fehlt, sondern mit σῴζω *[sōzō]*, wodurch sich der Akzent von der forensischen Rechtfertigung zur effektiven Rettung verschiebt (vgl. Bultmann, Theologie, 521), dh vom Begnadigen zum Begnaden (Eph 1,6 daher auch die Verbindung von Gnade und χαριτόω *[charitoō]*, *begünstigen, begnaden*). Dadurch tritt der Herrlichkeitsaspekt der Gnade (Eph 1,6f; 2,7) gegenüber dem Kreuzesaspekt hervor. Betont wird der kognitive Wert der Gnade, die im Evangelium den Menschen zukommt (Kol 1,6): Gnade und → Wahrheit gehören zusammen (s. Kol 1,5b; vgl. Joh 1,14). Eph 4,7 ist χάρις *[charis]* im Sinn von χάρισμα *[charisma]* verwandt: Von Christus zugeteilter *Gnadenanteil.*

6) In den Pastoralbriefen spielt 1Tim 1,12–14 »biographisch« auf Röm 5,20b an. 2Tim 1,9 nimmt den Zusammenhang von Vorsatz Gottes und Gnade Christi (vgl. 8,28 mit 32) auf und teilt mit Tit 2,11 die doxologische Freude über die jetzige → Offenbarung (φανερόω *[phaneroō]* bzw. ἐπιφαίνω *[epiphainō]*) der Gnade. Wie im Eph werden Gnade und Rettung Tit 2,11 aufeinander bezogen (σωτήριος *[sōtærios]*, rettend); die Gnade wirkt erziehend (παιδεύουσα *[paideuousa]*) auf Distanz von der Welt und endzeitliche Hoffnung hin. Tit 3,7 findet sich die Doppelbezogenheit der Gnade einmal auf den Retter Jesus Christus, der den erneuernden heiligen Geist ausgießt, dann auf dessen Rechtfertigen im eigentlich paulinischen Sinne (δικαιωθέντες τῇ ἐκείνου χάριτι *[dikaiōthentes tæ ekeinou chariti]*). Christi Gnade bewirkt – ebenfalls forensisch – die Einsetzung zu Erben des zukünftigen Lebens. – Im übrigen reden die Pastoralbriefe nicht mehr von einzelnen Gnadengaben, sondern nur noch von der *Amtsgnade;* so auch χάρις *[charis]*, 2Tim 2,1; dann χάρισμα *[charisma]*, durch → Handauflegung übertragen (1Tim 4,14; 2Tim 1,6).

7) Innerhalb des Zeugnisses der katholischen Briefe kommen 1Petr und Hebr dem paulinischen Gnadenverständnis noch am nächsten.

a) Der 1Petr kennt ebenso wie Eph und Kol nicht mehr die Bindung der Gnade an die

Rechtfertigung, aber er redet von der Gnade Gottes, die durch Christus geschenkt ist (1,10; von den Propheten angekündigt), deren künftige Offenbarung jetzt Wandel und Hoffnung bestimmt (1,13) und als deren Haushalter in ihren vielfältigen Zuwendungen (4,10; 5,10) die Christen leben sollen. Die Gnade läßt auch das unschuldig Leidenkönnen als Gunst bei Gott (2,19f, vgl. auch 5,10) verstehen. Im Schlußwort wird der Gnadenstand der Adressaten als wahr bestätigt (5,12).

b) Hebr 2,9 versteht die Gnade als göttliche heilsgeschichtliche Fürsorge, die in Jesu stellvertretendem Tod wirksam wird. Darum ist Christi Regierungssitz »Gnadenthron«, bei dem Vergebung (= Gnade und Erbarmen, ἔλεος *[eleos]*; → Barmherzigkeit) empfangen werden kann, von dem, der auch als Hoherpriester weiter in Solidarität mit den Schwachen mitleiden kann.

c) Die übrigen Hebr-Stellen befassen sich (vgl. die analogen Stellen in weiteren kathol. Briefen) mit dem Problem der billigen Gnade: Die geistliche Gabe der Lebensführung schmähen, ist schlimmer als das mosaische Gesetz übertreten (Hebr 10,29); die Gnade zu verlassen, ist nicht wiedergutzumachen (12,15ff). Aber die Festigkeit des Herzens bleibt dennoch inmitten aller Ermahnung ein Geschenk Gottes, nicht das Ergebnis des Haltens von Spezialgeboten (13,9). – Der Gefahr des Abfalls begegnet Jak 4,6: das Angebot des Geistes an Gaben überwiegt seine eifernden Forderungen (es folgt ein Zitat aus Spr 3,34; vgl. 1Petr 5,5, s. o. II,2); 2Petr 3,18 kann sogar paradoxerweise zu einem Wachsen, Zunehmen in Gnade ermahnen, im Gegensatz zum Hinausfallen aus dem eigenen festen Stand (vgl. kritisch Gal 5,4, aber auch 1Kor 12,31!); Jud 4 warnt vor dem Mißbrauch (μετατίθημι *[metatithæmi]*) der Gnade zur Lustbefriedigung (einer Gefahr, die Paulus schon Röm 6,1 abweist s. o. 4bγ).

8) Die apostolischen Väter verfestigen im allgemeinen die im Gnadenverständnis der Dt.-Paulinen und katholischen Briefe feststellbare Entwicklung weiter: Die Gnade wird institutionalisiert in Gemeinde- und Amtsgnade, sie ist Hilfe zur Bewahrung der rechten → Lehre und des guten Ethos der *nova lex* (→ Gebot; s. Bultmann, Theol., bes. 551f, 557). *H. H. Eßer*

V ZUR VERKÜNDIGUNG

Evangelische Verkündigung der Gnade Gottes geht aus von der Einheit aller Gnade in dem einen Geber. Insofern hält sie fest an der reformatorischen Gleichsetzung *sola gratia – solus Christus:* »Aus Gnade allein« und »Christus allein« bezeichnen ein und dieselbe Wirklichkeit des vom Vater in Christus gesetzten und ermöglichten Neuen → Bundes. Hier liegt der Erkenntnis- und Ermöglichungsgrund christlichen → Glaubens. Diese grundlegende und unerläßliche Christusbezogenheit aller Gnade zu betonen, scheint notwendig angesichts einer Auflösung der von Christus ausgehenden Gnade in Einzelakte von Mitmenschlichkeit, über deren Urheber und Garanten angeblich nicht mehr geredet werden kann oder darf. – Zur Diskussion steht hier nicht, ob evangelische Verkündigung einem angeblichen dogmatischen Christomonismus oder einem lutherisch-reformatorischen Gnadenmonismus folgt, sondern ob sie weiterhin an der paulinischen Auslegung des grundlegenden endzeitlichen Christusgeschehens als bestimmender und angemessener Auslegung des Gnadenbegriffs festhält.

Das Christusgeschehen als grundlegendes Gnadengeschehen bedingt seine geschichtliche Vergegenwärtigung durch das Wirken des Geistes. Und der erhöhte Christus eröffnet ebenso durch das Geistwirken die Erkenntnis der Gaben des Vaters. Dieser in Christus zentrierten Einheit der Gnade wird die Unterscheidung: Gnade im engsten Sinne (Christi Heilstat), im engeren Sinne (deren Zuwendung an die Menschheit) und im weiteren Sinne (Gaben der Schöpfung; vgl. Pannenberg, EKL a. a. O., und in der Theologiegeschichte die Bundestheologien von Calvin über Coccejus bis Karl Barth) am ehesten gerecht. Diese Einheit macht es unmöglich, Gnade und Natur gegeneinander auszuspielen – denn auch »Natur« wird durch die Gnade als geschaffen erkannt –, noch das Verhältnis von Gnade und Natur gegensätzlich zu verstehen, entweder zugunsten der Freiheit Gottes oder der Freiheit des Menschen.

Der von der Gnade Gottes ergriffene Mensch bleibt auf sie angewiesen, so sehr sie ihn zu vollem Menschsein befreit, in Dienst nimmt und in diesem Sinne zum Mitarbeiter Gottes macht. Sie wird nicht zur zweiten Natur des Menschen; ihr Geber bleibt in ihr frei und macht durch sie frei. Sie kann nicht erwirkt, aber erbeten werden. Ihre Annahme geschieht in verdienstlosem Vertrauen, das sich auf das Wort der Zusage Gottes immer neu einläßt. Obwohl sie nicht b e wirkt werden kann, kann sie doch durch Ungehorsam vertan und v e r - wirkt werden. Insofern ist sie »teure Gnade«, deren sich kein nivellierender volkskirchlicher Betrieb, der sie durch Verschleudern zu herabgesetzten Preisen zur »billigen Gnade« entwertet (so Bonhoeffers Warnung in: Nachfolge, 1958[6], 1ff), ungestraft bemächtigt. Die Gemeinde ist vielmehr der Verheißung gemäß der Wirklichkeitsraum der vielfältigen persönlichen und geschichtlichen Zuwendungsweisen der einen Gnade in den verschiedenartigsten Gnadengaben, die zu erkennen, anzuerkennen und einzusetzen der Gemeinde ebenfalls aufgegeben ist, zum Aufbau ihrer selbst und dadurch zu ihrer Dienstfähigkeit an allen Menschen.

Die heutige Verkündigung der Gnadenwirklichkeit stößt sowohl auf günstige wie auf hinderliche Voraussetzungen im allg. Sprachgebrauch: Der Gnadenerweis als Amnestie zum Tode Verurteilter durch ein Staatsoberhaupt ist als außergewöhnliches Ereignis bekannt. Er erlaubt eine Analogie zur Todverfallenheit des Menschen vor Gott wie auch zur Unmöglichkeit der menschlichen Selbsterlösung. Allerdings wird die Analogie zugleich dadurch überholt, daß Gott als der Amnestierende die Todesstrafe in Christus selbst übernimmt, um die Amnestie in Kraft zu setzen (2Kor 5,19). In Vergleichbarkeit und Nichtvergleichbarkeit dieses einmaligen Stellvertretungshandelns liegt ein Schlüssel zum Verständnis der in Christus gültigen Begnadigung der Menschen durch Gott (vgl. auch die Wendung »Gnade vor Recht ergehen lassen«). — Im Anschluß an den christl. Sprachgebrauch wird heute noch die schöpfungsbedingte Begabung als »Begnadung« (zB eines überragenden Künstlers) bezeichnet. Hier steht vom ursprünglichen Wortsinn her die Möglichkeit offen, auf den persönlichen Schöpfer und Geber aller menschlichen Gaben zurückzuverweisen.

Die nicht mehr klassenbestimmte pluralistische Struktur der modernen Gesellschaft erschwert die positive Verdeutlichung der Gnade als ungeschuldeter herablassender Zuwendung eines an Macht und Stellung unendlich Überlegenen zu einem bedingungslos auf ihn Angewiesenen (wie etwa im Gleichnis vom Schalksknecht). Andererseits haben doch viele Menschen durch Buch- und Filmtitel wie »Kampf ohne Gnade«, »Antlitz ohne Gnade« u. ä. wie auch durch Kriegs- und Nachkriegserfahrungen negativ ein Bewußtsein davon, wie gnadenlos ein Leben sein könnte, wenn nicht die Unglückskette von Haß, Töten und Vergeltung auch im mitmenschlichen Bereich durch Gnadenakte unterbrochen würde. — Der verflachte Gebrauch der Anrede »gnädige Frau« oder des karikierenden »der bzw. die Gnädigste« kennzeichnet die weitgehende, oft gedankenlose Rückkehr zu einem vorchristl. Gnadenbegriff im Sinn von: huldvoll, wohlwollend, hoffentlich wohlwollend.

So stellt sich auch bei diesem Zentralbegriff die Übersetzungsaufgabe, die mindestens auf zweifache Weise zu lösen ist: entweder den vordergründigen Wortgebrauch wieder für die Sprache der Verkündigung zu beschlagnahmen oder den ohne Interpretation nicht mehr eindeutigen Begriff zu vermeiden und durch die jeweils angemessenste Umschreibung der grundlegenden oder besonderen Zuwendung Gottes zu ersetzen. Der biblische Begriff der Gnade wird nur in dem Maß verständlich werden, wie er durch die Verkündigung der großen Taten Gottes in Christus, an seiner Gemeinde und in der Schöpfung bei Redenden und Hörenden inhaltlich gefüllt und im Mitvollzug abgebildet wird. *H. H. Eßer*

Lit.: AvHarnack, Sanftmut, Huld und Demut, 1920 — FBüchsel/JHermann, Art. ἵλεως, ThWb III, 1938, 300ff — HBraun, Das Erbarmen Gottes über den Gerechten. Zur Theol. der Psalmen Salomos, ZNW 43, 1950/51, 1ff (= Ges. Stud. z. NT, 1967[2], 8ff) — LKoehler, Theologie des AT, 1953[3], Stichwort »Gnade« — HJStoebe/WKasch/WPannenberg, Art. Gnade, EKL I, 1956, 1604f — CBerkower, Der Triumph der Gnade in der Theologie Karl Barths, 1957 — NJHein/EWürthwein/GStählin/EKähler/WJoest, Art. Gnade, RGG II, 1958[3], 1630ff (Lit.) — HBraun, Röm 7,7–25 und das Selbstverständnis des Qumran-Frommen, ZThK 56, 1959, 1ff (= Ges. Stud. z. NT, 1967[2], 100ff) — EKäsemann, Zum Verständnis von Röm 3,24–26, ZNW 51, 1959, 150ff (= Ex. Vers. u. Bes. I, 1960, 96ff) – NGlueck, Das Wort *ḥesed* im alttestamentlichen Sprachgebrauche als menschliche und göttliche gemeinschaftsgemäße Verhaltensweise, 1961 – ELohse, Märtyrer und Gottesknecht, 1963² – JSchreiner, Sion – Jerusalem. Jahwes Königssitz, 1963 – OPerels, χάρισμα im Neuen Testament, in: Fuldaer Hefte 15, 1964, 39ff – RBultmann, Theologie des NT, 1965⁵, Stichwort χάρις (Lit.) – HJKraus, Gottesdienst im alten und neuen Bund, EvTh 4/5, 1965, 171ff – GvRad, Theologie des AT, I, 1966⁵; II, 1965⁴, Stichwort »Gnade Gottes« – HConzelmann, Grundriß der Theologie des NT, 1967, 236 (Lit.) – HNiederstrasser, Kerygma und Paideia. Zum Problem der erziehenden Gnade, 1967 (Lit.) – MHengel, Nachfolge und Charisma, BZNW 34, 1968.

Götze → Bild

Gott

ϑεός

ϑεός *[theos]* Gott · **ϑεῖος** *[thẹios]* göttlich

I Die Etymologie des griech. Wortes ist bis heute nicht geklärt; sicher ist nur, daß es ursprünglich ein Prädikatsbegriff ist.

1) Die Religion des Griechentums ist polytheistisch. Die Götter werden in anthropomorpher Weise als personhafte Wesen vorgestellt, die bestimmend auf die Welt und das Schicksal der Menschen einwirken, aber selbst von einem übergeordneten Schicksal abhängig sind. Da sie keine Schöpfergötter sind, sind sie auch nicht voll außerweltlich gedacht – der Kosmos schließt Götter und Menschen ein – und nicht umfassend in ihrer Wirksamkeit, sondern »eigenschaftsbegrenzt« oder »aspektbegrenzt«. Darum sind sie auch nicht im Sinne des AT gerecht. Die griech. Götter sind gestalthaft; infolgedessen kann es im Blick auf sie den Satz nicht geben: Gott ist Geist. Seit Aischylos bahnt sich eine Gleichsetzung der verschiedenen Gottheiten und ein Konvergieren auf ein göttliches Sein an, vorbereitet durch die Vorsokratiker und den Gedanken der Tragik.

2) Das Gottesverständnis der Philosophie ist apersonal; es fragt nach dem Ursprung aller Dinge und dem die Welt gestaltenden Prinzip. In dem durch die philosophische Kritik und Reflexion herbeigeführten Rationalisierungs- und Ethisierungsprozeß vollzieht sich eine bedeutsame Umformung des griech. Gottesbegriffs. Die Göttergestalten werden vergeistigt und schließlich durch allgemeine Begriffe wie »die Weltvernunft«, »das Göttliche« oder »das Seiende« ersetzt, das als sinngebende und Ordnung schaffende Macht in die Welt hineinwirkt und sie formt. Im hell. Synkretismus werden die verschiedenen griech. und nichtgriech. Gottheiten einander angeglichen oder auch gleichgesetzt, aus der Erkenntnis heraus, daß hinter den mannigfaltigen Namen die gleichen Wesenheiten stehen. Das ist bes. deutlich im Isiskult. Nicht selten führen diese Tendenzen zur Verehrung einer Gottheit, die als »Allgott« verstanden wird. Der Abschluß der Entwicklung ist im Neuplatonismus erreicht, in dem das Göttliche das »All-Eine« ist, das jeder Gegenständlichkeit und Personhaftigkeit entbehrt. Es ist das Sein schlechthin, manifestiert sich aber, da es Grund und Urkraft alles Seienden ist, durch eine Reihe von Hypostasen und Emanationen in der Welt.

II Die israelitisch-jüd. Religion ist monotheistisch und personalistisch.

1) Im AT sind *'ēl*, *'ælōah* und *'ælohīm* wurzelverwandte Gattungsbezeichnungen für *Gott*. Neben und im Wechsel mit ihnen steht der individuelle Personenname *Jahwe* (vgl. ThWb III,79). Die mit *'ēl* gebildeten Kultnamen sind in der Regel an ein örtliches Heiligtum gebunden.

'ēl, ein allen semitischen Sprachen gemeinsames Wort, kommt als Appellativum *(der Gott, Gott)*, aber auch als Eigenname eines bestimmten Gottes vor. Das zeigt sich bes. deutlich in den Texten aus dem nordsyrischen Ugarit (14. Jh. vChr). Das gilt auch von den Kanaanäern des 1. und 2. Jt.s vChr und den Patriarchen, für die *'ēl* freilich nicht der höchste Gott eines Pantheons ist, sondern der alleinige Gott, den sie auf Grund seiner Offenbarung verehren. Er tritt in Erscheinung als *'ēl 'æljōn* (Gen 14,18–22 Melchisedek), *'ēl rōī* (Gen 16,13), *'ēl 'ōlām* (Gen 21,33 Abraham), *'ēl bēt 'ēl* (Gen 31,13; 35,7 Jakob), *'ēl* Gott Israels (Gen 33,20). Das Heiligtum von Sichem scheint das erste Zentralheiligtum des Zwölfstämmeverbandes gewesen zu sein (Jos 24).

'ælohīm wird im AT nur selten als numerischer Plur. (*die Götter*) gebraucht. Auch ein einzelner heidnischer Gott kann mit dem Plur. *'ælohīm* bezeichnet werden (zB Ri 11,24; 1Kön 11,5; 2Kön 1,2). In Israel wird der Plur. als *pluralis amplitudinis* verstanden: Gott ist der Gott, der wirklich und im Vollsinn des Wortes Gott ist.

Der Gottesname *Jahwe* ist wohl vom Stamm *hwh* = *hjh* herzuleiten und bedeutet der *Seiende*. Dem Mose hat er sich als der »Ich bin« offenbart (Ex 3,14; ThBoman, Das hebräische Denken, 27ff, nimmt an, daß *hajāh* im Hebr. eher »wirken« als »sein« bedeutet. Dann wäre zu übers.: Ich handle, als der ich handle, nämlich heilsgeschichtlich. Vgl. GvRad, Theologie des AT I, 193ff). Jahwe ist, wie Ex 3,15 zeigt, identisch mit dem Gott der Väter, dem Gott Abrahams, Isaaks und Jakobs. Israel als Jahwegemeinde ist jedoch – folgt man Ex 3,13f – durch Mose begründet worden. Da Jahwe ein Personenname ist, schließt dieser Gottesbegriff eindeutig den Personbegriff in sich. Jahwe ist zunächst der zu Israel gehörige Gott, der in seinem Macht- und Herrschaftsbereich keine anderen Götter neben sich duldet, und der eifersüchtig darüber wacht, daß ihm allein kultische Verehrung zuteil wird (Ex 20,2f). Er hat Israel erwählt und mit ihm einen Bund geschlossen. Damit ist ein Treueverhältnis zwischen Gott und seinem Volk begründet worden, das nicht gebrochen werden darf. Wer in Israel anderen Göttern dient, begeht Treubruch.

Der Glaube an die Überlegenheit des Gottes Israels über alle anderen Götter hat erst im Laufe der Geschichte zur Ausbildung des absoluten Monotheismus geführt. Vermutlich ist Jeremia der erste gewesen, der den Satz vertreten hat, daß die heidnischen Götter keine Götter sind (Jer 2, 11). Aber erst DtJes hat dieser Erkenntnis vollen Ausdruck verliehen. Der Gott Israels ist der Allherr, dessen Herrschermacht die ganze Erde erfüllt (Jes 6,3). Es gibt keine Götter außer dem einen (Jes 41,4; 42,8; 43,10ff; 45,3.6; 48,11).

2) Die LXX ist durch die Hellenisierung des israelitisch-jüd. Monotheismus und die Reduzierung der Gottesbezeichnungen gekennzeichnet. So werden die hebr. Wörter *'ēl*, *'ælōah* und *'ælohīm* in der Regel durch θεός *[theos]*, ausnahmsweise durch κύριος *[kyrios]* oder andere Ausdrücke wiedergegeben. Für *'ēl* steht, abgesehen von θεός *[theos]* und κύριος *[kyrios]* etwa 20mal ἰσχυρός *[ischyros]*, sonst δύναμις *[dynamis]* (Neh 5,5) oder δυνάστης *[dynastæs]* (Sir 46,7.10). Den Namen *Jahwe* oder *Jāh*, der meist mit κύριος *[kyrios]* übers. wird, »vertritt θεός *[theos]* nur etwa 330mal« (ThWb II,79).

3) Das AT enthält keine umfassende Definition des Begriffes *Gott*, wohl aber macht es eine Fülle von Aussagen, die das Wesen Gottes kennzeichnen und die ihren Grund in der göttlichen Offenbarung haben. Es gibt im AT auch keine Theogonie; über die Feststellung, daß Gott ist, wird nicht hinausgegangen. Er ist der Erste und der Letzte (Jes 41,4; 44,6; 48,12), der Ewige, der Allmächtige und der Lebendige (Ps 36,10), der Schöpfer Himmels und der Erde (Gen 1,1; 2,4 u. ö.); der Herr, der die Geschicke der Völker lenkt, Israel aber zum Volk des Eigentums gemacht hat (Ex 19,5f). Dadurch steht es unter seinem besonderen Schutz. Er führt und leitet es, gibt ihm seine Verheißungen, verhängt über es aber auch seine Gerichte, wenn es seine eigenen Wege geht. Gott ist der gebietende und fordernde Gott, der seinen Willen kundtut und Gehorsam fordert. Die Geschichte Israels ist die Geschichte Gottes mit diesem Volk. So ist der Gottesglaube Israels geschichtstheologisch fundiert.

Der personhaften Gottesvorstellung entspricht es, daß Gott aller Regungen fähig ist, die eine Person haben kann: der Liebe, des Zorns, der Reue und anderer Empfindungen. Aber wenn auch menschliche Eigenschaften auf ihn übertragen werden können, so ist er doch keinem menschlichen Wesen vergleichbar (Hos 11,9). Der transzendente Gott, der in einem Lichte wohnt, da niemand hinzutreten kann, ist erhaben über Zeit und Raum und darum einzigartig in seiner Gottheit, unabbildbar und nicht lokalisierbar (vgl. Ex 20,4). Er ist der ewige König (Jes 52,7), der über alle Königreiche der Welt gebietet (Jes 37,16).

Den Grundzug des Wesens Gottes bezeichnet das Wort »heilig«; es ist im AT zum Gottesprädikat schlechthin geworden. Er ist der Heilige (Jes 40,25; Hab 3,3; Hos 11,9). Aber der heilige, weltüberlegene Gott tritt durch sein Offenbarungswort und sein Offenbarungshandeln aus der Verborgenheit heraus und teilt sich seinem Volk in immer neuen Erweisen seiner Macht und Herrlichkeit mit (vgl. → Heilig).

Der heilige Gott ist in allem, was er tut, gerecht (Ps 7,10 u. ö.). Er ist der Richter, der die Ungerechtigkeit verurteilt, und vor dem sich der Mensch zu verantworten hat. – Aber das AT bezeugt auch seine → Gnade und → Barmherzigkeit (Ex 34,6; Ps 103,8 u. ö.): Er schenkt dem Frommen seine Tröstungen (Hi 15,11), segnet ihn und hilft ihm in der Not (Ps 45,8; 90,1; 94,22). Durch das personhafte Verhältnis zwischen Gott und seinem Volk ist auch die Ich-Du-Beziehung zwischen Gott und dem einzelnen Frommen gegeben, der sich in allen Anliegen im Gebet an ihn wenden darf.

Gott heißt auch im AT der Vater; er ist der Vater des Volkes Israel (Ex 4,22f; Dtn 32,6; Jes 63,16; Jer 31,9; Hos 11,1). Aber zur vollen Erkenntnis der die ganze Welt umfassenden göttlichen Gnade und Liebe kommt es erst durch die Offenbarung des neuen Bundes. Doch bezeugt schon das AT, daß Gott Übertretungen und Sünden vergibt (Ex 24,6f). Er erbarmt sich der Seinen in ewiger Gnade (Jes 54,8) und nimmt sich besonders der Armen und Elenden, der Witwen und Waisen an (Jes 49,13; Ps 146,9). Darum ist Gott schon im AT nicht nur zu fürchtendes Gegenüber des unheiligen Menschen, sondern ermöglicht ihm auch Vertrauen und Liebe, weil und indem er selbst sein auserwähltes Volk liebt.

4) Das Spätjudentum bekennt sich in unwandelbarer Treue zu dem einen Gott und bekämpft mit Leidenschaft den heidnischen Polytheismus. Aber es sieht den alleinigen Gott wirksam in einer Fülle von Mittel- und Engelwesen. In der Apokalyptik werden dualistische Vorstel-

lungen aufgenommen. Dadurch erhält die monotheistische Grundüberzeugung des AT den Charakter eines »dynamischen Monotheismus« (ThWb III,96).

Das Rabbinat hat größten Wert darauf gelegt, den Gottesnamen zu vermeiden; es hat an seine Stelle ein ganzes System (ThWb II,94) von Ersatzworten gesetzt: der »Himmel« *(ha schāmajim)* und der »Herr« *('adōnaj)*; später auch einfach der »Name« *(ha schēm)*. Außerdem gab es Abstraktbildungen, zB die »Herrlichkeit«, die »Macht«, das »Wohnen (Gottes)«.

5) Die Essener (Qumrangemeinde) übernehmen den wohl vom Parsismus beeinflußten kosmologischen Dualismus (Gott und Belial, Licht und Finsternis, Geist der Wahrheit und Geist des Frevels). Dem entspricht die anthropologische Entgegensetzung von Fleisch und Geist, Frommen und Gottlosen, Söhnen des Lichts und Söhnen der Finsternis. Doch ist der Dualismus von den zwei Geistern, welche die Welt beherrschen, dem at.-jüd. Grundgedanken von Gott als dem Schöpfer des Alls untergeordnet; denn er schuf die Geister des Lichts und der Finsternis, auf die er sein Werk gründet (1QS 3,25; vgl. 3,19–26).

Es gibt in den Qumranschriften eine Reihe von Gottesbezeichnungen. Gott ist nicht nur der Schöpfer der Welt und der Menschen, sondern auch in besonderer Weise »der Gott Israels« (1QM 1,9f; 14,4; 18,6), »der Vater der Söhne der Wahrheit« (1QH 9,35). Seine Majestät und Herrlichkeit kommt darin zum Ausdruck, daß er der »Gottesfürst«, der »König der Hochgeehrten«, der »Herr aller Schöpfung« (1QH 10,8), der »Höchste« oder »Allerhöchste« (1QS 4,22; 1QGenAp 2,4; 20,12), der »Gott der Götter« (1QM 14,16), der »König der Könige« (ebd.) und »Herrscher über alle Könige der Erde« (1QGenAp 20,13) genannt wird. Er ist der »Gott der Erkenntnisse« (1QS 3,15; 1QH 1,26), voll tiefer und unergründlicher Geheimnisse (1QS 11,5; 1QH 10,3; 12,13), der alles Wissen in sich birgt (1QH 12,10) und damit der Quell der Erkenntnis (1QS 10,12) ist. Der ewige Gott (1QH 13,13) ist der weise (1QH 9,17), gerechte (1QH 11,7.18; 14,15; alle seine Taten sind gerecht 1QH 13,19), der wahrhaftige (1QH 15,25) und heilige (1QM 19,1), aber auch der Gott voller Gnade, Huld, Güte und Erbarmen (1QH 4,32.37; 7,30f; 9,34; 10,14.16; 11,29), der die Sünde vergibt und die Menschen durch seine Gerechtigkeit von der Verschuldung und den »Greueln des Trugs« reinigt (1QH 4,37; vgl. 1QS 11,14; 1QHFr. 2,13). Von ihm gehen die Gerichte (1QS 10,18), aber auch die Gnadenerweise in der Geschichte und im Leben des einzelnen aus (1QS 10,16 u. a.).

Das alles erfahren die Frommen, die zu den Söhnen des Lichts gehören. Durch die Gnade und Güte Gottes empfangen sie Rechtfertigung und Entsühnung (1QS 11,13f). Vor allem aber wird ihnen durch Offenbarung und Belehrung die Erkenntnis der den Menschen sonst verborgenen Geheimnisse (→ Geheimnis) Gottes und seiner Wundertaten zuteil (1QH 11,9f.17).

Die Gotteslehre der Essener ist – das ist der sie besonders charakterisierende Wesenszug – streng deterministisch. Das Handeln Gottes ist durch einen festen Plan bestimmt (1QS 3,15; 11,11; 1QH 18,22 u. ö.). Ohne seinen Willen geschieht nichts (1QS 3,15; 11,17.19; 1QH 1,20; 10,9); denn in seiner Macht steht alle Gewalt.

Das gilt nun auch speziell für das persönliche Leben des einzelnen. Der fromme Dichter bekennt: »Du hast mein Los nicht fallen lassen in die Gemeinde des Trugs und in der Gemeinschaft der Finsternis nicht meine Bestimmung gesetzt« (1QH 7,34). »Von meinem Vater her hast du mich erwählt und vom Mutterschoß her mich geweiht« (1QH 9,30). Seine Hand leitet ihn alle Zeit, und seine gerechte Züchtigung begleitet seine Verkehrtheit (1QH 9,32f). Er kann nur reden, weil Gott ihm den Mund öffnet (1QH 11,33). Sein ganzes Denken und Planen ist durch Gott bestimmt (1QH 10,5f).

Auch die eschatologischen Aussagen stehen stark im Zeichen des Determinismus. Gott hat die Gerechten geschaffen zu ewigem Heil und dauerndem Frieden, die »Frevler« aber für die Zeit seines Zorns (1QH 14,15ff); vom Mutterleib an sind sie »geweiht für den Schlachttag« (ebd. 14,17). Dem »Los« Belials wird das Gericht ewige Vernichtung bringen (1QM 1,5), alle Männer des »Trugs« werden ausgerottet werden (1QH 4,20).

Der Einfluß der Qumrantexte auf das NT ist vielfach weit überschätzt worden. In der Lehre von Gott jedenfalls lassen sich keine wirklichen Zusammenhänge entdecken. Das Urchristentum ist in der Ausprägung seiner theol. Gedanken sehr viel selbständiger als oft angenommen wird. (Das gilt auch von der Aufnahme spätjüd.-apokalyptischer und gnostischer Vorstellungen, soweit sie der urchristl. Theol. und Verkündigung dienstbar gemacht worden sind.)

6) Der Gottesbegriff Philos ist dadurch gekennzeichnet, daß er die at. Jahwe-Vorstellung mit der platonisch-stoischen Gottesidee zu verbinden sucht. Wenn er von dem Gott Israels spricht, unterscheidet er zwischen ὁ θεός *[ho theos]* und ὁ κύριος *[ho kyrios]*. ὁ θεός *[ho theos]*: das ist der gütige Gott, der Schöpfer, ὁ κύριος *[ho kyrios]*: der königliche Herrscher der Welt. Mit dem artikellosen θεός *[theos]* kann er den »zweiten Gott«, den Logos, bezeichnen. Daneben macht Philo einen reichen Gebrauch von dem philosophischen Begriff τὸ θεῖον *[to theion]*, das *Göttliche*. – Für Philo ist Gott völlig transzendent und doch die wirkende Kraft von allem. Er erzeugt aus sich die urbildlichen Ideen und formt sie in die sichtbare Welt hinein. Der Logos ist Schöpfungs- und Offenbarungsmittler.

Die nt. Rede von Gott steht ganz auf der Grundlage des at.-jüd. Gottesbegriffes, aber die Akzente werden neu gesetzt: Er ist der nahe Gott, der Vater Jesu Christi, er rechtfertigt aus freier Gnade (vgl. den paulinischen Begriff der → Gerechtigkeit Gottes), sein erwählendes Handeln sprengt endgültig jede Exklusivität. Aber es ist derselbe Gott, der sich hier wie dort offenbart, und dessen Heilsratschluß, dort verheißen, hier zur Erfüllung kommt. III

1) Der eine Gott.

a) ϑεός *[theos]* ist die im NT am häufigsten vorkommende Gottesbezeichnung. Der Glaube an den einen, einzigen und alleinigen Gott (Mt 23,9; Röm 3,30; 1Kor 8,4.6; Gal 3,20; 1Tim 2,5; Jak 2,19) ist ein festes Traditionsstück im Urchristentum. Jesus selbst hat sich das Grundbekenntnis der jüd. Religion zu eigen gemacht und ausdrücklich das *Schᵉma* (Dtn 6,4f) zitiert (Mk 12,29f). Dadurch ist in diesem Punkt die Kontinuität zwischen Altem und Neuem → Bund gewährleistet; denn der Gott, den die Christen verehren, ist der Gott der Väter (Apg 3,13; 5,30; 22,14), der Gott Abrahams, Isaaks und Jakobs (Apg 3,13; 7,32; vgl. Mt 22,32; Mk 12,26; Lk 20,37), der Gott Israels (Mt 15,31; Lk 1,68; Apg 13,17; vgl. 2Kor 6,16; Hebr 11,16) und der Gott Jesu Christi (2Kor 1,3; Eph 1,3; 1Petr 1,3). Wie Gott einst Israel zu seinem Volk gemacht hat, so hat er nun die Christusgläubigen als auserwähltes Geschlecht und heiliges Volk zu seinem Eigentum erkoren (Apg 15,14; 20,28; 1Petr 2,9; Hebr 11,25). An ihn wird geglaubt (Röm 4,3; Gal 3,6; Tit 3,8; Jak 2,23; Hebr 6,1; 1Petr 1,21), auf ihn wird gehofft (Apg 24,15; Röm 4,18; 2Kor 3,4; 1Petr 3,5), zu ihm wird gebetet. Die Gemeinde Jesu darf keinen Götzen neben ihm haben, weder den Mammon (Mt 6,24) noch den »Bauch« (Phil 3,19) noch die Gewalten des Kosmos (Gal 4,8ff). Sie hat ihm allein zu dienen, seinen Willen zu tun und ihm die Treue zu halten.

b) Das Bekenntnis zu dem einen Gott erscheint Eph 4,6 in einer erweiterten Form (»Ein Gott und Vater aller, der da über allem und durch alle in allen ist«), die – wohl durch jüd.-hell. Einflüsse bestimmt – die Allgegenwart der Herrschaft Gottes preist. Ähnliche Formeln, bald auf Gott, bald auf Christus bezogen, finden sich Röm 11,36; 1Kor 8,6.

c) Der eine Gott ist der lebendige und allein wahre Gott (Röm 3,30; Gal 3,20; 1Thess 1,9; 1Tim 1,17; 2,5; Jud 25; vgl. Joh 17,3). Er ist der Gott, den die Heiden nicht kennen (1Thess 4,5). Paulus rechnet zwar mit der Existenz »sogenannter« Götter, die als dämonische Mächte Gewalt über die Heiden haben, aber für die Christen gibt es nur den einen Gott (1Kor 8,5f). Wenn jedoch den von den Galatern vordem verehrten στοιχεῖα *[stoicheia]* (→ Gesetz, Art. στοιχεια) nicht die Würde und Gewalt von Göttern eignet, so können sie sich doch trennend zwischen die junge Gemeinde und ihren Gott schieben (Gal 4,8f).

Dieser eine Gott wird »unser Gott« genannt (Apg 2,39; 2Petr 1,1; Offb 4,11; 7,12; 19,5). Der einzelne Gläubige, so vor allem Paulus, kann ganz persönlich von ihm als seinem Gott sprechen (Röm 1,8; 1Kor 1,4; 2Kor 12,21; Phil 1,3; 4,19; Phlm 4). Der Glaube an den einen Gott fordert die Abkehr von allem heidnischen Wesen. Darum verbindet sich in der Missionspredigt die Bezeugung Gottes mit dem Kampf gegen den Götzendienst (Apg 14,15; 17,24f; 19,26).

d) Von dem heidnischen Unwesen der Umwelt des NT und der verwirrenden Fülle seiner lokalen Ausprägungen läßt neben den Briefen vor allem die Darstellung der Apg manches erkennen. So war in Athen nach der Beschreibung der Apg Paulus schmerzlich beeindruckt von den vielen Götterbildern und Heiligtümern, die er bei seinem Gang durch die Stadt vorfand (Apg 17,16.23). Wie stark der Kult der Artemis das religiöse Leben von Ephesus beherrschte, geht aus der eindrucksvollen Schilderung der Apg in 19,23–41 hervor. Hier kam es zu einem heftigen Zusammenstoß mit den Silberschmieden, die aus der Herstellung kleiner Artemistempel großen Gewinn zogen und sich durch die Verkündigung des Paulus in ihrer wirtschaftlichen Existenz bedroht fühlten. Über die Bedeutung der Opfermahlzeiten im heidnischen Kult unterrichtet uns der 1Kor-Brief (8,1–7). Zauberei spielt in hell. Zeit eine große Rolle; in der Apg wird sie 8,9 (Samaria), 13,6 (Cypern) und 19,

13ff (Ephesus) erwähnt. In Ephesus kam es durch die machtvolle Bezeugung der christl. Heilsbotschaft zur öffentlichen Verbrennung der Zauberbücher (Apg 19,19).

Die Bekehrung zu dem wahren und lebendigen Gott wurde von den Gläubiggewordenen als ein Gnadengeschenk empfunden; denn sie waren von der Knechtschaft des Götzendienstes befreit worden (1Thess 1,9). Aber für manche Christen hatte die faszinierende Macht der heidnischen Kulte nicht völlig ihre Kraft verloren. Darum erklärt Paulus den Korinthern: »Ich will nicht, daß ihr (bei den heidnischen Opfermahlzeiten) in Verbindung mit den Dämonen tretet« (1Kor 10,20); denn die Heiden bringen ihre Opfer dämonischen Wesen und nicht Gott dar.

2) Der überweltliche Gott.

a) Gott ist der Schöpfer, Erhalter und Herr der Welt (Apg 17,24; Offb 10,6); der Baumeister des Alls (Hebr 3,4). Vom Himmel her übt er seine Herrschaft aus; denn der Himmel ist sein Thron und die Erde der Schemel seiner Füße (Mt 5,34; 23,22; Apg 7,49). Er ist der Allmächtige, bei dem kein Ding unmöglich ist (Mk 10,27). Sein Werk kann niemand hindern oder gar zerstören (Apg 5,39; vgl. 2Tim 2,9). Er ist der Höchste (Mk 5,7; Lk 1,32; Apg 7,48; 16,17; Hebr 7,1), der große König (Mt 5,35), der König der Völker (Offb 15,3).

b) Ein gewaltiges Zeugnis für den Glauben an den überweltlichen Gott ist das → Gebet; denn es richtet sich an den Gott, der im Himmel ist (Mt 6,9; vgl. Joh 17,1), doch den Beter hier erhört. Jetzt stehen der Herrschaft Gottes auf Erden noch die satanischen und dämonischen Mächte entgegen. Darum bittet die Gemeinde Jesu um die volle Offenbarung seiner βασιλεία *[basilẹia]* (→ Reich), die vollkommene Durchsetzung seines Willens (»wie im Himmel, also auch auf Erden« Mt 6,10) und die Heiligung seines Namens (Mt 6,9). Gewiß ist in Jesus der Anbruch der Gottesherrschaft bereits da; seine Macht- und Wundertaten beweisen es. Er bricht in das Reich Satans ein und treibt die Dämonen mit dem »Finger Gottes« aus (Lk 11,20), aber die volle Aufrichtung der Herrschaft Gottes wird erst der kommende Äon bringen. Dann wird Christus die gottfeindlichen Mächte niederringen (1Kor 15,24; 2Thess 2,8; Offb 21,8.27), und nach Vollendung dieses letzten ihm gegebenen Auftrages wird Gott alles in allem sein (1Kor 15,28).

3) Die Personhaftigkeit Gottes.

a) Man wird, statt von der Person, besser von der Personhaftigkeit Gottes reden; denn die Übertragung des menschlichen Personbegriffes auf Gott wird dem Wesen Gottes nicht voll gerecht. Wir können uns Gott ja nicht als begrenzte → Gestalt vorstellen. Auf der anderen Seite haben wir nur die Möglichkeit, von ihm in Begriffen zu sprechen, die dem Bereich unserer Denkkategorien angehören. Sieht man jedoch von der Personalität Gottes ab oder schränkt sie ein, dann verliert der Begriff der Offenbarung seinen Sinn. Der entpersönlichte Gott ist nicht der Gott des NT.

Der Gott, den das NT bezeugt, ist der redende und handelnde, dh der sich durch Wort und Tat offenbarende Gott. Er wirkt in souveräner Machtvollkommenheit (Joh 5,17), tut gebietend und fordernd seinen Willen kund und bringt alles zu dem von ihm bestimmten Ziel. Nachdem er im Alten Bund auf mancherlei Weise zu den Vätern geredet hat in den Propheten, hat er am Ende dieser Tage »zu uns« geredet durch den Sohn, der der Abglanz seiner Herrlichkeit und die Ausprägung seines Wesens ist (Hebr 1,1f). In der Verkündigung des Wortes spricht er jeden Menschen persönlich an und nimmt alle, die an Jesus glauben, in seine Gemeinschaft auf. Für diese ganz persönliche Ich-Du-Beziehung gibt es zahllose Beispiele im NT; sie ist das Kennzeichen echter biblischer Frömmigkeit. Ohne sie würde dem christl. Gottesglauben die letzte Tiefe fehlen.

b) Zur Personhaftigkeit Gottes gehört, daß er → Geist ist (Joh 4,24). Von ihm gehen Geist- und Kraftwirkungen aus. Der Geist Gottes ist bei der Taufe auf Jesus herabgekommen (Mt 3,16; vgl. 12,18). Von diesem Geist erfüllt hat er als der gottgesandte Messias gewirkt. Mt 12,28 heißt es ausdrücklich, daß er die bösen Geister durch den Geist Gottes ausgetrieben hat. Die Christen sind dadurch gekennzeichnet, daß sie nicht den Geist der

Welt haben, sondern den Geist, der aus Gott ist (1Kor 2,12); denn der natürliche Mensch vernimmt nichts, was vom Geiste Gottes kommt (1Kor 2,14f). Nur der Geistmensch ist imstande, Gott zu erkennen (1Kor 2,11) und in die Tiefen der Gottheit einzudringen. Gott hat den Christen durch seinen Geist seine geheimnisvolle Weisheit offenbart (1Kor 2,10). Er wohnt in ihnen und wird so zur gestaltenden Macht ihres Wesens (1Kor 2,11).

Aber der Erkenntnis der Christen sind in dieser Weltzeit noch Schranken gesetzt. Es gibt in dem heilsgeschichtlichen Walten Gottes »Zeiten und Fristen« zukünftiger Offenbarung, die er sich selbst vorbehalten hat (Mk 13,32; Apg 1,7; 1Thess 5,2); »Gerichte«, die unbegreiflich, und »Wege«, die unerforschlich sind (Röm 11,33). Gleichwohl sind durch die Verkündigung der Heilsbotschaft die von Urzeiten her in Gott verborgen gewesenen Geheimnisse kundgemacht worden. Das apostolische Gnadenamt bezeugt der Welt den unergründlichen Reichtum Christi, und durch die Gemeinde ist das Wissen um die vielgestaltige Weisheit Gottes bis zu den kosmischen Mächten durchgedrungen (Eph 3,8–10). Paulus selbst weiß sich als Verwalter der Geheimnisse Gottes (1Kor 4,1; → Geheimnis).

1Kor 6,11 erklärt der Apostel, daß der Geist Gottes (in Verbindung mit dem Namen des Herrn Jesus Christus) die Christen reingewaschen, geheiligt und gerechtfertigt hat. Durch den in ihnen wirkenden göttlichen Geist sind sie Menschen, die nicht mehr im Bereich des Fleisches, sondern in dem des Geistes sind und dementsprechend wandeln (Röm 8,9ff).

Der Geist Gottes wirkt auch das rechte Christusbekenntnis. In den Leidenssituationen gibt er das zur Verteidigung und Bezeugung des Evangeliums nötige Wort (Mt 10,20). Er ruht gerade auf denen, die um des Namens Christi willen geschmäht werden (1Petr 4,14).

c) Die Personhaftigkeit Gottes findet einen bes. charakteristischen Ausdruck in dem Bekenntnis, daß Gott der → Vater ist. Dadurch ist vor allem das Verhältnis Jesu zu Gott bestimmt. Als der eingeborene Sohn ist er in besonderer Weise mit Gott verbunden. Im Gebet nennt er ihn »Abba, Vater« (Mk 14,36) oder »Vater« (Mt 11,25f; Lk 23,34; Joh 11, 41; 17,1.5.11). Auch sonst spricht er von ihm als seinem himmlischen Vater (Mt 10,33; 16,17; Joh 10,37 u. ö.). Stärker als bei den Synoptikern ist im JohEv das Vater-Sohn-Verhältnis zwischen Gott und Jesus hervorgehoben (etwa 80mal!). Jesus hat auch seinen Jüngern das Recht gegeben, vor Gott mit dem Anruf »Unser Vater« hinzutreten (Mt 6,9; Lk 11,2). In der stillen Kammer des Hauses betet der einzelne ganz persönlich zu seinem Vater (Mt 6,4.18). Daneben wird der Vatername in Bildreden und Gleichnissen (zB Lk 15,11ff) auf Gott übertragen. Als der Vater ist Gott der nahe Gott, an den der Mensch sich in gläubigem Vertrauen mit allen seinen Anliegen wenden darf. Darüber hinaus ist Gott der Erhalter der von ihm geschaffenen Kreatur, der sich ihrer mit väterlicher Güte annimmt und sie mit seiner Fürsorge umgibt (Mt 6,26–32; 10,29–31).

In den Briefen des NT wird in feierlich bekenntnisartiger Form von dem Gott und Vater unseres Herrn Jesus Christus gesprochen (Röm 15,6; 2Kor 1,3; Eph 1,3; Kol 1,3; 1Petr 1,3). Durch Christus stehen die Gläubigen im Kindschaftsverhältnis zu Gott. Sein Geist bezeugt ihnen, daß sie Gottes Kinder sind (Röm 8,16). Darum dürfen sie auch im Gebet rufen »Abba, Vater« (Gal 4,6; Röm 8,15). Das ist ein durch den Geist des Sohnes Gottes gewirktes Gnadengeschenk.

Eine besondere Ausprägung hat der Gedanke der Gotteskindschaft im 1Joh-Brief erfahren. Hier sind die Aussagen nicht mehr (wie bei Paulus) durch den Begriff der Adoption, der Annahme an Kindes Statt, bestimmt, sondern durch den der Zeugung: Die Christen sind Gotteskinder, weil sie aus Gott gezeugt sind (1Joh 3,9 u. ö.). Dh daß der Ursprung ihres neuen Seins einzig und allein in Gott liegt (1Joh 4,4). Damit verbinden sich Aussagen mystischer Art. Johannes kennt nicht nur eine Christus-, sondern auch eine Gottesmystik. Wirkliche Gemeinschaft mit Gott gibt es nur, wenn die Christen in Gott bleiben, und wenn Gott in ihnen bleibt (1Joh 4,16). Da aber Gott Liebe ist, bedeutet das: in der Liebe bleiben. Aus der tiefen innigen Beziehung zu Gott ergibt sich dann eine ganz konkrete ethische Verpflichtung: die Bruderliebe, die zu praktisch helfender Tat führen muß (1Joh 3,16f).

4) Die Eigenschaften Gottes.

a) Es gibt im NT keine in sich geschlossene, systematisch geordnete Lehre von den göttlichen Eigenschaften, aber es findet sich eine Fülle von Hinweisen, namentlich in Gebets- und Glaubensaussagen und in den Bezeugungen des göttlichen Handelns. Von der Heiligkeit Gottes (Joh 17,11; 1Petr 1,15; Offb 3,7; 4,8; 15,4), seinem (gegenwärtigen und zukünftigen) Zorn (Röm 1,18; 2,5; 9,22; Eph 5,6; 1Thess 1,10; Offb 6,17; 11,18; 14,10) und seiner Herrlichkeit (Apg 7,2; Röm 1,23; 6,4; Eph 3,16; 1Thess 2,12; Tit 2,13; Offb 15,8; 21,11.23) ist seltener die Rede als im AT. Anders steht es mit der Königsherrschaft Gottes (vgl. → Reich), die in den synopt. Evgg. den Mittelpunkt der Predigt Jesu bildet, in der Verkündigung der Apostel aber zugunsten der Botschaft von Christus in den Hintergrund tritt. Nur einmal heißt Gott τέλειος *(tẹleios)* im Sinne der sittlichen Vollkommenheit (Mt 5,48). Öfter wird von dem Willen Gottes gesprochen (seinem gebietenden, fordernden und gnädigen Willen), seinem geheimnisvollen Ratschluß (Apg 20,27 u. ö.), insonderheit seinem Heilsratschluß (vor allem in Eph 1,3—11). Paulus betont sehr stark die Treue Gottes (Röm 3,3; 1Kor 1,9; 10,13; vgl. 2Kor 1,18). Gott hält sich an seine Verheißungen und erfüllt sie (Röm 9,6ff). Für Israel gilt, daß die Gnadengaben Gottes und seine Erwählung durch Gott unwiderruflich sind (Röm 11,29). Gott lügt nicht (Hebr 6,18; vgl. Tit 1,2), er ist vielmehr durch und durch wahrhaftig; sein Zeugnis hat unbedingte Geltung (Joh 3,33).

b) Gott ist der ewige (Röm 16,26) und allein weise Gott (Röm 16,27). Daneben stehen Aussagen, die sich auch in der philosophischen Sprache der damaligen Zeit finden. So wird Gott als der unsichtbare (Röm 1,20; Kol 1,15f; 1Tim 1,17; Hebr 11,27) und unvergängliche (Röm 1,23; 1Tim 1,17) bezeichnet. 1Tim 1,11; 6,15 wird er mit einem aus dem hell. Judentum übernommenen Attribut der »selige« Gott genannt. Die an den Gebetsschatz der hell. Synagoge anknüpfende Doxologie 1Tim 6,15f bekennt in feierlichen Worten Gott als den alleinigen Herrscher, den König der Könige, den Herrn der Herrschenden, der allein unsterblich ist, der in einem unzugänglichen Lichte wohnt und den kein Mensch je gesehen hat noch zu sehen vermag. Hell. Einfluß verrät auch die Kennzeichnung Gottes in der Areopagrede des Paulus (Apg 17,24): Gott hat die Welt und alles, was in der Welt ist, geschaffen. Der Herr des Himmels und der Erde wohnt nicht in Tempeln, die von Menschenhand erbaut sind, läßt sich auch nicht von Menschenhänden bedienen, als ob er etwas bedürfte, während er doch selbst allen Wesen Leben und Odem und alles andere gibt. Aber so fremdartig auch einige Ausdrücke klingen, es kommt Paulus alles darauf an, den wahren und lebendigen Gott zu bezeugen. Das ist der Gott, den die Heiden in Athen mehr ahnend als klar bewußt verehren, und dem sie einen Altar mit der Inschrift »Einem unbekannten Gott« errichtet haben (Apg 17,23). Der Apostel kann sogar Apg 17,28 Worte griech. Dichter, die das Gepräge pantheistischer Mystik tragen, seiner missionarischen Aufgabe dienstbar machen: »In ihm (Gott) leben und bewegen wir uns und sind wir. Wir sind seines Geschlechtes« (Aratus, Phaenomena 5). Und der Apostel will doch nichts anderes zur Geltung bringen als das biblische Zeugnis von der Allgegenwart Gottes und der Ebenbildlichkeit des Menschen. Die urchristl. Verkündigung nimmt Aussagen aus der religiösen Umwelt auf, wenn sie dadurch die Botschaft von dem wahren und lebendigen Gott verständlich machen kann; sie verwendet mystische, pantheistische, gelegentlich wohl auch gnostische Formeln, ohne die christl. Substanz preiszugeben. Alles dient der Ehre des Gottes, der sich in der Schöpfung, in der Geschichte, in dem prophetischen Wort und in Jesus Christus offenbart hat.

c) Ein zentraler Begriff der Theol. des Paulus ist die → Gerechtigkeit Gottes (Röm 1,17; 3,21f; 9,30; 10,3; 2Kor 5,21; Phil 3,9 u. ö.). Sie ist richtende, aber auch heilbringende Gerechtigkeit. Gott ist gerecht, wenn er die sündige Menschheit verurteilt. Er ist aber ebenso gerecht, wenn er den Menschen, die an Christus und das durch ihn gewirkte Heil glauben, seine vergebende Gnade zuwendet. Um Christi willen, in dem Gott selber das Sühnopfer für die Menschheitsschuld dargebracht hat, rechnet er ihnen die Sünden nicht zu, sondern spricht sie gerecht. So bildet die δικαιοσύνη θεοῦ *(dikaiosynæ theou)* die Grundlage der paulinischen Rechtfertigungslehre.

d) Weil die Heilsveranstaltung von Gott ausgegangen ist, wird er (neben Christus) der σωτήρ *(sōtær)*, der Retter, genannt (1Tim 1,1; 2,3; 4,10; Tit 1,3; 2,13; 3,4); denn er ist es gewesen, der seinen Sohn in die Welt gesandt (Gal 4,4) und ihn für uns in den Tod gegeben hat (Joh 3,16; 1Joh 4,10; vgl. Röm 8,32). Die Heilstat Gottes wird verkündigt in dem Wort vom Kreuz, das von den Glaubenden als Gotteskraft und Gottesweisheit verstanden wird (1Kor 1,18.24); denn Christus ist uns von Gott her zur Weisheit, zur Gerechtigkeit, zur Heiligung und zur Erlösung gemacht worden (1Kor 1,30; → Erlösung).

Paulus kann die ganze, der Welt bezeugte Botschaft vom Heil »das Evangelium Gottes« nennen (Röm 15,16; 1Thess 2,2; 1Tim 1,11; s. auch 1Petr 4,17). Es bringt jedem, der glaubt, Rettung (Röm 1,16; vgl. 1Kor 2,5). Dabei ist das in der Verkündigung sich vollziehende Angebot des Heils universal. Gott will, daß alle Menschen gerettet werden und zur Erkenntnis der Wahrheit kommen (1Tim 2,4); denn seine heilsame Gnade ist allen Menschen erschienen (Tit 2,11).

Die Kraft Gottes ist aber nicht nur im Evangelium wirksam, sie hat sich vielmehr von Urbeginn an machtvoll erwiesen. An den Werken der Schöpfung kann jeder Mensch das unsichtbare Wesen Gottes erkennen (Röm 1,20). Die Kraft Gottes ist es auch gewesen, die Christus von den Toten auferweckt (Apg 2,24.32 u. ö.; Röm 8,11; 10,9 u. ö.; vgl. Apg 2,24.32 u. a.) und damit die Neuschöpfung der Menschheit und des Alls eingeleitet hat. Die Gläubigen erfahren schon jetzt die überschwengliche Fülle der göttlichen Kraft (2Kor 4,7), seine gewaltig sich bestätigende Stärke (Eph 1,19; 3,20). Daß sie ständig durch den Geist Gottes, nach dem Reichtum seiner Herrlichkeit, am inwendigen Menschen mit Kraft ausgerüstet werden, ist das Gebet des Apostels (Eph 3,16). Das letzte Ziel aber des Glaubens, der Erkenntnis und der Liebe ist das Erfülltsein mit der ganzen Gottesfülle (Eph 3,19).

Bei Joh findet sich auch die sonst im NT nicht vorkommende Wendung »Gott haben« (1Joh 2,23; 2Joh 9). Das Haben Gottes, das das Haben des Sohnes einschließt (1Joh 5,12), ist an das vollgültige, von jeder Irrlehre freie Christusbekenntnis gebunden (1Joh 5,11; → Gemeinschaft, Art. ἔχω).

e) Die heilbringende Macht des göttlichen Wesens kommt in einer Reihe von Genitiven zum Ausdruck, die mit dem Subst. Gott verbunden werden. Gott ist der Gott des Friedens (Röm 1,53; 16,20; 1Thess 5,23; Phil 4,9; 1Kor 14,33; vgl. Hebr 13,20), der Gott des Erbarmens (Lk 1,78), der Vater der Barmherzigkeit und der Gott alles Trostes (2Kor 1, 3; vgl. Röm 12,1), der Gott aller Gnade (1Petr 5,10.13), der uns in Christus mit der Fülle und dem Reichtum seiner Gnade gesegnet hat (Eph 1,7), der Gott der Liebe (2Kor 13,11).

f) Die ganze Tiefe seines Wesens aber kommt in dem Satz zum Ausdruck: Gott ist Liebe (1Joh 4,8). Seine → Liebe umfaßt die verlorene Welt, die sich von ihm abgewandt hat; sie ist der entscheidende Grund seines rettenden und erlösenden Handelns. Er hat seine Liebe dadurch bewiesen, daß er seinen Sohn in den Tod dahingegeben hat, damit alle, die an ihn glauben, ewiges Leben haben (Joh 3,16). Vor allem aber gilt seine Liebe den Gläubigen: Gott hat u n s geliebt (1Joh 4,10), wir sind die von Gott Geliebten (Kol 3,12).

Alle wirkliche Liebe hat ihren Ursprung in Gott (1Joh 4,7). Wer nicht liebt, hat Gott nicht erkannt (1Joh 4,8). Die Liebe Gottes ist ausgegossen in unsere Herzen durch den heiligen Geist (Röm 5,5). Sie ist die höchste Geistesgabe, ohne die alle anderen Charismen keine Bedeutung haben (1Kor 13).

Als Gott der Liebe ist Gott reich an Güte, Langmut und Geduld (Röm 2,4). Tit 3,4 ist im Anschluß an hell. Sprachgebrauch (feierlicher Hofstil der hell. Herrscher) von der Güte und Menschenfreundlichkeit Gottes die Rede.

5) Gott und Christus.

a) Die Einzigartigkeit Christi wird im NT darin gesehen, daß er der Sohn Gottes ist. Er ist zwar dem Fleische nach aus dem Geschlecht Davids hervorgegangen (Röm 1,3), aber sein wahrer Ursprung liegt in Gott; denn er war schon vor seiner irdischen Existenz als der göttliche Logos bei Gott (Joh 1,1). So kommt er von Gott her (Joh 3,2; 13,3; 16,27f). Gott selber hat ihn zu der von ihm bestimmten Zeit in die Welt gesandt, um seine Heilsabsichten mit der Menschheit zu verwirklichen (Gal 4,4f). Darum tritt er mit göttlicher Vollmacht auf, Gott ist mit ihm (Joh 3,2). Er ist das Ebenbild des unsichtbaren Gottes (Kol 1,15); in ihm wohnt die Fülle der Gottheit leibhaftig (Kol 2,9). Weil er von Gott ausgegangen ist, ist er allein imstande, authentische Kunde von Gott zu bringen (Joh 1,18). So ist er der einzig wahre und zuverlässige Offenbarer. Er und der Vater sind eins (Joh 10,30; 14,10; 17,11.21). Darum gilt: Wer ihn sieht, der sieht Gott (Joh 12,45; 14,9).

b) Es besteht aber nicht nur eine Wesenseinheit zwischen Gott und dem Christus Jesus, sondern auch eine vollkommene Übereinstimmung im Reden und Handeln. Die Worte, die Jesus spricht, sind Worte, die er vom Vater gehört hat (Joh 14,10); die Werke, die er vollbringt, sind die Werke Gottes (Joh 9,4). Sie dienen der Offenbarung der göttlichen Herrlichkeit und damit der Verherrlichung Gottes (Joh 17,4). Das kommt bes. in den Worten der Selbstoffenbarung Jesu zum Ausdruck, den im göttlichen → Ich-Stil (ἐγώ εἰμι *[egọ̄ eimi]*) formulierten Sätzen, die im AT Selbstbekundungen Gottes selber sind: Er ist das Licht, das Leben, die Wahrheit, das Brot und Wasser des Lebens und der einzige Weg zu Gott. »Niemand kommt zum Vater denn durch mich« (Joh 14,6). Auch in der Offb begegnen göttliche Ich-Formeln wie »Ich bin der Erste und der Letzte«, die bald aus dem Munde Gottes, bald aus dem Munde des ewigen Christus erklingen (Offb 1,8.17; 21,6; 22,13). Es zeigt sich, daß im NT der Gottesglaube aufs engste mit dem Christusglauben verbunden ist. An der Stellung zu Christus entscheidet sich das Schicksal der Menschen vor Gott.

c) Aber der Christus Jesus tritt nicht an die Stelle Gottes. Wesensgleichheit ist nicht unbedingt Seinsgleichheit. Obwohl der Sohn Gottes in seinem präexistenten Sein in göttlicher Gestalt war, hat er doch nicht in Anspruch genommen, Gott gleich zu sein (Phil 2,6). Und in seinem irdischen Dasein ist er Gott gehorsam gewesen bis zum Tode am Kreuz (Phil 2,8). Er ist der Mittler, aber nicht der Urheber des Heils (2Kor 5,19; Kol 1,20; Hebr 9,15); das Lamm Gottes, das die Sünden der Welt trägt (Joh 1,36). Auch nach der Vollendung seines irdischen Werkes ist er wohl zur Rechten Gottes erhöht (Eph 1,20; 1Petr 3,22) und mit der Würde des himmlischen Kyrios bekleidet worden (Phil 2,9f), aber er ist damit nicht Gott gleichgestellt. Er bleibt, obwohl er Gott ganz und gar zugeordnet ist, ihm untergeordnet. Das gilt auch von der Stellung, die er nach dem Hebr als ewiger Hohepriester im himmlischen Heiligtum einnimmt; er vertritt uns vor Gott (s. auch Röm 8,34). Wenn Offb 1,13ff die Erscheinung des himmlischen Menschensohnes mit Zügen aus dem Bilde des »Hochbetagten« (Gottes) aus Dan 7 gezeichnet wird, so ist damit nicht gesagt, daß Christus Gott gleich ist. In der Offb wird immer zwischen Gott und dem »Lamm« unterschieden (→ gleich).

6) Christus als Gott.

Einige Stellen des NT geben Anlaß zu der Frage, ob der Sohn Gottes auch Gott genannt wird.

a) Umstritten ist Röm 9,4f. Nachdem Paulus die heilsgeschichtliche Stellung Israels herausgestellt und als besonderen Vorzug hervorgehoben hat, daß Christus dem Fleische nach aus diesem Volke stammt, fügt er einen Relativsatz hinzu, in dem es heißt: »der da Gott ist über allem, gepriesen in Ewigkeit. Amen.« Es liegt nahe und ist sprachlich durchaus möglich, die Aussage auf Christus zu beziehen. Aber auch dann wäre Christus nicht unbedingt Gott gleichgesetzt, sondern nur als ein Wesen göttlicher Art gekennzeichnet; denn das Wort θεός *[theọs]* steht ohne Artikel. Doch kommt diese Hoheitsbezeichnung bei Paulus sonst nicht vor, so daß die Erklärung sehr viel wahrscheinlicher ist, daß hier eine Doxologie auf Gott vorliegt, die aus jüd. Tradition stammt und von Paulus übernommen worden ist. Paulus würde dann, überwältigt von dem Handeln Gottes an Israel, das Ganze mit einem Lobpreis Gottes abschließen. Die Übers. müßte dann lauten: »der da über allem Gott ist, der sei gepriesen in Ewigkeit.«

b) Dagegen sind einige Stellen im johanneischen Schrifttum eindeutiger. Joh 1,1 heißt es vom Logos, dem präexistenten Christus, daß er Gott war; dh ein »Gottwesen«, das an der Gottheit Gottes teilhatte. Auch Joh 1,18 wird der eingeborene Gott – so ist nach den besten Hss. und den ältesten Väterzitaten zu lesen – von Gott selbst unterschieden. Gemeint ist auch hier das gottheitliche Wesen des Sohnes Gottes. Joh 20,28 legt Thomas auf Grund der Erscheinung des Auferstandenen das Bekenntnis ab: »Mein Herr und mein Gott.« Es steht θεός *[theos]* mit Artikel. Daß der Auferstandene als Gott angeredet wird, ist nun freilich einzigartig im NT. Doch Thomas will offenbar nur zum Ausdruck bringen, daß Gott ihm in der Gestalt Jesu sichtbar geworden ist. Den Höhepunkt der Aussagen bildet die Bekenntnisformel 1Joh 5,20, in der die vollkommene Wesenseinheit zwischen Gott und Christus festgestellt wird. Es ist wohl zu übers.: »Dieser (Christus) ist der Wahrhaftige, Gott und ewiges Leben« (nicht: Dieser ist der wahrhaftige Gott). Die völlige Gottgleichheit Christi wird, so nahe dieser Gedanke auch liegen mag, im NT nicht behauptet. Selbst Tit 2,13 kann man nicht dafür in Anspruch nehmen. »Die Übertragung des fest eingebürgerten spätjüdischen Gottesattributes ›großer Gott‹ auf Jesus wäre völlig alleinstehend im Neuen Testament« (JJeremias, NTD 9,58). Bei Paulus spricht Phil 2,6 ausdrücklich dagegen. EStauffer (ThWb III, 107) wird recht haben, wenn er sagt, daß die christologische Begriffsbildung des NT ihren folgerichtigen Abschluß in der »durchgehenden Bezeichnung« Christi als θεός *[theos]* gefunden hat.

7) Gott und die ἐκκλησία *[ekklæsia]*.

a) Die Gemeinde der Gläubigen ist die ἐκκλησία τοῦ θεοῦ *[ekklæsia tou theou]* (Apg 20,28; 1Kor 1,2; 10,32; 11,16.22; 15,9; 2Kor 1,1; Gal 1,13; 1Thess 2,14; 2Thess 1, 4; 1Tim 3,5.15; → Kirche). Sie besteht aus den von Gott erwählten und berufenen Heiligen (Röm 1,7 u. ö.), die alle Heils- und Gnadengaben empfangen haben. Sie haben Frieden mit Gott (Röm 5,1), da sie durch Christus die Versöhnung empfangen haben (2Kor 5,18). Als Anbruch der neuen Gottesschöpfung (2Kor 5,17) sind sie sein Gebilde, in Christus Jesus geschaffen zu guten Werken (Eph 2,10). Gott wirkt in ihnen das Wollen und das Vollbringen (Phil 2,13) und schenkt ihnen die Gewißheit der Heilsvollendung (Röm 5,2; Phil 3,21 u. a.). Bei der Wiederkunft Christi wird er ihre sterblichen Leiber lebendig machen (Röm 8,11) und ihnen Anteil an seiner Herrlichkeit und am ewigen Leben geben.

b) Die Gemeinde ist der Tempel Gottes (1Kor 3,16; 2Kor 6,16; Eph 2,21); der heilige Gottesbau, in den alle Gläubigen als lebendige Steine eingefügt werden (1Petr 2,4); die Wohnstätte Gottes im Geist, in dem die Christen Gottes Hausgenossen sind (Eph 2, 19.21). Sie ist das neue Gottesvolk (1Petr 2,9), das den Leib Christi bildet, in dem die Gläubigen teilhaben an dem Pleroma, der Wesensfülle Gottes und Christi (Kol 2,10; Eph 1,23; → Fülle, Art. πληρόω). Die Gemeinde steht unter dem Schutz Gottes. Sie ist in ihm geborgen; denn Gott ist für sie da (Röm 8,31). Darum ist keine Macht, wie sie auch heißen mag, imstande, sie von der Liebe Gottes zu scheiden.

Paulus hat mit großem Nachdruck betont, daß die Ekklesia Gottes aus Juden und Heiden besteht. Das hat seinen Grund darin, daß Christus Juden und Heiden in einem Leibe mit Gott durch das → Kreuz versöhnt hat. Wer das Wort von der Versöhnung (2Kor 5,19) annimmt und an Christus glaubt, der hat den freien Zugang zum Vater (Eph 2,18). In dem Gottesvolk des neuen Bundes sind die rassischen und völkischen Unterschiede aufgehoben.

8) Die Dreieinigkeit.

Eine ausgebildete Lehre von der Dreieinigkeit kennt das NT noch nicht. Es finden sich aber bereits fest geprägte dreigliedrige Formeln, in denen Gott, der Herr und der heilige Geist vorkommen (1Kor 12,4–6; 2Kor 13,13). Die Dreiheit Vater, Sohn und heiliger Geist kommt nur in der Taufformel Mt 28,19 vor. Das sog. Comma Johanneum 1Joh 5,8, das ein späterer Zusatz (spanische Bibeltexte des 6. Jh.s) ist, enthält die Trias der Vater, das Wort und der heilige Geist. Eine Erweiterung der triadischen Form, bei der aber »der eine

Gott«, »der eine Herr« und »der eine Geist« die tragende Mitte bilden, liegt Eph 4,4ff vor. Gal 1,4ff bietet zwar keine eigentliche Formel, aber das heilsgeschichtliche Handeln Gottes wird doch so dargestellt, daß die drei Größen Gott, Christus und der heilige Geist in das rechte Verhältnis zueinander gesetzt werden: Gott sendet zuerst den Sohn und dann den Geist seines Sohnes, um das Werk Jesu auf Erden fortzuführen.

Dagegen werden in zweigliedrigen Formeln vor allem Gott und Christus in enge Beziehung zueinander gesetzt: »Ein Gott, der Vater, und ein Herr, Jesus Christus« (1Kor 8,6). »Ein Gott und ein Mittler zwischen Gott und den Menschen« (1Tim 2,5). In diesem Zusammenhang ist auch Mt 23,8–10 zu erwähnen, wo Jesus die Jünger darauf aufmerksam macht, daß sie einen Meister (ihn selbst) und einen Gott im Himmel haben. In all diesen Aussagen wird sowohl die Zusammengehörigkeit als auch die Unterschiedlichkeit zwischen Gott und Christus betont, wobei Gott in jedem Fall der Vorrang gebührt; er steht über Christus.

Eine enge Beziehung besteht aber auch zwischen Christus und dem heiligen Geist. So kann Paulus 2Kor 3,17 geradezu sagen, daß der Herr der Geist ist. Im JohEv erscheint der heilige Geist (der Paraklet; → Fürsprecher) in einer »gewissen personhaften Selbständigkeit« (Stauffer, ThWb II, 108). Er ist aber in seinem Wirken an den erhöhten Christus gebunden (Joh 16,14: »Er wird es von dem Meinen nehmen«). Christus und der heilige Geist stehen in einem »Wechselverhältnis« zueinander. Doch gibt es auch hier noch keine strenge dogmatische Festlegung. So kann es, obwohl der Geist von Christus unterschieden und ihm untergeordnet wird, 1Joh 2,1 heißen, daß Christus der Paraklet beim Vater ist.

Das alles zeigt, daß das Urchristentum noch keine ausgeprägte Trinitätslehre hat. Diese ist erst das Ergebnis der altkirchlichen Dogmengeschichte. *J. Schneider*

V **ZUR VERKÜNDIGUNG**

Wenn zwei Menschen sich heute über den von ihnen je gemeinten Inhalt des Wortes »Gott« verständigen wollen, werden sie einander zunächst genau erklären müssen, wen sie mit diesem Wort meinen, ob den Vater Jesu Christi, damit den Gott Abrahams, Isaaks und Jakobs (Pascal), oder irgendein »höchstes Wesen«. Denn die inhaltliche Füllung dieses Wortes reicht im Sprachgebrauch der Gegenwart vom bloßen Einwurf, der auch durch »ach ja!« oder »o Schreck!« ersetzt werden könnte, über – manchmal gedankenlos verwendete – Fluchformeln bis zum ehrfurchtsvollen Aussprechen des Gottesnamens in Lobpreis, Dank, Bitte und Bekennen der Gemeinde. »Gott« erscheint als Büttel in der Kindererziehung, als Begriff für eine (natürlich zu eigenen Gunsten) ausgleichende Gerechtigkeit oder als Bezeichnung für das Schicksal. Viele, die das Wort gedankenlos verwenden, sind längst nicht mehr auf das biblische Gebot ansprechbar, das den Mißbrauch des Gottesnamens verbietet, weil die Vokabel sich für sie nicht mehr mit einem in die Verantwortung rufenden Inhalt verbindet, also ihren Symbolcharakter verloren hat. Daran zeigt sich, daß ein allgemein verbindlicher und allgemein eindeutiger Begriffsinhalt dieses Wortes, wie er über Jahrhunderte durch die Kombination des philosophischen Gottesbegriffes (höchstes Gut, höchstes Wesen, höchstes Sein, erste Ursache aller Dinge u. a.) mit der christl. Gottesvorstellung in der sog. abendländischen Metaphysik geübt wurde, nicht mehr besteht.

Aber die christl. Theol. hat wenig Grund, diesem Verlust nachzutrauern. Allzu oft und allzu bereitwillig ist sie in die Abhängigkeit und Gefangenschaft der Philosophie geraten. Durch den Umbruch der geistigen Situation im technischen Zeitalter ist sie nun zurückverwiesen auf das Ausgehen von ihrer »eigenen Sache«, der Initiative Gottes auf den Menschen hin. Denn sie hat heute innerhalb und außerhalb der Gemeinde – die Grenzen sind fließend – mit Menschen »säkularistischen« Bewußtseins zu tun, dh eines bewußten oder unbewußten Daseinsgefühls, für das die Welt, so wie sie sich darstellt, in sich geschlossen, sich selbst genug ist: Alle Lebenszusammenhänge sind prinzipiell, wenn auch noch nicht immer faktisch, aus sich selbst ableitbar und werden darum auch in zunehmendem Maße vom Menschen steuerbar sein. Das moderne Bewußtsein versteht die Welt als eine solche, die weder eines überweltlichen noch eines in ihre Abläufe eingreifenden, mit ihr solidarischen Gottes bedarf, mithin als eine Welt ohne Gott.

Angesichts dieser Situation wird die christl. Theol. und Verkündigung insbesondere der naheliegenden Versuchung widerstehen müssen, Gott gleichsam als Lückenbüßer in die noch nicht erklärbaren Daseinsphänomene – Tod, Schicksalsschläge, Katastrophen, ungelöste naturwissenschaftliche Probleme – hinein anzubieten. Denn wie wollte sie noch glaubhaft von einer das ganze Leben umschließenden und durchdringenden Gotteswirklichkeit (D. Bonhoeffer) sprechen, wenn sie den von ihr zu bezeugenden Gott als Symbol für das einstweilen noch nicht anders Erklärbare darstellte? Sie begäbe sich damit unausweichlich aufs neue in die Gefangenschaft menschlicher Weltbilder und Systeme und fände sich mit der Ansiedlung Gottes in den noch nicht erforschten Bereichen, dh aber auch mit dessen prinzipieller Ausklammerung aus der Welt ab.

Die Vokabel »Gott« ist aber für die heutigen Wissenschaften und ihre Welterklärung und Weltbeherrschung nicht nur überflüssig; sie läßt sich nicht einmal sinnvoll denken oder beschreiben. Denn für die in den Wissenschaften waltende Vernunft ist sichere Erkenntnis auf den Bereich der nachprüfbaren, vergleichbaren Erscheinungen eingegrenzt, *etsi deus non daretur* (als gäbe es Gott nicht). Dann hat aber die theoretische Frage: »Gibt es Gott?« schon als Frage keinen Sinn. Denn sie behandelt Gott als ein Objekt unter Objekten, als eine Erscheinung unter Erscheinungen, als »Klotzmaterial« (K. Barth). »Es gibt« Gott nicht. Wer daher ernsthaft nach Gott fragt, verläßt den Bereich des sicher Erkennbaren, allg. Voraussetzbaren und Beherrschbaren und tritt in die Unsicherheit der geschichtlichen Existenz des Menschen und der Menschheit ein.

Demgegenüber zeigt sich nicht nur im Atheismus, der sich auf die Unsicherheit, die Gott bedeutet, nicht einläßt, sondern auch innerhalb der christl. Gemeinde ein Streben nach dem Gewinn von Sicherheit. Zwei Beispiele mögen das verdeutlichen:

Viele gläubige Menschen beharren in der Auseinandersetzung mit neuartigen Denkversuchen darauf, Gott müsse objektives Gegenüber des Glaubens und der Hoffnung bleiben. Sie befürchten, daß sonst die Wirklichkeit Gottes ganz der Subjektivierung, also der rein persönlichen Deutung ausgeliefert wird. Ihnen ist anscheinend gar nicht bewußt, daß dies eine höchst unangemessene Rede von Gott ist. Denn als Objekt menschlichen Vorstellens und Denkens müßte Gott berechenbar und also auch beherrschbar sein. Wäre er aber dann Gott? Das älteste Gebot der Bibel: »Du sollst dir kein Bild machen« verbietet gerade die Berechnung und Manipulierung Gottes, die jedes Bild, auch ein ontologisch-abstraktes, ermöglicht. Die Alternative zur Objektivität kann in diesem Fall sinnvollerweise nicht die Subjektivität des Glaubens sein, sondern nur die Einsicht, daß die Kategorien subjektiv und objektiv keinen Sinn mehr geben, wenn man von Gott redet. Denn das Ich kann keine solche Distanz zu Gott einnehmen, aus der heraus Gott als ein Objekt oder als die Lebendigkeit der Subjektivität selbst bestimmbar würde. Weil Gott je meine Totalität in Anspruch nimmt, kann man von der Wirklichkeit Gottes nur bekenntnishaft reden.

Ganz ähnlich steht es mit dem Beharren auf der Transzendenz Gottes. Meint man damit, daß Gott sein ewiges Sein überschreitet, um sich uns Menschen zu offenbaren, so ist dagegen nichts einzuwenden. Aber man will mit diesem Wort weithin Gott eine Sphäre der Jenseitigkeit im Unterschied zur welthaften Immanenz freihalten. Und eine solche Transzendenzvorstellung müßte nicht nur von den Wissenschaften als reine Spekulation destruiert werden, – sie spräche gar nicht vom lebendigen Gott, da jeder »von unten her« gewonnene Transzendenzbegriff von der Wirklichkeit Gottes gesprengt wird.

Sowohl das Beharren auf dem objektiven Gegenüber wie auf der Transzendenz Gottes sind Versuche, der Beunruhigung zu entgehen, die die Frage nach Gott in der Menschheit hervorrufen muß und die niemandem erspart werden kann. Dazu kommt, daß für die Christenheit die Nötigung, die traditionellen Gottesvorstellungen kritisch auf ihren Sinn hin zu prüfen, sich noch dringlicher aus moralischen als auch theoretischen Gründen ergibt. Denn die heute auch zum innerkirchlichen Schlagwort gewordene Formel »Gott ist tot« entspringt zB bei Nietzsche nicht so sehr einem theoretischen als einem moralischen Urteil: Der christl. Gottesgedanke enthält – nach Nietzsche – mit Notwendigkeit die Vorstellung eines absolut souveränen, absolut allwissenden, absolut allmächtigen Gottes. Diesen absolut allmächtigen Gott kann der Mensch nur umbringen – aus Moralität! Einmal, weil es absolut unmoralisch ist, an einen Gott zu glauben, der innerhalb der ganz und gar sündigen Menschheit den Einen erwählt, um ihm *sola gratia* das Heil zu schenken, den Anderen aber nicht erwählt und damit dem Unheil überläßt; zum anderen weil es absolut unmoralisch ist, daß der Mensch in der Nachfolge des allmächtigen Gottes die von der Allmacht bestimmte Wirklichkeit erträgt, statt sie seinem autonomen Willen entsprechend zu gestalten. Der Glaube an eine »göttliche Hinterwelt« ist – nach Nietzsche – unmoralisch, weil er dazu anleitet, sich mit der brutalen, menschenfeindlichen, aber von der göttlichen Allmacht entworfenen Welt abzufinden, statt dem Schicksal in den Rachen zu greifen (vgl. KMarx' Kritik in der Vorrede zur Dt. Ideologie). – Dh sobald die Christenheit überhaupt eine Theorie von Gott bildet, kommt sie mit Notwendigkeit zur Theorie der uneingeschränkten Allmacht Gottes, welche auf menschlicher Stufe die höchste denkbare Unmoral bedeutet, wie das in den Religionskriegen des 16. und 17. Jahrhunderts Wirklichkeit wurde und in dem Haß vieler christl. Gruppen gegeneinander noch immer Wirklichkeit ist.

Man sieht also: Sobald man Gott als Moment der theoretischen Welterklärung betrachtet, wird er zum Bild und dann zum dämonischen Bild schrecklichster menschlicher Hybris. Die Gottesvorstellungen der Tradition bedürfen daher der kritischen Prüfung, damit der → Glaube bei seiner Sache bleibt und nicht Haß statt Frieden, Angst statt Freiheit hervorbringt. Der Glaube muß gerade als Glaube darauf bestehen, daß man Gott nicht zum bloßen Ausgangspunkt einer Kette objektiver Deduktionen macht, sondern sich und ohne jede Rückversicherung mit dem lebendigen Gott konfrontiert weiß.

Wer die christl. Botschaft verkündigen will, wird seinen Ansatz ohnehin nicht bei »unseren Vorstellungen von Gott«, sondern bei Gottes Offenbarung (vgl. Gollwitzer) zu nehmen haben. Denn auf sie antwortet und von ihr zeugt christl. Reden von Gott, und es setzt insofern nicht ein Vorwissen, sondern eine Begegnung voraus (E. Brunner: Wahrheit als Begegnung), eben die Erfahrung der umfassenden Gotteswirklichkeit. Das Wort »Gott« selbst ist weder eindeutig noch für die christl. Verkündigung reserviert; es kann seinen Gehalt erst und nur durch die existentielle Bezogenheit gewinnen. Christl. Reden von Gott wurzelt in der Betroffenheit. Das kommt im christl. Gottesdienst darin zum Ausdruck, daß er davon ausgeht und darauf tendiert, daß Menschen sich auf die Gegenwart dieses Gottes, den sie als den Vater Jesu Christi bekennen, verlassen und darauf einlassen. Und das führt notwendigerweise zu der Bitte um das Hineinwirken dieses Gottes in das Alltagsleben der Gemeinde und des einzelnen Christen. Ohne diese Beziehungswirklichkeit gäbe es keinen Glauben als Vertrauen zu dem personalen Gegenüber des einen Gottes, den die Bibel bezeugt. Aber sie erinnert auch immer wieder daran, daß dieser Gott dem Menschen nie durch sein Reden und Handeln verfügbar wird. Die Erfahrung, daß Gott der verborgene Gott bleibt, kann zur Anfechtung werden, die nur von ihm selbst überwunden werden kann, durch seine erneute freie Zuwendung als Antwort darauf, daß jemand Gott unverrückbar beim Wort nimmt.

Befragen wir nun die Bibel danach, warum in je konkreten geschichtlichen Situationen Menschen von Gott reden können oder reden müssen, so läßt sich eine fast gleichmäßige Grundstruktur erkennen: Menschen werden von Gott selbst oder einem von ihm beauftragten Menschen persönlich (per »Du«) angeredet und in Dienst genommen (→ Berufung; → Bund). Diese — direkte oder indirekte — Anrede ist jeweils geschichtlich verständlich, auch dort, wo sie abgelehnt wird (auch das »Nein« ist eine Antwort). Gott, der die Fähigkeit, Worte zu hören und zu verstehen, geschaffen hat, paßt sich dem geschichtlich bedingten Verstehensvermögen des Menschen an, damit es wirklich zu seiner Selbstmitteilung, dh → Offenbarung kommt. Der von Gottes Anrede Betroffene wird damit zum → Zeugen, der sich in Besitz genommen (im NT »Sklave Gottes«) und zu anderen ausgesandt weiß (im NT »Herold«). Denn es gibt für ihn keinen Zweifel, daß diese gute Nachricht über das Verhältnis Gott-Mensch, die der Mensch sich nicht selber sagen kann, die ihn aber »unbedingt angeht« (Tillich), für alle anderen ebenso lebenswichtig ist.

Durch seine Anrede begründet Gott — die Initiative liegt allein bei ihm — ein wechselseitiges Ich-Du-Verhältnis und nimmt den Menschen in seine → Gemeinschaft. Er befriedigt damit nicht die Neugier des theoretisch-abständlichen Bescheidwissenwollens (»Gibt es Gott? Wer ist er?«), sondern läßt vielmehr den so Betroffenen erfahren, was er für ihn *tut*, getan *hat* und tun *wird*. Das geschieht im NT, indem Gott sich dem Menschen in der Niedrigkeit seines Sohnes, des Menschen Jesus Christus erschließt, dh uns dessen Namen bekannt gibt, der gleich seinem Handeln ist (Phil 2,5—11). So entsteht eine → Erkenntnis, die nicht aus theoretischer Überlegung her kommt, sondern durch Mitteilung und diese erhärtende Erfahrung zugeeignet wird. Reden diese Menschen von Gott, dann geschieht es als Akt des Bekenntnisses (vgl. Gollwitzer, Die Existenz Gottes), weil sie von ihrem Betroffensein nicht mehr loskommen. Erkennen und → Bekennen stehen also nicht gegeneinander, sondern sind aufeinander bezogen und voneinander abhängig.

So sehr die heutigen Bemühungen um zeitgemäßes »Zur-Sprache-Bringen-Gottes« und die Versuche um angemessene Verdolmetschung des Gottesnamens (Hermeneutik) ihr theol. Recht haben, so sehr werden sie durch das Wesen des darin offenbarten und bezeugten Gottes relativiert. Denn wie auch immer Gott auf Grund seiner Selbstbekanntgabe angeredet wird (»Herr«, »Gott«, »Christe«, »Heiliger Geist«, »unser Vater«, »unser Gott«, »ein Gott«), es handelt sich dabei nie um Eigennamen; sie sind vielmehr alle Ausdruck der ausschließlichen Gemeinschaft des Einen mit den Menschen. Sie haben keinen Sinn an sich, sondern sie beziehen jeweils den Redenden mit ein, wie in der zwischenmenschlichen Beziehung die Anreden »mein Vater«, »mein Lehrer«, »meine Frau« zugleich auch die Position des Sprechenden als Kind, Schüler, Ehemann charakterisieren. Wenn wir Gott bei seinem Namen nennen und von ihm reden, ist das immer zweiter Teil eines Zwiegespräches, in dem Gott das erste Wort hat und Menschen antworten. Diese Begegnung ist durch Hören, Vertrauen und erfahrene Erfüllung charakterisiert. Daß solches je neu geschieht und geschehen soll, daß es lebendige Erkenntnis mit der Fähigkeit und Vollmacht zu je neuer Ausdrucksform ist, das ist mit den Aussagen vom Bleiben des Wortes (vgl. Mt 24,35) und vom Wirken des Heiligen → Geistes gemeint. Gott öffnet dabei für die ihm Glaubenden die Geschichte nach vorn; darin liegt der Grund für die unbegreifliche Durchhaltekraft Israels wie auch für die geschichtliche Gestaltungskraft des Christentums (→ Hoffnung).

Die umstrittenste theol. Frage unseres Jahrhunderts, die nach dem angemessenen Reden von Gott (vgl. H. Zahrnt, Die Sache mit Gott), reduziert sich angesichts der Gemeinschaft stiftenden Kraft des Gottesnamens und seiner Geschichtsmächtigkeit darauf, ob neben dem eben Gesagten noch andere Bedingtheiten menschlich-geschichtlicher Herkunft für das Reden von diesem einen Gott normativ sein könnten. Diese Frage generell verneinen heißt nicht, sich einem gedankenlosen Nachplappern traditioneller Rede von Gott ausliefern. Es ist auch nicht gleichbedeutend damit, die mühevollen Versuche zu verketzern, die Gotteswirklichkeit innerweltlich auszudrücken (Robinson, H. Braun u. a.).

Da die gegenwärtige Welt, wie es scheint, überhaupt keine angemessenen Analogien zu einem sachgemäßen Reden von Gott bereitstellt, kann man fragen, ob man von Gott nicht am besten redet, indem man vom Menschen redet. Das Sein und die Wirklichkeit Gottes müssen dabei keineswegs geleugnet werden; denn vom Menschen soll ja nur insofern geredet werden, als er niemals und nirgendwo eine Distanz zu Gott einnehmen kann, als er stets und ständig in seiner Totalität von Gott in Anspruch genommen wird, als der Mensch niemals nur teilweise, dh mit einem gläubigen oder denkenden Teil seines Wesens, sondern immer nur ganz und gar mit Gott zu tun haben kann, entweder als Gottloser, der sich Gottes Totalitätsanspruch entzieht, oder als trotz seiner Gottlosigkeit Berufener. Wenn in dieser Weise vom Menschen geredet wird, um von Gott zu reden, so wird unterstellt, daß sonst alles Reden von Gott unausweichlich im Banne »toter« Gottesvorstellungen bleibt.

Aber diese Weise, von Gott zu reden, wird noch mißverständlicher und »toter« als die, die das Wort »Gott« naiv verwendet. Denn Formeln wie »Liebe«, »Mitmenschlichkeit«, »Sein in der Eigentlichkeit«, »Sein in der Tiefe« geraten viel schneller in den Verschleiß als das Wort »Gott«. Während im Einzelfall jeder Prediger von dieser Weise der Verkündigung Gebrauch macht, ist sie als dogmatische Regel unglaubwürdig, da sie niemals von dem Anschein frei werden kann, das Wesentliche der Tradition im Stich zu lassen statt unter veränderten Bedingungen zu proklamieren. Man wird sich daher entschieden zur Wehr setzen müssen, wenn behauptet wird, daß das Reden von Gott nur dann denkend verantwortet werden kann, wenn der Mensch und seine Existenz das ausschließliche Thema des Zeugnisses von Gott sind.

Die Verneinung derartiger Versuche kann aber nur dann zu Recht bestehen, wenn man sich unablässig bemüht, mit der theol. Anfrage der Genannten im Ohr die Beziehung Gottes zu dieser unserer heutigen Welt und Vorstellungswelt in einer dieser entsprechenden und ihr verständlichen Sprache auszudrücken. Dies geschieht in dem Wissen und unter der Zusage, daß der gemeinschafts- und geschichtsmächtige Gott selbst seine Zeugen je neu zum adäquaten Sprechen bringen will. Sie werden sich dabei freilich durch die vorfindliche Sprache nicht in einen anthropozentrisch-soziologischen Horizont einengen lassen dürfen. Vielmehr wird diese Sprache, indem sie für die Verkündigung des lebendigen Gottes in Beschlag genommen wird, durchbrochen und überboten, um der Ansage der Gegenwart dieses Gottes zu dienen.

Dieser Vorgang entspricht dem Inhalt der Botschaft. Denn der von der christl. Verkündigung bezeugte Gott, der sich dem Sünder zuwendet, geht in der Solidarität mit diesem nicht auf, sondern erweist sich auch dort, wo er bedingungslos sich selbst verschwendend hilft, als der allen Mächten unendlich Überlegene und darum zu immer neuer Hilfe Bereite. Es ist dies die Spannung des Glaubens an den Gekreuzigten und Auferstandenen.

H. H. Eßer/H. Seebaß

Lit. zu I/II: HJWicks, The Doctrine of God in the Jewish Apocrypha and Apocalyptic Literature, 1915 – NSöderblom, Das Werden des Gottesglaubens, 1926² – WFOtto, Die altgriechische Gottesidee, 1926 – OEißfeldt, Vom Werden der biblischen Gottesanschauung, 1929 – WFOtto, Die Götter Griechenlands, 1934² – CSteuernagel, Jahwe und die Vätergötter, in: Festschrift GBeer, 1935 – HHempel, Gott und Mensch im AT, BWANT III,2, 1936² – AMarmorstein, The Old Rabbinic Doctrine of God, 1927/1937 – MBuber, Der Glaube der Propheten, 1950 – AAlt, Der Gott der Väter, in: Kleine Schriften z. Geschichte d. Volkes Israel I, (1926) 1953, 1ff – WJaeger, Die Theologie der frühen griechischen Denker, 1953 – KLBellon, Der Sinn der Frage nach dem Ursprung der Gottesidee, Zeitschr. f. Missionswiss. 38, 1954, 318ff – ELDietrich, Die rabbinische Kritik an Gott, ZRGG 7, 1955, 193ff – UvWilamowitz-Moellendorf, Der Glaube der Hellenen I, 1955² – FWAlbright, Die Religion Israels, 1956 – MBuber, Königtum Gottes, 1956³ – GvdLeeuw, Phänomenologie der Religion, 1956² – HHRowley, The Faith of Israel, 1956 – MNoth, Gott, König, Volk im Alten Testament, in: Gesammelte Studien ThB 6, 1960², 188ff – GvRad, Theologie des AT I, 1962⁴, 193ff – BRenaud, Je suis un dieu jaloux, 1963 – ThBoman, Das hebräische Denken im Vergleich zum griechischen, 1965⁴, 27ff – HABrongers, Die Wendung *bešēm jhwh* im Alten Testament, ZAW 77, 1965, 1ff – REClements, God and Temple, 1965 – JJeremias, Theophanie. Die Geschichte einer alttestamentlichen Gattung, Wiss. Mon. 10, 1965 – RKnieriem, Das erste Gebot, ZAW 77, 1965, 20ff – HWildberger, Das Abbild Gottes, Gen 1,26–30, ThZ 21, 1965, 481ff – RRendtorff, El, Baal und Jahwe. Erwägungen zum Verhältnis von kanaanitischer und israelischer Religion, ZAW 78, NF 37, 277ff – HSeebaß, Der Erzvater Israel und die Einführung der Jahweverehrung in Kanaan, 1966;

zu III: HKleinknecht/GQuell/EStauffer/KGKuhn, Art. θεός, ThWb III, 1938, 65ff – ERohde, Gottesglaube und Kyriosglaube bei Paulus, ZNW 22, 1923, 43ff – JJeremias, Das Vater-Unser im Lichte der neueren Forschung, Calwer Hefte 50, 1962, 5ff – CMüller, Gottes Gerechtigkeit und Gottes Volk. Eine Unters. z. Röm 9–11, FRLANT 86, 1964 – EPax, Die Epiphanie Gottes im Neuen Testament, BuK 19, 1964, 106ff – WGKümmel, Die Gottesverkündigung Jesu und der Gottesgedanke des Spätjudentums, in: Heilsgeschehen und Geschichte, 1965, 107ff – ESchweizer, Was heißt »Gott«?, EvTh 25, 1965, 339ff – HBraun, Gesammelte Studien zum NT und seiner Umwelt, 1967²;

allgemein: GAulén, Das christliche Gottesbild in Vergangenheit und Gegenwart, 1930 – OPlöger/WKasch/WWiesner, Art. Gott, EKL I, 1956, 1639ff – PTillich, Biblische Theologie und die Frage nach dem Sein, 1956 – WSchulz, Der Gott der neuzeitlichen Metaphysik, 1957 – KGoldammer u. a., Art. Gott, RGG II, 1958³, 1701ff – JHaekel u. a., Art. Gott, LThK IV, 1960, 1070ff – HJIwand, Glauben und Wissen, 1961, 27ff – EJacob/WSchmauch, Art. Gott, BHHW I, 1962, 585ff – KHBernhardt, Art. Fremde Götter, BHHW I, 1962, 589ff – RBultmann, Welchen Sinn hat es, von Gott zu reden?, GuV I, 1964⁵, 26ff – ders., Der Gottesgedanke und der moderne Mensch, GuV IV, 1965, 113ff – HGollwitzer, Die Existenz Gottes im Bekenntnis des Glaubens, 1963² – WKnevels, Die Wirklichkeit Gottes, 1964 – WKünneth, Von Gott reden?, 1965 – FMildenberger, Überlegungen zum Gottesbegriff, ZThK 62, 1965, 458ff – DSölle, Stellvertretung, 1965 – HKasper, Unsere Gottesbezeichnung angesichts der sich wandelnden Gottesvorstellung, Cath 20, 1966, 245ff – HGollwitzer, Das Wort »Gott« in der christlichen Theologie, ThLZ 92, 1967, 161ff – RMGrant, The Doctrine of God in Early Christian Thought, StEv 5, 1968, 57ff – HHSchrey, Zwischen Orthodoxie und Häresie, EvKom 1, 1968, 250ff – EJüngel, Gott als Wort unserer Sprache, EvTh 29, 1969, 1ff – CAvPeursen, Das Wort »Gott«, 1969 – GSchneider, Urchristliche Gottesverkündigung in hellenistischer Umwelt, BZ 13, 1969, 59ff – HOtt, Gott, 1971 – WWeidlich, Zum Begriff Gottes im Felde zwischen Theologie, Philosophie und Naturwissenschaft, ZThK 69, 1971, 381ff – ChSchütz, »Personalität« Gottes als hermeneutischer Schlüssel der biblischen Botschaft, ThGl 64, 1974, 129ff.

Gottesdienst → Dienen

Gottesfürchtiger, Proselyt

προσήλυτος

προσήλυτος *[prosǣlytos]* Proselyt · φοβούμενος τὸν θεόν *[phoboumenos ton theon]* Gottesfürchtiger · σεβόμενος τὸν θεόν *[sebomenos ton theon]* Gottesfürchtiger

I προσήλυτος *[prosǣlytos]* (von προσέρχομαι *[proserchomai]* = *hinzugehen*) kommt nur in der jüd. und christl. Lit. vor. Der Begriff ist term. techn. und bezeichnet den *Proselyten,* dh den (vom Heidentum) zum Judentum übergetretenen Nicht-Juden.

1) In der LXX steht προσήλυτος *[prosælytos]* für *gēr* = *Fremdling*. Im AT wird vom *nokri*, dem nur zeitweilig im Lande befindlichen Fremden, der *gēr* als im Lande ansässiger Nichtisraelit unterschieden. Er ist meist einem israelitischen Herren (Hausherr, Sippe, Ortschaft) als Beisasse hörig, besitzt aber im Gegensatz zum → Sklaven seine persönliche Freiheit. Grundbesitz darf er weder haben noch erwerben. *gēr* ist also in frühester Zeit zunächst ein soziologischer Begriff. Aber da der *gēr* Anteil am Land hatte, stand er sowohl unter dem Schutz als auch unter einer gewissen Botmäßigkeit Israels. So sollte er zB nach den Bestimmungen des Bundesbuches den Sabbat mit Israel halten (Ex 23,12; 20,10) und von den Israeliten nicht benachteiligt werden, da sein Schreien ebenso wie ihres vor Jahwe kommen werde (Ex 22,20ff; vgl. 23,9). II

Als sich Israel später um seiner Reinheit willen mehr und mehr von allem Nichtjüdischen absonderte, wurde der *gēr*, der ja in Israel lebte und bereits bestimmte religiöse Pflichten hatte, in steigendem Maße in das Leben Israels einbezogen. Er wurde am Gesetz wie an den Opfern und großen Festen beteiligt (Num 15,15f.30; Dtn 16,10f.13f). Wenn er die Beschneidung annahm, konnte er sogar das Passa feiern und war dann vollständig eingegliedert (Ex 12,48). In dieser Zeit kommt der Begriff *gēr* dem späteren προσήλυτος *[prosælytos]* schon recht nahe.

2) Seine eigentliche Ausprägung erfuhr der Begriff dann im nach-at. Judentum. In der hell. jüd. Diaspora setzte eine intensive Missionsbewegung ein, einerseits sehr wirksam durch den transzendenten Gottesbegriff (Unsichtbarkeit, Unabbildbarkeit; → Gott), andererseits an der → Beschneidung als Akt des vollen Übertritts ihre Grenze findend (Furcht vor Antisemitismus, vgl. ThWb VI, 731). Die durch Beschneidung übergetretenen Heiden hießen προσήλυτοι *[prosælytoi]* gemäß dem at. *gēr*. In dieser Bedeutung begegnet der Begriff auch bei Philo. Die Beschneidung ist beim Proselyten vorausgesetzt.

Von den Qumrantexten erwähnt nur die Damaskusschrift (14,3ff) die *gērim*. Die Fremdlinge nehmen in der Rangordnung den untersten Platz hinter Priestern, Leviten und gewöhnlichen Israeliten ein.

Im palästinensischen Judentum bezeichnet *gēr* nun stets den zum Judentum übergetretenen Heiden. Nach den rabb. Texten erfolgte der Übertritt durch die Annahme der Beschneidung (bei Männern), ein Tauchbad und ein Opfer im Tempel. Danach galt der Übergetretene als Jude. Er gleicht, so heißt es, einem neugeborenen Kind. Sein früheres heidnisches Leben hat keine Bedeutung mehr. Auf der Beschneidung liegt allergrößtes Gewicht. Ohne sie bleibt der Gewonnene Heide.

3) Von den Proselyten sind zu unterscheiden die Nichtjuden, die am Synagogendienst teilnehmen und in gewissem Umfang das Gesetz halten, ohne jedoch durch Annahme der Beschneidung zum Judentum überzutreten. Sie sind lediglich zur Haltung der Sabbat- und Speisegesetze sowie der sittlichen Weisungen und zum Bekenntnis des einen Gottes verpflichtet (ELohse, RGG IV, 972; vgl. die sog. »Noachischen Gebote«, GStrecker, ebd., 1500f). Bei den Rabbinen heißen sie *jir'ē schāmajim* = *Gottesfürchtige*, griech. φοβούμενοι *[phobọumenoi]* (von φοβέομαι *[phobẹomai]*; → Furcht) τὸν θεόν *[ton theọn]* oder freier übersetzt: σεβόμενοι *[sebọmenoi]* (von σέβομαι *[sẹbomai]* = verehren; → Frömmigkeit) τὸν θεόν *[ton theọn]*. σεβόμενοι *[sebọmenoi]* kann auch allein stehen (so Apg 17,4.17). Auch bei diesem Begriff handelt es sich um einen term. techn. (zu unterscheiden von θεοσεβής *[theosebæs]*; → Frömmigkeit, Art. σέβομαι).

Im NT tauchen bezeichnenderweise die Begriffe *Proselyt* (einzige Ausnahme Mt 23,15) und *Gottesfürchtiger* in der Schrift auf, die das Werden der jungen Kirche auf dem Missionsfeld bzw. in der Diasporasituation schildern will: in der Apg. Da wenig Grund besteht, an der hier gebotenen Darstellung der Missionsmethode des Paulus zu zweifeln (Anknüpfung bei der Synagoge, vgl. ThWb VI, 745), ist es bemerkenswert, daß die Begriffe in den paulinischen Schriften nicht begegnen (wohl aber → Grieche!). III

1) προσήλυτος *[prosælytos]* steht nur an 4 Stellen:

a) Mt 23,15 in den Weherufen über die → Pharisäer. Jesus wendet sich hier nicht gegen den Missionseifer der Pharisäer selbst, sondern dagegen, daß sie den Gewonnenen zu ihrem formalen Gesetzesverständnis bekehren und ihn damit zu einem »Sohn der Hölle« machen. (So Kuhn, ThWb VI, 742; anders Lohmeyer, KEK zSt.)

b) Apg 2,11 werden die aufgezählten Volksgruppen als Ἰουδαῖοί τε καὶ προσήλυτοι *[Joudạioi te kai prosælytoi]*, als geborene → Juden und Proselyten, charakterisiert. Bei allen Versammelten handelt es sich um Juden aus der Diaspora, die zum Fest zusammengekommen waren.

c) Apg 6,5 wird unter den Sieben Nikolaos als προσήλυτος Ἀντιοχεύς *[prosælytos*

Antiocheus], als Proselyt aus Antiochien, bezeichnet. Im Gegensatz zu den anderen, die geborene Juden sind, ist er geborener Heide (Haenchen, KEK, zSt).

d) Apg 13,43: σεβομένων προσηλύτων *[sebomenōn prosælytōn]*. Diese Näherbestimmung findet sich sonst nie; vielmehr stehen in der Apg neben den Juden immer die σεβόμενοι *[sebomenoi]* = *Heiden*, die am Synagogengottesdienst teilnehmen. Auch hier muß σεβομένων *[sebomenōn]* diesen Sinn als term. techn. haben, so daß hier entweder eine Ungenauigkeit des Lk oder aber eine alte Glosse (so Haenchen, KEK, zSt) vorliegen muß.

2) Der Begriff φοβούμενος *[phoboumenos]* bzw. σεβόμενος τὸν θεόν *[sebomenos ton theon]* findet sich im NT nur in der Apg. Paulus predigt in den Synagogen vor Juden und »Gottesfürchtigen« (Apg 13,16.26; zu 13,43 vgl. oben 1). Auch bei den → Griechen (Apg 14,1; 18,4) muß es sich um solche »Gottesfürchtigen« handeln. Gerade unter ihnen fand der Apostel Gehör. Namentlich erwähnt werden die Purpurhändlerin Lydia in Philippi (Apg 16,14) und Titius Justus in Korinth (Apg 18,7). Gerade weil Paulus nicht die Beschneidung sondern den Glauben an Christus fordert, schließen sich die σεβόμενοι *[sebomenoi]* ihm an. Dadurch kommt er mit den Juden in Konflikt, die ihn vor Gallio anklagen, er verführe die Menschen, Gott unter Nichtachtung des Gesetzes zu verehren (Apg 18,13).

Der gleiche Konflikt bestand aber auch innerhalb der christl. Gemeinde, wie in der Geschichte vom Hauptmann Kornelius sichtbar wird (Apg 10,1–11,18). Kornelius wird als φοβούμενος τὸν θεόν *[phoboumenos ton theon]* bezeichnet (Apg 10,2.22). In der Urgemeinde wurde aber der »Gottesfürchtige« nach palästinensisch-jüd. Verständnis als Heide angesehen, weil er nicht beschnitten war (vgl. II,2). Darum wird Petrus von der Gemeinde angegriffen, da er sich nicht von dem Unbeschnittenen zurückgehalten habe, wie es im Gesetz geboten ist.

Bei den gottesfürchtigen Frauen in Apg 13,50 handelt es sich wohl um Proselytinnen (so Haenchen, KEK, zSt).

U. Becker/Osterwald

Lit.: ABertholet, Die Stellung der Israeliten und der Juden zu den Fremden, 1896 – ESchürer, Geschichte des jüdischen Volkes im Zeitalter Jesu Christi,[4] III, 1909, 150ff – MMeinertz, Jesus und die Heidenmission, 1925 – KLSchmidt, Israels Stellung zu den Fremden und Beisassen, Judaica 1, 1945/46, 269ff – JJeremias, Jesu Verheißung an die Völker, 1956, 9ff – JdeVries/FHorst, Art. Fremde, RGG II, 1958[3], 1124ff – KGKuhn, Art. προσήλυτος, ThWb VI, 1959, 727ff – ELerle, Proselytenwerbung und Urchristentum, 1960 – ELohse, Art. Mission II, RGG IV, 1960[3], 971ff – GStrecker, Art. Noachische Gebote, RGG IV, 1960[3], 1500f – ELohmeyer/WSchmauch, Das Matthäusevangelium, KEK, Sonderbd., 1962[3] (zu Mt 23,15) – JJeremias, Jerusalem zur Zeit Jesu, 1963[3], 354ff – HHegermann, Das hellenistische Judentum, in: Umwelt des Urchristentums, hrsg. v. JLeipoldt u. WGrundmann, I, 1965, 307ff – EHaenchen, Die Apostelgeschichte, 1965[14], 213ff (zu Apg 6,5) – FHahn, Das Verständnis der Mission im NT, 1965[2]

Gottesknecht → Sohn Gottes

Gottesverehrung → Frömmigkeit

Grieche

Ἕλλην

Ἕλλην *[Hellæn]* Grieche · Ἑλλάς *[Hellas]* Griechenland · Ἑλληνικός *[Hellænikos]* griechisch · Ἑλληνίς *[Hellænis]* Griechin · Ἑλληνιστής *[Hellænistæs]* Hellenist · Ἑλληνιστί *[Hellænisti]* griechisch

I Ἕλλην *[Hellæn]* = der *Grieche* (im Unterschied zum Barbaren). Das Wort bezeichnet bei Homer einen Thessalenstamm in der Gegend von Pharsalos. Bei Herodot ist es Name für alle Griechen geworden. Dazwischen liegen die mythologischen Genealogien, die einen Heros Hellen konstruieren,

Sohn des Deukalion (auch Zeus-Sohnschaft wird überliefert), Vater der dorischen und äolischen Stammesheroen (so schon Hesiod).

Der Gegensatz zwischen Griechen und Nichtgriechen ist ein solcher der Kultur, nicht der Religion. In der Zeit nach Alexander d. Gr. wurden vor allem im Osten alle diejenigen zu den »Griechen« gerechnet, die griech. Sprache, Kultur und Lebensform angenommen hatten, auch wenn sie volksmäßig von anderer Abstammung waren.

1) In der LXX wird Ἕλλην *[Hellæn]* mehrmals für hebr. *jāwān* bzw. *jewānim* (eigentlich *Jonier*) gebraucht (Dan 8,21; 10,20). Die Erfahrungen des jüd. Volkes unter Antiochus IV. Epiphanes bewirkten, daß zB für 2Makk das Wort *griechisch* den Beiklang des Judenfeindlichen bekommt und so in die Nähe des Wortes »heidnisch« (→ Volk, Art. ἔθνος) gerückt wird. Damit wird der ursprüngliche Ehrenname Ἕλλην *[Hellæn]* der religiösen Verachtung preisgegeben, weil der → Jude von seinem Glauben an einen alleinigen Gott ausgeht, wie umgekehrt der Grieche in seiner Judenverachtung von seinem philosophischen Monopol ausging. II

2) Für die Welt, in die das Christentum eintrat, ist kennzeichnend, daß sie weithin durch das Griechentum bestimmt war, vor allem im Osten des röm. Reiches. Die Eroberungen Alexanders d. Gr. und seine Politik der Hellenisierung, die durch die Diadochen weitergeführt wurde, ließen das Griechentum zum bestimmenden kulturellen Faktor werden. Überall, auch in Syrien und Palästina, entstanden griech. Städte, die die alten Stammesverbände der einheimischen Völker sprengten (dies gerade sollten sie bewirken!). Die führenden Schichten in diesen Städten sprachen griechisch, das die Verkehrssprache im Osten des röm. Reiches wurde, und das man auch in Palästina weithin verstand. Wie weit der Prozeß der Hellenisierung fortgeschritten war, zeigte sich zB an den Juden Alexandrias in Ägypten, für die im 3. Jh. vChr eine griech. Bibelübersetzung, die LXX, hergestellt werden mußte, da das Volk die angestammte hebr. (aram.) Sprache nicht mehr verstand und sprach. Doch blieb sie bei weitem nicht die einzige Übersetzung, sondern wurde nur die bekannteste, da sie von den griech. sprechenden Christen zu ihrem Kanon erhoben wurde, – was wiederum neue Übersetzungen des masoretischen Textes ins Griech. gegen sie auf den Plan rief.

Philo von Alexandria war ein hell. Philosoph und Literat, der keine Kenntnis des Hebr. mehr hatte. Neben und außer ihm gab es zahlreiche jüd. Schriftsteller, die sich der griech. Sprache und Gedankenwelt bedienten, um den jüd. Gottesglauben und das Gesetz zu verteidigen und missionarisch zu verbreiten.

Von einem starken Einbruch griech. Geistes und griech. Lebenshaltung in die Priesterschaft Jerusalems berichtet 1Makk. Hier droht aber auch ein entscheidender Substanzverlust, indem viele bereit waren, vom Gottesglauben der Väter und vom Gesetz abzufallen. Dies und die gewaltsamen und ungeschickten Hellenisierungsversuche des Antiochus Epiphanes riefen die Reaktion der gesetzestreuen Kreise und der makkabäischen Bewegung hervor (vgl. 2Makk 6,1ff). Relativ schnell wurden aber auch die Makkabäer hellenisiert. Ebenso drangen in die Kreise der frommen gesetzestreuen Juden griech. Gedanken, Lehren und Mythen ein (der Traditionsgedanke, Unsterblichkeit der Seele, Jenseitsmythen u. a. m.). Auch der Rabbi verstand Griech. und kannte Homer. Die überaus zahlreichen griech. Fremd- und Lehnwörter in Talmud und Midrasch beweisen die kulturelle Übermacht des Griechentums auch im jüd. Bereich. Eine Reaktion dagegen, die aber nicht durchdringen konnte, zeigte sich zu Beginn des 2. Jh.s nChr, als verboten wurde, die griech. Sprache zu lernen, – ein Verbot, das bald dahin abgeschwächt wurde, daß nur die griech. »Weisheit« zu lernen verboten sei (MSot IX,14; bSot 49b). – Auch die jüd. Sekte der Karäer im 9. Jh. nChr entstand in den Auseinandersetzungen mit der griech. Philosophie. Denn wenn sie zum alleinigen Schriftstudium zurückriefen, so richtete sich das gegen die griech. beeinflußte Tradition in Talmud und anderen Korpora.

Im NT findet sich Ἑλλάς *[Hellas]* = *Griechenland* nur Apg 20,2. Von den 26 Stellen, an denen Ἕλλην *[Hellæn]* im NT vorkommt, entfallen 10 auf Apg und 13 auf die Paulusbriefe; es fehlt in den Synopt. Ἑλληνίς *[Hellænis]* begegnet (außer in Apg 17,12) in Mk 7,26: die Syrophönizierin wird als solche bezeichnet, wobei sich nicht sicher bestimmen läßt, was genau mit der Doppelbezeichnung gemeint ist. Sicher ist nur, daß die Frau eine – doch wohl griech. sprechende – Heidin war, der Jesus um ihres Glaubens willen half. Ἑλληνικός *[Hellænikos]* = *griechisch* steht nur Offb 9,11: der Name des Engels des Abgrundes heißt ἐν τῇ Ἑλληνικῇ *[en tæ Hellænikæ]* (erg. γλώσσῃ *[glōssæ]*) Apollyon. Ἑλληνιστί *[Hellænisti]* heißt ebenfalls *griechisch*. Die Inschrift über dem Kreuz Jesu ist hebr., lat. und griech. geschrieben (Joh 19,20). Der Offizier, der Paulus vor der Menge rettet, stellt erstaunt fest, daß Paulus griechisch versteht (Apg 21,37). III

Ἑλληνιστής *[Hellænistæs]* (eine Neubildung vom Verbum ἑλληνίζειν *[hellænizein]*) ist der griech. redende und lebende Mensch (Apg 6,1; 9,29). In der Apg sind es Judenchristen griech. Sprache und zwar (Apg 9,29!) streng orthodoxe Judenchristen, nicht etwa Griechen. Andernfalls wäre der spätere Kampf des Paulus für ein gesetzesfreies Evangelium nicht verständlich (vgl. auch Apg 10f und 15), und in Synagogengemeinden wurden sicher keine unbeschnittenen Heiden aufgenommen.

1) In Joh 7,35 meinen die Juden, Jesus wolle in die griech. Diaspora gehen, zu den unter den Griechen lebenden Juden, und von dort aus die Griechen lehren. Mit den "Ελληνες *[Hęllænes]* in Joh 12,20ff sind griech. sprechende Proselyten (→ Gottesfürchtiger) gemeint, nicht etwa Heiden; denn sie wollen im Tempel anbeten. Sie wollen Jesus sehen. Das gibt Anlaß zu einem Ausblick auf die Heidenmission, deren Voraussetzung der Tod Jesu ist. Griech. sprechende Judenchristen predigen zuerst das Evangelium den Griechen (Apg 11,20). Dasselbe tun vor allem Paulus und seine Begleiter (Apg 17,4; 19,10 u. ö.): wenn die Juden die Botschaft ablehnen, wendet sich Paulus an die Griechen. Überall wohnten Juden und Griechen nebeneinander, woraus sich Mischehen ergaben; aus einer solchen stammte Timotheus (Apg 16,1). Man warf Paulus vor, er habe Griechen in den Tempel geführt und ihn dadurch verunreinigt (Apg 21,28). Gelegentlich kann mit dem Wort "Ελλην *[Hęllæn]* auch der Halbproselyt oder »Gottesfürchtige« bezeichnet werden (Apg 14,1; 17,4).

2) Mit dem vor allem bei Paulus vorkommenden Ausdruck »Juden und Griechen« kann die ganze Menschheit bezeichnet werden (1Kor 1,24; 10,32; 12,13; Gal 3,28; Kol 3, 11), wobei durch die Voranstellung der Juden der heilsgeschichtliche Vorrang dieses Volkes ausgedrückt wird. Aber Gott ist der Gott der Griechen wie der Juden (Röm 10,12). Paulus ist in besonderer Weise der Apostolat unter den Griechen zugewiesen (Röm 1,14; Gal 1,16; 2,5; vgl. Eph 3,6f; 1Tim 2,7). Nicht alle Heiden sind "Ελληνες *[Hęllænes]*; denn Paulus kann neben diesen noch Barbaren und Skythen nennen (Röm 1,14; Kol 3,11). Charakteristisch für die "Ελληνες *[Hęllænes]* ist, daß sie → Weisheit (Art. σοφία) suchen und daß ihnen von da aus das Kreuz Christi zur Torheit wird (1Kor 1,22f).

Düster ist das Bild, das Paulus in Röm 1,18—32 von den Griechen (V. 16!) bzw. vom Heidentum (→ Volk, Art. ἔθνος) malt. Dennoch wendet Gott ihnen seine Botschaft zu wie auch den Juden (Röm 1,16; 2,9; 3,9). Tut der Grieche das Gute, erfüllt er das Gesetz, wird ihm Ehre zuteil wie auch den Juden (Röm 2,9f.14—16). Da die Griechen von Haus aus alle Heiden sind, sind die Begriffe »Heide« und »Grieche« im Gegenüber zu dem des Juden auswechselbar (vgl. Röm 3,29f mit 1Kor 1,22—24): Die Griechen sind in hervorragender Weise die Vertreter des Heidentums. Der Gemeinde von Korinth wird die Mahnung zuteil, jeden Anstoß vor Juden und Griechen und vor der Gemeinde Gottes zu vermeiden (1Kor 10,32): Die nichtchristl. Bevölkerung von Korinth zerfällt in die beiden erstgenannten Gruppen, neben die nun als »neues Volk« die Kirche tritt (→ Volk, Art. λαός).

In diesem neuen Gottesvolk, der → Kirche, werden die Unterschiede der Herkunft aufgehoben. Gott, der faktisch immer schon der Gott auch der Griechen war (Röm 10,12), ohne daß sie ihn freilich erkannt hätten, wird nun tatsächlich und bewußt ihr Gott, indem sie an Jesus Christus glauben und durch den heiligen Geist zu einem Leibe getauft werden (1Kor 12,13).

Wer auf Jesus Christus getauft ist, ist Sohn Gottes, hat Christus angezogen, er sei Jude oder Grieche, und so gehört auch der gebürtige "Ελλην *[Hęllæn]* zur Nachkommenschaft Abrahams (Gal 3,26—29). Das Grieche- oder Judesein gehört zum alten Menschen, den es mitsamt seinen unguten Eigenschaften abzulegen gilt (Kol 3,11; vgl. V. 5—10.12f).

H. Bietenhard

Lit.: HWindisch, Art. "Ελλην, ThWb II, 1935, 501ff – FRWalton, Art. Griechische Religion, RGG II, 1958³, 1860ff – UvWilamowitz-Moellendorf, Der Glaube der Hellenen, I.II, 1955² – EHaenchen, Die Apostelgeschichte, KEK III, 1965¹⁴, 219ff.309f.

Groß, Klein

Das Begriffspaar groß-klein, im Griech. μέγας *[megas]* und μικρός *[mikros]*, wird hier zusammengeordnet, weil die beiden Vokabeln sowohl im rechnerisch messenden Vergleich als auch in der qualitativ wertenden Beurteilung immer aufeinander bezogen sind. Die Vokabeln bekommen im NT dadurch besonderes Gewicht, daß sie Qualifikation bzw. Disqualifikation vor Gott ausdrücken, aber auch – bei den von μέγας *[megas]* gebildeten Subst.en – zum Träger von Gottesprädikationen werden.

μέγας

μέγας *[megas]* groß · μεγαλύνω *[megalynō]* großmachen, preisen · μεγαλειότης *[megaleiotæs]* Herrlichkeit · μεγαλωσύνη *[megalōsynæ]* majestätische Erhabenheit · μεγαλεῖα *[megaleia]* die Großtaten

1) μέγας *[megas]* = *groß* ist das Gegenwort zu → μικρός *[mikros]* = *klein* und findet sich seit dem myken. Griech. (Linear B) in der Lit., auf Papyri und in Inschriften. Sein Gebrauch erstreckt sich von Angaben zu körperlichen Gestalten und Räumen über Qualitäten bis zu Rangbezeichnungen (Hom., Aischyl., Pindar usw.). Als Epitheton ornans findet sich μέγας *[megas]* häufig in der Akklamationsformel μέγας θεός *[megas theos]* = *großer Gott* (vgl. BMüller, Μέγας θεός, 1913) und in Verbindung mit Götternamen. Während der Superlativ μέγιστος *[megistos]* ebenfalls seit der Ilias belegt ist, findet sich der Komparativ μείζων *[meizōn]* erst seit Heraklit. Je nach dem Zusammenhang ist μέγας *[megas]* in der Übers. unterschiedlich akzentuiert: *erwachsen, bedeutend, prächtig, gewaltig.* I

2) Das abgeleitete Verbum μεγαλύνω *[megalynō]* begegnet zuerst bei Thuk. Es meint im Aktiv *großmachen* und wird oft übertragen im Sinne von *preisen, rühmen* gewählt. Die beiden Subst. μεγαλειότης *[megaleiotæs]*, *Majestät, Herrlichkeit,* und μεγαλωσύνη *[megalōsynæ]*, *Großartigkeit, Erhabenheit,* sind in vorchristl. Lit. nicht belegt. μεγαλεῖα *[megaleia]*, die *Wohl-* und *Großtaten,* ist ein substantivierter Neutrumpluralis von μεγαλεῖος *[megaleios]*; dieses Adj. haben erst Xenoph. und Menand.

1) LXX hat alle 5 Vokabeln, und zwar als Übers. mehrerer hebr. Begriffe, unter denen am weitaus häufigsten die vom Stamm *gdl (groß)* sind. Ein spezifisches Gewicht von μέγας *[megas]* (ca. 820mal) bei verschiedenen at. Schriften ist nicht festzustellen. Dasselbe gilt für μεγαλύνω *[megalynō]* (93mal), das erst zur Abfassungszeit der frühsten LXX-Schriften in der Profangräzität auftaucht. II

2a) Die Tatsache, daß μέγας *[megas]* für mehrere hebr. Begriffe als Übers. gewählt wurde, erweist, daß die Übersetzer hier nicht bestrebt waren, jeweils das genau entsprechende griech. Wort zu suchen, sondern verallgemeinerten. Andererseits ist auch nicht jedesmal μέγας *[megas]* gewählt worden, wo im hebr. Text *gādōl* steht (zB Gen 15,14; Jes 12,6).

b) Neben der vielfältigen Anwendung des Adj. lassen sich die abgeleiteten Subst. inhaltlich abgrenzen: μεγαλειότης *[megaleiotæs]* wird, außer an 2 Stellen in den Apokryphen, noch Jer 40 (33),9 und Dan 7,27 (wo die Theodotion-Überlieferung jedoch μεγαλωσύνη *[megalōsynæ]* hat) im Hinblick darauf gebraucht, daß Jahwes Tun an Israel auch jedem Volk der Erde zur »Macht« und zum »Ruhm« gereichen wird. μεγαλωσύνη *[megalōsynæ]* steht an 32 Stellen, davon 11mal in den Apokryphen und 7mal bei Dan. Es wird vorwiegend in Aussagen von Jahwes überlegener Größe und Macht verwendet, zB 2Sam 7,23: Gott hat sich Israel erkauft (→ Erlösung, Art. λύτρον) und ausgerechnet ihm Lebensraum verschafft; ähnlich 1Chr 17,19 oder summarisch Ps 150,2, wo mit den erhabenen Taten an Gottes Schöpferwillen und seine Herrschaft in der Geschichte gedacht ist (HJKraus, Psalmen, zSt.). Der Wortgebrauch ist also zweifach: a) zur Beschreibung von Gottes Größe, b) als Aufforderung, Gott groß zu machen, dh ihn zu verherrlichen (→ Ehre).

Dieselbe fast ausschließliche Bezogenheit auf Jahwes Großtaten hat μεγαλεῖα *[megaleia]* (zB Dtn 11,2; Ps 106,21). Verschiedentlich wird im AT, das sich damit ganz im orientalischen und griech. Kultdenken befindet, Jahwe »größer als alle Götter« vorgestellt (Ex 18,11; Ps 77,14 u. ö.).

Die Wortfamilie μέγας *[megas]* ist im NT 258mal belegt. Das Adj. (194 Stellen; weitere 48mal der Komparativ μείζων *[meizōn]*) findet sich in besonderer Häufung bei Lk und in der Apg (64mal), aber auch bei Mt immerhin 30mal; weiter treten insbesondere die späteren Briefe (Pastoralen, Eph, 2Petr, Jud; bes. aber Hebr) hervor, während die Gruppe in den III früheren Paulus-Schriften kaum erscheint (zB Röm 9,2; 1Kor 12,31; 13,13; 2Kor 10,15). Für das JohEv ist charakteristisch die 13malige Verwendung des Komparativs μείζων *[meizōn]* (gegen 5mal μέγας *[megas]*). Der eindeutige Schwerpunkt des Vorkommens liegt in der Offb (80mal). Die für Apg typische, aber auch in Offb vorkommende Verbindung »Kleine und Große« an Stelle von »alle ohne Unterschied« (Apg 8,10; 26,22 u. ö.; Offb 11, 18; 20,12) fußt auf LXX (vgl. Gen 19,11; 1Sam 30,2).

a) Unter den theol. bes. bedeutsamen synopt. Belegen wird der Gebrauch von μέγας *[megas]* in verschiedenen Worten Jesu sichtbar. Sie bekunden seine Ablehnung des rabb.-jüd. Frömmigkeitsstrebens, wie es die damalige streng nach Groß und Klein, dh Menschen höheren und niederen Standes, gegliederte Welt hatte. Logien über den »Lohncharakter« des wahren »Großseins« im Himmelreich, das die wahre Gotteskindschaft ist, verdeutlichen es (vgl. Mt 5,19f; Lk 6,23.35). Auch Jesu eigenes Verhalten bekundet es: »Hier ist Größeres als der Tempel« (Mt 12,6), nämlich die schon jetzt gültige Ordnung im → Reich Gottes, die Jesus selber setzt (weiteres vgl. → μικρός).

b) Das 80malige Vorkommen von μέγας *[megas]* in Offb hängt mit der literarischen Form des apokalyptischen Gedankengutes zusammen (μέγας *[megas]* findet sich auch in den Apokalypsen der Evgg.: Mt 24,21.24.31; Mk 13,2; Lk 21,11.23), und zwar als Ausdruck der Steigerung ins Überdimensionale, dh aber hier zur Charakterisierung des eschatologischen Momentes, zB für den Tag (Offb 6,17), das Erdbeben (16,18), die Stadt (18,2. 10.16.18f.21). Bes. hervorstechend ist das 21malige Vorkommen von φωνῇ μεγάλῃ *[phōnæ megalæ]*, mit großer Stimme, die hier bes. auf die alles andere »übertönende« Souveränität Gottes in der Stimme seiner Boten (Offb 5,2 u. ö.; → Engel) oder der ihn lobenden Schar (Offb 5,12 u. ö.) hindeutet, oder auch auf die wuchtige Stimmkraft der großen Menge (Offb 19,1); in solchem Sinne findet sich die Formel auch in den Evgg.; dort kennzeichnet sie übrigens sowohl den Schrei Jesu am Kreuz (Mt 27,50 par) als auch den Schreckensschrei der Dämonen (Lk 4,33; vgl. → Wort, Art. φωνή).

2) Die Subst. haben alle drei im Gefolge des bestimmenden Gebrauchs von LXX und der spätjüd. Tradition in hell. Umwelt einen gleichen Bezug. μεγαλειότης *[megaleiotæs]* ist im NT der göttlichen Majestät, Überlegenheit und Herrlichkeit vorbehalten (Lk 9,43; 2Petr 1,16; in Apg 19,27 geht es indes um die »große Göttin Artemis«). μεγαλωσύνη *[megalōsynæ]*, das dazu ein Synonym ist, steht Hebr 1,3; 8,1; Jud 25, als »Deckname« und Umschreibung Gottes (vgl. OMichel, Hebräer, 1955⁹, 42); es meint seine erhabene »Majestät«. μεγαλεῖα *[megaleia]* steht — außer einer Sekundär-Lesart zu Lk 1,49 — nur Apg 2,11 und bezeichnet die »großen Taten« Gottes, die im Heilswerk Jesu offenbar wurden.

3) Im JohEv taucht der Komparativ μείζων *[meizōn]* nur in den Redestücken auf. Dabei steht im Vordergrund die Korrelation zu Jesu Anspruch und einzigartiger Wirksamkeit: In seiner Vollmacht ist er »größer« als Jakob, Abraham oder andere Menschen, denn er bringt das Leben (4,12; 8,53; 5,20.36). Seine Werke sind ihm vom Vater gegeben, der aber — trotz aller Einheit und Gleichheit zwischen beiden — »größer« ist als Jesus selbst; dh: dem Sendungsauftrag des Vaters entspricht der Gehorsam im Liebeswerk des Sohnes (10,29; 14,28).

4) Ein spezielles Verständnis gewinnt μέγας *[megas]* in einigen Gedankengängen, die bes. dadurch theol. Rang erhalten, daß sie in der vor- und außerchristl. Lit. keine Parallelen haben und etwas schlechthin Neues in Jesu Kerygma sind:

a) In Mt 22,36.38 (Mk 12,31) wird im Streitgespräch an Jesus die Frage nach der ἐντολὴ μεγάλη *[entolæ megalæ]*, dem größten → Gebot, gerichtet. (Daß hier die Positivform statt des Komparativs steht, ist Semitismus.) Jesus antwortet mit dem Hinweis auf das sog. Doppelgebot der Liebe zu Gott und zum Mitmenschen, also mit der im Nomismus des Judentums so nicht verstandenen wesensgemäßen organischen Verbindung von Dtn 6,5 mit Lev 19,18. In dieser Richtung sind auch die dem Willen Gottes gemäßen großen → Werke zu verstehen, von denen Joh 14,12 u. ö. spricht. Jesus wendet sich von kasuistischen Gebotsvergleichen, wie sie seine Zeitgenossen gerne pflegten, ab und konzentriert seine radikale Forderung auf die Dienstgestalt der Liebe, die unter allen Werken am größten ist (→ Dienen, Art. διακονέω; → Liebe, Art. ἀγάπη).

b) Bei der in eine andere Formulierung gefaßten entsprechenden Perikope bei Lk fügt der Endredaktor der Antwort Jesu unmittelbar die Parabel vom barmherzigen Samariter an (10,25ff). Sie läßt erkennen, wie in Jesu Verständnis der Liebe ein bes. Ordnungsmaßstab von Groß und Klein gilt. Seine eigene Geschichte ist das maßgebende Beispiel zum Gehorsam gegenüber dem zweifachen »größten« Gebot, zur liebenden Hinwendung zu Gott und damit auch zum Nächsten.

c) Damit rückt das »größte Gebot« sachlich neben die Entscheidung über Große und Kleine im Himmelreich, wie sie im Logion vom Rangstreit der Jünger vorliegt (Mt 18,1–5 par). Jesus demonstriert die unter Jüngern vor allem gültige »Regel« durch eine Handlung. Er stellt ein Kind in die Mitte und erklärt: Wer im Namen Jesu solche (Mt ergänzt in V. 4: sich gleichsam selbst demütig, dh »niedrig« wissenden) Kleinen aufnimmt, wer sich ihnen also dienend zuwendet, der ist ὁ μείζων *[ho meizōn]*, der *Größte* im Himmelreich.

d) In dieser Ab- und Umwertung der weltlichen Rangordnungen kommt die nach Christi Vorbild bestimmte Struktur der Gemeinde als diakonische, also als grundsätzlich vom Dienst bestimmte Gemeinschaft, zum Vorschein (vgl. Lk 22,26f, wo der »Größte« mit dem »Diener« parallel, ja synonym gesetzt wird; auch Mt 20,26; 23,11; Mk 10,43f). Ebenso sind die Erörterungen über das Groß- oder Kleinsein Johannes des Täufers zu verstehen (Mt 11,11; Lk 7,28). Seine Stellung erhält durch das Geschehen in der »Jesus-Zeit« eine neue Einordnung insofern, als Jesus mit dem Heraufführen des Gottesreiches (→ Reich) das »größte« Werk tut, während der Täufer noch der vorhergehenden Zeit der Erwartung angehört (vgl. Grundmann, ThWb IV,540, Z. 29ff). *F. Thiele*

μικρός

μικρός *[mikros]* klein, wenig · ἐλάσσων *[elassōn]* geringer, jünger · ἐλάχιστος *[elachistos]* ganz klein, der Kleinste · ὀλίγος *[oligos]* wenig(e), gering, klein

I Das Adj. μικρός *[mikros] klein* findet sich seit Hom. in der griech. Lit. als Gegenwort zu → μέγας *[megas]* = *groß*. In beiden ist wertend und vergleichend eine Unterscheidung quantitativer oder qualitativer Art ausgesagt, die sich auf Sachen, Lebewesen und Zeitabschnitte bezieht. ἐλάσσων *[elassōn]* ist der Komparativ zu μικρός *[mikros]* und ἐλάχιστος *[elachistos]* der Superlativ: der *Kleinste*, das *Wenigste*. Hiervon gibt es eine erst später belegte Komparativbildung ἐλαχιστότερος *[elachistoteros]* = *am allergeringsten*. ὀλίγος *[oligos]* kommt in der griech. Lit. ebenfalls seit Hom. vor. Es bezeichnet ein *kleines Quantum*, eine *geringe Anzahl*, auch *wenige Menschen* oder *wenige Tage*.

II 1) Die LXX hat μικρός *[mikros]* samt den Steigerungsformen ca. 190mal als Übers. für mehrere Begriffe; unter ihnen sind *qāṭān* und *qāṭōn* (*klein, jung*) und *me'aṭ* (*wenig*) die häufigsten. Sie werden ähnlich gestreut verwandt wie im Hell., zB kleine Häuser (Am 6,11), ein kleines Licht (Gen 1,16), »um ein Kleines« wäre etwas geschehen (Ps 73,2), jüngerer Sohn, kleiner Knabe (1Sam 16,11; Jes 11,6). Manchmal steht die Verbindung »klein und groß« im Sinne von *alle* (zB Dtn 1,17; Ps 115,13).

Auch ὀλίγος *[oligos]* verwendet die LXX (an 103 Stellen, davon 51mal in Apokryphen) im Sprachgebrauch des Profangriech., zB wenige Tage (Gen 29,20); geringe Zahl von Israeliten (Dtn 4,27); kurze Lebenszeit des Menschen, was Strafe von Gott bedeutet (Hi 10,20; Ps 109,8). ὀλίγος *[oligos]* ist in LXX vorwiegend die Übers. für das hebr. *me'aṭ* = *wenig(e), ein Geringes*.

2) Darüber hinaus wählt das AT μικρός *[mikros]* und seine Derivate vereinzelt für eine gegenüber Gott bekundete Bescheidenheit: Gideon nennt sich den »Jüngsten« seines Hauses aus »geringstem« Geschlecht (Ri 6,15). Nach seiner Thronbesteigung läßt die deuteronomistische Bearbeitung von 1Kön 3,7 Salomo im höfischen Stil der altorientalischen Königsformulare beten, er sei nur ein παιδάριον μικρόν *[paidarion mikron]*, ein »kleiner junger Mann« und verstehe nichts vom Regieren (vgl. RGG³ III,1711). Solche im Ritual geäußerte Selbstbescheidung des Erwählten gegenüber Gott kann sich seiner Gnade erfreuen (vgl. Jes 60,22).

3) Deutlich wird im AT betont, daß Jahwe oft gerade auf seiten derer ist, die »wenig« haben oder vermögen (zB Ps 37,16f). Er hilft vielfach durch geringe Mittel (zB 1Sam 14,6: »Dem Herrn

ist es ein leichtes, zu helfen durch wenig«). So werden solche Gedanken zum »Ausdruck für die Umwertung aller Werte vor Gott und in seinem Reich« (Seesemann, ThWb V,172).

4) Das spätjüd. Rabbinat bezeichnet als »Kleine« öfter die jungen Gelehrten, aber auch »unreife Schüler«, worin gegenüber μέγας *[megas]* = *groß* ein abwertender Unterton mitschwingt (vgl. St.-B. I,591f).

III 1) Im NT werden die Linien des AT fortgesetzt. μικρός *[mikros]* wird zB verwendet in Zusammenhängen wie: klein an Gestalt (Lk 19,3), gering an Wert (Joh 2,10), jüngeren Alters (Röm 9,12; 1Tim 5,9). Auch die Zusammenstellung »Kleine und Große« als semitisierende Umschreibung für »alle« findet sich öfter (zB Apg 8,10; Hebr 8,11; Offb 13,16; 19,5.18).

Auch ὀλίγος *[oligos]* (40mal, davon 26mal bei den Synoptikern und Apg) ist ähnlich verwendet. Theol. bedeutsam ist die oben erwähnte »Umwertung«, zB Mt 25,21.23; Lk 19,17: Des Menschen Treue auch in geringsten Dingen und über Weniges wird vor Gott nicht verachtet, sondern belohnt.

2) Die Paulus-Schriften haben die Wortgruppe verhältnismäßig wenig. 1Kor 5,6 und Gal 5,9 nennen das Sprichwort von der starken Wirkung, die »wenig« Sauerteig hat. Das Adv. μικρόν *[mikron]* und der Superlativ ἐλάχιστος *[elachistos]* stehen in Zusammenhängen, bei denen Paulus urteilend und beispielgebend über sich selbst spricht, und zwar in der vom AT bekannten diminuierenden Art (zB 1Kor 15,9; 2Kor 11,1.16 und Eph 3,8 mit der bes. Form ἐλαχιστότερος *[elachistoteros]*: er sei der »allergeringste« unter allen Heiligen). 1Tim 4,8 wird erklärt, daß die leibliche Übung zu wenigem (ὀλίγον *[oligon]*) nützlich sei.

3a) Das JohEv verwendet μικρός *[mikros]* mit einer Ausnahme nur temporal: über »ein kleines«, eine »kleine Weile« (13,33; 14,19). Die in 16,16–19 fast pleonastische Häufung meint zuerst die Zeit zwischen Jesu Rede und seiner »in Kürze« erfolgenden Verhaftung in Gethsemane, und danach die »kurze Frist« bis zur Begegnung mit ihm als Auferstandenem. Gleichzeitig mit der ausgedrückten eschatologischen Spannung der »kurzen Zwischenzeit« schwingt hier das Moment der Tröstung mit.

b) Temporal sind auch Joh 7,33 und 12,35 sowie Hebr 10,37 mit seiner Rede von »ganz, ganz kurzer Zeit« (Z) zu verstehen.

4) Eine sich von der Lit. des Hell. und Judentums unterscheidende Verwendung von μικρός *[mikros]* haben die Synopt. Statt wie jene bei all ihrer Schwärmerei für die »Unschuld« der Kinder (→ Kind) dennoch die »Kleinen« und die »Kinder« abzuwerten (vgl. Michel, ThWb IV,655,5ff), erscheinen sie bei Jesus unter besonderem Schutz. Er bedroht scharf den, der auch nur einem dieser an ihn glaubenden »Geringsten« ein Ärgernis gibt (Mk 9,42; Lk 17,2). Positiv gewendet: Wer diesen Kleinsten Gutes tut, hat die Verheißung eschatologischen Lohnes (Mt 10,42; 25,40.45).

Die Gemeindeordnung von Mt 18,1–6.10.14 par unterstreicht bes. deutlich das Spezifische des Weges Gottes: Nicht Rangstreitereien und menschlichem Streben nach Größe, sondern dem Kleinsein, der dienenden Selbsterniedrigung (→ Demut) und der → »Armut«, die sich ganz auf die Größe der Hilfe Gottes verläßt, ist die Teilhabe an der Königsherrschaft Gottes verheißen.

Auch die Aussagen vom kleinen Senfkorn (Mk 4,31 par), das zum großen Gewächs wird, von der kleinen Herde (Lk 12,32) und vom »geringen« Täufer (Lk 7,28 par) sind nur von daher auszulegen, daß in der Gemeinde und damit vor Gott nur der Verzicht auf angestrebte »Größe« gilt (vgl. dazu PPhilippi, Christozentrische Diakonie, 1963, 96ff).

F. Thiele

Lit.: OMichel, »Diese Kleinen« – eine Jüngerbezeichnung Jesu, ThStKr 108, 1937/38, 401ff – WGrundmann, Art. μέγας, ThWb IV, 1942, 535ff – OMichel, Art. μικρός, ThWb IV, 1942, 650ff – WGKümmel, Verheißung und Erfüllung, 1956³, 85ff – OBächli, Die Erwählung des Geringen im Alten Testament, ThZ 22, 1966, 385ff.

Güter → Besitz

Gut

Wie der Begriff → Böse verschiedene Färbung und damit unterschiedliche inhaltliche Bedeutung haben kann, so drückt das nt. Griechisch durch drei in ihrem Akzent sich voneinander abhebende Wortgruppen aus, was sich unter dem Sammelbegriff »Gut« erfassen läßt: ἀγαθός *[agathọs]*, vor allem *tüchtig, trefflich*, bezeichnet speziell das *sittlich Gute*, in bezug auf Gott das *Vollkommene;* synonym kann daneben καλός *[kalọs]* treten, das aber gegenüber dem ethisch-religiös gefärbten ἀγαθός *[agathọs]* mehr den ästhetischen Aspekt betont und *schön, angemessen*, in bezug auf ein Handeln *edel, lobenswert* heißt (für Plato ist das καλόν *[kalọn]* das Gestaltwerden des ἀγαθόν *[agathọn]* in der Welt der Dinge); χρηστός *[chræstọs]* endlich hat, auf Dinge angewandt, mehr die materielle Brauchbarkeit im Auge, hinsichtlich des menschlichen Verhaltens dessen *Güte, Milde* und *Sanftheit.*

ἀγαθός

ἀγαθός *[agathọs]* gut · ἀγαθοεργέω *[agathoergẹō]* Gutes tun · ἀγαθοποιέω *[agathopoiẹō]* gut handeln · ἀγαθοποιός *[agathopoiọs]* der gut Handelnde · ἀγαθοποιΐα *[agathopoi·ịa]* gutes Handeln · ἀγαθωσύνη *[agathōsynæ]* Trefflichkeit, Güte

ἀγαθός *[agathọs]* als Adj. im profanen Griech. *trefflich, tüchtig, nützlich;* in Verbindung mit einem Subst. bezeichnet es dessen *Vortrefflichkeit.* Substantiviert zu τὸ ἀγαθόν, τὰ ἀγαθά *[to agathọn, ta agathạ]* meint es das *Gute* bzw. die *Güter*, die das Wohlbefinden hervorrufen, je nach dem Lebensideal materielle, geistige, sittliche, religiöse. In dieser inhaltlichen Variationsbreite ist nur ἀγαθός *[agathọs]* selbst von Homer an gemeingriech. Alle anderen oben aufgeführten Ableitungen finden sich erst im NT bzw. in der LXX. Im klassischen Griech. werden stattdessen εὐεργετέω *[euergetẹō]* usw. benutzt. I

1) In der griech. Philosophie spielt der Begriff des Guten eine wesentliche Rolle. Für Plato ist die Idee des Guten die allumfassende und höchste, ja beherrschende Idee, denn das Gute ist die erhaltende und fördernde Macht im Gegensatz zur verderbenden und zerstörenden des Bösen (Resp. 608 E). Aristot. wendet den Begriff des Guten, der bei Plato noch religiös gefärbt ist, als Formalbegriff auf die Vielheit der menschlichen Beziehungen an. In seiner Ethik bezeichnet er die εὐδαιμονία *[eudaimonịa]*, Glückseligkeit, als das Gute.

2) Im Hellenismus gewinnt auf dem Boden eines bis in die Tiefen erschütterten Lebensgefühles (→ Fremd, Art. ξένος) der Begriff des Guten wieder einen bevorzugt religiösen Inhalt. Das Heil, das die Gottheit schafft, die Vergottung, ist nach den hermetischen Schriften das Gute. Das Prädikat *gut* wird so für die heilbringende Gottheit reserviert (τὸ ἀγαθὸν ὁ θεός *[to agathọn ho theọs]*; ἀγαθὸς θεός *[agathọs theọs]*), denn sie allein ist frei von den Bindungen an die Materie.

Philo nennt als Exponent eines hell. Judentums ἐγκράτεια *[engkrạteia]* (Enthaltsamkeit), εὐσέβεια *[eusẹbeia]* (Gottesfurcht) und σοφία *[sophịa]* (Weisheit) höchste Güter, mit deren Hilfe die Seele den Weg zu Gott, dem höchsten Gut, findet (vgl. ThWb I,13).

1) Im AT steht der Begriff des Guten in unlösbarer Beziehung zu dem persönlichen Gottesglauben. Eine von dem personenhaften Gottesbegriff losgelöste Idee des Guten – vergleichbar den Vorstellungen im Griechentum und Hellenismus – ist undenkbar. Das Gute ist immer Gabe Gottes und als solche der eigenmächtigen Verfügungsgewalt des Menchen entzogen (Gen 3,5). Daß Gott d e r Gute schlechthin, nicht d a s Gute ist, wird dabei durchgängig vorausgesetzt. Dieses Bekenntnis wird innerhalb des AT im Fortgang einer Vertiefung der Beziehungen des Volkes wie des einzelnen zu Gott weiter entfaltet (Ps 34,11; 84,12; 23,6 u. ö.). II

So wird *tōb* zur gängigen Bezeichnung für das *Gutsein* bzw. *Guttun* Gottes. Die LXX übersetzt *tōb* in diesem Zusammenhang fast ausschließlich mit dem substantivischen τὸ ἀγαθόν *[to agathọn]* und gerät so in die Nähe des griech.-hell. Lebensgefühles. Nur selten verwendet sie dafür das nahezu synonyme Wort → καλός *[kalọs]* (zB Gen 1,18). Gott wird somit im Sprachgebrauch der LXX zum höchsten Gut des Menschen, der Mensch letztlich zum Herrn dieses Gutes (Neutrum!) und bekommt Anspruch auf »gute« Behandlung, wenn er nur Gott als sein höchstes Gut betrachtet.

2) Daß → Gott der Gute ist, wird im AT in seinem Heilshandeln an seinem erwählten Volk offenbar, in der Gesetzgebung (Dtn 30,15; Spr 28,10 u. ö.), in den geschichtlichen Taten des Auszuges aus Ägypten und der Landnahme (Ex 18,9; Num 10,29ff u. ö.). Das wird zum stets erneuten

Anlaß, Gott als den Guten zu preisen in der Gewißheit, daß alles, was von ihm kommt, gut ist, so sein Handeln in der Schöpfung (Gen 1,18: *tôb* umfaßt hier auch das ästhetische Moment des Schönen), sein Wort (Jes 39,8), sein Geist (Ps 143,10), auch wo der Augenschein dagegensteht (Gen 50,20).

Die dauernde Spannung zwischen den Verheißungen Gottes und ihrer (unvollkommenen!) Erfüllung konnte Israel ertragen, indem es erkannte, daß Gottes Verheißungen in all ihren temporären Erfüllungen doch immer wieder über sich hinauswiesen auf eine letzte Erfüllung im Eschaton. Im messianischen Endheil wird nun auch das Gute, das Gott seinem Volk zugesagt hat, zu seiner eigentlichen Vollendung kommen. In diesem Sinn sind Stellen wie Jes 52,7; Jer 32,41 u. a. von Israel messianisch gedeutet worden (→ Fülle; → Verheißung).

Auch die schweren geschichtlichen Erschütterungen (Exil) vermochten dem »Rest« die Erkenntnis vom Gutsein Gottes nicht zu nehmen. Jedoch war Jahwes Güte, sein gutes Handeln in der Geschichte für Israel zeitweise in eine tiefe Verborgenheit gerückt. In der Weisheitslit. zB schlug sich bes. eindrücklich nieder, wie der Mensch im Angesicht des unbegreiflichen Gottes illusionslos die eigenen Grenzen sieht, die Unsicherheit aller Lebenswerte und die Nichtigkeit des Daseins erkennt (Pred 3,12; 5,17) und die Unfähigkeit des Menschen zum Guten klar durchschaut (Pred 7,20). Aber diese Skepsis, in der Gott ferngerückt und der Mensch einsam war, konnte eben letztlich das Wissen um die Güte Gottes, sein gutes Handeln, nicht zerstören.

So hält auch das nachexilische Judentum (rabb. Theol.) daran fest, daß Gott gut ist. Gottes heilbringende Güte offenbart sich für das rabb. Judentum im → Gesetz, das gut und erfüllbar ist. Der Mensch kann in der Erfüllung des göttlichen Gesetzes nun ebenfalls Gutes tun und gut sein. Jedoch kann das Gutsein nur in der persönlichen Beziehung zu Gott und den Mitmenschen realisiert werden (nach Mi 6,8).

3) In der Qumransekte am Toten Meer wird die ungebrochene Zuversicht, das Gute erfüllen zu können, in scharfer Askese radikalisiert und mit dem Gebot ewigen Hasses gegen die Söhne des Frevels verbunden. Aber auch hier bilden – wie durchgängig im AT – die neu entstehenden Loblieder den eigentlichen Ausdruck der Frömmigkeit. Sie beginnen und enden mit dem Lobpreis Gottes und seiner Guttaten auch mitten in der Not und Bedrängnis. Es bricht durch, was alle Zeiten Israels bestimmt hat und in den Pss vollendet zum Ausdruck gelangt (Ps 16,2; 118,1; vgl. auch 1Chr 16,34; 2Chr 5,13 u. ö.), daß Gott selbst der eigentlich und ausschließlich Gute, im Sprachgebrauch der LXX: das höchste Gut ist.

III Das sehr häufige ἀγαθός *[agathos]* (107mal) findet sich durchgängig in allen nt. Schriften außer in Offb (dort fehlt auch καλός *[kalos]*). Die mit ποιέω *[poieō]* gebildeten Kompos. sind selten und finden sich fast ausschließlich im 1Petr (nur ἀγαθοποιέω *[agathopoieō]* 3mal bei Lk). ἀγαθοεργέω *[agathoergeō]* steht nur 1mal (1Tim 6,18), ἀγαθωσύνη *[agathōsynæ]* an 4 paulinischen Stellen.

1) Nach den Synopt. wird in der Verkündigung Jesu die Aussage des AT über Gottes Gutsein radikalisiert: οὐδεὶς ἀγαθὸς εἰ μὴ εἷς ὁ θεός *[oudeis agathos ei mæ heis ho theos], niemand ist gut als Gott allein* (Mk 10,17f; Lk 18,18f; Mt 19,17). Das verhindert aber nicht eine unbefangene Anwendung des Prädikates *gut* auf die sittlichen Unterschiede unter den Menschen, die Gutes wie Böses tun (Mt 12,35; 25,21 par) und die Gottes Güte miteinander umfaßt (Mt 5,45; 22,10 u. ö.).

Doch darf dieses Bejahen sittlicher Unterschiede und auch die Forderung der Liebeswerke (Mt 5,16; 25,31–45 mit der Verwendung von καλός *[kalos]* anstelle von ἀγαθός *[agathos]*) nicht von der Gesamtverkündigung getrennt werden. Jesus ruft die Sünder zur Buße. Dabei bleibt unüberhörbar: »Wenn eure Gerechtigkeit nicht besser ist . . .« (Mt 5,20.48).

2) Joh 5,29 verkündet das Gericht nach den Werken. Doch ist auch diese Aussage mit der Gesamtverkündigung zusammenzusehen (vgl. Joh 10,27–29; 15,5ff u. ö.). In Jesus Christus erst ist dem Menschen eine neue Existenzmöglichkeit gegeben. Indem er an Gottes Gut Anteil bekommt, kann er auch Gutes weitergeben, dh Gutes tun. Nach Joh 12,12.18 ist Jesus der gute → Hirte, der sein Leben gelassen hat und das ewige Gut der Erlösung schon jetzt und hier zuteilt. Doch tritt an dieser Stelle das Wort → καλός *[kalos]* schon synonym für ἀγαθός *[agathos]* ein. Joh 1,46 wird (im Gewand eines Sprichwortes?) die zweifelnde Frage gestellt, ob aus Nazareth Gutes, dh das Heil kommen könne.

3) Paulus nimmt die Botschaft der Synopt. auf. Auch er erkennt den relativen Unterschied zwischen guten und bösen Menschen an. Der Obrigkeit erwächst hier innerhalb

der Erhaltungsordnung Gottes Würde und Aufgabe (Röm 13,1–4). In diesen Zusammenhang gehört auch der nur 1Petr 2,14 verwendete Begriff ἀγαθοποιός *[agathopoiọs]*: Der *gut Handelnde* wird von der Obrigkeit Lob erhalten.

Doch die unter menschlichen Ordnungen berechtigte Unterscheidung versagt vor Gott. Der natürliche Mensch ist unrettbar den Mächten der → Sünde und des → Todes verfallen und hat kein Recht, das Prädikat *gut* für sich zu beanspruchen. Auch wenn er dem Gesetz, das gut ist, nacheifert, schafft es ihm nur den Tod (Röm 7,18ff u. ö.). Durch die in Christus geschehene Erlösung strömt aber dem Glaubenden die Fülle des Guten zu.

Durch Christus ist er zu guten Werken geschaffen (Eph 2,10), empfängt er ein gutes → Gewissen (vgl. Apg 23,1; 1Tim 1,5.19), alles dient ihm zum Guten (Röm 8,28). Darauf gründen sich wiederum die drängenden Imperative, fruchtbar zu sein zu guten Werken (Kol 1,10), dem Guten nachzujagen (1Thess 5,15) und zwar gegen jedermann (Röm 15,2; 16,19; Gal 6,6.10 u. ö.). So wird auch Röm 15,14 (vgl. 1Thess 1,11) zur ἀγαθωσύνη *[agathōsynæ]*, zum *guten, trefflichen Verhalten* gemahnt. ἀγαθός *[agathọs]* ist durchaus eine Qualität, die »der Mensch hat« (ThWb I,17).

Dem, der Gutes tut, gebührt alle Ehre (Röm 2,7). Denn das Gericht nach den Werken bleibt aufrechterhalten (2Kor 5,10). Den Ausgleich mit Röm 8,31–39 sucht Paulus nicht. Gabe und Aufgabe des neuen Lebens bleiben in spannungsvoller Zuordnung mit beiden Aussagen voll bestehen. Wie καλός *[kalọs]* für ἀγαθός *[agathọs]* eintreten kann, so verwendet Paulus καλοποιέω *[kalopoiẹō]* (2Thess 3,13) und ἀγαθοεργέω *[agathoergẹō]* einmal 1Tim 6,18 als synonyme Bezeichnungen. ἀγαθοεργέω *[agathoergẹō]* steht noch einmal Apg 14,17, wo von Gott die Rede ist, der Gutes wirkt. Auffällig ist die starke Bevorzugung von καλός *[kalọs]* vor ἀγαθός *[agathọs]* in den Pastoralbriefen.

4) In den übrigen Schriften des NT wird ἀγαθοποιέω *[agathopoiẹō]*, *Gutes tun*, nur 1Petr 2,15.20; 3,6.17; 3Joh 11 (neben Lk 6,9.33.35) verwendet. ἀγαθοποιΐα *[agathopoiịa]* das *gute Handeln*, wird nur 1Petr 4,19 benutzt. Solches Gutes-Tun ist der sichtbare Erweis dessen, daß die neue Existenzmöglichkeit wirklich als eigene Möglichkeit dankbar ergriffen wurde. 1Petr 3,16.21 weisen auf das gute Gewissen hin, das die Glaubenden den Heiden gegenüber beweisen sollen.

Hebr 9,11; 10,1 legen demgegenüber den Ton auf die zukünftigen (eschatologischen) Gaben (vgl. 1Petr 4,19). In diesem Äon ist die Spannung zwischen Gott, der gut ist und Gutes schenkt, und der durch Sünde und Tod gezeichneten Wirklichkeit, in die das Christenleben eingeflochten ist, unaufhebbar. Doch besteht und gilt auch unter diesem Aspekt die Verheißung von Phil 1,6: Der in uns das gute Werk angefangen hat, der wird es auch hinausführen bis an den Tag Jesu Christi. Deshalb gilt auch die Mahnung von Gal 6,9, Gutes zu tun und nicht müde zu werden. *E. Beyreuther*

καλός *[kalọs]* gut, schön · καλοποιέω *[kalopoiẹō]* das Gute tun

καλός

1) καλός *[kalọs]*, altindisch *kalja = gesund, kräftig, trefflich;* Grundbedeutung: o r g a n i s c h I
tauglich, geeignet, brauchbar, gesund, zB ein geeigneter Hafen (Hom. Od. 6,263); ein gesunder Leib (Plato Hippias I,295c); gediegenes, echtes Gold (Theogn. 1106); fehlerfreie Opfer (Xenoph. An. I,8,15). Sehr schnell verbinden sich mit dem Begriff des Tauglichen und organisch Gesunden ästhetische Urteile. καλός *[kalọs]* ist dann auch das ästhetisch Schöne. Schließlich erweitert sich der Begriff und umschließt zugleich ein ethisches Urteil des sittlich Guten (Soph., Pindar u. a.). So gewinnt in der griech. Geistesgeschichte der Begriff καλός *[kalọs]* eine umfassende Bedeutung, verbunden mit τάξις *[tạxis]* (Ordnung) und συμμετρία *[symmetrịa]* (Symmetrie), und auf sie bezogen bedeutet καλός *[kalọs]* »den Gesamtzustand des Gesunden, Heilen, Ganzen, Geordneten sowohl in der äußeren Erscheinung wie in der inneren Haltung. Deshalb gehört dem Griechen das καλόν *[kalọn]* durchaus auch in die Welt des Göttlichen« (WGrundmann, ThWb III,540).

2) Vor allen mit der Verbindung καλὸς καὶ ἀγαθός *[kalos kai agathọs]* wird ein Lebens- und Erziehungsideal des Griechentums aufgestellt; es ist richtunggebend für die Aristokratie, bei der

musische Bildung und charaktervolle Haltung von allgemeiner Vorbildlichkeit zusammengehören und den Edlen in seiner Standesethik formen. Bei Homer ist es Ausdruck alteuropäischen Adelsstolzes griech. Führergeschlechter, bei denen ererbter Rang durch hohe und unerbittliche Forderungen neu erworben werden mußte, und umschloß neben heroischer Lebenshaltung und Selbstzucht den Willen zur Gerechtigkeit im Miteinander von Adel und Nichtadeligen. So verbanden sich καλός *[kalos]* und ἀγαθός *[agathos]* zu der Begriffseinheit καλὸς κἀγαθός *[kalos kagathos]*.

Sokrates und Plato haben diese ritterliche Standesethik zum allgemeinen Richtpunkt griech. Erziehungsleitsätze erhoben. Der καλὸς κἀγαθός *[kalos kagathos]* ist bei ihnen ein Mann, der ehrfürchtig und gerecht, besonnen und umsichtig, mäßig und tüchtig in seiner Lebensführung ist, bei dem alles in Ordnung ist.

3) Plato hat schließlich den Begriff καλός *[kalos]* philosophisch-religiös durch die Verbindung mit dem Erlebnis des Eros zur ewigen Idee erhöht (vgl. → Liebe). Das unablässige Sehnen und Streben der Seele zielt auf das καλόν *[kalon]*. Der ἔρως *[erōs]* ist die treibende Kraft, in diesem Kosmos das καλόν *[kalon]* zu suchen und zu erkennen. Das, was göttliche und irdische Welt verbindet, was dem Leben einen Sinninhalt und Ewiges gewährt, ist das καλόν *[kalon]*. Das irdisch Schöne ist Teilhabe an dem ewigen Urbild des Schönen. Diese religiöse Sinnfüllung des Begriffes καλός *[kalos]* in der Ideenlehre des Plato ist der hell.-christl. Geistesgeschichte erhalten geblieben. Bei Plotin ist das καλόν *[kalon]* das an der Idee gleichsam Hervorstrahlende. Die Ekstase als Schau der ewigen Schönheit ist höchstes Widerfahrnis. Nur den schönen Seelen, die zur wahren Seelengröße durch die Tugenden der Selbstzucht, der Furchtlosigkeit, der Bindungsfreiheit im Irdischen heranreifen, wird das geschenkt.

Auch für Augustin, Thomas von Aquino ist »wahre Schönheit in eins mit dem ewig Wahren und Guten, nur bei Gott, alles auf Erden ist nur Widerschein der göttlichen Schönheit«.

II In die Welt des AT und NT ist von dieser griech. Sinnfüllung, die in der christl. Antike und über sie hinaus für die abendländische Geistesgeschichte tief bestimmend wurde, kaum etwas eingegangen. In der LXX wird καλός *[kalos]* als Übers. von *jāphæh* (zB Gen 12,14; 29,17; 39,6; 41,2 u. ö.) verwendet und bezeichnet damit einen schönen äußeren Anblick. Doch ganz überwiegend findet sich καλός *[kalos]* als Übers. von *tōb* neben → ἀγαθός *[agathos]* und → χρηστός *[chræstos]*. Es bedeutet *gut*, nicht so sehr in ethisch wertender Bedeutung, sondern mehr im Sinne von *angenehm, erfreuend, wohltuend*. καλός *[kalos]* ist gegenüber ἀγαθός *[agathos]* das, was Jahwe angenehm ist, was ihm Freude macht oder ihm gefällt, während ἀγαθός *[agathos]* mehr den sittlichen Maßstab ins Spiel bringt. Doch läßt sich von der gemeinsamen Grundlage des hebr. *tōb*, das beide Aspekte beinhaltet, keine eindeutige Grenze ziehen. Nur an einer Stelle wird durch die Verwendung von καλά *[kala]* wohl ein ausgesprochen ästhetisches Urteil gefällt (Gen 1,31). Vielleicht übersetzt man auch hier καὶ ἰδοὺ καλὰ λίαν *[kai idou kala lian]* mit »ganz und gar gelungen«. Sonst fällt auf, daß das griech. Schönheitsideal als Lebens- und Erziehungsmacht im AT keinerlei Raum besitzt. Alles ist auf den Willen Gottes ausgerichtet, der sich im Gesetz ausspricht. Ein Selbstvervollkommnungsideal ist dadurch ausgeschlossen. So wird καλός *[kalos]* auch häufig synonym mit → ἀγαθός *[agathos]* gebraucht (vgl. Mal 2,17; Mi 6,8; Jes 1,17; aber auch Num 24,1; Dtn 6,18; 12,28; 2Chr 14,1; auch später Spr 3,4).

III Im NT fällt auf, daß καλός *[kalos]* fast so häufig wie ἀγαθός *[agathos]* zur Bezeichnung von *gut* verwendet wird, und zwar durchgängig in allen nt. Schriften (ἀγαθός *[agathos]* 104mal; καλός *[kalos]* 99mal).

1) Bei den Synopt.: Die Botschaft des Täufers vom Reich Gottes fordert von den Reichsgenossen gute Früchte (καρπὸν καλόν *[karpon kalon]* Mt 3,10 par). Die gleiche Forderung findet sich bei Jesus (Mt 7,17ff; Mt 12,33). In den Gleichnissen wird vom guten Samen (καλὸν σπέρμα *[kalon sperma]*) gesprochen; von »Guten« (καλοί *[kaloi]*), die im Netz gefangen werden (Mt 13,24.27.37.38). Jesus ruft in diesem Sinne auf zu guten → Werken (καλὰ ἔργα *[kala erga]* Mt 5,16). Immer wieder wird hier καλός *[kalos]* nahezu synonym mit ἀγαθός *[agathos]* verwendet. Die schönen bzw. die guten Werke, die Jesus erwartet, zusammengefaßt in der Maxime Mt 25,40: »Was ihr getan habt einem unter diesen meinen geringsten Brüdern, das habt ihr mir getan«, bleiben im Zusammenhang mit den Liebeswerken, die im Judentum als Barmherzigkeitsübung richtunggebend waren (vgl. Jes 58,6–7, wo sie bereits aufgezählt sind). Nur sind die καλὰ ἔργα *[kala erga]* aus allem Belohnungsstreben herausgenommen (vgl. Lk 10,30ff Gleichnis vom barmherzigen Samariter; vgl. → Lohn).

In der Salbungsgeschichte (Mk 14,6) stellt Jesus die ihm widerfahrene Liebestat höher als das Almosengeben seiner Jünger angesichts seiner nahen Passion. Die Gelegenheit zu diesem Werk – der vorweggenommenen Salbung seines Leichnams und damit der Bejahung seines Leidensweges von seiten der Jünger – besteht nur in dieser einen geschichtlichen Stunde.

2) Im JohEv ist Jesus der gute → Hirte (ὁ ποιμὴν ὁ καλός *[ho poimæn ho kalọs]*). Hier wird καλός *[kalọs]* verwendet, um sein Hirtenamt in seiner Einzigartigkeit gegenüber falschen Hirtenansprüchen der Zeit und Hirtengöttern der Antike herauszustellen (Joh 10, 11.14 u. ö.). Er ist der gute, rechte Hirte, weil er unter Einsatz und Dahingabe seines Lebens dem Wolf entgegentritt.

Joh 10,31ff wird im Streitgespräch mit den Juden von seinen guten Werken gesprochen (πολλὰ ἔργα καλά *[pollạ ẹrga kalạ]*). Sie werden ihm nicht abgestritten, wohl aber sein messianischer Anspruch, der sich gerade in ihnen erweist.

3) Bei Paulus wird καλός *[kalọs]* synonym mit → ἀγαθός *[agathọs]* verwendet, ohne daß hier etwas anderes mit dem Wort ausgesagt wird, was nicht auch mit ἀγαθός *[agathọs]* auszudrücken wäre (vgl. Röm 7,18.21; 2Kor 13,7; Gal 6,9; 1Kor 7,1.8.26 u. ö.).

4) Auffällig dagegen ist die Bevorzugung von καλός *[kalọs]* in den Pastoralbriefen (vgl. 1Tim 5,10.25; 6,18; Tit 2,7.14; 3,8.14; 1Tim 3,1). Vor allem kriegerische Bilder werden mit dem Begriff καλός *[kalọs]* verbunden (vgl. 1Tim 6,12; 2Tim 2,3; 1Tim 1,18; 2Tim 4,7; 1Tim 6,12). Aber auch sonst wird auffällig viel καλός *[kalọs]* anstelle von ἀγαθός *[agathọs]* verwendet (vgl. 1Tim 1,8; 3,7; 3,13; 4,6; 6,19; 2Tim 1,14; 1Tim 4,4). Offensichtlich wird hier diese in der hell. Umgangssprache beliebte Vokabel, in der sich hell. Wertempfinden ausspricht, benützt, um das, was die Christusnachfolge charakterisiert, für die zweite Generation der Christen anschaulicher auszudrücken.

Jedenfalls zeigen sowohl das AT wie das NT bis hin in die kath. Briefe eine Verwendung des Begriffes καλός *[kalọs]*, der, ohne selbst eine Umdeutung zu erfahren, souverän benutzt wird, um damit biblische Inhalte im Gewand der griech. Sprache und Denkweise auszusprechen. *E. Beyreuther*

χρηστός

χρηστός *[chræstọs]* milde, sanft, gütig · χρηστότης *[chræstọtæs]* Gütigkeit, Freundlichkeit · χρηστεύομαι *[chræstẹuomai]* sich gütig erweisen

I χρηστός *[chræstọs]* bezeichnet urspr. die *Brauchbarkeit*, also das, was *brauchbar, gut, geeignet* und *tüchtig* erscheint (zB milder Wein). Sehr bald erfolgt die Ausweitung des Begriffes auf sittliche Vortrefflichkeit, Vollkommenheit, bei der sich innere Hoheit mit echter Güte des Herzens verbinden. χρηστός *[chræstọs]* bedeutet also *sittlich gut* und *ehrbar*, die Eigenschaft, sich gegen jemanden mild zu erweisen; substantivisch (τὸ χρηστόν *[to chræstọn]*) *freundliches Wesen, Gütigkeit*, im Plur. (τὰ χρηστά *[ta chræstạ]*) *Wohltaten* (Hdt.).

Auch das Subst. ἡ χρηστότης *[hæ chræstọtæs]*, seit Eur. belegt, gewinnt die Bedeutung *Freundlichkeit, Güte, Milde* und wird in Inschriften auch als Ehrentitel für Herrscher und bedeutende Persönlichkeiten verwendet.

II 1) In der LXX wird das hebr. Wort *tōb* durch die Verwendung von χρηστός *[chræstọs]* neben → ἀγαθός *[agathọs]* und → καλός *[kalọs]* nuancenreich übersetzt. Über das Gut-Sein Gottes an sich wird im AT wenig reflektiert, dafür aber sein Gutes-Tun in stetem Lobpreis besungen und bekannt. Die Fülle des Guten, das Gott seinem Volk in seiner Bundestreue und den Menschen als seinen Geschöpfen erweist, die Güte Jahwes, wird gern, wenn auch nicht nur, durch χρηστός *[chræstọs]* bzw. χρηστότης *[chræstọtæs]* ausgedrückt. Diese stete Barmherzigkeit und Hilfsbereitschaft Gottes ist eines der wesentlichen Themen der Pss (25,7f; 31,20; 65,12 u. a.). χρηστός *[chræstọs]* findet sich aber auch in prophetischen Texten, namentlich bei Jer. Vertieft wird dieses Bild der Güte Gottes angesichts der bestürzenden Erkenntnis fortdauernder Sünde. Er bleibt dennoch der Gütige! Auch nachexilisches Schicksal mit seinem Wissen um die Unbegreiflichkeit des Handelns Gottes vermag nicht das Bekenntnis zu unterdrücken, daß Jahwe der Gütige ist (vgl. 2Makk 1,24).

2) In den Qumran-Texten bleibt man auf dieser Linie. Wie das AT den Erweis der gegenseitigen Güte bei den Frommen erwartet, in der sich die erfahrene Güte Gottes widerspiegeln soll,

so wird auch in der Sekte die huldvolle Güte ihrer Glieder gegeneinander erwartet. Die oft wiederkehrende Formel ist dafür: *'āhabāt chæsæd*, die *huldreiche Liebe*. Der Geist des Lichtes erweist neben Barmherzigkeit *(rāchamīm)* und Geduld noch die »ewige Güte« *(tōb 'ōlamīm)*; vgl. 1QS 4,3. Doch unvermittelt neben der Forderung der einander zu gewährenden Güte steht das Gebot »ewigen Hasses« gegen die Unrechts-Söhne (1QS 4,17). Hier wird die Grenze des at. Liebes- bzw. Güte-Gebotes, welches keine unbedingte Feindesliebe fordert, in spätjüd. Radikalisierung sichtbar.

III Im NT findet sich χρηστός *[chræstọs]* 7mal; ἡ χρηστότης *[hæ chræstọtæs]* 10mal; ersteres 3mal, letzteres praktisch nur bei Paulus (das einmalige Vorkommen in Tit einbezogen).

1) χρηστός *[chræstọs]* wird als Gütebezeichnung für Sachen wie im Profangriech. Lk 5,39 (milder Wein) verwendet.

2) Bei Lk erfolgt mit Hilfe dieses Begriffes (vgl. Lk 6,35) der Durchbruch durch die Begrenzung des at. Liebesgebotes. Gottes Güte umfaßt auch die Undankbaren, die Boshaften (die störrischen Sünder); weil sie einfach grenzenlos ist, ergibt sich daraus für die Nachfolger Jesu die bedingungslose Feindesliebe. Wenn Jesus die in ihrer Gesetzesfrömmigkeit Ermatteten auffordert, sein gütiges Joch (ὁ γὰρ ζυγός μου χρηστός *[ho gar zygọs mou chræstọs]*) auf sich zu nehmen, um seine Güte zu erfahren, so soll das auch dazu dienen, ihm an Güte gegen andere gleich zu werden (Mt 11,30).

3) Während bei den Synopt. das Wort χρηστός *[chræstọs]* nur 3mal auftaucht — die johanneischen Schriften wie die kath. Briefe verwenden den Begriff gar nicht —, benutzt es Paulus zusammen mit dem Subst., das er bevorzugt, auffällig gerne und betont.

Zuerst im Angriff gegen eine selbstgerechte jüd. Frömmigkeit: Die Güte Gottes ist keine billige »Schutzgnade«. Sie soll zum Erschrecken über die eigene Unbußfertigkeit führen, damit Gott sein Ziel erreicht: die Umkehr zu ihm (Röm 2,4).

Immer wieder aber verwendet der Apostel (vor allem mit Hilfe des Subst. ἡ χρηστότης *[hæ chræstọtæs]*) den Gedanken an die unbegreifliche Güte Gottes, der nicht den Tod des Sünders, sondern seine Rettung will (Röm 11,22; Eph 2,7; Tit 3,4), dazu, die Bedeutung der Güte im Leben des von Christus ergriffenen Menschen aufzuweisen. Güte, Herzenstakt gehören zu den offensichtlichen Gaben des Geistes (Gal 5,22). Die Agape (→ Liebe, Art. ἀγάπη) erweist sich als Gütigkeit (1Kor 13,4; hier verbal: χρηστεύεται ἡ ἀγάπη *[chræsteụetai hæ agạpæ]*), die zu ihren untrüglichen Wesensmerkmalen gehört. Weil die Gütigkeit zu den hervorstechenden Begabungen des Geistes zählt, wird daraus die stete Mahnung (Kol 3,12): »Ziehet an als die Auserwählten Gottes herzliches Erbarmen, Freundlichkeit«. Als unmittelbare Auswirkung der Agape ist sie immer lebendig, tätig und bricht im Leben des von Christus geführten Menschen spontan hervor. So schließt sich der Ring von der anfänglichen Güte Gottes, der die Welt und den Menschen schuf, der ein Volk sich aussonderte, der der Gütige bleibt trotz Sünde und Bosheit, zu der Offenbarung seiner unbegreiflichen Güte in Jesus Christus in der Fülle der Zeiten. Hier kommt Gottes Heilshandeln zum Ziel, in Jesus Christus wird seine Vatergüte wie in einem Spiegel anschaubar. Die Gemeinde, die Christenheit aber hat den Weg der Gütigkeit, die sie allen Menschen gegenüber erweisen soll, als ihren Weg zu wählen in einer Welt, die oft wenig davon erkennen läßt.

E. Beyreuther

Lit.: WGrundmann, Art. ἀγαθός, ThWb I, 1933, 10ff — JZiegler, Dulcedo Dei, At. Abhandl. 13,2, 1937 — WGrundmann/GBertram, Art. καλός, ThWb III, 1938, 539ff — GMensching, Gut und Böse im Glauben der Völker, 1950 — LRStachowiak, Chrestotes, 1957 — GvRad, Theologie des AT I, 1958, 353ff — LRStachowiak, Art. Güte, BThW I, 1962², 580ff.

Hand, Handauflegung

Aus dem sehr vielfältigen Gebrauch des Wortes χείρ *[cheir]* = *Hand* – es kann u. a. *Seite, Gewalt, Handschrift, Kriegsschar* bedeuten – sind im Blick auf den biblischen Gebrauch die Bedeutungsnuancen wichtig, die χείρ *[cheir]* als pars pro toto für die tätige, handelnde Person selbst eintreten lassen. So steht die »Hand Gottes« für seine Majestät und überlegene Macht als ganze. Wenn andererseits Jesus und seine Nachfolger »in die Hände« der Menschen gegeben werden, so bedeutet das, daß sie ihrer Gewalt und Willkür ausgeliefert werden (→ Gericht, Art. παραδίδωμι). Im Zusammenhang mit dieser Verwendung von χείρ *[cheir]* ist die rechte Hand (δεξιὰ χείρ *[dexia cheir]*) in besonderer Weise Ausdruck der Kraft und Wirkungsmacht einer Person, signalisiert das Sitzen zur Rechten (ἐν δεξιᾷ *[en dexia]*) gleiche → Macht und Würde (→ Ehre, Art. δόξα). Deshalb wird δεξιός *[dexios]* = *rechts* in dieser Gruppe mitverhandelt. Eine spezielle Rolle spielt im nt. Sprachgebrauch schließlich die Handauflegung, die im Art. ἐπιτίθημι τὰς χεῖρας *[epitithæmi tas cheiras]* behandelt wird (vgl. → Bestimmen).

δεξιός *[dexios]* rechts · δεξιά *[dexia]* die Rechte

δεξιός

δεξιός *[dexios]* ist wurzelverwandt mit lat. *decus* und *dexter* und bedeutet von daher *glückverkündend, gebührend, rechts.* Verbindung mit δέχομαι *[dechomai]* = *annehmen* ist möglich; dann hieße δεξιός *[dexios]* *(kultisch) annehmbar.* Seit Homer bezeugt, bedeutet es a) *rechts* (Gegensatz: links); δεξιὰ χείρ *[dexia cheir]*: die rechte Hand, dann: *rechte Seite* im ganzen; b) *geschickt* (Gegensatz: linkisch); c) *glückverheißend.* Der Plur. δεξιαί *[dexiai]* kann *Vertrag* (durch Handschlag) bedeuten. So symbolisiert die *Rechte* Macht, Erfolg, Glück, Beständigkeit. I

Dies klingt auch im NT an (zum *Vertrag* vgl. Gal 2,9). Der Engel am Grab sitzt auf der *Glücksseite* (Mk 16,5; vgl. auch Joh 21,6); hier stehen auch die Erwählten im Endgericht (Mt 25,31ff).

Einzige at. Entsprechung für δεξιός *[dexios]* ist hebr. *jāmīn.* Symbolisch wird oft von der Rechten Jahwes gesprochen, bes. in den Pss. Sie schafft Stärkung (Ps 18,36), Sieg (118,15), ja sie ist Ausdruck der Allgegenwart Gottes, die den Menschen überall umfängt (139,10). Ben-jamin, wörtl. »Sohn der Rechten«, wird als »Glückskind« gedeutet (Gen 35,18). Wichtig ist auch der Platz zur Rechten als der Ehrenplatz (1Kön 2,19; Ps 45,10; Sach 3,1). II

Für die Folgezeit bedeutsam wird Ps 110,1: Der israelitische König, von Jahwe (vielleicht bei der Thronbesteigung) »zu seiner Rechten gesetzt«, wird als Mitregent Gottes gefeiert, der durch Krieg und Sieg die Feinde Israels (und damit Gottes) entmachten wird.

Im NT spielt Ps 110,1 als messianisches Grundprädikat eine wichtige Rolle. Das Zitat erscheint wörtlich oder nur angedeutet 19mal, davon 7mal in Synopt., 3mal Apg, 3mal bei Paulus, 5mal Hebr, 1mal Petr. Theol. bedeutsam wird δεξιός *[dexios]* nur an diesen Stellen (Gesamtvorkommen 54mal, am häufigsten bei Mt). III

1) Wahrscheinlich ist Ps 110,1 schon in vor-nt. Zeit messianisch gedeutet worden. Jesus setzt dies jedenfalls Mk 12,35ff par voraus. Der Messias ist für das Spätjudentum der politisch-endzeitliche Mitregent Gottes, der die Gottesherrschaft sichtbar auf Erden aufrichtet. Während Jesus hier, unter deutlicher Abwertung des politischen Aspektes (Davidssohn!) geheimnisvoll wie von einem Dritten redet, bezeichnet er sich vor Gericht (Mk 14,62 par), obwohl wehrlos und verhöhnt, feierlich als den »Menschensohn, der zur Rechten der Allmacht sitzen wird« (Dan 7,13 mit Ps 110,1 verbindend). Mit diesem unerhörten Anspruch wird die Anerkennung gefordert, daß Gott seine Macht fundamental anders ausübt als die Welt: unter der tiefsten menschlichen Ohnmacht und gerade durch sie. Zur Rechten des Thrones (→ Macht, Art. θρόνος) Gottes richtet das geschlachtete Lamm (Offb 5,6) die Welt!

2) In diesem einzig möglichen Sinne redet auch das Urchristentum vom »Sitzen Jesu zur Rechten Gottes«. Dabei treten mannigfache Gesichtspunkte hervor: Während Röm 8,34

mehr die priesterliche Funktion des himmlischen Fürbitters, Kol 3,1 die Verborgenheit Christi in der jenseitigen Gotteswelt betonen, heben Eph 1,20 und 1Petr 3,22 die ursprüngliche Bedeutung seiner Mitregentschaft hervor. Besonders für Hebr ist das Sitzen Jesu zur Rechten Gottes, die »Hauptsache« (8,1), nicht welthafte Machtübung, sondern die Herrschaft dessen, der sich selbst geopfert hat und darum über alle Engel erhöht ist (1,3.13). Dies sein Selbstopfer, das seine Erhöhung gewirkt hat, ist das unwandelbare Heilsgut, auf das die müde gewordene Gemeinde zueilen soll (12,2). Sein »Sitzen zur Rechten« ist aber noch nicht zugleich der Sieg über alle Feinde, der der endzeitlichen Vollendung vorbehalten bleibt (10,12; vgl. 1Kor 15,25).

3) In der Apg tritt ein polemisches Motiv dazu: Die Predigt von Jesu »Sitzen zur Rechten Gottes« (2,34) bzw. seiner »Erhöhung« dorthin (2,33; 5,31) wird zum Gerichtswort über das gesetzesstolze Judentum. Der von ihnen Umgebrachte ist der Messias! Stephanus sieht ihn zur Rechten Gottes s t e h e n (7,55f), »als wollte er Stephanus entgegengehen«, (Bengel). Daß Jesus zur Rechten steht, zeigt zudem, daß er die Funktion des (Entlastungs-) Zeugen hat: Er tritt als Zeuge im Himmel vor Gott ein für seine Zeugen auf Erden. Der Zeuge steht, der Richter sitzt!

Ch. Blendinger

χείρ

χείρ *[cheir]* Hand

I χείρ *[cheir]* ist seit dem mykenischen Griech. (Linear B) belegt. Die *Hand*, das Glied des menschlichen Körpers, mit dem der Mensch am stärksten tätig ist, dient ihm zur Arbeit und Verteidigung. Seine Kraft und Anstrengung kommt durch die Hände zur Wirkung. Deshalb kommt ihnen besondere Wertschätzung zu.

Im profanen Sprachgebrauch können χεῖρες *[cheires]* und δυνάμεις *[dynameis]* gleichbedeutend verwandt werden. Die Hand gilt aber nicht nur als Verkörperung der *Macht*, sondern tritt bei der persönlichen Unterschrift für die tätige Person selber ein. So gewinnt χείρ *[cheir]* bei Hyperides (4. Jh. vChr) und Philodemus (1. Jh. vChr) die Bedeutung *Handschrift* (vgl. die sprachliche Verwandtschaft in der Formel τῇ ἐμῇ χειρί *[tæ emæ cheiri]* 1Kor 16,21; Gal 6,11 u. ö.).

II 1) Im AT wird bevorzugt von der Tätigkeit einer Person als von dem Wirken ihrer Hand gesprochen. Die *Hand* (hebr. *jād*) wird zum Symbol menschlicher → Macht; so bedeutet die Wendung »in jemandes Hand geraten« in seine Gewalt geraten (Gen 32,12; Ri 2,14; Jer 27,6f). In 2Sam 18,18 heißt χείρ *[cheir]* entsprechend dem hebr. *jād* in diesem Zusammenhang *Malzeichen, Denkmal* (vgl. Jes 56,5). Ebenso ist χείρ *[cheir]* Sinnbild göttlicher Allmacht (2Chr 20,6; Ps 89,22). Die Hand Gottes hat Himmel und Erde geschaffen, und mit seinen Händen regiert er ihren Lauf (Jes 48,13). Für Israel bedeutet die Hand Gottes Rettung und Befreiung, für die Feinde Untergang und Verderben (Ex 7,4; 9,3; 1Sam 7,13). So wird die Hand des Herrn ebenso zum Ausdruck für Gottes strafende Gerechtigkeit (1Sam 5,6.11) wie für seine liebevolle Fürsorge (Esr 7,6; Hi 5,18; Ps 145, 16; Jes 49,16) und seinen göttlichen Schutz (Jes 51,16).

2) Sowohl in der bildhaften Rede von Gott wie auch in der Anwendung auf den Menschen sind die beiden Hände nicht von gleichem Rang. Die rechte Hand besitzt gegenüber der linken einen höheren Wert, sie ist die wirkende (Ex 15,6.12; Ps 118,15f; Jes 41,13 vgl. Mt 5,30). Außerordentlich reiche Verwendung findet die Hand in der Gebärden- und Bildersprache. Sie dient dem Ausdruck des Unwillens, leidenschaftlicher Erregung (Num 24,10) ebenso wie dem Ausdruck demütiger Bitte (2Chr 6,12f; Ps 28,2), der Freude (Ps 47,2) wie der Trauer (Jer 2,37), verachtender Schadenfreude (Ez 6,11) ebenso wie dem Schwur (Gen 14,22; 24,2.9; 47,29; Esr 10,19) und der Bürgschaft (Spr 6,1ff; 22,26). Das Zeichen auf der Hand (Ex 13,9.16; Dtn 6,8; 11,18) ist feststehende bildhafte Ausdrucksweise für die stete Erinnerung an Gottes Erlösungshandeln und Gottes Ordnung für sein Volk. Jemandem »die Hand füllen« heißt ihn in ein priesterliches Amt einsetzen (Num 3,3); das Waschen der Hand dient nicht nur der Erfüllung der Reinigungsvorschriften (Ex 30,19ff; Lev 15,11), sondern kann auch Beteuerung der Unschuld und des reinen Gewissens bedeuten (Dtn 21,6; Ps 26,6 vgl. Hi 17,9; Ps 24,4; vgl. Mt 27,24). Der ganze Bedeutungsreichtum des Begriffes *Hand* innerhalb des AT lebt im Spätjudentum weiter und geht in das NT über.

III Im NT findet sich das Wort χείρ *[cheir]* 176mal, zusätzlich in einigen v. l. Es steht am häufigsten bei Lk (Ev 26mal, Apg 45mal), wohl wegen dessen Vorliebe für at. Wendungen (Apg!).

1) In wörtlicher Bedeutung begegnet χείρ *[cheir]* oft in der Verbindung πόδες καὶ χεῖρες *[podes kai cheires]*, *Füße und Hände* (Mt 18,8; 22,13; Lk 24,39; Joh 11,44; Apg 21,11). Die Wendung διὰ χειρός τινος *[dia cheiros tinos]* (auch Plur.), *durch jemanden, von jemandem* (zB Mk 6,2; Apg 5,12; 7,25; 11,30), ist meistens ein Semitismus und gibt das hebr. *b^ejād* = *durch, mit* wieder. Ebenso ist εἰς χεῖρας *[eis cheiras]* Übers. des hebr. *lidē* = *zu, an, für:* Die Hände können für die tätige Person selbst eintreten (Apg 17,25). 25mal wird χείρ *[cheir]* in Verbindung mit dem Auflegen der Hände gebraucht (→ ἐπίθεσις τῶν χειρῶν).

2) Ebenso wie im AT bedeutet auch im NT *die Hand des Herrn* die Verkörperung göttlicher Macht (auch auf Christus übertragen: Joh 3,35; 10,28; 13,3). Sie wirkt in der Schöpfung (Apg 7,50; Hebr 1,10) und im Heilsratschluß Gottes (Apg 4,28 χείρ *[cheir]* neben βουλή *[boulæ]*). Sie ist Ausdruck seiner strafenden Gerechtigkeit (Apg 13,11; Hebr 10,31) wie auch seiner besonderen Fürsorge (Lk 1,66), der Geborgenheit und des Schutzes (Lk 23,46; Joh 10,29), die Gott allen gewährt, die ihm vertrauen. Die Hand Gottes wird zum Hinweis auf seine Wunder wirkende Macht, mit der er die Verkündigung des Evangeliums begleitet (Apg 4,30; 11,21) und selbst durch Engelhilfe eingreifen kann (Apg 7,35), aber auch Hinweis auf Gottes verborgene Weisheit, mit der er seine Gemeinde auf Erden durch Leiden führt (1Petr 5,6). *Hand* kann schließlich zur Umschreibung einer feindlichen Macht werden, deren Gewalt ein Mensch ausgeliefert ist (bes. Mt 17,22; 26,45 par; Apg 21,11), aus deren Hand er aber auch befreit werden kann (Apg 12,11; 2Kor 11,33).

3) Häufig wird χείρ *[cheir]* mit dem Verb ἐκτείνω *[ektęinō]*, ausstrecken, verbunden: Jesus gibt einem kranken Mann den Befehl, seine Hand auszustrecken (Mt 12,13 par); Jesus streckt seine Hand aus, um zu heilen (Mt 8,3 par; vgl. Apg 4,30; → Gesund). Die Hand ausstrecken kann Geste des Redners (Apg 26,1) und hinweisendes Zeichen auf die Umstehenden sein (Mt 12,49); es kann in feindlicher Absicht geschehen (Lk 22,53) oder in andeutender Sprache auf den Kreuzestod des Jüngers hinweisen (Joh 21,18). Die at. Ordnung des Händewaschens findet auch im NT ihre Erwähnung als jüd. Reinigungsvorschrift (Mk 7,1–4) und Beteuerung des guten Gewissens (Mt 27,24). *F. Laubach*

ἐπιτίθημι

ἐπιτίθημι τὰς χεῖρας *[epitithæmi tas cheiras]* die Hände auflegen · ἐπίθεσις τῶν χειρῶν *[epithesis tōn cheirōn]* Handauflegung

I ἐπίθεσις *[epithesis]* (seit Plato belegt) heißt a) das *Auflegen*, das *Darauflegen* (von Sachen); b) der *Angriff*, der *Überfall* (nur in LXX, Ep. Arist. und bei Philo und Jos.). Die Wendung ἐπίθεσις τῶν χειρῶν *[epithesis tōn cheirōn]* für das *Auflegen, Aufstützen der Hände*, die *Handauflegung* findet sich nur bei Philo und im NT; ἐπιτίθημι τὴν χεῖρα *[epitithæmi tæn cheira]* bzw. τὰς χεῖρας *[tas cheiras]*, *jemandem* oder *etwas die Hand* bzw. *Hände auflegen*, dagegen auch in griech. Inschriften und LXX.

Wunderbare Krankenheilung durch Handauflegung wird im griech.-hell. Bereich Asklepios, Zeus, anderen Göttern und weisen Menschen zugeschrieben (→ Gesund, Art. ἰάομαι; ThWb III, 196ff).

II 1) Wenn auch die substantivische Verbindung ἐπίθεσις τῶν χειρῶν *[epithesis tōn cheirōn]* in LXX selbst nicht begegnet, so geht ihre Bildung doch aller Wahrscheinlichkeit nach auf den entsprechenden verbalen Ausdruck ἐπιτίθημι τὰς χεῖρας *[epitithæmi tas cheiras]*, hebr. *sāmach jadajim*, zurück, dh auf eine der beiden Grundbedeutungen in dieser Verbindung in der LXX. Die zahlenmäßig weitaus überwiegende Verwendung findet dieser verbale Ausdruck in LXX zur Bezeichnung für die Auflegung der Hände des Opferers auf das Opfertier. Am deutlichsten wird wohl der Sinn dieser Handlung im Ritual des großen Versöhnungstages (Lev 16), wo *Handauflegung* keine Segenshandlung ist, sondern das ganz real gedachte Übertragen der Versündigungen auf den Sündenbock meint, den davonzujagen bedeutet; die Sünde selbst davonjagen. Doch läßt sich für die sonstigen religionsgeschichtlich nicht so ursprünglichen Opferarten beobachten, daß Opfer und Handauflegung zusammenfallen (fast jedes Kap. im Lev), denn die Leugnung realer Mächtigkeit fremder Gottheiten über Israel bedeutet ja, daß es nun auch sein Böses Jahwe anvertrauen und von ihm vernichten lassen muß.

2) Hart daneben tritt aber nun, wenn auch selten (Gen 48,18; Jes 44,3), die Handauflegung als Segenshandlung; sie gehört sicher eng zusammen mit dem Ritus der Handauflegung bei einer Amtseinsetzung (Num 27,12ff und oft in der Priesterschrift). Handauflegung bedeutet also, vergleicht man die beiden sehr verschiedenen Handlungen der Ent-Sündigung und der Segnung, daß auf ihren Empfänger dasjenige übergeht, was die besondere Qualifikation dessen ist, der die Hände auflegt: Er reicht seinen besonderen Segen weiter oder belastet den Sündenbock mit dem, was ihn belastete.

3) Für das rabb. Judentum sind die beiden Stellen, die von der Einsetzung des Josua durch Mose zu seinem Nachfolger handeln (Num 27,15ff; Dtn 34,9), von größter Bedeutung geworden. Nach der erstgenannten Stelle hat Mose durch Handauflegung dem Josua seine Hoheit, nach der zweiten Stelle den Geist der Weisheit übertragen. Darin sah das rabb. Judentum das verpflichtende Vorbild und den Ursprung seiner eigenen Ordinationspraxis, die als Weitergabe des Geistes des Mose vom jeweiligen Lehrer auf den Schüler verstanden wurde.

III An den meisten Stellen seines nt. Vorkommens steht ἐπιτίθημι *[epitịthæmi]* (insgesamt 40mal) im Zusammenhang mit der *Handauflegung;* ἐπίθεσις τῶν χειρῶν *[epịthesis tōn cheirọ̄n]* findet sich nur 4mal.

1) Die verbale Wendung ἐπιτίθημι τὰς χεῖρας *[epitịthæmi tas chẹiras]* wird im NT überwiegend in Verbindung mit Wunderheilungen verwendet (Mt 9,18; Mk 5,23; 6,5; 7,32; 8,23; Lk 13,13; Apg 28,8), die von Jesus und den Aposteln als Zeichen der angebrochenen messianischen Zeit vollzogen werden. Daneben erscheint dieser Ausdruck in Mt 19,13.15 zur Bezeichnung einer Segensgeste im Zusammenhang des sog. Kinderevangeliums. Wie die Parallele bei Mk (10,16) beweist, ist nicht an magisch vorgestellte Segensvermittlung gedacht. Die Segensgeste symbolisiert vielmehr das gnädige Anteilgeben an der Gottesherrschaft für die Unmündigen, dh für solche, die sich Gott gegenüber wie Kinder verhalten.

In den Bereich der → Taufe gehören Apg 8,17ff; 9,17; 19,6; unter Auflegung der Hände wird den Täuflingen der heilige → Geist vermittelt. Daran könnte auch in 1Tim 5,22 gedacht sein; ebensogut kann hier die Handauflegung aber auch eine begleitende Geste bei der Wiederaufnahme reuiger Sünder oder Ketzer sein. Unmittelbar in die Nähe der jüd. Ordination führt uns Apg 6,6, wo die sieben »Hellenisten« in ihren Dienst der Leitung ihres Gemeindeteils berufen werden, und Apg 13,3, wo Paulus und Barnabas ausgesandt werden.

2) Die substantivische Wendung erscheint einmal bei der Taufe (Apg 8,17ff), ein weiteres Mal wird sie als Bestandteil der christl. Grundlehre bezeichnet (Hebr 6,2) und 2mal (1Tim 4,14; 2Tim 1,6) als Ritus bei der Ordination des Timotheus, wonach ihm unter Handauflegung durch das Presbyterium bzw. durch Paulus die »Gnadengabe« der Gemeindeleitung, der Wortverkündigung und der Lehre bzw. Widerlegung (der Irrlehrer) verliehen wird. Der literarische Charakter der Pastoralbriefe läßt vermuten, daß die Kirche der Pastoralbriefe (Anfang des 2. Jh.) ihr Ordinationsverständnis (Verleihung der Amtsgnade), das sich ohne Zweifel vom paulinischen Verständnis vom freien Walten des Geistes entfernt hat, mit Hilfe dieser historischen Fiktion apostolisch legitimiert.

3) Es fällt auf, daß an allen Stellen, an denen die Handauflegung im Zusammenhang mit der Ordination bzw. der Aussendung zu einem besonderen Dienst erscheint, diese durch jeweils andere qualifizierte Personen erfolgt. Apg 6,6 wird die Handauflegung durch die Apostel vollzogen, Apg 13,3 durch Propheten und Lehrer, 1Tim 4,14 durch das Presbyterium und 2Tim 1,6 durch Paulus. Daraus darf man schließen, daß das NT noch keine Weihegewalt kennt, die auf ein bestimmtes Amt, etwa das der → Apostel, beschränkt wäre.

Zusätzlich ist auf die enge Verbindung von Handauflegung und fürbittendem → Gebet zu verweisen, die sicherstellt, daß nicht an die Übertragung einer bestimmten Amtsqualität von einem Amtsträger auf den anderen gedacht ist (Sukzessions-Vorstellung). Einer solchen Vorstellung von der Verfügbarkeit über die Gnadengaben durch Menschen widerspricht die

Auseinandersetzung der Apostel mit Simon Magus (Apg 8,18ff) auf das schärfste. Vielmehr ist es Gott selbst, der seine Diener mit seinen Gaben ausrüstet und sie aussendet. Freilich geschieht dies unter dem Gebet der Gemeinde, und die Handauflegung bezeugt die auf das Verheißungswort gegründete Erhörungsgewißheit der Gemeinde. *H. G. Schütz*

Lit.: OWeinreich, Antike Heilungswunder, 1909 – W. Broomall, Art. hand, Baker's Dictionary of Theology, 1960, 260 – JBehm, Die Handauflegung im Urchristentum, 1911 – WGrundmann, Art. δεξιός, ThWb II, 1935, 37ff – ELohse, Die Ordination im Spätjudentum und im NT, 1951 (bes. 67ff; Lit) – SMorenz/HDWendland/WJannasch, Art. Handauflegung, RGG III, 1959^3, 52ff – NAdler, Die Handauflegung im NT bereits ein Bußritus? Zur Auslegung von 1Tim 5,22, Nt. Aufsätze, Festschr. JSchmid, 1963, 1ff – FHahn, Christologische Hoheitstitel, 1963, 126ff – HvCampenhausen, Kirchliches Amt und geistliche Vollmacht, 1964^2, bes. 82ff – RMayer/NAdler, Art. Handauflegung, LThK IV, 1964^2, 1343ff.

Hart, verstockt

σκληρός

σκληρός *[sklærọs]* hart, schroff · σκληρότης *[sklærọtæs]* Härte · σκληρύνω *[sklærynō]* verhärten, verstocken · σκληροτράχηλος *[sklærotrạchælos]* widerspenstig · σκληροκαρδία *[sklærokardịa]* Herzenshärte · πωρόω *[pōrọō]* verhärten, verstocken · πώρωσις *[pọ̄rōsis]* Verstockung · παχύνω *[pachynō]* unempfindlich machen

Hart, fest, starr, dicht machen oder *sein* formuliert das NT mit den Wortgruppen σκληρός *[sklærọs]*, πῶρος *[pọ̄ros]* (πηρός *[pærọs]*), παχύς *[pachys]*. Die Bedeutungen konvergieren stark, daher gibt es schon in der Textüberlieferung Wortvertauschungen. Luther übersetzt alle Gruppen gleichermaßen mit *verstocken*.

1) σκληρός *[sklærọs]* (im profanen Griech. seit Hesiod) bedeutet *dürr, hart, rauh*. Dazu gehört das Subst. σκληρότης *[sklærọtæs]*, die *Härte*. Das Verb σκληρύνω *[sklærynō]* ist urspr. ein medizinischer Begriff (erstmals bei Hippokrates); es bedeutet im Aktiv *hart machen, verhärten*, passiv: *hart, verhärtet werden*. σκληροτράχηλος *[sklærotrạchælos]* (belegt bei Aesop, LXX) bedeutet *steifnackig, halsstarrig, widerspenstig*. I

2) πωρόω *[pōrọō]* (seit Hippokrates) ist abgeleitet von πῶρος *[pọ̄ros]* = *Tuffstein* und bedeutet medizinisch die *Verhärtung* (bei Heilung von Knochenbrüchen; vgl. Schmidt aaO), also *versteinern, verhärten*. Das Wort wird im NT nur übertragen gebraucht. Das gleiche gilt für das Verbalsubst. πώρωσις *[pọ̄rōsis]* = *Verhärtung*. Im NT findet sich zu πωρόω *[pōrọō]* und πώρωσις *[pọ̄rōsis]* fast an allen Stellen als Variante πηρόω *[pærọō]* bzw. πήρωσις *[pærōsis]*. πηρόω *[pærọō]* heißt *lähmen, verstümmeln*; in bezug auf die Augen: *blenden*. Entsprechend bedeutet πήρωσις *[pærōsis]* *Verkrüppelung* und dann *Kurzsichtigkeit, Blindheit*. Auch dieser Stamm wird übertragen gebraucht und kommt dann der Bedeutung von πωρόω *[pōrọō]* recht nahe. Da πηρόω *[pærọō]* viel häufiger in der Lit. begegnet, läßt sich die Vertauschung der Vokabeln beim Abschreiben leicht erklären (Schmidt aaO). πωρόω *[pōrọō]* dürfte die ursprüngliche Textform vertreten.

3) παχύνω *[pachynō]* ist eine Ableitung von παχύς *[pachys]* = *dick, feist* (im Profangriech. seit Aischyl.). Es bedeutet eigentlich *dick, fett machen*; dann übertragen: *undurchlässig machen* (für Wasser), woraus dann die Bedeutung *unempfindlich machen* bzw. passiv *werden* entstand.

Häufigstes hebr. Äquivalent für σκληρός *[sklærọs]* und seine Derivate – die anderen beiden Wortgruppen sind sehr selten – ist *qāschāh* (daneben *chāzaq* u. a.). Verstockung kommt nach at. Verständnis daher, daß die Menschen sich beharrlich Gottes Anrede und Weisung verschließen. Daraus entsteht dann ein Zustand, in dem der Mensch nicht mehr hören kann und dem er rettungslos verfallen ist, bzw. Gott selbst macht die Verstockung endgültig, so daß der betroffene Menschenkreis nicht mehr aus ihr herauskommt. II

1) In den alten at. Erzählungen sind es immer Nichtisraeliten, die verstockt werden. Die wichtigste Erzählung ist die von der Verstockung Pharaos (Ex 4ff). Auf jede Anrede des Mose und auf

jede Plage hin heißt es: »Aber das Herz des Pharao blieb verstockt« (Ex 7,13.22; 8,15 usw.). Es ist Gott, der das Herz Pharaos verstockt (sicher nach Darstellung der elohistischen Schicht). Auch ganze Völker werden von Gott verstockt; so zB Jos 11,20 die kanaanäischen Völker: »Vom Herrn kam die Verstockung ihres Herzens, daß sie den Krieg mit Israel wollten, auf daß man an ihnen den Bann vollstreckte und ihnen keine Gnade widerfahre . . .« Nichtisraeliten werden nur dann verstockt, wenn sie zu Israel in Beziehung treten, denn die Verstockung der Völker ist ein Mittel in Gottes Hand, durch das er seinen Plan mit Israel ausführt.

2) Erst bei den großen Propheten wird dann auch → Israel als verstocktes Volk gesehen. Am schärfsten kommt das bei Jes zum Ausdruck: Gottes Wort ist an die Priester und Propheten in Jerusalem ergangen, aber sie wollten nicht hören; so wird Gottes Wort an sie ergehen zum Gericht, »damit sie gehen und rücklings straucheln und zerschellen« (Jes 28,12f). Bei seiner Berufung erfolgt an Jes die Weisung: »Verstocke das Herz dieses Volkes, mache taub seine Ohren und blind seine Augen, daß es mit seinen Augen nicht sehe und mit seinen Ohren nicht höre, daß nicht sein Herz einsichtig werde und man es wieder heile« (Jes 6,9f). Gottes Gericht ergeht gerade nicht so über sein Volk, daß er nicht mehr zu ihm redet, sondern vielmehr indem er sein Wort klar und deutlich sagen läßt. Aber weil das Volk bisher nicht hören wollte, soll es nun nicht mehr hören können. Der Weinberg, der keine Frucht bringen wollte (Jes 5,1–7), kann es nun nicht mehr, denn Gott hat den Wolken verboten, auf ihn zu regnen. So ergeht Gottes Gericht bis zur Vernichtung des Volkes (Jes 6,11).

3) Diese Aussage, daß Gott selbst es ist, der Israel ohne Gnade verstockt, ist eine Grenzaussage; das wird daran deutlich, daß die späteren Propheten das in dieser Schärfe nicht mehr zu sagen vermochten. Jer spricht zwar von Verstockung, nennt aber Gott nicht mehr als Urheber. Vielmehr sind jetzt die falschen Propheten dabei beteiligt, während bei Jes es doch der Prophet selbst im Auftrag Gottes ist. Interessant ist auch, daß die LXX Jes 6 mildert, indem sie den Befehl an Jes indikativisch wiedergibt.

Das entscheidend Neue ist aber, daß in der späteren Zeit der neue → Bund Gottes verheißen wird. Dann wird Israel hören und den Herrn erkennen (Jer 31,33f), und die Menschen werden ein neues, nicht mehr verhärtetes Herz und einen neuen Geist bekommen (Ez 36,26f).

4) In der weisheitlichen Lit. werden immer wieder der »Fromme« und der »Gottlose« einander gegenübergestellt. Letzterer wird stellenweise als verstockt gekennzeichnet (Spr 28,14; 29,1). Hier wird mehr der Schuldcharakter der Verstockung ins Auge gefaßt. Verstockung ist das sich ständig steigernde Versagen der Menschen gegenüber Gottes Gebot. Sie ist aber nicht unausweichlich. Daher kann die Mahnung ausgesprochen werden: »Heute, da ihr seine Stimme hört, verstocket euer Herz nicht« (Ps 95,8). Denn auf Grund der Verstockung ergeht Gottes Gericht. Die Verstockung ist nun nicht mehr selbst schon das Gericht Gottes wie bei Jes.

III Alle Vokabeln finden sich im NT relativ selten, durchgängig in den Synopt. (11 von insgesamt 26 Stellen), einige in der Apg, bei Paulus (πωρόω *[pōroō]*, Derivate und σκληρότης *[sklærotæs]*), Hebr (4mal σκληρύνω *[sklærynō]*), σκληρός *[sklæros]* je 1mal in Jud und Jak.

1a) σκληρός *[sklæros]* steht

im übertragenen Sinn von Sachen: Jak 3,4 ἀνέμων σκληρῶν *[anemōn sklærōn], heftige, rauhe Winde.* Joh 6,60 von den Worten Jesu σκληρός ἐστιν ὁ λόγος *[sklæros estin ho logos], hart, unerträglich ist diese Rede.* Jud 15 (Zitat aus Hen 1,9): Gott wird die Gottlosen strafen wegen aller *harten* (einige Hss. erg.: *Worte*), die sie gegen ihn redeten.

Von Menschen: Der κύριος *[kyrios]*, der Herr im Schalksknechtsgleichnis wird Mt 25,24 als σκληρὸς ἄνθρωπος *[sklæros anthrōpos]*, als *harter, hartherziger Mensch* bezeichnet.

Im Neutrum: Apg 26,14 »Es ist dir schwer (schwierig; σκληρόν σου *[sklæron sou]*), wider den Stachel zu löcken.« In einigen alten Hss. und Übers.en steht dieser Satz auch Apg 9,4.

b) σκληρότης *[sklærotæs]* steht Röm 2,5 und bezeichnet eine menschliche Eigenschaft: Nach ihrem verstockten und unbußfertigen Herzen laden sich die Juden den Zorn des künftigen Gerichtes auf wegen ihrer Selbstgerechtigkeit und Unbußfertigkeit.

c) σκληρύνω *[sklærynō]* steht im Aktiv mit dem Subj. »Menschen«: »verhärtet eure Herzen nicht« (Hebr 3,8.15; 4,7). Die Mahnung aus Ps 95,8 wird dreimal wiederholt; die Gemeinde soll nicht der Verheißung Gottes verlustig gehen. Mit dem Subj. »Gott« findet sich das Wort Röm 9,18: Er verhärtet, wen er will. Hier steht sicher die Erinnerung an

Ex 4,21 (die Verstockung Pharaos) im Hintergrund. Gott straft, indem er die Menschen an ihre Sünde dahingibt (vgl. Röm 1,24.26.28).

Im Passiv wird Hebr 3,13 noch einmal die Mahnung von V. 8 aufgenommen, »daß nicht jemand von euch verhärtet wird, durch Betrug der Sünde«. Apg 19,9 wird von den Juden in Ephesus gesagt, daß sich einige auf die Predigt des Paulus in der Synagoge hin »verstockten« und die Lehre öffentlich schmähten.

d) σκληροτράχηλος *[sklærotrachælos]* kommt nur Apg 7,51 vor. Stephanus redet in seiner Rede die Juden als »Halsstarrige und an Herzen und Ohren Unbeschnittene« an, die wie ihre Väter immer dem heiligen Geist widerstreben und auf Gott nicht hören wollen, sondern seine Propheten töten.

2a) πωρόω *[pōroō]* wird an allen 5 Stellen übertragen gebraucht. Um die Verstokkung der Jünger Jesu geht es Mk 6,52. »Ihr Herz war verstockt«, so daß sie immer noch nicht begriffen hatten, wer ihr Herr war (vgl. 8,17). Joh 12,40 sind es wieder die Juden, bei denen Jesus Ablehnung fand. Das Wort steht im Schriftbeweis (Jes 6,9f nicht nach LXX, aber wie dort indikativisch). Von den Juden reden auch die beiden paulinischen Stellen: Röm 11,7 »die übrigen (nämlich die nicht Erwählten) wurden verstockt«, und 2Kor 3,14 »Ihre Gedanken wurden verstockt«.

b) Auch das Verbalsubst. πώρωσις *[pōrōsis]* ist an 2 Stellen auf die Juden bezogen. Jesus ist betrübt über »die Verstocktheit des Herzens« (Mk 3,5; vgl. Mk 10,5 par σκληροκαρδία *[sklærokardia]*). Und Paulus stellt Röm 11,25 fest: »Verstockung ist über Israel gekommen«. Eph 4,18 wird von den Heiden gesagt: »Sie sind in ihrem Denken verfinstert, dem Leben Gottes entfremdet wegen der Verstockung ihres Herzens«.

3) An den beiden Stellen, an denen παχύνω *[pachynō]* vorkommt (Mt 13,15; Apg 28,27), handelt es sich um ein Zitat von Jes 6,9f (hier ist der Gebrauch des Wortes gleich dem in LXX; vgl. II).

4) Bis auf das Adj. σκληρός *[sklæros]* werden alle Wörter im NT ausschließlich übertragen in theol. Bedeutung gebraucht und bezeichnen denselben Sachverhalt: die Unzugänglichkeit der Menschen gegenüber Gottes Anrede. Als verstockt werden im NT Menschen bezeichnet, die sich dem Ev. nicht öffnen. Das kann von Juden und Heiden, aber auch von den Jüngern Jesu gesagt werden, die das Kreuzesgeschehen, dessen Zeugen sie werden, nicht begreifen. Der prophetische Gedanke, daß Gott die Menschen verstockt, wird aus dem AT übernommen (zB Röm 11), ohne daß aber das Moment der Eigenverantwortlichkeit der Menschen aus dem Blick gerät (Röm 2,5). So bezeichnet Verstockung auch im NT immer das schuldhafte Nicht-Hören-Können. (Das gilt auch für die Mahnungen im Hebr, die ja nur darum sinnvoll sind, weil mit der Verheißung der Vergebung und des Neuanfangs – 8,9f – auch die Verstockung durchbrochen ist. Mit dem Evangelium schenkt Gott jetzt auch die Möglichkeit, es zu vernehmen. Vgl. aber Hebr 6,4ff.)

Gott hat die Menschen an ihre Sünde »dahingegeben« (Röm 1,24). Aber in Christus schenkt er die Möglichkeit des neuen Hörens durch seinen Geist, erfüllt er die Verheißungen des AT. Entsprechend der Verstockung als Nicht-Annehmen-Können des Wortes Gottes steht nun auf der anderen Seite der → Glaube als das gehorsame Annehmen des Wortes. Die Frage, wie es denn trotz des Kommens Christi geschehen konnte, daß die Juden weiterhin verstockt bleiben, versucht Paulus in Röm 9–11 vom Heilsplan Gottes her zu beantworten. *U. Becker/Osterwald*

Lit.: KLSchmidt, Die Verstockung des Menschen durch Gott, ThZ 1, 1945, 1ff – KLSchmidt/MASchmidt, Art. σκληρός, ThWb V, 1954, 1024ff – FHesse, Das Verstockungsproblem im AT. Eine frömmigkeitsgeschichtliche Unters., BZAW 74, 1955 – EJenni, Jesajas Berufung in der neueren Forschung, ThZ 15, 1959, 321ff – GvRad, Theologie des AT, II, 1960, 162ff – JGnilka, Das Problem der Verstockung Israels nach den synoptischen Evangelien und der Apostelgeschichte, 1961 – FHesse/RGyllenberg/JMoltmann, Art. Verstockung, RGG VI, 1962³, 1383ff.

Haß → Feindschaft

Haupt

κεφαλή

κεφαλή *[kephalæ]* Haupt, Kopf · ἀνακεφαλαιόομαι *[anakephalaiọomai]* zusammenfassen, wiederholen

I κεφαλή *[kephalæ], Kopf, Haupt,* seit Homer bezeugt, ist wurzelverwandt zu gotisch *gibla,* ahd. *gibil,* nhd. *Giebel,* aber auch ahd. *gebal* = *Schädel, Kopf.* Dazu gehören κεφάλαιον *[kephalaion] Hauptsache* (Hebr 8,2), *Summe* (Apg 22,28); κεφαλαιόω *[kephalaiọō] zusammenfassen,* spätgriech. *auf den Kopf schlagen* (Mk 13,4); das spätgriech. κεφαλίς *[kephalịs] Köpfchen* (Hebr 10,7 »Rolle« des Buches) und ἀνακεφαλαιόομαι *[anakephalaiọomai]* (s. u.).

κεφαλή *[kephalæ]* bezeichnet im Profangriech.:

1) den *Kopf* von Mensch und Tier, den *Mauerkopf,* das »Kapitell« der Säule usw., den *Ursprung* oder die *Mündung* des Flusses, *Beginn* oder *Ende* des Monats u. ä. Der »Kopf der Rede« ist bei Plato deren Schluß (vgl. → Ziel, Art. τέλος);

2) das *Bestimmende, Überlegene.* In der Anthropologie der Griechen ist der Kopf allen Gliedern vorgeordnet: Er ist oder in ihm ist das Beherrschende (ἡγεμονικόν *[hægemonikọn]*). Wird der Gesichtspunkt des Ursprungs betont, so nimmt κεφαλή *[kephalæ]* Bedeutungen von ἀρχή *[archæ]* (→ Anfang) an. Aber nirgends wird mit κεφαλή *[kephalæ]* das Haupt einer Gemeinschaft umschrieben (ThWb III,673).

3) κεφαλή *[kephalæ]* steht auch für das *individuelle Leben,* schon bei Homer analog zu ψυχή *[psychæ]* (→ Seele). So richten sich zB Verwünschungsformeln, die das Haupt nennen, gegen den ganzen Menschen und sein Leben.

II 1) In LXX ist κεφαλή *[kephalæ]* meist Übers. des hebr. *rōsch.* Neben κεφαλή *[kephalæ]* finden sich für *rōsch* allerdings noch zahlreiche andere Äquivalente, zB häufig ἀρχή *[archæ]* (→ Anfang; Ps 137,6; Jes 41,4), πρωτότοκος *[prōtọtokos]* (→ Erster; 1Chr 5,12) u. a.. κεφαλή *[kephalæ]* hat zunächst auch die aus dem Griech. bekannten Bedeutungen: *Kopf* des Menschen (Gen 28,11) und Tieres (Gen 3,15), *Gipfel* des Berges (Gen 8,5), *Spitze* des Turmes (Gen 11,4) usw.

2) In der Gebärdensprache ist das Haupt von besonderer Bedeutung: Bei Trauer wird es geschoren (Ez 7,18), der Geweihte schert es nicht (Num 6,5; Apg 18,18), zum Zeichen der Buße wird es verhüllt (2Sam 15,30) oder mit Asche bestreut (2Sam 13,19). Feuerkohlen auf dem Haupt sind Zeichen der Buße: Wohltaten gegenüber dem Feind werden ihn seine Feindschaft bereuen lassen (Spr 25,22 = Röm 12,20).

3) Über Wendungen wie »pro Kopf« (Ex 16,16) und »Mann für Mann« (Num 1,2) hinaus wird der Gebrauch von κεφαλή *[kephalæ]* in LXX zur Bezeichnung individuellen Lebens erweitert. Das AT sieht den Menschen als handelnde Einheit, nur das jeweils Entscheidende wird herausgehoben, hier der Kopf als »Quellort des Lebensstromes . . . So kann Haupt gleichbedeutend mit der Person und ihrer ganzen Existenz gebraucht werden« (Adam aaO, S. 344; zB 2Kön 25,27; Ps 3,4; Ez 9,10; 33,4; 1Sam 25,39; von daher Apg 18,6; vgl. Mt 27,25). In Jes 43,4 steht κεφαλή *[kephalæ]* für *næfæsch* und bezeichnet das *Leben* jedes einzelnen im Volk.

4) Im Vergleich zu den anderen Völkern wird Israel »Kopf und nicht Schwanz« sein (Dtn 28,13; vgl. Jes 9,14). In LXX kann also κεφαλή *[kephalæ]* auch das *Haupt,* dh die *Vorrangstellung in einer Gemeinschaft* bezeichnen (vgl. Ri 10,18; 1Kön 21,12 Cod A). Aber »eine Ausdeutung des Bildes in dem Sinn, daß die von der κεφαλή *[kephalæ]* Beherrschten ihr als ein oder als ihr σῶμα *[sōma]* (→ Leib) gegenüberstehen«, fehlt (Schlier aaO, S. 674). So repräsentiert auch der Kopf des Standbildes (Dan 2,31f) nur ein Weltalter für sich, ohne Reflexion über seine Beziehungen zum Körper.

5) In der jüd. Lit. wird *rōsch* wie κεφαλή *[kephalæ]* in LXX gebraucht, zuweilen im Anschluß an Dtn 28,13 (zB Jub 1,16). Über die erwähnten Bedeutungen geht die Verwendung nicht hinaus. Das Haupt, dem die Glieder gehorchen, ist Sinnbild der Einheit (TestSeb 9). In blassem Wortsinn ist die Rede von Adam als Haupt der Geschaffenen (slavHen 2,22), vom Haupt der Götzendiener (hebrHen 5,6), vom Haupt der Synagoge (= Synagogenvorsteher, Sota 7,7f). Dieser Gebrauch von *rōsch* wird in den Qumrantexten fortgesetzt, ohne weiterentwickelt zu sein.

6) Folgenreich ist die Verwendung von κεφαλή *[kephalæ]* bei Philo: Der λόγος *[lọgos]* (→ Wort) ist das *Haupt* des von Gott geschaffenen Universums, sein Lebensspender, Verwalter, Beherrscher; »er prägt als Siegel die Welt, teilt als Tomeus die Arten und Gattungen ein . . . und gibt ihnen über die himmlische εἰκών *[eikọn]* (→ Bild) Anteil an Gott« (Colpe, RGG V,343). Vgl. auch → Erkenntnis, Art. γινώσκω.

7) Im Unterschied zu den vorderorientalischen und orphischen Mythen, die im Haupt und im Leib des höchsten Gottes den ganzen Kosmos umspannt sehen (vgl. → Zeit, Art. αἰών *[aiọn]*), vertritt Philo den Glauben an Gott als den Schöpfer des Kosmos. In der Gnosis (→ Erkenntnis) tritt

dieser aber zurück, und Aion, dessen Leib der Kosmos ist und von dem als dem »Urmenschen« zugleich die Menschen geprägt sind, erhält die Züge des Erlösers (σωτήρ *[sōtær]*; vgl. → Erlösung, Art. σῴζω). Als solcher erscheint er auf Grund mythologischer Spekulationen über seinen kosmologischen Rang – nicht auf Grund der Heilsgeschichte. Die gnostische Verwendung von κεφαλή *[kephalæ]* ähnelt sehr derjenigen von ἀρχή *[archæ]*. Vor allem aber dient κεφαλή *[kephalæ]* nicht mehr nur zur Bezeichnung der Einheit des Leibes, sondern auch der beherrschenden Einwirkung auf ihn. Tritt das Kosmologisch-Mythische zurück, so kann damit ganz nt. die Herrschaft Christi über die Erlösten ausgedrückt werden: »Denn sie sind meine Glieder geworden, und ich ihr Haupt. – Preis dir, unserem Haupt, Jesus Christus!« (OdSal 17).

1) Im NT, wo κεφαλή *[kephalæ]* 75mal vorkommt, begegnet das Wort zunächst auch im III
gegenständlichen Sinn vom *Haupt* des Menschen (Mt 14,18), des Tieres, der Dämonen (Offb 17,3). Überhaupt findet sich κεφαλή *[kephalæ]* am häufigsten (19mal) in der Offb für deren menschliche und tierische Gestalten, die durch die Form oder den Schmuck ihres Hauptes charakterisiert werden. Das Haupt trägt die Zeichen der Ehre und Würde (Offb 4,4; 19,12 u. ö.), aber auch der Schande (Offb 13,1). – In der Passionsgeschichte wird häufig das Haupt Christi erwähnt (vgl. Mk 15,19 par; 15,29 par u. ö.). – Zu der Wendung κεφαλὴ γωνίας *[kephalæ gōnias]* vgl. → Stein, Eckstein.

2) Auch im NT wird der Kopf im Zusammenhang mit Fasten- und Bußgebräuchen erwähnt (Mt 6,17; Apg 18,18; Offb 18,16). Wie aus LXX bekannt ist, drückt das Schütteln des Kopfes aus, daß Anspruch und Folgen abgewiesen werden (Mt 27,39). Mit der Wendung »Euer Blut komme auf euer Haupt« macht der scheidende Apostel die korinthischen Juden für die Ablehnung des Messias haftbar (Apg 18,6; vgl. dazu Mt 27,25, zugleich als Beleg, daß κεφαλή *[kephalæ]* für den Menschen als ganzen steht). Wenn die Haare auf dem Haupt gezählt sind (Mt 10,30) und nicht gekrümmt werden sollen (Lk 21,18), so spricht dies von der verheißenen Bewahrung des Lebens durch Gott. Petrus will auch sein Haupt gewaschen haben (Joh 13,9): er will sein ganzes Leben gereinigt haben (Bengel, Gnomon, zSt.). Jesus verbietet, beim Haupt zu schwören: »Wer schwörend seinen Kopf für etwas einsetzt, redet, als ob er Macht über sein Leben hätte ...« (Zahn zu Mt 5,36).

3) 1Kor 11,2–12 kommt Paulus ausführlich auf die (von ihm selbst eingeführte?; – so Käsemann) Sitte zu sprechen, daß die Frau ihr Haupt im Gottesdienst zu verhüllen habe. Der Griechin war diese Sitte fremd. Aber Paulus, dem es um das Problem der christl. Freiheit im Blick auf die neue, unterschiedslose Stellung der Geschlechter vor Gott geht, will, daß im Gottesdienst die Unterordnung der Frau unter den Mann nicht aufgehoben werde. Für diese Unterordnung (und die daraus resultierende Verhüllung des Hauptes der Frau) führt er vier Gründe an:

a) Eine Emanationstheorie: er läßt in der Reihenfolge Gott – Christus – Mann – Frau die Frau dem Mann nachgeordnet sein (V. 3.4; so auch Eph 5,23);

b) die Nachordnung in der Schöpfungsgeschichte (V. 7–9);

c) böse Engelmächte, die der ungeschützten Frau schaden könnten (V. 10; auf Grund von Gen 3 galt seit alters die Frau als bes. gefährdet);

d) die Sitte, die er in einer Naturordnung verankert (V. 5.6.13–15).

Während die korinthische Argumentation, die Frau stehe gleich unmittelbar zu Gott wie der Mann, der heutigen Zeit vollauf verständlich ist, erscheinen uns die von Paulus vorgebrachten Gegenstände gewaltsam konstruiert. Aber man muß bedenken, daß der Apostel sich gegen eine enthusiastische und darum falsch gebrauchte → Freiheit wendet. Falsch darum, weil christl. Freiheit nur Freiheit zum Dienst sein kann, nicht aber die geschöpfliche Ordnung aufheben darf, indem vorgeblich im Namen des neuen Äons, in Wahrheit aber oft nur zur eigenen Emanzipation vom Zwang proklamiert wird (vgl. dazu Käsemann, Ex. Vers. u. Bes. II, 217ff).

4) In Eph 4 ist dem Haupt der → Leib (σῶμα *[sōma]*) gegenübergestellt: Christus ist das Haupt seines Leibes (V. 15). Vom Haupt her wird der Leib versorgt, durch dieses wächst er (V. 16). Um das Verhältnis des Herrn zu seiner Gemeinde, der → Kirche, zu beschreiben,

benutzt der Eph einen Begriff aus der damals geläufigen Vorstellung vom Urmenschen: sie soll εἰς ἄνδρα τέλειον *[eis ąndra tẹleion]*, »zum vollkommenen Mann« (V. 13) werden, dessen Leib der Kosmos ist. Dh nach diesem Bild, daß Christus für sich Haupt ist, als das Haupt aber zugleich das Ganze des Leibes mitumfaßt. So bestimmt in V. 15 das Haupt das Miteinander von Liebe und Wahrheit im Leib Christi, dh der Gemeinschaft derer, die die Wahrheit üben und durch die Liebe in ihn hineinwachsen (Eph 4,15). So drückt die Beziehung κεφαλή *[kephalæ̣]* — σῶμα *[sọ̄ma]* zunächst Machtfülle und ihr entsprechende Unterordnung, aber auch Beteiligung (Kol 2,10) aus, dann aber auch das Gefälle der Gabe des Lebens und — entsprechend — die Abhängigkeit von der einen Quelle kennzeichnend, zugleich auch den »eschatologischen Vorbehalt, unter dem der Leib beständig steht«, (Schlier aaO, 680): Alles ist verheißen, wird von ihm gewirkt, — aber alles hängt an diesem Band, und noch ist es nur zeichenhaft erkennbar. Daß die kosmologischen Spekulationen der Gnosis, aus deren Bereich die Begriffe stammen, überwunden sind, läßt Eph 1,21 erkennen: Die (ehedem so gewichtige) ἀρχή *[archæ̣]* ist nur noch eines unter dem Vielen, das Christus untergeordnet ist. Dem widerspricht auch nicht die Verwendung von ἀρχή *[archæ̣]* in Kol 1,18, da das Wort hier in polemischer Spannung zu den ἀρχαί *[archạí]* (V. 16) steht.

5) Das seltene, in der spätgriech. Lit. auftauchende Verbum ἀνακεφαλαιόομαι *[anakephalaiọomai]* bedeutet zunächst *zusammenfassen* (auch in LXX, zB Ps 71,20), aber auch *wiederholen*, wie das lat. Äquivalent *instaurare*, mit dem Akzent der Bekräftigung. In dem trinitarischen Lobpreis Eph 1,3—14 hat sich seine Verwendung wohl vom Subst. κεφαλή *[kephalæ̣]* her nahegelegt, was auch die Verwendung des lat. *instaurare* hier und Röm 13,9 zeigt. In Christus wird das All »hinaufgipfeln«. Christus und seine Gemeinde bilden — im Bild der Urmensch-Vorstellung ausgedrückt — den »neuen Menschen« (Eph 2,15; 4,13); aber in seinen Leib, der das πλήρωμα *[plæ̣rōma]* (→ Fülle, Art. πίμπλημι), den himmlischen Bezirk seiner Gegenwart, darstellt, zieht Christus das All in das πλήρωμα *[plæ̣rōma]* hinein. So zeigt sich hier die Kirche als Anbruch einer neuen → Schöpfung, die dann einmal ebenso ihre Wesensbestimmung von Christus her erhalten soll, wie jetzt die Kirche (diese Linie bes. im Kol). Sie ist gleichsam »das Zentrum . . ., von dem aus Christus seine unsichtbare Herrschaft über das All ausübt« (Cullmann aaO, 235.237). *K. Munzer*

Lit.: HSchlier, Art. κεφαλή, ThWb III, 1938, 672ff — HLietzmann/WGKümmel, An die Korinther, I.II, 1949[4] — ELohmeyer, Die Briefe an Kolosser und Philemon, 1953[9], bes. 61f.107f — OCullmann, Die Christologie des NT, 1957 — PBrunner, Das Hirtenamt und die Frau, Luth. Rundschau, 1959, H. 8 — EKäsemann, Eine urchristliche Taufliturgie, in: Ex. Vers. u. Bes. I, 1960, 34; bes. 41; vgl. auch II, 1965[2], 204ff; bes. 217 — HJGabathuler, Jesus Christus, Haupt der Kirche — Haupt der Welt, 1965 (= AThANT, 45).

Haus, bauen

Der vielfältig nuancierte Gebrauch des Wortes *Haus* in unserer Umgangssprache (für das Wohngebäude, aber auch für einen Firmenkomplex, für das Kaufhaus oder Rasthaus und die Familie), fast mehr noch seine Ableitungen (etwa u. a. häuslich, unbehaust) läßt die Grundbedeutung der idg. Sprachwurzel noch erkennen: Mit **(s)ken = bedecken* zusammenhängend weist die Wortgruppe urspr. auf die Anfänge menschlichen Zusammenlebens in festem, geschütztem Raum bzw. dann auch in festem, organisch-verwachsenem oder organisatorisch gebildetem Verband hin, damit aber praktisch auf das entscheidende Wesensmerkmal menschlicher Existenz überhaupt. Das griech. Subst. οἶκος *[ọikos]* läßt die verschiedenartigen Nuancierungen vom Gebäude bis hin zum Stammesverband und zur übertragen-vergeistigten Anwendung noch erkennen. Die beiden von diesem Grundwort gebildeten Wortgruppen um οἰκοδομέω *[oikodomẹō]* einerseits und οἰκονομία *[oikonomịa]* andererseits kennzeichnen jene Handlungen, die von dem Gehalt des Begriffes *Haus* her gefordert sind: Es muß – erstmalig und immer wieder – aufgebaut, es müssen also bisher unverbundene Elemente zusammengefügt werden, was in ursprünglichem und auf den menschlichen Bereich übertragenen Sinne gilt (οἰκοδομέω *[oikodomeō]*), und es müssen – dies freilich nur im sozial übertragenen Sinne – die einem Hause eigenen Möglichkeiten angemessen verteilt, eingesetzt, dirigiert werden (οἰκονομία *[oikonomia]*).

→ Bestimmen; → Dienen; → Kirche; → Tempel; → Zelt.

οἶκος

οἶκος *[oikos]* Haus, Wohnstelle · οἰκία *[oikia]* Wohnung, Haus · οἰκέω *[oikeō]* wohnen, bewohnen · κατοικέω *[katoikeō]* bewohnen · κατοικητήριον *[katoikætærion]* Wohnstätte/Behausung · κατοικίζω *[katoikizō]* Wohnung nehmen · ἐνοικέω *[enoikeō]* wohnen in, innewohnen · οἰκεῖος *[oikeios]* zum Haus gehörig, Hausgenosse

οἶκος *[oikos]*, schon im mykenischen Griech. belegt, ist seit Hom. überliefert und meint sowohl das festgebaute *Haus* als auch die *Wohnstelle;* οἰκία *[oikia]*, seit Hdt. belegt, heißt die *Wohnung*, das *Haus*. Urspr. ist wohl zwischen beiden Worten unterschieden worden, und zwar in der Weise, daß οἰκία *[oikia]* mehr die *Wohnstätte*, οἶκος *[oikos]* dagegen das ganze *Haus*, das *Anwesen*, den *Familienbesitz*, sogar die *Hausbewohner* bezeichnete. Die urspr. Trennung hat sich im attischen Recht erhalten, wo οἶκος *[oikos]* das Erbteil bedeutet, οἰκία *[oikia]* das Haus selbst. Später, besonders seit der LXX, verblassen die Unterschiede, und die Worte werden gleichbedeutend gebraucht. I

In der Umgangssprache bezeichnet οἶκος *[oikos]* jede Art von Haus, häufig aber auch ein besonderes Haus, etwa einen *Tempel;* der zu οἶκος *[oikos]* hinzutretende Gottesname bezeichnet dann die Gottheit, der der Tempel geweiht ist. Aber auch im übertragenen Sinn wird das Wort gebraucht: es bezeichnet die *Familie*, das *Eigentum* und ähnliche mit dem eigentlichen Haus zusammenhängende Begriffe.

Das zu οἶκος *[oikos]* und οἰκία *[oikia]* gehörende Verb οἰκέω *[oikeō]* kommt seit Hom. häufig im Griech. vor; auch in LXX. Es heißt intrans. *eine Wohnung haben, wohnen;* trans. *bewohnen, zur Wohnung nehmen.*

1) Als Übers. des hebr. *bajit* und anderer vergleichbarer Wörter kommen οἶκος *[oikos]* und οἰκία *[oikia]* in der LXX sehr häufig vor. Beide Wörter bezeichnen urspr. das *feste Gebäude* (das *Haus*, aber auch den *Palast* oder den *Tempel*). Weil aber das Hebr. – ebensowenig wie das Griech. – ein Wort für jene soziale Kleingruppe kennt, die wir als »Familie« bezeichnen, wird durch οἶκος *[oikos]* neben der urspr. Bedeutung des Wohnsitzes auch die (durch den gleichen Wohnsitz verbundene) *Hausgemeinschaft*, im weiteren Sinn die *Familie* und die *Sippe*, ja sogar der größere *Stammesverband* (zB »Haus Juda«) bezeichnet. Wenn Ps 127,1 sagt, daß Gott »das Haus bauen« muß, wenn es Bestand haben soll, dann ist damit die Schicksalsgemeinschaft derer gemeint, die unter einem Dach wohnen, aber auch deren Erben und Nachkommen (2Sam 7,11f.16.18f.25–29), die einander unbedingt Schutz zu gewähren haben (»Vaterhaus«). II

2) Wie im Profangriech. bezeichnet οἶκος *[oikos]* in Verbindung mit dem Gottesnamen den *Tempel*, das *Heiligtum:* οἶκος θεοῦ *[oikos theou]* oder οἶκος κυρίου *[oikos kyriou];* so an vielen Stellen. Neben der Kritik an der Vorstellung, daß man Gott ein Haus bauen könne (2Sam 7,5f; vgl. 1Kön 8,27; Jes 66,1), steht herzliche Freude über das Vorrecht, im Hause des Herrn sein zu können, bes. in den Pss., zB 23,6; 26,8; 27,4; 52,10; 84,5.11; 92,14; 122,1. Dem entspricht die Sehnsucht nach dem Hause Gottes bei denen, die daran gehindert sind, dort zu sein: Ps 42,5.

3) Ob allerdings im AT der Begriff des »Hauses Gottes« vom Tempel auf die dort Gott anbetende Gemeinde übergeht, ähnlich wie sich ein Bedeutungsübergang von »Haus« (Wohnstätte) auf »Familie« (Lebensgemeinschaft) vollzogen hat, muß fraglich bleiben. Alle Äußerungen über das Haus Gottes bleiben doch sehr konkret am irdischen Heiligtum haften. Die einzige Stelle, die dem nt. Verständnis der Gemeinde als »Haus Gottes« ausdrücklich zur Vorlage dient (Num 12,7 = Hebr 3,2.5), bezieht sich gerade nicht auf den Tempel, sondern auf das Land, in dem Jahwe (durch sein Volk) Wohnung genommen hat, also herrscht. Eher könnte man annehmen, daß ein erweiterter Gebrauch von »Haus David« für das Volk Gottes die Vorstellung vorbereiten half, die Gemeinde sei »Gottes Haus« und »Gottes Bau« (vgl. die Verheißung für den Wiederaufbau der »zerfallenen Hütte Davids« (Am 9,11).

4) Über das AT hinausgehend dient *Haus* in der Qumrangemeinde in verschiedenen Wortverbindungen zur Bezeichnung der essenischen Gemeinschaft, die sich selbst als *Tempel* bzw. als Heiligtum versteht (1QS 5,6; 8,5.9; 9,6; CD 3,19).

Zum Ganzen → Tempel; → Heilig.

III Im NT haben οἶκος [oikos] und οἰκία [oikia], die ohne großen Bedeutungsunterschied nebeneinander gebraucht werden, die gleiche Bedeutungsfülle wie im Profangriech. und im Griech. der LXX. Jedoch bilden sich einige dem NT eigentümliche Züge heraus (s. u. 4b—f und 5), die vorwiegend durch οἶκος [oikos] vertreten werden.

1) Die häufigste Verwendung finden οἶκος [oikos] und οἰκία [oikia] im wörtl. Sinn für *Haus* und im einfachen übertragenen Sinn für *Familie, Wohngemeinschaft* (viele Stellen).

2) Auch die Stellen, an denen οἶκος θεοῦ [oikos theou] für den → *Tempel* steht, sind aus sich selbst verständlich (Mk 2,26 par; 11,17 par; Joh 2,16f; Lk 11,51). Lediglich für Apg 7,46—50 ist zu fragen, ob hier der Hausbau des Salomo (V. 47) von der Bitte des David, Gott eine Zeltwohnung (σκήνωμα [skǣnōma] V. 47; → Zelt) schaffen zu dürfen, kritisch abgehoben werden soll. Die mit dem Zitat aus Jes 66,1 belegte Aussage, daß »der Höchste nicht in Bauwerken von Menschenhand wohnt« (V. 48 Z), spricht für eine solche Auslegung, nach der der Tempelbau des Salomo Abfall vom wahren Gottesdienst gewesen wäre.

3) Die Stellen, in denen vom »Haus Israel«, »Haus Jakob« oder »Haus Juda« die Rede ist (Mt 10,6; 15,24; Apg 2,36; Hebr 8,8.10 Zitat aus Jer 31,31ff; Lk 1,33; Apg 7,46, auch hier at. Zitat), knüpfen an den übertragenen Sinn von *Haus, Familie, Geschlecht* (vgl. auch »Haus Davids« Lk 1,27.69; 2,4) an und erweitern diesen in Richtung auf das Volk Gottes, darin at. Beispiel folgend, wie die häufige Bezugnahme auf das AT in diesen Belegstellen zeigt.

4a) Über das at. Vorbild hinaus geht im NT die Bezeichnung der G e m e i n d e als des Hauses Gottes, die als »urchristliches Allgemeingut und fester Traditionsstoff der Verkündigung« (Michel, ThWb IV,124) gelten darf. Diese Bedeutung hat ihre Wurzeln in verschiedenen Bereichen. Neben at. Vorstellungen von Gottes Eigentumsrecht an seinem Volk (dort freilich mehr unter dem Begriff des Weinstocks, des Weinberges und der Pflanzung: Hos 10,1; Jes 5,7; Jer 2,21; Ps 80,9ff; vgl. ebenso 1Kor 3,6ff), das auch für das Haus = → Geschlecht = → Volk gilt, haben gewiß auch gnostische Vorstellungen von einem »Himmelsgebäude«, das mit dem Himmelsleib des Urmenschen und Erlösers identisch ist, ihren Einfluß ausgeübt (→ Haupt; → Leib). Ferner muß man in Betracht ziehen, daß auch die Qumrantexte die Gemeinde als heiliges, auf dem Fundament der Wahrheit gegründetes Haus ansehen (1QH 7,8f).

b) Hebr 3,1—6 knüpft in der Auslegung von Num 12,7 an die at. Terminologie an, führt sie aber konsequent bis zu der im NT geltenden Vorstellung weiter. Mose und Christus werden einander gegenübergestellt: Mose als »der Diener, der im ganzen Hause (Gottes) treu war«, Christus als der »Sohn« und der »Erbauer« des Hauses und als solcher dem Diener überlegen. Welchen Sinn *Haus* auch in Num 12,7 gehabt haben mag (ganz Israel als Gottes Volk oder der »Hofstaat« Gottes; so Targ. Jerusch., zitiert bei Michel, Hebräer, S. 96), für den Hebr gilt, daß die Gemeinde (→ Kirche) »Haus Gottes« ist, wie 3,6b zeigt: »sein Haus sind wir, wenn wir anders die Zuversicht und das Rühmen der Hoffnung bis ans Ende festhalten« (Z).

c) Wichtig ist in diesem Zusammenhang nicht nur, daß Gott bzw. Christus als der Erbauer des Hauses Gottes gilt, sondern auch, daß im Gegensatz zu Philo nicht der einzelne, die »reine Seele«, als Gottes Haus angesehen wird (Belegstellen bei Michel, ThWb IV,126), sondern die Gemeinde als ganze so bezeichnet wird. Auch die Stellen, in denen Paulus vom Leib als einem Tempel des Heiligen Geistes spricht (1Kor 3,16; 6,19) und die unzweifelhaft mit der Vorstellung vom »Haus Gottes« zusammenhängen, sind nicht individualistisch zu verstehen, sondern handeln konkret von der Gemeinde und den aus der Gemeinschaft hervorgehenden Problemen.

d) Daß die Begriffsinhalte von »Haus Gottes« und »Tempel Gottes« naturgemäß ineinander übergehen, zeigt Eph 2,19—21, wo in wenigen Zeilen 6 verschiedene Derivate von οἶκος [oikos] (jedoch nicht dieses selbst) gebraucht werden, um die geistliche Wirklichkeit der Gemeinde mit dem Bild des Tempels und des Baues zu beschreiben. Auch 1Petr 2,4f überlagern sich die Bilder: die Christen werden aufgerufen, sich selbst als geistliche Steine zu einem geistlichen Hause auferbauen zu lassen (→ οἰκοδομέω *[oikodomęō]*), um als geistliche Priesterschaft – das Bild wechselt – Gott geistliche Opfer darzubringen. Wenn 1Petr 4,17 damit rechnet, daß das Gericht am Haus Gottes anfängt, wird ganz unbefangen vorausgesetzt, daß die Gemeinde Haus Gottes ist. Ebenso wird 1Tim 3,15 geradezu definitionsmäßig gesagt, daß das Haus Gottes »die Gemeinde des lebendigen Gottes ist, die Säule und Grundfeste der Wahrheit« (Z).

e) Bei der Bildhaftigkeit der verwendeten Begriffe kann es nicht ausbleiben, daß zur Erläuterung der mit Haus Gottes bezeichneten Wirklichkeit der Gemeinde viele verwandte Begriffe und Bilder hinzutreten. Da ist die Rede von dem Fundament (1Kor 3,10–12; Eph 2,20; 2Tim 2,19; → Fest, Art. θεμέλιος), von Christus als dem Eckstein (Apg 4,11; Eph 2,20; 1Petr 2,4) und den Christen als lebendigen Steinen (1Petr 2,4; → Stein), von den Säulen (1Tim 3,15) und überhaupt vom Tempel (1Kor 3,16f; 6,19; 2Kor 6,16; Eph 2,21; → Tempel). Alle diese Stellen und Begriffe müssen ebenso wie alle Derivate von οἶκος *[oikos]* zur Erläuterung mitherangezogen werden.

f) Eigentümlich ist aber, daß der Begriff *Haus Gottes* auf die Vorstellung eines geistlichen Baues beschränkt bleibt und nicht in Richtung auf die Familie, jene andere übertragene Bedeutung von οἶκος *[oikos]*, ausgeweitet wird, etwa im Sinne der *familia Dei*. Offenbar war der Ausdruck *Haus Gottes* durch die at. Begrifflichkeit zu eng an das Heiligtum gebunden, als daß eine solche Erweiterung hätte stattfinden können.

5a) Das, was an dem Gedanken der f a m i l i a D e i berechtigt sein konnte, war in den urchristlichen Gemeinden ja bereits durch die H a u s g e m e i n d e n in Erscheinung getreten. Das Haus als Lebensgemeinschaft (die Familie unter Einschluß der Sklaven – diese gehören beim antiken Familienbegriff dazu!) bildete die kleinste Einheit und den Grundstock der Gemeinde. Die im NT genannten Hausgemeinden (Apg 11,14; 16,15.31.34; 18,8; 1Kor 1,16; Phlm 2; 2Tim 1,16; 4,19) entstanden wohl dadurch, daß die Häuser als Versammlungsort dienten. In ihnen wurde das Evangelium verkündet (Apg 5,42; 20,20) und das Herrenmahl gefeiert (Apg 2,46). Die Bekehrung des Hausherrn brachte die ganze Familie in die Gemeinde und – wie immer dies verstanden sein mag – zum Glauben (Apg 16,31.34; 18,8; vgl. Joh 4,53, wo als Ausnahme von der Regel in diesem Zusammenhang οἰκία *[oikia]* steht und nicht οἶκος *[oikos]*).

So wird auch von der Taufe ganzer Häuser gesprochen (1Kor 1,16; Apg 16,15; vgl. Apg 16,33; vielleicht auch Apg 18,8). Die Frage freilich, ob man aus diesen Hinweisen auf eine Praxis der Kindertaufe (→ Taufe) in urchristlicher Zeit schließen darf, muß – trotz der ausführlichen Diskussion zwischen J. Jeremias und K. Aland (s. Literatur) – offen bleiben. Das NT verrät eben nichts über die Zusammensetzung der sich der Gemeinde anschließenden »Häuser«.

b) Die aus der Missionssituation erklärliche Bildung der Hausgemeinden war für die Verbreitung des Ev. von höchster Bedeutung. Mit ihnen hat sich die junge Christenheit der natürlichen Ordnungen bemächtigt, ohne daß es zu einer Idealisierung der Hausgemeinden kam. Die Wiederaufnahme der endgeschichtlichen Weissagung des Micha in den Evgg. (Mi 7,6 = Mt 10,35f par) und verwandte Stellen zeigen, daß man in der Urgemeinde mit einem Zerbrechen der Familien um des Evangeliums willen rechnen mußte. Allerdings werden denen, die dies auf sich nehmen, »jetzt in dieser Zeit« neue »Häuser und Brüder und Schwestern und Mütter und Kinder« (Mk 10,29f par) verheißen: an die Stelle der zerbrechenden Familie tritt die *familia Dei* – die Gemeinde.

6) In dem Offenbarungswort Jesu in Joh 14,2f wird den Jüngern verheißen, daß im Hause des Vaters viele Wohnungen bereitet sind, in die die Jünger bei der Wiederkunft des Herrn aufgenommen werden sollen. Zur Erklärung des Ausdrucks οἰκία τοῦ πατρός μου *[oikia tou patros mou]* = »Haus meines Vaters« bieten sich rabb. und gnostische Parallelen an (vgl. auch äthHen 45,3), die die Vorstellung eines himmlischen Wohnrechtes nahelegen. Vor einer vorschnellen mythologischen Lokalisierung des Begriffes sollten freilich zwei Umstände warnen: a) die Bindung des Wohnrechtes an die Wiederkunft und damit an die Voll-

endung des Gottesreiches und b) die Nähe des Ausdrucks zum Begriff des Hauses Gottes (οἶκος θεοῦ *[o̩ikos theo̩u̩]*) und ναὸς θεοῦ *[nao̩s theo̩u̩]*) und der damit zusammenhängende Gedanke des Asylrechtes (vgl. Schlatter, Joh, S. 292).

7a) Das Verb οἰκέω *[oike̩ō]* begegnet im NT sowohl in wörtlicher als auch in übertragener Bedeutung. Zur ersten Bedeutung gehört 1Kor 7,12f, wo es um die Wohn- und Lebensgemeinschaft zwischen christl. und nichtchristl. Eheleuten geht. Auf der Grenze zwischen wörtlicher und übertragener Bedeutung steht wohl 1Tim 6,16: »Gott wohnt in unzugänglichem Licht«. Jüd. und hell. Vorstellungen vermischen sich zu dieser doxologischen (s. den ganzen V.!) Aussage über die unerreichbare Herrlichkeit Gottes. In übertragenem Sinn wird οἰκέω *[oike̩ō]* zur Schilderung von inneren Vorgängen verwandt (5 von 8 Stellen): die Wendung »die Sünde wohnt in mir« (Röm 7,20; vgl. 7,18) beschreibt den alten Menschen, während die Wirklichkeit des neuen Menschen bezeugt wird durch den bekenntnishaft wiederholten Satz »der Geist Gottes wohnt in euch« (Röm 8,9.11; 1Kor 3,16). Im gleichen Sinn findet sich κατοικίζω *[katoiki̩zō]* Jak 4,5.

b) Häufiger als οἰκέω *[oike̩ō]* begegnet im NT das Kompositum κατοικέω *[katoike̩ō]*; es heißt intrans. *wohnen*, trans. *bewohnen*. Neben der verbreiteten wörtlichen Bedeutung wird auch dieses Wort im Sinne der Besitznahme des Menschen durch Gott, Christus oder durch widergöttliche Mächte gebraucht. Dämonen »wohnen« im Menschen (Mt 12,45 par); jedoch den Glaubenden wird zugesagt, daß »Christus durch den Glauben in (ihren) Herzen wohnt« (Eph 3,17). Von Christus kann Kol 2,9 sagen, daß in ihm die ganze Fülle der Gottheit leibhaftig wohne (vgl. Kol 1,19), und so mit den Mitteln gnostischer Sprache die völlige Verbindung zwischen Christus und Gott ausdrücken.

Das aus der LXX stammende Subst. κατοικητήριον *[katoikætærion]*, *Wohnstätte*, *Behausung*, findet im Zusammenhang des großen Bildes von der Gemeinde als dem geistlichen Bau und Tempel Eph 2,19–22 Verwendung.

c) Ein weiteres Kompositum, ἐνοικέω *[enoike̩ō]* = *wohnen in*, *innewohnen*, wird im NT nur im übertragenen Sinn gebraucht, und zwar ähnlich wie κατοικέω *[katoike̩ō]*. Gott selbst will unter den Menschen wohnen (2Kor 6,16 = Zitat aus Lev 26,11f), und der Heilige Geist erfüllt die Glaubenden (Röm 8,11; 2Tim 1,14). Aber auch von der Christuspredigt (Kol 3,16) und dem Glauben (2Tim 1,5) kann gesagt werden, daß sie im Menschen wohnen, wobei andererseits das Gleiche von der Sünde gilt (Röm 7,17).

d) Das Adj. οἰκεῖος *[oike̩ios]* findet sich seit Hes. und bedeutet eigentlich *zum Hause gehörig*; im NT wird es nur substantivisch gebraucht: der *Hausgenosse*. Die wörtl. Bedeutung liegt 1Tim 5,8 vor. An den anderen beiden Stellen ist es durch das Verständnis der Gemeinde als des Hauses Gottes bestimmt (s. o. unter 4). Eph 2,19 versichert den Heiden, daß sie nicht mehr Beisassen (πάροικοι *[pa̩roikoi]*; → Fremd), sondern Hausgenossen (οἰκεῖοι *[oike̩ioi]*, – man beachte das Wortspiel!) sind, aufgenommen in die volle Gemeinschaft des Hauses Gottes, dh der Gemeinde. Gal 6,10 weist den Christen auf seine Verpflichtung zum Tun des Guten an jedermann hin, läßt ihn aber konkret mit den »Hausgenossen des Glaubens«, den Gliedern der *familia Dei*, beginnen.

J. Goetzmann

οἰκοδομέω

οἰκοδομέω *[oikodome̩ō]* bauen, erbauen · οἰκοδομή *[oikodomæ]* Bau, Gebäude · ἐποικοδομέω *[epoikodome̩ō]* auf etwas bauen, weiterbauen · συνοικοδομέω *[synoikodome̩ō]* zusammenbauen

I Das Verb οἰκοδομέω *[oikodome̩ō]*, seit Hdt. bekannt, bedeutet *bauen*, *erbauen* und wird vielfältig im wörtl., aber auch bildhaft im übertragenen Sinn gebraucht. Das Subst. οἰκοδομή *[oikodomæ]*, *Erbauung*, *Gebäude* findet sich häufig in der Koine; es meint urspr. den Vorgang des Bauens.

II In der LXX gibt οἰκοδομέω *[oikodome̩ō]* das hebr. *bānāh* wieder; es kommt häufig vor (fast 350mal) und wird in den meisten Fällen in wörtl. Sinn für das Errichten von Gebäuden gebraucht. οἰκοδομή *[oikodomæ]* hingegen findet sich recht selten und fast nur in späteren Schriften (17 Stellen; für hebr. Wörter nur 4mal in Chr und Ez).

Interessant ist der übertragene Gebrauch von οἰκοδομέω *[oikodomẹō]*, der sich bes. bei Jer findet: hier stehen »pflanzen« und »bauen« zusammen; sie sind Gottes Werk und haben ihre Entsprechung in Gottes → Gericht, in »zerbrechen« und »ausreißen« (Jer 1,10; 24,6). Gott selbst ist es, der Israel wieder baut (Jer 31,4; 33,7). Er tut sein Werk, indem er seine Worte in den Mund der Propheten legt (Jer 1,9f). Er fügt die Völker in die Gemeinschaft des Volkes Israel ein und »erbaut« sie so (Jer 12,14ff). Diese at. Verwendung des Begriffs hat bes. den paulinischen Sprachgebrauch beeinflußt. Ein weiteres at. Element, das im NT wirksam wird, ist die Erkenntnis, daß Menschen Gott kein Haus bauen können (Jes 66,1; vgl. Art. οἶκος II).

1) An diese Erkenntnis knüpft der apokalyptisch-messianische Gebrauch von οἰκοδομέω *[oikodomẹō]* in den Evgg. (Joh nur 1 Stelle) an, wobei zT gleichzeitig vom AT her die traditionelle Gegenüberstellung von »bauen« und »zerstören« (καταλύειν *[katalyein]*) übernommen wird. Ein solcher Gebrauch liegt Mk 14,58 par; Joh 2,19ff; aber auch Mt 16,18 vor. Das Rätselwort, das als Zeugnis der Anklage im Prozeß Jesu verwendet wird, spricht davon, daß Jesus »den mit Händen gemachten Tempel zerstören und nach drei Tagen einen anderen aufbauen (wird), der nicht mit Händen gemacht ist« (Mk 14,58 Z). Joh 2,19ff deutet das Wort auf die → Auferstehung und verändert sogar das wohl ursprüngliche οἰκοδομήσω *[oikodomæsō]* in das doppeldeutige ἐγερῶ *[egẹrō]* (V. 19). Im Schatten dieser Deutung hat seitdem Mk 14,58 gestanden, obwohl diese Stelle — unabhängig von Joh 2,19ff — durchaus als Weissagung von der Errichtung des neuen Tempels, der eschatologischen Gemeinde, verstanden werden kann. Mit einem solchen Verständnis stimmt im übrigen auch das Verheißungswort an Petrus Mt 16,18 überein. Selbst wenn offen bleiben muß, ob das Futur οἰκοδομήσω *[oikodomæsō]* an beiden Stellen auf die Parusie des Menschensohns hinweist (vgl. Mk 13,26f; → Gegenwart) oder auf die gemeinschaftsbildende Kraft der Auferstehung Christi und das Pfingstereignis, so ist doch die Beziehung auf die Gemeinde (→ Kirche) als den endzeitlichen »Bau Gottes« sichergestellt. III

2) Auf at. Hintergrund ist auch der Sprachgebrauch der Apg zu sehen. Apg 15,16 bezieht sich auf Am 9,11 und vielleicht Jer 12,15ff und verheißt die eschatologische Wiederherstellung des Volkes Israel. Den gleichen »typisch kirchlichen Klang« (Michel, ThWb IV, 141) ohne Beziehung zum Handeln des Messias haben Apg 9,31; 20,32.

3) Die für das Verständnis des Begriffes wichtigsten Stellen finden sich in den Paulusbriefen, auf die übrigens fast alle Belege des Subst. entfallen. Sachlich überwiegt allerdings der verbale Gebrauch: οἰκοδομή *[oikodomæ]* hat nur 1Kor 3,9 und 2Kor 5,1 die Bedeutung *Gebäude* (s. u. 5); sonst bezeichnet es den Vorgang des Bauens und hat denselben Sinn wie das Verb.

a) Der Begriff bezeichnet zunächst die apostolische Tätigkeit (2Kor 10,8; 13,10; 12,19) und zwar auf dem Hintergrund at. Vorbilder (vgl. Jer 1,10; 24,6; bes. den Gegensatz von »zerstören« und »aufbauen«). Hierher gehört auch 1Kor 3,5–17, wo zwei Bilder, das der Pflanzung und das des Baues, von Paulus miteinander verbunden werden, um den Vorgang der Erbauung des »Tempels Gottes« (= der Gemeinde; V. 16) in einer großen Allegorie zu verdeutlichen.

b) Losgelöst von der Tätigkeit des Apostels wird οἰκοδομέω *[oikodomẹō]* zum Terminus für das → Wachsen und Gefördertwerden der Gemeinde durch den Geist. Der Begriff bezeichnet umfassend »das Ziel der Erkenntnis, aber auch das innere Wachstum der Gemeinde sowie Inhalt und Sinn des gottesdienstlichen Lebens« (Michel, ThWb IV,144). Darum gilt als Regel für alles, was in der Gemeinde geschieht, daß es der Erbauung der Gemeinde dienen soll (1Kor 14,12.17.26; Röm 14,19; 15,2; 1Thess 5,11; Eph 4,29). Dabei werden die Gnadengaben und die Dienste nach dem beurteilt, was sie zum Aufbau der Gemeinde beitragen (1Kor 14,3–5; Eph 4,12). Den Korinthern hält Paulus vor: »Die Erkenntnis bläht auf, die Liebe baut auf« (1Kor 8,1). Offenbar ging unter den Enthusiasten in Korinth ein Schlagwort um: »Erkenntnis baut auf«, das Paulus hier richtigstellt. Ähnlich wird 1Kor 10,23 das korinthische Schlagwort πάντα ἔξεστιν *[pạnta ẹxestin]*, *alles ist erlaubt*, von Paulus im Sinne der Erbauung der Gemeinde korrigiert.

c) Auffällig ist, daß der positive Gebrauch des Wortes sich stets auf die Gemeinde bezieht. Daß der einzelne Zungenredner »sich selbst erbaut« (1Kor 14,4), wird von Paulus mit scharfen Worten kritisiert (vgl. 1Kor 14,19). Die nicht als Dienst aufgefaßte, an sich selbst interessierte »Erbauung« führt sich selbst ad absurdum.

4) Während in 1Kor 3 die Bilder von Pflanzung und Bau sich miteinander vermischen, tritt Eph 4,12.16 ein anderes Bild, das des → Leibes Christi, neben das Bild vom Bau. Das deutet auf gnostische Vorstellungen hin und führt zu dem Gedanken, daß der Bau (gleichsam organisch) wächst. Die gleiche Vorstellung von dem heranwachsenden Bau (dessen Eckstein Jesus Christus freilich bereits eingefügt ist; → Stein) findet sich Eph 2,19ff. Erbautwerden heißt, in diesen heranwachsenden Bau, an dem Gott selbst gerade baut, als ein »lebendiger Stein« eingefügt werden (1Petr 2,5). An allen diesen Stellen geht es um die Einheit und Heiligkeit des Tempels Gottes, der Gemeinde.

5) 2Kor 5,1 ist die einzige Stelle, in der οἰκοδομή *[oikodomę]* in einer wenigstens vordergründig individuellen Ausrichtung als anthropologischer Terminus Verwendung findet: Der vergänglichen Zeltwohnung des irdischen Leibes wird hier eine von Gott bereitete, nicht mit Händen gemachte ewige οἰκοδομή *[oikodomę]* entgegengestellt. Eigentümlich sind die Anklänge an Mk 14,58; jedoch legt der Wechsel zwischen dem Bild des Baues und des Gewandes nahe, an gnostische Vorstellungen zu denken, die freilich von Paulus antignostisch verwendet werden (zur Auslegung s. → Bekleiden, Art. δύω III,1b; 4c).

6) Die Komposita συνοικοδομέω *[synoikodomęō]* (Eph 2,22; nur Pass.) = *zusammenbauen*; pass. *eingebaut werden*, und ἐποικοδομέω *[epoikodomęō]* = *auf etwas bauen, weiterbauen*, unterstreichen noch einmal durch die darin verwendeten Präp.en den im Begriff der »Erbauung« liegenden Gemeinschaftsgedanken: In Christus gewurzelt und gegründet (Kol 2,7) wird die Gemeinde in der Zusammenarbeit aller Beteiligten (1Kor 3,10–14) und in der Einheit mit Aposteln und Propheten (Eph 2,20) zusammengebaut zu der einen heiligen Gemeinde des Herrn. *J. Goetzmann*

οἰκονομία

οἰκονομία *[oikonomįa]* Amt, verwaltende Tätigkeit · οἰκονόμος *[oikonǫmos]* Verwalter · οἰκονομέω *[oikonomęō]* verwalten

I οἰκονομία *[oikonomįa]*, seit Xenoph. und Plato überliefert, bezeichnet zunächst die *Verwaltung eines Hausstandes*, geht bald auf die *Verwaltung des Staates* über (Buchtitel bei Xenoph.) und wird endlich gebraucht für jede Art von Tätigkeit, die von Amts wegen erfolgt.

οἰκονόμος *[oikonǫmos]* (seit Aischyl.) bleibt, weil von Personen gebraucht, naturgemäß konkreter; es bezeichnet den *Hausverwalter*, davon abgeleitet die Verwalter einzelner Haushaltszweige, zB *Hausmeister, Gutsinspektor, Oberkoch, Rechnungsführer*, alles Hausbeamte, die sich meist aus Sklaven rekrutierten. Entsprechend heißt οἰκονομέω *[oikonomęō]* *die Verwaltung führen.*

II Das Vorkommen der Worte in der LXX gibt für das Verständnis der nt. Begriffe wenig her. οἰκονομία *[oikonomįa]* steht nur Jes 22,19.21, und zwar in der urspr. Bedeutung *Verwaltung, Amt.* οἰκονόμος *[oikonǫmos]* ist etwas häufiger und wird ebenfalls im technischen Sinn des Wortes für *Hofbeamte* gebraucht, und zwar überwiegend für den königlichen Domänenverwalter (*al habbajit*), zB für Eljakim in 2Kön 18,18.37; 19,2; Jes 36,3.22; 37,2; vgl. auch 1Kön 4,6; 16,9; 18,3; Est 1,8; 8,9.

III Auch im NT kommt die Wortgruppe nicht gerade häufig vor: οἰκονομία *[oikonomįa]* erscheint 9mal, οἰκονόμος *[oikonǫmos]* 10mal, οἰκονομέω *[oikonomęō]* 1mal (nur Lk 16,2). Jedoch hat sich so etwas wie ein spezifisch nt. Wortgebrauch herausgebildet, und zwar in zweifacher Hinsicht.

1a) Zunächst werden die Worte im technischen Sinn als Berufsbezeichnung für Haus- und Vermögensverwalter und deren Aufgaben gebraucht: Lk 12,42; 16,1ff; vgl. als Titel beim Namen Röm 16,23. Hierher gehört auch Gal 4,2, wo οἰκονόμος *[oikonǫmos]* zwar bildlich zur Beschreibung der Unmündigkeit des Menschen vor der Sendung Christi verwendet wird, jedoch innerhalb des Bildes auch als Berufsbezeichnung zur Erläuterung eines rechtlichen Sachverhaltes dient. Im LkEv, in dem allein unter allen Evgg. οἰκονόμος *[oikonọmos]* und οἰκονομία *[oikonomịa]* vorkommen, wird οἰκονόμος *[oikonọmos]* im Wechsel mit δοῦλος *[dọulos], Sklave,* gebraucht (Lk 12,42ff; vgl. Par. Mt 24,45ff). Freilich finden sich alle Stellen im LkEv in Gleichnissen, so daß man von daher dann doch in einem gewissen Sinn von einem übertragenen Gebrauch der Worte sprechen kann.

b) Ähnlich verhält es sich im übrigen NT. Paulus verwendet 1Kor 4,1 οἰκονόμος *[oikonọmos]* als Bildwort zur Bezeichnung der apostolischen Tätigkeit, und zwar wie in den Evgg. neben δοῦλος *[dọulos]*. Wie dort (Lk 12,42; 16,10f; Mt 25,21ff par) wird auch 1Kor 4,2 die Treue als unerläßliche Voraussetzung für den Haushalter genannt. Im gleichen Sinn fordert Tit 1,7 »Der Bischof soll unbescholten sein als Haushalter Gottes« (Z). 1Petr 4,10 werden alle Glieder der Gemeinde als Empfänger von Gnadengaben »Haushalter der mannigfaltigen Gnade Gottes« (Z) genannt.

c) Zum Verständnis der Begriffe οἰκονομία *[oikonomịa]* und οἰκονόμος *[oikonọmos]* muß auf ihre Verwurzelung im Begriff des Hauses, wie das NT ihn braucht (→ οἶκος), verwiesen werden. Gottes Volk und Gottes Gemeinde sind sein Haus, das er sich durch das Werk der dazu berufenen Menschen erbaut und dessen Verwaltung er ihnen anvertraut. Sie dürfen dieses Hauswesen nicht als ihr Eigentum ansehen; sie sind lediglich Verwalter der ihnen anvertrauten Gaben und müssen darüber Rechenschaft ablegen (Lk 16,2; vgl. das Gleichnis von den anvertrauten Pfunden Lk 19,11ff; Par. Mt 25,14ff, das zur Erklärung des Begriffes mitherangezogen werden muß, auch wenn οἰκονόμος *[oikonọmos]* darin nicht vorkommt). Neben den Gnadengaben des Geistes (1Petr 4,10) wird vor allem an das → Evangelium als das den Hausverwaltern anvertraute Gut gedacht, so zB 1Kor 4,1, wo Paulus sich und seine Mitarbeiter als »Diener Christi und Haushalter über Gottes Geheimnisse« (Z) vorstellt. Ebenso nennt Paulus 1Kor 9,17 die Verkündigung des Evangeliums ein ihm aufgetragenes »Verwalteramt« (οἰκονομία *[oikonomịa]*), dem er sich nicht entziehen kann. Hierher gehören wohl auch Kol 1,25 und Eph 3,2, wo von dem dem Apostel übertragenen göttlichen Amt die Rede ist. Freilich kann man an beiden Stellen im Zweifel sein, ob hier nicht die Bedeutung »Heilsveranstaltung« (s. u. 2) vorliegt.

2) In eine zweite Richtung geht die Verwendung des Wortes οἰκονομία *[oikonomịa]* im Sinne von *Heilsveranstaltung, Heilsplan, Heilsordnung* Gottes. Diese heilsgeschichtliche Bedeutung konnte entstehen auf Grund der Bedeutungsweite des griech. Wortes (s. o. I), das sowohl Veranstaltungen und Anordnungen der Behörden bezeichnen kann als auch Maßnahmen, mit denen man die Hilfe himmlischer Mächte gewinnen will (zB in den Zauberpapyri, belegt bei Michel, ThWb IV,154f). Im Eph ist damit der Heilsplan Gottes gemeint, der von Ewigkeit her in Gott verborgen war (Eph 3,9) und jetzt in der Fülle der Zeiten in Christus verwirklicht wird (Eph 1,10). Dieser heilsgeschichtliche Sinn des Begriffes ist in der späteren patristischen Lit. wirksam geworden (bes. bei Iren.).

3) Die erste und zweite Bedeutung des Begriffes stehen jedoch nicht völlig zusammenhanglos nebeneinander. Weil Gott seinen Heilsplan durch Menschen verkünden läßt (1Kor 4,1; vgl. die Verwendung von μυστήριον *[mystẹrion]* = → Geheimnis hier und Eph 3,9), ist das Tun des οἰκονόμος *[oikonọmos]* in der göttlichen οἰκονομία *[oikonomịa]* verwurzelt. Wie die Zeit in Gottes Plan ihre Funktion hat, so ist auch dem Hausverwalter ein bestimmter, wenn auch vielleicht ihm selbst unbekannter (Lk 12,46) Zeitabschnitt gegeben, an dessen Ende er Rechenschaft ablegen muß. So wird auf Grund des göttlichen Heilsplans die → Zeit selbst zur anvertrauten Gabe, die es zu nutzen (Kol 4,5; Eph 5,15) und zu verwalten gilt.

J. Goetzmann

ZUR VERKÜNDIGUNG **V**

Drei miteinander verbundene Lebenswirklichkeiten lassen sich aus den vielfältigen Beziehungen der Wortgruppe »Haus« — »Haushalterschaft« herausheben: die Familie als kleinste Gruppe innerhalb der Gemeinde, der Vorgang der Erbauung der Gemeinde und endlich die

Haushalterschaft als eine gleichermaßen dem Einzelnen, der Familie und der Gemeinde aufgetragene Verpflichtung.

1) Die Bedeutung der »Häuser«, also der Familien und Lebensgemeinschaften, für die Ausbreitung des Evangeliums in der frühen Kirche kann kaum überschätzt werden. Auch in der weiteren Geschichte der Kirche bis in unsere Zeit hinein haben Elternhaus und christl. Familienleben den Boden für die Überlieferung und Erhaltung des Glaubens bereitet. Selbst in der abgeschliffensten Form, der christl. Sitte der Kindertaufe, hat die Vorstellung des Hauses als kleinster Einheit der Gemeinde bis heute kirchenerhaltende Kraft ausgeübt. Von daher wird immer wieder die Forderung nach christl. Familien laut, die allein dem Substanzverfall der Kirche und der christl. Sitte wehren könnten. Es ist aber zu fragen, ob eine solche Forderung nicht die Bedeutung der heutigen Familie überschätzt, die sich selbst in einem erheblichen Wandlungsprozeß befindet.

Berechtigt ist freilich die Überlegung, daß das Haus – also die Familie als Lebensgemeinschaft, aber auch der Ort des Wohnens und Zuhause-Seins – in den Anspruch des Evangeliums hineingenommen werden sollte. In einer Zeit, in der der gehetzte Mensch sich in seine Wohnung als einen Ort der Zuflucht zurückzieht (»my home is my castle«), wäre eine Öffnung dieses Bereiches für das Werk des Glaubens, für die Bezeugung des Evangeliums in Frage und Antwort und für den Dienst der Zuwendung zum Mitmenschen, ein unübersehbares Zeichen und zugleich ein Stück wirklicher Haushalterschaft. Der Sakralisierung des Evangeliums im kultischen Bereich würde gewehrt und wenigstens ein Teilbereich des Lebens in unmittelbare Beziehung zum christlichen Glauben und zum Bekenntnis dieses Glaubens gebracht. (Die Arbeitswelt freilich bliebe zunächst noch ausgeschlossen; aber auch sie könnte in der »Hauskirche«, also außerhalb der »Kultstätten«, eher angesprochen werden.)

Indessen wird man sich vor einer Idealisierung dieses Konzepts hüten müssen. Das NT warnt davor, irgendeine Methode zu verabsolutieren. Umkehr und Entscheidung sind nun einmal unverlierbare Elemente der christl. Botschaft und des Weges zum Glauben, und deshalb wird es an dieser Stelle immer auch den Bruch innerhalb der Häuser und Familien geben.

2) Das eigentliche »Haus Gottes« ist nach nt. Auffassung ohnehin die Gemeinde (→ Kirche). Sie ist zwar für den Hinzukommenden immer schon vorhanden, wird aber von Gott selbst durch seine Gaben erbaut. Dabei ist der Gemeinschaftsbezug des Begriffes »Erbauung« zu beachten. So wie dieser Begriff im allgemeinen Sprachgebrauch verwendet wird – im Sinne der Pflege des religiösen Innenlebens –, dürfte er sich kaum vom NT herleiten lassen. Auch die Erbauung des Einzelnen dient dem Aufbau der Gemeinde. Alle Gaben sind Dienste: Wer sie eigennützig verwendet (»sich erbauen« 1Kor 14,4), verfälscht ihren Sinn. Der Begriff der Erbauung hält also immer an dem von Gott gesetzten endzeitlichen Ziel des Aufbaus des Hauses Gottes, der Gemeinde, fest. Es wird nicht vergessen, daß Gott selbst der Bauherr ist, was nicht aus-, sondern gerade einschließt, daß er Menschen zu Mitarbeitern beruft und am Aufbau der Gemeinde teilnehmen läßt. In diesem Sinn kann ohne Bedenken vom »Gemeindeaufbau« gesprochen werden; gemeint ist dann gerade nicht ein eigenmächtiges, selbstherrliches Tun des Menschen, sondern ein Mit-Tun im gehorsamen Verwalten der von Gott anvertrauten Gaben.

3) Damit ist der letzte Gesichtspunkt genannt. Es dürfte deutlich geworden sein, daß rechte »Haushalterschaft« (das Wort ist im Deutschen unglücklich, aber es gibt kein besseres) sowohl in der Gemeinde als auch in Familien und Häusern unentbehrlich ist. Die amerikanischen Kirchen haben dies als erste erkannt und in der *stewardship*-Bewegung in die Tat umzusetzen versucht. Ihre Vorstöße und Anregungen sind inzwischen in weiten Teilen der Ökumene aufgenommen worden.

Grundlage aller Theorie und Praxis der Haushalterschaft muß die Überlegung sein, daß der Gemeinde zuallererst das Evangelium anvertraut ist und daß sie dafür verantwortlich ist, daß mit diesem Evangelium nun auch das geschieht, wozu es da ist; in kirchlicher Redeweise: daß es recht ausgerichtet und verwaltet wird. Das wird sie davor bewahren, nur an sich selbst, ihre Erbauung im falschen Sinn des Wortes, zu denken, und wird sie statt dessen an die Fremden (die nahen und die fernen Fremden) weisen. Dabei wird den Gliedern der Gemeinde die Erkenntnis helfen, daß alle ihre Gaben – Zeit, Gesundheit, Geld, Möglichkeiten, »Talente«, Bildung usw. – von ihr nicht als Eigentum usurpiert werden dürfen, sondern daß sie für deren Anwendung im Gehorsam gegen den Geber der Gabe verantwortlich sind. Diese Erkenntnis ist dem Menschen von Hause aus fremd und erscheint ihm als Zumutung; ist sie aber einmal im Glauben akzeptiert und wagt die Gemeinde, diese Zumutung auszusprechen, dann werden erstaunliche Kräfte freigesetzt. So könnten die Aufgaben der Gemeinde in der heutigen Welt durchaus umfassend unter dem Aspekt der Haushalterschaft beschrieben werden. *J. Goetzmann*

Lit.: ASchlatter, Der Evangelist Johannes, 1930 – EKäsemann, Leib und Leib Christi, 1933 – PhVielhauer, Oikodome. Das Bild vom Bau in der christlichen Literatur vom NT bis Clem. Alexandrinus, 1940 – EStauffer, Zur Kindertaufe in der Urkirche, Deutsches Pfarrerblatt, 1949, 152ff – OMichel, Art. οἶκος, ThWb V, 1954, 122ff – JJeremias, Die Kindertaufe in den ersten vier Jahrhunderten, 1958 – GvRad, Theologie des AT I, 1958², 69.233f; II, 1960, 116f – KAland, Die Säuglingstaufe im NT und in der alten Kirche, ThExh NF 86, 1961 – EFriedel, Der neutestamentliche oikos-Begriff in seiner Bedeutung für den Gemeindeaufbau, in: Festschr. MMitzenheim, 1961 – HGalley, Das »Haus« im NT, Ev.-luth. Kirchenzeitung 15, 1961, 201ff – EHRobertson, The House Church, in: BASILEIA, Festschr. WFreytag, 1961², 366ff – JJeremias, Nochmals: Die Anfänge der Kindertaufe, ThExh NF 101, 1962 – PWeigandt, Zur sogeannten »Oikosformel«, NovTest VI, 1963, 49ff – HBrattgard, Im Haushalt Gottes, 1964 -- GDelling, Zur Taufe von »Häusern« im Urchristentum, NovTest VII, 4, 1965, 285ff – AStrobel, Der Begriff des Hauses im griechischen und römischen Privatrecht, ZNW 56, 1965, 91ff.

Hebräer → Israel

Heiden → Volk

Heil → Erlösung; → Gesund

Heiland → Erlösung

Heilig

Das Wort *heilig*, das *Heilige*, bezeichnet urspr. religionsgeschichtlich die Macht *(mana)*, das Tabu, dann allg. die Sphäre göttlicher Macht, die dem Menschen überlegen und deshalb bedrohlich begegnet. Im Gegensatz zum Heiligen steht das Profane, der Bereich des menschlichen Lebens außerhalb des heiligen Bezirkes. In dem Bemühen, das Heilige durch kultische und rituelle Maßnahmen von Entweihung und Verunreinigung durch das Profane abzusondern, liegt die Wurzel der Religionen. – Das Griech. kennt drei verschiedene Wortgruppen zur Kennzeichnung des Heiligen. ἱερός *[hieros]* mit seinen zahlreichen Ableitungen bezeichnet das an sich *Heilige*, das *Tabu*, die *göttliche Macht* bzw. das der göttlichen Macht Geweihte: *Heiligtum*, *Opfer*, *Priester* etc. Demgegenüber enthält ἅγιος *[hagios]* – die im NT häufigste Wortgruppe – eine ethische Komponente; es legt den Akzent auf die Verpflichtung zur Verehrung des Heiligen. In die gleiche Richtung weist auch ὅσιος *[hosios]*: einerseits meint es die göttliche Weisung und Fügung, andererseits die menschliche Verpflichtung und Sitte.

ἅγιος

ἅγιος *[hągios]* heilig · ἁγιάζω *[hagiązō]* heilig machen, weihen · ἁγιασμός *[hagiasmǫs]* Heiligkeit · ἁγιότης *[hagiǫtæs]* Heiligkeit · ἁγιωσύνη *[hagiōsynæ]* Heiligkeit · ἁγίασμα *[hagiasma]* Heiligtum, Heiligkeit · ἁγιαστήριον *[hagiastærion]* Heiligtum

I Eine sichere Etymologie von ἅγιος *[hągios]* gibt es nicht. Es ist verwandt mit ἅζομαι *[hązomai]* (aus *ἅγιομαι *[hągiomai]*; LXX, NT nicht belegt), Götter, Eltern *verehren* (zB Apollon, Hom. Il. 1,21), aber auch *respektieren* (zB von Zeus, der die unter dem Schutz der Pallas Stehenden respektiert; Aischyl. Eum. 1002). Im übertragenen Gebrauch: Es erfüllt mich nicht mit Scheu zu sterben (Eur. Or. 1116); negativ: von heiligem Zorn erfüllt sein (Eur. Fr. 348). Demnach wäre das Adj. ἅγιος *[hągios]* weniger das Tabu als das verehrungswürdige *Heilige.* ἅγιος *[hągios]* ist nicht belegt bei Hom., Hes., den Tragikern, die das wurzelverwandte ἁγνός *[hagnǫs]* (→Rein) in einem Sinne gebrauchen, der dem at. *qādōsch* recht genau entspricht. Unsicher (unwahrscheinlich? s. Frisk) ist die Verwandtschaft mit ἅγος *[ągos]*, gegen ThWb I,87).

Belegt ist ἅγιος *[hągios]* seit Hdt.: zB das Heiligtum (ἱρόν *[hirǫn]*!) der Aphrodite (2,41); heilig ist der Eid (Aristoph. Mir. 834^{b}11). Auch Personen können (gegen ThWb I,88) heilig genannt werden (Aristoph. Av. 522)! Im Hellenismus begegnet das Wort als Epitheton orientalischer Götter (Isis, Serapis, Baal; ThWb I,88), von denen es auch auf griech. Götter übertragen wurde.

Neben ἅγιος *[hągios]* steht ἁγίζω *[hagizō]*, *weihen*, aus dem dann durch Erweiterung ἁγιάζω *[hagiązō]* gebildet ist, das mitsamt seinen Ableitungen ἁγίασμα *[hagiasma]*, *Heiligtum. Heiligkeit;* ἁγιασμός *[hagiasmǫs]*, *Heiligkeit;* ἁγιαστήριον *[hagiastærion]*, *Heiligtum*, nur durch den Gebrauch der LXX Bedeutung erhält. Von ἅγιος *[hągios]* selbst abgeleitet sind die späten Nomina ἁγιότης *[hagiǫtæs]* und ἁγιωσύνη *[hagiōsynæ]*, *Heiligkeit* (ebenfalls hauptsächlich LXX). – ἅγιος *[hągios]*, das in der Gräzität außerhalb der LXX kein bes. häufiges Wort gewesen war, eignete sich für die Übertragung von hebr. *qādōsch* wohl deshalb, weil es im Unterschied zu → ἱερός *[hierǫs]* nicht das An-Sich-Heilige, sondern den Anspruch auf Verehrung ausdrückt, der vom Heiligen ausgeht.

II Im Sprachgebrauch der LXX spielen nur ἁγιάζω *[hagiązō]*, ἁγίασμα *[hagiasma]* und ἅγιος *[hągios]* eine Rolle. Belegt sind noch ἁγιασμός *[hagiasmǫs]* (ohne eindeutiges Äquivalent), ἁγιαστήριον *[hagiastærion]* (4mal, 3mal für hebr. *miqdāsch*), ἁγιότης *[hagiǫtæs]* (nur 2Makk 15,2) und ἁγιωσύνη *[hagiōsynæ]* (5mal). Die Wortgruppe dient ganz überwiegend der Übertragung von hebr. *qādōsch* und seinen Derivaten. Daneben sind nur noch die (seltenen) Belege von *nazīr, Nasiräer*, zu berücksichtigen.

Das bestimmende Moment des Heiligen im AT ist, wenn man seinen Gegensatz zum Profanen (*chōl;* profanieren, *chillēl*) bedenkt, wohl nicht so sehr die unheimliche göttliche Macht, sondern eher dies, daß man bei bestimmten Orten, Gegenständen und Zeiten in eine relativ direkte Berührung mit der göttlichen Macht gerät, die unheimlich werden kann, wenn man sich ihr gegenüber nicht angemessen verhält (1Sam 6,20). Nicht das Trennende, das Aussondernde ist das Primäre, sondern positiv das In-Berührung-Kommen, das ganz selbstverständlich bestimmte Verhaltensweisen erzwingt. Überwiegend kommt es zu solcher »Berührung« im Kult, wenn auch der Bereich des Heiligen umfassender ist als der des Kultus. – Das Heilige ist demnach einerseits ein vorethischer Terminus, andererseits aber ein Ethos-setzender Begriff. Das so gesetzte Ethos ist nicht die Vorstufe humaner Moralität, sondern die Ausprägung der Heiligkeit Jahwes in einer Welt ähnlicher und andersartiger Heiligkeitsgebräuche. So ist zB der Geschlechtsverkehr in keiner Weise unmoralisch; aber er ist im Unterschied zu anderen Heiligkeitsgebräuchen absolut profan und macht daher für die Berührung mit dem Heiligen unrein (1Sam 21,5ff; Ex 19,15).

1a) In den ältesten Quellen kommt die Wortgruppe nicht häufig vor. Einmal wird Jahwe von Randsiedlern Judas »dieser heilige Gott« genannt, weil sie einer schweren Plage ausgesetzt wurden, als sie der Bundeslade nicht angemessene Ehrungen erwiesen (1Sam 6,19f). Obwohl wir von vielen Kultstätten hören, wird nur zweimal die Stätte als heilig (Gilgal-Jericho Jos 5,15) bzw. als heiliger Boden (Ex 3,5 Moses Berufung) apostrophiert. Aus dem kultischen Bereich heraus führt 2Kön 4,9: Die Sunamitin erkennt den Gottesmann Elisa als heilig, dh wie Simson von heiliger Kraft erfüllt (Ri 13,17; 16,17).

b) Etwas geschlossener wirkt der Gebrauch des Verbs *heiligen*, der viel eher einen »Sitz im Leben« zu haben scheint als der Gebrauch von Nomen und Adj. Man heiligte sich, wenn man vorübergehend durch Unreinheit aus dem Gemeinschaftsleben ausgeschlossen war (2Sam 11,4) oder wenn man mit Gott in Berührung kam (Epiphanie Ex 19,10ff; Jahwekrieg 1Sam 21,5ff; Sippenopfer, bei dem Jahwe der vornehmste Verwandte war, 1Sam 16,5). Man konnte aber auch Personen (1Sam 7,1: zum Priesterdienst) oder Dinge (Jos 6,19; Ri 17,3 u. ö. Silber; 1Kön 8,64 Tempelvorhof) heiligen und damit der Verfügung Gottes unterstellen. – Wichtig ist noch zu erwähnen, daß die LXX den Ausdruck »ein Nasir Gottes« (Simson Ri 13,7; 16,17) mit »Heiliger Gottes« wiedergibt. Wie Num 6,1ff zeigt, handelte es sich beim Nasiräat um eine Sonderform der Heiligung.

c) Man kann nur vermuten, daß die Entstehung der großen königlichen Heiligtümer (Jerusalem, Bethel) auch einen erweiterten Gebrauch des Terminus *heilig* zur Folge hatte. Wir erfahren davon wenig. 1Sam 21,4 erwähnt zB heilige Brote; Jer 11,15 heiliges Opferfleisch. Wahrscheinlich gehört ein Teil der Psalmen-Frömmigkeit hierher. Man hört von Jahwes heiligem Tempel (Ps 5,8 u. ö.), vom heiligen Berg (3,5), dem heiligen Zion (2,6), vom heiligen Vorhof (29,2), aber auch vom heiligen Himmel (20,7) bzw. der heiligen Höhe, von der her Jahwe hört (102,20), und entsprechend von seinem heiligen Thron (47,9). Jahwe ist furchtbar und heilig (99,3), niemand unter den Göttern ist heilig wie er, weil niemand so die Hohen stürzt und die Niedrigen aufrichtet (1Sam 2,2).

2) Prophetische Polemik richtet sich kaum gegen Dinge und Gebräuche, die als heilig bezeichnet werden. Hängt das damit zusammen, daß bei der breiteren Aufnahme des Terminus *heilig* das im Vordergrund stand, was Ps 24,3f formuliert: »Wer darf stehen an seiner heiligen Stätte? Der unschuldige Hände hat und reines Herzens ist, der seine Seele nicht zum Nichtigen hebt und nicht zur Überlistung schwört«? – Es scheint so, als gebe im Kult das Sich-Heiligen und das Heilige von vornherein nicht so sehr den Impuls zum rein Rituellen wie zum »Ethos«.

a) Ganz offenkundig ist das bei Am 2,7 und 4,2 der Fall. Ähnliches will vielleicht Hos 11,9 sagen: Jahwe, der in der Mitte seines Volkes Heilige, ist doch nicht ein Verderber (-dämon), auch wenn das Volk die furchtbarste Profanierung des Heiligen vorgenommen hat. Der Heilige will Reinigung durch eine verheerende Katastrophe, also eine neue Zukunft Israls, aber nicht Vernichtung. – Vor allem aber wird der Gebrauch des Terminus bei Jesaja verständlich. Nach dem Dreimal-Heilig des himmlischen Hofstaates bekennt er sich als ein Mensch unreiner Lippen, woraufhin ihm die Schuld entfernt und die Verfehlung bedeckt wird (6,3–7). In diesem Zusammenhang kommt es zu dem speziell jesajanischen Ausdruck »der Heilige Israels«, der vor allem in zwei Verbindungen gebraucht wird:

α) Statt auf den Heiligen Israels stützt sich das Volk auf Rosse und Kriegswagen (31,1; vgl. 30,15; 10,20). Aber als der Heilige will Jahwe selbst seinem Volk Gerechtigkeit im Krieg verschaffen.

β) Das sündige Volk, beladen mit Schuld, hat den Heiligen Israels verachtet (1,4; vgl. 30,12f) und wird daher von ihm geschlagen.

b) Eine etwas andere Nuancierung des Ethos findet man in der deuteronomistischen Formel vom heiligen Volk. Insofern das Volk Jahwe, seinem Gott, heilig ist (Dtn 7,6; 14,2.21; 26,19), begründet die Formel die Trennung von Gebräuchen und Kultgegenständen fremder Religionen (zB 14,22 das nicht geschlachtete Tier nicht essen; 7,6 Altäre, Ascheren und Schnitzbilder etc. zerstören). Da die ganze Tora letzten Endes das Besondere Israels unter den fremden Völkern ist, faßt 26,19 zusammen: im Halten der ganzen Tora kann Israel ein Jahwe heiliges Volk werden. – Einen bes. schönen Ausdruck aber hat der hier herrschende Geist im sog. Heiligkeitsgesetz (Lev 17–26) gefunden. Das 19. Kap., das wahrscheinlich Gesetzesreihen verschiedener Art kombiniert, ist (V. 2) überschrieben: Ihr sollt heilig sein, denn ich bin heilig (vgl. auch 20,7).

c) Während Jeremia nahezu keinen Gebrauch von der Wortgruppe macht (wichtig nur 1,5: Jahwe hat Jeremia vom Mutterleib an zum Propheten für die Völker geheiligt), finden wir sie um so häufiger bei Ezechiel. In diesem Zusammenhang ist nur von der Wendung *sich an jemandem als heilig erweisen* zu reden. Mit Ausnahme von 28,22 (Gericht an Sidon) ist sie stets auf das Haus Israel (= Juda) bezogen. Am deutlichsten spricht Ez 36,23: Bei der Zerstreuung des Volkes ist Jahwes Name profaniert worden, und die Exulanten haben weiter zur Profanation beigetragen. Aber wenn Jahwe sein Volk von überall her sammelt, wird er sich an ihm vor den Völkern als der Heilige erweisen, und sie werden erkennen, daß er Jahwe ist. Für die Völker bedeutet dies, daß sie Jahwe als Gott, wenn auch nicht als ihren eigenen Gott, erkennen werden.

d) Meint hier also das Sich-als-heilig-erweisen die Erlösung Judas, so ist dergleichen bei DtJes ohne Umschweife ausgesprochen, vor allem unter dem Titel »der Heilige Israels«. Der Heilige, der Bildner Israels (45,11; vgl. 43,15), der es wie ein Verwandter aus der Sklaverei freikaufen wird (43,14), ist zugleich der Weltschöpfer und Herr der Völker (40,25). Als solcher hat er die Distanz zu seinem Volk, um es ohne Voreingenommenheit zu strafen, aber auch die Macht, nach der Bestrafung überwältigend Neues zu schaffen. Daher werden Völker zum Heiligen Israels laufen, weil er Israel zu Ehren bringen wird (55,5).

3) Das bei weitem umfangreichste Belegmaterial für die Wortgruppe findet sich in den kultisch-rituellen Texten der exilischen und nachexilischen Zeit (Ex 25-Num 10; Ez 40–48; Teile von 1 und 2Chr). Die Einzelheiten gehören, wie ADillmann treffend gesagt hat, nicht in die Theol., sondern in die Altertumskunde. Hier genügen einige Andeutungen.

a) Heilig ist alles, was in den Bereich des Kultus gehört. Es gibt heilige Z e i t e n : Die großen → Feste, die Neumonde, Sabbate, das Jobeljahr usw. Heilig sind auch alle Dinge, die dem Kult dienen: Tempel, Zelt und Lade, Altäre samt Zubehör, die Erstlingsbrote, das Salböl, das Räucherwerk usw. Beim Fluchordal verwendet man heiliges Wasser (Num 5,17); der Tempel hat heiliges Geld (Ex 38,24ff u. ö.); die Priester haben heilige Gewänder (Ex 28,2ff), der Hohepriester ein Brustschild mit der Aufschrift: Heilig dem Jahwe. Gelegentlich kann die Heiligkeit als mechanisch wirkend gedacht werden, die sich durch Berührung überträgt (zB Ex 29,37; 30,29) und die bei falscher Berührung tödlich wirkt (Num 4,15.20). Daneben steht die Anschauung, daß das Unreine sich gleichermaßen überträgt (Hag 2,11ff). Da allem Heiligen Reinheit (→ Rein) gebührt, ist Reinheit (= sich heiligen) Pflicht jedes Kultteilnehmers, und wer unrein ist, muß rasch für Reinigung sorgen. Es gibt auch heilige Personen (Priester, Leviten, Nasiräer) und die heilige Salbung des davidischen Königs (Ps 89,21; vgl. 1Sam 24,7). Zwischen Heiligem und Allerheiligstem kann differenziert werden. Der Sinn dieser Differenzierung ist jedoch weniger eine Stufung der von Gott ausgehenden Heiligkeit als vielmehr eine Stufung des menschlichen Umgangs mit dem Heiligen (FHorst, »Heilig«, RGG III).

b) Wichtig ist für das Verständnis dieser straff geordneten kultischen Heiligkeit, die zum größten Teil Priesterwissen gewesen sein dürfte, daß sie ihren Sinn nicht aus sich selbst, sondern aus einem veränderten Bewußtsein der nachexilischen Zeit empfängt. Dies Bewußtsein ist von einem leidenschaftlichen Willen zum Gehorsam einerseits, von der Erfahrung katastrophaler Schuld andererseits geprägt, die peinlichste Sorgfalt im Umgang mit dem Heiligen erfordern. Diese Sorgfalt steht nicht im Widerspruch zu Hos 6,6 (Liebe will ich und nicht Opfer), sondern ist der antikkultische Ausdruck dafür, die Furcht Jahwes aller Weisheit Anfang sein zu lassen.

c) Drei Einzelheiten müssen noch nachgetragen werden:

α) Nicht ganz selten findet sich die Bezeichnung ἅγιοι *[hagioi]*, *Heilige*, für himmlische Begleiter Gottes (zB Dan 7,21ff; anders 7,18).

β) Äußerst selten werden die Angehörigen des heiligen Volkes *Heilige* genannt: in einem späten Weish-Ps parallel zu den → Gottesfürchtigen und den Jahwe-Suchern, die bei der Weisheit Belehrung suchen (34,10; vgl. 16,3, Kontext leider korrupt). Dan 7,18 sind sie die, die im Krieg der Weltmächte gegen Jahwe bei ihrem Gott bleiben und die Herrschaft erhalten.

γ) Sehr selten wird auch Jahwes → Geist *heilig* genannt (3mal, Ps 51,13; Jes 63,10f). Jes 63,10f ist der Geist gemeint, der im Jahwekrieg das Volk zur Tat treibt.

4a) Das nach-at. Judentum bringt keine wesentlichen Neuerungen im System der Heiligkeit, wenn man davon absieht, daß jetzt auch die Schriften heilig genannt werden (1Makk 12,9; → Schrift). So unbedeutend diese Änderung erscheinen mag, so revolutionär ist sie. Denn im Judentum sollten nun die Schriften den neuen archimedischen Punkt für das System des Heiligen bilden und darin den → Tempel ersetzen. Abgeschlossen ist dieser Prozeß freilich erst im rabb. Schrifttum und seiner Theorie des heiligen Geistes, der der in den Schriften sprechende Geist ist (ThWb VI, 386, 10ff), so daß heilig bes. die Schüler der Schriftgelehrten (heiliges → Volk!) sind und die, die die Tora befolgen (St.-B. II,691ff). Da zudem für das alltägliche Leben nicht das System der Tempelheiligkeit, sondern die von den Schriftgelehrten bestimmte weisheitliche Auslegung der Tora die entscheidende Rolle spielte, konnte sich die Frömmigkeit immer stärker auf das täglich Wichtige konzentrieren, ohne die von den Schriften gebotene Tempelheiligung vernachlässigen zu müssen, die zu einer Art von Observanz u. a. wurde.

b) Wichtig ist ein langsames Anwachsen des Terminus »die Heiligen« für die Angehörigen der Jerusalemer Kultgemeinde. Bezeichnend ist wohl 1Makk 1,46: Die Männer des Antiochus wollen das Heiligtum und die Heiligen verunreinigen, also die Gesetzestreuen, die sich im Leiden als die beständig zu Jahwe Gehörigen erweisen. Die gleiche Situation des Leidens steht wohl auch hinter Tob 12,5: Die Heiligen (Engel) bringen Gott die Gebete der Heiligen dar.

c) Eine breitere Verwendung des Terminus zeigen vor allem das Buch Hen und die Einung von Qumran. Wenn es Hen 41,8f heißt: »In jenen Tagen werden die Könige der Erde und die Starken, die das Festland besitzen, wegen der Taten ihrer Hände niedergeschlagenen Herzens sein . . . Ich werde sie in die Hände meiner Auserwählten geben; wie Stroh im Feuer und Blei im Wasser, so werden sie vor dem Angesicht der Gerechten brennen und vor dem Angesicht der Heiligen untersinken«, so sieht man deutlich, daß durch das Leiden die Gerechten als die Heiligen qualifiziert werden.

d) In Qumran versteht sich die Gemeinde als priesterliche Heilsgemeinde der Endzeit, in der die an sich nur die Priester verpflichtenden Reinigungsvorschriften für alle Gemeindeglieder verbindlich gemacht sind. So spielt die Wortgruppe *heilig* in den Qumrantexten, namentlich in den Selbstbezeichnungen, eine große Rolle: Die Gemeinde bezeichnet sich als »die Heiligen seines Volkes« (1QM 6,6 u. ö.), als »Gottes heiliges Volk« (1QM 14,12), als »Männer der Heiligkeit« (1QS 5,13 u. ö.), als »Rest der Heiligkeit« (1QS 8,21). Sie ist der endzeitliche Tempel, »ein Heiligtum für Israel und eine allerheiligste Versammlung für Aaron« (1QS 8,5ff). Ihre Glieder bilden eine Einheit mit der himmlischen Gemeinde der Engel, die ebenfalls »die Heiligen« heißen (1QS 11,8; 1QH 11,12 u. ö.). Es herrscht in Qumran also eine durchaus priesterliche Heiligkeit, in der die spezielle Weise des Toragehorsams (Waschungen, kultische Mahlzeiten, bes. Kalender) den Tempelkult ersetzt (1QS 9,3ff).

III Kommt man aus dem Bereich des AT in den des NT, so fallen zwei Tatbestände auf: Einmal wird Gott nur sehr selten als heilig bezeichnet (Joh 17,11; 1Petr 1,15f; Offb 4,8; 6,10), und Christus wird nur einmal im gleichen Sinn wie Gott heilig genannt (Offb 3,7; vgl. 1Joh

2,20). Bestimmend für die Vorstellung von Heiligkeit im NT ist vielmehr der heilige → Geist, die Gabe der Äonenwende.

Zum anderen ist dementsprechend das eigentliche Feld des Heiligen im NT nicht der Kultus, sondern das Prophetische. Das Heilige zeigt sich folglich nicht mehr an Dingen, Orten oder Riten, sondern in den vom Geist gewirkten Lebensäußerungen. Da die Prophetie sich jedoch nicht bes. für den Aufbau eines korporativen Bewußtseins eignet, hat man später gern von der Idee des heiligen Priestertums (→ Priester), des königlichen Priestertums aller Heiligen Gebrauch gemacht. Dadurch kam es in der Alten Kirche zur Wiederaufnahme massiver kultisch-sakraler Heiligkeitsvorstellungen.

1a) Eine Reihe von Belegen bleibt ganz im Rahmen der at. Tradition: *heilig* genannt werden Gottes → Name (Lk 1,49), sein → Bund (1,72; vgl. 1Makk 1,15.63), seine → Engel (Mk 8,38; Lk 9,26; Apg 10,22; Jud 14; Offb 14,10), seine Begleiter (Eph 2,19; Kol 1,12; 1Thess 3,13; Offb 18,20), die → Propheten (Lk 1,70) und die → Schriften (Röm 1,2), bes. das → Gesetz (Röm 7,12), während Mt 23,17.19; 24,15; 27,53; Lk 2,23 sich überhaupt nur mit dem jüd. Kult befassen.

b) Was aber daneben in der synopt. Tradition verbleibt, führt sogleich in das Spezifikum des NT: Mk 1,24; Lk 4,34 wird Jesus von den Dämonen als »Heiliger Gottes« angeredet. Dieser Titel kommt in der LXX nur Ri 13,7; 16,17 vor und meint dort, daß der Träger vom Heiligen erfüllt ist. Er wird verständlich durch die Aussage, daß Jesus bei der Taufe mit heiligem → Geist begabt und vom Geist 40 Tage in die Wüste getrieben wurde wie einer der alten Propheten oder ein Nasiräer, ehe er seine erste Wundertat vollbrachte (Mk 1,21ff). In den gleichen Bereich führt wohl auch Lk 1,35: »das in dir (Maria) Erzeugte wird heilig genannt werden: ein Sohn Gottes!« Wie Simson von Mutterleib an ein Heiliger Gottes war (Ri 13,7), so ist Jesus von seiner Zeugung an heilig, dh von heiligem Geist erfüllt. Vgl. noch Mk 6,20 (Johannes der Täufer).

Ein etwas anderes, aber analoges Gedankengut wird Apg 4,27 (vgl. 3,14) erkennbar, wo Jesus der »heilige Knecht« (→ Sohn Gottes, Art. παῖς θεοῦ) = Prophet Gottes heißt, den die Jerusalemer verleugnet haben, wie sie schon immer die Propheten verleugnet und getötet haben (7,51f). – In all diesen Fällen heißt *heilig:* Gott zugehörig und von Gott legitimiert, so daß die Auflehnung gegen Jesus gleichbedeutend ist mit der Auflehnung gegen Gott. Dazu kommt die 1. Bitte des Vaterunsers: »Dein Name möge als heilig erwiesen werden«, dh Gott möge sich an seinem Volk vor aller Augen als heilig erweisen.

2a) Entsprechend heißen die, die Jesus ihren Herrn nennen, u. a. οἱ ἅγιοι *[hoi hagioi], die Heiligen.* Dies ist sicher nicht primär eine ethische Aussage, sondern eine Parallele zu Begriffen wie »berufen« (Röm 1,7; 1Kor 1,2; 2Kor 1,1), »auserwählt« (Röm 8,33; Kol 3,12) und »gläubig« (Kol 1,2). Dies zeigt, daß es um die Zuordnung zum heiligen Geist geht. Christus ist ihre Heiligung wie ihre Gerechtmachung und Erlösung (1Kor 1,30), also der, in dem sie dem wahren Gott heilig werden: »Ihr seid gewaschen, geheiligt, gerecht gemacht in dem Namen unseres Herrn Jesus Christus und in dem Geist unseres Gottes« (1Kor 6,11; vgl. 2Thess 2,13; 1Petr 1,1f). Seit der Auferstehung ist Jesus der Christus in der Kraft, die gemäß dem Geist der Heiligkeit wirkt (Röm 1,4). Heiligung aber ist gleichsam die Zulassung zur Parusie, sie dient dem Antreten des Erbes (Kol 1,12; Apg 20,32; 26,18). – Heiligkeit bezeichnet hier also überall die Zugehörigkeit zu Gott, die primär nicht im Kult, sondern darin zum Ausdruck kommt, daß die Christen vom heiligen Geist »getrieben« werden (Röm 8,14). Wie im AT ist Heiligkeit ein vorethischer Terminus, und wie dort erfordert sie ein dem heiligen Geist gemäßes Handeln.

b) Der Heiligung entspricht daher ein Fruchtbringen zur Heiligung mit dem Ziel des ewigen Lebens (Röm 6,19–22; vgl. 1Thess 4,3–7); der vernünftige Gottesdienst ist das Darbringen des Selbst als eines lebendigen, heiligen, Gott wohlgefälligen Opfers (Röm 12,1). Da die Heiligen nicht die »netten«, die wertvollen Menschen sind, sondern Berufene, gehört es zum Ethos der Heiligung, die Liebe gegen alle Heiligen zu bewähren (Eph 1,15), ihnen in Notlagen beizustehen (Röm 12,13), aber auch das Heilige nicht zu profanieren, indem man

Konflikte mit Glaubensgenossen vor profanen Behörden verhandelt, statt die Heiligen richten zu lassen (1Kor 6,1f). – Wichtig ist, daß nach paulinischer Auffassung ein nichtchristl. Ehepartner den christl. nicht profaniert, sondern umgekehrt der nichtchristl. durch den christl. geheiligt wird, wie auch die dieser Ehe entstammenden Kinder Geheiligte sind (1Kor 7,14). – Gerade weil Gott selbst der Heiligende ist (1Thess 5,23), wird das Fruchtbringen für die Heiligung (Röm 6,22) um so gewichtiger und verpflichtender (Phil 2,14f).

3a) Einen sehr speziellen Aspekt bietet der Hebr-Brief. Christus ist als der Hohepriester der sein Volk Heiligende (13,12; 2,11), Liturg eines nicht mit Händen gemachten Heiligtums (9,24; 8,2). Während die Unterteilung des welt-haften *Heiligtums* (τὰ ἅγια *[ta hagia]*) Israels in Heiliges und Allerheiligstes zeigt, daß der wahre Zugang zum Heiligtum noch nicht hergestellt ist (9,2f), ist Christus ein einziges Mal ins Heiligtum gegangen mit der Gabe seines Blutes und hat ewige Erlösung erwirkt (9,12; 10,14). Nicht das Blutopfer als solches wirkte die Erlösung, sondern die Entsprechung zu dem vorher verkündeten Willen Gottes, auf diese Weise Erlösung zu wirken (10,10). »Da wir nun Freiheit zum Zutritt ins Heiligtum erlangt haben« (10,19), mahnt der Hebr, das Blut des Bundes, durch das ein jeder geheiligt worden ist, nicht zu profanieren; »denn wir kennen den, der gesagt hat: Die Rache ist mein« (10,29f). Daher soll man dem Frieden gegen jedermann und der Heiligung nachjagen, ohne die niemand Gott schauen kann (12,14). Umgekehrt sollen die Heiligen (3,1) die Züchtigungen, die Gott zufügt, als Hilfen erkennen, da Gott züchtigt, damit wir an seiner *Heiligkeit* (ἁγιότης *[hagiotæs]*) Anteil gewinnen (12,10).

b) Im Hinblick auf die weitere Entwicklung dürfte den Gedanken des 1 Petr besondere Bedeutung zukommen. In großer Nüchternheit wird hier der Heiligung durch den Geist (1,2) die Mahnung zugefügt: »Als gehorsame Kinder richtet euch nicht nach den Begierden, die ihr in eurer Unwissenheit hattet, sondern wie der, der euch berufen hat, heilig ist, sollt ihr auch heilig werden in eurem ganzen Wandel« (1,14f; vgl. Lev 19,2). Dies findet in 2,5 seine Weiterführung: »Lasset euch selbst als lebendige Steine aufbauen ... zu einer heiligen Priesterschaft, um geistliche Opfer darzubringen, die Gott angenehm sind durch Jesus Christus.« So wird hier die Dynamik der Geistausgießung transformiert verstanden als das nüchterne priesterliche Geschäft sorgfältigen Gehorsams. Dem entspricht die Paränese 3,15: Gerade dann, wenn einem Böses nachgesagt wird, soll man wie ein Priester Jesus Christus mit besonderer Sorgfalt heiligen, allezeit bereit zur Verantwortung vor dem, der Rechenschaft fordert.

c) Bei diesem Überblick darf schließlich die heilige Stadt, das neue → Jerusalem, nicht fehlen (Offb 21,2.10; 22,19), die den Geist wenigstens eines Jahrtausends bewegt hat (Gedanke der *civitas Dei*). Dies gilt um so mehr, als gerade hier zum Zukunftsbild das priesterliche Königtum gehört (1,6; 5,10; 20,6). So beginnen sich die Kräfte zu formieren, die die ungeheure, dem Mißbrauch ausgesetzte Dynamik der Geisterteilung einengen zu einer in menschlichen Grenzen bleibenden Lebensgestaltung unter den Bedingungen von Verfolgung und Leiden; das geschieht wohl auch wegen der ersten Wirren einer beginnenden Spekulation.

d) Es bleibt das johanneische Schrifttum, in dem ἅγιος *[hagios]* nur selten vorkommt. Jesus heiligt sich für die Seinen, indem er die Welt verläßt, damit die Seinen in der Wahrheit geheiligt werden, die nicht von dieser Welt ist und die die Welt überwunden hat (17,18f). Im Petrus-Bekenntnis bei Johannes heißt Jesus nicht der Messias, sondern der Heilige Gottes (ἅγιος τοῦ θεοῦ *[hagios tou theou]* 6,69), sofern er mit Gott eins und damit das → Licht und das (ewige) → Leben der Menschen ist (6,68; vgl. 10,36; 1Joh 2,20). *H. Seebaß*

ἱερός

ἱερός *[hierọs]* heilig · ἱεράτεια *[hierạteia]* Priesteramt · ἱερατεύω *[hieratẹụō]* als Priester tätig sein · ἱεράτευμα *[hierạteuma]* Priesterschaft · ἱερουργεω *[hierourgẹō]* heiligen Dienst verrichten · ἱεροπρεπής *[hieroprepæ̣s]* dem Heiligen gemäß · ἱεροσυλέω *[hierosylẹō]* ein Heiligtum berauben · ἱερόθυτος *[hierọthytos]* geweiht, geopfert · ἱερεύς *[hierẹụs]* Priester · ἀρχιερεύς *[archierẹụs]* Hoherpriester · τὰ ἱερά *[ta hierạ]* Opfer · ἱερωσύνη *[hierōsỵnæ]* Priestertum · τὸ ἱερόν *[to hierọn]* Heiligtum

Die von ἱερός *[hierọs]* hergeleiteten Vokabeln bilden nicht nur philologisch eine gemeinsame Gruppe, sondern stehen auch in einem inneren Sachzusammenhang. Sie werden deshalb in der Abteilung I zunächst gemeinsam behandelt; in Abteilung II und III allerdings wird für das Priestertum auf einen besonderen Artikel → Priester verwiesen.

ἱερός *[hierọs]* ist einerseits das von göttlicher Macht Bestimmte oder Erfüllte, andererseits das der I
göttlichen Macht Geweihte. Im Unterschied zu → ἅγιος *[hạgios], heilig*, → ὅσιος *[họsios], religiös-sittlich*, und σεμνός *[semnọs], ehrwürdig* (→ Frömmigkeit, Art. σέβομαι), die je eine ethische Komponente enthalten, bezeichnet ἱερός *[hierọs]* das an sich und abgesehen von jedem ethischen Urteil Heilige. Man sagt es nicht von den Göttern selbst, sondern von ihren Wirkungen. Allenfalls heißt es ἱερὸν γένος ἀθανάτων *[hierọn gẹnos athanạtōn]* (Hes. Th. 21), sofern das Geschlecht der Unsterblichen im Gesamtkosmos den Bereich des schlechthin Heiligen darstellt. So ist ἱερός *[hierọs]* a) *das zur Sphäre der Götter Gehörige;* b) *das von den Göttern Geheiligte;* c) *das den Göttern Geweihte.*

1a) Heilig ist zB das Haupt des Zeus (Hom. Il. 15,39) und sein Bett (Hes. Th. 57), die Wohnung der Götter (Schneeregionen des Olymp, Aristoph. Nu. 270), die Waage des Kronion (Il. 16,658), der Bogen des Herakles (Soph. Phil. 943) und der Wagen des Achill, dem Kronion göttliche Rosse gestiftet hatte (Hom. Il. 17,464).

b) Von den Göttern geheiligt sind zB das Licht (Hes. Op. 337), der Äther (Aristoph. Thes. 1068), die Zeiten des Dunkels und des Tages (Hom. Il. 8,66; 11,194), die Erde (Soph. Phil. 706), das fruchtbringende Land (Aristoph. Nu. 282), die dem Zeus entströmten Flüsse und Bäche (Od. 351), die Tenne, weil der Demeter heilig (Hom. Il. 5,499), der dem Poseidon geweihte Fisch (Il. 16, 407), aber auch Städte wie Ilion mit Pergamos, Theben, Athen, Inseln wie Euböa und sogar πόρος Ἑλλάς *[pọros Hellạs]*. Entsprechend kann man von Personen sagen, daß sie ἱεροί *[hierọi]* sind, weil sie eine Eigenschaft haben, die von den Göttern stammt: zB Wendungen wie ἱερὸν μένος Ἀλκινόοιο *[hierọn menos Alkinọoio]* oder ἱερὴ ἴς Τηλεμάχοιο *[hieræ is Tælemạchoio]* (Od. 7,167; 2,409); Alkinoos hat seine Macht von Zeus bzw. Telemach seine Kraft von Athene. Bei Pind. Pyth. 5,97 werden Könige ἱεροί *[hierọi]* genannt, weil sie die Herrschaft von den Göttern bekamen. Aber auch vom Dichter heißt es Democr. Fr. 18, er schreibe durch göttlichen Rausch und heiligen Anhauch (μετ' ἐνθουσιασμοῦ καὶ ἱεροῦ πνεύματος *[met' enthousiasmọu kai hierọu pnẹumatos]*). Seit der Zeit Hadrians erhielt der röm. Kaiser in der Anrede den Titel ἱερός *[hierọs]*. Nicht nur seine Person, sondern alles, was kaiserlich ist, gilt als ἱερός *[hierọs]*, weil von den Göttern geheiligt (zB die ἱερὰ γράμματα *[hierạ grạmmata] die kaiserlichen Erlasse*).

2a) Das den Göttern Geweihte führt in den Raum des Kultus, der für ἱερός *[hierọs]* überhaupt das bestimmende Moment liefert, wie ein Blick auf die Zusammensetzungen zeigt. Wenn auch nicht alles, was ἱερός *[hierọs]* heißt, unmittelbar in den Kultus gehört, so bleibt es doch gleichsam in dessen Umkreis. Dies gilt auch, wenn die Chöre der Schauspiele ἱεροί *[hierọi]* heißen, da sie Göttliches künden (Aristoph. Ra. 674.686); wenn die den Göttern geweihten (nichtkultischen) Gesänge ἱεροί *[hierọi]* sind und der Kreis, in dem man Gericht hält, bei Hom. Il. 18,504 ἱερός *[hierọs]* genannt wird. – Wieder kann ἱερός *[hierọs]* analog von Personen gebraucht werden, wobei vor allem an die in die Mysterien eingeweihten ἱεροί *[hierọi]* zu denken ist (vgl. Aristoph. Ra. 652 ἄνθρωπος ἱερός *[ạnthrōpos hierọs]*).

b) τὰ ἱερά *[ta hierạ]* (seltener im Sing.) bezeichnet vor allem das *Opfer* (zB Hom. Il. 1,147), gelegentlich das Opfertier (Il. 2,420). Nachhomerisch bedeutet es häufig die beim Opfer entstehenden Omina. Allgemeiner wird τὰ ἱερά *[ta hierạ]* gebraucht für kultische Objekte (Kultbilder, Schmuck, heilige Geräte etc.) und kultische Handlungen, ja für den Kultus überhaupt (zB Hdt. I,172; 3Makk 3,21).

c) τὸ ἱερόν *[to hierọn]* hat überwiegend die Bedeutung *Heiligtum, Kultstätte.* Es ist im Unterschied zu ναός *[naọs], Tempelgebäude,* und zu τέμενος *[tẹmenos], heiliger Bezirk* (→ Tempel), die allgemeinere Bezeichnung, die das Tempelgebäude, den heiligen Bezirk, aber auch den heiligen Hain als die kleine Kultstätte bezeichnen kann.

d) ἱερωσύνη [hierōsynæ], ein nicht bes. häufiges Wort, heißt *Priestertum*, und zwar als Amt, Dienst und Pfründe. – Hingegen bezeichnet ἱεράτεια [hierạteia] die *priesterliche Tätigkeit*, das *Amt*, ist aber ebenfalls nicht sehr häufig. Das zugehörige Verb ἱερατεύω [hierateụō], *als Priester tätig sein*, wird erst in späterer Zeit verwandt. Älter ist ἱερᾶσθαι [hierạsthai], *Priester sein*, von dem beide Wörter abgeleitet sind. Dazu gehört das Adj. ἱερατικός [hieratikọs], das häufig vorkommt und ganz allg. die priesterlichen Belange kennzeichnet. Nur im Sprachgebrauch der LXX belegt ist ἱεράτευμα [hierạteuma] (→ Priester).

3) Während ἱερουργέω [hierourgẹō], *heiligen Dienst verrichten*, ἱεροπρεπής [hieroprepæs], *dem Heiligen gemäß*, ἱεροσυλέω [hierosylẹō], *ein Heiligtum berauben* oder dessen Einkünfte schädigen, und deren Derivate keiner weiteren Erläuterung bedürfen, sind noch einige Bemerkungen zu ἱερόθυτος [hierọthytos] und vor allem zu ἱερεύς [hierẹus] (ἀρχιερεύς [archierẹus]) nötig:

a) ἱερόθυτος [hierọthytos] heißt *geweiht, geopfert* und ist ein speziell kultischer Begriff. τὰ ἱερόθυτα [ta hierọthyta] ist das *Opfer* und das *Opferfleisch*. Übertragen gebraucht steht das Wort Pindar Fr. 78 vom menschlichen Opfertod als Darbringung an die Götter.

b) ἱερεύς [hierẹus] heißt *Priester, Opferer, Wahrsager*. Bei Hom. steht er parallel zum μάντις [mạntis] (Il. 1,62; 24,221). Insofern sich der Priester darauf versteht, mit Heiligem umzugehen, ist er auch ein Mantiker, der über göttliche Dinge Auskunft zu geben vermag.

Zwar mußten → Opfer nicht unbedingt durch Priester dargebracht werden. Das Haupt der Familie konnte das Familienopfer, der Chef der Sippe das Sippenopfer, der Magistrat das Opfer der Polis vollziehen, und als Ideal formuliert Isocr. 2,6: τὴν βασιλείαν ὥσπερ ἱερωσύνην παντὸς ἀνδρὸς εἶναι νομίζουσιν [tæn basilẹian họsper hierōsynæn pantọs andrọs ẹinai nomịzousin], *sie glauben, das Königtum sei wie die Priesterschaft eines jeden Mannes*. Aber die großen bedeutenden Kultstätten erforderten eine kontinuierliche Pflege und damit ein beamtetes Priestertum, das nicht so sehr in Familien- als in Tempeltradition lebte, und wenn auch die Tätigkeit der Priester die Handhabung vieler heiliger Objekte umfaßte, so war ihre sinnfälligste Tätigkeit gleichwohl die sachgemäße Schlachtung der Opfer. Entsprechend hat ἱερεύω [hierẹuō], *opfern*, auch die Bedeutung *schlachten* und sogar *töten* (Il. 2,34; Procopius von Gaza 2,25).

c) ἀρχιερεύς [archiereus] als Titel begegnet zunächst bei nichtgriech. Oberpriestern (Hdt. II 142 von ägyptischen Oberpriestern mit hohem Rang neben dem König; griech. Titel: ἱεράπολος [hierạpolos], ἱεράρχης [hierạrchæs]). Platon hat ihn für sein Staatsideal aufgegriffen (Leg. XII 947a): Er soll jährlich an der Spitze aller amtierenden Priester stehen.

In hell. Zeit gab es unter den Seleukiden beamtete ἀρχιερεῖς [archierẹis] für die jeweiligen Satrapien. Allerdings trugen die Chefpriester großer Heiligtümer den gleichen Titel. Auch im Bereich der ptolemäischen Herrschaft werden gelegentlich ἀρχιερεῖς [archierẹis] erwähnt. Unter den Römern wurde das System der Seleukiden weitergeführt. Der provinziale Oberpriester des Kaiserkultes hieß ἀρχιερεύς τοῦ Σεβαστοῦ (τῶν Σεβαστῶν) [archierẹus tou Sebastọu (tōn Sebastọn)]. An der Spitze stand der Kaiser selbst als *pontifex maximus*, – seit Polyb. ist ἀρχιερεύς [archiereus] Übers. von *pontifex*. Darüber hinaus gestand man auch lokalen Oberpriestern sowie den Häuptern religiöser Genossenschaften, sofern diese sich an einem Heiligtum versammelten, den Titel ἀρχιερεύς [archierẹus] zu.

II In der LXX bilden die folgenden Worte eine einheitliche Gruppe, da sie alle auf das hebr. *kohēn*, *Priester sein, als Priester dienen* (Etymologie ist unsicher und trägt für das Wortverständnis nichts bei), zurückgehen: ἱεράτεια [hierạteia], ἱερατεύω [hieratẹuō], ἱεράτευμα [hierạteuma], ἱερατικός [hieratikọs] (ohne hebr. Äquivalent), ἱερεύς [hierẹus], ἱερουργέω [hierourgẹō] (ohne hebr. Äquivalent), ἱερουργία [hierourgịa] (ohne hebr. Äquivalent), ἱέρωμα [hiẹrōma] (ohne hebr. Äquivalent), ἱερωσύνη [hierōsynæ], ἀρχιερᾶσθαι [archierạsthai] (ohne hebr. Äquivalent), ἀρχιερατεύω [archieratẹuō] (ohne hebr. Äquivalent), ἀρχιερεύς [archierẹus], ἀρχιερωσύνη [archierōsynæ] (ohne hebr. Äquivalent). Wenn man von den ganz am Rande stehenden Worten absieht (zB ἱεροσυλέω [hierosylẹō] und Derivate in 1 und 2Makk; ἱερόδουλος [hierọdoulos] in 1Esr), so ist das die erdrückende Mehrheit der Belege, aus der nur ἱερός [hierọs] (6mal für hebr. Äquivalente) und ἱερεία [hierẹia] (2Kön 10,20 für hebr. *'atsārāh*, Baalsfest) herausfallen.

ἱερός [hierọs] war für die zZt der LXX geltende jüd. Auffassung von Heiligkeit deswegen nicht geeignet, weil es das An-sich-Heilige abseits aller ethischen Komponenten meint, während seit dem Exil im jüd. Bewußtsein nur das Tora-Gemäße heilig sein konnte. Sogar das Jerusalemer Heiligtum nennt man erst in stärker hell. Schriften der LXX (so auch Philon und Josephus) τὸ ἱερόν [to hierọn] (Ausnahmen 1Chr 29,4; vgl. 1Chr 9,27; 2Chr 6,13). Für den Priester und seine Tätigkeit konnte die Wortgruppe dagegen Verwendung finden, weil es da im wesentlichen um kultische Dinge ging, für die nach dem Gesetz sonst niemand zuständig sein sollte. – Einer Besprechung bedürfen lediglich ἱερεύς [hierẹus], ἱεράτεια [hierạteia] und ἱεράτευμα [hierạteuma], s. unter → Priester.

1) Im NT sind die meisten Vokabeln der Gruppe nur sehr selten vertreten: III

a) ἱερόθυτον *[hieroṭhyton]* (nur 1Kor 10,28) ist das → Fleisch, das aus ritueller Schlachtung stammt und auf dessen Weihung der nicht zur rituellen Gemeinschaft Gehörende aufmerksam gemacht werden soll.

b) ἱεροπρεπής *[hieroprepæs]* (nur Tit 2,3) entspricht der »Vorliebe für einen kultisch-feierlichen Stil« der Pastoralbriefe (ThWb III,254). Nach dem Kontext liegt am ehesten ein Gebrauch wie Plut. Lib. Educ. 14 (IIc) vor, wo es als ἱεροπρεπέστατον *[hieroprepẹstaton]* gilt, die Knaben an die Wahrheit zu gewöhnen; also Tit 2,3: in ihrer Haltung der Sittlichkeit gemäß.

c) ἱερός *[hierọs]* steht 2Tim 3,15 ähnlich feierlich *(heilige Schriften;* gleichartige Formeln sind bei Philo und Josephus häufig, vgl. ThWb III,227,7ff). Vielleicht konnte man das sonst nicht geliebte Wort bei den Schriften leicht anwenden, weil ihnen eine ganz selbstverständliche Heiligkeit eignete. – Paulus gebraucht τὰ ἱερά *[ta hierạ]* in einem Vergleich mit dem üblichen Sinn *heilige Handlungen* (1Kor 9,13).

d) ἱερόσυλος *[hierọsylos]*: Apg 19,37 läßt einen heidnischen Beamten Paulus und seine Begleiter dagegen in Schutz nehmen, daß sie Tempelräuber und Gotteslästerer (in bezug auf heidnische Tempel) seien. Paulus ist vielmehr ein Philosoph, der mit Recht verkündet, daß mit Händen gemachte Götter und Gotteshäuser nicht Gott und nicht Heiligtum sein können. Also schädigt er nicht das Heiligtum, sondern nur den Devotionalienhandel. – Das zugehörige Verb ἱεροσυλέω *[hierosylẹō]* scheint Röm 2,22 auf das in der rabb. Diskussion vielfach erörterte Problem anzuspielen, inwieweit es gestattet ist, mit heidnischen Tempelgeräten und Tempelvermögen Geschäfte zu machen, obwohl sie kultisch unrein sind; unter Umständen waren sie erlaubt, wenn sie zur Schädigung des heidnischen Kultus führten. Paulus scheint dergleichen rundweg abzulehnen (s. Michel, Römerbrief, zSt).

e) ἱερουργέω *[hierourgẹō]*. Paulus greift Röm 15,16 die kultische Sprache bildhaft auf: Die Heiden sollen jetzt dem wahren Gott Opfer darbringen. Ein Opfer kann nur angenehm sein, wenn es den Bedingungen der Annehmbarkeit entspricht. Die wahre Darbringung ist allein das Evangelium. Deshalb ist Paulus zwar nicht als Priester, wohl aber als ἱερουργῶν *[hierourgọn]* des Evangeliums bestellt, um die rechte Anleitung zum Opfer zu geben.

2) Umfangreicher sind die Belege für τὸ ἱερόν *[to hierọn]* und ἱερεύς *[hiereụs]*/ ἀρχιερεύς *[archiereụs]*. τὸ ἱερόν *[to hierọn]* ist durchweg term. techn. für das *Heiligtum* des Herodes (Ausnahmen: Heiligtum überhaupt 1Kor 9,13; der Artemis Apg 19,27). Der wichtigste Unterschied zu ναός *[naọs]* (→ Tempel) ist, daß τὸ ἱερόν *[to hierọn]* niemals spiritualisiert wird, sondern stets das Bauwerk mit seinen Mauern, Toren, Hallen, Vorhöfen und Gebäuden meint. So ist die Zinne (Mt 4,5; Lk 4,9) des ἱερόν *[hierọn]*, das niemals den Tempel selbst bezeichnet, vielleicht die SO-Ecke der Umfassungsmauer, die bes. steil über dem Kidrontal aufragte. Der Vorhof der Frauen ist Lk 2,37; Mk 12,41ff, der der Männer Apg 3,8, der äußerste Vorhof der Heiden vielleicht Mk 11,15 gemeint. Joh 10,23 erwähnt die Halle Salomos, eine der großen Säulenhallen rings um den Vorhof der Heiden, in der der Lehrbetrieb stattfand (Mk 11,27–13,1; Mt 21,23–24,1; Lk 20,1–21,38; Joh 5,14; 7,14,28; 8,20; Apg 5,21.25.42), aber auch gebetet wurde (Apg 2,46; Lk 18,10). – Theol. scheinen 3 Punkte von Wichtigkeit zu sein:

a) Die Evgg. lassen erkennen, daß Jesus häufig im Heiligtum gewesen ist und sich nicht gegen eine Frömmigkeit ausgesprochen hat, die von diesem Gebrauch machte. Den Untergang des Heiligtums verkündigt er nach Mk 13,1ff par mit Trauer, und als er die Geldwechsler und Opfertierhändler aus dem Vorhof der Heiden vertrieb und diesen für den Warentransport sperrte (Mk 11,15f), tat er das mit der Begründung, daß das Heiligtum Gottes Haus und nicht ein Kaufhaus sei (Joh 2,16). Jesus hat sich also nicht aus dem Verband der durch das Heiligtum zusammengehaltenen Religion der Väter gelöst, wenn er auch die Reinigung in der Vollmacht dessen vollzog, der dann, wenn man den eigentlichen Tempel niederreißen, in 3 Tagen den wahren ναός *[naọs]* erbauen würde (Joh 2,19), dh wohl eine heilige Stätte, die keiner religiösen Sonderbehandlung mehr bedurfte.

b) Die früheste Judenchristenheit ist Jesus darin gefolgt, daß sie das Heiligtum für ihre Gebete benutzte (Lk 24,53; Apg 2,46).

c) Der Evangelist Lukas zeigt ein besonderes Interesse an der Heiligtumsfrömmigkeit Jesu (2,46), der frühen Christenheit und sogar des Heidenapostels Paulus (Apg 21,26ff; 22,17; 24,12.18; 25,8), um zu zeigen, daß das Chrsitentum das wahre Judentum vertritt und zu Unrecht von den Juden verklagt wird.

3) Für die der gleichen Wortgruppe zugehörenden Vokabeln ἱερεύς *[hierẹus]* und ἀρχιερεύς *[archierẹus]* vgl. → Priester.

H. Seebaß

ὅσιος

ὅσιος *[họsios]* heilig · ὁσιότης *[hosiọtæs]* Heiligkeit · ἀνόσιος *[anhọsios]* unheilig

I In der Gräzität ist am frühesten ὁσίη *[hosịæ]* (ἐστίν *[estịn]*) belegt. Es ist das göttlicher Weisung und Fügung Gemäße: »Es entspricht nicht göttlicher Fügung, einander Übles zu ersinnen« (Hom. Od. 16,423). ὁσίης πλέον εἰπεῖν *[hosịæs plẹon eipẹin]* (Emped. 4,7) heißt, über das in seinem Reden hinausgehen, was einem Menschen zusteht. Spezieller kann ὅσιος *[họsios]* das meinen, was an Riten und Begehungen menschlich verpflichtend ist, zB die Bestattungsriten. Das Adj. ὅσιος *[họsios]* (seit Plato, ebenso ὁσιότης *[hosiọtæs]*) hat daher den allg. Sinn *durch göttliches Recht oder die Natur sanktioniert bzw. erlaubt.* Profil erhält ὅσιος *[họsios]*, wenn man es einerseits mit δίκαιος *[dịkaios]* (→ Gerechtigkeit) vergleicht: τὰ δίκαια καὶ τὰ ὅσια *[ta dịkaia kai ta họsia]* (Plato Polit. 301d) ist das nach menschlicher Übereinkunft und göttlicher Fügung Gesittete, – und andererseits mit → ἱερός *[hierọs]*, welches als kultisch-rituelles Tabu, als im Heiligtumsbetrieb Geheiligtes, der (geheiligten) Profanität gegenübersteht: κοσμεῖν τὴν πόλιν καὶ τοῖς ἱεροῖς καὶ τοῖς ὁσίοις *[kosmẹin tæn pọlin kai tois hierọis kai tois hosịois]* (Isocr. 7,66) heißt, »die Stadt mit sakralen wie mit öffentlichen Gebäuden schmücken«. – Von Personen gesagt heißt ὅσιος *[họsios]* *fromm, religiös,* von Handlungen: *rein, unbefleckt* (Emped. 4,2: Mund; Aischyl. Choep. 378: Hände; 1Tim 2,8). Als göttliches Epitheton wird es spät und sehr, sehr selten gebraucht, zB neben δίκαιος *[dịkaios]* (CIG 3830).

II ὅσιος *[họsios]* steht ganz überwiegend für hebr. *chāsīd* (Wort der Poesie, vor allem in den Pss). *chāsīd* meint den, der die aus dem Gottesverhältnis des Volkes sich ergebenden Konsequenzen gern auf sich nimmt. Der älteste Beleg (Dtn 33,8) nennt in der Anrede an Levi die Genossenschaft der Leviten den »*chāsīd*-Mann«, weil sie von Gott besonders geprüft wurde. Am häufigsten steht *chāsīd* jedoch im Plur. und meint die im Kult versammelte Gemeinde (Ps 85,9), die ihrem Gott dient (Ps 79,2): »Sammelt ihm seine Chasidim, die mit ihm den Bund beim Schlachtopfer schlossen« (Ps 50,5). Ein heidnisches Volk ist nicht-*chāsīd*, und im Gottesvolk stehen den *chasidim* die gegenüber, die nach der Toreinlaßliturgie (Ps 15) als schuldig deklariert werden müssen. Selbst bei strenger Gesetzesobservanz kann *chāsīd* den Sinn von *Vertrauen haben* zeigen: Weil Jahwe Sünden vergibt, betet jeder zu ihm, der zu ihm hin *chāsīd* ist (Ps 32,6; vgl. 52,10f). Allerdings kann es auch heißen: Wer auf seine »Ganzheit« (*tummo,* ὁσιότης *[hosiọtæs]*) vertraut, ist gerecht (Spr 14,32). Aber das bezieht sich auf das Halten des ganzen positiven Rechts, von dem man glaubte, daß es nicht schwer zu halten sei.

Chasīdīm als Bezeichnung einer bestimmten Gruppe im Judentum ist erst seit der Makkabäer-Zeit belegt (1Makk 2,42; 7,13; 2Makk 14,6). Diese Gruppe dürfte in apokalyptischer Tradition gelebt und daher das Gesetz bes. streng beachtet haben. Auffällig ist allerdings das Fehlen des Wortes in den Qumrantexten. Offenbar ist es nicht Selbstbezeichnung der Gemeinde, sondern ein ihr von außen angehängter Name.

Gott wird 2mal ὅσιος *[họsios]* genannt, Dtn 32,4 für *jāschār*, insofern Gott sich an die Erlasse hält, die er selbst gibt, und Ps 145,17 für *chāsīd*, insofern er Gefallene stützt, Hungrige sättigt und den Betenden nahe ist. Vgl. noch Weish 5,19: Gott nimmt als unbezwinglichen Schild die ὁσιότης *[hosiọtæs]* (s. u. Offb 15,4). Entsprechend sind τὰ ὅσια *[ta họsia]* (Dtn 29,18: *schālom*) die Wohltaten, die man von Gott erwartet, und Jes 55,3 (Plur. von *chæsæd)* die Erfolge, die David von Gott zu erwarten hat (David als Zeuge der Macht Gottes unter den Völkern).

III 1) Im NT ist ὅσιος *[họsios]* ein seltenes Wort (8mal, davon 5mal im Zitat; ὁσιότης *[hosiọtæs]* 2mal; ἀνόσιος *[anhọsios]* 2mal), da der wichtigste Gebrauch des AT (ὅσιοι *[họsioi]* = *Gemeinde;* → Kirche) fehlt. Nicht als Chasid, sondern als Erwählter, Heiliger (→ ἅγιος *[hạgios]*; ἐκλεκτός *[eklektọs]*; → Erwählung, Art. ἐκλέγομαι) ist man Glied der Gemeinde. Erst in den stärker hell. Schriften kommt ὅσιος *[hosios]* beiläufig vor, zB Lk 1,75 (jüd. Frömmigkeit) oder umgekehrt 1Tim 1,9; gemeine Menschen sind ἀνόσιοι *[anhosioi]* (*nicht religiös-sittlich*; vgl. 2Tim 3,2). Eph 4,24 nennt u. a. die ὁσιότης *[hosiotæs]* als Tugend des erneuerten Menschen.

2) Gott wird 2mal im Zitat ὅσιος *[hosios]* genannt. Der Hymnus Offb 15,3.4 geht auf Ps 145,17 und seinen Kontext zurück (Gott allein ist ὅσιος *[hosios]*), während Offb 16,5 eher an Dtn 32,4 erinnert: Gott ist sowohl δίκαιος *[dikaios]* (juridisch im Recht) als auch ὅσιος *[hosios]* (religiös im Recht), wenn er Übeltäter richtet.

3) Eigentümlich ist der Gebrauch von ὅσιος *[hosios]* in Hebr 7,26. Das Wort steht hier so absolut, wie man es sonst wohl nur von Gott gebrauchen kann: Als Hoherpriester (ἀρχιερεύς *[archiereus]*) ist Christus ganz ὅσιος *[hosios]*, ganz ohne Sünde, ganz unbefleckt, so daß sein Opfer ein für allemal genügt. – Anders ist die Pointe von Apg 2,27; 13,35 (Zitat Ps 16,10). Erst Jesus, nicht schon David ist Erbe der Verheißung, daß Gott den Chasid die Verderbnis nicht schauen lassen will. Kraft der → Auferstehung ist Jesus also der wahre Chasid, obwohl er von den Autoritäten seiner Religion als Religionsverbrecher verurteilt wurde. Insofern ist er aber auch der Erbe der Wohltaten, die David von Gott hatte erwarten sollen (Apg 13,34 Zitat Jes 55,3): Ihm ist richterliche Macht über alle Völker gegeben (Apg 17,31).

H. Seebaß

ZUR VERKÜNDIGUNG V

Das Wort »heilig« wirkt auf uns wie ein originales Adj. Seine Ableitung und Abhängigkeit von dem zugrundeliegenden Subst. kommt kaum noch zum Bewußtsein, was bei analogen Wortbildungen in der dt. Sprache (zB mächtig = voll Macht, kundig, züchtig, langweilig, traurig) durchaus noch der Fall ist. Heilig bedeutet »voll des Heils«. Aber für viele Menschen hat das Wort nach der Inflation »heiliger« Werte (heilig' Vaterland, heiliger Krieg, heiliges Erbe etc.) jede vitale Bedeutung verloren; es wird möglichst vermieden oder nur in feierlichem Rahmen toleriert. Wo es seinen Platz im Bewußtsein des modernen Menschen noch behauptet, ist es vorwiegend zwei Mißverständnissen ausgesetzt: dem der Tabuisierung und dem der Vermischung mit anderen Wertbegriffen.

Wo »heilig« als tabu mißverstanden wird, stellt sich das so Bezeichnete als fern, unnahbar, unberührbar, unermeßlich groß, durch Betrachten, Berühren oder Bedenken nur zu entweihen und doch nicht zu ergründen dar. Seine Grenzen sind durch Furcht oder gar Angst wie von einer Waberlohe gesichert (vgl. Schillers Ballade »Das verschleierte Bild zu Sais«).

Menschen, die dies Verständnis des Heiligen auf Gott anwenden, geraten in Gefahr, aus tiefer Ehrfurcht vor seiner Unnahbarkeit sich dem konkreten Anruf Gottes zu verschließen: »Sie stellen Gottes Wort so hoch, daß sie nicht mehr dran können« (H. Ehlers). Eins ihrer typischen Argumente lautet: »Gott, der die Sterne lenkt und den ganzen Kosmos regiert, sollte sich um solch ein Sandkörnchen, wie es die Erde im Universum darstellt, kümmern, – und dann gar noch um die Menschen besonders? Das ist blasphemisch, wenn es nicht naiv ist.« Mit Gott umgehen, wie es das Zeugnis von seiner Liebe zu uns beinhaltet, hieße dann schon ihn erniedrigen, ihn vermenschlichen (Camus in »Die Pest« sinngemäß: »Wenn es Gott gibt, so stelle ich mir vor, daß er am liebsten sähe, wenn wir leben, als gäbe es ihn nicht.« Das sagt ein Mensch, der in restloser Hingabe an seine Pflicht als Arzt ein Ethos zeigt, an dem sich Christen ein Bespiel nehmen können).

Dies Verständnis von »heilig« führt dazu, daß die Wahrheitsfrage blockiert wird und daß man stattdessen Spekulationen nachgeht, was Gott angemessen sei und was nicht. Er mag zB die Sterne lenken, aber es kann ihm nicht anstehen, die Menschen zu lieben. Es führt weiter zu der Paradoxie, daß man das eigene Urteil, das eigene Denken und Meinen, welches ja bekanntermaßen durch allerlei Faktoren determiniert ist, grob gesagt: den eigenen Geschmack in religiösen Dingen ü b e r Gott stellt; eine Anmaßung, die natürlich nicht bewußt wird, zumal sie dauernd gegen die »Anmaßungen« der Gegenseite (Absolutheitsanspruch, Mission) zu Felde zieht. Schließlich hat es zur Folge, daß man dem Gott, den man ewig, heilig und allumfassend nennt, nicht einmal die Freiheit läßt zu lieben und zu erlösen, wen und mit welchen Mitteln er will. Daß das Wort Fleisch wird, der Heilige in die Welt geht und Mensch wird, das kann von dieser Einstellung aus nicht begriffen werden.

Im zweiten Mißverständnis rückt »heilig« als Wertbegriff in die Nähe von ehrwürdig, hoch, erhaben, hehr, unendlich. Es bezeichnet dann eine Dingen oder Personen innewohnende Fähigkeit, den Menschen »im tiefsten anzurühren«, zu erschüttern, zum Erschauern zu bringen, seinem Leben Sinn oder Halt zu geben, ihn über sich hinauszuheben. In diesem Sinne wird es gebraucht im Hinblick auf Kunstwerke, Kulturgüter, Naturerlebnisse, das Andenken teurer Verstorbener oder menschliche Beziehungen, die den Charakter des Absoluten, Einmaligen tragen, zB die Mutterschaft. Entscheidend bei diesem Gebrauch des Wortes ist, daß die Heiligkeit in den Menschen oder Dingen selbst angelegt ist und an ihnen wahrgenommen werden kann: Das Heilige muß evident sein, wenn auch nicht unbedingt für jedermann. Es erscheint als eine Ausstrahlung, welche die von ihr berührten Menschen innerlich bestimmt. Dabei ist das Woher oder Wozu dieser Ausstrahlung meist unklar, ihre inhaltliche Definition gilt als nicht notwendig, nicht einmal als wünschenswert, jede Analyse wird instinktiv abgewehrt und als zersetzend, mindestens als störend empfunden.

Daraus folgt, daß man sich über die Inhalte oder über die Fundierung des Heiligen nicht verständigt, sondern ihre Verbindlichkeit einfach voraussetzt. Indem hier die Wirkung auf das betrachtende Subjekt und dessen Zustimmung für das Heilige konstitutiv ist, hängt es vom subjektiven Empfinden, von Veranlagung und Erziehung ab, was dem Menschen als heilig gilt. Der Mensch bestimmt selbst, was heilig ist; er setzt oder wählt seine Götter. Deren Geltung aber ist dem Wandel der Epochen unterworfen.

Gott, der Heilige, hat sich dem Menschen zu erkennen gegeben, hat ihn als Partner erwählt und ihn eingeladen, in Gottes Haus nach seiner Hausordnung zu leben. Die dieser Einladung folgen, sind heilig; außerhalb des Hauses und der Hausordnung Gottes ist nichts heilig. Mit Gott Gemeinschaft haben im Vertrauen auf die Kindschaft, die er zuspricht, das ist angemessener Umgang mit dem Heiligen. Ehrfurcht, die Gott in die Tabuzone abdrängt und ihm so den Anspruch auf das Herz des Menschen abschneidet, ist Willkür und Anmaßung, wie fromm, wie ethisch hochstehend oder wie bescheiden sie sich auch artikulieren mag. Darum kann Paulus »allen Heiligen zu Philippi samt Bischöfen und Dienern« schreiben oder den »berufenen Heiligen zu Rom«. Es würde wohl Befremden und Ratlosigkeit auslösen, wenn heute in einem Pfarramt ein Brief für die ortsansässigen Heiligen bzw. Geheiligten in Christo Jesu (1Kor) einträfe. Adressat nicht zu ermitteln . . .? Jedermann würde die Unterstellung, er sei ein Heiliger, mit frommem Schrecken von sich weisen, unter Verweis auf seine Unzulänglichkeiten und sein Versagen. Und wer selbst den Wunsch äußerte, ein Heiliger zu sein, erweckte den Verdacht der Überspanntheit oder Schwärmerei, gälte jedenfalls als ganz unrealistisch.

Bei Paulus hingegen bezeichnet diese Anrede eine genau faßbare Gruppe von Personen, die wissen, daß sie mit dieser Anrede gemeint sind. Daß er die Empfänger Heilige nennt, hindert ihn nicht, sie auf ihre Unzulänglichkeit und ihr Versagen, ihren Kleinmut und ihren Ungehorsam hinzuweisen; und doch behaftete er sie dabei, daß sie Heilige *sind*. Darin zeigt sich, daß er keine Werte und Inhalte, keine moralischen Qualitäten oder Leistungen mit diesem Wort meint, sondern einzig und allein ihre Zugehörigkeit zu Christus. Man kann ein starker oder ein schwacher Heiliger, ein fröhlicher oder angefochtener, ein komplizierter oder naiver, ein eindrucksvoller oder unauffälliger Heiliger sein; die Heiligkeit ist wie eine Berufskleidung, in der die Zugehörigkeit zu einem Betrieb oder einer bestimmten, mit einer gemeinsamen Aufgabe betrauten Gruppe sichtbar wird, und die über die Person, die sie trägt, zunächst nichts anderes aussagt als eben diese Zugehörigkeit. Allerdings setzt eine solche Zugehörigkeit dem Bewegungsraum und Verhalten des Betroffenen gewisse Grenzen. So mußten Offiziere »des Königs Rock« ausziehen, wenn sie gegen gewisse Vorschriften oder Konventionen verstießen. Aber solange der Konfliktfall nicht eintritt, »bedeckt« die Uniform den Menschen ganz, mit allem, was zu seinem Wesen gehört.

Wenn Gott sagt: »Ihr sollt heilig sein, denn ich bin heilig«, so ist dies zunächst keine Anweisung zu moralischem Handeln, sondern besagt vor der Hand etwas über die Zugehörigkeit, so wie etwa jemand eine Nationalität besitzt. Denn Heiligkeit beruht so wenig wie Nationalität auf Eigenschaften, Leistungen, Wertungen, sondern sie wird verliehen. Dann aber kann sie auch nicht in eigener Regie bewahrt werden, sondern wird legitimiert und garantiert durch den, der allein zu Recht heilig genannt werden darf. Daraus folgt, daß Heiligkeit an Menschen oder Dingen nicht notwendig evident sein muß, sondern nur durch Offenbarung, durch eine von dem gleichen Heiligen gewirkte Erkenntnis, erfahrbar ist.

Heilig ist, was Gott in Dienst nimmt, sei es Person oder Sache. Die Zugehörigkeit zu ihm konstituiert das Heilige, nicht die Erscheinungsweise des Dienens, die ja durchaus imposant sein kann. Jeder Gebrauch des Wortes, der nicht strikt an diesem Sachverhalt orientiert ist, bedeutet Mißbrauch, der zur inflationären Verflachung und damit zum Zerfall des Begriffes führt. Es gibt genug andere, angemessenere Attribute für die Werte, denen man eine besondere Hochschätzung und Erhabenheit zusprechen will. Attribute, die man gebrauchen kann, ohne sich dabei eines Übergriffes schuldig zu machen, wie man dies tut, wenn man durch Usurpation des Wortes »heilig« vortäuscht, daß solchen Werten göttliche Autorität zukommt, in deren Namen man andere Menschen moralisch verpflichtet oder gar erpreßt. Oder ist man wirklich bereit und in der Lage, den Namen der Autorität zu nennen, die »das Vaterland« o. ä. als heiliges legitimiert?

»Heilig«, sagten wir, bedeutet »voll des Heils«. Und »voll des Heils« – das ist der »Stein, von euch Bauleuten verworfen, der zum Eckstein geworden ist« (Apg 4,11f). Wenn der Begriff »heilig« von daher zu verstehen ist, daß in diesem Jesus das Heil Gottes zu uns kommt, dann durchkreuzt er mit seinem Gehorsam bis zum totalen Scheitern im Schandentod alle Vorstellungen, die sich Menschen, auch fromme Menschen, vom Heiligen machen, und setzt sie außer Kraft. Dann ist das Verständnis von Heiligkeit ausschließlich an dem Weg und dem Tun dieses Jesus zu orientieren, der das Verlorene und Verachtete erwählt und für sich tauglich macht; nicht auf Grund erfüllter Voraussetzungen, sondern durch seinen rechtfertigenden Zuspruch. Nur wo die Verbindung zu ihm erhalten bleibt (vgl. zB Joh 15 das Bild vom Weinstock), kann diese Heiligkeit auch ihre Auswirkung zeigen. Sofern sie aber Auswirkung der Christus-Zugehörigkeit ist, wird man die ethische Heiligungsforderung nicht als ein pädagogisches Problem, sondern mehr als ein solches der je neuen Einordnung in die → Nachfolge und in den Gehorsam zu verstehen haben. Denn Christus Jesus ist »uns gemacht von Gott zur ... Heiligung und zur Erlösung« (1Kor 1,28ff).

Der Weg Jesu macht noch ein anderes deutlich: Die Abgrenzung heiliger Bezirke gegenüber einem davon unberührten Profanen ist aufgehoben. Indem Gott das ganze Leben in Anspruch nimmt, rückt die Heiligung vor in den Alltag der Welt, weil ja diese ganze Welt ihrem Herrn wieder zugeordnet werden soll. *I. Brase*

Lit.: ROtto, Das Heilige, 1917 (1948^{26-28}) – JDillersberger, Das Heilige im NT, 1926 – RAsting, Die Heiligkeit im Urchristentum, 1930 – OProcksch/KGKuhn, Art. ἅγιος, ThWb I, 1933, 87ff – DBonhoeffer, Nachfolge, 1937, 193ff – GSchrenk, Art. ἱερός, ThWb III, 1938, 221ff – FKFeigel, Das Heilige, 1948^2 – BHäring, Das Heilige und das Gute, 1950 – FHauck, Art. ὅσιος, ThWb V, 1954, 488ff – RFDavidson, Das Heilige und das Profane, 1957 – HBardtke, Art. Heilig und Profan, EKL II, 1958, 52ff – KKoch, Die Eigenart der priesterschriftlichen Sinaigesetzgebung, ZThK 55, 1958, 36ff, bes. 41ff – GLanczkowski u. a., Art. Heilig, RGG III, 1959^3, 146ff – MNoth, Das Volk der Heiligen des Höchsten, in: ders., Ges. Studien zum AT, 1960^2 (= ThB 6) – LEKeck, The Poor and the Saints in Jewish Christianity and Qumran, ZNW 57, 1966, 54ff.

Herr

Zu den Grundgegebenheiten des menschlichen Daseins gehört es, daß wenige Macht oder Weisungsbefugnis über die anderen haben. Je nach dem, ob jene nun in Übereinstimmung erworben oder übertragen oder aber usurpiert wurde, stehen im Griech. zwei verschiedene Vokabeln zur Verfügung: Die mit δεσπότης *[despǫtæs]* zusammenhängende Wortgruppe charakterisiert den Herrn als Eigentümer und Besitzer im familiären und öffentlichen Bereich, dessen Herrschaft das Moment des Harten und Willkürlichen enthält. Die häufiger vertretene Wortgruppe κύριος *[kyrios]* etc. akzentuiert die Rechtmäßigkeit und anerkannte Autorität der Herrschaft. Wo, in Aufnahme menschlicher Verhältnisse, Gott als der Herr bezeichnet wird, findet sich überwiegend die Bezeichnung κύριος *[kyrios]*, nur sehr selten δεσπότης *[despǫtæs]*. – Dem Herrn steht in der Antike der Knecht (δοῦλος *[dǫulos]*, → Sklave) gegenüber.

δεσπότης

δεσπότης *[despǫtæs]* (Haus-)Herr, Besitzer · οἰκοδεσπότης *[oikodespǫtæs]* Hausherr · οἰκοδεσποτέω *[oikodespotę̄ō]* (das Haus) regieren, verwalten

I δεσπότης *[despǫtæs]* (zusammengesetzt aus δόμος *[dǫmos]*, das *Haus,* und πόδις *[pǫdis]*, urspr. πότις *[pǫtis]*, *Herr*) heißt a) der *Hausherr* (der meist die absolute Macht über sein Haus besaß); b) der *Herr* (im Gegensatz zum Sklaven); c) der *Eigentümer; Besitzer;* d) im Zuge der politischen Entwicklungen vom häuslichen auf den politischen Bereich übergehend der *Herrscher,* der sich durch seine Machtfülle und Willkür (bes. gegenüber unterworfenen Völkern) auszeichnet. δεσπότης *[despǫtæs]* – vom uneingeschränkten Besitz ausgehend – eignet oft das Moment des Harten und Willkürlichen, während → κύριος *[kyrios]* stärker das Moment der Rechtmäßigkeit, mit der jemand verfügt, innewohnt.

οἰκοδεσπότης *[oikodespǫtæs]*, der *Hausherr,* von der Etymologie her gesehen ein Pleonasmus, ist im Sprachgebrauch der Profangräzität ein term. techn. der Astrologie: Die Planeten sind οἰκοδεσπόται *[oikodespǫtai]* in einem bestimmten Zeichen des Tierkreises.

II In der LXX kommt δεσπότης *[despǫtæs]* nur ca. 60mal vor; wo hebr. Grundtext vorliegt, vor allem Übers. von *'adōn(aj)*. Das Wort tritt gegenüber dem konkreten → κύριος *[kyrios]* zurück. Das hängt sicherlich damit zusammen, daß δεσπότης *[despǫtæs]* als Ausdruck der willkürlichen, uneingeschränkten Verfügungsgewalt ohne konkrete Bestimmung, w o r i n sich diese Macht äußert, der Gottesvorstellung Israels fremd sein mußte. Denn Israel hat das Herrsein Gottes gerade in seinem gnädigen, rettenden, dh geschichtlichen Handeln erfahren. Wo es gebraucht wird (vor allem in den jüngeren Schriften), hebt es vor allem Gottes Allmacht bes. hervor. Das Zurücktreten des Begriffes δεσπότης *[despǫtæs]* gegenüber → κύριος *[kyrios]* ist also theol. bedeutsam. – οἰκοδεσπότης *[oikodespǫtæs]* fehlt in LXX ganz.

III 1) Im NT begegnet das Wort 10mal. a) 3mal wird Gott in der Gebetsanrede δεσπότης *[despǫtæs]* genannt (Lk 2,29 im Gegensatz zu δοῦλος *[dǫulos]*; Apg 4,24; Offb 6,10 Zitat aus Sach 1,12; Ps 79,5, wo LXX κύριε *[kyrie]* übers.!).

b) 2mal wird δεσπότης *[despǫtæs]* auf Christus bezogen: 2Petr 2,1 (Christus hat uns erkauft, wobei das Bild vom Loskauf des Sklaven im Hintergrund steht) und davon abhängig Jud 4 (δεσπότης *[despǫtæs]* neben κύριος *[kyrios]*). An beiden Stellen steht der Begriff im Zusammenhang antihäretischer Aussagen. Jesus wird von den Irrlehrern als der δεσπότης *[despǫtæs]* geleugnet. Ist hier »die gebietende, Einfluß und Macht ausübende Funktion Jesu« gemeint, und daß die Irrlehrer »Jesus nicht auch praktisch als den anerkennen, nach dessen Willen sie sich zu richten haben« (So Rengstorf, 48)? Diese Intepretation ist vom Zusammenhang und von 2Petr 2,1 her wahrscheinlicher als die, Jesus hier betont als den Allmächtigen neben Gott gestellt zu sehen.

c) Von irdischen Herren in der Bedeutung *Besitzer* begegnet es 1Tim 6,1f; Tit 2,9 (δοῦλοι *[dǫuloi]* und δεσπόται *[despǫtai]* gegenübergestellt; vgl. Eph 6,5; Kol 3,22: δοῦλοι *[dǫuloi]* und κύριοι *[kyrioi]*); 1Petr 2,18 (οἰκέται *[oikętai]* und δεσπόται *[despǫtai]* gegenübergestellt). Die Sklaven werden ermahnt, ihren Herren gehorsam zu sein, damit der Glaube nicht wegen ihres Ungehorsams verlästert wird. In zunächst bildlicher Redeweise finden wir es 2Tim 2,21 im Sinn von *Hausherr:* Wer sich von falschen Lehren reinigt, ist ein Gefäß, das zur Ehre bestimmt ist, geheiligt und dem δεσπότης *[despọtæs]* nützlich; hier ist δεσπότης *[despọtæs]* auf Christus zu beziehen.

2) οἰκοδεσπότης *[oikodespọtæs]* kommt im NT 12mal vor, bes. bei Mt (10,25; 13,52; 24,43; in Gleichnissen veranschaulicht δεσπότης *[despọtæs]* das Handeln Gottes an der Verhaltensweise des *Hausherrn:* 13,27; 20,1.11; 21,33; vgl. Lk 14,21), wo es hebr. *ba'al habbajit = Haus-, Grundbesitzer* entspricht. Häufig steht es zusammen mit ἄνθρωπος *[ạnthrōpos]*, der *Hausherr*, der über sein »Haus« verfügt. In Mk 14,14 wird der Besitzer des Esels, auf dem Jesus in die Stadt einreiten will, als οἰκοδεσπότης *[oikodespọtæs]* bezeichnet. Pleonastisch steht οἰκοδεσπότης *[oikodespọtæs]* in Lk 22,11. In Mt 13,52 wird der zum Himmelreich gelehrte Schriftgelehrte einem οἰκοδεσπότης *[oikodespọtæs]* verglichen, der aus seinem Schatz Altes und Neues austeilt. Mt 24,43: wenn der οἰκοδεσπότης *[oikodespọtæs]* wüßte, wann der Dieb kommt, würde er wachen. In dem Gleichnis Lk 13,25ff ist Jesus der οἰκοδεσπότης *[oikodespọtæs]*, der die Tür zuschließen wird vor denen, die sich verspätet haben: Jesus wird unter dem Bild des οἰκοδεσπότης *[oikodespọtæs]* als *Herr* des Reiches Gottes bezeichnet. In einem weiteren Bildwort (Mt 10,25) spricht Jesus von sich selbst als οἰκοδεσπότης *[oikodespọtæs]*: Seine Gegner haben ihn Beelzebul gescholten (Mt 12,24; vgl. 9,34), um wie viel mehr werden seine Hausgenossen, dh seine Jünger und Anhänger Verleumdungen ausgesetzt sein. οἰκοδεσπότης *[oikodespọtæs]* steht hier parallel zu διδάσκαλος *[didạskalos]* und κύριος *[kyrios]* (V. 24f) und charakterisiert das Verhältnis zwischen Jesus und der Jüngerschaft als Leidensnachfolge.

οἰκοδεσποτέω *[oikodespotẹō]*, *Haus und Familie verwalten*, findet sich nur 1Tim 5,14 als Anweisung für die jüngeren Frauen, die heiraten und den Haushalt führen (Z) sollen.

H. Bietenhard

κύριος

κύριος *[kyrios]* Herr, Herrscher; mächtig · κυρία *[kyria]* Herrin · κυριακός *[kyriakos]* zum Herrn gehörend · κυριότης *[kyriotæs]* Herrschaft · κυριεύω *[kyrieuō]* herrschen · κατακυριεύω *[katakyrieuō]* beherrschen, unterjochen, überwältigen

I

κύριος *[kyrios]* (seit Pindar belegt; Adj. zu τὸ κῦρος *[to kyros]* = *Gewalt, Macht*) bedeutet *gewaltig, mächtig;* substantiviert: *Herr, Herrscher;* derjenige, welcher (über Menschen, Dinge, sich selbst) Verfügungsgewalt hat. κύριος *[kyrios]* enthält immer das Moment des Rechtmäßigen und der Autorität. κύριος *[kyrios]* steht oft neben → δεσπότης *[despọtæs]*, das vor allem den *Besitzer* (mit dem Nebensinn des Willkürlichen) bezeichnet. Später wurde ganz allg. der *Höhergestellte* als κύριος *[kyrios]* bezeichnet und mit κύριε *[kyrie]* (femininum κυρία *[kyria]*) angeredet. Von da aus ist das Wort als Lehnwort in das Hebr. des Talmud und Midrasch eingedrungen, auch in die aram. Sprache (vgl. zB Targum Hi 5,2; Targum Ps 53,1 als Gottesbezeichnung).

1) Im Griechentum der älteren Zeit wird κύριος *[kyrios]* nicht als Bezeichnung für Götter verwendet, da weithin der Glaube an einen persönlichen Schöpfergott fehlt; die Götter sind nicht Schöpfer und Herren des Schicksals, sondern ihm wie die Menschen unterworfen. Letztlich gehören Götter und Menschen derselben Wirklichkeit an (vgl. den Anfang von Pindars Ode an Alkimidas). Deshalb versteht sich der Grieche jener Zeit nicht als → Sklave (δοῦλος *[doulos]*), der von einem Gott abhängig wäre. Ebensowenig fühlt er sich den Göttern gegenüber persönlich verantwortlich. Nur insofern die Götter über einen bestimmten Einzelbezirk der Welt regieren, können sie κύριοι *[kyrioi]* genannt werden.

2) Anders liegen in dieser Hinsicht die Dinge im Orient. Hier sind »die Götter Herren der Wirklichkeit, sie haben das Schicksal in der Hand« (Foerster, ThWb III,1047). Götter schufen den Menschen, der ihnen gegenüber auch eine persönliche Verantwortung hat. Die Götter können rettend, strafend und richtend in das Leben der Menschen eingreifen; sie setzen auch Recht und Gesetz, das sie – zB durch den König – den Menschen kundtun. Deshalb werden sie als »Herren« bezeichnet.

3) Belege, die den Titel κύριος *[kyrios]* in hell. Zeit auf Götter oder Menschen anwenden, finden sich erst im 1. Jh. vChr. κύριος βασιλεύς *[kyrios basileus]* = *Herr (und) König* ist für die

Zeit zwischen 64–50 vChr mehrfach bezeugt. Kaiser Augustus wurde 12 vChr in Ägypten θεὸς καὶ κύριος *[theos kai kyrios]* = *Gott und Herr* genannt; in Oberägypten die Königin Kandake (vgl. Apg 8,27) ἡ κυρία βασίλισσα *[hæ kyria basilissa]* = *die Herrin (und) Königin*. Auch auf Herodes den Gr., Agrippa I., Agrippa II. wird der Titel κύριος *[kyrios]* angewandt. Außer den Herrschern konnten diesen Titel auch hohe Beamte erhalten (zB ein ptolemäischer Stratege). Dasselbe wie für Ägypten dürfte für Syrien gelten: Erst vom 1. Jh. vChr an nannte man den orientalischen Herrn κύριος *[kyrios]*. So erscheinen Titulaturen wie κύριος θεός *[kyrios theos]* = *Herr (und) Gott*; κύριος βασιλεύς *[kyrios basileus]* = *Herr (und) König*; κύριος στρατηγός *[kyrios stratægos]* = *Herr (und) Feldherr*. Auf die Götter wird κύριος *[kyrios]* da bezogen, wo auch im jeweiligen Volkstum und in der entsprechenden Sprache die Götter »Herr« genannt werden. In diesem Fall ist κύριος *[kyrios]* Übers. der ihm zugrundeliegenden semitischen Äquivalente (zB *'adōn, mārā*, fem. *rabbat*). Diese Bezeichnungen sind immer mit Personalsuffixen (mein, unser usw.) verbunden und werden einem Gottesnamen vorangestellt. Wo κύριος *[kyrios]* gebraucht wird, steht der sich »Knecht« (→ Sklave, Art. δοῦλος) nennende Mensch in einer persönlichen Beziehung und Verantwortung vor dem Gott, der seinerseits persönliche Autorität ausübt. Wenn zB das semitische *'adōn* den Herrn bezeichnete, der Gewalt hatte, ergab sich im Griech. von selbst κύριος *[kyrios]* als Äquivalent. Einzelne Götter wurden als »Herren« ihrer Kultgemeinden und der einzelnen Kultgenossen verehrt. Verehrung eines dieser κύριοι *[kyrioi]* schloß die Existenz oder gar die Verehrung anderer »Herren« nicht aus. Dabei wird keiner von ihnen als Weltherrscher angesehen oder verehrt.

4) Die röm. Kaiser Augustus und Tiberius lehnten in Übereinstimmung mit dem röm. Rechtsempfinden die orientalische Form der Monarchie ab und damit auch die Plerophorie, die mit dem κύριος *[kyrios]*-Titel verbunden war. Caligula aber ließ sich den κύριος *[kyrios]*-Titel gefallen. Seit Nero, der auf einer Inschrift als ὁ τοῦ παντὸς κόσμου κύριος *[ho tou pantos kosmou kyrios]* = *Herr der ganzen Welt (Weltall)* bezeichnet wird, taucht der κύριος *[kyrios]*-Titel wieder häufiger auf. Einer der ältesten Belege dafür ist Apg 25,26! Kompromittiert wurde der κύριος *[kyrios]*-Titel wieder durch Domitian, der sich *dominus ac deus noster* = *unser Herr und Gott* nannte. Nach Domitians Tod wurde mit seinem Andenken *(damnatio memoriae)* auch diese Titulatur verabscheut. Dennoch setzte sie sich später von neuem durch. An und für sich bezeichnet der Titel κύριος *[kyrios]* den Kaiser nicht als Gott; wenn er aber göttliche Ehren genießt, dann gilt der Titel »Herr« auch als Gottesprädikat. Gegen einen solchen religiösen, die Gewissen in Anspruch nehmenden und belastenden Anspruch – gegen den Totalstaat! – wandten sich die Christen.

II 1) In der LXX kommt κύριος *[kyrios]* über 9000mal vor. Das Wort ist zunächst Übers. von *'adōn(aj)*, wobei es sich 190mal auf Menschen bezieht; nur 15mal gibt es *ba'al* wieder. Während *ba'al* im Ehe- und Bodenrecht den *Besitzer* einer Frau bzw. eines Grundstückes bezeichnet (zB Hos 2,18; Ri 19,22.23), ist *'adōnaj* sozial bestimmt und meint den gebietenden und verantwortlichen »Chef« einer Gruppe (zB 1Sam 25). Selten wird Jahwe »Besitzer« (Hos 2,18) genannt, häufiger »Herr« der ihm zugehörigen *societas* (Ps 123,2).

Daneben kann κύριος *[kyrios]* auch für *g^ebir* = *Gebieter* oder (aram.) *mārā* = *Herr* oder *schallīt* = *Herrscher* stehen. An der überwiegenden Zahl der Stellen jedoch (6156mal) gibt κύριος *[kyrios]* den hebr. Eigennamen Gottes, *JHWH* (das Tetragramm), wieder. Dh die LXX hat damit die Tendenz verstärkt, die Aussprache des göttlichen Eigennamens zu vermeiden und sie endlich ganz zu umgehen. Die Ersetzung des Eigennamens »Jahwe« durch den Titel *'adōnaj* ist eine Konsequenz der Entwicklung, die Israel von der Nationalreligion der vorexilischen Zeit zur »internationalen« Religion der alexandrinischen Zeit durchgemacht hat. Stand theologisch zunächst die Herausführung aus Ägypten im Mittelpunkt, so verlagert sich nach dem Exil der Akzent auf die Weltschöpfung. Wo also κύριος *[kyrios]* Wiedergabe von *'adōn* oder *'adōnaj* ist, handelt es sich um wirkliche Übers., wo es dagegen für Jahwe steht, ist es deutende Umschreibung für all das, was der hebr. Text mit dem göttlichen Eigennamen verbindet: Jahwe ist Schöpfer und Herr des ganzen Kosmos, der Menschen, Herr über Leben und Tod. Vor allem ist er der Gott Israels, seines Bundesvolkes. Mit der Wahl des Wortes κύριος *[kyrios]* für Jahwe wird auch im griech. Text vor allem das Moment des Rechtmäßigen betont: weil Jahwe sein Volk aus Ägypten rettete und es zu seinem Eigentum erwählte, ist er der rechtmäßige Herr Israels. Als Schöpfer der Welt ist er auch ihr rechtmäßiger Herr, der über sie unumschränkte Verfügungsgewalt hat.

2) Neuere Textfunde lassen es als zweifelhaft erscheinen, ob schon die Verfasser der LXX das Tetragramm *JHWH* mit κύριος *[kyrios]* übersetzt haben. Die ältesten uns jetzt zur Verfügung stehenden LXX-Hss. (Fragmente) schreiben mitten im griech. Text das Tetragramm in hebr. Buchstaben; dieser Brauch wurde von späteren jüd. Übersetzern des AT noch in den ersten Jh.en der christl. Zeit beibehalten (Eine LXX-Hs. aus Qumran gibt das Tetragramm mit IAΩ *[IAO]* wieder). Auf Grund dieser Belege ist die These vertreten worden, daß die durchgehende Verwendung von κύριος *[kyrios]* für das Tetragramm im Text der LXX vor allem das Werk christl. Schreiber des Textes gewesen sei (Kahle, The Cairo Geniza, 222). Beim mündlichen Vortrag des griech. Bibeltextes dagegen wurde das Tetragramm schon bei den Juden mit κύριος *[kyrios]* wiedergegeben.

3) In der spätjüd. Lit. begegnet κύριος *[kyrios]* als Bezeichnung für den Gott Israels zum ersten Male in der Weish (27mal), dann vor allem häufig bei Philo von Alexandrien und Josephus. Philo scheint nicht mehr gewußt zu haben, daß κύριος *[kyrios]* Wiedergabe des Tetragramms war; denn für ihn ist das Wort θεός *[theos]* = *Gott* ein Hinweis auf die »gnädige Macht« Gottes, mit κύριος *[kyrios]* dagegen bezeichnet er Gottes »königliche Macht« (zB Som. I,163). Da die frühesten ägyptischen und syrischen Belege für die Bezeichnung von Göttern als κύριοι *[kyrioi]* = *Herren* aus dem 1. Jh. vChr stammen, wird die Wiedergabe des Tetragramms durch κύριος *[kyrios]* mit dieser außerjüd. Benennung zusammenhängen. Um dieselbe Zeit schrieben hebr. Bibel-Hss. der Qumran-Essener statt des Tetragramms hebr. *'adōnaj* = *Herr* (einige Fragmente aus den Höhlen heben das Tetragramm mit althebr. Schrift hervor, während der Text sonst in Quadratschrift geschrieben ist). Die nichtbiblischen Texte von Qumran lassen erkennen, daß *'adōnaj* vor allem als Gebetsanrede und darum überwiegend in liturgischen Zusammenhängen begegnet (1QM 12,8.18; 1QH passim; 1QS b; 1Q 34; 4QDib Ham).

4) In der aram. Rolle des sog. Genesisapokryphons (1QGenAp) wird Gott mit *māri* = *mein Herr* angeredet. Abgesehen von diesem Beleg findet sich diese Anrede im Aram. sonst nicht. Im gleichen Text begegnet einmal *māri* als Anrede von einer Frau an ihren Mann. Sonst wird im Aram. mit *mār* = *Herr* (mit Personalsuffixen) nur eine Persönlichkeit angeredet, die besondere, vor allem juristische oder Lehrautorität hat (Schulz, 134ff).

Von den 718 Stellen, an denen κύριος *[kyrios]* im NT vorkommt, entfallen die meisten Belege auf die lukanischen Schriften (210) und auf die Paulusbriefe (275). Diese Häufung erklärt sich aus dem griech. Lebensraum und hell. Sprachbereich der Menschen, für die Lukas und an die Paulus schrieb. Das stärker in judenchristl. Tradition beheimatete MkEv dagegen verwendet den κύριος *[kyrios]*-Titel nur 18mal, und zwar meistens in Zitaten. Die restlichen κύριος *[kyrios]*-Stellen verteilen sich auf die übrigen nt. Schriften, wobei auf Mt 80, Joh 52, Hebr 16, Jak und 2Petr je 14 und die Offb 23 Belege entfallen. Dem vielfältigen Gebrauch in der LXX entspricht es, daß auch im NT κύριος *[kyrios]* eines der am häufigsten verwendeten Worte ist. III

1) Der p r o f a n e Gebrauch von κύριος *[kyrios]*.

Der κύριος *[kyrios]* steht dem → Sklaven gegenüber (Mt 10,24f; 18,25.27; 25,19; Lk 12,36f.46; Eph 6,5.9; Kol 3,22). κύριος *[kyrios]* bezeichnet den *Besitzer* (Mk 12,9; Lk 19,33; Mt 15,27; Gal 4,1), den *Arbeitgeber* (Lk 16,3.5). Als κύριος *[kyrios]*, dh als Übergeordneter, tritt der Mann seiner Frau gegenüber (1Petr 3,6; vgl. LXX Gen 18,12). Semitischer (palästinischer) Sprachgebrauch wirkt nach, wenn ein Gen. das Wort κύριος *[kyrios]* näher bestimmt (Mk 12,9; Lk 10,2 u. ö.). κύριος *[kyrios]* in der Anrede kann die Vollmacht des Angeredeten über den Untergebenen hervorheben, es kann aber auch bloße Höflichkeitsformel sein (Mt 18,21f; 25,20ff; 27,63; Lk 13,8; Joh 12,21; 20,15; Apg 16,30). Es findet sich auch als Anrede an Engel (Apg 10,4; Offb 7,14) und an die unbekannte himmlische Erscheinung vor Damaskus (Apg 9,5; 22,8.10; 26,15). Doppelt gesetztes κύριος *[kyrios]* entspricht palästinischem Sprachgebrauch (Mt 7,21f; 25,11; Lk 6,46). Semitisch ist auch der Gebrauch des Nominativs mit Artikel anstelle des Vokativs (Joh 20,28; Offb 4,11), ebenso die Beifügung eines Subst. im Gen. anstelle eines Adj. (1Kor 2,8; 2Thess 3,16).

2) G o t t als der κύριος *[kyrios]*.

Anschließend an den Sprachgebrauch der hell. Synagoge wird Gott häufig κύριος *[kyrios]* genannt, vor allem in den zahlreichen Zitaten aus dem AT, in denen für Jahwe κύριος *[kyrios]* steht – entsprechend dem Brauch, in der mündlichen Lesung statt des Tetragramms den κύριος *[kyrios]*-Namen auszusprechen (Röm 4,8; 9,28f; 10,16; 11,3.34; 14,11; 15,11; 1Kor 3,20; 14,21 u. ö.). Häufig begegnet κύριος *[kyrios]* als Gottesbezeichnung in der lukanischen Vorgeschichte (Lk 1,32; 2,9 u. ö.). Dem Sprachgebrauch des AT entspricht es, wenn einem Wort κύριος *[kyrios]* im Gen. beigefügt wird: die Hand des κύριος *[kyrios]* (Lk 1,66; Apg 11,21), der Engel des κύριος *[kyrios]* (Mt 1,20; 2,13; 28,2; Lk 1,11; 2,9; Apg 5,19; 8,26; 12,7), der Name des κύριος *[kyrios]* (Jak 5,10.14), der Geist des κύριος *[kyrios]* (Apg 5,9; 8,39), das Wort des κύριος *[kyrios]* (Apg 8,25; 12,24; 13,48f; 15,35f). At. ist auch die Formel »spricht der κύριος *[kyrios]*« (Röm 12,19; 2Kor 6,17; Offb 1,8). Der at. Wendung κύριος ὁ θεός *[kyrios ho theos]* fügt der Verfasser der Offb gelegentlich ein verstärkendes feierliches παντοκράτωρ *[pantokratōr]* = *Allherrscher* hinzu (Offb 1,8; 4,8; 11,17; 16,7; 19,6; 21,22). An die Selbstprädikation Domitians (vgl. I,3) erinnert die Formel ὁ κύριος καὶ ὁ θεὸς ἡμῶν *[ho kyrios kai ho theos haemōn]* = *unser Herr und Gott* (Offb 4,11; vgl. Joh 20,28). Singulär sind die liturgischen Formeln Offb 11,15; 22,6. An jüd. Redeweise *(ribbōnō schael 'ōlām,* aram. *mārē 'ālemā* = *Herr der Welt)* knüpft Jesus an, wenn er Gott den Vater als »κύριος *[kyrios]* des Himmels und der Erde« anredet (Mt 11,25; Lk 10,21). Gott ist der κύριος *[kyrios]* der (eschatologischen) Ernte (Mt 9,38). Gott ist der einzige Herrscher, der König der Könige und der κύριος *[kyrios]* der Herrschenden (vgl. Dan 2,47), der unseren κύριος *[kyrios]* Jesus Christus erscheinen lassen wird (1Tim 6,15). Gott ist Schöpfer und als solcher Herr des Alls (Apg 17,24). Indem Gott im NT als κύριος *[kyrios]* angeredet und bekannt wird, wird damit bes. seine Schöpferkraft, seine Geschichtsmächtigkeit und seine rechtmäßige universale Herrschaft über das Weltall zum Ausdruck gebracht.

3) J e s u s als der κύριος *[kyrios]*.

a) Der irdische Jesus als κύριος *[kyrios]*.

Zunächst entspricht die Bezeichnung Jesu als κύριος *[kyrios]* der Anrede, mit der der irdische Jesus wie andere Personen auch angeredet wurde. Diese Anrede wird auf den Titel Rabbi (vielleicht auch auf *māri, mārā*) zurückgehen: vgl. Mk 9,5 (ῥαββί *[rabbi]*) mit Lk 9,33 (ἐπιστάτα *[epistata]* = *Herr*) und Mt 17,4 (κύριε *[kyrie]*; vgl. Joh 4,14f; 5,7; 6,34; 13,6 u. ö.). Die Anrede beinhaltet auch die Anerkennung Jesu als Gebieter und schließt die Bereitschaft in sich, ihm zu gehorchen (Mt 7,21; 21,29ff; Lk 6,46). Als der Menschensohn (→ Sohn Gottes, Art. υἱὸς τοῦ ἀνθρώπου) ist Jesus auch der κύριος *[kyrios]* über den Sabbat, dh er hat Verfügungsgewalt über den heiligen Tag des Gottesvolkes (Mk 2,28f). Die Worte des irdischen Jesus haben auch nach seinem Tod und seiner Auferstehung unbedingte Autorität für die Gemeinde: Paulus beruft sich auf Worte des κύριος *[kyrios]*, die eine Frage endgültig entscheiden (1Kor 7,10.12.25; 1Thess 4,15; vgl. Apg 11,16; 20,35).

b) Der erhöhte Jesus als κύριος *[kyrios]*.

Wohl aus der vorpaulinischen hell. Gemeinde stammt der gottesdienstliche Bekenntnisruf κύριος Ἰησοῦς *[kyrios Iæsous]* = *Herr (ist) Jesus.* Dieses Bekenntnis ist eines der ältesten, wenn nicht das älteste christl. Glaubensbekenntnis überhaupt. Mit diesem Ruf unterstellt sich die nt. Gemeinde ihrem Herrn, sie bekennt ihn damit aber auch als Weltherrscher (Kosmokrator; vgl. Röm 10,9a; 1Kor 12,3; Phil 2,11): Gott hat Jesus von den Toten auferweckt und zum universalen κύριος *[kyrios]* erhöht. Dabei hat er ihm »den Namen gegeben, der über alle Namen ist« (Phil 2,9ff; vgl. Jes 45,23f), nämlich seinen eigenen Herrennamen und damit die Stellung, die diesem Namen entspricht. Der erhöhte κύριος *[kyrios]* Christus herrscht über die Menschheit (Röm 14,9). Alle Mächte und Wesen im Kosmos sollen vor ihm ihre Knie beugen, und indem das geschieht, wird Gott, der Vater, geehrt (vgl. Eph 1,20f; 1Petr 3,22). Das wird dahin entfaltet, daß Christus der Herrscher über alle Könige der Erde, Herr der Herren und König der Könige genannt wird (Offb 1,5; 17,14; 19,15f). Auf diese Weise erhält Jesus Christus dieselben Würdeprädikate wie Gott selbst (1Tim 6,15; vgl. Dan 2,47). Nach zeitgenössischem jüd. Glauben werden die verschiedenen Bereiche der Welt in Natur und Geschichte von Engelmächten regiert. Da nun Jesus zum κύριος *[kyrios]* erhöht wurde, sind alle Mächte ihm unterworfen und müssen ihm dienen (Kol 2,6.10; Eph 1,20f). Wenn Christus alle Mächte überwunden haben wird (1Kor 15,25), wird er sich Gott, dem Vater, unterwerfen. Damit erreicht die Herrschaft Jesu ihr Ziel, und Gott wird alles in allem sein (1Kor 15,28): Den vielen Göttern und Herren der heidnischen Welt steht der eine Gott und der eine κύριος *[kyrios]* Jesus gegenüber (1Kor 8,5f; vgl. Eph 4,5f). Vgl. → Reich.

Den Schriftbeweis für die Erhöhung Jesu und für seine Herrenstellung fand man in Ps 110,1 (vgl. Apg 2,34ff; Hebr 1,13; Mt 22,24 u. ö.). Was die jüd. Deutung dieser Ps-Stelle von der messianischen Zukunft erwartete – die messianische Deutung wurde im Judentum aus Opposition gegen die Kirche lange Zeit unterdrückt –, ist für den Glauben der Christen in die Gegenwart verlegt: Die Herrschaft des Messias Jesus ist jetzt da; er übt verborgen Gottes Vollmacht und Herrschaft über die Welt aus und wird sie in eschatologischer Zukunft vollenden. Krönung und Höhepunkt dieses Glaubens an den erhöhten Christus ist das Bekenntnis des Thomas (Joh 20,28): ὁ κύριός μου καὶ ὁ θεός μου *[ho kyrios mou kai ho theos mou] = mein Herr und mein Gott.* In der Herrenstellung Jesu sah die Urchristenheit keine Beeinträchtigung des Monotheismus, sondern seine Bestätigung (1Kor 8,6; Eph 4,5f; Phil 2,11). Gott ist es, der den Herrn Jesus erhöht (Apg 2,36) und zum Herrn aller Dinge gemacht hat.

Soweit wir feststellen können, wurde in nt. Zeit nicht über das Verhältnis des erhöhten Christus zu Gott, dem Vater, reflektiert, wie das die spätere kirchliche Lehre tat. Man wird vielleicht sagen können, daß im NT zwar eine ausgeführte Trinitätslehre fehlt, daß aber – zumindest in den späteren Schichten – trinitarisch gedacht wurde.

c) κύριος *[kyrios]* und Herrenmahl.

Vom κύριος *[kyrios]* ist bes. im Zusammenhang mit dem → Herrenmahl oft die Rede. Es begegnen die zT vorpaulinischen Wendungen »Tisch des κύριος *[kyrios]*« (1Kor 10,21), »der Tod des κύριος *[kyrios]*« (1Kor 11,26), »Kelch des κύριος *[kyrios]*« (1Kor 10,21; 11,27), »den κύριος *[kyrios]* erzürnen« (1Kor 10,22), »den κύριος *[kyrios]* nicht lieben« (1Kor 16,22), »der κύριος *[kyrios]* Jesus, in der Nacht, da er verraten wurde« (1Kor 11,23), »vom κύριος *[kyrios]* empfangen« (1Kor 11,23), »Herrenmahl« (1Kor 11,20), »vom κύριος *[kyrios]* gerichtet werden« (1Kor 11,32), »schuldig werden am Leib und Blut des κύριος *[kyrios]*« (1Kor 11,27). Diese verschiedenen Formulierungen lassen das Herrenmahl als den Ort erkennen, an dem sich die Gemeinde in besonderer Weise dem heilschaffenden Handeln des κύριος *[kyrios]* unterstellt und an seinem Leib wie seiner Macht Anteil erhält.

d) κύριος *[kyrios]* und Geist.

Paulus lehrt in 1Kor 12,3 die Gemeinde unterscheiden, welcher Christ im heiligen Geist redet und welcher nicht: »Herr ist Jesus« kann einer nur rufen, wenn er vom heiligen Geist erfüllt ist. Wer dadurch zum neuen → Bund gehört, daß er sich zu Jesus als dem κύριος *[kyrios]* bekennt, gehört in die Sphäre des → Geistes, nicht mehr in den Bereich des alten Bundes und des Buchstabens, sondern er steht damit in der Freiheit: »Wo der Geist des Herrn ist, da ist Freiheit« (2Kor 3,17).

e) κύριος *[kyrios]* im Briefformular.

Im Eingangsgruß (nicht im Schlußgruß) der paulinischen Briefe wird neben Gott, dem Vater, auch »der (unser) Herr Jesus Christus« erwähnt (Röm 1,7; 1Kor 1,3; 2Kor 1,3; Gal 1,3; Phil 1,2; 2Thess 1,2; 1Tim 1,2; 2Tim 1,2; Phlm 3). Der Schlußgruß hat mit der Wendung »die Gnade unseres (des) κύριος *[kyrios]* Jesu Christi sei mit euch (mit eurem Geiste, mit euch allen)« vorpaulinische Tradition aufgenommen, die letztlich im Herrenmahl wurzeln dürfte (1Kor 16,20; 2Kor 13,13; Phlm 25 u. ö.; vgl. Offb 22,17–21). Auf die heidenchristl. hell. Gemeinde wird die Bezeichnung Gottes als des Vaters Jesu Christi zurückgehen (Röm 15,6; 2Kor 1,3; 11,31; vgl. 1Petr 1,3; Eph 1,3.17; Kol 1,3): Die Formel wurde in urspr. jüd. Zusammenhang (Lobpreis Gottes) eingefügt. Dem Einen Gott, zu dem das Judentum sich bekannte, und den es in seiner Mission den Heiden predigte, entspricht der Eine κύριος *[kyrios]* Jesus Christus, der den vielen κύριοι *[kyrioi]* des Heidentums entgegengesetzt wird, und den man als Schöpfungsmittler bekennt (1Kor 8,6). So rufen christl. Missionare nicht nur zum Glauben an Gott, den Vater, sondern auch zum Glauben an den κύριος *[kyrios]* Jesus (Apg 5,14; 18,8), vgl. → Einer, Art. εἷς.

4) Die Herrschaft des κύριος *[kyrios]*.

a) Das Handeln der Gemeinde (→ Kirche) vor dem κύριος *[kyrios]* Jesus.

In allen ihren Lebensäußerungen steht die Gemeinde vor dem κύριος *[kyrios]*, der Autorität hat und sie der Gemeinde gegenüber ausübt (1Kor 4,19; 14,37; 16,7). Er läßt die Gemeinde wachsen (1Thess 3,12f), erteilt dem Apostel die Vollmacht (2Kor 10,8; 13,10), den Christen die verschiedenen Dienste (1Kor 3,5; 7,17; 12,5). Der κύριος *[kyrios]* gibt Gesichte und Offenbarungen (2Kor 12,1). Das ganze Leben der Gemeinde ist durch die Zugehörigkeit zum κύριος *[kyrios]* bestimmt (Röm 14,8). Der Leib, dh die ganze irdische Existenz der

Christen, gehört dem κύριος *[kyrios]* (1Kor 6,13); das aber schließt die Gemeinschaft mit der Dirne aus. Der κύριος *[kyrios]* gibt jedem das Maß des → Glaubens (1Kor 3,5; 7,17; Eph 4,7). Er ist der κύριος *[kyrios]* des Friedens und gibt → Frieden (2Thess 3,16), Erbarmen (2Tim 2,16) und Einsicht (2Tim 2,7). – Vom Glauben an den κύριος *[kyrios]* Christus aus bekommen auch die irdischen Herren-Sklaven-Verhältnisse einen neuen Aspekt: Der treue Dienst gegenüber irdischen κύριοι *[kyrioi]* ist Dienst am κύριος *[kyrios]* der Gemeinde (Kol 3,22ff; vgl. 1Petr 2,13).

b) Die Formeln »durch« (διά *[dia]*) und »im« (ἐν *[en]*) κύριος *[kyrios]*.

Die wohl vorpaulinische Formel »durch den (unsern) Herrn Jesus (Christus)« begegnet in den verschiedensten Zusammenhängen: Danken (Röm 7,25; 1Kor 15,57), Rühmen (Röm 5,11), Mahnen (Röm 15,30; 1Thess 4,2). In allen diesen Wendungen wurde das Wort κύριος *[kyrios]* ausgesprochen, um dadurch die Macht des erhöhten Herrn für das Leben der Gemeinde und des einzelnen in Anspruch zu nehmen.

Vor allem bei Paulus begegnet häufig die Wendung »im Herrn«, die gleichbedeutend ist mit ἐν Ἰησοῦ Χριστῷ *[en Iæsou Christō]*: eine Türe ist geöffnet zur Mission (2Kor 2,12); Paulus bezeugt und ermahnt (Eph 4,17; 1Thess 4,1), ist überzeugt (Röm 14,14; Gal 5,10; Phil 2,24), wird jemand aufgenommen (Röm 16,2; Phil 2,29), soll die Gemeinde sich freuen (Phil 3,1), soll sie stehen (Phil 4,1), arbeiten (Röm 16,12), grüßen (Röm 16,22; 1Kor 16,19). Im κύριος *[kyrios]* soll man heiraten, dh eine christl. Ehe eingehen (1Kor 7,39); stark werden (Eph 6,10), wandeln (Kol 2,6), Dienst übernehmen (Kol 4,17). »Im Herrn« ist Paulus gebunden (Eph 4,1), wird man auserwählt (Röm 16,13), ist man geliebt (Röm 16,8; 1Kor 4,17), ist die Arbeit nicht vergeblich (1Kor 15,58), hat der Christ ewiges Leben (Röm 6,23), ist die Gemeinde Licht (Eph 5,8). Das ganze Leben in Gegenwart und Zukunft ist durch die Christuswirklichkeit bestimmt, die durch diese Formel ausgedrückt wird: Paulus und seine Gemeinden stehen in der Gegenwart und unter der Macht des κύριος *[kyrios]*.

c) Parusieaussagen.

Im gegenwärtigen Leben ist der Christ getrennt vom κύριος *[kyrios]* und sehnt sich, zu ihm zu gelangen (2Kor 5,6.8). Die zur Zeit der Parusie lebenden Christen werden nach paulinischer Eschatologie dem κύριος *[kyrios]* entgegengerückt werden (1Thess 4,17). Wie bereits das ganze gegenwärtige Leben der Gemeinden und des einzelnen Christen von der verborgenen Macht des κύριος *[kyrios]* bestimmt wird, so erwartet die nt. Gemeinde von der Zukunft die sichtbare Wiederkunft Christi und die endgültige Vereinigung mit dem Herrn über Leben und Tod, denn die Gemeinde glaubt nicht nur an den gegenwärtigen Herrn, sondern auch an den kommenden. Es wird geredet vom »Tag des κύριος *[kyrios]*« (1Kor 1,8; 5,5; 2Kor 1,14; 1Thess 5,2; 2Thess 2,2), von der »Ankunft des κύριος *[kyrios]*« (1Kor 1,7; 2Thess 2,1), von der »Erscheinung des κύριος *[kyrios]*« (1Tim 6,14). Andere Stellen reden vom Kommen des κύριος *[kyrios]*, von der Begegnung mit ihm, von seiner Nähe und von seiner himmlischen Offenbarung (1Kor 4,5; Phil 4,5; 1Thess 4,16f; Jak 5,7f). Solche κύριος *[kyrios]*-Aussagen gehören mit dem eschatologischen Gebetsruf der aram. sprechenden Urgemeinde μαραναθά *[maranatha]* (→ Gegenwart) zusammen. Als der Kommende ist der Erhöhte der Richter (2Thess 1,9; 2,8) und Retter (Phil 3,20).

5) Derivate von κύριος *[kyrios]*.

a) κυρία *[kyria]* (fem. zu κύριος *[kyrios]*) = *Herrin, Gebieterin, Besitzerin, Hausfrau.* Im NT nur 2Joh 1,5, wo die Gemeinde gemeint ist: vgl. den Übergang von der 3. Person Sing. zur 2. Person Plur. in V. 6; nach V. 13 sind die Gemeinden untereinander »Schwestern« und ihre Glieder sind die »Kinder«, vgl. V. 4.13. Indem der Verf. die Gemeinde als Herrin anredet, drückt er seine Achtung ihr gegenüber aus und ehrt sie als Werk des κύριος *[kyrios]*.

b) κυριακός *[kyriakos]* (Adj. abgeleitet von κύριος *[kyrios]*) = *Herren-, zum κύριος [kyrios] gehörig.* In der Profangräzität: πρὸς τὸν κυριακὸν λόγον *[pros ton kyriakon logon]* = *zu Lasten des Eigentümers;* als Ausdruck der Verwaltungssprache: *kaiserlich.*

Im NT bezeichnet die κυριακὴ ἡμέρα *[kyriakæ hæmera]* den *Sonntag* als den Tag, an dem der κύριος *[kyrios]* auferstanden ist (vgl. Mt 28,1; Apg 20,7; 1Kor 16,2), den die Gemeinde dadurch ehrt, daß sie sich am *Herrentag* versammelt. An einem »Herrentag« hat Johannes die Offenbarung empfangen (Offb 1,10). Das κυριακὸν δεῖπνον *[kyriakọn dẹịpnon]* (1Kor 11,20) ist das Mahl des κύριος *[kyrios]*, das → *Herrenmahl*. Der Ausdruck steht in Parallele zu τράπεζα κυρίου *[trạpeza kyrịou]* (1Kor 10,21): wer am Abendmahl teilnimmt, setzt sich an den Tisch des κύριος *[kyrios]*, empfängt von ihm die Speise und verbindet sich dadurch mit ihm. Entsprechend gilt von dem, der an heidnischen Opfermahlzeiten teilnimmt, daß er in die Gemeinschaft mit Dämonen tritt.

c) κυριότης *[kyriọtæs]* = *Herrenmacht, -stellung.* Das Wort steht im NT meist im Plur. und bezeichnet eine Gruppe von → Engeln. Dabei wird betont, daß der erhöhte Christus über sie regiert (Kol 1,16; Eph 1,20f). Im Sing. steht κυριότης *[kyriọtæs]* in Jud 8; 2Petr 2,10. An diesen Stellen ist nicht an Engel gedacht, sondern an die Herrenstellung Gottes. Irrlehrer mißachten sie dadurch, daß sie Gottes Willen nicht tun.

d) κυριεύω *[kyriẹuō]* = κύριος *[kyrios] sein, als Herr sich betätigen; berechtigt sein.* In der LXX mehr als 50mal, meist als Übers. von *māschal* = *herrschen;* im NT 7mal, 6mal bei Paulus, 1mal bei Lk. Die Könige herrschen ehrgeizig (κυριεύουσιν *[kyriẹuousin]*) über die Völker (Lk 22,25), indem sie ihre Macht zu eigensüchtigen Zwecken mißbrauchen. Paulus verwendet κυριεύω *[kyriẹuō]* zur Bezeichnung von Machtverhältnissen. Weil Christus auferstanden ist, herrscht der Tod nicht mehr über ihn, dh er hat keine Gewalt mehr über ihn (Röm 6,9). Christus ist dazu gestorben und auferstanden, damit er über Tote und Lebendige herrsche (Röm 14,9). Gott ist der Herr der Herrschenden (1Tim 6,15). – Da die Christen in den Tod Jesu getauft sind und mit ihm auferweckt werden (Röm 6,3f), soll und darf die Sünde nicht mehr über sie herrschen (Röm 6,14); denn sie stehen nicht mehr unter dem → Gesetz (Art. νόμος), sondern unter der → Gnade, dh unter dem κύριος *[kyrios]* *[kyrios]* Christus (Röm 7,1.6). – Paulus will nicht über den Glauben der Korinther herrschen, sondern Gehilfe ihrer Freude sein (2Kor 1,24). Nachdem Christus sich als Herr über Sünde und Tod erwiesen hat, sollen und brauchen die Christen sich von diesen Mächten nicht mehr beherrschen zu lassen.

e) κατακυριεύω *[katakyriẹuō]* = *beherrschen, überwältigen.* Die LXX verwendet das Verb vor allem zur Bezeichnung einer Fremdherrschaft; von Gottes Herrschaft wird es nur in Jer 3,14 gebraucht. – Im NT kommt das Wort 4mal vor. Die Fürsten beherrschen die Völker: das κατα- *[kata-]* hat deutlich einen negativen Ton und besagt, daß die Herrschaft zum eigenen Vorteil der Fürsten und gegen die Interessen und das Wohl der Völker ausgeübt wird (Mt 20,25; Mk 10,42). – Die Ältesten werden dagegen ermahnt, ihren Dienst nicht als Herrscher über die Gemeinde, sondern als Vorbilder der Herde (1Petr 5,2f) auszuüben.

H. Bietenhard

ZUR VERKÜNDIGUNG V

Wer in den deutschen Bibelübersetzungen das AT liest, trifft auf das Wort »Herr«, wenn von Gott die Rede ist. Die Übersetzungen haben damit eine Lesart des Judentums übernommen; sie sind nicht dem Grundtext selber gefolgt. Im Grundtext steht da jeweils der Eigenname Gottes, Jahwe, mit dem er sich seinem Volk offenbart hat, und unter dem er angerufen werden wollte (→ Name). Aus Scheu, den Namen Gottes zu mißbrauchen oder zu verunehren, hat schon das hebr. sprechende Judentum nicht »Jahwe« gelesen sondern »Adonaj«, was »Herr« bedeutet. Als der Bibeltext mit Vokalzeichen versehen wurde, sind dann auch zu den Konsonanten des Wortes Jahwe die Vokalzeichen für Adonaj gesetzt worden oder diejenigen für das aram. *schᵉmaʿ*, dh der Name. Aus der zuerst genannten Vokalisation ergab sich aus Unkenntnis über ihre Entstehung die Namensform »Jehova« – ein Wort und eine Gottesbezeichnung, die es nie gegeben hat. Die LXX ist dem Brauch des hebr. Judentums gefolgt und hat nicht Jahwe gesagt sondern Kyrios = Herr. Aber sie hat damit verdeckt, daß Gott einen Namen hat. Diese Wiedergabe des hebr. Jahwe ist dann für die späteren Bibelübersetzungen maßgebend geworden.

Gegen diese Wiedergabe von Jahwe mit »Herr« ist so lange nichts einzuwenden, als die biblische Substanz in dem Wort Herr gegenwärtig ist, solange man also weiß: Wo dieses »Herr« erscheint, ist der lebendige Gott gemeint. Indessen hat die allgemeine Entwicklung der deutschen Sprache zu etwas ganz anderem geführt: Nicht nur Gott ist »Herr« genannt worden, sondern auch weltliche und kirchliche Obere und Machthaber aller Art – bis hin zum »Pfarrherrn«, einer Bezeichnung, die nichts mit dem NT zu tun hat und füglich aus dem Sprachgebrauch verschwinden sollte. Jedenfalls hat das Wort »Herr« seinen ursprünglichen Sinn und seine Bedeutungsfülle längst verloren. Es ist zur alltäglichen höflichen Anrede für jeden beliebigen männlichen Zeitgenossen geworden; sie ihm zu verweigern, wird als Mißachtung und Beleidigung empfunden. Wenn aber jeder Herr ist, dann ist niemand mehr Herr im ursprünglichen Sinn des Wortes; wohl aber maßt sich jedermann über alles und jedes Herrenrechte an. Die Sprache hat an diesem Punkt einen Verlust an Sinn und Substanz erlitten, der sich auch auf die Verkündigung der Kirche auswirkt. Etwas vom ursprünglichen Gehalt des Wortes hat nur seine Femininform behalten: »Herrin« ist auch in der Alltagssprache etwas anderes als »Herr«.

Vgl. E. Wiechert, Jerominkinder (zitiert bei FMelzer, Das Wort in den Wörtern, 215): »Ich wundere mich, Jeromin, daß die Sprachforscher auf solche Dinge so wenig achten. Früher hieß nur einer der ›Herr‹, und das war Gott. Können Sie sich denken, daß man ›Herr Moses‹ oder ›Herr Abraham‹ sagte? Und dann ging es auf die Könige über, und dann auf den Edelmann, und heute ist der Pedell an der Alma Mater ein Herr . . . Es gibt zuviel Herren auf dieser Erde, Jeromin. Deshalb ist es so herrlich, und deshalb wird es kein gutes Ende mit ihr nehmen.«

Man muß sich also darüber klar sein, daß wir dem modernen Menschen keineswegs etwas Eindrückliches, ihn Bewegendes sagen, wenn wir in der Predigt Gott oder Christus als den »Herrn« bezeichnen. Das Wort ist noch zusätzlich dadurch entwertet worden, daß man in halb- oder pseudoreligiöser Redeweise von Gott als dem »Herrgott« spricht. Dabei bleibt zwar unklar, was für ein Gottesbegriff solcher Redeweise zugrundeliegt, aber die Vokabel »Herrgott« dürfte einen ganzen Komplex von Gedanken, Gefühlen und Stimmungen allgemein religiöser oder humanistischer Art decken, unter denen sich auch Erinnerungen oder Restbestände aus der christl. Botschaft befinden. Oder handelt es sich einfach um einen neuheidnischen Götzen, unter dem jeder etwas anderes und die meisten nichts verstehen? Jedenfalls hat dieser »Herrgott« eine ebenso auffällige wie bedenkliche Nähe zum »Baal« des AT, und »Baal« bedeutet ja nun auch »Herr«!

Zur Entleerung des biblischen Verständnisses von »Herr« hat nicht zuletzt auch die christl., scheinbar so fromme Redeweise vom »Herrn Jesus« beigetragen. Auch sie läßt wenig sichtbar werden vom Gehalt des nt. Bekenntnisses »Jesus Christus ist Herr«. Ist sie nicht vielmehr zu einer plump-vertraulichen, verharmlosenden und süßlich-sentimentalen Floskel geworden, die sowohl den ernsthaft suchenden Menschen wie den Außenstehenden abstößt?

Alledem gegenüber hat die Predigt die Aufgabe, den biblischen Gehalt der Rede von Gott oder Christus als dem »Herrn« herauszustellen: Der in Jesus Christus sich offenbarende Gott als Schöpfer, Herrscher, Richter und Vollender der Welt, der Menschheit und ihrer Geschichte. Jesus Christus, der am Kreuz Gestorbene, der Auferstandene, als Herr seiner Gemeinde, der Augen hat wie eine Feuerflamme und aus dessen Mund ein scharfes, zweischneidiges Schwert geht (Offb 1,14), der ihr gebietend, richtend und tröstend gegenübertritt. Christus als Herrscher über alle sichtbaren und unsichtbaren Mächte der Schöpfung; Christus als der Wiederkehrende, der seine Gemeinde vollenden wird, und der auch Gottes Heilsplan mit der Welt vollendet. Er hat diesen Anspruch, der Herr zu sein, erworben durch seinen Dienst der Selbsthingabe bis zum Tod am Kreuz. In ihm sehen wir, was »Herr« wirklich ist und meint: der Herr als Knecht und Diener aller (Mk 10,45; Phil 2,5–11). Ob wir nun Gott oder Christus als Herrn bezeichnen oder ob wir ihm einen anderen Hoheitstitel geben, es geht darum, eine Ausdrucksweise zu finden, an der sichtbar wird, daß wir ihm Ehre erweisen, ihn anerkennen als den, der unser Leben und das Leben der Welt allein gültig und legitim bestimmt. Der Herrenname stellt eine Relation her, eine verbindliche und verpflichtende Beziehung zwischen dem, der ehrt, und dem, der geehrt wird. Es muß der Verkündigung darum zu tun sein, auch in neu zu suchenden Umschreibungen dieses Gefälle unübersehbar zu machen und nicht etwa bloß partnerschaftlich zu überdecken.

Indem diese biblischen Linien betont werden, ergibt sich eine Abgrenzung gegenüber alledem, was sich heute als »Herr« gebärdet, dh was Anspruch auf Führung und Bestimmung der Menschen erhebt: Gedanken, Ideen, Ideologien, Philosophien, Parteiprogramme, Managertum und Technokratie, »Ismen« aller Art und Herkunft, die sich als Mittel der Lebensbewältigung anbieten, — bis hin zu den politischen »Führern« aller Art, die mit Heilsverheißungen auftreten. All dies ist in seiner Vorläufigkeit herauszustellen und zu entlarven. Eine besondere Gefahr liegt dabei im Anspruch, den un- und überpersönliche Mächte und Strömungen erheben. Von alledem ist zu sagen, daß es die Versuchung des Götzendienstes in sich trägt, wenn es sich als absolut und endgültig gebärdet, indem es den Menschen verführt, ihm mehr an Macht und Möglichkeit und dh an »Herr«-Sein beizumessen und zuzutrauen, als dies möglich ist, wenn alle Gewalt im Himmel und auf Erden in eine Hand gegeben ist.

H. Bietenhard

Lit.: ADeißmann, Licht vom Osten, 1923⁴, 298ff – KHRengstorf, Art. δεσπότης, ThWb II, 1935, 43ff – AOepke, Art. ἐν, ThWb II, 1935, 534ff – WFoerster/GQuell, Art. κύριος, ThWb III, 1938, 1038ff – OCullmann, Königsherrschaft Christi und Kirche im NT, Theol. Stud. 10, 1941 – ders., Die ersten christlichen Glaubensbekenntnisse, Theol. Stud. 15, 1943 – HBietenhard, Das tausendjährige Reich, 1955[2] – GBornkamm, Christus und die Welt in der urchristlichen Botschaft, ZThK 47, 1950, 212ff (= Das Ende des Gesetzes, 1966[5], 157ff) – WGKümmel, Verheißung und Erfüllung. Unters. z. eschatologischen Verkündigung Jesu, AThANT 6, 1956[3] – ESchweizer, Der Glaube an Jesus, den »Herrn« in seiner Entwicklung von den ersten Nachfolgern bis zur hellenistischen Gemeinde, EvTh 17, 1957, 7ff – ULuck, Historische Fragen zum Verhältnis von kyrios und pneuma bei Paulus, ThLZ 1960, 845ff – JHermann, Kyrios und Pneuma. Studien z. Christologie d. paulinischen Hauptbriefe, 1961 – OCullmann, Christus und die Zeit, 1962[3] – OPlöger, Theokratie und Eschatologie, 1962[2] – SSchulz, Maranatha und Kyrios Jesus, ZNW 53, 1962, 125ff – DBarthélemy OP, Les Devanciers d'Aquila. Première publication intégrale du texte des fragments du Dodécaprophéton, 1963 – FHahn, Christologische Hoheitstitel, 1963, 67ff – WKramer, Christos, Kyrios, Gottessohn, AThANT 44, 1963 – WBousset, Kyrios Christos, 1965[2] – PhVielhauer, Ein Weg zur neutestamentlichen Christologie, in: Aufsätze zum NT, ThB 31, 1965, 141ff – OCullmann, Die Christologie des Neuen Testaments, 1966[4], 200ff – NHofer, Das Bekenntnis »Herr ist Jesus« und das »Taufen auf den Namen Jesu«, ThQ 145, 1965, 1ff – RRendtorff, El, Baal und Jahwe, ZAW 78, NF 37, 1966, 277ff – LGoppelt, Die Herrschaft Christi und die Welt nach dem NT, Luth. Rundschau, 1967, 21ff.

Herrenmahl

δεῖπνον

δεῖπνον *[deipnon]* Mahl, Mahlzeit · κυριακὸν δεῖπνον *[kyriakon deipnon]* Herrenmahl · τράπεζα *[trapeza]* Tisch · κλάσις τοῦ ἄρτου *[klasis tou artou]* Brotbrechen

1) In antiken Religionen vollzieht sich Essen und Trinken meist als »Mahlzeit«, dh als Akt I
einer öffentlichen oder privaten Gemeinschaft, der in Beziehung zum Heiligen steht (vgl. RGG IV[3], 605). Familie, Sippe und religiöse Gemeinschaft erhalten durch das gemeinsame Mahl, das die Verbindung mit der Gottheit herstellt, Teil an göttlicher Kraft. Der Ursprung des heiligen Mahlcharakters hängt mit magischen Vorstellungen zusammen, nach denen das Gottheitliche dinglich aufgenommen wird (Animismus, ähnliche Vorstellungen auch im Kannibalismus, vgl. RGG III[3], 1116). Der Gedanke, daß in jeder Pflanze die Gottheit enthalten ist (Demeter-Kore), führt dann zu der Vorstellung von der → Leben spendenden Kraft einer Gottheit, die von den Mahlteilnehmern unmittelbar empfangen wird. Schlechthin nichts eint Menschen untereinander sowie Mensch und Gott mehr als Essen und Trinken (F. Bammel).

2) δεῖπνον *[deipnon]* (seit Homer) ist in der Bedeutung *Kultmahl* im hell.-religiösen Sprachgebrauch lebendig und spielt in der antiken Religiosität eine wichtige Rolle: Der Mahlteilnehmer glaubt, an der τράπεζα τοῦ θεοῦ *[trapeza tou theou]*, dem Tisch Gottes (vgl. 1Kor 10,20f: τραπέζα

δαιμονίων *[trapeza daimoniōn]*) zu sitzen und durch das Mahl der Gottheit teilhaftig (κοινωνός *[koinōnos]*) zu werden. Vgl. P Oxy. I,110 (2. Jh. nChr): »Chairemon lädt dich zum Mahl (δειπνῆσαι *[deipnæsai]*) an die Tafel des Herrn Serapis (κυρίου Σαράπιδος *[kyriou Sarapidos]*).« Dabei werden Serapis als Gastgeber und die Kultmahlteilnehmer als seine Tischgenossen vorgestellt (weitere Belege für solche Einladungsschreiben POxy. XIV 1755, III 523; vgl. Lietzmann, Korinther I,II 1949[4], 49f; Bousset, Kyrios Christos, 96). Jos. Ant. 18,73 berichtet von einer Einladung zum δεῖπνον *[deipnon]* des Anubis im Isistempel in Rom. »Zu Grunde liegt ... der Gedanke der *communio*, der Vereinigung der Tischgenossen mit der Gottheit« (Behm, ThWb II,35).

II 1) **Das Mahl im AT.** In der LXX spielt der Begriff δεῖπνον *[deipnon]* keine nennenswerte Rolle. Er begegnet – bis auf 4Makk 3,9 – nur im Buch Dan (6mal) und übersetzt das hebr. *pat-bag, kostbare Speise, Tafel.*

Feste und Opfer sind im AT oft mit kultischen Mahlzeiten verbunden und können mit »vor Jahwe essen und sich freuen« (Dtn 12,7) umschrieben werden. Mahlgemeinschaft verbindet mit → Gott und vor Gott (Ex 18,12; 24,11). Oft wird auch ein profaner → Bund in Verbindung mit einem Mahl geschlossen (Gen 26,30; Jos 9,14f), bei dem Jahwe als unsichtbarer Mahlgenosse anwesend ist. Durch ein Mahl »besiegeln Jakob und Laban ihren Friedensvertrag (Gen 31,46.54), der Schwiegervater Moses' und dieser samt den Ältesten ihre Zusammengehörigkeit (Ex 18,12), Goal und die Sichemiten ihre Verschwörung (Ri 9,26f) und das Volk ... den Vertrag mit dem ausersehenen König (1Sam 11,15; 1Kön 1,25.41ff; vgl. 1Sam 9,22ff). Der Bund zwischen Jahwe und Israel am Sinai wird durch eine kultische Mahlzeit der Ältesten mit Jahwe geschlossen (Ex 24,11; Ps 50,5)« (Fohrer, RGG IV[3], 607). Ein solches Gemeinschaftsmahl schließt die Teilnehmer nicht nur untereinander, sondern auch mit Jahwe zu Brüdern zusammen (vgl. den Namen Ahia, hebr. *achi-jah[u]* = Jahwe ist mein Bruder). Tischgemeinschaft ist Gewährung der → Vergebung (2Sam 9,7; 2Kön 25, 27–30; Jos. Ant. 19,321), des Schutzes (Ri 19,15ff) und des Friedens (Gen 43,25ff). Der Bruch der Tischgemeinschaft gilt als verabscheuungswürdiges Verbrechen (Jer 41,1f; Ps 41,10; vgl. 1QH 5,23f; Mk 14,18).

2) **Das Passamahl** (→ Feste, Art. πάσχα) stammt aus der nomadischen Zeit Israels: ein einjähriges Schaf- oder Ziegenlamm (Ex 12,5) wurde am 14. Nizan abends bei Sonnenuntergang vom Hausvater geschlachtet (12,6), sein Blut an die Türpfosten gestrichen, sein Fleisch gebraten und in der Nacht vom 14. zum 15. Nizan im Familienkreis gegessen (12,8f). Seit der Kultreform des Josia (621 vChr) fanden Passaschlachtung und Passamahl in Jerusalem statt (Dtn 16,5–7; 2Kön 23,21–23). Das jüd. Passamahl der Zeit Jesu erinnert an die Verschonung der mit dem Blut der Passalämmer gezeichneten Häuser und an die Erlösung aus ägyptischer Knechtschaft. Zugleich ist das Passamahl Ausblick auf die kommende Erlösung, für die die Erlösung aus Ägypten das Vorbild ist (J. Jeremias). In der Passanacht kommt der Messias. »In dieser Nacht wurden sie erlöst und werden sie erlöst«, sagt ein altes Sprichwort (Mekh. Ex. 12,42).

3a) Die **Tischgemeinschaft.** Der Vollzug der Tischgemeinschaft bedeutet Teilhabe am → Segen Jahwes. Zeichen dafür ist das Tischgebet zu Beginn und der Tischdank nach der Mahlzeit. Der Hausvater nimmt das Brot und spricht darüber stellvertretend für alle Anwesenden den Lobspruch (Berakhot 6,1). Dann bricht er das gesegnete Brot und reicht einem jeden ein Stück davon. Dadurch erhält jeder Mahlteilnehmer Anteil am Tischsegen. Es folgt das Dankgebet nach dem Mahl: Der Hausvater nimmt einen Becher Wein, den »Segensbecher« (vgl. 1Kor 10,16), und spricht stellvertretend für alle das Dankgebet (Berakhot 7,3; 46af; 50a). Danach trinken alle aus dem Segensbecher, um so Anteil an dem über dem Wein gesprochenen Tischsegen zu erhalten.

b) Die **Passaliturgie.** Noch in vorchristl. Zeit hat sich die während des Passamahles gehaltene Liturgie (Pes. X,12ff) in Grundzügen herausgebildet:

α) Vorspeise: Weihespruch (bestehend aus Festtagssegen und Bechersegen) des Hausvaters über dem ersten Becher (Qidduschbecher); Vorspeise, bestehend aus Grünkräutern, Bitterkräutern und Fruchtmustunke. Zur Vorspeise wird kein Brot gegessen. Das Mahl wird aufgetragen, aber noch nicht gegessen, der zweite Becher gemischt und vorgesetzt, aber noch nicht getrunken. –

β) Passaliturgie: die Passa-Andacht des Hausvaters, in der die Besonderheiten des Passamahles gedeutet werden (Ex 12,26), erster Teil des Passahallels (Ps 113f), Trinken des zweiten Bechers (Haggadabecher).

γ) Hauptmahl: Tischgebet des Hausvaters über dem ungesäuerten Brot. Austeilen und Verzehren des Mahles, bestehend aus Passalamm, Mazzen, Bitterkräutern (Ex 12,8) und Wein; Tischgebet über dem dritten Becher (Segensbecher).

δ) Abschluß: zweiter Teil des Passahallels (Ps 115–118) und Lobspruch über dem vierten Becher (J. Jeremias, Abendmahlsworte Jesu, 1960[3], 79f).

Die Deutung der Besonderheiten der Mahlzeit ist ein fester Bestandteil des Passarituals. Gedeutet werden in der der Mahlzeit voraufgehenden Passa-Andacht Passalamm, ungesäuertes Brot und Bitterkräuter (vgl. Ex 12,8). So lautet eine alte aram. Deuteformel zu den Mazzen: »Siehe, das ist das Elendsbrot« (Dalman; vgl. Dtn 16,3).

4) Das Mahl in Qumran. Das kultische Mahl in Qumran ist die tägliche Hauptmahlzeit der Gemeinde: ein Priester führt den Vorsitz und spricht zu Beginn des Mahles den Segensspruch über Brot und Most (1QS 6,4–6; vgl. Jos. Bell. II,129ff). Von einem eschatologischen Mahl mit dem Messias, bei dem ebenfalls Brot und Most gegessen und getrunken werden, ist 1QSa 2,17–21 die Rede. Hier liegt eine Analogie zur christl. Mahlfeier vor, wenngleich eine Abhängigkeit dieser von jener nicht zu erweisen und auch nicht wahrscheinlich ist.

1) Die nt. Quellen.

Der Ausdruck *Herrenmahl* (κυριακὸν δεῖπνον *[kyriakọn dẹipnon]*) begegnet im NT III
nur 1Kor 11,20; in sachlicher Nähe dazu steht die Wendung »Tisch des Herrn« (τράπεζα κυρίου *[trạpeza kyrịou]*) in 1Kor 10,21. Beide Stellen sind ein Hinweis darauf, daß die Bezeichnung → »Herr« (κύριος *[kyrios]*) ihren festen Platz u. a. in der Tradition und Terminologie des Herrenmahls hat (1Kor 10,22; 11,27.31f). Die Einsetzung des Herrenmahls ist in vierfacher Gestalt überliefert: Mk 14,22–25; Mt 26,26–29; Lk 22,15–20 und 1Kor 11, 23–25. Die verschiedenen Fassungen, in denen die Einsetzungsworte tradiert sind, geben dabei jeweils den liturgischen Text wieder, der dem Schreiber aus seiner eigenen Gemeinde vertraut ist. Die Einsetzungsworte in ihrer vorliegenden (!) Gestalt sind also liturgisches Gut, »gleichsam mit einer feiernden Gemeinde im Rücken und für sie bestimmt« (G. Bornkamm, aaO, II,151).

a) 1Kor 11,23–25 ist die literarisch (!) älteste Fassung, die die in der antiochenischen Gemeinde übliche Version der Herrenmahlsworte wiedergibt, die Paulus in der Mitte der vierziger Jahre (Apg 11,26) dort übernommen hat und die er als von der Gemeinde weitergegebene Überlieferung bis auf Jesus zurückführt (1Kor 11,23). Die Fassung des Mt ist eine erweiterte Form des Mk, hat deshalb für die Frage nach der Urform keinen selbständigen Quellenwert. Bei Lk fehlen in einigen Hss. die V.e 19b.20 (u. a. im Kodex D). Aber dieser sog. »lukanische Kurztext« (ohne V. 19b.20) ist sekundär entstanden, entweder aus Gründen der Arkandisziplin (Schutz des Herrenmahls vor Profanierung, J. Jeremias, aaO, 118ff.150ff) oder zur Vermeidung des zweiten Bechers (V. 17.20; H. Schürmann, Der Einsetzungsbericht Lk 22,19–20, NTA 20,4; S. 35ff). Ein Vergleich mit Paulus und Mk ergibt, daß der ursprüngliche Langtext (Lk 22,15–20) in V. en 19b.20 im wesentlichen mit 1Kor 11,24f, in V. 19a (bis τὸ σῶμά μου *[to sọma mou]*, mein Leib) und in der Schlußformel V. 20c (τὸ ὑπὲρ ὑμῶν ἐκχυννόμενον *[to hypẹr hymọn ekchynnọmenon]*, *das für euch vergossen ist*) im wesentlichen mit Mk 14,22.24 übereinstimmt. Der Lk-Text ist also offensichtlich das Ergebnis einer gegenseitigen Beeinflussung der Mk-Fassung und einer mit 1Kor 11,23–25 engstens verwandten, aber ihr gegenüber noch älteren Textform. Somit verbleiben als die beiden ältesten Textgestalten Mk 14,22–25 und 1Kor 11,23–25.

b) Neben dem vierfach überlieferten Herrenmahlsbericht kommen noch folgende nt. Belege in Betracht: α) 1Kor 10,16: ein vorpaulinischer Kommentar zum Herrenmahl; β) 1Kor 11,26: eine kommentierende Erläuterung des Paulus; γ) 1Kor 11,27f; 16,20.22; Offb 22,17–21: Stücke (bzw. Anlehnung an Stücke) aus der Eingangsliturgie zur urchristl. Herrenmahlsfeier; δ) Apg 2,42.46; 20,7.11: Berichte von der täglichen Herrenmahlsfeier (»Brotbrechen«) der Urgemeinde; ε) Joh 6, 51–58 mit der johanneischen Fassung des Brotwortes: »dies . . . ist mein Fleisch für das Leben der Welt« (6,51c).

2) Die geschichtlichen Wurzeln.

a) Das Herrenmahl der Urgemeinde ist zwar nicht einfach die Fortsetzung der täglichen Tischgemeinschaft der Jünger mit dem irdischen Jesus, es gehört aber in den Zusammenhang mit den Berichten, die von der Mahlgemeinschaft Jesu mit seinen Jüngern, von der Tischgemeinschaft mit Zöllnern und Sündern und von den wunderbaren Speisungen berichten (Mk 2,13–17 parr; 6,41 parr; 8,6 par; → Hunger, Art. ἐσθίω). »Indem Jesus zu ihnen kam, mit ihnen aß und trank, brachte er ihnen die barmherzige Nähe Gottes, die Vergebung der Sünden. Diese Gemeinschaft mit dem Freund der Zöllner und Sünder hält die christl. Gemeinde fest, indem sie . . . erneut den Zuspruch der Vergebung empfängt« (E. Lohse, Geschichte des Leidens und Sterbens Jesu Christi, 57). Die Zöllnermahle und die Gewährung der Tischgemeinschaft an die Verachteten (Lk 15,1f; 19,5f) sind kerygmatische Zeichenhandlungen, leibhaftes Ereigniswerden des Vergebungswortes Jesu (J. Jeremias, Gleichnisse Jesu, 6. Aufl., 224f).

b) Das Herrenmahl der Urgemeinde mit seiner eschatologischen Freude angesichts der gegenwärtigen Tischgemeinschaft mit dem Erhöhten steht aber ebenfalls im Zusammenhang mit der nachösterlichen Tischgemeinschaft des Auferstandenen mit seinen Jüngern; nach O. Cullmann (Urchristentum und Gottesdienst, 1944, 13ff; 25ff; Christologie des NT, 214f) haben die eschatologischen Mahlfeiern der Urgemeinde in diesen Erscheinungsmahlen ihre eigentliche Wurzel (Apg 10,41; Lk 24,30f.35.43; Joh 21,13). Wenn auch dieser Zusammenhang nicht zu leugnen ist, so hat doch Cullmann dem Brotbrechen bei den Ostererscheinungen einen zu starken Einfluß auf die Entstehung des Herrenmahls der Urgemeinde eingeräumt: denn der Ausdruck »Brotbrechen« (κλάω τὸν ἄρτον *[klaō ton arton]* bzw. κλάσις τοῦ ἄρτου *[klasis tou artou]*) erscheint nur Lk 24,30.35 (W. Michaelis, in: Festschr. Schädelin, 1950, 64f; vgl. auch Joh 21,13), und die Erscheinungen des Auferstandenen sind nach dem Selbstverständnis des NT als einzigartige Widerfahrnisse auf die ersten Zeugen beschränkt (1Kor 15,5ff). Das Essen und Trinken des Auferstandenen mit den Jüngern bei den Ostererscheinungen ist etwas Außergewöhnliches, das in dieser Weise nicht wiederholbar war oder irgendwie fortgesetzt werden konnte.

Die Tischgemeinschaft des irdischen Jesus mit seinen Jüngern (→ Hunger, Art. πίνω) und die Mahlgemeinschaft des Auferstandenen sind demnach Momente, die sich mit den entscheidenden Motiven des letzten Mahles Jesu verbinden. Aus diesen zusammen ist die regelmäßige Feier des Herrenmahls der Urgemeinde entstanden. Das Herrenmahl der nachösterlichen Gemeinde hatte eine starke eschatologische Komponente (Mk 14,25), jedoch gehört der Rückblick auf den heilschaffenden Tod Jesu (Mk 14,22–24) konstitutiv zum ältesten Herrenmahl (Ph. Vielhauer, Ges. Aufsätze 159f).

3) Die Urform der Deuteworte.

a) Die theol. Interpretation des Herrenmahls hängt von der Frage ab, ob die Einsetzungsworte erst in der hell. Gemeinde gebildet worden sind oder bereits aus der Überlieferung der palästinischen Urgemeinde stammen, auf welche Urform sie zurückgehen und welche traditionsgeschichtliche Entwicklung diese Urform durchgemacht hat.

Weitgehend ist man sich darin einig, daß

α) Mk 14,22–25 und 1Kor 11,23–25 als die beiden ältesten Textgestalten zu gelten haben; daß

β) die Frage nach einer eventuellen Urform nicht alternativ an den vorliegenden Mk- oder Paulustext gestellt werden darf, da beide ältere und jüngere Überlieferungselemente enthalten; und daß

γ) eine nicht erhaltene aram. (oder hebr.?) Urform hinter den beiden ältesten Textgestalten vorauszusetzen ist.

Bei Mk lautet das Brotwort: »dies ist mein Leib« (14,22); das Kelchwort: »dies ist mein Blut des Bundes, das für viele vergossen ist« (14,24). Bei Paulus lautet das Brotwort: »dies ist mein Leib für euch« (1Kor 11,23), das Kelchwort: »dieser Kelch ist der neue Bund auf Grund meines Blutes« (1Kor 11,25).

b) Als Urform ist aus Mk zu erschließen: »dies ist mein Leib, dies ist mein vergossenes Blut (= mein Sterben) für die vielen« (Mk 14,22c.24). Für diese Möglichkeit haben sich mit Recht K. G. Kuhn (EvTh 1950/51, 513ff), E. Lohse (Märtyrer, 2. Aufl., 122ff; aaO, 54ff) u. a. entschieden. Dagegen vertreten G. Bornkamm, E. Schweizer u. a. die Ursprünglichkeit der paulinisch-lukanischen Einsetzungsworte: die paulinisch-lukanische Form hat in der Rahmenerzählung die ältere Bemerkung, daß der Kelch erst »nach dem Essen« ausgeteilt worden ist; »Leib« und »Blut« stellen bei Mk korrespondierende Begriffe dar; die urspr. Asymmetrie der paulinisch-lukanischen Fassung von Brot- und Kelchwort sei in der Mk-Form aus liturgischen und nicht zuletzt aus sachlichen Gründen harmonisiert worden, denn in der Parallelisierung von »Leib« und »Blut« offenbare sich ein fragwürdiges Denken, das Leib und Blut Christi als die beiden Bestandteile des in den Tod gegebenen Herrn versteht und sich an den Leib und Blut repräsentierenden Elementen orientiert.

Gegenüber dieser Argumentation sind folgende 6 Einwände geltend zu machen:

α) »Leib« und »Blut« (σῶμα [sōma] und αἷμα [haima]) stellen auch in der vor-markinischen Urform kein geläufiges Begriffspaar dar (E. Lohse, Märtyrer, 125), als korrespondierende Begriffe erscheinen vielmehr »Fleisch« und »Blut« (σάρξ [sarx] und αἷμα [haima]; vgl. Hebr 2,14), in den vormarkinischen Deuteworten stehen also weder anthropologische noch kultische Korrelatbegriffe.

β) Der Ausdruck »Blut« (14,24) innerhalb der vormarkinischen Formel darf nicht isoliert und einfach mit »Leib« (14,22) parallelisiert werden, weil in Mk 14,24 »mein vergossenes Blut« (τὸ αἷμά μου τὸ ἐκχυννόμενον [to haima mou to ekchynnomenon]) insgesamt im Anschluß an at. und jüd. Ausdrucksweise das gewaltsame Sterben bezeichnet (E. Lohse, J. Behm, F. Hahn).

γ) In der vormarkinischen Form sind also nicht »Leib« und »Blut«, sondern die nichtparallelen Wendungen »mein Leib« (Brotwort) und »mein Sterben für die vielen« (Kelchwort) einander zugeordnet, dh auch die vormarkinischen Deuteworte bilden jeweils für sich ein abgeschlossenes Ganzes und werden nicht erst durch den entsprechenden Parallelsatz verständlich.

δ) Erst infolge der Einfügung des Interpretaments »des Bundes« unter Anspielung auf Ex 24,8 wurde »Blut« bei Mk zum kultischen Korrelatbegriff zu »Leib«, und auch das Part. »vergossen« gewann erst jetzt kultische Bedeutung (Kombination von Sühne- und Bundesaussage); daraufhin trat zur Entlastung des markinischen Kelchwortes die Sühneaussage in der paulinisch-lukanischen Form zum Brotwort, so daß der Bundesgedanke nun hier das Kelchwort beherrscht.

ε) Die Wendung »vergossen für die vielen« (Mk 14,24b) stellt keine »Erweiterung« bzw. »Zusatz« (W. Marxsen, EvTh 1952/53, 299) der hell. Wendung »mein Blut des Bundes« (Mk 14, 24a) dar, weil Mk 14,24b aus sprachlichen Gründen aus dem aram. Bereich stammt (J. Jeremias, aaO, 170ff; K. G. Kuhn, EvTh 1950/51, 513ff) und weil die Formulierung αἷμα ἐκχύννεσθαι [haima ekchynnesthai] (Blutvergießen) in Analogie zu anderen Redewendungen wie »seine Seele ausschütten« (Jes 53,12), »seine Seele geben« (Mk 10,45b) das Sterben, die Hingabe bzw. den gewaltsamen Tod umschreibt (vgl. Gen 4,10f; 9,6; Dtn 19,10; 2Kön 21,16; Ps 106,38; Jer 7,6; Mt 23,35).

ζ) Daher setzt die paulinisch-lukanische Form die markinische Fassung der Deuteworte voraus und ist nur als deren Weiterentwicklung verständlich, weil die Wendung »auf Grund meines Blutes« (Paulus, 1Kor 11,25) nicht in Jer 31,31ff steht, ihre Bildung auch nicht von daher verstehbar ist, sondern nur von Ex 24,8 her ihren Sinn bekommt, dh weil die paulinische Form der Einsetzungsworte nur erklärbar ist aus der älteren, an Ex 24,8 orientierten Form der markinischen Deuteworte und aus einer von Ex 24,8 zu Jer 31,31ff weiterschreitenden theol. Reflexion (analog zu der Weiterentwicklung der an Ex 24,8 orientierten Mk-Form [14,24] zu der auf Jer 31,34b anspielenden Mt-Form [26,29]).

c) Die Ursprünglichkeit der vormarkinischen Form ergibt sich also α) aus einer Fülle von Semitismen (Aramaismen), von denen sich nur wenige bei Paulus wiederfinden; β) aus der empfindlichen Asymmetrie, die bei der vormarkinischen Form der Deuteworte daraus resultiert, daß das Brotwort keine theol. Deutung erfährt und die Sühneaussage sich allein beim Kelchwort findet; γ) aus der Inkongruenz von »mein Leib«/»mein Sterben für die vielen«; δ) daraus, daß die paulinisch-lukanische Form traditionsgeschichtlich aus der markinischen ableitbar, der umgekehrte Vorgang aber nicht denkbar ist; und entscheidend ε) daraus, daß Brot- und Kelchwort in der vormarkinischen Urform jeweils eine »Ganzaussage« darstellen, die nicht erst durch das Parallelwort verständlich wird, also voraussetzen, daß Brot- und Kelchwort urspr. durch eine ganze Mahlzeit getrennt waren. Man wird daher annehmen müssen, »daß es in der mündlichen Überlieferung der ältesten Zeit eine kürzere Fassung . . . gegeben hat« (E. Lohse, Märtyrer, 124), die lautete: »das ist mein Leib, das ist mein Sterben für die vielen«.

4) Der Rahmen der Herrenmahlsworte.

Der aus liturgischer Tradition stammende Einsetzungsbericht erscheint im NT im Rahmen des ältesten Passionsberichtes, des Passamahls und der Liturgie der Urgemeinde. Deshalb muß die Bedeutung dieses Rahmens für das Verständnis der Herrenmahlsworte untersucht werden.

a) Das Herrenmahl im Rahmen des ältesten Passionsberichtes:

α) Daß auffälligerweise das JohEv. mit den Synopt. erst innerhalb des Passionsberichtes zusammengeht, zeigt, daß der Passionsbericht einen geschlossenen und sehr alten Überlieferungszusammenhang darstellt. Bei einem methodischen Vergleich des johanneischen und des synopt. Passionsberichtes ergibt sich, daß Joh von dem Verrat des Judas an mit den Synopt. auch in der Reihenfolge des Stoffes zusammengeht: Verrat (Mk 14,10f/Joh 13,2), Verratsansage und Mahl (Mk 14,18–25/Joh 13,1–30; Joh hat die Deuteworte in 6,51ff), Verhaftung (Mk 14,23ff/Joh 18,2–11) usw. Der zugrunde liegende älteste Passionsbericht setzte also mit dem Verrat des Judas ein, erzählte dann die Verratsansage und die Einsetzung des Herrenmahls und schilderte schließlich Verhaftung, Verhandlung vor dem Synhedrium, Verurteilung durch Pilatus, Kreuzigung und Auferstehung (leeres Grab). Begann in einem sehr frühen Stadium der Passionsbericht mit dem Verrat, so stimmen damit die ältesten Passionssummarien (Mk 9,31; 8,31; 10,33f) überein, die in keinem Fall ein Ereignis der Passionsgeschichte erwähnen, das vor dem Judasverrat liegt (J. Jeremias, aaO, 89; E. Lohse, Geschichte des Leidens, 23f). Der älteste Passionsbericht entfaltet also das älteste Passionssummar (Mk 9,31).

β) Das Thema der Passionssummarien (vgl. bes. Mk 9,31) und des sie entfaltenden ältesten Passionsberichtes (Mk 14,10f.18.21.44; 15,1.10.15), der den Rahmen der vormarkinischen Urform der Herrenmahlsworte darstellt, ist demnach die stellvertretende Dahingabe des Menschensohnes durch Gott. Sie vollzieht sich durch den Verrat des Judas, die Gefangennahme Jesu und sein gewaltsames Sterben (Mk 9,31; 14,21; vgl. 14,41). Und sofern die Passionssummarien und der älteste Passionsbericht bis in die palästinische Urgemeinde zurückreichen, spricht alles dafür, daß auch die vormarkinische Urform der Herrenmahlsworte (und nicht erst die markinische Fassung) innerhalb dieses ältesten Passionsberichtes gestanden hat.

Dann weist aber dieses Thema des Rahmens der vormarkinischen Herrenmahlsworte auch auf deren eigenen Sinn zurück: nicht die beiden Leib und Blut repräsentierenden Elemente, sondern die durch das gewaltsame Sterben (»mein vergossenes Blut«) hindurch sich vollziehende stellvertretende Hingabe durch Gott für die vielen steht im Zentrum der vormarkinischen Urform (s. u.), der alten Passionssummarien (Mk 9,31 usw.) und des sie entfaltenden ältesten Passionsberichtes (14,21; vgl. 14,41).

γ) Dieses Ergebnis wird durch die inhaltliche Übereinstimmung des Mk-Rahmens und der paulinischen Einleitungsformel (1Kor 11,23 »in der Nacht, in der der Herr Jesus dahingegeben wurde«) gestützt. Denn ein Vergleich mit der liturgischen Einleitungsformel zu den paulinischen Herrenmahlsworten bestätigt nicht nur, daß der nächtliche Verrat durch Judas in früher Zeit zur Passionserzählung gehörte (J. Jeremias, aaO, 89) und daß der Menschensohn-Titel (Mk 14,21) dem paulinischen »Kyrios Jesus« entspricht (der Maranatha-Ruf bezieht sich auf das Kommen des Menschensohnes; W. Kramer, Christos, 1963, 97.162), sondern zeigt auch, daß das im Pass. erscheinende παραδιδόναι *[paradidonai]* (dahingegeben werden) in heilsgeschichtlichem Sinn »von Gott, der seinen Sohn für uns alle dahingab (Röm 8,32; vgl. Röm 4,25), . . . also nicht [primär] als Ausdruck für eine Polizeimaßnahme oder eine schurkische Tat von Menschen« (G Bornkamm, aaO, II, 149) verstanden werden will.

Das heißt aber: der Rahmen der vormarkinischen Herrenmahlsworte mit seinem Thema »die durch das widergöttliche Handeln der Menschen hindurch sich vollziehende stellvertretende Hingabe des Menschensohnes durch Gott« entspricht sachlich und inhaltlich genau der liturgischen Einleitungsformel der paulinischen Herrenmahlsworte und ihrem Thema: die heilsgeschichtliche Hingabe des Kyrios Jesus für uns durch Gott.

b) Das Herrenmahl im Rahmen des Passamahls:

α) Die Synopt. berichten übereinstimmend, daß Jesu letztes Mahl ein Passamahl war (Mk 14,12.14.16 par; Lk 22,15). Danach wäre Jesus am Passafest (15. Nizan) gekreuzigt worden. Die Hinrichtung an einem so hohen Festtag ist historisch nicht unmöglich, da in Fällen schwerster Vergehen die Hinrichtung »am Fest« (Dtn 17,13; 21,21) vor dem ganzen Volk, dh also am 15. Nizan vollzogen werden sollte (H. Conzelmann, RGG³ III,626; J. Jeremias, aaO, 70f). Nach Joh hingegen war Jesu letztes Mahl kein Passamahl; da nach Joh zur Zeit der Anklage Jesu vor Pilatus das Essen der Passalämmer noch bevorstand (18,28; vgl. 19,14), fand Jesu Kreuzigung am 14. Nizan, dem Passarüsttag statt. Allerdings spricht für die Darstellung der Synopt. die größere Wahrscheinlichkeit (W. Marxsen, EKL I,4), denn: Joh datiert den Tod Jesu auf die Stunde, in der im Tempel die Passalämmer geschlachtet wurden und will offenbar mit seiner Zeitangabe eine Aussage über die Bedeutung des Todes Jesu machen: Jesus ist als das wahre Passalamm gestorben (Joh 1,29; 19,36; Ex 12,46; Num 9,12; vgl. 1Kor 5,7). Da das von Anfang an täglich bzw. wöchentlich gefeierte Herrenmahl zum Passa als Jahresfest keinen Bezug hatte, ist der ursprüngliche Zusammenhang von Passa- und Herrenmahl wahrscheinlicher als eine umgekehrte Entwicklung (K. G. Kuhn, EvTh 1950/51, 513ff; W. Marxsen, EKL I,4).

β) Dafür, daß Jesu letztes Mahl im Rahmen eines Passamahls stattgefunden hat, spricht nicht nur der Rahmen des ältesten Passionsberichts, sondern auch die liturgischen Einsetzungsworte selbst.

Der Rahmen: Jesus hält sein letztes Mahl in Jerusalem und nicht in Bethanien; er verläßt also nicht, wie sonst regelmäßig (Mk 11,11 par; 11,19; 14,3 par), die heilige Stadt. Es war Vorschrift, das Passalamm innerhalb der Stadtgrenzen Jerusalems zu essen.

Das letzte Mahl Jesu schließt mit einem Lobgesang (Mk 14,26 par), also der zweiten Hälfte des zum Abschluß des Passamahls rezitierten Passahallels (Ps 115–118).

Der liturgische Einsetzungsbericht: Jesu letztes Mahl wurde während der Nacht abgehalten (1Kor 11,23; Mk 14,17), wogegen die gewöhnliche Hauptmahlzeit am Spätnachmittag stattfand. Das Passamahl ist aber von Anfang an eine Nachtmahlzeit und darf nur in der Nacht gefeiert werden. Da die Zeitangabe in 1Kor 11,23 (anders als die Rahmenstücke Mk 14,17. 26) zur alten liturgischen Formel gehört (G. Bornkamm, aaO, II,149; J. Jeremias, aaO, 69, Anm. 2), spricht die liturgische Überlieferung selbst dafür, daß Jesu letztes Mahl im Rahmen eines Passamahles stattfand.

Schließlich sprechen die Deuteworte innerhalb der Einsetzung für den Passarahmen des letzten Mahles Jesu. »Am ehesten könnte man die Tatsache, daß Deuteworte gesprochen werden, als Beweis dafür ansehen, daß Jesu Worte im Rahmen eines Passamahles gesagt worden sind. Doch gehört die Deutung der Elemente in die Passa-Andacht, nicht zum Tischgebet. Jesus aber spricht die Deuteworte bei der Austeilung von Brot und Wein« (E. Lohse, Märtyrer, 123). Hier ist jedoch zu beachten, daß zwischen den Deuteworten des jüd. Passamahls und denjenigen Jesu zwar eine formale (daß hier überhaupt gedeutet wird), aber keine sachliche Analogie besteht. Der Rahmen des jüd. Passamahls veranlaßt also die Deuteworte Jesu, er erklärt sie aber nicht.

γ) Sachlich neu ist an ihnen, daß Jesus nicht die Besonderheiten des jüd. Passamahls (Passalamm, ungesäuertes Brot, Bitterkräuter) deutet, sondern daß er Brot und Wein als solche deutet, dh diejenigen Elemente, die ebenso auch bei jeder sonstigen Mahlzeit vorkommen. Hinzu kommt, daß die Deuteworte Jesu im Zusammenhang mit dem vor und nach der Mahlzeit gesprochenen Tischgebet stehen. Das Austeilen des gesegneten Brotes und Kelches bedeutet Anteilgabe an dem über Brot und Wein gesprochenen Segen. Von daher erklären sich die Verknüpfung der Deuteworte mit dem Vor- und Nachtischgebet des Hauptmahles einerseits und die Verbindung der Deutung mit der Austeilung andererseits (J. Jeremias, aaO, 55.63f).

c) Deuteworte und Zeichenhandlung: Schließlich ist die Deutung der Elemente Brot und Wein im Herrenmahl im Unterschied zur Deutung der Besonderheiten im jüd. Passamahl dadurch bedingt, daß die Austeilung von Brot und Wein durch Jesus eine (prophetische) Zeichenhandlung darstellt (J. Jeremias, aaO, 212.215.223; W. Marxsen, EKL I,5), durch die die Jünger am Sterben Jesu Anteil erhalten. Zum Wesen der Zeichenhandlung gehören aber das reale Ereigniswerden und die direkte Bezeichnung (Deutung) ihrer Bestandteile. Die Deuteworte sind ein fester Bestandteil der at. Zeichenhandlung (H. W. Wolf, Hosea, BK XIV,1,9.72; W. Zimmerli, Ezechiel, BK XIII,102f.132.258; vgl. Ez 5,5 »das ist Jerusalem«; 12,11 »ich bin ein Zeichen für euch«).

d) Herrenmahl und Passamahl: Jesu letztes Mahl war also aller Wahrscheinlichkeit nach ein Passamahl. Jesus hat die Herrenmahlsworte im Rahmen seiner letzten Passafeier gesprochen und »hat offenbar an manche Züge dieser Feier angeknüpft, sie zT aufgenommen, zT abgewandelt . . . Jesus hat das Brot, das er als Hausvater vor der Hauptmahlzeit herumreichte, mit einem Deutewort versehen, später ebenfalls den Kelch« (W. Marxsen, EKL I,4), wobei es sich um den dritten Becher »nach dem Essen« (Lk 22,20; 1Kor 11,25), den »Segensbecher« (1Kor 10,16) der Passafeier handelt. Daß hier überhaupt gedeutet und daß nicht Handlungen, sondern Nahrungsmittel gedeutet werden, ist nur aus dem Rahmen des jüd. Passaritus erklärbar. Stellen also die Synopt. historisch zu Recht die Einsetzungsworte in den Rahmen der Passafeier, so entscheidet freilich der Termin allein nicht über den Sinn der Einsetzungsworte und die Bedeutung des Herrenmahles (K. G. Kuhn).

5) Das Herrenmahl und die spez. Liturgie der Urgemeinde. Die Herrenmahlsworte haben ihren Sitz im Leben in den Mahlfeiern der palästinischen und und hell. Urgemeinde; die Einwirkung der liturgischen Verwendung ist deutlich zu erkennen.

a) Auswirkungen der liturgischen Verwendung.

Die liturgische Verwendung der Einsetzungsworte äußert sich im Hinzutreten des Wiederholungsbefehls (Lk 22,19), in dessen Verdoppelung zugunsten liturgischer Parallelisierung (1Kor 11,24.25), im Hinzuwachsen von Aufforderungsformeln wie »eßt«, »trinkt« (Mt 26,26f), in der Umsetzung der 3. Person »für die vielen« (Mk 14,24) in die Anredeform »für euch« (Lk 22,20), die die universale Aussage des Kelchwortes (das stellvertretende Sterben für die vielen) auf eine Spendeformel zuspitzt, in der Vermeidung von Aramaismen und Semitismen, die den Heidenchristen zT unverständlich waren, und nicht zuletzt in dem Zurücktreten der historischen Züge des Passamahls, die von der Liturgie der Urgemeinde und des regelmäßig gefeierten Herrenmahls abweichen (vgl. Jeremias, ThWb VI,544).

α) In Apg 2,42 wird die Liturgie eines urchristl. Gottesdienstes beschrieben (J. Jeremias, aaO, 111ff): auf Didache (an deren Stelle auch die Verlesung eines Briefes treten konnte) und gemeinsame Mahlzeit (κοινωνία *[koinōnia]*) folgte das anschließende Herrenmahl (κλάσις τοῦ ἄρτου *[klasis tou artou]*), das mit Psalmen und Gebeten beendet wurde (προσευχαί *[proseuchai]*). Die liturgische Weiterentwicklung wird daran sichtbar, daß Brot- und Kelchwort nicht mehr, wie in der paulinischen Formel (1Kor 11,25 »nach dem Essen«; vgl. Lk 22,20) durch eine ganze Mahlzeit getrennt sind, sondern daß die Sättigungsmahlzeit dem Herrenmahl vorangeht, das Herrenmahl also selbständig wird (vgl. das Fehlen der Wendung »nach dem Essen« bei Mk/Mt). Die Trennung von Mahlzeit und Herrenmahl ist auch in 1Kor 11 vorausgesetzt; in ihr haben die korinthischen Mißstände ihren unmittelbaren Anlaß (s. u.).

β) Stücke der E i n g a n g s l i t u r g i e der urchristl. Mahlfeier liegen in 1Kor 11,26ff; 16,20–22; Offb 22,17–21 vor: Paulus beschließt den 1Kor-Brief mit einer Reihe von gottesdienstlichen Formeln – der Aufforderung zum heiligen Kuß, dem Anathema über den, der den Herrn nicht liebt, und dem Maranatha (1Kor 16,20–22) –, die der Eingangsliturgie des Herrenmahls entstammen, das sich an die Verlesung eines Apostelbriefes in der Gemeindeversammlung und an den heiligen Kuß (1Kor 16,20; Röm 16,16) angeschlossen haben wird (G. Bornkamm, aaO I,123; II,167). Das Anathema zu Beginn der Mahlfeier schließt die Unwürdigen vom Herrenmahl aus (1Kor 16, 22a). Als dessen Bekräftigung folgt das Maranatha (1Kor 16,22b), das den Kyrios (»Herr, komm«!; vgl. Offb 22,20) herbeiruft. Wenn aber die Gemeinde mit dem Ruf »unser Herr komm!« das endzeitliche Kommen ihres Herrn herbeifleht, so schließt dies die Gegenwart des erhöhten Herrn beim Herrenmahl nicht aus (gegen die einseitig eschatologische Interpretation von Hahn, Christologische Hoheitstitel, 100ff), setzt diese vielmehr voraus (Vielhauer, Ges. Aufs., 159f.175; Kuhn, ThWb IV, 474f). Das ἄχρι οὗ ἔλθῃ *[achri hou elthæ], bis daß er kommt* (1Kor 11,26) spielt offenbar auf das Maranatha der Liturgie des Herrenmahls an (J. Schniewind, ThWb I,70, A. 25; Bornkamm I,129; II,171) und dürfte eine Umformung dieses Rufs darstellen. Ähnliche Sätze aus der Eingangsliturgie der Herrenmahlsfeier finden sich auch Offb 22,17–21 (E. Lohmeyer, Komm. zSt) und Didache 10,6.

Heiliger Kuß, Droh- und Ausschlußformeln und Gebetsrufe an den kommenden und gegenwärtigen Kyrios sind also die wesentlichen Elemente der Eingangsliturgie des Herrenmahls.

b) Vorliturgische Elemente der Herrenmahlsüberlieferung.

Die Überlieferung der Einsetzungsworte als solche ist somit nicht historischer Bericht, sondern liturgischer Text, der lediglich die für die kirchliche Herrenmahlsfeier konstitutiven Momente nennt. Dennoch weist die Überlieferung der Einsetzung des Herrenmahls auf ein vorliturgisches Überlieferungsstadium hin, das nicht in die Liturgie des Herrenmahls eingeebnet werden kann.

α) Die historisch wahrscheinliche Nachricht der Synopt., daß Jesu letztes Mahl ein Passamahl gewesen sei, weicht vom Ritus der Urgemeinde ab, denn es besteht nicht der geringste Anhalt dafür, daß das Herrenmahl je als Passa und nur einmal jährlich gefeiert wurde (J. Jeremias, aaO, 55f; W. Marxsen, EKL I,4); vielmehr wurden die urspr. Passa-Motive mit Rücksicht auf das regelmäßig gefeierte Herrenmahl abgestreift. Im urchristl. Gebrauch gibt es also keinen Ansatzpunkt für eine nachträgliche Interpretation des Herrenmahls als Passamahl (K. G. Kuhn, EvTh 1950/51, 522).

β) Während bei Mk der eschatologische Ausblick den Deuteworten angefügt ist (14,25), findet er sich bei Lk v o r den Einsetzungsworten (22,18) und gehört bei Paulus überhaupt nicht mehr zur liturgischen Überlieferung; in der Wendung ἄχρι οὗ ἔλθῃ *[achri hou elthæ], bis daß er kommt* (1Kor 11,26), ist lediglich noch eine Erinnerung daran erhalten geblieben. Daß der eschatologische Ausblick (Mk 14,25) sowohl bei Paulus als auch bei Lk nicht mehr in unmittelbarem Anschluß an die Einsetzungsworte erscheint, ist kein Zufall. Da er, wie 1Kor 16,22; Offb 22,20 und Didache 10,6 belegen, in die Eingangsliturgie der Herrenmahlsfeier rückte, fügte sich seine Nachordnung hinter die Deuteworte (Mk 14,25) dem liturgischen Formular des Herrenmahls nur noch schwer ein (G. Bornkamm, aaO, II,171; F. Hahn, EvTh 1967, 340). Did 10,5 bittet die das Mahl feiernde Gemeinde Gott um die Vollendung und Aufnahme in das Reich; Did 10,6 folgen die auf die Parusie bezogenen Gebetsrufe und das Maranatha. Die Stellung des eschatologischen Ausblicks hinter den Einsetzungsworten in der markinischen Überlieferung weist auf ein Stadium, das nicht der Herrenmahlsliturgie der Urgemeinde entspricht. Sie ist demnach als ursprünglich anzusehen.

γ) Während Mk und Mt die Kennzeichnung des Verräters mit der Vorspeise verbinden (Mk 14,17–21 par), folgt bei Lk die Verratsansage (Lk 22,21–23) auf die Feier des Herrenmahls (Lk 22, 15–20). Hier dürfte die lukanische Reihenfolge älter sein und ins vorliturgische Stadium weisen, weil die Voranstellung der Verräterkennzeichnung nicht nur dogmatische Reflexion (der Verräter soll das Herrenmahl nicht mitfeiern), sondern auch liturgischen Einfluß zeigt: die Reihenfolge bei Mk entspricht den Droh- und Ausschlußformeln am Eingang des urchristl. Herrenmahls (vgl. 1Kor 11,27; 16,20a; Did 10,6).

So gewiß also die Überlieferung der Einsetzungsworte die Herrenmahlsliturgie der Urgemeinde widerspiegelt, so sehr weist sie zugleich auf ein vorliturgisches Stadium der Herrenmahlsüberlieferung zurück. Die Urform des Herrenmahls hat vermutlich aus den beiden Deuteworten (Mk 14,22.24; ohne die Wendung »des Bundes«) und dem sich anschließenden eschatologischen Ausblick (Mk 14,25) bestanden. »Dieses Überlieferungsstück reicht sehr wahrscheinlich . . . über die Urgemeinde zurück in die historische Situation des letzten Mahles Jesu« (K. G. Kuhn, EvTh 1950/51, 522).

6) Die theologischen Leitgedanken.

Eine theol. Interpretation muß von der Urform der Herrenmahlsworte (a) aus den traditionsgeschichtlichen Prozeß der Entfaltung und Entwicklung (b) verfolgen und die im Zusammenhang damit auftauchenden theol. Leitgedanken (c) erheben.

a) Die Urform.

α) Zum Verständnis des Brotwortes ist die Bestimmung des aram. Äquivalents von σῶμα *[sōma]* (Leib) von Bedeutung. J. Jeremias hat σῶμα *[sōma]*/αἷμα *[haima]* (Leib/Blut) durch *bisrā/d^{e}mā* (Fleisch/Blut) wiedergegeben (aaO, 191). Ihn bestimmt dabei die Überlegung, daß »Fleisch« und »Blut« vielfach als Korrelatbegriffe in der Opfersprache verwendet werden; daraus zieht er den Schluß, daß Jesus mit »Leib«/»Blut« das Fleisch und Blut des Passalammes meine und sich damit selbst als das wahre Passalamm bezeichnet habe. Da aber »Leib und Blut« als Begriffspaar nicht geläufig ist (E. Lohse, Märtyrer, 124f), die Urform der Deuteworte nicht an die Opferterminologie anknüpft, in ihr nicht »Leib«/»Blut«, sondern »mein Leib«/»mein Sterben für die vielen« einander zugeordnet sind, und da faktisch auch nicht überliefert ist, daß Jesus sich als Passalamm bezeichnet hätte, dürfte das aram. Äquivalent für σῶμα *[sōma]* *guphā* (*Leib, Selbst, Ich*) lauten (vgl. Behm, ThWb III, 735; Dalman, Jesus, 1922, 130f; Schweizer, ThWb VII,1056; RGG I^3,14). Das Wort bei der Austeilung des zerbrochenen Brotes »dies ist mein Leib« (Mk 14,22c) will also besagen: dies bin ich selbst, mit diesem Brot gebe ich mich selbst. Wenn Jesus demnach die Darreichung des gebrochenen Brotes mit den Worten: »das bin ich« deutet (eine Zeichenhandlung), so heißt das: indem die Jünger das Brot empfangen, erhalten sie Anteil an der Selbsthingabe Jesu.

β) Diese im Brotwort bereits ausgesagte Selbsthingabe Jesu wird im Kelchwort »dies ist mein vergossenes Blut für die vielen« (Mk 14,24b) entfaltet. Vom Vergießen des Blutes wird im AT (vgl. Gen 9,6 u. ö.), im Spätjudentum (Belege bei G. Dalman, aaO, 145f) und im NT (vgl. Mt 23,35 u. ö.) häufig gesprochen, wenn vom gewaltsamen Sterben und von der Hingabe des Lebens die Rede ist (→ Blut). Die älteste Fassung des Kelchwortes besagt dann: das Blut Jesu ist vergossen, dh sein Leben ist dahingegeben. »Dies ist mein Sterben für die vielen« nimmt also keine Opfervorstellungen auf, sondern deutet (wie Mk 10,45; 1Kor 15,3) das Sterben Jesu im Anschluß an Jes 53,11f als stellvertretenden, die umfassende Vielzahl einschließenden Sühnetod. Die Selbsthingabe Jesu (Brotwort) ist sein stellvertretendes Sterben für die vielen (Kelchwort). Aus dem Charakter des Herrenmahls als (prophetischer) Zeichenhandlung (nicht Symbolhandlung!) folgt: In der Darreichung des gebrochenen Brotes und des roten Weines ereignet und übereignet sich die bezeichnete Wirklichkeit, die Jünger erhalten Anteil an der sich in seiner Selbsthingabe vollziehenden stellvertretenden Lebenshingabe Jesu für die vielen.

γ) Der eschatologische Ausblick (Mk 14,25) stellt das Herrenmahl in einen Zukunftshorizont: Indem Jesus seinen Jüngern in der Darreichung von Brot und Wein Gemeinschaft mit sich selbst und damit Anteil an der universalen Sühnkraft seines Todes gibt, nimmt er sie dadurch schon jetzt hinein in das Kommen der Herrschaft Gottes (→ Reich). In feierlicher, schwurartiger Willenserklärung spricht Jesus die Verheißung der Heilsvollendung aus und versichert den Jüngern, daß dieses sein letztes Mahl mit ihnen vor dem Mahl der Vollendung sei. Der stellvertretende Sühnetod für die umfassende Vielzahl, an dem die Jünger im Herrenmahl Anteil erhalten, macht sie zugleich zu Teilhabern der hereinbrechenden Herrschaft Gottes. Wenn sie volle Wirklichkeit geworden sein wird, wird Jesus wiederum als Hausvater den Seinen das gesegnete Brot brechen und den Kelch der Danksagung reichen (J. Jeremias, aaO, 209; vgl. zum Mahl der Endzeit: Jes 25,6; 65,13; äthHen 62,14 u. ö.).

b) Die traditionsgeschichtliche Entwicklung.

Wenden wir uns der Überlieferungsgestalt in den je aufeinander folgenden Schichten des NT zu, so ergibt sich folgendes Bild:

α) Markus: Da die Wendung »mein Blut des Bundes« (14,24) im Aram. sprachlich nicht möglich ist, gehört die markinische Fassung der Herrenmahlsworte »dies ist mein Blut des Bundes, das für die vielen vergossen ist« (14,24) in den Bereich des hell. Judenchristentums. Da das Motiv des → Bundes in allen Fassungen der Herrenmahlsüberlieferung (Mk, Mt, Paulus, Lk) genannt ist, muß es sehr früh in die Urform eingedrungen sein: Die Herrenmahlsworte wurden mit dem Bundesgedanken verknüpft. Die (in der Urform ausgesagte) Selbsthingabe Jesu als stellvertretender Sühnetod für die vielen erfährt hier durch den Begriff des Bundes eine nähere Bestimmung. Die Wendung »Blut des Bundes« klingt wörtlich an Ex 24,8 LXX (vgl. Sach 9,11; Hebr 9,20; 10,29; 13,20) an und deutet das am Sinai versprengte Bundesblut typologisch: Wie damals der Bund am Sinai durch das Blut der Opfertiere bekräftigt wurde, so wird nun die Bundesschließung durch das Blut Jesu in Kraft gesetzt. Aber hier ist nicht nur Entsprechung, sondern auch Steigerung gemeint. Während die Opfer, die man einst am Sinai zur Bekräftigung des Bundesschlusses darbrachte, keine letztgültig sühnende, die Sünden tilgende Kraft hatten (Ex 24,3–8), ist der stellvertretende Tod Christi allen Opfern des alten Bundes ungleich überlegen. Sein Sterben begründet die Heilsordnung (Bund) der Endzeit (E. Lohse, Geschichte des Leidens, 56).

β) Die Zusätze in der von Matthäus überlieferten Fassung der Herrenmahlsworte sind aus der liturgischen Praxis zu verstehen: die Aufforderung »esset« (Mt 26,26), die Umwandlung des vor dem Kelchwort unlogischen Mk-Berichtes »sie tranken alle daraus« (Mk 14,23) in einen Imperativ (Mt 26,27b) und die Ergänzung am Schluß des Kelchwortes »zur Vergebung der Sünden« (Mt 26,28b), eine vielleicht aus der Tauf-Liturgie stammende Formel (Mk 1,4 par; Apg 2,38; J. Jeremias, aaO, 165; vgl. E. Schweizer, RGG I³,13). Die Mt-Form ist jedoch mit der Hinzufügung der Worte εἰς ἄφεσιν ἁμαρτιῶν *[eis aphesin hamartiǭn]*, »zur Vergebung der Sünden«, zugleich Zeuge einer von Ex 24,8 zu Jer 31,31–34 fortschreitenden theol. Deutung: der in der Entsprechung zum Sinaibund durch das Blut Jesu in Kraft gesetzte Bund, der durch den stellvertretenden Sühnetod Christi dem Sinaibund zugleich überlegen ist (Mk), ist ein Bund der → Vergebung der → Sünden (Mt). Die durch den Tod Jesu aufgerichtete Gottesgemeinschaft, in der die kommende Herrschaft Gottes anbricht, ist identisch mit der Sündenvergebung (Jer 31,34b). Mt hat also die im Tode Jesu aufgerichtete Heilsordnung als Geschenk der Sündenvergebung interpretiert. Das Herrenmahl ist aktueller Zuspruch der Sündenvergebung.

γ) Die Paulus-Fassung der Herrenmahlsworte läßt ein Stadium fortschreitender Gräzisierung (Vermeidung der Semitismen) und Liturgisierung (doppelter Wiederholungsbefehl; zur ἀνάμνησις *[anąmnæsis]*-Formel vgl. → Gedenken, Art. μιμνήσκομαι) erkennen. Da durch die Einfügung des Bundesbegriffs die Mk-Form des Kelchwortes überlastet ist, tritt in der paulinischen Form die Sühneaussage zum Brotwort (das ist mein Leib »für euch«), während der Bundesbegriff nun das Kelchwort bestimmt. Dieser Bund wird als der »neue« bezeichnet und damit als Erfüllung der prophetischen Verheißung vom neuen Bund (Jer 31,31ff) verstanden: »dieser Kelch ist der neue Bund auf Grund meines Blutes« (1Kor 11,25). Die das Herrenmahl Feiernden empfangen, indem sie aus dem Kelch trinken, Anteil an der von Gott im Tod Christi begründeten neuen Heilsordnung; die Gemeinde erfährt also die gegenwärtige Gültigkeit des im Tod des Kyrios (Ex 24,8) gestifteten neuen Bundes (Jer 31,31ff). Und indem die versammelte Gemeinde von dem gebrochenen Brot ißt, empfängt sie Anteil an dem für sie in den Tod gegebenen Herrn, wobei »σῶμα *[sǭma]* (→ Leib) nicht als Substanz gedacht ist, sondern die leibhaftige Person meint« (G. Bornkamm).

Die eigene Auffassung des Paulus kommt 1Kor 10,17 am deutlichsten zu Wort: »Weil es ein Brot ist« (das uns Anteil gibt an dem stellvertretend für uns in den Tod dahingegebenen Christus), »darum sind wir, die vielen, ein Leib« (nämlich der Leib Christi als Gemeinde). Denn der für uns dahingegebene Christus, den wir im Brot empfangen, schließt für

Paulus unmittelbar die Gemeinde als Leib Christi ein, zu der wir durch das Herrenmahl zusammengeschlossen werden. Das bes. Anliegen des Paulus ist also der Zusammenhang von Herrenmahl und Gemeinde; für ihn impliziert der christologische den ekklesiologischen Soma-Begriff (G. Bornkamm, aaO II,162ff).

Die Mißstände in Korinth sind daraus entstanden, daß das Herrenmahl offensichtlich als eine dem einzelnen zuteil werdende »Unsterblichkeitsspeise« aufgefaßt und dabei seine Bedeutung als Begründung des Leibes Christi, der die Feiernden untereinander zu Gliedern zusammenschließt, verkannt wurde. Die zu spät kommenden Gemeindeglieder aus dem Sklavenstand konnten deshalb nicht mehr an der Tischgemeinschaft des Sättigungsmahles teilnehmen (1Kor 11,21), sondern für sie blieb nur noch das Sakrament übrig. Konstituiert sich aber in der Feier des Herrenmahls der eine Leib Christi, dann ist ein Herrenmahl, bei dem es nicht zu realer Tischgemeinschaft kommt (11,20), als Mißbrauch entlarvt (Bornkamm, aaO, II,138ff.166f; vgl. E. Schweizer, RGG I³,11).

δ) L u k a s zeigt gegenüber der Mk-Form und selbst gegenüber Paulus deutliche Merkmale fortschreitender Liturgisierung: Der eschatologische Ausblick tritt im Interesse liturgischer Parallelisierung nun auch zum Brotwort (eschatologisches Doppelwort Lk 22, 16.18), wodurch eine Parallelität von eschatologischem (V. 16.18) und deutendem (V. 19.20) Doppelwort entsteht. Daß er zudem nun v o r den Deuteworten erscheint, ist wohl dadurch bedingt, daß die eschatologische Thematik im Zentrum der judenchristl. Passahaggada steht. Dieser inhaltlichen Beobachtung entspricht die formale, daß Lk 22,15—20 den liturgischen Verlauf einer judenchristl. Passafeier widerspiegelt (B. Lohse, Passafest, 62f; J. Jeremias, ThWb V,900ff; aaO, 115ff; F. Hahn, EvTh 1967, 352ff), die durch das nächtliche stellvertretende Fasten für → Israel, die Erwartung der Parusie in der Passanacht und die sich an das Fasten gegen 3 Uhr morgens anschließende Feier des Herrenmahls (Mahlzeit = μετὰ τὸ δειπνῆσαι *[meta to deipnæsai]* V. 20a und Mahl V. 19f) charakterisiert ist. Hier hat wohl auch die Deutung Christi als des eschatologischen Passalammes (1Kor 5,7), das typologisch den Passalämmern des Auszugs gegenübergestellt wird und den Verzicht der Urgemeinde auf das Essen des Passalammes theol. begründet (vgl. die Verzichterklärungen Jesu nach Lk 22,16.18), ihren Sitz im Leben.

ε) J o h a n n e s berichtet als einziger vom Herrenmahl nicht im Zusammenhang mit dem letzten Mahl Jesu (13,1—30); Anspielungen darauf finden sich nur in Kap. 6 im Anschluß an das Speisungswunder (6,51—58), wobei R. Bultmann (Johannes, 1957[15], 161f. 174f) und G. Bornkamm (ZNW 47, 1956, 161ff) die V.e 51c—58 für kirchlich-redaktionelle Zufügung zum JohEv. halten, während E. Ruckstuhl (Die literarische Einheit des JohEv., 1951, 149.164.266), E. Schweizer (Neotestamentica, 1963, 371ff), J. Jeremias (ZNW 44, 1952/53, 256f) und L. Goppelt (ThWb VIII, 236ff) für die literarische Einheit von Brot- und Eucharistierede eintreten. Immerhin ist in Joh 6,51c wahrscheinlich eine späte Fassung des Deutewortes Jesu zum Brot erhalten: »dies (Brot, das ich gebe) ist mein Fleisch (σάρξ *[sarx]*) für das Leben der Welt«. Hatte die Einfügung des Bundesbegriffs im hell. Judenchristentum (Mk 14,24) zur Folge, daß die Gemeinde Jesu Tod als Sühnopfer und Bundesopfer verstand (Mk), so taucht nun bei Joh (6,51ff) auch das Begriffspaar σάρξ *[sarx]*/αἷμα *[haima]* (Fleisch/Blut) als Terminus der Opfersprache erstmalig auf. Auch darin zeigt Joh ein späteres Entwicklungsstadium, daß er vom »Kauen des Fleisches« (τρώγειν μου τὴν σάρκα *[trōgein mou tæn sarka]*) und »Trinken des Blutes« (πίνειν μου τὸ αἷμα *[pinein mou to haima]*) spricht (V. 54) und damit die Elemente des Mahls eng mit den Bestandteilen der Person Christi verbindet. Aber das Kauen des Fleisches und das Trinken des Blutes darf auch nach Joh nicht naturalistisch-sakramental mißverstanden werden, da V. 63 deutlich zeigt, daß Joh an die persönliche Gegenwart Christi durch sein Wort im Geist und seine Selbstdarbietung in Wort und Sakrament durch den Glauben (6,35.47.54) denkt. Dann aber steht die Rede vom »Kauen des Fleisches« etc. in a n t i d o k e t i s c h e r Front und soll »das Ärgernis der vollen Fleischwerdung« unterstreichen. »So hält bei Johannes das Herrenmahl gewissermaßen die Gestalt Jesu im Fleisch fest und bewahrt sie davor, sich zu einer . . . Christusidee zu verflüchtigen« (E. Schweizer, RGG I³,12). Für Joh ist das Herrenmahl das fortdauernde Zeichen und die Teilnahme an ihm das fortdauernde Bekenntnis zur vollen Realität der Menschwerdung des göttlichen Logos.

c) Die theol. Leitgedanken der Herrenmahlsworte.

Steht in der aus dem aram. Bereich stammenden Urform der Herrenmahlsworte die Selbsthingabe Jesu (Mk 14,22), sein stellvertretender Sühnetod für die vielen (Mk 14,24; ohne »des Bundes«) und der eschatologische Ausblick auf das Kommen der Herrschaft Gottes (14,25) im Zentrum, so tritt im hell. Judenchristentum (Mk) die Bundesaussage zum Kelchwort hinzu (Mk 14,24): Jesu Tod ist sühnendes Bundesopfer, das die Heilsordnung der Endzeit in Kraft setzt. Mt (26,28) deutet die durch das Bundesopfer aufgerichtete Gottesgemeinschaft als Vergebung der Sünden (Jer 31,34b). Bei Paulus (und Lk) tritt zur Entlastung des markinischen Kelchwortes die Sühneaussage zum Brotwort (1Kor 11,24; Lk 22,19), so daß nun die an Jer 31,31ff orientierte Bundesaussage das Kelchwort beherrscht (1Kor 11,25; Lk 22,20). Liegt für Paulus in Auseinandersetzung mit dem korinthischen Sakramentalismus der Akzent auf dem unlöslichen Zusammenhang von Herrenmahl und Gemeinde (der für uns dahingegebene Christus konstituiert die Gemeinde als → Leib Christi; 1Kor 10,16), so betont Joh in antignostischer Frontstellung den Zusammenhang von Herrenmahl und Fleischwerdung.

Die Bundes- (Mk) und die Vergebungsaussage (Mt) sowie der ekklesiologische (Paulus) und antidoketische (Joh) Akzent entfalten und aktualisieren in je neuer Interpretation die Bedeutung, die dem Ereignis der Selbsthingabe Jesu und seines universalen Stellvertretungstodes (Mk 14,24) innewohnt. Sie akzentuieren das Herrenmahl als

α) Verkündigung der stellvertretenden Hingabe Jesu und Verbürgung des eschatologischen Mahls der Endzeit (Urform);

β) Anteilgabe an der durch den Tod Jesu als Bundesopfer aufgerichteten Heilsordnung Gottes (Mk);

γ) Zuspruch der Vergebung der Sünden (Mt);

δ) Eingliederung in den »neuen« Bund und Begründung der Gemeinde als Leib Christi (Paulus); und

ε) Verkündigung der Fleischwerdung des Logos, in der sich die Selbsthingabe des Sohnes vollzieht (Joh).

Dies alles wird im Herrenmahl nur auf Grund der Selbstvergegenwärtigung des Auferstandenen Ereignis und Gabe. Und insofern er als der gekreuzigte und auferstandene Kyrios sich selbst im Mahl anbietet, ist die eigentliche Gabe des Herrenmahls Jesus Christus. Er selbst verwirklicht seine Gegenwart im Vollzug dieses Mahls und konstituiert es dadurch zum »Herrenmahl«.

B. Klappert

V ZUR VERKÜNDIGUNG

Hält man sich die Ergebnisse der vorstehenden Untersuchung vor Augen, so leuchtet ein, warum in den sog. Arnoldshainer Thesen der EKiD zum Abendmahlsverständnis viele der reformatorischen Lehrpositionen und Definitionen als nach den Maßstäben heutiger theol. Erkenntnis nicht mehr angemessen bezeichnet worden sind. Und doch kann nicht übersehen werden, daß selbst Jahre danach immer noch – nicht nur in der Ökumene, sondern auch unter durch die Reformation verwandten Gruppen – das Gespräch in solchen alten, durch die abendländische Philosophie geprägten Kategorien und in den überholten Fragestellungen geführt wird.

Wie aber soll zB der alte Streit um das »est« und »significat« überhaupt je entschieden werden, wenn sich weder das eine noch das andere aus der zu vermutenden Urform herleiten läßt? Wie will man weiter von der Substanz von Brot und Wein her denken (Transsubstantiationslehre), wenn sich für solches Denken in Sprache und Intention des NT keine Basis findet, sondern es sich nachweislich um nachkanonische, philosophische Interpretationsversuche handelt? Wird man weiter von einem sakral-kultischen Charakter des Mahles und im juristischen Sinn von seiner »Verwaltung« sprechen können, wenn man den Wechsel der Akzentsetzungen innerhalb des NT und zB den Gemeinschaftscharakter ernst nimmt? Muß es nicht vielmehr als sehr problematisch gelten, eine einzelne Traditionsgestalt, einen bestimmten Akzent als d e n entscheidenden zu deklarieren und ihn als kirchentrennendes Schibboleth aufzurichten?

Nun hat sich aber gezeigt, daß die je neuen Interpretationen des Herrenmahls nichts anderes sind als verschiedene Ausdrucksformen dafür, daß die Christus Nachfolgenden Anteil und Gemeinschaft an dessen Selbsthingabe und der durch seinen Stellvertretungstod aufgerichteten Heilsordnung haben. Und es hat sich zudem ergeben, daß die Verschiedenheit der Akzentuierung ihren Grund in der jeweiligen äußeren und inneren Situation der einzelnen hier zu Wort kommenden Gemeinde hat. Bedeutet dies nicht, daß auch fortan und also heute die jeweils hervortretenden Akzente unterschiedlich sein können, daß sie aber immer bestimmt sein sollten von der Christologie her, also einen unmittelbaren Zusammenhang haben mit den Akzenten der Christusverkündigung? Dann aber wird es darum gehen, daß solche Hervorhebung einzelner Momente in Verantwortung angemessen geschieht, aber niemals zur Vereinseitigung führt, sondern das Ganze des nt. Abendmahlszeugnisses mit im Sinn behält. M. a. W.: der Charakter des Mahles als Ausdruck der Christus-Gemeinschaft muß vorrangig bleiben und es darf nicht dahinkommen, daß Christus gleichsam in kirchlichen Gewahrsam genommen wird. Überhaupt wird man wohl dem Verhältnis von Verkündigung und Mahlfeier noch mehr Aufmerksamkeit widmen müssen, weil ja beide das Angebot des gleichen Christus sind.

Von daher stellt sich dann zB die Frage, wie weit das Abschließen eines sozusagen eigenkirchlichen Abendmahlsraumes gegenüber Christus-Gläubigen aus anderen Gemeinschaften (und dh vielleicht mit anderen Akzenten im Herrenmahlsverständnis) erlaubt ist; es könnte ja leicht auch zu einem Akt sektiererischer Ausgrenzung aus der Gesamtheit des Leibes Christi werden. Auch die Probleme der Abendmahlszulassung und des Abendmahlsausschlusses wären von hier aus ebenfalls neu zu überdenken. Denn wenn der Verräter urspr. von Jesus nicht vom Mahl ausgeschlossen wurde, sondern erst die spätere Tradition die Mahnung an ihn vor das Mahl stellte, muß dann nicht auch heute beim Einzelnen die Verantwortung dafür liegen, ob er sich mit der Teilnahme am Mahl unter Gottes Heilshandeln oder sein Gericht stellt? Und soll ihn nicht sogar nach 1 Kor 11, 28 die Einladung zum Tisch je neu vor diese Entscheidung stellen?

Die zum Opfercharakter hintendierenden Formen der Mahlfeier werden sich angesichts der erst späten Eintragung der Opferterminologie fragen lassen müssen, ob sich der Wiederholungsbefehl wirklich auf das Opfer bezieht. Kann das Opfer Christi, um das es ja geht, überhaupt wiederholt werden, ist es nicht seiner Art nach unwiederholbar? Welchen Sinn aber kann dann das Meßopfer, bes. wenn es ohne kommunizierende Gemeinde gefeiert wird, haben? Das Herrenmahl kann seiner Art nach doch nur als dem Leben der Gemeinde eingeordnet verstanden werden. Damit ist das Problem verbunden, ob nicht die von vielen behauptete Abhängigkeit der Legitimität der Feier (und der Gabe) von dem Weihe- oder Ordinationscharakter des »Spendenden« zu Recht behauptet werden darf. Denn sie ist nur im Rahmen der Wandlungs- und Opfertheorie sinnvoll. Wäre indes das Mahl eine Handlung in der konkreten Gemeinde, und zwar mit Offenheit für die Gesamtheit des Leibes Christi, so könnte nichts weiter gefordert werden als eine gute Ordnung, die erkennen läßt, daß zum Tisch des Herrn, nicht zu dem einer einzelnen Gemeinschaft eingeladen wird.

Diese Überlegungen werden noch drängender durch die im NT erkennbare Verbindung von Gemeinschafts- und Herrenmahl. Ob nicht viel mehr nach einer Wiederaufnahme dieser Linie zu suchen ist, wie sehr die Formen im Einzelnen differieren mögen? Vielleicht würde damit am ehesten sowohl einem sakramentalistischen wie einem magischen Mißverständnis des Mahles gewehrt. Und vielleicht ließe sich so auch gleich einer Abendmahlsflucht begegnen, die ihren Ursprung in einem perfektionistischen Heiligungsverständnis hat, das die Gabe Gottes im Mahl nicht mehr von der uneingeschränkten Vergebung Christi, sondern von menschlicher Vorleistung abhängig macht.

Es geht darum, den Blick wieder frei zu machen dafür, daß in der Mahlgemeinschaft die Gemeinschaft der Jünger mit Christus und in Christus ihren Ausdruck findet, und daß in der Vergegenwärtigung seines Tuns und seines Wortes die Feiernden zugleich in den Horizont seiner Zukunft gestellt werden. Der Charakter des Mahles würde sich damit aus der oft zu beobachtenden Bedrücktheit zur Freude hin wandeln. *L. Coenen*

Lit.: JBehm, Art. δεῖπνον, ThWb II, 1935, 33ff – HGollwitzer, Coena Domini, 1937 – ELohmeyer, Das Abendmahl in der Urgemeinde, JBL 56, 1937, 246ff – ders., Vom urchristlichen Abendmahl, ThR NF 9, 1937, 168ff.273ff; 10, 1938, 81ff – JBehm, Art. κλάω, ThWb III, 1938, 726ff – KGKuhn, Art. μαραναθά, ThWb IV, 1942, 470ff – EGaugler, Das Abendmahl im NT, Gegenwartsfragen Bibl. Theol. 2, 1943 – OCullmann, Urchristentum und Gottesdienst, 1944, 13ff.25ff – MBarth, Das Abendmahl. Passamahl, Bundesmahl und Messiasmahl, Theol. Stud. 18, 1945 – ESchweizer, Das Herrenmahl, eine Vergegenwärtigung des Todes Jesu oder ein eschatologisches Freudenmahl?, ThZ 2, 1946, 81ff – EKäsemann, Anliegen und Eigenart der paulinischen Abendmahlslehre, EvTh 7, 1947/48, 263ff (= Ex. Vers. u. Bes. I, 1964³, 11ff) – FBammel, Das heilige Mahl im Glauben der Völker, 1950 – GBornkamm, Das Anathema in der urchristlichen Abendmahlsliturgie, ThLZ 75, 1950, 227ff (= Das Ende des Gesetzes, Ges. Aufs. I, 1966⁵, 123ff) – KGKuhn, Die Abendmahlsworte, ThLZ 75, 1950, 399ff – ders., Über den ursprünglichen Sinn des Abendmahls, EvTh 11/12, 1950/51, 508ff – GWalther, Jesus, das Passalamm des neuen Bundes, 1950 – WMarxsen, Der Ursprung des Abendmahls, EvTh 12, 1952/53, 293ff – ESchweizer, Das johanneische Zeugnis vom Herrenmahl, EvTh 12, 1952/53, 341ff (= Neotestamentica 1963, 371ff) – JJeremias, Art. πάσχα, ThWb V, 1954, 895ff – ESchweizer, Das Herrenmahl im NT, ein Forschungsbericht, ThLZ 79, 1954, 577ff (= Neotestamentica 1963, 344ff) – ELohse, Märtyrer und Gottesknecht, 1955, 122ff – GBornkamm, Die eucharistische Rede im Johannesevangelium, ZNW 47, 1956, 161ff – ders., Herrenmahl und Kirche bei Paulus, ZThK 53, 1956, 312ff (= Stud. z. Antike u. Urchristentum, Ges. Aufs. II, 1963², 138ff) – EBizer/WKreck, Die Abendmahlslehre in den reformatorischen Bekenntnissen, ThExh NF 47, 1957 – MBrändle, Jesu letztes Mahl im Lichte von Qumran, 1957, 111ff.121ff – ESchweizer, Art. Abendmahl, RGG I, 1957³, 10ff – FRietschel, Der Sinn des Abendmahls nach Paulus, EvTh 18, 1958, 269ff – WWilkens, Das Abendmahlszeugnis im 4. Evangelium, EvTh 18, 1958, 354ff – LGoppelt, Art. ποτήριον, ThWb VI, 1959, 148ff – JJeremias, Art. πολλοί, ThWb VI, 1959, 536ff – FBammel/GFohrer, Art. Mahlzeiten, RGG IV, 1960³, 605ff – HKosmala, »Das tut zu meinem Gedächtnis«, NovTest 4, 1960, 81ff – PNeuenzeit, Das Herrenmahl, Studien z. paulinischen Eucharistieauffassung, 1960 (= Stud. z. AT u. NT 1) – ELohse, Wort und Sakrament im Johannesevangelium, NTSt 7, 1960/61, 110ff – JMNielen, Die Eucharistiefeier der ältesten Christenheit nach den Aussagen des NT, BuK 15, 1960, 43ff – PPhilippi, Abendmahlsfeier und Wirklichkeit der Gemeinde, 1960 – WMarxsen, Art. Abendmahl, EKL I, 1962², 4ff – AAdam, Ein vergessener Aspekt des frühchristlichen Herrenmahls, ThLZ 88, 1913, 9ff – OCullmann, Die Christologie des NT, 1963³, 214f – RHFuller, The Double Origin of the Eucharist, Bibl. Research 7, 1963, 60ff – FHahn, Christologische Hoheitstitel, 1963, 59ff.100ff – WMarxsen, Das Abendmahl als christologisches Problem, 1963 – GDelling, Das Abendmahlsgeschehen nach Paulus, KuD 10, 1964, 61ff – BvJersel, Die wunderbare Speisung und das Abendmahl in der synoptischen Tradition, NovTest 7, 1964, 167ff – ELohse, Geschichte des Leidens und Sterbens Jesu Christi, 1964, 41ff – ESchweizer, Art. σῶμα, ThWb VII, 1914, 1051ff – EMSkibbe, Das Proprium des Abendmahls, KuD 10, 1964, 78ff – REBrown, The Eucharist and Baptism in John, in: NT Essays, 1965, 77ff – OKoch, Gegenwart oder Vergegenwärtigung Christi im Abendmahl, 1965 – WMarxsen, Das Mahl – Vorstellungen und Wandlungen, in: The Bible in Modern Scholarship, 1965, 91ff – VTaylor, Jesus and his sacrifice, 1965⁶, 114ff.175ff.201ff.236ff – LAalen, Der Kampf um das Evangelium im Abendmahl, ThLZ 91, 1966, 81ff – LGoppelt, Art. τρώγω, ThWb VIII, 1966, 236ff – GDalman, Jesus Jeschua, 1967², 80ff – LGoppelt, Typos, 1967², 131ff.173ff – FHahn, Die alttestamentlichen Motive in der urchristlichen Abendmahlsüberlieferung, EvTh 27, 1967, 337ff – ABduTait, Der Aspekt der Freude im urchristlichen Abendmahl, 1965 – WAverbeck, Der Opfercharakter des Abendmahls in der neueren evangelischen Theologie, 1967 – JJeremias, Die Abendmahlsworte Jesu, 1967⁴ – BSandvik, Das Kommen des Herrn beim Abendmahl im Neuen Testament, 1970 (= AThANT, 58) – HSchlier, Das Herrenmahl bei Paulus, in: ders., Das Ende der Zeit III, 1971, 201ff – HPatsch, Abendmahl und historischer Jesus, 1972 – HSchürmann, Das Weiterleben der Sache Jesu im nachösterlichen Herrenmahl, BZ 16, 1972, 1ff.

Herrlichkeit → Ehre

Herz

καρδία

καρδία *[kardịa]* Herz, Inneres · καρδιογνώστης *[kardiognō̧stæs]* Herzenskundiger, Herzenskenner · σκληροκαρδία *[sklærokardịa]* Herzenshärte

καρδία *[kardịa]* wird im Profangriech. sowohl im direkten wie im übertragenen Sinn gebraucht. Es bezeichnet einerseits das *Herz* als Organ des Körpers und Mitte des physischen Lebens (so vor allem bei Aristot.), andererseits als Sitz psychischer Regungen, ja als Quelle des seelischen Lebens überhaupt. Vereinzelt hat es auf die Natur angewandt den Sinn *Mark* des Holzes, *Kern* der Pflanze. καρδία *[kardịa]* meint also überall die Mitte, das Innerste (bei Menschen, Tieren und Pflanzen).

Namentlich bei Homer und den Tragikern hat καρδία *[kardia]* indes eine erheblich erweiterte Bedeutung: Es meint nicht mehr nur die Mitte des Körpers, sondern auch das seelische und geistige Zentrum des Menschen schlechthin:

a) καρδία *[kardia]* heißt der Sitz der Empfindungen und Gefühle, der Triebe und Leidenschaften. Dabei denkt der Grieche an Regungen wie Freude und Trauer, Mut und Feigheit, Kraft und Furcht, Liebe, Haß und Zorn (Hom. Il. 21,547).

b) Es ist vor allem Homer, der dem Herzen auch die Denkfähigkeit beilegt, wobei Denken und Empfinden noch nicht klar getrennt sind, sondern nahe beieinander liegen (Il. 21,441). Von da aus ist es dann nur noch ein kleiner Schritt, das Herz auch als Zentrum des Wollens und als Herd der Entschließungen im Menschen anzusehen (Il. 10,244).

Im AT stehen für *Herz* die Wörter *lēb* und *lēbāb*, wobei *lēb* schon in den älteren Schichten zu finden ist, während *lēbāb* erstmals bei Jes erscheint. Auch im AT wird *Herz* in einem doppelten Sinn, unmittelbar und übertragen, gebraucht. – Die LXX hat für *lēb* überwiegend καρδία *[kardia]*, seltener διάνοια *[dianoia]*, *Denken*, und ψυχή *[psychæ]*, *Seele*. Die Nuancen des Begriffs sind hier in derselben Deutlichkeit wie im AT zu erkennen. καρδία *[kardia]* begegnet vorwiegend in umfassender Bedeutung, auf den ganzen Menschen angewandt. II

1) Das Herz ist als körperliches Organ Sitz der Kraft und des leiblichen Lebens (Ps 38,11; Jes 1,5). Wenn das Herz durch Speise gestärkt wird, so wird dadurch der ganze Mensch neu belebt (Gen 18,5; Ri 19,5; 1Kön 21,7).

2) Im übertragenen Gebrauch ist *lēb* die Mitte des geistig-seelischen Lebens, das Innere des Menschen. Dabei wird der enge Zusammenhang zwischen geistig-seelischen Vorgängen und den funktionalen Reaktionen der Herztätigkeit durchaus schon gesehen. Physisches Befinden und psychische Affekte sind deutlich aufeinander bezogen. Daraus erklärt sich die starke Berührung der Begriffe *lēb* und *næphæsch* (= → Seele), die sogar austauschbar sein können (vgl. Jos 22,5; 1Sam 2,35; Dtn 6,5). Zwar ist auch das at. *lēb* Ort des Fühlens, Denkens und Wollens im Menschen:

a) Das Herz ist der Ort der Empfindungen, gleich, ob es sich um Freude (Dtn 28,47) oder Schmerz (Jer 4,19), um Gelassenheit (Spr 14,30) oder Erregung (Dtn 19,6) u. a. m. handelt.

b) Das Herz ist Sitz des Verstandes und der Erkenntnis, der gedanklichen Regungen und Kräfte (1Kön 3,12; 5,9), wie der Phantasien und Gesichte (Jer 14,14). Aber auch Torheit (Spr 10, 20f) und böse Gedanken haben ihre Werkstatt im Herzen.

c) Vom Herzen geht der Wille aus, die wägende Absicht (1Kön 8,17) und der tatbereite Entschluß (Ex 36,2).

lēb meint aber weniger eine einzelne Funktion als vielmehr den Menschen mit all seinen Antrieben, kurz: die Person in ihrer Ganzheit (Ps 22,27; 73,26; 84,3). Es bezeichnet »in umfassender Weise die Persönlichkeit als ganze, ihr inneres Leben, ihren Charakter, . . . die willentlich bewußte geistige Tätigkeit des in sich geschlossenen menschlichen Ich« (Eichrodt, S. 94). Damit steht der at. Gebrauch im Gegensatz zum profanen griech., denn dort hat das Herz bei aller Differenzierung doch immer nur e i n e Funktion innerhalb eines Systems der geistig-seelischen Vorgänge.

3) Da sich mit dem Herzen bes. auch das Moment der Verantwortung verbindet, ist das, was vom Herzen ausgeht, »recht eigentlich Sache des ganzen inneren Menschen, das ihn darum als bewußt handelndes Ich verantwortlich macht« (Eichrodt, 94). Weil diese Verantwortlichkeit des Menschen im AT allein an Jahwe ihr Korrektiv hat, ist das Herz zugleich das Organ, mit dem der Mensch als Frommer wie als Verstockter dem Reden und Handeln Gottes begegnet. Es ist der Ort der Gottesfurcht und Gottesverehrung (1Sam 12,24; Jer 32,40), das Herz des Frommen ist in Treue dem Gesetz Gottes zugeneigt (Jes 51,7), das des Gottlosen ist verstockt, ferne von Gott (Jes 29,13). Im Herzen geschieht die Umkehr zu Gott (Ps 51,12; 19; Jo 2,12).

4) In enger Verbindung mit dem Herzen werden oft die Nieren genannt (*k*ᵉ*lājōt*, griech. νεφρός *[nephros]*, nur im Plur., im NT nur Offb 2,23 als Zitat aus Jer 11,20). Sie sind – im übertragenen Sinn – der Ort der geheimsten seelischen Regungen (Ps 7,10; 26,2; Jer 17,10; 20,12; vgl. 1Sam 24,6; 25,31: *lēb* = Gewissen), so verborgen, daß sie für den Menschen unerforschbar sind. Allein Gott vermag sie zu durchschauen und zu prüfen.

5a) Philo und Josephus sehen im Herzen ausschließlich eines der Organe des Körpers, die zentrale Stelle des leiblichen Lebens, ohne daß damit der Sitz des inneren Lebens eindeutig festgelegt wäre. Philo läßt die Frage, ob im Herzen oder im Gehirn das ἡγεμονικόν *[hægemonikon]*, die leitende Funktion, liege, offen. Zwar finden sich häufig Anklänge an at. Sprachgebrauch (Spec. Leg. I,304). Der übertragene Sinn, der im AT vorherrscht, tritt aber vor allem bei Josephus ganz zurück.

b) Dagegen weiß das palästinensische Spätjudentum – wie das AT – vom Herzen als von der Mitte des Lebens, auch des Lebens vor Gott, zu sagen, von guten und bösen Gedanken, die im Herzen wohnen, aber auch vom Gottesdienst, der im Herzen geschieht (das Gebet; vgl. zB Sifre Dtn 41).

Der nt. Gebrauch von καρδία *[kardịa]* deckt sich mit dem Verständnis im AT ebenso sehr, wie er sich vom griech. unterscheidet. Die Bedeutung von *Herz* als *inneres Leben*, als *Personkern* und als Ort, wo sich Gott dem Menschen bezeugt, ist im NT noch klarer ausgeprägt als im AT. Das NT verwendet an Stellen, wo das AT *Herz* im Sinne von *Person* gebrauchen würde, oft das Personalpronomen (zB Mt 9,3; 16,7; 21,25.38; 2Kor 2,1). Trotzdem erscheint im NT καρδία *[kardịa]* an 148 Stellen (Paulus 52mal; Synopt. 47; Apg 17; kath. Briefe 13; Hebr 10; Joh 6 und Offb 3mal). III

1a) καρδία *[kardịa]* als Mitte des leiblichen und geistigen Lebens. Verhältnismäßig selten begegnet καρδία *[kardịa]* als körperliches Organ, als Sitz der natürlichen Lebenskraft (Lk 21,34; Apg 14,17; Jak 5,5). Ungleich häufiger bezeichnet es den Sitz des seelisch-geistigen Lebens, das innere Leben (im Gegensatz zur äußeren Erscheinung 2Kor 5,12; 1Thess 2,17; vgl. 1Sam 16,7). Die Kräfte des → Geistes, der → Verstand, der → Wille haben gleichermaßen ihren Ort im Herzen wie die Strömungen der → Seele, die Gefühle, Leidenschaften und Triebe. Das Herz steht für das Ich des Menschen. Es ist die Person schlechthin (»der verborgene Mensch des Herzens« 1Petr 3,4).

b) καρδία *[kardịa]* als Mitte des geistlichen Lebens. Seine zentrale Bedeutung gewinnt καρδία *[kardịa]* im NT, wenn es dort auftaucht, wo die Stellung des Menschen vor Gott zur Sprache kommt. καρδία *[kardịa]* ist die Stelle im Menschen, an die Gott sich wendet. Sie ist der Ort des Zweifels und der Verstockung, wie auch des Glaubens und des Gehorsams.

Auffallend ist im NT die sachliche Nähe von καρδία *[kardịa]* zu dem Begriff νοῦς *[nous]* = *Sinn*. Auch νοῦς *[nous]* kann die Bedeutung »Person, Ich des Menschen« haben. Herz und Sinne (νοήματα *[noǣmata]*) können parallel (2Kor 3,14f) oder synonym (Phil 4,7) stehen. Dabei ist dann bei νοῦς *[nous]* das Moment des Wissens stärker betont als bei καρδία *[kardịa]*, wo der Akzent mehr auf der Emotion und dem Willen liegt (Bultmann, S. 222). Es ist also die *Person*, das denkende, fühlende, wollende Ich des Menschen, das im nt. Gebrauch »gerade auch hinsichtlich seiner Verantwortlichkeit vor Gott mit καρδία *[kardịa]* bezeichnet wird« (Gutbrod, S. 75).

2) Nicht nur die Leiblichkeit des natürlichen Menschen, nicht nur sein Denken und Wollen, Fühlen und Streben als einzige Regungen sind von der Sünde gezeichnet, beherrscht und verderbt, sondern als deren Quellort das Innerste des Menschen, sein Herz. Befindet sich aber das Herz in der Gefangenschaft der Sünde, so ist der ganze Mensch betroffen. Aus dem Herzen kommen böse Gedanken (Mk 7,21 par), im Herzen wohnen schandbare Gelüste (Röm 1,24), das Herz ist verstockt und unbußfertig (Röm 2,5; 2Kor 3,14f), arg und ungläubig (Hebr 3,12), unverständig und verfinstert (Röm 1,21; Eph 4,18). Jesus zitiert im Blick auf seine Gegner den Propheten Jesaja: Ihr Herz ist ferne von mir (Mk 7,6 par), er schilt aber ebenso den Unglauben und die Herzenshärtigkeit seiner Jünger (Mk 16, 14). Auch die Heiden können sich vor Gott nicht entschuldigen, denn sie tragen das Wissen darum, was vor Gott gut und richtig ist, in ihrem Herzen (Röm 2,15).

»Abgründig ist das Herz über alle Maßen und heillos, wer kann es ergründen?« Diese Klage Jeremias (17,9) gilt auch im NT. Kein Mensch vermag sein Herz zu ergründen, geschweige denn zu ändern. Der Mensch ohne Gott lebt unter der Gewalt der Sünde, die in seinem Herzen nistet und von dort aus den ganzen Menschen knechtet.

3) Gott allein kann das Verborgene im Menschenherzen offenbaren (1Kor 4,5), erforschen (Röm 8,27) und prüfen (1Thess 2,4). Weil vom Herzen die Verderbnis ausgeht, fängt Gott mit seiner Erneuerung auch am Herzen an. καρδία *[kardịa]* ist »der Ort, wo Gott mit dem Menschen handelt, . . . derjenige Teil im Menschen, . . . an dem sich das ›Für‹ oder ›Wider Gott‹ in erster Linie entscheidet« (Gutbrod, S. 72). Wie das Herz der Ort des Unglaubens ist, so ist es auch der Ort des Glaubens (Röm 10,6–10). Röm 2,5 wird das menschliche Herz ἀμετανόητος *[ametanọ̄etos]*, unbußfertig, genannt. Darin »zeigt sich, daß μετανοεῖν *[metanoẹin]* Sache der καρδία *[kardịa]* wäre« (Bultmann, S. 221). Umkehr

geschieht im Herzen und ist damit Sache des ganzen Menschen. Nicht lediglich Verstand oder Gefühl werden vom Wort Gottes getroffen, das Wort durchbohrt das Herz (Apg 2,37; 5,33; 7,54).

Zu dieser Umkehr des Herzens und dh zum → Glauben kommt es nicht durch Wollen und Wünschen des menschlichen Herzens (1Kor 2,9), sondern allein dadurch, daß Gott dem Menschen das Herz auftut (Apg 16,14), daß Gott sein Licht im Herzen aufleuchten läßt (2Kor 4,6). Gott bezeugt sich dem Menschen, indem er in sein Herz den Geist seines Sohnes sendet (2Kor 1,22). Wenn dieser Geist im Herzen Wohnung nimmt, ist der Mensch nicht mehr Sklave der Sünde, sondern Sohn und Erbe Gottes (Gal 4,6f). In das Herz gießt Gott seine Liebe aus (Röm 5,5). Durch den Glauben kann Christus im Herzen Wohnung nehmen (Eph 3,17).

4) Das Herz des Menschen ist aber nicht nur der Ort, an dem Gott Glauben weckt und wirkt. Hier bewährt sich der Glaube in Gehorsam und Geduld (Röm 6,17; 2Thess 3,5), hier wird das Wort Gottes bewahrt (Lk 8,15), hier tritt der Friede Christi sein Regiment an (Kol 3,15f). Gottes Gnade stärkt und festigt das Herz (Hebr 13,9). Ein Gott ohne Vorbehalt zugewandtes Herz bezeichnet das NT als »reines Herz« (Mt 5,8; 1Tim 1,5). Diese »Reinheit« des Herzens hat freilich ihren einzigen Grund darin, daß das Blut Christi das Herz reinigt (Hebr 10,22; vgl. 1Joh 1,7) und Christus durch den Glauben im Herzen wohnt (Eph 3,17).

5) Zwei Wortverbindungen, die beide spezifisch nt. sind, müssen hier noch erwähnt werden:

a) καρδιογνώστης *[kardiognǫstæs]* ist dem Profangriech. wie der LXX fremd und begegnet im NT nur Apg 1,24 und 15,8, darüber hinaus dann in der altchristl. Lit. Es bezeichnet Gott als den *Herzenskenner*, den *Herzenskundigen*. Die Tatsache, daß Gott die verborgenen Tiefen des menschlichen Herzens sieht, prüft und erforscht, ist dem AT und NT geläufig (1Sam 16,7; Jer 11,20; 17,9f; Lk 16,15; Röm 8,27; 1Thess 2,4; Offb 2,23; vgl. II,3). Dieser Glaube an den allwissenden Gott ist in dem Prädikat καρδιογνώστης *[kardiognǫstæs]* auf einen kurzen Nenner gebracht.

b) σκληροκαρδία *[sklærokardịa]*, im Profangriech. unbekannt, in der LXX Dtn 10,16; Sir 16,10; Jer 4,4 (hebr. Äquivalent *'ōrlat lēbāb)*, findet sich sonst nur im NT (Mk 10,5 par; 16,14; ähnlich Röm 2,5) und bei altchristl. Schriftstellern. *Härtigkeit* des Herzens ist die Verschlossenheit des auf sich selbst bezogenen Menschen gegen Gott, sein Angebot und seine Forderung, wie gegen den Mitmenschen. Von Natur besitzt der Mensch ein Herz, hart wie Stein, Gott und dem Nächsten abgewandt, bis Gottes Eingreifen ihm ein neues, gehorsames Herz schenkt (vgl. Ez 36,26f). *Th. Sorg*

Lit.: WBaumgärtel/JBehm, Art. καρδία, ThWb III, 1938, 609ff – GvRad, Theologie des AT I, 1958, 157 – HRusche, Das menschliche Herz nach biblischem Verständnis, Bibel u. Leben 3/3, 1962, 201ff – RBultmann, Theologie des NT, 1965[5], 221ff – KGutbrod, Der Epheserbrief, in: Christus heute, Bd. 10.

Heuchelei → Lüge

Heute → Zeit

Himmel

Himmel nennt der Mensch seit je das, was über ihm ist, und zwar im Unterschied zu dem, was ihn umgibt, und zur → Erde, auf der er lebt. Diesem gewissermaßen physischen Verständnis entspricht – ebenfalls seit alters – ein metaphysisches: Himmel wird über die Ortsangabe zur Pauschalbezeichnung für all das, was über den Menschen Macht hat, für Götter und Geister. Das griech. Wort οὐρανός *[ouranos]* enthält beide Aspekte, den des Firmamentes wie des Sitzes Gottes (vgl. die Unterscheidung zwischen *sky* und *heaven* im Engl.); gelegentlich wird es durch das rein formale ἄνω *[anō]* = *oben* (im Gegensatz zu κάτω *[katō]*, unten; → Hölle) vertreten, während ἀναβαίνω *[anabainō]* neben seiner rein technischen Bedeutung (bes. des Anstieges zum Tempelberg, zum Heiligtum) vornehmlich für die Erhöhung (→ Höhe) bzw. Himmelfahrt Jesu steht.

ἀναβαίνω

ἀναβαίνω *[anabainō]* hinaufgehen, hinaufsteigen · καταβαίνω *[katabainō]* hinabsteigen · μεταβαίνω *[metabainō]* hinüberwechseln

I ἀναβαίνω *[anabainō]* begegnet seit Homer; das Grundwort βαίνω *[bainō]*, das im NT fehlt, bedeutet *gehen, schreiten* (im NT stattdessen ἔρχομαι *[erchomai]*; → Kommen). Das Kompos. ἀναβαίνω *[anabainō]* richtet die Bewegung auf ein Ziel hin: *hinaufgehen, hinaufsteigen, aufsteigen, wachsen.* Die lokale Bedeutung herrscht vor: Man steigt auf einen Berg, auf eine Tribüne, in das Obergemach eines Hauses. – Ist das Ziel ein heiliger Ort, wird das Hinaufschreiten zu einer kultischen Handlung. Der Beter geht in den (höher gelegenen) Tempel hinauf; dem Mysten wird der Aufstieg in die Welt der Götter, in den Himmel oder auf den Olymp verheißen (Mithr. Liturg. 10,22).

II Die LXX liest ἀναβαίνω *[anabainō]* am häufigsten für *'ālāh* und verwendet es speziell als Formel für den Aufstieg auf den Berg Gottes, für den Gang in das Heiligtum und nach Jerusalem hinauf (Ex 34,4; 1Sam 1,3; 2Kön 19,14).

In Gen 28,12 schaut Jakob im nächtlichen Traumgesicht die Treppe, die – dem alten Weltbild entsprechend – zum Himmelstor empor führt. Gottes Boten steigen auf und ab, »um göttliche Befehle auszuführen oder um die Erde zu überwachen« (vRad, ATD zSt.). In Joh 2,7 bedeutet das Hinabsteigen in die Unterwelt Verdammung und Tod, das Hinaufsteigen Begnadigung und Leben.

III 1) Das NT nimmt die lokale Grundbedeutung auf: einen Berg *besteigen,* nach Jerusalem auf das Passahfest *hinaufgehen* (Lk 2,4; 18,10; Joh 7,8ff; Apg 3,1; Gal 2,1). Selten bezeichnet ἀναβαίνω *[anabainō]* den Wachstumsprozeß von Pflanzen (Mt 13,7; so auch bisweilen LXX, vgl. Gen 41,5) oder metaphorisch das Aufkommen von Gedanken (Lk 24,38; 1Kor 2,9), das Aufsteigen von Gebeten zu Gott (Apg 10,4).

2) Die begrenzt kultische Färbung verblaßt bei den Synopt. hinter einer allgemeineren geistlichen Bedeutung: Wenn Jesus aus dem Wasser des Jordan steigt oder einen Berg besteigt, so leitet sein Aufstieg ein Handeln Gottes ein. Jesus empfängt den Geist Gottes; er betet, lehrt, heilt, beruft (Mt 3,16 par; 5,1; 14,23; 15,29; Mk 3,13; Lk 9,28).

3) Joh gebraucht ἀναβαίνω *[anabainō]* als feststehenden Ausdruck für die Auffahrt des Menschensohnes (ähnlich Apg 2,34; Röm 10,6f; Eph 4,8). Dabei hat das Verb seine Entsprechung in καταβαίνω *[katabainō], hinabsteigen.* Beide Begriffe beschreiben eine Bewegung, die vom Himmel ausgeht und auf die Erde gerichtet ist und umgekehrt. Der Ton liegt nicht auf irgendwelchen »Himmelsreisen«, sondern entscheidend ist der Gang Jesu von und zu Gott. Dies wird allerdings ausgedrückt in den Raumkategorien des antiken Weltbildes. Christus durchschreitet als präexistenter Logos den Raum zwischen Himmel und Erde und wird Mensch (Joh 3,13; 6,33.38.41f). Mit der Erhöhung am Kreuz steigt er dorthin auf, »wo er zuvor war« (Joh 6,62). Sein Abstieg offenbart die Liebe des Vaters, sein Aufstieg die Machtfülle Gottes. Im Abstieg ist Jesus der Offenbarer, im Aufstieg der Vollender, durch den die Seinen die Vaterschaft Gottes und die Bruderschaft des Sohnes empfangen (Joh 20,17). Im Abstieg und Aufstieg durchschreitet er den Raum zwischen Gott und Welt, Licht und Finsternis. Der gnostische Hintergrund wird deutlich, aber in der Verkündigung von Jesus als dem Fleischgewordenen verlassen (→ Höhe, Art. ὑψόω).

Der Sohn steht in ständiger Verbindung mit dem Vater, die mit Hilfe des Bildes der auf- und absteigenden Engel beschrieben wird (Joh 1,51; vgl. Gen 28,12). So »wiederholt« sich in der irdischen Gegenwart des Menschensohnes Abstieg und Aufstieg, indem er vom Vater her denkt und auf den Vater hin handelt.

In Eph 4,8ff erweitert und differenziert sich das Bild vom Abstieg und Aufstieg: Christus »ist hinabgestiegen in die Gebiete unter der Erde« und »über alle Himmel hinaufgestiegen«. Das will sagen: was dem Menschen unmöglich ist, hat Christus erreicht. Er hat alle Räume, auch die des Todes, durchschritten; es gibt nichts, das nicht von ihm ergriffen und erfüllt ist.

5a) Mit μεταβαίνω *[metabainō]*, *hinüberwechseln*, präzisiert Johannes den Übergang vom Tod zum Leben. Wie Jesus die Grenze in der Erhöhung am Kreuz überschreitet, so der Mensch im Glaubensgehorsam. Der Glaubende wechselt in den Lebensbereich des Auferstandenen hinüber (Joh 5,24; 13,1; 1Joh 3,14).

b) Mit καταβαίνω *[katabainō]*, *herabsteigen*, wird ferner die Ankunft des Kyrios und des himmlischen Jerusalem in der Endzeit bezeichnet (1Thess 4,16; Offb 3,12; 21,2.10). Aber schon jetzt kommen Gottes gute und lebenspendende Gaben vom Himmel herab auf uns, voran das Wort seiner Treue, das uns zu Anwärtern der künftigen Herrlichkeit macht (Jak 1,17f); ebenso wie in Jesus als dem Brot des Lebens jenes neue und heile Leben aus Gott selbst schon zu uns gekommen und Wirklichkeit geworden ist (Joh 6,50f.58).

B. Siede

ἄνω *[anō]* oben

ἄνω

ἄνω *[anō]* bedeutet wörtlich *oben, nach oben*, zeitlich *früher*. Im Unterschied zum Meer kann ἄνω *[anō]* das *Land* oder die *Berge* bezeichnen, im Vergleich zur Erde die *Luft* und den *Himmel* mit den Göttern, auch die *Erde* im Gegensatz zur Unterwelt (vgl. ThWb I,376). I

Im Judentum wird der Gegensatz zwischen oben und unten, dh zwischen dem Himmel als der Welt Gottes und der Erde stark betont. Andererseits besteht eine Parallelität zwischen dem, was oben ist, und dem, was auf Erden ist und geschieht; zB: Wie der Himmel nicht ohne die 12 Sternbilder bestehen kann, so die Erde nicht ohne die 12 Stämme; oder: Gott studiert die Tora im Himmel wie die Menschen auf der Erde etc. (St.-B. II,116). Dabei ist das Obere das zeitlich Frühere. II

Angeregt durch hell. und gnostische Gedanken bietet Philo eine ausgedehnte Spekulation über oben und unten, die aber weder für das Judentum noch für das NT bedeutsam geworden ist. Philo sieht die obere und untere Welt in Stufen eingeteilt. Unterste Stufe ist die Materie, auf der obersten Stufe steht Gott. Die Luft bildet als pneumatischer Stoff sozusagen das Zwischenglied zwischen oberer und unterer Welt.

Im NT finden sich keine kosmologischen Spekulationen, durch die die Welt auseinandergerissen würde; Gott ist der Schöpfer und Herr der ganzen Welt. Ein Gegensatz besteht allerdings insofern, als zwischen dem heiligen Gott und der sündigen Welt unterschieden wird. III

Jesus erhebt seine Augen nach oben, dh zum Himmel, wo Gott (so nach dem antiken Weltbild) wohnt (Joh 11,41; vgl. Apg 2,19). Im Gegensatz zu seinen Feinden, die »von unten«, aus dieser sündigen Welt, stammen, stammt Jesus »von oben«, dh von Gott, zu dem er auch zurückkehrt (Joh 8,23; vgl. 13,1).

In Gal 4,25f steht das »obere Jerusalem«, die Freie und Mutter der Christen, im Gegensatz zum jetzigen Jerusalem, das mit seinen dem Gesetz unterworfenen Kindern in der Knechtschaft steht.

Die »Berufung nach oben«, der Paulus nachjagt, ist der Ruf Gottes in Jesus Christus (Phil 3,14). Dem entsprechend ermuntert Paulus dazu, »nach oben« zu trachten; das wird näher erläutert und bestimmt durch den Hinweis darauf, daß Jesus Christus zur Rechten Gottes sitzt (Kol 3,1f; → Hand, Art. δεξιός). ἄνωθεν *[anōthen]* → Geburt, Art. γεννάω.

H. Bietenhard

οὐρανός

I οὐρανός *[ouranos]*, *Himmel*, vielleicht zusammenhängend mit einer indoeuropäischen Wurzel, die *Wasser, Regen* bezeichnet, bedeutet *Befeuchter, Befruchter*. Das zugehörige Adj. οὐράνιος *[ouranios]* bezeichnet das, was im Himmel ist, vom oder aus dem Himmel kommt, an ihm erscheint, also *himmlisch*; aber auch das, was einem Gott zukommt, also *göttlich*, ja es steht sogar für *Gott, Gottheit*; andererseits kann damit auch einfach das zum Firmament oder Luftraum Gehörige bezeichnet werden. ἐπουράνιος *[epouranios]* heißt *im, am Himmel; zum göttlichen Himmel gehörig*.

1) Im Griechentum ist οὐρανός *[ouranos]* seit Homer bezeugt, und zwar als Bezeichnung des *Himmelsgewölbes*, des *Firmamentes*. Als das alles Umfassende ist der οὐρανός *[ouranos]* etwas Göttliches. Im Mythus der vorhomerischen Religion ist er aus der Erde hervorgegangen, die er in der »heiligen Hochzeit« befruchtet. Als Gott wurde er dem Mythus nach von Kronos entmannt und gestürzt. Doch blieb das Bild vom Gott οὐρανός *[ouranos]* lebendig bis in die Kaiserzeit. Im orphischen Mythus entsteht der Himmel aus der oberen Hälfte des Welteies. Nach Homer ruht der – eherne, eiserne – Himmel auf Säulen, die Atlas trägt. In ihm wohnen die Götter, die unsterblichen οὐράνιοι *[ouranioi]* bzw. ἐπουράνιοι *[epouranioi]*, vor allem Zeus. Daneben gibt es im Griechentum auch die Vorstellung vom Himmelsmantel.

In der griech. Aufklärung werden die alten mythologischen Vorstellungen aufgelöst; οὐρανός *[ouranos]* ist dann einfach das *Firmament*, οὐράνιος *[ouranios]* steht für Erscheinungen an diesem Firmament. Bei Plato kann der Himmel mit dem All, dem Kosmos (→ Welt), gleichgesetzt werden. Der gestirnte Himmel als Wohnsitz der Götter wird Ausgangspunkt der Daseinsschau und der absoluten Erkenntnis. So bezeichnet Plato denn auch mit οὐράνιος *[ouranios]* das eigentlich Wirkliche und wahrhaft Seiende. In der Stoa wird der Himmel als das Äußerste des Äthers verstanden, dann auch als das führende Weltprinzip. Auch bei den Griechen kann der Ausdruck »Erde und Himmel« die ganze Welt bezeichnen.

2) In gnostischen Systemen haben die οὐράνιοι *[ouranioi]*, die *Himmlischen*, einen Leib, sie sind Zwischenwesen überirdischer Art.

II 1) Die Vorstellungen vom Himmel im AT.

a) Die at. Vorstellungen vom Himmel zeigen mannigfache Verwandtschaft mit altorientalischen Anschauungen: Unterwelt (→ Hölle, Art. ᾅδης), → Erde (Art. γῆ) und Himmel bilden miteinander das Weltgebäude. Über der flachen Erdscheibe, die vom Ozean umflossen ist, wölbt sich der Himmel oder das Firmament gleich einer Schale oder Hohlkugel. Über dieser befindet sich der himmlische Ozean (Gen 1,8; Ps 148,4–6). Nach altorientalischer Anschauung gibt es über dem von der Erde aus sichtbaren Firmament noch mehrere Himmelssphären; solche Vorstellungen klingen in dem Ausdruck »die Himmel der Himmel« an (Dtn 10,14; 1Kön 8,27; Ps 148,4). Im AT fehlt aber ein gültiges, sakralkanonisches und kosmologisch vorgetragenes Himmels- und Weltbild.

Die Weise des Verstehens ist durchaus nüchtern und rational, wenn auch gelegentlich in dichterischer Rede altertümliche, mythologische Elemente anklingen: der Himmel hat Fenster (Gen 7,11; 2Kön 7,2), durch die die von der Himmelsfeste zurückgehaltenen Wasser herabströmen können; der Himmel ruht auf Säulen (Hi 26,11) oder auf Grundfesten (2Sam 22,8); er ist wie ein → Zelt »ausgespannt« (Jes 40,22; 44,24; Ps 104,2); er ist eine ausgebreitete Buchrolle (Jes 34,4; → Buch, Art. βίβλος) und kann zerreißen (Jes 63,19). Zusammen mit der Erde und dem Wasser unter ihr bildet er den Kosmos (vgl. Ex 20,4; Ps 115,15–17; aber es gibt dafür kein entsprechendes hebr. Wort!); dieser wird mit einem Haus verglichen, wobei der Himmel dem Söller entspricht (Ps 104,3; Am 9,6). Neben dem Firmament kann auch der Luftraum über der Erde als Himmel bezeichnet werden (Gen 1,26; 6,7 u. ö.).

b) Über dem Firmament befinden sich die Kammern von Schnee, Hagel (Hi 38,22), und Winden (Jer 49,36; Hi 37,9; Ps 135,7), sowie das Wasser (Ps 33,7; Hi 38,37), das wieder in den Himmel zurückkehrt, nachdem es geregnet hat (Hi 36,27; Jes 55,10).

c) Im Sinne der horizontalen Ausrichtung kann von den vier Enden des Himmels geredet werden (Jer 49,36; Sach 2,10; 6,5; Dan 7,2). Der Mensch kann den Himmel nicht ersteigen (Dtn 30,12; Spr 30,4). Der Versuch, einen Turm zu bauen, dessen Spitze bis in den Himmel reicht, ist vermessene Torheit, die bestraft wird (Gen 11,4ff).

d) Der Himmel ist Inbegriff der Dauer (Dtn 11,21; Ps 89,30). Andererseits wird in der prophetischen Predigt auch vom Gericht über den Himmel geredet (Am 8,9; Jer 4,23–26; 13,13; 34,4; 50,3; Jes 51,6): Gottes Gericht ist eine kosmische Katastrophe. Jesaja redet von der Erschaffung eines neuen Himmels (Jes 65,17; 66,22).

e) Mit dem »Heer des Himmels« sind einerseits die Gestirne gemeint (Gen 2,1; Dtn 4,19; Ri 5,20), andererseits aber überirdische Geistwesen (1Kön 22,19; Hi 1,6ff; → Geist). Dieses Heer steht unter einem Anführer (Jos 5,14); es hat feurige Rosse (2Kön 2,11; 6,17). Unter assyrischem Einfluß wurde das Heer des Himmels kultisch verehrt, wogegen sich der prophetische Protest richtete (2Kön 17,16; 21,3 u. ö.). In Dtn 4,19 wird die Verehrung des Heeres des Himmels den Weltvölkern erlaubt!

f) Im AT wird aber der Himmel jeglicher Herrschaftsfunktionen entkleidet. Das zeigt sich zB darin, daß die Gestirne am Firmament nun einfach »Lampen« sind, die zur Kalenderrechnung dienen (Gen 1,14), also weder Götter noch deren Erscheinungsweisen oder Gefährt: Die altorientalischen Anschauungen werden in dieser Hinsicht radikal entmythologisiert. Nur am Rande erscheinen die im Orient sonst reich ausgebildeten astrologischen Gedanken (Dtn 18,9ff; Jes 47,13; Jer 10,2).

g) Altorientalische Anschauungen liegen auch da vor, wo von einer Entsprechung von Himmlischem und Irdischem geredet wird, vor allem bei Dingen, die eine sakrale Würde haben. So wird die Stiftshütte nach priesterlicher Anschauung nach einem himmlischen Ur- und Vorbild angefertigt (Ex 25,9.40). Ezechiel redet von der Buchrolle, die im Himmel präexistent vorhanden ist (Ez 2,1ff; vgl. Jes 34,5 vom Schwert Gottes). Zukünftiges, zB die ganze eschatologische Heilsordnung, ist im Himmel präfiguriert und schon vorhanden bzw. geschehen, so daß es dem irdischen Geschehen vorausläuft (Sach 2f). Auch der »Menschensohn«, die Personifikation des endzeitlichen Gottesvolkes, ist im Himmel schon da (Dan 7,13ff).

2) Jahwe und der Himmel.

a) Für den Glauben wichtiger als diese kosmologischen Vorstellungen ist die Aussage, daß Jahwe Himmel und Erde, dh die ganze Welt geschaffen hat (Gen 1,1; Jes 42,5; Ps 33,6 u. ö.). Wie die ganze Schöpfung, so lobt auch das Firmament und der Himmel Jahwe (Ps 19,2). Die himmlischen Wesen loben Jahwe um seiner Taten willen, denn alles Geschehen auf Erden ist eine Offenbarung von Jahwes Herrlichkeit (Ps 29,9; → Ehre, Art. δόξα).

b) Nach älterer Auffassung wohnt Jahwe auf dem Sinai, von wo er kommt und in die Geschichte eingreift (Ri 5,4f; Dtn 33,2; Hab 3,3). Daneben gibt es die Anschauung, daß Jahwe auf dem Zion wohnt (Am 1,2; Jes 8,18). Aber das religiöse Interesse haftet nicht an Jahwes Wohnstatt, sondern an dem Gott, der an Israel und an den Völkern handelt. So können heterogene Aussagen dicht nebeneinander stehen: In 1Kön 8,13 heißt es, daß Jahwe im Dunkel des Allerheiligsten (also im Tempel) wohne, in 1Kön 8,27 dagegen heißt es, daß alle Himmel ihn nicht zu fassen vermögen.

c) Als der Kontakt Israels mit der kanaanäischen Religion sich vertiefte, übernahm es aus deren Baalskult eine wichtige Aussage und assimilierte sie seinem Jahwe-Glauben: Jahwe wird nun als Himmelsgott oder Himmelskönig bezeichnet, und gerade dieser Titel wurde besonders populär (Gen 11,5; 24,3; Ps 29,10). Analog zu kanaanäischen Göttern kann nun von Jahwe gesagt werden, daß er auf Wolken reitet (Dtn 33,26; Ps 68,5; vgl. 18,11; Jes 19,1). Als Himmelskönig hat Jahwe seinen Palast über dem himmlischen Ozean errichtet (Ps 104,3). – Wie den ugaritischen Göttervater El stellte man sich auch Jahwe als im Himmel thronend vor, von himmlischen Wesen umgeben und sich mit ihnen beratend (1Kön 22,19ff; Jes 6,3ff; Hi 1,6ff; Ps 82,1; Dan 7,9ff). Bemerkenswert ist dabei, mit welcher Kraft und Unbefangenheit solche ursprünglich fremden Anschauungen in Israel aufgenommen und auf Jahwe übertragen werden konnten: Aus den Göttern des kanaanäischen Pantheons sind Jahwes himmlische Diener geworden. So ist Jahwe allein Gott im Himmel oben und auf Erden unten (Dtn 4,39; 10,14).

d) Diese Schau Jahwes als des im Himmel Thronenden überdeckt schließlich ganz jene alte des Gottes vom Sinai: Jahwe ist von seiner Wohnstatt über dem Firmament (Ex 24,9ff) auf den Sinai herabgefahren (Ex 19,18). Vor allem nach der Theologie des Dtn wohnt Jahwe im Himmel und redet von da her (Dtn 4,36; 12,5.11.21; 26,15 u. ö.). Auf Erden, und zwar nun im → Tempel von Jerusalem, wohnt nach dieser Auffassung nur der »Name« (*schēm;* → Name) Jahwes. Noch reflektierter ist die Aussage, daß alle Himmel Jahwe nicht zu fassen vermögen (1Kön 8,27; Ps 113,5f): weder die sichtbare noch die unsichtbare Welt kann Jahwe aufnehmen – sie sind ja beide von Jahwe geschaffen –, sondern er ist ihr auf jeden Fall überlegen und läßt sich in keiner Weise in sie »einschließen«.

e) Wie Jahwe im Himmel ist, so hat auch sein → Wort, das ewig dauert, seinen Ort im Himmel (Ps 89,3; 119,89). Der fromme Beter klagt in der Not, daß Jahwe verborgen ist (Klgl 3,44), und bittet ihn, daß er den Himmel zerreiße und herabfahre (Jes 63,19). Der im Himmel wohnende Jahwe wird im Gebet angerufen (Dtn 26,15; 1Kön 8,30), wobei man die Hände zum Himmel erhebt (Ex 9,29.33); dasselbe geschieht beim Schwur (Dtn 32,40).

f) Von Jahwe Auserwählte können zu ihm in den Himmel entrückt werden (Gen 5,24; 2Kön 2,11; vgl. Ps 73,24). Was ihnen so widerfährt, ist eine besondere Gnade und Auszeichnung, da der Himmel nach at. Auffassung sonst nicht Aufenthaltsort der Verstorbenen bzw. der Seelen ist (vgl. → Hölle, Art. ᾅδης).

3) LXX und Spätjudentum.

a) In der LXX kommt οὐρανός *[ouranos]* (667mal) mit wenigen Ausnahmen immer als Wiedergabe von *schāmajim* vor; 51mal steht der Plur., ein durch die LXX eingeführter, der Profangräzität fremder Sprachgebrauch, der sich als Übersetzungsplur. und plerophorische Redeweise erklärt (vor allem in den Pss). In späteren Schriften tritt der Plur. stärker hervor, was darauf hinweist, daß die altorientalische Vorstellung von mehreren Himmeln einzuwirken begonnen hat (2Makk 15,23; 3Makk 2,2; Weish 9,10; Tob 8,5 u. ö.).

Immer stärker setzte sich im Judentum die Tendenz durch, die Nennung des Gottesnamens zu vermeiden (vgl. Ex 20,7) und an seiner Stelle Ersatzworte zu verwenden, unter ihnen auch »Himmel« (1Makk 3,18f; 4,10f; 12,15; Pirqe Aboth 1,3.11); später ersetzte man auch »Himmel«, zB durch *māqōm* = *Ort*. – οὐράνιος *[ouranios]* begegnet nur 9mal in LXX, und zwar für den Gott Israels (1Esr 6,14; → Herr, Art. κύριος), seine Macht (Dan 4,26oB'; → Macht, Art. ἐξουσία), die Engel als himmlisches Heer (4Makk 4,11; vgl. Lk 2,13) und die Kinder Gottes (2Makk 7,34). – ἐπουράνιος *[epouranios]* kommt in LXX nur 7mal vor.

b) Der Kontakt mit der altorientalischen Geisteswelt führte im pseudepigraphen und rabbinischen Schrifttum zu mannigfaltigen kosmologischen Spekulationen. Apokalyptiker und Rabbinen unternehmen »Himmelsreisen« und geben »Offenbarungen« über die jenseitigen Orter, ohne daß es jedoch zu allgemein verbindlichen Lehren über diese Dinge gekommen wäre. Einige apokalyptische Schriften kennen nur einen Himmel (äthHen; 4Esr; Apk Bar [syr]), andere reden von drei Himmeln (Test Levi 2f, nach dem ursprünglichen Text), von fünf Himmeln (ApkBar [gr]); von sieben Himmeln reden der slavHen, ApkAbr und die rabb. Tradition. Altorientalisch ist auch die Lehre, daß alles Irdische seine Entsprechung, sein Ur- und Vorbild, im Himmel habe, daß alles irdische Sein und Geschehen in einem himmlischen präfiguriert sei (→ ἄνω II). So werden einerseits astronomische Belehrungen – als Offenbarungen von den Engeln – geboten (äthHen 72–82; Jub), andererseits kommen aber auch alle meteorologischen Erscheinungen (Regen, Sonne usw.) aus dem Himmel, wo sie in Kammern aufbewahrt sind. Engel sind über beide als Verwalter und Aufseher gesetzt.

c) In den Himmel wird in gewissen Schriften das → Paradies verlegt; sei es in den dritten (slavHen 8,1–8; Apk Mos 37) oder – so vor allem die rabb. Tradition – in den siebenten. Sogar die → Hölle (Art. γέεννα) kann in den Himmel verlegt werden. Die Gerechten kommen nach dem Tode in himmlische Wohnungen.

Viele Traditionen gibt es über das himmlische → Jerusalem. Vor allem hat sich die Spekulation mit Gottes Thron im Himmel (im Anschluß an Ez 1f; Ex 24,9–11; 1Kön 22,19ff; Jes 6,1ff; Dan 7,9f) und mit den → Engeln im Himmel, ihren Namen, Klassen und Funktionen beschäftigt. Man glaubt, daß im Himmel Gott ein Kult dargebracht wird: Auf einem himmlischen Altar opfert der Erzengel Michael, und die himmlischen Wesen lassen ihren Lobgesang ertönen.

Im Himmel ist endlich auch der → Satan: Im Anschluß an at. Traditionen als Ankläger der Menschen vor Gott (vgl. Hi 1f), aber auch als böse widergöttliche Macht. Wichtig sind der jüd. Tradition auch die himmlischen Schatzkammern (→ Besitz, Art. θησαυρός), in denen zB die guten Werke der Menschen aufbewahrt werden, dann auch die himmlischen Bücher (→ Buch) und Tafeln, auf denen das Schicksal der Irdischen, aber auch → Lohn und Strafe aufgeschrieben sind bis zum jüngsten → Gericht.

d) Philo von Alexandrien verbindet griech. mit at. Gedanken. Zu unterscheiden ist der οὐρανὸς νοητός *[ouranos noætos]*, der körperlose, in der Idee vorhandene Himmel der gedanklichen Vorstellung, vom οὐρανὸς αἰσθητός *[ouranos aisthætos]*, dem wahrnehmbaren Himmel, welcher nicht vergöttlicht werden darf. Der sichtbare Himmel hängt vom geistigen ab, ebenso die irdischen Dinge. Der Himmel verwirklicht die Einheit des ganzen Kosmos.

Philo redet vom himmlischen Menschen als einem οὐράνιος *[ouranios]*, der Gottes Abbild ist; in dem Maße, als jeder Mensch an ihm Teil hat, ist er auch Bewohner des Himmels. Dem entsprechend kann Philo von himmlischer und irdischer Tugend sprechen.

III Im NT kommt οὐρανός *[ouranos]* 272 mal vor; am häufigsten (82mal) bei Mt, und zwar vor allem in der Verbindung βασιλεία τῶν οὐρανῶν *[basileia tōn ouranōn]* = → Reich der Himmel. Zum Vergleich: Lk 34mal, dazu 26mal in der Apg; Mk und Joh je 18mal; das Subst. findet sich bei Paulus 21mal und in Offb 52mal. Außerhalb des MtEv überwiegt eindeutig der Gebrauch des Sing. – οὐράνιος *[ouranios]* begegnet nur 9mal, davon 7mal bei Mt in der Formel »euer himmlischer Vater« (5,48; 6,14.16.32; 23,9) bzw. »mein himmlischer Vater« (15,13; 18,35). Zugrunde liegt eine aram. Wendung, die an anderen Stellen (zB 18,19) mit »(mein, dein, euer) Vater in den Himmeln« übersetzt wird. – ἐπουράνιος *[epouranios]* findet sich im NT 18mal, davon 10mal bei Paulus (einschließlich Eph), 6mal Hebr und je 1mal Joh und Pastoralbriefe. Gegenüber dem sehr begrenzten Gebrauch von οὐράνιος *[ouranios]* ist ἐπουράνιος *[epouranios]* das eindeutig bevorzugte und später sich durchsetzende Adj.

1) Weltbildhafte Vorstellungen

a) Auch im NT ist das antike (orientalische) Weltbild vorausgesetzt. Die meisten Aussagen über himmlische Wesen und Dinge macht die Offb, aber nicht aus kosmologischem, sondern aus theol. und soteriologischem Interesse; sie will also offenbar keine (verpflichtenden) »Lehren« über den Himmel bieten wie gewisse spätjüd. Schriften (vgl. oben II,3). Bezeichnend dabei ist auch, daß nicht von mehreren Himmeln, sondern nur von einem die Rede ist. Die einzige Stelle im NT, die in Übereinstimmung mit spätjüd. Lehre von drei Himmeln redet, ist 2Kor 12,2–4, ohne daß wir aber genauere Aufschlüsse bekämen. Wie im AT bezeichnet der Ausdruck »Himmel und Erde« das Weltall (Mt 5,18.34f; 11,25; 24,35; Lk 12,56 u. ö.). Gelegentlich wird dazu noch das Meer erwähnt, und es entsteht eine dreigliedrige Formel (Apg 4,24; 14,15; Offb 14,7). Da nach diesem Weltbild der Himmel »oben« (→ ἄνω) ist, erhebt man die Hände oder die Augen zu ihm (Mk 6,41 par; 7,34; Lk 18,13; Joh 17,1; Apg 1,11; 7,55; Offb 10,5). Auch der Luftraum kann Himmel genannt werden (Mt 6,26; 16,2; 8,20; Mk 4,32; Lk 8,5; Apg 10,12; 11,6). Am Himmel, dem Firmament, sind → Sterne angebracht, die bei den kosmischen Erschütterungen anläßlich der Parusie (→ Gegenwart, Art. παρουσία) auf die Erde fallen (Mk 13,25 par; Offb 6,13; 8,10; 9,1; 12,4). Am Firmament sieht man Zeichen (Offb 12,1.3; 15; → Wunder, Art. σημεῖον). Jesus lehnt es ab, ein Schauwunder am Himmel, dh am Firmament, zu tun (Mk 8,11f par). Dagegen wirkt das »Tier« als Gegenbild Christi solche Wunder (13,13).

b) Im Himmel gibt es → Engel als Diener und Boten Gottes (Mt 18,10; Mk 12,25; 13,32 par; Eph 3,15; Offb 12,7; 19,1). Sie kommen aus dem Himmel und kehren wieder in ihn zurück (Mt 28,2 par; Lk 2,15; 22,43; Gal 1,8); der Seher schaut sie (Offb 10,1; 18,1 u. ö.). Der → Satan wird aus dem Himmel geworfen, so daß er die Gemeinde Jesu nicht mehr verklagen kann (Lk 10,18; Joh 12,31; Offb 12,12; vgl. LXX Jes 49,13), und darüber freuen sich die Himmel bzw. die Märtyrer im Himmel (Offb 18,20; 11,12; 7,14). Es bahnt sich hier eine Entwicklung in den kosmologischen Anschauungen an, die zu einem tiefgreifenden Unterschied zwischen spätjüd.-apokalyptischem und christl. Himmels-Bild führen wird: Indem der Satan aus dem Himmel verbannt wird (als Folge des Heilswerkes Jesu Christi), verschwindet alles Dunkle und Böse aus dem Himmel, der damit zur reinen Lichtwelt wird (so in nach-nt. Schriften, die sich mit der Himmelswelt befassen, wie zB AscJes). Wenn von bösen Mächten im Himmel geredet wird, ist vor allem an den Luftraum gedacht oder an das Firmament (Eph 2,2; 3,10; 6,12; Apg 7,42); ihr Herrschaftsbereich befindet sich also nur diesseits der Lichtwelt Gottes.

c) In Übereinstimmung mit dem AT heißt es, daß Gott Himmel und Erde geschaffen hat (Apg 4,24; 14,15; 17,24; Offb 10,6; 14,7), und daß er sie neu erschaffen wird (2Petr 3,13; Offb 21,1). Der gegenwärtige Himmel vergeht wie die Erde (Mk 13,31 par; Hebr 12,26; 2Petr 3,7.10.12; Offb 20,11), das Wort Jesu aber bleibt (Mk 13,31 par). – Gott ist Herr über Himmel und Erde (Mt 11,25; Apg 17,24; Mt 5,34; Apg 7,49; vgl. Jes 66,1).

d) »Im Himmel« wohnt Gott, – ohne daß über die dieser Aussage innewohnende Problematik reflektiert würde. Vereinzelt heißt Gott in at. Redeweise »Gott des Himmels« (Offb 11,13; 16,11). Der Himmel selbst ist Gottes Thron (Mt 5,34), oder Gottes Thron ist im Himmel (Apg 7,49; Hebr 8,1; Offb 4f). Von da aus und spätjüd. Redeweise entsprechend (s. o. II,3c) kann *Himmel* als Ersatzwort für → Gott gebraucht werden (Mt 5,10; 6,20; Mk 11,30; Lk 10,20; 15,18.21; Joh 3,27), vor allem bei Mt im Ausdruck »Reich der Himmel« (3,2; 4,17 u. ö.; → Reich).

Theol. wichtiger ist, daß Gott »→ Vater im Himmel« heißt (Mt 5,16.45; 6,1.9; 7,11.21; 10,32f; 12,50 u. ö.): In Christus wendet sich Gott den Menschen zu. Weil Gott im Himmel ist, ereignet sich seine Offenbarung *vom Himmel her* (Mt 11,27); bei der Taufe Jesu und bei anderen Wendepunkten seiner Geschichte auf Erden ertönt Gottes Stimme *aus dem Himmel* (Mk 1,11 par; Joh 12,28; vgl. Hebr 12,25), vernimmt der Seher Stimmen *aus dem Himmel* (Offb 10,4.8; 11,12; 14,13; 18,4; 21,3), und kommt der Heilige → Geist *aus dem Himmel* herab (Mk 1,10 par; Apg 2,2; 1Petr 1,12). Ebenso aber ergeht Gottes Zorn *vom*

Himmel her: als Gerichtsfeuer (Lk 17,29; vgl. 9,54; Offb 20,9), allg. über die Gottlosigkeit und Ungerechtigkeit der Menschen (Röm 1,18).

e) Nach Apg 14,17 gibt Gott Regen und fruchtbare Zeiten οὐρανόθεν *[ouranothen], vom Himmel,* dh vom himmlischen Ozean *her.* Das Wort findet sich sonst nur noch in Apg 26,13 und ist dort Wechselbegriff zu ἐκ τοῦ οὐρανοῦ *[ek tou ouranou] = vom Himmel her* (vgl. Apg 9,3; 22,6). Bei Regenlosigkeit gilt der Himmel als – durch Gottes Anordnung – verschlossen (Lk 4,25; Jak 5,17f; Offb 11,6).

f) Auch im NT wird von Heilsgütern im Himmel geredet. Der → Lohn (Art. μισθός) ist im Himmel (Mt 5,12 par). Man hat einen Schatz im Himmel (Mt 6,20). Die → Namen der Jünger sind im Himmel aufgeschrieben (Lk 10,20; vgl. Hebr 12,23); dort ist auch ihr → Erbe (1Petr 1,4). Die Christen haben einen Bau (2Kor 5,1f οἰκοδομή *[oikodomæ]*; vgl. → Haus), ein Bürgerrecht oder eine Heimatstadt (Phil 3,20; → Stadt) im Himmel; man spricht von einem himmlischen → Jerusalem, das die wahre Heimat der Christen ist (Gal 4,26; Hebr 12,22; Offb 3,12; 21,2.10), und sogar von einem → Tempel im Himmel (Offb 11,19).

2) Christologische Aussagen

a) Wichtig werden die Aussagen über den Himmel vor allem in bezug auf → Jesus Christus. Bei seiner Taufe öffnen sich die Himmel, der heilige → Geist kommt auf ihn, und Gott der Vater bekennt sich zu ihm (Mt 3,16f): Das eschatologische Geschehen beginnt in Jesus Christus, und in ihm ist Gott nahe. Über ihm ist der Himmel offen, ja er selbst ist nun die Tür des Himmels und Gottes Haus (Bethel) auf Erden (Joh 1,51; vgl. Gen 28,12). Jesus lehrt die Jünger darum beten, daß Gottes Wille auf Erden so getan wird wie im Himmel (Mt 6,10; → Gebet, Art. προσεύχομαι). Indem Jesus Petrus oder den Jüngern Vollmacht gibt, hat ihr irdisches Handeln auch im Himmel, dh bei Gott, Gültigkeit (Mt 16,19; 18,19).

Weil die Schutzengel Gottes Angesicht schauen, darum – so erklärt Jesus – stehen die »Kleinen« unter Gottes besonderem Schutz (Mt 18,10; → Groß/Klein, Art. μικρός). Der vor dem Hohen Rat stehende Jesus von Nazareth wird zur Rechten Gottes sein und mit den Wolken des Himmels kommen (Mk 14,62 par; vgl. Ps 110,1; Dan 7,13). Bei der Parusie erscheint das Zeichen des Menschensohnes am Himmel (Mt 24,30; → Sohn Gottes, Art. υἱὸς τοῦ ἀνθρώπου). Der Menschensohn wird seine Auserwählten sammeln von einem Ende des Himmels bis zum andern (Mk 13,27 par; vgl. Dtn 4,32; Sach 2,10). Dem Auferstandenen ist alle Gewalt im Himmel und auf Erden gegeben (Mt 28,18). Er ist der zum Thron Gottes erhöhte → Herr (Art. κύριος), dem alle Irdischen und Himmlischen huldigen werden (Phil 2,10). Er gießt den heiligen Geist aus vom Himmel und gibt Wunder und Zeichen am Himmel (Apg 2,17ff.32–36). Auf ihn wartet die Christenheit, daß er kommen wird zu Gericht und Rettung (Phil 3,20; 1Thess 1,10; 4,16; 2Thess 1,7). Das Warten auf das Kommen des Herrn ist Aufgabe der Jünger, nicht das »Hinaufschauen« in den Himmel (Apg 1,10f). Bis zur Parusie muß der Himmel Christus aufnehmen (Apg 3,21). Als das zum Thron Gottes erhöhte → »Lamm« (Art. ἀμνός) hat Christus die Macht, das versiegelte Buch zu öffnen und so die Endgeschichte der Welt in Gang zu setzen (Offb 5,3.5f); darum preist ihn die ganze Schöpfung (Offb 5,11ff); dh dann auch, daß Christus nicht auf die Seite der Welt gehört, sondern auf die Seite Gottes. Als der, der aus dem Himmel gekommen und wieder in ihn zurückgekehrt ist, offenbart Jesus Christus sich selbst als das wahre → Brot (Art. ἄρτος) aus dem Himmel, mit dem Gott ewiges Leben schenkt (Joh 6,31f.38.41f.50f; vgl. Ex 16,4.13–15).

b) Wie im AT (Ex 25,9) ist im Hebr das irdische Heiligtum das Abbild des himmlischen, als solches aber nur Schatten, und das himmlische ist das wahre, wirkliche und auch das eschatologisch-zukünftige (Hebr 8,5; 9,23f). Indem Christus in das himmlische Heiligtum gegangen ist, hat er sich als wahrer Hoherpriester erwiesen (8,5). Auch die Berufung der Christen zum → Glauben ist ἐπουράνιος *[epouranios]* (3,1; vgl. Phil 3,14). Ebenso die Gabe, die die Christen geschmeckt haben, die eschatologische Rettung (6,4; 9,28). Sowohl das Vaterland des wandernden Gottesvolkes (11,16) wie sein Jerusalem sind als eschatologisches Vollendungsziel ἐπουράνιος *[epouranios]*, *himmlisch* (12,22).

Nach dem Hebr bedeutet die Erhöhung Jesu (1,3; 8,1; → Höhe) die Erfüllung seines hohenpriesterlichen Amtes: Er hat die Himmel durchschritten und ist höher als sie geworden (4,14; 7,26; 9,11.23f), indem er zu Gottes Thron selbst gelangte. Da hat er den wahren und wirklichen Dienst dargebracht (8,1f) und den alttestamentlichen zugleich erfüllt und überboten. Welche kosmologischen Anschauungen hier im einzelnen vorliegen, läßt sich nicht sagen. Deutlich scheint immerhin zu sein, daß Gott hier nicht als »im Himmel« befindlich gedacht wird, also nicht innerhalb seiner Schöpfung, zu der der Himmel ja gehört, sondern über bzw. jenseits aller Himmel. Der Gedanke ist reflektierter, wenngleich auch hier Gottes Erhabenheit über seine Schöpfung immer noch mit Raumkategorien ausgedrückt wird.

c) Einige besondere Akzente werden im Eph und Kol gesetzt. Zunächst wird gesagt, daß Christus der Mittler der → Schöpfung ist (vgl. 1Kor 8,6): Es gibt für das Urchristentum keinen besonderen Schöpfungsglauben außerhalb des Christusglaubens. Christus ist vor allem Geschaffenen da, und er selbst ist nicht geschaffen (Kol 1,16). Christus ist Werkzeug, Mittler und Ziel der Schöpfung; ohne ihn hat nichts Daseinsmöglichkeit oder -berechtigung (Percy 69f). Vor allem wird nun hervorgehoben, daß alles, auch die himmlischen Mächte, »in Christus« geschaffen und durch ihn versöhnt wurde (Kol 1,15–23). Gerade auch die Geistermächte sind auf Christus hin erschaffen worden (Kol 1,16; vgl. dagegen 1Kor 15,24: Christus wird die Geistermächte vernichten). Christus ist → Haupt aller Mächte und Gewalten (vgl. Kol 2,20).

Der erhöhte Christus ist derselbe, der alle Himmelssphären durchbrochen hat und auf die Erde herabgestiegen ist. Das ist die Ausdrucksweise dafür, daß er die durch die bösen Mächte verursachte Isolierung der Menschen von Gott durchbrochen hat (Eph 1,10; 4,9f; vgl. LXX Ps 67,19; Röm 9,5). So wird auch in Eph 1,23; 4,10 die at. Aussage, daß Jahwe Himmel und Erde erfüllt (Jer 23,24), auf Christus übertragen. Das ist eine Konsequenz des Gedankens von Eph 1,10 (vgl. Kol 1,16.20): Alles Geschaffene hat in Christus seinen Zielpunkt und hat außerhalb seiner keine selbständige Existenz. Die Schöpfung ist ganz dem Erlöser und der → Erlösung zugeordnet. Schöpfung und Erlösung können von daher nicht in gnostischer Weise auseinandergerissen werden. Zwar klingen gnostische Gedanken an, wenn gesagt wird, daß der Himmel von dämonischen Mächten erfüllt sei, die den Menschen knechten (Eph 1,10–23; Kol 1,16f). Die angeführten Stellen zeigen aber gleichzeitig, daß dieses All streng von Christus her verstanden ist (Kol 1,20), und die Schöpfung wird von der Heilsgeschichte her begriffen (Kol 1,16f).

Die Erhöhung Christi (Phil 2,9f) wird in Eph 1,10 in dem alten gnostischen Bilde des Urmenschen mit → Leib und Haupt ausgedrückt: Unter Christus als dem Haupt ist alles zusammengefaßt, was es auf Erden und im Himmel gibt (dh alle Glieder des Leibes, das ganze All); es gibt keine andere Welt als die Christuswelt. Etwas anders gewendet ist Eph 3,15: Himmel und Erde sind Bereiche, in denen es – wie im Judentum (vgl. äthHen 69,4; 71,1; 106,5) – Geschlechter oder Sippen gibt (vgl. den rabb. Ausdruck »obere Familie« für »Engelwelt«), deren Vater Gott ist.

3a) Im JohEv kommt das Wort οὐρανός *[ouranos]* = *Himmel* nur im Sing. vor: schon dies ist ein Hinweis darauf, daß hier weder gnostische noch jüd. Himmel-Spekulationen vorliegen. Gottes Heilswille und die Heilstat Jesu Christi bestimmen die Aussagen über den Himmel. Jesus kommt aus dem Himmel und geht wieder in ihn zurück. Grundsätzlich kann der Menschensohn, der vom Himmel herabgestiegen ist, etwas über den *Himmel* (ἐπουράνια *[epourania]*) und die dort verborgenen Pläne Gottes aussagen, würde aber damit noch weniger Glauben finden als mit dem, was er von Gottes gegenwärtigem Handeln auf Erden aussagt (Joh 3,12f.31f).

b) In 1Kor 15,40 ist von der körperlichen Gestalt himmlischer Wesen – wohl Gestirne als Engelmächte – die Rede. Christus, der Präexistente, Auferstandene und Kommende ist der himmlische → Mensch, dessen Bild, dh dessen geistliche Leibgestalt, die Christen bei der Parusie annehmen werden (1Kor 15,48f). Alle Wesen, gerade auch die himmlischen, werden ihre Knie beugen vor dem auferstandenen und erhöhten Jesus Christus (Phil 2,10f). Gott hat Jesus zu seiner *Rechten*, ἐν τοῖς ἐπουρανίοις *[en tois epouraniois]* (von τὰ ἐπουράνια *[ta epourania]*, einer Umschreibung für *Himmel*), also im *Himmel* erhöht und die Christen dadurch mit geistlichem Segen gesegnet (Eph 1,3.20), denn sie sind schon geistlich mit Christus auferweckt und in den Himmel versetzt (Eph 2,6; vgl. Ps 110,1). Den Mächten und Gewalten im Himmel wird die mannigfaltige Weisheit Gottes bekannt gemacht (Eph 3,10; immer obige Wendung): Das Heilswerk Christi hat kosmische Bedeutung. Nach 2Tim 4,18 ist die Königsherrschaft Christi ἐπουράνιος *[epouranios]*, dh ihr eignet himmlische Gewalt und Herrlichkeit, und sie ist damit aller Anfechtung und Verfolgung, die der Apostel jetzt noch leiden muß, überlegen. *H. Bietenhard*

V **ZUR VERKÜNDIGUNG**

Die Bibel kennt kein lehrmäßig fixiertes, für den Glauben verpflichtendes Bild vom Kosmos im allgemeinen oder vom Himmel im besonderen. Aber es gibt in den über die ganze Bibel verstreuten Vorstellungen vom Himmel doch einiges Gemeinsame: So gehört zB für die Bibel der Himmel ebenso wie die → Erde durchaus zur → Schöpfung. Und dh: er ist nicht ewig, er hat Anfang und Ende; zwar ist er an Rang und Qualität den Menschen überlegen, aber im Vergleich mit → Gott und ihm gegenüber ist er der Nichtigkeit preisgegeben und bedarf der Neuschöpfung wie die Erde.

Das Weltbild ist für die biblischen Zeugen selbstverständlich dasjenige der unmittelbaren Anschauung, der Phänomenologie, das sie mit dem ganzen Altertum teilten: Der Himmel als Firmament ist »oben«, der Mensch aber lebt »unten« auf der Erde. Auch der heutige Mensch, und zwar auf allen Bildungsstufen, kann noch so reden: auch für ihn sind Wolken und Sterne »am Himmel«. Auch der Astronom, der in der Tageszeitung einen Artikel schreibt, kann ihn betiteln: »Der Himmel im August« und sich darin verbreiten über Sonnenaufgang und -untergang, Mondphasen, Sichtbarkeit von Sternen usw. Dies alles, obwohl jedermann seit der Schulzeit »weiß«, daß die Sonne nicht »am Himmel aufgeht«, noch die Wolken »am Himmel« daherziehen; denn den Himmel in diesem Sinne gibt es nicht. Auch der noch heute gebrauchte Ausdruck »Firmament« ist streng genommen falsch. Aber man sieht daraus: Anschauungen aus einem alten, überwundenen Weltbild werden als bildhafte, poetische oder einfach allgemein verständliche Redeweise weiterverwendet.

In der alten Kirche und im Mittelalter wurde dann das, was man – mit allem Vorbehalt – »das biblische Weltbild« nennen könnte, mit der Physik des Aristoteles und mit dem ptolemäischen Weltbild verbunden, und, so bedauerlich das sein mag, dieses so konzipierte Weltbild lehrmäßig verabsolutiert. Davor hätte schon die Tatsache warnen müssen, daß keines der alten Bekenntnisse etwas aussagt über das Weltbild, auch dort nicht, wo sie Gott als Schöpfer Himmels und der Erde bekennen (→ Schöpfung). Indem man so das spätantike Weltbild als biblisch und verpflichtend ausgab, leistete die Kirche der Meinung Vorschub, daß Gott gewissermaßen der Bewohner des oberen Weltstockwerkes – des Himmels – sei, während der Mensch der Bewohner des unteren Stockwerkes, der Erde, ist. Bedenkt man dazu, welche Auswirkungen ein unbewegliches Festhalten an den Weltbildern auf den Glauben der Christen hatte, so ergibt sich ohne weiteres, daß solches Reden und Denken mit dem Wandel des Weltbildes den Angriffen gegen die Kirche, ihre Gottesverkündigung und ihre Botschaft immer neue Flächen geboten hat – bis hin zu der törichten Rede, daß der biblische Glaube an Gott dadurch widerlegt sei, daß weder die Astronomen noch die heutigen Astronauten irgendein göttliches Wesen »dort oben« hätten entdecken können.

Dazu kam, daß an diesem spätantiken, vor allem gnostischen Weltbild in der Folgezeit auch die Lehre vom Menschen orientiert wurde: Der Leib gehört zur Erde – die unsterbliche → Seele aber gehört ihrem Wesen nach zum Himmel, aus dem sie kommt und in den sie zurückkehrt. Diese dualistische Lehre verdrängte weithin die biblische Botschaft von der → Auferstehung der Toten, und es ist keine Frage, daß gerade sie noch heute die volkstümliche Hoffnung wiedergibt, sofern überhaupt noch eine Ewigkeitshoffnung vorhanden ist. Auch wenn wir sagen dürfen, daß die Gemeinschaft mit Christus nach dem Tode nicht aufgehoben wird, dürfen doch die Aussagen, die etwa in Offb 21 von der neuen Schöpfung gemacht werden, nicht einfach in die Gegenwart eines himmlischen Jenseits transponiert werden. Auch der Ausdruck »Himmelreich« (→ Reich) bei Mt meint ja nicht die jenseitige Welt Gottes, sondern das zukünftige Gottesreich. Es ist die Aufgabe der Verkündigung, diese Begriffe zu klären und durch die traditionellen Belastungen zum biblischen Gehalt durchzudringen, dh die Hörer dazu zu führen.

Nach der Bibel ist Gott nicht in einem dreidimensionalen Raum eingeschlossen, so daß man ihn dort antreffen könnte. Die Raumvorstellungen sind kein integrierender Bestandteil der biblischen Botschaft, sondern vielmehr haben die Zeugen sich der vorfindlichen Vorstellungen bedient, um darin ihre Botschaft auszudrücken. Daß zB Gott im Himmel wohnt, ist nur eine Aussage neben anderen, etwa der, daß er auf dem Sinai oder im Tempel von Jerusalem wohne. Raumvorstellungen werden in dieser Hinsicht schon im AT gesprengt: Zwar baut Salomo dem Herrn ein Haus auf Erden (1Kön 8,13), – aber doch wohnt Gott nicht in dem Haus, da der Himmel und aller Himmel Himmel ihn nicht fassen können (1Kön 8,27)! Gott kann als allgegenwärtig bezeichnet werden (Ps 139), aber es kann auch heißen, daß er in einem Lichte wohnt, da niemand zukommt (1Tim 6,16) – eine Aussage, bei der alle Raumvorstellungen überhaupt fehlen. So wird in der ganzen Bibel deutlich, daß die Raumvorstellungen nicht absolute Größen sind, sondern daß es sich bei ihnen um Hilfsvorstellungen handelt, mit deren Hilfe die Erkenntnis weitergetrieben wird. Weltbilder und Kosmologien, auch diejenigen der modernen Wissenschaft, wechseln. Von da aus besteht für die Theologie und die Verkündigung der Kirche weder ein Anlaß, irgendein gegenwärtiges Weltbild zu verabsolutieren und – gleichsam einen Galilei-Prozeß mit umgekehrten Vorzeichen führend – von da aus gegen das Weltbild der Bibel zu Felde zu ziehen, noch umgekehrt das Weltbild der Bibel im Zeitalter der Raumflüge zu repristinieren. Niemand wird solche Schizophrenie verlangen oder betreiben wollen, denn »der Himmel ist kein oberer Raum, in den wir aufblicken, sondern er ist der Hintergrund unseres Daseins. Und er ist die alles umgreifende Herrschaft Gottes, in der wir mitten inne stehen« (Thielicke, Ich glaube, S. 246). Nur wenn wir das erkennen, können wir Gottes Ehre, Hoheit und Herrlichkeit als Schöpfer, kurz: seine Freiheit, wahren. Denn Gott ist nicht der Gefangene eines von ihm geschaffenen Kosmos oder Himmels.

Selbstverständlich treffen wir immer wieder auf räumliche, vom antiken Weltbild bestimmte Aussagen, wenn von Gott und seinem Wirken die Rede ist, Aussageformen, in denen der Himmel und mit ihm Gott »oben« sind. Dabei ist aber nicht die Raumanschauung wichtig, sondern die Aussage über Gott, die mit Hilfe der Raumanschauung gemacht wird. Dazu kommt, daß psychologisch gesehen »oben« auch das qualitativ Bessere meint: »oben« ist gedanklich und gefühlsmäßig verbunden mit dem Guten, Lichten und Reinen. So mag man ruhig auch heute noch in der Predigt das Wort »oben« brauchen, wenn von Gott und seinem Wirken die Rede ist, sofern dabei klar ist, daß dieses »oben« kein Raumbegriff ist, sondern eine bildhafte Redeweise, die etwas als göttlich qualifiziert. Solche Redeweise braucht dann auch nicht ersetzt zu werden durch ein Reden von der »Tiefe«, aus der heraus Gott in die Welt hineinwirkt; denn auch »Tiefe« ist in diesem Fall ein Raumbegriff, der dem antiken Weltbild entstammt (→ Höhe, Art. βάθος).

Aber wenn auch die biblischen Raumvorstellungen nicht mehr die unsrigen sind, und wir die Erforschung des Alls der Naturwissenschaft überlassen können, werden wir um so sorgfältiger die theol. Aussagen der Bibel festzuhalten haben, auch wenn sie in Raumvorstellungen eingekleidet sind. So hat schon Luther über die Himmelfahrt Jesu gesagt: »Was es aber ist: Christus gen Himmel fahren und sitzend zur Rechten Gottes, wissen wir nicht. Es geht nicht also zu, wie du aufsteigest auf einer Leiteren ins Haus, sondern das ist's, daß er über allen Kreaturen und in allen Kreaturen und außer allen Kreaturen ist« (zitiert nach Thielicke, Ich glaube, S. 247).

Himmel muß in der Verkündigung heute verstanden werden als der Bereich oder die Sphäre (das Wort nicht im gnostischen Sinn verstanden!) der Schöpfung, die menschlichem Zugriff und Erkennen grundsätzlich entzogen ist. Er kann wohl nur angemessen bezeichnet werden als der Bereich, von dem her sich Gottes Weltregierung ereignet in Gericht und Gnade. Dh dann, daß Gott den Kosmos in Raum und → Zeit und alle Vorgänge und Abläufe in ihm beherrscht – vom »Urknall«, bis zum »Kälte-« oder »Wärmetod« des Universums –, von denen moderne wissenschaftliche, kosmologische Hypothesen reden.

Wer vom Himmel redet, der spricht von einem dieser sichtbaren und erfahrbaren → Schöpfung überlegenen Herrschaftsraum und von der Herrschaftszeit Gottes. Zwar vermag der Mensch oft genug Gottes Regiment über die Welt oder sein persönliches Leben nicht zu erkennen oder aufzuzeigen. Aber der Glaube an Gott den Schöpfer schließt in sich auch den Glauben an den Gott, der seine Welt erhält und regiert. Der Mensch braucht sich dann nicht verloren zu meinen als Staubkorn in der unendlichen Weite des Weltalls, sondern er kann sich von dem, der in Jesus Christus sein Vater ist, umsorgt und getragen wissen, und zwar in einer Haltung, wie sie wider allen äußeren Anschein etwa in Röm 8,35–39 beschrieben ist. Zugleich weist dieser Glaube über sich selbst und den gegenwärtigen Weltzustand hinaus auf die Vollendung des Reiches Gottes (→ Ziel, Ende). Indem so vom Himmel und der von ihm her sich ereignenden Herrschaft Gottes über die Schöpfung geredet wird, wird aller Verselbständigung und damit Vergötzung der Welt gewehrt.

In Phil 3,20 redet Paulus davon, daß die Bürgerschaft, das Bürgerrecht, des Christen im Himmel ist: Die Christen gehören ihrem Wesen nach nicht zu dieser sichtbaren, vergänglichen Welt; sie gehören zur Welt Gottes, in der die unvergänglichen Güter des Heils schon jetzt vorhanden sind, und von wo sie beim Anbruch der Vollendung in Erscheinung treten werden. Auch von andern Heilsgütern wird gesagt, daß sie schon jetzt im Himmel vorhanden sind: der Auferstehungsleib, das obere Jerusalem, das Hoffnungsgut, das ewige Erbe (vgl. Kol 1,4; 1Petr 1,4). Entsprechend wird in Kol 3,1–4 ermahnt, das zu suchen, was droben ist, wo Christus ist: das eschatologische Heilsgut ist schon vorhanden in Gottes Welt, es ist aber dem Christen nicht verfügbar, ist nicht habituell. Ist das Wesen des Menschen im allgemeinen geheimnisvoll und nicht zu ergründen, dann erst recht das Wesen des Glaubenden: Es gründet in der Transzendenz der göttlichen Welt; es ist jetzt verborgen und wird sich einst offenbaren. Es wäre ein Mißverständnis, wollte man diese Bestimmtheit des Glaubenden gleichsetzen mit der Innerlichkeit des Glaubens; denn dann wäre die christliche Existenz doch etwas, das sich aufweisen und worüber sich verfügen ließe. Von einer so verstandenen Innerlichkeit würde auch kein Weg führen zur Welt und zum Mitmenschen.

Die große Frage beim Reden vom Himmel heute ist: Wie können die statischen Aussagen der Bibel – »Gott regiert vom Himmel her« – in das moderne Weltbild übertragen werden? Wie vereinigen sich die Aussagen über Gottes Transzendenz mit denjenigen über seine Allgegenwart? Wie sind die in den Raumvorstellungen des antiken Weltbildes formulierten theol. Aussagen festzuhalten und in unser neues Weltbild zu übersetzen? Sicher ist ja: indem wir das antike Weltbild als überholt erkennen oder als mythisch erklären, ist noch nicht viel gewonnen, vielmehr erhebt sich die Aufgabe nun mit neuer Dringlichkeit. Vielleicht darf man sagen: Vom Himmel ist überall da zu reden, wo eine Wirklichkeit aufleuchtet, die dem Willen Gottes schon jetzt und hier entspricht, wo gleichsam »Enklaven exterritorialer Art«, in denen Gottes Wille getan wird, in dieser Zeit und Welt entstehen. Es müßte dem freilich sofort beigefügt werden, daß solche Aussagen sich nur im Glauben machen lassen, und daß sie nicht die Beweiskraft haben, die dem Vorfindlichen innewohnt. *H. Bietenhard*

Lit.: HSchlier, Christus und die Kirche im Epheserbrief, BHTh 6, 1930 – JSchneider, Art. βαίνω, ThWb I, 1933, 516ff – HOdeberg, The View of the Universe in the Epistle to the Ephesians, Lunds Universitets Arsskrift NF, Avd. 1, Bd. 29, Nr. 6, 1934 – TFlügge, Die Vorstellung über den Himmel im AT, 1937 – HBietenhard, Die himmlische Welt im Urchristentum und Spätjudentum, WUNT 2, 1951 – GvRad/HTraub, Art. οὐρανός, ThWb V, 1954, 496ff – ELohmeyer, Das Evangelium des Matthäus, KEK Sonderband, 1962[3], 75ff – RBultmann, Das Evangelium des Johannes, KEK II,

1962^{17}, 102ff – HGraß, Ostergeschehen und Osterberichte, 1962^{2}, 43ff.292 – GLohfink, Der historische Ansatz der Himmelfahrt Christi, Catholica 17, 1963, 44ff – WEichrodt, Theologie des AT II, 1964^{5}, § 18,I – GSchille, Die Himmelfahrt, ZNW 57, 1966, 183ff.

Himmelreich → Himmel; → Reich

Hindern

Hindernisse können den Menschen in verschiedener Gestalt begegnen: massiv real (zB Steine u. ä.) oder mehr geistig sublimiert (zB fehlende Einsicht), plötzlich und einmalig gezielt oder als andauernde Beeinträchtigung, ein bestimmtes Vorhaben oder den ganzen Menschen betreffend. Dieser Verschiedenheit entspricht der besondere Charakter der griech. Verben ἐγκόπτω *[engkọptō]* und κωλύω *[kōlyō]*. ἐγκόπτω *[engkọptō]* bezeichnet ein zeitweiliges, urspr. militärisches Hindernis, etwa die Unterbrechung einer Aktion durch den Gegner. κωλύω *[kōlyō]* dagegen meint ein allgemein menschliches Hindern bzw. Verhindertwerden, das häufig die ganze Person und im NT namentlich das Verhältnis des Menschen zu Gott betrifft.

ἐγκόπτω

ἐγκόπτω *[engkọptō]* hindern, hemmen · ἐγκοπή *[engkopæ]* Hinderung, Hindernis · ἐγκοπὴν διδόναι τινί *[engkopæn didọnai tinị]* etwas hindern

Das Verb ἐγκόπτω *[engkọptō]*, zusammengesetzt aus ἐν- *[en-]*, *darin-*, *ein-*, und κόπτω *[kọptō]*, *schlagen*, heißt urspr. *einschlagen*. Seine Bedeutung *hindern* erwuchs aus dem militärischen Bereich: Beim Rückzug wird die Straße *eingeschlagen*, dh *unterbrochen*, um den nachrückenden Feind aufzuhalten. Das Subst. ἐγκοπή *[engkopæ]* bezeichnet deshalb zunächst nur das *zeitweilige Hindernis* (anders πρόσκομμα *[prọskomma]*, → Anstoß), erst sehr spät das *endgültige Hindernis* (1. Jh. vChr). Beim Verb steht der Dativ (im NT in Analogie zu → κωλύω *[kōlyō]* der Akk.). Der folgende Inf. steht oft im Gen. (im NT fast konsekutiv mit »so daß« zu übers.; Bl.-Debr. § 400,4; Rọm 15,22). Oft steht beim folgenden Inf. μή *[mæ]* oder μὴ οὐ *[mæ ou]*, je nachdem ob der Ausdruck positiv oder negativ bzw. fragend verwendet wird, was für uns pleonastisch klingt (Bl.-Debr. § 429; Gal 5,7). In der LXX begegnet weder das Verb noch das Subst. Wohl kommen im AT Verben des Hinderns vor, aber nicht in der speziellen Nuancierung unseres Verbs. I/II

Im NT findet sich das Subst. 1mal, das Verb 5mal, überwiegend bei Paulus (daneben nur Apg und 1Petr). Mit den Vokabeln wird im NT ein Vorgang beschrieben, bei dem eine Bewegung im Bereich des → Glaubens bzw. des christl. Lebens aufgehalten und, wenn auch nicht für immer, so doch für den Augenblick zum Stillstand gebracht wird; immer ist solche Hinderung von der Art, daß sie überwunden werden kann. III

So könnte die → Verkündigung des Evangeliums gehindert werden, wenn Paulus sich von den durch seine Predigt eben erst entstehenden Gemeinden Geld geben ließe (1Kor 9,12). Die Hinderung ist keine grundsätzliche, dennoch im konkreten Falle eine erhebliche. Deshalb verzichtet Paulus auf sein an sich unbestreitbares Recht (ἐξουσία *[exousịa]*). Wiederum ist in Rom die Mission des Paulus nicht grundsätzlich behindert oder gar verhindert, sondern nur dadurch hinausgezögert, daß er an anderen Orten begonnene Projekte zu Ende führen muß (Röm 15,22). Paulus will nach Thessalonich kommen, aber der Besuch wird wiederholt durch den → Satan verhindert (1Thess 2,18). Welche die Hinderungsgründe waren, die Paulus als Werk des Satans ansieht, ob eine Krankheit (2Kor 12,7; vgl. dazu Phil 2, 25–30) oder Machenschaften der Juden (1Thess 2,15f), läßt sich nicht mehr erheben.

In Gal 5,7 wird die christl. Existenz mit einem Lauf verglichen, der durch Irrlehrer aufgehalten wird. Der rechte Glaubensweg wird durch sektiererische, gesetzliche, gnostisch geprägte Judenchristen (Schmithals; Wegenast) in Gefahr gebracht, weil diese das Evangelium verfälschen (1,7) und die Einheit der Kirche (4,17) zu zerbrechen drohen.

Nicht genügende → Erkenntnis (vgl. Art. γινώσκω; Reicke) kann sich hindernd dem Gebet der Männer in den Weg stellen (1Petr 3,7). Der Mangel besteht darin, daß die Männer, in allgemein-heidnischer Sitte verhaftet, die Frau verachten und nicht als Partner anerkennen. In 1Petr 3,7 ist nicht vom gemeinsamen Gebet der Eheleute (NTD) die Rede, auch nicht von der Ehe als Hinderungsgrund. Ähnliche Vorstellungen von Behinderungen (aber nicht das Verb!) begegnen in 1Kor 13,1 und 11,20–29; hier ist es der Mangel an Liebe, der die rechte Verkündigung hindert, dort die egoistische Unbrüderlichkeit, die einer rechten Feier des Herrenmahles im Wege steht.

Die aram. und syr. Übers., aber auch der irreführende Verweis auf Hi 19,2 und Jes 43,23 (dort steht ἔγκοπον *[ẹngkopon]* und nicht ἐγκοπὴν ποιεῖν *[engkopæn poiẹin]*) verleiten dazu, ἐγκόπτω *[engkọptō]* in Apg 24,4 mit *ermüden* (NTD; KEK; NHT) zu übers. Dabei ergibt die Grundbedeutung durchaus einen guten Sinn: »Um dich aber nicht weiter (durch diese lange Anrede in deinen Regierungsgeschäften) zu *hindern* . . .« *C. H. Peisker*

κωλύω

κωλύω *[kōlyō]* hemmen, (ver)hindern, zurückhalten, (ver)wehren

I Das Verb κωλύω *[kōlyō]*, seit Pind. belegt, Etymologie unklar (von κόλος *[kọlos]*, *verstümmelt?)*, heißt urspr. *verkürzen*, dann *hindern* etc. Es wird mit dem separativen Gen. konstruiert: κωλύω τινά τινος *[kōlyō tina tinos]*, *jemanden an etwas hindern* (so auch Apg 27,43; im NT ist der Gen. oft durch ἀπό *[apo]* ersetzt, Bl.-Debr. § 180,1; Lk 6,29). Der folgende Inf. steht wie bei → ἐγκόπτω *[engkọptō]* oft im Gen., im NT stets ohne μή *[mæ]* (Bl.-Debr. § 429). Bekannte Wendungen sind τί κωλύει *[ti kōlyei]*, *warum nicht?*, und οὐδὲν κωλύει *[oudẹn kōlyei]*, *meinetwegen.*

II Das Verb begegnet in der LXX 33 (34)mal, davon freilich 20mal ohne hebr. Äquivalent (Apokryphen); außerdem in einigen jüd. Pseudepigraphen (grHen; Arist., TestXII), bei Philo und Josephus. Die LXX verwendet κωλύω *[kōlyō]* am häufigsten als Äquivalent für hebr. *kālā'* (8mal); für *māna'* (3mal), außerdem je 1mal für *schūb* (hi.) und *'āzar*. Die Grundbedeutung ist immer *hindern* (Ez 31,15; Hi 12,15); gebraucht wird es meist im Sinne von *zurückhalten, abhalten.* Objekt dieser Handlung können Personen (Gen 23,6; Num 11,28; Ps 119,101) und Sachen (Wind; Wasser: Pred 8,8; Ez 31,15; Hi 12,15) sein, Subjekt: Gott (1Sam 25,26; Ez 31,15) oder Menschen (Mose: Num 11,28; der Beter: Ps 40,10; 119,101).

κωλύω *[kōlyō]* kann ein Zurückhalten bezeichnen, bei dem ein Mensch der Handelnde ist und profane Dinge verhindert oder verweigert werden, kann aber auch von seiner Ursache oder Auswirkung her religiös verwendet werden, wobei dann Gott, einer seiner Knechte oder der Fromme der Zurückhaltende ist. Es betrifft bes. den Weg des Volkes oder des einzelnen vor Gott.

III Im NT findet sich κωλύω *[kōlyō]* 23mal, davon allein 12mal im LkEv und der Apg. Bezeichnend ist die Verwendung bei Lk. Neben äußerst profanem Gebrauch in Verbindung von Steuerhinterziehung (Lk 23,2) steht der theol.: Apg 16,6 wird Paulus vom heiligen Geist gehindert, das Wort in der röm. Provinz Asia zu verkündigen. Lk will mit dieser Notiz Gottes Führung auf dem Wege nach Europa sichtbar machen. Hier ist κωλύω *[kōlyō]* als Synonym zu → ἐγκόπτω *[engkọptō]* gebraucht.

1a) Hinsichtlich des Objektes bezieht sich die Hinderung meist auf Personen: Soldaten werden gehindert, Paulus zu töten (Apg 27,43); Kinder werden gehindert, zu Jesus zu kommen (Mk 10,14 par); Paulus wird gehindert, nach Rom zu reisen (Röm 1,13) oder seine Mission fortzuführen (1Thess 2,16). Eine Ausnahme scheint 1Kor 14,39 zu bilden; indessen sind es ja auch hier Menschen, die in Zungen reden.

b) Unmittelbar ausgehen kann solche Behinderung wiederum von einer Person (röm. Centurio Apg 24,23; 27,43; Jünger bzw. taufende Gemeinde Mk 10,14 par), von den Verhältnissen (Röm 1,13) oder dem Tod (Hebr 7,23).

c) Unter der Fragestellung, woran gehindert wird, stellt man fest, daß der theol. Gebrauch des Verbs überwiegt. Meist wird die Verkündigung gehindert (Apg 16,6; Röm 1,13;

1Thess 2,16, im weiteren Sinne auch 1Kor 14,39). Da auch die Diakonie eine Form der Verkündigung ist, gehört Lk 6,29 (vgl. Mk 9,38 par) in diesen Zusammenhang. Versteht man das → Lehren als eine Form der → Verkündigung, ist die Änderung bei Lk 11,52 gegenüber der Vorlage Mt 23,13 (Streichung von »Reich der Himmel«) wichtig. Sie ist dadurch bedingt, daß Lk sich das → Reich metaphysisch-realistisch und nicht spiritual vorstellt; für ihn hindern die Gesetzeskundigen die Unterweisung und machen damit für die anderen und sich die Erkenntnis unzugänglich.

2) Aber es ist auffällig, daß Paulus (zB Röm 1,13) wie auch Lukas (vgl. Apg 16,6) den letzten Ausgangspunkt einer die Christen treffenden Hinderung nicht bei den als Handelnden auftretenden Menschen, sondern bei Gott selbst (bzw. dem → Geist Gottes oder Jesus) sehen. Darüber hinaus haben offenbar die eigenen Lebensentscheidungen und Handlungen des Jüngers, sei es allg. im mitmenschlichen Verhalten oder bes. in den ehelichen Beziehungen, wesentliche Rückwirkung darauf, ob sein Glaube wachsen und sich entfalten kann oder aber abgeschnürt, behindert wird (vgl. 1Kor 9,4.7ff; 1Petr 3,7). Das gilt ebenso für die Gemeinde als Gesamtheit.

Daran knüpft formal die sog. Taufversagung an. Da man schon in den ersten Jahrhunderten, wenn ein Bekehrter zur Taufe gebracht wurde, sich erkundigte, ob kein Hindernis bestehe, wird κωλύω *[kōlyō]* term. techn. für das Versagen der → Taufe (Cullmann, 69) und Mk 10,14 par das Argument gegen Bedenken der Kindertaufe gegenüber sein (Cullmann, 71f). So wird verständlich, warum κωλύω *[kōlyō]* so oft in nt. (Apg 8,36; 10,47; 11,17) und frühchristl. Tauftexten (EbEv; Epiphan. Haer. 30,13,8; Peisker Nr. 6; Pseudo-Clementinen, Homilien 13,5,1; 13,11,2; Rehm) begegnet. *C. H. Peisker*

Lit.: GStählin, Art. κοπετός, ThWb III, 1938, bes. 855–857 – JJeremias, Mc 10,13–16 Parr. und die Übung der Kindertaufe in der Urkirche, ZNW 40, 1941, 243ff – BRehm, Die griech.-christl. Schriftsteller der ersten vier Jahrhunderte, 1953 – WSchmithals, Die Häretiker in Galatien, ZNW 47, 1956, 25ff – BReicke, Die Gnosis der Männer nach 1Petr 3,7, BZNW 21, 1957², 296ff – OCullmann, Die Tauflehre des NT, AThANT 12, 1958² – JJeremias, Die Kindertaufe in den ersten 4 Jahrhunderten, 1958, 65ff – KWegenast, Das Verständnis der Tradition bei Paulus und in den Deuteropaulinen, WMANT 8, 1962, 36ff.

Hirte

ποιμήν

ποιμήν *[poimæn]* Hirte · ποίμνη *[poimnæ]*, ποίμνιον *[poimnion]* Herde · ποιμαίνω *[poimainō]* weiden, hüten · ἀρχιποίμην *[archipoimæn]* Erzhirte, Oberhirte

ποιμήν *[poimæn]*, *Hirt, Schäfer*, ein idg. Wort (vgl. litauisch *piemuo*), das auch gerne übertragen gebraucht wird: *Lenker, Beherrscher, Heerführer* (Hom., Plato); auch im Wechsel mit νομεύς *[nomeus]* = *Gesetzgeber*. ποιμαίνω *[poimainō]* heißt *Hirt sein, weiden* (Akt. und Med.), übertragen *hegen, pflegen*. ποίμνη *[poimnæ]* bzw. ποίμνιον *[poimnion]* ist die *Herde*, bes. die *Schafherde*. I

1) Bei Plato klingen religiöse Klänge an, wenn er die Regierenden des Stadtstaates mit den Hirten vergleicht, die für ihre Herde sorgen (ὥσπερ ποιμένων πόλεως *[hōsper poimenōn poleōs]* Resp. IV,440d). Denn der Menschenhirt ist ein Abbild des göttlichen Hirten und Gesetzgebers (σχῆμα τοῦ θείου νομέως *[schæma tou theiou nomeōs]* Polit. 271e).

2) Im alten Orient wurde früh der Hirtentitel als Ehrenprädikat auf Gottheiten wie auf regierende Herrscher übertragen. In stereotyper Form findet sich diese Verwendung in den sumerischen Königsinschriften, im babylonischen Hofstil, in den Pyramidentexten (Totentexten). Die ganze Antike folgte diesem Brauch. Für das heidnische Kanaan fehlen bisher bezeichnenderweise entsprechende Parallelen. – Eine andere Seite der Verwendung des Hirtenbildes zeigt sich in der Poesie, so typisch in Theokrits Idyllen (3. Jh. vChr); überhaupt erfreute sich die pastorale Terminologie im Hell. großer Beliebtheit.

Hebr. Äquivalent zu ποιμήν *[poimæn]* und ποιμαίνω *[poimainō]* ist *rā'āh*, zu ποίμνιον *[poimnion]* (ποίμνη *[poimnæ]* kommt nur 2mal vor) überwiegend *tsō'n* (daneben auch *'ēdær*). II

1) Bevor Israel in Kanaan seßhaft wurde, waren die einzelnen Sippen auf ein ständiges Um-

herziehen mit ihren Herden angewiesen. Zu den Nomaden, die neben Rindern vor allem Schafe und Ziegen besaßen, gehörten die Erzväter (vgl. auch Hiob). Wenn es im AT von den Erzvätern heißt, sie hätten u. a. auch Kamele gehabt, so werden damit spätere Verhältnisse (aus der Zeit der Erzähler) naiv in die Zeit der Erzväter zurückgetragen (vgl. MNoth, Welt des AT, s. v.). Das Hirtenamt wurde bevorzugt Familiengliedern übertragen, Töchtern nur in unmittelbarer Nähe des Hauses (vgl. Ex 2,16). Von den Hirten wie auch von den mithütenden Knechten wurde Umsicht, geduldige Fürsorge und Redlichkeit erwartet. Es war nicht leicht, im niederschlagsfreien Sommer auf dem kargen Boden rechtzeitig neue Weideplätze beim Durchtrieb in einsamen Gegenden zu finden und Weiden, Tränken, Ruhen und Weiterziehen aufeinander abzustimmen. Unermüdlich sollte der Hirt die hilflosen Tiere umsorgen (vgl. Ez 34,1ff). Die Berufstreue bewährte sich bei der nächtlichen Bewachung der Herde, im Widerstand gegen wilde Tiere und Räuber. Mit den gemieteten Hirten machte man in dieser Hinsicht oft schlechte Erfahrungen.

Mit ποίμνιον *[poimnion]* bezeichnet die LXX die *Kleinviehherde*, vor allem die *Schafherde* (vgl. Gen 29,2f; 30,40). In nt. Zeit umfaßt eine solche Herde eine Zahl von 20 bis zu 500 Tieren (Lk 15,4 sind es 100 Schafe). Schafe und Ziegen werden gemeinsam geweidet, am Abend aber getrennt, da die Ziegen im wärmeren Innenkreis der Hürde oder des ummauerten Hofes (αὐλή *[aulē]*) lagern (darauf spielt Mt 25,32 an).

Auch nach der Landnahme blieb die Viehzucht als ein dominierender Erwerbszweig neben dem Ackerbau bestehen. Die Erinnerung an die klassische Nomadenzeit Altisraels vor der Landnahme, als das Volk noch in Zelten ein Fremdlingsdasein führte, sollte stets wach bleiben, weil mit ihr Gottes heilsgeschichtliches Handeln verbunden war. Deshalb empfingen – nach der Deutung einer späteren Zeit – die Leviten bei der Landnahme kein Ackerland, sondern blieben Hirten (Jos 21); die Rechabiten (eine radikale Sekte) hielten in prophetischer Zeit beispielhaft am Hirtendasein fest (Jer 35), und noch im NT klingt die Erinnerung an die Hirtenzeit Israels nach (Hebr 11,9.13).

2) Gott (Jahwe) ist allein der Hirt seines Volkes Israel. Unbefangen wird dieser Würdename nur in Gen 48,15; 49,24 verwendet. Sonst spüren wir in den geschichtlichen Büchern des AT eine starke Zurückhaltung, offensichtlich aus Abneigung gegenüber der zur Formel erstarrten orientalischen Gottesprädikation (vgl. JJeremias, ThWb VI,486f). Jedenfalls sind die Belege recht ungleichmäßig über das AT verteilt. Doch im Psalter und in der Trostprophetie des Exils tritt das Hirtenbild stärker hervor (Ps 23; 28,9; 68,8; 74,1; 77,21; 78,52f; 79,13; 80,2; 95,7; 100,3; 121,4; Jer 23,2; 31,10; 50,19; Ez 34,11f; Jes 40,10f; 49,9f; Mi 4,6f; 7,14). Das Bekenntnis, daß Jahwe der Hirt Israels ist, wächst aus der Erfahrung lebendiger Volksfrömmigkeit und unterscheidet es vom erstarrten Hofstil des alten Orients. Im Anruf Gottes, im Lobpreis und in der Bitte um Vergebung, aber auch in der Anfechtung, in der Nichterfahrung (Ps 73) weiß man sich dennoch geborgen in der Hirtentreue Gottes (schönster Beleg: Ps 23). Dabei geht der Gedanke an Gottes unbedingtes Herrenrecht, der die Verfügungsgewalt über seine Herde besitzt, nicht verloren, sondern verbindet sich hier in einer spannungsvollen Einheit mit dem überwältigenden Bewußtsein von Gottes spontaner Liebe.

Das Volk ist Jahwes Herde (vgl. Jer 13,17; Jes 40,11; Ez 34,31; Mi 7,14; Sach 10,3; Ps 79,13; 95,7; 100,3 u. ö.). Israel als auserwähltes Gottesvolk bezieht das Bild der Herde Jahwes allein auf sich. Nur Sir 18,13 wird das Bild universal auf alle Menschen angewandt, die am Ende der Zeiten zu der einen Herde versammelt werden.

Von da aus wird es unmöglich, den regierenden Königen in Israel den offiziellen Hirtentitel als Würdenamen zuzusprechen, obwohl sie Hirtenfunktionen ausüben. Vielmehr wird ihr Versagen im Spiegel der göttlichen Hirtentreue elementar empfunden. Wohl »hütet« David das Volk, es ist seine »Herde«, doch der Königstitel »Hirt« wird umgangen (vgl. 2Sam 5,2 par; 1Chr 11,2; Ps 78,71f; 2Sam 24,17 par; 1Chr 21,17). In den prophetischen Strafreden wird von den politischen und militärischen Hirten in eindeutig negativem Sinn gesprochen; sie haben sämtlich versagt durch Eigenmächtigkeit und Ungehorsam Gott gegenüber (Jer 2,8; 3,15; 10,21; 22,22; 23,1–4; 25,34; 50,6; Ez 34,2–10; Jes 56,11; Sach 10,3; 11,5f.16f). In Jes 44,28 wird der Perserkönig Kyros von Gott »mein Hirte« genannt. Er ist nach Gottes Willen wie ein guter Hirte um das Wohl der Heimkehrenden, um den Wiederaufbau Jerusalems und des Tempels bemüht. Anders wird in Jer 25,34ff den »Hirten« der Fremdvölker, also ihren Herren das vernichtende Gericht angedroht (vgl. Nah 3,18).

3) Der von Gott gesandte messianische Hirt: In der Zeit der hereinbrechenden Katastrophe taucht plötzlich der Hirtenname als Bezeichnung des zukünftigen messianischen Davididen auf; auch wenn anfänglich im Plur. von »Hirten« die Rede ist, zielt diese Weissagung auf die Gestalt eines einzigen Hirten (Jer 3,15; 23,4; Ez 34,23; 37,22.24). Bes. bei Ez wird eine einseitige politische Heilserwartung abgewehrt. Die Gestalt des messianischen Zukunftsherrschers bleibt geheimnisvoll. Dieser als »David-Messias« beschriebene Hirt empfängt in der nachexilischen Zeit bei Sach 13,7 (Deuterosacharja) seine besondere Deutung. Die Mehrzahl der Kommentare verbindet diese Stelle, die den stellvertretenden Tod zur Voraussetzung einer hereinbrechenden Heilszeit ankündigt, mit Sach 12,10. »So steht am Ende der alttestamentlichen Hirtenworte die Ankündigung des Hirten, der

nach Gottes Willen den Tod erduldet und dadurch die letzte Wende einleitet« (JJeremias, ThWb VI,487).

4) Spätjüd. Diskriminierung der Hirten: Im palästinensischen Judentum der nachexilischen Zeit erfolgte durch die pharisäischen Rabbinen eine auffällige Abwertung des Hirtenberufes. Bei der kärglichen Entlohnung verdächtigte man, vielleicht oft zu Recht, die Hirten der Unredlichkeit. Den Frommen ist untersagt, von den Hirten Wolle, Milch oder Fleisch zu kaufen. Wie den Zöllnern waren ihnen die bürgerlichen Ehrenrechte entzogen (Richter- und Zeugenamt). »Kein Stand in der Welt ist so verachtet wie der des Hirten« (Midrasch zu Ps 23). Im Gesetzesjudentum werden jetzt Moses und David als wahre Hirten (als Führer und Gesetzeslehrer) gelobt. Zu diesem Gesamtbild tragen Philo und das hell. (Diaspora-)Judentum keine umformenden Züge bei. In der Qumransekte verlangte man vom *Mebaqqer*, dem Aufseher, daß er sich der Gemeindeglieder annehme wie ein Hirt seiner Herde (CD 13,9). Aus PsSal 17,45 ist ersichtlich, daß das Spätjudentum wohl das Hirtenbild auf den Messias übertragen konnte, aber aus dem Gegensatz zum Christentum heraus machte es keinen Gebrauch davon.

ποιμήν *[poimæn]* findet sich bei den Synopt. 9mal; Joh 6mal; Hebr, 1Petr und Eph je 1mal; III
ποίμνη *[pọimnæ]* bzw. ποίμνιον *[pọimnion]* 3mal in den Synopt.; 1mal Joh; je 2mal Apg, 1Kor, 1Petr; ποιμαίνω *[poimạinō]* 2mal in den Synopt.; je 1mal Joh, Apg, 1Kor, 1Petr, Jud und 4mal in der Offb.

1) Es ist auffällig, daß das zeitgenössische negative Urteil über die Hirten im NT nicht übernommen wird. Vielmehr wird die Berufstreue des Hirten in leuchtenden Farben geschildert (vgl. Joh 10,3f; Lk 15,4f par; Mt 18,12f u. ö.). Im Bilde des von den Zeitgenossen verachteten Hirtenberufes preist Jesus die Sünderliebe Gottes und enthüllt seinen Gegensatz zur pharisäischen Verurteilung des Sünders (vgl. Lk 15,4–6). Nur Lk 2,8f allerdings treten im NT Hirten handelnd auf, während sie sonst nur in Gleichnissen und Bildreden erscheinen. (Zu der Frage, warum gerade Hirten als erste die Weihnachtsbotschaft empfangen, vgl. ThWb VI,489f.)

2) Vor allem nach dem Zeugnis der Synopt. ist Jesus der im AT verheißene messianische Hirt. Während nur einmal in gleichnishafter Rede anklingt, daß Gott der Hirt ist (Lk 15,4–7 par; Mt 18,12–14; die Freude des Hirten, der nach angstvollem Suchen sein verirrtes Schaf wiederfindet, wird mit der Freude Gottes über einen bußfertigen Sünder vor 99 Gerechten verglichen), nehmen die Synopt. die Verheißung des kommenden messianischen Hirten in dreifacher Weise für Jesus in Anspruch:

a) Sein messianisches Hirtenamt beginnt damit, daß er die verlorenen Schafe aus dem Hause Israel sammelt (Mt 15,24; 10,6; 9,36; vgl. Lk 19,10 mit Ez 34,15). Damit bricht die von den Propheten verkündigte Heilszeit an. Er ist der Mi 5,3 verheißene Herrscher Israels, der die hirtenlose Herde sammelt (Mt 2,6; 9,36; Mk 6,34; vgl. Ez 34,5). Doch ist damit kein Verzicht auf die Sammlung der Völkerherde ausgesagt, denn sein Hirtenamt ist universal (s. u. 3b).

b) Jedoch muß Jesus dazu erst für seine Herde sterben und auferstehen (vgl. Mt 26, 31f; Mk 14,27f). Hier nimmt Jesus das Wort aus Sach 13,7 auf und erhebt den Anspruch, der verheißene Hirt des AT zu sein, dessen stellvertretender Tod die Heilszeit einleitet (vgl. auch Jes 53).

c) Die Heilszeit, in der die Herde, das Gottesvolk, unter dem guten Hirten gesammelt wird, vollendet sich am jüngsten Tag. Wenn alle Völker vor seinem Herrlichkeitsthron versammelt sind, trennt Jesus die Schafe von den Böcken (bzw. die weißen Schafe von den schwarzen Ziegen; vgl. II,1); er hält Gericht. Damit ist die große Weltmissionszeit zu Ende, die seit Jesu Tod und Auferstehung die Herde aus allen Zungen zusammenruft (πάντα τὰ ἔθνη *[pạnta ta ẹthnæ]*; Mt 25,32).

3a) Der gute Hirte in Joh 10,1–30: Im johanneischen Hirtenkapitel steht der Hirt einerseits dem Dieb, andererseits dem Fremden gegenüber: Er kommt durch die Tür, er ist den Seinen bekannt, und sie folgen ihm willig. Die Schafe hören des Hirten Stimme, dh sie gehorchen und vertrauen nur ihm. Im typisch johanneischen Denken wird der einzigartige Lebenszusammenhang zwischen diesem Hirten und seiner Herde deutlich, der sich auch in anderen Bildern ausspricht (zB Weinstock und Reben: Joh 15; → Ich bin).

Ermöglicht wird diese einzigartige Verbindung durch die freiwillige Lebenshingabe des Hirten für seine Herde, deren der Mietling nicht fähig ist. Er flieht in der Stunde der Gefahr (μισθωτός *[misthōtọs]* ist wie Dieb und Fremder nur Kontrastbegriff. Es ist hier schwerlich an besondere Personen gedacht). In der auffälligen Betonung der Freiwilligkeit der Hingabe liegt in Joh 10 das Besondere gegenüber den Synopt. (vgl. Joh 10,18). Der Zusammenhang mit dem AT ist deutlich (vgl. nur Ez 34 und den synopt. Befund; s. o. III,2). Selbstaussagen Jesu und eine »charismatische Schriftauslegung des AT« (G. v. Rad) klingen zusammen (vgl. dagegen Bultmann, S. 279: das Hirtenbild sei »aus dem Schatz gnostischer Tradition geschöpft«. Aber die angeführten Belege sind jünger als Joh 10).

b) Entsprechend dem Bild des Hirten für ihren → Herrn (κύριος *[kyrios]*) ist seine Gemeinde seine Herde (ποίμνη *[pọimnæ]* Joh 10,16; bzw. die Schar seiner πρόβατα *[probata]*, seiner Schafe). Dieses Bild tritt an die Stelle des Begriffes der ἐκκλησία *[ekklæsịa]* (→ Kirche), der im JohEv fehlt. In Weiterführung des synopt. Ansatzes sammelt der Auferstandene als der gute Hirte seine Herde. Sie kennt ihren Hirten, wie er sie kennt, und niemand kann sie aus seiner Hand reißen (Joh 10,27f). Sie wird von Jesus aus der αὐλή *[aulæ]* des jüd. Volkes herausgeführt und mit der Gefolgschaft aus den Heiden zur einen großen Völkerherde vereinigt (Joh 10,4).

4) In Apg 20,28 stehen ποίμνη *[pọimnæ]* und ἐκκλησία *[ekklæsịa]* nebeneinander, während Paulus nur das letztere verwendet (1Kor 9,7 vergleicht der Apostel seinen Anspruch auf Unterhalt durch die Gemeinde mit dem Anspruch des Hirten auf den Ertrag seiner Herde). Dagegen greift 1Petr 2,25 das Bild vom Hirten und seiner Herde rückblickend noch einmal auf: Jesus ist der Hirt und → Bischof der Seelen. Die Ältesten der Gemeinde werden ermahnt, nicht selbstsüchtige Herren, sondern dienende Vorbilder der Gemeinde zu sein, damit sie beim Erscheinen des Erzhirten (ἀρχιποίμην *[archipọimæn]*) Jesus bestehen können (1Petr 5,3f). In Hebr 13,20 ist Christus der *große Hirt* (ποιμὴν μέγας *[poimæn mẹgas]*), der, dem Thema des Briefes entsprechend, unüberbietbar und einmalig alle Vorbilder, selbst Mose überragt. Offb 7,17 heißt es dagegen vom → Lamm (Art. ἀμνός), daß es die Seinen weiden wird und sie ihm willig folgen werden (vgl. Offb 14,4).

5) In der Ämterliste Eph 4,11 tauchen auch ποιμένες καὶ διδάσκαλοι *[poimẹnes kai didạskaloi]*, *Hirten und Lehrer*, auf. Doch liegt hier noch kein fester Amtstitel vor. Denn in 1Petr 5,1 und in Apg 20,17 werden die Leiter der Einzelgemeinden stattdessen πρεσβύτεροι *[presbyteroi]*, in Apg 20,28 jedoch ἐπίσκοποι *[epịskopoi]* (→ Bischof) genannt. Ihre Aufgabe ergibt sich aus 1Petr 5,2–4; Apg 20,28; Joh 21,15–17 (Sorge um das geistliche Wohlergehen der Gemeinde); Mt 18,12–14; 12,30 par; Lk 11,23 klingen nach (»das Verlorene suchen«). Hier haben sie sich als Vorbild zu bewähren.

Hiervon hebt sich die Einsetzung des Petrus zum Hirten durch den Auferstandenen ab: ποίμαινε τὰ προβάτιά μου *[pọimaine ta probạtiạ mou]* (weide meine Lämmer; Joh 21,16), wodurch die in den Evgg. bezeugte (allerdings nicht absolute oder gar tradierbare) Sonderstellung des Apostels Petrus als eine Aufgabe an der Gesamtherde, der Gesamtkirche, bekräftigt und neu bestätigt wird.

6) Die Verkündigung von Christus, dem guten Hirten, der sein Leben ließ und als Auferstandener seine Herde, das neue Gottesvolk, weidet, ist in die Wirklichkeit der nt. Gemeinde hineingestellt und wird seelsorgerlich angewandt. In der missionarischen Verkündigung inmitten einer ausgeprägten antiken Stadtkultur ohne den at. Hintergrund tritt an die Stelle des Bildes vom Messiashirten freilich der Hoheitsname κύριος *[kyrios]* in den Mittelpunkt. In Andacht und persönlicher Frömmigkeit klingt das Hirtenbild gleichwohl nach. So bleibt das in den Evgg. gezeichnete Bild des historischen Jesus, Jesu Selbstzeugnis eingeschlossen, auf dem Hintergrund der at. Botschaft im christologischen Zeugnis des NT erhalten.

Wie das Bild des Hirten in der missionarischen Verkündigung außerhalb Palästinas zurücktritt, so auch das Bild der Herde; der *Kyrios* und seine Gemeinde (seine ἐκκλησία *[ekklæsịa]*) treten in den Vordergrund (→ Herr; → Kirche). *E. Beyreuther*

Lit.: GDalman, Arbeit und Sitte in Palästina, VI, 1939 – ThKempf, Christus der Hirte, 1942 – HWHertzberg, Art. Hirten- und Beduinenleben in Israel, RGG III, 1959[3], 365ff – JJeremias, Art. ποιμήν, ThWb VI, 1959, 483ff – RBultmann, Das Evangelium des Johannes, KEK II, 1964[18], 276ff – WEichrodt, Theologie des AT, I, 1963[7]; II.III, 1964[5] – WSchmidt, Der gute Hirte. Biblische Besinnung über Lk 15,1–7, EvTh 24, 1964, 173ff – WTooley, The Shepherd and Sheep Image in the Teaching of Jesus, NovTest 6, 1964, 15ff – AJSimouis, Die Hirtenworte im Johannesevangelium, 1967.

Hochmut

Das Verhalten des Menschen gegenüber seinen Mitmenschen wurzelt gewöhnlich in einer Grundeinstellung, die entweder die Gemeinschaft fördert oder zerstört. Während → Demut und Dienstbereitschaft (→ Dienen) dem Christen anstehen, ist die Überheblichkeit in Gesinnung und Handeln etwas, vor dem er sich hüten soll. ὑπερήφανος *[hyperæphanos]* charakterisiert dabei mehr die innere Haltung des Stolzes und übersteigerter Selbsteinschätzung, während ὑβρίζω *[hybrizō]* mit seinen Ableitungen die bewußte und in der Regel gewaltsame, rücksichtslose Mißachtung des anderen anzeigt.

ὕβρις

ὕβρις *[hybris]* Übermut, Mißhandlung · ὑβρίζω *[hybrizō]* übermütig behandeln, mißhandeln · ὑβριστής *[hybristæs]* Frevler, Gewalttäter · ἐνυβρίζω *[enhybrizō]* verachten, beleidigen

ὕβρις *[hybris]* ist eine sehr alte Bildung (ESchwyzer, Griechische Grammatik I, 1953², 495) aus υ *[y]* (zypr., rhod. = ἐπί *[epi]*) und βρι *[bri]* (vgl. βριαρός *[briaros]* = wuchtig; βρίθω *[brithō]* = lasten, schwer sein), urspr.: *Übergewicht, Überkraft*, zT mehr konkret *Mißhandlung, Schmähung, Beleidigung*, zT stärker abstrakt *Übermut, Unverschämtheit, Gewalttätigkeit*. Das Wort dient in der Odyssee häufig zur Kennzeichnung der Freier. Sachlich erscheint ὕβρις *[hybris]* als Verstoß gegen die von Zeus gesetzte Rechtsordnung, die das Zusammenleben in der griech. Polis erst möglich macht. Sie steht im Gegensatz zur εὐνομία *[eunomia]*, der guten Ordnung, auf deren Einhaltung die Götter achten (schon Hom. Od. 17,487) und dem νόος θεούδης *[noos theoudæs]*, dem die Götter scheuenden Sinn. Die klassische Tragödie stellt der Hybris die σωφροσύνη *[sōphrosynæ]*, die Bescheidung, gegenüber, welche die dem Menschen gesetzten Grenzen respektiert. Nicht eigentlich direkt gegen die Götter ist also die Hybris gerichtet (Fraenkel 73): Es ist die Rechtsordnung, die der Frevler verletzt. I/II

Schon die homerische Sprache kennt mehrere Ableitungen: ὑβρίζω *[hybrizō]*, *Übermut treiben, mißhandeln, beleidigen* (nachhomerisch auch von Tieren: *unbändig sein;* von Pflanzenwuchs: *üppig sein;* in der Gesetzessprache: *Körperverletzung begehen);* ἐφυβρίζω *[ephybrizō] beleidigen;* ὑβριστής *[hybristæs] gewalttätiger, zügelloser, unverschämter Mensch* (nachhomerisch von Tieren: *unbändig, störrisch*, auch von Dingen, zB von neuem Wein). – Von den zahlreichen jüngeren Bildungen ist wichtig das Adj. ὑβριστικός *[hybristikos]*, *übermütig, mutwillig, unverschämt* (seit Plato).

Das at. Material ist unter → ὑπερήφανος *[hyperæphanos]* mitbehandelt; s. dort.

1) Es ist bemerkenswert, daß im Unterschied zum AT der abstrakte Gebrauch von ὕβρις *[hybris]* im Sinn von *Hochmut* im NT ganz fehlt. So bezeichnet das Wort 2Kor 12,10, wo es nahe mit διωγμός *[diōgmos]* = Verfolgung zusammensteht, deutlich *Mißhandlungen* (ähnlich die Verbindung διώκτην καὶ ὑβριστήν *[diōktæn kai hybristæn]* 1Tim 1,13), Apg 27,10. 21 *Ungemach* von seiten der Elemente (sprachliche Parallelen s. Bauer). – In einem gleichen sachlichen Zusammenhang in der Bedeutung *mißhandeln* steht regelmäßig (mit Ausnahme von Lk 11,45 *beschimpfen)* das Verb ὑβρίζω *[hybrizō]* (1Thess 2,2 und Apg 14,5 Verfolgung des Paulus und seiner Begleiter; im Gleichnis Mt 22,6 die Tötung der zur Hochzeit einladenden Knechte; in der Leidensankündigung Lk 18,32 die Passion). III

2) Die zu diesem Verb gehörige Nominalbildung ὑβριστής *[hybristæs]* = *Gewalttäter* kommt 2mal vor (Röm 1,30; 1Tim 1,13). Nach Michel zu Röm 1,30 ist ein ὑβριστής *[hy-*

bristæs] »ursprünglich ein Mensch, der den Zorn Gottes nicht achtet und sich am Eigentum oder an der Ehre Gottes vergeht (1Tim 1,13)«. Die hier im Kontext erscheinenden Worte lassen aber eher an ein konkretes Übelverhalten in der Welt denken, das nicht direkt feindlich auf Gott bezogen ist (θεοστυγής [theostygæs] pass.: von Gott verabscheut). So dürfte auch 1Tim 1,13 eher im Zusammenhang mit dem Gebrauch des Verbs ὑβρίζω [hybrizō] zu verstehen sein; obwohl ὑβριστής [hybristæs] am ehesten ὑπερήφανος [hyperæphanos] nahekommt, ist die Bedeutung *Hochmut* kaum noch spürbar.

3) Das Kompositum ἐνυβρίζω [enhybrizō] = *beleidigen* (Objekt: der Geist der Gnade) findet sich Hebr 10,29, parallel mit καταπατέω [katapateō] *zu Boden treten, schimpflich behandeln* (Anklang an vermessenen Frevel; vgl. LXX Dan 8,10) und κοινὸν ἡγεῖσθαι [koinon hægeisthai] *für profan halten.* In der Verwendung des Wortes wird die auch in V. 26 vorausgesetzte at. und spät-jüd. Unterscheidung zwischen versehentlicher und mutwilliger Sünde aufgenommen und abgewandelt (hebr. *hēzīd vermessen, frevelhaft handeln).*

E. Güting

ὑπερήφανος

ὑπερήφανος [hyperæphanos] hochmütig · ἀλαζών [alazōn] prahlerisch · ὑπερηφανία [hyperæphania] Hochmut · ἀλαζονεία [alazoneia] Prahlerei

I 1) Das Part. ὑπερηφανέοντες [hyperæphaneontes] (Etymologie unklar; mit κατηφής [katæphæs] = *niedergeschlagen* zusammenzustellen?) bildet den ältesten Beleg für die Wortgruppe (Hom. Il. 11,694). Es bedeutet ähnlich wie ὑπερηνορέων [hyperænoreōn] *übermütig sein.* In gleichem Sinn gebrauchte andere intrans. Verbalformen begegnen zuerst in LXX; bei Polybius und später findet sich dann auch ein trans. Gebrauch des Verbs: *anmaßend behandeln, verachten.* Das Adj. ὑπερήφανος [hyperæphanos] (seit Hesiod) heißt meist *anmaßend, hochmütig,* gelegentlich *verschwenderisch;* auch positiv gebraucht (zB bei Plato): *großartig.* Die Schriftsteller der klassischen Zeit verwenden auch das Subst. ὑπερηφανία [hyperæphania] im Sinn von *Übermut, Überheblichkeit, Verachtung.*

2) Der ἀλαζών [alazōn] ist als über Land wandernder *Scharlatan* oder *Aufschneider* eine beliebte Komödienfigur (Cratinus, Eupolis, Aristophanes, Alkaios, Menander). Auch die wandernden Sophisten nennt man höhnend ἀλαζών [alazōn]. Das Wort (als Adj. seit Herodot) ist herzuleiten entweder von dem thrakischen Volksnamen Ἀλαζών [Alazōn] (Bonfante, Frisk) oder von ἀλάομαι [alaomai] = wandern, umherstreichen (Boisacq, Hofmann); später bezeichnet es allg. den *Aufschneider, Protzen,* das zugehörige Abstraktum entsprechend die *Prahlerei,* ebenso meint das Verb ἀλαζονεύομαι [alazoneuomai] (seit Aristophanes) *falsche Vorspiegelungen machen, prahlen.*

II Daß Gottes Gericht allen Hochmut des Menschen zerschlägt, ist im AT ein zentrales Thema der prophetischen Verkündigung (zB Jes 13,11), aber auch der Weisheit. Dabei erscheinen neben den obigen vier Stichworten zahlreiche weitere, die das NT nicht aufnimmt (vgl. ἀγερωχία [agerōchia], μετέωρος [meteōros] etc. und bes. die mit μεγαλ- [megal-] und ὑψ- [hyps-], ὑψηλο- [hypsælo-] beginnenden Wortbildungen). – Bes. ὕβρις [hybris] findet sich hier häufig in den im NT nicht belegten Bedeutungen *Übermut, Überhebung,* auch *Beleidigung, Gespött* (daneben wie im NT *Mißhandlung).* Obwohl die Zahl der hebr. Äquivalente, die mit unserer Wortgruppe wiedergegeben werden, groß ist, entfallen über die Hälfte aller Stellen auf die Ableitungen der Wurzel *ga'ā,* danach folgt die Wurzel *sūd.* Daß ὕβρις [hybris] und ὑπερηφανία [hyperæphania] fast völlig synonym gebraucht werden, läßt den Schluß zu, daß die Übersetzer zwischen ihnen keinen wesentlichen Unterschied sahen. Für ἀλαζών [alazōn] und seine Derivate fehlen meist die hebr. Entsprechungen. Immerhin: Die genannten Wurzeln erscheinen an den nachprüfbaren Stellen nicht (Bedeutung wie unter I).

In der Weisheitslit. bilden die ὑπερήφανοι [hyperæphanoi] eine feste, den Gerechten und Demütigen (→ Gerechtigkeit; → Demut) entgegenstehende Gruppe innerhalb oder auch außerhalb Israels (ὑπερήφανος [hyperæphanos] nie von Israel gebraucht!). Dahinter steht die Grundüberzeugung: »Hochmütigen widersteht Gott, Demütigen aber gibt er Gnade« (Spr 3,34 LXX). Wie die → Furcht des Herrn Anfang der Weisheit ist, so ist Abfall vom Herrn Anfang des Hochmuts (Sir 10,12). Deshalb reinigt sich der Beter vom Verdacht des Hochmuts (Est 4,17 LXX) und weist auf die eigene Niedrigkeit in Erwartung der Hilfe Gottes (Jdt 6,19). Die prophetische Verkündigung dagegen wirft auch Israel selbst Hochmut vor (zB Am 6,8; 8,7; Hos 5,5; 7,10; Jer 13,9; Ez 7,10.20; 16,56; Zeph 2,10; vgl. Lev 26,19) und setzt sich damit in schärfsten Gegensatz zu fest eingewurzelten Vorstellungen (ohne negativen Klang stehen ἀλαζών [alazōn] Hi 28,8; ὑπερήφανος [hyperæphanos] Est 4,17; ὕβρις [hybris] Hi 37,4).

1) Die hier behandelten Worte begegnen im NT fast ausschließlich in hymnischen (Lk 1,51 – starke Anklänge an Ps 89[88],11) und paränetischen Zusammenhängen, oft zu mehreren aufgereiht, bes. in den sog. Lasterkatalogen (Mk 7,22; Röm 1,30; 2Tim 3,2), die ihren historischen Ort in der altchristlichen Katechese haben. (Das gilt auch für Mk 7,22 »sagte aber« = meinte aber, vgl. Lohmeyer zSt.) In dieser Katechese, in der die at. Weisheit weiterlebt und die wie sie spruchartige Aneinanderreihung oft nur lose verbundener Sätze liebt, wird auch Spr 3,34 zitiert und in den Dienst nt. Aussagen gestellt (Jak 4,6; 1Petr 5,5). III

2) Die ἀλαζονεία *[alazonẹia]* ist nach Jak 4,16 (hier im Plur.) Kennzeichen der von Gottes Willen sich lösenden Lebensführung, bes. im von Gott unabhängigen weitausgreifenden Planen. 1Joh 2,16 stellt das Wort neben ἐπιθυμία *[epithymịa]* (→ Begehren, nämlich des Fleisches und der Augen), wobei die Prahlerei der Lebensführung von Geltungssucht bestimmt ist. Die Dreiheit der Begriffe soll nicht so sehr das von der Welt (dh der verderbten Menschheit) ausgehende Böse klassifizieren, sondern vielmehr dessen charakteristische Süchtigkeitsstruktur bloßlegen, die nur von der christl. Liebe überwunden werden kann (s. 1Joh 2,15).

E. Güting

Vgl. → Höhe, Art. ὕψος; → Ruhm, Art. καύχημα

Lit.: HLietzmann, An die Römer, HNT 8, 1928³, 35f – JJFraenkel, Hybris, 1942, (holl.) – FRWalton, Art. Hybris, RGG III, 1959³, 497f – SWibbing, Die Tugend- und Lasterkataloge im NT, BZNW 25, 1959 – GBertram, Hochmut und verwandte Begriffe im griech. und hebr. AT, Welt des Orients 3, 1964, 29ff – ders., Art. ὕβρις, ThWb VIII, 1966, 295ff – OMichel, Der Brief an die Römer, KEK IV, 1967¹³, 61f.

Hochzeit → Ehe

Höhe, Tiefe

Der Mensch pflegt die ihn umgebende Welt seinem eigenen Standort zuzuordnen. Sofern dabei der Abstand bzw. die räumliche Ausdehnung beschrieben werden, bezeichnet die Wortgruppe ὕψος *[hypsos]*, *hoch*, diese im vertikalen Sinne nach oben hin, βάθος *[bạthos]*, *tief*, dagegen sowohl vertikal als auch in horizontaler Richtung. Vom antiken Weltbild her konnten beide Worte auch zur Bezeichnung von → Himmel und Unterwelt (→ Hölle) dienen. Sie gewannen darüber hinaus eine breite Skala von Bedeutungen im übertragenen Sinne, weil sich für menschliches Empfinden mit »Höhe« die Vorstellung des Lichten, Erhabenen, mit »Tiefe« aber die des Dunklen, Niederen verband; freilich kann mit βάθος *[bạthos]* auch einfach die Vollständigkeit zB des Erkennens, Erfassens der Gedanken, des Herzens, der Seele beschrieben werden. In gnostischen Zusammenhängen geben beide Wortgruppen (auch im NT) kosmische Zusammenhänge wieder, wobei sie gelegentlich ohne Rücksicht auf ihren ursprünglichen Bedeutungsunterschied das gleiche bezeichnen können.

βάθος *[bathos]* Tiefe · βαθύς *[bathys]* tief

βάθος

1) βάθος *[bạthos]* ist sprachlich verwandt mit βῆσσα *[bæssa]* (dor. βᾶσσα *[bạssa]*), *Talgrund, Schlucht*, und mit βάπτω *[bạptō]*, *ein-, untertauchen*. Darüber hinaus besteht sprachlich eine enge Verbindung zu ἄβυσσος *[ạbyssos]*, *grundlos* (wörtl.: wo sich nicht tauchen läßt; → Hölle). I

2) βάθος *[bạthos]* ist der Abstand von mir und zwar nicht nur in der Richtung nach unten, sondern ebenfalls nach oben, waagerecht usw. Dh βάθος *[bạthos]* bezeichnet die *Tiefe* einer Sache in jeder räumlichen Ausdehnung (βάθος τριχῶν *[bạthos trichộn]*, *Länge der Haare*; im militärischen Gebrauch meint βάθος *[bạthos]* die Anzahl der hintereinander Stehenden). Oft wird es in

Verbindung mit → ὕψος *[hypsos]* gebraucht zur Bezeichnung der völligen Erfassung einer Sache in jeder Richtung. Im übertragenen Sinn wird βάθος *[bathos]* zum Ausdruck a) der *Gründlichkeit, Intensität, Größe* oder *Fülle* eines Gegenstandes (bes. in Verbindung mit ὕψος *[hypsos]*) oder auch eines menschlichen Charakterzuges (Weisheit, Verständnis, Seele), – b) der *Unerforschlichkeit* und *Verborgenheit.*

Davon abgeleitet ist das Adj. βαθύς *[bathys]* mit den gleichen Bedeutungsvarianten wie das Subst. Bemerkenswert ist auch das substantivierte Neutrum τὸ βαθύ *[to bathy]*, das *Tiefsitzende, aus dem Grund des Herzens Kommende.*

3) An die übertragene Bedeutung schließt auch der religiöse und religionsphilosophische Sprachgebrauch der hell., bes. der gnostischen Religionen an, wenn von der Tiefe der Gottheit die Rede ist und → Gott selbst als die Tiefe bezeichnet wird. Gerade bei dem letzten Ausdruck wird deutlich, wie Gott hier primär als ein Es und nicht als ein Du bzw. Er verstanden wird, als etwas Ruhendes, Unerforschliches und nicht als der Lebendige, Sich-Offenbarende.

II 1) Im AT (LXX) ist βάθος *[bathos]* hauptsächlich Äquivalent für das hebr. *m^e^tsulah*. In wörtlicher Bedeutung wird βάθος *[bathos]* nur zur Bezeichnung der *Meerestiefe* verwandt (Ex 15,5; Neh 9,11; Sach 10,11). In übertragenem Sinn dient βάθος *[bathos]* stets zur Bezeichnung des *von Gott Getrennten.* So wird βάθος *[bathos]* zum Bild für die innere Not des von Schuld und → Sünde geplagten Menschen (Ps 130[129],1) und die äußere Not einer bedrängten Lebenssituation (Ps 69[68],3.16). βάθος *[bathos]* ist Ausdruck für die äußerste Entfernung von Gott (Tiefe des Meeres Jon 2,4; Mi 7,19), wobei hier die Grenzen zwischen wörtlicher und übertragener Bedeutung fließend sind. Bei Ez ist βάθος *[bathos]* Äquivalent für *tachti* und damit Bezeichnung für die Unterwelt (vgl. 26,20; 31,14.18; 32,18f.24). Auch hier ist βάθος *[bathos]* Ausdruck der Gottesferne. Ebenfalls wird das hebr. *masamaqim, Tiefen,* in der LXX mit βάθος *[bathos]* wiedergegeben (Jes 51,10 u. a.), während für die Vokabeln der Wortgruppe *'āmaq* das Adj. βαθύς *[bathys]* gebraucht wird (Hi 11,8; 12,22; Ps 63,6; Spr 18,4 u. ö.).

2) Wichtig ist, daß das hebr. *t^e^hōm* nicht mit βάθος *[bathos]*, sondern mit ἄβυσσος *[abyssos]* (→ Hölle) wiedergegeben wird. Luther übersetzt dies ebenfalls mit »Tiefe« (Gen 1,2; Hi 28,14 u. ö.). Während in der Bedeutung von βάθος *[bathos]* immer der Sinn der Gottesferne mitschwingt, geht es bei ἄβυσσος *[abyssos]* mehr um einen letzten Urgrund, der grauenvoll und unerforschlich ist.

3) In spätjüd. Zeit sprechen die Qumran-Texte von der Tiefe göttlicher Geheimnisse (1QS 11,19; 1QM 10,11).

III Im NT erscheint βάθος *[bathos]* 8mal, das Adj. βαθύς *[bathys]* 4mal. Nur bei den Synopt. liegt die wörtliche Bedeutung vor: Tiefe der Erde (Mt 13,5 par), Tiefe des Meeres (Lk 5,4). Im übertragenen Sinn ist 2Kor 8,2 (»tiefe« Armut) βαθύς *[bathys]* verwendet, um die Größe der Armut zu unterstreichen. An anderen Stellen liegt eine übertragene Bedeutung vor, die nicht an den at., sondern an den hell. und spätjüd. Sprachgebrauch anknüpft:

1) Wenn Röm 11,33; 1Kor 2,10 von der Tiefe Gottes bzw. der Erkenntnis Gottes die Rede ist, so geht es hier einerseits im Gegensatz zu allem an der Oberfläche Liegenden, menschlicher Einsicht ohne weiteres Zugänglichen, um die Undurchdringlichkeit der Wege und Gerichte Gottes für das menschliche Urteilen, andererseits um den Reichtum an Möglichkeiten und Wegen, die Gott zur Durchführung seines Heilsplanes hat. Wichtig ist, daß Gott hier nicht zu einem entpersönlichten Es wird. Nicht der letzte Grund allen Seins wird mit Gott bezeichnet, sondern der, der sich in Jesus Christus offenbart hat, in dem auch die letzten (noch) verborgenen Dinge enthalten sind. In βάθος *[bathos]* spiegelt sich also die Paradoxie von Enthüllung und Verhüllung der christl. → Offenbarung.

2) Ähnlich geht es in Eph 3,18, wo βάθος *[bathos]* in Verbindung mit anderen Dimensionsbezeichnungen erscheint, um die vollständige Erfassung der göttlichen Gnade und des Heilswerkes Christi. Christl. Glaube soll sich nicht mit einem kleinen Stück oder der Erfassung der Oberfläche begnügen.

3) Anders dagegen Röm 8,39, wo βάθος *[bathos]* in Verbindung mit ὕψωμα *[hypsōma]* offensichtlich irgendwelche den Menschen bedrängenden Mächte bezeichnet. Astrologisch ist βάθος *[bathos]* der unter dem Horizont befindliche Himmelsraum, aus dem die Sterne aufsteigen. Sind hier vielleicht Kräfte gemeint, die von den Gestirnen ausgehen? Theol. entscheidend ist jedoch die Aussage, daß auch diese Mächte der (Gestirne in der) Tiefe

der Macht der Liebe Gottes in Jesus Christus unterworfen sind, – eine Aussage, die heute wieder von höchster Aktualität ist.

4) Bei der Verwendung des Adj. im NT (4mal) ist theol. nur Offb 2,24 bedeutsam. Hier ist parallel zur Tiefe Gottes von der Tiefe Satans die Rede. Damit ist ein Schlagwort einer gnostisierenden Bewegung aufgegriffen. Gemeint ist die Teilhabe an allem Widergöttlichen in dieser Welt (um gerade so die Macht der Gnade und Erlösung in Christus zu »beweisen«). Sich auf solche Tiefen einlassen, bedeutet jedoch gerade nicht die Herrschaft über diese Mächte, sondern das Aufgehen in ihnen und damit den Verlust der Erlösung.

J. Blunck

ὕψος

ὕψος *[hypsos]* hoch · ὑψηλός *[hypsælǫs]* hoch · ὕψωμα *[hypsōma]* das Erhöhte

1) ὕψος *[hypsos]*, seit Aischyl. überliefert, bezeichnet primär die räumliche Ausdehnung nach I
oben, die *Höhe* (nur bei Sachen, nicht bei Menschen); im übertragenen Sinn a) die *Überlegenheit* und *Erhabenheit* einer Sache oder Person über anderes; b) die *Unerreichbarkeit*. Bei Menschen kann ὕψος *[hypsos]* den negativen Sinn von → *Hochmut* erhalten. In Verbindung mit → βάθος *[bathos]* bezeichnet es die totale Erfassung und Durchdringung einer Sache.

2) Das Adj. ὑψηλός *[hypsælǫs]*, seit Hom. überliefert, hat ebenfalls zunächst räumliche Bedeutung: *hoch* (-gebaut, -gewachsen, -gelegen) und wird übertragen sowohl in positivem *(erhaben)* als auch in negativem Sinn *(hochtrabend, hochtönend)* gebraucht. Das Profangriech. hat viele Wortverbindungen mit ὑψηλός *[hypsælǫs]* gebildet, keine ist ins NT eingegangen, stattdessen ist eine Neubildung entstanden: ὑψηλοφρονέω *[hypsælophronęō]*, *(von sich selbst) hoch denken, hochmütig sein* (nur 1Tim 6,17).

3) ὕψωμα *[hypsōma]* ist erst nach der LXX im Spätgriech. belegt: das *Erhöhte*. Es wird immer in übertragener Bedeutung verwandt, so zB bei Plut. als astrologische Bezeichnung für die größte Annäherung eines Sternes an den Zenith (Gegensatz: ταπείνωμα *[tapęinōma]*).

In der LXX wird ὕψος *[hypsos]* als Äquivalent für verschiedene hebr. Worte (*qomā, marōm, gabah* II
u. a.) verwandt.

1a) Im wörtl. Sinn steht es zur Bezeichnung der Höhe einer Sache (Arche Gen 6,15; Berg 2Kön 19,23; Ps 95[94],4; Haus Gottes Esr 6,3; Baum Ez 31,14).

b) Absolut gebraucht bezeichnet ὕψος *[hypsos]* oft die himmlische Welt (→ Himmel), die Welt Gottes, das mit Gott in Verbindung Stehende (hebr. *marōm:* Ps 68[67],19; 102[101],20; 144[143],7; Jes 40,26; vgl. Jes 7,11; auch in Qumran häufig) und ist damit das Gegenstück zu → βάθος *[bathos]* (das von Gott Getrennte). So kann ὕψος *[hypsos]* wie auch ὕψιστος *[hypsistos]* geradezu zu einer Umschreibung für → Gott selbst werden.

c) In bezug auf den Menschen steht ὕψος *[hypsos]* Jes 2,17 für den menschlichen *Hochmut*. 1Makk 10,24 hat es den Sinn von *Aufmunterung* (eines Menschen).

2a) Das Adj. ὑψηλός *[hypsælǫs]* kommt in seiner profangriech. Bedeutungsvielfalt ebenfalls in der LXX vor (60mal für das hebr. *bamah*, 43mal für Vokabeln der Wurzel *gabah*, 31mal für *rum*, 19mal für *natah*). Seine besondere Bedeutung gewinnt es in substantivierter Form. Stärker noch als ὕψος *[hypsos]* dient es zur Beschreibung der Welt Gottes (Ps 93[92],4; Klgl 1,13), des Ortes, an dem Gott wohnt (Jes 33,5.16; 57,15). Der Geist aus der Höhe (Jes 32,15) ist der Geist Gottes.

b) In merkwürdiger Umkehrung dieses Gebrauches wird das gleiche Wort aber auch verwendet zur Übers. des hebr. *bamōt*, der Götzenanbetungsstätten und heidnisch orientierten Kulthöhen im kanaanäischen Raum (Jer 19,5; 2Chr 14,2; 17,6; Ez 6,3).

1) ὕψος *[hypsos]* findet sich in räumlicher Bedeutung nur Offb 21,16 bei der Beschreibung III
der Maße des zukünftigen Jerusalem; ebenso wird ὑψηλός *[hypsælǫs]* bei Mt, Mk und in der Offb (zusammen 5mal) in wörtlichem Sinn gebraucht in bezug auf Berge und Mauern. Von theol. Gewicht ist der Begriff in diesen Zusammenhängen nicht.

2a) Dem at. Sprachgebrauch entsprechend dienen beide Worte zur Bezeichnung der göttlichen Welt bzw. der Wohnung Gottes (Lk 1,78), in die Jesus erhöht wird (Eph 4,8 [Ps 68,19]; Hebr 1,3, vgl. dazu Ps 110,1), um zur Rechten Gottes fürbittend für die Menschen einzutreten (vgl. Hebr 9,24). Dabei steht natürlich auch bei dieser übertragenen Bedeutung – dem antiken Weltbild gemäß – die räumliche Vorstellung im Hintergrund

(→ Himmel). Doch ist sie nicht das Primäre, da sie ins Nicht-Räumliche transzendiert wird. Dies zeigt am deutlichsten Hebr 7,26: ὑψηλός *[hypsēlos]* gewinnt hier die Bedeutung des totalen Andersseins *(totaliter aliter)* gegenüber allem menschlich Denkbaren (einschließlich des Kosmos).

In gnostischen Vorstellungen wird der Ort, das Heiligtum Gottes, jenseits der mit Engelmächten und Gewalten gefüllten Himmelssphären gedacht. Hindurchgedrungen in diese Höhe wird der Hohepriester Jesus Christus in seine Herrschaftsfunktionen eingesetzt. In dieser Erhöhung erfährt er seine Vollendung auf Grund seines Gehorsams im Leiden, das im Selbstopfer Jesu am Kreuz gipfelt (→ ὑψόω *[hypsoō]*). »So ist die Vorstellung von der Erhöhung Jesu, die er (der Hebr-Brief) als Denkschema übernimmt, für ihn tatsächlich die Form, in der er die ewige Geltung des ein für allemal dargebrachten Opfers am Kreuz ausdrücken kann« (ESchweizer, Erniedrigung und Erhöhung, S. 123).

b) Wenn Lk 24,49 von der Kraft aus der Höhe die Rede ist, so wird hier ὕψος *[hypsos]* ebenfalls zur Umschreibung → Gottes verwendet und steht damit auf einer Stufe mit den spätjüd. Umschreibungsformeln für den Namen Gottes. Das gleiche gilt für ὕψιστος *[hypsistos]*, der *Höchste* (Lk 1,32.35.76; Apg 7,48 u. ö.). – An at. Vorstellung knüpft auch Apg 13,17 an (vgl. Ex 6,6 u. ö.). Der Arm ist Ausdruck für die Macht und Gewalt Gottes. Daß dieser Arm nun ὑψηλός *[hypsēlos]*, *erhoben, ausgestreckt,* genannt wird, bringt in bildhafter Weise zur Darstellung, daß die göttliche Gewalt nicht in Ruhestellung, sondern in Aktion ist.

3a) In Jak 1,9 erscheint ὕψος *[hypsos]* als Gegensatz zu ταπείνωσις *[tapeinōsis]* (→ Demut, Art. ταπεινός), so daß es am besten mit »Erhöhung« (Dibelius) wiederzugeben ist. Inhaltlich ist damit offenbar das in Christus geschenkte und zu erwartende Heil gemeint, das die menschlichen Verhältnisse in paradoxer Weise verkehrt und im Glauben die Niedrigen zu Erhöhten macht. An diese eschatologische Erhöhung soll sich der Arme, der bei Jak (als religiöser Begriff) etwa das gleiche wie »Christ« bedeutet, schon jetzt im Glauben halten.

b) Da diese Erhöhung aber nicht eigenes Verdienst und eigene Qualität, sondern Geschenk Jesu Christi ist, wird der Glaubende nun umgekehrt dazu aufgefordert, eben nicht ὑψηλός *[hypsēlos]* von sich zu denken (Röm 11,20), sondern sich zu den Niedrigen zu halten (Röm 12,16). Da die Erhöhung Gottes Werk ist, ist alles eigene Hoch-sein-Wollen Gott ein Greuel (Lk 16,15).

4) ὕψωμα *[hypsōma]* knüpft in seinem nt. Gebrauch wohl an den astrologischen Gebrauch an (s. I,3) und bezeichnet dann irgendwelche Gestirnmächte. In Röm 8,39 wie auch in 2Kor 10,5 handelt es sich dabei um antigöttliche Mächte, die sich zwischen Gott und den Menschen stellen wollen (vielleicht liegt hier eine Verwandtschaft zu den στοιχεῖα τοῦ κόσμου *[stoicheia tou kosmou]*, Mächte dieser Welt, von Kol 2,8.20 vor). Diesen Mächten – mögen sie noch so »hoch« und mächtig erscheinen – gilt es, den schärfsten Kampf anzusagen (2Kor 10,5) und dabei zugleich in der Gewißheit zu kämpfen, daß auch sie letztlich nicht trennend zwischen Christus und die Christen treten können (Röm 8,39). *J. Blunck*

ὑψόω

ὑψόω *[hypsoō]* erhöhen, erheben · ὑπερυψόω *[hyperhypsoō]* zur höchsten Höhe erheben, sich erheben

I Zur Etymologie vgl. → ὕψος. – In den Mythen der religiösen Umwelt des AT spielt der Gedanke der Erhöhung immer wieder eine Rolle. So ist zB die Vorstellung von der Erhöhung im babylonischen Schöpfungsepos »Enuma elisch« (»als droben . . .«; Anfang des 2. Jt. vChr) bezeugt. In der mythologischen Einleitung wird dort der Kampf des babylonischen Gottes Marduk gegen die Götter des Chaos (den Meeresdrachen Tiamat und den Ursurpator der Götterherrschaft Kingu) beschrieben. Marduk siegt und erschafft aus den gespaltenen Hälften der Tiamat die irdische Welt und aus dem Blut des Kingu die Menschen. Dafür wird er in der Versammlung der Götter zum Weltherrscher erhöht. Entsprechend erhöht dieser nun seinen irdischen Repräsentanten Hammurapi, dh er setzt ihn in die Herrschaft über die Menschen ein.

Auch in einem Text aus dem ägypt. Königsmythos (14. Jh. vChr), der in die Thronbesteigungsliturgie des Gottkönigs gehört, wird erzählt, wie der Pharao Thutmoses III. durch den Sonnengott Re selbst in die Lichtwelt e r h ö h t und dort gekrönt und zum Sohn eingesetzt wird.

Anders ist die Erhöhung zB in den babylon. Mythen von Adapa und der von Etana zu verstehen. Adapa ist der Mensch, der sich selbst zum Himmel aufschwingt und dort die Lebensspeise nicht erlangen kann, was an der strafenden Gerechtigkeit der Götter scheitert, die den Menschen in die ihm gesetzten Schranken erniedrigt. Im Etana-Mythos versucht Etana auf dem ihm zu Dank verpflichteten Adler vergeblich im Himmel den Thron der Ischtar zu erreichen und damit Unsterblichkeit ohne den Tod zu erlangen.

In beiden Mythen handelt es sich um den Versuch von Erhöhung aus dem Streben des Menschen, während im babylon. Schöpfungsmythos und im ägypt. Königsmythos die Erhöhung von den Göttern ausgeht.

1) In LXX kommt ὑψόω *[hypsoō]* rund 150mal vor, 94mal für das hebr. Äquivalent *rûm* und dessen Derivate, 19mal für *gabāch* und Der. (bei Ez 9 von insgesamt 13 Stellen), je 12mal für *gādal* und *nasā'*; ὑπερυψόω *[hyperhypsoō]*, etwa 50mal, ist bis auf 4 Stellen ohne hebr. Äquivalent. Die Grundbedeutung ist *erhöhen* (Ps 18[7],49; 27[26],5.6; 30[29],2; 34[33],4 u. ö.), *erheben* (Ex 15,2; Ps 57[56],6.12; 108[107],6; Ez 28,2), *hoch sein* (*werden*; Ps 89[88],14; 61[60],3); von hier aus: *ausstrecken* (meist die Hand, Jes 14,26), *laut sein* (die Stimme *erheben*, Jes 37,23; 52,8), *wachsen* (Ez 31,4.10), *erziehen* (Jes 23,4), *herrlich sein* (Jes 4,2; Ps 89[88],17), *preisen* (Ps 108[107],32; 118[117],28). Da es sich – nach at. Auffassung – Gott allein vorbehalten hat, den Menschen zu erhöhen (und auch zu erniedrigen, 1Sam 2,7), steht der Mensch dauernd in der Gefahr, sich durch eigenmächtige Erhöhung zu überheben. So gewinnt ὑψόω *[hypsoō]* an einigen Stellen die Bedeutung *stolz, hoffärtig, überheblich, hoch sein* (Ps 37[36],20; 132[131],1.2; Ez 28,5). II

LXX versteht Erhöhung nicht mehr im Sinne der babylonischen und ägypt. Mythologien, aber auch nicht im Sinne der dualistischen Erlösungslehren des hell. Synkretismus, in dessen mystischem und mythischem Denken dem Begriff der Erhöhung entscheidende Bedeutung zukommt (vgl. dazu bes. den ausgezeichneten Aufsatz von G. Bertram, s. Lit.).

Theol. bedeutsam ist in LXX bes. der Wortgebrauch für:

a) Die Erhöhung der Gerechten, dh aller derer, die in akuter Notlage als die Armen, Unterdrückten und Rechtlosen (→ Demut, Art. πραΰς, II,2) allein bei Jahwe Hilfe suchen (Ps 37[36],34; 89[88],18; 112[111],9 u. ö.). »Der LXX geht es, soweit von Erhöhung des Menschen die Rede ist, um eine soziologische Fragestellung, die als solche in das Licht der Offenbarung gerückt wird« (Bertram, aaO, 71). In seiner Alltagswirklichkeit erfährt der Gerechte in der Begegnung mit Gott Erhöhung als Lebenserhöhung, dh dem Gerechten wird eine positive Wandlung seiner diesseitigen Lebensverhältnisse durch Jahwes Eingreifen verheißen.

b) Die Erhöhung Gottes durch den einzelnen Glaubenden oder die Kultgemeinde. Die urspr. mythische Grundlage (zB die Liturgie zum Fest von der Thronbesteigung Gottes im ägypt. Königsmythos) scheint zwar immer wieder hindurch und ist bedeutsam für den Ursprung der Begrifflichkeit, kommt aber hier nicht mehr wirklich zum Tragen. Das Reden von der Erhöhung Gottes ist in der LXX bereits zur liturgischen Formel geworden, in der die Kultgemeinde Gott huldigt (Ps 99[98],5.9 u. ö.), in der sie sich zu Jahwe als dem kosmischen Herrn, der über alle Götter ist, bekennt (Ps 97[96],9 u. ö.). Aber wohl auch persönliche Frömmigkeit spricht sich in dieser liturgischen Formel aus (»Preiset den Herrn und laßt uns seinen Namen erhöhen« Ps 34[33],4). – Erhöhung Jahwes schließt im AT allerdings zugleich die Erhöhung seines Volkes ein. Ihr entspricht im Thronbesteigungspsalm die Einsetzung des irdischen Herrschers (vgl. Bertram, 50; vgl. zB Ps 148,14).

c) Die Selbsterhöhung, dh die Erhöhung, die der Mensch losgelöst vom Gehorsam beanspruchenden und schenkenden Gott zu verwirklichen sucht (vgl. Ps 75[74],5.6; 170[169],9). In dieser Erhöhung stellt sich der Mensch – selbstgefällig auf seine eigene Kraft pochend – in den Widerspruch zu Gott und fordert das erniedrigende Eingreifen Jahwes heraus (Ps 75[74],8; Jes 2,11.17).

Zusammenfassend ist zu sagen: Die LXX, soweit sie auf den MT zurückgeht, hat zwar den Begriff der Erhöhung aus der religiösen Umwelt übernommen, aber konsequent entmythologisiert. Er wird so zum Ausdruck für Gottes Heilshandeln in der irdischen Wirklichkeit (bzw. negativ: für das im Ungehorsam eigenmächtige Handeln des Menschen) und zur Bezeugung des lobpreisenden und anbetenden Dankes.

2) Das jüd. nachkanonische Schrifttum öffnet sich in seinen a p o k a l. S c h r i f t e n erneut stärker mythologischen Vorstellungen. Anknüpfend an den Aufstieg des Mose auf den Gottesberg wird in der apokryphen Überlieferung die vorübergehende Erhöhung – realistisch oder auch ekstatisch verstanden – zur Voraussetzung göttlichen Offenbarungsempfanges (vgl. äthHen 39,3; 52,1; 89,52; 90,31; 4Esr 14,9.49; grBar 2ff u. ö.).

Den Gerechten werden in einer endgültigen Erhöhung ein fester Sitz im Himmel (4Makk 17,5) und richterliche Funktionen (Dan 7,22; syrBar 13,3) verheißen. Eine besondere Rolle spielt in diesem Zusammenhang die Entrückung Henochs (Bar Vis V,3,7; 4Esr Vis II,10,10; VII,2,7), in der er in der Nähe Gottes seine Offenbarungen erfährt. Als der Menschensohn wird er in den höchsten Himmel zum Herrn der Geister erhöht (äthHen 70ff).

Bes. erwähnenswert ist auch der Weg des Gerechten, wie er Weish 2 (bes. V. 10–20); 3 (vgl. V. 7–10); 4 (V. 10); 5 (V. 1–5) beschrieben wird. Der Gerechte wird von den Gottlosen vergewaltigt, weil er sich rühmt, Gotteserkenntnis zu haben. Er wird mißhandelt und getötet, damit Gott erweisen kann, ob er der Sohn ist. Gott erhöht ihn, und die Menschen begreifen es nicht. Im Endgericht wird er den Widersachern zu ihrem Schrecken entgegentreten, und die Gerechten werden das Reich der Herrlichkeit empfangen. »Der Weg des Gerechten, wie er hier geschildert wird, ist bis in allerlei Einzelheiten hinein der Weg, wie ihn Jesus tatsächlich gegangen ist« (E. Schweizer, S. 33).

3) Anders ist die Erhöhung in den Mysterienreligionen verstanden. Der Seele wird durch die Mysterien der Weg zur Erhöhung erschlossen, den der Erlöser bereits gebahnt hat. Auf diesem Wege kommt es zur eigenen Erhöhung, zur Wiedergeburt des Mysten. Die Erhöhung erhält hier also soteriologische Bedeutung, dh sie ist der Weg zur Selbsterlösung, die in der Ekstase bereits vorweg erlebt werden kann (→ Erkenntnis, Art. γινώσκω I,2).

III ὑψόω *[hypsọō]* kommt im NT 20mal vor; es bedeutet (*sich*) *groß machen*, so in der Rede des Paulus Apg 13,17 (der Gott, der das Volk Israel in Ägypten groß machte); *erhöhen* (12mal als Gegensatz zu erniedrigen). Theol. bedeutsam sind die Stellen, an denen ὑψόω *[hypsọō]* die Erhöhung Jesu bezeichnet (7mal: Joh 3,14; 8,28; 12,32.34; Apg 2,33; 5,31).

1) Dem Wort von der Selbsterniedrigung und Selbsterhöhung Mt 23,12; Lk 14,11; 18,14 liegt die Grundform des zweigliedrigen at. und jüd. *maschal* zugrunde (vgl. Hi 22,29; Spr 29,33; Sir 3,18 u. ö.; vgl. auch II,1a). Dem Gerechten, als dem Niedrigen, Demütigen und Leidenden, wird dort die Erhöhung als Lohn verheißen. Eine nt. Bedeutung gewinnt dieses Wort im Zusammenhang der Verkündigung Jesu. Jesus stellt das ganze Leben des Menschen neu unter den Gesichtspunkt des Gehorsams (→ Hören) gegenüber Gott. Indem sich die Pharisäer selbst Ansehen und Ehre beimessen, versagen sie Gott den Gehorsam im Dienen. Der in wahrer Nachfolge Stehende wird bereit sein müssen, mit Jesus den Weg in die Niedrigkeit und ins Leiden zu gehen (vgl. Lk 14,27), um im selbstlosen Dienst am Verachteten, am anderen zu handeln. Ihm ist die Erhöhung in der Auferstehung (Lk 14,13f), die Erfüllung der Zusagen in den Seligpreisungen (Mt 5,1ff) im eschatologischen Gericht verheißen. Die noch ausstehende Erhöhung meint die Rechtfertigung vor Gott im Endgericht auf Grund der Nachfolge, in der die unmittelbare Gegenwart aber schon von daher für den Nachfolgenden neue Gestalt gewinnt. Der sich selbst Erhöhende ist der, der im Versuch der Lebenssicherung sein Leben gerade im eschatologischen Urteil Gottes verlieren wird (vgl. Lk 17,33; vgl. auch Lk 1,52; 10,15 par). – In den Paränesen ermahnen deshalb auch der 1Petr (5,6) und Jak (4,10), sich Gott bzw. der → Hand Gottes zu unterwerfen, um an der Erhöhung, dh an der zukünftigen Herrlichkeit teil zu haben.

2a) In den ersten christologischen Aussagen wird die Auferweckung Jesu und die Erhöhung offensichtlich noch – in Anlehnung an den Weg des Gerechten in Israel – zusammengesehen. Das wird bes. deutlich an den Stellen in der Apg (2,33; 5,31), wo durch den Begriff der Erhöhung die Erweckung Jesu und seine Einsetzung zum Kyrios (V. 36) beschrieben wird. Da diese Stellen der lukanischen Theol. (vgl. die Himmelfahrt Kap. 1) völlig entgegenstehen, werden wir es hier mit älterem, vorgeformtem Traditionsgut zu tun haben, demzufolge das Osterereignis das entscheidende Heilsgeschehen war, weil in ihm der Gekreuzigte zum Herrn und Christus eingesetzt, dh erhöht wurde (Apg 2,36). Die christologische Aussage der Erhöhung Jesu beschreibt »die Vollendung des Handelns Gottes an seinem Christus wie den ereignishaften Beginn, die währende Dauer und die erwartete Vollendung des Herrentums Christi über Kirche und Welt« (K. H. Schelkle, aaO., 290f).

b) Auch in dem bei Paulus zitierten Hymnus (Phil 2,8–11) begegnet der Begriff der Erhöhung (2,9 ὑπερύψωσεν *[hyperhypsōsen]*). Der Erniedrigung Jesu in V. 6–8 steht in V. 9–11 die Erhöhung gegenüber. Sie ist Folge seines Gehorsams im Leiden und besteht in der Einsetzung in die Herrschaftsfunktion, nicht nur über die Gemeinde, sondern über den gesamten Kosmos. Indem Jesus der neue Name Kyrios verliehen wird, bekennt die Gemeinde in der Erhöhung den Sieg Christi, dh einen Herrschaftswechsel über den Kosmos (vgl. Kol 1,19.20). Ähnliche Aussagen – durch andere Vokabeln ausgedrückt – finden sich häufiger im NT: zB Röm 1,4 »eingesetzt (ὁρισθέντος *[horisthentos]*) zum Sohn«; 1Tim 3,16 »aufgenommen (ἀνελήμφθη *[anelæmphthæ]*) in Herrlichkeit«. In dieser Erhöhung (1Tim 3,16) »wird Jesus ›als gerecht erwiesen‹. Das ist auch die älteste Anschauung, für die die Ostereignisse die Rechtfertigung des Weges Jesu bedeuten. Sie bewiesen, daß Jesus der ›Gerechte‹ war« (E. Schweizer, 106). Die Rechtfertigung erfolgte im Siegeszug zum Vater und in der Inthronisation des Retters. »Noch stärker als in Phil 2,9–11 ist hier betont, daß diese (die Herrschaft des Erhöhten) so allumfassend ist, daß sie Himmel und Erde wieder zur Einheit geschmiedet hat« (Schweizer, 108).

c) Eine besondere Rolle spielt der Begriff der Erhöhung (oft wie im AT parallel zur Verherrlichung δοξάζω *[doxazō]* gebraucht; → Ehre, Art. δόξα; zB Joh 17,5; s. o. II 1) in der Christologie des JohEv. (ähnlich in der Christologie des Hebr; vgl. 1,9 »gekrönt«; 2,9 »gesalbt«; 1,13; 10,12; 12,2 »gesetzt zur Rechten auf den Stuhl Gottes«; 5,14 u. ö. Hier wird die Erhöhung jedoch nie mit ὑψόω *[hypsoō]* ausgedrückt, sondern durch andere Begriffe umschrieben). Das JohEv. nimmt die Vorstellung von der Erhöhung des Gerechten auf, wie sie schon in LXX (dort jedoch innerweltlich-geschichtlich oder psychologisch verstanden), bes. aber in den jüd. Apokryphen (äthHen 4; Esr, Jub, syrBar u. a.) und in der rabb. Lit. zu Hause ist, und korrigiert sie (weitgehend in der Terminologie des gnostischen Mythos) dahin, daß es nur e i n e Erhöhung, nämlich die Erhöhung Christi (3,14; 8,28; 12,32.34) gibt. Wie ἀναβαίνω *[anabainō]* (→ Himmel) umschreibt ὑψόω *[hypsoō]* die Rückkehr des Offenbarers aus der Welt in die himmlische Heimat (vgl. Bultmann, Das Ev. des Johannes, S. 110). Nehmen wir mit E. Schweizer (S. 39ff) an, daß Jesus sich selbst als der Menschensohn angesehen hat, um in diesem Begriff »die Doppelheit seines Wirkens als Irdischer in Niedrigkeit und Leiden, als Erhöhter in Vollmacht und Herrlichkeit zu umschreiben« (S. 46), dann wendet das JohEv. dieses Denken konsequent an und bezeichnet bereits die Kreuzigung als die Erhöhung Jesu (Joh 3,14; 8,28; vgl. 12,34). In einer eigenartigen Doppeldeutigkeit wird der Begriff der Erhöhung sowohl auf das äußere Erhobenwerden an das Holz, wie auch auf die Erhöhung zu neuer Herrlichkeit, Macht und Ehre bezogen. Das ist nur von daher zu verstehen, daß im JohEv. das Sterben Jesu als letzte Konsequenz und Ziel seines Gehorsams gesehen wird. Dh dieses Ziel ist in den Augen der Welt nur die »Erhöhung« zum Kreuzestod. »Aber sie ahnen nicht, daß sie ihn selbst zu ihrem Richter machen, indem sie ihn ›erhöhen‹. Der Doppelsinn des ›Erhöhens‹ ist deutlich: sie erhöhen Jesus, indem sie ihn kreuzigen; aber eben damit wird er auch als der Menschensohn zu seiner himmlischen Herrlichkeit erhöht; und indem sie ihn zu richten meinen, wird er ihnen zum Richter« (Bultmann, Das Ev. des Johannes, S. 266). Dagegen erkennt der Glaubende im Gehorsam Jesu bis zum Tod das völlige Einssein Jesu mit dem Vater und weiß so, daß die Kreuzigung die Rückkehr des Sohnes in die Herrlichkeit und für die Glaubenden die Erlösung ist (Joh 12,32). Die Erhöhung am Kreuz ist also bereits der Beginn der Erhöhung in die Herrlichkeit des Vaters. In der gnostischen Begrifflichkeit von der Erhöhung (→ Erkenntnis, Art. γινώσκω I,2) ist das, was Auferstehung und Himmelfahrt meinen, bereits mitgesetzt. Die Tradition von der Erhöhung, die Joh aufgenommen und eigen gestaltet hat, ist bei den Synopt. in die realistischere Vorstellung von der Himmelfahrt umgeprägt worden.

d) Wenn auch die Aussagen von der Erniedrigung Gottes in Jesus Christus und seiner Erhöhung zweifellos von Anschauungen aus dem AT, aus außerkanonischen, spätjüd. Schriften und von gnostischen Gedanken beeinflußt worden sind, so führen sie doch weit darüber hinaus, indem jene Traditionen Bausteine im Entwurf einer nt. Christologie wurden. Dabei ist der Begriff der Erhöhung – wie im AT – nicht vom Mythos, sondern von der Geschichte her verstanden worden. – Trotz der Mannigfaltigkeit christologischer Ansätze und Entwicklungen im NT ist das wesentliche Anliegen, das im Begriff der »Erhöhung Jesu« liegt, doch in allen nt. Schriften gewahrt: der Gekreuzigte ist der von Gott ins Leben gerufene Herr über Tote und Lebendige (Röm 14,9), der alle Gewalten und Mächte (Sünde, Tod etc.) besiegt hat, so daß die Gemeinde unter seiner Herrschaft getrost ihren Weg gehen kann.

D. Müller

Lit.: HSchlier, Art. βάθος, ThWb I, 1933, 515f – HStock, Ägyptische Religionsgeschichte, 1950, 613ff – GBertram, Der religionsgeschichtliche Hintergrund der Erhöhung in LXX, ZAW 68, 1956, 51ff – HJacobsohn, Art. Ägypten, RGG I, 1957³, 110ff – SMThde Liagre Böhl, Art. Babylonien II.III, RGG I, 1957³, 812ff u. 822ff – HJKraus, Psalmen, 1960 – WThüsing, Die Erhöhung und Verherrlichung Jesu im Johannesevangelium, NTA 21,1, 1960 – KHSchelkle, Art. Erhöhung, BWB I, 1962², 189ff – ESchweizer, Erniedrigung und Erhöhung bei Jesus und seinen Nachfolgern, AThANT 28, 1962² – JBlank, krisis (vgl. im Reg. s. v. ὑψοῦν), 1964.

Hölle

Wenn die Bibel vom Schicksal der Verstorbenen berichtet, bedient sie sich verschiedener Vorstellungen, die sie teils einfach unter dem Einfluß fremder Religionen übernimmt, teils aber dann in charakteristischer Weise umformt. Es kommt nicht zu einem einheitlichen Bild oder zu einer eindeutig formulierten Lehre; vielmehr bleibt es häufig bei Andeutungen verschiedenster Art, die sich nicht miteinander harmonisieren lassen. Vor allem das NT stellt über die Macht des Todes den Sieg und die lebenverheißende Herrschergewalt Christi, so daß sich ihm eine isolierte Ausmalung der Totenwelt und des Schicksals der Verstorbenen verbietet. Der ᾅδης *[hadæs]* ist das zwischenzeitliche Totenreich, in das die Verstorbenen verbannt werden. Bei dem seltenen κατώτερος *[katọteros]* ist nicht eindeutig auszumachen, ob es die Tiefe der vom Tode bedrohten Menschenwelt oder die Tiefe des Totenreiches selbst bezeichnet. Aus dem Judentum stammen die beiden Begriffe ἄβυσσος *[ạbyssos]* und γέεννα *[gẹhenna]*. ἄβυσσος *[ạbyssos]* meint einen besonderen Ort des Schreckens, der einen Aufenthaltsort der Dämonen darstellt; γέεννα *[gẹhenna]* ist die endzeitliche Feuerhölle, in die die Gottlosen beim Jüngsten → Gericht für ewig verdammt werden.

ἄβυσσος

ἄβυσσος *[ạbyssos]* Abgrund

I/II ἄβυσσος *[ạbyssos]* (eigentlich Adj., zu dem das Subst. γῆ *[gæ]* = *Erde* zu ergänzen wäre) heißt *abgrundtief*, von daher *Tiefe, Abgrund*. Im späteren Griech. bezeichnet das Wort die *urzeitliche Tiefe*, das *Ur-Meer*, die *Welt der Toten*.

In LXX begegnet das Wort ca. 25mal, meist als Übers. des hebr. *t*ᵉ*hōm* = *Urflut* (Gen 1,2), *Wasserfluten* (Ps 42,8), die *Totenwelt* (Ps 71,20). – Die Bedeutung *Urflut* für *t*ᵉ*hōm* hat auch das Spätjudentum festgehalten. Daneben bezeichnet das Wort auch das *Innere der Erde*, in dem sich Leichen befinden, die Unreinheit bewirken. Der Abgrund wird ferner zum Gefängnis für die abgefallenen Geister (äthHen 10,4ff; 18,11ff; Jub 5,6ff).

III Im NT ist der ἄβυσσος *[ạbyssos]* das Gefängnis für → Dämonen (Lk 8,31; Offb 9,1f). Er ist verschlossen, doch steigt aus seinem Schlund der Rauch des unterirdischen Feuers (Offb 9,1f). Ein Fürst – nicht der Satan! – regiert über ihn (Offb 9,11). Ihm entsteigen unheimliche Wesen (Offb 9,3ff), das »Tier« (»Antichrist« Offb 11,7; 17,8). In ihm wird der Satan während des tausendjährigen Reiches gebunden (Offb 20,1.3).

In Röm 10,7f bezeichnet das Wort nach Ps 106,26 LXX die *Totenwelt*. Ein Hinabsteigen in den ἄβυσσος *[ạbyssos]* ist dem lebenden Menschen unmöglich. *H. Bietenhard*

ᾅδης

ᾅδης *[hạdæs]* Unterwelt, Totenreich

Die Etymologie des Wortes ᾅδης *[hạdæs]* ist unsicher. Entweder kommt es von ἰδεῖν *[idẹin]* = *sehen* mit ἀ-privativum, und bedeutet dann etwa der *Unsichtbare*; oder ᾅδης *[hạdæs]* hängt zusammen mit αἰανής *[aianæs]* und hieße dann urspr. *traurig, grausig*. I

Bei Homer kommt ᾅδης *[hạdæs]* nur vor als Eigenname des Gottes der Unterwelt, während im übrigen Griechentum das Wort die Unterwelt als Aufenthaltsort der Toten bezeichnet, die in ihm ein Schattendasein führen. Erst allmählich verbinden sich auch im Griechentum mit der Vorstellung von der Unterwelt die Gedanken von → Lohn und → Strafe: die Guten und Gerechten werden im ᾅδης *[hạdæs]* belohnt, die Bösen und Gottlosen werden in ihm auf mancherlei Weise bestraft.

1) In LXX kommt ᾅδης *[hạdæs]* mehr als 100mal vor, an der überwiegenden Zahl der Stellen als Übers. für hebr. *sch*ᵉ*'ōl*. *sch*ᵉ*'ōl* ist die *Unterwelt*, die alle Toten aufnimmt; sie ist ein Land der Finsternis, in dem man Gottes nicht gedenkt (Hi 10,21f; 26,5; Ps 6,6; 30,10; 115,17; Spr 1,12; 27,20; Jes 5,14). Diese Vorstellung läßt sich nicht ganz ausgleichen mit derjenigen vom Vätergrab, dem Bestattungsort der Familie, in dem sich die Toten befinden. Entscheidend ist die theol. Aussage, daß Jahwe der Toten nicht gedenkt, daß sie von ihm geschieden sind und außerhalb seines Geschichtshandelns stehen (Ps 88,6.12). Sie stehen auch außerhalb des Kultus und seiner Ausstrahlung: Im Tod gibt es keine Verkündigung und keinen Lobpreis (Ps 88,12; Jes 38,18). Die Toten sind unrein, sie genießen daher in Israel – in schroffem Gegensatz zu seiner Umwelt – keine sakrale Verehrung (kein Totenkult!), und Totenbefragung wird ausdrücklich verboten (Dtn 18,11). Die Ausnahme von 1Sam 28,7ff oder die Erwähnung einer Totenerweckung (2Kön 4,32ff) zeigen, daß zwischen Toten und Lebenden keine absolute Kluft besteht. Aber man kann sich in Israel nicht der Hoffnung getrösten, einmal mit den Dahingeschiedenen wieder vereinigt zu werden. Die Schatten selbst leiden unter ihrer Verwesung (Hi 14,21f). II

Auf der anderen Seite steht die *sch*ᵉ*'ōl* nicht nur am Rande des Lebens, im »Jenseits«, sondern sie drängt überall in den Kreis der Lebenden hinein durch Krankheit, Schwäche, Gefangenschaft, Bedrängnis durch Feinde und Tod. Von daher kann etwa in den Pss gesagt werden, der Beter sei schon in der *sch*ᵉ*'ōl* gewesen, aber durch Jahwe herausgerettet worden. Man hat in Israel auch die → Wüste mit der *sch*ᵉ*'ōl* gleichsetzen oder ihr doch Todesprädikate beilegen können (Jer 2,6.31). Wo immer Jahwe schweigt, oder wo er einen Menschen verläßt, da fängt die Wirklichkeit des → Todes und der *sch*ᵉ*'ōl* an (Hi 12,24ff). Beim Sterben geht es also nicht um einen biologisch-physischen Vorgang, sondern um die Lockerung oder das Aufhören der Lebensbeziehung zu Jahwe. Dabei endet zwar an der Grenze der Todeswelt nicht Jahwes Macht (Am 9,2; Ps 139,8), aber er kümmert sich nicht um die Totenwelt: »Das Totenreich blieb ein undefinierbares Drittes zwischen Jahwe und seiner Schöpfung« (GvRad, Theol. d. AT II,362). Nur ausnahmsweise beschäftigte sich der Glaube (Hi 14,13–22) oder die dichterische Phantasie (Jes 14,9ff; Ez 32,20ff) mit der Totenwelt. Vereinzelt ist die Hoffnung über den Tod hinaus angedeutet (Hi 19,25–27; Ps 49; 73,23ff). Am Rande des AT erscheint dann die Hoffnung auf die → Auferstehung.

2) Im Spätjudentum, unter iranisch-hell. Einfluß, kommt die Lehre von der Unsterblichkeit der → Seele auf, und sie verändert die Auffassung vom ᾅδης *[hạdæs]*. Ältester Beleg dafür ist äthHen 22. Dieses Kapitel hat nahe Beziehung zu Lk 16,22ff (vgl. auch äthHen 51,1; 102,5; 103,7; 2Makk 6,23): Lohn und Strafe beginnen nach dem Tode im ᾅδης *[hạdæs]*. Nach Josephus ist eben dies die Auffassung der Pharisäer und Essener, im Gegensatz zu den Sadduzäern. Eine jüngere Auffassung sagt, daß die Seelen der Gerechten nach dem Tode in die himmlische Seligkeit gelangen, während die Seelen der Gottlosen im ᾅδης *[hạdæs]* bestraft werden. Der ᾅδης *[hạdæs]* verliert also seinen Charakter als Aufenthaltsort aller Seelen und wird zu einer Stätte der Bestrafung für die Gottlosen (äthHen 63,10; PsSal 14,6f; 15,11; Apk Bar [gr] 4 u. ö.).

Unter dem Einfluß der Lehre von der → Auferstehung verliert der ᾅδης *[hạdæs]* seinen Charakter als ewiger Aufenthaltsort der Seelen und wird zum vorläufigen, zwischenzeitlichen Aufenthaltsort der Seelen bis zur Auferstehung (äthHen 51,1; TestBenj 10; Sib 4,178–190; 4Esr 5,45 u. ö.). In 4Esr 7,78–100 wird versucht, einen Kompromiß durchzusetzen zwischen der Unsterblichkeitslehre und der Auferstehungslehre: Danach genießen die Seelen der Gerechten während einiger Zeit im Jenseits einen Vorgeschmack der Seligkeit, die ihnen nach der Auferstehung zuteil werden wird, die Gottlosen dagegen bekommen schon einen Vorgeschmack der ihrer nach dem jüngsten Gericht wartenden Strafen. Dieser Kompromiß hat sich im Judentum nicht durchgesetzt.

Im NT kommt das Wort ᾅδης *[hạdæs]* 10mal vor; und zwar nur bei Mt, Lk, Apg, Offb. In den übrigen Schriften finden sich dagegen andere Bezeichnungen, → ἄβυσσος, → γέεννα. III

1) Der Hades liegt im Innern der Erde, so daß man in ihn »hinabsteigt« (Mt 11,23; Lk 10,15; vgl. Mt 12,40 καρδία τῆς γῆς *[kardịa tæs gæs]* = Herz der Erde). Er ist ein Ge-

fängnis (φυλακή [phylakæ] 1Petr 3,19; Offb 20,7). Als Stadt oder Burg hat er Tore (Mt 16, 18) und wird von einem Schlüssel verschlossen, den Christus in der Hand hält (Offb 1,18). Andererseits scheint Offb 20,14 darauf hinzudeuten, daß der Hades – wie der → Tod – persönlich gedacht ist. Bei der Auferstehung muß der Hades die Toten wieder hergeben (Offb 20,13), er ist also kein ewiger, sondern nur ein zwischenzeitlicher Ort oder Zustand. Nach Apg 2,27.31; Lk 16,23.26 sind alle Toten im Hades. Nach anderen Stellen dagegen sind nur die Geister der Gottlosen im Hades (1Petr 3,19; Offb 20,13f: die Gläubigen werden nach Offb 20,4 zu Beginn des tausendjährigen → Reiches auferstehen).

2) Neu gegenüber dem Judentum ist im NT, daß Jesus in ein ewiges Leben auferstanden ist (Hebr 7,16), daß er Tod und Teufel die Macht genommen hat (Hebr 2,14), und daß er Herr ist über Tote und Lebendige (Röm 14,9). Durch den Christusglauben werden die Vorstellungen umgestaltet: Der Hades kann der Gemeinde nichts anhaben (Mt 16,18f; 1Petr 3,19ff; 4,6; Offb 1,18). Wer stirbt, ist mit Christus vereinigt (Phil 1,23; 2Kor 5,8), wenn auch »nackt«, dh ohne Leib (2Kor 5,2f), oder er ist im himmlischen Jerusalem (Hebr 12,22) oder unter dem himmlischen Altar (Offb 6,9) wie die Märtyrer, oder vor Gottes Thron (Offb 7,9; 14,3). Christus hat den Geistern im Gefängnis gepredigt (1Petr 3,19ff; 4,6): Das Rettungswerk Jesu Christi umfaßt auch die Bereiche der Toten, nichts ist mehr der Gnade Christi entnommen.

3) Es wird mit dieser Betonung der allumfassenden Herrschaft und Gnade Christi zusammenhängen, daß im NT keinerlei Jenseitsvorstellungen ausgemalt werden; es gibt keine Lehre vom Jenseits, keine »Jenseitsgeographie« – sehr im Unterschied zu gewissen späteren jüd. und dann auch christl. Schriften bis hin zu Dantes Divina Commedia. Vielleicht hat aber gerade das Schweigen des NT über Einzelheiten des Jenseits und des Zwischenzustandes die scheinfromme Neugier angeregt und dazu geführt, daß man sich nicht damit begnügte, seine Hoffnung allein auf Christus zu setzen, sondern daß man meinte, die Aussagen der Schrift auf Grund menschlicher Phantasie ergänzen zu können und zu müssen, – was auf einen Mangel an Glauben weist. Wesentlich beigetragen zu dieser Verschiebung hat der Umstand, daß an die Stelle des nt. Glaubens an die Auferstehung der Toten (1Kor 15) die griech. Lehre von der Unsterblichkeit der Seele getreten ist, die bis auf den heutigen Tag die Durchschnittsmeinung des Kirchenchristen geblieben ist, ohne daß er sich darüber Rechenschaft gibt, daß er an diesem Punkt nicht biblisch-nt. glaubt und hofft, sondern griech.-heidnisch.

H. Bietenhard

γέεννα

γέεννα [gẹhenna] Hölle

I/II Das Wort γέεννα [gẹhenna] fehlt in LXX und in der griech. Lit. Es ist Gräzisierung des aram. *gēhinnām*, das seinerseits auf das hebr. *gēhinnom* zurückgeht. Damit war urspr. ein im Süden Jerusalems gelegenes Tal gemeint (heute: Wadi er-Rababi), das »Tal des Sohnes (oder: der Söhne) Hinnoms« (Jos 15,8; 18,16; Jes 31,9; 66,24; Jer 32,35; 2Chr 33,6). In diesem Tal wurden Kinderopfer dargebracht (2Kön 16,3; 21,6). Josia ließ es verunreinigen (2Kön 23,10). Nach Jer 7,32; 19,6f wird es zur Stätte des göttlichen Gerichts.

Die jüd. Apokalyptik nahm an, daß dieses Tal nach dem Endgericht die Feuerhölle werden würde (äthHen 90,26f; 27,1ff; 54,1ff; 56,3f). Von da aus wurde der Name γέεννα [gẹhenna] auf die endzeitliche Feuerhölle überhaupt übertragen, auch wo sie nicht mehr bei Jerusalem lokalisiert war (4Esr 7,36; ApkBar [syr] 59,10; 85,13; Sib 1,103 u. ö.). Mit der Zeit wird γέεννα [gẹhenna] zum Strafort schlechthin und zieht so die entsprechenden Vorstellungen vom Hades (→ Art. ᾅδης) an sich. Die γέεννα [gẹhenna] wird also zum zwischenzeitlichen Strafort (bis zum Endgericht). Um die Wende vom 1. zum 2. Jh. nChr kommt im Rabbinat die Lehre vom zwischenzeitlichen Fegefeuer auf: alle diejenigen kommen in die γέεννα [gẹhenna], bei denen Schuld und Verdienst sich die Waage halten; diese werden in der γέεννα [gẹhenna] geläutert und wenn sie Buße tun, erben sie das Paradies. Daneben findet sich auch die Vorstellung von einem zeitlich begrenzten endzeitlichen Gehinnom-Gericht (nach dem jüngsten Gericht).

Für das NT ist die γέεννα *[gehenna]* eine präexistente Größe (Mt 25,41), ein feuriger Abgrund (Mt 13,42.50). Sie ist der Ort der endzeitlichen Strafe nach dem jüngsten Gericht, die ewig dauert (Mt 25,41.46; 23,15.33). Es werden Leib und Seele in ihr gerichtet (Mk 9,43.45.47f; Mt 10,28). Sie ist also zu unterscheiden vom Hades, der in der Zeit v o r der Auferstehung die Seelen der Verstorbenen beherbergt. Derselben Strafe werden auch der → Satan und die → Dämonen verfallen, das → Tier aus dem Abgrund, der falsche → Prophet, der → Tod und der Hades (Mt 25,41; 8,29; Offb 19,20; 20,10.14f). Im Gegensatz zu späteren kirchlichen Schriften und Vorstellungen werden im NT die Höllenqualen nicht ausgemalt; »wenn sie erwähnt werden, geschieht es, um die Gewissen wachzurütteln zur Furcht vor dem Zorn des himmlischen Richters« (Jeremias, ThWb I,656). Ebenso fehlt im NT die Vorstellung, daß der Satan der Fürst der γέεννα *[gehenna]* sei, dem die Sünder zur Bestrafung überantwortet werden. III

H. Bietenhard

κατώτερος

κατώτερος *[katōteros]* unterer, unteres

κατώτερος *[katōteros]* ist Komparativ von κάτω *[katō]* = *unterer.* In der LXX steht es für das Äquivalent *tachton* und kommt vorwiegend im Psalter vor als Bezeichnung eines lebensbedrohenden Bereiches bzw. des Totenreiches selbst. I/II

Im NT begegnet das Wort nur Eph 4,9: (Christus stieg hinab) εἰς τὰ κατώτερα μέρη τῆς γῆς *[eis ta katōtera meræ tæs gæs]*, *in die unteren Teile der Erde.* III

Es erheben sich folgende Fragen: Wird hier der Komparativ κατώτερος *[katōteros]* im Sinne des Superlativs gebraucht (»in die untersten Gegenden der Erde«) oder im Sinne des Positivs (»in die unten liegenden Gebiete der Erde«; so Radermacher)? Ist γῆς *[gæs]* Gen. appositionis? Dann bedeutet der Ausdruck »die unteren Teile, nämlich die Erde«. Oder ist γῆς *[gæs]* Gen. partitivus? Dann bedeutet der Ausdruck »die untersten Teile der Erde« oder »die Gegenden unter der Erde« (Debrunner). Entspricht κατώτερος *[katōteros]* dem im AT begegnenden Ausdruck »die untersten (Gegenden) der Erde«, wobei an die Erde selbst (so wohl Ps 139,15) wie auch an den unter der Erde liegenden Hades (so Ps 63,10; Tob 13,2) gedacht werden kann? Nach einer rabb. Tradition (faßbar um 250 nChr bei R. Jehoschua b. Levi) ist einer der Namen für das Gehinnom (→ γέεννα) »unterstes Land«, »unterste Erde« (hebr. *'æræts hattachtith*, vgl. bErub 19a, St.-B. IV,1023f). Von da aus gesehen könnte die Wendung »die unteren Teile der Erde« Wiedergabe dieses hebr. Ausdrucks sein.

Möglicherweise ist der Verfasser des Eph von einer älteren jüd. Auslegung von Ps 68,19 abhängig: Mose stieg in den Himmel hinauf, um die Tora zu empfangen und sie den Menschen zu übergeben (St.-B. III,596). Diese Auslegung wäre dann auf Christus übertragen worden: Das Hinaufsteigen, von dem der Ps redet, ist zu beziehen auf denselben (Christus), der vorher hinabstieg (→ Himmel, Art. ἀναβαίνω). Dann erhebt sich die Frage, ob mit dem »er stieg hinab« und mit dem Ausdruck »die unteren Gegenden der Erde« nicht auch der Tod Jesu gemeint sein muß: Zur vollen Menschwerdung gehört das Sterben Jesu, und wer stirbt, der geht nach jüd. Auffassung ins Totenreich ein; und dieses Totenreich befindet sich unter der Erde (→ ᾅδης). Dabei wäre an unserer Stelle nicht an einen eigentlichen Hadeskampf gedacht, den der Erlöser durchfechten mußte, sondern nur an das Eingehen des Verstorbenen ins Totenreich (Büchsel).

Wäre die Auffassung richtig, daß Christus in der Weise Mensch wurde, daß er auch das letzte Menschenlos auf sich nahm und ins Totenreich steigen mußte, dann hieße das, daß er »alles« durchmessen hat und erfüllt (Eph 1,20–23), die höchste → Höhe und die tiefste Tiefe (das Totenreich), und daß er deshalb Macht bekam über alle Wesen, vor allem über die Geister.

Andere Stellen im Eph, die vom Sterben Jesu handeln, reden aber nur von einem Geschehen auf der Erde (Eph 5,2.25). Auf alle Fälle ist – auch wenn an das Sterben Jesu und an das damit verbundene Eingehen in den Hades gedacht sein sollte, – dieser zuletzt genannte Gedanke in keiner Weise betont, und vollends liegt auf der lokalen Vorstellung im einzelnen kein Gewicht. Es ist letztlich unerheblich, ob nun die Erde selbst oder auch unter ihrer Oberfläche liegende Bereiche gemeint sind. Wichtig ist vielmehr das sachliche Moment, daß Christus der Erhöhte und der Sieger ist über alle Mächte und Gewalten, und daß er als solcher der Gemeinde seine Gaben schenkt. In der heutigen Auslegung wird die Beziehung der Stelle auf den *descensus ad inferos* (vgl. im Apostolicum: »niedergefahren zur Hölle«) fast durchweg abgelehnt. *H. Bietenhard*

V ZUR VERKÜNDIGUNG

Das Wort *Hölle* lautete im Alt- und Mittelhochdeutschen »Hel« und bezeichnet den Ort und das Reich der Toten, auch die Todesgöttin. Das Wort hatte ungefähr dieselbe Bedeutung wie das hebr. *sch*^{e}*ōl* oder das griech. ᾅδης [*hadæs*]. Im christl. Sprachgebrauch verwendete man es für den ganzen nicht-himmlischen, jenseitigen Bereich, in dem die nicht zur Seligkeit bestimmten Toten sich befinden. So wurde »Hel« zur Hölle im landläufigen Sinne.

Mit diesem Wort Hölle wurden von den älteren Bibelübersetzern, bes. von Luther, mehrere Begriffe wiedergegeben, die sowohl im NT als auch zB in der Z streng voneinander abgehoben sind: 1) die Unterwelt (*sch*^{e}*ōl*; ᾅδης [*hadæs*]), die an sich ein gottferner, von Gott verlassener und den Menschen feindlicher Bereich ist; 2) die Feuerhölle (γέεννα [*gehenna*]), der endzeitlich-zukünftige Strafort; 3) der Abgrund (ἄβυσσος [*abyssos*]), ein Ort der → Dämonen. Dadurch aber besteht, ganz abgesehen von der begrifflichen Unklarheit, die Gefahr, daß wesentliche Teile der nt. Botschaft verändert werden, und daß nichtbiblische Lehren und Anschauungen für biblisch und christl. ausgegeben werden, die tatsächlich anderer Herkunft sind und in andere religiöse Welten gehören. Der unscharfe Sprachgebrauch bewirkte zB, daß im Laufe der Zeit das Totenreich und der Abgrund entgegen dem nt. Sinngehalt dieser Worte Merkmale der Hölle annahmen und umgekehrt. Im Mittelalter wurde die Hölle als Aufenthaltsort des → Satans vorgestellt.

Vom NT aus gesehen tritt die Hölle als Strafort erst nach dem jüngsten → Gericht in Erscheinung. Aber durch das Einströmen außerbiblischer Gedanken in die christl. Lehre trat an die Stelle der Eschatologie die zeitlose Metaphysik: Aus dem zukünftigen Strafort wurde der jenseitige: die unsterbliche Seele empfängt sofort nach dem Tode ihr Gericht und muß, wenn sie für schuldig befunden wird, die Strafe antreten. Dieser jenseitige Strafort wurde zudem mit Hilfe außerbiblischer Vorstellungen phantasievoll ausgemalt. – Wichtig für die Folgezeit wurde zB die »Petrusapokalypse« (2. Jh. nChr), die ihre Wirkung bis zu Dantes »Divina Commedia« ausübte.

Dieses Thema regte die Volksfrömmigkeit und -phantasie immer mächtig an. Vor allem war es die Feuerhölle, die eine große Faszination ausübte. (In schweizerischen Alpensagen gibt es die Vorstellung, daß die Hölle oder das Fegefeuer ein Gletscher sei [Aletschgletscher!], in dem die »armen Seelen« ihre Strafe erdulden müssen.) Bußprediger griffen diese Bilder auf und malten ihren Zuhörern die Schrecken der Hölle aus, um sie zur Umkehr zu bewegen – aus Höllenangst! – oder (und auch), um die verängstigten Schäflein fest in die Hand zu bekommen (vgl. die exercicios espirituales des Ignatius von Loyola). Aber alle diese landläufigen Begriffe und Vorstellungen, die sich mit dem Wort Hölle verbanden, sind heute weithin verblaßt und gehören für den erwachsenen und aufgeklärten Menschen in die Welt des Märchens.

Daher wird die Verkündigung allen traditionellen Wucherungen gegenüber den Gehalt der biblischen Begriffe zu klären haben und dazu vor allem zeigen müssen, daß in der Bibel »Totenreich« und Hölle verschiedene Dinge sind. Für viele wird es auch hilfreich sein zu hören, daß die landläufige, sadistische, phantastische und oft lächerliche Ausmalung der Höllenstrafen im NT keinen Anhalt hat.

Der Widerspruch gegen die kirchlich-traditionelle Rede von der Hölle geht aber tiefer. Für viele Christen ist diese Rede eine anstößige Sache, die sie nicht vereinbaren können mit der Botschaft vom liebenden und gnädigen Gott, der sich in Jesus Christus offenbart. Die

Rede von der ewigen Höllenstrafe steht für sie im Widerspruch zur Botschaft vom Gott der Liebe. Muß also, um die Botschaft von der Liebe Gottes ausrichten zu können, die Rede von der Hölle als un- und unterchristlich aus der Predigt ausscheiden? Wer so überlegt, muß sich freilich klar machen, daß die Botschaft von der Liebe Gottes keine Verharmlosung Gottes bedeuten oder zur Folge haben kann: Gott ist und bleibt der heilige Gott. So wird auch in der Botschaft Jesu ein letzter Ernst sichtbar: Es geht um das zeitliche und ewige Heil. Annahme oder Verwerfung der Botschaft Jesu haben zeitliche und ewige Folgen, bringen in die Freude des Gottesreiches oder in die Gottferne. Das Lebensziel kann in einem letzten und tiefsten Sinne gewonnen oder verfehlt werden. Jesus kann diesen letzten Ernst der Entscheidung so beschreiben, daß er redet von der »Finsternis, die draußen ist, wo Heulen und Zähneknirschen herrscht« (Mt 8,12). In diesem Spruch kommt das Wort Hölle nicht vor, auch werden keinerlei Qualen beschrieben. Das Furchtbare besteht im endgültigen Ausgeschlossensein vom Heil und von der Gottes- und Christusgemeinschaft, — das ist Hölle.

Aber: Fernsein vom Heil, keine Gottesgemeinschaft haben, — beginnt dies erst mit dem Tod oder nach dem jüngsten Gericht? Müssen wir nicht sagen: Wo immer Gottferne, Gottverlassenheit, Unglaube und Sünde herrschen, steht der Mensch im Bannkreis der Hölle, dh des göttlichen Gerichts (vgl. Joh 3,18)? Vielleicht ergibt sich von da aus ein Zugang zu einer gewissen modernen Art, von Hölle zu reden. Womöglich hat der moderne Mensch etwas Biblisches festgehalten, wenn er auf seine Weise auch von Hölle redet, so sehr ihm die traditionelle Vorstellungswelt in bezug auf die Hölle verloren gegangen ist. Ihm wird zur Hölle der Krieg oder das Leben in einer zerrütteten Ehe, der Gewissenszwang und die haßerfüllten Intrigen seiner Umwelt, die Gefängnisse, die Arbeits- und Konzentrationslager, unerquickliche, trostlose Arbeitsverhältnisse in seelenlosen Massenbetrieben oder unter gesundheitsschädlichen Bedingungen, in unsozialen Lohnverhältnissen (vgl. den Tatsachenroman von Gilbert Cesbron über die franz. Arbeiterpriester: »Die Heiligen gehen in die Hölle« 1951), kurz ein Leben ohne Heil und ohne Hoffnung. Ist solche Redeweise oft auch bildlich gemeint, — biblisch gesehen spricht sich in ihr etwas sachlich Richtiges aus: Hölle ist nicht einfach nur Zukunft (bzw. Jenseits mit der populären Sicht der Dinge), sondern sie ist der Ausdruck für die Erfahrung einer gottfernen, gottentfremdeten Wirklichkeit, in der Gnade, Güte, aber auch die Schönheit des Lebens fehlen. Der Mensch ist dabei auf sich selber gewiesen, allen bösen Mächten (der → Sünde!) preisgegeben, auch allen Folgeerscheinungen, die die Sünde zeitigt: der Zerstörung der mitmenschlichen Beziehung, der Arbeitswelt, von Recht, Gerechtigkeit, Anstand und Moral, der Sinnentleerung des Daseins und dem gänzlichen Entbehren der Liebe (vgl. J. P. Sartre in »Geschlossene Gesellschaft«: »Die Hölle, das sind die anderen«. Es wäre auch zu erinnern an die Hauptfigur in F. Dürrenmatts »Der Meteor«, an den Schriftsteller Schwitter, der an überhaupt nichts glaubt, sein Leben verludert und seine ganze Umgebung zerstört, der darum nicht einmal mehr in den Frieden des Todes eingehen darf, sondern dazu verurteilt ist, die Verdammnis eines ewigen [?] Lebens hienieden zu erleiden).

Dies alles erinnert auch an die at. Redeweise von der *sch^eōl*, die ihre Fangarme ins menschliche Leben hinein ausstreckt, und an die nt. Rede vom Zorn Gottes (vgl. Röm 1,18ff). Gottes Zorn und Gericht greifen schon jetzt ins Leben der Welt ein. Wo immer der Mensch sich von Gott löst, ist er »dahingegeben«, ist er ferne von Gott, also in der Hölle. Das erfährt auch der Glaubende in Zweifel und Anfechtung. Nur können gegenwärtige irdische Zustände revidiert werden, nehmen so oder anders ein Ende, gerade auch solche, die die Menschen als Hölle bezeichnen. Die Hölle aber, von der die Bibel redet, ist Gottferne und -verlassenheit, die nicht mehr rückgängig gemacht werden kann (→ Wiederherstellung, Art. ἀποκατάστασις).

H. Bietenhard

Lit.: GQuell, Die Auffassung des Todes in Israel, 1925 — LRadermacher, Neutestamentliche Grammatik, HNT 1, 1925, 70. 225 — JKroll, Gott und Hölle, 1932 — JJeremias, Art. ἄβυσσος, ThWb I, 1933, 9f — ders., Art. ᾅδης, ThWb I, 146ff — ders., Art. γέεννα, ThWb I, 655ff — FBüchsel, Art. κατώτερος, ThWb III, 1938, 641ff — EPercy, Die Probleme der Kolosser- und Epheserbriefe, 1946 —

ChBarth, Die Errettung vom Tode in den individuellen Klage- und Dankliedern des AT, 1947 – HBietenhard, Kennt das NT die Vorstellung vom Fegefeuer?, ThZ 3, 1947, 101ff – WBieder, Die Vorstellung von der Höllenfahrt Jesu Christi, 1949 – MDibelius/HGreeven, An die Kolosser, Epheser. An Philemon, HNT 12, 1953 – St.-B. III, 596f; IV, 2,1016ff (Exkurs: Scheol, Gehinnom und Gan Eden), 1954f[3] – FCGrant/WvSoden/HJKraus/BReicke, Art. Hölle, RGG III, 1959[3], 400ff – ThSartory/GSartory-Reidick, In der Hölle brennt kein Feuer, 1968 – JHeller, Himmel- und Höllenfahrt nach Röm 10,6–7, EvTh 32, 1972, 478ff.

Hören

Das Wort *hören* umfaßt sowohl den Vorgang des akustisch-sinnlichen Wahrnehmens als auch den des geistigen Aufnehmens. Dementsprechend können das griech. Verbum ἀκούω *[akọụō]* und das Subst. ἀκοή *[akoæ̣]* in ihrem nt. Gebrauch beides beinhalten, wenngleich die Worte urspr. nur das sinnliche *Hören* bzw. das *Gehör* bedeuten; zur Bezeichnung des geistigen Aufnehmens werden häufig Komposita verwendet: εἰς- *[eis-]* und ἐπ- *[ep-]* ἀκούω *[akọụō]* betonen das aufmerksame *Hinhören*, das verstärkende ὑπακούω *[hypakọụō]* bzw. ὑπακοή *[hypakoæ̣]*, wörtl. *darunterhören*, nimmt die Bedeutung *gehorchen, Gehorsam* an. Der sprachliche und sachliche Zusammenhang von ἀκούω *[akọụō]* und ὑπακούω *[hypakọụō]* ist auch in den deutschen Worten *hören* und *gehorchen* erkennbar; das erstere schließt das zweite grundsätzlich bereits ein und kann es insofern vertreten. Umgekehrt bezeichnen παρακούω *[parakọụō]* und παρακοή *[parakoæ̣]*, wörtl. *danebenhören*, das *unachtsame Hören, Überhören, Nichthören* und schließlich den *Ungehorsam.*

ἀκούω

ἀκούω *[akọụō]* hören · ἀκοή *[akoæ̣]* Hören, Gehör · ἀκροατής *[akroatæs]* Hörer · εἰσακούω *[eisakọụō]* gehorchen · ἐπακούω *[epakọụō]* erhören, gehorchen · ἐπακροάομαι *[epakroạomai]* zuhören · παρακούω *[parakọụō]* überhören, ungehorsam sein · παρακοή *[parakoæ̣]* Ungehorsam · ἐνωτίζω *[enōtịzō]* aufmerken, hören

I 1) ἀκούω *[akọụō]* (seit Homer) bedeutet *hören* und bezieht sich zunächst auf die sinnliche Wahrnehmung von Geräuschen und Lauten. Die Person oder Sache, die man hört, steht im Akk.; die Person, von der man hört, im Genetiv, oder sie ist durch die Präpositionen ἀπό *[apọ]*, παρά *[parạ]*, ἐκ *[ek]* gekennzeichnet. Auch das sachliche Objekt kann im Genetiv stehen. – Zum Hören gehört aber nicht nur die sinnliche Wahrnehmung, sondern auch das Erfassen des geistigen Inhaltes, der damit aufgenommen wird. Das führt zu Differenzierungen des Sprachgebrauches, die im Anschluß an das hebr. *schāma'* (s. II) erörtert werden, aber auch für das Profangriech. Geltung haben.

Das zugehörige, seit Homer belegte Subst. ἀκοή *[akoæ̣]* bezeichnet a) den *Gehörsinn*, das *Gehör;* b) den *Hörakt*, das *Hören;* c) das *Gehörorgan*, das *Ohr;* d) den *Inhalt des Hörens*, die *Kunde (Botschaft).*

2) Das Hören spielt in allen Religionen eine Rolle; doch ist die Gesamttendenz der griech. und hell. Welt nicht auf das Hören, sondern auf das Schauen der Gottheit gerichtet (vgl. Michaelis, Art. ὁράω, ThWb V, 1954, 319ff). Nur selten ist in der Offenbarungslit. der hell. Mystik (Apuleius, corpus Hermeticum, 2./3. Jh. nChr) das Hören ein Mittel, durch das die Offenbarung aufgenommen wird, während umgekehrt der Gedanke, daß die Götter hören und erhören, dem Heidentum nicht fremd ist: Man redet von den Ohren der Götter, und das Wort ἐπήκοος *[epæ̣ko·os]* = *erhörend* ist ein Beiwort der Gottheit auf vielen hellenistischen Inschriften.

II 1) In der LXX ist ἀκοή *[akoæ̣]* durchweg Wiedergabe des hebr. *schāma'*. Es hat darum an den Bedeutungsnuancen des hebr. Verbs Anteil. Auch hier bezeichnet ἀ. zunächst die sinnliche Wahrnehmung (zB das Hören einer Posaune 2Sam 15,10); sobald es sich indes auf eine Aussage, Nachricht oder Kunde bezieht, ist ein Vernehmen dieses Inhaltes mit eingeschlossen (Gen 14,41). Dieses Vernehmen erfordert ein Aufnehmen, ein Zuhören (Gen 4,23; 23,11), ein Verstehen des

Inhaltes (Gen 11,7; 42,23), ein Beachten des Gehörten (»Hören auf ...« Gen 3,17; 23,16; Ex 24,7); so gewinnt *schāma'* die Bedeutung *gehorchen.* Das in diesem Sinn verstandene *schāma'* wird in der LXX dann oft durch die verstärkenden Komposita εἰσακούω *[eisakouō]* = *hinhören, gehorchen* (Gen 42,21f; Ex 6,12.30 etc.), ἐπακούω *[epakouō]* = *erhören, gehorchen* (Ri 2,17; vgl. 1Makk 10,38) und → ὑπακούω *[hypakouō]* = *gehorchen* wiedergegeben. Das Subst. ἀκοή *[akoæ]* (hebr. *schemuā'* oder *schema'*) bezeichnet den Akt des Hörens (Ps 17[MT:18],45; Sir 43,2), meist aber den *Inhalt einer Kunde* (bzw. *Botschaft*; vgl. Ex 23,1; 1 Sam 2,24; Jes 53,1; Jer 10,22 etc.); über das Hören Gottes s. II,3.

2a) Das Hören hat in der biblischen Offenbarung eine viel größere Bedeutung als im Griechentum bzw. Hellenismus. Denn Gott begegnet dem Menschen in seinem Wort, und dieser hat die Aufgabe, das Wort Gottes zu hören. Gottes Offenbarung in der sichtbaren Welt ist damit nicht ausgeschlossen; der geistige Akt läßt sich von der sinnlichen Wahrnehmung nicht trennen. Zwei Beispiele mögen das erläutern: Gott offenbart sich dem Mose im brennenden Dornbusch (Ex 3,1ff), und in seiner Berufungsvision schaut Jesaja Jahwe im Tempel, umgeben von den preisenden Seraphim (Jes 6,1ff). Aber hier wie sonst ist mit der sichtbaren Offenbarung der göttliche Auftrag, die prophetische Sendung verbunden. Sie ergeht durch das Wort, es muß gehört und befolgt werden. Ebenso bedürfen die Gesichte, von denen uns das prophetische Schrifttum häufig berichtet, der Deutung (zB Am 7–9; Jer 1,11ff). Auch hier ist Sehen und Hören eine Einheit. Wie sehr im AT das Hören im Vordergrund steht, zeigt die Häufigkeit der Wendungen *ne'um jahwæh* = *so spricht der Herr*; *wajehi debar jahwæh* = *es geschah das Wort Jahwes.* Die Bereitschaft des Offenbarungsempfängers, das Wort zu hören, bringt 1Sam 3,10: »Rede, denn dein Knecht hört« schön zum Ausdruck (vgl. Procksch, Art. λέγω, ThWb IV, 1942, 89ff).

b) Als maßgebender Träger göttlicher Wortoffenbarung, »mit dem der Herr redete von Angesicht« (Ex 33,11), lebt Mose in der Erinnerung seines Volkes. Der mit seinem Namen verknüpfte Dekalog ist uns Ex 20,1ff; Dtn 5,6ff überliefert; Dtn 5,1 wird mit dem feierlichen »Höre, Israel« eingeleitet. Dieses »*schema Jisrāēl*« steht ebenso als eindringliche Mahnung vor dem Gebot der Gottesliebe Dtn 6,4ff. Neben der Mahnung aber steht häufig die Klage, daß Israel nicht gehört, sondern widerstrebt hat. Gott hat Israel »noch nicht gegeben ein Herz, das verständig wäre, Augen, die da sehen und Ohren, die da hören« (Dtn 29,3).

Die prophetische Offenbarung setzt den Inhalt des Willens Gottes als bekannt voraus (Mi 6,8). Als Träger göttlicher Offenbarung mahnen auch die Propheten das Volk, ja die Völkerwelt und zuletzt Himmel und Erde, das Wort Gottes zu hören, das durch sie ergeht (Jes 1,2.10; Jer 2,4; 7,2; 9,19; Mi 1,2). Aber ebenso hören wir sie klagen, daß Israel auf die Stimme seines Gottes weder gehört hat, noch hören will (Hos 9,17; Jer 7,13; Ez 3,7). So werden insbesondere die vorexilischen Propheten zu Predigern des Gerichtes. Dieses läßt Gott über ein Volk, das nicht hören will, ergehen; auch er wird nicht mehr gewillt sein, dieses Volk zu hören (Jes 1,15; Ez 8,18). Zu diesem Gericht gehört auch die Verstockung, die Jesaja über sein Volk bringen soll: Es soll unempfindlich sein für Gottes Offenbarung: »mit seinen Augen nicht sehen und mit seinen Ohren nicht hören« (Jes 6,9ff). In den Katastrophen, die über Israel kamen und mit der Zerstörung Jerusalems und der babylonischen Gefangenschaft endeten, hat der Prophet der nachexilischen Zeit Gottes Strafgericht über das Volk, das nicht hören wollte, gesehen (Sach 7,8–14). Die Bußgebete der heimkehrenden Exulanten (Esr 9; Neh 9) zeigen, daß sich weite Kreise des Volkes dieses Verständnis zu eigen gemacht haben.

So ist Israel das Volk des Gesetzes geworden, das durch peinliche Erfüllung des göttlichen Willens bis in alle Einzelheiten Gott den schuldigen Gehorsam erweisen will. Darum ist der wichtigste Bestandteil der Tradition die Tora, das Gesetz, das in den 5 Büchern Mose enthalten ist. Es hebt den Zusammenhang zwischen Hören und Tun stark hervor (Ex 19,5.8; Dtn 28,1; 30,11–14). Neben dem Gesetz stehen die Propheten als die von Gott gesandten Träger der Offenbarung im Mittelpunkt des religiösen Glaubens; »Gesetz und Propheten« ist im NT zusammenfassende Bezeichnung des at. Schrifttums; sie zu hören, ist Aufgabe des frommen Israeliten (Mt 22,40; Lk 16,29 etc.). Bes. aus dem prophetischen Schrifttum nährt sich die messianische Hoffnung, die dann im späteren Judentum vor allem in der sich an das Danielbuch anschließenden apokalyptischen Lit. (4 Esr, Henochapokalypse etc.) die messianische Heilszeit in immer herrlicheren Farben schildert; die Qumrantexte zeigen die Stärke dieser Hoffnung.

c) Die Tendenz, auf das Gesetz zu hören, verstärkt sich im späteren Judentum bes. dadurch, daß neben den im jerusalemischen Tempel geübten Opferdienst der sabbatliche Synagogendienst tritt. Die → Synagoge wird der Mittelpunkt der sich über die Grenzen Palästinas ausbreitenden jüd. Gemeinde. In ihrem Gottesdienst hat die Rezitaton des *Schema* (bestehend aus den Schriftabschnitten Dtn 6,4–9; 11,13–21; Num 15,37–41) eine feste Stelle; zudem war für den frommen Juden seine tägliche Rezitation Glaubens- und Bekenntnispflicht. Zur Auslegung des Gesetzes im Gottesdienst war grundsätzlich jedes kundige Gemeindeglied berechtigt; doch ist die Bildung des Standes der Schriftgelehrten (Rabbinen) verständlich. Ihre Schriftauslegung wurde zunächst mündlich weitergegeben, später (ab 2. Jh. nChr) in Mischna und Talmud schriftlich fixiert. So gewinnt das Hören im Judentum immer mehr Bedeutung, zumal nach rabb. Anschauung die Zeit der Offenbarung zu Ende ist; nur ein Nachklang der Offenbarung ist die *batkōl* (Tochter der Stimme), die Gott von Zeit zu Zeit ergehen läßt, ohne daß sie für die Rabbinen verbindliche Lehrautorität besitzt (St.-B. I,125ff).

3) Wie Menschen auf Gott hören, so hört Gott auf die Menschen. Dadurch unterscheidet sich der lebendige Gott von den Götzen, die Ohren haben und doch nicht hören (Ps 115; 135,17 u. ö.); auch das spätere Judentum (Weish 15,15) hat dieses Urteil übernommen. So beten die Psalmisten: »Neige deine Ohren zu mir, höre meine Rede« (Ps 17,6 L; vgl. 31,2; 86,1 u. ö.), und im übertragenen Sinn ist im AT oft von den Ohren Gottes die Rede, der hört, was die Menschen reden (Num 12,2), – das Klagegeschrei, aber auch das Murren seines Volkes (Ex 3,7; Num 14,27). – Neben ἀκούω *[akọụō]* steht in LXX oft das verstärkende εἰσακούω *[eisakọụō]* (Ex 16,7.8.9.12).

Aber Gott hört nicht nur, vielmehr e r hört er Gebete; auch das kann *schāmaʿ* = ἀκούω *[akọụō]* zum Ausdruck bringen (Ps 29,11 LXX). Doch finden wir meist in der LXX hier die Komposita εἰσακούω *[eisakọụō]* und ἐπακούω *[epakọụō]*; letzteres ist bes. in der antiken Gebetssprache häufig, und zwar als Wiedergabe des hebr. *ʿanā* = *antworten, erhören* (vgl. εἰσακούειν *[eisakọuein]* für hebr. *ʿanā* Ps 3,5; 19,2.7.10 LXX; Jes 49,8 etc.).

Biblische Wortbildung ist das von οὖς *[ous]* = *Ohr* abgeleitete ἐνωτίζομαι *[enōtịzomai]* = *aufmerken, hören,* das durchweg das hebr. *hæʾæsīn* als Grundlage hat (Ps 5,2; 38,13 LXX). So enthält das AT eine Fülle von Aussagen, in denen die Gewißheit der Frommen, daß Gott hört und Gebete erhört, sich Ausdruck verschafft hat. Bes. schön ist sie Ps 94,9 formuliert: »Der das Ohr gepflanzt hat, sollte der nicht hören?« Freilich – menschliches Verschulden kann zwischen Gott und den Menschen treten und Gottes Ohr taub machen, daß er nicht hört (Jes 59,1f).

III 1) Im NT folgt der Gebrauch von ἀκούω *[akọụō]* im wesentlichen dem profangriech. und LXX-Sprachgebrauch. Mit Akk. finden wir es Mt 7,24 (das Wort hören), mit Genetiv Mt 2,9; Mk 14,64 (den König, die Lästerung hören), mit ἀπό *[apọ]* 1Joh 1,5; mit ἐκ *[ek]* 2Kor 12,6 (von ihm bzw. mir hören); mit παρά *[parạ]* Joh 8,40 (von Gott als Urheber hören).

Das Subst. ἀκοή *[akoæ̣]* bezeichnet a) das *Gehör* (1Kor 12,17); b) das *Hören* (2Petr 2,8; auch Röm 10,17; Gal 3,2.5: ἐξ ἀκοῆς πίστεως *[ex akoæ̣s pịsteōs]* infolge gläubigen Hörens [Zahn; ähnlich Bengel, Schlatter]); c) das *Ohr,* bes. im Plur. (Mk 7,35; Apg 17,20 u. ö.); d) Mt 4,24; 14,1 u. ö. bezeichnet ἀκοή *[akoæ̣]* die *Kunde* (von Jesus); der λόγος ἀκοῆς *[lọgos akoæ̣s]* 1Thess 2,13; Hebr 4,2 ist das *Wort der Verkündigung,* die *Botschaft;* auch in dem Röm 10,16 wiedergegebenen Jes-Zitat (53,1 LXX) bedeutet ἀκοή *[akoæ̣]* die *Botschaft;* danach ist die ἀκοὴ πίστεως *[akoæ̣ pịsteōs]* Röm 10,17; Gal 3,2.5 die apostolische Botschaft, die den Glauben zu ihrem Inhalt hat und als Gottes Wort gesagt und aufgenommen wird (1Thess 2,13). Hebraisierend ist die intensivierende Wendung in dem Jes-Zitat Jes 6,9 = Mt 13,14 ἀκοῇ ἀκούσετε *[akoæ̣ akọusete]* = *mit Gehör werdet ihr hören* (E).

Von den Komposita ist εἰσακούω *[eisakọụō]* 1Kor 14,21 (in Anlehnung an Jes 28,11; Dtn 1,43) vom *Hören* (= *Gehorchen)* des Menschen gebraucht (über das Hören Gottes vgl. III,5). παρακούω *[parakọụō]* (profangriech. seit 5. Jh. vChr, selten in LXX) bedeutet Mk 5,36 *überhören, unbeachtet lassen* (vgl. Jes 65,11 LXX); Mt 18,17 *nicht hören wollen, ungehorsam sein.* Das Subst. παρακοή *[parakoæ̣]* = *Ungehorsam* findet sich einmal bei Plato, nicht in LXX, sonst nur in nachchristlichem Sprachgebrauch. Es steht Röm 5,19 vom Ungehorsam Adams gegen Gott; 2Kor 10,16 von dem der Korinther gegen Paulus und Hebr 2,2 vom menschlichen Ungehorsam gegen das durch die Engel geredete Gotteswort. Das sinnverwandte ἐνωτίζομαι *[enōtịzomai]* (vgl. II,3) findet sich Apg 2,14 vom menschlichen Hören; das seltene ἐπακροάομαι *[epakroạomai]* (seit Plato, nicht in LXX) hat Apg 16,25 die Bedeutung *zuhören;* das zugehörige Subst. ἀκροατής *[akroatæ̣s],* der *Hörer* (seit 5. Jh. vChr, auch Jes 3,3; Sir 3,29 LXX), lesen wir Röm 2,13 und Jak 1,22.23.25, wo der Hörer des Gesetzes (bzw. des Wortes) dem Täter gegenübergestellt wird.

2a) Die mannigfachen Bedeutungswandlungen von ἀκούω *[akọụō]* werden sichtbar, wenn wir die theol. Frage stellen, w i e die Menschen auf die nt. Botschaft hören. Diese Botschaft hat Jesus Christus, den im alten Bunde verheißenen Messias, zu ihrem Inhalt. Denen, die an ihn glauben, ist die Fülle des Heils und eine neue, die at. überbietende Offenbarung geschenkt; die Offenbarung, die in ihm Gestalt gewonnen hat, wird nicht nur durch das Hören, sondern mit allen Sinnen wahrgenommen (Joh 1,14; 1Joh 1,1). Im wesentlichen handelt es sich um Hören und Sehen (→ Sehen, Art. ὁράω). Jesus preist Augen und Ohren derer selig, die Zeugen des von den Frommen der Vorzeit ersehnten Heils geworden sind (Mt 13,16f par). Den Jüngern, die der gefangene Täufer zu ihm sendet, sagt Jesus: »Geht hin und berichtet dem Johannes, was ihr hört und seht« (Mt 11,4 par Z); neben dem Wort stehen die Machttaten Jesu. Auf dem Berg der Verklärung sehen die Jünger Jesu verborgene Herrlichkeit und hören die Stimme, die ihnen sagt: »Höret auf ihn« (Mt 17,5 par Z). Der Lobpreis der Hirten in der Weihnachtsgeschichte bezieht sich ebenso wie das Bekenntnis der Apostel vor dem Hohen Rat auf das, was sie gehört und gesehen haben (Lk 2,20; Apg 4,20).

b) Mit der irdischen Erscheinung Jesu ist auch das Oster- und Pfingstgeschehen von diesem Hören und Sehen umfaßt. Die grundlegende Christusschau des Paulus 1Kor 15,9 wird uns durch Apg 22,14.15 erläutert: Paulus wird ein Zeuge sein für das, was er gesehen und gehört hat. Dasselbe berichten die Evgg. von den anderen Jüngern: Mit der Schau des Auferstandenen ist das Hören des apostolischen Auftrages verbunden, den Jesus den Jüngern gibt (Mt 28,18ff; Mk 16,15; Lk 24,46ff; Joh 20,21; Apg 1,8). Auch das Pfingstgeschehen, dessen breite Auswirkung in den Gemeinden wir aus 1Kor 12–14 sehen, ist nach Apg 2,33 ein Sehen und Hören gewesen. In den Zusammenhang dieses Geschehens gehören auch die 2Kor 12,1ff erwähnten Offenbarungen und Gesichte des Paulus; der Apostel hört in der Verzückung »unaussprechliche Worte, welche kein Mensch sagen kann« (V. 4). Auch in den Gesichten der Offenbarung spielt das Hören eine bedeutsame Rolle (Offb 1,10; 5,11.13 etc.). Gleichwohl ist das Geheimnis unserer Erlösung unergründlich; was Gott denen, die ihn lieben, bereitet hat, hat kein Auge gesehen und kein Ohr gehört und ist in keines Menschen Herz gekommen (1Kor 2,9).

c) In dem grundlegenden Offenbarungsgeschehen ist die Christusbotschaft gegründet. Der Zusammenhang mit der at. Offenbarung bleibt gewahrt: Das Evangelium ist durch die Propheten in der Heiligen Schrift vorausverkündigt (Röm 1,2). Für die Christusbotschaft wird der Glaube gefordert; der Glaube aber hat das Hören, dieses seinerseits die Verkündigung zur Voraussetzung (Röm 10,14ff). Hingegen ist, wie wir aus Joh 20,29 entnehmen dürfen, das Sehen nicht eine notwendige Vorbedingung des Glaubens.

d) Das NT macht keinen Unterschied zwischen dem Wort Jesu und dem der → Apostel: »Wer euch hört, der hört mich« (Lk 10,16). Die Apostel sind die bevollmächtigten Zeugen Jesu; das Wort, das Jesus geredet hat, ist von denen, die es gehört haben, sicher überliefert (Hebr 2,3); das Hören der Botschaft ist das Hören Christi und das Hören des Wortes der Wahrheit (Eph 1,13; 4,20f) oder das Hören des Wortes Gottes (Apg 13,7.44 u. ö.). Wo dieses Hören zum Gläubigwerden führt, zieht es die Taufe als selbstverständliche Folge nach sich (Apg 16,32f; 18,8; 19,5).

3) Wir finden im NT auch die at. Verbindung von Hören und Tun. Wir lernen Jesus in der Bergpredigt als Ausleger des sich im Gesetz offenbarenden Gotteswillens kennen; sein Wort ist mehr als das Wort, das zu den Alten gesagt ist (Mt 5,21); in seiner Lehre wirkt sich die ihm gegebene Vollmacht aus, die ihn von den Schriftgelehrten charakteristisch unterscheidet (Mt 7,28f; Mk 1,22). Darum vergleicht der Herr im Schlußgleichnis der Bergpredigt den, der sein Wort hört und tut, einem Mann, der sein Haus auf Felsen baut (Mt 7,24ff). Lk 11,28 preist Jesus die Menschen selig, die sein Wort hören und bewahren (φυλάσσειν *[phylassein]* = erfüllen). Joh 10,16.27 handelt von den Schafen, die auf die Stimme Jesu hören und ihr folgen. Paulus stellt Röm 2,13 den Hörern des Gesetzes (ἀκροαταί *[akroatai]*) die Täter gegenüber; die bloßen Hörer sind die ungläubigen Juden, die sich durch das Gesetz nicht auf Christus weisen lassen, die Täter hingegen sind – nach dem Zusammenhang des Textes – die gläubigen Heiden, die zeigen, daß das Werk des Gesetzes in ihr Herz geschrieben ist (2,14f). Ähnlich werden Jak 1,22f die Täter des Wortes den Hörern entgegengesetzt. Denn der Glaube ist nach nt. Auffassung nicht nur ein Hören, sondern ein Gehorchen (→ ὑπακούω *[hypakouō]*, ὑπακοή *[hypa-*

koæ̣ō); alles Tun des Willens Gottes kann darum nur aus dieser grundlegenden Gehorsamshaltung fließen.

4a) Nicht immer führt das Hören des Wortes zum Glauben, dh zur Annahme des Wortes Gottes (Mk 4,16; Lk 8,13). Zum Hören muß das Verstehen kommen, wenn der ausgestreute Same des Wortes Frucht bringen soll (Mt 13,23; 15,10). Die gegenteilige Haltung, die das gehörte Wort nicht versteht und nicht aufnehmen will, führt in ihrem Ergebnis zur Verstockung (→ Hart). Darum findet sich im NT immer wieder, bes. im Hinblick auf das jüd. Volk, der Hinweis auf das Verstockungsgericht Jes 6,9ff (Mt 13,13ff par; Joh 12,40; Apg 28,27; Röm 11,8). Daß solches Hören in Wahrheit kein Hören ist, wird im JohEv. den Juden deutlich gesagt (Joh 5,37; 8,43). In diesem Sinne bezeichnet Stephanus bei seinem Verhör seine Richter als »unbeschnitten an Herzen und Ohren«; ihr späteres Verhalten bestätigt das (Apg 7,51.57). Selbst Jesu Jünger sind nicht davor geschützt, daß ihnen das rechte Verstehen und Hören fehlt (Mk 8,17f); so werden auch im Hebr-Brief die Christen im Anschluß an Ps 95,8 eindringlich vor der Verstockung gewarnt (4,5—11).

Im Gegensatz zur Verstockung steht die Offenheit derer, denen Gott das Ohr aufgetan hat (Jes 50,5) und die das Wort in einem feinen und guten Herzen bewahren (Lk 8,15); nur solchem Hören ist es gegeben, das Geheimnis des Gottesreiches zu erkennen (Mt 13,11 par). Ist solches Hören und Verstehen Gottes Gabe, so wird doch die menschliche Aktivität nicht ausgeschlossen. Wir sehen das an den zahlreichen vielfach abgewandelten »Weckformeln«: »Wer Ohren hat zu hören, der höre« (Mt 11,15; 13,9 par); »Höret und verstehet« (Mt 15,10 Z); »Sehet zu, was ihr höret« (Mk 4,24); »Wer Ohren hat, der höre, was der Geist den Gemeinden sagt« (Offb 2,7.11.17) usw.

b) Von dem Hören der Endvollendung redet Joh 5,25.28: Die Toten in den Gräbern werden die Stimme des Sohnes Gottes hören, der die einen zur Auferstehung des Lebens, die anderen zum Gericht erweckt. Die Erweckung des Lazarus, den Jesus mit lauter Stimme aus dem Grabe ruft, erscheint als die Vorausnahme dieses letzten Geschehens.

5) Vom Hören Gottes ist im NT weniger die Rede als im AT. Die Ohren Gottes werden zweimal im Anschluß an at. Wendungen erwähnt: Jak 5,4 vgl. Jes 5,9; 1Petr 3,12 vgl. Ps 34,16. Der Satz, daß die Götzen nicht hören, ist Offb 9,20 aus dem AT aufgenommen. Gott aber hört die, die fromm sind und seinen Willen tun (Joh 9,31); darum dürfen auch die Christen die Zuversicht haben, daß Gott ihre Gebete, wenn sie seinem Willen gemäß sind, erhört (1Joh 5,14). Auf Israels Erhörung in Ägypten weist die Stephanus-Rede Apg 7,34 — Ex 3,7 zitierend — hin. ἐπακούω *[epakọuō]* finden wir im NT nur in dem LXX-Zitat Jes 49,8, das wir 2Kor 6,2 lesen. εἰσακούω *[eisakọuō]*, im NT in der Bedeutung *erhören* nur passivisch gebraucht, bezieht sich Lk 1,13; Apg 10,31 auf die Erhörung der Gebete des Zacharias bzw. des Cornelius. Mt 6,7 tadelt Jesus die Gebetsübung der Heiden, die durch großen Wortreichtum die Erhörung ihrer Gebete zu erlangen hoffen. Von der Erhörung des Gebetes Jesu handelt Hebr 5,7. Die Gewißheit, daß Gott Gebete erhört, hat Jesus vielfach ausgesprochen (Mt 7,7—12; Lk 11,5—13; Joh 16,23f). Sollten die Gebete, die er »in den Tagen seines Fleisches« an Gott »mit starkem Geschrei und Tränen« gerichtet hat (Gethsemane) keine Erhörung gefunden haben? Von Christi Erweckung und Erhöhung her gibt Hebr 5,7f die Antwort: Jesu Gebet ist nicht unerhört geblieben. So wird die in der Lazarusgeschichte ausgesprochene Gewißheit bestätigt, daß Gott Jesus allezeit hört und erhört (Joh 11,41). Dem entspricht, daß auch Jesus Gott als seinen Vater hört und als Mittler der Offenbarung weitergibt, was er von seinem Vater gehört hat (Joh 8,26.40; 15,15): In diesem gegenseitigen Hören ist Christi Verhältnis zu seinem Vater zutiefst begründet.

W. Mundle

ὑπακούω

ὑπακούω *[hypakouō]* hören auf; gehorchen · ὑπακοή *[hypakoæ]* Gehorsam · ὑπήκοος *[hypæko·os]* gehorsam

Das von ἀκούω *[akouō]* abgeleitete Verb ὑπακούω *[hypakouō]* = *hören auf, antworten, gehorchen* I/II
ist profangriech. seit Homer in Gebrauch, mit Dativ der Person oder Sache, aber auch – so in LXX – mit Genetiv der Person. Die spezielle Bedeutung *öffnen* (antworten auf die Bitte um Einlaß) findet sich u. a. bei Xenophon und Plato. Das Subst. ὑπακοή *[hypakoæ]* = *Gehorsam* ist selten und spät (6. Jh. nChr) im profanen Gebrauch, das Adj. ὑπήκοος *[hypæko·os]* = *gehorsam* ist seit dem 5. Jh. vChr nachgewiesen. In LXX ist ὑπακούω *[hypakouō]* meist Wiedergabe des hebr. *schāma'*; der *Gehorsam* bezieht sich auf Menschen (Gen 16,2; 22,18), auf die Weisheit (Sir 4,15; 24,22), auf Gott (Jer 3,13.25 u. ö.). Jes 50,2; 66,4 ist ὑπακούω *[hypakouō]* Übers. des hebr. *'anā* = *antworten;* Jes 65,24 bezeichnet es (neben der Lesart ἐκ-) die Antwort Gottes auf das menschliche Rufen: *erhören;* die Bedeutung *Erhörung* hat auch das Subst. ὑπακοή *[hypakoæ]* 2Sam 22,36 (sonst nicht in LXX). Das Adj. ὑπήκοος *[hypæko·os]* = *gehorsam* ist Dtn 20,11; Jes 17,13 von untertänigen Völkern, Spr 4,3; 13,1 vom Gehorsam des Sohnes gegen den Vater gebraucht.

1) Im NT bedeutet ὑπακούω *[hypakouō]* Apg 12,13 *öffnen;* im übrigen ist die Wort- III
gruppe (Verb 21, Subst. 15mal, am häufigsten bei Paulus) durch den Begriff des *Gehorsams* bestimmt. Vorbild dieses Gehorsams ist Jesus Christus, von dem gesagt wird, daß er gehorsam war bis zum Tode am Kreuz (Phil 2,5.8). Durch seinen Gehorsam, der im Gegensatz zu Adams Ungehorsam steht, sind »die Vielen« zu Gerechten geworden (Röm 5,19). Der Hebr-Brief formuliert ähnlich: Jesus hat durch Leiden den Gehorsam gelernt; so ist er denen, die ihm gehorchen, der Urheber ewigen Heils geworden (5,8f). Der Gehorsam Christi gegen den Vater schließt nicht aus, daß er der Herr ist, dem die dämonischen Mächte und die Naturgewalten gehorchen (Mk 1,27; 4,41 par); der Apostel aber sieht es als seine Aufgabe an, alle Vernunft in den Gehorsam Christi gefangen zu führen; auch für die menschliche Vernunft ist Christus die letzte Instanz (2Kor 10,5).

Der Gehorsam gegen Christus ist der Gehorsam des Glaubens; diesen Gehorsam will der mit der Verkündigung der frohen Botschaft beauftragte Apostel unter den Völkern aufrichten (Röm 1,5; 16,26). Auch Röm 15,18; 16,19 hat Paulus diesen Gehorsam im Auge; er schließt die Unterordnung unter den Apostel, durch den Christus redet, ein (2Kor 7,5; 13,3; 10,5f; Phlm 15). Er ist Gehorsam gegen die Verkündigung, die die Rechtfertigung bringt (Röm 6,16f), und gegen die Wahrheit (1Petr 1,22). Auch 1Petr 1,2.14 ist an diesen Gehorsam gedacht: Die Christen sind »Kinder des Gehorsams«, weil dieser Gehorsam ihr ganzes Leben umfassen soll.

2) Der Gebrauch des Subst. entspricht dem des Verbums. ὑπήκοος *[hypæko·os]* lesen wir außer Phil 2,8, wo es von Christus ausgesagt wird, noch 2Kor 2,9; Apg 7,39. Die gehorsame Haltung, die Paulus 2Kor 2,9 von den Korinthern erwartet, findet der Apostel bei den Philippern (Phil 2,12); die Thessalonicher wiederum muß er mahnen, sich von denen zu scheiden, die den apostolischen Weisungen nicht gehorchen wollen (2Thess 3,14). Neben denen, die der Glaubensbotschaft gehorchen (Apg 6,7), stehen die anderen, die dem Evangelium den Gehorsam verweigern (Röm 10,16; 2Thess 1,8). Überall liegt hier das Verständnis des Glaubens als eines Gehorsamsaktes zugrunde; der Gehorsam gegen Christus ist von dem Gehorsam gegen seine Boten und die von ihnen verkündigte Botschaft nicht zu trennen. Auch im Leben der Christen soll solches Gehorchen sich auswirken. Christen werden dadurch gehindert, den sündigen Begierden des Leibes zu gehorchen (Röm 6,12); aus dem Gehorsam gegen den Herren folgt auch die willige Unterordnung unter die irdischen Autoritäten, die Eltern und Herrn; auch diese müssen freilich den Herrn Christus als die höchste Autorität anerkennen (Eph 6,1–9; Kol 3,18–20). Als warnendes Beispiel aus dem AT werden Apg 7,39 die Israeliten erwähnt, die dem Mose den Gehorsam verweigert haben. Dagegen nennt Hebr 11,8 Abraham als Beispiel gläubigen Gehorsams.

W. Mundle

Lit.: ASchlatter, Der Glaube im NT, 1927[4], 611f – EvDobschütz, Die fünf Sinne im NT, JBL 48, 1929, 378ff – WMundle, Der Glaubensbegriff des Paulus, 1932, 29ff – GKittel, Art. ἀκούω, ThWb I, 1933, 216ff – OKuß, Der Begriff des Glaubens im NT, ThGl 27, 1935, 695ff – ASchlatter, Gottes

Gerechtigkeit, 1935, 316f – RGyllenberg, Glaube und Gehorsam, ZSTh 4, 1937, 547ff – HvCampenhausen, Recht und Gehorsam in der ältesten Kirche, ThBl 20, 1941, 279ff – OProksch, Art. λέγω, ThWb IV, 1942, 89ff – JHorst, Art. οὖς, ThWb V, 1954, 543ff – WMichaelis, Art. ὁράω, ThWb V, 1954, 319ff – RBultmann, Theologie des NT, 1958[3], 315ff – HRMoehring, The Verb akouein in Acts 9,7 and 12,9, NovTest 3, 1959, 80ff – CHDodd, Das Gesetz der Freiheit, 1960 – RDeichgräber, Gehorsam und Gehorchen in der Verkündigung Jesu, ZNW 52, 1961, 119ff – JGnilka, Zur Theologie des Hörens nach den Aussagen des NT, Bibel u. Leben 2, 1961, 71ff – RSchnackenburg, Die sittliche Botschaft des Neuen Testaments, 1962[2] – DBonhoeffer, Nachfolge, 1964[8] – KLammers, Hören, Sehen und Glauben im Neuen Testament, 1966 (= Stuttg. Bibelstud., 11).

Hoffnung

Von den Begriffen, die einer *Hoffnung* oder *Erwartung* Ausdruck geben, finden im nt. Griech. ἐλπίς *[elpịs]* und ἐλπίζω *[elpịzō]* mit seinen Derivaten sowohl die häufigste als auch die nuancenreichste Verwendung. Beide Vokabeln bezeichnen einerseits den Akt des Hoffens, schließen andererseits das Objekt, das Erhoffte, mit ein, so daß zB τὰ ἐλπιζόμενα *[ta elpizọmena] erhoffte Güter* und ἐλπίς *[elpịs] Hoffnungsgut* heißen kann. Die anderen, in einem zweiten Artikel zusammengefaßten Vokabeln stehen untereinander in Verbindung durch die gemeinsame Ableitung vom Stamm δοκ- *[dok-]* bzw. δεκ- *[dek-]*, *empfangen, aufnehmen* und haben eine wesentlich begrenztere Bedeutungsbreite: Das Nomen ἀποκαραδοκία *[apokaradokịa]* bezeichnet die sehnsüchtige, nahezu ungeduldige *Erwartung*. προσδοκάω *[prosdokạō]* und προσδοκία *[prosdokịa]* schließen die ängstliche Erwartung von Schrecklichem (Katastrophen, Kriege) mit ein, und προσδέχομαι *[prosdẹchomai]* kann neben der häufigen Bedeutung ***aufnehmen, annehmen*** ebenfalls ***warten, erwarten*** heißen und wird deshalb hier mitverhandelt.

ἐλπίς

ἐλπίς *[elpịs]* Hoffnung · ἐλπίζω *[elpịzō]* hoffen, erwarten · ἀπελπίζω *[apelpịzō]* zurückerhoffen · προελπίζω *[proelpịzō]* vorher hoffen

I Der Stamm ἐλπ *[elp]* in ἐλπίζω *[elpịzō]*, ἐλπίς *[elpịs]* ist von der Wurzel *vel* (vgl. lat. *velle* = *wollen)* durch Erweiterung mit π *[p]* gebildet worden (auch im lat. *voluptas* = *Lust* enthalten). Im Profangriech. deckt sich ἐλπίς *[elpịs]* nicht mit unserem Wort *Hoffnung*, da es Sammelname für Zukunftserwartungen aller Art, also Erwartung von Gutem (Hoffnung) oder Schlimmem (Furcht) sein kann. Synonym mit προσδοκία *[prosdokịa]* = *Erwartung* kann es durch Attribute wie ἀγαθή *[agathæ]*, γλυκεῖα *[glykẹia]*, ἱλαρά *[hilarạ]* (*gut, heiter, froh*) als Hoffnung gekennzeichnet werden. Das Verbum ἐλπίζω *[elpịzō]* bedeutet nicht nur *hoffen*, sondern auch *erwarten, vermuten, meinen*.

Lebendige Hoffnung als religiöse Grundhaltung ist im griech. Kulturkreis unbekannt. Zwar sagt Theognis: »Solange du lebst als Verehrer der Götter, halte dich an die Elpis!«, und Horaz nennt die *fides* (Glaube, Treue) die Begleiterin der *spes* (Hoffnung). Doch letztlich stand man den Unheilsmächten von Schuld und Tod hoffnungslos gegenüber. Bei Sophokles klagt der Chor: »Nie zum Leben geboren sein, bleibt das Höchste.« Seneca nennt die Hoffnung eine Bezeichnung für »ein unsicheres Gut«. Was aber die Mysterienreligionen verhießen (Vergottung, Unsterblichkeit), waren menschliche Wunschträume.

II 1) Hoffnung im AT.

a) Das Hebr. hat für *hoffen* vier Verben: a) *qiwwāh* (mit *qaw* = *Gespanntes, Richtschnur* zusammenhängend), *gespannt aus sein auf, sehnsüchtig harren* (auf Gott 26mal); b) *jichēl* = *warten, harren* (auf Gott 27mal); c) *chikkāh* = *warten, hoffen* (auf Gott 7mal); d) *sibbēr* = *ausblicken auf, hoffen* (auf Gott 4mal). – Die Nomina (vier) treten stark zurück (an 9 Stellen von der Hoffnung auf Gott gebraucht). Hoffen als Akt steht voran und begegnet in Verheißung und Zuspruch, doch am meisten als »Bekenntnis der Zuversicht«, vor allem in den Pss. Die hebr. Verben des Hoffens sind nahe verwandt mit denen des Vertrauens (s. LXX; → Glaube, Art. πίστις).

b) Von 146 Stellen, an denen Verben und Nomina *hoffen* bzw. *Hoffnung* bezeichnen, redet die Hälfte von Hoffnung im profanen Sinn. Da ist sie eine mit Zuversicht und Spannung verbundene Erwartung, die sich auf ein konkretes, erwünschtes, aber noch in der Zukunft liegendes Gut oder

Ereignis richtet. Ob die solche Erwartung tragende Zuversicht legitim und objektiv begründet ist oder auf subjektiver Fehleinschätzung beruht, ist eine Frage für sich. Es ist charakteristisch für die Beurteilung des profanen Hoffens, daß es an vielen Stellen trotz seiner persönlichen Intensität als vergeblich erklärt wird. Besonders in den SprSal wird betont, daß die Hoffnung der Toren (= Gottlosen) zunichte werde (11,7).

c) Das Zeugnis des AT vom Hoffen auf Gott. Von diesem Hoffen ist sachlich oft auch dort die Rede, wo die Begriffe fehlen. In seiner formalen Struktur gleicht es dem profanen Hoffen (s. o.), unterscheidet sich aber wesentlich nach Inhalt, Begründung und Wirkung. An den 73 Stellen, an denen verbal oder nominal Israels Glaubende ihre Hoffnung aussprechen, wird Jahwe als Zielpunkt genannt. »Jahwe erhoffen«, »auf Jahwe harren« ist eine Neubildung des AT. Nie nennen babylonische Beter einen ihrer Götter ihre »Hoffnung«. In Israel aber betet man: »Du bist meine Hoffnung« (Ps 71,5). Jeremia sagt: »Du Hoffnung Israels!« (14,8; 17,13). So ist Jahwe Ziel, Inbegriff und Garant der Hoffnung in seinem Volk. Man harrt auf seinen Namen (Ps 52,11), sein Vergebungswort (Ps 130,5), seinen Arm (Jes 51,5), sein Heil (Gen 49,18). In eschatologischen Texten wird der Hoffnungsinhalt nicht abstrakt, sondern in Form einer Vision ausgesprochen. Darum stehen die Vokabeln der Hoffnung dort selten (doch s. Jes 25,9; 42,4; 51,5; Hab 2,3). Der Horizont der Hoffnung im AT geht weit hinaus über die in den meisten Zeugnissen persönlicher Hoffnung sichtbare Grenze des individuellen Lebens und kündet Jahwes Kommen in Herrlichkeit, sein Königtum auf einer neuen Erde, die Umkehr Israels und der Völker, den neuen, auf Vergebung der Sünden beruhenden Bund an. Wichtig für die Reinerhaltung der Hoffnung war der Kampf der klassischen Propheten gegen die falschen und deren Pseudo-Hoffnung und Heilsträume (→ Prophet). Ein Überblick über die prophetischen Schriften und Pss. beweist, daß Israel in seiner durch so viel Gerichtsnot gezeichneten Geschichte immer neu von Jahwe die Kontinuität seines freien Gnadenhandelns erhofft hat (vgl. Hos 12,7; Jer 31,17; Jes 40,31; Ps 40,2). Solche Hoffnung war darum eine Gabe Gottes (Ps 62,6: Von ihm kommt mir Hoffnung; Jer 29,11: euch zu geben Zukunft und Hoffnung). Wo menschlich die Zukunft vermauert erschien, eröffneten Künder des Gerichtes wie Hosea, Jeremia, Ezechiel die göttliche Perspektive eines Neuanfanges (vgl. Hos 2; Jer 29,1ff; 31,31–34; Ez 36 und 37). Wo in Klagepsalmen auf angstvolles Flehen Bezeugungen freudiger Hoffnung folgen, werden sie von der formgeschichtlichen Methode als »priesterliches Heilsorakel« erklärt, als eine durch Priester dem Beter übermittelte Heilszusage Gottes.

dα) Als subjektive Haltung ist das Hoffen des Glaubens wie das profane Hoffen eine konkrete persönliche Erwartung, die trotz des »noch nicht« der Heilsverwirklichung zuversichtlich und gespannt nach vorn schaut. Da aber Jahwe, auf den sie harrt, im Gegensatz zu uns Menschen die seinem Volk geltende Zukunft kennt, verheißt und herbeiführt, gewinnt das Hoffen im Raum der Offenbarung unvergleichliche Gewißheit. Allem zum Trotz, was der Verheißung jetzt widerspricht, traut der Hoffende es Gott zu, daß er die von ihm durch das Wort geweckte Erwartung um seiner Treue willen nicht enttäuschen werde (Jes 8,17; Mi 7,7; Ps 42,6).

β) Mit der Zuversicht in der Erwartung des göttlichen Heilshandelns verbindet sich die Beugung unter das souveräne Walten des Allherrn. Zeit und Art der Erfüllung bleiben ihm überlassen. Darum stehen Hoffnung und Gottesfurcht in manchen Pss parallel (zB 33,18; 147,11); vgl. Spr 23,18: dem, der »die Furcht des Herrn bewahrt«, sind »Zukunft und Hoffnung« verheißen.

γ) Durch Zuversicht und Demut wird das Hoffen zu einem geduldigen, beharrlichen, die Spannung ertragenden Warten.

δ) Das Harren auf Gott macht zwar »still«, aber nicht tatenlos, und zeigt die empfangene »neue Kraft« (Jes 40,31) im Überwinden der Anfechtung und Handeln auf die erhoffte Zukunft hin. Jeremia kauft während der Belagerung einen Acker, um das Wort des Herrn zu bezeugen, daß man »in diesem Lande wieder Äcker und Weinberge kaufen werde« (32,6ff).

2) LXX und Spätjudentum.

a) Die LXX verwendet ἐλπίζω *[elpizō]* primär für Verben des Vertrauens: a) 46mal für *bātach = sich sicher fühlen, vertrauen;* b) 20mal für *chāsāh = Zuflucht haben, sich bergen.* Als Wiedergabe für Verben des Hoffens steht es c) 16mal für *jichēl = warten, harren;* d) nur 2mal für *qiwwāh = gespannt harren.* Dieses wird sonst 26mal mit ὑπομένω *[hypomenō]* (→ Geduld) übersetzt, das mehr *ausharren* als *erwarten* bedeutet. In dieser starken Annäherung an die Verben des Vertrauens unterscheidet sich die LXX vom Gebrauch der Vokabel im Profangriech. und bereitet das nt. Verständnis von ἐλπίζω *[elpizō]* vor.

b) Das ganze Spätjudentum ist gekennzeichnet durch mannigfaltige eschatologische Erwartungen, die sich in erster Linie auf das Kommen des Messias und die Wiederherstellung des israelitischen Reiches richten. Oft werden diese Hoffnungen enttäuscht. Menschen traten mit messianischen Ansprüchen auf und entzündeten die Begeisterung des Volkes. Aber all diese Bewegungen brachen über kurz oder lang zusammen. So erklärt sich der pessimistische Zug, der die eschatologischen Erwartungen der Rabbinen begleitet. Gottes Herrschaft kann erst dann kommen, wenn Israel dem Gesetz ganz gehorsam ist. Damit aber ist ein Moment der Unsicherheit gegeben: Wer wollte genau sagen, was völliger Gesetzesgehorsam ist? Auch die persönliche Hoffnung des einzelnen wird damit unsicher: Wer kann sagen, daß Gott ihm wirklich gnädig ist? Die PsSal dagegen enthalten die messianische Hoffnung, und in den Makk-Büchern ist die Auferstehung des Leibes als Hoffnung bezeugt.

c) Im Gegensatz zu dieser pessimistischen Sicht bekennt die Gemeinde von Qumran immer wieder, daß es für den Menschen eine Hoffnung gibt, die in Gottes Heilshandeln begründet ist. Freilich ist diese Hoffnung nur für die von Gott Erwählten gültig.

d) Im hell. Judentum trat die Messiashoffnung zurück hinter der Idee der Unsterblichkeit der Seele (s. bes. Philo, der nur die sittliche Vollendung der Einzelseele erhofft).

III 1) V o r k o m m e n : Kennzeichnend für das nt. Vorkommen ist die Tatsache, daß ἐλπίζω *[elpịzō]* und ἐλπίς *[elpịs]* in den Evgg. keine Rolle spielen. Nur das Verb taucht je einmal bei Mt (AT-Zitat) und bei Joh auf, 3mal bei Lk im Sinne subjektiver Erwartung. Dagegen liegt das Schwergewicht in den paulinischen Schriften (beim Verb 19mal von insgesamt 31; beim Subst. 36 von insgesamt 53 Stellen), und hier wiederum im Röm (4 bzw. 13 Belege). Hervorstechend ist außerdem das Vorkommen in dem paulinischer Tradition verpflichteten 1Petr-Brief (2 bzw. 3 Stellen) und im Hebr-Brief (1 bzw. 5 Stellen). In der Apg bezeichnen Verb und Subst. (2 bzw. 8mal) vor allem die »Hoffnung Israels«, die als Hoffnung auf die Auferstehung interpretiert wird.

ἀπελπίζω *[apelpịzō]*: die Vorsilbe ἀπ *[ap]* (ἀπό *[apọ]*) negiert die positive Bedeutung des Simplex, darum: *aufhören zu hoffen, die Hoffnung aufgeben, verzweifeln.* Im NT nur Lk 6,35. Hier weicht aber das Wort von seiner sonst nachweisbaren Bedeutung ab und heißt *zurückerhoffen* (»leiht so aus, daß ihr nichts zurückerhofft!«; Vulg. *nihil inde sperantes*).

προελπίζω *[proelpịzō]*, *vorher hoffen*, nur Eph 1,12. Das »vorher« meint entweder, falls mit »wir« die Judenchristen zusammengefaßt werden: wir hofften auf Christus, ehe die Heidenchristen Glauben und Hoffnung empfingen; oder es bezeichnet die Messiashoffnung, die die Juden vor dem Kommen Christi hatten.

2) B e d e u t u n g : Die Vokabeln bezeichnen im NT niemals eine unbestimmte oder gar angstvolle Erwartung, sondern immer die *Erwartung von etwas Gutem* (vgl. προσδοκία ἀγαθοῦ *[prosdokịa agathọu]*). Wo das Verb mit einer Präp. konstruiert wird (εἴς τινα *[eis tina]*, ἐπί *[epị]* und ἔν τινι *[en tini]*), gibt es den an, auf den man seine Hoffnung setzt. An manchen Stellen bedeutet ἐλπίς *[elpịs]* nicht die persönliche Haltung, sondern das objektive Heilsgut, auf das sich die Hoffnung richtet (*erhofftes Gut, Hoffnungsgut*, so Gal 5,5; Kol 1,5; Tit 2,13). Wo Verb oder Subst. ohne nähere Kennzeichnung stehen (absolut), ist meist die eschatologische Vollendung gemeint (so Röm 8,24; 12,12; 15,13; Eph 2,12 u. ö.; → Ziel, Ende, Art. ἔσχατος).

3) Die Christusoffenbarung als neue Situation: Durch das Kommen des verheißenen Christus ist nach den Zeugen des ganzen NT die für das Hoffen im AT beschriebene Situation grundlegend verändert. Der Heilstag für die Welt ist als das große »Heute« Gottes im Versöhner angebrochen. Was bisher Zukunft war, ist in ihm für den Glauben nun Gegenwart (die Rechtfertigung, persönliche Gotteskindschaft, das Innewohnen des heiligen Geistes, das neue Gottesvolk der Glaubenden aus Israel und den Nationen). Am stärksten wird die Gegenwart des Heils im JohEv. betont (»präsentische Eschatologie«). Die Vokabel ἐλπίς *[elpịs]* fehlt darum dort. Ihr Fehlen in der Offb hat einen anderen Grund: Die durchweg visionäre Schau des Endziels und des Vorfeldes der Parusie ersetzt das Abstraktum. Durch die neue Situation wird die Hoffnung des NT nach Inhalt und Grundlagen neu geprägt. Da das »Heute« des Heils aber nur für den Glauben erkennbar ist, bekommt seine Lage einen doppelten Aspekt: Zum »Jetzt« tritt das »Noch-nicht« (1Joh 3,2), zum »Haben« (→ Gemeinschaft, Art. ἔχω) und »Sein in Christus« das Hoffen auf ihn und das Ausschauen nach ihm.

4) Die Hoffnung gehört so grundlegend zum Christenstand, daß er als Wiedergeburt zu einer »lebendigen Hoffnung« (1Petr 1,3) bezeichnet werden kann. Im Heidentum hat man zwar Vorstellungen von einer metaphysischen Zukunft, aber keine Hoffnung, die von Todesfurcht befreit und tröstet (Eph 2,12; 1Thess 4,13). Die Bedeutsamkeit der ἐλπίς *[elpịs]* erhellt auch daraus, daß sie mit πίστις *[pịstis]* (→ Glaube) und ἀγάπη *[agạpæ]* (→ Liebe) zusammen die urchristliche Trias bildet (die Dreiheit der Grundelemente des Christseins, zB

1Thess 1,3; 1Kor 13,13). Keines kann ohne das andere sein. Hoffnung kann nicht ohne Glauben an Christus sein, da sie allein in ihm wurzelt. Glaube ohne Hoffnung wäre in sich leer und nichtig (1Kor 15,14.17).

5) Die Wesenszüge der nt. Hoffnung werden entscheidend geprägt

a) durch ihren Inhalt: Sie ist nirgends ego-, sondern überall christo- und theozentrisch orientiert. Ihr Kern ist nicht die Beseligung des einzelnen, sondern die universale Königsherrschaft Gottes, wo er »alles in allem« sein wird (1Kor 15,28). Auferstehung ist nicht Wiederaufnahme eines Lebens ἐν σαρκί *[en sarkį]*, *im Fleisch*, oder gar κατὰ σάρκα *[katą sąrka]*, *nach Art des Fleisches*, sondern Vollendung des in der Wiedergeburt empfangenen Lebens ἐν πνεύματι *[en pnẹumati]*, *im Geist*, κατὰ πνεῦμα *[katą pnẹuma]*, *gemäß dem Geist* (1Kor 15). Im Bereich der Vokabel ἐλπίς *[elpįs]* wird als ihr Inhalt genannt: die Rettung (1Thess 5,8), die Gerechtigkeit (Gal 5,5), die Auferstehung im unverweslichen Leibe (1Kor 15; Apg 23,6; 24,15), das ewige Leben (Tit 1,2; 3,7), die Gottes-Schau und Gleichgestaltung in sein Bild (1Joh 3,2f), die Herrlichkeit Gottes (Röm 5,2) oder die δόξα *[dọxa]* schlechthin (Kol 1,27; vgl. 2Kor 3,12 die bleibende Doxa des nt. Dienstes; → Ehre, Art. δόξα);

b) durch ihre Begründung: Sie beruht nicht auf frommen Werken (Gesetz), sondern dem gnädigen Wirken Gottes in Jesus Christus. Darum heißt er »unsere Hoffnung« (1Tim 1,1; Kol 1,27: Christus in euch, die Hoffnung der Herrlichkeit). Dieser Christus ist für die hoffende Gemeinde kein Fremder, sondern der, den sie als den gekreuzigten und auferstandenen Herrn im Evangelium erkennt und im Geist gegenwärtig weiß. Sie hofft also auf die »Zukunft des Gekommenen« (Kreck). Mit der Hingabe des eigenen Sohnes für alle gibt Gott die Gewißheit, daß er uns durch Versetzung in die Gemeinschaft mit ihm alles schenken werde (Röm 8,32). Weil Christus als »der Erstling« auferstanden ist, werden auch wir alle auferstehen (1Kor 15,20ff). Der Kommende ist der Erhöhte, den Gott bereits über alles gesetzt und der Gemeinde als Haupt gegeben hat (Eph 1,22);

c) durch den Geschenkcharakter der Hoffnung: Sie ist als ἐλπὶς ἀγαθή *[elpįs agathę]* ein Gnadengeschenk des Vaters (2Thess 2,16), wie der Glaube, darum erweckt durch die Heilsbotschaft (Kol 1,23), in der wir unsere Berufung empfangen. In der κλῆσις *[klęsis]* (→ Berufung, Art. καλέω) leuchtet das Hoffnungsziel mit seinem Reichtum auf (Eph 1,18), sie eint die Berufenen (Eph 4,4). Durch die Kraft des heiligen Geistes wird man überreich an Hoffnung (Röm 15,13), denn er ist die »Erstlingsgabe« (Röm 8,23). Sein Innewohnen in den Glaubenden ist Gewähr für ihre Auferweckung (Röm 8,11).

6) Die Grundzüge der Hoffnung als subjektiver Haltung: Vom objektiven Gehalt ist aber die Hoffnung als persönliche Haltung unablösbar, da sie nicht ein theoretisches Wissen um die verheißene Heilszukunft ist, sondern eine Funktion lebendigen Glaubens:

a) Sie ist immer zuversichtliche, gewisse Erwartung göttlichen Heilshandelns. Ohne die Augen vor den Nöten und Gerichten im Vorfeld der Parusie zu verschließen, schaut sie auf die kommende Stadt Gottes. πίστις *[pįstis]* und ἐλπίς *[elpįs]* sind aufs engste verbunden (s. III,4). Der Glaube gibt unserer Hoffnung »substance« (Hebr 11,1 in der New English Bible) oder ist ein »Feststehen in dem, was man erhofft«. Röm 4,18 wird Abrahams Glaube dargestellt als glauben παρ' ἐλπίδα ἐπ' ἐλπίδι *[par elpįda ep elpįdi]*, *gegen alle Hoffnung auf Hoffnung hin* (Z), dh er setzt dem, was menschliche Zukunftsbeurteilung für unmöglich erklärt, die ihm durch göttliche Verheißung geschenkte Hoffnung entgegen. Glaube und Hoffnung haben gemeinsam, daß ihr Gegenstand jetzt noch unsichtbar und unbeweisbar ist (vgl. Röm 8,24ff ὃ οὐ βλέπομεν, ἐλπίζομεν *[ho ou blẹpomen, elpįzomen]*, *was wir nicht sehen, erhoffen wir*). Doch wie der Glaube, so trägt die nt. Hoffnung unbedingte Gewißheit in sich (s. 5a–c). Darum können Bekenntnisse der Hoffnung eingeleitet werden mit πιστεύομεν *[pistẹuomen]*, *wir glauben* (Röm 6,8), πέπεισμαι *[pẹpeismai]*, *ich bin gewiß* (Röm 8,38), πεποιθώς *[pepoithọs]*, *ich bin guter Zuversicht* (Phil 1,6). Der Verwirklichung der Heilszusagen gewiß, rühmt sich der Christ seiner Hoffnung, dh preist er dankbar Gottes Gnade

(Röm 5,2 καυχώμεθα ἐπ' ἐλπίδι *[kauchōmetha ep elpidi], wir rühmen uns auf Grund der Hoffnung*; vgl. Hebr 3,6 τὸ καύχημα τῆς ἐλπίδος *[to kauchæma tæs elpidos], den Ruhm der Hoffnung*).

b) ἐλπίς *[elpis]* und ἀγάπη *[agapæ]*: Wie Glaube und Hoffnung sind auch ἀγάπη *[agapæ]* (→ Liebe) und Hoffnung im NT wesensmäßig verbunden. Sagt 1Kor 13,7, daß die Liebe »alles hofft«, so redet Kol 1,5 von der »Liebe zu allen Heiligen um des Hoffnungsgutes willen«. Paulus nennt die Christen in Thessalonich seine »Hoffnung und Freude« (1Thess 2,19) und sagt 2Kor 1,7: unsere Hoffnung für euch steht fest. Die nt. Hoffnung weitet Herz und Blick. Die auf Leibeserlösung wartende Gemeinde weiß sich sogar mit der ganzen in Wehen liegenden κτίσις *[ktisis]* (→ Schöpfung) solidarisch und hofft für sie (Röm 8,20–23).

c) Nt. Hoffnung ist ein geduldiges, zuchtvolles, getrostes Warten und Erwarten des Herrn als unseres Retters. Hoffen ist Bewegtwerden vom Ziel her, ein Beharren in dieser Bewegung aufs Ziel hin. Sie erweist ihre Lebendigkeit in der Standhaftigkeit des Wartens (der ὑπομονή *[hypomonæ]*; → Geduld, Art. ὑπομένω), dem geduldigen Ertragen der Spannung zwischen dem Jetzt, wo wir (erst) διὰ πίστεως *[dia pisteōs]*, im → Glauben wandeln (2Kor 5,7), und unserer künftigen Lebensgestalt (vgl. Röm 8,25; 1Thess 1,3). Dieses Beharren ist etwas Aktives, denn es gilt zu »überwinden«. Wenn das Warten auch mit Schmerzen verbunden ist, so werden diese doch positiv gewertet als »Wehen«, die die »Wiedergeburt« ankünden (Mt 24,8). Darum sind die Hoffenden getröstet und getrost (2Kor 5,6.8; 2Thess 2,16; 1Thess 4,18). – Hoffen ist zuchtvolles Warten. Darum geht der Mahnung 1Petr 1,13 »setzt eure Hoffnung völlig auf die Gnade« die andere voraus: »gürtet euch die Lenden«, dh seid zum Aufbruch bereit. Dazu gehört der radikale Verzicht auf alle Zukunftsberechnungen, die demütige Einhaltung der unserer Erkenntnis gesetzten Grenzen, dazu die Unterordnung unserer Wünsche unter die Erfordernisse des uns bestimmten Lebenskampfes. Das Hoffnungsziel ruft uns auf, zu »wachen und zu beten«. Der um einen ewigen Kranz Ringende legt sich den notwendigen Verzicht auf (1Kor 9,25). Hoffnung wird zum Motiv persönlicher Reinigung (1Joh 3,3), spornt an, der Heiligung nachzujagen (Hebr 12,14), ohne die niemand Gott schauen kann. Erfüllt vom Verlangen, zum Herrn heimzukommen, sucht der Apostel seine Ehre darin, ihm wohlzugefallen (2Kor 5,8f). Hoffnung verpflichtet, ohne Wanken das Bekenntnis zu ihr festzuhalten (Hebr 10,23) und bereit zu sein, jedem Rede und Antwort zu stehen, der uns nach den Gründen unserer Hoffnung fragt (1Petr 3,15). – Nt. Hoffnung ist aber letztlich ein frohes Warten (Röm 12,12; → Geduld, Art. ὑπομένω). Sie gibt Mut und Kraft. Sie schützt den inneren Menschen wie ein Helm das Haupt (1Thess 5,8). Wie ein Anker das Schiff, so sichert die Hoffnung, die uns mit Christus, dem ins Heiligtum eingegangenen Hohenpriester, verbindet, unser Leben (Hebr 6,18f).

E. Hoffmann

ἀποκαραδοκία

ἀποκαραδοκία *[apokaradokia]* sehnsüchtige Erwartung · ἐκδέχομαι *[ekdechomai]* aufnehmen, warten auf · ἀπεκδέχομαι *[apekdechomai]* warten auf, erwarten · προσδέχομαι *[prosdechomai]* erwarten · προσδοκάω *[prosdokaō]* ausschauen, streben nach

I/II Während ἐκδοχή *[ekdochæ]* und προσδοκία *[prosdokia]* (je 1mal im NT) nur für die von Furcht erfüllte *Erwartung* verwendet werden, erscheint ἀποκαραδοκία *[apokaradokia]* bei Paulus 2mal in Bekenntnissen der *Hoffnung*. Das Wort ist dem vorchristl. Griech. fremd, doch ist das Verb als Simplex (καραδοκέω *[karadokeō]*) im hell. Griech. verbreitet. Es ist zusammengesetzt aus dem Subst. τὸ κάρα *[to kara]* = der *Kopf* und δέκομαι *[dekomai]* = δέχομαι *[dechomai]*, *ich nehme an.* καραδόκος *[karadokos]* (nicht belegt) ist einer, der den Kopf vorstreckt. In ἀπο-καραδοκέω *[apokaradokeō]* verstärkt (nach Bertram) die Vorsilbe ἀπό *[apo]* ein negatives Element; die Bedeutung wäre *etwas sehnsuchtsvoll, doch in ängstlicher Spannung erwarten* (vgl. die negierende Kraft von ἀπό *[apo]* in ἀπελπίζω *[apelpizō]* = *verzweifeln*; ἀπογινώσκω *[apoginōskō]* = *aufgeben*; ἀπεῖπον *[apeipon]* [Aor. zu ἀπολέγω *[apolegō]*] = *unter-, entsagen*).

Die mit ἐκ- *[ek-]*, ἀπό- *[apọ-]* und πρόσ- *[pros-]* gebildeten Komposita von δέχομαι *[dẹchomai]* wie auch προσδοκάω *[prosdokạō]* bezeichnen das meist *geduldige Warten* auf ein zukünftiges Ziel hin.

1) Im NT findet sich ἀποκαραδοκία *[apokaradokịa]* nur Röm 8,19 und Phil 1,20. Luther III
übers. Röm 8,19 »ängstliches Harren«. Die griech. Kirchenväter deuten das Subst. aber ohne negative Färbung als »intensive Erwartung«, »starke und angespannte Hoffnung«. Jedenfalls wird das emotionale Moment der eschatologischen Erwartung darin kräftig betont. Die New English Bible übers. darum Phil 1,20 »as impassionately hope«. Der κτίσις *[ktịsis]* = → Schöpfung wird ein sehnsüchtiges Harren auf die Volloffenbarung der Gottessöhne zugeschrieben (Röm 8,19). Nur diese wissen, daß jene ἐπ' ἐλπίδι *[ep elpịdi]*, auf Hoffnung hin, der Vergänglichkeit unterworfen ist. Die → ἐλπίς *[elpịs]* hebt die Spannung der ἀποκαραδοκία *[apokaradokịa]* nicht auf, befreit sie aber von Angst und Ungewißheit. So können beide Wörter nebeneinander stehen (Phil 1,20) und bezeugen, daß die Kraft der Erwartung nicht in ihrer Gefühlsstärke liegt, sondern in der der Hoffnung eigentümlichen, von Gott geschenkten Gewißheit.

2) ἐκδέχομαι *[ekdẹchomai]*, ἀπεκδέχομαι *[apekdẹchomai]*, προσδέχομαι *[prosdẹchomai]*. Während die mit dem Stamm μεν *[men]* gebildeten Wörter (περιμένω *[perimẹnō]* Apg 1,4; Objekt: das vom Vater Verheißene, dh der heilige Geist; ἀναμένω *[anamẹnō]* 1Thess 1,10; Objekt: der Sohn) selten sind (je nur 1mal) und ὑπομένω *[hypomẹnō]* nur in LXX, nie im NT *erwarten* bedeutet (doch vgl. ὑπομονή *[hypomonæ̣]* Offb 3,10: das Wort vom Harren auf mich), sind die Bildungen mit der Wurzel δεκ- *[dek-]*, δοκ- *[dok-]* in diesem Sinne häufig.

a) ἐκδέχομαι *[ekdẹchomai]* bedeutet *ich nehme an* bzw. *auf* und *ich erwarte, warte auf*. In dieser Bedeutung steht es 6mal, davon 3mal im profanen Sinn (zB Apg 17,16), 1mal in einem Vergleich (Jak 5,7 vom Bauern, der auf die Ackerfrucht wartet) und 2mal vom Warten auf die ἔσχατα *[ẹschata]*, die letzten Dinge (Hebr 10,13; 11,10). Der zur Rechten sitzende Christus wartet auf den Moment, wo ihm seine Feinde zum Schemel seiner Füße hingelegt werden. Und Abraham wartete auf die Stadt mit festen Fundamenten (Bildwort für Himmel als Welt vollkommener Gottesgemeinschaft und Seligkeit).

b) ἀπεκδέχομαι *[apekdẹchomai]* (8mal, davon 6mal bei Paulus, 1mal Hebr). Das Wort fehlt in LXX. Durch die Vorsilbe ἀπ/ἀπό *[ap/apọ]* wird die Distanz zwischen dem Wartezustand und dem Zeitpunkt der Verwirklichung des Erhofften hervorgehoben. Der Wartende wird durch sie zur Beharrlichkeit gedrängt. Die New English Bible gibt das Wort in Gal 5,5 mit »eagerly await« wieder. Doch erschließt meist erst der jeweilige Kontext die Art des Wartens. Inhaltlich richtet sich die Erwartung auf den wiederkommenden Herrn (Phil 3,20), der sich in der Verwandlung unseres Leibes als »Heiland« erweisen wird, auf die Einsetzung in den vollen Reichtum der Sohnschaft durch die Auferstehung des Leibes (Röm 8,23), und darum auf die δικαιοσύνη *[dikaiosy̱næ]*, → Gerechtigkeit im Endgericht (Gal 5,5). Da Mensch und außermenschliche Kreatur im Unheil und im Heil solidarisch sind, zielt das Warten der Kreatur auf Befreiung vom Todesjoch letztlich auf den Eingang der Gottessöhne in die Herrlichkeit (Röm 8,19). Des Wesens der Hoffnung bewußt (Röm 8,24), warten diese δι' ὑπομονῆς *[di hypomonæ̣s]* (V. 25), im beharrlichen Ertragen der Leidensgestalt des jetzigen Äons.

c) προσδέχομαι *[prosdẹchomai]* heißt *ich nehme auf*, doch meist *ich erwarte* (14mal, davon 7mal im profanen Sinn). Wo es von gläubiger Erwartung gebraucht wird, bezeichnet es α) die messianische Erwartung in Israel (Lk 2,25.38: Simeon wartete auf die Tröstung Israels, Hanna sprach zu solchen, die auf Jerusalems Erlösung warteten) und β) die endzeitlichen Heilsziele (Auferstehung Apg 24,15; Barmherzigkeit im Gericht Jud 21; die mit der Epiphanie kommende unvergleichliche Herrlichkeit Tit 2,13).

3) προσδοκάω *[prosdokạō]* *ich warte, erwarte, schaue aus nach etwas* oder *jemandem* begegnet 16mal, davon 5mal in der Logienquelle, 2mal 2Petr; Mt 11,3 par steht es in der Anfrage des Täufers von der Messiaserwartung; Mt 24,50 par von der Parusie Jesu, die un-

erwartet eintritt. 2Petr 3,13 wird »der neue Himmel und die neue Erde, in denen Gerechtigkeit wohnt«, als Ziel der Erwartung genannt; V. 12 der Anbruch des Gottestages. Die Wartenden sind zugleich die σπεύδοντες *[speudontes]*, was man teils als *streben nach* deutet (so ThWb VI,727 und Bauer), teils als *beschleunigen* durch geheiligten Wandel.

E. Hoffmann

Lit.: RBultmann/KHRengstorf, Art. ἐλπίς, ThWb II, 1935, 515ff – CWestermann/RPJvan der Ploeg, L' espérance dans l' Ancien Testament, ThViat 1952, 19ff – ThVriezen, Die Hoffnung im AT, ThLZ 78, 1953, 577ff – WGrossouw, L' espérance dans le Nouveau Testament, RB 61, 1954, 481ff.508ff – WGKümmel, Verheißung und Erfüllung, AThANT 6, 1956^{3} – HBardtke/HConzelmann/ESchlink, Art. Hoffnung, RGG III, 1958^{3}, 415ff – GBertram, 'Αποκαραδοκία, ZNW 49, 1958, 264ff – POtzen, »Gute Hoffnung« bei Paulus, ZNW 49, 1958, 283ff – ChrMaurer, Art. προσδοκάω, ThWb VI, 1959, 725ff – WGKümmel, Die Naherwartung in der Verkündigung Jesu, in: Zeit u. Geschichte, Dankesgabe an R. Bultmann, Hrsg. E. Dinkler, 1964, 31ff (= Heilsgeschehen und Geschichte, MThSt 3, 1965, 457ff) – ENeuhäusler/PEngelhardt, Art. Hoffnung, LThK V, 1964^{2} – ESchweizer, Gegenwart des Geistes und eschatologische Hoffnung, in: Neotestamentica, 1964, 153ff – CWestermann, Das Hoffen im AT, in: Forschung am AT, ThB 24, 1964, 219ff – GSauter, Zukunft und Verheißung, 1965 – JMoltmann, Theologie der Hoffnung, 1966^{6} – WDMarsch (Hrsg.), Diskussion über die »Theologie der Hoffnung«, 1967 – GSauter, Erwägungen zum Begriff und Verständnis der Hoffnung heute, EvTh 27, 1967, 406ff – JMoltmann, Hoffnung und die biomedizinische Zukunft des Menschen, EvTh 32, 1972, 309ff.

Holz → Kreuz

Hunger, Durst

Essen und Trinken gehören zu den elementaren Bedingungen und Vorgängen des menschlichen Lebens. Sie spielen in der antiken orientalischen Welt, die häufig von Hungersnöten und Trockenzeiten heimgesucht wurde, eine bes. wichtige Rolle. Unter dem Stichwort *Hunger* bzw. *Durst* werden 5 verschiedene Wortgruppen bzw. -familien zusammengefaßt: Den negativen Aspekt des wirklichen Mangels bringen die Verben πεινάω *[peinaō]*, *hungern* (λιμός *[limos]*, *Hunger*), und διψάω *[dipsaō]*, *dürsten*, zum Ausdruck. Die positive Seite entfalten allg. ἐσθίω *[esthiō]*, *essen*, speziell γεύομαι *[geuomai]*, *kosten*, *genießen*. βρῶμα *[brōma]* ist das, was gegessen wird: *Nahrung* bzw. *Speise*. Den Vorgang des Trinkens bezeichnet πίνω *[pinō]* mit seinen zahlreichen Ableitungen. Alle genannten Wörter gewinnen in späterer Zeit mehr oder weniger stark ausgeprägte übertragene Bedeutungen und bringen dann das geistige Aufnehmen bzw. Entbehren zum Ausdruck.

πεινάω

πεινάω *[peinaō]* hungern · διψάω *[dipsaō]* dürsten · λιμός *[limos]* Hungersnot, Hunger · δίψος *[dipsos]* Durst

I 1) πεινάω *[peinaō]* heißt *hungern;* διψάω *[dipsaō] dürsten;* dazu gehören die Subst. λιμός *[limos]*, *Hungersnot* bzw. deren Auswirkung: *Hunger*, und δίψος *[dipsos]*, *Durst*. Der Bedeutungsbereich dieser Worte beschränkt sich nicht auf die Sphäre des leiblichen Mangels und Entbehrens, sondern ist auch auf Gebiete des geistigen und seelischen Lebens ausgedehnt (seit Plato und Xenoph.) als leidenschaftliches Verlangen nach etwas, ohne das man nicht leben kann, zB nach Freiheit, Ehre, Ruhm, Reichtum, Lob, Belehrung. Verstärkt wird dieses Moment des Verlangens oft dadurch, daß Hunger und Durst miteinander genannt werden.

2) Die Antike führt Hungersnöte auf den Zorn der Götter zurück. Vegetationsgötter und -kulte sollen deshalb die Ernährung sichern (vgl. die kanaanäischen Baale). In den späteren Mysterienreligionen stillen diese alten Fruchtbarkeitsgötter den Hunger nach bleibendem ewigem → Leben.

Es war Aufgabe der Regierenden (zB der ägyptischen Pharaonen), ihre Untertanen vor dem Hunger zu bewahren. Aber auch für jeden einzelnen galten Hunger und Durst als ein zur Hilfeleistung verpflichtender Notstand.

3) Die griech. Philosophie suchte weithin, ihre Anhänger zur Freiheit von den Bedürfnissen des Leibes zu erziehen. So wollten die Stoiker sich durch Askese von allen Wechselfällen des Lebens unabhängig machen, die Gnostiker sich durch Negierung des Leibes (als zur materiellen, gottfremden Welt gehörend) von der sinnlichen Diesseitigkeit befreien, um zur Vereinigung mit dem Göttlichen zu gelangen.

1) In der LXX übersetzt πεινάω *[peinaō]* meist *rāʿēb, hungern,* aber auch *ʿājēp, erschöpft sein,* II
und *jāʿēp, ermatten;* λιμός *[limos]* durchweg *rāʿāb, Hunger;* διψάω *[dipsaō]* und δίψος *[dipsos]* meist Bildungen vom Wortstamm *tsame', dürsten,* aber auch *tsijjāh, dürr,* und *ʿājēp, müde, erschöpft.* Während πεινάω *[peinaō]* und διψάω *[dipsaō]* bzw. δίψος *[dipsos]* in der LXX je ca. 50mal vorkommen, ist λιμός *[limos]* über 100mal belegt. λιμός *[limos]* bezeichnet den akuten Nahrungsmangel, die *Hungersnot,* πεινάω *[peinaō]* betont das anhaltende, dauernde *Hungern.*

2) Hunger und Durst gelten als die schlimmsten Formen des Mangels, wobei in der Sonnenglut des Orients der Durst noch quälender ist als der Hunger. Ursachen sind u. a. Regenmangel mit folgender Mißernte (1Kön 17,1), so daß sogar vom Durst des Landes gesprochen wird, Kriegszeiten, Wüstenwanderungen (Ps 107,5), Faulheit (Spr 19,15), bes. jedoch Gottlosigkeit (Ps 34,11; Jes 65,13; Sir 40,9): Gott schickt Hunger und Durst als Gericht und heilvolle Demütigung für die gottlose Verhaltensweise der Menschen (Dtn 32,24; 2Sam 24,13; Ez 5,16f; als Höllenstrafe erst 4Esr 8,59 erwähnt). – In Hungersnöten sucht Isräel Hilfe in dem fruchtbareren Ägypten (Gen 12,10; 41,53ff; 42,1ff). Aber gerade in den Zeiten des Entbehrens (zB während der Wüstenwanderung und im Land Kanaan) erfährt Israel seinen Gott als den eigentlichen Retter aus der Not (Ex 16,3ff; 17,3ff; vgl. 1Kön 8,37ff). Jahwe ergreift Partei für die Hungernden, die zu den entrechteten Armen gehören (1Sam 2,5; → Arm, Art. πραΰς). Während den Satten das Gericht angekündigt wird, gilt den Hungernden die Verheißung des Heils (Ps 107,36ff; 146,7; Jes 65,13). Von den Frommen verlangt Gott das entsprechende Verhalten gegenüber den Armen (Jes 58,7.10; Ez 18,7.16), bei dem selbst der Feind nicht übergangen werden darf (Spr 25,21).

3) Die Wortgruppe wird gelegentlich auch als Bild für den »Gottesdurst« (Ps 42,3; 63,2; 143,6) und das Streben nach Weisheit (Sir 51,24) verwendet. Am 8,11–13 nennt neben einer eigentlichen Hungersnot noch den Hunger nach Gottes Wort: Gott kann zur Strafe schließlich a l l e s entziehen. – Besondere Bedeutung haben einige Stellen, die an das jüd. Volk im babylonischen Exil gerichtet sind: Jetzt mutlos (Jes 40,27–31) und arm (41,17f; 49,9f; 55,1), wird Gott es heimkehren lassen. Er wird den beschwerlichen Rückweg durch die Wüste in einen Oasenweg (Jes 41,19; 43,20; 48,21 – wie beim Exodus), die verödete Heimat selbst in einen »Garten des Heils« verwandeln (Ez 34,29; vgl. Jes 35,1.6f). Bei diesem materiellen Wohl ist zugleich auch an das geistliche Heil gedacht (Jes 44,3; Jer 31,12).

4a) Bei Philo vermischen sich griech. und jüd. Elemente: Einerseits ermahnt er zur Enthaltsamkeit, Mäßigung und Selbstbeherrschung des Leibes, um für die wichtigere Sättigung der Seele zu sorgen (Spec. Leg. II,201), andererseits nennt er den Hunger das »unerträglichste aller Übel« (Spec. Leg. II,201; vgl. ThWb VI,13f).

b) Im Spätjudentum stehen Hunger und Durst nicht mehr unter göttlicher Verheißung, sondern gelten lediglich als Antrieb zu besserer Gesetzeserfüllung (PsSal 5,1–12; 10,1–6; 13,7–10 u. ö.). Im Rabbinismus werden Notzeiten nur noch als züchtigendes, bestenfalls läuterndes Unglück verstanden, dem man allerdings mit einer großen Wohltätigkeitsarbeit zu begegnen sucht (vgl. St.-B. II,643f; IV,536–558).

Am häufigsten begegnet im NT πεινάω *[peinaō]* (ca. 25mal), hauptsächlich bei den Synopt. III
und bes. im MtEv. Von den 16 nt. διψάω *[dipsaō]*-Belegen finden sich 9 in johanneischen Schriften (Ev. und Offb). λιμός *[limos]* kommt in den verschiedensten Schriften, insgesamt aber nur 12mal vor.

AT und NT nehmen die leibliche Not des Menschen sehr ernst. Aber nicht nur der Magen, sondern der ganze Mensch soll gesättigt werden. Äußeres Wohl und inneres Heil stehen in festem Zusammenhang. Daher erklärt sich, daß viele nt. Aussagen über Hunger und Durst eine eigentümliche Doppelheit zeigen, die Wörtlichkeit und Bildlichkeit kaum unterscheiden lassen.

1) Auch das NT spricht von Hungersnöten (Lk 4,25; Apg 7,11). Sie gehören zu den Schrecken der Endzeit (Mt 24,7 par; Offb 6,8; 18,8; vgl. ApkBar 27,6), sind Anlaß zu besonderen Hilfsaktionen (Apg 11,28) und können einen Menschen zur Umkehr bewegen, die Magen- zur Glaubensfrage werden lassen (Lk 15,14.17).

2a) Bes. das LkEv zeichnet Jesus als Anwalt der Armen und Hungernden (Lk 1,53 = Ps 107,9; Lk 6,21), wobei der Hunger in umfassendem Sinn verstanden wird. Die Glaubenden sollen den Hunger nicht fürchten, als gäbe es keinen Gott, der helfen kann. Die jetzige Ordnung der Dinge ist fragwürdig. In seinem zukünftigen Handeln wird Gott für die Bedürftigen eintreten. Deshalb preist Jesus sie schon jetzt glücklich im Ausblick auf den kommenden Tag Gottes: Dann schenkt er die Gaben der Heilszeit, und es wird für die, die von der Welt nichts zu erwarten haben, aber alle Hoffnung auf Gott richten, keinen Hunger mehr geben (Lk 6,21). Die Satten dieser Welt aber haben keine Verheißung. Im Gegenteil, ihnen gilt die Androhung, daß es ein qualvolles Erwachen für sie geben wird (Lk 6,25). So stellt die lukanische Seligpreisung und der Weheruf (Lk 6,21.25) dem gegenwärtigen Hunger und Entbehren der Armen, dem die Verheißung der göttlichen Hilfe und des künftigen Heil-werdens gilt, das zukünftige Hungern der gegenwärtig Satten und Reichen gegenüber, das Verdammnis ohne Verheißung sein wird (vgl. Lk 16,19–31: reicher Mann und armer Lazarus).

b) Die Seligpreisung des Matthäus (5,6) versteht das Hungern als ein »Hungern und Dürsten nach der Gerechtigkeit«. Im Gegensatz zur Selbstgerechtigkeit der jüd. Gesetzlichkeit meint der »Hunger nach Gerechtigkeit« das Entbehren und Verlangen nach göttlicher Gerechtigkeit (vgl. Mt 6,10; 3. Bitte des Vaterunsers: »Dein Wille geschehe . . .«). Die Hungernden sind nach Mt zugleich die Glaubenden, die nach der Gottesherrschaft verlangen (6,33) und deren verheißene Sättigung mit dem Kommen Jesu beginnt, bis ihnen alles andere zufallen wird.

c) Eine hintergründige Bedeutung haben Hunger und Durst bei Johannes: Im natürlichen Durst (Joh 4,13) und körperlichen Hunger (6,1ff) meldet sich das Verlangen nach Leben überhaupt. Jesus greift diese Sehnsucht auf, um darauf hinzuweisen, daß nur der Anschluß an ihn, den Lebensspender, dieses Sehnen stillt (4,14f; 6,35 »Ich bin das Brot des Lebens«; 7,37; im Anschluß an Ex 16,3ff). Was aber alle Worte zur Befriedigung von Hunger und Durst verheißen, wird vollendet erst in der neuen Welt Gottes voll empfangen. Dann wird alle leibliche und geistliche Erdennot beendet sein (Offb 7,16; 21,6; 22,17 = Jes 49,10; 55,1; vgl. Lk 1,53; 6,21 par).

3) Die Schilderung, daß Jesus selber Hunger und Durst leiden mußte, dient in den Evgg. dazu, den Sohn Gottes in seiner Menschlichkeit zu zeigen: Nach einem 40tägigen Fasten wird der Hunger für Jesus zur teuflischen Versuchung, ihn in der Vollmacht als Sohn Gottes durch ein Wunder der Selbsthilfe zu stillen. Nur im Gehorsam gegen Gottes Wort vermag er fest zu bleiben (Mt 4,2 par). Er verflucht den Feigenbaum, der seinen Hunger nach Früchten nicht stillt (Mt 21,18 par), und weist damit gleichnishaft darauf hin, wie der Fluch über jene kommen wird, die ihn vergeblich nach Frucht und Gerechtigkeit hungern lassen. – Am Kreuz dürstet der, der selbst das allen Durst stillende Lebenswasser anbietet (Joh 19,28; vgl. Ps 69,22).

4) Die Jünger teilen um ihres Berufes willen die Armut Jesu: Aus Hunger raufen sie am Sabbat Ähren aus, und Jesus verteidigt sie darin (Mt 12,1.3 par). – Hunger und Durst gehören auch zu den harten Entbehrungen, die Paulus im Dienst für den gekreuzigten Christus durchmachen muß, im Gegensatz zu den gnostischen Schwärmern in Korinth, die trügerisch meinen, schon alle Güter der zukünftigen Welt vollendet zu besitzen (1Kor 4,1ff; 2Kor 11,27), und deshalb unbarmherzig bei ihren Zusammenkünften von den Hungernden unter ihnen keine Notiz nehmen (1Kor 11,21.34). Hunger und Durst versuchen, Paulus von der Liebe Gottes zu trennen (Röm 8,35). Wenn er sie dennoch zu bewältigen vermag, beruht das nicht auf Askese oder Gnosis, sondern rührt allein von Christus her (Phil 4,12).

5) Hunger und Durst sind auch im NT Gegenstand der Liebestätigkeit. Ihre Stillung zählt zu den Werken der Barmherzigkeit, die als Maßstab beim Weltgericht angelegt werden (Mt 25,35.37.42) und auch den Feind einschließen sollen (Röm 12,20 = Spr 25,21f). Dabei haben wir zu bedenken, daß im Hungernden und Dürstenden Jesus Christus selbst incognito uns begegnet (Mt 25,37.42), »verkleidet in die Uniform des Elends« (Matthias Claudius; vgl. Apg 11,28ff).

W. Bauder

βρῶμα

βρῶμα *[brōma]* Speise, Essen · βρῶσις *[brōsis]* Speise, Essen · γάλα *[gala]* Milch

βρῶμα *[brōma]* (seit Hippokrates) und βρῶσις *[brōsis]* (seit Homer) bedeuten beide 1) das, was gegessen wird, die *Speise*, 2) das *Essen* bzw. *Fressen* (als Vorgang); selten in übertragenem Sinn die Unsterblichkeitsspeise. I

In der LXX sind beide Wörter fast ausschließlich Übers. der hebr. Wortfamilie *'āchal, essen*. Sie bedeuten meist *Speise, Nahrung*, nur ganz selten *Essen* bzw. *Fressen* als Vorgang (so zB Jer 15,3). Häufig ist die Wendung εἰς βρῶσιν *[eis brōsin]* = *zur Speise* (Gen 1,29; 2,9; 3,6; 9,3 u. ö.) bzw. zum Fraße (Gen 1,30; Jer 7,33; 19,7 u. ö.). II

Gott, der Menschen und Tieren ihre Nahrung zugewiesen hat (Gen 1,29f; 2,16; 9,3), sorgt auch in der Geschichte seines Volkes für Nahrung (vgl. Ps 78,18.30; Gen 41,35ff). Die Speise, die Gott gibt, ist Ausdruck der von ihm gegebenen Gerechtigkeit (Jon 2,23 LXX).

Die Begriffsgruppe findet sich in der LXX nicht in übertragener Bedeutung für geistige oder gar überirdische Nahrung (ansatzweise allerdings in Dtn 8,3; → Brot, Art. μάννα *[manna]*).

βρῶμα *[brōma]* kommt im NT (17mal; davon 10mal bei Paulus!) vor: a) im eigentlichen Sinn als *Nahrungsmittel* (zB Mt 14,15; Mk 7,19; Röm 14,15.20; 1Kor 8,8:13 u. ö.); b) in übertragener Bedeutung (zB Joh 4,34; 1 Kor 3,2; 10,3). – βρῶσις *[brōsis]* (11mal) findet sich a) für den *Akt des Essens* (so zB Röm 14,17; 1 Kor 8,4; 2 Kor 9,10; Kol 2,16); b) völlig gleichbedeutend mit βρῶμα *[brōma]* sowohl wörtlich (Hebr 12,16) als auch übertragen (Joh 4,32; 6,27.55); c) aus dem Rahmen fällt Mt 6,19, wo β. ein fressendes Insekt bezeichnet. III

1) Der wörtliche Gebrauch: Im NT wird wie im AT alle Speise als Gottes Gabe angesehen, die vom Menschen täglich erbeten (»unser täglich Brot gib uns heute«) und dankbar empfangen werden darf (1 Tim 4,4). Asketische und kultische Tendenzen, die bestimmte Speisen als unrein und verboten erklärten, werden im NT als Irrlehren abgelehnt (Kol 2,16f; 1 Tim 4,3ff; Hebr 13,9; vgl. Hebr 9,10). Keine Speise ist als solche unrein (Mk 7,18f) und hat dadurch irgendeine Bedeutung für das Verhältnis zu Gott (1 Kor 8,8; vgl. 1 Kor 6,13). Nicht in der Einhaltung bestimmter Speisegebote und -verbote also wird die Teilhabe an dem Heil Gottes entschieden, sondern in Gerechtigkeit und Friede und Freude in dem Heiligen Geist vollzieht sich die Gottesherrschaft (Röm 14,17).

Der Verzicht auf eine bestimmte Speise (Götzenopferfleisch) kann allerdings dann geboten sein, wenn ein Bruder durch das Essen in einen Gewissenskonflikt gestürzt wird, weil sein Gewissen noch in der Vorstellung befangen ist, mit dem Genuß der Speise etwas Unerlaubtes, Gottfeindliches zu tun (Röm 14,15.20; 1Kor 8,13). Aus Liebe zum angefochtenen Bruder, für den Christus starb, soll der im Wissen »Starke« auf eine Speise verzichten können. Die Möglichkeit zu sündigen, liegt jedoch nicht in der den Götzen geweihten Speise (1Kor 8,4), sondern im Menschen selbst (vgl. 1Kor 10,27).

2) Bildhaft ist die Verwendung von βρῶμα *[brōma]* im Gegensatz zu γάλα *[gala]*, *Milch*, 1Kor 3,2. In der rechten Verkündigung wird das Wort immer auf die Empfänglichkeit des Hörenden abgestimmt. Da nun auch der Glaube einem Reifungsprozeß unterliegt, kann der »Unmündige« im Glauben die letzte Tiefe der göttlichen Weisheit noch nicht »verdauen«. Sie ist für ihn zu feste Speise.

Die in 1Kor 10,3 erwähnte himmlische Speise ist das Manna, das auf wunderbare Weise – mangels irdischer Nahrung – das Volk Israel am Leben erhielt. Diese Speise wird von Paulus typologisch aufs Abendmahl gedeutet (→ Brot, Art. μάννα; → Herrenmahl).

In übertragener Bedeutung kommt die Speise auch Joh 4,32 vor: Etwas befremdend bezeichnet Jesus den Dienst, den er im Auftrag Gottes tut, als die Speise, von der er lebt. Jesu Tun, sein gesamtes Leben ist Offenbarung, die er nicht aus sich selbst hat, sondern vom Vater empfängt. Sein Dienst ist nun nichts anderes als diese gelebte Offenbarung. »Wenn dieser Dienst hier (V. 32.34) als seine Speise bezeichnet wird, so ist dadurch gesagt, daß er nicht nur für diesen Dienst, sondern sogar durch ihn da ist« (Bultmann 144).

In Joh 6,27 und 6,55 ist βρῶσις *[brōsis]* auf das Herrenmahl bezogen. Die unvergängliche Speise, die sich der Mensch beschaffen soll (V. 27), ist nach Joh 6,55ff der sich im sakramentalen Mahl gebende Christus. In der dieser Abendmahlsrede wird deutlich, daß Christus sich uns gibt und uns in sich hineinnimmt. »Er gibt das Lebensbrot also, indem er es ist« (Bultmann, Joh 168). So wird der Mensch Jesus als der Christus das »Himmelsbrot« (Joh 6,41ff) und macht seine Person im Abendmahl real gegenwärtig. Wer an ihn glaubt und ihn empfängt, der hat das ewige Leben.

H. Kropatscheck

γεύομαι

γεύομαι *[geuomai]* schmecken

I/II γεύομαι *[geuomai]* (Wurzel *geus, gus,* lat. *gustare,* dt. *kosten)* heißt eigentlich *kosten, schmecken,* in übertragener Bedeutung *erproben, kennenlernen, genießen.*
Im AT kommt das Wort nur Ps 34,9 (schmeckt und seht, wie freundlich der Herr ist), Hi 20,18 und Spr 31,18 in übertragener, sonst immer in der eigentlichen Bedeutung vor (vgl. Gen 25,20; 1Sam 14,24ff; Jon 3,7 u. ö.). Die übertragene Bedeutung drückt im AT das Moment der *Erfahrung* aus.

III Im NT findet sich γεύομαι *[geuomai]* 15mal (davon 10mal in den Evgg. und Apg) und wird wie im profanen Griech. und LXX gebraucht:

1) im eigentlichen Sinn zB Mt 27,34; Joh 2,9; Apg 10,10. In Kol 2,21 wird eine gnostische Spaltung des Kosmos in zwei Bereiche, einen heiligen und einen profanen, abgewehrt (vgl. V. 16ff). Gegenstände, Speisen und Zeiten besitzen keine metaphysischen Kräfte und sind deshalb auch ohne Einfluß auf den Heilsweg des Christen. Indem eine Gruppe in der Gemeinde von Kolossä einen Lebensbereich als von dämonischen Mächten beherrscht ausklammert, stellt sie den Sieg Christi über die ganze Welt in Frage. – Den Hintergrund von Lk 14,24 (es spricht wohl Jesus und nicht der Hausherr des Gleichnisses) bildet das Mahl als häufig für die eschatologische Heilszeit gebrauchtes Bild.

2) In übertragenem Sinn: in 1Petr 2,3 wird Ps 34,9 zitiert »wenn ihr geschmeckt habt, daß der Herr gütig ist«. Das ist die Erfahrung der Wiedergeborenen (1,23). Das Mittel dieser Erfahrung ist das Wort, das (2,2) verglichen wird mit unverfälschter Milch, wie sie Neugeborenen gereicht wird. Auch Hebr 6,4f beschreibt die Entstehung des Christenlebens als ein Schmecken der himmlischen Gabe (es ist nicht eindeutig, ob an die Sündenvergebung, die Gabe des Heils, des Heiligen Geistes oder gar des Christus selbst gedacht ist) und des Wortes Gottes und der Kräfte des zukünftigen Äons. Schmecken ist hier nicht im Sinne von »Genießen« (lat. *frui*) zu verstehen, sondern gibt vielmehr wie in LXX eine Erfahrung wieder: Die angeredeten Christen haben im Wort, in der Gabe des Heils, des Heiligen Geistes u. a. etwas von der zukünftigen, noch ausstehenden Welt bereits erfahren. Wenn die Glaubenden in dieser Erfahrung gleichsam »einen Vorgeschmack bekommen«, so wird darin gleichzeitig die charakteristische Spannung des »schon« und »noch nicht« im Leben der Christen deutlich.

Zum Ausdruck »den Tod schmecken« (schon in alt-jüd. Lit., vgl. St.-B. zu Mt 16,28) vgl. 1Sam 15,32; Sir 41,1 (»Bitterkeit des Todes«). Die Verheißung Mk 9,1 par, einige würden, ohne den Tod zu schmecken – also ohne zu sterben –, das Kommen des Reiches (bzw. Jesu, Mt 16,28) erleben, ist aus der Naherwartung zu erklären, die »durch Gottes Regierung nicht nur Erfüllung, sondern auch Erweiterung und Berichtigung« erfuhr (Schlatter zu Mt 16,28). – Wenn nach Hebr 2,9 Jesus »den Tod für jedermann geschmeckt« hat, so ist damit sein Sterben als Heilstod gemeint; seine Verurteilung als Sünder erspart dem Menschen zwar nicht das irdische Sterben, nimmt ihm aber die Furcht vor dem Tode, weil im Sterben Jesu der Tod als Macht des ewigen Verderbens gebrochen ist (vgl. V. 14 und 15). Darum kann es Joh 8,52 heißen: »Wer mein Wort hält, wird ewiglich den Tod nicht schmecken.«

E. Tiedtke

ἐσθίω *[esthịō]* essen

ἐσθίω

Das Essen ist neben dem Trinken Zeichen und Beweis wirklichen Lebens (vgl. Lk 24,41) und zur Erhaltung des physischen Lebens notwendig (vgl. Hom. Od. 2,305). Es wird insofern Gegenstand der Reflexion, als es einerseits als Glückseligkeit, andererseits als Laster interpretiert wird (Xen. Mem. II 1,24ff: Du sollst beständig darauf bedacht sein, was du Angenehmes an Essen und Trinken findest ... Meine Freunde, sagte sie, nennen mich Eudaimonia, die mich aber hassen ... Kakia). Doch wer möglichst leicht und angenehm sein Glück u. a. im Essen und Trinken sucht (vgl. Xen. Mem. II 1,9), muß sich darüber klar werden, daß die Götter von dem wirklich Guten und Schönen nichts ohne Mühe und Fleiß geben (Xen. Mem. II 1,28: Willst du, daß dir die Erde reichlich Früchte trage, so mußt du der Erde Dienste leisten; vgl. Lk 17,7f). Wo man sich weiter dessen bewußt wird, daß zum Leben nicht nur das materielle Essen erforderlich ist, versucht man, durch Vereinigung mit der Gottheit oder durch Essen sakramentaler Speise (vgl. IgnEph 20,2) der göttlichen und unsterblichen Lebenskräfte oder gar der Gottheit selbst teilhaftig zu werden (vgl. die Mysterienreligionen; s. Bultmann zu Joh 6,27; → Herrenmahl I). Extreme sind die Schwelgerei (vgl. Hom. Od. 21,69) und die (ständige; vgl. die Neupythagoreer) Askese (vgl. Apuleius Met. XI 23). I

Die Nahrung, die der Mensch in der Natur vorfindet oder die er sich erarbeitet, wird im AT je und je als Gabe Gottes verstanden, die von Gott entgegengenommen wird (Dtn 14,4). Damit stellt sich der Mensch aber zugleich unter Gottes Forderungen und Anordnungen (Gen 3,2f). So kann zB die Enthaltung bzw. der Genuß bestimmter Speisen (vgl. Gen 2,17; Lev 7,23ff) darüber entscheiden, ob der Mensch Gott gehorcht oder im Ungehorsam (Gen 3,6) Gottes Strafe herbeiführt (Gen 3,17). – Aber schon ganz allgemein wird die Möglichkeit, satt zu werden, auf Gott zurückgeführt (Ps 22,27); nicht genug zu essen zu haben oder nicht essen zu können (Ps 102,5.10f; vgl. Apg 9,9), wird als Gottes Zorn und Strafe verstanden (vgl. Hos 4,10). Der Gerechte und der Fromme brauchen sich daher um ihr Essen nicht zu sorgen (Ps 127,2; Jes 3,10; vgl. Mt 6,25), da ihr Verhältnis zu Gott in Ordnung ist (Pred 9,7). Nach der Mahlzeit soll Gott gelobt (Dtn 8,10) und nicht vergessen werden (Dtn 6,11f). Da das Essen keine menschlich autonome Tätigkeit ist, sondern Ausdruck des Verhaltens zu Gott, soll man mit dem Hungrigen sein Brot teilen (Jes 58,8; vgl. Lk 16,19f), kann man Gott zu Ehren essen und trinken (Ex 24,11; vgl. 1Kor 10,31) und ihm (kultisch) Speiseopfer bringen (Lev 2,3.6.9ff). Später kann man (apokalyptisch) mit Gott essen und trinken, in seiner Gemeinschaft sein (vgl. syrBar 29,6ff Rießler: Die Hunger litten, sollen reichlich essen ... Da fallen aus der Höhe wieder Mannamengen). Zur vegetarischen Askese vgl. TestJud 15,4 Rießler: genoß nicht Wein noch Fleisch bis ins Alter und wollte von keiner Freude etwas wissen; s. Röm 14,21. Das verantwortungslose Verhalten beschreibt Jes 22,13 (vgl. Mt 24,38; Lk 12,19). II

1) Von Johannes dem Täufer wissen die sehr verschiedenartigen, spät formulierten, aber doch sachlich richtigen Überlieferungen Mk 2,18; Mt 11,18 und Mk 1,6 zu berichten, er habe gefastet und dürftig gelebt. Ob sich der historische Jesus in diesem Punkt tatsächlich vom Täufer unterschied, ist trotz Mt 11,19 nicht mehr auszumachen, wenn auch die Evgg. berichten, er habe nicht nur mit seinen Jüngern (Mk 14,18) die Tischgemeinschaft gepflegt (als Ausdruck der Gemeinschaft Lk 13,26; in der Theologie des Lukas als Ausdruck legitimer Augenzeugenschaft Apg 10,41), sondern auch mit den Pharisäern (Lk 7,36) und mit den Sündern (Mk 2,16). III

Die urchristliche Gemeinde lebte jedoch keineswegs asketisch (Mk 2,19), sondern kannte voller Freude (vgl. dazu auch Lk 15,23) gemeinsame Mahlzeiten (Apg 2,46), während man die kultischen Vorschriften ablehnte (Gal 2,12; Mk 7,1ff). Das Mißverständnis, die Tischgemeinschaft mit Jesus gewährleiste schon die Aufnahme in das Reich Gottes, wird Lk 13,26ff par abgewehrt. Dem Vorwurf, Jesus esse mit Zöllnern und Sündern, begegnet Mk 2,16f damit, Jesus sei gekommen, die Sünder zur Buße zu rufen, nicht die Gerechten: Die Tischgemeinschaft wird symbolisch zur Gemeinschaft überhaupt. Auch die erst in ferner Zeit erwartete und so von Lukas verstandene Parusie gibt die Bedeutung der Tischgemeinschaft im Reich Gottes nicht auf, sondern hält an ihr fest (Lk 14,15; 22,30). – Die Speisungsgeschichten Mk 6,34ff; 8,1ff sind ein Teil der Wundergeschichten, die Jesu Macht und Größe verherrlichen, sie vervollständigen das Bild, das sich die Gemeinde von Jesus machte.

2) In der Missionspraxis wird das Essen insofern erörtert, als der Missionar ein Anrecht auf seinen Lebensunterhalt hat (1Kor 9,14; Mt 10,10; Lk 10,7). – Die Aufforderung

zur Arbeit gehört in die Paränese; denn wer nicht arbeitet, soll auch nicht essen (2Thess 3,10).

3) In Korinth wird das Essen und Trinken zu einem besonderen Problem. Dort gab es offenbar (gnostische) Kreise, die, um ihre »Stärke« und »Freiheit« zu beweisen, mit bewußter Absicht an Götzenopfern teilnahmen (1Kor 10,14ff), so daß Paulus sie darauf hinweisen muß, man könne nur entweder an Gott oder an den Götzen und Dämonen teilhaben; beides schließt sich gegenseitig radikal aus (1Kor 10,20ff). Nach Klärung dieser Angelegenheit ergibt sich insofern ein weiteres Problem, als man Paulus um Rat bittet, ob man Götzenopferfleisch, das auf dem Markt angeboten wird, kaufen und essen darf. Diese Anfrage beantwortet Paulus an sich mit einem Ja (V. 23), jedoch mit der Einschränkung, daß man Rücksicht auf die »Schwachen« zu nehmen habe (1Kor 8,9ff; 10,33; Röm 14f). Auch das → Herrenmahl gerät in Korinth in eine Krise; denn aus der Sicht des Apostels gefährden gewisse (uns nicht mehr klar erkennbare?) Unsitten die gemeinsame Mahlzeit: Wollte man das überlieferte sakramentale Mahl durch eine profane Mahlzeit ersetzen, da man eine Mahlzeit, die den Gekreuzigten zum Inhalt hatte, für anstößig und im Blick auf die eigene Stärke für unsinnig hielt, so daß Paulus wieder den Tod des Herrn in den Mittelpunkt der Feier stellen muß (1Kor 11,26; so Schmithals)? Oder haben die Korinther keineswegs das Herrenmahl abschaffen wollen, sondern im Gegenteil es »in so hohem Maße für die Hauptsache angesehen, daß darüber die vorangehende Mahlzeit zu einer Sache wurde, die man nach eigenem Belieben und zu eigenem Genuß gestalten konnte« (Bornkamm)? Oder sind die Mißstände in Korinth derart zu deuten, daß man sich beim Herrenmahl nicht als → Leib Christi verstand (vgl. 1Kor 6,15; 10,16; 11,29; 12,27), weil man es in der Weise, wie es 1Kor 11,21 (vgl. 1Kor 5,11) beschreibt, profaniert und insofern praktisch durch ein Sättigungsmahl zu ersetzen droht (ἴδιον δεῖπνον *[idion deipnon], eigenes, privates Mahl,* ist das grundsätzlich von Christus, nicht nur vom gekreuzigten Christus gelöste Mahl, vgl. ἴδιον σῶμα *[idion sōma], eigener Leib* 1Kor 6,18; 7,4; vielleicht gehörte ἴδιον *[idion] eigen, dem einzelnen angehörig, für sich,* in die korinthische Terminologie und meinte die dort falsch verstandene Stärke und Freiheit, vgl. 1Kor 7,7)? Jedenfalls handelt es sich wohl nicht, wie oft angenommen, um ein privates, individualistisch verstandenes Mahl, dem Paulus die gemeinsame Feier gegenüberstellen müßte, an der alle Gemeindeglieder, ob reich oder arm, teilnehmen sollten.

4a) Um eine andere Frage geht es im JohEv.: Das wahrhaftige Brot (Joh 6,32) ist Jesus selbst (V. 35.48). Das Kommen zu ihm, dh der Glaube an ihn, verbürgt das ewige Leben (V. 27), während die irdische Nahrung vergänglich ist (V. 49f). V. 51ff gehen über das zuvor Gesagte insofern hinaus, als sie nun das Essen, das zuvor den Glauben meinte, als das Essen der σάρξ *[sarx]* Jesu interpretieren und damit auf das Abendmahl hindeuten.

b) Das Essen des Offenbarungsbuches (Offb 10,9; vgl. Ez 3,1ff) meint die reale Aneignung der Offenbarung, deren Inhalt (vgl. Kap 12ff) als Sieg (= süß) und Kampf (= bitter) beschrieben wird.

c) Hebr 13,10 ist unklar, ob mit dem Altar das Abendmahl, das Kreuz Jesu oder gerade keine realistische Abendmahlslehre gemeint ist (vgl. Michel zSt), oder ob lediglich jedes außerchristliche Opfermahl abgelehnt werden soll.

G. Braumann

πίνω

πίνω *[pinō]* trinken · ποτίζω *[potizō]* tränken, zu trinken geben · ποτήριον *[potērion]* Trinkbecher · πόμα *[poma]* Trank · πόσις *[posis]* das Trinken, Trank · πότος *[potos]* Trinkgelage

I 1) πίνω *[pinō]* (seit Hom.) heißt *trinken;* das Kompos. καταπίνω *[katapinō]* (seit Hes., Hdt.) verstärkt die Grundbedeutung des Simplex: *hinuntertrinken, verschlucken* (zB die Erde, die Wasser einsaugt, Plato Crit. p 111 D). Das stammverwandte Verbum ποτίζω *[potizō]* (seit Hippokrates) hat trans. Bedeutung: *machen, daß jemand trinken kann; trinken lassen, zu trinken geben, tränken* (von Tieren). Das Subst. ἡ πόσις *[hæ posis]* (seit Hom.) bezeichnet a) den Akt des Trinkens, das *Trinken* (Hdt. 1,172); b) das, was man trinkt, den *Trank* (so Joh 6,55). Die gleiche Bedeutung *Trank* haben auch τὸ πόμα *[to pọma]* (Pindar) und τὸ ποτόν *[to potọn]* (seit Hom., nicht im NT), während ὁ πότος *[ho pọtos]* (Xenoph.) das *gemeinsame Trinken*, das *Trinkgelage*, meint (im NT nur 1Petr 4,3). ποτήριον *[potærion]* (seit Alcaeus, Sappho) schließlich ist das *Trinkgefäß*, der *Becher* bzw. *Kelch* und spielt in den nt. Abendmahlstexten eine wichtige Rolle.

2) Das Trinken stillt den Durst und erquickt (Hom. Il. 14,5; Nestor zu Machaon nach überstandenem Kampf: aber du trink nun . . .). Es wird in der Volksmeinung als Genuß aufgefaßt (Xenoph. Mem. III,8,2: er aber fragte ihn, ob er das Gute kenne, um dann, wenn er etwas von dem nennen sollte, nämlich Speise und Trank . . ., zu zeigen, daß dieses manchmal etwas Schlechtes sei). Es kann zur Leidenschaft werden (Xenoph. Mem. III,6,1: müßte man nicht zuerst untersuchen, wer die Völlerei und Trinklust beherrscht?). In der philosophischen Erörterung stößt eine derartige Lebenseinstellung auf Kritik (Plato Phaid. 81,2: werden nicht die, welche sich der Völlerei . . . und Trinklust hingegeben hatten, wahrscheinlich in die Geschlechter der Esel und ähnlicher Tiere eingehen?). Doch kennt man nicht nur das Trinken, das den leiblichen Durst löscht oder einen leiblichen Genuß verschafft. Es hat vielmehr darüber hinaus einen Platz insbesondere in den Mysterienreligionen, u. a. in sakralen Mahlzeiten: der Trank, vor allem des Wassers, verleiht reale, übernatürliche Kräfte und lebenspendende Gnosis (äthHen 22,9; OdSal 6,18: denn alle erkannten sich im Herrn und wurden erlöst durch das ewige unsterbliche Wasser; corp. Herm. 1,29: und sie wurden genährt aus unsterblichem Wasser; καὶ δοίη σοι ὁ Ὄσιρος τὸ ψυχρὸν ὕδωρ *[kai doiæ soi ho Osiros to psychrọn hydōr]*, *»und möge dir Osiris das kalte Wasser reichen«*, eine auf Grabinschriften oft wiederholte Wunschformel, s. Rohde Psyche II$^{9.10}$,391; vgl. Bultmann, Johannes, 132ff; Bauer zu Joh 4,14).

Die LXX übersetzt in den weitaus meisten Fällen (215mal) das Kal von *schatah, trinken*, mit πίνω II
[pinō], während ποτίζω *[potizō]* das Hifil von *schaqah, trinken lassen, tränken*, wiedergibt.

1) Angesichts der vielfach anzutreffenden Wasserarmut sind im at. Bereich das → Wasser und damit der Durst (Ex 17,1ff; vgl. Art. πεινάω) und das Trinken (1Kön 17,3f) von besonderer Bedeutung (Hi 38,25ff nach Weiser: wer grub dem Regengusse Rinnen, wer bahnt dem Donnerstrahl den Weg, zu regnen über menschenleeres Land und auf die Wüste, die kein Mensch bewohnt, zu sättigen die Wildnis und Einöde, sprossen zu lassen Pflanzengrün?). Regen verwandelt die orientalischen Länder in einen »bewässerten Garten« (vgl. DtJes 55,10), während sein Ausbleiben fast alle Vegetation verdorren läßt und katastrophale Hungersnöte zur Folge hat (1Kön 18,2ff). Mit dem Wassermangel hängt es aufs engste zusammen, daß es schlechtes und ungenießbares Wasser gibt (Ex 15,23).

2) Das Vermögen, den Durst stillen zu können, wird auf Gott zurückgeführt (Ps 65,10f nach Weiser: Gesegnet hast du das Land, es getränkt, mit Reichtum überschüttet. Ein Gottesstrom mit Wasser die Fülle, so richtest du's her. Du tränkst seine Furchen . . .; vgl. Hebr 6,7). Das Getränk wird nicht als einmalig dem Menschen bei der Schöpfung zur Verfügung gestellte Schöpfungsgabe verstanden, sondern als Gabe, die je und je neu von Gott entgegengenommen wird und Anlaß zu Dank gibt (Ex 15,22ff; Ri 15,18). Dem entspricht, daß man den Durst, den man nicht löschen kann, als Gottes Zorn und Strafe versteht (Jes 5,13). Wenn man das Stillen des Durstes als selbstverständlich hinnimmt, hat man Gott vergessen (Jer 2,6). In Verantwortung vor ihm hat Israel mit dem Wasser sorgfältig umzugehen (Ez 34,18ff), und nicht nur, weil es als besonderes Gut des Kulturlandes empfunden wird.

3) In übertragener Bedeutung kann das Trinken Bild dafür sein, wie Gottes Gaben und Gerichte auf den Menschen zukommen: Je nachdem, ob es der Zornesbecher ist (Jer 25,15ff; Jes 51,17; Ps 60,5; 75,9 u. ö.) oder die gnädige Gabe (Ps 116,13; vgl. auch Jes 55,1), führt der Trank zum Verderben oder zum Heil. Ebenfalls in übertragener Bedeutung spricht Am 8,11 vom Durst und zwar nach dem Wort Gottes, der gestillt werden kann, wenn Gott es will.

Im NT ist in verschiedenen Zusammenhängen vom Trinken und Essen die Rede. Man kann III
etwa 5 Gedankenkreise aufzeigen: 1) die volkstümliche Frömmigkeit, 2) die Stellung des Täufers und Jesu, 3) die Tischgemeinschaft, 4) das Herrenmahl, 5) das johanneische Lebenswasser.

1a) Vom Trinken ist wie vom Essen zunächst in direkter Weise die Rede. Interessant ist beim Gebrauch des Wortes *trinken* die Relation, die zwischen dem Menschen und seinem Nächsten, zwischen dem Menschen und Gott hergestellt wird. Das Essen und das Trinken werden ebenso wie die Kleidung Mt 6,25ff par (Q) relativiert: das Leben selbst ist wichtiger; Gott ist es, der die Sorge übernimmt; das Suchen nach dem Reich Gottes (Mt: und der Gerechtigkeit) soll das Interesse des Menschen fesseln, dann werden sich die alltäglichen Fragen, zu denen Essen und Trinken gehören, von selbst erledigen. Die Argumentation bleibt volkstümlich (vgl. St.-B. I,436), die eschatologische Komponente fehlt, so daß wohl kaum ein Wort Jesu, sondern die Übernahme volkstümlicher Weisheit vorliegt: In Gott ist man mit seinen Sorgen geborgen.

b) Im Rahmen volkstümlicher Frömmigkeit bleibt ferner das Beachten kultischer Fastenvorschriften, wenn etwa noch von Petrus erzählt wird, er habe nichts Unreines gegessen (Apg 10,14).

c) Abgelehnt und bekämpft wird dagegen das »materialistische« Verhalten, das nur bis zum Tode denkt (1Kor 15,32) oder nicht einmal mit dem Tode und mit der Zeit nach dem Tode, dh mit Gott, rechnet (Lk 12,19): Wer Essen und Trinken verabsolutiert und nicht seine Verantwortung gegenüber Gott begreift (Mt 24,48ff), hat sich selbst nicht verstanden (Lk 12,19) und wird einmal dafür zur Rechenschaft gezogen werden (Mt 24,38ff par).

2a) Damit ist die tiefere Problematik angeklungen: Essen und Trinken sollen nicht Selbstzweck, nicht selbstsüchtiger Genuß, sondern ein Verhalten sein, das sich vor Gott und den Menschen verantwortlich weiß. Paulus sieht diese Fragestellung e k k l e s i o l o g i s c h : Obwohl der Christ alle Freiheit hat, zu essen und zu trinken, was er will (1Kor 9,4), ist er doch zur Rücksicht gegenüber seinem Nächsten verpflichtet (Röm 14,21). C h r i s t o l o g i s c h wird die Frage bei Mt gesehen: In dem Armen, der getränkt (ποτίζω *[potịzō]*) wird, begegnet Christus selbst (Mt 25,37.42). Eine praktische Missionsanweisung liegt Lk 10,7 vor.

b) E s c h a t o l o g i s c h ist die Problematik bei Johannes dem Täufer verstanden: Der Ernst der nahe bevorstehenden Ereignisse wirft seine Schatten in diese Zeit voraus (Mk 1,5f); deshalb ißt und trinkt Johannes nicht (Mt 11,18f par Q).

c) Im Gegensatz dazu wird das Verhalten des »Menschensohnes« geschildert: er ißt und trinkt (ebd.). Ob allerdings mit dem Menschensohn urspr. Jesus gemeint war oder der Mensch schlechthin, also nicht Jesus, dem der Vorwurf des (verantwortungslosen) Essens und Trinkens gemacht wurde, ist nicht mehr deutlich zu erkennen.

Wie immer man die traditionsgeschichtlichen Fragen beantworten mag, auffallend ist, daß auch andere, freilich späte Traditionen, in positiver Weise von Jesu und der Jünger Essen und Trinken sprechen: Jesus ißt und trinkt mit den Sündern (Mk 2,16; vgl. Lk 5,30.33). Allerdings fehlt eine eindeutige eschatologische Motivierung. Hat Jesus im Gegensatz zu Johannes dem Täufer die nahe bevorstehenden Ereignisse eher mit Freude als in pessimistischem Ernst erwartet und sich aus diesem Grunde auf die Seite der Sünder gestellt?

3a) Das Trinken nähert sich seiner eigentlichen Bedeutung, wenn es mit dem Essen zu einem A u s d r u c k d e r V e r b u n d e n h e i t unter denen wird, die miteinander an einer Mahlzeit teilnehmen. So wird es später Menschen geben, die sich darauf berufen, mit Jesus gegessen und getrunken zu haben, um nun in der Ewigkeit ebenso an seiner Seite einen Platz zu beanspruchen (Lk 13,26); ihnen antwortet Jesus jedoch: ich kenne euch nicht (V. 27). Den Jüngern wird dagegen verheißen, daß sie an Jesu Tisch in seinem Reich essen und trinken werden (Lk 22,30), dh sie werden auf seine Seite gehören. Diese tiefere Bedeutung liegt auch Lk 5,30 (s. o.) zugrunde: Indem die Jünger mit den Sündern essen, stehen sie (mit Jesus) auf ihrer Seite. Von besonderem Gewicht ist an dieser Stelle allerdings, daß der Evangelist Lukas den Zusatz bringt »zur Buße« (V. 32): Jesus steht nicht mehr (wie Mk 2,16f) zu den Sündern als solchen, sondern zu den Sündern, die Buße tun.

b) Die Bitte der Zebedäus-Söhne, in der Ewigkeit an Jesu Seite zu sitzen, hat zwar apokalyptisch-eschatologischen Charakter (Mk 10,35–37), doch fällt auf, daß die Antwort Jesu keineswegs apokalyptisch-eschatologisch, sondern vielmehr mit dem Hinweis auf seinen Tod gegeben wird: Der Kelch ist als Leidenskelch, die Taufe als Todestaufe verstanden (V. 38). Der Leidenskelch kehrt an anderer Stelle noch einmal wieder: Mk 14,36 par (vgl. Joh 18,11) bittet Jesus seinen Vater, er möge den Leidenskelch (ποτήριον *[potẹrion]*) an ihm vorübergehen lassen.

4a) In übertragenem Sinn ist vom Trinken 1Kor 10,1ff die Rede. Wahrscheinlich ist, daß Paulus V. 3f auf das → Herrenmahl als ein Heilsgeschehen anspielt, das schon für die Mose-Zeit als pneumatisch, dh nicht als bildlich oder nur gleichnishaft, sondern als real und gottgewirkt aufgefaßt wird, das also die reale Identität zwischen altem und neuem Heilsgeschehen und nicht nur eine Analogie meint (Käsemann, EvTh 1947/48, 268; Bultmann, Theologie, 38). Unsicher ist allerdings, wie das Trinken aus Christus zu verstehen ist. Meint es in Analogie zu den hell. Mysterienkulten das Trinken des Christus (Heitmüller, RGG I, 1. Aufl., 40: »Die Speise und der Trank ist Jesus Christus«) oder den Trank, der von Christus als der Quelle herkommt, also den Trank, den Christus schenkt (v. Soden, Sakrament und Ethik bei Paulus, 1931, 264: »Christus gibt den Trank, nicht Christus ist der Trank«)?

b) Die gleiche Unsicherheit ergibt sich in 1Kor 10,16f. V. 16 ist wohl eine von Paulus übernommene Tradition (Käsemann), die den Kelch (ποτήριον *[potærion]*) als Anteil (nicht: Gemeinschaft) an Leib und Blut Christi auslegte. V. 17 ist wohl eine Weiterführung der Überlieferung durch Paulus. Während Käsemann (Leib und Leib Christi, 1933, 168) interpretiert: »Im Christus ist man zugleich Leib Christi«, stellt Schlier (Christus und die Kirche, 1930, 41) fest: »Paulus sagt nur, daß dieser Leib der Gemeinde Christus angehört, sein Eigentum ist«.

c) Um die gleiche Frage geht es auch in den Deuteworten der Abendmahlsüberlieferung nach paulinischem Verständnis (1Kor 11,23–26): Ist das Essen und Trinken von Brot und Wein identisch mit dem Anteil an (dem erhöhten) Christus oder nur insofern ein Hinweis auf (den irdischen) Christus, als sein Tod Anteil am Heil vermittelt?

Die Synopt. stellen das Herrenmahl in Verbindung mit dem Passamahl dar (Mk 14,12 par). So spitzt sich die Frage nach dem ältesten Sinn des Herrenmahls zu: Ist es entweder hell. und daher nicht auf eine Einsetzung durch Jesus selbst zurückgehend als Vergegenwärtigung Christi oder als Interpretation des Todes Jesu in seiner Bedeutung für das Heil der Gemeinde aufzufassen?

5) Joh 4,10ff geht es um die Frage nach dem Lebenswasser (V. 11). Das natürliche Wasser stillt den Durst nur vorübergehend (V. 13); auch nach Röm 14,17; Kol 2,16 sind Reich Gottes und Essen und Trinken zweierlei. Doch das Wasser, das Jesus gibt, verleiht das ewige Leben (V. 14). Daher gilt es, (zu Jesus) zu kommen (Joh 7,37), dh es gilt, an Jesus zu glauben (vgl. zur imperativischen Formulierung Bultmann, Theologie, 375). Während also nach Joh (auch nach Paulus, s. o.?) im Grunde Jesus selbst die Gabe ist, die man glaubend empfangen kann, wird in dem vielleicht erst später angefügten Abschnitt Joh 6,51ff das Trinken an das Abendmahl gebunden (→ Herrenmahl), 7,36 dagegen an den Geist.

G. Braumann

ZUR VERKÜNDIGUNG V

Es ist nicht möglich, aus einzelnen Stellen der Bibel, die vom Hunger und Durst, vom Essen und Trinken sprechen, ein dogmatisierendes oder moralisierendes Regelschema abzuleiten, da man in unausweichliche Widersprüche geraten würde: Denn während zB Paulus es Röm 14,21 für gut hält, gar keinen Wein zu trinken, wird 1Tim 3,8 nur vor übermäßigem Weingenuß gewarnt; nach Joh 2,1ff trägt Jesus durch die wunderbare Weinvermehrung bei der Hochzeit zu Kana sogar zum reichlichen Weingenuß bei. Während Jesus nach Mk 2,16 mit den Sündern ißt, warnt Paulus 1Kor 5,11 ausdrücklich davor. Die Aussagen sind vielmehr in größere Zusammenhänge eingebettet, die bestimmte geschichtlich gebundene Situationen beschreiben. Diese für uns historisch zurückliegenden Situationen wollen nicht zu zeitlosen allgemeingültigen und allgemeinverbindlichen Regeln ausgeweitet werden (vgl. 1Tim 5,23). Sie sind vielmehr ein Ausdruck dafür, wie man in eigener Verantwortung vor Gott und den Menschen lebte. Es gilt, die Intentionen der Bibel aufzunehmen und sie in unseren Situationen wirksam werden zu lassen.

Zur Erhaltung des menschlichen und menschenwürdigen Lebens ist nicht nur das → Brot, sondern das Wort Gottes notwendig (Am 8,11; Mt 4,4). Mit dem → Wort Gottes ist es Christus, der »Dürstenden« den »Durst« löscht (Joh 4,14; 7,37). Dort liegen die Grundlagen für unser Leben. Das Abendmahl versorgt uns mit der Speise und dem Trank, die uns immer wieder aufs neue auf den hinweisen, der unser Leben bestimmt und ausrichtet.

Man würde jedoch die Bibel mißverstehen, wenn man es bei der dankbaren Entgegennahme der Gottesgaben beließe. Vielmehr ist mit dem Beschenktwerden durch Gott die eigene Dankbarkeit und mit ihr die eigene Verantwortung angesprochen. So hieß es verantwortlich handeln, wenn es zu Gottes Ehre (1Kor 10,31) oder mit Rücksicht auf den Nächsten geschah (Mt 10,42). Es hieß vor Gott unverantwortlich handeln, wenn man verfuhr, wie es 1Kor 15,32; 11,29ff beschreibt. Wie ernst unser Tun und Handeln gemeint ist, zeigt die christologische und eschatologische Komponente Mt 25,35.40.42.45: Im Hungernden und Dürstenden begegnet uns Christus. Und während die Kirche jetzt noch ein corpus mixtum ist, wird unter eschatologischem Aspekt klar, wer auf Gottes Seite gehört: der nämlich, der seine Verantwortung wahrnimmt (vgl. auch Lk 16,19ff).

Das Helfen des Christen ist demnach nicht humanitär oder politisch begründet, sondern es ist der Ausdruck dafür, von wem her er sich versteht: Von dem her, der über ihn bestimmt, der in ihm ein neues Leben in Gang setzt. Die Gelegenheiten, Hunger und Durst in der Welt zu stillen, sind mannigfaltig. Paulus stellt Gal 6,10 heraus, daß den Glaubensgenossen der Vorzug gebührt (μάλιστα *[malista]*). Dazu kann man allerdings fragen, ob wir unserer Verantwortung gegenüber den notleidenden Kirchen in aller Welt wirklich gerecht werden. Jedoch ist die Verantwortlichkeit des Christen weit umfassender: Jedem Menschen, ohne Rücksicht auf seinen Glauben, ist er zur Hilfe verpflichtet. Nachdem die Hungersnot im eigenen Land (vgl. J. S. Bach, Kantate: Brich dem Hungrigen dein Brot) so gut wie ganz beseitigt ist, dienen etwa die Sammlungen »Brot für die Welt« und »Misereor« dem Ziel, die helfende, aus dem Wort Gottes erwachsene Tat an den Hilfsbedürftigen zu realisieren. (Das Zitieren von Mt 6,33 würde der Problematik nicht gerecht.) Darüber hinaus haben sich der einzelne Christ und die gesamte Christenheit zu fragen, welche Möglichkeiten sie haben, an den vielfältigen Formen auch außerkirchlicher Entwicklungshilfen mitzuarbeiten, um wirksam und weltweit auf breitester Ebene den Hunger zu bekämpfen. Der Problemkreis erstreckt sich bis hin zur Frage der Geburtenkontrolle und zur Frage der Entwicklungspolitik, die über die vordergründigen, eigensüchtigen, nationalen Ziele der Industriestaaten hinausdringen müßte, in der Erkenntnis, daß die uneigennützige Förderung der Entwicklungsländer letztlich auch den »reichen« Ländern zugute kommt.

Dem in der helfenden Tat gelebten Glauben korrespondiert das eigene Opfer, der empfundene Verzicht. Das → Fasten als eine feine äußerliche Zucht, als die realisierte Dankbarkeit mit dem Ziel, dem anderen zu helfen, ist eine sinnvolle evangelische Möglichkeit.

Essen und Trinken hatten seit jeher auch einen kommunikativen Sinn: Gemeinsame Mahlzeiten in der Familie, im Verwandten- und Freundeskreis können auch heute noch menschlich verbindend wirken. Von hier aus ergeben sich Möglichkeiten für das Gemeindeleben (vgl. die Agapen und M. Langhans, Geselligkeit in der Gemeinde, 1960).

Ein bes. Problem ist bis heute die Alkoholfrage und darüber hinaus die Frage der Suchtgefahren geblieben. Auch der Alkohol kann dazu beitragen, die Geselligkeit zu fördern. Doch kann der Christ in die Lage kommen, zeichenhaft als Protest gegen eingetretene oder drohende Schädigungen der Süchtigen und ihrer Familien auf jeden Alkohol, wenigstens zeitweise, zu verzichten (s. das Blaue Kreuz).

Damit eröffnet sich dem Christen ein weites Feld, auf dem er seine Verantwortung vor Gott und den Menschen wahrzunehmen und seinen Glauben zu leben hat. *G. Braumann*

Lit.: JBehm, Art. βρῶμα, ThWb I, 1933, 64ff; Art. γεύομαι, 674ff – HSchlier, Art. γάλα, ThWb I, 1933, 644ff – JBehm/GBertram, Art. διψάω, ThWb II, 1935, 230ff – JBehm, Art. ἐσθίω, ThWb II, 1935, 686ff – WSchmithals, Die Gnosis in Korinth, 1955 (1965²) – FBammel/FSchmidt-Clausing, Art. Fasten, RGG II, 1958³, 881ff – LGoppelt, Art. πεινάω, ThWb VI, 1959, 12ff – ders., Art. πίνω, ThWb VI, 1959, 135ff – WNauck, Art. Speisevorschriften, EKL III, 1959, 1080f – EStiglmayr/RRendtorff, Art. Speiseverbote, RGG VI, 1962³, 230ff – GStrecker, Der Weg der Gerechtigkeit, 1962 (= 1966²) – RBultmann, Das Evangelium des Johannes, KEK II, 1964¹⁸ – JJeremias, Die Abendmahlsworte Jesu, 1967⁴.

Ich bin

ἐγώ εἰμι

ἐγώ εἰμι *[egō eimi]* ich bin · ἐγώ *[egō]* ich

Die ἐγώ εἰμι *[egō eimi]*-Formel findet sich in der klassischen Lit. nicht, auch in späterer Zeit gibt es I
kaum treffende Parallelen. Dagegen erfordert der weitere Umkreis, vor allem im vorderen Orient, zwar nicht im Sinne einer direkten Beeinflussung der nt. Aussagen, wohl aber im Sinne inhaltlicher und formaler Parallelen, besondere Beachtung. Ein betonter Ich-Stil läßt sich schon für das alte Indien nachweisen (Ich war Manu und ich Sūrya, ich bin Kaksīvat . . . ich nötige den Kutsa, den Sohn des Arjuna; ich bin Kavi Usanas, seht mich an!, s. Schweizer, 16). Vor allem aber sind mandäische Analogien interessant (Ginza 207, 34ff: Ich bin das Leben, das von jeher war . . . ich bin der Glanz, ich bin das Licht. Ginza 592,26: ich bin der erste Glanz; s. Schweizer, 37); allerdings ist das traditionsgeschichtliche Problem der Mandäer-Texte umstritten und christl. Einfluß nicht ausgeschlossen. Wahrscheinlich gehören aber die Ich-bin-Worte zur älteren Schicht und nicht zur späteren Deutung. Inhaltlich ist wichtig, daß die Ich-bin-Aussagen real gemeint sind: Weinstock, Licht und Wasser sind keine Bilder, Vergleiche o. ä., sondern mythologisch-wirkliche Substanzen (vgl. dazu im einzelnen Schweizer, 12ff).

1) Das AT bietet eine Fülle von Belegen für das hebr. *'ani* bzw. *'anochi.* Doch besagt die Statistik II
wenig, da die LXX die hebr. Äquivalente geradezu mechanisch mit ἐγώ *[egō]* übersetzt, »ob es betont oder unbetont, ob es im Griechischen nötig oder überflüssig, ob es ein göttliches oder menschliches ist« (Schweizer, 23). Daraus ergibt sich, daß ἐγώ εἰμι *[egō eimi]* für die LXX keine auf den religiösen Gebrauch beschränkte Formel gewesen ist.

2) Dennoch hat man auf Ich-Formulierungen im AT verwiesen. Zu beachten sind in diesem Zusammenhang die sog. Selbstvorstellungen, mit denen Jahwe sich als der verheißene und rettende Gott der Väter zu erkennen gibt (Gen 15,7; 17,1; 28,13; 35,11 u. ö.; vgl. auch den Beginn des Dekalogs Ex 20,2: »Ich bin der Herr, dein Gott, der . . .«; Ex 3,14 ἐγώ εἰμι ὁ ὤν *[egō eimi ho ōn]*). Diese Selbstvorstellung, in früher Zeit auf Grund der polytheistischen Welt des Alten Orients erforderlich, zielt auf das Vertrauen des Offenbarungsempfängers allein zu diesem einen Gott. Inhaltlich ist Gott der geschichtlich Handelnde. Bes. in den Gottesreden bei Ez begegnet immer wieder *'ani jhwh, 'ani hu'* (vgl. Ex 33,29; 36,36), und im Dtn erweist sich in der Dialektik von Gericht und Rettung das geschichtliche Handeln Gottes, dem deshalb als einzigem Gehorsam und Ehre gebührt (Dtn 32,39ff). Am deutlichsten und universalsten bringen die Gottesreden bei DtJes diese Macht Jahwes gegenüber Natur und Geschichte zum Ausdruck: »Ich bin der Herr, der alles gemacht, der die Himmel ausgespannt ganz allein, der die Erde gegründet« (44,24); »ich bin der Erste und ich der Letzte, und außer mir ist kein Gott« (44,6; vgl. 43,11; 45,5.23 usw.). Auch in der jüd. und christl. apokalyptischen Lit. findet sich solcher Ich-Stil der Gottesreden (äthHen 108,12; ApkAbr 9,3; Jub 24,22).

3) Das von Menschen ausgesagte ἐγώ *[egō]* begegnet in den Ich-Reden der Propheten (zB in den Gottesknechtsliedern) und der Weish (Spr 8). Im Spätjudentum gebraucht der Apokalyptiker häufig und gern den Ich-Stil, um geheime Offenbarungen zu verkünden (Dan 7,15.28; slavHen 39,2 u. ö.). Auch der Lehrer der Gerechtigkeit von Qumran spricht im Stil der Weisheitsrede: »Höret auf mich, Kinder, ich will euch die Augen öffnen, daß ihr seht« (CD 2,14).

Im NT haben ἐγώ *[egō]* und ἐγώ εἰμι *[egō eimi]* im JohEv., in der synopt. Tradition, in der III
Offb und bei Paulus verschiedene Bedeutungen.

1) Eine fest gefügte, formelhafte Verwendung des ἐγώ εἰμι *[egō eimi]* findet sich in den Komplexen des JohEv. Diese Ich-bin-Worte sind von denen zu unterscheiden, die nur ein betontes Ich Jesu meinen (vgl. Joh 7,29; 9,39 u. ö.).

a) Typisch für den johanneischen Gebrauch ist der formale Aufbau: Zu Beginn steht das Ich-bin, daran schließt sich die »Bild«-Aussage, die noch mit einem Adj. oder Part. ergänzt werden kann. Die Frage, die sich in formaler Hinsicht zum Satzaufbau stellt, ist die, ob das Ich Subj. oder Präd. ist. Ist das Ich Subj., so ergibt sich die Frage, was mit dem Präd. beantwortet werden soll. Bultmann (167ff) unterscheidet folgende Möglichkeiten: Die Präsentationsformel antwortet auf die Frage: wer bist du? (vgl. Gen 17,1; Aristoph. Plut. 78: ich nämlich bin Plutos). Die Qualifikationsformel antwortet auf die Frage: was bist du? In der Identifikationsformel identifiziert sich der Redende mit einer anderen Person oder Größe (vgl. Joh 11,25; auch 14,6). Präd. ist das Ich dagegen in der Rekognitionsformel, in der die Antwort auf die Frage gegeben wird: wer ist der und der, das und das? Die Antwort lautet: ich bin es (so Joh 6,35.41.48.51; 8,12; 10,7.9.11.14; 15,1.5).

b) Ein weiteres, nun inhaltliches Problem liegt in der »Bild«-Aussage: Liegt ein Vergleich, ein Gleichnis, ein Bild, eine Allegorie o. ä. vor, wenn Jesus sagt: ich bin das Brot des Lebens; ich bin das Licht der Welt; ich bin der gute Hirte u. ä.? Oder geht es nicht um einen oder mehrere Vergleichspunkte (Jesus — Hirte; die Seinen — Schafe), sondern um Aussagen, die meinen, Jesus sei real und wirklich (vgl. das johanneische ἀληθινός *[alæthinos]*) der Hirte, die Seinen die Schafe? Das religionsgeschichtliche Material (s. I), der Zusammenhang und die Einzelexegese machen die zuletzt genannte Möglichkeit wahrscheinlich, obwohl gleichnishafte und allegorische Momente nicht ausgeschlossen sind: Jesus ist nicht nur mit einem Hirten zu vergleichen, sondern e r i s t im eigentlichen Sinne der Hirte. Jesus ist nicht nur mit einem Weinstock zu vergleichen, der Weinstock kann nicht zeigen, was, wer und wie Jesus ist, sondern der Weinstock ist Jesus und kein anderer oder anderes sonst (Joh 15,1). Jesus hat nicht die Bedeutung (significat) einer Tür, sondern Jesus ist (est) die Tür, keinem anderen kommt diese Realität, diese göttliche Wirklichkeit sonst zu.

c) Bei dieser Interpretation, die deutlich eine Polemik erkennen läßt, ergibt sich die Frage, gegen wen sich die Aussagen richten. Offensichtlich sind die johanneischen Texte dort zu Hause, wo andere Gestalten als Jesus mit Weinstock, Hirte usw. bezeichnet wurden. Es sind wohl gnostische (Erlöser-)Gestalten. Ihr Anspruch wird abgelehnt und Jesus als der einzige herausgestellt, der das Brot des Lebens, das Licht der Welt, die Tür, der Hirte usw. ist.

d) Welche Traditionen oder ob (schriftliche) »Quellen« den Ich-bin-Worten zugrunde liegen, ist umstritten und läßt sich wohl nur in Zusammenhang mit den johanneischen Reden beantworten.

e) Im einzelnen heißt es von Jesus: er ist das Brot des Lebens, indem er selber ist, was er gibt (Joh 6,35.41.48.51). Dieses Brot des Lebens, dh Jesus selbst, verleiht ewiges Leben (6,47), es kommt vom Himmel (V. 51), der Zugang eröffnet sich im Glauben (V. 47). Jesus ist das Licht der Welt, in seiner Nachfolge hat man das Licht des Lebens (mit dem Gen. wird das Licht definiert, Joh 8,12). Das Brot des Lebens ist identisch mit dem Licht des Lebens. Im Unterschied zu allen anderen ist Jesus die Tür, dh Jesus ist der Zugang zum Heil (10,7.9). Das gleiche meint das Wort vom »guten« Hirten: dieser wirkliche, einzige Hirte ist Jesus, der sein Leben für die Schafe einsetzt, der sie errettet (10,11). Er kennt die Seinen und ist bekannt den Seinen: nicht in der abgeblaßten Bedeutung »wahrnehmen«, »theoretisch zur Kenntnis nehmen«, sondern in der Bedeutung »aufs engste verbunden sein« (8,14). Wer nach der Auferstehung fragt, wende sich an Jesus, sie ist nichts außerhalb seiner Person, sondern in ihm personifiziert (11,25). Wer fragt, wo, was und wer der Weg, die Wahrheit und das Leben ist, kann sich den Sachverhalt nicht nur an Jesus verdeutlichen, sondern Jesus ist es selbst, das ist geradezu sein Name (14,6). Jesus ist der tatsächliche, göttliche Weinstock, zwischen ihm und uns selbst besteht eine reale, wirkliche Verbindung (15,1.5).

f) Der Sinn der Ich-bin-Worte ist demnach nicht der, anhand von Bildern gleichnishaft oder allegorisch die Bedeutung Jesu zu veranschaulichen, so daß man vom Bild auf die eigentlich gemeinte Sache zu schließen hätte, sondern umgekehrt ist es Jesus selbst, von dem her das »Bild« inhaltlich gefüllt wird. *G. Braumann*

2) ἐγώ *[egō]* und ἐγώ εἰμι *[egō eimi]* in den übrigen Schriften des NT

a) Synoptiker

α) Bei der Erzählung vom Seewandel Jesu (Mk 6,46—52 parr) handelt es sich um eine Epiphaniegeschichte, in der at. und hell. Motive zusammengeflossen sind. Der Satz: »und er wollte an ihnen vorübergehen« (48c) erinnert an Jahwes Vorübergehen an Mose auf dem Sinai (Ex 33,18ff) bzw. an Elia auf dem Horeb (1Kön 19,11ff); er bringt die »fremde Hoheit« (Lohmeyer, Markus, 133) der göttlichen Erscheinung zum Ausdruck. Die Jünger im Schiff geraten unterdessen in panische Angst und halten die plötzlich auftauchende Gestalt für ein nächtliches Gespenst (49) — ein geläufiges Motiv hell. Seeerzählungen. Eindrucksvoll stellt Mk der Jüngermeinung: »Es ist ein Gespenst« das Offenbarungswort Jesu gegenüber: »Seid getrost, ich bin's (ἐγώ εἰμι *[egọ̄ eimi]*), fürchtet euch nicht« (50c). Erst diese Selbstvorstellung Jesu überzeugt von der Realität der Erscheinung; die unerkannte Gestalt gibt sich als der vertraute Helfer und Meister der Jünger zu erkennen (vgl. Lohmeyer zSt).

β) Jede der 6 Antithesen der Bergpredigt (Mt 5,21–48) setzt die Verkündigung Jesu mit der provozierenden Formel ἐγὼ δὲ λέγω ὑμῖν *[egọ̄ de lẹgō hymịn]*, *ich aber sage euch*, von dem ab, was zu den Alten gesagt wurde. Mit dieser Formulierung, die im Rabbinismus keine Parallele hat (Eichholz, Bergpredigt, BSt 46, 1965, 70), soll jedoch die at. Kasuistik nicht durch eine nova lex ersetzt werden, vielmehr kennzeichnet das »ich aber sage euch« Jesus als den rechtmäßigen und sachgerechten Ausleger der Tora, der im Gegensatz zu den verkürzenden und kasuistisch entstellenden Auslegungen der Schriftgelehrten auf den urspr. Sinn der Tora, auf den Willen Gottes zurückgreift und gerade so den Anspruch der Tora neu zur Geltung bringt (vgl. Strecker, Gerechtigkeit 146). Das ἐγὼ δὲ λέγω ὑμῖν *[egọ̄ de lẹgō hymịn]* wendet sich im Namen Gottes gegen die Verfälschungen seines Willens durch das zeitgenössische Judentum. Insofern versteht Mt die Antithesen nicht als Widerspruch, sondern als Erfüllung der urspr. Intention der Tora (5,17).

γ) Ähnlich richtet sich das betonte ἐγώ *[egọ̄]* Jesu in dem »Heilandsruf« (Mt 11, 28–30) gegen die unrechtmäßigen Ansprüche der rabbinischen Gesetzeslehrer, die mit ihren zahlreichen Vorschriften die Menschen belasten. Diese durch das pharisäische Gesetz belasteten und beladenen Menschen ruft Jesus unter sein »Joch«, das Ruhe und Erquickung in Aussicht stellt. »Weil das Gesetz Christi im Gegensatz zu den pharisäischen Satzungen zur ›Ruhe‹ führt, kann es χρηστός *[chræstọs]*, *gut, brauchbar*, heißen, obwohl es seinem Inhalt nach härter ist, und insofern die ›Last‹ Jesu schon jetzt die ἀνάπαυσις *[anạpausis]*, *Ruhe*, gewährt, ist sie ›leicht‹ zu nennen, obwohl ihre Anforderungen gewichtiger sind« (Strecker, 174).

δ) In der synopt. Apokalypse warnt Jesus vor Leuten, die in seinem Namen auftreten und mit dem Wort ἐγώ εἰμι *[egọ̄ eimi]* (Mk 13,6 parr), der »technischen Formel für die Selbstoffenbarung des Christus« (ThWb II,351), viele Menschen in die Irre führen werden. Die urchristl. Gemeinde setzt sich hier mit Leuten auseinander, die die Autorität Jesu unrechtmäßig und zu unlauteren Zwecken für sich in Anspruch nehmen. – Dagegen antwortet Jesus selber beim Verhör vor dem Synhedrium auf die Frage des Hohenpriesters: »Bist du der Christus?« mit den Worten: ἐγώ εἰμι *[egọ̄ eimi]* (Mk 14,61). Für die urchristl. Gemeinde stand offenbar zur Diskussion, wer (vgl. Joh 1,20) und ob Jesus der Messias sei. Jesus beantwortet die Frage nach seiner Messianität positiv und wird daraufhin nach der Darstellung des Mk (14,64) von der jüd. Behörde wegen Gotteslästerung zum Tod verurteilt.

ε) Schließlich gibt der Auferstandene vor seinen Jüngern mit der ἐγώ εἰμι *[egọ̄ eimi]*-Formel seine Identität mit dem gekreuzigten Jesus zu erkennen (Lk 24,39). Das Sehen der Hände und Füße und das Betasten des Auferstandenen soll dem »Beweis« der Realität der Auferstehung dienen und die Jüngerzweifel (V. 38.41) überwinden. – In der Abschlußszene des MtEv (28,16–20) bekundet der Auferstandene seine ihm von Gott verliehene Macht (»Mir ist alle Gewalt im Himmel und auf Erden gegeben«, V. 18) und verheißt mit der Ich-bin-Formulierung seine Gegenwart bei seinen Jüngern bis an das Ende der Weltzeit.

b) Offenbarung

In der Offb begegnet neben dem ἐγώ *[egọ̄]* der Christusworte auch das ἐγώ *[egọ̄]* der Gottesproklamationen. Der Grund dafür liegt in der nahezu gleichen Stellung, die der Apokalyptiker Christus und Gott gegenüber der Welt zuweist, so daß teilweise dieselben ἐγώ *[egọ̄]*-Worte Christus und Gott in den Mund gelegt werden. 1,8 ist Gott das Subj. des Satzes »Ich bin das A und das O, der ist und der war und der kommt«, während 1,17f der Menschensohn spricht: »Ich bin der Erste und der Letzte und der Lebendige.« Beide Sätze lehnen sich an DtJes 44,6 an; dem A und O entspricht der Erste und der Letzte. Am weitgehendsten wird die Parallelisierung von Christus und Gott am Schluß der Offb durchgeführt. Das Subjekt des Satzes: »Ich bin das A und O, der Anfang und das Ende« ist 21,6 Gott, 22,13 Jesus.

c) Paulus

Neben dem biographischen Ich bei Paulus (zB Gal 1,13ff) wirft das ἐγώ *[egō]* von Röm 7,7ff bes. Fragen auf. Da Paulus Phil 3,6 sein Leben unter dem jüd. Gesetz als »untadelig« bezeichnet, scheidet die Möglichkeit aus, dieses ἐγώ *[egō]* in seiner quälenden Zerrissenheit ebenfalls autobiographisch zu verstehen. – Am bekanntesten ist wohl die reformatorische Exegese von Röm 7 geworden, die das ἐγώ *[egō]* generell auf das Leben jedes Christen in der Dialektik von »gerecht und Sünder zugleich« bezieht. Diese Deutung übersieht indessen den gedanklichen Fortschritt von Kap. 7 zu Kap. 8, wo Paulus eindeutig positive Aussagen über das gegenwärtige Leben des Christen im Geist macht (vgl. das νυνί *[nynị]* bzw. νῦν *[nyn]* in Röm 3,21 und 8,1). – Eine dritte Lösung wird von zahlreichen heutigen Exegeten vertreten (Bornkamm, Conzelmann, Kümmel u. a.): Paulus blicke in Röm 7 vom gegenwärtigen Standort des Christen aus zurück auf das durch Christus vergangene und überwundene Dasein des Menschen unter dem Gesetz und beschreibe in Kap. 8 das gegenwärtige Bestimmtsein des Christen durch den Geist. Erst dem Christen Paulus wird die hoffnungslose Zerrissenheit und Verfallenheit des Menschen unter dem Gesetz durchsichtig. So umfaßt das ἐγώ *[egō]* von Röm 7 die eigene Erkenntnis des Paulus, den Standpunkt des gesetzlichen Judentums und den Konflikt des Menschen, der sich selbst behaupten will. *H.-G. Link*

Lit.: ENorden, Agnostos Theos, 1926[2] – EStauffer, Art. ἐγώ, ThWb II, 1935, 341ff – KRudolph, Die Mandäer, 1960 – HZimmermann, Das absolute *ego eimi* als die neutestamentliche Offenbarungsformel, BZ 4, 1960, 54ff,266ff – WJPBoyd, »I am Alpha and Omega« (Offb 1,8; 21,6; 22,13), StudEv 2, 1961, 326ff – GStrecker, Der Weg der Gerechtigkeit, 1962, 146.174 – AHajduk, »*Ego eimi*« bei Jesus und seine Messianität, Communio viatorum 6, 1963, 55ff – ELohmeyer, Das Evangelium des Markus, KEK I, 1963[16], 133ff – WZimmerli, Ich bin Jahwe, in: Gottes Offenbarung, ThB 19, 1963, 11ff – RBultmann, Das Johannesevangelium, KEK II, 1964[18], 137ff – GEichholz, Auslegung der Bergpredigt, 1965, 70f (= BSt, NF 46) – ESchweizer, Ego eimi, 1965[2] (= FRLANT, NF 38) – AFeuillet, Les Ego Eimi christologiques du quatrième Evangile, Rech. de Science Rel. 54, 1966, 5ff. 213ff – ESchnackenburg, Das Johannesevangelium, 2, 1971, 59ff (= HTK, IV,2) – VHoward, Das Ego Jesu in den synoptischen Evangelien, 1975 (= MThSt, 14).

Israel, Jude, Hebräer

Ἰσραήλ

Ἰσραήλ *[Israæl]* Israel · Ἰσραηλίτης *[Israælịtæs]* Israelit · Ἰουδαῖος *[Joudaịos]* Jude · Ἰουδαϊκῶς *[Joudaikōs]* jüdisch · Ἑβραῖος *[Hebraịos]* Hebräer · Ἑβραΐς *[Hebraịs]* hebräisch

I Zur Etymologie und zum ersten Vorkommen

Israel ist Satzname; verbalem Prädikat folgt ein Nomen. Die Bedeutung ist unsicher; für den verbalen Teil ist vorgeschlagen: *ist aufrichtig, leuchtet, heilt, herrscht* (Wurzel *srr*); am wahrscheinlichsten *streitet, kämpft* (von *srh*, Nebenform *svr*). Subjekt ist *el*, ein gemeinsemitisches Wort, etymologisch auch unsicher, urspr. vielleicht *Ziel, Bereich*, auch *Inhaber eines Bereiches*, dann *voran, führend sein. El* ist Gattungsbezeichnung für eine nicht näher bestimmte Gottheit. Stammesgötter wurden später mit dem Gott Israels identifiziert. – *Jisrael* ist also der Wunsch: *Gott möge* (für mich, für uns) *herrschen, kämpfen.* Als Stammes- und Volksname bezeichnet er eine Menschengruppe, in Kanaan seßhaft, die inschriftlich zum erstenmal bezeugt ist im Siegeslied Pharao Merneptahs (auf der »Israel-Stele« seines Totentempels bei Theben, um 1220 vChr, Zeile 27): »Israel ist verdorben, hat keinen Samen mehr.«

Wie in Ugarit (PRU V,69,3), so findet sich Israel auch in der hebr. Bibel als Personenname: Jakob, Ahnherr des Gottesvolkes, wird mit der Übertragung dieses Namens geehrt; dabei erfährt der Name einer Umdeutung: *El* ist jetzt Objekt, mit dem Jakob kämpfte (Gen 32,28; Hos 12,4f).

Juda, hebr. *j^{e}hudāh*, ist urspr. geographische Bezeichnung der Wüsten-Gebirgsgegend südlich Jerusalems (Jos 20,7; 21,11; Ri 1,16; Ps 63,1). Der Stamm, der dort siedelte, benannte sich nach dieser Landschaft und übertrug den Namen auch auf seinen Ahnherrn (dazu Gen 29,35), was den Gebrauch als Personenname voraussetzt. Die Etymologie ist unbekannt; vermutet wurde: *gelobt* (*sei el*) (*Juda* von *jdh, loben*) oder aber, daß die drei ersten Radikale (*jhv*) den Gottesnamen enthalten könnten. Das hebr. Wort *jehudi/jehudit* (Fem.), griech. Ἰουδαῖος, Ἰουδαία *[Judaịos/Judaịa]*) ist Herkunftsbezeichnung: Jude ist, wer in Juda lebt, besonders wer von dorther stammt.

H e b r ä e r , hebr. *ʿibri*, griech. Ἑβραῖος *[Hebraios]* ist ein altes Wort unsicherer Bedeutung. Die *Hebräer* gehören sprachlich und sachlich wohl den »Chabiru«-Leuten zu, die Mitte des 2. Jt.s häufig in babyl., ugarit. und ägypt. Texten erwähnt werden. Gleich dem akkad. *chabiru* und dem ägypt. *>pr* ist das bibl. Wort *iwri* (*b* = *w*) ein Rechtsbegriff: Es bezeichnet Menschen gleicher sozialer Stellung ohne Rücksicht auf volksmäßige Herkunft (ihre Personennamen entstammen verschiedenen Sprachkreisen), die sich, ohne festen Wohnsitz und ohne Besitz, vertraglich zu Diensten für Angesessene verdingen (»Knechte« in Ägypten; 1Sam 14,21). Zu Gruppen, Vorformen der Stämme, zusammengeschlossen, drangen diese Kleinviehnomaden ins Kulturland ein und wurden vielleicht von den einheimischen Kanaanäern *Ewær*-Leute, *Hierhergezogene* genannt (zB Gen 14,13), weil sie vom *ewær*, vom *jenseitigen* (Land) der östlichen und südlichen Steppe her kamen. So wird das Wort *Hebräer* in alten Erzählungen von anderen Völkern gelegentlich in abfälligem, manchmal von Israel im Verkehr mit Fremden in selbstdemütigendem Sinne gebraucht (dazu Gen 40,15; 43,32; Ex 1,15–19; 2,11–13; 3,18 u. ö.: »Gott der Hebräer«; 1Sam 4,6.9; 13,3.19; 29,3). – In staatlicher Zeit waren *Hebräer* unfreie, wirtschaftlich schwache Menschen, eine Gruppe neben den Freien in Israel (dazu Ex 21,2; Dtn 15,12; Jer 34,9.14).

Israel und Juda im Wandel der Geschichte II

1) Die frühe Geschichte

Nach der Landnahme des »Hauses Joseph« erweiterte sich der kleinere Stämmeverband (der »Leasöhne«?) zum Zwölfstämmebund (→ Volk, Art. φυλή), einer kultischen, nicht-staatlichen Gemeinschaft der vom »Gott Israels« Erwählten (Jos 24). In der Bedrängnis durch die Philister genügte die Abwehr der Einzelstämme nicht mehr. Saul, zum König erwählt, forderte Heerfolge, schloß die Stämme (zumindest im Norden) politisch zusammen und begründete dadurch einen Staat, auf den der Name des sakralen Zwölfstämmebundes, Israel, übertragen wurde. Mit dieser doppelten Gründung im Religiösen und im Politischen wurde früh eine Spannung gesetzt, die Israels Geschichte durchziehen und bestimmen sollte.

I s r a e l , der Nordstaat, besaß, seitdem das Großreich Davids nach Salomos Tod zerbrochen war, für gut zwei Jahrhunderte politische und religiöse Autonomie. An den Heiligtümern von Bethel und Dan wurde der »Gott Israels« verehrt. 733 und 722 besiegte Assur Israel (von zeitgenössischen Propheten, so Jes 7,1–9, nach dem Kerngebiet auch Ephraim genannt). Durch Deportation und Vermischung der Restbewohner mit Neuansiedlern – mit dem Ziel einer konsequenten Kultur- und Religionsvermengung – entstand die assyrische Provinz Samaria.

J u d a , das von David geschaffene Reich der Südstämme, überdauerte – wohl seiner dynastischen Gründung und seines geschickteren politischen Handelns wegen – das Nordreich um anderthalb Jahrhunderte. Unter der Babylonierherrschaft erging es Judäa weit besser als dem Nordreich einst unter Assur; so konnte die Aufteilung Judäas unter den Persern auch wieder rückgängig gemacht werden.

Eine wichtige zusätzliche Stärkung hatte das Südreich vom Theologischen her erfahren: Jesaja, die Linie kanaanäischer Hofprophetie weiterführend, verherrlichte die Davids-Dynastie zu Zion. Indem er nach dem Fall des Nordreiches den Israel-Namen für das Südreich übernahm, verkürzte er einerseits die theol. Hoffnungen entsprechend den realpolitischen Gegebenheiten: der Heilsbereich wurde auf den Rest, auf Judäa, eingegrenzt; andererseits bekam der Staat Juda durch den alten, traditionsträchtigen Namen eine neue Würde (vgl. Kap. 24–28).

Jeremia stellte diesem auf die Gegenwart Judäas bezogenen »Zionismus« seine für die Zukunft Gottes offene »utopistische Diasporatheologie« gegenüber, indem er den Israel-Namen für das seit einem Jahrhundert schon zerstörte Nordreich beibehielt. Unbeschadet des Versuches Josias, den Staat Israel wiederherzustellen, galt Israel dem Propheten als das Nichtmehrseiende, aus dem sich Gott zukünftig sein Volk wieder erschafft, eine Gemeinde, die – wie einst in der Urzeit, so auch in der Endzeit – wieder staatslos sein wird (vgl. 3,11ff; 31; 37,7ff). Nach dem Vorbild der Mose-Zeit wird Gott mit ihr einen neuen → Bund schließen, diesmal das Gebot in die Herzen schreiben (Jer 31,31–34). Indem Jeremia so für Israel hoffte, mußte er aber zugleich dem Staat Juda, den er liebte und für den er bittend vor Gott eintrat, Gericht und Untergang ankündigen (Kap. 14ff), weil menschlich-staatliche Sicherungen fallen müssen, damit Raum werde für Gottes Neuschöpfung.

2) Israel vor Gott in der prophetischen Theologie

Das Verhältnis Gottes zu Israel fand Ausdruck in einer Vielfalt von Bildern: → Gott ist Vater, König, Heiland, Hüter, Hort, Tröster, Tau; Israel ist entsprechend: Sohn, Braut, Eheweib, Eigentum, Weingarten, Weinstock. Diese meist personalen Bezüge meinen ein Verhältnis der Partnerschaft. Beides, was er für ihn tut und was er von ihm fordert (Dtn 10,12; dazu Mi 6,8), läßt Gott seinen geliebten Sohn wissen. Durch solche Weisung – die umfassender ist als → Gebot, vollends umfassender als → Gesetz – wird Israel zum Volk, das einsam lagert (Num 23,9b), von allen anderen Völkern unterschieden und geschieden (Dtn 4,5–10). Im heiligen Israel-Land soll dieses Volk dem heiligen Gott in Heiligkeit leben (Lev 11,44f; 19,2; 20,26). Israels → Erwählung ist zugleich auch Auftrag: Obwohl das unscheinbarste unter den Völkern (Dtn 7,7), hat es für diese doch Fürst und Licht, Gotteszeuge durch seine bloße Existenz zu sein (Jes 43,8ff). Erwählung ist Einsamkeit, Anderssein und Verzicht, Bereitschaft zum → Leiden (Jes 52,13 bis 53,12), kann eine Last werden, die schwer drückt.

Darum stand Israel auch immer wieder in der Gefahr, kanaanäischen Kulten zu verfallen, Versuchungen der Umwelt zu erliegen und sein zu wollen wie die anderen Völker. Gerade dann gilt, daß das Treueverhältnis zwar verletzt, aber von Menschen her doch nicht zerstört werden kann. Denn um Gottes willen bleibt der Israel-Bund unkündbar. Diese Tatsache unbezweifelbar zu sichern, dienen dem Bereiche des Rechtes entnommene Begriffe: Gott gibt seinen Rechtsanspruch auf Israel nicht preis (Am 9,1ff), stellt keinen Scheidebrief aus (Jes 50,1). Damit sein Name nicht unter Heiden entweiht werde – also um seinetwillen –, bleibt Gott den Eiden treu, die er den Vätern zugeschworen (Ez 20,9.14.22; Dtn 7,8). Sogar das Gericht ist ein Erweis seiner Treue. Wenn er durch seine Diener, die → »Propheten Israels« (Ez 38,17), die dafür eintreten bis zur Selbstpreisgabe (Ex 32,32; Jer 30f), Israel mahnen und bedrohen, dann auch wieder trösten läßt, so sind das nur verschiedene Formen derselben Einladung zur Umkehr. Durch Gottes eigene Bundestreue wird Möglichkeit geschaffen für die Läuterung Israels und Erneuerung des Bundesverhältnisses. Die Hoffnung auf Wiederherstellung ganz Israels gründet nicht auf Israels Gerechtigkeit, sondern auf Gottes Liebe zu den Vätern (Ex 32,11–14; Dtn 9,5), auf Gottes Freiheit, der Israel wider Erwarten wieder erwählt (Ez 16,59–63).

3) Der Kampf um Israel in nachexilischer Zeit

Gegen die Propheten, die bald nach der Rückkehr von Verbannten aus Babylonien eine Wende zum Heil verkündeten (vgl. Hag 2,20–23; Sach 6,9–15), traten drei Generationen später Esra und Nehemia auf. Sie sahen in diesen politischen Träumen eine Gefahr für den Bestand Israels. Darum überließen sie die Ordnung der politischen Verhältnisse den Persern und konzentrierten sich auf den inneren Ausbau der Bundesgemeinde im Sinne Jeremias auf Grund eines heiligen → Buches, das – bisher Priesterprivileg – jetzt zum Allgemeinbesitz wurde (vgl. Neh 8).

Seit der Zeit Alexanders des Großen lebte das Judentum unter dem Einfluß der hell. Einheitskultur. Sobald aber die Anpassung an die Umwelt zu einer Preisgabe des Eigenen zu führen drohte, kam es zu hauptsächlich religiös begründeten Aufstandsbewegungen. Der erfolgreiche Makkabäer-Aufstand führte unter den Hasmonäern noch einmal zu einem Miteinander von Selbstbewußtsein und Offenheit gegenüber der Umwelt. Dies zeigen etwa die Münzen mit doppelsprachiger Legende.

In der Folgezeit, da Pompejus Jerusalem eroberte und das Gebiet reduzierte, da der »Halbjude« (Jos. Ant. 14,403) Herodes als König von Roms Gnaden regierte und dann Prokuratoren die Juden ausbeuteten und provozierten, verschärfte sich der Gegensatz zur Umwelt immer mehr, bis es unter der Führung der Zeloten zu blutigen Auseinandersetzungen mit Römern und Römerfreunden kam. Das veranschaulichen die Münzaufschriften: Die Aufstandsmünzen der Jahre 66–70 und 132–135, teils Überprägungen römischer Münzen, tragen in althebr. Schrift – als Hinweis auf die endzeitlich in der Gegenwart wiederkehrende Urzeit – Inschriften, die mehr Programm als Beschreibung der Wirklichkeit sind: *Schekel Israel, Erlösung Zions, Für die Freiheit Jerusalems, Erstes Jahr der Erlösung Israels, Zweites Jahr der Freiheit Israels.* Die römische Legende dagegen lautet: *Judaea capta* (besiegtes Judäa).

Nach den Judenausrottungen unter Trajan in der Diaspora und nach dem Scheitern des Messias Schimon Bar Kochba (Sternensohn, Num 24,17), auf dem Höhepunkt der Auseinandersetzungen, sollten nicht nur die der Weisung treu Gebliebenen ausgerottet, sondern auch der Name dieses Volkes getilgt werden. Hadrian verordnete eine amtliche Sprachregelung, der zufolge Jerusalem (nach ihm und nach Jupiter) *Aelia Capitolina* heißen sollte und das Land *Syria Palaestina* (Philisterland).

Dennoch verblieben hier zu allen Zeiten, auch unter schwersten Bedingungen, jüd. Restgemeinden, oder sie wanderten auch immer wieder zu. Anfänglich konnten sie sogar einen gewissen kulturellen Stand erhalten, wovon der palästinische Talmud und Synagogenruinen zeugen. Die Herren wechselten: Römer, Araber, Kreuzfahrer, Türken, Engländer kamen und gingen; dann erstand, 1948, unter dem Eindruck der ungeheuerlichen Judennot von der Weltöffentlichkeit gebilligt, wieder ein Staat mit dem alten Namen *Israel.*

III Der Kampf um das wahre Israel im Frühjudentum

1) Israel und seine Umwelt

Trotz all seiner inneren Vielschichtigkeit stand das Judentum als ein relativ einheitliches Ganzes der Völkerwelt gegenüber. Auch die frühen Jesus-Gruppen wußten sich als Träger von Offenbarung im Kampf gegen das Heidentum so selbstverständlich auf Israels Seite, besser: zu Israel gehörig, daß es methodisch unzulässig wäre, das in diesem Fall Zusammengehörige voneinander zu trennen.

a) Die hell. Umwelt Israels mit ihrem Streben nach kultureller Einheit übte auch auf das Judentum, bes. in der Diaspora, eine starke Anziehungskraft aus. In guten Zeiten war es möglich, nicht nur die Sprache, sondern auch manche hell. Lebensform zu übernehmen, soweit sie nicht mit heidnischem Kult zusammenhing und darum mit jüd. Grundsätzen zu vereinen war. Theol. Ausdruck fand diese Offenheit und die Anerkennung der Völker in der Annahme von Vorstufen einer messianischen Menschheit unter ihnen, den Noachiden (welche die Hauptgebote von Gen 9,4 halten; vgl. Apg 15,28f; Sanh 56a/b), und den Frommen unter den Völkern (Chul 92a; BQ 38a). Durch die Mission, deren theol. Wurzeln im universalen Anspruch des einen Gottes liegen, der das Heil auch der Völker will (vgl. die Äwäd-Jahwe-Lieder DtJes 41f; 49), wird zuletzt die Spannung zwischen Israel und den Völkern aufgehoben in Vorwegnahme der endzeitlich erwarteten Wiedervereinigung (Pes 87b; vgl. 1Kor 12,13; Gal 3,28).

So wurde das Judentum seit dem Exil Missionsreligion, bereit, jeden aufzunehmen, der sich zu dem einzigen Gott Israels bekannte (→ Einer, Art. εἷς). Der Erfolg war groß, bes. unter Frauen, die nicht beschnitten, sondern nur getauft wurden. Etwa jeder zehnte Bewohner der hell. Mittelmeerwelt war Jude, nicht durch Abstammung, sondern aus Glauben (dazu Sib III,271; 1Makk 15,22f; Philo Flacc. 45f, Leg. Gal. 281–283; Jos. Bell. 2,398, Ant. 14,110; Apg 2,9–11).

Aber gerade diese Offenheit des Judentums, die für die Besten unter den Völkern anziehend war, gab auch Anlaß zu Haß und Verfolgung. In Krisenzeiten, wenn sich die Rechtslage der Juden verschlechterte oder wenn die Feindschaft zu Pogromen führte (etwa Verfolgungen unter Trajan, 115–117), sahen sich Juden vor die Wahl gestellt, entweder ihre Jüdischkeit preiszugeben und den heidnischen Götter- und Kaiserkult zu übernehmen oder aber auf kulturelle und politische Gleichberechtigung zu verzichten. Dadurch kam es bei den ihrer Gemeinde treu Bleibenden zum Rückzug in eine Art Ghettoexistenz, zu einer nicht völkisch oder gar rassisch, sondern ganz im Religiösen begründeten Sonderung. Um den Götzendienst nicht zu fördern, wurde der Verkehr mit Heiden eingeschränkt oder – wie durch die 18 Bestimmungen, die vor dem Aufstand des Jahres 66 von den Schammaiten eingeführt wurden (Schab 17a/b) – fast ganz unterbunden. Wie die Theologie des Talmud zeigt, hat das Pharisäertum auf Grund der Bibel ganz Israel immun gemacht gegen schädliche Einflüsse hell.-antijüd. Kultur und ihm ein Selbstbewußtsein gegeben, das ihm die Kraft gab, als Gemeinde inmitten einer feindlichen Umwelt Haß und Verfolgung in Jahrtausenden zu überleben.

b) Von diesen Auseinandersetzungen ist der Gebrauch der Begriffe bestimmt:

Die Worte *Hebräer* und *hebräisch* haben die neutralste Bedeutung; sie bezeichnen vor allem die Sprache und die Schrift, dann auch die Menschen, die sich ihrer bedienen. Die Bibel wurde im Gottesdienst satzweise im hebr. Urlaut verlesen und in die aram. Umgangssprache übersetzt (Targum). In einem nicht prägnanten Gebrauch meint dann *hebräisch* oft das verwandte Aramäisch (Jos. Ant. 18,228; vgl. dazu Ἑβραΐς *[Hebraịs]*: Apg 21,40; 22,2; 26,14; Ἑβραϊστί *[Hebraistị]*: Joh 5,2; 19,13.17.20; 20,16; Offb 9,11; 16,16). Anstelle der althebr. Buchstaben wurde (sogar beim Schreiben heiliger Texte) die Quadratschrift verwendet, die sich aus der aram. Reichsschrift entwickelt hat. Die althebr. Schrift, für die Legenden der Aufstandsmünzen gebraucht, wurde von pharisäischen Lehrern ausdrücklich abgelehnt. – Bes. von Fremden gebraucht, kann das Wort *Hebräer* (bzw. *hebräisch*) zur Bezeichnung des Landes (Tac. Hist. V,5) und seiner Menschen (TestJos 12,2f; 13,3; Jub 47,5f) dienen. Da Sprache, Bildung und Struktur der Theol. weithin von der Zugehörigkeit zu einem bestimmten Kulturbereich bestimmt sind, konnte das Wort der Unterscheidung (dazu Apg 6,1) in der Auseinandersetzung gelegentlich einen apologetischen oder einen polemischen Akzent erhalten: Paulus betonte 2Kor 11,22 und Phil 3,5 seine hebr.-sprachige Herkunft und Zugehörigkeit als ein Positivum; in den »Hebräer«-Sprüchen des gnostischen Philippus-Ev.s (bes. 1 und 46) wird das Hebräertum dagegen als eine überwundene Vorstufe des wahren Glaubens abgewertet.

Juda, Jude, jüdisch, Judentum sind mehr politisch-soziologische Begriffe; sie bezeichnen zunächst die Volkszugehörigkeit (Tac. Hist. V,5), dann aber auch Menschen, die sich dem Judentum zuwenden (Dio C. Hist. 37,17) und nach jüd. Sitte leben (dazu Ἰουδαϊκῶς *[Joudaikǫs]* und ἰουδαΐζω *[joudaizō]* Gal 2,14; hierher gehört auch das erst von LXX gebildete Subst. Ἰουδαϊσμός *[Joudaismǫs]*, Judentum als Lebens- und Glaubensart, Gal 1,13f). Diesen Sprachgebrauch haben auch Juden bes. im Verkehr mit Fremden übernommen (Eleph.-Papyri; 1Makk 3,34; 8,23ff; Tob 1,18). Aber auch als Selbstbezeichnung kommt *Jude* vor (Münzen der Hasmonäerzeit; Philo; Josephus; im NT, auf Einzelne und – im Plural – auf Gruppen bezogen, etwa 194mal in fast allen Nuancen, davon gehören der Apg (bes. ab Kap. 13) 79, dem Joh-Ev 71, den Paulinen 24, den Synopt. zus. nur 11 Stellen an; zum Ganzen s. u. 2e), gelegentlich, vor allem in exegetischen Zusammenhängen, in ehrenvoller Bedeutung (Meg 12b/13a; Midr Esth 2,5[93a]; Sib 5,249). – Von Heiden wurde *Jude* oft als verächtlichmachendes Schimpfwort gebraucht (Midr Klgl 1,11[55a]). Das Heidentum hat nämlich die Andersartigkeit und notwendige Sonderung der Juden nicht verstanden (Zusatz zu Esth 2,4f); ihm galten sie, weil sie am heidnischen Kult und dem gesellschaftlichen Leben nicht teilnehmen konnten, als gottlos, fremden-, ja menschenfeindlich (3Makk 3,4ff; Jos. Ap. II,121–124.145–150; Meg 13b; Midr Esth 3,8[95b]; eine Warnung vor Juden: BGU 1079). Bes. alexandrinische Literaten verbreiteten Schauerlegenden über Geschichte und Gottesdienst des Judentums, die bereitwillig geglaubt und abgeschrieben wurden (Manetho, Chairemon, Lysimachos, Apion; dazu Jos. Ap. I,219 bis II,150; Tac. Hist. V,3–5 und Ann. II,85). Die Verachtung des Judentums (Cicero, pro Flacc. 28; dazu Plinius Hist. nat. 13,4; Juv. Sat. 14,96–106) schlug auch in Haß um, der sich in blutigen Verfolgungen auswirkte (Philo, Flacc. 41–96 und Gai. 120–139).

Gesteigert durch solch antijüd. Verhalten der anderen entfaltete das Judentum sein Selbstbewußtsein als *Israel*. Dieser Begriff ist der am meisten theol. gefüllte, der durchweg nur innerhalb der Gemeinde gebraucht wird. Er findet sich oft (68mal) im NT, am häufigsten (17mal, davon 11mal in Röm) bei Paulus, dann bei Mt 12, bei Lk im Ev. ebenfalls 12, in Apg 15mal, bei Mk und Joh selten (2 bzw. 4mal); Ἰσραηλίτης *[Israælitæs]* kommt 5mal in der Apg (immer als Anrede) vor, 3mal bei Paulus und 1mal im JohEv: jedesmal sind Juden als Glieder des Gottesvolkes gemeint. – Um Israels willen ist die Welt erschaffen worden (4Esr 7,11; Gen R 12[8d]), es ist Gottes Eigentum (Ab 6,10), Erstgeborener (PsSal 18,4), verdankt seine Besonderheit allein der Begabung mit der Weisung (Ex R 30[89d]). Wenn Israel auch in dieser Welt verachtet wird (Lev R 32[122a]), sind doch gerade die Leiden Zeichen der Liebe des Gottes (PsSal 18,4; Midr Hhld 1,5[87b]), der auch in der Zerstreuung bei ihnen ist (Meg 29a). Gott steht zu seinen Verheißungen (Mak 24a/b); er wird alle Zerstreuten sammeln (äthHen 90,33; TestJos 19f; Achtzehngebet, bes. 10. Bitte); sie werden das Land besitzen (Mt 5,5), und ganz Israel hat Teil an der zukünftigen Welt (Sanh 11,1).

2) Der innerjüdische Kampf um Israel

a) Die innere Gliederung Israels in hell. Zeit

Das nachexilische Judentum gliederte sich zunächst g e o g r a p h i s c h (Mutterland – Diaspora) und weithin damit gleichlaufend auch k u l t u r e l l in *Hebräer* und *Hellenisten*. Es gab aber auch in der Diaspora Juden, die ihre Verbundenheit mit der hebr. (bzw. aram.) Sprache und Kultur betonten und sich wohl von Juden absonderten, die der hell. Kultur gegenüber offener waren (»Synagoge der Hebräer« in Rom und Korinth; Tryphon in Just. Dial. 1,3). Andererseits gab es in Jerusalem jüd. Gruppen, die nach Sprache, vielleicht auch nach Brauchtum Hellenisten waren (2Makk 4,13; Apg 6,1; 9,29).

Die in Israel Wohnenden blieben mit der Diaspora in enger Verbindung. Jerusalem wurde von dorther materiell unterstützt (Tempelsteuer; Spenden, 2Kor 8f), während es selbst religiöser Mittelpunkt war (Wallfahrtsfeste, regelmäßige Gesandte zu den Gemeinden). Dennoch kam es nicht zu gemeinsamem politischem Handeln, weder bei den Aufständen in Israel noch bei den Verfolgungen in der Diaspora.

In soziologischer Hinsicht gliederte sich Israel in verschiedene Stände: Priester, Leviten, Israeliten, diesen meist gleichgeordnet Proselyten (CD 14,3–6), untergeordnet Tempelsklaven und Abkömmlinge illegitimer Ehen (Esra 8,20; pHor 3,5; pJeb 8,5). Weil aber die Frage, wie Israel vor Gott in dieser Epoche bestehen konnte, exegetisch ganz verschieden beantwortet wurde, entstanden Gruppen, die alle behaupteten, die wahre Gemeinde zu sein (zB Sadduzäer, Täufer, Apokalyptiker, Pharisäer, Zeloten). Die Zugehörigkeit zu ihnen beruhte nicht mehr auf Herkunft, sondern auf Entscheidung jedes Einzelnen für eine bestimmte Lehrmeinung. Die Grenzen der Parteien waren fließend, und Übergänge von einer zur anderen waren möglich. So versuchte sich Josephus in verschiedenen Gruppen (Vit 10–12), Johannes-Jünger gingen zur Jesus-Gruppe über (Joh 1,38–40).

Aber selbst diese Gruppen teilten sich noch weiter in verschiedene Untergruppen. So gab es etwa bei den Pharisäern einen zelotisch fremdenfeindlichen und einen rom- und missionsfreundlichen Flügel (Schammai- und Hillel-Partei; Schab 31a); solche Spaltungen entstanden auch unter Jesus-Anhängern (Gal 1f; 1Kor 3,4; 2Kor 11).

Die Erwählung, der Bestand Israels und die Verwirklichung der Weisung in Reinheit konnten nur in stetem Gespräch über die verschiedenen Lehrmeinungen, in immer neuer Auseinandersetzung durchgehalten werden. Die Leidenschaftlichkeit, mit der um die Wirklichkeit Israels gekämpft wurde, ist ein Zeichen für die Lebendigkeit des prophetischen Geistes in jener Zeit.

b) Polemik

Die Formen dieser Auseinandersetzung waren hart; sie sind so nur unter Brüdern möglich, die um ein gemeinsames Erbe rechten. Nach schulmäßig tradierten Formeln bekämpfte man sich gegenseitig längst, ehe die Jesusbewegung auftrat und in das im Gange befindliche Gespräch eingriff.

Methoden der Polemik waren etwa gegenseitige Beschimpfungen (Heuchler: Mt 23,13; Asc Mos 7; Otterngezücht: 1QH 3,12–18; Mt 3,17) oder einseitig verschärfte und verallgemeinernde Interpretation von Geschehnissen, wenn etwa Paulus geschichtswidrig, dafür aber umso geschichtsmächtiger »die Juden« anklagte, die unsern Herrn Jesus getötet haben (1Thess 2,14f). Positive Werte der Gegner wurden thetisch ins Negative verkehrt (Söhne der Finsternis: 1QS 1,10; 1QM 1,1; Gesetz bei Paulus: Gal 3,10–13; Röm 4,13–15a; Teufel und Lüge anstelle Gottes und der Wahrheit: 1QS 2,4f; 1QM 1,1; CD 6,1; 1QH 5,26f; 7,12; 1QpHab 10,9f; Joh 8,41–44; Offb 3,9). Man überbot sich gegenseitig (2Kor 3,4–18; Gal 4,21–31). Bei solcher Polemik konnte an die Form der prophetischen Kritik angeknüpft werden: Israel ist störrisch (CD 1,14, zit. Hos 4,16), gottlos (Test Lev 14,4); Gott hat sein Angesicht vor Israel verborgen (CD 1,3). Dabei wurde bes. »Juda« zum negativen Begriff (CD 4,3; 4,11; 8,3: die Fürsten Judas waren wie die, welche die Grenze verrücken, zit. Hos 5,10; die Auslegung bezieht sich auf abtrünnige Gemeindeglieder (CD 19,26f), so daß es scheint, als sprächen hier heidnische Judengegner.

So war es konsequent, wenn auch der Heidenmissionar Paulus Thesen heidnischer Judenpolemik aufnahm (1Thess 2,14–16). Die schärfste Form bietet das johanneische Schrifttum, das sich in seinem verallgemeinernden Sprachgebrauch völlig von »den Juden« zu distanzieren scheint. Und doch bleibt dabei das jüd. Schrifttum derart polemisch ineinander verflochten, daß gefährliche Mißverständnisse unvermeidlich sind, wo die verschiedenen Seiten isoliert betrachtet werden. Erst in der Verschärfung nach der Tempelzerstörung wurden gegnerische Positionen auch als nicht existent behandelt: so schweigt etwa der Talmud fast ganz über seine Gegner. Letzter Schritt ist die rechtliche Sonderung durch Einfügung der Ketzerbitte ins Achtzehngebet (»die Nazarener und die Ketzer mögen in einem Augenblick verschwinden; sie sollen aus dem Buche des Lebens gelöscht und nicht mitsamt den Bewährten aufgeschrieben werden«; dazu Ber 28b/29a). Dieser Rechtsakt wird im JohEv vorausgesetzt (vgl. 9,22; 12,42).

c) Restgemeinde und Gesamt-Israel

Die positive Kehrseite solcher Polemik war eine apologetische Darstellung des Eigenen. Jede Einzelgruppe vertraute darauf, der ausgesonderte → Rest Israels zu sein, der auf die endzeitliche Heilsgemeinde führen wird. Ein Zeichen dafür ist der häufige Gebrauch der Präposition »aus« (hebr. *min*, mit der Bedeutung *Abtrennung von etwas*) in diesen Zusammenhängen (zB CD 1,7: eine Wurzel der Pflanzung aus Israel; CD 6,2f: erweckt aus Aaron, aus Israel; CD 8,16.40: die wenigen, die hinausgegangen sind). Das aus der Sonderung entspringende Selbstbewußtsein findet seinen Ausdruck in Selbstbezeichnungen wie »Haus der Wahrheit«, »der Heiligkeit«, »der Festigkeit« (1QS 5,5f; 8,5–9; 9,5; CD 3,19).

Auffälligerweise aber hält man damit zurück, seine Gruppe mit dem endzeitlichen Gesamt-Israel einfach zu identifizieren (1Kor 10,18 zB fehlt ein entsprechendes »Israel nach dem Geist«). Am nächsten kommt dem noch »Gemeinde des Neuen Bundes« (1QpHab 2,3; CD 6,19; 8,21; 1Kor 11,25; 2Kor 3,6; Lk 22,20). Auch wenn primär die eigene Gruppe gemeint ist, wird eine Offenheit für ein zukünftiges Gesamt-Israel bewahrt (1QSa 2,12). Die Sonderung aus Israel ist Erwählung für Israel (1QS 5,5f; 8,5; 9,5; TestN 8,2). Die Restgemeinde weiß sich beauftragt, das gesamte Volk zur Umkehr zu rufen. Die natürliche Zugehörigkeit zu Israel durch die Abstammung (das Kind einer jüdischen Mutter ist Jude) tritt in Spannung zum Jude-Sein durch Gehorsam (was bes. von Männern eine Entscheidung zum Lernen und zur Erfüllung der Gebote fordert), wird aber nicht abgewertet, sondern bleibt tragende Grundlage. Das Ziel ist eine endzeitliche Gemeinde in erneuerter Gestalt, wie sie in der Gruppe in der Gegenwart schon vorbildhaft verwirklicht ist und wie die Gemeinde am Sinai stellvertretend für alle Zukünftigen stand, die schon damals mit eingeschlossen waren (Dtn 29,15; dazu Pes 10,5). Die Restgemeinde ist → Licht für die Gesamtgemeinde (TestL 14,3; Mt 5,14); um ihretwillen wird ganz Israel am Ende gerettet werden (TestS 6,2.5; 7,2; TestB 10,11; Röm 11,26; Sanh 11,1). Der deutlichste Ausdruck der Hoffnung für ganz Israel findet sich in den Gebeten, die häufig am Schluß Gesamt-Israel miteinbeziehen (Gal 6,16; Achtzehngebet; Ber 60b; Schab 12b; Ahawa, das vor dem »Höre« gesprochen wird; in Jitgadel mehrmals). Auch die Restgemeinde der Erwählten im NT kennt die Hoffnung auf Erlösung und Wiederaufrichtung Israels als eines Volkes (Mk 13,27; Lk 24,21; Apg 1,6). Das erwartete Gericht wird durch die zwölf Jünger vollzogen, deren Zahl auf die Ganzheit Israels weist (Mt 19,28; Lk 22,30).

Aus dieser Zusammengehörigkeit in der Israel-Hoffnung auf Grund der gemeinsamen Bibel resultiert die gegenseitige Verantwortung in aller Gegnerschaft, wie der Prophet Ankläger und Fürsprecher zugleich ist und das Leiden seines Volkes auf sich nimmt. Die innerjüd. Polemik folgt gerade aus der Bejahung Israels und zielt auf die Verwirklichung Gesamt-Israels.

d) Messias und Israel

Alle Gruppen waren sich einig in dem Glauben, daß Israels Hoffnung sich in Einzelgestalten verwirklicht, die das endzeitliche Heil heraufführen. Gerade in äußersten Notzeiten hoffte man, daß Gott sich zu ihnen bekennen und sie aus der Verborgenheit und Vieldeutigkeit herausführen würde. Alle diese vielen Versuche messianischer Verwirklichung fanden Gläubige, und alle endeten sie äußerlich in Katastrophen, vom Lehrer der Gerechtigkeit in Qumran (Zit. Num 24,17 vom »Stern aus Jakob« CD 7,18f auf den Lehrer bezogen), von Johannes und Jesus über die Messiasprätendenten, von denen Josephus berichtet (Bell. 2,55–79), zu den Zelotenführern (Jos. Bell. 5,1–26) und Bar Kochba. Nur zwei Gruppen überlebten die Katastrophe, die pharisäische, aus deren Tradition Rabban Jochanan in Jawne alles Messianisch-Zelotische ausschied, und die jesusgläubigen Juden, die ihre eschatologisch-messianischen Züge sogar noch antipharisäisch verstärkten. Die in der Grundschicht der nt. Überlieferung vorausgesetzte messianische Struktur kann deshalb für die Zeit des Zweiten Tempels geradezu als allg.-jüd. gelten.

Jede Gruppe hatte zentrale Aussagen der hebr. Bibel – entsprechend interpretiert – auf die Persönlichkeit bezogen, die für sie Israel darstellte. Dieser Repräsentant ist der Erwählte in der Gemeinde der Erwählten, Gerechter unter Gerechten, Sohn unter Söhnen, Knecht unter Knechten (Jes 53), der das Leiden Israels auf sich nimmt. Auch der Menschensohn, die das Volk Israel darstellende Gerichtsgestalt aus Dan 7,13 (→ Sohn Gottes), wird nun auf den Messias bezogen. So wie Gott mit Israel beständig redet, so redet er mit dem Christus; so wie Israel in einer einmaligen Weise zu hören und zu gehorchen befähigt ist, so der Christus (Joh 5,19.36; Mt 5,17; 11,27). Darum können auch auf ihn Epitheta übertragen werden, die in der hebr. Bibel Israel bezeichnen, wie Weinberg, Weinstock (Jer 2,21; Ps 80,9f; 4Esra 5,23; Joh 15,1–8), Eckstein (Eph 2,20; 1Petr 2,6–8); die Taube, Sinnbild für Israel (Ps 68,14; 4Esra 5,26), kommt in der Taufe auf Jesus (Mk 1,10).

In allen Gruppen ist die Geschichte tendenziös transformiert worden; selbst vergangene Geschichte, bes. aber das Geschehen der Gegenwart, wird pescherartig auf die eigene Gruppe zugeschnitten und verengt (CD, Leidensgeschichte im NT; 1QS, 1QM). So durchzieht die Beziehung Israel-Messias auch das ganze NT, das ein durchlaufender, großangelegter, vielfach variierter Pescher ist, der auf Grund der hebr. Bibel den Nachweis erbringen möchte, daß die innere Konsequenz des Judentums zur Anerkennung des Jesus als Messias führe (bes. etwa Lk 2,30–32.38; 24,21.24.44; → Jesus Christus). Nach Lukas ist der Jesusglaube nichts anderes als die legitime Weiterführung des Pharisäertums (Apg 1–5; 28,20.23). Bei aller scheinbaren Antithese steht der Messias zu Israel in einer Kontinuität als seine Erfüllung (Mt 5,17). Nach dem JohEv (1,47) ist erst der ein »wahrer Sohn Israels«, der Jesus als den Messias Israels, also im Zusammenhang mit seinem Volk erkennt: als Erfüllung uralter Verheißung, Erneuerung des alten, nie gekündigten Bundes. In Offb ist die Umkehr der Juden dargestellt als der Höhepunkt des Endzeitsieges (7,1–8).

Wichtig ist, daß der Messias und Israel in unlösbarer Korrelation stehen. Wer sich nicht für diesen Erwählten entscheidet, der steht gegen ihn; wer ihm das Vertrauen verweigert (1QpHab 8,1–3: Glaube an den Lehrer; Glaube an Jesus im NT durchgängig), der hat sich damit gegen Israel entschieden, hat die Abrahamskindschaft verloren (Joh 8,49), gehört der Synagoge des Satans an (Offb 3,9), ist Finsternissohn, der Belials-Gemeinde zugehörig (CD 4,13.16; 8,2; 1QH 4,10–16). Beide aber, die einen, die solches Vertrauen aufbringen – auch wenn es sich als falsch erweisen sollte –, wie die andern, die es verweigern, stehen innerhalb des Judentums.

Umgekehrt ist Israel und seine Bibel das kritische Prinzip, an dem jeder Messiasprätendent gemessen werden muß (die Messiasse Qumrans werden aus Aaron und Israel erwartet (CD 20,1; 1QSa 2,11–21; der Messias Jesus aus den Vätern, Röm 1,3; 9,5; Mt 1,1–17 par; Mt 11,2–6; Joh 5,39; vgl. Sanh 93b,98b; Schab 63a). Nur so konnte Israel vor dem Übermaß an Geist und Prophetie, der Überzahl von Messiasprätendenten und gegen vorschnelle Lösungen seinen Bestand retten. Auch die Zeugen des NT haben gewußt, daß die Wirklichkeit Israel der Prüfstein der Christologie ist. Darum haben sie leidenschaftlich an Israel als dem tragenden Fundament des Christus-Geschehens festgehalten. Darum geht auch der schärfste Widerstand gegen eine Preisgabe Israels vom NT selber aus (Röm 9–11; Joh 4,22). Nur in der lebendigen Verbundenheit mit Israel ist → Jesus der Christus: ohne diese geschichtliche Wirklichkeit löst er sich auf in eine Idee, einen gnostischen Mythus, eine doketische Spekulation. So sind bei dem Messias Jesus → Taufe und Mahl (→ Herrenmahl) Israels Feiern, das → Kreuz, das er trug, war Teilhabe am Leiden Israels. Das NT dient diesem Nachweis, daß Jesus, der Jude, der Hebräer – obwohl sich Judenchristen im innerjüd. Dialog durch ihn von den jüd. Brüdern geschieden wußten –, ganz und gar personhaft Israel darstellt und mit ihm wurzelhaft und bleibend verbunden ist.

e) Mission

Dieser Bezogenheit der Heilsbringergestalt auf Israel entspricht als Konsequenz die Mission zunächst unter Juden. Jesus hat sich ausschließlich an die verlorenen Schafe des Hauses Israel gewandt, seine Boten sollten nur in die Städte Israels gehen (Mt 10,5f; 15,24). Auch Paulus, der Judenmissionar (1Kor 9,20), hat, indem er sich immer zuerst an Juden wendete (Apg 13,14; 14,1), die heilsgeschichtliche Priorität des Judentums (Röm 1,16) demonstriert und sich selbst stets zu seinem Jude-Sein bekannt (2Kor 11,22; Phil 3,5; Apg 22,3). Trotz der Fehlschläge in der Judenmission hielt er an Israel, seinem Volke, fest (vgl. Apg 28,20). In Röm 9–11 zeigt Paulus auf dem Grunde der hebr. Bibel in einer Art Florilegien-Kommentar, daß gerade Israels gegenwärtige Verstockung zum Anlaß wird, daß die Christus-Botschaft zu den Heiden kommt, die dadurch an dem Heilsgeschehen Israels

Anteil gewinnen. In der unmittelbar nahen Endzeit wird auch Ganz-Israel von Gott selber gerettet werden (Röm 11,26). Ein vorauslaufendes Zeichen dieser ungeschmälerten Treue Gottes ist das Judenchristentum, der gläubige Rest aus dem Judentum, dessen Repräsentant Paulus selber ist. Man kann freilich fragen, ob Paulus die Grenze zwischen Israel und den Völkern vorschnell aufgelöst und dadurch den Grund zur Aufspaltung Israels — wenn auch gegen seinen Willen — gelegt hat.

Die Stellung der Autoren dem Judentum gegenüber zeigt sich am Gebrauch der Begriffe: Bei Paulus zB wird *Jude* 24mal, sehr oft in Gegenüberstellung mit Grieche, dh Heide gebraucht, aber meist in positivem Sinn; *Israel* (17mal) steht entweder für das historische Volk oder für das eschatologische Gesamt-Israel, erstaunlicherweise aber nicht für die eigene Gemeinde. — Bei den Synoptikern wird insgesamt *Israel* — für das Volk, auch das Land, bei Mt das Haus I. — häufiger verwendet als *Jude* (Mt und Lk 12 : 5, Mk aber 2 : 6!), letzteres fast nur in der Zusammensetzung »König der Juden«, und zwar fast ausnahmslos im Munde von Heiden. Im Gebrauch des Wortes *Israel* ist die Verbundenheit mit Wirklichkeit und Hoffnung Israels überall noch deutlich festgehalten. — In der Apg wird innerhalb des Berichtes von der palästinischen Gemeinde häufiger *Israel* (11 von 15 Stellen) gebraucht, *Jude* hingegen häufiger in der Darstellung der paulinischen Missionsreisen (68 von 79 Stellen), was hell. Sprachgebrauch entspricht. — Bei Joh wird an den wenigen, aber grundlegenden Stellen mit *Israel* (1,49 und 12,13 von Jesus als König, 3,10 als Lehrer und 1,31 als der durch Johannes zu Offenbarende) sichtbar, daß auch er noch innerhalb des gesamtisraelischen Raumes bleibt, wenngleich seine Polemik die äußerste Schärfe erreicht hat. Dies drückt sich aus in dem johanneischen Gebrauch von *Jude* (70mal), das zwar auch neutral im Sinne der völkischen oder religiösen Gemeinschaft (zB 4,9; 18,35) und wie bei den Synopt. (König der Juden 18,33; 19,19ff), meist aber distanzierend oder — bes. wo es wie 1,19; 7,11; 18,12 die Führerschicht bezeichnet — schroff ablehnend wirkt. Während die Synopt., bes. Mt, die Jesusgegner noch nach ihrer Gruppenzugehörigkeit unterscheiden, spricht Joh verallgemeinernd von *Juden*. — In Offb ist *Jude* ein positiver Begriff, der aber der nicht an Jesus glaubenden Gemeinde aberkannt wird (2,9; 3,9); *Israel* ist das wahre eschatologische Volk Gottes (2,14; 7,4; 21,12).

3) Von der Heidenmission zur heidenchristlichen Kirche

Erst als diejenigen, die durch die Judenmission eigentlich angesprochen waren, dieses Angebot überwiegend ablehnten, trat als Ersatzlösung die Heidenmission ein (Apg 13,46). Die Überlieferung mußte nun entsprechend den Forderungen der heidenmissionarischen Praxis umgebildet werden: auf die Israel-Geschichte wurde in der Unterweisung verzichtet, weil die Völker für deren Verständnis keine Voraussetzungen hatten (die Sinai-Offenbarung ist in keinem Glaubensbekenntnis erwähnt). Trotz dieser Reduktion blieb für die jüd. Heidenmissionare auch die Gottesbegegnung der Völker in den geschichtlichen Erfahrungen Israels begründet. Der Jesus-Bund ist die Ausweitung des Sinai-Bundes. Weltgeschichtlich wurde das Christus-Geschehen der Anschluß der Völker an das Sinai-Geschehen.

Durch Verschärfung der politischen Situation im Innern und Enttäuschung über die Haltung der Diaspora wurde die Lage der Judenchristen im Lande Israel immer schwieriger. Schrittweise wurden sie aus einer konkurrierenden Gruppe zu selbständigen Gegnern der Pharisäer, die jetzt das orthodoxe Judentum darstellten. Seit dem Jahre 70 nChr sahen Judenchristen in ihrer Gemeinde einen eigenen Glaubensweg neben dem der Synagoge, denn die synagogenrechtliche Trennung (oben III,2b) bedeutete einen Ausschluß aus allen Lebensbereichen (Tos Chul 2,21ff).

Der Weg des Heidenchristentums wandte sich vom Judentum ab und mündete in den sich nach der Katastrophe verstärkenden heidnischen A n t i j u d a i s m u s. Die Kritik der Propheten an Israel wurde als antijüd. mißverstanden und unverantwortet wiederholt; selbst unter Beibehaltung des Wortlautes wurde sie sachlich ins Gegenteil verkehrt und verschärfte dadurch den heidnischen Judenhaß. An die Stelle des lebendigen und lebenschaffenden Dialogs der Gruppen trat eine eher monologisierende Dogmatik.

Bei Klemens von Rom (vielleicht Judenchrist, kurz vor 100) ist die Nähe zur Welt der hebr. Bibel und zum Judentum noch zu spüren (dazu 4,13; 8,3; 29,2f; 31,2–4; 43; 55,6). Aber schon Ignatius von Antiochien, ein Heidenchrist, meint um 115, zur Zeit der Verfolgungen unter Trajan, ein Christ müsse notwendig Judengegner sein (Magn 8; 10,3). Barnabas und Justin, Heidenchristen, schrieben während und nach dem Bar Kochba-Krieg. Barnabas gebraucht das Wort Israel meist im Zusammenhang mit seiner gegen Israel gewandten Bibelexegese (gelegentlich historisierend, oft typologisierend, 4,15; 6,7; 8,1–3; 11,1; 12,2.5; 16,5), aber er wagt noch nicht, dieses Wort für die

→ Kirche zu übernehmen. Justin dagegen behauptet schon kühn: »Das wahre geistliche Israel . . ., das sind wir« (Dial. 11,5; dazu 100,4; 123,9). Dem jüd. Volk bleibe die eigene Bibel dunkel, weil es auf die Stimme des Herrn nicht höre; erst die Kirche besitze die richtige Einsicht (Barn 8,7; 10,12; Just. Dial. 9,1; 33,1f). Israel ist zu einer überzeitlichen Größe geworden, der Juden nie, Christen schon immer angehörten (Bestreitung des Bundes: Barn 4,6). Der Weg von Barnabas und Justin wurde zum Weg der Kirche. Nach dem Konzil zu Nicaea wurde schließlich gesagt, daß Kirche und Synagoge nichts Gemeinsames haben (vgl. Euseb. Vita Const. III,18). *R. Mayer*

ZUR VERKÜNDIGUNG V

Genau der Übergang vom NT zu den Apostolischen Vätern an der Wende vom 1. zum 2. Jh. markiert den Bruch der Kirche mit dem Judentum. Aber indem sie sich selbst von ihrer tragenden Grundlage ablöste, verlor sie die Israel-Existenz als Kriterium ihrer eigenen Existenz. Den übernommenen Formen mußte ein neues Fundament anstelle des verlassenen Israel-Fundamentes gegeben werden; man fand es in der griech. Philosophie. Christus wurde zur geschichtslosen Idee verkürzt. Auf sich selbst gestellt, dogmatisiert, wurde er zu einer metaphysisch-sakramentalen Wesenheit von göttlicher Substanz. Damit erwuchs, nach der konstantinischen Wende, die große Gefahr, Erwählung mit politischer Macht zu verwechseln und zu vergessen, daß gerade Gericht und Leiden Zeichen der Treue Gottes sind.

Die so von der Kirche übernommene und – auch in blutigen Verfolgungen – weitergetragene Judengegnerschaft konnte sich in der Neuzeit mit »rassischen« und politischen Motiven verbinden und zur größten Judenausrottung führen. »Jude« und sogar »Israel« wurden zu den schlimmsten Schimpfworten. Diese Konsequenzen stellen die Kirche vor die Aufgabe einer Neubesinnung über Israel, die erst angefangen hat.

Polemik hat ihre Zeit, hat Recht und Notwendigkeit in der Auseinandersetzung. Aber nur Blindheit kann sie nach der Scheidung im Wortlaut wiederholen, denn dies führt zu Verengung und Einseitigkeit, zum unverantworteten Judenhaß, durch den sich die Kirche selbst von Israel ausschließt. Die Kirche hat in keinem Punkt so handgreiflich geirrt wie da, wo sie dem Judentum Erfüllung und Erwartung absprach, die ihm auf Grund der Bibel zukommen und wo sie die Wirklichkeit und das konkrete Gotteswort durch bloße Spiritualisierung verflachte.

Das durch die Jahrhunderte verfolgte Judentum hat sich seine Israel-Qualifikation bewahrt. Die Heiligung von den Vätern her behält Gültigkeit, die Rechtfertigung hat auch für das Judentum Seinskonsequenzen. Nirgends findet sich die Proklamation einer Aufkündigung des Bundesverhältnisses. Vielmehr ist ausdrücklich bestätigt, daß den Juden – auch nach Christi Kommen – die Fülle der Israelwirklichkeit erhalten bleibt (Röm 9,4; 11,28), denn selbst eine eiserne Mauer vermag die Partner des Israelbundes nicht voneinander zu trennen (Pes 85b; Sot 38b). Die Beibehaltung von polemischer Anklage bei gleichzeitiger Trennung von der gemeinsamen Grundlage ist ein Fluchtversuch vor der über Gesamt-Israel, also auch über der Kirche stehenden prophetischen Kritik. Die Kirche muß wieder in sachlichem Gespräch mit dem Judentum in gegenseitiger Verantwortung in der gemeinsamen Existenz vor Gott um die Verwirklichung Israels ringen. *R. Mayer*

Lit.: VSolovjov, Das Judentum und die christliche Frage, 1884 – JJuster, Les Juifs dans l'empire Romain, 1914 – LFuchs, Die Juden Ägyptens, 1924 – KGalling, Die Erwählungstraditionen Israels, 1928 – MNoth, Die israelitischen Personennamen im Rahmen der gemeinsemitischen Namengebung, 1928 – GvRad, Das Gottesvolk im Dt, 1929 – GRosen, Juden und Phönizier, 1929 – MNoth, Das System der zwölf Stämme Israels, 1930 – HHSchaeder, Esra der Schreiber, 1930 – JLeipoldt, Antisemitismus in der Alten Welt, 1933 – LBaeck, Die Pharisäer, 1934 – EBickermann, Der Gott der Makkabäer, 1937 – NNGlatzer, Geschichte der talmudischen Zeit, 1937 – LRost, Israel bei den Propheten, 1937 – GLindeskog, Die Jesusfrage im neuzeitlichen Judentum, 1938 – LRost, Die Vorstufen von Kirche und Synagoge im AT, 1938 – NADahl, Das Volk Gottes, 1941 – LRagaz, Israel, Judentum, Christentum, 1943[2] – GSchrenk, Der göttliche Sinn in Israels Geschick, 1943 – HBietenhard, Kirche und Synagoge in den ersten Jahrhunderten, ThZ 4, 1948, 174ff – JHGrolle, Gesprek met Israël, 1949 – GSchrenk, Was bedeutet »Israel Gottes«?, Judaica 5, 1949, 81ff – MBuber, Israel und Palästina, 1950 – ders., Zwei Glaubensweisen, 1950 – NADahl/GSchrenk, Der Name Israel, Judaica 6, 1950, 161ff – MNoth, Geschichte Israels, 1950 – WEichrodt, Israel in der Weissagung des AT, 1951 – AAlt, Kleine Schriften zur Geschichte des Volkes Israel, 1953–59 –

PTillich, Die Judenfrage, ein christliches und ein deutsches Problem, 1953 – ThCVriezen, Die Erwählung Israels nach dem AT, 1953 – OMichel, Spätjüdisches Prophetentum, in: NT-Studien für RBultmann, 1954, 60ff – JBFrey, Corpus Inscriptionum Judaicarum, 1958 – FWFörster, Die jüdische Frage, 1959 – OMichel, Polemik und Scheidung in: Festschr. f. WFreytag, 1959, 185ff – VATscherikover, Hellenistic Civilisation and the Jews, 1959 – OMichel, Das Judentum Jesu, Dt. Pfarrerbl. 60, 1960, 465ff – MHengel, Die Zeloten, 1961 – Israel und die Kirche. Eine Studie im Auftrag der General-Synode d. Niederl. Ref. Kirche, 1961 – JJStamm, Der Staat Israel und die Landverheißungen in der Bibel, 1961[2] – GLindeskog, Israel in the NT, Svensk Exeg. Arsbok 26, 1961, 57ff – WDMarsch/KThieme, Christen und Juden, 1961 – MAvi-Yonah, Geschichte der Juden im Zeitalter des Talmud, 1962 – MKrupp, Vergesse ich dein Jerusalem, 1962 – HKremers, Das Verhältnis der Kirche zu Israel, 1964 – EKäsemann, Paulus und Israel, in: Ex. Vers. u. Bes. II, 1964, 194ff – ChrMüller, Gottes Gerechtigkeit und Gottes Volk. Eine Unters. z. Röm 9–11, FRLANT 86, 1964 – WTrilling, Das wahre Israel, 1964[3] – WZimmerli, Israel und die Christen, 1964 – SSandmel, We Jews and Jesus, 1965 – ASchlatter, Synagoge und Kirche bis zum Barkochba-Aufstand, 1966 – HJKraus/RRGeis (Hrsg.), Versuche des Verstehens. Dokumente jüd.-christl. Begegnung aus den Jahren 1918–1933, ThB 33, 1966 – OMichel, Der Brief an die Römer, 1967[13] – WEckert/NPLevinson/MStöhr (Hrsg.), Antijudaismus im NT? Abhandlungen z. christl.-jüd. Dialog 2, 1967 – ARich, Das Judenproblem, o. J. – JJervell, Das gespaltene Israel und die Heidenvölker, 1965, 68ff (= Stud. Theol. Lund) – JvGoudoever, The Place of Israel in Luke's Gospel, Nov. Test. Leiden 1966, 111ff – PRichardson, Israel in the Apostolic Church, 1969 – WMarquardt, Die Juden im Römerbrief, 1971 (= ThSt(B), 107).

Jeder → Alle

Jerusalem

Ἰερουσαλήμ [Jerousalæm] Jerusalem · Σιών [Siōn] Zion | Ἰερουσαλήμ

Ἰερουσαλήμ [Jerousalæm] und Σιών [Siōn] sind Eigennamen, die in der Profangräzität unbekannt I
sind. Allerdings wird die Namensform τὸ Ἱεροσόλυμα [to Hierosolyma] für die Stadt in der röm. Provinz Judäa und ὁ Ἱεροσολυμίτης [ho Hierosolymitæs] für deren Einwohner von Strabo, Dio Cassius und jüd.-hell. Schriftstellern (zB Philo, Josephus) gebraucht. Mit dieser Formgebung des hebr. Namens gleicht ihn das hell. Diasporajudentum an das griech. ἱερός [hieros], *heilig*, an, um die Stadt als die ἱεράπολις [hierapolis] des Judentums kenntlich zu machen.

1) Den Namen Jerusalem fanden die Israeliten schon als Bezeichnung des urspr. kanaanäischen Stadtstaates vor (vgl. Jos 10,1) und übernahmen ihn. Erst in jüngster Zeit wurde die Etymologie des Namens geklärt. Diese kanaanäische Bezeichnung heißt soviel wie »Gründung des Šalem«, dh eines Gottes, der nach ugaritichen Texten die Abenddämmerung verkörpert. Er hatte sein Heiligtum in dieser Siedlung, die urspr. auf dem Hügel Zion lag. Jerusalem bleibt in der weiteren Geschichte die Namensform für die sich weiter ausdehnende Gesamtsiedlung. Auch nach der Besitzergreifung durch David behält die Stadt den Namen bei. Jedoch findet sich nun auch die Bezeichnung »Davidsstadt«, die aber später nur noch für die Altstadt verwendet wird. Gelegentlich entsprechen daher Zion, Jerusalem und Davidsstadt einander (vgl. 2Sam 5,6ff; 1Kön 8,1; 1Chr 11,4ff; 2Chr 5,2ff).

2) Der Name Zion läßt sich etymologisch nicht eindeutig klären. U. a. meint man, aus verwandten syrischen und arabischen Wortstämmen die Bedeutung »kahler, unfruchtbarer Berg« ermitteln zu können. Eine andere etymologische Ableitung könnte die Bedeutung »Bergfeste«, »Burgschloß« ergeben. Sicher ist nur, daß er aus vorisraelitischer Zeit Kanaans stammt und eine Geländebezeichnung, ein nomen geographicum, darstellt. – Seit frühester Zeit ist Σιών [Siōn] der Name für den SO-Hügel, auf dem urspr. die Jebusiterburg lag und die alte kanaanäische Siedlung Jerusalem (Jos 10 und die geschichtliche Reminiszenz Ez 16,2ff), die in entsprechenden Schreibweisen schon seit dem 2. Jt. erwähnt wird. Abgeleitet von dem nomen proprium Jebusiter, mit dem auch die Amarnabriefe (1400/1350 vChr) die Bewohner der Stadt benannten ist in Ri 19,10f und 1Chr 11,4 der Name Jebus für die Stadt. Doch ist ihr dieser Name niemals eigen gewesen und hat sich auch nicht durchgesetzt.

1a) In den at. Schriften kommt *Jeruschālajim* als Name für die Stadt weit häufiger (660mal) vor als II
Tsiōn (154mal). LXX transkribiert im kanonischen Teil die hebr. Vorlage in Ἰερουσαλήμ [Jerousalæm] (fem.) und in den Apokryphen verschiedentlich in Ἱεροσόλυμα [Hierosolyma] (neutr. plur.); während im kanonischen Teil die Bewohner gemäß der hebr. Vorlage als ἐνοικοῦντες Ἰερουσαλήμ [enoikountes Jerousalæm] (Jes 5,3; Sach 12,10), als υἱοί [hyioi] (Jo 4,6; vgl. Sach 9,9 θύγατερ Ἰερουσαλήμ [thygater Jerousalæm]) bezeichnet werden, begegnet in den Apokryphen die Begriffsneubildung Ἱεροσολυμίτης [Hierosolymitæs] (zB Sir 50,29).

b) Jerusalem war als »neutrale« Stadt, die weder zu Israel noch zu Juda gehörte und doch genau zwischen den Territorien lag, geradezu ideal für David als Königsstadt. Indem er sie durch ein Söldnerheer eroberte, blieb sie unabhängig, gleichsam Privateigentum des Königs David.

M. Noth sieht jedoch den entscheidenden Akt für die weitere Bedeutung Jerusalems in der Überführung der Lade Jahwes nach Jerusalem in den Tempel (M. Noth, Ges. Studien, 44ff; 174ff; 182). Hierdurch habe der Jerusalemer Tempel die Rolle des alten »amphiktyonischen« Zentralheiligtums erhalten, das größte Bedeutung für die Zukunftserwartungen Israels gewinnen sollte. Nur von der ursprünglichen Überführung der Lade in den Jerusalemer Tempel her würde verständlich, weshalb Jerusalem als kanaanäische Stadt in seiner unabhängigen Sonderstellung als davidische Residenz d e r kultische Mittelpunkt Israels wird. Selbst nach dem Bruch des Nordreiches mit dem Südreich behält Jerusalem für beide Teile seine zentrale theol. Bedeutung (1Kön 12, 12.27). »War zunächst das Jerusalemer Heiligtum durch die Anwesenheit der Lade zu einem kultischen Mittelpunkt der Stämme geworden, so wurde mehr und mehr dieses Heiligtum selbst zu einer zentralen heiligen Stätte, die nun als solche ein Eigengewicht bekam« (Noth, aaO, 185). Jahwe Zebaoth, der einst über der Lade thronte (2Sam 6,2), ist nun derjenige, der »auf dem Berge Zion wohnt« (Jes 8,16), dem »Berg des Hauses Jahwes« (Jes 2,2f; Mi 4,1f).

G. Fohrer dagegen bestreitet das Weiterwirken amphiktyonischer Vorstellungen (ThWb VII, 301). Die Lade habe nach der Überführung keine wesentliche Rolle mehr gespielt, und die Anerkennung Jerusalems bei den Israeliten (1Kön 12,26ff) sei eine dtn. Darstellung bzw. (Jer 41,5) auf die Angliederung Israels durch Josia zurückzuführen.

Wie dem auch sei, Jerusalem ist in der älteren Geschichte Israels als Königsstadt der Mittelpunkt des politischen Reiches und hochgeachtet. Als Tempelstadt des zentralisierten Kultes ist die Stadt selbst nach Auflösung der politischen Einheit doch geistlich-religiöser Mittelpunkt und viel besucht. Die heilige Stadt (Jes 48,2; 52,1) wird mehr und mehr Mittelpunkt theokratischer Hoffnungen. Geschichtliche Erfahrungen, aber auch theol. Reflexionen stärkten und vermehrten die Anschauung von der Unantastbarkeit und Unzerstörbarkeit der Tempelstadt (vgl. Jes 36ff; 2Kön 18ff; 2Chr 32; Jer 7,4). Bes. im Exil ist sie Inbegriff aller Sehnsucht (Ps 137). Von da ist es kein weiter Weg, den Namen mit eschatologischen Erwartungen zu verbinden (Jer 31,38ff). Man erwartet, daß Jerusalem der Mittelpunkt der ganzen Welt wird, zu dem alle Heiden strömen (Jer 3,17), und das dann »ein Bethaus für alle Völker« heißt (Jes 56,7). Bei diesem ganzen Vorstellungskomplex werden Zion und Jerusalem häufig promiscue gebraucht.

c) Wenn die Propheten aber auf die Verhältnisse zu sprechen kommen, die sie selber in Jerusalem beobachten, dann enthüllt sich ein anderes Bild. Jerusalem ist von Gott abgefallen und zur Hure geworden. In ihr ist Götzendienst zu Hause und Mißachtung der göttlichen Gebote. Die Könige und mit ihnen die Bewohner gehen ihre eigenen politischen Wege und kümmern sich nicht um Gottes Willen (vgl. die entsprechenden Stellen bei Jes, Jer, Mi, Ez). So verkünden die Propheten der Stadt das Gericht Gottes (vgl. zB Jer 6,22ff; Jes 32,9ff), das nicht aufzuhalten ist, weil das verderbte Volk nicht umkehrt und Buße tut (Jer 4,3f). Fremde Völker und Könige vollziehen das Gericht, aus dem ein gereinigtes, geläutertes Jerusalem hervorgehen wird (Jes 40). Jahwe gedenkt, Jerusalem wieder wohlzutun (Sach 8,15), und am Ende der Zeiten wird die Stadt »so heilig sein, daß kein Fremder mehr durch sie wandert« (Jo 4,17). Das eschatologische Jerusalem wird aber immer nur als die verbesserte, erneuerte irdische Stadt gedacht, nie als jenseitige, himmlische. Daher können die Völker zu ihr wallfahren und eine neue Lebensweise annehmen (Jes 2,2ff) und sich zu Jahwe bekehren (Jer 3,17). Aus Jerusalem werden sich Segensströme in die Welt ergießen (Ez 47,1ff). Von dieser geheiligten Stadt aus regiert Jahwe die ganze Welt (Jes 24,23), hier steht sein Thron (Jes 3,17).

2a) Der Name Σιών *[Siọn]* wurde von den Israeliten anfänglich nicht verwendet. Erst später greifen Propheten und Dichter den Namen wieder auf. Dabei hat sich seine Bedeutung jedoch erweitert bzw. verschoben: einerseits, wenn zB Zion mit Jerusalem zusammen auf die ganze, inzwischen größer gewordene Stadt angewendet oder wenn Zion mit Juda (zB Jer 14,19; Ps 69,36) und gelegentlich sogar mit Israel gleichgesetzt wird (Jes 46,13; Ps 149,2); andererseits, wenn nun nicht mehr der SO-Hügel, sondern der NO-Hügel mit dem auf ihm errichteten Tempel als Zion gilt (vgl. zB Ps 2,6; 20,3). Zu Zion ist Jahwe Gott (Ps 99,2; 135,21), und nach Jer 8,18 (19) wohnt der Herr Zebaoth auf dem Berg Zion. – Die Bewohner Zions werden – entsprechend den Bewohnern anderer Städte – Söhne bzw. Töchter Zions genannt (zB 2Kön 19,21, bes. oft in Pss; Jes 3,16).

b) Überblickt man den Gebrauch dieses Lehnwortes, so findet man es bes. häufig dort, wo der Kultort als sakraler Mittelpunkt hervorgehoben werden soll, an dem man Jahwe gegenwärtig weiß. »Gen Zion hinaufgehen« heißt soviel wie »zu dem Herrn gehen« (Jer 31,6). Dort in Zion wohnt Jahwe (Ps 9,12).

3a) Der Gebrauch der Namen im antiken Judentum unterscheidet sich nicht von dem des AT. Jerusalem/Zion war die geliebte Stadt, zu der hin man in allen Teilen der Welt während der täglichen Gebete das Angesicht wandte, zu der man, wenn irgend möglich, zu den großen Festen wallfahrtete, in der man zu sterben und begraben zu werden wünschte. Nach Jerusalem flossen aus der Diaspora enorme Geldsummen in Form der Tempelsteuer, mit deren Hilfe der Opferkult aufrechterhalten wurde.

b) Der eschatologische Gedanke entwickelte sich weiter. Neben der Vorstellung, daß die irdische Stadt der Schauplatz des Sieges Jahwes sein wird (4Esr 13,25ff; Sib 3,663ff), entwickelte sich in der apokalyptischen Lit. der Glaube an das himmlische Jerusalem, das präexistent ist (ApkBar syr 4,2ff) und am Ende der Zeiten auf die Erde herabkommt (4Esr 10,27.54; 13,36). Nach anderer Vorstellung bleibt es im Himmel als Ort, an dem die Gerechten einst wohnen werden (slHen 55,2). Das neue Zion/Jerusalem wird von unvorstellbarer Schönheit sein (Tob 13,20ff), bewohnt von einer unübersehbaren Menge (Sib 5,251f), die Gott selber regiert (Sib 3,787); den Mittelpunkt dieser riesenhaften Stadt bildet der neue → Tempel, zu dem man seine Gaben bringt (Tob 13,13f).

III 1a) Im NT kommt der Name *Jerusalem* 139mal vor. Wie in LXX, so trifft man auch im NT auf die zwei Formen Ἰερουσαλήμ *[Jerousalæm]* (76mal) und Ἱεροσόλυμα *[Hierosọlyma]* (63mal). Während Mt, Lk (in Ev. und Apg) und Paulus im Gal beide Namensformen verwenden, gebrauchen Mk und Joh nur die hell. Form, dagegen Paulus (in Röm und 1Kor), Hebr und Offb nur die transkribierte semitische. In den Pastoralbriefen und in den katholischen Briefen fehlt der Name völlig.

b) Der Name *Zion* findet sich im NT nur 7mal, so Röm 9,33 und 1Petr 2,6 (= Jes 28,16); Röm 11,26 (= Jes 59,20; vgl. Ps 14,7). In Mt 21,5 und Joh 12,15, ebenfalls at. Zitate (vgl. Sach 9,9; Jes 40,9; 62,11), handelt es sich um die Bewohnerschaft, die als »Tochter Zions« angesprochen wird. Nur Hebr 12,22 und Offb 14,1 gebrauchen den Namen eigenständig.

2a) In den Synopt. und Apg ist Jerusalem vielfach reine Ortsbezeichnung, um ein Ereignis zu lokalisieren (Lk 13,4), den Ausgangspunkt bzw. das Ziel anzugeben (Lk 10,30), oder die Bedeutsamkeit eines Geschehnisses hervorzuheben, weil auch die Einwohner der Hauptstadt darauf aufmerksam wurden (Mk 1,5; Mt 4,25; Lk 6,17).

b) Mit dem Gebrauch des Lokalnamens verbindet sich aber auch oft eine theol. bedeutsame Vorstellung. Im theokratischen Denken des Juden ist Jerusalem der von Gott erwählte Mittelpunkt der Welt. Die theokratische Vorstellung besagt, daß nicht Menschen, sondern allein Jahwe der Herrscher ist. Er übt seine Herrschaft aus durch zwei Institutionen: das Priestertum bzw. den Zadokidischen Hohenpriester und das Schriftgelehrtentum, das Rabbinat. So ist Jerusalem nach Ps 48,3 »die Stadt des großen Königs« (Mt 5,35), wo sich der Tempel befindet, in dem der wahre, allein gültige Opferdienst gehalten werden kann. Darum geht man nach Jerusalem (Lk 2,22ff), in die »heilige Stadt« (Mt 4,5; 27,53), weil darin das Haus Gottes steht (vgl. Lk 2,46.49), mit dem die theokratische Institution des Priestertums unlösbar verbunden ist.

Auch die andere theokratische Institution, die geistliche Behörde, die die Schrift und damit den Willen Gottes kennt und auslegt, befindet sich in Jerusalem. Die Priester, die über den rechten Ablauf des Rituals wachen, und die Schriftgelehrten, die für die ordnungsgemäße Einhaltung der Gesetze verantwortlich sind, sind die Repräsentanten dieser beiden Einrichtungen. Darum erscheinen »die Schriftgelehrten aus Jerusalem« an verschiedenen Orten Palästinas, um ihren Pflichten nachzukommen (Mk 3,22 par; 7,1 par).

c) Weil Jerusalem diese theokratische Bedeutung hat, spielt es im Passionsgeschehen eine entscheidende Rolle. Jesus mußte nach Jerusalem, um dort im Zentrum der jüd.-at. Glaubenswelt seinen Auftrag zu erfüllen (Mt 16,21; Lk 9,31). Dort setzte er sich mit den beiden theokratischen Institutionen auseinander: mit den Priestern als den Funktionären des Kultes (vgl. Lk 19,45ff), und mit den Schriftgelehrten als den Wahrern mosaischer Tradition (Mt 23). Darum ist es nicht gleichgültig, wo Jesus leidet, stirbt, begraben wird und aufersteht. Nur in Jerusalem hatte das Opfer seinen Sinn und seine Gültigkeit (Mk 10,33f). Darin aber besteht das Paradoxon, daß das Opfer Jesu von den theokratischen Institutionen verworfen, von Gott aber angenommen wird, was auch die Auferstehungsberichte bezeugen (vgl. auch Mk 8,31). So ist Jerusalem einmal der Ort, an dem die Gegner Jesu wohnen, die ihn umzubringen trachten (Mk 11,18). Theologisch gesehen ist Jerusalem aber der Schauplatz, an dem die Einrichtungen der jüd. Glaubenswelt, Kult und Gesetzlichkeit, im Handeln (Mk 11,15–17) und in der Lehre Jesu (Mk 11,18) aufgehoben und in der Kreuzigung von Gott selber gerichtet werden. Als Stätte des Gebets soll jene Institution des Tempels »auf jene Haltung hinweisen, in der der Mensch nichts zu leisten und Gott anzubieten hat, die also auch den Heiden offen steht. Damit ist alle Gesetzlichkeit grundsätzlich überwunden« (E. Schweizer, Markus, NTD 1 zu Mk 11,17).

3) Jerusalem hat besonders in der Theol. des Lukas große Bedeutung. »Am Anfang (1,5–25) und am Ende (24,53) des Lukasevangeliums wird von Begebenheiten berichtet, die sich im Tempel zutragen. Die dem alten Gottesvolk gegebene Verheißung geht in der Geschichte Jesu und seiner Kirche in Erfüllung. Das wahre Israel versammelt sich an ›der heiligen Stätte‹« (E. Lohse, ThWb VII, 330). – Die Apg geht auf diesem Wege weiter, indem Jerusalem der Ort ist, an dem »die Geschichte Jesu mit der anhebenden Geschichte der Kirche« (E. Lohse, a. a. O. 334) verknüpft wird (vgl. 13,27.31). So bleiben die Jünger Jesu, denen der Auferstandene erschien, auf Jesu ausdrücklichen Befehl in Jerusalem (Lk 24,49.52), um auf die Ausgießung des Heiligen Geistes zu warten (Apg 1,4; 2,1ff); sie predigen auftragsgemäß von Jerusalem aus allen Völkern das Gottesgeschehen (Lk 24,47; Apg 5,20f). Sie übernehmen gleichsam die Funktionen der Schriftgelehrten, aber auch des Tempeldienstes (Lk 24,53; Apg 2,46; 3,1ff; 5,25.42), indem sie im Tempel den Lobpreis Gottes als das wahre tägliche Opfer darbringen. Die Stadt bleibt Mittelpunkt der Welt und Stadt des Volkes Gottes. In ihren Mauern kam der sog. Apostelkonvent (Apg 15,1ff; 21,18) zusammen. Von Je-

rusalem gehen Boten aus (Apg 8,14; 11,22.27) und kehren dahin wieder zurück (19,21; 21,15).

4) Ein anderer Gedankengang in den synopt. Evgg. ist aber noch zu erwähnen: Es entspricht der at.-prophetischen Botschaft (s. o.), daß Jerusalem die böse Stadt ist. Sie tötet die Boten Gottes (Mt 23,37ff par). Nirgends ist ein Prophet gefährdeter als in Jerusalem (Lk 13,33). Die Stadt erkennt nicht, was zu ihrem Frieden dient (Lk 19,42). Ihre Einwohner haben sich nicht sammeln lassen (Mt 23,37). Daher kommt sie ins Gericht (Lk 19,43f), das durch fremde Völker ausgeführt wird (Lk 21,20). Jerusalem wird zerstört werden (Mt 23,38; Lk 21,24). Darum sollen die Einsichtigen weinen (Lk 23,28ff). Das Gericht über Jerusalem beginnt, als der Vorhang im Tempel zerreißt (Mk 15,38 par) und die Gräber vor der Stadt sich öffnen (Mt 27,52f). Doch aus den Trümmern erwächst ein Neues. Zu der zerstörten Stadt wird Jesus wiederkommen und mit dem Ruf begrüßt werden, mit dem man den Messias empfängt (Mt 23,39 = Zitat aus Ps 118,26).

5a) Im Johannes-Ev. ist Jerusalem nicht nur der Platz des Passionsgeschehens, sondern der Ort, an dem Jesus seine Herrlichkeit offenbart. In der Stadt geschehen viele Taten und Wunder. Einzig Joh berichtet, daß Jesus öfter von Galiläa nach Jerusalem kam (2,13ff; 5,1ff; 7,10ff; 12,12ff). Schließlich ist auch bei Joh Jerusalem der Ort, an dem sich der Wechsel vom alten zum neuen Bund vollzog.

b) Auch für Paulus ist Jerusalem Mittelpunkt der Christenheit, jedoch in anderer Weise als bei Synopt. und Apg: Von Jerusalem ist das Ev. ausgegangen (Röm 15,19), das aus Heiden und Juden eine neue Einheit, die Ekklesia werden ließ (vgl. Eph 2,14). Paulus betont seine Übereinstimmung mit dem Apostelkonvent in Jerusalem (Gal 2,1ff). Und doch ist ihm dieser nicht die höchste Autorität. Wenn er die Apostel aufsucht (vgl. Gal 1,18—20), geschieht dies aus brüderlicher Liebe und Wertschätzung; denn sie waren zeitlich die Ersten (Gal 1,17f). Jedoch Auftrag und Anweisungen empfängt er wie die anderen vom Herrn selbst (Gal 1,1; 2,2). Weil aber die Heidenchristen der geistlichen Güter der Jerusalemer Urgemeinde teilhaftig geworden sind, ist es für Paulus selbstverständlich, der Jerusalemer Gemeinde »auch in leiblichen Gütern Dienst« zu erweisen in Form finanzieller Hilfe (Röm 15, 27). Der Einwand, daß dieser »Dienst für Jerusalem« (V. 31) eine Art Steuer entsprechend der jüd. Tempelsteuer sei, wird dadurch entkräftet, daß Paulus nur freiwillige Gaben »nach Gutdünken« erwartet (1Kor 16,2; 2Kor 8,7f; 9,7). Man wird vielmehr darin einerseits die Legitimation der heidenchristl. Gemeinden gegenüber Jerusalem, andererseits die äußere Dokumentation der Zusammengehörigkeit von Heidenchristenheit und Jerusalemer Urgemeinde sehen müssen (vgl. auch 2Kor 8,14f; 9,12).

c) In der Offenbarung wird Jerusalem (allerdings ohne Namensnennung) als der historische Ort des Passionsgeschehens bezeichnet (11,8) und einbezogen in das endzeitliche Geschehen. Als böse Stadt (d. i. »die da heißt geistlich Sodom und Ägypten«) wird sie »zertreten«, während der Tempel und die, die in ihm anbeten, gerettet werden (11,1ff; vgl. Lk 21,24). In 14,1 wird mit dem Namen »Berg Zion« die at. Bezeichnung für den Tempelberg verwendet und gesagt, daß sich am Ende der Zeiten die Weissagung Jo 3,5 auf dem Zionsberg erfüllen wird.

6) Außer dem bisher aufgezeigten topographischen Gebrauch des Ortsnamens begegnet im NT auch die Vorstellung vom himmlischen Jerusalem.

a) Paulus spricht in Gal 4,26 vom *oberen Jerusalem* (ἡ ἄνω 'Ιερουσαλήμ [*hæ anō Jerousalæm*]), das — nach einer allegorischen Deutung — die Freie ist, die den Gläubigen die Existenz geschenkt hat. Das himmlische Jerusalem ist nach jüd.-apok. Tradition der präexistente Ort, an dem Gottes Herrlichkeit allezeit gegenwärtig ist. Für Paulus ist es daher auch der Ort der Freiheit vom Gesetz. Dieses »obere Jerusalem« steht im schroffen Gegensatz zu dem Jerusalem, »das zu dieser Zeit ist« (ἡ νῦν 'Ιερουσαλήμ [*hæ nyn Jerousalæm*]), dem irdischen, das — ebenfalls nach einer Allegorese — die Mutter der Ungläubigen genannt wird (V. 25).

b) In H e b r 12,22 ist die Rede von Ἰερουσαλὴμ ἐπουράνιος *[Jerousalæm epouranios], dem himmlischen Jerusalem,* in dessen Bereich auch der Berg Zion liegt. »Aber dieser Ort ist nicht nur das Ziel der Wanderschaft, auf dem sich das Gottesvolk befindet, das auf Erden keine bleibende Statt hat (Hebr 13,14), sondern die Gemeinde ist schon zum Zion, zum himmlischen Jerusalem gekommen. Das neue Jerusalem ist die Stadt, in der durch Jesu Blut der neue → Bund aufgerichtet ist« (E. Lohse, aaO., S. 337).

c) In O f f b 3,12; 21,2 wird das »Neue Jerusalem« als ein himmlisches beschrieben. Am Ende der Zeiten wird es vom Himmel herniederkommen und alle die als Bürger aufnehmen, die als Überwinder gekennzeichnet sind (3,12). Diese auf die Erde herabgekommene, herrliche Stadt (21,2.10f) hat eine große Ausdehnung (V. 12f). Jedoch eins fehlt in ihr: der Tempel (V. 22), »denn der Herr, der allmächtige Gott und das Lamm ist ihr Tempel« — diese Schau steht im Gegensatz zur jüd. Erwartung, bei der gerade der Tempel der Mittelpunkt des himmlischen Jerusalems ist. *H. Schultz*

Lit.: AAlt, Jerusalems Aufstieg, ZDMG 1925, 1ff — ELohmeyer, Galiläa und Jerusalem, 1936 — WSchmauch, Ort der Offenbarung und Offenbarungsort im NT, 1956 — EStauffer, Jerusalem und Rom im Zeitalter Jesu Christi, 1957 — RBach/WSchmauch, Art. Jerusalem, EKL II, 1958, 257ff — FMaas/JWeigelt, Art. Jerusalem, RGG III, 1959³, 593ff — MNoth, Jerusalem und die israelitische Tradition, in: Ges. Stud. z. AT, 1960², 172ff — JJeremias, Jerusalem zur Zeit Jesu, 1963³ —JSchreiner, Sion-Jerusalem, Jahwes Königssitz. Theol. d. Heiligen Stadt im AT, 1963 — EFascher, Jerusalems Untergang in der urchristlichen und altkirchlichen Überlieferung, ThLZ 89, 1964, 81ff — GFohrer/ELohse, Art. Σιών, ThWb VII, 1964, 291ff — HKosmala, Art. Jerusalem, BHHW II, 1964, 820ff — ESchweizer, Das Evangelium nach Markus, NTD I, 1967 — LGaston, No Stone on Another, 1970 (= Suppl. Nov. Test., 23).

Jesus Christus

In »Jesus Christus« (J. Chr.) verbinden sich ein Name, Jesus (J.), und eine Würdebezeichnung, Christus (Chr.), in einzigartiger Weise zu etwas Neuem. So ist eine Formel entstanden, in der sich der Glaube der ältesten Christen an Jesus von Nazareth als ihren Meister und Herrn und als den von Gott seinem Volke Israel verheißenen Heilskönig und universalen Erlöser so ausgedrückt hat, daß sie bleibende zentrale Bedeutung für alle folgenden christl. Generationen und ihre Bemühungen um eine angemessene Formulierung ihres Glaubensbesitzes gewinnen konnte. Angesichts dessen erweist es sich als notwendig, zunächst über den Namen Jesus und die mit ihm verbundenen geschichtlichen und theologischen Fragen zu handeln, sich dann der Jesus von Nazareth durch die Seinen beigelegten Würde des Christus zuzuwenden und schließlich Jesus von Nazareth als Christus ins Auge zu fassen.

Ἰησοῦς *[Jæsọus]* Jesus

Ἰησοῦς

Ἰησοῦς *[Jæsọus]* ist die griech., durch Transkription und Anfügung eines die Deklination ermög- I/II
lichenden ς (s) im Nominativ zustandegekommene Form des at.-jüd. Namens *Jēschụ·a.* Dieser scheint um die Zeit des babylonischen Exils anstelle des älteren *Jehōschụ·a/Josua* zu allg. Gebrauch gekommen zu sein. Die LXX hat den Namen sowohl in seiner älteren als auch in seiner jüngeren Form (*Jeschụ·a*) einheitlich mit J. wiedergegeben. Daher erscheint hier auch Josua, der Sohn Nuns, der nach der Überlieferung der Nachfolger Moses war und sein Werk in der Besitznahme des verheißenen Landes durch die Stämme Israels vollendete, unter diesem Namen. Er wird im übrigen sogar in einer nachexilischen Stelle des hebr. AT (Neh 8,17) nicht wie in den älteren Texten *Jehōschụ·a,* der Sohn Nuns, genannt, sondern *Jēschụ·a,* der Sohn Nuns.

Der Name J. ist im Judentum Palästinas wie in dem der Diaspora in vorchristl. Zeit ebenso wie noch in der ersten Zeit der christl. Zeitrechnung ziemlich verbreitet gewesen. Nach Arist 48f (2. Jh. vChr; genauere Fixierung umstritten) trugen ihn zwei von den palästinischen Gelehrten, die an der Übersetzung des Pentateuchs aus dem Hebr. in das Griech. in Alexandrien beteiligt waren. Wahrscheinlich zeitlich noch weiter zurück führt jener J. aus dem Hause Sirach, nach dem die von ihm verfaßte Schrift (Sir hebr. 50,27; griech. 50,27[29]) benannt ist. Der im 1. Jh. nChr lebende jüd. Historiker Flavius Josephus, der aus einer priesterlichen Familie Palästinas stammt, nennt in seinen umfangreichen Schriften in griech. Sprache nicht weniger als neunzehn Träger des Namens J. aus der älteren und jüngeren Geschichte seines Volkes, darunter zur Hälfte solche, die Zeitgenossen des auch von ihm erwähnten »J., des sogenannten Chr.« (Antiquitates XX 200) sind. Der Name begegnet um die Zeitwende aber auch in zahlreichen nichtliterarischen jüd. Texten, darunter auf Grabinschriften (zB ZNW 22[1923],283: Leontopolis = Tell el Yehudieh nordöstlich von Kairo) und auf Ossuarien aus der Umgebung Jerusalems. Diese sind teils in hebr. oder aram., teils in griech. Sprache abgefaßt; eine aram. enthält den Namen *Jēschu̧a bar Jehōsẹph* (J., der Sohn des Joseph; E. L. Sukenik, Jüd. Gräber Jerusalems um Christi Geburt, Jerusalem 1931, 19f mit Abb.).

III 1) Das NT fügt sich diesem Bilde, nach dem der Name Jesus zur Zeit Jesu von Nazareth und seiner Jünger unter den Juden recht verbreitet war, ohne Spannung ein. So trägt ihn bei Lukas (3,29) im Stammbaum Jesu einer von dessen Vorfahren, ohne daß das als etwas Besonderes gekennzeichnet wird. Kol 4,11 wird ein Judenchrist J. erwähnt, der nach der Sitte der Zeit, vielleicht auch als röm. Bürger, einen zweiten nichtsemitischen Namen, Justus, führt. Daß der alte Volksführer Josua auch im NT als J. erscheint (Apg 7,45; Hebr 4,8), ist nach dem früher Gesagten selbstverständlich. Es gibt ziemlich eindeutige Anzeichen dafür, daß sogar der von Pilatus zusammen mit J. dem Volk zur Wahl gestellte Zelot Barabbas mit seinem Rufnamen J. hieß. Die Textüberlieferung von Mt 27,16f läßt erkennen, daß man die Verbindung dieses Namens mit diesem Mann verhältnismäßig bald als peinlich empfunden hat; jedenfalls ist er in der Mehrzahl der Hss., auch in sehr alten und wertvollen, unterdrückt worden. Ähnliche Eingriffe in den urspr. Text lassen sich an einer ganzen Reihe anderer Stellen des NT beobachten oder wahrscheinlich machen, darunter auch solchen, wo die gesamte Überlieferung den Namen J. nicht mehr aufweist (vgl. neben Lk 3,29; Apg 7,45; 13,6; Kol 4,11 vor allem Mk 15,7; Phlm 23f und s. A. Deißmann, in: Mysterium Christi, 1931, 28ff). Offensichtlich ist hier eine tiefe Ehrfurcht vor dem Namen J. die Triebfeder; man meint, ihn niemandem außer J. als dem »Anfänger und Vollender des Glaubens« (Hebr 12,2) lassen zu können. Die Verehrung des Namens J. hat sich sinngemäß auch darin niedergeschlagen, daß die Christen – und zwar wohl schon bald – auf seinen weiteren profanen Gebrauch fast allgemein verzichtet haben. Aber nicht weniger bezeichnend ist, daß mit dem ausgehenden 1. Jh. der Name J. auch unter den Juden als Personenname ungebräuchlich geworden ist. Dafür taucht bei ihnen der at. Name *Jehōschu̧a/Josua* in breiter Streuung wieder auf, begleitet von 'Ἰάσων *[Jasōn]* als griech. Äquivalent in der Diaspora, in der im Zuge der Assimilation dieser Name längst aufgenommen worden war (vgl. etwa Arist. 49; Josephus, Antiquitates XII 239 u. ö.). Es gehört in den gleichen Zusammenhang, wenn schon das talmudische Judentum sich angewöhnt hat, von J. von Nazareth, wenn es ihn schon nennen mußte, als von *Jẹschū* zu sprechen und nicht als von *Jēschu̧a*. Mag das rein äußerlich seinen Grund darin haben, daß die Christen ihren Herrn eben *Jẹschū* nannten (unter Verzicht auf das nachschlagende *a* der Grundform), so kommt doch auch darin, neben der jüd. Antipathie, zum Ausdruck, in welchem Maße dieser Name für die Christen unter allen menschlichen Namen einzigartig geworden war.

2) Mt 1,21 und Lk 1,31 lassen den Namen Jesu durch himmlische Weisung an den Vater (Mt) bzw. an die Mutter (Lk) bestimmt sein. In diesem Zusammenhang erscheint bei Mt auch eine Deutung des Namens J. Sie beschreibt die künftige Aufgabe des Sohnes der Maria dahingehend, er werde »sein Volk erretten von seinen Sünden«. Diese Deutung knüpft mit Sicherheit an den Sinn des Namens *Jehōschu̧a* an (aus dem Gottesnamen und *schu̧a* zusammengesetzt), der, wie gezeigt wurde, ebenfalls in dem griech. 'Ἰησοῦς *[Jæsọus]* weiterlebt: »Jahwe ist Hilfe« oder »Jahwe ist Helfer« (s. M. Noth, Die israelitischen Personennamen im Rahmen der gemeinsemitischen Namengebung, 1928, 154). Daß man sich dessen noch um die Zeitwende durchaus bewußt war, belegt der alexandrinische jüd. Exeget und Religionsphilosoph Philo, wenn er den Namen Josuas folgendermaßen deutet: 'Ἰησοῦς σωτηρία κυρίου *[Jæsọus sōtærịa kyrịou]*, *»J. – das bedeutet Rettung durch Gott«* (Mut Nom

121). Mögen also auf die Formulierung des Satzes bei Mt in der Abzweckung der Rettung auf die Vergebung der Sünden des Volkes biblische Worte wie Ps 31 (30 LXX),8; 130 (129 LXX),8 eingewirkt haben – das Neue an ihm liegt auf der Hand: Er spricht J. zu, was bisher Gott vorbehalten war. Wahrscheinlich stehen dasselbe Verständnis des J.-Namens und ein entsprechendes Zeugnis auch im Hintergrunde, wenn Lk 2,11 der Engel des Herrn in der Nacht der Geburt Jesu ihn den Hirten als σωτήρ *[sōtær]*, nämlich als *Retter* oder *Heiland*, ansagt und proklamiert. Im Blick hierauf sollte man nicht übersehen, daß gerade im LkEv J. als der Heiland der Sünder bezeugt wird (vgl. nur Lk 15) und daß das Engelwort 2,11 zudem doch wohl in Rückbeziehung auf Lk 1,76f steht. Hier wie dort haben wir, noch dazu völlig unabhängig voneinander, sehr frühe Christologie vor uns, die theologisch in die Nähe von Phil 2,9 führt. Für sie liegt offensichtlich schon im J.-Namen das als Verheißung beschlossen, was sich dann im Herren-Namen des auferweckten und erhöhten J. von Nazareth zum Heil der ganzen Menschheit erfüllt hat. Das ist deutlich etwas völlig anderes, als wenn Barn 12,8ff bestimmte Züge im Bilde des biblischen Josua typologisch auf J. von Nazareth hin gedeutet werden, ob auch auf Grund der Gleichheit der griech. Namen beider. Stehen wir dort bei früher kerygmatischer Tradition, so hier bei theol. und apologetischer Reflexion.

K. H. Rengstorf

Ναζαρηνός

Ναζαρηνός *[Nazarænos]*, Ναζωραῖος *[Nazōraios]* Nazarener, aus Nazareth

1) Gab es viele, die den Namen J. trugen, so war es nötig, sie durch einen Zusatz voneinander zu unterscheiden. Es bleibt daher im Rahmen des Üblichen, wenn J. einige Male in den Evgg. als der »Sohn Josephs« bezeichnet (Lk 3,23; 4,22; Joh 1,45; 6,42) wird oder auch als der »Sohn Marias« (Mk 6,3), dies wohl nach dem Tode Josephs. Diese Art der Unterscheidung mag indes mehr lokales Kolorit tragen. Neben ihr und über sie hinaus hat Jesu Kennzeichnung als Ναζαρηνός *[Nazarænos]* bzw. Ναζωραῖος *[Nazōraios]* Gewicht und dauernde Bedeutung gewonnen. Beide Bezeichnungen gehen in der Textüberlieferung zT durcheinander. Das nötigt zu dem Schluß, daß für die Schreiber kein inhaltlicher Unterschied zwischen ihnen bestand. Dennoch bedarf auch ihr Nebeneinander einiger Bemerkungen.

2) Mk gebraucht durchgängig Ναζαρηνός *[Nazarænos]* (1,24; 10,47, v. l. Ναζωραῖος *[Nazōraios]*; 14,67; 16,6). Lk wird 4,34 von Mk 1,24 abhängig sein und hat einmal auch in seinem Sondergut Ναζαρηνός *[Nazarænos]* (24,19 mit v. l.), benutzt aber sonst durchgehend, bes. in der Apg, Ναζωραῖος *[Nazōraios]* (Lk 18,37; Apg 2,22; 3,6; 4,10; 6,14; 22,8; 26,9) und bringt durch dies Verfahren zum Ausdruck, daß für ihn beide Wörter die gleiche Bedeutung haben. Mt (2,23; 26,71) und Joh (18,5.7; 19,19 – also nur in der Passionserzählung) haben immer die zweite Form. Außerhalb der Evgg. und der Apg kommen beide Wörter im NT nicht vor. Was ihren Sinn betrifft, so meinen sie für Mt (vgl. 2,23 neben 21,11), Lk (Apg 10,38) und Joh (1,45) völlig eindeutig, daß der so bezeichnete Jesus aus Nazareth in Galiläa stammt. Für die räumliche Zusammengehörigkeit der beiden Wörter mit Galiläa sprechen im übrigen in verschiedener Weise auch Mt 26,69 neben 26,71 und Apg 24,5 neben 1,11. Als Bezeichnung auch der Christen auf griech. Boden (Apg 24,5) scheint Ναζωραῖος *[Nazōraios]* früh verschwunden zu sein, und zwar zugunsten von Χριστιανός *[Christianos]* (Apg 11,26), während es sich in diesem Sinne auf jüd. Boden erhalten hat und im hebr. *nōtsri* zur Bezeichnung eines J.-Gläubigen bis heute fortlebt. Ähnlich lautende Bezeichnungen der Christen gibt es auch anderswo im Nahen Osten von alters her. Sie dürften indes nicht auf einer unmittelbaren Einwirkung judenchristl. oder gar jüd. Traditionen beruhen, sondern darin ihren Grund haben, daß die syrische Kirche Ναζωραῖος *[Nazōraios]* aus dem griech. NT als Fremdwort in ihre Sprache übernommen und dies an ihre nichtchristl. Umwelt weitergegeben hat.

3) Entgegen der sachlichen Zusammennahme der beiden Wörter mit Ναζαρέτ, Ναζαρέθ *[Nazareth]* bzw. Ναζαρά *[Nazara]* (Mt 4,12; Lk 4,16) bei Mt, Lk und Joh ist der

sprachliche Zusammenhang der beiden Wörter mit dem Ortsnamen seit M. Lidzbarski oft und nachdrücklich bestritten worden. Zwar ist die These, der Ort Nazareth sei überhaupt nur erfunden worden, weil man von Ναζωραῖος [*Nazōraịos*] aus für die J.-Überlieferung einen entsprechenden Ortsnamen benötigte, nicht mehr diskutabel, nachdem der Ortsname als *nzrth* erstmals in einer jüd. Inschrift, wahrscheinlich einer Synagoge, Cäsareas aus nachhadrianischer Zeit aufgetaucht ist, so daß es endlich außerhalb des NT einen frühen jüd. Beleg für die Existenz des Ortes als jüd. Siedlung gibt (Israel Exploration Journal 12, 1962, 137ff: M. Avi-Yonah, A List of Priestly Courses from Caesarea). Aber die philologische Herleitung von Ναζωραῖος [*Nazōraịos*] von Nazareth durch H. H. Schaeder, der jetzt auch Ruth Stiehl beigetreten ist, findet nach wie vor keine ungeteilte Zustimmung. Neuerdings hat man an ein mit Jes 42,6ff; 49,6ff einerseits und Jes 11,1 andererseits zusammenhängendes, in sich von Haus aus gedanklich differenziertes haggadisches Theologumenon als Wurzel des Gebrauchs von Ναζωραῖος [*Nazōraịos*] gedacht, um der Tatsache gerecht zu werden, daß das Wort einerseits die Christen meint – sie sind »Bewahrte« –, andererseits J. – er ist der *nætser* der zukunftsträchtige »Wurzeltrieb« der Verheißung von Jes 11 (B. Gärtner). Indes dürfte es methodisch bedenklich sein, Ναζωραῖος [*Nazōraịos*] unter Absehen von Ναζαρηνός [*Nazaræṇos*] erklären zu wollen. In den beiden Wörtern handelt es sich eben am ehesten doch wohl um dieselbe Aussage in der Form eines Ethnikons von *nzrth*, nur daß sie in Ναζαρηνός [*Nazaræṇos*] als rein griech. Bildung vorliegt, während in Ναζωραῖος [*Nazōraịos*] zusätzlich ein aram. Element benutzt ist, das die Zugehörigkeit ausdrückt (vgl. Ruth Stiehl).

Wie sich nun aber das Problem der Zuordnung der beiden Bezeichnungen zu dem Ortsnamen auch lösen oder nicht lösen lassen mag – die textlichen Zusammenhänge lassen in fast völliger Übereinstimmung erkennen, daß sich mit beiden Wörtern im NT von Haus aus ein distanzierender und zugleich verächtlicher Unterton verbindet. Man kann die rhetorische Frage Nathanaels gegenüber Philippus geradezu als den besten Kommentar zu ihnen bezeichnen: »Kann aus Nazareth etwas Gutes kommen?« (Joh 1,46 [Z]). Jedenfalls gehört für alle nt. Zeugen die Herkunft Jesu aus Nazareth zu den Kennzeichen seiner Niedrigkeit. Das hat niemand so klar erkannt und unüberhörbar betont wie Joh, wenn bei ihm die Kennzeichnung Jesu als Ναζωραῖος [*Nazōraịos*] in der Überschrift für sein Kreuz von Seiten des röm. Statthalters ihren Platz gefunden hat. Hier wird sozusagen abschließend den Lesern noch einmal zum Bewußtsein gebracht, daß Jesu Herkunft aus einem Ort ohne Rang und Ansehen für seine Umwelt in schreiendem Gegensatz zu dem Anspruch stand, mit dem er vor sie hingetreten ist.

K. H. Rengstorf

Χριστός

Χριστός [*Christọs*] Christus · χρίω [*chrịō*] bestreichen, (im bibl. Griech.) salben · Μεσσίας [*Messịas*] Messias

I *Christus* (Chr.) ist die lat. Form des griech. Χριστός [*Christọs*], das seinerseits in LXX und NT das griech. Äquivalent des aram. *meschīchạ* ist. Dieses wiederum entspricht dem hebr. *māschịach* und bezeichnet jemand, der feierlich zu einem Amt gesalbt worden ist. Die gräzisierte Form von *meschīchạ* ist Μεσσίας [*Messịas*], das wie Ἰησοῦς [*Jæsọus*] durch das angefügte ς (*s*) deklinabel gemacht worden ist. Das Wort *Messias* (M.) kommt allerdings im griech. NT nur zweimal und nur im JohEv (1,41; 4,25) vor und ist hier beide Male, wohl schon durch den Evangelisten selbst, durch Χριστός [*Christọs*] übersetzt worden. Beide Male meint es J. von Nazareth. Die LXX benutzt das Fremdwort nicht, sondern verwendet durchgängig – mit Ausnahme der zitierten Stellen – ebenso wie das griech. NT das entsprechende griech. Wort. Dieses ist also nicht erst eine christl. Bildung. In seinem Gebrauch nehmen vielmehr die nt. Autoren und ihre Vorlagen mit Sicherheit eine Bildung und einen Begriff auf, die bereits in vorchristl. Zeit vorhanden und gebräuchlich waren, ein Tatbestand, der im übrigen auch durch die at. Apokryphen und Pseudepigraphen gesichert ist.

Das griech. Wort kommt von χρίειν [*chrịein*] (*über etwas*) *leicht hinstreichen, bestreichen* und bedarf in seinem Gebrauch außerhalb des NT einer näheren Angabe dessen, womit das geschieht. Es kann mittels Öl erfolgen, etwa wenn es sich um den menschlichen Körper nach dem Bade handelt (schon bei Homer), aber auch mittels Gift, etwa bei der Herrichtung von Pfeilen für den Kampf (auch schon Homer), oder mittels Farbe oder Tünche (vgl. aber auch Jer 22,14) oder auch Schminke. Das Wort bezeichnet somit von Haus aus einen durchaus profanen Vorgang des Alltags und hat keinerlei sakralen Unterton. Selbstverständlich gilt das für griech. Ohren auch für das von ihm gebildete Verbaladjektiv χριστός *[christọs]*; es kennzeichnet einen Gegenstand oder eine Person als *bestrichen, getüncht, geschminkt, gefärbt, angestrichen* und gegebenenfalls auch als *gesalbt* und enthält insofern alles andere als eine Würdeaussage, tendiert vielmehr, auf Menschen bezogen, mehr zum Despektierlichen. Hier liegen mit Sicherheit die Gründe dafür, wehalb man einerseits in außerchristl. Kreisen χριστός *[christọs]* in seiner Anwendung auf J. schon früh mit dem griech. Namen Χρηστός *[Chræstọs]* (gesprochen *Chrīstọs*) verwechselt und weshalb andererseits der jüd. Bibelübersetzer Aquila es für richtig gehalten hat, in seiner griech. Version des AT *māschịach* bzw. *m^eschīchạ* nicht durch χριστός *[christọs]* wiederzugeben, sondern durch ἠλειμμένος *[æleimmẹnos]* von ἀλείφειν *[alẹiphein]*, das anders als χρίειν *[chrịein]* reguläres *Salben* bezeichnet. In jedem Falle ist die Bedeutung des Wortstammes eine wesentliche Voraussetzung dafür, daß χριστός *[christọs]* in seiner Anwendung auf J. von Nazareth auf christlichem Boden unverhältnismäßig schnell und vollständig den Charakter eines Eigennamens hat gewinnen können. Immerhin darf in diesem Zusammenhang nicht übersehen werden, daß das hebr. Verbum *māschach*, für das in der LXX χρίειν *[chrịein]* als Äquivalent gebraucht wird, es von Haus aus mit Fett bzw. mit Öl zu tun zu haben scheint im Sinne von (*mit Öl*) *fetten* (E. Kutsch, Salbung als Rechtsakt, 9f).

1) Im AT werden zwei Amtsträger ausdrücklich als M., dh als (*mit Öl*) *gesalbt*, bezeichnet, der Hohepriester als der für den offiziellen Kultus Verantwortliche und der König. Diese Doppelung hat darin ihren Grund, daß bei beiden die Salbung, entsprechend ihrem Charakter als Rechtsakt, ebenso für die mit dem Amt verbundene Vollmacht konstitutiv ist wie für die sich aus dieser ergebende Verantwortung vor Gott als dem Gott Israels. Als M. im Sinne der spezifischen messianischen Erwartung hat allerdings nur die Gestalt des Königs zu gelten. Daran wird auch dadurch nichts geändert, daß in den Texten von Qumran nach dem Vorbilde von Sach 4,1ff.11ff noch einmal vom Kommen von zwei Gesalbten des Herrn die Rede ist (vgl. dazu weiter unten) und daß in dem nt. Bilde Jesu als M. neben den königlichen ausgesprochen priesterliche Züge nicht fehlen (→ Priester). II

2) Prinzipiell wird sich die Erwartung eines königlichen M. nicht von der Vorstellung des Königseins und der machtvollen Königsherrschaft Gottes auf dem Boden des at. Offenbarungsglaubens trennen lassen. Unbeschadet der unterschiedlichen Beurteilung des Königtums in 1Sam 8–10, läßt sich weiter schwerlich davon absehen, daß sich mit der Institution des Königtums, nachdem es zu ihr gekommen ist, eine besondere Verantwortung des jeweils regierenden Königs für die Sache Gottes verbindet. Das wird gesichert durch die Zensuren, die die fromme Geschichtsschreibung des AT den einzelnen Königen Israels bzw. Judas erteilt, je nachdem ob sie in Übereinstimmung mit dem Glauben an Gott als den Einen gelebt und regiert haben oder nicht. An dem Moment der Verantwortung für Gottes eigene Sache auf Grund übertragener Macht wird es denn auch liegen, wenn nach den Königen aus dem Geschlecht Davids, denen für die Ausbildung der messianischen Erwartung erhebliche Bedeutung zuzusprechen ist, wie vor ihnen schon Saul, sogar ein Volksfremder wie der Perserkönig Kyros Jes 45,1 als »Gesalbter« Gottes = M. bezeichnet werden kann. Er gehört eben wie jene zu den erwählten Werkzeugen Gottes auf seinem Wege zu seinem universalen Ziel des Heils für alle Völker mittels jenes Volkes, das er zu seinem Eigentumsvolk gemacht hat. Dies zu bemerken und die darin liegende Freiheit zu erkennen, ist um so wesentlicher, als sich die Erwartung einer messianischen Heilsgestalt von königlicher Art offensichtlich schon sehr früh mit dem Stamme Juda verbunden hat (Gen 49,8ff).

Tiefgreifender Einfluß auf die Ausformung der Vorstellung des M. als einer mehr und mehr ins Übermenschliche gesteigerten geschichtlichen Erscheinung ist der sich immer stärker intensivierenden Erinnerung an die glanzvolle und erfolgreiche Regierungszeit Davids, des ersten Königs aus Juda, zuzumessen (vgl. Jes 9,1–6; 11,1ff; Mi 5,1–5). Ob und in welchem Umfange auch mit Einflüssen seitens des vordavidischen Priesterkönigtums von Jerusalem, das David eroberte und zu seiner Hauptstadt machte (2Sam 5,6ff; 6,1ff), auf die Erwartung zu rechnen ist, läßt sich nicht sicher entscheiden. Dafür ließe sich immerhin geltend machen, daß sich im M.-Bilde des AT wie des späteren Judentums gewisse »sakrale« Komponenten finden, die sich am ehesten von hier aus erklären lassen würden. Aber wie es in dieser Hinsicht auch sein mag – es ist nicht ernstlich zu bezweifeln, daß im Bilde des M. von jeher das königliche Motiv beherrschend ist und daß sich alle etwaigen weiteren Motive ihm zu- und unterordnen.

3) Dies nachdrücklich zu betonen, ist um so wichtiger, als es, religionsgeschichtlich wie terminologisch, hinsichtlich der Übung der Salbung in Israel in früher Zeit sorgfältiger Differenzierung bedarf. Nach neueren Untersuchungen (bes. E. Kutsch) haben die Ölsalbung des Königs und die Ölsalbung des Hohenpriesters (bzw. ursprünglich überhaupt der Priester?) bei aller Ähnlichkeit der Handlung an sich keineswegs denselben »Sitz im Leben«. Unbeschadet dessen, daß da wie dort alter orientalischer Brauch, wohl magischer Herkunft, im Hintergrunde steht, scheint es die ju-

däische Königssalbung ihrem Wesen nach von jeher – auch und gerade dann, wenn sie von den Repräsentanten des Volks vollzogen wurde (2Sam 2,4ff; 5,3 u. ö.) – mit der Zuwendung und feierlich-rituellen Übermittlung von Vollmacht, Kraft, → Ehre (hebr.: *kābôd;* griech. δόξα *[doxā]*) zu tun gehabt zu haben, die sich für den Gesalbten in einer Machtstellung und in der Möglichkeit und dem Recht der Machtausübung auswirkte und ihm entsprechendes Ansehen, verbunden mit Ehre und gegebenenfalls auch Vermögen, einbrachte. Auf der anderen Seite spricht manches dafür, daß die Priestersalbung in erster Linie auf kultische Reinigung zum Zweck der Befähigung zu gültigem gottesdienstlichen Handeln abgestellt war.

4) In diesem Rahmen verdient es nochmals Aufmerksamkeit, daß der Perserkönig Kyros Jes 45,1 als »Gesalbter« Gottes bezeichnet wird, obwohl er sicher nicht eine Salbung nach der Art der (israelitisch-)judäischen Königsalbung erhalten hat. Hier wird eine Sublimierung des Begriffs erkennbar, die ihn von dem äußerlichen Akt unabhängig macht, und zwar dadurch, daß sich das ganze Gewicht auf das Bestimmtsein des so Bezeichneten durch Gott verlegt hat. Der »Gesalbte« ist hier nicht mehr und nicht weniger als der in einzigartiger Weise von Gott Erwählte und unter seinen Auftrag Gestellte. Zum Gesalbten Gottes gehört damit die Abhängigkeit von Gott ebenso wie die Einordnung in seinen Plan im Gehorsam gegen seinen Willen. Negativ begründet es sich in diesem Aspekt, wenn – anders als sonst im »sakralen Königtum« des Altertums – der judäische König und in Gemeinschaft mit ihm auch der at.-jüd. M. niemals selbst gottheitliche Züge gewinnen, sondern, gerade auch in den sog. Thronbesteigungspsalmen wie Ps 2 und 110, je der »M. Gottes« bleiben, der in seinem Königtum ebenso von Gott abhängig wie ihm schlechthin verpflichtet ist (vgl. für Saul: 1Sam 12,3.5; 24,7.11 nach 9,1ff und neben 15,10ff; David: 2Sam 19,22; 23,1 nach 1Sam 16,1ff; 2Sam 5,1ff und neben 2Sam 11–12; für Zedekia: Klgl 4,20; zu Kyros s. o.). Positiv hat das die notwendige Folge, daß im Psalter jeweils d e r König, nämlich der gerade regierende König von Juda aus dem Hause Davids, als Gesalbter Gottes eingeführt werden kann, ohne daß das bes. begründet werden müßte (Ps 18,51; 20,7; 28,8; 84,10; 89,39.52; 132,10.17; vgl. auch 1Sam 2,10; Hab 3,13). Es gehört aber auch in diesen Zusammenhang, daß David (2Sam 3,18; 7,5 u. ö.) und seine Nachfolger (Salomo: 1Kön 3,7ff; 8,28ff; namentlich nicht genannte spätere Könige: Ps 89,40; vgl. Ps 86,2.4.16; 143,2) und sogar ein nachexilischer Prätendent wie Serubbabel (Hag 2,23; vgl. Sach 3,8) »Knecht« Gottes genannt werden. Das ist von dem dargelegten Ansatz aus nur konsequent. »Sohn« (Ps 2,7; 89,27f) und »Knecht« schließen sich, sofern sie der Beschreibung des Verhältnisses des »Gesalbten« zu Gott dienen, gerade nicht aus, sondern gehören von Gott aus untrennbar zusammen. Deshalb muß aber nun auch betont werden, daß eine präzise Antwort auf die Frage, ob sich die Lieder vom Gottesknecht (Jes 42,1ff; 49,1ff; 50,4ff; 52,13ff) auf eine königliche Gestalt in einem M. beziehen oder nicht, dadurch so erschwert wird, daß sich an dem ins Auge Gefaßten königliche Züge gerade nicht erkennen lassen. So ist die Forschung mehr und mehr geneigt, sie von Haus aus nicht mit der Erwartung eines künftigen Heilskönigs verbunden sein zu lassen, sondern sie hinsichtlich ihrer ursprünglichen Abzweckung anders zu erklären (vgl. → Sohn Gottes, Art. παῖς θεοῦ). Andererseits hat es in der Vorstellung der Verantwortung für das Aufgebot Gottes in seinem Volk seinen Grund, wenn 1Kön 19,16 (vgl. aber auch Jes 61,1) auch ein Prophet wie Elisa unter der Kategorie des Gesalbten erscheint und wenn sich diese Vorstellung als solche bis an die Zeitwende erhalten hat (1QM 11,7; Dam 2,12f).

5) Mit Recht ist darauf hingewiesen worden, daß sich eine ausgesprochene Entwicklung der M.-Erwartung im AT nicht aufzeigen läßt. Lediglich die Erwartung als solche läßt sich von den bereits genannten Stellen aus über Jer 23,5ff und Ez 34,23f; 37,24f (vgl. 17,22f) bis zu Haggai und Sacharja nachweisen. Ihre bis dahin eigentümliche Monotonie (»Sproß Davids«, der eine Art Goldenen Zeitalters heraufführt, dies aber letztlich gewissermaßen im Sinne der Errichtung der Königsherrschaft Gottes tut) ist erst in der hellenistischen Zeit durch eine stärkere Konkretisierung in der Richtung der Erwartung einer endzeitlichen jüd.-nationalen und doch die Grenzen des Nationalen sprengenden idealen Herrschergestalt überwunden worden. Es scheint, daß die Farben wenigstens zT dem Bilde der Makkabäer/Hasmonäer entnommen und der älteren, an der Erinnerung an David orientierten Erwartung eingefügt worden sind, für unsern Blick am deutlichsten in PsSal 17,21ff; 18,5ff. Hier erscheint nun auch der spezifische Begriff des M. in fester Prägung. Bezeichnenderweise hat seine Verknüpfung mit der Davidstradition nicht die Folge gehabt, daß man sich den M. nur als Davididen vorstellen konnte. Bekanntlich ist Simon ben Kosiba, den kein Geringerer als der führende Rabbi Akiba als den durch Num 24,17 verheißenen »Stern aus Jakob« und damit als M. begrüßte und auswies (ca. 132 nChr; j. Taanit 68 d, 48ff), kein Davidide gewesen. Seine Katastrophe, die den Messianismus schwer erschütterte, mag dennoch dazu beigetragen haben, daß in den liturgischen Texten des Judentums die Hoffnung auf einen M. aus Davids Geschlecht bis heute erhalten ist, wenn die Erwartung als solche auch starke Umformungen erfahren hat, denen hier allerdings nicht nachzugehen ist.

6) Die Erwartung eines Davididen als M. stellt allerdings nur e i n e n Typ des Messianismus in der Zeit zwischen dem Exil und 135 nChr dar. In seiner Gesamtheit ist dieser vielfältig. Nicht nur Mose (vgl. Dan 18,15ff) und Elia (Sir 48,10; NTD 3[13] zu Lk 9,51ff) haben auf ihn einge-

wirkt, sondern in apokalyptischen Texten und Überlieferungen (äth. Henoch; 4Esra) auch die Vorstellung eines Menschensohnes (vgl. Dan 7,13f; → Sohn Gottes, Art. υἱὸς τοῦ ἀνθρώπου) als eines Heilbringers, der zT auch als präexistent vorgestellt wird. Nicht einmal an einer messianischen Hohenpriestererwartung fehlt es. Die Buntheit der Erwartung spiegelt sich sehr eindrucksvoll in den Texten, die am Toten Meer gefunden sind. Gerade sie lassen keinen Zweifel daran, daß die M.-Erwartung, der sich Jesus und die älteste Gemeinde gegenüber sahen, alles andere als einheitlich und eindeutig gewesen ist. Das ist ein Sachverhalt von hoher Bedeutung für die richtige Beurteilung dessen, was sich im NT als Messianismus darstellt.

1) Χριστός *[Christos]* im NT (→ Art. Ἰησοῦς). III

Das Entscheidende, was nunmehr für das NT auf dem Hintergrunde der M.-Erwartung der Zeit auszusagen ist, ist damit gegeben, daß das gesamte nt. Zeugnis von J. von Nazareth bei aller Differenziertheit im einzelnen bewußt »christologisch« ist. Wo immer von J. die Rede ist, geht es um ihn als Chr. = M. Das schließt ein, daß für das ganze NT der Messianismus nicht mehr im Zeichen der Erwartung steht, sondern unter dem Vorzeichen der Erfüllung. Überall ist vom Chr.-Geschehen im Perfekt die Rede. Zwar geht der Blick auch in die Zukunft, und das ist sogar sehr intensiv der Fall. Aber der Erwartete ist als Kommender ein Wiederkommender; er ist kein Unbekannter, sondern den Seinen, die ihm entgegenharren, ebenso bekannt, wie er sie kennt (vgl. Joh 10,14).

2) Bezeichnenderweise ist die sachliche Zusammengehörigkeit der Chr.-Prädikation mit dem M.-Titel subjektiv wie objektiv am eindeutigsten im joh. Zeugnis festgestellt, das sich im NT doch als relativ spät präsentiert. Das belegen vor allem Joh 1,41; 4,25. An beiden Stellen sind M. und Chr. ausdrücklich gleichgesetzt (vgl. schon oben II,2). Beide Stellen ermöglichen zudem den Schluß, daß es palästinischen Juden zuzuschreiben ist, wenn in M. der zentrale Begriff der jüd. M.-Erwartung zum Besitz der bald entstehenden hellenistischen Gemeinden geworden ist, Eingang in ihre gottesdienstliche und Verkündigungssprache gefunden und sich hier konsolidiert hat. Wahrscheinlich ist die Vermittlung dieses Glaubens im Wege der Übergabe und Übernahme von bekenntnis- und katechismusartigen Zusammenfassungen des Kerygmas von J. vor sich gegangen, die zunächst auf dem Boden der Urgemeinde aram. oder hebr. formuliert waren, um dann im Wege der die Grenzen der palästinischen Judenschaft überschreitenden Mission in griech. Übertragung zu den griech. Gemeinden zu gelangen. Die beste Veranschaulichung des Vorgangs liegt 1Kor 15,1ff vor. Hier erscheint zu allem übrigen im Text des von Paulus den Korinthern übermittelten, von ihm bereits übernommenen »Evangeliums« Χριστός *[Christos]* sogar ohne Artikel. Das wird trotz vielfacher Bedenken doch wohl aus dem Brauch der palästinischen Juden der Zeit stammen, von dem M. ohne bestimmten Artikel zu sprechen (vgl. noch 1Kor 15,12ff.16f.20.23; ferner zB Gal 2,20f; 3,16; 5,1; 1Kor 5,7; Röm 5,6.8; 6,4.9; 8,10.34 u. ö., aber auch 1Petr 2,21; 3,18 und vgl. K. H. Rengstorf, Die Auferstehung Jesu, 1967[5], 129–131). Einfluß der LXX scheidet aus, da hier fast nur die Wendung χριστὸς κυρίου *[christos kyriou]* = *Gesalbter des Herrn*, dh Gottes o. ä., vorkommt. Von da aus ergibt sich, daß der → Glaube der Christenheit an J., soweit er ausgesprochenermaßen Chr.-Glaube ist, auf die älteste palästinische Christenheit zurückzuführen ist. In den griech. Gemeinden hat das Wort dann allerdings in seiner Verbindung mit J. relativ schnell den Übergang vom Appellativum, das es von Haus aus ist, zum Namen vollzogen, dies allerdings unter Erhaltung des herkömmlichen Bezugs auf die Würde Jesu. Auch als Teil des Namens verweist es daher überall, wo es erscheint, auf Jesu Hoheit.

3) Das Vorkommen des (artikellosen) Χριστός *[Christos]* in dem von Paulus aufgenommenen älteren kerygmatischen Stück 1Kor 15,3–5 gibt den Blick auf die eigentümliche Tatsache frei, daß die hier sichtbar werdende urgemeindliche Tradition, sicher eines der ältesten Überlieferungsfragmente im ganzen NT, den gewaltsamen Tod Jesu am → Kreuz (vgl. 1,18: »Denn das Wort vom Kreuz . . .«) nicht in Widerspruch mit dem ihm beigelegten Chr.-Namen gesehen hat. Das ist deshalb so bemerkenswert, weil es den Zeitgenossen an sich als selbstverständlich galt, daß die Katastrophe eines messianischen Prätendenten der entscheidende Beweis gegen das Recht des von ihm selbst erhobenen Anspruchs bzw. der von

seinen Anhängern mit ihm verbundenen Hoffnungen sei (vgl. Apg 5,36f neben Mk 15,29 par und der späteren Beurteilung des »Sternensohnes« Simon ben Kosiba als »Lügensohn«). Wie in dem zitierten Fragment liegen die Dinge aber auch in anderen von Paulus in seine eigene Verkündigung eingeordneten vorpaulinischen Passagen wie Röm 4,25 (wo das παρεδόθη *[paredọthæ]* sicher auf das Sterben Jesu geht und nicht auf den Verrat des Judas) oder Röm 3,25 (mit dem Hinweis auf Jesu Blut als Sühnopfer-Blut). Es bleibt auf dieser Linie – um von anderem zu schweigen –, wenn alle vier nt. Evgg. die Kreuzesüberschrift, die J. als Pseudo-König der Juden, dh als Pseudo-M., bloßstellen soll, im Sinne einer unfreiwilligen, weil von Gott so gewollten Proklamation Jesu als M. durch seine Feinde als Teil des Kerygmas übernommen haben (am deutlichsten Joh 18,36f; 19,19ff). Kerygmatisch ausformuliert ist das mit Hilfe des Gedankens, J. habe, w e i l er der M./Chr. war, leiden und sterben müssen, also nicht, o b w o h l er es war, dh Gott habe es ausdrücklich im Blick auf seine Messianität so bestimmt. Das belegen die alte Formulierung Lk 24,26, ferner die sog. Leidensvoraussagen in den synopt. Evgg. und johanneische J.-Worte wie Joh 3,14; 12,34 und nicht zuletzt Jesu Abschiedsreden bei Joh (Joh 14–16; s. dazu noch unten). Aus allen diesen Stellen geht höchst eindrucksvoll hervor, daß die älteste Christenheit ihrerseits nichts anderes hat sein wollen als die messianische Gemeinde schlechthin, wenn sie sich als Gemeinde Jesu darstellte, da sie in der Verkündigung Jesu als M. zugleich sich selbst hinsichtlich ihres Wesens wie ihres Verhältnisses zu ihrem geschichtlichen Mutterboden wie hinsichtlich ihrer Ziele messianisch interpretierte. Wenn die Christen sich schon verhältnismäßig früh im Unterschied von dem Israel nach dem Fleisch (1Kor 10,18) für das Israel Gottes (Gal 6,16), dh das wahre → Israel, zu halten begonnen haben, so liegen die geistigen und geistlichen Wurzeln dafür in dem soeben skizzierten Messianismus. Man hat den Messianismus, wie man ihn vorgefunden und mit J. verbunden hatte, also weder spiritualisiert noch uminterpretiert, sondern auf ihm bestanden, und zwar generell. Das belegt wiederum auch für die griech. Gemeinden Paulus, wenn er 1Kor 15,25 das letzte Geschehen vor dem Ende im Zeichen der königlichen Herrschaft des Chr./M. stehen läßt. Selbstverständlich bilden weitere Belege gewisse Königsgleichnisse Jesu in den synopt. Evgg., die jedenfalls nicht für jüdische Leser bestimmt waren, wie das Gleichnis von der königlichen Hochzeit (Mt 22,1ff) oder das Gleichnis vom Weltgericht (Mt 25,31ff: der Menschensohn ist König: V. 31.34.40) oder auch ein Spruch wie Lk 22,25f, der die besondere Art der Königsherrschaft Jesu an der Hingabe der Seinen zum Dienst für andere verdeutlicht.

Am erstaunlichsten ist, welche Rolle im jüngsten der vier Evgg., dem JohEv, die Messianität Jesu als solche spielt. Das richtige Verständnis des Königtums Jesu steht durch das ganze Buch hin immer wieder zur Entscheidung, beginnend mit dem Gespräch zwischen Jesus und Nathanael (Joh 1,47ff; vgl. aber schon 1,19f.41.45) über – um nur dies zu nennen – 6,1ff und 12,12ff bis hin zu dem Gespräch zwischen Pilatus und Jesus (18,33ff) und dem Gespräch zwischen Pilatus und den Erzpriestern (19,21f). Man wird nicht fehlgehen, wenn man in dem feierlichen Ἰησοῦς Χριστός *[Jæsọus Christọs]* die eigentliche Bekenntnisformel der joh. Gemeinde erkennt (17,3; vgl. 1,17; 20,31; vgl. ferner 1Joh 2,22; 4,2; 5,1; 2Joh 7), wobei das zweite Wort der Wendung nichts von seinem prädikativen Charakter verloren hat und deshalb eigentlich mit kleinem Anfangsbuchstaben geschrieben werden sollte. Hier ist das christologische Erbe der ersten Zeit noch in vollem Glanze und ohne jede Einschränkung erhalten. Zwar fehlt im JohEv all das veranschaulichende traditionelle Material, das für das Chr.-Bild der Offb kennzeichnend ist (5,5: der Löwe aus dem Stamm Juda, der Wurzelsproß Davids; vgl. 22,16 u. a. m.). Das ändert indes nichts daran, daß noch hier, an der Wende zum 2. Jh., in der Christologie die volle Kontinuität mit der ältesten palästinischen Gemeinde gewahrt ist – eine entscheidende Voraussetzung für die bald einsetzenden Bemühungen um die begriffliche Formulierung des »katholischen« Chr.-Glaubens.

4) Selbstverständlich ist die messianische Komponente des nt. Chr.-Glaubens und des nt. Chr.-Bekenntnisses unablösbar von jenem Vorgang, der im nt. Zeugnis die Auferweckung Jesu von den Toten genannt wird. Jesu → Auferstehung gilt als seine Auferstehung als Chr./

M. (vgl. nur Apg 2,31 neben 1Kor 15,4, aber auch Röm 1,4). Überall erscheint sie als Gottes Tat an dem gekreuzigten und begrabenen J. (Apg 2,36 u. ö.), und zwar im Sinne seiner Rechtfertigung durch Gott selbst (vgl. Röm 6,7ff; 1Tim 3,16). Völlig sinngemäß begegnet deshalb in den Leidensansagen Jesu neben der Ankündigung seines Todes immer auch die seiner Auferweckung. Sie setzt allerdings weniger seine Gegner ins Unrecht, die ihm den Glauben versagt und ihn dem Sterben am Kreuz preisgegeben haben, als daß sie seine Messianität sicherstellt, die durch seinen Tod am Kreuz widerlegt zu sein schien (vgl. Lk 24,26 nach 24,19ff). Man wird es nicht geringachten dürfen, daß damit auch das Auferstehungsgeschehen – gleichgültig, wie man es historisch interpretiert – seinen eigentlichen Bezugspunkt in der Messianität Jesu hat. Daß sich daran auch nach dem Übergang des Evangeliums in die nichtjüdische Welt nichts geändert hat, ist deshalb so bedeutsam, weil es nicht allein das Selbstverständnis einer Christenheit beleuchtet, die nun aus ehemaligen Juden und ehemaligen Heiden besteht, sondern überhaupt auf ihr Verhältnis zur Geschichte helles Licht fallen läßt. Formal ist hier das Wissen um die Besonderheit der eigenen Anfänge in ihrer geschichtlichen Einmaligkeit in ein Bekenntnis eingebunden. Dies impliziert aber nicht nur den sog. historischen Jesus in seiner unaustauschbaren geschichtlichen Erscheinung, sondern bringt auch das bleibende Ja zu dem allen Christen gemeinsamen geistlichen Mutterboden in der »alttestamentlichen« Geschichte und Offenbarung zum Ausdruck und sagt somit entschlossen jeder geschichtslosen Religiosität und Verkündigung ab. Was Paulus in Röm 9–11 über das Verhältnis von Chr.-Gemeinde und Judenschaft schreibt, setzt das zuversichtliche Vertrauen auf die durch Gott legitimierte Messianität Jesu ebenso voraus, wie es die an den auferstandenen und erhöhten Jesus gebundene (Offb 1,5.18 u. ö.) Erwartung eines neuen Himmels und einer neuen Erde in der Offb (vgl. bes. 5,1ff; 22,16) tut, oder die Gewißheit, daß das Kommen des → Reiches Gottes an Jesus als Christus gebunden ist (Apg 18,31; Lk 17,20f). Insofern hat die ganze christliche Verkündigung, wie sie im NT prinzipiell einheitlich konzipiert, aber exemplarisch verschieden ausgeführt ist, überall in der von Gott bestätigten Messianität Jesu ihren Quellort und ihre Mitte.

5) Letzten Endes führt die Formel Ἰησοῦς Χριστός *[Jæsọus Christọs]* auf die Frage, ob die Verbindung des Namens J. mit dem messianischen Hoheits- bzw. Würdetitel das Werk seiner Gemeinde ist, die durch sie ihren eschatologischen Glauben ausdrückte, oder ob – in irgend einer Weise – Jesus selbst für sie verantwortlich ist. Damit stellt sich das Problem des messianischen Bewußtseins Jesu. Da es hier nicht in der an sich erforderlichen Breite abgehandelt werden kann, mögen einige wenige Erwägungen immerhin zu dem unerläßlichen Minimum von Feststellungen führen, auf das Anspruch besteht.

a) Seit dem Beginn historisch-kritischer Beschäftigung mit den nt. Evgg. und der von ihnen verarbeiteten Überlieferung ist immer wieder vertreten worden, die Quellen reichten zur Sicherung des Satzes, J. habe selbst ein messianisches Bewußtsein gehabt, nicht aus. Heute wird zur Begründung nicht allein auf den kerygmatischen Charakter auch der Berichte über die Synedralverhandlung über J. mit seinem Bekenntnis zu seiner Messianität verwiesen, sondern auch darauf, daß die eine der beiden synopt. Hauptquellen, die sog. Reden-Quelle (Q), die messianische Prädikatur für J. nicht kenne. Nun wird man hinsichtlich beider Gründe Vorsicht anraten müssen, und zwar einmal, weil Q bis heute immer noch auf einer Arbeitshypothese beruht, und zum andern, weil zu erklären bliebe, wieso das Kerygma von sich aus dazu gekommen sein soll, J. sich dem Synedrium als M. präsentieren zu lassen, wenn er es für sich selbst und seine Jünger nicht auch schon zu seinen Lebzeiten gewesen ist. Indes wird es doch richtig sein, auf Grund der uns vorliegenden Überlieferungen damit zu rechnen, daß J. selbst weder ein spezifisch messianisches Programm entwickelt noch auch sich selbst – und das ist von hohem Gewicht – in aller Form als M. bezeichnet hat. Nach der Erzählungsüberlieferung hat er sich lediglich messianische Prädikationen wie »Sohn Davids« (Mk 10,47f u. ö.) gefallen lassen, zu ihnen aber ausdrücklich weder bejahend noch verneinend Stellung genommen. Des weiteren legt es sein Bild, wie es die kritisch analysierte Überlieferung reflektiert, nahe anzunehmen, daß er sich keiner der herkömmlichen messianischen Prädikationen gefügt und somit durch seine Person auch für die ihm Zugetanen den Bezug der landläufigen messianischen Erwartung eines politischen Heilskönigs auf ihn, wenn nicht die Korrektheit der zeitgenössischen messianischen Erwartung überhaupt, in Frage gestellt hat. Selbst ein Vorgang wie das sog. Petrus-Bekenntnis von Cäsarea Philippi (Mk 8,27ff par) führt, die historische Zuverlässigkeit vorausgesetzt, grundsätzlich über diese Feststellung nicht hinaus. Es kommt hinzu, daß das, was sich im Zusammenhang mit seiner Passion und dem Ostergeschehen ereignete, sich in der Überlieferung völlig anders darstellen müßte, wenn J. zu irgend einem Zeitpunkt präzise Auskunft über sich selbst im Sinne seiner Messianität gegeben hätte. Schließlich fügt sich dem hier gezeichneten Bilde auch ein, daß die Überlieferung J. nicht als den, der er war, über Tod und Grab triumphieren läßt, sondern um seine Auferstehung das Geheimnis eines unmittelbaren göttlichen Handelns an ihm legt und dies nirgends zu lüften in der Lage ist oder sich dazu auch nur geneigt findet. So ergibt sich, ohne daß man sich einer übertriebenen Skepsis den Quellen gegenüber hingeben müßte, ein ziemlich geschlossenes Bild. Es wird mit der vieldeutigen Wendung »Messiasgeheimnis« zwar einseitig und zudem recht unvollkommen beschrieben. Immerhin wird die Wendung dennoch in eine Richtung weisen, in der die Antwort auf die zu Anfang gestellte Frage zu finden ist.

b) Man versteht sie allerdings wohl nur dann richtig, nämlich im Sinne der Überlieferung und doch wohl auch Jesu selbst, wenn man dem Rechnung trägt, daß sich Jesu gesamte Wirksamkeit bewußt auf seine nächste Umwelt und hier noch wieder bes. auf seine Jünger konzentriert hat. Das bedingt, daß man von ihm nicht reden kann unter Absehen von ihnen und daß man insbesondere die Frage nach seinem wie auch immer gearteten Selbstverständnis nicht stellen kann, ohne sie einzubeziehen. Letzteres erweist sich als umso unerläßlicher, als seine Jünger diejenigen sind, an denen es liegt, wenn »das mit Jesus von Nazareth« (Lk 24,19) nicht eine vielleicht ganz bedeutungsvolle Episode, aber eben doch eine Episode geblieben ist. Wie die zitierte Stelle selbst es nahelegt, würde nicht einmal die Kategorie des Propheten, die neuerdings wieder, wenn auch mit betonter Einschränkung, zur Definition eines Selbstbewußtseins Jesu herangezogen worden ist (E. Käsemann, Das Problem des historischen Jesus, ZThK 51, 1954, 148f), ausgereicht haben, um die Geschichte Jesu des episodischen Charakters zu entkleiden, wenn es eben bei seinem Tode geblieben wäre. Es kann kein Zufall sein, daß die Überlieferung keinerlei Andeutung enthält, daß er selbst diese Kategorie oder die Vorstellung seines Inspiriertseins im Blick auf seine Person gehabt und auch an die Seinen herangebracht hat. Im Munde der Emmaus-Jünger ist sie für den Erzähler ebenso ein eigener Versuch, J. zu begreifen, wie es noch manche andere Versuche in der Überlieferung gibt (vgl. nur Mk 6,14ff par). Ihrerseits läßt die Überlieferung erkennen, daß für sie selbst gegenüber J. nur jene Haltung angemessen ist, die im ganzen NT πίστις *[pịstis]*, → *Glaube*, genannt wird und in der es sich um schlechthinniges *Vertrauen* handelt. Das eigentümlich Besondere am Umgang Jesu mit seinen Jüngern ist, daß er sie von Anfang an und immer wieder auf diese Haltung hinzuführen gesucht hat, eine Haltung, die, weil sie notwendig auf ein bestimmtes Verhalten hinführt, jeder bloßen Theorie über ihn widerspricht, ja sie radikal ausschließt. Zu dieser Haltung bzw. diesem Verhalten ist es bei den Jüngern endgültig erst auf Grund des Ostergeschehens gekommen. Es dürfte indes an der Person Jesu und an dem Eindruck liegen, den die Jünger von ihm empfingen, wenn sich diese Haltung nun für sie definitiv mit der Anwendung der Kategorie des M. auf ihn verband. Dabei kann es sich aber nur um Eindrücke handeln, die sie von dem »historischen« J. zu seinen Lebzeiten empfangen hatten (vgl. dazu Lk 24,32). Es muß als ausgeschlossen gelten, daß die durch Ostern geschaffene Situation geeignet war, den Boden für eine messianische Theorie über J. abzugeben. Die neue Situation forderte nicht die Entwicklung von Ideen, sondern letzte persönliche Entscheidungen und entsprechende Taten, und zu ihnen konnte es nur kommen, wenn das Bild des Auferstandenen und das Bild des Irdischen sich nicht widersprachen, sondern sich auf dem Boden der Bindung an ihn gegenseitig interpretierten.

c) So ergibt sich, daß die übliche Frage nach dem Selbstbewußtsein oder Selbstverständnis Jesu in Verbindung mit der Kategorie der Messianität von der Überlieferung aus als falsch gestellt bezeichnet werden muß. Zu fragen wäre allein nach den in der Person Jesu liegenden Voraussetzungen dafür, daß seine Jünger nach Ostern keine andere Möglichkeit sahen, ihren Glauben an ihn zu formulieren, als diejenige, es im Zusammenhang mit der M.-Erwartung ihres Volkes zu tun, so wie diese durch Schrift und Überlieferung geprägt war. Die Frage ist um so wichtiger, als die Messiasprädikation durch ihren Bezug auf das Amt des Heilskönigs besondere Voraussetzungen dafür enthielt, Kristallisationspunkt der Christologie zu werden. Indes wird damit ein Fragenkreis berührt, der hier nicht mehr abgehandelt werden kann. Es genügt für jetzt, wenn es klar ist, daß es am Geheimnis der Person Jesu gelegen haben muß, wenn sich seine Jünger durch den Irdischen vor die Messias-Frage gestellt gesehen und wenn sie sie auf Grund ihrer Begegnungen mit dem Auferstandenen endgültig durch das Bekenntnis beantwortet haben, er sei der Messias und in ihm habe Gott seine an das Haus Davids und an Israel ergangenen Verheißungen des Heils für die ganze Menschheit in einer allerdings nur dem Glauben zugänglichen Weise erfüllt.

d) Selbstverständlich umschließt der Name Jesus Christus für die Christenheit mehr als nur die Messianität eines gewissen Jesus von Nazareth, in dem Gott seine den Vätern gegebenen Verheißungen erfüllt hat. Alles Heil der Welt, das Gott ihr zugedacht und zugewandt hat, ist für das ganze NT an Jesus gebunden, sofern er der Christus ist. In *Jesus* als dem, der der *Christus* ist, »wohnt die ganze Fülle der Gottheit leibhaftig« (Kol 2,9) zur Rettung aller derer, die ihr Vertrauen auf ihn setzen und sich die Frucht seines Sterbens und Auferstehens zueignen lassen (Röm 4,24f). Das auszudrücken, reicht eine einzige Würdebezeichnung wie Messias/Christus allerdings nicht aus. Deshalb bedient sich das nt. Kerygma, wenn es um die Entfaltung des an J. gebundenen Heils geht, je nach der Art des Bezugs anderer Würdeprädikationen, die jeweils die Seite an seiner Person und an seinem Werk hervorheben, auf die es nun gerade ankommt, wie → »Sohn Gottes«, → »Herr« oder auch »unser Herr«, »Heiland« (→ Erlösung, Art. σῴζω), »Mittler« (→ Bund, Art. μεσίτης) u. a. m. Wenn allerdings »Christus« aus einer Würdebezeichnung zu einem Bestandteil des Namens Jesu geworden ist, so besagt das, daß mit ihm der konstitutive Zug in seiner geschichtlichen Erscheinung angesprochen ist, der zugleich als Voraussetzung für sein gesamtes Wirken als Heilsmittler zu gelten hat: seine gehorsame Unterordnung unter den Willen Gottes, wie er sich im Zuge der göttlichen Selbstoffenbarung in der Geschichte an das Volk Israel gebunden hat. Insofern ist das Ja Jesu zu seiner Messianität – ausgesprochen oder nicht – für das gesamte Kerygma sowohl die Voraussetzung für seinen Weg zum Kreuz von seiner als auch die Voraussetzung für seine Auferweckung und seine Erhöhung von Gottes Seite. Diese zentrale Funktion der Messianität Jesu für die Christologie ist im NT nirgends so klar und zugleich so umfassend herausgestellt wie in dem sog. Christus-Psalm, den Paulus seinem Brief an die Philipper eingefügt hat (Phil 2,5ff), wenn er den Weg Jesu über die Menschwerdung, das gehorsame Leben und den Tod des Gehorsams am Kreuz zu Auferweckung und Erhöhung an Gottes Seite als den Weg des Christus Jesus beschreibt, dh jenes Messias, der mit Jesus von Nazareth identisch ist. *K. H. Rengstorf*

Χριστιανός *[Christianos]* Christ

Χριστιανός

Es ist die Identifizierung des M. mit J. von Nazareth, die dessen Jüngern die Bezeichnung Χριστιανοί *[Christianoi]* eingetragen hat. Das Wort ist im NT neben anderen Namen für die Anhänger Jesu wie »Jünger« oder »Glaubende« noch ziemlich selten. Seiner ganzen Bildung nach ist es ein Wort, das die mit ihm Gekennzeichneten als Parteigänger eines gewissen Χριστός *[Christos]* definiert, so wie etwa Ἡρῳδιανός *[Hærōdianos]* term. techn. für die Anhänger des Herodes ist (Mk 3,6; 12,13; Mt 22,16). Sein Gebrauch setzt weiter voraus, daß χριστός *[christos]* für die griech. Umwelt des werdenden Christentums die Bedeutung eines Eigennamens angenommen hatte, was durch den Gleichklang mit dem als Χριστός

(Christos) ausgesprochenen Namen Χρηστός *(Chræstos)* gefördert sein wird. Nach Apg 11, 26 hat man Χριστιανός *(Christianos)* für die Christen zuerst im syr. Antiochien gebraucht. Diese Stelle läßt im übrigen wie die beiden anderen, an denen das Wort im NT vorkommt (Apg 26,28; 1Petr 4,16), vermuten, daß ihm, das von außen an die Christen herangetragen wurde, ein Unterton des Spottes eignete, darin nicht unterschieden von den Bezeichnungen *Nazarener* bzw. *Nazoräer* (s. o.). Es ist wie sie und wie manche andere im gleichen Sinne gebildete Benennung offenbar schon ziemlich bald zu einem Ehrennamen für die damit Belegten geworden. *K. H. Rengstorf*

Lit.: zu Ἰησοῦς: ADeißmann, Der Name Jesus, in: Mysterium Christi, 1931, 13ff – WFoerster, Art. Ἰησοῦς, ThWb III, 1938, 284ff – FBüchsel, Jesus, 1947 – ELSukenik, The Earliest Records of Christianity, in: The American Journal of Archaeology LI, 1947 – ASchweitzer, Geschichte der Leben-Jesu-Forschung, 1951[6] – EKäsemann, Das Problem des historischen Jesus, ZThK 51, 1954, 125ff (= Ex. Ver. u. Bes. I, 1960, 187ff) – VTaylor, The Names of Jesus, 1954 – NADahl, Der historische Jesus als geschichtswissenschaftliches und theologisches Problem, KuD 1, 1955, 104ff – PBiehl, Zur Frage nach dem historischen Jesus, ThR NF 24, 1956/57, 54ff – JMGustafsson, The Oldest Graffiti in the History of the Church?, NTSt 3, 1956/57, 65ff – EStauffer, Jesus, 1957 – GEbeling, Die Frage nach dem historischen Jesus und das Problem der Christologie, ZThK 56, 1959, Beiheft 1, 14ff – HZahrnt, Es begann mit Jesus von Nazareth, 1960 – GBornkamm, Jesus von Nazareth, 1960[4/5] – EFuchs, Zur Frage nach dem historischen Jesus, 1960 – JJeremias, Das Problem des historischen Jesus, 1960 (Calwer H. 32) – FMußner, Der »historische« Jesus, Trierer ThZ 1960, 321ff – DBonhoeffer, Wer ist und wer war Jesus Christus?, 1962 – JSchneider, Der Beitrag der Urgemeinde zur Jesus-Überlieferung im Lichte der neuesten Forschung, ThLZ 87, 1962, 401ff – RBultmann, Jesus, (1926 =) 1964 – ELohse, Die Geschichte des Leidens und Sterbens Jesu Christi, 1964 – ESchweizer, Die Frage nach dem historischen Jesus, EvTh 24, 1964, 403ff – MDibelius, Jesus (1939) 1966[4] – JMRobinson, Kerygma und historischer Jesus, 1967[2] – WGKümmel, Jesusforschung seit 1950, ThR NF 31, 1966, 15ff.289ff – Ein Jahrzehnt Jesusforschung (1965–1975), ThR NF 40, 1975, 289ff; ThR NF 41, 1976, 197ff.295ff.

zu Ναζωραῖος: HHSchaeder, Art. Ναζαρηνός, Ναζωραῖος, ThWb IV, 1942, 879ff – BGärtner, Die rätselhaften Termini Nazoräer und Iskariot, 1957, 5ff – RStiehl, Aramäisch als Weltsprache, in: Beitr. z. Geschichte der Alten Welt I, 1964, 74;

zu Χριστός: ELohmeyer, Gottesknecht und Davidssohn, 1953[2] (FRLANT 61) – OEißfeldt, Art. Christus, RAC II, 1954, 1250ff – HKarpp, Art. Christennamen, RAC II, 1954, 1114ff – WGKümmel, Verheißung und Erfüllung, AThANT 6, 1956[3] – HConzelmann, Art. Jesus Christus, RGG III, 1959[3], 619ff (Lit.) – EPeterson, Christianus, in: Frühkirche, Judentum und Gnosis, 1959, 64ff – FMTh de Liagre Böhl u. a., Art. Messias, RGG IV, 1960[3], 900ff – HRistow/KMatthiae, Der historische Jesus und der kerygmatische Christus, 1960 – IHermann, Kyrios und Pneuma, 1961 – OBetz, Die Frage nach dem messianischen Bewußtsein Jesu, NovTest 6, 1963, 20ff – OCullmann, Die Christologie des NT, 1963[3] – WKramer, Christos Kyrios Gottessohn, AThANT 44, 1963 – HETödt, Der Menschensohn in der synoptischen Überlieferung, 1963[2] – RBultmann, Jesus Christus und die Mythologie, 1964 – LCerfaux, Christus in der paulinischen Theologie, 1964 – EDinkler, Petrusbekenntnis und Satanswort. Das Problem der Messianität Jesu, in: Zeit u. Geschichte, Dankesgabe an R. Bultmann, 1964 (= Signum Crucis, 1967, 283ff) – GFriedrich, Art. Jesus Christus, BHHW II, 1964, 859ff (Lit.) – WPannenberg, Grundzüge der Christologie, 1964 – PhVielhauer, Zur Frage der christologischen Hoheitstitel, ThLZ 8, 1965, 569ff – ders., Ein Weg zur neutestamentlichen Christologie?, EvTh 25, 1965, 24ff (= Aufsätze zum NT, 1965, 141ff) – EHaenchen, Die frühe Christologie, ZThK 63, 1966, 145ff – FHahn, Christologische Hoheitstitel, 1963[3] – KHRengstorf, Die Auferstehung Jesu, 1967[5], 129ff – KHRengstorf, in: Kirche und Synagoge, hrsg. v. KHRengstorf/SvKortzfleisch, I, 1968, 23ff – HBraun, Jesus, 1969 (= ThTh, 1) – ESchweizer, Jesus im vielstimmigen Zeugnis des Neuen Testaments, 1968 – HDembowski, Jesus Christus – Herr der Götter, EvTh 29, 1969, 572ff – GStrecker, Die historische und theologische Problematik der Jesusfrage, EvTh 29, 1969, 543ff – HWKuhn, Der irdische Jesus bei Paulus, ZThK 67, 1970, 295ff – JRoloff, Das Kerygma und der irdische Jesus, 1970 – JBlank, Jesus von Nazareth, 1972 – UKellermann, Messias und Gesetz, 1972 (= BSt, 61) – FNeugebauer, Jesus, der Menschensohn, 1972 – KBerger, Zum Problem der Messianität Jesu, ZThK 71, 1974, 1ff – HKüng, Christ sein, 1974 – ESchillebeeckx, Jesus, die Geschichte von einem Lebenden, 1975.

Jetzt → Zeit

Jünger → Nachfolge

Kampf

Das Ringen um den Vorrang kann entweder die Form des – nicht nur sportlichen – Wettkampfes (ἀγών *[agọn]*) haben oder aber sich als kriegerische, auf Ausschaltung und Beseitigung des Gegners bedachte Auseinandersetzung (πόλεμος *[pọlemos]*) zutragen. Πόλεμος *[pọlemos]*, der große, von ganzen Gruppen geführte Streit (im Gegensatz zur μάχη *[mạchæ]*, dem persönlichen Zwist), erscheint im NT neben dem gelegentlich wertneutralen Gebrauch vor allem in den synopt. Apokalypsen und in Offb als das Werk widergöttlicher Mächte und Kräfte; Subst. und Verb (nur Jak und Offb) werden darum kaum für das Verhalten des Christen gebraucht. Hingegen dient der im allgemeinen nicht durch → Feindschaft bestimmte ἀγών *[agọn]* häufiger als Bild zur Beschreibung des Christenlebens, wie auch das Wort für den sportlichen Siegespreis, βραβεῖον *[brabẹion]*, übertragen gebraucht wurde. Der Sieg, νίκη *[nịkæ]*, ist das Ziel alles Kämpfens; in einer bes. Bedeutung ist hier noch θριαμβεύω *[thriambẹuō]* als Ausdruck für den Triumph Gottes zu erwähnen.

ἀγών

ἀγών *[agọn]* Kampf · ἀγωνίζομαι *[agōnịzomai]* kämpfen · ἀνταγωνίζομαι *[antagōnịzomai]* kämpfen gegen · ἐπαγωνίζομαι *[epagōnịzomai]* kämpfen für · καταγωνίζομαι *[katagōnịzomai]* niederkämpfen · συναγωνίζομαι *[synagōnịzomai]* kämpfen, helfen · ἀγωνία *[agōnịa]* Anstrengung, Angst

1) ἀγών *[agọn]*, zu ἄγω *[ạgō] treiben, führen* (beide seit Hom.; gleiche Wurzel: lat. *ago*), bedeutet: a) *Versammlung*, b) *Versammlungsplatz*; zB der Götter im Olymp oder der Schiffe im Hafen; und c) den ausgetragenen *Kampf* selbst, und zwar sowohl den *sportlichen Wettkampf* (ἀγῶνες γυμναστικοί, ἱππικοί, μουσικοί *[agọnes gymnastikọi, hippikọi, mousikọi]*), um das → βραβεῖον *[brabẹion]*, den Preis, zu erlangen, wie auch den Kampf in Krieg, Politik und Rechtsleben (Parteikampf, Prozeß). I

Das seit Hdt. belegte Verb ἀγωνίζομαι *[agōnịzomai]* weist, auch in den Zusammensetzungen mit ἀντ-, ἐπ-, κατ-, συν- die gleichen Schattierungen wie das Subst. auf. Ebenso ἀγωνία *[agōnịa]*, seit Pind., das aber nur in gehobenerem Stil vorkommt und in seiner Bedeutung von *Anstrengung* bis *Angst* reicht.

Die mit dem Verbum seit Hom. belegte Wortgruppe ἄθλησις *[ạthlæsis]*, ἀθλέω *[athlẹō]*, συναθλέω *[synathlẹō]* findet für den sportlichen Wettkampf Verwendung (typisch dafür 2Tim 2,5: ἀθλεῖν νομίμως *[athlẹin nomịmōs]* *»fair« kämpfen*); sie kann aber auch als *Anstrengung* in übertragenem Sinne gebraucht werden. Dagegen bezeichnet die Wortgruppe μάχομαι *[mạchomai]*, μάχη *[mạchæ]* etc. (seit Hom.) urspr. das handgreifliche *Kämpfen*, vorwiegend militärischer, aber auch sportlicher Art, findet sich jedoch außerdem in der neutralen Bedeutung *streiten, hadern, zanken*.

2) Bes. in der kynischen u. stoischen Diatribe wird die gesamte Anschauungswelt und Terminologie des Stadions für die Übung in der Tugend und den sittlichen Lebenskampf verwandt, ganz im Gegensatz zum at. Judentum, dem diese Vorstellungswelt völlig fremd ist. So fremd, daß Delitzsch in der hebr. Rückübersetzung von 1Kor 9,25 »der da kämpft, enthält sich alles Dings« übers. muß: *»wekōl hā'ōmēd l'hē'ābēq jinnatsēr mikkōl dābār«*, wörtl. »und jeder, der besteht im Staubwälzen, ist ein Nasiräer in jeder Sache«.

1) In der LXX findet sich ἀγών *[agọn]* nur in den Apokryphen (bes. 2 und 4Makk, insgesamt 15mal) und ist nie für ein hebr. Wort eingetreten; das gleiche gilt für das Verbum ἀγωνίζομαι *[agōnịzomai]*, während die Komposita überhaupt fehlen. Während 2Makk 4,18 das Subst. die sportlichen Kampfspiele in Tyrus und Weish 4,2 das sittliche Bemühen bezeichnet, meint es ansonsten ganz überwiegend den militärischen Kampf. Das Hebr. bezeichnet diesen mit *mil'chamāh*, wofür aber fast immer das griech. πόλεμος *[pọlemos]* (über 250mal) eingetreten ist; für den Rechtsstreit hingegen (hebr. *rib*) hat die LXX sehr versch. Äquivalente eingesetzt, die von δίκη *[dịkæ]* bis μάχη *[mạchæ]* reichen. Erst im hell. Spätjudentum tauchen Einrichtungen und Ausdrücke, die der hell. Sportsprache entstammen, auf. II

2) Für Philo ist, wie in der Diatribe, der »Lebenskampf« der Ort, an dem der Tugendheld asketische Spitzenleistungen vollbringen kann, um Begierden und Unrecht zu überwinden. Entsprechend wird in den Makk vom Kampf um die → Tugend (ἀρετῆς *[aretæs]*; 4Makk 12,14) und in Sir 4,28 vom Kampf um die → Wahrheit gesprochen. Auch der Leidenskampf der Märtyrer, der ja häufig (vgl. 3Makk 4,11) im Hippodrom (Zirkus) stattfand, wird in den Makk in der Bilder-

sprache des Stadions beschrieben. Ausdrücke wie ἀγὼν θεῖος *[agọn thẹios]*, *göttlicher Kampf*, oder ἱεροπρεπής *[hieroprepæs]*, *heiliger Kampf* (4Makk 17,11; 11,20), zeigen, daß, wie man die Wettkämpfe zu Ehren einer Gottheit hielt, so auch die Leidens- und Todeskämpfe der Märtyrer als zur Ehre Gottes betrachtet wurden. Diese Vorstellungen wirken im Urchristentum stark nach, bes. in Hebr und Offb.

3) Eine Mittelstellung zwischen diesen beiden Bedeutungen nimmt etwa im TestJob der Dulder Hiob ein: Er kämpft nicht gegen die Begierde (ἐπιθυμία *[epithymịa]*, → Begehren) oder einen Tyrannen, sondern gegen den → Satan. »Wie ein Athlet mit der Faust kämpfend und Mühen und Trübsale ertragend, erharrt er in Geduld und Ausdauer (ὑπομονῇ καὶ μακροθυμίᾳ *[hypomonæ kai makrothymịa]* den Kranz« (TestJob 4). In seinem Ringen mit und um Gott bereitet sich der nt. Gebetskampf vor.

4) Auch der Qumran-Gemeinde ist die griech. Kampfvorstellung fremd. Wo hier, bes. in 1QM (zB VI,1–6; XVI,3ff.10ff etc.) vom Kampf die Rede ist, handelt es sich um den heiligen Krieg, in dem die Erwählten Gottes, die Kinder des Lichtes, gegen die Bösen, die »Kinder der Finsternis« antreten, um sie militärisch zu schlagen und so mit ihrem Sieg die Herrschaft Gottes heraufzuführen – eine Vorstellung, die im NT gerade abgelehnt wird.

III 1a) In den Evgg. kommt ἀθλέω *[athlẹō]*, *kämpfen*, gar nicht, ἀγωνίζομαι *[agōnịzomai]* nur 2mal vor: Joh 18,36 »die Diener, die für Jesus mit Waffen kämpfen würden«, und Lk 13,24 »Kämpfet, in das Himmelreich einzugehen!« Die übrigen Vokabeln finden sich vorwiegend im paulinischen Schrifttum, und zwar vor allem die mit ἀγών *[agọn]* zusammenhängenden (ἀθλέω *[athlẹō]* nur 2mal 2Tim); dem aus der hell. Großstadt stammenden Paulus sind die Fachausdrücke des Stadions vertraut.

Die Komposita von ἀγωνίζομαι *[agōnịzomai]* sind nur vereinzelt, dann aber ohne Bedeutungswechsel, aufgenommen worden (Hebr 11,33; 12,4; Jud 3; Röm 15,30). Dagegen hat ἀγωνία *[agōnịa]* (Lk 22,44 hap leg), das schon bei Arist. auch *Anstrengung, Aufregung, Bangen, Angst* bedeuten konnte, wie in den Apokr., bei Philo und Jos die Bedeutung *Furcht*. So ist wohl die Gethsemane-Stelle entsprechend Lk 12,50 – und Hebr 5,7! – nicht zu übersetzen »da er mit dem Tode rang« (noch R!), sondern mit ASchlatter und Karrer »da er in Angst war«. Die Übersetzung »Todeskampf«, die die Bedeutung des Fremdworts »Agonie« geprägt hat, ist Eintragung. Bezeichnend für die unbiblische »heldische« Umdeutung, die das »deus passus est« nicht wagt, ist in ThWb (1932!) ἀγωνία *[agōnịa]* gedeutet als »letzte Spannung der Kräfte vor hereinbrechenden Entscheidungen und Katastrophen. Das ist nicht die Angst vor dem Tode, sondern die Angst um den Sieg«.

b) Von den 4 nt. Stellen mit ἀθλέω *[athlẹō]* (2Tim 2,5; συναθλέω *[synathlẹō]* Phil 1,27; 4,3; ἄθλησις *[ạthlæsis]* Hebr 10,32) stehen 3 im Zusammenhang mit → Leiden. In der Hebr-Stelle weist das anschließende θεατριζόμενοι *[theatrizọmenoi]* auf die Zuschauermenge hin, die der Schmähung und Folterung beiwohnt, ähnlich wie 4Makk 17,14ff. Im Frühchristentum ist das Bild des ἀθλητής *[athlætẹs]*, des *Kämpfers*, so beliebt, daß das Wort in die lat. und koptische Kirchensprache übernommen wird. Das siebte, bisher noch nicht veröffentlichte Buch des Fundes bei Nag Hamadi trägt den Titel: »Das Buch von Thomas dem Athleten«, und in den Thomasakten (39) ist Christus gar »unser Athlet«.

c) Die Wortgruppe μάχη *[mạchæ]* wird im ganzen NT im Gegensatz zum profangriech. und spätjüd.-hell. Sprachgebrauch nie neutral und in keinem Fall in positivem Sinn für das dem Christen aufgetragene Ringen verwendet (anders hingegen στρατεύομαι *[strateụomai]* *Kriegsdienst leisten*, zB 2Kor 10,3; 2Tim 2,4; negativ Jak 4,1; 1Petr 2,11). Alles μάχεσθαι *[mạchesthai]* wird als Ausdruck von Streitsucht, haderndem Zwist als dem Christen nicht anstehend abgelehnt (vgl. 2Tim 2,24). Nicht nur ein Bischof (1Tim 3,3), sondern jeder Christ (Tit 3,2) soll ἄμαχος *[ạmachos]* sein. Das im Hellenismus und in der LXX seltene θεομάχος *[theomạchos]*, *gegen Gott streitend*, hat Lukas Apg 5,39 (einzige Stelle) vielleicht in Erinnerung an die Bakchen des Eurip. gewählt, die den verhängnisvollen Widerstand gegen den Siegeszug des Gottes Dionysos schildern.

2) Die verwandelnde Kraft des → Glaubens der Christen zeigt sich auch in ihrer Sprache, die dem natürlichen Menschen entgegenstehendste Wirklichkeiten wie → Kreuz und Sklavenexistenz positiv umwertet (δοῦλος Χριστοῦ *[dọulos Christọu]*, → Sklave Christi

als Ehrenname!) und dem Christen wesentlich Fernstehendes wie militärischen Kampf (vgl. Eph 6,10ff »die geistliche Waffenrüstung« und das »Ringen mit den Mächten«!) in seine Bildwelt einbezieht. Außer Paulus sind es namentlich die späteren Schriften, die Pastoralbriefe, Hebr und Lk, bei denen das Bild des Kampfes Eingang gefunden hat. Drei Gedankengruppen lassen sich unterscheiden:

a) ἀγών *[agọn]* betont den bewußten Einsatz der Kräfte zur Erreichung eines Zieles. Das zeigt sich zB bei Lk 13,24 in seiner Fassung des Herrenwortes ἀγωνίζεσθε εἰσελθεῖν *[agōnịzesthe eiselthẹin]*. ἀγών *[agọn]* und die sinnverwandten Verben verbinden sich grammatisch mit εἰς *[eis]* und ἵνα *[hịna]*. Die Arbeit des Apostels ist nicht nur treue Pflichterfüllung, sondern ein ἀγών *[agọn]*, der mit Schuften (κόπος *[kọpos]*, → Last) und Strapazen (πόνος *[pọnos]*) verbunden ist (Kol 1,29; 1Tim 4,10). Es geht dabei um das höchste, unvergängliche und einzig lohnende Ziel: das → βραβεῖον *[brabẹion]* (vgl. sachlich, ohne das Bild des Kampfes, die Gleichnisse von der Perle und vom Schatz im Acker Mt 13,44ff). Deshalb wird nicht nur äußerster Einsatz, sondern auch äußerster Verzicht gefordert. 1Kor 9,24–27 (πᾶς ... ὁ ἀγωνιζόμενος πάντα ἐγκρατεύεται *[pas ... ho agōnizọmenos pạnta engkratẹuetai]*, *jeder, der am Wettkampf teilnimmt, ist in jeder Hinsicht enthaltsam*) meint nicht eine Art der Askese, die den Leib in Mißachtung niederschlägt; sondern das ὑπωπιάζω μου τὸ σῶμα καὶ δουλαγωγῶ *[hypōpiạzō mou to sọma kai doulagōgọ]*, *ich züchtige meinen Leib und zähme ihn* (V. 27) ist Ausdruck für die Manneszucht des Kämpfers, der den Leib in seiner Gewalt hat, ihn seinem Willen entsprechend auf ein Ziel hin einsetzt. Dazu sind Nüchternheit (2Tim 4,5) und Übung (1Tim 4,7) erforderlich. Das ist der Lauf und gute Kampf, den – nach dem Verfasser der Pastoralbriefe – Paulus vollendet hat (2Tim 4,7) und den er auch dem Timotheus empfiehlt (1Tim 6,12).

b) Zweck dieses ἀγών *[agọn]* aber ist die Ausbreitung des → Evangeliums. Es geht primär gerade nicht um das Streben nach der Vollkommenheit des Individuums (so gewiß auch sie nicht gleichgültig ist; → Heilig), nicht um ein privates Heil, sondern um das der Berufenen Gottes: »damit wir jeden Menschen vollkommen in Christus dahinstellen« (Kol 1,28). So handelt es sich immer um einen ἀγὼν ὑπέρ *[agọn hypẹr]*, einen *Kampf für* die anderen (Kol 2,1f; 4,12; Rö 15,30; u. a.). Er geschieht vor allem im → Gebet. Im Gebetskampf vollzieht sich »die Einung menschlichen Ringens und Tuns mit göttlicher Machtwirkung« (Stauffer, 139). Im Gebet kann einer für den anderen eintreten, dessen Sache und dessen Leiden zu dem seinem machen (Röm 15,30; Kol 4,3; 1Thess 5,25; 3,1; auch Hebr 13,18).

Das Verkünden der Gottesbotschaft führt in Auseinandersetzungen mit Widerstehenden (Hebr 12,3f; 2Kor 7,5), aber die Gegner sind letztlich nicht die Menschen (αἷμα καὶ σάρξ *[hạima kai sarx]*, Blut und Fleisch), sondern »die überirdischen Mächte und Gewalten, die finstern Beherrscher dieser Welt, die Geistesmächte der Bosheit« (Eph 6,12 nach Viebahn).

c) Dieser Leidenskampf, der im Martyrium seine Vollendung findet, kommt bes. in der Präp. σύν *[syn]* zum Ausdruck. Die Komposita συναγωνίζομαι *[synagōnịzomai]* und συναθλέω *[synathlẹō]* (Röm 15,30; Phil 1,27; 4,3) meinen nicht nur das Ertragen des gleichen Kampfes mit dem Apostel (Phil 1,30), sondern ein Leiden mit Christus im Aufsehen zu ihm (Hebr 12,1–4), die »Gemeinschaft seiner Leiden« (Phil 3,10), ein »Ausgegossensein des Trankopfers über dem Opfertier (Christus)« (Phil 2,17; 2Tim 4,6; alle drei Stellen verbinden ἀγωνίζω *[agōnịzō]* und τρέχω *[trẹchō]*), »eine Erstattung dessen, was noch mangelt an den Trübsalen Christi, seinem Leib zugut, welcher ist die Gemeinde« (Kol 1,24; vgl. dazu bes. ASchweitzer, Kap. VII, Leiden als Erscheinungsweise des Sterbens mit Christo, in: Die Mystik des Apostels Paulus). Deshalb ist dem Christen der ἀγών *[agọn]* mit seinen Leiden eine Freude, die Freude der Mannschaft, die dem Spielführer den Sieg verdankt. *A. Ringwald*

βραβεῖον

βραβεῖον *[brabeịon]* Kampfpreis · βραβεύω *[brabeụō]* Schiedsrichter sein, regieren · καταβραβεύω *[katabrabeụō]* den Siegespreis absprechen, verurteilen

I Das Subst. βραβεῖον *[brabeịon]*, *Siegespreis*, ist so sehr term. techn. der Sportswelt, daß es selbst im profanen Griech. selten ist. βραβεύω *[brabeụō]* bezeichnet die Tätigkeit des *Schiedsrichters*, wird aber auch gerne übertragen gebraucht und heißt dann *leiten, bestimmen, regieren*.

βραβεῖον *[brabeịon]* umfaßt als Oberbegriff – synonym mit dem im NT nicht, im profanen Griech. aber häufig vorkommenden ἆθλον *[athlon]* – sowohl die *Preise* des ἀγὼν θεματικός *[agōn thematikọs]* (ausgesetzte Geldpreise; Öl, Gerste, Schilde als Gaben der Gottheit; Geld und verliehene Rechte durch die Heimatstädte) als auch die des ἀγὼν στεφανηφόρος *[agōn stephanæphọros]* (Kränze, je nach Heiligtum aus Oliven-, Lorbeer-, Epheu-, Fichten-, Blumengewinden, auch aus Silber und Gold; Palmen, φοίνικες *[phọinikes]*, so Offb 7,9, und Myrthenzweige; ταινία *[tainịa]* als Stirn- und Armbinden und Ehrungen durch den Herold; → ἀγών; → νικάω). Nicht nur der Sieger, auch ein anwesender Herrscher wurde »gekrönt«; ursprünglich ist der Kranz Hoheitszeichen der Gottheit (Pauly-W.). Wie βραβεύς *[brabeụs]*, *Schiedsrichter*, auch die Bedeutung *Fürst* erhalten kann, wird βραβεῖον *[brabeịon]* auch in der Bedeutung *Herrscherstab* verwendet. Dabei bezeichnet ἆθλον *[ạthlon]* den Preis, der verliehen wird, also aus der Perspektive des Gebers, während βραβεῖον *[brabeịon]* fast ausschließlich für den empfangenen Preis gebraucht wird. So dürfte das NT nicht zufällig gerade das letztere aufgegriffen haben.

II Im Hebr fehlt der Begriff des Kampfpreises völlig; Delitzsch übersetzt βραβεῖον *[brabeịon]* an beiden NT-Stellen mit *sᵉkār, Miete, Lohn*. Die LXX hat trotz des Bildes vom Kampf das Wort βραβεῖον *[brabeịon]* nicht; erst im hell. Judentum, im griech. Bar und bei Philo taucht es auf. Tertullian übernimmt es als Lehnwort *brabium* ins Lat. – βραβεύω *[brabeụō]* kommt in LXX nur Weish 10,12 vor: Die Weisheit war Schiedsrichter im Kampf Jakobs mit dem Engel (Gen 32,24ff).

III βραβεύω *[brabeụō]* ist als hap. leg. Kol 3,15 exakt zu übersetzen: »Der Friede Christi entscheide als Schiedsrichter in euren Herzen . . .« Auffallenderweise ebenfalls im Kol verwendet Paulus das Wort καταβραβεύω *[katabrabeụō]*, *Siegespreis absprechen* (Kol 2,18); es steht als Wechselbegriff zu dem κρίνειν *[krịnein]* von Kol 2,16.

An den beiden ausschließlich paulinischen Stellen, an denen sich βραβεῖον *[brabeịon]* findet, ist mit außerordentlichem Nachdruck die Zielstrebigkeit (οὐκ ἀδήλως *[ouk adælōs]*, nicht aufs Ungewisse) des Wettkampfes betont: 1Kor 9,24ff folgt dem τρέχειν *[trẹchein]*, dem *Laufen*, ein zehnfaches »damit«, und in Phil 3,10–14 unterstreichen dies die Verben καταντάω *[katantạō]*, *hingelangen*, καταλαμβάνω *[katalambạnō]*, *ergreifen*, ἐπεκτείνομαι *[epektẹinomai]*, *sich ausstrecken nach*, διώκω *[diọkō]*, *verfolgen, nachjagen*. βραβεῖον *[brabeịon]* ist der *Siegespreis*, den der Christ nur mit Einsatz und vielleicht Opfer (Phil 2,16–17 beim Bild des Laufes!) seines ganzen Lebens (vgl. ἀγών *[agọn]* als Kampf des Märtyrers), durch die κοινωνία *[koinōnịa]*, die Gemeinschaft mit den → Leiden Christi ergreift (vgl. Phil 3,10). Es geht hier keineswegs um ethische Vervollkommnung; zum Lauf (auch 1Kor 9,24) sind Christen angetreten, τέλειοι *[tẹleioi]* (Phil 3,15), Christusergriffene (V. 12), die »nicht ihre Gerechtigkeit, sondern die aus Gott durch den Glauben haben« (V. 9). Phil 3,14 meint die Teilnahme an der Totenauferstehung, und zwar nicht an der allgemeinen der Guten und Bösen, sondern »wie immer in den paulinischen Briefen, die, welche den mit dem lebendig machenden Geiste des verklärten Christus beschenkten Gotteskindern als ein mit seliger Empfindung verknüpftes Zusammensein mit ihm (1Thess 4,17) und Mitherrschen (vgl. βραβεῖον *[brabeịon]* als Herrscherstab!) in seinem Reich (Röm 5,17; 1Kor 6,2f) eröffnet wird« (Klöpper; vgl. → Auferstehung). Möglicherweise ist an die sog. »Erstauferstehung« bei der Wiederkunft Christi auf den Wolken vor dem tausendjährigen Reich zu denken (1Thess 4,14–17; Offb 20,6; 1Kor 15,23); ähnlich wohl auch 1Kor 9,24. Jedenfalls fällt das βραβεῖον *[brabeịon]* als Siegespreis wohl nicht allen zu, die einmal Christen genannt wurden.

A. Ringwald

θριαμβεύω

θριαμβεύω *[thriambeuō]* im Triumphzug mitführen

Das Verbum θριαμβεύω *[thriambeuō]* ist von dem Subst. θρίαμβος *[thriambos]* abgeleitet. θρίαμβος *[thriambos]* bezeichnet den *Hymnus*, der bei feierlichen Umzügen zu Ehren des Gottes Dionysos gesungen wurde, entstammt also urspr. dem Dionysos-Kult. Daher erhielt Dionysos in späterer Zeit den Beinamen: θρίαμβος *[thriambos]*. Das Subst. ging über das Etruskische als *»triumphus«* im Sinne von *Triumph* ins Lat. ein. θριαμβεύω *[thriambeuō]*, bei Polybios (2. Jh. vChr) erstmalig bezeugt, ist die griech. Neubildung zum lat. *triumphare* und bedeutet a) intrans.: *einen Triumph halten*, b) trans.: *jemanden im Triumphzug mitführen*. Alle Bedeutungen von θριαμβεύω *[thriambeuō]* gehen auf den Inhalt des lat. Verbums *triumphare* zurück, bis auf Anastasius Sinaita (5. Jh. nChr): *öffentliches Herumführen eines Verbrechers = beschämen*. I/II

In der hell. Umwelt des NT bezeichnet θριαμβεύω *[thriambeuō]* den Triumphzug eines Herrschers, dem seine besiegten Feinde folgen müssen: »Er führte sowohl Könige als auch Herrscher im Triumphe auf« (Plut. Rom. 33,4). Die Gefangenen waren Schaustücke des Siegers. Auch Weihrauchkessel wurden bei den Triumphzügen mitgeführt und verbreiteten festlichen Duft.

In der LXX kommt die Wortgruppe nicht vor.

Im NT findet sich θριαμβεύω *[thriambeuō]* nur zweimal: Kol 2,15 und 2Kor 2,14, und zwar beide Male in der trans. Bedeutung: *im Triumphzug mitführen*. III

1) Kol 2,15 wird Gott als Sieger und Triumphator vorgestellt: Jesu Weg ans Kreuz ist Gottes Triumphzug. Durch Jesu Tod und Auferweckung sind die gottfeindlichen Mächte (→ Macht) und Gewalten entwaffnet und besiegt worden. Gott als der »imperator mundi« (Weltherrscher; vgl. ThWb III,160) führt sie wie zur Schau gestellte Gefangene in seinem Triumphzug mit.

2) 2Kor 2,14 lautet: »Gott aber sei Dank, der uns immerdar im Triumphzug in Christus mit sich führt und den Geruch seiner Erkenntnis durch uns an jedem Ort offenbart.« Hier bezeichnet Paulus sich selbst als einen von Gott Besiegten, der als → Sklave Jesu Christi (δοῦλος *[doulos]*) im Triumphzug Gottes jederzeit und an jedem Ort mitgeführt wird. Der Apostel versteht seine Missionsarbeit als Sklavendienst, der die göttliche Siegermacht zur Schau stellt und durch seine Verkündigung den Weihrauchduft der göttlichen Erkenntnis verbreitet, den einen zum → Leben, den andern zum → Tod (vgl. den Zusammenhang 2Kor 2,14–17).

K. Dahn / H.-G. Link

νικάω

νικάω *[nikaō]* siegen · νῖκος *[nikos]* Sieg · νίκη *[nikæ]* Sieg

νικάω *[nikaō]* ist in der griech. Lit. seit Homer häufig gebraucht und heißt *siegen*, im Kampf oder auch im Rechtsstreit *Sieger sein*. Das Verb ist Ausdruck für die sichtbare Überlegenheit in der natürlichen Rivalität der Menschen untereinander und wird von hier aus auch auf die Götterwelt übertragen. Es kann auch übersetzt werden mit *übertreffen, überwinden, stärker sein*. Vorausgesetzt ist eine Leistung im physischen oder geistigen Kampf. Das Subst. dazu heißt νίκη *[nikæ]*, *Sieg* bzw. *die Macht, die den Sieg verleiht*. Νίκη *[Nikæ]* ist auch der Name einer griech. Göttin, die in der Kunst oft als Symbol für die eigene Überlegenheit dargestellt wird. Die Götter helfen den Menschen im Kampf und geben ihrer Partei den Sieg. In den Mysterienreligionen bindet sich der Mensch kultisch an die überlegenen Gottheiten, die als Siegermächte verherrlicht werden. I

τὸ νῖκος *[to nikos]* – erst in LXX belegt – ist in der Bedeutung synonym mit νίκη *[nikæ]*. ὑπερνικάω *[hypernikaō]*, seit Hippokrates, selten gebraucht, verstärkt die Grundbedeutung des Simplex.

In der LXX begegnen νικάω *[nikaō]* und νίκη *[nikæ]* nicht eben häufig; das Verbum kommt ca. 25mal vor, das Subst. etwa 10mal. Dabei entfallen nur wenige Belege auf späte Schriften des hebr. AT (Spr, Chr), während weitaus die meisten in den Makk zu finden sind und dort das hebr. *nātsach, siegen, Aufsicht haben über*, bzw. *nētsach, Glanz, Dauer* wiedergeben. II

Natürlich kennt auch das AT das Phänomen menschlicher Rivalität (zB den Streit zwischen Hagar und Sara Gen 16; Joseph und seinen Brüdern Gen 37 etc.), aber νικάω *[nikaō]* wird in der LXX fast nur zur Bezeichnung des Sieges über feindliche Mächte verwendet. Eigentliches Subjekt des Sieges ist Gott, der die Macht über seine, des Volkes und der Frommen Feinde in seinen Händen hält (1Chr 29,11; vgl. Ps 51,6). Der Sieg des Volkes hängt nicht zuerst von der Stärke der Soldaten ab, sondern davon, ob Gott die Feinde in die Hände des israelitischen Heeres gegeben hat (Ri 7; 1Makk 3,19). Deshalb lautet die Losung der »heiligen Kriege« in der Makkabäerzeit: »Sieg mit Gott« (2Makk 13,15). Schließlich erwartet und erbittet der Glaube Israels die Zeit, in der Gott alle Feinde des Volkes besiegen wird. – In der Weish-Lit. gewinnt das Wort *Sieg* eine vergeistigte übertragene Bedeutung. Der Weise läßt sich nicht durch die Schönheit einer Ehebrecherin besiegen (Spr 6,25), vielmehr siegt die Vernunft über die Triebe (4Makk 3,17; 6,33).

III Im nt. Gebrauch der Wortgruppe wird als Situation fast ausschließlich der Kampf zwischen Gott bzw. Christus und den widergöttlichen Mächten vorausgesetzt. Am häufigsten begegnet νικάω *[nikąō]* in der Offb, dann in den Joh-Briefen. νίκη *[nįkæ]* kommt nur 1Joh 5,4 vor, ὑπερνικάω *[hypernikąō]* nur Röm 8,37. Bei Paulus begegnen die Begriffe selten, haben aber jeweils besonderes theol. Gewicht.

1) In der synopt. Tradition erscheint die Wortgruppe nur Mt 12,20, und zwar als Zitat aus dem ersten Gottesknechtslied (Jes 42,1–4: »der Gottesknecht wird das Recht zum Sieg hinausführen«), und in Lk 11,22. Dort ist vom Stärkeren die Rede, der den bewaffneten Starken besiegt (die synopt. Parallelen Mt 12,29; Mk 3,27 sagen: fesselt), entwaffnet und seine Beute verteilt. Das Bildwort verdeutlicht die Überlegenheit Jesu über die dämonischen Mächte: »Wenn ich durch den Finger Gottes die Dämonen austreibe, so ist ja das Reich Gottes zu euch gekommen« (Lk 11,20). Der irdische Jesus erweist sich in seinen Taten als der verborgene Sieger über die widergöttlichen Mächte, während erst der Auferstandene den endgültigen Sieg über Sünde, Tod und Teufel errungen hat.

2) Röm 8 und 1Kor 15 sind die Kapitel, in denen Paulus am stärksten von der Überwindung der Welt und des Todes durch die Erlösungstat Jesu Christi spricht. Der Kreuzestod und die Auferstehung Jesu sind der Grund dafür, daß keine Macht der Welt mehr endgültig siegen kann. »Der Tod ist verschlungen in den Sieg. Tod, wo ist dein Sieg?« (1Kor 15,54f). Die Gläubigen werden als Gotteskinder mit hineingenommen in diesen Sieg. Ihr Siegen ist nicht eigene Leistung und Verdienst, sondern der Sieg wird ihnen »gegeben« (1Kor 15,57). Dadurch sind sie in die Lage versetzt, ihrerseits das Böse zu überwinden (Röm 12,21). Gegenwärtig werden sie von Trübsal, Angst, Gefahr, Verfolgung und Hunger bedrängt. Aber diese Mächte haben die beherrschende Gewalt verloren. Der Kampf der Glaubenden gegen die Herrschaft der gottfeindlichen Mächte steht unter der Verheißung des Sieges und gewinnt dadurch den Charakter des Überwindens: »Aber in dem allen überwinden wir weit durch den, der uns geliebt hat« (Röm 8,37).

3) Johannes faßt die widergöttlichen Mächte mit dem Begriff κόσμος *[kǫsmos]* (→ Welt) zusammen. Das Kommen Jesu, sein Leiden und seine Rückkehr zum Vater bedeuten den Sieg über die Welt. Dieser Sieg ist ein Perfektum (Joh 16,33). Der Böse, der diese Welt beherrscht, ist in seiner Macht begrenzt worden durch Jesus, indem dieser als der Stärkere die Seinen von jenen Mächten befreit hat. Damit ist der Kampf entschieden, wenn auch noch nicht beendet. Im Glauben bekommen die Christen teil an diesem Sieg und werden so in die Lage versetzt, ihrerseits die Welt zu überwinden. Der Glaube ist der Sieg über die Welt (1Joh 5,4f; 2,13f; 4,4f).

4) Die sieben Sendschreiben in der Offb (Kap. 2 und 3) wenden sich an angefochtene und unter Verfolgung leidende Christengemeinden in Kleinasien. Jedes Sendschreiben schließt mit einem Aufruf zum Überwinden, der mit der Formulierung ὁ νικῶν *[ho nikǫn]* bzw. τῷ νικῶντι *[tō nikǫnti]* eingeleitet wird (2,7.11 u. ö.). Der Kampf und die Mühsal des gegenwärtigen Lebens in der Welt und in der Gemeinde sind nicht das Letzte. Der erhoffte Sieg der Gemeinde liegt im schon erfochtenen Sieg Jesu begründet. Den Überwindern gilt die Verheißung des Erbes (vgl. Offb 21,7). Dem Ende aber geht der apokalyptische Kampf zwischen Gott und den feindlichen Mächten voraus. Er ist das Thema der Offb. Die Weltmächte siegen oft in diesem Kampf (Offb 6,2; 11,7; 13,7), aber ihr Sieg bleibt vorläufig. Am Ende wird der endgültige Sieg des Lammes stehen. Christen sind ihm nachgefolgt und haben im Martyrium ihr Blut vergossen (Offb 11,7–12). In der Mitte des Bildes von den Plagen und dem Zorn Gottes sieht Joh die Sieger stehen, die das Loblied anstimmen (Offb 15,2ff).

So steht in allen Auseinandersetzungen mit den Mächten der errungene Sieg des Lammes und der verheißene Sieg der Seinen schon fest, denn das Lamm ist der König aller Könige und der Herr aller Herren (Offb 17,14). Hier hat das christl. Symbol vom Lamm mit der Siegesfahne seinen Ursprung. *W. Günther*

Lit.: EStauffer, Art. ἀγών, ThWb I, 1933, 134ff – ders., Art. βραβεύω, ebd., 636f – GDelling, Art. θριαμβεύω, ThWb III, 1938, 159f – OBauernfeind, Art. νικάω, ThWb IV, 1942, 941ff – ders., Art. πόλεμος, ThWb VI, 1959, 501ff – VCPfitzner, Paul and the Agon Motif. Traditional Athletic Imagery in the Pauline Literature, 1967.

Kanon

κανών *[kanōn]* Regel, Maßstab, Norm

κανών

Das griech. Wort κανών *[kanōn]* ist Lehnwort aus dem Semitischen, wo es urspr. *Rohr (Schilfrohr,* I/II
Kalmus, Getreidehalm) bedeutet. Seit Hom. überliefert, bedeutet κανών *[kanōn]* dasjenige, an das etwas anderes gehalten werden kann zum Spannen, Aufwickeln oder Messen. Der Begriff des Messens setzt sich durch, und seit dem 5. Jh. heißt κανών *[kanōn]* vor allem *Meßschnur, Meßstab, Waagebalken; feststehende Regel, Norm.* In der Mathematik, Astronomie und Geschichtsschreibung bedeutet κανών *[kanōn] Liste* oder *Tabelle;* in der Kunst: *Richtschnur* (Polyklets »Speerträger« wurde schon von den Zeitgenossen κανών *[kanōn]* genannt; Plinius, Naturalis Historia 34,55). In der Philosophie bezeichnet κανών *[kanōn]* das Kriterium der Beurteilung.

In dieser Bedeutung findet sich κανών *[kanōn]* auch 4Makk 7,21, während Jdt 13,6 so etwas wie den Tragebalken eines Bettes meint. In dem sowieso fast unverständlichen Vers Mi 7,4 scheint κανών *[kanōn]* eine verständnislose spätere Konjektur ohne hebr. Äquivalent zu sein. Für das mit κανών *[kanōn]* bezeichnete Denken hat das AT weder Begriff noch Verständnis.

1) Im NT findet sich das Wort κανών *[kanōn]* selten; nur Paulus verwendet es. Er gebraucht III
es im Sinne von *Norm, Maßstab.* κανών *[kanōn]* ist dann sowohl *Regel* für das eigene Christenleben als auch *Richtschnur* der Beurteilung anderer (Gal 6,16: »Und wieviele nach dieser Regel einhergehen, – Friede und Barmherzigkeit sei über sie und über das Israel Gottes«). Paulus faßt mit der Wendung »nach dieser Regel« (τῷ κανόνι τούτῳ *[tō kanoni toutō]*) zusammen, was er zuvor gesagt hat. κανών *[kanōn]* ist eine *Lebensregel,* deren Inhalt der Kreuzestod Christi ist, der ein neues Gottesverhältnis und damit eine neue Seinsgrundlage schenkt. Der κανών *[kanōn]* gibt an, was zu tun, was abzulehnen und was anzunehmen ist; er setzt eine neue Wertskala, die sich von allem unterscheidet, was außerhalb des von Christus geschenkten Heils zu finden ist. Er ist eine Regel, die im lebendigen Wandel angewandt sein will; ihr entspricht die »neue Kreatur« (Gal 6,15). »Nach dieser Regel einhergehen« bedeutet, daß sich das vom Heilswerk Christi geprägte neue Sein im Vollzug des Denkens und Handelns manifestiert. Wer nach dieser Christus-Regel lebt, gehört zu dem »Israel Gottes«.

2) Im gleichen Sinne ist κανών *[kanōn]* in einigen Lesarten von Phil 3,16 zu verstehen. Paulus spricht dort vom Ergriffensein durch Christus, das nach dem Ziel der himmlischen Berufung jagen läßt. Dies ist die *Norm* des Wandels, der sich alle in gemeinsamer Gesinnung unterworfen haben. – In davon abgewandeltem Sinn gebraucht Paulus das Wort κανών *[kanōn]* im Abschnitt 2Kor 10,13–16. Er beruft sich zur Verteidigung seiner apostolischen Autorität und Wirksamkeit in Korinth auf das »Maß der Regel«, das Gott ihm zugemessen hat. κανών *[kanōn]* ist hier Norm für sein apostolisches Amt. Man wird darunter schwerlich das ihm zugeteilte Arbeitsfeld (R; Z; M) verstehen können, sondern die Regel, daß er tätig ist, wo bislang noch nie das Ev. verkündigt worden ist (vgl. Röm 15,20f).

3) Im kirchlichen Sprachgebrauch versteht man unter Kanon vor allem die Tabelle der von der Kirche als Urkunden göttlicher Offenbarung anerkannten Schriften. Der Kanon des AT wurde auf der Synode von Jamnia ca. 100 nChr abgeschlossen, während der jetzige Umfang des NT nach einer jahrhundertelangen Entwicklung erst im Verlauf des 4. Jh. auf

Grund des 39. Osterbriefes des Athanasius und der Synoden von Rom und Karthago festgelegt wurde. Der Schriftkanon gilt als Maßstab für Predigt, Lehre und Leben von evangelischen Kirchen. Angesichts so verschiedener Schriften wie Ex und Pred oder Gal und 2Petr stellt sich heutzutage neu und verschärft die Frage nach Mitte und Einheitlichkeit des biblischen Kanons. Auch wenn man sich der Einsicht von Ernst Käsemann (Ex. Vers. u. Bes. I,214ff) nicht entziehen kann, daß der NT-Kanon nicht die Einheit der Kirche, sondern die verschiedenen Konfessionen begründet, wird man dennoch von einer gemeinsamen Ausrichtung der biblischen Schriften auf die ihnen allen vorausliegende Mitte Christus sprechen können.

J. Guhrt / H.-G. Link

Lit.: HOppel, ΚΑΝΩΝ. Zur Bedeutungsgeschichte des Wortes und seiner lateinischen Entsprechungen. Philologus Suppl. Bd. 30, H. 4, 1937 – HWBeyer, Art. κανών, ThWb III, 1938, 600ff; zum Kanonproblem: WGKümmel, Notwendigkeit und Grenze des neutestamentlichen Kanons, ZThK 47, 3, 1950 (= Heilsgeschehen und Geschichte, NThSt 3, 1965, 230ff) – EKäsemann, Begründet der neutestamentliche Kanon die Einheit der Kirche?, EvTh 1, 1951/52 (= Ex. Vers. u. Bes. I, 1960, 214ff) – HBraun, WAndersen, WMaurer, Die Verbindlichkeit des Kanons, Fuldaer Hefte 12, 1960 – WMarxen, Das Problem des Kanons aus der Sicht des Exegeten, NZSTh 2, 1960, 137ff – KAland, Das Problem des nt. Kanons, NZSTh 4, 1962, 220ff (= Studien zur Überlieferung des NTs und seines Textes, 1967, 1ff) – NAppel, Kanon und Kirche, Konfessionskundl. und kontroverstheol. Studien 9, 1964 – OJoest, Erwägungen zur kanonischen Bedeutung des NT, KuD 12, 1966, 27ff – EFuchs, Kanon und Kerygma, ZThK 63, 1966, 410ff – Das Neue Testament als Kanon. Dokumentation u. krit. Analyse z. gegenwärtigen Diskussion, hrsg. v. EKäsemann, 1970 – ESchweizer, Kanon?, EvTh 31, 1971, 339ff – JLönning, Kanon im Kanon, 1972 (= FGLP, X,43) – ASand, Kanon von den Anfängen bis zum Fragmentum Muratorianum, 1974 (= HDG I,3a,1) – WSchrage, Die Frage nach der Mitte und dem Kanon im Kanon des Neuen Testaments in der neueren Diskussion, in: Rechtfertigung, Festschr. EKäsemann, 1976, 415ff.

Kind

Werden Menschen als Kinder bezeichnet, so kann damit an ihre Herkunft erinnert sein, oder aber sie werden hinsichtlich ihres Alters, ihrer Eigenart oder ihrer sozialen und gesellschaftlichen Stellung charakterisiert. Im Griech. stehen für diese versch. Aspekte eine Reihe von Wörter zur Verfügung: τέκνον *(tẹknon)*, von τίκτω *(tịktō)*, *gebären* (→ Geburt), abgeleitet, meint das *Kind* als Abkömmling seiner Eltern und Vorfahren. Hinsichtlich des Alters wird zwischen παιδίον *(paidịon)*, dem *Säugling* und *Kleinkind* (vgl. βρέφος *(brẹphos)*), und παῖς *(pais)*, dem Kind etwa zwischen 7 und 14 Jahren unterschieden; παῖς *(pais)* bringt außerdem die niedrige gesellschaftliche Stellung und antike Sklavenfunktion des Kindes zum Ausdruck und kann von daher auch den Diener bzw. Sklaven meinen. Mit νήπιος *(næpios)* wird vor allem die kindliche Hilflosigkeit, Unerfahrenheit und Einfalt charakterisiert; es kann seine Bedeutung bis zu »töricht« ausdehnen. Während mit παῖς *(pais)* und τέκνον *(tẹknon)* sowohl der Junge wie das Mädchen gemeint sein können, wird der *Sohn* im Unterschied zur Tochter (θυγάτηρ *(thygạtær)*) mit υἱός *(hyiọs)* bezeichnet; dieses Wort wird am häufigsten in übertragener Bedeutung, etwa zur Bezeichnung des Schüler/Lehrer-Verhältnisses oder der Zugehörigkeit zu einer bestimmten Gruppe verwendet (vgl. auch τέκνον *(tẹknon)*). – Zu den christologischen Titeln »Sohn« (υἱὸς [τοῦ] θεοῦ *(hyiọs (tou) theọu)*) bzw. »Knecht« (παῖς τοῦ θεοῦ *(pais tou theọu)*) vgl. die entsprechenden Artikel unter → Sohn Gottes.

νήπιος

νήπιος *(næpios)* Kind

I νήπιος *(næpios)* bezeichnet das *Kind*, insofern es *hilflos, unmündig* und *unerfahren* ist. Auch in übertragener Bedeutung kann der Ausdruck verwendet werden, zB von der *jungen Saat* (Theophrast, Hist. Plant. VIII 1,7). Darüber hinaus können die Eigenschaften des törichten und unerfahrenen Kindes in den Vordergrund treten, so daß die Bedeutung *Kind* zurücktritt oder gar zugunsten von *töricht, unerfahren* ganz aufgegeben wird (vgl. zB Soph. El. 145f: *töricht* ist, wer die elend umgekommenen Eltern vergißt). Namentlich die griech. Philosophie, die den Menschen die rechte Welterkenntnis und das vernünftige Leben vermitteln will, geißelt den uneinsichtigen Menschen ohne

Lebenserfahrung als νήπιος *[nēpios]*, als *Toren* (zB Hes Op 130,286ff; Epict Diss III 24,53). Lucian (Peregr Mort 11) verspottet die Christen, die sich sogar selber παῖδες *[paides]* (→ παῖς) nennen, als *törichte Kinder.*

Das Hebr. hat kein dem griech. νήπιος *[nēpios]* genau entsprechendes Äquivalent; in der Bedeutung *Kind* gibt die LXX 4 verschiedene hebr. Wörter mit νήπιος *[nēpios]* wieder: *jōneq* = *Säugling* (Jes 11,8; LXX häufig: θηλάζων *[thēlazōn]*); *'ōlēl* bzw. *'ōlāl* = *Kleinkind* (1Sam 15,3; LXX gelegentlich: βρέφος *[brephos]*); *taph* = *kleines Kind* (Ez 9,6) und *na'ar* = *Knabe* (Spr 23,13). Dabei sind die Schwachheit, Hilflosigkeit und Unterlegenheit des Kindes gegenüber den Erwachsenen, u. a. bei Kriegshandlungen, die wichtigsten Charakteristika des νήπιος *[nēpios]* (vgl. Klgl 1,5). Historisierend stellt Hos 11,1 die Anfänge Israels – dh den Auszug aus Ägypten (vgl. auch 2,17) – als Jugendzeit des Volkes dar (νήπιος *[nēpios]* = *na'ar*), in der es – im Gegensatz zu seinem kanaanäischen Abfall – in der Darstellung des Propheten noch ungeteilt und treu Jahwe folgte. II

Außer den genannten Wörtern übersetzt LXX auch das hebr. *pæti* = *einfältiger Mensch* mit νήπιος *[nēpios]* (Ps 19,8). Während in der Weisheitslit. (Spr 1,32; vgl. auch 1,22 Aquila) der νήπιος *[nēpios]* als *einfältiger*, dh *unverständiger* und *törichter Mensch* getadelt wird, bezeichnet νήπιος *[nēpios]* in den Pss (116,6; 119,130 u. ö.) den *einfältigen Frommen*, der unter Gottes Schutz steht und auf seine Belehrung hört (vgl. das paul. μωρός *[mōros]*, töricht).

νήπιος *[nēpios]* kommt im NT vor allem bei Paulus, sonst nur in Mt, Lk und je einmal in Eph und Hebr vor. III

1a) In Mt 21,16 ist das Zitat Ps 8,3 eine Einfügung des ersten Evangelisten in die Geschichte von der Tempelreinigung (Mt 21,10–17). Auf den Vorwurf der Gegner läßt der erste Evangelist Jesus mit dem Zitat Ps 8,3 antworten, das auch für die Gegner unbestrittene Autorität bedeutet, so daß sich ihre Vorwürfe als gegenstandslos erweisen. Offensichtlich knüpft νηπίων *[nēpiōn]* (V. 16; vgl. das parallele θηλαζόντων *[thēlazontōn]*) an παῖδας *[paidas]* (V. 15) an, ohne daß aber auf dieser Verbindung pointiertes Gewicht läge. Von größerer Wichtigkeit ist, daß der (zweite; vgl. V. 9) Osanna-Ruf gerechtfertigt erscheint (vgl. die auch sonst bei Mt feststellbaren Doppelungen) und der Beschuldigung Jesu der Boden entzogen wird.

b) Älter als diese späte redaktionsgeschichtliche Arbeit des ersten Evangelisten ist das von Mt und Lk übernommene Wort Mt 11,25 = Lk 10,21: es stammt aus der von beiden benutzten Quelle Q. Weiter zurück läßt sich das Wort von der Offenbarung an die Kinder nicht verfolgen (was mit ταῦτα *[tauta]* bzw. αὐτά *[auta]* gemeint ist, bleibt unklar): es kann aus einer nicht mehr erhaltenen aram. Tradition (vgl. die Parallelen St.-B. I,606f) oder von Jesus selbst stammen. Mt 11,25 sind mit den νήπιοι *[nēpioi]* als Gegensatz zu den Weisen und Verständigen entweder *Kinder* gemeint, die im Vergleich mit den Erwachsenen in der Regel als *unfertig* und *unweise* galten (vgl. dazu 1Kor 14,20), oder allgemein die *Einfältigen*, ohne daß auf dem Alter der »Kinder« ein Ton läge.

2a) Der Gegensatz Kind – Erwachsener ist 1Kor 13,11 gemeint. Paulus verwendet die Gegenüberstellung, um diesen Äon (νυνί *[nyni]* V. 13) von jenem Äon (τότε *[tote]* V. 12) zu unterscheiden. Freilich ist dem Apostel der Vergleich nicht ganz geglückt; denn während Paulus vergleichsweise ausführt, er sei ein Mann geworden, will er sachlich gerade sagen, daß jener Äon noch aussteht (V. 12). Der Gegensatz Kind – Erwachsener wird Röm 2,20 auf das Schüler-Lehrer-Verhältnis angewendet: Der Jude, der das Gesetz hat, weiß sich in der Rolle des Lehrers, der den νήπιος *[nēpios]* unterrichtet, der das Gesetz nicht hat.

1Kor 3,1 ist das Pneumatisch-Geistige der Gegensatz zu dem Sarkisch-Fleischlichen und dem Kindsein. Das Nochnicht (V. 2) und der Zusatz »in Christo« zu νηπίοις *[nēpiois]* stellen dem geschehenen Anfang die Weiterentwicklung gegenüber, wie es auch das Bild von der Milch und der festen Speise andeutet. Also geht es nicht um ein vorchristl. Stadium im Gegensatz zum christl. Leben, sondern um das begonnene, aber noch entwicklungsbedürftige christl. Leben. Im Hintergrund stehen wohl die hell. Mysterienkulte (vgl. aber Schlier, ThWb I,644), nach denen der Myste durch mehrere Weihen zu einer immer höheren Stufe der Vollkommenheit gelangt. Der Unterschied zu den Mysterienkulten liegt aber bei Paulus darin, daß statt der heidnisch-sakramentalen Speise die christl. Botschaft gemeint ist. Das Kindsein ist demnach nicht eine abgeschlossene Stufe, sondern nur ein Durchgangsstadium (so auch Hebr 5,13f; vgl. dazu L. Mattern, aaO, 198f). Den Hintergrund zu Eph 4,14 bilden ebenfalls die hell. Mysterienkulte (s. zu 1Kor 3,1): Es kommt darauf an, zu wachsen (V. 15), vollkommen zu werden (V. 13). Auch hier wollen nicht Christen von Nichtchristen unterschieden werden, sondern aus Christen, die verführbar sind wie unmündige Kinder, sollen vollkommene Christen werden.

b) 1Thess 2,7 sind zwei Lesarten bezeugt: a) ἤπιοι *[æpioi]* (wir waren freundlich, milde in eurer Mitte); b) νήπιοι *[næpioi]* (das vorangehende Wort schließt mit ν *[n]*, so daß dieses ν beim Abschreiben irrtümlich doppelt geschrieben wäre). Doch führt die Interpretation bei der Lesart b) zu Schwierigkeiten (V. 7b vergleicht Paulus nicht sich, sondern die Thessalonicher mit »Kindern«), so daß in diesem Falle nur die Bedeutung »töricht« in Frage käme: Wir, so Paulus, waren *töricht* in eurer Mitte. Anders als sonst argumentiert Paulus in Gal 4,1.3. Er verwendet an dieser Stelle juristische und temporale Kategorien: Die vorchristl. Zeit, dh die Zeit vor dem Kommen Jesu auf Erden (V. 4), war die νήπιος *[næpios]*-Zeit der Unmündigen und der Sklaven. Während die νήπιοι *[næpioi]* von dem Nomos (→ Gesetz) und den στοιχεῖα *[stoicheia]*, *Mächten*, als Sklaven gefangen gehalten wurden, hat Christus, indem er durch sein Kommen den Anbruch des kommenden Äons herbeiführte, die ehedem unmündigen Erben in den Stand mündiger Söhne (→ υἱός, υἱοθεσία) versetzt (V. 5). Beide Zeiten stehen sich abgegrenzt gegenüber.

G. Braumann

παῖς

παῖς *[pais]* Kind, junger Mensch, Knecht · παιδίον *[paidion]* das (kleine) Kind · παιδάριον *[paidarion]* das (kleine) Kind, Jüngling · βρέφος *[brephos]* das Ungeborene, der Säugling

I 1) παῖς *[pais]* (seit Homer; Wurzel: *pou* bzw. *pau* = *wenig, gering,* vgl. lat. *pauper, paulus*) bezeichnet das *Kind* (meist in der maskulinen Form) als *Sohn*, aber auch als *Tochter* seiner Eltern, in Beziehung zu seiner Umwelt (Hom. Il. 2,205), den *an Jahren jungen Menschen* im kindlichen Alter (Hom. Od. 4,665; so auch den Knaben zwischen 7 und 14 Jahren im Unterschied zum Kleinkind bzw. Jüngling, vgl. zB Hippokr. De Hebdomadibus 5), sozial den *Knecht, Sklaven, Diener* (Aischyl. Choeph. 653f. fem. παιδίσκη *[paidiskæ] Magd, Dienerin*; → Sohn Gottes, Art. παῖς θεοῦ).

2) παιδίον *[paidion]* (seit Hdt.), Diminutiv zu παῖς *[pais]* bezeichnet das *kleine Kind* (Hdt. II 119), das *Neugeborene* (Hdt. I 110). Das Alter, die Abstammung und Verwandtschaft, die Unterordnung unter eine höher gestellte Person, die Unerfahrenheit und Hilflosigkeit im Vergleich mit Erwachsenen sind Motive, die das Wort inhaltlich füllen.

3) παιδάριον *[paidarion]* (seit Aristoph), ebenfalls Diminutiv zu παῖς *[pais]*, meint vorwiegend wie παιδίον *[paidion]* das *kleine Kind* (vgl. Plato Symp. 207d), aber auch den *jungen Mann* (vgl. Tob 6,2f), den *jugendlichen Knecht* (Xenoph. Ag. I,21; Aristoph. Pl. 823.843).

4) βρέφος *[brephos]*, seit Homer belegt, bezeichnet das *Ungeborene* (Hom. Il. 23,266), das *gerade Geborene*, den *Säugling* und das *Kleinkind* (so seit Pindar).

II 1) In LXX kommt παῖς *[pais]* etwa 500mal vor und tritt für 10 verschiedene hebr. Wörter ein, bes. oft für *ʿæbæd* = *Sklave, Knecht, Untergebener* (341mal; s. o. I,1; → Sklave, Art. δοῦλος; → Sohn Gottes, Art. παῖς θεοῦ). Indem es aber auch für hebr. *naʿar* = *Kind* (zB Spr 1,4), *bēn* = *Sohn* (zB Spr 4,1) u. a. steht, unterscheidet sich der Gebrauch von παῖς *[pais]* in seiner Bedeutungsbreite nicht vom Profangriech. (s. o. I,1).

2) Hebr. Äquivalente für παιδίον *[paidion]* sind *jælæd* (35mal), *naʿar* (27mal), *bēn* (19mal), *taph* (7mal); für παιδάριον *[paidarion]* überwiegend *naʿar*. παιδίον *[paidion]* bzw. παιδάριον *[paidarion]* bezeichnen also in LXX wie im Profangriech. den *Säugling* (Gen 21,7), das *kleine Kind* (Gen 21,14), den *Knaben* (Gen 22,5.12) und den *jungen Mann* (Ri 8,14). Häufig wird damit die dienende Funktion junger Leute als *Begleiter* (Gen 22,5), *Laufburschen* (Ri 7,10), *Waffenträger* (Ri 9,54; 1Sam 14,1) oder *Knechte* (Neh 13,19; Ruth 2,5f) betont.

III 1) Q enthielt sowohl παῖς *[pais]* (Mt 8,6.13: *Kind* oder *Knecht*; vgl. Lk 7,7) als auch παιδίον *[paidion]* (Mt 11,16 = Lk 7,32). Ebenfalls gebraucht Mt παῖς *[pais]* (Mt 14,2) und παιδίον *[paidion]* (Mt 14,21; 15,38: die Zahl der Gesättigten sah Mt bei Mk ohne Frauen und Kinder angegeben, so daß das Wunder eine Steigerung erfährt). Mk hat nur das Wort παιδίον *[paidịon]* (weder βρέφος *[brẹphos]* noch παῖς *[pais]*), zB Mk 5,39 (Mt 9,24 κοράσιον *[korạsion]*); 7,28; 9,24. Lk verwendet als einziger Evangelist βρέφος *[brẹphos]*, vor allem in den Kindheitsgeschichten: das *Ungeborene* (zB Lk 1,41.44; der gerade geborene *Säugling* Lk 2,12.16; Apg 7,19). Vielleicht denkt Lk, wenn er παιδίον *[paidịon]* durch βρέφος *[brẹphos]* ersetzt (auch Lk 18,15) bes. an Säuglinge? Bei Lk findet sich aber auch παῖς *[pais]* (Lk 2,43: der zwölf Jahre alte Jesus; 8,51.54: *Mädchen*; 12,45; 15,26: *Knecht*) und παιδίον *[paidịon]* (Lk 1,59: das Kind bei der Beschneidung; 11,7: Kinder im Gleichnis vom bittenden Freund). Joh verwendet ebenfalls sowohl παῖς *[pais]* (nur Joh 4,51) als auch παιδίον *[paidịon]* (Joh 16,21: das *gerade Geborene*); 4,49. V. 50: υἱός *[hyiọs]*, außerdem noch παιδάριον *[paidạrion]* (Joh 6,9: ein *etwas größeres Kind*; im NT nur an dieser Stelle).

Paulus warnt 1Kor 14,20 davor, kindisch zu werden (»werdet nicht Kinder«). Das Bild vom Kind wird an dieser Stelle also negativ gebraucht (anders Mk 10,15). Sonst findet sich die Wortgruppe bei Paulus nur noch Gal 4,22f.30f (παιδίσκη *[paidịskæ]*). Hebr verwendet παιδίον *[paidịon]* 3mal (2,13.14; 11,23). βρέφος *[brẹphos]* kommt außer an den angegebenen Stellen bei Lk nur noch 2Tim 3,15 (ἀπὸ τοῦ βρέφους *[apọ tou brẹphous]*, *von Kind auf*) und 1Petr 2,2 vor. Letztere Stelle spricht von den neugeborenen Kindern (βρέφη *[brẹphæ]*) in übertragener, aus den hell. Mysterienkulten (→ υἱός II,2c und → τέκνον III, über das joh. Verständnis der Gotteskindschaft) verständlicher Bedeutung.

Ein besonderes theol. Gewicht ruht an den angeführten Stellen auf den genannten Wörtern selbst offensichtlich nicht. Die vorgegebenen Verhältnisse werden unbefangen übernommen, ohne daß über die Stellung des Kindes vor Gott, der Welt oder den Nächsten bes. reflektiert würde.

2a) Anders verhält es sich mit (dem Paradigma bzw. Apophthegma) der Segnung der Kinder. Offensichtlich trat die urchristl. Gemeinde, indem sie sich auf Jesus berief, dafür ein, daß auch Kinder an der Gottesherrschaft teilhaben (Mk 10,14 par). Umstritten ist, ob Mk 10,13ff auf die → Taufe anspielt (vgl. auch → Hindern, Art. κωλύω). Außerdem gab es Traditionen, die das Annehmen der Gottesherrschaft mit dem Kindsein vergleichen (ὡς *[hōs]*: Mk 10,15). Was aber ist damit gemeint? Kaum ist an eine Vorbedingung zur Erlangung des Heils gedacht: also nicht an Reinheit oder Unschuld (vgl. aber St.-B. II 422), auch nicht an eine Buße, die der Annahme der Gottesherrschaft vorauszugehen hätte. Auch darf nicht an die Einfalt oder an eine sentimentale Liebe zum Kind gedacht werden. Vielmehr ist wohl eher die Schutzlosigkeit und Hilfsbedürftigkeit des Kindes gemeint. Das Kind kann sich nicht das Leben aus der eigenen Leistung sichern, sondern es ist ganz auf die Fürsorge und Hilfe der Eltern angewiesen; es muß sich also »beschenken« lassen (→ νήπιος): den Geringen, den Schutzlosen steht die Tür zum Gottesreich offen.

b) Möglicherweise ist Mt 18,3 eine Umbildung des 1. Evangelisten (στρέφειν *[strẹphein]* kommt nicht bei Q und Mk, wohl aber bei Mt und Lk vor), so daß man diesen Vers in Zusammenhang mit der Theol. des 1. Evangelisten auszulegen hat: V. 4 wird das Sichselbsterniedrigen ausdrücklich auf das V. 3 genannte Kind bezogen. Den Demütigen (vgl. die Seligpreisungen), den Dienern (Mt 23,11f) ist das Gottesreich verheißen.

c) Wie sehr die hilflosen Kinder unter dem Schutz der christl. Gemeinde standen, zeigt Mk 9,37 par: Wer ein Kind aufnimmt, nimmt Jesus auf und den, von dem er gesandt ist. Nicht eine vorgegebene Schöpfungsordnung, sondern das sich vor Jesus und Gott verantwortlich wissende Verhalten schützt in der urchristl. Gemeinde das Kind.

Vgl. auch → Sohn Gottes, Art. παῖς θεοῦ.

G. Braumann

τέκνον *[tẹknon]* Kind · τεκνίον *[teknịon]* das kleine Kind

τέκνον

I/II τέκνον *[tẹknon]*, seit Homer belegt, meint das *Kind* im Verhältnis zu seinen Eltern und Vorfahren (τίκτειν *[tịktein]* *zeugen, gebären*; LXX: τεκνοποιεῖν *[teknopoiẹin]* Gen 11,30 u. ö.; NT: τεκνογονία *[teknogonịa]* 1Tim 2,15, τεκνογονεῖν *[teknogonẹịn]* 1Tim 5,14). τέκνον *[tẹknon]* bezeichnet sowohl das *noch zu gebärende Kind* (Gen 3,16; 17,16) als auch den *älteren Sohn* (Gen 27,13), ohne daß auf dem Geschlecht ein Ton läge, obwohl in LXX τέκνον *[tẹknon]* (für 11 hebr. Wörter eintretend) oft als Übers. für *bēn* verwendet wird. Neben der weiter gefaßten Bedeutung *Nachkomme* (Gen 30,1) wird das Wort auch in übertragenem Sinne gebraucht: als vertrauliche Anrede (Gen 43,29) oder als Bezeichnung der *Schüler* in ihrem Verhältnis zum Meister (1Sam 3,16; 26,17; 21,25). Ps 34,12 ruft (die Weisheit) den Menschen zu: »Kommt her, Kinder, und höret auf mich.«

τεκνίον *[teknịon]*, Diminutiv zu τέκνον *[tẹknon]*, ist »wohl ein Wort der Kinderstube« (Oepke, 638) und bezeichnet das *kleine Kind*, das »*Kindlein*«. Das Wort fehlt in LXX.

III 1) Sämtliche Schichten der synopt. Tradition enthalten das Wort τέκνον *[tẹknon]*: in Q zur Beschreibung des Verhältnisses der Eltern zu ihren Kindern (Mt 7,11 = Lk 11,13), in übertragener Bedeutung (Mt 23,37 = Lk 13,3) und in der Bedeutung *Nachkomme* (Mt 3,9 = Lk 3,8; vgl. dazu auch Joh 8,39; Röm 9,7f; Gal 4,31). Markus spricht von Kindern im Hinblick auf ihr Verhältnis zu den Eltern (Mk 13,12 = Mt 10,21 u. ö.). Als Anrede Jesu wird das Wort Mk 2,5 (= Mt 9,2); 10,24 verwendet. Im Sondergut des Matthäus ist ebenfalls von Kindern als den zu ihren Eltern gehörenden Familienmitgliedern die Rede (Mt 18,25; 21,28; 27,25). Das gleiche gilt für das Sondergut des Lukas (Lk 15,31 u. ö.). Eine selbständige Weiterbildung des 3. Evangelisten liegt wohl Lk 23,28 vor (s. auch Apg 2,39; 7,5; 13,33; 21,5). Als Anrede wird *Kind* Lk 16,25 im Sinne der Zugehörigkeit zu einer übergeordneten Gruppe Lk 7,35 (Q oder luk. Formulierung) verwendet.

Auch sonst im NT werden die Kinder im Verhältnis zu ihren Eltern erwähnt. So korrespondiert dem Gehorsam der Kinder gegenüber den Eltern (Eph 6,1; Kol 3,20) die Güte der Eltern zu ihren Kindern (Eph 6,4; Kol 3,21; vgl. 1Thess 2,7). Zur Aufgabe der Eltern gehört das Ermahnen (1Thess 2,11); von daher leitet Paulus sein Ermahnen der Gemeinde ab (ebd.). Er vergleicht seine Gemeinde mit Kindern (1Kor 4,14; 2Kor 6,13; Gal 4,19). Ebenso sieht Paulus sein Verhältnis zu Timotheus als ein Vater-Kind-Verhältnis (1Kor 4,17; Phil 2,22). – Die sich verzögernde Parusie hat wohl die Gemeinden mitbestimmt, besonderes Gewicht auf geordnete Familienverhältnisse zu legen (1Tim 3,4.12; Tit 1,6; vgl. auch 1Tim 5,4). – Die Pastoralbriefe sprechen vom »Kind im Glauben« (1Tim 1,2; 2Tim 1,2; 2,1; Tit 1,4).

τεκνίον *[teknịon]* wird nur in den joh. Schriften, und zwar als Anrede an die Jünger bzw. die Gemeinde gebraucht (Joh 13,33; 1Joh 2,1.12.28; 3,7.18; 4,4; 5,21; → παῖς).

τέκνον *[tẹknon]* kann aber auch die Zugehörigkeit zu einer bestimmten Gruppe beschreiben: 1Petr 1,14 (die Gehorsamen); Eph 2,3 (die dem Zorn Gottes Verfallenen); 2Petr 2,14 (die unter dem Fluch Stehenden); vgl. auch 2Joh 1,4.13; 3Joh 4.

2) Traditionen, die voneinander unabhängig sind, sprechen von Gotteskindern: Paulus geht von der These aus, daß die, die zu Israel gehören, unter Gottes Segen stehen (Röm 9,4f; Gal 4,21f). Wer aber gehört zu Israel? Nicht die natürlichen Nachkommen Abrahams (Röm 9,6f; Gal 4,23), sondern die Glaubenden, denen die Verheißung gilt (Röm 9,8; Gal 4,23.28). »Die aus Glauben (gerechtfertigt werden), die sind Abrahams Söhne« (Gal 3,7). Die Alternative heißt Fleisch-Geist (Gal 4,29; Röm 8,13). Es handelt sich also nicht um eine naturhafte Gotteskindschaft, sondern um eine adoptiv-rechtliche Annahme der Glaubenden als Kinder Gottes und Erben der Verheißung. Das Geschenk der Gotteskindschaft (υἱοθεσία *[hyiothesịa]*, vgl. Art. υἱός) ist der → Geist, der *Abba* = *Vater* ruft, in die Freiheit führt und auf die Sohnschaft hoffen läßt (Röm 8,13–17.19–23).

Während Paulus heilsgeschichtlich argumentiert und nicht zwischen *Kind* und *Sohn* unterscheidet, bedient sich Joh der Sprache hell. Mysterienreligionen, die die Gotteskindschaft realistisch als Zeugung und Geburt, als ein durch Weihen vermitteltes neues Sein verstanden: das Gotteskind ist von Gott geboren (Joh 1,12f; 1Joh 2,29; 3,2). Antithetisch stehen

Gotteskinder (nicht: Gottessöhne) und Teufelskinder einander gegenüber (1Joh 3,10). Die Gottesliebe und die Bruderliebe kennzeichnen das Sein der Gotteskinder (1Joh 4,21; → υἱός III,2a).

Eph 5,1 wird die Gemeinde aufgerufen μιμηταὶ τοῦ θεοῦ *[mimætai tou theou], Nachahmer Gottes*, zu sein, die in V. 1b dann ὡς τέκνα ἀγαπητά *[hōs tekna agapæta], als die geliebten Kinder*, bezeichnet werden. Hier handelt es sich um den Ruf in die Nachfolge. Der Nachfolgende steht im Kindschaftsverhältnis zu Gott. Diese → Nachfolge kann aber unter Umständen beinhalten, daß der Nachfolgende auf alles verzichtet, u. a. auch auf seine Kinder (Mk 10,29f; vgl. auch Lk 14,26).

Die eschatologischen Greuel werden u. a. damit ausgemalt, daß der Vater gegen das Kind und das Kind gegen die Eltern vorgeht (Mk 13,12 = Mt 10,21; vgl. Lk 21,16).

3) Eine »Theol. des Kindes« hat das NT also nicht entwickelt. Von Kindern ist mehr beiläufig und selbstverständlich als betont und thematisch die Rede. Wo zB von Kindern in der Begegnung mit Jesus die Rede ist, lassen die Texte weder eine sentimentale Kinderliebe noch eine Ideologie des unschuldigen Kindes erkennen. *G. Braumann*

υἱός

υἱός *[hyios]* Sohn · υἱοθεσία *[hyiothesia]* Annahme an Kindes Statt, Adoption

I

1) υἱός *[hyios]*, seit dem mykenischen Griech. belegt, bezeichnet den *Sohn* in weitestem Sinne: es ist sowohl der Sohn menschlicher Eltern (Hom. Il. 5,159) als auch der *Abkömmling* von Tieren und Pflanzen gemeint. Darüber hinaus kann υἱός *[hyios]* allgemein der *Nachkomme* (Hom. Il. 2,727; *Nebensohn*) ohne Rücksicht auf den unmittelbaren Vorfahren, zB auch der *Enkel* sein. Die verwandtschaftlichen Beziehungen treten ganz zurück, wenn an ein Interessenverhältnis gedacht ist: das Meister-Schüler-Verhältnis kann als Vater-Sohn-Verhältnis dargestellt werden. Damit hängt aufs engste zusammen, daß die Zugehörigkeit zu einer bestimmten Gruppe mit der Formulierung *Sohn* zum Ausdruck gebracht wird (Homer: Söhne der Achaier). Schließlich kann υἱός *[hyios]* (vgl. hebr. *bēn* mit status constructus) mit dem Gen. der Sache die Abhängigkeit und Zugehörigkeit zu bestimmten Sachen und Begriffen bezeichnen (zB Söhne des Lichtes, der Finsternis etc.).

2) Die Einstellung der griech. Antike zum Kinde ist Wandlungen unterworfen gewesen. In der streng Polis-gebundenen Gesellschaftsordnung sind die Kinder (vor allem die Söhne) der Stolz der Familie, sie sind willkommene Hilfe bei der Arbeit und erben den Ruhm und die Pflichten des Vaters. Auf Grund dieser Sichtweise werden mißgestaltete Kinder (vor allem Mädchen) gar nicht erst aufgezogen (Sparta). Spätere Generationen zeigen bei individualistischer Einstellung zum Leben die Tendenz zur Einschränkung der Kinderzahl. In der Frühzeit der Kunst spielen Kinder als Thema keine Rolle. In der klassischen Zeit werden die »Kinder« der Niobe als erwachsene Gestalten dargestellt. Seit dem 3. Jh. vChr beginnt eine zunehmende Vorliebe für die Idyllik des Kindlichen, eine Tendenz, die im Spielerischen und Privaten ihren Ursprung hat und von dort auf das Kind übertragen wird (Einzelheiten bei Oepke, ThWb V,638ff).

3) υἱοθεσία *[hyiothesia]* findet sich selten (in LXX nicht vorkommend), ist juristischer term. techn. und meint die *Adoption*, die Annahme eines fremden Kindes anstelle eines eigenen Kindes.

II

1a) Im AT wird das Kind, insbesondere der S o h n (in LXX vor allem als Übersetzung für *bēn*, ca. 4800mal) als eine Gabe Gottes verstanden (Gen 1,28; Dtn 28,4–11; Jes 54,1; Ps 128,3 u. ö.), obwohl die Last der Schwangerschaft und die Schmerzen der Geburt Gen 3,16 als Strafe Gottes aufgefaßt werden. Keine Kinder zu haben, gilt als Nachteil, Schande (Gen 30,1f; 1Sam 1,11) und als Zeichen fehlenden Segens (Gen 33,5). Man ist stolz auf seine Söhne, weil sie eine Hilfe und Stütze sind (Ps 127,3ff). Das schließt nicht aus, daß Kinder der → Erziehung bedürfen und die Eltern über ihre Kinder zu bestimmen haben (Dtn 6,7). Dem entspricht der Respekt der Kinder gegenüber ihren Eltern und gegenüber älteren Menschen (Ex 20,12). Auf gewaltsames Vorgehen der Kinder gegen Vater und Mutter steht sogar die Todesstrafe (Ex 21,15). Körperliche Züchtigung ist selbstverständlich (Spr 22,15). Die bei uns verbreitete Vorstellung von der ursprünglichen Unschuld der Kinder ist dem AT fremd (Jer 6,11; 44,7). Die Kinder sind unverständig und hilfsbedürftig. Schon früh werden sie in religiöse Sitten und Gebräuche eingeführt (vgl. Ex 12,26; 1Sam 1,4). Im Spätjudentum finden sich Zeugnisse, die voller Hochachtung vom Kind sprechen (vgl. St.-B. I 781). Andererseits dürfen Kinder aber auch verkauft werden (vgl. St.-B. I 798). Von Eltern (vgl. St.-B. I 807f) und Gerechten (vgl. St.-B. II 138) werden sie gesegnet. Es versteht sich von selbst, daß man an diese

Vorstellungen aus at. Zeit nicht die Maßstäbe moderner Pädagogik anlegen kann, wie man auch nicht die at. Vorstellungen zum Maßstab moderner Pädagogik machen darf.

2a) Dem AT ist die Rede von der Gottessohnschaft geläufig (→ Sohn Gottes). Israel und die Israeliten, insbesondere die Frommen, nennen sich *Gottes Kinder* (Ex 4,22: mein erstgeborener Sohn ist Israel; Jes 1,2). Insbesondere in den Königspsalmen spielt die Gottessohnschaft, in Anlehnung an ägyptische Traditionen, eine Rolle (vgl. u. a. Ps 2,7). Sie wird aber nicht als Zeugung, sondern als Erwählung verstanden (→ Höhe, Art. ὑψόω I 2).

b) Das Judentum begründet die Gotteskindschaft nicht mit einem durch die Natur vorgegebenen oder mit einem naturhaft vermittelten Verhältnis des Menschen zu Gott (vgl. dazu Mt 5,9), sondern mit der Erwählung durch Gott (Hos 2,1ff) und dem Tun des Menschen: Wer gerecht handelt, ist ein Gottessohn (Weish 2,18). Die hell. Mysterienkulte denken sich die Gottessohnschaft dagegen sakramental-naturhaft durch Weihen vermittelt. Man sucht nicht nur die enge Verbindung und Gemeinschaft mit der Gottheit, sondern die substanzhafte Vermittlung und Teilhabe an ihr.

3) Die Qumran-Texte sprechen in immer wieder abgewandelten Formulierungen von den Söhnen des Lichts und der Finsternis, von den Söhnen des Rechts und Unrechts, der Wahrheit und des Verderbens, von den Söhnen Belials, des göttlichen Wohlgefallens (1QH IV 32; vgl. Lk 2,14), des Himmels (1QS IV 22), der Gnade (1QH VII 20), der Welt (Dam 20,34), der Schuld (1QH VI 30), des Unheils (1QH V 25).

III 1) Außer in 1Kor, Phil, Kol, Pastoralbriefen, 2Petr und den Joh-Briefen findet sich υἱός *[hyios]* in allen Schichten und Schriften des NT, zT sehr oft (zu Mk und Joh → Sohn Gottes).

a) Mit υἱός *[hyios]* kann das Verhältnis des Sohnes (→ Erster, Art. πρωτότοκος) zum Vater (Mk 10,46 u. ö.), zur Mutter (Mt 20,20 u. ö.) oder zu beiden (Lk 1,13) oder das Verhältnis zu den leiblichen Vorfahren (Mt 1,20: Davidssohn; Lk 19,9: Abrahamssohn) bezeichnet werden. Daraus ergibt sich die weiter gefaßte Bedeutung *Nachkomme* (Mt 23,31).

b) Darüber hinaus wird υἱός *[hyios]* in übertragener Bedeutung als Bezeichnung der Zugehörigkeit zu einer bestimmten Menschengruppe verwendet: Apg 3,25 spricht von den Söhnen der Propheten und des Bundes, Apg 23,6 von einem Sohn der Pharisäer. *Menschensöhne* und *Menschensohn* bezeichnen die Zugehörigkeit zur Menschheit (Mk 3,28; Eph 3,5; Hebr 2,6 u. ö.). Die Teilhabe an einem größeren Ganzen kommt dadurch zum Ausdruck, daß von Söhnen der Auferstehung (Lk 20,36), des Reiches (Mt 8,12; 13,38), des Lichts (Lk 16,8; Joh 12,36; 1Thess 5,5), des Trostes (Apg 4,36), des Bösen (Mt 13,38), der Hölle (Mt 23,15), dieses Äons (Lk 16,8; 20,34), des Verderbens (Joh 17,12; 2Thess 2,3), des Teufels (Apg 13,10), des Ungehorsams (Eph 2,2; 5,6), des Donners (Mk 3,17) gesprochen werden kann.

c) Die Allegorie vom Unkraut unter dem Weizen enthält die Gegenüberstellung »Söhne des Reiches« und »Söhne des Bösen« (Mt 13,38): Wie auf dem Feld die Samenkörner mit dem Unkraut zusammen aufwachsen und erst nach der Ernte voneinander getrennt werden, so ist die Kirche nach Matthäus bis zum Jüngsten Tag ein corpus mixtum, und erst danach kommt die Trennung (Mt 13,40ff).

d) Zu einem grundsätzlich neuen Verhältnis der Eltern und Erwachsenen gegenüber ihren Kindern und umgekehrt kommt es nur, wenn es um die → Nachfolge geht: Die verwandtschaftlichen Bindungen verlieren in der Nachfolge Christi ihre Berechtigung (Mt 10, 37; Lk 14,26f) und verkehren sich bei den apok. Ereignissen in Feindschaft (Mk 13,12). Erst in einer Zeit, in der die Vorstellung von der unmittelbar bevorstehenden Parusie zurücktritt und diese Zeit auf Erden stärker ins Blickfeld rückt und gemeistert werden muß, wird der Umgang mit Kindern zum eigenständigen Thema: in den sog. Haustafeln haben die Kinder ihren Platz (Kol 3,20f; Eph 6,1ff). Im übrigen werden sie nur beiläufig erwähnt: Mk 10,19 par als Adressaten der Gebote, deren Erfüllung ein Weg zum ewigen Leben ist. Mk 9,37 par; 10,15 sind die Unterlegenheit und Hilfsbedürftigkeit der Kinder in größere Zusammenhänge einbezogen. Es geht um die Nachfolge und um die Frage, wer das Reich Gottes empfängt. Das Kind dient nur als Beispiel und Gleichnis (vgl. auch Mt 11,16).

2a) Theol. bedeutsam sind vor allem die Stellen, die von Gottessöhnen (υἱοὶ θεοῦ *[hyioi theou]*) und von der Gottessohnschaft (vgl. υἱοθεσία *[hyiothesia]* 4mal bei Paulus, 1mal Eph) sprechen. Die Tatsache, daß sich die Formulierung sowohl bei

Paulus als auch in Texten, die von Paulus unabhängig sind, findet, wird nicht auf Zufall oder auf parallelen Entwicklungen beruhen, sondern legt die Vermutung früher urchristl., schon vor Paulus existierender Traditionen nahe, wie immer man auch den at. und religionsgeschichtlichen Hintergrund zu formulieren hat (vgl. etwa St.-B. I 219f). Diese Vermutung findet insofern eine Stütze, als sich für die Verkündigung von der Gottessohnschaft ein »Sitz im Leben« der urchristl. Gemeinde nachweisen läßt, der schon von Paulus vorgefunden wurde: Röm 8,14f (vgl. Michel zSt.). »Sohnschaft . . . ist Ausdruck für die Freiheit des Getauften, der keine andere Bindung anzuerkennen braucht als den Willen Gottes, für das Verständnis Gottes, der sich dem Menschen aufschließt, und für das Vertrauen, das aus dieser Vaterschaft erwächst« (Michel zSt.). Gal 4,5 wird das Inkrafttreten der Gottessohnschaft als ein Annehmen und Empfangen beschrieben. Fragt man nach dem Zeitpunkt, wann sich dieses Annehmen vollzieht, so deutet Gal 3,26f auch auf das Ereignis der urchristl. → Taufe (s. Michel zu Röm 8,15; Schlier zu Gal 3,27). Wer getauft ist, so glaubte man wohl im Urchristentum, ist Gottes Sohn (vgl. auch Röm 9,26).

Paulus führt den Gedanken (vgl. auch Jak 1,18; 1Petr 1,23) insofern weiter, als er die Gottessohnschaft nicht, wie es vor ihm geschah, nur als gegenwärtiges Ereignis versteht, sondern sie daneben als Ziel der Hoffnung, als noch ausstehend denkt (Röm 8,23), so daß dem Begriff eine eigentümliche Doppelheit eignet. »Sie ist einerseits als zukünftige das Ziel der Sehnsucht (Röm 8,23: υἱοθεσίαν ἀπεκδεχόμενοι *[hyiothesian apekdechomenoi]*); andrerseits ist sie Gegenwart, wie dadurch bezeugt wird, daß wir im Geiste – der eschatologischen Gabe – das Ἀββά *[Abba]* rufen (Röm 8,15f; Gal 4,6)« (Bultmann, Theol., S. 79). Außerdem stellt Paulus die Verkündigung der Gottessohnschaft in den ihm eigenen heilsgeschichtlichen Rahmen: Aus der Tatsache, daß man Christus angehört und glaubt (οἱ ἐκ πίστεως *[hoi ek pisteōs]*), wird gefolgert, daß man zu den *Abrahamssöhnen* gehört (Gal 3,7.29). Die Zugehörigkeit zu ihnen verbürgt das Heil. Klingt aber die Frage der Nachkommenschaft Abrahams an, so stellt sich für Paulus die Frage nach dem Erbe (Gal 4,1ff). Die Christen haben die Erbschaft angetreten, weil sie Erben Christi (Gal 4,4ff; Röm 8,17) und Gottes Erben sind (ebd.).

b) Denen, die Frieden stiften, wird in der 7. Seligpreisung verheißen, daß sie *Gottes Söhne* genannt werden (vgl. Röm 9,26). Die feierliche liturgische Form der Makarismen und der terminus καλεῖν *[kalein]* (vgl. 1Thess 2,12; 1Kor 1,9; Röm 8,30 u. ö.) legen die Vermutung nahe, daß Mt 5,9 in einem früheren Stadium seiner Geschichte einmal einen »Sitz im Leben« der Taufverkündigung hatte.

Lk 20,36 spricht abweichend von der Vorlage (Mk 12,25f; vgl. Mt 22,30f) von *Gotteskindern;* demnach liegt eine eigene Formulierung des 3. Evangelisten vor, die jedoch nicht ausschließt, daß Lukas sie aus anderen Überlieferungen kannte. Daß sich nämlich in diesem Zusammenhang die Formulierung Gottessöhne nahelegt, könnte wieder auf der Taufverkündigung der urchristl. Gemeinde beruhen (vgl. Röm 6,3f: Taufe – Tod – Auferstehung). Eine Stütze für diese Vermutung könnte V. 38b sein, wenn man eine Verbindung zu Röm 14,8 (s. Michel zSt.) annehmen darf. Im jetzigen Text handelt es sich freilich um die Söhne Gottes als Söhne der Auferstehung und des Lebens nach dem Tod. *G. Braumann*

Lit.: JWeiß, Der erste Korintherbrief, KEK, 1910 – OMichel, »Diese Kleinen«, eine Jüngerbezeichnung Jesu, ThStKr 1937/38 – WGrundmann, Die Gotteskindschaft in der Geschichte Jesu und ihre religionsgeschichtlichen Voraussetzungen, 1938 – GBertram, Art. νήπιος, ThWb IV, 1942, 913ff – AOepke, Art. παῖς, ThWb V, 1954, 636ff – RBultmann, Theologie des NT, 1958[3] – JJeremias, Die Gleichnisse Jesu, 1958[5] – ders., Die Kindertaufe in den ersten vier Jahrhunderten, 1958 – KAland, Die Säuglingstaufe im NT und in der alten Kirche, ThExh 86, 1961 – GDelling, Lexikalisches zu τέκνον. Ein Nachtrag zur Exegese von 1Kor 7,14, in: Festschr. Barnikol, 1964, 35ff – HSchlier, Der Brief an die Galater, KEK VII, 1965[13] – ESchweizer u. a., Art. υἱός, ThWb VIII, 1967, 334ff – KAland, Die Stellung der Kinder in den frühen christlichen Gemeinden und ihre Taufe, 1967 – HHSchroeder, Eltern und Kinder in der Verkündigung Jesu, 1972 (= Theol. Forschung, 53).

Kirche

ἐκκλησία

ἐκκλησία *[ekklæsia]* Aufgebot, Versammlung, Gemeinde, Kirche · συνάγω *[synagō]* versammeln · συναγωγή *[synagōgæ]* Versammlung, Synagoge

I 1a) ἐκκλησία *[ekklæsia]*, über ἐκ-καλέω *[ekkaleō]*, das für den Aufruf der Heeresversammlung gebraucht wurde, von καλέω *[kaleō]*, *rufen* (→ Berufung) abgeleitet und seit Eur. und Hdt. (5. Jh. vChr) belegt, bezeichnet im Sprachgebrauch der Antike die *Vollversammlung* der rechtsfähigen Vollbürger der πόλις *[polis]*, → *Stadt.* Sie hatte ihre größte Bedeutung im 5. Jh. und fand in regelmäßigen Abständen (in Athen ca. 30–40mal im Jahr, andernorts seltener), in dringenden Fällen auch als außerordentliche ἐκκλησία *[ekklæsia]* statt. In ihre Kompetenz fiel die Entscheidung über Vorschläge zur Änderung von Gesetzen (die selbst nur durch den Rat der 400 erfolgen konnte), über die Wahl der Beamten und – jedenfalls in ihrer Hochzeit – über alle wichtigen Fragen der Innen- und Außenpolitik (Verträge, Bündnisse, Krieg und Frieden, Finanzen); dazu kam in Sonderfällen (zB Hochverrat) auch die Rechtsprechung, die in der Regel ordentlichen Gerichtshöfen oblag. Die ἐκκλησία *[ekklæsia]* begann mit Gebeten und Opfern für die Götter der Stadt; sie war selbst an die bestehenden Gesetze gebunden. Jeder Bürger besaß Rede- und Antragsrecht, jedoch konnten Anträge nur zur Verhandlung gestellt werden, wenn dazu ein Ratsgutachten vorlag (Aristot. Ath. pol. 45). Gültig war ein Beschluß nur, wenn er eine bestimmte Zahl von Stimmen gewann. Teilnahmeberechtigung, Einberufungs- und Abstimmungsmodus – durch Handheben (Athen: Aristot. Ath. pol. 43), Ruf (Thuk. I,87), Stimmtafeln oder -steine (Xen. Hell. 1,7,9) – waren genau geregelt, ebenso wie die Leitung, die zunächst beim Vorsteher der Prytanen, seit dem 4. Jh. bei einem Neuner-Kollegium lag.

b) ἐκκλησία *[ekklæsia]* ist somit Jahrhunderte vor der Übers. des AT und der Zeit des NT eindeutig charakterisiert als ein nach bestimmten Regeln und in einem bestimmten Rahmen sich wiederholendes politisches Ereignis, nämlich als diejenige in der demokratischen Verfassung funktional verwurzelte Versammlung der Vollbürger, in der die politischen und rechtlichen Grundentscheidungen getroffen werden; das Maß ihrer Kompetenz ist dabei in den einzelnen Staaten verschieden; nur gelegentlich wurden für dieses »Organ der Volkssouveränität« auch andere Ausdrücke gebraucht (zB ἁλία *[halia]*, ἀγορά *[agora]*). Bemerkenswert aber ist, daß das Wort ἐκκλησία *[ekklæsia]* im griech. und hell. Raum stets bezogen blieb auf die Gesamtheit der Polis und nur in drei Ausnahmefällen (vgl. Lietzmann, An die Korinther, HNT 9, S. 4) auch für die »geschäftliche Versammlung« eines Kultvereins, sonst aber nie für Vereine oder Religionsgenossenschaften Verwendung fand. Zu deren Kennzeichnung benutzte man andere Ausdrücke wie θίασος *[thiasos]*, *kultische Versammlung zu Ehren einer Gottheit*; ἔρανος *[eranos]*, eigentlich: *Gesellschaftsvertrag*, hier: *Gemeinschaft*, die bestimmte → Feste (ἑορτή *[heortæ]*) hielt, zu denen jeder beisteuerte; κοινόν *[koinon]*, eigentlich: das *Gemeinsame* (→ Gemeinschaft, Art. κοινός); σύνοδος *[synodos]*, womit eine *Gruppe gleichen → Weges*, dh gleicher Lehre gemeint ist, u. a. Bezeichnenderweise aber hat keine dieser Vokabeln Eingang in das NT gefunden. Das gleiche gilt übrigens auch für die vom Subst. abgeleiteten Verben ἐκκλησιάζω *[ekklæsiazō]*, trans. *versammeln*, und ἐξεκκλησιάζομαι *[exekklæsiazomai]*, intrans. *sich versammeln*, die nur in LXX einige Male vorkommen.

2) Im Gegensatz zu dem schon früh zum term. techn. gewordenen ἐκκλησία *[ekklæsia]* zeigt die andere in unserem Zusammenhang bedeutsame Vokabel, nämlich συναγωγή *[synagōgæ]* (von συνάγω *[synagō]*, *zusammenführen*, abgeleitet und seit dem 5. Jh. vChr belegt) zunächst eine sehr große Verwendungsbreite; sie bezeichnet ganz allg. trans. das *Sammeln, Zusammenbringen* von Sachen (Bücher, Briefe, Besitztümer, Früchte in der Ernte, sogar Truppen), aber auch von Personen. Seine spezielle und am meisten ausgeprägte Bedeutung hat das Wort allerdings im Bereich des Vereinswesens gefunden, wo es (vor allem vom 2. Jh. vChr an, nun intrans. gewendet) für die regelmäßige, meist festliche, mit Mahl und Opfer verbundene *Versammlung* der – fast durchweg als Kultgenossenschaften anzusprechenden – Vereine gebraucht wird. Freilich kann es auch deren normale Geschäftsversammlung bezeichnen, den Verein selbst aber nur vereinzelt, spät und allem Anschein nach dann gerade bei nichtkultischen (Berufs- oder Interessen-)Zusammenschlüssen. Daß mit συναγωγή *[synagōgæ]* – vom Aktionscharakter zum Ort der Handlung fortschreitend – auch der *Versammlungsplatz* bezeichnet wird, ist in der klassischen Gräzität nicht hinreichend sicher belegbar und geht wohl erst auf das Judentum zurück (s. u. II,3b; Material hierzu bei Schrage, ThWb VII, 1964, 800ff).

II 1a) In der Übers. der LXX ist das griech. Wort ἐκκλησία *[ekklæsia]* (es findet sich ca. 100mal, davon 22mal in den Apokryphen und weitere 3mal ohne hebr. Äquivalent) ausschließlich für das hebr. *qāhāl* eingetreten (dazu je 1mal für 4 Ableitungen dieser Wurzel); dabei fällt aber auf, daß umgekehrt dieses hebr. Wort nicht immer mit ἐκκλησία *[ekklæsia]* wiedergegeben wurde: In Gen, Lev und Num zB ist *qāhāl* 21mal mit συναγωγή *[synagōgæ]* übersetzt, und von den 15 Ez-Stellen ist nur Ez 32,3.23, an den 5 Jer-Stellen nie ἐκκλησία *[ekklēsia]* eingetreten, sondern meist συναγωγή *[synagōgē]*, daneben ὄχλος *[ochlos]*, *Volkshaufe* (zB Jer 31,8; Ez 16,40; 17,7), πλῆθος *[plēthos]*, *Menge* (Ex 12,6; 2Chr 31,18).

b) Im Gegensatz dazu ist συναγωγή *[synagōgē]* (225mal, davon 34mal ohne hebr. Äquivalent) bis auf vereinzelte Ausnahmen ganz überwiegend für das hebr. *'ēdāh* eingetreten, für das sich praktisch keine ins Gewicht fallende andere Übers. findet (Ausnahmen: Num 4,34 δῆμος *[dēmos]*, *Volk*; 17,5 ἐπισύστασις *[episystasis]*, *Erhebung, Aufruhr*; Ps 1,5 βουλή *[boulē]*, *Rat*; an 9 Stellen ist das hebr. Wort nicht direkt übersetzt, sondern wegen Tautologie fortgefallen). Während aber *qāhāl* offenbar durch beide griech. Vokabeln wiedergegeben werden konnte, ist *'ēdāh* niemals mit ἐκκλησία *[ekklēsia]* übersetzt worden. συναγωγή *[synagōgē]* scheint also in der Lage gewesen zu sein, den Gehalt beider hebr. Äquivalente zum Ausdruck zu bringen, während ἐκκλησία *[ekklēsia]* nur in einer spezifischen Bedeutung gebraucht werden konnte (vgl. dazu I,2).

2a) *q ā h ā l*, wahrscheinlich verwandt mit *qōl, Stimme*, bezeichnet den *Aufruf zu einer Versammlung* und den *Akt des Sich-Versammelns* und wäre am ehesten mit *Aufgebot* zu übersetzen. Vom Nomen abgeleitet finden sich je 19mal Verbalformen im Hif. (*eine Versammlung einberufen*, zB Ex 35,1; Num 20,8; 1Chr 15,3) und im Nif. (*sich versammeln*, zB Lev 8,4; Jer 26,9), wobei es bes. im Pentateuch häufig die *'ēdāh* (s. u. b) ist, die zusammenkommt (zB Lev 8,3; Num 17,7; auch Jos 18,1; Ri 20,1), oder auch der *'ām*, das *Volk* (zB Ex 32,1; Dtn 4,10) bzw. (das Haus) Israel (1Chr 13,5) oder Juda (1Kön 12,21), die Ältesten (1Kön 8,1) oder die Fürsten (1Chr 28,1). Bei dieser Breite der Verwendung ist der entscheidende Wortgehalt offenbar nicht vom Verbum, sondern allein vom Subst. her zu bestimmen.

Wer ist also mit dem *qāhāl* angesprochen, wer ist davon betroffen, gehört dazu? In den ältesten Überlieferungsschichten des AT ist das Wort selten und meint zunächst das *Aufgebot der wehrfähigen Mannschaft* zum Kriegszug (Gen 49,6; Num 22,4; verbal 2Sam 20,14; 1Kön 12,21), die insofern das Volk (den *'ām*) repräsentiert, gelegentlich aber auch die gesamte *Volksgemeinde* (Num 16,33). In der Zeit des Dtn (7. Jh. vChr) bezeichnet dann *qāhāl* vor allem die am Sinai zum Bundesschluß versammelte Gemeinde (Dtn 9,10; 10,4); sie wird durch die Verbindung mit dem Jahwe-Namen qualifiziert (vgl. bes. Dtn 23,2ff). Das Wort bezeichnet nun die von Jahwe aufgebotene Mannschaft, die den von ihm gegebenen Regeln (→ Gebot; → Gesetz) verpflichtet ist, und deren Zugehörigkeit zum → Bund Jahwes nur durch Gehorsam bestehen bleibt. *qāhāl* erhält dadurch also zeitweise neben dem Charakter des feierlichen, besonderen Aufgebotes eine religiöse Komponente. In der Folgezeit (deuteronomistische Schicht) verlor das Wort freilich seine streng religiöse Bestimmung wieder (zB 1Kön 8,65; 12,3ff) und meinte einfach die besondere, allg. *Volksversammlung*, in Jer 44,15 und den nachexilischen Stellen Esr 10,1; Neh 8,2 sicher mit Einschluß von Frauen und wahrscheinlich sogar Kindern. Bei Ez, wo sich das Wort immerhin 15mal findet (häufiger nur Chr: 30mal), wird es wieder ganz ohne religiöses Gewicht für *Heeresaufgebote, Kriegshaufen* gebraucht, und zwar auch für nicht-israelitische (Ez 17,17 Ägypten; 27,27 Tyrus; 32,22 Assur); so wird verständlich, daß LXX hier durchweg nicht mit ἐκκλησία *[ekklēsia]*, sondern mit συναγωγή *[synagōgē]* oder ὄχλος *[ochlos]* übersetzt hat.

In der Priesterschrift (19 Belege von Gen bis Num) wird das Wort nur quantitativ für die *große Menge* (der Völker: Gen 28,3; 35,11) gebraucht, kann aber auch in feierlicher Betonung (zB Num 16,3; 20,6) den bes. Charakter des Jahwe geweihten Volkes unterstreichen. Das eigentümliche Wort der Priesterschrift für die Gemeinde aber ist *'ēdāh* (s. u.). In Chr, wo *qāhāl* mit 30 Stellen am häufigsten vorkommt, findet es sich sowohl in einem repräsentativen Sinn für die vom König einberufene *Versammlung der Führerschaft Israels* zu religiösen (Ladeüberführung 1Chr 13,2.4) wie politischen (1Chr 29,1.10) Entscheidungen, aber auch (zB 2Chr 20,5,14; 30,2.4 u. ö.) für die zu Opfer und Feier versammelte *Menge*. Diese (im Tempel versammelte) Menge wird auch in den Pss mit *qāhāl* bezeichnet (zB 22,23; 89,6 »der Gerechten«; 149,1 »der Frommen«). Aber es gibt auch einen *qāhāl* der Bösen (Ps 26,5). *qāhāl* reicht also bedeutungsmäßig vom Aufgebot zum Kriegsdienst über den Zusammentritt zu politischer Beratung oder Gerichtssitzung bis hin zur kultischen Versammlung.

b) Ganz anders liegen die Dinge bei *' ē d ā h*, das sich vor allem im Pentateuch und zwar dort nur in der Priesterschrift findet (123 von 147 Stellen, davon allein 81 in Num; bei den Propheten nur Jer 6,18; Hos 7,12; 10mal in den Pss). Das wohl von der Priesterschrift gebildete Wort (LRost, 32f), der Wurzel *jā'ad, bestimmen*, zugehörig, enthält als wichtigste Komponente »die Kundgebung eines Beschlusses oder Entschlusses, der in seiner Ausführung an einen bestimmten Ort oder eine festgesetzte Zeit oder an eine gegebene Lage so gebunden ist, daß eine Abweichung von dieser Bestimmung und Bedingung einer Nichtbefolgung des Befehls gleichzusetzen ist« (Rost, 6). Es ist unschwer zu erkennen, daß der Gehalt dieser Wurzel sehr weitgehend mit der deuteronomistischen Verwendung von *qāhāl* zusammenstimmt. Die Fristsetzung wird Ex 9,5; 1Sam 13,8.11 deutlich, wo das vom gleichen Stamm abgeleitete *mō'ēd, verabredete Zeit, Versammlung*, von daher: *Festzeit*, steht.

Die *'ēdāh*, meist ohne nähere Bestimmung, gelegentlich aber auch mit Zufügung von »Israel« (zB Ex 12,3; Num 16,9 u. ö.) oder »der Söhne Israels« (zB Ex 16,9; Num 1,2; Lev 4,13; 27mal), läßt sich bestimmen als der von der Priesterschrift geprägte Ausdruck für das vor dem *'ōhæl mō'ēd*, dem Zelt der Versammlung, also der Stiftshütte (Ex 33,7ff) gescharte Volk (*'ām*), das Volk des → Bundes und somit des → Gesetzes, repräsentiert durch seine Männer. Diese *'ēdāh* ist, rückprojiziert in die Wüstenzeit, gegliedert in Stämme, Sippen und Vaterhäuser, geleitet von Ältesten, Häuptern und Fürsten. Das Wort ist also ein Korporationsbegriff, bei dem der Akzent nicht auf der Summe der Einzelnen, der Menge liegt, sondern auf der Einheit der Gemeinschaft. Die *'ēdāh*, die *Gemeinde* (L und Z), scheint mit der Aufforderung zum Auszug und zur Passafeier konstituiert (erstes Vorkommen im jetzigen Text Ex 12,3; 12,6 übrigens *qᵉhāl 'ēdat* Israels, also Kombination beider Wörter), in der → Israel als Gemeinde in den Blick kommt. Sie ist es, die durch die Wüste zieht, sich auflehnt, Gottes Hilfe erfährt (Ex 16,1ff; Num 20,1ff); sie ist aber auch Zeuge der Offenbarung und Empfängerin der Gottesordnung (Ex 34,31f; 35,1), sie bringt Opfer (Lev 4,13ff), kann durch das Vergehen einzelner schuldig werden (Lev 10,6); aber sie wacht auch korporativ über der Ordnung des Bundes bis hin zum Strafvollzug (Steinigung des Gotteslästerers Lev 24,14.16; des Sabbathschänders Num 15,35f). Für ihre Reinheit spielen die → Priester als Repräsentanten und Mittler zu Gott eine hervorragende Rolle (Sühneopfer für die Verfehlung der Gemeinde durch den Priester Lev 4,13ff; Weihe und Opfer Aarons Lev 8,3ff; 9,5ff; Num 15,22; Auftrag und Weihe der Leviten Num 3,7; 8,9.20).

Aber *'ēdāh* meint nicht nur die Kult- und Rechtsgemeinschaft (vgl. Num 35,12.24), sondern im Sinne von *'ām* auch die *Volksgemeinschaft*; sie empfängt und beklagt den Bericht der Kundschafter (Num 13,26; 14,1ff), vor ihr muß sich die Truppe bei der Heimkehr vom Feldzug (Num 31,12ff) und müssen sich die führenden Männer (Jos 19,18ff) rechtfertigen; sie repräsentiert in der Auseinandersetzung mit einzelnen Stämmen die Gesamtheit Israels (zB Num 32,2.4; Jos 22,12ff). Allerdings führt die *'ēdāh* selbst keinen Krieg, sondern eine aus ihr bestellte Mannschaft (vgl. Num 31,3ff). Sonst aber deckt das Wort praktisch das Volk als Gemeinde in allen ihren Funktionen, von denen auch die profanste nicht ohne Beziehung zu Gesetz und Heiligtum war. An ein bestimmtes Land, einen bestimmten Platz hingegen ist die *'ēdāh* nicht gebunden: die Wüstengeneration hatte ihn noch nicht, die Exilsgeneration nicht mehr. Zelt und Lade sind Symbol und Quelle jenes Gehorsams gegenüber dem Gesetz, der die nachexilische Gemeinde so stark charakterisiert. Deshalb findet sich *'ēdāh* im Unterschied zu *qāhāl* nie anders als für Israel und bedarf offenbar auch keiner besonderen Qualifikation: nur 4mal wird der Name Jahwes hinzugefügt. Die Stellen mit Personalsuffix für die *'ēdāh* Korahs Num 16,5 unterstreichen gerade das Illegitime des von dieser Gruppe erhobenen Anspruches: die *'ēdāh* ist immer das Ganze, das keine Sektenbildung duldet.

c) Vergleicht man die Verwendung der beiden hebr. Wörter, so bestätigt sich gerade an den Stellen, an denen sie im gleichen Textzusammenhang erscheinen (zB Ex 12,1ff; 16,1ff; Num 14,1ff; 20,1ff; 1Kön 12,1ff), daß *'ēdāh* der eindeutig festliegende Begriff für die *Bundesgemeinde* als Gesamtgröße ist, *qāhāl* hingegen der feierliche Ausdruck für das aus jener erfolgende *Aufgebot*, für die Sinaigemeinde und im deuteronomistischen Sinn deren gegenwärtige Darstellung, während es im übrigen sowohl die geordnete *Volks-* (Num 10,7; 1Kön 12,3) oder *Festversammlung* (Ps 22,26) wie die sich zusammenrottende *Menge* (Num 14,5; 17,12) bezeichnen kann.

3a) Dieser Befund spiegelt sich in den Übers.en wider. Was wir für die LXX schon feststellten (II,1a), läßt sich auch in den Targumen, den aram. Übers.en des MT, beobachten: Während *'ēdāh* fast durchweg (Ausnahme: die 10 Pss-Stellen, 2Chr 5,6; Hi 15,34) mit *kᵉnischtā'*, *Versammlung*, wiedergegeben wird, auch wenn nicht die aktuelle Versammlung, sondern die konstante Größe gemeint ist, erscheint *qāhāl* meist als Lehnwort *qᵉhillā'* (80mal), wird aber auch durch *kᵉnischtā'* (15mal, bes. Gen und Pss) und *mᵃsritā'*, *Lager, Truppe* (Jer, Ez für feindliche Heere) wiedergegeben. Rost (S. 103) folgert, »daß das Judentum in der Zeit des Targums nicht zum *qāhāl*, sondern zur *'ēdāh* Verbindungslinien zog. Das streng geordnete Gemeinwesen der *'ēdāh*, wie es die Priesterschrift aufgestellt hatte, ... war das Vorbild, ... nicht der *qāhāl* mit seiner wesentlich unbestimmteren Gestalt als der des jeweilig erfaßten Aufgebotes zu einem Tun. Im *qāhāl* liegt immer etwas Unberechenbares; denn er umfaßt nur diejenigen, die einen Ruf vernommen haben und ihm folgen. *'ēdāh* aber ist die festgefügte Gemeinde, in die man hineingeboren wurde, und in der man, wenn man ein Mann war, Rechte und Pflichten in genau bestimmtem und abgegrenztem Maß innehatte. Die Dynamik des Gemeindeaufgebotes war durch die Statik der geborenen Gemeinde ersetzt, die durch Gesetze geordnet werden konnte.«

Von daher ergeben sich natürlich eine Reihe von Fragen gegenüber einer These wie der, daß die Christen in geradliniger Fortführung den jüd. *qāhāl*-Begriff übernommen und durch ἐκκλησία *[ekklæsia]* ausgedrückt hätten. Dies um so mehr, wenn man die überaus unspezifische, gar nicht in die zu erwartende Richtung weisende Verwendung des Wortes bei den Propheten mit ins Auge faßt, obwohl sich ihnen dieser Begriff im Gegensatz zu *'ēdāh* (das Wort fehlt dort fast völlig) doch geradezu angeboten hätte.

b) Wenn sich die Übers. der LXX (II,1a) im wesentlichen mit der der Targume deckt, so läßt dies den Rückschluß zu, daß auch in der griech. sprechenden Diaspora, also bei den später als »Hellenisten« bekannten Juden, die durch Gesetz und Tempel bestimmte jüd. Gemeinde in ihrer Gesamtheit als συναγωγή [synagōgæ] im Sinne der ʿēdāh bezeichnet wurde (zB Num 8,9; Lev 4,13; 10,3; Ex 12,9). Erst im späteren Judentum, mit ersten Niederschlägen in den Apokryphen (Sir 4,7; PsSal 17,6; 1Makk 7,12), ist das Wort (nun auch im Plur.) zum Begriff für die lokale jüd. *Einzelgemeinde* geworden und meinte schließlich – so bei Philo (Omn. Prob. Lib. 81) und Josephus (zB Bell. 2,285; Ant. 19,300), vor allem aber in zahlreichen Inschriften – das *Gebäude*, in dem sich diese versammelte.

Wo in LXX ἐκκλησία [ekklæsia] gebraucht wird, weist das für *qāhāl* eingetretene Wort auf die *Volks-* und *Gerichtsversammlung* (zB Dtn 9,10; 23,3ff; Ri 21,5.8; Mi 2,5), also die politische Größe (so zB für die Rückwanderer Esr 10,8.12.14; Neh 8,2.17 [LXX, 2 Esr 10; 18]); daneben freilich bezeichnet es namentlich beim Chronisten auch die kultisch qualifizierte *Versammlung der Gemeinde* (zB 2Chr 6,3 bei der Tempelweihe; 30,2.4.13.17 bei der Passafeier des Hiskia; aber auch Joel 2,16 und mehrfach in den Pss wie 21 [22],23; 89[88],6 u. ö.). Jedoch ist ἐκκλησία [ekklæsia] auch dann, wenn nicht wie Dtn 23,2.3.4.9; Mi 2,5 bzw. Ri 20,2 der Genitiv κυρίου [kyriou] oder τοῦ θεοῦ [tou theou] hinzugesetzt wird, nur da verwendet worden, wo es sich um das Volk als *Aufgebot Gottes* handelte, das durch die Antwort auf den Ruf Jahwes qualifiziert war. Das Wort wird freilich vor allem für die historische Größe Israel benutzt und da vermieden, wo es dem griech. Leser als politischer Anspruch der derzeitigen jüd. Gemeinde im Sinne der griech. ἐκκλησία [ekklæsia] (s. o. I) erscheinen könnte; vielleicht ist deshalb in den das Leben der Gemeinde regelnden Gesetzestexten *qāhāl* mit συναγωγή [synagōgæ] übersetzt (vgl. Rost, 127ff).

συναγωγή [synagōgæ] aber ist, sieht man von der unspezifischen Verwendung für *Sammlung, Sammelplatz, Ernte* (Gen 1,9; Ex 34,22; Lev 11,36; alle nicht für *qāhāl* oder ʿēdāh) oder die *Sammlung von Truppen* (Ez 38,4.7 u. ö. für *qāhāl*) ab, offenbar als Bezeichnung der religiös bestimmten *Jahwe-Gemeinde* verwendet worden; sie übernahm damit als Selbstbezeichnung gerade keinen der im Griech. für Kultvereinigungen üblichen Ausdrücke (s. o. I), sondern ein noch unbelastetes Wort. Von da aus wird verständlich, warum im Pentateuch (mit Ausnahme von Dtn 5,22.19) auch *qāhāl* mit συναγωγή [synagōgæ] übersetzt wurde: Die Wortwahl konnte zum Ausdruck bringen, daß dieser (jetzigen) Gemeinde das Gesetz bzw. die Gesetze gegeben waren, die regelmäßig im Gottesdienst gelesen wurden. So erinnert συναγωγή [synagōgæ] zugleich an die großen heilsgeschichtlichen Ereignisse und Verheißungen an → Israel (Num 14,7ff), gewinnt der Begriff aus dem Kontext eschatologische Füllung (Jes 56,8; Ez 37,20; vgl. Schrage, Ekklesia, 184ff).

4) Die Qumran-Texte haben sich an den priesterschriftlichen Gebrauch angeschlossen: *qāhāl* findet sich nur selten, und zwar für die zusammengerufene *Gemeindeversammlung* (CD 11, 22; 12,6; 1QM 14,5; 1QSa 2,4) oder im Sinne des *Aufgebotes* (1QM 4,10; *qehāl ʾēl*, Aufgebot Gottes); *qehillā* ebenfalls vereinzelt für das *Aufgebot* im eschatologischen Kampf (1QM 1,10). ʿēdāh hingegen dient sowohl als Selbstbezeichnung der »Gemeinde der Einung« (zB 1QSa 2,21), wie es überhaupt in 1QSa durchgängig die *Gemeinde* des Restes Israels (die »den Bund bewahrt haben inmitten der Gottlosigkeit« 1QSa 1,3f) in ihren Gliederungen und Diensten bezeichnet (zB 1QSa 1,9.13; 2,5; 1QM 2,5; 3,4); daneben steht es auch im repräsentativen Sinn der Auswahl (1QSa 2,7f: die Gemeinde der angesehenen Männer). Aber neben der »heiligen Gemeinde« (1QSa 1,9; vgl. 1QM 12,7) oder »Gemeinde der Auserwählten« (4QpPs 37,2,5; 3,5) heißen in den Qumranschriften auch die Gemeinde Belials (1QH 2,2), des Frevels (1QM 15,9), der Spötter (in Jerusalem: 4QpJes^b zu Jes 5,24–25), der Nichtigkeit (1QH 7,34) oder die vom Lügenpropheten errichtete (1QpHab 10,10) ʿēdāh. Darin spiegelt sich der Kampf zwischen rechter und falscher Gemeinde (→ Israel), der nicht von der Benennung, sondern nur vom Gehorsam gegen Jahwe her entschieden werden kann. Zu konstatieren wäre noch, daß ʿēdāh in den Qumrantexten, vielleicht geradezu durch *qāhāl* beeinflußt, stark in Richtung einer (erwählten) Restgemeinde zielt, die in bes. Gehorsam und in Erwartung des Messias steht (→ Rest).

1a) Im NT fällt zunächst auf, daß die Anhänger Jesu ihre Versammlungen und die darin III
sich darstellende Gemeinde gerade nicht als συναγωγή [synagōgæ] bezeichneten (einzige Ausnahme: Jak 2,2), obwohl dieses Wort formal für eine aus den Wurzeln des Judentums entsprungene und zunächst jedenfalls diesem zuzurechnende Gruppe (→ Israel III) am nächsten gelegen hätte. συναγωγή [synagōgæ] findet sich im NT abgesehen von der Jak-Stelle und Offb 2,9; 3,9 (s. u.) nur in den Evgg. (Mt 9mal; Mk 8mal; Lk 15mal; Joh 2mal) und der Apg (19mal) und bezeichnet dort entweder das *Versammlungshaus* der (örtlichen) Judenschaft oder diese – die Gesamtheit der Juden repräsentierende – *Versammlung* selbst; meist trägt das Wort, da die Versammlung eben in der *Synagoge* (als Gebäude) stattfand, beide Bedeutungen in sich (Ausnahmen: Lk 7,5; Apg 18,7, wo sicher nur das Gebäude gemeint ist; so vielleicht auch Lk 20,46; 21,12; Apg 18,19; 24,12). In der Apg wird 4mal (13,1; 14,1; 17, 1.10) ausdrücklich τῶν Ἰουδαίων [tōn Ioudaiōn], *der Juden*, hinzugefügt; Apg 6,9 von den Disputationsgegnern des Stephanus erwähnt, sie kämen »aus der sog. Synagoge der Liber-

tiner (Freigelassene) und Cyrenäer und Alexandriner« (Es gab in Jerusalem mehrere, wahrscheinlich nach landsmannschaftlicher Herkunft gegliederte Synagogen). In der Regel fehlt eine bes. Bestimmung (Ausnahme Lk 4,44: Judäas), weil der Ort im Kontext genannt ist oder im Plur. (bei Mt an 7 von 9, bei Lk und Apg an 14 von 34, bei Mk an 3 von 8 Stellen) gesprochen wird. Eine bes. Bedeutung haben Offb 2,9; 3,9, wo die jüd. *Versammlung* (in ihrer Gesamtheit) in schärfster Distanzierung als συναγωγὴ τοῦ Σατανᾶ *[synagōgæ tou Satanạ]*, *Synagoge Satans*, bezeichnet ist; ihr wird damit der Anspruch, Gemeinde Gottes, wahres Israel zu sein, bestritten und dieser Titel für die Christen reklamiert.

Gerade aus der Polemik in Offb (wie auch im JohEv) und der Apg 6 erkennbaren, wenn auch im vorliegenden Text überdeckten Auseinandersetzung (vgl. EHaenchen, Apostelgeschichte, zSt.) lassen sich Rückschlüsse darauf ziehen, warum die Christengemeinde συναγωγή *[synagōgæ]* als Selbstbezeichnung bewußt vermied: Der Name *Synagoge*, zunächst term. techn. für die jüd. Versammlung, galt inzwischen geradezu als »Symbol der jüd. Gesetzes- und Traditionsreligion« (WSchrage, Ekklesia, 196ff). Nachdem dort aber das – fast hypostasierte – → Gesetz Moses sachlich, einrichtungsmäßig (vgl. den Lehrstuhl Mt 23,5) und liturgisch die zentrale Stelle einnahm, dürfte den Christen der Begriff *Synagoge* so fixiert erschienen sein, daß er für eine christl. Umprägung ausschied: Man glaubte wohl, das so geprägte Wort nicht auch zur Bezeichnung einer Gemeinschaft und eines Ereignisses verwenden zu können, deren Mitte gerade die Verkündigung eines gesetzes f r e i e n Evangeliums von dem allein im → Glauben an Jesus Christus eröffneten Heil war. Dazu dürften sachliche Gründe gekommen sein, die ἐκκλησία *[ekklæsịa]* als Wiedergabe des hebr. *qāhāl* geeigneter erscheinen ließen (s. u. b).

Das Verbum συνάγω *[synagō]* hingegen, das sich in der LXX neben seiner allg. Bedeutung *sammeln* (Sachen, Truppen, Früchte etc.) vor allem bei Jes, Jer und Ez im eschatologischen Zusammenhang vom Sammeln des Gottesvolkes (zB Jes 11,11; 43,5; 60,22; Jer 31[38],8; Ez 37,21) aus und mit den Völkern (vgl. Jes 66,18) findet, erscheint auch im NT einige Male im Sinne einer nun freilich nicht mehr allg., sondern sehr pointierten Eschatologie: Es wird bes. bei Mk (2,2; 4,1; 5,29; 6,30; 7,1; vgl. Mt 13,2) für die Bewegung von Menschen zu Jesus (als dem Heil Gottes) hin gebraucht, in der Apg (zB 4,27.31; 15,6.30; 20,7f) für das Zusammenströmen der Gemeinde; Mt 12,30 par; Kap. 25 (bes. V. 32) und Joh 11,52; 15,6 von der eschatologischen Sammlung des Gottesvolkes. Daneben steht es in konventioneller Weise für den Zusammentritt der jüd. Führungsgremien (zB Mt 26,3.37; Lk 22,26; Apg 4,5).

b) Für ἐκκλησία *[ekklæsịa]* fällt zunächst auf, daß die Vokabel mit Ausnahme von Mt 16,18; 18,17 in den Evgg. ganz fehlt. Wenn Lk dagegen in der Apg das Wort 23mal verwendet, so liegt der Schluß nahe, daß zumindest er es sehr bewußt nicht für eine Größe brauchte, die in die Zeit des irdischen Wirkens Jesu gehörte. Das Schwergewicht des Wortvorkommens liegt in den paulinischen Briefen (46mal von insgesamt 114 Stellen; dazu Eph 9 und Kol 4mal), vor allem im 1Kor (22mal). Durch Paulus hat dieser Begriff seine bes. Prägung erhalten, die in Kol und Eph in einem spezifischen kosmischen Sinn weiterentwikkelt wurde. Der Begriff fehlt in 1 und 2Petr, 2Tim und Tit ganz, ist bei Jak und Hebr vereinzelt, unter den Joh-Briefen nur im 3. vertreten, während Offb ihn 20mal verwendet. Daß er sich außer im Sing. auch häufig im Plur. findet (bei Paulus 20mal, in Offb 13mal und in Apg 2mal), wird bes. zu beachten sein.

2) U r g e m e i n d e

Das Fehlen des Wortes ἐκκλησία *[ekklæsịa]* in allen Evgg. (mit Ausnahme von Mt 16, 18; 18,17) kann seinen Grund nicht darin haben, daß zZt. ihrer Abfassung der Begriff noch nicht gebräuchlich war, zumal die Evgg. ihre literarische Gestalt später bekommen haben als die paulinischen Briefe. Feststellen läßt sich jedenfalls, daß alle frühchristl. Autoren ἐκκλησία *[ekklæsịa]* nur für diejenige Gemeinschafts- und Gruppenbildung verwenden, die n a c h dem Kreuzestod und der → Auferstehung Jesu beginnt (vgl. Cullmann, Königsherrschaft, 19ff). Für die Zeit des historischen Jesus und zur Bezeichnung der ihm sich anschließenden Jünger (→ Nachfolge) wird er nicht gebraucht. W. G. Kümmel (Kirchenbegriff, 32f.36) hat nachgewiesen, daß dem philologischen Befund der historische genau entspricht: Zwar hat Jesus den Zwölferkreis (→ Apostel) höchstwahrscheinlich selbst berufen, nicht aber die ἐκκλησία *[ekklæsịa]* schon zu seiner Lebzeit gegründet, auch nicht durch die Einsetzung des → Herrenmahls. Damit ist freilich die Frage, ob er die Entstehung der Kirche g e w o l l t hat, noch keineswegs entschieden.

Offenbar hat sich aber ein Kirchenbewußtsein erst in der U r g e m e i n d e herausgebildet. Es hat seine Wurzel darin, daß einige der Jünger Zeugen von Erscheinungen des Auferstandenen wurden. Sie werden dadurch zu den berufenen Trägern der Kunde vom Beginn der Heilszeit. Der Kirchenbegriff der Urgemeinde ist mithin charakterisiert durch das Bewußtsein, sich in der durch die Erscheinungen des Auferstandenen (vgl. 1Kor 15,3ff) angezeigten eschatologischen Situation zu befinden, in der man bereits an Kraftwirkungen der Endzeit Anteil hat. Die urchristl. ἐκκλησία *[ekklæsịa]* versteht sich als Verkündigerin der mit der bald erwarteten Parusie herannahenden, in ihrer Mitte sich schon zeichenhaft realisierenden Herrschaft Christi (vgl. Cullmann, Königsherrschaft, bes. 41ff). Aber sie weiß auch, daß sie selbst noch Teil d i e s e s Äons, also nicht identisch mit der βασιλεία *[basilẹia]*, dem → Reich Gottes (Cullmann, aaO, 22; Kümmel, aaO, 22) ist.

3) P a u l u s

a) Paulus geht, wenn er — in den einzelnen Briefen mit unterschiedlicher Akzentuierung — von der Kirche spricht, davon aus, daß in der → Verkündigung Christi und ihrer glaubenden Annahme durch Menschen dieser Christus sich selbst vergegenwärtigt und erfahrbar macht. Die ἐκκλησία *[ekklæsịa]* erscheint damit als jenes E r e i g n i s , mit und in dem Gott selbst vollzieht, was Paulus Röm 8,29f als die Realisierung der voraufgehenden → Erwählung durch die konkrete → Berufung beschreibt. Deshalb kann er geradezu von den κλητοί *[klætọi]*, den *Berufenen* sprechen, wenn er die Gemeinde meint (zB Röm 1,6f; 1Kor 1,2). Deshalb adressiert er seine früheren Briefe nach Thessalonich an die ἐκκλησία *[ekklæsịa]* der Thessalonicher ἐν τῷ θεῷ πατρί *[en tō theọ patrị]*, *in Gott dem Vater* (1Thess 1,1f; 2Thess 1,1f), eine Formel, in der sich der Ereignischarakter mit der Raumvorstellung paart. Unschwer ist die inhaltliche Aufnahme des at. *qāhāl*-Begriffes zu erkennen. Denn ἐκκλησία *[ekklæsịa]* der Thessalonicher, — das erhebt im griech. Vorstellungsbereich zugleich den Anspruch, daß hier der durch den Apostel bzw. die Boten ausgehende Ruf Gottes in Gestalt des Versöhnungsangebotes (vgl. 2Kor 5,19f) jenes Aufgebot sich sammeln läßt, das für diesen Ort die neue Schöpfung Gottes, die eschatologische Heilsordnung repräsentiert und damit das → Volk Gottes (λαός *[laọs]* bei Paulus selten, nur für → Israel in at. Zitaten).

Aber nicht nur ihr Entstehen ruht im Handeln Gottes; die ἐκκλησία *[ekklæsịa]* kann überhaupt nur vom Herrn her verstanden werden, als ἐκκλησία τοῦ θεοῦ *[ekklæsịa tou theọu]*, *Gemeinde Gottes* (1Kor 1,2; 11,16.22; 2Kor 1,1; Gal 1,13; 1Thess 2,14; 2Thess 1,4); nur Gal 1,22 und Röm 16,6 findet sich die Qualifikation ἐν Χριστῷ *[en Christọ̄]*, *in Christus*, bzw. τοῦ Χριστοῦ *[tou Christọu]*, *des Christus*. Das Adjektiv »christlich« ist noch unbekannt, würde ja auch zu einer Eigenschaft deklarieren, was je nur im Empfangen bzw. Erfahren vorhanden ist.

b) Der Ereignischarakter von ἐκκλησία *[ekklæsịa]* schließt jedoch das Moment der K o n t i n u i t ä t nicht aus. So gewiß dieses Geschehen für die Menschen unverfügbar ist, so gewiß bewirkt es doch bleibende Gestalt und damit »Institutionen«. Man könnte sagen: Wo sich ἐκκλησία *[ekklæsịa]* ereignet, entsteht ἐκκλησία *[ekklæsịa]* und wird sie je wieder zusammenkommen in der Erwartung, daß der Herr seine Gegenwart neu real werden läßt. Das *Zusammenkommen* (συνάγω *[synagō]* wie in LXX!) muß als konstitutives Element der ἐκκλησία *[ekklæsịa]* gelten (vgl. 1Kor 11,18); von daher kann ἐκκλησία *[ekklæsịa]* nur konkret gedacht werden und ist für Paulus eine Spiritualisierung im dogmatischen Sinne einer unsichtbaren Kirche (*ecclesia invisibilis*) noch undenkbar. Die ἐκκλησία *[ekklæsịa]* hat ihren Ort, existiert und ereignet sich geographisch fixierbar; so schreibt der Apostel der ἐκκλησίᾳ τῇ οὔσῃ ἐν Κορίνθῳ *[ekklæsịa tæ ọusæ en Korịnthō]*, *die in Korinth ist* (1Kor 1,2; 2Kor 1,2), womit zugleich die Zugehörigkeit zu den Menschen am Ort wie die neue, andersartige Qualität dieser *Versammlung* angedeutet ist. Das gilt auch, wenn er zB 1Thess 1,1 sich an die ἐκκλησία Θεσσαλονικέων *[ekklæsia Thessalonikeōn]*, die *Versammlung der Thessalonicher*, wendet, womit eben diese kleine Gemeinde in Gottes Augen als das wahre Aufgebot, die wahre Repräsentanz dieser Stadt deklariert ist. Wer in die ἐκκλησία *[ekklæsia]* hineingezogen wird, zu ihr gehört, lebt durch Christi Werk im Kraftfeld der neuen → Schöpfung (2Kor 5,17), aber doch so, daß er seiner gesellschaftlichen Einordnung nicht entnommen ist: Er bleibt Thessalonicher oder Israelit oder Römer, Sklave oder Freier (vgl. dazu 1Kor 7,17ff). Das neue Bürgerrecht (πολίτευμα *[politeuma]* Phil 3,20) bewirkt eben nicht die Ausbürgerung (wenn natürlich auch das Ausgestoßen-Werden die Folge sein kann), indem sie eine neue Zugehörigkeit neben den bisherigen schafft, sondern eröffnet mitten in dieser Welt eine andere Dimension. In Christus bleiben die Unterschiede, aber sie verlieren ihre auseinandertreibende Kraft, die das Eins-Sein, die Gemeinschaft (vgl. Gal 3,27ff) hindert. Darum gibt es Kirche durchaus am bestimmten Ort und unter bestimmtem Volk, nicht aber unter Ausschluß anderer. Zu den »Heiligen«, wie Paulus in Aufnahme der at. Terminologie für die Gemeinde Gottes die Mitglieder der ἐκκλησία *[ekklæsia]* nennen kann (1Kor 1,2; Phil 1,1; Röm 1,7), gehören diejenigen, die der Herr beruft, denen er → Glauben schenkt und deren Zugehörigkeit zum neuen Leben durch die → Taufe (Röm 6,3ff) markiert ist.

c) Paulus hat dieses Verständnis von Gemeinde in einem Wort ausgedrückt, das für seinen Kirchenbegriff wohl am typischsten ist: Er spricht von der ἐκκλησία *[ekklæsia]* als → L e i b (σῶμα *[sōma]*, vgl. Röm 12,1ff; 1Kor 12,12—27); dazu steht das gelegentlich gebrauchte Bild des Bauens (Vokabeln der Wortgruppe οἰκοδομέω *[oikodomeō]*, *er-bauen*, → Haus; zB 1Kor 3,9; 10,23) nicht im Gegensatz, sondern besagt das gleiche. Daß die Gemeinde *Leib* ist, und zwar Leib Christi (1Kor 12,27), nimmt zunächst die Raumvorstellung auf; sie ist »der Segensbereich, in dem der Gekreuzigte, und der Herrschaftsbereich, in dem der Auferweckte weiterwirkt« (ESchweizer, Gemeinde, 7b, S. 83). Es will dann aber weiter sagen, daß die Christus-Zugehörigkeit zu gliedhaften Teilen eines Organismus macht, in dem jeder seine bes. Funktion hat, in dem alle aufeinander im Geben und Nehmen, in der Betätigung der ihnen je geschenkten, für konkrete Aufgaben innerhalb der Gemeinschaft selbst oder für ihren Auftrag nach draußen bestimmten → Gaben (Charismen; → Gnade, Art. χάρις III,4) angewiesen sind; eine Abstufung nach Wichtigkeit besteht nicht, dafür eine bemerkenswerte Weite des Begriffes, der Führungs- und Organisationsbegabung ebenso umfaßt wie die Krankenheilung, die Zungenrede und die Unterscheidung der Geister (1Kor 12, 14ff; Röm 12,4ff). Sie alle sind Manifestation der Wirkung des einen → Geistes, dh der Gegenwart des erhöhten Herrn in diesem seinem Leib, durch die das Ereignis des Heils gleichzeitig, die Gemeinde zur eschatologischen Größe wird. Daß sie alle sich entfalten können, und zwar in guter Ordnung (vgl. 1Kor 14,33), darum muß es in der Gemeinde gehen; aber Paulus hat das offenbar noch nicht durch ein festes Ämterschema gemeint sichern zu müssen. Betätigung der Gaben aber ist nur konkret denkbar; deshalb versteht Paulus ἐκκλησία *[ekklæsia]* immer als *sich versammelnde Gemeinde*, was ganz bes. 1Kor 14 (V. 4f.12.19. 23.28) zum Ausdruck kommt, wo die Vokabel immer das Ereignis der Versammlung meint. Nur im Zusammentreffen und -leben der Glieder kann die 1Kor 13 als vornehmste Gabe genannte, alles beherrschende → Liebe sich konkretisieren, wie nur so die anderen die von Gott gegebenen Gaben erkennen und anerkennen können (so nur sind Wahlen und Beauftragungen zu verstehen). Institutionalisierte Ämter, etwa das jüd. Ältestenamt (→ Presbyter) gehören trotz Phil 1,1 erst einer späteren Epoche an (Pastoralbriefe, Apg), in der dann auch 1Tim 3,15 die Gemeinde selbst als οἶκος θεοῦ *[oikos theou]*, *Haus Gottes*, größeren Eigenwert erhält.

d) Es ergibt sich aus dieser Konkretheit der paulinischen ἐκκλησία *[ekklæsia]*-Vorstellung als der jeweiligen Manifestation des Anbruchs der erwarteten Herrschaft des Gekreuzigten (βασιλεία *[basileia]* → *Reich*, bei Paulus von 9 Belegen nur 1Thess 2,12; 2Thess 1,5; Röm 14,17 und 1Kor 4,20 als schon gegenwärtig, an den übrigen 5 Stellen durch die Verbindung mit dem Fut. von κληρονομέω *[klæronomeō]*, *ererben* als zukünftig qualifiziert), daß es ἐκκλησία *[ekklæsia]* im vollen Sinne a n v i e l e n O r t e n z u g l e i c h gibt. Deshalb findet sich das Wort so häufig im Plural (20 von 50 Belegen), ob nun von den verschiedenen Gemeinden in einer Landschaft wie Judäa (Gal 1,22), Galatien (Gal 1,2; 1Kor 16,1), Makedonien (2Kor 8,1) oder Asien (1Kor 16,19) oder allg. von der Vielzahl bzw. Vollzahl der Gemeinden die Rede ist (zB Röm 16,1; 1Kor 7,17; 14,33f; 2Thess 4,1). Daß dabei weder die Bedeutung des Ortes noch die zahlenmäßige Größe der Versammlung, sondern allein das in der Mitte solchen Kreises je neu sich vollziehende Christus-Ereignis (vgl. Gal 3,1) und der daraus gespeiste Glaube die Verwendung des Begriffes bestimmt, zeigt sich daran, daß auch (offenbar doch kleine) Gruppen in einzelnen Häusern ἐκκλησία *[ekklæsịa]* genannt werden (Phlm 2; 1Kor 16,19; Röm 16,5; vgl. auch Kol 4,15); womöglich gab es von ihnen mehrere am gleichen Ort. Hier ist im Kirchenbegriff die Konsequenz daraus gezogen, daß die Kirche zwar aus dem Zeugnis der → Apostel entsteht, daß aber deren Zahl nicht abgeschlossen ist, sondern Paulus durch seine Berufung in deren Reihe gestellt wurde. Kirche hat ihre Basis nicht in einer historischen Sukzession, sondern darin, daß sich Christus je neu wieder bezeugt und Boten bevollmächtigt (vgl. 1Kor 3,4—10), in der Gegenwart Christi. Von daher darf auch die Kollekte für Jerusalem (2Kor 8,19; 1Kor 16,1) nicht im Sinne einer höheren Stellung dieser Gemeinde vor den anderen verstanden werden, sondern als Ausdruck der Gemeinschaft unter dem einen Herrn.

e) Obwohl also die ἐκκλησία *[ekklæsịa]* immer von ihrer konkreten Gestalt her beschrieben und geordnet wird und insofern ihre Lebensform wie die sie jeweils bestimmenden Gaben nicht einheitlich sein können und brauchen, ist es doch jeweils die e i n e ἐκκλησία *[ekklæsịa]*, der man begegnet. Es sind bezeichnenderweise bes. die Stellen, an denen Paulus an die Zeit erinnert, als er die Kirche noch verfolgte, aus denen dies erhellt (1Kor 15,9; Gal 1,3; Phil 3,6); sie ist eine, weil ihr Herr einer ist. Die → Taufe, durch die die Christus-Bindung bestätigt wird, und das → Herrenmahl, in dem die Christus-Gemeinschaft ihre Leibhaftigkeit erfährt (vgl. die Auslegung von σῶμα *[sọ̄ma]* 1Kor 11,29 auf die Gemeinde!), sind konkrete, ortsgebundene Ereignisse und doch zugleich auf die Gesamtheit des Christus-Leibes bezogen. Darum auch kann es bei aller Verschiedenheit im einzelnen nicht nur die Gemeinschaft des einen Glaubens geben, sondern darüber hinaus durchaus auch gemeinsame Regeln, ja Ordnungen (1Kor 7,17; 11,16; 16,1), — freilich noch recht stark gefügt und gewährleistet durch die Autorität des Apostels.

f) Einen bes. Akzent haben zu den Kirchen-Aussagen des Paulus dessen K o l o s s e r b r i e f und später der jedenfalls in den Linien paulinischer Tradition geschriebene Epheserbrief hinzugefügt. Die schon 1Kor 12 und Röm 12 zur Beschreibung des Für- und Miteinander der Glieder gebrauchte σῶμα *[sọ̄ma]*-Vorstellung hat hier eine weitere Komponente in Bezug auf das Verhältnis der Glieder dieses Leibes zu Christus als dem → Haupt, der κεφαλή *[kephalæ]* (Kol 1,18), erhalten. Wenn der Kol dabei Elemente der valentinianischen Gnosis aufgenommen hat, so nur, um die kosmische Dimension des Versöhnungswerkes Jesu hervorzuheben: Wer vom Vater aus dem Machtbereich der → Finsternis (ἐκ τῆς ἐξουσίας τοῦ σκότους *[ek tæs exousịas tou skọtous]*) herausgerettet und in die βασιλεία *[basilẹia]* des Sohnes hinübergesetzt ist, der befindet sich nun in diesem → Leib (Kol 1,13). Inhaltlich bedeutet dies, daß er Anteil hat an der ἀπολύτρωσις *[apolỵtrōsis]*, der → Erlösung, und der → Vergebung der Sünden, und deshalb einbezogen ist in den durch Christus geschaffenen Frieden (Kol 1,20; vgl. Eph 2,12ff). Die von Christus im Sterben erwirkte und von seinen Boten verkündigte → Versöhnung ist der Anfang der ἐκκλησία *[ekklæsịa]*, der Zeit wie dem Sachgewicht nach. In das Sein des Christus werden die Glieder seines Leibes mit hineingenommen (vgl. aber schon Phil 2,4ff!), namentlich jetzt in den Weg des → Leidens (vgl. die eigenartige Stelle Kol 1,24). Das σῶμα *[sọ̄ma]* der ἐκκλησία *[ekklæsịa]* wird damit zur Umschreibung des Raumes, in dem die Christusherrschaft aufgerichtet wird; ἐκκλησία *[ekklæsịa]* und βασιλεία *[basilẹia]* werden unter dem Aspekt des σῶμα *[sọ̄ma]*-Gedankens nahezu identisch.

Der Eph erweitert diesen Gedanken dahin, daß durch die ἐκκλησία *[ekklæsịa]* auch den kosmischen Mächten die Weisheit Gottes bekanntgemacht wird (Eph 3,10; 4,8ff). Sie haben ihren Einfluß verloren (Kol 2,14f; 20), denn Christus, der ja auch über ihnen steht, hat Himmel und Erde versöhnt (Kol 1,15ff; Eph 1,20f).

So gewiß auch Kol 4,15f noch immer die Orts- wie die Hausgemeinde ἐκκλησία *[ekklæsịa]* heißt, der Ton liegt doch namentlich in Eph nun auf der mystischen Einheit des Leibes in kosmischer Größe (bes. Eph 4,3ff); er ist nur nicht mehr unter dem Aspekt der Funktionen im Organismus gesehen, sondern dient – den alten Urmensch-Mythos aufgreifend – als Bild des Wachstums »zur vollen Mannesgestalt« (Kol 2,19; Eph 4,13). Im Unterschied zu Paulus wird hier nun zwischen → Haupt und Leib deutlich differenziert: Der Herr steht seiner Kirche gegenüber, sie ist ganz von ihm abhängig. Es ist kein Zufall, daß von ihrem Verhältnis Eph 5,25–27 in den Ausdrucksformen der antiken Beziehung von Mann und Frau gesprochen wird. Dem entspricht es, daß dieser Gedanke auch organisatorische Gestalt annimmt durch einen Ämteraufbau, der schon deutlich die Bedeutung der apostolischen Tradition unterstreicht und institutionelle, hierarchische Züge trägt (vgl. Eph 4,11); was bei Paulus noch Angelegenheit der ganzen Gemeinde sein sollte, ist nun Aufgabe fester Ämter: Die Heiligen zur Ausübung ihres Dienstes in Stand zu setzen (Eph 4,12, πρὸς καταρτισμόν *[pros katartismọn]*, medizinisch: *zum Einrenken!*).

4) Matthäus und Lukas

Auf die Darlegung des Kirchenbegriffes, der sich in den Evgg. widerspiegelt, muß hier aus Raumgründen verzichtet werden. Wir beschränken uns auf das Vorkommen unserer Vokabel.

a) Zunächst die beiden Mt-Belege:

Mt 18,16 kann vom Text her ἐκκλησία *[ekklæsịa]* nur als die konkret an einem Ort lebende und sich versammelnde Schar derer verstanden werden, die sich als das durch ihre Zugehörigkeit zum Messias Jesus qualifizierte wahre → Israel versteht und sich unter die Regeln des → Gesetzes stellt. Das stimmt auch mit der Tendenz des Mt überein, Konturen einer Ordnung der neuen Gemeinde zu zeigen. Dann aber wäre ἐκκλησία *[ekklæsịa]* hier im Sinne von *ʿēdāh, Synagoge,* gebraucht, und es läge in einer solchen Verwendung des Wortes offenbar ein – ob nun von Mt oder einer späteren Redaktion formulierter – polemischer Gebrauch des Begriffes gegenüber dem übrigen, vielleicht gerade dem paulinischen, durch die Freiheit vom Gesetz bestimmten vor.

Für Mt 16,18 ist die Deutung schwieriger.

Einmal ist das hebr. bzw. aram. Äquivalent nicht eindeutig auszumachen, zum anderen läßt sich vom Textzusammenhang her nicht entscheiden, ob das Fut. οἰκοδομήσω *[oikodomæsō]*, *ich werde bauen*, sich noch auf die Lebzeit Jesu oder auf die Zeit nach seinem Tode bezieht; und endlich läßt sich die Petrus zugeschriebene Rolle nicht zureichend aus dem über die Urchristenheit Bekannten bestätigen (auch andere zählten zu den Säulen, Gal 2,9; vgl. auch den Widerstand Apg 11,1ff). Selbst, wenn man von letzterem absieht, so kann die Frage, ob Jesus an eine Kirchengründung zu seiner Lebzeit gedacht hat, nur entschieden werden, wenn man die andere beantworten könnte, ob er sich selbst schon als den Messias betrachtet hat (→ Jesus Christus, Art. Χριστός III,5). Da die Auffassungen darüber unter den Forschern aber voneinander abweichen, muß die Antwort sachlich offen bleiben. So gewiß zum Messias der *qāhāl*, also die ἐκκλησία *[ekklæsịa]* gehört, spricht viel dafür, daß das Fut. auf die Zeit nach seinem Tode zielt, sachlich aber fast alles gegen den Gedanken einer Kirchengründung vor diesem. Sicher kann das Mt-Wort nicht so interpretiert werden, daß Jesus von einer in diesem Augenblick entstehenden Kirche gesprochen hätte.

Unbestreitbar scheint nur, daß ἐκκλησία *[ekklæsịa]* hier, wenn es überhaupt für ein Wort aus dem jüd. Sprachbereich eingetreten ist, am ehesten den Gehalt von *qāhāl* aufgenommen hat und wohl zu verstehen ist als das eschatologische Aufgebot des wahren Gottesvolkes. Nach Analogie des Anspruches der das Ganze repräsentierenden Rest-Gruppen (vgl. II,4) bezeichnete das Wort dann eine eschatologisch bestimmte Sonder-Synagoge, in der das wahre Israel gegenwärtig ist. Gerade der Satz, daß »die Pforten der Unterwelt (des Todes) sie nicht überwinden sollen«, kann indessen seinen Grund nur darin haben, daß diese Gemeinde dem Auferstandenen als Sieger über den Tod verbunden ist und weist somit wiederum auf die Zeit der Urgemeinde.

b) Für Lukas ist die Zeit der Kirche ein eigener Abschnitt der Heilsgeschichte zwischen Auferstehung und Parusie. Das ergibt sich schon aus seiner Verwendung der Vokabel: Während ἐκκλησία *[ekklæsịa]* in seinem Ev. völlig fehlt, verwendet er den Begriff in Apg ab Kap. 5,11 (nicht in Kap. 2!) 16 mal.

ἐκκλησία *[ekklæsịa]* meint in der Apostelgeschichte – wie bei Paulus – die an einem bestimmten Platz lebenden und sich versammelnden Christen, zunächst: die Gemeinde in Jerusalem, die Urgemeinde (Apg 5,11; 8,1; 11,22; 12,1.5), aber auch überall sonst, wo dank der Verkündigung der → Apostel Menschen sich zusammengeschlossen haben: in Antiochia (Apg 8,1) wie an den anderen Orten, wo sie Paulus besucht, um ihnen Älteste zu setzen oder sie seelsorgerlich zu stärken (κατ' ἐκκλησίαν *[kat ekklæsịan]* Apg 14,23; Plur. 15, 41; 16,5). Sicher gibt es für Lukas auf Grund seines Apostolatsgedankens (→ Apostel III) anders als bei Paulus eine historische und damit rangmäßige Priorität der Urgemeinde, nicht aber einen qualitativen Unterschied zwischen dieser und den übrigen. Denn qualitativ ist die ἐκκλησία *[ekklæsịa]* dadurch bestimmt, daß sie ἐκκλησία τοῦ θεοῦ *[ekklæsịa tou theọu]*, *Gemeinde Gottes*, ist (wörtl. nur 20,28, aber sachlich wohl überall so zu verstehen). Sie ist und wird das durch den → Geist, der die einzelnen ihr eingliedert, der sie bewegt und ausrüstet (Apg 1,5.8; 2,4ff; vgl. 4,31ff) und um dessentwillen sie dann freilich auch angegriffen und verfolgt wird (vgl. 7,55ff).

Auch in der Apg ist die ἐκκλησία *[ekklæsịa]* letztlich eine, die zwar nur an je konkretem Ort sich versammelnd in Erscheinung tritt (vgl. 14,27), aber immer deren Gesamtheit miteinschließt: ἐκκλησία *[ekklæsịa]* sind wie im AT (vgl. 7,38, wo das Israel der Wüstenzeit gemeint ist) diejenigen, die dem Ruf Gottes folgen, sich versammeln lassen (vgl. das συνάγειν *[synạgein]* 14,27) und doch auch nach dem Ende ihrer Zusammenkunft weiterhin die Qualifikation als ἐκκλησία *[ekklæsịa]* behalten, wobei diese in der ganzen Welt eine und doch zugleich in jeder einzelnen Versammlung vollwertig präsent ist. Darum auch sind Plur. und Sing. qualitativ identisch, unterschieden nur durch den konkreten Aspekt, und deshalb kann zB Apg 8,3 von der gesamten Christenheit ebenso im Sing. gesprochen werden wie 9,31 von der ἐκκλησία *[ekklæsịa]* »in ganz Judäa und Galiläa und Samarien«. Daß dem Lk dabei der griech. Wortsinn voll gegenwärtig war, zeigt die Verwendung der Vokabel Apg 19,32. 39f für die tumultuarische Volksversammlung in Ephesus.

6) Johanneische Schriften

a) Im Johanesevangelium fehlt die Vokabel ἐκκλησία *[ekklæsịa]*; *Kirche*, wenn man den Ausdruck überhaupt verwenden darf, ist hier verstanden als das Wunder, daß in dieser Welt des Todes und des Unglaubens, die den Herrn nicht erkennen kann (Joh 14,17), dennoch Menschen die → Geburt von oben her (Joh 3,3ff) erfahren, aus dem Tod ins → Leben kommen. Es sind immer wieder einzelne, nicht, wie etwa in der Apg »Häuser« und Ortsgemeinschaften, die zu solchem → Glauben und zu solcher → Erkenntnis kommen und sie zu bewähren haben. Es hängt wohl mit dem sieghaften Christus-Bild des Joh, in dem alles schon vollendet und geschehen ist, zusammen, daß für den Jünger (μαθητής *[mathætæs]* → Nachfolge) die Christus-Bindung absoluten Vorrang gewinnt.

Die Anwendung der jüd. Begrifflichkeit für das eschat. Gottesvolk auf Jesus (Weinstock Joh 15,1ff; Hirt und Herde Joh 10; Tür des kosmischen Hauses Joh 10,7–9) zeigt ihn als den einen Offenbarer und Erfüller. Die unüberbrückbare Scheidung von Glauben und Unglauben und die Erkenntnis, daß Gott allein einen Menschen zu Jesus bringen kann (Joh 6,44; 17,2), lassen den Missionsgedanken zurücktreten. Die Betonung des Einzelnen als → Zeuge wird zwar durch das Gebot zur gegenseitigen → Liebe (Joh 13,34f; bei Joh nie auf Außenstehende bezogen!) ergänzt, ohne daß aber organisatorische Formen und Begriffe auch nur in Sicht kommen. Die Bevollmächtigung der Jünger zur Lossprechung von Sünden (Joh 20,23; → Vergebung) ist darum auch nicht wie bei Mt 16,18; 18,16 mit dem Kirchengedanken verbunden. Es scheint eher, daß hier im Horizont der alleinigen Vollmacht Jesu jede menschliche Institutionalisierung vermieden werden soll, weil die Zugehörigkeit längst durch Gott festgelegt ist (Joh 10, bes. V. 26ff; 17,6; vgl. 18,37: die aus der Wahrheit sind) und auch das Zusammenfügen zur Einheit nur sein Werk sein kann (Joh 17,21, sicher nicht nur auf ökumenische Kirchengemeinschaft bezogen).

b) In der Offenbarung hingegen meint ἐκκλησία *[ekklæsịa]* wie in der Apg die an bestimmtem Ort entstandene, bestehende und sich versammelnde Gemeinde. Bis auf 22,16 finden sich alle Stellen in den Sendschreiben der Kap. 2 und 3 bzw. in der diese eröffnenden Vision der sieben Leuchter in Kap. 1 (V. 4.11.20 immer von den sieben ἐκκλησίαι *[ekklæsịai]* in Asien). Jedes dieser Schreiben ist an den Engel einer ἐκκλησία *[ekklæsịa]* an einem bestimmten Ort gerichtet (τῆς ἐν . . . ἐκκλησίας *[tæs en . . . ekklæsịas]* 2,1.8.12.18; 3,1.7.14).

Auffällig ist allerdings, daß an allen Stellen zT wichtige Hss. den Ortsnamen durch τῷ *[tō]* grammatisch mit dem Engel verbinden, der damit nicht nur als Schutzengel und Bote, sondern gleichsam als die Inkorporation des eigentlichen, von der geschichtlichen Wirklichkeit damit unterschiedenen Wesens der Gemeinden aufzufassen wäre (vgl. Lohmeyer, HNT 16, im Exkurs zu 1,20). Hier liegt also eine apok. Überhöhung des Gemeindebegriffes vor, dessen Sinn darin liegen könnte, die konkreten, in der Anfechtung stehenden und nach dem Text der Sendschreiben keineswegs nur durch Glauben, Gehorsam und Heiligkeit gekennzeichneten Gemeinden dennoch dessen zu versichern, daß über ihren Bestand und ihr Ergehen am Thron Gottes selbst die Entscheidungen fallen (vgl. Mt 16,18!).

Aber der jeweils gleichlautende Schlußsatz macht das für die Gemeinde an einem Ort Gesagte auch für alle anderen ἐκκλησίαι *[ekklæsịai]* verbindlich. Das gilt auch für 22,16, den anderen Plur. am Schluß des Buches; nur daß es hier der erhöhte Jesus, dort der → Geist ist, der zu den Gemeinden redet. – Die 3 Stellen im 3Joh (V. 6.9.10) meinen alle eine konkrete, örtliche christl. Versammlung, und zwar in einer Zeit, in der sich erste Merkmale eines tyrannisch mißbrauchten Monepiskopates zeigen.

7) Jakobus und Hebräer

Jak 5,14, wo von den Presbytern der ἐκκλησία *[ekklæsịa]* die Rede ist, benutzt das Wort im rein technischen Sinn für eine offenbar nach jüd. Synagogenvorbild organisierte Ortsgemeinde, während Hebr 2,12 Ps 22,23 (hebr. *qāhāl*) zitiert und die kultische *Festversammlung* meint.

Anders Hebr 12,23: Dort findet sich die Vokabel in einer Reihe der jüd. Tradition entnommenen eschatologischer Bezeichnungen (Berg Zion, Stadt des lebendigen Gottes, himmlisches Jerusalem) und ist hier qualifiziert als ἐκκλησία πρωτοτόκων ἀπογεγραμμένων ἐν οὐρανοῖς *[ekklæsịa prōtotọkōn apogegrammẹnōn en ouranọis]*, *Gemeinde der Erstgeborenen, die im Himmel aufgeschrieben sind.* Der Zusammenhang macht deutlich, daß das Hinzukommen zu dieser »Gemeinde« verstanden ist als der Eintritt in die Gemeinschaft mit den »vollendeten Gerechten« und dem »Mittler des neuen Bundes Jesus«, wozu der Kreuzestod (→ Blut der Besprengten) die Möglichkeit eröffnet hat. Dann aber handelt es sich hier gerade nicht um die Bezeichnung einer (etwa gar organisatorisch faßbaren) Gruppe, sondern um die Charakterisierung des eschatologischen Ereignisses (des *Gottesdienstes*, worauf auch πανήγυρις *[panægyris]*, *Festversammlung*, hindeutet; vgl. Michel, Komm. zSt.) in at. Terminologie (ohne daß ἐκκλησία *[ekklæsịa]* zum feststehenden Ausdruck dafür geworden wäre) und um eine die Zusammengehörigkeit mit Jesus hervorhebende apok. Würdebezeichnung (Michel, aaO, zSt.) für »das wandernde Gottesvolk« des neuen Bundes (EKäsemann).

8) Es bleibt die Frage nach anderen Bezeichnungen für die christl. Gemeinde, namentlich in den Schriften, in denen ἐκκλησία *[ekklæsịa]* fehlt oder doch selten ist.

a) Für die Evgg. fällt hier zunächst der aus den hell. Philosophenschulen in das Rabbinentum eingedrungene, der LXX noch fremde Begriff μαθητής *[mathætæs]*, *Jünger* (→ Nachfolge), auf, und zwar überwiegend im Plur. (Ausnahmen: Mt 10,25f; Lk 14,26f.33 und 14 Stellen in Joh 18–21). Das Wort bezeichnet urspr. die um die → Lehre eines Meisters Gescharten und auf deren Rezeption und Tradition Verpflichteten; im NT ist es im Sinne des → Zeuge-Seins umgedeutet. Während sich die Bezeichnung bei Mt am häufigsten findet (68mal; Mk: 44mal) und bei Joh (58mal) wohl überhaupt für dessen Gemeindeverständnis typisch ist, hat Lk das Wort in seinem Ev. auffälligerweise nur bis zur Gethsemane-Szene 22,45 verwendet, dann erst wieder in der Apg (ab Kap. 6, je 24mal). Scheidet man die Sing.-Stellen aus und bedenkt man, daß das Wort außerhalb der Evgg. und Apg nicht begegnet, so weist seine Verwendung auf eine Traditionsschicht hin, in der korporative Begriffe für die Christusgemeinde noch nicht ausgebildet waren, also auf die Zeit der ersten Sammlung von Menschen um den irdischen bzw. (in der Apg) den als Erhöhten im → Geist gegenwärtig gedachten Jesus.

b) Das ist anders bei dem Plur. οἱ ἅγιοι *[hoi hagioi]*, der sich 4mal in Apg (Kap. 9 und 26,10, immer in Paulus-Berichten), aber 25mal bei Paulus (dazu 9mal Eph und 4mal Kol) für die Glieder der Gemeinde, *die Heiligen* findet, bes. in den Briefeingängen. »Heilige« aber sind die Erwählten (Röm 1,7; 1Kor 1,2; → Erwählung), die von Gott Geheiligten. So ist die Vokabel Signum des wahren Israel, zunächst wohl nur für die Urgemeinde in Jerusalem gebraucht (1Kor 16,1; Apg 9,13), dann allg. für die Christen. Im Einzelnen → Heilig.

c) Diese Überzeugung hat im 1Petr zur Aufnahme einer ganzen Reihe at. vorgeprägter Wörter des jüd. Sprachgebrauches geführt:

Der Brief richtet sich an ἐκλεκτοὶ παρεπίδημοι *[eklektoi parepidæmoi]*, *erwählte Fremdlinge* (1,1; → Erwählung; → Fremd), die ἅγιοι *[hagioi]*, *Heilige*, sein sollen (1,15) und schon πιστοὺς εἰς θεόν *[pistous eis theon]*, *gläubig an Gott* sind (1,21), und die als γένος ἐκλεκτόν *[genos eklekton]*, *auserwähltes → Geschlecht*, βασίλειον ἱεράτευμα *[basileion hierateuma]*, *königliche → Priesterschaft*, λαὸς εἰς περιποίησιν *[laos eis peripoiæsin]*, *Eigentums-Volk* (alle 1Petr 2,9) bezeichnet werden, – lauter Zitate aus LXX. Der Verf. will damit wohl unterstreichen, daß die christl. Gemeinde nicht etwas Neues ist, sondern verstanden werden soll als die Erfüllung der Israel gegebenen Verheißungen und Hoffnungen, – nicht unähnlich den Grundzügen des Selbstverständnisses der Qumran-Gemeinde, wobei deren → Rest-Gedanke in 1Petr nun im Kirchengedanken aufgegangen ist. Der Ton liegt dabei auf der Einheit derer, die in Pilgerexistenz (1Petr 1,1f) und Leiden (1Petr 2,21ff; 4,12ff; 5,8f) als die lebendigen Steine sich zusammenfügen zum geistlichen → Haus (2,5ff das Bild vom Bau als Ausdruck des Wachstums), einander dienend (4,10) mit den verschiedenen Gaben zu einem Zeugnis der in ihr sich offenbarenden Gnade Gottes. Dabei scheint die at. Ämterordnung des *qāhāl* übernommen zu sein (5,1 Presbyter, nach 5,3 wohl sogar für feste Bezirke bzw. für die Orte, wie κλήρων *[klærōn]* wohl zu verstehen ist), wobei im eschatologischen Vokabular Hirt – Herde Christus als Erzhirte, dh als der Messias an der Spitze steht.

d) Daneben werden die Mitglieder der Gemeinde auch als ἀδελφοί *[adelphoi]*, *Brüder*, bezeichnet, und zwar wiederum am häufigsten bei Paulus (73mal als Anrede, dazu noch 23mal), aber auch in der Apg, in den Joh-Briefen, bei Jak und im Hebr. Die Anrede entspricht sowohl jüd. Brauch als auch dem antiker Religionsgemeinschaften. Nur 1Petr 2,17; 5,9 findet sich die Bildung ἀδελφότης *[adelphotæs]*, *Bruderschaft*. → Bruder.

L. Coenen

ZUR VERKÜNDIGUNG V

Kirche, als Bereich wie als Träger des Versöhnungshandelns Gottes, kann nur legitim sein, wo sie C h r i s t u s - K i r c h e ist, wo sie mit ihrem Denken und Handeln gänzlich orientiert ist an dem, in dem alle Verheißungen Gottes anschaubar erfüllt, von dem sie in Kraft gesetzt sind und von dem her sie erfahrbar werden. Dementsprechend wird ekklesiologische Reflexion immer mit der Christologie verklammert sein, ja, deren Linien zu konkretisieren haben im Hinblick auf die geistige und gesellschaftliche Situation des Menschen.

Darin hat die Notwendigkeit ständigen Gestaltwandels ihren Grund, was schon der reformatorische Satz von der *ecclesia semper reformanda* ausdrückte. Wenn dem so ist, kann und braucht ihre Einheit nicht Uniformität sein, weder hinsichtlich der Verfassung noch der Lebensformen. Schon im NT sind unterschiedliche Typen von Kirchengestalt und Kirchenverständnis neben- und nacheinander erkennbar. Deren Akzente können und werden je wieder neue Bedeutung gewinnen: zB unterstreicht die paulinische Leib-Formel, daß die Kirche »die besondere, sekundäre Existenzweise des Christus« ist (ESchweizer, Leben des Herrn, 51), was die Beliebigkeit der Lebensgestaltung ausschließt, während Joh demgegenüber den Blick ganz auf die persönliche Entscheidung der Jüngerschaft legt, der gegenüber die Gestaltfrage zurücktritt. Dafür rückt sie in den Pastoralbriefen um der Tradition (→ Lehre) wie um der Lebensordnung willen stark in den Vordergrund, und Mt betont, daß die Kirche von der Verheißung ihres Herrn lebt, wobei die Unüberwindlichkeit nicht für bestimmte Gemeinschaftsgestalten gilt, sondern für das Christus-Geschehen selbst.

Diese einer anderen Situation entstammenden Typen nt. Gemeinde wird die heutige Kirche nicht einfach kopieren können, wohl aber deren wesentliche Elemente beachten müssen, indem sie zeitbedingte Gestaltungsformen vor ihrer Übernahme darauf prüft, ob sie der Entfaltung des Glaubens Raum geben oder ihn ersticken würden. So wird sie zB in der Parole der »radikalen Demokratisierung« die Forderung nach dem Abbau falscher menschlicher Autoritäten zu vernehmen haben, aber nicht vergessen dürfen, daß die Kirche Christi eben doch s e i n e Kirche ist und insofern auch ihre Gestalt nicht einfach menschlichem Geschmack oder Ermessen unterworfen sein kann, sondern eine Ausdrucksform der Botschaft sein muß. Das betrifft ihre »Leitung« (landeskirchlicher Zentralismus – Independentismus; Verwaltungsbürokratie – Vernachlässigung nötiger Kontrollen; brüderliche Beratung – straffe Koordination; Pfarrherrlichkeit – Eigenverantwortung von Dienstgruppen) ebenso wie die Formen der Versammlungen (monologischer Predigtgottesdienst – Mitwirkung vieler; partnerschaftliches Gespräch; sonntäglicher Klein-Gottesdienst – Wochenendbegegnungen) und die Funktion der Beteiligten.

Von ihrer Bestimmung her ist Kirche – wie ihr Herr – nicht für sich, sondern f ü r d i e W e l t da; ihr hat sie die Versöhnungsbotschaft Gottes mit ihrem Reden auszurichten und durch ihr Handeln anschaubar zu machen. Das setzt eine Existenz in solcher Freiheit voraus, die nur auf Christus selbst sich gründet. Hindern dann aber nicht Privilegien die Solidarität mit den Adressaten des Evangeliums? Haben nicht Staatsverträge und Konkordate statt des vermeintlichen Gewinns immer wieder zu fremdartigen (»gottlosen« sagt die Barmer theol. Erklärung!) Bindungen geführt und schließlich zur Erstarrung und Verfestigung (man prüfe die Schul-, Militär-Seelsorge und Steuerabmachungen, aber auch die Repräsentanz in öffentlichen Ämtern)? Würde nicht der Verzicht auf staatliche Sicherungen oft die Freiheit des Evangeliums erhöhen? Ist die Ablehnung der Botschaft nicht dem NT gemäßer als die Gleichgültigkeit ihr gegenüber durch vorausgehende Immunisierung? Das Schielen danach, sich mit politischen oder wirtschaftlichen Mitteln eine Basis für die Erfüllung des Auftrages zu schaffen, übersieht, daß Kirche in der Nachfolge dessen steht, der draußen vor dem Tor gekreuzigt wurde.

Bei allen Versuchen, die Attraktivität der Kirche und die Effektivität ihrer Verkündigung zu erhöhen, darf freilich nicht übersehen werden, daß Kirche nicht ihren eigenen Bestand zu wahren, nicht sich selbst durch Anpassung »über die Runden zu bringen« hat, sondern daß ihre Existenz damit steht und fällt, daß sie Beauftragte, Repräsentantin ihres Herrn sein soll. Sie ist weder autark noch autonom, noch ist sie schon das Ziel des Christus-Handelns, eher dessen Mittel. So soll sie sich um der besseren Ausübung ihres Auftrages willen – mit gutem Gewissen! – moderner Methoden der Situationsanalyse, der Organisation und der Publizistik bedienen, – aber wehe, wenn sich Menschen zu Managern der Sache Gottes machen, wenn man glaubt, kalkulierende Planung und selbstentworfene Strategie an die Stelle göttlicher Führung und Zielsetzung, propagandistische Werbemethoden an die Stelle der Fürbitte und des Zeugnisses setzen zu können. Solojews »Antichrist« und Dostojewskis »Großinquisitor« machen deutlich, daß eine autonome, autokratische Kirche von Christus geschieden und deshalb nicht mehr Kirche wäre, ob sie die Gestalt einer Weltkirche oder einer kleineren Versammlung hat.

Nur in solcher Nachfolge ihres Herrn wird die Kirche Anwalt der Stummen und Entrechteten sein können, wird sie Vorurteile als solche aufdecken, ideologische Fronten überwinden und Zeichen der Versöhnung aufrichten können. Muß nicht der Rückschluß auf ihren eigenen Status und Wert naheliegen, wo solches nicht geschieht? Wer im Anbruch der Neuschöpfung Gottes lebt, kann selbst noch so »geheiligte« Strukturen dieser Welt nicht mehr als letztgültig ansehen; er wird auf ihre Überwindung durch die Kraft Gottes vertrauen, womöglich hinarbeiten, – zunächst im eigenen Bereich, aber dann eben in der → Welt, als deren Herr Jesus verkündigt wird. Er kann dabei an den politisch-wirtschaftlichen Gegebenheiten sicher nicht vorübergehen, sondern wird sich gerade auch in diesem Feld als Träger der Versöhnungsbotschaft Gottes zu erweisen haben. Es gehört zum Kern des Evangeliums von der Rechtfertigung des Gottlosen, daß die Christen dies nicht nur für Gleichgesinnte, sondern gerade auch für diejenigen tun, denen alle religiösen Voraussetzungen fehlen. Wo Kirche ist, wird jener Freiraum der Versöhnung entstehen, in dem ein neues Miteinander der Menschen das Gegeneinander der Schuld ablöst und Hoffnung aufkeimt für die Unterprivilegierten, Einsamen und Hoffnungslosen.

Wird aber Kirche nicht an der Ausprägung ihrer für den Augenblick gebotenen Gestalt zumeist gehindert durch die Verpflichtung gegenüber dem Überkommenen und Ererbten (Traditionen)? Auch die »Väter« gehören ja in den Leib Christi, der die Zeiten und Generationen überspannt. Deshalb sind sie zu hören und ist nichts leichtfertig preiszugeben. Dennoch wird Kirche, wenn ihr die weltweite Dimension ihres Auftrages und ihrer Sendung bewußt wird, ihre gestrigen und heutigen Begrenzungen entschlossen zu durchbrechen haben, wo diese den Zeitgenossen nicht mehr als das echte Ärgernis des Kreuzes, sondern als das falsche menschlicher Gesetzlichkeit erscheinen müssen. Gruppenbräuche, landeskirchliche oder nationale Separatprägungen und konfessionelle Sonderanliegen dürfen nicht mehr sein als Baugerüste: sie sind hilfreich und unentbehrlich, aber zeitbedingt und abzuräumen, wo der Aufbruch geboten ist, — auch wenn die neue Gestalt noch nicht erkennbar ist. Vielleicht finden wir das Neue nur, wenn wir das Alte im Gehorsam losgelassen haben. — Die gewiß noch immer beträchtlichen Unterschiede lehrmäßiger und praktischer Art, deren Bedeutung aufs Ganze immer mehr an Gewicht verliert, sollten uns nicht den Blick dafür verstellen, daß vom Hören der Botschaft und von der geschichtlichen Situation her sich der Christenheit ein Horizont neuer Gemeinsamkeit (nicht Gleichheit!) eröffnet hat.

Daß formal die überwältigende Mehrheit der Bevölkerung einer Kirche angehört, sollte nicht zu dem Trugschluß verleiten, sie stimme deshalb dem Glauben zu. Kirchenzugehörigkeit und aktive Teilnahme an dem Leben und Handeln der Kirche sind längst nicht mehr identisch; umgekehrt besagt die Beteiligung an kirchlichen Veranstaltungen in einer nach-christl. Gesellschaft für sich allein nur noch wenig über den Glaubensbezug. Es gibt zweifellos eine beträchtliche Zahl von Menschen, die — selbst um Erkenntnis Christi bemüht und zum Engagement bereit — in der gegenwärtigen Institution, im »Apparat« keine Hilfe und Heimat finden zu können glauben. Die einen wegen der Einengung in einen bestimmten Lebensstil, die anderen, weil ihnen durch das Organisatorische das Wesentliche verschüttet scheint. Das Ergebnis war längst schon die Abwanderung in kleine Gemeinschaftsgruppen und Sekten, ist nun aber — neben dem Untertauchen in Gleichgültigkeit oder vollständiger Privatisierung der Religion — die »latente Kirche«, die Suche nach inhaltlichen und praktischen Antworten des Glaubens außerhalb des kirchlichen Organisationsgefüges.

Das Umdenken wird sich deshalb auch auf den Verkündigungsauftrag an die Fernstehenden und Andersdenkenden beziehen müssen. Gar zu oft und lange waren die Vorstellungen von Mission und Evangelisation in zweifacher Hinsicht den Intentionen des Evangeliums entfremdet: Einmal durch die unbewußte Identifizierung von Christianisierung und Europäisierung bzw. Einführung westlicher Zivilisation, die in dem Überlegenheitsgefühl der christl. Kultur wurzelte. Zum anderen in der trügerischen In-eins-Setzung von Christianisierung (durch → Taufe von Gruppen und Völkern, aber auch durch christl. Verbrämung gesellschaftlicher und politischer Strukturen) und Glauben. Hat nicht die Ablösung einer persönlichen Entscheidung (als Antwort auf die göttliche Botschaft) durch die konventionell-formale Gewährung, ja Aufdrängung der Taufe (und Konfirmation) dazu geführt, daß Kirchenzugehörigkeit und Christus-Beziehung bei uns auseinander gefallen sind, daß von der Kirche ideologisch gesprochen (vgl. die Grundbestimmungen der Kirchenordnungen!) oder zwischen Kirche (als bloßer Organisation) und Kirche (als Gemeinde Jesu Christi) in gewagtester Weise differenziert werden muß? Man kann aber nicht auf die Dauer Menschen gleichzeitig als vollverantwortliche Glieder der Kirche (und dh Träger des missionarischen Auftrages) und als zu Missionierende, eigentliche Nicht-Mitglieder behandeln (man denke auch an das Kirchensteuer-System, Wahlrecht etc.).

Neu zu durchdenken ist auch die Frage, wieweit die Kirche kontinuierlicher Ämter und übergeordneter Leitungsorgane bedarf und welche Weisungsvollmacht ihnen zukommen kann, wenn der Leib-Christi-Charakter örtlicher Gruppen nicht vergewaltigt werden soll. Die Kommunikation durch Funk und Fernsehen, die Möglichkeit direkter Informationen aus erster Hand hat, auch in der Kirche das alte Autoritätenschema durchbrochen. Wenn mit der Informationsmöglichkeit auch die eigenverantwortliche Urteilsbildung entsprechend zunähme, könnte dadurch die Ämterhierarchie in der Kirche abgebaut und damit zugleich örtliche Gruppen selbständiger Kirche werden als bisher. Umgekehrt sollte man namentlich im Hinblick auf große gemeinsame Aufgaben sich wiederum dessen erinnern, daß Christus nicht nur je an einem Ort, sondern in der ganzen Welt wirken will durch seinen Leib und daß deshalb Funktionen geschaffen werden müssen, die ein Auseinanderfallen verhindern. Der Internationale Missionsrat hat gezeigt, daß Koordination nicht mit episkopalem Zentralismus identisch sein muß. In bezug auf die Stellung der »Priester« und das Amtsverständnis wäre ja die Reformation überhaupt erst noch zu beginnen, zB in einer Neugewinnung des allg. Priestertums; und zwar nicht vorwiegend im Sinne demokratisierender Kontrolle, sondern in den Konsequenzen der Erkenntnis, daß der Gottesdienst der Christen in den Alltag der Welt hineinreicht, ja dort seinen zweiten Brennpunkt neben der Sammlung zu Verkündigung, Lobpreis und Gebet hat.

Nun ist die Kirche, soziologisch gesehen, ein »Vergesellschaftungsgebilde« und steht als solches in einer ständigen Wechselbeziehung zu den Strukturwandlungen des gesamtgesellschaftlichen Gefüges, sei es, daß sie diese beeinflußt oder selbst widerspiegelt. Deshalb kann sie in einer Zeit zunehmender Urbanisierung, Mobilität und Technisierung nicht mehr die ohnehin kaum noch vorhandene Dorfgemeinschaft oder den patriarchalischen Kleinstaat zur Orientierungsnorm haben, am wenigsten in den großstädtischen Ballungsräumen. Seelenzahlbestimmte Parochialeinteilungen sind eine höchst zweifelhafte Ausgangsbasis für Gemeinschaftsbildung. Die Kirche wird ihre zukünftige Gestalt einerseits im Horizont der einen Welt (Ökumene, Weltproblematik), andererseits in Ansehung der veränderten Lebensbedingungen (Schichtarbeit, Zeitrhythmus, Frauenarbeit etc.) suchen müssen. Dabei wird sie mit ihrer eigenen faktischen Minderheitssituation in einer pluralistischen Gesellschaft zu rechnen haben, die ihr vom NT her nicht fremd sein dürfte.

Ob wir diesen Anforderungen mit unserem weitgehend auf Parochie und Landeskirche, also auf verwaltungsmäßig-politische Organisationsformen fixierten Kirchen- und Gemeindebegriff zu entsprechen vermögen, ist mehr als fraglich. Er taugt zwar für Karteiwesen und Amtshandlungszuständigkeit, bildet aber bei veränderten soziologischen Strukturen bis in die Dörfer hinein meist keine Basis mehr für geistliches Leben, das unter anderen Bedingungen entsteht und sich bewährt. Was heute zB in der Stadt oder gar in einer Region, die die frühere Einheit von Wohn- und Lebensraum, wenn auch nur mit Einschränkungen, abgelöst hat, »Kirche« ausmacht, kann nur im Wagnis des tastenden Experimentes über eine längere Zeit, nicht jedoch in der Theorie erfahren werden. Das Ergebnis wird für die kirchliche Statistik u. U. deprimierend sein; aber vielleicht läßt sich das Neue gar nicht so rasch erfassen. Könnte nicht, wo eine Gruppe alle zwei Monate sich zu einem Wochenende intensiven Austausches unter dem Evangelium trifft, »mehr« Kirche sein als da, wo der tägliche Gemeindebetrieb seinen routinemäßigen Ablauf nimmt? Es mag sein, daß dabei alle bisherigen Konfessionsgrenzen aufgelöst werden, weil nicht mehr das Herkommen, sondern allein der vernommene Ruf und der gemeinsame Auftrag das Band der Gemeinschaft bilden. Es mag auch sein, daß solche Gruppen im offiziellen Bild der Öffentlichkeit gar nicht in Erscheinung treten. Aber könnte nicht ihre effektive Wirkung groß sein, würde sie es nicht sicher sein, wenn die Christus-Gegenwart sie bestimmt? Ob sie dann die derzeitigen Kirchen neu befruchten oder ablösen, mag eine Frage der Zukunft sein, auch wenn eine Zeitlang scheinbar Kirche gegen Kirche steht. Verheißung ist jedenfalls nur da, wo man sich der Christus-Botschaft stellt und sich von ihr her selbst den Weg weisen läßt und wo man der Gefährten auf diesem Wege, die oft eine so andere Sprache sprechen, und des Sinnes der eigenen Berufung neu gewahr wird. *L. Coenen*

Lit.: GGloege, Reich Gottes und Kirche im NT, Nt. Forsch. 2, 4, 1929 – LRost, Die Vorstufen von Kirche und Synagoge im AT, 1938 – KLSchmidt, Art. ἐκκλησία, ThWb III, 1938, 502ff – WBieder, Ekklesia und Polis im NT und in der Alten Kirche, 1941 – OCullmann, Königsherrschaft Christi und Kirche im NT, ThSt 10, 1941 – WGKümmel, Kirchenbegriff und Geschichtsbewußtsein in der Urgemeinde und bei Jesus, S. Bibl. Ups. I, 1943 – ESchweizer, Das Leben des Herrn in der Gemeinde und ihren Diensten, 1946 – HEWeber, Theologisches Verständnis der Kirche, ThLZ 73, 1948, 449ff – LFendt, Die Existenz der Kirche Jesu Christi, 1949 – OWeber, Versammelte Gemeinde, Beitr. z. Gespräch über Kirche u. Gottesdienst, 1949 – GWehrung, Die Kirche als Herrenleib, ThLZ 75, 1950, 79ff – ANygren/AFridrichsen u. a., Ein Buch von der Kirche, 1951 – EBrunner, Das Mißverständnis der Kirche, 1951 – OMoe, Urchristentum und Kirche, ThLZ 76, 1951, 705ff – ESchweizer, Geist und Gemeinde im NT und heute, 1952 – AOepke, Leib Christi oder Volk Gottes bei Paulus? ThLZ 79, 1954, 363ff – JSchneider, Die Gemeinde nach dem NT, 1955 – GBornkamm, Herrenmahl und Kirche bei Paulus, ZThK 53, 1956, 312ff – JLLeuba, Institution und Ereignis. Gemeinsamkeiten und Unterschiede der beiden Arten von Gottes Wirken nach dem NT, 1957 – ESchweizer, Gemeinde und Gemeindeordnung im NT, 1959 – KStendahl, Art. Kirche II, Im Urchristentum, RGG III, 1959³, 1297ff – HSchlier, Die Einheit der Kirche nach dem NT, Catholica 14, 1960 – RSchnackenburg, Die Kirche im NT, 1961 – ESchweizer, Die Kirche als Leib Christi in den paulinischen Homologumena, ThLZ 86, 1961, 161ff (= Neotestamentica 1963, 272ff) – ders., Die Kirche als Leib Christi in den paulinischen Antilegomena, ThLZ 86, 1961, 241ff (= Neotestamentica 1963, 293ff) – HMSchenke, Der Gott »Mensch« in der Gnosis. Ein religionsgeschichtlicher Beitrag zur Diskussion über die paulinische Anschauung und der Kirche als Leib Christi, 1962 – FHahn, Das Verständnis der Mission im NT, WMANT 13, 1963 – MHonecker, Kirche als Gestalt und Ereignis, 1963 – HGSchnetz, »Kirche« in spät-neutestamentlicher Sicht, 1963 (Diss. Bonn) – WSchrage, »Ekklesia« und »Synagoge« – zum Ursprung d. urchristl. Kirchenbegriffs, ZThK 60, 1963, 178ff – NADahl, Das Volk Gottes. Eine Untersuchung zum Kirchenbewußtsein des Urchristentums, 1963² – HBerkhof, Die Katholizität der Kirche, 1964 – HGreeven, Kirche und Parusie Christi, KuD 10, 1964, 113ff – EKäsemann, Einheit und Vielfalt in der neutestamentlichen Lehre von der Kirche, in: Ex. Vers. u. Bes. II, 1964, 262ff –

ders., Paulus und der Frühkatholizismus, ebda., 239ff – KSkydsgaard, Vom Geheimnis der Kirche, KuD 10, 1964, 137ff – HBeintker, Wort, Geist, Kirche. Zur Frage d. pneumatischen Leiblichkeit d. Kirche,KuD 11, 1965, 277ff – RKöbert, *qhl* (pal.-aram.) – λαός – ἐκκλησία, Bibl. 46, 1965, 464ff – ELohse, Christusherrschaft und Kirche im Kolosserbrief, NTSt 11, 1965, 203ff – JRoloff, Apostolat, Verkündigung, Kirche, 1965 – PSMinear, Ontology and Ecclesiology in the Apocalyps, NTSt 12, 1965/1966, 89ff – ASatake, Die Gemeindeordnung in der Johannesapokalypse, WMANT 21, 1966 – GDelling, Merkmale der Kirche nach dem NT, NTSt 13, 1966/67, 217ff – HKüng, Die Kirche, 1967 – RSchnackenburg, Die Kirche in der Welt, 1967 (= BZ, NF 11) – WJetter, Was wird aus der Kirche?, 1968 – WPannenberg, Apostolizität und Katholizität der Kirche in der Perspektive der Eschatologie, ThLZ 94, 1969, 97ff – ABrandenburg, »Volk Gottes« als Kirchenbegriff, Cath 25, 1971, 167ff – GMüller-Fahrenholz, Das Verhältnis von Heiliger Schrift und Kirche, EvTh 31, 1971, 244ff – JHainz, Ekklesia. Strukturen paulin. Gemeinde-Theologie und Gemeinde-Ordnung, 1972 (= BU, 9) – KKertelge, Gemeinde und Amt im Neuen Testament, 1972 – JRatzinger, Das neue Volk Gottes, 1972 – YCongar, Die Normen für die Ursprungstreue und Identität der Kirche im Verlauf ihrer Geschichte, Conc 9, 1973, 156ff – RPesch, Jüngerschaft und Gottesvolk, BuK 28, 1973, 8ff – KBerger, Volksversammlung und Gemeinde Gottes. Zu den Anfängen der christl. Verwendung von ἐκκλεσία, ZThK 73, 1976, 167ff.

Klagen

Lachen und Weinen, → Freude und Trauer gehören als elementare Lebensäußerungen zusammen. Trauer kann sich emotional als Weinen, als innerer Schmerz oder in öffentlichen Trauerbräuchen äußern. Diesen verschiedenen Möglichkeiten entsprechen im Griech. mehrere, verschieden nuancierte Verben. κλαίω *[klaįō], weinen, laut klagen, schreien,* bringt das unmittelbare Betroffensein von einem Leid sinnfällig zum Ausdruck. κόπτω *[kǫptō]* legt den Akzent auf die öffentliche Trauer, die sich in verschiedenen Bräuchen wie *an die Brust schlagen, die Haut ritzen, Klagerufen* oder geformten *Klageliedern* äußert (vgl. auch θρηνέω *[thrænęō], einen Klagegesang anstimmen*; πενθέω *[penthęō], klagen, beklagen*). λυπέω *[lypęō]* enthält die größte Bedeutungsbreite, die vom körperlichen Schmerz bis zur verinnerlichten Traurigkeit reicht; es bedeutet allg. aktivisch *Schmerz zufügen*, pass. *Schmerz empfinden.*

κλαίω *[klaįō]* weinen · κλαυθμός *[klauthmǫs]* das Weinen

κλαίω

κλαίω *[klaįō]*, seit Hom. überliefert, heißt intrans. *laut klagen, weinen;* trans. *beweinen;* κλαυθμός *[klauthmǫs]*: das *Weinen.* Im Profangriech. drückt κλαίω *[klaįō]* nicht Reue oder Leid, sondern nach außen hin sichtbaren *Schmerz* körperlicher oder seelischer Art aus. I

In der LXX wird κλαίω *[klaįō]* vorwiegend als Übers. von *bākāh* = *weinen, laut schreien* gebraucht. Es bringt innere Erschütterung (1Sam 1,7), Reue (Klgl 1,16), tiefen Schmerz bei der Totenklage (Gen 50,1) wie höchste Freude, etwa bei der Begegnung von Jakob und Joseph (Gen 46,29), zum Ausdruck. Die ganze Existenz des Menschen ist im Klagen einbegriffen wie bei einem Kind, das ganz und gar nur weint (Gen 21,16; Ex 2,6). Im Unterschied zum Weinen des Griechen, das ein persönliches oder allgemeines Schicksal beklagt, spielt beim Weinen im AT die Abhängigkeit von Gott eine Rolle, so daß das at. Weinen in die Nähe des schreienden oder klagenden Gebetes rückt (Ri 15,18; 16,28 Simson; Jes 30,19). Bezeichnend ist auch die Einrichtung einer kultischen Volksklage vor Jahwe, meist verbunden mit allgemeinem Fasten (Ri 20,23.26), die der »Sitz im Leben« der Volksklagelieder in den Pss ist (zB Ps 74; 79; 80). II

1) Im NT kommt κλαίω *[klaįō]* ebenfalls als Ausdruck heftiger Gemütsbewegung vor, zB beim Abschied (Apg 21,13), beim Gedenken an die Feinde Christi (Phil 3,18), im Angesicht des Sterbens und des Todes (Mk 5,38 par; Lk 7,13.32; Joh 11,31.33; Apg 9,39) oder auch allgemein dem Leid gegenüber (Röm 12,15; 1Kor 7,29). Freudentränen hingegen sind dem NT fremd. III

2) In der 3. lukanischen Seligpreisung stehen οἱ κλαίοντες νῦν *[hoi klaįontes nyn], die hier Weinenden* (6,21) denen gegenüber, »die jetzt reich und satt sind, die jetzt lachen und von denen alle Menschen jetzt gut reden« (6,25f), also den pharisäisch gesinnten Selbstge-

rechten, »die der Buße nicht bedürfen« (15,7), die sich ihres eigenen Wertes bewußt sind und ohne Schuldgefühl in großer Selbstsicherheit leben. Die κλαίοντες νῦν *[klaiontes nyn]* dagegen leben demütig in völliger Abhängigkeit vor Gott, weil sie um ihre Schuld wissen (Mt 26,75; Lk 7,38) und darum dem Urteil Gottes recht geben, wie der Zöllner im Tempel es tat. Ihnen verheißt Jesus ὅτι γελάσετε *[hoti gelasete]*, *ihr werdet lachen!* Das gegenwärtige Weinen der Jünger Jesu über eigene Schuld und über die Leiden dieser Zeit wird am Ende der Zeit in das Lachen der Kinder des Reiches verwandelt werden.

3) Dagegen wird den γελῶντες νῦν *[gelōntes nyn]*, *den hier Lachenden*, angedroht, ὅτι πενθήσετε καὶ κλαύσετε *[hoti penthæsete kai klausete]*, *ihr werdet weinen und klagen* (Lk 6,25). Die zukünftigen κλαίω *[klaiō]*-Aussagen des NT enthalten Unheilsankündigungen für die gegenwärtig gottlos und vermessen Lachenden, die im Endgericht zuschanden werden. Um die Schärfe der Aussagen zuzuspitzen, ist κλαίω *[klaiō]* jeweils mit einem anderen Wort der Trauer verbunden: κλαίω καὶ πενθέω *[klaiō kai pentheō] weinen und klagen* (Lk 6,25; Jak 4,9); κλαίω καὶ θρηνέω *[klaiō kai thræneō]*, *weinen und jammern* (Joh 16,20); κλαίω καὶ κόπτομαι *[klaiō kai koptomai]*, *weinen und trauern* (Offb 18,9).

4) Um vor dem künftigen zu späten Klagen zu bewahren, fordert die Paränese zu gegenwärtigem Weinen auf: Seid elend und traget Leid und weinet; euer Lachen verkehre sich in Weinen und eure Freude in Traurigkeit. Demütigt euch vor Gott, so wird er euch erhöhen (Jak 4,9–10). *H. Haarbeck*

κόπτω

κόπτω *[koptō]* schlagen · κόπτομαι *[koptomai]* sich vor Trauer an die Brust schlagen

I Seit der Ilias wird das Wort in dieser Bedeutung gebraucht. Ableitung: κοπετός *[kopetos] Totenklage.* Ähnlich wird im Jonischen und Attischen θρῆνος *[thrænos]* im Sinne von *Trauerlied* gebraucht, davon denominatives Verb θρηνέω *[thræneō]*, *beweinen.* Öffentliche Trauer um Verstorbene und Totenklage lassen sich in der Antike überall nachweisen. Schlagen auf Brust und Wangen, laute Klagerufe oder Klagelieder sollen urspr. die Totengeister vertreiben oder auch die Toten ehren. Verschiedenartige zT ungestüme Trauerbräuche reichen bis in die Zeit des Hellenismus hinein. Die Trauersitten, die zunächst ein Handeln für die Toten waren, wurden später mehr und mehr zu einem allg. Ausdruck des Schmerzes über den Tod.

II 1) Im AT finden sich mancherlei Parallelen zu den Totenbräuchen der Umwelt. LXX übersetzt *sāphad = Totenklage halten* mit κόπτομαι *[koptomai]*.

Zur israelitischen Totentrauer (Gen 23,1–2; 37,34–35; 2Sam 3,31–34) gehörten verschiedene Trauerbräuche: Sich-Ritzen und Kahlscheren, Trauerbrot und Trostkelch (Jer 16,5–7), Klageweiber (Jer 9,16–21), Anlegen von sackartigen Gewändern (Jes 15,2–3), Bartabnehmen (Jes 7,20), Schlagen auf die Brust (Nah 2,8; Jer 31,19). Vor allem aber war das Schreien (Jes 15,2; Jer 22,18; 34,5; Am 5,16) und das geformte Klagelied (2Sam 1,17–27; 3,33ff) fester Bestandteil der Totenklage.

2) Eine besondere Rolle spielte die Totenklage in der Verkündigung der Propheten. Während die Klgl das bereits eingetretene Gottesgericht über Juda und Jerusalem beklagen und zugleich deuten, kündigen die Propheten im allg. die in der Zukunft liegende Katastrophe im »perfectum propheticum« an und zwar häufig in Form einer Totenklage (Mi 1,8; Jer 9,9; Am 5,1–2.16–17; Ez 32,1–16), um dadurch das Volk aufzurütteln und zur Buße zu rufen (Jer 9,18; Ez 19,1–9.10–14; 27,30–34). Aber es ist charakteristisch für den Glauben Israels, daß sich die gehörte Vernichtungsbotschaft in seinen Ohren doch immer wieder in ein Hoffen auf den wandelt, der hindurchretten will, der »die Klage in einen Reigen wandeln« wird (Ps 30,12).

3) Im Judentum waren heidnische Formen der Trauerbräuche verboten (Lev 19,28; Dtn 14,1), es war aber Sitte, vor oder bei dem Begräbnis die Totenklage zu halten, sich an die Brust zu schlagen und so die Liebespflicht dem Toten gegenüber zu erfüllen. Andererseits glaubte man, daß der Tote die Klage und das Lob noch hören könne, bis der Stein vor das Grab gewälzt sei, und daß er durch die lauten und heftigen Bezeugungen der Trauer »getröstet« würde.

4) Versuche im Hellenismus, von staatlicher Seite her durch philosophische Aufklärung Auswüchse der Trauerbräuche einzudämmen, hatten wenig Erfolg. Eine bes. Rolle spielte auch im Hellenismus das Leichenlied, das Männer und Frauen, Angehörige und berufliche Klageleute als kultische Totenklage übten.

Im NT kommt κόπτω *[kǫptō]* nur 8mal vor, und zwar ausschließlich bei den Synopt. und in der Offb. κοπετός *[kopetǫs]* wird nur einmal (Apg 8,2) gebraucht. ἀποκόπτω *[apokǫptō]* findet sich 6mal in verschiedenen Schriften, während ἐγκόπτω *[engkǫptō]* und ἐγκοπή *[engkopæ]* paulinische Worte sind (zusammen 6mal; → Hindern). Die sachlich mit κόπτω *[kǫptō]* zusammengehörigen Verben θρηνέω *[thrænęō]* und πενθέω *[penthęō]* kommen 4mal bzw. 10mal hauptsächlich in den Evgg. vor.

1) Von dem Bestehen jüd. Trauersitten zZt Jesu gibt das Gleichnis Jesu von den Kindern, die im Spiel eine Totenklage aufführen (Mt 11,17), Zeugnis. Der Bericht vom Tode der Tochter des Jairus (Mk 5,38 par) zeigt, wie die Totenklage durch eine große Menge von Familienangehörigen, Nachbarn und Klageweibern unmittelbar nach dem Eintritt des Todes begonnen wurde. Nach dem Tode des Lazarus (Joh 11,17.30) hat sich 4 Tage nach dem Begräbnis, also auf dem Höhepunkt einer 7tägigen Trauerzeit, eine große Schar von Nachbarn und Bekannten aus Jerusalem in Bethanien versammelt, die »weinen« (V. 33) und zu »trösten« suchen (V. 19.31). Auf dem Wege nach Golgatha begegnen Jesus klagende Frauen (Lk 23,27); auch aus der urchristl. Gemeinde finden sich nach dem Tode des Stephanus »gottesfürchtige Männer« zusammen, um eine »große Totenklage« über ihn zu erheben (Apg 8,2).

2) Was bedeutet es, wenn Jesus auf dem Weg zum Grab des Lazarus weint (Joh 11,35)? Spricht nicht aus seinen Tränen sein Mitleiden mit dem Todesschicksal der Menschen und allem Leid, das damit zusammenhängt? Gilt nicht sein »Ergrimmen« und seine »höchste Erregung« (V. 33.38) der glaubens- und hoffnungslosen Art der Totenklage, die ihm hier begegnet? Er ist gekommen, Leid und Not, Preisgegebensein und Todesschicksal der Menschen auf sich zu nehmen. Damit wird er zugleich zum Überwinder des Todes. Das lebenschaffende Heilwirken Jesu macht der Totenklage ein Ende (Lk 7,13). Wie können die Pharisäer von ihm, der das Leben ist und bringt, das κόπτεσθαι *[kǫptesthai]* erwarten? Kreuz und Auferstehung Jesu offenbaren seinen Sieg über den Tod. Darum kann und darf es in seiner Gegenwart keine hoffnungslose Totenklage geben, die doch in Jesu Augen nichts anderes als Zweifel und Unglaube ihm gegenüber ist. Christliche Trauer über den Tod ist nicht sich selber überlassen, sondern wird bei allem berechtigten Schmerz aufgefangen und gehalten durch die Hoffnung auf die Auferstehung der Toten.

3) Kennzeichen der Gemeinde Jesu ist darum nicht die Totenklage, sondern die Lebenshoffnung um Jesu willen (Röm 6,23). Weil Gottes Gabe in Jesus das Leben ist, gehört die Totenklage zur Welt der Gottesferne und des Todesverhängnisses, die keine Hoffnung kennt. Die neue Welt des Heils und des Lebens, die mit Jesu Tod und Auferstehung erhofft wird, weiß nichts von Tränen und Klagen, denn »der Tod wird nicht mehr sein, noch Leid noch Geschrei noch Schmerz wird mehr sein, denn das Erste ist vergangen« (Offb 21,4). Alle natürliche Trauer um die Entschlafenen wird nun überstrahlt von der lebendigen Hoffnung der Auferstehung (Röm 8,17). Im Glauben an den Todesüberwinder erfüllt sich an uns die Verheißung Jesu: »Eure Traurigkeit wird zur Freude werden« (Joh 16,20 Z). *H. Haarbeck*

λυπέω

λυπέω *[lypęō]* Schmerz zufügen · λυπέομαι *[lypęomai]* Schmerz empfinden, traurig sein · λύπη *[lypæ]* Leid, Schmerz

Das Verbum λυπέω *[lypęō]* bedeutet im Aktiv *Schmerz zufügen*, medial und passivisch λυπέομαι *[lypęomai]* *Schmerz empfinden, traurig sein*. Das davon abgeleitete Subst. λύπη *[lypæ]* heißt *Leid, Schmerz*. I

Im Hellenismus bezeichnet λύπη *[lypæ]* ganz allg. körperlichen *Schmerz* und seelisches *Leid*. Freude und Leid gehören in ihren Wechselbeziehungen zum menschlichen Leben. Schon in der Tragödie ist das Leid (πάθος *[pathos]*) Grundbestandteil des menschlichen Lebens. Aischyl. versteht es als Erziehungsfaktor (πάθει μάθος *[pathei mathos]*, *durch Leid lernen*, Ag. 177); die gesamte griech. Tragödie ist danach ausgerichtet. Die hell. Philosophie versteht das Leid als Gegensatz zur erstrebenswerten Freude (ἡδονή *[hædonæ]*, *Freude, Vergnügen;* εὐφροσύνη *[euphrosynæ]*, *Frohsinn,*

Freude; εὐδαιμονία *[eudaimonia], Glück*) und sieht die Aufgabe des Menschen in der Überwindung des Leides durch Bedürfnislosigkeit und Affektlosigkeit (vgl. bes. die Stoa). Erst in späterer Zeit, vor allem in der Gnosis, kommt es zu einem positiveren Verständnis des Leides: durch Unfall, Krankheit und Schmerz wird der Mensch geläutert und zu heilsamer Reue geführt.

II LXX übersetzt mit λυπέω *[lypeō]* (ca. 50mal) dreizehn verschiedene hebr. Äquivalente, um körperliche Mühen, Schmerz, Leid, Kummer, Trauer, Angst, Unwillen und Zorn zu kennzeichnen, ohne daß sich darin eine deutliche Abgrenzung gegenüber Begriffen wie ὠδύνη *[ōdynæ], Schmerz,* θυμόω *[thymoō], zornig machen* (*werden*), oder ὀργίζω *[orgizō] zürnen,* und gegenüber Stämmen wie κακο- *[kako-]* und πονηρο- *[ponæro-]* ergäbe. Die verschiedenen hebr. Wörter lassen das ungleich differenziertere Empfinden des orientalischen Menschen gegenüber so elementaren Vorgängen wie Trauern und Freuen erkennen. Stets handelt es sich dabei, ohne daß theoretisch darüber reflektiert würde, um Gemütsaufwallungen des alltäglichen Lebens.

Interessanterweise werden λυπέω *[lypeō]* und λύπη *[lypæ]* hauptsächlich von späteren Schriften des AT und von Apokryphen verwendet (bes. Dan, Spr, Sirach, 1 und 4Makk). Gen 3 gibt als einzige Erklärung der Leiden und Schmerzen die, daß die λύπη *[lypæ]* Gottes Antwort auf den Sündenfall des Menschen ist (V. 16ff). Diese grundsätzliche Deutung des Menschenlebens als ἐν λύπῃ *[en lypæ]* steht nicht allein, auch die Weisheit redet von der selbst in Freude vorhandenen (Spr 14,13), aber zu überwindenden λύπη *[lypæ]* (Sir 30,21ff). Und wenn Jesaja (1,5) davon spricht, daß das ganze Herz des Volkes εἰς λύπην *[eis lypæn]* gerichtet sei, dann heißt das, daß es schlimmer nicht mehr kommen kann. Dagegen wird das eschatologische Heil als eine Zeit ohne Kummer und Seufzen verheißen (Jes 35,10; 51,11), im zukünftigen Äon werden nur Freude und Herrlichkeit herrschen (4Esr 7,13).

Das Judentum kommt über eine allgemeine, moralische Begriffsauffassung der λύπη *[lypæ]* nicht hinaus.

III Wie in der LXX so finden sich auch im NT nicht so viele Aussagen über das Trauern wie über den positiven Gegenbegriff der → Freude. λυπέω *[lypeō]* kommt 21mal vor, λύπη *[lypæ]* wird nur 14mal gebraucht (χαίρω *[chairō]* dagegen 69mal, χαρά *[chara]* 60mal, das Vorkommen der Wortgruppen Trauern bzw. Freuen steht im Verhältnis 1 : 4). Während Mt das Verbum λυπέω *[lypeō]* und Joh das Subst. λύπη *[lypæ]* bevorzugen, werden Verbum wie Subst. am häufigsten im 2Kor verwendet. Schon dieser Befund weist darauf hin, daß Paulus die »christliche Traurigkeit« am tiefsten erfahren und ausgelegt hat.

1) λύπη *[lypæ]* bezeichnet allg. im NT den körperlichen wie seelischen *Schmerz.* Jesus empfindet Angst und Grauen vor seinem Tod (Mt 26,37.38), die Jünger trauern in Gethsemane (Lk 22,45), Paulus ist von einem korinthischen Gemeindeglied »betrübt« (möglicherweise mißhandelt) worden (2Kor 2,5). Wie im AT so gelten auch im NT Schmerzen und Trübsal als schöpfungswidrige Leiden dieser Zeit, deren Ende ersehnt wird. Paulus hofft 2Kor 2,1ff, keine weiteren Leiden von den Korinthern ertragen zu müssen. Die at. Heilserwartung (s. o.) ist vom NT übernommen worden. Den gegenwärtig Leidenden wird künftiger Trost verheißen (Mt 5,4 πενθέω *[pentheō]* als Parallelbegriff zu λυπέω *[lypeō]*). Die Offb erwartet einen neuen Himmel und eine neue Erde, in denen Schmerzen und Trauer keinen Platz mehr haben werden (7,17; 21,4).

2) Paulus hat die λύπη *[lypæ]* als ein Wesensmerkmal christl. Existenz entfaltet. In 2Kor 7,8–11 stellt er die κατὰ θεὸν λύπη *[kata theon lypæ], Leid nach der Weise Gottes,* der λύπη τοῦ κόσμου *[lypæ tou kosmou], dem Leid dieser Welt,* gegenüber. Während die Traurigkeit der Welt das Scheitern eigener Wünsche und die Verfallenheit des Lebens beklagt, führt die göttliche Traurigkeit zur Einsicht in die eigene Schuld und zur Umkehr. »Denn die göttliche Traurigkeit bewirkt eine Umkehr zur Rettung, die man nicht bereut; aber die Traurigkeit der Welt bewirkt den Tod« (V. 10). — Im Rahmen seiner theologia crucis spricht Paulus von der Übernahme des Kreuzes Christi (Gal 6,14), das ihm das Kreuz der Trauer und Schmerzen dieser Welt auferlegt. Sachlich wird das in den Leidenskatalogen 2Kor 4,8ff und 11,23ff entfaltet. Während der Heide die Vernichtung des eigenen Lebens fürchtet, verbirgt sich für den Christen in dem Mitgekreuzigtwerden (Röm 6,6) die Kraft des neuen Lebens (2Kor 4,11; Phil 3,10f). So kommt es zur Umkehrung aller gewöhnlichen Maßstäbe von Leben und Leiden in der paradoxen Existenz des glaubenden

Christen, die in den Antithesen 2Kor 6,3–10 beschrieben wird: als die Traurigen, aber allezeit fröhlich (V. 10 ὡς λυπούμενοι, ἀεὶ δὲ χαίροντες *[hōs lypọumenoi, aẹi de chạirontes]*).

3) Was Paulus als gegenwärtige Paradoxidentität christl. Existenz beschreibt, zerlegt Joh 16,20–22 in ein zeitliches Nacheinander. Die Gegenwart der Gemeinde wird durch den Abschied, die scheinbare Abwesenheit Jesu, betrübt, während sich die »Welt« über den Fortgang Jesu freut. Nach Joh gehört es zur gegenwärtigen λύπη *[lypæ]* der christl. Gemeinde, die Unsichtbarkeit Jesu, die Einsamkeit und den Haß der Welt zu ertragen. Aber der scheidende Christus stellt zugleich seiner Gemeinde eine Freude bei seiner Wiederkunft in Aussicht, die niemand von ihr nehmen wird (V. 22). *H. Haarbeck / H.-G. Link*

Lit.: KHRengstorff, Art. κλαίω, ThWb III, 1938, 721ff – GStählin, Art. θρηνέω, ThWb III, 1938, 148ff; Art. κόπτω, 829ff – RBultmann, Art. λύπη, ThWb IV, 1942, 314ff – CWestermann, Struktur und Geschichte der Klage im AT, ZAW 66, 1954, 44ff – RBultmann, Art. πένθος, ThWb VI, 1959, 40ff.

Klein → Groß

Knecht → Sklave

Königreich → Reich

Kommen

Die Vokabeln dieser Gruppe kennzeichnen die Bewegung, und zwar sowohl im Blick auf die Veränderung des Ortes als auch auf das in der Zeit sich Ereignende. Dabei ist ἔρχομαι *[ẹrchomai]*, in eine Menge von Ableitungen nuanciert, das Verb mit der breiteren Ausladung, indem es im räumlichen wie zeitlichen Sinn alle Arten von Kommen und Gehen bezeichnet, während die aus * ἄντα *[ạnta]*, *gegenüber*, gebildeten Vokabeln speziell den Endpunkt der Bewegung bzw. des Ereignisses, das Erreichen des Zieles und die Begegnung zum Ausdruck bringen. Abgesehen von dem breiten allgemeinen Gebrauch liegt die theol. Bedeutung der Vokabeln unserer Gruppe darin, daß mit ihrer Hilfe das rettende Handeln Gottes an der Welt ausgesagt wird: In den Vorstellungen eines räumlich bestimmten Weltbildes drückt es sich in der Ankunft und Wiederkunft Christi aus, womit sogleich die Nähe zum zeitlichen Aspekt erkennbar wird. Insofern gehört die Wortgruppe unmittelbar zusammen mit → Gegenwart, Wiederkunft sowie mit → Ziel, Ende.

ἔρχομαι

ἔρχομαι *[ẹrchomai]* kommen · ἔλευσις *[ẹleusis]* Ankunft · εἰσέρχομαι *[eisẹrchomai]* hineinkommen · ἀπέρχομαι *[apẹrchomai]* weggehen · παρεισέρχομαι *[pareisẹrchomai]* daneben hineinkommen · περιέρχομαι *[periẹrchomai]* umherziehen · προέρχομαι *[proẹrchomai]* vorausgehen · προσέρχομαι *[prosẹrchomai]* hinzutreten · συνέρχομαι *[synẹrchomai]* zusammenkommen · διέρχομαι *[diẹrchomai]* hindurchgehen · ἐξέρχομαι *[exẹrchomai]* heraus-, weggehen · ἐπέρχομαι *[epẹrchomai]* herankommen · παρέρχομαι *[parẹrchomai]* vorübergehen · ἥκω *[hækō]* gekommen sein, dasein

ἔρχομαι *[ẹrchomai]* (mit hell. Fut. ἐλεύσομαι *[elẹusomai]*, Aor. ἦλθον *[ælthon]* bzw. ἦλθα *[æltha]*, I
Perf. ἐλήλυθα *[elælytha]*) ist im profangriech. Sprachgebrauch seit Homer, auch in LXX nachweisbar. Es bedeutet *kommen, gehen*, zumeist im eigentlichen Sinn; die Bewegungsrichtung wird durch

Präp. wie ἀπό [apo], εἰς [eis], ἐκ [ek] usw. bestimmt. Übertragen wird das Wort im zeitlichen Sinn gebraucht: ἔρχονται ἡμέραι [erchontai hæmerai], es kommen Tage (1Sam 2,31; 2Kön 20,17 u. ö.); aber auch vom Verderben, das über die Menschen kommt (Spr 1,26; 6,15 usw.). Vom Fut. ἐλεύσομαι [eleusomai] ist das seltene Subst. ἔλευσις [eleusis] (nachweisbar bei Dionys von Halikarnass 1. Jh. vChr) gebildet; es bezeichnet die *Ankunft*, wird aber im NT nur Apg 7,52 für das Kommen Jesu verwendet (für seine Wiederkunft in Lk 21,7 und 23,42 v. l.). Das sinnverwandte ἥκω [hækō] (Sprachgebrauch wie ἔρχομαι [erchomai]) bezeichnet urspr. das *Gekommensein*, den Zustand nach dem Kommen; daher ist die Konjugation in hell. Zeit oft perfektisch: ἧκα [hæka] (Fut. ἥξω [hæxō], Aor. ἧξα [hæxa]). Die urspr. perfektische Bedeutung ist nicht immer bewußt; in LXX und im NT geht der Gebrauch beider Worte ineinander über; das gilt auch vom übertragenen Gebrauch von ἥκω [hækō] (vgl. Jes 47,11; Ez 7,10.12).

Die griech.-hell. Frömmigkeit weiß vom Kommen der Gottheit zu dem Menschen wie vom Kommen der Menschen zu Gott. Der Gebetsruf ἐλθέ [elthe] (vgl. Ps 80,2 LXX) findet sich in antiken Gebetstexten und Zauberpapyri (ThWb II,663.929). Aber über die formale Gleichheit hinaus besteht kein Zusammenhang zwischen der heidnischen und der biblischen Gläubigkeit.

II In LXX sind die Worte meist im eigentlichen Sinn gebraucht. Dabei kann auch dieses Kommen – von seinem Zweck her – schon religiöse Bedeutung haben; man kommt zum Opfer (1Sam 16,2.5), zum Heiligtum, um dort anzubeten, Gott zu loben und zu preisen (Lev 12,4; 1Kön 8,42; Ps 100,2.4). Freilich gehen auch Heiden in das Haus ihres Gottes (2Chr 32,21). Für solches Kommen ist auch das Kompos. εἰσέρχομαι [eiserchomai] im Gebrauch.

In übertragener Bedeutung ist vom Beten und Flehen (2Chr 30,27; Ps 88,3; 119,170), vom Schreien des Menschen, das vor Gott kommt, die Rede (Ex 3,9; Ps 102,2). Im Zusammenhang mit der Heilserwartung stehen die Aussagen vom Kommen der Heiden nach Israel bzw. vor Gott (Jes 60,5f; 66,18; Jer 16,19; Hag 2,7). Häufig ist im AT von Gottes Kommen zum Gericht die Rede. Bereits Hosea sieht die Tage des Gerichts gekommen (9,7); in der prophetischen Weissagung ist der Tag Jahwes, der kommt, groß und furchtbar (Jo 3,4; Sach 14,1; Mal 3,23; Ps 96,13; 98,9). Aber Gott kommt nicht nur als Richter, sondern auch als Erretter (Jes 35,4; Ps 50,3f.15; Sach 14,5ff); er kommt als Heilbringer, der seine Herde weidet, als Erlöser, der die Sünde Jakobs wegnimmt und das Licht über Jerusalem kommen läßt (Jes 40,10f; 59,20; 60,1; → Erlösung). Mit der Hoffnung auf Gottes Kommen verbindet sich die Messias-Erwartung; der Messias kommt als der Friedenskönig (Sach 9,9), als der Gesegnete im Namen des Herrn (Ps 118,26); die Stelle Dan 7,13, die vom Kommen des »Menschensohnes« redet, bezieht sich zunächst auf das Reich, das den »Heiligen des Höchsten« gegeben wird (V. 22.27). Weil aber ein Reich ohne den König nicht zu denken ist, hat man schon in vorchristl. Zeit (aethHen 46,3.4; 48,2 usw.) hier unter dem Menschensohn den Messias verstanden. Auch in den Qumrantexten (1QS 9,11; 4QPB 3) ist die Erwartung des kommenden Messias bzw. der Messiasse lebendig (über die rabb. Messiaserwartung vgl. St.-B. IV,872ff).

III 1) Der nt. Gebrauch von ἔρχομαι [erchomai] und ἥκω [hækō] knüpft an den Sprachgebrauch der profanen Gräzität an. Die eigentliche, räumliche Bedeutung überwiegt, doch kann sie in die religiöse übergehen: Joh 1,39.47 hat das Kommen zu Jesus den Eintritt in die Jüngerschaft zur Folge; ähnlich ist die Sachlage beim Kommen der Weisen aus dem Morgenland (Mt 2,2) bzw. dem Kommen der Heiden, das mit dem Eingang in das Reich Gottes zusammenfällt (Mt 8,11; Röm 11,25). Auch der übertragene Sprachgebrauch von kommenden zeitlichen Geschehnissen findet sich, bes. in eschatologischem Zusammenhang: Es kommen Tage bzw. die Stunde (Mt 9,15; Mk 2,20; Joh 2,4 u. ö.), es kommt die Fülle der Zeit (Gal 4,4), die Botschaft vom Glauben (Gal 3,23.25), der Zorn (Eph 5,6), das Gericht (Offb 18,10) usw.

2) Die vielfache Nuancierung des Sprachgebrauches wird aber erst bei der Berücksichtigung der K o m p o s i t a sichtbar; ihr Gebrauch in der profanen Gräzität und LXX stimmt im allg. mit dem von ἔρχομαι [erchomai] überein:

a) ἀπέρχομαι [aperchomai] *weggehen*, im eigentlichen Sinn Gen 18,33; Mk 1,35; 6,46; 14,39 (Jesus geht zum Gebet). ἀπῆλθον ὀπίσω [apælthon opisō] von der → Nachfolge Jesu Mk 1,20 (vgl. Hi 21,33); im entgegengesetzten Sinn Joh 6,66; Jud 7. In übertragenem Sinn gewinnt ἀπέρχομαι [aperchomai] die Bedeutung *vergehen* (Offb 9,12; 11,14; 21,1.4).

b) διέρχομαι [dierchomai], *hindurchgehen, -ziehen* (1Makk 3,8; Apg 14,24 usw.) wird vom Hindurchdringen des Todes zu allen Menschen Röm 5,12, vom Hindurchschreiten des Hohenpriesters Christus durch die Himmel Hebr 4,14 gebraucht.

c) εἰσέρχομαι *[eisẹrchomai]*, *hineingehen*, ist Num 14,30; 15,2 usw. vom Kommen der Israeliten in das heilige Land, Ps 24,7.9 vom Einziehen des Herrn in den Tempel gebraucht und steht im NT im eigentlichen Sinn Lk 1,9; 4,16 vom Hineingehen in den Tempel, die Synagoge usw. Das Verb συνεισέρχομαι *[syneisẹrchomai]*, *mit hineingehen*, Joh 6,22; 18,15 direkt vom gemeinsamen Betreten eines Bootes bzw. Hofes gebraucht, findet sich in übertragener Bedeutung bes. für das Eingehen in das Himmelreich, das → Leben bzw. die → »Ruhe« (Mt 18,3; Hebr 3,11.18 usw.).

d) ἐξέρχομαι *[exẹrchomai]*, *heraus-*, *weggehen*, ist in LXX wie im NT meist lokal gebraucht (Gen 4,16; Mt 14,14 usw.), steht aber in übertragener Bedeutung vom Herausgehen des Messias (Jes 11,1; Mi 5,2; Mt 2,6), sowie vom Gesetz und von der Gerechtigkeit, die aus Gottes Mund ausgehen (Jes 2,3; 45,23; 51,4). Im NT wird es gesagt auch von der Kunde, die ausgeht (Mt 9,26 u. ö.), vom Erlaß, der vom Kaiser (Lk 2,1), vom Wort Gottes, das von der Gemeinde ausgeht (1Kor 14,36), aber auch von den ausfahrenden Dämonen (Mk 1,25f usw.), von den Gedanken, die aus dem Herzen hervorgehen (Mt 15, 18f). Im johanneischen Sprachgebrauch [illegible] sich für das Ausgehen (= Herkommen) Jesu von Gott (Joh 8,42; 13,3 usw.; vgl. auch Mk 1,38).

e) ἐπέρχομαι *[epẹrchomai]* (Intensivierung von ἔρχομαι *[ẹrchomai]*), *herankommen*, ist rein räumlich gebraucht Apg 14,19; in feindlichem Sinn Lk 11,22; zeitlich in neutralem Sinn von den kommenden Äonen Eph 2,7. Vom bevorstehenden Unheil steht es Gen 42,21; Lk 21,26.35; Jak 5,1 u. ö., vom Herabkommen des Geistes Jes 32,15 (v. l.); Lk 1,35; Apg 1,8.

f) παρέρχομαι *[parẹrchomai]*, *vorübergehen*, lokal Gen 18,3; Mk 6,48; Lk 18,37; zeitlich: Mk 14,35. Es gewinnt die Bedeutungen *herankommen* (Lk 12,37), *vergehen* (Sir 42,19; 1Petr 4,3 von der Zeit; Weish 5,9; Mt 5,18; 24,35 vom Reichtum, von Himmel und Erde) und *übertreten* (der Gebote Jes 24,5; Lk 15,29).

g) παρεισέρχομαι *[pareisẹrchomai]* (belegt bei Polyb., 2. Jh. vChr; selten), *daneben hineinkommen:* vom Gesetz, das nur eine untergeordnete Bedeutung in Gottes Heilsplan hat (Röm 5,20); von falschen Brüdern, die sich in die Gemeinde zu Jerusalem hineinschleichen (Gal 2,4).

h) περιέρχομαι *[periẹrchomai]*, *umhergehen*, *-ziehen* (Jos 6,6.10), ist Apg 19,13 von umherziehenden jüd. Beschwörern, 28,13 von der »Umfahrt« des Apostels an der Küste Siziliens, 1Tim 5,13 von in den Häusern umherziehenden jungen Witwen, Hebr 11,37 vom Umherirren verfolgter Glaubenszeugen gebraucht.

i) προέρχομαι *[proẹrchomai]*, *vorausgehen*, *-ziehen* (Gen 33,3.14; Apg 20,5; 2Kor 9,5), steht in übertragenem Sinn Lk 1,17 vom Vorläufer Christi (v. l. προσελεύσεται *[proseleusetai]*).

k) προσέρχομαι *[prosẹrchomai]*, *hinzutreten*, ist in LXX und im NT meist in räumlichem Sinn gebraucht (Gen 42,24; Mt 5,1 usw.). Im kultischen Sinn bezeichnet es in LXX das Hinzutreten der Gemeinde (Ex 16,9) oder des Priesters (Lev 9,7.8) vor Gott. Im Hebr. entspricht dem Verb meist die Wurzel *qrb* (*nahe*, *nahen*). Auch in den Qumrantexten setzt sich dieser Sprachgebrauch fort. Im NT redet Hebr 4,16 vom Zutritt zum Gnadenstuhl (vgl. Ez 44,16); Hebr 10,22; 11,6 vom Zutritt zu Gott in weit über das Vorrecht der Priester hinausgehendem Maße, wie es sich schon in der Qumrangemeinde beobachten läßt. In allgemeinerem Sinn ist Sir 6,18f vom Hinzutreten zur Weisheit, 1Tim 6,3 von der Zuwendung zu den »gesunden Worten« die Rede.

l) συνέρχομαι *[synẹrchomai]*, *zusammenkommen* (Ex 32,26; Mk 3,20; 1Kor 11,17ff; 14,23.26 von der Menge bzw. der Gemeindeversammlung); auch *zusammen reisen*, *begleiten* (Tob 12,1; Lk 23,55; Apg 1,21) und für die geschlechtliche Gemeinschaft (Weish 7,2; Mt 1,18; 1Kor 7,5).

3a) Grundlegende theol. Bedeutung haben im NT die Worte vom Kommen Christi bzw. dem Kommen Gottes und seines → Reiches. In den Aussagen von seinem Gekommensein spricht sich in allen Evgg. Jesu messianisches Selbstverständnis aus: Bei den

Synopt. heißt es, daß Jesus gekommen ist, das → Evangelium zu predigen; das → Gesetz nicht aufzulösen, sondern zu erfüllen; die Sünder zur → Buße zu rufen; nicht den Frieden, sondern das Schwert zu bringen und einen Feuerbrand auf die Erde zu werfen (Mk 1,38f; Mt 5,17; 9,13 par; 10,34 par; Lk 12,49). Ebenso ist nach Mt 20,28 par; Lk 19,10 der Menschensohn gekommen, um sein Leben zur Erlösung für viele zu geben, das Verlorene zu suchen und zu retten.

Kritische Forschung (zB Bultmann, Geschichte der synoptischen Tradition, 1958[4], 164ff) hat diese Ich-Worte Jesus abgesprochen; hier soll die spätere Gemeinde Jesus ihren Glauben in den Mund gelegt haben. Aber wie will man die Entstehung dieses Glaubens begreifen, wenn Jesus ein solches Sendungsbewußtsein nicht gehabt hat? (→ Ich bin).

Ebenso bezeugt das 4. Ev., daß Jesus als das → Licht in die Welt gekommen ist; daß er gekommen ist, damit die Seinen in ihm das → Leben und reiche → Fülle haben (Joh 1,9; 3,19; 10,10 Z); daß er gekommen ist, nicht um die Welt zu richten, sondern sie zu retten und für die → Wahrheit zu zeugen (Joh 12,46f; 18,37); daß er im Namen seines Vaters gekommen ist, von Gott ausgegangen, um wieder zu [illegible] zurückzukehren (5,43; 8,42; 16,28).

Johannes der Täufer geht ihm voraus (Lk 1,17); auch er ist »gekommen«, und zwar als der Elia, der wiederkehren soll (Mal 3,23; Mt 11,14.18; 17,10 par), und er selbst hat auf den Stärkeren, der nach ihm kommt (Mt 3,11 par) hingewiesen. Besonders das JohEv hebt die nur vorbereitende Bedeutung des Täufers hervor. Dieser ist nicht selbst das Licht, sondern hat die Aufgabe, von dem Licht zu zeugen; Jesus ist der Herr, der vor ihm gewesen ist, wenn er auch nach ihm kommt (Mk 1,7; Joh 1,7.15.27).

b) Das Kommen Jesu im → Fleisch (1Joh 4,2) läßt indessen Raum für den Zweifel, den schon der gefangene Täufer ausspricht: Bist du »der Kommende«, dh der verheißene Messias? (Mt 11,3 E). Wenn das Volk zu Jerusalem den zu ihm kommenden Heilskönig mit Ps 118,25f begrüßt (Mt 21,9), so ist doch durch den Kreuzestod (→ Kreuz) der messianische Anspruch Jesu in Frage gestellt (Mt 27,42). Aber durch seine → Auferstehung ist Jesus eingesetzt »zum Sohn Gottes voll Macht« (Röm 1,4 Z); diese Macht muß auch in der irdischen Welt sichtbar werden. Darum gehört zur Osterbotschaft die Gewißheit, daß Jesus mit Macht und Herrlichkeit kommen wird. Dieser Glaube an den kommenden Christus ist in den synopt. Evgg. im Anschluß an die messianisch gedeutete Stelle Dan 7,13 formuliert: Der Menschensohn wird kommen in den Wolken des Himmels (Mt 24,30 par; 26,64 par). Der kommende Christus wird der Richter sein (Mt 25,31; 2Kor 5,10 usw.). Es macht sachlich keinen Unterschied, wenn daneben auch von Gott als dem Richter gesprochen wird (Mt 10,32f). Die Stärke dieser Hoffnung, die das ganze NT erfüllt, zeigt der Gebetsruf μαραναθά *[maranatha]* in 1Kor 16,22 und die Bitte: »Amen, ja komm Herr Jesu« Offb 22,20 (→ Gegenwart).

Mit der Bitte um das Kommen des Herrn verbindet sich die Bitte um das Kommen des → Reiches Gottes (Mt 6,10; Lk 11,2); das Kommen des Messias ist von dem Kommen des Reiches nicht zu trennen (Mt 16,28; Lk 22,29f). Dem kommenden Christus gehen falsche Propheten und Messiasse, ja der Antichristus voraus (Mk 13,22f; 1Joh 2,18; 2Thess 2,3ff). Tag und Stunde dieses Kommens wissen weder die Engel im Himmel noch der Sohn, sondern nur der Vater; auch den Jüngern gebührt es nicht, sie zu wissen (Mk 13,32; Apg 1,7). Plötzlich, unerwartet wie der »Dieb in der Nacht« wird der Herr kommen (Mt 24,42; 1Thess 5,2 u. ö.); darum müssen die Jünger »wachen«, jederzeit auf dieses Kommen gerüstet sein (Mt 24,42; 25,13 u. ö.). Obgleich der Termin dieses Kommens nirgends im NT festgelegt ist, ist damit die Hoffnung auf das baldige Kommen (Offb 22,20) nicht ausgeschlossen.

c) Das 4. Ev. sieht auch das Oster- und Pfingstgeschehen unter dem Gesichtspunkt des Kommens Jesu bzw. des → Geistes. Der scheidende Jesus läßt die Jünger nicht als Waisen zurück, sondern kommt als der lebendige wieder zu ihnen. Denen, die ihn lieben, wird er sich offenbaren; der Vater und der Sohn werden zu ihnen kommen und bei ihnen Wohnung machen (Joh 14,16ff), ebenso verheißt Jesus das Kommen des Parakleten, des Beistandes (so NTD IV, Z. u. a.; L: Tröster; → Fürsprecher). Dieser hat die Aufgabe, von Christus zu zeugen, als der Geist der Wahrheit wird er die Jünger in die ganze → Wahrheit leiten (15,

26; 16,7.8.13 Z). Das bedeutet nicht, wie man gemeint hat, die Preisgabe der urchristl. Zukunftshoffnung; der Gedanke an den »Jüngsten Tag«, an die Auferstehung und das Gericht sind im Ev. festgehalten und unlöslich mit der Person Jesu verbunden (5,25.29; 6,39.44.54; 11,25f). Herausgestellt ist lediglich der enge Zusammenhang zwischen der Heilsgegenwart des gekommenen Christus und der Zukunft. Er hat in der Wendung »es kommt die Stunde und ist schon jetzt« (4,23; 5,25) seinen klassischen Ausdruck gefunden.

d) Zu diesem Herrn, der gekommen ist und kommen wird, sollen nun auch die Menschen kommen. Darauf hat Jesus zB im Gleichnis vom großen Abendmahl hingewiesen (Mt 22,1ff; Lk 14,15ff). Aber die Einladung, die ergeht, hat das Ergebnis, daß sie nicht kommen wollen (Mt 22,3; Lk 14,20). Das JohEv verwendet dasselbe Bild (Joh 5,40; 7,37). Natürlich geht es Jesus nicht um das äußere Kommen, das bloße Interesse, sondern um die → Nachfolge, das ὀπίσω ἔρχεσθαι *[opisō erchesthai]* bzw. ἀκολουθεῖν *[akolouthein]* (Mk 1,20; Mt 10,38 par; 16,24 par; im johanneischen Sprachgebrauch neben ἀκολουθεῖν *[akolouthein]* auch πιστεύειν *[pisteuein]*, glauben; → Glaube). Daß Christus schon gekommen ist, hat die Voraussetzung für diesen Zugang der Menschen zu ihm geschaffen; aber die Antwort der Nachfolge, die Jesus auf seine Einladung erwartet, kann zuletzt doch nur Werk der göttlichen → Gnade sein (Joh 6,37.44).

W. Mundle

καταντάω

καταντάω *[katantaō]* hinkommen · ἀπαντάω *[apantaō]* begegnen · ὑπαντάω *[hypantaō]* begegnen · ἀπάντησις *[apantæsis]* Begegnung · ὑπάντησις *[hypantæsis]* Begegnung

καταντάω *[katantaō]*, profangriech. seit Polyb. (2. Jh. vChr) nachgewiesen, bedeutet urspr. *hinkommen* und bezeichnet die Bewegung zu einem Ziel hin, zunächst örtlich: zu einer Stadt usw. *gelangen*. In übertragenem Sinn bezeichnet das Wort das Erreichen eines Zieles oder einer Sache, die wir erstreben oder die – umgekehrt – auf uns zukommt. I

Der Gebrauch des Wortes in LXX ist auf 4 Stellen in 2Makk und 2Sam 3,29 beschränkt, spiegelt aber die wichtigsten Bedeutungsnuancen wider. In örtlicher Bedeutung steht καταντάω *[katantaō]* vom Kommen nach Jerusalem bzw. Tyrus (2Makk 4,21.44); übertragen wird es gebraucht vom Erlangen der hohenpriesterlichen Würde, vom Hinzugelangen der Menschen zu dem Vollmaß der Sünde (2Makk 4,24; 6,14). In 2Sam 3,29, wo es *chūl* = *losstürzen auf, treffen* wiedergibt, kommt Blutschuld auf das Haupt des Joab. II

1) Im NT findet sich das Wort nur in der Apg (9mal) und in den Paulusbriefen (4mal). In der Apg ist das Verb fast ausschließlich in direkt-räumlichem Sinne gebraucht und bezeichnet dort das Kommen zu den Stationen, zu denen Paulus auf seinen Missionsreisen gelangt, zB Derbe, Ephesus (Apg 16,1; 18,19.24). Nur einmal findet sich das Wort in der Apg im übertragenen Sinn: In der Rede des Paulus an Agrippa heißt es, daß Israel, »das Zwölfstämmevolk«, inständig und mit unermüdlichem Gebet hofft, zu der Verheißung (dh zu ihrer Erfüllung) zu gelangen, die den Vätern von Gott her zuteil geworden ist (26,7). III

2) Dieser Redeformulierung ist der Gebrauch bei Paulus verwandt, der das Wort nur in übertragenem Sinn verwendet. So bezeichnet er es Phil 3,11 als das letzte Ziel seiner christl. Existenz, zu der Auferstehung der Toten zu gelangen. In anderem Sinne faßt Eph 4,13 für die Gesamtheit der Christen das Ziel ins Auge: Sie sollen zur Einheit des Glaubens und zur Erkenntnis des Sohnes Gottes gelangen. Verbunden mit dem Erreichen dieses Zieles ist die Vollkommenheit, Reife, Festigkeit im Glauben und das Wachsen in der Liebe, das die Gemeinde mit ihrem Haupt Christus verbindet (V. 14–16).

Es ist bei Paulus aber auch von einer Bewegung, die von Gott ausgeht und zu den Menschen kommt, die Rede. 1Kor 10,11 sagt der Apostel, daß »das Ende der Zeiten (Äonen) zu uns gelangt ist«. Einen ähnlichen Gedanken bringt Hebr 9,26 zum Ausdruck: »Am Ende der Zeiten« (L, Z; → Zeit) ist Christus erschienen, um durch sein Opfer die Sünde der Menschen aufzuheben. Diese Bewegung ist von Gott auf das Ende hin ausgegangen; bei uns ist sie jetzt zu ihrem Ziel gelangt. In diesem Gedanken ist auch die Gewißheit enthalten, daß mit Christus, der das Ende der Zeiten heraufführt, eine neue Weltzeit, eine neue Ordnung der Dinge beginnt; das ist freilich in der → Welt, deren Gestalt vergeht (1Kor 7,31), nur dem Glaubenden sichtbar. Diese Bewegung, die von Gott ausgeht, wird auch darin sichtbar, daß das Wort Gottes zu den Gemeinden gelangt ist (1Kor 14,36) und von ihnen weitergetragen werden soll; dieses → Wort ist die apostolische Botschaft, die bei den Gemeinden ihr Ziel erreicht, indem sie als Gottes Wort aufgenommen wird (1Thess 2,13).

3) Neben καταντάω *[katantaō]* finden sich im NT die sinn- und stammverwandten Verben ἀπαντάω *[apantaō]* (Mk 14,13; Lk 17,12) und ὑπαντάω *[hypantaō]* (Mt 8,28; Lk 8,27) im Sinne von *begegnen* sowie die zu ihnen gehörigen Subst. ἀπάντησις *[apantæsis]* (Apg 28,15; 1Thess 4,17) und ὑπάντησις *[hypantæsis]* (Mt 8,34; 25,1) = *Begegnung*. Die Worte finden sich auch im profangriech. Gebrauch und in der LXX; die Begegnung ist durchweg in räumlichem Sinn zu verstehen. Das gleiche gilt von συναντάω *[synantaō]* = *begegnen* (Lk 9,37; Apg 10,25; Hebr 7,1.10); Apg 20,22 ist von einem Geschehen die Rede, das auf Paulus zukommt.

Beachtenswert ist der Gebrauch von ἀπάντησις *[apantæsis]* 1Thess 4,17, weil hier die antike Ausdrucksweise für die triumphale Einholung des neuen Herrschers in die Hauptstadt, also zu seinem Regierungsantritt aufgegriffen und auf Christus übertragen wird. Es heißt, die Christen würden »in die Luft« entrückt werden, um dem kommenden Christus zu begegnen, dh ihn feierlich einzuholen, womit also der Antritt seiner Herrschaft und der bleibenden Gemeinschaft mit ihm gekennzeichnet ist. Denselben Gedanken finden wir auch im Gleichnis von den zehn Jungfrauen wieder: Die Jungfrauen ziehen aus εἰς ὑπάντησιν *[eis hypantæsin]* mit dem Herrn, dh zur Begegnung mit dem Bräutigam, dem sie einen festlichen Empfang bereiten wollen (Mt 25,1).

W. Mundle

μέλλω

μέλλω *[mellō]* vermögen, beabsichtigen, müssen · μέλλων *[mellōn]* zukünftig

I μέλλω *[mellō]*, Imperf. ἔμελλον *[emellon]* oder att. ἤμελλον *[æmellon]*, seit Hom. belegt, ist ein in der griech. Sprache häufig verwendetes Verb, das in Verbindung mit folgendem Inf. oder als Part. absolut gebraucht wird. Die im Inf. bezeichnete Handlung wird dabei durch μέλλω *[mellō]* hinsichtlich ihrer Zeit, ihrer Bestimmtheit oder Möglichkeit präzisiert, wobei das Auszuführende ganz in der Reflexion des handelnden Subjektes behaftet bleibt. So heißt μέλλω *[mellō]* zunächst: ich bin *imstande, vermag, kann*. Dann häufiger (klassisch meist mit folg. Inf. Fut.): ich bin *im Begriff, habe vor, beabsichtige, gedenke zu tun*; abgeblaßt oft einfach: ich *werde* (im Sinne des Fut.). Sodann, wenn die Handlung unter göttlicher, schicksalhafter oder gesetzmäßiger Notwendigkeit gesehen wird, gewinnt μέλλω *[mellō]*, bes. im Imperf., die Bedeutung: *sollen, müssen*, im Sinne einer unausbleiblichen Bestimmung. Abgeschwächt durch Vermutung oder Wahrscheinlichkeit heißt μέλλω *[mellō]* dann: ich *muß wohl*, ich *mag wohl*. Hält die Reflexion über das Auszuführende so lange an, daß es gar nicht zur Handlung kommt, dann heißt μέλλω *[mellō]*: sich *bedenken, zögern, zaudern*.

Das Part. bezeichnet das *Künftige*, das *nahe Bevorstehende*. Bei Aischyl., Eur., Plato u. a. ist ὁ μέλλων χρόνος *[ho mellōn chronos]* = *die Zukunft* belegt, desgleichen auch subst. τὸ μέλλον *[to mellon]* = *die Zukunft*, τὰ μέλλοντα *[ta mellonta]* = *das Zukünftige*.

II In der LXX wird μέλλω *[mellō]*, oft in Verbindung mit Inf. Präs., gebraucht, am häufigsten in 2Makk, 4Makk, Weish, Hiob und 6mal bei Jes. Meistens ist dabei das hebr. Äquivalent die Imperf.-Futur-Form des hebr. Verbums. In Hi 3,8 steht hebr. *'atid* = *fertig, bereit, imstande sein*; in Hi 19,25 ist μέλλω *[mellō]* Übers. von *'acharon* = »als *der letzte*« (L.). Das hebr. *'abi-'ad* = »*Ewig-Vater*« (L.) von Jes 9,5 ist wiedergegeben mit πατὴρ τοῦ μέλλοντος αἰῶνος *[patær tou mellontos aiōnos]*. Nur an dieser Stelle findet sich in LXX die Formel αἰὼν μέλλων *[aiōn mellōn]*, die dann in der Lehre von den beiden Äonen eine große Bedeutung in der jüd. Apokalyptik gefunden hat (IV Esra, Apk. Bar. 4, u. ö.) → Zeit, Art. αἰών.

III 1) Im NT findet sich μέλλω *[mellō]* in allen Bedeutungen, die es in der griech. Lit. hat: *beabsichtigen, im Sinn haben*: Mt 2,13; Lk 10,1; 19,4; Joh 6,6.15; 7,35; Apg 5,35; 20,3.7.13; 23,15; 27,30; 2Petr 1,12; Hebr 8,5. Am häufigsten steht μέλλω *[mellō]* mit dem Inf. des

Präs. (84mal) – gelegentlich mit dem Inf. Aorist – in der Bedeutung: *im Begriff stehen, gerade dabei sein, werden* = (zur Bezeichnung des Futur): Mt 24,6; Lk 7,2; 19,11; 21,7; Joh 4,47; Apg 3,3; 12,6; 16,27; 18,14 u. ö.; Offb 3,2; 10,4.7; 12,4.5; μέλλω *[mẹllō]*, partizipial, adjekt. oder subst. gebraucht, heißt im fut. Sinn: *künftig, Zukunft*: Lk 13,9; 2Petr 2,6; Röm 8,38 u. 1Kor 3,22; 1Tim 6,19; Hebr 11,20. – In Apg 22,16 heißt τί μέλλεις *[ti mẹlleis]* = *was zauderst du noch?*

2) Die sich nach dem Willen und Vorsatz Gottes ereignende, von Menschen ausgeführte oder an ihnen geschehende Handlung wird hinsichtlich ihrer Notwendigkeit, Gewißheit oder Zwangsläufigkeit durch μέλλω *[mẹllō]* ausgedrückt im Sinn von: *müssen, sollen, gewiß ... werden*. So bei den Aussagen über Jesu Heilshandeln, bes. im Leiden und Sterben: Mt 17,12.22; 20,22; Mk 10,32; Lk 9,31.44; 24,21; Joh 7,39; 11,51; 12,33; 14,22; 18,32; Apg 26,23. Aber auch im Blick auf Judas' Verrat: Lk 22,23; Joh 6,71; 12,4. Ferner bei Gottes Handeln in Gnade und Gericht: Mk 13,4; Apg 17,31; Röm 4,24; 8,13; Gal 3,23; 1Thess 3,4; 1Tim 1,16; Hebr 1,14; 10,27; 11,8; Offb 1,19; 3,10. Hierzu sind auch die in göttlicher Gewißheit gesprochenen Voraussagen in Apg 11,28 u. 24,15 u. 26,22 zu rechnen.

3) μέλλω *[mẹllō]*, partizip., adjekt. oder subst. konstruiert, wird in der Bedeutung: *kommend, zukünftig, Zukunft* gebraucht (wie unter III,1 angeführt) und wird damit – parallel zu → ἔρχομαι *[ẹrchomai]* – zu einer wichtigen Formel eschatologischer Aussagen im NT. Vorgegeben ist dabei der Begriff und die Vorstellungswelt aus der spätjüd., auch hell. geprägten Apokalyptik. Die dort bestimmende Lehre von den beiden Äonen bildet die Grundlage der nt. Vorstellung vom → Reich Gottes, wobei dem vergehenden Äon der »Jetzt-Zeit« der Himmel und Erde verwandelnde μέλλων αἰών *[mẹllōn aiọ̄n]* zeitlich und räumlich nahe gekommen ist. Die οἰκουμένη μέλλουσα *[oikumẹnæ mẹllousa]* = *zukünftige Welt* ist Herrschaftsbereich Christi allein (Hebr 2,5; Eph I,21). Hier in der »Jetzt-Welt« haben Christen keine bleibende (μένουσα *[mẹnousa]*) Stadt, sondern sie trachten nach der μέλλουσα *[mẹllousa]* = *zukünftigen* (Hebr 13,14). Diese zukünftige Stadt hat feste Grundlagen (Hebr 11,10), ist von Gott den Vätern bereitet (11,16), ist die himmlische Stadt (11,16; 12,22), ist Heimat und verheißene Ruhe (3,11.18; 4,3ff). Hier ist die »Bleibe« aus Tod und Gericht. Diese neue Welt ist auch umschrieben als *zukünftige* Herrlichkeit (Röm 8,18; 1Petr 5,1), bei Gott vorhanden und zum Offenbar-werden bestimmt und bereit. Im Blick darauf sind die notwendigen → Leiden der gegenwärtigen Zeit für nichts zu achten. Wer aber aus Leidensscheu nicht im Geist gegen sein Fleisch kämpfen will, wer nach dem → Fleisch lebt, der *muß* sterben (Röm 8,13) in zwingender Auswirkung des *zukünftigen* Gerichtes und Zornes (Mt 3,7; Apg 24,25). Christus ist der *kommende* Menschensohn (Mt 16,27) und Richter (2Tim 4,1). Im *zukünftigen* Äon gibt es keine → Vergebung für die Lästerung des Geistes (Mt 12,32). Gottesfurcht aber hat die Verheißung dieses u. des *zukünftigen* → Lebens (1Tim 4,8). Kräfte des *zukünftigen* Äons können gekostet werden (Hebr 6,5), und Christus ist der Hohepriester der *zukünftigen* Güter (so Hebr 9,11 die wahrscheinl. Lesart – gegen Nestle-Text); das sind Heilsgüter der neuen Weltzeit, die den Gläubigen durch Christi Tod erwirkt werden. Das → Gesetz hat nur den Schatten der *zukünftigen* Güter aufzuweisen (Hebr 10,1). In Kol 2,17 sind Menschensatzungen zwar auf das *Kommende* bezogen, aber doch nur sein Schatten. Dieses Kommende ist der »Leib«, der seinen »Schatten« schon in die Gegenwart wirft. Und dieser Leib – »die Wirklichkeit ... im Gegensatz zum Schattenhaften aller Satzungen« – ist der Leib Christi, des *Künftigen* (vgl. Lohmeyer, KEK IX,122f). Als der *Kommende*, der eine neue Weltzeit einleitet, wird Christus in Röm 5,14 als Antitypos zu → Adam bezeichnet.

W. Schneider

Lit.: AvHarnack, Ich bin gekommen, ZThK 22, 1912, 1ff – JSchneider, Art. ἔρχομαι, ThWb II, 1935, 662ff; ders., Art. ἥκω, ebd., 929ff – OMichel, Art. καταντάω, ThWb III, 1938, 625ff – WMundle, Der Glaube an Christus und der historische Zweifel, 1950, 24ff – RPrenter, Art. Eschatologie im NT und Urchristentum, EKL I, 1956, 1155 – HConzelmann, Art. Eschatologie im Urchristentum, RGG II, 1958³, 665ff – RSchnackenburg, Art. Eschatologie, LThK III, 1964², 1088ff – ELohmeyer, Die Briefe an die Kolosser und an Philemon, KEK IX,2, 1964¹² – SHerrmann, Die prophetischen Heilserwartungen im Alten Testament, 1965 – BSandvik, Das Kommen des Herrn beim Abendmahl im Neuen Testament, 1970 (= AThANT, 58). – Vgl. auch Lit. zu → Gegenwart, Wiederkunft.

Kraft

Die Vokabeln dieser Gruppe, die eng mit den unter → Macht behandelten zusammengehören, bezeichnen Voraussetzungen und Mittel, mit denen jemand seinen eigenen Willen anderen gegenüber zur Geltung bringen will und kann. Die mit βία *[bịa]* zusammenhängende Wortgruppe steht für die zwingende *Gewalt*, freilich auch für das freundschaftliche, aber nachdrückliche Eindringen auf jemanden; ἰσχύς *[is·chys]* bezeichnet vor allem, wenn auch nicht ausschließlich die physische *Kraft*; κράτος *[kratos]*, in seiner Bedeutung mit ἰσχύς *[is·chys]* verwandt, meint mehr die *Macht* im Sinne der Herrschaftsausübung. Zusammen mit κέρας *[kẹras]* *Horn*, das als Ausdruck von Machtbesitz gilt, steht ἰσχύς *[is·chys]* den Begriffen δύναμις *[dynamis]* und ἐξουσία *[exousịa]* am nächsten.

βία

βία *[bịa]* Gewalt · βιάζω *[biạzō]* Gewalt anwenden · βιαστής *[biastæs]* der Gewalttätige

I/II 1) βία *[bịa]*, seit Hom. belegt und im Rabb. als Fremdwort verwendet, meint die *Gewalt* und die *Anwendung von Gewalt*. LXX übersetzt sechs hebr. Äquivalente mit diesem Terminus, verwendet die Vokabel aber nicht sehr häufig (zB Ex 1,13f: *pæræh*). Gelegentlich wird Gottes Gewalt mit βία *[bịa]* beschrieben (Jes 28,2; 30,30). LXX kennzeichnet Ez 44,18 die neue Priesterordnung als gewaltlos: καὶ οὐ περιζώσονται βίᾳ *[kai ou perizọ̄sontai bịa]* = »und sie sollen nicht mit Gewalt umgürtet sein«.

2) βιάζω *[biạzō]*, im Akt. ganz selten, bezeichnet als Med. das gewaltsame Vorgehen, das sich mit der Tat und auch mit dem Wort ereignet: trans. im Sinne von *vergewaltigen*, intr. im Sinne von *Gewalt anwenden, sich gewaltsam durchsetzen*. Im Pass. meint das Wort *Gewalt erleiden*. In LXX 18mal vorkommend, tritt das Wort für 7 hebr. Äquivalente ein. Die Bedeutung des gewaltsamen Vorgehens erscheint in den Nuancen: *in jemand dringen* (als freundschaftlich gemeinte Nötigung zB Gen 33,11; Ri 13,15f; 19,7; 2Sam 13,25.27), *vergewaltigen* (Dtn 22,25.28: das Vergewaltigen eines Mädchens) und *sich mit Gewalt Zutritt verschaffen* (Ex 19,24).

3) βιαστής *[biastæs]*, in LXX nicht vorkommend, ist der *Gewalttäter*, der *Stürmende* und zwar in üblem Sinne.

III βία *[bịa]* begegnet im NT nur Apg (vgl. auch βίαιος *[bịaios]* Apg 2,2) und bezeichnet die *Gewalt*: 27,41 die *Gewalt* der Wellen, die ein Schiff vernichten; 21,35 die *Gewalt* des Volkes, das Paulus bedrängt, und 5,26 die *Gewalt*, die aus Furcht vor dem Volk nicht angewendet wird. In allen Fällen wirkt sich die Gewalt für die Menschen lebensbedrohend aus. Eröffnet sich von diesen lukanischen Stellen aus ein Zugang zu Lk 16,16, einem Spruch aus Q, den aber Lukas eigenständig umformuliert hat? In diesem Fall würde πᾶς εἰς αὐτὴν βιάζεται *[pas eis autæn biạzetai]* heißen: *jeder geht* gegen das Reich Gottes *mit Gewalt vor*. Im Hintergrund würde die Verfolgungssituation stehen: Seit das Reich Gottes verkündigt wird, wendet man *Gewalt* gegen das Reich Gottes an, wie es Lukas in Apg darstellt. Zu beachten ist auch der Kontext bei Lukas, der polemischen Charakter hat: die Pharisäer spotten V. 14, Jesus antwortet: was unter den Menschen hoch ist, ist vor (ἐνώπιον *[enọ̄pion]* ist typisch lukanisch) Gott ein Greuel. Gestützt auf das εἰς *[eis]* (statt πρός *[pros]* oder ἐπί *[epi]*) vertritt die Mehrzahl der Exegeten jedoch die Auffassung, Lukas meine: jedermann drängt sich in das Reich Gottes hinein. Eine pass. Bedeutung »ein jeder wird hineingezwungen« ist wohl die unwahrscheinlichste Möglichkeit. – Für die neuere Lukas-Forschung ist Lk 16,16 von besonderer Bedeutung zur Erfassung der Eigenart des dritten Evangelisten (Conzelmann), weil man hier die Abgrenzung bestimmter Zeitepochen bes. deutlich formuliert sieht.

Die ältere Formulierung liegt bei Matthäus vor (11,12), aber auch an dieser Stelle sind verschiedene Exegesen möglich. Unwahrscheinlich ist wohl die mediale Auslegung: Das Himmelreich wendet Gewalt an, es vergewaltigt. Eher möglich ist das Verständnis: Das Himmelreich setzt sich mächtig durch (intr.), es wird mit Eifer erstrebt, und die stürmisch Drängenden reißen es an sich. – Auch die Übersetzung, das Himmelreich erleide in gutem Sinne

Gewalt, indem die stürmisch Vordrängenden es an sich zu reißen trachten, ist, obwohl sehr oft vertreten, unwahrscheinlich, da ein feindliches Tun eher zu erwarten ist. — So ist die Deutung vorzuziehen, die βιάζεσθαι *[biązesthai]* pass. in malam partem interpretiert: man geht mit Gewalt gegen das Himmelreich vor, und Gewalttäter reißen es an sich, und zwar der Art, daß man dem Himmelreich Hindernisse in den Weg legt (oder der Art, daß man es mit Gewalt herbeizwingt). Ein besonderes Problem ergibt sich in der zweiten Satzhälfte mit ἁρπάζουσιν αὐτήν *[harpązousin autęn]*. Matthäus hat es wohl (vgl. 13,19) im Sinne von *jemandem etwas wegnehmen* verstanden. Doch ist diese Interpretation nicht ohne weiteres auch für Q vorauszusetzen. In diesem Stadium der Tradition wäre die Möglichkeit zu erwägen, ob man den polemischen Vorwurf kannte, Jesus habe das Gottgleichsein an sich reißen wollen (vgl. Phil 2,6; Mk 14,61f; Mt 26,63f). Darauf könnte u. a. der Spruch Mt 11,12 Q geantwortet haben: (Nicht Jesus, sondern) die Verfolger (βιασταί *[biastąi]*) reißen das Himmelreich gewaltsam an sich (→ Entrücken, Hinwegreißen III,1d). *G. Braumann*

ἰσχύς

ἰσχύς *[is·chys]* Stärke, Kraft · ἰσχύω *[is·chyō]* stark sein, kräftig sein · ἰσχυρός *[is·chyros]* stark, heftig · κατισχύω *[katis·chyō]* stark sein, kräftig sein

I 1) Mit ἰσχύς *[is·chys]*, seit Hesiod, ist die *Stärke* und *Kraft* (vgl. → Macht) gemeint, die Lebewesen oder Dinge haben und als Eigenschaften besitzen, in den griech. Tragödien auch von Gottheiten ausgesagt. Das Wort tritt in späterer Zeit zurück.

2) ἰσχύω *[is·chyō]* meint *etwas können, etwas vermögen, Kraft haben, zu etwas fähig sein, kräftig sein, gesund sein* (zB Soph. Tr. 234G: »ich jedenfalls ließ ihn gesund und lebend und blühend und von keiner Krankheit beschwert zurück«). Es kann darüber hinaus die Betätigung der Kraft bezeichnet werden: *Gewalt anwenden, Gewalt ausüben, Macht haben.* Vor allem ist das körperliche, physische Vermögen gemeint. Schließlich kommt es, vor allem im juristischen Bereich, zu der Bedeutung *gültig sein, gelten, einen Wert haben.*

3) κατισχύω *[katis·chyō]*, seit Soph., bedeutet *anderen überlegen sein, Sieger werden, die Oberhand gewinnen, sich durchsetzen.*

4) ἰσχυρός *[is·chyros]*, seit Aischyl., ist Ausdruck für *stark*, sowohl im Sinne körperlicher als auch geistiger Stärke. Gottheiten, Lebewesen und Dinge können *stark* genannt werden.

II 1) ἰσχύς *[is·chys]* tritt in LXX für insgesamt 30 hebr. Äquivalente ein, vor allem jedoch für *kōᵃch*, und ist das am meisten vorkommende Wort für Kraftbekundungen. Es kann die *physische* (zB Ri 16,5; Ez 30,21), auch die *geistige* (Ri 3,8) *Kraft* der Menschen bezeichnen. Insbesondere kann die *göttliche Kraft* mit ἰσχύς *[is·chys]* (s. o. I) beschrieben werden (zB Num 14,13: »Da sprach Mose zum Herrn: Und es wird der Ägypter hören, daß du heraufgeführt hast mit deiner Kraft dieses Volk aus ihnen heraus«).

2) ἰσχύω *[is·chyō]* ist in LXX ein Wort für 24 hebr. Äquivalente, u. a. für *chāzaq* und bezeichnet das *Stark-Werden, Stark-Sein* in physischem Sinne von Dingen (zB Jes 28,22: »daß eure Fesseln nicht fest werden«) und von Menschen (Ri 1,28: »und es geschah, daß Israel stark wurde«, ἐνίσχυσεν *[enįs·chysen]*).

3) κατισχύω *[katis·chyō]* tritt für 16 hebr. Äquivalente ein, sehr häufig für *chāzaq* qal. pi. und bezeichnet das *Überlegensein* in physischem Sinne, ausgesagt von Menschen (zB Jos 17,13: »als die Söhne Israels erstarkt waren«; Ez 30,24: »und ich werde die Arme des Königs von Babylon stark machen«), von Dingen (Jes 54,2: »mache fest deine Pflöcke«) und von Gottes Kraft (1Chr 29,12: »in deiner Hand, Allmächtiger, steht es, alles groß und stark zu machen«).

4) ἰσχυρός *[is·chyros]* tritt in LXX für insgesamt 26 hebr. Äquivalente ein und ist auch in den anderen griech. Übers. des AT häufig belegt. Das Wort ist Ausdruck für *stark:* von Personen (zB Num 13,18: ob es, nämlich das Volk, stärker ist oder schwach), von Tieren (zB Spr 30,30: Löwen), von Dingen (Jes 8,7: Wasser) und von Gott (Dtn 10,17) ausgesagt.

III 1) Die Wortgruppe (ἰσχύω *[is·chyō]* bes. häufig bei Lukas) findet sich in fast allen Schichten des NT und bezeichnet die *Stärke* und die *Macht* (ἰσχύς *[is·chys]*), die von Lebewesen oder

Dingen (zB Hebr 6,18: starker Trost) ausgehen (ἰσχύω *[is·chyō]*, κατισχύω *[katis·chyō]*) und die für Lebewesen (zB Hebr 11,34) und Dinge (ἰσχυρός *[is·chyros]* zB Hebr 5,7: das starke Geschrei) bezeichnend sind: Petrus (Mk 14,37) bzw. die Jünger (Mt 26,40) müssen sich fragen lassen: »vermagst du (bzw. vermögt ihr) nicht eine Stunde (mit mir) zu wachen?« Aus ganzer *Kraft* gilt es Gott zu lieben (Mk 12,30; in deiner ganzen *Kraft* Lk 10,27). Das Salz, das den Geschmack verloren hat, ist zu nichts *tauglich* (Mt 5,13). Der Hunger *ist* in Lk 15,14 *groß*. Das Gebet des Gerechten *vermag* viel (Jak 5,16). Die Pforten des Hades *vermögen* nichts (Mt 16,18), die Lautstärke der Stimmen *vermag* nichts (Lk 23,23). In übertragener Bedeutung können die *Gesunden* im Gegensatz zu den Kranken ἰσχύοντες *[is·chyontes]* genannt werden (Mk 2,17; vgl. auch Offb 6,15). Als juristischer term. techn. meint ἰσχύω *[is·chyō]* *gelten, gültig sein* (vgl. Gal 5,6; Hebr 9,17 von der Gültigkeit des Testaments).

2) Einige Stellen des NT erfordern besondere Aufmerksamkeit. Die synopt. Tradition verwendet die Wortgruppe im Sinne l o b e n s w e r t e r T ä t i g k e i t oder E i g e n s c h a f t : Der *Starke* ist vor anderen sicher; es sei denn, ein noch *Stärkerer* käme (Mk 3,27). Da Jes 49,24f Gott es ist, der die Gefangenen befreite, kann Mk 3,27 zunächst gemeint haben: Gott als der stärkere hat den Satan, den starken, besiegt, aus dem Himmel gestürzt. Im Kontext bei Markus bedeutet die Stelle: Der Dämonensieg Jesu beweist, daß Jesus, mit Gott im Bunde, den *Starken,* nämlich die Dämonen oder die von Dämonen besessenen Menschen (vgl. Apg 10,38), besiegt hat, ihnen ihre Beute nimmt. Die Überlegenheit Jesu kommt auch auf andere Weise zum Ausdruck. Indem er Johannes dem Täufer gegenübertritt, wird J e s u Ü b e r l e g e n h e i t herausgestellt. Die größere Stärke erweist sich darin, daß der Erwartete mit heiligem Geist und (Gerichts-)Feuer taufen wird (Mt 3,11; Lk 3,16 Q) bzw. mit dem heiligen Geist als einer Heilsgabe (Mk 1,7). ἰσχύω *[is·chyō]* wird endlich an verschiedenen Stellen verwendet, um die Überlegenheit Jesu im Vergleich zum Unvermögen anderer zu schildern und damit die Größe des Wunders und des Wundertäters herauszustellen: Mk 5,4 dient die Bemerkung, keiner habe den Besessenen bändigen können, dazu, die Einsicht in die Größe des Wunders vorzubereiten. Dieses Motiv, formgeschichtlich verständlich, kehrt Lk 8,43 wieder: Die Schwere der Krankheit deutet die Größe der Heilung an (vgl. auch Offb 18,10). Auch die Gegner sind Jesus unterlegen (Lk 14,6.29f; 20,26) und bilden mit ihrem Unvermögen den Hintergrund für Jesu Überlegenheit. Das gleiche gilt bei Lukas für die entstehende und wachsende Kirche (Apg 19,20). Stephanus wird gesteinigt, obwohl er an Weisheit und Geist überlegen ist (Apg 6,10).

3) Paulus steht der Stärke und Macht, wie sie in der Wortgruppe ἰσχύω *[is·chyō]*, ἰσχυρός *[is·chyros]*, ἰσχύς *[is·chys]* nur in den deuteropaulinischen Briefen (Eph; 2Thess) zum Ausdruck kommt, kritisch gegenüber (→ Macht, Art. δύναμις). In Abwehr gegen die Gegner in Korinth, die stolz auf ihre Stärke und den Reichtum ihrer Gaben sind (1Kor 4,10), stellt Paulus der Stärke die Schwäche und das Unvermögen gegenüber: Die Menschen sind selbst der Schwäche Gottes unterlegen, so daß Gott das Starke beschämt, indem er das Schwache auserwählt (1Kor 1,25). Die Menschen sind nicht stärker als Gott (1Kor 10,22). Paulus selbst muß sich den Vorwurf machen lassen, seine Briefe seien zwar schwer und stark, er selbst aber sei schwach (2Kor 10,10). Der Apostel sieht es dennoch nicht als einen Nachteil an, nicht stark zu sein. Indem Paulus von der Stärke Gottes her argumentiert, die in der Beurteilung des Nichtglaubenden sich als Torheit, dh Schwäche, darstellt (vgl. 1Kor 1,18), kann er an anderen Stellen sagen: Beschneidung und Unbeschnittenheit, Juden und Heiden, *gelten* dann nichts, wenn man in Christi Machtbereich lebt (Gal 5,6). Wie Gottes Stärke, so ist auch Jesu Stärke entscheidend: Seine Macht überträgt sich auf die, die in ihm leben (Phil 4,13). Von diesen Voraussetzungen aus gibt es für Paulus keine auf den Menschen zurückgehende Stärke; sie kann es nur geben, indem sich Gottes Stärke in der menschlichen Schwachheit entfaltet.

4) Von der Stärke Gottes, nicht von der Stärke Christi (→ Macht, Art. δύναμις) spricht Eph 1,19; 6,10. In Aufnahme von Jes 2,10.19 führt 2Thess 1,9 die Stärke Gottes an, die sich am Jüngsten Tage Verderben bringend auswirken wird.

5) In Offb wird die Größe der Bilder mit ἰσχύς *[is·chys]*, ἰσχυρός *[is·chyros]* umschrieben: Das Lamm nimmt u. a. Stärke in Empfang (5,12), während sie 7,12; 18,8 Gott zuerkannt wird. Auch den Engeln kommt Stärke zu (5,2; 10,1; 18,21; vgl. auch 2Petr 2,11), deren Stimme gewaltig ist (18,2; vgl. auch 19,8), die dem Drachen überlegen sind (12,8; vgl. dazu die Königstitulatur bei Deißmann, Licht vom Osten, 311). Sie gehören zum himmlischen Hofstaat und damit aufs engste mit Gott zusammen, so daß ihnen im himmlischen Gottesdienst der gleiche Hymnus wie Gott gesungen werden kann. *G. Braumann*

κέρας *[keras]* Horn

κέρας

κέρας *[keras]*, hebr. *qæræn*, lat. *cornu* (vgl. die Urverwandtschaft mit dem dt. *Horn*), seit dem mykenischen Griech. und Homer belegt, ist im profangriech. Sprachbereich ein geläufiger Begriff. Er bezeichnet das *Horn* eines Tieres und wird später als Ausdruck für *Mut*, *Starre* oder *Tapferkeit* verwendet. I

In der antiken Religionsgeschichte, allerdings wohl nicht in Griechenland, versinnbildlichen Hörner (als Reste der ehemaligen Tierverehrung) die Stärke von Göttern und Menschen: Assyrische Fürsten wie babylonische Priester trugen zwei Hörner auf ihrer Kopfbedeckung, wie sie sonst bei Göttern üblich sind. Alexander der Große hatte den Beinamen »der mit Hörnern versehene«.

In der LXX wird κέρας *[keras]* in zwei verschiedenen Zusammenhängen gebraucht: II

1) Es bezeichnet

a) die *Hörner von Tieren* (Dt 33,17) und findet sich in dieser Bedeutung bes. häufig in apok. und spätjüd. Lit. (Dan 7,7; 8,3; äthHen 90,9).

b) Im priesterlich-kultischen Bereich versteht man unter κέρας *[keras]* die hornartig gewundenen *Ecken* bzw. die *Enden* und Ausläufer *des Altars* (Ex 27,2; Lev 4,7; Ps 118[117],27).

2) Aus diesen beiden urspr. Beziehungsfeldern hat sich die übertragene Bedeutung von κέρας *[keras]* als bildlicher Ausdruck für *Macht* und *Stärke* von Menschen und Jahwe entwickelt. Wie in der prophetischen Zeichenhandlung des Zedekia (1Kön 22,11) bezeichnet das Horn bei Menschen häufig physische Kraft und Überlegenheit (Mi 4,13), dann aber auch allg. das Wohlergehen (1Sam 2,1; Hi 16,15 LXX: σθένος *[sthenos]*). Die aus dem priesterlichen Bereich stammende Gottesanrede Ps 18,3 (= 2Sam 22,3): Horn meines Heils (κέρας σωτηρίας μου *[keras sōtærias mou]*) versteht Jahwe als die Macht, die das Heil der Menschen schafft und gegenüber feindlichen Angriffen bewahrt.

Im NT begegnet κέρας *[keras]* lediglich Lk 1,69 und in der Johannesapokalypse. III

1) In dem stark an at. Psalmen und Motive anklingenden Lobgesang des Zacharias (Lk 1,68–79) ist die Formulierung »Horn des Heils« aus Ps 18,3 übernommen und meint »heilschaffende Macht«. Das Verbum »aufrichten« (ἤγειρεν *[ægeiren]*) steht in Parallele zu 1Sam 2,10 »erhöhen« (ὑψώσει *[hypsōsei]*): Gott führt durch seine geschichtlichen Taten das Heil herbei. Durch den auf Ps 132,17 zurückgehenden Zusatz: »in dem Hause Davids, seines Knechtes« ist als Horn des Heils der Messias bezeichnet (vgl. äthHen 90,37f, wo der Messias als weißer Stier mit schwarzen Hörnern erscheint). Lk 1,69 preist den geschichtsmächtigen Gott, der mit der Sendung des Messias den Menschen eine heilbringende Macht aufgerichtet hat.

2) Die allegorische Verwendung der Hörner in der Offb, bei der die Hörner mit den Tieren in keiner organischen Verbindung stehen und deshalb nicht biologisch vorgestellt werden können, schließt an die at. und jüd. Apokalyptik an. Das Lamm trägt 7 Hörner (5,6), der Drache und das Tier je 10 (12,3; 17,3). »Die sieben Hörner des Lammes sind, gemäß der Symbolbedeutung der Zahl 7 und der Bedeutung des Hornbildes, Ausdruck für die göttliche Fülle der Macht« (Foerster, ThW III,670). Die 10 Hörner hat Offb (17,3 u. ö.) von Dan (7,7) ebenso übernommen wie deren Deutung auf 10 Könige (vgl. Dan 7,24), die nach Offb 17,12ff ihre Macht dem Tier unterstellen, mit ihm gegen das Lamm kämpfen und von diesem besiegt werden. Die Bedeutung der Allegorie ist umstritten. Häufig werden zeitge-

schichtlich das Tier als Nero redivivus, die 10 Hörner als Fürsten oder römische Kaiser verstanden. Denkbar ist aber auch Foersters Interpretation, nach der »sich alle Regenten der ›letzten Zeit‹ mit ihren Untertanen (vgl. Offb 19,17ff) dem Antichrist zum letzten, offenen Kampf gegen Christus zur Verfügung stellen« (670). *H. G. Link / J. Schattenmann*

κράτος

κρατέω *[kratẹō]* stark sein, sich bemächtigen, halten · κράτος *[krạtos]* Kraft, Macht, Herrschaft · κραταιόω *[krataiọō]* stark machen · κραταιός *[krataiọs]* stark, mächtig · παντοκράτωρ *[pantokrạtōr]* Allmächtiger · κοσμοκράτωρ *[kosmokrạtōr]* Allherrscher · κράτιστος *[krạtistos]* hochansehnlich

I/II 1) κρατέω *[kratẹō]*, seit Hom. belegt, kann heißen: *stark sein, Macht besitzen* (zB Soph. Oed. 530: »denn was die Mächtigen tun, sehe ich nicht«), *stark sein über etwas, Herr sein über etwas* (zB Soph. Ai. 1099: wie einer, der über sich Herr ist, αὐτοῦ κρατῶν *[autọu kratọ̄n]*); ferner: den *Sieg erlangen über jemanden*, die *Oberhand gewinnen über etwas*. Sowohl der Augenblick des Ergreifens, speziell das *Verhaften* (zB Soph. Oed. Kol. 1380f: darum ergreifen sie, nämlich die Flüche, deinen Sitz und deine Throne) als auch die Dauer, nämlich das *Festhalten, Behalten* kann mit κρατέω *[kratẹō]* bezeichnet werden. Im juristischen Bereich gewinnt das Wort den Sinn *das Besitzrecht haben*. – Außer der genannten juristischen Bedeutung kommen in LXX, sehr oft als Übersetzung für *chāzak* hi., alle genannten Bedeutungen vor. Philo (im Sinne von *herrschen*) und Josephus verwenden das Wort.

2) κράτος *[krạtos]*, seit Hom. belegt, bezeichnet die *Kraft* und *Stärke*, etwa die *Kraft* des Körpers (zB Hom. Il. 7,142: diesen erschlug Lykurgos, nicht mit Stärke tat er es), dann die *Macht*, über die Menschen, Herrscher oder Götter verfügen (zB Hom. Il. 2,118: denn ihm ist die größte Macht). Die Vokabel gehört zur Königstitulatur (vgl. Deißmann, Licht vom Osten, 311). Schließlich hat das Wort die Bedeutung *Gewalt* (zB Hdt. III,69: der die Gewalt über die Perser hat) und *Sieg* (zB Hom. Il. 1,509: unterdessen setze auf die Troer den Sieg). In LXX ist die Vokabel Äquivalent für 9 hebr. Wörter, oft wird sie auch ohne hebr. Äquivalent verwendet. Das Wort bezeichnet die *Kraft* und *Stärke* von Menschen und Dingen (Ps 88,10 LXX), insbesondere die *Kraft* und *Stärke* G o t t e s (Ps 61,13 LXX), die auf den Menschen übergehen kann (Ps 85,16 LXX).

3) κραταιόω *[krataiọō]* *stark machen, sich ermannen, die Oberhand über jemanden gewinnen*, ist erst seit LXX belegt, dort häufiger; sonst selten, etwa Philo.

4) κραταιός *[krataiọs]* *mächtig, voller Kraft* (zB Hom. Il. 11,119: das mächtige Tier) ist schon Soph. Phil. 1110 in Verbindung mit χείρ *[cheir]* belegt: *mit kräftigen Händen*. – LXX verwendet das Adj. u. a. im Hinblick auf Gott, verbunden mit χείρ *[cheir]* an 31 Stellen; fast immer ist von der m ä c h t i g e n H a n d G o t t e s die Rede.

5) παντοκράτωρ *[pantokrạtōr]*, *Allmächtiger*, nicht vor LXX belegt, wird als Titel für Gottheiten gebraucht (zB von Hermes, Epigrammata Graeca 815,11; von Isis, Jg. V 2,472). – LXX übersetzt *Zebaoth* und *Schaddai* mit παντοκράτωρ *[pantokrạtōr]*. Die Vokabel ist auch in Zauberpapyri belegt.

6) κοσμοκράτωρ *[kosmokrạtōr]*, *Allherrscher*, vorchristl. nicht belegt, ist Bezeichnung für die Planeten, dann allg. für die Beherrscher des Weltalls, von denen das Schicksal der Menschen abhängt. – LXX und Philo kennen die Vokabel nicht, als Lehnwort kehrt sie jedoch in der rabb. Lit. wieder.

7) κράτιστος *[krạtistos]*, *hochansehnlich*, seit Hom. belegt, auch in LXX, bei Philo und Josephus, ist ehrenvolle Anrede an Personen in hoher Stellung.

III 1) Die synopt. Tradition verwendet κρατέω *[kratẹō]* als term. techn. für die (versuchte) *Verhaftung:* Mk 6,17 par erzählt von der Verhaftung des Täufers; Mk 12,12; 14,1.44 par berichten von der geplanten Verhaftung Jesu; Mk 14,46 schildert die Verhaftung Jesu. Auffallend ist, daß Lukas den Ausdruck in diesem Sinne offensichtlich meidet (einzige Ausnahme: Apg 24,6.23). Ein Ergreifen, wenn auch nicht ein offizielles Verhaften, wird Mk 14,51; Mt 18,28; 22,6 erzählt.

2) Mit κρατέω *[kratẹō]* wird allg. das Moment des E r g r e i f e n s ausgedrückt: Jesus ergreift die Hand des gestorbenen Kindes (Mk 5,41 par), die Hand der kranken Frau (Mk 1,31). Zum Stil der Wundergeschichten gehört es, daß der Wundertäter die Hand be-

rührt, damit die wunderbare Kraft auf den Kranken überströmen kann. – Matthäus führt das Ergreifen eines am Sabbat in den Brunnen gefallenen Schafes (12,11) und das Ergreifen der Füße Jesu an (28,9).

3) Das Festhalten an der jüd. Tradition wird Mk 7,3f in Frage gestellt und zwar mit der Begründung, sie enthalte Menschensatzungen und nicht Gottes Gebot (V. 8). In späterer Zeit bildet sich mit dem Ausbleiben der nahe erwarteten Parusie eine christl. Tradition aus, deren verpflichtende Beachtung eingeschärft wird (2Thess 2,15; Hebr 4,14; 6,18; Offb 2,13.25; 3,11). Das Festhalten an Irrlehren wird dagegen bekämpft (Offb 2,14f). – Mk 9,10 berichtet, wie die Jünger das Wort Jesu unter sich, bei sich behielten, ohne es weiter zu sagen: das Messiasgeheimnis liegt (so Markus) über Jesus. – Die at.-jüdische Vorstellung vom Behalten der Sünde (vgl. Mt 16,19; 18,18) wird Joh 20,23 mit κρατέω *[kratẹō]* beschrieben (vgl. Sir 18,1). – Die Emmaus-Jünger sehen zwar Jesus, erkennen ihn aber nicht: ihre Augen wurden »festgehalten« (Lk 24,16). – Apg 2,24 ist es der Tod, der nicht in der Lage war, Jesus festzuhalten. Der geheilte Lahme hält sich zu Petrus und Johannes (Apg 3,11) und zeigt damit, daß er ihnen und mit ihnen Gott die Heilung verdankt. Die Dauer des Festhaltens kommt auch Apg 27,13 zum Ausdruck: sie meinten, ans Ziel ihres Vorhabens gekommen zu sein. Bei κρατέω *[kratẹō]* denkt Lukas demnach eher an die Dauer als an das Moment des Ergreifens.

4) κράτος *[kratos]* (→ ἰσχύς *[is·chys]*) gehört neben anderen Vokabeln (δύναμις *[dynamis]* → Macht; δόξα *[dọxa]* → Ehre; τιμή *[timæ]* → Ehre; χάρις *[chạris]* → Gnade u. a.) zur Prädikation und Titulatur, mit der Könige und Kaiser samt ihrem Hofstaat geehrt wurden und die nun in späterer Zeit auf Gott (1Petr 5,11; Offb 5,13) und Christus (1Tim 6,11; 1Petr 4,11; Offb 1,6; 5,13) übertragen wurden. Die Macht, die sich nicht direkt auf Menschen auswirkt, also keinen soteriologischen Charakter hat, dient dazu, die Erhabenheit und Größe zu beschreiben. Daß es auf die Vokabel selbst nicht ankommt, zeigt ihre Austauschbarkeit (vgl. Offb 7,12; 4,9, wo κράτος *[kratos]* fehlt). Das Halten der 7 Sterne (Offb 2,1) und der 4 Winde (Offb 7,1) und das Ergreifen des Drachen (Offb 20,2) sind Ausdruck für die Macht, die mit diesen apok.-mythologischen Worten beschrieben wird. – Anthropologisch sind dagegen die Stellen, die die Auswirkungen der Macht Gottes erkennen lassen: Im Magnifikat-Psalm setzt Gott seine Macht ein, um die Stolzen zu zerstreuen (Lk 1,51). Auch Apg 19,20 beschreibt die Macht, die sich unter Menschen auswirkt: das Wort Gottes, gemeint ist die Mission und ihre Verkündigung, hatte Erfolg, der auf Gott zurückzuführen ist. Obwohl doxologisch und hymnisch formuliert, zeigt doch das εἰς ἡμᾶς *[eis hæmạs]*, daß die »Wirkung der Kraft seiner Stärke« sich auf die Glaubenden auswirkt (Eph 1,19); auch Eph 6,10 ist insofern von der »Macht seiner Stärke« die Rede, als sie in den Angesprochenen wirksam werden soll (vgl. auch Kol 1,11). Die Macht des Todes ist nach Hebr 2,14 dem Teufel genommen.

5) κραταιόω *[krataiọō]* wird in den Kindheitsgeschichten des LkEv als Bezeichnung für das *Zunehmen* und *Erstarken* an Geist (1,80) und Weisheit (2,40) im Kindesalter verwendet. Sonst ist das Wort im NT nicht geläufig: 1Kor 16,13 als Zitat (vgl. Ps 30,25; 2Kön 10,12) ist offenbar an die *männliche Stärke* gedacht. In übertragener Bedeutung kehrt das Wort Eph 3,16 wieder: in gnostischer Terminologie ist vom ἔσω ἄνθρωπος *[esō ạnthrōpos]* (der *innere*, der *neue*, der *neu gewordene*; nicht: der innerliche, in sich gekehrte *Mensch*) gesagt, daß er *erstarken* solle durch Kraft.

6) κραταιός *[krataiọs]* kommt nur 1Petr 5,6 vor: Die Hand Gottes wird *gewaltig* genannt, unter die man sich beugen soll.

7) Die Bezeichnung παντοκράτωρ *[pantokrạtōr]*, *Allherrscher*, *Allmächtiger* ist zT als Zitat dem AT entnommen (2Kor 6,8; vgl. 2Sam 7,8) oder selbständig entwickelt (zB Offb 1,8; 4,8 u. ö.). In beiden Fällen dient die Titulatur dazu, die gewaltige Größe Gottes zu beschreiben. Er hat Macht über alle(s).

8) κοσμοκράτωρ *[kosmokrạtōr]* kommt nur Eph 6,12 und zwar im Plur. vor: Gemeint sind die *Weltherrscher*, die *bösen Geister*, gegen die es zu kämpfen gilt.

9) κράτιστος *[kratistos]*, *hochansehnlich* ist Lk 1,3 freundliche Anrede; Apg 23,26; 24,3 (Felix) sowie 26,25 (Festus) offizielle Anrede. *G. Braumann*

Lit.: ADeißmann, Licht vom Osten, 1923[4] – GSchrenk, Art. βιάζομαι, βιαστής, ThWb I, 1933, 608ff – WGrundmann, Art. ἰσχύω usw., ThWb III, 1938, 400ff – WFoerster, Art. κέρας, ThWb III, 1938, 668ff – WMichaelis, Art. κράτος usw., ThWb III, 1938, 905ff – EGräßer, Das Problem der Parusieverzögerung in den synopt. Evangelien und in der Apostelgeschichte, 1960[2] – GStrecker, Der Weg der Gerechtigkeit, 1962 – HSchlier, Mächte und Gewalten im NT (Quaestiones Disputatae 3), 1963[3] – HConzelmann, Die Mitte der Zeit, 1964[5].

Krankheit → Schwachheit

Kreuz

Durch die historische Verbindung des *Kreuzes* als Marter- und Hinrichtungswerkzeug mit dem Tode Jesu Christi erhält das Wort eine ganz spezifisch nt. Bedeutung. Das NT beschreibt diesen Sachverhalt mit der Wortgruppe σταυρός *[stauros]* und dem Wort ξύλον *[xylon]*. σταυρός *[stauros]* meint dabei in der historisierenden Darstellung der Evgg. vorwiegend den Gegenstand, an dem die Hinrichtung vollzogen wird, während das Wort in der theol. Reflexion bei Paulus und den Deuteropaulinen auch die → Leiden des Christus selbst mitbezeichnet. ξύλον *[xylon]* ist urspr. ganz allg. das *Holz*, oft im Sinn von Nutzholz, Material, und findet sich in diesem Sinn auch mehrmals im NT. Weil es aber auf Grund der at. Stelle Dtn 21,23 die Bedeutung *Fluchholz* angenommen hatte, konnte es im NT auch das Kreuz Christi bezeichnen und mit diesem gleichgesetzt werden.

ξύλον

ξύλον *[xylon]* Holz, Baum

I ξύλον *[xylon]*, *Holz, Baum*, ist in der klassischen Lit. als Bau- oder Brennmaterial, als Werkstoff für die Herstellung von Gebrauchs- oder Kultgegenständen reich bezeugt (zB Demosth. 45,33; Hes. Op. 808). Ferner werden Prügel und Knüttel, Folter- und Strafwerkzeuge, die als hölzerner Stock, Block oder Kragen gefertigt sind und bei Sklaven, Wahnsinnigen und Gefangenen gebraucht werden, ξύλον *[xylon]* genannt (Hdt. 2,63; 4,180). Die Bedeutung *lebendiges Holz, Baum* begegnet selten und ist zuerst bei Hdt. (3,47; 7,65), Eurip. (Cyc. 572) und Xenoph. (An. 6,4,5) belegt.

II Die LXX erwähnt *Holz* als Brennmaterial (Gen 22,3), Baustoff (Gen 6,14; Ex 25,10ff; 1Kön 6,15) oder Marterblock (Hi 33,11). Stärker als in der Profangräzität tritt die Bedeutung *Baum* hervor: Fruchtbäume, Zypressen, Bäume an Wasserläufen heißen ξύλον *[xylon]* (Gen 1,11; Jes 14,8; Ps 1,3). Nach Gen 2,8f läßt Gott im Garten Eden Bäume wachsen, darunter »den Baum des Lebens mitten im Garten und den Baum der Erkenntnis«. Der Garten Eden ist Gottes fürsorgliche Gabe und der Baum mitten im Garten Gegenstand seines wohlmeinenden Gebotes (vgl. GvRad, ATD, Genesis zSt.). Gott gibt und begrenzt zugleich; er läßt, indem er den Baum der Erkenntnis als Grenze setzt, wissen, daß er der Gebende bleibt und Gehorsam fordert. Das Motiv vom Lebensbaum, dem die spätjüd. Apokalyptik im endzeitlichen Paradies überirdische Lebenskräfte beimißt (Hen 25,4.5; vgl. Spr 3,18), klingt bereits bei der Schilderung des urzeitlichen Paradieses an.

Ungehorsam verkehrt das Geschaffene zum Gott: Baum wird zum Kultgegenstand, geschnitztes Holz zum Götzenbild. Die Propheten geißeln Israels Abfall als »Ehebruch mit Baum und Stein« (Jer 3,9 Z; vgl. Jes 40,20; bes. 44,13–15; Ez 20,32).

Als Foltergerät ist Holz in der LXX unbekannt; nur Hingerichtete werden an den Pfahl gehängt und öffentlich zur Schau gestellt: »Und wenn jemand ein todeswürdiges Verbrechen begeht und getötet wird und du ihn an einen Pfahl hängst, so darf sein Leichnam nicht über Nacht am Pfahle bleiben, sondern du sollst ihn noch am selben Tag begraben. Denn ein Gehängter ist von Gott verflucht« (Dtn 21,22f Z; vgl. Jos 10,26; Est 5,14).

1) Das NT erwähnt *Holz* als Waffe und Werkstoff in Mt 26,47 par und Offb 18,12. In der III
Bildrede Lk 23,31 vergleicht Jesus sich mit dem grünen Holz und Israel mit dem dürren. Wenn schon er selbst vom göttlichen Gericht nicht verschont bleibt, um wieviel mehr wird Israel wie dürres Holz im Feuer des Gerichtes brennen.

In 1Kor 3,12 erscheint *Holz* metaphorisch innerhalb der von Gold bis Stroh reichenden Materialreihe. Paulus verdeutlicht am Beispiel verschieden harter und feuerfester Baustoffe, daß Gemeindeaufbau in verschiedener Qualität möglich ist; der Wert der Aufbauarbeit wird im Feuer des Gerichtes erprobt werden.

2) Theol. wichtiger ist die Bedeutung »Fluchholz« und »Baum des Lebens«. Jesus wird »an das Holz gehängt und getötet« (Apg 5,30; vgl. 10,39). Diese an Dtn 21,23 anklingende Formulierung betont die Schande der Kreuzigung Jesu, denn als Gehängter ist er von Gott verflucht. Ähnlich zitiert Paulus in Gal 3,13: »Verflucht ist jeder, der am Holz hängt« (Z). Paulus begründet mit dem Zitat, daß Christus durch den Tod am Kreuz für uns zum → Fluch geworden ist. Er hat an unserer Stelle und uns zugute die fluchbringende Macht des Gesetzes auf sich genommen und in seinem Sterben vernichtet (vgl. 2Kor 5,21). – In Anlehnung an Jes 53,4.12 deutet 1Petr 2,24 das Kreuz Christi: Er hat unsere Sünden an seinem Leibe »an das Holz hinaufgetragen« (Z). Holz ist hier der Ort, an dem der mit unseren Sünden beladene Leib Christi getötet und im Sterben des Leibes die Sünde vernichtet wird.

In Offb 2,7 kehrt das Bild vom Baum des Lebens wieder. Was Adam und Eva verwehrt war, ist Gabe der neuen Schöpfung: Leben, Heilung, Herrlichkeit (Offb 22,2.14.19). Der Baum symbolisiert das Leben; und das Kreuz als Holz des Todes behält seine theol. Bedeutung: es ist der Ort, an dem Gott Leid und Tod aushält und übernimmt, um der todverfallenen Welt das → Leben zu schenken (Offb 22,14). *B. Siede*

σταυρός

σταυρός [staurọs] Pfahl, Kreuz · σταυρόω [staurọō] aufhängen, pfählen, kreuzigen · ἀνασταυρόω [anastaurọō] kreuzigen · συσταυρόω [systaurọō] kreuzigen zusammen mit · κρεμάννυμι [kremạnnymi] aufhängen · ἀνασκολοπίζω [anaskolopịzō] aufhängen

1a) σταυρός [staurọs] ist ein *aufrechtstehender* (spitzer) *Pfahl*; dient verschiedenen Zwecken, zB I
zum Einzäunen (Hom. Od. 14,11), zum Fundament (Thuk. VII 25,5); spezielle Wortbedeutung *Palisade* (seit Hom.). Entsprechend meint σταυρόω [staurọō] *Pfähle einschlagen*; *Palisaden errichten* (seit Thuk.).

b) Bes. Bedeutungen haben Subst. und Verb durch die strafrechtliche Praxis bekommen. Diese ist aber zT recht verschieden. Insbes. darf man den Wörtern nicht überall ohne weiteres die Einzelheiten assoziieren, die die christl. Überlieferung mit der Kreuzigung Jesu verbindet.

Das Verb kommt häufiger in der zusammengesetzten Form ἀνασταυρόω [anastaurọō] mit gleicher Bedeutung vor. Es kann mit ἀνακρεμάννυμι [anakremạnnymi] (Hdt. III 125,3f; VII 194,1f) und ἀνασκολοπίζω [anaskolopịzō] (Hdt. IX 78,3), immer etwa (öffentlich) *aufhängen*, ohne wesentlichen Bedeutungsunterschied wechseln. Insgesamt kommen nach der jeweils vorschwebenden straftechnischen Anwendung als Bedeutungsmöglichkeiten des Verbs in Frage: *pfählen* (zB Hdt. VII 238,1); *aufhängen*, und zwar zur Entehrung eines Getöteten (zB Hdt. III 125,3f) wie zur Hinrichtung (Belege s. 2a); *ans Marterholz anbringen* und *kreuzigen* (s. ebd. am Ende).

Entsprechend dem häufigeren verbalen Wortvorkommen kann dann σταυρός [staurọs] den (zT oben angespitzten) *Pfahl* bezeichnen, an dem ein Getöteter im Sinne einer zusätzlichen Strafe der Schande preisgegeben wird, sei es durch Anhängen (so wohl Diod S II 18,2) oder Aufspießen; andererseits den Pfahl als Hinrichtungsmittel (Strangulieren o. ä.). Sodann ist σταυρός [staurọs] das *Marterholz*, etwa im Sinne des (lat.) *patibulum*, eines wohl auf den Schultern aufgelegten Querbalkens; schließlich ebenfalls als Marterwerkzeug das aus einem senkrechten Pfahl und einem gleichlangen Querbalken gebildete *Kreuz* im engeren Sinne: entweder in Form eines T (*crux commissa*) oder eines + (*crux immissa*).

2) Der genaue straftechnische Vollzug und seine Bedeutung ist also durch die Wörter σταυρός/(ἀνα-)σταυρόω *[staurọs]*(*ana-*)*staurọō]* als solche noch nicht ohne weiteres festgelegt. Zur Bestimmung der Wortbedeutung ist vielmehr jeweils zu klären: In welchem lokalen Bereich und von welcher gewaltausübenden Macht wird die Strafe vollzogen? Von welchem Standort aus beschreibt ein griech. schreibender Autor einen Strafvollzug mit σταυρός/(ἀνα-)σταυρόω *[staurọs*/(*ana-*)*staurọō]*?

a) Ein grundlegender Unterschied im Strafvollzug und seiner Bedeutung besteht höchstwahrscheinlich zwischen Orient und Okzident. Im O r i e n t wird das Aufhängen oder Aufspießen des (zT enthaupteten) Leichnams geübt (zB Polyb. VII 21,3). Das ist eine zusätzliche Strafe an dem zuvor Getöteten. Er wird zur Schau gestellt und damit zugleich der Schande preisgegeben.

Im O k z i d e n t wird diese Art der Strafe nicht geübt und abgelehnt (vgl. Hdt. VII 238,1f mit IX 78,3; 79,1; Plut. Per. 28,1). Das Aufhängen oder Befestigen an einem wie auch immer gearteten Pfahl, Querbalken oder Kreuz bezweckt hier die Hinrichtung eines noch Lebenden (vorausgesetzt zB Hdt. IX 120,4). Dabei ist zu unterscheiden: einmal die Exekutionsart, die einen mehr oder weniger schnellen Tod des Delinquenten zur Folge hat, etwa durch Strangulieren o. ä.; zum andern jene Hinrichtungsart, die einen langsamen, qualvollen Tod des Verurteilten bezweckt. Diesem letzteren Zweck dient insbes. die Anbringung des noch lebenden Verurteilten am Kreuz im eigentlichen Sinne. Die Hinrichtungsart der Kreuzigung ist für Griechenland und die Karthager belegt; von letzteren dürften sie die Römer übernommen haben. Von Orientalen ist diese Art der Kreuzigung hingegen nicht entwickelt und geübt worden.

b) In P a l ä s t i n a kommt zZt Jesu für die Verurteilung zur Kreuzigung und die Durchführung dieser Hinrichtungsart nur die röm. Besatzungsmacht in Frage. Über das bei den Römern gehandhabte Verfahren läßt sich folgendes sagen: Wie bei den Griechen und wohl im Okzident überhaupt, waren Freie, Personen mit röm. Bürgerrecht, von der Kreuzigungsstrafe – bis in die frühe Kaiserzeit – ausgenommen. Neben einigen gegen dieses geltende Recht vollzogenen Exekutionen traf die Strafe der Kreuzigung also Sklaven, Fremde und Bewohner der fremden Provinzen.

Auch als Sklavenstrafe wurde die Kreuzigung in der Regel nur bei schweren Vergehen angewandt. Von Bedeutung ist insbes., daß diese Kapitalstrafe vor allem gegen Vergehen von staatsrechtlicher Relevanz, etwa bei staatsschädigendem Verrat, eingesetzt wurde. So ist verständlich, daß sie gerade auch im palästinischen Raum ein wichtiges Strafmittel der röm. Besatzungsmacht darstellte, mit dem sie Bestrebungen, die gegen ihre Herrschaft gerichtet waren, wirksam abzuwenden versuchte.

Die Kreuzigungsstrafe ist als Ordnungsmittel im Sinne der Aufrechterhaltung der bestehenden Herrschaft weniger auf Sühne als auf Abschreckung bedacht. Dem entspricht die Aufstellung des Marterwerkzeuges an exponierter Stelle, wie überhaupt der öffentliche und betont grausame Charakter dieser Exekution für solchen Zweck konstitutiv ist. Zeitgenossen beurteilten diese Hinrichtungsart als außerordentlich grausam und schmachvoll (Cic. Verr. V 64,165 u. ö.; Tac. Hist. IV 3,11; Jos. Bell. 7,203).

Sicher ist zwar nur, daß die Römer ebendiese Art der Hinrichtung geübt haben. Höchstwahrscheinlich hat aber das dabei verwendete Marterwerkzeug des σταυρός *[staurọs]* ein Querholz und damit die Form der gekreuzten Balken gehabt. Die profanen Quellen lassen allerdings nicht den Schluß auf eine bestimmte Form des Kreuzes, also der *crux immissa* (+) oder *crux commissa* (T), zu. Da die Anbringung eines τίτλος *[tịtlos]* (lat. Lehnwort) nicht durchweg üblich war, kann man schon aus diesem Grunde nicht unbedingt auf die Form der *crux immissa* schließen.

Zwei Arten, den σταυρός *[staurọs]* zu errichten, kommen in Frage. Entweder wird der Verurteilte an der Hinrichtungsstätte auf dem am Boden liegenden Kreuz befestigt und so mit dem Marterwerkzeug aufgerichtet. Oder – wohl der Normalfall – der senkrechte Kreuzespfahl wird vor der Hinrichtung im Boden verankert, der Delinquent an den Querbalken gebunden und mit diesem horizontalen Balken hinaufgehoben und oben am senkrechten Pfahl befestigt. Da dies die einfachere Art der Anbringung ist, das Hinzukommen des Querbalkens vermutlich mit der Sklavenstrafe des *patibulum* zusammenhängt, dürfte die *crux commissa* (T) als die Regel gelten. Das Kreuz wird im übrigen eine Mannesgröße in der Höhe nicht allzu weit überragt haben.

Der A b l a u f d e r K r e u z i g u n g nach röm. Verfahren wäre dann folgender: Zuerst erfolgt die rechtmäßige Verurteilung; nur bei außergewöhnlichen Umständen (im Kriegsfalle u. ä.) im Schnellverfahren am Hinrichtungsort selbst. Wird die Exekution an anderer Stelle als die Verurteilung vollzogen, trägt der Abgeurteilte den Querbalken (*patibulum*) dorthin, meist aus der Stadt hinaus. Die Wendung »den *staurọs* tragen«, eine typische Bezeichnung der Sklavenstrafe, hat hier ihren Ort. An der Hinrichtungsstätte erfolgen Entkleidung und Geißelung (nur hier?) des Delinquenten; letztere ist fester Bestandteil der Kreuzigungsstrafe zwischen Verurteilung und Exekution. Der Verurteilte wird mit ausgestreckten Armen am Querholz angebunden, das ihm dabei vermutlich auf den Schultern aufliegt. Annagelung ist nur vereinzelt bezeugt (Hdt. IX 120,4; VII 33); zudem ist ungewiß, ob sie außer den Händen auch die Füße betraf. Der Tod des mit dem Querbalken oben am senkrechten Kreuzespfahl Aufgehängten trat langsam und unter außerordentlichen Qualen ein, wohl durch Erschöpfung oder Ersticken. Der Leichnam konnte am Marterwerkzeug der Verwesung oder dem Fraß der Raub- und Aasvögel preisgegeben werden. Auch gelegentliche Freigabe des Leichnams an Verwandte oder Bekannte ist bezeugt.

Insgesamt muß bedacht werden, daß profane Schriftsteller diese schimpfliche und grausame Exekutionsart keiner detaillierten Beschreibung gewürdigt haben. Manche Fragen müssen also offenbleiben. Das auf Grund des profanen Materials gewonnene Bild darf nicht ohne weiteres durch die Erzählung der Evgg. von der Kreuzigung Jesu ergänzt oder verändert werden.

1) Nach dem AT war Israel mit der bes. orientalischen Hinrichtungsart (s. o. I,2a) bekannt und II
verfuhr selbst teilweise entsprechend. Der tote Saul wird nach 1Sam 31,9f von den Philistern enthauptet und sein Leichnam aufgespießt (gepfählt). Joseph deutet den Traum eines königlich-ägypt. Hofbeamten: Der Pharao wird ihn enthaupten und seinen Leichnam zur Entehrung an den Pfahl hängen lassen (Gen 40,18f; übrigens kaum ein sicherer Beleg für ägypt. Strafpraxis). Nach Esr 6,11 soll Darius den Übertretern des Kyrus-Erlasses angedroht haben, sie würden an einen Balken ihres Hauses gepfählt angebracht werden. Vom Blickpunkt orientalischer Strafpraxis aus wird auch Est 5,14; 6,4; 7,9f; 9,13ff erzählt; Rückschlüsse auf spezielle persische Bräuche sind allerdings fragwürdig. Die Gesetzesbestimmung Dtn 21,22f setzt deutlich voraus, daß in Israel nach der orientalischen Strafpraxis verfahren wurde; sie wird hier auf todeswürdige Verbrechen bezogen und insbes. dahingehend eingeschränkt, daß der aufgehängte Leichnam aus Rücksichten kultischer Reinheit nicht über Nacht am Schandpfahl hängen bleiben darf. Von dieser letzteren Bestimmung aus hat der Erzähler die Überlieferung zweier durch Josua vollzogener Exekutionen (Jos 8,29; 10,26) merklich stilisiert. Nach dem AT ist Israel also weder mit dem Holzpfahl als Hinrichtungsmittel noch mit dem bes. Marterwerkzeug des Holzkreuzes bekannt geworden, noch hat es selber die Strafe der Kreuzigung geübt.

2) Die LXX verwendet σταυρός *[stauros]* nie. Zweimal hat sie das Verb σταυρόω *[stauroō]*: Est 7,9 für hebr. *tālāh, aufhängen* (an den Pfahl); Est 8,12r als LXX-Zusatz; außerdem als v. l. Klgl 5,13. Der Wortgebrauch allein erlaubt noch keine eindeutige Festlegung. Est 8,12r läßt keine sicheren Schlüsse zu. Die Formulierung Est 7,9 σταυρωθήτω ἐπ' αὐτοῦ *[staurōthætō ep autou]*, zumal unmittelbar neben κρεμάννυμι *[kremannymi]*, *aufhängen* an den Pfahl, spricht für Wiedergabe des orientalischen Brauches. Klgl 5,13 v. l. ἐν ξύλῳ ἐσταυρώθησαν *[en xylō estaurōthæsan]* könnte die Hinrichtung von Lebenden am Marterholz meinen; Esr 6,11 hingegen ist fraglich. Eindeutig hat der Übersetzer die Kreuzigung im eigentlichen Sinne, und zwar unter Verzicht auf die Wörter σταυρός/σταυρόω *[stauros/stauroō]*, nur Jos 8,29 eingetragen: dem κρεμάννυμι ἐπὶ ξύλου *[kremannymi epi xylou]*, *an den Pfahl hängen*, wird zugefügt διδύμου *[didymou]*, dh *ans zweifache, doppelte Holz*, also ans Kreuz. Die Judenschaft der hell. Diaspora kennt demnach die im Okzident geübte Strafpraxis, und der Übersetzer scheint keine Bedenken zu hegen, die durch Josua gehandhabte Exekution seiner Leserschaft als Kreuzigung verständlich zu machen.

3) Ansonsten wird nur vom jüd. Herrscher Alexander Jannäus (103–76 vChr) berichtet, er habe bei einer Massenhinrichtung Menschen lebendig am Holzpfahl (am Kreuz?) aufhängen lassen. Die heftige Polemik gegen diese Art Strafpraxis in 4QpNah 1,7f und noch bei Josephus zeigen, daß dies ein außergewöhnliches, im Judentum verabscheutes und normalerweise nicht geübtes Vorgehen war.

4) Dasselbe Bild bieten die rabb. Belege, in denen insbes. die Exekutionsart Dtn 21,22f zugrunde gelegt und weiter eingeengt wird. So wird zB das zusätzliche Aufhängen des zuvor durch Steinigung getöteten Gotteslästerers zur bloßen gesetzlich gebotenen Formalität: einer bindet fest, ein anderer macht sogleich wieder los (St.-B. I,1034f). Das sind freilich ideale Erwägungen, nicht ausgeübte Strafpraktiken: seit Mitte des 1. Jh. vChr war dem Synedrium die Ausübung der Todesstrafe faktisch genommen. Immerhin läßt sich auch noch diesen idealen, zT ausdrücklich gegen die Strafpraxis der Römer gerichteten, Erwägungen entnehmen, wie sehr das Judentum im allg. das – seit der Römerherrschaft auch in Palästina vollzogene und damit bekannte – röm. Strafverfahren der Kreuzigung verabscheute und wie wenig man die Kreuzigung als eine im Judentum rechtens geübte und von Juden befürwortete Strafart betrachten darf.

Im NT läßt sich das Vorkommen der Wörter σταυρός *[stauros]*, *Kreuz*, ἀνα-/σταυρόω *[ana-/* III
stauroō], beides *kreuzigen*, συσταυρόω *[systauroō]*, *kreuzigen zusammen mit*, im wesentlichen zwei Text- und Sachkomplexen zuordnen:

1. der erzählenden Passionsüberlieferung der Evgg. Mk 15,1–47; Mt 27,1f.11–61; Lk 23,1–56; Joh 18,28–19,42. Hierher gehören ferner Mt 20,19 (Hinweis auf die Kreuzigung Jesu in der dritten Leidensankündigung); Mt 26,2 (nochmalige Ankündigung der Kreuzigung Jesu); die Aussagen von der Kreuzigung Jesu seitens der Juden in Lk 24,20; Apg 2,36; 4,10; schließlich Offb 11,8, wo der Nennung Jerusalems kurz beigefügt wird, »in der auch ihr Herr gekreuzigt worden ist«;

2. der theol. Reflexion des Kreuzesgeschehens in der paulinischen (bzw. auch deuteropaulinischen) Lit. (20mal). Dazu kann man aus sachlichen Gründen Hebr 6,6; 12,2 und die synopt. Worte vom »Kreuztragen« Mk 8,34 parr; Mt 10,37 par stellen.

1) Die Kreuzigung Jesu, historische und theol. Frage

An den zahlreichen Stellen, in denen Paulus, der älteste nt. Zeuge, vom Kreuz Christi spricht, erfahren wir über die näheren Einzelheiten nicht das Geringste. Wichtig ist aber 1Thess 2,15f, wo Paulus – angesichts einer Verfolgung seiner Gemeinde – wohl traditionelles Material aufgreift, das in analoger Situation seinen Sitz hat: Die Juden haben den Herrn getötet und die Propheten und die Boten Christi verfolgt. Aus solchem Situations- und Sachzusammenhang wird auch der überlieferungsgeschichtlich komplizierte Spruch Mt 23,34 stammen: »Siehe, ich sende Propheten und Weise und Schriftgelehrte zu euch; etliche von ihnen werdet ihr (erg. die Repräsentanten der Juden) töten und kreuzigen, etliche ... geißeln und ... verfolgen.«

In analoger Weise erscheinen die Juden bzw. ihre Repräsentanten bereits in der ältesten Evangelienerzählung bei Mk als die treibende Kraft und die nahezu allein Verantwortlichen bei der Kreuzigung Jesu:

Durch sie geschieht die Gefangennahme (14,43ff); Verhör und Todesurteil durch das Synedrium (14,53ff). Pilatus erkennt ihren Neid als treibendes Motiv, findet keine Todesursache und gibt schließlich wie ein um die Gunst des Volkes besorgter Schwächling dem von seinen Repräsentanten aufgewiegelten Volk nach, das vehement die Kreuzigung Jesu verlangt. Von einem wirklichen Urteilsspruch des Imperiumträgers ist keine Rede (15,1–15); die eigentlichen, theol. reflektierten Schmähungen des Gekreuzigten werden vorübergehenden Juden und den maßgebenden Vertretern von Volk und Theol. zugeschrieben: »Rette dich ...; steige jetzt herab vom Kreuz, damit wir (den Ausweis deiner wunderbaren Macht, vgl. 1Kor 1,22) sehen und glauben!« (15,29–32).

In den Erzählungen der andern Evgg. wird diese Tendenz, teilweise durch von Mk nicht gebotene Stoffe, noch verschärft:

Mt 27,19 (Frau des Pilatus: »Habe du nichts mit dem Tode jenes Gerechten zu schaffen!«); 27,20.24f (Händewaschen des Pilatus und »Unschuldig bin ich an seinem Blute; seht ihr zu!«); Lk 23,2.5.10.13–15.22b.25b.28–31 (»Weinet über euch und über eure Kinder!«); Joh 18,31.38b; 19,4.6f.12f.15b. Lukas formuliert schließlich im Typus einer Predigt an Juden: »... diesen Jesus, den ihr gekreuzigt habt« (Apg 2,36; vgl. 4,10; Lk 24,20).

Mag dabei auch zT schon das Motiv der Entlastung der röm. Herrschaft eine Rolle spielen – das ist jedenfalls sekundär, und das treibende Motiv sind, wie der alte, traditionelle Stoff 1Thess 2,15f dartut, aktuelle Auseinandersetzungen mit der Judenschaft. Für urspr. Sitz und Gestaltung der erzählenden Überlieferung von Verurteilung und Kreuzigung Jesu wird man solch aktuellen Anlaß einschließlich Verfolgung und Leiden der Christengemeinde in erheblichem Maße zu berücksichtigen haben.

a) Bei einer historischen Rekonstruktion ist von folgendem Sachverhalt auszugehen: »Die kapitale Gerichtsbarkeit in Judäa eignete während der Besatzungszeit einzig dem Imperiumträger und stand dem jüdischen Synedrium in Jerusalem in keiner wie auch immer eingeschränkten Form zu« (Peddinghaus). Als historisch gesichert kann gelten: 1. Maßgebend war die auf σταυρός *[stauros]* lautende richterliche Entscheidung des Pilatus. 2. Wie das Todesurteil so wurde auch die Hinrichtung von Römern nach röm. Brauch gehandhabt. 3. Jesus starb demnach am Kreuz als Marterwerkzeug, wohl langsam durch Ersticken oder Erschöpfung. 4. Die Kreuzigung nach röm. Praxis läßt die Geißelung Jesu (Ortsangabe unsicher), seine Entkleidung und Bewachung durch röm. Soldaten an der Hinrichtungsstätte als gesichert erscheinen – auch wenn die Erzählung nicht auf Augenzeugenschaft, sondern auf Kenntnis der gängigen Praxis beruht.

Wahrscheinlich wurde der Brauch des »Kreuztragens« nach außerhalb angewandt (Mk 15,20b/21). War der σταυρός *[stauros]* der Querbalken (*patibulum*), wäre die Form der *crux commissa* (T) wahrscheinlich (der τίτλος *[titlos]*, die *Aufschrift* am Kreuz, eignet sich nicht als Ausgangspunkt der Rekonstruktion). Hingegen ist das direkte Verlangen speziell der Kreuzigung Jesu seitens der Juden (Mk 15,6–15parr) angesichts der Wertung dieser röm. (!) Strafe im Judentum (s. II Ende) schwer denkbar. Pilatus wird auch kaum gegen seine

Überzeugung und aus Schwäche gegenüber dem jüd. Verlangen die Kreuzigung Jesu angeordnet haben; entscheidend war für ihn bei dieser Kapitalstrafe die Frage nach der Aufrechterhaltung der röm. Herrschaft. Als Gefahr hierfür, eben als Aufrührer — mit welchem Recht auch immer —, nicht hingegen wegen Gotteslästerung, wurde Jesus von den Römern nach ihren Maßstäben und Rechtspraktiken (s. o. I,2b) verurteilt und hingerichtet.

Das schließt ein Zusammenspiel von Jerusalemer Oberschicht (bei der Inszenierung des Geschehens) und Römern nicht aus. Dafür spräche der gegenüber anderen Strafaktionen der Römer auffallende Sachverhalt, daß ausschließlich Jesus (wohl von der jüd. Tempelpolizei) verhaftet wird, seine Anhänger dagegen fliehen können; das Eingreifen röm. Soldaten hätte nach Analogie anderer Vorfälle (vgl. zB Jos. Ant. 18,85ff; 20,97ff; 20,169ff und Bell. 2,261ff) andere Folgen gehabt. Auf jüd. Seite wären dann freilich ganz andere Gründe leitend gewesen, die die sonstige synopt. Tradition über die Gegnerschaft jüd. Theologen und frommer Laien gegen Jesu Verkündigung und Verhalten als Reflex durchaus zutreffend bewahrt haben könnte (vgl. E. Käsemann, Ruf der Freiheit, 1968², 44). Die aktuelle, bleibende theol. Auseinandersetzung zwischen Christengemeinde und Judentum ließ jene Beweggründe — verständlicherweise, doch in legendarischer Ausgestaltung — in den Vordergrund treten und die historisch maßgebliche Rolle der Römer verblassen.

b) Ein kritisch-prüfendes Abwägen in der historischen Frage fordern auch exegetisch-theol. Sachverhalte: Mt und erheblicher Lk weichen von der Mk-Erzählung ab; ganz souverän verfährt vor allem Joh mit dem Stoff der erzählenden Passionstradition. Jeweils sind sichtlich theol. Motive maßgebend. Solche Verarbeitung hat nach sonstigen Analogien der synopt. Tradition schon vor Mk begonnen. So zeigt auch der älteste, von Mk verwertete Überlieferungsbestand von der Kreuzigung Jesu ein bestimmtes theol. Anliegen. Er ist durchgehend nach Ps 22 gestaltet (Peddinghaus; vgl. jetzt auch H. Gese, Psalm 22 und das NT, ZThK 65, 1968, 1—22). Eine historisierende und harmonisierende Betrachtung würde solchen theol. Intentionen nicht gerecht. Das Interesse der Gemeinde bei der Erzählung von Kreuzigung und Leiden ihres Herrn lassen Stellen wie Hebr 2,14—18; 3,14; 4,14f; 5,7—10 erkennen: Grundlegend bekennt die Gemeinde den Getöteten als den zu Gott Erhöhten im Sinne eines weltumspannenden Heilsgeschehens. Wo sie sich auf Grund dieses Bekenntnisses selber in Anfechtung, Verfolgung und Leiden gestellt sieht, tritt ihr Interesse am irdischen Weg ihres Herrn hervor. Die gestaltete Überlieferung von Leiden und Kreuzigung Jesu ist ein Niederschlag dessen, wie sie sich jetzt auch im Weg des Irdischen verstehen lernt: der Heilbringer geht nun auch als verpflichtendes Vorbild im → Leiden den Seinen voran. So erklärt sich ebenfalls der nicht unmittelbar soteriologische Charakter der Erzählung von der Kreuzigung und vom Leiden Jesu überhaupt.

Die zunehmende, schon 1Thess 2,15f und in der Mk-Überlieferung greifbare Tendenz, die Kreuzigung Jesu von der allein entscheidungsbefugten röm. Instanz auf die Judenschaft und ihre Repräsentanten als die eigentlich Hauptschuldigen zu übertragen, läßt nur eine indirekte historische Auswertung der Erzählungen zu. Selbst wenn ein Zusammenspiel der jerusalemischen Oberschicht mit den Römern als historisch wahrscheinlich angenommen werden darf, sollte der Versuch, von hier aus die Historizität der Kreuzigungserzählungen als ganzer zu legitimieren, unterbleiben. Einmal darum, weil damit nur ein geringer Teil gedeckt wäre. Vor allem und entscheidend deswegen, weil das eigentliche — auch indirekt historisch auszuwertende — Anliegen der Texte unerkannt bliebe: Ihre Eigenart besteht darin, in Erzählform den Sachverhalt zu reflektieren, daß die Judenschaft sich größtenteils der Botschaft vom gekreuzigten Jesus als des erhöhten Kyrios verschlossen und auch seine Boten erbittert verfolgt hat. Anlaß dazu war ein ernster theol. Eifer, und man sollte das besser nicht mit Mk 15,10; Mt 27,18 durch das Motiv des Neides bagatellisieren (eine andere, theol. Interesse entsprungene Erzählungsvariante bietet Joh 11,49ff). Viel wichtiger ist, wie etwa das an der Heilsbotschaft vom Gekreuzigten scheiternde Verlangen nach der Legitimation im Wunderbeweis (1Kor 1,18—25!) erzählerisch rückblickend in Mk 15,29—32 parr reflektiert wird.

Die historische Frage nach dem Anlaß der Kreuzigung Jesu muß vorurteilslos erörtert werden. Indessen darf solche historische Erörterung nicht davon ablenken, daß die Frage nach der Schuld an der Kreuzigung Jesu die Zeiten übergreift, den Juden wie den Menschen ganz allgemein und nicht zuletzt immer erneut auch den Christen zur Entscheidung fordert. Diesen Zeit und Person überspannenden Aspekt zeigt Hebr 6,6, wo es von abfallenden, ihren Glauben nicht bewährenden Christen heißt, daß »sie sich selbst zum Schaden (Dat. comm.) den Sohn Gottes kreuzigen (Präs.!) und der Schande preisgeben« (ἀνασταυρόω *[anastaurọō]* ist streng genommen nur = *kreuzigen* belegt). Die Frage nach der Schuld am Kreuz Jesu bleibt aktuell, wo die Rechtheit des Menschen als allein im Gnadenhandeln Gottes und darum im sich selbst preisgebenden Glauben gründend angeboten wird.

2) Die theol. Deutung der Kreuzigung Jesu

a) Paulus: Das Wortvorkommen unter diesem Aspekt hat seine breiteste Basis bei Paulus (17mal; davon σταυρός *[staurọs]* 7mal, σταυρόω *[staurọō]* 8mal, συσταυρόω *[systaurọō]* 2mal). Alle diese Aussagen sind auf etwas ganz anderes als den Vorgang der Kreuzigung im einzelnen ausgerichtet: Das Kreuz des Christus wird als ein die Welt radikal umwandelndes und in ihrem Wollen und Tun gänzlich neu bestimmendes Heilsgeschehen durchdacht.

α) Das εὐαγγέλιον *[euangelion]* ist für Paulus zentral und umfassend λόγος τοῦ σταυροῦ *[lọgos tou staurọu]*, dh Heilsverkündigung mit dem Kreuz Christi als ihrem Inhalt (1Kor 1,17f; vgl. 2,1f; Gal 3,1). Diese Formulierung (vgl. → »Evangelium« und κήρυγμα *[kærygma]*, *Botschaft*, 1Kor 1,21; 2,4) zeigt: das Kreuz Christi will nicht als ein immanent-historisches Geschehen, sondern als Handeln Gottes verstanden werden; und zwar handelt Gott, indem das Kreuz Christi als sein → »Wort«, als seine befreiende und verpflichtende Botschaft an die Menschenwelt ergeht. Im Kerygma der Boten Christi ist das jenseitige Gotteshandeln als Kreuzeswort präsent. So malt auch die Christuspredigt nicht historisierend die Details des Kruzifixus vor Augen, sondern sie schreibt Jesus Christus als den Gekreuzigten öffentlich aus, schlägt ihn rechtsverbindlich als Heilsereignis öffentlich an, jedermann sichtbar (so ist Gal 3,1 zu verstehen; vgl. H. Schlier, Gal zSt.).

Die Kreuzesbotschaft bringt σωτηρία *[sōtærịa]*, *Heil* (1Kor 1,18b; 1,21b; → Erlösung, Art. σῴζω B). Freilich den πιστεύοντες *[pistẹuontes]*, den *Glaubenden* (1Kor 1,21b), dh denen, die sich dem im Kreuz Christi ergehenden Gerichtsurteil Gottes (1,19ff) über die eigenmächtige, nur sich selber wollende und auch durch religiöse Erfahrungen nur sich selber steigernde Weltweisheit gehorsam unterwerfen (1Kor passim); denen, die ihr Ich durch das Wort vom Kreuz töten lassen (Gal 6,14; vgl. 2,19). Einer irrenden Christenheit, sei sie nun in ihre religiösen Erfahrungen verliebt (1Kor) oder in eine das Kreuz Christi verleugnende Gesetzlichkeit zurückgefallen (Gal), ist diese richtende und befreiende Heilsbotschaft so töricht und »skandalös« wie Griechen und Juden (1Kor 1,18–25).

Für solche Zuspitzung des Evangeliums auf das Kreuz Christi ist Phil 2,8 bezeichnend: Der von Paulus übernommene, traditionelle Hymnus (2,6–11) spricht vom Verzicht des Gottgleichen in Erniedrigung und Gehorsam bis zum Tode. Aber die Aussage vom Tode Christi genügt Paulus noch nicht, er ergänzt: θανάτου δὲ σταυροῦ *[thanạtou de staurọu]*, *zum Kreuzestod*.

Dieser Zuspitzung auf die Kreuzestheol. korrespondiert durchgehend eine Besonderheit gegenüber einer traditionell-urchristl. Deutung des Todes Jesu: Zwar kann Paulus in einer das absurde Verhalten der Korinther aufdeckenden Frage formulieren »Ist etwa Paulus für euch (ὑπὲρ ὑμῶν *[hypẹr hymọ̄n]*) gekreuzigt worden?« (1Kor 1,13). Paulus hat nicht das Heil erwirkt, so daß die Korinther sein Eigentum geworden wären und also Grund zur Spaltung der Kirche als des einen Leibes Christi bestünde. Nur zu dieser Erläuterung verwendet Paulus die für die urchristl. Opfer-(Sühne-) bzw. Stellvertretungssoteriologie charakteristische ὑπέρ-*[hypẹr-]*Formel im Zusammenhang mit σταυρόω *[staurọō]*; auch interpretiert er sie sogleich anders im Sinne der Eigentumsergreifung. Sonst spielt innerhalb des gesamten auf Christus und den Glaubenden bezogenen Wortvorkommens von *Kreuz/kreuzigen* jene andere urchristl. Soteriologie keine Rolle.

Die paulinische Kreuzestheol. interpretiert das Heilsgeschehen in einem anderen, weiterführenden Sinne. Sie begreift den Menschen als Unerlösten (den Heiden wie den gesetzesstrengen Juden!) nicht hinsichtlich seiner Unreinheit, die durch Anhäufung einzelner sündiger Taten entstand, sondern in seinem grundlegend verfehlten, gottfeindlichen Selbstseinwollen: 1. im theol. Leistungsdenken (→ Werke) und im vermessenen Anspruch, daß sich das Wort Gottes im Wunderbeweis zu legitimieren habe; 2. im Verlangen, daß sich die Botschaft Gottes nach Inhalt und Erscheinungsart als → Weisheit ausweise; daß – in christl. Gewande – ihre Kraft (dh ihre pneumatische Dynamis) den religiösen Menschen ins Übermenschlich-Göttliche steigere und überhöhe (1Kor 1,22; 1/2Kor pass.). In alledem erscheint nur jenes selbstsüchtige Ich, das sich Gottes befreiendem Anspruch in Undank und Ungehorsam verweigert (vgl. Röm 1,21f), das nicht radikal aus dem Empfangen leben will (vgl. 1Kor 4,6–8) und das Gott darum im Kreuz und in dessen Proklamation zum Heil des Menschen richtet und zunichtemacht (1Kor 1,19–21; 26–29). Weisheitliche Theol. macht nicht weniger als gesetzliche Frömmigkeit das Kreuz Christi zunichte, beide bringen es um seinen Inhalt (1Kor 1,17).

Von seiner *theologia crucis* aus wird als Einheit verständlich, wie Paulus einerseits dem jüd.-hell. verstandenen Sein im Heilsraum der (kosmisch-gesetzlichen und zugleich pneumatisch-ekstatischen) Weisheit antithetisch das Sein in Christus (oder im → Geist als der Gegenwart der wunderbaren Kraft des Gekreuzigten) und andererseits dem Judaismus seine Rechtfertigungslehre als Konsequenz seiner Botschaft vom Kreuz entgegensetzen kann. In 1/2Kor und Gal geschieht das unter Verwendung der Wörter σταυρός/σταυρόω *[stauros/ stauroō]*. Aber auch die zusammenfassende Entfaltung der Rechtfertigungsbotschaft im Röm, wo nur 6,6 συσταυρόω *[systauroō]* erscheint, ist nur auf dem Boden der paulinischen Kreuzestheol. voll verständlich. Denn das Ende jedweder Gesetzestheol. ist Christus eben nicht anders als der Gekreuzigte im Sinne des paulinischen »Wortes vom Kreuz«. Neben der Parallelität der Terminologie von 1Kor 1/2 und Rechtfertigungslehre (H. Braun, ThViat 1948/ 49, 26ff) beweisen auch die hier anzuführenden Stellen Gal 2,19–21 und 6,12, daß *theologia crucis* und Rechtfertigungsbotschaft eine untrennbare und sich gegenseitig interpretierende Einheit sind.

Gal 6,12 zeigt auch, wie das paulinisch als Rechtfertigungsbotschaft verkündigte Kreuz Christi Verfolgung seitens der gesetzlichen Theol. einbringt (vgl. den Hinweis auf die Stigmata Jesu am Leibe des Apostels in diesem Zusammenhang 6,17). Paulus ist aber offensichtlich der Meinung, daß solches Verfolgung bringende »Ärgernis des Kreuzes«, eben die Widerspruch weckende Botschaft von der dem Sünder ohne Vorleistung (übrigens: auch des *sacrificium intellectus*) gewährten Rechtfertigung, schlechterdings nicht umgangen werden darf (Gal 5,11), wenn nicht die Heilsbotschaft vom gekreuzigten Christus zu einem sog. andern Evangelium verkehrt werden soll (Gal 1,6ff).

Im Stadium der irrenden Kirche genügt es nicht, nur vom »Christus« zu sprechen; dieser könnte immer noch als der weltentrückte und weltentrückende Herrlichkeitschristus (1/2Kor) oder als der perfekte Mose (Gal) mißverstanden werden. Hier stellt Paulus dem Χριστός *[Christos]* betont das unmißverständlich interpretierende ἐσταυρωμένος *[estaurōmenos], als Gekreuzigter,* nach (1Kor 1,23; Gal 3,1); bes. nachdrücklich 1Kor 2,2: »Jesus Christus, und zwar diesen als Gekreuzigten«. Weitere Steigerung: Auf Grund reflektierten theol. Urteils hat Paulus bei seiner Missionstätigkeit in Korinth – und wohl überall: Gal 3,1 – außer (εἰ μή *[ei mæ]*) diesem Gekreuzigten nichts wissen und verkündigen wollen (1Kor 2,2). Allein (hier dasselbe ausschließende εἰ μή *[ei mæ]*) das Kreuz Christi ist darum Gegenstand des Rühmens und Vertrauens (Gal 6,14). Das bedeutet konkret, daß sich Paulus am liebsten der zugeschickten Schwachheiten rühmt (2Kor 12,9f).

Und die Auferstehung? Sie ist in ihrer konkreten Bedeutung ebendarin beschlossen. Sie wirkt sich darin aus, daß Paulus den gekreuzigten Christus als das entscheidende Heilsereignis verkündigen kann. Der Auferstandene hat den Gekreuzigten nicht einfach abgelöst. Die Selbsterniedrigung Christi und sein Gehorsam in der Schande des Kreuzestodes sind gerade nicht durchgestrichen, sondern durch die Erhöhung als Heilszeichen in Recht und Kraft eingesetzt worden (Phil 2,8ff). Christus, der solche Schwachheit übernahm und darum gekreuzigt wurde, lebt auf Grund der neuschaffenden, Tote erweckenden Kraft Gottes (2Kor 13,4). Die Glaubenden, die in diese durch das Kreuz bestimmte Existenzweise hineingestellt werden, leben in der begründeten Hoffnung auf das gleiche Gotteshandeln (ebd.). Ja, schon jetzt wird solches todüberwindende Auferstehungsleben aus Gott in der Kreuzesexistenz des Glaubens andern zugut offenbar (2Kor 4,7—12). Ohne diese auf Grund des Kreuzes Christi offenbar und wirksam gewordene Kraft Gottes wäre die Kreuzesexistenz des Apostels (1Kor 15,30—32) der bemitleidenswerteste Selbstbetrug, der sich denken ließe (15,19).

β) Solches Wissen, daß einzig das Kreuz Christi und der im Kerygma gegenwärtige Gekreuzigte Gottes Kraft (δύναμις *[dynamis]*) und Weisheit (σοφία *[sophia]*) ist (1Kor 1,18—24) — wenn auch gerade nicht jene ungebrochene, jene die Welt und ihre Eigenmächtigkeit überhöhende Dynamis der korinthischen Theol. —, bestimmt nun in erheblichem Maße die P a r ä n e s e d e s P a u l u s. Die irrenden Christengemeinden werden je in spezifischer Weise ermahnt, sich der Botschaft vom Kreuz zu unterstellen (1Kor; Gal; Phil 3). Nicht nur der Abschnitt über die Kirchenspaltungen in Korinth (1Kor 1,10—4,21), sondern der ganze 1Kor ermahnt eindringlich zu einer vom Kreuz Christi bestimmten Weise des Denkens und Handelns: zum Aufgeben von Kraft, Ruhm, Weisheit, die nur sich selber sucht und so den Leib Christi spaltet (1,10—4,21), zum Rechtsverzicht (6,1—11), zum Verzicht auf an sich berechtigte Freiheit um der andern willen (8—11,1). Nicht nur auf den im Wort gegenwärtigen Gekreuzigten selbst verweist Paulus dabei, sondern in erstaunlichem Maße auch auf seine Verkündigungs- und Existenzweise: sie repräsentieren geradezu leibhaftig die vom Kreuz Christi bewegte Daseinsweise (1,17.23; 2,1—5; 3,5ff; 4,6; vgl. bes. die jeweils größere Abschnitte beschließende Mahnung, Nachahmer des Paulus zu werden: 4,16; 11,1).

Grundlage ist Christus als Vorbild: sein Rechtsverzicht (1Kor 11,1; Kontext Kap. 6ff!), seine Erniedrigung bis zum Kreuzestod um der andern willen (Phil 2,1ff).

Obwohl jetzt anders formuliert, gehört auch Hebr 12,2 von der Tradition her strukturell in diesen Zusammenhang: Die bedrängten Christen sollen auf Jesus blicken, »welcher (a) anstatt der für ihn vorhandenen (oder b: zugunsten der ihm in Aussicht gestellten) Freude das Kreuz erduldete, die Schande für nichts achtete . . .« Zugrunde liegt wohl paralel zu Phil 2,6 die Möglichkeit a; doch dürfte im jetzigen Kontext Übers. b in Frage kommen, wodurch der Gedanke noch weiter vom paulinischen abzurücken wäre.

»Feinde des Kreuzes Christi« nennt Paulus darum Christen, die nach Irdischem trachten, deren Wandel nicht durch die Heilsbotschaft vom Kreuz Christi und die sie verkörpernde Existenzweise des Apostels bewegt ist (Phil 3,17—19); dh die nicht, um im Heilsbereich des gekreuzigten Christus zu sein, die gesetzliche Existenzweise als Dreck hinter sich lassen und dann wie Paulus mit den Leiden Christi Bekanntschaft machen und seinem Tode gleichgestaltet werden (3,7ff).

Was Paulus im 1Kor von der kirchengründenden Kreuzesverkündigung, Phil 2 vom Christushymnus, Phil 3 von der Rechtfertigungsbotschaft, und an allen drei Stellen auch vom Vorbildgedanken aus paränetisch entfaltet, kann er ebenfalls in einem eigenartigen Gedankengang von der → Taufe her ausführen (so Röm 6; Gal 2,19; jeweils als Erläuterung des Rechtfertigungsgeschehens!): Daraufhin daß Christus gestorben ist (Röm 6,10), sind auch die Glaubenden gestorben (6,2) und damit wie er von der Macht der Sünde befreit (»der Sünde gestorben« steht parallel!). Ja, in der das einmalige, umfassende Todesgeschehen vergegenwärtigenden Taufe sind sie *mit* Christus *zusammen gekreuzigt* worden (συσταυροῦσθαι *[systaurousthai]* Röm 6,6; Gal 2,19).

Während Gal 2,19 dabei von der Kreuzigung des sündigen, weil der Gesetzlichkeit ergebenen I c h spricht, schimmert anderwärts die Denkweise des religionsgeschichtlichen Hintergrundes noch deutlich durch: Mitgekreuzigt wurde ὁ παλαιὸς ἡμῶν ἄνθρωπος *[ho palaios hæmōn anthrōpos], unser alter →Mensch* (Röm 6,6a), dh der von der → Sünde besessene Fleischesleib wurde vernichtet (V. 6b); damit ist die Herrschaft der Sünde gebrochen (6,2.6c). Parallel zu Röm 6,6a/b.2 heißt es Gal 6,14 in kosmischer Formulierung: durch das Kreuz Christi wurde dem glaubenden Ich zugut die machtausübende → »Welt« gekreuzigt und andererseits das Ich zum Schaden der Welt dem Tode überliefert, so daß sie ihre Operationsbasis verlor. Vor allem auch die a k t i v i s c h e Formulierung zeigt, daß der Gedanke nicht allein von der Kreuzigung Christi und überhaupt nicht von der im kultischen Denkbereich entwickelten Soteriologie (Sühnopfer u. ä. → Blut; → Versöhnung; Art. ἱλάσκομαι etc.) aus entworfen ist: Die Christi Eigentum gewordenen Glaubenden haben das Fleisch samt (seinen) Leidenschaften und Begierden gekreuzigt (Gal 5,24).

Zwei Gedanken sind hier kritisch angeeignet worden: 1. der, daß sich das Heil anthropologisch durch eine Tötung des Fleischesleibes als des (äußeren) »Menschen« verwirklicht; 2. der Gedanke von einer urzeitlichen Gestalt, die ebensolchen Weg zur Heilsvollendung gegangen ist, in den nun Menschen ihrer Art eintreten können. In diesem Gedankenkreis kann Paulus insbes. die radikal umwandelnde und den Glaubenden bleibend bestimmende Heilswirkung des Kreuzes Christi zur Sprache bringen; ebenso seine Aufforderung zur Nachahmung des verpflichtenden und Hoffnung weckenden Vorbildes, das sich selbst preisgab, den Gehorsam in Leiden und Kreuzesschande bewährte und gerade so eschatologisch Gottes Recht wirkungsmächtig erscheinen ließ. Solche Deutung des Kreuzesgeschehens muß freilich von der a u c h in anderen Kategorien vorgetragenen Rechtfertigungsbotschaft kritisch begrenzt werden; ebendies geschieht ja auch unreflektiert im Kontext von Röm 6 (Grundlage: 1,18–5,21); Gal 2,19; 6,14; Phil 3,10.17.

b) D e u t e r o p a u l i n e n : Kol und Eph reden anders und in andern Zusammenhängen als Paulus selbst vom Kreuz Christi; sie verwenden auch nur das Subst. (3mal).

Der Kol bleibt noch insofern in der paulinischen Tradition, als sich in der → Taufe für die Glaubenden ein Todesgeschehen ereignet: sie sind gestorben (3,3), mit Christus in der Taufe begraben worden (συνταφέντες αὐτῷ *[syntaphentes autō̧]* 2,12) und durch diesen Tod mit Christus (ἀπεθάνετε σὺν Χριστῷ *[apethạnete syn Christō̧]*) frei von den Ansprüchen der versklavenden kosmischen Elementenmächte (στοιχεῖα τοῦ κόσμου *[stoichẹia tou kọsmou]* 2,20). So ergeht in teilweiser Analogie zu Gal 5,24 die Mahnung, als Auswirkung dieses grundlegenden soteriologischen Todesgeschehens nun auch aktiv die der irdischen Sphäre verhafteten Glieder, dh die sündigen Konkretionen des Fleischesleibes, selber zu töten. – Der Eph spricht hingegen n u r noch von der schon geschehenen Auferweckung der Glaubenden. In beiden, Kol und Eph, ist vor allem keine Rede mehr von einer mit Christus geschehenen »Kreuzigung«. Der religionsgeschichtliche Hintergrund ist also insoweit weniger kritisch angeeignet als bei Paulus selbst. Das zeigt sich auch in der verstärkten Verwendung des parallelen Gedankens vom Ausziehen und Anziehen des »Menschen« als des fleischhaften bzw. des pneumatischen Gewandes (vgl. zB Röm 6,6 mit Eph 4,22).

In anderem Zusammenhang ist hingegen die kritische Rückbildung einer kosmischen Auslegung des Christusgeschehens zu beobachten; sie wird mit einer bei Paulus nicht vorkommenden Deutung des Kreuzes Christi vollzogen: In Kol 1,20 wird ein vorgegebener Hymnus, der die Allversöhnung durch die Erhöhung, dh mit der Herrschaftsübernahme des Inthronisierten, verwirklicht sieht, mit dem Satz »indem er durch das Blut seines Kreuzes Frieden stiftete« interpretiert. Eph 2,16 führt in dieser Richtung noch weiter, wenn hier die kosmische Friedensstiftung als die zwischen Juden und Heiden in dem einen umfassenden, neuen → Leib des Christus-Anthropos ausgesagt wird, die Christus herbeiführte, um »die beiden in einem Leibe mit Gott durch das Kreuz zu versöhnen, da er in ihm die Feindschaft getötet hatte«. Die Deuteropaulinen setzen also voraus: 1. ein von der Kosmologie her begriffenes Unheils- und Heilsgeschehen; 2. die Paulus noch fremde Verbindung der Kreuzestheol. mit der andern soteriologischen Anschauung vom blutigen Opfertod Christi, der so (gemäß dem Vollzug des blutigen Opfers am Versöhnungstag, Lev 16) Vergebung und Versöhnung schaffte. Diese Verbindung ist sekundär; die Kreuzigung ist ja auch – selbst wenn nicht angebunden, sondern angenagelt wird, was für Jesus nur die drei späten Stellen Joh

20,20.25ff (Hände) und Lk 24,39 (Hände und Füße) voraussetzen — ihrem Wesen nach eine unblutige Angelegenheit. Solche Verbindung von Kreuz und Sühnopfer läßt sich als kritisch-theol. Korrektur der vorausgesetzten verstärkten (dualistisch-)kosmischen Deutung des Heilsgeschehens begreifen: Sie sichert die geschichtliche Verankerung des Heils gegenüber einer (dualistisch-)kosmischen Christologie und bringt die weltweiten Bezüge des Heilswerkes Christi in den Relationskategorien Sünde, Vergebung und Versöhnung zur Geltung.

Nach Kol 2,14 hat Christus »unsern Schuldschein mit seinen uns verklagenden Sätzen ausgestrichen; er hat ihn beseitigt, indem er ihn ans Kreuz heftete«. Zwei Bilder sind hier miteinander verwoben: 1. das des Schuldscheins aus dem antiken Geschäftsverkehr, auf dem nun die Bestimmungen des jüd. Gesetzes und die Heilsanweisungen der Irrlehrer stehen; ihr verklagendes Zeugnis ist getilgt; 2. das Bild einer öffentlich-amtlich ausgeschriebenen, angeschlagenen Erklärung; wohl in Anlehnung an den teilweise üblichen Brauch, einen *titulus* mit der *causa poenae* des Delinquenten ans Kreuz zu heften. Die Bilder besagen dann insgesamt: Christus selbst (auch Kol 1,20 und Eph 2,16 reden anders als Paulus in solcher Weise aktiv) hat das Kreuz zu einem öffentlich-gültigen Anschlag gemacht, der die Austilgung unserer Sünden wie das Ende jedweden Anspruchs der Gesetzlichkeit proklamiert.

c) Das Wort vom Kreuztragen: Es ist 5mal bei den Synopt. überliefert, und zwar in zwei Überlieferungssträngen. Version A = Mt 10,38 und Lk 14,27, verschieden formuliert, stammt aus der Spruchquelle Q, wobei Lk der Q-Fassung am nächsten kommen dürfte. Die Version B haben Mt 16,24 und Lk 9,23 von Mk 8,34 übernommen; Lk fügt καθ' ἡμέραν *[kath hæmeran]* ein: das Aufsichnehmen des Kreuzes soll »täglich«, dh immer neu und nicht erlahmend erfolgen. Die negativ, als Bedingung der Jüngerschaft formulierte Q-Fassung wird die ursprünglichere sein: Wer nicht als Jünger sein je eigenes Kreuz trägt und so auf dem von Christus eröffneten Weg ihm nachfolgt, kann unmöglich zu seiner Jüngerschaft gehören. Die Mk-Fassung spricht positiv vom Eintritt in den Christusweg, der insgesamt das Aufsichnehmen des Kreuzes meint.

Umstritten sind urspr. Sitz und Bedeutung des Spruches. Seine Rückführung auf Jesus setzt eine entsprechende bildliche Redeweise voraus. Diese ist im Judentum nicht nachgewiesen: die ältere rabb. Lit. kennt sie nicht (St.-B. I,587); Gen R 56 (36c) (ebd.; J. Schniewind NTD Mk zSt.) ist keine wirkliche und historisch tragfähige Parallele (Alter?); die Übertragung einer (im übrigen rein hypothetischen) Redeweise des Zelotismus auf seine Anhänger durch Jesus (A. Schlatter) ist kaum denkbar. Wie die röm. Strafart der Kreuzigung dem Orient fremd und dem Judentum äußerst verhaßt war (s. o. I,2), so kennt der semitische Sprachraum die Redewendung βαστάζειν σταυρόν *[bastazein stauron]* im Sinne von *patibulum ferre* nicht. Es bliebe für die Annahme eines Jesuswortes nur der originelle Vorschlag von E. Dinkler: Jesus knüpfe an die in Kreuzform erfolgende kultische Signierung mit Tav oder Chi (τ oder χ) an und fordere damit das Siegel für die endzeitlich Auserwählten. Das Jesuswort hätte dann jedoch in der Gemeindeüberlieferung einen völligen Sinnwandel erfahren und nur eine rein formale Basis abgegeben. Ist das nicht doch zu sehr konstruiert und zufällig?

So bleibt als wahrscheinlichste Möglichkeit: der Spruch ist ein Wort des Erhöhten, durch Prophetenmund ergangen gegenüber Leidensscheu in der Verfolgung. Der Gemeinde wird eröffnet, daß der Gewinn des Lebens auch für sie nicht an der Selbstentsagung vorbeiführt; der Christus-Weg ist in bestimmter Weise notwendig auch Christenweg. Das Wort vom Kreuztragen ist also die synopt. Variante der Kreuzestheol.

Die auffallende Formulierung »*sein* (des Jüngers) Kreuz« bezweckt die theol. Zuordnung von Christus- und Christenweg, meint also kaum nur speziell die Kreuzesstrafe, sondern die je zugemutete Hingabe von Leben, die auch das Martyrium bedeuten kann. Lk 9,23 hat den erweiterten Sinn wörtlich zum Ausdruck gebracht (s. o.). *E. Brandenburger*

V ZUR VERKÜNDIGUNG

I. »Das Wort vom Kreuz« (1Kor 1,18), dh die Verkündigung der Heilsbedeutung des Todes Jesu, die das Zentrum paulinischer und reformatorischer, namentlich luth. Theol. ausmacht, ist heutzutage in eine Krise geraten. Altbekannte traditionsbeladene Begriffe, Formeln und Vorstellungen werden zum Verständnis des Todes Jesu verwendet. Wer aber außer den Theologen versteht sie, und wem helfen sie zu einem befreiten Leben unter der Herrschaft des Gekreuzigten? E. Käsemann hat die Aporie treffend geschildert: »... der sterbende Jesus (wird) zum Begründer unseres Heils, indem er unsere Schuld auf sich nimmt und Gottes Zorn für uns trägt. Unzählige Prediger quälen sich jetzt zu Karfreitag damit ab klarzumachen, wie das möglich sein soll, ohne daß es ihnen gelingt« (Kreuz, 7). Die Verkündigung des Heilstodes Christi erschöpft sich weithin in unbegründeten Behauptungen und blutleeren Theorien, die keine Kraft zur Gestaltung und Veränderung der alltäglichen Praxis besitzen.

Eine zweite Schwierigkeit kommt hinzu, die H. Iwand so formuliert: »Wir haben das Ärgernis des Kreuzes mit Rosen umkränzt. Wir haben eine Heilstheorie daraus gemacht. Aber das ist nicht das Kreuz. Das ist nicht die von Gott in es hineingelegte Härte« (in: Diskussion, 288). Das profane Kreuzesgeschehen wurde sehr bald in eine kultische Abendmahlsfeier und ein sakramentales Meßopfer verwandelt. Die verfolgte *ecclesia crucis* (Kirche des Kreuzes) war nach der konstantinischen Wende nur allzu schnell bereit, die Rolle einer verfolgenden *ecclesia triumphans* (triumphierenden Kirche) zu übernehmen. Im Anschluß an mittelalterliche Traditionen konnte Anselm von Canterbury (Cur Deus homo [Warum Gott Mensch wurde]) eine Theorie über die Notwendigkeit des Todes Jesu für den Heilsprozeß entwickeln.

Das Symbol des Galgens vor den Toren Jerusalems, das einst verfolgte Christen in die Wände ihrer Katakomben meißelten, ist zum Schmuckstück kirchlicher Kunst und Grabpflege geworden, zu einer Zierde am Hals von Mädchen, zu einem Würdezeichen auf der Brust von Bischöfen und Päpsten und zu einer Ehrenauszeichnung für militärische wie staatliche Verdienste entartet. Die skandalöse Kreuzesbotschaft, die den frühen Christen den Namen ἄθεοι *[atheoi], Gottlose,* »Atheisten«, eingetragen hatte, ist weitgehend zu frommer Erbaulichkeit verblaßt und zu langweiliger Orhodoxie erstarrt, die fast jedermann vertraut ist, aber niemanden mehr aufregt.

Angesichts derartiger Entfremdungen von der nt. Kreuzesbotschaft gilt es heute mit besonderer Dringlichkeit, nach Sinn und Unsinn der christl. Kreuzesverkündigung zu fragen. Noch bei Goethe klingt etwas von jenem ursprünglichen Befremden gegenüber dem »Zeichen der Unversöhnlichkeit« (Storm) an, wenn er neben Tabak, Wanzen und Knoblauch das Kreuz zu den verabscheuenswürdigen Dingen zählt (Venez. Epigr.). Nietzsche wütete gegen die »erbärmliche Eckensteher-Moral« und den »Nihilismus« der christl. Kreuzesmoral (Antichrist). Hat nicht die Kreuzespredigt vom leidenden und duldenden Menschen aus »Unfähigkeit zum Verneinen und Widerstand« (Nietzsche) dazu beigetragen, das irdische Jammertal mit einem Heiligenschein zu vergolden und die Ketten des menschlichen Elends mit imaginären Blumen zu bekränzen? Hätte sie nicht stattdessen — wie Marx (Frühschriften, ed. Landshut, 208) forderte — aus »Protestation gegen das wirkliche Elend« die phantasielosen und trostlosen Ketten abwerfen sollen, um die lebendige Blume zu brechen?

Vor allem muß gefragt werden, was es mit der Besonderheit des Todes Jesu auf sich hat. Ist das adelsvolle gelassene Sterben eines Sokrates, wie Platon es im »Kriton« beschreibt, nicht eindrucksvoller und verehrungswürdiger als der verzweiflungsvolle Todesschrei am Schandpfahl von Golgatha? Droht nicht für den Zeitgenossen solch entsetzlicher Greuel wie der von Auschwitz und Hiroshima, Vietnam und Biafra, die Qual dieses einen Gekreuzigten unterzugehen in den Schmerzen vieler Millionen, die länger und grauenvoller als Jesus haben leiden und sterben müssen? Wie soll nun dieser T o d verstanden werden? Ist er die Strafe eines Kriminellen, der sich nicht an die bestehenden religiösen und staatlichen Gesetze hielt? Das Ende eines politischen Aufrührers, der zum Aufstand gegen die röm. Vorherrschaft rief? Der selbstmörderische Freitod eines Verzweifelnden, der sich seinen Gegnern selbst ans Messer lieferte? Oder ist der Tod Jesu die Beseitigung eines unbequemen Lehrers der Wahrheit; die Beglaubigung eines Ideals, für das ein Idealist lebenslang kämpfte; das freiwillige Selbstopfer eines Märtyrers, der seiner Sache bis zum bitteren Ende treu blieb? Oder hat Paulus recht, wenn er vom Sich-aufopfern der Liebe bis zur Hingabe des eigenen Lebens spricht?

Die traditionelle christl. Verkündigung interpretiert den Tod Jesu meistens als stellvertretendes Sühnopfer für unsere Sünden. Was aber kann ein Mensch des 20. Jh. mit kultischen Begriffen wie → Blut, → Opfer oder Sühne anfangen? E. Bloch nimmt die Kritik vieler Zeitgenossen auf, wenn er dazu schreibt: ». . . nichts war in der Welt jemals vergeblicher und, qua heidnischer Analogie zum sterbenden, auferstehenden Jahrgott, zugleich apologetischer fürs Übliche dieser Art Weltregierung als die stellvertretende Genugtuung mittels der Kreuzes- und Opfertodsmagie« (Religion im Erbe, 1967, 92). Vor allem aber: Ist Stellvertretung für unsere Sünden angesichts des neuzeitlichen Personverständnisses überhaupt denkbar und vollziehbar? Schon Kant machte dagegen geltend, diese ursprüngliche Schuld könne »nicht von einem anderen getilgt werden, denn sie ist keine transmissibele (übertragbare) Verbindlichkeit . . . wie eine Geldschuld . . ., sondern die allerpersönlichste, nämlich eine Sündenschuld, die nur der Strafbare, nicht der Unschuldige tragen kann« (Die Religion innerhalb, ed. Vorländer 1961[6], 77).

Die christl. Tradition spricht auch von Versöhnung der Welt durch Christi Tod. Doch hat solcher Enthusiasmus die Frage nach der Theodizee (si Deus, unde malum [wenn Gott da ist, woher stammt das Böse?]) nicht zum Schweigen bringen können. Dostojewski läßt Iwan Karamasow die Klage erheben: »Was ist das für eine Harmonie, wo es solche Hölle (Qual und Leiden unschuldiger Kinder) gibt?« – Zudem wird der Tod Jesu als Gottes eigene Tat verkündigt. Bedeutet das nun, daß seit Karfreitag Gott selber tot ist, so daß wir eine »Theologie nach dem Tode Gottes« (D. Sölle) zu entwickeln haben? – Eine verantwortliche Kreuzespredigt wird sich diesen Fragen unserer Zeit nicht entziehen können, wenn sie nicht Gefahr laufen will, der Hochstapelei und dem »leeren Geschwätz« (Eph 5,6) zu verfallen.

II. Der Tod Jesu stellte bereits seine Zeitgenossen vor quälende Fragen, um deren Lösung in nt. Zeit zäh gerungen wurde. Die Juden betrachteten die Hinrichtung Jesu als legitime Strafe und göttlichen Fluch über einen Gotteslästerer (Dtn 21,23; Gal 3,13); die Römer hatten sich mit der Kreuzigung einen angeblich staatsgefährdenden Aufrührer vom Hals geschafft. Aber für die Anhänger Jesu bedeutete sein schmachvoller Verbrechertod das katastrophale Ende ihrer messianischen Hoffnungen, ein Schock, der ihre sofortige Flucht nach Galiläa zur Folge hatte. Das Leben Jesu endete »außerhalb des Lagers« (Hebr 13,12f) unter Gottlosen (Lk 22,37) mit der offenen Frage, ob Gottes eschatologische Herrschaft in seinem Wort und Werk angebrochen war oder nicht. –

Die Antwort auf jene offene Frage hat nach nt. Zeugnis niemand anders als Gott selbst gegeben, indem er sich durch die Auferweckung (→ Auferstehung) Jesu von den Toten zu dem Gekreuzigten bekannte und seinem Wirken recht gab. Die Kontinuität zwischen Karfreitag und Ostern liegt weder in dem Glauben der Jünger noch in der Macht Jesu, sondern allein in der schöpferischen Tat Gottes begründet, der sich damit als der, »der die Toten erweckt und das Nichtseiende ins Sein ruft« (Röm 4,17), erwiesen hat. Erst im Licht des Ostermorgens erschloß sich der urchristl. Gemeinde nach und nach der Sinn des schockierenden Todes und des fragwürdigen Lebens Jesu. Dh die Heilsbedeutung des Kreuzes Christi kann nicht allein im Horizont seines Lebens, sondern nur von Ostern her recht verstanden und verkündigt werden. »Der Tod Jesu wird verkündigt, weil der Gekreuzigte lebt« (Leitsatz der EKU-Stellungnahme). Kreuz und Auferweckung Jesu sind zwar zu unterscheiden, aber nicht voneinander zu trennen. Eine Karfreitagspredigt, die das Ostergeschehen nicht einbezöge, könnte wohl als fromme Gesetzesverkündigung, kaum aber als evangelische Christusverkündigung gelten. –

Die Auferweckung des Gekreuzigten gab dem Weg des irdischen Jesus recht, der Zöllnern und Sündern Gottes Nähe und Vergebung zusagte, indem er sich mit ihnen an einen Tisch setzte (Mk 2,1ff.13ff). Sie bestätigte das Recht Jesu, an die Stelle der Gottlosen zu treten und sein Leben als Lösegeld zugunsten der Menschen in die Schanze zu schlagen (Mk 10,45; 14,24b). Die judenchristl. Gemeinde hat den Tod Jesu mit Hilfe der at. Schrift als stellvertretendes Sterben des Gottesknechtes (Jes 53) und im Horizont der jüd. Sünden- und Sühnetheol. mit kultischen Kategorien als Passalamm (1Kor 5,7), Sühnopfer (Röm 3,25) etc. gedeutet. Damit ist das göttliche → Gericht über die menschliche Schuld ebenso zum Ausdruck gebracht wie das stellvertretende Eintreten Christi zu unserem Heil, das sich kein Mensch selber beschaffen kann. Der Tod in der Gottesferne, in dem der Richter das Gericht für die Gerichteten übernahm (Barth), um ihnen damit die Gottesnähe zu ermöglichen, ist hier als Vollzug des neuen göttlichen Bundes verstanden. Wenn Paulus und der Hebräerbrief an dem Gedanken der exklusiven Stellvertretung festgehalten haben, dann wird auch heute eine ev. Kreuzesverkündigung darauf nicht verzichten können, wenn sie nicht Gefahr laufen will, in eine gesetzliche Kreuzesethik umzuschlagen. Gerade in einer Zeit, in der das autonome Personverständnis viele Menschen in starre Selbstbehauptung und in einen quälenden Zwang zur Selbstverwirklichung der eigenen Existenz getrieben hat, kommt es entscheidend darauf an, das evangelische »du darfst« gegenüber einem gesetzlichen »du sollst« zur Geltung zu bringen.

Hier aber stellt sich das entscheidende Problem heutiger Kreuzestheol., wie das *prae* und *extra nos* (vor und außer uns) Christi verstehbar und aussagbar werden kann. Denn die jüd. Opfer- und Sühnetheol. sowie dogmatische Theorien über Strafleiden und Genugtuung Christi sind weithin weder verständlich noch übernehmbar. Vielleicht kann der andeutende Versuch einer Neuinterpretation hilfreich sein: Die Heilsbedeutung des Todes Jesu liegt darin, daß »der Mensch für andere« (Bonhoeffer) an die Stelle getreten ist, wo unsere verfallene Existenz in der Verzweiflung und Bodenlosigkeit des Nichts zu versinken droht. Das Kreuz Jesu, das wir weder tragen können noch brauchen, hat uns damit ein neues Leben in befreiter und befreiender Menschlichkeit eröffnet. Dieses Zentrum ev. Kreuzesverkündigung meint auch Luther, wenn er in seiner Schrift »Von der Freiheit eines Christenmenschen« schreibt: »So hat Christus alle Güter und Seligkeit: die sind der Seele eigen; so hat die Seele alle Untugend und Sünde auf sich: die werden Christi eigen. Hier erhebt sich nun der fröhliche Wechsel und Streit« (Clemen-Ausgabe II,15). –

Unter der Herrschaft des Gekreuzigten zu leben, bedeutet für seine Nachfolger, vor das Lager hinauszugehen und ebenfalls die Schmach Christi zu tragen (Hebr 13,13). Die verfolgten hell. Christen erfuhren sehr bald, daß das Kreuz keineswegs nur ein vergangenes historisches Ereignis ist; vielmehr lernten sie das Leben und → Leiden des irdischen Jesus als den auch ihnen vorgezeichneten Weg des Kreuzes verstehen (Mk 8,31.34). Sie haben das mit dem Gedanken der → Taufe in den Tod Christi zum Ausdruck gebracht (Röm 6,3ff). Das Kreuz der Christen besteht zunächst darin, den eigenen selbstsüchtigen alten Adam zu kreuzigen, um als neue Menschen für andere eintreten zu können (Röm 6,6). Sie werden dadurch von dem Zwang befreit, sich selbst zu rechtfertigen und zu bestätigen und erhalten die Freiheit »eigene und kollektive Schuld einzugestehen, statt sie zu verbergen . . . oder fremde Schuld gegen eigene aufzurechnen« (EKU-Stellungnahme, 21). Die Geburt des wahren Menschen geschieht nicht anders als unter Schmerzen.

Nach paulinischem Zeugnis führt die missionarische Existenz der Boten Christi in die Gemeinschaft mit seinen Leiden (Phil 3,10). Das bedeutet für eine gehorsame Kirche, nicht für sich selber dazusein, sondern einen entschlossenen Exodus aus den eigenen Mauern zu beginnen, um mit der Provokation des Kreuzes im Alltag der Welt das Ärgernis und die Kraft ihrer Botschaft zu erfahren (1Kor 1,18ff). »Wenn sie das Wort vom Kreuz predigt und bereit ist, ihr Kreuz auf sich zu nehmen, dann braucht sie um ihre Wirkung nicht besorgt zu sein« (EKU-Stellungnahme, 23).

Der irdische Jesus machte sich zum Fürsprecher der Armen, Ausgestoßenen und Verachteten seines Volkes und zog damit Haß, Verfolgung und Feindschaft der maßgeblichen jüd. Gesellschaftskreise auf sich. Ebenso gehört es zur »Praxis« seiner Nachfolger, sich für das Recht der Entrechteten, die Befreiung der Unterdrückten einzusetzen, Hilflosen Hilfe, Verachteten Verständnis und Schuldiggewordenen Barmherzigkeit entgegenzubringen, auch wenn sie Unverständnis und Feindschaft der Gesellschaft dafür ertragen müssen.

Die universale Tendenz des Kreuzesgeschehens stellt nicht nur einzelne Menschen, sondern auch Gruppen, Gesellschaften, Völker und schließlich die ganze Menschheit unter das

→ Gericht und die → Verheißung Gottes. Insofern enthält das Kreuz Christi nicht nur einen personalen, sondern auch einen politischen Aspekt. Weil der Tod Christi Überwindung der Feindschaft, Versöhnung und Frieden zwischen Gott und der ganzen Menschheit in Aussicht stellt, sind seine Nachfolger damit beauftragt, als Avantgarde der Versöhnung und des Friedens unter verfeindeten oder gar kriegführenden Völkern zu wirken.

Auch die gegenwärtige Erfahrung der Abwesenheit und Unwirksamkeit Gottes in einer nicht-versöhnten, unversöhnlichen Welt steht unter dem Zeichen des Kreuzes. Die Qual der Gottverlassenheit, die gerade Jesus nicht erspart blieb (Mk 15,34), hat das wahre Elend der Menschen und die tiefe Gottlosigkeit der Welt zutage treten lassen. Mit der Auferweckung des Gekreuzigten gerät aber auch diese Welt in das Licht des Ostermorgens und unter die Verheißung der Neuschöpfung (Röm 8,18ff). Dennoch bleibt der Auferstandene der Gekreuzigte, und das zukünftige → Reich Gottes ist vorläufig nur in der Gestalt des Kreuzes als → Hoffnung gegenwärtig. So läßt gerade die Spannung zwischen der Negation des Kreuzes und der Position der Auferweckung die Differenz zwischen dem gegenwärtigen Chaos und der neuen Welt Gottes, zwischen dem Elend dieser Zeit und dem verheißenen Heil der Zukunft, zwischen der erfahrenen Abwesenheit und der in Aussicht gestellten Anwesenheit Gottes deutlich werden. Angesichts des verheißenen und erhofften Reiches ruft das gegenwärtig erfahrene Kreuz Leiden, Kritik und Widerstand gegenüber Menschen und Verhältnissen hervor, die der Zukunft des Reiches nicht entsprechen. Das Kreuz Christi wird damit zum Signal des Protestes gegen diese nicht »gottfarbene« Welt. *H.-G. Link*

Lit.: HFHitzig, Art. crux, Pauly-Wissowa IV, 1901, 1728ff – VSchultze, Art. Kreuz und Kreuzigung, RE 11, 1902³, 90ff – KLatte, Art. Todesstrafe, Pauly-Wissowa Suppl. VII, 1940, 1599ff – EDinkler, Zur Geschichte des Kreuzessymbols, ZThK 48, 1951, 148ff (= Signum Crucis, 1967, 1ff) – ders., Jesu Wort vom Kreuztragen, BZNW 21, 1954 (= Nt. Stud. f. R. Bultmann, 1957³, 110ff = EDinkler, Signum Crucis, 1967, 77ff) – JSchneider, Art. ξύλον, ThWb V, 1954, 36ff – St.-B. I, 1034f; III,792; IV, 1121ff, 1954ff – LMorris, The Apostolic Preaching of the Cross, 1955 – WMichaelis, Zeichen, Siegel, Kreuz, ThZ 12, 1956, 505ff – HLietzmann, Der Prozeß Jesu, Kl. Schriften II, 1958, 251ff – ders., Bemerkungen zum Prozeß Jesu, ebd., 264ff – GEichholz, Paulus im Umgang mit jungen Kirchen, Exegetische Beobachtungen zu 1Kor 1,18–25, in: Basileia, Festschr. f. WFreytag, 1959, 49ff (= TB 29, 1965, 99ff) – UWilckens, Weisheit und Torheit. Eine exegetisch-religionsgesch. Unters. zu 1Kor 1,18–2,16, 1959 (= Beitr. z. hist. Theol. 26) – JBlinzler, Der Prozeß Jesu, 1960³ – ders., Art. Kreuzigung, LThK VI, 1961², 621ff – OGlombitza, Das Kreuz. Eine nt. Studie, in: Festschr. MMitzenheim, 1961 – PWinter, On the Trial of Jesus, 1961 (= Studia Judaica 1) – WMarxsen, Erwägungen zum Problem des verkündigten Kreuzes, NTS 8, 1961/62, 204ff – JJeremias, Der Opfertod Jesu Christi, 1963 (= Calwer H. 62) – ELohse, Märtyrer und Gottesknecht, 1963² – GDelling, Der Tod Jesu in der Verkündigung des Paulus, in: Apophoreta, Festschr. EHaenchen, 1964, 85ff – FJOrtkemper, Das Kreuz in der Verkündigung des Paulus, 1964 (Stuttg. Bibelstud. 24) – JSchneider, Art. σταυρός, ThWb VII, 1964, 572ff – GBornkamm, Art. Kreuz, Theol. f. Nichttheologen III, 1965, 5ff – EDinkler, Das Kreuz als Siegeszeichen, ZThK 62, 1965, 1ff (= Signum Crucis, 1967, 55ff) – CDPeddinghaus, Die Entstehung der Leidensgeschichte, 1965 (Diss. Heidelberg) – KMüller, 1Kor 1,18–25. Die eschatologisch-kritische Funktion des Kreuzes, BZ 10, 1966, 246ff – OWeber, Das dogmatische Problem der Versöhnungslehre, EvTh 26, 1966, 258ff – HGollwitzer, Von der Stellvertretung Gottes, 1967 – EKäsemann, Die Gegenwart des Gekreuzigten, in: Protestantische Texte, 1967, 85ff – ders., Das Kreuz, in: Christus unter uns, 1967 – Zur Bedeutung des Todes Jesu, Exegetische Beitr. v. HConzelmann u. a., EKU 1967 – Das Kreuz Jesu Christi als Grund des Heils, Beitr. v. EBizer u. a., EKU 1967 – CFBrandon, The Trial of Jesus of Nazareth, 1968 – BKlappert (Hrsg.), Diskussion um Kreuz und Auferstehung, 1968³ – WKreck, Zum Verständnis des Todes Jesu, EvTh 28, 1968, 277ff – DSölle, Stellvertretung, 1968⁵ – Zum Verständnis des Todes Jesu, Stellungnahme d. theol. Ausschusses u. Beschluß d. Synode d. EKU, EvTh 28, 1968, 293ff – WDMarsch, Logik des Kreuzes, EvTh 28, 1968, 57ff – FViering, Der Kreuzestod Jesu, 1969 – RWeth, Heil im gekreuzigten Gott, EvTh 31, 1971, 227ff – GDelling, Der Kreuzestod Jesu in der urchristlichen Verkündigung, 1972 – JMoltmann, Gesichtspunkte der Kreuzestheologie heute, EvTh 33, 1973, 346ff – HWKuhn, Jesus als Gekreuzigter in der frühchristlichen Verkündigung bis zur Mitte des 2. Jh.s, ZThK 72, 1975, 1ff – MHengel, Mors turpissima crucis, in: Rechtfertigung, Festschr. EKäsemann, 1976, 125ff (Lit.).

Laie

ἰδιώτης *[idiōtæs]* Laie

ἰδιώτης

ἰδιώτης *[idiōtæs]* (von ἴδιος *[idios]* *eigen, persönlich, privat*) bezeichnet im Griech. (seit Hdt. bezeugt) a) den *Privatmann* im Gegensatz zum Inhaber eines öffentlichen Amtes (zB Herrscher) oder den einzelnen *Bürger* im Gegensatz zum Staat oder der Gesamtheit; b) den *Nichtkenner* gegenüber dem Fachmann (je nach Sachgebiet zB dem Priester, Richter oder Philosophen), im allg. Sinn den *Ungebildeten* gegenüber dem Wissenden; c) den *Außenstehenden* im Gegensatz zum Zugehörigen. I

In der LXX findet sich ἰδιώτης *[idiōtæs]* nur Spr. 6,8b ohne hebr. Äquivalent (nicht in dt. Übers.). Die Rabbinen haben den Begriff *hædjōt* als Lehnwort aus dem Griech. übernommen. Er wird ähnlich verwendet für a) die *Privatperson* gegenüber dem König; b) den *Laien* im Gegensatz zum Sachkundigen, bes. zum Gesetzeskundigen (*hædjōt* = *'am ha'ārez*); c) den *Menschen* im Gegensatz zu Gott. II

Im NT ist ἰδιώτης *[idiōtæs]*, das nur 5mal vorkommt, im Sinne der Bedeutungen b) und c), nicht von a) verwendet: III

Apg 4,13 gebraucht das Wort im Sinne von *ungebildet, ungeschult* (»Als sie . . . inne wurden, daß sie ungelehrte und unbeholfene Leute waren, verwunderten sie sich« Z). Ebenso 2Kor 11,6: »Bin ich (Paulus) aber auch ein Unkundiger in der Rede, so doch nicht in der Erkenntnis« (Z).

In 1Kor 14,16 sind mit den ἰδιῶται *[idiōtai]* alle die gemeint, welche die Gabe der Zungenrede nicht besitzen und wegen der Unverständlichkeit der Zungenrede das Amen auf die Danksagung der Gemeinde nicht mitsprechen können. Ebenso bezeichnet 1Kor 14,23—24 mit dem Wort die in das Zungenreden »Uneingeweihten« (Z). Es sind Ungläubige (ἄπιστοι *[apistoi]*), Nichtchristen also, die offenbar gelegentlich an den Gemeindeversammlungen der Christen teilgenommen haben. Ihretwegen soll der Gottesdienst nach der Meinung des Paulus verständlich bleiben. Die Annahme, daß es sich bei den ἰδιῶται *[idiōtai]* in 1Kor 14 um »Halbgewonnene« (Proselyten, Katechumenen) handelt (so Bauer, S. 17), findet im Zusammenhang des Textes keine Stütze. — Übersetzt man ἰδιώτης *[idiōtæs]* mit *Laie*, so ist darauf zu achten, daß dieses Wort im NT nicht zur Abhebung der Gemeindeglieder von den Priestern oder Klerikern verwendet wird, die die nt. Gemeinde noch nicht kennt. Es handelt sich vielmehr um »Kirchenfremde«, Außenstehende, im Unterschied von den Christen. (Zur Unterscheidung des Kirchenvolkes von den Klerikern hat zum ersten Mal Clemens von Rom 95 nChr den Gläubigen mit dem — urspr. den Akzent auf seine Zugehörigkeit zum Volk legenden — Wort λαικός *[laikos]*, von λαός *[laos]*, → Volk, bezeichnet. Vgl. RGG, aaO.)

O. Flender

Lamm

Schafe gehören in der antiken Kultur zur Kategorie der Kleinviehherden und werden deshalb meist im Plur. genannt. Das auch im NT relativ häufige Wort πρόβατον *[probaton]* umfaßte urspr. als allg. Begriff alle vierbeinigen Tiere, bes. zahme Haustiere, und wurde erst später auf die Bedeutung *Schaf* eingegrenzt. ἀμνός *[amnos]* bezeichnete von vornherein das junge, häufig einjährige Schaf, das *Lamm*, insbesondere als Opfertier bei zahlreichen kultischen Anlässen. Tritt der kultische Bezug zurück, so wird das Lamm als Schlachttier ἀρήν *[aræn]* genannt; dessen Diminutiv ἀρνίον *[arnion]* meint urspr. das *Lämmlein*, später wie ἀμνός *[amnos]* das *Lamm*. In übertragenem theol. Zusammenhang werden Israel und die christl. Gemeinde öfter (vor allem bei Mt und Joh) mit Schafen (πρόβατα *[probata]*), der Gottesknecht und Jesus gelegentlich (Joh und 1Petr) mit einem Lamm (ἀμνός *[amnos]* [Joh] bzw. ἀρνίον *[arnion]* [Offb!]) verglichen.

ἀμνός

ἀμνός *[amnos]*, ἀρήν *[aræn]*, ἀρνίον *[arnion]* Lamm

I ὁ ἀμνός *[ho amnos]*, seit Soph. und Aristoph. belegt, aber selten, bezeichnet das *Lamm* im Unterschied zu → πρόβατον *[probaton]* = Schaf. Neben ἀμνός *[amnos]* wird in LXX auch ἀρήν *[aræn]* gebraucht. ἀρνίον *[arnion]*, urspr. *Lämmlein*, wird schon in LXX und dann im NT nicht mehr als Deminutiv empfunden.

II Im AT wird ἀμνός *[amnos]* (hebr. *kæbæs*) hauptsächlich von der Priesterschrift und Ez gebraucht, dh von priesterlich-kultisch orientierten Schriften. Demnach spielt das *Lamm* im Bereich des israelischen Kultus als Opfertier eine wichtige Rolle. Lämmer werden als Brand- und Schlachtopfer dargebracht (Lev 9,3; Num 15,5), um das Volk oder einzelne Personen (zB Aussätzige Lev 14,10) am Heiligtum zu entsühnen bzw. zu reinigen. Nach Ex 12,5 verzehrt jede Familie am jährlichen Passafest zur Erinnerung an den Auszug aus Ägypten ein fehlloses männliches einjähriges Lamm und bestreicht mit seinem Blut die Türpfosten. Ez erwähnt in seiner Weissagung vom neuen Tempel die Lämmer als Gaben für Sabbat- und Festopfer (46,4.11). Bes. aufschlußreich ist DtJes 53,7, wo der geduldig leidende Gottesknecht mit einem Lamm, das zur Schlachtbank geführt wird und vor seinen Scherern verstummt, verglichen wird. Damit wird die Funktion der Opfertiere erstmalig auf eine Person übertragen. Apg 8,32 zitiert DtJes 53,7 und bezieht die Stelle auf das »Evangelium von Jesus« (Apg 8,35).

III 1) Im NT wird Jesus 4mal als ἀμνός *[amnos]* bezeichnet (Joh 1,29.36; Apg 8,32; 1Petr 1,19). – In Joh 1,29.36 bezeichnet der Täufer den von ihm getauften Jesus als ἀμνὸς τοῦ θεοῦ *[amnos tou theou]* = *Lamm Gottes.* Es wird nicht nur ein Vergleich gegeben (wie ein Lamm), sondern Jesus i s t das Lamm Gottes (Apg 8,32 und 1Petr 1,19 steht ὡς *[hōs]*, dagegen Joh 1 nicht!). JJeremias (ThWb I,343) weist darauf hin, daß Jes 53, aber auch die Passalammvorstellung dieses Wort veranlaßt haben kann. Im Blick auf Jes 53 weist Jeremias auf das aram. Wort *talja* hin, das sowohl *Lamm* als auch *Knabe, Knecht* bedeutet. Die Bedeutung *Knecht* mache den Gen. verständlich: Jesus, der Knecht Gottes. Daraus sei später die mögliche (aber wohl nicht ursprüngliche) Übers. ἀμνὸς τοῦ θεοῦ *[amnos tou theou]* entstanden.

So interessant und nachdenkenswert die Erwägungen von JJeremias sind, scheint es mir doch richtiger, die merkwürdige Gen.-Verbindung ἀμνὸς τοῦ θεοῦ *[amnos tou theou]* aus dem Relativsatz in Joh 1,29 ὁ αἴρων τὴν ἁμαρτίαν τοῦ κόσμου *[ho airōn tæn hamartian tou kosmou]* im Vergleich mit Jes 53,7 zu erklären: *Das Lamm* (*Gottes*) *trägt die Sünde der Welt.*

Wenn man einmal für Lamm einsetzt »Opfergabe«, dann wird das Ungeheuerliche der Aussage des Täufers deutlich: Alle Opfergaben der Menschen bringen nicht die Beseitigung der Sünde der Welt. Aber Gott bringt selbst eine Opfergabe dar, die die Sünde der Welt fortschafft. Er gab seinen einzigen Sohn und schonte ihn nicht (vgl. Röm 8,31–32, wahrscheinlich Anklang an Gen 22). Der Kontrast des Täuferwortes Joh 1,29 zu den synopt. Täuferworten über den Kommenden (Worfschaufel, Fegen der Tenne) ist groß, aber das johanneische Täuferwort (1,29) setzt die Taufe Jesu voraus (1,32–34). Die Taufe Jesu ist sein Ja zum Kreuz. Gott gibt den Christus in den Tod, damit beginnt die eschatologische Heilszeit.

In dreifacher Hinsicht wird Jesus im NT als Lamm bezeichnet. a) Apg 8,32 hebt die Geduld seines Leidens hervor; b) 1Petr 1,19 betont durch die Adj.e »untadelig und unbefleckt« die Sündlosigkeit und Vollkommenheit des Opfers Jesu; c) Joh 1,29.36 bezeichnen die sühnende Kraft des Todes Jesu, der die Sünde der Welt trägt, dh tilgt (vgl. JJeremias, ThWb I,343).

2) ἀρήν *[aræn]* kommt 1mal im NT vor: Lk 10,3, wo von den Jüngern gesagt wird, daß sie wehrlos wie Schafe unter den Wölfen sein werden.

3) ἀρνίον *[arnion]*: Joh 21,15 βόσκε τὰ ἀρνία μου *[boske ta arnia mou]*, die Gemeinde ist Eigentum Christi, sie bedarf der Hirtentreue des Jüngers (vgl. Augustin: *oves meas pasce sicut meas, non sicut tuas*). Außer Joh 21,15 begegnet ἀρνίον *[arnion]* ausschließlich in der Offb (27mal). Wichtig ist der kurze Hinweis von JJeremias (ThWb I,344), daß in nt. Zeit dies Wort nicht mehr als Diminutiv empfunden wird. Das Verniedlichende der Lämm-

lein-Theol. ist also nicht biblisch begründet. Vielmehr wird ausgesagt, daß der Weltrichter derjenige ist und bleibt, der für uns starb. Man sieht an dem Herrscher noch die Todeswunde (Offb 5,6).

Offb 5 kommt ἀρνίον *[arnịon]* 4mal vor. Schon hier ist beides deutlich: Er ist der die Siegel öffnende, der anzubetende Herr, und zugleich ist und bleibt er derjenige, der als ἐσφαγμένον ἀρνίον *[esphagmẹnon arnịon]*, als *geschlachtetes Lamm*, mit seinem Blut Menschen aus allen Geschlechtern für Gott erkauft und zu Königen und Priestern gemacht hat (Offb 5,9.10). Er ist beides, ἀρνίον *[arnịon]* und λέων *[lẹōn]*, *Löwe*. Der eschatologische Zorn, vor dem die Könige, Obersten und Gewaltigen, alle Knechte und Freien sich verstecken möchten, ist ὀργὴ τοῦ ἀρνίου *[orgæ tou arnịou]*, *Zorn des Lammes* (Offb 6,16). In Kap. 7 heißt es, daß das Blut des Lammes reinigende Kraft hat. Nicht das Martyrium, so schwer es war, sondern das Blut des Lammes brachte Reinigung. Das Lamm wird zugleich mit Gott angebetet (7,10). – Offb 19,7.9 spricht von der Hochzeit des Lammes. Die Gemeinde ist die Braut. Die 12 Apostel heißen Apostel des Lammes. Gott und das Lamm erleuchten die Gottesstadt (21,14.23).

4) Zusammenfassend kann man sagen: ἀμνὸς τοῦ θεοῦ *[amnọs tou theọu]* bezeichnet die Opfergabe Gottes, den Christus, den Gott bestimmt hat, die Sünde der Welt zu tragen. ἀρνίον *[arnịon]* betont die Identität des eschatologischen Herrschers mit dem am Kreuz für uns getöteten Christus. *J. Gess*

πρόβατον *[prọbaton]* Schaf

πρόβατον

In der griech. Antike bezeichnet der Begriff πρόβατον *[prọbaton]* in seiner umfassendsten Bedeutung alle *vierfüßigen Tiere* (bes. die zahmen Haustiere) im Gegensatz zu schwimmenden und kriechenden Tieren. Im Sinne einer möglichen Rückführung des Wortes πρόβατον *[prọbaton]* auf das Verb προ-βαίνω *[pro-bạinō]* = *vorangehen* ist häufig das *Kleinvieh* gemeint: bei gemischten Herden läuft das schwächere Kleinvieh (vor allem das Schaf) vor den übrigen Tieren. Während in früher Zeit der Terminus nur im Plur. gebräuchlich ist (Schaf als Herdentier), taucht später auch der singularische Gebrauch auf (speziell: das *Schaf*). In übertragener Bedeutung wird es zB von Aristoph. (Nu 1203) als Scheltwort gebraucht: Minderwertiges oder Dummes, zB ein einfältiger Mensch wird mit dem Schaf (»Schafskopf«) verglichen. Eine positive Bedeutung hat πρόβατον *[prọbaton]*, wenn es als Bild für einen Menschen verwandt wird, der auf Führung und Leitung durch einen anderen angewiesen ist (Epict. Diss. III,22,35). I

Als Wiedergabe von *ts'ōn* (*Kleinvieh*) meint πρόβατον *[prọbaton]* im AT vor allem das *Schaf* als Nutz- und Herdentier (Gen 30,38; Jes 7,21; Am 7,15), weniger als Opfertier (Lev 1,2; dafür häufiger → ἀμνός *[amnọs]* = hebr. *kæbæs*, das opferfähige Lamm). πρόβατον *[prọbaton]* (nahezu ausschließlich im Plur. πρόβατα *[prọbata]*) dient in übertragener Bedeutung als Bezeichnung für *Volk* (unter dem König als ποιμήν *[poimæn]*, → Hirte; 2Sam 24,17), speziell Volk Gottes (Ps 74,1 Gemeinde; 77,21; 78,52). Maßgeblich für diesen Gebrauch ist das Wissen um die Schutzbedürftigkeit des Schafes. Ohne die Führung des Hirten zerstreut sich die Herde (Ez 34,5); jedes Schaf sieht auf seinen Weg (Jes 53,6); die Schafe irren umher und erliegen den Gefahren der Wildnis (Ez 34,5f); sie müssen von dem kundigen Hirten zu den richtigen Weideplätzen geführt werden, um leben zu können (Ps 23). So ist das führerlose Volk Israel in der Wüste wie »Schafe, die keinen Hirten haben« (Num 27,17); auch der einzelne ist ohne die Weisung Gottes »verirrt wie ein verlorenes Schaf« (Ps 119,176). Jahwe selbst sorgt sich um seine zerstreute Herde, indem er Hirten einsetzt (den messianischen König: Jer 23,1ff; Ez 34,23; Moses: Ps 77,21; Jes 63,11) oder selbst der Hirte seines Volkes sein will (Ps 78,52f; 80,2; Jes 40,11). Wenn sich also Israel wiederholt als »Schafe Gottes« bezeichnet, so liegt darin einmal die Erkenntnis seiner Schutzlosigkeit, sofern es auf sich selbst gestellt ist, und zum anderen das Vertrauen zu der Führung des guten Hirten Jahwe (Ps 23; 95,7; 100,3). II

Im NT findet sich πρόβατον *[prọbaton]* auffallend häufig bei Mt (11mal) und bei Joh (17mal) im Gegensatz zu den anderen Schriften. III

1) Die eigentliche Verwendung des Begriffes in Gleichnis und Erklärung Jesu zeigt, wie selbstverständlich es dem Zeitgenossen Jesu ist, daß das Schaf, auf sich selbst angewiesen, ohne die Aufsicht des Hirten verloren ist (Lk 15,4), daß darum das Schaf des spontanen

und aufopfernden Schutzes bedarf (Mt 12,11; Lk 15,4). Dieses Verständnis ist tragend und bestimmend, wenn πρόβατον *[probaton]* im übertragenen Sinne verwendet wird: Das Schaf ohne Schutz des Hirten ist »abgequält und erschöpft« (Mt 9,36), es »verirrt sich« (1Petr 2,25) und ist »verloren« (Mt 10,6; 15,24). Vergleicht also Jesus (in Anlehnung an den at. Gebrauch) sein Volk mit einer hirtenlosen Schafherde (Mk 6,34 par), so sieht er es ohne Rettung dem sicheren Untergang preisgegeben. Ebenfalls werden die Gemeinden des 1Petr im Blick auf ihre vorchristl. Zeit angeredet als irrende Schafe (1Petr 2,25), als Menschen also, die unter falschen Hirten (vgl. Ez 34,5) in heilloser Verirrung lebten. Demgegenüber ist Jesus selbst der »große Hirte der Schafe« (Hebr 13,20), dessen Sendung zuerst »den irrenden Schafen des Hauses Israel« gilt (Mt 15,24).

2) Andererseits nennt Mt die von Jesus gesammelte exklusive Jüngerschar »Schafe Jesu«. In der Aussendungsrede werden die Jünger Jesu (10,16) mit wehrlosen Schafen verglichen, die der Hirte unter reißende Wölfe schickt. Das Bild kennzeichnet die Bedrohung und Zerstreuung der endzeitlichen Gemeinde (Mt 26,31). Erst beim großen Weltgericht wird der Hirte Jesus die Schafe, die bewußt oder unbewußt den Willen Gottes getan haben, von den Böcken trennen (Mt 25,32f).

3) Während Mt mehr an die Sammlung der Herde aus den verlorenen Schafen innerhalb des Volkes Israel denkt (10,6; 15,24), bezeichnet der Begriff πρόβατον *[probaton]* bei Joh die erwählte Gemeinde Jesu, die »Seinen« (10,14 τὰ ἐμά *[ta ema]*). Die Schafe kennen die Stimme ihres Hirten, hören seinen Ruf und folgen ihm nach. Als der gute Hirte kennt Jesus seine Schafe, ruft sie, bewahrt sie vor dem Wolf und gibt sein Leben für sie hin (Hirtenrede Joh 10). Im Unterschied zu Mt ist das Verhältnis zwischen Hirt und Herde nicht als Verhältnis von König und Gottesvolk, sondern von offenbarendem Sohn und hörender Gemeinde verstanden, – Gedanken, die von gnostisch-hell. Tradition geprägt sind. Wo »e i n e Herde und e i n Hirt« sein werden (Joh 10,16; vgl. 17,20f), dh wo endlich Juden und Heiden unter einem Herrn zu einer Kirche versammelt werden, da kommt das missionarische Heilshandeln Jesu zu seinem Ziel.

4) Im Sinne von *Opfertier* spielt πρόβατον *[probaton]* ähnlich wie im AT keine wesentliche Rolle (nur Joh 2,14; Apg 8,32; Röm 8,36). Dafür gebraucht das NT hauptsächlich die Wörter → ἀμνός *[amnos]* und ἀρνίον *[arnion]*, vor allem in ihrem übertragenen Bezug auf Christus als den stellvertretend Leidenden und als den Weltherrscher. *R. Tuente*

Lit.: Art. ἀμνός, ThWb I, 1933, 342ff – CKBarrett, The Lamb of God, NTSt 1, 1955/56, 210ff – WTooley, The Shepherd and the Sheep Image in the Teaching of Jesus, NovTest 7, 1964/65, 15ff – HPreisker/SSchulz, Art. πρόβατον, ThWb VI, 1959, 688ff – KKoch, Das Lamm, das Ägypten vernichtet. Ein Fragment aus Jannes u. Jambres u. sein geschichtl. Hintergrund, ZNW 57, 1966, 79ff – JJeremias, Das Lamm, das aus der Jungfrau hervorging (TestJos 19,8), ebd., 216ff – ChBurchard, Das Lamm in der Waagschale, ebd., 219ff – FGryglewicz, Das Lamm Gottes, NTSt 13, 1966/67, 133ff.

Last

Die Bedeutungsbreite des deutschen Wortes *Last* reicht von dem Gewicht, das als Traglast auf einen Wagen geladen wird, bis zu feinsten seelischen Störungen, die als Last empfunden werden. Die griech. Sprache kennt dagegen mindestens vier Wörter, um die versch. Arten von Lasten und Belastungen genau zu kennzeichnen. βάρος *[baros]* und seine Wortgruppe betont die physische Schwere, das *Gewicht* (vgl. das Adj. βαρύς *[barys]*, *schwer*), während φόρτος *[phortos]* bzw. φορτίον *[phortion]* den Akzent auf die Angemessenheit der Last legt, die Tiere, Menschen oder Dinge (zB Wagen, Schiffe) zu tragen bekommen. πόνος *[ponos]* bezeichnet urspr. die körperliche Anstrengung im Krieg, gewann bald allgemeinere Bedeutung im Sinn von *Arbeit* und *Mühe* des Lebens (vgl. auch das seltenere μόχθος *[mochthos], Anstrengung, Mühe*). In die gleiche Richtung weist κόπος *[kopos]*, eigentlich der *Schlag*, dann dessen Folgen: *Zerschlagenheit, Müdigkeit*, schließlich ganz allg. *Mühe* und *Beschwerden*, die sowohl durch körperliche Gebrechen als auch durch seelische Schmerzen verursacht sein können. Der Gebrauch der Vokabeln im NT zeigt dabei, daß die übertragene Bedeutung der Wortgruppe (zB Last der Gebote) nicht so sehr zu einer inneren seelischen oder spirituellen Verflüchtigung des Begriffsinhaltes geführt, sondern vielmehr die Hoffnung auf die eschatologische Überwindung der alltäglichen Lasten geweckt hat.

βάρος

βάρος *[baros]* Last · βαρύς *[barys]* schwer · βαρέω *[bareō]* beschweren · φορτίον *[phortion]* Traglast

I βάρος *[baros]* bedeutet im klassischen und hell. Sprachgebrauch (seit Xenoph. und Eur.) die *Schwere*, das *Gewicht*, die *Last*. Hingegen meint φορτίον *[phortion]* (Diminutivform des seit Hom. belegten φόρτος *[phortos]*, derjenigen Last, die ein Mensch, ein Tier usw. tragen kann, also: zugewiesene, angemessene Last) die *Traglast*; es ist vorhanden seit Sappho, auch in LXX; der Sprachgebrauch ist hell. Die Bedeutung beider Wörter geht jedoch ineinander über. – Das Adj. βαρύς *[barys]*, *schwer*, entspricht im allgemeinen griech. Sprachgebrauch im wesentlichen dem Bedeutungsumfang des Subst. – Schon seit Platon ist auch das Verb βαρέω *[bareō]*, *beschweren, bedrücken*, belegt.

II In der LXX kommen βάρος *[baros]* (Übers. von hebr. *kābōd*) und βαρέω *[bareō]* (hebr. *kābēd*; Ex 7,14; 2Makk 13,9) nur sehr selten vor; häufiger dagegen βαρύς *[barys]* (für *kābēd*). – Mit ἀκούω *[akouō], hören*, verbunden bezeichnet das Adv. βαρέως *[bareōs]* das Schwerhörigsein (Jes 6,10). So wird es Mt 13,15 und Apg 28,27 zitiert.

III 1a) Im NT ist βάρος *[baros]* Mt 20,12 von der Last der Tagesarbeit gebraucht; Apg 15,28 von der Last gesetzlicher Bestimmungen. Man hat auch Offb 2,24 so verstanden; doch kann man hier auch an die Last drohender Trübsal denken. Vom *Beschwertwerden* (βαρεῖσθαι *[bareisthai]*) durch die Last der Trübsal ist 2Kor 1,8; 5,4 die Rede. βαρεῖσθαι *[bareisthai]* ist außerdem gebraucht von den Augen, die im Schlaf beschwert sind (Mt 26,43; Lk 9,32), von der Beschwernis der Herzen durch die irdischen Dinge (Lk 21,34) und von finanzieller Beschwerung (1Tim 5,16).

b) Während das Verb βαρέω *[bareō]* im NT nur passivisch gebraucht wird, treten für das Aktiv die Komp. ἐπιβαρέω *[epibareō]* (2Kor 2,5; 1Thess 2,9; 2Thess 3,8) und καταβαρέω *[katabareō]* (2Kor 12,16) ein. Das gleichbedeutende im profanen griech. Sprachgebrauch und LXX häufige βαρύνω *[barynō]* findet sich im NT nur als v. l. (Lk 21,34; Apg 3,14; 28,27; 2Kor 5,4). Die Beschwerde in 2Kor 1,8; 5,4 wird durch das Vertrauen auf den Gott, der die Toten erweckt, und durch die Hoffnung auf die Vollendung überwunden. Darum kann der Apostel dieser Leidenslast die überschwengliche, ewige βάρος τῆς δόξης *[baros tæs doxæs]*, Last, dh *Gewicht* der Herrlichkeit, entgegenstellen (2Kor 4,17); mit dieser Herrlichkeit verglichen ist alle irdische Trübsal »zeitlich und leicht«. – Gal 6,2 mahnt der Apostel die Christen zum Tragen der gegenseitigen Lasten. Sie sollen einander zurechthelfen, wenn einer von einem Fehler ereilt wird; das Mittragen der Leidenslasten ist indessen nicht ausgeschlossen. Solches Mittragen hebt die Eigenverantwortlichkeit der Christen nicht auf, derzufolge jeder vor Gott seine eigene Last (φορτίον *[phortion]*) zu tragen hat (V. 5). – 1Thess 2,7 bezeichnet βάρος *[baros]* das Gewicht der apostolischen Autorität, mit der Paulus in Thessalonich hätte auftreten können; man kann das Wort auch von der finanziellen *Belastung* verstehen, die der Apostel der Gemeinde erspart hat, indem er durch Arbeit für seinen Unterhalt sorgte (V. 9).

2a) Das Adj. βαρύς *[barys]* kommt im NT nur 6mal vor; Apg 20,29 werden die Irrlehrer, die in die Gemeinden einbrechen, als schwere, dh *gefährliche* Wölfe bezeichnet, vor denen gewarnt werden muß. Apg 25,7 bringen die Juden »schwere« Beschuldigungen gegen

Paulus beim Statthalter vor. Umgekehrt haben die Gegner des Apostels in Korinth seine Briefe als βαρεῖαι *[barẹiai]*, als *gewichtig* und für sie *belastend* empfunden (2Kor 10,10).

b) Neben der Leidenslast spielt im NT bes. die Auseinandersetzung Jesu mit den Schriftgelehrten und Pharisäern über die Last des → Gesetzes eine wichtige Rolle. Mt 23,4 (Lk 11,46) redet Jesus von den schweren Lasten, die die »Heuchler« den Menschen auflegen, ohne selbst einen Finger zu rühren. Indem sie auf die Vielfalt äußerlicher Gebote Nachdruck legen, lassen sie *das Wichtigste* (τὰ βαρύτερα *[ta barỵtera]*) des Gesetzes, »das Recht und die Barmherzigkeit und die Treue« außer acht (Mt 23,23 Z). Jesus berührt sich hier mit der altprophetischen Forderung Mi 6,8. Verglichen mit dem Joch der Gesetzesausleger, unter dem das Judentum steht, ist Jesu Joch (ζυγός *[zygọs]*; → Sklave) mild und seine *Last* (φορτίον *[phortịon]*) leicht; darum kann er die Mühseligen und *Beladenen* (πεφορτισμένοι *[pephortismẹnoi]*) zu sich rufen (Mt 11,28ff). Gebote gibt es auch für die Jünger Jesu; aber diese Gebote sind nicht schwer, da mit der Liebe zu Gott den Christen die Kraft zu ihrer Erfüllung geschenkt ist (1Joh 5,3). *W. Mundle*

κόπος

κόπος *[kọpos]* Arbeit, Mühe · κοπιάω *[kopiạō]* arbeiten, sich mühen · πόνος *[pọnos]* Anstrengung, Mühe

I 1) κόπος *[kọpos]* (wohl urverwandt mit »Hammer«), seit den Tragikern überliefert, heißt *Schlag* (so Eur. To. 784); auch das Schlagen an die Brust als Ausdruck des Wehklagens wird mit κόπος *[kọpos]* bezeichnet; dann die leibseelische Folge eines Schlages: *Müdigkeit, Zerschlagenheit* (so Aischyl. Suppl. 206; Plato Leg. 537b). Damit hängt zusammen, daß auch alles, was dazu führt, *Arbeit, Anstrengung, Mühe* und *Beschwerden* κόπος *[kọpos]* genannt werden kann. Ähnlich verhält es sich mit dem Verb κοπιάω *[kopiạō]* (seit Aristoph.). Es beschreibt sowohl den Vorgang des Sich-Abarbeitens: *sich mühen, plagen* (Aesop Fab. 391 P) und das damit verbundene Müdewerden: *sich erschöpfen* (bes. bei Aristoph., Jos. Bell. 6,142 und Philo Cher. 41), als auch das Ergebnis: die *Ermüdung* und die *Mattigkeit*, in der man sich zerschlagen fühlt.

2) Häufig begegnet πόνος *[pọnos]* (seit Hom.) als Synonym zu κόπος *[kọpos]*. πόνος *[pọnos]* bezeichnet bei Hom. die körperliche *Anstrengung* im Krieg (πόνος μάχης *[pọnos machæs]*, Il. 16,568; 17,718 u. ö.); allgemeiner bedeutet es die Arbeit und Mühe des Lebens (Plato Soph. 230 A); bei Xenoph. hat es die Bedeutung *Schmerz* (Mem. 2,2,5). πόνος *[pọnos]* wird schließlich zum Lieblingswort der Stoiker (Epict. Diss. I,2,15; 7,30; II,1,10.13f u. ö.). Im NT kommt es nur 4mal vor (3mal in Offb). Das Verb πονέω *[ponẹō]* (seit Pindar), *sich abmühen*, begegnet im NT dagegen nicht. – Gelegentlich wird neben κόπος *[kọpos]* auch μόχθος *[mọchthos]* (seit Hes.), *Anstrengung, Mühe*, genannt (im NT nur 3mal bei Paulus).

II Die LXX übersetzt mit κόπος *[kọpos]* hauptsächlich hebr. *ʿāmāl, Mühsal* (Gen 31,42), *Mühe* (Pred 1,3; 2,18–22 LXX: μόχθος *[mọchthos]* u. ö.), *Mißgeschick* (Ri 10,16), *Unheil* (Ps 10,7.14; 94,20; Hi 5,6f). κοπιάω *[kopiạō]* gibt häufig hebr. *jāgaʿ, müde werden* (Jes 40,28.30), *sich mühen um* (Jes 43,22), *sich abmühen* (Jes 49,4; Hi 20,18) wieder. Die Begriffe begegnen im AT vorwiegend in späteren Texten wie DtJes, TritoJes, Pss sowie in Hi, Sir und Pred. Sie werden nicht – wie bei Philo – spiritualisiert, sondern in ihrem nüchternen Realitätsgehalt zum Ausdruck von Lebenspessimismus und Resignation, die in Israels Spätzeit immer stärker vordringen: »Das meiste (unseres Lebens) ist Mühsal und Beschwerde« (Ps 90,10 κόπος καὶ πόνος *[kọpos kai pọnos]*; vgl. Hi 3,10; 5,6f). »Was hat der Mensch für Gewinn von all seiner Mühe, womit er sich abmüht unter der Sonne?« (Pred 1,3 LXX μόχθος *[mọchthos]*; vgl. 2,18ff). Selbst der Gottesknecht beklagt seine vergebliche Mühe: »Umsonst habe ich mich gemüht, um nichts und nutzlos meine Kraft verzehrt« (DtJes 49,4). Auf diesem Hintergrund wird das Anwachsen der eschatologischen Hoffnung auf eine Heilszeit verständlich, in der sich die Menschen nicht mehr umsonst zu mühen brauchen (TritoJes 65,23) und in der überhaupt die Mühsal des Lebens überwunden sein wird (Jes 33,24). Darüber hinaus gibt DtJes seiner Zeit die Verheißung: »Jünglinge werden müde und matt (κοπιάω *[kopiạō]*), Krieger straucheln und fallen, aber die auf den Herrn harren, empfangen immer neue Kraft (ἰσχύς *[is·chỵs]*), daß ihnen Schwingen wachsen wie Adlern, daß sie laufen und nicht ermatten, daß sie gehen und nicht müde werden« (DtJes 40,30f).

III Im NT kommt κόπος *[kọpos]* (κοπιάω *[kopiạō]*) nicht weniger als 40mal vor, in den Evgg. spärlich, bei Paulus häufig. Folgende Bedeutungen lassen sich erkennen:

1) Der Vorgang des Sich-Abarbeitens: *sich mühen.* κοπιάω *[kopiạō]* wird zunächst unreflektiert von der alltäglichen *Arbeit* gebraucht (zB Mt 6,28; Lk 5,5; Röm 16,6; 1Kor 3,8 κόπος *[kọpos]*). Joh 4,38 und 2Tim 2,6 beziehen sich auf die Feld- und Erntearbeit, die als Gleichnis für die Arbeit am Reich Gottes verstanden wird. Offb 2,2 und 14,13 (κόπος *[kọpos]*) sind eschatologisch ausgerichtet: sie sprechen von der *Mühsal*, die in der Ewigkeit aufgehoben und beendet wird.

2) Das Ergebnis des Sich-Abarbeitens: die *Ermattung.* In Joh 4,6 wird, wie oft in der Antike, von der Ermüdung durch die Anstrengung einer Reise gesprochen. Die Gemeinde in Ephesus wird dafür gelobt, daß sie viele Verfolgungen ertragen hat und dennoch im Glauben nicht müde geworden ist (Offb 2,3). Eschatologisch ist Mt 11,28 zu verstehen: Christus will denen, die sich unter dem Anspruch des Gesetzes bis zur Erschöpfung abmühten, endgültige → Ruhe von dieser gesetzlichen Arbeit geben.

3) Das Besondere des paulinischen Sprachgebrauchs: die *Arbeit* in dem Herrn. Paulus verwendet zunächst κόπος *[kọpos]* und κοπιάω *[kopiạō]* zur Bezeichnung seiner eigenen Handarbeit (zB 1Kor 4,12; 1Thess 2,9). Diese handwerkliche Tätigkeit übt er im Rahmen seines missionarischen Berufes aus, um unabhängig von den Gemeinden zu sein. Sie steht also in einer inneren Beziehung zu seiner von Gott aufgetragenen Missionsarbeit. Diese Missionstätigkeit bezeichnet Paulus gelegentlich ebenfalls mit κόπος *[kọpos]* bzw. κοπιάω *[kopiạō]*. Sie bedeutet für ihn einerseits drückende Last und sogar Schläge (2Kor 6,5; 11, 23.27), begleitet von der Gefahr der Erfolglosigkeit (Gal 4,11), — andererseits aufrichtende Freude (1Kor 15,10; Phil 2,16). Ihr Ziel ist es, jeden Menschen vollkommen in Christus vor Gott hinzustellen (Kol 1,29; vgl. 1Tim 4,10).

Mit Paulus zusammen arbeiten andere Missionare (Röm 16,12; 1Kor 16,16; 1Thess 5,12), deren Dienst »im Wort und in der Lehre« (1Tim 5,17) das gleiche will und das gleiche wirkt: nämlich die mühevolle Arbeit der Liebe (1Thess 1,3). *M. Seitz / H.-G. Link*

Lit.: AvHarnack, κόπος im frühchristlichen Sprachgebrauch, ZNW 27, 1928, 1ff — GSchrenk, Art. βάρος, ThWb I, 1933, 551ff — FHauck, Art. κόπος, ThWb III, 1938, 827ff — St.-B. I,608ff; 911ff; II,728; III,577, 1954ff³ — ELohmeyer, Der Brief an die Kolosser und an Philemon, KEK IX,2, 1964¹², 89

Leben

Der Begriff *Leben* bezeichnet allg. die Lebendigkeit der organischen Natur (Pflanzen, Tiere), speziell das Dasein der Menschen. Leben und → Tod sind die gegensätzlich einander zugeordneten Grundkategorien alles Lebendigen; sie sind aufeinander bezogen und interpretieren sich wechselseitig. Zum Besonderen des menschlichen Lebens gehört, daß es nicht einfach naturhaft gegeben, sondern zur Gestaltung und Verwirklichung aufgegeben ist. Die griech. Sprache unterscheidet zwischen dem mehr naturwissenschaftlich-vital verstandenen Leben (ζωή *[zōẹ]*) und der stärker ethisch orientierten Lebenshaltung bzw. Lebensführung (βίος *[bịos]*). Es ist aufschlußreich, daß im NT gerade der naturhaft-vitale Begriff aufgenommen und für die bes. Gottesgabe und -gemeinschaft verwendet wird.

Zur Ergänzung des griech. und biblischen Lebensverständnisses sei ausdrücklich auf die Artikel unter → Tod verwiesen.

βίος

βίος *[bios]* Leben · βιόω *[bioō]* leben · βιωτικός *[biōtikos]* zum Leben gehörig

I Das Subst. βίος *[bios]*, seit Hom., abgeleitet von dem entsprechenden Verb βιόω *[bioō]*, *leben*, urverwandt mit dem lat. *vivere* und dem dt. *quick*, bezeichnet das *Leben* in seinen konkreten Erscheinungsweisen und Äußerungen. Allg. ist von βίος *[bios]* als *Lebensdauer* und *Lebenszeit* die Rede (Plato Symp. 181d, 203d; Leg. VI,770a; VII,802a). Speziell meint βίος *[bios]* die individuelle Lebensweise des einzelnen, die aber nicht als geschichtliche Einmaligkeit verstanden wird, vielmehr als eine typische überzeitliche Verhaltensweise neben anderen typischen Gestaltungsmöglichkeiten des Lebens (Plato Leg. II,663b; Resp. 617dff). Bei Aristot. kommt das spezifisch griech.-ethische Lebensverständnis bes. klar zum Ausdruck, wenn er zwischen der genießenden (ἀπολαυστικός *[apolaustikos]*), handelnden (πρακτικός *[praktikos]*) bzw. politischen (πολιτικός *[politikos]*) und betrachtenden (θεωρητικός *[theōrætikos]*) Lebensform unterscheidet (Eth. Nic. I,3p 1095b 14ff). Später gewinnt βίος *[bios]* die konkreten Bedeutungen *Lebensunterhalt, Gewerbe, Vermögen* (vgl. βιωτικός *[biōtikos]*, *zum Leben gehörig, alltäglich*, Polyb. 4,73,8; Diog Laert. 7,22; Epict. Diss. I,26,3.7).

II In LXX übers. βίος *[bios]* – sofern es überhaupt ein hebr. Äquivalent wiedergibt – meist den Plur. von *jōm, Tag: jamin, Tage.* At. Geschichtsdenken entsprechend hat die LXX in erster Linie die zeitliche Bedeutung von βίος *[bios]* als *Lebensdauer* im Sinne der *vita quam vivimus* (hebr.: *die Tage des Menschen*) übernommen. Im Pentateuch und bei den Propheten kommt βίος *[bios]* überhaupt nicht vor. Hhld 8,7 begegnet βίος *[bios]* in der Bedeutung *Vermögen*, Spr 31,14 als *Lebensmittel*.

Sein spezifisches inhaltliches Gepräge erhält der Begriff in den Klagen des Hi (13mal). Hier erfährt ein Mensch im Elend des Daseins sein ganzes Leben als Frondienst (7,1), Schatten (8,9), Nichtigkeit (7,16) und Sorge (15,20). – Dem steht die Erkenntnis der Weisheit gegenüber, die dem Frommen langes Leben verheißt (Spr 3,2), das sie in ihrer Rechten hält (Spr 3,16), während die Gottlosen mit einem kurzen, schattenhaften Leben bestraft werden (Weish 2,1.4.5).

Der urspr. auf at. Hintergrund zeitlich orientierte βίος *[bios]*-Begriff wird in 4Makk unter hell. Einfluß ethisch umgeprägt. In Analogie zu den griech. Adj. (vgl. o. I: Aristot.) wird der βίος *[bios]* als gesetzestreue (νόμιμος *[nomimos]* 5,36; 7,15), gerade (ὀρθός *[orthos]* 1,15), angenehme (ἡδύς *[hædys]* 8,23) und sogar göttliche (θεῖος *[theios]* 7,7) Lebensweise verstanden.

III Im Gegensatz zu → ζωή *[zōæ]* begegnet βίος *[bios]* überraschend selten im NT (11mal, βιόω *[bioō]* kommt nur 1Petr 4,2 vor). Zwar finden sich alle drei im Profangriech. üblichen Bedeutungen auch im NT, aber mit charakteristischen Akzentverschiebungen.

1) Ausgesprochen zeitlichen Sinn als *Lebensdauer* hat βίος *[bios]* lediglich in der Koine-Version von 1Petr 4,3, ebenso wie βιόω *[bioō]* 1Petr 4,2; 1Tim 2,2 und 2Tim 2,4 begegnet βίος *[bios]* in der blasseren und allgemeineren Bedeutung (*alltägliches*) *Leben*, die gelegentlich auch ζωή *[zōæ]* annehmen kann.

2) Am häufigsten (6mal) verwendet das NT βίος *[bios]* in seiner konkreten, etwas äußerlichen Prägung der spätantiken Zeit als *Vermögen*. In diesem Sinn ist Mk 12,44 parr von der armen Witwe die Rede, die ihr ganzes Vermögen in den Opferstock gelegt hat, und Lk 15,12.30 von dem jüngeren Sohn des Hauses, der seine Habe mit Dirnen vergeudet hat. Ebenso konkret bewährt sich nach 1Joh 3,17 die wahre Liebe darin, daß sie die eigenen »Güter der Welt« mit dem notleidenden Bruder teilt.

3) Die spezifisch griech. Ausprägung von βίος *[bios]* als ethische *Lebensführung* (vgl. I) findet sich im NT nur andeutungsweise am Rande. 1Joh 2,16 spricht von Prahlerei in der Lebensweise und Lk 8,14 von Sorgen, Reichtum und Genußsucht des Lebenswandels – also nur negativ. Der Grund dafür, daß das NT den eigentümlich griech. βίος *[bios]*-Begriff nicht übernommen hat, liegt darin, daß nach nt. Verständnis der Mensch sein Leben nicht für sich und seine Tugenden lebt, sondern mit seinem Leben für andere und vor Gott verantwortlich ist.

H.-G. Link

ζωή

ζωή [zōæ] Leben · ζάω [zạō] leben · ζῷον [zọon] Lebewesen · ζῳογονέω [zōogonẹō] zeugen, lebendigmachen · ζῳοποιέω [zōopoiẹō] Leben schaffen

ζάω [zạō], kontrahiert zu ζῶ [zō], seit Hom., heißt ganz allg. *leben*, ebenso bezeichnet das entsprechende Subst. ζωή [zōæ], seit Hom., das *Leben* schlechthin (vgl. das urverwandte dt. *keck*). Aus der etwas jüngeren Zeit der Vorsokratiker und Hdt.s stammt das Subst. ζῷον [zọon], das Menschen und Tiere im Unterschied zu leblosen Gegenständen als *Lebewesen* zusammenfaßt, die wiederum in λογικὰ ζῷα [logikạ zọa] (Menschen) und ἄλογα ζῷα [ạloga zọa] (Tiere) differenziert werden können. Im NT begegnet ζῷον [zọon] (mit Ausnahme von Hebr 13,11 und 2Petr 2,12) nur in der Offb als Bezeichnung der vier Wesen am himmlischen Thron. – Noch jüngeren Datums, seit Aristot. und Theophr. gebräuchlich, sind die beiden zusammengesetzten Verben ζῳογονέω [zōogonẹō] und ζῳοποιέω [zōopoiẹō], die beide das *Beleben* und *Lebendigmachen* der Natur, meist das Zeugen der Tiere und *Wachsen* der Pflanzen bezeichnen. Das stärker naturhaft geprägte ζῳογονέω [zōogonẹō] findet sich im NT nur beiläufig und ganz selten, während das technische ζῳοποιέω [zōopoiẹō] gelegentlich in soteriologische, nicht naturhafte Aussagen übernommen wird. I

1) In der klassischen Gräzität versteht man unter Leben zunächst die Lebendigkeit der → Natur, die Menschen, Tieren und Pflanzen in gleicher Weise zu eigen ist (vgl. zum Folgenden Bultmann, ThWb II,833ff). Insofern ist das Leben, das durch die Kraft der Selbstbewegung (κίνησις [kịnæsis]) – im Unterschied zur mechanischen Bewegung – gekennzeichnet ist, für den Griechen ein naturwissenschaftlicher Begriff (Plato Leg. X,895cff; Phaedr. 245cff; Aristot. An. II,2 p 412b,16f; p 413a,22ff). Als Ursache des Lebens gilt die ψυχή [psychæ] (→ Seele), die sich Diogenes von Apollonia als ätherische Substanz (ἀήρ [a·ær]) vorstellt, während sie Xenoph. als wehenden Hauch (πνεῦμα [pnẹuma]) denkt (Diels, Vorsokratiker I,425,42). Ebenso wie ψυχή [psychæ] und ζωή [zōæ] gehören für griech. Denken auch ψυχή [psychæ] und σῶμα [sōma] (→ Leib) engstens zusammen (Plato Phaedr. 105cff; Aristot. An. II,1 p 412b,7ff): Das naturhafte Leben setzt sich aus den Bestandteilen Seele und Leib zusammen.

Nicht nur das einzelne Individuum, auch der ganze Kosmos gilt als lebendiger Organismus (ζῷον ἔμψυχον [zọon empsychon] Plato Tim. 30b) und beseelte Welt (κόσμος ἔμψυχος [kọsmos ẹmpsychos]). Selbst die Götter werden großenteils in Analogie zu dem menschlichen Leib-Seele-Dualismus als Lebewesen (ζῷα [zọa]) vorgestellt (Aristot. Metaph. XI,7 p 1072b,28ff); Plato unterscheidet daher zwischen sterblichen (θνητά [thnætạ] = Menschen) und unsterblichen (ἀθάνατα [athạnata] = Götter) Lebewesen (Tim. 38cff).

Das Spezifikum des menschlichen Lebens sieht der Grieche in der dritten Komponente gegeben, die zu Seele und Leib dazukommt: die → Vernunft bzw. der Verstand, der νοῦς [nous]. Während σῶμα [sōma] und zT auch ψυχή [psychæ] mit dem Vorhandensein des naturhaften Lebens identisch sind, kommt der νοῦς [nous] von außen als göttliches Element in das menschliche Leben hinein, das dadurch über das naturhafte Dasein zB der Tiere hinaus zu einem Sein mit verschiedenen Möglichkeiten qualifiziert wird (→ βίος). Das kommt nicht nur in den verschiedenen Dativkonstruktionen zum Ausdruck, mit denen ζάω [zạō] verbunden werden kann (zB für das Vaterland: πατρίδι [patrịdi] Demosth. Or. 7,17; für den Vater: πατρί [patrị] Dion. Hal. 3,17,7), sondern ebenso in den adjektivischen, adverbialen und präpositionalen Zusätzen, die das Leben als gut (ἀγαθή [agathæ]), ordentlich (κοσμίως [kosmịōs]), vernünftig (κατὰ λόγον [katạ lọgon]) oder schlecht (αἰσχρά [ais·chrạ]) charakterisieren (Plato Resp. 521a; Leg. VII,806e; III,689d; XII,944c).

2) In der Stoa wird die Parole »naturgemäß leben« (κατὰ φύσιν ζῆν [katạ physin zæn]) vertreten. Damit ist jedoch nicht das naturhafte Dasein gemeint, vielmehr das vernunftgemäße (κατὰ λόγον [katạ lọgon]) bzw. tugendsame (κατ' ἀρετήν [kat aretæn]) Leben, das dem Menschen, der sonst »tot« ist, erst zu der Erfüllung seines Seins (εὖ ζῆν [eu zæn], *gut leben*) verhilft (vgl. Epict. Diss. I,9,19; II,9,7f; III,1,25f; IV,11,3 u. a.). In diesem Sinn kann auch von einem → βίος κατὰ φύσιν [bios katạ physin] gesprochen werden. Fand der Grieche der klassischen Zeit die Verwirklichung seines Lebens meist in der Teilnahme an dem öffentlichen Geschehen in der Polis, so propagiert jetzt die Stoa im hell. Zeitalter die Abwendung von allem äußerlichen Treiben der Welt und stattdessen die Hinwendung zu dem inneren Leben der eigenen Person als das neue Lebensideal.

3) Während die Stoa zwischen äußerem und innerem Leben unterscheidet, differenziert der Neuplatonismus zwischen diesseitigem und jenseitigem Leben. Zwar besitzt nach Plotin der Mensch das naturhafte Leben, aber das vollkommene (τελεία [telẹia]) und wahre (ἀληθινή [alæthinæ]) Leben findet sich in der einen göttlichen Welt (ἕν [hen]). Der Weg zu diesem eigentlichen Leben führt über die Abwendung vom Leib, die Reinigung (κάθαρσις [kạtharsis]) von allem Irdischen zu dem Augenblick der Schau (θέα [thẹa]), in der der Mensch das wahre Leben erreicht und mit ihm eins wird (vgl. Plotin Enn. I,4,3; VI,7,31 u. ö.).

4) Denkt der Neuplatonismus das Leben in einer Bewegung, die von unten nach oben aufsteigt, so beschreitet die Gnosis den umgekehrten Weg von oben nach unten. Leben (ζωή [zōæ]),

häufig mit dem → Licht (φῶς [phōs]) zusammengenannt (zB Corp. Herm. I,12), ist etwas schlechthin Göttliches, ein substanzhaftes Fluidum in der göttlichen Welt, durchaus ein physisches Etwas, aber zugleich von unzerstörbarer Dauer und lebenwirkender Kraft: die Unsterblichkeit (ἀθανασία [athanasia] Corp. Herm. I,28). In der menschlichen Welt ist dieses reine göttliche Leben nur in der Vermischung mit der Materie, im Gefängnis des Körpers, also nicht in Fülle, sondern nur in Form von versprengten kleinen Lebensfunken vorhanden. Deshalb gilt es, sich von der Fessel des Körpers zu befreien, um in der ekstatischen Schau (γνῶσις [gnōsis]; → Erkenntnis) wenigstens zeitweilig zur Einheit der inneren Lebensfunken mit dem Leben der göttlichen Welt zu gelangen (Corp. Herm I,6). Dieses wahre Leben wird irdisch nur punktuell in der Ekstase erreicht, während es sich in seiner Fülle erst zukünftig verwirklichen kann, wenn alle in der Materie versprengten Licht- und Lebenskörperchen wieder in die göttliche Welt zurückgekehrt sein werden (Corp. Herm. XII,15; XIV,10 u. ö.).

Damit wird im Verlauf der griech. Geistesgeschichte einerseits das eigentliche Leben zunehmend von dem konkreten alltäglichen Geschehen gelöst und in eine jenseitige göttliche Welt verlagert, andererseits der naturwissenschaftliche substanzhafte Lebensbegriff immer stärker in den Vordergrund gerückt, so daß sich das wahre menschliche Leben nicht so sehr in der Kontinuität geschichtlicher Ereignisse, als vielmehr in der Punktualität einer ungeschichtlichen ekstatischen Schau erschließt.

II 1) Der Israelit versteht unter *Leben*, verbal *chajāh*, subst. *chajjīm*, adj. *chāj*, durchaus etwas Natürliches, Vitales, Diesseitiges. Dagegen ist ihm die griech. Aufspaltung des Lebens in die Bereiche Leib, Seele und Vernunft völlig fremd. Zwar können im Hebr. anstelle der *chajjīm* auch *næphæsch, Seele* (zB Jos 10,28), oder *bāsār, Fleisch* (zB Gen 6,13), genannt werden, aber dabei handelt es sich nicht um griech.-analytische Begriffe, sondern um orientalisch-synthetische pars-pro-toto-Aussagen, die jeweils unter einem bestimmten Gesichtspunkt das ganze menschliche Leben umfassen. Wenn Lev 17,14 (vgl. Gen 9,4) das → Blut als der Träger des Lebens gilt (LXX: ἡ ψυχὴ πάσης σαρκὸς αἷμα αὐτοῦ [hæ psychæ pasæs sarkos haima autou], dann ist das nicht als naturwissenschaftliche Feststellung, vielmehr als Annahme auf dem Hintergrund altorientalischer Riten zu verstehen (vgl. den Passaritus Ex 12): Sie zielt nicht so sehr auf Erkenntnis des verfügbaren, als vielmehr auf Anerkennung des unverfügbaren Lebens. Das israelitische Denken erfaßt das Leben nicht als ein naturhaftes oder naturwissenschaftliches Phänomen, sondern primär in der zeitlichen Dimension als Dauer, als die Tage der Lebenszeit, die einem Menschen von Jahwe, dem Herrn des Lebens, geschenkt werden (Gen 25,7; 47,28; Dtn 32,39; → βίος II). Langes Leben gilt als ein bes. Erweis göttlichen → Segens, der dem Gehorsamen verheißen wird (Gen 15,15; 25,8; Dtn 5,16; 30,19; Spr 3,1f; vgl. 2Kön 20,1ff). Demgegenüber bricht durch Krankheit, Feindschaft oder Einsamkeit die Macht des Todes in die Sphäre des Lebens ein (Ps 18,5f; 33,19; 56,14; 116,8; → Tod, vgl. die Abt. II der Art.). Vor allem kennt der Israelit, wie überhaupt der Orientale, nicht das griech. Ideal eines distanzierten und betrachtenden Lebens (θεωρητικός [theōrætikos]); stattdessen vollzieht sich nach orientalischem Verständnis das Leben im Engagement und so vitalen Äußerungen wie Hunger und Durst (zB Ri 15,18f), Haß und Liebe (zB Gen 24; 27), Wünschen und Begierden (zB 1Sam 1; 2Sam 13). Der Israelit kann das Leben in seiner Vitalität, Konkretion und Vielfalt nicht hoch genug schätzen (1Kön 3,11ff; Spr 3,16; Hi 2,4), es ist gleichbedeutend mit Gesundheit, Heil und Glück (Mal 2,5; Spr 2,19; Ps 56,14; Pred 9,9). Zum israelitischen Lebensverständnis gehört indessen nicht nur diese gemeinorientalische Vitalität, sondern auch der Besuch des Heiligtums, um in der Gemeinschaft der Lebendigen Jahwe, den Schöpfer des Lebens, zu loben und gelegentlich sogar zu schauen (Ex 33,18ff; Ps 27,4; 65,5; 84,5; 142,6; s. u. II,5). Nur in der äußersten Verzweiflung taucht der Gedanke an den Tod auf, der einem unerträglich gewordenen Leben ein Ende setzt (Jer 20,14ff; Hi 3,11ff; Tob 3,10).

2) Während es zur einhelligen Überzeugung des israelitischen Glaubens gehört, Jahwe als den Urheber und die Quelle des Lebens zu preisen (Jer 17,13; Ps 36,10; 139,13ff), stellen die Reflexionen des J a h w i s t e n über den Ursprung des Lebens einsame und einzigartige Aussagen in einem Grenzbereich dar, der sonst im AT nicht angesprochen wird. Nach Gen 2,7 bildet Jahwe den Menschen aus Erde vom Ackerboden und haucht dem leblosen Leib göttlichen Odem ein, so daß er zu einem lebendigen Wesen (*næphæsch chajjāh*) wird. Hier wird nicht, wie die Übers. der LXX: ψυχὴ ζῶσα [psychæ zōsa] nahelegt, zwischen Leib und Seele unterschieden, vielmehr zwischen → Leib und Leben. Das gesamte physische, psychische und geistige Leben stammt von Gott; nimmt er seinen Lebensodem zurück, so zerfällt der Mensch zu Staub (Ps 104,29f; Hi 34,14f; vgl. v. Rad zSt.).

Die elementaren Dissonanzen des gegenwärtigen Lebens: Mühsal und Leerlauf der Arbeit, Schmerzen der Geburt, Scham und Angst bringt der Jahwist in einen ursächlichen Zusammenhang mit einer Urverfehlung und Schuld des Menschen (Gen 3). Nicht so sehr den Tod, den der vorexilische Israelit mehr als etwas Gegebenes hinnimmt (vgl. dazu Gen 2,17; 3,19), wohl aber die Verkürzung der Lebenszeit (Gen 6,3) und vor allem die Risse und Brüche im vorhandenen Leben versteht der Jahwist als göttliche Strafe und negatives Vorzeichen vor dem ganzen menschlichen Dasein, das nun in einem gebrochenen Verhältnis zu der Harmonie des urspr. menschlichen Lebens gelebt werden muß.

3) Am charakteristischsten kommt die spezifisch israelitische Lebensauffassung im Deuteronomium zum Ausdruck. Jahwes Wort und Weisung stellt die Kultgemeinde beim Bundeserneuerungsfest vor die Wahl zwischen Leben und Tod (Dtn 30,1–20). Dem Gehorsamen wird Segen, Glück und Leben verheißen, während dem Ungehorsamen Fluch, Unglück und Tod in Aussicht gestellt werden (Dtn 30,15.19). Bis in die physische Existenz hinein reicht die Lebensmacht des göttlichen Wortes: »Nicht vom Brot allein lebt der Mensch, sondern von allem, was das Wort Jahwes schafft« (Dtn 8,3). Mit unerhörter Eindringlichkeit schärft das Dtn ein, daß der Gewinn des eigentlichen Lebens nicht von magischen Riten und Mysterien, sondern einzig von Jahwes Wort abhängt: »denn dieses Wort ist kein leeres Wort, sondern es ist euer Leben« (Dtn 32,47; vgl. Lev 18,5).

4) Ebenso rufen die Propheten Israel zu Jahwe zurück, von dem allein es noch eine Lebenschance angesichts des drohenden Unterganges erhalten kann (Am 5,4.14). Jes klagt über die Spötter im Volk, die mit dem Tod einen Bund geschlossen haben (Jes 28,15); Jer legt dem abtrünnigen Israel, das die Quelle des Lebens verlassen hat (Jer 2,13; 17,13), noch einmal den Weg des Lebens und des Todes vor (Jer 21,8). Am weitreichendsten hat Ez die physische Existenz mit dem Gehorsam gegenüber Jahwes Willen verbunden. Immer wieder betont er, daß der Gerechte am Leben bleiben darf, während der Gottlose sterben muß (Ez 3,18ff; 14,20; 18,4.9.13.17.20ff; 33,11; 37,5). Hier ist die Gabe des natürlichen Lebens ganz in das Bundesverhältnis (→ Bund) hineingenommen, dessen gehorsame Entsprechung Glück und Segen bedeutet, während der Übertreter sein Lebensrecht verwirkt hat. In den Visionen des Ez begegnet gelegentlich auch der Begriff des *rûach hachajāh* (LXX: πνεῦμα ζωῆς *[pneuma zōæs]*), der die schöpferische, lebendigmachende göttliche Macht umschreibt (Ez 1,20f; 10,17; 37,5.10).

Jeremias Unterscheidung zwischen den beiden Wegen wird in der Weisheitsliteratur aufgenommen, in der die → Weisheit den Weg zum Leben führen will, während die Wege der → Torheit in den Tod führen (Spr 2,18f; 3,2.18; 4,4.10.22; 5,6; 6,23; 8,35; 9,11.18 u. a.).

5) Selbstverständlich sind auch in den Psalmen die Traditionen von Jahwe, dem Geber des Lebens und Erretter vom → Tod lebendig (Ps 16,11; 27,1; 30,4f u. ö.). Indessen gerieten die Erwartungen der Frommen auf das verheißene lange und gute Leben zunehmend in einen unaufhebbaren Widerspruch zu den Erfahrungen des täglichen Lebens. So meldet sich in späteren Pss eine Auffassung zu Wort, die den traditionellen Lebensbegriff relativiert und das eigentliche Leben in der Verbundenheit mit Jahwe erblickt: »Deine Gnade ist besser als Leben« (Ps 63,3). Es kommt zu einem übertragenen Verständnis des Lebens in Gestalt einer spiritualisierenden »Lebensmystik« (vRad, Gerechtigkeit und Leben, 240ff), die ihre Sättigung und Zuflucht in einer bes. Lebensgemeinschaft mit Jahwe sucht und findet (Ps 16,5.9ff; 23; 36,8ff). Ps 73 geht noch einen Schritt darüber hinaus. Die Gewißheit der Nähe und Geborgenheit bei Jahwe bringt den Beter zur Hoffnung über den Tod hinaus: »Mag hinschwinden mein Fleisch, mein Herz! So bleibt Jahwe doch mein Teil für immer« (Ps 73,26). Das Festhalten an Jahwes Bundeszusage führt den at. Frommen unter dem Zwang der Theodizeefrage zu einer Jenseitshoffnung und damit zu einem eschatologischen Verständnis des Lebens. »Absolut unmagisch und unmythologisch wuchs hier eine Zuversicht, die sich allein aus der Gewißheit der Unzerstörbarkeit einer Lebensgemeinschaft ergab, die Gott angeboten hatte« (vRad, ebd 245; vgl. Ps 49,16; Hi 19,25ff).

In der Apokalyptik ist die individuelle Jenseitshoffnung der Psalmisten zu einer das ganze Volk umfassenden Auferstehungserwartung universalisiert (Jes 26,19; Dan 12,2; vgl. St.-B. I,885f).

6) Die Übers. der LXX hat in vielen Fällen das at. Lebensverständnis zugunsten des griech. ζωή *[zōæ]*-Begriffes uminterpretiert (vgl. LXX Dtn 32,39; Ps 55,14; 118; Spr 16,15; Hi 19,25; 33,30).

Das Spätjudentum hat zwar noch weitgehend das at. Lebensverständnis übernommen (Meg 27b; Taan 20b; Ber 55a; vgl. St.-B. IV,267.275.629), aber unter hell. Einfluß wird das wahre Leben mehr und mehr als Gabe des ewigen Lebens (ζωὴ αἰώνιος *[zōæ aiōnios]*), eines Lebens ohne Ende verstanden (4Makk 7,19; 15,3; 16,25; 17,12; 18,19 u. ö.). So kann das *ewige Leben* – wie dann auch im NT – ohne weiteren Zusatz einfach als ζωή *[zōæ]* (TestJud 25,1) oder ζῆν *[zæn]* (Ps Sal 15,15) bezeichnet werden. Seit der Makkabäerzeit ist der Glaube an ein Jenseits, → Auferstehung und ewiges Leben in weiten Kreisen jüd. Theol. verbreitet (vgl. St.-B. III,481ff). Wie in der Gnosis findet sich auch im Spätjudentum häufig die Verbindung von ζωή *[zōæ]*, φῶς *[phōs] Licht*, und γνῶσις *[gnōsis] Erkenntnis* (vgl. LXX Hos 10,12).

Im hell. Judentum ist der Glaube an die → Auferstehung der Toten vielfach durch die Lehre von der Unsterblichkeit der → Seele ersetzt (vgl. Weish 8,19f; Jos. Bell. 7,347f). Das irdische Leben verliert an Bedeutung (Weish 4,8f) oder wird gar als Fessel der Seele aufgefaßt (Philo Leg. All. II,57; III,21,151), das Sterben gilt mehr und mehr als sinnvolle Tat (4Makk 15,12; 2Makk 8,21; Jos. Bell. 7,337.341ff), und das eigentliche Leben wird als ἀθάνατος *[athanatos]*, *unsterblich*, in die jenseitige Welt verlegt (4Makk 15,3; Ps Sal 3,16; Philo Op. Mund. 155f).

Dagegen entspricht der Sprachgebrauch der Qumrantexte bezeichnenderweise ganz dem im AT. Neu ist nur eine gewisse Formelhaftigkeit, mit der der Begriff *Leben* als Heilsgut genannt wird (1QS III,7; IV,7; 1QH II,20.31; IX,66; 1QM I,9; XII,3; CD III,20).

III Es versteht sich fast von selbst, daß ein so zentraler Begriff wie der des Lebens substantivisch, verbal oder adjektivisch in allen Schriften des NT anzutreffen ist. Seine deutlichsten Ausprägungen hat das nt. Lebensverständnis in der Theol. des Paulus und des Johannes erhalten. Ebenso einleuchtend ist es, daß der nt. Lebensbegriff Elemente der at., jüd. und auch griech. Lebensauffassung in sich aufgenommen hat.

1a) Bei den Synoptikern finden sich die stärksten Anklänge an das at. Lebensverständnis. Das natürliche Leben gilt als ein unbezahlbares Gut (Mk 8,37). Die Macht Jesu wird häufig in Anspruch genommen, um Kranke oder vom Tod bedrohte Menschen am Leben zu erhalten (Mk 5,23, Aorist von ζῆν *[zæn], gesund werden*; vgl. Joh 4,47ff) oder sogar bereits Gestorbene in das irdische Leben zurückzuholen (Mk 5,35ff; Lk 7,11ff; Joh 11,1ff). Wie im AT wird das Leben in zeitlichen Kategorien erfaßt (Lk 1,75; vgl. Hebr 7,3; Röm 7,1ff) und als vital, begrenzt und vergänglich verstanden (Apg 17,28; Jak 4,14). Es ist kein Naturereignis, sondern ein Geschehen, das gelingen oder mißraten kann (Lk 15,13 ἀσώτως ζῆν *[asōtōs zæn], heillos leben*; 2Tim 3,12 εὐσεβῶς ζῆν *[eusebōs zæn], gottesfürchtig leben*). Das wahre Leben hängt von dem Wort Gottes ab (Mt 4,4 nimmt Dtn 8,3 auf), ein Leben in der Gottesferne wird als tot bezeichnet (Lk 15,25.32). Die Grundelemente der Lebenserhaltung, Nahrung und Kleidung, werden keineswegs gering geachtet, vielmehr dankbar als Gaben des Schöpfers empfangen (Mt 6,25ff; Lk 12,15). Gott, der töten und lebendig machen kann (Mt 10,28; Röm 4,17), ist der unumstrittene Urheber (Apg 17,25), Herr (Lk 12,20; Apg 10,42; Jak 4,15) und Inbegriff des Lebens: *der Lebendige* (θεὸς ζῶν *[theos zōn]* Mt 16,16; 20,63 u. ö.).

b) Dem gegenwärtigen Leben steht das zukünftige gegenüber (Mk 10,30; 1Tim 4,8 νῦν — μέλλουσα ζωή *[nyn — mellousa zōæ]*), das als unvergängliche Dauer vorgestellt wird (ζωὴ αἰώνιος *[zōæ aiōnios]* Mk 10,17 par; Mt 25,46; vgl. 2Tim 1,10: ζωὴ καὶ ἀφθαρσία *[zōæ kai aphtharsia], Leben und Unvergänglichkeit*). Es wird nicht durch die Unsterblichkeit der Seele erlangt — dieser griech. Gedanke ist dem NT völlig fremd —, sondern durch die Auferweckung der Toten von Gott geschenkt (Mk 12,26f). Die gelegentliche Bezeichnung jenes zukünftigen Lebens ohne erläuterndes Attribut als ζωή *[zōæ]* (s. o. II,6) läßt erkennen, daß es als das eigentliche, ursprüngliche, göttliche Leben gilt (Mk 9,43.45 par). Das bedeutet jedoch nicht, daß das irdische Leben — wie im späteren Griechentum — entwertet würde; im Gegenteil entscheidet sich am gegenwärtigen Verhalten gegenüber dem Willen Gottes die Teilnahme an jenem zukünftigen Leben (Mk 10,17 par; Lk 10,25; Mt 7,13f nimmt das Zwei-Wege-Schema von Jer 21,8 und der Weisheit auf). Am eindrücklichsten wird dieses Verhältnis zwischen gegenwärtigem und zukünftigem Leben in dem Gleichnis vom Endgericht dargestellt (Mt 25,31ff): die Ungehorsamen werden ewige Strafe erleiden, während die Gerechten in das ewige Leben eingehen werden (Mt 25,46).

2a) Das Lebensverständnis des Paulus ist entscheidend durch die Auferweckung Jesu Christi von den Toten bestimmt (1Kor 15,4). Seine geschehene Auferweckung hat die Macht des göttlichen Lebens über den Tod erwiesen (Röm 14,9). Damit ist Christus für Paulus zum Inbegriff der todüberwindenden und totenerweckenden göttlichen Lebensmacht geworden (2Kor 13,4). Leben bedeutet unvergängliches Leben Christi aus dem Tod und über den Tod hinaus.

Christus ist durch seine Auferweckung als zweiter Adam zugleich zum Anfänger eines neuen Lebens der Menschheit geworden (Röm 5,12ff; 1Kor 15,20ff). Das Leben der Christen ist nicht ihr eigenes Leben, sondern das Leben Christi: Christus lebt in ihnen (Gal 2,20; Phil 1,21), sie leben das Leben Christi (2Kor 4,10). Durch Christus ist ihr Leben gerechtfertigt (Röm 5,18), durch sein Leben werden sie gerettet werden (Röm 5,10). Das Leben Christi vermittelt sich den Christen nicht als gnostische naturhafte Kraft, auch nicht in mystischer

Vereinigung, vielmehr durch das → Wort des Lebens (Phil 2,16; vgl. 2Tim 1,10; Tit 1,2f) und die schöpferische Macht des lebendig machenden → Geistes (Röm 8,2.6.10f; 1Kor 15,45).

b) Das neue geistgewirkte Leben der Glaubenden (Röm 6,4) flüchtet sich nicht – wie in der Stoa und der Gnosis – aus dem konkreten Alltag in Indifferenz und Askese, vielmehr stellt es nach paulinischem Verständnis in den Dienst und die Verantwortung der jeweiligen und jemeinigen geschichtlichen Situation. Als ein Leben, das nicht mehr für sich selbst (Röm 14,7; 2Kor 5,15), sondern für Gott (Röm 6,10f) bzw. Christus (Röm 14,8; 2Kor 15,5) gelebt wird, führt es zu einem konkreten Handeln und Wandeln (Gal 5,25), das sich in der → Nachfolge und Übernahme des → Kreuzes Christi bewährt (2Kor 4,9f). So kommt Paulus zu der paradoxen Aussage: »Als die Sterbenden leben wir« (2Kor 6,9), weil das Leben aus dem Tod und durch den Tod gewonnen wird. Nicht für sich selbst zu leben, bedeutet zugleich, in Liebe für andere Menschen dazusein (Röm 13,8–10; 14,1ff). Bezeichnend sind in diesem Zusammenhang die Dative und σύν *[syn]*-Konstruktionen, die Paulus mit ζῆν *[zæn]* verbindet, um die Für- und Mit-Struktur des Lebens zum Ausdruck zu bringen.

c) Das neue Leben vollzieht sich gegenwärtig in der Dialektik von Schon-jetzt und Noch-nicht, von Indikativ und Imperativ (Gal 5,25): es ist schon vorhanden, aber noch nicht voll in Erscheinung getreten (Kol 3,3), schon Gegenwart, aber zugleich noch zukünftig. Christi → Auferweckung ist das Unterpfand unserer Auferweckung zu einem ewigen Leben ohne Tod und ohne die Gebrochenheit der vorhandenen Schöpfung (Röm 8,18ff). »Denn wie in Adam alle sterben, so werden in Christus auch alle *lebendig gemacht werden*« (ζωοποιηθήσονται *[zōopoiæthæsontai]*, 1Kor 15, 22).

Das neue Leben erschöpft sich nicht in der geschichtlichen Zeit, es zielt auf die Überwindung des letzten Feindes, des Todes, und damit auf ewiges Leben (1Kor 15,26.28; Röm 6,22; Gal 6,8). Paulus stellt sich den Übergang vom zeitlichen zum ewigen Leben in der Tradition der Apokalyptik als kosmisches Weltdrama und wunderbare Verwandlung bzw. Entrückung vor (1Thess 4,13–17; 1Kor 15,20ff.35ff.51ff), – religionsgeschichtliche Vorstellungen, denen wir heute nur teilweise zu folgen vermögen. Im Unterschied zu spätjüd. Spekulationen beschränkt sich Paulus jedoch auf bildhafte Andeutungen der Gestalt des zukünftigen Lebens: es wird auch leibliches Leben sein (1Kor 15,35ff; 2Kor 5,1ff) – ein leibloses Leben ist für jüd. Denken nicht möglich –, ein Schauen von Angesicht zu Angesicht (1Kor 13,12; vgl. 2Kor 5,7), Gerechtigkeit, Friede und Freude (Röm 14,17), Herrlichkeit (δόξα *[dọxa]* 2Kor 3,8f) bzw. Verherrlicht-Werden (Röm 8,17), vor allem aber ein Mit- und Bei-Christus-Sein (1Thess 4,17; 2Kor 5,8; Phil 1,23).

3a) Johannes versteht bereits den präexistenten Christus als ewiges Leben bei Gott und für die Menschen (Joh 1,4; 1Joh 1,1f), dh als lebenschaffende göttliche Kraft der alten wie der neuen Schöpfung. Der fleischgewordene Offenbarer Gottes bringt nicht nur mit seinem Wort ewiges Leben (Joh 6,68; 10,28; 12,50; 17,2), vielmehr ist er selber das wahre Leben (1Joh 5,20), wie es die Ich-bin-Worte in immer neuen Variationen umschreiben: »Ich bin das Brot des Lebens« (Joh 6,35.48), »das Licht des Lebens« (Joh 8,12), »die Auferstehung und das Leben« (Joh 11,25), »der Weg, die Wahrheit und das Leben« (Joh 14,6). Der präexistente Sohn des ewigen Vaters ist in die Welt gesandt, um den Menschen mit seinem Wort und seiner Person das Leben zu geben (Joh 6,33; 10,10; 1Joh 4,9).

b) Das Leben aus und von Gott wird durch den → Glauben empfangen. Wer an den Sohn glaubt, der hat das Leben (1Joh 5,12), ewiges Leben (Joh 6,40.47), der ist schon vom Tod zum Leben hinübergeschritten (Joh 5,24; 1Joh 3,14). Das ewige Leben, das den Glaubenden geschenkt wird, äußert sich in der Liebe (Joh 15,9–17) und in der Freude (Joh 16, 20–24). Nach 1Joh 3,14 ist die Bruderliebe das Kriterium des wahren Lebens: »Wer nicht liebt, der bleibt im Tod. Wir wissen, daß wir vom Tod zum Leben hinübergeschritten sind, weil wir die Brüder lieben.«

c) Trotz mannigfacher Berührungspunkte mit dem gnostischen Lebensverständnis beschreitet Joh einen entgegengesetzten Weg. Während in der Gnosis das ewige Leben in ein fast unerreichbares Jenseits transponiert wird, holt Joh das göttliche Leben ganz in die Gegenwart herein und verbindet es – im Gegensatz zu gnostischen Spekulationen – unauflöslich mit dem Wort, dem Gebot und der Person Christi (Joh 17,3!). Dieses diesseitige ewige Leben scheint den Tod nicht mehr zu kennen, jedenfalls spielen Tod und Gericht für die Glaubenden keine Rolle mehr (Joh 5,24; 11,25). Dieses Leben aus Gott trägt eine »ewige Zukunft« in sich (Joh 4,14; 6,27; 12,25), und den Jüngern Christi wird lediglich noch die vollendende Schau der göttlichen Herrlichkeit in Aussicht gestellt (θεωρῶσιν την δόξαν *[theōrọsin tæn dọxan]*, Joh 17,24; vgl. Bultmann, ThWb II,872).

4) Die Offenbarung verbindet die Menschensohntradition mit dem Bild des geschlachteten Lammes: »Ich bin der Erste und der Letzte und der Lebendige. Ich war tot, und siehe, ich bin lebendig in alle Ewigkeit und habe die Schlüssel des Todes und des Totenreichs« (Offb 1,17f; vgl. 1,13ff; 4,9f). – Während das dem Hell. nahestehende JohEv. sich ganz auf das gegenwärtige Leben konzentriert, ist in der auf jüd. Traditionen zurückgreifenden Offb ausschließlich vom zukünftigen Leben die Rede. In der Vision vom neuen Jerusalem tauchen die altorientalischen, auch aus der Paradieserzählung (Gen 2,9–17) geläufigen mythischen Bilder des Lebensbaumes (Offb 22,2.14.19) und Lebenswassers (Offb 21,6; 22, 1.17) wieder auf, um die ursprüngliche Fülle des Lebens in der neuen Stadt Gottes zu schildern. Am weitesten greift die Vision des neuen Himmels und der neuen Erde, in der die Überwindung des letzten Feindes, des Todes (vgl. Paulus 1Kor 15,26), und die Vollkommenheit des zukünftigen ewigen Lebens bei Gott verheißen wird: »Und Gott selbst wird bei ihnen sein, und er wird alle Tränen von ihren Augen abwischen, und der Tod wird nicht mehr sein, noch Leid noch Geschrei noch Mühsal wird mehr sein; denn das Erste ist vergangen« (Offb 21,3f). *H.-G. Link*

V ZUR VERKÜNDIGUNG

I. Unsere Lebenslage ist dadurch gekennzeichnet, daß das menschliche Leben keine einfach natürliche Vorgegebenheit oder selbstverständliche Gegebenheit mehr ist, sondern in weitestem Umfang beeinflußbar und dadurch radikal fraglich geworden ist.

1) Trotz bleibender Begrenzung sind die Grenzen des Lebens dem menschlichen Zugriff nicht mehr entzogen. Wir sind heute nicht nur in der Lage, durch vielfältige Möglichkeiten der Geburtenkontrolle den Beginn eines neuen Lebens selber zu planen, sondern durch biochemische Eingriffe in die Genstruktur (Genmanipulation) sogar die physischen Eigenarten und charakterlichen Eigenschaften werdenden menschlichen Lebens zu beeinflussen. Der Aufschwung der medizinischen Wissenschaft hat die Dauer und die Fähigkeit menschlichen Lebens in für vergangene Zeiten ungeahnter und unvorstellbarer Weise dem Zufall der Natur wie der scheinbaren Unabänderlichkeit des Schicksals entrissen und in die Hände ärztlicher Kunst gelegt. Namentlich die seit Dez. 1967 vorgenommenen Herztransplantationen haben Meinungen, die dieses Organ als das unauswechselbare göttliche Zentrum des menschlichen Lebens betrachteten, hinfällig werden lassen. Selbst die Möglichkeit, selber Leben zu produzieren und damit den Homunculustraum der Menschheit zu verwirklichen, scheint nicht mehr ausgeschlossen.

In ähnlicher Weise hat der Mensch die Verantwortung für das Ende des Lebens in seine Hand genommen. Heutzutage brauchen nicht mehr, wie in antiker und mittelalterlicher Zeit, Tausende von Menschen durch Hungerkatastrophen oder Seuchen zu sterben; wenn es dennoch geschieht, so liegt das weder an einem gottgewollten Schicksal noch an fehlenden menschlichen Möglichkeiten zur Vorbeugung und Hilfe, vielmehr an einem falschen Verständnis und Verhalten dem eigenen und fremden Leben gegenüber. Vor allem verfügen wir durch die Entwicklung von Atomwaffen über die grauenerregende Möglichkeit, in kürzester Zeit das gesamte pflanzliche, tierische und menschliche Leben auf der Erde zu vernichten.

2) In einem eigentümlichen Kontrast läuft mit der fast ins Unbegrenzte wachsenden Fähigkeit, gestaltend in das Leben einzugreifen, die zunehmende Unfähigkeit parallel, den Sinn des Lebens zu begreifen. Das sinnlose und grauenhafte Morden und Sterben in den beiden Weltkriegen hat für zahllose Menschen das Widerfahrnis des Todes zur beherrschen-

den Lebenserfahrung werden lassen und damit in einer bis dahin ungekannten Tiefe eine radikale Krise des Lebensverständnisses heraufbeschworen. Es ist als Reflexion dieser fundamentalen Lebenskrise des 20. Jh. zu verstehen, wenn Martin *Heidegger* in seiner Existentialanalytik des menschlichen Daseins das Leben als ein »Sein zum Tode« definiert (Sein und Zeit, 1960⁹, §§ 51—53). Jene grundstürzende Verunsicherung unseres gesamten Lebensverständnisses, -verhaltens und -gefühls, der keine traditionelle Lebensphilosophie (zB Dilthey) oder idealistische Lebensverklärung Stand zu halten vermag, ist keineswegs überwunden. Vielmehr zeigt sich gegenwärtig jener »Verlust der Mitte« lediglich in anderem Gewand, wenn die einen sich blindlings ins Vergnügen stürzen, während andere sich resigniert in die Einsamkeit eines langweiligen Alltags zurückziehen. Je größer unsere Möglichkeiten zur Gestaltung des Lebens werden, desto weniger wissen wir, was wir mit ihnen anfangen und wie wir mit ihnen umgehen sollen. Wir wissen vielleicht zuviel über das Leben und verstehen zu wenig zu leben. So kommt es, daß wir uns den Zumutungen des Lebens nur allzu häufig — unsicher, orientierungslos, abgestumpft — verweigern, sei es in der stoischen Distanz bürgerlicher Selbstgenügsamkeit oder durch die gnostisierende Flucht in einen christlichen, wissenschaftlichen bzw. selbstgezimmerten Elfenbeinturm oder durch die radikale Verneinung im Selbstmord.

II. In einer solchen Situation kann das biblische und namentlich das at. Lebensverständnis einige wegweisende Orientierungspunkte geben, die zwar nicht die Lösung aller heutigen Lebensprobleme bedeuten — man sollte sich vor derartigen übertreibenden und unglaubwürdigen Behauptungen in acht nehmen —, die aber dazu helfen können, sich in der Vielfalt von Lebensmöglichkeiten und dem Chaos von Lebensunfähigkeit zurechtzufinden.

1) Da es heute alles andere als selbstverständlich ist, das eigene oder das Leben anderer zu akzeptieren und zu achten, vielmehr Verachtung, Angst und Verneinung des Lebens um sich greifen, gehört es mehr denn je zum Evangelium der christlichen Botschaft, das natürliche Leben als gute Gabe und Geschenk des Schöpfers zu verstehen und das geschichtliche sinnentleerte oder zerrüttete, weil verschuldete Leben, das seine Existenzberechtigung verwirkt hat, als von Christus übernommenes und vergebenes Leben zu verkündigen, das durch ihn von neuem bejaht und zu Stand und Wesen gebracht wird. Es bedarf eines bewußten Glaubensaktes, das eigene und fremde Leben mit seinen Irrungen und Wirrungen anzunehmen (vgl. Max Frischs Roman »Stiller« zum Problem des Sich-annehmens) und als Chance zu be- und ergreifen. Wir können heutzutage gar nicht genug von der at. Lebensbejahung (vgl. → ζωή *[zōæ]* II,1) lernen, weil sie uns am meisten fehlt. Auch die Klage über ein vergebliches, nichtiges Leben (vgl. Pred 1,2f) gewinnt erst auf dem Hintergrund der bejahten Gabe (vgl. Pred 3,12f) ihre Dringlichkeit und Tiefe (vgl. Miskotte 249ff; 457ff). *Kierkegaard* nennt die Verzweiflung die eigentliche Lebenssünde der Christen (Die Krankheit zum Tode II) und *Nietzsches* Vorwurf, den man nicht mit dem billigen Hinweis auf die Unsichtbarkeit des Glaubenslebens abtun sollte, weist in ähnliche Richtung: »Bessere Lieder müßten sie mir singen, daß ich an ihren Erlöser glauben lerne: erlöster müßten mir seine Jünger aussehen« (Also sprach Zarathustra, II, Von den Priestern). Wenn Lebensmut und Lebensfreude Gaben des Evangeliums sind, warum leben dann so viele Christen ängstlich und verkrampft?

Selbstmord ist freilich keine Lösung der Lebensprobleme. Aber angesichts der großen Schuld von Christen am Tod unzähliger Menschen haben wir kein Recht mehr, Selbstmörder zu verurteilen (vgl. die Verurteilung der Selbstverbrennung von Jan Palach am 17. 1. 1969 in Prag durch Papst Paul VI.) und ihnen generell ein christl. Begräbnis zu verweigern. Wie Jeremia (20,14ff) und Hiob (3,11ff) sich mit Selbstmordgedanken herumgetragen haben, kann ein ausweglos gewordenes Leben in einer verzweifelten Grenzsituation zu jenem verzweiflungsvollen Schritt führen (vgl. J. Klepper).

2) Es kann heute nicht mehr genügen, mit dem antiken Griechentum oder einem neuzeitlichen Naturalismus das Leben als einen zeitlosen, immer wiederkehrenden Rhythmus

eines ewigen »Stirb und Werde« zu verstehen oder sich mit Goethe an den Busen der holden und guten Mutter Natur zu schmiegen (vgl. die Gedichte »Sendschreiben«, »Auf dem See«, »Natur und Kunst«). Der Gott Israels weist sein Volk mit der Gabe des kreatürlichen Lebens in die Aufgabe der geschichtlichen Verwirklichung ein. Leben bedeutet also, einen zeitlich begrenzten, einmaligen und unumkehrbaren Weg zu gehen, der sein Ziel erreichen wie verfehlen kann. Lebenserfüllung gewinnen wir nicht in stoischer Distanz auf der Zuschauertribüne (»ohne mich«), sondern im Engagement des Interesses (*interesse* = dabei-, dazwischensein) für das Leben anderer. Das konkrete Eintreten Jesu für die Befreiung des unterdrückten, verdrängten, verratenen und »lebensunwerten« Lebens versperrt den Christen die Flucht in weltabgewandte fromme Selbstgenügsamkeit oder jenseitssüchtige Schwärmerei und verpflichtet sie stattdessen zur Teilnahme an dem konkreten gegenwärtigen Leben der Zeitgeschichte. »Die Sünde taugt nicht länger als Alibi für die Verleumdung des Lebens und der Welt« (H. P. Schmidt in: Leben angesichts des Todes, 216). Jesu Sterben für das Leben seiner Feinde läßt die Menschen nicht länger »ohne Hoffnung ihr Leben der Großen Weigerung ... hingeben« (H. Marcuse, Der eindimensionale Mensch, 268), vielmehr ruft und befreit es zur Annahme der Zumutungen des Alltags.

3) Das einsame »gezeichnete Ich« G. Benns kann nach biblischem Verständnis nicht als die Regel, sondern lediglich als Grenzfall des Lebens gelten. Vielmehr leben wir in der Gemeinsamkeit aller Geschöpfe, des Volkes, der Gesellschaft, der Kirche, der Familie und des Gegenübers von Mann und Frau. Damit ist die Sozialität des Lebens gegeben. Wir leben nicht als geschlossene und voneinander isolierte Monaden nebeneinander, sondern in Angewiesenheit aufeinander, Offenheit füreinander und Gesellschaftlichkeit miteinander (vgl. ζωή III 2b). Angesichts der heutigen Möglichkeiten, hilfreich oder zerstörend in das menschliche Leben einzugreifen, haben wir in weitaus höherem Maß als frühere Zeiten die Gestaltung und Vernichtung des Lebens für- und miteinander zu verantworten. Diese soziale Verantwortung werden wir nur in der Dankbarkeit für die Gabe des Schöpfers und in der durch Christus neubegründeten Bejahung des Lebens recht übernehmen, ertragen und zum Guten wenden können.

4) Zum menschlichen Leben gehören auch → Leib und → Geist. Dabei handelt es sich nach bibl. Verständnis nicht um zwei konkurrierende Begriffe, die auf einen griechischen Geist-Leib-Dualismus hinauslaufen, vielmehr um zwei zusammengehörige Ganzheitsaussagen über das Leben.

a) Das bibl. Denken kennt kein leibloses Leben, das – wie etwa im Griechentum – als unsterbliche Seele dem vergänglichen materiellen Leib gegenübergestellt werden könnte. Der Mensch hat nicht einen Leib, sondern er ist Leib (vgl. R. Bultmann, Theol. NT, § 17). Asketische Negation, christlich-gnostische Abwertung sowie fromme Verdächtigung des leiblichen Lebens und seiner schöpfungsmäßigen Funktionen haben keinen Anhalt an dem Hauptstrom der bibl. Überlieferung. Warum verstehen gerade häufig die Christen so wenig den Schrei der hungernden Völker nach »Notdurft und Nahrung des Leibes und Lebens« (Luther, Kl. Kat., Erkl. z. 1. Art.) angemessen zu beantworten?

b) Entsprechend ist mit dem geistlichen Leben nach bibl. Verständnis keine abstrakte innerliche Weltabgewandtheit gemeint, sondern die belebende Macht des gesamten geistigen, psychischen und physischen Lebens, die schöpferische Kraft zur Verwirklichung des neuen Menschen im Alltag der Welt (Paulus!). Zu dem geist-vollen Leben der neuen Geschöpfe Gottes (vgl. 2Kor 5,17) gehören neben der → Liebe auch »Tugenden« wie zB Humor, Phantasie und Fähigkeit zum Spiel.

III. Das Joh-Wort: »Ich bin der Weg, die Wahrheit und das Leben« (Joh 14,6) weist die Richtung, in der der »Sinn« des Lebens zu suchen und zu finden ist. Jesus Christus löst nicht alle unsere Lebensprobleme, aber er läßt uns teilnehmen an seinem Eintreten für das wahre Leben und verheißt darin Sinn und Erfüllung in einem bejahten, geschichtlichen, sozialen, leiblichen und geistvollen Leben (vgl. II).

Dieser Teilnahme an dem Weg Jesu, dh der Lebensgemeinschaft mit Gott, ist zugleich verheißen, den → Tod zu überdauern: »Wer an mich glaubt, wird leben, auch wenn er stirbt« (Joh 11,26 Z). In der Tat setzt der Tod dem Leben seine unübersteigbare Grenze (vgl. Gen 6,3). Es ist durchaus nicht christlich, mit den korinthischen Schwärmern den Tod in einem himmelstürmenden Enthusiasmus überspringen zu wollen oder mit den griech. Idealisten von einer unsterblichen Seele zu träumen. Die Kraft des göttlichen Lebens liegt darin, daß es den Tod nicht überspielt, sondern Leben aus dem Tod und über den Tod hinaus bedeutet. Christen hoffen daher auf die Auferweckung von den Toten und die Beseitigung des letzten Feindes, des Todes (vgl. 1Kor 15,26). Erst dann wird das Leben aus Gott und mit Gott seine volle Erfüllung finden.

Das ewige dh göttliche Leben beginnt in der Gegenwart. Von dem zukünftigen Leben sollten wir sehr viel zurückhaltender als frühere Generationen reden; schon deshalb, weil das NT im Gegensatz zu schwelgenden spätjüd. Ausmalungen sich in diesem Punkt einer keuschen Zurückhaltung befleißigt. Wie das künftige ewige Leben vorzustellen ist, läßt sich gegenwärtig mehr in Negationen des Vorhandenen als in Positionen des Zukünftigen umschreiben. Es meint weder die Fortsetzung des irdischen Lebens in unbegrenzter Dauer noch ein platonisches jenseitiges Doppelleben, sondern die Gemeinschaft mit dem todüberwindenden Gott unter Bedingungen und Verhältnissen, die die Brüche des gegenwärtigen Lebens und den letzten Feind, den Tod, hinter sich gelassen haben (vgl. Offb 21,4f).

In der Teilnahme an dem Weg Jesu, dh in der Gemeinschaft mit Gott wandelt sich das gegenwärtige Leben von einem Sein zum Tode zu einem Dasein fürs Leben. *H.-G. Link*

Lit.: GQuell, Die Auffassungen des Todes in Israel, 1925 – LDürr, Die Wertung des Lebens im AT und antiken Orient, 1926 – OProcksch, Der Lebensgedanke im AT, in: Christl. Wiss. 4, 1928, 145ff. 193ff – EEbeling, Tod und Leben nach den Vorstellungen der Babylonier, 1931 – HPribnow, Die johanneische Anschauung vom »Leben«, 1934 – GvRad/GBertram/RBultmann, Art. ζάω, ζωή, ThWb II, 1935, 833ff – GvRad, Alttestamentliche Glaubensaussagen von Leben und Tod, in: Allg. ev.-luth. Kirchenzeitg. 71, 1938, 826f – OMichel, Der Mensch zwischen Tod und Gericht, DTh 8, 1941, 10ff – HThielicke, Tod und Leben, 1946 – FMußner, ΖΩΗ. Die Anschauung vom »Leben« im vierten Evangelium unter Berücksichtigung der Johannesbriefe, MThS I,5, 1952 – JNSevenster, Leven en dood in de evangelien, 1952 – ChrBarth, Art. Leben und Tod, EKL II, 1958, 1040ff – GvRad, »Gerechtigkeit« und »Leben« in der Kultsprache der Psalmen, ThB 8, 1958^{2}, 225ff – ThCVriezen/ELohse/DGeorgi/HConzelmann/PAlthaus, Art. Ewiges Leben, RGG II, 1958^{3}, 799ff – KBarth, KD III,2, 1959^{2}, 714ff – AHultkrantz, Art. Leben, RGG IV, 1960^{3}, 248f – FDelekat, Tod, Auferstehung, ewiges Leben, EvTh 21, 1961, 1ff – GvRad, Das erste Buch Mose, Genesis, ATD 2–4, 1961^{6} – BSteffen, Art. Ewiges Leben, EKL I, 1961^{2}, 1217ff – RBultmann, Das Urchristentum, 1962, 42f.124 – GvRad, Theologie des AT I, 1962^{4}, 402ff – RBultmann, Das Evangelium des Johannes, KEK II, 1964^{18} (s. v. ζωή) – WEichrodt, Theologie des AT II.III, 1964^{5}, § 24, 346ff – HMiskotte, Wenn die Götter schweigen, 1964^{2}, 362ff (Erkenntnis und Leben); 457ff (Leben und Licht) – RBultmann, Theologie des NT, 1965^{5}, § 18; § 40 – GBornkamm, Taufe und neues Leben bei Paulus, in: Das Ende des Gesetzes, 1966^{5}, 34ff – DHill, Greek Words and Hebrew Meanings, Studies in the Semantics of Soteriological Terms, 1967, 162ff – GDautzenberg, Sein Leben bewahren, 1966 – DHill, Greek Words and Hebrew Meaning, SNTSMS 5, 1967, 163ff – Leben angesichts des Todes, hrsg. v. MLHenry u. a., HThielicke z. 60. Geb., 1968 – ESchweizer, Die Leiblichkeit des Menschen, EvTh 29, 1969, 40ff – FMußner, Jesu Lehre über das kommende Leben nach den Synoptikern, Conc 6, 1970, 692ff.

Leer, Eitel

Das Wort *leer* bezieht sich konkret auf Sachen, übertragen auf Personen. κενός *[kenos]* meint zunächst den fehlenden Inhalt bei Dingen (zB ein leerer Brunnen, leeres Haus etc.), dann bei Menschen ein intellektuell inhaltloses und ethisch nichtiges Leben, das εἰς κενόν *[eis kenon]* (*wirkungslos*) gelebt wird. Das Wort μάταιος *[mataios]* mit seinen Derivaten ist von vornherein stärker anthropologisch orientiert; es kennzeichnet einen Menschen, der göttlichen oder menschlichen Normen nicht entspricht und deshalb trügerisch, grundlos, zwecklos, frevelhaft oder töricht lebt.

κενός

κενός [kenọs] leer · κενόω [kenọō] leer machen, zunichte machen · κενόδοξος [kenọdoxos] prahlerisch · κενοδοξία [kenodoxịa] Prahlerei, Irrtum

I 1) κενός [kenọs], häufig seit Hom. belegt, heißt urspr. *leer, ohne Inhalt*, und ist der gegensätzliche Begriff zu πλήρης [plæræs] bzw. μεστός [mestọs], *voll* (→ Fülle). In dieser wörtl. Bedeutung wird κενός [kenọs] meist in Verbindung mit Sachen, gelegentlich auch mit Personen gebraucht: ein leerer Krug, eine leere Zisterne (vgl. Gen 37,24), ein leeres Haus etc.; bei Personen bedeutet κενός [kenọs]: mit leeren Händen (vgl. Gen 31,42).

In übertragenem Gebrauch bezeichnet κενός [kenọs] bei Sachen entweder den fehlenden Inhalt (zB κενοὶ λόγοι [kenọi lọgoi], *leere Worte*, Plato Laches 196b) oder die fehlende Wirkung, auf die bes. die Formulierung εἰς κενόν [eis kenọn], *umsonst*, hinweist (PapPetr II,37,1b,12; Jos. Ant. 19,96). Bei Personen heißt κενός [kenọs] zunächst *hohl, nichtig* als intellektuelles Urteil (κενὸς τοῦ νοῦ [kenọs tou nou] Soph. Oed. Col. 931), dann im ethisch-moralischen Sinn *nichtig, eitel* (Soph. Ant. 709).

2) κενόω [kenọō], seit Hdt., bedeutet *leer machen*, entweder im Sinne von *berauben* (Aischyl. Suppl. 660; vgl. Phil 2,7) oder von *zunichte machen* (Vettius Valens II,22p,90,7).

3) κενόδοξος [kenọdoxos] ist ein Mensch, der sich ein unbegründetes Ansehen (κενὴ δόξα [kenæ dọxa]) zu verschaffen sucht: *prahlerisch, aufschneidend* (Polyb. 27,6,12).

4) κενοδοξία [kenodoxịa] meint entweder *eitle Prahlerei* und *nichtige Ruhmsucht* (Polyb. 3,81,9) oder den *Irrtum* bzw. *Irrwahn* (Epic. p 78,7).

II 1) Das Hebr. hat kein bestimmtes Wort, das dem griech. κενός [kenọs] entspräche. Das zeigt sich daran, daß LXX 19 verschiedene hebr. Wörter mit κενός [kenọs] übers., am relativ häufigsten das hebr. *rîq, leer, nichtig, haltlos*. Das Schwergewicht der Belege liegt einerseits bei den Propheten (Jes, Jer), andererseits bei den späten Schriften des AT (bes. Pss, Hi, Sir).

2) κενός [kenọs] begegnet durchaus häufig im wörtl. Sinn (leere Krüge Jer 14,3; mit leeren Händen Ex 3,21; Dtn 15,13 u. ö.), gewinnt aber seinen bes. Akzent in der Verschärfung der übertragenen Bedeutung. Ri 9,4; 11,3 ist von ἄνδρες κενοί [andres kenọi] die Rede, *nichtsnutzigen Leuten*, die nicht zur Jahwegemeinde zählen und zu allen Untaten bis zum Mord fähig und bereit sind. – Die Propheten verkündigen das Sich-abwenden von Jahwe als Sich-preisgeben an das Nichtige: Israel sucht bei den Ägyptern nichtige Hilfe (Jes 30,7), es hat Jahwe vergessen und opfert dem Nichtigen (= den Götzen, Jer 18,15). Das Nichtige wird in der prophetischen Verkündigung verschärft als trügerische Macht des Nichts, auf die man sich nicht verlassen kann (Jes 29,8), und als Sinnlosigkeit des Lebens entlarvt, der gegenüber allein Jahwe Bestand verleiht: Die Erwählten des Herrn werden sich nicht umsonst mühen (Jes 65,23).

3) Am häufigsten begegnet der Begriff in den Klagen des Hiob. Er empört sich über das eitle Reden (27,12) und den haltlosen Trost (21,34) seiner Freunde. Aber er sieht nicht nur seine Umgebung, sondern auch sein eigenes Leben im Nichtigen versinken. Er klagt über sinnlose Monate (7,3) und vergebliche Hoffnung (7,6) bis zu dem Aufschrei: »Laß ab von mir! Denn mein Leben ist ein Nichts« (7,16). Hier sieht sich ein Israelit grundlos dem Fluch der Nichtigkeit ausgeliefert, in der er nur umkommen kann, wenn Jahwe ihn nicht herausreißt.

III κενός [kenọs] findet sich fast ausschließlich bei Paulus, gelegentlich in den Deuteropaulinen, bei den Synopt. so gut wie nicht, κενόω [kenọō] nur bei Paulus.

1) Während κενός [kenọs] in der wörtl. Bedeutung *leer* nur im Gleichnis von den treulosen Weingärtnern verwendet wird (Mk 12,3 par), hat Paulus dem Begriff seine spezifische Prägung gegeben, wobei er bes. häufig die negative Formulierung μὴ εἰς κενόν [mæ eis kenọn], *nicht vergeblich* (wörtl.: *ins Leere hinein*), braucht. Deutete in der LXX die Vokabel bes. die inhaltliche Leere und Nichtigkeit an, so jetzt mehr die Wirkungslosigkeit. Subj. der paulinischen Aussagen sind die Gnade (2Kor 6,1), das Kerygma (1Kor 15,14), die Missionsarbeit (1Thess 3,5) oder der Apostel selbst in seiner Wirksamkeit (Gal 2,2; Phil 2,16). Es geht also – positiv formuliert – um die Macht und Kraft der paulinischen Mission. Als Gottes Werk geschieht sie in Vollmacht (ἐν δυνάμει [en dynạmei]; → Macht) im Gegensatz zu heidnischem, wirkungslosem und leerem Geschwätz (Eph 5,6). Für den Apostel steht mit der Wirkung seiner Verkündigung die Macht der göttlichen Gnade auf dem Spiel; deshalb soll und darf die Missionsarbeit (die Gnade, das Kerygma) *nicht wirkungslos* sein (μὴ εἰς κενόν [mæ eis kenọn]).

2) Demgegenüber legt das Verb κενόω [kenọō] den Akzent auf die inhaltliche Leere und das Zunichtewerden. Bezeichnenderweise formuliert Paulus wieder negativ und dazu passivisch: Inhalte, die nicht entleert werden dürfen, sind der → Glaube (Röm 4,14), das → Kreuz Christi (1Kor 1,17) und der missionarische Ruhm (2Kor 9,3; s. o. 1); Kreuz und Glaube sind die inhaltliche Mitte des Ev., seine Kraft. Deshalb soll der richtende und rettende Anstoß des Kreuzes Christi nicht durch Weisheit der Rede zunichte gemacht (1Kor 1,17) und der Heilsweg des Glaubens nicht durch Gesetzesgerechtigkeit zerstört werden (Röm 4,14).

3) Umstritten ist die Bedeutung von ἐκένωσεν ἑαυτόν [ekẹnōsen heautọn] in dem vorpaulinischen Christuslied Phil 2,6–11 (V. 7). E. Käsemann (Ex. Vers. u. Bes. I,71ff) interpretiert die Stelle im Anschluß an A. Oepke (ThWb III,661) vom hell. Hintergrund der gnostischen Urmensch-Erlöser-Lehre her als das Ereignis der Menschwerdung (Inkarnation) des präexistenten Christus: Er entäußerte sich selbst, dh er vertauschte freiwillig seine präexistente göttliche Seinsweise (V. 6) mit der allg. menschlich-irdischen (vgl. 2Kor 8,9; so auch Barth, Phil., zSt). Diesem Verständnis von Phil 2,7 steht die Interpretation von E. Lohmeyer (aaO, 35ff) und J. Jeremias (ThWb V,708f) gegenüber, die das Christuslied aus der palästinensischen Urgemeinde herleiten und von Jes 53 her verstehen. Nach Jeremias ist »die im Griechischen nirgendwo belegte und grammatisch außerordentlich harte Wendung ἐκένωσεν ἑαυτόν [ekẹnōsen heautọn] die genaue Wiedergabe von (hebr.) hæʿærāh naphschō (Jes 53, 12)« (aaO, 708). Demnach wäre zu übers.: er goß sein Leben aus (hebr. Jes 53,12), dh er schüttete sich selbst aus (griech. Phil 2,7); dann meint die Stelle die Preisgabe und Hingabe des Lebens Jesu am Kreuz. Da aber der Kontext (V. 7) vom allg. Menschsein spricht und erst V. 8 von Erniedrigung und Gehorsam bis zum Tod am Kreuz die Rede ist, wird der ersten Deutung der Vorzug zu geben sein. *E. Tiedtke / H.-G. Link*

μάταιος

μάταιος [mạtaios] nichtig · ματαιότης [mataiọtæs] Nichtigkeit · ματαιόω [mataiọō] zunichte machen · μάτην [mạtæn] vergeblich · ματαιολογία [mataiologịa] leeres Geschwätz · ματαιολόγος [mataiolọgos] Schwätzer

μάταιος [mạtaios], abzuleiten von μάτη [matæ] = *Fehler, Vergehen,* und ματία [matịa] = *vergebliches Bemühen,* bedeutet *nichtig,* der Ursache und der Wirkung nach, daher sowohl *trügerisch, erdichtet, grundlos* als auch *vergeblich, wirkungslos, zwecklos.* I

In der griech. Lit. stehen bei μάταιος [mạtaios] und Wörtern derselben Wortgruppe bestimmte Werte, sittliche Normen, religiöse Wirklichkeiten, erkannte Wahrheiten und Tatsachen auf dem Spiel. Wer sie wissend oder unwissend ignoriert, an ihnen vorbeilebt, sie verletzt, dessen Verhalten fällt unter das Urteil μάταιος [mạtaios]. Während dadurch das Sein des Menschen in trügerischen Schein verwandelt wird, legt das in ähnlichen Zusammenhängen verwendete → κενός [kenọs] den Akzent auf die inhaltliche Leere von Sachen wie Personen, die deshalb als *nichtig, wertlos* oder *eitel* gelten. Besonders häufig findet sich der Begriff bei den Tragikern. Kreon, durch Machtgier und Haß verblendet, fühlt sich vom Schicksal genarrt und bezeichnet sich selbst zuletzt als einen ἀνὴρ μάταιος [anær mạtaios], was mit »Tor«, aber auch mit »Frevler« übersetzt werden kann (Soph. Ant. 1339); denn er hat die göttliche Warnung verachtet und seine Freiheit mißbraucht. Das Griechentum rät zur Einsicht und Besonnenheit, um sich vor solchen Verirrungen zu schützen.

Gegen das Vordringen der ματαιότης [mataiọtæs] prägt Aischyl. (Suppl. 197f) den Gegenbegriff des μὴ μάταιον [mæ mạtaion], der sich in der σωφροσύνη [sōphrosynæ] (→ Zucht, Besonnenheit) erweist. – Im späteren Griechentum tritt der Begriff überraschend in den Hintergrund. Die griech. Antike hat sich weder von der Skepsis zu einem konsequenten Relativismus oder gar Nihilismus hinreißen lassen, noch besaßen ihre Götter die Kraft zur wirksamen Überwindung der negativen ματαιότης [mataiọtæs]. Offenbar ist in späterer Zeit der Kampf zwischen μάταιος [mạtaios] und μὴ μάταιον [mæ mạtaion], zwischen Schein und Sein des Menschen erlahmt.

LXX verwendet μάταιος [mạtaios], μάτην [mạtæn] etc. zur Übers. mehrerer hebr. Wörter, die *Nichtigkeit* in verschiedener Hinsicht bezeichnen: am häufigsten für *hæbæl* (*Hauch, Nichts, Wahn*), *schāwʾ* (*das Nichtige, Lüge*), *kāzāb* (*Wahn, Täuschung*), auch *tōhu* (*Leere,* adv. *umsonst*), *chinnām* (adv. *grundlos, umsonst*), *ʾāwæn* (*Sünde*). Damit sind die vielen Möglichkeiten genannt, mit denen der Mensch sich der Wirklichkeit Gottes, seiner Offenbarung, seiner Forderung widersetzen kann. II

Schon diese verschiedenen hebr. Ausdrücke zur Bezeichnung des Nichtigen lassen erkennen, daß in der LXX zahlreichere, aber vor allem schärfere und radikalere μάταιος *[mataios]*-Aussagen gemacht werden als bei den griech. Tragikern. Exemplarisch für die kompromißlose Konfrontation Jahwes mit dem Nichtigen steht Ex 20,7 »du sollst den Namen Gottes nicht heben ins Nichtige« (falscher Schwur? urspr. Bedeutung von *schāw'* = *Zauber?*; s. GvRad, Theol. I,185).

μάταιος *[mataios]* wird im AT hauptsächlich in drei Gedankenkreisen verwendet: 1) zur Bezeichnung lügnerischer Worte falscher Propheten; 2) polemisch gegen die Götzen fremder Völker; 3) in Aussagen über die Menschen und ihr Leben.

1) Die Propheten, die ohne Auftrag reden, die eingebildete Offenbarung als Gottes Wort verkündigen, treiben Nichtiges, lügen, täuschen. Sie fallen unter Gottes Gericht. Wer ihnen folgt, verfällt selbst dem Nichtigen. Er erfährt es in der richterlichen Bezeugung Gottes, die das Wort der falschen Propheten Lügen straft (Ez 13,6ff; Sach 10,2; Klgl 2,14; Jer 23,16ff: hier das einzige Mal ματαιόω *[mataioō]* aktiv: sie bilden sich ein »Gesicht« ein). Für die eschatologische Zukunft wird das Aufhören von Lügen und daher auch verfehltem Leben verheißen (Zeph 3,13).

2) Weiter wird μάταιος *[mataios]* oft gebraucht zur Bezeichnung der Götzen, der Anfertigung von Götzenbildern, des Götzendienstes (oft ist τὰ μάταια *[ta mataia]* Übers. von Götternamen fremder Völker, so Jes 2,20; 2Chr 11,15: sie sind »Nichtse«, vgl. GvRad, Theol. d. AT II,362; Lev 17,7; Jer 2,5; 8,19; 10,15; 51,18; Jon 2,9, immer für *hæbæl*).

3) Die dem at. Frommen nicht fremde Einsicht in die Hinfälligkeit und Nichtigkeit menschlichen Lebens (Ps 103,14ff; Hi 14,1ff u. ö.) und Denkens (Ps 94,11) steigert sich im Pred zu einer Skepsis von ungewöhnlichem Ausmaß: »es ist alles ganz eitel« (Pred 1,2; 2,1 u. ö. ματαιότης *[mataiotæs]* mehr als 30mal, immer für *hæbæl*). Die Skepsis des Pred kann weder Gottes Walten noch den Sinn des eigenen Lebens verstehen. Es bleibt nur noch die Resignation einer tragischen Existenz übrig, aus der heraus nicht mehr verkündigt, sondern nur noch die Nichtigkeit des Daseins beklagt wird. Sie erklärt sich zT aus dem zeitlichen Abstand von einst geschehenen Erweisungen der Macht Gottes und aus dem Vermissen gegenwärtigen Eingreifens Gottes in den Weltlauf. Doch wird der Absturz in den Nihilismus aufgehalten in Aussagen der Lebensbejahung wie Pred 2,25; 3,13; 7,14; 9,7ff. Von Resignation berührt sind auch Worte, die von vergeblicher Arbeit handeln (Gottes Jer 2,30; des Propheten Jes 49,4; des Gesetzestreuen Mal 3,14).

III Die Wortgruppe μάταιος *[mataios]* findet sich im NT nur 11mal, kommt in den Evgg. nicht vor, sondern nur in der paulinischen, deuteropaulinischen und kath. Brieflit. (vgl. die häufige Verwendung von μάταιος *[mataios]* bei den Propheten im Gegensatz zu den Geschichtsbüchern des AT). μάταιος *[mataios]* hat im NT vorwiegend die Bedeutung *nichtig, eitel.* In gleicher Schärfe wie im AT ergeht das Urteil μάταιος *[mataios]* über alles, was dem wahren Gott und seinem Gebot widerstreitet: 1) die Selbstüberhebung des menschlichen Denkens (1Kor 3,20; Röm 1,21); 2) die heidnische Abgötterei (Apg 14,15); 3) die trügerische Lebensweise (1Petr 1,18; Jak 1,26).

1) Paulus führt 1Kor 3,20 den Kampf gegen eine christl. Scheinweisheit. Das Kreuz Jesu macht den Klugseinwollenden töricht vor Gott und Menschen. Paulus findet darin die Bestätigung von Ps 94,11: »der Menschen Gedanken sind ein Hauch« (Weiser). »Christliche« (gnostische) Weisheitslehre steht im Gegensatz zu der Torheit des Kreuzes, die für den Glaubenden Gottes Weisheit ist (1Kor 1,24; vgl. Röm 1,21 s. u.). Das Kreuz erscheint dem natürlichen Denken als Torheit, Schwachheit, Nichtigkeit. – 1Kor 15,17 bezeichnet Paulus einen Glauben, der die Wirklichkeit des Auferstandenen leugnet, als nichtig, dh unter der Macht der Sünde. Dem Kerygma, der Christusbotschaft, wäre das Fundament entzogen (es wäre leer, wie auch der Glaube an diese Botschaft leer wäre; V. 14, beidemal κενός *[kenos]*). Weil aber die Auferstehung Jesu Gottes Tat ist, ist unser Glaube keine »Illusion« (ματαία *[mataia]* V. 17).

2) Die Götzenpolemik der Propheten wird in der Missionspredigt Apg 14,15 fortgesetzt. Die Offenbarung Gottes in Christus läßt nicht zu, daß fremde Götter, Menschen oder Bilder eine göttliche Verehrung erhalten. Das Ev. bringt die Abwendung von diesen Nichtsen (Göttern, Zeus und Hermes, hier angeblich in Menschengestalt) zu dem lebendigen Gott.

3) 1Petr 1,14–18 stellt den nichtigen und heiligen Lebenswandel der Gemeinde einander gegenüber. Christi Opfertod bringt Erlösung von dem nichtigen Lebenswandel, den man von den Vätern übernommen hat (1Petr 1,18). Zu Heidenchristen gesprochen, wird auch hier μάταιος *[mataios]* den Götzendienst als die Wurzel eines ungezügelten Lebenswan-

dels meinen. Nach Jak 1,26 ist es »nichtiger Gottesdienst«, außen fromm zu scheinen und sich selbst durch unbeherrschtes (liebloses?, wohl mehr »frommes«) Geschwätz über das eigene in Wahrheit gottlose Herz hinwegzutäuschen (vgl. 2Petr 2,18 »große Worte und nichts dahinter«, Knopf zSt.). Die Paränese der kath. Briefe bekämpft und versteht unter μάταιος *[mątaios]* ein kraftloses Leben, das den leiblichen Gehorsam christl. Existenz leugnet.

4) ματαιότης *[mataiǫtæs]* (lat. *vanitas*) = *Nichtigkeit* ist ein im AT bes. beim Pred oft wiederkehrender Ausdruck. Ebenso sieht Paulus Röm 8,20 die ganze Schöpfung der Nichtigkeit und Ohnmacht unterworfen. Sie ist versklavt an die Vergänglichkeit (V. 21). Aber auch diese Verweslichkeit vergeht, weil sie nicht selbstgewählt ist, sondern vom Schöpfer ihr auferlegt ist, damit er an ihr seine zukünftige Herrlichkeit offenbare. Darum gibt es nicht nur ein Seufzen (V. 22), sondern auch ein begründetes Warten auf Erlösung von der Nichtigkeit (V. 19).

Nach Eph 4,17 ist ματαιότης *[mataiǫtæs]* das Kennzeichen heidnischen Denkens und Lebenswandels: Im Un-Dank verliert der Mensch Gott, die Quelle des Lebens, er »bedenkt in seinem Denken . . .unbedenklich nur sich« und »vereitelt im Vollzuge solches Eitles eitel denkenden Denkens sich und seine Welt« (Schlier, zSt.).

5) ματαιόω *[mataiǫō]* steht im NT fast nur pass. für *der Nichtigkeit preisgegeben werden* (vgl. Jer 2,5); Röm 1,21: die Vergänglichkeit, die 8,20 (s. o.) als von Gott bewirkt beschreibt, ist zugleich vom Menschen verschuldet, da er Gott die ihm gebührende dankbare Ehrung versagt. Sie vernichtet sein Denken, Planen und Tun. — μάτην *[mątæn]* = *vergeblich* in Mt 15,9; Mk 7,7 nach Jes 29,13. — ματαιολογία *[mataiologįa]* 1Tim 1,6: *leeres Geschwätz* bleibt übrig, wenn man nicht an dem von Gott gesetzten Ziel festhält: Liebe aus reinem Herzen, gutes Gewissen und ungeheuchelter Glaube (vgl. auch 2Petr 2,18 s. o.). — ματαιολόγος *[mataiolǫgos]* ist der *Schwätzer* (Tit 1,10). *E. Tiedtke*

Lit.: ELohmeyer, Kyrios Jesus, SBHA, Phil.-hist. Kl. 4, 1928 – WFoerster, Art. ἁρπαγμός, ThWb I, 1933, 472ff – AOepke, Art. κενός etc., ThWb III, 1938, 659ff – OBauernfeind, Art. μάταιος etc., ThWb IV, 1942, 525ff – EKäsemann, Kritische Analyse von Phil 2,5–11, ZThK 47, 1950, 313ff (= Ex. Vers. u. Bes. I, 1960, 51ff) – JJeremias, Zur Gedankenführung in den paulinischen Briefen, Studia Paulina, Festschr. J. de Zwaan, 1953, 152ff (= Abba, 1966, 269ff) – LCerfaux, L'hymne au Christ, Serviteur de Dieu, in: Mélanges L. Cerfaux II, 1964, 425ff – OMichel, Zur Exegese von Phil 2,5–11, Festschr. KHeim, 1954, 79ff – PHenry, Kénose, Dict. de la Bible, Suppl. V, 1957, 56ff – GBornkamm, Zum Verständnis von Phil 2,6ff, in: Stud. zu Antike u. Urchristentum, 1959, 177ff – LKrinetzki, Der Einfluß von Jes 52,13ff auf Phil 2,6ff, ThQ 139, 1959, 157ff.291ff – ESchweizer, Erniedrigung und Erhöhung bei Jesus und seinen Nachfolgern, AThANT 28, 1962[2], 92ff.173ff – KWegenast, Das Verständnis der Tradition bei Paulus und in den Deuteropaulinen, WMANT 8, 1962, 83ff – GBraumann, Vorpaulinische christliche Taufverkündigung bei Paulus, BWANT V,2, 1962, 56ff – HWBoers, The Diversity of New Testament Christological Concepts, 1962, 114ff (Diss. Bonn) – JJeremias, Zu Phil 2,7, NovTest 6, 1963, 182ff (= Abba, 1966, 308ff) – WSchmauch, Beiheft zu E. Lohmeyer, Die Briefe an die Philipper, Kolosser und an Philemon, KEK IX, 1964[13], 19ff (Lit.) – GStrecker, Redaktion und Tradition im Christushymnus Phil 2,6–11, ZNW 55, 1964, 63ff – DGeorgi, Der vorpaulinische Hymnus Phil 2,6–11, in: Zeit u. Geschichte, Dankesgabe an R. Bultmann, 1964, 263ff – AFeuillet, L'hymne christologique de l'épître aux Philippiens, RB 27, 1965, 352ff.481ff – EHaenchen, Die frühe Christologie, ZThK 63, 1966, 152f – WSchmauch, Das Heilsgeschehen in Christo Jesu. Zur Interpretation von Phil 2,5–11, in: ». . . zu achten aufs Wort«, Ausgewählte Arbeiten, 1967, 37ff – RPMartin, Carmen Christi. Philippians II,5–11 in Recent Interpretation and in the Setting of the Early Worship, StNTS Monograph Ser. 4, 1967 (Lit.) – CHTalbert, The Problem of Pre-Existence in Phil 2,6–11, JBL 86, 1967, 141ff – KWengst, Christologische Formeln und Lieder des Urchristentums, 1967, 137ff (Diss. Bonn).

Lehre

Unter *Lehren* versteht man im allg. jenen Vorgang, bei dem einzelne oder Gruppen anderen Kenntnisse oder Verhaltensweisen zu übereignen suchen, die diesen bislang fremd sind. Die Grundbedeutung des Wortes, dem auf der anderen Seite das *Lernen* entspricht (→ Nachfolge, Art. μαθητής), schließt die Dimension des Praktischen, des Erprobens und Erfahrenlassens ein. Im NT findet sich hierfür vor allem die Wortgruppe διδάσκω *[didạskō], lehren,* mit den Subst.en διδάσκαλος *[didạskalos], Lehrer,* und διδασκαλία *[didaskalịa]* bzw. διδαχή *[didachẹ], Lehre;* ihre Bedeutung reicht vom Akt des Lehrens (= Übermittelns) und Einübens bis zur Hoheitsanspruch erhebenden »Verkündigung«, kann aber auch die Weitergabe eines fixierten Lehrgutes meinen. Verwandt ist das von rabb. Tradition bestimmte παραδίδωμι *[paradịdōmi] überliefern,* bes. das dazugehörige Subst. παράδοσις *[parạdosis], Überlieferung,* das für Tradition in Formulierung und Brauch verwendet wird. κατηχέω *[katæchẹō], lehren, unterweisen,* dagegen erfaßt mehr den Vorgang der Belehrung als solchen.

διδάσκω

A. διδάσκω *[didạskō]* lehren · B. διδάσκαλος *[didạskalos]* Lehrer · C. διδασκαλία *[didaskalịa]* Lehrtätigkeit, Lehre · διδαχή *[didachẹ]* Belehrung, Unterricht, Lehre

A.

I 1) διδάσκω *[didạskō], lehren* (aus *di-da-sko,* entstanden aus der Wurzel *dēk, annehmen, die Hand hinhalten*), bedeutet die immer wiederholte Tätigkeit (aus der Präsensreduplikation) des Tendierens (Inkohativsuffix) auf Annahme: *jemanden etwas annehmen lassen.* Seit Hom. ist das Wort im Griech. häufig belegt und heißt aktiv vor allem *lehren, belehren, unterrichten, dartun* oder *vorschreiben;* pass. *unterrichtet werden, sich belehren lassen;* med. *aus sich selbst lernen, ersinnen, sich aneignen.* Im Aktiv kommt das Wort vornehmlich mit dem Akk. der Person (*jemanden belehren*) oder mit dem Akk. der Sache (*etwas lehren*), aber auch mit dem Dat. vor. Es ist klar, daß dieser Sprachgebrauch bes. typisch ist für das Verhältnis zwischen Lehrer und Schüler, Lehrmeister und Lehrling. Gegenstand des Lehrens können dabei Kenntnisse, Einsichten und Sachverhalte, aber auch künstlerische und technische Fertigkeiten sein, die auf Grund wiederholter Tätigkeit von Lehrer und Schüler systematisch und gründlich angeeignet werden. Bei Hdt. wird auch die Tätigkeit des Chorlehrers mit διδάσκω *[didạskō]* bezeichnet. Selten bezeugt ist ein Lehren der Götter. Ziel allen Lehrens ist die Vermittlung von Wissen und Können und darin die Entwicklung der Anlagen des Schülers, nicht aber die Anbahnung von Willensentscheidungen.

2) Auf religiösem Gebiet begegnet das Wort im Griech. selten und erst im 1. Jh. vChr. So ist im Isishymnus von Andros davon die Rede, daß die Göttin Menschen in Sachen der Religion und der Kultur Belehrung zuteil werden läßt. Bei Preisigke (371) gesammelte Inschriften repräsentieren noch einen weiteren Begriffsgebrauch von διδάσκω *[didạskō]* im Sinne von *nachweisen.* Der Sprachgebrauch von Philo entspricht, wie häufig auch sonst, dem der bisher besprochenen Gräzität, so daß zB Mose für Philo ein Lehrer im griech. Sinne ist, der sich an das Denken seines Gegenübers wendet wie der Philosoph bei Epiktet. So kann gesagt werden: διδάσκω *[didạskō]* bezeichnet im Griech. die Tätigkeit des Lehrers, dem es um die Ausbildung von Fähigkeiten seines Schülers und um die Vermittlung von Kenntnissen und Fertigkeiten geht.

II 1) In der LXX kommt διδάσκω *[didạskō]* ca. 100mal vor, davon 57mal als Übers. von Bildungen der Wurzel *lmd* (vor allem von *limmēd, lehren*), die in der LXX nur an wenigen Stellen nicht mit διδάσκω *[didạskō]* wiedergegeben werden. Das Hauptvorkommen liegt in den Pss, im Dtn, bei Jer und abgesehen von Sir und Weish im Buch Hi und in den Spr, wo die LXX freilich nur selten *limmēd,* sondern andere Wörter (wie die Hif.-Formen von *jāda'* und *jārāh*) mit διδάσκω *[didạskō]* übers. Im Gegensatz zur Profangräzität dient das Wort in der LXX aber nicht in erster Linie zur Bezeichnung der Vermittlung von Kenntnissen und Fertigkeiten (so zB 2Sam 22,35), sondern meint vorwiegend Lebensbelehrung (so etwa Dtn 11,19 u. ö.), deren Gegenstand der Wille Gottes ist. Gottes δικαιώματα *[dikaiọ̄mata], Satzungen,* und κρίματα *[krịmata], Rechte,* sollen gelernt und verstanden werden; als gelernte aber heischen sie Gehorsam, nehmen in Anspruch und stellen in die Entscheidung. Als »Lehrer« dieses Willens aber gelten Gott selbst (Dtn 4,10 u. ö.), die Familienväter (gegenüber den Kindern Dtn 11,19; Ex 10,1f u. ö.) oder Fromme, die den Willen Gottes kennen. Wenn die LXX nie die prophetische Verkündigung mit διδάσκω [didạskō] in Verbindung bringt, so mag das seinen Grund darin haben, daß Lehre mit dem → Gesetz zusammenhängt.

2) Der Sprachgebrauch der Qumran-Schriften entspricht weithin dem der LXX. An den 10 Stellen, an denen Bildungen der Wurzel *lmd* vorkommen, sind 2mal die Einsicht in den Willen Gottes (1QS 9,13; 1QH 2,17), 1mal das Buch Hago und die Satzungen des Bundes (1QSa 1,7) und 1mal Vorbedingungen für den Kampf (1QM 10,12) Gegenstand des Lehrens. Auch hier hat also das Lehren mit dem Willen Gottes und dem Gehorsam der Menschen zu tun. Nur 1QM 6,12f dient eine Bildung von *lmd* zur Kennzeichnung von kampfgewohnten Hengsten bzw. von geübten Reitern.

3) Im Rabbinat, ja schon in späten Teilen des AT (zB 2Chr 17,7ff), wird mit *limmēd* die Vermittlung des in der Auslegung des Gesetzes erkannten Willens Gottes für das Verhältnis des Menschen zu Gott und Mitmensch umschrieben. Es finden sich aber im rabb. Schrifttum durchaus auch Stellen, die einen profanen Gebrauch von *limmēd* verraten. »Im eigentlichen Sinne ist *limmēd* aber nun Fachwort für die Umsetzung der Tora in konkrete Anweisungen für das Leben des einzelnen« (Rengstorf, 140). Am besten wird es deshalb mit *eine Lehrentscheidung auf Grund von Auslegung treffen* übers. Daß das Rabbinat mit diesem Verständnis von *limmēd* dem hell. Verständnis von διδάσκω [didạskō] näher stehe als dem zB der LXX, wie zuweilen behauptet wird, ist wenig wahrscheinlich, denn bei aller intellektuellen Anstrengung des Auslegers und des »Schülers« geht es dem Rabbinat doch zweifellos nicht um die Ausbildung von Anlagen, sondern selbst in Stellen wie Qid. 1,10 »Wer nicht in der Schrift und nicht in der Mischna und nicht in der Lebensart ist, der gehört nicht zu dem, was bestehen bleibt« um den Gehorsam gegenüber dem Willen Gottes.

Im NT kommt διδάσκω [didạskō] nahezu 100mal vor, davon 54mal in den synopt. Evgg. III
und in der Apg, 9mal bei Joh. Das restliche Vorkommen verteilt sich auf die paulinischen Briefe (5), die Deuteropaulinen 2Thess, Kol und Eph (5), die Pastoralbriefe (5), den Hebr (2), die Johannesbriefe (3) und die Offb (2). Die Wortbedeutung ist an fast allen Stellen *lehren* oder *belehren*. Über den Sinn solchen Lehrens und Belehrens und über den Inhalt kann allerdings erst eine Untersuchung des Kontextes der einzelnen Vorkommen von διδάσκω [didạskō] Aufschluß geben.

1) Das synopt. Zeugnis vom lehrenden Jesus

Es ist das übereinstimmende und mit Wahrscheinlichkeit der historischen Wirklichkeit entsprechende Zeugnis aller Synopt., daß Jesus öffentlich »lehrte« und dabei in Synagogen (Mt 9,35; 13,54 par; Mk 1,21 u. ö.), im Tempel (Mk 12,35; Lk 21,37; Mt 26,55 par) oder auch im Freien (Mt 5,2; Mk 6,34; Lk 5,3 u. ö.) auftrat. Über die äußere Form seines Lehrens hören wir nur Lk 4,16ff Näheres (stehende Verlesung eines Prophetenabschnitts, Auslegung des Textes im Sitzen, wie es jüd., speziell rabb. Sitte entspricht; vgl. Lk 5,3; Mk 9,35; Mt 5,2; St.-B. II,150; IV,161.185).

An 13 Stellen der Evgg. dient absolut gebrauchtes διδάσκω [didạskō] zur zusammenfassenden Kennzeichnung der → Verkündigung Jesu (Mk 2,13; 6,6; 10,1; 12,35; 14,49; Lk 4,15; 13,22.26; 19,47; Mt 4,23; 9,35; 11,1). Daneben aber findet sich διδάσκω [didạskō] in den synopt. Evgg. auch als Bezeichnung konkreter Predigt und Lehre in ganz bestimmten Situationen (so etwa Mk 1,21f; 4,1f; 8,31; 11,17; Mt 5,2; 21,23; Lk 5,3.17; 6,6; 13,10 u. ö.).

Fragt man nach den Gegenständen des Lehrens Jesu und nach seiner Absicht, so ergeben sich verschiedene Antworten, je nachdem, ob man alle Aussagen der synopt. Tradition berücksichtigt, die Aussprüche Jesu enthalten, oder nur solche, an denen Jesu Rede ausdrücklich als *Lehre* bezeichnet wird, oder gar nur die Stellen, die der historische Kritiker für mit hoher Wahrscheinlichkeit historisch hält.

Was lehrte der irdische Jesus? Die kürzeste Antwort: → Gott, sein → Reich und seinen → Willen, – alles Themen des zeitgenössischen Judentums, die Jesus im Gespräch mit den Juden (→ Israel) wie ein → Rabbi oder wie ein → Prophet zur Sprache brachte. Von seinen Gesprächspartnern unterschied sich Jesus dabei nicht in der Thematik, sondern durch deren Radikalisierung, durch die konsequente Zuspitzung aller Aussagen auf ihre Funktion für das Leben mit dem Nächsten in einer konkreten Situation und durch die Einbeziehung der eigenen Person in die zur Diskussion stehenden Themen. (Zum lehrenden Jesus vgl. bes. G. Bornkamm, Jesus von Nazareth, 1960[5], 88ff; zum jüd. Lehren vgl. W. G. Kümmel, 110ff; K. Wegenast, Tradition, 24ff und die dort angegebene Lit.) Statt einer theoretischen Lehre von Gott, seiner Vorsehung, seiner Gnade oder seinem Zorn, sagt Jesus in eine konkrete Situation hinein Gottes Güte oder seinen Zorn an (zB Lk 15,1ff). An die Stelle von Spekulationen über das Reich Gottes tritt bei ihm die Ankündigung seiner Nähe (Mk 1,15), der in dieser Nähe gründende Bußruf und der Aufruf zu neuem Verhalten (Mk 7,15; Mt 5,21ff), und an die Stelle einer das Heil sichern wollenden Gesetzeskasuistik der Aufruf »Alles nun, was ihr wollt, daß es euch die Menschen tun, das sollt auch ihr ihnen tun« (Mt 7,12; zum Ganzen vgl. vor allem H. Conzelmann, Grundriß, 118ff).

a) Die Lehre Jesu nach Markus: Mk 4,2 sind → Gleichnisse vom → Reich Gottes der Gegenstand des Lehrens Jesu, des Reiches, dessen Nähe auch schon in dem Summar der Verkündigung Jesu, Mk 1,14f, als Inhalt der Predigt Jesu apostrophiert worden ist. Zu diesem Lehren gehört auch eine kritische Auseinandersetzung mit der zeitgenössischen jüd. Gesetzlichkeit (2,13 begegnet διδάσκω *[didaskō]* im Zusammenhang einer solchen Auseinandersetzung; vgl. auch 12,35). Mk 10,1 und 12,14 sind es Lehrentscheidungen Jesu, die mit διδάσκω *[didaskō]* eingeführt werden, und 11,7 und 12,35 ist jeweils eine Stelle aus dem AT Gegenstand des Lehrens. Wichtig für Mk scheint die enge Verbindung zwischen Lehren und Tun (6,2.34; → Werk).

Kurzum: διδάσκω *[didaskō]* heißt bei Mk neben *lehren* im Sinne von *lehrend gebieten* und *Entscheidungen auf Grund von Auslegung fällen* nun im Sinne von 1,15 auch *verkündigen der Gottesherrschaft* und *des Evangeliums*, dessen Inhalt, wie W. Marxsen gezeigt hat (aaO, 77ff), Jesus selbst ist. An dieser Stelle ist eine deutliche Verschiebung gegenüber dem Inhalt der »Lehre« des irdischen Jesus zu beobachten.

b) Lukas hat διδάσκω *[didaskō]* vielfach aus Mk übernommen und, was die Änderungen betrifft, läßt sich gegenüber der Vorlage eine sachliche Verschiebung kaum bemerken. Das gilt auch für die Stellen, wo nur Lk das Verb gebraucht (6,6; 11,1; 12,12; 13,26; 23,5). Was er als Inhalt der Lehre Jesu versteht, läßt sich am besten aus seiner Darstellung des Aufenthaltes Jesu im Tempel ersehen (Kap. 20f): das → Gesetz, die künftigen Dinge (→ Ziel) und Christologisches. Von der Nähe des Gottesreiches ist, wie H. Conzelmann (Mitte der Zeit, 1964[5]) überzeugend nachgewiesen hat, bei Lk nicht mehr die Rede, mag das auch noch bei Stellen wie Lk 17,20f den Anschein haben. Hier ist noch auf 4,14ff zu verweisen, wo Lk seine Vorlage (Mk 1,14f) durch eine summarische Charakteristik der Wirksamkeit Jesu bis zum Beginn der »Reise« (9,51) ersetzt. Als Beispiel für diese Wirksamkeit dienen bes. die V. 16ff: Jesus liest Jes 61,1f und weist auf die Erfüllung der Verheißung des Propheten hin, die in ihm da ist. Jetzt ist Heilszeit (für Lk ist das Vergangenheit), die sich in → Wundern manifestiert, die nicht mehr nur Zeichen der Vollmacht der Lehre dessen sind, der sie tut, sondern nun deren Inhalt.

c) Wie Lk ändert auch Matthäus an einigen Stellen seine Vorlage. Doch auch hier bleibt es bei der Grundbedeutung von διδάσκω *[didaskō]: lehrend predigen*. Wie steht es aber mit dem Inhalt? Bemerkenswert sind hier vor allem die Stellen Mt 5,2.19 und 28,20 (vgl. 22,37). Mt 5,2f (Beginn der Bergpredigt) wird Jesus als der auf dem Berg seine Jünger Belehrende eingeführt. Die Adressaten der Polemik der V. 21ff sind also die Jünger, nicht die Schriftgelehrten. Diese sind das Maß, das es zu überbieten gilt. Dies ist der Grund für das Fehlen des zB für die Streitgespräche typischen Schriftbeweises. M. a. W.: Jesus ist für Mt der Lehrer der Kirche, der an die Stelle der Sinaioffenbarung (»Zu den Alten ist gesagt«) ein neues Fundament (»ich aber sage euch«) setzt. Nach dem Tode Jesu garantiert Petrus dieses Fundament (16,18). Er hat das Schlüsselamt inne (→Öffnen, Schließen), dh für jüd. Ohren das Lehramt. Das von ihm garantierte Fundament ist keine *nova lex*, kein neues Gesetz, sondern die »Erfüllung« des alten, das jetzt von rabb. Entstellungen gereinigt ist. Jetzt erst wird das im Gesetz »von Anfang an« Gemeinte (19,8) sichtbar. Von 16,18 und 19,8 her wird auch 5,19 verständlich: Wer ohne Tora lebt, ist ohne Gerechtigkeit. Wer Jesus nachfolgt, ist nicht zur Gesetzlosigkeit berufen, sondern zu einer besseren → Gerechtigkeit, deren Fundament das Gesetz und seine Auslegung durch Jesus ist. Darum ist es notwendig, diese Gesetzesauslegung nach Ostern lehrend weiterzugeben (28,20). Vgl. → Schrift, Art. γραφή III.

d) Im Rückblick kann jetzt gesagt werden: Die urspr. Lehre Jesu, die in Gesetzesdiskussionen, Weisheitsworten, Ankündigungen der Nähe Gottes, also in Zuspruch und Forderung bestand, wird in den synopt. Evgg. spezifisch modifiziert: Aus dem Verkündiger wird an wichtigen Stellen der sich selbst Verkündigende (Mk und Lk), aus der impliziten Christologie der Verkündigung Jesu wird die direkte und explizite des Gemeindeglaubens, die in den Mund Jesu gelegt wird; aus διδάσκω *[didaskō]* = *limmēd* im rabb. Sinne wird διδάσκω *[didaskō]* im Sinne von *Verkündigung des Heils*. Daneben hat allerdings auch (bes. bei Mt) noch ein Lehren im Sinne von *gebieten*, ja von *auslegen* einen Platz. – Damit haben wir festgestellt, daß der Wortgebrauch von διδάσκω *[didaskō]* in den Evgg. formal dem der LXX ähnelt und damit in gewisser Weise auch dem des Rabbinats: Nicht Ausbildung von Fähigkeiten ist die Bedeutung von διδάσκω *[didaskō]*, sondern Lebensbelehrung, auch Anrede und Forderung in der Form von Auslegung und Verkündigung des Willens Gottes.

2) Die Aussagen vom Lehren der Jünger

a) Neben dem lehrenden Jesus sprechen die Synopt. auch von lehrenden Jüngern (Mk 6,30; Mt 28,20 u. ö.) sowie von »Menschenlehre« vermittelnden Schriftgelehrten (zB Mk 7,1ff par). Lk 12,12 ist der Heilige Geist als Lehrender verheißen (vgl. dazu Joh 14,26).

b) In der Apostelgeschichte findet sich διδάσκω *[didaskō]* keineswegs nur in Verbindung mit der Lehre Jesu. Dies läßt sich schon aus den Objektsangaben erkennen: So ist Apg 4,2 die → Auferstehung von den Toten Gegenstand des Lehrens; 5,42 und 15,35 der »Christus Jesus« bzw. das »Wort des Herrn«; und 4,18; 5,28.39 (vgl. auch 18,25) gilt die gesamte Verkündigung der Jünger als Inhalt des Lehrens (das geht deutlich hervor aus den mit διδάσκω *[didaskō]* verbundenen Wendungen ἐπὶ τῷ ὀνόματι τοῦ Ἰησοῦ *[epi tō onomati tou Jæsou]* bzw. τούτῳ *[toutō]*, *in Jesu* bzw. *dessen Namen*, sowie τὰ περὶ τοῦ κυρίου Ἰησοῦ Χριστοῦ *[ta peri tou kyriou Jæsou Christou]*, *das über den Herrn Jesus Christus* (Apg 18,25). Apg 15,1 ist dann davon die Rede, daß einige Brüder die Beschneidung »lehrten«, und 21,21 (vgl. V. 28) wird davon berichtet, daß Paulus vorgeworfen wurde, er lehre den Abfall von Mose. In beiden Fällen ist allg.-jüd. Gesetzesdiskussion Gegenstand des Lehrens.

διδάσκω *[didaskō]* steht Apg 4,2 u. ö. mit dem Verb καταγγέλλω *[katangellō]*, *verkündigen*, zusammen; 15,35 mit dem gleichbedeutenden εὐαγγελίζομαι *[euangelizomai]*; aber hier in bezug auf den Inhalt des Lehrens und Predigens zu unterscheiden, scheint schon auf Grund des rhetorischen Charakters der Wortpaare unstatthaft, zumal auch 18,25.28 und 28,31 διδάσκω *[didaskō]* auf Schriftbeweise bezogen ist. Auch hier steht, wie bei den anderen angegebenen Stellen, die nachösterliche Heilsbotschaft im Hintergrund (vgl. auch noch 1,1; 5,21.25; 11,26 u. ö.). Gegenstand von διδάσκω *[didaskō]* ist in der Apg also vornehmlich das Heil, wie die nachösterliche Gemeinde es versteht. Das Wesen dieses Heils ist im Sinne des Lukas in Jesus sichtbar geworden (Lk 4,16ff; Apg 1,21f).

c) In den johanneischen Schriften kommt das Wort im Ev. 9mal (u. a. 6,59; 7,14.28.35; 14,26) und im 1Joh 1mal (2,27) vor. Bis auf die Stellen Joh 8,28; 14,26 und 9,34 ist Jesus selbst Subjekt des Lehrens. Der Gegenstand des Lehrens ist dabei stets die Botschaft von Jesus als Offenbarer, die → Glauben fordert und die nur der als wahre Botschaft, die von Gott kommt, erkennt, der glaubt. Das ist auch 1Joh 2,27 nicht anders, wo der Verf. die angeredete Gemeinde ermutigt und auf ihre »Salbung« hinweist (zu χρῖσμα *[chrisma]*, *Salbung*, vgl. R. Bultmann, Johannes-Briefe, 42f). In dieser Salbung wird der Heilige → Geist vermittelt, der nach 3,24 die Quelle aller Erkenntnis ist. Deshalb brauchen die, die die Salbung besitzen, keine weitere Belehrung. Sie kennen die → Wahrheit schon (vgl. 2,21).

d) Paulus verwendet διδάσκω *[didaskō]* nur an 5 Stellen (Röm 2,21; 12,7; 1Kor 4,17; 11,14; Gal 1,12). Das ist nicht überraschend, wenn wir bedenken, wie belastet das Wort für ihn nach seiner Bekehrung sein mußte: Sein Leben war bestimmt gewesen von den παραδόσεις πατρικαί *[paradoseis patrikai]*, den *väterlichen Überlieferungen*, die ja doch »gelehrt« wurden. Er gebraucht διδάσκω *[didaskō]* Röm 2,21 ganz im hergebrachten Sinn des hebr. *limmēd*, wenn er den Juden fragt: »du nun, der du andere lehrst, lehrst dich selber nicht?«. Röm 12,7 weist auf das Gemeindeamt des διδάσκαλος *[didaskalos], Lehrers,* hin (s. u. B), dem es anliegt, die Erkenntnisse des Glaubens darzulegen (vgl. 1Kor 4,17, wo Paulus davon redet, daß Timotheus an die »Wege« des Apostels erinnere – gemeint wohl die Grundsätze des Paulus – und sie lehre). Gal 1,12 hat διδάσκω *[didaskō]* die Bedeutung von *überkommen einer Tradition.* Merkwürdig ist der Sprachgebrauch von 1Kor 11,14, wo Paulus davon spricht, daß die → Natur lehre; im Hintergrund stehen hier wohl stoische Gedanken (vgl. etwa Epict. Diss. I,16,10).

e) Anders in den d e u t e r o p a u l i n i s c h e n B r i e f e n : In 2Thess 2,15 erinnert der Verf. mit seinem κρατεῖτε τὰς παραδόσεις ἃς ἐδιδάχθητε εἴτε διὰ λόγου εἴτε δι' ἐπιστολῆς ἡμῶν *[krateite tas paradoseis has edidachthæte eite dia logou eite di epistolæs hæmōn], bewahret die Überlieferungen, die ihr mündlich oder schriftlich von uns gelehrt seid,* an den 1Thess und an mündliche Überlieferungen, bei denen es sich um verhältnismäßig festes Gut handeln dürfte. *Gelehrt werden* heißt hier also nicht mehr »in einer konkreten Situation die Botschaft hören«, sondern »überliefertes Gut in Empfang nehmen und bewahren«. Wir sind an die Praxis des Lehrens im Rabbinat erinnert. Pass. begegnet διδάσκω *[didaskō]* auch Eph 4,21 in der Wendung ἐν αὐτῷ ἐδιδάχθητε *[en autō edidachthæte], in ihm seid ihr unterwiesen;* mit dieser Wendung weist der Verf. – wie in dem voranstehenden μανθάνειν Χριστόν *[manthanein Christon], Christus lernen* – auf die Bekehrung der Adressaten hin (vgl. Kol 2,7).

Schwierig zu bestimmen ist die Bedeutung von διδάσκω *[didaskō]* in Kol 1,28 und 3,16. Wahrscheinlich aber dient das Wort hier zur Bezeichnung der von allen Gliedern der Gemeinde zu leistenden Paränese. Das an beiden Stellen διδάσκω *[didaskō]* näher bestimmende ἐν πάσῃ σοφίᾳ *[en pasæ sophia], in aller Weisheit,* ist wohl nur Modalbestimmung.

Der Wortgebrauch von διδάσκω *[didaskō]* in den Deuteropaulinen ist also durchaus uneinheitlich und unterscheidet sich spezifisch von dem der Evgg.

f) In den P a s t o r a l b r i e f e n ist das διδάσκω *[didaskō]* 1Tim 4,11 und 6,2 das Recht und die Pflicht des Timotheus; 2Tim 2,2 die Aufgabe derer, die gewissen Bedingungen genügen, und 1Tim 2,12 gilt, daß Lehren den Frauen verwehrt ist. An allen diesen Stellen ist als Inhalt des Lehrens die »gute« oder »gesunde Lehre« (vgl. unten C) vorausgesetzt. Diese Lehre wird weitergegeben und bewahrt (= gelehrt). Interessant ist, daß das Lehren jetzt nur noch ganz bestimmten Leuten vorbehalten ist, nicht mehr allen Christen wie in Kol 1,28. In Tit 1,11 begegnet διδάσκω *[didaskō]* in einem Hinweis auf Irrlehrer, die um Gewinnes willen jüd. Fabeln und Menschengebote lehren. An allen Stellen aber ist *lehren* Bezeichnung der Vermittlung von einigermaßen fixierter Überlieferung, wie sie die Pastoralbriefe zB mit der Wendung πιστὸς ὁ λόγος *[pistos ho logos], das Wort ist zuverlässig* (1Tim 1,15; 3,1; Tit 3,8 u. ö.), hervorheben. Dieses Überlieferungsgut wird nicht interpretiert und aktualisiert, wie das Paulus mit der auf ihn gekommenen Tradition tut, sondern es wird eingeschärft.

g) Eng verwandt mit dem Wortgebrauch der Pastoralbriefe ist der des H e b r ä e r b r i e f e s . 5,12 wirft der Verf. seinen Adressaten vor, man müßte sie, obwohl sie schon Lehrer sein könnten, noch einmal die Anfangsgründe der Gottesworte – gemeint ist die christl. Grundlehre, die in 6,1ff angedeutet ist, – lehren. 8,11 begegnet das Wort im Zitat von Jer 31,31ff, wo die Erkenntnis Gottes, die zweifellos auch Erkenntnis seines Willens ist, Gegenstand des Lehrens zu sein scheint.

Die beiden Vorkommen von διδάσκω *[didaskō]* in der O f f e n b a r u n g (2,14.20) dienen jeweils zur Kennzeichnung der Tätigkeit von Irrlehrern in Pergamon bzw. Thyatira.

3) Im Rückblick auf das besprochene Vorkommen von διδάσκω *[didaskō]* im NT kann gesagt werden, daß es 2 T y p e n d e s W o r t g e b r a u c h e s sind, die begegnen:

a) διδάσκω *[didaskō], verkünden, in die Entscheidung stellen, anreden* im Sinne von *den gesamten Menschen betreffende Gebote lehren* (so hauptsächlich in den Evgg. und in der Apg);

b) διδάσκω *[didaskō], lehren* im Sinne von *Überliefern* festen Gutes, das zur Kenntnis genommen und bewahrt werden muß (so vornehmlich in den Pastoralbriefen und im 2Thess). Nur Eph 4,21 fällt gänzlich aus dem üblichen Wortgebrauch heraus. *K. Wegenast*

B.

διδάσκαλος *[didaskalos]*, ein aus dem Präsensstamm διδασκ *[didask]* als nomen agentis gebildetes I
Wort, ist im Griech. seit Hom. Hymn. Merc. (554ff) und Aischyl. (Prom. 110f) in der Bedeutung *Lehrer* (*Lehrerin*), *Lehrmeister* breit bezeugt (zB auch bei Plato Prot. 326c; Epict. Ench. 17 u. ö. und viele andere; zum griech. Sprachgebrauch vgl. vor allem E. Reisch, Art. διδάσκαλος, Pauly-Wissowa RE V, 1903, 401ff). Es dient als Bezeichnung all derer, die sich um eine wiederholte, regelmäßige und systematische Wissensvermittlung oder technische Schulung mühen: des *Elementarlehrers*, des *Lehrmeisters*, des *Philosophen*, aber auch des *Chorlehrers*, der eine Dichtung für eine öffentliche Vorstellung einübt. Weil der Lehrer immer nur ganz Bestimmtes vermittelt (Lesen, Schreiben, Kriegskunst, ein Handwerk etc.), ist διδάσκαλος *[didaskalos]* oft durch den Gegenstand des Lehrens näher bestimmt. (In diesem Zusammenhang ist es interessant, daß Sokrates nicht als Lehrer gelten will, weil er Tugend nicht für etwas Lehrbares erachtet; vgl. Plato Ap. 33a. Ganz anders Epict. Diss. I,9,12, der sich sogar als Lehrer derer empfiehlt, die nach Vollendung streben.)

Der Sprachgebrauch bei Philo entspricht dem der bisher besprochenen Gräzität. So heißt bei ihm nicht nur Moses »Lehrer« (Gig. 54), sondern auch Gott selbst (Rer. Div. Her. 102 u. ö.). In beiden Fällen versteht Philo unter Lehrer den Vermittler von Wissen, nicht den Bringer ethischer Forderung.

1) In der LXX begegnet διδάσκαλος *[didaskalos]* nur an 2 Stellen: Est 6,1 in der Bedeutung *Vor-* II
leser und 2Makk 1,10 als Bezeichnung des Hauptes der ägypt. Judenschaft Aristobul, der offensichtlich deshalb *Lehrer* genannt wird, weil er dem König Ptolemäus Philometor ein Werk mit Auslegungen des Pentateuch gewidmet hat. Der Sprachgebrauch von 2Makk 1,10 (διδάσκαλος *[didaskalos]*, *Gesetzeslehrer*) steht in auffälligem Gegensatz zu den bisher besprochenen Versionen des Wortes. Seine Wurzeln liegen auch nicht in dem bekannten griech. Sprachgebrauch oder bei Philo, die mit διδάσκαλος *[didaskalos]* entweder den *Wissensvermittler* oder den *Lehrmeister* bezeichnen, sondern im palästinischen Judentum und in dem hebr. Stamm *lāmad*, *lernen* (Piel: *lehren*). Der Grund für das seltene Vorkommen des Wortes in der LXX dürfte nicht nur darin bestehen, daß den Übersetzern der hebr. Bibel der griech. Titel διδάσκαλος *[didaskalos]* für den Lehrer des Gesetzes nicht angemessen erschien. Auch das hebr. Äquivalent von διδάσκαλος *[didaskalos]*, *mōræh*, ist selten und nur 1mal (Spr 5,13) mit dem Part. διδάσκων *[didaskōn]*, *lehrend*, sonst immer mit anderen Worten wiedergegeben (Jes 30,20 2mal mit πλανῶντες *[planōntes]*, *Verführer*; Hab 2,18 mit πλάσας *[plasas]*, was den gestaltenden *Künstler*, den *Bildner* meint; Jo 2,23 mit βρώματα *[brōmata]*, *Speisen*). Es ist offenbar nicht nur das Wort, sondern die ganze Vorstellung des Lehrers, die dem AT recht fremd ist, weil es stärker auf Gehorsam als auf Belehrung gerichtet ist.

2) Anders in Qumran. Hier begegnet *mōræh* häufiger, allerdings meist mit einer näheren Bestimmung (*ha zaddîq, der Gerechte; ha ṣedāqāh, die Gerechtigkeit; ha jachîd, die Einung* bzw. *Gemeinschaft*; so zB 1QpHab 1,13; 2,2; 5,10; 7,4; 8,3; 9,9; 11,5; CD 1,11; 20,32; für *ha jachîd* CD 20,1 und 14). Die Qumranschriften bezeichnen mit diesen Titeln wahrscheinlich den Begründer der Sekte, der das wahre Verständnis der Tora lehrt (vgl. dazu vor allem G. Jeremias, Lehrer, 109. 168–267.319–353).

Weiter finden sich hier die hebr. Wörter *maskîl*, *Unterweiser* (1QS 3,13; vgl. CD 12,21 u. ö.), und *rāb*, *Gesetzeslehrer* (vgl. dazu vor allem E. Lohse, Art. ῥαββί, ThWb VI,962ff). Ein *Rab* oder *Rabbi* hat im Judentum zZt Jesu die Aufgabe der Auslegung der Tora und der Entscheidung von Rechtsfällen. Er besitzt Schüler, die seine Auslegung und seine Entscheidungen studieren. Diese Schüler, *talmidim*, sind dem Lehrer gegenüber zu Respekt und Gehorsam verpflichtet. Die übliche Anrede des Schülers gegenüber dem Lehrer lautet: Rabbi, mein Lehrer. Dieser suffigierte Begriff wird im 1. Jh. nChr zur ausschließlichen Bezeichnung des ordinierten Gesetzeslehrers.

Im NT kommt διδάσκαλος *[didaskalos]* 59mal vor, und zwar ganz überwiegend in den Evgg. III
(je 12mal in Mt und Mk; 17mal Lk und 9mal Joh). Inhaltlich bezeichnet das Wort 41mal Jesus, davon 29mal als direkte Anrede gebraucht. Außer Jesus werden innerhalb der Evgg. auch Johannes der Täufer (Lk 3,12), Nikodemus (Joh 3,10) und Schriftgelehrte (Lk 2,46) διδάσκαλος *[didaskalos]* genannt. Als Bezeichnung von »Lehrern« der Gemeinde begegnet das Wort Apg 13,1; 1Kor 12,28; Eph 4,11 und Jak 3,1. 1Tim 2,7 und 2Tim 1,11 nennt sich der Verfasser des Briefes διδάσκαλος *[didaskalos]*, und zwar hier neben κῆρυξ *[kæryx]*, *Herold* (→ Verkündigung, Art. κηρύσσω) und ἀπόστολος *[apostolos]*, → *Apostel*.

1) Jesus als Lehrer: Die Anrede διδάσκαλε *[didaskale], Meister,* für Jesus (so zB Mk 9,17.38; Mt 8,9; Lk 10,25 u. ö.) oder auch für Johannes (Lk 3,12) ist durchweg Übers. des hebr. *rabbi* (vgl. Joh 1,38; 20,16, wo *rabbi* ausdrücklich mit διδάσκαλος *[didaskalos]* übers. wird), das in den Evgg. auch in griech. Transkription begegnet (so zB Mk 9,5; 11,21). Wenn auch in den Evgg. διδάσκαλος *[didaskalos]* und ῥαββί *[rhabbi]* weithin dasselbe bedeuten, nämlich den »Meister« im Sinne des Gesetzeslehrers Israels, darf man nicht übersehen, daß die Bedeutungsgeschichte beider Wörter durchaus nicht dieselbe ist (s. o.). Die an Jesus gerichtete Anrede mag historischer Wirklichkeit entsprechen, trat er doch nach der Überlieferung durchaus auch wie ein Rabbi auf: Er wird um Entscheidungen in Rechtsstreitigkeiten (Lk 12,13f) und in Lehrfragen (Mk 12,18ff von der Auferstehung) angegangen, und er hat Schüler. (Die späteren Bedingungen für das Tragen des Titels *rabbi,* Studium und Ordination, waren zZt. Jesu noch nicht verbindlich. Vgl. E. Lohse, Ordination, 50ff.)

Umso interessanter muß es dann aber sein, daß Mt an einigen Stellen die Anrede διδάσκαλε *[didaskale]* für Jesus in seiner Vorlage gestrichen hat und sie nur noch im Munde von Gegnern Jesu und von Außenstehenden benützt, während Lk in der Regel den Wortgebrauch der Vorlage übernimmt und διδάσκαλος *[didaskalos]* sogar noch an 4 weiteren Stellen einführt (7,40; 11,45; 12,13; 19,39). Nur an 3 Stellen ersetzt Lk das διδάσκαλε *[didaskale]* der Vorlage durch die Anrede ἐπιστάτα *[epistata], Lehrer, Meister* (8,45; 9,49; 8,24). Der Grund für die Streichung bei Mt liegt auf der Hand: Mt steht in scharfer Auseinandersetzung mit dem Rabbinat und will Jesus deshalb nicht unbillig oft mit dem gleichen Titel anreden lassen, der für die Schriftgelehrten üblich ist. Möglich ist auch eine Zurückdrängung zugunsten christologischer Bezeichnungen (vgl. Mk 4,38; Mt 8,25). Lukas hingegen verwendet diese Anrede zumeist unreflektiert und ähnlich wie Mk ohne christologisches Gewicht.

Neben dem Gebrauch als Anrede findet sich in den Evgg. an einer ganzen Reihe von Stellen ein absolutes ὁ διδάσκαλος *[ho didaskalos]* als Bezeichnung für Jesus: ohne besondere Betonung im Munde von Außenstehenden (Mt 9,11; 17,24 u. ö.), in einer auf Jesus bezogenen Sentenz »nicht ist der Jünger über dem Meister« Mt 10,24f zur Kennzeichnung des Verhältnisses zwischen Jesus und seinen Nachfolgern (→ Nachfolge), und dann Mt 23,8 in einer aus dem Sondergut stammenden Mahnung Jesu an seine Jünger ὑμεῖς — μὴ κληθῆτε ῥαββί · εἷς γάρ ἐστιν ὑμῶν ὁ διδάσκαλος *[hymeis — mæ klæthæte rhabbi; heis gar estin hymōn ho didaskalos]* (aber ihr sollt euch nicht Rabbi nennen lassen, denn einer ist euer Meister). Wie F. Hahn (Hoheitstitel, 78ff) gezeigt hat, ist hier und auch Mk 14,14 eine christologische Deutung von διδάσκαλος *[didaskalos]* angezeigt: Jesus, der Lehrer, der auch nach seinem Tod bleibende Autorität besitzt (vgl. dazu die Stellen Joh 3,2; 11,27f und 13,13f, wo διδάσκαλος *[didaskalos]* zusammen mit anderen christologischen Titeln begegnet).

2) Das urchristl. Lehramt: 1Kor 12,28 bildet διδάσκαλος *[didaskalos]* das 3. Glied einer Trias charismatischer Ämter. Die Funktion dieses Amtes war die Explikation der christl. Erkenntnis und die christl. Auslegung des AT. Diese geschlossene Trias ist freilich Eph 4,11 gesprengt: Vor διδάσκαλος *[didaskalos]* ist das Amt des εὐαγγελιστής *[euangelistæs]*, des *Evangelisten,* eingefügt. Aber der Lehrer ist auch hier wie bei Paulus einer einzelnen Gemeinde zugeordnet (vgl. Apg 13,1, wo die διδάσκαλοι *[didaskaloi]* neben den Propheten genannt sind, und Did 13,2; zum Ganzen aber vor allem H. Greeven in ZNW 44,1ff). Jak 3,1 warnt mit dem Hinweis auf strenge Strafen im Gericht, die bei Verfehlungen des Lehrers zu erwarten sind, vor einem zu starken Andrang zum Lehrerberuf, dem der Verfasser anzugehören scheint. Hebr 5,12 ist von Christen die Rede, die schon längst hätten »Lehrer« sein können, aber trotzdem noch der Vermittlung von Anfangsgründen bedürfen. 2Tim 4,3 erscheint das Wort ironisch auf Irrlehrer bezogen.

Im Rückblick kann gesagt werden, daß διδάσκαλος *[didaskalos]* im NT, was die Anrede an Jesus und andere betrifft, vom jüd. Sprachgebrauch her geprägt ist. Dieser mag auch nicht ohne Einfluß auf den übrigen Gebrauch gewesen sein. Eine Ausnahme bildet der christologische Gebrauch von Mt 23,8 und Mk 14,14.

K. Wegenast

C.

1) Von διδάσκαλος [didaskalos] abgeleitet ist das Subst. διδασκαλία [didaskalia], das die *Tätig-* I/II
keit des Lehrers im griech. Sinn bezeichnet. Es ist im profanen Griech. seit Pindar aktivisch in diesem Sinne bezeugt, aber auch passivisch im Sinne von *Lehre* (dem, was gelehrt wird) und *Belehrtwerden* (zu den Stellen vgl. vor allem E. Reisch, Pauly-Wissowa RE V, 1903, 394ff). Philo und das gesamte hell. Judentum repräsentieren denselben Sprachgebrauch.

In der LXX kommt das Wort nur 4mal vor (Spr 2,17 als Übers. von *allaph, Freund,* und Sir 24,33; 39,8 sowie Jes 29,13 als Übers. von *m*ᵉ*lumdāh, Gelehrtes*). Bedeutet διδασκαλία [didaskalia] an diesen Stellen jeweils *Gesetz* als Wille Gottes, so Jes 29,13, wo die LXX den zugrundeliegenden Sing. in einen Plur. verändert, *Menschenlehren,* die sich schon durch ihre Vielzahl von dem einen Willen Gottes unterscheiden. Der Grund für die Seltenheit des Vorkommens von διδασκαλία [didaskalia] in der LXX ist darin zu suchen, daß die Profangräzität unter dem Wort in erster Linie intellektuelle Lehre versteht, der Wissen entspricht, während Israel unter »Lehre« das Gesetz Gottes versteht, dem Gehorsam angemessen ist.

2) Das direkt vom Verbalstamm abgeleitete διδαχή [didachę] hingegen ist im Griech. seit Hdt. und Thuk. in der Bedeutung *Unterricht* und *durch Unterweisung vermittelte Lehre* bezeugt; so auch bei Plato und vereinzelt bei Philo und Jos. Es findet sich in der LXX nur Ps 59,1 in der Wendung εἰς διδαχήν [eis didachęn], *zur Belehrung,* als Übers. des hebr. *l*ᵉ*lammēd.* Das hebr. Äquivalent von διδαχή [didachę] wäre freilich *talmūd,* das u. a. Aboth 6,2 begegnet: »Es gibt keinen, der wahrhaft frei ist, außer dem, der sich dem Studium der Tora widmet.«

Im NT begegnet διδαχή [didachę] 30mal, davon 13mal in den synopt. Evgg. und in der Apg, III
9mal im johanneischen Schrifttum einschließlich Offb. Im Unterschied zu dieser relativ breiten Streuung finden sich von den 21 διδασκαλία [didaskalia]-Stellen allein 15 in den Pastoralbriefen, weitere 2 in Eph und Kol. Dieses Wort hat also seine Hauptverwendung erst in den späteren Schriften des NT gefunden.

1) Im einzelnen ergibt sich für διδαχή [didachę] folgendes Bild:

a) Mk 1,22 und 27 ist es Jesu Verkündigung, die ohne nähere Angaben über ihren Inhalt διδαχή [didachę] genannt wird (vgl. dazu den Gebrauch von → διδάσκω [didaskō] im Mk). Dabei ist bemerkenswert, daß Mk diese Lehre in enger Beziehung zu den → Wundern Jesu sieht, die für ihn gleichsam ein Beweis für die Vollmacht der Lehre sind. Mk 11,18 ist die »Lehre in Vollmacht«, die Jesus bringt, als Grund genannt für das Vorhaben der Schriftgelehrten, Jesus umzubringen. – Mk 12,38 ist dann allerdings auch die Polemik gegen die Schriftgelehrten als διδαχή [didachę] bezeichnet.

b) Für Mt dient διδαχή [didachę] in 7,28 in einer redaktionellen Wendung des Evangelisten zur Kennzeichnung der voranstehenden Bergpredigt, also eines inhaltlich durch die Auslegung des → Gesetzes bestimmten Teils der Botschaft (vgl. Mt 22,33). Doch heißt bei ihm nicht nur Jesu Botschaft διδαχή [didachę], sondern auch das, was → Pharisäer und Sadduzäer vermitteln (Mt 16,12). Er verwendet es also nicht exklusiv als Bezeichnung der »Lehre« Jesu.

c) Ähnlich ist der Sprachgebrauch in der Apg. Hier wird διδαχή [didachę] für die urchristl. Predigt verwendet, und zwar in verschiedener Ausdrucksform: 2,42 heißt sie »Lehre der Apostel«; 5,28 »eure Lehre«; 13,12 »Lehre des Herrn« und 17,19 »neue Lehre«. Im Sinne des Lk ist an allen diesen Stellen das Zeugnis der Apostel von Jesus (vgl. 1,21) gemeint. Gesetzesauslegung, die bei Mt noch mit διδαχή [didachę] bezeichnet werden konnte, spielt hier keine Rolle mehr als Inhalt der Lehre.

d) In dieselbe Richtung zeigt der Sprachgebrauch von διδαχή [didachę] in Joh 7,16f (vgl. 18,19), wo die johanneische Botschaft im Munde Jesu als vom Vater stammende Lehre bezeichnet wird. Aus dieser Botschaft »Jesu« ist 2Joh 9f eine διδαχὴ Ἰησοῦ Χριστοῦ [didachę Jęsou Christou], *Lehre von Jesus Christus,* geworden, deren Inhalt kein anderer ist als der der Botschaft Jesu in Joh 7.

e) Bei Paulus kommt διδαχή [didachę] nur in der Glosse Röm 6,17 und dann Röm 16,17 vor, und zwar jeweils als Bezeichnung der gesamten Lehre des Apostels; 1Kor 14,6.26 dient das Wort zur Bezeichnung e i n e r von mehreren Formen »erbaulicher Rede«, die alle im Gegensatz zum Zungenreden (→ Zunge) gesehen werden.

f) Während bei Paulus mit διδαχή *[didachæ]* nicht näher bestimmte Inhalte signalisiert werden, die kaum als fixiertes (sakrosanktes) Überlieferungsgut zu verstehen sein werden – Paulus bewahrt sich immer Freiheit gegenüber der Überlieferung (s. u.) –, dürfte das in den Pastoralbriefen mit διδαχή *[didachæ]* bezeichnete Gut (vgl. 2Tim 4,2; Tit 1,9) wahrscheinlich schon als festes und einzuprägendes Lehrgut zu verstehen sein. Darauf weisen die an anderen Stellen als Bezeichnung der »Lehre« verwendeten Begriffe παραθήκη *[parathækæ], anvertrautes Gut* (1Tim 6,20; 2Tim 1,12.14), und διδασκαλία *[didaskalịa], Lehre,* hin. Ähnlich liegen die Dinge wohl auch im Hebr, wenn von einer βαπτισμῶν διδαχή *[baptismọn didachæ], Lehre von Waschungen* (6,2), gesprochen wird (vgl. 13,9, wo der Verf. Lehrgut seiner Gegner mit διδαχή *[didachæ]* bezeichnet; so auch Offb 2,14.15.24).

g) Aufs Ganze gesehen wird διδαχή *[didachæ]* im NT also dazu verwendet, Jesu Botschaft (Bußruf und Ermahnung) und die urchristl. Verkündigung im weitesten Sinn näher zu beschreiben. Dabei fällt auf, daß zwischen fixiertem Lehrgut im Sinne der Tradition und aktueller Predigt nicht ausdrücklich unterschieden wird. Daß die Urchristenheit schon relativ früh so etwas wie eine einigermaßen feste Lehre besaß, zeigen die bei Paulus zitierten Glaubensformeln, mögen diese von Paulus auch noch nicht für sakrosankt gehalten worden sein (s. u.), aber auch das in der Bergpredigt zusammengestellte Gut läßt darauf schließen. Von Zusammenstellungen, wie sie die Bergpredigt darstellt, führt der Weg dann zur διδαχή *[didachæ]* der Zwölfapostellehre (Did 2,1; 6,1; 11,2) und des Barn (9,9), die als autoritative Lehre galten.

2) Diese Entwicklung läßt sich an der Verwendung von διδασκαλία *[didaskalịa]* noch deutlicher beobachten, wie das schon die Wortstatistik zeigte.

a) Mk 7,7 und Mt 15,9 begegnet die Wendung διδασκαλίας ἀνθρώπων *[didaskalịas anthrọpōn], Menschenlehren,* innerhalb des LXX-Zitats Jes 29,13 als Kennzeichnung der Lehren der Pharisäer und Schriftgelehrten. Dasselbe Jes-Zitat dient Kol 2,22 zur Charakterisierung von Lehren judaisierender christl. Gnostiker (vgl. dazu G. Bornkamm, Die Häresie des Kolosserbriefes, in: Das Ende des Gesetzes, 1952, 138ff). Hierher gehört auch 1Tim 4,1, wo neben den Geistern der Verführung und des Irrtums von Lehren der → Dämonen die Rede ist.

b) An allen anderen Stellen im NT erscheint διδασκαλία *[didaskalịa]* im Sing. Dabei hat es Röm 12,7 die Bedeutung *Amt des Lehrers* und dient Röm 15,4 zur Bezeichnung der Funktion der in V. 3 zitierten Ps-Stelle, die den Christen zur »Lehre« gereichte. Eph 4,14 kennzeichnet der Verf. mit der Wendung περιφερόμενοι παντὶ ἀνέμῳ τῆς διδασκαλίας *[peripherọmenoi pantị anẹmō tæs didaskalịas], vom Winde jeder (beliebigen) Lehre umhergeworfen,* hinsichtlich ihrer geistigen Haltung und Urteilsfähigkeit schwankende Christen.

c) Den 6 Stellen in den Evgg. und bei Paulus stehen nun freilich die 15 in den Pastoralbriefen gegenüber. 1Tim 1,10; 2Tim 4,3; Tit 1,9 und 2,1 ist das Wort durch ὑγιαίνουσα *[hygiạinousa],* → *gesund,* näher bestimmt und bezeichnet die »rechte« Lehre, die verhältnismäßig fest formuliert den Gemeinden vorliegt und die es gegen fremde »Lehren« zu bewahren gilt. 1Tim 6,3 heißt dieselbe feste Lehrtradition ἡ κατ' εὐσέβειαν διδασκαλία *[hæ kat eusẹbeian didaskalịa], die der* → *Frömmigkeit entsprechende Lehre,* 1Tim 4,6 καλὴ διδασκαλία *[kalæ didaskalịa], gute Lehre,* und 1Tim 4,16 einfach διδασκαλία *[didaskalịa]* (vgl. 2Tim 3,10). Als Bezeichnung einer Tätigkeit begegnet das Wort 1Tim 4,13 (vgl. Tit 2,7 und 1Tim 5,17). 2Tim 3,16 hören wir davon, daß die von Gott eingegebene Schrift – gemeint ist das AT – zur Lehre gereiche; und Tit 2,10 endlich ist davon die Rede, daß der Wandel gewisser Sklaven der Lehre zur Zierde gereichen solle (vgl. 1Tim 6,1).

Der häufige Gebrauch von διδασκαλία *[didaskalịa]* in den Pastoralbriefen zeigt, daß deren Verf. nicht mehr die Hemmungen der Übersetzer der LXX hat (s. o. I/II,1) und deswegen die christl. Predigt (→ Verkündigung) durchaus auch mit διδασκαλία *[didaskalịa]* bezeichnen kann, wie er sie auch παραθήκη *[parathækæ]* und διδαχή *[didachæ]* nennt. Aus dem immer neu verkündeten Evangelium ist damit allerdings die zu lernende Lehre geworden, die rein erhalten werden muß und die gegen Irrlehren verteidigt wird. *K. Wegenast*

κατηχέω

κατηχέω *[katæchẹō]* unterweisen · κατήχησις *[katæchæsis]* Unterweisung · κατηχούμενος *[katæchọumenos]* Schüler · κατηχῶν *[katæchọ̄n]* Lehrer

Das in der profanen Gräzität seltene und erst spät bezeugte Wort heißt urspr. *von oben herab tönen* und bezeichnet dann das Tun der Dichter oder Schauspieler, die von der Bühne herab reden (so bei Luc. Jup. Trag. 39, vgl. Philostr. Imagines I,19). Bei Plut. (Fluv. 7,2[II,1154a]) begegnet das Wort mit doppeltem Akk. in der sehr allg. Bedeutung *Kunde geben von etwas, etwas berichten.* Daneben kommt κατηχέω *[katæchẹō]* auch in der Bedeutung *unterweisen, belehren* und *unterrichten* vor. Für die Stoa ist auch das Subst. κατήχησις *[katæchæsis]* bezeugt (zB Diog. Laert. VII,89). I

In der LXX fehlt das Wort, und bei Philo und Jos. stimmt der Wortgebrauch mit dem der profanen Gräzität überein. Im Hebr. entspricht dem Wort das Hif. von *jārāh, zeigen, unterweisen,* mit Akk. (vgl. Jes 28,9 und 1Sam 12,23). II

Innerhalb des NT fehlt das Subst. ganz, während wir κατηχέω *[katæchẹō]* nur bei Paulus und Lk (je 4mal) finden. Während Lk beide im Griech. üblichen Bedeutungen kennt (*etwas berichten* Apg 21,21.24; *jemanden unterweisen* Apg 18,25; die Bedeutung des Wortes in Lk 1,4 ist umstritten), benutzt Paulus das Wort ausschließlich im Sinne von *jemand über den Inhalt des Glaubens unterrichten* (so 1Kor 14,19 und Gal 6,6; Röm 2,18 ist das Gesetz Gegenstand der Unterweisung), so daß sogar von einem technischen Gebrauch geredet werden kann: κατηχέω *[katæchẹō], im Glauben unterweisen.* Eine solche Bedeutung des Wortes legt sich bes. 1Kor 14,19 nahe, wo Paulus bekräftigt, daß er lieber fünf Worte mit verständlichem Sinn rede, »damit er auch andere belehre«, als tausend in Zungen, die doch nur dem Selbstruhm des Zungenredners dienen. III

Gal 6,6 verpflichtet Paulus den κατηχούμενος *[katæchọumenos]* (*Schüler*), für den Lebensunterhalt des κατηχῶν *[katæchọ̄n]* (*Lehrer*) aufzukommen. Wahrscheinlich stehen wir hier vor dem ältesten Zeugnis eines berufsmäßigen Lehrerstandes im Urchristentum. Vielleicht hat sogar Paulus für den Lehrer des Evangeliums den Terminus κατηχῶν *[katæchọ̄n]* eingeführt, den man im hell. Judentum ebensowenig kennt wie sonst im NT.

Einen technischen Gebrauch von κατηχέω *[katæchẹō]* verrät auch die Stelle Apg 18,25, wenn das hier stehende »Weg des Herrn« eine Bezeichnung des Heilshandelns Gottes in Jesus und in der Geschichte ist. Umstritten ist die Bedeutung der Wendung Lk 1,4 ἵνα ἐπιγνῷς περὶ ὧν κατηχήθης λόγων τὴν ἀσφάλειαν *[hina epignọ̄s perị hōn katæchæthæs lọgōn tæn asphạleian]* (damit du die Zuverlässigkeit der Lehren, in denen du unterrichtet bist, genau erkennst). Mit vielen anderen neige ich dazu, die λόγοι *[lọgoi]* unseres Verses als eine andere Bezeichnung der πράγματα *[prạgmata]* (*Ereignisse*) des V. 2 zu verstehen, mit denen Lk die von der vorlukanischen Literatur aufgezeichneten Geschehnisse vom Leben, Sterben und Auferstehen Jesu meint. In diesem Falle hätten wir auch hier ein Beispiel für den technischen Gebrauch des Wortes κατηχέω *[katæchẹō]* im Urchristentum, der 2Clem 17,1 bereits zur selbstverständlichen Bezeichnung für den Taufunterricht an Katechumenen geworden ist.

In dem Begriff κατηχέω *[katæchẹō]* gewinnt die Urchristenheit also eine spezifische Bezeichnung für einen entscheidenden Teil sowohl der Mission als auch des Gemeindelebens: für das Lehren über das Heilshandeln Gottes.

K. Wegenast

παραδίδωμι

παραδίδωμι *[paradịdōmi]* überliefern · παράδοσις *[parạdosis]* Überlieferung

1) παραδίδωμι *[paradịdōmi]* ist im Griech. seit Plato in der Bedeutung von *überliefern einer Lehre* vom Lehrer zum Schüler bezeugt (zB Theaet. 36,198b; zu den Bedeutungen *ausliefern, preisgeben, überantworten* vgl. → Gericht, Art. παραδίδωμι). Im Sinne von *überliefern einer Lehre* findet sich παραδίδωμι *[paradịdōmi]* auch bei Aristot., Polyb., Plut. u. a. Im hell. Mysterienwesen wird das Wort im Zusammenhang mit der Übergabe eines ἱερὸς λόγος *[hieros lọgos]* (*heilige Lehre*) benützt (so Theon Smyrnaeus p 14f. – Hiller –; Strabo 10,3,7; Diodor 5,48,4; CH 1,32; 13,15 u. ö.; vgl. auch das lat. Äquivalent *tradere*: Cic. Tusc. Disp. 1.13,29 und Apuleius Metamorph. 9,21). Bezeichnend ist, daß Philo einen ähnlichen Begriffsgebrauch repräsentiert (zB De Vit. Mos. 1,23 u. ö.). I

2) Das Subst. παράδοσις *[parạdosis]* findet sich seit Thuk. als Bezeichnung des *Überlieferns* (Aktiv, zB bei Plato, Epikt.) und des *Überlieferten* (Pass., zB Corp. Herm. 13,22b und in vielen gnostischen Schriften. Zum gnostischen Traditionsdenken vgl. Wegenast, 123ff). Möglicherweise hat παράδοσις *[parạdosis]*, *Überlieferung*, im Hellenismus erst durch die Gnosis seine technische Bedeutung gewonnen.

II 1) Ein Weitergeben von Sagen, Erzählungen, Gesetzen und Listen gab es in Israel schon in vorgeschichtlicher Zeit; eine Traditionsmethode jedoch mit einer spezifischen Terminologie und einem entsprechenden Traditionsdenken entstand erst während der Auseinandersetzungen des Judentums mit dem aggressiven Hellenismus der beiden vorchristl. Jahrhunderte und mit dem Christentum des 1. Jh. nChr. Ein wichtiger Terminus der jetzt entstehenden spezifischen Terminologie ist das hebr. Äquivalent von παραδίδωμι *(paradịdōmi)*: *māsar.* Es dient zur Bezeichnung des durch genaue Regeln näher bestimmten Weitergebens tradierter Sätze der Gesetzesauslegung (vgl. Aboth 1,1 »Mose empfing die Tora vom Sinai und überlieferte sie dem Josua«; ähnlich Pea II,6 u. ö.).

2) Während Philo und Jos. – wie die profane Gräzität – das Subst. παράδοσις *[parạdosis]* sowohl im Sinne des *Überlieferns* wie des *Überlieferten* (Gutes) bezeugen und für Jos. sogar die Bezeichnung παράδοσις τῶν πατέρων *[parạdosis tōn patẹrōn]*, *Überlieferung der Väter*, für die schriftgelehrte mündliche Auslegung der Tora bes. charakteristisch ist, kennt die LXX das Wort nur im Sinne des *Überlieferten* (2Esr 7,26; Jer 39[32],4; 41[34],2), nicht also des Aktes, für den immer das Verb steht. Das hebr. Äquivalent ist *masōret*, das erstmals Ez 20,37 begegnet (Theodotion übers. es mit παράδοσις *[parạdosis]*).

In tannaitischer Zeit kommt *masōret* in doppelter Bedeutung vor:

a) als Bezeichnung der die Integrität des Bibeltextes sichernden Überlieferung und

b) als Bezeichnung nichthalachischer Überlieferung. Als bes. charakteristische Beschreibung der Überlieferung in jüd. Sinne zitiere ich Aboth 3,13: »Die Überlieferung ist ein schützender Zaun für die Lehre.«

III 1) Im NT ist das Verb παραδίδωμι *[paradịdōmi]* neben seiner Bedeutung *ausliefern, überantworten* (→ Gericht) auch Terminus für das *Weitergeben von Überlieferung.*

a) Mk 7,13 »ihr macht so Gottes Wort ungültig durch eure Überlieferung, die ihr überliefert habt« ist rabb. Halacha (Gesetzesauslegung) Gegenstand von παραδίδωμι *[paradịdōmi]*. Das Wort ist hier also ganz im Sinne der jüd. Umwelt gebraucht. So auch Apg 6,14, wo das Wort im Rahmen einer Zeugenaussage über Stephanus begegnet, in der behauptet wird, Stephanus habe gesagt, Jesus verändere die Gebräuche, die Moses überliefert habe. Apg 16,4 benützt Lukas παραδίδωμι *[paradịdōmi]* im Zusammenhang mit den δόγματα *[dọgmata]*, *Beschlüssen* des Apostelkonzils, die Paulus den Gemeinden in Lykaonien und anderswo überbrachte.

Bedeutsam ist der Gebrauch von παραδίδωμι *[paradịdōmi]* Lk 1,2, wo es die mündliche διήγησις *[diẹgæsis]*, die Erzählung derer, die »von Anfang an Augenzeugen waren und Diener des Wortes geworden sind«, zum Gegenstand hat, m. a. W. die Ereignisse der *historia Jesu.* (Zum Problem des Verhältnisses zwischen den Augenzeugen, den »vielen«, die es vor Lk unternommen haben, die Dinge aufzuzeichnen, und Lk vgl. vor allem G. Klein, Lk 1,1–4 als theologisches Programm, in: Zeit u. Geschichte, hrsg. von E. Dinkler, 1964, 193ff.) Anstelle der Gesetzesauslegung ist nun die *historia Jesu* Inhalt einer Tradition geworden, die weitergegeben wird.

b) Bei Paulus begegnet παραδίδωμι *[paradịdōmi]* im Sinne des *Überlieferns, Tradierens* 4mal (Röm 6,17; 1Kor 11,2.23; 15,3). Von diesen Stellen ist Röm 6,17 wahrscheinlich eine Glosse (vgl. Wegenast, 179); Gegenstand des hier pass. vorkommenden παραδίδωμι *[paradịdōmi]* ist nicht eine Lehre, sondern es sind umgekehrt Menschen, die einer Lehrform »übergeben« werden. Hinter diesem Begriffsgebrauch stehen Vorstellungen aus den Mysterienreligionen. Dagegen sind 1Kor 11,2.23 und 1Kor 15,3 christl. Lehrinhalte Gegenstand des παραδίδωμι *[paradịdōmi]*: 11,2 zB von Paulus zu einem früheren Zeitpunkt »überlieferte« Weisungen.

Weil diese Weisungen nicht ausdrücklich genannt werden, kann nicht gesagt werden, ob Paulus hier meint, er habe selbst empfangene Weisungen den Korinthern weitergegeben, oder ob er mit παραδίδωμι *[paradịdōmi]* die eigenen Gebote als bes. wichtig und verbindlich bezeichnen möchte. In diesem Falle wäre Paulus selbst als Quelle der Tradition zu verstehen.

Im Gegensatz dazu zitiert Paulus an den beiden anderen angegebenen Kor-Stellen Traditionsstücke, deren Traditionseigenschaft er ausdrücklich hervorhebt.

1Kor 11,23 gibt er den »Herrn« als Traditionsquelle an: Ἐγὼ γὰρ παρέλαβον ἀπὸ τοῦ κυρίου, ὃ καὶ παρέδωκα ὑμῖν *[Egọ gar parẹlabon apọ tou kyrịou, ho kai parẹdōka hymịn]*, ich habe vom Herrn empfangen, was ich euch gegeben habe. Das »vom Herrn« ist dabei kein Hinweis auf eine unmittelbare Offenbarung, aber auch nicht abgekürzte Redeweise für eine Traditionskette, sondern eher Ausdruck für den Glauben des Paulus, daß in der Überlieferung der der Wendung folgenden Abendmahlsworte der Herr selbst redet, der Herr, dessen Wort für Paulus von höchster Autorität ist (vgl. 1Kor 9,14). Hier einen Hinweis auf eine Traditionskette im Sinne des Rabbinats finden zu wollen, halte ich schon deshalb für unwahrscheinlich, weil Paulus an keiner Stelle seiner Briefe das Institut der Traditionskette in Dienst nimmt. Wer sich selbst einer Offenbarung rühmen kann (Gal 1,16 u. ö.), kann sich umgehender Tradition bedienen, wenn sie dazu nützlich sein kann, das eigene Evangelium zur Sprache zu bringen, oder wenn die Einheit des Evangeliums betont werden soll, – muß sich aber auf keinen Fall durch einen Hinweis auf eine Traditionskette legitimieren.

Das 1Kor 15,3 begegnende *παρέδωκα [parẹdōka]* ist durch keinen Hinweis auf die Herkunft der Überlieferung ergänzt. Sprachliche Indizien (vgl. dazu zuletzt H. Conzelmann in: EvTh 1965, 1ff) weisen jedoch auf eine Herkunft wenigstens von V. 3ff aus ältester Gemeindeüberlieferung hin.

Weil Paulus an den angegebenen Stellen die vorgegebene Überlieferung nicht einfach zitiert, sondern sie jeweils interpretiert und modifiziert (vgl. dazu Wegenast, Das Verständnis der Tradition, 1962, 52ff.93ff), muß sein Traditionsdenken deutlich von dem des Rabbinats abgesetzt werden, für das die Unveränderlichkeit empfangener Tradition ein Grundsatz ist. παραδίδωμι *[paradịdōmi]* bei Paulus meint deshalb nicht »unverändert weitergeben«, sondern »weitergeben« in einem Sinne, der eine aktualisierende Änderung des Vorgegebenen erlaubt.

c) Anders liegen die Dinge 2Petr 2,21 (ἡ παραδοθεῖσα ... ἐντολή *[hæ paradotheịsa ... entolæ], das überlieferte Gebot*) und Jud 3 (ἡ παραδοθεῖσα τοῖς ἁγίοις πίστις *[hæ paradotheịsa tois hagịois pịstis], der den Heiligen überlieferte Glaube*); hier sind → Gebot bzw. → Glaube als ein für allemal fixierte Überlieferung zu verstehen, die vor jeder Veränderung zu schützen ist.

d) Wir fanden also d r e i V e r s i o n e n v o n » Ü b e r l i e f e r n « im NT:

α) παραδίδωμι *[paradịdōmi]* als Bezeichnung der *Überlieferung* jüd. Halacha Mk 7,13 und Apg 6,14. Hierher gehört auch in gewisser Weise Apg 16,4.

β) παραδίδωμι *[paradịdōmi]* als Bezeichnung für die *Überlieferung* urchristl. Erzähltradition von Jesus (Lk 1,2) und

γ) παραδίδωμι *[paradịdōmi]* als Bezeichnung der *Überlieferung* traditioneller Bekenntnisse und Lebensregeln der christl. Gemeinde (1Kor 11,2.23; 15,3ff; 2Petr 2,21; Jud 3).

Der Unterschied zwischen dem paulinischen Begriffsgebrauch und dem des Rabbinats, aber auch dem des 2Petr und Jud liegt darin, daß für Paulus die Tradition nicht sakrosankt ist. Sakrosankt ist für Paulus nur das aller Überlieferung vorausliegende → Evangelium, das ihm offenbart wurde (vgl. dazu Gal 1,6ff). So spiegelt sich in den Bedeutungsnuancen von παραδίδωμι *[paradịdōmi]* die Entwicklung des Christentums von einer charismatischen Bewegung zu einer ihre Überlieferung sichernden Kirche. Zwischen die das Christentum inaugurierenden Ereignisse der *historia Jesu* und Ostern auf der einen Seite und die christl. Gegenwart auf der anderen trat eine immer größere Zeitspanne, die über eine selbstverständlich das Vergangene deutende Predigt hinaus die Frage mächtig werden ließ, wie die Verbindung zu den Anfängen zu wahren sei. Damit erlangte die Frage der Tradition eine entscheidende Bedeutung. Neben παραδίδωμι *[paradịdōmi]* verdienen in diesem Zusammenhang Beachtung dessen Entsprechung παραλαμβάνω *[paralambạnō], empfangen,* sowie die Verben κηρύσσω *[kærỵssō], verkündigen,* ὁμολογέω *[homologẹō] bekennen,* διδάσκω *[didạskō] lehren,* und εὐαγγελίζομαι *[euangelịzomai], verkündigen* (→ Bekennen; → Nehmen; → Verkündigung).

2) Das Subst. παράδοσις *[paradosis]* kennt auch das NT wie die LXX nur im Sinne von *Überliefertem,* also *Lehrgut.* Sein Vorkommen ist auf Mk 7, Mt 15 und 5 Stellen bei Paulus beschränkt.

a) Mk 7,3.5 (par Mt 15,2) wird mit παράδοσις τῶν πατέρων *[paradosis tōn paterōn]* wie bei Jos die nicht in der Bibel fixierte Gesetzesüberlieferung der Väter, die Jesus im gleichen Zusammenhang (7,8) »Menschenüberlieferung« nennt (vgl. dazu St.-B. I,691ff), bezeichnet. Nach Mk 7 steht diese Gesetzesauslegung des Rabbinats im Widerspruch zum Willen Gottes (vgl. Gal 1,14). 1Kor 11,2 und 2Thess 2,15 werden Weisungen des Paulus als παραδόσεις *[paradoseis]* bezeichnet. Wer in 2Thess 2,15 eine klassische Belegstelle für das kath. Traditionsprinzip (schriftliche u n d mündliche Überlieferung) sehen will, sollte beachten, daß der Begriff παραδόσεις *[paradoseis]* an unserer Stelle nicht durch einen Kanon überlieferter Schriften und ergänzende mündliche Überlieferung konstituiert ist, sondern durch schriftliche und mündliche Ermahnung des Apostels an die Gemeinde, die diese Mahnungen angenommen hat (vgl. 2Thess 3,6).

b) Ist an den bisher besprochenen Stellen der Einfluß jüd. Traditionsterminologie wahrscheinlich, so liegen die Dinge bei der letzten hier zu besprechenden Stelle, Kol 2,8, anders. Die hier begegnende Wendung παράδοσις τῶν ἀνθρώπων *[paradosis tōn anthrōpōn]* ist nicht wie Mk 7,8 Bezeichnung jüd. Gesetzesauslegung, sondern polemische Benennung von »Überlieferungen«, die die Gegner des »Paulus« in Kolossae für Offenbarungen der Weltelemente (στοιχεῖαι *[stoicheiai]*) halten. Diesen steht bei Paulus der »angenommene« Christus Jesus (2,6) gegenüber.

K. Wegenast

V ZUR VERKÜNDIGUNG

I. Voraussetzung dessen, was wir heute »Kirche« nennen, ist zunächst nicht eine fixierte Lehre, sondern die in konkrete Situationen hinein zielende → Verkündigung des historischen Jesus, seine Auseinandersetzungen mit dem Rabbinat, sein Bußruf und seine Ankündigung der nahen Gottesherrschaft. Diese »Verkündigung« zwang den Zeitgenossen zur Stellungnahme und zum Gehorsam; sie führte ihn aber ohne Zweifel auch zur Reflexion und damit letzten Endes zur Lehre.

Deshalb ist es verständlich, daß in den Evgg. Jesu g e s a m t e Verkündigung nicht nur mit Worten wie κηρύσσω *[kēryssō], verkündigen,* oder εὐαγγελίζομαι *[euangelizomai], gute Botschaft bringen* (→ Evangelium), gekennzeichnet wird, sondern zuweilen auch mit dem Wort διδάσκω *[didaskō], lehren,* dem die Bezeichnung Jesu als διδάσκαλος *[didaskalos], Lehrer,* entspricht. Nicht nur die Diskussionen Jesu mit seinen Gegnern und sein »Lehren« in den Synagogen wurden demnach als Lehre empfunden, sondern zB auch seine eschatologische Botschaft und sein Bußruf. Trotzdem kann man im Hinblick auf die uns zur Verfügung stehende Überlieferung des Redens Jesu nicht von einer Lehre im Sinne einer systematischen Abfolge von Sätzen reden, sondern eher von Anruf, Zuspruch und Mahnung, die Lehre implizieren. »Lehre« als Ergebnis von Reflexion über die Verkündigung Jesu und sein Geschick findet sich erst nach Ostern; sie wird für uns zuerst greifbar in den kurzen formelhaften Zusammenfassungen des Glaubens innerhalb der paulinischen Briefe (Röm 1,3f; 3,24f; 4,25; 1Kor 11,23ff; 15,3ff); hier haben wir die παράδοσις *[paradosis]*, die *Überlieferung* der christl. Gemeinde vor uns. Darüber hinaus sind auch weite Teile des paulinischen und nachpaulinischen Briefgutes als Lehre zu bezeichnen, die die Gemeindeüberlieferung im Blick auf bestimmte Situationen reflektiert und modifiziert.

Angesichts der der Gemeinde in der Auseinandersetzung mit Israel gestellten Aufgabe einer christl. Auslegung des AT und der bald dazukommenden weiteren Aufgabe des Verständnisses der Gemeindeüberlieferung entstand das Problem der r e c h t e n L e h r e, das in der Auseinandersetzung mit einer Hochflut von gnostisch-christl. Offenbarungen (vgl. dazu schon die »Lehren« der Gegner des Paulus in Galatien und Korinth) gegen Ende des 1. Jh. zum Lebensproblem wurde (vgl. dazu W. Schmithals, Die Gnosis in Korinth, 1965², und ders., Paulus und die Gnostiker, 1965).

Von jetzt ab tritt deshalb neben die aktuelle Lehr-V e r k ü n d i g u n g in zunehmendem Maße eine Lehr-T r a d i t i o n, die unverändert weitergegeben wird und die der διδάσκαλος *[didaskalos]*, der *Lehrer,* erläutert. Man spricht von διδασκαλία ὑγιαινούση *[didaskalia hygiainousē], gesunder Lehre,* oder der διδασκαλία καλή *[didaskalia kalē], guten Lehre,* und versteht in diesem

Sinne auch die πίστις *[pistis]*, den → Glauben, alles im Gegensatz zur sog. Menschenüberlieferung (vgl. dazu zB Kol 2,8), die von ψευδοδιδάσκαλοι *[pseudodidaskaloi]*, Irrlehrern, verbreitet wird. In dem entstehenden Streit um die Wahrheit beruft sich die Gemeinde jetzt auf die παράδοσις *[paradosis]*, *Überlieferung*, und auf die → Apostel (vgl. bes. die Pastoralbriefe).

Daß die Lehre, die sich schließlich in der Alten Kirche als »rechte« durchgesetzt hat, das Ergebnis langer Kämpfe ist zwischen den verschiedenen »Meinungen«, die sich jeweils als christl. verstanden, und daß insofern »Häresie« nicht Abfall oder Entartung ist, sondern als Partei- und Schulbildung von Anfang an da war und erst dadurch als Ketzerei verurteilt wurde, daß eine Gruppe des frühen Christentums den Absolutheitsanspruch für ihre Lehrauffassung durchzusetzen versuchte, ist seit W. Bauer (Rechtgläubigkeit und Ketzerei im ältesten Christentum, 1934) ein kaum zu bestreitendes Ergebnis der Forschung (vgl. H. Köster in ZThK 1968, 160ff). *K. Wegenast*

II. Muß angesichts dieser Sachlage nicht die immer wieder zu vernehmende Hoffnung auf eine einheitliche, unveränderliche und für die gesamte Christenheit aller Zeiten verbindliche Lehre — als formulierte Zusammenfassung des → Glaubens der Kirche — als utopisch erscheinen? Wie sollte sie denn zustande kommen, wenn nicht dadurch, daß in Fragen der Wahrheit und des Glaubens von einem einzelnen (zB päpstliche Lehrautorität) oder von einer zahlenmäßigen Mehrheit (zB eines Konzils oder einer Synode) e i n Aspekt zum alleingültigen erhoben, alle anderen aber als häretisch verdammt werden? Beide Methoden sind kirchengeschichtlich hinreichend belegt. Haben sie die auf diese Weise erstrebte Einheit des Leibes Christi zu bewahren vermocht? Die Antwort dürfte eher negativ ausfallen. Lehrmäßige Entscheidungen haben die je disqualifizierte Auffassung faktisch doch nur dadurch mundtot machen können, daß die Großkirche dank ihrer Monopolstellung im konstantinischen Zeitalter gleichzeitig eine gesellschaftliche Ächtung durchzusetzen vermochte. Diese Zeit ist vorbei, und wer jener Methodik heute das Wort reden wollte, müßte sich nicht nur zu Recht den Vorwurf mittelalterlicher Praktiken gefallen lassen, sondern würde mit Sicherheit die Aufsplitterung des Christusleibes nur noch weitertreiben.

Aber die Forderung nach einer »Lehrautorität« scheitert nicht nur von der praktischen Seite der mangelnden Durchsetzungsmöglichkeit her in einer pluriformen nachchristl. Gesellschaft. Wenn innerhalb des — schon hinsichtlich seiner Abgrenzung nicht eindeutig zu bestimmenden — nt. Kanons so verschiedenartige Zeugnisse und Lehraspekte beieinander stehen wie Paulus, Johannes, Judas und Jakobus, so verbietet sich eine flächige, statische Harmonisierung bereits von dort her. Wie könnte man auf dieser Basis ernsthaft glauben, die Wahrheitsfrage durch Mehrheitsbeschlüsse oder kraft institutioneller Amtsautorität irrtumsfrei und allgemeingültig entscheiden zu können? Die Unterdrückung oder Vernachlässigung einzelner Aspekte des Christuszeugnisses muß ja, wenn der lebendige Christus selbst seine Kirche regiert und seinen Leib belebt, notwendigerweise — und Gott sei's gedankt — zur Folge haben, daß diese doch wiederum laut werden, seien sie nun von Einzelnen oder von ganzen Gruppen aufgenommen. Haben »Ketzer« und »Sekten« schon deshalb Unrecht, weil sie weder die Mehrheit noch die Institution für sich gewinnen konnten? —

Zwar können wir bis zu einem gewissen Grade erforschen, was Jesus gelehrt, genauer gesagt: welche Stücke jüd. Lehre er aufgenommen, wie er sie interpretiert, und was er neu hinzugefügt hat; eine Lehre im Sinne eines Systems von Sätzen aber hat er nicht hinterlassen. Vielmehr begegnen uns selbst die am sichersten auf ihn zurückgehenden Aussagen eingebettet in das Zeugnis der Zeugen von ihm. Dieses aber ist eben nicht bloße Rezitation und Erklärung von Jesus-Worten oder Protokoll seiner Handlungen, sondern deutende, durch die jeweilige Situation bestimmte → Verkündigung Jesu als des Christus, des Offenbarers Gottes, als Anbruch der neuen Schöpfung, des Reiches Gottes, als des neuen Menschen, in dem die Errettung der Verlorenen, die Gerechtmachung der Schuldigen und die Versöhnung der mit Gott und miteinander Zerfallenen angehoben hat. Was das aber konkret bedeutet, kann heute wie damals nur in der jeweiligen Situation, angesichts der jeweiligen Herausforderung der Umwelt und unter Berücksichtigung deren sprachlicher Verstehensmöglichkeit neu bezeugt werden. Diesen Akt des Zeugnisses als aktuelle Gestaltgebung der Botschaft und des Anspruchs Gottes haben die verschiedenen Zeugen des NT vollzogen, wobei das sie Verbindende nicht in der Übereinstimmung ihrer Gesichtspunkte oder Formulierungen, sondern in der persönlichen Glaubensbeziehung zu diesem Jesus liegt. Und dieser Akt des Zeugnisses ist die eigentliche Funktion des → Bekennens der Kirche, zunächst in der Verkündigung der Boten, dann aber auch im gemeinsamen formulierten Bekenntnis. Wie will sie aber dem je an sie ergehenden Auftrag ent-sprechen können, wenn sie nicht ständig neu alle Stimmen, die sich auf die Schrift berufen, daraufhin prüft, aus welcher die Weisung ihres Herrn jetzt zu ihr kommt? Eine Kirche, die ihre Ohren nur noch einer Stimme leiht, schränkt ihre eigene Bekenntnis- und Verkündigungsmöglichkeit ein. So könnte sich gerade die Zeit- und Situationsbedingtheit der Bekenntnis- und Lehraussagen als eine Bereicherung erweisen, indem unter vielen Aspekten je neu der Eine erkennbar wird, dessen Person allein auch Kriterium aller Lehre ist.

Lehre ist aber nicht nur »Konfession« im Sinne einer dogmatischen Basis territorial oder »konfessionell« bestimmter Gemeinschaften, die innerhalb derselben in Unterweisung und Gespräch weitergegeben wird. »Lehre« kann auch noch unter einem anderen, gar zu oft vernachlässigten Gesichtspunkt betrachtet werden: Sie ist in ihrem Vollzug der Akt des Reflektierens des Verkündigten innerhalb des Christus-Leibes, der Kirche. Indem sie die Verkündigung reflektierend aufnimmt und dabei das ihr als Wegweisung vorgegebene Bekenntnis der Kirche im Auge behält, prüft sie jeweils neu, ob die »alte« Lehr- und Bekenntnisaussage für die »neue«, hier und jetzt gegebene Situation noch eine angemessene, dh Christus-gemäße Antwort bereithält. Das Ergebnis solcher Prüfung kann darin bestehen, daß aus der Lehre heraus der Verkündigung Wegweisung und Orientierung gegeben, zugleich aber der Kirche die Frage nach einem neuen Bekennen angesichts neuer Versuchungen und Unsicherheiten gestellt wird. Damit dies möglich wird, bedarf es der Freiheit theol. Forschung von menschlichen Bindungen und Vorurteilen ebenso wie deren innerer Verpflichtung dem Herrn der Kirche gegenüber. Wer sich von dieser Glaubensbindung löst, hat in der Tat die Grenze der Kirche überschritten.

Das Verhältnis von Lehre und Verkündigung läßt sich am ehesten so bestimmen, daß Verkündigung nach Abwägung der lehrmäßigen Voraussetzungen direkt und eindeutig Angebot und Anspruch Gottes in Jesus Christus an den Hörer heranträgt, während Lehre als Akt diese erwägt oder als formuliertes kirchliches Bekenntnis der Gemeinschaft für Glauben und Verhalten die Maßstäbe setzt. Weil es in der Lehre – wie in der Verkündigung – nicht um Sachen oder Sätze geht, sondern um den lebendigen Herrn, sollte die Breite und Vielgestaltigkeit des Zeugnisses von ihm vor allen Verengungen, die mehr als situationsbedingte Pointierungen sind, und vor der Verabsolutierung einzelner Systeme oder Sprachgestalten warnen. Die Einheit Seines Werkes aber mahnt dazu, aus dem drohenden Chaos völlig individualisierter Lehrvorstellungen neu durchzustoßen zu gemeinsamem Bekennen und Handeln, in denen diese Einheit des Christus-Leibes ihren Ausdruck findet. *L. Coenen*

Lit.: WBacher, Tradition und Tradenten in den Schulen Palästinas und Babyloniens, 1914 – SFunk, Die Entstehung des Talmud, 1919 – WGKümmel, Jesus und der jüdische Traditionsgedanke, ZNW 33, 1934, 110ff (= Heilsgeschichten und Geschichte, 1965, 15ff) – JRanft, Die Traditionsmethode als älteste theologische Methode des Christentums, 1934 – FBüchsel, Art. παραδίδωμι, ThWb II, 1935, 173ff – KHRengstorf, Art. διδάσκω, ThWb II, 1935, 138ff – HWBeyer, Art. κατηχέω, ThWb III, 1938, 638ff – FVFilson, The Christian Teacher in the First Century, in: JBL 60, 1941, 317ff – ELiechtenstein, Die älteste christliche Glaubensformel, ZKG 63, 1950, 1ff – EKäsemann, Begründet der neutestamentliche Kanon die Einheit der Kirche? EvTh 11, 1951/52, 13ff (= Ex. Vers. u. Bes. I, 1960, 214ff) – HGreeven, Propheten, Lehrer, Vorsteher bei Paulus, ZNW 44, 1952/53, 1ff – HvCampenhausen, Kirchliches Amt und geistliche Vollmacht, 1953 – LCerfaux, Die Tradition bei Paulus, Catholica 9, 1953, 94ff – HConzelmann, »Was von Anfang an war«, in: Nt. Stud. f. RBultmann, 1954, 195ff – OCullmann, Die Tradition als exegetisches, historisches und theologisches Problem, 1954 – EFascher, Jesus der Lehrer, ThLZ 79, 1954, 325ff – HSchlier, Kerygma und Sophia. Zur nt. Grundlegung des Dogmas, in: Die Zeit der Kirche, 1956, 206ff – HvCampenhausen, Die Begründung kirchlicher Entscheidungen beim Apostel Paulus, SAH 1957, 2 (= Aus der Frühzeit des Christentums, 1963, 30ff) – HBacht, Die Rolle der Tradition in der Kanonbildung, Catholica 12,

1958, 16ff – OGlombitza, Die Titel διδάσκαλος und ἐπιστάτης für Jesus bei Lukas, ZNW 49, 1958, 275ff – LGoppelt, Tradition nach Paulus, KuD 4, 1958, 213ff – JLLeuba, Der Zusammenhang zwischen Geist und Tradition nach dem NT, KuD 4, 1958, 234ff – ELohse, Art. ῥαββί, ThWb VI, 1959, 962ff – ders., Art. Katechismus im Urchristentum, RGG III, 1959^{3}, 1179ff – WMarxsen, Der Evangelist Markus, 1959^{2} – KGSteck, Art. Tradition, EKL III, 1959, 1471ff – PBonnard, La tradition dans le Nouveau Testament, RHPhR 40, 1960, 20ff – GBornkamm, Jesus von Nazareth, 1960^{5} – HvCampenhausen, Tradition und Geist im Urchristentum, in: Tradition u. Leben, 1960, 1ff – PLengsfeld, Überlieferung, 1960 – ULuck, Kerygma, Tradition und Geschichte Jesu bei Lukas, ZThK 57, 1960, 51ff – EDinkler, Art. Tradition im Urchristentum, RGG V, 1961^{3}, 970ff – BGerhardsson, Memory and Manuscript. Oral Tradition and Written Transmission in Rabbinic Judaism and Early Christianity, ASNU 22, 1961 – KWegenast, Das Verständnis der Tradition bei Paulus und in den Deuteropaulinen, WMANT 8, 1962, 24ff – ESchweizer, Scripture – Tradition – Modern Interpretation, Neotestamentica 1963, 203ff – KESkydsgaard/LVischer (Hrsg.), Schrift und Tradition, 1963 (Lit.) – BGerhardson, Tradition and Transmission in Early Christianity, Coniectanea Neotestamentica 20, 1964 – GEichholz, Verkündigung und Tradition, EvTh 24, 1964, 565ff (= TB 29, 1965, 11ff) – RBultmann, Theologie des Neuen Testaments, 1965^{5}, bes. §§ 54.55 – HFlender, Lehren und Verkündigung in den synoptischen Evangelien, EvTh 12, 1965, 701ff – HRBalz, Methodische Probleme der neutestamentlichen Christologie, WMANT 25, 1967, 176ff – HConzelmann, Grundriß der Theologie des NT, 1968^{2} – **ChrDietzfelbinger, Was ist Irrlehre?, 1967 (= ThExh, 143) – HConzelmann, Zum Überlieferungsproblem im Neuen Testament, ThLZ 94, 1969, 881ff – LSchreiner, Identität und Verschiedenheit christlicher Lehre beim Wechsel der Sprachgestalt, NZSTh 12, 1970, 136ff – HFWeiß, Bekenntnis und Überlieferung im Neuen Testament, ThLZ 99, 1974, 321ff – WGKümmel, Die Theologie des Neuen Testaments nach seinen Hauptzeugen, 1976^{3} (= GNT, 3) – LGoppelt, Theologie des Neuen Testaments I, II, 1975/76.**

Leib, Glied

Der Leib wird vielfach, sofern er nicht wegen seiner Schönheit oder Kraft verherrlicht wird, immer noch als bloßes Gehäuse der Seele oder des Ichs angesehen, etwa im Sinne Platos: während der Leib vergeht, überlebt die körperlose unsterbliche → Seele. Im Gegensatz dazu zielt im NT der griech. Begriff σῶμα *(sōma)* immer auf den *ganzen Menschen* (meist in seiner Existenz vor Gott; vgl. σάρξ, → Fleisch, das die ganze irdische menschliche Sphäre umschreibt und negative Bedeutung hat, wenn der Mensch sein Leben darauf baut), auch dann, wenn er im allg. biologischen Sinn für den *Körper* gebraucht wird. Der Mensch ist Leib, wie Seele umgekehrt ebenfalls den ganzen Menschen bezeichnet (σῶμα *(sōma)* heißt auch noch der *Leichnam*).

Über die konkrete Bedeutung hinaus ist aber der Leib-Begriff schon in der Antike auch übertragen korporativ für mythologische Vorstellungen und für gesellschaftliche Gruppen gebraucht worden. Von daher erhält das *Glied* (μέλος *(mẹlos)*) als Teil, der in seiner Funktion in das Ganze eingeordnet und für dessen Existenz mitverantwortlich ist, theol. Bedeutung: In der Art und Weise, w i e die Glieder ihre Funktionen erfüllen, geben sie gleichzeitig etwas von der Seinsweise der Gesamtperson, des σῶμα *(sōma)*, zu erkennen.

μέλος *(mẹlos)* Glied

μέλος

1) τὸ μέλος *(to mẹlos)* heißt a) das *Glied*, das *Organ*; b) das *Lied* (hier unberücksichtigt); c) im Plur.: der *Körper*. I

2) Vorkommen: im Profangriech. seit Hom.; bei ihm aber wie bei Hesiod, Pindar u. a. nur pluralisch in sing. Bedeutung: der *Körper*. Bei den Vorsokratikern pluralisch in der Bedeutung *Glieder, Organe, Elemente* (innerhalb allg.-philologischer und anthropologischer Gedankengänge). Erst bei Aristot. wird auch singularisch vom *Körperglied* gesprochen. – Als soziologischer Begriff taucht das Wort innerhalb der Polis-Anschauung (→ Stadt) bei Epiktet u. a., am deutlichsten in der Fabel des Menenius Agrippa vom Aufstand der Körperglieder gegen den Bauch auf. Sinn der Fabel: Die Polis – als Organismus verstanden – hat ihren Bestand in der willigen Einfügung der Bürger in das Ganze (der Polisgedanke ist primär, nicht die Anschauung des lebendigen Organismus; diese ist sekundäres Interpretament). Im Bereich der hell. Mysterienkulte und der Gnosis findet die Vorstellung vom Leib und den Gliedern religiös-spekulative Verwendung, und zwar einerseits in der Schöp-

fungsmythologie (→ Schöpfung), andererseits aber – und zwar verbreiteter – im gnostischen Erlösermythos (→ Erlösung), wo – von dem Bild des Leibes ausgehend – die Erlösten als die wiedergefundenen Glieder des Erlösers gedacht werden.

II 1) Wo in LXX μέλος *[melos]* in der Bedeutung *Glied* erscheint (selten, nur Ex, Lev, Hi, Makk, Sir und Ez verwenden es gelegentlich wie I,1b), meint es als Wiedergabe des hebr. *nētach* = *Stück Fleisch* ein Stück des Körpers von Mensch und Tier, also einen *Körperteil*, insbesondere die Teile (Gliedmaßen), in die man das Opfer zerlegte (Ri 19,29; Ex 29,17). Über den organischen Zusammenhang von Leib und Gliedern kann deshalb natürlich gar nicht nachgedacht werden, und er wird dementsprechend auch nicht im theol. oder soziologischen Sinne als Bild oder Vergleich verwendet. Wohl interessiert dagegen die Funktion der einzelnen Körperglieder, und zwar so, daß die Funktion mit dem Namen des Gliedes selber bezeichnet werden kann (zB Ohr = Hören; im übertragenen Sinn: Haupt = Herrschaft).

2) Philo verbindet jüd. Funktionsdenken mit griech.-philosophischem Organismusdenken, wenn er – von den jeweils bes. Funktionen der Gliedmaßen des Opfertieres beim Opfer ausgehend – ontologisch auf den Gedanken der Einheit schließt (Spec. Leg. I,199). Die apologetische Absicht ist dabei deutlich, nämlich zu zeigen, daß der vom AT erfaßte physiologische Tatbestand, daß das Stück ein Teil des Ganzen ist, immer schon das philosophische Prinzip in sich birgt, daß sowohl die Teile ihre Funktion vom Ganzen her empfangen, als auch, daß ihre Funktion für die Existenz des Ganzen wesentlich ist.

3) Josephus verwendet das Bild von der Abhängigkeit der Glieder untereinander zur Deutung eines politischen Sachverhaltes im jüd. Krieg (Bell. 4,406): Wenn die Hauptstadt krank ist, müssen die anderen Teile des Landes mit erkranken.

4) In der rabb. Lit. spielt einerseits die Zahl der menschlichen Körperglieder eine Rolle, wenn es darum geht, die Totalität und Universalität des Gesetzes herauszustellen (man zählt 248 Glieder und 248 Gebote der Tora). Andererseits knüpfen die rabb. Theologen an die Beobachtung der Funktionen der einzelnen Glieder anthropologische Betrachtungen über deren Wert, Verhältnis zueinander usw. an; so nimmt etwa »der böse Trieb« (→ Begehren, Art. ἡδονή) von einzelnen Gliedern Besitz, um die Herrschaft über das Ganze an sich zu reißen.

III Im NT entfallen die meisten Belege auf Röm und 1Kor (Röm 6,13.19; 7,5.23; 12,4f; 1Kor 6,15; 12,12ff). Daneben erscheint – pluralisch verwendet – das Wort zweimal in Eph (4,25; 5,30), einmal in Kol (3,5) und 3mal im Jak (1mal sing., 2mal plur.; 3,5.6; 4,1). In den Synopt. begegnet das Wort nur 2mal (Mt 5,29.30) und zwar im Munde Jesu innerhalb zweier paralleler Sprüche der Bergpredigt.

1) Was meint Jesus, wenn er an den beiden Stellen jeweils ein einzelnes Glied – rechtes Auge, rechte Hand – dem ganzen Leib gegenüberstellt? Es ist sicher nicht wörtlich gemeint, daß diese Körperglieder vom Körper abgetrennt werden sollen, sondern im übertragenen Sinne soll gesagt werden, daß die bösen Funktionen, deren Träger Auge und Hand sind, aufhören sollen. Nicht Auge und Hand, sondern der begehrende böse Blick und die frevelnde böse Tat (vgl. II,3), dh aber: das böse Wollen des Menschen schlechthin müssen ausgerottet werden, wenn der Leib, dh der Mensch selber, im Gericht gerettet werden soll. Der griech. Gedanke von Vollkommenheit bzw. Unversehrtheit des Leibes im Sinne der Vollzahl der Glieder in dem einen Ganzen fehlt hier völlig. Eher im Gegensatz dazu wird das ὅλον σῶμα *[holon sōma]* gerade durch radikale Ausrottung eines Gliedes davor bewahrt, dem Gericht zu verfallen.

In derselben eschatologischen Verschärfung und mit derselben Deutlichkeit wie in Mt 5 wird in Jak 3,5ff beschrieben, wie die Zunge als einzelnes Glied, dh das ungute Reden des Menschen, das wie ein fressendes Feuer um sich greift, den ganzen Menschen verdirbt und so schließlich der Vernichtung im Endgericht ausliefert. Jak 4,1 zeigt einerseits, daß dieser Schuldzusammenhang von allen Gliedern ausgehen kann, andererseits aber ganz konkret, daß er sich als Zerstörung des gemeindlichen Miteinanderlebens auswirkt.

2) Im Zusammenhang seiner Ausführungen über die neue Existenz des Christen in Röm 6 (V. 13.19) verdeutlicht Paulus die Leibhaftigkeit dieser neuen Existenz in der → Gerechtigkeit im Gegensatz zur alten Existenz in der → Sünde an den Funktionen der Glieder. Ob ein Mensch in der neuen Existenz steht, hat sich darin zu bewähren, daß er gerade in den welthaften Bezügen seines Lebens Gerechtigkeit praktiziert, wobei er freilich der ganzen

Spannung zwischen dem »schon jetzt« und dem »noch nicht« seines Seins in Christus ausgesetzt ist (Röm 7,5.23). Der gleiche Gedanke erscheint – je auf besondere Lebensgebiete angewandt – in 1Kor 6,15 und Kol 3,5. Jenes »noch nicht«, also die »irdische« Seite der dialektisch verstandenen Doppelexistenz des Christen, ist in Kol 3,5 mit den »Gliedern, die auf der Erde (sind)« gemeint, wie die folgende Entfaltung dieser Wortverbindung in der Form eines Lasterkataloges beweist. – In 1Kor 6,15 wird die neue Existenz des Christen im Bilde der Gliedschaft am Leibe Christi beschrieben. Solche Gliedschaft verträgt sich nicht damit, daß ein Christ mit einer Hure Umgang hat. Er würde dadurch zu einem Leibe (σῶμα *[sōma]*) mit der Hure und aus dem Leibe Christi herausgelöst. Seine (Körper-)Glieder würden aus Gliedern Christi zu Hurengliedern.

3) In Röm 12 und 1Kor 12 kommt alles darauf an, daß in der Rede des Paulus über die Wirklichkeit und Funktionalität der Gemeinde (→ Kirche) das Verhältnis von Leib und Gliedern nicht primär als Bild für die Gemeinde gilt. Vielmehr geht es Paulus in erster Linie darum zu verdeutlichen, daß die Gemeinde in Realität und Funktionalität der Leib Christi ist. Die Vorstellung selber stammt vermutlich aus dem gnostischen Erlösermythos und ist von Paulus oder schon vor ihm in pneumatisch-sakramentalem Verständnis auf die Gemeinde Jesu bezogen worden. Diese ist durch die Gegenwart des Heiligen Geistes, der in einer Vielzahl von Charismen im Gemeindeleben manifestiert wird, der Leib Christi. Dabei sind die Charismen als die Lebensäußerungen der Gemeinde in der Vielzahl der Glieder je für sich allein ohne Bedeutung. Diese erhalten sie vielmehr erst in ihrer Beziehung auf die Gesamtgemeinde (πρὸς τὸ συμφέρον *[pros to sympheron]* 1Kor 12,7). Interessant dabei ist, daß es auch in dieser übertragenen Bedeutung des Begriffes »Glieder« um die Bewährung der neuen Wirklichkeit – nun der Gemeinde als ganzer! – in sehr konkreten Lebens- und Weltbezügen geht. Dasselbe gilt für die beiden Stellen Eph 4,25 und 5,30. *H. G. Schütz*

σῶμα *[sōma]* Körper, Leib

σῶμα

I Die urspr. Bedeutung von σῶμα *[sōma]* ist nicht geklärt. Bei Hom. taucht es zum ersten Mal auf als Bezeichnung des *toten* menschlichen oder tierischen *Körpers*. Es behält diese Bedeutung, bis im 5. Jh. (bei Hdt.) die Bedeutung *Rumpf, ganzer Leib* und andeutungsweise die *ganze Person* erscheint. Bei den Vorsokratikern begegnet entsprechend dem körperhaften Grundverständnis die Bedeutung *Element, Gestalt*. In der sich ausbildenden Vorstellung, in der die → Seele neben den Leib tritt, wird der Leib oder Körper als Fessel oder Grab, schließlich als Sterbliches von der unsterblichen Seele abgehoben. Diese Gedanken werden bei Plato weiterentwickelt: Der Leib ist nur das Gehäuse für die präexistente Seele, der Tod ist die Befreiung der Seele vom Leibe. Das Bild vom Leib wird auch auf den Kosmos übertragen: Er ist der von der göttlichen Seele regierte und durchwaltete Leib (vgl. Orph. Fr. 21a: Zeus birgt alles in sich und läßt alles aus sich hervorgehen). Analog kann der Mensch als Mikrokosmos bezeichnet werden (Democr.). Im Unterschied zu dieser Auffassung ist bei Aristot. der Leib primär, der allerdings durch die Seele erst zu einem bestimmten Etwas wird, so daß die Verbindung von Leib und Seele unlösbar gedacht wird. Im Sinne des Organismusgedankens verstanden, wird σῶμα *[sōma]* auch verwendet, um den Staat in seinem Wesen zu erläutern (Aristot.; vgl. Schweizer, ThWb VII,1031).

In der Stoa setzt sich die traditionelle Trennung von Leib und Seele fort. Streng genommen unterscheidet Epict. die Seele aber nicht vom Leib, sondern vom → Fleisch. Die Seele bleibt das leitende Prinzip, für deren Sitz sowohl der Kopf wie das Herz angenommen werden kann (Zeno). Die Seele durchdringt den ganzen Leib und vermittelt ihm die Sinneseindrücke. Die im Begriff σῶμα *[sōma]* vorliegende Konzeption der Ganzheit bleibt bestimmend. Noch bei Mark Aurel, dem Stoiker auf dem röm. Kaiserthron, finden wir diesen Gedanken in der Dreiteilung: »Drei Teile sind es, aus denen du zusammengesetzt bist, Leib, Pneuma (hier = Seele) und Geist (νοῦς *[nous]*, → *Verstand*)« (Mark. Ant., Pohlenz I,342). Die Weiterbildung dieser Gedanken haben zusammen mit neuplatonischen Vorstellungen im ganzen zu einer Abwertung des Leibes gegenüber der Seele geführt.

II 1) Im AT gibt es kein hebr. Äquivalent, das dem griech. σῶμα *[sōma]*-Begriff entspräche. In der LXX wird der Gedankenkreis des hebr. *bāsār* (*Fleisch*, soweit es den Menschen in seiner individuellen Körperhaftigkeit meint) mit σῶμα *[sōma]* umschrieben, das abzugrenzen ist gegenüber σάρξ *[sarx]* (→ *Fleisch*, das den Menschen oder sogar die Menschheit in ihrem kreatürlichen Wesen bezeichnet). Neben den Bedeutungen *Leichnam* (1Sam 31,10.12), *toter Körper* (Dtn 21,23; Jes 5,25), auch einfach *Rücken* (1Kön 14,9; Jes 38,17), steht im Mittelpunkt *Körper* als Ausdruck der Gesamtheit des Menschen (vgl. zB Lev 15,11.16.19; 16,4; 19,28 u. ö.). So rückt σῶμα *[sōma]* im AT in die Nähe des Begriffes *Person* (nicht mit Persönlichkeit zu verwechseln). »Daß er (der Mensch) sich selbst gegenüber in Distanz tritt und seine Körperlichkeit als eine letztlich von ihm lösbare betrachten kann, findet sich hier nicht«. Auch die Engel haben σώματα *[sōmata]* (Ez 1,11.23; Dan 10,6). Daher bezeichnet σῶμα *[sōma]* nicht etwa die irdische Sphäre im Gegensatz zur himmlischen (vgl. Schweizer, ThWb VII,1045f). Auch ein anthropologischer Dualismus, in dem Seele oder Vernunft als höherwertig dem Leib entgegengestellt werden, liegt im hebr. Kanon des AT noch nicht vor.

2) Eine Abwertung des Leibes als Sitz der Leidenschaft kommt erst im Buch Sirach zum Ausdruck (Sir 23,16–18; 47,19). In den Makk-Büchern finden wir dann unter hell. Einfluß die Teilung in Seele und Leib. Gute Seele und unbefleckter Leib werden nach Weish 8,20 einander zugeordnet. Doch ist der Gedanke herrschend, daß die Seele die eigentliche Gabe Gottes ist; deshalb kann man den Leib in der Verfolgung hingeben. Wenngleich hier das Gottesverständnis die Zuordnung beider bestimmt, ist auch die griech. Gegenüberstellung von vergänglichem Leib und (unvergänglicher) Seele bekannt (Weish 9,15).

3) In der Lit. des Judentums der nt. Zeit entwickeln sich die genannten Motive weiter: In den TestXII wird σῶμα *[sōma]* bes. im Sinne der sexuellen Funktion gesehen; durch die Begierde (→ Begehren, Art. ἡδονή) entsteht Hurerei (πορνεία *[porneia]*; TestJud 14,3). Bei dieser Verhältnisbestimmung von Leib und Seele tritt die Bedeutung des Todes stärker hervor, durch den Leib und Seele geschieden werden: Der Leib bleibt auf der Erde, die Seele wird in den Himmel aufgenommen (ApkEsr 60). Dieser durch hell. Einfluß ausgebildeten Vorstellung steht die andere, dem jüd. Denken vom AT adäquatere gegenüber: Der Leib kommt ins → Gericht und zur → Auferstehung. M. a. W. es geht um den Menschen als Person, wie es sachlich auch in den Qumrantexten und ihrer Vorstellung vom Gericht zum Ausdruck kommt. Auch die rabb. Lit. bestätigt abschließend den doppelten Aspekt des Leib-Begriffes, wie er in der nt. Zeit geläufig ist: im Sinne des Körpers, der Person, und dann im Gegensatz oder Unterschied zur Seele bzw. → Geist und →Vernunft.

4) In der Gnosis (→ Erkenntnis, Art. γινώσκω) spielt die Vorstellung vom Leib eine zentrale Rolle. Das Selbst des Menschen muß erlöst werden zu dem Selbst, das im Jenseits ist, dh es muß aus der fleischlichen, materiellen Welt, aus dem menschlichen Körper (Leib) befreit werden. Das geschieht durch den erweckenden Ruf des Erlösers. Diese Vorstellung vom einzelnen Menschen wird auf den Kosmos übertragen. Dabei begegnet das Bild vom erlösenden Leib des Urmenschen, der in den ausgebauten gnostischen Systemen als Leib Christi bezeichnet wird. Ein geschlossenes vorchristl. System gnostischer Mythologie hat es kaum gegeben, wohl aber eine Reihe Motive, die auch im NT wiederkehren.

III 1a) Im NT spiegelt sich die Vielfalt des Begriffes σῶμα *[sōma]* im griech. Sprachgebrauch ebenso wie die at. Vorstellung. In der allg. Bedeutung *Leichnam* kommt σῶμα *[sōma]* vor Mt 27,52; Lk 17,37 u. ö.; vom Leichnam Jesu Mt 27,58 par; Lk 23,55; Joh 19,31. Die Vorstellung, daß totes σῶμα *[sōma]* auferweckt werden kann (Mt 27,52), steht auch hinter dem Ausspruch Joh 2,21: »Tempel seines Leibes«, — die einzige Stelle in den johanneischen Schriften, an denen σῶμα *[sōma]* nicht *Leiche* oder *Sklave* heißt (vgl. Offb 18,13).

b) Im biologischen Sinn wird σῶμα *[sōma]* Mk 5,29 (Leib im Zusammenhang mit Krankheit und Heilung) und Jak 2,16 (Leib-Nahrung) gebraucht. In diesen Gedankenkreis gehören Stellen wie Mt 6,22 (das Auge, des Leibes Licht, in seiner Bedeutung für den ganzen Leib, vgl. 5,29) und Mt 6,25, wo Leib als Ort irdischer Sorgen dem Sinn nach auf → Leben tendiert. Dabei weist die fast gleichnishafte Ausdrucksweise (der Leib und seine Glieder) über die biologischen Aspekte hinaus: »Leib ist das eigentliche Ich« (Schweizer, ThWb VII, 1055,10).

c) Eine Nuance, die kaum Parallelen aufweist, findet sich im Hebr: Jesus brachte seinen Leib als Opfer dar (10,5.10), ein Opfer, das im Unterschied zum Tempelopfer ein für allemal gültig ist (vgl. auch 1Petr 2,24). Wenn hier Leib im Unterschied zur allg. Opfersprache so verstanden ist, drückt sich darin die volle Hingabe im Tod aus.

2a) Bei Paulus gewinnt der Begriff σῶμα *[sōma]* im Sinne von *Person* seine bes. Ausprägung. Menschliches Sein gibt es — auch in der Sphäre des πνεῦμα *[pneuma]* — nur als somatisches. Unpaulinisch ist die Vorstellung von σῶμα *[sōma]* als *Gestalt* oder *Form*. Von Stellen wie Röm 6,12 und 12,1 her wird klar, daß σῶμα *[sōma]* nicht nur eine äußere Form des Körpers meint, sondern die ganze Person (Bultmann, Theol., 189). Es begegnet bei Paulus eine Reihe von Stellen, an denen Leib im allg. biologischen Sinn als *Körper* verstanden ist (zB 1Kor 5,3; 7,34). In der Zusammenstellung mit Seele und Geist findet sich σῶμα *[sōma]* nur an einer Stelle (1Thess 5,23), an der Paulus einem geläufigen liturgischen Sprachgebrauch folgt. Röm 12,4f und 1Kor 12,12–26 wird das Verhältnis vom Leib und seinen Gliedern gleichnishaft zur Veranschaulichung des Wesens der Gemeinde (→ Kirche) aufgenommen (vgl. unten 2d). Als sichtbare Narben sind jene Malzeichen zu verstehen, die Paulus an seinem Leibe trägt (Gal 6,17). Paulus mißhandelt und knechtet seinen Leib (1Kor 9,27), manche geben ihn zum Verbrennen hin (1Kor 13,3). σῶμα *[sōma]* als Sitz des sexuellen Lebens findet sich in Röm 4,19 (Abraham) ebenso wie in 1Kor 7,4. Aber gerade an der Mahnung, mit dem Leib nicht Unzucht zu treiben (Röm 1,24; 1Kor 6,13–20), wird klar, daß dem Leib eine eigene umfassendere Bedeutung zukommt: Der Umgang mit dem σῶμα *[sōma]* trifft nicht nur je eine einzelne Tat als Sünde, sondern den ganzen Menschen bis in sein innerstes Wesen. Das unterstreichen Formulierungen wie: »Wißt ihr nicht, daß eure Leiber Glieder Christi sind? Soll ich nun die Glieder Christi nehmen und sie zu Gliedern einer Dirne machen?« (1Kor 6,15); »Oder wißt ihr nicht, daß euer Leib ein Tempel des heiligen Geistes in euch ist, . . . so verherrlicht nun Gott mit eurem Leibe!« (V. 19.20).

b) Der Leib ist also nicht etwas dem Menschen äußerlich Anhaftendes, was sozusagen zum eigentlichen Menschen (etwa als Seele) hinzukommt: »der Mensch hat nicht soma, sondern er ist soma« (Bultmann, Theol., 191). Dh: σῶμα *[sōma]* bezeichnet den Menschen als ganzen, als *Person*. Als σῶμα *[sōma]* verstanden kann er sich selbst zum Objekt seines Tuns machen oder Subjekt eines Geschehens sein. Er hat also ein Verhältnis zu sich selbst. Das zeigt sich zB in 1Kor 9,27, wo Paulus sagt, daß er seinen Leib mißhandelt und knechtet, damit dieser sich seiner Verfügungsgewalt für die Aufgabe der Verkündigung nicht entwindet (»damit ich selbst nicht untauglich werde« V. 27). Der Mensch kann seinen Leib hingeben zum Verbrennen (1Kor 13,3), er kann ihn in den Gehorsam zum Dienst Gottes stellen (»als lebendiges, heiliges Gott wohlgefälliges Opfer« Röm 12,1).

Als Subjekt des Handelns kommt σῶμα *[sōma]* nur an einer Stelle bei Paulus vor (Röm 8,13): »Wenn ihr durch den Geist die Taten des Leibes tötet, werdet ihr leben«. Der Leib als Subjekt des Handelns wird bestimmt durch die Macht der σάρξ *[sarx]*, wie der Zusammenhang zeigt (vgl. Röm 8,5ff). So wird σῶμα *[sōma]* bei Paulus zu einem zentralen Begriff für das *menschliche Ich*, wie auch das Verhältnis von Leib und Begierde erkennen läßt: der Christ soll nicht den Begierden des Leibes gehorchen (Röm 6,12), der durch die Macht der Sünde beherrscht werden kann. »Begierden des Leibes« und »Begierden des Fleisches« werden von daher synonym (vgl. Gal 5,16ff.24).

Wie Paulus in seiner Ausdrucksweise und Vorstellung σῶμα *[sōma]* im Sinn von *Ich als Person* aus dem Unterschied zu σάρξ *[sarx]* versteht, zeigt der Abschnitt Röm 7,14ff. In V. 14 heißt es: »ich aber bin fleischlich«, dh »unter die Sünde verkauft«. Der Leib als solcher ist offen für beide Möglichkeiten, Begierde und Gehorsam. In diesem Sinne ist zwischen »Leib der Sünde« (Röm 6,6) und »Fleisch der Sünde« (Röm 8,3) kein Unterschied. Wenn Paulus in dem Seufzer in Röm 7,25 vom »Leibe dieses Todes« spricht, ist damit die Gebrochenheit der menschlichen Existenz gemeint; der Mensch in seiner irdischen Existenz, die ihren Ausdruck im Leib findet, sieht sich Mächten (Sünde, Fleisch, Geist) ausgesetzt, die für ihn Zerstörung oder Leben bedeuten können. Die Leiblichkeit des Menschen meint also nicht ein an sich Gutes oder Böses, sondern umschreibt den konkreten Ort seiner Existenz, an dem sich sein Gottesverhältnis verwirklicht.

c) So ist es verständlich, daß Paulus in 1Kor 15 gegenüber den korinthischen Gegnern die → Auferstehung des Leibes betont. Die Auffassung des Paulus von der Auferstehung ist durch das Menschenverständnis der jüd. Anthropologie geprägt: Leben des Menschen ist nur mit einem Leib denkbar. Damit ist jeder – von der griech. Anthropologie herkommenden – Aufteilung des Menschen in Leib und Seele gewehrt (vgl. auch 2Kor 5,1–10). In diesem Reden von der Auferstehung stellt Paulus einen irdischen (psychischen, V. 44) und einen pneumatischen Leib als die beiden verschiedenen Existenzweisen des Menschen vor der Auferstehung (im irdischen Leben) und nach der Auferstehung gegenüber. In seiner zeitgebundenen Vorstellung – geistlicher Leib kann stofflich gedacht werden – will Paulus das Sein des Menschen festhalten, zu dem ein – wie auch immer vorzustellender – Leib gehört. Leib im Sinne von Ich und Person wird den Tod überdauern, allerdings nur durch die Schöpfertat Gottes (vgl. V. 38 und das Bild von der Unverweslichkeit V. 42ff). Die Kontinuität zwischen »irdischem« und »himmlischem« Leib besteht nicht auf Grund einer Umwandlung. Paulus hätte in diesem Fall den entscheidenden Wert auf die zeitbedingte Vorstellung seines Begriffes »geistiger Leib« (V. 44) gelegt: ein aus einer Substanz (πνεῦμα *[pnẹuma]*) bestehender Körper. Es geht aber Paulus nicht um eine pneumatisch-substantielle Beschreibung des himmlischen σῶμα *[sǭma]*, sondern um die Bestimmtheit dieses σῶμα *[sǭma]* durch den Geist als einer Macht Gottes. Dabei ist dieses σῶμα *[sǭma]* nach der Auferweckung nicht mehr das der Sünde und dem Tod verfallene und somit zwiespältige Ich. Das geht auch aus dem Verständnis hervor, das Paulus von Glauben, Hoffen und Lieben entwickelt (1Kor 13,13), die das Sein des irdischen Menschen in jener in 1Kor 13 dargelegten merkwürdig paradoxen Widersprüchlichkeit beschreiben (vgl. zB V. 3), wie auch für das Leben in Vollendung die → Liebe nicht mehr Stückwerk, sondern vollkommen ist. Mit diesen Begriffen umschreibt Paulus die Kontinuität zwischen irdischem und himmlischem Leib. Damit wird das Personsein des Menschen als unverfügbar verstanden. Es ist nicht aus ihm selbst zu begründen. Es bleibt ein Geschenktes.

d) Darüber hinaus findet sich bei Paulus eine spezifische Bedeutung von σῶμα *[sǭma]*, die nicht mehr auf einen einzelnen, sondern auf eine Gesamtheit zielt: Er spricht vom σῶμα Χριστοῦ *[sǭma Christọu], Leib Christi* (1Kor 12,27; Röm 12,5; Eph 4,12 u. ö.). Paulus nimmt hier das Bild vom Leib auf, um an ihm das Wesen christl. Gemeinde zu entfalten. In 1Kor 12,12–30 schließt er sich in seinen Ausführungen zunächst an den griech. Organismus-Gedanken an (V. 14–26), um von der Einheit des Leibes her die Notwendigkeit der verschiedenen Funktionen der Glieder zu begründen. Jedoch wird von diesem griech. Vorbild her nicht das Wesen begründet: Die Glieder konstituieren nicht erst das Ganze, – vielmehr wird die Gliedschaft in ihren verschiedenen Funktionen an den Aufgaben der Glieder verdeutlicht. Der Leib macht somit die Einheit aus (V. 13) und kann in diesem Sinn als Leib Christi bezeichnet werden. Er ist von Christus selbst begründet.

In diese lebendige Einheit der Gemeinde als Leib Christi gelangt der einzelne durch die → Taufe: ». . . wir sind alle zu einem Leib getauft worden . . .« (1Kor 12,13). Dieser Eingliederungsakt durch die Taufe bedeutet nicht, daß Leib Christi das Ergebnis einer durch einen Aufnahmeritus sich konstituierenden und wachsenden Gemeinschaft ist. Vielmehr besagt → Kirche als Leib Christi, daß Christus die Existenz des einzelnen als ein Glied an seinem Leib begründet: Bei der Taufe wird der → Geist verliehen (1Kor 12,13), und diese Gemeinde hat eschatologischen Charakter, dh existiert von der Zusage Gottes in Christus auf Zukunft hin.

Auch das → Herrenmahl ist durch den Begriff »Leib Christi« in der Vorstellung vom Leib als Gemeinde verankert (vgl. auch Mk 14,22–25 par; die von der Gemeinde tradierte Abendmahlsliturgie hat auf die Formulierung eingewirkt). Zwar spricht Paulus in 1Kor 10,20–22 und 11,29.30 in den geläufigen außerchristl. Vorstellungen heidnischer Kultmahle, aber er interpretiert entscheidend neu vom Tod Jesu her: sein Tod soll dabei als das entscheidende Heilsereignis »für euch« (1Kor 11,24) verkündigt werden (1Kor 11,26). Im Mittelpunkt dieses Mahles stehen nicht die Elemente oder die Substanz von Brot und Wein, sondern die Handlung dieser Gemeinde als Leib Christi, die sich seinem Segen und Herrschaftsanspruch unterstellt weiß. Das Schuldig-werden am Leib Christi konkretisiert sich in der gegen den Bruder gerichteten Tat. Die Hingabe des Leibes Christi in den Tod, die zum entscheidenden Ereignis des Zuspruchs Gottes für den Menschen wird, ist das reale Zeichen seiner Gemeinde, die sich als Leib Christi versteht. Die Aussage vom Leib Christi als dem für uns in den Tod gegebenen und das Bild vom Leib Christi als der Gemeinde gehören in unumkehrbarer Folge zusammen.

e) Im Kol- und Eph-Brief wird eine Vorstellung vom Leib Christi entwickelt, die sich von den übrigen Paulusbriefen unterscheidet. In dem Hymnus in Kol 1,15–20 wird das im Kol hervortretende Verständnis vom Leib Christi deutlich. Der Abschnitt läßt klare Spuren der Überarbeitung erkennen: in V. 18a ist der Zusatz »der Kirche« Interpretation eines überlieferten Hymnus durch den Verfasser. In der urspr. Fassung ist der Leib Christi die → Welt. In dieser Vorstellung werden gnostische Motive deutlich, die in späteren Systemen die Vorstellung vom Leib des Urmenschen als Wesensaussage für die Welt übernehmen. Die kosmische Dimension des Heilsereignisses durch Jesus Christus wird hier bes. deutlich: die Welt, der Kosmos, ist nur als Leib Christi recht zu verstehen.

Wenn die Menschen durch kosmische Mächte bedroht waren, wurde ihnen hier eine Erlösung angeboten, die auch diesen Mächten gegenüber galt. »Der ganze Bereich des Seienden (ist) auf ihn als den Mittler der Herrschaft Gottes bezogen« (Conzelmann, NTD 8,137). »Einem schwärmerisch-enthusiastischen Verständnis des Leibes Christi entgegen, das das ganze All schon physisch in Christus versöhnt sieht, muß die paulinische Linie durchgehalten werden, auf der gerade die Rede vom Leib Christi zum Gehorsam, zum Dienst für den neuen Herrn aufruft« (Schweizer, ThWb VII,1074). Der Gedanke, daß Christus das Haupt der Welt ist, wird in diesem Zusammenhang durch den Zusatz in V. 18 richtig festgehalten: sein Leib ist die Kirche, in der dieser Gehorsam zur Verwirklichung in der Welt neu angesagt wird. Wenn die hier vorliegende mythische Vorstellung recht interpretiert wird, zeigt sich, daß Welt und Kirche nicht als zwei feste Größen gegenübergestellt werden, sondern Kirche bedeutet, die echten weltlichen Möglichkeiten unter der Herrschaft Christi erkennen und verwirklichen, die Freiheit des Glaubens in der Welt leben.

Im Unterschied zum Kol tritt im Eph die Vorstellung vom Leib als der Kirche Christi von Anfang an klar heraus. Christus ist die κεφαλή *[kephalæ]*, das → Haupt des Leibes der Kirche (4,15.16). Zu dieser Darstellung vom Leib paßt weder die griech. (s. o.) noch eine allg. Auffassung vom Organismus. Auch eine dt. Übers. läßt das erkennen: das Haupt wächst dem Leibe zu und umgekehrt, und das Haupt Christus ist zugleich das Ganze (V. 16). Diese Aussagen vom Leib sind geprägt durch jene mythischen Motive, wie sie in der Gnosis zu finden sind. An dieser Stelle wird deutlich, daß der Eph gegen gnostische Vorstellungen und Gruppen innerhalb oder außerhalb der christl. Gemeinden polemisiert: »Säuglinge«, in Fragen der Lehre Schwankende, ja Irrende, werden offenbar die nicht genauer beschriebenen Gegner genannt, möglicherweise Gnostiker, die sich doch gerade ihrer Erkenntnis brüsten (V. 14).

Das Bild vom Leib als der Kirche wird hier von neuem aufgenommen, um damit nicht nur in Abwehr, sondern auch für das Verständnis von Kirche entscheidende Aussagen in einer kirchlichen Situation nach Paulus zu machen. Die Einheit in der Vielheit (Paulus 1Kor 12) wird hier mit ihrem Herrschafts- und Verheißungsbezug durch die Betonung des Hauptes hervorgehoben. Um diese von Christus gehaltene und erhaltene Kirche gegen alle Irrlehren und Zersplitterungen zu festigen, wird nicht eine institutionelle Form vorgestellt, sondern das Haupt und damit der Leib als durch Liebe und Wahrheit zusammengefügt gedacht (V. 15). »Zwei Möglichkeiten stehen sich gegenüber: Das Sein im Leibe, also in der Einheit der Liebe, und das isolierte Dasein draußen . . .; die kirchliche Einheit des Sagens und Tuns des Gebotenen, nämlich der Liebe am Ort der Wahrheit, und die willkürliche Behauptung subjektiver Anschauungen mit ihrem verführerischen Reiz« (Conzelmann, NTD 8,79). So gewinnt die Kirche ihren Ort in der Welt. Sie steht ihr nicht »gegenüber«, sondern ist in sie hineingestellt. »Der Leib Christi ist die Kirche gerade als die, in der Christus in die Welt hinauszieht. In der Verkündigung des Evangeliums durch die Kirche ist die Antwort auf die Weltangst zu finden« (Schweizer, ThWb VII,1078).

S. Wibbing

ZUR VERKÜNDIGUNG **V**

I. Wird heute dem Christentum immer wieder seine Leibfeindlichkeit vorgehalten, so lassen sich derartige Vorwürfe, zumindest für die Vergangenheit, nicht einfach als unbegründet zurückweisen. Es gibt in der Tat eine »Geschichte der christlichen Leibfeindschaft« (J. Kahl, Das Elend des Christentums, 1968, 58).

Durch das Einströmen platonischer und gnostischer Ideen wurde bereits in frühchristlicher Zeit die Materie gegenüber dem → Geist, der Leib gegenüber der unsterblichen → Seele abgewertet. Daß man sich in diesen Anschauungen auch durch gewisse Aussagen des asketischen Junggesellen Paulus bestätigt fühlen konnte, verschaffte der leibfeindlichen Theologie bis in die Gegenwart hinein ein starkes Echo. Es nimmt daher nicht Wunder, daß sich bis heute negative Auswirkungen einer den Körper und damit auch die Geschlechtlichkeit diffamierenden Grundhaltung gerade in betont christl. Kreisen erkennen lassen. Nicht selten haben dabei Triebverdrängungen dazu geführt, daß im dogmatischen Bereich erhebliches aggressives Potential auftauchte. Der leibfeindliche Asket ist oft ein höchst unduldsamer Fanatiker auch in Lehrfragen. Welche Belastung die Verteufelung oder auch bloß die Geringschätzung des Sexuellen für so manche Ehe bedeutete, läßt sich nur ahnen. Zu welchen Störungen im Psychosomatischen (= Seelisch-Leiblichen!) es dabei kommen kann, darüber wissen Psychotherapeuten eindrucksvolle Beispiele zu berichten.

Glücklicherweise setzt sich in zunehmenden Maß die Einsicht durch, daß es zum Wesen christlichen Glaubens gehört, ein positives Verhältnis zur Leiblichkeit zu finden.

Romano Guardini: »Jede Ethik und Asketik, welche dualistisch den Geist als das Gute dem Körper als dem Bösen entgegensetzt, ist in Wahrheit von einem Ressentiment getragen, das nicht fähig war, die Vitalkräfte in eine fruchtbare Ordnung zu bringen. Der angeblich reine Geist, von welchem da gesprochen wird, ist in Wahrheit verdrängter Trieb, . . .« (In: Der leidende Mensch. Darmstadt 1960, 217.)

Emil Brunner: »Die Leibfeindlichkeit, die viele seit Nietzsche für ein Merkmal des Christentums ansehen, ist aus dem spätantiken Hellenismus in die Kirche eingedrungen und dem biblischen Denken völlig fremd.« (Gott und sein Rebell. Hamburg 1958, 62,97)

Paul Althaus: »Das Leibliche ist in vielen Fällen Gestalt des Seelisch-Geistigen, in welcher dieses erst ganz zu sich selbst kommt.« (Von der Leibhaftigkeit der Seele. In: Universitas 9/1952, 916)

Dieser Entwicklungsprozeß dürfte dem AT starke Impulse verdanken. Die Bedeutung, die dort auch den weltimmanenten Realitäten beigelegt wird, wirkt allen Neigungen zum Spiritualisieren heilsam entgegen. In umfassender Weise läßt sich ein positives Verhältnis zu der Körperhaftigkeit alles Seienden vom Schöpfungsglauben her gewinnen. Insbes. hat »Israel sich nicht in der Ansicht beirren lassen, der Mensch sei wesenhaft als leiblich bestimmte Einheit zu verstehen« (Hermann Ringeling: Der Christ im Kampf ums Dasein. Hamburg 1963, 70). Daß diese Einstellung eine ungezwungene Bejahung auch der menschlichen Geschlechtlichkeit einschloß, sehen wir heute wieder deutlicher. Nachdem zB das Hohelied nicht mehr allegorisch überstrapaziert werden muß, kann man sich von ihm zur Freude an der Leibhaftigkeit eines geliebten Menschen ermuntern lassen.

Zu solcher Bejahung der Leiblichkeit des zwiegeschlechtlichen Menschen zu führen, ist eine der zentralen Aufgaben christlichen Glaubens und christlicher Lebenshilfe (= [früher] »Seelsorge«). Die Annahme des eigenen Leibes als einer Gabe Gottes impliziert die Bereitschaft, verantwortlich bzw. »treuhänderisch« mit ihm umzugehen. Ein Mensch, der seinen Körper gar nicht schont und so seine Gesundheit untergräbt, ist — auch wenn es in »frommer« Absicht geschieht! — ein schlechter Haushalter.

II. Im Blick auf ein anderes Bedeutungsfeld des biblischen Soma-Begriffes beginnen wir gleichfalls wieder verschüttete Wahrheiten neu zu entdecken. Das Bild von der → Kirche als dem Leib Christi erlangt dank der »ökumenischen Bewegung« neue Aktualität. Wegen seines doppelten Aussagegehaltes ist das begrüßenswert:

Einmal wird durch die Bezeichnung Jesu Christi als des Hauptes die konstitutive Vorrangigkeit des Kyrios vor der Kirche (κυριακόν *[kyriakọn]* = das zum Herrn Gehörige!) im Rahmen eines unauflöslichen Bezugsverhältnisses sichergestellt.

Zum andern lenkt die Vorstellung vom vielgliedrigen Leib die Aufmerksamkeit auf die im kirchlichen Leben erforderliche Pluriformität. Wie es in der Einzelgemeinde notwendig ist, die vorhandenen Gaben und Fähigkeiten — und nun eben nicht bloß der kirchlichen Angestellten! — zum Besten der ganzen »Körperschaft« zu entfalten, so könnte sich auch das Miteinander verschiedener Denominationen durchaus als fruchtbar erweisen. »Leib Christi« meint nicht Uniformität, sondern Vielfalt. Der Begriff zielt nicht auf die Einheit einer Superkirche, wohl aber auf die Einmütigkeit aller christl. Kirchen.

Verstehen sich die Kirchen als Teile des einen Leibes Christi richtig, dann umschließt solches Selbstbewußtsein das Wissen um die Verantwortung nicht nur Gott, sondern auch der Umwelt gegenüber. Diese sollte dabei freilich nicht nur und nicht zu vordergründig als »Bekehrungsobjekt« angesehen werden. Daß man lange Zeit hindurch den gesellschaftsdiakonischen Aspekt des missionarischen Auftrages der Kirche nicht oder zu wenig berücksichtigte, erscheint geradezu als eine Art sozialer Leibfeindlichkeit, die der Abwertung des Körperlichen und der Sexualität im Lebensbereich des Einzelnen entspricht. Es ist gut, daß Christen unserer Zeit auch an diesem Punkt zum Umdenken gebracht werden. Denn der Glaube ist keine Angelegenheit bloß des inneren Menschen. Er verlangt nach konkreter Gestaltwerdung, nach Praktizierung. »In der praxis pietatis geht es um die glaubwürdige Leibhaftigkeit des Glaubens« (Gerd Heinz-Mohr, Praxis pietatis. In: Abschied vom Christentum? Hamburg 1967², 233).

Natürlich meint die Betonung der Diakonie, des Dienstes im Bereich leiblicher Wirklichkeit nicht, daß der Auftrag der Kirche sich darin erschöpfe. Die Einseitigkeit der Leibfeindlichkeit in der Vergangenheit kann nicht durch eine neue, gegenläufige Einseitigkeit wettgemacht werden. Weder darf der Leib des Menschen nun den Geist und die Seele unterjochen, noch darf der Leib Christi sich in der Welt an die Welt verlieren.

III. Legitimiert wird die christl. Bejahung der Leiblichkeit letztlich durch ihren steten Bezug auf die Inkarnation Jesu Christi. Weil Christus Fleisch wurde, kann der Mensch sich seiner Leiblichkeit unverkrampft freuen. Und wie Christus im Leib den Menschen diente, so soll auch der Christ zum Dienst bereit sein. »Der Mensch soll dahinwirken, daß er sich inkarniere, denn durch die Einbildung ist er desinkarniert. Was in uns von Satan herrührt, das ist die Einbildung« (Simone Weil, Schwerkraft und Gnade. 1954², 132).

Zum Kampf gegen die Menschen verachtende Haltung sozialer Leibfeindlichkeit bedarf es der Befähigung durch das Haupt des Kirchenleibes. In diesem Zusammenhang ist auf die entscheidende Bedeutung der Abendmahlsfeier (→ Herrenmahl) hinzuweisen. Indem sie die Erinnerung an die Hingabe des Leibes Christi für alle Welt sinnenfällig aktiviert, läßt sie Kräfte frei werden für die praxis pietatis leibhaftiger Christen. *H. Chr. Hahn*

Lit.: HSchlier, Christus und die Kirche im Epheserbrief, 1930 – EKäsemann, Leib und Leib Christi, 1933 – AWikenhauser, Die Kirche als der mystische Leib Christi, 1937 – FHorst, Art. μέλος, ThWb IV, 1942, 559ff – EPercy, Der Leib Christi (σῶμα Χριστοῦ) in den paulinischen Homologumena und Antilegomena, 1942 – HGrobel, σῶμα as »Self, Person« in the Septuagint, in: Nt. Stud. f. RBultmann, BZNW 21, 1954, 54ff – AOepke, Leib Christi oder Volk Gottes bei Paulus, ThLZ 79, 1954, 363ff – HSchlier, Art. Corpus Christi, RAC III, 1957, 437ff – HKoller, σῶμα bei Homer, Glotta 37, 1958, 278ff – WKütemeyer, Art. Leib und Seele, EKL II, 1958, 1062ff – JReuß, Die Kirche als Leib Christi und die Herkunft dieser Vorstellung bei dem Apostel Paulus, BZ NF 2, 1958, 103ff – CColpe, Zur Leib-Christi-Vorstellung im Epheserbrief, in: Judentum, Urchristentum, Kirche, BZNW 26, 1960, 172f – PPokorny, Σῶμα Χριστοῦ im Epheserbrief, EvTh 20, 1960, 456ff – HHegermann, Zur Ableitung der Leib-Christi-Vorstellung, ThLZ 85, 1960, 839ff – CColpe, Die religionsgeschichtliche Schule, FRLANT NF, H. 60, 1961 – HConzelmann, Der Brief an die Epheser, der Brief an die Kolosser, NTD 8, 1961⁹ – ESchweizer, Die Kirche als Leib Christi in den paulinischen Homologumena; Die Kirche als Leib Christi in den paulinischen Antilegomena, ThLZ 86, 1961, 161ff.241ff (= Neotestamentica 1963, 272ff) – JJMeuzelaar, Der Leib des Messias. Eine exeget. Studie über d. Gedanken vom Leib Christi i. d. Paulusbriefen, 1961 – HSchlier, Der Brief an die Epheser, 1963⁵ (Exkurs: τὸ σῶμα τοῦ Χριστοῦ, 90ff) – RBultmann, Theologie des Neuen Testaments, 1964⁵, § 17 – EKäsemann, Anliegen und Eigenart der paulinischen Abendmahlslehre, Ex. Vers. u. Bes. I, 1964³, 11ff – ders., Das Interpretationsproblem des Epheserbriefes, in: Ex. Vers. u. Bes. II, 1964, 253ff – ESchweizer, Art. σῶμα, ThWb VII, 1964, 1024ff – OSander, Leib-Seele-Dualismus im Alten Testament?, ZAW 77, 1965, 329ff – JRPorter, The Legal Aspects of the Concept of »Corporate Personality« in the Old Testament, VT XV,3, 1965, 361ff – BReicke, Body and Soul in the New Testament, StTh 19, 1965, 213f – APlack, Die Gesellschaft und das Böse, 1967, S. 199–216 – AMitscherlich, Krankheit als Konflikt. Studien z. psychosomat. Medizin I, 1968³, bes. 53ff – ELohse, Die Briefe an die Kolosser und an Philemon, KEK IX,2, 1968¹⁴ – ESchweizer, Die Leiblichkeit des Menschen: Leben – Tod – Auferstehung, EvTh 29, 1969, 40ff – KABauer, Leiblichkeit – das Ende aller Werke Gottes, 1971 – SGSternberger, Der Leib der Auferstehung, 1972 (= Analecta Biblica, 56) – RHGundry, Soma in Biblical Theology with Emphasis on Pauline Anthropology, 1976 (= SNTSMS, 29).

Leiden

πάσχω

πάσχω [pąs·chō] leiden, erdulden · κακοπαθέω [kakopathęō] Unglück erleiden, Ungemach geduldig ertragen · συγκακοπαθέω [synkakopathęō] mit jemandem zusammen Ungemach erleiden · συμπαθέω [sympathęō] Mitleid haben · συμπάσχω [sympąs·chō] mitleiden, in Mitleidenschaft ziehen · πάθημα [pąthæma] Leid, Unglück, Leidenschaft · παθητός [pathætǫs] dem Leiden unterworfen, leidensfähig

I Die etymologische Herkunft von πάσχω [pąs·chō] (Stamm: πενθ- [penth-], πονθ- [ponth-], παθ- [path-]) ist noch ungeklärt.

1) Das seit Hom. gebrauchte Verb sagt in seiner Grundbedeutung zunächst nur etwas aus über das Erleben, Erfahren einer mich beeinflussenden, außerhalb meiner gelegenen Wirklichkeit. Durch sie widerfährt mir etwas zu meiner Freude oder meinem Schmerz. Den Gegensatz dazu bilden Verben der freien Tätigkeit wie zB ἔρξαι [ęrxai] (Hom. Od. 8,490), ἐνεργεῖν [energęin] (Corp. Herm. XII,11; → Werk, Art. ἔργον) u. a.

2a) πάσχω [pąs·chō] bezeichnet urspr. nur ein Betroffensein, so daß die Wertung solchen Betroffenseins in beigeordneten Begriffen ausgesprochen werden muß (κακῶς πάσχειν [kakǭs pąs·chein], *übel dran sein*, Hom. Od. 16,275; εὖ πάσχειν [eu pąs·chein], *gut dran sein*, Soph. Oed. Col. 1489). Da aber negative Beifügungen häufiger sind, setzt sich ein Sprachgebrauch durch, in dem πάσχω [pąs·chō] ohne positiv wertende Zusätze durchweg in negativem Sinn zu verstehen ist: aus *Betroffensein* wird *Leiden* (ἀνθρώπινόν τι πάσχειν [anthrǭpinǫn ti pąs·chein], *sterben*; weitere Belege bei Michaelis 904,16ff). In den meisten Fällen handelt es sich aber um ein Leiden durch ein Ausgeliefertsein an ein ungünstiges Schicksal oder übelwollende Menschen und Götter (Diog. Laert. 5,61; Diod S 13,98,2), selten um das Erleiden einer Strafe (vgl. Michaelis, 904,24ff).

b) Bei dem Subst. τὸ πάθος [to pąthos] liegen die Dinge ähnlich. Es bezeichnet das passiv *Erfahrene*, im Gegensatz zu Subst.en, die akt. Handeln bezeichnen, wie ἔργον [ęrgon] (→ Werk), πρᾶξις [prąxis] (→ Werk, Art. πράσσω) und ποίημα [pǫiæma] (→ Werk, Art. ποιέω), wobei die Wertung des Erfahrenen in kommentierenden Beiwörtern erfolgt (zB μακάριον πάθος πάσχειν [makąrion pąthos pąs·chein], *sich in einem glückseligen Zustand befinden*, Plato Hipp. min. 364,A). Zumeist wird aber πάθος [pąthos] verwendet, um die Affekte der Seele zu beschreiben, dh menschliche Empfindungen und Triebe, die der Mensch nicht in sich erzeugt, sondern vorfindet, ja die ihn mit sich reißen können. Während in diesem Sinne πάθος [pąthos] von Aristot. in gutem und bösem Sinne gebraucht wird (vgl. bes. Eth. Nic. 2,4.1105b,20f), bekommt vor allem bei den Stoikern πάθος [pąthos] ein negatives Übergewicht: *Leidenschaft* (s. u. 4).

3) Schon früh wird nach Zweck und Sinn des Leidens gefragt: Dem eigenen und fremden Leid kann ein pädagogisch heilsamer Zweck innewohnen; schlimme Erfahrungen machen klug, meint der Epiker Hesiod (Op. 218). Vertiefend gilt es in der Tragödie zu erfahren, daß wir durch Leiden lernen (Aischyl. Ag. 170), wer wir sind und was uns zukommt (Aischyl. Prom. 309).

4) In der Stoa ist der Begriff des Leidens kosmologisch-universal ausgeweitet. Jede nichtgöttliche Existenz ist dem Affiziertwerden, dem Leiden, unterworfen. Die »Affekte« hindern Erkenntnis und Verwirklichung der Tugend. So fordert der Stoiker die Überwindung der Leidenschaften (πάθη [pąthæ]) und erstrebt das Ideal der Leidenschaftslosigkeit (ἀπάθεια [apątheia]).

5) Auch nach den hermetischen Schriften ist alles Geschaffene dem Leiden unterworfen, und nur in den obersten himmlischen Regionen ist Leiden unbekannt. So erhebt sich für den Mysten die Forderung nach Befreiung des Ichs von dem → Leib (vgl. auch → Erkenntnis, Art. γινώσκω I). Sie vollzieht sich schon jetzt in der Ekstase, endgültig jedoch erst nach dem Tod (vgl. Michaelis, 905,30ff).

II 1) In der LXX findet sich πάσχω [pąs·chō] nur 21mal. Es dient einerseits zur Übers. des hebr. *chāmal, Mitleid empfinden* (Ez 16,5; Sach 11,5), andererseits zur Übers. von *chālāh* nif., *affizieren, beeindrucken* (Am 6,6). Ein klares Äquivalent zu πάσχω [pąs·chō] fehlt dem Hebr. – Das gleiche gilt für τὸ πάθος [to pąthos]. In Hi 30,31 ist es Übers. von *'ēbæl*, das aber sonst durchweg angemessener mit τὸ πένθος [to pęnthos], *Trauer*, wiedergegeben wird (Gen 27,41; Dtn 24,8; Jes 60,20; Am 5,16 u. ö.). Das, was der Grieche mit πάσχω [pąs·chō] und seinen Derivaten inhaltlich meint, findet sich jedoch deutlich im AT, auch wenn äquivalente hebr. Begriffe nicht vorliegen. – Es begegnen uns im AT verschiedene Gedankenkreise, die sich mit der Frage nach dem Leiden befassen.

a) Am verbreitetsten ist die Beantwortung der Frage nach der U r s a c h e des Leidens durch den Gedanken der Kausalität der schicksalwirkenden Tat: Die böse Tat rächt sich von selbst durch ihre Konsequenzen und bereitet so Leiden. Dieser Gedanke ist keineswegs subjektiv-individualistisch eingeengt (Gen 20,3ff; Jos 7; 1Sam 14,24ff) und steht so Gedankengängen griech. Tragödien nahe:

»Das moralische Leiden des Ödipus wird . . . dadurch hervorgerufen . . ., daß er – ohne es zu wissen und zu wollen – etwas getan hat, was objektiv furchtbar ist« (K. v. Fritz, 195).

b) Andererseits wird – bes. in der weisheitlichen Dichtung – dieser Gedanke auf die Person eingeengt, was sicher mitbedingt ist durch auf die Exulanten fraglos befreiend wirkende Botschaften wie Ez 18. »Wer eine Grube gräbt, fällt darein, und wer einen Stein wälzt, auf den rollt er zurück« (Spr 26,27). Für die sittliche, wissentlich gefällte Entscheidung ist jeder einzelne persönlich verantwortlich.

c) Diese beiden Gedanken bedeuten aber keine Alternative. Vielmehr zeigen sie, daß sich Israel immer neu bemüht hat, Jahwes geschichtliches Handeln, das ins Leiden führt, zu begreifen. Ist Jahwe kein toter, sondern ein lebendiger Gott, so kommt Gutes wie Böses von ihm (Am 3,6; Hi 2,10), wenngleich er auch ihm untergebene zwischeninstanzliche Werkzeuge einschalten kann (1Kön 22,19–23; Hi 1,1–2,10; Ri 9,23), und einem zufälligen Leiden wird so gut wie kein Raum gelassen (vgl. aber 1Sam 26,10). Die Frage nach dem Leiden wird nicht anthropologisch durchdacht, um ein tieferes Existenzverhältnis zu gewinnen (s. o. I,3), sondern ist eine Frage nach Gottes Führung. So kann G. v. Rad zur Josephsgeschichte sagen: ». . . diese Kette von Schuld und Leid hat nichts mit dem pessimistischen Schicksalsglauben der griech. Tragödie zu tun, denn die Josephsgeschichte ist ausgesprochenermaßen eine Führungsgeschichte« (Theol. AT I,176).

d) Daß die Frage nach d e m und die Frage nach m e i n e m Leiden nicht in Konkurrenz zu sehen sind, zeigen die Klagepsalmen, in denen alle nur erdenklichen Leiden auf den Beter gehäuft werden (Ps 22). Sie geben keine Biographien oder allegorisch ausgedrückten Seelenzustände des Beters wieder, sondern sie sind liturgische Formulare, die die Gemeinde für viele darreicht. Entscheidend für den Beter ist die Erfahrung des Trostes im Leiden durch das priesterliche Heilsorakel (Begrich) bzw. die Zuflucht bei Jahwe (Ps 17,8 u. ö.), nicht die Analyse seiner persönlichen Leiden.

2) Erst im Laufe der Zeit tritt neben die Frage nach der Ursache des Leidens die nach seinem Z w e c k. So findet sich in Spr 12,1; 13,1 ein pädagogischer Zweck angegeben: Leiden führt zur Besserung!

3) In kompromißloser und radikaler Weise setzt sich das Hiobbuch vor allem mit dem in 1a) genannten Leidensverständnis auseinander. Einen Kausalnexus zwischen Schuld und Leid kann Hiob für seine Person nicht anerkennen (6,24). Was ihm bleibt, ist die Erkenntnis, daß ein Mensch den unendlich überlegenen Gott nicht vor Gericht bringen kann (9,32f). So endet das Buch mit der hymnischen Selbstprädikation des gewaltigen Gottes, dessen undurchschaubare Weisheit den Menschen auch angesichts unbegreifbaren Leids zum Schweigen zwingt (38,1–42,6); denn welcher Mensch könnte sich anmaßen, die Dunkelheiten des menschlichen Lebens in der Welt zu verstehen und Gott einen Rat bzw. eine Rüge erteilen zu können? – So fordert das Hiobbuch auf, sich nicht blindlings einem theol. verständlichen Sünde-Leid-Schematismus, wohl aber Gott unterzuordnen.

4a) Das Leiden des Unschuldigen begegnet ferner als exemplarisches Leiden des Auserwählten (Mose: Num 11,11; Elia: 1Kön 19; Hosea: Hos 1–3; Jeremia: Jer 15,10; 18,18; 20,14ff). Sein A m t bringt Leiden mit sich. »Den Auftrag der Propheten lehnen die Hörer ab und damit den Gott, der diesen Auftrag gibt. So wird am Schicksal der Propheten der Widerspruch Israels gegenüber Jahwe sichtbar. Es stößt seine Propheten und damit ihn selber zurück« (Stamm, 67). So wird das Leiden Jahwes an der → Sünde seines Volkes durch das Leiden der Erwählten (→ Erwählung) exemplifiziert.

b) Der Gedanke des stellvertretenden Leidens wird mit besonderer Eindringlichkeit in der Botschaft vom »leidenden Gottesknecht« (→ Sohn Gottes, Art. παῖς θεοῦ) entfaltet. Sein Leiden wird begriffen als Strafe für die Sünden anderer (Jes 53,4–6).

5) In Weish trifft man wieder auf das pädagogische Moment des Leidens (12,22). Die Feinde Israels leiden als Bestrafte (12,25.27), die gewarnt werden sollen (12,20.26). Für die Kinder Gottes ist das Leiden die behutsame (12,21) Hinführung durch Gott zur Buße (12,19). Die Deutung des Leidens ist jedoch nicht pädagogisch-anthropozentrisch (s. o. I,3), sondern teleologisch-soteriologisch orientiert. Nach 2Makk leidet auch der Gottesfürchtige als Strafe für seine Sünde (7,18.32), jedoch ist auch ein fröhliches Leiden märtyrerhafter Art »aus Gottesfurcht« (6,30) denkbar (→ Furcht, Art. φόβος II,2). Während bei Philo »die Behandlung des Leidensproblems nach Form und Inhalt in die griechisch-hellenistische Pathos-Lehre eingebettet« bleibt (Michaelis 908,39f), findet sich bei Josephus, der den Begriff gerne und häufig gebraucht, für den frommen Juden auch die Möglichkeit eines märtyrerhaften Leidens »für das Gesetz« (Bell. 2,196). Selten wird πάσχω *[paṣ·chō]* im Sinne glückhaften Erlebens gebraucht (Ant. 3,312), öfter im Sinn von *erdulden* (Ant. 7,209 u. ö.), Strafe (Ant. 4,270 u. ö.), u. U. *den Tod erleiden* (Ant. 9,43). Aber nicht jedes πάσχειν *[paṣ·chein]* führt zum Tode. Im Rabbinismus – bes. nach der Zerstörung Jerusalems und dem damit verbundenen Wegfall des dortigen Sühneopfers – wurde dem Strafe-Erleiden, das zur Buße führen soll (St.-B. II,274–82) und für das man Gott nur danken kann (ebd. 274.277), sühnende Kraft zuerkannt (aaO, I,169.417f). Doch kannte man auch stellvertretendes (aaO, II,275.279–82) und verdienstliches (ebd. 193f.275) Leiden. Nach der rabb. Leidenstheol. können die irdischen Leiden die Vergeltung im kommenden Äon günstig beeinflussen (vgl. 1Petr 4,1). So kann der Gerechte im Lei-

den geradezu die Liebe Gottes am Werk sehen, während der Ungerechte, der nichts zu leiden hat, durch sein Verschontwerden keine Chance zur Sühne bekommen soll (Wichmann). Freilich muß gesagt werden, daß die Leidenstheol. nicht terminologisch, sondern nur sachlich auf πάσχω *[pąs·chō]* mit seinen Derivaten aufbaut (vgl. Texte bei Wichmann, 91ff). – In Gen r 44,6 zu Gen 15,1 steht – wohl polemisch gegen das Christentum gerichtet – der Satz, daß es in jeder Generation einen Gerechten gibt, der durch sein Leiden Sühne schafft (vgl. auch Midrasch Hhld 1,14 § 60).

1) Weder in at. Zitaten oder Reminiszenzen noch im JohEv und den Joh-Briefen kommt das 42mal im NT verwendete Verb vor. Auch Offb (außer 2,10) kann es entbehren. Von den kath. Briefen verwendet es nur 1Petr. Paulus gebraucht es selten (zusammen mit συμπάσχω *[sympas·chō]* 9mal), die Synopt., Apg und Hebr dagegen sehr häufig. Das Subst. πάθημα *[pąthæma]* findet sich überhaupt nur bei Paulus (8mal, davon 2mal im Sinn von *Leidenschaft*: Röm 7,5; Gal 5,24), im 1Petr (4mal), im Hebr (3mal) und in 2Tim 3,11. – συγκακοπαθέω *[synkakopathęō]* wird nur von 2Tim (2mal) verwendet – ebensooft auch κακοπαθέω *[kakopathęō]*; dieses dazu noch Jak 5,13 – und bezieht sich nur auf Menschen in der → Nachfolge Christi. Daß Christus dem Leiden unterworfen war (παθητός *[pathætǫs]*), wird nur in Apg 26,23 gesagt; daß der Erhöhte zum Mitleid fähig ist Hebr 4,15, daß seine Nachfolger es sind Hebr 10,34 (συμπαθέω *[sympathęō]*).

Wenn man berücksichtigt, daß die synopt. Evgg. in gewisser Weise nach hinten, aber auch nach vorne verlängerte Passionsberichte sind (Kähler, Dibelius, Bultmann), die Passion also ihr Zentrum bildet, so ist auffällig, daß die Begriffe πάσχω *[pąs·chō]* und πάθημα *[pąthæma]* doch relativ wenig gebraucht werden. Joh, der das ganze Leben des in die Welt gekommenen Logos als dessen Passion darstellt (1,5.11 u. ö.), in der er sich verherrlicht (→ Ehre, Art. δόξα), verwendet die Wortgruppe überhaupt nicht. Von der Statistik der Wortgruppe her läßt sich also der Passionsgedanke für das NT nicht ausreichend erschließen.

2) Es gibt nur wenige Stellen, an denen πάσχω *[pąs·chō]* mit Derivaten in theol. unprofiliertem Sinn gebraucht wird. So sollte man es zwanglos in Gal 3,4 und Lk 13,2 mit *erfahren* übers. (s. auch Apg 28,5). Die Frau des Pilatus hat im Traum Ängste durchmachen müssen (Mt 27,19). Die blutflüssige Frau hat von einer Anzahl Ärzte viel erlitten (Mk 5,26), dh sie haben an ihr viel »herumgedoktert« (Michaelis 911,21).

Vornehmlich jedoch dient die Wortgruppe dazu, das Leiden Christi und seiner Nachfolger zu beschreiben.

3) Das Leiden Christi

a) πάσχω *[pąs·chō]* kann in bezug auf die Passion Jesu in doppelter Weise gebraucht werden: einmal kann es sich allein auf den → Tod Jesu beziehen. Das gilt bes. da, wo Leiden und Auferstehen (Lk 24,46; Apg 3,18.15; 17,3), Leiden und Hineingehen in die Herrlichkeit (Lk 24,26), Leiden und Sich-lebendig-Erweisen (Apg 1,3) ohne ausdrückliche Erwähnung des Sterbens nebeneinander genannt werden. Hier wird das Leiden Jesu als πάθημα τοῦ θανάτου *[pąthæma tou thanątou]* (Hebr 2,9), dh als Sterben verstanden (Hebr 13,12).

Daneben aber kann sich offenbar in den viergliedrigen Aussagen der ersten Leidensankündigung nach Mk (8,31) und Lk (9,22) das πολλὰ παθεῖν *[pollą pathęin]*, *viel leiden*, nur auf die dem hohenpriesterlichen Verhör vorangehenden Leiden beziehen, wohl kaum aber auf Jesu Tod, da das Getötetwerden als drittes Aussageglied gesondert erwähnt wird und πολλὰ παθεῖν *[pollą pathęin]* nicht Oberbegriff von Verworfen- und Getötetwerden und Auferstehen sein kann. Die zu den ersten beiden Gliedern der Aussage parallele Formulierung Lk 17,25 legt aber nahe, daß »Leiden und Verworfenwerden« festgefügte Formel ist. Sie besagt: »von seiten Gottes ist das Geschick Jesu ein πολλὰ παθεῖν *[pollą pathęin]*, von seiten der Menschen ein ἀποδοκιμασθῆναι *[apodokimasthænai]*«, (*verworfen werden*; Michaelis 914,11f; vgl. II,4a). Von Mt (16,21) wird dieses πολλὰ παθεῖν *[pollą pathęin]* jedoch bewußt auf die Erlebnisse Jesu bis zu seinem Tod hin ausgedehnt: »Jesus wird viel leiden von den Ältesten, Hohenpriestern und Schriftgelehrten, und getötet . . . und . . . auferweckt werden«.

b) Wesentlich ist dem NT, daß Jesu Passion nicht eine zufällige ist, sondern unter einem göttlichen δεῖ *[dei]*, *muß*, steht (Mt 16,21 par; Lk 17,12.15; 24,26; Apg 17,3) und vom

AT angekündigt worden ist (Mk 9,12; Lk 24,26; Apg 3,18; 1Petr 1,11). So kann der Verf. des Hebr sagen, daß Jesus in Analogie zu dem at. Sündenbock (Lev 16,27) außerhalb des Jerusalemer Stadttores gelitten habe (13,11–13).

c) Das heilsgeschichtliche »Muß« (→ Notwendigkeit, Art. δεῖ) des Leidens Christi bekommt seinen soteriologischen Aspekt dadurch, daß das Leiden Jesu als Sühnopfer (→ Opfer) für unsere → Sünden den Charakter der Stellvertretung erhält (Hebr 13,12; 1Petr 2,21 u. ö.) und sinngemäß mit Zitaten aus Jes 53 belegt werden kann (vgl. 1Petr 2,22.24 mit Jes 53, 9.5). So wird Jesus durch sein Todesleiden (Hebr 2,9f) für die Glaubenden der Urheber (ἀρχηγός *[archægọs]*; → Anfang; Art. ἀρχή) ihres Heils (σωτηρία *[sōtærịa]*, → Erlösung; vgl. II,4b; vgl. auch → Versöhnung).

d) Von daher ist es notwendig, die Einzigartigkeit des Leidens Jesu Christi zu betonen. Sie zeigt sich darin, daß bei den Synopt. nur in Worten Jesu, die sich auf seine eigene Passion beziehen, πάσχω *[pạs·chō]* gebraucht wird. Auch Hebr verwendet es nur im Zusammenhang mit Christus (außer 10,32). Zum anderen betont vor allem Hebr die Einmaligkeit, Allgenugsamkeit und Unergänzbarkeit des Sühnopfers Jesu: sein stellvertretendes Leiden geschah ἐφάπαξ *[ephạpax]* (7,27; 9,12; Röm 6,10; vgl. 1Petr 3,18; → Einer, Art. ἅπαξ).

e) Jesu stellvertretendes Leiden bedeutet für seine Nachfolger jedoch nicht glückliche Befreiung vom irdischen Leid, sondern Befreiung zum irdischen Leid. Er hat gelitten und ist versucht worden wie wir (Hebr 2,18), doch ohne Sünde (4,15); ja er kann, weil es ihm genauso erging wie seinen Nachfolgern, als der Erhöhte »Mitgefühl mit ihren Schwachheiten« (συμπαθῆσαι *[sympathæ̣sai]* ebd.) haben. Sein Leiden war für ihn Prüfung, er lernte an ihm Gehorsam (5,8). Als durch Leiden Geprüfter (s. o. II,3) ist Jesus Vorbild und Beispiel (ὑπογραμμός *[hypogrammọs]* 1Petr 2,21; → Schrift, Art. γραφή). Sein Leiden enthält die Forderung der Nachfolge im Leid (1Petr 2,21; Hebr 13,12f).

f) Nur in Apg 26,13 wird gesagt, Jesus sei dem Leiden unterworfen gewesen (παθητός *[pathætọs]*). Da im Kontext Leiden und Auferstehen zusammen genannt werden (vgl. 3a), liegt sachliche Verwandtschaft mit Lk 24,46 und Apg 17,3 nahe. Die Frage ist also nicht die, ob Jesus, da er ja Gott sei, habe leiden können. Je mehr die Gottheit Jesu in nach-nt. Zeit in den Vordergrund tritt, um so mehr sieht man sich einem Doketismus ausgesetzt, der von der Göttlichkeit Jesu auf seine Leidensunfähigkeit schließt (s. o. I,4.5). Für Ignatius heißt jedoch vom Sühnegedanken her Scheinleiden auch Scheinerlösung (IgnSm 4,2). Wohl ist Jesus Christus ἀπαθής *[apathæ̣s]*, *leidensunfähig*, als der Prä- (IgnPol 3,2) und der Postexistente (IgnEph 7,2). An seinem vollkommenen Menschsein (IgnSm 4,2) und damit an seiner Leidensfähigkeit (vgl. das παθόντος σαρκί *[pathọntos sarkị]* 1Petr 4,1) muß aber aus soteriologischen Gründen festgehalten werden.

4) Das Leiden der Nachfolger Christi

a) Leiden und Gemeinschaft. Von dem nt. Gedanken der κοινωνία *[koinōnịa]* (→ Gemeinschaft; → Herrenmahl) ist der des Leidens unabtrennbar. Wer sich mit der gleichen Gesinnung wappnet wie Christus, wird körperlich (1Petr 4,1) zu leiden haben (vgl. 2Kor 11,23ff). Das Leiden »als Christ« (1Petr 4,16) bedeutet Gemeinschaft mit den Leiden Christi (1Petr 4,13; Phil 3,10), mit ihm leiden (συμπάσχομεν *[sympạs·chomen]* Röm 8,17); ja die Leiden Christi und der Gemeinde können – im Sinne mystischer Vereinigung – identifiziert werden (2Kor 1,5; vgl. Gemeinde als Leib Christi; → Kirche). Gemeinsames Leid verbindet verschiedene Gemeinden untereinander (1Thess 2,14; 1Petr 5,9) sowie eine Gemeinde in sich. Nicht nur Mitleid haben, sondern ein sich existentiell engagierendes Mit-Leiden (συμπάσχω *[sympạs·chō]*) fordert die Bekenntnissolidarität innerhalb einer Gemeinde (1Kor 12,26; Hebr 10,34). Wichtig ist ferner die Leidensgemeinschaft des → Apostels mit der Gemeinde (2Kor 1,6f) oder einem Schüler (2Tim 1,8; 2,3). Jesus Christus ist Vorbild (1Petr 2,21). Das gilt für den Apostel (vgl. auch für Ignatius: IgnRöm 6,3) als einem »Zeugen der Leiden Christi« (1Petr 1,5) ebenso wie für diejenigen, die dem Apostel nachfolgen (2Tim 3,10f) oder zur Nachahmung des Apostels aufgefordert werden (1Kor 11,1). So wie die Propheten gute Vorbilder im Ertragen unrechten Leidens waren (κακοπαθία *[kakopathịa]* Jak

5,10) – die Wüstengeneration, die sich nach Schlechtigkeiten (κακία *[kakia]*) gelüsten ließ, war demgegenüber ein schlechtes Beispiel (1Kor 10,6) –, so gilt das jetzt für die Apostel. Ihre Leiden sind Diakonie (→ Dienen, Art. διακονέω). Die διάκονοι *[diakonoi]* der Kirche weisen sich durch ihr Leiden aus (vgl. 2Kor 11,23ff). Des Apostels »Leiden für die Kirche« (Kol 1,24f) hat nicht soteriologische, sondern missionarische Bedeutung.

Nicht jedes Leiden aber ist Christusleiden. Wesentlich für ein echtes Christusleiden der Apostel und der Gemeinde ist, daß sie um ihres Amtes bzw. ihrer Berufung willen leiden (vgl. II,4a), daß also »als Christ« (1Petr 4,16) gelitten wird, daß das Leiden unrechtmäßig ist (2,19f), daß man nicht als Übeltäter (4,15; Lk 23,32ff), also zu Recht (Lk 23,41; vgl. auch 1Petr 4,15), oder gar als Mörder (1Petr 4,15), sondern nur wie ein Übeltäter angesehen wird (2,12) oder leidet (2Tim 2,9 κακοπαθῶ *[kakopathō]*). Das rechte Leiden als ein »Leiden nach Gottes Willen« (1Petr 4,19) wird apostrophiert als Leiden »im Namen« Jesu Christi (Apg 9,16; Phil 1,29) oder »für das Evangelium« (2Tim 1,8), als ein Leiden »eingedenk des Mitwissens Gottes« (1Petr 2,19; → Gewissen), als ein Leiden »um der Gerechtigkeit willen« (1Petr 3,14) und – im Horizont der Hoffnung – als ein Leiden »für das Reich Gottes« (2Thess 1,5).

b) Der eschatologische Aspekt des Leidens. Wie für Christus das Leiden nicht etwa in sich selbst Ziel, sondern Mittel zur Vollendung (Hebr 2,10) ist, so auch für seine Nachfolger (1Petr 5,9: in der Übers. von ἐπιτελεῖσθαι *[epiteleisthai]* mit *treffen, zustoßen* (sc. der Leiden) fehlt leider der für griech. Ohren unüberhörbare τέλος *[telos]*, → *Ziel*-Bezug). Entscheidend für den Christen ist daß er um des Zieles der βασιλεία τοῦ θεοῦ *[basileia tou theou]* willen leidet. Gegenüber der Hoffnung auf die »ewige Herrlichkeit« schmilzt die Leidenszeit auf ein »Weniges« (1Petr 5,10) zusammen. In Röm 8,18 betont Paulus, daß die jetzigen Leiden in überhaupt keinem vergleichbaren Verhältnis zu der künftigen Herrlichkeit stehen, weshalb bereits das Leiden als Begnadung (Phil 1,29; 1Petr 2,19) von seiten des »Gottes aller Gnade«, der »zu seiner ewigen Herrlichkeit berufen hat« (1Petr 5,10), angesehen werden kann. Das JohEv betrachtet den ganzen Weg Jesu nur unter diesem Aspekt der Verherrlichung und gebraucht deshalb πάσχω *[pas·chō]*) erst gar nicht. Entsprechend nennt Paulus in Phil 3,10 als Zweck seines neuen Lebenswandels sein existentielles Bekanntwerden (→ Erkenntnis) zuerst mit der Kraft seiner (Christi) Auferstehung und erst danach mit der Gemeinschaft seiner Leiden. Im NT werden immer wieder Leiden und Herrlichkeit (Röm 8,17; 1Petr 5,1.10) sowie Leiden und → Geduld-haben (2Thess 1,4f; Hebr 10,32) miteinander in einem Atemzuge genannt. Und so begreift Paulus auch seine Gemeinschaft mit den Korinthern als Leidens- und Trostgemeinschaft (2Kor 1,7). Ja, Paulus kann die Vorläufigkeit des Leidens, das der eschatologischen Herrlichkeit voraufgeht, erweiternd auf die ganze → Schöpfung übertragen (Röm 8,18ff; vgl. I,4.5): Nicht nur der Mensch, sondern die ganze Schöpfung (vgl. Barn 6,9) ist leidend auf das herrliche τέλος *[telos]* hin unterwegs. So wartet der Christ nicht auf das Ende, sondern auf das Ziel des Leidens, denn der auferstandene Christus ist »nicht nur Trost im Leiden, sondern auch der Protest der Verheißung Gottes gegen das Leiden« (J. Moltmann, Theologie der Hoffnung, 17). Vgl. → Böse, Art. κακός.

B. Gärtner

V ZUR VERKÜNDIGUNG

Eine sinnvolle Predigt vom Leiden setzt voraus, daß der Prediger weiß, worunter Jesus Christus gelitten und nicht gelitten hat und worunter seine Hörer und er selbst leiden und nicht leiden. Wer nur das erste – sozusagen religionsgeschichtliche – kennt, wird vermutlich eine christologisch richtige Predigt halten; sie wird aber aller Wahrscheinlichkeit nach an dem Hörer vorbeigehen. Gerade hier kann es sich zeigen, ob der Prediger auch Seelsorger ist, ob er das wirkliche Leid in seiner Gemeinde kennt, oder ob er einem »anthropologischen Doketismus« (Thielicke, 97–113) verfallen ist, der sich ein allgemeines Bild vom sog. »modernen Menschen« gemacht hat, aber über diesem Menschenbild den Menschen selbst – und diesen dann eben auch mit seinem Leid – aus den Augen verloren hat. Sieht der Prediger hingegen nur den Menschen in seinem konkreten Leid und verliert die Passion des Sohnes Gottes aus den Augen, so kann er nicht mehr im Sinne des Evangeliums helfen.

1) Zunächst gilt es zu sehen, daß Leiden im biblischen Sinne, sei es Hiobs, des Gekreuzigten oder des Apostels (2Kor 6,4.5) Leiden, Körper (→ Leib) und → Seele betreffen. Eine Einengung des Leidensbegriffs auf das rein Körperliche ist zu oberflächlich und wird ganz gewiß auch dem Leiden Jesu Christi nicht gerecht. »Ich suche die unbeschreibliche Größe seiner Qualen nicht sowohl in den zerschlagenen Gliedern seines Leibes, nicht in der Verspottung und Schmach ... sondern ich suche sie vielmehr in dem Innersten seiner Seele« (Zinzendorf 1759; in Letzte Reden, 1784, S. 120). Ebenso wie der ganze Christus gelitten hat (kein doketistisches Scheinleiden!), ist das Leiden seiner Nachfolger auch Sache ihres ganzen Menschseins.

2) Wenn man mit Martin Fischers Formulierung sagt: »Im Leiden geschieht für ihn (den Christen) das vom Christen geforderte Teilnehmen am Leiden Gottes an der gottlosen Welt« (Überlegungen, 59), so wäre sofort ergänzend und präzisierend zu fragen: kann man überhaupt Krankheiten und Leiden, die heutzutage in so ungewöhnlich hohem Maße zu finden sind wie Krebs und Neurosen, so einordnen? Wie stellen wir uns zu ihnen? Sind sie Strafe Gottes? Wer wollte das – gerade im seelsorgerlichen Einzelfall – zu sagen wagen, ohne ein prophetisches Charisma für sich in Anspruch zu nehmen? Sind sie Mittel, die einem Menschen seine Unvollkommenheit zeigen und ihn so in die Arme Gottes führen wollen? Mit eindeutiger Sicherheit werden wir wohl solche Fragen nie beantworten können.

Ähnliches gilt für die Beurteilung eines Leidens, das durch äußere Repressalien entstanden ist (Christenverfolgungen in Rom, Konzentrationslager des 3. Reiches usw.). Für den heimlichen Bewunderer so Leidender scheint die Analogie zum leidenden Christus sehr nahe zu liegen, jedenfalls scheinen die so Verfolgten in ihrem Leiden dem Christusleiden näher zu sein als »Zivilisationskranke«. Aber wie schwer fällt es dem Verfolgten selbst zu unterscheiden, ob er nur – oder wenigstens hauptsächlich – um des Evangeliums willen leidet, oder ob er die ihn bedrängende staatliche Macht unnötig provoziert hat. In der Alten Kirche gab es auch einen falschen Drang zum Martyrium!

Gewiß aber ist: »Christusleiden ist nicht so sehr Ideal als *Existential* christlicher Existenz. Leidensnachfolge Jesu heißt also Tragen des gerade mir in meiner unverwechselbaren Situation widerfahrenden Leids in Entsprechung zum Leiden Christi. Wer mit Jesus gehen will, der verleugne sich selbst und nehme nicht Jesu Kreuz, auch nicht irgendein Kreuz, sondern sein, sein eigenes Kreuz auf sich und folge ihm nach« (Küng, 60). Weniger die Art und Weise des Leids überhaupt als die Art des *Tragens* des Leides, das einem Menschen persönlich aufgezwungen wurde, verbindet den Christen mit dem leidenden Christus.

3) Der Prediger wird von daher zwei Irrtümer abzuwehren haben:
Einmal: Kreuzesnachfolge heißt nicht, das Leid suchen. Auch Jesus hat es nicht gesucht, es wurde ihm aufgezwungen. Eine Leidensmystik, die selbstquälerisch Schmerz, Leid und Tod geradewegs herbeisehnt, liegt nicht auf der Linie der Kreuzesnachfolge Jesu. Schmerz bleibt Schmerz, Leid bleibt Leid: man soll das nicht umdeuten, glorifizieren (Küng, 60). Wie priesen bereits die Römer den Tod für das Vaterland! Wie wurde früher auch bei uns die Schädigung – zB die Verkrüppelung – auf dem »Felde der Ehre« verherrlicht! Die Verherrlichung solchen Leidens und Sterbens bedeutet im Grunde »Vergötzung des Leids« (zum Begriff vgl. Gödan, 141); denn es wird ihm hier – mindestens implizit – erlösende Funktion beigemessen. In solchem Sinne Leiden suchen heißt den Weg unbiblischer Selbsterlösung gehen wollen. Der Prediger, der ein solches Leidensverständnis vom Christusleiden her überwinden hilft, trägt mit dazu bei, »Vergangenheit zu bewältigen«.

Zum anderen: Eigenes Leid stoisch oder resignierend hinnehmen und fremdes Leid achselzuckend an sich vorbeiziehen lassen heißt auch nicht dem nachfolgen, der seinem eigenen Leid (Lk 12,50) und fremdem Leid (Mt 9,36) gegenüber seinen Schmerz nicht unterdrückt hat. Die Evgg. berichten, daß Jesus Zeichen aufrichtete gegen die Mächte des Bösen, der

Krankheit und des Todes. Seine Botschaft gipfelt in der Nächstenliebe (Mk 12,31 par). Sie wird exemplarisch in der Erzählung vom barmherzigen Samariter (Lk 10,25–37) verdeutlicht, und sie wird der kritische Maßstab im Endgericht (Mt 25,31–46) sein. Von daher ist resignierendes Zusehen unmöglich, und von daher erkannte auch die Urchristenheit die Notwendigkeit, tatkräftig für Leidende zu sorgen (s. u. 6).

4) Vielleicht besteht eines der größten Leiden der westlichen Christenheit darin, daß sie nicht in Verfolgung lebt, daher äußerlich kaum zu leiden hat und mithin die übliche christl. Predigt vom Leiden und Sterben Jesu Christi auch nicht auf sich beziehen kann. So werden die meisten Menschen zB von der – weitgehend ja noch besuchten – Karfreitagspredigt unerfüllt gelassen. Ein entscheidendes Hemmnis beim Verständnis der Passion Jesu Christi liegt sicherlich darin, daß die Bedeutung seines Leidens und Sterbens in verschiedenen nt. Theologien mit einer aus dem Opferkult stammenden Begrifflichkeit wiedergegeben wird (→ Kreuz, Zur Verkündigung). Die Passion mit Hilfe dieser Begrifflichkeit deutlich und existentiell zu machen, gelingt schon lange nicht mehr. Bereits vor 150 Jahren ließ Georg Büchner seinen Robespierre sagen: »Was sehen wir immer nur nach dem Einen? Wahrlich, der Menschensohn wird in uns allen gekreuzigt, wir ringen a l l e im Gethsemanegarten im blutigen Schweiß, *aber es erlöst keiner den andern mit seinen Wunden*« (dtv GA S. 24), und man könnte ergänzend hinzufügen: »mit seinem Tode«. Ein stellvertretendes Opfer erscheint unverständlich, ja unmöglich (vgl. Bultmann, Kerygma und Mythos, 20). Was soll der Prediger tun?

Er sollte diese Verstehensschwierigkeit nicht verharmlosen, sondern redlich zugeben. Er sollte dann auch nicht der Tendenz eines Teiles der Gemeinde nachgeben und dann doch wiederholen, was sprachlich zwar vertraut ist und heimatliche Gefühle erweckt, aber von seinen Hörern kaum mehr richtig verstanden wird. Repetieren statt Reflektieren wäre nicht nur unmissionarisch, sondern auch ein Zeichen für ein grundsätzliches Mißverstehen des → Geheimnisses von Gottes Offenbarung in Jesus Christus. Ihr Geheimnis liegt nicht darin, daß die Bedeutung von Jesu Leiden und Sterben nicht verstanden werden kann, sondern darin, daß diese Offenbarung Gottes menschlichem Wollen und Wünschen zuwiderläuft (Käsemann) und mithin auch in unerwünschtes Leiden führen kann.

In dem Gekreuzigten aber kommt Gott in die gottlose Welt, leidet mit ihr an ihrer Gottesferne, leidet also mit ihr an der Abwesenheit Gottes (Mt 27,46 par). So und nur so wird Gott mit dem Menschen solidarisch. Der Christ kann wie der Gekreuzigte unter der Abwesenheit Gottes leiden. Aber er leidet mit dem Gekreuzigten *zusammen* – zu andrer Zeit, in andrer Art, aber in gleicher Sache. Gerade dies verbindet ihn mit Gott. Hierin liegt von der Logik her gesehen die Paradoxie, vom Glauben her gesehen das Wunder der Offenbarung Gottes im leidenden Christus. Vielleicht verbindet das Leiden am fernen Gott den heutigen Menschen seinem Verständnis nach am ehesten mit Jesus Christus. Von ihm aber könnte er die paradoxe Verhaltensweise des Gebetes lernen: »Mein Gott, mein Gott, warum hast du mich verlassen« (Mt 27,46 par).

5) Was das NT über die Leiden Jesu und seiner Nachfolger sagt, kann wohl nur über die eigene Anfechtung existentielle Rede werden. Eine solche Anfechtung kann sich so gestalten wie sie G. Büchners theologischer Kandidat Lenz einmal ausspricht: »Aber ich, wär ich allmächtig, sehen Sie, wenn ich so wäre, ich könnte das Leiden nicht ertragen, ich würde retten, retten . . .« (dtv GA S. 83). Warum läßt Gott uns leiden? Warum gibt es so grauenvolles Leiden in der Welt? (vgl. dazu das sehr eindrückliche Kap. »Empörung« in Dostojewski's Die Brüder Karamasow). Diese beiden Fragen mit Hilfe einer vielleicht verständlichen atheistischen Reaktion oder mit einer vernünftigen T h e o d i z e e (Leibniz) zu beantworten, hieße eine Antwort letztlich außerhalb der Passion Jesu Christi suchen. In ihm wird aber gerade sichtbar, daß Gott n i c h t a u ß e r h a l b unseres Leidens steht, sondern sich in es hineinstellt (s. o.). Christl. Glaube richtet sich also nicht an einen Gott, der nur ü b e r allem steht, zusieht, wie gelitten wird, und behauptet, er liebe die Menschen, sondern an einen Gott, der i n allem – auch im Leiden – mit darinsteht. Die Verteidigung eines rein

jenseitigen Gottes, dessen Liebe und Gerechtigkeit angesichts menschlichen Leids fraglich erscheint, ist gar nicht Aufgabe der Christen. Für sie gilt in umgekehrtem Sinn: in Jesu Passion wird sichtbar, daß sich Gott mit dem Leidenden in der Welt solidarisiert (Mt 25,40.45). Jede nicht zentral am Leiden und Sterben Jesu Christi interessierte Theodizee muß dem Christen fraglich, ja unnötig erscheinen. Für den Glaubenden kann das Problem nicht darin liegen: wie kann Gott den Menschen lieben, wenn er ihn leiden läßt, sondern in der staunenden Frage: wie kann Gott uns so lieben, daß er sich mit unserm Leiden solidarisiert? Solch eine staunende Frage angesichts von Leid, Elend und Tod ist nicht nur ein Zeichen des Vertrauens, sondern zugleich auch ein Zeichen dafür, daß Gott in seiner Offenbarung der Verborgene bleibt und daß daher auch menschliche Fragen offen bleiben. Gewiß ist aber: das Rätselhafte des Evangeliums ist nicht des Menschen Leid, sondern Gottes → Liebe.

6) Ist Christus auferstanden (→ Auferstehung), so ist aber auch vom Christen das Teilnehmen an Gottes **Protest gegen das Leid** in der Welt gefordert (s. o. 1) und damit das Aufrichten von Zeichen dafür, daß Leid, Krankheit und Tod nicht das letzte Wort haben werden. Die Überwindung des Leides darf nicht in eine für das Heute irrelevante Zukunft der sog. letzten Dinge verwiesen werden; denn die Welt, in der Jesus Christus heilte und auferstand, kann nicht nur Jammertal sein.

Wenn Gottes Weisheit gerade darin besteht, den Gegner mit seinen eigenen Waffen zu schlagen (*suo gladio iugulare*, vgl. dazu Luther Scholien zu Hebr 2,14), dh den Tod mit dem Tod zu schlagen, durch die Auferweckung Jesu Christi, dann sollte das erst recht für das dem Tode vorausgehende Leid gelten. »Wenn das Leid da ist, sollen wir es benutzen, ausbeuten, plündern, als Feind in unsern Dienst zwingen. Immer sollen wir dabei wissen: Nicht weil es Leid ist, hilft uns das Leid – es möchte uns vielmehr verderben –, sondern weil ein Mensch mit Gott es dazu zwingen kann« (Gödan, 143). Der Weg zum Arzt und zum Psychotherapeuten kann so im Rahmen von Gottes Protest gegen das Leid durchaus der christlich gebotene sein. Die Auferweckung des Gekreuzigten macht ja gerade deutlich, daß Gott nicht nur in menschliches Leiden hineinkommt, sondern daß er es auch überwinden will.

Die Menschheit leidet heute vor allem unter Hunger, Krankheit, Krieg und Freiheitsberaubung. Ist die Welt nicht nur »ein belangloser Wartesaal für die Himmelsreise der Seele, sondern der Schauplatz der Neuschöpfung der Dinge und der Kampfplatz der Freiheit« (Moltmann, Ev. Komm. 1968, 568), so ergibt sich für den Christen und darüber hinaus für die gesamte Kirche die Aufgabe, – dem Maße des Möglichen entsprechend – andere Menschen vom Leid zu befreien (vgl. 3). Das Teilnehmen an Gottes Protest gegen das Leiden in der Welt erfordert christl. Einsatzbereitschaft, die über den privaten und kirchlichen Bereich hinausreicht. »Geduld gegenüber dem Leid zu predigen, ist nicht das Wesen des Christentums« (Gödan, 145), wohl aber jeder Form des Leidens in der Welt den Kampf anzusagen.

B. Gärtner

Lit.: EBalla, Das Problem des Leides in der Geschichte der israelitisch-jüdischen Religion, in: Eucharisterion H. Gunkel, FRLANT 19, 1923, I,214ff – WWichmann, Die Leidenstheorie, eine Form der Leidensdeutung im Spätjudentum, BWANT F. 4, H. 2, 1930 – JBegrich, Das priesterliche Heilsorakel, ZAW 52, 1934, 81ff – GvRad, Die Konfessionen Jeremias, EvTh 3, 1936, 265f – HBraun, Das Leiden Christi, ThExh 69, 1940 – WMichaelis, Herkunft und Bedeutung des Ausdruckes »Leiden und Sterben Jesu Christi«, 1945 – WNestle, Die Überwindung des Leids in der Antike, in: Griech. Weltanschauung in ihrer Bedeutung für die Gegenwart, 1946, 414ff – JJStamm, Das Leiden des Unschuldigen in Babylon und Israel, AThANT 10, 1946 – KHSchelkle, Die Passion Jesu in der Verkündigung des NT, 1949 – HWWolff, Jes 53 im Urchristentum, 1952^3 – HKremers, Leidensgemeinschaft mit Gott im AT, EvTh 13, 1953, 122ff – CMaurer, Knecht Gottes und Sohn Gottes im Passionsbericht des Markusevangeliums, ZThK 50, 1953, 1ff – WMichaelis, Art. πάσχω, ThWb V, 1954, 903ff – KvFritz, Tragische Schuld und poetische Gerechtigkeit in der Antike, in: Stud. gen. 1955, 190ff – WNauck, Freude im Leiden, ZNW 46, 1955, 68ff – JScharbert, Der Schmerz im AT, BBB 8, 1955 – GSchille, Das Leiden des Herrn, ZThK 52, 1955, 161ff – HKremers, Art. Leiden, EKL II, 1958, 1067ff – NJHein u. a., Art. Leiden, RGG IV, 1960^3, 294ff – ELohse, Märtyrer und Gottesknecht, 1963^2 – DMeyer, Polla pathein (Mk 8,31a par; 9,12b; Lk 17,25), ZNW 55, 1964, 132ff – GBraumann, Leidenskelch und Todestaufe (Lk 10,38f), ZNW 56, 1965, 149ff – EGüttgemanns, Der leidende Apostel und sein Herr, FRLANT 90, 1966 – GvRad, Theologie des AT I, 1966^5, 395ff – ELohse, Die Geschichte des Leidens und Sterbens Jesu Christi, 1967² – HConzelmann, Historie und Theologie in den synoptischen Passionsberichten, in: Zur Bedeutung des Todes Jesu, 1967, 35ff – EHaenchen, Historie und Geschichte in den johanneischen Passionsberichten, ebd., 57ff – GStrecker, Die Leidens- und Auferstehungsvoraussagen im Markusevangelium, ZThK 64, 1967, 16ff – AVanhoye, Structure et théologie des récits de la Passion dans les évangiles synoptiques, Nouvelle Revue Théologique 99, 1967, 135ff;

Lit. speziell Zur Verkündigung: GMensching, Die Bedeutung des Leidens im Buddhismus und Christentum, 1930² – WWichmann, Die Leidenstheologie . . ., BWANT 4. F., H. 2, 1930 – VvWeizsäcker, Der kranke Mensch, 1951 – MKeller-Hüschemenger, Die Kirche u. d. Leiden, BEvTh 20, 1954 – EReisner, Schuld und Unschuld des Leidens, EvTh 14, 1954, 246ff – PTournier, Krankheit und Lebensprobleme, 1955⁶ (bes. Kap. XI) – KBarth, KD III,1, 1957³, 426ff; III,3, 1961², 327ff; IV,1, 1960², 171ff.269ff; IV,2, 1964², 676ff – HGödan, Christus und Hippokrates, 1958 (bes. Kap. 6) – EThurneysen, Arzt und Seelsorger in der Begegnung mit dem leidenden Menschen, in: Medicus Viator, Festschr. RSiebeck, 1959, 259ff – ThvSicard, Der Schmerz und die Seelsorge, Wege z. Menschen 8, 1961, 257ff – AKöberle, Ursprung und Sinn des Schmerzes, Wege z. Menschen 4, 1962, 122ff – NHSøe, Christliche Ethik, 1965³, bes. 209ff – HThielicke, Leiden an der Kirche, 1965 – ESchweizer, Die »Mystik« des Sterbens und Auferstehens mit Christus bei Paulus, EvTh 26, 1966, 239ff – EKäsemann, Die Gegenwart Christi: Das Kreuz, in: Deutscher Evangelischer Kirchentag Hannover 1967, Dokumente 1967, 424ff – HKüng, Gott und das Leid, 1967 (= Theol. Med., 18) – LRuppert, Jesus als der leidende Gerechte?, 1972 – DSölle, Gott und das Leiden, WPKG 62, 1973, 358ff.

Licht

Licht bedeutet immer Aufhebung der → Finsternis. Von diesem Gegensatz her sind die hier behandelten Wortgruppen geprägt. φῶς *[phōs]* bezeichnet dabei die *Helligkeit*, das *Licht* selbst, bzw. das, was Licht ausstrahlt (zB Lampe, Fackel etc.). Da aber Licht eine notwendige Voraussetzung für alles Leben ist – Licht und Leben wie Finsternis und Tod eng zusammengehören –, erhält φῶς *[phōs]* eine sehr große Spannweite in der Bildsprache: Sie reicht von *Lebenslicht, Seele* bis zu *Heil, Glück.* – λάμπω *[lampō]* und die das Simplex verstärkenden Kompos. beschreiben die Funktion, die Wirkung des Lichtes, das von einem Gegenstand bzw. in übertragener Bedeutung von Menschen und Gegenständen ausgeht. φαίνω *[phainō]* wird einerseits synonym zu λάμπω *[lampō]* verwendet; andererseits betont es stärker die Wirkung auf das Objekt und erhält so die Bedeutung: *zum Vorschein kommen, sichtbar werden, in Erscheinung treten;* aber auch medial (φαίνομαι *[phainomai]*) *sich sehen lassen, als etwas erscheinen, den Anschein haben.* λύχνος *[lychnos]* ist urspr. wie λυχνία *[lychnia]* der *Lampenständer*, der die Licht ausstrahlende Lampe (λαμπάς *[lampas]*) zur Vergrößerung des Lichtkegels trägt, wird aber später zur Bezeichnung der Lampe selbst (übertragen: Auge). Ähnlich wie φῶς *[phōs]* bezeichnet φέγγος *[phengos]* den *Schein*, das *Licht;* es kommt im NT nur 3mal vor, Mk 13,24 und Mt 24,29 (im gleichen Jes-Zitat) auf den Mond bezogen ist, Lk 11,33 vom Schein der Lampe.

λάμπω

λάμπω *[lampō]* leuchten, strahlen · λαμπάς *[lampas]* Fackel, Leuchte · λαμπρός *[lampros]* strahlend, glänzend, leuchtend · λαμπρότης *[lamprotæs]* Glanz, Seelengröße · λαμπρῶς *[lamprōs]* glänzend, prächtig · ἐκλάμπω *[eklampō]* aufstrahlen · περιλάμπω *[perilampō]* umleuchten

I 1) Das seit Hom., bes. in poetischen Schriften des Griechentums, zu findende λάμπω *[lampō]* hat in der Regel intrans. Bedeutung und heißt dann *leuchten, strahlen* (selten trans. *aufleuchten lassen*). Im eigentlichen Sinn bezieht es sich auf Leuchtkörper wie Sonne, Blitz, Fackel oder Lampe. Übertragen wird es häufig im Blick auf den Menschen gebraucht. So ist zB von zornig *funkelnden* Augen, *leuchtenden* Angesichtern und *strahlender* Schönheit die Rede. Entsprechend heißt περιλάμπω *[perilampō] umleuchten;* die umleuchtete Sache bzw. Person steht im Akk. Weiter findet sich ἐκλάμπω *[eklampō]* (seit Aischyl.), *aufstrahlen, aufleuchten* (zB von der Sonne). Zugehörige Subst. sind λαμπάς *[lampas]* (seit Aischyl.), die *Fackel* (aus Kienspänen), die *Lampe* (Lehnwort, Ölbehälter mit Docht) und λαμπρότης *[lamprotæs]* (seit Hdt.), der *Glanz* und übertragen die *Seelengröße.*

Die Wortgruppe wird vervollständigt durch das Adj. λαμπρός [lamprọs] (seit Hom.), *strahlend, glänzend, weiß leuchtend* (vgl. λευκός [leukọs], *glänzend, weiß*) und das Adv. λαμπρῶς [lamprọ̄s] (seit Aischyl.), *glänzend, prächtig*.

2) Während λάμπω [lạmpō] seiner eigentlichen Bedeutung nach die Funktion des Lichtes (→ Art. φῶς) beschreibt, das das Dunkel (→ Finsternis, Art. σκότος) erhellt, bezeichnet es übertragen gebraucht u. a. öfters die Schrecken einjagende Wirkung eines strahlenden Kriegshelden (zB Hom. Il. 20,46). Leuchtkraft eignet auch verschiedenen Tugenden und dem Recht.

Ein begrenzter Bezug zu einigen Göttern wird dadurch hergestellt, daß die Fackel zu den eleusischen Gottheiten gehört und zu Artemis und Hekate. Sie dient dabei als Symbol der Reinigung und zur Abwendung von dämonischen Kräften. Eine Verbindung der Wortgruppe mit Wesensbeschreibungen der Götter findet ferner da statt, wo etwa von dem Aufstrahlen eines Haines beim Erscheinen eines Gottes die Rede ist (vgl. Hes., Scutum Herculis 71). Doch sind derartige Stellen selten. Aufs Ganze gesehen »empfindet der Grieche das Göttliche nicht als das spezifisch Leuchtende« (A. Oepke, 19). Erst unter ägypt. und bes. orientalischen Einflüssen entsteht im Hellenismus eine spezifische Licht-Religion, die in der Gnosis zur vollen Entfaltung gelangt (→ φῶς).

In LXX stehen λάμπω [lạmpō] und ἐκλάμπω [eklạmpō] für die hebr. Äquivalente *tsāchach* (*glänzen*), *zāhar* (hi. trans. *erleuchten, lehren*; intrans. *glänzen*) und *nāgah* (*scheinen, leuchten*; hi. *leuchten lassen*). II

Ihre – wie der ganzen Wortgruppe – theol. wichtige Funktion liegt darin, den Lichtcharakter und damit die Leuchtkraft göttlichen Erscheinens zu beschreiben. Nur selten freilich wird Jahwe selbst als »Leuchtkörper«, als Subjekt für eines der Verben genannt (2Sam 22,29: »mein Gott erhellt meine Finsternis«; vgl. Ps 18,29, wo allerdings φωτίζειν [phōtịzein] steht). In der Regel wird sein *kābōd*, der Glanz seiner Herrlichkeit (→ Ehre, Art. δόξα), durch natürliche Lichtträger veranschaulicht.

So künden *Feuerfackeln* (λαμπάδες πυρός [lampạdes pyrọs]) von der Anwesenheit Gottes (Gen 15,17; Ez 1,13; vgl. Ex 24,17 in Verbindung mit 19,18, wo Jahwe geradezu als Vulkangott erscheint), und so zeigen in der Sinaierzählung flammende Blitze die Gegenwart Jahwes als des Gesetzgebers an (Ex 20,18). Zu erwähnen ist ferner Sach 4,1ff mit der Vision des siebenarmigen Leuchters, dessen Lampen die alles überblickenden Augen des Herrn symbolisieren. Vermutlich ist auch »die ewig brennende Lampe des Tempels eine Art Repräsentation des Kabod« (S. Aalen, 75 A5). Jedenfalls aber weist der siebenarmige Leuchter (Ex 25,31ff) als »Symbol für Leben und Licht« ebenso wie die Lampe als »Symbol für Glück und Wohlergehen« (vgl. Jer 25,10; Spr 31,18; 13,9; Hi 29,3) für den Frommen zurück auf Gott als den, der »Herr und Quelle dieses Glückes« bzw. dieser Gaben ist (S. Aalen, 66). Selbst Hi 41,10ff fügt sich in diesen Zusammenhang, weil durch das Feuerfunken sprühende »Krokodil« eindrucksvoll Macht und Größe des Schöpfers beleuchtet wird.

Blitz, Feuerfackel und Lampe markieren also im AT häufig Theophanien oder weisen sonst auf den *kābōd* Jahwes hin. Dabei besteht nicht selten ein enger Bezug zwischen Feuerfackel und Gericht (vgl. Num 16,35). Das zeigt paradigmatisch Sach 12,6, wo die Fürsten Judas als Werkzeuge des göttlichen Richters mit Feuerfackeln verglichen werden, die die Feinde Israels verzehren sollen (ähnlich Nah 2,5). Der Glanz des göttlichen *kābōd* kann so bisweilen auch von Menschen widergespiegelt werden, die in Jahwes Dienst und Auftrag handeln. »Von einem Eingehen göttlicher Lichtsubstanz in den Menschen« wird dagegen nicht berichtet (A. Oepke, 23). Wohl aber erscheint die Zukunft des Bundesvolkes im Zeichen der strahlenden Verbindung von Licht und Leben (vgl. Ps 36,10; Dan Theod. 12,3), während die der Gottlosen dunkel ist (vgl. Spr 4,18f).

Vor allem diese letztgenannten Gedanken werden im Spätjudentum weitergeführt.

Von der Wortgruppe finden sich im NT λάμπω [lạmpō] 7mal, περιλάμπω [perilạmpō] 2mal, ἐκλάμπω [eklạmpō] 1mal, λαμπάς [lampạs] und λαμπρός [lamprọs] je 9mal, und je 1mal: λαμπρότης [lamprọtæs] und λαμπρῶς [lamprọ̄s]. Die Verteilung der insgesamt 30 Fundorte läßt eine Häufung in Mt (9mal) und in Offb (7mal) erkennen. III

1) Im eigentlichen Sinn wird von dem Glanz der Sonne (Apg 26,13; vgl. 2Kor 4,6, wo die Geschaffenheit des aufstrahlenden Lichtes wie im AT betont wird), eines Blitzes (Lk 17,24; vgl. Offb 8,10) und dem Leuchten des Lichtes auf dem Leuchter gesprochen (Mt 5,15f par).

Ähnlich konkret ist von λαμπάδες [lampạdes] als von Fackeln (Joh 18,3 bei der Gefangennahme Jesu; vgl. Offb 4,5; 8,10) und (Öl)Lampen (Mt 25,1.3f.7f; Apg 20,8) die Rede.

2) Dem menschlichen Bereich zugeordnet ist λαμπρός [lamprọs] da, wo es die Prächtigkeit eines Gewandes als Ausdruck für Wohlhabenheit oder Luxus bezeichnet (Jak 2,2f; vgl. Lk 23,11; Offb 19,8). Losgelöst von ἐσθής [esthạ̈s], *Kleid*, veranschaulicht λαμπρός

[lamprọs] den versunkenen Glanz der »Hure Babylon« (Offb 18,14) oder als Adv. das Wohlleben des reichen Mannes in Lk 16,19. An diesen Stellen eignet der Wortgruppe bereits übertragene Bedeutung. Theol. wichtig ist, daß die entscheidende Be-leuchtung vom Himmel her erfolgt. So wird Paulus auf dem Weg nach Damaskus von einem Licht umleuchtet, das den Glanz der Sonne übertrifft (Apg 26,13 οὐρανόθεν ὑπὲρ τὴν λαμπρότητα τοῦ ἡλίου περιλάμψαν με φῶς *[ouranọthen hypẹr tæn lamprọtæta tou hælịou perilạmpsan me phōs]*), und so umgibt (nach Lk 2,9) der Lichtglanz der Engel die Hirten. → Engel erscheinen überhaupt in der Regel als lichtumflossene, leuchtende Gestalten (Apg 10,30; 12,7; Offb 15,6; vgl. Mt 28,2f; Offb 18,1).

3) Vor allem aber ist es Jesus Christus selbst, der vom göttlichen Lichtstrahl so »verklärt« wird, daß sein Antlitz wie die Sonne leuchtet (ἔλαμψεν *[ẹlampsen]*) und seine Kleider wie weißes Licht (Mt 17,2). Er erscheint in der Zukunftsvision des Johannes – in der unsere und verwandte Wortgruppen eine besondere Rolle spielen (→ λυχνός; → φῶς; vgl. zB auch die Beschreibung des kristallklaren Stromes von Lebenswasser, der von Gottes Thron ausgeht Offb 22,1) – als »der glänzende Morgenstern« (Offb 22,16). Wie ein Blitz über den Himmel leuchtet, so wird es (nach Lk 17,24) bei seiner Wiederkunft sein. »Dann werden die Gerechten im Reich ihres Vaters leuchten wie die Sonne« (Dan 12,3, Zitat Mt 13,43 Z).

Bis dahin fällt den Jüngern die Aufgabe zu, wie ein Licht auf dem Leuchter zu leuchten (Mt 5,15f). Die Befähigung dazu liegt in dem Ereignis, dessen Erfahrung Paulus 2Kor 4,6 bekennt.

H. Chr. Hahn

λύχνος

λύχνος *[lychnos]* Lampe, Leuchte · λυχνία *[lychnịa]* Leuchter, Lampenständer

I/II Schon bei Hom. bezeichnet λύχνος *[lychnos]* (Wurzel *leuk*, vgl. lat. *lux*) die *Leuchte*, die *Lampe* (vgl. Hom. Od. 19,34), wobei vor allem in späterer Zeit an die verschiedenen Formen von Öl-Docht-Lampen (λαμπάς *[lampas]*) zu denken ist. Diese stellte man oft zur Vergrößerung des Lichtkegels auf einen *Lampenständer* bzw. *Leuchter* (λυχνία *[lychnịa]*; seit Plut.).
Beide Geräte spielen wie im Griechentum so auch in der israelitisch-jüd. Welt eine große Rolle im Alltagsleben (vgl. 2Kön 4,10) wie bei den Kulthandlungen (vgl. bes. den siebenarmigen Leuchter in Stiftshütte und Tempel, zB Ex 25,31ff; Hebr 9,2).

III Im NT kommen λύχνος *[lychnos]* 14mal, λυχνία *[lychnịa]* 11mal vor. Beide Wörter stehen auffallend häufig im lukanischen Geschichtswerk (6 bzw. 2mal) und in der Offb (3 bzw. 7mal). Die Wichtigkeit von Lampen (für den Haushalt vgl. Lk 15,8) und Leuchten macht verständlich, daß Jesus sich dieser Begriffe bedient, um in einem Bildvergleich die Funktion seiner Jünger in dieser Welt zu beschreiben: Wie die Lampe auf dem Leuchter das umgebende Dunkel erhellt, sollen die Jünger in ihre Umwelt hinein er-leuchtend wirken (Mt 5,15f; Mk 4,21; Lk 8,16; 11,33). Dafür ist erforderlich, daß das »Licht des Leibes«, das Auge, ungetrübt ist, damit »die Segnungen des Lichtes (Christi) dem Menschen zugute kommen« (W. Michaelis, 328) und ihn erfüllen.

Während Jesus sich selbst als → φῶς *[phōs]* bezeichnet, wird sein Vorläufer, Johannes der Täufer, als brennende und scheinende Leuchte (ὁ λύχνος ὁ καιόμενος καὶ φαίνων *[ho lychnos ho kaiọmenos kai phaịnōn]*, Joh 5,35) vorgestellt. Ähnlich werden in Offb 11,4 zwei Zeugen mit zwei Leuchtern verglichen. Auch die Symbolisierung der sieben Gemeinden durch sieben goldene Leuchter gehört in diesen Zusammenhang (Offb 1,12f.20; 2,1).

Woher die Zeugen bzw. die Gemeinden ihre Strahlungskraft beziehen, deutet 2Petr 1,19 an, wo das auf Christi Herrlichkeit bezogene prophetische Wort »Licht« genannt wird. Daß die Leuchtkraft nachlassen bzw. erlöschen und nur durch Buße erneuert werden kann, geht aus Offb 2,5 hervor (vgl. Hebr 6,4ff: Abfall Erleuchteter).

Dunkel wird es im untergehenden Babylon sein (Offb 18,23). Das himmlische Jerusalem dagegen wird vom Lichtglanz Gottes erleuchtet werden (Offb 21,23), der alle Lampen überflüssig macht (Offb 22,5). Bis dahin steht der Christ in der eschatologischen Spannung. Die dafür nötige Wachsamkeit kann bildhaft so gefordert werden: »Eure Lenden seien umgürtet und eure Lichter brennend« (Lk 12,35 Z). *H. Chr. Hahn*

φαίνω

φαίνω *[phaịnō]* scheinen, leuchten · φαίνομαι *[phaịnomai]* scheinen, erscheinen, offenbar werden

Seit Hom. finden sich im Griechentum sowohl das aktive φαίνω *[phaịnō]* (das allerdings nur intrans. gebraucht wird), *scheinen, leuchten* (zB von Sonne, Mond und Lampe), als auch die pass. Form φαίνομαι *[phaịnomai]*, *scheinen, erscheinen, sich sehen lassen, offenbar werden.* – In der LXX findet sich fast ausschließlich das Medium, und zwar ohne klares Äquivalent, wenn auch am häufigsten für *'ōr* hif., *scheinen lassen,* und *rā'āh* nif., *gesehen werden.* I/II

1) Im NT steht φαίνω *[phaịnō]* 9mal (davon 7mal im johanneischen Schrifttum). Es bezeichnet meist den Schein natürlicher Leuchtkörper, wie der Himmelslichter (Phil 2,15), der Sonne (Offb 1,16; 21,23; vgl. 8,12) und des Mondes (Offb 21,23). Auch vom Schein einer Leuchte (→ λύχνος *[lychnos]*) ist unter Verwendung von φαίνω *[phaịnō]* die Rede (Joh 5,35; 2Petr 1,19; Offb 18,23). An allen angeführten Stellen wird dabei der Licht s c h e i n mit einer stärkeren Lichtquelle verglichen. Sonne und Mond werden zB überflüssig, wenn die δόξα τοῦ θεοῦ *[doxa tou theọu]*, die *Herrlichkeit Gottes* das himmlische Jerusalem erleuchtet (Offb 21,23). Nur an zwei Stellen wird φαίνω *[phaịnō]* zur Beschreibung der Strahlungskraft des wesentlichen (Christus-)Lichtes selbst benutzt (Joh 1,5; 1Joh 2,8). III

2) φαίνομαι *[phaịnomai]*, das 22mal im NT vorkommt (17mal in den Synopt.), bezeichnet das Erscheinen eines Sternes (Mt 2,7) wie das Sichtbarwerden von Unkraut unter dem Weizen (Mt 13,26). Es wird verwandt bei den Traumerscheinungen von Engeln in den Kindheitsgeschichten (Mt 1,20; 2,13.19), beim Gerücht vom Erscheinen des Elia (Lk 9,8) und bei den Erscheinungen des Auferstandenen (Mk 16,9), dessen Wiederkunft von gewissen Erscheinungen begleitet sein wird (Mt 24,27.30). Allgemein ist das Sichtbarwerden in Mt 9,33 (der Taten Jesu), Jak 4,14 (eines Hauches, mit dem das kurze Leben verglichen wird) und 1Petr 4,18 (des Gottlosen in der Endzeit) gemeint. Auf den Gegensatz von Verborgenheit und Öffentlichkeit, der uU das menschliche Verhalten positiv oder negativ beeinflußt, beziehen sich die Stellen Mt 6,5.16.18; 23,27f. An die Korinther schreibt Paulus, daß es primär um ihr Gutsein, nicht um seinen guten Schein vor Gott gehe (2Kor 13,7). Den Erkenntnisprozeß haben Mk 14,64 und Lk 24,11 im Auge (auch Röm 7,13: die Offenbarung der Sünde als Sünde durchs Gesetz).

Theol. interessant ist Hebr 11,3, wo als Ursprung der sichtbaren Dinge (βλεπόμενα *[blepọmena]*; → Sehen) Gottes Schöpferwort genannt wird, und wo so die *creatio ex nihilo* gegen das materialistische Mißverständnis abgesichert wird, nach dem die Äonen sich aus erscheinenden Dingen (φαινόμενα *[phainọmena]*) von selbst entwickelt haben könnten.

H. Chr. Hahn

φῶς

φῶς *[phōs]* Licht, Glanz, Helligkeit · φωτίζω *[phōtịzō]* (er-, be-)leuchten, ans Licht bringen · φωτισμός *[phōtismọs]* Erstrahlen, Leuchten · φωστήρ *[phōstẹr]* Leuchtkörper, Glanz · φωσφόρος *[phōsphọros]* Morgenstern

1) In der Sprache Homers begegnet öfter das Subst. τὸ φάος *[to phaos]*, das später (zB bei den Tragikern) zu der att. Form φῶς *[phōs]* zusammengezogen wurde. Die Grundbedeutung *Licht, Glanz, Helligkeit* umfaßt u. a. folgende Nuancierungen: *Sonnen-* oder *Tageslicht, Fackel, Feuer (-schein), Augenlicht.* Im übertragenen Sinn meint φῶς *[phōs]* das *Lebenslicht,* das *Dasein,* das als lichtes, als Heil, Glück oder Sieg gewertet wird. Auch der *Heilbringer* kann als φῶς *[phōs]* bezeichnet werden. I

Das vom gleichen Stamm gebildete Verb φωτίζω *[phōtizō]* (seit Aristot.) tritt vor allem mit trans. Bedeutung auf und heißt dann *er-* oder *beleuchten, ans Licht bringen, sichtbar machen.* – Als zugehöriges Subst. bezeichnet φωτισμός *[phōtismos]* das *Erstrahlen* und *Leuchten* bzw. das *Ans-Licht-Bringen* und *Offenbarmachen.* Auch φωτεινός *[phōteinos]* (seit Xenoph.), *hell leuchtend,* muß hier erwähnt werden.

Abgeleitet von φῶς *[phōs]* ist ferner φωστήρ *[phōstēr]* (seit Heliodor), der *Leuchtkörper* und der *Glanz.* Als besonderer Leuchtkörper wird seit Eur. der *Morgenstern* φωσφόρος *[phōsphoros]* genannt.

2) Relativ früh im griech. Sprachgebrauch dient φῶς *[phōs]* (im Gegensatz zu σκότος *[skotos]*, → Finsternis, oder νύξ *[nyx]*, Nacht) zur Bezeichnung eines Bereiches, in dem sich das sittlich Gute Bahn bricht, während die Untat im Dunkeln geschieht. Darum ist es zB Aufgabe der Rechtspfleger, das Verborgene »ans Licht« zu bringen.

Von großer Bedeutung für die Geistesgeschichte ist Platos Vergleich der Idee des Guten mit dem Sonnenlicht (Resp. 507e–509b). Durch seine Einbeziehung in den Erkenntnisprozeß (→ Erkenntnis) erfährt φῶς *[phōs]* eine bedeutsame Aufwertung. Wirkt φῶς *[phōs]* hier erhellend, so in anderem Zusammenhang heilend. Denn schon das Griechentum verbindet »mit dem Bilde der Finsternis den Gedanken einer Schuld, mit dem des Lichtes den einer Erlösung und Rettung vom Bösen« (J. Stenzel, zit. KEK II,23 A 4). Dem Licht eignen Kräfte, die das eigentliche Leben fördern. Darum kann »im Lichte sein« schließlich einfach »leben« heißen, während das Sein im Hades ein Sein im Finstern meint.

3) Wie in andern Religionen so spielt auch in der griech. die Lichtmetaphorik eine gewisse Rolle. Die Welt der Götter wird als licht vorgestellt. Aus jener Welt stiehlt Prometheus das → Feuer. »Des Feuers Licht entfachte er den Sterblichen« (zit. K. Kerenyi, Prometheus, 72). Diese veranstalten bei der kultischen Götterverehrung u. a. Fackelläufe. Auch für gewisse Mysterienkulte spielt die reinigende und läuternde Wirkung des Feuers (ähnlich der des Wassers) eine nicht geringe Rolle. »Eine Lichtreligion im engeren Sinn ist aber die griech. Religion dennoch niemals gewesen« (A. Oepke, 20). Erst im späteren Hellenismus bildet sich eine solche heraus.

Die Gnosis (→ Erkenntnis, Art. γινώσκω I,2) stellt einen Höhepunkt dieser Entwicklung dar. Sie kennt einen grundlegenden seinsmäßigen Unterschied zwischen Licht und Finsternis, die sich als feindliche Mächte gegenüber stehen und jeweils ganze Bereiche bestimmen. Für den von Natur in Finsternis gehaltenen Menschen stellt sich die Forderung, die Lichtelemente der menschlichen Seele von der irdischen Materie zu befreien, damit sie wieder in die ihnen gemäße Welt und dort zu wahrem Leben gelangen. Licht und → Leben hängen untrennbar zusammen, und auch »Licht und Geist fallen in der gnostischen Vorstellungswelt zusammen, sie sind wesenseins« (H. Leisegang, Die Gnosis, 27). »Licht ist die Materie der anderen Welt, die auf den Empfänglichen überströmt und ihm göttliche Potenzen beilegt. Licht, Leben und später Erkenntnis sind Wechselbegriffe« (A. Oepke, 20f).

Eine Fortsetzung dieser gnostischen Lichtreligion bietet sich im Manichäismus und Mandäismus dar.

II 1) Häufig ist im AT vom Licht und seiner Wirkung die Rede. »Licht als das ›sublimste Element‹ (B. Jacob), ›die feinste aller elementaren Kräfte‹ (A. Dillmann), ist der Erstling alles Geschaffenen« (G. v. Rad, ATD 2,39; vgl. Gen 1,3ff). Diesem Urlicht sind alle anderen nachgeordnet. Auch die Gestirne sind »nur Zwischenträger eines Lichtes, das auch ohne sie und vor ihnen da war« (aaO, 43). Die Sonne als das hellste Gestirn ist dem Tag zugeordnet (vgl. Gen 1,14ff; Sir 43,2ff), der beginnt, wenn das »Licht des Morgens« (2Sam 23,4) aufgeht. Mond und Sterne versuchen das Dunkel der Nacht wenigstens mit Lichtspuren zu durchsetzen (vgl. Gen 1,16; Sir 43,6ff). – Entscheidend ist für den Israeliten: gegenüber »allerlei astrologischem Afterglauben« (v. Rad, aaO, 43) der sie umgebenden Völker (vgl. Weish 13,1f) die Geschaffenheit des Lichtes zu betonen und es so jedem Versuch der Vergöttlichung zu entziehen. Es gibt nur den einen Gott Jahwe. Er schafft Licht und Finsternis (Gen 1,3ff; Jes 45,7; Jer 31,35; Sir 43,1ff). Und weil er auch Herr der Finsternis ist, vermag er selbst diese licht zu machen (Ps 139,11f).

a) Auch im AT erscheint das Licht öfters als eine Art Attribut Gottes: Licht ist sein Kleid (Ps 104,2). Seine Nähe und Gegenwart wird durch Lichterscheinungen signalisiert (vgl. Ex 13,21f; Neh 9,12; Dan 2,22: »das Licht wohnt bei ihm«; Hab 3,4: »sein Glanz erscheint wie das Licht«; Jes 60,19f in eschatologischem Zusammenhang). Besonders das Antlitz Gottes wird als Ursprung des von ihm ausgehenden Lichtes genannt (Ps 4,7; 44,4; 89,16). Dazu gibt S. Aalen zu beachten: »Durchgehend gilt wohl . . ., daß das Licht im AT eine Bestimmung zur Epiphanie Gottes ist, nicht zu seinem himmlischen Wesen« (RGG IV,358).

Für den Menschen bedeutet das Licht Jahwes Heil, was zB Ps 27,1 klar zum Ausdruck bringt: »Der Herr ist mein Licht und mein Heil, vor wem sollte ich mich fürchten?« (vgl. Hi 22,28). Das von Gott kommende Licht bezeichnet den Lebensraum für den Menschen. Freilich muß dieser sich dem Licht zuwenden. Zwar geht das Licht grundsätzlich über allen auf (vgl. Hi 25,3; Sir 42,16), doch erübrigt das nicht eine bewußte Anerkennung der hinter dem geschaffenen Licht befindlichen Macht des Schöpfers.

Das Licht der Gottlosen ist nichtig. Es erlischt (Hi 18,5f) oder wird ihnen genommen (Hi 38,15). Sie tappen in Finsternis (vgl. Hi 12,25; Spr 4,19), und auch nach dem Tode wird Finsternis sie umgeben (Ps 49,20), während Gott die Seele des Gerechten »aus der Gewalt der Unterwelt« erlösen wird (Ps 49,16).

b) Aber auch schon hier auf Erden leuchtet dem Gottesfürchtigen das Licht der Lebendigen (Ps 112,4: »Dem Rechtschaffenen erstrahlt im Dunkel ein Licht«; vgl. Hi 33,30; Ps 56,14; Spr 4,18; 13,9), hier schon vermag er Heilskräfte Gottes zu spüren, wenn er sich dem Wort Gottes als dem Licht aussetzt (Ps 119,105; vgl. Spr 6,23: Gesetz = Licht; Weish 7,10.26: die Weisheit als Licht). Nur im Licht Gottes sieht der Mensch das Licht (Ps 36,10), und dh, nur wenn Gott ihn erleuchtet, erhellen sich für ihn die wesentlichen Seinsbezüge. Das geschieht nicht durch »eine mystische Lichtschau«, sondern dadurch, daß der Gott zugewandte Mensch mit seinem Heil zugleich praktische »Lebensorientierung« empfängt (vgl. S. Aalen, 65). Sein Dasein muß sich im Licht abspielen, dh in konkretem Gehorsam gegenüber Gottes Geboten. Wie die »Feuersäule« den Weg Israels bei der Flucht aus Ägypten markierte (Ex 13,21f), so bezeichnet das Gesetz, wie man – wozu zB Jes 2,5 auffordert – im Licht wandelt, dh wie man als frommer Israelit sein Leben zu führen hat. Vor allem die Propheten haben immer wieder nachdrücklich die Wichtigkeit eines Wandels in Heiligkeit und Gerechtigkeit unterstrichen. Wer selbst im Licht wandelt, der kann dann auch für andere zum Licht werden und dh zum »Bundesvermittler für das Menschengeschlecht« (Jes 42,6; 49,6: vom Gottesknecht gesagt; vgl. Jes 58,10: die Tat der Barmherzigkeit läßt Licht aufstrahlen). Dieser missionarische Aspekt steht schon im AT im Zeichen weltweiter Hoffnung: Jahwes Wahrheit wird ausgehen »als Licht der Völker« (Jes 51,4), und diese werden zum Lichte Gottes strömen (Jes 60,3).

2) Die bes. in der at. Weish-Lit. zu beobachtende Gegenüberstellung von Licht und Finsternis als den Bereichen der Gottesfürchtigen einerseits und der Gottlosen andererseits (zB Spr 4,18f), wird in den Texten von Qumran aufgegriffen und radikalisiert. Wahrscheinlich unter dem Einfluß der persischen Lichtreligion kommt es in der Ordensgemeinschaft am Nordwestufer des Toten Meeres zur Ausbildung eines Dualismus von Licht und Finsternis. Auf Erden liegen die – in diesem Fall mit den Gliedern der Gemeinschaft von Qumran identifizierten – »Kinder des Lichtes« (1QS I,9; II,16; III,13 u. ö.) mit den »Kindern der Finsternis« (1QS I,18.24; II,5.19 u. ö.) im Kampf (vgl. den Titel von 1QM: »Krieg der Söhne des Lichts gegen die Söhne der Finsternis«).

Diesem innergeschichtlichen Gegensatz entspricht jener in der metaphysischen Welt der Geister. Dem Lichtfürsten (1QS III,20; CD V,18; 1QM XIII,10) steht als Herr der »Welt« ein Finsternisengel (1QS III,20.21) entgegen. Die Bereiche beider Antagonisten sind dabei wirkkräftig und fast prädestinatianisch auf die Zweiteilung unter den Menschen bezogen: »In der Lichtwohnung sind die Ursprünge der Wahrheit, aber aus der Höhle der Finsternis kommen die Geschlechter der Abirrung. In der Hand des Lichtfürsten liegt die Herrschaft über alle Söhne der Gerechtigkeit ... Aber in der Hand des Finsternisengels ruht die gesamte Gewalt über die Söhne der Abirrung« (1QS III,19ff). Doch auch die Kinder des Lichts bleiben den Nachstellungen des Finsternisengels und seiner Geister ausgesetzt (ebd.). Ihre Situation wäre schlimm, würde »der Gott Israels« ihnen nicht beistehen.

An ihm findet die Macht des Dunkels ihre Grenze, denn wie im AT gilt auch in Qumran Gott als der Schöpfer sowohl der Geister des Lichts als auch der der Finsternis (1QS III,26). Der Dualismus wird also zwar auf die transzendente Ebene der Geister gehoben, nicht jedoch bis zu Gott selbst weitergetragen. Die Finsternis steht ihm nicht, wie im Mazdaismus, ebenbürtig gegenüber. Er bleibt letztlich der Herr und als solcher Garant für die eschatologische Hoffnung der Lichtsöhne. Die müssen sich freilich als die Erleuchteten (vgl. 1QS XI,5) in einem lichtgemäßen, dh an Tora und Ordensregel orientierten (vgl. 1QS I,16–II,18) Wandel bewähren (vgl. 1QS III,3). Dann jedoch ist ihr Weg (für die Antithese von »Weg des Lichts und Weg der Finsternis« vgl. 1QS III,20f; dazu slawHen 30,15 A) vom Glanz künftiger Herrlichkeit umstrahlt (vgl. 1QS IV,6ff), während Dunkel der Gottlosen harrt (1QS II,7f; IV,12f u. ö.).

Anders als in der Gnosis wird der Licht-Finsternis-Dualismus hier weniger substanzhaft, als vielmehr ethisch-geschichtlich gedacht.

3) Philo verwendet Vokabeln der Wortgruppe bes. im Zusammenhang mit Fragen des Erkennens (→ Erkenntnis). So werden bei ihm σοφία *[sophia]*, → *Weisheit*, und ἐπιστήμη *[epistēmē]*, *Wissen* als φῶς διανοίας *[phōs dianoias]*, *Licht der Erkenntnis*, bezeichnet (Spec. Leg. I,288; De Migr. Abr. 39f), dh sie sind Größen, die zu wahrer Seinserhellung führen. Da für den von Plato beeinflußten Philo das Noetische eine wichtige Rolle bei der Heilsaneignung spielt, Heil aber bei ihm wie auch sonst in der Religionsgeschichte durch Licht signalisiert wird, ist es verständlich, daß erkenntnistheoretische Begriffe mit der Lichtmetaphorik verknüpft werden:

Der Logos ist Licht (Leg. All. III,171ff), und auch der νοῦς *[nous]*, *Verstand*, erscheint als φῶς *[phōs]* (Post. Caini 57f). Durch die Nennung des Gewissens als φῶς *[phōs]* (Deus Imm. 135; Jos. 68) wird schließlich der schon für Plato selbstverständliche Zusammenhang zwischen Erkenntnis und sittlicher Tat angezeigt. Unter den Tugenden steht allerdings nicht der philosophische Eros, sondern die auf Gott bezogene Frömmigkeit an erster Stelle, die Liebe zu dem einen Gott, dessen Bereich, der Himmel, bei Philo licht vorgestellt wird (Jos. 145). Aber auch Gott selbst erscheint als »das erste Licht« und »Archetyp jeden anderen Lichtes« (Som. I,75). So wird auch am Lichtbegriff wieder deutlich, wie Philo hell. Philosophie mit den Glaubensvorstellungen Israels zu verbinden sucht.

III Von den genannten Vokabeln der Wortgruppe finden sich im NT: φῶς *[phōs]* 72mal (davon 33mal im johanneischen Schrifttum; 14mal bei den Synopt.; 13mal im paulinischen Schrifttum; 10mal in Apg); φωτίζω *[phōtịzō]* 11mal; φωτισμός *[phōtismọs]* 2mal (2Kor 4,4.6); φωτεινός *[phōteinọs]* 4mal; φωστήρ *[phōstæ̣r]* 2mal (Phil 2,15; Offb 21,11) und φωσφόρος *[phōsphọros]* nur 2Petr 1,19.

1a) Im urspr. Sinn wird vom Licht der Sonne (Offb 22,5), das bei Nacht nicht vorhanden ist (Joh 11,10), vom Schein der Lampen (Lk 8,16; 11,33; 15,8; Apg 16,29; Offb 18,23; 22,5) und von der Wärme des Feuers (Mk 14,54; Lk 22,56) geredet.

b) Aber schon Mt 17,5 weist die dort erwähnte lichte Wolke über sich hinaus auf Gott, der sich ihrer bedient, um seinen Sohn zu verklären. Helligkeit gehört zum Erscheinen Gottes. Und von der Lichtfülle wird auch der Verklärte umgeben: »sein Angesicht leuchtete wie die Sonne, seine Kleider aber wurden weiß wie das Licht« (Mt 17,2 Z). Wie hier das Licht die Epiphanie Gottes anzeigt, so an anderen Stellen das Erscheinen des erhöhten Christus (Apg 9,3; 22,6.9.11; 26,13). Und ähnlicher Glanz kennzeichnet die Boten des Überirdischen, die Engel (Apg 12,7; vgl. Mt 28,2f u. ö.).

Schließlich können auch die Jünger als Licht(-träger) bezeichnet werden (Mt 5,14.16; Lk 12,35; vgl. Eph 5,8; Phil 2,15). Ihre Aufgabe ist es, das empfangene göttliche Licht weiterzugeben. Was sie im Verborgenen (dh in geschlossener vertraulicher Gesellschaft) von Jesus gesagt bekamen, sollen sie furchtlos »im Licht« (stehende Redewendung für »in der Öffentlichkeit«) verkünden (Mt 10,27; vgl. Lk 12,3). Im Sinne der missionarischen Existenz sollen sie etwas in die Welt hinein ausstrahlen von dem Licht, das sie nicht aus sich selbst haben, sondern das vom Himmel her auf sie fällt. Denn Licht gehört nach nt. Verständnis zum Bereich Gottes (vgl. 1Tim 6,16; 1Joh 1,5, wo Gott geradezu mit dem Licht identifiziert wird), von dem her es in diese Welt hinein wirkt.

2) Das Wirken Jesu Christi als solchen Einbruch des Lichtes in die → Finsternis der → Welt schildert vor allem Johannes. Bereits im Prolog des JohEv. wird das Licht als die Lebenskraft (mit dem Sinn des Heilsamen) für den von Natur aus im Dunkeln befindlichen Menschen vorgestellt (Joh 1,4; vgl. 8,12). Als Zeuge von dem Licht wird Johannes der Täufer genannt, allerdings so, daß der Unterschied zwischen ihm und dem Licht selbst nicht übersehen werden kann (Joh 1,6ff; 5,35f). »Das wahre Licht, das jeden Menschen erleuchtet, kam« in Gestalt Jesu Christi in die Welt (Joh 1,9; dazu R. Bultmann: »Er ist das echte, eigentliche Licht, das allein den Anspruch erfüllt, dem Dasein das echte Verständnis seiner selbst zu schenken ... Die Exklusivität der in Jesus geschehenen Offenbarung wird noch betont durch den Relativsatz ὃ φωτίζει ... *[ho phōtịzei ...]*: für alle Menschen ist er, und nur er, der Offenbarer«, KEK II,32; vgl. ferner Joh 3,19; das Jes-Zitat 42,6; 49,6 in Lk 2,32). Eines der berühmten Ich-bin-Worte spricht das ganz klar aus, indem es zugleich auf die den Menschen betreffenden Konsequenzen hinweist: »Ich bin das Licht der Welt. Wer mir nachfolgt, wird nicht in der Finsternis wandeln, sondern er wird das Licht des Lebens haben« (Joh 8,12 Z; vgl. 9,5; 12,46; → Sehen). Hier »liegt nicht bildliche, sondern eigentliche Rede vor. ›Das Licht‹ bezeichnet das Wesen Jesu direkt. Er ist nicht wie ein Licht, sondern ist ›das Licht‹« (H. Conzelmann, Grundriß, 383). R. Bultmann beschreibt die Bedeutung dieses Lichtes so: »Indem es die Welt hell macht, gibt es die Möglichkeit des Sehens. Die Bedeutung des Sehens aber besteht nicht nur darin, daß der Mensch sich über Gegenstände orientieren kann, sondern (damit zugleich) darin, daß er sich selbst in seiner Welt versteht, daß er nicht ›im Dunkeln tappt‹, sondern seinen ›Weg‹ sieht« (KEK II,22). Diesen Weg gilt es nicht bloß zu erkennen, sondern auch zu gehen.

Dem gegenüber, der sich als Licht und Weg bezeichnet, ist nicht die Haltung des Bewunderers angemessen, sondern nur die des glaubenden Nachfolgers. Darum die Aufforderung: »Glaubet an das Licht, damit ihr Kinder des Lichtes werdet!« (Joh 12,36 Z).

Solche einladende Mahnung ist notwendig, weil der natürliche Mensch die Finsternis mehr liebt als das Licht (vgl. Joh 3,19; 2Kor 4,4, wo Paulus von Menschen spricht, die Gott selbst verblendet habe). Und wenn es auch unverbrüchliche Wahrheit ist, daß die Finsternis seit dem Kommen Jesu Christi im Schwinden begriffen ist (1Joh 2,8), so ist es doch zB keineswegs überflüssig, den ans Licht tretenden Christen das Gebot der Bruderliebe einzuschärfen (1Joh 2,8ff). Denn nur »wer seinen Bruder liebt, bleibt im Lichte« (1Joh 2,10). Voraussetzung aber für das Tun der → Wahrheit – hier wie anderswo eng mit dem Begriff des Lichts verbunden – ist die Gemeinschaft mit dem, der das Licht der Welt ist: Jesus Christus. Dieses In-ihm-Bleiben nötigt den Christen zu einem Wandel im Licht, weist ihn an die Brüder und auf die vergebende Kraft des Blutes Christi (1Joh 1,6f).

3) Wenn auch im Vorkommen seltener, so dient die Wortgruppe doch auch bei Paulus zur Beschreibung ähnlicher theol. Einsichten. Licht und Finsternis stehen sich genauso unvereinbar gegenüber wie → Gerechtigkeit und Gesetzlosigkeit (→ Sünde; 2Kor 6,14; möglicherweise qumranisch beeinflußte Gedanken). Der Inhalt des Lichtes bzw. der Erleuchtung ist aber nur christologisch zu beschreiben: »durch die Erkenntnis von der Herrlichkeit Gottes auf dem Angesicht Christi« ging uns im Herzen ein Licht auf (2Kor 4,4.6; vgl. 2Tim 1,10). Durch ihn haben wir teil »am Erbe der Heiligen im Licht« (Kol 1,12).

In ihm sind, die einst Finsternis waren (Eph 5,8), jetzt als Glaubende »Kinder des Lichtes« geworden (1Thess 5,5; Eph 5,8: nun »seid ihr Licht im Herren«; vgl. Lk 16,8). Diese Kindschaft hat freilich verpflichtenden Charakter: »Die Frucht des Lichtes besteht in lauter Güte und Gerechtigkeit und Wahrheit« (Eph 5,9). Darum gilt es, dem Licht gemäß zu wandeln. Das ist um so notwendiger, als die Christen ihrer Umwelt gegenüber eine missionarische Verantwortung tragen, der sie nur durch eine zeichenhafte Existenz gerecht werden (Phil 2,15; vgl. Jes-Zitat 49,6 in Apg 13,47). Diese bedeutet allerdings u. U. Kampf (vgl. Hebr 10,32).

In dieser Welt lebt der Christ noch »zwischen Dämon und Gott«. Satan kann sogar die Maske eines »Engels des Lichtes« annehmen (2Kor 11,14). Darum müssen Christen »die Waffen des Lichts« anlegen (Röm 13,12). Nur wer mit dieser Rüstung einen guten Kampf gekämpft hat, braucht den Tag nicht zu fürchten, da der »Vater der Lichter« (Jak 1,17) das Verborgene ans Licht bringen wird (1Kor 4,5).

4) Die Zukunft der Gottlosen erscheint auch im NT wie schon im AT und im Spätjudentum als von eschatologischem Dunkel bestimmt, das mit → Verderben gleichbedeutend ist. Anders sieht die Hoffnung der Christen das Ende der Zeit: An jenem Tag wird der »Morgenstern« in ihren Herzen aufgehen (2Petr 1,19), und dann werden sie, »die jetzt unter dem Verhülltsein Gottes leiden, . . . volle und helle Gotteserkenntnis haben« (F. Hauck, NTD 10,90 zSt.). Sie werden schließlich – nach der Offb – in das himmlische Jerusalem gelangen, das als Stadt des göttlichen Lichtes dargestellt wird (Offb 21,23f; 22,5; vgl. Jes 60,19f).

H. Chr. Hahn

ZUR VERKÜNDIGUNG V

I. Daß dem Licht bei den verschiedensten Urvölkern kultische Verehrung zuteil wurde, zeigt, welch ungeheure Bedeutung man ihm beimaß, als noch die »Morgenröte der Menschheit« heraufdämmerte. Konkret begegnete die elementare Kraft des natürlichen Lichtes dem Menschen in den Gestirnen, die darum weithin vergöttlicht wurden. Vornehmlich war es die Sonne, deren belebende Wirkung auf Pflanzen, Tiere und Menschen für die einen ebensowenig verborgen bleiben konnte, wie ihre versengende Glut für die anderen. Die Empfindung ihrer erhellenden und wärmenden Strahlen fand ihren Niederschlag in zahlreichen Mythen (zB dem griech. Mythos vom Sonnengott Helios, der mit seinem Wagen am Himmel dahinzieht und dadurch für die Tageshelle sorgt. Ähnliche Mythen gibt es bei den Indern und Ägyptern).

Welcher Wert bis in die Gegenwart hinein der Sonne, »dem tagenden Licht« (Schiller), beigelegt werden kann, veranschaulichen etwa die Bilder van Goghs, Franz Masereels Holzschnittfolge »Die Sonne«, aber auch Ingeborg Bachmanns Gedicht »An die Sonne«:

»Schöner als der beachtliche Mond und sein geadeltes Licht / Schöner als die Sterne, die berühmten Orden der Nacht, / Viel schöner als der feurige Auftritt eines Kometen / Und zu weit Schönerem berufen als jedes andere Gestirn, / Weil dein und mein Leben jeden Tag an ihr hängt, ist die Sonne / . . . Schönes Licht, das uns warm hält, bewahrt und wunderbar sorgt, / Daß ich wieder sehe und daß ich dich wieder seh. / Nichts Schönres unter der Sonne als unter der Sonne zu sein . . .«

Die zentrale Funktion, die das Licht im Bereich der bildenden Künste hat, läßt sich beispielhaft an der gotischen Glasmalerei aufzeigen.

Vgl. H. Lützeler: »Die Glasmalerei der Gotik . . . hat die Architektur durch und durch verwandelt – dahin, daß der Raum aus Stein ein Raum aus Licht, das mühsame System aus Stütze und Last ein Fluten aus leuchtenden Mauern geworden ist . . . Die Lichtform hat den Vorrang vor der Gegenstandsform. Nicht die Gegenstände bestimmen, sondern das zu Farbwänden erglühende Licht.«

Vergegenwärtigt man sich weiter den Kontrast von hell und dunkel in Rembrandts Werken oder das Spiel von Licht und Farbe auf den Gemälden der Impressionisten, dann ist die ausschlaggebende Rolle des Lichtes für die Kunstgeschichte genügend angedeutet.

Vgl. M. J. Friedländer: »Mannigfaltigkeit ist die Funktion des Lichtes. Es macht die Eigenfarben erstrahlen, im Extrem aber, stark oder schwach, vernichtet es Form wie Farbe, es färbt von sich aus, vergoldet oder versilbert. Die Körper erscheinen dreidimensional, indem sie das Licht nicht durchlassen. So steigert das Licht die Illusion des Kubischen und vertieft damit den Raum. Schließlich kombiniert es, da eine Gemeinsamkeit zwischen den Wesen und Dingen darin besteht, daß sie von ein und derselben Lichtquelle sichtbar gemacht und gewissermaßen erzeugt werden. Die Bildteile bilden eine Familie als Kinder des Lichtes. Folgerichtige Beobachtungen der Beleuchtung, eine späte Errungenschaft, trat an die Stelle der durch Symmetrie und Gleichgewicht erzielten Bindung.«

Licht braucht der Mensch, um zu sehen und sich zurechtzufinden. Das gilt vordergründig: eine nächtliche Autofahrt ohne Scheinwerfer zB dürfte an einem Baum oder im Graben enden (vgl. die Bedeutung von Leuchttürmen für die Seefahrt, von Signallampen für die Eisenbahn, von Positionslichtern für den Flugverkehr). Das gilt aber auch in übertragenem Sinn: Häufig stoßen wir auf Wendungen der Lichtmetaphorik, wo es um Wissen und Weisheit geht. So dankt man wertvolle Erkenntnisse dem »Licht der Natur« (lumen naturale) bzw. dem »Licht der Vernunft«. Der religiöse Mensch bedarf darüber hinaus des »Lichtes der Gnade« (lumen gratiae) und im Blick auf die völlige Wesensschau Gottes des »Lichtes der Verklärung« (lumen gloriae); – die abstufende Begrifflichkeit findet sich zB bei Thomas von Aquin, aber auch bei Leibniz. Von weitreichender Bedeutung wurde in diesem erkenntnistheoretischen Zusammenhang die Annahme, daß der gläubige Mensch an dem unvergleichlichen Licht des göttlichen Geistes teil bekäme. Denn Gott allein ist »das urbildliche Licht«, das keines anderen zur Erfassung der Dinge bedarf. Und nur durch Anteil an der »göttlichen Vernunft« können »auch die andern Wesen den Nebel und das Dunkel bannen . . . in ihrer Sehnsucht nach dem Gewinn des seelischen Lichtes« (Philo). Bes. Ausprägung fand diese Überlegung in der schon bei den Gnostikern anzutreffenden Vorstellung von dem göttlichen Lichtfunken, der dem Leib des Menschen eingestiftet wurde und den es im Lebensprozeß zu entfalten und zu befreien gilt. Der Weg der Erleuchtung (via illuminativa), bei dem es u. U. wie bei Hildegard von Bingen, Elsbeth Stagel und Nikolaus von Flüe zu Lichtvisionen kommt, gehört zu den zentralen Elementen auch der christl. Mystik. Ziel dieses Weges ist die Vereinigung der lichthaften Seele mit Gott, dem Urlicht.

Vgl. Elsbeth Stagel: Ein Licht vom Himmel umgab und erfüllte die Seele. »Und in diesem Licht, das meine Seele war, sah ich Gott wonniglich leuchten, wie ein schönes Licht leuchtet aus einer brennenden Leuchte, und ich sah, daß er sich so minniglich und voll Güte zu meiner Seele fügte, daß er ganz mit ihr vereinigt wurde und sie mit ihm«.

Mystiker wie Aufklärer verstehen sich darum gern als »Lichtfreunde«, die – zur eigenen Seinserhellung gelangt – andere aus Verblendung und Dunkel, von Aberglauben und Unwissenheit auf den Weg des Lichtes führen möchten.

Verdankt die technisierte Gesellschaft viele Errungenschaften, vom elektrischen Licht bis zu den Laser-Strahlen, der wissenschaftlichen Erforschung des Lichtes, so hat doch umgekehrt gerade in unseren Tagen das Licht auch eine Reihe negativer Bedeutungen bekommen. Manche Erfindung erweist sich als ambivalent. Die Photographie zB vermag Wirklichkeit festzuhalten — aber auch vorzutäuschen. »Licht lockt Leute«, stand über einem Prospekt für Dia-Reihen. So kommt im Bereich der Werbung der Lichtreklame die manchmal fragwürdige Aufgabe zu, die Kauflust der Menschen zu wecken. Erheblich schlimmer ist es, daß heute das Licht zu einem Folterwerkzeug zivilisierter Völker geworden ist: es soll den Gefangenen nicht mehr zum Schlafen, zur Ruhe kommen lassen, und man hat ernsthaft erwogen, durch an Satelliten befestigte Sonnenspiegel ganze Landschaften ständig taghell zu erleuchten, um sie besser überwachen zu können. Sog. »Christbäume« sollten bei Luftangriffen den Bombern helfen, ihr Ziel zu finden, und inzwischen hat der Mensch Bomben erfunden, von deren Explosionslicht es zugespitzt heißen kann, es leuchte »heller als tausend Sonnen« (R. Jungk). Hier wird Licht zum Inbegriff von Zerstörung und Schrecken.

So ist es einleuchtend, daß der Mensch unserer Tage sich »von Lichtern gejagt« und von »Sonnendolchen« bedroht fühlt. Die Angst vor der »Entzündung einer Martersonne« bzw. vor der »Sonne Satans« hat sich ebenso ausgebreitet wie die vor der »Sonnenfinsternis«, — Formulierungen, die gleichermaßen konkret und metaphorisch verstanden werden können und die geradezu als ein Signum des Menschenbildes der gegenwärtigen Literatur gelten dürfen. Braucht es dann zu verwundern, wenn in einer derartig zwielichtigen Zeit sich mancher, »müde der vielen funkelnden Sonnen« (M. L. Kaschnitz), wünscht, daß wenigstens der »armselige Stern der Hoffnung über dem Herzen« (I. Bachmann) nicht verlösche? Vielleicht gedenkt er trostsuchend einer »besonnten Vergangenheit« (C. L. Schleich) und läßt das verklärende Licht der Erinnerung etwa auf seine Kindheit fallen. Vielleicht sucht er auch bloß vorübergehende Zerstreuung im »Lichtspieltheater« oder vor dem Fernsehschirm. Begreiflich ist auch, daß der Mensch, »vor Feuerschlünden aufgestellt« (G. Trakl), bisweilen in Resignation oder bitteren Sarkasmus verfällt. (Vgl. H. Hartung: »Leuchte dir heim, / Sonst wird dir geleuchtet, / Alle Katzen sind grau des Nachts, / Doch ihre Augen glühn.«)

II. Diesem in der Gegenwart verbreiteten Verständnis des Lichtes als einer manipulierbaren Größe, als eines Bildes für blendende Schrecken und faszinierend-gleißende, lockendtödliche Gefahr tritt in der Verkündigung der Kirche die Glaubensaussage entgegen, daß Jesus Christus das Licht der Welt sei, das alle anderen Lichter überstrahlt — auch und gerade die furchterregenden. Namentlich Joh verwendet die Lichtmetaphorik, um die einzigartige Bedeutung dieses Gottgesandten zu veranschaulichen, an dem sich Heil oder Unheil der Menschen entscheiden. Denn für den Christen sind alle Hoffnungen und Erwartungen gebündelt in der Person Jesu, der in die Welt kam, um ihr die Liebe Gottes zu offenbaren. Sein Kommen gab »der Welt ein' neuen Schein« (Luther, EKG 15,4).

Unübersehbar ist der Chor derer, die ihn im Laufe der Kirchengeschichte auf mannigfaltige Weise als »schönstes Licht« (EKG 254,1.7) besungen haben. Das Gesangbuch ist angefüllt mit Benennungen wie »Sonne« (28,3), »Lebenssonne« (157,5), »Weihnachtssonne« (32,5), »Gnadensonne« (25,1), »Freudensonn'« (6,3), »Seelensonne« (266,2), »Sonne der Gerechtigkeit« (218,1). Alle diese Bilder, wie übrigens auch die Sternvergleiche — »Stern« (27,6), »Jakobs Stern« (29,5), »Morgenstern« (14,1), »Wunderstern« (52,1), »Leitstern« (43,3) etc. —, haben nur den einen Zweck, die einzigartige Bedeutung dieses »wahren Lichts« (50,1) hervorzuheben. Sie besteht darin, daß Christus die Mächte der → Finsternis besiegt, den Anbruch der Herrschaft Gottes in der Menschenwelt herbeigeführt und allen Menschen Teilhabe an diesem Siege zugesagt hat: »Er ist der ganzen Welte Licht, / stellt jedem vor sein Angesicht / den hellen, schönen, lichten Tag, / an dem er selig werden mag« (337,3).

Wer sich diesem Licht nicht verschließt, braucht weder an der Finsternis um sich herum, noch an dem sündhaften Dunkel in sich selbst zu verzweifeln.

(Vgl. EKG 51,4: »Jesu, reines Licht der Seele, / du vertreibst die Finsternis, / die in dieser Sündenhöhle / unsern Tritt macht ungewiß . . .«)

Dem, der sich ihm im Glauben öffnet, will Christus »Licht, Leben, Freud' und Wonne« (28,3) bringen. Oder, um es mit G. Ebeling etwas moderner zu sagen: »In der Relation zu Gott steht letztlich dies eine in Frage, ob uns von da das sprachlos machende Schweigen, die Sphinxgestalt nichtigen und vernichtenden Dunkels angeht oder ob uns das eine Wort anspricht, ein Widerfahrnis von Bejahtsein, Verstandensein und Geliebtsein, ein Wort, das Hoffnung schöpfen läßt und Quelle von Leben, Wunder der Verheißung ist, Ermächtigung zu der antwortenden Anrede: ›Abba, Vater‹.«

Wer sich so im Glauben Gott zuwendet, für den wird dadurch die Weltwirklichkeit nicht verdeckt; sie erscheint nur in einem neuen Licht. Alles aber, was zum »geschaffenen Licht« (EKG 254,4) gehört, wird seines auch in mancher Dichtung der Gegenwart noch durchscheinenden mythischen Glanzes entkleidet; indem es in seinem Bezug zu Gott verstanden wird, wird sein falscher Anspruch entkräftet. Entscheidende Hilfe zu einer solchen gottbezogenen Interpretation alles Seienden als Geschaffenem bietet die Bibel. Sie klärt den Menschen auf über sich selbst, über die → Welt und über → Gott, soweit dieser sich offenbart hat. Weil das in ihr begegnende »göttlich' Wort« (EKG 207,1) so den Menschen erleuchtet und zu seiner Daseinserhellung beiträgt, kann es – im Anschluß an Ps 119,105 – selbst mit den verschiedenen Lichtprädikaten belegt und zB als »Leuchte« (EKG 243,7), »schöner Stern« (49,6), »Wunderstern« (412,3), und »Himmelslicht« (412,3) bezeichnet werden. Daß das Wort dabei nicht zu einer frommen Weltbetrachtung einlädt, sondern zu konkreter Lebensgestaltung im Rahmen der Nachfolge Christi auffordert, zeigen Wendungen wie »Leuchte unsern Füßen« (145,6) oder »Fackel meiner Pfade« (412,4).

Christus stellt den Glaubenden ins Licht, »zu wandeln als am lichten Tag« (336,4), dh – von Christus erleuchtet – sich dessen Willen gemäß zu verhalten und »die Werke des Lichtes« (337,6) zu tun. Denn »das sel'ge Licht des Heilands« (165,1) will nicht absorbiert, sondern in Zeugnis und Leben verwandelt in die Welt hinein reflektiert werden. Von Christus her strömt auch den Christen Leuchtkraft zu, die von »des Lichtes Kindern« (EKG 15,4 aus Joh 12,36) weiter ausstrahlen soll (vgl. Mt 5,15f), und zwar in alle Lebensbereiche hinein, in Wirtschaft und Politik ebenso wie in den Raum von Familie und Gemeinde.

Den Christen kommt es – nicht weniger als den Psychotherapeuten – zu: die »Finsternis der Lieblosigkeit« und der »Du-Blindheit« (F. Schottländer) durch »jenes Licht mitmenschlicher Strahlung« aufzuhellen, »das zugleich erleuchtende und heilende Kraft hat« (Graf K. v. Dürckheim). Es geht um das »raumschaffende Licht der Liebe« (J. Herzog-Dürck). Dies »umgestaltete Licht« kann sich weder mit Kriegen noch mit sozialer Ungerechtigkeit abfinden. Auch das dunkle Gewirr von Vorurteilen und Verlogenheiten werden Christen kraft ihres Lichtes zu zersetzen haben. »Wir können (zumindest) Orte schaffen, von denen der helle Schein der Hoffnung in die Dunkelheit der Erde fällt« (F. v. Bodelschwingh).

Bei alledem wird freilich »das ewige Licht . . . nie zu unserem Besitz, zu einer Qualität unseres Wesens, zu einer Charaktereigenschaft werden . . . Sein Strahl kann und muß uns immer wieder aus der Ewigkeit, aus dem Jenseits unserer Welt treffen« (R. Bultmann, in: Glauben und Verstehen, 78). Das besagt natürlich nicht, daß der Glaubende lichtlos existieren müsse. Es heißt nur, daß er keine Leuchtkraft aus sich selbst heraus hat, sondern weitergeben muß, was er empfängt. Allein von Christi »Brennen« kann »unser Licht den Schein« nehmen (EKG 217,7), um Trost und Zuversicht vollmächtig mitteilen zu können. Denn »er lebt als Lichtquelle, durch deren Schein es draußen hell wird . . . Indem er lebt, ist er umgekehrt selbst das Licht, das . . . über der Welt aufgeht, das . . . aber ebenso damit auch die Menschen sich selbst, das ihnen auch die Welt erst sichtbar macht« (KBarth, KD IV,3,1,49). Von Christus her steht das Tun des Christen dann aber auch in besonderem Maße unter der Verheißung, »daß überall, wo das Licht der Liebe scheint, sich eine Helligkeit und Heiterkeit verbreitet, eine neue Atmosphäre entsteht« (R. Bultmann, aaO, 79).

Freilich bleibt auch dem Glaubenden kaum je die Anfechtung erspart, daß Christus ihm verdunkelt, daß er je und dann von dunklen Wolken der Angst, des Kleinglaubens und der Resignation beschattet wird. Zudem fehlt es nicht an Irrlichtern. Oft sind auch Christen nur

»Verworrne, die getrübtes Licht beriet« (W. Bergengruen). Aber Gott hat sie nicht für die Finsternis bestimmt, sondern ihnen sein Licht zugesagt. Zwar kann mit Recht gesagt werden: »Gott will im Dunkel wohnen.« Es muß indes sofort hinzugefügt werden: er »hat es doch erhellt« (J. Klepper, EKG 14,5). Nötig ist darum, daß der Angefochtene sich weiter an Gott hält und ihn wie Hiob bestürmt, daß auch noch seine Verzweiflung wie »eine lodernde Flamme« aufsteigt zu ihm. (Vgl. das »Sterbegebet des geräderten Knipperdollinck« in Dürrenmatts »Es steht geschrieben«.) Täglich neu gilt es, sich dem »Licht des Lebens« zuzuwenden. Wer jeden Kontakt mit Jesus Christus verliert, ist als Christ nicht mehr lebensfähig. Wie sollte, wer ohne Licht oder »unterbelichtet« ist, zum »Licht der Welt« werden, dh missionarisch wirken können? *H.-Chr. Hahn*

Lit.: MDibelius, Die Vorstellung vom göttlichen Licht, Dt. Lit. Zeitung 36, 1915, 1496ff – GPWetter, Phos, 1915 – KGalling, Art. Lampe, Bibl. Reallexikon, 1937, 347ff – WMichaelis, Art. λύχνος, ThWb IV, 1942, 325ff – AOepke, Art. λάμπω, ThWb IV, 1942, 17ff – RBultmann, Zur Geschichte der Lichtsymbolik im Altertum, Philologus 97, 1948, 1ff (= Exegetica, 1967, 323ff) – HSchär, Erlösungsvorstellungen und ihre psychologischen Aspekte, 1950 – SAalen, Die Begriffe »Licht« und »Finsternis« im AT, im Spätjudentum und im Rabbinismus, 1951 – HBardtke, Die Handschriftenfunde am Toten Meer, 1953, 97ff – JHerzog-Dürck, Zwischen Angst und Vertrauen, 1953 – WSchöne, Über das Licht in der Malerei, 1954 – FNötscher, Zur Terminologie der Qumran-Texte, 1956, 76ff – GBaumbach, Qumran und das Johannesevangelium, 1958, bes. 46ff – KBarth, KD IV, 3,1, 1959, 40ff (§ 62,2: »Das Licht des Lebens«) – Graf K. v. Dürckheim, Das Licht mitmenschlicher Strahlung oder vom esoterischen Charakter der Psychotherapie, in: FSchottländer zum Gedächtnis, 1959, 36ff – FSchottländer, Das Ich und seine Welt, 1959 – SAalen, Art. Licht und Finsternis, RGG IV, 1960[3], 357ff – RBultmann, Weihnachten. In: Glauben und Verstehen III, 1960, 76ff – FHeiler, Erscheinungsformen und Wesen der Religion, 1961, 43ff – FNKlein, Die Lichtterminologie bei Philon von Alexandrien, 1962 – RBultmann, Das Evangelium des Johannes, KEK II, 1964[18], 22ff – ders., Theologie des NT, 1964[5], 369ff – HSedlmayr, Der Tod des Lichtes, 1964, 9ff – RvUngern-Sternberg, Die Bezeichnungen »Licht« und »Finsternis« im AT, Dt. Pfarrerblatt 65, 1965, 642ff – RVolp, Das Kunstwerk als Symbol, 1966, 141ff – FMildenberger/GEbeling/JBaur/HDiem, Was heißt »Ich glaube an Jesus Christus?« 1968.

Liebe

In der griech. Sprache ist die Ausdrucksweise für das, was wir *Liebe* nennen, differenziert (Einzelheiten s. ἀγάπη I). φιλέω *[phileō]* ist die am häufigsten gebrauchte Vokabel, die allgemein eine Neigung zu einer Sache oder zu einem Menschen bezeichnet. Die Beziehung der Liebe zu Verwandten und Freunden steht im Vordergrund (vgl. die typische Bildung φιλαδελφία *[philadelphia], Bruderliebe*; → Bruder, Art. ἀδελφός), aber die ganze Dimension des »gerne« ist mit umfaßt, die Götter, Menschen und Dinge zum Gegenstand haben kann. Dementsprechend bezeichnet φιλία *[philia]* die *Liebe, Freundschaft, Ergebenheit, Gunst,* φίλος *[philos]* ist der *Verwandte* oder *Freund*. Dagegen ist ἔρως *[erōs]* die strebende, besitzergreifende *Liebe*. ἀγαπάω *[agapaō]*, urspr. *in Ehren halten, freundlich begegnen*, ist im klassischen Griech. das am wenigsten spezifisch geprägte Wort; es wird häufig synonym mit φιλέω *[phileō]* gebraucht, ohne daß zwischen beiden streng zu unterscheiden wäre. Im NT allerdings haben ἀγαπάω *[agapaō]* und das Subst. ἀγάπη *[agapæ]* eine bes. Bedeutung erhalten, indem sie für die *Liebe Gottes* bzw. die von dorther begründete Existenz verwendet werden.

ἀγαπάω

ἀγαπάω *[agapaō]* lieben · ἀγάπη *[agapæ]* Liebe · ἀγαπητός *[agapætos]* geliebt, beliebt · ἐράω *[eraō]* leidenschaftlich lieben · ἔρως *[erōs]* Liebe

Im Gegensatz zum Deutschen kennt der außerbiblische griech. Sprachbereich eine Anzahl von Wörtern für *Liebe* und *lieben*; die wichtigsten sind φιλέω *[phileō]*, στέργω *[stergō]*, ἐράω *[eraō]* und ἀγαπάω *[agapaō]*. I

1) → φιλέω *[philẹō]* ist der allgemeinste Begriff für die *Zuneigung* des Menschen. Das zeigen die vielen Ableitungen, wie zB φίλος *[phịlos]*, *Freund*, φίλημα *[phịlæma]*, *Kuß*, und Zusammensetzungen wie φιλοσοφία *[philosophịa]*, → *Weisheit*, φιλοξενία *[philoxenịa]*, *Gastfreundschaft* (→ Fremd, Art. ξένος), auch Namen wie zB *Philippus*. φιλέω *[philẹō]* bezeichnet vorwiegend die Zuneigung einander nahestehender Menschen innerhalb und außerhalb der Familie und schließt Sorge, Pflege, Gastlichkeit ein, sowie die Liebe zu Sachen im Sinne von *gern haben*. Ein ausgesprochen religiöses Gewicht haben die mit → φιλέω *[philẹō]* zusammenhängenden Begriffe nicht.

2) ἐράω *[erạō]* und ἔρως *[ẹrōs]* bezeichnen dagegen die verlangende, begehrende, wünschende *Liebe* zwischen Mann und Frau. Die Freude der Griechen an körperlicher Schönheit und an sinnlichem Begehren, das dionysische Lebensgefühl, findet hier seinen Ausdruck. Weil der Rausch der Sinne Maß und Form hinter sich läßt, wissen bereits die griech. Tragiker (zB Soph. Ant. 781ff) um das Dämonische des Eros (der Liebesgott trägt den gleichen Namen), der Vernunft, Willen und Besonnenheit vergessen läßt bis zur Ekstase.

Im mystischen Eros will der Grieche seine menschliche Grenze erreichen und durchbrechen, um Vollkommenheit zu erlangen. Neben den vom Orient beeinflußten Fruchtbarkeitskulten mit ihrer Verherrlichung des schöpferischen Eros in der Natur stehen die Mysterienreligionen, in deren Riten die Vereinigung des Mysten mit der Gottheit angestrebt wird. Dabei tritt immer stärker die geistig-seelische Einung mit dem Gott in den Vordergrund, auch wenn dafür noch häufig erotische Bilder und Symbole gebraucht werden. Plato schließlich stellt eindeutig die seelische Liebe über die körperliche. Der Eros ist für ihn das Streben nach Gerechtigkeit, Besonnenheit, Weisheit, der Inbegriff des Guten, der Weg zur Erlangung der Unsterblichkeit (Symp. 200.206; Phaedr. 237ff.242ff). – Bei Aristot. (Metaph. 12,7p,1072a,27f) wird der Begriff in dieser Richtung weiterentwickelt, und bei Plotin (Enn. V,5.8; VI,8,15) herrscht völlig das mystische Streben nach geistiger Vereinung mit dem Übersinnlichen vor. In der Zeit des NT ist es die γνῶσις *[gnọsis]* (→ Erkenntnis), die hier anknüpft und dem menschlichen Streben nach Selbstüberhöhung auf ihre Weise Ausdruck verleiht.

3) Die Etymologie der Begriffe ἀγαπάω *[agapạō]* und ἀγάπη *[agạpæ]* ist unklar. Während das Verb ἀγαπάω *[agapạō]* seit Hom. in der griech. Lit. häufig begegnet, ist das Subst. ἀγάπη *[agạpæ]* erst eine spätgriech. Bildung. Außerbiblisch ist nur eine Stelle mit einiger Sicherheit bezeugt (POxy, 2. Jh. nChr); dort wird die Göttin Isis mit dem Titel ἀγάπη *[agạpæ]* belegt.

ἀγαπάω *[agapạō]* ist für den Griechen ein oft völlig farblos gebrauchtes Wort, das mit ἐράω *[erạō]* und φιλέω *[philẹō]* häufig im Wechsel und als Synonym auftritt in der Bedeutung *gerne haben, in Ehren behandeln, sich zufrieden geben, freundlich begegnen*. Wenn es – vereinzelt – die Bevorzugung eines Menschen durch eine Gottheit ausdrückt (zB Dio. Chrys. Or. 33,21), wird allerdings deutlich, daß im Gegensatz zu ἐράω *[erạō]* nicht das Streben des Menschen nach Besitz oder Werten gemeint ist, sondern eine freundliche Hinwendung um des anderen willen. Das kommt vor allem beim Gebrauch von ἀγαπητός *[agapætọs]* zum Ausdruck, das sich meistens auf ein Kind, bes. auf das einzige Kind bezieht, dem sich das ganze Herz der Eltern zuwendet.

II In LXX wird mit ἀγαπάω *[agapạō]* vorzugsweise das hebr. Verbum *'āhēb* übersetzt. Hier hat das Subst. ἀγάπη *[agạpæ]* seinen Ursprung, das das hebr. *'ahᵃbā]* wiedergibt. Das Verbum begegnet weitaus häufiger als das Subst. *'āhēb* kann auf Personen wie auf Sachen bezogen werden und bezeichnet in erster Linie das Verhältnis von Menschen untereinander, dann auch das von Gott und Mensch.

1a) Liebe und Haß stellen für orientalisches Empfinden zwei Pole von elementaren Lebensäußerungen dar. Das Phänomen der Liebe wird im AT als spontane Macht erfahren, die zu einem Gegenüber oder einem Gegenstand drängt. So bedeutet Liebe zunächst den vitalen Drang der Geschlechter zueinander. Die Propheten Hosea (3,1; 4,18), Jeremia (2,25) und Ezechiel (16,37) scheuen sich durchaus nicht, die sexuelle Seite der Liebe anzusprechen. Wie stark die Differenzierung der Geschlechter und die Gattenliebe als bereicherndes Geschenk empfunden wurden, geht nicht nur aus dem Schöpfungsbericht (Gen 2,18ff) hervor, sondern noch mehr aus dem Hohen Lied, das die Kraft der Liebesleidenschaft besingt: »Stark wie der Tod ist die Liebe, Leidenschaft hart wie die Unterwelt; ihre Gluten sind Feuersgluten, ihre Flammen wie Flammen des Herrn« (Hhld 8,6).

b) Aber nicht nur das Verhältnis der Geschlechter zueinander, sondern ebenfalls die blutsmäßige oder seelische Verbundenheit der Menschen wird als Liebe bezeichnet: Vater- und Mutterschaft bzw. Freundschaft. Es gibt im Hebr. keine sprachliche Möglichkeit, ἐράω *[erạō]* und ἀγαπάω *[agapạō]* zu differenzieren. So ist von der Freundesliebe zwischen Jonathan und David die Rede (1Sam 18, 1.3; 20,17), die als Ausdruck personaler Gemeinschaft über die Liebe zu einer Frau gestellt wird: »Ein Wunder war mir deine Liebe, mehr als Frauenliebe« (2Sam 1,26).

c) In einem noch weiteren Sinn wird im AT die Liebe als Wurzel des sozialen Zusammenlebens verstanden: »Du sollst deinen Nächsten lieben wie dich selbst« (Lev 19,18). Liebe meint in diesem Zusammenhang die Zuwendung zum jeweils nächsten und anderen Menschen um seinetwillen, die ihn als Bruder annimmt und ihn zu seinem Recht kommen läßt. Diesen Aspekt entfaltet die Sozialgesetzgebung, die sich bes. um das Recht von Fremdlingen (Lev 19,34), Armen (Lev 25,35) und Waisen kümmert.

2) Seltener und behutsamer wird im AT das Wort Liebe für das Verhältnis zwischen Gott und Mensch verwendet. In dieser Beziehung liegt dem AT – im Gegensatz zur griech. Lit. – jede Mystik fern. Niemals geht es hier wie beim griech. Eros um ein Emporsteigen des Menschen zu Gott, sondern alles menschliche Denken, Fühlen und Handeln, auch aller Gottesdienst ist Antwort auf ein zuvor geschehenes Handeln Gottes. Aus dieser völlig anderen Richtung des Denkens wird verständlich, daß die LXX gegenüber ἔρως *[erōs]* den unbelasteten Begriff ἀγάπη *[agapæ]* vorzieht.

a) Dabei steht im AT am Anfang nicht der liebende Gott, sondern der erwählende Gott, der Fakten schafft durch konkretes Handeln an der Natur, an Menschen, speziell an seinem Volk, mit dem er einen Bund geschlossen hat (Ex 24). Die großen Taten Jahwes sind Taten der Geschichte mit seinem Volk (zB Exodus, Landgabe, Tora). Gerechtigkeit, Treue, Liebe, Gnade u. a. sind die Begriffe, die dieses Handeln zu fassen versuchen. Das Volk antwortet mit Jubel, Lob und Gehorsam.

Gericht und → Gnade Gottes (*chæsæd*) ziehen sich durch das ganze AT hindurch. Es handelt sich dabei nicht um die Beschreibung einer Eigenschaft Gottes, sondern immer um eine in seinem souveränen Willen begründete Aktivität. Gott steht zu seinem Bund, obwohl Israel oft abfällt und sich seinen Zorn zuzieht. Der Grund dafür kann nur in seiner erwählenden Gnade und Liebe gefunden werden (Hos 11,1 u. a.). Die Aussagen über diese Zuwendung Gottes gehen bis zur leidenden Liebe, wie sie in Jes 53 vom Gottesknecht ausgesagt ist.

b) Erst die Propheten wagen es, als Motiv dieses erwählenden Handelns Gottes unumwunden seine Liebe in Anspruch zu nehmen. Es bedeutet eine Ungeheuerlichkeit ohnegleichen, wenn Hosea es unternimmt, in der kanaanäischen Umwelt mit ihren sexuellen Fruchtbarkeitskulten und Liebesfesten das Verhältnis Jahwes zu seinem Volk in dem Vergleich eines betrogenen Ehemannes und einer Dirne darzustellen (→ Ehe). Obwohl Israel den Bund gebrochen hat und damit zur Hure und Ehebrecherin geworden ist, wirbt Jahwe in unbegreiflicher Liebe um seine abtrünnige Frau, das gott-lose Bundesvolk (2,19f). Obwohl es nicht sein Volk ist (1,9), soll es durch Jahwes geduldiges Werben und Ziehen wieder zu seinem Volk werden (2,23). – Nicht nur im Bild der Ehe, auch im Vergleich mit einem Vater schildert Hosea Jahwes unergründliche Liebe zu Israel (11,1ff), das er in Ägypten lieb gewann und mit Seilen der Liebe an sich zog. Aber Israel wandte sich ab. Hosea schildert den Kampf zwischen dem eifersüchtigen Zorn des enttäuschten Vaters und der glühenden Liebe im Innern Jahwes: »Wie könnte ich dich preisgeben, Ephraim, dich ausliefern, Israel? . . . Mein Herz kehrt sich um in mir, all mein Mitleid ist entbrannt. Ich will meinen glühenden Zorn nicht vollstrecken, will Ephraim nicht wieder verderben. Denn Gott bin ich und nicht ein Mensch, heilig in deiner Mitte, doch nicht ein Verderber« (11,8.9). Damit hat Hosea die leidenschaftlich eifernde Liebe Gottes in unerhörter Kühnheit beschrieben. Die Gottheit Gottes äußert sich nach Hosea nicht in seiner vernichtenden Macht, sondern in der Zähigkeit seines liebenden Erbarmens, das aller menschlichen Gegenliebe vorangeht und an der Treulosigkeit seines Volkes leidet (6,4), ohne es dem Chaos preiszugeben.

Die jüngeren Propheten haben das Bild der Ehe und das Thema der Geliebten in abgewandelter Form von Hosea übernommen. Jeremia spricht von Israels erster Liebe in der Wüste und ihrem Erkalten in Kanaan (2,1ff). Aber Jahwe liebt »mit ewiger Liebe« (31,3), deshalb will er dem verkommenen Israel wieder aufhelfen (3,6–10; 31,4). Bei DtJes (54,4–8) hat nicht die Frau ihren Mann, sondern Jahwe seine Jugendgeliebte verlassen, der er sich jetzt wieder erbarmend zuwendet. »Das Weib der Jugendjahre, kann man es verstoßen? spricht dein Gott. In kurzem Unmut habe ich dich verlassen, doch mit großem Erbarmen werde ich dich sammeln« (54,6.7). Bei DtJes kann man von einer »politischen« Liebe Jahwes sprechen, die sich in der Rückführung der Exulanten aus Babylon zu erkennen gibt: »Weil ich dich liebhabe, gebe ich Länder für dich hin und Völker für dein Leben« (43,4).

c) Auch das Deuteronomium ist von dieser prophetischen Tradition beeinflußt. Aber während bei den Propheten Jahwes Liebe der alleinige, unbegreifliche Grund für sein zukünftiges Heilshandeln mit seinem verlorenen Volk ist, dient im Dtn der Hinweis auf Jahwes erwählende Liebe als Begründung für die Ermahnung an Israel, jetzt seinerseits ihn zu lieben und seine Weisung zu befolgen (7,6–11). »Und du sollst den Herrn, deinen Gott, lieben von ganzem Herzen, von ganzer Seele und mit aller deiner Macht« (6,5). Diese Liebe zu Gott verwirklicht sich im Gehorsam gegenüber seinem Bundeswillen, im Halten der Gebote (Ex 20,6; Dtn 10,12f) wie in der Hinwendung zum Nächsten (Lev 19,18). Ein schönes Beispiel für die Begründung von menschlicher, sozialer Liebe im göttlichen Handeln ist das Gebot für den Fremdling: »Du sollst den Fremdling lieben wie dich selbst, seid ihr doch auch Fremdlinge gewesen im Lande Ägypten, – ich bin der Herr, euer Gott« (Lev 19,34). Lieben heißt hier also: wie ein Freund an einem Freund handeln. Allerdings ist für das AT das Gebot der Nächstenliebe nicht ein Satz, der alle Gebote zusammenfassen kann; denn die Liebe zu Jahwe artikuliert sich hier noch in einer Skala von Anordnungen und Weisungen.

3a) Im hell.-rabb. Judentum wird ἀγάπη *[agapæ]* zum zentralen Begriff für die Beschreibung des Gottesverhältnisses. Unter griech. und orientalischem Einfluß erhält der Begriff mystische

Züge, aber auch Grundgedanken des AT leben weiter. Gott liebt sein Volk trotz aller Not, die es betroffen hat. Beweis für seine Liebe ist die Tora. Der Gläubige erwidert die Liebe, indem er den Geboten gehorsam ist, Gottes Barmherzigkeit nacheifert und Gott treu bleibt bis zum Martyrium (4Makk). Nächstenliebe ist die Hauptforderung an den Frommen. Vereinzelt wird sogar Hilfsbereitschaft gegenüber dem Feind gefordert, der nicht zum auserwählten Volk gehört. Gelegentlich tritt auch der Gedanke hervor, daß Gott über seine Gerechtigkeit hinaus vergebende Liebe walten läßt (vgl. St.-B. I,905.917f; III,451.485.766.778).

b) Wesentlich für das Verständnis der nt. Aussagen ist die ganz anders strukturierte Frömmigkeit der Qumrangemeinde. Diese weiß sich von Gottes Liebe erwählt, die freilich nur den Kindern des Lichts gilt. Gott liebt den Engel des Lichts und haßt alle Leute des Loses Belials. Dementsprechend lautet ein häufig wiederholtes Gebot: zu lieben jeden, den Gott erwählt, und zu hassen jeden, den er haßt (1QS 1,3f; vgl. dagegen Mt 5,43ff). Das Liebesgebot spielt eine wichtige Rolle, aber da Gottes Liebe nicht als universal erkannt wird, bleibt auch die Liebe zum Nächsten auf die Mitglieder der Gemeinde beschränkt.

III 1a) Im NT ist »Liebe« einer der zentralen Begriffe, die den gesamten Inhalt des Glaubens zum Ausdruck bringen (vgl. Joh 3,16). Gottes Tun ist Liebe, die die antwortende Liebe des Menschen erwartet (1Joh 4,19). Auch die Ethik ist in Gottes Liebe begründet und gewinnt von daher Gestalt (1Joh 4,7). Die Liebe wird über Glauben und Hoffnung gestellt (1Kor 13,13), und schließlich wird Gott selbst als die Liebe bezeichnet (1Joh 4,8.16).

b) Es ist bezeichnend, daß im NT στέργω *[stẹrgō]* nur 1mal Röm 12,10 in dem Kompos. φιλόστοργος *[philọstorgos]* und ἔρως *[ẹrōs]* bzw. ἐράω *[erạō]* überhaupt nicht vorkommen, weil — wie bes. A. Nygren nachgewiesen hat — die damit verbundene anthropozentrische Denkweise dem NT nicht entspricht. Hingegen erscheint φιλέω *[philẹō]* auch in Zusammensetzungen häufig, bleibt aber inhaltlich — bis auf Einzelfälle — auf eine blassere und weniger gefüllte Bedeutung beschränkt. Typisch dafür ist das Kompos. φιλαδελφία *[philadelphịa]* in der Bedeutung *Freundesliebe* bzw. *Bruderliebe* (2Petr 1,7). Der Hauptton von φιλέω *[philẹō]* ruht auf der Liebe zu Menschen, die einander blutsmäßig oder als Glaubende nahestehen (vgl. Joh 15,19, auch 11,36; 16,27 ist bildlich vom Vater-Kind-Verhältnis die Rede; 21,15ff werden ἀγαπάω *[agapạō]* und φιλέω *[philẹō]* synonym gebraucht; einzig in 1Kor 16,22 wird φιλέω *[philẹō]* eindeutig für die Liebe zu Jesus dem Herrn verwendet).

c) Demgegenüber bezieht sich ἀγάπη *[agạpæ]* bzw. ἀγαπάω *[agapạō]* fast an allen Stellen im NT auf das Verhältnis Gott-Mensch, was durch den at. Gebrauch schon vorbereitet wird; wo sich hingegen die ἀγάπη *[agạpæ]* eindeutig auf eine Sache richtet (Lk 11,43), soll gerade durch den Gebrauch des Verbums ἀγαπάω *[agapạō]* deutlich gemacht werden, daß hier Liebe in verkehrter Richtung, eben nicht auf Gott hin betätigt wird. Entsprechend zu verstehen sind Stellen wie Joh 3,19 (die Liebe zu σκότος *[skọtos]*), Joh 12,43 (zur δόξα τῶν ἀνθρώπων *[dọxa tōn anthrọ̄pōn]*), 2Tim 4,10 (zum νῦν αἰών *[nyn aiọ̄n]*). Beim Subst. ἀγάπη *[agạpæ]* fehlt ein solcher »negativer« Gebrauch im NT; sie ist immer ἀγάπη τοῦ θεοῦ *[agạpæ tou theọu]* im Sinne des Gen. subj., des Gen. obj. oder im Sinne der göttlichen, dh durch Gottes Nähe hervorgerufenen Liebe zu anderen Menschen. Damit tritt ἀγάπη *[agạpæ]* unmittelbar neben Begriffe wie πίστις *[pịstis]* (→ Glaube), δικαιοσύνη *[dikaiosynæ]* (→ Gerechtigkeit), χάρις *[chạris]* (→ Gnade) u. a., die ebenfalls ihre Begründung allein von Gott her erhalten.

2a) In der s y n o p t. T r a d i t i o n liegt das Schwergewicht auf der Verkündigung des mit und in Jesus hereinbrechenden Gottesreiches und seiner neuen Lebensordnung. Gott sendet seinen einzig geliebten Sohn, dessen Stimme zur Rettung gehört werden muß (Mk 1,11 par; 9,7 par; 12,6 par; vgl. Ps 2,7; Jes 42,1; Gen 22,1ff u. a.). Die L i e b e G o t t e s als Motiv für diese Tat wird kaum durch ἀγάπη *[agạpæ]* ausgedrückt, sondern durch andere Worte bzw. durch Bilder und Gleichnisse (οἰκτίρμων *[oiktịrmōn]* Lk 6,36; ἔλεος *[ẹleos]* Lk 1,50ff; ἐλεέω *[eleẹō]* Mt 18,33 u. a.). Die Barmherzigkeit und Liebe Gottes wird in Jesu Handeln an den Menschen offenbar. Jesus selbst ist der große Liebende, der sich der Armen, der Kranken, der Sünder annimmt.

Wenn auch in den Passionsgeschichten der Begriff ἀγάπη *[agạpæ]* nicht vorkommt, so ist doch die Sache, eben die Barmherzigkeit und Liebe als der Erlösungswille für die Menschen deutlich; so in dem ὑπὲρ πολλῶν *[hypẹr pollọn]* des Abendmahlsberichtes (Mk 14,24; Mt 26,28; vgl. auch Mk 10,45) und im παραδιδόναι *[paradidọnai]* Jesu zum Tod (Mk 14,41 par u. a.).

Die Bergpredigt schließlich ist wohl dann recht ausgelegt, wenn die Seligpreisungen zuerst als Selbstaussagen Jesu verstanden werden. Jesus ist derjenige, der den radikalen Forderungen der Nachfolge als erster nachkommt und damit das Gesetz erfüllt. Die Feindesliebe (Mt 5,44 par), das Kreuzeswort (Lk 23,34) und das Schächerwort (Lk 23,43) liegen auf ein und derselben Linie.

b) Bei den Synopt. ist die Liebe zu Gott im Doppelgebot begründet (Mk 12,28ff par). Auch hier entsteht durch Gottes Barmherzigkeit die neue Wirklichkeit der Liebe, die im Tun Jesu offenbar wird. Die Nachfolgenden treten in sie hinein und erfüllen so die Gebote der Bergpredigt. → Nachfolge aber bedeutet auch Mitleiden. Indem der Jünger das tut, wird er von Gott anerkannt (Mt 10,37ff; 25,31ff; Lk 6,22ff). Diese Forderung zeigt die Härte der Liebe, die sich nur durch Leiden in dieser Welt durchzusetzen vermag. Wie sie Gott sein Liebstes kostet, so auch den Jünger.

c) Aus dieser Perspektive ergibt sich für die Nächsten- und Bruderliebe eine Deutung, wie sie Rabbinen und Griechen fremd ist. Die Liebe Gottes, die unter den Menschen die neue Wirklichkeit schafft, ist die Begründung auch für die zwischenmenschliche Liebe. Wieder ist hier das Doppelgebot zu erwähnen. In der Zusammenstellung von Dtn 6,5 und Lev 19,18 erscheint es nur Mk 12,28 par. Den zweiten Teil des Doppelgebotes, die Liebe zum Nächsten, finden wir außerdem Röm 13,9; Gal 5,14; Jak 2,8 zitiert. Die beiden Gebote werden auch von den Rabbinen hervorgehoben. Rabbi Aqiba nennt das Gebot der Nächstenliebe Lev 19,18 einen Grundsatz der Tora, dh eine umfassende Aussage (vgl. St.-B. zu Mt 22,36ff). Die Zusammenfassung und Begründung des Gebotes in der Liebe Gottes ist jedoch neutestamentlich.

Ganz entschieden überschreitet Jesus die Grenzen jüd. Tradition in der Radikalisierung der Feindesliebe: Mt 5,43ff par. Zwar ist der Grundsatz allgemeiner Menschenliebe, auch der Liebe zu allen Geschöpfen bereits früher bekannt. Aber die Radikalität des lapidaren Satzes, daß die Feinde zu lieben seien, ist den Rabbinen fremd (vgl. St.-B. zu Mt 5,43f). Jesus liebt als der Gottessohn die, die ihn kreuzigen, ja er stirbt für sie. Die Auslegung, die er dem Gebot im Gleichnis vom barmherzigen Samariter gibt, weitet die Liebe von vornherein auf alle Menschen aus (vgl. Lk 7,47).

3a) Paulus steht, wenn er von der Liebe Gottes spricht, ganz in at. Tradition. ἀγάπη *[agạpæ]* ist für ihn die erwählende Liebe (das zeigt der Gebrauch von ἀγαπητός *[agapætọs]*, das den *Auserwählten* bezeichnet). Dies bei Paulus sehr häufige Adj. fehlt bei Joh, wie auch das Verb καλέω *[kalẹō]*. Röm 9,13ff; 11,28 zeigen, wie Paulus an die israelitische Erwählungstradition anknüpft. Die κλητοί *[klætọi]* sind die ἀγαπητοί *[agapætọi]* (Röm 1,7; Kol 3,12). Wie im AT ist das Motiv für die Erwählung die Liebe Gottes. Sie kann auch mit ἔλεος *[ẹleos]* bzw. ἐλεέω *[eleẹō]* wiedergegeben werden (LXX übers. die Wurzel *rchm* teilweise mit ἐλεέω *[eleẹō]*, teilweise mit ἀγαπάω *[agapạō]*). Diese Liebe wird offenbarende Tat im Heilswerk Jesu Christi (Röm 5,8; 8,35ff). Der Zirkel von Schuld, Zorn und Gericht wird durchbrochen, indem Gott in Jesus Christus als die Liebe auf den Plan tritt. Auch Christus selbst wird zum Subjekt dieser Liebe (Gal 2,20; 2Thess 2,13; Eph 5,2 u. a.). Der Gegensatzbegriff ist bei Paulus ὀργή *[orgæ]* (→ Zorn). Die Menschen unter dem Gesetz befinden sich auf geradem Weg zum Zorngericht Gottes. Diesem Verhängnis entreißt die erwählende Liebe Gottes die Glaubenden (1Thess 1,10). Wenn so das Handeln Gottes als Liebe definiert wird (2Kor 13,11.13 werden Gott und seine Liebe gleichsam synonym gebraucht), dann ist das Hohelied der Liebe 1Kor 13 nicht einfach ein Kapitel, das in die Ethik gehört, sondern zugleich eine Beschreibung göttlichen Tuns. An die Stelle des Wortes »Liebe« kann der Name Jesus Christus gesetzt werden (vgl. K. Barth, KD I,2,362). Gott wird dadurch keineswegs zum »lieben Gott«, der alles durchgehen läßt. Die Möglichkeit des Unglaubens bleibt bestehen; das Gericht kommt. Aber die Gerechtigkeit Gottes wird dadurch erfüllt, daß der geliebte Sohn an die Stelle der Ungerechten tritt (vgl. 2Kor 5,18ff).

Die erwählende Liebe Gottes ist auch in Eph 5,22ff gemeint, wo das Verhältnis zwischen Mann und Frau mit der Liebe zwischen Christus und der Gemeinde verglichen wird. Die Anknüpfungspunkte dafür liegen einmal bei der Erwählung Israels (Röm 9): die Gemeinde ist das auserwählte, dh das zum Glauben an Christus gekommene neue Israel. Zum andern steht das seit Hos im AT zu findende Bild von der Ehe dahinter, also die Vorstellung vom Treueverhältnis, von der Bundesliebe. Gegenüber der Gemeinde gilt wie gegenüber dem einzelnen — wie auch innerhalb der Ehe —, daß göttliche Liebe in der Lage ist, alle Widerstände und Treulosigkeiten zu überwinden. Die erwählende ist zugleich die erbarmende und vergebende Liebe.

Die Heilsgewißheit besteht darin, daß Gottes Liebestat stärker ist als alle Mächte und Gewalten, stärker als der Tod (Röm 8,37ff; 1Kor 15,55ff). Die Auferstehung ist der Abschluß des Liebeswerkes Gottes. In ihr wird der Sieg über die Mächte offenbar (vgl. 2Kor 5,19ff καταλλαγή *[katallagæ]*; → Versöhnung).

b) Der Glaubende ist der von Gott geliebte Sünder. Indem er dies erkennt, tritt er in den Machtbereich der Gottesliebe ein. Er wird selbst zum Liebenden. Sowohl die Liebe zu Gott als auch zum Nächsten begründet Paulus in der Liebe Gottes.

Es ist die durch den Geist in die Herzen gegossene Gottesliebe, die den Glaubenden bewegt (Röm 5,5; 15,30). Die Antwort, die Gottes Heilstat bei den Menschen findet, beschreibt Paulus vor allem durch πίστις *[pịstis]* (→ Glaube) und γνῶσις *[gnọsis]* (→ Erkenntnis), aber auch oft durch ἀγάπη *[agąpæ]* (Eph 3,19; 1Kor 8,3 u. ö.). Wie das Erkennen Gottes und das Erkanntsein durch ihn in eins fallen, so das Geliebtwerden und das Lieben (Gal 4,9). Die von Gott Erkannten erkennen ihn. Dieses Verhältnis gilt auch für ἀγάπη *[agąpæ]*. Der sich geliebt wissende Glaube (Röm 8,37) wird in der Liebe tätig (Gal 5,6; 1Thess 3,6). So kann die Liebe als Frucht des Geistes bezeichnet werden (Gal 5,22); Glaube und Liebe werden oft miteinander genannt (1Thess 1,3; 3,6; 5,8; Eph 6,23; 1Tim 1,14 u. ö.).

Die Formel ἐν Χριστῷ *[en Christọ]* bezeichnet das Sein des Glaubenden im Machtbereich der Liebe Gottes. Wenn ich »in Christus« bin oder »Christus in mir«, dann hat diese Liebe mich ergriffen und macht mich als Glaubenden zum Liebenden (vgl. Gal 2,20; 1Tim 1,14). Als Liebender ist der Glaubende das neue Geschöpf (καινὴ κτίσις *[kainæ ktịsis]* 2Kor 5,17), das in der Liebe Christi seinen Ursprung hat (vgl. 2Kor 5,14 mit V. 17).

c) Dementsprechend wird bei Paulus die Nächstenliebe als Bruderliebe im Glauben begründet (Gal 5,6). In 1Kor 13 ist alles zusammengefaßt, was hier zu sagen ist. Dabei ist ἀγάπη *[agąpæ]* durchaus Liebe Gottes und Liebe des Menschen. Über allen Kräften und Mächten steht die Liebe als Überschrift und Zusammenfassung. προφητεία *[prophætẹia]* und πίστις *[pịstis]* 1Kor 13,2, ἐλπίς *[elpịs]* (V. 7) und γνῶσις *[gnọsis]* (V. 8) werden ihr untergeordnet, nicht im Sinne einer Abstufung, sondern als Teilkräfte der einen gewaltigen Macht, die alles durchdringt und belebt. Im Zusammenhang des 1Kor ist die Liebe die größte der Geistesgaben, wie auch sonst πνεῦμα *[pnẹuma]* (→ Geist) und ἀγάπη *[agąpæ]* gern nebeneinander gestellt werden (Gal 5,13.22; 1Kor 14,1 u. ö.). Innerhalb des 1Kor wird auch deutlich, daß ἀγάπη *[agąpæ]* die Kraft ist, die die Gemeinde zusammenhält und aufbaut. Ohne Liebe ist Gemeinschaft, gemeinsames Leben nicht möglich (1Kor 14,1; 16,14; Eph 1,15; 3,17ff). Die Erbauung des σῶμα Χριστοῦ *[sọma Christọu]* geschieht durch Liebe (1Kor 8,1; 2Thess 1,3; Phil 2,1f; Eph 4,16; Kol 2,2). Auch indem Paulus seine eigene Liebe der Gemeinde vorhält, ruft er sie immer wieder aufs neue in die Liebesgemeinschaft Gottes (2Kor 2,4; 8,7).

Paulus nimmt das Liebesgebot des AT und Jesu auf (Röm 13,8ff; Gal 5,14). Damit stellt er neben der πίστις *[pịstis]* die ἀγάπη *[agąpæ]* dem νόμος *[nọmos]* (→ Gesetz) gegenüber. Weil Jesus die Liebe ist und als solcher für die Sünder starb, ist das Gesetz erfüllt. Sofern die Christen einander lieben, erfüllen auch sie das Gesetz, nicht im Sinne einer Perfektion oder Leistung, sondern indem sie in der neuen Wirklichkeit Gottes aus der Kraft der Vergebung leben. Die ἀγάπη *[agąpæ]* ist ein Vorschein dessen, was kommen wird (1Kor 13,9.12.13).

4a) Bei J o h a n n e s wird bes. eindrücklich Gottes Wesen und Handeln unter dem Begriff ἀγάπη *[agąpæ]* beschrieben. Das geht auch daraus hervor, daß hier ἀγάπη *[agąpæ]* häufiger als bei Paulus absolut gebraucht wird, dh das Subst. ohne Gen., das Verb ohne Obj. Auch treten bei Joh Parallelbegriffe wie δικαιοσύνη *[dikaiosỵnæ]*, χάρις *[chạris]*, ἔλεος *[ẹleos]* usw. zugunsten von ἀγάπη *[agạpæ]* zurück. So kann Joh von der präexistenten Liebe sprechen, wie er Joh 1,1ff vom präexistenten λόγος *[lọgos]* (→ Wort) spricht (vgl. Joh 3,35; 10,17; 15,9; 17,23ff). Gott ist wesentlich Liebe (1Joh 4,8), und seine Absicht war von Anfang an die Liebe. Darum ist die Liebe des Vaters zum Sohn das Urbild aller Liebe. Dieser Tatbestand wird in der Sendung und Hingabe des Sohnes offenbar (1Joh 3,1.16). Das »Sehen« und »Erkennen« dieser Liebe bedeutet Rettung des Menschen. Der auf die Welt gerichtete Grundwille Gottes ist die erbarmende und vergebende Liebe, die sich gegen alle Ablehnung des feindlichen Kosmos behauptet. In der ἀγάπη *[agạpæ]* offenbart sich zugleich die δόξα θεοῦ *[dọxa theọu]*, die *Herrlichkeit Gottes* (Joh 1,14). Der Sieg der Liebe erweist sich im δοξασθῆναι *[doxasthæ̣nai]* Jesu, also in seiner *Verherrlichung*, seinem Tod, der hier zugleich die Rückkehr zum Vater in sich schließt (Joh 12,16.23ff u. ö.). Der Glaubende wird in diesen Sieg hineingenommen. Er erhält die ζωή *[zōæ̣]* (→ Leben, 1Joh 4,9; Joh 3,36; 11,25ff).

b) Ist bei Paulus πίστις *[pịstis]* der Hauptbegriff für die Hinwendung des Menschen zu Gott, so ist es bei Joh die ἀγάπη *[agạpæ]*. Das Verhältnis zwischen Vater und Sohn ist Liebe (Joh 14,31); in diese Beziehung der Liebe werden die Glaubenden hineingenommen (Joh 14,21ff; 17,26; 15,9f). Mit derselben Liebe sollen sie Jesus und den Vater lieben (Joh 8,42; 14,21ff; 1Joh 4,16.20). Der ständige Wechsel von Subj. und Obj. der Liebe bei Joh zeigt, daß der Vater, der Sohn und der Glaubende in der Wirklichkeit göttlicher Liebe vereinigt werden. Die Alternative heißt Tod (1Joh 3,14ff; 4,7f). Das für Joh typische μένειν ἐν *[mẹnein en]* (bleiben in) kann sich gleicherweise auf Jesus oder auf die Liebe beziehen (Joh 15,4ff; 1Joh 4,12ff).

c) Bei Joh ist die Liebe untereinander noch deutlicher als bei Paulus in der Liebe Gottes begründet (Joh 13,34; 1Joh 4,21). Die Liebe wird zum Zeichen und zum Erweis des Glaubens (1Joh 3,10; 4,7ff). Aus der göttlichen Liebe geht die Liebe zum Bruder hervor. Ohne Bruderliebe gibt es keine Beziehung zu Gott.

Auch Joh greift auf das Gebot der Liebe zurück (Joh 13,34; 15,12.17; 2Joh 5). Das Halten der Gebote besteht im ἀγαπᾶν *[agapạn]*, im *Lieben* (Joh 14,23f).

5a) Schließlich hat sich die Liebe schon im Urchristentum in gottesdienstlichen Handlungen Ausdruck verschafft. Der Bruderkuß war in den Gemeinden üblich (Röm 16,16 u. ö.) und wird 1Petr 5,14 »Kuß der ἀγάπη *[agạpæ]*« genannt. Über die Einzelheiten dieses Ritus wissen wir allerdings sehr wenig.

b) ἀγάπη *[agạpæ]* ist auch das Wort für eine gottesdienstliche Handlung im Urchristentum, die wir nur andeutungsweise kennen. Wie 1Kor 11 zeigt, war die eigentliche Abendmahlshandlung mit einer regelrechten Mahlzeit verbunden. Später wurde das *Liebesmahl* (ἀγάπη *[agạpæ]* vom Abendmahlsgottesdienst getrennt und als selbständige Feier gehalten (vgl. Jud 12; vielleicht 2Petr 2,13). Während im Wortgottesdienst und im Abendmahl die Festigung des Glaubens im Vordergrund stand, scheint in dieser Feier die gemeinsame Mahlzeit als Zeichen besonderer → Gemeinschaft in der ἀγάπη *[agạpæ]* im Mittelpunkt gestanden zu haben. Sicherlich hing auch die reiche soziale Liebestätigkeit in den Gemeinden mit dieser Feier zusammen (vgl. Apg 6,1ff; → Herrenmahl).

c) Daß die auf die ἀγάπη *[agạpæ]* gegründete neue Gemeinschaft als Familie Gottes verstanden wurde, zeigt sich auch am Gebrauch des Bruder- und Schwesternamens im Urchristentum (→ Bruder, Art. ἀδελφός). *W. Günther / H.-G. Link*

φιλέω

φιλέω *[phileọ̄]* gern haben, lieben · φίλος *[phịlos]* Verwandter, Freund · φιλία *[philịa]* Freundschaft, Liebe · καταφιλέω *[kataphileọ̄]* küssen · φίλημα *[phịlæma]* Kuß

φιλέω *[phileọ̄]* ist seit Hom. das gebräuchliche Wort für *Zuneigung, Liebe, Gastlichkeit* usw. Im I
abgeblaßten Gebrauch kann es – ähnlich dem engl. *to like* – heißen: *pflegen, gewohnt sein;* in Ver-

bindung mit anderen Verben: *gern, gewöhnlich, meistens.* Auch mit sachlichem Bezug ist es häufig. Sehr groß ist die Zahl der mit φιλ- *[phil-]* gebildeten Komposita, zB φιλοξενία *[philoxenia], Gastfreundschaft.* φίλος *[philos]*, im mykenischen Griech. belegt, ist vom Adj. *lieb, teuer, wert* zum festen Ausdruck für *Freund, Verwandter* geworden; entsprechend φίλη *[philæ]*: die *Freundin.* φιλία *[philia]* ist späteres Abstraktum: die *Freundschaft,* die *Liebe, Ergebenheit, Gunst;* φίλημα *[philæma]*: das *Liebeszeichen,* der *Kuß.*

II In der LXX treffen wir ein völlig anderes Bild an. φιλέω *[phileō]* ist hier selten, der Gebrauch von ἀγαπάω *[agapaō]* und des als Subst. im Griech. sonst fast unbekannten ἀγάπη *[agapæ]* herrscht vor. Ob die Verwendung bestimmten Gesetzen folgt, ist nicht erkennbar; denn φιλέω *[phileō]* ist wie ἀγαπάω *[agapaō]* meist Übers. von hebr. *'āhēb*, zB Gen 27,4ff; 37,4, vgl. 37,3; Jes 56,10; Spr 8,17, vgl. 8,21. Denn während das Hebr. zur Bezeichnung des Gegensatzbegriffes »hassen« (LXX nur μισέω *[miseō]*; → Feindschaft, Haß) eine Reihe verschiedener Wörter kennt, steht ihm für *Liebe* im wesentlichen nur der eine Stamm *'āhēb* zur Verfügung, wohingegen das Griech. mehrere Stämme und Ableitungen zur Nuancierung der verschiedenen Ausprägungen von Liebe kennt. φιλία *[philia]* (meist für *'āhēb*, *'ahabāh*) und φίλος *[philos]* (meist für *mereʿā*) finden sich relativ selten in LXX. Stattdessen wird meist als Bezeichnung von Verwandten oder Freunden πλησίον *[plæsion]* = *Nächster* verwendet, gelegentlich auch ἑταῖρος *[hetairos]* = *Freund.* (Luther übersetzt *Verwandtschaft* oft mit *Freundschaft,* zB Gen 12,1!)

III Im NT finden wir das Verb φιλέω *[phileō]* vorzugsweise bei Mt und Joh, sonst nur vereinzelt. Die Unterscheidung von → ἀγαπάω *[agapaō]* wird nicht streng durchgehalten. Das Subst. φίλος *[philos]* (bzw. φίλη *[philæ]*) ist für *Freunde* gebraucht, aber auch für Menschen in der Verbundenheit des → Glaubens; als Adj. begegnet es nicht. φίλημα *[philæma]* ist der *Kuß,* in den Briefen christl. Begrüßungszeremonie: der *heilige Kuß.* Das Subst. φιλία *[philia]* kommt im NT nur Jak 4,4 vor.

1a) Ein für die ursprüngliche Bedeutung von φιλέω *[phileō]* typischer Gebrauch liegt Mt 6,5 vor: sie lieben es, sie »pflegen« an den Ecken zu beten; ähnlich Mt 23,6; Lk 20,46. Wenn an der Stelle Lk 11,43 im gleichen Zusammenhang wie Lk 20,46 ἀγαπάω *[agapaō]* steht, so ist das eine Ausnahme, die zeigt, daß die Unterscheidung nicht konsequent durchgeführt wird. Typisch ist auch der Gebrauch Mt 10,37, weil die Liebe hier von der verwandtschaftlichen Bindung ausgeht. Allerdings liegt hier insofern eine theol. wichtige Aussage vor, als die Stelle den Übergang zum theol. Gebrauch zeigt: Durch die vergleichende Art der Formulierung ist die Liebe zu Jesus eingeschlossen, die als Gabe der Gottesherrschaft sonst mit ἀγάπη *[agapæ]* bezeichnet wird. Der Ausgangspunkt der Aussage bleibt jedoch die natürliche Verwandtenliebe. Im anbrechenden Reich Gottes aber werden die herkömmlichen und natürlichen Verwandtschafts- und Freundschaftsbande aufgehoben zugunsten der neuen Gemeinschaft in der Gottesfamilie (→ Bruder, Art. ἀδελφός).

b) Joh unterscheidet zwischen der Liebe in der → Welt als Schöpfung Gottes und als gottfeindlicher Sphäre. Sofern die Welt Gottes Schöpfung ist, hat in ihr auch die natürliche geschöpfliche Liebe ihren legitimen Platz; Joh 11,3.36 meint die freundschaftliche Verbundenheit Jesu mit Lazarus. Andererseits versteht Joh den Kosmos als die Sphäre der gottfeindlichen Finsternis. In diesem Zusammenhang ist die Liebe in und zum Kosmos gleichbedeutend mit seiner Feindschaft gegen Gottes Offenbarung (15,19, vgl. Jak 4,4). Dagegen wendet sich 1Joh 2,15: »Habt nicht lieb die Welt noch was in der Welt ist«, was gleichbedeutend ist mit »habt nicht lieb die Gott-losigkeit«. Aber weil Gott seine ihm feindliche Schöpfung liebt, um sie zu retten (3,16), darum gilt der andere Imperativ: »Und dies Gebot haben wir von ihm, daß, wer Gott liebt, auch seinen Bruder lieben soll« (1Joh 4,21). In der Liebe zu den Brüdern als Gottes Geschöpfen konkretisiert sich die Liebe zur Welt als Schöpfung Gottes.

Die Petrusszene Joh 21,15ff macht auch deutlich, daß φιλέω *[phileō]* und ἀγαπάω *[agapaō]* nicht streng getrennt werden können. Nachdem in V. 15.16 das ἀγαπάω *[agapaō]* im Munde Jesu und das φιλέω *[phileō]* im Munde des Petrus unterschieden werden, fällt diese Unterscheidung in V. 17 fort. Daraus für die Auslegung der Szene besondere Konsequenzen zu ziehen, ist nicht möglich. Joh 5,20 und 16,27 sind die einzigen Stellen, an denen φιλέω *[philẹō]* von Gott ausgesagt ist. An beiden Stellen ist Gott als der Vater bezeichnet, indem zwischenmenschliche Beziehungen transparent werden als Beziehungen in der *familia Dei.*

c) Bei Paulus finden wir φιλέω *[philẹō]* nur an einer einzigen, aber wichtigen Stelle (1Kor 16,22). Die Liebe zum κύριος *[kỵrios]* ist Bedingung des Heils. Von der ganzen Begriffsgeschichte her müßte hier ἀγαπάω *[agapạō]* erwartet werden. Wieder zeigt sich die Unmöglichkeit einer strengen Trennung. Inhaltlich ist jedenfalls gemeint, was sonst mit ἀγάπη *[agạpæ]* beschrieben wird. Auch Tit 3,15 kann nur recht verstanden werden, wenn man bedenkt, daß durch die Liebe Gottes in der Offenbarung des Sohnes die menschliche Liebe als Liebe im Glauben eine neue Bedeutung erlangt (vgl. dazu die verschiedene Wiedergabe von Spr 3,11f in Hebr 12,6: ἀγαπάω *[agapạō]* und Offb 3,19: φιλέω *[philẹō]*). Zu φιλέω *[philẹō]* = *küssen* (Mk 14,14) vgl. unten bei φίλημα *[phịlæma]*.

2) φίλος *[phịlos]* ist auch im NT der *Freund* als derjenige, dem man in erster Linie zugetan ist; so Lk 7,6; 11,5ff; 14,10.12; 15,6.9.29; 23,12; Joh 11,11; Apg 10,24; 19,31; 27,3. Oft sind Verwandte (συγγενεῖς *[syngenẹis]*) und Freunde nebeneinander genannt. Dennoch ist weder von der griech. noch von der jüd. Tradition her genau zwischen beiden zu unterscheiden. Sicher sind oft, wenn nur φίλοι *[phịloi]*, *Freunde*, erwähnt werden, Verwandte mitgemeint. – Für eine Person, mit der einen ein Zuneigungsverhältnis verbindet, ist φίλος *[phịlos]* auch Lk 16,9 gebraucht, wo Jesus dazu auffordert, sich durch Verschenken des ungerechten Mammons *Freunde* zu erwerben. Auf derselben Ebene liegt es, daß Pilatus Joh 19,12 angedroht wird, den Ehrentitel »Freund des Kaisers« (*amicus Caesaris*) zu verlieren. Demgegenüber drückt φίλος *[phịlos]* theol. die göttliche Liebe zu den Gottlosen aus, wenn Mt 11,19 und Lk 7,34 Jesus »Freund der Sünder und Zöllner« nennen. Er liebt sie als Feinde, wie Gott den ihm feindlichen Kosmos liebt. Das ist auch gemeint, wenn Jesus seine Jünger als »Freunde« anredet (Lk 12,4; Joh 15,14f). Sie sind als Sünder zu ihm gekommen. Durch seine hingebende Liebe werden sie seine Freunde (Joh 15,13). So wird bei ihnen aus der mit Liebe und Freundschaft dokumentierten Zugehörigkeit zum Kosmos (Jak 4,4) die Zugehörigkeit zur neuen Gemeinschaft des Reiches Gottes oder der Familie Gottes, in der sie Brüder und Freunde Jesu und Kinder des Vaters sind (Lk 21,16, vgl. auch Jak 2,23, wo Abraham kraft seines Glaubens als φίλος θεοῦ *[phịlos theọu]* bezeichnet wird). So können die Glaubensgenossen in 3Joh 15 als φίλοι *[phịloi]* begrüßt werden. – Zu Joh 3,29 φίλος τοῦ νυμφίου *[phịlos tou nymphịou]* vgl. → Ehe, Art. νύμφη.

3) φίλημα *[phịlæma]* ist der *Kuß.* Als Verb dazu wird im NT φιλέω *[philẹō]* und καταφιλέω *[kataphilẹō]* gebraucht. Der Kuß ist bei den Rabbinen als Ehrenbezeigung üblich. So ist der Judaskuß gemeint (Mk 14,44 par). Judas redet dementsprechend Jesus ehrerbietig als Rabbi an. In der Geschichte von der Sünderin (Lk 7,36ff) ist der Kuß ebenfalls eine Ehrung Jesu. Ob hier zugleich eine an den jüd. Abschiedskuß anklingende Bedeutung mitspielt, hängt von der Beurteilung des Vergleichs dieser Szene mit der Salbung in Bethanien Mk 14,3ff par ab.

Der Kuß war in der Antike als Zeichen freudiger Begrüßung und bewegten Abschieds üblich, so Lk 15,20; Apg 20,37 (καταφιλέω *[kataphilẹō]*). In den urchristl. Gemeinden ist er dann zum φίλημα ἅγιον *[phịlæma hạgion]*, zum *heiligen Kuß* geworden. Die in die Gemeinschaft der Liebe Gottes Aufgenommenen finden sich als ἅγιοι *[hạgioi]* (→ Heilig, Art. ἅγιος) in der Gotteskindschaft und grüßen einander als solche (Röm 16,16; 1Kor 16,20; 2Kor 13,12; 1Thess 5,26; 1Petr 5,14 φίλημα ἀγάπης *[phịlæma agạpæs]*). *W. Günther*

ZUR VERKÜNDIGUNG V

1) Das Wort »Liebe« umfaßt in unserer Sprache eine große Zahl sehr verschiedener Inhalte, die in ihrer Art vom Körperlichen bis hin zum Geistigen, vom Aufbauenden, Bereichernden bis zum Zerstörenden, vom Gefühlsmäßigen bis zum Verstandesmäßigen reichen. Daher kann Liebe nur von der jeweiligen Relation her definiert werden, in der sie steht (zB die Liebe zu Kunst, Wissenschaft, die Liebe zwischen Mann und Frau, Eltern und Kindern, Freunden etc.).

Der nt. Befund hat gezeigt, daß bei aller Vielschichtigkeit die Begriffe im NT doch eine gewisse Begrenzung erfahren: Während ἐράω *[erąō]* bzw. ἔρως *[ęrōs]* (Begriffe für die leidenschaftlich-körperlich-sexuelle Liebe) ganz fehlen, geben ἀγάπη *[agąpæ]* bzw. ἀγαπάω *[agapąō]* und φιλέω *[philęō]* (neben dem blassen Gebrauch *pflegen*) bis auf ganz wenige Ausnahmen die Liebe wieder, die im Erwählungshandeln Gottes mit den Menschen gründet. Alle Liebe ist in der Bibel direkt oder indirekt, positiv oder negativ, auf diese liebende Hinwendung Gottes zu den Menschen bezogen.

2) Hier stellt sich aber für den Menschen der Gegenwart eine entscheidende Frage: Können wir heute überhaupt noch mit Überzeugung und Nachdruck davon sprechen, daß Gott Liebe ist? Für viele ist mit dem Zerbrechen eines bestimmten Welt- und Menschenbildes auch die Rede vom »lieben Gott« unglaubwürdig geworden. Angesichts dessen, was Gott in unserer Zeit zuläßt, was Menschen in seinem Namen reden und tun, angesichts von Grausamkeiten, Haß, Krieg und Hunger glauben viele nicht mehr von Gottes Liebe sprechen zu können.

Wir haben es hier jedoch mit dem Mißverständnis zu tun, als ob es möglich sei, Aussagen über Gottes Eigenschaften (Liebe, Freiheit, Treue, Zorn etc.) an sich zu machen. Liegt einem solchen Denken nicht eine Gottesidee zugrunde, die mit den biblischen Aussagen unvereinbar ist? Wie wir zu Gott überhaupt nur im Christusgeschehen Zugang haben, so können wir von der Liebe Gottes doch auch nur reden, wenn wir uns Jesus Christus zuwenden. Im liebenden und erbarmenden Eintreten Jesu für die Menschen — auch für seine Feinde und die moralisch verkommensten Zeitgenossen — ist dem Glauben Gottes Liebe erkennbar. Hier ist das Zeichen aufgerichtet, das auch heute gilt: Jesus Christus hat die Zweifel und den Unglauben in der Gottverlassenheit seines Sterbens und in seiner Auferstehung überwunden. Darin wird die Liebe Gottes von der Schöpfung an und über den Tod hinaus sichtbar. So haben die Gegenkräfte nicht das letzte Wort. Denn von Christus aus kann wieder von Gott und von seiner Liebe gesprochen werden, die zugleich schenkende Güte, Erbarmen und Langmut ist (→ Barmherzigkeit).

3) Wie vermag nun der Mensch, der Liebe Gottes, die ihm in Jesus Christus befreiend und neues Leben eröffnend begegnet, sachgemäß zu antworten? Es reicht sicher nicht aus, Gott einen Bereich für religiöse Angelegenheiten zu öffnen, in dem er als der »liebe Heiland« verehrt wird, während alle anderen Lebensbereiche den Spielregeln eines harten und gnadenlosen Existenzkampfes unterworfen sind. So unbedingt wie die Liebe Gottes ist, so uneingeschränkt wird auch die Antwort des Menschen sein müssen: Immer wieder rückhaltlose Übereignung des g a n z e n Menschen an Gott, dh Christusnachfolge! Diese Antwort hat zwei Zielrichtungen: Einmal das hörende und in Gebet, Lobpreis etc. antwortende Dasein f ü r G o t t; zum anderen das Dasein f ü r a n d e r e.

a) Überwältigt von Gottes Tat bringen seitdem Menschen in tiefem Vertrauen ihre Liebe zu Christus als ihrem Heiland in Gottesdienst und Gebet zum Ausdruck und finden darin Trost und Hoffnung (1Joh 4,16—19). Diese Liebe zu Gott ist freilich ständig gefährdet von zwei Seiten her. Einmal durch den Aufbau von Götzen. Dh geschöpfliche Dinge werden anstelle des Schöpfers und Versöhners verehrt und geliebt. So kann Frömmigkeit in fromme Selbstüberhebung abgleiten. Zum anderen liegt die Versuchung nahe, die Gottesgemeinschaft auf dem mystischen Weg der Selbsterhebung erreichen zu wollen. Eine der schlimmsten Formen menschlicher Selbsttäuschung besteht darin, daß Frömmigkeit und Liebe zu Gott zur Tarnung für Eigenliebe mißbraucht werden. Der Maßstab wird darin zu sehen sein, ob die Liebe den Frommen über die eigene Person hinaus und zum anderen führt.

b) Gottes Liebe entspricht unsere Liebe zu den Menschen. Die Alternativen von Glaube und Liebe, von Gottesdienst und Ethik, von Zeugnis und Dienst sind der Bibel fremd. Glaube, der nicht in der Liebe tätig ist, ist kein Glaube. Und Liebe, die nicht aus der Vergebung lebt, verflacht zu einer Mitmenschlichkeit, die als Gesetz oder Moral das Evangelium hinter sich läßt. Die Nächstenliebe im NT hat ihren Grund eben nicht in einem humanistischen Ideal, sondern sie ist immer Folge der Gott-Mensch-Beziehung, die zur Mensch-Mitmensch-Beziehung führt.

Das wird im Doppelgebot der Liebe deutlich. Aber da taucht die Frage auf: Was heißt das, den Nächsten lieben wie sich selbst? Darf der Christ sich selbst überhaupt lieben? Diese schwierige Frage kann in diesem Rahmen nur flüchtig berührt werden. Sicherlich ist dem Christen Eigenliebe als Kreisen um die eigene Person verwehrt. Eigenliebe als Selbstzweck ist pervertiertes Menschsein. Heißt das aber, daß der Mensch kein positives Verhältnis zu sich selbst haben darf? Ist nicht eine Eigenliebe im rechten Sinne sogar notwendig zur Erhaltung und Entwicklung eines gesunden körperlichen und geistigen Lebens, damit der Christ fähig ist, seine Aufgaben in der Nächstenliebe zu verwirklichen? So kann Kierkegaard sagen: Wenn der Mensch »vom Christentum nicht lernt, sich selber auf die rechte Weise zu lieben, kann er auch den Nächsten nicht lieben« (zit. bei Søe, 139). Wie notwendig diese Feststellung ist, wird deutlich, wenn im Zuge eines pessimistischen Lebensgefühls und eines überwiegend negativen säkularen Menschenbildes immer häufiger die Frage auftaucht, ob es überhaupt noch möglich ist, sich selbst zu lieben. Menschen verachten sich selbst, lassen sich fallen, werfen sich weg, halten ihr Leben für sinnlos, fliehen vor sich selbst. Selbstüberschätzung und Selbstverachtung liegen oft nahe beieinander. Beide sind Früchte der Einsamkeit, des autonomen, sich selbst überlassenen Menschen. Ihm ist unbekannt, daß er geliebt ist, gebraucht wird, verantwortlich ist. Es fehlt die Anrede durch das Wort Gottes und durch andere Menschen. Nur wer weiß, daß er ernst genommen ist, kann sich selbst ernst nehmen. Der Glaubende verdankt sich nicht sich selbst oder einem Zufall. Als geliebter und von Gott bejahter Mensch wird er zur Antwort und zur Verantwortung gerufen.

Die Liebe zum anderen Menschen bis hin zur Feindesliebe ist also ein Abbild und Zeichen dafür, daß Gott zu uns hält, obwohl wir Strafe und Tod verdient haben. Absolutes Recht hat Tod und Vernichtung zur Folge, wie es in der Blutrache klassisch zum Ausdruck kommt. Gott aber will als Ziel des Menschen nicht den Tod, sondern das Leben. Er setzt seine vergebende Liebe an die Stelle der konsequenten Gerechtigkeit. Am Kreuz Christi wird deutlich, daß Vergebung nicht Schwäche und Nachgeben ist, sondern daß sie aus der den Tod überwindenden Kraft heraus lebt. Ebenso hat auch die Nächstenliebe der biblischen Botschaft nicht jene Züge von Weichheit, Gefühlsbetontheit und schwächlicher Nachgiebigkeit. Der »billigen« Gnade wird im NT nicht Vorschub geleistet. Sie darf auch im Leben der christl. Gemeinde nicht Raum finden, weil das Gesetz nicht aufgehoben ist. Die Spannung zwischen Liebe einerseits und Zucht andererseits bleibt in der Gemeinde und im Christentum bestehen. Vergebung bedeutet aber, daß ein Neuanfang nach jedem Fall und nach jeder Verfehlung möglich ist.

Nun ist aber in der säkularisierten Sprache unserer Tage das Wort »Nächstenliebe« zu einer Plattheit geworden. Die Rede von der Brüderlichkeit der Menschen, wie sie seit der franz. Revolution gefordert wird und zu den Menschenrechten gehört, durchzieht alle Verfassungen und sozialen Gesetzgebungen auch in marxistischen und sozialistischen Staaten. Der Ursprung im NT ist noch zu ahnen, aber die Verbindung mit dem Christusglauben, die Verankerung in der Liebe Gottes ist verloren gegangen. Liegt hier vielleicht der Grund, daß trotz jener Grundsätze grauenhafte Kriege und äußerste Unmenschlichkeit geschehen, gerade auch in Staaten, die auf einer christl.-humanistischen Basis stehen? Die Übertragung der aus der Liebe Gottes folgenden Grundlinien für das Zusammenleben der Menschen im gesellschaftlichen und politischen Bereich ist noch zu leisten. Hier ist die Kirche Christi heute nach ihrer Botschaft gefragt, bes. im Blick auf die Bildung einer Weltgesellschaft, in der alle Völker und Menschen ihren Platz haben.

Liebe zu den Menschen in der Nachfolge Jesu Christi hat in der Geschichte der Christenheit schon immer schöpferische Kräfte des Dienstes ausgelöst. Sie möchte auch heute Menschen in Bewegung setzen, spontan und phantasievoll für andere dazusein, die Grenzen der Bürokratie, sowie alle Eigengesetzlichkeiten und Schranken in der Gesellschaft zu überschreiten.

4) Die Liebe Gottes ist in der Welt, im Schicksal der Christen und im Leben der Gemeinde meist nicht aufweisbar und ablesbar. An dem Gebot der Liebe scheitern wir immer aufs neue. Trotzdem hält der Glaube an Kreuz und Auferstehung fest, an Gottes unwandelbarer Liebe (Röm 8,31–39). Diese Gewißheit gibt Hoffnung und setzt die Kräfte des neuen Lebens frei.

5) Auffällig ist, daß in der biblischen Botschaft nirgends das Verhältnis von Liebe (ἀγάπη *[agapæ]*), Eros und Sexus ausdrücklich behandelt wird. Auch die in manchen christl. Kreisen viel diskutierte Sündigkeit der Sexualität hat (abgesehen von Pervertierungen) in der Bibel keine Grundlage. Das Hohe Lied Salomos besingt zB die natürliche Liebe als eine der höchsten Gaben. Erotik und Sexualität sind selbstverständliche Komponenten der Liebe. Bei Jesus ist eine Abwertung oder gar Verachtung des Körperlichen und damit auch des Sexuellen nicht zu finden, da in seiner Botschaft der Leib-Seele-Dualismus überwunden ist. Allerdings sind bereits sehr früh neue dualistische Strömungen in die Kirche eingedrungen, die eine Abwertung der geschlechtlichen Liebe bewirkten und unheilvoll in der Geschichte der Kirche weiterwirkten. *W. Günther*

Lit.: GQuell/EStauffer, Art. ἀγαπάω, ThWb I, 1933, 20ff – VWarnach, Agape, 1951 – ders., Die Liebe als Grundmotiv der neutestamentlichen Theologie, 1951 – MPaeslack, Zur Bedeutungsgeschichte der Wörter philein, »Lieben«; philia, »Liebe«, »Freundschaft«; philos, »Freund« in der LXX und im NT unter Berücksichtigung ihrer Beziehung zu »agapan«, »agape«, »agapetos«, ThViat V, 1954, 51ff – ANygren, Eros und Agape. Gestaltwandlungen der christl. Liebe, 1956² – HBraun, Spätjüdisch-häretischer und frühchristlicher Radikalismus I.II, 1957 (= BHTh 24) – FFrerichs, Art. Liebe, EKL II, 1958, 1096ff – CSpicq, Agapè dans le NT, I–III, 1958–60 – HGreeven, Art. πλησίον, ThWb VI, 1959, 309ff – ThOhm/WZimmerli/NADahl/RMehl, Art. Liebe, RGG IV, 1960³, 361ff (Lit.) – HGollwitzer, Das Gleichnis vom barmherzigen Samariter, BSt 34, 1962 – ENeuhäusler, Anspruch und Antwort Gottes, 1962, 114ff – JJeremias, Gleichnisse Jesu, 1962⁶, 124ff – NLohfink, Auslegung deuteronomistischer Texte II. Ein Kommentar z. Hauptgebot d. Dekalogs (Dtn 6,4–25), Bibel u. Leben 5, 1964, 84ff – WPesch, Das Liebesgebot in der Verkündigung Jesu, BuK 9, 1964, 129ff – HSchürmann, Eschatologie und Liebesdienst in der Verkündigung Jesu, in: Vom Messias zum Christus, hrsg. von K. Schubert, 1964, 203ff – EFuchs, Was heißt: »Du sollst deinen Nächsten lieben wie dich selbst«?, in: Zur Frage nach dem historischen Jesus, Ges. Aufs. II, 1965², 1ff – GBornkamm, Der köstlichere Weg (1Kor 13), in: Ges. Aufs. I, 1965⁵, 93ff – ders., Jesus von Nazareth, 1965⁷, 101ff – WCvUnnik, Die Motivierung der Feindesliebe in Lk 6,32–35, NovTest 8, 1966, 284ff – RBultmann, Das christliche Gebot der Nächstenliebe, in: Glaube u. Verstehen I, 1966⁶, 229ff – ders., Theologie des Neuen Testaments, 1968⁶, §§ 39,3; 50,5 – GSchille, Die Liebe Gottes in Christus, ZNW 59, 1968, 230ff – ChrBurchard, Das doppelte Liebesgebot in der frühen christlichen Überlieferung, in: Der Ruf Jesu und die Antwort der Gemeinde, Festschr. JJeremias, hrsg. v. ChrBurchard u. a., 1970, 39ff – RPrenter, Der Gott, der Liebe ist, ThLZ 96, 1971, 401ff – VPFurnish, The Love Command in the New Testament, 1972 – RHFuller, Das Doppelgebot der Liebe, in: Rechtfertigung, Festschr. EKäsemann, 1976, 317ff.

Lied

Die terminologische Abgrenzung zwischen den 3 hier behandelten Wortgruppen ὕμνος *[hymnos]*, ψαλμός *[psalmos]* und ᾠδή *[ōdæ]* ist nicht sicher. Vermutlich hat ὕμνος *[hymnos]* als term. techn. der Kultsprache von Anfang an religiöse Bedeutung als festlicher *Lob-* und *Preisgesang*, auch als *liturgischer Ruf* und *Rezitation*. Dagegen wird ᾠδή *[ōdæ]* gelegentlich auch profan verwendet, allerdings – zumindest in der Zeit des biblischen Griech. – immer eine Form des *Gesanges* bezeichnend (eine Ausnahme Dtn 31,30). ψαλμός *[psalmos]*, gelegentlich ebenfalls profan gebraucht, ist urspr. eine Form instrumentaler Musik, dann auch dessen vokale Begleitung. Im Anschluß an LXX meint ψαλμός *[psalmos]* im NT wahrscheinlich die Form urchristl. liturgischer Äußerung, die inhaltlich und formal dem at. und spätjüd. Tempelgesang am nächsten nachgebildet war. Zur theol. Differenzierung der Vokabeln im NT vgl. → Art. ᾠδή III,2.

ὕμνος [hymnos] Lied, Lobgesang · ὑμνέω [hymnẹō] besingen, rühmen

ὕμνος

ὕμνος [hymnos], Herkunft unklar, heißt *Gesang, Lied.* Die Vokabel ist im profanen Griech. seit I
Hom. gebräuchlich. Eine bestimmte metrische Form ist nicht erkennbar, vielmehr sind unter dem Oberbegriff ὕμνος [hymnos] die verschiedensten dichterischen Formen einbegriffen (Wünsch, aaO, 156). Seit alters wird neben der gesungenen auch die rezitierte Dichtung ὕμνος [hymnos] genannt. Die profanen Bedeutungen sind von den kultischen nicht klar abzugrenzen. Es seien nur erwähnt: 1) in poetischer oder prosaischer Form *besingen;* 2) *besprechen, wiederholt erzählen, rezitieren;* 3) pass.: *in den Ohren klingen.*

Als spätere Formen (nicht vor 300 vChr) finden sich ὕμνησις [hymnæsis], *Hymnenvortrag, -dichtung;* ὑμναγόρης [hymnagọræs], *Hymnensänger;* ὑμνοθέτης [hymnothẹtæs], *Hymnendichter;* ὑμνολογέω [hymnologẹō], ὑμνολογία [hymnologịa], *Hymnengesang* u. a. Es sind zT Beispiele für die späte Sprechweise, die ὑμνέω [hymnẹō] als zu schwach empfindet und daraus *Lied machen* oder *Lied singen* macht. – Im allg. handelt es sich um Götterlieder, »speziell das Loblied zum Preise der Gottheit« (Wünsch, aaO, 142), im Unterschied etwa zum ἔπαινος [ẹpainos], dem Lob, das man an Menschen richtet (Abbott, aaO, 162).

1) In LXX findet sich das Verb 71mal, das Nomen 28mal, meist für hebr. *hālal* (pi.). *hallelūjāh* II
wird häufig transkribiert (17mal in den Ps-Titeln); das Nomen findet sich auch für *tehillāh* (vgl. Hatch-Redpath). Objekt des ὕμνος [hymnos] ist immer Gott. Die Wortgruppe fehlt in Gen bis 2Kön, kommt aber oft in den Pss vor. Daneben finden sich versch. Kompos. der Wortgruppe (s. unter I und Liddell-Scott). Wir stellen folgende Bedeutungen fest: a) *loben, preisen* (Ri 16,24; Tob 12,6; Ps 21[22],23, zit. in Hebr 2,12); b) *singen* (2Chr 23,13 αἶνον [ạinon]; Jes 42,10 ὕμνον καινόν [hymnon kainọn]); c) *Psalmen singen* (2Chr 29,30; Nomen: Psalmen Davids 2Chr 7,6); d) *im Geist rufen* (Spr 1,20); e) *Gebetsruf* (1Esdr [Lib apokr.] 5,60; Hi 38,7 codd).

2) Hell. und rabb. Judentum. Philo erwähnt die Hymnen der Therapeuten (Vit. Cont. 25, VI 52,18). Dies dürften, wenn nicht die biblischen Pss., psalmartige Lieder gewesen sein (Delling, aaO, 83 und Anm. 43). Die Hallel-Psalmen »nahmen schon zur Zeit des Tempelbestandes eine hervorragende Stellung im Ritus der einzelnen Feste ein«, so auch später im synagogalen Gottesdienst (St.-B. I,845). Beim Passafest wurde schon das Schlachten der Passalämmer mit wiederholtem Singen der Hallel-Psalmen begleitet (Ps 114 bzw. 115–118; St.-B. IV/1,50). Beim Passamahl selbst folgte der erste Teil des Passa-Hallel auf die Passa-Haggada, der 2. Teil nach dem Schlußtischgebet und dem 3. Becher. Das Wort ὕμνος [hymnos] wurde von den Rabbinen als Lehnwort gebraucht (*himnon;* Lohmeyer zu Mk 14,26, aaO, 311), und zwar für ein *geistliches Lied* im Unterschied zum weltlichen.

3) Nichtkanonische Psalmdichtungen sind uns auch aus dem palästinensischen Spätjudentum überliefert. Aus der essenischen Gemeinde von Qumran haben wir die große Sammlung der »Hodajot« (Loblieder), aus pharisäischen Kreisen die zT in das griech. AT aufgenommenen Pss Salomos.

1) ὕμνος [hymnos] kommt im NT nur Eph 5,19; Kol 3,16 vor; ὑμνέω [hymnẹō] nur Mk III
14,26 par; Apg 16,25; Hebr 2,12. Zu Eph 5,19 und Kol 3,16 siehe die Auslegung der Stellen unter → ᾠδή [ōdæ] III.

2) ὑμνήσαντες [hymnæsantes], *einen Hymnus singend* (in Mk 14,26 par), wird von den Kommentaren im allg. auf das am Schluß des Passamahles, aber v o r dem 4. Becher gesungene Passa-Hallel gedeutet (zB Schniewind, aaO, 185; Lohmeyer, Mk 3,11; später mit Hinweis auf Apg 16,25 vorsichtiger, vgl. Mt, 358, Anm. 1; → Herrenmahl III). Die Entscheidung, ob es sich hier um das Passa-Hallel handelt, ja handeln kann, ist davon abhängig, ob das letzte Mahl Jesu von den Evangelisten tatsächlich als Passamahl geschildert wird (vom Rahmen der Erzählung vom letzten Mahl muß man dabei absehen! vgl. → Herrenmahl). Nach Jeremias wird Jesus beim Einzug in Jerusalem durch die Festpilger mit dem eschatologischen Heilsruf aus Ps 118 begrüßt (Jeremias, aaO, 248f). Hier wird also ein Stück des »Passahallel« ganz unabhängig vom Passamahl gesungen! Da die zahlreichen Argumente, die Jeremias in seinem erwähnten Buch zugunsten des Passacharakters des letzten Mahles Jesu vorbringt (aaO, 9–82), mit Grund zu bezweifeln sind (vgl. Bartels, Gedächtnis, 32–37 und Anm. 261–285), ist es wenig wahrscheinlich, daß in Mk 14,26 mit ὑμνήσαντες [hymnæsantes] das Passa-Hallel gemeint ist. Vielmehr kann es sich um jeden beliebigen Dankpsalm oder -hymnus handeln. Es ist schwer denkbar, daß Jesus bei strenger Befolgung von Gebot und Sitte der Passafeier (Jeremias) das Passamahl vor dem entscheidend wichtigen 4. Becher (messianischer Bezug des Passamahles; vgl. Bartels, aaO, 35 und Anm. 279.

280) abgebrochen haben sollte. Mit προσευχόμενοι ὕμνουν *[proseuchọmenoi hymnoun]*, *sangen einen Gebetshymnus*, in Apg 16,25 ist keinesfalls das Passa-Hallel, sondern ein geistlicher Gesang gemeint. Seit Just. (Ap. I,13) wird das Eucharistiegebet ὕμνος *[hymnos]* genannt. So kann man fragen, ob ὕμνος *[hymnos]* möglicherweise schon zZt der Evangelisten gelegentlich für eine Art urchristl. »Eucharistiegebetes« gebraucht worden sein könnte.

K.-H. Bartels

ψαλμός

ψαλμός *[psalmọs]* Loblied, Psalm · ψάλλω *[psạllō]* lobsingend preisen, lobsingen

I Die Wortgruppe ψάλλω *[psạllō]* leitet sich her aus der allg. indoeuropäischen Wortgruppe *pal-, fal-, sphal-, fual-* für *vibrieren machen durch berühren, tasten, stoßen, streichen;* vgl. sanskr. *sphalayati, gegen jemanden stoßen lassen, anstoßen an;* lat. *palpare* aus *palpo-are, befühlen, tasten, berühren, liebkosen.*

Im profanen Griech. ist ψάλλω *[psạllō]* seit Hom. gebräuchlich, urspr. in der Bedeutung *(Haar) striegeln, die Bogensehne schnellen;* davon abgeleitet dann *die Harfe* (oder allg. ein Saiteninstrument) *zupfen.* Das Nomen ψαλμός *[psalmọs]* bedeutet im allg. den *Klang* des Saiteninstrumentes bzw. das *Erklingen* als Vorgang (vgl. Scholion zu Aristoph. Av. 218: »›Psalm‹ ist eigentlich das Erklingen der Leier«).

II 1) In LXX stehen ψάλλω *[psạllō]* und ψαλμός *[psalmọs]* meist für hebr. *sāmar* oder *nāgan*, daneben auch für *schīr* (hierfür sonst → ᾠδή *[ōdæ]*). Meist sind damit die *Psalmen* unseres Psalters (so zB in der sowohl in MT als auch in LXX unklaren und schwer übersetzbaren Stelle 2Sam 23,1) bzw. deren *Gesang* gemeint, wobei also die Bedeutung von hebr. *schīr* bzw. *mizmōr, Lied,* erhalten bleibt (vgl. H. J. Kraus, aaO I,XVIIIf), so in 49 Psalmüberschriften, meist mit einem Zusatz wie τῷ Δαυίδ *[tō Davịd]*, (nach, mit) *dem David,* o. ä.; gelegentlich auch in Genitivverbindungen wie ψαλμὸς ᾠδῆς *[psalmọs ōdæs]* (Ps 67[68],1) oder ᾠδὴ ψαλμοῦ *[ōdæ psalmọu]* (Ps 65[66],1). Man darf annehmen, daß zumindest in der Zeit der at. Gemeinde der Psalmgesang immer instrumental begleitet wurde. Daneben ist allg. *geistlicher Gesang* gemeint, teils ohne, teils mit Erwähnung von instrumentaler Begleitung (letzteres Ps 32[33],2); um geistlichen Gesang geht es möglicherweise auch in 1Sam 16,16.18 (ψάλλειν ἐν τῇ κινύρᾳ *[psạllein en tæ kinỵra]*, *zum Hand-Saitenspiel singen;* nach Abbott, aaO, handelt es sich dort um weltlichen Gesang). Schließlich können mit ψαλμός *[psalmọs]* auch *profane Lieder* gemeint sein, so das »Spottlied beim Wein« (Ps 68[69],12). Zu den Gattungen der Psalmen und ihrem Sitz im Leben vgl. H. J. Kraus, aaO, XXXVIIff (Lit.).

2) Die besondere Bedeutung der Psalmen im Judentum (hier sind fast durchweg die Psalmen Davids gemeint, daneben auch neuere Dichtungen bis hin zu den Qumran-Psalmen) besteht darin, daß sie gewissermaßen das Rückgrat des jüd. Synagogengottesdienstes darstellen. Bes. einzelne Psalmen bzw. Kombinationen verschiedener Psalmen gehören für den Frommen zum täglichen Gebet (so zB Ps 105,1–15; 96; vgl. I. Elbogen, aaO, 82; Bartels, aaO, 21 u. Anm. 156).

III 1) Im NT sind zwei Hauptbedeutungen festzustellen. ψαλμός *[psalmọs]* steht für:

a) die *Psalmen* des AT bezw. die sog. *Ketubim*, die Schriften, für die dann ψαλμός *[psalmọs]* pars pro toto eintritt (nur bei Lk: Lk 20,42; 24,44; Apg 1,20; 13,33);

b) allg. *Lobgesang, ein geistliches, geistgewirktes Lied singen* (alle nicht-lukanischen Stellen: 1Kor 14,26; Eph 5,19; Kol 3,16; ψάλλω *[psạllō]* steht nur im 2. Sinne: Röm 15,9; 1Kor 14,15; Eph 5,19; Jak 5,13). Dabei ist wohl diese Bedeutung aus der unter a) genannten entstanden; denn daß die AT-Psalmen als Prototyp geistlicher Lieddichtung angesehen wurden, geht aus der Parallele Lk 20,42 zu Mt 22,43 klar hervor.

2) Es ist auffallend, daß die Wortgruppe nur bei Lk (4mal), Paulus (4mal), Deuteropaulinen (2mal Eph, 1mal Kol) und Jak (1mal) vorkommt und daß Lk sie nur in dem oben zuerst genannten Sinn, die anderen Schriften nur im zweiten verwenden. Doch liegt dem wohl weniger Theologisches zugrunde als vielmehr die Tatsache, daß der jeweilige Gegenstand der Betrachtung auch das Vokabular beeinflußt (zB Lk: die Kontinuität der Heilsgeschichte in AT und NT).

Die Bedeutung *Lobgesang* bzw. *ein geistliches, geistgewirktes Lied singen* läßt sich nochmals unterteilen:

a) *Lobgesang, lobsingen* als typisches Sichtbarwerden des Geistes Gottes, der in der Gemeinde der Getauften gegenwärtig wirkt (Eph 5,18ff; Kol 3,16), bzw. Gottes selbst (1Kor 14,26; vgl. V. 25). Hier überall ist wohl zu denken an »freie Dichtungen« wie an »liturgisch wiederholte Stücke« (O. Cullmann, aaO, 24), jedenfalls an neue christl. Gesänge (die wohl den AT-Psalmen und spät-jüd. Psalmdichtungen nachgebildet sein mögen und oftmals auch das gleiche Vokabular »kirchlicher Sprache« aufgewiesen haben werden), wie wir sie in den Liedern der Offb im Wortlaut kennenlernen (W. Bauer, aaO, 24; Offb 5,9ff; 7,12; 11,15.17f; 12,10ff; 15,3f; 19,1f.6ff; 5,9 und 15,3 → ᾠδή *[ōdæ]*). Solche Gesänge werden auch in dem bekannten Brief des jüngeren Plinius erwähnt (Ep. X,96,7), der schreibt, die Christen kämen zusammen, »um im Wechselgesang ein Lied (*carmen* = → ὕμνος *[hymnos]*) auf Christus wie auf einen Gott zu singen« (vgl. O Cullmann, aaO, Anm. 31). Auch in 1Kor 14,15 ist ψάλλειν *[psallein]* Manifestation des Geistes, einmal in der ekstatischen Form des ψάλλειν ἐν πνεύματι *[psallein en pneumati]*, wobei ἐν πνεύματι *[en pneumati]* hier wie im ganzen Abschnitt das der Deutung bedürftige Reden und Singen der »Glossolalie« meint; zum anderen in der »prophetischen« Form des ψάλλειν τῷ νοΐ *[psallein tō no·i]*, wobei dieses letztere selbstverständlich ebenfalls als geistgewirkt betrachtet wurde. Diese Bedeutung liegt abgeschwächt auch Jak 5,13 zugrunde. Hier »wird die Frage beantwortet, wie der Christ als frommer Mensch auf solche Lebenslage zu reagieren habe« (O. Dibelius, aaO, 232). Es ist also aus der Manifestation des Gottesgeistes die fromme Haltung geworden.

b) *Durch lobpreisenden Gesang sich zu Gott bekennen:* Röm 15,9. In diesem Sinne wird Ps 17[18],50 nach dem Zusammenhang von V. 7–12 durch Paulus interpretiert. Er dürfte dabei eher an eine Art gesungener »Bekenntnisformel« als an eine freie Dichtung denken (ebenso übrigens auch im Plinius-Brief; »Wechselgesang« setzt ein bekanntes, öfter geübtes Formular voraus). – Zur weiteren Exegese vgl. die theol. Erwägungen bei → ᾠδή III.

K.-H. Bartels

ᾠδή

ᾠδή *[ōdæ]* (Trauer-, Klage-, Freuden-)Gesang · ᾄδω *[adō]* singen

I ᾄδω *[adō]* ist die kontrahierte Form von att. ἀείδω *[aeidō]*. ᾠδή *[ōdæ]* ist kontrahiert aus ἀοιδή *[aoidæ]*. Gelegentlich begegnet auch ᾠδός *[ōdos]*, kontrahiert aus ἀοιδός *[aoidos]*.

1) Das Verb ᾄδω *[adō]* ist seit Hom. in folgenden Bedeutungen gebräuchlich: a) *singen;* b) alle Arten *vokaler Laute hervorbringen* wie zB den Schrei der Eule oder das Quaken des Frosches; c) *den Klang der Saite* und alle ihm gleichenden oder ähnlichen Laute *hervorbringen,* zB das Sausen des Windes in einem Baum; d) später einfach *rufen,* aber auch e) *besingen, preisen, kultisch verehren.*

2) Das Nomen ᾠδή *[ōdæ]* findet sich in den griech. Tragödien in den Bedeutungen a) *Trauer- und Klagegesang,* aber auch b) *Freuden-* und *Lobgesang;* c) allg. *Dichtung;* schließlich d) allg. *Gesang* von Menschen, aber auch von Vögeln. Eine eigentlich religiöse Bedeutung scheint die Wortgruppe im außerbiblischen Griech. nicht gehabt zu haben.

II In LXX steht das Verb 66mal, mit wenigen Ausnahmen für verbal oder substantivisch gebrauchtes hebr. *schīr, singen, besingen, tanzen* (daneben für *zāmar, pasach* und *hodāh*). Das Nomen (87mal, davon 36mal in Ps-Titeln, die zT nicht übers., sondern in LXX umgebildet oder nachträglich hinzugesetzt sind) steht überwiegend für *schīr, schīrāh, Lied,* als Freuden- oder Kultgesang, meist in Verbindung mit Musikinstrumenten (daneben für *hinnajon, mizmor, massā'* u. a.). Mit einer Ausnahme, nach der eine ᾠδή *[ōdæ]* gesprochen wird (Dtn 31,30), ist stets Gesang gemeint, gelegentlich mit Begleitinstrumenten (1Chr 16,42), zuweilen zum Reigentanz mit Instrumenten (2Sam 6,5: David und die Israeliten vor der Lade). Das Verb wird gern mit dem Akk. des inneren Obj. konstruiert: ᾖσεν Μωυσῆς ... τὴν ᾠδὴν ταύτην *[æsen Mōysæs ... tæn ōdæn tautæn], Moses sang dieses Lied* (Ex 15,1), auch mit ᾆσμα *[asma], Lied* (Num 21,17). Verschiedentlich steht ᾄδω *[adō]* parallel zu ähnlichen Verben: ὑμνέω *[hymneō]* (1Chr 16,9), ἀγαλλιάω *[agalliaō]* und ψάλλω *[psallō]* (Ps 97[98],4).

Bei ᾠδή *[ōdæ]* wird gelegentlich der Freudencharakter betont, zB Am 8,10: μεταστρέψω ... πάσας τὰς ᾠδὰς ὑμῶν εἰς θρῆνον *[metastrepsō ... pasas tas ōdas hymōn eis thrænon], ich werde alle eure Freudenlieder in Klagegesänge verwandeln.* Die ᾠδὴ καινή *[ōdæ kainæ]* ist im AT nichts anderes als »Gesang zu besonders festlichen Gelegenheiten« (Lohmeyer, zu Offb 5,9, S. 56). So spielen zB in der Chr das Singen und die Tempelsänger eine bes. Rolle (vgl. v. Rad, aaO, 344ff).

III 1) Im NT findet sich die Wortgruppe nur in den Deuteropaulinen (4mal) und der Offb (6mal), jeweils Nomen und Verb verbunden; in Offb immer mit Akk. des inneren Objektes (Eph 5,19; Kol 3,16; Offb 5,9; 14,3; 15,3). Es handelt sich durchweg um ein gesungenes *Lied*. Dieses wird im Wortlaut mitgeteilt in Offb 5,9ff (es handelt sich hier um eine sog. »Axios-Akklamation«, wie sie sich in liturgischen und juristischen Zusammenhängen der griech. Antike, aber auch bis in die Zeit der byzantinischen Kaiser, finden; vgl. E. Peterson, Heis theos, 176ff), wo die ganze himmlische, irdische und unterirdische Schöpfung durch ihren eschatologischen Lobgesang die Herrschaft des »Lammes« rechtsverbindlich anerkennt. Ebenso geschieht es in Offb 15,3 in der »Ode Moses«. Diese Bezeichnung ist nach der Situation gewählt: »Wie einst nach dem Durchzug durch das Rote Meer Mose das Lob Gottes sang, so rühmen die Sieger, die durch das Lamm die Freiheit gewonnen haben, Gottes Taten, die in seinem richterlichen Handeln offenbar geworden sind« (Lohse, aaO, 82).

2) Die theol. Bedeutung des Liedes im NT (unter Berücksichtigung aller drei Wortgruppen ὕμνος *[hymnos]*, ψαλμός *[psalmọs]*, ᾠδή *[ōdæ̣]*).

Das Lied ist zweifellos ein zentraler Bestandteil der urchristl. Liturgie, wie es schon im Gottesdienst der at. Gemeinde und der spätjüd. Tempelgemeinde der Fall war. Das erkennen wir vor allem aus Stellen wie Eph 5,19 und Kol 3,16. Hier ist die Rede von dem geistlichen Sein des Menschen. Gesang, liturgisches Musizieren, geistliche Dichtung (in den verschiedenen, terminologisch schwer zu differenzierenden Formen der drei in diesem Artikel zusammengefaßten Wortgruppen) sind »eine Weise des Wortes, in der Christus sich zu Gehör bringt« (Schlier, ThWb I,164,27; vgl. IgnEph 4,1f, wo die mediale bzw. pass. Wendung Χριστὸς ᾄδεται *[Christọs ạdetai]* auch aktivisch verstanden werden kann: *Christus singt*; vgl. die zwei Zeilen weiter folgende Aussage ἐν ἑνότητι ᾄδετε ἐν φωνῇ μιᾷ διὰ Ἰησοῦ Χριστοῦ τῷ πατρί *[en henọtæti ạdete en phọ̄næ̣ mią dią Jæsọų Christọų tō patrị]*, singt in Einigkeit mit einer Stimme durch Jesus Christus dem Vater). Man wird den Zusammenhang in Eph 5,18ff grammatikalisch auflösen und die verschiedenen Satzglieder koordinieren müssen: »laßt euch vom Geist erfüllen und sprecht unter euch (ἑαυτοῖς *[heautọịs]*, dh im Gemeindegottesdienst) in Psalmen, Hymnen und geistgewirkten (πνευματικαῖς *[pneumatikạịs]*) Liedern, singt und psalmodiert (Imperativ!) dem Herrn von Herzen und dankt (so) immer für alles in dem Namen unseres Herrn Jesu Christi Gott und dem Vater . . .« (ebenso in Kol 3,16, wo durch ἐν χάριτι *[en chạriti]* der Geschenkcharakter dieses liturgischen Redens und Singens betont wird). Man wird Schlier rechtgeben können, der in Eph 5,18ff (Kol 3,16) die gleiche Situation voraussetzt wie in 1Kor 14,15, nämlich den regulären Gemeindegottesdienst der urchristl. Gemeinde. εὐχαριστοῦντες *[eucharistọụntes]* in Eph 5,20 nimmt zweifellos V. 18f zusammenfassend auf. Auch wenn man Schlier darin nicht zustimmt, daß hiermit ausschließlich das Eucharistiegebet gemeint ist, so kann man ihm doch wiederum darin folgen, daß all solchem liturgischen Singen die ganze versammelte Gemeinde durch ihr Amen akklamiert, und daß dieses Singen »recht vollzogen die Anwesenden erbaut« (Schlier, Epheser, 248), dh zu einer Gemeinde »in Christus« macht. Es bedarf nur eines Blickes in die verschiedenen Arbeiten zur Geschichte des Gottesdienstes in der ältesten Christengemeinde, um die Wichtigkeit der Liturgie, speziell des gottesdienstlichen Liedes, für das kirchliche Leben festzustellen. So schreibt zB G. Dix, der Angriff des heidnischen Staates habe sich zuerst gegen die Liturgie gewandt »als den Ausdruck des Glaubens im Gottesdienst der *ekklesia*« (aaO 146, von mir übers.). Der Gottesdienst war vom Standpunkt des röm. Staates aus »beabsichtigter Treubruch« (*crimen laesae maiestatis*), vom Standpunkt der Kirche aus »das höchste positive Bekenntnis (*affirmatio*) des christlichen Lebens vor Gott« (aaO 147). »Für die Christen wie für die Verfolger stellte die Liturgie das eigentliche Leben nicht nur der Kirche in ihrer Gesamtheit, sondern auch des einzelnen Gläubigen dar« (aaO 148). Das Herzstück dieser gottesdienstlichen Handlung war – neben der Wortverkündigung – eben das geistliche Lied zur feierlichen Anerkennung Gottes in Jesus Christus als des Herrn der Gemeinde und der Welt. Bes. wichtig ist in diesem Zusammenhang die Tatsache, daß ψάλλειν *[psạllein]* parallel zu ἐξομολογεῖν *[exhomologẹịn]* (→ Bekennen) gebraucht wird (Röm 15,9):

auch das Psalmsingen ist ein Bekennen vor Gott, in diesem Falle die eschatologische Umkehr der Heidenwelt. *K.-H. Bartels*

Lit.: The Jewish Encyclopedia X, o. J., 241ff – RWünsch, Art. Hymnus, Pauly-Wissowa IX,1, 1914, 140ff – WBauer, Der Wortgottesdienst der ältesten Christen, 1930 – JQuasten, Musik und Gesang in den Kulten der heidnischen Antike und christlichen Frühzeit, 1930 – IElbogen, Der jüdische Gottesdienst in seiner geschichtlichen Entwicklung, 1931[3] – JLeipoldt, Der Gottesdienst der ältesten Kirche, jüdisch? griechisch? christlich? 1937 – GDix, The Shape of the Liturgy, 1945 – OCullmann, Urchristentum und Gottesdienst, 1952 – GDelling, Der Gottesdienst im NT, 1952 – RStählin, Die Geschichte des christlichen Gottesdienstes, Leiturgia I, 1954, 1ff – JJeremias, Die Abendmahlsworte Jesu, 1960[3] – SSchulz, Art. Salomo-Oden, RGG V, 1961[3], 1339ff – MDibelius, Der Brief des Jakobus, KEK XV, 1964[11] – ELohse, Die Offenbarung des Johannes, NTD 11, 1966[9] – GvRad, Theologie des AT I, 1966[5] – HJKraus, Psalmen, I.II, 1966[3] – ELohmeyer, Das Evangelium des Matthäus, 1967[4] – ders., Das Evangelium des Markus, KEK I,2, 1967[17] – RDeichgräber, Gotteshymnus und Christushymnus in der frühen Christenheit. Unters. z. Form, Sprache u. Stil d. frühchristl. Hymnen, 1967 (= Stud. z. Umwelt d. NT 5) – JSchniewind, Das Evangelium des Matthäus, NTD 2, 1968[12] – GDelling, Art. ὕμνος, ψάλμος, ThWb VIII, 1969, 492ff – KPJörns, Das hymnische Evangelium, 1971 (= Stud. z. NT, 5) – KWengst, Christologische Formeln und Lieder des Urchristentums, 1972 (= Stud. z. NT, 7).

Lobpreis → **Danksagung**

Lohn

Das deutsche Leitwort *Lohn* erfaßt nur zT die Bedeutungsvielfalt der unter diesem Titel zusammengefaßten griech. Begriffe κέρδος *[kẹrdos]*, μισθός *[misthọs]* und ὀψώνιον *[opsōnion]*. Dem spezifischen Inhalt des Wortes *Lohn* kommt das griech. μισθός *[misthọs]* am nächsten, ein Wort aus dem Geschäftsleben, das schon in früher Zeit für die Bezahlung des Arbeiters, den *Arbeitslohn*, gebraucht wurde, seit hell. Zeit allerdings auch im religiösen Bereich Verwendung fand. Dagegen ist ὀψώνιον *[opsōnion]* ein Terminus der Militärsprache, der eigentlich die *Ration* des Soldaten, dann die Entlohnung für militärische Dienste, den *Sold*, meint und schließlich auch die *Besoldung* von Staatsbeamten einbezieht. Am weitesten reicht die Bedeutung des Wortes κέρδος *[kẹrdos]*, das mehr die Folge des Lohns in Blick nimmt: *Gewinn, Vorteil, Nutzen*. Da Vorteil und Nachteil, Gewinn und Verlust als Gegensatzbegriffe zusammengehören, werden κέρδος *[kẹrdos]* und ζημία *[zæmịa]* in einem Artikel besprochen.

κέρδος

κέρδος *[kẹrdos]* Gewinn · κερδαίνω *[kerdạinō]* gewinnen · ζημία *[zæmịa]* Schaden · ζημιόομαι *[zæmiọomai]* Schaden erleiden

κέρδος *[kẹrdos]* = *Gewinn, Vorteil, Nutzen*; seltener im Profangriech. *kluger Rat, listiger Anschlag*, Plur. *Ränke*, seit Hom. reich bezeugt. Das Verbum κερδαίνω *[kerdạinō]* = *Gewinn, Nutzen haben, etwas* oder *jemanden für etwas gewinnen* kann auch, da Vermeidung von Verlust Gewinn bringt, *ersparen* oder *vermeiden* bedeuten (so Apg 27,21). I

Der Gegensatz zu κέρδος *[kẹrdos]* ist ζημία *[zæmịa]* in der Bedeutung *Nachteil, Schaden*, gelegentlich auch im Sinn von *Strafe*. Zu κερδαίνω *[kerdạinō]*, das erst in nachhomerischer Lit. belegt ist, gehört antithetisch ζημιόομαι *[zæmiọomai]* = *Schaden erleiden*. Vgl. die Zusammenstellung des Gegensatzpaares in Mt 16,26; Phil 3,7.

Obwohl κέρδος *[kẹrdos]* wie κερδαίνω *[kerdạinō]*, das sich bis auf Hes. zurückverfolgen läßt, in LXX fehlen, umschreiben AT und LXX sorgfältig die Bedeutung von *Gewinn*. Sie unterscheiden: II

1) Gewinn, der unrecht erworben ist oder erstrebt wird (*betsa' = Raub, Beute, Gewinn; bätsa' = zerschneiden, plündern, Gewinn machen*). LXX übersetzt sinngemäß mit ἀνομία *[anomịa]*, ἀδικία *[adikịa]*, ἄνομα *[ạnoma]* (Spr 1,19; 28,16; Jes 33,15; Jer 6,13: alle »sind auf Gewinn aus« Z).

2) Gewinn als *jitrōn* = *Vorzug, Vorteil* des Lebens, als περισσεία *[perisseia]* = → *Fülle, Überfluß* (LXX). Nur Pred fragt nach dem Gewinn des Lebens schlechthin und verneint kritisch 2,11: »Es gibt keinen Gewinn unter der Sonne« (vgl. Pred 1,3; 3,9; 5,15).

3) Gewinnen in der Übers. von *jā'al* hif. = *Nutzen haben, gewinnen.* Hi 35,3: »Was nützt es mir?« (Z); vgl. Hi 21,15. LXX übersetzt entsprechend mit ὠφέλεια *[ōpheleia]* = *Nutzen, Vorteil.*

III Im NT findet sich κέρδος *[kerdos]* nur bei Paulus (3mal); κερδαίνω *[kerdainō]* begegnet 16mal; theol. bes. wichtig in Mt 16,26 par; 25,16ff; Phil 3,8; 1Kor 9,19ff.

1) Das NT steht der ökonomisch orientierten Bedeutung von Gewinn kritisch gegenüber, sofern Gewinn aus eigensüchtigen Motiven gesucht wird. Tit 1,11 geht energisch gegen kretische Irrlehrer vor, die unziemliche Lehren verbreiten und dabei ihren Vorteil im Auge haben. Sie lehren »um schändlichen Gewinnes willen« (Z). (Vgl. die Ermahnungen an Gemeindevorsteher und Diakone in 1Tim 3,8; Tit 1,7; 1Petr 5,2.) Wer auf Gewinn aus ist und die Lebensaufgabe unter dem Gesichtspunkt des Profits sieht, verfällt vermessenem Selbstvertrauen und damit der Sünde (Jak 4,13). Ähnlich warnt Mt 16,26 par, das Leben auf dem Wege der Selbsterhaltung zu sichern. Es nützt nichts, die Herrschaft über die Welt und ihre Kräfte zu gewinnen, solange das Leben dem Tod verfallen ist.

2) Paulus entfaltet das positive Verständnis von Gewinn in Phil 1,21 und grenzt es Phil 3,5ff gegen das Selbstverständnis des Menschen ab. Er erinnert an seine eigenen ererbten und erworbenen Vorzüge, an seine Beschneidung, an die Zugehörigkeit zu dem Volk der Erwählung, an seine Lebensführung und Gesetzestreue. Die geschichtlichen und moralischen Vorzüge dieser Art waren ihm »Gewinn« (κέρδος *[kerdos]*) und wurden ihm um Christi willen zum Schaden (ζημία *[zæmia]*), weil sie dem Gesetz von Ruhm und Leistung gehorchen und keine »Gerechtigkeit aus Gott« verleihen (Phil 3,9 Z). Darum hält Paulus die menschlichen »Gewinne« für »Schaden«, um Christus zu gewinnen und in ihm erfunden zu werden. Der Gewinn Christi ist letztes Ziel; so ist Sterben »Gewinn« (Phil 1,21); denn es beendet das vom Martyrium gezeichnete Leben und führt in das Leben mit Christus. Zu Christus zu kommen und mit ihm zu sein, ist Gewinn.

3) Dem ordnet sich zu, daß »gewinnen« in der Missionssprache eine bestimmte Bedeutung erhält. Paulus begreift seinen missionarischen Auftrag als ein »Gewinnen«. 1Kor 9,19: ich habe mich allen zum Knecht gemacht, damit ich »viele gewinne«. Gewinnen korrespondiert mit »retten« (1Kor 9,22); es beschreibt das Ziel missionarischer Arbeit.

Mt 18,15 ermahnt, den der Sünde verfallenen Bruder durch seelsorgerlichen Zuspruch zu gewinnen. Frauen sollen ihre Männer, die dem Wort nicht gehorsam sind, ohne Wort durch ihren Wandel gewinnen (1Petr 3,1).

4) Im Gegensatz zu Lohn (→ μισθός *[misthos]*), der ausgehandelt und verdient wird, der geleistete Arbeit honoriert oder menschliches Verhalten vergilt, wächst Gewinn aus dem verborgenen Handeln Christi. Um »Talente« (Mt 25,16ff), Menschen oder Christus zu gewinnen, bedarf es seiner Gaben, seines Auftrages. Nur durch ihn kommt das Leben an das Ziel; es gewinnt die περισσεία *[perisseia]*, die der Prediger vergeblich gesucht hat, die Fülle an Gnade und Gabe der Gerechtigkeit (Röm 5,17).

B. Siede

μισθός

μισθός *[misthos]* Lohn · μισθόω *[misthoō]* mieten · μισθωτός *[misthōtos]* Lohnknecht · μισθαποδοσία *[misthapodosia]* Entlohnung · μισθαποδότης *[misthapodotæs]* Entlohner, Vergelter

I Das Subst. μισθός *[misthos]* ist seit Homer im Sinne von *Arbeitslohn* nachweisbar. Jedoch nicht nur der Arbeiter, sondern auch der Soldat (Thuk.), der Redner, Arzt oder Schauspieler (Xenoph., Platon) empfangen μισθός *[misthos]*. Das Vorkommen des Wortes ist allerdings vorwiegend auf den gewerblichen bzw. geschäftlichen Bereich bezogen. Seltener wird in bildlicher Sprache davon geredet, daß einem Menschen Glück als Lohn für sein ethisches Bemühen gegeben werden kann (Pindar, Isocr., Platon). Im religiösen Bereich hat μισθός *[misthos]* keine Anwendung gefunden, denn die griech. Religion ruhte nicht auf der Basis des *do ut des*. Auch im allg. war nicht der Lohn Ziel ethischen Bemühens, sondern → Ehre (τιμή *[timæ]*). Glückseligkeit (εὐδαιμονία *[eudaimonia]*, im NT nicht), urspr. ein Vorhandensein von guten Geistern, bekam man nicht verliehen, sondern erwarb sie sich durch ἀρετή *[aretæ]* (→ Tugend), und innerhalb des Gesamtbemühens um ἀρετή *[aretæ]* war das »Streben nach Gerechtigkeit« nur ein Teilgebiet, das erst durch Sokrates scharf herausgestellt wird. Durch ihn wird der Begriff des »Guten« (ἀγαθός *[agathos]*) geprägt, der → gut ist, insofern er sich nach dem Guten (ἀγαθόν *[agathon]*) ausrichtet, bezogen auf Lohn und → Strafe, die ihn im Jenseits erwarten (Mythos im Gorgias).

Seit dem Hell. dringt das Lohndenken offiziell in die Religion ein. Wie schon in den orphischen und eleusinischen Mysterien spielt der Gedanke von jenseitigem und endzeitlichem Lohn bzw. Strafe erst recht in den hell. (Serapis-Isis, Mithras) eine entscheidende Rolle. In der röm. Religion schließlich wird die geschäftliche Vorstellung des Lohnzahlens auch auf das Verhältnis der Menschen zu den Göttern ausgedehnt (vgl. den röm. Grundsatz: *do ut des, ich gebe, damit du gibst*): Der Römer erfüllt vertragsgemäß seine Verpflichtungen gegenüber den Göttern, er zahlt für ihre Hilfe die entsprechende Opfergabe. Der Lohngedanke verbindet sich hier mit der Opfersprache (vgl. ThWb IV,709). –

Außer dem Wort μισθός *[misthos]* sind noch die Bildungen μισθόω *[misthoō]*, *mieten*, μίσθωμα *[misthōma]*, *Mietzins*, μισθωτός *[misthōtos]*, *Lohnknecht* (vor dem NT) und μίσθιος *[misthios]*, *Lohnknecht* (gleichzeitig mit dem NT) im Profangriech. nachweisbar.

1a) Vom Lohn ist im AT zunächst in profanem Sinn die Rede. Der Israelit wird zu sozialem Verhalten aufgerufen. Sein Tagelöhner soll den Lohn noch am selben Tag ausgezahlt bekommen, damit er nicht zu darben braucht (Jer 22,13; Dtn 24,14; vgl. auch die Lohnstreitigkeiten zwischen Laban und Jakob Gen 31,25ff). II

b) Das semitisch-israelitische Denken ist weithin von dem Zusammenhang zwischen Tun und Ergehen des Menschen bestimmt. So gehören diesseitiger Lohn bzw. → Strafe zu den Selbstverständlichkeiten des at. Glaubens. Lea empfängt ihren Sohn Issaschar als göttlichen Lohn (Gen 30,18; vgl. Ps 127,3), während Jahwe die Untaten der Amalekiter mit Bann und Vernichtung bestraft (1Sam 15,2f). In älterer Zeit steht der negative Aspekt, die strafende Vergeltung, im Vordergrund. Bes. Am 1,3–2,16 stellt den Zusammenhang zwischen dem traurigen Schicksal Israels und der Völker und dem göttlichen Gericht heraus. Ez löst diese pauschale Kollektivvergeltung durch die differenzierende Individualvergeltung ab: »Nur dem Gerechten kommt seine Gerechtigkeit zugute, und nur über den Gottlosen kommt seine Gottlosigkeit« (18,20). Erstmalig entfaltet das Dtn auch den positiven Lohngedanken in der Verbindung von Gehorsam (→ Hören) und → Segen (28,1–15), der die Verbindung von Ungehorsam und → Fluch (28,15–68) gegenübergestellt wird. Seine eigentliche Ausprägung aber hat der theol. Lohngedanke in der Weish-Lit. erhalten. Erst hier wird eine das ganze Leben beherrschende Gesetzmäßigkeit entwickelt, derzufolge »der Gerechte Lohn, der Gottlose Strafe zu erwarten hat« (Würthwein, ThWb IV,716). »Die Hand darauf! Der Böse bleibt nicht ungestraft, wer aber Gerechtigkeit sät, wird rechten Lohn empfangen« (Spr 11,21 LXX; vgl. 11, 18.31). Gegen diese Vergeltungstheorie von gut und böse protestiert Hiob mit seinem Angriff auf die Theol. seiner Freunde (8,4–6), weil sie der Wirklichkeit des leidenden Frommen (27,5f) nicht gerecht wird (vgl. auch die Resignation des Predigers 8,14).

c) Bemerkenswert ist nun, wie sehr sich die Vorstellung vom göttlichen Lohn von unseren menschlichen Lohnbegriffen unterscheidet: Gott ist ein souveräner Herr über seine Knechte – darin vergleichbar einem orientalischen König –, der belohnt, ohne durch die geleistete Arbeit in irgendeiner Hinsicht festgelegt und verpflichtet zu sein. Seine Gabe ist königliches Geschenk. Sie überragt in ihrem Wert weit jegliche Dienstleistung seiner Untergebenen. Ein wichtiges Beispiel dafür ist Ps 127,3. Hier werden die Begriffe *nachalāh, geschenkter Besitz*, und *sachar, Lohn*, als gleichbedeutend parallelisiert. Man erhält von Gott den Lohn eben nicht als Bezahlung für sein Verdienst, nicht als Entgelt für eine ihm wertmäßig entsprechende Leistung, sondern – das ist nur auf dem Hintergrund der sozialen Verhältnisse des Altertums begreiflich – als Geschenk der königlichen Freigebigkeit.

Eine profane bzw. »anti-jüdische« Analogie liefert Dan 11,39, wo der widergöttliche König denen, die ihn anerkennen, Land zur Belohnung gibt (Z). – Die at. Heilsgüter und damit der Lohn Gottes werden durchaus diesseitig verstanden (Dtn 28,3ff). Wenn das Dtn vom »Leben« spricht, das der den Geboten Gehorsame erhält, dann liegen irgendwelche transzendenten Vorstellungen fern (Dtn 30,15).

2) Erst nachdem sich im späteren Judentum die Vorstellung eines Endgerichtes durchgesetzt hat, wird der Lohn Gottes als ein jenseitiger Wert gefaßt. Damit geht aber ein verhängnisvoller

Wandel im Lohnbegriff Hand in Hand. Hatten die Propheten Israels Ungehorsam als Grund allen Verderbens gebrandmarkt, so legte sich der umgekehrte Schluß durchaus nahe, daß man durch gutes Verhalten die Gnade Gottes im Gericht verdienen könne. Das gute → Werk rückt damit in eine Mittlerstellung zur Erlangung der noch nicht erhaltenen Gnade und wird dem erwarteten Lohn als Bedingung vorgeordnet. Das Gesetz wird aus einem Zaun, der den Israeliten im heilvollen Bereich des Bundes hält, zu einer Leiter, einer Möglichkeit, das rein zukünftig gedachte Heil zu erwerben. »Gott wollte Israel Verdienste erwerben lassen, darum hat er ihnen viel Tora (Weisung) und Gebot gegeben« (Makschirin 3,16; vgl. auch Pirqe Aboth 2,16; 3,16). Der → Bund Gottes ist Ausgangsstellung, nicht Erfüllung. Man verrechnet jetzt die wertmäßig genau qualifizierten Werke gegen den ihnen entsprechenden Lohn, kann sich aber niemals vergewissern, ob diese Rechnung zu eigenen Gunsten aufgeht. Die eschatologische Erwartung konnte wegen dieses zum Verdienst- und Leistungsdenken pervertierten Lohngedankens nicht zu einer gewissen Hoffnung werden.

III 1) Im NT kommt μισθός *[misthọs]* auffällig oft bei Mt vor (10mal gegenüber 1mal bei Mk und 3mal bei Lk). Bei Paulus (5mal) und Joh (2mal) tritt der Begriff zurück. Im Hebr überrascht das Hervortreten der Wortbildungen μισθαποδοσία *[misthapodosịa]*, *Ent-* oder *Belohnung*, und μισθαποδότης *[misthapodọtæs]*, *Entlohner*, *Vergelter* (3mal bzw. 1mal), die sonst im NT nicht begegnen.

a) μισθός *[misthọs]* ist fester Bestandteil der Predigt Jesu vom kommenden Gottesreich (→ Reich). Manche Stellen erwecken den Anschein, als habe er die jüd. Prägung des Lohnbegriffs übernommen: Durch die Veräußerung seines Besitzes erwirbt man einen Schatz im Himmel (Mk 10,21). Unserer Frömmigkeit wird Gott ihren Lohn nicht vorenthalten, wenn sie im Blick auf Gott, nicht im Blick auf Ruhm bei den Menschen gelebt wird (Mt 6,1ff). So gewiß Jesus alles menschliche Sein und Tun vor das Gericht des Kommenden stellt, so dringlich erhebt sich die Frage, ob damit der »Werkgerechtigkeit« nicht Tor und Tür geöffnet ist.

Eine Antwort darauf gibt das Gleichnis von den Arbeitern im Weinberg (Mt 20,1–16). Es fällt zunächst auf, daß der Hausherr völlig frei und ungebunden ist (V. 15), eine Charakteristik, die in dem Gleichnis von den anvertrauten Talenten einen noch schärferen Ausdruck findet (Mt 25,24). Daß er den Arbeitern, die nur eine Stunde gearbeitet haben, den gleichen Lohn zahlt wie den anderen, die »des Tages Last und Hitze getragen haben« (V. 12), hat seinen Grund nicht in der höheren Qualität ihrer Arbeit (so ein ähnliches jüd. Gleichnis, abgedruckt bei J. Jeremias, Gleichnisse, 4. Aufl., 120), auch nicht darin, daß Gott die geringe Arbeit würdig macht, den gleichen Lohn zu empfangen (so eine kath. Auslegung, zit. bei G. Bornkamm, Lohngedanke, 84). Vielmehr zahlt der Hausherr aus freier Güte, jegliche Gleichwertigkeit zwischen Leistung und Lohn ist aufgehoben.

Gott belohnt nicht nur weit über jedes Verdienst (vgl. Lk 19,17.19), sondern die Lohnzahlung ist schlechthin unabhängig von der Leistung der Arbeiter. Sie wurzelt allein darin, »daß ich so gütig bin« (Mt 20,15b). Vor der unbedingten Gehorsamsforderung muß jeder Verdienstanspruch verstummen (vgl. das Gleichnis vom ackernden Knecht Lk 17,7ff). Trotzdem soll auch der kleinste Dienst im Reich Gottes nicht unbelohnt bleiben (Mt 10,42).

b) Das Bild rundet sich ab, wenn man den zu leistenden Dienst und seine Belohnung näher ins Auge faßt. Einen ersten Aufschluß gibt die Polemik Jesu gegen die falsche Frömmigkeit der Pharisäer (Mt 6,1ff). Der Pharisäer, der seine Frömmigkeit zur Schau stellt, sucht seine Ehre und Anerkennung nicht bei Gott, sondern bei den Menschen. Wenn sie ihn und seine Tugenden bewundern, dann hat er seinen Lohn schon ausbezahlt bekommen (so Mt 6,2.5.16 wörtlich), – und zwar von den Herren, die er sich gewählt hat: den Menschen. Der wirklich Fromme hingegen tut alles um Gottes willen, deswegen wird er ihn entlohnen in seinem Gericht. Dieser Gegensatz »die Menschen – Gott« ist das eigentliche Charakteristikum von Mt 6,3.6.18, nicht der Gegensatz »verborgen – öffentlich«. Der wahre Gottesdienst geschieht also um Gottes, nicht um des Menschen willen. Er ist Bekenntnis, durch das man sich auf die Seite Gottes stellt, → Leiden um Jesu willen, dem der Lohn nicht vorenthalten bleibt (Mt 5,11f). Dabei bekennt man den Herrn nicht nur mit dem Mund, sondern auch, indem man seine »geringsten Brüder« in seinem Namen aufnimmt (Mt 10,42; 25,35ff). Dem Menschen wird also Lohn zuteil, weil und insofern er den Platz in der Gottesherrschaft, der ihm bereitet ist, einnimmt. Unsere Werke haben keinen »sittlichen« Wert in sich, kommen auch nicht als einzeln abzuwägende Leistungen vor das Gericht, sondern sind integrierende Bestandteile des Glaubens und des Bekenntnisses zu Christus (vgl. → Vergeltung). Als solchen wird ihnen Lohn zuteil. Aber auch dieser besteht nicht in bestimmten, quantitativ abzugrenzenden Einzelwerten, sondern ist wesentlich die volle Zustimmung des eschatologischen Richters zu uns (Mt 10,32). Diese bringt das volle Heil, das ewige Leben mit sich (Mk 8,36; 10,30). »Hundertfältig« belohnt Gott in diesem, und dann im kommenden Äon das Bekenntnis des Glaubens (Mk 10,30). Jesus bricht mit dem verrechnenden Denken des Judentums. Er stellt den Lohnbegriff unter das Vorzeichen der kommenden Gottesherrschaft.

2a) P a u l u s kennt den Gedanken des Gerichtes nach den Werken durchaus (Röm 2,6; 2Kor 5,10). Trotzdem ist bei ihm der spätjüd. Verdienstgedanke durch seine Rechtfertigungslehre radikal überwunden. Wie ist das zu verstehen? Der Charakter von μισθός *[misthọs]* wird durch einige andere Begriffe erklärt: Der Gerechte erhält »Lob« (Röm 2,29), »Ehre« (Röm 2,7), den »Siegespreis« (Phil 3,14) von Gott im Gericht. Wie bei Jesus so ist auch bei Paulus der Lohn »*praemium*, nicht *pretium*, eine unberechenbare, unvorstellbare Belohnung, nicht ein berechenbarer, dem menschlichen Anspruch verfügbarer Preis für seine Werke« (Bornkamm, aaO, 91). Was wir verdient haben, ist der → Tod; das → Leben ist Gottes Gnadengabe (Röm 6,23). Diesen Lohn schuldet Gott uns nicht, er gibt ihn als Gnade (Röm 4,4). Die Rechtfertigungslehre prägt also auch die Lohnvorstellung.

b) Doch das heißt nicht, daß der μισθός *[misthọs]* mit dem Handeln des Christen nichts zu tun hat. Er bleibt der Preis, der dem Läufer winkt (1Kor 9,24; Phil 3,14), die Anerkennung, die auf den klugen Baumeister der Gemeinde wartet (1Kor 3,14). – Indessen wird der Lohn nur dem freiwillig Dienenden gegeben. Daher verzichtet Paulus, der ohne seinen Willen berufen wurde und darin einem Haushaltersklaven gleicht (1Kor 9,17), freiwillig auf die Gewährung des Lebensunterhaltes durch die Gemeinde (1Kor 9,15). Er steuert damit seinen Anteil an Freiwilligkeit zu seinem Dienst bei, der allein Belohnung bzw. Anerkennung bringt (1Kor 9,18). Die Verkündigung des Ev. kann ihm den μισθός *[misthọs]* nicht einbringen, weil sie nicht auf seinem freien Entschluß beruht (1Kor 9,17).

c) Der μισθός *[misthọs]* ist also sehr wohl Antwort Gottes auf das Tun des Christen. Dennoch steht er mit ihm nicht in einem strengen ursächlichen Zusammenhang. Paulus hat die Rechtfertigungslehre auch im Blick auf das christl. Leben durchgehalten. Aufschlußreich ist in diesem Zusammenhang, daß Paulus in einem bestimmten Fall zwischen dem »Baumeister« und seinem Werk differenziert, das im Feuer des Gerichts als untauglich verbrennt. Er, der Baumeister selbst, wird trotzdem gerettet, zwar »wie durch Feuer hindurch« (1Kor 3,15 Z), aber die Gnade Gottes läßt ihn nicht verlorengehen. – Der tiefste Grund für die absolute Geltung der Gnade bei unserer Gerechtsprechung im Gericht liegt darin, daß nicht nur unser christl. Glaube, sondern ebenso unser gutes Werk Gottes Geschenk ist (Eph 2,10). Gottes Handeln begründet in der Kraft des Geistes unser Handeln. Es wirkt »Wollen und Vollbringen« (Phil 2,13). Daher ist aller Eigenruhm ausgeschlossen.

3) Der H e b r ä e r b r i e f macht schon durch seine Wortwahl (s. o.) deutlich, daß von Belohnung immer nur als von dem souveränen Akt Gottes gesprochen werden kann. Nach Hebr 10,35f bringt uns die göttliche »Belohnung« das »Verheißungsgut« (μισθαποδοσία *[misthapodosịa]* und ἐπαγγελία *[epangelịa]* stehen parallel). Es geht also nicht so sehr um eine Belohnung einzelner Werke, sondern gemeint ist mit μισθαποδοσία *[misthapodosịa]* die Verleihung des ewigen Lebens, des Inbegriffs christl. Hoffnung schlechthin (vgl. Hebr 11,26). Keineswegs entspricht ihm ein menschliches Werk als Gegenwert. Vielmehr ist es die παρρησία *[parræsịa]*, der Freimut des Glaubens, das Suchen Gottes, dem diese Gabe zugedacht ist (10,35; 11,6). Gewiß ist der Glaube mit der Geduld (10,35) und dem Bleiben in der »Versammlung« (10,25) verbunden; aber von einer Würdigkeit, die das Heil verdient, ist nirgends die Rede. Dementsprechend bedeutet der Ausblick auf das Gericht nicht kleinliches Rechnen mit Werten menschlicher Leistungen, sondern freudiges Hoffen (10,35; 11,26).

4) Da nach **Johannes** die »Ernte«, dh die eschatologische Heilszeit, schon angebrochen ist, empfängt der »Schnitter« jetzt schon seinen Lohn (Joh 4,36). Der Verdienstgedanke fehlt völlig. Das »Werk Gottes«, das das ewige Leben zur Folge hat, ist der → Glaube (Joh 6,29). In diesem Sinn wird 2Joh 8 vom μισθός *[misthos]* des Glaubens gesprochen (»damit ihr nicht verliert, was wir erarbeitet haben«).

5) Nach at. und nt. Zeugnis ist die Sinnerfüllung unseres Lebens nicht unserem Sein und Tun immanent, sondern Gabe eines anderen. Gott gibt sie uns in seiner Gerechtsprechung und seinem Gericht. Dabei steht der Lohn so streng auf Gottes Seite, daß uns selbst die Annahme eines Verdienstes auf unserer Seite, etwa als Äquivalent, verwehrt ist.

Und doch besteht ein Zusammenhang zwischen dem erhofften Lohn und unserem Verhalten. Zwar folgt er nicht wie die Wirkung der Ursache, von dieser aus eigener Kraft hervorgebracht. Vielmehr ist er die gnadenvolle Anerkennung dessen, was Gott an Gutem in uns gewirkt hat, das Ja der Gnade Gottes zu unserem »begnadeten« Tun. So stehen die nt. Aussagen über den Lohn der irrigen Meinung entgegen, das Verhalten des Menschen werde durch die Rechtfertigung aus Gnaden gleichgültig. *P. Ch. Böttger*

ὀψώνιον

ὀψώνιον *[opsōnion]* Sold, Löhnung

I/II ὀψώνιον *[opsōnion]* ist eine Zusammensetzung (seit Menand.) aus ὄψον *[opson]* (jede Art von Nahrung, die am Feuer zubereitet wird, im Gegensatz zu → Brot und anderer Zukost, etwa Wein) und ὠνέομαι *[ōneomai]* (kaufen). Es bezeichnet eigentlich das *Geld*, das man *zum Einkauf der Zukost* benötigt (so 1Esr 4,56); dann (im Plur., so auch LXX) speziell das *Verpflegungsgeld des Soldaten*, das dieser außer den Naturalien (Getreide, Öl) bekommt, schließlich allg. den *Sold* (so 1Makk 3,28; 14,32), gelegentlich auch die Besoldung des Staatsbeamten. So stellt sich das ὀψώνιον *[opsōnion]* als eine termingebundene regelmäßige Zahlung dar, die einem täglich oder monatlich usw. zusteht und eventuell sogar einklagbar ist, also eher ein Existenzminimum als ein der Arbeitsleistung entsprechender Lohn (→ μισθός *[misthos]*; vgl. lat. *stipendium*).

III Im NT kommt ὀψώνιον *[opsōnion]* 4mal vor: Außer der Mahnung des Täufers an die Soldaten, sich mit ihrem Sold zu begnügen (Lk 3,14), begegnet ὀψώνιον *[opsōnion]* nur bei Paulus (1Kor 9,7; 2Kor 11,8; Röm 6,23).

1) In 1Kor 9,7 versteht Paulus unter ὀψώνια *[opsōnia]* (Plur.) die ihm von den Gemeinden als Entgelt für seine Missionstätigkeit zukommende Unterstützung (vgl. 2Kor 11,8). Der Begriff spielt nicht nur auf den Vergleich der Missionstätigkeit mit dem Kriegsdienst (als militia Christi) an, sondern macht auch einen Rechtsanspruch des Apostels gegenüber den Gemeinden deutlich. Der Verzicht des Paulus auf sein ὀψώνιον *[opsōnion]* unterstreicht das freie Gnadengeschenk Gottes, wie es in der apostolischen Verkündigung allen Menschen bedingungslos angeboten wird.

2) Die Revisionsübersetzung hat gegenüber der alten Lutherübersetzung in Röm 6,23 richtig korrigiert. Denn es soll hier keine Aussage über das Wesen des Todes gemacht, sondern gesagt werden, was die Sünde auszahlt (θάνατος *[thanatos]* ist Prädikatsnomen, nicht Subj. des Satzes). Hier werden der Sold der Sünde und die Gabe Gottes einander gegenübergestellt. Der Satz ist paradox: τὰ ὀψώνια *[ta opsōnia]* ist der Lebensunterhalt, den die Sünde denen zahlt, die für sie Kriegsdienst tun, und dieser Lebensunterhalt besteht im Tod! Die Sünde verspricht also das Leben und gibt den Tod. Dieser Tod wird aber nicht erst am Ende unseres zeitlichen Lebens eintreffen, sondern er ist die laufende Zahlung, die wir bereits empfangen. Er ist das einzige »Recht«, auf das wir als Sünder Anspruch haben (V. 23a). Diesem »Recht« steht Gottes Gnadengabe (→ Gnade, Art. χάρισμα) gegenüber, die wir in seinem Dienst empfangen (V. 23b). Hier besteht kein Rechts-, sondern ein Gnadenverhältnis. Wer im Dienst Gottes steht, kann keinen Rechtsanspruch erheben, sondern empfängt als Gottes freies Geschenk ewiges Leben. *O. Becker*

Lit.: HBraun, Gerichtsgedanke und Rechtfertigungslehre bei Paulus, 1930 – FVFilson, St. Paul's Conception of Recompense, 1931 – OMichel, Der Lohngedanke in der Verkündigung Jesu, ZSTh 9, 1931/32, 47ff – HSchlier, Art. κέρδος, ThWb III, 1938, 671ff – HPeisker/EWürthwein, Art. μισθός, ThWb IV, 1942, 699ff – GBornkamm, Der Lohngedanke im NT, EvTh 6, 1946, 143ff (= Stud. z. Antike u. Urchristentum, Ges. Aufs. II, 1963², 69ff) – HWHeidland, Art. ὀψώνιον, ThWb V, 1954, 591f – WPesch, Der Lohngedanke in der Lehre Jesu verglichen mit der religiösen Lohnlehre des Spätjudentums, 1955 (= Münchner theol. Stud. 7) – ELohmeyer, Die Briefe an die Philipper, an die Kolosser und an Philemon, KEK IX, 1964[12/13], 57ff.131ff – LMattern, Das Verständnis des Gerichtes bei Paulus, 1966 – GdeRu, The Conception of Reward in the Teaching of Jesus, NovTest 8, 1966, 202ff – EJüngel, Paulus und Jesus, 1967³, § 13: Das Gericht nach den Werken – OMerk, Handeln aus Glauben. Die Motivierungen der paulinischen Ethik, 1968.

Los → Erbe

Lüge

Das Griech. kennt zur Bezeichnung der *Lüge*, dem Gegenteil der Wahrhaftigkeit (→ Wahrheit), zwei verschiedene Begriffsgruppen. ὑποκρίνω *[hypokrinō]* stammt urspr. aus dem Bereich des Schauspiels; positiv meint es das Antworten, Auslegen und Deuten im Schauspiel, negativ die Tatsache, daß ein Spieler nicht wirklich mit seiner Rolle identisch ist: die *Schauspielerei*, die *Verstellung*, von daher das *Heucheln* (vgl. die entsprechenden Subst. ὑπόκρισις *[hypokrisis]*, *Heuchelei*; ὑποκριτής *[hypokritæs]*, *Heuchler*).

Noch deutlicher bringen ψεύδομαι *[pseudomai]*, *lügen*, und ψεῦδος *[pseudos]*, *Lüge*, den Gegensatz zur ἀλήθεια *[alætheia]*, *Wahrheit*, zum Ausdruck. Die große Zahl der von der Wurzel ψευδ- *[pseud-]* abgeleiteten Wortbildungen lassen die weitreichende Bedeutung dieses Begriffs für die antike und christl. Lit. erkennen.

ὑποκρίνω

ὑποκρίνω *[hypokrinō]* antworten, heucheln · ὑπόκρισις *[hypokrisis]* Verstellung, Heuchelei · ὑποκριτής *[hypokritæs]* Heuchler, Gottloser · ἀνυπόκριτος *[anhypokritos]* ungeheuchelt, einfältig

I ὑποκρίνω *[hypokrinō]* ist Kompositum von κρίνω *[krinō]* (→ Gericht). Meist wird das Medium ὑποκρίνομαι *[hypokrinomai]* gebraucht. Die ursprüngliche Bedeutung ist: *auf eine Frage ein entscheidendes Urteil abgeben*. Dann *antworten, auslegen, deuten* (Träume).

Im profanen Griech. gehört die Wortgruppe hauptsächlich in den Bereich des Schauspiels. Unter ὑποκριτής *[hypokritæs]* versteht man entweder den *Antwortgeber*, der durch sein Auftreten den geschlossenen Vortrag des Chors zum Dialog macht, oder den *Erklärer* (so schon bei Hom.), der dem Publikum die Situation deutet. ὑπόκρισις *[hypokrisis]* hat die Bedeutungsnuancen *Antwort, Erklärung, Schauspielerei*; dann aber auch, von der gespielten Rolle her: *Schein, Heuchelei, Verstellung*. – ἀνυπόκριτος *[anhypokritos]*, im profanen Bereich selten, bezeichnet denjenigen, der in der Kunst des Schauspiels unerfahren ist, in der übertragenen Redeweise: *ungeheuchelt, lauter, einfältig*.

II 1) LXX übersetzt das hebr. *'anah* mit ὑποκρίνομαι *[hypokrinomai]* in der Bedeutung *antworten*. Das Verbum begegnet selten und nur in späten Schriften (Hi 39,32; 40,2; 4Makk 6,17). ὑποκριτής *[hypokritæs]* gibt das hebr. *chānēph* wieder: *ein von Gott entfremdeter Mensch*. Es kommt lediglich Hi 34,30; 36,13 vor. *chānēph* wird in LXX auch durch ἄνομος *[anomos]* (gesetzlos, → Gesetz, Art. νόμος) und ἀσεβής *[asebæs]* (gottlos, → Frömmigkeit, Art. σέβομαι) wiedergegeben.

Gemeint ist der Mensch mit »doppeltem Herzen« und »falschen Lippen« (Ps 12,3f), der Gott mit dem Munde nah, mit dem Herzen aber fern ist (Jer 12,2). Hi 36,13 schildert den ὑποκριτής *[hypokritæs]* als zornigen verschlossenen Menschen, der zu stolz ist, in der Not um Hilfe zu rufen. Ein solcher Mensch soll nicht herrschen, da er seine Macht ausnutzt, um seine Untergebenen zu schädigen (Hi 34,30).

2) Das Rabbinat spricht davon, daß sich 90% aller Heuchelei der Welt in Jerusalem findet (St.-B. I,718; vgl. Jer 23,15). Heuchelei ist eine der Hauptsünden, die im Judentum angeprangert werden. Die → Pharisäer werden bes. wegen ihrer häufigen Heuchelei verurteilt (St.-B. I,388f.921ff; IV,336f).

III Das NT kennt ausschließlich den übertragenen Gebrauch im Sinne von *heucheln*. Die Wortgruppe findet sich hauptsächlich bei den Synopt., bes. im MtEv. Das Verb begegnet nur Lk 20,20; in der erweiterten Zusammensetzung συνυποκρίνομαι *[synhypokrịnomai]* Gal 2,13. Das Subst. ὑπόκρισις *[hypọkrisis]* wird in verschiedenen Zusammenhängen gebraucht. ὑποκριτής *[hypokritæs]* ist feststehender Ausdruck für den *Frevler* und *Gottlosen*, bes. werden im Munde Jesu die Schriftgelehrten und Pharisäer so bezeichnet. ἀνυπόκριτος *[anhypọkritos]* wird bes. verbunden mit ἀγάπη *[agapæ]* (→ Liebe) und πίστις *[pịstis]* (→ Glaube).

1) In der Nähe der Bedeutung *eine Rolle spielen, tun als ob, sich verstellen* liegt der Gebrauch des Verbs Lk 20,20: Sie geben vor, Gerechte zu sein (Vulg. *simulare*). Auch Gal 2,13 liegt auf dieser Linie: Petrus bleibt seinem Auftrag nicht treu, er treibt falsches Spiel, er hängt seinen Mantel nach dem Wind. Das klare Wissen des rechten Weges ist vorausgesetzt; aber das Urteil der Umgebung wird für das Verhalten maßgeblich, und Petrus wird zum Heuchler.

2) Jesus bezeichnet die Fangversuche seiner Gegner durch geschickte Rede als Heuchelei (ὑπόκρισις *[hypọkrisis]* Mk 12,15; Mt 22,18). Hier ist die bewußte Verstellung gemeint, die dem Spiel auf der Bühne nahesteht (Theater wird in der Urchristenheit überwiegend negativ beurteilt).

In den brieflichen Ermahnungen 1Tim 4,2; 1Petr 2,1 steht ὑπόκρισις *[hypọkrisis]* neben Lüge (vgl. → Art. ψεύδομαι) und Verleumdung. Es ist eine der aus der Sünde stammenden Verhaltensweisen gemeint, die die eigene Person auf Kosten der Wahrheit ins Licht setzt und so einen falschen Schein erweckt.

3) Das Subst. ὑποκριτής *[hypokritæs]* wird ausschließlich im Munde Jesu überliefert. Dabei werden at.-jüd. Vorstellungen übernommen, wie das Zitat Mt 15,7ff zeigt.

Keineswegs werden nur die Pharisäer so angeredet. Vielmehr ist eine Blindheit, ein Irrtum (→ Verführung, Art. πλανάω), eine Selbsttäuschung gemeint, die jeden trifft, der Jesus und seine Lehre nicht als Gottes Wahrheit erkennt. Durch sein Wort und sein Tun offenbart Jesus den Menschen das Verhängnis ihrer Verblendung. Er öffnet ihnen die Augen über ihre wahre Stellung vor Gott. Damit ist Heuchelei nicht mehr ein bewußter Akt der Verstellung, sondern verhängnisvolle Blindheit. Das deckt die Bergrede Jesu auf: Der Balken im eigenen Auge ist für den Betroffenen unsichtbar (Mt 7,3ff). Der öffentliche Beter tut seine religiöse Pflicht. Er weiß nicht, daß Gott das Herz ansieht, bis Jesus es ihm sagt (Mt 6,5ff; vgl. 6,2ff). Die von den Pharisäern ernstgenommene Gesetzesfrömmigkeit wird als solche von Jesus nicht angegriffen und verurteilt. Aber indem die Frommen Jesus nicht als Erfüller des Gesetzes anerkennen, stehen sie fern von Gott (Mk 7,5ff par).

Freilich sind gerade die → Pharisäer und Schriftgelehrten (→ Schrift) Exponenten des Unglaubens, die die Zeichen der Zeit über ihrem Traditionalismus nicht erkennen (Lk 12,56), sich auf ihre → Frömmigkeit verlassen und so außerhalb des kommenden Reiches stehen (Mt 24,45ff). Es ist der »objektive Selbstwiderspruch« (Schniewind), ja mehr, es ist Verblendung, die sie kennzeichnet (Mt 23,16ff). So erscheinen sie nach außen als Gottesmänner, sind aber in Wahrheit Sünder, schuldig vor Gott dadurch, daß sie alles dazu tun, das in Jesus kommende Heil abzuwehren und fernzuhalten. Deshalb werden sie in den an Schärfe kaum zu überbietenden Weherufen Jesu (Mt 23,13ff par) stereotyp ὑποκριταί *[hypokritaị]* genannt (vgl. das in der Bedeutung ähnliche μετασχηματίζω *[metaschæmatizō]* 2Kor 11,13ff).

4) Das Adj. ἀνυπόκριτος *[anhypọkritos]* begegnet nur in der Brieflit. An drei von sechs Stellen ist es Beiwort zu ἀγάπη *[agapæ]* bzw. φιλαδελφία *[philadelphịa]* (Röm 12,9;

2Kor 6,6; 1Petr 1,22; → Liebe bzw. → Bruder). Gemeint ist die Bruderliebe, für die charakteristisch ist, daß sie aus reinem, einfältigem Herzen kommt, ohne Hintergedanken, nicht aufgesetzt und zur Schau getragen. An 2 Stellen (1Tim 1,5; 2Tim 1,5) ist dasselbe vom Glauben gesagt. Das Adj. drückt den nicht zweckhaft gebundenen, sondern spontan aus der Verbindung mit dem lebendigen Christus kommenden Charakter des → Glaubens aus, der im Herzen wurzelt und in der Klarheit des Lebens zum Ausdruck kommt (vgl. auch Jak 3,17).

W. Günther

ψεύδομαι

ψεύδομαι *[pseudomai]* lügen, belügen · ψευδής *[pseudæs]* lügnerisch, verlogen; Lügner · ψεῦδος *[pseudos]* Lüge · ψεύστης *[pseustæs]* Lügner · ἀψευδής *[apseudæs]* truglos, wahrhaft

I Die Wortgruppe begegnet im Profangriech. seit Homer (Etymologie unklar). τὸ ψεῦδος *[to pseudos]* heißt die *Lüge* und steht im Gegensatz zu → Wahrheit (ἀλήθεια *[alætheia]*; vgl. Plato Hippias Min. 370 E). Vom Verbum kommt im NT nur das Medium ψεύδομαι *[pseudomai]*, *lügen, belügen* vor (12mal). Daneben begegnen die Derivate 1) ψευδής *[pseudæs]*, *lügnerisch, verlogen;* Subst. der *Lügner* (3mal; 2) τὸ ψεῦδος *[to pseudos]*, die *Lüge* (11mal); 3) ὁ ψεύστης *[ho pseustæs]*, *der Lügner* (11mal); 4) ἀψευδής *[apseudæs]*, *truglos* (1mal). Abgesehen von Wortverbindungen wie zB ψευδομαρτυρέω *[pseudomartyreō]*, *falsches Zeugnis ablegen*, die sich auch bei den Synopt. finden, ist die Gruppe vor allem im paulinischen und johanneischen Schrifttum belegt.

II In der LXX wird ψεύδομαι *[pseudomai]* hauptsächlich für das hebr. *kachasch* verwendet: *leugnen, in Abrede stellen, verheimlichen, täuschen, lügen.* ψεῦδος *[pseudos]* ist Äquivalent für das hebr. *schæqær, Trug, Täuschung, Lüge.*

1) Das AT weiß: G o t t ist wahrhaftig. Auf ihn und sein Wort kann man sich verlassen (→ Wahrheit). Wenn er Heil oder Unheil weissagen läßt, tritt es auch ein: »Gott ist nicht ein Mensch, daß er lüge . . . Sollte er etwas sagen und nicht tun? Sollte er etwas reden und nicht halten?« (Num 23,19; vgl. auch 1Sam 15,29). Gottes Gottheit erweist sich in der Wahrheit seines Wortes und der Treue seiner Ausführung.

2) Der Mensch aber ist der Lüge verfallen, indem er sich von Gott getrennt hat und ihn nicht den Herrn sein läßt, der er in Wahrheit ist. Die P r o p h e t e n klagen bzw. klagen an, daß Gottes Volk der Lüge verfallen ist. Denn statt auf seinen Herrn zu vertrauen, verläßt es sich auf seine eigene Kraft und auf politische Bündnisse. Es hört auf falsche Propheten (Jer 5,31; Ez 13,19 u. ö.), die dem Volk nach dem Munde reden und falsche Heilsweissagungen aussprechen, die davon predigen, »wie sie saufen und schwelgen sollen« (Mi 2,11) und die mit Tünche über die Sünde streichen (Ez 22,28). »Ihr aber pflügt Böses und erntet Übeltat und esset Lügenfrüchte«, hat Hosea dem Volk von Gott zu verkünden (Hos 10,13). Der schlimmste Vorwurf aber ist der, daß die Menschen sich auf Götzen verlassen haben statt auf Gott, daß sie »sich von ihren Lügengötzen verführen lassen« (Am 2,4). So macht man die Lüge zu seiner Zuflucht (Jes 28,15) und verleugnet Gott (Jes 59,13; Jer 5,12). Lüge verstehen die Propheten in erster Linie nicht als ethisches Vergehen, sondern als Existenzhaltung, die sich von dem wahren Gott abwendet und deshalb dem Trug wie der Nichtigkeit des Daseins verfällt. Das Vertrauen auf den Trug der Lüge statt auf die Wahrheit Gottes nennt Jesaja einen Bund mit dem Tod (28,15). Gottes Gericht ergeht deshalb über alle, die ihn verleugnen und die Lügen verkünden: »Weil ihr Trug redet und Lügen wahrsagt, siehe, darum will ich an euch« (Ez 13, 8.9; vgl. auch Jes 28,17). Nur ein Rest wird Gottes Gericht überdauern, die, »die nichts Böses tun noch Lügen reden« (Zeph 3,13).

3) Wie bei den Propheten werden auch in den P s a l m e n die, die sich von Gott abwenden, als Lügner bezeichnet: »Die Gottlosen sind abtrünnig vom Mutterschoß an, die Lügner gehen irre vom Mutterleib an« (Ps 58,4). Ps 116,11 sagt in tiefer Resignation: »Alle Menschen sind Lügner.« Aber der Fromme hält an Gott fest: »Wohl dem, der seine Hoffnung setzt auf den Herrn und sich nicht wendet zu . . . denen, die mit Lügen umgehen« (Ps 40,5), denn Gott läßt sie umkommen (Ps 5,7).

4) In den a t. G e s e t z e s s a m m l u n g e n ist zwar ein allgemeines ausdrückliches Verbot der Lüge nicht zu finden, aber es ist eindeutig aus einer Reihe von Verboten, die Lügen im konkreten Fall verbieten, abzuleiten. So ist vor allem die falsche Zeugenaussage verboten (Ex 20,16; vgl. Spr 21,28). Sie ist darum bes. verwerflich, weil auf die Aussage zweier Zeugen hin nach at. Recht ein Urteil gesprochen werden kann, ohne daß der Sachverhalt noch einmal in einer Beweisaufnahme nachgeprüft werden muß. Ausdrückliche Verbote finden sich ferner für den Meineid (Lev 19,12; → Verleugnen) und für die Unterschlagung von geraubtem oder gefundenem Gut (Lev 5,21f). Lev 19,11: »Ihr sollt nicht stehlen noch lügen noch betrügerisch handeln einer mit dem andern.«

5) Auch in den rabb. Texten wird ausgesprochen, daß Gott mit der Lüge nichts zu tun hat: Er hat »alles in der Welt geschaffen, mit Ausnahme der Lüge, die er nicht erschaffen hat ... Vielmehr die Menschen haben sie in ihrem Herzen ersonnen« (Pesiqtah Rabbathi 24[125b]). Sanhedrin 103a werden vier Klassen von Menschen genannt, die Gott nicht sehen werden: die Spötter, Heuchler, Lügner und Verleumder. Lüge bedeutet Trennung von Gott, und falsches Zeugnis gegen einen Nächsten wird von Gott angerechnet, »als ob du über mich bezeugtest, daß ich die Welt nicht in sechs Tagen erschaffen habe« (Pesiqtah Rabbathi 21 107b). Falsches Zeugnis gegen den Nächsten ist also falsches Zeugnis gegen Gott selbst.

6) Was im AT und bei den Rabbinen schon sichtbar war, wird im dualistischen System der Qumrantexte vollends deutlich. Hier gehört die Lüge auf die Seite des Widersachers Gottes, zu den Mächten der Finsternis. »Dem Geiste des Unrechts eignen ... Frevel und Lüge ...« (1QS 4,9). Und die Lüge ist das Kennzeichen der Seinen, der Gottlosen, genauso wie entsprechend die Glieder der Gemeinde Gottes immer wieder »Söhne der Wahrheit« genannt werden. Durch die Lüge versucht Belial, die Frommen von Gott abzubringen. So wird in CD und 1QpH mehrfach ein historischer Gegner der Sekte genannt und als »Mann der Lüge« oder »Lügenprediger« bezeichnet. Aber Gott rettet den Frommen vor dem »Eifer der Lügendeuter«, die »Belialsränke gegen ihn ersinnen« (1QH 4,10), und in seinem Gericht wird er mit den Finsternismächten auch die Lüge vernichten und den Menschen reinigen von allen Greueln des Truges, indem er »den Geist der Wahrheit wie Reinigungswasser über ihn sprengt«. Der Fromme aber bekennt jetzt schon: »Belial will ich nicht in meinem Herzen bewahren. Trug und Lüge sollen sich nicht auf meinen Lippen finden« (1QS 10,22).

III Im NT begegnen 15 verschiedene Worte, die mit der Stammwurzel ψευδ- *[pseud-]* = *Lüge* zusammenhängen. Sie finden sich in nahezu allen Schriften des NT. Aber während die Synopt. nur einen recht sparsamen Gebrauch von der Wortgruppe machen, spielt sie in den johanneischen und paulinischen Schriften eine wichtige Rolle. Außer dem absolut gebrauchten Verbum, Subst. und Adj. *lügen, Lüge* und *Lügner, lügnerisch* (ψεύδομαι *[pseudomai]*, ψεῦδος *[pseudos]* und ψεύστης *[pseustæs]*, ψευδής *[pseudæs]*), die den Hauptanteil der nt. Aussagen darstellen, gibt es eine Reihe zusammengesetzter Wortbildungen, wie falsche Brüder (2Kor 11,26; → Bruder), Lügenapostel (2Kor 11,13; → Apostel), falsche Lehrer (2Petr 2,1; → Lehre), Lügenredner (1Tim 4,2), falsches → Zeugnis (Mt 15,19), Lügenpropheten (Lk 6,26; → Prophet) und falscher Christus (Mk 13,22).

1a) Das NT nimmt das at. Zeugnis von der Wahrhaftigkeit und Wahrheit Gottes auf. Tit 1,2 wird Gott als ἀψευδὴς θεός *[apseudæs theos], nicht-lügnerischer Gott,* bezeichnet. Die → Wahrheit Gottes tritt nicht so sehr als unverhülltes Sein zu tage (im Sinn der griech. verstandenen ἀλήθεια *[alætheia]* als Nicht-Verborgenheit), vielmehr erweist sich seine Wahrhaftigkeit in der geschichtlichen Treue zu seinen ergangenen → Verheißungen. In diesem Sinn betont der Hebr eindringlich die Unwandelbarkeit des Ratschlusses Gottes: Gott hat seine Verheißung auch noch durch einen Eid verbürgt, »damit wir durch zwei unverrückbare Tatsachen (nämlich die Verheißung und den Eid), bei denen es unmöglich ist, daß Gott gelogen hätte, einen starken Trost haben«. Da der Gott, der Jesus von den Toten auferweckt hat, Inbegriff der Wahrheit ist, kann der angegriffene und angezweifelte Apostel Paulus die Wahrheit seiner Verkündigung nicht stärker beteuern und bekräftigen als durch den Verweis auf das Mitwissen Gottes (2Kor 11,31; Gal 1,20).

b) Die Offenbarung der Wahrheit Gottes durch Jesus Christus läßt als Kehrseite die Lüge der Menschen zutage treten. Angesichts der Christuswahrheit Gottes wird die Menschheitslüge aufgedeckt, anstelle des Schöpfers das Geschöpf zu vergöttern (Röm 1,25). Die Wahrheit der sich verdankenden Geschöpflichkeit wird in den Betrug des vergötterten, gottlosen Menschen umgelogen. Die Offenbarung des Zornes Gottes über die menschliche Ungerechtigkeit (Röm 1,18—3,20) führt in Röm 3,4 zu dem Bekenntnis: »Gott muß wahrhaftig sein, jeder Mensch aber ein Lügner« (Aufnahme von Ps 116,11).

2a) Ähnlich wie die Qumrantexte, die die at. Aussagen verschärfen, radikalisiert das JohEv. den Gegensatz von Wahrheit und Lüge zu einem Dualismus von Gott und Teufel. Joh 8,44 wird der Teufel als Menschenmörder und Lügner bezeichnet. Lüge und Tod stehen im Gegensatz zu Wahrheit und Leben des Offenbarers. Lüge meint hier nicht Irrtum, sondern den Gott entgegengesetzten Willen, die Feindschaft des Unglaubens, das Nichts, das nur in dieser Empörung sein Sein hat. »Als solches Nichts ist das ψεῦδος *[pseudos]* (die Lüge) tötend, da es den, der es als wirklich nimmt, um seine eigentliche Existenz bringt« (Bultmann, Johannes, 243; auch Joh 8,41–47, wo Jesus seinen Gegnern lügnerisches Reden – λαλεῖν τὸ ψεῦδος *[lalein to pseudos]* – vorwirft). Damit ist nicht zuerst ein moralisches Vergehen gebrandmarkt, sondern die Feindschaft des Unglaubens gegen die Wahrheit des Offenbarers. Solches Lügen kann sich selbst durchaus als Frömmigkeit verstehen, – das ist das Unheimliche. Es geschieht überall, wo Menschen ihre eigene Ehre suchen und sich gegen die Christusoffenbarung sperren.

b) Das ergänzt der 1Joh, der die Lüge der Menschen darin sieht, daß sie »Gott zum Lügner machen«, wenn sie sagen, daß sie nicht gesündigt haben (1,10; vgl. 5,10). 1Joh wendet sich gegen Irrlehrer, die Lüge verkündigen (vgl. Offb 2,2!), indem sie Jesus nicht als Christus anerkennen (1Joh 2,22). So meint im johanneischen Schrifttum Lüge im weitesten Sinn Christusfeindschaft und als ihre Folge die trügerische, todverfallene Existenz des Menschen ohne Gott.

3a) Der Gegensatz von Wahrheit und Lüge bedingt nicht nur die Unterscheidung von Feinden und Jüngern Christi, er bleibt auch innerhalb der Gemeinde Christi bestehen in der Differenz von Gehorsam und Ungehorsam (→ Hören) gegenüber dem Wort der Wahrheit. Das Lügen liegt als ethisches Problem zunächst nicht auf derselben Ebene wie Streitsucht und Unzucht, die als Unvollkommenheiten des geschichtlichen Menschen der beständigen Heiligung (→ Heilig) bedürfen. Vielmehr spricht sich im Lügen wie im Lieben eine Grundbefindlichkeit des Menschen aus, die entweder von der Macht der Lüge oder von der Macht der Wahrheit bestimmt wird: »Warum hat der Satan dein Herz erfüllt (sic!), daß du den Heiligen Geist belogen hast?« Deshalb wird die Lüge des Ananias mit dem Tod geahndet (Apg 5,3f).

b) Aus der schon unter 2) erwähnten falschen Selbstbeurteilung des Menschen vor Gott ergibt sich im 1Joh, daß auch der Widerspruch zwischen Bekenntnis (→ Bekennen) und Leben der Gemeindeglieder sie der Lüge überführt: Behauptete Christusgemeinschaft und Fortführung eines → Wandels in der Finsternis (1,6), behauptete Christuserkenntnis und gleichzeitiger Ungehorsam gegenüber seinen Geboten (2,4), behauptete Gottesliebe und bleibender Bruderhaß (4,20) sind unvereinbar und lassen das Reden wie das Leben des Christen zur Lüge werden, die von der Wahrheit Gottes ausschließt. Auch hier zeigt sich, daß für den 1Joh die Lüge nicht nur moralisches Delikt, sondern Manifestation einer Existenz ohne Gott ist.

c) Die Mahnungen des Eph und Kol haben das einzelne Vergehen im Blick, wenn sie dazu auffordern, die Lüge abzulegen und miteinander die Wahrheit zu reden (Eph 4,25; Kol 3,9). Diese Forderung kann ausgesprochen werden, weil der Christ den »alten Menschen ausgezogen hat« und darum imstande ist, die Lüge abzulegen. Ebenso versteht die Offb die Lüge als eine konkrete Tat: In das neue Jerusalem wird niemand eingehen, der Greuel und Lüge tut (21,8; vgl. 22,15). Den Lügnern steht die Gemeinde des Lammes gegenüber: »In ihrem Mund ist keine Lüge gefunden worden« (14,5).

4) Zusammenfassend kann gesagt werden: Gott ist der Wahrhaftige als der geschichtlich Treue, der sein Wort und seine Verheißungen erfüllt. Indem er sich in Christus offenbart, wird die Gottlosigkeit des Menschen als Lüge entlarvt. Lüge ist also kein einmaliger Akt, sondern eine Existenzhaltung, die das ganze Leben bestimmt. Weil sie Auflehnung gegen den ist, der das Leben gibt, gehört zur Lüge als Betrug der → Tod. Die Existenz in der Lüge manifestiert sich in den einzelnen Taten der Lüge, so daß deutlich wird, wer den Menschen beherrscht. Der Mensch ohne Gott ist in der Lüge gefangen, ohne daß er den Betrug durchschauen kann, und damit dem Tod verfallen. Nur wo die Lüge durch die Wahrheit Christi aufgedeckt ist, der Mensch unter die Herrschaft Christi kommt und zu einem neuen Menschen wird, wird die verlogene Existenz überwunden, so daß das Ablegen der konkreten Lüge nun auch zur ethischen Forderung an den Christen werden kann.

U. Becker (Osterwald) / H.-G. Link

Lit.: LLemme, Art. Heuchelei, RE III, 1900[3], 21ff – GBornkamm, Art. Heuchelei, RGG III, 1959[3], 305f – NHSøe, Art. Wahrhaftigkeit, EKL III, 1959, 1716ff – JKlein/EFuchs/GGawlick, Art. Wahrhaftigkeit/Wahrheit, RGG VI, 1962[3], 1511ff – MAKlopfenstein, Die Lüge nach dem Alten Testament, 1964 – ALesky, Hypokrites, Festschr. U. E. Paoli, 1964, 469ff – WGKümmel, Die Weherufe über die Schriftgelehrten und Pharisäer (Mt 23,13–26), Antijudaismus im NT?, Abh. zum christl.-jüd. Dialog II, 1967, 141f – JSchniewind, Das Evangelium nach Matthäus (zu Mt 23), NTD 2, 1968[12] – UWilckens, Art. ὑποκρίνομαι, ThWb VIII, 1969, 558ff.

Macht

Während in der Gruppe → Kraft diejenigen Vokabeln zusammengefaßt sind, die mehr die einem Wesen innewohnenden Möglichkeiten ins Auge fassen, ist für die hier behandelten Wörter charakteristisch, daß sie Wirkungen kennzeichnen, die von einem Subjekt auf andere ausgeübt werden und von daher sogar ein Abhängigkeitsverhältnis charakterisieren können. Während δύναμις *[dynamis]* mehr das dem Ausübenden innewohnende urspr. Vermögen zu physischer, geistiger, auch politischer oder militärischer Leistung sowie dessen meist spontane Äußerung bezeichnet, meint das nur in Bezug auf Personen gebräuchliche Wort ἐξουσία *[exousịa]* die auf Grund der Position innerhalb einer bestimmten Ordnung zustehende und gegebene Handlungsvollmacht, unabhängig davon, ob sie unter den gegebenen Umständen ausgeübt wird oder werden kann. Insofern mit ἐξουσία *[exousịa]* auch ein Amt bzw. seine Träger bezeichnet werden können, gehört hierher auch θρόνος *[thrọnos]*, das urspr. den Herrschaftssitz bezeichnet, von daher aber ebenfalls für Inhaber von Herrschaft bzw. Macht Verwendung findet.

δύναμις

δύναμις *[dynamis]* Vermögen, Kraft, Macht · δύναμαι *[dynamai]* vermögen können · δυνάστης *[dynạstæs]* Herrscher · δυναμόω *[dynamọō]* stark machen · ἐνδυναμόω *[endynamọō]* stark machen · δυνατός *[dynatọs]* stark, mächtig · δυνατέω *[dynatẹō]* stark sein

I 1) δύναμις *[dynamis]*, vom Stamm δυνα- *[dyna-]* gebildet, heißt *Vermögen, Kraft, Macht;* vgl. auch das Verb δύναμαι *[dynamai]*, *können, vermögen*, und das Nomen δυνάστης *[dynạstæs]*, *Herrscher* (seit Soph.); ferner die späteren Verben δυναμόω *[dynamọō]* und ἐνδυναμόω *[endynamọō]*, *stark machen*, und endlich das Adj. δυνατός *[dynatọs]*, *stark, mächtig*, und das davon abgeleitete nur im NT belegte Verb δυνατέω *[dynatẹō]*, *stark sein, vermögen.*

2) δύναμις *[dynamis]* findet sich häufig seit Hom. in der Bedeutung *Leistungsfähigkeit* und *körperliche Kraft*, dann *Streitmacht* und *politische Macht.* Wo man in der klassischen Philosophie und Medizin auf das Wesen des Menschen reflektiert, erscheint der Begriff in seinem urspr. Sinn als *Vermögen, zu existieren und zu handeln*, das auf den körperlichen Kräften und geistigen Fähigkeiten beruht.

δύναμις *[dynamis]* wird auch auf den Bereich der Natur ausgedehnt, so auf die Kraft der Kälte und Hitze, auf die Heilkraft der Pflanzen und Elemente. Im Hell. erhält der Begriff metaphysischen Rang: Poseidonius sieht in einer Urkraft das Prinzip allen Seins. In der Stoa wird die den Stoff gestaltende Allkraft mit Gott gleichgesetzt (Alexander Aphrodiensis II,308,35ff v. Arnim). In der Gnosis wird Gott als der Allmächtige gefeiert und die Erlösung des Menschen durch Eingliederung in die himmlischen Kräfte erhofft (C. H. Poimandres I,26). Der Mensch versucht, vor allem durch Zauberei, an den übernatürlichen Kräften Anteil zu gewinnen (Jamblich Myst. II,1); der Kranke erstrebt Heilung durch einen Machterweis des Gottes Asklepios (POxy XI,1381,206ff).

II 1) In LXX ist δύναμις *[dynamis]* in der Regel Wiedergabe von hebr. *chajil* (138mal) oder *tsābā'* (113mal) und meint meist die *Heeresmacht;* es kann auch für *g^ebūrāh*, (*herrschaftliche*) *Gewalt*, stehen (Ri 5,31; 8,21), oder für *'ōz* (1Chr 13,8) und *kō^ach* (1Chr 29,2), *Stärke* u. a. – Der Plur. *ts^ebā'ōth* geht oft auf die *himmlischen Heerscharen* (Ps 102[103],21); Gott ist »Jahwe Zebaoth«, dh der Herr der himmlischen Heerscharen (Ps 45[46],7.11; 47[48],8). Der persönliche Gott wird nun zum Subjekt der den Menschen überragenden Macht; verselbständigte Naturkräfte und Magie sind in den Hintergrund gedrängt. Die Macht Gottes wird in erster Linie auf der Ebene der Geschichte und hier einem ganz bestimmten Volk offenbart. Der für den Glauben Israels grundlegende Machterweis ist die wunderbare Rettung der Stämme am Schilfmeer (Ex 15,6.13; Dtn 3,24; 9,26.29). Das theol. Ringen mit der kanaanäischen Religion führte dazu, daß man auch die Natur in das Kraftfeld des göttlichen Wirkens einbezog; so erscheint als umfassendster Machterweis Gottes die Erschaffung der Welt (Jer 34[27],5; 39[32],17). Auf Grund der Erfahrung des Volkes kann auch der Einzelne Gott als seine Zuflucht und Stärke preisen (Ps 45[46],1; 2Sam 22,32f). Die Kraft Gottes, die im Glaubenden wirksam wird, ist der → Geist (Mi 3,8); Gott ist Geist und nicht Fleisch und eben deshalb aller Kreatur weit überlegen (Jes 31,3f). An den meisten Stellen steht jedoch in LXX nicht δύναμις *[dynamis]*, sondern ἰσχύς *[ischys]* (→ Kraft) für hebr. *kōach* und *'ōz*; Israel hat ja nicht etwa nur das Vermögen, sondern die reale Manifestation der Macht Gottes erfahren.

2) In der jüd. Apokalyptik erwartet man von der nahen Zukunft den die Welt richtenden Erweis der Macht Gottes, von der Israel als Volk in der Gegenwart wenig erfährt. Dabei rückt der hebr. Begriff *gebūrāh* gegenüber *kōach* und *'ōz* in den Vordergrund; er steht vor allem für die in der Endzeit wirkende Gotteskraft. In den Schriften von Qumran, vor allem in der Kriegsrolle, sieht man voraus, wie die Macht Gottes im Krieg der Kinder des Lichtes gegen die Kinder der Finsternis triumphieren wird; die Endzeit bringt gleichsam die abschließende, die ganze Welt umfassende Demonstration der Machttaten (*gebūrōth*) Gottes, wie sie vorher von Israel allein erfahren wurden (1QM 11,1–12,5). Dabei wird Gottes Kraft auch durch menschliche Streiter und durch die »Mächtigen« (*gibbōrīm*), dh die Engel, in die Tat umgesetzt. Jedoch kann Gott selbst als ein mächtiger Held (*gibbōr*) eingreifen und dem kosmischen Ringen die entscheidende Wendung geben (1QM 12,9; 1QH 6,30); der Weltkrieg wird so zum Weltgericht, das vor allem der Herrschaft des Teufels ein Ende setzt (vgl. Ass Mos 10,1; TestDan 5,13–6,4). Auch der Messias wird nach volkstümlicher Erwartung als ein siegreicher Streiter das Werkzeug der endzeitlichen Machtdemonstration Gottes sein (PsSal 17,24.42f.51). Der Lehrer der Qumrangemeinde erfährt jetzt schon Gottes Macht (1QH 4,23) und zwar als den Heiligen Geist, den er als Gabe Gottes und als Angeld der eschatologischen Vollendung in sich trägt (1QH 7,6f vgl. 1QS 4,20–22). Er sieht seine Aufgabe darin, allen Lebenden die Machttaten Gottes kundzutun (1QH 4,28f).

Wie sehr man gerade die Macht als Gottes wesentliche Eigenschaft empfunden hat, erhellt aus der Tatsache, daß in den rabb. Schriften der Begriff *gebūrāh* als Umschreibung des Gottesnamens dient, aber nicht mit den widergöttlichen Mächten, dem Teufel und seinen Dämonen, verbunden wird. Dagegen werden im apokalyptischen Schrifttum die zwischen Himmel und Erde wirkenden Naturerscheinungen »Mächte« bzw. »Himmelsmächte« genannt (äthHen 40,9; 61,10; 82,8; 91,16); sie wurden von Gott unter die Regie von Engeln gestellt (Jub 2,2f). Als Spiegel der Kraft Gottes kann die Weisheit bezeichnet werden (Weish 7,25f); auch die Tora wird von Gott »Meine Kraft« genannt (Mekh Ex 3,1 zu 15,2), sicherlich deshalb, weil sie das Instrument der Schöpfung und kosmische Ordnungsmacht ist (vgl. Aboth 3,14).

Im NT ist δύναμις *[dynamis]* 118mal belegt, relativ häufig in den paulinischen Schriften; III
die Vokabel fehlt ganz im JohEv., den Joh-Briefen sowie 1Tim, Tit, Phlm, Jak und Jud. Während δυναμόω *[dynamoō]* und δυνατέω *[dynateō]* sich nur vereinzelt bei Paulus finden, kommt das Verb δύναμαι *[dynamai]*, *können*, als Ausdruck der *Möglichkeit*, des *Vermögens*, mit Ausnahme von Tit und Phlm auch in den Schriften vor, in denen das Subst. fehlt.

1) In den synoptischen Evangelien und in der Apg bezeichnet δύναμις *[dynamis]* die *Macht Gottes*, die *himmlischen Mächte* (Plur.), die *Wunderkraft* (im Plur. die *Machttaten* = *Wunder*) und die *Kraft der Heilsvollendung*.

a) Gott ist der Mächtige (Lk 1,49); auch Jesus hat nach Mk 14,62 den Namen Gottes ehrfürchtig durch das Wort »die Macht« umschrieben. Sein ganzes Wirken ist vom Wissen um die Allmacht Gottes getragen: Bei Gott sind alle Dinge möglich (Mk 10,27 par; 14,35). In der Endzeit bekundet er seine Macht vor allem bei der allgemeinen Auferweckung der Toten (Mk 12,24).

b) Auch im NT wird von »Mächten«, dh kosmischen Kräften zwischen Himmel und Erde, gesprochen, die personifiziert als → Engel erscheinen können (Mk 13,25; vgl. Röm 8,38; Eph 1,21; 1Petr 3,22). Bezeichnenderweise können auch die übermenschlichen Vertreter des Bösen als machtbegabt bezeichnet werden, wobei aber angekündigt wird, daß deren Macht entweder bereits gebrochen ist oder aber in Kürze beseitigt werden soll (Mk 3,27 par; Lk 10,19; vgl. 1Kor 15,24; 2Thess 2,9; Offb 13,2; 17,13f). Denn charakteristisch für das NT und grundlegend für seine Verkündigung als einer frohen Botschaft ist die Tatsache, daß durch Christus und an ihm die Taten geschehen sind, die man im AT und Judentum als Gottes endzeitliche Machterweise und Siege über das klimaktisch gesteigerte Böse erwartet hat.

c) Christus war mächtig in Werk und Wort (Lk 24,19). Seine → *Wunder* werden als δυνάμεις *(dynameis)* (hebr. *g^e bûrôth*), dh *Machttaten*, bezeichnet, weil mit ihnen die Kraft der Gottesherrschaft auf Erden wirksam zu werden beginnt und der Kampf gegen den Teufel auf der Ebene des menschlichen Lebens ausgetragen wird (Mt 12,22—30; Mk 6,2.5; Lk 19, 37; Apg 10,38). Jesus ist »der Stärkere«, der an der Stelle Gottes den Starken, dh den Teufel, besiegt (vgl. Mk 1,8 mit 3,22—30). Die Wunder Jesu werden durch eine ihm einwohnende Kraft gewirkt (Mk 5,30 par; 6,14). Lukas setzt die von Gott geschenkte Kraft zum Heiligen → Geist in Beziehung (Lk 1,35; 4,14; Apg 1,8; 10,38); die Wunder Jesu gelten ihm deshalb als der von Gott erbrachte Ausweis dafür, daß Jesus der Messias, der mit dem Geist Gesalbte, ist (Apg 2,22; 10,38). Mit seiner Erhöhung wird der Messias ferner zum Mittler von Gottes heilschaffender Macht. Denn in der Kraft des durch ihn verliehenen Geistes vollziehen die Boten Jesu solche mächtigen Taten (Apg 4,7; 6,8; 8,13; 19,11); auch die vollmächtige Predigt der Apostel (Apg 4,33; vgl. 6,8—10) gilt als Äußerung einer übermenschlichen Kraft.

d) Aber während alle diese Beweise des Geistes und der Kraft nur im → Glauben als solche erkannt werden (Mt 9,28) und am Unglauben ihre Grenze finden (Mk 6,5), wird der endgültige Machterweis Christi öffentlich und unwiderstehlich sein. Er erfolgt bei seiner Wiederkunft (Mk 13,26 par), wobei auch die Gottesherrschaft sich durchsetzen wird »in Macht« (Mk 9,1 par). Der Glaubende hat jetzt schon Anteil an dieser endzeitlichen Gotteskraft, weshalb seinem Handeln keine Grenzen gesetzt, für ihn alle Dinge möglich sind (Mk 9,23).

2) Johannesevangelium und Offenbarung

a) Im JohEv. kommt der Begriff δύναμις *(dynamis)* nicht vor, weil das messianische Wirken Jesu in der Sendung und in der Willenseinheit von Vater und Sohn begründet ist. Der Sohn kann nichts ohne den Vater tun (5,19.30 δύναται *(dynatai)*); seine Wunder sind aber Zeichen, die das göttliche Vermögen Jesu offenbaren (3,2; 9,16; 10,21: immer δύναται *(dynatai)*). Umgekehrt liegt das Unvermögen der Menschen, an Jesus zu glauben und in den Raum der göttlichen Wirklichkeit zu gelangen, in ihrem Verhaftetsein an die Welt der Finsternis begründet (3,3; 8,43; 14,17 οὐ δύναται *(ou dynatai)*); aufgehoben wird es durch Erwählung (6,44) und Wiedergeburt (3,5).

b) Der Seher der Offb erlebt visionär, wie das erlösende Wirken des irdischen Christus durch seine Inthronisation im Himmel gekrönt und von den Heiligen gepriesen wird. Zwar ist es Gott, dem das hymnische Lob Ehre und Macht (δύναμις *(dynamis)*) und Stärke zuerkennt (Offb 4,11; 7,12; 19,1), aber auch der erhöhte Christus ist würdig, solche Herrschermacht zu empfangen, und zwar gerade auf Grund seines Opfertodes (5,12; 12,10). Denn durch ihn hat Gott die widergöttliche Macht des Bösen und der von ihr inspirierten Weltherrscher (13,2) gebrochen und es ermöglicht, daß sich seine Königsherrschaft siegreich durchsetzt (11,17; 12,10; → Reich). In der Vision des Johannes wird das Nachtgesicht vom Menschensohn christologisch gedeutet (vgl. Offb 13,1—14,5 mit Dan 7) und der röm. Weltherrschaft und dem Kaiserkult polemisch entgegengesetzt.

3) Von Paulus wird stärker die gegenwärtig erfahrene Offenbarung der Macht Gottes betont, die vor allem als endzeitliche Kraft der Totenauferstehung, als neuschaffender Heiliger Geist verstanden wird. Diese endzeitlich wirkende Gotteskraft ist an Christus als dem Auferstandenen erkennbar geworden, und er ist als der Erhöhte jetzt ihr Träger und Mittler. Zwar kann Gottes unsichtbare Macht auch aus den Werken der → Schöpfung erschlossen werden (Röm 1,20), aber den eigentlichen eschatologischen Machterweis stellt die Auferweckung Jesu von den Toten dar (Röm 1,4; 1Kor 6,14; 2Kor 13,4; Phil 3,10; vgl. Hebr 11,19). Mit ihr ist die Erhöhung verbunden (Eph 1,20f), durch welche Christus zur »Kraft Gottes« (1Kor 1,24), dh zur dauernd verfügbaren Quelle der göttlichen Kraft für seine Kirche wird; Paulus gebraucht das Verb ἐνδυναμοῦν *(endynamoun)*, *stark machen*, um dieses Wirken des Erhöhten in den einzelnen Gläubigen auszudrücken (Phil 4,13; auch Eph 6,10;

1Tim 1,12; 2Tim 4,17; vgl. 2,1). Im Mittlerdienst Christi manifestiert sich Gottes endzeitliche Kraft auf zweifache Art, nämlich im heilbringenden → Wort und im neuschaffenden Heiligen → Geist.

a) Das Evangelium wirkt als heilbringende göttliche Kraft einmal deswegen, weil der Verkündiger aus der Kraft Christi spricht (2Tim 1,8f; 4,17) und vor allem, weil es als Wort Gottes allen Menschen das Heil zuspricht (Röm 1,16; 1Kor 1,18): Es verkündet die → Liebe des als verdammenden Weltenrichters gefürchteten Gottes, erwiesen am Kreuz, an dem Christus für uns gestorben ist, als wir noch Sünder waren (Röm 5,8). Als frohe Botschaft der Versöhnung wird somit das Evangelium selbst die befreiende, heilschaffende Macht, sofern sie als solche im → Glauben erkannt und aufgenommen wird (Röm 1,16). Der Glaubende sieht durch das Evangelium, daß die im AT gegebenen Verheißungen jetzt in Kraft getreten sind, ja, er entdeckt das vorausverkündigte Evangelium Gottes in der at. Prophetie (Röm 1,2).

b) Während der natürliche Mensch nicht das Vermögen hat, Gott zu gefallen und das → Gesetz zu erfüllen (Röm 8,7f; vgl. Gal 3,21), ja in seiner Ohnmacht das Gesetz als eine zur → Sünde verführende Macht erfährt (1Kor 15,56), lebt der Glaubende wie sein auferstandener Herr aus der Kraft Gottes bzw. Christi (2Kor 6,7; 13,3f; vgl. Eph 1,19). Nicht der Gehorsam gegen das Gesetz (vgl. CD 16,4f), sondern die Liebe Christi erweist sich als Kraft, die ihn gegenüber allen kosmischen Mächten schützt (Röm 8,38f); die sich realisierende Gottesherrschaft wird als Macht erfahren, die in schroffem Gegensatz steht zum bloßen Wort (1Kor 4,19f) und zum äußeren Schein der Frömmigkeit (2Tim 3,5). Weil sie auf die Verherrlichung des Christen hinwirkt, ist die Kraft Gottes mit der Herrlichkeit (δόξα *[doxa]*; → Ehre) verwandt (vgl. Röm 1,4 mit 6,4). Auch von Paulus kann sie mit dem Heiligen Geist verbunden werden, der als Kraft der Auferstehung und des neuen, endzeitlichen Lebens wirkungskräftige und wunderbare Machttaten hervorbringt (Röm 15,19; 1Kor 12,10.28; Gal 3,5); diese legitimieren den Apostel (2Kor 12,12). δύναμις *[dynamis]* ist also der → Geist, sofern er sich im kraftvollen Wirken des Pneumatikers offenbart.

c) Der Geist setzt als Kraft Christi das Regiment des himmlischen Herrn in der irdischen Gemeinde durch, e r ist der »Christus praesens« (Käsemann). Er kann sie reinigen und richten (1Kor 5,4), kräftigen und zur Geduld erziehen und so ihre Glieder bis zum Tag des Gerichts im Glauben erhalten (1Petr 1,5; vgl. Kol 1,11; Eph 3,16f; 2Thess 1,11f). Weil er den erhöhten Herrn vertritt, wird der Heilige Geist nicht manipulierbar wie die Kraft der Magie in den Händen des Zauberers (vgl. Apg 8,18–20). Er wird auch nicht einfach zur physischen und geistigen Kraft des Menschen hinzuaddiert, sondern erweist seine übernatürliche Herkunft und seine Eigenart als Kraft Gottes gerade dadurch, daß er im schwachen Menschen mächtig wird (2Kor 12,9f vgl. 4,7; 6,4–10; 13,4; 1Kor 1,26–29). Für Paulus wird Gottes Gottheit da offenbar, wo für den Menschen nichts zu erwarten ist: Er macht die Toten lebendig und ruft das Nichtseiende, daß es sei (Röm 4,17). Darum hat Gott das nach menschlichem Urteil Schwache und Unwürdige erwählt und zum Gegenstand seiner Machterweise gemacht: Das kleine Israel, den Christenverfolger Paulus und die sozial und gesellschaftlich Schwachen in Korinth.

Vor allem aber ist das → Kreuz der Beweis für dieses Gesetz des göttlichen Handelns und eine Rechtfertigung der verachteten christl. Existenz: Christus starb am Kreuz aus Schwachheit als einer, der sich aller eigenen Macht begeben hatte; darum lebt er jetzt dank der Kraft Gottes (2Kor 13,4). Genau das gleiche gilt von der Existenz des Christen: Er ist jetzt schwach in Christus, aber gerade darum darf er erwarten, daß Gottes Kraft ihn zum Leben mit Christus befähigen wird (aaO). Demnach wirkt – rein menschlich betrachtet – Gottes Kraft am Christen auch »unter dem Gegenteil«. Als ein Gefangener sagt Paulus, er vermöge alles durch den, der ihn mächtig macht (Phil 4,13); aber die Starken in Christus sollen sich zum Dienst an ihren schwachen Brüdern verpflichtet sehen. Dadurch entgehen sie der Gefahr, die ihnen geschenkte Kraft als eigenes Vermögen mißzuverstehen und eigennützig zu gebrauchen (Röm 15,1). Fragwürdig ist die These, die Gegner des Paulus im 2Kor hätten

Jesus und sich selbst analog zum hell. Typus des »Göttlichen Menschen« verstanden und so aus der durchhaltenden δύναμις *[dynamis]* Christi allerlei Krafttaten gewirkt (D. Georgi u. a.).

d) Durch die Kraft Gottes wird der Christ der zukünftigen Vollendung versichert; zur jetzt beginnenden inneren Umwandlung kommt dann die sichtbare Umgestaltung des Leibes zum ewigen Leben. Das wird geschehen, wenn der Christ durch die Kraft Gottes, die seinen Herrn auferweckt hat, selbst von den Toten auferweckt werden wird (1Kor 6,14; vgl. 2Kor 13,4). Dann wird ihn Christus durch seine Macht verwandeln und den armen irdischen Leib dem eigenen verherrlichten Leib gleichgestalten (Phil 3,21). Deshalb gründet die christl. Hoffnung im Ostereignis und müht sich um die Erkenntnis der Kraft, die bei Jesu Auferweckung sichtbar geworden ist (Phil 3,10; vgl. 1Kor 4,19f). *O. Betz*

ἐξουσία

ἐξουσία *[exousịa]* Vollmacht, Befugnis · ἐξουσιάζω *[exousiạzō]* Verfügungsrecht haben · κατεξουσιάζω *[katexousiạzō]* Gewalt gegen jemanden einsetzen, Amtsgewalt mißbrauchen

I ἐξουσία *[exousịa]*, abgeleitet von ἔξεστιν *[ẹxestin]*, *es steht frei, es ist möglich, erlaubt,* bedeutet die *ungehinderte Möglichkeit* und *Freiheit zum Handeln,* dann die *Vollmacht, Befugnis* und das *Recht, etwas zu tun;* vom Nomen abgeleitet sind ἐξουσιάζω *[exousiạzō]*, *Recht ausüben, Verfügungsrecht haben,* und das in der Profangräzität kaum belegte κατεξουσιάζω *[katexousiạzō]*, das die *Ausnützung,* aber auch den *Mißbrauch von Amtsgewalt* bezeichnet.

1) Im Unterschied zu → δύναμις *[dynamis]*, bei der die Möglichkeit und Macht auf einer dem Ausübenden inhärierenden physischen, geistigen oder natürlichen Kraft beruht und sich in spontanen Handlungen oder machtvollen Akten und Naturerscheinungen bekundet, wird mit ἐξουσία *[exousịa]* die Gewalt bezeichnet, die sich im Rahmen rechtlicher, politischer, sozialer oder sittlicher Ordnung entfalten darf (Plato Def. 415b). Sie ist zB an eine bestimmte Stellung oder einen Auftrag gebunden, meint also das *Verfügungsrecht* des Königs, des Vaters und des Besitzers (POxy II,237) oder die *Befugnis* von Beamten und Gesandten (Diod S 13,36,2; 14,81,6), aber auch die *sittliche Freiheit* des Menschen, etwas zu lassen oder zu tun (Plato Def. 412d). Sie wird also nur von Personen ausgeübt; Naturkräften kann sie nicht eignen.

2) Die ἐξουσία *[exousịa]* ist oft a) *Amtsgewalt* (lat. *potestas*), die nicht dynamisch wirksam zu werden braucht, sondern auch ruhen oder im Widerspruch zu den tatsächlichen Machtverhältnissen stehen kann. Die ἐξουσία *[exousịa]* wird delegiert; wo sie widerrechtlich ergriffen und angemaßt wird, kann sie b) *Willkür* sein. Von dieser rechtlichen Gebundenheit des Begriffs rührt es her, daß ἐξουσία *[exousịa]* auch c) das der Vollmacht entsprechende *Amt* und im Plur. d) die *Amtsträger* und *Behörden* beschreiben kann.

II 1) In der LXX begegnet ἐξουσία *[exousịa]* weniger häufig als δύναμις *[dynamis]* (etwa 50 gegenüber ca. 400mal!), auch die Verbalform nur vereinzelt. Selten ist ἐξουσία *[exousịa]* Wiedergabe eines hebr. Wortes (zB für *mæmschālāh, Herrschaftsgebiet, Reich* 2Kön 20,13; Jes 39,2); häufiger steht es in den griech. überlieferten Apokryphen, wo bereits die bei den Rabbinen bedeutsame Beziehung auf das Gesetz und die Bedeutung *Erlaubnis, etwas zu tun* begegnet (Tob 2,13 S). Als Hintergrund für den nt. Gebrauch ist das Buch Dan wichtig, wo ἐξουσία *[exousịa]* in LXX und Theodotion meist als Äquivalent für das aram. *schāltānā', Herrschaft, Gewalt,* steht und die ganze Welt zum Wirkungsfeld hat. Die Vollmacht der menschlichen Weltherrscher liegt im übermenschlichen Bereich begründet. Sie wird von Gott, dem Herrn der Geschichte, delegiert: Er, dessen Herrschaft ewig ist (Dan 4,31), setzt die Könige ein und ab (2,21); er kann ihnen allen die Herrschaft nehmen (7,12). Das Ungenügen und die Vorläufigkeit der menschlichen Herrschaft wird in Dan 7 damit begründet, daß die Weltreiche der gegengöttlichen Gewalt des Chaos entspringen und damit den göttlichen Auftrag verleugnen. Deshalb wird am Ende der Zeiten und am absoluten Tiefpunkt menschlicher Herrschaft der »Menschensohn« (= Mensch) als Symbol für die Herrschaft von Gottes Gnaden und gerade darum echter »Menschlichkeit« inthronisiert: Ihm werden die Macht, Ehre und Königsherrschaft über alle Völker verliehen; seine Macht ist eine ewige Macht, die niemals vergeht (Dan 7,14). Mit dem »Menschensohn« ist nach Dan 7,27 das »Volk der Heiligen des Höchsten«, das wahre, endzeitliche Israel gemeint; ihm ist die Macht übergeben und alle Mächte müssen ihm dienen. – In den Bilderreden des äthHen und im 4Esr wird das Nachtgesicht von Dan 7 exegetisch weitergeführt und der »Menschensohn« mit dem endzeitlichen Weltenrichter bzw. mit dem Messias gleichgesetzt (→ Sohn Gottes, Art. υἱὸς τοῦ ἀνθρώπου).

2) J o s e p h u s und P h i l o folgten dem gemeingriech. Sprachgebrauch, hoben aber ebenfalls die Vollmacht des Herrschers hervor. So ist ἐξουσία [exousia] die *Regierungsgewalt* der Könige (Jos. Vita 112; Ant. 14,302) und die von solchen Regenten oder von Behörden verliehene *Vollmacht* (Vita 72) bzw. *Erlaubnis* (Ant. 20,193). Grundsätzlich gilt auch für Jos., daß die weltliche Regierungsgewalt nicht ohne Gott erlangt wird (Bell. 2,140); keiner kann sich der Macht Gottes entziehen (Ant. 5,109). Konkret werden demnach mit dem Plur. die *Behörden* bezeichnet (Bell. 2,350). Auch die im Raum des Toragehorsams mögliche *Handlungsfreiheit* kann ἐξουσία [exousia] genannt werden (Ant. 4,24).

3) R a b b i n i s c h e r G e b r a u c h. Der Bedeutungsumfang von ἐξουσία [exousia] ist im NT aber namentlich beeinflußt durch den im AT noch fehlenden, im rabb. Schulgebrauch jedoch wichtigen hebr. Begriff *rāschūth, Herrschermacht, Obrigkeit* (a), und *r^{e}schūth*, aram. *r^{e}schūthā'* (b), das für *Vollmacht, Befugnis, Recht* und *Freiheit, etwas zu tun* steht.

a) *rāschūth* bezeichnet die weltliche *Obrigkeit* als ganze, bes. die röm., der man mißtrauisch gegenüberstand (Aboth 1,10; 2,3). Das weltliche Regiment wurde als unteres vom oberen, himmlischen, unterschieden (j Sanhedrin VI,23d), jedoch hat man die Vollmacht Gottes nicht direkt als *rāschūth* bezeichnet, wahrscheinlich deshalb nicht, weil sie nicht abgeleitet ist. Außerdem bekämpfte man die Lehre von den »Zwei Gewalten«, auf welche von dualistisch-gnostisch denkenden Exegeten die Erschaffung der Welt zurückgeführt wurde (Gen r 1,10; vgl. b Sanhedrin 38a; b Chagigah 15a). Solche Äußerungen wurden mit Recht als häretisch verurteilt; denn sie gefährdeten den jüd. Monotheismus.

b) *r^{e}schūth* bezeichnet α) die *Machtbefugnis* innerhalb bestimmter sozialer Gruppen, so etwa der Familienangehörigen (Nedarim 10,2–4), das *Recht* des Hausbesitzers (Baba Qamma 5,3), dann die an einen bestimmten Auftrag gebundene *Vollmacht*, etwa die des Gesandten (Qiddushin 4,9). Im juristischen Sinn wird der Begriff auf β) das *Recht* zu lehren (b Sanhedrin 5a), zu erben (Ketuboth 9,5), zu heiraten (Jebamoth 4,11) usw. angewendet. Alle Macht ist von Gott delegiert. Er gibt auch den Verderberengeln Vollmacht, ihr unheilvolles Werk zu vollziehen (b Pesachim 112b; vgl. Mekh. Ex 4 zu Ex 19,21). – Schließlich ist *r^{e}schūth* γ) die *Handlungsfreiheit* im Rahmen der von Gott gesetzten Ordnung der Tora; es meint die Sache, die erlaubt ist, im Gegensatz zu Gebot und halachischer Pflicht (Baba Qamma 3,5; b Chullin 106a; b Berachoth 27b). Rabbi Aqiba hat die göttliche Vorherbestimmung allen Geschehens und die Freiheit des menschlichen Handelns in paradoxem Nebeneinander gelehrt (Aboth 3,15).

4) Wenn in den Q u m r a n s c h r i f t e n der Begriff *rāschūth* nicht begegnet, so ist wichtig, daß man dort die Gegenwart von der Herrschaft des Teufels und der Macht der Finsternis bestimmt sieht (1QS 1,18.23f; 2,19; 3,23; 1QM 13,5f; 14,9; 17,5f); diese soll in der Endzeit von der Herrschaft des Erzengels Michael und des von ihm repräsentierten Israel abgelöst werden (1QM 17,7f). Der an diesen Stellen für *Herrschaft* gesetzte Begriff *mæmschālāh* entspricht dem griech. ἐξουσία [exousia], das auch in LXX manchmal für *mæmschālāh* steht. In TestLev 3,8 werden die *himmlischen Mächte* als ἐξουσίαι [exousiai] bezeichnet (vgl. äthHen 61,10). Dieser Plur. ist gleichbedeutend mit δυνάμεις [dynameis]; sein Gebrauch wird wie der des ähnlich verwendeten ἀρχαί [archai], *Mächte* (→ Anfang), vom hebr. *r^{e}schūjōth, Mächte*, beeinflußt sein.

Im NT erscheint ἐξουσία [exousia] – 108mal belegt, am häufigsten in Offb, Lk, 1Kor – in III
profaner Bedeutung als *Befehlsgewalt* (Mt 8,9 par; Lk 19,17; 20,20), dann konkret als *Befehlsbereich* (Lk 23,7) und im Plur. als *Amtsträger, Behörden* (Lk 12,11; Tit 3,1). Auch in Röm 13,1 sollten die »vorgesetzten Gewalten« wie »die Regierenden« in V. 3 als die staatlichen Amtsträger und nicht etwa als Engelmächte verstanden werden.

Charakteristisch für das NT ist die Tatsache, daß ἐξουσία [exousia] wie δύναμις [dynamis] auf das Christusgeschehen und die durch dieses entstehende Neuordnung der kosmischen Machtverhältnisse und die Ermächtigung des Glaubenden bezogen ist. Beide Begriffe werden einander angenähert (Lk 9,1). ἐξουσία [exousia] wird nicht auf die Gabe des Geistes zurückgeführt; aber während Jesu δύναμις [dynamis] in seiner Salbung ihren Grund hat, so seine ἐξουσία [exousia] in seiner Sendung. Sie ist jene Vollmacht und Freiheit des Handelns, die 1) zu Gott selbst, 2) zu einem endzeitlichen Auftrag und 3) zum Christenstand als einer eschatologischen Existenz allgemein gehört.

1) G o t t e s ἐ ξ ο υ σ ί α

a) Gottes eschatologische Vollmacht hängt mit seiner Rolle als Lenker der Weltgeschichte und als Weltenrichter zusammen. Er hat in eigener Vollmacht die Zeiträume und Termine innerhalb der Endgeschichte und damit deren Ablauf festgesetzt (Apg 1,7); er hat die Macht, den Menschen dem ewigen Verderben zu überantworten (Lk 12,5). Das existentielle Bewußtsein der absoluten Freiheit Gottes findet seinen Ausdruck in der Vorherbestimmung des Menschen; Paulus vergleicht Gott dem Töpfer, der aus dem Ton machen kann, was er will (Röm 9,21).

b) Gott kann eschatologische Vollmacht delegieren, so beim Vollzug des Strafgerichtes, an dem Engel (Offb 6,8) oder auch andere Organe beteiligt werden (Offb 9,3.10.19). Die *himmlischen Mächte* (ἐξουσίαι *[exousiai]*) werden dagegen beim eschatologischen Geschehen kaum berücksichtigt. Sie sind meist neben den ἀρχαί *[archai]* und in gleicher Bedeutung wie die δυνάμεις *[dynameis]* erwähnt (Eph 1,21; 3,10; Kol 1,16; 2,10). Mit der Erhöhung Christi sind sie ihm unterworfen (Eph 1,21; 1Petr 3,22), jedoch ist noch nicht aller Widerstand gebrochen, was die einstweilige Fortdauer des Messiasregiments notwendig macht (1Kor 15,24). Wie in der Sicht Qumrans steht der natürliche Mensch im Machtbereich der → Finsternis und unter der Herrschaft des Teufels (Kol 1,13; Apg 26,18); als Gegensatz dazu werden das Reich des → Lichtes, die Herrschaft des Sohnes, ja Gott selbst genannt (ebd.). Im Vergleich zu Qumran erscheint die Macht des Teufels eher noch gesteigert, wenn er als »Fürst dieser Welt« (Joh 12,31; 14,30; 16,11), ja, als »Gott dieser Welt« (2Kor 4,4) bezeichnet wird. Auch kann der Teufel, wie Gott selbst, die Herrschaft über die Welt an andere delegieren, so an den → Antichristen (Offb 13,2.4.12); selbst Jesus hat er mit solch einem Angebot versucht (Lk 4,6). Jedoch ist der Dualismus vermieden, denn auch die Macht des Teufels ist von Gott gegeben (ebd.); sein Wirken ist in Gottes Plan eingeordnet und deshalb befristet (Lk 22,53). Nicht einer pessimistischen Weltschau, sondern der Frohbotschaft vom erlösenden Christusgeschehen sind die Aussagen über die Macht des Teufels einzuordnen; gerade da, wo das JohEv vom Teufel als dem »Fürsten der Welt« spricht, verkündet es dessen Sturz.

2) Die ἐξουσία Jesu

a) Die Entmachtung des Teufels (→ Satan) und der → Dämonen kündigt sich im Wirken des irdischen Jesus an, der als der von Gott Gesandte die Vollmacht hat, die Werke des Teufels zu zerstören und die Menschen seiner Herrschaft zu entreißen. Darum wird der Exorzismus auf die Vollmacht Jesu zurückgeführt (Lk 4,36), die er auch auf die ausgesandten Jünger übertragen kann (Mk 3,15 par; 6,7 par; Lk 10,19). Mit der Vollmacht Gottes handelt Jesus, wenn er einem Menschen die Sünden vergibt und sein Machtwort durch ein Heilungswunder beglaubigt (Mk 2,5–12 par; vgl. Ps 103,3). Der eschatologische Auftrag Jesu, sein Wille, Gottes Kinder zu retten, bringt ihn nach Ansicht der Pharisäer mit dem → Gesetz in Konflikt: Die Autorität der Tora wird von der Vollmacht Jesu zwar nicht aufgehoben, aber doch da durchbrochen, wo der Buchstabe und die rabb. Halacha dem Heilswillen Gottes im Wege stehen (Mt 12,10.12; Mk 3,4; Lk 14,3; Joh 5,10). Jesu Vollmacht zeigt sich auch in seiner → Lehre, die Entsetzen hervorruft (Mk 1,22.27). Denn Jesus lehrt nicht wie die Schriftgelehrten, die sich nach der Lehrtradition richten (Mt 7,29): Als der Gesalbte empfängt er wie Mose und die Propheten sein Wort aus dem Mund Gottes (vgl. Mt 11,27). Auch die Tempelreinigung setzt das Bewußtsein messianischer Vollmacht voraus (Mk 11,28).

b) Im JohEv. wird Jesu unbegrenzte Autorität mit der Sohnschaft und der Sendung begründet (vgl. zB Joh 17,2); auch die Vollmacht des Richters der Endzeit ist ihm übertragen (Joh 5,27). Aber wie der synopt. so will auch der johanneische Jesus nicht Richter, sondern Retter sein. Seine Macht ist nicht Herrschergewalt, sondern absolute Freiheit zum Dienst für die Welt: Er hat die Freiheit, sein Leben zu geben und es wieder zu nehmen (Joh 10,18). Jesu Opfer eröffnet für die Glaubenden den Zugang zum Vater: Sie erhalten dadurch die Machtbefugnis, Gottes Kinder zu werden (Joh 1,12).

c) Mit dieser Darstellung von Jesu Vollmacht hat das JohEv. das Osterereignis antizipiert. Denn mit seiner an Ostern erfolgenden Erhöhung (→ Höhe) hat Jesus von Gott alle Macht im Himmel und auf Erden empfangen (Mt 28,18). Damit wird die Vision Daniels von der Inthronisation und Machtbegabung des Menschensohnes erfüllt (vgl. Dan 7,14). Aber an der Stelle des Kollektivs der Heiligen des Höchsten steht nun Christus. Außerdem wird die Macht Gottes nicht durch gewaltsame Unterwerfung der Völker durchgesetzt, sondern mit der Ausbreitung des Ev., das die Welt für den Glauben an Christus gewinnen soll; die

Kirche, nicht die Königsherrschaft Israels, ist die äußere Gestalt des messianischen Regiments auf Erden (Apg 1,6–8). Denn Kreuz und Erhöhung des Christus bedeuten die Entmachtung des Bösen, das Gericht und die erlösende Weltenwende; darum müssen sie als frohe Botschaft aller Welt verkündigt werden. Deshalb werden vom erhöhten Herrn Boten zum Dienst am Ev. ausgesandt und ermächtigt (Mt 28,18–20). Analog zu Jesu irdischem Dienst und im Einklang mit dem Inhalt der Osterbotschaft erhält der → Apostel Christi die Vollmacht, den Heiligen Geist zu geben (Apg 8,19), zu bauen, nicht etwa zu zerstören (2Kor 10,8; 13,10). Auf Grund seines geistlichen Dienstes an der Gemeinde besitzt der Apostel das Recht, sich von der Gemeinde in leiblicher Hinsicht versorgen zu lassen (1Kor 9,4–6; 2Thess 3,9); an diesen Stellen meint ἐξουσία *[exousia]* die *Berechtigung.*

3) Die ἐξουσία der Glaubenden

Die Vollmacht des Glaubenden ist in der Herrschaft Christi und der endzeitlichen Entmachtung aller Gewalten begründet. Sie bedeutet deshalb → Freiheit: Der Christ ist ein freier Herr aller Dinge (vgl. Luther). Alles ist ihm erlaubt (1Kor 6,12; 10,23 ἔξεστιν *[exestin]*); diese von Paulus aufgenommene These der enthusiastischen Christen in Korinth ist grundsätzlich richtig. Der Glaubende hat volle Handlungsfreiheit, weil das Gesetz als Verbot und Schranke durch das erlösende Heilsgeschehen und die Gabe des Geistes der Freiheit aufgehoben sind; er hat freie Verfügungsgewalt über alles, weil nach Christi Erhöhung nichts mehr unter der Herrschaft der Mächte steht. Aber die theoretisch unbegrenzte Freiheit wird praktisch beschränkt durch das, was dem einzelnen Christen und der Gemeinde im Blick auf die noch ausstehende völlige Erlösung von Nutzen ist (1Kor 6,12; 10,13). Denn weil das eschatologische Werk Gottes am einzelnen Christen und an den Strukturen der Welt noch nicht zum Abschluß gekommen ist, gilt es, die eigene, an das Fleisch des alten Adam gebundene Existenz und das Gewissen des schwachen Bruders nüchtern in Rechnung zu stellen, anstatt die Freiheit so konsequent zu gebrauchen, als sei die Auferstehung des Christen schon geschehen. Gerade der schrankenlose Gebrauch der Freiheit könnte den Christen in eine neue Knechtschaft stürzen; er soll sich aber von nichts beherrschen lassen (1Kor 1,12).

O. Betz

θρόνος *[thronos]* Stuhl, Thron, Sessel

θρόνος

1) θρόνος *[thronos]* (vom idg. Stamm *dhere-, halten,* verwandt mit lat. *firmus* und deutsch *dingen = festmachen*) bezeichnet bei Hom. einen *Stuhl* mit daran befestigtem Fußschemel (θρῆνος *[thrænos]*, so Hom. Od. 19,57), später meist erhöht, mit Rücken- und Armlehne. Das Wort, anfangs noch ohne besondere Symbolkraft, ist sehr verbreitet, im Gegensatz zu lat. *thronus* (erst seit Sueton), das nur den Sitz einer Gottheit bezeichnet. Diese Bedeutung dringt im Griech. erst später ein. Dann kann es, auch als Plur. θρόνοι *[thronoi]*, übertragen für *Macht* gebraucht werden (so Aischyl. Prom. 228; vgl. Kol 1,16 »Engelmacht«). Daß man auf dem Thron sitzt – κάθημαι *[kathæmai]*, *sich setzen, sitzen* –, gilt als Zeichen herrschaftlicher oder gottheitlicher Würde (Hom. Il. 4,1; Od. 16,264). I

2) Im griech. Bereich gibt es seit mykenischer Zeit den Sitz des Hausherrn als Ehrensitz, der über Kreta aus dem Orient übernommen worden ist. Aber er wird auch Gästen und Sängern angeboten, bedeutet also keine Höherstellung im orientalischen Sinn. Er wird den Toten im Weihrelief zugestanden, in der Epik den Göttern (Aischyl. Eumen. 229), vor allem Zeus (Hom. Il. 8,436–442), und in der Plastik abgebildet. Als Thronkult kann man das kaum ansprechen. Darstellungen eines leeren Götterthrons sind selten und spät.

1) Der Königsthron im eigentlichen Sinn stammt aus dem Orient. Das Sitzen bezeichnet die schlechthinnige Überordnung des absoluten Herrschers, seine Unvergleichlichkeit mit der ihm untergebenen Welt. Es ist Vorrecht des Herrschers, auf dem Thron zu sitzen (κάθημαι *[kathæmai]*), während der Betende bzw. Dienende vor ihm steht (zB Hammurabi-Stele; vgl. Grollenberg, Kleiner Bildatlas zur Bibel, 104, Abb.). Erst wenn der König sich auf den Thron setzt, ergreift er endgültig die Herrschaft. Der prachtvolle Schmuck deutet göttliche Würde an: Zur Seite des Thrones rechts und links stehen dienende Himmelswesen, Cheruben, geflügelte Tierleiber mit Menschenhaupt oder Löwen als Sinnbilder der Herrscherkraft (vgl. 1Kön 10,18ff). Charakteristisch für das orientalische II

Denken ist das Ineinanderfließen von Königs- und Gottesmacht, das den Griechen bis zu Alexander d. Gr. fremd blieb. Der irdische Herrscher wurde als »Sohn« oder gar als Inkarnation des himmlischen verehrt (zB in Ägypten). Die Art ihres Thronens wird in gleicher Weise dargestellt.

2) Das AT bleibt zunächst selbstverständlich in der orientalischen Thronsymbolik. Der *Thron* (hebr. *kissē'*) ist seit der Königszeit Vorrecht des Herrschers (Gen 41,40), seiner Verwandten (1Kön 2,19) oder Stellvertreter (Neh 3,7). Da der König urspr. zugleich Richter ist, wird der Thron sowohl Sinnbild der Herrschermacht (2Sam 3,9; 14,9) wie des Gerichts (Ps 122,5). Dabei ist der Thron das Bleibende gegenüber seinen wechselnden Inhabern: So kann die Natanverheißung von der bleibenden Dauer der davidischen Herrschaft (2Sam 7,13) an den Thron geknüpft werden (vgl. auch 1Chr 28,5; 29,23). An sie vor allem schließt sich später die Hoffnung auf den ewigen Thron des Messias, der aber im Judentum mit dem Thron Gottes nicht identisch ist (s. u. II,5).

3) Natürlich wird im AT der Thron auch zum Ausdruck der Macht und Gerechtigkeit Jahwes. Diese kann aber mit der Königsmacht – bei aller Übernahme orientalischen Hofstiles – nicht einfach zusammenfallen: Der israelitische König steht zu Jahwe nur im Adoptionsverhältnis (Ps 2,7). – Jahwes Thron wird im AT auf verschiedene Weise beschrieben und lokalisiert. Jer bezeichnet einerseits Jerusalem (3,17), andererseits (mehr im übertragenen Sinn) Israel als Thron Jahwes (14,21 θρόνος δόξης *[thrọnos dọxæs]*). In seiner großen Zukunftsvision schaut Ez den neuen Tempel als Stätte des göttlichen Throns (43,7), während im letzten Teil des Jes-Buches der Himmel als Jahwes Thron bezeichnet wird.

Die Besonderheit des göttlichen Thronens wird, neben der gewaltigen Thronvision des Jes (6,1ff; vgl. auch 1Kön 22,19), am deutlichsten bei Ez (1,4ff): Hier wird die Königsmacht Jahwes als transzendente Weltherrschaft gesehen. Der Prophet schaut 4 dienende Cherubenwesen, Repräsentanten der Weltherrschaft ihres Herrn. Während sie mit ihren je 4 Gesichtern allgegenwärtig der Welt zugewandt sind, ruht über ihren ausgespannten Flügeln »schimmernd wie ein furchtbarer Kristall« (1,22) das Gewölbe, das nach dem Schöpfungsbericht (Gen 1,6f) die Verderbensfluten von der Schöpfung fernhält. Erst über diesem, also schlechthin außerhalb der den Menschen zugänglichen Welt, wird in überirdischem Lichtglanz der Thron Gottes geschaut. Hier ist plastisch, nicht begrifflich, das unbedingte »Oberhalb« Gottes zugleich mit seiner Allgegenwart in der Welt ausgesagt.

Ähnlichen Sinn hat wohl der Thron des »Uralten« in der Gerichtsvision des Dan (7,9). Die dabei genannten, viel umrätselten Throne sind wohl den Beisitzern der Gerichtsverhandlung zugedacht. Wer damit gemeint ist, bleibt ungewiß. Sie werden später auf die »auserwählten Heiligen« gedeutet (vgl. Mt 19,28; 1Kor 6,2; Offb 20,4).

4) Die verborgene Dynamik dieser Throntheol. offenbart der Ritus der Thronbesteigung Jahwes, der sich in manchen Zeugnissen widerspiegelt (Ps 24; 93; 96–99): Jahwes Thronen ist kein untätiges Repräsentieren, sondern ein eben gewonnener Kampf. Dies wird bes. deutlich in Ps 93; das Motiv des Kampfes begegnet aber auch Ps 46 und 89,7ff. »Das Fest (der Thronbesteigung) feiert Jahwe als den Sieger über den Drachen, das Urmeer und alle seine Feinde, als Weltschöpfer, König und Weltherrscher« (Mowinkel, Religion und Kultus, 76). Bei diesem zum Neujahrsfest gehörigen Ritus spielt die Bundeslade eine Rolle als »leerstehender Gottesthron«: Jahwe wird als unsichtbar gegenwärtig »thronend über den Cherubim« (Ps 99,1), welche die Deckplatte der Lade flankieren, vorgestellt. Später ist die Lade jedoch nur noch »irdische Entsprechung des himmlischen Thronsitzes« (Eichrodt, Theol. AT II,102).

5) Das Spätjudentum zählt – im Anschluß an Ps 93 – den Thron Jahwes zu den »vorweltlichen Schöpfungen« (Schmitz, ThWb III,163). Der Thron Jahwes wird zwar ausführlich beschrieben (äthHen 14,18ff; slHen 20–22), aber ein Sitzen des Messias auf diesem Thron wird nur im äthHen erwähnt (51,3; 55,4; 62,2.3.5 u. ö.). Es wäre dem Judentum, das im Messias einen Menschen sah, als Profanierung erschienen. Bei Hen übt jedoch der Messias, hier eine Himmelsgestalt, das Gericht vor dem Thron Gottes aus (45,3; vgl. dazu H. Bietenhard, Die himmlische Welt, 53–77).

In Qumran haben im Anschluß an Ezechiels Thronwagenvision Spekulationen über Gottes Thron eine gewisse Rolle gespielt.

III 1) Das NT bringt zu diesem at. Vorstellungskreis vom Thron sachlich nichts hinzu. Es übernimmt ihn unbefangen, wenn auch ohne Betonung, außer in Offb, wo der Thron (L: Stuhl) eine beherrschende Rolle spielt (dort 41mal gegen 14mal im übrigen NT). So wird Mt 5,34 der Himmel nach Jes 66,1 von Jesus als Gottes Thron bezeichnet (ähnlich Mt 23,22; Apg 7,49). Ebenso erscheint traditionell die Natanverheißung Lk 1,32 auf den messianischen Thron übertragen (vgl. auch Apg 3,20f). Der LXX werden Genitivverbindungen nachgebildet wie »Thron der Herrlichkeit« (Mt 19,28; 25,31; vgl. 1Sam 2,8) und »Thron der Gnade« (Hebr 4,16).

2) Auffallend ist im NT das Sitzen des Menschensohns auf dem göttlichen Richterthron. Neu ist dabei nicht die Vorstellung als solche (s. o. Hen!), sondern der Anspruch eines

geschichtlichen Menschen, dieser endzeitliche Richter zu sein. Mt 19,28 wird solches Thronen sogar den 12 Aposteln als Mitrichtern über Israel verheißen (→ Nachfolge, Art. ἀκολουθέω). Mt 25,31ff vollzieht der Menschensohn von seinem Herrlichkeitsthron aus, ohne Beisitzer, das Weltgericht. Gerade darin ist der provozierende Anspruch Jesu zu hören. Bildlich stehen diese Aussagen in Spannung zu denen, die nach Ps 110,1 den Messias »zur Rechten Gottes gesetzt« schauen (→ Hand, Art. δεξιός), ohne daß ein sachlicher Widerspruch erkennbar wäre.

3a) Im Hebr tritt der Begriff »Gnadenthron« (θρόνος τῆς χάριτος *[thronos tæs charitos]* 4,16) in versteckten Gegensatz zu der gelegentlichen rabbinischen Vorstellung von zwei göttlichen Thronen, dem der Gerechtigkeit und dem der Gnade: Seitdem der himmlische Hohepriester menschliche Schwachheit erduldete, ist der Charakter der göttlichen Majestät endgültig als Gnade kundgetan.

b) In dem Taufhymnus Kol 1,15–20 werden V. 16 θρόνοι *[thronoi]* neben Hoheiten (κυριότητες *[kyriotætes]*), Gewalten (ἀρχαί *[archai]*) und Mächten (ἐξουσίαι *[exousiai]*) genannt (vgl. Eph 1,21). Bei dieser auf slHen 20 und TestLev 3 fußenden Aufzählung handelt es sich um verschiedene Gruppen von Engeln, die zum himmlischen Thronrat gehören (vgl. 1Kön 22,19). Die Bezeichnung θρόνοι *[thronoi]* könnte daher rühren, daß dieser Engelgruppe Throne zur Verfügung stehen (vgl. Offb 4,4; ThWb III,167). Im Rahmen des Hymnus besagt die Aufzählung, daß die Schöpfermacht Christi nicht nur das Sichtbare, die Erde, sondern auch das Unsichtbare, die Engelwelt, umfaßt.

4a) Namentlich das Thronbild der Offb fußt auf dem des AT (Ez!) und führt es weiter, grundlegend in Kap. 4: Der Thron bezeichnet wieder die überweltliche Hoheit Gottes. Das »Kristallmeer« (V. 6) ist sicher nicht das Völkermeer (Hartenstein, 82ff), sondern das Firmament, wie in Ez 1. Neu sind die 24 Ältesten auf ihren Thronen (V. 4) als die Spitzen des himmlischen Hofstaates. Ihre Funktion ist die der obersten Engel, nämlich Anbetung: Sie sinken von ihren Thronen und huldigen »dem, der auf dem Thron sitzt« (V. 10).

b) Ein neues Moment erscheint erst in Offb 5,6ff: »Inmitten« des Thrones (nicht »zwischen«, so leider noch Z), also im Mittelpunkt des anhebenden göttlichen Weltgerichtes, erscheint der, der es vollzieht, »das geschlachtete Lamm«: Christus wird hier, in der höchsten Glorie, mit dem Bild tiefster Wehrlosigkeit beschrieben. Nirgends zeigt sich die Paradoxie der nt. Christusoffenbarung so deutlich wie hier. Die Gottesmacht, die die christl. Gemeinde anbetet, ist menschlich gesehen schlechthin Ohnmacht. Christus vollzieht das Gericht als Selbstopfer. Der auf dem Thron sitzt, wurde Mensch. Damit verwandelte er Macht in Dienst und Bruderschaft. Dem huldigt am Ende der Zeiten die ganze Kreatur (5,13).

c) Neben dieser christl., Glauben fordernden Konzeption des Thrones erscheint in der Offb (ähnlich 2Thess 2,4) auch der Gegenthron des Antichrists, der seinerseits Unterwerfung fordert und Gewalt proklamiert (13,4ff). Auch dieser Thron bezeichnet Herrschaft, aber nicht die des Lammes, sondern des Drachens (13,2). Aber seine Herrschaft unterliegt dem Zorngericht des Lammes (16,10). Sie hat, entgegen dem Augenschein, keine Dauer. Der Thron des Lammes behält das letzte Wort (22,1). *Chr. Blendinger*

ZUR VERKÜNDIGUNG V

I. Was Macht vermag und bedeutet, stellt sich uns heute anders dar als früheren Generationen. Begegnete sie dem Menschen urspr. als Naturgewalt, der er sich ausgeliefert fühlte und der er darum göttlichen oder dämonischen Rang beimaß, so denken wir heute beim Gebrauch des Begriffes vorwiegend an technische oder wirtschaftliche, militärische oder politische, auch an kulturelle und geistige Macht, durch die Menschen auf das Leben anderer Einfluß ausüben. Nur noch selten sieht sich der Mensch in den hochtechnisierten Ländern überhaupt dem Phänomen der Naturgewalten gegenübergestellt. Die Macht ist entgöttert, ihr Verständnis säkularisiert worden. Hat sie seither ihren bedrohlichen Charakter verloren?

Allenthalben scheint der Macht eine Tendenz zur Anhäufung und Konzentrierung innezuwohnen, durch die der Spielraum des Einzelnen, die Möglichkeit freier Entscheidung, zunehmend eingeschränkt werden. Dabei verschwinden, je komplizierter das menschliche Leben wird, die Inhaber der Macht immer mehr aus der Erkennbarkeit in die Anonymität, so daß schließlich gar die Systeme oder Verhältnisse für die wahren Machthaber gehalten werden. Sie sind die neuen Götter, denen man sich beugen oder die man stürzen muß. So gewiß Macht, auch Machtkonzentration, zur Meisterung unseres Lebens und zum Schutz des Rechtes unabdingbar notwendig sind, so sehr ist doch andererseits das Vertrauen in ihre rechte und gute Handhabung zutiefst erschüttert. Alle menschliche Macht erscheint in diesem Zwielicht, ist der Zweideutigkeit verfallen.

Läßt sich diese Gebrochenheit des Urteils überwinden? Wenn etwa die einst optimistisch gehegte Überzeugung, durch immer weitere Steigerung technischer Macht könnten die Probleme der Menschheit gelöst werden, angesichts der Diskrepanz zwischen Möglichkeit und (zB sozialer) Wirklichkeit verloren gegangen ist, bedeutet dies dann die Nötigung zum Verzicht auf weitere Entfaltung der Technik? Liegt es wirklich in der Linie der Schrift, wenn Christen meinen, dem Rad des technischen Fortschritts in die Speichen fallen und die dadurch den Menschen zuwachsende Macht grundsätzlich verdammen zu müssen? Nach dem biblischen Schöpfungsbericht hat Gott den Menschen zum Herrn über die Erde bestimmt: Er soll sie sich untertan machen und über alle lebenden Wesen herrschen (Gen 1,28). Das schließt aber den Auftrag zur Forschung und Gestaltung, zur Kultivierung und Ordnung im weitesten Sinne ein. Und auch die Rede vom Menschen als dem Bilde Gottes bringt diese Bevollmächtigung und Beauftragung als Platzhalter des unsichtbaren Gottes, als »Treuhänder für die ganze Schöpfung« (Botschaft der IV. Vollversammlung des Weltrates der Kirchen) zum Ausdruck. Will sie nicht, konsequent durchdacht, sagen, daß Gottes Macht, ohne daß er sich selbst ihrer begeben hätte, doch auf der Erde durch Menschen vermittelt, dh auf humane Weise offenbar werden soll? Auf humane Weise –, indem also diejenigen, die Macht ausüben, sie gleichsam »bedienen«, ihre Grenze und ihren Bestimmungszweck nicht selbst setzen, sondern sich sagen lassen, und daß Machtgebrauch und Menschlichkeit nicht länger voneinander getrennt werden.

Wo liegt der Grund dafür, daß es dazu meist nicht gekommen ist, sondern der Mensch die ihm gegebenen Möglichkeiten usurpiert und für den eigenen Vorteil zu Lasten seiner Mitmenschen eingesetzt hat? Sollte zutreffen, was JBurckhardt im III. Bd. seiner Weltgeschichtlichen Betrachtungen sagt: »Und nun ist die Macht an sich böse, gleichviel wer sie ausübe ...«? Daß ihr eine Verlockung innewohnt, daß sie ihren vermeintlichen Inhaber unter den Zwang ständiger Machtsicherung und -erweiterung bringen und damit zum Sklaven machen, selbst aber zum Götzen werden kann, wird kaum jemand bestreiten wollen. Wer von diesem Götzen lebt, singt sein Lied, identifiziert sich mit ihm — wie im NT die Besessenen. Und immer wird er behaupten, sein Dienst diene der besseren Wohlfahrt aller. So lauert hinter der Macht auch heute »das Dämonische«, wie immer es der aufgeklärte, mündige Mensch bezeichnen will. Im Gespür für die Gefährdung der eigenen Existenz durch etwas, das zugleich für seine Erhaltung unverzichtbar ist, dürfte die Unsicherheit des Menschen dem Phänomen der Macht gegenüber ihren Grund haben.

Liegt die Lösung des Problems in der Kontrolle der Macht, wie sie auf der Basis des demokratischen Gedankens immer lauter gefordert wird? Sie ist insofern realistisch, als sie mit der Versuchbarkeit und Schwachheit des Menschen rechnet und die Versuchung des Mißbrauchs weitgehend zu bannen vermag, der jeder im Besitz von Macht Stehende ausgesetzt ist. Freilich, sie selbst könnte unversehens wieder in ein Streben nach mehr Macht umschlagen oder zum allgemeinen Schaden — etwa mangels zureichender Kenntnis der Zusammenhänge und Ursachen — die nötige Ausübung von Macht blockieren. Gleichwohl, die »*balance of power*«, bekannt als Grundsatz der Verfassungen und der außen- und innenpolitischen Verhältnisse, scheint das relativ beste Mittel, Machtausübung zugleich zu ermöglichen und zu beschränken.

Liegt die Möglichkeit und Versuchung zum Mißbrauch in der Macht als solcher, so doch wohl kaum die Veranlassung dazu. Da es zum Wesen der Macht gehört, daß Nutzen oder Schaden von ihr nur durch ihre Anwendung ausgehen können, dürfte es sich letztlich um ein Problem des Umgangs mit der Macht, also des menschlichen Verhaltens handeln. Sollte dann aber nicht der Mißbrauch der Bestimmungs- und Verfügungsmöglichkeit über Menschen und Mittel seine tiefste Ursache darin haben, daß der Mensch nicht mehr abhängig von Gott und seinem Auftrag sein, sondern seinerseits die anderen und die Welt nach dem Bilde seiner Vorstellungskraft umformen will? Diesen Menschen nennt die Bibel den gefallenen Menschen. Solange er lebt, behält alle menschliche Macht ihre Problematik. Auch im Namen Gottes sind Machtmißbrauch und Gewalttat geschehen! Aber hat denn unter dem entgötterten Himmel eitel Humanität Einzug gehalten? Zeigt sich nicht auch dies, daß der Versuch der Ausklammerung Gottes auch dem menschlichen Lebensbereich seine feststehende Mitte nimmt und damit die Maßstäbe des Verhaltens der Willkür preisgibt?

II. Die Hoffnung der Bibel richtet sich darum auf ein Weltregiment, das durch den Frieden Gottes als gerechte Ordnung aller Verhältnisse bestimmt ist und damit auch allen Menschen die wahre Freiheit bringt. Das ist schon im AT erkennbar, indem das im ersten Buch der Bibel gezeichnete Bild von der Herrscherstellung des Menschen im Kosmos im seiner Entstehungszeit nach letzten Buch des AT – nun im endzeitlichen Horizont – wiederkehrt (Dan 7 die Vision vom Menschensohn, der mit der Herrschaft über die Welt belehnt wird). Das hier gebrauchte Bild des von oben kommenden, ewig dauernden Reiches, das durch den »Menschensohn« (→ Sohn Gottes), den vor Gott stehenden, endzeitlichen Menschen dargestellt wird, kann doch nur dahin verstanden werden, daß die Erfüllung der Hoffnung auf ein wahrhaft humanes Weltregiment nicht von den Mächtigen dieser Erde, überhaupt nicht aus dem Schoße der (alten) Menschheit heraus erwartet wird, sondern erst mit dem neuen Menschen kommen kann und somit Gottes Gabe ist.

Das NT verkündigt dann, daß Jesus dieser neue Mensch ist, die Erfüllung der Hoffnung auf die neue Weltordnung, indem ihm nun alle Macht im Himmel und auf Erden gegeben ist (Mt 28,18). Er widersteht der Versuchung zum eigennützigen Gebrauch der Macht, wie es die Perikope von seiner Begegnung mit dem Satan in der Wüste ausdrücken will und wie es die Evangelisten bei seinem Weg ans Kreuz und zum Tode deutlich erkennen lassen. Sein irdisches Wirken ist dadurch gekennzeichnet, daß er sich aller eigenen Kraft entäußert und Gottes Macht durch sich wirken läßt, indem er zum Diener der anderen wird. Es ist weiter dadurch charakterisiert, daß er sich an die Außenseiter der Gesellschaft, an die von ihren Mitmenschen Gemiedenen und, wie man glaubte, der Macht des Teufels Verfallenen wendet. Indem er ihnen das Menschsein vor Gott und mit den anderen wieder ermöglicht, tritt die Kraft der Gottesherrschaft in Erscheinung und wird zugleich ein Maßstab für den Gebrauch aller den Menschen anvertrauter Macht aufgerichtet: Müßte nicht auch sie der Versöhnung und dem Ins-Recht-Setzen dienen?

Aber Jesus erregte gerade mit diesem Weg Anstoß und Ärgernis. Sollte das Gottes Machthaber sein, der sich so verachten und verstoßen läßt und schließlich schimpflich am Galgen endet, als gescheiterter Rebell? Es kann deshalb kaum verwundern, wenn bei einem Vergleich des Gekreuzigten mit den Mächtigen dieser Zeit oder anderen Machtentfaltungen der Geschichte die Rede von der Macht Gottes nicht mehr recht verfangen will. Muß sie nicht geradezu absurd erscheinen? Geht der Himmel nicht doch mit den stärksten Flinten, wie das Sprichwort sagt? Es ist die Situation des 73. Psalms, die damals wie heute von denen, die es mit diesem Gott halten, als Spannung zu ertragen ist. So steht im Zentrum der nt. Botschaft gerade die Erkenntnis, daß Gottes Macht sich eben nicht im Glanz offenbart, sondern hinter → Kreuz und → Leiden verbirgt. Das eigentümliche Beieinander von Machtfülle und Macht*verzicht*, von vollmächtigem »Ich aber sage euch« und verzweifeltem »Mein Gott, warum hast du mich verlassen?« enthüllt das Wesen des Weges Jesu und der Machtäußerung Gottes.

III. Wenn nun aber Christ-Sein → Nachfolge Jesu bedeutet, oder, anders gesagt, → Gemeinschaft mit Christus, Zugehörigkeit zu seinem → Leib, dann kann auch der Umgang des Christen mit der Macht und sein Urteil darüber nur von Jesus her und durch seinen Geist bestimmt sein. Wird die Kirche sich von daher nicht immer wieder bei ihrem Wirken in der Gesellschaft fragen müssen, ob sie in den Wegen ihres Herrn geht, also ohne Demonstration eigener Macht auf das Wirken der Macht Gottes hofft? Es könnte ja sein, daß sie, dem menschlichen Gefälle folgend, sich selbst aufzubauen, zu sichern, Eindruck zu machen sucht und damit den Weg des Kreuzes verlassen hätte. Würde sie, indem sie sich selbst unter die »Mächte« als Konkurrentin einreiht oder gar den Anspruch einer – nur geistigen? – Alleinherrschaft erhebt (man denke an vorkonziliare Konkordate, an Tendenzen der Schul- und Kulturpolitik und staatsvertraglich gesicherter Privilegien), nicht blind und untauglich für ihren prophetischen Auftrag, allen Machtbestrebungen der Menschen den Anspruch Gottes entgegenzuhalten? Jedenfalls ist die »Durchsetzung« des Evangeliums mit Mitteln menschlicher Macht zum Scheitern verurteilt, weil sie das Kreuz zur Farce macht, an dem allein doch Glaube entstehen kann.

Wer immer mit Christus verbunden ist, wird, wenn er für sich selbst Macht sucht, in deren Sog geraten und Christus verlieren. Die Macht Gottes soll nach seiner Verheißung da erfahren werden, wo Menschen in den Weg Jesu zu den Unterdrückten und Gequälten eintreten. Freilich, wohl nur der wird Freiheit und Vollmacht haben, der Tyrannis und Versklavung entgegenzutreten, der nicht die angefochtene Position für sich selbst sucht. Vielleicht ist der Weg des gewaltlosen Widerstandes hier dem Evangelium am angemessensten (M. L. King, aber auch M. Gandhi). Aber es wird dem Christen auf diesem Wege der Ohnmacht menschlich kaum anders ergehen als seinem Herrn. Gott hat die Erhöhung hinter das Kreuz gestellt (vgl. Phil 2,5ff).

Bedeutet das für den Christen den grundsätzlichen Verzicht auf die Ausübung der Macht, auf die Einnahme entsprechender Positionen, wie er von manchen gefordert wird? Oder könnte es doch nötig sein, auch auf die Gefahr des Schuldigwerdens hin, um des Schutzes der Schwachen und um einer besseren Gerechtigkeit willen angetragene Macht zu ergreifen, weil nur mit ihrer Hilfe eine Änderung der Verhältnisse erreichbar ist? Ist aus diesem Grunde im Extremfall womöglich sogar die aktive Bekämpfung der die Macht Mißbrauchenden gefordert (vgl. schon die reformatorische Diskussion um den Tyrannenmord)? Solche Fragen können wohl nur in je konkreter Entscheidung und persönlichem Wagnis beantwortet werden; in einem kasuistischen System ist für sie kein Raum. Eines aber ist gewiß: Wer die Hand an die Hebel der Macht legt, darf von der christl. Gemeinde nicht allein gelassen werden; er braucht neben sich den Bruder, der ihm Mund und Priester Gottes wird. Darum bedarf die Welt einer Gemeinde, die in der Freiheit Christi lebt und so in der Welt die Hoffnung auf die kommende Machtoffenbarung Gottes lebendig hält.

O. Betz/L. Coenen

Lit.: OSchmitz, Der Begriff δύναμις bei Paulus, in: Festschrift A. Deißmann, 1927, 139ff – WGrundmann, Der Begriff der Kraft in der neutestamentlichen Gedankenwelt, 1932 – GvRad/KGKuhn/KLSchmidt, Art. βασιλεύς, ThWb I, 1933, 562ff – WFoerster, Art. ἐξουσία, ThWb II, 1935, 559ff – WGrundmann, Art. δύναμαι, ThWb II, 1935, 286ff – OSchmitz, Art. θρόνος, ThWb III, 1938, 160ff – CSchneider, Art. κάθημαι, ThWb III, 1938, 443ff – HvCampenhausen, Zum Verständnis von Joh 19,11, ThLZ 78, 1948, Sp. 387–392 (= Aus der Frühzeit des Christentums, 1963, 125–134) – ESchweizer, Die Herrschaft Christi und der Staat im NT, BEvTh 11, 1949 – HvCampenhausen, Zur Auslegung von Röm 13, Festschr. f. A. Bertholet, 1950, 97ff (= Aus der Frühzeit des Christentums, 1963, 81ff) – KHartenstein, Der wiederkommende Herr, 1954[3], 82ff – AStrobel, Zum Verständnis von Röm 13, ZNW 47, 1956, 67ff – HBardtke/HDWendland, Art. Macht, EKL II, 1958, 1205ff – OMichel, Das Problem des Staates in nt. Sicht, ThLZ 83, 1958, 61ff – EKäsemann, Röm 13,1–7 in unserer Generation, ZThK 56, 1959, 316ff – EBammel, Ein Beitrag zur paulinischen Staatsanschauung, ThLZ 85, 1960, Sp. 837–840 – FCMorrison, The Powers That Be, 1960 – NSöderblom/DGeorgi/KELøgstrup/RDahrendorf, Art. Macht, RGG IV, 1960[3], 564ff – OCullmann, Der Staat im NT, 1961[2] – BGerhardsson, Memory and Manuscript, ASNU XXII, 1961, 223.292 – GDelling, Röm 13,1–7 innerhalb der Briefe des NT, 1962 – FNeugebauer, Zur Auslegung von Röm 13,1–7, KuD 8, 1962, 151ff – VZsifkovitis, Der Staatsgedanke nach Paulus in Röm 13, 1–7, 1964 – WEichrodt, Der Prophet Hesekiel, ATD 22, 1965[2] – MBoutier, Christianity according to Paul, StBTh 49, 1966, 66ff – RWalker, Studie zu Röm 13,1–7, ThExh NF 132, 1966 – WEichrodt, Theol. d. AT II, 1968[8], 102 (zum Thronbesteigungsfest) – LGoppelt, Der Staat in der Sicht des NT, Christologie und Ethik, 1968, 190ff – EKäsemann, Grundsätzliches zur Interpretation von Röm 13, in: ders., Ex. Vers. u. Bes. II, 1968[3], 204ff – WAffeldt, Die weltliche Gewalt in der Paulus-Exegese, 1969 – MHengel, Gewalt und Gewaltlosigkeit, 1971 – WSchrage, Die Christen und der Staat nach dem Neuen Testament, 1971 – MBorg, A New Context for Rom 13, NTSt 19, 1972/73, 205ff – JFriedrich/WPöhlmann/PStuhlmacher, Zur historischen Situation und Intention von Röm 13,1–7, ZThK 73, 1976, 131ff.

Mahl → Herrenmahl

Mann → Mensch

Mensch

Der griech. Grundbegriff ἄνθρωπος *[ạnthrōpos]* (vgl. Anthropologie = Lehre, Wissenschaft vom Menschen) bezeichnet die *Gattung Mensch* im Unterschied von Göttern und Tieren, das *Menschengeschlecht* bzw. die *Menschheit.* Sind in diesem allg. Sinn Männer und Frauen, Kinder und Greise unter einem gemeinsamen Oberbegriff zusammengefaßt (vgl. auch das deutsche »man«), so meint ἄνθρωπος *[ạnthrōpos]* innerhalb der Gattung Mensch speziell den *Mann,* gelegentlich auch den *Diener* bzw. → *Sklaven,* im Unterschied zum → Herrn (vgl. Art. κύριος). In der Bedeutung *Mann* berührt sich ἄνθρωπος *[ạnthrōpos]* mit ἀνήρ *[anæ̣r],* das im Unterschied zur → Frau den *Mann* als Ehemann, Bräutigam, Krieger oder Held kennzeichnet (auch ἄρσην *[ạrsæn], männlich*). Es hängt mit der antiken Identifikation von Mann und Mensch zusammen, daß ἀνήρ *[anæ̣r]* die allg. Bedeutung *Mensch* annehmen kann, während diese Gleichsetzung für → Frau (γυνή *[gynæ̣]*) nicht belegt ist.

ἀνήρ *[anæ̣r]* Mann

ἀνήρ

ἀνήρ *[anæ̣r]* (belegt seit dem myken. Griech.) findet sich profangriech. seit Hom. in allen Bedeutungen, die auch LXX und NT kennen: a) der *Mann* im Gegensatz zur → Frau (Plato, Gorg. 514E); b) *Ehemann* (Hom. Od. 6,182ff); auch *Bräutigam* (vgl. St.-B. II,393ff); c) *Erwachsener* (Xenoph. Cyrop. VIII,7,6), *Krieger;* d) zur Bezeichnung der *Männlichkeit* (Aristoph. Ach. 77ff; auch: *Ehrenmann, Held*); e) *Mensch* (Hom. Il. 1,544; → ἄνθρωπος). I

Im AT nähern sich mehrere hebr. Wörter (vor allem *'īsch, Mann,* und *'ænōsch, Menschen, Leute;* aber auch *ba'al, Ehemann; gæbær, Hausvorstand; gibbōr, Held, Krieger; zaqēn, Ältester; nāsī, Prophet; 'ādōn, Herr* u. a.) diesen verschiedenen Bedeutungen (LXX übers. oft einfach ἀνήρ *[anæ̣r]*). Der Mann ist Herr der Frau (Gen 3,16; 18,12). Nur er ist rechts- und kultfähig (Ex 23,17 par; 1Sam 1,3f). Doch finden sich neben dieser gemeinorientalischen patriarchalischen Lebensordnung auch Hinweise auf Pflichten gegenüber der Frau, vor allem in späteren at. Schriften (zB Dtn 20,7; 21,14; 22,13ff; 24,5), gelegentlich auch im Spätjudentum (zB b Jeb 62b; vgl. auch St.-B. III,610a. Vgl. → Frau, Art. γυνή II). II

1) Im NT erscheint ἀνήρ *[anæ̣r]* in den unter I genannten Bedeutungen: a) Mt 14,21; 1Kor 11,3ff (anstatt ἀνήρ *[anæ̣r]* oft ἄρσην *[ạrsæn], männlich,* im Anschluß an das AT: Mk 10,6 par und Röm 1,26f; vgl. Gen 1,27); unbetont Apg 3,14; 10,28; in typischer Anredeform III

Apg 15,7.13 u. ö. – b) Mk 10,2.12 par; Röm 7,2f; Eph 5,22ff; Tit 1,6 (als *Verlobter*, vgl. Mt 1,19; 2Kor 11,2; Offb 21,2 mit Dtn 22,23). – c) 1Kor 13,11; vgl. Jak 3,2. – d) Gereiftheit und Würde einschließend Lk 23,50; Apg 6,3.5. – e) Lk 5,8; Jak 1,20 (in Anlehnung an griech., auch at. Gebrauch).

Am häufigsten begegnet ἀνήρ *[anær]* bei Lk und Paulus. Während Paulus ἀνήρ *[anær]* oft zur Unterscheidung von γυνή *[gynæ]* verwendet (zB 1Kor 7,1–16), gebraucht Lk ἀνήρ *[anær]* meist in der allgemeineren Bedeutung von → ἄνθρωπος *[anthrōpos]* (zB Lk 11,31; 19,7; Apg 2,5 u. ö.).

2) Die Gemeinde (→ Kirche) ist im NT nach Ordnung und Ämtern stark vom Mann her bestimmt, wie auch der Zwölferkreis Jesu nur Männer umfaßte (doch vgl. → Frau, Art. γυνή III). Seine besondere Qualifizierung erhält der Mann jedoch nicht mehr von seiner Kultfähigkeit, vielmehr von Christus her, den widerzuspiegeln er gewürdigt und berufen ist (1Kor 11,7). In der Reihenfolge Gott – Christus – Mann – Frau (1Kor 11,3ff) ist jedes Glied »Haupt« des folgenden, umgekehrt jedes folgende der »Abglanz« (δόξα *[doxa]*) des vorhergehenden. Diese Qualifizierung des Mannes bedeutet aber nicht mehr Bevorzugung, sondern wesenhaft Auftrag und Verantwortung, – wie die Frau die ihre hat, denn vor Gott sind Mann und Frau nach Gal 3,28 letztlich gleichgestellt (vgl. auch 1Petr 3,7). Diese Gleichstellung der Geschlechter vor Gott, die jedoch keine Nivellierung ihrer geschöpflichen Unterschiede bedeutet, ist das bemerkenswert Neue am Christentum, das sich dadurch von der in der Antike verbreiteten Verachtung der Frau abhebt.

Bei der Parallelisierung von Christus und dem Mann in Eph 5,25.28 (vgl. Kol 3,19; 1Petr 3,7) liegt der Vergleichspunkt einzig in der Verpflichtung des Mannes, die Frau in der gleichen Weise zu lieben, wie Christus seine Gemeinde liebt, dh ganz ihr zugewandt, in Hingabe und Selbstlosigkeit zu leben. *Männlich sein* (ἀνδρίζομαι *[andrizomai]*), das als Aufruf neben »wachen« und »im Glauben stehen« 1Kor 16,13 genannt wird (vgl. 2Sam 10,12 LXX), ist Ausdruck höchster Anforderung, wie es hinsichtlich der ganzen Gemeinde als letzte Zielsetzung gelten kann, »ein vollkommener Mann« zu werden (Eph 4,13).

H. Vorländer

ἄνθρωπος

ἄνθρωπος *[anthrōpos]* Mensch · ἀνθρώπινος *[anthrōpinos]* menschlich

I ἄνθρωπος *[anthrōpos]* (belegt seit dem myken. Griech.), *Mensch*, auch *Mann* (fem. *Weib*, meist verächtlich gebraucht); die Etymologie ist umstritten (möglicherweise ἀνήρ *[anær]* + ωφ *[ōph]*: *Manns-Gesicht*). Davon abgeleitet ist ἀνθρώπινος *[anthrōpinos]*, *menschlich, zum Menschen gehörig* (seit den Vorsokratikern, Hdt.).

Im Profangriech. bezeichnet ἄνθρωπος *[anthrōpos]* den Gegensatz zu Tieren, auch zu Göttern (Homer). In verächtlichem Sinn meint es den *Sklaven* (Hdt. u. a. auch fem.). Mit vorwurfsvollem Unterton, urspr. Sklaven gegenüber (Hdt.), steht der Vokativ: *Mensch!* (Plato). Als allg. Bezeichnung ist ἄνθρωπος *[anthrōpos]* oft durch *man* wiederzugeben.

II 1) Die hebr. Entsprechung zu ἄνθρωπος *[anthrōpos]* ist *'ādām* (als Artbenennung, im Gegensatz zu Gott 1Sam 15,29; zu Tieren Gen 1,26; sofern sie nicht geschlechtlich definiert ist Gen 2,7ff.18ff; → ἀνήρ; → Frau, Art. γυνή) oder *'isch, Mann* (zB Gen 2,24) bzw. *'ænōsch, Menschen* (oft in der Bedeutung *schwache Sterbliche*, Ps 8,5).

In beiden Schöpfungsberichten (Gen 1,1ff; 2,4bff) ist der Mensch höchstes Geschöpf (Gen 1: Abschluß und Krönung; Gen 2: Mittelpunkt der Schöpfung). Sein Menschsein ist gewährtes Leben (2,7b) in der Entsprechung zu Gott (1,27a). Er ist der Anrede und des Auftrags Gottes gewürdigt (2,16f; 1,28). Durch Ungehorsam verfällt er dem Tode: *'ādām* (Zusammenhang mit *'adāmāh, Erde*) ist nicht mehr nur Hinweis auf seine Geschöpflichkeit (2,7), sondern auch auf seine Vergänglichkeit (3,19).

2) Eine dem Griechentum entsprechende Zwei- oder Dreiteilung des Menschen in νοῦς *[nous]* – ψυχή *[psychæ]* – σῶμα *[sōma]*, *Geist-Seele-Leib*, kennt das AT nicht. Folgende Begriffe bezeichnen (in ungefährer Abgrenzung gegeneinander) nicht T e i l e, sondern A s p e k t e des Menschen, dh jeweils ihn als ganzen:

a) → Fleisch (hebr. *bāsār*), oft: der Mensch in seiner Vergänglichkeit (Ps 78,39).

b) → Geist (*ruach*), der Mensch als Lebendiger (Ps 146,4), als Person (Ez 11,19 par: Geist und Herz, dh der Mensch in bezug auf Gott).

c) → Seele (*næphæsch*), der Mensch als mit dem Körper verbundenes Leben (1Sam 19,11b), als Individuum (Dtn 24,7a; Ez 13,18f). Die Seele ist weder präexistent noch unsterblich, da sie der ganze Mensch ist (Gen 2,7).

d) → Herz (*lēb, lēbāb*), der innere, eigentliche Mensch im Gegensatz zum äußeren Erscheinungsbild (Hi 12,3; 1Sam 16,7b). Durch die LXX-Übers. strömt griech. Denken in die Begriffe mit ein, wie es im Spätjudentum sich durchsetzt und dem NT vorliegt.

3) Eine pessimistische Auffassung vom Menschen findet sich in einem Teil der Weisheits-Lit. (Pred, Hi 14). Sie wird in den Qumrantexten radikalisiert. In immer neuen Formulierungen wird die schlechthinnige Nichtigkeit, Vergänglichkeit und Sündhaftigkeit des Menschen ausgesagt. Nach dem »Katechismus« der Sektenschrift (1QS III,13–IV,26) zerfallen die Menschen in zwei Gruppen: die unter dem Geist der Wahrheit stehenden »Kinder des Lichts« (→ Licht, Art. φῶς) und die unter dem Geist des Frevels stehenden »Kinder der Finsternis« (→ Finsternis, Art. σκότος). Zugleich aber kämpfen im Herzen der Menschen der Geist der Wahrheit und der Geist des Frevels um die Herrschaft, woraus sich die Sünde auch der Frommen erklärt.

Ein anderer Zweig des Spätjudentums zeigt die Entwicklung zum Leib-Seele-Dualismus (4Makk 2,21f), im hell. Judentum mit leibfeindlicher Anschauung (4Esr 7,88.100); nach Josephus ist Erlösung Befreiung der Seele vom Leib. Die Gottebenbildlichkeit des Menschen wird auf den νοῦς *[nous]* (*Verstand, Vernunft*) beschränkt.

4) Diese dualistische Anschauung des Menschen findet sich in der hell. Welt vor allem in der Gnosis (zB Corp. Herm. I,15.18.21), mit der sich weite Teile des NT auseinandersetzen (zB Joh). Aus der Stoa stammt der Gedanke der Gottverwandtschaft, den Apg 17,28f aufnimmt.

Im NT ist (wie im AT) die Frage nach dem Menschen wesentlich die nach seiner → Sünde III
und → Erlösung. Abstrakte Definitionen liegen fern. Der Mensch unterscheidet sich von Tieren und Pflanzen (Mt 4,19; 12,12; 1Kor 15,39; Offb 9,4), von Engeln (1Kor 4,9; 13,1), von Christus (Gal 1,12; Eph 6,7), von Gott (Mt 7,11; 10,32f; Mk 10,9; Joh 10,33; Apg 5,29; Phil 2,7). ἄνθρωπος *[anthrōpos]* in geringschätziger Bedeutung findet sich Jak 1,7; in bezug auf Jesus Mk 14,71 par; Joh 19,5. Jesus wird ἄνθρωπος *[anthrōpos]* genannt hinsichtlich seiner wahren Menschlichkeit (Phil 2,7; 1Tim 2,5). Als seine Selbstbezeichnung finden wir υἱὸς τοῦ ἀνθρώπου *[hyios tou anthrōpou]*, *Menschensohn* (→ Kind, Art. υἱός). κατὰ ἀνθρώπους *[kata anthrōpous]* bzw. κατὰ ἄνθρωπον *[kata anthrōpon]*, *nach Menschenweise*, steht oft synonym mit ἀνθρώπινος *[anthrōpinos]*, *menschlich* (1Kor 3,3; 15,32; Röm 3,5; 1Petr 4,6; vgl. Röm 6,19; 1Kor 10,13). Ist ἄνθρωπος *[anthrōpos]* geschlechtlich definiert, kann es wie im Profangriech. synonym mit → ἀνήρ *[anær]*, *Mann*, gebraucht werden (Mt 11,8; 19,5; 1Kor 7,1).

Wie das AT bietet auch das NT keine geschlossene Anthropologie. Aussagen über den Menschen sind jeweils Teile theol. Aussagen. Immer erscheint er als der Mensch vor Gott: in seiner Geschöpflichkeit – abgehoben von anderen Geschöpfen und von Gott – und Vergänglichkeit; in seinem Angesprochen- und Erwähltsein, in seinem Gehorsam und Ungehorsam und in seinem Stehen unter Gottes Zorn und Gnade. Einheit und Gleichheit der Menschen sind nicht Postulate abstrakter Ideen, sondern realisieren sich in der Gemeinde (Gal 3,28 par; vgl. Jak 2,1ff); durch Christus geschieht der Zusammenschluß »zu einem neuen Menschen« (Eph 2,15). Gleichzeitig ergeben sich neue Differenzierungen durch Gottes erwählendes Handeln in Christus (Mt 20,16) und durch die Verschiedenheit der Geistesgaben in der Gemeinde (1Kor 12).

1) Synoptiker: Der Mensch als Geschöpf schuldet Gott Gehorsam und Dienst ohne Anrecht auf Lohn (Lk 17,7ff). Jesu Bußruf an alle setzt das Sündersein aller voraus (Mk 1,15; Mt 6,12; zu Mt 5,45; 9,13; Lk 15,7 usw. vgl. → Sünde, Art. ἁμαρτία). Gleichzeitig finden sich Aussagen über den großen Wert, den der Mensch (Mt 6,26b; 10,29f), auch als Sünder (Lk 15), vor Gott hat. Seine Bestimmung ist »Vollkommenheit« und »Gotteskindschaft« (Mt 5,45.48). – Lk 2,14 spricht in semitisierender Weise von ἄνθρωποι εὐδοκίας *[anthrōpoi eudokias]*. Damit sind nicht, wie die Vulg. übers., die Menschen guten Willens gemeint (lat. *homines bonae voluntatis*). Vielmehr bringt der Genitiv ein Besitzverhältnis zum Ausdruck:

Menschen als Eigentum göttlichen Wohlgefallens; gemeint ist also die »auserwählte messianische Heilsgemeinde« (JJeremias, ThWb I,365).

2) P a u l u s : Der alte Mensch ohne Christus (παλαιὸς ἄνθρωπος *[palaiọs ạnthrōpos]*, der unbekehrte Mensch) verhält sich gesetzlich (Röm 2,17ff) oder ungesetzlich (Röm 1,18ff; V. 23f: das ihm über Gott Bekannte »verkehrend«, dadurch selbst »verkehrt«, dh pervertiert); in beiden Fällen ist er unfrei und schuldig. Neben Aussagen über seine Verantwortlichkeit stehen solche über seine Unfähigkeit (vgl. Röm 2,1 Unentschuldbarkeit mit 7,18f Unfähigkeit zum Guten), – eine Spannung, die Paulus nur in Gott aufgehoben und in Christus überwunden sieht (Phil 2,12b.13). Durch Christus, den neuen Menschen (καινὸς ἄνθρωπος *[kainọs ạnthrōpos]*; zweiter Adam Röm 5,9ff; 1Kor 15,21f.45ff) wird der Mensch frei, selber neue Kreatur (2Kor 5,17; vgl. Eph 4,22ff par). In der Taufe wird der alte Mensch mit Christus gekreuzigt (Röm 6,6) und durch die Eingliederung in den Leib Christi ein neuer Mensch geboren (→ Geburt, Art. παλιγγενεσία). An ihn richtet sich der Imperativ, das zu sein, wozu Christus ihn gemacht hat (Eph 4,22ff; Röm 6,6ff; Kol 3,9ff). Nicht »in sich selbst« ist er der neue Mensch, sondern – als je neue und neu zu erbittende Gewährung – »in Christus«: Röm 8,1ff schildert ihn als den geistbegabten Menschen; Röm 7,14ff zeigt ihn als den *simul iustus et peccator*. Paulus unterscheidet außerdem zwischen dem inneren und äußeren Menschen (2Kor 4,16 ἔσω καὶ ἔξω ἄνθρωπος *[ẹsō kai ẹxō ạnthrōpos]*), dh zwischen seinem eigentlichen Sein, oft καρδία *[kardịa]* (→ Herz) genannt, und der äußeren Erscheinung. Daneben finden sich als wichtigste anthropologische Begriffe (vgl. II,2):

a) σῶμα *[sọ̄ma]*, → *Leib* als Person, Ich (Phil 1,20; in doppelter Bedeutung 1Kor 15,44; vgl. Phil 3,21). Ohne Abwertung des Leiblichen 1Kor 15,35ff; 6,19.

b) σάρξ *[sarx]*, → *Fleisch* (gelegentlich mit σῶμα *[sọ̄ma]* synonym) als der (vergängliche) Mensch (2Kor 4,10f); darüber hinaus zur Bezeichnung der Sündhaftigkeit (Röm 8,1ff; 1Kor 15,50), doch ohne naturhaften, vielmehr in geschichtlichem (Adam) und schuldhaftem Zusammenhang.

c) ψυχή *[psychæ̣]*, → *Seele*: der Mensch als Lebewesen, Person (2Kor 12,15; 1Kor 15,44 abwertend gegenüber dem σῶμα πνευματικόν *[sọ̄ma pneumatikọn]*).

d) πνεῦμα *[pnẹuma]* (→ *Geist*) hat bei ähnlicher Bedeutung wie σῶμα *[sọ̄ma]* und ψυχή *[psychæ̣]* eine gewisse Nähe zu dem modernen Begriff »Selbstbewußtsein« (Röm 8,16).

e) Aus dem griech. Denken finden sich bei Paulus vor allem: νοῦς *[nous]*, → *Vernunft*, also der Mensch als Wissender (Röm 7,23), und συνείδησις *[synẹidæsis]*, → *Gewissen* (Röm 2,15: auch bei Heiden!).

3) Die j o h a n n e i s c h e n Aussagen sehen den Menschen als dem κόσμος *[kọsmos]*, der → Welt verfallen (in Auflehnung gegen Gott), daher sein eigentliches Sein verfehlend (»Lüge«), durch Jesu Kommen aber vor die Entscheidung gestellt (der naturhafte gnostische Dualismus wird zum Entscheidungsdualismus, vgl. Joh 3,3ff »Wiedergeburt«). In dieser Entscheidung erweist der Mensch, »woher« er ist: »aus dem Kosmos« oder »aus Gott« (vgl. Joh 8,47 und 1Joh 4,5 mit Joh 5,24 u. a. neben dem Entscheidungsruf: Joh 6,44 par!). Aber auch hier findet sich keine Abwertung der »Materie« (Joh 1,14), vielmehr wird der ganze Mensch durch Jesus frei (Joh 8,31ff) und gewinnt so das Leben (5,24; 11,25f).

H. Vorländer

V ZUR VERKÜNDIGUNG

I. Eine theol. Lehre vom Menschen unterscheidet sich im Ansatz von allen notwendigen wissenschaftlichen Teilaspekten der Anthropologie. Denn theol. kann der Mensch nicht für sich, also zB aus der Analyse seiner Eigenschaften oder aus der Abgrenzung zum Tier definiert werden, sondern nur von d e m her, dem sich nach der Erkenntnis des christl. Glaubens alles menschliche Leben verdankt. Stärkster Ausdruck dieses Menschenbildes in Beziehung zum Schöpfer (→ Schöpfung) ist die Lehre von der G o t t e s e b e n b i l d l i c h k e i t des Menschen (→ Bild, Art. εἰκών). Diese Lehre verbindet das Menschenbild des AT und NT, sie ist der Anthropologie von Juden und Christen gemeinsam. – Der Christ e r -

kennt sie von dem her, der die Mitte der Schrift ist, Jesus Christus, und der uns den Erkenntniszugang zum Anfang und zu unserer menschlichen Bestimmung eröffnet. Jesus Christus ist das Ebenbild Gottes. Wir sind zum Ebenbild Gottes bestimmt. → Glauben heißt in diesem Sinne: in der Hör- und Gehorsamsverbindung mit Christus bleiben, um in der → Nachfolge seinem Ebenbilde gleichgestaltet zu werden. Somit ist die Aussage von der Gottesebenbildlichkeit aller Menschen, Gen 1,26ff, auch als eine Bestimmungsaussage zu verstehen. Der Mensch ist als Geschöpf Gottes beauftragt, Platzhalter Gottes gegenüber der nichtmenschlichen Schöpfung zu sein.

Dieser Auftrag schließt für den Menschen die Aufgabe der Weltbemächtigung ein. Der Mensch wird damit Träger einer ihm von Gott zugewiesenen Funktion. Nicht in der Substanz oder Qualität menschlichen Daseins wurzelt diese Beauftragung, sondern sie selbst ist grundlegende Zusage, der in bejahendem Vollzug unter dem Segen Gottes entsprochen werden soll. Die Gabe der Gottesebenbildlichkeit ist mithin in der Treue Gottes verankert und nur von ihr her zu verstehen; sie unabhängig von seiner segnenden Anrede zu verdinglichen, etwa in der Vernunft oder Seele des Menschen, hieße des Segens Gottes entraten wollen.

(Diese Verdinglichung der Gottesebenbildlichkeit versuchte die klassische mittelalterliche Anthropologie, um das Menschsein des Menschen in Verantwortlichkeit auch für den Sünder zu wahren. Dagegen setzte sich die reformatorische Theologie ab mit der Behauptung, durch die Sünde sei die Gottesebenbildlichkeit fast oder ganz verloren.) Der heutigen Texterkenntnis gemäß wird man positiv von einer unverlierbaren Gottesebenbildlichkeit reden müssen, sofern es um das gültige Versprechen Gottes geht, negativ von einem Verwirken der Gottesebenbildlichkeit überall dort, wo der Mensch sich von der Gottesbeziehung emanzipiert.

Die Analogie, die in der Gottesebenbildlichkeit zugesagt ist und sich ereignet, ist eine vertikale: Wie Gott seinem Abbild herrschend, ordnend und anordnend gegenübertritt, so tritt der Mensch, wenn er selbst mit Gott in Ordnung ist, der übrigen Schöpfung gegenüber.

Die Geschlechtlichkeit des Menschen ist »kein Erdenrest zu tragen peinlich«, sie ist der höchsten Zusage an den Menschen eingeordnet und zugleich seiner Platzhalterschaft in der Herrschaft über die Erde dienstbar gemacht (Gen 1,28). Sie ist Unterschiedenheit (und zwar die einzige grundsätzliche; die Menschen sind nicht, wie es in dem priesterschriftlichen Schöpfungsbericht im Blick auf die übrige Kreatur heißt, »nach ihren Arten« geschaffen!) in der Einheit des Abbildseins (»Er schuf den Menschen ... ihm zum Bilde ... männlich und weiblich schuf er sie«, Gen 1,27). Wenn man sie aber zur Gottesebenbildlichkeit selbst erheben oder als zentrales Element für das Verständnis des Menschen ausgeben will, hat man mit Sicherheit die Linien des bibl. Zeugnisses verlassen (→ Ehe; → Liebe). Die Hineinnahme der Geschlechtlichkeit in die Bestimmung der Gottesebenbildlichkeit bedeutet, zugleich ihre Wirkung als wesentlichen Faktor wie auch ihre Dezentrierung in bezug auf das Gesamtbild des Menschen zu wahren.

Von der Christuswirklichkeit aus muß für alle Menschen die Gottesebenbildlichkeit geglaubt, für die Anrede an sie und für ihr Tun erhofft und erbeten werden. Wo die Gottesebenbildlichkeit im Sinne der beauftragenden Zusageform wirklich geglaubt wird, wird daraus folgern, daß wir in jedem Menschen das Abbild Gottes sehen: In dem der eigenen wie der anderen Rasse, im Gleichgesinnten ebenso wie im Gegner, im Geisteskranken, im Unbescholtenen und Philantropen wie im Verbrecher, im Sterbenden wie im Feind (vgl. Mt 25). Apartheid, Rassenhaß, Menschenvernichtung jeder Art und Euthanasie sind dadurch eindeutig verboten. – Eine christl. Theol., die die → Sünde zum Mittelpunkt hätte und deshalb vom Sündenpessimismus charakterisiert wäre, ist damit ausgeschlossen. Praktizierte Lehre von der Gottesebenbildlichkeit wird heute den Menschen in seiner unerhörten Machtanhäufung darauf anzureden haben, von wem er Auftrag und Voraussetzung zu seinem Tun hat, wessen Segen er bedarf und wem er deshalb Verantwortung schuldet, wenn er nicht das Chaos heraufführen will.

Auch viele Grenzsituationen, die durch die Technisierung der Gesellschaft und die ihr zugrunde liegenden Erkenntnisse wissenschaftlicher Forschung bedingt sind, wären unter dem Aspekt der Gottesebenbildlichkeit des Menschen neu zu bedenken. Wird der Mensch den Möglichkeiten und den Gefahren gewachsen sein, die sich ihm eröffnen? Wie weit sollen und dürfen zB Menschen in der Forschung und durch technische Manipulation andere Menschen zum Objekt ihrer Steuerungsexperimente machen, bis hin zu den Eingriffen in die molekulargenetischen Strukturen? Gibt es einen grundsätzlichen Unterschied zwischen dem Experiment mit Zustimmung und den medizinisch-biologischen KZ-Experimenten des 3. Reiches? Wo liegt die Grenze, hinter der Menschen dann nicht mehr auf ihre Gottesebenbildlichkeit hin angeredet, sondern nur (vgl. die α- bis ε-Typen in A. Huxley: Schöne neue Welt!) noch als »Material« oder »Versuchskaninchen« verstanden werden können? Das Problem des möglicherweise realisierbaren *homunculus* aus der Retorte wie auch des Ersatzteilmenschen, bedarf einer verbindlichen theol.-ethischen Antwort; nicht minder die Gefahr der Selbstausrottung der Menschheit durch atomare, bakterielle und chemische Waffen. Diese Antwort wird den Vorwurf des Kulturpessimismus und auch des prinzipiellen Nonkonformismus und der Vaterlandslosigkeit nicht scheuen dürfen.

II. Die heilsnotwendige Christusbindung des Menschen faßt das NT vornehmlich in die Rede von der »neuen Schöpfung« bzw. vom »neuen Menschen«. Dieser Wirklichkeit des neuen Menschen wird kein Verständnis gerecht, das im Blick auf den Menschen allein gebannt bleibt: weder das bloße Fürwahrhalten des neuen Menschen noch seine Demonstration im pietistischen Bekehrtsein, noch das Selbstwissen um den Fortschritt in der eigenen Heiligung, geschweige denn exemplarische Heiligsprechung. Aus all diesen Irrwegen kann nur die Erkenntnis Jesu Christi herausführen, dessen, der selbst der neue Mensch ist (Kol 1,15; Röm 8,29; vgl. Gal 3,27 mit Eph 4,24; s. o. I). Denn in seinem →Kreuz und seiner → Auferstehung ist der alte Mensch schon mitgestorben und der neue schon geschaffen zu neuem Leben. Nichts am Sein des neuen Menschen ist möglich und geschieht, was im zuvorkommenden Tun Jesu Christi nicht schon vorweggenommen wäre. So stellt sich christl. Existenz dar als diejenige, in der sich das Sein des Menschen in Jesus Christus spiegelt (nach KBarth, KD IV,1,98): Diejenigen, die in der Taufe mitgestorben und mitauferweckt sind, entsprechen in einem geistgewirkten Handeln (Eph 4,24.29c.30) dem Urteil Gottes, das in der Versöhnungstat Jesu Christi gültig über die Menschen ergangen ist.

Der eine neue Mensch, Jesus von Nazareth, der sein Menschsein erweist als Menschsein vor Gott in Gehorsam, Gebet, demütiger Entscheidung, im Menschsein für Menschen, ist der, den »man sich überhaupt nicht anders vorstellen kann als eben den Liebenden, der nun für die anderen, die vielen lebt, so daß sich plötzlich zeigt, daß alle anderen auf ihn angewiesen sind« (EFuchs, Jesu Selbstzeugnis nach Mt 5, ZThK 1954, 27). In den Machtbereich solcher Kraft ist einbezogen, wer durch → Glauben in personaler Verbundenheit mit Jesus Christus lebt. Für einen solchen Menschen gelten drei Zeitkategorien: *nicht mehr* (der alte Mensch), *schon jetzt* (der neue Mensch), *noch nicht* (der vollendete Mensch). Damit ist die Bewegungsrichtung eindeutig gegeben: Im → Glauben ist der alte Mensch tot, in der → Liebe lebt der neue Mensch und in der → Hoffnung geht er auf den vollendeten zu (Eph 4,30b). Eine grundsätzliche Schaukelbewegung zwischen dem alten und dem neuen Menschen kann es nicht geben (vgl. KBarth, KD IV.2,647; zum Vergangensein des alten Menschen s. u. die Begriffe aus dem gleichen Abschnitt, 461–540). Eine derartige Teilhabe an Christus ist de facto schon im Gange, wo Menschen in das Ereignis der sich versammelnden, lebendigen und in ihre Umwelt hinausgesandten Gemeinde einbezogen werden. In diesem Ereignis kommt es dann auch zur → Nachfolge als Lebensvollzug des neuen Menschen. Sie geschieht nicht abseits vom Bruder, sie kann weder in einer bloß inneren Einstellung sich erschöpfen noch an äußerlichen Verhaltensweisen allein abgelesen werden; sie hat gewiß einen Anfang, aber sie wird in einem Leben nie abgeschlossen sein. Wer in die Nachfolge Christi hineingenommen ist, wird damit in die Bewegung mitgenommen, die Gott in Jesus Christus vollzogen hat und vollzieht. Sie beansprucht den ganzen Menschen. Da Christus ihr vorgeordnet ist als sich durch seinen Geist Gebender, ist sie ein Dürfen und erst darum ein Müssen.

Sich dem Verständnis dessen, was der »neue Mensch« ist, von heutigen soziologischen Gegebenheiten her zu nähern, gibt es eine Reihe von Zugangswegen: Die Redeweise »Ich komme mir vor wie ein neuer Mensch« (»fühle mich wie neugeboren«) ist gängig und bringt mit sich den kritischen Vergleichspunkt zu dem Vergangenen, Abgelegten, was vorher war. Sie kann das Ergebnis einer Kur, einer befreienden Aussprache, einer erleichternden Entlastung von erdrückenden Aufgaben bezeichnen, aber auch Ausdruck sein für jenen immer wiederholten Wechsel, den der

Mensch der Industriewelt durch das Ablegen der Arbeitskleidung und -mentalität und des Subordinationsdenkens und das Anziehen der Freizeit- und Ausgehkleidung sowie der ihr entsprechenden Stimmung täglich vollzieht. Gerade im Blick auf diesen Kleidungs-, Orts- und Zeitwechsel pflegt der Mensch von heute sehr scharf zu trennen zwischen vorher und nachher, zwischen gebundenem und freiem Gestaltungsraum. Erst als solcher »neuer Mensch«, frei von den durch Technik und Arbeitsrhythmus bestimmten Auflagen, kann er wirklich, wie er meint, er selbst sein. Die Vergleichbarkeit, die sich hier anbietet, darf freilich nicht als Allegorie dahin abrutschen, daß vom »neuen Menschen« dann nur im Blick auf die Freizeit die Rede sein könnte. So gewiß das neue Menschsein unter einer neuen → Freiheit steht, so wenig kann es doch auf einzelne Bereiche beschränkt bleiben; vielmehr wird es als zeichenhafter Einbruch der neuen Welt Gottes sich gerade an den Engpässen menschlicher Existenz zu bewähren haben.

Das Christuszeugnis der Evgg. erschließt eine Fülle von Angeboten, die Wirklichkeit des neuen Menschen, der in Jesus von Nazareth schon Wirklichkeit ist, als Aufruf zur Nachfolge zu verkündigen. Auch dies sollte nicht in einem willkürlichen Eklektizismus geschehen, sondern in klarer geistlicher Prüfung dessen, wovon heute und hier sich abzusetzen geboten ist (zB Prestigesucht, allgemeinem Ethosverlust, Kollektivegoismus u. ä.), und wo umgekehrt der heutige »neue Mensch« sich vordringlich zu bewähren hat (zB Freiheit von aufzehrender Sorge, mitmenschliche Verläßlichkeit, Feindesliebe u. ä.). – Es wird darauf ankommen, die Hörer in ein Nachdenken über die »Dummheit«, »Unmenschlichkeit«, »Verlotterung«, »Sorge« des alten Menschen und die besondere Verpflichtung (»Heiligung«), »Nachfolge« (vgl. KBarth, KD IV,2,422ff!) des neuen einzubeziehen.

Schließlich ermutigt die Verkündigung des NT, den sozialen Kontext der Rede vom »neuen Menschen« anzugehen und darin die subtileren Formen der → Sünde zu entlarven und die unauffälligen Möglichkeiten der → Liebe zu erkennen: ZB → Lüge als Zusage von nicht einhaltbaren Terminen, dadurch Glaubwürdigkeitsverlust der Gemeinde nach innen und außen; → Wahrheit als die Kunst, auch »nein« sagen zu können oder als christl. Zuverlässigkeit in unzuverlässiger Umwelt; → Zorn als letzte affektive Explosion nach vielfachem Versäumen der Gelegenheit geduldigen Dialogs, zB in der Kindererziehung (als Folge die erschreckende Zahl von Kindestotschlag) oder in der Auseinandersetzung mit politischen Gegnern; die Unfähigkeit, aber auch das Angebot, die zerstrittenen Tage in zerstrittenen Gemeinschaften mit dem Gebet um Vergebung oder wenigstens dem Angebot der Vergebung abzuschließen; die weitverbreitete, bedenkenlos geübte Weise des mühelosen Besitzerwerbs auf Kosten der Gesellschaft und im Gegensatz dazu der Sinn der eigenen Arbeit zum Gewinn diakonischen Überschusses; die Pflicht der Christen, sich an der Vergiftung des sozialen Klimas durch Haßrede, Herabsetzung, Zynismus u. ä. nicht zu beteiligen, sondern stattdessen im Reden ausgleichend, vermittelnd, verbindend zwischen die Fronten zu treten. Insgesamt die Notwendigkeit konstruktiven mitmenschlichen, sozialen und eigentlich hoffnungsvollen und Hoffnung weckenden Verhaltens inmitten der um sich greifenden Generationen-, Gruppen- und Weltblock-Machtkämpfe. Wo dieser Notwendigkeit als neuer Mensch entsprochen wird, erleben wir »Weitergabe von → Gnade im Alltag«. *H. H. Eßer*

Lit.: RBultmann, Römer 7 und die Anthropologie des Paulus, in: Imago Dei, Festschr. G. Krüger, 1932, 53–62 (= Exegetica, 1967, 198ff) – JJeremias, Art. ἄνθρωπος, ThWb I, 1933, 365ff – EKäsemann, Leib und Leib Christi, 1933 – AOepke, Art. ἀνήρ, ThWb I, 1933, 362ff – WGutbrod, Die paulinische Anthropologie, 1934 – GvRad/HSchlier/EWolf, Der alte und der neue Mensch, Aufsätze zur theol. Anthropologie, BEvTh 8, 1942 – KLSchmidt, Homo imago Dei im AT und NT, Eranos-Jahrb. XV, 1947, 149ff – WGKümmel, Das Bild des Menschen im NT, AThANT 13, 1948 (2. Aufl.: Man in the New Testament, 1963) – WZimmerli, Das Menschenbild des AT, ThExh NF 14, 1949 – WEichrodt, Das Menschenverständnis des AT, 1951² – KBarth, Christus und Adam nach Röm 5, Ein Beitrag zur Frage nach dem Menschen und der Menschheit, Theol. Stud. 35, 1952 – JNSevenster, Die Anthropologie des NT, Numen, Suppl. II, 1955, 166ff – WDStacey, The Pauline View of Man, 1956 – CHRatschow/ASKapelrud/NADahl, Art. Mensch, RGG IV, 1960³, 860ff – EBrandenburger, Adam und Christus, WMANT 7, 1962 – RBultmann, Der Mensch und seine Welt nach dem Urteil der Bibel, Glauben und Verstehen III, 1962², 151ff – HJStoebe/HJWachs/WTrillhaas/HPleßner, Art. Anthropologie, EKL I, 1962², 131ff – PAlthaus, Paulus und Luther über den Menschen, 1963⁴ – WEichrodt, Theol. des AT I, 1963⁷ – AFlitner (Hrsg.), Wege zur pädagogischen Anthropologie, 1963 – RBultmann, Theologie des NT, 1965⁵, §§17–20 – ders., Das Verständnis von Welt und Mensch im NT und im Griechentum, Glauben und Verstehen II, 1965⁵, 59ff – ders., Adam, wo bist du? Über das

Menschenbild der Bibel (edb. 105ff) – ders., Adam und Christus nach Röm 5, in: Exegetica, 1967, 424ff – HMynarek, Der Mensch, das Wesen der Zukunft, 1968 – KHSchelkle, Theologie des NT I, Schöpfung – Welt – Zeit – Mensch, 1968, 91ff – EKäsemann, Zur paulinischen Anthropologie, in: ders., Paulinische Perspektiven, 1969, 9ff – WDMarsch, Christliche Anthropologie und biologische Zukunft des Menschen, PTh 58, 1969, 198ff – HvOyen, Verantwortung und Norm im Hinblick auf die Situationsethik, ThZ 25, 1969, 91ff – Der Mensch als Bild Gottes, hrsg. v. LScheffczyk u. a., 1969 (= Wege d. Forschung, 124) – MHengel, Was ist der Mensch?, in: Probleme biblischer Theologie, Festschr. GvRad, hrsg. v. HWWolff, 1971, 116ff – RJewett, Paul's Anthropological Terms, 1971 – JMoltmann, Mensch, 1971 (= ThTh, 11) – GHaufe, Grundzüge des neutestamentlichen Menschenbildes, ZdZ 27, 1973, 41ff – HWWolff, Anthropologie des Alten Testaments, 1973.

Messias → Jesus Christus

Mittler → Bund

Mose

Μωϋσῆς

Μωϋσῆς *[Mō·ysæs]* Mose

I Die griech. Namensform **Μωϋσῆς** *[Mō·ysæs]* (ab LXX) stammt wohl aus ägypt. Quellen (Pauly-Wissowa 31, 1933, 360); das hebr. *mōschäh* ist wohl von altägypt. *mś(j)* abzuleiten und heißt *Sohn* (vgl. Thutmose = Thots Sohn). Mose ist also Kurzname, ohne Gottes-Element.

II 1) In den alten Erzählungen von Ex und Num erscheint Mose als charismatischer Führer einer aus vielen Elementen zusammengesetzten Nomadengruppe (Num 11,4), die im östlichen Nildelta an den Städten Pithom und Ramses als Fronarbeiter eingesetzt waren (Ex 1,11). Ins ägypt. Milieu paßt die Adoption eines Semiten durch eine hochgestellte ägypt. Dame (vgl. Ex 2,1–10), – Semiten konnten zu Beamten und Militärs aufsteigen. Nach Ex 3,1 wurde Moses zum charismatischen Führer, als er zu den als Händlern über die Sinaihalbinsel wohl bis Ägypten und NW-Arabien wandernden Midianitern floh und als Hirte des Priesters von Midian das Jahweheiligtum am Gottesberg entdeckte, an dem ihm eine Erwählungstheophanie widerfuhr (3,4ff). Mit dem Auftrag, seine Stammverwandten aus Ägypten zum Dienst am Gottesberg zu führen (3,12), veranlaßte Mose die Willigen zur Flucht (14,5), nach 10,21ff im Zusammenhang einer Finsternis, während welcher unter den Ägyptern ein Würger umging (11,21–23). Die Vernichtung einer verfolgenden ägypt. Streitwagentruppe im Meer (nicht sicher lokalisierbar) wurde zur Berufungsgewißheit der Mose-Gruppe, als die »Prophetin« Mirjam Jahwes Wirken in Worte faßte (15,20f: Jahwe rettete durch die chaotische Macht des Meeres). Für die Dauer einer Generation (Num 14,21–23) wurde die Wüste zum Ort ihrer Wanderungen mit dem Sinai als Hauptheiligtum (Lokalisierung unsicher).

Die Mose-Erzählungen sind durch einen Rigorismus bestimmt, der sich wohl aus der Gefährdung einer in der tödlichen Wüste wandernden Gruppe erklärt. Mose vertritt die Führung des offenbar gewordenen Gottes. Ein Konflikt entsteht leicht um Wasserstellen; Ex 15,22–26 erzählt, wie man eine »bittere« fand (Mara) und Jahwe Mose diese heilen ließ (»dort gab er Satzung und Recht«). Nach 17,1–7 (Massa/Meriba) wurde eine solche Krise so hart, daß Mose um sein Leben fürchtete (V. 4); eine Theophanie mit außergewöhnlicher Wassergabe (V. 6) war die göttliche Antwort auf Moses Schrei um Rechtshilfe (wohl Kades = *ʿēn el-kdērāt*, ca. 80 km südsüdwestl. von Beerseba). Num 11,1–3 schildert eine Krise des Undanks: ein schnell ausbrechendes Feuer als göttliche Antwort auf das Murren des Volkes; ähnliches nach dem Verzehr von Wachteln bei Kibrot Ha-Taawa (Num 11,33f), als das Mischvolk den Verlust der »Fleischtöpfe Ägyptens« trotz seiner Befreiung beklagte! Klassisch wurde der Konflikt mit Datham und Abiram (Num 16,12–15; neben Korach-Gruppe) wegen des Vorwurfs überzogener Führungsansprüche des Mose, sowie der Konflikt mit Mirjam um den Empfang des führenden Wortes (12,2ff). Vielleicht gehört dazu auch der Kampf Moses gegen die Führung durch das Gottes b i l d (Ex 32,2 – vom Sinai 4aα) mit den Tafeln des Gottes w o r t e s (16), als das Volk der Führung des Mose beraubt schien (32,1).

Die Sinai-Offenbarung enthält nach der Tradition einerseits schroff eine Chaos-Erscheinung (der Berg bebte, Rauch stieg auf, Ex 19,18), andererseits Jahwes gnädiges Wort (20,22 »vom Himmel her«; 19,19 »Mose redete mit Gott, Gott antwortete im Donner«). Bei der unerhörten Strenge dieser Offenbarung sind unentbehrlich die beiden am Sinai/Gottesberg gegebenen »Erklärungen« zum Gottesnamen: 3,14: »Als der Gegenwärtige bin ich gegenwärtig«; 33,19: »Wem ich gnädig bin, bin ich wirklich gnädig; wessen ich mich erbarme, erbarme ich mich!«.

2) Vor dem Exil scheint die Mose-Tradition nur im Nordreich wichtig gewesen zu sein (Hos 12,14), – die Propheten erwähnen Mose sonst eher in unbedeutendem Zusammenhang (wie die → Apostel in den verschiedenen Kirchen verschiedene Beachtung fanden). Grundlegende Bedeutung erkannte man Mose erst in der mit der dtn. Bewegung anhebenden Phase zu, die voll wirksam wurde in der nachexilischen Reorganisation unter Esra (Nehemia), durch die das »Gesetz des Himmelsgottes« (persönliche Titulatur) für alle, die sich zu diesem Gott bekannten, zur Lebensgrundlage wurde. So hatte bereits Dtn 30,19f Mose als den großen Tora-Übermittler geschaut, der dem Volk Leben und Tod vorgelegt hatte. Aus dieser großartigen Tradition stammt u. a. der kurze Titel »Mose« für den Pentateuch (neben »Propheten«; so in Jos, Ri, 1/2Kön, Jes, Jer, Ez, Zwölfpropheten), in dem »Mose« für den Titel »Tora« steht, der keineswegs nur »Gesetz« heißt, sondern das bezeichnet, was es von Jahwe, dem Gott Israels, grundlegend zu sagen gibt, sei es erzählend oder gebietend (»Weisung«). Demnach galt Mose in der Zeit des NT als Typos von → Erwählung und → Gebot, von → Liebe und → Gerechtigkeit Gottes.

3) Im Hellenismus gab es über Mose fast nur antijüd. Nachrichten. Da außerhalb Jerusalems kein jüd. Opferkult legitimiert war, betrachtete man Juden häufig als ἄθεοι *[atheoi]* (die dem Göttlichen nicht die gebührende Ehre erwiesen; im 2. Jh. auch für Christen gebraucht) und Mose teils als Verächter jedes Kultes, teils als Zauberer und Betrüger. Mit Bewunderung sprachen von Mose (bei vom gesamten Hellenismus geteilter Ablehnung der Tora) nur Hekataios und Poseidonios. Hekataios lobte die Bildlosigkeit; Poseidonios meinte, Mose, urspr. ägypt. Priester, habe Ägypten wegen dessen in Tiergestalt ausgedrückten Gottesbegriffes verlassen und eine urspr. gesetzesfreie Gemeinschaft gegründet, indem er verehrte, »was wir Himmel und Kosmos und Physis insgesamt nennen« (Pauly-Wissowa, XVI, 361ff).

4) Im hell. Judentum ist wichtig der Mose-Roman (1. Jh. vChr): Mose als Lehrer der Menschheit, der geniale Mensch und ideale Fromme, in Herrlichkeit gestorben bzw. in den Himmel genommen; seine Geburt weissagten ägypt. Zauberer dem Pharao, der daraufhin Kindermord befahl (Pauly-Wissowa aaO). Im palästinensischen Judentum ist Mose der einzigartige Lehrer Israels, in volkstümlichen Erzählungen Typos für die Befreiung aus Fremdherrschaft.

Im NT ist Mose die am häufigsten erwähnte at. Gestalt (80mal). Zur Bezeichnung der Schrift III
als »Mose und die Propheten« siehe oben II,2. Die nt. Tradition bestimmt das Verhältnis von Mose und Jesus unterschiedlich.

1) M a r k u s : Mose wird als Gesetzgeber anerkannt (1,44). Sein Gesetz beweist gegen die Sadduzäer die Totenauferstehung (12,19.26), gegen die Tradition der Schriftgelehrten das Gebot Ex 20,12 (Mk 7,10f; 14f zeigt Jesu neue Autorität). Bei der Verklärung Jesu erscheinen Elia und Mose, die einst (wie Jesus jetzt) wegen ihres Auftrages unter der Feindschaft des Volkes gelitten haben (9,4f). Petrus mißversteht die himmlische Erscheinung als irdische und meint, die neue Wüstenzeit sei gekommen, da die 3 Gestalten der Endzeit (Mose, Elia und Messias Joh 1,21.25; vgl. CD IX,11; 4Q test. 5ff) vereint sind.

2) M a t t h ä u s gleicht Jesus sehr an Mose an. Zur Geburtstradition vgl. die Ausgestaltung der Mose-Tradition (s. o. II,4), ferner Ägypten als Fluchtziel (zu 2,20 vgl. Ex 4,19). – Jesus blieb 40 Tage ohne Essen und Trinken in der Wüste wie Mose auf dem Sinai (4,1ff). Vor allem ist er der neue Gesetzgeber (passim), der wie Mose Segen (5,3ff) und Fluch (23,13ff) austeilt. Das mosaische Lehramt der Schriftgelehrten wird anerkannt (23,2f), aber zugleich dadurch überboten, daß man unter Jesu Anleitung eine bessere Gerechtigkeit als die Pharisäer üben soll (5,17–20).

3) L u k a s sieht Jesu Verbundenheit mit Mose in der Funktion des Propheten gegeben. Apg 3,22; 7,37 zitieren Dtn 18,15.18: »Einen Propheten wie (Mose) ...« Wie Mose in Wort und Tat machtvoll war (7,22), war Jesus ein machtvoller → Prophet vor Gott und dem Volk (Lk 24,19; vgl. 7,16; 4,24; 13,33). Wie Mose gibt Jesus 70 (72) ausgewählten Männern Anteil an seiner Macht und seinem Geist (10,1.17ff, später über Mose hinaus der ganzen Kirche). Wie Mose litt (Apg 7,25ff), wie ihn das Volk verleugnete und Gott ihn doch als Herrscher und Erlöser sandte (7,35), mußte Jesus (nach Mose und den Propheten) von den Hohepriestern und Schriftgelehrten in den Tod gegeben und von Gott zum Herrscher erhöht werden (Lk 24,27.44; vgl. Apg 26,22; 28,23). Wer daher nicht auf Mose und die Propheten hört, glaubt auch dem Auferstandenen nicht (Lk 16,29–31). Es ist unwahr, daß Stephanus (Apg 6,11ff) und Paulus (21,20ff) Abfall von den »Sitten« des Mose lehren. Aber die Glaubensgerechtigkeit, die Jesus schenkt, konnte Moses Gesetz nicht geben (13,38).

4) Paulus stellt Mose und Christus antithetisch gegenüber, dem entsprechend, daß Jesus tatsächlich die Grundlage des damaligen Judentums erschüttert hat, indem er als Offenbarer, nicht als Ausleger des Mose auftrat und die Liebe zu Gott und dem Nächsten zum Maß für die Tora-Auslegung machte, fußend auf der bedingungslosen Sündenvergebung. Am wichtigsten ist 2Kor 3,7ff: Demnach verfügte Mose nur über das »Amt des Todes«, dem nur vergängliche Herrlichkeit zukam (Anspielung auf Ex 34,29ff). Der Sinn dieser schroffen Antithese ist es klarzubehalten, daß die Tora (»Mose«) von sich aus nur bis zum Tode führte, obwohl sie dem Leben hatte dienen sollen (Röm 7!). Die Möglichkeit beispielhafter Existenz ist aber nur für das Leben unter der Tora (Röm 9,15f; 10,19), nicht etwa für geistliche Gaben überhaupt (1Kor 10,2ff) ausgeschlossen.

5) Johannes steht dem Judentum am schroffsten gegenüber: Die die Schrift deutende Lehre Jesu kommt unmittelbar von Gott und nicht aus ihrem Studium (7,15f). Wer Gottes Willen tun will (das 1. Gebot, nicht einzelne Gebote!), wird erkennen, ob die Lehre von Gott ist (V. 17). Aber keiner der Juden tut das Gesetz, da sie sich an dessen Buchstaben und nicht, wie es fordert, an Gott selbst (dh an seinem Offenbarer) orientieren (V. 19). Denn Moses Gesetz als solches ist durch Jesus überholt (1,17). Es verklagt die Juden aber bei Gott, weil es vom Offenbarer, der wie Mose sein wird (Dtn 18,15.18), Zeugnis ablegt (Joh 5,39.45ff). Zwar erkennt das Volk richtig, daß Jesus der verheißene Prophet ist (6,14). Aber indem es ihn zum König machen will (V. 15), verkennt es, daß sein Reich nicht von dieser Welt ist (18,36). Die »Juden« sind hier überall nicht als Nation gesehen, sondern als die religiös herausragenden Repräsentanten einer irrenden Welt. So ist Jesus Brot des Lebens und nicht Brot für die Welt ((6,32—35.48—51), und die weltlich greuliche, entehrende Kreuzigung eine Erhöhung zur Herrlichkeit wie die Schlange des Mose in der Wüste (3,14f): ewiges Leben hat jeder, der dieser Erhöhung glaubt.

6) Der Hebr betont die Überbietung des Vorbildes Mose durch die Erfüllung in Christus (3,2ff; 8,5). Christi Gemeinde wird nicht zum Sinai geführt, bei dessen Feuer, Rauch, Blitz und Donner selbst Mose in Furcht geriet, sondern zur herrlichen himmlischen Gottesstadt (12,18ff). — Mose als Vorbild des Glaubens, auch im Leiden, schildert 11,23ff, als Führer aus Ägypten 3,16, als Gesetzgeber 7,14.

7) Isoliert begegnen die Stellen Offb 15,3 (der Zug durchs Meer ist Vorbild für die Rettung der Heiligen aus einem Leiden der Endzeit), das Fragment Jud 9 (spätere Tradition sagt, der Satan habe mit Michael gestritten, als Mose einen Ägypter ermordete) und 2Tim 3,8 (nach dem Mose-Roman waren Jannes und Jambres die ägyptischen Zauberer, die das Schlangenwunder nachmachten, St.-B. I,660ff). *H. Seebaß*

Lit.: HGressmann, Mose und seine Zeit, 1913 — JJeremias, Art. Μωυσῆς, ThWb IV, 1942, 852ff — HKremers, Art. Mose, EKL II, 1958, 1458ff — RSmend, Das Mosebild von H. Ewald bis M. Noth, 1959 — MNoth, Überlieferungsgeschichte des Pentateuch, 1960², 172ff — EOswaldt, Art. Moses, RGG IV, 1960³, 1151ff — GvRad, Theologie des AT I, 1962⁴, 303ff — HSeebaß, Mose und Aaron, Sinai und Gottesberg, 1962 — WEichrodt, Theologie des AT I, 1963⁷, 190ff — FStier/EBeck, Moses in Schrift und Überlieferung, 1963 — SFreud, Der Mann Moses, 1964 (Bibliothek Suhrkamp 131. Aus: Gesammelte Werke XVI, 1961²) — AHJGunneweg, Mose in Midian, ZThK 61, 1964, 1ff — SHerrmann, Mose, EvTh 28, 1969, 301ff — HSchmid, Mose, 1968 (= BhZAW, 110) — HCazelles/Avan den Born, Art. Moses, in: Bibellexikon, hrsg. HHaag, 1968², 1160ff — LPerlitt, Mose als Prophet, EvTh 31, 1971, 588ff — ANissen, Gott und der Nächste im antiken Judentum, 1974.

Mühe → Last

Nachfolge

Daß Menschen abhängig werden, daß ihr Leben ganz oder zeitweise durch einen anderen bestimmt wird, kann sich in verschiedenartiger Weise äußern, vom zeitweiligen interessiert-neugierigen Mitziehen oder Nachlaufen bis zum dauerhaften Jüngerverhältnis des Schülers zum Lehrer oder Meister. Im NT haben die Vokabeln, die zu diesem Begriffsfeld der Nachfolge gehören, vor allem Bezug auf das Verhältnis zu Jesus bzw. werden für den Lebensvollzug des Glaubens gebraucht. Die ἀκολουθέω *[akolouthẹō]*-Gruppe bezeichnet die Aktion des Menschen, mit der er dem Ruf Jesu antwortet, die Neuausrichtung der gesamten menschlichen Existenz im Gehorsam. Synonym damit wird dort, wo es sich auf die Nachfolge Jesu bezieht, ὀπίσω *[opịsō]* gebraucht. μαθητής *[mathætæs]* ist der, der den Ruf Jesu gehört hat und sich ihm anschließt. μιμέομαι *[mimẹomai]* unterscheidet sich davon insofern, als es vor allem den Nachvollzug eines bestimmten Verhaltens unterstreicht.

ἀκολουθέω

ἀκολουθέω *[akolouthẹō]* nachfolgen · ἐξακολουθέω *[exakolouthẹō]* Folge leisten · ἐπακολουθέω *[epakolouthẹō]* nachfolgen · παρακολουθέω *[parakolouthẹō]* begleiten, begreifen · συνακολουθέω *[synakolouthẹō]* mitfolgen

1) ἀκολουθέω *[akoloutheō]*, aus ἁ (idg. * *sm* = *zusammen*; vgl. die Zahl εἷς *[heis]*) und κέλευθος *[kẹleuthos]* = *Pfad* (seit Homer) gebildet, ist im profanen Griech. seit Thuk. belegt. Es bedeutet a) *mit jemandem einen Weg machen, begleiten*; b) *hinterhergehen, folgen*, auch *verfolgen* in feindlicher Absicht. – Neben den wörtlichen tritt schon bald der übertragene Gebrauch: »Der Rede folgen, verstehen« (Plato), »der Meinung folgen, übereinstimmen« (Plato), »sich anpassen« (Thuk.). Neben dem Verb kommen Substantivierungen vor im Sinne von *Nachfolger, Nachfolge* usw. Die Komposita sind ἐξακολουθέω *[exakolouthẹō], nachfolgen, nachspähen*; ἐπακολουθέω *[epakolouthẹō], nachfolgen, verfolgen*; παρακολουθέω *[parakolouthẹō], begleiten, begreifen*; συνακολουθέω *[synakolouthẹō], mitfolgen, beistimmen.* I

2) Im Hellenismus (Stoa) erhält ἀκολουθέω *[akolouthẹō]* in religionsphilosophischer Hinsicht Bedeutung. Es wird gebraucht, um die Übereinstimmung des Weisen mit dem Weltgesetz (νοῦς *[nous]*; → Vernunft; φύσις *[phỵsis]*; → Natur) zu bezeichnen. Gott (oder der Natur) »folgen« bezeichnet die Grundrichtung philosophischen Lebens. *Nachfolge* bedeutet hier soviel wie »durch Sicheinfügen wesensähnlich werden«. Dahinter steht die griech. Ansicht von der natürlichen Gottverwandtschaft des denkenden Menschen.

1) Im AT lautet der entsprechende Begriff *hālakh acharē*, wörtlich: *hinterhergehen* (1Kön 19,20 mit → ὀπίσω *[opịsō]*: Elisa will Elia als Diener *nachfolgen*); verächtlich: *nachlaufen* (Hos 2,7 [LXX 5] ebenfalls mit ὀπίσω *[opịsō]*: Israel, mit einer Hure verglichen, läuft hinter ihren Buhlen her). An den meisten Stellen werden die Begriffe der Wortgruppe ganz konkret verwendet ohne bes. theol. Gewicht (zB Ruth 1,14). Der nt. Gebrauch von ἀκολουθέω *[akolouthẹō]* ist in seiner ganz bes. Prägung im AT nicht vorgebildet. Aber auch da, wo andere Begriffe für das Phänomen des Nachfolgens verwendet werden (zB πορεύω *[porẹuō]*), finden sie nur sehr vorsichtig Anwendung auf Jahwe (Dtn 13,5; 1Kön 14,8), meinen dann aber nie ein Ähnlichwerden, sondern stets den Gehorsam. Gott bleibt der Überweltliche, Unvergleichliche, auch als der Bundesgott. So herrscht der negative Gebrauch vor: *hālakh acharē* wird stehender Begriff für den Abfall ins Heidentum (Ri 2,12; Dtn 4,3; Jer 2,5 u. ö.). II

2) Im Spätjudentum findet sich im allg. der at. Gebrauch (vgl. St.-B. I,372). Der negative Gebrauch lebt weiter in den Qumrantexten und bezeichnet den Anschluß an einen Verführer. Eine bes. Bedeutung erhält die Wortgruppe *hālakh acharē* / ἀκολουθέω *[akolouthẹō]* im Rabbinismus. Hier wird damit das Schülerverhältnis zu einem Toragelehrten beschrieben: Der freiwillig sich unterordnende Schüler (*talmīd*) *folgt* dem Rabbi überall hin, als Lernender und vor allem als Diener (→ Art. μαθητής; → Lehre). Das → Dienen gehört wesenhaft zum Erlernen des Gesetzes. Ziel des Lernens und Einübens sind vollständige Kenntnis und Praktizierung der Toratradition in allen Situationen, ohne welche wahre Frömmigkeit kaum möglich erscheint (vgl. St.-B. I,527; → μαθητής II 2).

1) Bereits Art und Abgrenzung des nt. Vorkommens sind von Gewicht: III

a) ἀκολουθέω *[akolouthẹō]* erscheint fast ausschließlich in den Evgg. (56mal Synopt. und 14mal Joh; nur 3mal Apg, 1mal Paulus, 6mal Offb), also in den der rabb. Welt nächststehenden Schriften. Von der im Profangriech. derivatreichen Gruppe kommt nur das Verb vor, meist im Simplex. Die im allg. nie auf Personen bezogenen Komposita treten stark zurück, in den Evgg., außer συνακολουθέω *[synakolouthẹō], mitfolgen* (Mk 5,3–7; 14,51; Lk 23,49), fast gänzlich.

b) Dabei bedeutet aber nicht jedes Nachfolgen Schülerschaft. Ein neutraler Sinn liegt bei den Synopt. dort vor, wo ἀκολουθέω *[akolouthẹō]* im Ind. von der Jesus begleitenden Menge ausgesagt wird (zB Mt 4,25; 8,1; 21,9; auch Mk 10,32). Auf eine bes. Berufung oder Gesinnung kann daraus nicht geschlossen werden.

c) Prägnant wird der Begriff dort, wo er sich auf einzelne bezieht. So erscheint er oft imperativisch im Munde Jesu: Etwa bei den Jüngerberufungen Mt 9,9 par; 19,21 par; 8,22 par; Joh 1,43; 21,19ff (vgl. Mk 1,16ff par mit → ὀπίσω). Dem entspricht die Antwort der Gerufenen, etwa Lk 5,11. Überall ist hier ἀκολουθέω *[akolouthẹō]* der Ruf in die endgültige, enge *Jüngerschaft* des irdischen Jesus und bezeichnet stets deren Beginn. Bei Joh ist eine gewisse Spiritualisierung festzustellen in Richtung auf Gemeinschaft mit dem Erhöhten (bes. 12,26ff!).

d) Das Vorkommen in den paulinischen Briefen und Apg ist theol. ohne Gewicht. In Offb wird an einer Stelle durch ἀκολουθέω *[akolouthẹō]* die Schicksalsgemeinschaft mit dem erwürgten und erhöhten → Lamm bezeichnet (14,4).

2) Für eine theol. Bestandsaufnahme sind zwei Beobachtungen wichtig:

a) Einmal kommt das Simplex ἀκολουθέω *[akolouthẹō]* nirgends im NT metaphorisch vor, stets, gerade auch im prägnanten Gebrauch, bleibt der wörtliche Sinn »hinterhergehen« erhalten. Zum anderen wird ἀκολουθέω *[akolouthẹō]*, außer Joh 21,19ff und Offb 14,4, nur in bezug auf den i r d i s c h e n Jesus gebraucht. Dieser Tatbestand erhärtet die Annahme einer Verwandtschaft mit dem rabb. Lehrer-Schülerverhältnis.

b) Trotzdem hebt sich *Nachfolge* als das Kennzeichen echter Jüngerschaft bei Jesus charakteristisch von der rabb. Schülerschaft ab: α) Jesus wartet nicht auf freien Anschluß, sondern ruft mit göttlicher Vollmacht, so wie Gott selbst im AT die Propheten rief (Mk 1,16ff par; Mt 8,22). β) Jesus ruft nicht zum Erlernen überlieferter Verhaltensweisen, sondern weist in die Zukunft der anbrechenden Gottesherrschaft (Lk 9,59f). Jesu Jünger sein ist »eschatologischer Beruf«, dh Gehilfenschaft im Dienst des nahen »Reiches« (Mk 1,15). Darum haben die zur *Nachfolge* Gerufenen teil an seiner Vollmacht: Sie sind an die gleichen Menschen gewiesen (vgl. Mt 15,24 mit 10,5f), zur gleichen Predigt (vgl. Mt 4,17 mit 10,7), zu denselben Machttaten berufen (Mk 3,14f). Sie werden mit ihm sitzen auf dem Thron des Weltenrichters (Mt 19,28). γ) Wer den neuen »Beruf« ergreift, gibt in der Regel den alten auf. Das ist nicht drückende Vorbedingung, sondern fast selbstverständliche Folge (Mk 1,16ff; Mt 9,9), was gerade an der Gestalt des Reichen (Mk 10,17ff par) deutlich wird: Er scheitert »an dem unerhörten Angebot des ›ewigen‹ Lebens und sinkt in die Trauer seiner irdischen Güter zurück« (GBornkamm, Jesus, 137). Er konnte sich von den alten Bindungen nicht lösen. Auch der Jünger, der bereits in der Nachfolge steht, ist damit nicht der Gefahr enthoben, sich wieder Vorbehalte in der Nachfolge auszuhandeln (vgl. Mt 8,21f par). Hier geht es »um die immer gebotene Neuentscheidung zum ganzen Gehorsam i n der Nachfolge« (HJHeld, aaO, 142). δ) Da der Jünger kein besseres Los erwarten kann als sein Herr (vgl. Mt 10,24f), gehört zur Nachfolge Jesu die Bereitschaft zum → Leiden. Mk 8,34 par heißt es: »Will jemand mir nachfolgen, so verleugne er sich selbst und nehme sein Kreuz auf und folge mir nach.« »Das Kreuz nehmen« bedeutet Leidensbereitschaft (vgl. ThWb IV,6). Leidensbereitschaft aber wird erst ermöglicht durch »Selbstverleugnung«, dh durch Freiheit von sich selbst und allen Sicherungen. Diese Selbstverleugnung wird nur dort möglich, wo sich der Mensch in der Nachfolge bedingungslos Gott überläßt.

c) Joh übernimmt zunächst den synopt. Sprachgebrauch (1,43ff), entkleidet ihn dann aber stärker seiner geschichtlichen Bedingtheit und stellt ihn in den Zusammenhang seiner Gesamtschau: In der Welt der Todesfinsternis ist Jesus erschienen, das → »Licht« und das → »Leben«. Wer ihm »nachfolgt« (8,12), wandelt im Licht, ist gerettet. Hier bedeutet *nach-*

folgen also die gläubige Aufnahme der → Offenbarung. ἀκολουθέω *[akolouthẹō]* bezeichnet damit nichts anderes als → glauben, was dadurch bestätigt wird, daß Joh 12,44 ἀκολουθέω *[akolouthẹō]* durch πιστεύω *[pistẹuō]* abgelöst wird. In der Nachfolge wird die Existenz des Menschen neu bestimmt hin zum wirklichen Leben. Dem Ruf des Hirten *folgen* (10,4.27) bedeutet einerseits Geborgenheit, andererseits aber auch Leidensgemeinschaft mit Christus (12, 26), die zugleich »Erhöhung« mit ihm ist (12,32). »Wie für Jesus selbst die Erhöhung ans Kreuz zugleich das δοξασθῆναι ist, so ist auch die Verheißung der Nachfolge und des Seins, wo er ist, die Verheißung der Teilnahme an seiner δόξα« (RBultmann, Johannes, 326). So gewinnt bei Joh der Ruf zur Nachfolge gleichzeitig den Charakter einer Einladung (8,12) oder Verheißung (13,36).

3) Schon Joh, bei dem ἀκολουθέω *[akolouthẹō]* nun den Akt des Glaubens bezeichnet, zeigt: *Nachfolge* im Ursinn gibt es im NT dem Erhöhten gegenüber nicht mehr. Der Begriff ἀκολουθέω *[akolouthẹō]* bleibt im wesentlichen auf die Evgg. beschränkt. In den übrigen nt. Schriften ist ein Ringen um eine andere Terminologie zu spüren, die die Gemeinschaft mit dem Erhöhten beschreibt, bei Paulus etwa das »In-Christus-Sein«, oder, ethisch gewendet, das »Nachahmen« Christi (zB Phil 2,5–11, μιμέομαι *[mimẹomai]*). *Ch. Blendinger*

μαθητής *[mathætẹs]* Schüler, Jünger · μανθάνω *[manthạno]* lernen — μαθητής

Die Präs.-Form μανθάνω *[manthạnō]* hat beim ersten Auftauchen (bei Pindar) bereits eine mehrstufige Entwicklung hinter sich. Homer benutzt nur die starken Aor.-Formen μάθον *[mạthon]*, ἔμμαθες *[ẹmmathes]*, ἔμμαθεν *[ẹmmathen]* (nur diese drei Beispiele) vom Stamm μαθ- *[math-]*, aus dem dann, zuerst bei Hdt., μαθητής *[mathætẹs]* gebildet wird. Die Wurzel *men-dh* stellt die Verbindung dar von μένος *[mẹnos]* (* μεν- *[men-]*) und τίθημι *[tịthæmi]* (* *dhe*); das Verb bedeutet also: *seine geistige Kraft richten auf*, wobei das Ziel ein Objekt und eine Person sein kann. I

1a) Von der Grundbedeutung her bekommt μανθάνω *[manthạnō]* bei Homer den Sinn *sich einstellen auf etwas, etwas zur Gewohnheit werden lassen* (vgl. Il. VI,444; Od. XVII,226f); in einer anderen Bedeutungsentwicklung auch *sich aneignen* (durch Belehrung oder durch Erfahrung), *lernen* (vgl. Hdt. VII,208).

b) μανθάνω *[manthạnō]* bezeichnet den Vorgang, durch den es zu theoretischer Erkenntnis kommt (so bei Heraklit, Protagoras u. a.). Deshalb spielt dieses Wort im spekulativen Denken seit Sokrates eine bes. Rolle. Sokrates ist der Meinung, daß der Mensch im Lernen in das Wesen aller Dinge – auch in sein eigenes – eindringen soll, damit er über diese »Einsicht« zur Erkenntnis des Sittlichen gelangt, um der Sittlichkeit gemäß praktisch handeln zu können (vgl. vor allem Plato, Dialoge, zB Tim 88a; Theaet. 144b,150bff; Apol 33af; Xenoph., Mem. zB I,4,17; IV 7,1). Platon geht insofern über Sokrates hinaus, daß er »das μανθάνειν *[manthạnein]* näher als ἀνάμνησις *[anạmnæsis]*, dh als Wiedererinnerung an vorzeitlich Gewußtes« bestimmt (KHRengstorf, aaO, 397). Das Wissen von den präexistent geschauten Ideen und Wahrheiten ist also unbewußt in der menschlichen Seele vorhanden und muß nur durch den Lernvorgang bewußt gemacht werden (Plato, Phaed. 72e; Men. 86b). Bei den späteren griech. Philosophen wird μανθάνω *[manthạnō]* rationalisiert und auf den theoretischen Erkenntnisvorgang bezogen.

In den Mysterienreligionen nähert sich der Gebrauch des Begriffes dem von γινώσκω *[ginọ̄skō]* (→ Erkenntnis).

2a) Als μαθητής *[mathætẹs]* wird ein Mensch bezeichnet, der sich an einen anderen bindet, um sich dessen Kenntnisse und Erkenntnisse anzueignen: der *Lehrling* (zB in einem Handwerk), der *Studierende* (zB einer Philosophenschule oder der Medizin). μαθητής *[mathætẹs]* kann man nur sein in der Umgebung eines διδάσκαλος *[didạskalos]*, eines *Meisters* bzw. *Lehrers*, dem der μαθητής *[mathætẹs]* – seit den Sophisten – in der Regel ein Honorar zu zahlen hat (Ausnahme: wenn μαθητής *[mathætẹs]* die geistige Abhängigkeit von einem Denker wiedergibt, der schon lange tot ist). Sokrates selbst wollte allerdings nie μαθηταί *[mathætạ́i]* haben, so wie er sich auch nie als διδάσκαλος *[didạskalos]* verstand (Plato, Laches 186e; Apol. 33a); und zwar deshalb, weil es ihm darum ging, daß der Mensch in der Gemeinschaft mit dem Meister lerne, selbständig in das Wesen der Dinge einzudringen und zur Einsicht zu gelangen. Diese besondere Gemeinschaft, in der der Lehrende und der Lernende sich einem gemeinsamen Ziel (zB der Erkenntnis der Sittlichkeit) verpflichtet wissen, führt weit über das Wesen des »Lehrlings« hinaus hin zum »Jünger«, für den aber nun der Begriff μαθητής *[mathætẹs]* durch die unpersönlich-kommerzielle Bedeutung nicht mehr brauchbar ist (Sokrates lehnt im Gegensatz zu den Sophisten jede Bezahlung durch seine Schüler ab). Seit Sokrates tritt μαθητής [mathætæs] (deshalb?) zur Bezeichnung des *Jüngers* im Meister-Jünger-Verhältnis bei den nachfolgenden griech. Philosophen weitgehend zurück; stattdessen werden Wörter wie ἑταῖρος [hetairos], *Freund*, γνώριμος [gnōrimos], *Kenner*, ἀκόλουθος [akolouthos], *Anhänger*, u. a. gebraucht.

b) In einer Reihe antiker Philosophenschulen ist es zu ausgeprägten Meister-Schüler-Verhältnissen gekommen (zB bei den Pythagoräern, den Neu-Pythagoräern u. a.), indem die Jünger die Sache ihres Meisters weitertrieben und vertraten. Es findet sich in jenen Schulen bereits ein Traditionsprinzip, das in der Forschung lange Zeit nur den Mysterienreligionen zugestanden wurde (vgl. dazu KHRengstorf, aaO, 426).

II 1a) μανθάνω [manthanō] ist von den ca. 40 Stellen, an denen es für ein hebr. Äquivalent steht, 28mal Übers. des hebr. *lāmad, sich an etwas gewöhnen, sich vertraut machen, lernen.*

Bei einer Reihe von Stellen liegt auf μανθάνω [manthanō] in LXX kein theol. Gewicht: »Sie werden nicht mehr den Kampf *lernen*« (Mi 4,3; Jes 2,4); »er *gewöhnte sich*, die Leute zu zerreißen« (Ez 19,3.6) u. ö.

Der t h e o l. r e l e v a n t e G e b r a u c h von μανθάνω [manthanō] wird bes. deutlich im Dtn, wo der dtn. Prediger Israel in der großen Gefahr sieht, die Wohltat Jahwes zu vergessen, den Willen Jahwes nicht mehr zu beachten und damit seine Erwählung und die göttlichen Heilszusagen zu versäumen (vgl. Dtn 6,10–12; 8,17; 9,4–6; 11,2). Es gilt demgegenüber, das gehorsame Tun des offenbarten Gotteswillens neu zu lernen (Dtn 4,10; 14,23; 17,19; 31,12f: Objekt zu μανθάνω [manthanō] ist an allen Stellen φοβεῖσθαι κύριον τὸν θεόν [phobeisthai kyrion ton theon], dh die *Gottesfurcht*). Das Lernen ist hier also der Vorgang, in dem geschehene und erfahrene Liebe Gottes bei den μανθάνοντες [manthanontes] in Gehorsam gegenüber der Tora Gottes umgesetzt wird (vgl. Dtn 4,14); im *Lernen* vollzieht sich das Verstehen der Tora (im Dtn das Ganze der heilsamen Willenszuwendungen Gottes!), und durch das Verstehen das innere Bejahen des göttlichen Willens (vgl. Dtn 30,14).

Ähnlich Ps 119[118],7f.71.73; Jes 1,17; 26,9 u. a.: Der Psalmist erbittet (»daß ich lerne«) solch rechte Einstellung zur Tora, die hier als umfassende Wegweisung sowohl auf Grund des kanonisierten Gottesrechtes wie auch durch mündliche Weisung aus Priestermund verstanden ist (vgl. HJKraus, aaO II,822). Das Lernen zielt somit auf ein entsprechendes Handeln hin (vgl. Ps 119[118], 101). Auch Jes 1,17 geht es »nicht primär um Einzeltaten und Gesetzeserfüllung, sondern um eine grundsätzlich neue Ausrichtung menschlicher Existenz. Jesaja erwartet nicht nur eine neue ›Gesinnung‹, sondern eine andere Grundhaltung, die sich in konkretem Verhalten zur mitmenschlichen Umwelt zu äußern hat« (HWildberger, Jesaja, 47). Objekte von μανθάνω [manthanō] können deshalb zB sein φρόνησις [phronæsis], *Gesinnung*, Bar 3,14; σύνεσις [synesis], *Urteilskraft, Einsicht*, Sir 8,9; σοφία [sophia], *Weisheit*, Weish 6,9; 7,13 u. a.; sie benennen das, was zur Verwirklichung des Gotteswillens nötig ist.

b) μαθητής [mathætæs] findet sich in LXX nur in einer v. l. zu Jer 13,21; 20,11; 26,9, ist also schwach bezeugt. Aber auch das entsprechende hebr. Subst. zu *lāmad*, nämlich *talmid, Schüler*, das später im rabb. Sprachgebrauch eine große Rolle spielt, begegnet im hebr. AT nur 1Chr 25,8. Daß sich im AT kein Begriff für den Lernenden gebildet hat, der das Verhältnis Lehrer-Schüler beschreibt, hängt mit dem Erwählungsbewußtsein Israels zusammen. Was der einzelne Israelit im Blick auf Gottes Willen zu lernen hat, stellt ihn nicht als »Schüler« in ein Verhältnis zum »Meister«, zu Gott, sondern der Einzelne bleibt auch als Lernender immer Teil des ganzen erwählten Volkes, das im göttlichen Wort der Autorität des Erwählenden begegnet. Dadurch ist aber auch ein Jünger-Meister-Verhältnis zwischen Menschen ausgeschlossen, weil der →Priester oder → Prophet eben nicht auf Grund eigener Autorität lehrt. Das äußert sich u. a. darin, daß die Begleiter zB von Mose und den Propheten nicht *Schüler*, sondern *Diener* (*m^{e}schārēt*) genannt werden (Josua Diener Moses Ex 24,13; Num 11,28; Elisa Diener Elias 1Kön 19,29ff; Gehasi von Elisa 2Kön 4,12; Baruch von Jeremia, Jer 32,12f). Es bleibt kein Raum, »neben dem Wort Gottes, das ergeht, auch noch ein menschliches Wort in Geltung zu setzen oder gar die Durchschlagskraft der göttlichen Rede durch ihre Gründung auf die Autorität einer großen Persönlichkeit sicherzustellen« (KHRengstorf, aaO, 433).

2a) Anders im r a b b. J u d e n t u m. Hier ist der *Talmid* derjenige, der sich mit der g a n z e n jüd. Tradition beschäftigt, dh nach Schammai (Schab 31a) mit der schriftlichen Tora (at. biblische Schriften) u n d der mündlichen Tora (παραδόσεις τῶν πρεσβυτέρων [paradoseis tōn presbyterōn], *Überlieferungen der Väter* = Mischna, Midrasch, Halacha, Haggada). Zum *Talmid* gehört nun aber (wie urspr. zum griech. μαθητής [mathætæs]) der *Lehrer*, dem sich der *Talmid* fast sklavenhaft unterzuordnen hat. Es ist die im religiösen Leistungsdenken des Spätjudentums begründete ausgeprägte Kasuistik der rabb. Theol., welche die Voraussetzungen für einen bis dahin in Israel und im Judentum völlig unbekannten Eigenwert menschlicher Autorität geschaffen hat. Weil der Rabbi durch sein Wissen einen unmittelbaren Zugang zu den Schriften besitzt und damit erst das richtige Hören und Verstehen ermöglicht, wird er eine Art Mittler zwischen den *Talmidim* und der Tora. Das Hören auf die Schrift ohne Anleitung des Lehrers ist auf alle Fälle zu vermeiden (vgl. b Ber 47b). So meint zwar *lāmad* = μανθάνω *[manthanō]* immer noch das »Lernen«, dh die Beschäftigung mit der Tora, um den Willen Gottes darin zu erkennen; das Lernen ist nun aber zuerst von der Autorität des Lehrers und seiner Tora-Interpretation bestimmt und nicht von einem möglichst vorurteilsfreien Tora-Studium. *Lernen* heißt nun also zuerst, daß der *Talmid* das Wissen des Lehrers sich anzueignen und dieses an der Tora kritisch zu prüfen hat. Erst wer als *Talmid* längere Zeit dem *Chākām*, dh dem jüd. *Gelehrten*, zugehört und gedient und damit sein eigentliches Studium absolviert hatte, konnte später vielleicht selbst zur Lehrautorität (*Chākām*) mit eigener Schule und Lehrtradition werden. Das Schüler-Lehrer-Verhältnis wird also im Spätjudentum – im Gegensatz zum AT – zu einer wichtigen Institution für die Erforschung der Tora.

b) Nicht nur der Rabbi, sondern gerade auch der *Talmid* ist, wie KHRengstorf (aaO, 440–443) erwiesen hat, aus der Berührung des Judentums mit der griech. Philosophie hervorgegangen. Dadurch, daß die verschiedenen Gelehrten ihre unterschiedlichen Methoden und Lehrmeinungen analog manchen griech. Philosophen absolut setzten, entstanden auch im Rabbinismus Schulen und schließlich rivalisierende Jüngerkreise um den jeweiligen Meister. Gleichzeitig führte der hell. Einfluß auf das Judentum zu einer Intellektualisierung und zu einer stärkeren Dogmatisierung der Offenbarung des göttlichen Willens in Israel.

Im NT kommt das Verbum μανθάνω *[manthanō]* nur 25mal vor; in den Evgg., wo man es III
als wichtigstes Wesensmerkmal des μαθητής *[mathætæs]* erwartet, sogar nur insges. 6mal (3mal bei Mt, 1mal bei Mk, 2mal bei Joh; Lukas hat es nur 1mal in der Apg). Sehr viel häufiger findet sich im NT hingegen διδάσκω *[didaskō]*, *lehren* (→ Lehre). Das Subst. μαθητής *[mathætæs]* begegnet im NT 264mal, und zwar ausschließlich in den vier Evgg. und in der Apg; es ist gebraucht im Sinne des vollständigen Anschließens an jemanden in der Nachfolge. Die spezifische profangriech. Verwendung im Sinne von *Lehrling, Schüler, Student* fehlt. Dagegen sprechen auch nicht die Stellen Mt 10,24ff und Lk 6,40 (»der Jünger ist nicht über seinen Meister«), in denen es im nt. Zusammenhang nicht um das Verhältnis des *Schülers* zum Lehrer, sondern um das des *Jüngers* zum κύριος *[kyrios]* Jesus geht.

1) Dem profangriech. Gebrauch folgend, wird μανθάνω *[manthanō]*, *lernen*, Apg 23,27 und Offb 14,3 verwendet. An einigen Stellen ist es zweifelhaft, ob das Wort at. oder profangriech. Sinn hat (zB Gal 3,2; Eph 4,11; Kol 1,7 u. a.). An vielen Stellen wird es im spez. Sinne des at. *lāmad* gebraucht: *den Willen Gottes lernen* oder (vgl. II,1) *die ganze menschliche Existenz nach dem Willen Gottes ausrichten lernen.*

a) Dieser Gebrauch von μανθάνω *[manthanō]* liegt vor, wo es sich direkt auf den Willen Gottes bezieht, wie er in Jesus dem Hörer begegnet (Mt 9,13; 11,29; Joh 6,45; vgl. auch Mk 13,28 par). Jesus selbst ist die zentrale Mitte, an der allein der Mensch den Willen Gottes erkennen kann (Mt 11,29). Indem Jesus die Barmherzigkeit Gottes lebt und verkündet, trägt er nicht ein neues → Gesetz vor, das es zu lernen gilt, sondern gibt dem Gesetz wieder seine urspr. Funktion zurück, in der es den Willen Gottes erkennbar macht und des Menschen Sinn auf ihn richtet (vgl. dazu GBarth, aaO, 96–148). *Lernen* ist dabei nicht »Aneignen« von Wissen, sondern es vollzieht sich »in der Preisgabe des eigenen Urteils« (RBultmann) und darin im ständigen Sich-Öffnen für das Wort des Vaters, das zur Bindung an Jesus führt (Joh 6,45). Hier schließt das »Lernen« im at. Sinn das T u n des Willens Gottes ein; das heißt konkret, Jesus → Glauben zu schenken und ihm im Verwirklichen der Barmherzigkeit nachzufolgen (vgl. Mt 9,13).

b) Ähnliche Bedeutung hat μανθάνω *[manthanō]*, wenn es sich in der Briefliteratur auf die Botschaft bzw. → Lehre von Jesus bezieht (Röm 16,17; Eph 4,20; 2Tim 3,14). Bei dem bleiben, was die Briefempfänger gelernt haben (sc. der Lehre), heißt: im Glauben bleiben. Denn *Lernen* ist nicht nur ein intellektueller Vorgang, in dem man sich eine Lehre von Christus aneignet, sondern es bedeutet, Christus selbst annehmen, in der Nachfolge die alte Existenz aufgeben und in ihm eine neue beginnen (vgl. auch Phil 4,9; 1Kor 4,6 u. ö.). Es ist möglich, daß dabei die eigenartige Formulierung »ihr habt Christum nicht also gelernt« (Eph 4,20) an den ergangenen Taufunterricht erinnert, in dem die Epheser gelernt haben, »daß sich das Verstehen der Lehre im Verhalten erweist« (Conzelmann, aaO, 80).

c) Eigenartig ist das hell. Wortspiel Hebr 5,8 (ἔμαθεν ἀφ' ὧν ἔπαθεν *[ẹmathen aph' hōn ẹpathen]*, *er lernte an dem, was er erlitt*), das von Christus selbst sagt, daß er auf Grund seines Leidens den Gehorsam lernt. *Lernen* heißt hier im Leiden den Willen des Vaters erkennen und in der Übernahme des Leidens ihn bejahen.

d) In den Pastoralbriefen sind sicherlich noch Anklänge an den spätjüd. Gebrauch von μανθάνω *[manthạnō]* festzustellen. Denn das Wort über Frauen (2Tim 3,7), die sich von Irrlehren (einer judaisierenden synkretistischen Gnosis) verleiten ließen (vgl. auch 1Tim 5,13), spielt zB ziemlich sicher auf nomistische Gesetzesbelehrungen an.

2) Ihr eigentliches Gewicht aber hat die Wortgruppe im NT zweifellos in dem Subst. μαθητής *[mathætæs]*, *Jünger*. Die Evangelisten – nur bei ihnen findet es sich, wie wir sahen – haben diesen Begriff wohl aus dem Sprachgebrauch des hell. Judentums übernommen, ihm dann aber trotz vieler Anklänge an die Gestalt des rabb. *Talmid* eine völlig neue Prägung gegeben, indem sie ihn von der Jesus-Beziehung her füllten. Daß sie ihn in einer breiteren Verwendung vorfanden, wird noch darin erkennbar, daß er auch für n i c h t v o n J e s u s b e s t i m m t e K r e i s e unbefangen benutzt wird: für *Jünger Johannes des Täufers* (Mt 11,2 par; Mk 2,18 par; 6,29; Lk 5,33; 11,1; Joh 1,35.37), für *Moses-Jünger* (Joh 9,28) und für *Jünger der Pharisäer* (Mt 22,16; Mk 2,18).

a) Auch um Johannes den Täufer hatte sich ein »fester, äußerlich und innerlich geschlossener Kreis« gebildet (KHRengstorf, aaO, 460). Von den *Johannes-Jüngern* wird berichtet, daß sie während der Gefangenschaft des Täufers in seiner Nähe sind (Mt 11,2 par) und später seinen Leichnam begraben (Mk 6,29 par). Sie haben ein eigenes, festes Gebet (Lk 11,1), fasten (Mk 2,18 par) und lassen sich in Streitgespräche mit den Juden ein (Joh 3,25). Bei dem allen sind sie nicht mehr »Schüler« im Sinne der Rabbinen-Schulen, sondern Anhänger einer Bewegung, aus der möglicherweise Jesus selbst hervorgegangen ist. Jedenfalls berichtet Joh 1,35ff, daß die beiden ersten Jünger Jesu aus dem Jüngerkreis des Täufers stammen. In dieser Geschichte verbirgt sich wahrscheinlich sehr alte Tradition, die einen historischen Sachverhalt bewahrt hat. Wahrscheinlich haben später die Täuferbewegung und der Kreis um Jesus zeitweise miteinander konkurriert, was sich noch in der Szene Joh 3,22–26 widerspiegelt (vgl. dazu RBultmann, Johannes, 121f).

b) Joh 9,28 bestreiten die Juden die Legitimation Jesu, indem sie sich als *Jünger Moses* auf die diesem widerfahrene Offenbarung des göttlichen Willens berufen. Daß das Heilungswunder Jesus gerade als den ausweist, der Gottes Willen tut (V. 30), begreifen sie nicht.

c) Endlich ist die Rede von den μαθηταὶ τῶν Φαρισαίων *[mathætạị tōn Pharisạịōn]*, den *Jüngern der Pharisäer*. Diese Formel (Mk 2,18 u. ö.) ist vermutlich später eingetragen worden, als man die geschichtlichen Verhältnisse nicht mehr genau kannte; denn sie findet sich häufig in Zusammenhängen, in denen es urspr. ganz allg. um die Juden ging. Dagegen spricht nicht die Par. Mt 9,14. Auch bei Mt sind die Pharisäer – wie die Schriftgelehrten, Sadduzäer und Hohenpriester – Gegner Jesu, die typisch für das Volk stehen (→ Israel, III). Ebenso wird die Wendung οἱ υἱοὶ ὑμῶν *[hoi hyiọị hymọn]* (Mt 12,27; vgl. 22,16) verständlich, wenn sich das Wort urspr. allg. auf die Juden bezogen hat und die Pharisäer hier erst später als die typischen Debattenredner redaktionell eingefügt worden sind (vgl. zum Sachverhalt RBultmann, Synopt. Trad., 54ff; → Pharisäer). Von der zeitgenössischen Praxis her wäre auch eher die Wendung »Jünger der Schriftgelehrten« zu erwarten (s. o. II,2), die jedoch nicht vorkommt.

3) Ganz unbestreitbar hat bereits d e r i r d i s c h e J e s u s Menschen als *Jünger* in seine Nachfolge gerufen. Ein lückenloses und eindeutiges Bild von der Jüngerschaft des historischen Jesus läßt sich jedoch heute nicht mehr zeichnen. Zweifellos ist das Wesen der J ü n g e r s c h a f t J e s u von Anfang an bestimmt durch seine Person, an die sich die μαθηταί *[mathætạị]* binden (→ Jesus Christus). Trotz aller Fragen und Unsicherheiten lassen sich indes eine Reihe von Merkmalen der Jüngerschaft aus der Zeit des historischen Jesus herausstellen.

a) Sicher ist Jesus w i e e i n R a b b i, dh Schriftgelehrter aufgetreten, hat wie ein solcher gelehrt und diskutiert (Mk 12,18ff) und ist um Rechtsentscheidungen gebeten worden (Lk 12,13f). Auch wenn er von manchen als einer, der nicht durch die Rabbinenschule gegangen war, nicht anerkannt wurde (Mk 6,2; Joh 7,15), so wurde er gewiß zu Recht von seinen Jüngern (Mk 9,5; 11,21; Joh 1,38; 4,31 u. ö.) und von Außenstehenden (Joh 3,2 u. ö.) als »Rabbi« angeredet. Von hier aus ist auch darin eine Parallele zum jüd. Rabbinat zu sehen, daß sich ein Jüngerkreis um Jesus schart. Aber an entscheidenden Stellen sprengt Jesus den Rahmen, der für das Rabbinat konstitutiv ist, und damit erhält auch das Jünger-Meister-Verhältnis eine eigene Prägung.

b) Während im Rabbinat oder in der griech. Philosophenschule sich ein Mensch aus freiem Entschluß in die »Schule« des Meisters begibt und so zum Jünger wird, ist bei Jesus die → Berufung zum Jünger durch ihn selbst entscheidend (Lk 5,1–11; vgl. Mk 5,18ff). Jesus ergreift die Initiative und beruft in die Nachfolge (Mk 1,17 par; 2,14 par; Lk 9,59–62; Joh 1,43 u. ö.).

c) Der griech. *Schüler* bzw. der rabb. *Talmid* sucht bei allen persönlichen Bindungen an den Meister sachliche Belehrungen mit dem Ziel, selbst Meister bzw. Rabbi zu werden. Berufung in die Nachfolge durch Jesus bedeutet dagegen für den Jünger n i c h t, daß er in ein L e h r v e r h ä l t n i s gestellt wird (nirgends wird berichtet, daß Jesus den Jüngern Gesetzesunterricht erteilt), aus dem er als Meister hervorgeht (vgl. Mt 23,8). Nachfolge als Jünger bedeutet rückhaltlose Hingabe der ganzen Existenz (Mt 10,37; Lk 14,26f; vgl. Mk 3,31–35; Lk 9,59–62) für das ganze Leben (Mt 10,24f; Joh 11,16). *Jünger sein* heißt (bes. betont bei Mt), in der völligen Bindung an Jesus den Willen Gottes zu tun (Mt 12,46–50; vgl. Mk 3,31–35). Dh zZt des irdischen Jesus auch, daß der *Jünger* ganz wörtlich Jesus »nachfolgen«, dh *hinter ihm hergehen* (→ Art. ἀκολουθέω) und das entbehrungsvolle Schicksal des Umherziehens auf sich nehmen muß (Mt 8,20f; vgl. GBornkamm, Jesus 133).

d) Im Unterschied zum Rabbinat durchbricht Jesus die Schranken zwischen Reinen und Unreinen, Sündern und Gehorsamen. Er beruft den außerhalb der Kultgemeinde stehenden Zöllner (zB Mk 2,14) genauso wie den Zeloten (zB Lk 6,15; Apg 1,13) oder den Fischer (zB Mk 1,16ff). »Liegt schon in der Tatsache, daß Jesus überhaupt in die Nachfolge ruft, und zwar so, daß Menschen dabei Schiff und Zolltisch und Familie verlassen, ein ganz erstaunliches Wissen um seine Sendung, so noch viel mehr in der Durchbrechung aller bisherigen Schranken. In solchem Rufen ereignet sich Gnade« (ESchweizer, Erniedrigung, 10). Gerade darin, daß Jesus auch Zöllner und Sünder aus alten Bindungen heraus in die Jüngerschaft ruft, wird etwas von seinem Selbstverständnis und damit auch von der Besonderheit jener Jüngerschaft deutlich.

e) Wichtig für das Verständnis der Jüngerschaft Jesu ist, daß die Berufung zum Jünger immer den R u f z u m D i e n s t in sich schließt. Nach Mk 1,17; Lk 5,10 sollen die Jünger zu Menschenfischern werden. Dieses Wort, aus der Umgangssprache aufgegriffen, sagt, daß die Jünger angesichts der hereinbrechenden Gottesherrschaft Menschen für das kommende Gottesreich fangen sollen, indem sie das Ev. verkünden und im Namen Jesu wirken (vgl. Mt 16,15ff). So wird von der Aussendung der Zwölf (Mk 6,7–13 par; bei Lukas darüber hinaus noch von der Aussendung der 70; Lk 10,1–12) berichtet, die je zu zweit heilend und Heil und Frieden bringend die Gottesherrschaft ausrufen sollen, woraus sich schließen läßt, daß bereits der irdische Jesus Jünger in irgendeiner Form zum Dienst aussandte.

f) Dieser Dienst führt den Jünger in die gleichen Gefahren, denen der Meister ausgesetzt ist (vgl. Mk 10,32). Jesus geht vor ihnen her ins → Leiden. Der Jünger hat kein besseres Los zu erwarten als sein Herr (Mt 10,24f; 16,24f; vgl. 10,38).

g) Immer wieder stoßen wir in der ev. Überlieferung auch auf das Unverständnis der Jünger, nicht nur im Hinblick auf die Botschaft (Mk 4,10f par; Mt 13,36 u. o.) oder das Tun (Mk 10,13ff; 10,48) oder das Ziel der Nachfolge (Mk 10,35ff), sondern vor allem auch im Blick auf das Leiden Jesu (Mt 16,22ff; Mk 14,47; Lk 18,34; 22,37f).

h) Der verheißene → »Lohn« (was nicht als Verdienst verstanden werden darf, da die Verheißung allen Verdienst übersteigt) ist einerseits die Gemeinschaft mit Gott durch Jesus und damit der Anteil an Jesu Vollmacht, andererseits das neue zukünftige Leben (vgl. Mt 16,25; Joh 14,6 u. o.).

i) W e l c h e n K r e i s umfaßt der Begriff οἱ μαθηταί *[hoi mathætai]*? Die οἱ μαθηταί *[hoi mathætai], die Jünger*, decken sich nicht einfach mit den οἱ δώδεκα *[hoi dodeka], den Zwölfen*. Diese Identifizierung ist erst in der weiteren Überlieferung zu beobachten. Vielmehr wird der Zwölfer-Kreis, der symbolisch-repräsentativ die zwölf Stämme Israels und damit das ganze neue Gottesvolk darstellt, zugleich ein Teil des größeren Jüngerkreises gewesen sein, den Jesus aus einem noch weiteren Anhängerkreis in die Nachfolge rief. Daß neben dem Jüngerkreis zZt des irdischen Jesus noch ein gesonderter Kreis der Apostel existiert haben soll, ist wenig wahrscheinlich (→ Apostel, III,2c; anders KHRengstorf, aaO 454). Eine genaue Abgrenzung des Jüngerkreises ist heute nicht mehr möglich. Sicher ist jedoch, daß es sich bei ihm nicht um eine asketische Elite gehandelt hat mit einer bes. Ethik, die Jesus nur wenigen hätte zumuten können; sondern es wird sich um einen Kreis gehandelt haben, der in der direkten Nachfolge zu einem bes. Dienst beauftragt wurde (vgl. GBornkamm, Jesus 136f; ESchweizer, aaO 20).

4a) Die einzelnen ev. Stellen, die von Jüngerschaft und Nachfolge reden, sind aber in der vorliegenden Form in der Regel bereits Hinweis und Reflexion auf die J ü n g e r s c h a f t s c h l e c h t h i n. Um das Schicksal der Jünger bildlich zu verdeutlichen, gestaltet zB Mt die Geschichte vom Seesturm im Anschluß an eine Berufungserzählung um zu einer sinnbildlichen Erzählung für das Leidensgeschick der Nachfolgenden (vgl. bes. Mt 8,19–26 und dazu GBornkamm, Die Sturmstillung im MtEv., in: Überlieferung, S. 48–53). Verzicht (Mt 23,7ff), Niedrigkeit (Mt 18,1ff), Armut (Mt 19,23ff) und Bereitschaft zum Leiden (Mt 10,17ff) können zum Kennzeichen echter Jüngerschaft werden (→ Arm; → Demut).

Entscheidend für das Verständnis des μαθητής *[mathætæs]* wird aber in den Evgg. der → Glaube (Mk 16,16; Lk 17,5; 22,32; u. o.) an Jesus selbst (Mt 18,6 u. o.; bes. bei Joh 2,11; 6,69; 11,44 u. o.). »Wer sich zu mir bekennt vor den Menschen, den wird auch des Menschen Sohn bekennen vor den Engeln Gottes. Wer mich aber verleugnet vor den Menschen, der wird verleugnet werden vor den Engeln Gottes« (Lk 12,8f). In diesem Wort kommt die ganze Verheißung, aber auch die große Gefährdung echter Jüngerschaft zum Ausdruck. Entscheidend ist die Treue des Jüngers gegenüber seinem Herrn. Nicht zufällig meidet deshalb Lukas das Wort μαθητής *[mathætæs]* von der Gethsemane-Szene an, um es erst Apg 6,1 wieder – nun in einem anderen Sinne (s. u.) – zu verwenden.

b) Die Reflexion auf die Jüngerschaft schlechthin gilt in ganz bes. Weise für das J o h a n n e s e v a n g e l i u m. Nicht nur, daß der engere und weitere Jüngerkreis, den Joh aus dem Traditionsgut übernahm, grundsätzlich über sich hinaus auf die von Joh angeredete Gemeinde weist (vgl. Joh 6,60.61.66 u. ö.), sondern μαθηταί *[mathætai]* ist bei Joh oft einfach der Begriff für *die Christen* (Joh 8,31; 13,35; 15,8 u. ö.). Da bei Joh ein Wort für die Gemeinde wie ἐκκλησία *[ekklæsia]* ganz fehlt (→ Kirche, Art. ἐκκλησία IIIb), tritt der Begriff μαθηταί *[mathætai]* für die sich sammelnde Gemeinde ein, oder in joh. Terminologie: für die aus der Sphäre der Finsternis in die Sphäre des Lichtes Gekommenen (3,21; vgl. die Jüngerbelehrung Kap. 13–17). Damit ist zugleich der weitere Schritt vollzogen: Die Jünger sind nicht mehr an die Gegenwart des irdischen Jesus gebunden, sondern, indem sie »im Wort« (8,31) und »im Geist« (14,15–17; 15,26f) bleiben, haben sie als seine Jünger volle Gemeinschaft mit ihm. Diese Gemeinschaft findet in der Umwelt sichtbaren Ausdruck in der Art des Dienstes: an der praktizierten Liebe soll jedermann den Jünger Jesu erkennen (Joh 13,34f). Das hat ihnen ihr Herr selbst vorgelebt (Joh 13,37). Die Aufgabe der Jünger besteht also nicht darin, eine bes. Lehre Jesu zu bewahren und weiterzugeben, sondern im Wesen der Jüngerschaft liegt es, daß der Jünger seine Aufgabe erfüllt, indem er mit seiner ganzen Existenz Z e u g e s e i n e s H e r r n ist (→ Zeugnis, Art. μαρτυρέω).

Noch deutlicher wird das in der Verwendung des Begriffes in der Apg, wo Lukas bestimmte Traditionsstücke (das zeigt, daß der Gebrauch von μαθητής *[mathætæs]* auf bestimmte Abschnitte beschränkt bleibt: Er fehlt zB in den Wir-Stücken) übernommen hat, in denen μαθητής *[mathætæs]* allg. den Sinn von *Christ* hat (zum Ganzen vgl. KHRengstorf, aaO, 462): Der μαθητής *[mathætæs]* ist derjenige, der an Jesus glaubt. *D. Müller*

μιμέομαι

μιμέομαι *[mimeomai]* nachahmen, nachfolgen · μιμητής *[mimætæs]* Nachahmer · συμμιμητής *[symmimætæs]* Mitnachahmer

1) μιμέομαι *[mimeomai]* (seit dem 6. Jh. vChr; Wortwurzel *mi* = tauschen) heißt *nachahmen, nachmachen,* was man an andern sieht (so sollen nach Aristoteles und Demokrit am Anfang der Kultur die Menschen von den Tieren gelernt haben: von den Spinnen das Weben und Nähen, von der Schwalbe den Hausbau; vgl auch zu dem Weiteren die Materialzusammenstellung bei Michaelis, aaO, 661ff), mit Freude *nacheifern, nachfolgen;* in der Kunst (Schauspiel, Malerei, Plastik, Dichtung) die Wirklichkeit *durch Nachahmung darstellen,* künstlerisch *nachbilden* (zB sieht Aristoteles – im Gegensatz zu Plato – in der Nachahmung der Wirklichkeit die positive Grundlage der Kunst. Vgl. Michaelis, aaO, 662). Der Schauspieler ist deshalb der μῖμος *[mimos]*, der *Mime* (seit Aischyl.). Der (συμ-) μιμητής *[(sym-)mimætæs]* (lat. *imitator*) ist der *Nachahmer,* bes. der nachahmende Künstler. Abwertend bezeichnen die Wörter das schauspielerhafte *Nachäffen* oder schwächliches, unselbständiges *Kopieren.* Schon sehr früh (bei den Vorsokratikern Demokrit) dient die Wortgruppe zur Bezeichnung einer e t h i s c h e n F o r d e r u n g an den Menschen: Es gilt, das Gute und nicht das Böse nachzuahmen, die Tapferkeit eines Helden, das gute Beispiel des Lehrers oder der Eltern sich zum Vorbild zu nehmen. I

2) Eine zentrale Stellung haben die Wörter in der platonischen Kosmologie: Die gesamte niedere Welt der Erscheinungen ist nur das »entsprechende«, unvollkommene, sichtbare *Abbild* (μίμημα *[mimæma]*) des unsichtbaren Urbildes in der höheren Welt der Ideen (Tim 38–48). Zunächst ist dabei der μίμησις *[mimæsis]*-Begriff eine rein ontologische Bestimmung, die das analoge Verhältnis der verschiedenen Seinsstufen zueinander erklärt. Die Wendung »Gott nachahmen« (Phaedr. 252f) heißt in diesem Zusammenhang lediglich: Besinnung auf das in der Erinnerung haftende Bild der Idee und Entfaltung dieser vorausgegebenen Anlage; das für die Nachahmung in ethischer Bedeutung maßgebliche Element einer persönlichen Entscheidung enthält sie nicht. Erst später bezeugen griech. Philosophen ein zunehmendes Eindringen von ethischen Vorstellungen in diese urspr. rein kosmologische Aussage (vgl. μανθάνω *[manthanō]*, → Art. μαθητής I).

Die LXX belegt die Wörter μιμέομαι *[mimeomai]* und μίμημα *[mimæma]* nur in den Apokryphen (Weish 4,2; 9,8; 15,9; 4Makk 9,32; 13,9). Erst der Rabbinismus kennt eine Nachahmung Gottes im Sinn der Entfaltung der Gottebenbildlichkeit des Menschen. Die Pseudepigraphen haben neben der Mahnung, vorbildliche Menschen nachzuahmen (TestBenj 3,1; 4,1), auch den Gedanken der *Nachahmung Gottes* (= sich an seine Gebote halten, TestAss 4,3) und bestimmter Eigenschaften Gottes (Arist 188.210.280f). II

Im NT findet sich μιμέομαι *[mimeomai]* nur 4mal (2Thess 3,7.9; Hebr 13,7; 3Joh 11); μιμητής *[mimætæs]* 6mal (1Kor 4,16; 11,1; Eph 5,1; 1Thess 1,6; 2,14; Hebr 6,12), συμμιμητής *[symmimætæs]* nur Phil 3,17, und zwar alle in ethisch-imperativischer Absicht, in Verbindung mit der Verpflichtung zu einem ganz bestimmten Verhalten: III

1) Die Wörter dienen dazu, P e r s o n e n als anschauliches und lebendiges Vorbild, dh als Orientierungspunkte für die aus dem → Glauben folgende Lebenshaltung auszuweisen. Wenn sich gerade Paulus selbst als ein solches Vorbild hinstellt (zB 1Kor 4,16; 11,1; Phil 3,17; 2Thess 3,7.9), versteht er sich dabei nicht als in sich selbst ruhende Verkörperung eines Ideals, das es zu imitieren gilt. Bewußt setzt er vor die Aufforderung zur Nachahmung Phil 3,12 das Bekenntnis seiner eigenen Unvollkommenheit. So ist der τύπος *[typos]*, das → *Vorbild,* hier nicht als Darstellung bestimmter Eigenschaften zu verstehen, sondern einmal als das von einem bestimmten Ziel her geprägte Verhalten (Phil 3,12–15), zum andern als das Erfahren von Verfolgung, Leiden etc. um Christi willen, kurz: es geht um das Leben in der Christusgemeinschaft. *Nachahmer* des Apostels sein heißt also, im Bewußtsein eigener Unvollkommenheit Christus zu ergreifen, dh das Leben von ihm her immer neu im Gehor-

sam gestalten zu lassen (vgl. 3Joh 11). Dieser Sachverhalt wird bes. deutlich 1Kor 4,16. Wenn Paulus V. 17 die Korinther an seine Wege und an die Lehre erinnert, so bedeutet die Aufforderung zur *Nachahmung,* daß sie ihre Lebensführung den Anweisungen und dem Wandel des Apostels entsprechend ausrichten. Wenn dabei auch eine unbedingt zu respektierende apostolische Autorität vorausgesetzt ist (vgl. Michaelis, aaO, 669ff), so wird man die Bedeutung der Wortgruppe bei Paulus doch nicht auf den Gehorsam reduzieren dürfen.

2a) Paulus will aber die Aufforderung zur *Nachahmung* nie an seine Person binden, sondern an den, dem er selbst folgt: So nennt der Apostel zweimal neben sich (zur Selbstkorrektur und Steigerung seiner Paränese) C h r i s t u s als Vorbild des Nachahmens: in dem, was Christus angetan wurde (pass. 1Thess 1,6: in Schicksalsgemeinschaft mit ihm leben) und was er tat (akt. 1Kor 11,1: sich an seine Liebesregel halten). Paulus denkt bei dem Hinweis auf Christus sehr wahrscheinlich nicht an konkrete Züge im Erdenleben Jesu, sondern an die Autorität des Erhöhten, der in seinem Wort und im heiligen Geist gegenwärtig ist, und damit wieder an ein Verhalten, wie es dem Sein im Herrschaftsbereich Christi entspricht. Christus soll »das aktbildende Subjekt unseres Lebensvollzugs« sein, nicht das Objekt (WElert, Das christliche Ethos, 1949, 303); denn Christus ist mehr als ein allg. menschliches Vorbild, er ist Urbild, nicht *exemplum,* sondern *exemplar* (Luther WA 2,518,16). – Die Aufforderung, Christus »nachzuahmen«, wird von Paulus sonst nicht durch die Wortgruppe μιμέομαι *[mimeomai]* wiedergegeben, sondern mit anderen Wendungen (vgl. Röm 15,3.7; 2Kor 5,14; 8,9; 10,1; Phil 2,5ff; Eph 5,2.25; auch Mk 10,45; Joh 13,15 u. a.).

b) Ähnlich wie Paulus gebraucht der Hebr-Brief die Wortgruppe. Hebr 6,12 geht der Aufforderung zur Nachahmung die Mahnung voraus: »Wir verlangen aber, daß jeder von euch denselben Eifer zur völligen Entfaltung der Hoffnung bis zum Ende beweise.« Als Nachahmer stehen sie nun aber nicht allein, sondern eingegliedert in die Reihe der Väter (vgl. Michel, Hebr 250). Dh die Glaubenshaltung der at. Väter (6,12) bzw. der Lehrer (13,7) stärkt als das Beispiel der Vollendeten die Gewißheit und Zuversicht der sich auf dem Wege befindenden Glaubenden.

c) Erst Eph 5,1 taucht dann der Gedanke auf, daß G o t t nachgeahmt werden soll, aber nicht als metaphysisches Wesen mit bestimmten Eigenschaften, die uns als Ideal dienen könnten, sondern in seinem in Christus geoffenbarten und anschaulich gemachten Verhalten: Gehorsame Befolgung des väterlichen Willens, die sich in Lieben und Vergeben erweist (vgl. Mt 5,48 par).

3) Das »Nachahmen« wird im NT mithin nicht als schematische Wiederholung eines Vorbildes aufgefaßt. Es ist die Lebenshaltung des Menschen, der aus der Vergebung Gottes herkommt. »Die Nachahmung ist also nicht Weg zum Heil durch fromme Leistung, sondern ein Verhalten aus Dank, wie es dem uns geschenkten Heil entspricht« (HConzelmann, Epheser, 83). Die Aufforderung zur Nachfolge läßt sich deshalb nur erfüllen, indem der Mensch sich von Christus ergreifen läßt und sich einer Umwandlung unterzieht, wie sie die Existenz im Herrschaftsbereich Christi mit sich bringt. *W. Bauder*

ὀπίσω

ὀπίσω *[opisō]* hinten, hinterher, nach hinten, hinter · ὄπισθεν *[opisthen]* von hinten her, hinter jemand her

I ὀπίσω *[opisō],* Wurzel *opi,* vgl. lat. *ob = gegen,* ist Ortsadverb und bedeutet *hinten, nach hinten, zurück;* ὄπισθεν *[opisthen] von hinten her* und wie ὀπίσω *[opisō];* beide auch zeitlich; sie begegnen als Adv., Subst. und Präp. (*hinter; hinter – her; nach*).

II 1) Als Übers. von *achar* und Derivaten beschreiben sie in LXX, verbunden mit Verben der Bewegung, einfaches *Hinterdreinlaufen,* zB bei Prozessionen hinter dem vorangetragenen Götterbild (vgl. Jos 3,3; 6,9), *Gefolgschaft* im Krieg (1Sam 11,7), politische *Parteinahme* (Ri 9,3f; 2Sam 2,10; Ez 29,16), *Nachfolge* als Diener des Propheten (1Kön 19,20f), *Ergebenheit* an Liebhaber (Ruth 3,10; Jer 2,5; Hos 2,7.15), Sachen (1Sam 8,3; Ez 33,31; Sir 31,8), geistige Objekte (2Kön 13,2; Jes 65,2; Jer

3,17) und Hingabe bis zu enger leibhafter Verbundenheit (Hos 1,2 ὄπισθεν *[opisthen]*; Ex 34,15f; → Unzucht, Art. πορνεία), in religiösem Sinn einem Gott *ergeben sein* und ihm *gehorchen* (1Kön 18,21; Ri 2,12f; Jer 2,23; 7,6.9; Ez 20,16; von Jahwe Dtn 13,4; Sir 46,10 u. ö.). Als Bewegung des Herzens kann ὀπίσω *[opisō]* die Ausrichtung der ganzen menschlichen Persönlichkeit anzeigen (1Kön 11,1ff; Ps 63,9; Jer 16,12).

2) Auch im Judentum ist das Hinterhergehen Zeichen dienstbarer Unterordnung unter eine Respektsperson; als rabb. Ausdruck meint es das Schülersein, meist in voller Lebensgemeinschaft mit dem Lehrer (→ μαθητής II,2b).

Die zeitliche Bedeutung findet sich zB im NT Mt 3,11; Mk 1,7; Joh 1,15.27.30 (vgl. im AT III
1Sam 24,22; Pred 10,14), die at. Redeweise zur Bezeichnung einer Gefolgschaft Lk 21,8; Joh 6,66; 12,19; Apg 5,37; 20,30; 1Tim 5,15; Offb 13,3; 2Petr 2,10; Jud 7. Meist wird aber ὀπίσω *[opisō]* im NT mit dem Gen. (überwiegend der Person) gebraucht. Theol. bes. bedeutsam sind jene Stellen, wo sich der Gen. (ὀπίσω μου *[opisō mou]*) auf Jesus bezieht (Mt 10,38; Mk 1,17 par 20; 8,34 par u. o.). Hier bekommt ὀπίσω *[opisō]* als »hinter jemandem hergehen« die Bedeutung von ἀκολουθέω *[akoloutheō]*, *nachfolgen* (vgl. Mk 2,14). Mk 1,17f begegnet uns dieser Ruf in die Nachfolge in seiner einfachsten Form: »Kommt hinter mir her (δεῦτε ὀπίσω μου *[deute opisō mou]*), und ich will euch zu Menschenfischern machen«. »Drei Momente scheinen wichtig: 1. Der Ruf geht von Jesus aus. Damit beginnt alles. 2. Es ist Ruf zum Dienst, wobei wiederum Jesus selbst die Möglichkeit solchen Dienstes schafft. 3. Der Gehorsam schließt in sich das Verlassen aller Bindungen« (ESchweizer, Erniedrigung, 9). Hinterhergehen bedeutet teilhaben an seiner Lebens- und Leidensgemeinschaft (Mt 10,38 par; 16,24 par; vgl. ὄπισθεν *[opisthen]* Lk 23,26). Mt 16,23 par (GBornkamm übersetzt: »Du willst mich verführen«; Überlieferung, 44) zeigt, wie der Jünger gerade die Leidensnachfolge nicht versteht, weil er den Weg des Herrn selbst nicht begreift. Nachfolgen heißt: Jesus allein geht voran und schreibt den Weg vor.

Dieses Nachfolgen duldet ein Rückwärtsschauen ebensowenig, wie dies bei einer überstürzten Flucht möglich ist (Lk 17,31f par; vgl. Gen 19,17.26) oder beim Pflüger, der dadurch aus der Furche kommt (Lk 9,62; vgl. 1Kön 19,20f), oder bei einem Wettläufer, der nicht auf den zurückgelegten Teil der Bahn, sondern nur aufs Ziel sehen darf (Phil 3,13). Dh es gibt in der Nachfolge Jesu kein Rückblicken auf verlassene Bindungen, auf die Vergangenheit oder das, was man geleistet hat. *W. Bauder*

ZUR VERKÜNDIGUNG V

Nachfolge gehört zu den Begriffen, mit denen die Existenzweise des Christen beschrieben wird, und zwar bes. im Blick auf die tätige, dynamische Seite des Glaubens. Wer nachfolgt, muß sich bewegen, um seinen Vorgänger nicht aus dem Auge zu verlieren. Nachfolgen und ruhige Beschaulichkeit schließen einander aus.

Kierkegaard hat das in seiner Schrift »Einübung im Christentum« sehr deutlich gemacht, indem er den Nachfolger mit dem Bewunderer kontrastiert und folgenden Unterschied herausarbeitet: »Ein Nachfolger ist, was er bewundert, oder strebt wenigstens danach, es zu sein; ein Bewunderer hält sich persönlich außerhalb, entdeckt nicht oder will nicht entdecken, daß das Bewunderte eine Forderung an ihn enthält: die Forderung, das Bewunderte zu sein oder doch danach zu streben« (Übers. v. Chr. Schrempf, Jena 1924², 211). Der Bewunderer läßt sich durch den Gegenstand seiner Bewunderung nicht bewegen, sondern begnügt sich mit der distanzierten Haltung des Beobachters. Die Bewunderung dient ihm als »Surrogat der Nachfolge« (aaO, 217). So aber vermag niemand, dem Ruf Jesu Christi gerecht zu werden.

Christus beansprucht den ganzen Menschen mit allen seinen Gaben und Fähigkeiten zum Dienst in der Welt. Das bedeutet, daß der Mensch nicht bleiben kann, wo er sich gerade befindet. Nachfolger ist, wer »sich vom (!) Christus aus dem Alten in das Neue, aus der Vergangenheit in die Gegenwart führen läßt« »hinein in eine fremde Welt« (EKäsemann, Aufsätze II, 300). In eine »fremde Welt« darf aber nicht mißverstanden werden als der Ruf aus der Verantwortung in der irdischen Welt in eine religiöse Scheinwelt, wie es in manchen Kirchenliedern zum Ausdruck zu kommen scheint: »Mir nach, spricht Christus, unser Held ..., verleugnet euch, verlaßt die Welt ...« Oder: »Lasset uns mit Jesu ziehen, ... in der Welt der Welt entfliehen ...« u. a. Der Nachfolgende soll die Welt nicht in dem Sinne verlassen, daß er ihr den Rücken kehrt, sondern so, daß er sich mitten im Dienst in dieser Welt als Bürger einer anderen weiß. Wo die dynamische Bewegung auf die Welt hin nicht erfolgt, wo sich keine Dienstbereitschaft, keine Mitverantwortung findet, dagegen die Flucht in ein christliches Ghetto erstrebt oder Nachfolge auf die Rolle des analysierenden Beobachters (s. o.) beschränkt wird, kann nicht von Nachfolge die Rede sein, da würde das Evangelium zur bloßen Idee und zum Mythos werden (vgl. HDWendland, Botschaft an die soziale Welt, 1959, 1922).

»Gnade, die nicht tätig wird, ist Einbildung. Nur die Nachfolge im Alltag beweist das Recht unserer Dogmatik gegenüber der Welt. Anders sind wir Reisende in Religion und Weltanschauung, von denen es viel zu viel gibt, ...« (EKäsemann, Der Ruf der Freiheit, 1968², 84). Das Bewußtsein von der untrennbaren Zusammengehörigkeit von Glaube und Nachfolge — oder, was dem dogmatisch entspricht: Rechtfertigung und Heiligung — war leider keineswegs zu allen Zeiten in der Kirche gleich wach. So wurden gegenüber dem Abgleiten in heuchlerisches und tatenloses Gewohnheitschristentum immer wieder Stimmen laut, von Thomas a Kempis über die Frühpietisten, über Kierkegaard und Blumhardt d.J. bis in unsere Tage, die neu zur »Nachfolge Christi« aufriefen und an die zum Glauben gehörige praxis pietatis erinnerten. Es war vor allem DBonhoeffer, der mit seinem Buch »Nachfolge« (1937) für das theol. Gespräch der Gegenwart bestimmend wurde und mit seiner Kritik an der billigen Gnade eine theol. Neubesinnung herausforderte: »Billige Gnade ist Gnade ohne Nachfolge, Gnade ohne Kreuz, Gnade ohne den lebendigen, menschgewordenen Jesus Christus«. Positiv betont er demgegenüber, daß »einfältiger Gehorsam« konstitutiv zur christl. Existenz gehört: »Wo der einfältige Gehorsam grundsätzlich eliminiert wird, dort wird ein unevangelisches Schriftprinzip eingeführt«.

Daß man immer wieder versucht, Jesu Ruf in die Nachfolge zu überhören, ist angesichts des ur-menschlichen Strebens nach Bequemlichkeit verständlich. Nachfolge meint ja gerade kein Christentum im Sessel und in Sicherheit. Es besteht ein enger Zusammenhang zwischen der Nachfolge und dem »Kreuz«, das Jesu Jünger auf sich nehmen sollen. »Wie Christus nur Christus ist als der leidende und verworfene, so ist der Jünger nur Jünger als der leidende und verworfene, als der mitgekreuzigte. Die Nachfolge als die Bindung an die Person Christi stellt den Nachfolgenden unter das Gesetz Christi, dh unter das Kreuz« (Bonhoeffer, aaO 60). Christlicher Glaube darf sich auch hier nicht den Blick für die Wirklichkeit verstellen lassen. Mit Recht warnt Günter Jacob: »›Sein Kreuz auf sich nehmen‹ darf nicht in falscher Erbaulichkeit verharmlost werden. Kreuz meint das Leiden in der Nachfolge Jesu auf den Wegen seiner demütigen und gewaltlosen Liebe. Kreuz meint jene Verfolgung, mit der eine durch diesen Weg zu allen Zeiten herausgeforderte Welt zu reagieren pflegt« (Art. »Nachfolge« in: Theologie für Nichttheologen III, 1965, 49).

Muß in diesem Sinn die Möglichkeit des Leidens in eine realistische — und zugleich biblische! — Betrachtung christl. Existenz mit einbezogen werden, so gilt doch andererseits auch: »Nachfolge ist Freude« (Bonhoeffer, aaO).

Der Grund dafür liegt in der Person Jesu Christi. Nachfolge ist ja ein Begriff, der ein personales Bezugsverhältnis bezeichnet, dh für das rechte Verständnis des christl. Nachfolgebegriffs ist ausschlaggebend, daß der Blick von den Nachfolgern immer wieder auf den gerichtet wird, dem man nachfolgt. Daß der, dem die Glaubenden folgen, nicht verstanden werden darf als kaum erreichbares Vorbild, das Nachahmung verlangt, oder als Verkünder von Verhaltensmaßstäben und damit eines neuen Gesetzes, oder — wie oben gezeigt — als zum unbeteiligten Beobachten herausfordernder Stellvertreter, sondern als der ins Vaterhaus Vorausgehende, verdeutlicht E. Schweitzer sehr schön in einem Bild: »Wenn in einem hohen Bergtal plötzlich schwerer Schneefall einsetzt, dann kommt das Kind, das bei seiner Großmutter zu Besuch ist, nicht mehr nach Hause. Aber der Vater ... holt es ab, geht voran und bahnt mit seinen starken Schultern den Weg durch die Schneeverwehungen. Das Kind geht hinterher, Schritt um Schritt in denselben Stapfen wie der Vater und doch völlig anders. Wollte der Vater dem Kind nur ›Vorbild‹ sein, dann müßte das Kind zehn Meter daneben sich einen eigenen Weg bahnen und dabei dem Vater nur die Methode abgucken, mit der er das fertigbringt. Wollte der Vater im engeren Sinn des Wortes ›Stellvertreter‹ des Kindes sein, dann bliebe das Kind bei der Großmutter und dächte dabei: der Vater geht für mich nach Hause« (Erniedrigung und Erhöhung, 7).

Christus ist der, der in seiner Botschaft vor uns hergeht zum Vater und zur Nachfolge ruft. Ohne die ständige Vergegenwärtigung des so gearteten christozentrischen Grundes der Nachfolge bestünde und besteht die Gefahr, daß sich aus dem Ruf zum »Wandel im Glauben« eine neue Gesetzlichkeit entwickelt. Demgegenüber verdeutlicht das von Schweizer geschilderte Beispiel, daß es beim Nachfolgen nicht um ethische Höchstleistungen nach kasuistisch festgelegten Normen geht. »Die Nachfolge ist nicht der Weg zur Vollkommenheit, sondern die geforderte Vollkommenheit selber« (HConzelmann, Grundriß der Theologie des NT, 1968, 167). Diese zugespitzte Aussage weist darauf hin, daß es bei der Nachfolge in erster Linie um das Verhältnis eines Menschen zu dem vorangehenden Christus geht. Seine Nähe ist der Raum der Vollkommenheit. Oder anders: Nachfolgen heißt primär: mit Christus gehen wie einst die Jünger, von denen ESchweizer schreibt: »Sie werden weder zu einer religiösen noch zu irgendeiner anderen Gewaltleistung aufgerufen. Sie werden eingeladen, dabei zu sein bei dem, was um Christus herum geschieht« (Jesus Christus, 1968, Siebenst. TB 126, 44).

Da sich das »Dabeisein« für uns nicht mehr auf den irdischen Jesus beziehen kann, meint es, daß wir da sind, wo er in und durch seine Botschaft heute wie damals Leben verändern will. Natürlich meint solches Dabeisein nicht die passive Zuschauerhaltung. Das Sein bei Christus, das Ihm-in-die-Welt-hinein-Folgen, impliziert Tätigkeit und Krafteinsatz, aber nicht von Menschen, die sich auf ein Vollkommenheitsideal hin verkrampfen, sondern von »normalen Menschen« (Blumhardt d.J., Vom Reich Gottes, 1923, 92), die Christus folgen, wie sie sind, im Vertrauen darauf, daß seine Kraft in ihnen mächtig und durch sie hindurch transparent wird, die jenem Verlangen nachkommen, das Marie Luise Kaschnitz wie folgt umreißt: »Verlangen wirst Du, daß wir, die Lieblosen dieser Erde, / Deine Liebe sind. / Die Häßlichen Deine Schönheit, / Die Ratlosen Deine Ruhe, / Die Wortlosen Deine Rede, / Die Schweren Dein Flug.« (In: K. Marti, Stimmen vor Tag, 1965, Siebenst. TB 49, 78).

Weil so der Vollzug der Nachfolge an die Person und die tragende Kraft Jesu Christi gebunden bleibt, gilt es im Blick auf die Weitergabe des Rufes zu solchem tätigen Christsein zu beherzigen, was Kierkegaard so formulierte: »Die rechte Nachfolge kommt nicht dadurch zustande, daß man predigt: ›Du sollst Christus nachfolgen‹, sondern dadurch, daß man davon predigt, was Christus für mich getan hat. Faßt und fühlt dies ein Mensch recht tief und wahr, so folgt die Nachfolge schon von selber.« (In: Die Leidenschaft des Religiösen. Reclam-Auswahl, 1953, 82). Vor einem individualistischen Mißverständnis kann dabei ein Wort von Otto Bruder bewahren: »Die Liebe der Nachfolgenden ist Liebe zur leidenden Welt.«

H. Chr. Hahn

Lit.: GKittel, Art. ἀκολουθέω etc., ThWb I, 1933, 210ff – ASchlatter, Die Geschichte des Christus, 1921, 316 – AOepke, Nachfolge und Nachahmung Christi im NT, Allg. ev. luth KZ 71, 1938, 850ff. 866ff – WMichaelis, Art. μιμέομαι etc., ThWb IV, 1942, 661ff – KHRengstorf, Art. μανθάνω etc., ThWb IV, 1942, 392ff – ESchweizer, Das Leben des Herrn in der Gemeinde und ihren Diensten, 1946 – GWingren, Was bedeutet die Forderung der Nachfolge Christi in evangelischer Ethik?, ThLZ 75, 1950, 385–392 – EDinkler, Jesu Wort vom Kreuztragen, BZNW 21, 1954, 110ff (= Signum Crucis, 1967, 77ff) – ThSüss, Nachfolge Jesu, ThLZ 78, 1953, 129ff – HSeesemann, Art. ὀπίσω etc., ThWb V, 1954, 289ff – Schmidt/Schiekhoff, Philosophisches Wörterbuch, 1956 – KHSchelkle, Jüngerschaft und Apostelamt. Eine bibl. Auslegung des priesterlichen Dienstes, 1957 – HThielicke, Theologische Ethik I, 1958², 899–947.2173–2177.2203 – OCullmann, Petrus; Jünger, Apostel, Märtyrer, 1960² – ELohse/EKähler/NHSøe, Art. Nachfolge Christi, RGG IV, 1960³, 1286ff – WPdeBoer, The Imitation of Paul, Diss. Kampen 1962 – FFrerichs, Art. Nachfolge Christi, EKL II,

1962², 1495ff – HKahlefeld, Der Jünger, 1962² – ESchweizer, Erniedrigung und Erhöhung bei Jesus und seinen Nachfolgern, AThANT 28, 1962² – ASchulz, Nachfolgen und Nachahmen. Studien über das Verhältnis der neutestamentlichen Jüngerschaft zur urchristlichen Vorbildethik, 1962 – HvCampenhausen, Kirchliches Amt und geistliche Vollmacht in den ersten 3 Jahrhunderten, 1963² – DBonhoeffer, Nachfolge, 1964⁸ – HJIwand, Predigtmeditationen, 1964, 272ff. 622ff – ASchulz/RHoffmann, Art. Nachfolge Christi, LThK VII, 1964², 758ff – HKosmala, Nachfolge und Nachahmung Gottes (I. Im griech. Denken, II. Im jüd. Denken), Annual of the Swedish Theological Institute II, 1963, 38ff; III, 1964, 65ff – JHYoder, Nachfolge Christi als Gestalt politischer Verantwortung, 1964 – EWolf, Schöpferische Nachfolge, in: Peregrinatio II, 1965, 230ff – GBornkamm, Jesus von Nazareth, 1965⁵ – HSchlier, Der Brief an die Epheser, 1965⁵ – HJKraus, Psalmen 1 und 2, BKAT XV, 1966³ – OMichel, Der Brief an die Hebräer, KEK 13, 1966¹² – RThysman, L'Ethique de l'imitation du Christ dans le Nouveau Testament, Ephem. Theol. Lov. 42, 1966, 138ff – HDBetz, Nachfolge und Nachahmung Jesu Christi im NT, BHTh 37, 1967 – RBultmann, Die Geschichte der synoptischen Tradition, FRLANT NF 12(29), 1967⁷ – HWBeyer/PAlthaus/HConzelmann/GFriedrich/AOepke, Die kleineren Briefe des Apostels Paulus, NTD 8, 1968¹¹(³) – GBornkamm/GBarth/HJHeld, Überlieferung und Auslegung im Matthäusevangelium, WMANT 1, 1968⁵ – RBultmann, Theologie des NT, 1968⁶, §§ 59–61 – FHahn, Die Nachfolge Jesu in vorösterlicher Zeit, Ev. Forum 8, 1967, 7ff – ESchweizer, Jüngerschaft und Kirche, Ev. Forum 8, 1967, 78ff – HDBetz, Nachfolge und Nachahmung Jesu Christi im Neuen Testament, 1967 (= BhTh, 37) – MHengel, Nachfolge und Charisma, 1968 (= BZNW, 34) – GMüller, Nachfolge Christi als Zentralbegriff christlicher Ethik, ZEE 12, 1968, 321ff – ENeuhäusler, Jüngerschaft, BuL 11, 1970, 67ff.

Nächster → Bruder

Nahe → Ziel

Name

ὄνομα

ὄνομα *[onoma]* Name · ὀνομάζω *[onomazō]* (be-)nennen, namhaft machen · ἐπονομάζω *[eponomazō]* danach nennen, einen Beinamen geben · ψευδώνυμος *[pseudōnymos]* einen falschen Namen tragend

I ὄνομα *[onoma]*, aus idg. * *[e]nomn-*, vgl. lat. *nomen*, ist der *Name*. Vom Subst. abgeleitet sind die Verben ὀνομάζω *[onomazō]*, *namhaft machen, beim Namen nennen, benennen, erzählen, aussprechen, bezeichnen, zusagen, versprechen*, und ἐπονομάζω *[eponomazō]*, *danach nennen, benennen, einen Beinamen, einen zweiten Namen geben.* – ψευδώνυμος *[pseudōnymos]* (Kompositum mit *ψευδ- *[pseud-]* = *Lüge*) heißt *einen falschen Namen tragen; falsch, unrichtig, der Sache nicht entsprechend benannt.*

1) Im Glauben und Denken sozusagen aller Völker gehört der Name unlöslich zur Person (des Menschen, eines Gottes oder Dämons). Wer den Namen eines Wesens weiß, kann Macht darüber ausüben. In der Magie kann die im Namen schlummernde potentielle Energie in wirkende Kraft umgesetzt werden, wenn er ausgesprochen wird oder wenn man ihn beschwört.

Im griech. Denken ist im 6./5. Jh. vChr die Frage aufgebrochen, in welcher Beziehung der Name zum benannten Ding oder Wesen stehe. In der Sophistik setzte sich die Meinung durch, daß der Name nicht von Natur an den Dingen hafte. Platon beschäftigte sich im Kratylos mit Problemen der Sprachphilosophie: in welchem Verhältnis stehen Wort und Sache, Begriff und Denken? Für ihn sind die Wörter Lautzeichen, die ihren Sinn durch Sitte, Vereinbarung und Denken bekommen und darum für die wahre Erkenntnis unerheblich sind. Die Stoiker erklärten, die Sprache sei naturnotwendig (φύσει *[physei]*) aus der → Seele des Menschen entstanden, das Wort stelle das Ding seiner Natur nach dar: gesprochenes Wort, Begriff und Sache seien inhaltlich gleich. Diese Meinung setzte sich später weithin durch.

Für das Verhältnis von Sprache und Sache wurden Überlegungen über die Namen der Götter bedeutsam: aus deren Etymologie suchte schon Hesiod Aufschluß über das Wesen der Götter zu bekommen. Die Götternamen wurden als »redende Kultbilder« angesehen (Demokrit, fr 142 [Diels⁵ I,170,9]), und darum eignete ihnen das Moment des Unnahbaren und Furchtbaren (Plato, Philebos 12c; Kratylos 403a). Oder es wird die Meinung vertreten, daß, je höher ein Gott stehe, er desto mehr Namen habe (Menandros, Aristides). Auf der anderen Seite versuchte die Stoa durch Übertragung vieler Namen auf Einen Gott (Zeus) den Polytheismus zu überwinden: Vielnamigkeit wird Ausdruck der Seinsfülle. Aber die Vielnamigkeit des Allgottes kann umschlagen in Namenlosigkeit, indem kein Name der Fülle der Gottheit gerecht wird. Diese Linie des Denkens setzte sich fort bis in die Neuzeit (vgl. Goethes Faust: »Wer darf ihn nennen . . .«). – Die spätantiken Zauberpapyri zeigen in vielen Wendungen, Formen und Formeln den Glauben an die Macht und Wirksamkeit der Namen von Göttern und Dämonen.

A. Altes Testament II

Das hebr. *schēm* = *Name* kommt im AT etwa 770mal vor, in LXX begegnet ὄνομα *[onoma]* an über 1000 Stellen.

1) Auch in Israel ist man sich der Bedeutung des persönlichen (Eigen-) Namens bewußt: das bekannteste Beispiel ist *Nabal*, der ein Tor ist, wie es sein Name sagt (1Sam 25,25). In diesen Zusammenhang gehören auch die zahlreichen (Volks-)Etymologien von Eigennamen, die bei der Benennung von Personen und Orten gegeben werden: *Eva* (Gen 3,20), *Kain* (Gen 4,1), *Babel* (Gen 11,9); der Name *Isaaks* erinnert an das Lachen seiner Eltern (Gen 17,17; 18,12); *Jakob* ist der Fersenhalter (Gen 25,26) usw. Indem die 12 Söhne Jakobs ihre Namen bekommen, bezeugen deren Mütter, daß und wie Jahwe ihnen geholfen hat (Gen 29,31ff). Namengebung ist außerdem Ausübung von Herrschaft und Gewalt: Adams über die Tiere (Gen 2,19f); über eine Stadt (2Sam 12,28); über ein Land (Ps 49,12 Z). Frauen begehren, den Namen eines Mannes zu bekommen, wodurch sie sein Eigentum werden und seinen Schutz genießen (Jes 4,1). Indem Jahwe die Sterne mit Namen nennt, ist er ihr Schöpfer und Herr (Ps 147,4); ebenso ruft er Israel mit Namen und macht es dadurch zu seinem Eigentum (Jes 43,1; 63,19). Wer, wie Absalom, keinen Sohn hat, der seinen Namen in der Erinnerung behalten könnte, richtet einen Stein auf als Namensdenkmal (2Sam 18,18).

Die Bedeutung des Namens bezeugen auch die Umbenennungen von Personen (Gen 41,45; 2Kön 23,34). Eine solche Umbenennung kann auch Jahwe vornehmen, wenn er seinen Auserwählten eine neue Bedeutung in ihrer Stellung oder für die Zukunft gibt: *Abram* wird zu *Abraham* als Vater vieler Völker (Gen 17,5), *Jakob* wird *Israel*, da er mit Gott gekämpft hat (Gen 32,29). Abrahams Name, aber auch die Namen von Ephraim und Manasse (Gen 48,20) haben über den Träger hinaus Bedeutung. – Das Jerusalem der Endzeit bekommt einen neuen Namen (Jes 62,2). – Der Prophet kann seinen Kindern symbolische Namen beilegen (Jes 7,3; 8,3). Die Namen der Heilsträger verbürgen Jahwes Gnade (Jes 7,14; Sach 6,12).

2) Vor allem bedeutsam ist der Name Jahwes, den Jahwe selbst in seiner Offenbarung kundtat (Gen 17,1; Ex 3,14; 6,2). Es gehört zu den grundlegenden und unaufgebbaren Merkmalen der bibl. Offenbarung, daß Gott nicht namenlos ist, sondern daß er einen Eigennamen hat, mit dem er angerufen werden kann und soll. Wenn man Jahwe anruft, kommt er herbei und macht seine Verheißung wahr: »An jedem Ort, an dem ich meinem Namen ein Gedächtnis stifte, will ich zu Dir kommen und dich segnen« (Ex 20,24; vgl. Num 6,24ff; → Gedenken). Priester, Leviten, auch der König segnen mit dem Namen Jahwes (Num 6,27; Dtn 10,8; 2Sam 6,18). Der Name Jahwes umschreibt so stark das personhafte Walten und Wirken Jahwes, daß man ihn als Wechselbegriff für Jahwe selbst verwenden kann (Lev 18,21; Am 2,7; Mi 5,3; Ps 7,18 u. ö.). Er ist die den Menschen zugewandte Seite Jahwes, in ihm offenbart sich Jahwe selbst: sein Geschichtshandeln in Vergangenheit (Ex 3,6.13.15), Gegenwart (Ex 20,7) und Zukunft (Ez 25,17; 34,30 u. ö.) ist untrennbar mit seinem Namen verbunden. Mißbrauch dieses Namens in Magie und falschem Schwur – beim Eid wird der Name Jahwes genannt! – wird verboten (Ex 20,7); denn der Name Jahwes ist Geschenk der Offenbarung, über das der Mensch nicht verfügen kann (Gen 17,1; Ex 3,14; 6,2). Der Name Jahwes ist Israel anvertraut, die Heiden kennen ihn nicht (Ps 79,6). Israel hat die Aufgabe, ihn zu heiligen; das geschieht im Kult (Opfer, Gebet, Segen, Fluch), auch im heiligen Krieg (Ps 20,8), und zwar so, daß man einzig und allein Jahwe dient und seinen Geboten gehorcht (von Rad); Beteiligung am Kult einer anderen Gottheit ist darum Entweihung des Namens Jahwes (Lev 18,21). Darin, daß Jahwes Name über Jerusalem (Jer 25,29), über den Tempel (Jer 7,10) und über die Lade (2Sam 6,2) ausgerufen wird, sie also ihm geheiligt, zugeordnet werden, gründet deren Heiligkeit (→ Heilig).

3) Das Deuteronomium beantwortet die Frage, wie Israel mit Jahwe verkehren kann, so: Jahwe selbst wohnt im Himmel, aber er wählt auf Erden einen Ort, um seinen »Namen« dort wohnen zu lassen (Dtn 12,11; 14,23; 2Sam 7,13; 1Kön 3,2; 5,17 u. ö.). Indem aber sein Name im → Tempel wohnt, ist Jahwes Gegenwart selbst garantiert; freilich so, daß neben der Unterschätzung des Tempels auch seiner Überschätzung gewehrt wird (vgl. 1Kön 8,12: Jahwe wohnt im Dunkel, mit 1Kön 8,14ff: Jahwes Name wohnt im Tempel): Der Name bleibt wie Jahwe selbst souverän.

4) Von da aus kann der Name Jahwes zu einem – freilich mit Jahwe selbst eng verbundenen – selbständigen Machtwesen werden, durch dessen Walten der Fromme Schutz und Hilfe erfährt (Spr 18,10; Mal 1,11; Ps 54,8 u. ö.). Der Name Jahwes wird (fast) zu einer Hypostase Jahwes (Ps 54,3; 89,25; 118,10–12 u. ö.). Er nimmt den Platz ein, an dem in anderen Religionen das Kultbild stand (vgl. von Rad, Theol. I, 31f!).

5) Wohl in späterer Zeit wird der Name Jahwes häufig gebraucht im Sinne von »Ehre« oder »Ruhm« Jahwes (Jes 26,8; 55,13; Ps 48,11). In gleiche Richtung weisen Wendungen wie »um des Namens Jahwes willen« oder »Jahwe ist sein Name« (Ex 15,3; Jes 51,15; Jer 10,16; Am 4,13; Ps 23,3). Diese Formeln weisen auf Jahwes Herrschaftsanspruch und Ehre in der Welt und unter den Völkern hin, bei denen ihn Israel bekannt macht (Jes 12,4; Ps 105,1–3). »Ja, zuletzt wird sich Jahwe derart vor der Welt offenbaren, daß aller Götzenkult verschwindet und allein seinem Namen sich alle Knie beugen werden (Sach 14,9; Jes 45,23)« (von Rad).

6a) Häufig begegnet im AT die Wendung »im Namen« (hebr. *beschēm*). Sie kann, mit Orts- oder Menschennamen verbunden, bedeuten: *mit Namen, namentlich* (Jos 21,9), *nach dem Namen* (Ri 18,29), *unter dem Namen* (1Kön 21,8; Est 3,12); *im Auftrag* (1Sam 25,9).

b) Vor allem kommt diese Wendung aber vor in Verbindung mit dem Namen Jahwes; sie bedeutet zunächst: Jahwe mit seinem Namen herbeirufen, Jahwe anrufen, dh Jahwe kultisch verehren (Gen 4,26; 12,8 u. ö.). Die Formel wird auch gebraucht beim → Schwören, beim → Segen und → Fluch, indem durch ihre Verwendung die Macht Jahwes selbst ins Mittel gerufen wird (Dtn 6,13; 10,8; 2Sam 6,18; 2Kön 2,24). Sie bedeutet auch »im Auftrag« Jahwes (Ex 5,22f; Dtn 18,18f). Lügenpropheten berufen sich dann zu Unrecht auf Jahwe; denn sie haben von ihm weder Sendung noch Wort empfangen (Dtn 18,20; Jer 14,14f; 23,25; 29,9).

B. Judentum

1) Philo sagt – im Anschluß an Ex 3,14 [LXX] und bestimmt durch stoische Philosophie –, daß Gott der Seiende ist, daß ihm allein das Sein zukommt. Dieses ist aber unaussprechlich, und so kommt Gottes eigentlicher Name nicht zu den Menschen (Gott zu Mose: »Für mich, dem allein das Sein zukommt, gibt es überhaupt keinen mein Wesen treffenden Namen«; Vit. Mos. I,75). Zu den Menschen kam nur der Name κύριος ὁ θεός [*kyrios ho theos*] = *der Herr Gott* (Mut. Nom. 11f). Die Menschen können Gott mit dem relativen Namen »Gott Abrahams, Isaaks und Jakobs« anrufen (Abr. 51). Für Philo hat Gott also keinen Eigennamen, ganz im Gegensatz zum AT. Mit den Wörtern θεός [*theos*], *Gott*, und κύριος [*kyrios*], *Herr*, werden nach Philo im AT nur Kräfte in Gott bezeichnet: »Herr« als Kraft des Herrschens und »Gott« als Kraft der Gnade. Stoisch ist auch Philos Meinung, daß die Kraft des Seienden vielnamig sei (Som. II 254). Jedoch sind auch die nur relativen Namen Gottes, die sein eigentliches Wesen nicht bezeichnen, heilig zu halten, und man hat sich vor Mißbrauch, Lästerung und dem Gebrauch schauerlicher Namen zu hüten (Spec. Leg. IV 40; II 8; Decal. 93f).

2) Josephus, der Priester war, dürfte den hebr. Namen *Jahwe* gekannt haben, verwendet ihn aber nie. Er braucht nicht einmal κύριος [*kyrios*], *Herr*, mit dem das hell. Judentum den Namen *Jahwe* wiedergab. So sehr hatte sich bei ihm schon die Scheu vor dem Aussprechen des Namens Gottes durchgesetzt. Dafür aber gebraucht er neben ὄνομα [*onoma*] auch und mit Vorliebe προσηγορία [*prosægoria*], *Anrede, Benennung, Titel*, auch da, wo es um den Jahwe-Namen geht: auf dem Stirnband des Hohenpriesters ist die προσηγορία [*prosægoria*] Gottes eingraviert (Ant. 3,178). An anderer Stelle redet er im gleichen Zusammenhang allerdings vom ὄνομα [*onoma*] Gottes, dem Alexander der Große seine Verehrung gezollt habe (Ant. 11,331). Dieser Wechsel zwischen den beiden Wörtern ist auch bei seiner Wiedergabe von Ex 3 festzustellen, wobei er beifügt, es sei nicht erlaubt, darüber irgend etwas zu sagen (Ant. 2,275f). Nach Josephus wohnt im Tempel auch nicht der Name Gottes, sondern nur ein Teil von Gottes Geist (Ant. 8,114). Der Tempel Israels ist ἐπώνυμον [*epōnymon*] Gottes, dh er *trägt Gottes Namen* wie Münzen, die so als ihm gehörig ausgewiesen werden, und wie heidnische Tempel den Namen ihrer Götter tragen (Ant. 16,45; 4,207). Nicht unbedingt der Jahwe-Name muß gemeint sein, wenn es heißt, man hätte den »schauerlichen Namen Gottes« angerufen (Bell. 5,438).

3) Die Qumranschriften bleiben, was den Gebrauch des Gottesnamens betrifft, durchaus in den Bahnen des AT. Nach Josephus (Bell. 2,142) müssen die Essener schwören, u. a. die Namen der Engel geheim zu halten.

4) Apokryphen und Pseudepigraphen. Der Bericht Gen 6 über den Fall der Engel beschäftigte die Phantasie: er wurde in aethHen 6,7 dahin ausgestaltet, daß die Namen der »Anführer über 10« (scil. Engel) genannt werden. Der 3Hen ist weithin ein angelologischer Traktat, in dem zahllose Engelnamen bekanntgegeben werden. – In 4Esr 7,132–139 werden 7 Namen Gottes genannt (der Barmherzige, Gütige, Langmütige, Edelmütige, Gnadenreiche, Edle, Verzeihende). – Merkwürdig ist der Gedanke, daß der Name Gottes, mit dem die Menschen schwören, der Eid selbst ist und daß damit die Schöpfung ins Dasein gerufen wurde (aethHen 69,13–21). Der Name des Menschensohnes (und damit seine Person?) ist präexistent (aethHen 46,7f).

5a) Im Rabbinat wird der Name wichtig bei der Traditionslehre: man darf eine Lehre oder Tradition nur weitergeben unter Nennung (*beschēm* = *im Namen*) der Autorität, von der man sie empfangen hat (Aboth 6,6). Im Blick auf das NT ist bedeutsam die Wendung *leschēm* = *auf den Namen*. Sie hat erstens finalen Sinn: mit Rücksicht darauf, daß etwas geschehen soll. Man opfert *lᵉschēm haschschēm = für den Namen des Namens,* für Jahwe, dh man bringt Jahwe ein Opfer dar. Der freigelassene Sklave nimmt ein rituelles Tauchbad »auf den Namen des freien Mannes«, um ein freier Mann zu werden. Der Proselyt wird beschnitten »auf den Namen des Proselyten«, damit er Jude werde. – Die Wendung hat zweitens kausalen Sinn: zB *lᵉschēm schāmajim = wegen des Namens des Himmels,* dh um Gottes Willen (vgl. Mt 10,41; Mk 9,42!).

b) Der Gottesname Jahwe wird möglichst vermieden (vgl. Josephus!), um das Gebot Ex 20,7 nicht zu verletzen (→ Herr, Art. κύριος). Nach einem alten Bericht hätten die Priester ca. 200 vChr, nach dem Tode von Schimon dem Gerechten, aufgehört, beim Segnen den Jahwenamen auszusprechen (TSota 13,8). Im Tempelkult wurde der Jahwename noch gebraucht beim Segen des Hohenpriesters am Versöhnungstag. Bei Schriftzitaten ersetzte man in den Lehrhäusern das Wort *Jahwe* durch *schēm = Name.* So kam der Gebrauch des Tetragramms (*jhwh*) in Wegfall und seine Aussprache geriet in Vergessenheit. Die Folge war, daß der Name Gottes zum Geheimnamen wurde, den man – vor allem in der niederen Volksfrömmigkeit – als Machtmittel zur Zauberei mißbrauchte. Neben dem aus vier Buchstaben bestehenden Gottesnamen kannte man übrigens auch solche, die aus 12, 42 oder sogar 72 Buchstaben bestanden.

Im NT kommt ὄνομα *[onoma]* 228mal vor, relativ am häufigsten bei Lukas (Ev. 34mal, Apg 60mal) und Offb (37mal). Das im antiken Schrifttum häufige ἐπονομάζω *[eponomazō]* findet sich im NT nur Röm 2,17, ψευδώνυμος *[pseudōnymos]* nur 1Tim 6,20. ὄνομα *[onoma]* kann auch *Ruf* (Mk 6,14; Offb 3,1), *Person* (Apg 1,15; Offb 3,4; 11,13) bedeuten. III

1) Namen von Menschen und anderen Wesen

Wenn die Namen der 12 Apostel auf den Fundamentsteinen des neuen Jerusalem stehen werden (Offb 21,14) und die Namen der 12 Stämme Israels auf seinen Toren (Offb 21,12), so wird damit die letzte Einheit von altem und neuem Gottesvolk bekundet. – Jesus erweist sich als der gute Hirte dadurch, daß er alle seine Schafe *mit Namen ruft,* sie persönlich kennt (Joh 10,3). Wenn er seinen Jüngern *neue Namen* gibt, stellt er sie in bes. Weise in seinen Dienst (Mk 3,16f). Indem ihre Namen im Himmel geschrieben sind (Lk 10,20), gehören sie zu Gott und seinem Reich (Offb 3,5). Der neue Name, den der Sieger erhält, ist der Ausdruck der unverlierbaren Gemeinschaft mit Christus selbst (Offb 2,17).

Auch böse Geister haben Namen, die etwas von ihrem Wesen oder ihrer Kraft beinhalten (Mk 5,9). So trägt das »Tier« in der Offb (»Antichrist«) *Namen der Lästerung,* dh ihm werden Namen und Würdetitel beigelegt, die nur Gott oder Christus zukommen (Offb 13,1). Sein Name ist in einer Zahl enthalten (Offb 13,17f), und auch seine Anhänger tragen ihn (Offb 13,17; 15,2). Die Namen der »großen Hure« stehen im Gegensatz zum Namen des Weibes von Offb 12 (Offb 17,1.3.5).

2) Der Name Gottes

Der Name Gottes gehört zu seiner → Offenbarung: Gott als Person wendet sich der Person des Menschen zu. Gott offenbart sich als der liebende Vater, indem er im Heilswerk Jesu seinen Namen verherrlicht (Joh 17,12.26). Dem entspricht, daß Jesus, und nur er, den Namen Gottes als des Vaters den Menschen offenbart (Joh 17,6). In Joh 12,28 sind »Vater«, »verherrlichen« und »Name« eng miteinander verbunden. Wenn die Jünger »im Namen Gottes erhalten« werden, stehen sie im Wirkungsbereich einer Kraft, die sie gegen alles Verderben schützt und sie untereinander eint (Joh 17,11f). Ihr Ziel findet die Kundgabe des Gottes-(Vater-)Namens darin, daß die Liebe des Vaters zum Sohn auch in den Glaubenden ist (Joh 17,26). Wir haben in diesen Aussagen des JohEv., vor allem in denen des »hohenpriesterlichen Gebetes Jesu« (Joh 17), die christologische Deutung der at. Aussagen über den Jahwenamen vor uns. Damit ist in dieser letzten Ev.-Schrift die altbibl. Linie wieder aufgenommen und durchgehalten, daß Gottes Offenbarung an einen persönlichen Eigennamen gebunden ist: an → *Jesus Christus* (vgl. in der Sache Mt 11,27).

So handelt Jesus im Namen und Auftrag Gottes zur Erfüllung seines Willens und zum Erweis seiner Sohnschaft (Mk 11,9f; Joh 10,24f). Bei seiner Parusie kommt er »im Namen des Herrn« (Mt 23,39). Indem der Name Gottes mit dem des Sohnes und des Heiligen Geistes verbunden wird, empfängt er seine ganze Fülle (Mt 28,19): hier wird trinitarisch gedacht, auch wenn eine formulierte Trinitätslehre fehlt. – Die erste Bitte des Unser-Vaters gilt der Heiligung des Namens Gottes (Mt 6,9 vgl. Jes 29,23; Ez 36,23): im → Reiche Gottes wird der Name Gottes nicht mehr durch Sünde entweiht werden; Gott wird gebeten, daß er selbst die Heiligung seines Namens durchsetze und sein Reich bringe. – Der Mensch, der Gottes Willen und Gebot mißachtet, der christl. Sklave, der seinem Herrn ungehorsam ist, bewirkt, daß Gottes Name gelästert wird (Röm 2,24; 1Tim 6,1). Auch das »Tier« lästert den Namen Gottes und seines Zeltes (Offb 13,6), ebenso die von der endzeitlichen Plage Getroffenen (Offb 16,9).

3) Der Name Jesu

a) Die Fülle von Jesu Leben und Werk zeigt sich in seinem Namen (Mt 1,21). Er trägt den erhabenen Sohnesnamen (Hebr 1,4f), sein Name ist »das Wort Gottes« (Offb 19,13; vgl. Joh 1,1). Der Herrenname Gottes wird auch zu seinem Namen (Phil 2,9f; Offb 19,16). Darüber hinaus trägt er einen Namen, den nur er selber kennt (Offb 19,12). Statt *Jesus* kann es einfach heißen »der Name« (Apg 5,41; 3Joh 7; vgl. den jüd. Ersatz von *Jahwe* durch *schēm*!). Im Namen Jesu ist der ganze Gehalt der in Jesus geoffenbarten Heilswahrheit beschlossen (Apg 4,12; 1Kor 6,11). Es ist Gottes Gebot, an den Namen seines Sohnes zu glauben (1Joh 3,23; 5,13), was bedeutet, an Jesu messianische Sendung zu glauben (Joh 3,18). Wer an seinen Namen glaubt, empfängt → Vergebung der Sünden (Apg 10,43; 1Joh 2,12), hat das ewige → Leben (Joh 20,21; 1Joh 5,13), entgeht dem Gericht (Joh 3,18). Das ganze Leben der Christen steht unter dem Namen Jesu (Kol 3,17). Dessen Verherrlichung in den Gläubigen ist das Ziel des Glaubens (2Thess 1,12).

Der Name Jesu ist Grundlage der → Verkündigung, die allen Völkern gilt (Apg 8,12; 9,16; Röm 1,5). Da Jesus und sein Werk gepredigt werden, verbieten die Machthaber, »auf Grund dieses Namens« (ἐπὶ τῷ ὀνόματι τούτῳ *[epị tō onọmati tọutō]*) zu predigen (Apg 4,17f; 5,28.40). Glaube und Verkündigung schließen das Bekenntnis zum Namen in sich (Hebr 13,15) und die Bereitschaft zum Leiden (Mt 10,22; 24,9). Glaube und Treue gegenüber Jesus ist Festhalten an seinem Namen (Offb 2,13; 3,8). Der Christusname schließt Herrlichkeit in sich, und wer sich um seinetwillen schmähen läßt, erhält den Heiligen Geist (1Petr 4,14). Wer den Namen des Herrn anruft, gehört zur Gemeinde (Apg 9,14; 1Kor 1,2) und wird gerettet (Apg 2,17–21; Röm 10,13). Von diesem Namen haben die Christen ihren Namen bekommen. Er ist der »schöne Name«, der über den Christen genannt ist (Jak 2,7). Zu den Gaben der Vollendung gehört es, daß die Sieger den Namen des Lammes tragen werden (Offb 3,12; 14,1; 22,4).

b) Die Formel »im Namen Jesu«

Im Namen Jesu gibt Gott den Heiligen Geist (Joh 14,26), in ihm dankt man (Eph 5,20), auf ihn hoffen die Völker (Mt 12,21; vgl. Jes 42,4), in ihm betet die Gemeinde (Joh 14,13f; 15,16), dh nach seinem Willen und Auftrag, damit die Sendung erfüllt werde, die Jesus den Seinen gab; darum wird ihr Gebet erhört. Indem die Jünger in den Bereich Jesu gestellt sind, können sie in seinem Auftrag und in seiner Kraft handeln: Wunder und Taten der Barmherzigkeit vollbringen (Lk 10,17; Mk 9,38f). Auch in der Zeit nach Ostern bewährt der Name Jesu seine Kraft (Apg 3,6; 14,10), wobei Name und »Kraft« (→ Macht, Art. δύναμις) parallel gebraucht sind (Apg 4,7; 16,18). Jesus selbst hilft, ist in seinem Namen gegenwärtig (Apg 9,34), freilich nicht, wenn ihn Ungläubige in zauberischer Beschwörung zu mißbrauchen versuchen (Apg 19,13–16). In solchen Aussagen zeigt sich, daß die at. Redeweise vom Namen Jahwes auf Jesus und seinen Namen übertragen worden ist. – Weil Paulus von Jesus berufen wurde, kann er »im Namen Jesu«, beauftragt und bevollmächtigt durch ihn, ermahnen (2Thess 3,6; dasselbe mit διά *[diạ], durch* ihn, 1Kor 1,10) oder ein Urteil sprechen.

c) Die Taufe »auf den Namen Jesu«

Die Taufformel εἰς τὸ ὄνομα *[eis to ọnoma], auf den Namen*, entspricht der final verstandenen Wendung *l^eschēm* der rabb. Schulsprache (vgl. oben II,6), deren genaue Übersetzung sie ist: die → Taufe ist Übereignung des Getauften an Christus zur Vergebung der Sünden (Apg 8,16; 19,5; 1Kor 1,13.15; vgl. Mt 28,19). Derselbe Sinn kann auch da vorliegen, wo vom Taufen ἐπί *[epị], auf*, oder ἐν *[en], in* dem Namen die Rede ist (Apg 2,38; 10,48; vgl. LXX Jos 9,9; 2Sam 22,50; Sir 47,13, wo der hebr. Grundtext *l^eschēm* hat, was wörtl. mit εἰς [eis] = *auf* zu übers. wäre, während LXX mit ἐν [en] oder ἐπί [epi] übers.). Die Fülle des Heilswerkes Christi ist in seinem Namen enthalten, wie Jahwes Heilswerk in dem seinen, und in der Gemeinde gegenwärtig. Es wird dem einzelnen in der Taufe zugeeignet, indem er in Tod und Auferstehung Jesu hineingenommen wird (Röm 6,1–11 u. ö.).

4) Das vom Subst. abgeleitete Verb ὀνομάζω [onomazō] begegnet im NT nur 9mal. Name und Dienst der → Apostel leiten sich von Jesus ab (Lk 6,13). Wer den Brudernamen trägt, aber dessen unwürdig lebt, dem soll die Gemeinschaft aufgesagt werden (1Kor 5,11). Die Gemeinde ist so von der Sünde getrennt, daß diese in ihr nicht einmal genannt werden, dh, daß von ihr nicht einmal gesprochen werden soll (Eph 5,3; vgl. 2Tim 2,19). Gott benennt alle Sippen im Himmel und auf Erden und ist so der Vater aller (Eph 3,15).

H. Bietenhard

Lit.: OGrether, Name und Wort Gottes im AT, BZAW 64, 1934 – HBietenhard, Der Name Gottes in der Bibel, in: Das Wort sie sollen lassen stahn, Schädelin-Festschrift, 1950 – ders., Art. ὄνομα etc., ThWb V, 1954, 242ff – GvdLeeuw, Phänomenologie der Religion, 1956^{2}, s. v. Name – WPhilipp, Art. Name Gottes, RGG IV, 1960^{3}, 1298ff – CASchmitz/KBaltzer/BReicke, Art. Namenglaube, RGG IV, 1960^{3}, 1301ff – JJStamm, Art. Namengebung im AT, RGG IV, 1960^{3}, 1300f – GDelling, Die Zueignung des Heils in der Taufe. Eine Untersuchung zum nt. »Taufen auf den Namen«, 1961 – JFichtner, Art. Name etc., EKL II, 1962^{2}, 1499ff – OEißfeldt, Jahwename und Zauberwesen, in: Kleine Schriften II, 1963 – HABrongers, Die Wendung »b^{e}šem jhwh« im AT, ZAW 77, 1965, 1ff – HKosmala, In My Name, Annual of the Swedish Theological Institute V, 1966/7, 87ff – SHerrmann, Der alttestamentliche Gottesname, EvTh 26, 1966, 281ff – GvRad, Theologie des AT, I, 1966^{5}, 193ff – HKosmala, In my Name, Annual of the Swed. Theol. Inst. 5, 1967, 87ff – LHartman, »Into the Name of Jesus«, NTS 20, 1973/74, 432ff.

Natur

φύσις

φύσις [physis] Natur, Beschaffenheit, Art · φυσικός [physikos] natürlich

φύσις [physis] gehört zur griech. Begriffswelt. Seit Hom. bezeugt, wird es bei den sogen. Vorsokratikern zu einem Schlüsselbegriff durch die Frage nach der Natur der → Welt, bei den Sophisten gleichfalls durch die Frage nach der Begründung des Rechtes. I

Das Subst. φύσις [physis], zu dem Verb φύω [phyō], *wachsen lassen, wachsen*, gehörig, welches bereits im myken. Griech. bezeugt ist, ist wurzelverwandt mit lat. *fu-*, *ba-* und dt. *bauen*. Die Wurzel φυ- [phy-] bezeichnet das Sein oder Vorhandensein.

1) φύσις [physis] bezeichnet den *Ursprung*, den *Anfang*, die *Herkunft und Entstehung* (zB Hdt. 7,134), aber auch die Geburt des Gewachsenen, Gewordenen (Aristot. Metaph. 1014^{b}16; zB κατὰ φύσιν υἱόν [kata physin hyion], *nach Herkunft sein Sohn*, Polyb. 3,12,3). Aristot. (Metaph. 1014^{b}33) hält sie für die Elementarsubstanz, aus den Elementen bestehend.

2) Vom Grundverständnis des durch Wachsen Vorhandenseins bezeichnet φύσις [physis] die *natürliche Beschaffenheit* oder *Eigenschaft*, den *Zustand* (zB der Luft, des Blutes; auch von einem Land Hdt. 2.5), die *Gestalt, Erscheinung* (Hdt. 8.38), die *Prägung*, den *Charakter* (so von Solon: φιλόδημος τὴν φύσιν [philodæmos tæn physin], *von volksliebendem Charakter*; Aristoph. Nub. 1187). Auch die *Geschlechtlichkeit* (DiodS 16,26,6; Plato Leg. 944d.770d), die *Geschlechtsmerkmale und -organe* (DiodS 32,10,7; Hippokr. Gyn. 2,143) können mit φύσις [physis] bezeichnet werden. Neben ἔθος [ethos], *Sitte*, λόγος [logos], *Vernunft*, meint es die (menschliche) *Art* (Aristot. Pol. 1332^{a}40), die unvergängliche und auch vergängliche *Wesensart* von Göttern (DiodS 3,9,1). τὰ πρῶτα κατὰ φύσιν [ta prōta kata physin] nennt Zenon die geistigen und seelischen *Anlagen* des Menschen. So kann gesprochen werden von der κοινὴ φύσις [koinæ physis], der *gemeinsamen sittlichen Natur* aller Menschen (Chrysipp bei Plutarch, Stoic. Rep. 9, P. 1035c). Hierher gehört auch das berühmte Aristoteles-Zitat: Der Mensch ist *seiner Wesensart nach* ein politisches Lebewesen (πολιτικὸν ζῷον [politikon zōon], Aristot. Pol. 1253^{a}3). So kann φύσις [physis], wie für den Körperbau des einzelnen, auch für die Einrichtung und Verfassung von Staaten gebraucht werden (Isocr. 12,134).

3) φύσις [physis] kann ferner die *Kreatur*, die *Naturwesen* bezeichnen, so zB die im Meer lebende Kreatur (Soph. Ant. 345), auch die einzelne *Art, species*, innerhalb derselben (Plato Resp. 429d).

4) φύσις *[physis]* ist aber auch die wirkungsvolle, hervorbringende Kraft, die Zaubermittel, Pflanzen entstehen und zB Haare wachsen läßt (Hippokr. Phys. Paid. 20). So stehen φύσις *[physis]* als Kraft und ἕξις *[hexis]* als körperliche Konstitution nebeneinander (Hippokr. Diai. Ox. 43). Diese *Natur* ist vernunftbegabt und zweckgebunden, nichts bringt sie ohne Sinn oder vergeblich hervor (Aristot. Cael. 291b13). So nennt sie Aristot. in einem Atem mit dem Gott (ebd 271a33), wobei er sie von der τύχη *[tychæ]*, dem Schicksal, dem αὐτόματον *[automaton]*, dem Von-Selbst-Geschehenden, und der τέχνη *[technæ]*, der Kunst, unterscheidet (Metaph. 1070a8). Überhaupt entwickelt Aristot. eine Theorie des natürlichen Dinges, des φύσειον *[physeion]*. Für die ionische Philosophie ist Natur das *Wachstum* der Pflanzen und Tiere, einmal als Phänomen und das andere Mal als Wachstumskraft.

5) Der Begriff φύσις *[physis]* steht für die *Naturordnung*. Dem in den Gesetzen Vereinbarten wird das Gewordene und Gewachsene der Natur gegenübergestellt (Antiphon Sophista 44 A I 32). Nach der Naturordnung sind alle Menschen trotz des Gegensatzes von Hellenen und Barbaren in ähnlicher Weise geworden (Antiphon Sophista 44 B II 10). Durch die Haare unterscheidet die Natur nach ihrer Ordnung die Geschlechter (Epict. Diss. I 16,10). Die Natur hat Kräfte und Elemente (Corp. Herm. 1,8). Sie ist sich selbst genügend und stark – gegenüber der τύχη *[tychæ]*, dem Geschick, das unsicher ist (Democr. 176). Das Leben der Menschen steht unter dem Walten von Natur und Gesetzen (Demosth. 25,15). Diese Ordnung setzt das natürliche Lebensende (Plut., Vit. Par., Comparatio Demosthenis et Ciceronis). So waltet die Natur neben Schicksal und Zwang über dem Dasein (Philodem, De Pietate 12).

In der Stoa wird die φύσις *[physis]* dann zu einer Allgottheit, so in dem berühmten Zitat aus Marc Aurel IV 23: Ὦ φύσις, ἐκ σοῦ πάντα, ἐν σοὶ πάντα, εἰς σὲ πάντα *[ō physis, ek sou panta, en soi panta, eis se panta]*, O Natur, aus dir ist alles, in dir ist alles, auf dich hin ist alles. Für das stoische Ethos von Bedeutung ist der Ausspruch von Chrysipp (SVF III, 5), es gelte ἀκολούθως τῇ φύσει ζῆν *[akolouthōs tæ physei zæn]*, *in Nachfolge, im Anschluß an die Natur zu leben*. Daß es sich bei Natur und Gesetz um zwei verschiedene das Leben des Menschen bestimmende Größen handelt, wird im griech. Denken früh und scharf erkannt. Es sei verwiesen auf das Archelaos-Frg (Diels II, 45,6): καὶ τὸ δίκαιον εἶναι καὶ τὸ αἰσχρὸν οὐ φύσει, ἀλλὰ νόμῳ *[kai to dikaion einai kai to ais·chron ou physei, alla nomō]*, *und das Gerechte und Schimpfliche sei nicht durch Natur, sondern durch Gesetz*, dh es falle in das Gebiet des Rechtes und nicht der Natur. Die Natur wird also hier als das Harmonische, in sich Gute und Ruhende, begriffen und damit vom Felde des Moralisch-Ethischen unterschieden.

II 1) φύσις *[physis]* hat im AT kein hebr. Äquivalent, weil hier eine solche Vorstellung von der Natur wie im Griechentum fehlt; das hängt mit dem Bezug alles Vorhandenen zur → Schöpfung bzw. zum Schöpfergott, aber auch mit dem stärker geschichtlichen Denken des AT zusammen. In LXX kommt φύσις *[physis]* nur in Weish (3mal) sowie 3 und 4Makk vor.

a) Auch hier findet es im Sinn von *Anlage, Charakter* (neben Tugend und Zusammenleben 4Makk 13,27) Verwendung, kann die *Eigenschaft*, zB die Kraft der Liebe zu den Kindern, bezeichnen (4Makk 16,3), aber auch – mit Bezug auf Sachen – zB die feuerlöschende Eigenschaft des Wassers (Weish 19,20b). φύσει *[physei]*, *von Natur, von Haus aus* sind alle Menschen töricht (Weish 13,1).

b) Aber auch von Gottes φύσις *[physis]*, seiner *Natur*, seinem *Wesen*, kann gesprochen werden (4Makk 5,25), und es wird bekundet, daß sein → Gesetz mit dem in der Natur begründeten Sittengesetz übereinstimmt.

c) 4Makk 15,25, wo φύσις *[physis]* neben γένεσις *[genesis]*, *Schöpfung*, und φιλοτεκνία *[philoteknia]*, *Kinderliebe*, steht, bezeichnet das Wort die *Naturordnung*, 3Makk 3,29 das geschaffene *Wesen*, die *Kreatur*, auch den Menschen, wie 4Makk 1,20 mit φύσεις παθῶν *[physeis pathōn]*, *Gewächse der Triebe*, menschliche *Eigenschaften* gemeint sind; Weish 7,20 aber die *Arten* der Lebewesen. Auch von der Natur als Hervorbringerin und Spenderin ist die Rede; so werden 4Makk 5,8 *Gaben der Natur* erwähnt.

2) Erst P h i l o hat wohl den Begriff bewußt übernommen, ihn aber zugleich modifiziert, um mit seiner Hilfe die Kraft und Weite jüd. Glaubens zu entfalten.

a) Selbstverständlich tritt für ihn Gott in den Vordergrund. Die φύσις *[physis]* ist nun nicht mehr selbst Ursprung und schaffende Größe, sondern Mittel göttlichen Handelns. Gott hat die Körper gebunden durch einen Zusammenhang, durch *Natur*, dh in diesem Fall *Lebenskraft*, durch → Seele und vernünftige Seele (Deus imm. 35). Diese Lebenskraft besteht aus den verändernden und den vermehrenden Kräften (ebd 37). Die Seele ist Lebenskraft, die Vorstellungsvermögen und Bewegung hinzugenommen hat (Leg. All. II 23).

b) Diese zu Gott gehörige φύσις *[physis]* ist Hervorbringerin zB aller Menschen (Decal. 41). Sie ihrerseits ist unsterblich (Sacr. AC 100). Sie lehrt die Zeiteinteilung, Tag und Nacht, Wachen und Schlafen, sie schafft den Raum, bei drei Dimensionen stehenbleibend (Decal. 25). Sie erweist den Menschen als den, der über Pflanzen und Tiere verfügt, sie hat den Menschen die Sprache gegeben (Spec. Leg. II 6; Rer. Div. Her. 302) und die Geschlechtsgemeinschaft (Abr. 248)! So schreibt

Philo der φύσις *[physis]* vieles zu, was vom AT her gesehen Gottes Tat und Tun ist (→ Werk, Tat). Die Natur gilt ihm – ähnlich wie die → Weisheit – als eine an Gottes Schöpfungshandeln beteiligte Größe. Sie ist Gott für Philo Natur, τρὶς μακαρία φύσις *[tris makaria physis]*, *dreimal selige Natur* (Spec. Leg. IV 123; vgl. Abr. 87), aber wahrlich nicht umgekehrt. Er selber steht außerhalb der stofflichen Natur (De Migr. Abr. 192), sofern diese als die Gesamtheit der Naturerscheinungen und Kräfte verstanden wird.

c) Im gleichen Sinne deutet er die Naturordnung: Philo kann den νόμος *[nomos]*, das → Gesetz, als ὀρθὸς φύσεως λόγος *[orthos physeōs logos]*, als *rechtes Wort der Natur* bezeichnen (Q. P. L. 62), weil das Gesetz der Natur folgt (Virt. 18), weil die Gesetzesvorschriften mit der Natur übereinstimmen (Abr. 5), mit den Siegeln der Natur selbst gezeichnet sind (Vit. Mos. II 14). Darum gilt es, der Natur und ihren Fortschritten zu folgen (Spec. Leg. II 42, ähnlich Q. P. L. 160). Die Natur bestätigt also das Gesetz. Dies allein ist das Fundament der Welt.

d) Mit φύσις *[physis]* wird *Wesen* und *natürliche Beschaffenheit* der Dinge bezeichnet, zB der Elemente (Som. I 33). φύσις *[physis]* kann auch das Wesen Gottes meinen (Plant. 91), die (doppelte) Beschaffenheit des Lichts (Abr. 157), aber auch

e) die aus sterblicher und unsterblicher Beschaffenheit gemischte (Praem. poen. 13), männliche oder weibliche (Spec. Leg. III,27) Natur des Menschen. Diese gilt ihm als für die Tugend aufnahmebereit (Post. Caini 150), und das Gewissen bedient sich ihrer, weil sie das Böse haßt und die Tugend liebt (Decal. 87). Zu dieser Natur gehören Frömmigkeit und Menschenliebe (Abr. 208). So wird φύσις *[physis]* gern mit ἄσκησις *[askæsis]* und μάθησις *[mathæsis]* *Übung und Lernen*, verbunden (Som. I 167; Praem. poen. 65).

f) Häufig findet sich die Formel »von Natur, wider die Natur, gemäß der Natur«. Der Leib ist *von Natur* (φύσει *[physei]* bzw. ἐκ φύσεως *[ek physeōs]*) fest (Op. Mund. 36), eine Ordnung *gemäß der Natur* (κατὰ φύσιν *[kata physin]* Aet. Mundi 34), etwas kann *wider die Natur* zum Zusammenkommen genötigt sein (παρὰ φύσιν *[para physin]* Aet. Mund. 28).

g) Schließlich bezeichnet φύσις *[physis]* die *Kreatur*, die hohe und reine (Leg. All. III 162), sterbliche und unsterbliche (Decal. 101), irdische und verderbliche (Leg. All. II 89), göttliche und menschliche (Spec. Leg. II 225), vernünftige und unvernünftige (Fug. 72).

3) Ähnlich hat auch J o s e p h u s die ganze Breite des griech. Begriffes zT. in seiner jüd. Interpretation übernommen: φύσις *[physis]* steht bei ihm

a) für *Beschaffenheit* und *Anlage*, tierisch und menschlich (Bell. 7.270.272), von der natürlichen *Selbstliebe* (Ant. 5,205.215), fast synonym mit *Charakter* (φύσις, χρηστή, δικαία, εὐσεβής *[physis, chræstæ, dikaia, eusebæs]*, *rechtschaffene, gerechte, fromme Art* Ant. 9,260; im Gegensatz dazu ungerecht, übeltäterisch Ant. 10,83). Es kann auch das Wesen Gottes (Ant. 1,19; 2,248.259; 4,269) oder aller Dinge (τῶν ὅλων φύσις *[tōn holōn physis]* Ant. 1,24; 3.123) oder der Elemente (Ant. 3,183) bezeichnen;

b) für die *natürliche Beschaffenheit* (zB ist der Selbstmord der gemeinsamen Veranlagung aller Lebewesen fremd; Bell. 3,369), die natürliche *Anlage* (eines Ortes, zB des Alexandreion; Bell. 7,171), den *Körperbau* (Ant. 6,172);

c) ferner für die *Naturordnung* und ihre Gesetze (Bell. 3,370; 4,382), das Nebeneinander von Gottes- und Naturgesetz (Ant. 4,322);

d) schließlich für die *Natur* als ganze (Ant. 1,75), die *Kreatur* (Bell. 7,136), den *Naturtrieb* (Ant. 7,133). Dementsprechend kann jemand von Natur aktiv (Bell. 1,204), von Natur freiheitsliebend (Bell. 4,246), ein Ort von Natur hafenlos (Bell. 3,419) sein, ist umgekehrt zB die Geschwisterehe παρὰ φύσιν *[para physin]*, also wider die Natur.

Im NT hat das Vorkommen von φύσις *[physis]* seinen Schwerpunkt eindeutig bei Paulus, III
genauer im Röm (7 Stellen, dazu 2mal das Adj. φυσικός *[physikos]*); daneben findet sich das Wort nur vereinzelt in 1Kor, Gal, Eph, Jak und 2Petr. Entsprechend der Vorgeschichte des Begriffs sind folgende Nuancierungen erkennbar:

1) Der Gebrauchsweise von Philo und Josephus ähnlich, steht es Gal 2,15 φύσει Ἰουδαῖοι *[physei Ioudaioi]*, *von Haus aus Juden*, für die *Herkunft, Abstammung*. Dem entspricht Röm 2,27 ἡ ἐκ φύσεως ἀκροβυστία *[hæ ek physeōs akrobystia]*, *die von Geburt, von Haus aus bestehende Unbeschnittenheit*, womit es also in der Abstammung begründet wird, daß jemand nicht die → Beschneidung hat; aber es heißt von diesem Menschen, daß er das Gesetz ausführt, also den Willen Gottes (von Natur aus?) auch ohne die Zugehörigkeit zu Israel erfüllt. Aber Gott wird den wilden Ölzweig, den Heidenchristen nicht schonen, wenn er die κατὰ φύσιν *[kata physin]*, *gemäß Natur*, also *natürlicherweise* zum edlen Ölbaum gehörigen Zweige nicht schonte (Röm 11,21). In demselben Gleichnis findet sich dieser Gebrauch von φύσις *[physis]* noch einmal: Der wilde Ölzweig wird aus dem zu ihm der *Natur gemäß* (κατὰ φύσιν

[katą physin]) passenden wilden Ölbaum ausgeschnitten und *wider die Natur* (παρὰ φύσιν *[parą physin]*) in den guten Ölbaum eingepropft. Um wieviel mehr, so schreibt Paulus mit einem Schluß a minore ad maius, können die Ölzweige, die gemäß Natur zum edlen Ölbaum gehören, in ihren eigenen Ölbaum (wieder) eingepfropft werden (Röm 11,24)! Paulus verwendet den hell. Sprachgebrauch, wie er uns bei Philo und Josephus entgegentritt, in bezug auf die Unterscheidung zwischen Juden und Nichtjuden – die Heiden sind als Sünder schlechthin, als Übertreter des 1. Gebotes *von Natur, von Herkunft* (φύσει *[physei]*) Kinder des Zornes (Eph 2,3) –, obwohl er dessen Gesetzmäßigkeit durch die Verkündigung der → Gnade aufhebt.

2) φύσις *[physis]* steht ferner für die *Naturordnung*, die den Unterschied der Geschlechter setzt. Gott hat die Götzendiener dahingegeben, so daß sie den *natürlichen* (φυσικὴν *[physikęn]*) Geschlechtsgebrauch (also den Verkehr zwischen Mann und Frau) in einen *widernatürlichen* (παρὰ φύσιν *[parą physin]*) verwandelt haben (Röm 1,26); aber φύσει *[physei]*, *von Natur*, also sofern sie ihrer Natur gemäß leben, tun die Heiden, ohne die Tora zu haben, das vom Gesetz Geforderte. Nicht etwa, daß sie das Gesetz aus der Naturordnung ablesen. Vielmehr erweist sich diese in ihnen als eine Kraft, die, wie Leben und Handeln dieser Leute ausweist, sich selbst verwirklicht: Ihr Tun zeigt das in ihnen wirksame Gesetz der Sittlichkeit. So werden sie als Erfüller des Gesetzes sich selbst zum Gesetz (Röm 2,27), erfüllen das Gesetz, das sie sich selbst von Natur, unter Wahrung der Naturordnung sind. Wir haben es hier (vgl. II,2c!) mit dem typisch stoischen Gedanken von dem in der Natur begründeten Sittengesetz zu tun, der vom Judentum übernommen und auf die Tora bezogen wurde. Das mosaische Gesetz wird auf diese Weise vollendeter Ausdruck des in der Natur begründeten Sittengesetzes (vgl. Lietzmann, HNT 8, Exkurs zu Röm 2,14–16). Gesetz und Kosmos stimmen überein, klingen zusammen (vgl. Philo Op. Mund. 3; Abr. 5; s. o. II 2c). So werden Vorschriften über die Haartracht von Paulus nicht nur aus der Schrift, nicht nur haggadisch, sondern auch mit stoischen Gedanken begründet: Die Natur lehrt, daß es für den Mann eine Schande, für die Frau aber eine Ehre ist, das Haar wachsen zu lassen (1Kor 11,14).

3) Als θεία φύσις *[thęia physis]*, *göttliches Wesen*, begegnet die Vokabel in dem stark hell. 2Petr (1,4). Die Christen sind dieses Wesens teilhaftig geworden, θείας κοινωνοὶ φύσεως *[thęias koinōnọi physeōs]*. Sie sind damit geradezu »vergottet«. Umgekehrt bestreitet Paulus den (fremden) Göttern, denen man diente, als man Gott nicht kannte, daß sie ihrem Wesen nach (φύσει *[physei]*) überhaupt Götter seien (Gal 4,8); sie hätten nur zu Unrecht diesen Anspruch erhoben.

4) Endlich werden Jak 3,7 die Natur der Tiere und die menschliche Natur, die tierische und menschliche Kreatur und Art, gegenübergestellt, und es heißt, daß die menschliche Kreatur die tierische bändigt, – was wiederum den Vorstellungen einer Naturordnung entsprach.

5) φύσις *[physis]* ist also ein typisch griech., im bes. ein stoischer Begriff, den das hell. Judentum aufgenommen und dem urchristl. Denken in dieser Gestalt vermittelt hat. Wenn er vor allem von Paulus ohne nennenswertes Gewicht für seine theol. Gesamtkonzeption benutzt wurde, so darf nicht übersehen werden, daß seine Verwendung in zwei einander widersprechende Richtungen weist: Einmal dient er dazu, die Kluft zwischen Juden und Nichtjuden zu unterstreichen, andererseits aber dazu, im stoischen Sinne an das über das Bekenntnis zu dem Gott Jesu Christi hinaus Gemeinsame zu appellieren. *G. Harder*

Lit.: OThimme, Physis, Tropos, Eethos, Diss. Göttingen, 1935 – HDiller, Der griech. Naturbegriff, Neue Jahrbücher für antike und deutsche Bildung 2, 1939, 241ff – HLeisegang, Art. Physik und Physis, Pauly-Wissowa, RE, Hbd. 39, 1941, 1034ff. 1129ff – FHeinimann, Nomos und Physis, Hermes 81, 1953 – WTrillhaas, In welchem Sinne sprechen wir beim Menschen von Natur?, ZThK 52, 1955, 272ff – SSambursky, Physics of the Stoics, 1959 – WTrillhaas, Art. Natur und Christentum, RGG IV, 1960³, 1326ff – WPhilipp, Art. Naturphilosophie, EKL II, 1962², 1516ff – WWieland, Die aristotelische Physik, 1962, bes. 231ff – HLeisegang, Art. Physis, in: Lexikon der Alten Welt, 1965 – KHSchelkle, Theologie des NT I, Schöpfung – Welt – Zeit – Mensch, 1968.

Nehmen

Der Vorgang des Nehmens kann aktivisch als In-Beschlag-nehmen oder passivisch als In-Empfang-nehmen verstanden werden. Diesen beiden Handlungsrichtungen entsprechen die beiden griech. Verben λαμβάνω *[lambanō]* und δέχομαι *[dechomai]*. λαμβάνω *[lambanō]* betont zunächst das aktivische Moment des Ergreifens, während δέχομαι *[dechomai]* mehr das passive Verhalten des Empfangens akzentuiert. Die Bedeutungen der zahlreichen Komposita beider Grundverben sind häufig einander angeglichen, wie auch die der Grundwörter in übertragenen Sinnzusammenhängen, so daß sie gelegentlich synonym verwendet werden. Im NT haben die beiden Wortgruppen dadurch ihr spezifisches Gepräge erhalten, daß sie namentlich die sich ergänzenden Bewegungen glaubenden Ergreifens und Empfangens zum Ausdruck bringen.

δέχομαι

δέχομαι *[dechomai]* annehmen, empfangen · δεκτός *[dektos]* angenehm · ἀποδέχομαι *[apodechomai]* aufnehmen · ἀποδοχή *[apodochæ]* Annahme · ἀπόδεκτος *[apodektos]* annehmbar · προσδέχομαι *[prosdechomai]* auf- bzw. annehmen · δοχή *[dochæ]* Gastmahl

1) Die Grundbedeutung von δέχομαι *[dechomai]*, seit Hom., urverwandt mit lat. *dexter, rechts,* ist *annehmen, empfangen* (Hom. Il. 23,647). Können grundsätzlich Briefe, Geschenke, Opfer etc. das Objekt sein, so gewinnen doch die Bedeutungen *Worte aufnehmen,* dh *hören, verstehen* (Eur. Med. 924 λόγον δέχεσθαι *[logon dechesthai]*) bzw. *Personen aufnehmen,* dh *Gastfreundschaft gewähren* (Xenoph. Oec. 5,8) bes. Gewicht. Subj. ist meistens der Mensch, dessen Empfangen sich bis zum Erdulden (zB von Schicksalsschlägen) steigern kann (Hom. Il. 18,115), seltener in religiösem Zusammenhang die Gottheit, die Opfer und Gebete der Menschen empfängt (Hom. Il. 2,420). – Das entsprechende Subst. δοχή *[dochæ]* meint zunächst das empfangende *Gefäß* (so bei Eur. und Plato), dann übertragen den *Empfang von Personen,* das *Gastmahl* (so bei Plut.). Das dazugehörige Verbaladj. δεκτός *[dektos]* (nicht vor dem NT belegt) bzw. δεκτέος *[dekteos]* (erst seit Lucian) bezeichnet wörtl. *das, was man annehmen kann,* dann allg. *angenehm, willkommen, günstig* (vgl. im NT Lk 4,19; 2Kor 6,2). I

2a) Das ebenfalls seit Hom. belegte Kompos. ἀποδέχομαι *[apodechomai]* verstärkt die positive Bedeutung des Simplex im Sinn von *freundlich aufnehmen, billigen, zustimmen, schätzen* (Polyb. 21,35,5; Philo Abr. 90; Jos. Ant. 9,176). Entsprechend heißt das im Hell. gebräuchliche Subst. ἀποδοχή *[apodochæ] Annahme, Billigung, Zustimmung* (Polyb. 1,5,5; Jos. Ant. 6,347; vgl. im NT 1Tim 1,15; 4,9). Das Verbaladj. ἀποδεκτός *[apodektos]* (so bei Plut. mor. 1061a) bzw. ἀπόδεκτος *[apodektos]* (so im NT 1Tim 2,3; 5,4) hat ähnliche Bedeutung wie δεκτός *[dektos]*: *annehmbar, angenehm, wohlgefällig.*

b) προσδέχομαι *[prosdechomai]*, seit Hom., heißt entweder personal *jemanden in einen Ort* oder *eine Gemeinschaft aufnehmen* (Plato Leg. IV,708a; Jos. Ant. 14,285) oder sachlich *etwas annehmen* (Xenoph. Hist. Graec. 7,4,2; so bes. in LXX). Darüber hinaus hat es ebenso wie ἐκ- *[ek-]* bzw. ἀπεκδέχομαι *[apekdechomai]* die Bedeutung *erwarten* (Eur. Alc. 130; Soph. Phil. 123; vgl. zu diesem eschatologischen Zusammenhang die Besprechung der Kompos. unter → Hoffnung, Art. ἀποκαραδοκία).

In LXX begegnet die Wortgruppe hauptsächlich in prophetischer, kultischer und weisheitlicher bzw. apokrypher Lit. δέχομαι *[dechomai]* gibt häufig hebr. *lāqach, nehmen,* wieder (vgl. auch → λαμβάνω); εἰσδέχομαι *[eisdechomai]* meist *qābats, sammeln;* προσδέχομαι *[prosdechomai]* überwiegend *rātsāh, Gefallen haben;* δεκτός *[dektos]* fast immer *ratsōn, Wohlgefallen,* und δοχή *[dochæ]* (bis auf Dan 5,1 LXX) immer *mischtæh, Gastmahl, Fest.* II

1a) Abgesehen von dem profanen Gebrauch (zB Gen 33,10 Geschenke *empfangen*) bezeichnet δέχομαι *[dechomai]* zunächst das bereitwillige Auf- und Annehmen des göttlichen Wortes (Dtn 33,3; Jer 9,20) und Handelns (παιδεία *[paideia]* zB Zeph 3,7); bei Jer und Zeph dann in der Negation der Gerichtsreden: Israel hat Jahwes Züchtigungen nicht angenommen (Jer 2,30; 5,3; 7,28; Zeph 3,2) und wird deshalb das göttliche Gericht ertragen müssen (Jer 25,28 Bild vom Zornesbecher; vgl. Hos 4,11). So gewinnt δέχομαι *[dechomai]* auch die Bedeutung des unfreiwilligen Aufsichnehmen-Müssens von Unheil.

b) εἰσδέχομαι *[eisdechomai]* begegnet dagegen meist in der prophetischen Heilsankündigung: Jahwe wird sein verstoßenes und zerstreutes Volk wieder sammeln und damit erneut in seine Gemeinschaft aufnehmen (Hos 8,10; Mi 4,6; Jer 23,3; Ez 20,34; Zeph 3,19f; vgl. 2Kor 6,17).

2) Gelegentlich kommen δέχομαι *[dẹchomai]*, προσδέχομαι *[prosdẹchomai]* und δεκτός *[dektọs]* auch in kultisch-priesterlichen Texten vor. LXX übers. mit den Formulierungen οὐ (προσ-)δεχθήσεται *[ou (pros-)dechthæsetai]* – (προσ-)δεχθήσεται *[(pros-)dechthæsetai]* bzw. οὐ δεκτόν *[ou dektọn]* – δεκτόν *[dektọn]* die sog. »deklaratorischen Formeln«: *es ist nicht wohlgefällig – es ist wohlgefällig*, mit denen die Priester die Annahme bzw. Ablehnung eines Opfers vor Jahwe zu erkennen gaben (Lev 22,19–25). Ist hier Jahwe als Empfänger der Opfer vorgestellt, so umfaßt doch die Entscheidung über Annahme bzw. Verwerfung der Gaben durch den Mund der Priester zugleich ein göttliches Urteil darüber, ob der opfernde Mensch vor Jahwe wohlgefällig ist oder nicht (vgl. die pass. Formulierungen in LXX; siehe v. Rad, Theol. I,259f).

3) In der Weisheits-Lit. kennzeichnet δέχομαι *[dẹchomai]* das intellektuell wie existentiell aufgeschlossene und empfangende Leben des Frommen: der Weise nimmt die Worte der Weisheit auf (Spr 4,10); übernimmt Gebote (Spr 10,8); nimmt Zucht an (Spr 16,17) und empfängt Einsicht (Spr 21,11). Die prophetische Opferkritik (vgl. Jer 6,20) fortführend erhält der Begriff δεκτός *[dektọs]* in der Weisheits-Lit. eine unkultische ethische Prägung: »Gerechtes tun ist der Beginn des guten Weges, das ist vor Gott angenehmer als Opfer darzubringen« (Spr 16,7 LXX; vgl. 15,8.28 LXX; Sir 2,5; 3,17 u. ö.).

III Im NT begegnet die Wortgruppe δέχομαι *[dẹchomai]* hauptsächlich bei den Synopt., namentlich bei Lk, und bei Paulus, der auch häufig die Komposita gebraucht.

1) Wie in der ganzen Antike und bes. im Judentum, so spielt auch im NT die Gastfreundschaft eine große Rolle. Jesus, Paulus und die anderen Apostel waren durch ihre unstete Lebensweise bes. darauf angewiesen. Lk erwähnt gelegentlich die freundliche Aufnahme, die Jesus und Paulus im Volk und bei den Gemeinden gefunden haben (Lk 8,40; Apg 18,27; 21,17 ἀποδέχομαι *[apodẹchomai]*), wie auch Jesus und Paulus die zu ihnen kommenden Menschen bereitwillig aufnehmen (Lk 9,11; Apg 28,30). Paulus bedankt sich bei seinen Gemeinden für ihre Gastfreundschaft (Gal 4,14; 2Kor 7,15) und ermahnt sie zu weiterer Aufnahmebereitschaft (Kol 4,10). Zum Christsein gehört auch diese Form der Humanität.

2a) Indessen handelt es sich bei der Aufnahme der Jünger und Apostel nicht nur um jenes ungeschriebene Gesetz der Humanität. Vielmehr vertritt der Bote Jesu dessen Botschaft und Person: »Wer euch aufnimmt, der nimmt mich auf« (Mt 10,40). Weil die Apostel die Sendung Jesu fortsetzen (zum Hintergrund des spätjüd. Schaliach-Instituts vgl. ThWb II,52), darum bedeutet die ihnen gewährte Gastfreundschaft Aufnahme Jesu und damit Aufnahme Gottes.

Aber Christus begegnet nicht nur in seinen Boten, sondern in jedem noch so geringen, elenden und hilfsbedürftigen Menschen tritt er inkognito seiner Gemeinde entgegen: »Wer ein solches Kind in meinem Namen aufnimmt, der nimmt mich auf« (Mk 9,37 parr). Damit geschieht die Aufnahme Gottes in der nichtreligiösen Profanität des alltäglichen Lebens.

b) Dem entspricht, daß – wie schon in der Weish-Lit. – δεκτός *[dektọs]*, ἀπόδεκτος *[apọdektos]* bzw. εὐπρόσδεκτος *[euprọsdektos]* ihren kultischen Inhalt verloren haben. Das gottwohlgefällige Opfer geschieht jetzt als Hingabe des eigenen Lebens zum all-täglichen Dienst an der Welt (Phil 4,18; Röm 12,1; 15,16). Freilich ist diese universale paulinische Orientierung im 1Tim wieder zu einem bürgerlichen Frömmigkeitsideal eingeengt (2,3; 5,4).

3) In den urchristl. Gemeinden ist die Wendung λόγον δέχεσθαι *[lọgon dẹchesthai]*, *das Wort annehmen*, offenbar zum term. techn. für die glaubende Annahme des Evangeliums geworden (Lk 8,13; Apg 8,14; 11,1; 17,11; 1Thess 1,6; 2,13). Daneben gibt es auch Verbindungen von δέχεσθαι *[dẹchesthai]* mit βασιλεία τοῦ θεοῦ *[basilẹia tou theọu]*, *Gottesherrschaft* (Mk 10,15 par), εὐαγγέλιον *[euangelion]*, *guter Botschaft* (2Kor 11,4), χάρις *[chạris]*, *Gnade* (2Kor 6,1; vgl. Röm 5,17, verbunden mit λαμβάνω *[lambạnō]*) und ἀγάπη τῆς ἀληθείας *[agạpæ tæs alæthẹias]*, *Liebe zur Wahrheit* (2Thess 2,10). Die Parallelität bzw. Synonymität von »Glauben« und »Empfangen« erhellt aus Apg 2,41, wo Codex D ἀποδεξάμενοι *[apodexạmenoi]* durch πιστεύσαντες *[pistẹusantes]* ersetzt. Denn Glauben ist nichts anderes als das bejahende Empfangen der Gottesherrschaft, wie ein Kind ein Geschenk empfängt (Mk 10,15).

4) Das hell. Wort ἀποδοχή *[apodochæ]* kommt nur in einer kerygmatischen Formel des 1Tim vor: »Zuverlässig ist das Wort (der Verkündigung) und aller Annahme wert«

(1,15; 4,9). – Zu erwähnen ist noch die Aufnahme von Jes 61,2 in Lk 4,19: Mit dem Kommen Jesu hat die »angenehme« (δεκτός *[dektos]*) Zeit des Heils begonnen (vgl. 2Kor 6,2). *H.-G. Link*

λαμβάνω

λαμβάνω *[lambanō]* ergreifen, nehmen, empfangen · ἀναλαμβάνω *[analambanō]* zu sich nehmen, aufnehmen · ἀνάλημψις *[analæmpsis]* Aufnahme · ἐπιλαμβάνω *[epilambanō]* zufassen, ergreifen · καταλαμβάνω *[katalambanō]* ergreifen, anpacken, in Besitz nehmen · μεταλαμβάνω *[metalambanō]* Anteil erhalten · μετάλημψις *[metalæmpsis]* Entgegennahme, Anteilhaben · παραλαμβάνω *[paralambanō]* zu sich nehmen, übernehmen · προλαμβάνω *[prolambanō]* vorwegnehmen · προσλαμβάνω *[proslambanō]* hinzunehmen, einnehmen · πρόσλημψις *[proslæmpsis]* Aufnahme, Annahme · ὑπολαμβάνω *[hypolambanō]* aufnehmen, auffassen, meinen

1) λαμβάνω *[lambanō]*, urspr. *fassen, ergreifen,* ist seit Hom. bezeugt und heißt I

a) *fassen, nehmen.* Es kann einen wohlwollenden wie einen feindlichen Akt bezeichnen und Menschen oder Sachen zum Objekt haben, zB eine Frau *nehmen,* Steuern *einnehmen,* ein Urteil *annehmen,* einen Weg *einschlagen;* übertragen: Mut *fassen.* Mit sachlichem Subjekt, wenn zB Furcht oder Schrecken den Menschen *ergreifen.* Pleonastisch dient λαμβάνω *[lambanō]* zur Belebung der Rede;

b) *empfangen,* häufig mit dem Akk. der Sache, die alle Bereiche des Lebens vom einfachen Ding bis zum geistigen Gut umfaßt.

2) Die Komposita verstärken oder erweitern die Grundbedeutung. ἀναλαμβάνω *[analambanō]: hochnehmen, zu sich (auf)nehmen.* Entsprechend ist ἀνάλημψις *[analæmpsis]* das *Hochnehmen,* die *Aufnahme.* ὑπολαμβάνω *[hypolambanō]: von unten nehmen,* entfaltet sich in *auffangen, aufnehmen* bis hin zum geistigen *auffassen, glauben, meinen.* ἐπιλαμβάνω *[epilambanō]: zufassen, ergreifen,* auch *beistehen;* Med.: *für sich zufassen, sich festhalten an, ergreifen.* καταλαμβάνω *[katalambanō]* verstärkt den ursprünglichen Wortsinn und heißt *ergreifen, anpacken, überfallen;* Med.: *für sich mit Beschlag belegen;* entsprechend ist geistiges Erfassen ein gründliches Aneignen und Verstehen. μεταλαμβάνω *[metalambanō]* steht u. a. mit partitivem Gen. der Sache: *Anteil gewinnen, bekommen, erhalten.* μετάλημψις *[metalæmpsis]* ist *Anteilhaben,* die *Entgegennahme.* In προλαμβάνω *[prolambanō]* ist die zeitliche Bedeutung von πρό *[pro]* vorherrschend: *zuvor nehmen, vorwegnehmen.* προσλαμβάνω *[proslambanō]* läßt die präpositionale Bedeutung von πρός *[pros]* anklingen: *hinzunehmen, einnehmen;* Med.: *beiseite nehmen, aufnehmen.* Entsprechend ist πρόσλημψις *[proslæmpsis]* die *Aufnahme, Annahme.* παραλαμβάνω *[paralambanō]* steht mit dem Akk. der Person oder Sache und heißt *jemanden zu sich nehmen,* eine Sache oder Amt *übernehmen.*

1) Im außerchristl. Sprachgebrauch ist λαμβάνω *[lambanō]* mit seinen Kompos. reich bezeugt. In II LXX (AT meist *lāqach,* seltener *nāsā'*) herrscht die aktivische Bedeutung *nehmen* vor; zB das Schwert nehmen (Gen 34,25), eine Frau nehmen (Gen 4,19); auch mit sachlichem Subj. in Ex 15,15: »Zittern ergriff sie«. Seltener ist die passivische Bedeutung *empfangen:* Geschenke annehmen (1Sam 8,3), Amt oder Lohn empfangen (Ps 109,8; Spr 11,21).

2) Unter den Kompos. sind zu erwähnen: ἀναλαμβάνω *[analambanō]*, in der LXX häufig mit personalem oder sachlichem Obj.; theol. bedeutsam im Aor. 1 Pass. für die Entrückung von Henoch (Sir 49,14) und Elia (2Kön 2,11; Sir 48,9; 1Makk 2,58). ἐπιλαμβάνω *[epilambanō]* verwendet die LXX in der Grundbedeutung *zufassen, anfassen* in 2Sam 13,11; Jes 3,6; Jer 31,32; Sach 14,13. Mit καταλαμβάνω *[katalambanō]* beschreibt die LXX den Zugriff Gottes wie des Menschen. Gott *greift* nach der Welt (Jes 10,14), *packt* den Menschen (Hi 5,13) und *begreift* das Unbegreifliche (Hi 34,24). Der Mensch fragt, womit er Gott *fassen,* Gerechtigkeit und Weisheit *ergreifen,* dh zu seinem Besitz machen kann (Sir 15,1; 27,8). Auch die Mächte des Verderbens *greifen* nach dem Menschen und überfallen ihn (Gen 19,19; Num 32,23). προσλαμβάνω *[proslambanō]* (Akt. nur Weish 17,10) bezeichnet das Verhalten Gottes, der sein Volk oder den Erwählten aus Gefahr und Verlassenheit zu sich *zieht* (Ps 18,17; 27,10; 65,5; 73,24; 1Sam 12,22).

3) Von besonderer Bedeutung ist παραλαμβάνω *[paralambanō]* im Hellenismus wie im Spätjudentum: als *empfangen* bezeichnet es die Übernahme einer Tradition, sei es der Lehre und Bildung eines Philosophen, sei es der Mysterien und Weihen im Zusammenhang der Mysterienkulte. Im Judentum beschränkt sich die Überlieferung auf die Thora und deren Exegese (vgl. Mk 7,4). Term. techn. für die Übernahme der Tradition ist *qibbēl.* Auch die Rabbinen tradieren bestimmte Lehrstoffe (s. St.-B. I,579; Chag 2,1) unter strenger Geheimhaltung, um den religiös Unreifen vor Mißverständnissen zu schützen.

III 1) Im NT ist λαμβάνω *[lambanō]* 258mal bezeugt. Auffallend häufig begegnet es bei Mt (53mal), Johannes (46mal) und in der Offb (23mal), während das gesamte paulinische Schrifttum den Begriff nur 34mal verwendet.

a) λαμβάνω *[lambanō]* entfaltet sich in *nehmen* (mehr aktiv), zB Brot, Lampen, den Zehnten nehmen; übertr.: sein Kreuz auf sich nehmen (Mt 10,38) oder »Knechtsgestalt« annehmen (Phil 2,7). Ferner: *wegnehmen, in Besitz nehmen;* zB Silberstücke, Krankheiten (Mt 8,17), Kranz (Offb 3,11), Frieden von der Erde wegnehmen (Offb 6,4). In theol. Zusammenhang: Jesus hat die Macht, das Leben wieder in Besitz zu nehmen (Joh 10,18). Auch der Feind hat die Möglichkeit, nach dem Leben zu greifen (vgl. Mt 21,35 im Zusammenhang) oder die Kranken zu packen (Lk 9,39). Affekte ergreifen den Menschen (Lk 5,26; 7,16). In der Bedeutung von *aufnehmen:* jemanden in das Haus aufnehmen; wichtig mit personalem Obj.: Jesus aufnehmen (Joh 1,12; 5,43; 13,20); damit zusammenhängend: seine Worte annehmen (Joh 12,48; 17,8; Mk 4,16).

b) *empfangen* (mehr passiv); zB einen Bissen, Geld, Almosen empfangen; wichtig mit theol. Objekt: »ewiges Leben« (Mk 10,30), »Geist« (Joh 7,39), »Gnade« (Röm 1,5), »Gericht« (Mk 12,40), »Vergebung« (Apg 10,43), »Erbarmen« (Hebr 4,16). Schließlich dient λαμβάνω *[lambanō]* zur Umschreibung des Pass.; zB Erbauung empfangen = erbaut werden (1Kor 14,5).

c) Theol. bedeutsam ist λαμβάνω *[lambanō]* in der Bedeutung *empfangen;* es korrespondiert mit dem διδόναι *[didonai]* Gottes: Gott gibt — der Mensch empfängt.

α) Auch Jesus Christus lebt aus dem Empfangen: seinen Auftrag, den Geist, die Macht hat er empfangen (Joh 10,18; Apg 2,33; Offb 2,28). Er ist Gabe Gottes und lebt aus dem Empfangen. Indem er Knechtsgestalt annimmt (Phil 2,7) und unser »Gebrechen« wegnimmt, wie Mt 8,17 mit Bezug auf Jes 53 schreibt, übernimmt er den Sündertod und erfüllt den Auftrag, den er vom Vater empfangen hat (Joh 10,18). So auch in Auferstehung und Erhöhung: Der Gekreuzigte empfängt »Kraft und Reichtum und Weisheit und Stärke und Ehre und Preis und Lob« (Offb 5,12). Auch der Erhöhte bleibt der Empfangende.

β) Nur als Empfangender findet der Mensch zu sich selbst und steht in der gottgegebenen Ordnung, die Jesus Christus offenbart. Für den Menschen, der das Zeugnis von Jesus hört, entscheidet die Annahme des Wortes über Leben und Tod. Dabei unterscheidet Joh das jeweilige Obj., das empfangen, angenommen oder ergriffen wird. Wer die μαρτυρία *[martyria]*, das *Zeugnis*, von Jesus annimmt, bestätigt, »daß Gott wahrhaftig ist« (Joh 3,33). Er beglaubigt mit der Annahme des Wortes die Wahrheit Gottes und lebt aus ihr. Wer die ῥήματα *[rhæmata]*, die *Worte* Jesu annimmt, gewinnt Erkenntnis über das Offenbarungswort: Jesus ist von Gott her und hat Leben aus Gott (Joh 17,8; vgl. 1Kor 2,12). So kann Jesus, der das ῥῆμα θεοῦ *[rhæma theou]*, das *Wort Gottes*, ist, selbst zum Objekt der glaubenden Annahme werden; wer ihn annimmt, hat Anteil an der unerschöpflichen Gnade und empfängt den Heiligen Geist (Joh 1,16; 7,39; 20,22). Wer Jesus nicht annimmt, dh nicht erkennt und anerkennt, »hat seinen Richter« (Joh 12,48). Das gleiche Wort Jesu wird ihn richten am Jüngsten Tage.

γ) Für Paulus ist λαμβάνω *[lambanō]* Teilhabe an der in Christus erfüllten Verheißung (Gal 3,14), Empfang des Geistes (Röm 8,15), der Gnade und Gabe der Gerechtigkeit (Röm 5,17), so wie er selbst das Apostelamt als eine besondere Gnade Gottes empfangen hat (Röm 1,5). — Vor Gott arm, ist der Mensch, der empfängt, überaus reich (1Kor 4,7); denn er empfängt, wenn er annimmt, das eschatologische Heil, Gemeinschaft mit Christus, Leben in der zukünftigen Welt (Phil 3,12ff).

2) Die Kompos. ἀναλαμβάνω *[analambanō]* und ὑπολαμβάνω *[hypolambanō]* entfalten die Bedeutungsbreite von *aufnehmen.*

a) ἀναλαμβάνω *[analambanō]* steht für *mitnehmen* oder *aufnehmen:* jemanden mit oder an Bord nehmen (Apg 20,13f; 2Tim 4,11). Bildlich in Eph 6,13 »Ergreifet die Waffenrüstung Gottes«, ein starkes Bild für den Einsatz des Glaubenden im Kampf gegen die Mächte der Finsternis. ἀναλαμβάνω *[analambanō]* im Aor. 1 Pass. bezeichnet die Entrückung des

Auferstandenen, die formelhaft knapp als *Hinwegnahme* in Apg 1,2.11.22 bezeugt wird. Das Ziel der Aufnahme ist der Himmel als Raum der Herrlichkeit Gottes (1Tim 3,16). Ähnlich kurz formuliert Mk 16,19 ohne jede Ortsangabe die Auffahrt Christi, um die *sessio ad dexteram Dei*, das Sitzen zur Rechten Gottes, herauszustellen.

ἀνάλημψις *[anạlæmpsis]*, das *Hochnehmen*, die *Aufnahme*, findet sich im NT nur Lk 9,51 und wird allgemein auf die Himmelfahrt Christi gedeutet. »Doch kann ἀνάλημψις *[anạlæmpsis]* auch Tod, Hinscheiden sein« (so Bauer aaO; vgl. spätjüd. Lit., zB PsSal 4,18). Beides ist in die nt. Todeserwartung Jesu einzubeziehen, da sie die Erhöhung des Herrn einschließt.

b) ὑπολαμβάνω *[hypolambạnō]* begegnet im NT 5mal. Apg 1,9: »Eine Wolke nahm ihn auf«. Hier ist das Nehmen ein Von-unten-aufnehmen, ein Aufheben zugleich im Sinne von *verbergen, entrücken*. Ähnlich ermahnt 3Joh 8: fremde Brüder sind gastlich aufzunehmen, dh von der Straße aufzuheben und vor Gefahr zu verbergen. Auf geistige Vorgänge übertragen, kommt ὑπολαμβάνω *[hypolambạnō]* dem deutschen *das Wort ergreifen* nahe (Lk 10,30). ὑπολαμβάνω *[hypolambạnō]* kann auch die Vermutung ausdrücken; so Apg 2,15 Z: »Nicht sind diese, wie ihr annehmt, betrunken« (vgl. Lk 7,43).

3) Die Kompos. ἐπιλαμβάνω *[epilambạnō]* und καταλαμβάνω *[katalambạnō]* intensivieren den urspr. Wortsinn *ergreifen*.

a) ἐπιλαμβάνω *[epilambạnō]* bezeichnet das gewaltsame Zupacken wie das vertrauliche An-die-Hand-nehmen. Paulus wird von seinen Gegnern ergriffen (Apg 17,19; vgl. 18,17; Lk 23,26). Übertragen heißt ἐπιλαμβάνω *[epilambạnō] jemanden beim Wort nehmen;* so versuchen die Gegner Jesu, ihn mit seinen eigenen Worten zu fassen (Lk 20,20). – Jesus seinerseits faßt den Blinden, den Wassersüchtigen, das Kind an (Mk 8,23; Lk 9,47; 14,4) oder streckt die Hand nach dem sinkenden Petrus aus (Mt 14,31), um zu helfen. Bei den Synopt. fällt die gezielte Verwendung von ἐπιλαμβάνω *[epilambạnō]* auf: es bezeichnet das intrigante Verhalten der Gegner Jesu wie die Liebe des Herrn, die sich dem Kranken und Verlorenen hilfreich zuwendet.

Für Paulus ist ἐπιλαμβάνω *[epilambạnō]* geeignet, die Glaubensbewegung zu charakterisieren. Sie ist auf das ewige Leben gerichtet: »Ergreife das ewige Leben« (1Tim 6,12). ἐπί *[epị]* gibt das Ziel an; λαμβάνω *[lambạnō]* bezeichnet die Intensität des Glaubensaktes.

b) Mit καταλαμβάνω *[katalambạnō]* bezeichnet das NT den Angriff der gottfeindlichen Mächte wie den Zugriff Christi. Der epileptische Knabe wird von einem stummen Geist überfallen und zu Boden gerissen (Mk 9,18). Die Finsternis, die das Licht nicht »angenommen«, dh Christus nicht ergriffen und begriffen hat (Joh 1,5; vgl. V. 11), überfällt den Menschen, wenn er Christus nicht hat (Joh 12,35). Paulus warnt vor Glaubenssicherheit, weil der Tag des Herrn »wie ein Dieb überrascht« (Z, 1Thess 5,4). Positiv steht καταλαμβάνω *[katalambạnō]* für den Zugriff Christi. Paulus ist von Jesus Christus ergriffen; er ist Eigentum Christi und darum im Glaubenskampf ganz auf das Ziel der himmlischen Berufung ausgerichtet (Phil 3,12f). Nur der Ergriffene greift nach dem unvergänglichen Siegeskranz, dem ewigen Leben (1Kor 9,24). Das Med. καταλαμβάνομαι *[katalambạnomai]*, *geistiges Erfassen, Innewerden*, erschließt Wahrheit und läßt ein verborgenes Handeln Gottes erkennen (Apg 4,13; 10,34; 25,25).

4) μεταλαμβάνω *[metalambạnō]* und μετάλημψις *[metạlæmpsis]* bezeichnen reales *Anteilhaben* an leiblichen und geistlichen Gütern. Speisen werden zu sich genommen (Apg 2,46; 27,33). Sie hat Gott geschaffen, »damit sie mit Danksagung empfangen werden« (1Tim 4,3). Die Erde »empfängt Segen von Gott« (Hebr 6,7). Gott erwartet das Ja gegenüber dem Angebot, Gehorsam und Dankbarkeit gegenüber Geber und Gaben. Hebr 6,4ff schließt die Warnung ein, daß der empfangene Segen im bewußten Abfall von Christus für immer verwirkt ist. Der Teilhabe an der Heiligkeit Gottes dient alle Züchtigung (Hebr 12,10). Nur in Apg 24,25 steht μεταλαμβάνω *[metalambạnō]* mit dem Akk. καιρόν *[kairọn]*: *einen günstigen Zeitpunkt erlangen, Zeit finden.*

5) In προλαμβάνω *[prolambạnō]* ist die zeitliche Bedeutung von πρό *[pro]* enthalten: »Sie (die Frau) hat *vorweggenommen*, meinen Leib zum Begräbnis zu salben« (Mk 14,8). Die liebevolle Tat ist prophetisches Zeichen des nahen Todes und Ersatz der ausbleibenden Totensalbung. – 1Kor 11,21 ist das Vorwegnehmen der Mahlzeit gemeint; es ist unbrüderlich und unwürdig; denn es nimmt vorweg, was allen bestimmt ist. In Gal 6,1 mahnt Paulus zur Milde gegenüber dem Sünder, wenn dieser »von einem Fehltritt übereilt wird« (Z). προλαμβάνομαι *[prolambạnomai]* deutet in der Vorsilbe πρό *[pro]* an, daß der Sünder vor aller Überlegung von der Sünde ergriffen, gepackt ist. Darum bittet Paulus um Sanftmut und brüderliche Hilfe.

6) προσλαμβάνω *[proslambạnō]* begegnet im NT nur in med. Bedeutung: *beiseite nehmen;* es leitet das intensive persönliche Gespräch ein. »Petrus nahm ihn (Jesus) beiseite« (Z, Mk 8,32; vgl. Mt 16,22; Apg 18,26). Theol. Gewicht hat προσλαμβάνω *[proslambạnō]* in der Bedeutung *in Gemeinschaft aufnehmen.* »Gott hat ihn (den im Glauben Schwachen) angenommen« (Röm 14,3). »Nehmet einander an, wie auch Christus euch angenommen hat zur Ehre Gottes« (Röm 15,7 Z). Paulus mahnt, den Glaubensschwachen aufzusuchen, weil Starke und Schwache gleichermaßen durch den Tod Christi in die Gemeinschaft mit Gott aufgenommen sind. Auch für die Juden, die Paulus vorerst vom Heil ausgeschlossen sieht, erwartet er die πρόσλημψις *[prọslæmpsis]*, die *Annahme* durch Gott. Weil er an sich erfahren hat, daß Gott ihn angenommen und mit neuem Leben beschenkt hat, verbindet er unlöslich die Annahme seines Volkes mit der Gabe des ewigen Lebens.

7) In Evgg. und Apg steht παραλαμβάνω *[paralambạnō]* häufig mit dem Akk. der Person: *jemanden mit sich nehmen;* dh unter vielen auswählen, mit dem Erwählten Gemeinschaft stiften oder ein besonderes Vorhaben einleiten. So nimmt Jesus drei Jünger zu sich, um sich zu offenbaren (Mt 17,1; 20,17; 26,37; vgl. Mk 5,40). Er selbst »kam in sein Eigentum, und die Seinen nahmen ihn nicht auf« (Joh 1,11); die Welt verweigert Zustimmung und Gehorsam. Den Glaubenden aber gilt die Verheißung: »Ich werde euch zu mir nehmen, damit ihr seid, wo ich bin« (Joh 14,3; vgl. Mt 24,40). Paulus bezeichnet mit παραλαμβάνω *[paralambạnō]* die Übernahme eines geistigen Gutes und bezieht dieses Empfangen

a) auf dogmatische und ethische Traditionen, die er empfangen hat. Dazu zählen die Einsetzungsworte (1Kor 11,23) und die Paraklese in Phil 4,9 (vgl. 1Thess 4,1; 2Thess 3,6);

b) auf das »Wort göttlicher Predigt« (1Thess 2,13), auf das »Evangelium«, das Paulus nach 1Kor 15,3 empfangen hat, und nach Kol 2,6 auf »Christus Jesus«, den Herrn;

c) auf die persönliche »Offenbarung Jesu Christi«, die Paulus vor Damaskus empfangen hat (Gal 1,12), wobei der Gen. »Jesu Christi« diesen als Inhalt und Mittler der Offenbarung vorstellt.

B. Siede

Lit.: WGrundmann, Art. δέχομαι etc., ThWb II, 1935, 49ff – GDelling, Art. λαμβάνω, ThWb IV, 1942, 5ff – KWegenast, Das Traditionsverständnis bei Paulus und in den Deuteropaulinen, WMANT 8, 1962.

Neu

Neu und alt gehören als Gegensatzbegriffe zusammen. In zeitlicher Hinsicht entspricht dem Anfänglichen (→ Anfang, Art. ἀρχή), Ursprünglichen, seit alters Bestehenden (ἀρχαῖος *[archạios]*) das Frische, Junge, noch nicht Dagewesene, das neu in Erscheinung tritt: νέος *[nẹos]*. Sachlich wird unterschieden zwischen παλαιός *[palaiọs]* (→ Alt, Art. πάλαι), dem Alten mit dem negativen Unterton des Veralteten, Wertlosen, Unbrauchbaren, und καινός *[kainos]*, dem qualitativ Neuen im Sinn des Unbekannten, Unerhörten, Wunderbaren. Zwar verschwimmen im Laufe der Zeit die Bedeutungsdifferenzen zwischen νέος *[neos]* und καινός *[kainos]* bis zur gelegentlichen Synonymität, aber bezeichnenderweise hat das NT hauptsächlich das mehr qualitativ geprägte καινός *[kainos]* übernommen, um den grundsätzlich neuen Charakter des Christusereignisses zum Ausdruck zu bringen. Die qualitative Differenz zwischen alt und neu tritt in der nt. Gegenüberstellung von altem (→ Alt, Art. πάλαι III 2b) und neuem Menschen (→ Art. καινός III 2c) am klarsten zutage.

καινός

καινός *[kainos]* neu · καινότης *[kainotæs]* Neuheit · καινίζω *[kainizō]* erneuern · καινόω *[kainoō]* neu machen

Aus der Wurzel *qen, frisch hervorkommen* (vgl. lat. *re-cens*), herstammend bezeichnet καινός *[kainos]* das, was *neu* der Art nach ist. Ableitungen sind καινότης *[kainotæs]*, *Neuheit*; ἀνακαίνωσις *[anakainōsis]*, *Erneuerung* (erst in der Koine); καινίζω *[kainizō]* (ἐγκαινίζω *[engkainizō]*, ἀνακαινίζω *[anakainizō]*), *erneuern*, und καινόω *[kainoō]* (ἀνακαινόω *[anakainoō]*), *zum ersten Mal gebrauchen, neu machen*. I

Im profanen Wortgebrauch bezeichnet καινός *[kainos]* das im Vergleich mit dem Bisherigen qualitativ Neue, das besser ist als das Alte, während → νέος *[neos]* für das zeitlich Noch-nicht-Dagewesene, Neu-in-die-Erscheinung-Getretene gebraucht wird. Diese begriffliche Unterscheidung wird jedoch im Profangriech. je länger je weniger durchgeführt.

1) Die LXX übers. in der Regel mit καινός *[kainos]* das hebr. *chādāsch*, womit im alltäglichen profanen Sprachgebrauch etwas *Neues*, noch nicht Dagewesenes bezeichnet wird (Ex 1,8 neuer König; Dtn 20,5 neues Haus; Jos 9,13 neue Weinschläuche; 1Kön 11,29 neuer Mantel u. a.). II

2) Seinen theol. Ort hat καινός *[kainos]* hauptsächlich in der eschatologischen Botschaft der Propheten, die die bisherige Heilsgeschichte Israels in Frage stellen und ein neues, in der Zukunft liegendes göttliches Heilshandeln ankündigen. Dieses neue Handeln Jahwes besteht nach Jer in der Aufrichtung eines neuen → Bundes – im Gegensatz zum Sinaibund – (Jer 31[LXX 38],31ff: διαθήκη καινή *[diathækæ kainæ]*), in dem Jahwe seinen Willen in Israels Herz legen wird, um so seinem Volk den neuen Gehorsam zu ermöglichen. Ganz ähnlich verheißt Ez einen neuen → Geist und ein neues → Herz, die Jahwe im Innern der Menschen schaffen wird (Ez 11,19; 18,31; 36,26). Programmatisch und antithetisch formuliert DtJes (Jes 43,18f): »Gedenket nicht an das Alte und achtet nicht auf das Vorige! Denn siehe, ich will Neues schaffen« (vgl. Jes 42,9; 48,6). Er versteht das neue Handeln Jahwes in Israels Rückführung aus dem babylonischen Exil als neue → Schöpfung, die das Volk und die Kreatur umfassen wird (Jes 43,16–21). Schließlich findet sich bei Tritojesaja die universale Erwartung eines neuen → Himmels und einer neuen → Erde (Jes 65,17f). Das Neue, das in der eschatologischen Verkündigung der Propheten als Jahwes zukünftiges Handeln erwartet und verheißen wird, erstreckt sich vom Innersten des Menschen bis zum Universalsten einer neuen Welt. – Die israelitische Bundesgemeinde antwortet auf Jahwes geschehene und erwartete Heilstaten mit dem neuen Lied, das in den Pss laut wird (Ps 33,3; 40,4; 144,9; 149,1 u. ö.).

1a) Auch im NT ist der profane Sprachgebrauch von καινός *[kainos]* aufgenommen. So findet es sich im Sinne von *unbenutzt* (Mt 9,17; 27,60; Mk 2,21; Lk 5,36; Joh 19,41); *ungewohnt, interessant* (Mk 1,27; Apg 17,19.21); *neuartig* (Mt 13,52; 2Joh 5). III

b) Dann aber wird im NT alles, was mit dem Heilswerk Jesu zusammenhängt, als *neu* gekennzeichnet: neuer → Bund (Mt 26,28; Lk 22,20; 1Kor 11,25; 2Kor 3,6; Hebr 8,8.13; 9,15), neues → Gebot (Joh 13,34; 1Joh 2,7.8), neue → Schöpfung (2Kor 5,17; Gal 6,15), Neusein des → Lebens und des → Geistes (καινότης *[kainotæs]* Röm 6,4; 7,6), neuer → Mensch (Eph 2,15; 4,24; vgl. ἀνακαινόω *[anakainoō]* 2Kor 4,16; Kol 3,10), neuer → Himmel und neue → Erde (2Petr 3,13; Offb 21,1), neuer → Name (Offb 2,17; 3,12), neues → Jerusalem (Offb 3,12; 21,2), neues → Lied (Offb 5,9; 14,3).

2) Während das profane Vorkommen außer Betracht bleiben kann, soll das theol. näher untersucht werden:

a) Am wichtigsten ist die Verbindung mit διαθήκη *[diathækæ]*, → Bund, in der synopt. wie paulinischen Abendmahlstradition beim Kelchwort Jesu: »Dieser Kelch ist der neue Bund (καινὴ διαθήκη [kainæ diathækæ]) in meinem Blut« (1Kor 11,25; davon abhängig ist Lk 22.20; bei Mk 14,24 und Mt 26,28 haben nur die Koine-Texte καινή [kainæ] zu διαθήκη [diathækæ] hinzugefügt; → Herrenmahl). Der Satz besagt, daß das Blut bzw. der Tod Jesu den neuen Bund begründet, wobei offenkundig an die Verheißung Jer 31,31ff angeknüpft wird. – Das Thema des neuen Bundes führt Hebr weiter aus, indem er dem unvollkommenen alten Sinaibund den vollkommenen neuen gegenüberstellt (8,6.7). Das Jer-Zitat (8,8–12) wird mit dem Satz erläutert: »Indem er sagt ›einen neuen (Bund)‹, hat er den ersten für veraltet erklärt« (8,13). Immer wieder kreisen die Aussagen des Hebr um das Neue dieses Bundes (9,15), den er auch als zweiten (8,7), besseren (8,6) oder ewigen (13,20) bezeichnen kann: Durch Jesu Tod und Mittlerschaft sollen in ihm »die Berufenen die Verheißung des ewigen Erbes empfangen« (9,15).

Paulus interpretiert den neuen Bund als einen Bund des Geistes im Gegensatz zum alten Bund des Buchstabens (2Kor 3,6). »Wir dienen im neuen Wesen (καινότης [kainọtæs]) des Geistes und nicht im alten des Buchstabens« (→ Alt, Art. παλαιός; Röm 7,6).

b) Gelegentlich gebrauchen die Synoptiker καινός [kainọs] in der gleichen Bedeutung wie νέος [nẹos], um das mit dem Auftreten Jesu verbundene Neue vom bisherigen Alten abzusetzen; so in den Bildworten vom neuen Wein in alten Schläuchen und vom neuen Flicken auf einem alten Kleid, in denen νέος [nẹos] und καινός [kainọs] synonym verwendet werden (Mk 2,21f parr). So auch, wenn Mk 1,27 den erschreckenden Eindruck, den Jesu Lehre in der Synagoge hervorrief, mit den Worten »eine neue Lehre voll Gewalt« schildert. Das Neue an ihr ist durch ihren Gegensatz zur kasuistischen Lehrweise der Rabbinen charakterisiert (Mk 1,22) und durch die Macht, auch zu bewirken, was sie sagt, wie es die Heilung eines Besessenen im Kontext zu erkennen gibt.

c) Paulus bezeichnet Gal 6,15 Gottes Heilstat im Kreuz Christi als neue Schöpfung (καινὴ κτίσις [kainæ ktịsis]) und stellt sie dem gesetzlichen Heilsweg der Beschneidung entgegen. Diese neue Schöpfung Gottes umfaßt für Paulus die Menschheit (1Kor 8,6) wie den Kosmos (Röm 8,18ff; vgl. DtJes 43,18ff). In 2Kor 5,17 – »Ist jemand in Christus, so ist er ein neues Geschöpf. Das Alte ist vergangen, siehe, Neues ist geworden« – spitzt Paulus diese christologische Konzeption anthropologisch zu: Durch die → Taufe werden die Menschen in den Herrschaftsbereich Christi (ἐν Χριστῷ [en Christọ̄]) versetzt und werden in Form einer rechtlichen Adoption der Neuschöpfung Christi übereignet (vgl. Stuhlmacher 216.221). Es handelt sich bei dieser rechtlichen Annahme als neues Geschöpf nicht um eine psychologisch-ethische Qualität oder um einen Zustand im Sinne eines *novus habitus*, sondern um die Bewegung des täglichen Neu-Werdens (vgl. 2Kor 4,16: »Ob auch unser äußerer Mensch zerstört wird, so wird doch unser innerer von Tag zu Tag erneuert«). Das geschieht durch die neuschaffende Kraft des von Christus geschenkten Geistes (Röm 7,6 ἐν καινότητι πνεύματος [en kainọtæti pnẹumatos]; vgl. auch Tit 3,5).

Mit dem neuen Geschöpfsein ist also das neue Handeln mitgesetzt. Da aber das neue Leben nicht als naturhaft wirksame Selbstverständlichkeit vorhanden ist, sondern mit Christus in Gott verborgen ist (Kol 3,3), bedürfen die Getauften der apostolischen Ermahnung, an dem neuen Leben festzuhalten und den neuen Menschen anzuziehen: »Nachdem ihr den alten Menschen mit seinen Taten ausgezogen und den neuen angezogen habt, der nach dem Bilde seines Schöpfers zur Erkenntnis erneuert wird, zieht nun an . . .« (Kol 3,9.10.12; vgl. Eph 4,23.24; Röm 12,2). Der Imperativ macht indessen den Indikativ nicht ungültig, vielmehr ist die Verborgenheit des neuen Geschöpfseins der Grund für die Energie des Imperativs zum neuen Wandel (vgl. Gal 5,25). In der Dialektik von Indikativ und Imperativ, Evangelium und Gesetz bzw. Gabe und Aufgabe bewegt sich nach Paulus das neue Leben der Christen, das in der unaufhebbaren Spannung zwischen Zueignung des neuen Geschöpfseins und Aneignung des neuen Menschen gelebt wird (vgl. Bornkamm, Taufe, 44ff).

d) Das Johannesevangelium spricht vom neuen → Gebot (καινὴ ἐντολή [kainæ entolæ]) der Bruderliebe: »Ein neues Gebot gebe ich euch, daß ihr einander lieben sollt, wie (weil) ich euch geliebt habe, damit auch ihr einander liebt« (13,34). Neu ist das Gebot deshalb, weil erst Jesus voll offenbart hat, was → Liebe heißt (vgl. 15,13). Auch hier gründet der Imperativ zur Liebe in dem Indikativ der Liebe Jesu. Weil die christl. Gemeinde die Wirklichkeit der sich hingebenden Liebe Jesu erfahren hat, ist sie befreit und zugleich aufgerufen, ebenfalls »die Sorge um das Ich in die Sorge um den Anderen« zu verwandeln (Bultmann, Johannesevangelium, 403). Es geht nicht um ein ethisches Prinzip, sondern um das Neuwerden in der Liebe auf Grund der »neuen« Liebe Christi.

Auch im 1 Johannesbrief ist von dem neuen Gebot der Bruderliebe die Rede (2,7ff). Merkwürdigerweise wird das Gebot zugleich als alt und neu bezeichnet (2,7.8; vgl. 2Joh 5). Die Ausführungen richten sich offenbar gegen die Neuerungssucht der Gnosis. Unter »alt« wird man den Anfang des Christenlebens zu verstehen haben: »Das alte Gebot ist das Wort, das ihr gehört habt« (2,7). Inhaltlich ist nichts anderes gemeint als die neue Bruderliebe; allerdings fehlt die christologische Begründung des JohEv. (2,8–11).

e) Nur im Hebräerbrief kommt ἐγκαινίζω *[engkainizō], einweihen*, vor: Der neue Bund wird in Analogie zu dem alten Bund durch Blut und zwar durch das Blut Jesu Christi eingeweiht, dh in Wirksamkeit gesetzt (9,18). Darum wird auch in dem schwierigen Vers 10,20 ἣν ἐνεκαίνισεν *[hæn enekainisen]* in der gleichen Bedeutung des Begriffes übers. werden müssen: Durch sein Blut hat Jesus uns einen neuen Zugang zu Gott »eingeweiht«, dh wirksam gemacht.

f) Eine wichtige Rolle spielt καινός *[kainos]* in den Visionen der Offenbarung: Die Überwinder der irdischen Anfechtungen werden einen weißen Stein mit einem neuen Namen erhalten (2,17; vgl. 13,12). Die himmlische Gemeinde der Erlösten wird einen neuen Gesang anstimmen zu Ehren des Lammes, das geschlachtet ist (5,9; 14,3). Wenn der große apokalyptische Endkampf gegen den Satan ausgefochten ist und alle Feinde des Lammes besiegt sind, wird das neue Jerusalem erstehen (21,2), und ein neuer Himmel und eine neue Erde werden geschaffen werden (21,1; vgl. 2Petr 3,13). Dann werden weder Tränen noch Leiden, Schmerzen oder Tod zu finden sein (21,4). Entsprechend den Erwartungen des Neuen im AT reicht das mit Jesus Christus in die Welt eingetretene Novum von der Verwirklichung des neuen Menschen bis zur universalen Hoffnung auf einen neuen Himmel und eine neue Erde. Der auf dem Thron des neuen Jerusalems Sitzende spricht: »Siehe, ich mache alles neu« (Offb 21,5). *H. Haarbeck / H.-G. Link*

νέος

νέος *[neos]* neu, jung, frisch · νεότης *[neotæs]* Jugend · νεώτερος *[neōteros]* jünger, ein Jüngerer

I νέος *[neos]*, aus idg. * *neuos*, abgeleitet von dem Adv. *nu* = *jetzt*, hat temporalen Charakter: *zum jetzigen Augenblick gehörig*, also *neu, noch nicht dagewesen, neu in die Erscheinung tretend*, oder: *neu, jung.*

1) Das profane Griech. gebraucht νέος *[neos]* als Adj. (seit dem mykenischen Griech. belegt) von Sachen meist in zeitlichem Sinn: *neu, frisch* (zB Hdt. V,19,2 νεώτερα πρήγματα *[neōtera prægmata]: Umsturz, Revolution*); in übertragenem Sinn gelegentlich auch bei Personen von einer neuerlangten Würde oder Stellung (vgl. Aischyl. Prom. 955.960 οἱ νέοι θεοί *[hoi neoi theoi], die neuen Götter*). Am häufigsten wird νέος *[neos]*, meist im Komparativ, zur Kennzeichnung der jugendlichen Altersstufe zwischen 20 und 30 Jahren im Unterschied zu den πρεσβύτεροι *[presbyteroi]* oder γέροντες *[gerontes]* gebraucht und als Subst. gelegentlich zur Kennzeichnung des *Unerfahrenen*, des *Neulings*. Eine strenge Unterscheidung zwischen νέος *[neos]* und den meist synonym gebrauchten Adj. → καινός *[kainos]* und πρόσφατος *[prosphatos]* (urspr. Opferterminus: πρό *[pro]* + σφάττω *[sphattō], gerade geschlachtet,* daher *frisch*) liegt nicht vor.

2) Im hell. und röm. Herrscherkult wird νέος *[neos]* gern in Verbindung mit einem Götternamen (Asklepios, Dionysios) gebraucht. Der als Gott verehrte Herrscher soll damit als gegenwärtige Repräsentation dieser Gottheit gefeiert werden. In der gnostischen und manichäischen religiösen Sprache kann auch von dem »neuen«, dh erlösten Menschen geredet werden, was aber schon Abhängigkeit vom Urchristentum verrät.

II 1) LXX verwendet νέος *[neos]* überwiegend komparativisch (νεώτερος *[neōteros]*) im Sinne von *jünger*, ein *Jüngerer*. In dieser Bedeutung übersetzt LXX das hebr. *zā'ir*, *jung*, und *kāton*, der *Jüngere*, der *Jüngste* (zusammen 36mal), ebenfalls *na'ar*, *Knabe*, und *jæled*, *Kind* (zusammen 11mal). Num 28,16 gibt LXX die *Erstlingsfrüchte* (hebr. *bikkurim*) mit τὰ νέα *[ta nea]* wieder und übersetzt dementsprechend den Ährenmonat Abib als Monat der Erstlinge (7mal, zB Dtn 16,1 μῆν τῶν νέων *[mæn tōn neōn]*). Nur 4mal gebraucht LXX νέος *[neos]* zur Übers. von hebr. *chādāsch*, *neu* (zB Hhld 7,14), das geläufige Äquivalent dafür heißt καινός *[kainos]*.

2) In den Apokryphen des Spätjudentums tritt bei νέος *[neos]* die Bedeutung des jugendlichen Unerfahrenseins, der Unreife und leichten Beeinflußbarkeit hervor.

III 1) Im NT begegnet νέος *[neos]*, das nicht so häufig vorkommt wie → καινός *[kainos]*, verstreut in zahlreichen Schriften. Ein gewisser Schwerpunkt liegt bei den Synopt. und in den Pastoralbriefen. Bei νέος *[neos]* ist das zeitliche Moment vorherrschend zur Kennzeichnung des Gegenwärtigen im Vergleich zu dem Einstigen: neuer Teig (1Kor 5,7) = frisch hergestellt, noch nicht mit Sauerteig vermengt; neuer Wein (Mk 2,22 par) = frischer, noch gärender Wein; neuer Mensch (Kol 3,9f) = göttliche Neuschöpfung; neuer Bund (Hebr 12,24) = Neusetzung Gottes im Vergleich zu dem vom Menschen gebrochenen alten Bund. νέος *[neos]* in der Bedeutung von *jung* (Tit 2,4) wird auch im NT meist im Komparativ gebraucht (Lk 15,12; Apg 5,6; Joh 21,18; 1Tim 5,1.2; Tit 2,6; 1Petr 5,5); νεότης *[neotæs]* heißt dementsprechend die *Jugend* (Mk 10,20; Lk 18,21; Apg 26,4; 1Tim 4,12). In Lk 22,26 bedeutet ὁ νεώτερος *[ho neōteros]* der *Geringste*. Nur Eph 4,23 begegnet ἀνανεόομαι *[ananeoomai]* und bezeichnet ebenso wie Kol 3,10 ἀνακαινόομαι *[anakainoomai]* das *Erneuertwerden* des inneren Menschen. Hebr 10,20 redet von dem neuen (πρόσφατος *[prosphatos]* = neu in Erscheinung getretenen) Weg zum Heiligtum Gottes, den Christus durch sein Leiden, Sterben und Auferstehen uns vorangegangen ist und den er damit »eingeweiht« (ἐνεκαίνισεν *[enekainisen]*) und für uns zugänglich gemacht hat.

2) So kennzeichnet νέος *[neos]* im NT das Neue, das Jesus den Menschen als Gabe und Aufgabe zugleich gebracht hat, das neue Heil und Leben, das mit seinem Kommen anhebt und sich bei seiner Wiederkunft vollendet. νέος *[neos]* steht darum im unbedingten Gegensatz zu dem, was πάλαι *[palai]*, *früher*, ehemals war (Hebr 1,1) und was παλαιός *[palaios]* ist (→ Alt). Der παλαιὸς ἄνθρωπος *[palaios anthrōpos]*, der *alte Mensch*, ist der selbstherrliche Mensch unter der Sünde (Röm 7,6), die abgelegt (Eph 4,22), und der von der παλαιὰ ζύμη *[palaia zymæ]*, dem *alten Sauerteig* der Gesetzesgerechtigkeit, gereinigt werden muß. Gott selbst hat den früheren, veräußerlichten Gottesdienst für veraltet erklärt und außer Kraft gesetzt (παλαιόω *[palaioō]* Hebr 8,13) und will, daß die Gläubigen ihm nicht ἐν παλαιότητι γράμματος *[en palaiotæti grammatos]*, *im alten, wertlosen Buchstabendienst*, sondern ἐν καινότητι πνεύματος *[en kainotæti pneumatos]*, *in der Erneuerung des Geistes*, dienen.

3) Im Gegensatz zu παλαιός *[palaios]*, *alt*, bezeichnet sowohl νέος *[neos]* wie auch → καινός *[kainos]* das neue Heil, das Christus gebracht hat, und das neue Leben im Glauben an ihn. Das Bild vom neuen Wein und den alten Schläuchen (Mk 2,22; Mt 9,17) setzt das Neue der Person und Verkündigung Jesu scharf ab von dem Alten des Judentums und der Täufergruppe. Der Spruch bleibt in der Negation stehen: Er ruft lediglich zur Trennung von Alt und Neu, da beides nur zum gegenseitigen Schaden miteinander verbunden werden könnte. Das Bildwort ist von dem Hintergrund des unvereinbaren Gegensatzes, in dem Jesus zu dem Bisherigen steht, zu verstehen. Dem entspricht das Bild von der Gemeinde als neuem Teig (1Kor 5,7: νέον φύραμα *[neon phyrama]*), der vom Sauerteig der Gesetzlichkeit geschieden ist. Das, was die Gemeinde neu macht, ist ihre Ausrichtung auf Christus (1Kor 5,8).

4) Wenn auch die Wortgruppen νέος *[neos]* und καινός *[kainos]* weitgehend in gleicher Bedeutung gebraucht werden, so läßt sich doch beobachten, daß in der Regel νέος *[neos]* mehr die Wirklichkeit des Heils in der Gegenwart betont, während καινός *[kainos]* stärker den Charakter der eschatologischen Vollendung hervorhebt. *H. Haarbeck*

Lit.: JBehm, Art. καινός etc., ThWb III, 1938, 450ff – ders., Art. νέος etc., ThWb IV, 1942, 899ff – WNagel, Neuer Wein in alten Schläuchen (Mt 9,17), Vigiliae Christianae XIV, 1960, 1ff – PStuhlmacher, Gerechtigkeit Gottes bei Paulus, FRLANT 87, 1966², 213ff – GBornkamm, Taufe und neues Leben (Röm 6) in: Das Ende des Gesetzes, 1966⁵, 34ff – GHarbsmeier, »Alt« und »Neu« in der Verkündigung, EvTh 27, 1967, 286ff – RBultmann, Das Evangelium des Johannes, KEK II, 1968¹⁹, 403 – zu »neuer Mensch« siehe Lit. unter → Mensch.

Notwendigkeit

Das griech. Lebensgefühl ist weitgehend von dem Bewußtsein einer Gesetzen, Normen und Schicksal unterworfenen Notwendigkeit des Daseins und Geschehens geprägt. Am umfassendsten bringt die unpersönliche (!) Verbalform δεῖ *(dei)* den lebensbestimmenden Zwang zum Ausdruck, gleich, ob er durch Zauber oder Gesetze, von Menschen oder Göttern ausgeübt wird. Der profiliertere Begriff für die schicksalhafte Geworfenheit, die nicht nur das menschliche Dasein umfaßt, sondern als Personifizierung des Weltprinzips auch das Leben der Götter beherrscht, ist ἀνάγκη *(anạngkæ)*. Im Gegensatz zu diesen schicksal- und naturhaft orientierten Begriffen gehört das Verb ὀφείλω *(ophẹilō)* urspr. in den Bereich des Rechtslebens und artikuliert zunächst die juristische und wirtschaftliche, später auch die moralische Verpflichtung gegenüber Göttern und Menschen bzw. ihren sakrosankten Ordnungen. Während ὀφείλω *(ophẹilō)* auch im NT die menschliche und ethische Verpflichtung zum Ausdruck bringt, konnten die typisch griech. Begriffe δεῖ *(dei)* und ἀνάγκη *(anạngkæ)* nur in einer eigentümlichen Gebrochenheit übernommen werden: Personalisiert und uminterpretiert dienen sie zur Bezeichnung des Gotteswillens.

ἀνάγκη

ἀνάγκη *(anạngkæ)* Zwang · ἀναγκαῖος *(anangkạios)* notwendig · ἀναγκάζω *(anangkạzō)* zwingen

I Alle mit dem Wortstamm ἀναγκ- *(anangk-)* (aus ἀν *(an)* / ἀγκ *(angk)* mit Reduplikation) verbundenen Vokabeln umschreiben in verschiedenartigen Abstufungen jede Form von äußerem und innerem *Zwang*, der dem Menschen auferlegt ist.

Für die Griechen war ἀνάγκη *(anạngkæ)* die alle Wirklichkeit bedingende Macht, das *Weltprinzip*, das das All beherrscht. Zu verschiedenen Zeiten schrieb man ihr deshalb göttlichen Charakter zu; Platon (Leg. 818c) stellt sie sogar höher als die Götter. In erster Linie ist dem Menschen der Zwang auferlegt durch sein naturhaftes Sein, zu dem schließlich auch die Begrenzung dieses Seins durch den Tod gehört.

II Im AT ist die naturhafte Denkweise abgelöst durch eine geschichtliche. So gibt die LXX Bedrängungen und Nöte durch Krankheit, Verfolgung, Feindschaft u. a., die von Israel oft als Gottesferne oder besondere Gottestaten angesehen wurden, mit ἀνάγκη *(anạngkæ)* (als Übers. von *tsarah* bzw. *tsar* oder *mātsōq* bzw. *m^etsūqah*) wieder. Letzten Endes ist es Jahwe allein, der aus der ἀνάγκη *(anạngkæ)* errettet (Ps 25,17), aber auch in sie hineinführen kann (Hi 20,22; vgl. Jer 9,14; 15,4). Er wird auch die große ἀνάγκη *(anạngkæ)* am Tage seines Zornes heraufführen (Zeph 1,15), eine Vorstellung, die das ganze Denken des Spätjudentums stark bewegt hat.

III Im NT kommt das Subst. ἀνάγκη *(anạngkæ)* 17mal, das Adj. ἀναγκαῖος *(anangkạios)* 8mal und das Verb ἀναγκάζω *(anangkạzō)* 9mal vor; alle gehören vorwiegend dem paulinischen Sprachgut an. Das Verb ἀναγκάζω *(anangkạzō)* dient im NT aktiv und passiv zur Beschreibung eines Zwingens oder Gezwungenseins, das nicht auf der Anwendung äußerer Gewalt beruht (Mt 14,22; Apg 28,19; Gal 2,3). Lk 14,23 ist sicherlich nicht an die Anwendung von Gewalt gedacht (so Augustin »*cogite intrare*!«). Das Adj. ἀναγκαῖος *(anangkạios)* bedeutet einmal *Nächster* im Sinne von »verbunden sein« (Apg 10,24), sonst prädikativisch *notwen-*

dig sein, müssen. Apg 13,46 ist dieses Müssen analog dem lukanischen → δεῖ *(dei)* zu verstehen (Lk 24,7.26; Apg 1,16.21 u. ö.), ein Exponent des heilsgeschichtlichen Denkens, das vom Glauben an die den geschichtlichen Ablauf beherrschende Vorsehung Gottes getragen ist. Das Subst. ἀνάγκη *(anangkæ)* kann profan im Sinne des Verbums jede innere und äußere Zwangslage umschreiben (Lk 14,18; 1Kor 7,37). Phlm 14 und 2Kor 9,7 ist der Zwang konfrontiert mit der Freiwilligkeit. Das Gesetz bringt allerlei »juristische« Notwendigkeiten mit sich (Hebr 7,12; 9,16.23), deren eine – das tägliche Opferbringen des Hohenpriesters für sich und das Volk – für Christus als Hohenpriester auf Grund seines einmaligen Opfers nicht mehr nötig ist (Hebr 9,25f).

Das heilsgeschichtliche Vorsehungsdenken (→ δεῖ *(dei)*!) findet sich sodann an Stellen wie Mt 18,7 (»Es müssen Ärgernisse kommen«!); Röm 13,5 (»Man muß untertan sein«) und 1Kor 9,16 (»Es liegt eine ἀνάγκη *(anangkæ)* auf mir«). Ohne Einengung auf eine bestimmte Phase der Heilsgeschichte wird ἀνάγκη *(anangkæ)* schließlich nahezu als Wechselwort zu θλῖψις *(thlipsis)* (→ Bedrängnis) und διωγμός *(diōgmos)* (Verfolgung) verwendet, um die Bedrängnisse zu umschreiben, die je und je von außen über die Glaubenden hereinbrechen (1Kor 7,26; 2Kor 6,4; 12,10; 1Thess 3,7). Von hier aus ist auch Lk 21,23 zu verstehen, wo Lk den attributiven Relativsatz von Mk 13,19 wegläßt: Mit dieser ἀνάγκη *(anangkæ)* kommt nicht das Ende des Äons, sondern nur dasjenige Jerusalems (Lk 21,20), und mit diesem brechen die »Heilszeiten der Heiden« an (Lk 21,24). *R. Morgenthaler*

δεῖ

δεῖ *(dei)* (es, man) muß · μοῖρα *(moira)* Schicksal

I δεῖ *(dei)* (seit Hom. belegt; auch δέον ἐστίν *(deon estin), es ist notwendig, man muß*) bezeichnet einen Zwang irgendwelcher Art. Da die unpersönliche Verbalform den Urheber des Zwanges nicht nennt, richtet sich seine konkrete Bedeutung nach dem Zusammenhang mit der jeweiligen Macht, die die Notwendigkeit hervorruft. Im Griechentum kann diese den Zwang ausübende Macht der Wille eines Menschen (Polyb. VII,5,2), das Staatsgesetz (Xenoph. Mem. I,2,42) oder ein Zauber sein (K. Preisendanz, Papyri Graecae Magicae, 2255ff). Aber bei weitem am mächtigsten und umfassendsten bestimmt das *Schicksal* (μοῖρα *(moira)*) die Notwendigkeiten des menschlich-geschichtlichen und kosmischen Lebens (Appian Liby. 122 § 578: Karthago sollte nun einmal erobert werden; vgl. Corp. Herm. XI,6a: alles muß immer und an jedem Ort geschehen; → ἀνάγκη); selbst die Götter sind ihm unterworfen. Das führt bes. in späthell. Zeit zu einem angsterfüllten fatalistischen Lebensgefühl.

II Das hebr. AT kennt kein dem griech. δεῖ *(dei)* entsprechendes Wort. Das hat seinen Grund darin, daß Israel die griech. Vorstellung einer schicksalhaft wirkenden Notwendigkeit fremd ist und daß der at. Gottesbegriff im Gegensatz dazu Gott als einen persönlichen und geschichtsmächtigen Willen begreift, der die einzelnen Menschen für sich beansprucht. So wird durch die Aufnahme des δεῖ *(dei)*-Begriffes in die LXX einerseits das at. Gottesverständnis hell. beeinflußt, andererseits aber δεῖ *(dei)* im at. Sinne der Kundgabe des göttlichen Willens umgeprägt. Das Wort begegnet neben häufigem profanen Gebrauch (zB 2Kön 4,13f) bes. im Zusammenhang mit dem Gesetz und der apokalyptischen Erwartung. Lev 5,17 werden die kultischen Verbote bezeichnet als ἐντολαὶ κυρίου, ὧν οὐ δεῖ ποιεῖν *(entolai kyriou, hōn ou dei poiein), Gebote des Herrn über das, was man nicht tun darf.* Die unpersönliche Formulierung läßt den persönlichen Anspruch des Jahwewillens – der hebr. Text formuliert in der 2. Person – in den Hintergrund treten (vgl. Spr 22,14a).

Am häufigsten gibt δεῖ *(dei)* in LXX hebr. Verbalinf. mit der Präp. *l*[e] wieder (*um zu . . .*); auf diese Weise werden urspr. finale oder futurische Aussagen leicht deterministisch uminterpretiert. Das geschieht zB in den apokalyptischen Texten des Dan, etwa 2,28: Gott hat offenbart, was geschehen *muß* (LXX: δεῖ *(dei)*), während der aram. Text lautet: was geschehen *wird* (vgl. 2,29; bes. 2,45, wo LXX richtig mit τὰ ἐσόμενα *(ta esomena)* übers., während Theodotion ἃ δεῖ γενέσθαι *(ha dei genesthai)* schreibt).

III Im NT ist der griech.-hell. Begriff δεῖ *(dei)* bzw. δέον ἐστίν *(deon estin)* überraschend häufig (102mal) gebraucht, hauptsächlich in den Evgg. und dort bes. bei Lk (44mal). Aber das Wort wird hier noch entschiedener als in der LXX aus seiner griech. Tradition gelöst und durch die Verbindung mit dem göttlichen Heilswerk mit neuem Sinn gefüllt. Namentlich in drei Themenkreisen spielt der Begriff eine Rolle: in der eschatologisch-apokalyptischen Erwartung, in der heilsgeschichtlichen Interpretation des Weges Jesu und im Zusammenhang mit dem christl. Leben.

1) Apokalyptische Zusammenhänge

Als apokalyptischer Terminus bezeichnet δεῖ *(dei)* das zukünftige kosmische Drama, das über die Welt hereinbrechen wird. Es handelt sich dabei jedoch nicht um ein unabänderliches Schicksal, vielmehr um die vom göttlichen Willen bestimmte Notwendigkeit. In der sog. synopt. Apokalypse werden Krieg, Hunger und eine schwere Notzeit angekündigt. Das alles *muß* ebenso geschehen -- Mk 13,7 parr formuliert im Anschluß an Dan 2,28 δεῖ γενέσθαι *(dei genesthai)* — wie die universale Verkündigung des Ev. (Mk 13,10), bevor das Ende kommt (→ Ziel).

Auch der Beginn der Offb (1,1) knüpft an Dan 2,28 an: »Offenbarung Jesu Christi, die ihm Gott gegeben hat, um seinen Knechten zu zeigen, was in Kürze geschehen muß« (vgl. 4,1; 22,6). Unter dieses richtende und heilschaffende Muß treten auch die einzelnen Akte des apokalyptischen Enddramas: Die Feinde der Gotteszeugen *müssen* getötet werden (11,5), das Untier der Endzeit (der 7. Kaiser) *muß* eine Zeitlang bleiben (17,10), und der Satan *muß* für eine kurze Zeit entfesselt werden (20,3), bevor der endgültige Sieg des Lammes erfochten wird (22,3).

Paulus kennt ebenfalls eschatologische Notwendigkeiten, wie das Endgericht (2Kor 5,10), die Verwandlung bei der allg. Totenauferstehung (1Kor 15,53) und die Christusherrschaft, »bis er alle Feinde unter seine (Gottes) Füße gelegt hat« (1Kor 15,25; vgl. den apokalyptischen Kontext V. 23—28).

2) Jesu Lebensweg als Heilsgeschichte

Lukas bringt durch δεῖ *(dei)* in immer neuen Variationen zum Ausdruck, daß Jesus seinen Weg nicht zufällig gegangen ist, sondern daß der heilschaffende Wille Gottes in dem Leben Jesu Geschichte gemacht hat: Heilsgeschichte. Bereits als Zwölfjähriger *muß* Jesus im Haus seines Vaters sein (Lk 2,49). In der Gesetzesauslegung stößt Jesu δεῖ *(dei)* mit dem δεῖ *(dei)* der Rabbinen zusammen (13,14.16 Heilung am Sabbat). Recht und Liebe sind das göttliche δεῖ *(dei)* der Thora (11,42). Jesu Verkündigung wird ebenso von dem göttlichen Willen geleitet (4,43; 13,33) wie sein Weg zum Leiden und Sterben in Jerusalem, der in den Leidensankündigungen ausdrücklich als göttliches Muß bezeichnet wird (9,22; 17,25). Lk liegt entscheidend daran, den Tod Jesu nicht als tragisches Scheitern eines Propheten erscheinen zu lassen, vielmehr Tod und Auferweckung Jesu als notwendige Heilstaten Gottes herauszustellen: »*Mußte* nicht der Christus dies leiden und in seine Herrlichkeit eingehen?« (24,26; vgl. 24,7; Apg 3,21). Denn die Schrift *muß* erfüllt werden (24,44). Der bereits im AT bekundete und niedergelegte Wille Gottes ist in Christus zur Ausführung und Erfüllung gelangt: Das will Lk mit dem göttlichen δεῖ *(dei)* des Weges Jesu sagen.

In den anderen Evgg. stellt δεῖ *(dei)* vor allem den Tod Jesu als göttliche Notwendigkeit heraus (Mk 8,31; Mt 16,21; Joh 3,14); Mt und Joh verstehen ihn wie Lk als notwendige Erfüllung der Schrift (Mt 26,54; Joh 20,9). »Der ganze Wille Gottes über seinen Christus und über den Menschen ist . . . in diesem δεῖ *(dei)* enthalten« (Grundmann, ThWb II,23).

3) Das δεῖ *(dei)* im Leben der Christen

Das göttliche δεῖ *(dei)* erstreckt sich aber nicht nur auf die vergangene Geschichte Jesu und die zukünftigen eschatologischen Ereignisse; es umfaßt auch das gegenwärtige Leben der Christen. Namentlich in der Apg werden die Menschen in Gottes Heilshandeln einbezogen. Nicht nur Paulus wird von seiner Bekehrung bis zu seiner Reise nach Rom von Gottes Plan geleitet (Apg 9,6.16; 19,21; 23,11; 27,24); vielmehr gilt allen Menschen der göttliche Heilswille: »Denn es ist auch kein anderer Name unter dem Himmel den Menschen gegeben, durch den wir gerettet werden sollen« (Apg 4,12).

Joh 3,7 bezeichnet die Wiedergeburt als das göttliche Muß für die Menschen.

Aber nicht nur der Weg zum Heil, auch das christl. Leben ist dem Willen Gottes unterstellt. So begegnet δεῖ *(dei)* schließlich in der nt. Paränese bei der Aufforderung zum beständigen Beten (Lk 18,1; Joh 4,24; Röm 8,26), zum Gott wohlgefälligen Wandel (1Thess 4,1), zur Nachfolge (2Thess 3,7) und zur Friedfertigkeit (2Tim 2,24).

E. Tiedtke / H.-G. Link

ὀφείλω

ὀφείλω *[ophẹilō]* schulden, verpflichtet sein · ὀφείλημα *[ophẹilæma]* Schuld · ὀφειλέτης *[opheilẹtæs]* Schuldner · ὄφελον *[ọphelon]* o daß doch! · ὀφειλή *[opheilæ̣]* Schuld

I 1) Die vom Stamm ὀφειλ- *[opheil-]* gebildete Wortgruppe gehört urspr. in den Bereich des Rechtslebens. ὀφείλω *[ophẹilō]* (seit dem myken. Griech. belegt) bedeutet in Verbindung mit Objekten: *jemandem etwas schulden* (zB Geld, Darlehen; vgl. Ägypt. Urkunden [BGU] III,846,16; IV,1149,35); mit Inf.: *schulden* im Sinn von *verpflichtet sein* (Plat. Leg. IV,717b). ὀφειλέτης *[opheilẹtæs]* heißt a) der *Schuldner* (Plat. Leg. V,736d); b) der zu einer Leistung *Verpflichtete* (kommt in LXX nicht vor). ὀφειλή *[opheilæ̣]* (selten, nicht in LXX) und das gebräuchlichere ὀφείλημα *[ophẹilæma]* (in LXX nur Dtn 24,10; 1Makk 15,8) bezeichnen beide die *Schuld;* bes. in finanzieller Hinsicht. ὄφελον *[ọphelon]* (urspr. Part. von ὀφείλω *[ophẹilō]* mit zu ergänzendem ἐστίν *[estịn]*) ist zur Wunschpartikel erstarrt: *o daß doch!* (Epict. 2,22,12).

2) Neben der finanziellen gibt es die moralische Schuld gegenüber einer Person oder den Staatsgesetzen: Ein Rechtsbrecher wird häufig mit einer Bußzahlung an den Geschädigten bestraft (Plat. Crat. 400c: bis er die Schulden bezahlt hat). Aber auch die Verletzung göttlicher Ordnungen wie der abzustattende Dank für Wohltaten der Götter lassen die Menschen zu Schuldnern werden, indem sie sie zu kultischen Bußen oder Leistungen verpflichten (Plat. Phaedr. 118 sagt der sterbende Sokrates: »wir schulden dem Asklepios [Heilsgottheit] einen Hahn«). So enthält das mit ὀφείλω *[ophẹilō]* zusammengehörige Begriffsfeld die negative Komponente der Schuld und die positive der Verpflichtung.

II 1) In der LXX kommt ὀφείλω *[ophẹilō]* auffallend selten vor (12mal AT, 10mal Apokryphen). Es begegnet entweder als Wunschformel ὄφελον *[ọphelon]*, die häufig die hebr. Partikel *lū* wiedergibt (Num 14,2; 20,3), oder im Zusammenhang des Schuldrechtes als Äquivalent des hebr. *nāschāh, leihen* (das *Geliehene* = das *Geschuldete* Jes 24,2) und *chōb, Schuld* (Ez 18,7). Dtn 15,2 wird das Darlehenswesen in der Weise geregelt, daß – charakteristisch für das sakrale Recht in Israel im Unterschied zu anderen antiken Völkern – die Geldschuld nicht zeitlebens bestehen bleibt, sondern alle 7 Jahre vom Gläubiger erlassen werden soll (hebr. *schᵉmittāh,* LXX: ἄφεσις *[ạphesis], Schulderlaß*). Auch die Pfandbestimmung Dtn 24,10 (ὀφείλημα *[ophẹilæma]*) hat ausgesprochen humanitären Charakter (vgl. 1Makk 10,43; 13,39 *Staatssteuererlaß*).

2) Im AT wird die Schuldrechtsvorstellung noch nicht für das Verpflichtetsein gegenüber Jahwe in Anspruch genommen. Das hat seinen Grund darin, daß im AT das Gottesverhältnis noch nicht als berechnende Beziehung von Geschäftspartnern verstanden wird, sondern als Gehorsam gegenüber dem Willen Jahwes (→ δεῖ).

Das ändert sich im Spätjudentum, wo ὀφείλω *[ophẹilō]* das neuhebr. Wort *chōb* wiedergibt, das a) *zu kurz kommen* (des Geforderten), dh *schuldig und strafverhaftet sein,* b) (positiv) *verpflichtet sein* bedeutet. Mit ὀφείλημα *[ophẹilæma]* wird *chōb* bzw. *chōbāh* übers., das jetzt die Bedeutung *Zahlungsrückstand, Sünde* gewinnt. Sünde wird nun offenbar nicht mehr als grundsätzlicher Ungehorsam, sondern als Zahlungsrückstand aufgefaßt, den man durch entsprechende Leistungen wieder ausgleichen kann (vgl. St.-B. I,421.800; IV,11.14).

Die Qumrantexte kennen diesen Sprachgebrauch bezeichnenderweise nicht.

III Im NT begegnet ὀφείλω *[ophẹilō]* in Verbindung mit Dativ- und Akk.-Objekten (so häufig bei Mt und Lk), öfter noch mit Inf. (so vor allem bei Paulus und in der übrigen Brieflit.). Die Wortgruppe fehlt bei Mk, in den kath. Briefen (außer 1 und 3Joh) und Offb. ὀφείλω *[ophẹilō]* wird hauptsächlich in 2 Themenkreisen verwendet: 1) zur Bezeichnung des Gottesverhältnisses in den Evgg. (bes. Mt); 2) als Begriff der Paränese im Briefteil (bes. Paulus).

1) Formal betrachtet spricht Jesus ebenso wie das Spätjudentum vom Menschen als dem Schuldner Gottes. Der Unterschied liegt darin, daß Jesus das Geschäftsverhältnis nicht wie das Spätjudentum als Realität, sondern als Gleichnis für das Gottesverhältnis in Anspruch nimmt, und daß er demzufolge den Schuldbegriff (ὀφείλημα *[ophẹilæma]*) nicht mit (Rückzahlungs-)Leistungen bzw. Forderungen, sondern eher mit der → Vergebung (ἄφεσις *[ạphesis]*) in Verbindung bringt.

a) Beide Unterschiede macht die Parabel vom Schalksknecht (bzw. von dem großen und dem kleinen Schuldner) deutlich (Mt 18,23–35). Das Bild vom Gläubiger (δανειστής *[daneistæs]*) und Schuldner (ὀφειλέτης *[opheiletæs]*) zeigt die menschliche Abhängigkeit und Verantwortlichkeit vor Gott, der – das betont Mt immer wieder – mit seinen Knechten Abrechnung halten wird (Mt 18,23). Die phantastische Höhe der genannten Schuldsumme (10 000 Talente, dh ca. 80 Mill. Mark) bringt zum Ausdruck, daß es sich um eine unbezahlbare Schuld handelt, die von vornherein jeden Rückzahlungsversuch – und sei es auch durch das Leben des Schuldners und seiner Familie – illusorisch macht, die vielmehr nur durch die Barmherzigkeit des Gläubigers geschenkt, dh vergeben werden kann (vgl. den Zusammenhang mit Dtn 15,2). Andererseits läßt das Gleichnis die Verpflichtung der Menschen deutlich werden (V. 33 ἔδει *[edei]*; → δεῖ), auf Grund der von Gott erlassenen großen Schuld die vergleichsweise lächerlich kleinen Schulden der »Mitknechte« einander zu vergeben, statt auf dem Rechtsanspruch zu beharren (V. 28, die 100 Denare stehen zu den 10 000 Talenten in einem Verhältnis von 0,0001%).

b) Eine gewisse Parallele stellt das Gleichnis von den beiden Schuldnern dar, das Lk in die Erzählung von der Sünderin eingeflochten hat (Lk 7,41–43), um auf den Zusammenhang zwischen einem Mehr bzw. Weniger an Liebe und einem Mehr bzw. Weniger an vergebener Schuld hinzuweisen (vgl. auch die Schuldfälschung im Gleichnis vom betrügerischen Haushalter Lk 16,5–7).

c) Nur Mt 6,12 entspricht ὀφείλημα *[opheilæma]* dem rabb. Begriff *chōb* in der Bedeutung *Schuld* (sonst im NT ἁμαρτία *[hamartia]*, → Sünde). – Auch die 5. Bitte des Vaterunsers betont die Entsprechung von göttlichem Vergeben der Schuld und menschlicher Vergebungsbereitschaft. Das menschliche Vergeben ist weder Bedingung noch Anspruch auf Gottes Vergebung, vielmehr Echo und Gebot der empfangenen Vergebung (vgl. die paränetische Erläuterung Mt 6,14f). »Der Aorist des Mt (ἀφήκαμεν *[aphækamen]* 6,12) spricht den Ernst der Versöhnungsgesinnung durch die vollbrachte Tat, das Präsens des Lk (ἀφίομεν *[aphiomen]*, 11,4) durch die stete Bereitschaft zur Vergebung aus« (Hauck, ThWb V,563).

2) Hat ὀφείλω *[opheilō]* in den Evgg. hauptsächlich die negative Bedeutung *schuldig sein*, so bezeichnet es in der Brieflit. vorwiegend im positiven Sinne die *Verpflichtung*, die sich aus der Christuszugehörigkeit ergibt.

Röm 13,8 mahnt Paulus mit der Doppelbedeutung von ὀφείλω *[opheilō]* zur →Liebe, die zugleich Aufgabe und nie abtragbare Schuld gegenüber dem Nächsten ist. Röm 15,1ff wird der Zusammenhang der ethischen Verpflichtung mit dem begründenden Tun Christi bes. deutlich: »Wir aber, die Starken, sind verpflichtet, die Schwachheiten der Ungefestigten zu tragen und nicht uns selbst zu Gefallen zu leben . . . Denn auch Christus hat nicht sich selbst zu Gefallen gelebt«. 1Kor 11,7.10 ist die Rede von der Pflicht zur Gemeindezucht; 2Thess 1,3 und 2,13 zur Dankbarkeit für das Wachstum der Gemeinden; 2Kor 12,14 zur verantwortlichen Elternschaft, Eph 5,28 zur ehelichen Liebesgemeinschaft, 1Joh 3,16 zur Lebenshingabe, 4,11 zur gegenseitigen Bruderliebe etc. Die Einzelmahnungen faßt 1Joh 2,6 zusammen: »Wer sagt, er bleibe in ihm, ist verpflichtet, auch selbst so zu wandeln, wie jener gewandelt ist.« – Der Hebr verwendet ὀφείλω *[opheilō]* (2,17; 5,3) in Parallele zu → δεῖ *[dei]* und πρέπει *[prepei]*, um den göttlichen Willen und die heilsgeschichtliche Notwendigkeit Christi klarzumachen.

3) Die Wunschpartikel ὄφελον *[ophelon]* begegnet nur bei Paulus (1Kor 4,8; 2Kor 11,1; Gal 5,12) und in Offb (3,15). – ὀφειλή *[opheilæ]* bezeichnet Mt 18,32 die Geldschuld, Röm 13,7 staatsbürgerliche Pflichten, 1Kor 7,3 die Aufforderung zum ehelichen Geschlechtsverkehr. – ὀφειλέτης *[opheiletæs]* ist der *Schuldner* (Mt 6,12) und der *Verpflichtete* (zB Paulus in Röm 1,14 zur Weltmission; vgl. Röm 8,12; 15,27; Gal 5,3).

E. Tiedtke / H.-G. Link

Lit.: WGrundmann, Art. ἀναγκάζω etc., ThWb I, 1933, 347ff – ders., Art. δεῖ etc., ThWb II, 1935, 21ff – HPreisker, Mensch und Schicksal in der röm. Stoa und im NT, Forschungen und Fortschritte 25, 1949, 274ff – EFascher, Theol. Beobachtungen zu δεῖ, in: Nt. Studien für R. Bultmann, BZNW 21, 1954, 228ff – FHauck, Art. ὀφείλω etc., ThWb V, 1954, 559f.

Obrigkeit → Macht

Öffnen

Öffnen und Schließen, ἀνοίγω *[anoịgō]* und κλείω *[kleịō]*, brauchten ihrem eindeutigen konkreten Gebrauch nach hier kaum behandelt werden. Beide Wortgruppen haben aber im NT über das mythische Bild vom himmlischen Haus und seiner Tür Bedeutung gewonnen im Zusammenhang mit dem Beginn und Ende der Gottesgemeinschaft. Sie drücken aus, daß der Zugang zu dieser nicht beliebiger menschlicher Entscheidung unterliegt.

ἀνοίγω

ἀνοίγω *[anoịgō]* öffnen, sich auftun · ἄνοιξις *[ạnoixis]* das Öffnen

I Seit Homer (Il. 14,168; 24,455) begegnet ἀνοίγνυμι *[anoịgnymi]* mit der Nebenform ἀνοίγω *[anoịgō]* in der Bedeutung *öffnen, das Verschließende wegnehmen*, jedoch noch nicht im Präs. (dieses zuerst bei Pindar, für ἀνοίγνυμι *[anoịgnymi]* bei Lysias; die mi-Formen sind ursprünglicher). Übertragen kann es bedeuten »die hohe See gewinnen«, wobei θάλατταν *[thalattan]* zu ergänzen ist. Im NT ist die Hauptform durch die Nebenform restlos ersetzt. Das Verb kann trans. (eine Tür, einen Ort, einen Gegenstand, einen Körperteil *öffnen*) und intrans. (*sich auftun*; zT mit pass. Sinn: *geöffnet werden*) konstruiert werden.

II In der LXX ist ἀνοίγω *[anoịgō]* überwiegend (106mal) Äquivalent für das hebr. Verb *pātach, öffnen*, daneben (10mal) für *pāqach, öffnen; pātsāh, aufperren* (6mal), und vereinzelt für 9 weitere hebr. Verben. *pātsāh*, in der Regel mit *pæh* als Obj., bedeutet *den Mund öffnen* (um zu beten, Ri 11,35; um zu reden, Hi 35,16) oder *aufreißen* (um zu verschlingen, Ez 2,8); *pāqach* wird ausschließlich gebraucht für das Öffnen der Augen und Ohren. Bei *pātach* kann das Obj. ein Behältnis sein (Sack, Kasten, Gefäß, Grab), ein Fenster oder eine Tür. Bezieht sich das Öffnen auf den Menschen, so ist meist Gott Subj. (Objekte zB Gen 29,31 der Schoß; Ex 4,12.15 der Mund; Gen 21,19 das Auge; Jes 50,5 das Ohr; Ps 145,16 die Hand). Es fällt auf, daß *pātach* in der Priesterschrift nicht begegnet (Gen 7,11a ist sicher P, »und die Fenster des Himmels öffneten sich« ist ebenso sicher nicht von P; Num 19,15 ist ein von P übernommenes Zitat). Das ist nur aus der Theol. der Priesterschrift erklärbar: In ihr wird Gott so weit transzendiert, daß ein Zugang zu ihm einzig noch durch Priester und Kultus möglich ist. Einem so transzendenten Gottesbild würde der Gebrauch von *pātach* widersprechen. Denn *pātach* setzt ein Gottesbild voraus, bei dem Gott nicht indirekt, sondern direkt eingreift, zB selbst den Mund eines Menschen öffnet.

III Im NT begegnet das Verb ἀνοίγω *[anoịgō]* 78mal, bes. oft in der johanneischen Lit. (27mal in Offb, 11mal im JohEv.); weniger häufig findet es sich bei Mt (11mal) und Lukas (16mal Apg, 7mal Ev.), nur 5mal bei Paulus (Röm 3,13; 1Kor 16,9; 2Kor 2,12; 6,11; Kol 4,3) und bei Mk nur 7,35. Ähnlich dem Gebrauch in LXX wird das Verb überwiegend trans. konstruiert, selten intrans. (Joh 1,51; 1Kor 16,9; 2Kor 6,11; dazu ist sinngemäß auch der einmalige Gebrauch von ἄνοιξις *[ạnoixis]* Eph 6,19 zu rechnen: ». . . . damit mein Mund zur Rede aufgetan werde«). Als Obj. begegnen – wie in der LXX – der Mund (Lk 1,64 u. ö.), das Auge (Mt 9,30 u. ö.), das Ohr (Mk 7,35 u. ö.), dazu die Tür (Apg 5,19 u. ö.), ein Ort (Mt 3,16 u. ö.) oder Gegenstand (Offb 5,2ff u. ö.). Läßt man die Stellen unberücksichtigt, an denen »den Mund öffnen« *zu reden anheben* (Mt 5,2 u. ö.) bedeutet, so wird das Verb überwiegend theol. gebraucht: Gott selbst ist es, der öffnet.

1) Konsequent gebraucht Paulus ἀνοίγω *[anoịgō]* so (Röm 3,13 bleibt als Zitat unberücksichtigt; 2Kor 6,11 muß übersetzt werden: »ich habe offen geredet«, s. o.): Gott ist es, der Paulus eine Tür geöffnet hat, dh der ihm die Möglichkeit einer fruchtbaren Missionswirksamkeit gab. Formgeschichtlich handelt es sich bei »eine Tür öffnen« um einen term. techn. der Missionssprache (1Kor 16,9; 2Kor 2,12; Kol 4,3; Offb 3,8; Apg 14,27; J. Jeremias, aaO, 174; Nie, aaO, 185–190). Es ist aber für Paulus charakteristisch, daß er ἀνοίγω *[anoịgō]* nicht mit dem Subj. Christus Jesus verbindet.

2) Deutlich zeigt sich der theol. Gebrauch auch in der johanneischen Lit. (einzige Ausnahme Joh 3,20): Gott selbst öffnet den Himmel (Joh 1,51; Offb 19,11) oder den Tempel (Offb 11,19) oder das heilige Zelt (Offb 15,5) des Himmels. Er läßt durch einen Engel den

Schlund der Unterwelt öffnen (Offb 9,2). Mit Gott gleich ist es der erhöhte Herr, der den Seinen den Zugang zu Gott (Offb 3,7f; dann nicht als term. techn. der Missionssprache verstanden) und der auch die siebenfach gesiegelte Buchrolle öffnet, die den endzeitlichen Geschichtsplan Gottes aufgeschrieben enthält mit all der Fülle der eschatologischen Ereignisse (Offb 5,22ff). Daß der irdische Jesus hier Gott gleich gesehen wird, kommt darin zum Ausdruck, daß er Menschen die Augen öffnet (Joh 9,10.14.17.21 u. ö.).

3) Bei Mt ist es Gott (7,7; 3,16; 27,52) oder der eschatologische Herr (25,11), der da öffnet. Für den irdischen Jesus wird ἀνοίγω *[anọigō]* nur innerhalb eines Wunderberichtes gebraucht (9,30; 20,33; vgl. Mk 7,35; einzige Ausnahme ist Mt 2,11).

4) Bei Lk zeichnet sich im Gebrauch von ἀνοίγω *[anọigō]* sein Geschichtsschema ab: In der »Zeit Israels« (bis 4,13) ist nur Gott der Öffnende (3,21; 1,64). In der »Mitte der Zeit« (4,14–22,2) öffnet auch Jesus Christus (13,25), der als Geistträger dazu befähigt ist. In der »Zeit der Kirche« (ab Apg 2) sind es zudem noch die Jünger, — nun Geistträger (Apg 2) und Teilhaber an der Macht Jesu.

Wenn auch der Gebrauch von ἀνοίγω *[anọigō]* Nuancierungen zeigt, deutlich zeichnet sich eines doch ab: daß für die Zeugen des NT die Macht Gottes in Jesus Christus eingegangen ist, der für Gott nun handelt und ihm dadurch gleich ist. *C. H. Peisker*

κλείς *[kleis]* Schlüssel · κλείω *[klẹiō]* schließen, verschließen

κλείς

I κλείς *[kleis]* (urverwandt mit lat. *clavis*), seit Hom., bedeutet *Schlüssel;* κλείω *[klẹiō]* (ebenfalls seit Hom.) *schließen, verschließen.* Neben dem direkten Gebrauch wird κλείς *[kleis]* schon sehr früh (bereits 7. Jh. vChr) im Zusammenhang der bildlichen Vorstellung vom → Himmel (bzw. der Unterwelt) als Haus verwendet: Bestimmte Mächte, zB Halbgottheiten oder Gottheiten, verfügen über die *Schlüssel* zum Himmel (zB Dike) bzw. zur Unterwelt (Pluto, Persephone u. a.). Die Bildhaftigkeit des Gebrauchs reicht auch bis in das Alltägliche: So kann zB Pindar (Pg 8,4) von der Ruhe als dem bedeutenden *Schlüssel* zu Ratschlägen und zu Kriegen reden, dh doch wohl, daß für das Treffen der richtigen Entscheidung diese die Hauptvoraussetzung ist.

II In LXX kommt κλείς *[kleis]* nur 5mal vor (4mal Äquivalent für hebr. *maphtē^a^ch*). Es ist der *Schlüssel* zu den großen Holzschlössern, der vermutlich aus einem langen Stab mit verschieden langen daran befestigten Eisenstiften bestand und in der Regel so groß war, daß er – da er nicht in die Tasche paßte – am Gürtel oder gar auf der Schulter getragen werden mußte (Jes 22,22). Mit diesem Schlüssel ließ sich von außen ein kurzer Türriegel vor- und zurückschieben. Ein besonderes Amt der Leviten war es, die Schlüssel zu Räumen und Vorratskammern des Tempels zu verwalten (1Chr 9,27). – Die Amtseinsetzung Eljakims, die Jes 22,22 mit der Schlüsselgewalt zum Hause Davids angekündigt wird, hat urspr. keinen messianischen Bezug.

III Die Wortgruppe findet sich im NT nur selten: κλείς *[kleis]* 6mal (davon 4mal in Offb), nur in übertragener Bedeutung, κλείω *[klẹiō]* 16mal (6mal in Offb), wörtlich (zB Mt 6,6; Lk 11,7; Joh 20,19.26 immer im Blick auf die verschlossene Tür) und übertragen (s. u.).

Abgesehen von der bildhaften Verwendung 1Joh 3,17 (der Mensch, der sein Herz vor der Not des Darbenden verschließt, dh die Tat der Liebe unterläßt, trennt sich von der Liebe Gottes, die das Leben für den anderen hingibt) erklärt sich der übertragene Gebrauch von κλείς *[kleis]* und κλείω *[klẹiō]* im NT aus den räumlichen Vorstellungen von Himmel und Unterwelt.

1) Lk 11,52 ist in dem Fluchwort Jesu über die Schriftgelehrten das Wort bezeugt: »denn ihr habt den Schlüssel der Erkenntnis weggenommen«. Der Nachsatz »ihr kommt nicht hinein und wehrt denen, die hinein wollen« legt den Schluß nahe, daß mit dem Schlüssel die Erkenntnis der Schrift gemeint ist, die das Reich Gottes erschließt. Dafür spricht auch ein rabb. bezeugtes Wort: »Wer Torakenntnis besitzt, aber keine Gottesfurcht, der gleicht dem Schatzmeister, dem man den Schlüssel zu den inneren (Räumen) übergab, ohne die Schlüssel zu den äußeren (Räumen) zu übergeben« (b Schab 31 a b, zitiert bei J. Jeremias,

aaO, 747). Der Sinn von Lk 11,52 ist also der gleiche wie Mt 23,13. Indem die Schriftgelehrten das ihnen anvertraute at. Wort nicht auf den Messias und sein Kommen hin auslegen, können sie und ihre Hörer nicht das in Jesus angebrochene messianische (Heils-)Handeln Gottes erkennen und verschließen sich und den anderen damit wieder den in Jesus eröffneten Zugang zum Reich Gottes.

2) Die Vollmacht, das → Reich Gottes auf- bzw. zuzuschließen, wird in dem umstrittenen Wort Mt 16,19 auf Petrus übertragen. Obwohl die Stelle Mt 16,16–19 ohne Zweifel sehr alt ist (überall atmet sie semitischen Sprachcharakter), sprechen schwerwiegende Gründe dagegen, daß der historische Jesus dieses Wort geprägt haben könnte (für echt halten es u. a. Betz, Cullmann, Jeremias, Oepke). »Nicht nur, daß es ohne Parallelen in den anderen Evangelien ist und nur hier in der ganzen synoptischen Überlieferung das Wort ἐκκλησία *[ekklæsịa]* im Sinne von Gesamtkirche vorkommt . . ., vor allem fügt es sich schwer in Jesu Verkündigung von dem in Bälde hereinbrechenden Gottesreich ein« (Bornkamm, Jesus, 171; so auch Braun, Bultmann, H. v. Campenhausen, Conzelmann, Dibelius, Dinkler, Kümmel u. a.; → Kirche III,4a). Ähnlich wie in der einzigen sachlichen Parallele Joh 21,15ff wird die Autorisierung durch den Auferstandenen, die nach Mt 18,18 und Joh 20,23 allen Jüngern galt, vermutlich von einer Petrus-Partei (so Käsemann) Mt 16,19 auf Petrus als den ersten Auferstehungszeugen eingeschränkt. Mt 18,18 und andere Stellen beweisen jedoch, daß Mt schon gar nicht mehr primär an der Vorrangstellung des Petrus interessiert ist. Vielmehr stellt er »die ihm zur Verfügung stehenden Petrus-Überlieferungen in den Dienst seiner paränetischen Grundabsicht, die das ganze Evangelium bestimmt: Der prominente Jünger wird mit seinen positiven und negativen Zügen zum Spiegelbild für das christliche Leben des einzelnen in der Gemeinde und in der Welt« (K. Frör, aaO, 219). Wenn also Petrus die Schlüsselgewalt zugesprochen wird, dann erhält er nicht eine bes. amtliche Vollmacht (→ Macht), sondern wie die anderen Jünger im Auftrag zur → Verkündigung Anteil an der Vollmacht des auferstandenen Herrn, den Zugang zum Reich Gottes zu erschließen (→ Binden).

3) Um den Zugang zum endzeitlichen Königreich Gottes handelt es sich auch an den apok. Stellen, wo vom *Schlüssel Davids* die Rede ist (Offb 3,7.8). Der Apokalyptiker deutet die Stelle Jes 22,22 messianisch auf Christus (eine solche Deutung fehlt im Judentum): Wie Eljakim mit dem Schlüssel zum Davidhaus die Vollmacht erhält, über den Zutritt zum König zu entscheiden, so hält Christus als der verheißene Nachkomme Davids den vollkommenen Schlüssel in der Hand, der über Zutritt und Ausschluß im Blick auf die künftige Königsstadt Gottes entscheidet. – Als der Gekreuzigte und Auferstandene hat er aber darüber hinaus die Schlüssel zur Totenwelt (Offb 1,18), so daß der → Tod für den Glaubenden seinen letzten Schrecken verloren hat. Mit den Schlüsseln zum Abgrund (Offb 20,1) ist er der Herr, der auch über die Geister der Unterwelt gebietet (20,3) und ihnen Raum für ihr strafendes Eingreifen geben kann (9,1ff). *D. Müller*

Lit.: JJeremias, Art. θύρα, ThWb III, 1938, 173ff – ders., Art. κλείς, ThWb III, 1938, 743ff – GDalmann, Arbeit und Sitte in Palästina, Bd. 7, 1942, 53ff – EKäsemann, Sätze heiligen Rechts, NTSt 1, 1954/55, 248ff (= Ex. Vers. u. Bes. II, 69ff) – RBaumann, Fels der Welt, 1956 – OCullmann, Petrus, 1960² – EKäsemann, Die Anfänge christl. Theologie, ZThK 57, 1960, 162ff (= Ex. Vers. u. Bes. II, 1964, 82ff) – HThyen, Art. Schlüsselgewalt, RGG V, 1961³, 1449ff – ASchönherr, Art. Schlüsselgewalt, EKL III, 1962², 813ff – HvCampenhausen, Kirchliches Amt und geistliche Vollmacht in den ersten 3 Jahrhunderten, 1963² – GBornkamm, Jesus von Nazareth, 1965⁷ – MDibelius, Jesus, 1966⁴ – GvRad, Theologie des AT I, 1966⁵ – HBraun, Spätjüdisch-häretischer und frühchristlicher Radikalismus I, II, BHTh 24, 1968².

Lit. zu Mt 16,17–19: FKattenbusch, Der Quellort der Kirchenidee, Festg. f. A. Harnack, 1921, 160ff – ders., Der Spruch über Petrus und die Kirche bei Mt, ThStKr 94, 1922, 96ff – KLSchmidt, Die Kirche des Urchristentums, Festg. f. A. Deißmann, 1927, 258ff – OLinton, Das Problem der Urkirche in der neueren Forschung, 1932, 157ff – HWindisch, Urchristentum, ThR 5, 1933, 251ff – KLSchmidt, Art. ἐκκλησία, ThWb III, 1938, 522ff – RBultmann, Die Frage nach der Echtheit von Mt 16,17–19, ThBl 20, 1941, 265ff (= Exegetica, 1967, 255ff) – WGKümmel, Kirchenbegriff und Geschichtsbewußtsein in der Urgemeinde und bei Jesus, 1943 (= 1968²), 20ff – AOepke, Der Herrenspruch über die Kirche Mt 16,17–19 in der neuesten Forschung, StTh 2, 1948/50, 110ff – WGKümmel, Jesus und die Anfänge der Kirche, StTh 7, 1953, 1ff (= Heilsgeschehen und Geschichte, 1965, 289ff) – HLehmann, Du bist Petrus, EvTh 13, 1953/54, 44ff – OBetz, Felsenmann und Felsengemeinde, ZNW 48, 1957, 49ff – AVögtle, Messiasbekenntnis und Petrusverheißung, BZ NF 1, 1957, 252ff; NF 2, 1958, 85ff – ders., Jesus und die Kirche, in: Begegnung der Kirche, Festschr. O. Karrer, 1959, 54ff – ders., Der Einzelne und die Gemeinschaft in der Stufenfolge der Christusoffenbarung, in: Sentire Ecclesiam, Festschr. H. Rahner, 1961, 53ff – FObrist, Echtheitsfragen und Deutung der Primatsstelle Mt 16,18f in der dt. prot. Theol. der letzten 30 Jahre, NTA XXI, 3.4, 1961 – HBraun, Qumran und das Neue Testament I, 1966, 30ff.

Offenbarung

Offenbarung als einer der Grundbegriffe christl. Theologie will zum Ausdruck bringen, daß es sich beim Christentum um eine Schöpfung göttlicher und nicht menschlicher Art handelt. Die griech. Sprache besitzt verschiedene Ausdrucksmöglichkeiten, um diesen Vorgang zu bezeichnen. ἀποκαλύπτω *[apokalyptō]*, ein vom Grundwort καλύπτω *[kalyptō]*, *umhüllen, verbergen* gebildetes Kompositum, kennzeichnet mit der Betonung des Aufdeckens, daß bislang Verborgenes enthüllt, erkennbar gemacht wird. δηλόω *[dælọō]*, von δῆλος *[dælos]*, *offenkundig, offenbar* abgeleitet, hebt bei dem gleichen Vorgang mehr dessen Ziel hervor, daß nämlich dadurch etwas bekannt, offenbar wird. ἐπιφάνεια *[epiphạneia]*, aus der Wurzel φαν- *[phan]* (vgl. φαίνομαι *[phạinomai]*, *erscheinen*; φανερόω *[phanerọō]*, *sehen lassen*; → Licht, Art. φαίνω), bezeichnet die optisch wahrnehmbare lichtvolle Erscheinung, zB einer Gottheit. Zu den Vokabeln, in denen Offenbarungsvorstellungen zumindest anklingen, gehören auch γνωρίζω *[gnōrịzō]*, *zu erkennen geben* (→ Erkenntnis, Art. γινώσκω), ὅραμα *[họrama]*, das *Gesicht* (= Gesehene) und ὀπτασία *[optasịa]*, *Traumgesicht* (→ Sehen). Vgl. auch → Geheimnis; → Hören; → Lehre; → Wahrheit; → Wort.

ἀποκαλύπτω

ἀποκαλύπτω *[apokalyptō]* enthüllen · ἀποκάλυψις *[apokạlypsis]* Enthüllung, Offenbarung

1) ἀποκαλύπτω *[apokalyptō]*, *enthüllen*, von καλύπτω *[kalyptō]* *umhüllen, verbergen*, gebildet, ist seit Hdt. im profangriech. Sprachgebrauch für das *Aufdecken bisher verborgener Dinge* nachweisbar, das Subst. ἀποκάλυψις *[apokạlypsis]*, *Enthüllung, Offenbarung*, jedoch erst vom 1. Jh. vChr an und dann vorwiegend in religiösem Sinn. I

2) Der religiös-theol. Gebrauch beider Worte in der griech.-hell. Welt ist selten. Sie begegnen vereinzelt im Corp. Herm. (13,1; 2./3. Jh. nChr), bei dem Neuplatoniker Jamblich (3. Jh. nChr) und in späteren astrologischen und alchemistischen Texten. Zur Bezeichnung göttlicher Offenbarungen und Manifestationen bevorzugt man andere Worte. So wird für die Kundgebungen des delphischen Orakels σημαίνω *[sæmạinō]* *anzeigen, erklären, gebieten* (von σῆμα *[sæma]*, *Zeichen, Merkmal*), gebraucht (Oepke, ThWb III,568); in hell. Zeit sind die Worte → ἐπιφάνεια *[epiphạneia]*, *Erscheinung, Sichtbarwerden*, und παρουσία *[parousịa]*, → *Gegenwart, Anwesenheit*, Bezeichnung dafür, daß eine verborgene Gottheit wahrnehmbar wird (vgl. die Artikel bei Bauer). Es ist aufschlußreich, daß die gleichen Ausdrücke auch bei der göttlichen Verehrung der Herrscher eine Rolle spielen. In der Mystik des hermetischen Schrifttums wird die Gnosis, die → Erkenntnis Gottes, zur Offenbarung (Oepke, aaO, 571). Freilich handelt es sich hier nicht um eine Offenbarung im Sinne des NT, das sich deutlich von diesem Begriff absetzt: Gott hat sich zwar den Heiden nicht unbezeugt gelassen (Apg 14,17); aber wenn sie auch die Fähigkeit gehabt haben, aus den Werken Gottes eine unsichtbare Macht und Gottheit zu erkennen, so haben sie doch diese Erkenntnis durch die Verkehrung des Gottesglaubens in den Götzendienst verloren (Röm 1,28–23). Steht hinter dem heidnischen Götzendienst eine Realität, so ist es die Wirklichkeit dämonischer Mächte (1Kor 10,20).

1) In LXX findet sich, seinem späten Vorkommen entsprechend, das Subst. ἀποκάλυψις *[apokạlypsis]* nur in 1Sam 20,30 für die Wurzel *'rh, bloßlegen, aufdecken*; ferner 3mal in Sir. Das Verb ἀποκαλύπτω *[apokalyptō]* (ca. 80mal) ist fast durchgängig für Formen des hebr. Stammes *gālāh* eingetreten, und zwar vor allem für dessen nif. *entblößen* und Piel *aufdecken, enthüllen*. So steht es im eigentlichen Sinn Gen 8,13 vom *Abdecken* des Daches, Num 5,18 von der *Enthüllung* des Hauptes, meint aber wohl urspr. wie in den Gesetzesbestimmungen von Lev 18,6ff und 20,11ff das *Auf-* II

decken der sonst verdeckten Geschlechtsorgane zum Zweck der sexuellen Vereinigung. Ziel der Enthüllung ist also nicht die abständliche Betrachtung, sondern der Eintritt in intensivste Begegnung unter Einbeziehung der eigenen Person. Dieses Bild ist bes. von Ez aufgenommen worden, um die Schuldverfallenheit Israels zu kennzeichnen.

Im übertragenen, aber profanen Sinn bedeutet ἀποκαλύπτω *[apokalyptō] offenbaren, kundtun.* So steht es von menschlicher Rede Jos 2,20; 1Sam 20,2.13; 22,8.17; von menschlichen Plänen 1Makk 7,31. Das Subst. ἀποκάλυψις *[apokalypsis]* wird Sir 22,22; 42,1(?) im profanen Sinn für *Offenbarung, Kundmachung* von Geheimnissen gebraucht. Theol. Bedeutung liegt vielleicht Sir 11,27 vor: am Ende eines Menschenlebens steht »die Offenbarung seiner Werke«; hier könnte an Gottes → Gericht gedacht sein.

2) Aufs ganze findet sich in LXX ἀποκαλύπτω *[apokalyptō]* relativ selten mit theol. Bedeutung; der profane Sprachgebrauch überwiegt. Das prophetische Erleben Bileams wird uns Num 22, 31; 24,4.16 geschildert: Gott öffnet dem Propheten das innere Auge und schenkt ihm die wahre Schau der Wirklichkeit, die freilich den Wünschen seines Auftraggebers nicht entspricht. Gott schenkt ihm die Erkenntnis des Höchsten, so daß er sein Wort vernehmen und sagen kann. – In einer Zeit, die an Offenbarungen arm war, offenbart sich Gott dem Samuel, der ihn vorher nicht kannte (1Sam 3,1.7); durch eine Reihe weiterer Offenbarungen wird Samuels prophetische Autorität begründet (3,21). 1Sam 9,15; 2Sam 7,27 bezieht sich auf das *Öffnen* des Ohres; so können Samuel bzw. David Gottes Weisung und Verheißung vernehmen. »Öffne mir das Auge, daß ich schaue die Wunder an deinem Gesetz«, betet der Psalmist (Ps 119,18). Den Propheten, seinen Knechten, offenbart Gott die göttliche παιδεία *[paidẹia]* (*Unterweisung*, hebr. *sōd*, Am 3,7). In der Dan-Übers. des Theodotion wird die Enthüllung der Geheimnisse Gottes mit ἀποκαλύπτω *[apokalyptō]* wiedergegeben, während LXX die Worte ἀνακαλύπτω *[anakalyptō]*, ἐκφαίνω *[ekphạinō]*, δηλόω *[dælọō]* gebraucht (Dan 2,27–30; 47).

Gottes Offenbarung vermittelt Erkenntnis Gottes, seiner Ratschlüsse und Geheimnisse, eine Erkenntnis, die zuletzt unerschöpflich ist: »Die Wurzel der Weisheit, wem wurde sie offenbart?« (Sir 1,6). Neben der Vermittlung der Erkenntnis steht die Tatoffenbarung Gottes. Auf die Tatoffenbarung in Ägypten zZt der Knechtschaft Israels blickt 1Sam 2,27 zurück. Jes 52,10; 53,1 reden von der Offenbarung des »Armes« Gottes, dh seiner Macht; nach Jes 56,1 offenbart Gott sein Erbarmen, nach Ps 98,2f seine Gerechtigkeit und sein Heil, die die Enden der Erde schauen werden: Der Sprachgebrauch der LXX gibt ein anschauliches Bild von dem Offenbarungswirken Gottes im alten Bunde.

3) Für das Judentum zZt Jesu ist der Inhalt der göttlichen Offenbarung in der → Schrift (γραφή *[graphæ]*) verfaßt. Sie heißt nach ihrem wesentlichen Inhalt auch »das Gesetz und die Propheten« (vgl. Mt 5,17.12 u. ö.); der wichtigste Teil ist das Mosegesetz, die *Tora*. Die Prophetie aber ist erloschen: »Die Propheten haben sich schlafen gelegt« (ApkBar syr 85,3; vgl. 1Makk 4,46 u. ö.); deshalb ist die Verwendung der Wortgruppe ἀποκαλύπτω *[apokalyptō]* im Judentum (außer LXX) selten (vgl. ThWb III,580). Doch zeigen die Qumrantexte, bes. die Hymnenrolle, daß es um die Zeitenwende jüd. Kreise gab, in denen das Bewußtsein prophetischer Offenbarung und Erleuchtung lebendig blieb (1QH 1,21; 5,9; 6,4 u. ö.; s. O. Betz, Offenbarung).

Damit hängt zusammen, daß die Lit. der Apokalyptik (zum Begriff vgl. S. XV) schildert, wie Gott seine Offenbarung über das Endgeschehen, das Kommen des Messias und seine Herrschaft, die Totenauferstehung, das Gericht usw. den heiligen Männern der Vorzeit anvertraut hat. Bestimmend ist für das Denken dieser Apokalyptik der Gegensatz zweier Welten, des gegenwärtigen und des kommenden Äon (vgl. Gal 1,4 u. a.; → Zeit, Art. αἰών). Mit den Zukunftsaussagen verbinden sich Schilderungen der himmlischen Welt, Spekulationen über die Gestirnwelt, den Lauf der Geschichte u. a. m.; auch daß ein → Engel als Offenbarungsmittler auftritt, ist ein typisch apok. Motiv (→ δηλόω II). – Die Apokalyptik hat auch in das frühe Christentum hineingewirkt; neben der Offb des Johannes hat es aber auch andere christl.-apok. Lit. gegeben, die jedoch in den nt. Kanon nicht aufgenommen wurde (zB ApkPetr; Herm u. a.); auch hat man jüd. Schrifttum wie 4Esr überarbeitet. Erwähnt sei noch, daß der Autor der Offb seine Verfasserschaft nicht hinter dem Namen eines Mannes der Vorzeit verbirgt, sondern seinen eigenen Namen nennt.

III 1) Im NT ist die Wortgruppe zahlenmäßig nicht sehr häufig (26 Verbalbelege, 18mal das Subst.) und fehlt in einer Reihe von Schriften ganz (Mk, Apg, Kol, 1Thess, Pastoralbriefe, kath. Briefe außer 1Petr). Im JohEv. kommt das Verb nur 12,38 in einem Zitat von Jes 53,1 zur Begründung des Unglaubens vor, während sonst für den Offenbarungsakt φανερόω *[phanerọō]* steht (zB 1,31; 2,11; 7,4; 21,1; so auch 1Joh 1,2; 3,8; 4,9). In der Offb findet sich das Subst. nur in der Überschrift 1,1. So läßt sich zunächst feststellen, daß die Vokabeln vorwiegend von Paulus (je 13 Stellen für Verb und Subst.), in dem von ihm abhängigen 1Petr (je 3 Stellen) sowie von Mt (4mal) und Lk (6mal) gebraucht werden.

Das Subst. hat stets theol. Bedeutung; das Verb findet sich Lk 2,35 in profanem Sinn

(Offenbarwerden der Gedanken). An der Grenze des profanen Sprachgebrauches liegt die Sentenz Mt 10,26 (= Lk 12,2): Nichts ist verborgen, was nicht offenbart werden wird (ὃ οὐκ ἀποκαλυφθήσεται *[ho ouk apokalyphthæsetai]*). Dieses Herrenwort ist auch Mk 4,22 (= Lk 8,17) überliefert; hier steht aber statt ἀποκαλυφθήσεται *[apokalyphthæsetai]* ἵνα φανερωθῇ *[hina phanerōthæ]* bzw. φανερὸν γενήσεται *[phaneron genæsetai]*. Bezieht sich ἀποκαλύπτω *[apokalyptō]* auf Entfernung der Hülle, so hat das mit φῶς *[phōs]*/φαίνω *[phainō]* im Zusammenhang stehende φανερόω *[phaneroō]* die Grundbedeutung *ans Licht bringen, sichtbar machen*. Im NT geht die Bedeutung beider Worte so ineinander über, daß ebenso wie bei dem sinnverwandten → δηλόω *[dæloō]*, *kundtun*, jeder Versuch genauer begrifflicher Scheidung nur zu künstlichen Abgrenzungen führt (vgl. Röm 1,17; 3,21; 1Sam 3,21 LXX; 1Petr 1,12). Im Unterschied von LXX ist auch bei dem Verb im NT die religiös-theol. Bedeutung durchaus vorherrschend.

2) Das theol. Verständnis der nt. Offenbarung ist zunächst am Inhalt, erst in zweiter Linie am Akt und an dem Geschehen der Offenbarung orientiert. Gleichwohl muß auch dieses beachtet werden.

Schon die at. Aussagen Num 22,31; 1Sam 9,15 u. a. (s. o. II,2) machen deutlich, daß die Offenbarung ein gottgewirktes Öffnen der Augen und Ohren ist. Das ist im NT nicht anders. Dem Öffnen der Augen entspricht ein *Sichtbarwerden*, ein *Erscheinen* Gottes bzw. Christi (2Tim 1,10; Tit 2,11; 3,4), dem Öffnen des Ohres ein Reden Gottes (Hebr 1,1f). Gottes Offenbarung muß wahrnehmbar werden in der irdischen Welt. Demgemäß verkündigen die Apostel, was sie gehört und gesehen, ja was sie mit ihren Händen betastet haben (Apg 4,20; 1Joh 1,1); Inhalt dieses Schauens ist Jesus Christus, das »fleischgewordene« Wort, das »Wort des Lebens« (Joh 1,14; 1Joh 1,1); die Jünger werden selig gepriesen, weil sie hören und sehen durften, was vielen Propheten und Gerechten, die danach begehrten, versagt blieb, was selbst die Engel begehren zu schauen (Mt 13,16 par; 1Petr 1,12). Dieses → Hören und → Sehen als ein gläubiges Wahrnehmen der Herrlichkeit Gottes (Joh 11,40) wird von dem Hören und Sehen des Unglaubens unterschieden, das in Wahrheit kein Hören und Sehen ist (Jes 6,9f wird 6mal im NT angeführt!).

Das Wissen um eine neue, die bisherige überbietende Offenbarung Gottes kennzeichnet die Glaubenshaltung der nt. Christen. Die frühere, den Propheten geschenkte Offenbarung ist Hinweis auf Christus und das Evangelium (Röm 1,2; 1Petr 1,11f). Und nun liegt auf den Herzen der ungläubigen Juden, wenn sie das AT lesen, eine Decke, die nur dann weggenommen wird, wenn sie sich zu Christus bekehren (2Kor 3,14ff).

3a) In den synopt. Evgg. ist Jesus Träger göttlicher Offenbarung. Das Wort Simeons im Tempel bezeichnet ihn als φῶς εἰς ἀποκάλυψιν ἐθνῶν *[phōs eis apokalypsin ethnōn]*, als *Licht zur Offenbarung für die Völker* (Lk 2,32; vgl. Jes 42,6). Weiter tritt uns Jesus als Offenbarer in dem Wort Mt 11,25ff (= Lk 10,21f) entgegen, wo er den Vater und Herrn der Welt preist, daß er seine Offenbarung nicht den Weisen und Klugen, sondern den Unmündigen geschenkt hat; nicht die Schriftgelehrten und gesetzeskundigen Pharisäer, nicht die Hohenpriester und geistlichen Führer, sondern die »Armen im Geist«, die Fischer aus Galiläa, sind seine Jünger geworden (Mt 5,3). Ihnen bringt er die Offenbarung, die Gotteserkenntnis, die nur er vermitteln kann: »Niemand erkennt den Sohn als nur der Vater; und den Vater erkennt niemand als der Sohn und wem es der Sohn offenbaren will« (Mt 11,27 Z). Die Gotteserkenntnis des alten Bundes ist überboten, sie kann nur als Vorstufe der Erkenntnis angesehen werden, die die Offenbarung Jesu vermittelt. Kritische Bibelforschung hat das Wort weithin Jesus abgesprochen; es fügt sich aber in das Bild, das uns die Evgg. von Jesus zeichnen, ohne Schwierigkeit ein; überall begegnet uns dort die göttliche Vollmacht und das Sendungsbewußtsein (Mk 1,22.27), das sich Mt 11,25ff ausspricht.

b) Obwohl im JohEv. das Subst. fehlt und das Verb nur 12,38 in dem at. Zitat Jes 53,1 vorkommt, wird von Joh noch stärker als in den synopt. Evgg. herausgestellt, daß Jesus Mittler der göttlichen Offenbarung ist: Er ist der eingeborene Sohn, der den Vater kundgemacht hat (Joh 1,18); was er von seinem Vater gehört hat, das redet er in der Welt (Joh 3,32;

8,26; 15,15). Das Wort *offenbaren* wird aber im johanneischen Schrifttum nicht mit ἀποκαλύπτω *[apokalyptō]*, sondern mit φανερόω *[phaneroō]* (Joh 1,31; 2,11; 1Joh 1,2) und ἐμφανίζω *[emphanizō]* (Joh 14,21f) wiedergegeben. Dem entspricht die Bezeichnung Jesu als das → Licht der Welt (Joh 1,4f; 8,12 u. ö.), sowie der Nachdruck, der neben dem → Hören auf die Stimme Jesu (Joh 10,3.27) auf das → Sehen der Herrlichkeit Jesu bzw. Gottes gelegt wird (Joh 1,14; 11,40; 14,7.9).

c) Zentraler Inhalt der Offenbarung ist Christus selbst. Wer Jesus ist, hat der Vater im Himmel dem Petrus offenbart; »Fleisch und Blut« konnten ihm diese Erkenntnis nicht vermitteln (Mt 16,17). Die Jünger aber sollen das, was ihnen offenbart ist und was ihnen Jesus gesagt hat, durch ihre → Verkündigung offenbar machen (Mt 10,26f). In der Verkündigung der Jünger setzt sich also das Offenbarungsgeschehen fort; wer die Jünger hört, hört Jesus selbst (Lk 10,16). Im JohEv. verheißt Jesus seinen Jüngern den Geist der Wahrheit, der von ihm zeugen wird; er wird sie alles lehren und in die volle Wahrheit leiten (Joh 14,26; 15,26; 16,13). Das Offenbarungsgeschehen ist mit dem Erdendasein Jesu nicht abgeschlossen.

4a) Das ist wichtig zum Verständnis des Apostels Paulus. Auch er weiß sich als Träger göttlicher Offenbarung; darum hat das Wort ἀποκάλυψις *[apokalypsis]* grundlegende Bedeutung. Mit Nachdruck hebt er hervor, daß Christus durch ihn redet und wirkt (Röm 15,18; 2Kor 13,3). Von ihm hat er seinen apostolischen Auftrag empfangen (Röm 1,5), der darin begründet ist, daß er den auferstandenen Herrn gesehen hat (1Kor 9,1; 15,8). Dadurch gehört er in den Kreis der Osterzeugen und Apostel hinein (1Kor 15,11). Dieses Sehen wird von ihm als ein Offenbarungsgeschehen verstanden; Gott gefiel es, ihm seinen Sohn zu offenbaren (vgl. Joh 21,1.14 die Ostererscheinungen als Selbstoffenbarung des Auferstandenen).

In der Offenbarung des Auferstandenen ist die Autorität begründet, mit der der Apostel den von der Irrlehre bedrohten Galatern entgegentritt. Mit einem feierlichen γνωρίζω *[gnōrizō]* (*ich tue euch kund*; vgl. 1Kor 15,1) weist er darauf hin, daß er sein Ev. nicht von Menschen, sondern durch die Offenbarung Christi empfangen hat. Dieses γνωρίζω *[gnōrizō]* wird im Sprachgebrauch der LXX wie des NT von unmittelbaren Kundgebungen göttlichen Willens gebraucht (2Sam 7,21; Ps 15,11; Kol 1,27 u. ö.). Auch den Thessalonichern gegenüber betont der Apostel, daß die Botschaft, die sie von ihm empfangen haben, nicht Menschenwort, sondern Gottes Wort ist (1Thess 2,13). Und in die gleiche Richtung weist 1Kor 2,10, wo der heilige Geist als Urheber der dem Apostel geschenkten Offenbarung erscheint. Auch die Aussagen Röm 16,25; Eph 3,5 stellen den Offenbarungscharakter der apostolischen Botschaft, die mit dem Geheimnis Christi identisch ist, heraus.

Angesichts dieser Aussagen muß man urteilen, daß die Auffassung, nur die Verkündigung Jesu sei Offenbarung, die Verkündigung der Urkirche aber sei nur Hinführung zu ihr (J. Jeremias, Problem, 23f), den nt. Aussagen nicht gerecht wird. Das NT macht hier keine Unterschiede; die apostolische Botschaft wird in gleicher Weise als »Gottes Wort« bezeichnet wie das Wort Jesu (vgl. Lk 5,1; 8,21 mit 1Kor 14,26; Kol 1,25). Dieses Verständnis hatte zur Folge, daß die alte Christenheit sowohl das in den Evgg. überlieferte Wort Jesu wie auch das apostolische Schrifttum in den Kanon aufgenommen, dh als maßgebende Urkunde der göttlichen Offenbarung anerkannt hat.

b) Der Begriff ἀποκάλυψις *[apokalypsis]* ist indessen bei Paulus nicht auf die grundlegende Christusbotschaft beschränkt. Gal 2,2 berichtet der Apostel, er sei auf Grund einer Offenbarung nach Jerusalem zum »Apostelkonzil« gereist, dh er hat diese Reise auf Grund göttlicher Weisung unternommen, ohne daß wir Genaueres darüber erfahren, in welcher Form sie erteilt wurde. Wir hören weiter 2Kor 12,1ff (vgl. auch 1Kor 14,6) von »Gesichten und Offenbarungen«, die Paulus zuteil geworden sind. Handelt es sich hier um ekstatisches Erleben (→ Ekstase, Art. ἔκστασις)? In diesem Zusammenhang erwähnt der Apostel das Wort, das der erhöhte Herr ihm gesagt hat: »Laß dir an meiner Gnade genügen« (V. 9).

Diese Offenbarungen, so bedeutsam sie für das persönliche Glaubensleben des Apostels gewesen sind, müssen wir von der grundlegenden Christusoffenbarung unterscheiden. Solche Offenbarung kann auch anderen geisterfüllten Christen zuteil werden (1Kor 14,26.30; Phil 3,15). So erklärt sich die Bitte des Apostels, Gott möge den Ephesern »den Geist der Weisheit und Offenbarung, ihn zu erkennen«, schenken (Eph 1,17); denn der → Geist, der die Jünger in die ganze Wahrheit leitet, erschließt das Verständnis der Offenbarung, die ihnen im Wort Jesu und der Apostel geschenkt ist (vgl. Joh 16,13).

c) Neben der »Wortoffenbarung« steht die Tatoffenbarung Gottes. Auf sie blickt der Apostel, wenn er vom Standort des unter dem Gesetz gefangenen Menschen von der Glaubensbotschaft (πίστις *[pistis]*) redet, die offenbart werden soll; hier ist mit der Botschaft auch an ihren Inhalt, das Heilsgeschehen in Christus, gedacht (Gal 3,23). Im Evangelium enthüllt sich die große Gabe Gottes, in der das Heil beschlossen ist, die »Gottesgerechtigkeit«, durch die der sündige Mensch gerechtfertigt wird (Röm 1,17; vgl. 3,21).

Dieser Offenbarung steht freilich eine andere gegenüber: die Offenbarung des Zornes Gottes, die über die sündige Menschheit ergeht und sie immer mehr in die Sünde versinken läßt (Röm 1,18ff); »am Tage des Zorns und der Offenbarung des gerechten Gerichtes Gottes« wird sie in ihrer ganzen Schwere die Unbußfertigen treffen (Röm 2,5). Auch 1Kor 3,13 redet vom »Feuer«, das am Tage des Herrn offenbar werden wird; hier scheint indes nicht nur an das Feuer des Gerichtes, sondern auch an ein Läuterungsfeuer gedacht zu sein. Voraufgehen aber wird dem Tag Christi (2Thess 2,2) die Offenbarung der antichristl. Macht, die vom Heiligtum Gottes Besitz ergreift; sie wird der Herr durch die Erscheinung seiner Ankunft (→ Gegenwart, Art. παρουσία) vernichten (2Thess 2,3.6.8).

Diese Ankunft ist der Tag der Offenbarung Christi, an dem er in der Fülle seiner Macht erscheint (1Kor 1,7; 2Thess 1,7). Mit ihr verbunden ist die »Offenbarung der Söhne Gottes«, ihrer himmlischen δόξα *[doxa]* (→ *Ehre*), die sie die Leiden der Zeit vergessen läßt (Röm 8,18f). Auch der 1Petr hat, abgesehen von 1,12, die Endoffenbarung im Blick, so oft er unsere Begriffe verwendet: die Offenbarung Christi ist die Offenbarung seiner Herrlichkeit, an der auch die Christen, die jetzt durch Leiden und mannigfache Anfechtungen geführt werden, Anteil haben werden; darum sollen sie auf dieses Heil und diese Gnade ihre ganze Hoffnung setzen (1Petr 1,5ff.13; 4,13; 5,1).

Solche ἀποκάλυψις *[apokalypsis]* ist auch das große Thema der Offb (1,1), die ihre Zukunftsschau in die Bitte »Amen, ja komm, Herr Jesu« (22,20) ausklingen läßt; wir sehen, daß die Hoffnung auf diese ewige Zukunft für den christl. Offenbarungsglauben unaufgebbar ist.

W. Mundle

δηλόω *[dælọō]* kundtun, offenbaren · δῆλος *[dælos]* offenbar

δηλόω

I δηλόω *[dælọō]*, von δῆλος *[dælos]*, *offenbar*, ist seit dem 5. Jh. vChr (Aischyl., Hdt.) belegt und heißt *kundtun, offenbar machen, anzeigen*. Das Wort hat zunächst profanen Sinn und wird so auch in LXX gebraucht (Jos 4,7; Tob 10,8). In der stoischen Philosophie gewinnt es die Bedeutung *deuten, erklären*. Hell. Schriftsteller wie Paus., Ael. Arist. (2. Jh. nChr) verwenden das Verb für die Kundmachung göttlicher Geheimnisse; dem entspricht der christl. Sprachgebrauch in Herm mand 4,3,3 u. ö., wo, ähnlich wie im 8. Buch Mose, einem Leidener Zauberpapyrus, ein Engel die göttliche Offenbarung kundtut. Genaue Abgrenzung vom Sprachgebrauch sinnverwandter Wörter wie → ἀποκαλύπτω *[apokalyptō]*, ἐμφανίζω *[emphanizō]* und φανερόω *[phanerọō]* ist nicht möglich.

II In der LXX ist δηλόω *[dælọō]* vornehmlich Bezeichnung für die göttliche Offenbarung. Das zugrundeliegende hebr. Äquivalent ist zumeist *jādā'* (hif.), *erkennen lassen*; so wird deutlich, daß die Offenbarung eine Wissensmitteilung einschließt (→ Erkenntnis, Art. γινώσκω). Gott offenbart seinen Namen (Ex 6,3), seine Absichten (Ex 33,12), seine Wege (1Kön 8,36; 2Chr 6,27), seine Geheimnisse (Ps 50[51],8; Dan 2,28.29.30), seinen Bund (Ps 24[25],8). δηλόω *[dælọō]* kann aber auch die Offenbarung von Gottes Macht (Jer 16,21) und Herrlichkeit (2Makk 2,8) bezeichnen. Sehr häufig findet sich das Wort in Dan 2 (14mal von insgesamt 38 Stellen), zuweilen in dem Sinn von *erklären, deuten* (Dan 2,5ff; 7,16); doch ist hier nicht an allegorische Textinterpretation wie in der Stoa, sondern an die Deutung von Träumen gedacht.

III Im NT ist der seltene Gebrauch von δηλόω *[dælọō]* auf je 2 Stellen in 1Kor und Hebr sowie je eine in Kol und 1 und 2Petr beschränkt, wozu noch 3mal das Adj. kommt. Den profanen Sinn des Kundtuns hat das Verb 1Kor 1,11; Kol 1,8; in ähnlichem Sinn steht Mt 26,73 δῆλον ποιεῖν *[dælon poiẹin]*. Profan ist auch die Wendung δῆλον ὅτι *[dælon họti]*, *es ist offenbar, daß* . . . (1Kor 15,27; Gal 3,11; 1Tim 6,7 v. l.). In die Sphäre des Glaubens führt 1Petr 1,11; dort ist gesagt, daß die Propheten erforschten, auf welche Zeit der in ihnen wirkende Geist hinwies, der ihnen die Leiden Christi und die darauf folgende Herrlichkeit bezeugte. Nach 2Petr 1,14 hat der Herr dem Petrus die Nähe seines Endes offenbart. Im Hebr wird δηλόω *[dælọō]* von der geistlichen Deutung des AT gebraucht: Nach 9,8 macht der heilige Geist offenbar, daß der Weg zum Heiligtum noch nicht sichtbar geworden ist, solange das erste Zelt (Stiftshütte) Bestand hatte, und daß erst Christus als der Hohepriester der künftigen Güter (V. 11) die Vollendung gebracht hat. Hebr 12,27 bringt eine geistliche Deutung der Stelle Hag 2,6. Die Erschütterung, von der hier die Rede ist und die noch einmal erfolgen soll, ist ein Hinweis auf das unvergängliche → Reich, das der Vergänglichkeit des Geschaffenen nicht unterliegt. — 1Kor 3,13 schließlich handelt von der Endoffenbarung des Gerichtstages, der die Probehaltigkeit der menschlichen Werke »im Feuer« offenbar machen wird. Hier drückt δηλόω *[dælọō]* nicht eine Erkenntnismitteilung aus, sondern die eschatologische Tatoffenbarung Gottes. *W. Mundle*

ἐπιφάνεια

ἐπιφάνεια *[epiphạneia]* Erscheinung, Offenbarung · ἐπιφαίνω *[epiphạinō]* sich zeigen, erscheinen, leuchten · ἐπιφανής *[epiphanæs]* gewaltig, herrlich, furchtbar

I 1) ἐπιφάνεια *[epiphạneia]*, abgeleitet von φαίνω *[phạinō]*, *erscheinen* (vgl. φῶς *[phōs]*, → Licht), belegt seit dem 4. Jh. vChr (bei den Vorsokratikern nur in späterem Referat), bedeutet urspr. a) das rein *äußerliche Erscheinen* bzw. die *Erscheinungsweise*; so Polyb.: »die drei (sichtbaren) Seiten einer Stadt«; vgl. auch Apg 27,20. Analog der Bedeutung *glänzend* für das verwandte, seit Pindar belegte ἐπιφανής *[epiphanæs]* wird gleichzeitig die übertragene Bedeutung entwickelt: b) das *glänzende Aussehen*, dh *Ansehen*, *Glanz*, *Würde* (Pseudo-Plato Alc I). Da bereits um 350 vChr (Isaeos v. Chalkis) das c) *Aufsehen*, das eine Person oder Sache erregt, mit ἐπιφάνεια *[epiphạneia]* ausgedrückt werden kann, ist es nicht verwunderlich, daß zZt Jesu der Begriff fast zum term. techn. des d) *hilfebringenden Erscheinens* der sonst verborgenen Gottheit geworden ist (Dibelius).

2a) Da sich die Gottheit vornehmlich im Tempel zeigt, ist der ganze erzählende Teil der Tempelchronik von Lindos (Anfang des 1. Jh. vChr) mit ἐπιφάνειαι *[epiphạneiai]* überschrieben. Die Epiphanie eines Gottes wird im Kultus gefeiert als Fest seiner Geburt, seines Regierungsantritts, eines einzelnen von ihm bewirkten Wunders (vgl. damit die Beziehung des christl. Epiphanienfestes auf Lk 2 und Mt 2, auf die Taufe, auf das Wunder zu Kana) oder als Fest seiner Rückkehr aus fremdem Land (Pfister). Sie wird nicht nur im persönlichen Erscheinen der Gottheit erlebt, sondern auch in außerordentlichen Begebenheiten, die Macht und Vorsehung der Gottheit offenbaren (Diod S, Plut. u. ö.). ἐπιφάνεια *[epiphạneia]* bezeichnet also das *Erscheinen der Gottheit* weniger im Mythos als in geschichtlichen Ereignissen.

b) Wird ἐπιφάνεια *[epiphạneia]* zur Beschreibung des machtvollen Eingreifens der Götter benutzt, so wendet der sich als Gottkönig fühlende Herrscher das Adj. ἐπιφανής *[epiphanæs]* konsequenterweise auf sich an (Antiochus Epiphanes 1Makk 1,10 u. ö.; vgl. auch Caesars Titel: τὸν ἀπὸ Ἄρεως καὶ Ἀφροδείτης θεὸν ἐπιφανῆ καὶ . . . σωτῆρα *[ton apọ Areōs kai Aphrodeịtæs theọn epiphanæ kai . . . sōtæra]*, *der von Ares und Aphrodite abstammende gewaltige Gott und . . . Heiland*; Dittenberger, Syll. II,760,6f).

II 1) In LXX begegnet ἐπιφαίνω *[epiphạinō]* hauptsächlich als Übers. des hebr. *'ōr* (hif.), *leuchten lassen*. So im aaronitischen Segen (Num 6,25) und daran anknüpfenden Stellen (Ps 31,17; 67,2; 80,4.8.20; 118,27). Daneben wird aber auch *gālāh* (nif.), *sich zeigen* (Gen 35,7; Ez 39,28), *zārach*, *aufstrahlen* (Dtn 33,2), und *matsā'* (nif.), *sich finden lassen* (Jer 29,14), mit ἐπιφαίνω *[epiphạinō]* wiedergegeben. Immer jedoch ist das herrliche, helfende und erlösende Eintreten Jahwes für sein Volk im Sinne at. Theophanie gemeint.

2) ἐπιφανής *[epiphanæs]* ist in LXX die Wiedergabe des hebr. *nōrā'* (Part. nif. von *jārē'*), *furchtbar* (Ri 13,6; Jo 2,11; 3,4; Hab 1,7; Mal 1,14; 3,23). Der Plur. *nōra'ōth* wird (nur 2Sam 7,23!) mit ἐπιφάνειαι *[epiphạneiai]*, die *furchterregenden Taten Gottes*, übersetzt. Offenbar hat LXX Deri-

vate von *jārē'* mit Derivaten von *ra'ah, sehen* (oder sogar *'or, leuchten?*) verwechselt und so in den antiken Epiphaniebegriff das Element des Furchtbaren eingetragen. Das wird deutlich, wenn der erwartete »große« und »furchtbare« Tag des Herrn (Jo 2,11; 3,4; Mal 3,23) mit μεγάλη *[megalæ]* und ἐπιφανής *[epiphanæs]* übers. wird. Apg 2,20 greift Jo 2,11 auf. Der Zürcher Text übers. aber hier ἐπιφανής *[epiphanæs]* mit *herrlich*: *Furchtbar* ist der kommende Gerichtstag für den zu Strafenden, *herrlich* für den zu Rettenden. Entsprechend übers. LXX *nōra'ōth* auch mit τὰ ἔνδοξα *[ta endoxa]* (Dtn 10,21; Jes 64,2), die *herrlichen Taten*, oder – am korrektesten – mit τὰ φοβερά *[ta phobera]* (Ps 106,22; 145,6 u. ö.), die *furchtbaren Taten.*

Dadurch daß LXX in den Epiphaniebegriff das Element des Furchtbaren eintrug, können, wenn die Erscheinung Gottes als ein eschatologisches Geschehen erwartet wird, nun auch Worte dieser Begriffsgruppe für die Bezeichnung des doppelten Ausgangs der Heilsgeschichte verwendet werden (s. III,1).

3) Die Wortgruppe findet sich bes. 2Makk. ἐπιφαίνω *[epiphainō]* dient hier zur Bezeichnung des helfenden Eingreifens Gottes (2Makk 3,24; 14,15; bes. 15,27) im Sinne at. Theophaniegeschehens. Auf at. Sprachgebrauch – entsprechend Num 6,25 – gehen 3Makk 2,19; 6,4.9 zurück (vgl. II,1). Andererseits kann auch ἐπιφαίνω *[epiphainō]* im Sinne von I,1a auf die Truppe des Judas Makkabäus bezogen werden. Das Adj. ἐπιφανής *[epiphanæs]* kann sowohl den »Herrn« (2Makk 15,34; 3Makk 5,35), den Gott Israels, als auch das Heiligtum des Dionysos bezeichnen (2Makk 14,33). – Bei Jos. findet sich ebenfalls die in I,2b genannte Bedeutung (Jos. Ant. 1,255; 2,339; 3,310 u. ö.).

Wenn 2Thess und Pastoralbriefe nachapostolische Schreiben sind (Wrede, Knopf, Jülicher, Bultmann, Bornkamm u. a.), taucht das Wort ἐπιφάνεια *[epiphaneia]* im NT erst spät auf, und zwar in zweifacher Bedeutung für die sichtbare Erscheinung Jesu Christi auf Erden: III

1) in Bezug auf die Erscheinung des Herrn am Ende der Geschichte: nach dem in der Sprache spätjüd. Apokalyptik gehaltenen Abschnitt 2Thess 2,1–12 geht der sichtbaren Erscheinung des Kyrios die Ankunft des »Menschen der Gesetzesfeindschaft« (→ Antichrist) voraus. Dieser wirkt zwar schon jetzt (2,7), wird aber noch durch eine nicht näher bezeichnete Macht an seiner Parusie gehindert (2,6.7); der Kyrios wird ihn τῇ ἐπιφανείᾳ τῆς παρουσίας *[tæ epiphaneia tæs parousias]*, *bei der Erscheinung seiner Wiederkunft* (2,8) vernichten. ἐπιφάνεια *[epiphaneia]* und παρουσία *[parousia]* sind hier in plerophorem Sinn als Hendiadyoin zu verstehen, wobei ἐπιφάνεια *[epiphaneia]* stärker die *machtvolle Wirksamkeit*, das Handeln des wiederkehrenden Christus betont, während παρουσία *[parousia]* stärker sein *Wiederdasein* bezeichnet. Entscheidend bei des Herren Wiederkommen ist das, was er dann tun wird! Sein *Erscheinen*, sein Gericht und die eschatologische Aufrichtung seiner Herrschaft (→ Reich Gottes) gehören unauflöslich zusammen. Der erwartete Gerichtstag des Herrn wird furchtbar und herrlich zugleich sein. So übersetzt Z ἐπιφανής *[epiphanæs]* in Jo 2,31 (L: 3,4) mit »furchtbar« und in der Zitation dieses Satzes in Apg 2,20 mit »herrlich«. Weil es eine doppelte Möglichkeit des Ausgangs der Heilsgeschichte gibt, muß der durchzustehende Glaubenskampf als Bewährung betont werden (1Tim 6,12 vor 6,14). Wer sich bewährt, gehört zu denen, die des Herrn ebenso machtvolles wie klärendes Eingreifen und also »sein Erscheinen lieb gewonnen haben« (2Tim 4,8). Daß die Bezeichnung der Wiederkehr Christi mit ἐπιφάνεια *[epiphaneia]* den Akzent auf sein machtvolles Handeln legt, geht schließlich daraus hervor, daß der Kyrios im Zusammenhang mit der Erwähnung seiner erwarteten Epiphanie geradezu Gott genannt werden kann (Tit 2,13), obwohl das NT mit diesem Titel für Jesus Christus noch sehr zurückhaltend ist.

2) Nach dem in I,2b erwähnten Gebrauch des Wortes ist es nicht erstaunlich, daß die Christen ἐπιφάνεια *[epiphaneia]* auch auf die sichtbare irdische Erscheinung ihres Retters Jesus Christus bezogen (2Tim 1,10 und später Just. Ap. I,14.3 und 40,1).

ἐπιφαίνω *[epiphainō]* wird – von Apg 27,20 abgesehen – im NT sogar nur auf Jesu *irdische Erscheinung*, sei es vorausblickend (Lk 1,79) oder zurückblickend (Tit 2,11; 3,4), angewendet. In der Knechtsgestalt Jesu (vgl. Lk 1,79 mit 2,1–20) Gottes machtvolle Offenbarung leuchten zu sehen, ist nicht Urteil der Vernunft, sondern ausschließlich des Glaubens, denn »außerhalb des Glaubens ist die Offenbarung Gottes nicht sichtbar« (Bultmann).

3) Der nicht mehr und noch nicht sichtbare, aber als gegenwärtig wirkend geglaubte Herr kann von der Urgemeinde um sein Sich-Offenbaren gebeten werden (1Clem 59,4 und

60,3; vgl. Num 6,25; ferner 1Kor 16,22; Offb 22,20), wobei nicht an ein Sehen, sondern an ein hilfebringendes Eingreifen und glaubenstärkendes Gewißwerden seiner Nähe gedacht wird (vgl. I,1d).

4) In prägnanter Verwendung findet sich die Begriffsgruppe in der Bibel nur im Zusammenhang mit der Offenbarung Jahwes im AT und der Jesu Christi im NT. Wer im biblischen Sinn von Gottes Offenbarung reden will, muß also von Jesus Christus reden. Im Zusammenhang mit der Schöpfung wird die Wortgruppe nie gebraucht! Der Akzent des mit ἐπιφάνεια *[epiphạneia]* wiedergegebenen Offenbarungsgeschehens liegt auf dem *pro-me*-Charakter von Gottes Offenbarung. Die Wortgruppe gehört daher nicht in eine geschichtsunabhängige Erkenntnistheorie, sondern in die nt. Soteriologie. Angesichts von Gottes Offenbarung in Jesus Christus ist die Erweiterung des Wissens unerheblich gegenüber der Rettung aus Blindheit, Orientierungslosigkeit und Verlorenheit. Der machtvolle, rettende Eingriff Gottes durch das Erscheinen Jesu Christi i s t geschehen und w i r d geschehen. So werden wir auf die eschatologische Spannung des Schon-versöhnt-aber-noch-nicht-erlöst-Seins verwiesen, und also auf die → Hoffnung. *B. Gärtner*

V ZUR VERKÜNDIGUNG

Der Begriff »Offenbarung« meint seinem Ursprung und seiner Wortgeschichte nach das Aufgedeckt-Bekommen von etwas bisher Verborgenem oder Unbekanntem, das aber nicht nur zur abständlichen Betrachtung oder bloßen Kenntnisnahme mitgeteilt wird, sondern seinen Empfänger in Anspruch nimmt: »Offenbarung ist nie bloß Mitteilung eines Wissens, sondern lebenspendende und lebenumschaffende Gemeinschaft« (E. Brunner, Die christl. Lehre von Gott, 24).

Da der Begriff in der christl. Verkündigung immer Gott zum Subjekt hat, geht seine Verwendung davon aus, daß menschliches Leben nicht aus sich selbst bzw. seinen welthaften Voraussetzungen vollständig erklärbar ist, sondern Sinngebung und Existenzerhellung wesentlich aus seinem Gegenüber zu Gott erhält. Wenn christl. → Glaube nichts anderes wäre als ein bestimmtes Welt- und Selbstverständnis (K. Marx: »Die Religion ist die allgemeine Theorie dieser Welt, ihre Logik in populärer Form ...«), dann hätte der Offenbarungsbegriff tatsächlich lediglich die Funktion, etwas durchaus Menschliches für den unmündigen Menschen mit der Gloriole des Transzendenten zu umgeben, um so den Herrschaftsanspruch religiöser Führer, sozialer Gruppen oder gesellschaftlicher Systeme ideologisch zu unterbauen bzw. zu überhöhen. Hier hat nicht nur jene Kritik ihren Ansatzpunkt, die jeden nicht objektiv-rationaler Nachprüfbarkeit – zB mit anthropologischen, psychologischen oder soziologischen Kategorien – unterliegenden Anspruch als unzumutbar ablehnt. Hier scheint auch die Wurzel dafür zu liegen, daß unter der Devise der »intellektuellen Redlichkeit« die christl. Verkündigung selbst oft nicht mehr wagt, von Gott und in seinem Namen zu sprechen. Hinter der Frage nach der Möglichkeit oder Unmöglichkeit von Offenbarung steht der Zweifel an der Wirklichkeit Gottes als eines fordernden Gegenübers des Menschen.

Nun kann in diesem Zusammenhang die Frage nach dem Verhältnis der Offenbarung zur menschlichen → Vernunft nicht abgehandelt werden: sie läßt sich jedenfalls nicht durch eine ausschließende Alternative beantworten. Auch die Problematik des Offenbarungsanspruches anderer Religionen muß ebenso ausgeklammert bleiben wie die begrifflichen Unterscheidungen zwischen allgemeiner und spezieller Offenbarung, Uroffenbarung und Naturoffenbarung. Nicht nur, weil sie in das Feld systematischer Theol. gehören, sondern vor allem deshalb, weil im NT der Offenbarungsbegriff dadurch eine eindeutige Zuspitzung erfahren hat, daß Jesus von Nazareth als der Offenbarer bzw. die Offenbarung Gottes geglaubt und verkündigt wird. Das will sagen, daß in der Begegnung mit diesem Jesus, seinem Wort und Wirken sich dem Menschen Gottes Wahrheit und Gottes Handeln, Gottes Wesen und Wille so erschließt, daß ihm damit zugleich ein Orientierungspunkt für die Entscheidungen seines eigenen Lebens und das Geschehen um ihn gegeben wird. Solches schon im AT bezeugte Eingreifen Gottes in die menschliche Geschichte gibt nicht allg. Wahrheiten bekannt, sondern ist Ausdruck seines von Gericht und Gnade bestimmten, auf Gehorsam und Rettung gerichteten Handelns auf den Menschen hin. Dieses Handeln ist in Jesus in einem qualifizierten Sinne Geschichte geworden; es will sich geschichtlich vollenden, indem es Menschen heute einbezieht.

Freilich, das Geheimnis des Offenbarungsgeschehens ist zugleich sein Ärgernis, das nicht ausgeräumt werden kann: Es kann nur da erfahren und bezeugt werden, wo eben die Begegnung mit der Wahrheit sich schon ereignet hat: »Hier geht es um eine Wirklichkeit, von der nur der etwas weiß, der existentiell an ihr teilhat, der sie selber mit vollzieht« (Gollwitzer, Gottes Offenbarung, 16). Kann man dann aber überhaupt von ihr reden wie von einsehbaren, beweisbaren, allgemein-gültigen Fakten? Müßte es sich der Zeuge Christi nicht geradezu versagen, seine Botschaft durch Hinweis auf deren Offenbarungscharakter glaubwürdiger machen zu wollen? Was im Hinblick auf die gesellschaftliche Absicherung der → Kirche gilt, gilt hier auch im Blick auf die philosophische oder metaphysische Absicherung ihrer → Verkündigung. Oder haben wir nicht mehr das Vertrauen, daß da, wo das Zeugnis von diesem Jesus gerade in aller Schwachheit und Menschlichkeit, frei von der Meinung, unsererseits etwas Durchschlagendes in den Händen zu haben, ausgerichtet wird, sich eben in solcher Verkündigung Offenbarung ereignet, die anderen Menschen Erkenntnis und Gewißheit dieses Gottes und ihres Heils schenkt? *L. Coenen*

Lit.: RBultmann, Der Begriff der Offenbarung im NT, Samml. gemeinverständl. Vorträge, 1929, Bd. 135, 1ff (= Glauben u. Verstehen III, 1965³, 1ff) – ders., Art. δηλόω, ThWb II, 1935, 60ff – WMundle, Das Problem der Offenbarung bei Paulus, Dt. Pfarrerbl. 1938, 567ff – AOepke, Art. καλύπτω etc., ThWb III, 1938, 558ff – RBultmann, Die Frage der natürlichen Offenbarung, in: Offenbarung und Heilsgeschehen, 1941, 3ff (= Glaube und Verstehen II, 1965⁵, 79ff) – MAlbertz, Die Botschaft des NT I, 1947, 16ff – KBarth, Das christl. Verständnis der Offenbarung, ThExh NF 12, 1948 – HSchulte, Der Begriff der Offenbarung im NT, BEvTh 13, 1949 – GGloege, Offenbarung und Überlieferung, ThLZ 79, 1954, Sp. 213ff – HKahlefeld, Die Epiphanie des Erlösers im Johannesevangelium, 1954, 83 – WSchmauch, Orte der Offenbarung und der Offenbarungsort im NT, 1956 – OBetz, Offenbarung und Schriftforschung in der Qumransekte, 1960 – CMEdsmann/WEichrodt/ELDietrich/LRichter/GGloege, Art. Offenbarung, RGG IV, 1960³, 1597ff – HHaag, »Offenbarung« in der hebr. Bibel, ThZ 16, 1960, 251ff – PAlthaus, Offenbarung als Geschichte und Glaube, ThLZ 87, 1962, 321ff – HBenkert, Art. Offenbarung, EKL II, 1962², 1652ff – RRendtorff, Geschichte und Wort im AT, EvTh 22, 1962, 621ff – WZimmerli, »Offenbarung« im AT, EvTh 22, 1962, 15ff – WPannenberg/R und TRendtorff/UWilkens, Offenbarung als Geschichte, Bh. 1 zu KuD, 1963² – RSchnackenburg, Zum Offenbarungsgedanken in der Bibel, BZ NF 7, 1963, 1ff – HFries, Art. Offenbarung, LThK VIII, 1964², 1106ff – WMundle, Jesus Christus, die Mitte des neutestamentlichen Zeugnisses von der Offenbarung, Luth. Rundblick 12, 1964, 114ff – Jörg Jeremias, Theophanie. Die Geschichte einer alttestamentlichen Gattung, 1965 – Joachim Jeremias, Das Poblem des historischen Jesus, 1965⁵, 23f – DLührmann, Das Offenbarungsverständnis bei Paulus und in paulinischen Gemeinden, WMANT 16, 1965 – HGollwitzer, Gottes Offenbarung und unsere Vorstellung von Gott, 1965³ – MDibelius, Die Pastoralbriefe, HNT 13, 1966⁴ (Exk. z. 2Tim 1,10) – RSchnackenburg, Offenbarung und Glaube im Johannes-Evangelium, BuL 7, 1966, 270ff – FBaumgärtel, Das Offenbarungszeugnis des Alten Testaments, ZThK 64, 1967, 393ff – JSchniewind, Das Evangelium nach Matthäus, NTD 2, 1968¹², 148ff – JMoltmann, Theologie der Hoffnung, 1969⁸ (Kap. 1) – DLührmann, Epiphaneia, in: Tradition und Glaube, Festschr. KGKuhn, hrsg. v. GJeremias u. a., 1971, 185ff.

Opfer

Das *Opfer*, zum Wesen aller kultischen Religionen gehörig, ist eine rituelle Handlung, um unsichtbare Kräfte zu beeinflussen. Es soll deren unheilvolle Wirkungen unschädlich machen, indem man ihnen Genugtuung bietet, und positive Segnungen erwirken. Der allg. Sinn des Opfers läßt sich am ehesten mit der antiken röm. Formel *»do ut des«* (ich gebe, damit du gibst) charakterisieren (van der Leeuw). Der israelitische Opferkult ist allerdings durch den vorgegebenen Rahmen des Bundesverhältnisses (→ Bund) bestimmt und begrenzt. Im NT spielt der Opfergedanke nur noch zur Interpretation des → Todes Jesu eine gewisse Rolle, während er sonst – wie meist in der Spätantike – lediglich in bildlicher bzw. ethischer Umprägung begegnet. Der im Griechentum allg. gebräuchliche Opferterminus ist θυσία *(thysia)*. Die Sonderform der »Erstlingsgabe« (ἀπαρχή *(aparchæ)*) wird aus sprachlichen und sachlichen Gründen in einem gesonderten Artikel verhandelt.

→ Gabe; → Herrenmahl; → Kreuz; → Tod

ἀπαρχή

ἀπαρχή *(aparchæ)* Erstlingsgabe, Abgabe, Gabe

I ἀπαρχή *(aparchæ)*, seit Soph. und Hdt., ist ein term. techn. der Opfersprache und bezeichnet die *Erstlingsfrucht* jeder Art (zB von Naturalien, Viehherden), die der Gottheit heilig war und ihr geweiht werden mußte, bevor das Ganze dem profanen Gebrauch überlassen werden durfte (Hdt. I,92). In religiösem Zusammenhang ist gelegentlich auch von der Darbringung einzelner Menschen oder ganzer Gruppen als ἀπαρχή *(aparchæ)* für die Gottheit die Rede (Plut. Pyth. Or. 16; Quaest. Graec. 35). Dabei handelt es sich meistens um die Weihung von Menschen zum lebenslänglichen Dienst am Heiligtum (ἱερόδουλοι *(hierodouloi)*, *Tempelsklaven*). Später erweitert sich die Bedeutung von ἀπαρχή *(aparchæ)* zur *regelmäßigen (profanen) Abgabe*, zB an den Staat als Erbschaftssteuer (vgl. Jos. Ant. 16,172).

II In LXX übers. ἀπαρχή *(aparchæ)* zunächst hebr. *rēschit* und meint damit die *Erstlingsgabe* von Naturalien (Wein, Getreide), die man Jahwe als dem Spender der Fruchtbarkeit weiht (Num 18,12; Dtn 18,4; 26,2.10; 2Chr 31,5). Am häufigsten gibt ἀπαρχή *(aparchæ)* hebr. *terumāh* wieder, das die *Naturalien-* oder die *finanzielle Abgabe* an den Kult, für Priester und Leviten, bezeichnet (Ex 25,2f; Dtn 12,11.17; 2Chr 31,10.12), die ebenfalls als Dankesgabe an Jahwe verstanden wird. Diese Kultpraxis wird von dem israelitischen Schöpfungsglauben getragen, daß Jahwe Geber und Eigentümer des menschlichen, tierischen und pflanzlichen Lebens ist und ihm deshalb die Erstlingsgabe allen Lebens zu eigen ist (Num 18,15 LXX: πρωτότοκος *(prōtotokos)*, *Erstgeburt*; Ex 23,19).

III Im NT kommt ἀπαρχή *(aparchæ)* nur 9mal vor, davon 6mal bei Paulus.

1) Röm 11,16 greift auf Num 15,20f zurück. Während aber dort nur die Erstlingsgabe des Brotes für Jahwe geweiht, das übrige Brot jedoch den Israeliten zur profanen Verwendung freigegeben wurde, zieht Paulus aus dem Beispiel den gegenteiligen Schluß. In Analogie zu dem Wurzel-Zweig-Gleichnis folgert er, daß das geweihte Erstlingsbrot auch den ganzen übrigen Teig weiht. Mit diesem eigenartigen, für rabb. Denken aber nicht ungewöhnlichen Beispiel will Paulus zum Ausdruck bringen, daß die Erstlingsfrüchte Israels, der Glaube der Väter (zB Abrahams, vgl. Röm 11,28), die heilsgeschichtliche Rolle des ganzen Volkes verbürgen.

2) Ebenfalls übertragene Bedeutung hat ἀπαρχή *(aparchæ)*, wenn Paulus Röm 16,5 Epainetos die Erstlingsgabe der Provinz Asia für Christus nennt und 1Kor 16,15 das Haus des Stephanus als Erstlingsgabe Achaias bezeichnet: sie sind die ersten Christen der missionierten Provinzen (vgl. auch die textkritisch unsichere Stelle 2Thess 2,13). Noch allgemeiner spricht Jak 1,18 die Christen als Erstlingsfrucht der Geschöpfe Gottes an: Sie sind die Vorhut der neuen Schöpfung (vgl. die entsprechende Aussage bei Philo Spec. Leg. 4,180 vom jüd. Volk). Schließlich gelten in der Offb (14,4) die berühmten 144000 als Erstlingsfrucht der ganzen Menschheit für Gott und das Lamm.

3) Röm 8,23 kehrt das Verhältnis von Geber und Empfänger um: Nicht Gott, sondern die Christen sind die Empfänger der Erstlingsgabe (dh ersten Gabe) des göttlichen Geistes, die sie auf die volle Sohnschaft und Erlösung des Leibes (als zweiter Gabe) hoffen läßt. Noch stärker ist 1Kor 15,20.23 die urspr. Bedeutung von ἀπαρχή *(aparchæ)* zu einer zeitlichen Bestimmung verblaßt (im Sinn von πρῶτος *(prōtos)*): Christus ist als Erstling (dh → Erster) von den Toten auferweckt worden; damit hat die endzeitliche Auferstehung der Toten begonnen. Weil Christus auferstanden ist, werden die Seinen auch auferstehen.

H.-G. Link

θύω

θύω *[thyō]* opfern · θυσία *[thysia]* Opferhandlung, Opfergabe · θυσιαστήριον *[thysiastærion]* Altar · προσφορά *[prosphora]* das Darbringen; Opfergabe

1) θύω *[thyō]* (seit Hom.) hat im Profangriech. die Grundbedeutung *opfern*, urspr. im Zusammenhang mit dem Rauchopfer *räuchern*, und zwar in aktivischer Form *ein Rauch-* bzw. *ein Brandopfer darbringen* (Hom. Il. 9,219; Xenoph. Cyrop. 8,7,3). Weil man im Kult Opfertiere oder Teile von ihnen, häufig auch Menschen, verbrannte, erhielt θύω *[thyō]* auch die Bedeutung *schlachten* zu kultischem Zweck (Hdt. I,216; Eurip. Iph. Taur. 621). Das Subst. θυσία *[thysia]* (seit Pindar) bezeichnet die *Opferhandlung* wie auch das *Opfertier* oder eine andersartige *Opfergabe* (Hdt. IV 60; Thuk. VIII 70). I

2) προσφορά *[prosphora]* meint urspr. das *Darbringen von Opfergaben*, dann speziell das Speisopfer, bes. in Form der Getreidegabe. Diesem seit Soph. belegten Ausdruck eignet das Merkmal geschenkweiser Darbringung zu völliger Hingabe an die Gottheit im Kultakt (Platon, Aristot., Theophr. Char. 30,19).

1) Das AT läßt an vielen Stellen die weitreichende Bedeutung erkennen, die das Opfer für Israel gewann. Die wichtigsten Quellen sind der kultische Dekalog (Ex 34), das Bundesbuch (Ex 20,22–23, 33), das Deuteronomium (Kap. 12–26), der Schlußteil des Buches Ez (Kap. 40–48) und die Priesterschrift (bes. von Ex 24 – Num 10). Es überrascht, daß sich im AT weder eine einheitlich festgelegte Opferidee noch ein das Ganze umfassender Opferbegriff findet. Zudem erwuchsen die meisten at. Opferriten nicht original aus dem Jahweglauben (v. Rad, Theol. I,251), sondern entfalteten sich zT in Auseinandersetzung mit benachbarten heidnischen, speziell kanaanäischen Kulten (vgl. Lev 20,2ff; Dtn 18). So müssen die at. Opferordnungen (zB Lev 1–7) als das Ergebnis einer komplizierten und sich über lange Zeit hinziehenden Entwicklung gelten. II

2) Opfer sind lokalisiert bei einer Kultstätte, dem A l t a r (hebr. *mizbēach*, urspr. *Schlachtstätte*). Zuerst in LXX (419mal) begegnet hierfür das Subst. θυσιαστήριον *[thysiastærion]*, *Opfertisch*, das auf die jüd. und christl. Lit. beschränkt bleibt und nur den »Altar des Gottes der Bibel« (Behm, ThWb III,182) im Gegensatz zu Altären fremder Götter meint.

Solche Altäre bestehen urspr. aus Erde (Ex 20,24), dann aus unbehauenen Felsblöcken (1Kön 18,31ff), später aus Akazienholz mit Kupfer- bzw. Bronzeüberzug oder sogar Goldverkleidung (Ex 30,1ff; 1Kön 8,64). Ihre Form ist seit dem Exil genau vorgeschrieben (Ex 27,1–8; Ez 43,13–17). Auf den Altar wird das Opfer niedergelegt, geschlachtet und verbrannt (vgl. Zimmerli, Ezechiel, 1089ff).

3) Das AT kennt verschiedene A r t e n von Opfern, die nach Anlaß und Gabeform benannt werden: Schlacht- und Gemeinschaftsopfer (hebr. *zæbach*, LXX: θυσία *[thysia]*); Heilsopfer (hebr. *schælæm*); Brand- oder Ganzopfer (hebr. *'ōlah*); Speiseopfer (hebr. *minchah*); Dank- oder Lobopfer (hebr. *tōdah*); Sünd- und Schuldopfer (hebr. *chat'āt* bzw. *'āschām*).

4) Der S i n n des at. Opfers läßt sich dreifach charakterisieren:

a) als Pflege der Gemeinschaft unter den Opfernden und mit Gott, der als Mahlgenosse anwesend gedacht wird. Diese Opferkommunion schützt vor Dämonen etc. und bewirkt ein Solidaritätsverhältnis unter den Teilnehmern (zB Ex 24,9ff; Dtn 12,5ff; Ps 95,6f);

b) als Gabe des Menschen an Gott (Gen 28,18; 1Sam 6,14f). Ob sie Gott »wohlgefällig« ist oder nicht (Gen 4,4f), entschied in späterer Zeit der → Priester als Mund Jahwes (Lev 22; Jer 14,12);

c) als Wiederherstellung des gestörten Bundesverhältnisses, dh als → Versöhnung des Menschen mit Gott, wobei der Israelit vor Gottes Angesicht Schuld bekennt und für begangene Verfehlungen entlastet wird (zB Num 15,22–28; 2Sam 24,25; Mi 6,6f).

5) Da es namentlich in vorexilischer Zeit keine ausgeprägte Opfertheol. gab, war das israelitische Opferwesen für kanaanäische und andere heidnische Praktiken verhältnismäßig anfällig und konnte zu eigensüchtigen Zwecken, zB Fruchtbarkeit des Landes oder Segen für das eigene Haus zu erwirken, mißbraucht werden oder auch zu einem äußerlich kultischen Betrieb verflachen. Dagegen wandte sich der leidenschaftliche Protest der Propheten, die statt der Opfer Gerechtigkeit und Liebe forderten (Am 5,21ff; Hos 6,6; Jes 1,10ff; Jer 7,22f; 1Sam 15,22f). Indessen gewann der Opferkult in exilischer und nachexilischer Zeit durch die Interpretation des Dtn und der Priesterschrift eine noch größere Bedeutung als früher: Durch die von Josia 621 vChr durchgeführte Reform wurde er von den verschiedensten Ortsheiligtümern auf den Jerusalemer Tempel konzentriert, damit zugleich Willkür und Zufall entzogen und in die Hände kundiger Priester gelegt. Gleichzeitig wurde der Gedanke der Sühne zum beherrschenden Gesichtspunkt aller Opferarten. Damit waren die Voraussetzungen dafür geschaffen, daß sich neben und unabhängig vom Jerusalemer Zentralkultus eine an prophetische Traditionen anknüpfende Gehorsamsfrömmigkeit entwickeln konnte, die in der Weish und manchen Pss ihren Ausdruck gefunden hat (Spr 15,8; 21,3.27; Ps 40,7; 51,18ff).

6) Auch im Spätjudentum bestand der Opferkult am Jerusalemer Tempel weiter, obwohl seine Bedeutung gegenüber der Zeit des AT nachließ. Selbst die Zerstörung des Tempels im Jahre 70

nChr vermochte die jüd. Kultriten nicht ernstlich zu erschüttern. Dennoch setzte sich immer mehr die Auffassung durch, daß Gottes Wille eigentlich nicht auf blutige Tieropfer oder Abgaben von der Getreideernte gerichtet ist, sondern auf das Leben in Gehorsam. Das gilt bes. für die Qumrangemeinde, die sich ganz vom Tempelkult gelöst hatte: Toragehorsam und Lobpreis treten an die Stelle materieller Opfer. Das hell. Judentum (Philo) vergeistigt unter dem Einfluß spätantiker Religiosität die Kultusbegriffe.

III Die Wortgruppe θύω *[thyō]* wird im NT in verschiedenen Schriften gebraucht: Das Verb θύω *[thyō]* findet sich fast ausschließlich im LkEv und Apg (8 von 10 Stellen), das Subst. θυσία *[thysịa]* (insgesamt 28mal) nur 4mal, hingegen 15mal im Hebr. Von 20 Stellen mit θυσιαστήριον *[thysiastẹrion]* stehen 8 bei Mt und 7 in Offb. Im Corpus Paulinum tritt die Wortgruppe stark, in den johanneischen Schriften fast völlig zurück.

Der Überblick zeigt, daß die genannten nt. Schriften meist am Ende des 1. Jh. liegen und sich an Leser im Bereich des hell. Judentums richten. Prüft man sie inhaltlich, so fällt auf, daß weitgehend eine Ablösung vom at. Kult erfolgt ist. Selbst die Rede vom Altar in den Visionspartien der Offb, die ebenfalls in der genannten Zeit entstand und formal stark die LXX aufnimmt, läßt die Neuinterpretation des Opferbegriffes im NT erkennen.

1) Jesus setzt bei seiner Auseinandersetzung mit dem Jerusalemer Tempelkult die at. Opferpraxis voraus (Mt 5,23f; Lk 19,45–47 par). Ebensowenig wie die Propheten lehnt er den Kultus grundsätzlich ab, vielmehr wendet sich seine Polemik gegen den Versuch, sich durch rituelle und haarspalterische Gesetzesbefolgung der radikalen Liebesforderung Gottes zu entziehen: »Barmherzigkeit will ich und nicht Opfer« (Mt 9,13; 12,7; vgl. Hos 6,6; Mt 23,18ff).

2) Paulus, der als Apostel gelegentlich wohl selbst noch opferte (Apg 21,26; 24,17f), und zwar aus Gründen, die er 1Kor 9,20 andeutet, hat in seinen Briefen die judenchristl. Interpretation übernommen, die Jesu stellvertretendes Heilswerk am → Kreuz als Opfer bezeichnet: »Wir haben ein Osterlamm, das ist Christus, für uns geopfert« (1Kor 5,7; vgl. Röm 3,25). Der deuteropaulinische Gedankengang in Eph 5,2 betont dazu Jesu freiwillige Mittlerschaft: Er hat »sich selbst dargegeben für uns als Gabe (προσφορά *[prosphorạ]*) und Opfer (θυσία *[thysịa]*)«. Indem aber Paulus die Heiden nicht mehr an den Jerusalemer Kult band, brachte er zum Ausdruck, daß mit dem Tod Jesu der alte Opferkult »aufgehoben«, dh erfüllt und zugleich beseitigt ist, und tat damit den entscheidenden Schritt zu einer unkultischen Lebensform des Christentums.

3) Christi Selbsthingabe »für uns« entfaltet Hebr ausführlich mit dem Bildgehalt des at. Opferkultes, wobei offenbar gnostisch-mythologische Vorstellungen im Hintergrund stehen (2,7; Kap. 7–10). Die Darstellungen vom Opfer des Hohenpriesters des neuen Bundes gehen jedoch weit über reines Vergleichen mit der Opferpraxis des alten Bundes hinaus. Jesu Werk ist abschließende und vollgenugsame Erfüllung aller at. Opferordnungen. Das → Blut Christi hat endgültig heiligend und wirksam »eine ewige Erlösung erworben« (9, 12–15; 10,4–14). Damit sind die der dauernden Wiederholung bedürftigen Opfer an Altären und sonstige Altargottesdienste im Gefolge israelitischer Kultordnung, die bis Golgatha unter der Verheißung Gottes vollzogen wurden, überflüssig geworden. Im (ἐφ)ἅπαξ *[(eph)-hạpax], ein für allemal,* das mehrere Male wiederholt wird (Hebr 7,27; 9,12; 10,10), ist das geschichtlich einmalige Opfer Christi am Kreuz als unüberbietbar, unwiederholbar und nicht ergänzungsbedürftig qualifiziert. Auch die Rede vom θυσιαστήριον *[thysiastẹrion], Altar,* in 13,10 meint das Golgatha-Geschehen »für uns«. Seitdem hat jeder andere Altar seinen kultischen Sinn verloren.

4) Weil die Gemeinde aus dem grundlegenden Opfer Jesu Christi lebt, ist sie zugleich zum Lobopfer ihres eigenen Lebens eingeladen. Anders gesagt: Das Christenleben als ein Gott geheiligtes Leben ist in die fortwirkende Frucht des Opfers Christi einbezogen. So folgert u. a. 1Petr: Wir sind erlöst und geheiligt »mit dem kostbaren Blute Christi«. Dadurch wird die Gemeinde auferbaut »zu einer heiligen Priesterschaft, um geistliche Opfer darzubringen, die Gott angenehm sind« (1,2.18f; 2,5.9 Z).

5) Nach paulinischem Zeugnis soll das ganze Leben der Gemeindeglieder ein Opfer sein, das »lebendig, heilig und Gott wohlgefällig« ist (Röm 12,1); das sei ein »vernünftiger Gottesdienst« (L). Neben die missionarische Funktion des fortwirkenden Opfers der Christen tritt hier eine diakonische (→ Dienen). Das NT gibt indessen keinen Anlaß, dieses diakonische Moment des Opfers als weltflüchtigen Verzicht mißzuverstehen (vgl. Lk 5,33ff par; Joh 17,15; Röm 12,2). Die »Selbstverleugnung« (Mk 8,34f par) meint eine Opferhaltung »zur Welt hin«. Das diakonische Moment darin ist somit ein Dankopfer gehorsamer Nachfolge und tätiger Liebe. Redaktionsgeschichtliche Untersuchungen lassen deutlich eine ethische Ausrichtung im nt. Opferverständnis erkennen: »Gutes tun und Barmherzigkeit üben« – das sind die Opfer, die Gott gefallen und ihm ein »lieblicher Geruch« sind (Hebr 13,15f; Phil 4,18).

F. Thiele

Lit.: GvdLeeuw, Die do-ut-des-Formel in der Opfertheorie, ARW 20, 1920/21, 241ff – GDelling, Art. ἀπαρχή, ThWb I, 1933, 483f – JBehm, Art. θύω etc., ThWb III, 1938, 180ff – MAlbertz, Die »Erstlinge« der Botschaft des NT, EvTh 12, 1952/53, 151ff – SMowinckel, Religion und Kultus, 1953, 98ff – EKäsemann, Das wandernde Gottesvolk, 1957² – ThCVriezen, Theologie des AT in Grundzügen, 1957, 247ff – KBarth, KD IV/1, 1960², 303ff – ASchimmel/RHentschke/HDWendland/EKinder/HBeintker, Art. Opfer, RGG IV, 1960³, 1637ff – RRendtorff/EKamlah/WAnderson, Art. Opfer, EKL II, 1962², 1691ff – GBornkamm, Lobpreis, Bekenntnis und Opfer. In: Apophoreta, Festschr. EHaenchen 1964, 46ff – HGMüller-Schwefe, Die Bedeutung des Opfers für unsere Zeit, in: Zeitwende/Die neue Furche, 1964, 163ff – RSchmid, Das Bundesopfer in Israel. Wesen, Ursprung und Bedeutung der alttestamentlichen Schelamim, 1964 – HJHermisson, Sprache und Ritus im altisraelitischen Kult, 1965 – JJeremias, Der Opfertod Jesu Christi, Calwer Hefte Nr. 62, 1965⁵ – OCullmann, Theologie des NT, 1966⁴, 82ff – GvRad, Theologie des AT I, 1966⁵, 251, 263ff – RRendtorff, Studien zur Geschichte des Opfers im alten Israel, WMANT 24, 1967 – RBultmann, Theol. des NT, 1968⁶, §§ 9.13.33 – WEichrodt, Theol. des AT I, 1968⁸, 83ff – OMichel, Der Brief an die Hebräer,KEK XIII, 1968⁹, Register s. v. θυσία.

Paradies

παράδεισος *[paradeisos]* Garten, Park, Paradies — **παράδεισος**

1) παράδεισος *[paradeisos]* (Lehnwort aus dem mitteliranischen *pardez;* avestisch *pairidaeze: Umwallung, runde Umzäunung, Garten*), *Garten, Park, Paradies.* Xenoph. braucht das Wort, um die Parkanlagen der persischen Großkönige und Magnaten zu bezeichnen. I

2) Mythen vieler Völker reden von einem Land oder Ort der Seligkeit in der Urzeit oder (für die Gegenwart) am Rande der bekannten Welt: Götter leben dort, Heroen oder bes. ausgezeichnete Sterbliche seien dorthin entrückt worden oder kämen nach dem Tode dorthin. Im Umkreis des AT ist bes. auf die Paradies-Mythen des mesopotamischen oder iranischen Kulturkreises, auch – vgl. Ez 28,13ff – auf phönizische Vorstellungen zu verweisen. In Griechenland kennt man die Vorstellung von den »elysischen Gefilden« und von den »Inseln der Seligen«.

In der LXX begegnet das Wort rund 47mal, vorwiegend als Übers. des hebr. *gan (gannah), Garten.* II
Von diesen Stellen entfallen 13 auf Gen 2 und 3, 4 auf Ez, 3 auf Jes; hier ist immer der *Gottesgarten* ins Auge gefaßt, wie ihn der jahwistische Bericht schildert bzw. wie er wieder erwartet wird. In Neh 2,8; Pred 2,5; Hhld 4,13 ist παράδεισος *[paradeisos]* Übers. für das aus dem iranischen stammende Lehnwort *pardēs* in der Bedeutung *Baumgarten, Forst;* in Jes 51,3 wird damit *ʿēdæn* wiedergegeben.

1) Ein zusammenhängender Paradies-Mythus ist im AT nicht festzustellen. Soweit ein solcher auch in Israel bekannt war, wurde er jedenfalls unter dem Einfluß des Jahweglaubens ausgeschieden – bis auf wenige einzelne Motive, die da und dort verstreut vorkommen: Baum des Lebens, Baum der Erkenntnis, Wasser des Lebens (Gen 2 und 3; 13,10; Ez 28,13ff; 31,8f; Hi 15,7f). Es ist wohl bezeichnend, daß auch die Ortsfrage keine einheitliche Antwort erfährt: Nach Gen 2,8 lag das Paradies zu Anfang der Schöpfung im Osten, nach Gen 2,10–14 wohl im Norden. Vorgestellt

wird es als schöner Baumgarten, in dem der Baum des Lebens und der Baum der Erkenntnis standen, in welchem Gott wandelte, und der dem Menschen zur Bearbeitung übergeben wurde. Infolge der ersten → Sünde wurden die ersten Menschen aus ihm vertrieben, – eine Rückkehr ist unmöglich, da der Kerub davor steht.

2) Im Spätjudentum gab es mancherlei Spekulationen über das Paradies von Gen 2 und 3. Man nahm an, daß es vorzeitlich oder dann am 3. Schöpfungstag geschaffen wurde, daß es infolge der Sünde Adams in die Verborgenheit entrückt wurde, sei es an den äußersten Rand der Erde, auf einen hohen Berg oder in den Himmel. In den dritten → Himmel verlegen es ApkMos 37,5 und slHen 8,1.

Mit dem Eindringen der griech. Lehre von der Unsterblichkeit der Seele wird das Paradies die Wohnstätte der Gerechten während des Zwischenzustandes. Fromme Phantasie schmückte die Vorstellung vom Paradies mit der Zeit immer mehr aus: Es hat Mauern und Tore, wird von Engeln bewacht, über den Seligen leuchtet Licht, der Baum des Lebens ist in ihm, und Balsamströme durchfließen es.

In der erneuerten Schöpfung wird das Paradies wieder aus der Verborgenheit heraustreten: Gott oder der Messias bringen es als Wohnstätte der Gerechten und Seligen auf die erneuerte Erde, nach Palästina und in die Nähe Jerusalems. Belehrt durch Gott selbst werden die Gerechten im Paradies die Thora studieren, und Gott wird ihnen das messianische Mahl bereiten; vor allem dürfen sie dann von den Früchten des Lebensbaumes genießen.

III 1) Im NT kommt das Wort nur an drei Stellen vor: Im Lk 23,43 ist es wohl – in Anlehnung an zeitgenössische jüd. Vorstellungen – der gegenwärtig verborgene, zwischenzeitliche Aufenthalt der Gerechten: Jesus verheißt dem Schächer die Gemeinschaft mit ihm im Paradies schon für »heute« und gibt ihm damit Anteil an der Vergebung und Seligkeit. Der »Zwischenzustand« wird damit wesentlich zur Christusgemeinschaft (vgl. Apg 7,58; 2Kor 5,8; Phil 1,23). – In 2Kor 12,4 redet Paulus von einem pneumatischen Erlebnis, durch das er in das – gegenwärtig verborgene – Paradies entrückt wurde und dort unaussprechliche Worte hörte. In Analogie zu gewissen spätjüd. Vorstellungen (vgl. II,2) dachte sich Paulus das Paradies als im dritten Himmel befindlich. – In Offb 2,7 wird dem »Sieger« verheißen, daß Christus ihm vom Baum des Lebens zu essen geben werde, der im Paradies Gottes ist. Die Erfüllung dieser Verheißung wird in Offb 22,2 geschaut: Das in der Gegenwart verborgene Paradies kehrt in der neuen → Schöpfung wieder und wird Wohnstätte der Seligen.

2) Im weiteren Verlauf der Kirchengeschichte sind in die Vorstellung vom Paradies viele außerbiblische Motive und Gedankenbilder aufgenommen worden, um so den Zustand der Seligen nach dem Tode in bunten Farben auszumalen. Anknüpfungspunkt war einmal das Jesuswort an den Schächer (Lk 23,43), das verallgemeinert und auf jeden Gläubigen angewendet wurde, obwohl über die hier verheißene Christusgemeinschaft hinaus (vgl. oben 1) sozusagen nichts biblisch motiviert ist, am allerwenigsten die Einzelausmalung des Paradieses. Die kirchliche Paradies-Spekulation bzw. die Vorstellungen der Volksfrömmigkeit hängen auch damit zusammen, daß an die Stelle der nt. Eschatologie mit ihrer Hoffnung auf die → Auferstehung der Toten und die neue Schöpfung (Offb 21f) die spätantike Lehre von der Unsterblichkeit der Seele getreten ist: Die Seele empfängt nach dem Tod das Gericht und gelangt in das – jetzt jenseitig gedachte! – Paradies, die Sünder dagegen in die → Hölle. Dabei wurden die Aussagen von Offb 21f mitverwendet zur Beschreibung von → Himmel und Paradies.

H. Bietenhard

Lit.: KGalling, Art. Paradeisos, in: Pauly-Wissowa, RE 18,2 1949, 1131ff – JJeremias, Zwischen Karfreitag und Ostern, ZNW 42, 1949, 194ff (= Abba, 1966, 323ff) – HBietenhard, Die himmlische Welt im Urchristentum und Spätjudentum, 1951, 161ff – JJeremias, Art. Παράδεισος, ThWb V, 1954, 763–771 – FMThdeLiagre Böhl/AJepsen/FHesse, Art. Paradies, RGG V, 1961³, 95ff – WFuß, Die sogenannte Paradieserzählung, 1968.

Pein

Die in den Artikeln dieser Gruppe behandelten Vokabeln haben ihr Gemeinsames darin, daß sie eine bewußte und absichtsvolle Beeinträchtigung von Gesundheit oder Wohlsein eines anderen Menschen ausdrücken. Bei den von βάσανος *[bạsanos]* abgeleiteten Vokabeln hat diese entsprechend dem Grundgehalt des Wortes den Sinn der Prüfung und Erprobung, die eine bestimmte Antwort in Rede oder Verhalten erreichen will oder eine Wirklichkeit an den Tag bringen soll. κολαφίζω *[kolaphịzō]*, ein nur in christl. Lit. belegtes Wort, meint das Schlagen mit der Faust, während das in diesem Art. mitverhandelte πληγή *[plægæ]* urspr. die Wunde als Folge eines Schlages, dann allgemeiner die — auferlegte — Plage (als → Strafe) kennzeichnet. Vgl. auch → Last, Mühe.

βάσανος

βάσανος *[bạsanos]* Qual · βασανίζω *[basanịzō]* quälen · βασανισμός *[basanismọs]* Quälerei · βασανιστής *[basanistæs]* Folterknecht

βάσανος *[bạsanos]*, aus dem Ägypt. entlehnt: Prüfstein für Gold (λυδία λίθος *[lydịa lịthos]* Bacchyl. fr. 14), ist seit Theognis und Pindar im profangriech. Sprachgebrauch belegt und hat urspr. die Bedeutung *Prüfungsmittel*, dann *Tortur, Folter* (Mittel der Erprobung!), schließlich ganz allg. *Qual.* I

In LXX findet sich die Wortgruppe hauptsächlich in 4Makk (20 von 30 Verbalstellen; 41 von 61 Belegen des Subst.) und in der Weish-Lit., ist also eine typische Wortprägung der hell. Epoche. Nur βάσανος *[bạsanos]* steht vereinzelt für hebr. Wörter, so 1Sam 6,3ff 4mal für *'āschām*, das ein Mittel zur Wiedergutmachung der Schuld bezeichnet; Ez 16,52.54 und 32,24.30 für *kelimāh, Scham, Schmach*, und Ez 3,20 und 7,19 für *mikschōl*, das den Anstoß zur Sünde oder etwa zum Unglück meint. Konkret bezeichnet βάσανος *[bạsanos]* Ez 16,52.54 die Strafen Gottes über Jerusalem und Ez 32,24.30 die Strafen über die Heidenvölker. Andererseits heißt es Weish 3,1 von den Gerechten, daß keine Qual sie anrührt. II

In 2Makk 7,13 und oft in 4Makk (dort auch βασανισμός *[basanismọs]*, das *Quälen:* 9,6; 11,2) werden Subst. und Verben von den Qualen jüd., in christl. Lit. von denen christl. Märtyrer gebraucht (1Clem; Eusebius Kirchengeschichte V,1,20,24). In den christl. Märtyrerakten findet sich auch häufig der abgeleitete Begriff βασανιστής *[basanistæs]*, *Folterknecht* (Mart. Pol. 2,3; vgl. Eusebius Kirchengeschichte V,1,24).

1) Im NT ist die Gruppe selten: βάσανος *[bạsanos]* findet sich 3mal bei Mt und Lk; βασανιστής *[basanistæs]* nur Mt 18,3f für den *Folterknecht;* βασανίζω *[basanịzō]* 6mal in den Synopt., 5mal in Offb sowie 2Petr 2,8, und βασανισμός *[basanismọs]* nur in Offb (5mal). III

a) βάσανος *[bạsanos]* steht Mt 4,24 von den körperlichen Qualen der Kranken, die Jesus heilt; Lk 16,23.28 von den Qualen, die der reiche Mann im Totenreich, dem τόπος τῆς βασάνου *[tọpos tæs basạnou]*, dem *Ort der Qual*, erdulden muß.

b) Das Verb βασανίζω *[basanịzō]* (Sprachgebrauch wie βάσανος *[bạsanos]*) hat im NT die allg. Bedeutung *quälen, bedrängen:* den Knecht des Hauptmanns von Kapernaum quält seine Krankheit (Mt 8,6); den Dämonen bereitet die Begegnung mit Jesus Qual (Mt 8,29 par); die Jünger auf dem Meer werden durch Wind und Wogen bedrängt (Mt 14,24; Mk 6,48). 2Petr 2,8 schildert, wie der gerechte Lot seine Seele durch die Wahrnehmung der zuchtlosen Werke der Sodomiten gequält fühlt. Offb 12,2 handelt von den Geburtswehen (βασανιζομένη τεκεῖν *[basanizomẹnæ tekẹin]*) der schwangeren Frau. Nur in Offb ist βασανίζω *[basanịzō]* von den Qualen gebraucht, die Folgen göttlicher Strafgerichte sind (9,5; 11,10; 14,10); insbes. handelt Offb 20,10 von den ewigen Qualen, die das göttliche Gericht über die antichristl. Mächte, über Satan, das »Tier« und den Falschpropheten bringt.

2) Das Wort βασανισμός *[basanismọs]* findet sich 5mal in Offb. Im akt. Sinn ist es von den Quälereien gebraucht, die nach der fünften Posaune die eschatologischen »Heuschrecken« verursachen (9,5); pass. Sinn hat es 14,11 und 18,7ff. Offb 14,11 werden durch

den Engel die Anbeter des »Tieres« mit ewiger Qual bedroht; 18,7.10.15 handelt von dem βασανισμός *[basanismos]*, den die »Hure Babel«, dh die dem Gericht verfallene antichristl. Weltstadt, zu erleiden hat. Der Zusammenhang mit den Gerichten, die Gott am Ende der Tage ergehen läßt, ist überall deutlich. *W. Mundle*

κολαφίζω

κολαφίζω *[kolaphizō]* mit der Faust schlagen · πληγή *[plægæ]* Plage

Das Wort κολαφίζω *[kolaphizō]*, *mit der Faust schlagen*, findet sich weder in der klassischen Gräzität noch in LXX, sondern nur in der christl. Lit., aber auch im NT nur 5mal (Mt, Mk, Kor, 1Petr). Es ist abgeleitet von κόλαφος *[kolaphos]*, *Faustschlag*, das, seit Hippokrates bezeugt, im NT nicht vorkommt.

1a) In der Leidensgeschichte Mt 26,67; Mk 14,65 wird man κολαφίζω *[kolaphizō]* wörtlich verstehen müssen; in allgemeinerem Sinn bezieht sich das Wort auf die Schläge und Mißhandlungen, denen der Apostel oftmals während seiner Wirksamkeit, aber auch andere Christen in Verfolgungszeiten ausgesetzt waren (1Kor 4,11; 1Petr 2,20). Derartige πληγαί *[plægai]*, *Schläge*, erwähnt Paulus auch bei der Schilderung seines apostolischen Lebens (2Kor 6,5; 11,23); daher ist κολαφίζω *[kolaphizō]* gleichbedeutend mit ἐπιτίθημι πλβγάς *[epitithæmi plægas]* (Apg 16,23; vgl. Lk 10,30), *Schläge versetzen*.

b) Das im Profangriech. und in LXX gebräuchliche Wort πληγή *[plægæ]* kann auch die *Wunde* als Folge des Schlages bezeichnen (Jes 1,6; Jer 10,19; Offb 13,3.14) sowie die von Gott ausgehenden »Schläge«, dh seine *Strafen* (Ex 11,1; 12,13); 1Sam 4,8 bezeichnet πληγή *[plægæ]* die ägypt. *Plagen*; Offb 9,18.20; 15,1.6.8 usw. die *Strafen* des Endgeschehens, in denen sich der göttliche Zorn vollendet.

2) Bes. Beachtung fordert 2Kor 12,7. Hier redet der Apostel im Zusammenhang mit dem Pfahl (oder Dorn: σκόλοψ *[skolops]*), der ihm ins Fleisch gegeben ist, von dem »Engel des Satans«, der ihn mit der Faust schlägt. Der Apostel deutet mit diesen Worten auf ein ihn schmerzhaft quälendes Leidensschicksal hin, dem er durch den Willen Gottes unterworfen wurde. Auf sein Gebet um Befreiung von diesem Leiden hat er von dem Herrn die tröstende Antwort erhalten, die wir 2Kor 12,9 lesen: »Laß dir an meiner Gnade genügen« (L).

Die Frage nach der Art dieses Leidens hat die Ausleger viel beschäftigt. Bes. die ältere Auslegung dachte hier an Verfolgungen, geistliche Anfechtungen, schmerzliche Behinderungen seines Missionswirkens, die den Apostel getroffen haben. Die neuere Exegese denkt meist an ein Krankheitsgeschehen, das, wie zB Hi 2,6; Lk 13,16 zeigen, vom Apostel als Wirkung einer satanischen Macht verstanden werden konnte. Die Diagnosen, die man gestellt hat, gehen freilich weit auseinander. Zu Anfang des Jh. war die Meinung weit verbreitet, daß Paulus hier an epileptische Anfälle denke. Doch sind auch viele andere Vermutungen geäußert worden wie Hysterie, Malaria, Augenmigräne (Gal 4,15) u. a. m. (vgl. die Zusammenstellung bei Bauer[5], 872). Große Wahrscheinlichkeit hat die in Lietzmanns Handbuch mitgeteilte Annahme des Psychiaters K. Bonhoeffer, der auf periodische, endogene Depressionszustände schließt. Indessen sind die Angaben des Apostels nicht bestimmt genug, um sichere Schlußfolgerungen zu ermöglichen.

W. Mundle

Lit.: JSchneider, Art. βάσανος etc., ThWb I, 1933, 559ff – KLSchmidt, Art. κολαφίζω, ThWb III, 1938, 818ff.

Pharisäer

Φαρισαῖος *[Pharisaios]* Pharisäer

Φαρισαῖος

Φαρισαῖος *[Pharisaios]* ist die hellenisierte Form des aram. Wortes *perîšajjā* (von *prš* »trennen, absondern«, also »der Abgesonderte«), neuhebr. *pārūsch* und bezeichnet den Vertreter einer einflußreichen, religiösen Gruppe im Judentum. Die Bezeichnung ist bis zur Zeit des NT nur im hell. Judentum belegt (überhaupt nicht in LXX). Erst die rabb. Lit. belegt sie für den aram. Sprachbereich und zwar häufig in negativem Sinn. In der griech. Form wird das Wort dann bei Jos. und im NT verwendet. Wann die Bezeichnung aufkam, läßt sich nicht mehr genau feststellen (erste Belege aus der Zeit Hyrkanus I um 135 vChr). Seit dem 1. Jh. vChr (unter der Regierung Alexandras: 78–65 vChr) sind die Pharisäer jedoch die in der öffentlichen Meinung angesehenste und damit führende Gruppe des Judentums. I/II

1) Josephus – selbst Pharisäer – kommt in seinen Schriften verschiedentlich auf diese Bewegung zu sprechen, wobei er sie – vermutlich seinen hell. Lesern zu Gefallen – als eine der vielen jüd. »Philosophien« (neben den Essenern, Sadduzäern und der »vierten Philosophie«; vgl. Bell. II,8, 2–14; und Ant. XVIII,1,3–6) bezeichnet. Vieles bleibt aber auch für uns in den Schriften des Josephus ungeklärt; so zB die Bedeutung des Namens. Da sich die Vertreter dieser Gruppe nie selbst mit diesem Namen benannten, sondern von sich selbst als den *chaberîm = Genossen einer chabūrā*, eines *Verbandes*, sprachen, entsteht die Frage, ob es sich bei der Bezeichnung Φαρισαῖοι *[Pharisaioi]*, *Abgesonderte*, vielleicht um einen Spottnamen handelt, den die Gegner jenen Frommen beilegten. Aber w o v o n Abgesonderte? Es werden im wesentlichen drei Thesen vertreten:

a) Es handele sich um die Absonderung der Gruppe der Ἀσιδαῖοι *[Asidaioi]*, der *Frommen*, von Judas Makkabäus. Obwohl sie urspr. mit den Makkabäern gemeinsam gegen die Seleukiden kämpften, hätten sie nachher aus Protest gegen die Herrschaftsansprüche der Hasmonäer die Trennung herbeigeführt, die ihnen den Namen einbrachte.

b) Die Pharisäer seien aus der Gruppe der *Chaberim* (»Verbündeten«) hervorgegangen, die sich um 135 vChr vom übrigen Volk, das das → Gesetz nicht hielt, trennte, um die einzelnen Gesetzesvorschriften genau zu halten. Der Name ginge also auf die Absonderung einer Gruppe gesetzestreuer Frommer vom gesetz- und damit gottlosen Volk zurück.

c) Der Name spiele auf das »Aussondern«, dh Unterscheiden der einzelnen Vorschriften der Gesetze an. Denn »das Zentrum ihres Denkens und Handelns ist das Gesetz, das in immer neuen Wendungen und Bildern als Israels köstlichstes Kleinod gepriesen wird« (HLietzmann, aaO I,17).

Es spricht sehr viel dafür, daß die Gruppe ihren Namen dadurch erhielt, daß sie sich als die das wahre → Israel verkörpernde Gemeinschaft verstand und vom übrigen Volk distanzierte (These b).

2) Wesentlich für den Pharisäismus ist, daß er versuchte, »durch den Gehorsam gegen das Gesetz . . . die reine Gemeinde, das wahre Gottesvolk darzustellen, das sich für das Kommen des Messias rüstet« (ELohse, aaO 181).

T y p i s c h e M e r k m a l e s i n d :

a) Die bibl. Gesetzesvorschriften werden peinlich genau eingehalten (Verzehntung aller Waren, Beachtung aller Reinheitsvorschriften, der von Gott festgelegten heiligen Zeiten, der kultischen Handlungen usw.). Dabei ist bezeichnend, daß die *Halacha*, die religiöse Sitte, die als Auslegung des Pentateuch verstanden wird, als ebenso verbindlich gilt wie die bibl. Überlieferung (Antwort Schammais auf die Frage »Wieviel Torot habt ihr?«: »Zwei, die schriftliche und die mündliche Tora« Schab 31a). Bei Josephus lesen wir, daß »die Pharisäer eine große Anzahl von Gesetzesvorschriften dem Volke überliefert haben, die nicht im Gesetz Moses geschrieben stehen; dies ist der Grund dafür, daß die Sadduzäer sie verwerfen und erklären, wir müßten nur solche Vorschriften für obligatorisch achten, die im geschriebenen Gesetz stehen, nicht aber solche, die von der Tradition der Vorväter abgeleitet sind. Um dieses Problem sind unter ihnen große Schwierigkeiten ausgebrochen« (Ant. XIII 10,6; zitiert bei Enslin). Die pharisäischen Schriftgelehrten legten in einer kasuistischen Exegese die Gesetze verbindlich aus. Diese Kasuistik führte zT zu äußerst kuriosen Streitfragen und Entscheidungen einzelner Gelehrter: zB ob ein am Sabbat gelegtes Ei gegessen werden darf oder nicht (Schammai: ja; Hillel: nein). So werden fast alle Gebiete menschlichen Lebens erfaßt und durch eine Fülle von Einzelvorschriften reglementiert. Die Pharisäer wollten damit aber nicht das Gesetz zerstören, sondern sie »versuchten durch ihre Auslegungstätigkeit (ihre mündlichen Gesetze) das alte Gesetz dem neuen Leben anzupassen in dem festen Glauben, daß Gott von Anfang an jede neuauftretende Möglichkeit im Gesetz vorgesehen habe« (Enslin, aaO 1449). Die Pharisäer gingen in der Einhaltung der Gesetze dem Volk mit gutem Beispiel voran, indem sie selbst zusätzlich die strengen, sonst nur für Priester verbindlichen Reinheitsvorschriften einhielten.

b) Im Gegensatz zu den Essenern (völlige Ohnmacht des menschlichen Willens gegen Gott) und den Sadduzäern (unbeschränkte Willensfreiheit) halten die Pharisäer an einer bedingten Willensfreiheit des Menschen fest. Der Mensch kann zwar nicht Gottes Willen durchkreuzen, aber er hat die Möglichkeit, im Rahmen des göttlichen Planes gut oder böse zu handeln (vgl. Jos. Ant. XVIII,1,3).

c) Die Pharisäer übernehmen die zT aus dem Persischen und dem Hellenismus stammenden – weitgehend ins Volk eingedrungenen – Vorstellungen von der → Auferstehung, von einem → Gericht nach dem Tode und von überirdischen Wesen (ausgeprägte Engelvorstellungen, Teufel, Zwischenwesen etc.). Während die Pharisäer glauben, diese Lehren aus den heiligen Schriften herauslesen zu können, lehnen die Sadduzäer diese Vorstellungen als mit der Heiligen Schrift unvereinbar ab (vgl. Apg 23,6ff).

d) Seit dem Sturz der Hasmonäer verzichtet der Pharisäismus im Gegensatz zum Zelotentum strikt auf die Anwendung von Gewalt. Gott selbst wird durch sein Eingreifen die Wende herbeiführen und sein Volk befreien.

e) Die Pharisäer erwarten den Messias (→ Jesus Christus, Art. Χριστός); die Sadduzäer nicht.

Indem der Pharisäismus beweglich genug war, sich auf die Gegebenheiten eines veränderten Lebens einzustellen, wurde er zur geistig prägendsten Kraft im Judentum zZt Jesu. Da er aber die Erfüllung der Gesetze überbetonte, geriet der Pharisäismus bald in starke Verengung und in einen starren Formalismus.

III Im NT werden die Pharisäer nur in den vier Evgg. (bes. häufig bei Mt [29mal] und bei Lk [27mal]), in der Apg und einmal bei Paulus (Phil 3,5) genannt.

Im Pharisäismus begegnet Jesus das um wahren → Glauben und Gehorsam (→ Hören, Art. ἀκούω B) Gott gegenüber sich mühende → Israel, das jedoch im Formalismus völlig erstarrte und sich damit gerade das versperrte, was es suchte: Gott zu gefallen. So werden Jesus und die Pharisäer bei Mt, Mk und Joh (mit Ausnahme des Nikodemus) konsequent als erbitterte Gegner geschildert (vgl. Mk 3,6; 12,13; Mt 12,14; die 'Οὐαί- *[Ouai-]* = *Wehe*-Rufe Jesu Mt 23; Joh 11,46f.57 u. ö.).

1) Auffallend ist, daß Lk die Pharisäer nicht allg. als jesusfeindlich hinstellt: Nach Lk ist Jesus zu Gast bei angesehenen Pharisäern und hat mit ihnen Tischgemeinschaft (Lk 7,36f; 11,37; 14,1). Lk 13,31 wird sogar berichtet, daß Pharisäer Jesus warnen, als Herodes ihm nach dem Leben trachtet. Pharisäer sind Glieder der christl. Gemeinde (Apg 15,5) etc. Enslin meint: »Das gespannte Verhältnis zu Jesus . . . wurde zur Kirche nachher milder (Apg 5,34; 15,5; 23,9)« (aaO 149). Es ist durchaus denkbar, daß Lk aus den Erfahrungen der ersten Gemeinde das Bild der Pharisäer in seinem Ev. leicht korrigiert. Jenes lukanische Sondergut, in dem Jesus Gast bei Pharisäern ist, scheint aber vielmehr ein Stilmittel des 3. Evangelisten zu sein, um auf bestimmte Auseinandersetzungen und Jesuslogien hinzuführen. Aus den Streitreden heraus wäre dann jeweils der Rahmen entstanden. Daß die Szenen historisch sind, ist unwahrscheinlich, da die Pharisäer kaum einen Wanderprediger zu Tisch gebeten hätten, der so massiv gegen ihre Reinheitsvorschriften verstößt (vgl. Lk 11,38). Auch bleibt zu fragen, warum einem Menschen, der der Tischgemeinschaft würdig geachtet wird, die allg. Höflichkeitsformen (Kuß, Salbung, Fußwaschung) versagt werden sollten (Lk 7,44ff). Wie dem auch sei, aufs Ganze gesehen zeichnet auch Lk die Begegnung zwischen Pharisäern und Jesus als unerbittlichen Kampf um die wahre Gerechtigkeit des Menschen.

2a) Zu schweren Differenzen führt die Gleichsetzung der mündlichen Tradition mit dem at. Gesetz. Der hier entstehende Gegensatz wird erst von dem unterschiedlichen Gottesverständnis Jesu und der Pharisäer her deutlich. Für den Pharisäer ist Gott primär der Fordernde, für Jesus der Gütige und Barmherzige. Zwar leugnet auch der Pharisäer die Güte und Liebe Gottes nicht, aber sie besteht für ihn in der Gabe der Tora und in der Möglichkeit, das dort Geforderte zu erfüllen (vgl. Abot 3,14). Im Einhalten der mündlichen Tradition bzw. der davon abgeleiteten Regel sieht der Pharisäer den Weg zur Erfüllung der Tora (vgl. Mk 7,3.5; Mt 12,2ff; 15,1ff). Die einzelnen Vorschriften stehen dabei völlig gleichrangig nebeneinander. Dagegen zitiert Jesus (Mt 12,7) Hos 6,6 (»Barmherzigkeit will ich, nicht Opfer«) und verankert damit, wie Mt 22,34–40, die gesamte Gesetzesauslegung im Liebesgebot. Da Gott selbst der Liebende ist, werden in der Nächstenliebe alle anderen Gebote erfüllt (vgl. Joh 8,3–11). Indem also Jesus das doppelte Liebesgebot (Mt 22,34–40) zur Auslegungsnorm erhebt und damit die Verbindlichkeit der mündlichen Tradition ablehnt (vgl. Lk 11,38–42), gerät er in Konflikte mit der pharisäischen Kasuistik (Lk 6,7; 13,3–6 u. ö.).

b) Jesus hat die Absonderung der Pharisäer von den Ungebildeten und Sündern (Mt 9,11; Mk 2,16; Lk 5,30 u. ö.) als Lieblosigkeit zurückgewiesen. Wenn es den Pharisäern um Gottes Gericht, um Vergebung, um das heilige Volk Israel geht, dann kann er, Jesus, nichts anderes als die Schäden seines Volkes heilen, dh den Hilflosen und Kranken Gottes Liebe bringen (Mt 9,12ff; Mk 2,17 u. a.). Gesunde sind die Pharisäer wirklich, insofern sie Gottes Gebote ernst nehmen (Mt 23,27). Ihre Schuld entsteht, indem sie durch ihr Gesetzesverständnis jegliche Verbindung zum Kranken durchtrennen (Mt 23,13).

c) Durch diese Trennung geraten die Pharisäer letztlich in einen Widerstreit zwischen dem, was die Tora fordert, und dem, was sie tun (Mt 23 die Wehe-Rufe). Dh die kasuistische Gesetzesauslegung mit der Konsequenz der Trennung von allem Unreinen (Sünder) führt die Pharisäer zu einem ausgeprägten Verdienstdenken (→ Lohn, Art. μισθός). In diesem Verdienstgedanken liegt die verhängnisvolle Selbsttäuschung, die den Pharisäern den Vorwurf der Heuchelei Menschen gegenüber und des Hochmutes Gott gegenüber einbringt (vgl. Lk 18,10ff).

Das Gottesverständnis und das daraus entstandene Gesetzesverständnis macht die Pharisäer blind (vgl. Mt 23,26; Mk 9,40) gegenüber dem wahren Angebot und Anspruch Gottes, der ihnen in Jesus begegnet. Die Tragik liegt darin, daß die Pharisäer Gott ernsthaft suchen; aber weil in ihrer Tradition ein bestimmtes Gottesbild erstarrt ist, entscheiden sie sich gegen Jesus (vgl. Mk 3,6 u. ö.) und damit gegen Gott (vgl. Mt 12,24–32; Lk 11,43–54). Somit wird im NT der Pharisäer zum Typus für eine Haltung, die nicht mehr allein für das Judentum zutrifft.

D. Müller

Lit.: MWeber, Das antike Judentum, Ges. Aufs. III, 1921, 401ff – WBeilner, Christus und die Pharisäer. Exegetische Untersuchung über Grund und Verlauf der Auseinandersetzungen, 1959 – LBaeck, Paulus, die Pharisäer und das NT, 1961 – ELDietrich, Art. Pharisäer, RGG V, 1961^{3}, 326ff – ders., Art. Sadduzäer, RGG V, 1961^{3}, 1277ff – RHerford, Die Pharisäer, 1961 – ELohse, Art. Pharisäer, EKL III, 1962^{2}, 181f – ders., Art. Sadduzäer, EKL III, 1962^{2}, 743 – JSchmid, Die Pharisäer, Bibel und Leben 3, 1962, 270ff – KSchubert, Die jüd. Religionsparteien im Zeitalter Jesu, in: Der historische Jesus und der Christus unseres Glaubens, hrsg. v. KSchubert, 1962, 15ff – JJeremias, Jerusalem zur Zeit Jesu, 1963^{3}, 278ff – RMeyer, Art. Σαδδουκαῖος, ThWb VII, 1964, 35ff – WGKümmel, Jesus und die Rabbinen, in: Heilsgeschehen und Geschichte, 1965, 1ff – HPWeiß, Der Pharisäismus im Lichte der Überlieferung des Neuen Testaments, SSAW. PH 110/2, 1965, 90ff – PWinter, Sadduzäer und Pharisäer, 1966 (= Kontexte 3, 43ff) – WGrundmann, Die Pharisäer, in: Umwelt des Urchristentums I, hrsg. v. JLeipoldt/WGrundmann, 1967^{3}, 269ff – JWellhausen, Die Pharisäer und die Sadduzäer, 1967^{3} – WFoerster, Neutestamentliche Zeitgeschichte I, 1968^{4}, 122ff – HMerkel, Jesus und die Pharisäer, NTS 14, 1967/68, 194ff – ASchalit, König Herodes, 1969, 513ff.737ff – JMaier, Geschichte der jüdischen Religion, 1972, 66ff – JBowker, Jesus and the Pharisees, 1973 – CThoma, Der Pharisäismus, in: Literatur und Religion des Frühjudentums, 1973, 254ff.

Predigt → Verkündigung

Presbyter

πρεσβύτερος

πρεσβεύω *[presbeuō]* älter sein; Gesandter sein; gebieten · πρεσβύτερος *[presbyteros]* älter, Ältester · πρεσβυτέριον *[presbyterion]* Ältestenrat, -würde · πρεσβύτης *[presbytæs]* alter Mann · πρεσβεία *[presbeia]* Würde (des Ältesten), Gesandschaft · προΐστημι *[prohistæmi]* vorsetzen · κυβέρνησις *[kybernæsis]* Leitung

1a) Der Komparativ πρεσβύτερος *[presbyteros]*, *älterer*, und der Superlativ πρεσβύτατος *[pres-* I
bytatos], *ältester*, finden sich schon bei Homer, das Simplex πρέσβυς *[presbys]*, *alt*, jedoch erst bei Pindar als poetische Umschreibung für πρεσβύτης *[presbytæs]*, *alter Mann* (gemeinsame Wurzel πρεσβ- *[presb-]*, *alt*, vgl. lat. *prisc-*). Die Wortgruppe bezeichnet zunächst wohl das vergleichsweise *Ältere*, dann das *Gewichtigere* (zB τὰ τοῦ θεοῦ *[ta tou theou]*, *das Göttliche*, im Vergleich mit τὰ τῶν ἀνθρώπων *[ta tōn anthrōpōn]*, dem *Menschlichen*, Hdt. V,63; oder »nichts halte ich für wichtiger – πρεσβύτερον *[presbyteron]* – als Besonnenheit« Eur. Frg. 959), schließlich das *Geehrtere*. Den Älteren kommt in der gesellschaftlichen Ordnung auf Grund ihrer Erfahrung und Weisheit Ansehen und Autorität zu (vgl. Aristot. Eth. Eud. I,4p.1215a 23 οἱ σοφοὶ καὶ πρεσβύτεροι *[hoi*

sophoi kai presbyteroi], die Weisen und Älteren). Ein abwertender Klang – etwa im Sinne von gebrechlich, schwächlich und überholt – fehlt (anders bei παλαιός [*palaios*], → *alt*).

b) Dieser Bedeutungsgehalt des – meist mit dem höheren Lebensalter verbundenen – größeren Ansehens bestimmt auch den Gebrauch der übrigen Vokabeln der Wortgruppe. So bezeichnet das Subst. πρεσβύτης [*presbytæs*] (seit Aischyl.) das *Alter*, die *Würde* oder auch den *alten* bzw. *älteren Mann*, der nicht mehr νεανίσκος [*neaniskos*], *junger Mann*, also wohl über 50 Jahre ist; das Fem. πρεσβῦτις [*presbytis*] (ebenfalls seit Aischyl.) die *alte Frau*.

c) Seit Hdt. VII,2 und Soph. Oed. Col. 1422 begegnet das Verb πρεσβεύω [*presbeuō*] einerseits für *älter* bzw. *ältester sein*, dann auch in der Bedeutung *den ersten Platz einnehmen* (Soph. Ant. 720). Entsprechend meint πρεσβεία [*presbeia*] zunächst das *Recht* bzw. die *Würde der Ältesten* (Aischyl. Pers. 4), dann überhaupt den *Rang*, die *Würde* (Plato Resp. 509b).

d) Von daher treten die Vokabeln der Wortgruppe auch für institutionelle gesellschaftliche Funktionen ein, für die die Altersweisheit als Voraussetzung angesehen wird: πρεσβεύω [*presbeuō*] wird gebraucht für die Tätigkeit des Gesandten, der die ihn sendende Gemeinschaft repräsentiert und für sie *verhandelt* (Hdt. V,93; Med.: *durch Gesandte verhandeln*), und πρεσβεία [*presbeia*] für *Gesandtschaft* bzw. den oder die *Gesandten* (dafür auch πρεσβευτής [*presbeutæs*], Aischyl. Suppl. 727). Von der Vorrangstellung her ergibt sich im dorischen Raum neben der Repräsentanz nach außen auch das Weisungsrecht innerhalb der (politischen) Gemeinschaft, so daß das Verb die Bedeutung *gebieten* annehmen und πρεσβύτερος [*presbyteros*] zur Bezeichnung eines institutionalisierten Amtes werden kann: In Sparta werden die *Vorsitzenden* der Kollegien der Ephoren (IG 6,552,11), der νομοφυλάκων [*nomophylakōn*] (IG 6,555b,19) und der συναρχία [*synarchia*], der Magistratsversammlung, so genannt. Außer in Sparta ist in Griechenland selbst der Begriff aber nicht institutionell geprägt, sondern Bezeichnung für die Seniorität im Unterschied zu den Jüngeren.

In Ägypten jedoch taucht der Plur. πρεσβύτεροι [*presbyteroi*] als Bezeichnung der *Vorstandsmitglieder* zB von Genossenschaften (PTebt I,13,5) oder Innungen, aber auch von Kultgenossenschaften, sowie für die Organe dörflicher Selbstverwaltung (mit richterlichen und Verwaltungsaufgaben, aber nur für ein Jahr gewählt) auf.

2) προΐστημι [*prohistæmi*], seit Hom. Il. 4,156 belegt, aber erst seit ca. 5. Jh. breiter bezeugt, heißt *vor* bzw. *über* (*jemanden* oder *etwas*) *setzen* (Med.: *vortreten, vorstehen, regieren*, zB Hdt. I,69) und wird – bes. als Part.-Form προϊστάμενος [*prohistamenos*] – für die Führungsfunktionen in der Armee, im Staat oder in einer Partei gebraucht (Hdt. I,59; III,82; Plato Laches 197d). Eine derartige Stellung ist verbunden mit der Aufgabe des Wachens, also der Verantwortung (Hdt. IX, 107) und des Beschützens der Untergebenen (Demosth. Or. 10,46; P Fay. 13,5), so daß die Verbformen den Gehalt von *beistehen, sorgen für*, ja sogar *sich befassen mit* ausdrücken können.

3) Schließlich ist zu nennen das vermutlich einer im Mittelmeerraum benutzten Seefahrersprache entstammende Verb κυβερνάω [*kybernaō*], verwandt mit lat. *gubernare, regieren, führen* (Hom. Od. 3,283), das urspr. für die Tätigkeit des *Steuermanns* (κυβερνήτης [*kybernætæs*]; Hom. Il. 19,43; Hdt. II,164) gebraucht wurde. Später hat Plato (Phaedr. 247c) das Subst. auch auf den leitenden *Staatsmann* übertragen und dessen Tätigkeit (vgl. den dt. Ausdruck »Staatsschiff«!) mit κυβέρνησις [*kybernæsis*], *Leitung*, bezeichnet (Resp. 488b). Seit Pindar bereits wird auch das Leiten und Regieren der Gottheit mit Vokabeln dieses Wortstamms beschrieben.

II 1) In der LXX treten die Vokabeln der Wortgruppe πρεσβ- [*presb-*] für drei Bedeutungskreise auf:

a) für das hebr. Äquivalent *zāqēn* (urspr. *Bartträger*, also vollberechtigter *Mann*, dann *Greis*) im Sinne des a n L e b e n s j a h r e n Ä l t e r e n gegenüber dem Jüngeren ist ca. 30mal πρεσβύτης [*presbytæs*] eingetreten (Eli, der alte Mann 1Sam 2,22; oder in der differenzierenden Zusammenordnung von Älteren und Jüngeren Jes 20,4). Auch πρεσβεῖον [*presbeion*] steht (Ps 70[71],18 und Gen 43,33) für das *hohe Lebensalter* bzw. das (durch Erstgeburt gegebene) *Recht des Ältesten*. Während πρεσβύτης [*presbytæs*] fast ausschließlich in dieser Bedeutung (vereinzelt für andere oder ohne hebr. Äquivalente) vorkommt, findet sich für *zāqēn* zahlenmäßig noch häufiger (50 von insgesamt ca. 150 Belegen) der Komparativ πρεσβύτερος [*presbyteros*], vor allem in Gen (zB 18,11 u. ö. für das Alter von Abraham und Sara; 19,4ff für den alten Lot), den Pss, der Weisheits-Lit. sowie in 1 und 2Kön;

b) für den bzw. die Ä l t e s t e n (Mehrheit aller Belege; der Sing. nur selten) als eine je nach der historischen Situation unterschiedlich zu bestimmende Gruppe von Männern in einem Stamm, Geschlecht, Volk oder Siedlungsverband (zum einzelnen s. u. 4). Die Würde der einem Ältesten eigenen Stellung meint der einzige vorchristl. Beleg von πρεσβυτέριον [*presbyterion*] Sus 50 nach Theodotion (vgl. dazu JJeremias, πρεσβυτέριον, 132).

c) πρεσβευτής [*presbeutæs*] und πρέσβυς [*presbys*] drücken an einigen Stellen aber auch die klassische Bedeutung *Gesandter, Unterhändler, Sprecher* aus (das Verb πρεσβεύω [*presbeuō*] fehlt): πρεσβευτής [*presbeutæs*] ist 2Chron 32,31 für *lits* im Hiph., *das Wort führen*, eingetreten (1Makk weitere 5 Belege), πρέσβυς [*presbys*] in Num 21,20; 22,5; Dtn 2,26 für *mal'āk*, Jes 57,9 für *tsīr*, beides *Bote* (weitere Belege ohne Äquivalent bei Jes und 1Makk). Aufs Ganze tritt diese Bedeutung also deutlich zurück, was in der andersartigen Konzeption der jüd. Schaliach-Institution mindestens mit begründet sein dürfte (→ Apostel, II).

2) προΐστημι *[prohistæmi]* ist nur 8mal vertreten, immer ohne hebr. Äquivalent und in der Bedeutung vom *Vorstehen* des Hauswesens (2Sam 13,17; Am 6,10) oder *Regieren* des Volkes (1Makk 5,19) bis zum *Mühe machen* (Jes 43,24).

3) κυβερνάω *[kybernaō]* und κυβέρνησις *[kybernæsis]* begegnen nur einige Male in der Weisheits-Lit. und haben in den Spr den Gehalt des hebr. *tachbūlōth, kluge Überlegungen*, aufgenommen (κυβέρνησις *[kybernæsis]* als Regierungsfunktion Spr 1,5; 11,14; κυβερνάω *[kybernaō]* aber auch für listige böse Pläne Spr 12,5). κυβερνήτης *[kybernætæs]* (für hebr. *chōbēl*) meint Ez 27,8.27f den *Schiffslenker*.

4) Sind im Hinblick auf die Kennzeichnung des Lebensalters – abgesehen vom Recht des → Erstgeborenen – theol. Momente nicht gegeben und werden in der Gesandten-Nuance solche ebensowenig erkennbar, so gewann das seinem Ursprung nach weder religiös noch kultisch, sondern soziologisch-politisch bestimmte Ältesteninstitut für die Lebensordnung Israels und der jüd. Synagogengemeinde erhebliche Bedeutung. Diese Einrichtung war wie in anderen Völkern der alten Welt (vgl. Gen 50,7 die Ältesten der Ägypter) der Volkwerdung Israels bereits vorgegeben; jedenfalls ist sie in allen Überlieferungsschichten des AT bereits vorausgesetzt (vgl. Bornkamm, ThWb VI,655): Älteste sind fester Bestandteil der patriarchalischen Sippen- und Stammesordnung, in der den Häuptern der Geschlechter eine kaum bestrittene, wenn auch unterschiedlich qualifizierte Autorität eignete. MNoth sieht die israelitischen Ältesten als die eigentlichen Führer des Volkes beim Verlassen Ägyptens an, deren wirkliche Rolle aber in der Überlieferung durch die überragende Gestalt des Mose überlagert worden sei (Überlieferungsgeschichte des Pentateuch, 172ff).

Der stufenweise Wandel der Ältesten-Auffassung ist im AT deutlich erkennbar:

a) Ein Rest des frühesten Verständnisses dürfte noch in dem jahwistischen Abschnitt Ex 12, 21–27 vorliegen; wenn alle Ältesten Israels (LXX übers. hier mit γερουσία *[gerousia]*, *Seniorenschaft*) zusammengerufen und ihnen die Anweisung für die Passahfeier in den *mischpechōt*, den *Geschlechtern* bzw. *Großfamilien, Sippen* gegeben wird, so ist an diejenigen gedacht, die in diesen durch Blutsverbindung zusammengehörigen Verbänden (LXX: συγγένεια *[syngeneia]*, *Verwandtschaft*) das maßgebende Wort zu sagen haben.

b) War schon Ex 12 der Ausdruck »Älteste Israels« gebraucht (die Geschlechter also bereits als Unterteile des Gesamtvolkes gesehen), so tritt der Ursprung der Institution in der übrigen jahwistischen und elohistischen Tradition weitgehend zurück zugunsten eines Verständnisses der Ältesten als Repräsentanten Gesamtisraels, die als erste und damit für alle anderen Augen- und Ohrenzeugen des Geschehens sind: Ihnen soll Mose Jahwes Rettungsbeschluß mitteilen, und sie sollen Zeuge seiner Interpellation am Pharaonenhof sein (Ex 3,16.18; 4,29; LXX wieder γερουσία *[gerousia]*), sie erleben das Quellwunder am Horeb mit (Ex 17,5), nehmen am Mahl mit Jethro teil (Ex 18,12), ihnen wird Gottes Bundesangebot am Sinai vorgelegt (»das ganze Volk«! Ex 19,7f; LXX v. l. tragen auch Ex 34,30.32 πρεσβύτεροι *[presbyteroi]* ein), und sie sind Zeugen der Bestrafung Dathans und Abirams (Num 16,25). Daß die Bezeichnung »Älteste« für eine ansehnliche Zahl von Männern gilt, wird gerade daraus erkennbar, daß Mose zweimal mit der Auswahl von 70 »aus den Ältesten Israels« gewissermaßen eine Repräsentation der Repräsentanten bildet: Ex 24,1 beim Bundesschluß am Sinai und Num 11,16ff, als das Murren des Volkes mit der Gabe von Wachteln und Manna beantwortet werden soll; die Überlieferung ist im Judentum (und auch in der christl. Tradition) so verstanden worden, daß das (urspr. ethnische) Ältestenamt hier durch Beauftragung und Geistbegabung eine neue, dh aber seine eigentliche Amtsfunktion im Rahmen des Mosaischen Bundes erhält (vgl. dazu sachlich auch Ex 18,13ff und Dtn 1,9ff, obwohl hier die in Richterfunktionen eingesetzten Männer nicht als Älteste bezeichnet werden). Ohne Frage steht diese Qualifikation des richterlich entscheidenden ehrenvollen Amtes auch im Hintergrund von Jes 24,23 und hat später als Typos die rabb. Ordination bestimmt, wie die Zahl 70 bei der Bildung des Synhedriums bedeutsam wird (s. u. f.).

c) Im Unterschied zu dieser auf das wandernde Gottesvolk als Gesamtheit bezogenen Amtsauffassung rückt mit der Seßhaftwerdung ein anderer Aspekt in den Vordergrund, der aber – berücksichtigt man die soziologische Veränderung – eine deutliche Modifizierung der ersten darstellt. Wie der Lebensrahmen des einzelnen nun stärker durch die Wohn- und Siedlungsgemeinschaft bestimmt wird, so erscheinen die Ältesten jetzt als die maßgebenden Männer der örtlichen Siedlungsgemeinschaften, als eine Art Stadtadel, wie ihn auch die Kanaanäer kannten (zB Jos 20,4; 1Sam 16,4; vgl. Ri 11,5ff; Ruth 4,2ff; 1Sam 30,26ff). Daß in den Städten Älteste richterliche, politische und militärische Entscheidungen treffen, gilt nach der Überlieferung nicht nur für israelitische, sondern auch für fremde Städte wie Gibeon (Jos 9,11), Sukkoth (Ri 8,14.16) und Sichem (Ri 9,2: 70 Männer): Die gesellschaftliche Struktur ist gleichermaßen aristokratisch-patriarchalisch.

Indessen behält auch für die Führungsschicht der einzelnen Stämme (zB 2Sam 19,12) und auch der Gesamtheit Israels die Ältestenbezeichnung weiterhin Gültigkeit: Die Ältesten treffen die Entscheidung, die Lade gegen die Philister »einzusetzen« (1Sam 4,3), sie fordern die Einführung des Königtums, und wie sehr die Könige auf ihr Wohlwollen angewiesen waren, zeigen Sauls Bitte an Samuel (1Sam 15,30), Davids Throngewinnung (2Sam 3,17; 5,3) und -gefährdung (2Sam 17,4.15; 19,12), ihre Rolle als Rehabeams Königsmacher (1Kön 12,6ff; 2Chr 10,6ff) und Ahabs Rückversicherung und Manipulationsversuch (1Kön 20[21],7f; 21[20],8.11). Als Repräsentanten des ganzen Volkes erscheinen sie zuletzt bei Salomos Tempeleinweihung 1Kön 8; 2Chr 5 neben den Häuptern der Stämme und Geschlechter. Ihre kritische, gelegentlich konspirative Haltung gegenüber der Monarchie dürfte nicht zuletzt darin begründet sein, daß durch den Aufbau einer königlichen Beamtenschaft und des Gewichtes der Hausmacht ihr Einfluß gefährdet war.

d) Das Ergebnis dieser Entwicklung läßt das Dtn erkennen: Aus den gesamtpolitischen Führungsfunktionen verdrängt, blieb den Ältesten die Autorität in der örtlichen Gemeinschaft, die wesentlich in den ihnen nun zugewiesenen richterlichen Funktionen bestand. Sie haben – zusammen mit den wohl beamteten Richtern (vgl. Dtn 21,2; 25,8) – über der Einhaltung der mosaischen Gesetzesbestimmungen zu wachen (nach Dtn 31,9 werden sie ihnen zusammen mit den Priestern übergeben!), wobei ihr Verhältnis zu diesen Richtern ebenso wenig durchsichtig ist wie die Frage, ob die Dtn 1,15 neben (seltsamerweise militärisch bezeichneten) Tausend- und Hundertschaftsführern erwähnten Amtsleute (*schōterim*) nun als Älteste – im Sinne von Mitgliedern der Gerousia – angesehen werden sollen oder nicht. Die alte Repräsentanten-Struktur ist von einer neuen staatsrechtlichen überlagert, der Begriff beibehalten, aber umfunktioniert. Sachlich ist damit verbunden die Prägung der Institution als Bewahrerin des Überkommenen vom Gesetz und vom lokalen Brauch her.

e) Wie stark die Position der Ältesten verwurzelt war, zeigt sich nach dem Ende des Königtums und der Exilierung großer Teile des Volkes: Älteste sind es, die nun noch einmal als Bewahrer und Vertreter der jüd. Gemeinschaft in Erscheinung treten, und zwar sowohl im Exil (Jer 29[36],1) als auch im Mutterland (Ez 8,1ff; vgl. auch die Ältesten des Landes, die Jer 26[33],17 für den Propheten eintreten). Zugleich aber hat sich in dieser Zeit ein Wandel vollzogen: Mit der Ablösung der Geschlechter durch die Vaterhäuser gewinnen einzelne Familien auch im Volksganzen eine Vorrangstellung, und so treten deren Häupter nun zugleich als aristokratische Führungsschicht auf (vgl. Esra 8,1ff): der hebr. Ausdruck *sib* für diese Familienhäupter (Esra 6,14 u. ö.) wird in LXX ebenfalls mit πρεσβύτερος *[presbyteros]* wiedergegeben. Obwohl Esra 10,14 den Fortbestand auch des deuteronomischen Stadtältestenamtes erkennen läßt, hat sich das Gewicht zur aristokratischen Oberschicht verlagert: Neh 5,17 findet sich am Tisch des Statthalters täglich eine Notabelnversammlung von 150 Männern ein, ohne erkennbare rechtliche Funktion, aber gewiß nicht ohne Einfluß.

f) Für die Wende vom 3. zum 2. Jh. vChr, unter dem Seleukiden Antiochus III., ist in Jerusalem die Existenz eines aus 70 (bzw. 71) Mitgliedern bestehenden Ältestenrates, des Synhedriums, nachweisbar (vgl. Jos. Ant. 12,138ff); werden dessen Mitglieder – analog der griech. γερουσία *[gerousia]* und dem röm. *senatus* – zunächst noch generell als πρεσβύτεροι *[presbyteroi]* bezeichnet, so unterscheidet das Wort zunehmend die wohl aus den Jerusalemer Patrizierfamilien stammenden Laienmitglieder von denen aus den priesterlichen Familien einerseits und (erst seit ca. 70 vChr) denen aus den Reihen der Schriftgelehrten andererseits. Das NT dürfte darin die historische Realität wiedergeben, daß diese Presbyter wesentlich auf seiten des sadduzäischen Priesteradels standen, jedoch den geringsten Einfluß hatten (die Evangelisten nennen sie in den Aufzählungen meist zuletzt), während die immer mehr die eigentliche Führung übernehmenden Schriftgelehrten meist dem orthodoxen Pharisäertum zugehörten.

g) Nach der Zerstörung Jerusalems (70 nChr) erfährt der *zāqēn*-Begriff eine neue inhaltliche Bestimmung: Dem neu gebildeten, nun allein auf die Gesetzesauslegung und -anwendung beschränkten Synhedrium von Jabne gehören ausschließlich Schriftgelehrte an, und der Ältestenbegriff findet in der Folge Verwendung als Ehrentitel hervorragender Theologen; er setzt, wenn nicht die Zugehörigkeit zum Rat, so jedenfalls die Ordination voraus (vgl. bSanh 11,1–4). Daneben werden freilich auch die Vorsteher der jüd. Synagogengemeinden, in denen die alte Ortsgemeindestruktur fortlebt (vgl. dazu noch die Ältesten von Betylua Jdt 6,16.21 u. ö.), πρεσβύτεροι *[presbyteroi]* genannt, also die Inhaber der Leitung und Wahrer der überkommenen Ordnung (Disziplinargewalt); neben Lk 7,3 auch inschriftlich belegt. Etwa vom 2. Jh. nChr ab verliert das Wort in den jüd. Gemeinden seinen Funktionswert und wird durch andere (in der Diaspora meist griech.) Ausdrücke abgelöst; es findet sich dann häufig noch als Ehrentitel von Patrizierfamilien.

5) In der Gemeinschaft von Qumran ist zwar die Bezeichnung »Älteste« noch gewahrt, aber ohne eigenen Amtscharakter. Während 1QM XIII,1 sie neben Priestern und Leviten bei der Beschreibung der Schlachtordnung nennt, also wohl am ehesten an die Geschlechtshäupter denkt, nehmen nach CD IX,4 und 1QS VI,8 in der Sitz- und Rangordnung »Älteste« den Platz hinter dem (bzw. den) Priester(n) ein und sind nach jenen kompetent für Auskünfte und Rechtsentscheidungen, dh in der Kenntnis des richtigen Verhaltens nach dem Gesetz.

1a) Auch im NT ist unter den Vokabeln der Wortgruppe πρεσβύτερος *[presbyteros]* so beherrschend (65 Belege, s. u. 2), daß die übrigen nur am Rande erwähnt zu werden brauchen: πρεσβεία *[presbẹia]* findet sich nur in Gleichnissen (Lk 14,32; 19,14), und zwar im Sinne einer *politischen Abordnung* bzw. *Gesandtschaft*. Das Verb πρεσβεύω *[presbẹụō]* hat Paulus 2Kor 5,20 einmal benutzt, um dadurch den offiziellen Charakter der von ihm überbrachten Versöhnungsbotschaft zum Ausdruck zu bringen: ὑπὲρ Χριστοῦ οὖν πρεσβεύομεν ὡς τοῦ θεοῦ παρακαλοῦντος δι' ἡμῶν *[hypẹr Christọụ oun presbẹụomen hōs tou theọụ parakalọụntos di hæmọ̄n]*, *für Christus treten wir als Gesandte auf, so daß Gott gleichsam durch uns ermahnt* (nämlich die geschehene Versöhnung anzunehmen; in gleichem Sinne auch Eph 6,20). – πρεσβύτης *[presbytæs]* und πρεσβῦτις *[presbytis]* weisen Lk 1,18; Tit 2,2f und Phm 9 einfach auf das hohe bzw. höhere Lebensalter hin (*alt*). – πρεσβυτέριον *[presbytẹrion]* ist von Lukas Lk 22,66 und Apg 22,5 für das jüd. Synhedrium (s. o. II,2f) gebraucht; daneben findet es sich nur noch 1Tim 4,14, wo es die *Ältestenwürde* bezeichnet, die durch → Handauflegung verliehen wird, wobei nicht gesagt wird, w e r die Ordination vollzieht (JJeremias, πρεσβυτέριον, 132, faßt τοῦ πρεσβυτερίου *[tou presbyterịou]* auf als Gen. finalis – gegen Dibelius, HNT 13, zSt., und ELohse, Ordination, 82, die darin ein christl. Presbyterium als den Vollzieher des Ordinationsaktes sehen). III

b) προΐστημι *[prohịstæmi]* ist im NT nur bei Paulus und in den Past. belegt. 1Thess 5,12 findet sich das Part. Plur. für Menschen, die Mühen auf sich nehmen (κοπιῶντας *[kopịọ̄ntas]*) in der Leitung der Gemeinde (προϊσταμένους ὑμῶν ἐν κυρίῳ *[prohistamẹnous hymọ̄n en kyrịō]*, *die euch vorstehen im Herrn*), durch ihr Ermahnen den anderen zurechthelfen und als solche besondere Liebe verdienen. Hier dürfte es sich um eine die Gemeinde leitende Gruppe handeln, freilich noch ohne institutionalisierte und im einzelnen differenzierte Ämter, die Paulus – vom Leitbild der charismatischen Gemeinde bestimmt – noch gar nicht gekannt zu haben scheint: »Wen der Eifer treibt, wer die Mühe nicht scheut, der erweist sich damit als einer, der anderen voranzugehen vermag« (HGreeven, Propheten, 34; vgl. auch 32). Das wird bestätigt durch die Charakterisierung von προϊστάμενος *[prohistạmenos]* durch σπουδή *[spoudæ]*, *Eifer*, in dem Gabenkatalog Röm 12,8 (προϊστάμενος *[prohistạmenos]* steht hier neben διδάσκων *[didạskōn]*, *lehrend*, παρακαλῶν *[parakalọ̄n]*, *ermahnend*, ἐλεῶν *[eleọ̄n]*, *Barmherzigkeit übend*, – alle in der partizipialen Verbalform, also mehr auf eine Tätigkeit als auf einen Amtsbegriff weisend). Während Tit 3,8.14 der Inf. des Verbs, verbunden mit καλῶν ἔργων *[kalọ̄n ẹrgōn]*, *guten Werken*, im griech. Sinne von *sich bemühen um, sich befassen mit* gebraucht ist (s. o. I,2a), liegt 1Tim 3,4.5.12 in der Verbindung des Part. mit τοῦ ἰδίου οἴκου *[tou idịou ọikou]*, *ihres eigenen Hauses*, das Bild des patriarchalischen Hausherrn (bzw. Familienvaters) vor, der, wenn er dieses Amt gut zu führen vermag, auch der Gemeinde wohl vorstehen kann. An ihm ist das hier schon stärker ausgeprägte Amt eines ἐπίσκοπος *[epịskopos]*, → *Bischofs*, orientiert, wenngleich die Terminologie noch nicht eindeutig ist. Der Textzusammenhang macht wahrscheinlich, daß eine einzelne Gemeinde mehrere ἐπίσκοποι *[epịskopoi]* wie mehrere διάκονοι *[diạkonoi]*, *Diakone* (→ Dienen) hat; die Definition des Episkopenamtes (Sachverwalter oder monarchischer Leiter?) ist nicht klar und sein Verhältnis zu den πρεσβύτεροι *[presbyteroi]* nicht eindeutig zu entscheiden. 1Tim 5,17 ist das Part. προεστῶτες *[prohestọ̄tes]* fest verbunden mit πρεσβύτεροι *[presbyteroi]*, also von *vorstehenden Ältesten* die Rede (vgl. den Exkurs bei Dibelius, HNT 13, zu 1Tim 3,7: Die Stellung des Bischofs in den Pastoralbriefen). Jedenfalls ist in der Zeit der Past. die paulinische charismatische, grammatisch durch Verbalpart. angedeutete funktionale Gemeindestruktur bereits durch eine nun durch subst. Begriffe charakterisierte Ämterstruktur abgelöst. (Dibelius, HNT 13, zSt., denkt bei der Kombination des Part. mit πρεσβύτεροι *[presbyteroi]* an eine Ämterkombination und versteht die dafür geforderte »Ehre« im Sinne eines Honorars für diesen ehrenamtlichen Dienst; vgl. Did 13).

c) κυβέρνησις *[kybẹrnæsis]*, *Leitung*, – das Verb κυβερνάω *[kybernạō]* fehlt ganz –

ist nur 1Kor 12,28 in einer mit Aposteln, Propheten und Lehrern beginnenden, dann zu verschiedenen Charismen fortschreitenden Aufzählung belegt, in der zwar die drei ersten durch Bezifferung von den übrigen unterschieden, aber wohl nicht grundsätzlich abgehoben sind. Seine Einordnung nach den Gaben der Krankenheilung und der Hilfeleistungen vor denen des Zungenredens lassen das Wort als Begriff für vermittelnde Ordnungsfunktionen in der Gesamtheit des gemeindlichen Lebens, also wohl weder als »gottesdienstliches« Amt noch als »Verwaltungsleistung« (Dibelius, zSt.) erscheinen. κυβερνήτης *[kybernǣtæs]* steht nur Apg 27,11 und Offb 18,17 für den *Schiffssteuermann.*

2) πρεσβύτερος *[presbyteros]* findet sich im NT in 3 Bedeutungen: In den synopt. Evgg. sowie am Anfang und Schluß der Apg bezeichnet das Subst. die *Laienmitglieder des Synhedriums* (a); im Mittelstück der Apg, in den Past., in Jak 5,14 und den Präskripten des 1 und 2Joh *christl. Älteste* (b) und endlich in der Offb *himmlische Wesen,* → *Engel* (c), wobei offen bleibt, ob diese den göttlichen Thron als Repräsentanten der himmlischen oder der irdischen Gemeinde umgeben (ELohmeyer, HNT 16, zu Offb 4,4). Apg 2,17 sind im Zitat aus Jo 3,1 die *Älteren* im Unterschied zu den Jüngeren gemeint; so auch 1Tim 5,2; Hebr 11,2; 1Petr 5,1.5 sowie Lk 15,25 und Joh 8,9. Im JohEv. fehlt — abgesehen von der nicht urspr. zugehörigen Stelle Joh 8,9 — die Vokabel ganz, ebenso in sämtlichen paulinischen Briefen (vgl. dazu unter a).

a) Die j ü d. Ä l t e s t en haben innerhalb der synopt. Tradition ihren Platz ausschließlich in der Passionsgeschichte. Gemeint sind die aus den (bes. Jerusalemer) Patrizierfamilien stammenden Laienmitglieder des Synhedriums. Ihre in den Aufzählungen fast regelmäßige Zu- und Nachordnung hinter den ἀρχιερεῖς *[archierẹis]*, den Mitgliedern aus dem Priesteradel (→ Priester), läßt sowohl ihre enge Verbindung mit als auch ihre Abhängigkeit von diesen erkennen (vgl. II,2f). Die einzige Stelle, an der sie — und das mag bezeichnend sein — die Aufzählung der zum Hohen Rat gehörigen Gruppen anführen, ist die erste Leidensankündigung (Mk 8,31 par), — vielleicht deshalb, weil sie eben ihrer Bezeichnung nach als die Repräsentanten des Gesetzes gelten, in dessen Namen Jesus den Tod erleiden muß. In der Darstellung der Passionsgeschichte aber erscheinen die priesterlichen Mitglieder als die eigentlichen Akteure und Initiatoren (→ Kreuz, Art. σταυρός III,1a).

In Mk 7,3.5 (Par Mt 15,2) sind nicht Älteste als Amtsträger gemeint, sondern heißt παράδοσις τῶν πρεσβυτέρων *[paradosis tōn presbytẹrōn] Überlieferung der Alten*, dh der früheren Schriftgelehrten; πρεσβύτεροι *[presbyteroi]* ist hier also bereits — die Fragenden sind Pharisäer und Schriftgelehrte! — im Sinne des Ehrentitels für den ordinierten γραμματεύς *[grammatẹus]*, *Schriftgelehrter*, verstanden. —

Freilich fällt auf, daß es vor allem Matthäus ist, der die enge Verbindung von ἀρχιερεῖς καὶ πρεσβύτεροι *[archierẹis kai presbyteroi]* dadurch hervorhebt, daß er an den meisten Stellen auf die Erwähnung der γραμματεῖς *[grammatẹis]*, der *Schriftgelehrten* — offenbar doch bewußt — verzichtet, während sich bei Mk eher das Gegenteil beobachten läßt (vgl. Mt 26,3 mit Mk 14,1; Mt 27,12.20.41 mit Mk 15,3.11.31). — Lukas hat nur Lk 20,1 die dreifache Aufzählung übernommen (par Mt 21,23; Mk 11,27) und einmal Lk 22,66 (par Mt 27,1; Mk 15,1) die Sammelbezeichnung τὸ πρεσβυτέριον τοῦ λαοῦ *[to presbytẹrion tou laọu]* eingeführt (so auch Apg 22,5). Schwerlich handelt es sich dabei nur um eine verschiedene Terminologie. Ihre Wahl läßt vielmehr auf den Standort und die Intention der Evangelisten in der für sie je aktuellen Auseinandersetzung schließen: Während Mk den Anteil des Schriftgelehrtentums an der Passion Jesu zu unterstreichen wünscht, verschiebt Mt den Akzent stärker auf die Repräsentanten des ganzen Israel (er gebraucht als einziger 4mal — 21,23; 26,3.47; 27,1 — die Formulierung πρεσβύτεροι τοῦ λαοῦ *[presbyteroi tou laọu]*, *Älteste des Volkes*). Wo aber das Evangelium eher für Nicht-Juden formuliert wird, tritt solche Differenzierung zurück (Lk) bzw. kommt sie ganz in Fortfall: Joh spricht nur noch von »den Juden« als den Gegnern Jesu (→ Israel).

Nur Lk 7,3 tritt in den Evgg. der andere Typ der πρεσβύτεροι *[presbyteroi]* in Erscheinung: Älteste als Mitglieder des örtlichen Synagogenvorstandes sind es, die hier für den röm. Offizier die Verbindung zu Jesus aufnehmen.

b) Es ist Lukas gewesen, der als erster nicht nur die Bezeichnung χριστιανοί *[christia-*

noi) für die Mitglieder einer christl. Gemeinde verwendet (Apg 11,26), sondern im unmittelbaren Zusammenhang damit auch den Ausdruck πρεσβύτεροι *(presbyteroi)* für die Männer einführt, die in der Jerusalemer Christengemeinde nach jüd.-synagogalem Vorbild die Leitung haben (Apg 11,30; vgl. auch 21,18). Nach Analogie des Synhedriums ist hier eine γερουσία *(gerousia)*, ein *Ältestenrat*, vorausgesetzt, in dem die führende Rolle nun bei den ἀπόστολοι *(apostoloi)*, → *Aposteln*, liegt (beide nebeneinander Apg 15,2.4.6.22f; 16,4). Mit der Übernahme dieses Begriffes ließ sich für Lukas die Kontinuität zwischen Altem und Neuem Bund auch strukturell zum Ausdruck bringen; Lukas ist diesem Konzept sogar für paulinische Gemeinden gefolgt (vgl. Reisebericht Apg 14,23 und die Erwähnung der Ältesten aus Ephesus Apg 20,17), obgleich diese sicher weder den Begriff noch das Amt kannten; daß die paulinischen Gemeinden dank ihres charismatischen Selbstverständnisses eine Sonderstellung eingenommen haben, zeigt sich »am deutlichsten eben am Fehlen der πρεσβύτεροι *(presbyteroi)*, dem auf der anderen Seite die einzigartige Rolle entspricht, welche nach Paulus der Geist in allen Äußerungen des Gemeindelebens spielt« (Greeven, Propheten, 42). Offenbar aber hatte sich zZt der Abfassung der Apg auch in den paulinischen Gemeinden Kleinasiens die vom politischen (Senat, Gerousia) und Vereinswesen einerseits, von der Synagoge als Nachfolgeorganisation der alten jüd. Ortsgemeinde andererseits anbietende »Presbyterialverfassung« bereits durchgesetzt. Das kann aber, da die paulinischen Gemeinden entscheidend durch das Funktionieren von → Prophetie und → Lehre pneumatisch und somit noch nicht rechtlich fixiert waren (vgl. dazu Greeven, aaO, 12ff), nur bedeuten, daß gegen Ende des 1. Jh. nChr bzw. während der 2. Generation die → Kirche sich stärker institutional begreift, m. a. W. der pneumatische Ereignischarakter zugunsten eines Selbstverständnisses der Gemeinde als Hüterin und Tradentin der Tradition zurückgedrängt worden ist. Denn Älteste als hervorragende und maßgebende Personen in der Gemeinde sind wie im AT von ihrer soziologisch bestimmten Funktion her notwendigerweise ein seinem Wesen nach konservatives Strukturelement, Kennzeichen »eines grundsätzlich andersartigen kirchlichen Denkens . . ., das sich dem paulinischen Bilde von der Gemeinde nicht ohne weiteres einfügen und daraus auch nicht ableiten läßt« (Campenhausen, Amt, 82; vgl. auch 69ff).

Theol. wird das bestätigt durch das Kirchenverständnis der Deuteropaulinen, bes. Eph und der Past. (→ Kirche III,3f), und es findet seine Widerspiegelung in der Ämterbeschreibung des 1Tim (πρεσβύτερος *(presbyteros)* 5,17.19) und in Tit 1,5: πρεσβύτερος *(presbyteros)* ist zum Ehrentitel für die Mitglieder eines über die Glieder und das Leben der Gemeinde wachenden Kollegiums geworden (vgl. 1Tim 4,14 die Verleihung dieser Würde; nach der anderen Auslegung von πρεσβυτέριον *(presbyterion)* wäre das kollegiale Verständnis sogar noch eindeutiger!), aus dem die im eigentlichen Sinne »Vorstehenden« (s. o. III,1b) und die Verkündigenden und Lehrenden berufen werden (1Tim 5,17). Hier liegt die Wurzel des heutigen Presbyterialverständnisses.

Tit 1,5.7 macht wahrscheinlich, daß πρεσβύτερος *(presbyteros)* und ἐπίσκοπος *(episkopos)*, → *Bischof*, als Bezeichnungen austauschbar sind, wobei neben den der allg. Moral entsprechenden persönlichen Anforderungen das Ermahnen und das Widerlegen der Widersprechenden die entscheidenden Aufgaben sind; hier setzt sich also das synagogale, richterliche Ältestenverständnis in Gestalt des Gruppenvorstandes fort. Das gleiche kollegiale Verständnis liegt Jak 5,14 zugrunde, und zwar auch hier bezogen auf die hervorragenden Mitglieder der örtlichen Gemeinden.

Bliebe noch hinzuzufügen, daß in den Past. diese noch kollegiale, wenn auch schon Tendenzen in Richtung eines Klerus aufweisende lokale Ordnung ihre Ergänzung in ersten Anzeichen überörtlicher, monarchischer Spitzen, und zwar in Gestalt der Apostelschüler findet: Titus erscheint Tit 1,5 als der, der im Auftrag des Apostels die Ältesten in den einzelnen Gemeinden einsetzt (vgl. Apg 14,23). HSchlier (Ordnung, 146) erkennt darin die Ansätze des Sukzessionsprinzips, in dessen Folge – wie im Judentum – die Presbyterwürde dann allerdings in der alten Kirche nur noch den → Priestern (die jetzt die Rolle der Schriftgelehrten ausfüllen) zukommt. Im 1Clem – nach RSohm der Anfang des Kirchenrechtes – wird dann mit allem Nachdruck Würde und Recht des »Amtes« gegenüber der (sich dagegen wehrenden?) Gemeinde vertreten. Erst mit der westeur. Reformation taucht das alte Gerousia-Prinzip der Honoratioren wieder auf, und wiederholt sich zum dritten Mal der in der Geschichte des jüd. und des christl. Presbyteramtes erkennbare Prozeß.

πρεσβύτερος *[presbỵteros]* nennt sich schließlich auch der Absender des 2 und 3Joh (jeweils V. 1), wobei diese Bezeichnung wohl weniger im Sinne eines Mitgliedes eines örtlichen Kollegiums, sondern eher als Ehrenbezeichnung für einen »Träger und Überlieferer der apostolischen Tradition« (Bultmann, KEK XIV,7,95) verstanden werden muß. Nicht also einen Amtsträger im verfassungsmäßigen Sinn haben wir vor uns, sondern eher einen in weiten Kreisen der damaligen Gemeinden geschätzten und verehrten Mann, ähnlich den alten Propheten und Lehrern, dessen Autorität allein im Gewicht seines Wortes, der Macht der Wahrheit und des Geistes liegt (vgl. Campenhausen, aaO, 132f).

c) Endlich werden πρεσβύτεροι *[presbỵteroi]* 12mal in den Visionen der Offenbarung genannt, und zwar immer als eine Gruppe von 24 Männern (2 × 12; zuerst Offb 4,4ff; vgl. 7,11). Sie sind mit weißen Kleidern angetan, gekrönt und sitzen rings um den Thron des Erhabenen, getrennt von ihm nur durch die 4 himmlischen Wesen. Sie werden dadurch charakterisiert als Träger einer hohen himmlischen Würde, als diejenigen, die den Lobpreis Gottes für dessen Heilshandeln in der Geschichte zum Ausdruck bringen (Offb 4,10ff; 5,6ff; 11,16ff) oder daran teilnehmen (Offb 14,3), wobei einer von ihnen gelegentlich als Sprecher auftritt (Offb 5,5; 7,13; vgl. dazu Mt 16,15f).

So sehr diese Visionen den Gedanken nahelegen, es handele sich um eine himmlische Widerspiegelung des Presbyteramtes der irdischen Gemeinden, durch die dieses überhöht würde, läßt sich diese Überlegung doch nicht erhärten. Mag die Zahl 24 und die Anordnung um den Thron auch Anklänge an astrale Vorstellungen haben, so besagt das nicht mehr, als daß diese Ältesten als zum Himmel, zu Gott gehörig erscheinen sollen. Eher dürften Bild und Zahl von den Vorstehern der je 24 Klassen der jüd. Priester (1Chr 24,7ff) oder der Tempelsänger (1Chr 25,9ff) übernommen sein, die im Spätjudentum »Älteste« genannt wurden (vgl. Lohmeyer, HNT 16 zu Offb 4,4 und ASatake, Gemeindeordnung, WMANT 21, 147ff).

L. Coenen

Lit.: JBenzinger, Älteste in Israel, RE I, 1896³, 224ff – LRost, Die Vorstufen von Kirche und Synagoge im AT, BWANT, 4. Folge, H. 24, 1938 – HDWendland, Geist, Recht und Amt in der Urkirche, AvKR 2, 1938, 289ff – KLSchmidt, Amt und Ämter im NT, ThZ 1, 1945, 309ff – ESchweizer, Das Leben des Herrn in der Gemeinde und ihren Diensten, AThANT 8, 1946 – ELohse, Die Ordination im Spätjudentum und im NT, 1951 – JBrosch, Charismen und Ämter in der Urkirche, 1951 – HGreeven, Propheten, Lehrer, Vorsteher bei Paulus. Zur Frage der »Ämter« im Urchristentum. ZNW 44, 1952/53, 1ff – HvCampenhausen, Kirchliches Amt und geistliche Vollmacht in den ersten drei Jahrhunderten, 1953 – WMichaelis, Das Ältestenamt, 1953 – WNauck, Probleme des frühchristlichen Amtsverständnisses, ZNW 46, 1955, 276f – HSchlier, Die Ordnung der Kirche nach den Pastoralbriefen, in: Die Zeit der Kirche, 1956, 129ff – JJeremias, »Presbyterion« außerchristlich bezeugt, ZNW 48, 1957, 127ff – GBornkamm, Art. πρέσβυς etc., ThWb VI, 1959, 651ff – BReicke, Art. προΐστημι, ThWb VI, 1959, 700ff – ESchweizer, Gemeinde und Gemeindeordnung im NT, AThANT 35, 1959 – FEMeyer, Einige Bemerkungen zur Bedeutung des Terminus ›Synhedrion‹ in den Schriften des Neuen Testaments, NTS 1968, 545ff – MPunge, Kirchenleitung – Gemeindeleitung im Neuen Testament, ZdZ 22, 1968, 121ff – ALemaire, Les ministères aux origines de l'Eglise, 1972 – JDelorme (Hrsg.), Le ministère et les ministères selon le Nouveau Testament, 1974 – HKraft, Die Anfänge des geistlichen Amtes, ThLZ 100, 1975, 81ff.

Priester

ἱερεύς

ἱερεύς *[hierẹus]* Priester · ἀρχιερεύς *[archierẹus]* Hoherpriester · ἱερωσύνη *[hierōsynæ]* Priestertum · ἱερατεία *[hieratẹia]* Priesteramt · ἱεράτευμα *[hierạteuma]* Priesterschaft

I **ἱερεύς *[hierẹus]*, *Priester*, und ἀρχιερεύς *[archierẹus]*, *Hoherpriester*, sind ebenso wie die Subst.e ἱερωσύνη *[hierōsynæ]*, *Priestertum*, *Priesterwürde*, ἱερατεία *[hieratẹia]*, *Priesteramt*, *Priesterdiener*, und ἱεράτευμα *[hierạteuma]*, *Priesterschaft*, aus dem Adj. ἱερός *[hierọs]*, *heilig*, gebildet. Die Bedeutung der Vokabeln im griech. Sprachraum ist deshalb unter → Heilig, Art. ἱερός 1,2d und 3bc behandelt.**

Zu ergänzen bleibt an dieser Stelle, daß nach dem Stoiker Zenon (Stob. Ecl. II 67,20) der Priester »der Opfersatzungen kundig« sowie in Keuschheit und Frömmigkeit »innerhalb der göttlichen Natur«, dh in Übereinstimmung mit der als göttlich angesehenen → Natur sein muß. Für die Stoa ist daher »allein der Weise« Priester (vgl. Orig. Comm. in Joh 1,4; Diog Laert. VII,119); der Weise ist auch der rechte Mantiker (Stob. Ecl. II 114,16).

1) Priestertum in Israel

LXX übersetzt mit ἱερεύς *[hiereus]* das hebr. Wort *kōhēn, Priester,* verwandt mit arab. *kahin,* II
Seher, Wahrsager.

a) Aufgabe des Priesters in Israel war urspr. nicht Opferdienst, sondern Orakelweisung (Ri 17,5; 18,5f; 1Sam 14,36–42 u. ö.) und Torabelehrung (Dtn 27,9f; 31,9ff). → Opfer konnte jedes Familienhaupt darbringen (Gen 8,20; 31,54 u. ö.). Moses Schwiegervater Jethro, der Priester in Midian (Ex 2,18ff; 3,1), bringt am Sinai Brand- und Schlachtopfer dar, hält mit den Ältesten von Israel das Gemeinschaftsmahl und berät Mose in der sakralrechtlichen Ordnung (Ex 18,12ff).

b) Das Levitentum geht wohl zurück auf eine Priestersippe um Kades, mit der wiederum Mose versippt war (vgl. arab. *lawaj, Orakel geben*). Nicht jeder Levit war jedoch auch Priester (Ri 19,1); die Formel »die Priester, die Leviten« (Dtn 17,8 u. ö.) ist erst dtn. Programm. Die Leviten hatten aber ein bes. enges Verhältnis zu Jahwe (Dtn 10,9; Ri 17,13) und beanspruchten, allein zum wahren Priestertum berufen zu sein (Ex 32,25ff; Dtn 33,8ff; polemisch dagegen Gen 49,5ff). Rechtlich standen sie den Fremdlingen ohne Landbesitz nahe (Dtn 10,9 u. ö.; Ri 17,7; 19,1), gehörten aber zum Stämmeverband, dessen sakralrechtliche Tradition sie pflegten (Dtn 27, 14–26; 31,24ff; 33,10). Daher reklamierten sie Mose für sich, indem sie ihn zum Leviten erklärten (Ex 2,1f). Anders liegt der Fall bei Aaron. Er begegnet Num 12,11f als Fürbitter, Ex 17,8ff als Konkurrent des segnenden Mose und Ex 32,1ff als Priester des Stierbildes. Verbindet man damit 1Kön 12,28ff, so war Aaron wohl Eponym der Priesterschaft am Heiligtum des Nordreiches in Bethel; sie verteidigte ihre Legitimität gegen levitische Kritik, indem sie Aaron zum Leviten erklärte (Ex 4,13–16).

c) In vorköniglicher Zeit begegnen Priester nur in Verbindung mit einem Heiligtum, zB dem Gotteshaus des Ephraimiten Micha (Ri 17); dessen Priester war ein Levit, der samt dem Kultbild nach Dan verschleppt wurde (Ri 18). Die Priesterschaft von Dan wird Ri 18,30 durch Zurückführung auf Mose legitimiert. – Am Heiligtum der Lade in Silo taten die Eliden Priesterdienst, der in der Darbringung von Schlacht- und Rauchopfern und der Orakelweisung bestand (1Sam 1,3; 2,27f). Die Priester lebten von den Opferanteilen (1Sam 2,13ff). Nach dem Untergang der Eliden von Silo werden Eliden in Nob erwähnt (1Sam 21,2.7; 22,9–23).

d) Der aufblühende Tempelkult der Königszeit ließ organisierte Priesterschaften entstehen (1Kön 4,2ff; 12,26ff), die schnell gegenüber den Lokalheiligtümern an Geltung gewannen, da Königtum und Residenz-Priestertum feste politische Bindungen eingingen (2Kön 10,11.19ff; 11,1–12). Die auf diese Weise sich bildende priesterliche Oberschicht wurde dann von den Eroberern der beiden Teilreiche verschleppt (2Kön 17,27f; 25,18). – Josias Reform (632/2 vChr) zentralisierte den Jahwekult am Jerusalemer Tempel und degradierte die Priester der Lokalheiligtümer zum *clerus minor* (2Kön 23,5–9). Die levitisch beeinflußte dtn. Lit. setzte nun für den Priesterstand die Forderung nach levitischer Herkunft durch (Dtn 17,18 u. ö.).

e) In der Exilszeit wurde das Priesterrecht kodifiziert. Da nicht alle Leviten Priester sein konnten, konstruierte man »Priester und Leviten« als zwei Klassen des Stammes »Levi«, der jetzt zum Priesterstamm schlechthin wurde (Num 18,1–7). Aaron war nun der »Priester«, den Aaroniden gebührte das Priestertum (Ex 29,29f u. ö.). Nach Ez 44,15 meldeten schließlich die Zadokiden ihren Anspruch auf die hohen Priesterämter an. Sie leiteten sich her von Zadok, dem vordavidischen Priester Jerusalems, der fiktiv über die Eliden von Nob auf die Eliden von Silo zurückgeführt wurde (2Sam 8,17; 1Chr 24,3).

f) Die Neuordnung nach dem Exil forderte für die Oberpriester zadokidische Herkunft, für die gewöhnlichen Priester Abstammung von Aaron und für die Tempeldiener levitische Abkunft (1Chr 24). Da neben den Opferdienst nun die Pflege der von Esra geordneten Jahwe-Satzung (Neh 8) trat, entstand ein Schriftgelehrtentum, das bald das Priestertum überflügelte (Aboth V,5: Die Tora ist mehr als Priestertum und Königtum; bSanh. 59a: »Ein Nichtjude, der sich mit der Tora befaßt, ist wie ein Hoherpriester.« → Israel II,3; → Schrift).

g) Zur Zeit Jesu trennte eine soziale Kluft Oberpriester und gewöhnliche Priester; diese bildeten 24 Dienstklassen zu 4–9 Vaterhäusern (1Chr 24; Jos. Ant. VII 365; vgl. Lk 1,5.8). Die Klassen taten umschichtig je eine Woche Dienst im Tempel. In der übrigen Zeit übten die Priester rings im Land einen Beruf aus. Daneben begutachteten sie in Reinheitsfragen (Lev 11–15) und übernahmen oft Toralesung und -auslegung im Synagogengottesdienst. Die Priesterwürde war erblich; für die Priester galten strenge Reinheits- und Ehevorschriften (Lev 21). – Die Leviten teilten sich in Tempelmusiker und Tempeldiener (1Chr 6,16–33) und bildeten ebenfalls 24 Dienstklassen. Sie hatten keinen Zutritt zum Altar (Num 18,3). Nach Jos 21 lebten sie in Levitenstädten.

h) In der Qumrangemeinde konstituierte sich das von den Hasmonäern entmachtete zadokidische Priestertum als priesterliche Heilsgemeinde der Endzeit (1QS V,2.9; 1QSa I,2.24; 1QSb III,22; CD III,21). Ihr Gründer, der »Lehrer der Gerechtigkeit«, war Priester aus Zadoks Geschlecht (4QpPs 37 II,16); sein Gegner, der »Frevelpriester« (1QpHab VIII,8), ist wahrscheinlich mit dem Hohenpriester Jonathan (152–143 vChr) identisch. Die Priester haben den Vorrang in der Gemeinde (»An keinem Ort, wo sich zehn Männer von der Gemeinschaft der Einung befinden, weiche von ihnen ein Mann priesterlichen Standes«, 1QS VI,3ff; vgl. II,19f; auch 1QM, bes. VII,10–IX,9; XVII; XVIII), der endzeitliche Hauptpriester ist dem Messias übergeordnet (1QSa II,11–21). Die für Priester glteneden Reinigungsvorschriften werden auf alle Gemeindeglieder angewandt. Sprache und Vorstellungswelt der Gemeinde atmen durchweg priesterlichen Geist.

i) Philo sieht im Priester das Symbol des Logos (Abr. 198; Cher. 16f) und setzt ihn psychologisierend mit dem Gewissen (Deus Imm. 131ff) bzw. mit der göttlichen Seelenkraft der Vernunft im Menschen gleich (Somn. I 215). Stoischer Einfluß verrät sich: Die Leviten sind das Bild des wahren Priestertums in Abkehr von den Leidenschaften und Hinwendung zum rechten Logos (Ebr. 76; Fug. 109). Jeder, der den Weg der Sünde nicht mehr wandelt, gehört zum priesterlichen Geschlecht (Spec. Leg. I 243).

2) Der Hohepriester

ἀρχιερεύς *[archiereus]* kommt in den kanonischen Büchern der LXX nur 5mal vor, in den Apokryphen 41mal. LXX übersetzt den MT *ha·kōhēn ha·gādōl*, der *große Priester*, bzw. *kōhēn ha·rōsch*, der *Hauptpriester*, wörtlich oder mit einfachem ἱερεύς *[hiereus]*.

a) Das nachexilische, ideell auf Aaron zurückgeführte lebenslängliche Amt des Hohenpriesters (= Hp.) war bis 172 vChr im Besitz der Zadokiden. Da dem Volk eine eigenständige politische Spitze fehlte, fielen dem Hp. auch politische Befugnisse zu. Daraus entstanden Spannungen, zB zwischen dem Hp. Eljaschib und Nehemia (Neh 13,4–9.28), und Neigungen zu hell. Sitten (2Makk 4,12–15). Machtkämpfe um das Hp.-Amt gaben dem Seleukiden Antiochos IV. Epiphanes Anlaß, ab 175 mehrmals in die Besetzung des Amtes und in den Jahwekult einzugreifen; dagegen richtete sich der Aufstand der Makkabäer. Der Sohn des letzten legitimen Hp. ging 169 nach Ägypten und gründete in Leontopolis einen Tempel, der bis 73 nChr bestand. In Jerusalem usurpierte der Hasmonäer Jonathan (aus einfacher Priestersippe) 152 vChr das Hp.-Amt (1Makk 10,20f). Die Hasmonäer behielten es gegen den Einspruch der Pharisäer bis 37 vChr. Herodes und nach ihm die Römer haben bis 67 nChr willkürlich 28 Hp. ein- und abgesetzt, davon 25 aus nicht legitimen Geschlechtern. Mächtige Familien (Boethos, Hannas, Phiabi, Kamith) wußten sich das Hp.-Amt durch Bestechung zu sichern. Der letzte Hp. vor der Zerstörung (70 nChr) war noch einmal ein Zadokide.

b) Der Hp. war zur Zeit Jesu der höchste Repräsentant des Volkes. Durch die Einkleidung mit dem achtteiligen Prachtornat (Ex 28) erhielt er bleibende Heiligkeit (vgl. Apg 23,4f). Jeder Teil des Ornats galt als sühnkräftig für bestimmte Sünden; der Tod des Hp. sühnte für die Totschläger in den Asylstädten (Num 35). Der Hp. konnte jederzeit die Opferdarbringung übernehmen, er hatte die Vorwahl der Opferteile, die Leitung der Priesterschaft und den Vorsitz im Synedrium. Seine vornehmste Aufgabe war die Entsündigung der Gemeinde am Versöhnungstag (Lev 16; Mischna Joma). Die Reinheits- und Ehevorschriften für den Hp. waren bes. streng (Lev 21, 10ff). – Der Plur. bezeichnet die Inhaber der hohen Priesterämter: den Tempeloberst, die Häupter der Wochen- und Tagesabteilungen, die Tempelaufseher und -schatzmeister.

c) Die Hochschätzung der Hp.-Würde führte zur spätjüdischen Erwartung eines endzeitlichen Priesters bzw. Hp. neben dem königlichen Messias (TestRub 6,8; TestLev 18,2; TestJud 21,2; 24,1; 1QS IX,10f; 1QSa II,12ff; 1QSb IV,23; 4QpPs 37 II,15; CD XII,23f). Sie verband sich mit Engelvorstellungen (TestDan 6,2; äthHen 89,76; slHen 22,4ff; bChag. 12b – Michael bringt ein geistiges Opfer dar) und dem Urmensch-Mythos: Adam (GenR 20; NumR 4), Henoch/Metatron (Jub 4,25; hebrHen 48C 7; 48D 1; slHen 64,5A), Melchisedek (s. u.) erscheinen als Inkarnationen des Urmensch-Urpriesters.

d) Philos Hp.-Begriff ist eine eigenartige Synthese dieser Motive. Mose ist, als Hp. (Rer. Div. Her. 182) und Oberhaupt des Volkes, der allererste Logos, der auf der Grenze zwischen Geschöpf und Schöpfer steht (Rer. Div. Her. 205f), da er nicht mehr Mensch, sondern göttlicher Logos ist (Fug. 108). Jeder, der nach dem Gesetz lebt, ist nach Weish 18,20ff hohepriesterlicher Logos (Spec. Leg. II 164). Als Logos waltet der Hp. im Tempel des Kosmos, den sein Ornat abbildet; er wird selbst ein »kleiner Kosmos« (Somn. I 214f; Spec. Leg. I 82–97; Vit. Mos. II 109–135).

3) Melchisedek (MT: *malki-tsædæq*), der Gen 14,8 und Ps 110 [109],4 genannte König von Salem und Priester des *'ēl-'æljōn* (LXX: des höchsten Gottes), ist nach Josephus (Bell. VI, 438; Ant. I 180f) Gründer und erster Priester von Jerusalem. Das Melchisedek-Fragment des slHen schreibt ihm ein ewiges Priestertum im Paradies und Titel wie »großer Hp.«, »Wort Gottes«, »wun-

dertätige Macht« zu. Nach der Schatzhöhle waltet Melchisedek als Hp. im Mittelpunkt der Erde. Für Philo ist Melchisedek »Autodidakt der Gotteserkenntnis« (Congr. 99) und Abbild des »Königs Vernunft« wie auch des »Priester-Logos«, der die Seele rauschhaft zur Gottesschau emporhebt (Leg. All. III 79ff). Die rabb. Lit. sucht Melchisedek (häufig = *Sem*) gegenüber Abraham abzuwerten: Weil Melchisedek in Gen 14,18 Abrahams Namen vor Gottes Namen nennt, entzieht ihm Gott in Ps 110,4 das Priestertum und überträgt es Abraham (LevR 25; bNed 32b; antichristl. Polemik?). Verschiedentlich steht ein endzeitlicher *kōhēn-tsædæq* neben dem Messias (CantR zu 2,13; bSukka 52b; AbRN 34). Hippolyt und Epiphan. berichten von wahrscheinlich gnostischen »Melchisedekianern«, die in Melchisedek eine höhere Logosstufe als Jesus verehrten.

4) ἱερωσύνη *[hierōsynæ]*, nur 1Chr 29,22 (für Zadoks *Priesteramt*), aber mehrfach in den Apokryphen (Sir 45,24; 1Makk 2,54 u. ö.), geht durchweg auf die Grundbedeutung *Priesterwürde* zurück. Die hohe Schätzung belegen Josephus (Ap. I 31) und Philo (Ebr. 65; 126); Josephus besitzt selber die ἱερωσύνη *[hiersōsynæ]* (Ant. XVI 187; Vit. 198).

5) ἱερατεία *[hierateia]*, in LXX meist für *kehunnāh*, bezeichnet Num 3,10; 18,1 den *Priesterdienst*, häufiger aber das *Priesteramt*: Durch Investitur und Salbung (Ex 29,9; 40,15), auf göttliche Anordnung (Num 25,13; Neh 13,29; Sir 45,8) haben die Aaroniden die ewige ἱερατεία *[hierateia]*; nach TestJud 21,2.4 ist sie mehr als das Königtum. Jos. und Philo kennen das Wort nicht.

6) In Ex 19,6 gibt LXX den MT *mamlækæt kōhanīm (ein aus Priestern — wohl den Sippenhäuptern — bestehendes Königtum)* wieder mit βασίλειον ἱεράτευμα *[basileion hierateuma]*, *königliche Priesterschaft*, legt also den Ton auf das Priesterliche: Israel ist unter den Völkern zum Priesterdienst für Gott berufen (vgl. Jes 61,6). Peschitta, Syrohexapla, Targ. Onkelos und Targ. Jerus. II spalten den MT in Ex 19,6 auf in »Königtum und Priestertum«; 2Makk 2,17 und Philo (Abr. 56; Sobr. 66) verfahren ebenso mit dem LXX-Text und verstehen Königtum und Priestertum als Auszeichnungen Israels.

1) Im NT bezeichnet ἱερεύς *[hiereus]* meist den levitischen Priester (in Hebr auch Christus, in Offb die Christen). Das Wort kommt 30mal vor, davon 14mal in Hebr. III

a) Nach Ausweis der Evangelien geht Jesus auffallend wenig auf das Priestertum ein. Wenn er geheilte Aussätzige zur Begutachtung ihrer Heilung zum Priester sendet (Mt 8,4 par; Lk 17,14), so läßt er dessen Auftrag gelten. Der Priester soll Jesu Vollmacht amtlich bestätigen. Lk 10,31 erinnert an die prophetische Kritik an einem nur äußerlichen Kult; in Mt 12,4ff par bezeugt Jesus seine eschatologische Freiheit gegenüber der Kultsatzung. Nur in Lk 1,5.8 und Apg 6,7 treten Priester in ein positives Verhältnis zum Heilsgeschehen. In der Gestalt des Zacharias wird das Priestertum in den — auf Glauben gestellten — Dienst an der unmittelbaren Vorbereitung des Heils genommen. Der Anschluß einer größeren Zahl von Priestern aus der Unterschicht an die Jerusalemer Gemeinde (Apg 6,7) erscheint angesichts des sozialen Gegensatzes zur Priesteraristokratie nicht unglaubwürdig.

b) In Offb 1,6; 5,10 werden die Christen »Könige und Priester« genannt und damit aus der Menschheit zum Dienst für Gott ausgesondert. Die Verheißung von Ex 19,6 ist also erfüllt, aber die neue Ordnung kennt keinen → Tempel mehr, denn nun ist Gott selbst der Tempel (Offb 21,22; vgl. auch 20,6). — Zu Hebr s. u. III,2.

2) ἀρχιερεύς *[archiereus]* kommt ca. 100mal in Evgg. und Apg vor, 17mal in Hebr. Bezogen auf den Umfang liegt also in Hebr ein Schwerpunkt.

a) In den Evangelien und Apg begegnet der Hohepriester (Hp.) fast immer als Vorsitzender des Synedriums in den Prozessen gegen Jesus und die Seinen (zB Mk 14,60 par; Apg 5,21.27; 23,1ff); der häufige Plur. (die Inhaber der hohen Priesterämter) steht ebenfalls in diesem Zusammenhang (zB Mt 21,45f par; Mk 14,1 par; 15,1 par; Joh 12,10; 19,6.15; Apg 5,24; 25,2). Die Priesteraristokratie erscheint als eine geschlossene Gruppe, die Verfolgung und Verurteilung inszeniert. Ihr Zusammenspiel mit den »Ältesten« und den »Schriftgelehrten« wird als von Gott geplant gedeutet (Mk 8,31 par; 10,33 par). Historisch gesehen hat wohl vor allem Jesu Tempelreinigung (Mk 11,18 par) als Eingriff in das von den Oberpriestern gehütete Tempelrecht deren Feindschaft gegen ihn hervorgerufen. Vielleicht fürchteten sie auch um ihr Arrangement mit der Besatzungsmacht, wenn diese selbständig gegen Jesus und seine Anhänger vorginge (Joh 11,48). Wenn Joh 11,51 bemerkt, Kaiphas habe in seiner Eigenschaft als Hp. den Tod Jesu geweissagt, so erinnert das an rabb. Berichte von Himmelsstimmen und Visionen, die verschiedene Hp. beim Opfer des Versöhnungstages erhalten haben sollen (bSota 33a; bJoma 53b).

b) Christus werden im NT zwar auch außerhalb des Hebr hohepriesterliche Funktionen zugeschrieben, zB Fürsprache (Joh 17,19; Röm 8,34; 1Joh 2,1) und Eröffnung des Zugangs zu Gott (Röm 5,2; Eph 2,18; 1Petr 3,18), eine ausgeführte Hp.-Christologie bietet jedoch erst der Hebräerbrief. Er deutet das Leiden und das gegenwärtige Wirken Jesu Christi als hohepriesterlichen Dienst. Neben dem Titel ἀρχιερεύς *[archiereus]* trägt Christus auf Grund von Ps 109,4 LXX auch den Titel ἱερεύς *[hiereus]*. Das Interesse haftet aber an der Hp.-Würde Christi. Der Hebr hat den Hp.-Titel Christi wahrscheinlich schon in bekenntnisartiger liturgischer Tradition vorgefunden (Hebr 3,1). Auf seinen Entwurf haben aber offenbar, neben der spätjüd. Erwartung des endzeitlichen Priesters, auch das Motiv der himmlischen Fürbitte aus der Engelspekulation und Elemente des gnostischen Urmenschmythos eingewirkt. Die Bekanntschaft damit dürfte durch die alexandrinisch-jüd. Logoslehre vermittelt sein. Der Gedanke des hohepriesterlichen Selbstopfers ist jedoch neu (auch Sifre Num § 131 spricht nicht vom kultischen Selbstopfer des Hp.). Hebr entwickelt seine Deutung des Priestertums Christi am Gegenbild des levitischen Priestertums, und zwar hinsichtlich der Struktur, des Schriftgrundes, der Träger, des Dienstes, des Ortes und der Zeit.

α) Struktur: Jedes Hohepriestertum, als Vertretung der Menschen vor Gott (Hebr 5,1), muß sich gründen einerseits auf die Solidarität mit den für die Sünde anfälligen Menschen (Hebr 5,2), andererseits auf göttliche Berufung (Hebr 5,4). Unter den Aufgaben des Hp. interessiert Hebr nur der Opferdienst (Hebr 5,1; 8,3), vor allem der zweifache Dienst am Versöhnungstag (Hebr 2,17): Die Schlachtung des Opfertieres (Hebr 9,22) und der Gang mit dem Opferblut in das Allerheiligste (Hebr 9,7). Ziel des hohepriesterlichen Dienstes ist es, durch Tilgung der Sündenschuld dem Volke den Zugang zu Gott zu ermöglichen (Hebr 4,16; 7,18f.25; 10,1.19.22).

β) Schriftgrund: Tatsache und Bedeutung des Priestertums Christi werden mit Ps 110,4 (Hebr 5,6 u. ö.) und Gen 14,17ff (Hebr 7,1ff) begründet. Einer exegetischen Tradition des hell. Judentums folgend ist Hebr nicht an der historischen Gestalt Melchisedeks interessiert, sondern an dem at. Bild von seinem Priestertum: Es ist nicht an Abstammung gebunden, daher ewig (Hebr 7,3) und dem levitischen Priestertum überlegen, da Melchisedek den Ahnherrn der Leviten Abraham segnet und von ihm den Zehnten empfängt (Hebr 7,5ff). In dem allen ist das Priestertum des in Ps 110 angeredeten Sohnes vorabgebildet (Hebr 7,3). Es gründet überdies auf göttlichem Eidschwur (vgl. die Exegese des göttlichen Schwurs bei Philo Leg. All. III 203ff u. ö.), während die levitische ἱερωσύνη *[hierōsynæ]*, die *Einrichtung dieses Priestertums*, auf gesetzlicher Anordnung beruht (Hebr 7,11.20f). Das »fleischliche« Gesetz (Hebr 7,16) kann aber nur hinfällige Menschen als Hp. einsetzen (Hebr 7,23.28); Gottes Eidschwur dagegen, dem die »Dynamik unzerstörbaren Lebens« innewohnt (Hebr 7,16), betraut in Jesus den Sohn Gottes, der alle Hinfälligkeit überwunden hat, mit einem unveränderlichen ἱερωσύνη *[hierōsynæ]* (Hebr 5,7ff; 7,24.28).

γ) Träger: Die Schwäche der levitischen Hp. liegt in ihrer Sündhaftigkeit (Hebr 5,3; 7,27). Jesus aber ist zwar den Menschen in allem gleich gewesen (Hebr 2,17), doch ohne Sünde (Hebr 4,15; 9,14); und nur ein solcher Hp. kommt für uns in Frage (Hebr 7,26), denn er allein kann sühnen. Hinter dieser Abwertung des levitischen Hohepriestertums steht nicht die Erfahrung seines ethischen Verfalls in nt. Zeit, sondern die dualistische Morallehre des hell. Judentums, aber auch der Eindruck des Lebens Jesu.

δ) Dienst: Der levitische Priesterdienst ist unzulänglich, da er für das Sühnopfer auf Tierblut zurückgreifen muß. Damit wird nur eine äußerliche »fleischliche« Reinigung erreicht, nicht aber die Tilgung der Sündenschuld aus dem Gewissen (Hebr 9,13f). Im Gegenteil ruft der Zwang zu ständig neuen Opfern das Sündenbewußtsein erst hervor (Hebr 10,1ff). Christus aber hat mit seinem Selbstopfer ein für allemal die Befreiung des Gewissens von aller Sünde erwirkt (Hebr 9,14.26) und damit den Zugang zu Gott eröffnet (Hebr

10,19ff). Hier nimmt Hebr Motive der prophetischen Opferkritik im Gewande hell. Begrifflichkeit auf (Hebr 10,5ff).

ε) O r t : Der levitische Priesterdienst ist unvollkommen, da er irdischer Art ist und in einem irdischen Heiligtum stattfindet (Hebr 9, 1). Es ist nach Ex 25,40 die schattenhafte Nachbildung des himmlischen Heiligtums, in dem Christus als Hp. amtiert (Hebr 8,2.5; 9,11.24). Hebr versteht »irdisch« und »himmlisch« weniger apokalyptisch-kosmologisch als dualistisch im Sinne der platonischen Seinslehre: Das himmlische Heiligtum ist vollkommen, »wahr«, weil es »nicht von dieser Schöpfung ist« (Hebr 8,2; 9,11). Insofern ist nicht nur Christi Eintreten im Himmel, sondern auch sein auf Erden erlittener Tod wesensmäßig »himmlischer« Hp.-Dienst. Von daher erhält auch die Frage nach dem Beginn seines Hohepriestertums Antwort: Er ist in Ewigkeit Hp., wird aber als solcher erst auf Grund seines Opfertodes proklamiert (Hebr 5,10).

ζ) Z e i t : Die Begriffe »Bund« und »Verheißung« (Hebr 8,6ff; 10,16f) bringen ein geschichtliches Moment in den Dualismus von irdischem levitischem Hohepriestertum und himmlischem Hohepriestertum Christi: Das letztere löst das erstere ab (Hebr 7,18f). Mehr noch: Mit dem einmaligen Selbstopfer des Hp. Christus ist das im AT schon angesagte Ende des Kults als Sühneinstitut gekommen (Hebr 10,5ff.18). Der neue Kult der Christen kennt nur Lobopfer: Bekenntnis und Diakonie (Hebr 13,15f).

c) Z u s a m m e n f a s s e n d ist zu betonen, daß die Hp.-Christologie des Hebr nicht spekulativem, sondern paränetischem Interesse dient. Hebr wendet sich an Christen, die durch die Verborgenheit des Heils in Christus gegenüber den sehr handgreiflich Heil darstellenden und anbietenden Kulten der Umwelt angefochten sind. Hebr will sie zum Festhalten am Bekenntnis ermutigen, indem er von dem schon überlieferten Hp.-Titel Christi her sowohl das geschichtliche Werk wie die gegenwärtige Bedeutung Jesu neu deutet: Der Kreuzestod Jesu stellt das alle Opfer überbietende, ein für allemal gültige hohepriesterliche Selbstopfer des ewigen Sohnes Gottes dar, während seine Erhöhung als der Eingang des vollendeten Hp. in das himmlische, wahre Heiligtum und als sein ständiges Eintreten vor Gott für die Glaubenden interpretiert wird. So verbürgt Christus als der ewige, himmlische Hp. denen, die am Bekenntnis zu ihm festhalten, schon jetzt den unmittelbaren Zugang zu Gott und künftig den Eingang in die bleibende himmlische Welt. Hebr stellt also das Heil in Jesus Christus als die Erfüllung aller kultischen Intention und damit als das Ende allen Kultes als menschlicher Bemühung um das Gottesverhältnis dar, was mit den Methoden hell. Schriftexegese am Beispiel des at. Kultes aufgewiesen wird. Neben Paulus, der Christus als das Ende des Gesetzes verkündigt, tritt hier somit ein eigenständiger Entwurf urchristl. Predigt von Christus als dem Ende des Kultes.

3) Wie Offb 1,6; 5,10, so spricht auch 1Petr 2,5.9 die Überzeugung aus, daß sich die Verheißung von Ex 19,6 erfüllt hat: Die Christen sind das βασίλειον ἱεράτευμα *[basileion hierateuma]*, die *Priesterschaft des königlichen Gottes,* berufen dazu, Gottes Heilstat in Jesus Christus den Menschen zu verkünden und damit Gott »geistliche Opfer darzubringen«.

J. Baehr

Lit.: ERiggenbach, Der Brief an die Hebräer, 1922[2.3] – HWuttke, Melchisedek, der Priesterkönig von Salem, BZNW 5, 1927 – HWindisch, Der Hebräerbrief, HNT 14, 1931[2] – HWenschkewitz, Die Spiritualisierung der Kultusbegriffe Tempel, Priester und Opfer im NT, Angelos-Bh. 4, 1932 – JBegrich, Das priesterliche Heilsorakel, ZAW 52, 1934, 81ff (= Gesammelte Studien zum AT, ThB 21, 1964) – GSchrenk, Art. ἱερεύς, ἀρχιερεύς, ThWb III, 1938, 257ff – HBolewski, Christos Archiereus, Diss., 1939 – GBornkamm, Das Bekenntnis im Hebr, ThBl 21, 1942, 56ff (= Studien zu Antike und Urchristentum, 1963[2], 188ff) – MDibelius, Der himmlische Kultus nach dem Hebr, ThBl 21, 1942, 1ff – OMoe, Das Priestertum Christi im NT außerhalb des Hebr, ThLZ 72, 1947, 335ff – FStummer, Gedanken über die Stellung des Hohenpriesters in der at. Gemeinde, in: Episkopus (Festschr. Faulhaber), 1949, 19ff – AOepke, Das neue Gottesvolk, 1950 – OPlöger, Priester und Prophet, ZAW 63, 1951, 157ff – SMowinckel, Religion und Kultus, 1953 – EBammel, Archiereus prophäteuon, ThLZ 79, 1954, 308ff – FJSchierse, Verheißung und Heilsvollendung, 1955 – GSchille, Erwägungen zur Hohenpriesterlehre des Hebr, ZNW 46, 1955, 81ff – GFriedrich, Beobachtungen zur messianischen Hohepriestererwartung in den Synopt., ZThK 53, 1956, 265ff – GvdLeeuw, Phänomenologie der Religion, 1956[2], § 26 – AWendel, Art. Hoherpriester, RGG III, 1959[3], 427ff – JGnilka, Die

Erwartung des messianischen Hohenpriesters in den Schriften von Qumran und im NT, Revue de Qumran 2, 1960, 395ff – MNoth, Amt und Berufung im AT, in: Gesammelte Studien zum AT, ThB 6, 1960², 309ff – PHonigsheim/KKoch/BLohse/RPrenter, Art. Priestertum, RGG V, 1961³, 569ff – EKäsemann, Das wandernde Gottesvolk, 1961⁴ – FHesse, Art. Priester, Priestertum, EKL III, 1962², 322ff – FHahn, Christologische Hoheitstitel, 1964² – EGrässer, Der Glaube im Hebr, 1965 – AHJGunneweg, Leviten und Priester, Hauptlinien der Traditionsbildung und Geschichte des israelitisch-jüd. Kultpersonals, 1965 – OMichel, Der Brief an die Hebräer, KEK XIII, 1966¹² – GvRad, Theol. des AT I, 1966⁵, 245ff – RAStewart, The Sinless High-Priest, NTSt 14, 1967/8, 126ff – SNomoto, Herkunft und Struktur der Hohepriestervorstellung im Hebräerbrief, NovTest 10, 1968, 10ff – GFohrer, Priester und Prophet – Amt und Charisma?, KuD 17, 1971, 15ff – EFiorenza-Schüssler, Priester für Gott, 1972 (= NtAbh., NF 7) – HSchlier, Neutestamentliche Grundelemente des Priesteramtes, Catholica 27, 1973, 209ff.

Prophet

προφήτης

προφήτης *[prophætæs]* Prophet, Verkündiger · προφῆτις *[prophætis]* Prophetin, Verkündigerin · προφητεύω *[prophætęuō]* prophetisch enthüllen, weissagen · προφητεία *[prophætęia]* Prophetenwirksamkeit, -gabe, -wort, -spruch · προφητικός *[prophætikǫs]* prophetisch · ψευδοπροφήτης *[pseudoprophætæs]* falscher Prophet · μαντεύομαι *[mantęuomai]* wahrsagen, Orakel geben

I 1a) προφήτης *[prophætæs]* (seit Pindar, Nemeae 1,60; 9,50 und Hdt. VIII,36f.135; IX,34) ist ein nomen agentis, zusammengesetzt aus dem Stamm φη- *[phæ-], sagen, verkündigen*, bei dem stets ein religiöser Bezug vorausgesetzt werden kann, und der Vorsilbe προ- *[pro-]*, die als Adv. der Zeit die Bedeutung *vorher, voraus* hat. Damit liegt die Bedeutung *Vorhersager, Voraussager* nahe. Das wird durch den Gebrauch von πρόφημι *[prọphæmi]*, *voraussagen, vorher verkündigen*, scheinbar bestätigt; jedoch begegnet πρόφημι *[prọphæmi]* erst sehr spät (Schol. Soph. O. R. 271) und hat dadurch keine etymologische Beweiskraft. Prüft man hingegen die Verbindungen von προ- *[pro-]* mit Verben des Sprechens in früherer Zeit, so zeigt sich, daß in keinem Falle das abhängige Objekt in die Zukunft weist (προαγορεύω *[proagoręuō]*: Hdt. III,61,3; III,142,3; Thuk. II,13,1; VII,50,3; προλέγω *[prolęgō]*: Hdt. VIII,136,3; Thuk. I,139,1; προφωνέω *[prophōnęō]*: Eur. Hipp. 956 u. a. m.). Der Wortsinn dieser Verben ist eindeutig *öffentlich verkündigen, offen erklären, laut verkündigen*. Somit liegt nahe, προφητεύω *[prophætęuō]* ebenso zu übersetzen. Das wird bestätigt durch die seit dem 5. Jh. belegte Bedeutung von προφήτης *[prophætæs]* mit *Verkündiger, Sprecher* (Pindar Paean 6,6; Eur. Bacch. 211). Der religiöse Bezug des Stammes φη- *[phæ-]* gibt dem Wort ein bes. Gewicht und drückt aus, daß des Propheten Wort Autorität beanspruchen darf.

b) Von diesem Nomen sind das Femininum προφῆτις *[prophætis]* (Eur. Ion 4), das nomen actionis προφητεία *[prophætęia]* (erst im 2. Jh. nChr belegt) mit dem dazugehörigen Adj. προφητικός *[prophætikǫs]* und das Verb προφητεύω *[prophætęuō]* (Pindar fr. 150) abgeleitet.

2) Das Wesen des griech. Propheten läßt sich weniger gut durch die Etymologie (s. o.) als durch seine soziologische Stellung erfassen. Die Wortgruppe ist fest verknüpft mit dem g r i e c h . O r a k e l w e s e n . Das berühmteste Orakel war das von Delphi. Dort begegnet die Wortgruppe an zwei Stellen:

Die Pythia wurde προφῆτις *[prophætis]* genannt, trug aber als weiteren Titel auch πρόμαντις *[prọmantis]* (Eur. Ion 42; Hdt. VI,66,2). Dieses Amt bekleideten ein bis drei Mädchen, die aus der einheimischen Bevölkerung berufen waren. Die Pythia saß auf einem Dreifuß über einem Erdspalt, aus dem ein »mantischer Geist« (πνεῦμα μαντικόν *[pnẹuma mantikọn]*), ein Rauch aufstieg, der sie inspirierte. Durch das Kauen von Lorbeerblättern wurde das noch verstärkt. Darauf stieß sie rätselhafte, unartikulierte Laute – dem Zungenreden (→ Wort, Art. γλῶσσα) ähnlich – aus. Sie wurden auf die Zukunft bezogen, wie der Titel πρόμαντις *[prọmantis]* nahelegt, und standen im direkten Zusammenhang mit dem Orakelbesucher, der als Rat-loser vom Orakel Hilfe in Form von Weisung erwartete: Er legte schriftlich eine Frage vor, die sich aus seinem Leben ergeben hatte. In diesen Fragen, die geschäftlichen, kultischen, politischen, ethischen und pädagogischen Inhalt haben konnten, spiegelt sich die ganze Breite des antiken Lebens wider.

Da aber die Antwort der Pythia an die Rat-Suchenden in der Regel unverständlich war, mußte es andere Orakelbeamte geben, die diese übersetzten und in einen klar verständlichen und merkbaren Spruch brachten. Diese Aufgabe erfüllten weise, hochgeachtete, vom Orakel in diese Stellung berufene ältere Männer, die ebenfalls den Titel »Propheten« führten. Sie arbeiteten aber nicht durch direkte Inspiration (dann trügen sie μάντις *[mạntis]* als weiteren Titel), sondern ihre Übertragungsarbeit geschah durch den Verstand (λογισμός *[logismọs]*). Sie nahmen die pythischen Orakel auf, prüften, ergänzten, deuteten sie und formulierten den endgültigen Spruch (Plato Tim. 71e). Sie sprachen also nie aus eigener Initiative, sondern nur, wenn ein Ratsuchender eine Frage vorgelegt und die Pythia das Orakel geäußert hatte (zum Delphi-Orakel, das allerdings als typisch zu gelten hat, vgl. Plato, aaO, 71e–72b. Es ist zu beachten, daß Plato den Propheten auf sein Philosophenbild hin idealisiert). Als Beispiel gelte die Frage des Spartaners Glaukos an das delphische Orakel (Hdt. VI,86): Ein Fremder habe bei ihm Geld hinterlegt. Schwöre er einen Meineid, könne er sich den Betrag aneignen. Dürfe er einen Meineid schwören? Der Prophetenspruch lautete, er könne den Meineid leisten und es würde noch nicht einmal sogleich etwas geschehen. Es könne scheinen, als ginge er straflos aus. Jedoch würde der falsche Eid ihn verfolgen. Träfe er nicht ihn, dann seine Kinder und Kindeskinder. Er würde nicht ruhen, bis das ganze Geschlecht ausgelöscht sei.

An diesem Beispiel wird Grundsätzliches deutlich:

a) Der Prophet spricht etwas aus, für das er inhaltlich nicht verantwortlich ist, denn er hat es von dem Gott selbst indirekt offenbart bekommen. Bei direkter Inspiration – die in Delphi allerdings ausschließlich der Pythia vorbehalten bleibt – trägt der Prophet noch den Titel μάντις *[mạntis]*, wie die Pythia neben dem Prophetentitel auch den der πρόμαντις *[promantis]* trug. Die indirekte Offenbarung geschieht durch die unartikulierten Laute einer Pythia oder durch σύμβολα *[symbola]*, wie das Wehen des Windes, das Rauschen der heiligen Eichen, das Klingen der Metallbecken, das Schwanken eines von Priestern getragenen Götterbildes. Die Propheten sind also »Interpreten rätselhafter Aussprüche und Erscheinungen« (Plato, aaO, 72b).

b) Der Prophet gibt nur einen Rat, wenn er darum gebeten wird. Die Initiative liegt allein beim Ratsuchenden und nicht bei dem Gott oder dem Propheten.

c) Deshalb spricht der griech. Prophet immer in eine einmalige, historisch-konkrete, gegenwärtige Situation des Ratsuchenden. Dieser dann gegebene Rat umfaßt die ganze Skala von Hilfen, wie sie bis in die heutige Zeit bei menschlichen Sorgen und Nöten gegeben werden.

d) Der Prophet wird von der Institution des Orakels, also nicht von einem Gott, in sein Amt berufen.

Zusammengefaßt: Ein Prophet ist eine vom Orakel angestellte Person, die durch direkte Inspiration oder durch Deutung von Lauten und Zeichen auf Befragen eines Ratsuchenden den Willen der Götter ausspricht. προφητεύω *[prophætẹuō]* bedeutet demnach: auf eine konkrete Frage eines Ratsuchenden in eine historisch-konkret gegenwärtige Situation hinein den Rat und Willen Gottes laut und verstehbar verkündigen.

3) Früh führt auch der D i c h t e r den Prophetentitel (Pindar Paean 6,6; Hom. Il. 1,1; 2,484–492 u. ö.), da er in seiner Dichtung etwas leistet, was dem Sterblichen sonst unmöglich ist, und er sein Wissen, seine σοφία *[sophịa]*, deshalb von den Göttern haben muß (Pindar, aaO, 7b, 11–15).

4) Vom Propheten ist der M a n t i k e r (μάντις *[mạntis]*, *Seher, Wahrsager*) scharf zu unterscheiden. Wohl kann eine Person beide Bezeichnungen tragen (s. o.), sie bezeichnen aber sehr verschiedene Funktionen. Wenn die Etymologie richtig und μάντις *[mạntis]* von μαίνομαι *[mạinomai]*, *rasen, von Sinnen, in Ekstase sein*, abzuleiten ist, dann ist der Mantiker urspr. ein aus oder in der Ekstase Verkündigender. Der Prophet dagegen redet »vernünftig«. Seine Divination ist eine mediale (Inspirations-Mantik), dh er bekommt seine Weisung von den Göttern durch ein Medium (zB die Pythia) vermittelt.

Der Inhalt der Mantik ist (wie bei der Prophetie) nie eine allgemeingültige, zeitlose Wahrheit, sondern auf konkrete Einzelereignisse ausgerichtet, betrifft jedoch nie (im Gegensatz zum Prophetismus, wo das möglich ist) religiöse Bereiche (Plato Charm. 173c). Die Mantik sagt zukünftige Ereignisse voraus, während die Prophetie eine Verhaltenskorrektur im Hinblick auf zu erwartende Ereignisse anstrebt. Der Hauptimpuls für die Mantik wird die menschliche Neugier sein (JHaeckel, aaO, 62).

1) Das hebr. Wort für *Prophet, nabī'*, wird in der Regel von dem akkad. Verb *nabū* abgeleitet, das *rufen, verkündigen*, bedeutet. Deshalb wurde in der Vergangenheit in der Überzahl die Etymologie parallel zur griech. gesehen und aktivisch verstanden: der *Rufende*, der *Heraus-Sager*, der *Verkündiger* (HJKraus, Gottesdienst in Israel, 123). Eine Parallelbildung im Akkad. deutet aber darauf, daß *nabī'* nicht als nomen agentis, sondern als nomen rei acti verstanden werden muß: der *Gerufene*, der *Berufene* (WFAlbright, Von der Steinzeit zum Christentum, 1949, 301). Hinter der Passivform steht Gott als der Handelnde, hier als der Berufer. Später wurde *nabī'* zum term. techn., so daß der Wortsinn nicht mehr mitgehört wurde. II

Von diesem Nomen ist das Verb *nabā'* abgeleitet mit der Bedeutung *sich als Prophet zeigen, aufführen, äußern, als Prophet reden*. Es begegnet im hitp. und nif. In den älteren Texten überwiegt der Gebrauch des hitp., welches die Bedeutung *sich als Prophet gebärden* trägt, womit die Ekstase gemeint ist. In späteren Texten überwiegt der Gebrauch des nif., das vorwiegend mit *prophetisch reden* zu übersetzen ist (1Sam 10,5f.10ff; 19,20; 1Kön 22,10.12). Diese Beobachtung wird verstärkt durch eine zweite: Das Verb begegnet bei den älteren Schriftpropheten allein bei Amos, bei späteren bei Jer, Ez, Jo und Sach. Aus dem statistischen Befund läßt sich folgern, daß in älterer Zeit im Prophetismus die Ekstase überwog, die in späterer Zeit suspekt wurde, während in noch späterer Zeit (ab Jer) das Verb nicht mehr mit dem Geruch der Ekstase belastet war und unbefangen gebraucht werden konnte.

a) Das Nomen *nabî'* begegnet im AT 309mal, davon allein 92mal bei Jer. Der Plural bezeichnet in den Geschichtsbüchern die Prophetengruppen, der Sing. in frühen Texten Personen verschiedenster Art, in späteren Texten nur den im Auftrag Jahwes Redenden. In früheren Texten kann der Prophet auch den Titel *Gottesmann* (*'isch hā'ælōhîm*) oder *Seher* (*rō'æ* bzw. *chōze*) tragen. Gottesmann scheint eine auszeichnende Benennung zu sein, die auch großen Führern (Mose: Dtn 33,1; David: Neh 12,24.36 u. ö.), vor allem aber Elisa (29mal) und dem namenlosen judäischen Propheten aus 1Kön 13,1–31 (15mal) zugelegt wurde. Sie bringt die enge Verbindung des Betreffenden mit Gott zum Ausdruck.

Der Seher hat die Fähigkeit, verborgene Verhältnisse und zukünftige Dinge zu enthüllen (1Sam 9,9–19). Bei ihm lag der Akzent auf der Vision, beim Propheten mehr auf der Rede (Jes 30,10).

b) In späterer Zeit, als *nabî'* ein Titel war, wurde er auf ältere Gestalten übertragen. Da der Elohist zum Prophetismus eine enge Beziehung hat, kann er Abraham (Gen 20,7) und Mose (Ex 4,21; Dtn 34,10) als Propheten bezeichnen. Die spätere Priesterschrift sieht in Aaron einen Propheten (Ex 7,1), und für Mirjam (Ex 15,20) findet sich der Titel *Prophetin*, was sicher mit dem Schilfmeerlied zusammenhängt, das als kultischer Hymnus galt (s. u.).

2) Ehe es zur ausgereiften Form des Prophetismus der sog. Schriftpropheten kam, lassen sich Vorformen im AT finden.

a) Eine sind die frei durch das Land ziehenden Ekstatiker-Gruppen, die sich durch Musikinstrumente in Verzückung versetzten und in solchem Trance-Zustand Mitteilungen lallten (vgl. das Zungenreden 1Kor 14). Die → Ekstase wirkte ansteckend, so daß auch »Saul unter den Propheten« (1Sam 10,5ff) zu finden war (vgl. auch 1Sam 19,18ff). Auch die Baalspropheten waren Ekstatiker (1Kön 18,19–40). Der Ekstatiker, der »ein anderer Mensch« (1Sam 10,6) für diese Zeit war, zog einerseits die Israeliten an (1Sam 10,5ff), andererseits stießen diese »verrückten Narren« (Hos 9,7) ab. In Num 11,10ff wird berichtet, daß die 70 Ältesten vom Geist Gottes ergriffen in Ekstase gerieten, Josua sich abgestoßen fühlte, Mose aber entgegnete: »O, daß doch das ganze Volk Jahwes aus Propheten bestände, daß Jahwe seinen Geist auf sie kommen ließe!« Hier versucht der Elohist durch das Einfügen dieser Erzählung in die Mosetradition das fremdartige, abstoßende, unisraelitische Phänomen der ekstatischen Prophetie in den Jahwe-Glauben einzufügen, er bemüht sich um »Legitimierung dieses neuen religiösen Phänomens, das . . . den Altgläubigen manches Kopfzerbrechen gemacht haben mag« (GvRad, Theol. des AT II, 1965[4], 19).

b) Eine andere Vorform sind die Prophetengruppen monastischer Prägung. Sie gruppieren sich um eine hervorragende Gestalt (zB Elisa, 2Kön 2,3ff; 4,38; 6,1), den sie mit »Herr« oder »Vater« anreden, dem sie beim Unterricht zu Füßen sitzen und mit dem sie in gemeinsamen Siedlungen wohnen, wobei Elia und Elisa die Häupter verschiedener Prophetenverbände waren (2Kön 2,1ff). Immer begegnen solche Gruppen im Zusammenhang mit einem Heiligtum (1Kön 13,11: Bethel; 2Kön 2,35: Gilgal; Jericho). Die Ekstase spielt eine stark verminderte Rolle (ein Rest ist noch 2Kön 3,15 zu finden); dagegen scheint die Geistbegabung durch die Wundertätigkeit legitimiert zu sein (2Kön 2,19–22; 2,23–25; 4,1–7.18–37). Doch lassen selbst diese volkstümlichen, die wunderhaften Taten hervorhebenden Berichte erkennen, daß Elisa auch ein Mann des Wortes war, der seelsorgerlich (2Kön 4,1–7.8–37; 5,1–14) und sogar politisch wirkte (2Kön 13,14ff, »Wagen Israels und seine Reiter«; 6,12; 8,7–15).

c) Endlich sind als Vorform noch zu erwähnen die am Staatsheiligtum als Amtsträger angestellten Kultpropheten. Sie sind von den Schriftpropheten scharf zu unterscheiden (gegen SMowinkel, Psalmenstudien III, 1923), da diese ja den Kult scharf kritisierten (den Tempel: Hos 8,14; Mi 3,9–12; Jer 7,1–15; das Opfer: Am 1,8; Hos 5,6f; Jes 1,10–17 u. ö.; Priester: Hos 4,4–11; Mi 3,11; Jer 2,8 u. ö.) und eine unkultische Wirksamkeit und Sprache hatten (GvRad, Theol. des AT II, 61). Der Kultprophet hatte seinen Ort neben dem Priester im Kultus. Seine Aufgabe wird es gewesen sein, Orakel bei der Volksklage und bes. auch dem König zu geben. Er hatte deshalb am Königshofe einen großen Einfluß (1Kön 1,8), sprach als Gottesmann (1Kön 22,24ff) mit bemerkenswerter Schärfe (2Sam 12,1ff). Die Kultpropheten waren gefürchtet, weil ihr mächtiges Wort Heil und Unheil bringen konnte (1Sam 16,4; 1Kön 17,18). Ihre Heilsworte werden nach Art der Völkersprüche formuliert gewesen sein. In Jes 33,1–24 haben wir eine prophetische Liturgie erhalten (HGunkel), die einen Einblick in die Sprache dieser Propheten gibt. Zu den Kultpropheten können gerechnet werden Simei (1Kön 1,8), Zedekia (1Kön 22,24), vielleicht auch Nathan (2Sam 12,1ff; 1Kön 1,11ff), der in enger Bindung an den Hof, zugleich aber in erstaunlicher Unabhängigkeit wirkte. Bücher dieser Propheten sind nicht überliefert, wenn man nicht Nahum und Habakuk zu ihnen rechnet (zumindest sind sie mit ihnen verwandt). Kultprophetische Züge sind jedoch auch bei Sacharja und bes. bei Haggai unverkennbar.

3) Mit dem Königtum beginnt in Israel dann der Prophetismus im eigentlichen Sinne, ohne daß sich die Grenze ganz eindeutig ziehen ließe. Jedenfalls treten Ekstase,

Mantik und Wundertätigkeit zurück, und das → Wort rückt immer mehr in den Vordergrund. Auch die kultischen, institutionellen und monarchischen Bindungen lockern sich mehr und mehr. Von Amos bis Maleachi herrscht einzig das Wort als Mittel der Verkündigung. Die einzigen Handlungen der Propheten sind Zeichenhandlungen, die aber nicht Illustration, sondern Präfiguration des Wortes sind (Hos 1,4.6.9; Jes 7,3; 8,3; 20,2; Jer 16,2.5.8). In drei Perioden wirkten die klassischen Propheten: zZt des Untergangs des Nordreiches (um 721 vChr), des Südreiches (um 597/87 vChr) und des Exils (um 539 vChr, dem Untergang Babylons). Geschichtsbezogen war die Verkündigung in horizontaler (Volk, Völker) und vertikaler (Vergangenheit, Gegenwart, Zukunft) Richtung. Die futurische Dimension war die der Ankündigung (die Zukunft wird mit der gegenwärtigen Situation des Angeredeten verbunden), nicht der Vorhersage (Mantik: aus der Gegenwart wird ein Punkt in der Zukunft anvisiert und vorhergesagt, was dort geschehen wird).

Themen sind:

a) Die Gerichtsprophetie

Vor allem vor dem Exil war die Aufgabe der Propheten, das Volk, die Repräsentanten oder eine Gruppe des Volkes vor dem nahenden → Gericht zu warnen (Drohwort): vor Dürre, Erdbeben, Krieg u. a. Weil die Propheten aber auch Mahner und Seelsorger waren und ihre Rede auf Umkehr zielte, schloß sich der Drohrede die Begründung des Gerichtes an (Schelt- und Mahnwort): Das Gericht kommt wegen der → Sünde des Volkes, Königs oder einer Gruppe im Volk. Sünde ist für die Propheten das Verhalten des Menschen, das nicht dem Handeln Gottes entspricht. Im einzelnen heißt das bei Jesaja: Das Volk setzt nicht sein Vertrauen allein auf Jahwe. Bei Amos und Micha: Das Volk mißachtet das von Jahwe gebotene Gesetz. Für Hosea, Jeremia und Ezechiel steht mehr die Untreue des Volkes (Fremdgötterei) im Vordergrund.

b) Die Heilsprophetie

Die Heilsprophetie hat ihren Grund nicht in der neugierigen Frage, was eigentlich nach dem Gericht Gottes geschehen wird. Sie ist allein im gnädigen Willen Jahwes begründet (im Gegensatz zur Gerichtsprophetie, die aus dem menschlichen Fehlverhalten resultiert). Darauf weisen auch die Formen des Heilswortes (Verheißung): Die Heilszusage weist deutlich auf ein vorheriges Klagen und steht deshalb dem Erhörungsorakel nahe (Jes 43,1ff). Die Heilsankündigung verspricht Gottes zukünftige Hilfe (Jes 41,17ff; Jer 28,2ff). Die Heilsschilderung beschreibt die von Gott gewirkte künftige Heilswirklichkeit (Jes 11,1ff; Sach 8,4f). Heilsprophetie überwiegt in und nach dem Exil. Das Heil wird konkret im Neuanfang des Verhältnisses Israels zu Gott, im eschatologischen König (Messias), in der kultischen Neuordnung, im Neuanfang des Staates und in der politisch-nationalen Befreiung. Der massiven Schilderung des Heiles folgt oft dessen Begründung, die nicht in der Treue oder Heiligkeit des Volkes, in seinem Eifer für Gott und den Bund liegt, sondern allein in der Treue, Heiligkeit, dem Eifer und der Absolutheit Gottes.

Zusammenfassend: Der at. Prophet ist der von Gott berufene Wortverkündiger als Warner, Mahner, Tröster, Lehrer und Seelsorger, der allein an Gott gebunden und damit einzig frei ist.

4) Wenn auch die spätere Tradition das Buch Daniel zu den Propheten schlug, so ist es doch ein Zeuge jüd. Apokalyptik. Diese unterscheidet sich von der Prophetie durch »Pseudonymität, eschatologische Ungeduld und genaue endzeitliche Berechnung, Umfang und Phantastik der Gesichte, weltgeschichtlichen und kosmischen Horizont, Zahlensymbolik und Geheimsprache, Engellehre und Jenseitshoffnung« (WBaumgartner, Ein Vierteljahrhundert Danielforschung, ThR 11, 1939, 136f). Die Apokalyptik ist also nicht die geradlinige Fortsetzung der Prophetie, wenn sie auch mit ihr die Zukunftserwartung gemein hat. Ihre Blütezeit liegt nach den Propheten (2. Jh. vChr bis 2. Jh. nChr). Der Übergang ist bei Sacharja deutlich zu sehen. In den sieben Nachtgesichten (1,7–6,8) wird aus dem Propheten der Seher, dem die eschatologische Zukunft der Völker und Israels enthüllt wird (vgl. Jes 24–27; Ez 38f; Joel).

5) Die Rabbinen sahen freilich in der Apokalyptik die legitime Nachfolgerin der Prophetie. »Bis hierher (nämlich bis Alexander d. Gr.) haben die Propheten im heiligen Geist geweissagt. Von da an und weiter neige dein Ohr und höre auf die Worte der Weisen (dh Apokalyptiker)« (Seder Olam rabba 30). Die Prophetie selbst ist erloschen; im Rabbinentum beginnt stattdessen neben der Apokalyptik die »Himmelsstimme« (→ Wort, Art. φωνή) Gewicht zu gewinnen. Von Josephus (Ant. 13,311ff) erfahren wir andererseits, daß die Essener eine große Zahl von Propheten hatten, die einen guten Ruf besaßen.

6) Die Qumran-Gemeinde schätzt die prophetischen Texte des AT (einschließlich der Pss!) außerordentlich. Sie bezieht die Weissagungen auf die Ereignisse ihrer Gegenwart, die sie als »Ende der Tage« (Endzeit) ansieht. Der »Lehrer der Gerechtigkeit« enthüllt die Geheimnisse der Prophetenworte (1QpHab 7,1–5) und rückt damit in die Stellung des eigentlichen Propheten. Die Qumrangemeinde erwartet als eschatologisches Ereignis das »Kommen eines Propheten und der Gesalbten (2 Messiasse!) aus Aaron und Israel« (1QS 9,11), also ein Triumvirat, keinen Herrscher mit einem dreifachen Amt (TestL 18,9ff).

III Im NT begegnet προφήτης *[prophẹtæs]* 144mal, am häufigsten bei Mt (37mal) und Lk (Ev. 29mal, Apg 30mal), während es bei Mk nur 6mal, im JohEv und bei Paulus je 14mal (ohne Eph und Tit nur 10mal) begegnet. Das Subst. bezeichnet den *Verkündiger* und *Ausleger* göttlicher Offenbarung, meist at. Propheten (1), aber auch Johannes den Täufer (2), Jesus (3) oder einen anderen, der auf das Reich Gottes oder Christus hinweist (4), oder einen Christen, der die Gabe der Prophetie besitzt (5). Nur an einer Stelle (Tit 1,12) trägt ein Heide den Prophetentitel. Es ist der Dichter (s. o.) Epimenides (6. Jh. vChr), aus dessen Theogonie ein sprichwörtlicher Vers zitiert wird.

Außer Personen kann προφήτης *[prophẹtæs]* allerdings auch die at. Prophetenschriften bezeichnen (Mt 5,17; Joh 6,45; Röm 3,21 u. ö.).

Der verkündigenden Frau wird im NT der Titel *Prophetin* nicht verliehen (Ausnahme Lk 2,36, wo der Nichtchristin Hanna dieser Titel verliehen wird, weil sie auf Christus hinweist). Isebel, das Urbild der zur Abgötterei verführten Frau, gibt sich selbst den Titel (Offb 2,20).

Das Abstraktum προφητεία *[prophæteịa]* begegnet im NT nur 19mal, davon allein 9mal bei Paulus (davon 2mal im 1Tim) und 7mal in der Offb. Es bezeichnet das *Prophetenwort* des at. (zB Mt 13,14) oder christl. Propheten (zB 1Kor 14,6). Nur Paulus gebraucht es auch zur Bezeichnung der *Prophetengabe* (Charisma; → Gnade; zB Röm 12,6; Offb 19,10 bezeichnet es wohl das Prophetenwort). In Offb 11,6 ist wohl die *Tätigkeit des Propheten* gemeint.

Ähnlich ist das Vorkommen des Verbums. Es begegnet 28mal im NT, davon allein 11mal bei Paulus, und zwar nur im 1Kor. Die Grundbedeutung (vgl. II) ist: *die Gottesoffenbarung verkündigen* (Mt 7,22 u. ö.). Das kann ethisch-paraklетisch (1Kor 14,3.31 u. ö. als *trösten, mahnen, lehren*), enthüllend (Mt 26,68 u. ö.) und in die Zukunft weisend (Mt 15,7 u. ö. *weissagen*) verstanden sein. Da die Frau den Prophetentitel nicht bekam, wird dieser bei ihr verbal umschrieben (Apg 21,9).

Das Wort ψευδοπροφήτης *[pseudoprophẹtæs]*, außerbiblisch noch nicht belegt, begegnet im NT 11mal, davon je 3mal bei Mt und in der Offb, bei Paulus gar nicht. Es bezeichnet in der Regel eine Person, die sich fälschlich für einen Propheten ausgibt (Mt 7,15 u. ö.). Da ein solcher dann auch Falsches verkündigt, wird jeder so benannt, der solches tut (1Joh 4,1) und sich somit als falscher Prophet erweist.

Unter den nt. Begriff *Prophet* sind subsumiert

1) der alttestamentliche Prophet

Dieser wird wie im AT (»so spricht der Herr«) als »Mund Gottes« (Jer 15,19) bezeichnet (Apg 3,18.21; hinter der passiven Konstruktion Mt 2,17.23 u. ö. steht Gott). Wenn in 1Petr 1,11 Jesus Christus der ist, der in den Propheten wirkt, so ist es der präexistente Herr, der im 1Petr mit Gott eins ist. Auch Hebr 1,1 (das ἐν *[en]* ist analog dem hebr. *bᵉ* instrumental zu übersetzen) wird der Prophet als Instrument Gottes gesehen, der offen heraus verkündigt. Doch die Vorsilbe προ- *[pro-]* wird mehr und mehr temporal aufgefaßt, so daß – im Gegensatz zum AT – der Prophet als Voraussager verstanden wird. Er sagt alles das voraus, was sich in Jesus Christus danach erfüllt hat (Mt 1,23; 2,5f.15.17f.23 u. ö.). Diese Stellen sind aber nicht Schriftbeweise in dem Sinne: Die Propheten sagen voraus – Jesus Christus erfüllt es, so daß durch → Jesus Christus die Propheten bestätigt würden bzw. durch Jesus Christus die Schrift bewiesen würde. Für Mt ist die Autorität des AT so unbestritten, daß sie nicht bewiesen zu werden braucht. Diese Stellen sind hingegen Reflexionszitate in dem Sinne: Jesus Christus tut etwas, oder mit ihm geschieht etwas. Mt reflektiert nach einem passenden at. Zitat. Da die Propheten (und die → Schrift) für Mt absolute Autorität sind, wird nun Jesus Christus durch das Zitat als Messias bestätigt. Es liegt also die umgekehrte Argumentationsrichtung wie beim Schriftbeweis vor (vgl. WMarxsen, Einleitung in das NT, 1964[3], 131).

Auffallend ist der häufige nt. Hinweis auf das gewaltsame Ende der Propheten (Mt 23,31; oder das Sprichwort Mt 23,37 par; Apg 7,52 wird die Linie vom Prophetenmord zum Tod Jesu gezogen). Im Judentum und der Urchristenheit muß das Martyrium zum gängigen Prophetenbild gehört haben (Mt 23,25 par).

2) Johannes der Täufer

Johannes trägt durchgängig den Prophetentitel. Das ist berechtigt, da er die prophetische Gerichts- und Bußpredigt aufgreift und sogar noch radikalisiert (Am 9,7ff; Mi 3,12; Jer 7,3ff; 26,1ff). Seine Predigt zielt auf sittliche Besserung und Verunsicherung des religiös selbstbewußten Juden. Seine → Taufe, die nicht Proselyten- oder Qumran-Taufe ist, muß als eschatologisches Bußsakrament verstanden werden, das die Umkehr bezeugt und die Rettung besiegelt. Es liegt nahe, daß Johannes als der erwartete eschatologische Prophet, der das Heil heraufführt, verstanden wurde (vgl. II,3; Mt 11,8ff). Das NT unterdrückt aber diese (falsche) Sicht und schildert ihn als eschatologischen Vorläufer (Synopt.) oder »Zeugen« Jesu (Joh), der in seiner Predigt auf Jesus Christus und in seiner Taufe auf die christl. Taufe hinweist (OCullmann, Die Christologie des NT, 1966[4], 22–28).

3) Jesus Christus

Nur gelegentlich wird Jesus Christus im NT Prophet genannt, meist nur vom Volk (Mk 6,15 par; 8,27f par). Dieses denkt dabei an zeitgenössische Propheten, und erst die Tradition (Lk 9,8.19; Mt 16,14) steigert diese Aussage zum at. Propheten. Jesus Christus selbst bezeichnet sich nie als Propheten (Lk 13,33 kommt, da wohl Zitation eines Sprichwortes, als Selbstbezeichnung kein wirkliches Gewicht zu; in Q fehlt der christologische Titel »Prophet« ganz, bei Lk begegnet er am häufigsten; vgl. FHahn, Hoheitstitel, 351ff; OCullmann, aaO, 29ff). Nach dem NT ist Jesus Christus mehr als die Propheten (Mt 12,41), da er das Heil nicht nur ankündigt, sondern auch heraufführt (1Petr 1,10f; Lk 10,24). Legitim kann Christus nur im Sinne von Dtn 18,15 als Prophet bezeichnet werden (vgl. Mt 2,1–12. 13–15.16–18.19–23; 4,1–11; 5,1ff).

4) Beauftragte

Nur in der Vorgeschichte des LkEv. finden sich von Gott bes. beauftragte und ausgerüstete Menschen, die vom heiligen Geist eingegebene Prophetien verkündigen. Von denen trägt nur Hanna den Prophetentitel (Lk 2,36). Das Benedictus des Zacharias wird als vom heiligen Geist eingegebene Prophetie qualifiziert (Lk 1,67). Elisabeth (Lk 1,41f) und Simeon (Lk 2,25) reden durch den heiligen Geist, wodurch das Prophetische zum Ausdruck gebracht werden soll.

5) Christen

Die Urchristenheit kannte Christen, die mit der Gabe der Prophetie ausgestattet waren. Sie galten als Zeichen des Geistbesitzes der Gemeinde (→ Geist; → Gnade). Man muß annehmen, daß schon sehr früh das charismatische Moment der Prophetie institutionalisiert wurde und man dann die Propheten verstand als Inhaber eines geistlichen Amtes, das in der Gemeinde eine bestimmte Stellung hatte: zwischen oder auf einer Ebene mit → Aposteln und Lehrern (1Kor 12,28f; Eph 4,11), neben Aposteln (Lk 11,49; Eph 2,20; doch könnten eventuell hier auch at. Propheten gemeint sein; Eph 3,5; Did 11,3), neben Lehrern (Apg 13,1; Did 15,1f), neben Heiligen und Aposteln (Offb 18,20).

a) In den p a u l i n i s c h e n Gemeinden hatten sie im Gottesdienst (1Kor 14,23f) die Aufgabe, die Gemeinde zu ermahnen (1Kor 14,3.24f.31), zu trösten (1Kor 14,3), zu erbauen (1Kor 14,3), Erkenntnisse und Geheimnisse mitzuteilen (1Kor 13,2). Das alles sollte in verständlichen Worten (1Kor 12,1; 14,15f.23f), ohne → Ekstase geschehen. Es muß aber die Gefahr bestanden haben, daß der Prophetengeist zu einer hemmungslosen, ekstatischen Gewalt wurde, die sich im Gemeindegottesdienst Bahn brach, so daß nicht nur einer (1Kor 14,30), sondern mehrere (V. 31) gleichzeitig als Propheten redeten. Dieser Gefahr steuert Paulus, indem er den Prophetengeist als dem Propheten untergeordnet erklärt (V. 32), wobei damit die Unterordnung unter die Ordnung und den Frieden Gottes gemeint ist (V. 33a): der Prophet muß auch schweigen können. — Ob wir »Sätze heiligen Rechtes« (EKäsemann, Sätze heiligen Rechtes im NT, in: Ex. Vers. u. Bes. II, 1968³, 69ff, nennt zB 1Kor 3,17; 14,38; 16,22 u. ö.) oder eschatologische Logien (Röm 11,25f; 1Kor 15,51f; Gal 5,21; 1Thess 3,4) als urchristl. Prophetenworte aus den Briefen erheben können, bleibt fraglich.

b) Im Eph (2,20) gehören die Propheten zum »Fundament« der Gemeinde. Dieses Bild läßt vermuten, daß die Zeit der Fundamentierung der Gemeinde vorbei ist, dh das Prophetenamt der Vergangenheit angehört.

c) Die Warnungen gegen falsche Propheten bei den Synoptikern (Mt 7,15.22f; Mk 13,22 par) lassen den Schluß zu, daß es eine große Zahl christl. Propheten im syrisch-palästinensischen Raum gegeben haben muß.

Durch formkritische Analysen versucht EKäsemann (Die Anfänge christlicher Theologie, in: Ex. Vers. u. Bes. II, 1968³, 82ff) prophetische Verkündigungsformen (Sätze heiligen Rechtes, Fluch, Makarismus u. ä.) in der synopt. Tradition zu isolieren und als Logien urchristl. Propheten zu verifizieren. In der Logienquelle ständen dann solche »unechten« Herrenworte, die in urchristl. Zeiten als Worte des erhöhten Herren aus dem Munde christl. Propheten verstanden worden wären.

d) In der Apostelgeschichte sind die Angaben über die Propheten wohl zahlreich, dennoch aber als historische Quelle unergiebig (es wächst die Mantik in die Prophetie, vgl. 11,28; 21,10). Der Grund für beides ist die Theol. des Lukas, die Einteilung der Geschichte in drei Epochen (Zeit Israels, Mitte der Zeit, Zeit der Kirche). Die dritte beginnt Pfingsten (Apg 2,1ff) und nimmt somit in der Apg den breitesten Raum ein. Sie wird u. a. als Zeit des Geistes für alle Christen charakterisiert (während in der zweiten Epoche Jesus der einzige Geistträger war). Ein Zeichen des überreichlichen Ausgießens des Geistes ist die große Zahl namhafter frühchristl. Propheten (Apg 11,27f; 13,1; 15,32; 21,9ff) und die prinzipielle prophetische Begabung aller Christen (Apg 2,17f; 19,6). Die zahlreichen Angaben über den Prophetismus sind also in erster Linie theol. bedingt und dürfen nun nicht ohne kritische Überprüfung historisiert werden.

e) Die Offenbarung scheint die Apostel durch die Propheten ersetzt zu haben. Da der Verfasser der Offb sich selbst als Prophet versteht (22,9), kann man aus seinem Selbstverständnis auf sein Prophetenbild schließen: Der Prophet bekommt durch Jesus die geheimen Pläne Gottes enthüllt (1,1). Er hat Visionen (6,1—19,10). Er ist Tröster und Mahner (Kap. 2—3). Sein Wort hat autoritative Geltung (22,18f). Der Prophetismus bestand noch eine Zeitlang in der frühchristl. Kirche weiter (Did 10,7; 11,7—12; 13,1—7; Justin Dial. 82,1), bis er durch den montanistischen Mißbrauch im 2. Jh. derart in Mißkredit kam, daß er langsam verschwand.

C. H. Peisker

Lit.: EFascher, προφήτης. Eine sprach- und religionsgesch. Unters., 1927 — MNoth, Geschichte und Gotteswort im AT, Bonner Akad. Reden 3, 1949 (= Ges. Stud. z. AT, ThB 6, 1966³, 230ff) — HJSchoeps, Die jüdischen Prophetenmorde, in: Aus frühchristlicher Zeit. Religionsgesch. Unters., 1950, 126ff — GFohrer, Neuere Literatur zur alttestamentlichen Prophetie, ThR 19, 1951, 277ff; 20, 1952, 192ff; 28, 1962, 1ff.235ff.301ff — OPlöger, Priester und Prophet, ZAW 63, 1951, 157ff — HJKraus, Prophetie und Politik, ThExh NF 36, 1952 — GQuell, Wahre und falsche Propheten, 1952 — HGreeven, Propheten, Lehrer, Vorsteher bei Paulus, ZNW 44, 1952/53, 1ff — HvCampenhausen, Kirchliches Amt und geistliche Vollmacht in den ersten drei Jahrhunderten, BHTh 14, 1953 (1963²), 65ff.195ff — GFohrer, Die symbolischen Handlungen der Propheten, AThANT 25, 1953 — HRiesenfeld, Jesus als Prophet, in: Spiritus et veritas, Festschr. KKundzins, 1953, 135ff — ThCVriezen, Prophecy and Eschatology, VT Suppl. 1, 1953, 199ff — EKäsemann, Sätze heiligen Rechtes im NT, NTSt 1, 1954/55, 248ff (= Ex. Vers. u. Bes. II, 1968³, 69ff) — HWWolff, Hauptprobleme alttestamentlicher Prophetie, EvTh 15, 1955, 446ff (= Ges. Stud. z. AT, ThB 22, 1964, 206ff) — EJenni, Die politischen Voraussagen der Propheten, AThANT 29, 1956 — GQuell, Der Kultprophet, ThLZ 81, 1956, 401ff — RRendtorff, Priesterliche Kulttheologie und prophetische Kultpolemik, ThLZ 81, 1956, 339ff — WSchmithals, Die Gnosis in Korinth, 1956 (1969³), 268ff — FGils, Jésus prophète d'après les évangiles synoptiques, Orientalia et Biblica Lovanensia II, 1957 – JHaeckel, Art. Religion, in: LAdam/HTrimborn, Lehrbuch der Völkerkunde, 1958, 40ff – FHesse, Das Verstockungsproblem im AT, BZAW 74, 1958 – WSchmauch, Das prophetische Amt in der Gemeinde, Junge Kirche 19, 1958, 126ff – HGreeven, Die Geistesgaben bei Paulus, WuD NF 1959, 111ff – HKrämer/RRendtorff/RMeyer/GFriedrich, Art. προφήτης etc., ThWb VI, 1959, 781ff – RRendtorff, Art. Propheten, EKL III, 1959 (1962^{2}), 343ff – RSchnackenburg, Die Erwartung des Propheten nach dem NT und den Qumrantexten, TU 73, 1959, 622ff – ESchweizer, Gemeinde und Gemeindeordnung im NT, AThANT 35, 1959 (1962^{2}) – HMTeeple, The Mosaic Eschatological Prophet, 1959 – FHorst, Die Visionsschilderungen der alttestamentlichen Propheten, EvTh 20, 1960, 193ff – EKäsemann, Die Anfänge christlicher Theologie, ZThK 57, 1960, 162ff (= Ex. Vers. u. Bes. II, 1968^{3}, 82ff) – GvRad, Theologie des AT II, 1960 (1968^{5}) – CWestermann, Grundformen prophetischer Rede, 1960 (= BEvTh 31, 1968^{3}) – HWWolff, Das Geschichtsverständnis der alttestamentlichen Prophetie, EvTh 20, 1960, 218ff (= Probleme at. Hermeneutik, ThB 11, 1968^{3}, 319ff) – SHerrmann, Das Prophetische, in: Reich Gottes und Wirklichkeit, Festschr. ADMüller, 1961 (= Probleme at. Hermeneutik, ThB 11, 1968^{3}, 341ff) – GMensching u. a., Art. Propheten, RGG V, 1961^{3}, 608ff – HvReventlow, Prophetenamt und Mittleramt, ZThK 58, 1961, 269ff – RRendtorff, Erwägungen zur Frühgeschichte des Prophetentums in Israel, ZThK 59, 1962, 145ff – GJeremias, Der Lehrer der Gerechtigkeit. Studien zur Umwelt des NT II, 1963, 295ff – WZimmerli, Das Gesetz und die Propheten, 1963 – HWWolff, Gesammelte Studien zum Alten Testament, 1964, 9ff.36ff.206ff.232ff.251ff (ThB 22) – CHPeisker, Propheten, in: ders. (Hrsg.), Kleine Predigttypologie II, 1965, 159ff – WEichrodt, Theologie des AT I, 1933 (1966^{8}), § 8, A, VI – GFohrer, Prophetie und Magie, ZAW 78, 1966, 25ff – FNötscher, Prophetie im Umkreis des alten Israel, BZ 10, 1966, 161ff – KSchwarzwäller, Kirche und Prophetie, EvTh 26, 1966, 580ff – PvdOsten-Sacken, Die Apokalyptik in ihrem Verhältnis zur Prophetie und Weisheit, 1969 (= ThExh, 157) – GFohrer, Priester und Prophet – Amt und Charisma?, KuD 17, 1971, 15ff – SHerrmann, Das prophetische Wort, für die Gegenwart interpretiert, EvTh 31, 1971, 650ff – FStolz, Zeichen und Wunder, ZThK 69, 1972, 125ff – GDautzenberg, Urchristliche Prophetie, 1975 (= BWANT, VI,4).

Proselyt → Gottesfürchtiger

Qual → Pein

Rache → Strafe; →Vergeltung

Recht, Rechtfertigung → Gerechtigkeit

Rechte → Hand

Regierung → Herr; → Presbyter; → Reich

Reich

βασιλεία

βασιλεύς *[basileus]* Herrscher, König · βασιλεία *[basileia]* Königswürde, Königsherrschaft, Königreich · βασιλεύω *[basileuō]* König sein, herrschen · συμβασιλεύω *[symbasileuō]* mitherrschen · βασίλειος *[basileios]* königlich · βασιλικός *[basilikos]* königlich · βασίλισσα *[basilissa]* Königin

1) Das Subst. βασιλεύς *[basileus]* ist bereits in Linear B belegt und bezeichnet urspr. allg. den *Herrscher*, dann spez. den *König*. I

a) Im m y k e n i s c h e n Griech. meint βασιλεύς *[basileus]* nicht den Souverän des Staates, sondern einen untergeordneten Fürsten oder Anführer; der König ist hier der ἄναξ *[anax]*, dh der *göttliche Herrscher*. Der Titel ἄναξ *[anax]* und die damit verbundenen Vorstellungen verschwinden jedoch mit der Zeit, und der βασιλεύς *[basileus]* tritt im gleichen Maße als König auf (vgl. dazu Webster, 25ff).

b) Bei H o m e r bezeichnet βασιλεύς *[basileus]* den erblichen legitimen Herrn eines größeren oder kleineren Machtbereiches. So kann Odysseus auf Ithaka Basileus sein (vgl. Od. 19,108ff). Die Macht des Königs wird seit Homer auf Zeus zurückgeführt und der König als »zeusgenährt«

(διοτρεφής [diotrephæs]) bezeichnet (zB Il. 2,196f). Hesiod rühmt des Königs Weisheit und Ausrüstung zum Richteramt und läßt ihn von den Musen inspiriert sein (Theogonia 80.86).

c) Als das Königtum von der Adelsherrschaft abgelöst wurde und sich danach in verschiedenen Städten Griechenlands Adelige zur Alleinherrschaft aufwarfen, tauchte ein neuer Begriff für die so Regierenden auf: τύραννος [tyrannos] bezeichnet – ohne Abwertung der Herrschaftsausübung – den illegitim zur Herrschaft Gekommenen. Erst der »Tyrannenmord« (514 vChr in Athen) und die nachträgliche Glorifizierung der Mörder Hermodios und Aristogeiton haben die negative Bedeutung des Wortes τύραννος [tyrannos] bewirkt und demgegenüber den Begriff βασιλεύς [basileus], der im politischen Leben Griechenlands nur noch eine Randstellung hatte, neu belebt zur Bezeichnung des rechtmäßigen und gerechten Herrschers. Vor allem Platon hat diese Auffassung vertreten mit seiner scharfen Verurteilung des Tyrannen und der ethischen Aufwertung des βασιλεύς [basileus] durch die Forderung, daß die Könige Philosophen bzw. die Philosophen Könige sein sollten (Resp. V,473d; Polit. 292e; vgl. auch Aristot. Pol. III 13p 1284a 13).

d) Das hellenistische Gottkönigtum geht nicht auf Platon zurück. Die politische Tradition des mazedonischen Volkskönigtums und des achämenidischen Gottkönigtums und beider Überhöhung durch die Persönlichkeit Alexanders d. Gr. reichen zur Erklärung der Entwicklung völlig aus. Die Beinamen der Diadochen, zB »Wohltäterkönig« (εὐεργέτης [euergetæs]), dienen zur programmatischen Absetzung von den Konkurrenten und sind inhaltlich als göttliche Eigenschaften zu verstehen. Ein Diadoche, Antiochos IV. Epiphanes von Syrien, wurde durch den Versuch der zwangsweisen Hellenisierung für das Judentum zum Typos des Gegengottes (vgl. u. a. die Errichtung eines Zeusaltars im Tempel von Jerusalem, Mk 13,14).

e) Eine neue Blüte erlebte das hell. Gottkönigtum Alexanders d. Gr. im römischen Herrscherkult. Denn nur durch die Aufnahme des hell. Gedankens von der Inkarnation des Göttlichen im Kaiser war Augustus imstande, das weder national noch kulturell einheitliche Imperium in seiner Person zu einem Ganzen zusammenzuschließen. Das Bekenntnis κύριος Ἰησοῦς [kyrios Jæsous], mit dem die Christen Jesus als den Herrn proklamierten, mußte diese lebensnotwendige Ideologie des röm. Imperiums zerstören und als Reaktion die Christenverfolgungen in den ersten drei Jh.en hervorrufen (vgl. Lietzmann, I,158ff).

2) Die Abstraktbildung βασιλεία [basileia] datiert aus jüngerer Zeit als βασιλεύς [basileus] und ist zum ersten Mal bei Hdt. (I,11 in ionischer Abwandlung βασιληίη [basilæiæ]) belegt.

a) Der Begriff βασιλεία [basileia] bezeichnet urspr. das Sein, den Zustand und die Macht des Königs und ist am besten mit *Königswürde* bzw. *Königsherrschaft* zu übers. (zB Xenoph. Mem. IV,6,12; Aristot. Pol. III 10p 1225b,32ff).

b) Neben diese Bedeutung tritt eine zweite, die den räumlichen Aspekt von βασιλεία [basileia] betont; denn die Würde eines Königs zeigt sich in dem von ihm beherrschten Gebiet. βασιλεία [basileia] gewinnt dann die Bedeutung *Königreich*, bezeichnet also das Reich, das Gebiet, das ein König beherrscht (POxy 1257,7).

3) Das seit Homer belegte Verb βασιλεύω [basileuō] hat a) die Bedeutung *König sein, herrschen* (zB Hom. Il. 2,203; Od. 2,47); b) ingressiv (bes. im Aorist): *König werden, die Herrschaft antreten* (zB Hdt. I,130; Thuk. 2,99,3). συμβασιλεύω [symbasileuō] bringt die Gemeinsamkeit des Herrschens zum Ausdruck: *mitherrschen* (zB Polyb. 30,2,4). Die Adj.e βασίλειος [basileios] und βασιλικός [basilikos] (seit Aischyl., Hdt.) bezeichnen beide das zum König Gehörige: *königlich*. Schließlich ist noch der feminine Königsbegriff βασίλισσα [basilissa] zu erwähnen, der die attischen Formen βασιλίς [basilis] bzw. βασίλεια [basileia] verdrängt hat und erstmals bei dem Komiker Alcaeus und bei Xenoph. Oec. 9,15 sowie später häufig (zB bei Philo und Josephus) belegt ist: *Königin*.

II In der LXX begegnet die Wortgruppe sehr zahlreich, meist als Übers. hebr. Wortbildungen vom Stamm *malakh, König sein, herrschen*. Im Unterschied zu der Proportion der nt. Belege (s. u. III Überblick) steht in LXX der Begriff βασιλεύς [basileus], der in fast sämtlichen Schriften (Schwerpunkt: Geschichtswerke) zahlreich belegt ist, ganz eindeutig im Vordergrund, während βασιλεία [basileia] »nur« ca. 400mal vorkommt und erst bei Daniel eine eigenständige Rolle neben βασιλεύς [basileus] spielt. Bedeutsam ist ferner die Beobachtung, daß die Wortgruppe in erster Linie für irdische Könige und ihre profane Herrschaft und erst in zweiter Linie für Jahwes Königtum in Anspruch genommen wird. Daher kann die Vorstellung von Jahwes Königsherrschaft nur im Zusammenhang mit dem israelitischen Königtum dargestellt werden.

1a) Könige gab es bei allen Völkern, mit denen Israel seit seiner Landnahme in Berührung kam. Israel selbst hat erst relativ spät die Einrichtung des Königtums übernommen. Dies ist um so erstaunlicher, als die Edomiter, Moabiter, Ammoniter, die zugleich mit den Israeliten ihre Landnahme vollzogen haben, bald nach ihrer Seßhaftwerdung zur Staatsform des nationalen Königtums übergegangen sind. Die Israeliten dagegen haben sich nach der Landnahme noch zwei Jahrhunderte lang als ein sakraler Stämmebund mit einem Zentralheiligtum konstituiert. Israels anfängliches Zögern, die Institution des Königtums zu übernehmen, liegt in der Auffassung vom »heiligen Krieg« begründet, den Jahwe selbst für Israel führt (Ex 14,14; Jos 23,10; Ri 7,22; dazu vRad, Heiliger Krieg 6ff; 14ff): Jahwe selbst gilt als Oberbefehlshaber des israelitischen Heerbannes und als unumschränkter Eigentümer des Landes.

b) Die chronische Bedrängung und zeitweilige Unterwerfung Israels durch die Philister ist der äußere Anlaß zur Einrichtung des Königtums in Israel gewesen. Nach der älteren Überlieferung 1Sam 9,1–10,16; 11,1–11.14f, die der geschichtlichen Wirklichkeit am nächsten kommt, hat Jahwe selbst angesichts der politischen Not seines Volkes die Initiative ergriffen und den Benjaminiten Saul durch Samuel zum König salben lassen (1Sam 9,16). Neben dieser positiven Beurteilung des Königtums steht jedoch von Anfang an seine Ablehnung vom Standpunkt der theokratischen Herrschaft Jahwes aus, die bes. in den Kreisen des Nordreiches lebendig war. So führt eine Linie von Gideon aus Manasse (Ri 8,23: »Ich will nicht über euch herrschen . . ., Jahwe herrscht doch über euch«) über Hosea, den letzten Propheten aus dem Nordreich mit seiner antiköniglichen Tendenz (Hos 3,4; 7,3; 13,10ff), zu dem deuteronomistisch gefärbten Bericht über die Errichtung des Königtums in Israel (1Sam 8,1–22a; 10,17–27): Auf die Bitte des Volkes: ». . . setze uns einen König, daß er uns regiere, wie es bei allen Völkern Brauch ist«, antwortet Jahwe: ». . . mich haben sie verworfen, daß ich nicht mehr König über sie sein soll« (1Sam 8,5–7). Das Nebeneinander eines zustimmenden und eines kritischen Berichtes über die Einsetzung des Königtums (1Sam 8–12) läßt die Problematik deutlich werden, die von Anfang an das israelitische Königtum belastete, einerseits Gabe, andererseits Konkurrent Jahwes zu sein.

c) Für das judäische Königtum hat die sakrale Legitimation entscheidende Bedeutung gewonnen, die David durch die Nathanverheißung (2Sam 7,1–7.11b.16) erhalten hat. Darin wird dem Haus Davids immerwährender Bestand zugesagt (V. 16). Durch diesen Davidsbund ist die Legitimität der davidischen Erbfolge im Reich Juda nie fragwürdig geworden, sondern hat der Dynastie ihren Bestand durch alle Thronwirren hindurch gesichert. Demgegenüber hat das Königtum im Nordreich nach der Nichterneuerung der Personalunion mit Juda unter Jerobeam I. (1Kön 12,1ff) nie die Stabilität der davidischen Dynastie erlangt, weil in ihm das alte Ideal des charismatischen Führertums aus der Zeit vor der Staatenbildung lebte, wonach ausschließlich die Berufung durch Jahwe zum Führungsamt befähigte.

Zur judäischen Königstheol. gehört auch – im Unterschied zum naturhaften Gottkönigtum Ägyptens – die Adoption des Herrschers zum Sohn Jahwes, die am Thronbesteigungsfest gefeiert und in den Königs-Pss (zB 2,7; 45,7; 110,1) besungen wird. Je weniger jedoch die geschichtliche Wirklichkeit der judäischen Könige den Prädikationen der Königstheol. entsprach, desto stärker entwickelte sich die Erwartung eines endzeitlichen messianischen Königs, der die Nathanverheißung und die mit ihr verbundenen Königsvorstellungen letztgültig erfüllen sollte (vgl. Gen 49,8–12; Am 9,11–15). Bes. der judäischer Königstheol. nahestehende Prophet Jesaja erwartet einen Davidssproß, der einen neuen Äon der Gerechtigkeit und des paradiesischen Friedens heraufführen wird (Jes 11,1–9; 9,1–6; vgl. auch die messianischen Weissagungen Mi 5,1ff; Jer 23,5ff; Ez 17,22ff; Einzelheiten: → Jesus Christus, Art. Χριστός II).

2) Der Glaube an das Königtum Jahwes fehlt in der Weisheitsdichtung, im Spruchgut vieler Propheten, weithin auch in den Geschichtserzählungen; er häuft sich dagegen in den Hymnen des Psalters (den sog. Thronbesteigungs-Pss), in nachträglichen Zusätzen zu einigen Prophetenbüchern (vgl. die Fremdvölkerreden des Jeremia-Buches, zB Jer 46,18; 48,15; 51,57) und in den Erzählungen des Buches Daniel, also in den spätesten Teilen des AT. Die Vorstellung von Jahwes Königtum ist demnach kein konstitutives Element des urspr. israelitischen Glaubens gewesen (Alt, 348). Das schließt nicht aus, daß Israel von Anfang an unter Jahwes Herrschaftsanspruch lebte. Im Gegenteil: Der Glaube an die Alleinherrschaft Jahwes innerhalb des sakralen Stämmebundes reicht in die Zeit vor der Staatenbildung zurück (s. o. 1a).

a) Das älteste Zeugnis für die Bezeichnung Jahwes als König findet sich erst im 8. Jh. bei Jes (6,5): ». . . ich habe den König, den Herrn der Heerscharen, mit meinen Augen gesehen«. Es ist kein Zufall, daß die Bezeichnung Jahwes als König gerade innerhalb der Vision auftaucht, die Jes im Zentralheiligtum in Jerusalem hatte. Und wie die in Ugarit (Syrien) gefundenen Texte gezeigt haben, hat es in der kanaanäisch-syrischen Welt den Typos des höchsten Gottes (Gen 14,19) gegeben, der die Gottesbezeichnung »König« (*mælækh*) trug. Die Bezeichnung Jahwes als *mælækh* gehört somit dem kanaanäisch-syrischen Vorstellungsbereich zu und ist wohl zuerst in Jerusalem den sakralen Traditionen der Jebusiterstadt entnommen und auf Jahwe übertragen worden (Jes 6,5). Für das vorisraelitische Jerusalem ist der *molækh*-Kult (dt. Moloch) im Bereich der Urbevölkerung belegt (Lev 18,21; 2Kön 23,10 u. ö.). Jahwe wird also nicht vor der Königszeit als *mælækh* bezeichnet worden sein.

Das Gottesepitheton *mælækh* bringt schon im syrisch-kanaanäischen Bereich vor allem als Herrschaft über das Götterpantheon einen universalen Anspruch zum Ausdruck. Diesen Universalismus spiegeln auch die Stellen des AT, in denen vom *mælækh* Jahwe die Rede ist; Jahwes Königtum hat eine kosmische Dimension, er ist der Schöpfer der Welt (Ps 24,1; 93,1; 95,3ff u. ö.),

»sein Königtum hat die Herrschaft im All« (Ps 103,19). Das universale Königtum Jahwes erstreckt sich aber auch in den Raum der Geschichte: »Er ist Großkönig über die ganze Erde« (Ps 47,3); er ist König der Völker (Jer 10,7; Ps 47,4; 99,2 u. ö.).

b) Neben dieses statische Moment des Königseins Jahwes tritt ein dynamisches Moment des Königwerdens Jahwes, wie es bes. in dem Ruf der »Thronbesteigungs-Pss« zum Ausdruck kommt: »Jahwe ist König geworden« (Ps 47,9; 93,1; 96,10; 97,1; 99,1 Z).

Das Ineinander von König-Sein und -Werden wird bei DtJes bes. deutlich: Jahwe ist der »König von Jakob« bzw. »König von Israel« (Jes 41,21; 44,6). Im Zusammenhang der Ankündigung des neuen Exodus läßt DtJes der Stadt Jerusalem die Botschaft zukommen: »Dein Gott ist König geworden« (Jes 52,7). Das Ausrufen des Königtums Jahwes als eschatologisches Ereignis – die Thronbesteigungs-Pss verkünden zunächst kein eschatologisches Ereignis, sondern eine im Kult erlebte Gegenwärtigkeit – ist bei DtJes mit der geschichtlichen Tat des neuen Exodus verbunden. Nicht die Natur und ihr zyklischer Rhythmus (so in Babylonien), sondern das geschichtliche Handeln Jahwes ist die Grundlage seiner »Thronbesteigung«. – (Zu der umstrittenen Theorie eines Thronbesteigungsfestes Jahwes in Israel vgl. HJKraus, Psalmen BK XV,1 § 6 XLIIIf; Exkurs b zu Ps 24,201ff.)

c) Die judäische messianische Königstheol. kombiniert die Herrschaft Jahwes mit der erhofften Herrschaft des Messias. So ist es gerade der Jerusalemer Prophet Jesaja, der als der erste Zeuge für den Königstitel Jahwes diesen den regierenden Davididen fast immer vorenthält. Selbst der messianische Fürst der Zukunft ist für Jesaja kein Selbstherrscher, sondern nur ein Beamter (*sar* = Wezir), dem das Amt von Gott übertragen wird (Jes 9,6; 11,1f). Die Herrschaft des zukünftigen, messianischen Davididen ist demnach die stellvertretende Ausübung und Repräsentation der Königsherrschaft Jahwes.

Dem steht die antikönigliche Tendenz des Nordreiches (1Sam 8,7) gegenüber mit seiner unmessianischen Eschatologie (Hosea), die auch von DtJes, der im Exil das Königtum Jahwes (Jes 41,21; 44,6) und seine eschatologische Thronbesteigung verkündet (Jes 52,7), vertreten wird. Bei Ezechiel findet sich schließlich nebeneinander die Bezeichnung des messianischen Knechtes David als König (37,24) und als Fürst (34,24).

3) Das Nomen *malkūt* ist eine alte hebr. Abstraktbildung und bedeutet *Königtum, Königsherrschaft*; sie hat stärker dynamischen als lokalen Charakter.

a) Der Begriff *malkūt* wird im AT meist ganz profan auf politische Königtümer bezogen, zB 1Sam 20,31; 1Kön 2,12; 1Chr 12,24; 2Chr 11,17; Jer 49,34; Dan 9, 1 u. a.

b) Kommt auch die profane Bedeutung von *malkūt* am häufigsten vor, so wird doch gelegentlich in Analogie zu dem Jahwe-Epitheton *mælækh* auch Gottes Herrschaft als seine *malkūt* (*Königsherrschaft*), die er gegenwärtig ausübt, bezeichnet (Ps 103,19; 145,11.13; Dan 3,33).

c) In späteren Texten wird Jahwes Königtum eschatologisch verstanden. Die Erkenntnis von Jahwes endzeitlichem, alle nationalen Grenzen sprengendem Königreich bricht sich Bahn. Jahwe wird dereinst über die ganze Erde herrschen, in Jerusalem thronen und dort von allen zum Zion wallfahrenden Völkern verehrt werden (Jes 24,23; Sach 14,9; Ob 21). Es kennzeichnet dabei die eschatologische Erwartung der späteren Prophetie, daß die *malkūt* Jahwes immer immanent vorgestellt wird (vgl. ThWb, I,568).

d) Diese immanent-eschatologische Erwartung erfährt schließlich in Dan 7 eine letzte Steigerung zu einer transzendent-eschatologischen Vorstellung von dem Reich des »Menschensohnes« (V. 13f) und dem Reich »der Heiligen des Höchsten« (V. 27). Der Menschensohn (→ Sohn Gottes, Art. υἱὸς τοῦ ἀνθρώπου) repräsentiert als Individuum (V. 14) die Heiligen des Höchsten (V. 27), wie auch der König in Juda das Volk repräsentiert. Dh mit der Übertragung der Macht auf den Menschensohn ist diese zugleich den Heiligen des Höchsten gegeben. Mit diesen sind himmlische Wesen in der Umgebung Gottes gemeint (Noth, Die Heiligen, 286ff; vgl. Ps 89,6.8; Hi 15,15; Dtn 33,3; Sach 14,5 u. ö.). Die Machtübergabe an den die Heiligen des Höchsten repräsentierenden Menschensohn geschieht innerhalb der Himmelssphäre (V. 13 ». . . und innerhalb der Wolken kam einer, der wie ein Mensch aussah«), so daß an die Stelle der durch die vier Tiere symbolisierten Weltreiche die transzendente Herrschaft der durch den Menschensohn repräsentierten Heiligen des Höchsten tritt. In dem Gedanken, daß Gott mit der Welt einen bestimmten Plan hat (die Abfolge der vier Weltreiche) und in der dualistischen Gegenüberstellung der vier Weltreiche als dem Äon des Bösen und des Reiches Gottes als transzendenter Größe erscheinen hier bereits die wichtigsten Elemente der Apokalyptik.

4a) Der Ausdruck »Reich der Himmel« (*malkūt schāmajim*, griech. βασιλεία τῶν οὐρανῶν *[basileia tōn ouranōn]*) verdankt seine Entstehung dem Bestreben des S p ä t j u d e n t u m s , den Namen Gottes in der Wendung *malkūt jhwh* zu umschreiben, entweder durch *schekhinā* (*Herrlichkeit*, griech. δόξα *[doxa]*) oder durch *schāmajim* (*Himmel*, griech. οὐρανός *[ouranos]*). »Himmelreich« will dabei nichts anderes besagen als »Gott regiert als König«, ist also eine rein theol. jüd. Begriffsbildung.

Da das »Himmelreich«, das »Königreich der Himmel«, in der Welt nicht offenbar ist, muß man sich in freiem Willensentschluß dafür oder dagegen entscheiden (»Das Joch des Königtums Jahwes auf sich nehmen«, dh sich zu dem einen Gott als König bekennen; Belege bei St.-B. I,173ff). Die Möglichkeit der Annahme oder Ablehnung des Königtums wird allerdings mit seinem Offenbarwerden am Ende der Zeiten beendet sein. Königtum Gottes »ist also . . . in der Theologie des Spätjudentums ein rein eschatologischer Begriff . . .« (ThWb I,572).

b) Wie schon in der at. Eschatologie des Nordreiches (s. o. 2c), so geraten auch im Judentum die Erwartung des endzeitlichen, national-israelitischen Messiaskönigs und die Hoffnung auf die eschatologische Offenbarung des Königtums Gottes in Spannung zueinander: Am Ende der Tage kommt der Messias, wird König Israels und unterwirft sich alle Völker der Erde (vgl. St.-B. IV, 968f). Erst dann bricht aus der Transzendenz das bisher verborgene Reich der Himmel herein. Eine inhaltliche Beziehung zwischen dem Wirken des nationalen Messiaskönigs und dem Kommen der Herrschaft Gottes besteht im Judentum aber nicht. Dies wird dadurch bestätigt, daß im Zusammenhang der Aussagen vom Königtum Gottes das Volk Israel als solches keine Rolle spielt, da die Volkszugehörigkeit angesichts der personalen Entscheidung gegenüber Gott kein bestimmendes Element mehr sein kann. So können auch Proselyten das »Joch des Reiches Gottes« auf sich nehmen (St.-B. I,176). Ferner ist zu beachten, daß in der rabb. Lit. der Begriff »Himmelreich« verhältnismäßig selten und keineswegs mit derselben theol. Bedeutung wie in der Verkündigung Jesu vorkommt. Es wird von daher verständlich, daß beim Auftreten Jesu die jüd.-nationalistisch denkenden Kreise sich mehr von dem Gedanken des nationalen Messiaskönigs leiten ließen und an Jesus irre wurden, während in apokalyptischen Kreisen die Reich-Gottes-Erwartung lebendig blieb.

In den Qumranschriften ist der Begriff *Reich Gottes* zwar gelegentlich belegt, aber die Essener kennen keine Reich-Gottes-Erwartung.

c) Die LXX folgt, was die Gottesreich-Stellen betrifft, im allg. der at. Vorlage, jedoch zeigt sich an einigen Stellen, an denen LXX keine hebr. Vorlage hat, hellenistischer Einfluß. So kann LXX die βασιλεία *[basilẹịa]* mit den vier Haupttugenden identifizieren (4Makk 2,23) und in Weish 6,30 sagen: »Trachten nach Weisheit führt zur Herrschaft«. Diese popular-philosophische Ethisierung ist dann umfassend von Philo vollzogen worden (zB De Migr. Abr. 97; Abr. 261; Sacr. AC 49; Som. II,244). Der eigentliche Inhalt der βασιλεία *[basilẹịa]* ist die Herrschaft des Weisen als des wahren Königs (s. o. I,1c). Bei dieser Ethisierung des βασιλεία *[basilẹịa]*-Begriffes geht der at.-eschatologische Charakter zwangsweise verloren. »Die βασιλεία *[basilẹịa]* ist vielmehr ein Kapitel aus der Tugendlehre. Der wahre König ist der Weise« (ThWb I,575).

Josephus spricht nicht von βασιλεύς *[basilẹụs]* und βασιλεία *[basilẹịa]*, sondern von ἡγεμών *[hægemọn]*, *Statthalter*, und ἡγεμονία *[hægemonịa]*, *Amtsverwaltung*.

Im NT haben die βασιλεία *[basilẹịa]*-Belege das Übergewicht gegenüber βασιλεύς *[basilẹụs]* III
und βασιλεύειν *[basilẹụein]* (vgl. II Übersicht). Aufs Ganze gesehen gehört die Wortgruppe in erster Linie zum Sprachgebrauch der Synoptiker. βασιλεύς *[basilẹụs]* und noch mehr βασιλεία *[basilẹịa]* spielen bei Mt und Lk (auch Apg) eine schlechterdings entscheidende Rolle. Während diese beiden Begriffe bei Joh, im Corpus Paulinum und den übrigen nt. Briefen nur gelegentlich gebraucht werden, rücken sie in der Offb wieder stärker in den Vordergrund. Das Verb βασιλεύω *[basilẹụō]* begegnet dagegen nur gelegentlich bei den Synopt., häufiger in der Offb und – theol. am bedeutsamsten – bei Paulus (Röm, 1Kor).

1) βασιλεύς *[basilẹụs]* im NT

In engem Anschluß an den at. und jüd. Sprachgebrauch tragen im NT allein Gott und Christus mit vollem Recht den Würdenamen »König«. Die Menschen als Könige finden dagegen meist eine einschränkende Bewertung.

a) Als irdische Könige werden häufig solche genannt, die sich Gott und seinem Messiaskönig widersetzen: Pharao (Apg 7,10; Hebr 11,23.27); Herodes d. Gr. (Mt 2,1ff; Lk 1,5); Herodes Antipas (Mt 14,9); Herodes Agrippa I. (Apg 12,1.20); Herodes Agrippa II. (Apg 25,13–14 u. a.); Aretas (2Kor 11,32) und die röm. Kaiser (1Tim 2,2; 1Petr 2,13; Offb 17,9ff). Diese Herrscher werden »Könige der Erde« (Mt 17,25; Apg 4,26; Offb 1,5; 6,15); »Könige der Völker« (Lk 22,25) bzw. »Könige des ganzen Erdkreises« (Offb 16,14; vgl. Ps 2,2 und 89,28; ThWb I,576) genannt.

Wie im AT im Gegensatz zum orientalischen Gottkönigtum, so ist im NT im Gegensatz zum röm.-hell. Gottkönigtum der irdische König nicht die Inkarnation des Göttlichen, da nur Gott bzw. dem Messiaskönig eine solche Würde zukommen kann. So werden in der

Offb, in scharfem Gegensatz zu einem angemaßten Gottkaisertum Domitians, nur Gott als *König der Völker* (βασιλεὺς τῶν ἐθνῶν *[basileus tōn ethnōn]* Offb 15,3) und Christus als der *Großkönig* (βασιλεὺς βασιλέων *[basileus basileōn]* Offb 19,16; 17,14) anerkannt. Die Überlegenheit Gottes kommt, wie im AT gegenüber den Großkönigen, so auch im NT gegenüber den »Königen des Ostens« (vgl. Offb 16,12) darin zum Ausdruck, daß er sie als Zuchtrute in seinen Dienst stellt, um sie am Ende der Tage zu vernichten, wenn sie sich ihm nicht im Gehorsam unterwerfen (Offb 17,2ff; 18,3ff; 19,18ff; 21,24).

b) Nur David und Melchisedek erhalten im Gegensatz zu den sonst im NT begegnenden irdischen Königen eine positive Würdigung: David, weil er als von Gott erwählter König (2Sam 7) der Stammvater Jesu Christi (Mt 1,6; Apg 13,22 u. ö.), Melchisedek, weil er als Priesterkönig von Salem (Gen 14,18) der at. Typos des Hohenpriesters Christus (Hebr 7,1ff) ist.

c) Jesus, »der geboren ist aus dem Samen Davids nach dem Fleisch« (Röm 1,3; Mt 1,6), wird im NT als Messiaskönig der Juden (βασιλεὺς τῶν Ἰουδαίων *[basileus tōn Joudaiōn]*) oder König Israels (βασιλεὺς Ἰσραήλ *[basileus Israel]*) bezeichnet (Sohn Davids, König der Juden, König Israels sind messianische Prädikationen).

α) Dabei fällt zunächst auf, daß sich diese Prädikationen vornehmlich in dem Abschnitt der Evgg. finden, der die Verhandlung vor Pilatus schildert (Mk 15; Mt 27; Lk 23; Joh 18f), und dort ausschließlich im Munde der jüd. Gegner oder des Pilatus bzw. seiner Soldaten erscheinen. Als Selbstbezeichnung Jesu begegnet βασιλεὺς τῶν Ἰουδαίων *[basileus tōn Joudaiōn]* jedoch nicht. So wird Jesus von der Menge angeklagt, weil er gesagt habe: ». . . er sei der Christus, der König« (Lk 23,2), und von Pilatus gefragt: »Bist du der König der Juden?« (Mk 15,2 par). Das Volk wird von Pilatus vor die Entscheidung gestellt: »Wollt ihr, daß ich euch den König der Juden frei lasse?« (Mk 15,9 par). Und nach der Verurteilung Jesu verspotten ihn die röm. Soldaten im Prätorium mit den Worten: »Gegrüßest seist du, König der Juden« (Mk 15,18 par). Die die Schuld formulierende Kreuzesinschrift lautet: »der König der Juden« (Mk 15,26 par). Und wie die wachhabenden Soldaten (Lk 23,37) spotten auch die vorübergehenden Obersten des Volkes: »Wenn er der König Israels ist, so steige er herab« (Mk 15,32 par).

β) Ist somit Jesus, wie die röm. formulierte Kreuzesinschrift wahrscheinlich macht (Mk 15,26), unter der Anklage verurteilt worden, er beanspruche, der Messiaskönig des Volkes Israel zu sein, und findet sich dieser Anspruch im Munde Jesu nicht, so ist zu vermuten, daß diese Anklage ihre Anhaltspunkte wesentlich in Jesu Verhalten gesehen und gefunden hat. Jedenfalls ist es unwahrscheinlich, daß die jüd. Führer Jesus aus reiner Bosheit als Königsprätendenten angeklagt haben und daß Pilatus, indem er die Kreuzesinschrift anbrachte, nur den jüd. Messianismus ironisieren wollte (zur Kreuzigung Jesu vgl. → Kreuz, Art. σταυρός III,1). Vielmehr hat Jesus selbst seine Krankenheilungen, Dämonenaustreibungen und Verkündigung des Evangeliums an die Armen als Erfüllung jesajanischer Weissagungen (Jes 29,18f; 35,6f; 61,1f) und dementsprechend als messianisches Geschehen verstanden (Mt 11,2ff; Lk 4,16—26). Auch die beiden Handlungen in den letzten Jerusalemer Tagen, der Einzug in Jerusalem (Mk 11,1—10) und die Tempelreinigung (Mk 11,15—19), machen deutlich, daß sich Jesus als Erfüller messianischer Verheißungen wußte.

γ) Und so ist denn auch nachweislich die Messiasfrage an Jesus herangetragen worden, sei es, daß man ihn im Zusammenhang mit der wunderbaren Speisung »zum König machen« (Joh 6,15) wollte, sei es, daß ihm, wie es eine »alte, zuverlässige Überlieferung« (Kümmel, aaO, 103) darstellt, unter einer durchaus nicht geläufigen jüd. Messiasbezeichnung die Frage des Täufers zugebracht wurde, ob er (Jesus) der »Kommende« (= Messias, ἐρχόμενος *[erchomenos]*; → Kommen, Art. ἔρχομαι III,3) sei (Mt 11,3). Gerade hier ist es charakteristisch, daß Jesus in seiner Antwort an den Täufer dessen Frage nicht direkt mit einem öffentlichen Bekenntnis zu seinem Messiaskönigtum bejaht, sondern mit dem Hinweis auf die Erfüllung jesajanischer Weissagungen in verhüllender, nur dem glaubenden Hörer verstehbarer Weise antwortet (Mt 11,5). Angesichts der Niedrigkeit des Messiaskönigs Jesus bleiben die sichtbaren messianischen Taten für den Außenstehenden mehrdeutig. Daß sich also Jesus in dieser verhüllenden Weise als König der Juden und Messias seines Volkes verstanden hat, das ist sein »Messiasgeheimnis« (Mk; zum Problem des Messiasbewußtseins Jesu vgl. → Jesus Christus, Art. Χριστός III,5).

Auf dieser Linie liegt auch die von allen Evgg. überlieferte kurze Antwort Jesu auf die Frage des Pilatus, ob er der König der Juden sei: σὺ λέγεις *[sy lẹgeis], du sagst es* (Mk 15,2). Nur einmal hat Jesus vor der Öffentlichkeit, und zwar im Rahmen des Verhörs vor dem Synhedrium, dieses Messiasgeheimnis preisgegeben (Mk 14,53ff), indem er auf die Frage des Hohenpriesters: »Bist du Christus?« eindeutig mit dem Satz antwortete: »Ich bin es, und ihr werdet den Menschensohn sitzen sehen zur Rechten der Kraft und kommen auf den Wolken des Himmels« (Mk 14,62 par; zur Menschensohnproblematik vgl. → Sohn, Art. υἱὸς τοῦ ἀνθρώπου III).

δ) In der ältesten christl. Verkündigung a u ß e r h a l b der synopt. Tradition und des JohEv., dh in der Apg und bei Paulus fehlt die Bezeichnung »König Israels«, »König der Juden«. Immerhin zeigt eine Stelle wie Apg 17,7, daß Christen in Thessalonich deshalb von Juden denunziert werden, weil sie sich gegenüber dem göttlichen Anspruch des röm. Kaisers zu Jesus als einem anderen König (βασιλέα ἕτερον *[basilẹa hẹteron]*) – so formulieren es die Juden aus ihrer Sicht – bekennen. Dennoch gilt grundsätzlich: Die Anwendung des Messiastitels auf Jesus, dh die Verkündigung, daß Jesus als der König Israels der im AT verheißene Messias sei, tritt schließlich gegenüber dem christologisch-soteriologischen Kerygma, in dessen Mittelpunkt das Sterben (→ Kreuz) und die → Auferstehung Jesu steht (Röm 4,25; 1Kor 15,3f), in den Hintergrund.

2) Der Sprachgebrauch von βασιλεία *[basilẹia]* im NT

a) Allgemein

Dem irdisch-menschlichen König entspricht das i r d i s c h - m e n s c h l i c h e K ö n i g t u m. Dabei bezeichnet βασιλεία *[basilẹia]* je nach dem Zusammenhang bald die *Königs w ü r d e* (zB Lk 19,12.15; Offb 17,12), bald das beherrschte Gebiet, das *König r e i c h* (zB Mt 4,8 par; Mk 6,23; Offb 16,10 u. a.). In fast allen Texten stehen jedoch diese irdischen Königreiche im – wenn auch oft unausgesprochenen – Gegensatz zu βασιλεία τοῦ θεοῦ *[basilẹia tou theọu]*, der *Königsherrschaft Gottes*, weil sie »dem Gott dieser Welt«, dem διάβολος *[diạbolos]* (*Teufel*; → Satan), unterworfen sind (Mt 4,8; in Mt 12,26 wird sogar explizit von der βασιλεία *[basilẹia]* des Teufels gesprochen!). Das gilt vor allem im Hinblick auf das Imperium Romanum, das in der Johannes-Apokalypse ausdrücklich »das → Tier« (τὸ θηρίον *[to thærịon]*) genannt wird (Offb 13,1 u. a.).

b) R e i c h G o t t e s

βασιλεία τοῦ θεοῦ *[basilẹia tou theọu]* ist nur innerhalb der synopt. Tradition ein zentraler Begriff, wenn auch in verschiedener Form (Mk und Lk reden vom »R e i c h G o t t e s«, während Mt vom »Reich der Himmel« bzw. »Reich des Vaters« spricht). Daß dabei Mk und Lk mit βασιλεία τοῦ θεοῦ *[basilẹia tou theọu]* den älteren, von Jesus gebrauchten Ausdruck wiedergeben, zeigt sich nicht nur daran, daß die Spruchüberlieferung und Mk diese Formel gemeinsam an den Stellen haben, an denen Mt von der βασιλεία τῶν οὐρανῶν *[basilẹia tōn ouranọ̄n]*, dem *Reich der Himmel*, spricht (Mk 1,15; Mt 4,17; Lk 6,20 = Spruchüberlieferung/Mt 5,3), sondern bes. auch daran, daß bei Mt auch die ältere Wendung »Reich Gottes« noch 4mal belegt ist (Mt 12,28; 19,24; 21,31; 21,43). Jesus hat also, obwohl er die Umschreibung des Gottesnamens durchaus anwendet (vgl. Mt 5,4; das Passiv παρακληθήσονται *[paraklæthæsontai]*, *sie werden getröstet werden*, dh Gott wird sie trösten; Lk 16,9 der Plural: sie, nämlich die Engel, werden euch aufnehmen in die ewigen Hütten = Gott wird euch aufnehmen; vgl. auch Lk 12,20; 23,31 u. ö.), wohl ausschließlich von der βασιλεία τοῦ θεοῦ *[basilẹia tou theọu]* gesprochen. Wo absolut gebrauchtes βασιλεία *[basilẹia]* (ohne den Zusatz τοῦ θεοῦ *[tou theọu]*) erscheint, ist dies durch den Zusammenhang bedingt (Mt 6,10; 25,34: τὴν ἑτοιμασμένην βασιλείαν *[tæn hetoimasmęnæn basilęian], das Reich, das Gott bereitet hat*; Lk 12,32; 22,29; Mt 8,12: Gott wird die Söhne des Reichs hinauswerfen).

c) Das Reich Gottes als zukünftig kommendes

Zum Verständnis der Reich-Gottes-Verkündigung Jesu geht man – dem apokalyptisch-eschatologischen Charakter seiner Verkündigung entsprechend – am besten von den Stellen aus, die von dem → Kommen des Reiches Gottes in naher Zukunft reden. Mk 1,15 gibt das Thema der Predigt Jesu prägnant wieder: ἤγγικεν ἡ βασιλεία τοῦ θεοῦ *[ængiken hæ basilęia tou theoụ], das Reich Gottes ist nahe herbeigekommen* (vgl. Mt 3,2; 4,17). An anderen Stellen lautet die gleiche Botschaft: das Reich Gottes ist nahe (ἐγγύς ἐστιν *[engys estin]*; Lk 21,31; vgl. → Ziel, Art. ἐγγύς), es kommt (ἔρχεται *[ęrchetai]*; Lk 17,20; vgl. → Kommen, Art. ἔρχομαι III,3). Jesus verkündigt also nicht, daß es ein Reich Gottes gibt, zu dem man sich zu bekennen hat (vgl. das rabb. Judentum, s. o. II,4a), sondern daß die Gottesherrschaft kommt.

Wie das Grünen des Feigenbaumes das Zeichen für die Nähe des Sommers ist, so verbürgen die Ereignisse der Gegenwart das baldige Einbrechen der Gottesherrschaft (Mt 13, 28f). Auf das unerwartet plötzliche Hereinbrechen des Gottesreiches weisen die Parusiegleichnisse Jesu hin: das plötzliche Eintreten der Sintflut, der unerwartete Einbruch des Diebes, die für den Türhüter und Knecht überraschende Heimkehr des Hausherrn, das plötzliche Kommen des Bräutigams. Alles das sind Bilder für das plötzliche Einbrechen der Katastrophe, für die eschatologische Krisis, die in zeitlich begrenzter Zukunft anbricht: »Wahrlich, es stehen einige hier, die werden den Tod nicht schmecken, bis sie das Reich Gottes kommen sehen mit Macht« (Mk 9,1).

Jesus erwartet das Ende in so naher Zukunft, daß er in einem Entsagungsgelübde auf jeglichen Weingenuß bis zum Anbruch der Gottesherrschaft verzichtet (Lk 22,18; Mk 14,25). Die Parusie (→ Gegenwart) des Menschensohnes wird eintreten, noch ehe die Jünger mit der Verkündigung der Gottesherrschaft in Israel zu Ende gekommen sind (Mt 10,23). Aus diesen Belegen darf geschlossen werden, daß Jesus in sehr naher Zukunft, und zwar noch innerhalb der Lebenszeit der Generation seiner Hörer (Mk 9,1; 13,30), mit dem plötzlichen Einbruch der Gottesherrschaft gerechnet hat.

d) Das Reich Gottes als gegenwärtiges

Wenngleich für Jesus die Verwirklichung der Gottesherrschaft in der Zukunft liegt, so wirft doch diese Zukunft in ihrer drängenden Nähe bereits ihre Schatten auf die Gegenwart: »Wenn ich mit dem Geist Gottes die Dämonen austreibe, dann ist die Gottesherrschaft bereits zu euch gekommen« (Mt 12,28). Die Dämonenaustreibungen geben zu erkennen: der Teufel ist von dem Stärkeren gebunden (Mk 3,27). Die im Judentum für die Endzeit erwartete Entmächtigung des Satans (St.-B. I,167f) ist geschehen (Lk 10,18); die Gottesherrschaft ist in Jesu Wirksamkeit bereits gegenwärtige Wirklichkeit.

Auf die Frage der Pharisäer: »Wann kommt das Reich Gottes?« kann Jesus deshalb antworten: »Das Reich Gottes ist mitten unter euch« (Lk 17,20f; nicht: »Es ist inwendig in euch«; so Luther). Weil das Reich bereits gegenwärtig ist, deshalb können die Freunde des Bräutigams nicht fasten (Mk 2,19), deshalb hat es dem Vater gefallen (εὐδόκησεν *[eudọkæsen]*, Aor.!), den Nachfolgern Jesu, »der kleinen Herde«, das Reich zu geben (Lk 12,32). Mit Johannes dem Täufer – so sagt ein altes Logion –, mit dessen Auftreten die Periode der alten Gottesoffenbarung abgeschlossen ist, bricht zugleich der neue Äon an, in dem die bereits gegenwärtige Gottesherrschaft bekämpft wird (Mt 11,12f).

e) Das Reich Gottes und die Person Jesu: »sich realisierende Eschatologie«

Zur Charakteristik der Eschatologie Jesu im Vergleich mit der jüd. genügt es nicht, die erstere als äußerste Zuspitzung der Naherwartung zu bestimmen. Viel gewichtiger ist der Anspruch Jesu, daß die in der Gegenwart eingenommene Stellung zu seiner Person die den Menschen im Endgericht widerfahrende Entscheidung bereits festlegt (Mt

10,32: »wer mich bekennt vor den Menschen, den werde ich bekennen vor meinem Vater im Himmel«). Wer den Worten Jesu gegenüber gehorsam ist, wer sie hört und tut, der wird die eschatologische Krisis bestehen. Die unbußfertigen Städte dagegen werden dem Gericht verfallen, weil sie trotz der in ihnen geschehenen »machtvollen Taten« Jesu (Mt 11,21f) keine Buße taten. Jesus selbst wird als der eschatologische Richter (Mt 25,41) auftreten, die bloßen »Herr, Herr«-Sager abweisen (Mt 7,23) und für die, die sich zu ihm bekannt haben, vor dem Vater eintreten (Mt 10,32). An der Stellungnahme zu Jesu Wort (Mt 7,24–27), zu Jesu Tat, dh an der Stellung zu ihm selbst entscheidet sich das end-gültige Geschick des Menschen, weil die durch Jesu Handeln und Verkünden gekennzeichnete Gegenwart in einer bes. Beziehung zum kommenden Gerichtstag steht. Nicht nur, daß das Reich Gottes kommt, sondern daß es unlösbar mit seiner Person verbunden ist, »daß es die Person Jesu ist, deren Wirken diese Gegenwärtigkeit der eschatologischen Vollendung verursacht« (Kümmel, aaO, 101), das ist das entscheidend Neue gegenüber der spätjüd. Vorstellung vom Gottesreich. Die zukünftige Gottesherrschaft ist in Wort und Tat, in der Person Jesu bereits Wirklichkeit; die kommende, plötzlich einbrechende Gottesherrschaft ist in seiner Person bereits gegenwärtig. Wie diese Aussage zu verstehen ist, das hat freilich in der theol. Diskussion zu sehr verschiedenen Thesen geführt.

Gegenüber der Schule Ritschls, die die Gegenwart des Reiches Gottes als eine sittliche Gemeinschaft erzeugende ethische Haltung verstand und die apokalyptisch-eschatologische Erwartung als überholtes jüd. Erbe abtat, haben Joh. Weiß und A. Schweitzer als Vertreter der »konsequenten Eschatologie« mit Recht geltend gemacht, daß Jesus selbst im Anschluß an die jüd. Apokalyptik die Ankündigung des nahen Weltendes zum zentralen Inhalt seiner Botschaft gemacht hat (A. Schweitzer: Geschichte der Leben-Jesu-Forschung; bes. Kap. XXI: »Die Lösung der konsequenten Eschatologie«). Gegenüber der Apokalyptik verkündet Jesus (so A. Schweitzer) als das entscheidend Neue die Nähe der Weltkatastrophe.

Im Gegensatz zu dieser Lösung der »konsequenten Eschatologie« hat ein großer Teil der angelsächsischen Forschung unter dem Einfluß von C. H. Dodd die »futurische Eschatologie« ganz aus der Predigt gestrichen, als Rejudaisierung der christl. Gemeinde verstanden und deshalb von der »realisierten Eschatologie« in Jesu Verkündigung gesprochen. Dodd, der Mk 1,15 mit: »The Kingdom of God has come« übersetzt, hat damit ein entscheidendes Moment der Reich-Gottes-Verkündigung Jesu, wenn auch einseitig, gegenüber A. Schweitzer wieder zur Geltung gebracht.

R. Bultmann pflichtet der konsequenten Eschatologie A. Schweitzers grundsätzlich bei (»Es kann kein Zweifel sein, daß Jesus wie seine Zeitgenossen ein gewaltiges eschatologisches Drama erwartet hat«; Jesus, 30), versucht aber, der mythisch-apokalyptischen Zukunftserwartung Jesu ihren eigentlichen existenzbezogenen Sinn mittels der existentialen Interpretation abzugewinnen. Denn die Erwartung des in der Zeit bevorstehenden Weltendes ist für ihn der Ausdruck der Überzeugung, daß eben im Jetzt der Mensch in der Entscheidung stehe, daß das Jetzt für ihn die letzte Stunde bedeute (aaO, 41). Der eigentliche Sinn der apokalyptisch-eschatologischen Predigt Jesu von der nahen Gottesherrschaft liegt nach Bultmann darin, daß der Mensch in die Entscheidung gestellt wird. »Die Zukunft der Gottesherrschaft ist dann auch nicht eigentlich ein Etwas, das einmal kommt im Ablauf der Zeit, für das man – etwa durch Bußgebete und gute Werke – etwas Besonderes tun kann, was im Moment ihrer Gegenwart überflüssig wird. Vielmehr ist die Gottesherrschaft eine Macht, die die Gegenwart völlig bestimmt, obwohl sie ganz Zukunft ist« (aaO, 38f).

Demgegenüber ist daran festzuhalten, daß die Reich-Gottes-Verkündigung Jesu nicht ihr eigentliches Ziel darin hat, den Menschen in die Buße zu rufen und in die Entscheidung zu stellen. Im Mittelpunkt der Botschaft Jesu steht die Verkündigung der drängenden Nähe der Gottesherrschaft, die Ankündigung des weltweiten Herrschaftsantritts Gottes. Buße und Entscheidung sind die K o n s e q u e n z e n, nicht aber der eigentliche Sinn der Verkündigung Jesu vom nahen Gottesreich (Mt 3,2; 4,17 u. ö.). Daß Jesus die Frage nach den apokalyptischen Terminen überwindet (Lk 17,20f), darf nicht einfach als die Konzentration der Ankündigung des Reiches Gottes auf den Existenzsinn verstanden werden.

Jesus verkündigt also weder nur die Gegenwart noch ausschließlich das zukünftige Kommen der Gottesherrschaft. Vielmehr hat Jesus, da er die zukünftige Gottesherrschaft in seinem Wirken und in seiner Person gegenwärtig wußte, von dem sich bereits gegenwärtig realisierenden Kommen der zukünftigen, plötzlich einbrechenden Gottesherrschaft gesprochen. So läßt sich der Charakter der Eschatologie Jesu wohl am besten mit der Formel »sich realisierende Eschatologie« (E. Haenchen, J. Jeremias) umschreiben. (Zu dem Zusammenhang zwischen Reich-Gottes- und Menschensohn-Verkündigung vgl. → Sohn, Art. υἱὸς τοῦ ἀνθρώπου).

3) Das Gottesreich in der Verkündigung Jesu

a) Das Reich Gottes, wie es in der Verkündigung Jesu erscheint, läßt sich charakterisieren als »allem Gegenwärtigen und Irdischen ... entgegengesetzt und damit etwas schlechthin Wunderbares« (ThWb I,585). Deshalb kann der Mensch das Kommen des Reiches Gottes weder durch den Kampf gegen die Feinde Gottes beschleunigen (so die Zeloten) noch durch die peinliche Erfüllung des Gesetzes herbeizwingen (so die Pharisäer). Er kann sein Kommen nur in Geduld und Zuversicht erwarten (vgl. die Gleichnisse vom Senfkorn [Mk 4,30–32], Sauerteig [Mt 13,33] und von der selbstwachsenden Saat [Mt 4,26–29]).

b) Dieses Reich kommt in Gestalt einer kosmischen Katastrophe (Lk 17,26; Mk 13, 26; 14,62), die durch das Kommen des »Menschensohnes« eingeleitet wird. Jesus nimmt damit im Gegensatz zur irdisch-nationalen Messiasvorstellung die Tradition der spätjüd. Apokalyptik mit ihrer Menschensohnerwartung auf, verzichtet aber, obwohl auch er apokalyptische Bilder verwendet (zB das himmlische Mahl im Reich Gottes Mk 14,25; Mt 8,11), darauf, die Ereignisse auszumalen. Mit dieser Reduktion apokalyptischer Vorstellungen hängt auch Jesu Verwerfung aller Bemühungen zusammen, die Vorzeichen zu berechnen, denn »die Gottesherrschaft kommt nicht so, daß man sie berechnen kann« (Lk 17,20f).

c) Hat Jesus also im Gegensatz zur politisch-nationalen Messiaserwartung die kosmisch-universale Eschatologie der Apokalyptik geteilt, so hält er dennoch an der für die Existenz Israels grundlegenden at. Erwählungstradition (Mt 10,6) und dem damit verbundenen Willen Jahwes, durch Israel an der ganzen Welt zu handeln, fest. Zwar hat Israel keinen bes. Anspruch vor Gott und läuft sogar Gefahr, daß es am Gerichtstag von den Heiden beschämt (Mt 12,42 par), daß ihm das Reich genommen und auf die Heiden übertragen wird (Mt 21,43), daß Gott die Söhne des Reiches (Israel) in die Finsternis hinausstößt (Mt 8,12); dennoch aber spricht Jesus den Zwölfen (→ Apostel) als den Repräsentanten des eschatologischen Gottesvolkes das Richter- und Herrscher-Amt in der zukünftigen Gottesherrschaft zu.

d) Der Tatsache, daß das Reich G a b e Gottes ist (Lk 12,32), daß es testamentarisch vermacht wird (διατίθημι *[diatithæmi]* Lk 22,29), entspricht auf der anderen Seite, daß der Mensch es nur empfangen kann wie ein Kind (Mk 10,15 par), daß er es nur erwarten kann (Mk 15,43 par). Bes. häufig findet sich die Redeweise vom »Hineingehen« (εἰσέρχεσθαι *[eiserchesthai]*), vom »Eintreten« (εἰσπορεύεσθαι *[eisporeuesthai]*) ins Gottesreich (Mt 5,20; 7,21; 18,3 par; 19,23f; 23,12 u. ö.), wobei dieses Eingehen immer als zukünftig verstanden wird (Mk 9,43ff; Mt 25,34). Durch die Gegenwart des Reiches Gottes in der Person Jesu ist der einzelne in die absolute Entscheidung gestellt. Es charakterisiert diese Situation des Entweder-Oder, wenn Jesus in hyperbolischer Rede sagt: »Wenn dich deine rechte Hand zur Sünde verführt, so haue sie ab ...« (Mt 5,29f). Einige haben sich sogar um des Gottesreiches willen zu Eunuchen gemacht (Mt 19,12), denn: »Wer die Hand an den Pflug legt und schaut zurück, der ist nicht geschickt zum Gottesreich« (Lk 9,62). Solche Entscheidung wird nicht aus reinem Enthusiasmus geboren, sondern auf Grund vorheriger nüchterner Überlegung (Lk 14,28–32) und im Gehorsam gegenüber dem Wort Jesu (Mt 7,24–27); dann aber auch in einer Opferbereitschaft, die das Selbstopfer bis hin zum Gehaßtwerden durch die eigene Familie (Mt 10,17ff.37) mit in Kauf nimmt. Doch geschieht diese Entscheidung nicht aus einem verkrampften Rigorismus heraus, sondern auf dem Hintergrund der überwältigenden Freude angesichts der Größe der Gabe (Gleichnisse vom Schatz im Acker und von der Perle; Mt 13,44–46).

e) Das Reich Gottes ist ganz jenseitig und übernatürlich: Nur von Gott, von oben her, bricht es herein. Aber zugleich ist es ganz diesseitig. Wenn Gottes Reich kommt, dann werden die Hungernden satt, die Traurigen getröstet (Mt 5,3–10: die Makarismen), da liebt man die Feinde (Mt 5,38–42), da sorgt man sich nicht, gleich den Vögeln unter dem Himmel und den Blumen auf dem Felde (Mt 6,25–33). Auch hier ist es die Person Jesu, durch die allein die noch zukünftige Gottesherrschaft bereits gegenwärtig ist, in deren Wort und Tat das Reich Gottes bereits angebrochen ist. Es ist bereits da, indem Jesus die Gemeinschaft der Zöllner und Sünder aufsucht und ihnen Tischgemeinschaft gewährt und darin Vergebung der Sünden zuspricht. Wie der Gastgeber die Bettler und Obdachlosen an die Tafel ruft (Mt 22,1–10), wie die Liebe des Vaters den verlorenen Sohn wieder aufnimmt (Lk 15,11–32), wie der Hirte dem verlorenen Schaf nachgeht (Lk 15,4–7), wie die Frau die verlorene Drachme sucht (Lk 15,8–10), wie der Herr den zuletzt eingestellten Arbeitern den vollen Tageslohn aus freier Güte auszahlt (Mt 20,1–15), so geht Jesus zu den Armen, um ihnen die Vergebung zuzusprechen, »denn ihrer ist das Himmelreich« (Mt 5,3). Nur die Sünder, die um große Schuld wissen (Lk 7,41–43), können ermessen, was Erlaß der Schuld, was die Güte Gottes bedeutet, denn »die Starken bedürfen des Arztes nicht, sondern die Kranken« (Mk 2,17).

Das Entscheidende der Reich-Gottes-Verkündigung Jesu besteht also nicht darin, daß Jesus eine neue Lehre über das Reich Gottes gebracht oder die Radikalisierung eschatologisch-apokalyptischer Erwartungen vollzogen, sondern darin, daß er das Reich Gottes in unlösbare Beziehung zu seiner Person gebracht hat. Das Neue in der Reich-Gottes-Verkündigung Jesu »ist er selbst, einfach seine Person« (Schniewind).

4) Gottesreich und Christusreich außerhalb der Verkündigung Jesu

a) Das Christusreich

Hatte Jesus selbst nur von der βασιλεία τοῦ θεοῦ *[basilẹia tou theọu]*, der *Gottesherrschaft* gesprochen, diese unlöslich mit seiner Person verbunden und nur insofern schon als gegenwärtig erklärt, so hat die Gemeinde nach seiner Auferstehung, nach der Gewißheit seiner Einsetzung zum → Herrn (κύριος *[kyrios]*, Phil 2,9–11; Apg 2,36), diese christologische Reich-Gottes-Verkündigung Jesu festgehalten und mit sachlicher Folgerichtigkeit von der βασιλεία *[basilẹia]* Christi gesprochen. Sie hat damit das christologische Verständnis der Reich-Gottes-Botschaft Jesu, dh die unlösliche Verbundenheit zwischen Jesus und Gottesreich (nur in Jesu Person ist das Reich Gottes gegenwärtig!), bewahrt.

Daß es sich in der Rede von der βασιλεία *[basilẹia]* Christi um Gemeindeterminologie handelt, zeigt nicht nur die Tatsache, daß die »Vorstellung vom Christusreich . . . der ältesten Überlieferungsschicht fremd« ist (Jeremias, aaO, 70), sondern auch die Beobachtung, daß sich die meisten Stellen, die von der βασιλεία *[basilẹia]* Christi sprechen, als redaktionelle Bearbeitungen älterer Vorlagen zu erkennen geben (Mk 9,1 älter als Mt 16,28; Mk 10,37 älter als Mt 20,21; in Mt 13,31 ist βασιλεία τοῦ υἱοῦ τοῦ ἀνθρώπου *[basilẹia tou hyiọu tou anthrọpou]* eine dem Mt eigentümliche Wendung und findet sich nur noch Mt 16,28; der in Lk 22,30 stehende Nebensatz »damit ihr eßt und trinkt in meinem Reich« fehlt in der Par. bei Mt 19,28).

Diese Bearbeitung der älteren Vorlagen ist sachlich legitim. So sagt Jesus nach Joh 18,36: »Mein Reich ist nicht von dieser Welt«. Und der Schreiber des 2Tim-Briefes weiß, daß sein Herr ihn εἰς τὴν βασιλείαν αὐτοῦ ἐπουράνιον *[eis tæn basilẹian autọu epourạnion]*, *in sein himmlisches Reich*, retten wird (2Tim 4,18; vgl. 2Tim 4,1; 2Petr 1,11). Die unauflösliche Verbindung zwischen Jesu Person und der Gegenwart der Gottesherrschaft bringt schließlich am deutlichsten die Gleichsetzung von »Gottesreich« und »Jesus Christus« zum Ausdruck, wie sich an folgenden Vergleichen zeigen läßt: Während Joseph von Arimathia auf »die Gottesherrschaft« wartet (Mk 15,43), erwarten die Glaubenden »ihren Herrn« (Phil 3,20); während die Botschaft Jesu zusammenfassend lautet: ἤγγικεν ἡ βασιλεία τοῦ θεοῦ *[ængiken hæ basilẹia tou theọu]* (Mk 1,15), sagt Jakobus: ἡ παρουσία τοῦ κυρίου ἤγγικεν *[hæ parousịa tou kyrịou ængiken]* (Jak 5,8). Der Nachfolger verläßt um Jesu willen (Mk 10,29 ἕνεκεν ἐμοῦ *[hẹneken emọu]*) oder um des Reiches Gottes willen (Lk 18,29 εἵνεκεν τῆς βασιλείας τοῦ θεοῦ *[hẹineken tæs basilẹias tou theọu]*) seine Familie. Und noch die jetzige Generation soll »das Reich Gottes« (Mk 9,1) oder »den Menschensohn mit seinem Reich«

(Mt 16,28) kommen sehen (vgl. noch Lk 21,31 mit Mk 13,29). Philippus predigt in Samarien »das Evangelium vom Reich Gottes und vom Namen Jesu Christi« (Apg 8,12; 28,31).

So erweist sich die Rede von der βασιλεία *[basileia]* Christi und die Gleichsetzung von »Reich Gottes« und »Jesus Christus« als das Ergebnis des Übergangs von der impliziten zur expliziten Christologie. Sie machen deutlich, daß in der Urgemeinde die Verkündigung Jesu vom Gottesreich nicht etwa durch die Verkündigung von Jesus Christus verdrängt worden ist. Vielmehr ist die nachösterliche Christologie, in der Jesus Christus die Mitte des Kerygmas ist, Niederschlag des Wissens, daß das Reich Gottes nur in der Person Jesu Christi gegenwärtig ist, daß man somit vom Reich Gottes nur sachgemäß redet, wenn man von Jesus Christus redet. Weil das Reich an Jesu Person gebunden ist, wird die frohe Botschaft vom Anbruch des Gottesreiches im Munde Jesu nach Ostern zum Evangelium von Jesus Christus und zur Verkündigung von seinem Reich.

b) Die Reich-Gottes-Verkündigung Jesu und das außersynopt. Kerygma

Das »Reich Gottes«, der zentrale Begriff der Verkündigung Jesu, rückt außerhalb der synopt. Evgg. an den Rand. An seine Stelle treten das christologische Kerygma von Kreuz und Auferstehung Jesu und die Erwartung seiner Parusie und der allg. Totenauferstehung, treten Begriffe wie → Leben (ζωή *[zōæ]*; Joh) und → Gerechtigkeit (δικαιοσύνη *[dikaiosynæ]*; Paulus). Gibt es eine Kontinuität von der Reich-Gottes-Verkündigung Jesu zu dem christologischen Kerygma und zu der paulinischen Rechtfertigungslehre?

Eine Erhebung der schon in der synopt. Tradition sich findenden s y n o n y m e n A u s d r ü c k e zu dem Begriff βασιλεία τοῦ θεοῦ *[basileia tou theou]* hilft hier weiter:

Nach Mt 6,33 sollen die Menschen nach der βασιλεία *[basileia]* und nach ihrer δικαιοσύνη *[dikaiosynæ]* trachten; in der Par. Mk 9,42—48 finden sich dafür nebeneinander die Wendungen εἰσελθεῖν εἰς τὴν ζωήν *[eiselthein eis tæn zōæn]*, *eingehen zum Leben* (Mk 9,43.45; vgl. Mt 7,13), und εἰσελθεῖν εἰς τὴν βασιλείαν τοῦ θεοῦ *[eiselthein eis tæn basileian tou theou]*, *eingehen ins Reich Gottes* (Mk 9,47). Auf die Frage des reichen Jünglings: »Was muß ich tun, daß ich das ewige Leben (ζωὴν αἰώνιον *[zōæn aiōnion]*) ererbe?« (Mk 10,17) folgt im anschließenden Gespräch mit den Jüngern der Satz Jesu: »Wie schwer werden die Reichen in das Reich Gottes (εἰς τὴν βασιλείαν τοῦ θεοῦ *[eis tæn basileian tou theou]*) kommen«. Synonym zu der Wendung »das ewige Leben ererben« (Mk 10,17) findet sich auch die Wendung »das (von Gott) bereitete Reich ererben« (Mt 25,34). Paulus sagt Röm 14,17: »das Reich Gottes . . . ist *Gerechtigkeit und Friede und Freude im heiligen Geist* (δικαιοσύνη καὶ εἰρήνη καὶ χαρὰ ἐν πνεύματι ἁγίῳ *[dikaiosynæ kai eiræna kai chara en pneumati hagiō]*)«. Ebenso stehen in Offb 12,10 ἡ σωτηρία *[hæ sōtæria]*, ἡ δύναμις *[hæ dynamis]* und ἡ βασιλεία τοῦ θεοῦ *[hæ basileia tou theou]* nebeneinander. Anstelle der Bitte um die Plätze »in deiner Herrlichkeit« (Mk 10,37: ἐν τῇ δόξῃ σου *[en tæ doxæ sou]*) steht in der Par. Mt 20,21 die Bitte um die Plätze »in deinem Reich« (ἐν τῇ βασιλείᾳ σου *[en tæ basileia sou]*); und Lk, der in Kap. 21,21 von der Nähe des Reiches Gottes redet, sagt wenige Verse vorher: »Erhebt eure Häupter, weil sich eure Erlösung (ἀπολύτρωσις *[apolytrōsis]*) naht« (Lk 21,28).

Die Makarismen (Mt 5,3—10), die Gottes Heil den Armen zusprechen, die Gleichnisse vom Reich Gottes, die Gottes Erbarmen mit den Sündern bezeugen (Mt 22,1—11; Lk 15, 11—32; 15,4—7.8—10), und schließlich die sich bereits in der synopt. Tradition findenden Synonyma zu dem Begriff »Reich Gottes« (→ Gerechtigkeit, → Leben, → Erlösung, Herrlichkeit) zeigen deutlich, daß die Herrschaft Gottes, die als zukünftige in Jesu Person bereits Gegenwart ist, ein soteriologisches Handeln Gottes am Menschen darstellt. Dieses soteriologische Handeln Gottes, das an Jesus gebunden ist und nur durch ihn vermittelt wird, steht nun aber ebenfalls im Zentrum des außersynopt. Kerygmas, wenn Johannes — das Heilsziel bezeichnend — vom »ewigen Leben« (ζωὴ αἰώνιος *[zōæ aiōnios]* Joh 3,15.36 u. ö.), Paulus von der in Christus geschenkten → Gerechtigkeit, dem Leben oder der Erlösung spricht. Bei Paulus und Johannes sind diese Begriffe streng auf die Christologie bezogen zu verstehen (vgl. Joh 3,15; 11,25: ich bin die Auferstehung und das Leben; vgl. ferner das paulinische »in Christus«; bes. in Röm 6). Und wenn Paulus in Röm 4,5 die Gerechtigkeit Gottes inhaltlich dahin entfaltet, daß Gott »den Gottlosen gerecht macht«, so ist damit das zentrale Anliegen der Botschaft Jesu vom Gottesreich, nämlich der Zuspruch des Heils gerade an die Armen und Sünder aufgenommen. Ebenso ist der eschatologisch-futurische Charakter der Verkündigung Jesu durch die Erwartung seiner baldigen Parusie und der allg. Auferstehung der Toten beibehalten. Die paulinische Theol. als Entfaltung der Christologie hat ebenfalls, wie die Verkündigung Jesu, einen präsentischen und futurischen Charakter, weil der Gekreuzigte und Auferstandene zugleich der Kommende ist. In der Bindung des Heils an die Person Jesu Christi, in der Entfaltung der Christologie als Soteriologie, Pneumatologie und Eschatologie hat Paulus die Linie der Reich-Gottes-Verkündigung Jesu — wenn auch der nachösterlichen Situation entsprechend im Hinblick auf Kreuz und Auferstehung — sachlich legitim entfaltet.

c) Gottesreich und Christusreich

Daß das »Reich Jesu Christi« nach nt. Verständnis zugleich »das Reich Gottes« ist, zeigt sich daran, daß auch in den außersynopt. Stücken des NT beide Ausdrücke nebeneinander erscheinen, wobei bald Gott, bald Christus zuerst genannt ist. Es kann deshalb sowohl von dem »Reich des Christus und Gottes« (Eph 5,5) als auch von der Weltherrschaft »unseres Herrn und seines Christus« (Offb 11,15) gesprochen werden. Die Herrschaft Christi und die Herrschaft Gottes sind somit identisch. Wenn die Christusherrschaft sich durchgesetzt hat, geht sie in der Gottesherrschaft auf (Offb 5,10; 20,4.6; 22,5), dh Christus gibt am Ende der Tage die vom Vater empfangene Herrschaft an diesen zurück (1Kor 15,25—28).

Die Weissagung des Sehers Johannes vom *tausendjährigen Reich* (Chiliasmus: Offb 20,1—7) ist, traditionsgeschichtlich geurteilt, die Aufnahme des apokalyptischen Motivs vom messianischen Reich als einer Epoche, welche dem Reich Gottes voraufgeht. Die Lehre vom tausendjährigen Reich stellt einen Ausgleich zwischen den beiden im Spätjudentum nebeneinanderstehenden Enderwartungen dar: der messianisch-nationalen und der kosmisch-universalen. Die Dauer dieses messianischen Reiches als einer Epoche vor dem Reich Gottes ist in der jüd. Apokalyptik verschieden angegeben. Christusherrschaft und Gottesherrschaft sind aber nicht zwei aufeinander folgende Reiche, sondern die schließlich in die Gottesherrschaft mündende Christusherrschaft. *B. Klappert*

Lit.: HKleinknecht/GvRad/KGKuhn/KLSchmidt, Art. βασιλεύς etc., ThWb I, 1933, 562ff — CHDodd, The Parables of the Kingdom, 1935 (1938^{4}) — JHéring, Le royaume de Dieu et sa venue, 1937 (1959^{2}) — OCullmann, Königsherrschaft Christi und Kirche im NT, Theol. Stud. 10, 1941 (1950^{3}) — AAlt, Gedanken über das Königtum Jahwes (1945), in: Kleine Schriften zur Geschichte des Volkes Israel I, 1968^{4}, 348ff — WGKümmel, Verheißung und Erfüllung, AThANT 6, 1945 (1956^{3}) — JJeremias, Die Gleichnisse Jesu, 1947 (1965^{7}) — GHarder, Das Gleichnis von der selbst wachsenden Saat, ThViat 1948/49, 51ff — MNoth, Gott, König, Volk im Alten Testament, ZThK 47, 1950, 157ff (= Ges. Stud. z. AT, ThB 6, 1966^{3}, 188ff) — HJKraus, Die Königsherrschaft Gottes im Alten Testament, BHTh 13, 1951 — GvRad, Der Heilige Krieg im alten Israel, 1951 (1965^{4}), 6ff.14ff — NADahl, Parables of Growth, Stud. Theol. V, 1952, 132ff — KBarth, Kirchliche Dogmatik IV, 2, 1955, 173ff — HBietenhard, Das tausendjährige Reich, 1955 — MNoth, Die Heiligen des Höchsten, Norsk teol. tidsskr. 56. Årg., 1955, Festschr. SMowinckel, 146ff (= Ges. Stud. z. AT, ThB 6, 1966^{3}, 274ff) — HConzelmann, Gegenwart und Zukunft in der synoptischen Tradition, ZThK 54, 1957, 277ff — EFascher, Gottes Königtum im Urchristentum, Numen 4, 1957, 85ff — FMussner, Die Bedeutung von Mk 1,14f für die Reich-Gottes-Verkündigung Jesu, TThZ 68, 1957, 257ff (= Praesentia Salutis, Ges. Stud. z. Fragen u. Themen des NT, 1967, 81ff) — PhVielhauer, Gottesreich und Menschensohn in der Verkündigung Jesu, Festschr. GDehn, 1957, 51ff (= Aufsätze zum NT, ThB 31, 1965, 55ff) — ELohse, Die Gottesherrschaft in den Gleichnissen Jesu, EvTh 18, 1958, 145ff — WGKümmel, Futurische und präsentische Eschatologie im ältesten Christentum, NTSt 5, 1959/60, 113ff (= Heilsgeschehen und Geschichte, Marb. Theol. Stud. III, 1965, 351ff) — RSchnackenburg, Gottes Herrschaft und Reich, 1959 (1966^{4}) — HETödt, Der Menschensohn in der synoptischen Überlieferung, 1959 (1963^{2}), 298ff — NADahl, Der gekreuzigte Messias, in: Der historische Jesus und der kerygmatische Christus, hrsg. v. HRistow u. KMatthiae, 1960, 149ff — TBLWebster, Von Mykene bis Homer, 1960 (dt. Übers.; engl. 1958) — LRost, Königsherrschaft Jahwes in vorköniglicher Zeit? ThLZ 85, 1960, 721ff — ARüstow, Ἐντὸς ὑμῶν ἐστιν. Zur Deutung von Lk 17,20—21, ZNW 51, 1960, 197ff — RSchnackenburg, Das »Reich Gottes« im NT, BuL 1, 1960, 143ff — KGalling/HConzelmann/EWolf/GGloege, Art. Reich Gottes, RGG V, 1961^{3}, 912ff — WSchmidt, Königtum Gottes in Ugarit und Israel, 1961 — SAalen, »Reign« and »House« in the Kingdom of God in the Gospels, NTSt 8, 1961/62, 215ff — EJüngel,

Paulus und Jesus (§ 17: Die Gottesherrschaft als die Jesu Verkündigung autorisierende Macht), 1962 (1967[3]), 174ff – FHahn, Christologische Hoheitstitel, 1963 (1964[2]) – WMichaelis, Reich Gottes und Äonenwende in der Verkündigung Jesu, in: Neutestamentliche Aufsätze, Festschr. JSchmid, 1963, 161ff – JLebram, Die Weltreiche in der jüdischen Apokalyptik, ZNW 55, 1964, 143ff – WGKümmel, Die Naherwartung in der Verkündigung Jesu, in: Zeit und Geschichte, Dankesgabe RBultmann, 1964, 31ff (= Heilsgeschehen und Geschichte, 1965, 457ff) – NPerrin, Rediscovering the Teaching of Jesus, 1966 – AStrobel, Kerygma und Apokalyptik, 1967 – HAWilcke, Das Problem eines messianischen Zwischenreiches bei Paulus, 1967 (= AThANT, 51) – HFlender, Die Botschaft Jesu von der Herrschaft Gottes, 1968 – GKlein, »Reich Gottes« als biblischer Zentralbegriff, EvTh 30, 1970, 642ff – RHHiers, The Historical Jesus and the Kingdom of God, 1973 – EGrässer, Zum Verständnis der Gottesherrschaft, ZNW 65, 1974, 3ff – IMaisch, Die Botschaft Jesu von der Gottesherrschaft, in: Gegenwart und kommendes Reich, Festschr. AVögtle, hrsg. v. PFiedler/DZeller, 1975, 27ff – HWenz, Theologie und Reich Gottes. Hat Jesus sich geirrt?, 1975 (= EZS, 73).

Reichtum → Besitz

Rein

Nach religionsgeschichtlich weit verbreiteter Auffassung ist die Welt in einen reinen und einen unreinen Bereich geschieden (vgl. auch die entsprechende Unterscheidung zwischen → heilig und profan). Durch die urspr. kultisch-rituell verstandene Reinigung vollzog man die Trennung von unreinen Bereichen (zB Schmutz, Krankheit) und Mächten (zB fremde Götter, Dämonen, eigene Sünde), um im Zustand der Reinheit an Kult und Segen der Gottheit Anteil zu gewinnen. Das Griech. kennt zur Bezeichnung der Reinheit zwei Wortgruppen: ἁγνός *[hagnos]* und καθαρός *[katharos]*. ἁγνός *[hagnos]* gehört urspr. zu den Begriffen der Wortgruppe → heilig; es zielt auf die qualitative Heiligkeit bzw. Reinheit der Gottheit und der mit ihr verbundenen Dinge bzw. Personen (Kultgegenstände und -personal). Gebräuchlicher ist die Wortgruppe καθαρός *[katharos]*, die die kultische, physische und moralische Reinheit von Dingen und Personen bezeichnet. Im NT begegnen beide Wortgruppen in spezifisch reduzierter und meist übertragener Bedeutung. → Priester.

ἁγνός

ἁγνός *[hagnos]* rein, heilig · ἁγνίζω *[hagnizō]* reinigen · ἁγνεία *[hagneia]* Reinheit, Keuschheit · ἁγνισμός *[hagnismos]* Reinigung · ἁγνότης *[hagnotæs]* Reinheit

I ἁγνός *[hagnos]*, Adj. zu ἅζομαι *[hazomai]* (aus ἅγιομαι *[hagiomai]*), *Scheu haben vor jemandem*, bedeutet urspr. *das, was (religiöse) Scheu erweckt*, das *Tabu* (vgl. → Frömmigkeit, Art. σέβομαι). Im profanen Sprachgebrauch kommt ἁγνός *[hagnos]* seit Hom. vor. Als sakrales Wort bezeichnet es von Haus aus eine Eigenschaft der Gottheit, dann einfach Dinge, die mit dieser in einer Beziehung stehen. So ergibt sich die Bedeutung *heilig* im Sinn von *rein*, wobei an die rituelle Sphäre gedacht wird: Enthaltung von Blutschuld, Leichenberührung u. ä. Da nach primitiven Vorstellungen auch der Geschlechtsverkehr kultisch unrein macht, bekommt ἁγνός *[hagnos]* die Bedeutung von *keusch*. Der urspr. kultisch religiöse Begriff wird dann auf das sittliche Gebiet übertragen und im Hellenismus häufig gebraucht im Sinne von *schuldlos* oder *sittlich tadellos*, auch als ehrende Bezeichnung für tadellose Amtsführung. Das von ἁγνός *[hagnos]* abgeleitete Verb ἁγνίζω *[hagnizō]*, *reinigen* (vermittels Sühneriten), das erst seit Soph. belegt ist, und das zugehörige Subst. ἁγνισμός *[hagnismos]*, *Reinigung*, bleiben ganz auf die kultische Sphäre beschränkt. ἁγνεία *[hagneia]*, ein von ἁγνός *[hagnos]* abgeleitetes Subst., findet sich auch erst seit Soph. und wird für *kultische Reinheit*, *Keuschheit* und *Reinheit der Gesinnung* gebraucht. Ein anderes, von ἁγνός *[hagnos]* gebildetes Subst., ἁγνότης *[hagnotæs]*, kommt offensichtlich nur im NT vor und meint die *Lauterkeit* und sittliche *Tadellosigkeit*.

II 1) In der LXX erscheint ἁγνός *[hagnos]* nur selten (11mal), da als eigentliches Wort für kultische Reinheit → καθαρός *[katharos]* gebraucht wird. ἁγνός *[hagnos]* gibt das hebr. *tāhōr*, kultisch *rein*, und *zakh*, moralisch *lauter*, wieder. Im Unterschied zu ἅγιος *[hagios]* (hebr. *qādōsch*, *gottgeweiht*, *gottgemäß*, → *heilig*) und καθαρός *[katharos]*, das kultische wie ethische Reinheit bezeichnet, liegt die besondere Nuance von ἁγνός *[hagnos]* in dem Moment der Lauterkeit; zB Ps 12,7 »Die Reden des Herrn sind lautere Reden« (vgl. Ps 19,10), Spr 20,9 »Wer darf sagen: ich habe mein Herz geläutert?« (vgl. Spr 15,26; 21,8). Es ist bezeichnend, daß sich ἁγνός *[hagnos]* vorwiegend in der Weisheitslit. findet.

2) Häufiger begegnet in der LXX das Verb ἁγνίζω [hagnizō], das die Maßnahmen zur Erlangung der Kultfähigkeit beschreibt. Während → ἅγιος [hagios] immer auch die Gewalt und Macht des Heiligen zum Ausdruck bringt, bedeutet ἁγνίζω [hagnizō] stets das Entfernen von Ungehörigem (zB Ex 19,10 Kleider waschen; Num 6,3 Enthaltsamkeit gegenüber Alkohol), bes. in der Bedeutung *entsündigen* (Hitp. von *chata'*; Num 8,21; 19,12). Auch bei ἁγνεία [hagneia] ist in den at. (Num 6,2.21 Nasiräat; 2Chr 30,19 Heiligtum) und apokryphen Stellen (1Makk 14,36 Tempel) an die kultische Reinheit gedacht.

1) Im NT begegnen nur noch ἁγνίζω [hagnizō] und ἁγνισμός [hagnismos] (nur Apg 21,26) in der eigentlichen Bedeutung der *kultischen Reinigung*, einmal im Zusammenhang mit den Juden vor dem Passah (Joh 11,55), dann bei der Übernahme des Gelübdes durch Paulus in Jerusalem (Apg 21,24–26; 24,18). In Jak 4,8; 1Petr 1,22 und 1Joh 3,3 meint ἁγνίζω [hagnizō] dagegen die *sittliche Reinigung*. ἁγνός [hagnos] fehlt in den Evgg., Hebr und Offb völlig; es findet sich nur in den Briefen, wo hell. Einfluß spürbar wird. Es bedeutet a) *keusch* (2Kor 11,2; Tit 2,5); b) *unschuldig* in bezug auf eine Sache (2Kor 7,11); c) *sittlich rein* und *lauter*: von Christus ausgesagt (1Joh 3,3); im Blick auf den Wandel der Christen (1Tim 5,22; 1Petr 3,2; Phil 4,8); als Attribut der Weisheit (Jak 3,17). Das Adv. ἁγνῶς [hagnōs] meint die lautere Ausrichtung des Dienstes (Phil 1,17); das Subst. ἁγνεία [hagneia] die sittliche Reinheit und Tadellosigkeit (1Tim 4,12; 5,2). III

2) Der Überblick über Vorkommen und Bedeutung der Wortfamilie im NT zeigt, daß die ursprüngliche Bedeutung der kultischen Reinigung keine große Rolle mehr spielt. Dies ist begreiflich, weil nur noch die judenchristl. Gemeinde in Jerusalem am Tempelkult festhielt und daher die diesbezüglichen Vorschriften beachten mußte (vgl. Apg 3,1; 21,18–26). Für alle anderen heidenchristl. Gemeinden wurde die kultische Reinigung wahrscheinlich bedeutungslos, da wir – abgesehen vom Aposteldekret (Apg 15,28–29), das in gemischten Gemeinden das Zusammenleben von Heidenchristen und Judenchristen ermöglichen sollte – nirgends kultisch bezogene Vorschriften im NT für die Christen finden. Der Begriff der Reinigung gewinnt aber neue Bedeutung als Ausdruck für die sittliche Reinheit, die dem Wandel der Christen aufgetragen ist. Dabei ist von der Tatsache auszugehen, daß Christus ἁγνός [hagnos], *rein*, dh ohne Sünde ist (1Joh 3,3). Weil er rein ist, darum sollen es auch die sein, die zu ihm gehören. Christus hat durch seinen einmaligen Opfertod nicht nur die gewöhnlichen Opfer des Tempelkultes überflüssig gemacht, sondern er hat zudem ihre eigentliche Bedeutung herausgestellt. Entsprechend verhält es sich mit der Reinheit, die er den Seinen schenkt. Sie ist mehr als nur kultische Reinheit. Reinheit und Lauterkeit sind auch nicht nur menschliche Tugenden, sondern bezeichnen die Beziehung des Menschen zu Gott. Darum wird für die geschlechtliche Reinheit oder Enthaltsamkeit dieser Begriff nicht mehr gebraucht. Das NT verwendet dafür ἐγκράτεια [engkrateia] (→ Zucht). *H. Baltensweiler*

καθαρός

καθαρός [katharos] rein · **καθαίρω** [kathairō] reinigen · **ἐκκαθαίρω** [ekkathairō] ausfegen · **καθαρίζω** [katharizō] reinigen · **καθαρότης** [katharotæs] Reinheit · **καθαρισμός** [katharismos] Reinigung · **ἀκάθαρτος** [akathartos] unrein · **ἀκαθαρσία** [akatharsia] Unreinheit · **περικάθαρμα** [perikatharma] Auswurf, Abschaum

Die mit καθαρός [katharos] zusammenhängende Wortgruppe umfaßt das Gebiet der physischen, kultischen und ethischen Reinheit. I

1) Das Adjektiv καθαρός [katharos] (Herkunft unklar, lat. *castus* wohl nicht zugehörig) ist seit Homer gebräuchlich und bedeutet a) urspr. *rein* in physischem Sinn als Gegensatz zu ῥυπαρός [rhyparos], *schmutzig*, (zB reines, sauberes Wasser, Eur. Hipp. 209); b) *rein* im Sinn von *frei*, ohne dazwischentretende Dinge, als Gegensatz zu πλήρης [plæræs] bzw. μεστός [mestos], *voll*, (zB ἐν καθαρῷ [en katharō] Hom. Il. 23,61); c) *kultisch rein* als Gegensatz zu ἀκάθαρτος [akathartos], *unrein* (zB griech. Zauberpapyri 4,3084f); d) im religiösen Sinn: *moralisch rein* (zB καθαρὸς ἀδικίας [katharos adikias] Plato Resp. VI 496d; καθαρὸς χεῖρας [katharos cheiras] Hdt. I,35).

Das dazugehörige Verb καθαίρω [kathairō] heißt urspr. *reinigen, fegen, säubern* (zB gekehrter Platz, Diod S 19,13,4), in der Koine hat es die Bedeutung *putzen* (im NT nur Joh 15,2). Das Kompositum ἐκκαθαίρω [ekkathairō], ebenfalls seit Homer, verstärkt die Grundbedeutung: *ausfegen* (Aristot. Animal. 9,40; im NT 1Kor 5,7; mit Akk. des Gereinigten 2Tim 2,21). Gebräuchlicher ist das jüngere hell. Verb καθαρίζω [katharizō], *reinigen* in physischer, kultischer und religiöser Hinsicht (zB Jos. Ant. 10,70 das Land reinigen).

Das Substantiv καθαρότης [katharotæs] stammt aus der klassischen Gräzität (Xenoph. Mem. 2,1,22; Plato Leg. VI,778c) und bezeichnet in eigentlicher wie übertragener Bedeutung die *Reinheit*. Das jüngere hell. Wort καθαρισμός [katharismos] begegnet, das attische καθαρμός [katharmos] ersetzend, zunächst als landwirtschaftlicher term. techn. (Michigan Papyri 185,16) und bezeichnet dann allg. die physische wie die kultische *Reinigung*.

Die mit ἀ-privativum gebildeten negativen Begriffe, das Adj. ἀκάθαρτος [akathartos] und das Subst. ἀκαθαρσία [akatharsia], bezeichnen die Sphäre der *Unreinheit*, die sich von der Menstruation (Plutarch, De Placitis Philosophorum V,6) bis zur sittlichen Verunreinigung durch Unrecht (Plato Leg. IV 716e) erstreckt. περικάθαρμα [perikatharma], Substantivbildung zu περικαθαίρω [perikathairō], *ringsum, von allen Seiten reinigen*, ist das, was bei einer Generalreinigung entfernt wird: *Schmutz, Auswurf* (Epikt. 3,22,78: *Auswurf* der Menschheit; im NT nur 1Kor 4,13: *Abschaum* der Welt).

2) In der griechischen Religion hatte die Kathartik, dh das System von Reinigungen und Sühnungen, nichts mit einer »Reue« über die Schuld, also mit einer inneren Reinigung des Herzens zu tun, sondern mit der Abwehr umherschweifender dämonischer Geister durch Beschwörungen und rituelle Handlungen; sie hatte also eine »apotropäische« Aufgabe. Unrein war die Wöchnerin wie ihr Kind, unrein auch der Tote. Darum mußten nach solchen Berührungen Reinigungen vorgenommen werden. Sie nahmen die von außen kommende Verunreinigung weg. Wer Blut vergossen hatte, mußte, auch wenn er im Auftrag der Justiz gehandelt hatte, gereinigt werden. Man ließ das Blut eines Tieres dem Verunreinigten über die Hände rinnen und vertrieb so »Mord durch Mord«, dh durch das stellvertretende »Opfer« eines Tieres. Später kam es in der Kathartik, die das ganze alltägliche und religiöse Leben bestimmt hatte, zu einer Verinnerlichung und Ethisierung. Das war das Verdienst der Orphiker und Pythagoräer, vor allem aber der Mysterienreligionen und der Philosophie. Dieses gewandelte Reinheitsverständnis gibt die Inschrift am Asklepiosheiligtum in Epidaurus zu erkennen: »Nur wer rein ist, betrete die Schwelle des duftenden Tempels; niemand aber ist rein, außer wer Heiliges denkt«. Ein Geweihter hieß κεκαθαρμένος [kekatharmenos] (Plato Phaed. 69c).

Das delphische Orakel hatte großen Einfluß. Es wachte nicht nur über die Reinigung bei Mordfällen; darüber hinaus führte der Geist von Delphi, der das ganze griech. Leben inspirierte, zu einer Milderung und Verinnerlichung der alten Kathartik (vgl. Th. v. Scheffer, S. 139). Es war ein erlösender, entspannender Geist, der von Delphi ausging. Typisch hierfür ist die dritte alte Inschrift, die sich neben γνῶθι σεαυτόν [gnōthi seauton], *erkenne dich selbst*, und μηδὲν ἄγαν [mæden agan], *nichts zu sehr*, am Apollotempel in Delphi befand: μετανόει ἁμαρτῶν [metanoei hamartōn], *bereue*, dh gewinne einen neuen Geist, *wenn du gefehlt hast* (vgl. RPfeiffer, aaO, 20ff).

3) Der Begriff »rein« und sein Gegensatz »unrein« durchzieht die gesamte Religionsgeschichte. Urspr. maßgebend ist dabei die Vorstellung eines machtgeladenen Numens (Tabu), dessen gefährliche Kräfte stofflich-dinghaft vorgestellt und als durch Berührung materiell übertragbar gedacht werden. Bes. → Geburt, → Tod und geschlechtliche Vorgänge (Pollution, Menstruation, Koitus) werden mit dem machterfüllten Tabu in Verbindung gebracht und machen bei Berührung eine anschließende Reinigung erforderlich. – In der weiteren Entwicklung der Religionsgeschichte wurde das Numen nicht nur als gefährliche Macht, sondern auch als freundliche Gottheit aufgefaßt. Will sich der Mensch ihr nähern, darf er sie nicht durch ihr widersprechende Un-reinheit verletzen. Hier haben die Forderungen nach kultischer Reinigung ihren Ansatzpunkt. Der Priester muß Reinigungen vornehmen, Unreines entfernen und abwaschen, um den Menschen von bösen, dämonischen Einflüssen, die ihn beständig bedrohen und ängstigen, zu befreien. Erst spät wurde der Reinheitsbegriff verinnerlicht, indem er sich vom Rituellen löste, dem Moralischen verband und so ethische Prägung erhielt. Aber das Geschiedensein von Karthatik und Ethik bleibt bestehen als ein religionsgeschichtliches Gesetz, das sich durch die gesamte Breite aller Religionen verfolgen läßt (Prümm, 295).

II 1) In der LXX gibt καθαρός [katharos] 18 verschiedene hebr. Äquivalente wieder, zum weitaus größten Teil jedoch *tāhōr*, im Sinne kultischer Reinheit. Gelegentlich übersetzt LXX auch hebr. *nāqi, rein, unschuldig* (Hi 4,7), und *zākhakh, glänzend, lauter, unschuldig* (Hi 15,15) mit καθαρός [katharos]. Dem negativen Adj. ἀκάθαρτος [akathartos] entspricht *tām'ē*, dem Subst. ἀκαθαρσία [akatharsia] *tume'ā*, beide hauptsächlich in der Bedeutung von *kultischer Unreinheit* (zB Lev 5,3; 15,24). καθαρίζω [katharizō] ist Äquivalent für Kal und Piel von *tāhar* (Lev 12,7.8), manchmal auch für das Piel von *chāt'ā* (Lev 8,15). So kann καθαρίζω [katharizō] auch synonym mit ἐξιλάσκεσθαι *[exhilaskesthai]*, *versöhnen*, verwendet werden (Lev 16,30). Das Schwergewicht der (Un-)Reinheitsbelege fällt auf die relativ späten Texte der Priesterschrift und des aus Priesterkreisen stammenden Propheten Ezechiel, was aber nicht ausschließt, daß die Unterscheidung zwischen rein und unrein in sehr frühe Zeit zurückreicht. In sachlichem Zusammenhang damit stehen die Begriffe → heilig (hebr. *qādosch*, LXX: ἅγιος *[hagios]*) und profan (hebr. *chōl*, LXX: κοινός *[koinos]*; vgl. → Gemeinschaft, Art. κοινωνία).

2) Auch im AT werden rein bzw. unrein hauptsächlich in kultischem Sinn verstanden. Die Unterscheidung hängt aufs Engste mit dem israelitischen J a h w e g l a u b e n zusammen. Sie geht von der Grundvoraussetzung aus, daß Unreinheit und Jahwe unvereinbare Gegensätze sind. Dabei gilt als – meist unausgesprochener – Normalzustand die Reinheit, die zur Teilnahme am Kult befähigt, während Unreinheit als das Jahwefeindliche von Gottesdienst und Volk trennt und deshalb als Greuel bekämpft und ausgerottet werden muß (Lev 7,19.20). Diese Unterscheidung kann als vorethische Grundgegebenheit des kultischen wie profanen Lebens in Israel bezeichnet werden.

a) Sie beginnt beim Menschen selber. Krankheit, bes. Aussatz, verunreinigen ihn. Es gehört zu den Aufgaben der Priester, einen vom Aussatz befallenen Menschen mit Hilfe der sog. deklaratorischen Formeln rein bzw. unrein zu sprechen (Lev 13,17.44 u. ö.). Darin kommt der enge Zusammenhang zwischen Sünde und Krankheit im israelitischen Glauben zum Ausdruck. Ebenso gelten geschlechtliche Vorgänge als verunreinigend (Samenerguß Lev 15,16; Menstruation Lev 15,19; krankhafte Ausflüsse Lev 15,2.25; Koitus 1Sam 21,5f; Ehebruch Lev 18,20; Unzucht Gen 34,5; Homosexualität Lev 18,22 und andere geschlechtliche Verfehlungen Lev 18,6ff). Diese Bestimmungen richten sich bes. gegen die sexuellen Praktiken der Kanaanäer. – In höchstem Grade unrein ist ein Toter, dessen Unreinheit sich auf alle anwesenden Personen wie auf offene Gefäße überträgt (Num 19,14f). Während im allg. zur Reinigung eine Waschung mit normalem Wasser genügt, ist nach Verunreinigungen an einem Toten das mit der Asche einer roten Kuh vermischte besondere Reinigungswasser erforderlich (Num 19). In dieser Praxis spricht sich die entschlossene Abwendung Israels von allen Formen des Totenkultes in seiner religiösen Umgebung aus.

b) Lev 11 bietet einen Katalog reiner bzw. unreiner Tiere, die gegessen bzw. nicht gegessen werden dürfen. Diese Unterscheidungen dienen der Abwehr von Tierkulten (wie sie zeitweilig im Nordreich praktiziert wurden 1Kön 12,28ff) und der Ablehnung von Symboltieren fremder Religionen (zB das Schwein im Adonis-Tammuz-Kult). Fremdes Land als der Bereich der Verehrung fremder Götter gilt ebenfalls als unrein (Am 7,17). Sogar das eigene Land und der Tempel können durch Götzendienst verunreinigt werden (Jer 2,7; 7,30). Tempel, Altar und Allerheiligstes sind als Stätten Jahwes die Orte höchster Reinheit und Heiligkeit, die wegen der Unreinheit der Israeliten regelmäßiger Reinigung durch Sühne bedürfen (Lev 16). –

c) Auch die Propheten stehen mit ihrer gelegentlichen Kultpolemik innerhalb der Unterscheidung von rein und unrein. Bei ihnen kommt es zu einer Ausweitung und Spiritualisierung der kultischen Begriffe, indem sie mit der Kritik an kultischen Mißständen einen an den Personen und ihrem Verhalten orientierten Reinheitsbegriff verbinden (Jer 2,23; Jes 6,5). Der Begriff Unreinheit kommt auf diese Weise in die Nähe von → Schuld und → Sünde (Jer 33,8; Ez 39,24; vgl. Ps 51).

Bei der at. Unterscheidung zwischen rein und unrein handelt es sich also keineswegs um äußerlich starre Gesetzlichkeit, vielmehr um einen dynamischen Kampf der Jahwereligion, der gegen je neu aufbrechende Fronten innerhalb der kultischen (Um-)Welt Israels den dinglichen »Immanenzwillen« Jahwes durchzusetzen sucht, »der sich durchaus nicht mit der Innerlichkeit Israels begnügte« (vRad, Theol. AT I, 278).

3) Erst das S p ä t j u d e n t u m umgab die Reinheitsvorschriften mit einer Fülle von kasuistischen, zuweilen grotesken Ver- und Geboten, die die Bestimmungen zu einem schwer erfüllbaren Gesetz werden ließen. Einen Pharisäer verunreinigten schon die Kleider eines Zugehörigen zum Landvolk (*'am-ha'ăræts*), das die Tora nicht lesen konnte, wenn er sich nur daraufsetzte (Chag 2,7).

Der häufigste kultische Reinigungsakt war das Händespülen vor den Benediktionen bei den Mahlzeiten (vgl. Joh 2,6; Mk 7,3f). Die Vorschrift der Händereinigung galt auch bei den Gebetszeiten. Die vollkommen korrekte Rezitation des »Schema« muß nach Rabbi Jochanan (um 250 nChr) so vor sich gehen, daß man seine Notdurft verrichtet, darauf die Hände wäscht, die Tefillin (= Kapseln mit Pergamentrollen, auf denen die Stellen Ex 13,1–10,11–16 sowie Dtn 6,4–9 und 11,13–21 geschrieben standen) anlegt und dann das »Höre, Israel« spricht und betet.

Die Reinheitsgebote waren als Lebenshilfe gedacht, wurden aber zu einer schweren Last. Gewiß wurde vereinzelt im Judentum auch ein geistig-ethischer Reinheitsbegriff entwickelt wie zB von Rabbi Mëir (um 150 nChr): »Reinige und heilige dich von jeder Schuld und Sünde« (bBer 17a), aber diese und ähnliche Äußerungen haben die Entwicklung zur versteinerten Kasuistik nicht aufhalten können.

4) Noch strenger als die Pharisäer hielten die E s s e n e r auf Reinheit und Reinigung. Da sie sich als die priesterliche Heilsgemeinde der Endzeit betrachteten, machten sie bes. Reinheitsvorschriften der Priester für die ganze Gemeinde verbindlich. Nach dem 8. Buch Mose heißen sie ἄνδρες

καθαροί *[andres katharoi], reine Männer*. So erklären sich ihre täglichen Tauchbäder in den Wasserbecken, die bei den Ausgrabungen der Ruinen von Qumran zum Vorschein gekommen sind. Wer sich irgendwie gegen die Ordnungen der Gemeinde vergangen hatte, wurde zeitweilig oder endgültig von der Reinheit der Vielen (= Gesamtgemeinde) ausgeschlossen (1QS VI,16f.25; VII,3.16 u. a.). Daneben findet sich aber auch ein übertragener Sprachgebrauch, wenn der Beter dafür dankt, daß Gott ihn von Sünde gereinigt hat (1QS III,4–12; IV,20f).

III Im NT begegnet die mit καθαρός *[katharos]* zusammenhängende Wortgruppe nahezu in allen Schriften. Ein relatives Schwergewicht der Belege fällt auf die Synoptiker, den Hebräer- und die Pastoralbriefe, während Paulus die Wortgruppe nur selten verwendet. Insgesamt finden sich die Reinheitsbelege im NT nicht so zahlreich wie vergleichsweise die zum Stichwort ἅγιος *[hagios]*, → *heilig*. – Sachlich kann man von keiner einheitlichen Reinheitsvorstellung des NT sprechen. Auch hier wird καθαρός *[katharos]* in physischem (zB Offb 15,6), kultischem (zB Mt 8,2–4; Lk 17,14) und geistigem (zB Mt 5,8) Verständnis gebraucht. Gleichwohl hat der Reinheitsbegriff durch die Verkündigung und Person Jesu eine neue Prägung erhalten.

1a) Im Kampf gegen den Pharisäismus hat Jesus sein Reinheitsverständnis entwickelt. Mt 23,25f parr verwirft er das Einhalten ritueller Vorschriften als bloß äußerliche Reinheit. Hinter der Praxis der Pharisäer verbirgt sich das Mißverständnis, die dinglich von außen auf den Menschen zukommende Unreinheit könne die Person verunreinigen (Mk 7,15.18 parr). Das Gegenteil ist richtig: »Was aus dem Menschen herauskommt, das macht den Menschen unrein« (Mk 7,15.20 parr). Denn aus dem Inneren, dem Herzen des Menschen, kommen böse Gedanken, Mord, Bosheit, Unzucht, Unvernunft etc. (Mk 7,21–23). Deshalb stellt Jesus der pharisäischen Reinheit der Hände die Forderung nach Reinheit des Herzens entgegen, wie sie in der 6. Seligpreisung ausgesprochen ist: »Selig sind, die reines Herzens sind, denn sie werden Gott schauen« (Mt 5,8). Für die reine, dh ganz an Gott und die Menschen sich hingebende Liebe Jesu gibt es keine unreinen Speisen mehr (Mk 7,19c). Jesus setzt sich mit Zöllnern und Sündern an einen Tisch (Mk 2,13–17); er stößt die Aussätzigen nicht von sich, sondern heilt sie (Lk 17,11–19), verkehrt mit Samaritanern (Mt 8,5–13) und sogar Heiden (Mt 15,21–28). Jesus hat zwar die Reinheitsvorschriften der Tora nicht aufgehoben (vgl. zB Lk 17,14–17), aber indem er die trennenden Grenzen des Ritualgesetzes beseitigte und mit seiner Forderung nach der Reinheit der Person und des Herzens das pharisäische Reinheitsverständnis vom Kopf auf die Füße stellte, hat er das Judentum in seinem innersten Kern durchbrochen und hinter sich gelassen (vgl. Käsemann, Ex. Vers. u. Bes. I, 207f).

b) Wie schwer es zumindest der Jerusalemer Christengemeinde, die als Judenchristen zunächst am Ritualgesetz und Tempelkult festhielten, wurde, ihrerseits die von Jesus niedergerissenen Grenzen zu überschreiten, zeigt die Erzählung von der Bekehrung des heidnischen Hauptmanns Cornelius aus Caesarea durch die Verkündigung des Petrus (Apg 10,1–11,18), dem in einer Vision die Nichtigkeit der äußerlichen Unterscheidung zwischen rein und unrein klar wird: »Was Gott gereinigt hat, das mache du nicht unrein« (Apg 10,15). Zwar werden noch im sog. Aposteldekret (48 nChr) der heidenchristl. Gemeinde von Antiochien kultische Auflagen gemacht (Apg 15,29), aber daneben setzt sich die Auffassung durch, daß Gott zwischen Juden und Heiden keinen Unterschied macht, sondern durch den Glauben die Herzen reinigt (Apg 15,9).

2a) In voller Klarheit hat erst Paulus erkannt, daß Christus das Ende des Gesetzes herbeigeführt hat und damit alle kultisch-rituellen Unterscheidungen hinfällig geworden sind. In der Auseinandersetzung zwischen Starken und Schwachen, die das Essen von (Götzenopfer-)Fleisch befürworten bzw. ablehnen, schlägt sich Paulus entschlossen auf die Seite der Starken: »Alles ist rein« (Röm 14,20; vgl. auch Tit 1, 15: »den [aus Glauben] Reinen ist alles rein«). Für ihn kommt das Einhalten irgendwelcher gesetzlichen Bestimmungen (zB

Festtagskalender Röm 14,5; Alkoholabstinenz Röm 14,21) lediglich als Rücksicht auf die schwachen Brüder, keineswegs aber mehr grundsätzlich in Betracht.

b) In den johanneischen Schriften wird die Reinheit mit dem Heilstod Jesu in Verbindung gebracht, dh sie wird explizit christologisch begründet: »Das Blut Jesu Christi ... reinigt uns von aller Sünde« (1Joh 1,7; vgl. 1,9). Auch die Erzählung von der Fußwaschung verdeutlicht, daß diejenigen, die sich den Dienst Jesu (in der Taufe?) gefallen lassen, rein sind (Joh 13,10; vgl. auch Eph 5,26). Die Reinheit wird durch das Wort Christi vermittelt (Joh 15,3). Nach johanneischem Verständnis ist Reinheit demnach keine vom Menschen zu erwerbende ethische Qualität, sondern eine Auswirkung der Christuszugehörigkeit der Gemeinde.

c) Der Hebräerbrief interpretiert den Tod Jesu mit Hilfe at. kultischer Vorstellungen, um so die qualitative Überlegenheit des neuen Bundes über den alten deutlich zu machen (Hebr 9,13.14). Im Gegensatz zur jährlich wiederholten Opferreinigung des at. Tempels, die der Hebr als jährliche Erinnerung an die Sünden versteht (10,1–4), ist die durch das Blut Christi bewirkte Reinigung ein für allemal gültig und dient nicht nur der äußeren Reinheit, vielmehr der Reinigung von Sünden (1,3; 10,22). Ähnlich wie der 1Joh verbindet der Hebr den Begriff der Reinheit mit dem der → Vergebung (9,22).

d) Erst in den Pastoral- und katholischen Briefen (bes. Jak, 1Petr) gewinnt der Reinheitsbegriff zT eine ethische Ausrichtung. Formal ähnlich wie die Verkündigung Jesu drängen die Timotheusbriefe auf das reine Herz und Gewissen (1Tim 1,5; 2Tim 2,22; 3,9). Indessen tritt sachlich der Bezug zur Person Jesu in den Hintergrund und die lehrhafte Anweisung in den Vordergrund: »Hauptsumme aller Unterweisung aber ist Liebe aus reinem Herzen« (1Tim 1,5; vgl. 1Petr 1,22).

Ein gewisses Zurückbiegen in ein von Paulus und Johannes bereits überwundenes Reinheitsverständnis läßt der Jakobusbrief erkennen, wenn er die Enthaltsamkeit gegenüber der sündigen Welt als reinen und unbefleckten Gottesdienst bezeichnet (Jak 1,27). – Dem traditionellen jüd. Denken steht die Reinheitsvorstellung der Offenbarung am nächsten, die von physisch reinen Leinengewändern (15,6; 19,8.14) und reinem Gold im neuen Jerusalem (21,18.21) spricht.

3) Der Überblick über die Geschichte des Begriffsfeldes hat deutlich werden lassen, wie unterschiedlich bereits im NT die von Jesus geforderte und geschenkte Reinheit verstanden worden ist. Paulus und Johannes sind ihrer universalen und befreienden Tragweite am nächsten gekommen, während sich in den späten Schriften eine einengende ethisierende Tendenz bemerkbar macht. Die Begriffsgeschichte zeigt, wie die nt. Zeugen um ein evangelisches Reinheitsverständnis gekämpft haben, und wie nahe die Gefahr liegt, in ein gesetzliches Reinheitsdenken zurückzufallen. Bezeichnenderweise ist aber im NT der Reinheitsbegriff weit weniger zum Leitmotiv der Christusverkündigung und der christl. Ethik geworden, als vielmehr Stichworte wie → Nachfolge, Gehorsam (→ Hören, Art. ὑπακούω), Heiligung (→ Heilig, Art. ἅγιος) oder → Liebe. Offenbar war der Reinheitsbegriff nicht die angemessene Vorstellung, um die ganze Fülle der nt. Ethik oder gar Christusverkündigung zur Geltung zu bringen. Um so erstaunlicher und betrüblicher ist es, daß im Verlauf der Kirchengeschichte immer wieder Gruppen und Sekten aufgetreten sind, die eine rigoros asketisch verstandene Reinheit als besonderes Kennzeichen christl. Glaubens vertraten und oft genug mit Gesetz und Gewalt durchzusetzen versuchten. Häufig gaben sie sich – wie die Essener – den Namen καθαροί *(katharọị)*, die *Reinen*, von dem das deutsche Wort *Ketzer* abgeleitet ist. Ihre Ahnenreihe reicht von der Kirche Markions über die altkirchlichen Montanisten, Manichäer, Donatisten, die mittelalterlichen Katharer, die reformatorische Täuferbewegung bis zu radikalen Gruppen innerhalb des Pietismus (Voetius, Arnold), um nur die wichtigsten Vertreter zu nennen. Sie alle verbindet eine Reinheitsvorstellung, die dem jüd. Radikalismus der Pharisäer bzw. Essener meist näher steht als dem durch Christus geprägten nt. Reinheitsverständnis. Diese Entwicklung zeigt, daß in der christl. Verkündigung der Kampf zwischen

→ Evangelium und → Gesetz immer erneut ausgefochten werden muß, um zu einem an Christus orientierten befreienden und nicht ängstlich-gesetzlichen Reinheitsverständnis zu gelangen.

H.-G. Link / J. Schattenmann

Lit.: FHauck, Art. ἁγνός etc., ThWb I, 1933, 123ff – GvdLeeuw, Phänomenologie der Religion, 1933 (1956^{2}) – RMeyer/FHauck, Art. καθαρός etc., ThWb III, 1938, 416ff – MNoth, Die Gesetze im Pentateuch, Schriften d. Königsberger Gelehrten Gesellsch., Geisteswiss. Kl., 1940, H. 2 (= Ges. Stud. z. AT, ThB 6, 1966^{3}, 76ff) – ThvScheffer, Hellenistische Mysterien und Orakel, 1940 – RPfeiffer, The Image of the Selian Apollo and Apolline Ethics, Journal of the Warburg Institute 15, 1952, 20ff – EKäsemann, Das Problem des historischen Jesus, ZThK 51, 1954, 125ff (= Ex. Vers. u. Bes. I, 1968^{5}, 187ff, bes. 207f) – GBornkamm, Jesus von Nazareth, 1956 (1965^{7}), 89ff – GvRad, Theologie des AT I, 1957 (1966^{5}), 271ff – KKoch, Art. Reinigung, kultische, EKL III, 1959, 576ff – RHink/RRendtorff/ELohse, Art. rein, unrein, RGG V, 1961^{3}, 939ff.

Rest, übrig

λεῖμμα

λείπω *[lẹipō]* lassen, zurücklassen · λοιπός *[loipọs]* übrig · λεῖμμα *[lẹimma]* Rest · καταλείπω *[katalẹipō]* übriglassen

I Der Ursprung der Wortgruppe ist das Verb λείπω *[lẹipō]* (schon im mykenischen Griech. bezeugt; verwandt: lat. *linquere;* dt. *leihen*), *lassen, zurücklassen, überlassen,* das als intrans. Akt. die Bedeutung *fehlen* annehmen kann (zB σοὶ πολλὰ λείπει *[soi pollạ lẹipei], es fehlt dir viel*). Als Komposita treten auf: καταλείπω *[katalẹipō], zurücklassen, übriglassen;* ὑπολείπω *[hypolẹipō], übriglassen;* περιλείπομαι *[perilẹipomai], übrigbleiben* (alle seit Hom.; zB Il. 10,238; Od. 16,50; Il. 19,230) und διαλείπω *[dialẹipō], aufhören* (Xenoph. Ap. 16). Spätere Bildungen sind die Adj.e λοιπός *[loipọs], übrig* (seit Pindar), und κατάλοιπος *[katạloipos], übriggelassen* (seit Plato). Seit Hdt. belegt ist das selten gebrauchte Subst. λεῖμμα *[lẹimma],* der *Rest,* das *Überbleibsel,* in ders. Bedeutung seit LXX auch κατάλειμμα *[katạleimma].* Über die Bedeutung *lassen, übriglassen* bzw. *Rest, Überbleibsel* (von Personen und Sachen) hinaus sind im Griech. weder die Verben noch die Subst.e zum Träger einer bes. Tendenz oder gar eines religiösen Sinnes geworden; auch nicht bei Josephus, der statt der Subst.e meist τὸ λείψανον *[to lẹipsanon],* der *Überrest* (seit Eur. Med. 1387), benutzt (Ant. 11,213; Bell. 4,414 u. ö.).

II 1) In LXX tritt die Wortgruppe λείπω *[lẹipō]* überwiegend für folgende hebr. Verben und deren Derivate ein: a) *schā'ar* (nif.: *übrigbleiben;* hif.: *übriglassen;* ca. 220mal im MT); b) *jātar* (nif.: *übrigbleiben;* hif.: *übriglassen, übrig haben;* ca. 200mal); c) *'āzab, verlassen* (nif.: *verlassen werden;* ca. 200mal); d) *pālat, entkommen* (22mal im piel: *retten*); e) *sārad, davonlaufen* (nur einmal Jos 10,20; das davon abgeleitete *sarīd, Entronnener,* dagegen 28mal).

Das Subst. λεῖμμα *[lẹimma]* findet sich nur ein einziges Mal (2Kön 19,4 als Übers. von *sche'ērīt, Rest*), das Verb λείπω *[lẹipō]* insges. 8mal (je 3mal für 3 verschiedene hebr. Verben, 4mal in den Apokryphen, Spr 11,3 in vom MT abweichender Übers.), das Adj. λοιπός *[loipọs]* dagegen über 120mal (hauptsächlich für *jætær, Rest,* und 10mal für *sche'ār* bzw. *sche'ērīt, Rest*). Am häufigsten (fast 300mal) tritt jedoch das Kompos. καταλείπω *[katalẹipō]* auf, und zwar hauptsächlich für *schā'ar, übrigbleiben, übriglassen; 'āzab, verlassen,* und *jātar, übrigbleiben, übriglassen.* Das Adj. κατάλοιπος *[katạloipos]* (über 90mal) steht überwiegend für *sche'ār* und *jætær, Rest,* das Subst. κατάλειμμα *[katạleimma]* (21mal) meist für *sche'ār* bzw. *sche'ērīt, Rest,* aber auch 2mal für *sarīd, Entronnener.* ὑπολείπω *[hypolẹipō]* (ca. 90mal) tritt ebenfalls für *schā'ar, jātar* und andere hebr. Verben ein; seltener ist das Subst. ὑπόλειμμα *[hypọleimma], Rest,* das bei 9maligem Vorkommen 6mal Derivate von *schā'ar* und 1mal *sarīd, Entronnener,* wiedergibt. περιλείπω *[perilẹipō]* und περίλοιπος *[perịloipos]* übers. Derivate von *schā'ar* und *jātar.* Die Bedeutungsunterschiede der Komposita von λείπω *[lẹipō]* in ihrem Eintreten für hebr. Wörter fallen bes. auf an διαλείπω *[dialẹipō], aufhören* (10mal; verschiedene hebr. Verben), und ἐκλείπω *[eklẹipō], aufhören, zugrundegehen* (über 150mal), die beide nie für *schā'ar* oder *jātar* stehen.

2) Im allg. Sinne werden die meisten der genannten Verben auf Sachen angewandt, um die völlige Vernichtung zu kennzeichnen, bei der nichts übrigbleibt (zB Ex 10,5: die Heuschrecken lassen nichts übrig; Ex 10,13: die Heuschrecken bleiben nicht übrig, dh sie werden völlig vernichtet), oder von einem übrigbleibenden Rest etwas auszusagen (zB Jes 10,9: den Rest der Waldbäume kann ein Knabe zählen; Jes 44,17.19: der Rest eines Baumes wird zu einem Götterbild verarbeitet).

a) Wichtig ist die Anwendung der Wörter für *Rest* und *übriglassen* in der sakral-militärischen Bedeutung, wenn von der völligen Vernichtung von Völkern oder Menschengruppen im heiligen Krieg die Rede ist (Num 21,35: Og von Basan; Jos 8,12ff: die Bewohner der Stadt Ai) oder von Fällen, in denen bei Feldzügen ein Rest übrigbleibt (Jos 11,22 einige Enakiter in Gaza, Gath und Asdod).

Die Rede von *Rest* und *übrigbleiben* kann das durchtragende Handeln Jahwes gegenüber der Schöpfung bezeichnen. So findet sich im jahwistischen Teil (10. Jh. vChr) der Sintflutgeschichte die Wendung »Allein Noah blieb übrig (*wajjischā'ær* = καὶ κατελείφθη [*kai kateleiphthæ*]) und was mit ihm in der Arche war« (Gen 7,23).

b) Eine Verbindung der militärischen Bedeutung des Wortes *schā'ar* mit dem bewahrenden Handeln Jahwes findet sich (im ausgehenden 9. Jh. vChr) 1Kön 19,18 in der Zusage Jahwes an Elia angesichts der inneren Bedrohung Israels durch den Abfall von Jahwe und der äußeren Bedrohung durch den Aramäer Hasaël: »Und ich will übriglassen (*wehisch'arti* = καὶ καταλείψεις [*kai kataleipseis*]) 7000 in Israel, alle Knie, die sich nicht gebeugt haben vor Baal, und jeden Mund, der ihn nicht geküßt hat«.

3a) Der Gedanke an einen Rest Israels klingt bei den frühen Schriftpropheten an. So zeigt sich in Amos 5,14f die »vage Hoffnung auf einen noch ganz unbestimmten Rest« (SHerrmann, 124f), wenn der Prophet davon spricht, daß Jahwe »vielleicht« (!) denen gnädig sein wird, die »von Joseph übrigbleiben«. Bei Jesaja wird der militärische Restgedanke theol. gefüllt. Im Zusammenhang mit der Mahnung des Propheten an den König Ahas, sich nicht zu fürchten (vgl. 30,15) und Jahwe zu glauben, steht der Name des Prophetensohnes *Sche'ār Jāschūb* (»ein Rest kehrt um« Jes 7,3). Die Mahnung des Propheten soll vor einer Katastrophe bewahren, in der das Gottesvolk zwar nicht total untergehen wird, in der aber nur ein Rest übrigbleiben wird. Hier dient der Restgedanke dazu, die Furchtbarkeit der Katastrophe zu unterstreichen und zu bestätigen. Wer das Vertrauen zu Jahwe nicht aufbringt, wird zu einem wertlosen Rest (vgl. 30,15ff). »Der Restgedanke steht am Rande der Botschaft Jesajas« (SHerrmann, 130), aber man kann in Jes einen »Vorläufer der Lehre vom Rest« (UStegemann, 186) sehen. Das Reden vom Rest bei Jes hat in später nachexilischer Zeit dazu geführt, daß verschiedentlich (Jes 6,13; 10,20ff; 11,11ff; 28,5f) Wendungen nachgetragen worden sind, die die Unheilsbotschaft des Propheten durch den Restgedanken abzumildern und auch sonst den Restgedanken in die Botschaft des Propheten in verstärktem Maße einzutragen versuchten.

b) Auch in der ersten Hälfte des 6. Jh. vChr, der Zeit der vernichtenden Katastrophe des Südreichs 597 und 587 vChr, ist nicht die Rede vom Rest Israels, der Träger der Hoffnung auf einen Neuanfang sein könnte. Jeremia droht an, daß Jahwe Juda umkommen lassen wird (Jer 19,9). Er vergleicht die unter Zedekia im Lande Zurückgebliebenen (*hannisch'ārim bā' āræts*) mit ungenießbaren Feigen (24,8). Der Rest Judas unter Gedalja beraubt sich nach dessen Ermordung durch Ismael selbst der Möglichkeit, im Lande zu bleiben (40,11–15). Bei Ezechiel wird der Restgedanke entweder ausgeschlossen (9,8; 11,13; 17,21) oder in völlig anderer Weise verwendet: Es bleibt zwar ein Rest in Jerusalem nach den Strafen Jahwes (Krieg, Hunger, wilde Tiere, Pest) übrig, aber er dient nur dazu, den Exulanten diesen Rest »als Probe des ungeheuerlichen Verderbens Jerusalems und seiner Bewohner« vor Augen zu führen, »damit sie das Strafgericht als Vergeltung anerkennen müssen« (Eichrodt, 111, zu Ez 14,22; vgl. 12,16: Die Übriggebliebenen »sollen all ihre Greueltaten erzählen unter den Heiden«, also zur Selbstverurteilung Israels). Für Jer wie für Ez wird der eigentliche Rest durch die Gola repräsentiert, durch die also, die durch Deportation die Katastrophe überstanden haben. Sie sind es, denen bei Ez Gott erscheint.

c) Eine etwas hoffnungsvollere Einstellung zum Rest zeigt sich im Deuteronomium, wo zwar in 28,62 ähnlich wie Lev 26,36 den Übriggebliebenen Unheil und Furcht im Land der Feinde prophezeit, in 4,27 dagegen diejenigen, die übrigbleiben, für den Fall ihrer Umkehr an Jahwes Barmherzigkeit erinnert werden. Ihnen wird in selten eindrücklicher Weise Trost zugesprochen.

d) Die Entscheidung für eine theol. Füllung des Restgedankens im Sinne der Hoffnung auf Jahwes bewahrendes und rettendes Handeln fällt noch in der Exilszeit. Dahinter steht die Erfahrung, daß mit der nationalen Katastrophe Jahwe zwar ein furchtbares Gericht gehalten, daß dieses Gericht aber auch seine Grenze in Jahwes Willen zum Durchtragen und Erhalten hat. Ein Zeugnis solcher Hoffnung liegt bei Deuterojesaja vor (Jes 46,3f), der die Exilierten als »Rest des Hauses Israel« angeredet werden läßt, den Jahwe »heben, tragen und erretten« will (Jes 46,4). Noch ein anderer Gedanke findet sich bei DtJes: die Restvorstellung wird auf die »Entronnenen der Heiden« angewendet (Jes 45,20), die wegen ihres Götzendienstes verlegen vor Jahwe Rat halten.

e) Zunehmende Bedeutung gewinnt der Restgedanke in der späten exilischen und in der nachexilischen Zeit, also in der 2. Hälfte des 6. Jh. vChr, in der von den Zurückgekehrten der Tempel wieder aufgebaut wird. Hierhin gehören wahrscheinlich die Aussagen Mi 2,12f; 5,6f; 7,18 und

Zeph 2,7.9, in denen dem Rest Judas (V. 7) bzw. allg. des Volkes (V. 9) die Wiedereinnahme des Küstenstreifens verheißen wird. Hatte sich noch in der Exilszeit der Restgedanke bei O b a d j a (V. 17) mit der Hoffnung für → Jerusalem bzw. den Zion verbunden, so kündigt S a c h a r j a die Rückkehr Jahwes auf den Zion an und erweckt in den Übriggebliebenen die Hoffnung auf ein bewahrtes Jerusalem (8,6; 8,11f: »in Frieden säen«, Besitz haben).

f) In J o e l 3,5 ist in noch späterer Zeit (4. oder 3. Jh. vChr) wieder der Restgedanke an den Zion gebunden (vgl. auch Esr 9,8). – Im c h r o n i s t i s c h e n G e s c h i c h t s w e r k (4. oder 3. Jh. vChr) wird der Restgedanke mehrmals auf die heimgekehrten Exulanten angewendet (Esr 9,8; 9,15; Neh 1,2f). Nach 300 vChr sprechen die späten Stücke im Buch S a c h a r j a von einem Rest, der geläutert wird (Sach 13,8f) und der am Tage, an dem sich die Heiden zum Kampf gegen Jerusalem sammeln, übrigbleiben wird (14,2; verknüpft mit apok. Vorstellungen vom Tage Jahwes).

g) In einer ganz neuen Weise findet sich eine Aussage über die Philister (Sach 9,7), die »übrigbleiben und wie ein Stamm in Juda werden« sollen. Jes 66,18ff (etwa 160 vChr, vgl. Westermann, 337) spricht von der Sendung Erretteter in die Völkerwelt, – im Zusammenhang apok. Aussagen eine Linie, die den Restgedanken auf die Völker ausweitet und schließlich im NT ihre Fortsetzung findet!

4a) In außerkanonischen apok. Schriften ist die Rede vom Rest nur gelegentlich auf die ganze Schöpfung bezogen (äthHen 83,8 »flehe zu dem Herrn . . ., daß ein Rest auf Erden übrigbleibe, und er nicht die ganze Welt vertilge«; 4Esr 13,26 spricht von einer neuen Ordnung unter den Übriggebliebenen im Blick auf die ganze Schöpfung). Es überwiegen die Restaussagen, die sich auf → Israel bzw. die Synagoge beziehen (4Esr 9,7f »mein Heil, mein Land, mein Gebiet« im Zusammenhang mit den Geretteten; ähnlich 12,34 und 13,48; äthHen 90,30). Nach ApkBar (syr) 40,2 wird der Messias »den Rest meines Volkes, der sich in dem Lande, das ich erwählt habe, vorfindet, . . . beschützen«.

b) Die Bindung des Restgedankens an Israel führt dazu, daß er im palästinensischen Spätjudentum von einzelnen Gruppen exklusiv in Anspruch genommen wird und so an Intensität gewinnt. Die Gemeinde von Q u m r a n zB versteht sich als den in Gottes Zorngerichten übriggebliebenen heiligen Rest im Sinne der at. Verheißungen (CD 1,4), dem Gottes Hilfe gilt (1QM 13,8; 14.8f), während die Feinde ausgerottet werden, so daß kein Rest übrigbleibt (1QM 1,6; 4,2; 14,5; vgl. auch 1QS 4,14; 5,13; CD 2,6). Durch die freiwillige Übernahme priesterlicher Reinheitsvorschriften versucht die p h a r i s ä i s c h e Bewegung, den heiligen Rest darzustellen (JJeremias, 122ff).

c) Im Rabbinismus wird die Bedingung für die Zugehörigkeit zum Rest in der Einhaltung der Tora gesehen. »So werden . . . (doch nur) dem Reste, die nicht gesündigt haben . . . Großtaten getan werden« (Tg Jes 10,22f), und »Wer übrigbleibt, wird wiederkehren gen Zion, und wer die Tora gehalten hat, wird bleiben in Jerusalem« (Tg Jes 4,3). Hier steht der Restgedanke eindeutig in Beziehung zum Halten des → Gesetzes.

III 1) Im NT findet sich das Subst. λεῖμμα *(lẹimma)*, *Rest*, nur 1mal (Röm 11,5), das Verb λείπω *(lẹipō)* 6mal, und zwar in der Bedeutung *fehlen, Mangel haben* (zB Lk 18,22; Jak 1,4f; 2,15). Das Adj. λοιπός *(loipọs)*, *der andere, der übrige*, das meist im Plur. *die anderen, die übrigen*, oder auch adverbial *im übrigen* angewendet wird, steht insges. 55mal und hat gelegentlich einen kritisierenden Unterton gegenüber denen, die verstockt sind (Lk 8,10; Röm 11,7), die nicht glauben (Mk 16,13; 1Thess 4,3), die heucheln (Gal 2,13), die nicht Buße tun (Offb 9,20).

Das häufigste Kompos. ist wie in LXX καταλείπω *(katalẹipō)*, wieder in verschiedenen Bedeutungen wie *verlassen* (von Gegenden Mt 4,13; Menschen Mt 19,5 par; vgl. Gen 2,24; Besitz Lk 5,28); *zurückbleiben, vernachlässigen* (Apg 6,2); jemanden irgendwo *(zurück-)lassen* (zB Apg 18,19). Je einmal stehen κατάλοιποι *(katạloipoi)*, *die übrigen* (Apg 15,17 = LXX-Zitat von Am 9,12); διαλείπω *(dialẹipō)*, *ablassen, aufhören* (Lk 7,45); ὑπολείπομαι *(hypolẹipomai)*, *übrigbleiben*, und ὑπόλειμμα *(hypọleimma)*, *Rest* (Röm 9,27 = Zitat Jes 10,22).

2a) Im NT wird der at. Restgedanke nur in Röm 9–11 aufgenommen. Paulus setzt sich hier mit der Tatsache auseinander, daß die Mehrzahl der Juden Christus den Glauben versagt. Welche Stellung hat die aus Heiden- u n d Judenchristen bestehende frühe christl. Gemeinde dazu einzunehmen? Ist die Erwählung Israels mit dieser Ablehnung gegenüber Christus hinfällig geworden? Paulus hält an der Sonderstellung Israels in der Völkerwelt fest. Aber diese Sonderstellung hat ihren Grund in Gottes freier Gnadenwahl (κατ' ἐκλογήν *[kat eklogæn], entsprechend der Erwählung* der Gnade, Röm 9,11; 11,5), — ebenso wie die Berufung der Heiden zur Gemeinde des neuen Gottesvolkes (9,24).

Für die Gotteskindschaft der Heiden wird von Paulus (9,25–26) Hos 2,25 und 2,1 zitiert. Es folgt unmittelbar (9,27) das Drohwort aus Jes 10,22f, in dem von der Dezimierung Israels bis auf einen sich bekehrenden Rest die Rede ist, wobei Paulus mit LXX nicht »ein Rest wird umkehren«, sondern »ein Rest wird gerettet werden« formuliert. Er schließt an dieses Drohwort in V. 29 das schon in LXX hoffnungsvoller übersetzte Wort Jes 1,9 an (für hebr. *sarid, Rest*, steht in LXX und bei Paulus σπέρμα *[sperma], Nachkommen*). Diese Zusammenstellung intendiert deutlich die Neuinterpretation des Restgedankens durch Paulus. Wenn bei Paulus neben das Wort von der Gotteskindschaft der Heiden das Reden vom Rest Israels gestellt wird, so wird es damit relativiert. Der im AT angesprochene Rest geht auf in dem durch den Glauben an Christus konstituierten neuen Gottesvolk. Der Rest Israels wird nicht eliminiert, sondern den zum neuen Gottesvolk berufenen Heiden zugeordnet. Das Überbleibsel (MT Jes 1,9) oder die Nachkommen (LXX Jes 1,9) sind die, die Gott zusammen mit den Heiden zur Gemeinde Christi berufen hat (Röm 9,24). In Röm 11,3.4.5 findet sich der Restgedanke zunächst im Rückgriff auf die Klage Elias am Horeb (1Kön 19,10) und die Antwort Jahwes an Elia (1Kön 19,18). Dieses Zitat dient Paulus zum Beweis dafür, daß Gott Israel nicht verstoßen hat. Aber nicht in Israels Bemühung, sondern in Gottes Setzung ist ein λεῖμμα κατ' ἐκλογὴν χάριτος *[leimma kat eklogæn charitos], ein Rest, entsprechend der Wahl* (→ Erwählung, Art. αἱρέομαι) *der* → *Gnade* (Art. χάρις) begründet (Röm 11,5), der den Christusglauben annimmt. Die Hoffnung des Paulus geht dahin, daß durch diesen Rest und die mit ihm zur Gemeinde gehörenden Heidenchristen die »Fülle« (πλήρωμα *[plærōma]* Röm 11,12) Israels für Christus gewonnen werden kann. So ist in dem Rest Israels, der sich zu Christus bekennt, ein neuer Anfang für ganz Israel gesetzt. In diesem Rest ist ganz Israel angesprochen.

Gottes Gnadenhandeln zielt auf alle Völker und auf das ganze Israel, auf seine Hinzufügung zum neuen Gottesvolk. So dient die Aufnahme des Restgedankens in dieser breit angelegten Argumentation, in der sich Paulus zum Fürsprecher für Israel macht, nicht dazu, die im Spätjudentum verbreitete Restvorstellung in die christl. Gemeinde zu übernehmen und ihr etwa das Bewußtsein zu geben, sie sei der heilige Rest. Es wird auch nicht gegen den Restgedanken polemisiert, sondern er wird in der Weise neu interpretiert und dadurch weitergeführt, daß die at. Restverheißung für Israel in der Gemeinde aus Juden und Heiden ihre Erfüllung findet.

b) Das Adj. λοιπός *[loipos], übrig*, wird bei Paulus 2mal für diejenigen gebraucht, die trauern, weil sie keine Hoffnung haben (1Thess 4,13), bzw. die schlafen, also die Parusie (→ Gegenwart, Art. παρουσία) nicht erwarten (1Thess 5,6). Röm 1,13 steht es von den anderen Völkern bzw. Heiden im Vergleich zu den Adressaten des Briefes und Gal 2,13 von den übrigen Juden-Christen, die mit Petrus heuchelten, dh zunächst mit den Heiden in Antiochien Tischgemeinschaft hielten, sie aber später aus Furcht aufgaben. Sonst gebraucht Paulus das Adj. ohne bes. Bedeutung, meist adverbial *im übrigen*.

3) Auch in den synopt. Evgg. bezeichnet das Adj. gelegentlich diejenigen, die außerhalb der Gottesherrschaft stehen. So sind es im Gleichnis von der königlichen Hochzeit Mt 22,1–13 οἱ λοιποί *[hoi loipoi], die anderen, die übrigen*, die die einladenden Knechte des Königs verhöhnen und töten, im Gleichnis Mt 25,1–12 die *übrigen* (λοιπαί *[loipai]*) Jungfrauen (V. 11), die von der Hochzeit ausgeschlossen sind. Der Schrei Jesu am Kreuz (Mt 27,46) schließlich wird von den *übrigen* (οἱ λοιποί *[hoi loipoi]*) mit der Bemerkung aufgenommen: »Halt, laßt sehen, ob Elia komme und ihm helfe« (Mt 27,49). Lk 8,10 werden den Jüngern die *»übrigen«* gegenübergestellt. λοιποί *[loipoi]* steht hier für die, die außerhalb des Jüngerkreises stehen und den Sinn der Parabelrede nicht begreifen, weil sie verstockt sind (vgl. auch Röm 11,7). Im Gleichnis vom Pharisäer und Zöllner (Lk 18,9ff) geht es um die, die in der Haltung der Gesetzestreue die *übrigen*, λοιπούς *[loipous]*, verachten (V. 9). Die Wendung »die anderen Menschen« im Munde des Pharisäers wird hier zum Urteil über die, die das Gesetz nicht halten (V. 11). Ob die Polemik der Evgg. gegen die Pharisäer (vgl. Mt 23, bes. V. 13) mit deren Anspruch, die Restgemeinde darzustellen, zusammenhängt (vgl. JJeremias, 129f) und ob das Fehlen des Restgedankens in den Evgg. darauf zurückzuführen

ist, ist nicht mit Sicherheit zu sagen. Jedenfalls liegt weder der at. Restgedanke noch seine spätjüd. verengte Form in den Evgg. vor.

4) Das Verb λείπω *[lẹipō]* im Sinne von *fehlen* bezeichnet Lk 18,22 den entscheidenden Mangel, der den Reichen an der Nachfolge hindert, seinen Reichtum. Im Jak (1,4.5; 2,15) bedeutet das Verb *fehlen, Mangel haben* in wörtlicher Bedeutung.

5) In der Offenbarung des Johannes steht das Adj. λοιπός *[loipọs]* 8mal, davon 2mal in einer Bedeutung, die an den Restgedanken erinnert. Offb 11,13 ist von den *»übrigen«* die Rede, die bei dem Gericht über die Stadt nicht betroffen werden und Gott die Ehre geben. Offb 12,17 spricht von dem Kampf des Drachens gegen die *»übrigen«* vom Geschlecht des Weibes, »die Gottes Gebote halten und das Zeugnis Jesu haben«, und gegen die dann in Offb 13 die beiden Tiere kämpfen. Wenn auch hinter diesen Aussagen eine Fülle spätjüd.-apok. Materials steht, ist hier doch nicht vom Rest im Sinne eines Neuanfangs die Rede.

6) Der Restgedanke im eigentlichen Sinn hat seinen Platz in der frühchristl. Theol., wenn es um die Stellung zu Israel geht. Seine Wiederaufnahme etwa im Sinne einer *ecclesiola in ecclesia*, die auf die spätjüd.-apok. Einengung rekurriert, geht vorbei an dem Zeugnis, daß Gott mit dem Rest das Ganze meint und daran, daß die Vorstellung von einem bes. qualifizierten Rest in der Konfrontation Israels mit der Botschaft von Jesus Christus ihre Relativierung und Neuinterpretation erfährt und so in dieser Botschaft in unerwarteter Weise ihren erfüllenden Abschluß findet (→ Erlösung, Art. σῴζω III,3–9; → Erwählung, Art. ἐκλέγομαι; → Nehmen, Art. λαμβάνω III,6). *W. Günther / H. Krienke*

Lit.: WMüller, Die Vorstellung vom Rest im Alten Testament, 1939 (Diss.) – KBarth, Kirchliche Dogmatik II,2, 1942, 215ff – VHerntrich/GSchrenk, Art. λεῖμμα, ThWb IV, 1942, 198ff – JJeremias, Der Gedanke des »Heiligen Restes« im Spätjudentum und in der Verkündigung Jesu, ZNW 42, 1949, 184ff (= Abba, 1966, 121ff) – GSchrenk, Die Weissagung über Israel im Neuen Testament, 1951 – GvRad, Theologie des AT II, 1960 (1968⁵), 34f.175f – HBerkhof, Der Sinn der Geschichte: Christus, 1962 – ChrMüller, Gottes Gerechtigkeit und Gottes Volk. Eine Unters. z. Röm 9–11, FRLANT 86, 1964 – SHerrmann, Die prophetischen Heilserwartungen im Alten Testament, 1965 – WEichrodt, Der Prophet Hesekiel, ATD 22, 1/2, 1959/66 – CWestermann, Das Buch Jesaja, Kap. 40–66, 1966 (= ATD, 19) – UStegemann, Der Restgedanke bei Jesaja, 1969 (= BZ NF, 19) – WEMüller, Die Vorstellung vom Rest im Alten Testament, 1973².

Reue → Bekehrung

Richten → Gericht

Richtig, vollkommen

Die hier behandelten Wortgruppen und Begriffe bringen je auf bes. Weise und mit eigener Nuancierung ein sachgemäßes, angemessenes Verhalten bzw. einen entsprechenden Zustand zum Ausdruck (bzw. in der Negation das Gegenteil: unangemessen, unrichtig etc.). ἄξιος *[ạxios]* ist eine Verhältnisbestimmung, die zwei Größen (Dinge bzw. Personen) so miteinander vergleicht, daß die geringere an der größeren gemessen wird: Entspricht die geringere der größeren, ist sie würdig, beim gegenteiligen Verhältnis unwürdig. Die Wortgruppe ἄρτιος *[ạrtios]* zielt auf Begradigung, Ausrüstung und Zubereitung für einen bestimmten Zweck, dem es zu entsprechen gilt im Sinne der Zweckmäßigkeit, Angemessenheit, Tauglichkeit oder Eignung. ὀρθός *[orthọs]* ist der eindeutigste und klarste Begriff: Von der Grundbedeutung *aufrecht, gerade* ausgehend bezeichnet er die Tugend des rechten, dh des aufrichtigen und geradlinigen Verhaltens.

ἄξιος

ἄξιος *[axios]* gleichwertig, angemessen, würdig, wert · ἀνάξιος *[anaxios]* unwürdig · ἀξιόω *[axioō]* für wert erachten, bitten · καταξιόω *[kataxioō]* für würdig erachten

ἄξιος *[axios]* (seit Hom. belegt) heißt urspr. *den anderen Waagebalken heraufführend, ihn ins Gleichgewicht bringend: gleichwertig* (ThWb I, 378). Der Begriff vergleicht zwei Größen miteinander, die entweder gleich oder ungleich (ἀνάξιος *[anaxios]*) wiegen (zB Spr 3,15: alle Schätze wiegen die Weisheit nicht auf). In weiterem Verständnis bezeichnet ἄξιος *[axios]* dann Verhältnisbestimmungen von Sachen oder Personen, die einander entsprechen (bzw. nicht entsprechen): *angemessen, entsprechend* (zB dem Wort entsprechend Hdt. 4,28). Da mit dem angemessenen Verhältnis ein entsprechender Wert verbunden ist, kommt ἄξιος *[axios]* schließlich zu der Bedeutung *würdig, wert.* In diesem Sinn wird vor allem das Adverb ἀξίως *[axiōs]* verwendet (zB der Wahrheit *würdig,* DiodS 1,51,7). ἀνάξιος *[anaxios]* bringt die Negation zum Ausdruck: *nicht angemessen, unwürdig* (seit Soph; auch Epict 2,8,18). Das Verbum ἀξιόω *[axioō]* (seit Hdt.) heißt 1. *für wert erachten, für angemessen halten* (Eur. Med. 962); 2. *wünschen, bitten* (Xenoph. Mem. 3,11,12). καταξιόω *[kataxioō]* (seit Aischyl.) verstärkt die Grundbedeutung: *für würdig erachten;* pass.: *gewürdigt werden* (DiodS 2,60,3). I

In der LXX spielt die Wortgruppe keine nennenswerte Rolle. Stattdessen hat das Spätjudentum das hebr. *zākhāh, moralisch rein dastehen,* (zB Hi 15,14; LXX: ἄμεμπτος *[amemptos]*) für seinen Verdienstgedanken in Anspruch genommen. ἄξιος *[axios]* gewinnt die Bedeutung von *verdienstvoll:* »Hier ist ein Mensch, der des Heiligen Geistes würdig ist« (St.-B. I,129). Für die Gottesbeziehung verliert ἄξιος *[axios]* im Spätjudentum seinen Charakter als Verhältnisbestimmung im Sinn einer Entsprechung: es wird zu einer Qualität und einem Verdienst des gesetzesfrommen Menschen, der damit einen Anspruch gegenüber Gott begründet (vgl. 2Makk 7,20; 4Makk 17,8ff; St.-B. II,254). II

Im NT liegt der Schwerpunkt der Belege einerseits bei den Synoptikern (Mk; Lk), andererseits in den paulinischen und einigen weiteren Briefen. III

1) Im radikalen Gegensatz zum spätjüd. Verdienstgedanken macht das Gleichnis vom verlorenen Sohn deutlich, daß der Mensch vor Gott keinen Anspruch erheben kann: »Ich bin nicht wert, dein Sohn zu heißen« (Lk 15,19.21; vgl. auch Joh 1,27; Apg 13,25). Der Hauptmann von Kapernaum, der nach jüd. Urteil die Hilfe Jesu verdient, weil er eine Synagoge gebaut hat, hält sich nicht einmal für würdig, Jesus zu sich zu bemühen, »sondern sprich nur ein Wort, so wird mein Knecht geheilt werden« (Lk 7,7). Stattdessen ist es das Evangelium Christi selbst, das den Menschen Würde zuspricht und sie der Gottesgemeinschaft würdigt. Lk 20,35; Apg 5,41 und 2Thess 1,5 drückt καταξιόω *[kataxioō]* gerade den unverdienten Empfang des Heils aus. Der Wert der Menschen vor Gott entscheidet sich daran, wie sie der Christusbotschaft begegnen und ihr gehorsam sind: »Wer nicht sein Kreuz nimmt und mir nachfolgt, ist mein nicht wert« (Mt 10,38; vgl. V. 11.13.37; 22,8).

2) In den Briefen hat ἄξιος *[axios]* häufig die Bedeutung *entsprechend, gemäß.* Das erhellt bes. aus dem Gebrauch des Adverbs ἀξίως *[axiōs]* in paränetischen Texten, die zum angemessenen Wandel *gemäß* dem Evangelium (Phil 1,27), dem Herrn (Kol 1,10; 1Thess 2,11), der Berufung (Eph 4,1) auffordern. Ähnlich mahnt Paulus 1Kor 11,27, das Herrenmahl nicht *unangemessen* (ἀναξίως *[anaxiōs]*) zu feiern. Er fordert damit keine moralische Qualität der Teilnehmer, sondern zielt auf ein dem Evangelium entsprechendes Verhalten, die gegenseitige Liebe (vgl. den Zusammenhang 1Kor 11,17–34).

Außerdem bezeichnet ἄξιος *[axios]* den Wert menschlicher Handlungen. Ein häufig zitiertes Sprichwort heißt: »Ein Arbeiter ist seines Lohnes wert« (1Tim 5,18; vgl. Lk 10,7; Mt 10,10). Sünder begehen todeswürdige Taten (Röm 1,32), während man Paulus in seinem Verhalten nichts Todeswürdiges vorwerfen kann (Apg 25,11.26). Die Christen sind es wert, im Eschaton mit weißen Kleidern angetan zu werden (Offb 3,4).

Röm 8,18 gebraucht Paulus ἄξιος *[axios]* im urspr. Sinn des Vergleichens zweier Größen. Die gegenwärtigen Leiden der Zeit gelten nichts, dh sind nichts wert im Vergleich zur zukünftigen Herrlichkeit.

Offb 4,11 bezieht ἄξιος *[axios]* sogar auf den erhöhten Herrn. Lob und Ehre gebührt keinem so wie Gott und dem Lamm (um der Schöpfung Offb 4,11 bzw. des Opfertodes willen 5,12), und das Lamm allein ist es wert, von Gott mit der Durchführung seiner Heils- und Herrschaftspläne betraut zu werden (5,2.4.9). *E. Tiedtke*

ἄρτιος

ἄρτιος *[artios]* angemessen, rechtschaffen · **καταρτίζω** *[katartịzō]* ordnen, bereiten · **καταρτισμός** *[katartismọs]* Zurüstung · **κατάρτισις** *[katạrtisis]* Vervollkommnung

I ἄρτιος *[artios]* und seine Derivate leiten sich her aus der Wurzel ἀρ- *[ar-]*, die *Zweckmäßigkeit, Angemessenheit, Tauglichkeit, Eignung* bedeutet (vgl. ἀρτύω *[artỵō]*, *zurechtmachen, würzen*; ἀρτύνω *[artỵnō]*, *zurechtbringen*; lat. *aptare, adaptare, congruere*). ἄρτιος *[ạrtios]* heißt dementsprechend *angemessen, zweckmäßig*, den Anforderungen oder der Situation *entsprechend* und bedeutet je nachdem *normal, tadellos, rechtschaffen* in physischer, intellektueller, moralischer oder religiöser Hinsicht. In der Mathematik dient es zur Bezeichnung der *Geraden*.

In der klassischen Gräzität ist das älteste Derivat (neben dem schon homerischen ἀρτύω *[artỵō]*) das Verb καταρτίζω *[katartịzō]* mit verschiedenen Bedeutungen: *ordnen, gründen, bereiten, ausrüsten*, die alle auf die Grundbedeutung *angemessen machen, passend machen* zurückzuführen sind. καταρτισμός *[katartismọs]* und κατάρτισις *[katạrtisis]* bezeichnen die *Zurüstung* bzw. *Vervollkommnung*.

II Die LXX gebraucht καταρτίζω *[katartịzō]* 19mal, und zwar zur Übers. von nicht weniger als 9 verschiedenen hebr. Wörtern. An 7 Stellen übers. das Verb das aram. *k*ᵉ*lal, fertigstellen*. Es begegnet in dieser Bedeutung nur bei Esr im Zusammenhang des Mauer- und Tempelbaus der nachexilischen Gemeinde (zB Esr 4,11; 5,3.9; 6,14). Die verschiedenen Bedeutungen des Verbs reichen von dem wörtl. verstandenen *Hinstellen* (Ps 74,16) über das *Führen* der menschlichen Wege (Ps 17,5) bis zu den Aussagen über das göttliche *Ausrüsten* (Ps 40,7) und *Befestigen* (Ps 68,10). Häufig ist Jahwe Subj. der Sätze, die sein Festigen und Gründen zum Inhalt haben. ἄρτιος *[ạrtios]* wird in der LXX nur adverbial in zeitlichem Sinn gebraucht: *bis jetzt* (2Sam 15,34).

III Von der Wortgruppe wird lediglich καταρτίζω *[katartịzō]* im NT häufiger verwendet (13mal), während ἄρτιος *[ạrtios]* (2Tim 3,17), κατάρτισις *[katạrtisis]* (2Kor 13,9) und καταρτισμός *[katartismọs]* (Eph 4,12) nur je einmal vorkommen.

1) Mt 4,21; Mk 1,9 findet sich καταρτίζω *[katartịzō]* im profanen Sinn vom Wiederinstandsetzen der Fischernetze. Daneben kennt das NT auch einen Gebrauch von καταρτίζω *[katartịzō]*, der sich an die LXX anschließt; das Wort heißt dann *bereiten* (Hebr 10,5 als Zitat von Ps 40,7; Mt 21,16 in einem Zitat von Ps 8,3; Röm 9,22), *gründen, gestalten* (Hebr 11,3) oder *ausrüsten* (Hebr 13,21; 1Petr 5,10). Ähnlich wie im AT ist Gott das Subjekt der Sätze, die seine stärkende und befestigende Macht zum Ausdruck bringen.

2) Von bes. Bedeutung sind diejenigen Stellen, an denen ἄρτιος *[ạrtios]* und seine Derivate im Zusammenhang mit der Zubereitung und Zurüstung des Gläubigen und der Gemeinde für den Dienst vor Gott und an den Menschen verwendet werden. Das Adj. ἄρτιος *[ạrtios]* kommt nur 2Tim 3,17 verbunden mit dem Part. Perf. pass. ἐξηρτισμένος *[exærtismẹnos]* vor. Die Heilige Schrift des AT ist für die Gemeinde des neuen Bundes unentbehrliche göttliche Weisung zum Leben, damit der Mensch Gottes im angemessenen Stande sei, – nämlich ausgerüstet zu jedem Werk der Liebe; »so that the man who belongs to God may be efficient and equipped for good work of every kind« (New English Bible). ἄρτιος *[ạrtios]* bezeichnet hier nicht die Vollkommenheit, wie man urspr. wohl auf Grund der Lesart von Codex D: τέλειος *[tẹleios]*, *vollkommen*, angenommen hat, sondern das Ausgerüstetsein für eine übertragene Aufgabe, wie auch in Eph 4,12 καταρτισμός *[katartismọs]* die Zurüstung der Gemeinde zu ihrer Vollkommenheit, noch nicht aber diese selbst bezeichnet, was der Gebrauch von τέλειος *[tẹleios]*, ἡλικία *[hælikịa]* und πλήρωμα *[plǽrōma]* in V. 13 erkennen läßt (vgl. auch 1Kor 1,10). Die Begriffe ἄρτιος *[ạrtios]* und καταρτισμός *[katartismọs]* haben also nicht so sehr qualitative als vielmehr funktionale Bedeutung. Dieser normative und paränetische Gebrauch von ἄρτιος *[ạrtios]* und seinen Derivaten erhält dadurch seine Funktion, daß alle Imperative in dem Indikativ, dh der festen Zusage des Heils gründen. Das Le-

ben der Heiligen soll der verliehenen Gnade entsprechen, und diese selbst ist die Norm für das Zurechtkommen. Insofern bedeutet καταρτίζω *[katartịzō]* in Gal 6,1; 2Kor 13,11 *wieder zurechtbringen;* in 1Thess 3,10 *aufhelfen, in den gehörigen Zustand versetzen, vollkommen machen.* Auch κατάρτισις *[katạrtisis]* in 2Kor 13,9 gehört in diesen Zusammenhang. Sie muß wie der verbale Gebrauch in V. 11 verstanden werden: »that all may be put right with you« (New English Bible), als *Zurechtkommen* und *Vervollkommnung* der Gemeinde.

3) 2Kor 9,5 wird προκαταρτίζω *[prokatartịzō]* für das Einsammeln und Fertigmachen der Kollekte gebraucht, während Apg 21,5 ἐξαρτίζω *[exartịzō]* für das Verstreichenlassen (Bauer) bzw. das vorschriftsmäßige Beenden (Delling) eines bestimmten Zeitabschnittes, bestimmter Tage verwendet wird.

R. Schippers

ὀρθός

ὀρθός *[orthọs]* aufrecht, gerade, richtig · διόρθωσις *[diọrthōsis]* Ordnung, Berichtigung · ἐπανόρθωσις *[epanọrthōsis]* Wiederherstellung, Verbesserung · ἐπανορθόω *[epanorthọō]* wiederaufrichten, verbessern · ὀρθοποδέω *[orthopodẹō]* recht wandeln

ὀρθός *[orthọs]* heißt wörtlich *aufrecht stehend,* in gerader Richtung fortgehend; übertragen *richtig* und *wahr.* Im profanen Griech. wird ὀρθός *[orthọs]* übertragen für das rechte ethische Verhalten verwendet (Pindar, Pyth. 10,68: νοῦς ὀρθός *[nọus orthọs]*; Plato Phaedr. 73a; Epikt. Diss. I,11,19). Das Wort bezeichnet in der klassischen Gräzität wie in der Stoa eine zuständliche Qualität oder Tugend. – διόρθωσις *[diọrthōsis]* meint das *Geradeмachen* des in Unordnung geratenen, die richtige *Ordnung* und *Einrichtung* (Plato Leg. I,642a), übertragen dann die *Berichtigung* eines Irrtums (Polyb. 3,58,4; nicht in LXX). – ἐπανόρθωσις *[epanọrthōsis]* (von ἐπανορθόω *[epanorthọō]*, *wiederaufrichten, verbessern*) ist wörtlich die *Wiederherstellung* (zB von Zerstörtem), übertragen die *Verbesserung* (zB der Gesetze, Demosth. Or. 24,22). I

Auch in der LXX wird ὀρθός *[orthọs]* in der Bedeutung *aufrecht* (Mi 2,3: den Kopf aufrecht = hoch tragen) und *in gerader Richtung* (LXX Jer 38,9: auf geradem Weg) verwendet. Seinen spezifischen Ort hat ὀρθός *[orthọs]* aber in der Weisheitslit. Dort gibt es das hebr. *jāschār* wieder und bezeichnet das *Rechte, Richtige* und *Wahre* (Spr 8,6.9: Richtiges reden; 11,6: redlicher Mensch; 16,25; rechter Weg etc.). Gelegentlich wird auch *nābon, verständig* (von *bīn, verstehen*) mit ὀρθός *[orthọs]* übers. (so Spr 15,14: verständiges Herz). So meint ὀρθός *[orthọs]* in der Weisheitslit. das dem richtigen Jahweverhältnis entsprechende rechte Verhalten, Reden und Tun. Es wird nicht so sehr als Tugend, sondern eher als Verhältnisbegriff in Anspruch genommen. II

1) Im NT spielt die mit ὀρθός *[orthọs]* zusammengehörige Wortgruppe keine bes. Rolle. Alle Begriffe kommen nur ein- oder zweimal im Briefteil vor, in den Evgg. finden sie sich bis auf das adverbiale ὀρθῶς *[orthọ̄s]*, das eine Rede oder Antwort als »richtig« bestätigt (Lk 10,28; 20,21), gar nicht. Nur Apg 14,10, wo Paulus einen Lahmen mit dem Ruf: »Stelle dich aufrecht auf deine Füße« heilt, begegnet ὀρθός *[orthọs]* in wörtlichem Verständnis. Hebr 9,10 spricht von der Zeit einer richtigen und besseren Ordnung (διόρθωσις *[diọrthōsis]*), die gegenüber der Vorläufigkeit der at. Bundesordnung mit dem Kommen Christi angebrochen ist. III

2) Die übrigen Belege gehören in den Bereich der nt. Ethik und Paränese.

a) Hebr 12,13 mahnt die müde gewordene Gemeinde, den erhöhten Herrn und das Ziel ihres Weges nicht aus den Augen zu verlieren. Mit den »geraden Wegen« (Zitat aus Spr 4,26) ist die Zielrichtung des wandernden Gottesvolkes anvisiert. Damit wird ὀρθός *[orthọs]* als eschatologische Ausrichtung der christl. Gemeinde interpretiert.

b) Gal 2,14 steht das richtige Verhalten (ὀρθοποδέω *[orthopodẹō]*) des aus Jerusalem kommenden Petrus gegenüber den antiochenischen Heidenchristen auf dem Spiel. Paulus versteht unter rechtem Wandel den Gehorsam gegenüber dem gesetzesfreien Evangelium Christi.

c) 2Tim 3,16 bestimmt den Nutzen der heiligen Schriften in ethisch-pädagogischen Kategorien. Sie dienen in steigernder Reihenfolge α) der Überführung, β) der Wiederaufrichtung und Besserung (ἐπανόρθωσις *[epanọrthōsis]*) und γ) der Erziehung in der Gerechtigkeit.

R. Klöber

Lit.: GDelling, Art. ἄρτιος etc., ThWb I, 1933, 474f – WFoerster, Art. ἄξιος etc., ThWb I, 1933, 378f – HPreisker, Art. ὀρθός etc., ThWb V, 1954, 450ff.

Ruhe

ἀνάπαυσις

ἀναπαύω *[anapaṷō]* ausruhen · ἀνάπαυσις *[anạpausis]* Ruhe · ἐπαναπαύω *[epanapaṷō]* ruhen · καταπαύω *[katapaṷō]* zur Ruhe bringen · κατάπαυσις *[katạpausis]* Ruhe

I Im Profangriech. wird ἀναπαύω *[anapaṷō]* in aktiver Form gebraucht für 1) *aufhören lassen, beendigen, von etwas abbringen, hemmen* (Hom. Il. 17,550; Xenoph. An. IV,2,4); 2) *ausruhen lassen, jemandem Ruhe verschaffen, erquicken* (Xenoph. Cyroph. VII,1,4). In medizinischer Hinsicht bedeutet es *aufhören mit etwas, von etwas ruhen, sich erholen, zur Ruhe kommen* (Plato, Crit. 106a), später auch *sterben*. So kann der Begriff *sich ausruhen* auch in bezug auf Tote gebraucht werden (vgl. Inscriptiones Graecae XIV 1717). καταπαύω *[katapaṷō]* heißt *aufhören machen, beendigen* (Hdt. I,130); auf Personen bezogen: *jemanden zum Aufhören bringen, hindern, absetzen, töten* (Hom. Il. 16,618; also oft mit schmerzlichem Beigeschmack); aber auch *besänftigen, stillen* (Hom. Od. 4,583). Im Spätjudentum wird der Begriff aufgenommen in der Bedeutung *jemandem eine gute Ruhe verschaffen* (LXX). – ἀνάπαυσις *[anạpausis]* ist im Profangriech. das *Aufhören, Unterbrechen*.

II Im AT spielt der Begriff des Ruhens eine nicht unwichtige Rolle. Wird *nūach* (von der LXX mehrmals mit ἀναπαύω *[anapaṷō]* wiedergegeben) urspr. für *niederlassen, um zu ruhen* gebraucht (vom Heer, von Heuschreckenschwärmen; parallel im Arab. vom Niederlassen der Kamele), so erfährt es bald eine religiöse Ausweitung und bedeutet das Niederlassen von Gottes Geist auf Menschen und Dinge (Num 11,25; Jes 11,2), das Ruhen der Hand Gottes (Jes 25,10), auch das Ruhen im Grabe (Hi 3,17). Im Hif. findet sich dann die theol. wohl wichtigste Aussage: das *Ruhe-Verleihen* (Jes 14,3; 28,12), meist von Jahwe gebraucht. Er schenkt dem Volk durch das Verleihen des gelobten Landes und Besiegen seiner Feinde die Ruhe (Jos 1,13.15; 21,44: *m^enūchah;* Dtn 3,20; 12,10; 25,19). Zu der Dinglichkeit und Diesseitigkeit des at. Jahweglaubens gehört auch diese verheißene Ruhe des Landes, in der Juda und Israel sicher wohnen, »ein jeder unter seinem Weinstock und unter seinem Feigenbaum« (1Kön 5,4f).

Für das spätere Israel gewinnt die Sabbatruhe (hebr. *schabbat;* LXX: ἀνάπαυσις *[anạpausis]* bzw. καταπαύειν *[katapaṷein]*) eine besondere Bedeutung, die die Priesterschrift – im Unterschied zu der soteriologischen Begründung in Dtn 5,12ff – auf das Ruhen Jahwes am 7. Schöpfungstag zurückführt (Gen 2,2; Ex 20,11). Bezeichnenderweise gilt die Sabbatruhe keineswegs nur für die religiöse Kultgemeinde oder privilegierte Kreise, vielmehr werden ausdrücklich die Sklaven und Sklavinnen sowie Fremde, selbst das Vieh, in die Jahwe geweihte Ruhe einbezogen (Ex 16,23.25; 20,10). Neben dem Fluch der Arbeit (Gen 3,17ff) darf das Gottesvolk auch den Segen der Ruhe, sich an seinem Gott und seinen Taten zu erfreuen, erfahren. – ἀνάπαυσις *[anạpausis]* ist im Spätjudentum die den Weisheitsjüngern verheißene Ruhe als Erquickung durch den Besitz der göttlichen Weisheit.

III 1) Im NT bedeutet ἀναπαύω *[anapaṷō]* a) das gewöhnliche, körperliche *Ausruhen* (Mk 14,41; Mt 26,45); b) das *Beruhigen* des in Unruhe geratenen Menschen, das *Erquicken* durch Freude, Trost, Genugtuung (1Kor 16,18; Phlm 20; 2Kor 7,13). Ausgeweitet wird der Begriff in der Offb zu der Bedeutung *ausruhen* von der Mühsal und Bedrängnis in der eschatologischen Vollendung (14,13; 6,11). In Mt 11,28ff schließlich erfährt der Begriff des Ruhens seine tiefste Entfaltung. Hier »umfaßt das Wort das gesamte Heilswerk Jesu« (Bauernfeind, ThWb I,353). Alle, denen das Leben unter dem Gesetz (Juden) und in der Gottesferne (Heiden) Unruhe und Unsicherheit bedeutet, werden in die Nachfolge Jesu gerufen und finden hier die wahre Ruhe, nicht als innere Unantastbarkeit und Ausgeglichenheit des Stoikers, sondern als Frieden, Zufriedenheit und Geborgenheit in Gott, dem in Jesus geoffenbarten Vater.

2) Im Hebr spielt der Begriff der Ruhe eine besondere Rolle. Der Auftrag, den Josua erhalten hatte, nämlich das Gottesvolk in das verheißene Land zur Ruhe zu bringen (καταπαύειν *[katapauein]* Hebr 4,8), wird nur bedingt als erfüllt betrachtet und in Beziehung zu dem wahren Ruhen Gottes am 7. Tag gesetzt (Hebr 4,4; κατάπαυσις *[katapausis]* 3,11.18; 4,1.3.5.10). Damit befindet sich der Hebr in der Nähe der deuteronomischen Aussagen, die die Erfüllung der dem Volk gegebenen Verheißung so aufnehmen, daß aus dieser Erfüllung, die doch die bleibende Ruhe nicht gewährt, neue Verheißungen hervorgehen, die als aktuelle Gaben das Gottesvolk auf seinem Weg durch die Geschichte begleiten (vgl. Dtn 5,33; 12,10; Hebr 4,1ff). Das Gottesvolk des Neuen Bundes wird im Hebr ermahnt, die alte Verheißung der göttlichen Ruhe, die in Jesus Christus greifbar geworden ist, im Glauben an den Herrn Christus nun wahrzunehmen und hoffend zu ergreifen.

3) ἐπαναπαύω *[epanapauō]* ist ein spätes und seltenes Wort. Lk 10,6 wird es vom Bleiben des Friedensgrußes, Röm 2,17 vom falschen Ausruhen auf dem Gesetz gebraucht.

R. Hensel

Lit.: OBauernfeind, Art. ἀναπαύω etc., ThWb I, 1933, 352f – ders., Art. καταπαύω etc., ThWb III, 1938, 629f – EKäsemann, Das wandernde Gottesvolk, FRLANT 55, 1939, 40ff – GvRad, Theologie des AT I, 1957 (1966⁵), 161f.316f – CKBarrett, The Eschatology of the Epistle to the Hebrews, in: The Background of the NT and Its Eschatology, Festschr. CHDodd, 1956, 366f – JBBauer, Das milde Joch und die Ruhe, Mt 11,28–30, ThZ 17, 1961, 99ff – ELohse, Art. σαββατισμός, ThWb VII, 1964, 34f – PhVielhauer, Ἀνάπαυσις. Zum gnostischen Hintergrund des Thomasevangeliums, in: Apophoreta, Festschr. EHaenchen, 1964, 169ff (= Aufsätze zum NT, ThB 31, 1965, 215ff) – OHofius, Katapausis, 1970 (= WU NT, 11).

Ruhm

καύχημα

καύχημα *[kauchæma]* Ruhm, Stolz · καύχησις *[kauchæsis]* das Rühmen · καυχάομαι *[kauchaomai]* sich rühmen · ἐγκαυχάομαι *[engkauchaomai]* sich rühmen · κατακαυχάομαι *[katakauchaomai]* sich überheben, triumphieren

1) Im Profangriech. findet sich das Verb καυχάομαι *[kauchaomai]* seit Sappho; Hom. verwendet I
stattdessen εὔχομαι *[euchomai]*, *beten, bitten, wünschen*, die Tragiker und Redner αὐχέω *[aucheō]*, *rühmen, prahlen.* Intrans. heißt καυχάομαι *[kauchaomai]* *sich rühmen, prahlen, stolz sein.* Es steht in Verbindung mit den Präp. ἐν *[en]*, ἐπί *[epi]*, περί *[peri]*, ὑπέρ *[hyper]*, εἰς *[eis]* oder κατά *[kata]* und meint dann *sich einer Sache* oder *einer Person rühmen.* Daneben begegnet auch die trans. Form. Die gleiche Bedeutung hat das Kompos. ἐγκαυχάομαι *[engkauchaomai]*, während κατακαυχάομαι *[katakauchaomai]* sich bes. auf die Situation eines Gegensatzes bezieht und zu übers. ist mit *sich gegen jemanden rühmen* oder *jemanden geringschätzig, verächtlich behandeln.*

καύχημα *[kauchæma]* (seit Pindar) bezeichnet den Gegenstand des Rühmens, das, was zum Ruhme gesagt wird, und auch bisweilen das Rühmen selbst, doch wird hierfür – zumal im NT – häufiger das Subst. καύχησις *[kauchæsis]* (seit Epic.) verwandt, das seinerseits u. U. auch den Gegenstand des Rühmens meinen kann.

2) Kennt man im Griechentum auch einen berechtigten Selbstruhm (zB Hom. Il. VI,208), so empfindet man doch deutlich die Grenze zum unstatthaften Angebertum, das u. a. von den Satirikern angeprangert wird. Gegen die Prahlerei hat sich auch Plutarch in einer Schrift »Über das Selbstlob ohne Neid« gewandt.

II 1) Das AT kennt ebenfalls einen berechtigten Stolz, zB der Kinder auf ihre Väter (Spr 17,6, hebr. *tiphæræt, Auszeichnung, Zierde*) oder der Alten auf ihr graues Haar (Spr 16,31). Daneben aber erscheint das Prahlen als verwerfliches Tun (1Kön 20,11, hebr. *hithallēl, sich rühmen;* Spr 25,14; 27,1), das geradezu als Ausdruck von Torheit und Gottlosigkeit gewertet wird (Ps 52,3; 94,3). Der theol. Grund für die Ablehnung alles Selbstruhmes ist dabei darin zu sehen, daß der prahlende Mensch sich selbst ins Auge faßt und nicht mehr auf Gott, den Schöpfer und Erretter, blickt; daß er sich auf sich selbst verläßt, statt auf Gott zu vertrauen und sich seiner Gnade und Treue zu rühmen (Jer 9,23f; vgl. 1Sam 2,10 LXX). Denn so verstanden, als Ruhm Gottes und seiner Taten, weiß auch das AT eminent positiv vom Rühmen zu reden (vgl. Ps 5,12; 32,11; 89,17f; 1Chr 16,27f; 29,11; Dtn 33,29; Jer 17,14). Zu solchem Rühmen aber »gehören konstitutiv die Momente des Vertrauens, der Freude und des Dankes; und das Paradoxe liegt darin, daß der sich Rühmende von sich selbst absieht, so daß sein Rühmen ein sich zu Gott Bekennen ist« (Bultmann, ThWb III, 647). Auch in diesem Sinne gibt die Wortgruppe in der LXX das des hebr. *hithallēl* wieder.

2) Im Spätjudentum hat die Wortgruppe ziemlich die gleiche Bedeutung wie im AT, doch tritt zu den wahrhaft rühmenswerten Größen das → Gesetz hinzu, dessen sich der Gottesfürchtige freuen kann (Sir 39,8). In der rabb. Theol. ist dieser Gedanke weitergeführt; zB wird Abrahams Ruhm geschildert als in der Gesetzeserfüllung begründet (St.-B. III,187). Doch findet sich daneben auch die Warnung vor Hochmut und Gesetzesstolz sowie die Mahnung zur Demut. Weiter wird als Grund zum Rühmen das Leiden angeführt, das der Fromme aus Gottes Hand empfängt (St.-B. II,274ff).

3) Bei Philo stößt man auf eindeutige Ablehnung des Selbstruhmes, ohne daß jedoch unsere Wortgruppe dabei nennenswerte Verwendung findet. Philo gebraucht stattdessen Begriffe wie φιλαυτία *[philautịa], Eigenliebe;* ἀλαζονεία *[alazonẹia], Prahlerei;* κενοδοξία *[kenodoxịa], (eitle) Ruhmsucht,* um das μέγα κακόν *[mẹga kakọn],* das *große Übel* des Selbstruhmes zu beschreiben, das der εὐσέβεια *[eusẹbeia], Frömmigkeit,* gerade entgegengesetzt ist (Spec. Leg. I,333; IV,170; Leg. All. I,52 u. o.).

III Im NT kommt das Verb καυχάομαι *[kauchạomai]* 37mal vor, das gleichbedeutende ἐγκαυχάομαι *[engkauchạomai]* 1mal. κατακαυχάομαι *[katakauchạomai]* findet sich 4mal (Jak 2,13 mit der Bedeutungsnuance »Barmherzigkeit triumphiert über das Gericht« Z). Die Subst. καύχημα *[kạuchæma]* und καύχησις *[kạuchæsis]* sind beide je 11mal anzutreffen. Dabei steht die Wortgruppe außer an 5 Stellen in Jak und einer in Hebr ausschließlich im paulinischen Schrifttum.

Die Wortgruppe dient Paulus dazu, einen entscheidenden Gedanken seiner Rechtfertigungstheol. mit allem Nachdruck deutlich zu machen: daß nämlich des Menschen Ursünde darin besteht, sich seiner selbst zu rühmen und darum Gott nicht zu geben, was Gottes ist. Ähnlich wie ἔργον *[ẹrgon]* (→ Werk) oder νόμος *[nọmos]* (→ Gesetz) findet sich καυχάομαι *[kauchạomai]* bes. häufig in polemischen Abschnitten. Wie Paulus sich gegen die jüd. Lehre von der Werkgerechtigkeit wendet, so gegen den in engstem Zusammenhang damit stehenden Selbstruhm des Menschen, der aus der Erfüllung des Gesetzes erwächst. Die Nichtigkeit solcher καύχησις *[kạuchæsis]* wird aufgedeckt durch die rhetorische Frage in Röm 3,27: durch das »Gesetz des Glaubens« wird aller menschliche Ruhm zunichte.

Das zeigt auch Eph 2,8f sehr deutlich: »Vermöge der Gnade seid ihr gerettet durch Glauben, und das nicht durch euch – Gottes Gabe ist es –, nicht aus Werken, damit nicht jemand sich rühme« (Z; vgl. A. Schlatter zSt.: »Dazu ist uns alles in Christus gegeben, damit wir uns aus Gottes Gnade nicht einen eigenen Ruhm bereiten . . .«). Ähnlich wird die Fragwürdigkeit menschlichen Rühmens auf Grund des Gesetzes im Zusammenhang von Röm 2,23 enthüllt (vgl. Röm 4,2: aus Werken hatte Abraham keinen Ruhm vor Gott). – Gegen jüd.-judaistische Auffassungen wird ferner der Ruhm der Proselytenmacher zurückgewiesen (Gal 6,13). Mit gleicher Schärfe hat Paulus das Selbstbewußtsein des hell. Menschen bekämpft, der sich seiner σοφία *[sophịa]* (*Weisheit*) rühmt (1Kor 1,29 im Zusammenhang; vgl. 1Kor 3,21). Alle diese Formen des fleischlichen Rühmens (καυχάομαι κατὰ σάρκα *[kauchạomai katạ sạrka]* 2Kor 11,18; geradezu synonym zu πεποιθέναι ἐν σαρκί *[pepoithẹnai en sarkị]*, vgl. Phil 3,3f), zu denen ebenso wie heiden-christl. Hochmut gegenüber nichtchristl. Juden (Röm 11,17f) auch das lügnerische Angeben gehört (1Kor 4,7; vgl. Jak 3,14; 2Kor 5,12; 12,6), fallen unter das schlechte, dh falsche Rühmen (καύχησις πονηρά *[kạu-*

chæsis ponæra] Jak 4,16; vgl. 1Kor 5,6) und verstoßen gegen die einzig angemessene Form des Rühmens, die das Jer-Zitat in 1Kor 1,31 nennt: »Wer sich rühmt, der rühme sich des Herrn« (vgl. 2Kor 10,17f).

Das ist für den Christen die allein sachgemäße Form des καυχάομαι *[kauchaomai]*: sich Gottes durch Jesus Christus zu rühmen (Röm 5,11; vgl. Phil 3,3) oder, wie Gal 6,14 formuliert, sich des Kreuzes des Herrn rühmen (ἐν τῷ σταυρῷ τοῦ κυρίου *[en tō staurō tou kyriou]*). Dieser Ruhm »bezieht sich (also) auf etwas, bei dessen Anblick einem aller Selbstruhm vergeht« (K. L. Schmidt, Theol. Stud. 11/12, 98). Zu solchem καυχάομαι *[kauchaomai]* des Christen kann es gehören, daß man sich der Taten Gottes rühmt, wie sie durch das apostolische Amt der Verkündigung bezeugt und gerade dadurch auch bewirkt werden. In diesem Sinn rühmt Paulus sich zB der ihm verliehenen ἐξουσία *[exousia]* (→ Macht; 2Kor 10,8; vgl. Röm 15,17) gegenüber den falschen Aposteln (2Kor 11,12 im Zusammenhang). So rühmt er sich auch einzelner Gemeinden, in denen er Früchte des Glaubens sehen zu können meint (vgl. 1Kor 15,31; 2Kor 1,14; 7,4.14; 8,24; 2Thess 1,4; vgl. → Werk, Art. ἔργον, in ähnlicher Bedeutung, zB 1Kor 9,1). Im Blick auf Christi Wiederkunft kann er die Thessalonicher geradezu als seinen »Ruhmeskranz« bezeichnen (1Thess 2,19; vgl. zum Begriff Ez 16,12; Spr 16,31), so wie er von den Philippern schreibt, sie dienten ihm »zum Ruhm auf den Tag Christi« (Phil 2,16; vgl. 1,26). Diesen apostolischen Ruhm soll ihm niemand zunichte machen (1Kor 9,15). Freilich, Paulus weiß genau um die Grenzen des Rühmens (vgl. 2Kor 11,16ff). Eigentlich kann ein Christ sich nur seiner Schwachheit rühmen, weil an ihr die Kraft Gottes erkennbar wird (2Kor 11,30; 12,5.9; vgl. Röm 5,3). Und wenn er sich seines Wandels rühmt (2Kor 1,12; vgl. Gal 6,4; Jak 3,14), dann doch nur, sofern dieser ein Leben in der Abhängigkeit und Verantwortung vor Gott meint. Denn in allen Fällen rühmt der Christ nicht sich selbst (vgl. 1Kor 9,16), sondern letztlich seinen Herrn. Wo dieser nicht als der Grund und Inhalt des καύχημα *[kauchæma]* deutlich wird, da bleibt das Rühmen sarkisch und dh sündig. Allen Anfechtungen gegenüber aber gilt es, »das Rühmen der Hoffnung bis ans Ende fest(zu)halten« (Hebr 3,6; vgl. Röm 5,2). *H. Chr. Hahn*

Lit.: RBultmann, Art. καυχάομαι etc., ThWb III, 1938, 646ff (dort Lit.) – ders., Christus, des Gesetzes Ende, BEvTh I, 1940, 3ff, bes. 12ff (= Glaube und Verstehen II, 1968⁵, 32ff, bes. 42f) – KLSchmidt, Ein Gang durch den Galaterbrief, Theol. Stud. 11/12, 1942, 98ff – RBultmann, Theologie des NT, 1953 (1968⁶), § 23 – MCarrez, La confiance en l'homme et la confiance en soi selon l'apôtre Paul, RHPR 44, 1964, 191ff.

Sabbat → Feste

Sadduzäer → Pharisäer

Salben

Da nach antiker Auffassung die verschiedenen Salböle (ἔλαιον *[elaion]*) tief in den Körper eindringen und ihm Kraft, Gesundheit, Schönheit und auch Freude verleihen, erhielt der Begriff der Salbung über den direkten Gebrauch im kosmetischen und medizinischen Bereich hinaus auch schon früh symbolisch-religiöse Bedeutung. Das Salben im buchstäblichen, nicht übertragenen Sinne wird im NT durch ἀλείφω *[aleiphō]* wiedergegeben, während χρίω *[chriō]* und χρῖσμα *[chrisma]* ausschließlich übertragene religiöse Bedeutung haben.

ἀλείφω

I ἀλείφω *[alẹiphō]* salben

I 1) ἀλείφω *[aleiphō]*, belegt schon seit dem mykenischen Griech., bezeichnet den äußeren Vorgang, bei dem eine Person oder ein Gegenstand mit weichem Fett (μύρον *[myron]*, *Salbe*) oder *Öl* (ἔλαιον *[elaion]*) bestrichen bzw. begossen wird.

2) Bereits in sehr frühen Zeiten kommt im Alten Orient den Salbungen bes. Bedeutung zu. Salbennäpfe und -geräte gehören zu den prähistorischen Funden in Ägypten. Nicht nur bei der Reinigung, der Körper- und Schönheitspflege bediente man sich früh der reinigenden und stärkenden Kraft der Salben und Öle, sondern auch bei Wundbehandlungen und Krankenheilungen. Dabei ist von der tatsächlichen Heilkraft eine gewisse magische Vorstellung nicht zu trennen, wurde doch jede Erkrankung mit göttlichen oder dämonischen Mächten in Verbindung gebracht.

Eine übertragene Bedeutung, die aus dem magischen Verständnis erklärbar ist, legte man der Salbung bei, wenn durch sie ein Beamter (Ägypten), ein Vasallenkönig (Ägypten) oder Priester (Babel) in sein hohes Amt eingesetzt wurde, wobei der Vorgang Verpflichtung, Ehrung, aber auch Schutz für den Gesalbten darstellte (→ Art. χρίω). Daneben ist bekannt, daß auch heilige Bäume, Götterbilder, ja selbst Waffen gesalbt wurden. Dadurch konnten sie zu bes. Machtträgern werden (→ Art. χρίω II). Ferner: Durch Salbungen werden Käufer und Verkäufer von Verpflichtungen frei, eine Sklavin freigelassen, eine Braut bei ihrer Hochzeit aus der elterlichen Familie freigegeben.

II Das Salben im AT steht der außerisraelitischen Anwendung und Bedeutung sehr nahe. ἀλείφω *[aleiphō]* gibt in der LXX in der Regel das Salben in der wörtlichen Bedeutung wieder (hebr. Äquivalente: *sūkh* und *tuᵃch*): Salben, das der Körper- und Schönheitspflege dient (Ruth 3,3; 2Chr 28,15; Dan 10,3; Jdt 16,7 u. ö.), das aber zZt der Trauer unterbleibt (2Sam 14,2; vgl. 12,20); Salben als Ehrung und Fürsorge des Gastgebers (Ps 23[22],5). Bei Ez (13,10–15) hat ἀλείφω *[aleiphō]* den Sinn von (mit Kalk) *tünchen*. Nur an ganz wenigen Stellen steht es synonym zu χρίω *[chriō]* für das hebr. *mäschach*, das die Salbung in übertragenem Sinne meint: Gen 31,13 (einen Stein salben); Ex 40,15; Num 3,3 (zum Priester salben; → χρίω II). Eine Reihe von at. Stellen weisen auf Salbungspraktiken hin (Salbung als Heilmittel Jes 1,6; Jer 51,8; als Ausdruck der Freude Jes 61,3; als Totenehrung Gen 50,2; 2Chr 16,14), obwohl ἀλείφω *[aleiphō]* oder auch χρίω *[chriō]* nicht verwendet werden.

2) Das Spätjudentum hält an dem umfassenden Gebrauch des Salbens fest.

III An den insges. nur acht Stellen im NT (in allen Evgg. und Jak) bezeichnet ἀλείφω *[aleiphō]* (im Unterschied zu dem im NT gewichtigeren → χρίω *[chriō]*) stets die äußerliche, ausschließlich an Personen vollzogene Handlung des Salbens: zur Körperpflege (Mt 6,17), als Ehrung des Gastes (Lk 7,38.46; Joh 11,2; 12,3), als Ehrung des Toten (Mk 16,1) und als exorzistische Praktik an Kranken (Mk 6,13; Jak 5,14). Dazu verwendet man Olivenöl oder die kostbarere Myrrhe, auch Balsam.

Zwar ist die äußere Handlung des Salbens am menschlichen Körper unproblematisch. Ihre theol. Bedeutung jedoch läßt sich für das NT nicht einheitlich darstellen. Dreierlei zeichnet sich ab:

1) In der Bergpredigt (Mt 6,17) fordert Jesus alle, die zeitweise um des Betens willen fasten, auf, das Salben als den üblichen Aufwand in der Körperpflege und den allg. Ausdruck der Freude auch während der Fastenzeit beizubehalten. Als echt kann nur gelten, was im Verborgenen vor Gott geschieht, anstatt vor Menschen, und was aus der Freude zu opfern erwächst.

2) Ausgehend von der jüd. Sitte, den Gast durch Salben des Hauptes zu ehren, stellt Jesus Lk 7,38ff den Pharisäer bloß, der die Ehrung unterließ und nun erlebt, daß sich Jesus diese Ehrung von einer demütigen Frau gefallen läßt, die der Pharisäer zu den Verworfenen rechnet. Die Salbung wird damit zum Ausdruck des Glaubens, ihre Unterlassung zum Ausdruck des Unglaubens. – Ähnlich Joh 12,3, wo die Salbung Jesu durch Maria als vorweggenommene Totensalbung (Ehrung) gedeutet wird.

3) Zur Anwendung einer Ölsalbung bei Kranken (Mk 6,13 und Jak 5,14) erinnern wir uns der Krankensalbung im außerbiblischen Bereich. Im NT mag man der Salbung auch

medizinische Wirkung zugeschrieben haben, obwohl dies nicht betont wird. Wahrscheinlich liegen Stellen wie Mk 6,13 und Jak 5,14 stärker exorzistische Praktiken zugrunde, dh die Salbung dient in ihrer Kraftwirkung zur Überwindung von Dämonen. Die Krankenheilungen der Jünger bzw. der Gemeindeältesten im Zusammenhang mit der Salbung geschahen im Rahmen von Verkündigung und Gebet. Die Heilung und damit die Salbung werden zu sichtbaren Zeichen der angebrochenen Gottesherrschaft. Das magisch-sakramentale Mißverständnis der Salbung wird jedoch – bes. Jak 5,13ff – dadurch stark eingeschränkt, daß dem begleitenden Gebet eine so entscheidende Bedeutung zuerkannt wird. *W. Brunotte*

χρίω *[chriō]* salben · χρῖσμα *[chrisma]* Salbung

χρίω

I χρίω *[chriō]*, seit Homer belegt, bedeutet *über die Oberfläche streifen, salben, anstreichen*; χρῖσμα *[chrisma]*, seit Xenoph. bezeugt (vorher χρῖμα *[chrima]*), bezeichnet im profan-griech. Sprachgebrauch urspr. den *Anstrich*, die *Tünche* und das in der Salbung gebrauchte *Salböl*, die *Salbe*; später, seit LXX, auch den Vorgang des *Anstreichens, Bestreichens*, der *Salbung* (so im NT ausschließlich). Zum außerbiblischen Gebrauch der Salbung vgl. Art. ἀλείφω.

II χρίω *[chriō]* kommt in LXX ca. 60mal vor. Bis auf zwei Stellen (Dtn 28,40; Ez 16,9: *sūkh*) steht es immer für das hebr. *māschach*, mit Salbe oder Öl *bestreichen, salben*. Im Unterschied zu → ἀλείφω *[aleiphō]* gibt χρίω *[chriō]* (Ausnahmen: Dtn 28,40 und Am 6,6) grundsätzlich die übertragen-kultische Bedeutung des Salbens wieder. Entsprechend wird auch χρῖσμα *[chrisma]* (und das im NT nicht vorkommende χρῖσις *[chrisis]*) durchweg für die *kultische Salbung* verwendet (Ex 30,25; 40,9 u. ö.).

1a) Israel übernahm von den kanaanäischen Kleinstaaten im syrisch-palästinischen Raum mit der Institution des Königtums vermutlich auch die Königssalbung (Ri 9,8.15; 1Sam 9,16; 10,1; 15,1.17; 16,3.12f u. ö.). Die at. Überlieferung von der Königssalbung ist jedoch nicht einheitlich. So konnte die Salbung einmal auf Grund eines Vertrages zwischen dem König und den Vertretern der israelitischen Stämme durch die »Ältesten von Israel« vollzogen werden (2Sam 5,1–13), andererseits geschah sie auf Grund einer ausdrücklichen Weisung Jahwes durch einen Propheten (1Sam 9,16 u. ö.). Hier wird noch sichtbar, »daß das Königtum in einer bestimmten geschichtlichen Lage durch menschliches Handeln geschaffen worden ist« (MNoth, Studien, 211). Man wird von daher aber nicht eine profane (durch die Volksvertreter) und eine sakrale »vor Jahwe« stattfindende Salbung (durch einen Propheten) unterscheiden dürfen. Es ist anzunehmen, daß – unabhängig davon, ob Jahwe oder das Volk den König »gemacht« hat – die Königssalbung sehr bald ein sakraler Akt im Rahmen des Inthronisationsgeschehens wurde, der an heiligem Ort »vor Jahwe« stattfand. Bezeichnend ist ja, daß die at. Überlieferung Wert darauf legt, daß »die Erhebung eines Mannes zum König durch die Ältesten . . . grundsätzlich eine göttliche Willenserklärung für die Betreffenden als künftigen König« zur Voraussetzung hat (MNoth, Studien, 27), selbst dann, wenn sie u. U. erst nachträglich ergänzt und zurückdatiert werden mußte.

Durch die Salbung wurde dem neuen König rechtlich das Königtum über Israel verliehen, indem aus einem bes. Gefäß (Ölhorn, das im Tempel aufbewahrt wurde 1Kön 1,39; vgl. 1Sam 10,1; 16,1.13) Olivenöl mit aromatischen Zusätzen (aus Myrrhe, Zimt, Calmus u. a.) auf das Haupt des Thronanwärters gegossen und der Salbungsspruch dazu gesprochen wurde (2Kön 9,3.6). Die Salbung geschah als erster Teil der Krönung im Tempel (2Kön 11,11f; anders bei der Salbung Salomos 1Kön 1,33ff, die an der Gihon-Quelle – wahrscheinlich einem sakralen Ort – stattfand); ihr folgte die Akklamation durch das Volk: »Es lebe der König« (2Kön 11,12) und anschließend die Thronbesteigung im königlichen Palast (2Kön 11,19).

b) Die Salbung bedeutete Übertragung von *kabōd*, dh ähnlich wie beim → Segen Zuwendung von Macht, Kraft und Ehre (vgl. zB Ps 45[44],8). Durch die Salbung wurde der König besonderer Machtträger. Ps 45,9 besingt der Psalmist die nach Myrrhe und Aloe duftenden Gewänder des Gesalbten. Durch die Salbung strahlt das Königtum Freude und Wohlgeruch aus (vgl. HJKraus, Psalmen I,336). Woran bei der in Ps 45 erwähnten Salbung zu denken ist, ist nicht mehr eindeutig zu entscheiden: »Es ist durchaus möglich, daß der königlichen Hochzeit eine festliche Wiederholung der Einsetzung des Davidserben im ›königlichen Zionsfest‹ voraufging« (HJKraus, aaO, 336).

»Die Davididen galten wohl als Nachfolger Davids auf dem Thron (vgl. 2Sam 7), als ›Gesalbte Jahwes‹, ohne daß sie jeweils rite durch einen Propheten gesalbt wurden. Mit der Salbung durch Jahwe kann sich die Vorstellung von der Geistverleihung . . . (1Sam 24,7.11; 26,11.16.23; 2Sam 1,14.16; 19,22) verbinden« (EKutsch, RGG V,1331). Der Gesalbte stand in einem unmittelbaren Kontakt mit Gott und galt als unantastbar.

2) Die **Priestersalbung** ist jünger als die der Könige. Vermutlich ist sie erst nach dem Exil praktiziert worden, als nach dem Niedergang des Königtums bestimmte (vor allem kultische) Funktionen, die vor dem Exil der König ausübte, auf den Hohenpriester übertragen wurden (so MNoth, vRad u. a.; → Priester). Dafür spricht, daß in der Tat urspr. nur der Hohepriester gesalbt wurde (Ex 29,7), später dann auch die anderen Priester (Ex 40,15). Im Verlauf der 7tägigen Priesterweihe wurde nach der Vorbereitung des Opfers (Ex 29,1–3), der kultischen Reinigung (Ex 29,4) und der Einkleidung (Ex 29,5f) die Salbung am Eingang des Heiligtums vorgenommen (Ex 29,7; vgl. 28,41; 29,29; 40,13; Lev 4,3 u. ö.). Die Salbung machte den Priester sakrosankt, dh sie entnahm ihn dem profanen Bereich (Ex 30,29). Im Sinne der Entprofanisierung, der Heiligung, konnten auch die Stiftshütte (Ex 40,9; Lev 8,11; Num 7,1), der Altar (Ex 29,36; 40,10), Geräte des Heiligtums oder die Lade (Ex 30,26; Num 7,1) gesalbt werden.

3) An Stellen wie Jes 61,1; Ez 16,9 ist die Salbung **nur** bildlich zu verstehen, da in Israel die kultische Salbung nur an Königen und Priestern möglich war. Jes 61,1 ist als das Selbstzeugnis des Propheten zu verstehen, der hier von seiner charismatischen Bevollmächtigung spricht. Im NT (Lk 4,18) wird diese Stelle auf Jesus bezogen: Ihn hat Gott zum verheißenen Propheten gesalbt.

III Im NT findet sich χρίω *[chrįō]* (ausgeklammert ist dabei die Form χριστός *[christọs]*; → Jesus Christus) nur an 5, χρῖσμα *[chrįsma]* sogar nur an 3 Stellen (letztere alle 1Joh). Beide Wörter entsprechen in der ausschließlich übertragenen Bedeutung dem LXX-Gebrauch: Die Salbung bedeutet bildlich Übertragung des heiligen Geistes, besonderer Kraft oder eines göttlichen Auftrages.

1) An 4 Stellen ist davon die Rede, daß Gott **Jesus gesalbt** hat (Lk 4,18 at. Zitat Jes 61,1; Apg 4,27; 10,38; Hebr 1,9 at. Zitat Ps 45,8). Alle diese Stellen deuten darauf hin, daß es sich bei der Salbung um die besondere Begabung mit dem heiligen → Geist und mit Wunderkraft handelt (ausdrücklich Apg 10,38). Vermutlich ist bei dieser Salbung durch den heiligen Geist (Lk 4,18 und Apg 4,27; 10,38) an das Taufgeschehen gedacht. In der → Taufe hat Jesus die königliche und priesterliche Salbung erfahren, die ihn zum Χριστός *[Christọs]*, zum Messias gemacht hat, wodurch das Evangelium vom Frieden Gottes in Jesus von Nazareth Anlaß und Grund gefunden hat. Damit verkündigt Jesus nach Lukas (4,18) im Verlesen der Jes-Stelle die in ihm angebrochene Zeit als die Heilszeit. Auch Apg 4,27 sieht Lukas den zuvor zitierten Ps 2 in Jesus (ὃν ἔχρισας *[hon ẹchrisas]*) als dem Christus erfüllt.

Hebr 1,9 denkt bei der Salbung nicht an die Taufe, sondern an einen feierlichen himmlischen Inthronisationsakt (vgl. 1,3.4). Jesus ist auf Grund (διά *[dią]*) seines Gehorsams und seiner Bewährung im Leiden nach seiner Himmelfahrt zum eschatologischen Herrscher (V. 8) und Hohenpriester (Hebr 5,9.10) gesalbt und erhöht worden (→ Höhe, Art. ὕψος). Die in dem at. Zitat erwähnte Salbung unterstreicht also noch einmal das Thema von Hebr 1,5ff: Die offizielle Verleihung der Sohnes-, Königs- und Hohepriesterwürde bedeutet »wie in Phil 2,9 eine Steigerung der Macht gegenüber der irdischen Geschichte Jesu« (EKäsemann, Das wandernde Gottesvolk, 59).

2) An den restlichen Stellen ist von der **Salbung der Christen** die Rede (die Vokabel Χριστιανός *[Christianọs]* im NT nur Apg 11,26; 26,28; 1Petr 4,16; vgl. im einzelnen → Jesus Christus, Art. χριστιανός). Manche Exegeten vermuten einen Salbungsakt im Zusammenhang mit der Taufhandlung vor der → Taufe. Daß sich das χρίσας ἡμᾶς θεός *[chrįsas hæmạs theọs]* 2Kor 1,21 und das χρῖσμα *[chrįsma]* 1Joh 2,20.27 auf die Taufe beziehen kann, ist durchaus möglich (vgl. oben unter 1), die Salbung als selbständiger sakramentaler Ritus im Rahmen der Taufhandlung ist aber nicht zu belegen. »Mit der Bezeichnung χρῖσμα nimmt Joh offenbar den Terminus eines gnostischen Mysteriums auf, im Gegensatz zu dem er seine Gesetze formuliert« (RBultmann, Theologie, 440). Bei Joh ist das χρῖσμα *[chrįsma]* der → Geist der Wahrheit, der den Christen die Kraft der Erkenntnis gibt, so daß sie nicht nötig haben, von jemandem belehrt zu werden (1Joh 2,27). In der Salbung haben sie den Geist empfangen, der sie daran erinnert, was Jesus gesagt hat (vgl. Joh 14,26; 15,26; 16,13f). Die Geistsalbung ist aber letztlich die Kraft, die durch das machtvolle gött-

liche Wort im Glaubenden wirkt. In der → Nachfolge Jesu (1Joh 2,28: Bleibet in ihm), durch die in der Gemeinde weiterwirkende Kraft des verkündigten Wortes, erhält der Glaubende Anteil an der messianischen Salbung Jesu, er erhält den heiligen Geist, der die Geister zu scheiden vermag.

Schwierig zu entscheiden ist, worauf sich χρίω *[chriō]* 2Kor 1,21 bezieht: auf die Taufe? Oder ist an eine Art Adoption im Glauben gedacht in Anlehnung an die israelitische Königssalbung? Oder bezieht es sich einfach auf die Erwählung? Die Geistbegabung wird V. 22 bes. erwähnt. Vermutlich haben jene Exegeten recht, die alle drei Begriffe *befestigen*, *salben* und *versiegeln* als drei verschiedene Aspekte des Taufgeschehens verstehen. In der geistlichen Salbung sind die Christen rechtlich eingegliedert in den Verheißungsbund. Es ist durchaus möglich, daß Paulus hier im Wortgebrauch – wie es der Verfasser des Hebr-Briefes (1,9) tut (s. o.) – auf einen Terminus der gnostischen Mysterienpraxis anspielt und sich damit gleichzeitig davon absetzt: Nicht die eigene Wahl und Entscheidung, die ihn in der mystischen Salbung zu höheren Erkenntnissen der anderen Welt und auf den Weg der Erlösung führt, ist für den Christen entscheidend, sondern die Entscheidung Gottes für den Menschen in Jesus Christus, die im Glauben wirksam wird. Hierin ist er der *Gesalbte*. *D. Müller*

Lit.: HSchlier, Art. ἀλείφω, ThWb I, 1933, 230ff – GDalman, Arbeit und Sitte in Palästina IV, 1935, 201ff – HSchlier, Art. ἔλαιον, ThWb II, 1935, 468ff – EKäsemann, Das wandernde Gottesvolk, FRLANT NF 37, 1939 (1961^{4}), 59f – WMichaelis, Art. μύρον etc., ThWb IV, 1942, 807ff – MNoth, Gott, König, Volk im Alten Testament, ZThK 47, 1950, 157ff (= Ges. Stud. z. AT, ThB 6, 1966^{3}, 188ff) – RBultmann, Theologie des NT, 1953 (1968^{6}), 440f – FJSchierse, Verheißung und Heilsvollendung, München. Theol. Stud. I,9, 1955, 112ff – MNoth, Die Gesetze im Pentateuch, 1957 (= Ges. Stud. z. AT, ThB 6, 1966^{3}, 26ff) – ders., Amt und Berufung im Alten Testament, 1958 (= Ges. Stud. z. AT, ThB 6, 1966^{3}, 309ff) – HBardtke, Art. Salbung, EKL III, 1959, 776f – HJKraus, Psalmen I, 1960 (1966^{3}), 336 – EKutsch/GDelling/CABouman, Art. Salbung, RGG V, 1961^{3}, 1330ff – EKutsch, Salbung als Rechtsakt im alten Testament und im alten Orient, BZAW 87, 1963 – RSchnakkenburg, Die Johannesbriefe, Herd. Theol. Komm. z. NT XIII,3, 1965^{2}, 152f.

Sanftmut → Demut

Satan

διάβολος

διάβολος *[diabolos]* Verleumder; Teufel · διαβάλλω *[diaballō]* verleumden · Βεεζεβούλ *[Beezeboul]* Beelzebub · σατανᾶς *[satanas]* Satan

διαβάλλω *[diaballō]* (Kompos. aus διά *[dia]*, *durch*, und βάλλω *[ballō]*, *werfen*) heißt *auseinanderbringen, anklagen, Vorwürfe machen, verleumden, angeben, ablehnen, falsch darstellen, täuschen*. Im NT nur in Lk 16,1 gebraucht vom ungerechten Haushalter, der – zu Recht! – angeklagt bzw. denunziert wird, unterschlagen zu haben. – Davon ist abgeleitet das Subst. διάβολος *[diabolos]*, *Verleumder, Widersacher, Teufel*; es ist außerhalb des NT und der LXX kaum belegt. I

1) In LXX begegnet διάβολος *[diabolos]* 21mal (davon 13mal in Hi 1 und 2); außer in Esth 7,4; 8,1 immer als Übers. des hebr. *sātān*, das zudem 3mal einfach mit σατάν *[satan]* transkribiert wird (1Kön 11,14; 11,23A; 11,25B). II

Der »Satan« meint im AT den »Widersacher«, den boshaften Gegner: 1Sam 29,4 heißt so der potentielle Saboteur in den eigenen Reihen; 1Kön 11,23.25 der Partisanenführer und spätere syrische König Reson (vgl. aber auch Ps 109[108],6, wo LXX διάβολος *[diabolos]* übers.). So genannt wird dann aber auch der Engel, der Bileam in den Weg tritt (Num 22,22.32). Erst im Hiobprolog erscheint Satan als ein himmlisches Wesen, das die Frommen vor Gott anklagt (der himmlische Staatsanwalt!), ähnlich in Sach 3,1f. Als Eigenname tritt das Wort erst in 1Chr 21,1 auf: der Satan reizt David zur Vornahme der Volkszählung (in der älteren Gestalt der Erzählung – 2Sam 24,1 – ist es der Zorn Jahwes!).

Im AT ist der Satan nicht der »Teufel« im späteren Sinn des Wortes, dh kein widergöttliches, böses Prinzip; eine leichte Verschiebung in dieser Richtung zeigt vielleicht LXX, indem sie zB die Num- und Sam-Stellen nicht mit διάβολος *[diabolos]* übers. und so – mit dem Schwergewicht bei Hiob – dem Wort seine Ambivalenz nimmt.

2) Erst im Spätjudentum wird der Teufel oft identifiziert mit dem bösen Trieb und mit dem Todesengel, und er hat nun ausgesprochen bösen Charakter. Wie im AT ist er → Ankläger der Menschen vor Gott. Der Fall der → Engel spielt eine große Rolle (Anschluß an Gen 6,1ff; → Dämon, Art. δαίμων), ohne jedoch grundsätzliche Bedeutung zu haben (äthHen 86,1–88,3; Jub 5,1–12; CD II,18–21). Die unreinen Geister, die die Enkel Noahs verführen, sind Kinder der »Wächter« (Jub 19,28). Die meisten dieser Geister wurden vernichtet, ein Zehntel blieb übrig, und mit ihm kann Mastema seinen Willen an den Menschen vollführen (Jub 10,8). Im übrigen stehen die Dämonen selbständig neben dem Satan, der als alleiniger Ankläger vor Gott fungiert. Es wird von ihm kein Sturz aus dem Himmel berichtet, andernfalls er nicht anklagen könnte. Er sucht vor allem das Verhältnis zwischen Gott und Israel zu stören, aber auch die übrigen Menschen von Gott zu trennen. Kurz und knapp wird die Tätigkeit des Satans umschrieben: »Es ist in einer Baraitha gelehrt worden: der Satan kommt herab und verführt, steigt hinauf und klagt an, nimmt die Vollmacht und nimmt die Seele« (bBB 16a). Erst späte Traditionen sagen, Satan sei ein hoher Engel gewesen. Das Rabbinat billigt dem Menschen den freien Willen zu, mit dem er durch Halten des Gesetzes den bösen Trieb oder Satan-Sammael abwehren kann.

3) In den Qumranschriften erscheint Belial als Name des bösen Geistes (Satans): Gott hat zwei Geister geschaffen, den Geist des Lichts und den Geist (Engel) der Finsternis (Belial), die beide in der Gegenwart ihre Herrschaft ausüben (1QS I,18; II,5.19; III,20–23). Belial ist der Engel der Feindschaft (1QM XIII,12), wohnt in den Herzen seiner Anhänger, der »Söhne der Finsternis« (1QS I,10), herrscht im Prediger des Abfalls (CD XII,2). Die Feinde des Frommen sind erfüllt von »Ränken Belials« (1QH II,16f; VI,21; VII,4). Belials Anhänger heißen seine »Gemeinde« (1QH II,22). Unzucht, Reichtum und Verunreinigung des Heiligtums sind die »drei Netze Belials« (CD IV,15). Seine Macht überschwemmt alles, bedroht die Welt und die Frommen (1QH III,29.32; V,39). Aber Gott bewahrt seine Frommen (1QM XIV,9). Belial und seine Anhänger werden feierlich verflucht (1QS II,4–9; 1QM XIII,4f). Die »Geister seines Loses« sind »Verderberengel« (1QM XIII,12). In der Endzeit, nach der Trennung der Qumrangemeinde vom übrigen Volk, ist Belial gegen Israel losgelassen (CD IV,13). Am Ende der Tage, im letzten Kriege, bilden die »Söhne der Finsternis« das Heer Belials (1QM I,1.13), das aber vernichtet werden wird (1QM XI,8f); denn Gott selber streitet dann gegen ihn (1QM XV,3; XVIII 1.3), sein grimmiger Zorn richtet sich gegen ihn (1QM IV,1f). Der Fluch Josuas (Jos 6,6) besagt, daß ein Verfluchter, einer vom Lose Belials, Jericho wieder aufbauen wird (4QTest 23).

In diesem Schrifttum erscheint Belial also nicht mehr als Ankläger, hat demzufolge auch keinen Zutritt zum Himmel und zu Gott. Es wird auch nicht gesagt, daß Belial den Adam verführt und so das Böse in die Welt gebracht habe. Dieselbe Gestalt erscheint als »Beliar« in den Test XII. – Nach äthHen 54,6 wurde Azazel mit seinen Scharen dem Satan untertan.

4) Βεεζεβούλ *[Beezeboul]* (andere Lesarten haben Βεελζεβούλ *[Beelzeboul]*, Βεελζεβούβ *[Beelzeboub]*): Herkunft und Bedeutung dieses Namens sind nicht ganz geklärt. In 2Kön 1,2f; 6,16 erscheint als Gott von Ekron der *baʿal zebūb, Herr der Fliegen.* Βεελζεβούλ *[Beelzeboul]* könnte zurückgehen auf *baʿal zebūl, Herr der Höhe,* dh des Himmels, also *Himmelsherr, Himmelsgott.* Am wahrscheinlichsten kommt Βεε(λ)ζεβούλ(β) *[Bee(l)zeboul(b)]* von *baʿal zibbūl* (von *zæbæl, Mist, Kot; zibbūl, Götzenopfer), Herr des Götzenopfers,* das mithin dem Dung gleichgestellt wird. Ferner bietet sich die Möglichkeit an, den Namen abzuleiten von einem hethitischen Hirschgott Zaparwa, welches Wort über *Zebaba* zum *baʿal zebūb* der Philister von Ekron wurde. Herleitung aus dem Aram. würde auf *beʿel debābā, Herr der Feindschaft, Feind,* oder auf *beʿēl dibabā, Herr der Fliegen* (vgl. galiläisch-aram. *dibabā, Fliege*) führen.

III 1) Im NT begegnet διάβολος *[diabolos]* 37mal, σατανᾶς *[satanas]* 36mal, Βεε(λ)ζεβούλ *[Bee(l)zeboul]* 7mal. Daneben finden sich noch die Bezeichnungen: der → *Feind* (ἐχθρός *[echthros]*), der → *Böse* (ὁ πονηρός *[ho ponæros]*), der *Fürst dieser Welt* (ὁ ἄρχων τοῦ κόσμου τούτου *[ho archōn tou kosmou toutou]*), der *Widersacher* (ἀντίδικος *[antidikos]*; wörtl. Übers. des at. *sātān;* 1Petr 5,8). Mk verwendet ausschließlich σατανᾶς *[satanas]*, Lk bevorzugt dieses Wort in seinem Sondergut. Ein inhaltlicher Unterschied zu διάβολος *[diabolos]* ist nicht festzustellen; letzteres wird freilich nie als Anrede gebraucht (vgl. Mt 4,10 mit Mt 4,1.5.8.11).

2) In Mt 25,41 (vgl. 2Kor 12,7) werden Engel des Teufels (τοῦ διαβόλου *[tou diabolou]*) erwähnt. Ebenfalls in Analogie zu Qumran maßt sich der διάβολος *[diabolos]* in der Versuchungsgeschichte (Mt 4,1ff par) die Stellung eines Herrn der Welt an, mit deren Übertragung er Jesus von seinem Weg abbringen will. Entsprechend heißt er »Fürst dieser Welt« (ἄρχων τοῦ κόσμου τούτου *[archōn tou kosmou toutou]* Joh 12,31; 14,30; 16,11). Sitz des Teufels ist nicht die → Hölle, sondern wie im AT hat er Zugang zu Gott, um die Menschen zu verklagen (Lk 22,31; Joh 12,31; 16,11). Darum betet Jesus für den Glauben seines Jüngers und lehrt die Seinen beten um Erlösung vom Bösen (Mt 6,13).

Nach Lk 10,18 hat Jesus den Sturz des Satans (als Ankläger im Himmel!) geschaut (vgl. Joh 12,31). Offb 12,5.7–12 verbindet diesen Sturz Satans mit dem Auftreten Jesu; hier stehen V. 9 Διάβολος *[Diabolos]* und Σατανᾶς *[Satanas]* als gleichwertige und bedeutende Namen nebeneinander, während V. 8 dieselbe Gestalt als δράκων *[drakōn]*, → *Drache*, bzw. ὄφις *[ophis]*, *Schlange*, V. 10 als κατήγωρ *[katægōr]*, → *Ankläger*, bezeichnet wird. Damit ist zugleich die qumranische dualistische Weltschau durchbrochen: Jesus hat den Teufel besiegt und entwaffnet, so daß er ihm seinen Raub entreißen kann, dh: Jesus kann die Besessenen heilen (Mt 12,27–29).

Aber auch nachdem der Satan aus dem Himmel gestürzt ist, ist seine Möglichkeit zu wirken nicht aufgehoben: Petrus trifft die identifizierende Anrede »Satan«, weil er Jesus von seinem Gehorsams- und Leidensweg abzubringen versucht (Mt 16,23 par); es kann sogar heißen, der Satan sei in Judas gefahren, als dieser sich zum Verrat anschickt (Lk 22,3; Joh 13,27). Die Stunde der Finsternis ist seine Stunde (Lk 22,53; man beachte die dualistische Terminologie). Der Satan kann – aber muß nicht! – hinter der Krankheit stehen (Lk 13,16; vgl. 2Kor 12,7; Apg 10,38 διάβολος *[diabolos]*). Aber nicht nur im Blick auf den einzelnen, sondern auch im Blick auf die → Kirche gilt der διάβολος *[diabolos]* als derjenige, der Gottes Heilswort hindern will: Im Gleichnis vom Unkraut unter dem Weizen wird das Vorhandensein von »Bösen« in der Gemeinde – es gibt hier keine »Mittleren« wie etwa in der Theol. des Rabbinats! – mit einem Wirken des »Feindes« erklärt (Mt 13,28.39). Mt setzt sich damit zugleich implizit von der qumranischen Lösung der Probleme ab, in der die Gesetzesübertreter schon vor dem Endgericht aus der Gemeinde Gottes durch Maßnahmen der Gemeindezucht ausgeschlossen werden, so daß nur die reine Heilsgemeinde übrigbleibt, und zwar zugunsten einer Ecclesia mixta und einer Scheidung erst durch den eschatologischen Richter (→ Ziel, Ende).

3a) Im p a u l i n i s c h e n S c h r i f t t u m findet sich διάβολος *[diabolos]* nur in Eph 4,27; 6,11 (und 6mal in den Pastoralbriefen), während sonst immer σατανᾶς *[satanas]* steht (in den Pastoralbriefen nur 1Tim 1,20; in Aufnahme der Redeweise von 1Kor 5,5 und 1Tim 5,15 für den Abfall von Christen in die → Nachfolge [vgl. Art. ὀπίσω] des Satans). Freilich ist der Begriff selten (8 Stellen). In 2Kor 6,15 benutzt Paulus die qumranische (Test XII!) Bezeichnung Βελίαρ *[Beliar]*, wie der ganze Abschnitt 2Kor 6,14ff überhaupt an qumranisches Gedankengut mit seinen gegensätzlichen Begriffspaaren wie Gerechtigkeit – Gesetzlosigkeit, Licht – Finsternis, Christus – Beliar, gläubig – ungläubig, Tempel Gottes – Götzen erinnert. Auf das Wirken des Satans führt der Apostel viele Übel und Beschwernisse zurück: der »Pfahl im Fleisch« ist ein »Satansengel, der ihn mit Fäusten schlägt« (2Kor 12,7); der Satan will Paulus überlisten (2Kor 2,11), ihn an einer Reise → hindern (1Thess 2,18): er kann sich in einen Engel des Lichts verwandeln und in dieser Maske durch seine Abgesandten libertinistische Gedanken ausstreuen (2Kor 11,14); er versucht die Gemeinden (1Kor 7,5; 2Kor 2,11; 1Thess 3,5); er hat – bei den folgenden Stellen ist διάβολος *[diabolos]* gebraucht – schlimme Ränke (Eph 6,11), stellt Fallen (1Tim 3,7; 2Tim 2,26) und stößt als der Machthaber der Luft in Unheil und Sünde (Eph 2,2).

b) In 1Kor 5,5 soll der Sünder aus der Gemeinde ausgeschlossen und dem Satan übergeben werden, damit er ihn töte; durch diesen Bann (→ Fluch) soll ermöglicht werden, daß das πνεῦμα *[pneuma]*, der → *Geist* (die → *Seele*?) dieses Menschen gerettet werden kann.

Entsprechend werden Hymenaeus und Alexander dem Satan übergeben, damit sie durch Züchtigungen von ihren Lästerungen abgebracht werden (1Tim 1,20), — sie sollen also nicht getötet werden! (Vgl. Apg 5,5ff). Hinter dieser Zuchtanweisung steht die jüd. Vorstellung vom Satan als dem Herrn über Tod und Verderben, dem Vollstrecker des göttlichen Zornes, aus dessen Machtbereich die Zugehörigkeit zur Gemeinde (kraft des Aktes der → Taufe?) befreit hatte und in den jetzt der Schuldige zurückgestoßen wird.

4) Wirkungsgebiet des Teufels ist vor allem das Heidentum (Apg 26,18; vgl. 2Kor 6,16), und die Zauberei ist mit ihm verbunden (Apg 13,10). Eine wohl der AssMos entstammende apokalyptische Legende von einem Angriff des Teufels auf den Erzengel Michael ist in Jud 9 vorausgesetzt. Vom Kampf Satans gegen die Gemeinde reden auch Apg 5,3; Offb 2,9f; 20,7.

5) In der Endzeit schickt der Satan den → Antichristen (2Thess 2,3–12; vgl. das → Tier Offb 13,17). Von der endzeitlichen Vernichtung des Teufels reden Mt 25,41; Offb 20,10 (vgl. 1Joh 3,8; Hebr 2,14), wohl auch Röm 16,20. In großem Zorn erkennt er, daß er bis dahin nur wenig Zeit hat und wütet gegen die Gemeinde Gottes (Offb 12,12.16f).

6) Gegen seine Versuchungen helfen nur die Waffenrüstungen Gottes (Eph 6,11.16), die entschlossene Hinwendung zu Gott (Jak 4,7) und der Glaube in Nüchternheit und Wachsamkeit, durch die der Teufel, der wie ein brüllender Löwe — dh gereizt und darum von höchster Gefährlichkeit! — einhergeht, seine Gewalt verliert (1Petr 5,8f). Seine eigentliche Überwindung aber hat ihren Grund im Blut des Lammes (Offb 12,11), dh in Jesu Sieg durch seinen Tod am → Kreuz.

7) Nirgendwo im NT finden sich Spekulationen über Ursprung und Wesen des Teufels. Er wird auch nicht mit dem bösen Trieb oder mit dem Todesengel gleichgesetzt. → Tod und Teufel werden unterschieden (Offb 20,10.14); der Teufel hat Macht über den Tod (Hebr 2,14).

8) Innerhalb des johanneischen Schrifttums wird gelegentlich an die Rolle des Teufels, als den die jüd. Auslegung die Schlange deutete, in der Urgeschichte (Gen 3) erinnert (Offb 12,9; wohl auch Joh 8,44; 1Joh 3,8): der Teufel sündigt von Urbeginn an bzw. ist ein Mörder; er hat keinen Teil an der Wahrheit, sondern lügt und redet dann aus einem Eigensten heraus: Die Bibel redet geschichtlich, nicht metaphysisch. Bemerkenswert ist dabei aber, daß sich im Handeln und Entscheiden jene Abhängigkeit von dieser Kraft zeigen kann, deren Wirksamkeit johanneisch durch die Aussageformen der Abstammung und Verwandtschaft ausgedrückt werden. Wer Sünde tut, ist vom Teufel wie Kain (1Joh 3,8.12) oder ist selbst ein Teufel wie der Verräter Judas (Joh 6,70). Deshalb können die Kinder Gottes den Kindern des Teufels gegenüberstehen (1Joh 3,10; vgl. Qumran!), und werden die Feinde Jesu Kinder des Teufels genannt, dh solche, die sein Wesen und seine Art haben (Joh 8,44). Es ist Gabe des Christus (vgl. Joh 17,15), wenn es den jungen Leuten gelungen ist, den Bösen zu besiegen (1Joh 2,13f). (In Joh 8,44a dürfte nicht von einem Vater des Teufels die Rede sein; vielmehr ist τοῦ διαβόλου *[tou diabọlou]* Apposition zu πατρός *[patrọs]*: des Vaters, nämlich des Teufels.)

9) Βεε(λ)ζεβούλ *[Bee(l)zebọul]* ist im NT der Name eines Obersten der Dämonen (Mk 3,22; Mt 12,27; Lk 11,18), der in Mt 10,25 dem Satan gleichgesetzt wird; nach Analogie der Qumranschriften wird ein einheitliches Reich der Dämonen vorausgesetzt. *H. Bietenhard*

V ZUR VERKÜNDIGUNG

Die Vorstellung vom Teufel (Satan) und der Glaube an seine personhafte Existenz gehören für den »aufgeklärten« und »mündigen« Menschen in die Welt des Mythos, des Märchens oder des primitiven Aberglaubens. Daß sie ihren Wirklichkeitsbezug verlor, dazu hat wohl auch die mittelalterliche Art seiner Darstellung beigetragen: furchterregend mit Hörnern, Schwanz, Pferde- oder Bocksfüßen und Fledermausflügeln. Dahinter stehen heidnische

Dämonenvorstellungen; immerhin: auch im NT ist Beelzebub der oberste der Dämonen! Seither schwingen solche Bilder bewußt oder unbewußt auch bei der biblischen Rede vom Teufel mit. Hatte man ihm im Rahmen des alten Weltbildes seinen Platz in der unterirdischen → Hölle angewiesen, von woher er als Gegenregent Gottes und Christi in die Welt hineinwirkte, leibhaftig und in wechselnder Gestalt erschien, so mußte (angeblich) mit diesem Weltbild auch die Vorstellung vom Teufel fallen.

Die moderne Ablehnung des Glaubens an den Teufel geht theologiegeschichtlich wohl auf die Aufklärung, die Neologie und den Idealismus zurück. Man lehnte es von daher überhaupt ab, von einem persönlichen Bösen zu reden: nicht der Teufel oder Satan als der → Böse im metaphysischen Verständnis ist oder sei das Thema, sondern das Böse, wie es sich als Phänomen finde.

Zudem wird darauf hingewiesen, daß religionsgeschichtlich die christl. Rede von einem Teufel auf außerbiblischer, heidnischer und vorchristl. Beeinflussung beruhe: Schon in den Jh.en vChr sei der persische Dualismus der zwei Weltprinzipien mit dem bösen Gott der Finsternis Angra Manyu in gewisse Kreise des Judentums eingedrungen (vgl. Buch Tobit und Qumran). Sicher sind in der Ausgestaltung der kirchlichen Lehre vom Teufel solche außerchristl. Einflüsse wirksam gewesen: gnostische Lehren wirken nach, wo nach Anschauung mittelalterlicher Katharer der Teufel als Weltschöpfer (Demiurg) gilt, und späte jüd. Legenden berichten, daß der Teufel den Antichristen erzeuge und auf die Welt sende (vgl. auch Offb 13). Judenchristl. Ebjonäer lehrten, daß es urspr. zwei Gottessöhne gab: den älteren Satanael und den jüngeren Jesus Christus (Epiphan. Haer. XXX). Nicht in der Bibel begründet ist auch der Mythos von Luzifer (in Gen 6; Jes 14 hineingelesen): der Satan urspr. ein lichter Engel Gottes, der sich gegen Gott empörte und zur Strafe dafür gestürzt wurde.

Leider hat die Kirche sich allzu bereitwillig dem spätantiken, aber gewiß so nicht biblisch fundierten Dualismus von Seele und Leib geöffnet; von daher wurde und wird zT. bis heute alles Erdhafte, Irdische, Triebhafte und Biologische im Menschen oft als minderwertig, böse und darum »teuflisch« angesehen. Vor allem sind es immer wieder die sexuellen Triebe gewesen, die in der Gestalt und Personifikation des Teufels Asketen und andere Fromme bedrängt haben. Von hier aus kam es (in einer vom Mann her bestimmten Gesellschaftsordnung) zur Ablehnung und Verteufelung des Weiblichen, der Frau, wenn und insofern sie, abgesehen von ihrer Mutterschaftsrolle, ausschließlich von ihrer sexuellen Seite her gesehen wurde: An ihr erlebte der Mann seine eigene Triebnatur — und lehnte sie ab! Die Frau als Hexe, im Bunde und im Umgang mit dem Teufel! Dieser Hexenwahn trieb sein furchtbares Unwesen bis tief in die Neuzeit hinein. Zum Zürcher Prozeß gegen jene Teufelsaustreiber, die dabei ein angeblich vom Bösen besessenes Mädchen zu Tode geprügelt und gequält hatten, hieß es mit Recht in einem Zeitungskommentar: »Die Kirchen haben in ihrer Vergangenheit mit einem Teufelsaberglauben, mit Dämonenaustreibungen und Hexenwahn und dgl. Spukgeschichten Irreführung der Menschen betrieben und blutige Schuld auf sich geladen. Das kann nicht klar genug bekannt werden. Davon kann sich die europäische Christenheit nicht deutlich genug scheiden« (HRiniker).

Solche Überlegungen werden durch die moderne (Tiefen-) Psychologie bekräftigt. Sie erkennt in der Gestalt des Teufels eine individuelle oder auch kollektive Personifikation bzw. Projektion von seelischen Inhalten: dessen, was an negativen Bestrebungen in der Seele des Menschen wirkt, was der Mensch selbst als »böse«, als Abzulehnendes und zu Bekämpfendes oder als Verführerisches erlebt und in sich trägt; oder auch dessen, was an Bestrebungen, Gedanken, Wünschen vom Kollektiv bzw. von der Gesellschaft abgelehnt wird, weil es deren Wertsystem widerspricht. C. G. Jung kann schreiben: »Mephistopheles ist der diabolische Aspekt jeder psychischen Funktion, die sich aus der Hierarchie des Menschen bis zur Unabhängigkeit und absoluten Herrschaft befreit . . .« (Psychologie und Alchemie, 108). Er weist darauf hin, daß in der Alchemie der Teufel als »nachahmender Geist« bezeichnet wird, als böses Prinzip und Gegenspieler des Gottessohnes. Er ist der Geist der Finsternis, der sich im Leib des Menschen befindet und die Seele zwingt, alle sündigen Neigungen zu erfüllen (ebd. S. 504). Über frühchristl. Anachoreten kann der Psychologe sagen: »Der Teufel ist natürlich die Stimme des eigenen Unbewußten des Anachoreten, das sich empört gegen die gewaltsame Unterdrückung der individuellen Natur« (Jung, Psychologische Typen, S. 78). Das Unbewußte mit seinen Inhalten wird verworfen mit Hilfe des allg. bewußten Glaubens, macht sich aber Luft, indem es die Gestalt des Teufels produziert (vgl. dazu die — unter umgekehrten Vorzeichen — ganz entsprechende Feuerbach'sche Erklärung des Gottesglaubens in: Das Wesen der Religion, 1845).

Auch wenn man alle die genannten psychologischen und religionsgeschichtlichen Überlegungen anstellt und ihnen recht gibt, bleiben Fragen. Sie brechen schon an der Terminologie auf: der Teufel wird als »nur« psychische Tatsache angesehen; als Personifikation des individuellen oder kollektiven Bösen und dessen Projektion nach innen und außen. Was aber bedeutet — ganz abgesehen von dem darin enthaltenen abwertenden Urteil — »nur psychisch«? Wie weit reicht Psychisches, dh bis in welche Tiefen des menschlichen Seins? Reicht es vielleicht sogar über das menschliche Sein hinaus in andere Bereiche des Seins? Gibt es neutrale Räume zwischen der Herrschaft Gottes und der Anfechtung, dem Herrschaftsanspruch des Teufels? Weiter: Setzt der Gebrauch des Ausdrucks »nur psychisch« nicht voraus, der Mensch wisse Bescheid über den vollen Umfang und die ganze Tiefe seiner eigenen Seele und deren Inhalte? Muß aber nicht eine solche Behauptung als völlig unbegründet, als eine naive Anmaßung erscheinen, die gerade der weitgehenden Unbewußtheit in bezug auf psychische Inhalte und Tatsachen entspringt? Sie ist recht eigentlich ein — wenn nicht der — moderne Aberglaube, und als solcher um nichts besser als der mittelalterliche Teufels- und Hexenglaube. Er hat auch — dank der durch die Unbewußtheit ermöglichten Projektionsvorgänge — mindestens so viele, wenn nicht mehr, Greuel aller Art auf dem Gewissen wie jener. Die Abschaffung des Teufels als Person oder als »böse Macht« hat die Welt und die Menschheit nicht menschlicher gemacht (→ Macht, Zur Verkündigung). Die Psychologie redet dann auch mit Grund vom »Unbewußten« des Menschen, und gerade bei diesem Begriff erhebt sich die Frage mit erneuter Dringlichkeit, bis in welche Tiefen hinein dieses reicht. In welche Tiefen hinein kommen wir erst mit dem Begriff des »kollektiven Unbewußten«? Das Individuum, das Subjekt des Menschen, sein Ich, ist eingebettet in einen transsubjektiven, überindividuellen Bereich, in dem es an die Tiefe der Welt und des Seins grenzt, von der her es auch beeinflußt wird (vgl. Eph 6,12ff). Was aber ist »dort«, in jenem Bereich, möglich und wirklich? Zweifellos hat auch das Böse überindividuelle Züge und Bezüge, hat es archetypische Strukturen. Und in diesen Bereichen dürfte mit wissenschaftlicher Sicherheit die Behauptung weder zu beweisen noch zu widerlegen sein, daß ihm jenseits des Individuell- oder Kollektiv-Menschlichen eine Wirklichkeit entspreche.

Bezeichnend mag sein, was HThielicke unter dem frischen Eindruck des zweiten Weltkrieges sagen konnte:

»Wir sind in unserer Zeit viel zu sehr mit dämonischen Mächten in Berührung gekommen, wir haben viel zu deutlich gespürt und gesehen, wie Menschen und ganze Bewegungen verführt und gesteuert wurden von geheimnisvollen, abgründigen Mächten . . . wir haben allzuoft beobachtet, wie ein fremder Geist in manche Menschen fahren und sie . . . bis in die Substanz hinein verwandeln konnte, wie er sie zu Grausamkeiten, Machträuschen und Wahnsinnsausbrüchen zu bringen vermochte, deren sie vorher niemals fähig zu sein schienen; wir sahen außerdem, wie sich von Jahr zu Jahr mehr eine Atmosphäre der Vergiftung um unseren Erdball legte, wie wirklich etwas spürbar wurde von den bösen Geistern in der Luft, und wie eine unsichtbare Hand einen unsichtbaren Taumelkelch von Volk zu Volk reichte und die Nationen bis in die Tiefe verwirrte; ich sage: wir haben das alles viel zu sehr gesehen, wir sind viel zu sehr von alledem erschreckt worden, als daß ich euer und mein Gehirn erst präparieren müßte, damit es, ohne sich zu genieren, die Frage nach dem Teufel überhaupt zu stellen wagt . . . So lassen wir die Frage, ob es einen Teufel gebe, dahingestellt und fragen lieber gleich, wer er ist, um dann sein biblisches Porträt mit dem zu vergleichen, was uns in unserer apokalyptischen Zeit entgegentritt« (HThielicke, Das Gebet, S. 145f).

Für die katholische Lehre liegen die Dinge hier theoretisch klarer als für den Protestanten: In ihr gehört die Existenz außermenschlicher böser Mächte und ihre Wirksamkeit in der Welt zur offenbarten Wahrheit. Von da aus erscheint auch heute noch teuflische Besessenheit als möglich und – wenn auch sehr selten – tatsächlich gegeben. Dennoch lassen sich immer häufiger auch katholische Theologen dahin vernehmen, daß der Teufel eine mythische oder symbolische Figur sei, die Personifikation des Bösen in der Welt und im Menschen, dem aber keine eigene personhafte Realität oder Existenz zukomme. Das ist um so auffallender, als noch vor wenigen Jahrzehnten »jede theol. Behandlung des Teufels . . . auf das trinitarische Gottesbewußtsein bezogen« und dem Teufel Persönlichkeit und absolute (!) Freiheit zugesprochen wurde, kraft derer er Widerpart Christi sein könne: ». . . im Geheimnis des dreipersönlichen Gottes erschließt sich eine neue göttliche Freiheit in ihren Wesenstiefen, die auch den Gedanken an einen persönlichen Teufel neben und gegen Gott möglich macht« (GKoepgen, Die Gnosis des Christentums, 1939, zitiert bei C. G. Jung, Psychologie und Religion, S. 109). Solchen Ausführungen gegenüber, die allerdings nur die Ansicht des betr. Autors wiedergeben und nicht diejenigen seiner Kirche, ist freilich die Frage dringend, ob man es noch mit der Trinität und nicht vielmehr mit einer Quaternität (»Viereinigkeit«) zu tun habe. Jedenfalls zeigt der theol. Umschwung in der Beurteilung des Teufels schlagend, wie sehr man auch in der Theol. von den Ereignissen der eigenen Zeit abhängig ist und bestätigt das Urteil von Jung: »Der Teufel ist ohne Zweifel eine mißliche Gestalt: er steht irgendwie schief zur christl. Weltordnung. Deshalb vermindert man seine Bedeutung gern durch euphemistische Verkleidung oder gar durch konsequentes Wegsehen von seiner Existenz; eher noch schreibt man ihn auf das Schuldkonto des Menschen . . .« (CGJung, Versuch einer psychologischen Deutung des Trinitätsdogmas, S. 406).

Auch wenn das Zeugnis der Bibel mit der Existenz des Teufels rechnet, hat die christl. Verkündigung nicht über Ursprung und Wesen des Satans zu spekulieren – die Bibel selbst tut dies ja auch nicht. Der Teufel ist kein selbständiges Thema der christl. Predigt. Teufels- und Höllenpredigten dienen – wenn nicht bloß scheinfrommem Sensationsbedürfnis und Nervenkitzel – nur der Verbreitung von Unsicherheit, Angst und Furcht. Sie legen Lasten auf, statt Lasten von den Menschen wegzunehmen. Die Kirche hat aber den Sieg Christi zu predigen; sie hat den Menschen einzuladen, an diesem Sieg Christi Anteil zu nehmen. Sie wird den Menschen in die Entscheidung rufen, indem sie ihn zum Glauben, zur Liebe und zum Gehorsam ruft. Dazu wird freilich immer gehören, daß der Mensch »alle Werke der Finsternis« ablege, daß er alles Böse mit den – geistlichen! – Waffen des Lichts bekämpfe, – und mit dem Gebet. Weil der Christ in diesem Kampf der Hilfe Gottes bedarf, ohne die er unterliegt, darum betet er im Vaterunser um Erlösung von dem Bösen; denn er weiß, daß das oder der Böse eine Wirklichkeit ist, die sich nicht wegdiskutieren läßt.

Die Kirche wird aber in ihrer Predigt nicht Hand dazu bieten dürfen, daß der Mensch seine Entscheidung, seine Freiheit und seine Verantwortung von sich selbst wegschiebt auf irgendwelche »Mächte und Gewalten« – weder auf einen im mittelalterlichen Sinne personal verstandenen Teufel, noch auf moderne »Ismen« aller Art, seien es Ideologien, falsche Heilslehren, Propaganda, Schlagwörter, Reklame, auch nicht auf den Staat, die Parteien, irgendwelche Apparate der modernen Gesellschaft. Begibt sich der Mensch unter die Herrschaft solcher Mächte, verliert er seine Freiheit und wird anfällig für kollektive Wahnideen. Ideologisierungen, Dämonisierungen und Verteufelungen aller Art sind aber bis heute an der Tagesordnung (auch wenn die Vokabeln »Dämon« oder »Teufel« nicht fallen!) – man lese die politische Presse und verfolge die Propaganda von großen und kleinen Mächten! Man braucht nicht einmal hinzuweisen auf moderne Teufelsbündnisse und -messen in Geheimzirkeln, um hinter die vielberufene »Mündigkeit« des modernen Menschen ein Fragezeichen zu setzen. Es ist offensichtlich mit der bloßen »Abschaffung des Teufels« in der menschlichen ratio bzw. mit der Ablehnung der biblischen Redeweise vom Teufel nichts gewonnen. Entscheidend ist vielmehr, ob wir uns der Herrschaft Christi, seinem Sieg und seiner Wahrheit unterstellen. *H. Bietenhard*

Lit.: GvRad/WFoerster, Art. διαβάλλω etc., ThWb II, 1935, 69ff – CGJung, Psychologische Typen, 1937 – ders., Psychologie und Religion, 1940 – HThielicke, Das Gebet, das die Welt umspannt. Reden über das Vaterunser, 1945 (1961[10]) – CGJung, Psychologie und Alchemie, 1946 – ders., Versuch einer psychologischen Deutung des Trinitätsdogmas; Symbolik des Geistes, 1948 – EFascher, Jesus und der Satan, Hallische Monogr. 11, 1949 – JKönn, Gott und Satan, 1949 – KBarth, Kirchliche Dogmatik III/3, 1950 (1961[2]), 608ff – HBietenhard, Die himmlische Welt im Urchristentum und Spätjudentum, 1951, 209ff – CGJung, Aion. Unters. z. Symbolgeschichte, 1951 – KLSchmidt, Lucifer als gefallene Engelmacht, ThZ 7, 1951, 161ff – HLStrack/PBillerbeck, Kommentar zum NT I,136ff; IV,501ff, 1954ff – JMRobinson, Das Geschichtsverständnis des Markus-Evangeliums, AThANT 30, 1956 – PJacobs, Art. Teufel, Teufelsglaube, EKL III, 1959, 1336ff – KLüthi, Gott und das Böse, 1961 – LGaston, Beelzebub, ThZ 18, 1962, 247ff – GMensching/FHorst/AAdam/WPhilipp, Art. Teufel, RGG VI, 1962[3], 704ff – NADahl, Der Erstgeborene Satans und der Vater des Teufels (Polyc. 7,1 und Joh 8,44), in: Apophoreta, Festschr. EHaenchen, 1964, 70ff – WFoerster/KSchäferdiek, Art. σατανᾶς, ThWb VII, 1964, 151ff – HBraun, Qumran und das Neue Testament, I/II, 1965/66 – HRiniker, Die theologische Frage nach dem Zürcher Hexenprozeß, Kirchenbl. f. d. ref. Schweiz, 125, Nr. 10, 1969.

Satzung → Gebot; → Gesetz

Schaf → Lamm

Scham, Schande

Die Scham gehört ebenso zu den elementaren Verhaltensweisen des menschlichen Lebens wie zB die Angst (→ Furcht). Scham verweist als allg. Scheu auf die von übermenschlichen Mächten (Schicksal, Götter, Dämonen) bedrohte menschliche Existenz im Ganzen, während das individuelle Sich-Schämen Ausdruck für die Bedrohung der leiblich-geistigen Einheit des erwachsenen Menschen ist, deren Integrität dadurch geschützt werden soll. Den erstgenannten Aspekt bringt αἰδώς *[aidōs]* zum Ausdruck, das die Ehrfurcht vor den lebensbeherrschenden Mächten bezeichnet und in inhaltlicher Nähe zur εὐσέβεια *[eusebeia]* (→ Frömmigkeit, Art. σέβομαι) steht. Die gebräuchlichere Wortgruppe αἰσχύνομαι *[aischynomai]* hat es demgegenüber mit der innermenschlichen Sphäre des Häßlichen und Schändlichen zu tun. Sie bedeutet objektiv das Zuschandenwerden bzw. die Schande, subjektiv das Sich-Schämen bzw. die Scham, durch die man der ungeschützten Auslieferung an die Verachtung anderer zu entgehen sucht. Bei der nt. Verwendung dieser Wortgruppe steht der objektiv-ereignishafte Aspekt gegenüber dem subjektiv-psychologischen im Vordergrund.

αἰδώς

αἰδώς *[aidōs]* Scheu, Ehrfurcht, Schamhaftigkeit · αἰδέομαι *[aideomai]* ehrfürchtige Scheu haben, Rücksicht nehmen

I Während αἰδέομαι *[aideomai]* (seit Hom.), *ehrfürchtige Scheu haben, Rücksicht nehmen*, ein geläufiges Wort der griech. Sprache ist und bleibt, wird das dazugehörige Subst. αἰδώς *[aidōs]* (ebenfalls seit Hom.) mit den Bedeutungen a) *Scheu, Ehrfurcht* (Pindar, Plut.); b) *Schamhaftigkeit* (Hdt. I,8) selten gebraucht. Der Begriff bezeichnet urspr. die Scheu vor dem δεινόν *[deinon]*, das in Gestalt von Göttern, Schicksal, Recht und Gesetzen den Griechen als Ehrfurcht gebietende Macht entgegentritt (Hes. Op. 197ff). Im Gegensatz zur ὕβρις *[hybris]* (→ Hochmut), die das Ideal der goldenen Mitte, das μέτρον *[metron]*, frevelhaft überschreitet, respektiert die religiöse αἰδώς *[aidōs]* die gesetzten heiligen Ordnungen (zB Haus, Ehe, Gastrecht) oder die Privilegien bestimmter Personen (zB König, Priester, Redner etc.) im Sinne der εὐσέβεια *[eusebeia]*, der → *Frömmigkeit* (Plato, Prot. 322bff); sie vermeidet ängstlich im Sinne von φόβος *[phobos]*, → *Furcht*, jede Verletzung oder Veränderung bestehender Verhältnisse (Aristot. Eth. Nic. IV 15p 1128b 10ff).

In späterer Zeit wird αἰδώς *[aidōs]*, urspr. Grundbegriff des griech. Selbstverständnisses, aus den umgreifenden Bindungen gelöst und zu einem selbständigen Begriff der Individualethik gemacht, der die *Selbstachtung*, das *Ehr-* und *Schamgefühl* des Griechen bezeichnet (Stoa, Epict. etc.). In dieser Bedeutung kann αἰδώς *[aidōs]* als »Haltung des würdigen Mannes« (Bultmann, ThWb I,169) mit σωφροσύνη *[sōphrosynæ]*, *Besonnenheit*, → *Zucht*, und ἐλευθερία *[eleutheria]*, → *Freiheit*, verbunden werden. Damit hängt es zusammen, daß das Wort – anders als → αἰσχύνη *[ais·chynæ]* – dem Sprachgebrauch der Vornehmen und der Adelsethik der ständisch gegliederten Gesellschaft vorbehalten bleibt.

Das Hebr. besitzt für αἰδώς *[aidōs]* kein Äquivalent. Bezeichnenderweise begegnet in der LXX die Vokabel lediglich 3Makk 1,19 im Sinn von *Schamhaftigkeit* (lat. *pudor*) und 3Makk 4,5 als *Ehrfurcht* vor dem Alter. Ez 23,20 wird hebr. *tsirma*, das Glied eines Hengstes, mit αἰδοῖον *[aidoion]* übers. αἰδέομαι *[aideomai]* kommt gelegentlich in den Makk vor in der Bedeutung *Scheu haben* (2Makk 4,34) oder *achten, Respekt erzeigen* (4Makk 5,6). II

Im NT begegnet αἰδέομαι *[aideomai]* überhaupt nicht; αἰδώς *[aidōs]* nur in einigen Varianten zu Hebr 12,28 und in 1Tim 2,9. Die Koine-Versionen von Hebr 12,28 gebrauchen αἰδώς *[aidōs]* in seiner ursprünglichen Bedeutung als *Gottesscheu* parallel zu εὐλάβεια *[eulabeia]*, *Gottesfurcht:* »Durch die Dankbarkeit dienen wir Gott wohlgefällig mit Furcht und Scheu«. – 1Tim 2,9 beschreibt die würdige Haltung der Frau als μετὰ αἰδοῦς καὶ σωφροσύνης *[meta aidous kai sōphrosynæs]*, *mit vornehmer Zurückhaltung und maßvoller Sittsamkeit.* Der Hintergrund griech.-stoischer Ethik ist unverkennbar, und der Zusammenhang mit V. 10 macht deutlich, daß der Akzent nicht so sehr auf der maßvollen Kleidung liegt als vielmehr auf den »guten Werken«, die als wahrer Schmuck einer Frau gelten (vgl. Dibelius, HNT 13,38). III

αἰδώς *[aidōs]* und σωφροσύνη *[sōphrosynæ]* spielen im NT keine nennenswerte Rolle. Das liegt in ihrem autonomen stoischen Tugendcharakter begründet, der das Verhältnis zum Mitmenschen im Sinn von Achtung und Zurückhaltung regelt. »Das Sein der Gläubigen ist aber nicht ein Verhältnis zu sich selbst, eine ἕξις *[hexis]* oder ἀρετή *[aretæ]* (→ Tugend), sondern ein Sein vor Gott und zum Nächsten« (Bultmann, ThWb I,171). Christl. Verhalten ist nicht an eigenen Tugendmaßstäben, sondern an der Not des anderen orientiert. An die Stelle der griech. αἰδώς *[aidōs]* ist im NT die ἀγάπη *[agapæ]*, → *Liebe*, getreten.

H.-G. Link / E. Tiedtke

αἰσχύνη

αἰσχύνω *[ais·chynō]* sich schämen, zuschanden werden · ἐπαισχύνομαι *[epais·chynomai]* sich schämen · καταισχύνω *[katais·chynō]* schänden; pass.: zuschanden werden · αἰσχύνη *[ais·chynæ]* Scham, Schande · αἰσχρός *[ais·chros]* schmutzig, schändlich · αἰσχρότης *[ais·chrotæs]* Häßlichkeit

1) Der Stamm αἰσχ- *[ais·ch-]* bezeichnet urspr. die Sphäre des Häßlichen und Schändlichen. αἰσχύνω *[ais·chynō]* (seit Hom.) heißt daher urspr. *entstellen, häßlich machen.* Es begegnet in der griech. Lit. fast ausschließlich medial bzw. pass. mit den Bedeutungen *sich scheuen, sich schämen* bzw. *zuschanden werden, beschämt werden.* ἐπαισχύνομαι *[epais·chynomai]* (seit Aischyl.) verstärkt die mediale, καταισχύνω *[katais·chynō]* (seit Hom.) die akt. und pass. Bedeutung von αἰσχύνω *[ais·chynō]*. Das Subst. αἰσχύνη *[ais·chynæ]* (seit Aischyl.) ist eine Rückbildung aus αἰσχύνεσθαι *[ais·chynesthai]* und hat urspr. den Sinn von τὸ αἰσχύνεσθαι *[to ais·chynesthai]*, das *Sich-Schämen*, *Zuschanden-Werden.* Subjektiv bedeutet αἰσχύνη *[ais·chynæ]* die *Scham* als Furcht vor dem αἰσχρὸν I

[ais·chrọn], dem *Häßlichen* (Aristoxenos Frg 42a), objektiv die *Schande*, die aus dem αἰσχρόν *[ais·chrọn]*, der *Schandtat*, folgt (Diod S 2,23,2). Im Unterschied zur religiösen Götterbeziehung von → αἰδώς *[aidọ̄s]* handelt es sich bei αἰσχύνη *[ais·chynæ]* vorwiegend um einen soziologisch orientierten Begriff: Schande liefert dem Spott der Gesellschaft aus, dem man durch das Sich-Schämen zu entgehen sucht.

2) αἰσχρός *[ais·chrọs]* (seit Hom.) wird wörtlich und übertragen in der Bedeutung *schmutzig* verwendet (zB schmutziger Gewinn, vgl. Polyb. 6,46,3). αἰσχρότης *[ais·chrọtæs]* bezeichnet die *Häßlichkeit* (Plato Gorg. 525a).

II 1) Die LXX übers. mit αἰσχύνω *[ais·chynō]* in den weitaus meisten Fällen das hebr. *bōsch, in Schande bringen* (65mal); mit αἰσχύνη *[ais·chynæ]* die Nomina *bōsch, bōschāh* bzw. *bōschæt, Schande* (31mal). Nur 8mal wird *ʿærwā, Scham*, mit αἰσχύνη *[ais·chynæ]* wiedergegeben. Im Vergleich zum griech. Gebrauch finden sich die medialen Bedeutungen *sich schämen* bzw. *Scham* nur selten; am häufigsten belegt ist die Wortgruppe bei Jes, Jer und in den Pss; das Gewicht liegt nicht auf dem soziologischen, sondern auf dem theol. Bezug von αἰσχύνω *[ais·chynō]*. Häufig ist Jahwe das gedachte oder ausgesprochene Subj. zu αἰσχύνω *[ais·chynō]*, wie die pass. Formulierung (meist pass. Fut. II) als Umschreibung Gottes zu erkennen gibt (Jes 1,19; 20,5; Jer 2,26 etc.). Die Psalmbeter erbitten (Ps 6,10; 35,26; 40,15 u. ö.) und die Propheten verkündigen das Zuschandenwerden der Feinde und Gottlosen als Jahwes Gericht (Jes 1,29; DtJes 41,11; Jer 2,26). Daher bezeichnet αἰσχύνω *[ais·chynō]* im AT in erster Linie das objektive Zuschandenwerden der Existenz des Frevlers bzw. des ganzen Volkes (vgl. Ps 69,3–8.20f). Jahwes Gerichtshandeln wird seine Feinde zwingen, sich schämen zu müssen (Ps 40,15; 83,17–19). Diese objektive Bedeutung wird auch dadurch bestätigt, daß parallel zu αἰσχύνω *[ais·chynō]* Verben wie ταραχθῆναι *[tarachthænai]*, *in Schrecken geraten* (Ps 6,10; 83,17); ἐντραπῆναι *[entrapænai]*, *beschämt werden* (Ps 35,26; 70,2; 71,24); καταγελάω *[katagelaō]*, *verspotten* (Ps 25,2) gebraucht werden.

2) In sexuellem Sinn begegnet αἰσχύνω *[ais·chynō]* häufiger bei Ez (16,36.38; 23,10.18 u. ö.) sowie in der programmatischen Stelle Gen 2,25: »Sie waren nackt und schämten sich nicht«. Für den Jahwisten ist leibliche Scham die elementarste Regung eines Schuldgefühls; das Zeichen eines Bruches, der durch die Leiblichkeit des Menschen geht und die Einheit von Geist und Leib in Frage stellt. Diese Störung wird durch einen Akt des Ungehorsams gegenüber Jahwe hervorgerufen (Gen 3,7), und auf diese objektiv verlorene Unschuld, diese innerste Störung im Gottesverhältnis, reagiert der Mensch mit dem Schamgefühl (vgl. v. Rad, ATD 2, S. 69. 73).

III Im NT begegnet die Wortgruppe viel seltener als in LXX: Subst. und Verb zusammen nur 11mal, αἰσχρός *[ais·chrọs]* 4mal, die Kompos. 11mal (ἐπ- *[ep-]*) bzw. 13mal (κατ- *[kat-]*); in den Evgg. nur bei Lk und Mk. Ein gewisser Akzent liegt auf der paulinischen Verwendung von καταισχύνω *[katais·chynō]*. Der Sprachgebrauch schließt sich stärker der LXX als der Profangräzität an.

1a) Mk 8,38 par verwendet ἐπαισχύνομαι *[epais·chynomai]* im Sinn von *sich schämen*; Bezugspunkt ist aber nicht eine Tugend bzw. Untugend, sondern das Christusbekenntnis: Das Sich-Schämen, die Furcht vor dem Spott der Menschen, wird als ein der eschatologischen und universalen Macht des Menschensohnes widersprechendes Verhalten abgewiesen (vgl. 1Petr 4,16; 2Tim 1,8.16).

b) Der prophetischen Verkündigung entsprechend (vgl. Jer 8,9) spricht Paulus 1Kor 1,27 aktivisch davon, daß Gott die weisen und starken Menschen zuschanden, dh zunichte gemacht hat, während er das Törichte und Schwache der Welt erwählt, dh zu Stand und Wesen gebracht hat. Ehre und Schande haben durch das Kreuz Christi eine Umwertung erfahren. Analog formuliert Paulus Röm 5,5 positiv: Hoffnung macht nicht zuschanden, dh sie ist nicht auf das Nichtige, sondern auf die Zukunft Gottes gerichtet (vgl. Röm 8,24f). Röm 1,16 wird ἐπαισχύνομαι *[epais·chynomai]* als Terminus urchristl. Bekenntnissprache verwendet: Die negative Formulierung »Ich schäme mich nicht . . .« meint positiv: »Ich bekenne . . .« (vgl. Stuhlmacher, 78). Der Satz hat keinen psychologischen, vielmehr juristischen Charakter: Ich werde mit dem Evangelium nicht zuschanden. Den gleichen Gedanken nimmt Paulus in pass. Formulierung Röm 9,33 als Zitat aus Jes 28,16 auf: Der Glaubende wird nicht zuschanden, dh seine Existenz gewinnt Bestand (vgl. auch 1Petr 2,6). Mit seiner Missionsarbeit nicht zu scheitern (2Kor 7,14; 9,4), dh nicht vergeblich zu arbeiten (vgl. die parallele Formulierung μὴ εἰς κενόν *[mæ eis kenọn]* Gal 2,2; Phil 2,16; 1Thess 3,5), ist die ständige Sorge des Apostels. Wie im AT so handelt es sich auch beim paulinischen Gebrauch von καταισχύνω *[katais·chynō]* in erster Linie um ein objektives Zuschandenwerden; das Sich-Schämen-Müssen der Menschen ist nur dessen subjektive Kehrseite.

c) Der Hebr bezieht ἐπαισχύνομαι *[epais·chynomai]* auf das göttliche Heilshandeln: Christus schämt sich nicht, die Menschen Brüder zu nennen (2,11) und ihr Gott genannt zu werden (11,16), er nimmt sogar die öffentliche *Schande* (αἰσχύνη *[ais·chynæ]*) des Kreuzestodes auf sich (12,2).

2) Bei αἰσχύνομαι *[ais·chynomai]* und καταισχύνω *[katais·chynō]* überwiegt die Bedeutung *zuschanden machen* bzw. *werden*, bei ἐπαισχύνομαι *[epais·chynomai] sich schämen*. αἰσχύνη *[ais·chynæ]* bezeichnet im NT die erlittene bzw. selbst verursachte *Schande* (Jud 13; 2Kor 4,2). Phil 3,19 und Offb 3,18 gebrauchen αἰσχύνη *[ais·chynæ]* in sexuellem Sinn. αἰσχρός *[ais·chrọs]*, das *Schimpfliche*, begegnet im NT hauptsächlich in der Redensart αἰσχρόν ἐστιν *[ais·chrọn estin]*, *es ist eine Schande* (1Kor 11,6; 14,35; Eph 5,12). αἰσχρολογία *[ais·chrologịa]*, *Schmährede* (Kol 3,8), und αἰσχροκερδής *[ais·chrokerdæs]*, *schmutzige Gewinnsucht* (1Tim 3,8; Tit 1,7; 1Petr 3,2), gehören zu den Aufzählungen in den Lasterkatalogen.

H.-G. Link

Lit.: RSchultz, ΑΙΔΩΣ, 1910 (Diss.) – RBultmann, Art. αἰδώς etc., ThWb I, 1933, 168ff – ders., Art. αἰσχύνω etc., ThWb I, 1933, 188ff – DBonhoeffer, Ethik, 1949 (1966[7]), 131ff – KELøgstrup, Art. Scham, RGG V, 1961[3], 1383ff.

Schatten

σκιά

σκιά *[skịa]* Schatten · ἐπισκιάζω *[episkịazō]* überschatten, bedecken · ἀποσκίασμα *[aposkịasma]* Verfinsterung

1) Das Subst. σκιά *[skịa]* (ionisch: σκιή *[skiæ]*), *Schatten*, begegnet im klassischen Griech. seit Ho- I
mer (Od. 10,495; 11,206). An Verbformen dieses Stammes findet sich im NT nur das hell. ἐπισκιάζω *[episkịazō]*, *überschatten, bedecken* (seit Hdt. I,209), das ein Intensivum des schon bei Homer vorkommenden σκιάζω *[skịazō]*, *beschatten*, ist (vgl. auch σκιάω *[skịaō]*, *schattig, dunkel werden*).

Weiter gehört zu dieser Wortgruppe, soweit sie im NT verwendet wird, das vorchristl. außerbiblisch gar nicht, im NT nur Jak 1,17 belegte Subst. ἀποσκίασμα *[aposkịasma]*, das eine durch die wechselnde Stellung der Gestirne eintretende *Verfinsterung* bezeichnet.

2) σκιά *[skịa]* hat im klassischen Griech. sowohl eine eigentliche als auch eine übertragene Bedeutung. Einmal bezeichnet es den *Schatten*, den eine Sache (zB ein Baum oder ein Felsen) oder eine Person wirft. Zum anderen kann es den Bedeutungsgehalt von σκότος *[skọtos]* haben und den Bereich der → *Finsternis* anzeigen. In diesen Zusammenhang gehört vor allem die Wendung σκιὰ θανάτου *[skịa thanạtou]*, *Todesschatten*. σκιά *[skịa]* unterstreicht hier den schon vom Begriff des → Todes her gegebenen Hinweis auf die Vergänglichkeit. Aber auch außerhalb dieser Begriffsverbindung kann σκιά *[skịa]* einfach die Nichtigkeit (→ Leer, Art. μάταιος) von menschlichem Tun (zB Luc. Hermot. 79: einem Schatten, einer Fiktion nachjagen) und vom Menschen überhaupt (zB Pind. Pyth. 8,95f: der Mensch ist der Traum eines Schattens) bezeichnen. Bisweilen läßt sich σκιά *[skịa]* mit *Schattenbild, Spiegelbild* übers.; bei Plato tritt es geradezu als Synonym zu εἰκών *[eikọn]* neben diesen Begriff, der wie σκιά *[skịa]* dann das bloße Abbild der wahren und ewigen Wesenheiten beschreibt (vgl. Resp. VI,510e; VII,517d).

3) Diese platonische Antithetik von schattenhaftem Abbild und wesenhaftem Urbild, die letztlich die von Schein und Sein ist, spielt eine wichtige Rolle in der Religionsphilosophie Philos von Alexandrien. Im Rahmen seines Versuches, dem Menschen einen Analogieschluß vom sichtbaren auf den unsichtbaren Gott zu ermöglichen, bezeichnet er Gottes Schöpfungswerke als σκιά *[skịa]* (Leg. All. III,99f). Aber auch der ebenfalls eine Mittlerfunktion innehabende Logos kann εἰκών

[eikōn] und σκιά *[skią]* genannt werden – in bezug auf Gott; denn für den Menschen wird er bereits zum Archetyp und Paradigma, also zur Markierung des eigentlichen Seins. Interessant ist, daß Philo die außergewöhnliche Mittlerrolle Moses in bewußter Abgrenzung gegenüber den Propheten so beschreibt, daß er bei Mose eine Gotteserkenntnis ἐν εἴδει *[en ẹidei]*, *in bildhafter Vorstellung*, feststellt, während er den Propheten nur eine ἐν σκιᾷ *[en skią]* zubilligt (Leg. All. III,103f). εἶδος *[ẹidos]* steht dabei bedeutungsmäßig auf der gleichen Stufe wie ἀρχέτυπος *[archẹtypos]*, *Urbild, Wesen*. In ähnlichem Verhältnis findet sich bei Philo auch σῶμα *[sōma]*, → *Leib*, als Gegenbegriff zu σκιά *[skią]*.

II 1) Im AT hat der Begriff *Schatten* große Variationsbreite. LXX übers. mit σκιά *[skią]* stets das hebr. *tsēl*, dessen Derivat *tsalmāwæt* gelegentlich mit σκιὰ θανάτου *[skią thanạtou]*, *Todesschatten*. Meist findet sich die konkrete Bedeutung: Schatten von Bergen (Ri 9,36) und Pflanzen (Ez 17,23; 31,6; Jon 4,6), einer Hütte (Jon 4,5) und einer Sonnenuhr (2Kön 20,9ff, Text im einzelnen unklar; Jes 38,8 davon abhängig). Der schwierige Zusatz in Jes 25,5 vom Wolkenschatten hat in LXX keine Entsprechung.

2) Von menschlichem Schatten wird (zufällig?) nicht geredet; doch steht der Vergleich im Hintergrund, wenn Jes 51,16 vom Schatten der Hand Gottes spricht (vgl. Jes 49,2 LXX: σκέπη *[skẹpæ]*) oder wo von dem »Schatten des Allmächtigen« die Rede ist (Ps 57,2; vgl. Ps 17,8). Ähnlich wie von den Flügeln kann auch von der Wolke gesprochen werden, deren Schatten-Werfen ein Machterweis Gottes ist (Ex 40,34f). Paradoxerweise gewinnt die Wortgruppe somit eine ähnlich positive Bedeutung wie φῶς *[phōs]*, → *Licht*, an den Stellen, wo sie den Bereich des bergenden göttlichen Schutzes anzeigt. Das ist deshalb erstaunlich, weil σκιά *[skią]* ja zunächst der → Finsternis-Metaphorik zuzugehören scheint.

3) Gewahrt bleibt diese negative Bedeutung überall, wo in poetischer Literatur σκιά *[skią]* mit θάνατος *[thạnatos]* zusammengestellt ist: Hi 3,5; 12,22; 16,16 (A); 24,17; 28,3; Ps 23,4; 44,19; 88,6 (nur LXX); 107,10.14; Jes 9,1. An diesen Stellen wird mit σκιά *[skią]* der Bereich lebenbedrohenden Dunkels gekennzeichnet. So wird verständlich, daß gerade der Schatten bevorzugt als Vergleich für die Vergänglichkeit und Kurzlebigkeit des Menschen herangezogen wird. Denn »der Mensch gleicht einem Hauch, seine Tage sind wie ein flüchtiger Schatten« (Ps 144,4 Z; vgl. 1Chr 29,15: καὶ οὐκ ἔστιν ὑπομονή *[kai ouk ẹstin hypomonæ]*, *ohne Hoffnung*; Hi 14,2).

4) Zur Veranschaulichung der Nichtigkeit menschlichen Lebens (vgl. Weish 2,5; 5,9) und Strebens (vgl. Sir 34,2: »Wer auf Träume hält, greift nach dem Schatten«) dient der Begriff des Schattens in erster Linie auch in der Lit. des Spätjudentums. Daneben findet sich aber auch die eigentliche Bedeutung (vgl. Weish 19,7: Wolke; Bar 5,8: Pflanze), und so kann *Schatten* auch einen (irdischen) Machtbereich bezeichnen (vgl. Bar 1,12).

III Im NT kommt die Wortgruppe relativ selten vor: σκιά *[skią]* 7mal; das Verb ἐπισκιάζω *[episkiązō]* 5mal und ἀποσκίασμα *[aposkįasma]* 1mal. Bei Paulus wie in den johanneischen Schriften fehlt die Wortgruppe ganz.

1) Mk 4,32 findet sich die eigentliche Bedeutung: im *Schatten* des groß werdenden Senfbaumes sollen Vögel nisten können. Der Schatten »der den Vögeln Schutz gewährenden Staude« (JJeremias, Gleichnisse, 128), bezeichnet also einen Ort der Geborgenheit, wie die Natur ihn zu bieten vermag.

2) Den Herrschaftsbereich Gottes kennzeichnen die Synopt. (Mt 17,5 par) mit Hilfe des at. Bildes von der lichten Wolke, die Jesus und seine Jünger auf dem »Berg der Verklärung« überschattet. Hier versinnbildlicht der Wolkenschatten die wirkkräftige Nähe Gottes: »Die lichte Wolke, die über ihnen steht, bezeichnet die Gnadengegenwart Gottes« (GDehn, Gottessohn, 176). In Lk 1,35 fehlt das konkrete Bild der schattenwerfenden Wolke. An dieser Stelle ist abstrakter und zugleich direkter von dem göttlichen Subjekt des ἐπισκιάζειν *[episkiązein]*, des *Überschattens*, die Rede, wenn Maria angekündigt wird: »Der heilige Geist wird über dich kommen, und die Kraft des Höchsten wird dich überschatten« (Z). Auch die Stelle, an der von den Kranken berichtet wird, die auf die Straße hinausgetragen werden, »damit wenigstens der Schatten des vorbeigehenden Petrus auf einen von ihnen fiele« (Apg 5,15), soll die Heilkraft Gottes beschreiben, deren situationsbedingter Wirkungsbereich in diesem Fall mit dem des Petrus identifiziert wird. So ist bei allen 5 Belegen von ἐπισκιάζω *[episkiązō]* letztlich Gott der Urheber einer Überschattung des Menschen, die der Veranschaulichung von Gottes Kraft und Herrlichkeit dient.

3) Wie im AT kann σκιά *[skia]* aber auch im NT den Bereich der *Finsternis* bezeichnen, in dem die Menschen sich befinden, bevor sie zum Licht gelangen. Denn von Natur aus lebt der Mensch im Lande und Schatten des Todes, dh seine Existenz ist vom Tod her bestimmt, ein »Sein zum Tode« (vgl. das Zitat von Jes 9,1 in Mt 4,16 und die Joh den Täufer hervorhebende Stelle Lk 1,79). Dabei sind Tod und Finsternis letztlich vertieft als Gottesfinsternis verstanden, derart, »daß die Wendung ›Todesschatten‹ . . . die Sphäre der Verdammnis, die vom Messias und Gottessohn getrennten Heiden charakterisiert« (SSchulz, ThWb VII, 400).

4) Aber nicht nur die Vergänglichkeit des vom Tode bedrohten Menschen kann σκιά *[skia]* zum Ausdruck bringen. Ähnlich wie bei Philo spielt das Wort eine wichtige Rolle bei der Unterscheidung zwischen eigentlichem und uneigentlichem Sein in Kol und Hebr. Dabei steht σκιά *[skia]* neben ὑπόδειγμα *[hypodeigma]*, *Nachbild* (Hebr 8,5), und παραβολή *[parabolæ]*, *Gleichnis* (Hebr 9,9), in schroffem Gegensatz zu τύπος *[typos]*, *Vorbild* (Hebr 8,5), und εἰκών *[eikōn]*, *Bild* (Hebr 10,1). Dieser Gegensatz wird freilich gegenüber Philo christologisch verstanden: verglichen mit dem hohepriesterlichen Dienst Jesu Christi, der »in den Himmeln« ist, kann allem irdischen Kult, wie er in der Stiftshütte verrichtet wurde, nur sekundäre Bedeutung zukommen. So darf auch das mosaische Gesetz nicht verabsolutiert werden, denn es gehört zu den »Schatten der himmlischen Dinge« (Hebr 10,1; vgl. 8,5). Als praktische Konsequenz, die sich aus dieser Anschauung ergibt, wird Kol 2,17 betont, daß derjenige, der dem Wesensträger Christus angehört (als Gegenbegriff zu σκιά *[skia]* erscheint, wie bei Philo, σῶμα *[sōma]*), sich in Fragen der Speisen »oder in Sachen eines Festes« nicht gesetzlich richten zu lassen braucht. Nicht daß die Ordnung dadurch aufgehoben würde, aber es wird klargestellt, daß der unmittelbare Glaubensbezug auf Christus – in der Dimension eschatologischer Hoffnung – den Vorrang hat, weil er den Menschen mit dem eigentlichen Sein verbindet, mit Gott in Christus. Diesem Gott gegenüber muß alles Irdische, auch bestimmte religiöse und kultische Formen, als vorläufig erscheinen. Dem Irdischen haften die Wesensmerkmale des Schattens an: die Veränderlichkeit und Verdunkelung. Bei Gott jedoch, dem Vater der Lichter, ist »keine Veränderung . . . noch ein Schatten (ἀποσκίασμα *[aposkiasma]*) infolge von Wechsel« (Jak 1,17); dh »Veränderungen und Verdunkelungen, wie sie für die Gestirne in Betracht kommen, sind bei Gott ausgeschlossen« (FHauck, NTD 10,11). Er behält unveränderlich sein die Menschen »überschattendes« Wesen.

H. Chr. Hahn

Lit.: SSchulz, Art. σκιά etc., ThWb VII, 1964, 396ff.

Schlaf → Tod

Schlange → Drache

Schmähen, Lästern

In der Anwendung von Sprache werden Gegenstände geistig verfügbar. Das Wort erzeugt eine Vorstellung von der gemeinten Wirklichkeit und kann damit Einfluß auf diese Wirklichkeit nehmen. Im Denken früher Völker hatte daher das Wort magische Kraft, da es den benannten Gegenstand gleichsam »herbeizaubern« oder verändern konnte. Von diesem

Sachverhalt her wird die urspr. Bedeutung und Funktion der Schmähung, der Verleumdung oder der Lästerung (→ Fluch) verständlich. Im NT finden sich eine ganze Reihe Begriffe, die zT. synonym zu sein scheinen, aber bei näherer Betrachtung doch verschiedene Akzente setzen. Die stärkste Form der Lästerung, die dem Fluch schon sehr nahekommt, wird mit der Wortgruppe βλασφημέω *[blasphæmęō]* bezeichnet. Die βλασφημέω *[blasphæmęō]*-Gruppe gibt im NT fast immer eine direkte oder indirekte Haltung gegenüber Gott wieder. Dagegen beschreibt καταλαλέω *[katalalęō]* das *böse Reden*, dh die feindliche Haltung gegenüber dem Nächsten. Die Wortgruppe λοιδορέω *[loidoręō]* ist urspr. nicht religiös und meint mehr das uns geläufige *Schelten* (urspr. wohl: *sein Spiel treiben mit*). An einigen Stellen aber kommt es in die Nähe von βλασφημέω *[blasphæmęō]*.

Erwähnt seien noch einige Begriffe, die in diesen Zusammenhang gehören, aber nicht in gesonderten Artikeln behandelt werden: ὀνειδίζω *[oneidįzō]* und ὀνειδισμός *[oneidismǫs]* bezeichnen das Erheben einer (urspr. gegen die Götter gerichteten!) Anklage: im NT zB durch Jesus in seinen »Feldworten« gegen die Städte Galiläas (Mt 11,20); als Schmähung aber auch gegen ihn (Mk 15,32) und seine Jünger (Mt 5,11; Lk 6,22). Hier rückt ὀνειδίζω *[oneidįzō]* in die Nähe von ἐμπαίζω *[empąizō]* (urspr.: *sich kindlich verhalten, mit jemandem sein Spiel treiben*, dann *spotten*), das nur in den synopt. Evgg. vorkommt und von den 13 Stellen 11mal die Verspottung Jesu in der Passion meint (Mt 20,19 par; 27,29.31.41; Mk 15,20 u. ö.). Lk verwendet dafür (16,14; 23,35) ἐκμυκτηρίζω *[ekmyktærįzō]*. Spott ist hier die in törichter Überheblichkeit geschehende Ablehnung des Offenbarungsträgers.

βλασφημέω

βλασφημέω *[blasphæmęō]* schmähen, verleugnen, lästern · βλασφημία *[blasphæmįa]* Lästerung, Schmährede

I βλασφημέω *[blasphæmęō]*, aus der Wurzel μλας *[mlas]* (*vergeblich, unglücklich*) und φημί *[phæmį]* gebildet und seit Plato belegt, bedeutet allg. *in üblen Ruf bringen, verleumden, lästern.* βλασφημία *[blasphæmįa]* (nomen actionis) ist das *Lästerwort*, die *Schmährede* oder auch die *Schmähung* bzw. *Lästerung*, durch die ein anderer geschädigt wird, während βλάσφημος *[bląsphæmos]* die Eigenschaft des Tuns oder des Täters ausdrückt. Wie ἐμπαίζω *[empąizō]*, λοιδορέω *[loidoręō]*, μυκτηρίζω *[myktærįzō]* und ὀνειδίζω *[oneidįzō]* gibt auch βλασφημέω *[blasphæmęō]* das *Schmähen einer Person* wieder und ist der stärkste Ausdruck persönlicher Verleumdung.

Im Profangriech. können falsche Darstellungen der Gottheit, etwa anthropomorpher Art, als Lästerung bezeichnet werden (zB bei Plato Resp. II,381; Vettius Valens I,22; II,2); ebenfalls Zweifel an der Macht der Gottheit.

II Die Wortgruppe kommt in LXX verhältnismäßig selten vor (22mal; überwiegend 2Makk) und – soweit der MT zugrunde liegt – ohne festes hebr. Äquivalent. βλασφημέω *[blasphæmęō]*, βλασφημία *[blasphæmįa]* und βλάσφημος *[bląsphæmos]* richten sich in LXX direkt oder indirekt immer gegen die Majestät Gottes; und bis auf wenige Ausnahmen (Jes 66,3; Weish 1,6; Sir 3,16) bezeichnen sie dabei die Schmähung durch die heidnischen Feinde des Volkes Israel: In einem Vergleich mit dem König von Assur wird Jahwe als machtlos herabgesetzt, »klein gemacht« (2Kön 19,4.6.22); vor dem Angriff gegen Israel wird Jahwe gelästert (Tob 1,18; 2Makk 8,4; 9,28; 10,34); über den Untergang freuen sich die Edomiter und schmähen damit Jahwe (Ez 35,12f). Schon weil für die Heiden in der Regel der Gott Israels nicht Quelle der Hoffnung und Hilfe oder auch der Furcht ist, werden die Heiden allg. als Gotteslästerer bezeichnet (vgl. Dan 3,96 LXX [L: V. 29]). »Wer den Namen des Herrn lästert (ὀνομάζων τὸ ὄνομα κυρίου *[onomązōn to ǫnoma kyrįou]*), ist des Todes schuldig« (Lev 24,16; diese Stelle ist von LXX offensichtlich im »spätjüd. Sinn« umgedeutet worden. Schon das Nennen des Jahwe-Namens ist Lästerung, weil der Jahwe-Name überhaupt nicht ausgesprochen werden darf). Das gilt nicht nur für die Gotteslästerung durch Israeliten (diese wird durch die verschiedensten Wendungen umschrieben), sondern es wird auch berichtet, daß Gotteslästerungen durch Heiden von Gott mit dem Tode geahndet werden (2Kön 19,7; 2Makk 9,28 u. a.).

Im Judentum wird die religiöse Verwendung der LXX im wesentlichen beibehalten.

Die Wortgruppe βλασφημέω *[blasphæmẹō]* findet sich im NT insges. 56mal (das Verb allein 34mal) ohne bes. Schwerpunkt in einer der nt. Schriften. Wie im AT und im Spätjudentum (vgl. St.-B. I,1009f) werden die Begriffe auch im NT religiös, dh mittelbar oder unmittelbar in Bezug auf Gott gebraucht (Ausnahme Jud 9). Lästerungen gegen Gott sind Worte oder Verhaltensweisen, die Gottes Ehre und Heiligkeit verletzen. III

1) Dieses Vergehen gegen die Majestät Gottes kann nun geschehen, indem sich die Blasphemie richtet gegen Gott selbst (Apg 6,11; Offb 13,6; 16,11.21), gegen seinen Namen (Röm 2,24; 1Tim 6,1; Offb 16,9, wobei der → Name als Umschreibung für Gott selbst steht), gegen das Wort Gottes (Tit 2,5) oder gegen die Engel Gottes (2Petr 2,10ff).

Weil nun Jesus in seinem Reden und Tun messianische Vollmacht beansprucht und sich damit Rechte und Kräfte zuschreibt (zB Sündenvergebung Lk 5,21), die für den frommen und schriftgelehrten Juden allein Gott zustehen, ist er für jene Kreise ein Gotteslästerer (Mk 2,7 par; Joh 10,36). So wird das Todesurteil gegen ihn u. a. mit Gotteslästerung begründet (Mk 14,64 par; Mt 26,65). Gotteslästerung ist auch im Spätjudentum noch todeswürdiges Vergehen.

2) Aus der Sicht des NT lästern aber nun in Wirklichkeit diejenigen Gott, die die von Jesus beanspruchte Messianität leugnen und ihn deshalb schmähen und verhöhnen (Mk 15,29 par; Lk 22,65). Wer die Würde des Gesandten durch Lästerung antastet, vergeht sich an Gott selbst.

3) Weil aber die Gemeinde Christi und ihre Glieder in ihrer Existenz Christus selbst bezeugen, nehmen auch sie an den Schmähungen teil, die ihren Herrn treffen (1Petr 4,4; Offb 2,9). So muß Paulus in der Nachfolge Christi das erleiden (Apg 13,45; 18,6), was er vorher als Verfolger den Christen antat (1Tim 1,13). Lästerung der Gemeinde, die Christi Namen trägt, kann Verhöhnung Christi und damit indirekt Gotteslästerung sein.

4) Die Christen müssen jedoch darauf achtgeben, daß sie nicht durch ihr eigenes Verhalten zu Lästerungen gegen Gott oder gegen sein Wort Anlaß geben (1Tim 6,1; Tit 2,5). Gerade das Verhalten der Jünger Christi (auch untereinander) soll zur Verherrlichung des Vaters beitragen (Mt 5,16). Von daher sind wohl auch die Lasterkataloge zu verstehen, in denen sich immer wieder das Verbot der Lästerung findet (Eph 4,31; Kol 3,8; 1Tim 6,4; 2Tim 3,2 u. ö.). Der Jünger soll »nicht dem Da-Sein des Geistes . . . zuwider leben« (HConzelmann, NTD 8, 1962⁹, 82), deshalb erhält er in den sog. Lasterkatalogen konkrete Anweisungen für sein Verhalten. Die Blasphemie steht dabei als ein Charakteristikum des Heiden und des abgefallenen Christen.

5) Auch die Sünde der Lästerung kann vergeben werden (Mk 3,28 par). Nur die Lästerung des heiligen Geistes ist unvergebbar (3,29). Über dieses Wort ist viel gerätselt worden. Offensichtlich kann hier nicht das Nennen des heiligen Geistes in Zusammenhang mit einer Lästerung gemeint sein, zumal nach Mt 12,32 sogar das Lästern des Menschensohnes vergeben werden kann. Unter den vielen exegetischen Versuchen scheint am überzeugendsten die Vermutung, daß es sich bei den Menschen, die wider den heiligen Geist lästern, um jene handelt, die erkannt haben, daß Gott in den Taten Jesu durch den heiligen Geist wirkt, die aber nun vollbewußt »durch Lästerung den Glauben an Gott in den Glauben an den Teufel umlügen . . . So warnt unser Wort in letztem Ernst vor jener alleräußersten, kaum vorstellbaren dämonischen Möglichkeit des Menschen, Gott den Kampf anzusagen, nicht in Schwachheit und Zweifel, sondern als ein vom heiligen Geist Überwundener, der genau weiß, wem er den Kampf ansagt« (ESchweizer, aaO, 47f). Dieser Lästerer kommt als Wissender aus der Begegnung mit dem gnädigen Gott. »Darum redet der, der den Geist lästert, nicht mehr gegen den fernen Gott, von dem er sich bloß törichte Gedanken macht, sondern gegen den, der ihm sein gnädiges Werk sichtbar macht und mit seinem offenbaren Gottessiegel bestätigt. Nun gilt es zu danken, nicht zu lästern« (ASchlatter, Erläuterungen zum NT, Mt 12,32).

6) Ebenfalls nicht sicher zu deuten ist jene merkwürdige Stelle Judas 9 (vgl. V. 8—11). Den Irrlehrern wird vorgeworfen, daß sie das Fleisch beflecken, die Herrschaft (κυριότητα [kyriọtæta]) verachten und die Majestäten (δόξας [dọxas]) lästern, während der Engel Michael nicht einmal den Teufel zu verlästern wagte. Wahrscheinlich waren jene Irrlehrer Libertinisten, die durch ihre Unsittlichkeit (Befleckung des Fleisches) gegen bestimmte rituelle und asketische Forderungen der δόξαι [dọxai] (guter Engelmächte?) verstießen und darin diese guten Mächte lästerten, was sich indirekt wiederum gegen Gott selbst richtete. Interessant ist, daß Michael den Teufel nicht zu schmähen wagte. Steht hier noch jene Vorstellung im Hintergrund, daß der Mensch sich hüten soll, wie im → Fluch so auch in der Lästerung eine Macht herauszufordern, der er nicht mehr gewachsen ist? *H. Währisch*

καταλαλέω

καταλαλέω [katalalẹō] Übles reden, verleumden · καταλαλιά [katalaliạ] üble Nachrede, Verleumdung · κατάλαλος [katạlalos] Verleumder

I/II καταλαλέω [katalalẹō], *Übles reden gegen, verleumden,* ist im profangriech. Gebrauch selten, jedoch seit Aristophanes (5. Jh. vChr) nachgewiesen. Das Subst. καταλαλιά [katalaliạ], *Verleumdung,* findet sich nur in der Bibel (in LXX: Weish 1,11) bzw. in den von ihr abhängigen Texten. κατάλαλος [katạlalos], *Verleumder,* begegnet erstmalig Röm 1,30, sodann bei Hermas (Sim 6,5,5).

In der LXX drückt καταλαλέω [katalalẹō] die Feindseligkeit des Redens aus, das sich gegen Gott (Num 21,5.7; Ps 77[78],19; Hos 7,13 usw.), gegen seinen Diener Mose (Num 12,8; 21,7), aber auch sonst gegen Menschen wenden kann: So ist von den Schmähungen Hiobs durch seine Freunde (Hi 19,3) oder gegenüber dem Bruder oder dem Nächsten die Rede (Ps 49[50],20; 100[101],5). Die Wortgruppe findet sich auch mehrmals in Test XII und bes. bei den apostolischen Vätern (Test Gad 3,3; 5,4; 1Clem 30,1.3; Herm. mand. 2,2f; 8,3 usw.).

III Im NT werden Schmähungen gegen Gott nicht mit καταλαλέω [katalalẹō] bezeichnet (→ Art. βλασφημέω); dagegen werden *Verleumder* (κατάλαλοι [katạlaloi]) unter den Sündern genannt, die Paulus Röm 1,30 als typische Beispiele für heidnisches Wesen aufführt. Ebenso begegnen uns καταλαλιαί [katalaliại], *Verleumdungen,* unter den Sünden, die Paulus bei der aufsässigen Korinthergemeinde anzutreffen fürchtet (2Kor 12,20); das Gemeinschaftsleben wird durch diese Sünde zerstört. Von solchem Übelreden werden aber auch die christl. Gemeinden getroffen; es ist die Folge der feindseligen Haltung, die die heidnische Umwelt den Christen gegenüber einnimmt. Um so mehr sollen die Christen ihrerseits bemüht sein, durch »einen guten Wandel in Christus« zu zeigen, daß die gegen sie vorgebrachten Schmähungen grundlos sind (1Petr 2,12; 3,16). Als die »neugeborenen Kindlein«, dh die Wiedergeborenen, die um die Freundlichkeit ihres Herrn wissen, sollen die Christen mit anderen Sünden auch solche gehässigen Schmähungen von sich abtun (1Petr 2,1—3). Auch der Jakobusbrief, der bes. die Zungensünden geißelt (3,3ff), verbietet den Christen nachdrücklich derartiges Übelreden; es ist nicht nur Ausdruck von Überheblichkeit und Mißachtung des Bruders, sondern auch des Gesetzes Gottes und Gottes selbst, der der e i n e Gesetzgeber und Richter über alle ist (Jak 4,11). So zeigen uns die apostolischen Mahnungen die Auswirkungen, die das Liebesgebot Jesu im Leben der christl. Gemeinden haben muß. *W. Mundle*

λοιδορέω

λοιδορέω [loidorẹō] beschimpfen, schmähen · λοιδορία [loidorịa] Beschimpfung, Schmähung · λοίδορος [lọidoros] Lästerer · ἀντιλοιδορέω [antiloidorẹō] widerschmähen

I Die Wortgruppe λοιδορέω [loidorẹō] (wohl mit lat. *ludus, Spiel,* wurzelverwandt) ist im Profangriech. häufig belegt; sie wird im allg. nicht in religiöser Bedeutung verwendet. Der Schmähung, Beleidigung und Herabsetzung des Gegners kam vielmehr im politischen und gesellschaftlichen Leben der Griechen große Bedeutung zu, zB als Waffe des Redners im politischen Kampf oder der homerischen Helden.

In LXX begegnet die Wortgruppe verhältnismäßig selten (insgesamt 21mal); mehrfach als Übers. von hebr. *rib* (Ex 17,7; Dtn 33,8 u. ö.), *schmähen, mit Vorwürfen angreifen, streiten;* aber auch für hebr. *gā'ar* (Jer 36,27), *schelten; dibbāh* (Spr 10,18), *Schmähung*, oder ohne hebr. Äquivalent in den Apokryphen. Von einigen leichten Akzentverschiebungen durch das hebr. Äquivalent abgesehen, entspricht der LXX-Wortgebrauch dem der Profangräzität. II

Die Wortgruppe wird im NT (insges. nur 9mal, davon allein je drei Stellen im 1Kor und 1Petr) in der profangriech. Bedeutung übernommen, jedoch meist in religiösem Zusammenhang verwendet. Galt dem griech. Menschen das Schmähen bzw. Ertragen der Schmähreden als Lebenskunst, so wird für den Glaubenden im Erdulden von Schmähungen und Beschimpfungen christl. Existenz als Kreuzesnachfolge sichtbar (1Petr 2,23; auch 1Kor 4,12; vgl. Mk 14,65; 15,16–19; 15,29–32 par, aber auch Jes 53,7; → Kreuz; → Nachfolge). III

In dem 1Petr 2,23 zitierten Christushymnus geht es um mehr als um eine Imitatio Christi. Der Nachfolgende trifft als der zum Gehorsam Befreite immer wieder mit der Unerlöstheit der Welt zusammen und nimmt darin am Leidensschicksal seines Herrn teil. Daß es sich hier nicht nur um die Einhaltung einer Lebensnorm handelt, sondern vielmehr um die Bewährung des Glaubens als der Liebe auch zu den Feinden, zeigen auch 1Petr 3,9 und 1Kor 4,12 in ihrer formelhaften Ausprägung. Wo Schmähen mit Segnen (→ Segen) beantwortet wird, handelt es sich nicht nur um eine erlernbare Lebenskunst, sondern um das im Glauben zu verwirklichende Zeugnis von der weltüberwindenden Kraft Jesu Christi und des Evangeliums.

Darum steht λοίδορος *[lọidoros]* auch zweimal in Lasterkatalogen als ein dem Christen nicht geziemendes Verhalten: 1Kor 5,11; 6,16.

Daß der Christ auch selbst jeden Anlaß zu böser Nachrede meiden soll (1Tim 5,14), liegt darin begründet, daß sein Leben Zeugnis für seinen Herrn sein soll. Um seines Herrn willen aber wird er Schmähungen ertragen müssen, vgl. schon Joh 9,23.

Anders verhält es sich Apg 23,4.5. λοιδορέω *[loidorẹō]* entspricht hier dem Gebrauch von → βλασφημέω *[blasphæmẹō]*. Paulus kündigt in einem prophetischen Fluchwort dem Hohenpriester das göttliche Gericht an, weil er die ihm von Gott anvertraute Vollmacht mißbraucht. Daß Paulus nicht gewußt habe, daß er den Hohenpriester vor sich hat, ist wohl eher ironisch zu verstehen: In der Ausübung seines Amtes war Ananias nicht als Hoherpriester zu erkennen. Hätte er sich seinem Amt entsprechend verhalten, wäre das Fluchwort eine Gotteslästerung gewesen. *H. Währisch*

Lit.: HWBeyer, Art. βλασφημέω etc., ThWb I, 1933, 620ff – GBertram, Art. μυκτηρίζω etc., ThWb IV, 1942, 803ff – HHanse, Art. λοιδορέω etc., ThWb IV, 1942, 295ff – GKittel, Art. καταλαλέω etc., ThWb IV, 1942, 3ff – GBertram, Art. παίζω etc., ThWb V, 1954, 625ff – JSchneider, Art. ὄνειδος etc., ThWb V, 1954, 238ff – HLStrack/PBillerbeck, Kommentar zum NT I, 1954ff, 1009ff – HConzelmann, Der Epheserbrief, in: Die kleineren Briefe des Apostels Paulus, NTD 8, 1962 (1968[3]), 81f – ASchlatter, Das Evangelium nach Matthäus, Erläuterungen z. NT 1, 1962 – ESchweizer, Das Evangelium nach Markus, NTD 1, 1967, 47f.

Schöpfung

Der Begriff *Schöpfung* wird in der heutigen Sprache verschieden gefüllt; durchgängig aber meint er einen Akt, durch den etwas bisher in dieser Gestalt noch nicht Vorhandenes entsteht. Im Griech. finden sich in diesem Begriffsfeld zwei Wortgruppen, deren Vokabeln aber je nach Verwendung ebenfalls eine Vielfalt von Bedeutungsnuancen zeigen: καταβολή *[katabolæ]* meint vor allem das grundlegende Ereignis und insofern auch den *Anfang*, der einer

Sache Richtung und Bestimmung gibt. κτίσις *[ktịsis]*, urspr. *Gründung*, bezeichnet in einem umfassenden Sinn mehr den *Vorgang* des aus einer Willensentscheidung veranlaßten Werdens und Entstehens, dann aber auch – über καταβολή *[katabolæ]* hinausgreifend – das Ergebnis eines solchen Aktes, das *Geschaffene* als Gesamterscheinung. Obwohl sich im NT beide Wortgruppen finden, ist die κτίζω *[ktịzō]*-Gruppe bei weitem stärker zum Träger biblischer Aussagen über Gottes neu-setzendes Wirken hinsichtlich der Existenz im allgemeinen wie des Glaubens im besonderen geworden.

καταβολή

καταβολή *[katabolæ]* Grundlegung · καταβάλλω *[katabạllō]* niederwerfen, (be-)gründen

I Das Verb καταβάλλω *[katabạllō]*, seit Hom. (8. Jh. vChr), meint von der Grundbedeutung seiner beiden Wortwurzeln κατά *[katạ]*, *nieder*, und βάλλειν *[bạllein]*, *werfen*, her: *aus der Vertikale in die Horizontale bringen* (zB *hinabwerfen, zu Boden strecken, töten, wegwerfen* oder im übertragenen Sinne: *herabsetzen, geringer darstellen, zurückweisen, von sich aus niederlegen*). Der in unserem Zusammenhang wichtige Wortgehalt *einen Grund legen, begründen, Urheber sein* bildet davon keine Ausnahme. Er stammt aus uralter Bautechnik und hat das Hineinwerfen (bzw. Schichten) der Steine in die Fundamentgruben oder bei felsigem Gelände das Zurechtrollen, -rücken, -kanten der maßgeblichen Ecksteine des Baues vor Augen, eine im Unterschied zur Gegenwart mehr als symbolische Tat der Grundsteinlegung. – Das seltenere und späte Subst. καταβολή *[katabolæ]* (seit Hippokrates, 5.–4. Jh. vChr), wörtlich *Niederlegung*, nimmt vornehmlich die übertragene Bedeutung auf, es kann die *Bezahlung* (*Niederlegung*) bestimmter Geldsummen oder den dafür gesetzten Termin bezeichnen, aber auch den *Anfangstermin* eines Baus, ferner medizinisch einen *Anfall* von Fieber (πυρετοῦ *[pyretọu]*) oder biologisch das *Einsenken des Samens* (τοῦ σπέρματος *[tou spẹrmatos]*) in die Erde oder in die Mutter, also die *Aussaat* (Aristot. Probl. 20,12) bzw. die *Befruchtung*.

καταβολή *[katabolæ]* kennzeichnet aber auch einen geschichtlichen Anfangstermin, zB in der Wendung καταβολὴν τῆς στάσεως ποιεῖν *[katabolæn tæs stạseōs poiẹin]*, *den Zwist anfangen*. – Seit Polybios, 2. Jh. vChr, begegnet die Zeitangabe ἀπὸ *[apọ]* bzw. ἐκ καταβολῆς κόσμου *[ek katabolæs kọsmou]*), *von Anfang der Welt an*. Der Aristeasbrief (vor 100 vChr, V. 129) verwendet καταβολή *[katabolæ]* dann bereits absolut für das *Ergebnis der Schöpfung*, die *Gesamtheit des Geschaffenen*.

II 1) Die hebr. Äquivalente des Verbs καταβάλλω *[katabạllō]* – 15 von 42 Stellen in LXX sind allerdings ohne ein solches – sind für den Begriff der Schöpfung ohne Belang. Sie bewegen sich vorwiegend in der militärischen Sprache (durchs Schwert *fällen*, Stadtmauern *zu Fall bringen* o. ä.); so auch der Wortsinn an den nicht kanonischen Stellen. Nur 2Makk 2,13 wird von Nehemia berichtet, daß er durch Sammeln der alten Schriften Israels eine Bibliothek *eingerichtet, angelegt*, also einen Gründungsakt vollzogen hat.

2) Das Subst. καταβολή *[katabolæ]* findet sich in der LXX nur 2Makk 2,29 in einer pars-pro-toto-Verwendung: ἀρχιτέκτονι τῆς ὅλης καταβολῆς φροντιστέον *[architẹktoni tæs hṓlæs katabolæs phrontistẹon]*, wie nämlich *der Baumeister die ganze Bauausführung besorgen* muß.

3) In den jüd. Schriften findet sich Arist. 129 (s. o. I) der erwähnte absolute Gebrauch des Subst., und Philo (Op. Mund. 132) spricht von der *Zeugung der Individuen* als τῇ πρώτῃ καταβολῇ τῶν ἀνθρώπων *[tæ prọtæ katabolæ tōn anthrọpōn]*. Josephus verwendet das Subst. zur historischen Datumsangabe (s. o.): *Anfang* des Aufruhrs (Bell. 2,260).

III 1) Im NT begegnet nur das Subst., und zwar 2mal in Mt, je 3mal in Hebr und den johann. Schriften, sowie je 1mal in Lk, Eph und 1Petr. *Grundlegung der Welt* (καταβολὴ κόσμου *[katabolæ kọsmou]*; ohne Art.) oder nur absolut *Grundlegung* (so Mt 13,35 t.r.; im Zitat von Ps 78,2 καταβολή *[katabolæ]* für ἀρχή *[archæ]*) sind feststehende Redeweise geworden für den Zeitpunkt, von dem an die Geschichte zählt (vgl. die jüd. Zeitrechnung); wenn die freie Tat Gottes vor diesen Zeitpunkt (πρὸ καταβολῆς κόσμου *[pro katabolæs kọsmou]*) datiert wird (Joh 17,24, Objekt: Jesus; Eph 1,4, Objekt: uns), so, um Gottes vorsorgende Unabhängigkeit von dem durch ihn selbst gesetzten absoluten Anfang und von der Geschichte zu bezeugen. Diese Unabhängigkeit dient seinem liebenden Hineinwirken in die Geschichte und seinem liebenden Vollenden des Geschichtsablaufs (so auch die rabb. Lit.; → Art. κτίσις II,7).

2) Auffallend ist bei allen Erwähnungen dieses Grunddatums einerseits die Verbindung mit einer Bestimmungsaussage über den Menschen, andererseits die darin ausgedrückte Einheit von → Vorsehung und Vorherbestimmung Gottes. Im einzelnen reden Mt 25,34 (»seit ...«) und Eph 1,4 (»vor ...«) von der → Erwählung, Offb 13,8 und 17,8 von der Verwerfung, Lk 11,50 (ein Weheruf Jesu) sowie Hebr 4,3a im Hinblick auf 4,3b vom geschichtlichen Versagen, für das Rechenschaft gefordert wird, und endlich Mt 13,35 (Schriftbeweis des Evangelisten) sowie Hebr 9,26 und 1Petr 1,20 (vgl. Joh 17,24) von der heilsgeschichtlich einmaligen zentralen Stellung Jesu Christi, die das seit Grundlegung der Welt Verborgene in der Mitte der Zeit erschließt – und damit das Ende der Zeiten setzt. Wahrscheinlich ist in Eph 1,4; 1Petr 1,20; Joh 17,24 die Wendung »vor Grundlegung der Welt« ein dem at. Denken fremder, hell. orientierter Versuch, die Freiheit des Schöpfers von seiner Schöpfung auszudrücken und dadurch seine Heilstaten nur bei ihm selbst zu sichern.

3) In der textlich unsicheren Stelle Hebr 11,11 wird καταβολή *[katabolæ]* im Sinne des philonischen Wortgebrauchs verwandt (s. o. II,2). In Verbindung mit σπέρματος *[spermatos]* bedeutet es *Grundlegung, Einsenkung des Samens = Zeugung.* Mit OMichel (Der Brief an die Hebräer, KEK XIII,10, zSt.) ist V. 11a zu übersetzen: »... empfing er auch mit Sara Kraft zur *Zeugung*« (vgl. auch ThWb III,623). *H. H. Eßer*

κτίσις

κτίζω *[ktizō]* gründen, (zuerst) schaffen, erschaffen · κτίσις *[ktisis]* Schöpfung, Geschöpf · κτίσμα *[ktisma]* Geschaffenes, Geschöpf · κτίστης *[ktistæs]* Stifter, Begründer, Schöpfer

Die Wurzel *kti* (nach Hofmann *kpei;* vgl. lat. *situs;* dt. *siedeln*) ist schon im myken. Griech. bezeugt und hat die Bedeutung *bebauen, gründen.* Das Verb κτίζω *[ktizō]* (seit Hom.) hat urspr. den wurzelhaften Sinn, dann den übertragenen *zuerst schaffen, ins Werk setzen, kolonisieren* (daher das subst. Part. οἱ κτίσαντες *[hoi ktisantes], das Stammvolk*). Von den subst.en Derivaten bezeichnet ἡ κτίσις *[hæ ktisis]* (seit Pindar) sowohl a) den *Akt des Schaffens* als auch b) *das Geschaffene* als *Ergebnis dieses Aktes* (vgl. die *Schöpfung*) und c) seltener das *Ergebnis des Aktes einer Behörde,* meist eine *Stiftung.* Zu τὸ κτίσμα *[to ktisma]* (seit Polyb.) vgl. Bedeutung b). In diesem Charakter des Ergebnisses ist τὸ κτίσμα *[to ktisma]* erst seit LXX bezeugt und meist mit κτίσις *[ktisis]* synonym. Ferner steht es im Plur. für die *einzelnen Bestandteile der Schöpfung.* ὁ κτίστης *[ho ktistæs]* (seit Aristot.) benennt vor allem Herrscher in ihrer *Stifter-* und *Begründer*tätigkeit, bes. Wiederhersteller der alten Ordnung (Plut. Cim. 10,22); im Blick auf die Gottheit bedeutet es *Schöpfer.* In der biblischen Lit. ist die gesamte Wortgruppe fast ausschließlich dem unvergleichlichen Schöpfungshandeln Gottes und dessen Ergebnis vorbehalten. I

1) Die LXX hat von den beiden Begriffen für *schaffen* – δημιουργεῖν *[dæmiourgein], arbeiten an* und *mit einem Stoff, anfertigen,* und κτίζειν *[ktizein],* das den *entscheidenden grundlegenden Willensakt zur Errichtung, Gründung, Stiftung* ausdrückt – letzterem für die Kennzeichnung des Schaffens Gottes bewußt den Vorzug gegeben (vgl. WFoerster, ThWb III,1022ff). Allerdings ist bei der LXX-Übers. des Pentateuch und auch des DtJes die Ausschließlichkeitsbedeutung des hebr. *bārā'* (s. u.) weithin noch verborgen geblieben und das allg. ποιεῖν *[poiein], machen,* statt κτίζειν *[ktizein]* verwandt worden (eine Tatsache, die Einblicke in die lange Entstehungszeit der LXX und in das sich vertiefende theol. Bewußtsein der Übersetzer zuläßt, s. WFoerster, aaO, 1026). II

66mal findet sich κτίζειν *[ktizein]* in der LXX, davon 39mal ohne Äquivalent. Die folgende Übersicht zeigt die quantitative Reihenfolge der hebr. Äquivalente.

a) *bārā'* (16mal mit κτίζω *[ktizō]* übers.) ist theol. Terminus, dessen ausschließliches Subjekt Gott ist. Es wird zu einem Begriff, der den zZt des DtJes und der entstehenden Priesterschrift geprägten expliziten Schöpfungsglauben trägt. Durch *bārā'* wird das unvergleichliche Schaffen Gottes ausgedrückt, bei dem Schöpfungs**wort** und Schöpfungs**tat** eins sind (vgl. Gen 1; Ps 148,5 u. ö.). Mit *bārā'* wird sowohl das die Welt und die einzelnen Geschöpfe ins Dasein rufende Handeln Gottes als auch sein geschichtliches Eingreifen benannt, dem Erwählung, zeitliche Bestimmung und menschlicher Wandel, ja, Rechtfertigung zu verdanken sind. Bei dieser bloß statistischen Überschau zeigt sich schon der enge Zusammenhang zwischen geschichtlich-heilsgeschichtlichem Glauben und Schöpfungsglauben (wie für DtJes RRendtorff, aaO, und GvRad, Die Priesterschrift im Hexateuch, aaO, für diese Quellenschicht nachgewiesen haben, ist dabei der explizite Schöpfungsglaube ein spätes Kind des geschichtlichen Heilsglaubens und wird in der Zeit höchster Gefährdung Israels im babyl. Exil entfaltet, in Abwehr und Angriff proklamiert und seitdem als unaufgebbare Glaubensgewißheit durchgehalten. Vgl. auch das entsprechende Verhältnis von 2. und 1. Artikel des christl. Credos seit der Abwehr Marcions).

α) Protologisch (dh zur Bezeichnung des urspr. Schaffens Gottes) ist *bārā'* (Ps 148,5) gebraucht für die Schöpfung der Himmel und der Wasser des Himmels (letztere nach Gen 1,7 nicht geschaffen, sondern nur ausgegrenzt), der Ausdehnung des Erdkreises, der Himmelsrichtungen Nord und Süd (Ps 89[88],13; parallel zu *jāsad*, den Erdkreis *gründen*), der Berge und des Windes (Am 4,13), der Menschen auf Erden (Dtn 4,32), der vergänglichen Menschen (Ps 89[88],48).

β) *bārā'* drückt auch Gottes in die Geschichte eingreifendes Neuschaffen bzw. die geschichtliche Fortsetzung seines Schöpfungswerkes aus. So heißt es Ps 104[103],30 im Anklang an Gen 2 »Du sendest deinen Geist aus, und sie werden geschaffen«. Es wird Pred 12,1 (»denke an den, der dich geschaffen hat«, so wörtlich – das Subst. »Schöpfer« ist dem MT fremd) auf die Erschaffung des einzelnen bezogen (vgl. die Erschaffung des Königs von Tyrus Ez 28,13.15). Ein neu geschaffenes Volk wird Gott loben (Ps 102,19 [101,18]). In der bekannten Stelle »Schaffe in mir, Gott, ein reines Herz« (Ps 51[50],12) ist *bārā'* ebenfalls in diesem Sinn gebraucht. Gerade die beiden letztgenannten Psalmenstellen, ebenso wie die folgenden Prophetenworte, enthüllen den Bruch, der durch die urtümliche Schöpfung geht und Gottes heilendes Eingreifen auch an seinem erwählten Volk und am sündigen einzelnen notwendig macht.

γ) Die Verbindung von protologischer und geschichtlicher Aussage wird an den folgenden Stellen deutlich. Jahwe, der Licht bildet und Finsternis schafft (nach Gen 1,3–5 ist das Licht durch das Wort, die Finsternis aber nicht geschaffen), wirkt auch Heil und schafft Unheil (Jes 45,7f). Der den Schmied, den Hersteller der bedrohlichen Waffen, geschaffen hat, hat auch den Zerstörer dieser Waffen geschaffen (Jes 54,16). Das Volk, das Gott erschaffen hat, entweiht dennoch den Bund (Mal 2,10).

δ) Die Tochterübers.en der LXX – Theodotion (1. Jh. nChr), Aquila (2. Jh. nChr) und Symmachus (3. Jh. nChr) – ersetzten konsequent an ihnen wichtigen Stellen in Gen, Dtn, TritoJes und Jer die unscharfen Übers.en von *bārā'* in der LXX (s. o. 1) durch κτίζειν *[ktizein]* (Gen 1,1 – Himmel und Erde; 1,27 – der Mensch als Bild Gottes; Jes 40,26 – das Heer der Sterne; 41,20 – neues Pflanzenleben in der Wüste, als Bild für die geschichtliche Rettungskraft Jahwes; 43,7 – die Fremdvölker an den Enden der Erde; 65,17f – der neue Himmel, die neue Erde, das neue Jerusalem, das neue Volk; Jer 31[38],22 – ein Neues auf Erden).

b) *qānāh* (3mal mit κτίζω *[ktizō]* übers.) bedeutet *erschaffen, hervorbringen*. Gen 14,19.22 nennt in Segen und Gebet den höchsten Gott den, der Himmel und Erde erschaffen hat. – Die Weisheit (Spr 8,22), wohl verstanden als himmlisches Mittlerwesen, ist vor Gottes Weltschöpfung existent. (Jer 32[39],15 ist wahrscheinlich gegen Vaticanus und Sinaiticus zu übers.; Häuser ... *kaufen*, κτᾶν *[ktan]*, statt *schaffen*.)

c) *jātsar* (dafür 2mal κτίζω *[ktizō]*) heißt *formen, bilden* (wie ein Töpfer), *planen*, und beschreibt jeweils das spontane geschichtliche Handeln Gottes: Er fügt die Geschicke (Jes 22,11); sein *Planen* und *Vollbringen* (ποιεῖν *[poiein]*) fallen zeitlich zusammen.

d) *kūn* (2mal als hebr. Äquivalent für κτίζω *[ktizō]*) wird protologisch und geschichtlich gebraucht: Die Edelsteine wurden bereitet (Ez 28,13; parallel zu *bārā'* s. o. β). Jahwe ist der, der Israel *bereitet, gegründet* hat (Dtn 32,6d).

e) Je einmal steht κτίζω *[ktizō]* für *jāsad* (nif.: *gegründet werden*; von Ägypten Ex 9,18), *'āmad, dastehen* auf das Schöpfungswort Gottes hin (Ps 33[32],9; vgl. o. 1a und den Exkurs bei HJKraus in BKAT, XV,263f zur Schöpfungsmächtigkeit des Wortes Gottes) und *schākan, sich befinden, erstellt worden sein* (Part.), von der »Stiftshütte«, dem Zelt der Begegnung (Lev 16,16), das nach dem geoffenbarten Modell (vgl. Ex 25,9) gebaut wurde.

2) In den Stellen ohne hebr. Äquivalent, die vorwiegend der späten Weisheits- und legendären Geschichtslit. angehören, spricht sich die zeitgenössische Vorrangstellung des Schöpfungsglaubens vor dem Erlösungsglauben aus. Vor allem in der letztgenannten literarischen Gruppe kann das Bekenntnis, der Lobgesang, das Gebet zum Schöpfer alleiniger Grund und Inhalt des Glaubens werden (1Esr 6,12; Jdt 13,18; Bel 5; 3Makk 2,3.9). – Mit Ausnahme von Hag 2,9 (einem LXX-Zusatz zum MT) und 1Esr 4,53, wo κτίζειν *[ktizein]* menschliche Gründungstaten bezeichnet, ist der Begriff überall göttlichem Handeln vorbehalten. Züge hell. und allg. spätantiken Denkens verbinden sich mit den bisherigen israelischen Schöpfungsvorstellungen: Gott hat alles zum Sein erschaffen (Weish 1,14) und die Welt aus gestaltlosem Stoff (11,17), den Menschen zur Unverweslichkeit (2,23) und zum Abbild seines Wesens (10,1). »Urheber der Schönheit« wird er im Blick auf das Schaffen der Gestirne genannt (13,3; während ja Gen 1,14ff eine kühle entmythologisierende Distanz bei der Erzählung von der Schöpfung der Himmelslichter zeigt, die auch der LXX-Zusatz zu Hos 13,4 nicht durchhält).

Auch die Betonung der Präexistenz der ersterschaffenen hypostatischen Weisheit zeigt die Entgeschichtlichung des Gottesverständnisses (Gott rückt in die absolute Jenseitigkeit und nimmt nur noch mittelbar Einfluß auf die gegenwärtige Geschichte) und des Schöpfungsglaubens (Weish 10,1; Sir 1,4.9f; 24,8f; hier auch Postexistenz der Weisheit in Ewigkeit). Umgekehrt wie zZt der Entstehung des expliziten Schöpfungsglaubens muß nun die Geschichte von der Schöpfung aus erkannt werden und in ihr vorsehungshaft angelegt sein: Von Anfang an ist das Gute den Guten bestimmt, sind Winde, Feuer, Hagel, Hunger und Pest zur Strafe geschaffen, Tod, Blut, Streit, Schwert, Verwüstung, Verderben, Hunger und Drangsal für die Gottlosen (vgl. Sir 23,20; 39,21–29; 40,10). – Die Kreaturgrenze bleibt gewahrt: Zorn und Überheblichkeit sind nicht für den Menschen geschaffen (Sir 10,18); der Mensch ist von Erde geschaffen (Sir 17,1; 33,10) und wird zur Erde zurückkehren (Sir 17,1). Auch die mögliche äußerste Gefährdung des Menschen durch Geschaffenes (das Auge) wird erkannt und als suggestiv fragende Mahnung ausgesprochen (Sir 31,13; »Was ist boshafter erschaffen als das Auge?« – Vgl. Mt 5,29f). – Zu den theol. Vorzügen der Weisheitslit. gehört die Ausdehnung des Schöpfungsglaubens auf die Freude an den Schöpfungsgütern (vgl. die Schöpfungshymnen und -lieder des Barockzeitalters!): Der Wein ist zum Frohsinn des Menschen geschaffen (Sir 31,27); der vom Allerhöchsten geschaffene Ackerbau soll nicht verachtet werden (Sir 7,15); Arzt und Heilmittel verdanken die Menschen Gott (Sir 38,1.4.12). – Nur einmal wird das direkte geschichtliche Schaffen Gottes bedacht, dem die Ehre der berühmten Männer zu verdanken ist (Sir 44,2).

3) Das Subst. κτίσις *[ktịsis]* hat im MT nur je 2mal die hebr. Äquivalente *hōn* und *qinjān*, die beide *Besitz, Güter, Vermögen, Habe* bedeuten. – An 3 Stellen (Ps 105[104],21; Spr 1,13; 10,15) ist darum auch unter textkritischen Maßstäben eher die griech. Textform κτῆσις *[ktæsis]*, *Besitz*, anzunehmen. Nur im Schöpfungspsalm steht das zweite Äquivalent für *Geschöpfe* (104[103],24).

Aufschlußreicher sind die 15 LXX-Stellen, denen kein hebr. Äquivalent entspricht. Eine Reihe von ihnen bestätigt den Ausdruck des Schöpfungsglaubens im Gebet (s. o. 2) als für diese Zeit des Judentums charakteristisch (Tob 8,5.15; Jdt 9,12; 16,14; Ps 74[73],18; 3Makk 2,2.7; 6,2). – Weil Gott der Schöpfer ist, alles sich seinem Wort verdankt, kann er als der Herr der Schöpfung beim Wort genommen und angeredet werden (Jdt 16,14b und an den genannten Gebetsstellen). – Die Geschichtsmächtigkeit Gottes wird nicht mehr als unmittelbare, sondern als durch seine Schöpfung vermittelte verstanden und geglaubt. Das Vorsehungs- und das Erwählungsmoment seines Handelns werden damit eins. Er bewaffnet die κτίσις *[ktịsis]*, *Schöpfung*, zur Rache an den Feinden, sie wird gesteigert zur Bestrafung der Sünder und gemäßigt, um den Vertrauenden wohlzutun (Weish 5,17; 16,24). Das Schilfmeerwunder wird so nicht als Einbruch Jahwes in seine Schöpfung und als freie Tat ihr gegenüber verstanden. Vielmehr schafft er besondere neue Schöpfungsbedingungen, die dann seinen besonderen Befehlen gehorchen, deren Ziel die Rettung der Erwählten ist (Weish 19,6). – Das angemessene Verhalten in der Schöpfung ist das Staunen über ihre Wunder (Sir 43,25), das Preisen des Schöpfers (Tob 8,5.15) und das Dienen der Geschöpfe (Jdt 16,14). – Verächtlich erscheint der Mißbrauch der Schöpfung zum bloßen Lustgewinn, zu dem sich die Gottlosen ermuntern (Weish 2,6). Versagt ist aber auch dem Frommen der Nihilismus angesichts seiner eigenen Winzigkeit in der unermeßlichen Schöpfung (Sir 16,17). Die Sinnfrage wird also nicht von der Schöpfung, sondern vom Schöpfer beantwortet. Die beiden wechselnden Wortbedeutungen *Schöpfung* bzw. *Geschöpfe* für κτίσις *[ktịsis]* ergeben sich jeweils aus dem Zusammenhang.

4) Nur an Stellen ohne hebr. Äquivalent kommt das späte Subst. κτίσμα *[ktịsma]* in den unter I genannten Bedeutungen vor (6mal, davon 2 Gebetstexte). Weish 9,2 bittet der Beter um die Weisheit, die auch als Schöpfungsmittlerin den Herrschaftsauftrag des Menschen bedingt. Sir 36,20 wird das Gebet um Gottes geschichtliches Eingreifen zur Befreiung Israels begründet mit dem bleibenden Interesse Gottes an seiner Erstschöpfung (es muß offenbleiben, ob Israel, die Patriarchen, die Weisheit, der Messias oder sein Reich, die nach jüd. Auslegung alle zu den vor der übrigen Schöpfung Erschaffenen gehören, gemeint sind. Der Schöpfungsbegründung entspricht im gleichen Zusammenhang die Endzeitbegründung für das heutige Handeln Gottes). – Als direkter Vorverweis auf Röm 1,20ff sind Weish 13,5; 14,11 zu verstehen: Die Größe und Schönheit der Geschöpfe erlaubt den Rückschluß auf deren Urheber, aber die Götzenbilder (→ Bild; → Mensch) werden innerhalb der Schöpfung zum Abscheu. – Sir 38,34 stellt mit leicht ironischem Unterton fest, die Praktiker erhielten die ewige Schöpfung in ihrem Bestand (Jerusalemer Bibel: »stützen das Werk der Welt«), aber zum Erwerb von Weisheit seien sie nicht in der Lage. Letztlich hält diese Abwertung den Gottesdienst im Alltag als Ausdruck des Schöpfungsglaubens für unmöglich und schafft jene Frömmigkeitshierarchie, der später Jesu scharfe Polemik gilt. – Auch Teile der ewigen guten Schöpfung werden mit κτίσμα *[ktịsma]* bezeichnet, so zB der Schlaf (3Makk 5,11); Gott bleibt auch sein Herr, läßt ihn kommen und gehen.

5) Das Vorkommen des Subst. κτίστης *[ktịstæs]*, *Schöpfer*, ist auf außerkanonische Texte beschränkt. Auch 2Sam 22,32, wo der MT »Fels« liest und nur LXX »Schöpfer« übers., und Jes 43,15,

wo Symmachus die Partizipialform »der ich geschaffen habe« mit »Schöpfer« übers. (vgl. auch Pred 12,1), während LXX »der ich dich entdeckt habe« liest, bilden keine Ausnahme.

Der geringe Gebrauch des Subst. (mit 2Sam 22,32; Jes 43,15 nach Symmachus nur 9mal) gibt dennoch Einblick in die zentrale Stellung des Schöpfungsglaubens in den beiden vorchristl. Jh.en: Im Bekenntnis (2Makk 7,23) und im Bekenntnis vor den Nichtjuden in der Verfolgungssituation wird der Schöpfer des Alls angerufen (4Makk 11,5). Ihm wird im Gebet die Rettung Israels (2Makk 1,24ff) und im Heiligen Krieg die Entscheidung anheimgestellt (2Makk 13,14). – Die hypostatische Weisheit steht in direkter Mittlerbeziehung zu ihm (Sir 24,8). Die geschichtliche Verbundenheit des Schöpfers mit Israel wird nicht mehr in Handlungskategorien (→ Bund; → Gnade), sondern in griech. Weise ontologisch ausgedrückt: Er ist der, der »seiner Natur nach mit uns empfindet« (4Makk 5,25).

6) Die Qumransekte trägt auch in die Schöpfungslehre einen dämonologischen und anthropologischen Dualismus ein: Die Geister des Lichts und der Finsternis hat Gott geschaffen und auf sie jedes Werk begründet (1QS 3,25); dem Menschen sind Geister der Wahrheit und des Frevels gleichzeitig mit seinem Herrschaftsauftrag über die Erde bestimmt (1QS 3,17f). Dem entspricht im Blick auf das geschichtliche Erschaffenwerden der Einzelmenschen die Lehre von der doppelten Prädestination, verbunden mit der Lehre von der Präscienz, dem Vorherwissen Gottes: Bevor er die Geschlechter der Ewigkeit schuf, kannte er ihre Werke für alle Ewigkeit (1QH 1,7f); er hat den Gerechten und den Gottlosen erschaffen (1QH 4,38), den einen bestimmt für die Zeit des Wohlgefallens, den anderen für den Schlachttag (1QH 15,14f.17). – Gott hat den Hauch der Zunge geschaffen, kennt ihre Worte und setzt die Frucht der Lippen fest, bevor sie entstanden (1QH 1,27f).

Im Gegensatz zu Gen 1 läßt dieses dualistische Denken auch Meere und Urfluten direkt geschaffen, nicht nur ausgegrenzt sein (1QH 1,13f). Mit der Priesterschrift betont 1QM 10,12, daß Gott gleichzeitig mit der Erde die Gesetze ihrer Einteilung schuf. – Die grundlegende und endgültige Herrschaft des Schöpfers über die dualistischen Mächte bleibt Gegenstand des Lobgesangs, in dem sich die Gerechten auf die Seite des Siegers stellen (daher auch die Mehrzahl der Schöpfungsaussagen in den Lobliedern, 1QH), denn den Namen Gottes zu preisen sind die Gerechten geschaffen (»Sammlung liturgischer Gebete«, 1Q 34,3,1.7). Der Gedanke der neuen, ewigen Schöpfung nach dem Zerbrechen der alten gehört konsequenterweise zum eschatologischen Vorstellungsgut der Gerechten (1QH 13,11f). –

In der Sekte wird übrigens die Einehe – polemisch gegen die Zweiweiberei des Lügenpropheten Zaw – mit dem singularischen Verständnis von Gen 1,27c (»als Mann und Weib hat er sie geschaffen«) begründet (CD 4,21).

7) Auch in der rabbinischen Literatur ist der Schöpfungsglaube mit der Providenz- und Präscienzlehre verbunden. Dabei kann die Vorsehung Gottes sowohl vom Anfang seines Schaffens an geschehen, wie auch vor dem Beginn der Schöpfung bei ihm selbst feststehen (Beispiele s. St.-B. I,982; → καταβολή, III,2).

8) Die Geschichte des at. Schöpfungsglaubens wird durch die bloße Begriffsbestimmung von κτίζω *[ktizō]* sowie dessen Derivaten und Äquivalenten nicht hinlänglich erschlossen. Sie ist markiert etwa durch die Stationen Gen 2 – Ps 104 – Ps 24 – Jes 40ff – Gen 1 – Ps 33 und die außerkanonische Geschichts- und Weisheitslit. Sie zeigt auf allen Stufen die Verbindung des Zeugnisses vom Gott Israels als Herrn der Schöpfung und als Herrn der Welt. Sie erweist die Fähigkeit Israels, jegliches Weltbild zu beschlagnahmen und der Bekundung der Schöpfermacht und Weltherrschaft seines Gottes dienstbar zu machen. Eine Entwicklung ist insofern festzustellen, als von der anthropozentrischen Sicht der Schöpfung, der die Begrenzung der Welt nur im Horizonte erscheint (Gen 2), die kosmische Gesamtansicht der Schöpfung über die vorexilischen Schöpfungs-Pss. zunimmt und dann kulminiert im apologetischen expliziten Schöpfungsglauben der Exilszeit (s. o. 1a), der später nur noch durch Ausdenken der existentialen Bezüge eine materiale Anreicherung erfährt.

Eine weitere, in der Endphase eher negativ zu wertende Linie läßt sich aufweisen, die von der engen Verbindung von Bundes-, geschichtlichem Heils- und Schöpfungsglauben (»Bund als innerer Grund der Schöpfung«, Gen 2, sowie »Schöpfung als äußerer Grund des Bundes«, Gen 1, zit. n. KBarth, KD III,1) in der außerkanonischen Lit. zu einer Isolierung und Alleinherrschaft des Schöpfungsglaubens führt, dessen Grund im Bunde nicht mehr erkennen läßt und die Ansicht der Allgemeineinsichtigkeit von Schöpfer und Schöpfung vertritt. Der in die Transzendenz gerückte Herr der Geschichte wird dann zu dem, der in der Schöpfung schon den gesamten Geschichtsablauf determiniert hat, der dann abrollt; er ist nicht mehr der, der für Israel auf dem Sprunge steht und da sein wird, dann, wenn und dort, wo er sich in seiner Freiheit erweisen will (vgl. Ex 3,14ff).

III 1) κτίζω *[ktizō]*, *schaffen, erschaffen*, und seine Derivate sind im NT 38mal vertreten, davon das Verb 14mal und das Subst. κτίσις *[ktisis]*, *Schöpfung*, 19mal in den unter I genannten Bedeutungen, wobei b) noch in *Gesamtheit der Schöpfung* und *Geschöpf* zu differenzieren ist. κτίσμα *[ktịsma]*, *das Geschaffene*, kommt 4mal vor; κτίστης *[ktịstæs]*, *Schöpfer*, nur 1Petr 4,19. Der letztgenannte Begriff wird allerdings entsprechend der hebr. verbalen Redeweise 8mal durch einen Relativsatz oder ein Partizip ausgedrückt.

Das Vorkommen der Schöpfungsterminologie ist jedoch nicht auf unsere Wortgruppe beschränkt; seltener begegnen ποιέω *[poiẹō]*, *machen*, πλάσσω *[plạssō]* *bilden*, sowie vereinzelt κατασκευάζω *[kataskeuạzō]*, *bereiten* (Hebr 3,4), θεμελιόω *[themeliọō]*, *gründen*, und δημιουργός *[dæmiourgọs]*, *Handwerker, Bildner*. – Auch andere Begriffe wie das *All*, τὰ πάντα *[ta pạnta]*, → *Anfang*, ἀρχή *[archæ]* (absolut gebraucht Joh 1,1) oder die Aufzählung der einzelnen Schöpfungsräume Himmel, Erde, Meer usw. und ihrer Bewohner signalisieren ebenso die Sprache des Schöpfungsglaubens wie Sätze, die unmittelbar auf Schöpfungsvorgänge Bezug nehmen (Röm 4,17) bzw. Wendungen der Schöpfungsberichte wiederholen (Mt 6,26a; 2Kor 4,6).

Der Gebrauch der Wortgruppe κτίζω *[ktịzō]*, der ausschließlich dem göttlichen Handeln vorbehalten ist, verteilt sich folgendermaßen auf die einzelnen nt. Zeugen: Mt 1mal; Mk 4mal; paulinische Briefe und Deuteropaulinen 22mal (davon Röm 8mal; Eph und Kol 4- bzw. 5mal; 1Tim 2mal); Jak 1mal, Hebr 2mal; 1Petr 2mal; 2Petr 1mal; Offb 5mal.

2) Das NT setzt den at.-jüd. Schöpfungsglauben voraus. Insofern ist die christl. Gemeinde auf die protologischen Aussagen des AT angewiesen. Aber das NT gewinnt die geschichtliche Wirkkraft des Glaubens an Gott den Schöpfer neu unter der Proklamation der nahen und in Christus hereingebrochenen Königsherrschaft Gottes (eine Schlüsselperikope ist die Bergpredigtkomposition um das Thema des Sorgenverbots, Mt 6,24ff; vgl. bes. V. 33). Hier wird die urtümliche prophetische Reihenfolge und notwendige Verbindung von geschichtlichem Heilsglauben der Betroffenen (»... am ersten ...«) und konsequentem Schöpfungsglauben (»... solches alles zufallen«) wiederhergestellt (vgl. auch die Reihenfolge der 1.–3. und 4. Bitte im Vaterunser!).

In der Verkündigung und im Handeln des irdischen Jesus – so sehr das Zeugnis von ihm im Licht des Osterglaubens steht – werden die Menschen in das ungebrochene, heilgemachte Vertrauen zum Schöpfer gestellt: Der Sabbat ist um des Menschen willen *gemacht* (ἐγένετο *[egẹneto]*, Mk 2,27 par); Speisen verunreinigen den Menschen nicht (Mt 15, 11 par); Fasten ist der Gegenwart Jesu nicht gemäß (Mk 2,18ff par; Mt 11,19); in seinem Dienst gibt es keinen Mangel am Lebensnotwendigen (Lk 22,35); mit Danksagung bricht er das Brot und feiert er das Mahl (Speisungsgeschichten und Passahmahl). Die Einehe und ihre Unauflöslichkeit begründet Jesus ausdrücklich in der Schöpfungsbestimmung von Anfang an (Mk 10,6 κτίσις *[ktịsis]*; die Par. Mt 19,4 κτίζω *[ktịzō]*), welche gegen die Ehescheidungspraxis aus selbstsüchtiger Hartherzigkeit steht. Den Versuchungen, die Schöpfung gegen den Willen Gottes eigenmächtig zu verwenden, erliegt er nicht (Mt 4,1–11 par).

In den sog. Naturwundern (Speisungswunder, Seewandel, Sturmstillung) erweist Jesus seine Schöpfungsmacht. Sie provozieren die Frage: Wer ist der, daß ...? (Mk 4,41 par). – In seinen Dämonenaustreibungen, Krankenheilungen und Totenerweckungen, in denen meist das neue Leben im befreienden Wort geschaffen wird, kommt Jesu Schöpfungsmacht den Menschen der gefallenen Schöpfung zugute. – So scheint nach dem (unechten) Mk-Schluß die ganze Schöpfung des Evangeliums von Christus bedürftig zu sein (Mk 16,15).

3) Es ist darum eine notwendige Konsequenz des in der Selbsterschließung Gottes in Jesus von Nazareth Geschehenen, wenn das nachösterliche Bekenntnis den Erhöhten und nun ganz an die Seite Gottes Gestellten als den ursprünglichen Schöpfungsmittler preist (zB 1Kor 8,6; Kol 1,16; Hebr 1,2.10; Joh 1,1ff). Die ganze Schöpfung ist durch ihn und auf ihn hin geschaffen (Joh 1,3.9–12); sie hat in ihm ihren Grund (Offb 3,14) und ihr Ziel (Hebr 1,11f).

4) Die schöpfungstheol. Aussagen der paulinischen Briefe lassen sich gruppieren a) in solche, die das Wesen der ersten Schöpfung angehen, und b) solche, welche die in Christus begonnene *neue Schöpfung*, καινὴ κτίσις *[kainæ ktịsis]*, zum Inhalt haben. Letztere überwiegen, und zwischen beiden Gruppen bestehen vielfache Bestimmungsbeziehungen (zB Röm 8,19ff; 2Kor 5,17; Gal 6,15 u. ö.).

a) Anbetung und Verehrung gebührt einzig dem Schöpfer. Das Geschöpf ist dadurch determiniert, daß es geschaffen ist. Die Kreaturgrenze ist vom Menschen aus unüberschreitbar. Wird dennoch den Geschöpfen Anbetung dargebracht, gibt Gott die Frevler an ihre eigene Verkehrtheit dahin (Röm 1,25). – Das unsichtbare Wesen Gottes ist seit der *Erschaffung* (κτίσις *[ktịsis]*) der Welt an seinen Werken erkannt und deutlich zu sehen (vgl. Weish 13,5). Insofern sind alle menschlichen Geschöpfe unentschuldbar (Röm 1,20). Aber alle machen im Ungehorsam keinen Gebrauch von dieser Möglichkeit und sind deshalb auf die freie Zuwendung Gottes in der Erlösungstat Jesu Christi angewiesen (Röm 3,21ff). – Alles *Geschöpf* (κτίσμα *[ktịsma]*) Gottes ist gut, und nichts ist verwerflich, was Gott geschaffen hat, so auch die Speisen, die mit Danksagung entgegengenommen werden (1Tim 4,3f, s. o. 1). Aber die *Schöpfung* (κτίσις *[ktịsis]* hier: *Geschaffenheit)* steht durch die Überheblichkeit und Rebellionstendenz des Menschen in der Gefahr, dem Menschen zur Versuchung zu werden, ihn zu trennen von der in Christus feststehenden Liebe Gottes (Röm 8,39). Da der Mensch Ziel aller Schöpfung ist, entscheidet sich der Bestand der Schöpfung an ihm. Alle Blicke der nichtmenschlichen Schöpfung und damit alle sehnsüchtige Hoffnung alles *Geschaffenen* (κτίσις *[ktịsis]*) richten sich auf den Menschen. Mit ihm, der sich das Geschaffene unterwarf, ist es der Nichtigkeit unterworfen und seufzt und ängstigt sich unter Schmerzen (Röm 8,19a.20.22).

Die Polemik des Paulus scheint 1Kor 11,9 – mit nur teilweise zutreffender Berufung auf Gen 2,18 – auch noch im angeblichen Sinne der alten Schöpfung die Unterordnung der Frau unter den Mann begründen zu wollen, während er an der zentralen Stelle Gal 3,28 die Gleichrangigkeit der Geschlechter in der Einheit der Christusgemeinschaft bekennt.

b) So sind um des Menschen willen alle Geschöpfe darauf angewiesen, daß Gottes Platzhalter in der Schöpfung mit Gott durch ein Eingreifen Gottes in Ordnung gebracht wird. Das meint Röm 8,19b mit dem Warten auf das Offenbarwerden der Söhne Gottes. Weil ihnen die Annahme an Sohnes Statt schon zugesagt ist (V. 23c), sie aber noch im Leibe leben (V. 23d), ist die Hoffnung auf das endgültige Offenbarwerden der Söhne Gottes zugleich die Hoffnung auf die Befreiung aller Geschöpfe vom Sklavendienst der Vergänglichkeit (V. 21). Die endgültige Wirklichkeit der Sohnschaft steht außerhalb des Glaubenden schon fest in Christus. Er ist mit der Liebe Gottes identisch (Röm 8,39). Darum kann Paulus von der neuen Wirklichkeit hier und 2Kor 5,17 in äußerster Gewißheit reden: In der Christuszugehörigkeit ist neue Schöpfung wahr und das Alte, was bisher den Menschen bestimmte, vergangen.

In Christus sind auch die alten Privilegien ungültig geworden, mit denen Menschen Schranken gegeneinander aufrichten (Beschnittensein oder Nichtbeschnittensein); nur die Zugehörigkeit zu ihm gilt: die neue Schöpfung. Die Vergangenheit ist durch das Kreuz Christi so durchgestrichen, daß weder die Welt als Inbegriff der alten Schöpfung einen Anspruch auf den Christus erheben, noch umgekehrt der Christ aus ihr leben kann; beide sind füreinander tot (Gal 6,15f).

Ähnlich versteht Eph 2,15 die Beseitigung des grundlegenden Unterschiedes in der Menschheit – zwischen Volk Gottes und Nicht-Volk-Gottes, also Juden und Nichtjuden – durch Christus als d i e entscheidende Friedenstat und die Erschaffung e i n e s neuen Menschen in Christus, der nun vor Gott für alle steht. Damit ist in einem von den Deuteropaulinen bevorzugten Begriff das Ergebnis der neuen Schöpfung genannt; es ist der n e u e M e n s c h. Sein Wesen ist es, sich ganz und uneingeschränkt von Gottes Schöpfertat in Christus her zu verstehen als sein Werk (Eph 2,10). Der neue Mensch kann »angezogen« werden wie ein neues Ich, das mit dem alten nichts mehr zu tun hat. War das alte gekennzeichnet durch Taten, welche die Gemeinschaft mit Gott und die Mitmenschlichkeit zerstörten, so das neue durch die neue Erkenntnis, die es aus dem Willen Gottes gewinnt, die es nun in der Tat Bild seines Schöpfers (hier Relativsatzumschreibung) sein läßt in Taten der

Nächstenliebe (Kol 3,10–12). Das »Nach-Gott geschaffen-sein« (Eph 4,24) des neuen Menschen heißt darum: in Entsprechung zu ihm geschaffen sein, seinem gnädigen Urteil über uns Recht geben (in Gerechtigkeit), für seinen Dienst ausgesondert sein (in Heiligkeit) und lebend aus dem, der die Wahrheit ist, Christus (in Wahrheit). Das Selbstbehauptungsstreben des Menschen durch Leistung, auch durch fromme Leistung, gehört der Sphäre des alten Menschen an; aber dennoch oder gerade jetzt erst geschehen gute → Werke: Gott hat nicht nur den neuen Menschen geschaffen, sondern ihn zu guten Werken geschaffen, die er vorbereitet hat, daß wir in ihnen unser Leben führen sollen (Eph 2,10).

5) Die wenigen Aussagen der Katholischen Briefe zum Verständnis der alten und neuen Schöpfung unterscheiden sich in ihrem Tenor nicht von den paulinischen. Die Christen sind Erstlinge der Geschöpfe, weil sie »durch das Wort der Wahrheit geboren«, also wiedergeboren sind (Jak 1,18; die soteriologische Deutung ist der kosmologischen vorzuziehen). – Im Hebr findet sich sowohl die Betonung der ewigen Gültigkeit der Schöpfermacht Gottes, die uneingeschränkte Kenntnis aller Geschöpfe und deren Rechenschaftspflicht einschließt (Hebr 4,13; vgl. Röm 1,20b; Offb 4,11; 5,13), als auch die Hervorhebung der unendlichen Überlegenheit des neuen Bundes über den alten (Hebr 9,11: Die gottesdienstliche Stätte des alten Bundes gehört dieser, dh unserer jetzigen Schöpfung an, sie ist mit Händen gemacht. Der Dienstbereich des einen himmlischen Hohenpriesters Christus unterliegt solcher Bedingtheit nicht). – Der 1Petr begründet die Fähigkeit der Christen, auch im Leiden ihr Leben in Guttat Gott zur Verfügung zu stellen, in der Treue des Schöpfers (1Petr 4,19).

Umstritten ist die Auslegung von κτίσις *[ktịsis]* in 1Petr 2,13. Um das anstößige Sichunterordnen »jedem menschlichen *Geschöpf*« gegenüber zu vermeiden, was ja einer Vergötzung der Kreatur gleichkäme, hat man die Übers. »jeder menschlichen *Ordnung*« vorgeschlagen oder statt κτίσει *[ktịsei]* κρίσει *[krịsei]*, *Gericht,* lesen wollen. Die Unterordnung ist aber dadurch relativiert, daß sie weder um des Geschöpfes, noch um ihrer selbst, sondern um des Herrn willen geschieht. So ist diese Unterordnung als Zeichen der Freiheit verstanden, die ihre Grenze daran hat, daß er Knecht Gottes bleibt.

2Petr 3,4 verteidigt die christl. Wiederkunftserwartung gegen Leute, die den ewigen Weiterlauf »von Anfang der Schöpfung an« zur Rechtfertigung ihrer Selbstsicherheit behaupten.

6) Die Sprache der Offenbarung sagt in seherischer Vorwegnahme des Eschaton durch Hymnen und Handlungen himmlischen Gottesdienstes an, was im Glauben jetzt schon gilt und dann objektiv für alle letztlich und ewig gelten wird: Der auf dem Throne Sitzende ist würdig, Preis, Ehre und Macht zu empfangen, weil er alle Dinge geschaffen hat und sie sich seinem Willen verdanken (4,11). Nicht nur ihm, sondern auch dem Lamm (Bild für den Gekreuzigten und Erhöhten) kommt diese Anbetung durch jedes *Geschöpf* (κτίσμα *[ktịsma]*) zu (5,13). Der Lobpreis geht dabei vom Himmel aus und ergreift gleichsam in konzentrischen Kreisen die Erde, den Bereich unter der Erde und das Meer samt den Lebewesen dieser Bereiche (vgl. WFoerster, ThWb III,1030). Der Himmel ist hier, wie auch in 10,6, mit allen in ihm Lebenden geschaffen, aber als der zentrale Bereich der Anbetung Gottes deutlich abgehoben von Erde und Meer. – Erschreckend gegenwartsnah ist die Vision vom Sterben eines Drittels der *Geschöpfe* (κτίσματα *[ktịsmata]*) des Meeres durch einen ins Meer geworfenen Feuerberg (8,8f). – Die Offenbarung bezeugt Gottes neuschaffendes Handeln, das über das Individuum hinaus sich auf seine ganze Welt erstreckt (Neuschöpfung des Kosmos 21,1ff), verwendet dafür aber nicht κτίζω *[ktịzō]*, sondern ποιέω *[poiẹō]*, *machen* (21,5; → Werk, Art. ποιέω).

H. H. Eßer

ZUR VERKÜNDIGUNG V

Das Problem des Schöpfungsglaubens stellt sich seit der Aufklärung vordergründig als das Problem von Weltbildgebundenheit und Weltbildfreiheit dieses Glaubens. In letzter Dimension ist es jedoch ein anthropologisches, nämlich das der Anerkennung einer urtümlichen Bedingtheit des Menschen.

Die besondere Erschwernis der Verkündigung liegt im Bereich des Schöpfungsglaubens – wie in dem der Eschatologie – darin, daß die offiziellen Schultheologien in zunehmendem Maße, mit der Denkweise des Säkularismus konform, die Zuständigkeit für beide Bereiche an die Naturwissenschaftler bzw. die Futurologen abgetreten haben. Nach den erkenntnis- und wissenschaftstheoretischen Voraussetzungen dieser Spezialisten wird selten gefragt, ihre für den Nichtspezialisten kaum nachprüfbaren Arbeitsergebnisse werden um so kräftiger geglaubt, weil als endgültig angesehen. Ja, je vorläufiger den bedeutenden Naturwissenschaftlern selbst jeder Versuch einer kosmogonischen und kosmologischen Weltbilderstellung erscheint (falls er überhaupt noch gewagt wird), um so mehr »unumstößliches« Weltbild scheint sich paradoxerweise als Weltanschauung im Säkularismus zu zeigen. Die Welt wird dargestellt als in sich selbst genug, »die Wirklichkeit« als empirisch-statistisch gesichert, darum in jeder Hinsicht erklärbar und manipulierbar, gleichsam abgedichtet gegen Überraschungen kontingenter Art – und damit auch gegen den lebendigen Gott (s. AELoen, aaO).

Angesichts eines solchen Verständnisses ist die Ausgangsfrage von Weltbildgebundenheit und Weltbildfreiheit des Schöpfungsglaubens 1. innerbiblisch, 2. von daher im Blick auf heutige Verkündigung, also hermeneutisch, anzugehen.

Bei der ersten Aufgabe wäre schon viel gewonnen, wenn an biblischen Texten deutlich gemacht werden könnte, daß der biblische Glaube an Gott den Schöpfer nicht an ein bestimmtes Weltbild gekoppelt ist, vielmehr eingehen kann in jeweilige Weltbildhaftigkeit und dabei zugleich Weltbildbeschlagnahme übt (zB im Abstand von 500 Jahren sowohl in die Weltbildvorstellung des kanaanäischen Steppenlandes [Gen 2], wie dann in die des babyl. Überschwemmungslandes, das um beste zeitgenössische Wissenschaftlichkeit und religiöse Verbindlichkeit bemüht ist [Gen 1]. Gerade letztgenannte Verbindlichkeit muß sich von den Schreibern der Priesterschrift konsequente Entmythologisierung gefallen lassen, zB Gen 1,14). Auch die Tatsache, daß die Endredaktoren die Verschiedenheit der Weltbildverhaftung von Aussagen des Schöpfungsglaubens nicht als wechselseitig sich ausschließend empfinden, sie vielmehr nebeneinander stehen lassen, verdient Beachtung. Daraus resultiert zweierlei: Einmal, keiner Zeit des Zeugnisses den materialen Weltbildgehalt, den ein *früherer* Ausdruck des Schöpfungsglaubens hatte, als *heute* kanonisch überzustülpen; zum andern die Freiheit und Verpflichtung, jedes nach bestem Vermögen geprüfte Weltbild für die jeweils gebotene Bezeugung des Gottes der Bibel als des Schöpfers aller Dinge in Dienst zu nehmen. In sich unwandelbar bleibt das Kontinuum des Bekennens: »Ich glaube, d a ß mich Gott geschaffen hat samt allen übrigen bekannten und unbekannten Geschöpfen.« Das W i e auszudrücken, bleibt weltbildbezogen wandelbar. (Diese Erkenntnis scheint bei der jüngeren durch evangelische Unterweisung hindurchgegangenen Generation schon Allgemeingut geworden zu sein, ohne daß sie allerdings über einen allgemeinen Erkenntnisrelativismus hinausgeführt hätte.)

Damit wäre die zweite Aufgabe ins Auge gefaßt: heutige Weltbilderkenntnis in den Dienst des Schöpfungsglaubens zu stellen. Es bedarf dazu der Zusammenarbeit von Naturwissenschaftlern und Theologen, von Weltbildbemühten und Glaubenden, auch und gerade in Personalunion, auf allen Ebenen ihres Zusammenwirkens und -lebens. Nur so wird die Gemeinde Jesu Christi dem weltanschaulich bedrohten, wahrlich »eindimensionalen« Menschen von heute innerhalb und außerhalb der Gemeinde gegenwärtig sein können. – Urknall-, Weltausdehnungs- und wissenschaftlich bleibende Evolutionstheorie sind dabei keine Hindernisse, sondern M i t t e l des Zeugnisses und Bekennens. Naturwissenschaft wird den Glaubens- und Denkweg hin zu dem, der den Urknall bedingte, nicht weisen können; sie sollte ihn auch nicht behindern. Christl. Glaube wird Rechenschaft darüber ablegen müssen, daß er den Zugang zur Erkenntnis des Schöpfers nicht mit den Mitteln der Naturwissenschaft gewonnen hat. Dennoch heißt der beruhigende gemeinsame Nenner für beide keineswegs »Nichtobjektivierbarkeit« der äußersten Erkenntnisspitze, vielmehr Austausch und Angebot ihrer Erkenntnisse auf Einsicht und Glauben hin, damit Leben sich als bedingtes und geschenktes versteht und sich als verdanktes bewährt. Insofern ist jeder christl. Gottesdienst »Information« über die Überlegenheit und Solidarität des Vaters Jesu Christi, des Schöpfers aller Dinge; aber er bedarf auch der Information über alle bei der Weltbemächtigung uns zugefallene Erkenntnis, gleichsam als des konkreten Anlasses unseres ehrfürchtigen Staunens und des aktuellen Anstoßes unserer verantwortlichen Mandataraufgabe in der Schöpfung.

Das Bekenntnis zu Gott als dem Schöpfer hält gegenüber allen menschlichen Geschöpfen die Frage wach nach den letztlichen Voraussetzungen ihres Handelns, was ihre eigene Begabung und Fähigkeit, wie auch, was das gehandhabte Material ihres Gestaltens angeht. Solcher Schöpfungsglaube entsteht heute wie früher an der geschichtlichen Selbstzuwendung Gottes in Jesus Christus durch sein Wort und seinen Geist. Allein in dieser freien Selbstzuwendung ist die urmenschliche Frage nach dem Woher und Wohin aufgehoben und kann in Freiheit ausgedacht werden. So sieht der Glaubende sich nicht der Eigengesetzlichkeit von »Natur« und Geschichte sinnlos ausgeliefert, sondern hat die Gewißheit, an seinem Anfang und seinem Ende keinem andern zu begegnen als dem, der ihn in der Mitte der Geschichte ohne Maßen liebt. So ist der Schöpfungsglaube wie der Glaube an die Zukunft Jesu Christi Ausdruck gewährter Freiheit und ermöglichter Hoffnung. *H. H. Eßer*

Lit.: FGogarten, Der Glaube an Gott den Schöpfer, ZdZ 4, 1926, 451ff – DBonhoeffer, Schöpfung und Fall, 1933 (1958[4]) – GvRad, Die Priesterschrift im Hexateuch, BWAT 65, 1934 – RBultmann, Der Glaube an Gott den Schöpfer, EvTh 1, 1934/35, 177ff – WLink, Schöpfung und Versöhnung, EvTh 1, 1934/35, 345ff – GvRad, Das theologische Problem des Schöpfungsglaubens, BZAW 66, 1936, 138ff (= Ges. Studien z. AT, ThB 8, 1965[3], 136ff) – WFoerster, Art. κτίζω etc., ThWb III, 1938, 999ff – FHauck, Art. καταβολή, ThWb III, 1938, 623 – WZimmerli, 1. Mose 1–11. Die Urgeschichte, 1943 – KBarth, Kirchliche Dogmatik III/1, 1945 (1957[3]) – PHumbert, Emploi et portée du verbe bârâ (créer) dans l'Ancien Testament, ThZ 3, 1947, 401ff – CFvWeizsäcker, Die Geschichte der Natur, 1948 (1964[6]) – GvRad, Das erste Buch Mose, ATD 2, 1949 (1967[8]) – KGalling, Der Charakter der Chaosschilderung in Gen 1,2, ZThK 47, 1950, 145ff – GLindeskog, Studien zum neutestamentlichen Schöpfungsgedanken I, 1952 – RRendtorff, Die theologische Stellung des Schöpfungsglaubens bei Deuterojesaja, ZThK 51, 1954, 3ff – VvWeizsäcker, Am Anfang schuf Gott Himmel und Erde, 1954 (1963[6]) – OWeber, Grundlagen der Dogmatik I, 1955, 510ff – Schöpfungsglaube und Evolutionstheorie (mit Beitr. von GvRad, GBornkamm, HvCampenhausen, APortmann u. a.), o. J. – CAKeller, »Existentielle« und »heilsgeschichtliche« Deutung der Schöpfungsgeschichte, ThZ 11, 1956, 10ff – GJacob, Himmel ohne Gott, 1959 (1960[2]) – OPlöger/WKasch/EKinder, Art. Schöpfung, EKL III, 1959, 831ff – HBenckert, Schöpfung und Geschichte, EvTh 20, 1960, 433ff – KHBernhardt, Zur Bedeutung der Schöpfungsvorstellung für die Religion Israels in vorexilischer Zeit, ThLZ 85, 1960, 821ff – PBrunner, Gott, das Nichts und die Kreatur, KuD 6, 1960, 172ff – WKreck, Schöpfung und Gesetz, KidZ 15, 1960, 369ff – Mensch und Kosmos (Ringvorlesung Theol. Fak. Zürich), 1960 – CMEdsman u. a., Art. Schöpfung, RGG V, 1961[3], 1469ff – SHerrmann, Die Naturlehre des Schöpfungsberichtes, ThLZ 86, 1961, 413ff – FMerkel, Die biblische Urgeschichte im kirchlichen Unterricht, in: Studien zur Theologie der alttestamentlichen Überlieferungen, Festschr. GvRad, 1961, 141ff – GGloege, Schöpfungsglaube und Weltbild, in: Vom Herrengeheimnis der Wahrheit, Festschr. HVogel, 1962, 158ff – FLämmli, Vom Chaos zum Kosmos, I/II, 1962 – FLau, Theologie der Schöpfung gleich Theologie überhaupt?, in: Luther Jahrbuch 29, 1962, 44ff – WAndersen, Jesus Christus und der Kosmos, EvTh 23, 1963, 471ff – FBuri, Gott und seine Schöpfung, ThZ 19, 1963, 273ff – HJonas, Zwischen Nichts und Ewigkeit, 1963 – KHMiskotte, Wenn die Götter schweigen, 1963 (1966[3]; Stichwort »Schöpfung«) – HSchwantes, Schöpfung der Endzeit. Ein Beitrag zum Verständnis der Auferweckung bei Paulus, 1963 – HJKraus, Schöpfung und Weltvollendung, EvTh 24, 1964, 462ff – WHSchmidt, Die Schöpfungsgeschichte der Priesterschrift, WMANT 17, 1964 (1967[2]) – EWürthwein, Chaos und Schöpfung im mythischen Denken und in der biblischen Urgeschichte, in: Zeit und Geschichte, Dankesgabe an RBultmann, hrsg. v. EDinkler, 1964, 317ff – GAltner, Schöpfungsglaube und Entwicklungsgedanke in der protestantischen Theologie zwischen Ernst Haeckel und Teilhard de Chardin, 1965 – WDantine, Schöpfung und Erlösung, KuD 11, 1965, 33ff – GWHLampe, Die neutestamentliche Lehre von der Ktisis, KuD 11, 1965, 21ff – AELoen, Säkularisation. Von der wahren Voraussetzung und angeblichen Gottlosigkeit der Wissenschaft, 1965 – HWildberger, Das Abbild Gottes, Gen 1,26–30, ThZ 21, 1965, 245ff; 481ff – GAltner, Charles Darwin und Ernst Haeckel, Theol. Stud. 84, 1966 – CWestermann, Genesis, BKAT I, 1966ff –

SMDaecke, Teilhard de Chardin und die evangelische Theologie, 1967 – GEder/HOepen/APortmann/GvRad, Naturwissenschaften und biblische Welterkenntnis, 1. Folge, 1967 (Weltgespräch 3) – HRohrbach, Naturwissenschaft, Weltbild, Glaube, 1967 – PStuhlmacher, Erwägungen zum ontologischen Charakter der καινὴ κτίσις bei Paulus, EvTh 27, 1967, 1ff – CWestermann, Zum hermeneutischen Problem des Redens von Schöpfer und Schöpfung, ThLZ 92, 1967, 243ff – KHSchelkle, Theologie des NT I (Schöpfung, Welt, Zeit, Mensch), 1968 – WDMarsch, Zukunft, 1969, 57ff, 69ff, 139ff – CWestermann, Neuere Arbeiten zur Schöpfung, 1969 (= Verkündigung und Forschung, 1) – PSchoonenberg, Bund und Schöpfung, 1970 – CWestermann, Schöpfung, 1970 – HWBeck, Weltformel contra Schöpfungsglaube, 1972.

Schrift

γραφή

γράφω *[graphō]* schreiben · γράμμα *[gramma]* Buchstabe, Dokument · γραφή *[graphæ]* Schrift, Inschrift, Urkunde · ἐγγράφω *[engraphō]* eintragen · ὑπογράφω *[hypographō]* unterschreiben, vorzeichnen

I 1) Die Wurzel γραφ- *[graph-]* hat die Grundbedeutung *einritzen, eingraben* (verwandt mit dt. *kerben*) und zwar als Ornament, Nachricht, Brief, Liste, Vorschrift. Das Material kann verschiedenartig sein: Stein, Holz, Metall, Wachs, Haut. In seiner urspr. Bedeutung findet sich γράφω *[graphō]* bei Homer (Il. 17,599). Bei Herodot (4,36) erscheint das Wort für das *Zeichnen* von Linien auf Karten, bei den Gelehrten des 3. Jh. vChr für das Zeichnen mathematischer Figuren. Schon Homer gebraucht γράφω *[graphō]* vom *Einritzen* von Zeichen auf ein Täfelchen als eine Art Brief (Il. 6,169); als *Schreiben* im eigentlichen Sinn kommt es seit Hdt. allg. vor, in der abgeleiteten Bedeutung *vorschreiben, anordnen* seit Pindar. Durch die Praxis, eine schriftliche Anklage einzureichen, kommt γράφω *[graphō]* in der Gerichtssprache zu der Bedeutung *anklagen* (Plato Eutyphro 2b).

2) γέγραπται *[gegraptai]*, γεγραμμένον *[gegrammenon]* ist das *schriftlich Fixierte*, die *geltende Norm*, vor allem im Rechtsbereich (Demosth. 58,24; Plato Leg. VI,754c). Das Kompos. ἐγγράφω *[engraphō]* meint bes. das feierliche *Eintragen* in Urkunden oder öffentliche Listen. ὑπογράφω *[hypographō]* bedeutet *unterschreiben*, dann *vorzeichnen;* nach Plato (Prot. 326d) zieht ein Lehrer die Linien für die Buchstaben der Kinder vor.

3) Das Nomen γραφή *[graphæ]* hat zunächst die verbal-abstrakte Bedeutung des *Schreibens, Zeichnens, Malens*, dann auch die konkrete: *Schrift, Inschrift, Brief* (seit dem 4. Jh. vChr allg.), *Erlaß;* in Papyri des 3. Jh. auch *Liste;* bei Plato meint es das geschriebene *Gesetz* (Leg. XI,934c). γράμμα *[gramma]* bezeichnet a) das Ergebnis der Tätigkeit, bes. da, wo der Gegensatz zum gesprochenen Wort betont werden soll; gelegentlich b) die Tätigkeit selbst, dann aber auch c) die Fähigkeit des Schreibens. Es kann stehen für den einzelnen *Buchstaben* (Hdt. V,58f), aber auch für *Schriften, Briefe, Dokumente.* Der Plur. γράμματα *[grammata]* wird zur Bezeichnung von *Elementarkenntnissen*, dann *Literatur* und *Wissenschaften.* In der hell. Zeit wird der Begriff der »heiligen Schriften« wichtig: Tempelurkunden, Zauberbücher und hermetische Lit., auch kaiserliche Briefe und Erlasse, die als göttlich gelten. Die Autorität von Geschriebenem führt schon in klassischer Zeit zur Abfassung von erklärenden Scholien, bes. bei den Schriften Homers.

II Das in LXX gegen 300mal belegte Verb γράφω *[graphō]* ist fast durchweg für das hebr. *kātab, schreiben*, eingetreten. Spuren der urspr. Bedeutung zeigen sich noch in der Verwendung für Siegelstecherarbeit am Kultgewand des Hohenpriesters (Ex 39,30) und dem heidnischen Brauch, sich Zeichen in die Haut zu ritzen (Lev 19,28; dazu Ez 9,4); grundsätzlich ist aber die Bedeutung *schreiben* vorauszusetzen. γραφή *[graphæ]* (etwa 40mal) steht immer für Formen von *kātab* im Sinne von (*heilige*) *Schrift, geschriebener Erlaß, Schriftarten* (verschiedener Sprachen), *Brief;* nur einmal (2Chr 24,27) für *midrasch, Erklärung.* γράμμα *[gramma]* (26mal) entspricht meist dem hebr. *spr*, seltener *ktb* oder *dbr.* Es hat den Sinn von *Schrift, Schriftstück, Brief, Buch.*

1) Die 22 Buchstaben der a l t k a n a a n ä i s c h e n S c h r i f t (ausschließlich Konsonanten), die Israel schon im Lande vorfand, wurden auf Steine gemeißelt (Ex 32,16; Meša-Stein um 840 vChr; Siloa-Inschrift um 700 vChr) oder gemalt (Dtn 27,3.8; Jos 8,32), auf Tonscherben geritzt oder mit Tinte geschrieben (Ostraka von Lachisch, Samaria, Arad), auf Holz gekerbt oder gemalt (Dtn 6,9; Jes 8,1; Ez 37,16), später vor allem auf Leder oder Papyrus geschrieben; sie wurden in Schulen gelehrt (dazu Jes 28,9ff). Zwischen dem 4. und 2. Jh. drang mit der aram. Sprache allmählich auch die aram. Schrift, die sog. Q u a d r a t s c h r i f t, in Israel vor. ZZt des zweiten Tempels scheint sie sich allg. durchgesetzt zu haben (nur in ihr ist Jod der kleinste Buchstabe: Mt 5,18), jedoch wurde auch bei in Quadratschrift ausgefertigten Texten die altkanaanäische Schrift zur Schrei-

bung des (nicht gesprochenen) Gottesnamens verwendet (in Bibelzitaten des Hab-Kommentars von Qumran: 1QpHab 6,14; 10,7.14; 11,10). Erhalten ist sie ferner auf Münzen der Makkabäerzeit und der Aufstände von 66 und 132 nChr, ein Zeichen messianischer Erfüllung, Wiederkehr der Urzeit.

Der Zweck des Schreibens kann sehr verschieden sein. So werden in der Bibel erwähnt: Losstäbe (Num 17,17f), Briefe (2Sam 11,14f; 2Kön 10,1.6; Schmähbrief Sanheribs 2Chr 32,17), Listen (Landaufzeichnung Jos 18,8f), Kaufverträge (Jer 32,10ff), Scheidebriefe (Dtn 24,1.3), Rechtssätze und Erlasse (Ps 149,9; 1Sam 10,25; Est 8,8; 9,23), göttliche Gebote (Dtn 17,18; 27,3; 31,9). Die Aussprüche Jeremias wurden von seinem Schüler Baruch nach des Meisters Diktat aufgeschrieben (Jer 36,4).

2a) Theol. Beobachtungen. Das wichtigste Schreiben der Bibel gilt den Geboten Gottes. Der Kern dieses Gebotes, das Zehnwort, wurde nach biblischem Bericht von Gott selbst in die auch von ihm gefertigten Steintafeln gegraben (Elohistischer Bericht: Ex 24,12; 31,18; 32,16; so auch im Dtn: 4,13; 5,22; 9,10). Neben und in diesen Bericht schiebt sich aber ein zweiter (Jahwistische Überlieferung), nach dem → Mose auf Geheiß Gottes schreibt (Ex 34,1a.4.27f). Diese beiden Berichte hat das Dtn harmonisiert (10,1ff; Ex 34,1b scheint von daher eingedrungen). Weiterhin heißt es, daß Mose (Ex 24,4) die gesamten Rechtssatzungen des Gottesbundes in ein Buch (Bundesbuch: Ex 20,22 bis 23,33) schreibt. Die hier erkennbare Abstufung der Dignität setzt sich darin fort, daß die übrigen Bestimmungen über das heilige Zelt und den Priesterdienst (Ex 25–31) Mose von Gott nur mündlich überliefert werden. → Gebot; → Gesetz.

Außer in diesem zentralen Komplex von der Gebotsübergabe wird freilich auch an anderen Stellen von Gott gesagt, daß er selber schreibe: Er führt ein Buch, in das er die Bewährten einschreibt und aus dem er ihre Namen wieder tilgen kann (Ex 32,32). Er schreibt – in bildhafter Verwendung – sein Gebot in die Herzen der Menschen (Jer 31,33; dazu Dtn 6,6).

Das Schreiben des Gebotes ist so wichtig, daß Israel befohlen wird, es nicht nur mündlich weiterzusagen und zu lehren, sondern es nun auch selbst konkret an die Türpfosten der Häuser und als Denkzettel zu schreiben, die an Stirn und Arm gebunden werden (Dtn 6,8f; dazu Spr 3,3). So dient das Geschriebene zum Gedächtnis und Zeugnis (Ex 17,14; Hab 2,2; Dtn 6,8). Die Kraftgeladenheit des Schriftwortes kann sogar magisch wirken (Fluchwasser: Num 5,23f). Geschriebenes Wort, das übertreten wird, kann zukünftigen Tages zum Zeugnis wider die Frevler (Jes 30,8; ähnlich Dtn 31,19), aber da, wo es erfüllt wird, auch zum Bürgen werden (Dtn 27,3).

b) Überlieferung und Auslegung. Geschriebenes hat hohe Autorität, die von Späteren ehrfürchtig zitiert wird (2Kön 14,6; 2Chr 23,18; Esr 3,2; Neh 10,34f; 2Makk 10,26). Selbst auf außerkanonische Bücher wird in der Bibel verwiesen (2Sam 1,18; häufig in Kön und Chr). In weiteren Zitaten und Anspielungen innerhalb der Bibel können die Anfänge einer Schrifterklärung wahrgenommen werden. So ist das Dtn zT. eine Wiederaufnahme der vorhergegangenen Bücher in neuer Aussageform (ähnlich werden Kön in Chr wieder aufgenommen); hier spricht nicht mehr Gott direkt, sondern durch Mose zu Israel. Eine Art Schriftbeweis findet sich für das Bilderverbot (Ex 20,4 in Dtn 4,9–24, bes. V. 15). Auch die Propheten reden Gottes Wort zu Israel, indem sie sich auf seine überlieferten Verheißungen und Geheiße beziehen und sie für eine veränderte Gegenwart neu deuten (Jer 7,4).

c) Durch die Reform Josias 621 vChr wurde das Dtn heilige Schrift. Nach Tempelzerstörung und Exil hat Esra in der Mitte des 5. Jh. das »Gesetz des Himmelsgottes«, das wohl mit dem Pentateuch identisch ist, im Judentum in Kraft gesetzt. Er trug den Titel *Sopher, Schreiber*, als Kanzleisekretär am persischen Hof; später wurde dies als »Schriftgelehrter« gedeutet, weil er als Begründer der Schriftgelehrsamkeit galt. In der folgenden Zeit fand die Sammlung, Anordnung und Schlußredaktion der ges. heiligen Schriften statt, jedoch setzten sich die Streitigkeiten um die Kanonizität einiger Bücher (Ez, Hhld, Spr, Pred, Est) bis ins 1. Jh. nChr fort. Um 80 wurde im Lehrhaus zu Jawne die Zahl der Bücher auf 24 festgelegt, gruppiert in die drei Abteilungen *torā, Weisung; newīim, Propheten; ketuwīm, Schriften* (abgekürzt *tanach*, jüd. Bezeichnung der hebr. Bibel). Josephus (Ap. 1,8) und Talmud (BB 14b) stimmen sachlich darin überein.

Die kanonisierte Schrift wurde nun aktualisiert, da ihre Lesung (→ Buch, Art. ἀναγινώσκω) neben dem Gebet seit Esra Hauptbestandteil des Gottesdienstes war. Ja, es scheint, daß die Verlesung der Weisung Anlaß zu den ersten Versammlungen eines Wortgottesdienstes gewesen ist (Neh 8). Neben *katūw* (*Geschriebenes*) ist *mikra* (*Gelesenes*) daher ein häufiger Name für die Bibel. Für die Lesung des Pentateuch gab es einen Zyklus von 7, dann von 3 Jahren; schließlich wurde der einjährige babylonische Zyklus allg. Brauch. Schon in vorchristl. Zeit wurde diese Lesung mit einem Abschnitt aus den prophetischen Büchern abgeschlossen (Megillā 4,4 und dazugehörige Gemarā; vgl. Lk 4,17; Apg 13,15). Diese *Haphtarā* sollte eine Beziehung zum Schriftabschnitt oder zur Bedeutung des Tages haben. Schon früh schloß sich eine Auslegung an, eine Art Predigt, die bei allen jüd. Gruppen im Gottesdienst eine wichtige Funktion hatte.

d) Mit der Verdrängung des Hebr. durch das Aram. in der Umgangssprache ergab sich die Notwendigkeit, die verlesenen Abschnitte zu übersetzen. Entsprechend mußte in der hell.

Diaspora ins Griech. übertragen werden. Neben dem Vorleser stand der *M^eturgemān*, der eine freie, erklärende Übers. vortrug. Dadurch entstanden T a r g u m e in vielen Sprachen, in deren Gebieten jüd. Gemeinden lebten. Die innere Verwandtschaft solcher Targume zeigt sich etwa in der Ähnlichkeit der Methode der griech. Übertragung des Aquila mit dem etwas späteren bedeutendsten aram. Targum des Onkelos, das auch dessen Namen trägt.

Die bedeutendste all dieser Übersetzungen ist die LXX, die seit dem 3. Jh. vChr in Alexandria mit der Übers. des Pentateuch begonnen und wohl im 2. Jh. abgeschlossen wurde – teils wortgetreu, teils in freier, targumartiger Wiedergabe. In ihr wurde der hebr. Text in die Vorstellungsformen des Griechentums übertragen, wobei oft konkret gegenwärtig Gemeintes als Verheißung in die Zukunft transponiert wurde. Die LXX ist dann zur Bibel der Christen geworden (zu den weiteren Bibelübers.en vgl. die Artikel in den Sachlexika). Alle jüd. Gruppen hatten die gleiche Bibel und die gleiche Geschichtssituation zur Grundlage; aber je von ihrer bestimmten Dogmatik und Erfahrung her haben sie verschiedene Folgerungen daraus gezogen. Damit ergaben sich nebeneinander viele legitime Möglichkeiten für Geschichtsvollzug und Bibelverständnis innerhalb Gesamt-Israels.

3) Judentum nach dem Abschluß des at. Kanons

a) Bei Philo und Josephus, den wichtigsten Schriftstellern der jüd.-hell. Symbiose, zeigt sich ebenfalls die ganze Bedeutungsbreite der Wortgruppe. γραφή *[graphæ]* wird sowohl im urspr. Sinn (Philo Vit. Mos. 1,287), dann als *Inschrift* (Jos. Ant. 15,417), als *Gemälde* (Philo Vit. Mos. 1,158), endlich auch in juristischer Bedeutung gebraucht (Philo Vit. Mos. 2,203). ἐγγράφω *[engraphō]* in urkundlichem Gebrauch haben ebenfalls beide Schriftsteller (Philo Conf. Ling. 109; Op. Mund. 143; Jos. Ant. 17,226; Bell. 1,625). »Heilige Schrift« (Sing. und Plur.) für die Bibel ist bes. bei Philo häufig (Congr. 34.90); γράμμα *[gramma]* ist parallel gebraucht (Vit. Mos. 2,290.292). Philo sucht in seinen großen Kommentaren die jüd. Bibel mit der griech. Philosophie in Einklang zu bringen. Für Anfänger behält er zwar eine wörtliche Auslegung bei, die aber nur die Grundlage bildet für die allegorische Auslegung, die den eigentlichen Sinn der Schrift aufdeckt. Die Methode dieser Überhöhung ist in der griech. Mytheninterpretation und in der essenischen Auslegung vorgebildet, berührt sich aber auch mit dem Midrasch derselben Zeit im Land Israel. Philo hat mit seinen Schriften weniger auf das spätere Judentum als auf die Kirchenväter gewirkt. Im Geschichtswerk des Josephus (in Ant.) ist für den biblischen Zeitraum der altüberlieferte Text paraphrasiert.

b) In der Gemeinde der E s s e n e r, die eine verhältnismäßig große Bibliothek hinterlassen hat, ist das Schreiben, das Geschriebene bes. wichtig. Einen breiten Raum nehmen die verschiedenen Anlässe ein, aus denen in der Schreibstube von Q u m r a n, die durch Ausgrabungen bekannt geworden ist, Buch geführt wurde. Aufschlußreich für die endzeitliche Naherwartung sind die symbolischen Inschriften auf den Kriegsgeräten (1QM 3,2ff.13ff; 5,1; 6,2f; 9,14f). Wie schon die Väter als Teilhaber am ewigen Bund *eingeschrieben* waren (CD 3,3f; ähnlich Jub 30,19ff), so werden die Bewahrten der Gemeinde entsprechend ihrem Gehorsam vor Gott *eingeschrieben* in ein »Buch des Gedächtnisses« (CD 20,19). Konkret werden die Mitglieder *eingeschrieben* nach ihrer Abstammung (CD 14,4ff) und nach einem jährlich neu festgesetzten Rang (1QS 5,23f); sie können daher geradezu als *Eingeschriebene* bezeichnet werden (1QS 6,10f.26).

In Qumran ist als heilige Schrift ein K a n o n vorausgesetzt, der als Fundament des Neuen Bundes gilt (1QS 7,1; CD 5,2f; 7,15ff) und dessen Studium auch in der Nacht, in der sich die Forschenden wachenweise ablösten, weitergeführt wurde (dazu 1QS 6,7f). Der Umfang dessen, was als heilige Schrift galt, war hier weiter als der etwas später von Pharisäern festgelegte Kanon. Die essenische Überlieferung weicht zT. von der pharisäischen ab und hat (wohl auf Grund gemeinsamer exilszadokidischer Tradition) Ähnlichkeit mit samaritanischer Tradition und mit der LXX. Außer der Bibel wird in Test XII als γραφή *[graphæ]* auch das Buch Henoch zitiert (dazu Lev 14,1; Naph 4,1; Seb 3,4, wo das Mose-Wort Dtn 24,9 als Ausspruch Henochs angeführt wird). Als heilige Schrift galten hier auch ein »Buch der Einteilungen der Zeiten nach ihren Jubiläen und (Jahr-)Wochen« (CD 16,3f; wohl das Jubiläenbuch), ein »Buch der Betrachtung für Priester und Richter« (CD 10,6; 13,2) und ein »Buch der Bestimmung« (1QM 15,5).

Durch das Leben mit der Bibel sahen die Glieder der Essener-Gemeinden die Ereignisse ihrer Zeit schon in der Schrift vorgezeichnet und vorhergesagt, weshalb sich häufig der B e w e i s findet: »wie geschrieben steht« (1QS 5,15; 8,14; CD 1,13; 5,1f; 7,18ff). Noch deutlicher ist dies in ihren Bibelkommentaren. Dabei wird jeweils eine Stelle aus der als inspiriert geltenden Bibel zitiert, es folgt die Formel *pischro* (*die Auslegung dessen ist*), dann die Auslegung, nicht in wörtlichem oder geschichtlichem Verstand, sondern den geheimnisvoll-gegenwärtigen Sinn ergründend, der sich nur Forschenden erschließt, die heiligen Geistes teilhaftig sind (1QH 14,12f; 16,1ff). Es finden sich aber auch targum- bzw. midraschartige Paraphrasen wie das Genesis-Apokryphon oder die Florilegien, in denen Bibeltexte verschiedener Herkunft mit verbindenden Worten zu einer thematischen Einheit gefügt werden, während die gemeindeeigenen Psalmen (Hodajot) von Anklängen der Bibel durchwoben sind. Die Auslegungsmethoden der Essener entwickelten sich aus der täglichen gottesdienstlichen Schriftlesung, die Stück für Stück von einem Kundigen erklärt wurde (dazu Philo Q. P. L. 81f).

c) In der Lit. des pharisäischen Judentums wird *kātab* mit seinen Nebenformen häufig für das *Schreiben* von Testamenten, Scheidebriefen und sonstigen Urkunden gebraucht, vor allem aber für das Schreiben von Bibelrollen und Phylakterien (Pergamentstreifen mit Bibeltexten – Dtn 6,4–9; 11,13–21; Ex 13,1–10.11–16 – für die Gebetskapseln), das große Sorgfalt erforderte. Zur Einführung von Zitaten wird auch in hebr. Texten häufig der aram. Ausdruck *ktiw* verwendet; das aram. *dikhtiw* entspricht dem griech. γέγραπται γάρ *[gẹgraptai gar], denn es steht geschrieben;* häufig wird auch *schænnæ·æmar, wie gesagt ist,* gebraucht, bei weiteren Zitaten wechselweise mit *dikhtiw. K^{e}tiw* bedeutet auch die *überlieferte Schreibung* eines Wortes im Gegensatz zu seiner Lesung (*K^{e}rē*), die eine neue Deutung der Stelle ermöglicht. *Katūw,* das aus dem part. pass. entstandene Subst., bedeutet die einzelne Bibelstelle oder die Schrift als Ganze, verbunden mit verschiedenen Verben, bes. solchen des Aussagens. Die Schrift kann nun sogar personifiziert sein; sie kommt, spricht, lehrt, verkündet. Der Plur. *K^{e}tuwim, Schriften,* wird wie *katūw* für die ganze heilige Schrift gebraucht, ist aber häufig auch Bezeichnung für deren dritte Abteilung im Unterschied zu den beiden ersten (Weisung und Propheten). *K^{e}tāw* bedeutet real das *Geschriebene,* die *Schrift* selber, aber auch das *Schriftstück* oder *Buch. Heilige Schriften, kit·wē-hakōdesch,* wird parallel zum einfachen *k^{e}tuwīm* verwendet; es entspricht weithin den ἱερὰ γράμματα *[hierạ grạmmata]* und γραφαὶ ἅγιαι *[graphại hạgiai]* im NT (2Tim 3,15; Röm 1,2).

Wichtig ist, daß Gott an Neujahr die Menschen zum Leben oder Tod in sein Buch schreibt (Rosch Haschana 16b), worauf der traditionelle jüd. Neujahrswunsch für eine gute Einschreibung zurückgeht.

Von großem Interesse war für die Gelehrten des Pharisäertums die Schrift auf den Gebotstafeln. So heißt es Genr 1[2b], die Weisung sei vor der Welt, also ohne Mitwirkung von Menschen, erschaffen worden. Im einzelnen machte Gott (nach Pesachim 54a) Schriftform, Schreibzeug und Tafeln dafür am Vorabend des Schabbat. Rabbi Chisda legte (Schabbat 104a) das Wort »die Schrift war eingegraben« (Ex 32,16) so aus, daß die Tafeln auf der Vorder- und Rückseite lesbar waren, weil die Schrift ganz durchgegraben war; Samech und Schluß-Mem, durch ein Wunder gehalten, fielen trotzdem nicht heraus. Das Wort *eingegraben* (*charūt*) konnte, anders vokalisiert, auch *Freiheit* (*cherūt*) gelesen werden: das Zehnwort (der Gebote) ist und bewirkt Freiheit. Dem entspricht, was Rabbi Jehoschua, Levis Sohn, folgert: »Es gibt für dich keinen Freien, außer dem, der sich mit dem Studium der Weisung beschäftigt« (Abot 6,2).

Schriftliche Weisung, *torā schæbbikhtāw,* wird im Pharisäismus unterschieden von der mündlichen Weisung, *torā schæbb^{e}al-pæ* (Schabbat 31a). Es gilt das Gebot (Gittin 60b): »Die Worte der Schrift darfst du nicht auswendig hersagen, und die mündliche Lehre darfst du nicht der Schrift übergeben«. Nachdem die Bibel durch Übers. an die Völker der Welt preisgegeben war, hüteten die pharisäischen Meister die mündliche Weisung als das eigentlich Jüdische. In dieser Gleichbewertung der mündlichen Tradition mit der schriftlichen, die zusammen als die eine Weisung galten, bestand nach Josephus (Ant. 13,297f) der Hauptunterschied in der Lehre zwischen Pharisäern und Sadduzäern. Trotzdem wurde schon relativ früh auch die mündliche Lehre aufgeschrieben; die Mischna Rabbi Jehudas, des Fürsten, ging ihrerseits auf schriftliche Mischna-Sammlungen zurück.

In den Schulen der Pharisäer wurde Wert darauf gelegt, daß schon die kleinen Kinder begannen, die Schrift zu lernen, dann den Bibeltext und endlich seine Auslegung: den *pschat,* die wörtliche Bedeutung einer Stelle, und den *drasch,* der aus dem Verlangen entstand, für bestehende Gebräuche und Gebote eine biblische Autorisation zu finden, wofür im 1. und 2. Jh. Regeln entwickelt wurden. Dem Bibeltext entlang wird in der ausgedehnten Midrasch-Lit. der Sinn für die Gegenwart entfaltet. Die Bedeutung einer Stelle wurde in lehrhafter demokratischer Diskussion gesucht und – soweit es die Normierung des Lebens betraf – nach jeweiliger Mehrheit festgelegt.

Die im ganzen frühjüd. Schrifttum wahrzunehmende scheinbare Unbekümmertheit des Zitierens der Schrift hat ihren Grund einmal in der Variationsbreite der Textüberlieferung, zum anderen in der Freiheit, einen Text gemäß dem Grund und Ziel der Theol. der jeweiligen Gemeinde umzubilden, eine Freiheit, für die jede Gemeinde mit gleichem Recht den heiligen Geist in Anspruch nahm. Die Verschiedenheit der Auslegung innerhalb des Gesamtjudentums führte zu einer Konkurrenz, die vom partnerschaftlichen Gespräch bis zur feindlichen Polemik reichte. Auch das NT hat an der ganzen Weite dieses Prozesses Anteil.

1a) Im NT kommt das Verbum γράφω *[grạphō]* mit seinen verschiedenen Formen etwa III
180mal vor, wovon knapp die Hälfte auf die Bibel Bezug nimmt. In rund 70 Fällen handelt es sich um eine Einführungsformel, der dann jeweils ein Bibelzitat als »Beweis« folgt. In der Reihe der Variationen der Verbformen, Partikel und Adverbien lassen sich einige Besonderheiten feststellen: häufig wird durch die Formel καθὼς γέγραπται *[kathọs gẹgraptai], wie geschrieben steht,* die aus der LXX übernommen ist (so bei Synopt., in Röm, 1/2Kor), die Norm zur Geltung gebracht. Lukas hat eine Vorliebe für γεγραμμένον *[gegram-*

mẹnon] und bes. für πάντα τὰ γεγραμμένα *[pạnta ta gegrammẹna], alles was geschrieben ist,* (Lk 18,31; 21,22; Apg 13,29; je mit »erfüllen« bzw. »vollenden« verbunden, → Fülle, Art. πληρόω; dazu Joh 15,25). Johannes bevorzugt das part. perf. γεγραμμένον ἐστίν *[gegrammẹnon estịn], geschrieben ist,* womit er das Bleibende des geschriebenen Wortes betont. Mit γράφω *[grạphō]* verbunden ist manchmal der Name der schreibenden Person oder des betreffenden Buches (Joh 1,45; Lk 24,44).

Parallel zu γράφω *[grạphō]* wird im NT oft λέγω *[lẹgō], sagen,* gebraucht, was, wie im pharisäischen Judentum, ein direktes Angesprochensein durch die Schrift zum Ausdruck bringen kann. Bes. Matthäus hat bei seiner typischen Formel ἵνα πληρωθῇ *[hịna plærōthæ], damit erfüllt werde,* stets ergänzt τὸ ῥηθὲν *[to rhæthẹn], das Gesagte,* (ὑπό- *[hypọ]* oder διά *[diạ], von* bzw. *durch*). Auch Johannes verbindet πληρόω *[plærọō], erfüllen,* mit λόγος *[lọgos], Wort,* bzw. γραφή *[graphæ], Schrift.* Im Hebr werden die Schriftzitate meist mit Verben des Sagens eingeleitet oder ohne Übergang in den Kontext eingestellt; die Offb hat neben solch letzteren Zitaten viele bloße Anklänge.

In weiteren 17 Fällen folgt kein ausdrückliches Zitat, sondern wird nur allg. auf die Schrift (fast immer als ganze) verwiesen. Mehr als die Hälfte davon sind Stellen in den Synopt. (dazu Apg 13,29), die (ausgenommen Lk 21,22) Leiden, Sterben und Auferstehen des Menschensohnes bzw. seines Vorläufers (Mk 9,13) als in der Bibel vorausgesagt hinstellen. Johannes läßt die Schrift direkt auf Jesus hinweisen (1,45; 5,46). Die betreffenden Stellen bei Paulus (Röm 4,23f; 15,4; 1Kor 9,10; 10,11; dazu 4,6) betonen – in genauer Entsprechung zum exegetischen Verfahren in Qumran – den Bezug der alten Schriften auf die Gemeinde der Gegenwart.

Im profanen Sinne wird γράφω *[grạphō]* nur vereinzelt gebraucht: Jesus *zeichnete* in den Sand (Joh 8,6.8); Paulus *schrieb* Sätze mit eigener Hand, bes. am Schluß der Briefe, um deren Inhalt dadurch zu bekräftigen (Gal 6,11; 2Thess 3,17; Phlm 19; dazu 1Kor 16,21; Kol 4,18). Der stumme Zacharias *kritzelte* den Namen seines Sohnes auf ein Täfelchen (Lk 1,63). Im Gleichnis wird der Schuldschein *umgeschrieben* (Lk 16,6f). Ein *Empfehlungsschreiben* ist erwähnt, ein *Brief* an den Statthalter und ein geplanter *Brief* an den Kaiser (Apg 18,27; 23,25; 25,26). Das Kompositum ἐπιγράφω *[epigrạphō]* erscheint im Bericht von einer Altaraufschrift in Athen, dann von einer Kaisermünze und schließlich von der Kreuzesinschrift (Apg 17,23; Mk 12,16; 15,26).

b) Indem die kanonisierte heilige Schrift mit ausdrücklichen Zitaten, Anspielungen oder allg. Hinweisen und Umschreibungen zur Erbauung und Belehrung herangezogen und ausgelegt worden ist, formte sich eine selbständige Tradition, die – vollends durch schriftliche Fixierung – zur neuen Autorität werden konnte (nach Kol 4,16 und 1Thess 5,27 wurden auch christl. Schriften im Gottesdienst verlesen). Daher wurde der Akt des Schreibens gelegentlich betont; manche Autoren bezogen sich auf ihr eigenes Schreiben, etwa um die Gemeinde der Liebe zu versichern (2Kor 2,4), um die Wahrheit der Botschaft zu verbürgen (Lk 1,3f; Phil 3,1; 1Joh 2,21; 5,13; Offb 19,9), um zu erinnern (Röm 15,15; 2Petr 3,1), zu ermahnen (1Kor 4,14; 5,9.11; 1Petr 5,12), zu bezeugen (Joh 21,24; 1Petr 5,12) und um Glauben zu wecken (Joh 20,30f).

Häufig und belangreich ist γράφω *[grạphō]* im Buch der Offenbarung; wie sonst in der Apokalyptik, so erhält auch hier das Geschriebene einen geradezu sakramentalen Charakter. Darum muß, wer seiner Verheißung nicht verlustig gehen will, diese Schrift ohne Zutun und Abstrich (ver)lesen und hören (1,3; 22,18f), diktierte doch der Menschensohn selbst dem Seher die Sendschreiben an die sieben Gemeinden (1,10ff; Kap. 2 und 3). Die siebenfach versiegelte Apokalypse ist innen und außen beschrieben (5,1); das Lebensbuch des Lammes enthält die Namen derer, die gerettet werden (13,8; 20,15; 21,27). Der auf dem weißen Pferde reitende Messias trägt einen geheimnisvollen Namen, auch den Königs- und Herrentitel an sich geschrieben (19,12.16). Der großen Hure ist ebenfalls ein solch geheimnisvoller Name angeschrieben (17,5). Die beiden Hauptgestalten – Lamm und

Tier – kennzeichnen ihre Nachfolger an Stirn und Hand, wo Juden die Gebetsriemen anlegen, die das Bekenntnis der Einzigkeit Gottes beinhalten (14,1; 13,16; 22,4; dazu Dtn 6,4.8). Die Bewährten nehmen die Unheilszeichen nicht an, vielmehr erhalten sie einen Stein, auf dem ein neuer Name geschrieben ist (20,4; 2,17). Wie die Tore der Stadt als Aufschrift die Namen der zwölf Stämme tragen, so stehen auf den Tempelpfeilern (das sind eben die Bewährten) der Name Gottes, des Menschensohnes und der heiligen Stadt (21,12; 3,12). – Neben dem eigenen und neuen Schreiben bleibt jedoch für alle Apokalyptik (Qumran, Mk 13 par, Offb) das Zitieren altgeheiligter Schriften wichtig, so daß weitere Partien durchwoben und bestimmt sind von Leitworten. Gerade weil hier geschichtliche Erfahrung fehlt, bedarf es einer Bindung, wie sie Vision und Audition immer in der Entfaltung der Tradition gefunden haben.

In Verbindung mit ἐγγράφω *[engrạphō]* begegnet die gesamtjüd. Vorstellung vom Himmelsbuch, in das die Namen der Bewährten eingetragen worden sind (Lk 10,20; → Buch, Art. βίβλος), dann auch das Bild einer von Gott an Menschenherzen zur Beteuerung seiner Liebe verfertigten Inschrift; entsprechend sieht Paulus die Gemeinde als einen Christus-Brief, nicht mit Tinte geschrieben (2Kor 3,2; → Buch, Art. ἐπιστολή). Das Wort von den Geboten, die in Herz und Sinn geschrieben sind (Jer 31,33), war allen Juden wichtig (im NT bes. in Hebr 8,10 und 10,16 zitiert: v. l. γράψω *[grạpsō]*; ἐπιγράψω *[epigrạpsō]*; dazu Röm 2,15: γραπτός *[graptọs]*). *Öffentlich ausgeschrieben, amtlich bekanntgemacht* (eine andere Deutung für προγράφω *[progrạphō]* ist *vor Augen malen*) hat Paulus Jesus als den Gekreuzigten (Gal 3,1). Dieser Leidende gilt als ὑπογραμμός *[hypogrammọs]* (1Petr 2,21), *Vorbild*, dem nachgefolgt werden soll.

c) Das Nomen γραφή *[graphæ̣]* wird im NT 51mal – fast durchweg absolut, wechselweise im Sing. und Plur. – gebraucht und meint entweder eine Einzelstelle, die dann meist zitiert ist, oder einen thematisch begrenzten (aber nicht näher bestimmten) Teil der Schrift (1Kor 15,3f; Apg 17,2.11; 18,28) oder auch die Schrift als ganze (Apg 18,24; Röm 15,4; 2Tim 3,15). Gelegentlich wird γραφή *[graphæ̣]* näher bestimmt: heilige, prophetische, inspirierte und übrige Schrift (Röm 1,2; 16,26; 2Tim 3,16; 2Petr 3,16).

2) Die »Schrift« im NT ist weithin identisch mit der jüd.-griech. B i b e l. Gelegentlich ist der Begriff aber weiter gefaßt, indem bekannte Pseudepigraphen (Jud 14f zitiert äthHen 1,9, Jud 9 vielleicht AssMos) und unbekannte Stellen zitiert werden (Joh 7,38 und Jak 4,5 mit γραφή *[graphæ̣]*; ähnlich 1Kor 2,9 mit γέγραπται *[gẹgraptai]*, vielleicht 1Kor 9,10 mit ἐγράφη *[egrạphæ]*; dazu Eph 5,14; Lk 11,49), die den Verfassern als heilige Schriften galten.

a) Neben solcher weiten, allg. jüd. Lit. wächst s p e z i f i s c h C h r i s t l i c h e s als gleichwertige Autorität heran: zu den alten prophetischen Schriften ist in der Heilszeit die neue Offenbarung getreten (Röm 16,26; ähnlich in Qumran 1QpHab 2,7ff; 7,1ff). In 1Tim 5,18 wird zuerst Dtn 25,4 als »Schrift« zitiert, woran sich, nur durch καί *[kai]*, *und*, verbunden, ein Spruch anschließt, der als Jesuswort bekannt ist (Lk 10,7). Selbst wenn das zweite Zitat nicht mehr unter den Begriff der Schrift gefaßt wäre, drückt sich in der unmittelbaren Nachstellung doch ein dazugehöriges Neues aus. Hier bahnt sich eine Entwicklung an, in deren Verlauf das Wort Jesu (Joh 2,22 als γραφή *[graphæ̣]* in 2Clem 2,4 zitiert), dann auch die Paulusbriefe (2Petr 3,16) als selbständige Autorität neben die alten heiligen Schriften traten.

b) In den heiligen Schriften hat Gott durch seine Propheten die Frohbotschaft vorhergesagt (Röm 1,2); jetzt, in der Zeit des Heils, werden bzw. sind sie erfüllt (etwa Mt 26, 54.56; Lk 4,21; Joh 13,18; 19,24.36), letztgültig erfüllt (Joh 19,28). Die Schrift kann nicht aufgelöst werden (Joh 10,35; dazu Mt 5,17). Wie im pharisäischen Judentum wird die Schrift oft als Person begriffen, die gleichsam a n G o t t e s S t a t t spricht (Joh 7,42; Röm 9,17; Gal 4,30; Jak 2,23; 4,5) und befragt wird (Apg 17,11); sie sieht voraus und weissagt (Gal 3,8; 2Petr 1,20), richtet und tröstet (Gal 3,22; Röm 15,4), ihr wird Glauben geschenkt (Joh 2,22). Die Schrift wird selbst zum Mittel, Menschen zu vervollkommnen (2Tim 3,16f). Sie ist Gegenstand der Forschung, wird gelesen und ausgelegt (Mt 21,42 par; Joh 5,39; Lk 24,27.32); auf Grund ihrer kann ein Dialog entstehen (dazu Apg 17,2); mit ihr kann bewiesen und widerlegt werden (Apg 18,28), sie kann aber auch verdreht werden (2Petr 3,16); die einen kennen und verstehen sie, die anderen nicht (Apg 18,24; Mt 22,29 par; Lk 24,25; Joh 20,9), ein Vorwurf, der freilich auf Gegenseitigkeit beruhte.

c) γράμμα *[gramma]* wird an 8 Stellen (im Plur.) konkret gebraucht mit deutlicher Tendenz zum Profanen und Rechtlichen. Es bedeutet *Buchstaben* (Gal 6,11; Lk 23,38 v. l.), *schriftlichen Bescheid* (Apg 28,21) und *Schuldschein* (Lk 16,6); ferner *Gelehrsamkeit* (Joh 7,15; Apg 26,24), die bei Juden *Schriftkundigkeit* meint, schließlich die *Schriften Moses* (Joh 5,47) und allg. die *heiligen Schriften* (2Tim 3,15). Die restlichen 6 Stellen zeigen, daß Paulus den Begriff vor allem übertragen gebraucht — parallel zu νόμος *[nomos]*, → *Gesetz*, und antithetisch zu πνεῦμα *[pneuma]*, → *Geist*. Wohl in formaler Angleichung an πνεῦμα *[pneuma]* wird γράμμα *[gramma]* darum in diesen Zusammenhängen (mit Ausnahme von 2Kor 3,7) im Sing. verwendet. Die Tendenz, γράμμα *[gramma]* und πνεῦμα *[pneuma]* einander gegenüberzustellen — im Profangriech. und bei Jeremia (31,31—33) angelegt —, wurde von Paulus in ein System gebracht (weshalb Röm 2,27.29; 7,6; 2Kor 3,3.6 und 17 als innere Einheit zu fassen sind):

γράμμα *[gramma]*	πνεῦμα *[pneuma]*
Buchstabe	Geist
in Stein gelassen	ins Herz geschrieben
mit Tinte auf steinerne Tafeln	mit Geist auf fleischerne Tafeln
→ Gesetz	→ Freiheit
Beschneidung (konkret)	Beschneidung des Herzens
→ alt	→ neu
→ Tod	→ Leben

Die konsequente Durchführung des Gegensatzes zeigt deutlich, daß es sich hier um ein polemisches Schema handelt (dazu weiter unten).

3a) Schriftverständnis

Die ersten Christen waren Juden unter Juden; darum war für sie die Bibel wie für alle anderen Juden »heilige Schrift«: Grund, Norm und Ziel des Glaubens und Lebens. In ihr begegnete das lebendige Gotteswort, das — durch Interpretation als personhafte Anrede erfahren — in dieser Gestalt zunächst mündlich weitergegeben und mit erstaunlicher Gedächtniskraft festgehalten worden ist. Zu verschiedenen Zeiten und aus verschiedenen Anlässen wurde mündliche Tradition gesammelt und schriftlich fixiert. Was immer auch der Grad an Geformtheit war — vom Augenblick der Schriftwerdung an ist Überlieferung (→ Lehre) ein bleibend gegenständliches, Menschen überdauerndes Zeichen und Zeugnis, das von jeder Generation neu erfahren werden kann. Der Prozeß der steten Aneignung der Schrift verläuft in einer starken Spannung einerseits zwischen Schrift und Leben, andererseits zwischen den verschiedenartigen Deutungen durch einzelne Gruppen, denn die Schrift wurde nach der jeweiligen Geschichtserfahrung betrachtet, zugleich aber das Erleben der Geschichte nach dem Wort der Bibel geformt. Da diese Interpretation nach dem Glauben aller jüd. Gemeinden im Geiste Gottes geschah, stand das in der Deutung Erschaffene als Geoffenbartes in gleicher Dignität neben dem Alten: so entstand neben der hebr. Bibel einerseits die Mischna, andererseits das NT, das mit seiner Christologie eine Analogie und zugleich eine Überbietung des »Alten Testamentes« sein sollte.

b) Die Methoden der Interpretation können an den Bibelzitaten verfolgt werden, deren Abweichungen kaum zufällig sind, obwohl häufig mündlich zitiert wurde: Textvarianten stehen im Dienste der Deutung, so wenn Texte im Wortlaut verändert, verkürzt oder midrasch-artig erweitert, wenn Zitate aus verschiedenen Zusammenhängen unter einem Stichwort verbunden oder ineinander verschmolzen, andere sogar ins Gegenteil verkehrt sind. Hinweise gibt auch die verwendete Textform, war doch die Gestalt des Textes damals noch fließend. So zeigen nt. Zitate manchmal Verwandtschaft mit Textformen, wie sie später dann den Übers.en Theodotions, Aquilas und Lucians zugrundelagen; aram. Targume kommen Texten nahe, die Paulus und Matthäus gebrauchten (letzterer vergleicht gelegentlich mit dem hebr. Text; dem LXX-Text am nächsten scheinen die Zitate in Lk-Apg und Hebr zu stehen).

4) Theologie der Schrift

Die vielfältigen Bibelzitate des NT sind nicht schmückende Zutat, sondern Fundament. Auf Leitworten der hebr. Bibel baut sich das NT auf. Der Übergang von Anspielung zu Zitat ist oft fließend, wie auch Zitate ohne Einführungsworte neben anderen sich finden, die formelhaft eingeleitet werden. Die Formeln (wie etwa: die Schrift sagt; auch: Mose, David, Jesaja sagte, schrieb, prophezeite, mahnte, rief) sind weithin allg. jüd. Gut; das Besondere christl. Bestimmtheit zeigt sich vor allem in den Sätzen, die auf »Erfüllung« der Schrift, also auf eine Verwirklichung des Verheißenen weisen. Solche Hervorhebung des biblischen Textes war für die missionarische Anknüpfung bei Juden wichtig und wurde dann auch von Christen für die Mission unter den Heiden übernommen.

a) Bes. jedoch in der Auseinandersetzung mit dem Judentum hat der »Schriftbeweis« seine Kraft und Ausdehnung erhalten. Er ist das hauptsächlichste Mittel der Apologie. Jüd. Gegnerschaft der christl. Verkündigung veranlaßte bes. Matthäus zur Erweiterung des überlieferten Stoffes durch ausdrückliche Schriftzitate. Vor allem die Leidensgeschichte wurde mit alter jüd. Tradition verbunden, weil sich zumeist an ihr die Geister schieden. Nach innen, aber vor allem nach außen hin, war die Art des Leidens und Sterbens Jesu das große Problem; durch den Schriftbeweis konnte aber der Verzagtheit und den Zweifeln gewehrt und zugleich der gegnerische Angriff abgewehrt werden: was hier geschah, war für Christen weder Zufall noch Katastrophe, sondern — wie bes. die Psalmen zeigen — Gottes längst gefaßter Plan. An der Häufung von Zitaten werden als weitere Schwerpunkte der innerjüd. Auseinandersetzung die Fragen nach Herkunft und Autorität Jesu sichtbar. Bei Matthäus durchziehen die Hinweise, daß die Schrift erfüllt sei, schließlich leitmotivartig das ganze Buch.

b) Dieser eigentliche Schriftbeweis mit seinem Zeugnis von der Erfüllung der Verheißung betont aber nicht nur die Kontinuität, sondern zugleich die Zäsur zwischen der alten und der neuen Ära. Ähnlich einschneidend empfanden die Essener die Geschichte des »Lehrers der Gerechtigkeit«, während bei den hillelitischen Pharisäern selbst die Katastrophe der Tempelzerstörung die Kontinuität ihres Schriftverständnisses kaum berührte. Die Erscheinung Jesu bewirkte bei Christen, daß die Schrift für sie neue Wichtigkeit erhielt, indem sie einen bisher unbekannten Sinn offenbarte: Matthäus, Paulus und Johannes, aber auch die anderen nt. Schriftsteller sahen den Weg Jesu in der Bibel vorausdargestellt. Wie weit auch immer Jesus sich selbst so von der Schrift her bestimmt wußte, — jedenfalls hat die glaubende Gemeinde ihr »Leben Jesu« nicht nur nach mündlicher Überlieferung, sondern auch »gemäß den Schriften« konzipiert, die doch als seinet- und ihretwegen geschrieben verstanden worden sind.

c) Je tiefer die Zäsur empfunden wurde, desto mehr konnte der Schriftbeweis auch zur Waffe der Polemik werden, was die Trennung vom übrigen Judentum wiederum verschärfte. Wenn sich Paulus etwa (2Kor 3) auf Ex 34 bezog, dann besteht zwar eine formale Gemeinsamkeit, inhaltlich aber eine Abgrenzung vom Gegner, wie die Gegensatzpaare γράμμα *[gramma]* — πνεῦμα *[pneuma]* (dazu oben) zeigen: Zusammengehöriges wird auseinandergerissen, die gegnerische Position bewußt ins Negative gewendet und dadurch verächtlich gemacht. In einer Polemik ähnlich wie in Qumran (Licht — Finsternis) wird hier den Andersgläubigen auf dem Boden derselben Schrift aller Wert abgesprochen. Es kann sogar so aussehen, als ob den Gegnern der nun entleerte gemeinsame Ursprung allein überlassen bliebe.

So steht das NT in einer dauernden Spannung: einerseits hebt es die Autorität der hebr. Bibel (bzw. der LXX) stark hervor und läßt sie andererseits vor dem Anspruch des neuen Evangeliums nahezu verschwinden. Diese in der geschichtlichen Situation bedingten und von ihr notwendig hervorgerufenen Spannungen ließen jedoch eine Synthese entstehen. Das Wissen um die Einheit in der Spannung kommt bes. in der Typologie zum Ausdruck, bei der (ähnlich wie bei Essenern und Pharisäern) in der Erfüllung einer Verheißung wiederum die Verheißung einer noch größeren Erfüllung gesehen wird. Der geschichtliche Wert der Vorbilder wie Adam, Abraham, Mose, Elia, Tempel, Opfer muß nicht aufgelöst werden, wenn diese von Christus überboten werden. Ein neues Ziel wird durch ihn gesetzt, das den alten Weg der Geschichte Gottes mit seinem Volk weiterführt. *R. Mayer*

Lit.: WBacher, Die exegetische Terminologie der jüdischen Traditionsliteratur, 1899 (Nachdruck 1965) – OMichel, Paulus und seine Bibel, 1929 – GSchrenk, Art. γράφω etc., ThWb I, 1933, 742ff – OSchmitz, Das Alte Testament im Neuen Testament, in: Wort und Geist, Festgabe KHeim, 1934, 49ff – LGoppelt, Typos. Die typologische Deutung des Alten Testamentes im Neuen, 1939 – JWDoeve, Jewish Hermeneutics in the Synoptic Gospels and Acts, 1954 – HJKraus/HWSurkau, Art. Bibelkritik, EKL I, 1956, 454ff – HJKraus/ChrMaurer, Art. Bibelwissenschaft, EKL I, 1956, 489ff – HJStoebe/ENestle/WWiesner, Art. Bibelkanon, EKL I, 1956, 448ff – EEEllis, Paul's Use of the Old Testament, 1957 – GBauer jun., Art. Schriftbeweis, EKL III, 1959, 846ff – OBetz, Offenbarung und Schriftforschung in der Qumransekte, WUNT 6, 1960 – FFBruce, Biblical Exegesis in the Qumran Texts, 1960 – GvRad, Theologie des Alten Testaments II, 1960 (1968[5]), 329ff – CWestermann (Hrsg.), Probleme alttestamentlicher Hermeneutik, ThB 11, 1960 (1968[3]) – BGerhardsson, Memory and Manuscript, 1961 – FHesse u. a., Art. Schriftauslegung, RGG V, 1961[3], 1513ff – EStauffer, Jesus und seine Bibel, in: Abraham, unser Vater, Festschr. OMichel, 1963, 440ff – MKähler, Aufsätze zur Bibelfrage, ThB 37, 1967 – MRese, Die Rolle des AT im NT, Verkündigung u. Forschung 2, 1967, 287ff – RMayer, Geschichtserfahrung und Schriftauslegung, in: Die hermeneutische Frage in der Theologie, hrsg. v. OLoretz und WStrolz, 1968, 290ff – IChristiansen, Die Technik der allegorischen Auslegungswissenschaft bei Philon von Alexandrien, 1969 – KKünkel, Ist die Schrift mehr als die Summe ihrer Texte?, ZThK 66, 1969, 481ff – FMildenberger, Texte – oder die Schrift?, ZThK 66, 1969, 192ff – FHahn, Das Problem »Schrift und Tradition« im Urchristentum, EvTh 30, 1970, 449ff – JWirsching, Was ist schriftgemäß?, 1971 – PBrunner, Schrift und Tradition nach evangelischer Lehre, Zeitwende 44, 1973, 248ff.

Schuld

Im Unterschied zu dem aktivischen Charakter der → Sünde handelt es sich bei der Schuld mehr um ein passivisches Verfallensein an die übergeordnete Instanz eines Gerichtshofes menschlicher oder göttlicher Art. Schuld ist also ein juristisch-forensischer Begriff. Das wird am deutlichsten bei ἔνοχος *[ẹnochos]*, dem term. techn. der Gerichtssprache, der das *Schuldigsein* eines Angeklagten vor Gericht feststellt. αἰτία *[aitịa]* legt den Akzent auf den Grund bzw. die Ursache, die zur Beschuldigung führt. Die Bedeutungsbreite der Wortgruppe ἐλέγχω *[elẹngchō]* reicht dagegen weit über den juristischen Bereich hinaus: vom logischen Beweis über das gerichtliche Überführen bis zum allg. Zurechtweisen. Im AT und NT hat der allg. antike Schuldbegriff durch die Beziehung zu Jahwe bzw. dem Vater Jesu Christi eine Personalisierung und Radikalisierung erfahren.

→ Gerechtigkeit; → Vergebung; → Versöhnung.

αἰτία

αἰτία *[aitịa]* Grund, Ursache, Schuld · αἴτιος *[ạitios]* verantwortlich, schuldig · αἰτίωμα *[aitịōma]* Beschuldigung · ἀναπολόγητος *[anapologætos]* unentschuldbar

I αἰτία *[aitịa]* meint den *Grund* als *Beweggrund* eines Gedankens oder einer Handlung, kausal zu verstehende *Ursache* oder *Veranlassung* einer Sache, eines Ereignisses oder Phänomens. In der griech. Philosophie taucht das Wort erstmalig in Berichten über die Gedanken Anaximanders (Mitte des 6. Jh. vChr) auf. Seit dem 5. Jh. (zB Aristot.) wird es auch zum feststehenden Begriff für den *Ursprung*, die *Ursache* von Naturphänomenen.

Jedoch wird αἰτία *[aitia]* nur selten im guten oder neutralen Sinne gebraucht (vgl. schon Pape, Gr.-dt. Wörterbuch, 1849). Meist hat die Vokabel den Sinn von *Beschuldigung, Anklage* oder *Vorwurf* (Aischyl., Plut. u. a.), indem der Hergang eines Geschehens samt der es auslösenden *Schuld* dargestellt wird. Ebenso hat αἰτίωμα *[aitiōma]*, das sich erst seit Apg findet und im klassischen Griech. seit Aischyl. als αἰτίαμα *[aitiama]* belegt ist, die Bedeutung von *Beschuldigung eines Übeltäters*. αἴτιος *[aitios]* kennzeichnet das Vorliegen eines *schuldhaften Verursachens*. Das hier mitbehandelte Kompositum ἀναπολόγητος *[anapologætos]* deutet im vorliegenden Zusammenhang auf die Aussichtslosigkeit einer Verteidigung vor Gericht hin; es findet sich erst im 2. Jh. vChr (zB Polyb.) und bedeutet *ohne Entschuldigung*.

1) Der Sprachgebrauch von αἰτία *[aitia]* in der LXX ist einheitlich. Das Wort findet sich – abgesehen von 3 Übersetzungen in sekundären Hss. – 21mal, davon aber 18mal ohne hebr. Äquivalent (außer Weish 17,12) in den Apokryphen, 13mal allein in 1–4 Makk. Bis auf 4Makk 1,16, wo philosophisches *Verursachen* den Gedanken bestimmt, hat jede αἰτία *[aitia]*-Stelle in LXX mit einem Ereignis zu tun, das – allg. ausgedrückt – auf die Schattenseite des Lebens gehört: Kampf (2Makk 4,42), Götzendienst (Weish 14,27), Tod (Weish 18,18; 1Makk 9,10), Sinnenlust (ZusDan 14). Der Begriff wird ebenso wie im Profangriech. kaum im guten Sinne gebraucht, sondern als term. techn. in irregulären Situationen oder im Gerichtsprozeß. II

2) Die übrigen at. Stellen bestätigen das. In Gen 4,13 steht beim Jahwisten unter Verwendung des Begriffes *'awōn, Verbrechen:* »Meine (nämlich Kains) Schuld (LXX αἰτία *[aitia]*) ist zu groß«. Die schuldhafte Tat und ihre Strafe als unausweichliche Folge hängen für ihn kausal zusammen. (Vgl. auch GvRad, Theol. I, 265.)

Hi 18,14 hat eine Sentenz über den unweigerlich in todbringende Seuche hineingeratenden Frevler. Hier verwendet LXX in ihrer vom hebr. Text abweichenden Übers. zur Beschreibung des Todes als quasi »majestätischer Schicksalsschluß« αἰτία *[aitia]*.

Schließlich stellt Spr 28,17 fest, daß jemand »aus Ursache der Blutschuld« (= Mord; im Hebr. *'aschaq*) in Unsicherheit zum Grab hintreibt.

3) αἴτιος *[aitios]* steht, außer in 6 apokryphen Stellen, wo es *schuldig geworden* meint, nur 1Sam 22,22. Dort erklärt David, er sei »schuldig am Tode« bestimmter Priester. ἀναπολόγητος *[anapologætos]* und αἰτίωμα *[aitiōma]* kommen in LXX nicht vor.

Im NT ist die Wortgruppe nicht sehr häufig vertreten: αἴτιος *[aitios]* und αἰτίωμα *[aitiōma]* nur je 1mal in Hebr bzw. Apg, αἰτία *[aitia]* 20mal, und zwar nur in den Evgg., der Apg und Hebr. III

1) Einige Stellen verwenden αἰτία *[aitia]* in rein kausalen Verbindungen: *aus diesem Grunde, deshalb* geschieht etwas; zB gibt die blutflüssige Frau den Grund für ihr Berühren Jesu an (Lk 8,47); fragt Petrus nach dem Grund eines Besuches (Apg 10,21); sind Großmutter und Mutter für Timotheus Grund bes. Erinnerung (2Tim 1,6); ähnlich 2Tim 1,12; Tit 1,13; Hebr 2,11. Das Subst. αἴτιος *[aitios]* bezeichnet in Hebr 5,9, hier im positiven Sinne gebraucht, Christus als den *Urheber* ewigen Heils für alle, die ihm gehorsam werden.

2) In einer zweiten Gruppe von Stellen erscheint αἰτία *[aitia]* in Verbindung mit gerichtlichen Beschuldigungen und mit Klagen, die gegen jemanden vorgebracht werden. Mt 19,3, in der Pharisäerfrage nach Ehescheidung »aus jeder Ursache«, wird die Scheidung als deren zwingende Folge behauptet, während Jesu Antwort einen Neuanfang in der gestörten Ehe ermöglicht. (In V. 10 meint αἰτία *[aitia]* soviel wie *Sache, Zusammenhänge*, wobei möglicherweise auf eine konkurrierende Parallelität zwischen Ehe und Jüngerschaft, der Frau und dem Herrn angespielt wird.) Apg 22,24; 23,28; 25,18.27 geht es im Prozeß gegen Paulus jedesmal darum, den eigentlichen Beweggrund, die *Ursache* der gegen ihn erhobenen Anschuldigungen ans Licht zu bringen bzw. festzustellen, daß diese nicht erkennbar sind. Apg 25,7 hat für solche unbeweisbaren Anklagen das Subst. αἰτίωμα *[aitiōma]*, *Beschuldigung* (nur hier im NT). Ähnlich ist der Gebrauch von αἰτία *[aitia]* im Bericht vom Demetrius-Aufstand (Apg 19,40): Anklage droht wegen dieses Aufruhrs, für den man über keinen vertretbaren, erklärenden *Anlaß* verfügt.

3) Eine dritte Gruppe handelt von der Veranlassung zum Todesurteil.

a) Die Kreuzes-Inschrift nennt die Todes»ursache« für Jesu Hinrichtung (Mt 27,37; Mk 15,26). Dem Vorbeikommenden wurde damit sichtbar: Zu dieser Hinrichtung mußte es »zwangsläufig« kommen durch den von Jesus erhobenen Herrschaftsanspruch. Daß sein Weg jedoch unter dem »Muß« eines weit darüber hinausgehenden Ratschlusses Gottes stand (→ Notwendigkeit, Art. δεῖ), ist die Botschaft der Evgg. Apg 13,28 wird dieser Tötungs»anlaß« in einer Paulus-Rede ebenfalls erwähnt und als nach menschlicher Justiz ungerechtfertigt bezeichnet.

b) In dem mit juristischem Gedankengut durchsetzten Bericht der Verhandlung vor Pilatus findet sich dessen wiederholte Feststellung, er fände keine todeswürdige Schuld an Jesus (mit αἰτία *[aitịa]* bei Joh 18,38; 19,4.6; mit αἴτιον *[ạition]* in Lk 23,4.14.22). Daher wiegt in der Darstellung der Evgg. die Todesforderung des Volkes über den Unschuldigen um so schwerer (→ Kreuz, Art. σταυρός III,1). In gleichartiger Verwendung vgl. auch → *ἔνοχος [ẹnochos], schuldig.*

c) Apg 28,18 erwähnt die Anklage eines Kapitalverbrechens, die gegen Paulus erhoben war. Weil jedoch kein zureichender Anlaß (αἰτία *[aitịa]*) vorlag, wollten die Römer ihn vor ungerechtfertigtem Todesurteil retten.

4) Die Verwendung unserer Begriffsgruppe im AT und im NT weist auf die Verantwortung des Menschen für sein Handeln samt den sich daraus ergebenden Folgen hin. Dies verdeutlicht ebenfalls das im Römerbrief des Paulus zweimal vorkommende ἀναπολόγητος *[anapologætos]*, das das Unentschuldbarsein im rechtsgültigen Verständnis meint. Die Gottlosen haben unter eschatologischem Aspekt keine Entschuldigungsmöglichkeit. Sie stehen unter Gottes vernichtendem → Zorn (Röm 1,20). Überhaupt vermag kein Mensch vor Gott je irgendeine Entschuldigung vorzubringen (Röm 2,1). Jeder, der Heide wie der Jude, ist von Rechts wegen dem Tod verfallen und damit — wie der Gedankengang in Röm 2 weiterführt — gänzlich angewiesen auf Gottes freie und »grundlose« → Gnade und Güte in Jesus Christus. E r nahm unsere Verurteilung zum Tode auf s i c h und hat u n s dadurch wahrhaftig »entschuldigt«. Die theol. Zuspitzung darauf, daß Christus solches erleiden »mußte«, spiegelt die konsequente Verwendung dieser Begriffsgruppe wider. *F. Thiele*

ἐλέγχω

ἐλέγχω *[elẹngchō]* überführen · ἔλεγχος *[ẹlengchos]* Beweis, Überführung · ἐλεγμός *[elegmọs]* Überführung · ἔλεγξις *[ẹlengxis]* Zurechtweisung

I 1) ἐλέγχω *[elẹngchō]* ist seit Homer belegt (zB Il. 9,518; Od. 21,424), urspr. wohl — wie das Subst. ἔλεγχος *[ẹlengchos]*), *Schmähung* — in der Bedeutung *tadeln, schmähen*, dann im Sinn von *prüfen, untersuchen, einer Sache auf den Grund gehen* (vgl. ThWb II,470,A2). Bei Platon (Soph. 241d; 529a; Gorg. 570c; Phaid. 273c u. ö.) und Aristoteles (De Sophisticis Elenchis 1,165a2; 10,171 a2.4 ἔλεγχος u. ö.) bezeichnet ἐλέγχω *[elẹngchō]* das logische Darlegen eines Sachverhaltes mit dem Ziel, die gegnerischen, meist sophistischen Argumente zu *widerlegen*. Daraus entwickelt sich die Hauptbedeutung *überführen, widerlegen* (zB Democr., Fr. 60,222; Zeno, Fr. 41). In der Stoa wird der Begriff vom intellektuellen in den ethischen Bereich philosophischer Seelsorge verlagert: Epiktet bemüht sich um Zurechtweisung der praktischen Lebensgrundsätze (Diss. I,26,17; II,1,32; 14,20; 26,4; III,9,13; 23,33 u. ö.). Auch Philo (Spec. Leg. III,54; IV,6.40 u. ö.) und Josephus (Bell. 7,330.447 u. ö.) reden häufig vom *Zurechtweisen*, das den Menschen von ihrem eigenen Gewissen, dem Logos, der Wahrheit oder von Gott widerfährt. In den hell. und jüd. Schriften taucht schließlich der Gedanke der Zurechtweisung wieder auf, so daß sich die Bedeutung *tadeln, strafen* (Appian. Bell. Civ. 5,28; Diod S 13,90,4) ergibt und ἐλέγχω *[elẹngchō]* in inhaltliche Nähe zu παιδεύω *[paidẹuō]* bzw. παιδεία *[paidẹia]*, dem Grundbegriff griech. → Erziehung und Bildung, gerät.

2) Eine entsprechende Bedeutungsvielfalt hat auch das seit Pindar geläufige Subst. ἔλεγχος *[ẹlengchos]*. Es bedeutet a) *Beweis* (Demosth. 44,15; Plato, Gorg. 471e; bes. Aristot. De Soph. El. 1, 165 a2), b) *Überführung* (BGU 1138,13, Epigr. Graec. 814), c) *Zurechtweisung, Tadel, Rüge* (Philo,

Rer. Div. Her. 76). Die in LXX und im NT gebräuchlichen Subst.e ἐλεγμός [elegmos] und ἔλεγξις [elengxis] begegnen hauptsächlich in hell. Zeit und haben demzufolge meistens die Bedeutung *Überführung* bzw. *Zurechtweisung*.

In LXX übers. ἐλέγχω [elengchō] ganz überwiegend das Hifil von *jākach: zur Rechenschaft ziehen, zurechtweisen;* ἔλεγχος [elengchos] gibt meist das entsprechende Subst. *tōkachat* wieder: *Vorwurf, Zurechtweisung*. Es ist bemerkenswert, daß die Wortgruppe in dieser Bedeutung hauptsächlich in späteren Schriften des AT (Hi, Pss, Spr) und in den Apokryphen (Weish, Sir) belegt ist. – ἐλεγμός [elegmos] hat Jes 37,3 und 50,2 die Bedeutung *Schelten, Schmähen, Schmach*. Num 5,18f.23f.27 übers. LXX das Bitterwasser des Ordals mit der schwierigen Formulierung ὕδωρ τοῦ ἐλεγμοῦ [hydōr tou elegmou], *Wasser des Schmähens*. ἔλεγξις [elengxis] kommt nur Hi 21,4 und 23,2 vor als Übers. des hebr. *siᵃch, Anliegen, Klage*. II

1) In den Geschichtsbüchern begegnet ἐλέγχω [elengchō] gelegentlich in profanen Zusammenhängen: Wegen einer Brunnenstreitigkeit stellt Abraham Abimelech, den König von Gerar, zur Rede (Gen 21,25); in der Auseinandersetzung zwischen Jakob und Laban sollen die Verwandten Recht sprechen (Gen 31,37) etc. In diesen Fällen charakterisiert ἐλέγχω [elengchō] die Klärung einer existentiellen, nicht intellektuellen (s. o. I,1) Streitfrage.

2) In der prophetischen Verkündigung hat das Verb rechtlichen Charakter, wie aus der Zusammenstellung mit den Begriffen Gerechtigkeit und Gericht erhellt. Vorausgesetzt ist dabei offenbar die Aufgabe der Priester, Israel Recht zu sprechen und Weisung zu geben (Hos 4,4; Ez 3,26; vgl. Am 5,10; Jes 29,21). Negativ spricht die prophetische Gerichtsankündigung von der *Überführung* (Jer 2,19) und dem Tag der *Heimsuchung* (Hos 5,9), den Jahwe über sein abtrünniges Volk bringen wird. Positiv ist in den Heilsworten von dem Recht der Elenden (Jes 11,3f) und der hilfreichen *Weisung* die Rede, die Jahwe den Völkern zuteil werden lassen wird (Jes 2,4; Mi 4,3).

3) Ihren eigentlichen Ort hat die Wortgruppe in der Weisheitsliteratur, hauptsächlich mit der Bedeutung *Zurechtweisung, Strafe*. Einerseits bittet der Psalmbeter um Bewahrung vor göttlicher Strafe (Ps 6,1), andererseits wird die von Jahwe oder gerechten Menschen widerfahrende Zurechtweisung als Hilfe und Wohltat empfunden (Ps 141,5; Hi 5,17). Diesen Gedanken entfaltet vor allem die Spruchweisheit. Während der Gottlose Zurechtweisung weder annimmt noch verdient, ist der Weise für sie dankbar, weil er in ihr die Liebe Jahwes erkennt (Spr 9,7f; 3,11f; 29,15). Wie die verschiedentliche Parallelisierung von ἐλέγχω [elengchō] und παιδεύω [paideuō] (Spr 3,12 ersetzen Aquila und Symmachus ἐλέγχει [elengchei] durch παιδεύει [paideuei]; 15,12; Sir 18,13) bzw. ἔλεγχος [elengchos] und παιδεία [paideia] (Spr 6,23) zu erkennen gibt, kommt die Wortgruppe in der Weisheitslit. in die Nähe des stoischen Bildungs- bzw. Charakterideals (vgl. dazu vRad, Theol. AT, I,429ff): Der Fromme wird durch Zurechtweisung und Züchtigung erzogen, den rechten Weg des Lebens zu gehen (Spr 6,23; 5,12ff; 19,25; Sir 18,13).

4) Auf Grund der Mahnung Lev 19,17 »Zurechtweisen sollst du deinen Nächsten« spielt die Zurechtweisung im Judentum einerseits als Gebot der Nächstenliebe, andererseits als verdienstvolle Leistung eine wichtige Rolle (Sifre zu Lev 19,17; Jer. Sanh. 21b; Pesikta Kah 25.163b; Einzelheiten bei St.-B. I,787ff). Bes. Bedeutung hat die Zurechtweisung in den Qumrantexten. Wer seinen Bruder bei einer Gesetzesübertretung beobachtet, hat ihn zu *tadeln*, und zwar zunächst vor Zeugen (CD 7,2). Wenn diese Zurechtweisung nichts hilft, muß der Fall der Gesamtgemeinde vorgetragen werden, die dann gegen den Sünder vorgeht (1QS III,6).

Die Wortgruppe begegnet im NT einerseits in den Evgg. (bes. Joh), andererseits in den späteren, nicht paulinischen Briefen (bes. Past.). Wie im AT fällt das Hauptgewicht der Belege nicht auf die frühen (Mk und Paulus verwenden die Wortgruppe – bis auf 1Kor 14,24 – nicht), sondern auf die späteren Schriften der 2. und 3. literarischen Generation. III

1) Im Johannesevangelium bedeutet ἐλέγχω [elengchō] – der prophetischen Gerichtsverkündigung vergleichbar (s. o. II,2) – das *überführende Aufdecken* der Sünde, das als negative Kehrseite zum rettenden göttlichen Offenbarungswerk gehört (Joh 3,20; 16,8; vgl. auch Eph 5,13; Jud 15). Der Inhalt des Überführens wird mit περί [peri] c. Gen. angegeben (Joh 8,46 Sünde; 16,8ff Sünde, Gerechtigkeit und Gericht; vgl. Luk 3,19 illegitime Ehe; Jud 15 Werke der Gottlosigkeit).

2) Bes. häufig begegnet ἐλέγχω [elengchō] in paränetischen Texten (zB Eph 5,13). Die Pastoralbriefe übertragen dem Gemeindeleiter die Aufgabe, Gemeindeglieder zurechtzuweisen (1Tim 5,20; 2Tim 4,2; Tit 2,15) und Gegner ihres Irrtums zu überführen (Tit 1,9.13). Die entsprechende Tätigkeit wird 2Tim 3,16 ἐλεγμός [elegmos], 2Petr 2,16 ἔλεγξις

[ẹlengxis] genannt. In diesen Zusammenhang gehört auch die Anweisung der Gemeindeordnung Mt 18,15ff, sündigende Gemeindeglieder zunächst unter vier Augen zurechtzuweisen, dann im Beisein von mehreren Zeugen und, falls das nicht fruchtet, den Fall der Gemeinde vorzulegen (vgl. das entsprechende Verfahren in Qumran, s. o. II,4).

3) Daß das hell. geprägte Erziehungsverständnis (s. o. I,1; II,3) auch in das NT Eingang gefunden hat, geht aus der Zitation von Spr 3,11f in Hebr 12,5 und Offb 3,19 hervor, wo jeweils ἐλέγχω [elẹngchō] und παιδεύω [paidẹuō] parallelisiert werden.

4) Schwierigkeiten bereitet das Verständnis von ἔλεγχος [ẹlengchos] Hebr 11,1; es kann nur aus dem Kontext der ganzen »Glaubensdefinition« erschlossen werden.

Der Satz gliedert sich in zwei Teile; die 2. Satzhälfte stellt einen komparativischen Parallelismus zum ersten Teilsatz dar: ἔλεγχος [ẹlengchos] verstärkt ὑπόστασις [hypọstasis], πράγματα οὐ βλεπόμενα [prạgmata ou blepọmena] (*unsichtbare Dinge*) erläutern ἐλπιζόμενα [elpizọmena] (*Gehofftes*). Die Begrifflichkeit ist unverkennbar hell. geprägt. Das Gefälle der Aussage zielt nicht so sehr auf die subjektive Glaubensüberzeugung (Luther: *Zuversicht, Nichtzweifeln*), als ob der Glaube dem Zukünftigen Realitätscharakter verleihen könnte, sondern vielmehr auf die »Bindung an das Objektive« (Michel 373). Dementsprechend ist ἔλεγχος [ẹlengchos] weder subjektiv als Nichtzweifeln noch paränetisch als Zurechtweisung noch intellektuell als Beweis zu verstehen, sondern im Kontext der Theol. des Hebr streng t h e o - logisch als *Überführtsein* von der Macht der von Gott verheißenen zukünftigen Welt, die hier in profangriech. Terminologie als »nicht sichtbare Dinge« bezeichnet wird (zum Ganzen vgl. Michel, zSt., 372ff).

Hebr 11,1 lautet dann: »Es ist aber der Glaube ein Unterpfand für Gehofftes und ein Überführtsein von Dingen, die man nicht sieht«. *H.-G. Link*

ἔνοχος

ἔνοχος [ẹnochos] schuldig, einer Sache oder Strafe unterworfen, verfallen, verdammt · ἐνέχω [enẹchō] festhalten

I Die griech. Lit. hat das Adj. ἔνοχος [ẹnochos], abgeleitet von ἐνέχω [enẹchō] (seit Pindar), akt.: *festhalten*, pass.: *festgehalten, unterworfen sein*, seit Platon, Xenoph. und Isocr. Es wird häufig als term. techn. in der Gerichtssprache verwendet: Jemand wird *straffällig* und ist vom Gesetz so *belastet*, daß er bestraft werden muß. Das Forum (Gerichtshof, Gesetze, Menschen oder Götter), dem er schuldig bzw. verfallen ist, wird meist durch eine Dativkonstruktion erläutert (zB Xenoph. Mem. 1,2,64); häufig wird ἔνοχος [ẹnochos] auch mit dem Gen. verbunden, der dann das Vergehen (zB Plato, Leg. XI p. 914e) und die Strafe des Angeklagten angibt.

II LXX hat ἔνοχος [ẹnochos] 21mal, und zwar in gleicher Bedeutung wie das Profangriech. Der terminologische Gebrauch in LXX meint vorwiegend jemanden, der meist wegen einer Tat der Blutschuld zum Tode *verdammt* wird. ἔνοχος [ẹnochos] dient zur Wiedergabe hebr. Formeln, die das Todesurteil zum Ausdruck bringen, zB Gen 26,11; Ex 22,2; Lev 20,9–27 (in Fällen von Sodomie, Inzest, Homosexualität, Wahrsagerei und dergl. »komme ihr Blut über sie«); Num 35,27; Dtn 19,10; Jos 2,19 (Blutschwur der Kundschafter gegenüber Rahab). Jes 54,17 (LXX) meint ἔνοχος [ẹnochos] die Schuldigen, die sich zu einem Rechtsstreit gegen Israel erheben.

III Die 10 nt. ἔνοχος [ẹnochos]-Stellen bleiben auf dieser Linie.

1) Mt 5,21f wird in dreifacher Steigerung dativisch das jeweilige Forum genannt, vor dem sich ein Gesetzesübertreter zu verantworten hat: κρίσις [krịsis], *Lokalgericht*, συνέδριον [synhẹdrion], *höchstes Landesgericht*, γέεννα [gẹenna], *Hölle* (hier wird im Akk. gleich der Strafort anstelle des höchsten Richters genannt). Dem Maß der geringen bzw. schwerwiegenden Schuld entspricht das jeweilige Gerichtsforum und die Härte der Bestrafung (vgl. Schlatter zSt.).

2) Jak verwendet in 2,10 ἔνοχος *[ęnochos]* für den Gesetzesübertreter. Jede noch so geringfügig erscheinende einzelne Sünde macht den Menschen »ganz schuldig«, womit er dem Gericht verfällt.

3) Es entspricht den at. Formeln (vgl. II), wenn in dem Mk- und Mt-Bericht über den Prozeß Jesu das Todesurteil mit ἔνοχος *[ęnochos]* formuliert wird. Der Hohepriester sieht den Tatbestand der Blasphemie (→ Schmähen) bei Jesus als erfüllt an und spricht ihn »des Todes schuldig« (ἔνοχος θανάτου ἐστίν *[ęnochos thanątou estįn]* Mt 26,66; vgl. Mk 14,64). Die beiden übrigen ἔνοχος *[ęnochos]*-Stellen haben ebenfalls juristischen Charakter.

a) Hebr 2,15 erläutert die Bedeutung des Todes Jesu, der diejenigen befreit, die »verdammt« waren, Sklaven (sc.: von Teufel und Tod) zu sein.

b) 1Kor 11,27 folgert: Wer unwürdig Brot und Kelch nimmt, wird »schuldig« am gegenwärtigen Leib und Blut des Herrn, der sich für den Bruder in den Tod gab. Die Schuld erwächst aus dem gegenteiligen, nämlich dem lieblosen Verhalten zum Nächsten (vgl. Mt 5,21f). Auch hier geht es beim Gebrauch von ἔνοχος *[ęnochos]* um die Entscheidung zwischen Leben und Tod.

4) Ähnlich verbindet Mk 3,29 ἔνοχος *[ęnochos]* mit dem Gen. der Strafe: Wer sich gegen den Heiligen Geist blasphemisch wendet, wird »ewiger Sünde« schuldig sein.

F. Thiele

ZUR VERKÜNDIGUNG V

Die Erfahrung von Schuld, die ein unrichtiges, dh bestimmte Richtlinien verletzendes Verhalten mit sich bringt, dürfte selbst bei bestem Willen keinem Menschen erspart bleiben. Wie das Sterbenmüssen und die Angst ist »die Schuld . . . ein Existential unseres Daseins« (GCondrau, 70). »Ein Schuldbewußtsein bzw. ein Schuldgefühl kann . . . (der Mensch) . . . aber nur dann haben, wenn er 1. ein Gewissen, 2. die geistige Fähigkeit hat, die ihm vermitteln und bewußt werden lassen, daß er außerhalb der Gesetze oder der allg. gültigen Moral sich befindet oder befunden hat« (KHaug, 121). Mit dem Hinweis auf das → Gewissen als die Schuld anzeigende Instanz wird zugleich der individuelle Charakter konkreter Schuld signalisiert. Die Unterschiede in der Gewissensnormierung führen dazu, daß der eine mit gutem Gewissen tut, was der andere als Schuld empfindet.

Für die Praxis der Lebenshilfe (= »Seelsorge«) gilt es, das konsequent zu beherzigen. »Niemand von uns kann zu seinem Freund mit Bestimmtheit sagen: Du bist in dieser oder jener Sache schuldig. Ein solcher Anspruch, objektiv die Schuld festzustellen, ist, kurz ausgedrückt, ein Attentat auf die Person, auf die Autonomie der Person, auf die persönliche Verantwortung eines jeden; eine Verneinung jener psychologischen Wahrheit, daß nur der Betreffende selber erkennen kann, ob er schuldig ist oder nicht, und worin er es ist« (PTournier, 76). Das schließt natürlich keineswegs aus, daß ein anderer mir hilft – wie der Prophet Nathan dem König David (2Sam 12) – mein persönliches Verschulden zu erkennen. Doch kommt auch solche Hilfe nur zum Ziel, wenn sie das eigene Schuldbewußtsein antrifft oder weckt. Letztlich entscheidet das in ganz bestimmter Weise (zB durch die Gesellschaft oder den Willen Gottes) normierte Gewissen des einzelnen über das »Was«, das geschuldet wird.

Daneben hat jede Schuld »einen Gläubiger, dem sie schuldet« (MBoss, 27). Unter diesem Gesichtspunkt lassen sich drei Bezugssysteme unterscheiden, in denen durch Fehlverhalten Schuld entstehen kann: 1) das Verhältnis des Menschen zu sich selbst, 2) die Verflochtenheit des einzelnen mit der Gesellschaft und 3) die Beziehungen zwischen Gott und Mensch. Alle Bereiche sind aufs engste miteinander verzahnt; nur im Rahmen grober Vereinfachung kann man etwa den Psychotherapeuten als bes. für den ersten Bereich zuständig erklären, den Juristen bzw. Soziologen für den zweiten und den Theologen für den dritten.

Am ehesten bewußt wird den Menschen im allg.en die Schuld, die sie anderen Menschen gegenüber auf sich laden. Man braucht dabei freilich nicht bloß an die triebhaften Aggressionen von Neid, Haß, Rache oder Mordlust zu denken. Auch das, was

Hermann Broch in seinem Roman »Die Schuldlosen« als Folge der »Ur-Gleichgültigkeit« anführt, nämlich »die Gleichgültigkeit vor dem Leid des Nebenmenschen (dtv 333, 1965, 262), ist hier zu nennen.

In Gedichten, die sich mit dem Dritten Reich beschäftigen, stößt man zB immer wieder auf Äußerungen eines Schuldbewußtseins, das aus unterlassenem Eintreten für Recht und Menschlichkeit resultiert. »Ich hab es nicht gewollt. / Ich bin doch mitgegangen«, klagt Felix Berner (dtv sr. 20,45). Und Christine Busta fragt sich: »Ich weiß nicht, ob es gut war, daß ich schwieg: / wen Ekel stumm macht, wer's verschmäht hat, sich zu wehren, / ist schuldig, wenn sie Schritt für Schritt das Recht verkehren; / er weckt Gewalt, am Ende brüllt der Krieg« (aaO, 66). Nicht wenige Menschen fühlten sich so mitschuldig an den ungeheueren Zerstörungen des 2. Weltkrieges. Und wie die EKiD 1945 in Stuttgart, so formulierten auch einzelne gewissenhafte Menschen ähnliche Schuldbekenntnisse wie Wolfgang Weyrauch: »Die Stadt ist tot und ich bin schuld daran. / Wir alle haben Schuld« (aaO, 32).

Solche schon im kleineren Bereich von Familie und Betrieb immer wieder aus Lieb- und Verantwortungslosigkeit hervorwachsende Schuld hängt häufig ursächlich damit zusammen, daß die »Schuldigen« bereits im Verhältnis zu sich selbst gestört sind. Die »Ur-Gleichgültigkeit« (HBroch) richtet sich »gegen das eigene Menschtum«. Es ist der Psychologie zu danken, daß sie den Blick auf die existentielle Schuld lenkt, die da entsteht, wo ein Mensch sich selbst, seine Bestimmung verfehlt.

Wer im Verlauf seiner Entwicklung dem Bild, das er von seinen Möglichkeiten hat, gar nicht zu entsprechen vermag, der »hat das unbegreifliche Gefühl von einer ihn belastenden Schuld, aber dieses Schuldgefühl ist völlig verschieden von dem Gefühl, das einen Menschen bedrückt, der sich einer unrechten Tat bewußt ist. Es ist der Ausdruck eines Versagens gegenüber einem Wesentlichen« (VScheffen, 80). Von CGJung her kann man sagen: es sei das Schuldgefühl, das sich aus einem mißglückten Individuationsprozeß ergibt, aus dem gescheiterten Versuch der Selbstfindung. Symptome solcher als Schuld empfundenen Selbstverfehlung sind u. a. »Ich-Verlust, Abhängigkeit, das Zurückschrecken vor der Selbstwerdung, Wandlung und Freiheit« (GCondrau, 69). Daß oft die gesellschaftlichen Verhältnisse, »die nicht so sind« (BBrecht), den Menschen schuldig werden lassen, und zwar sowohl im Sinne einer »Einzeltatschuld« als auch der sog. »Lebensführungsschuld«, zeigt weiter, wie komplex das Schuldphänomen ist.

Für den Christen erschließt das Phänomen der Schuld erst dann seine letzte Tiefe, wenn es vom Bezug des Menschen zu Gott her gesehen wird. Schuld hängt dann immer irgendwie mit der Ur-Sünde (→ Sünde) zusammen, die im Unglauben besteht, darin, daß der Mensch nicht bereit ist, sich von Gott her gestalten und in Frage stellen zu lassen. Wer aber Gott aus seinem eigenen Leben heraushalten will, verfehlt sich selbst. Denn »der Mensch kann nur Mensch sein von Gott her, (er) gewinnt allein von ihm aus die Wahrheit über sich. Und so wäre Unwahrheit in ihrem metaphysischen Kern: der Mensch nimmt sich in seinem Sein von Gott her nicht an. Die Unwahrheit über sich selbst ist die Schuld« (FLeist, 169). Und wie der Unglaube die wahre Selbsterfahrung des Menschen unmöglich macht, so beeinträchtigt er uU die volle Entfaltung der dem Nächsten zugewandten Liebesenergien, so daß man überspitzt wohl sagen kann: »Wer Gott nicht mehr liebt, kann auch seinen Nächsten nicht mehr recht lieben« (AKöberle, 155).

In welcher Form die Schuld auch auftritt, die Auswirkungen sind sich sehr ähnlich. Sind bereits Geldschulden eine unangenehme Sache, wieviel mehr dann die vorher genannten Schulden. Sie bringen Angst und Unruhe. Oft treiben sie den Schuldigen in tiefe äußere und innere Einsamkeit, und nicht selten machen sie ihn physisch regelrecht krank. Manifestierten sich Schuldgefühle früher häufig in Hysterien, so verkriechen sie sich »seit geraumer Zeit . . . in zunehmendem Maße in die Verborgenheit des Leibesinnern und sprechen dann nur noch die Fremdsprache der sogenannten funktionellen Herz- und Magen-Darm-Störungen oder anderer Organneurosen« (MBoss, 16).

Wegen der unangenehmen Begleiterscheinungen von Schuld ist es verständlich, daß die Menschen – wie es schon von Adam und Eva überliefert ist – versuchen, sich um jeden Preis (auch den der neuen Schuld!) zu ent-schuldigen. »Die Last der Schuld ist so unerträglich, daß alle Menschen diesen Reflex der Selbstrechtfertigung zeigen, den die moderne Psychologie unter dem wissenschaftlichen Begriff ›Verdrängung des Gewissens‹ beschreibt, ein Verbannen der Schuld ins Unbewußte, außerhalb des Bewußtseinsfeldes« (PTournier, 116). Freilich führt solche Verdrängung nicht zur Beseitigung der Schuld, denn die abgedrängte Schuld bleibt auch im Unbewußten aktiv. So kann es passieren, daß statt des verdrängten Bewußtseins realer Schuld plötzlich Schuldgefühle auftauchen, für die vordergründig keinerlei Anlaß besteht.

»Ein derartiges unechtes, neurotisches Schuldgefühl liegt zB vor, wenn ein sehr geiziger Mensch sich wegen seines Geizes gar nicht schuldig fühlt, diesen gar nicht zugibt oder gar empfindet, sich aber anschuldigt, nicht oft genug in die Kirche zu gehen oder sich nicht genug die Hände zu waschen, während er dies in Wirklichkeit reichlich tut« (HLindinger, 126).

Das Fatale ist, daß der Mensch auf dem Wege der Schuldverdrängung in der Regel nur zu neuer Schuldanhäufung gelangt. »Immer dann, wenn der Mensch versucht, alle Gefühle der Schuld ganz zu verdrängen, d. i. also: das Gewissen selbst zu verdrängen, muß es zu einer Freisetzung desintegrierter destruktiver Strebungen kommen« (HLindinger, 127). Es werden neue zerstörerische Kräfte frei. Oder – wie Schiller schrieb – »Das eben ist der Fluch der bösen Tat, / Daß sie fortzeugend Böses muß gebären.« Immer tiefer kann ein Mensch sich dabei in die Schuld verstricken.

Bes. kläglich ist das Los des neurotisch Kranken, der sich nicht mehr selbst zu seiner echten Schuld stellen kann. Je größer sein »wesensmäßiges Schuldig-Sein . . wird, um so quälender werden seine neurotischen Schuldgefühle, die ihn wiederum in ein noch schuldhafteres Verhalten hineintreiben. Es entsteht ein Teufelskreis, der nicht selten zu einem Kurzschluß in Irrsinn und Selbstmord führt. Denn die Zukunft eines so verfangenen Menschen glotzt ihn mit immer grauenhafterer Sinnlosigkeit und Leere an« (MBoss, 62f).

Wie ist nun dem in Schuld verstrickten Menschen zu helfen? Zunächst gilt es: die neurotischen Schuldgefühle von den echten zu trennen. »Die krankhaften Formen der Schulderfahrung müssen beseitigt sein, ehe echte Schulderfahrung erkannt und abgenommen werden kann« (AKöberle, 162). Bei dieser Trennung von eingebildeter und »personhafter Schuld« (MBuber) werden die Pfarrer kaum auf den Rat und die Hilfe der Psychotherapeuten verzichten können (literarisch sei – nur beispielsweise – hingewiesen auf PCKuiper, Die seelischen Krankheiten des Menschen, 1968). Diese erkennen ihrerseits immer deutlicher, daß man »authentische Schuldgefühle« (MBuber) nicht einfach weganalysieren kann. Denn »die psychotherapeutische Begegnung mit den Schuldgefühlen neurotischer Menschen beweist immer wieder, daß dieselben im Grunde keineswegs sinnlos sind, sondern immer auf eine echte, wenn auch zunächst verborgene Schuld hinweisen« (GCondrau, 70).

Diese verborgene Schuld muß ans Licht. »Aus dem Zirkel der Schuld befreit allein schonungslose Wahrheit« (RSchneider). Dabei gilt für die Christen von der Bibel her, daß »echte Schulderkenntnis . . . nicht aus den Erfahrungen der Auflösung und des Verfalls (erwächst), sondern für uns, die wir ihr begegneten, allein in der Gestalt Christi selbst« (DBonhoeffer, Ethik, 1956, 47).

Wer sich seine Schuld von Christus her aufdecken läßt und der Tatsache seiner Sündhaftigkeit standhält, für den bietet sich als befreiender Schritt die Beichte als eine Möglichkeit an. Es ist kein Zufall, daß sie im Verlauf des Gespräches zwischen Theologie und Psychologie auch im Protestantismus wieder aufgewertet worden ist. In der Beichte bekenne ich mich Gott gegenüber als schuldiger Sünder. Dabei ist »unter Bekenntnis der Sünde . . . noch mehr verstanden als das Bekenntnis der Begrenztheit und die Unterwerfung unter sie, . . . dieses nämlich, daß ich durch den Eigenwillen, der mein Leben so weit trieb, schuldig geworden bin; daß ich das, was dahinten liegt, nicht damit abtun kann, daß ich, der Grenze inne werdend, sie bejahe; daß vielmehr eben das Bejahen der Grenze das Bekenntnis der Schuld vor der mich begrenzenden Macht sein muß, wenn es ernst ist, und daß Schuld nur durch ein Wort der Vergebung getilgt wird« (RBultmann, II,11). Neben dem Schuldbekenntnis ist der Vergebungszuspruch bzw. die Vergebungsgewißheit konstitutives Element der Beichte, die zur Konkretisierung des Schuld aufhebenden göttlichen Heilswillens verhelfen kann.

Natürlich macht auch ein erfolgter Vergebungsakt nicht ein für allemal schuldfrei. Doch sollte ein Christ weniger die Furcht vor dem immer neuen Schuldigwerden pflegen, als sich vielmehr in jenem Verheißungsglauben einüben, den Bonhoeffer mit den Worten beschrieb: »Über der Schuld steht die vergebende Liebe des Gekreuzigten« (Widerstand und Ergebung, 267).

Das Wissen um die Vergebungskräfte Gottes ist deshalb so wichtig, weil sonst eine romantische Sehnsucht nach der Unschuld zur Flucht vor der Übernahme von Verantwortung führen kann. Für Christen aber gilt in verstärktem Maße Günter Eichs Aufforderung zur Verantwortung für das Geschehen in der Welt: »Denke daran: / Nirgendwo auf der Landkarte liegt Korea und Bikini, / Aber in deinem Herzen. / Denke daran, daß du schuld bist an allem Entsetzlichen / das sich fern von dir abspielt —«.

Christsein ist nur möglich in der Bereitschaft, Verantwortung für den Menschenbruder zu übernehmen; das aber impliziert auch das Tragen von Schuld. Bonhoeffer wußte es: »Wer sich in der Verantwortung der Schuld entziehen will, löst sich aus der letzten Wirklichkeit des menschlichen Daseins, löst sich aber auch aus dem erlösenden Geheimnis des sündlosen Schuldtragens Jesu Christi . . . Er stellt seine persönliche Unschuld über die Verantwortung für die Menschen, und er ist blind für die heillosere Schuld, die er gerade damit auf sich lädt, blind auch dafür, daß sich die wirkliche Unschuld gerade darin erweist, daß sie um der anderen Menschen willen in die Gemeinschaft seiner Schuld eingeht. Daß der Sündlose als selbstlos Liebender schuldig wird, gehört durch Jesus Christus zum Wesen verantwortlichen Handelns« (Ethik, 187).

Eine wesentliche Hilfe beim Tragen von Verantwortung und der damit verbundenen Schuld bietet die wirklich »tragende« Gemeinschaft anderer Christen. Sie trägt auch dazu bei, die Grundeinsichten in das Wesen von Schuld und → Vergebung wachzuhalten, die Tournier zusammenfassend so beschreibt: »Wir empfinden alle Schuldgefühle, aber wir trachten auch alle ständig danach, uns ihrer zu entledigen, nicht durch die Vergebung Gottes, sondern durch die Mechanismen der Selbstrechtfertigung, durch die Verdrängung unseres Gewissens. Daher benötigen wir alle gleichzeitig die beiden großen der biblischen Umkehrung zugrunde liegenden Begriffe: die Gewißheit der Gnade als Antwort auf unser Schuldbewußtsein und die Strenge Gottes, um in uns zu gehen, unsere Schuld und Erbärmlichkeit zu erkennen und uns noch inniger der Gnade anzuvertrauen« (aaO, 136). Ohne die Gnade der Vergebung müßten wir verzweifeln, und ohne die Orientierung an dem Willen Gottes würden wir die Maßstäbe für eine verantwortliche Weltgestaltung der Gefahr egoistischer Korruption aussetzen.

H. Chr. Hahn

Lit.: FBüchsel, Art. ἐλέγχω etc., ThWb II, 1935, 470ff — HHanse, Art. ἔχω etc., ThWb II, 1935, 828 — RSchneider, Der Mensch vor dem Gericht der Geschichte, 1946 — AKöberle, Das Schuldproblem in theologischer und tiefenpsychologischer Sicht, in: WBitter (Hrsg.), Psychotherapie und Seelsorge, 1952, 154ff — FLeist, Die Grenzen zwischen Tiefenpsychologie und Seelsorge, in: WBitter (Hrsg.), aaO, 163ff — KHaug, Angst und Schuldgefühle bei psychatrischen Erkrankungen, in: WBitter (Hrsg.), Angst und Schuld in theologischer und psychotherapeutischer Sicht, 1953 (mit Beitr. v. BSommer, KRahner, VScheffen u. a.) — GEich, Jahrhundertmitte, 1955 — ESchweizer, Schuld und Tod in biblischer Sicht, ZW 27, 1956, 728ff — HDombois (Hrsg.), Die weltliche Strafe in der evangelischen Theologie, 1959 — GBally, Schuld und Existenz, WzM 9, 1960, 305ff — MBuber, Schuld und Schuldgefühle, in: ASborowitz (Hrsg.), Der leidende Mensch, 1960, 106ff — KKoch u. a., Art. Sünde und Schuld, RGG VI, 1962³, 476ff — RPfisterer, Die Schuld — Schande oder Chance?, WzM 7/8, 1962, 240ff — GSuttinger, Der schuldige Täter als psychologisches Problem, WzM 7/8, 1962, 225ff — HHarsch, Das Schuldproblem in Theologie und Tiefenpsychologie, 1964 — HThielicke, Theologische Ethik III, 1964, 380ff (Schuld, Strafe, Sühne) — MBoss, Lebensangst, Schuldgefühle und psychotherapeutische Befreiung, 1965² — GCondrau, Angst und Schuld im menschlichen Dasein, WzM 3, 1966, 65ff — HLindinger, Die Erfahrung von Schuld und Tod beim heutigen Menschen, WzM 4, 1967, 121ff — PTournier, Echtes und falsches Schuldgefühl, 1967 — NSchiffers, Der theologische Begriff der Schuld und die Deutung des sittlich Bösen im Lichte der Verhaltensforschung, Conc 6, 1970, 406ff.

Schwachheit

Schwachheit ist der Gegenbegriff zu → Kraft und umfaßt die Dimensionen des physischen, psychischen, sozialen, wirtschaftlichen und schließlich auch geistigen Unvermögens. Dies alles kann die Wortgruppe ἀσθενής *[asthenæs]* zum Ausdruck bringen. Eine bes. wichtige Rolle spielt die körperliche Schwachheit, dh die Krankheit, die in einem gesonderten Artikel νόσος *[nọsos]* verhandelt wird.

ἀσθένεια

ἀσθένεια *[asthęneia]* Schwäche, Schwachheit · ἀσθενής *[asthenæs]* kraftlos, schwach · ἀσθενέω *[asthenęō]* kraftlos, schwach sein · ἀσθενῶν *[asthenọn]* der Kranke

I Zu der vom Gegenbegriff σθένος *[sthęnos]*, *Kraft*, mit α-privativum gebildeten Wortgruppe *Kraftlosigkeit, Schwäche, Schwachheit* gehören insbes. das Verb ἀσθενέω *[asthenęō]* (seit Eur., Thuk.), das Subst. ἀσθένεια *[asthęneia]* (seit Hdt., Thuk.) und das Adj. ἀσθενής *[asthenæs]* (seit Pindar, Hom.). Alle drei bezeichnen zunächst die *körperliche Schwäche*, dh die *Krankheit* (Hdt. IV,135; Xenoph. Mem. 4,2,32; vgl. auch Jos. Bell. 1,76; Ant. 15,359) und berühren sich in dieser Bedeutung mit dem spezifischen Wortgehalt von → νόσος *[nọsos]*. In allgemeinerem Zusammenhang kann die ἀσθένεια *[asthęneia]*-Wortgruppe darüber hinaus als Gegenbegriff zu δύναμις *[dynamis]*, → *Macht*, oder ἰσχυρός *[is·chyrọs]*, *stark*, auch Schwächen anderer Art zum Ausdruck bringen, zB die *Schwäche der Frau* (Arist 250), die *Hinfälligkeit der menschlichen Natur* (Plato Leg. 854a) bzw. des menschlichen Lebens (Hdt. II,47; 8,51), aber auch die *wirtschaftliche Schwäche*, dh Einflußlosigkeit bzw. Armut (Hdt. II,88; Aristoph. Pax. 636); nur selten wird es für *gesinnungsmäßige* bzw. *sittliche Schwäche* gebraucht (Thuk. 2,61,2; Epict. Diss. I,8,8; vgl. auch Aristot. Eth. Nic. 1150b 19).

II 1) In LXX werden verwirrend viele hebr. Äquivalente mit ἀσθενέω *[asthenęō]* bzw. ἀσθενής *[asthenæs]* wiedergegeben (ἀσθένεια *[asthęneia]* kommt nur 7mal vor). Im Pentateuch begegnet lediglich 2mal ἀσθενής *[asthenæs]* (Gen 29,17 Leas *matte* Augen; Num 13,19 *schwache* bzw. *starke* – ἰσχυροί *[is·chyrọi]* – Einwohner Kanaans). Die übrigen Geschichtsbücher verwenden die Wortgruppe ebenfalls selten und in recht verschiedenen Zusammenhängen. Die Bedeutung *Krankheit* ist nicht belegt und begegnet auch in anderen at. Schriften nur ganz selten (zB Dan 8,27; vgl. → νόσος), wohl aber allg. *menschliche Schwäche* (Ri 16,7.11.17). Ri 6,15 ist von der *gesellschaftlichen Unansehnlichkeit* der Familie Gideons die Rede, 2Sam 3,1 von der *politischen Schwäche* des Hauses Sauls.

2) Eine spezifische Prägung erhält ἀσθενέω *[asthenęō]* erst in der prophetischen Literatur. Hier gibt es meist Verbalformen vom Stamm *kāschāl, straucheln, stolpern*, wieder, während ἀσθένεια *[asthęneia]* das entsprechende Subst. *mikhschōl, Hindernis, Ärgernis*, übers. (Jer 6,21; 18,23). In prophetischen Texten begegnet das Verb hauptsächlich innerhalb der Gerichtsreden und zwar in übertragener Bedeutung zur Kennzeichnung des von Jahwe abtrünnigen Volkes, das deshalb straucheln und zu Fall kommen wird (Hos 4,5; 5,5; Jer 6,21; 18,15; häufig wird im Sinne der Gerichtsankündigung futurisch formuliert: ἀσθενήσουσιν *[asthenæsousin]*, *sie werden schwach sein*, dh *straucheln, zu Fall kommen*, zB Nah 2,6; 3,3; Zeph 1,3).

3) In den Pss und der Weisheits-Lit. wird ἀσθενέω *[asthenęō]* einerseits wie bei den Propheten als Straucheln der Gottlosen und Feinde verstanden (Ps 9,4; 27,2; 58,8; 107,12; vgl. Hi 28,4), andererseits begegnet es als Ausdruck menschlicher Armut und menschlichen Elends (Ps 6,3; 31,10; 88,10; 109,24; vgl. Hi 4,4; Spr 21,13; 22,22). Zu erwähnen bleibt noch, daß Theodotion ἀσθενέω *[asthenęō]* offenbar mit bes. Vorliebe gebraucht (zB Dan 11,14.19.33ff zur Schilderung des Umkommens von Weisen und Gewalttätigen in der Endzeit). Daß ἀσθενέω *[asthenęō]* über die genuin griech. Bedeutung menschlicher Schwäche hinaus in LXX auch das menschliche *Straucheln* und *Scheitern* bezeichnet, erklärt sich wahrscheinlich aus dem Zwischenglied in der Übers., dem aram. *tāqal*, das sowohl *stolpern* wie *schwach sein* bedeutet (so Stählin, ThWb I,489).

III Etwas schematisierend läßt sich sagen, daß die ἀσθένεια *[asthęneia]*-Wortgruppe in wörtlicher Bedeutung hauptsächlich bei den Synopt. und Joh belegt ist, während sich das übertragene theol. durchreflektierte Verständnis vorwiegend in der paulinischen Brieflit. findet.

1) In der allg. Bedeutung *Schwäche* wird ἀσθενής *[asthenæs]* aufgenommen, wenn 1Petr 3,7 von den Frauen als dem *schwächeren Geschlecht* die Rede ist (vgl. auch PLond. 971,4) und das Auftreten des Paulus in Korinth (2Kor 10,10) als *schwächlich* bezeichnet

wird. Von der allg. menschlichen *Schwäche* spricht die sentenzartige Formulierung Mk 14,38 par, die nicht im Horizont paulinischer Theol., sondern at. Anthropologie zu verstehen ist (vgl. Haenchen, zSt.): »Der Geist ist willig, aber das Fleisch ist *schwach*.« In diesen Bedeutungszusammenhang gehört wohl auch Gal 4,9 (vgl. Bauer), wo die Elementarmächte des Kosmos als arm(selig) und schwach, dh entmächtigt und darum kraftlos, bezeichnet werden (vgl. Kol 2,15). Wirtschaftliche Schwäche im Sinne von *Bedürftigkeit* und *Armut* ist Apg 20,35 gemeint: Die Vermögenden sollen sich der Bedürftigen annehmen, denn »Geben ist seliger als Nehmen«.

2) Die Evangelien verwenden die Wortgruppe ganz überwiegend in der spezifischen Bedeutung von *körperlicher Schwäche* = *Krankheit* (Mt 10,8; Lk 13,11; Apg 9,37; Joh 4,46 u. o.). In dieser Hinsicht ist ἀσθένεια *[asthẹneia]* gleichbedeutend mit → νόσος *[nọsos* (Einzelheiten s. dort III). Meist werden die Wörter der ἀσθενής *[asthenæs]*-Gruppe absolut gebraucht, nur gelegentlich wird ihnen ein verdeutlichendes τῆς σαρκός *[tæs sarkọs]* hinzugefügt (Gal 4,13). Das Part. Präs. begegnet auch substantiviert: ἀσθενῶν *[asthenọn]*, der *Kranke* (Joh 5,7), meist im Plur.: ἀσθενοῦντες *[asthenọuntes]*, die *Kranken* (Mk 6,56; Joh 6,2 u. ö.).

3) Paulus hat die Begriffe der Wortgruppe einer tiefgreifenden theol. Reflexion unterzogen und sie in anthropologisch-hamartiologischer, christologischer sowie ethischer Hinsicht entfaltet.

a) Röm 6,19 ist mit ἀσθένεια τῆς σαρκός *[asthẹneia tæs sarkọs]*, *Schwachheit des Fleisches*, – wie der Kontext ἀνθρώπινον λέγω *[anthrọpinon lẹgō]*, *ich rede menschlich*, zu erkennen gibt – die *vorfindliche Schwäche des* → *Menschen* gemeint (vgl. RBultmann, Theol. NT, § 22). Röm 8,26 präzisiert die ἀσθένεια *[asthẹneia]* als das menschliche Unvermögen gegenüber Gott, dem die Macht (δύναμις *[dynamis]*) des Geistes zu Hilfe kommen muß. 1Kor 15,43 weitet diese anthropologischen Aussagen auf die → Schöpfung aus, indem einerseits Schwachheit mit φθορά *[phthorạ]*, *Vergänglichkeit*, parallelisiert wird, andererseits der Gegenbegriff → Macht Gottes mit ἀφθαρσία *[aphtharsịa]*, *Unvergänglichkeit*.

Paulus entfaltet Röm 8,3 den Begriff der Schwachheit dadurch noch weiter, daß er ihn mit dem → Gesetz in Verbindung bringt: »Was dem Gesetz unmöglich war, worin es sich wegen des Fleisches als schwach erwies, das tat Gott ...« Den Begründungszusammenhang zwischen Fleisch, Schwachheit und Gesetz faßt O. Michel mit dem Satz zusammen: »Das Unvermögen des Menschen, das Gute zu tun, macht notwendig auch eine Schwäche des Gesetzes offenbar« (zSt 160). Das epexegetische Verhältnis von ἠσθένει *[æsthẹnei]*, *es war schwach, erwies sich als schwach*, zu ἀδύνατον *[adynaton]*, *ohnmächtig*, läßt deutlich werden, daß Paulus unter Schwachheit keine relative, sondern eine absolute Größe versteht: das *Unvermögen* (vgl. die entsprechende Aussage über die Schwachheit des Gesetzes: Hebr 7,18). Am schärfsten formuliert Paulus Röm 5,6, wo er die ἀσθενεῖς *[asthenẹis]*, die *Schwachen*, mit ἁμαρτωλοί *[hamartōlọi]*, *Sünder* (V. 8, gleiche Gen. abs.-Konstruktion!), und ἀσεβεῖς *[asebẹis]*, *Gottlosen* (V. 6), gleichsetzt (vgl. auch Hebr 4,15 und 7,28: Gegenüberstellung von schwachen, dh sündigen Menschen und vollkommenem Sohn).

b) Hat Paulus damit einerseits die ἀσθένεια *[asthẹneia]* als den Bereich schöpfungsmäßiger Vergänglichkeit, gesetzlicher Kraftlosigkeit und menschlichen Unvermögens gegenüber Gott aufgewiesen, so versteht er sie andererseits in einem zweiten Gedankengang als den Ort des göttlichen Machterweises. In Auseinandersetzung mit den Gegnern in Korinth, für die das Kreuz Christi keine entscheidende Rolle mehr spielt, entfaltet der Apostel bekanntlich seine theologia crucis. In diesem Zusammenhang interpretiert Paulus ἀσθένεια *[asthẹneia]* als → Leiden und Sterben (→ Tod) Christi und seiner Nachfolger. Christus wurde aus Schwachheit gekreuzigt (2Kor 13,4; vgl. Hebr 5,2), und in diesem Gekreuzigten tritt die göttliche Schwachheit zutage, die in den Augen der Menschen als Kraftlosigkeit und Torheit erscheint (1Kor 1,25.27). Weil aber Gott an der Schwachheit, dh dem Sterben Christi seine Macht durch die Auferweckung von den Toten erwiesen hat (2Kor 13,4), offenbart sich gerade i n den Leiden seiner Nachfolger die lebenschaffende göttliche Kraft. Paulus versteht seine von den Gegnern in Korinth hart angegriffene Schwachheit als Kennzeichen der Nachfolge und der Gemeinschaft mit den Leiden Christi (1Kor 2,2.3; 4,10; 2Kor 13,4). Gleichzeitig ist aber in der Schwachheit der Kreuzesnachfolger, die die Auferweckung noch vor sich haben (2Kor 13,4), schon jetzt unter den Bedingungen von Leiden und Entfremdung die göttliche → Macht (δύναμις [dynamis]) wirksam. So gelangt Paulus zu den paradoxen Aussagen, sich am liebsten seiner Schwachheit zu rühmen (2Kor 11,30; 12,5.9f; 13,9), denn »die (göttliche) Kraft erreicht ihre Vollendung in (menschlicher) Schwachheit« (2Kor 12,9).

c) In einem dritten p a r ä n e t i s c h e n Gedankengang unterscheidet Paulus zwischen den *Starken* (Röm 15,1 δυνατοί [dynatọị]) und *Schwachen* (Röm 14,1 ἀσθενῶν [asthenọn] bzw. ἀσθενοῦντες [asthenọuntes]) im Glauben. In diesem Zusammenhang ist mit Schwachheit weder die menschliche Unfähigkeit gegenüber Gott gemeint (a), noch das Leiden Christi bzw. seiner Nachfolger (b), vielmehr (c) läßt der unvermittelte schlagwortartige Gebrauch der Begriffe *stark* bzw. *schwach* darauf schließen, daß Paulus hier bekannte Stichworte aufgreift, die offenbar verschiedene Gruppen innerhalb der Gemeinden von Korinth und Rom kennzeichnen (vgl. den Kontext 1Kor 8—10; Röm 14,1—15,13). Die Gruppe der Schwachen wird dadurch charakterisiert, daß ihr → Gewissen (συνείδησις [synẹidæsis]) schwach (1Kor 8,7) und noch nicht zur vollen Erkenntnis des Glaubens gelangt ist (1Kor 8,11). Das äußert sich in der Ablehnung von Fleisch- (auch Wein-?)genuß (Röm 14,2), insbes. des Genusses von Götzenopferfleisch (1Kor 8,7), sowie in der Observanz bestimmter Tage (Sabbat? Fastentage? Röm 14,5), als auch in gewissen asketischen und gesetzlichen Tendenzen. Demgegenüber haben die Starken erkannt, daß nichts an und für sich unrein ist (Röm 14,14), weil sie nur einen Herrn kennen, von dem alle Dinge kommen (1Kor 8,6); sie essen daher alles (Röm 14,2), auch Götzenopferfleisch (1Kor 8,10), und halten alle Tage gleich (Röm 14,5). Obwohl Paulus sich zu der Gruppe der Starken zählt (1Kor 8,4; Röm 14,14; 15,1), läßt er sich auf eine inhaltliche Diskussion über die jeweilige → Erkenntnis (γνῶσις [gnọsis]) der beiden Gruppen in diesem Fall nicht weiter ein, sondern legt den Akzent auf das Miteinander von Starken und Schwachen in der Liebe (1Kor 8,1ff) vor dem einen gemeinsamen Herrn (Röm 14,6ff). Es kommt für die Starken darauf an, den Schwachen weder einen → Anstoß (πρόσκομμα [prọskomma] 1Kor 8,9; Röm 14,13.20) noch ein Ärgernis (σκάνδαλον [skạndalon] Röm 14,13) zu geben, wodurch das Gewissen der Schwachen geärgert (1Kor 8,13), zur Sünde verleitet (1Kor 8,10; Röm 14,23), zu Fall gebracht (Röm 14,21) und schließlich zugrunde gerichtet wird (1Kor 8,11; Röm 14,15). In der Verbindung von ἀσθένεια [asthẹneia] mit προσκόπτω [proskọptō], *Anstoß geben*, bzw. σκανδαλίζω [skandalịzō], *eine Falle stellen*, klingt die prophetische Verwendung von ἀσθένεια [asthẹneia] an (vgl. II,2). Über die verschiedene Erkenntnis der Starken und Schwachen stellt Paulus die beide Gruppen verbindende → Liebe. *H.-G. Link*

νόσος [nọsos] Krankheit · νοσέω [nosẹō] krank sein

νόσος

1) Das Subst. νόσος [nọsos], seit Hom., und das Verbum νοσέω [nosẹō], seit Aischyl. und Hdt., haben zunächst die konkrete Bedeutung *Krankheit* (zB Hom. Od. 9,411; Hdt. I,22; Hes. Op. 92; vgl. auch μαλακία [malakịa], *Weichheit*) bzw. *krank sein* (zB Hdt. I,105; III,33; Plato Gorg. 496a). νόσος [nọsos] kann einerseits spezifiziert gebraucht werden im Sinn von *Plage* (Soph. Ant. 421, vgl. auch μάστιξ [mạstix], *Geißel* zB Hom. Il. 12,37), *Qual* (Hes. Theog. 527), *Sucht* (Plato Theat. 169b), *Geilheit* (Eur. Hipp. 765f) oder *Wahnsinn* (Aischyl. Pers. 750), andererseits allgemein und übertragen verstanden werden zB als *Pest einer Stadt* (Plato, Prot. 322d), *Siechtum des Staates* (Plato, Leg. 919c) oder *charakterlicher Mangel* bzw. *Laster* (so häufig bei Philo). Das jüngere und seltenere Subst. νόσημα [nọsæma] (seit den Tragikern und Thuk.) kann in wörtlicher wie übertragener Bedeutung

(zB Plato Gorg. 480b) als Synonym für νόσος *[nọsos]* eintreten und findet sich bes. zahlreich bei Philo (vgl. aber auch Joseph. Ant. 8,45; Ap. 1,282). Häufiger als νόσος *[nọsos]* begegnet νοσέω *[noseọ̄]* in allg. Zusammenhängen und bildlicher Redeweise, zB *an Unbildung* oder *Lasterhaftigkeit kranken* (Eur. Ion 620; Xenoph. Mem. 3,5,18; Hdt. V,28), *von krankhafter Ruhmsucht erfüllt sein* (Plut. Mor. 546f; vgl. auch Philo, Leg. All. 3,211; Joseph. Ant. 16,244; 18,25 etc.).

2) Der Grieche führt dank seiner Prägung durch das mythische Weltverständnis die sichtbaren Krankheiten mittels eines Analogieschlusses auf Angriffe unsichtbarer Götter zurück (zB Hom. Il. 1,9ff), deren Zorn er durch Opfer und ähnliche rituelle Praktiken zu besänftigen versucht (vgl. Diog. Laert. I,110.3). In der kritischen Reflexion der Philosophie kommt es zu einer anthropologischen Reduktion des Analogieschlusses: Der äußeren (akzidentiellen) Krankheit entspricht ein inneres (substantielles) → Leiden der Menschen (πάθος *[pạthos]*), das in der Unwissenheit (ἄγνοια *[ạgnoia]*) besteht (Plato, Resp. X,609cff; Soph. 228aff). Daher gehören mit der medizinischen Therapie philosophische Belehrung und Tugenden eng zusammen (vgl. → Gesund, Art. ἰάομαι).

II 1) In LXX kommt νόσος *[nọsos]* überraschend selten vor (ca. 15mal), νοσέω *[noseọ̄]* nur 3mal; die gemeinte Sache, die *Krankheit* bzw. das *Kranksein* übersetzt LXX etwas häufiger mit μαλακία *[malakịa]*, meistens mit ἀρρωστέω *[arrōsteọ̄]* bzw. den Subst.en ἀρρωστία *[arrōstịa]*, ἀρρώστημα *[arrọ̄stæma]*, gelegentlich mit ἐνοχλέω *[enochleọ̄]*, *plagen*, bzw. → ἀσθενέω *[astheneọ̄]*, Am 6,6 mit πάσχω *[pạs·chō]*. Daß der Begriff *Krankheit* in LXX nicht sonderlich zahlreich begegnet, mag seinen Grund mit darin haben, daß sich das at. Denken weniger mit dem allg. Phänomen als vielmehr mit seinen konkreten Erscheinungsformen beschäftigt (zB *Aussatz*, LXX: λέπρα *[lẹpra]*, vgl. Lev 13f). Meist liegen den genannten griech. Wörtern Verbal- bzw. Nominalformen des hebr. Stammes *chālāh* (Subst. *cholī*) zugrunde, die in fast allen Belegen wörtlich und konkret und nur in seltenen Fällen (zB Hos 5,13) übertragen zu verstehen sind. Dieser Befund läßt erkennen, daß Israel sich so sehr mit der Realität der Krankheit auseinanderzusetzen hatte, daß es sich zu einem übertragenen oder geistigen Verständnis der Krankheit kaum aufschwingen konnte.

2) Die a t. K r a n k h e i t s a u f f a s s u n g gehört zunächst insofern in den Rahmen des altorientalischen Krankheitsverständnisses, als auch im AT Krankheiten wie geschlechtliche Ausflüsse und der Tod der Sphäre der Unreinheit (→ Rein, Art. καθαρός II) zugeordnet werden, gegen die man sich durch rituelle Begehungen (Waschungen, Opfer etc.) abzuschirmen und zu schützen sucht (vgl. die Behandlung der Aussätzigen Lev 13f; Lk 17,12). Auch darin besteht eine Verbindung zB zu babylonischen Bußpsalmen (Einzelheiten bei Oepke, 1085), daß → Sünde und Krankheit in einen ursächlichen Zusammenhang gebracht werden (Ps 32,1ff; 38,3ff; 41,5; 107,17f; vgl. vRad, Theol. I,274). Die Propheten vergleichen Israel in seiner Sünde mit einem todkranken Menschen (Jes 1,5f; Jer 30,12f; Hos 5,13). »Als heilloser Zustand fallen Sünde und Krankheit nahezu zusammen« (Oepke, 1086). Die Erkenntnis, daß auch die Krankheiten von Jahwe verhängt bzw. zugelassen werden, läßt den at. Frommen die Krankheit als göttliches Gericht über die Sünde erfahren (2Sam 12,15ff; 24,10ff; Ps 39,9.12; 88,7f.15ff), während andererseits die Heilungen zum Dank für vergebene Schuld führen (Jes 38,17; Ps 103,3; → Gesund, Art. ἰάομαι II).

Die Problematik der Klagen Hiobs besteht in der Frage nach dem Grund von Krankheit und Leiden für den G e r e c h t e n. Hiobs Auflehnung gegen das Vergeltungsdenken seiner Freunde zeigt die Grenze des at. Krankheit-Sünde-Zusammenhanges an, der nicht die letzte Antwort sein und bleiben konnte.

3) Im J u d e n t u m erreicht das Vergeltungsdogma seine konsequenteste Ausgestaltung (vgl. Joh 9,2). Von der Wirkung wird auf die Ursache zurückgeschlossen. Für jede Krankheit wissen die Rabbinen die entsprechende Verfehlung zu nennen; eine Lehrpraxis, die bis ins Groteske und Absurde reicht, wenn man zB mit embryonalen Sünden im Mutterleib als Krankheitsursache rechnet (St.-B. II,193ff; 527ff).

Daneben hat das Judentum aber auch den Gedanken der Züchtigungen aus Liebe entwickelt und damit die Mahnung verbunden, Kranke zu besuchen, ihnen zu helfen, für sie zu beten, weil Gott den Kranken bes. nahe ist (St.-B. I,495; IV,573ff).

III 1) Im NT kommen νόσος *[nọsos]* und die übrigen zur Bezeichnung von Krankheit gebräuchlichen Worte (vgl. II,1) fast ausschließlich in den Evgg. und der Apg vor. Während νόσος *[nọsos]* nur in wörtlicher Bedeutung begegnet, hat das Hapaxlegomenon νοσέω *[noseọ̄]* 1Tim 6,4 übertragenen Sinn. Im NT hält sich also der at. Realismus durch: mit der Krankheit setzt man sich in erster Linie in ihren konkreten Erscheinungsformen auseinander. Auch die at. Auffassung vom Einfluß dämonischer Mächte (Lk 13,11.16; 2Kor 12,7; Apg 12,23; Offb 16,2) und der Krankheit-Sünde-Zusammenhang (Joh 5,14; 1Kor 11,30) werden übernommen.

2) Wird daher im NT einerseits wie im AT die Krankheit als göttliche Strafe und Gericht verstanden (Joh 5,14; 1Kor 11,32; Offb 6,8; → Tod), so kennt das NT andererseits auch den griech.-spätjüd. Gedanken der heilsamen Züchtigung aus Liebe (Hebr 12,4ff μαστιγόω *[mastigǫō], züchtigen*, bzw. παιδεία *[paidẹia], Erziehung, Züchtigung*; vgl. Spr 3,11f). Vor allem aber weiß man im NT, daß es sich bei den Krankheiten bzw. Krankheitsdämonen, auch wenn sie von Gott zugelassen werden (Apg 12,32; 2Kor 12,7ff), um die Herrschaft feindlicher Mächte handelt, die der Gottesherrschaft widerstreiten (Mk 1,23f; 3,27). Dem entspricht Jesu Kampf gegen die Krankheiten, der einerseits durch den Zuspruch der → Vergebung den unheilvollen Sünde-Krankheit-Zusammenhang durchbricht (Mk 2,5ff) und andererseits durch Dämonenaustreibungen und Heilungen den Anbruch der Gottesherrschaft heraufführt (Mk 5,1ff; bes. Lk 11,20; vgl. → Gesund, Art. ἰάομαι III).

3a) Mk 2,17 parr werden die Sünder (ἁμαρτωλοί *[hamartōlọi]*) vergleichsweise als Kranke (κακῶς ἔχοντες *[kakọs ẹchontes]*) bezeichnet (vgl. Jes 1,5f). Jesu Sendungsauftrag (ἦλθον *[ælthon], ich bin gekommen*) besteht darin, in Sünde und Krankheit sich äußerndes Unheil der Menschen durch den Ruf zur Buße und durch Krankenheilungen in das Heil der Gottesherrschaft zu verwandeln.

b) Mt 8,17 faßt die Heilungstätigkeit Jesu im Anschluß an Jes 53,4 mit dem Satz zusammen: »Er nahm unsere Gebrechen (ἀσθενείας *[asthenẹias]*) weg, und unsere Krankheiten (νόσους *[nọsous]*) trug er fort« (Z). Im Unterschied zum hebr. und LXX-Text von Jes 53,4 versteht Mt das Zitat nicht als Erleiden von Krankheiten durch den Gottesknecht bzw. Jesus, sondern als Beseitigung der Krankheiten durch die Macht des Gottesknechtes Jesus (so richtig Z im Gegensatz zur revidierten luth. Übersetzung, vgl. Held, aaO, 248ff).

c) Joh 9,2ff wird die jüd. Frage nach dem Grund der Krankheit als unsachgemäß abgewiesen und durch den Hinweis auf das Ziel der Krankheit ersetzt: Der Blinde ist nicht von Geburt krank, weil er oder seine Eltern gesündigt haben, vielmehr »damit die Werke Gottes offenbart werden« (vgl. Joh 11,4; Lk 13,1ff).

d) Paulus versteht seine Krankheit (Gal 4,13f; 2Kor 12,7ff) – wahrscheinlich handelt es sich um epileptiforme oder hysterische Anfälle (vgl. Schlier, KEK VII,211, A. 1 zu Gal 4,13) – im Zusammenhang mit Verfolgungen und anderen Schlägen (vgl. 2Kor 11,23ff) als einen Teil der den Nachfolgern Christi auferlegten → Leiden (vgl. 2Kor 1,5ff), in denen dialektisch Gottes Macht in Erscheinung tritt: »Denn wenn ich schwach bin, dann bin ich stark (2Kor 12,10; → ἀσθένεια III,3b).

e) Die Verwendung von νοσέω *[nosẹō]* 1Tim 6,4 entspricht dem hell. Gebrauch des Verbums. Streitsucht und Wortgezänk weisen auf einen krankhaften Zustand des inneren Menschen hin (vgl. Platon, Philo; s. o. I). Ebenso gehört in den Bereich hell. Denkens der Vergleich des Umsichgreifens der Irrlehre mit dem Wuchern eines Krebsgeschwürs (2Tim 2,17). *H.-G. Link*

Lit.: GStählin, Art. ἀσθενής etc., ThWb I, 1933, 488ff – AOepke, Art. νόσος etc., ThWb IV, 1942, 1084ff – HGreeven, Krankheit und Heilung nach dem NT, 1948 (= Lebendige Wissenschaft 8) – RBultmann, Theologie des NT, § 22, 1953 (1968[6]) – OMichel, Der Brief an die Römer, KEK IV, 1955[10] (1966[13]) – GBornkamm/GBarth/HJHeld, Überlieferung und Auslegung im Matthäusevangelium, WMANT 1, 1960 (1968[5]), 246ff – HDoebert, Das Charisma der Krankenheilung, 1960 – EStiglmayr/NHSøe/DRössler, Art. Krankheit, RGG IV, 1960[3], 36ff – EGüttgemanns, Der leidende Apostel und sein Herr, FRLANT 90, 1966 – EHaenchen, Der Weg Jesu, 1966 (1968[2]).

Schwören

ὀμνύω

ὀμνύω *[omnyō]* schwören · ὅρκος *[hork̦os]* Eid, Schwur · ὁρκίζω *[horkịzō]* schwören lassen, beschwören · ἐνορκίζω *[enhorkịzō]* beschwören · ἐξορκίζω *[exhorkịzō]* beschwören · ἐξορκιστής [exhorkistæs] Exorzist · ἐπιορκέω [epihorkēō] einen Meineid leisten · ἐπίορκος [epihorkos] meineidig · ὁρκωμοσία [horkōmosia] eidliche Versicherung

I 1a) ὀμνύω [omnyō] (seit Hdt.) ist eine Nebenform von ὄμνυμι [omnymi] (beide seit Hom. belegt) und hängt wahrscheinlich mit der altindischen Wurzel *am-* zusammen; es heißt urspr. *fest anfassen* (heilige Gegenstände), dann *schwören*. Das Wort wird entweder mit dem Akk. der Person bzw. der Sache verbunden (zB Xenoph. An. 7,6,18) oder mit den Präp. πρός [pros], κατά [kata], ἐπί [epi], ἐν [en] bzw. εἰς [eis]; gelegentlich folgt ein Inf.

b) ὅρκος [horkos] (seit Hom.) heißt urspr. der *Stab* (lat. *surcus*), der beim Schwur angefaßt und erhoben wurde (Hom. Il. 10,321.328), dann allg. der *Eid*. Das Subst. begegnet häufig in Redewendungen: ὅρκον ὀμνύειν [horkon omnyein], *den Schwurstab ergreifen*; ὅρκον διδόναι [horkon didonai] bzw. λαμβάνειν [lambanein], *einen Eid geben* bzw. *nehmen* (Aristot. Rhet. I 15p 1377a 7f). Das entsprechende Verb ὁρκίζω [horkizō] hat α) die Bedeutung *jemanden schwören lassen* (Xenoph. Sym. 4,10); β) *beschwören* (Jos. Vita 258; im NT nur Mk 5,7; Apg 19,13). Das Kompos. ἐνορκίζω [enhorkizō] verstärkt das Simplex: *beschwören* (im NT nur 1Thess 5,27). ἐξορκίζω [exhorkizō] drückt bes. das *Beschwören* einer Gottheit bzw. eines Dämons aus (im NT nur Mt 26,63; Apg 19,13 v. l.). ἐξορκιστής [exhorkistæs] ist der *Exorzist*, der durch magische Formeln → Dämonen austreibt (im NT nur Apg 19,13). ἐπιορκέω [epihorkēō] (seit Hom.) heißt *falsch schwören, einen Meineid leisten* oder *einen Eid brechen* (im NT nur Mt 5,33); entsprechend ἐπίορκος [epihorkos], *meineidig* (im NT nur 1Tim 1,10). Das Subst. ὁρκωμοσία [horkōmosia] (dorisch) kommt nur selten vor und bezeichnet die *eidliche Versicherung* (im NT nur Hebr 7,20f.28).

c) Die Etymologie von ὀμνύω [omnyō] und ὅρκος [horkos] legt die Vermutung nahe, daß von Anfang an zum Vollzug des Schwures die Gebärde des Anfassens von Gegenständen bzw. des Handerhebens gehörte. Die Urbedeutung des Eides liegt in der Verbürgung des menschlichen Wortes. Es wird eine unbezweifelte übergeordnete Instanz, häufig eine Gottheit (vgl. die θεοὶ ὅρκιοι [theoi horkioi]), als Zeuge der Wahrheit angerufen (zB νὴ Δία [næ Dia], *beim Zeus*). Die Eidesformel hat urspr. den Charakter einer bedingten Selbstverfluchung (→ Fluch) für den Fall, daß die Aussage der Wahrheit nicht entspricht. Man unterscheidet zwischen assertorischen Eiden, die sich auf vergangene und gegenwärtige Ereignisse beziehen und meist vor Gericht geleistet werden, und promissorischen Eiden, die ein zukünftiges Handeln versprechen und im religiösen wie privaten Leben eine wichtige Rolle spielen.

2a) Das öffentliche Leben des Griechentums kennt zahlreiche Gebiete, Anlässe und Formen des Eides. Urspr. im religiösen Kultus beheimatet, begegnet die Praxis der Eidesleistung vor allem im Staats- und Rechtswesen als Beamten-, Bürger- und Richtereid. Auf diese Weise wird das Staatswesen mit seinen Ordnungen und Gesetzen der Autorität der Götter unterstellt und damit »religiös sanktioniert« (Schneider, ThWb V,459). Außerdem gibt es den Eid bei Verträgen, für deren Zuverlässigkeit u. U. das wertvollste Eigentum (Ehebett, Kinder, Waffen) als Pfand eingesetzt wird. Auch auf medizinischem Gebiet kennt das Griechentum den Schwur (vgl. den Eid des Hippokrates).

b) In älterer Zeit wird fast nur bei den Göttern geschworen (Xenoph. An. VI,6,17). Plutarch beschreibt im »Leben Dions« (56) den Vollzug eines »großen« Eides: »Sie verlangten von ihm den großen Eid. Wer ihn ablegen will, geht in das Heiligtum der Demeter und Persephone. Nach heiligen Zeremonien legt er den Purpurmantel der Göttin um, und, eine brennende Fackel in der Hand, spricht er die Schwurworte.« – In hell.-röm. Zeit wurden die Göttereide durch Königs- bzw. Kaisereide ergänzt oder ersetzt: Sie beziehen sich entweder auf die Person oder die ganze Dynastie des jeweiligen Herrschers. Bei den Römern wurde es Brauch, daß der Schwörende einen Stein in die Hand nahm und erklärte, er wolle so wie dieser Stein fortgeschleudert werden, falls er sein Wort breche. Dieser *Juppiter Lapis* war der Schwurgott des völkerrechtlichen Verkehrs.

c) Mit zunehmender Häufigkeit der Eidesleistungen gerieten Kraft und Ansehen des Schwurs in Verfall. So finden sich schon früh Tendenzen zur Einschränkung bzw. Abschaffung des Eides in Griechenland. Als erster unternahm Rhadamanthys den Versuch, die alltägliche Schwuranwendung einzuschränken und Mißbrauch unter Strafe zu stellen (vgl. dazu Plato, Ap. 22a); Soph. (Oed. Col. 650) schreibt: »Durch keinen Eidschwur bind' ich, wie den Schlechten, dich. Nicht mehr auch als mit meinem Wort gewönnest du.« Delphisch-apollinische Weisheit verkündigt: »Gebrauche keine Eide!« Auch die Pythagoräer haben für ihre Schüler das Verbot des Eides ausgesprochen. Plutarch (Quaest. Rom. 44) erklärt, daß der Eid als Zwang des Geistes eines freien Mannes unwürdig sei. Dieselbe Auffassung teilt der Stoiker Epiktet (Ench. 33,5), und sein Schüler Marc Aurel schreibt in seinen »Selbstbetrachtungen« (III,5): »Eidschwur und Zeugenschaft mußt du immer entbehren können«. – Aber diese Bestrebungen zur Abschaffung des Eides haben sich in Griechenland nicht durchsetzen können.

1) Die LXX übersetzt mit ὀμνύω *[omnyō]* meist das Nifal von *schāba'*, mit ὁρκίζω *[horkịzō]* das Hifil. *schāba'* heißt eigentlich *unter den Einfluß von 7 Dingen kommen* (vgl. *schæba', sieben*). Gen 21,30f läßt noch erkennen, daß der Eid in früher Zeit als Opfer von 7 Tieren vollzogen wurde (vgl. Gen 15,10). ὅρκος *[hoṛkos]* ist Äquivalent für hebr. *schebu'āh*, der *Schwur*, gelegentlich auch für *'ālāh*, das den *Fluch*, die *Verfluchung* bzw. die *Fluchformel* bezeichnet (Spr 29,24). Die Begriffe begegnen vorwiegend in den erzählenden Schriften, ὅρκος *[hoṛkos]* häufig und ὀμνύω *[omnyō]* hauptsächlich in Gen und Dtn. II

2a) Eine sehr alte Eidesformel ist die Anrufung Jahwes zum Zeugen zwischen zwei Partnern: »Jahwe ist Zeuge zwischen dir und mir« (Gen 31,50; 1Sam 20,12). Bes. Gewicht gewinnt ein Eid durch die ebenfalls altertümliche Selbstverfluchungsformel für den Fall des Eidbruches: »Jahwe tue mir dies, und so tue er weiter, wenn . . .« (1Sam 20,13). Am häufigsten begegnet die Wendung: »So wahr Jahwe lebt« (Ri 8,19; 1Sam 20,4); sie kann abgewandelt werden zum Schwur beim Leben des Königs (1Sam 17,55) oder der angeredeten Person (1Sam 1,26; 20,4).

b) Bei Verträgen (Abraham und Abimelech Gen 21,23; Jakob und Laban Gen 31,50) und Vermächtnissen des Vaters an den Sohn (Jakob und Joseph, Gen 47,31) hat der Eid seine urspr. promissorische Funktion: Die Partner unterstellen sich der Macht und dem Gericht Jahwes, der als Zeuge für die Gültigkeit des Versprechens angerufen und anerkannt wird. So schließt der at. Eid das Bekenntnis zu Jahwe in sich (Dtn 6,13; 10,20). Falsches Schwören ist identisch mit dem Mißbrauch des Jahwenamens (Ex 20,7; Lev 19,12). Den assertorischen Zeugeneid vor Gericht kennt das AT nicht, stattdessen den sogen. Reinigungseid, mit dem ein Angeklagter beim Fehlen von klärenden Zeugen seine Unschuld vor Jahwe beteuert und mit Selbstverfluchungen für den Fall des Meineids bekräftigt (Num 5,11–28). Da der Meineid nur selten von Menschen aufgedeckt werden kann (so Lev 6,3–6), wird der Meineidige generell dem göttlichen Gericht anheimgegeben (1Kön 8,31f).

c) Während in der Gen hauptsächlich von menschlichen Eidesleistungen berichtet wird, spricht das Dtn in erster Linie von Jahwes Schwören. Jahwe schwört bei sich selbst, die Eidesformel lautet: »So wahr ich lebe« (Num 14,21; vgl. Gen 22,16; Am 6,8). Jahwe verbürgt sich mit einem Eid für die Wahrheit seines Wortes, so daß sein Schwur einer Bekräftigung seiner → Verheißungen gleichkommt. Er hat den Erzvätern das Land Kanaan zugeschworen (Dtn 1,8; 6,10.18.23) und den Bund mit den Vätern Israels mit einem Eid besiegelt (Dtn 4,31; 7,8.12; 29,12f). Die grundlegenden Inhalte der Jahweverheißungen an die Erzväter in der Gen, Volk (Gen 12,2), Land (Gen 13,15) und Bund (Gen 17,17), nehmen die Deuteronomiumpredigten wieder auf und bekräftigen ihre Gültigkeit als Jahweschwüre (8,1 Land; 8,18 Bund).

d) Jahwes Schwur kann aber auch einen Fluch zum Inhalt haben, mit dem er den Ungehorsam seines Volkes ahndet: Die murrenden Israeliten sollen in der Wüste sterben (Num 14,21. 28; Dtn 1,34f; 2,14); Mose soll nicht in das verheißene Land kommen (Dtn 4,21); die Schuld Elis soll nicht gesühnt werden (1Sam 3,14). Die doppelte Ausrichtung des Jahweschwures als Bekräftigung der Verheißung und Verfluchung des Ungehorsams entspricht sachlich der Struktur von → Segen und → Fluch (vgl. Dtn 28; 30,19).

3) Im Spätjudentum ist die Praxis der Eidesleistung weit verbreitet. Im einzelnen unterscheidet man: a) Bekräftigungseid; b) Zeugniseid; c) Depositen-(Reinigungs-)eid; d) Richtereid; e) rabb. Eid und f) den Meineid (vgl. Schneider, ThWb V,462; St.-B. I,321ff). Ähnlich wie im Hellenismus gibt es Bestrebungen zur Einschränkung des allzu häufigen Schwörens (Sir 23,9ff). Philo, von der Stoa beeinflußt, setzt sich für die Abschaffung des Eides ein (Spec. Leg. II,2–38). Nach seiner Meinung ist es »das Beste . . ., nicht zu schwören; das Zweitbeste, richtig zu schwören, das Schlimmste aber . . . der Meineid« (Schneider, ThWb V,179; Decal. 84–93). Am radikalsten haben die Essener das Schwören abgelehnt und stattdessen das einfache Wort sehr hoch geachtet (vgl. Jos. Bell. 2,135).

Das NT verwendet im allg. ὀμνύω *[omnyō]*, wenn vom Schwören die Rede ist, seltener ὅρκος *[hoṛkos]* und nur 2mal ὁρκίζω *[horkịzō]*. Die Wortgruppe kommt vereinzelt in den verschiedensten Schriften vor, häufiger begegnet sie lediglich bei Mt und Hebr. III

1a) Matthäus überliefert in der 4. Antithese der Bergpredigt (Mt 5,33–37) Jesu entscheidendes Wort zum Eid. Es knüpft an das at. Verbot des Meineides (Lev 19,12) und das Gebot der Eidtreue (Num 30,3; Dtn 23,23) an (V. 33). Im Gegensatz dazu formuliert Jesus das grundsätzliche Verbot: μὴ ὀμόσαι ὅλως *[mæ omọsai hoḷōs]*, *ihr sollt überhaupt nicht schwören* (V. 34). Um jedes aufweichende Mißverständnis auszuschließen, werden vier verschärfende und klärende Erläuterungen angefügt: Auch bei Himmel, Erde, Jerusalem oder dem eigenen Haupt zu schwören ist nicht gestattet (V. 34–36). Damit wird die zeitgenössische jüd. Eidpraxis angegriffen, die bei den zahlreichen alltäglichen Eidesleistungen den Mißbrauch des Gottesnamens durch Umschreibungen zu umgehen suchte, ohne sich darüber im klaren zu sein, daß man es bei dem Anrufen anderer Größen ebenso mit Gott selbst als dem Herrn dieser Autoritäten zu tun hat. In gleicher Schärfe polemisiert der 3. Weheruf (Mt 23,16–22) gegen die kasuistische Handhabung der Eide und Gelübde durch die Schriftgelehrten und Pharisäer. Wer beim Altar, Tempel oder Himmel schwört, schließt den in seinen Eid ein, der diesen Dingen Autorität verliehen hat: Gott. Auf diese Weise wird die Buchstabenklauberei der jüd. Eidpraxis ad absurdum geführt. Nach diesen Erläuterungen ist ein Zweifel an der Allgemeingültigkeit des Verbotes Jesu nicht mehr möglich: Jesus verbietet jeden Eid, ob er im religiösen Bereich, vor Gericht, im Alltags- oder Privatleben geleistet wird.

b) Angesichts der Unbefangenheit, mit der im AT der Eid vorausgesetzt und praktiziert wird, erhebt sich die Frage nach dem Sinn und Ziel des radikalen Schwurverbotes Jesu. Der Eid beansprucht letzte Wahrhaftigkeit des menschlichen Wortes und setzt damit die → Lüge im alltäglichen Reden der Menschen voraus. Das AT kämpft mit dem Eid gegen die Lüge. Aber die Lüge hat sich als Meineid und Mißbrauch des göttlichen Namens in den Eid selber eingeschlichen, wie die leichtfertige Eidpraxis des Hellenismus und Spätjudentums zu erkennen gibt. Deshalb kämpft Jesus durch das Verbot des Eides gegen die Lüge. Welches Ziel er damit verfolgt, sagt der letzte Satz der Antithese: »Eure Rede sei: Ja, ja; nein, nein« (Mt 5,37, vgl. auch Jak 5,12). Er ersetzt das Schwören durch das einfache »Ja« und »Nein« ohne Anrufung des Gottesnamens. Damit wird der Jünger – und nur dieser, nicht eine allg. Gesetzgebung ist im Blick – keineswegs der Verantwortung vor Gott enthoben; im Gegenteil werden nicht nur einzelne Worte, sondern das ganze Reden des Christen der Gegenwart des allwissenden Gottes unterstellt. »Jedes seiner Worte soll nichts als Wahrheit sein, so daß keines der Bestätigung durch den Schwur bedürfe. Der Schwur stellt ja alle seine anderen Worte ins Dunkel des Zweifelhaften. Darum ist er ›vom Bösen‹. Der Jünger aber soll mit allen seinen Worten Licht sein« (D. Bonhoeffer, Nachfolge, 82).

Das Ziel, das Jesus mit dem Verbot des Eides verfolgt, ist nicht eine profane Formel (Ja bzw. Nein) anstelle des religiösen Schwurs, sondern die absolute Wahrhaftigkeit jedes menschlichen Wortes. Die 4. Antithese, die der jüd. Praxis, nicht aber der at. Intention widerspricht, will nicht als Gesetz des Buchstabens, sondern als Gebot des Geistes verstanden werden. Wo die Wahrheit durch Eidverweigerung verdunkelt wird, wird man sich um der Wahrhaftigkeit willen – wie im AT – zum Eid entschließen müssen. Die Radikalität des Verbotes Jesu zielt also auf das Gebot der grundsätzlichen Wahrhaftigkeit des menschlichen Wortes (vgl. zum Ganzen Bonhoeffers Auslegung aaO, 80–83).

c) Die Worte Jesu werden häufig mit der Formulierung eingeleitet: »Wahrlich (ἀμήν *[amẹn]*; → Amen) ich sage euch« (zB Mt 5,18), oder in den Antithesen der Bergpredigt: »Ich aber (ἐγὼ δέ *[egọ de]*) sage euch« (Mt 5,22.28.32.34.39.44). Dabei handelt es sich nicht um Eidesformeln, vielmehr um eine Bekräftigung der Worte Jesu durch die Autorität seiner Person (ἐγώ *[egọ]*, → Ich), die die Wahrheit ist (vgl. Joh 14,6) und deren Worte deshalb wahr sind (ἀμήν *[amẹn]*). »Denn so viele Verheißungen Gottes es gibt, in Christus ist das Ja, daher durch ihn auch das Amen, Gott zur Ehre durch uns« (2Kor 1,20). – Vor dem Hohen Rat wird Jesus zu einer eidlichen Erklärung, daß er der Sohn Gottes sei, gedrängt (Mt 26,63f). Jesus verweigert den Eid und bestätigt lediglich die Frage des Hohenpriesters mit der Formulierung: »Du sagst es«, was dem Bekenntnis: »Ja, ich bin der Sohn Gottes« gleichkommt.

d) Eine Kostprobe der üblichen alltäglichen Eidpraxis gibt Mt 14,7 par. Herodes schwört leichtfertig, von seinem Geburtstagsfest berauscht, jeden Wunsch seiner tanzenden Stieftochter zu erfüllen. Das kostet Johannes den Täufer das Leben. – In der Verleugnungsszene behauptet Petrus, Jesus nicht zu kennen und bekräftigt diese Lüge mit einem Eid und Selbstverfluchungen (Mt 26,74).

2) Bei Paulus begegnen keine Eidesformulierungen. Stattdessen gebraucht er Beteuerungsformeln, die der Intention eines Eides entsprechen. Bes. in seinem Kampf um die Gemeinden von Galatien und Korinth ruft er Gott zum Zeugen für die Wahrheit seines Lebens (Gal 1,20), seiner Taten (2Kor 1,23) und seines Evangeliums (Röm 1,9) an. Zusammenfassend beteuert er (Röm 9,1): »Ich sage die Wahrheit in Christus, ich lüge nicht, dafür legt mit mir mein Gewissen Zeugnis ab im heiligen Geist«. Der angefeindete Apostel ruft Gott zum Zeugen seiner Wahrhaftigkeit an.

3) Wie im AT, so ist auch im NT von Gottes Schwören die Rede. Lk 1,73; Hebr 6,13; Apg 2,30 meinen mit dem Eid Gottes nichts anderes als seine Abraham und David gegebenen Verheißungen. Der Hebr übernimmt sogar den negativen Gottesschwur als Verfluchung der ungehorsamen Israeliten in der Wüste (Hebr 3,11.18; 4,3; vgl. Num 14,21–23; Dtn 1,34), um daran die Mahnung zum gehorsamen Eifer für die verheißene »Ruhe« des Gottesvolkes anzuschließen (Hebr 4,9–11). Der Verfasser scheint Jesu kritische Stellung zum Eid nicht zu kennen. Hebr 6,16f setzt er ganz unbefangen und unkritisch die menschliche Eidespraxis als gegeben voraus, um dem menschlichen Schwur bei einem Größeren den göttlichen Eid bei sich selbst gegenüberzustellen. Hebr 7,20–22 (ὁρκωμοσία *[horkōmosia]*) geht noch weiter und unterscheidet zwischen einfachem und eidlichem Gotteswort. Im Gegensatz zur Einsetzung des levitischen Priestertums ohne Eid gewinnt der Hebr aus der eidlichen Zusage Ps 110,4 die Zuversicht zu dem unwandelbaren und besseren Priestertum Christi. Das Problematische dieser Gedanken liegt neben der fragwürdigen Auslegung der at. Texte in jener Unterscheidung zwischen einfachem und eidlichem, weniger und mehr verläßlichem Gotteswort, die hinter Jesu Gleichsetzung von Gott und Wahrheit (»Ich *bin* die Wahrheit« Joh 14,6) zurückfällt. – Offb 10,6 erwähnt im Anschluß an Dan 12,5–7 einen Engel, der die Ankündigung des Endes beschwört.

4) Jesus lehnt den Eid radikal ab, Petrus schwört einen Meineid, Paulus gebraucht schwurähnliche Beteuerungen und der Hebr spricht von verheißenden und verfluchenden Eiden Gottes. Diese einander widersprechenden nt. Aussagen über den Eid müssen von der Mitte der geforderten unbedingten Wahrhaftigkeit aus verstanden und gegebenenfalls sachkritisch beurteilt werden. »Allein das Kreuz als die Wahrheit Gottes über uns macht uns wahrhaftig. Wer das Kreuz kennt, scheut andere Wahrheit nicht mehr. Wer unter dem Kreuz lebt, für den ist der Eid als Gesetz zur Herstellung der Wahrheit abgetan; denn er ist in der vollkommenen Wahrheit Gottes« (DBonhoeffer, Nachfolge, aaO, 83).

H.-G. Link

ZUR VERKÜNDIGUNG V

Die Frage nach dem Sinn und der Berechtigung des Eides ist in der säkularisierten Gesellschaft und in der Theologie wieder neu aktuell geworden.

Juristen, Soziologen und Theologen weisen darauf hin, daß »Eid«, »Schwören« usw. urspr. religiöse Begriffe waren, die gewisse Rechtsakte metaphysisch verankerten. »Der Eid als ›Weihewort‹ verbindet die Erscheinungen der Religion mit denen des Rechts« (van der Leeuw, aaO, 468). Da wir aber nicht mehr in einer geschlossenen christlichen (sofern es diese tatsächlich jemals so gab), sondern in einer säkularisierten, pluralistischen Gesellschaft leben, ist auch der Staat zur religiösen Neutralität im Blick auf die Eidesleistung verpflichtet. Andere sehen im Eid – urspr. als kraftgeladenes, selbstmächtiges Wort verstanden (→ Fluch, Zur Verkündigung), das bei Nichteinhaltung den Meineidigen selber schädigt – ein Relikt der Selbstverfluchung und damit einen nicht mehr vertretbaren Anachronismus im heutigen Rechts- und Staatsleben.

Es ist zu fragen, unter welchen Voraussetzungen und Bedingungen der Eid steht und überhaupt nur sinnvoll ist.

a) Alle, die einen Eid zu leisten haben, müssen sich an eine übergeordnete Instanz gebunden wissen. Wird zB Gott als Zeuge angerufen, dann ist das nur sinnvoll, wenn Gott für alle Eidleistenden verpflichtende Autorität ist.

b) Um dem Eidnehmer die angestrebte Verbindlichkeit zu gewährleisten, muß der promissorische (Treu-)Eid eine lebenslängliche bzw. eine Dienstzeit umfassende unbedingte Verpflichtung des Schwörenden beinhalten.

1) Die erste Voraussetzung ist in unserer pluralistischen Gesellschaft nicht mehr gegeben. Der nicht religiös gebundene Mensch wird durch einen Eid, der ihn auf Gott verpflichtet, zur Unwahrhaftigkeit gezwungen oder gar in eine für ihn nicht verbindliche Verantwortung gestellt. Ein Eid ist somit fragwürdig, u. U. sogar sinnlos. Ist bei der Benennung Gottes an einen nicht genau verifizierbaren, religiös-metaphysischen Machtträger gedacht, würde das Christen in Gewissenskonflikte führen müssen. Will aber der Staat die Eidesformel im assertorischen Eid in einem säkularisierten Sinne verstanden wissen, vielleicht als bes. ernst zu nehmende Rechtsform, ist dann die religiöse Form nicht erst recht überholt bzw. verfehlt? In jedem Fall scheint die Eidesleistung als allg. Rechtspraktik in unserer Gesellschaft fragwürdig geworden zu sein.

2) Für eine theol. Beurteilung des Eides ist entscheidend, daß das NT (wie die nt. Betrachtung gezeigt hat) bis auf den Hebr-Brief den Eid kritisch beurteilt. »Das Schwören wird verboten, weil es ein eigenmächtiges, also letztlich magisches Verfügen-wollen des Menschen über Gott wie über das eigene Heil bedeutet ... Die Bergpredigt argumentiert ... nicht so: Wenn ihr unbedingt wahrhaftig seid, so erübrigt sich der Eid, sondern sie verbietet das Schwören radikal. Und sie tut es darum, weil Gott sich nicht vom Menschen für dessen Zwecke, und seien es die erhabensten, in Dienst nehmen läßt« (MHonecker, aaO, 570). Das Schwur- und Eidesverbot richtet sich also primär gegen den im 3. Gebot (Ex 20,7) gemeinten Mißbrauch des Namens Gottes. Daß Paulus in seinen eidesähnlichen, bekräftigenden Worten (zB 2Kor 1,23) und Jesu Antwort vor dem Hohen Rat (Mt 26,64) nicht als Gegenbeweis angeführt werden können, hat die Exegese gezeigt.

»Die alte Kirche hat zunächst die einzigartige Eideskritik Jesu beibehalten, so der Märtyrer Justin und der Kirchenvater Johannes Chrysostomos. Aber im Zuge der immer stärker werdenden Einfügung der Christen in das römische Reich wurde das Eidesverbot ermäßigt und schließlich ganz außer Geltung gesetzt« (MHonecker, aaO, 571). Die Berechtigung des Eides wurde von der Kirche grundsätzlich anerkannt. Die Reformatoren verwarfen den Eid zwar innerhalb der kirchlichen Rechtspraxis, bejahten aber die Zulässigkeit des Eides in weltlichen Dingen. Ist es nicht auch die Lehre von den zwei Reichen, die einer konsequenten Ausdehnung des Eidesverbotes auf den staatlichen Bereich hindernd im Wege stand? Wir werden heute der Augsburger Konfession nicht mehr darin folgen können, »daß alle Obrigkeit in der Welt und geordnete Regiment und Gesetze gute Ordnung, von Gott geschaffen und eingesetzt sind, und daß Christen mögen ... rechte Kriege führen, ... aufgelegte Eide tun ...« (Art. XVI der CA von 1530; vgl. Heidelberger Katechismus, Frage 101).

Wir haben von der nt. Botschaft her heute neu zu fragen, ob im assertorischen Eid die Anrufung Gottes zum Zeugen für verantwortliches zwischenmenschliches Handeln so noch aufrechterhalten werden kann. Auch der Christ ist in der Kenntnis des Vergangenen, für die er Gott zum Garanten setzt, nicht irrtumsfrei. Selbstverständlich läßt sich zB aus der Bergpredigt keine allg. Gesetzgebung ableiten. Aber ist der Christ über die persönliche Verantwortung vor Gott hinaus nicht auch gleichzeitig mitverantwortlich dafür, daß der Nichtglaubende nicht durch die Anrufung Gottes zur Heuchelei und damit u. U. zur Gotteslästerung gezwungen werden kann?

3) Weitaus problematischer ist nach dem Obengesagten der promissorische Eid, dh

ein Eid, der ein Versprechen für die Zukunft bekräftigt, indem Gott als Bürge gesetzt wird (Treu-, Lehens-, Amts-, Fahneneid etc.). »Da aber der Christ auch niemals über seine Zukunft verfügt, ist ein eidliches Gelübde, zB ein Treueid für ihn von vornherein von größten Gefahren bedroht. Denn nicht nur seine eigene Zukunft hat der Christ nicht in der Hand, sondern erst recht nicht die Zukunft dessen, der ihn mit dem Treueid bindet« (DBonhoeffer, Nachfolge, 113). Gerade die Erfahrungen aus der Zeit des Nationalsozialismus haben gezeigt, in welche Konflikte Menschen durch den promissorischen Eid geführt werden können. Es sei nur auf den sogen. »Pfarrer-Eid« hingewiesen. In einer Verordnung des preußischen ev. Oberkirchenrats vom 20. 4. 1938 wurde die im Beamtengesetz vorgesehene Treueidleistung auch von den Amtsträgern der Kirche gefordert (»Ich schwöre: Ich werde dem Führer des Deutschen Reiches und Volkes, Adolf Hitler, treu und gehorsam sein, die Gesetze beachten und meine Amtspflichten gewissenhaft erfüllen, so wahr mir Gott helfe«). Die Mehrheit der Pfarrer hat den Treueid geleistet und kam in schwerste Gewissenskonflikte, denn es konnte kein Zweifel bestehen, daß mit diesem Eid sowohl eine persönliche Bindung an Hitler eingegangen, als auch die Gesetze (zB die Ariergesetze) anerkannt wurden, die mit der heiligen Schrift und mit dem Ordinationsgelübde unvereinbar waren. Ebenso deutlich wurde die Fragwürdigkeit des promissorischen Eides im Zusammenhang des 20. Juli 1944. Viele hohe Offiziere konnten sich nicht entschließen, der Widerstandsbewegung beizutreten, weil sie sich durch den Treueid vor Gott an die Person des Führers gebunden glaubten. Wer kann aus seiner persönlichen Situation heraus wirklich beurteilen, ob zB die Person (Hitler), auf die man vereidigt war, aufgehört hatte, die gelobte Treue fordern zu können? Nur wenige wagten es. Wer konnte entscheiden, ob die Offiziere vor Gott von einem Eid auf die Person des Befehlshabers entbunden waren, um diesen Befehlshaber zu beseitigen, weil aus Krieg (nach damaliger Auffassung) Mord wurde? Goerdeler zB wollte Hitler lebend vor ein Gericht stellen, um nicht meineidig zu werden.

Diese beiden Beispiele zeigen gerade von der außerordentlichen Situation her zugespitzt die grundsätzliche Fragwürdigkeit des promissorischen Eides. Der häufig angeführte Einwand, in einer demokratischen Gesellschaft gebe es keinen unbedingten Eid, außerdem würde der Mensch nicht auf Personen, sondern auf demokratische Gesetze verpflichtet, ist nicht zwingend. Kann die Bejahung des Eides von Christen grundsätzlich an eine einzige Staatsform gebunden werden? Garantieren die Gesetze in einem demokratischen Staat wirklich, daß diese nicht mißbraucht werden können? (Soldateneid in den USA und Truppeneinsatz in Vietnam!) Wer bedingt dann den Eid? Eine kirchliche Lehrinstanz bzw. Lehrnorm (entsprechend der kanonischen Lehre vom Eid in der kath. Kirche), die von einem geleisteten Eid entbinden kann, gibt es in der ev. Kirche nicht. Wie soll der einzelne überschauen, ob die Stunde gekommen ist, in der der Eidnehmer das Recht auf Gehorsam verwirkt hat? Beinhaltet aber der promissorische Eid grundsätzlich nicht mehr eine letzte, unauflösbare Bindung an Gesetze, Institutionen oder Personen, wäre dann sein Nutzen nicht von vornherein fraglich? Besteht aber ein unauflösbares Gehorsamsverhältnis durch den Eid, wird das den Christen in unauflösbare Konfliktsituationen führen können, denn für ihn ist nur eine bedingungslose, unlösbare Bindung an Gott denkbar, die »zugleich frohe Befreiung aus den gottlosen Bindungen dieser Welt« (Barmen II) bedeutet. *D. Müller*

Lit.: GvdLeeuw, Phänomenologie der Religion, 1933 (1956²), § 59 – DBonhoeffer, Nachfolge, 1937 (1964⁹), bes. 80ff – JSchneider, Art. ὀμνύω etc., ThWb V, 1954, 177ff – ders., Art. ὅρκος etc., ThWb V, 1954, 458ff – OBauernfeind, Eid und Frieden, FKGG NF 2, 1956 – HStrathmann, Art. Eid, EKL I, 1956, 1027ff – FHorst, Der Eid im AT, EvTh 17, 1957, 366ff (= ders., Gottes Recht, ThB 12, 1961, 292ff) – SMorenz u. a., Art. Eid, RGG II, 1958³, 347ff – GStählin, Zum Gebrauch von Beteuerungsformeln im NT, NovTest 5, 1962, 115ff – HBethke (Hrsg.), Eid, Gewissen, Treuepflicht, 1965 (= antworten, Bd. 8) – AGerlach-Praetorius, Die Kirche vor der Eidesfrage. Die Diskussion um den Pfarrereid im »3. Reich«, 1967 (= Arbeiten z. Geschichte d. Kirchenkampfes 18) – Ich schwöre. Theolog. u. jurist. Studien z. Eidesfrage. Hrsg. v. GNiemeier, 1968 – MHonecker, Der Eid in einer säkularisierten Gesellschaft, Ev. Komm. 2, 1969, 569ff.

Seele

ψυχή

ψυχή *[psychæ]* Seele, Leben

I 1) ψυχή *[psychæ]* hängt etymologisch mit dem indoeuropäischen Wortstamm *bhs* zusammen, auf den unser Wort *blasen* zurückgeht, und bedeutet zunächst *Hauch, Lebenshauch, Atem.* Die urspr. Bedeutung von ψυχή *[psychæ]* ist also unpersönlich; es meint den belebenden *Atem* des Menschen. Für den Begriff »Seele ... als Träger bewußter Erlebnisse« (Hofmann, 428) verwendet Homer noch θυμός *[thymos]* (verwandt lat. *fumus, Rauch;* abgeleitet von θύω *[thyō], opfern*), das die heiße *Blutwallung,* die *Lebenskraft,* dann die *Gemütsbewegung* (*Erregung, Mut, Lust* oder *Drang*) bezeichnet.

Beide Wörter bezeichnen eine psychophysische Erscheinung, aber eine getrennte. Schon Hom. versucht Il. 11,334 die Verbindung θυμός καὶ ψυχή *[thymos kai psychæ].* Als die Abhängigkeit der »bewußten Seele« (θυμός *[thymos]*) von der unbewußten (ψυχή *[psychæ]*) erkannt wurde, erweiterte sich die im uralten epischen Sprachgebrauch urspr. feste Bedeutung von ψυχή *[psychæ],* indem das Wort den Bedeutungsgehalt von θυμός *[thymos]* mit in sich aufnahm. So wurde die urspr. als unbewußte, unpersönliche Lebensgrundlage verstandene ψυχή *[psychæ]* zum Träger bewußter Erlebnisse. Die Vorstellungen von der Seelenwanderung im 6. Jh. vChr zeigen den Abschluß dieses Prozesses: ψυχή *[psychæ]* umfaßt jetzt gleichermaßen *Lebensgrundlage* und *Bewußtsein.* Die ψυχή *[psychæ]* gilt nun als auf Dauer gesetzt, und die Person ist mit Verantwortlichkeit für ihr Schicksal belastet.

Stellt man sich diesen Bedeutungswandel von ψυχή *[psychæ]* vor Augen, so ergeben sich für das Wort drei Aspekte, nämlich (a) ψυχή *[psychæ]* als unpersönliche Lebensgrundlage, als das Leben; (b) als das Innere des Menschen; (c) als gegenüber dem Leib selbständige Seele.

2a) In der alten griech. Lit. wird die Seele als mit dem Leib zusammenhängend vorgestellt. Wenn sie ihn verläßt, verläßt ihn das Leben (Hom. Od. 14,426). Man entreißt jemandem die Seele und damit das Leben (Hom. Od. 22,444). So kann denn Seele einfach für *Leben* eintreten. Man fleht um das Leben (Soph. Oed. Col. 1326; Hdt. I,24,2). Man kämpft um das Leben (Hom. Od. 22,245), man setzt das Leben daran (Hom. Od. 3,74). Man nimmt Bußgeld für die Seele, dh für das Leben eines Menschen (Hdt. II,134,4). Man entläßt die Seele aus sich heraus und damit das Leben (Eur. Or. 1172). ψυχή *[psychæ]* kann sogar in die Bedeutung von *Lebensinhalt* kommen, so vom Geld (Hes. Op. 686) und von den Kindern (Eur. Andr. 419).

b) ψυχή *[psychæ]* kann das Innere des Menschen bedeuten, seine *Persönlichkeit.* So kann die Seele der Person gleich sein (Soph. Oed. Col. 499). Die mit dem Leib verbundene Seele ist so sehr personhafte Kraft, daß ψυχή *[psychæ]* an die Stelle des Personalpronomens treten kann, so daß »meine Seele« soviel ist wie »ich« (Soph. Ant. 227). Je nach den inneren Eigenschaften eines Menschen kann seine Seele als stark (Aristoph. Ach. 393) oder als weise (ders., Nub 94) bezeichnet werden. Menschen können nach ihrer seelischen Kraft eingeordnet werden (Hdt. V,124,1). Der Mensch, wenn er überhaupt etwas ist, ist Seele (Plato, Alkibiades I,130 C).

Als die eigentliche Kraft der Seele wird zunächst die Bewegung angesehen, die sie dem Körper, in dem sie wohnt, verleiht (Plato, Leg. 896 A/B). Der Begriff der Seele wird zu dem des Charakters (Soph. Phil. 55) und der Gesinnung (Hdt. III,14.1). Aristoteles fragt nach dem Wesen der Seele, dieser inneren, den Menschen erfüllenden und bewegenden Kraft und bezeichnet sie als Feuer und Wärme (Aristot. An. 404ª). Er stellt zugleich die kritische Frage, wie denn eine bestimmte Seele zu einem bestimmten Leib komme, ob sie eine innere Zusammengehörigkeit haben oder ob ihr Zusammensein auf Zufall beruht (Aristot. An. 407ᵇ 22).

Plato vermittelt die Vorstellung, daß die Seele ihres Leibes beraubt werden könnte (Plato, Leg. 873 A/B).

Die Seele ist Sitz der Empfindungen, des Verlangens und Vergnügens, des Genusses (Aischyl. Pers. 841). Das Wort »Seele« tritt überhaupt für das Gefühl ein. »Eine Seele haben« heißt dann soviel wie »ein bestimmtes Gefühl haben« (Demosth. 28,21). So ist die Seele, nicht der Leib, Sitz der Liebe und des erotischen Verlangens (Eur. Hipp. 505), von Hunger und Durst (Xenoph. Inst. C. VIII,7,4). Aber auch die Kräfte der Vernunft und des Willens sind Teil der Seele. So steht Seele neben Denken und Meinung (Soph. Ant. 176).

Die Eigenschaften der Seele sind Bewegung, Wahrnehmung, Empfindung und vor allem Unkörperlichkeit (Aristot. An. 405ᵇ 11). So erfährt die Seele, ihren Kräften gemäß, auch eine moralische Beurteilung. Die Seele hat eine gewisse Tüchtigkeit. Ihre Aufgaben sind zu sorgen, zu herrschen, zu beraten (Plato, Resp. 353 D). Ohne die Seele als tragenden Grund hätten *Weisheit* und *Verstand,* σοφία *[sophia]* und νοῦς *[nous],* keine Möglichkeit der Entfaltung. Überhaupt hat sich die griech. Philosophie über die Beziehungen der verschiedenen seelischen Kräfte, über ihre Zahl und ihre Möglichkeiten, ständig Gedanken gemacht. So wird die Seele von den Pythagoräern zB als dreiteilig angesehen, in *Denken, Willen* und *Begehren* zerfallend, λογισμός *[logismos]*, θυμός *[thymos]*, ἐπιθυμία *[epithymia]*. Aristoteles (An. 413ᵇ 11) nimmt eine andere Dreiteilung vor in Ernährung, Wahrnehmung und Denken. Auch darüber bestehen verschiedene Ansichten, ob die Seele gegenüber dem Leib ein besonderes Wesen von ganz anderer Substanz ist, oder ob man, wie Epikur (Epistulae 1p.19 Usener), auch von der Seele Körperlichkeit annehmen kann, so daß sie ein denkbar kleiner Körper ist, der sich mit einem Hauch von Wärme vermischt. Denn das Warme erscheint als das Element des Lebens und muß auch bei einer Auffassung der Seele als Leib bestehen bleiben.

Die Stoa hält die Seele für körperlich, von körperlichen Stoffen sich ernährend, den Leib erfüllend. Sie steht mit dem Leib in Wechselbeziehung. Die Substanz der Seele ist der *Atem*, ist πνεῦμα *[pneuma]*. Auch die Seele wird erzeugt. Sie ernährt sich von den Ausdünstungen des Blutes und von der Luft, die sie einatmet. πάθη *[pathæ]*, die *Affekte*, sind die schlimmsten Feinde der Seele, die ihr die Freiheit zu rauben imstande sind. Sie sind eine widernatürliche, unvernünftige Begrenzung der Seele.

Die Beseeltheit der Seele besteht darin, daß sie bewegt ist, daß sie sich selbst anregen kann (Plato, Phaedr. 245 E). Unter allen beseelten Wesen ist von der Gottheit dem Menschen die kraftvollste Seele eingepflanzt (Xenoph. Mem. I,9,13). Ja, noch mehr, sie hat an dem Göttlichen Anteil, das durch die Seele in den Menschen regiert (Xenoph. Mem. IV,3,14). Die Seele kann, ihren verschiedenen Möglichkeiten entsprechend, gebildet werden. Vor allem aber gilt es, was Sokrates (Plato, Ap. 30 B) entwickelt, für die Seele zu *sorgen* (ἐπιμελεῖσθαι *[epimeleisthai]*), nicht um Vermögen und Glück. Denn aus dem Vermögen erwächst keine Tugend, wohl aber umgekehrt aus Tugend Vermögenserwerb und andere Güter sowohl im privaten wie im öffentlichen Leben. Man kann sagen, daß hier der Begriff der Seelsorge zum ersten Mal auftritt. Bei Sokrates geht es nicht um Spekulationen über die Seele, ihr Vorher und Nachher gegenüber dem Dasein im Leibe, wohl aber bei Plato. Hier wird ein neues Erziehungsideal gesichtet, und Seele erhält einen ganz neuen Sinn. Sie hat nichts zu tun mit dem orphischen Seelendämon, nichts mit der Seele der attischen Tragödie, nichts mit dem homerisch-epischen εἴδωλον *[eidōlon]*, jenem Schattengebilde des Menschen in der Unterwelt (WJaeger, Paideia II,89ff; ders., Die Theologie . . ., 88ff). Weil die Seele denkender Geist und sittliche Vernunft ist, ist der Dienst an der Seele Gottesdienst. Die Seele als Teil des Kosmos muß mit dem Kosmos in Einklang, in Harmonie gebracht werden. Zu dieser Harmonie gelangt der Mensch durch vollendete Herrschaft über sich selbst. So kann er sich gegenüber dem Schicksal und der Natur behaupten, und so kann auch die Seele über den Leib herrschen.

c) Die homerischen Epen reden nicht nur davon, daß die Seele entweicht, dh also, daß das Leben einen Menschen verläßt, sondern sie wissen auch etwas über den V e r b l e i b d e r S e e l e n , dies allerdings ohne irgendeinen Versuch der spekulativen und gedanklichen Erfassung der Seele in ihrer Besonderheit gegenüber dem Leib, sondern vielmehr auf Grund parapsychologischer Erfahrungen, wie sie der Mensch der früheren Zeit zu machen pflegte. Hierhin gehört die Schilderung des gefallenen, aber noch nicht im Hades befindlichen Patroklos, dessen Erscheinung an Größe, Stimme und Gewand ganz dem Patroklos gleicht. Die Seele fährt wie ein Rauch mit Geraschel, mit Zirpen, Schwirren (wie Fledermäuse: Hom. Od. 24,5ff), man könnte vielleicht sagen huschend, in die Unterwelt. Sie ist das *Abbild* (εἴδωλον *[eidōlon]*) des betreffenden Menschen, aber doch nicht er selbst. Immerhin wird hier die Seele als eine eigene Größe gegenüber dem Leib, sich mit ihrem Leib verbindend, ihn auch verlassend, dargestellt (Hom. Il. 23,65ff.100ff; Od. 11,387).

Der Sache nach gehört hierhin auch die Vorstellung von einer Reise der Seele ins Jenseits und ihrer Rückkehr zur Erde oder von ihrem Abstieg aus dem Bereich des Lichtes in den Leib (→ Erkenntnis, Art. γινώσκω I,2c) oder auf die Erde und ihre Rückkehr in die himmlische Welt durch einen κύκλος γενέσεων *[kyklos geneseōn]*, *Kreislauf der Zeugungen.* Eine andere Vorstellung ist die, daß die Seelen sich in der Unterwelt auf einer Wiese sammeln, um abgeurteilt zu werden, entweder am ewigen Symposion teilzunehmen oder im Schlamm der Unterwelt zu liegen. Die eigentlich tragende Kraft für diese Seelenvorstellungen und auch die Praktizierung des Erlösungsweges der Seele ist die religiöse Bewegung der Orphik. Die Vorstellung von einer dem Leib gegenüber selbständigen Seele, die sich von ihm für eine bestimmte Zeit trennt, dann aber wieder in ihn zurückkehrt, findet sich übrigens auch in anderen Kulturkreisen (vgl. etwa zum Schamanismus MEliade, RGG V, 1961³, 1386ff; dort auch Lit.; für den griech. Bereich WBurkert, Weisheit; ders., Γόης).

Plato vermittelt die Vorstellung, daß die Seele ihres Leibes beraubt werden könnte (Leg. 873 A/B), daß sie erst nach der Trennung vom Leib ganz zu sich selbst kommt (Phaidon 66E–67A) und daß sie unsterblich ist (Resp. 608D; Phaidon 70C; Phaedr. 245C–E). Er begründet die Notwendigkeit dieser Unsterblichkeit damit, daß die Lebenszeit für eine moralische Bemühung um den Menschen zu kurz ist. Der Mensch muß also als Seele Erfahrungen mehrerer Verkörperungen sammeln und auswerten können. Der Leib ist für die Seele ein *Kleid* (περίβολον *[peribolon]*), eine Art von *Gefängnis* (δεσμωτήριον *[desmōtærion]*; Plato Crat. 400C). Die Befreiung aus diesem Gefängnis geschieht durch bacchische Weihen, durch die Gnade der erlösenden Götter, ferner durch asketische Abwendung vom irdischen Sein selbst. Hermes führt die unsterblichen Seelen in die Unterwelt. Dort erwartet die *Nichteingeweihten*, die ἀμύητοι *[amyætoi]* und ἀτέλεστοι *[atelestoi]*, der *Schlamm* (βόρβορος *[borboros]*) der Unterwelt (Plato, Resp. 2,363D).

Eine andere Erlösungsvorstellung ist die, daß die Seele ans Licht zu neuen Verkörperungen in einer Art von Seelenwanderung aufsteigt. Ihre jeweiligen Taten bestimmen das neue Dasein (ähnliche Gedanken in der indischen Religiosität, wo das Kharma allerdings völlig unpersönlich, zudem Sich-Aufbrauchendes ist). Getragen wird also alles von dem Glauben, daß die Seele etwas vom Leibe völlig Unabhängiges von eigener Substanz und eigener Unsterblichkeit ist.

Im übertragenen Sinne kann auch für das beseelende Element der Staatsverfassung der Ausdruck ψυχή *[psychæ]* gebraucht werden. Isocr. (12,138) spricht von der Seele der Stadt, und Demosth. 60,23 wird die Tüchtigkeit von Männern als die Seele Griechenlands bezeichnet. Der Gedanke einer Weltseele als Lebensprinzip des Kosmos, so daß der Kosmos sich selbst Seele und leitendes Prinzip (ἡγεμονικόν *[hægemonikon]*) ist, findet sich bei Chrysippos Stoicus 2,186.

II 1) In LXX (einschließlich Apokryphen) kommt ψυχή *[psychæ]*, *Seele*, über 900mal vor, und zwar ziemlich gleichmäßig in allen Schriften. Am häufigsten ist es für hebr. *næphæsch* (urspr. *Kehle, Gurgel;* dann *Hauch, Atem*) eingetreten, aber auch 25mal für *lēb*, → *Herz, Inneres* (bes. Pss, Chron, Jes; sonst steht für *lēb* meist καρδία *[kardia]*), 5mal für *chajjāh, Lebendiges* (sonst ζῷον *[zōon]*; → *Leben*), 2mal (Gen 41,8; Ex 35,21) für *rūach*, → *Geist* (sonst πνεῦμα *[pneuma]*), dazu 1mal (Lev 17,4) für *isch, Mann* (sonst ἀνήρ *[anær]* oder ἄνθρωπος *[anthrōpos]*; → *Mensch*). Das hebr. *neschāmāh, Odem*, wird meist mit πνοή *[pnoæ]*, *Wind, Hauch, Atem* (→ Geist), nie aber mit ψυχή *[psychæ]* wiedergegeben.

a) *næphæsch* bezeichnet das, was einen Körper, gleich, ob Tier oder Mensch, zu einem lebendigen Wesen macht. So kann es sogar einmal (Gen 36,6) mit σῶμα *[sōma]* (→ *Leib*) übers. werden. Wenn *næphæsch* mit ψυχή *[psychæ]* wiedergegeben wird, so steht ψυχή *[psychæ]* hier für »das Vitale am Menschen im weitesten Sinn« (GvRad, Theol. AT I, 1962[4], 166), für das Lebendige schlechthin. Es ist die Rede von der lebendigen Seele (Gen 1,20). Der Sterbende verhaucht die Seele (Jer 15,9), er vergießt sie (Klgl 2,12). Sie fährt aus dem Sterbenden aus (Gen 35,18). Sie – dh das Leben – kann aber auch in den Leib eines Menschen zurückkehren (1Kön 17,21). »Seele um Seele« bedeutet soviel wie »Leben um Leben« (Ex 21,23). → Blut als der Sitz des Lebens kann mit ψυχή *[psychæ]* nahezu identisch sein (Gen 9,4.5; Lev 17,11).

b) ψυχή *[psychæ]* als Übers. von *næphæsch* ist das Empfindsame in der Lebendigkeit des Ich, Sitz der Affekte, der Liebe (Hhld 1,7), der Sehnsucht (Ps 63,2) und der Freude (Ps 86,4). Hierüber wird nicht reflektiert. Die »Seele« erweist ihr Leben in der Bewegung und Äußerung der Regungen verschiedenster Art. Sie ist die Zusammenfassung der inneren Kräfte des Menschen, daher die Bezeichnung »von ganzer Seele« (Dtn 13,4). In der Seele wohnt das Begehren nach Speisen (Dtn 12, 20.21), nach Fleischeslust (Jer 2,24), nach Mord und Rache (Ps 27,12). Die Seele äußert ihre Empfindungen: Sie weint (Ps 119,28), sie ergießt sich in Tränen (Hi 30,16), wird »lang gemacht« in Langmütigkeit (Hi 6,11); aber auch Wissen und Erkennen (Ps 139,14), Denken (1Sam 20,4) und Sich-Erinnern (Klgl 3,20) haben ihren Sitz in der Seele. Die Seele ist so sehr Zusammenfassung der ganzen Persönlichkeit, des ganzen Selbst eines Menschen, daß »Seele« soviel wie »Ich selbst«, »Du selbst« usw. bedeuten kann (1Sam 18,1 u. ö.).

So können lebendige Wesen als Seelen bezeichnet werden, alles, was lebt, alles Lebendige, meist kollektiv verstanden (Lev 11,10). »Eine Seele« meint in Gesetzen den jeweils von der Vorschrift betroffenen Menschen (Lev 4,2; 5,1.2.4.15 u. ö.). Bei Volkszählungen wird nach »Seelen« gezählt (Ex 1,5; Dtn 10,22). Es ist geradezu bezeichnend dafür, wie wenig das AT den Begriff einer vom Leib getrennten oder etwa im Tode sich von ihm trennenden Seele kennt, daß es von einem Toten als von der Seele eines Toten reden kann, womit der Tote selbst zugleich in seiner Leiblichkeit gemeint ist (Num 6,6).

c) Während der Sprachgebrauch der Qumrantexte ganz im Rahmen des AT bleibt, macht sich in den apokryphen Schriften der hell. Einfluß deutlicher bemerkbar. Wenn sonst nicht über die Beziehung von → Leib und Seele reflektiert wird, so stehen sich hier Leib und Seele gegenüber. Ein verderbter Leib fällt der Seele zur Last (Weish 9,15). Die Seelen der Gerechten sind in Gottes Hand (Weish 3,1). Hier ist auch die Rede von der Befleckung der Seelen (Weish 14,26). Es ist bes. schlimm, wenn sich für die Seele kein Heilmittel findet, so daß sie ewig verderben muß (Weish 16,9).

2) Josephus verwendet in seinen Darstellungen von Geschichte und Persönlichkeiten die vielfach stark hell. Begriffe, wie sie ihm aus Erziehung und Bildung zur Verfügung stehen.

a) Auch für ihn ist ψυχή *[psychæ]* zunächst der Sitz des äußerlichen irdischen Lebens (die Seelen retten gegenüber den Gütern: Ant. 9,240; Gefahr der Seele = Lebensgefahr: Bell. 1,493). Die Seele entlassen heißt das Leben hingeben (Bell. 6,183).

b) ψυχή [psychæ] als der innere Mensch mit den verschiedenen Kräften steht dem Leibe gegenüber (seelische und leibliche Vorzüge: Bell. 1,430), ist der Ort des Willens und der Tugenden (Ant. 2,9 unterscheidet leibliche Wohlgeborenheit und seelische Tugend), der Sitz der Affekte (Ant. 20,83 Erschütterung; Ant. 16,93 Haß) und Eigenschaften (Ant. 16,301 Schlechtigkeit).

c) Schließlich werden den Leibern die unsterblichen Seelen gegenübergestellt (Bell. 2,154; vgl. Ant. 18,18 von den Essenern, die ihre Seelen unsterblich machen). Die dem Verderben nicht anheimfallende Seele kann in einen anderen Leib übergehen. Die schlechte Seele aber wird ewige Strafe leiden (Bell. 2.163). Verwiesen sei auf die Rede, die Josephus (Bell. 7,341ff) den Anführer der Aufständischen Eleazar auf der Masada halten läßt. Auch hier bewegt sich Josephus in hell. Gedankengängen über die Unsterblichkeit der Seele und ihr wahres Leben, getrennt vom Leib in ewiger Gottesgemeinschaft (sogar indische Gedanken werden zitiert). – So bedeuten für Josephus die Unsterblichkeit der Seele und ihre Zugehörigkeit zu einem ewigen Leben Möglichkeiten, die in dem Maße verscherzt werden können, wie die unsterbliche Seele vom Leib bestimmt und überwältigt wird.

d) Unreflektiert stellt Josephus ψυχή [psychæ] und πνεῦμα [pnęuma], → *Geist*, nebeneinander. Er äußert sich nicht über die einzelnen Funktionen. Offenbar ist πνεῦμα [pnęuma] das höhere Bewußtsein im Menschen, während ψυχή [psychæ] die Lebenskraft als solche repräsentiert (Ant. 11,240).

3) In Philos Seelenlehre wirkt sich der vom AT her bestimmte Schöpfungsglaube aus (De Migr. Abr. 34). Für ihn ist die Seele die mit göttlichen Kräften und Möglichkeiten ausgerüstete Seite des menschlichen Daseins, sie gehört zum göttlichen Geist (Virt. 217), und ihre erste Kraft besteht in der Verehrung Gottes. Bes. beschäftigt Philo das führende Element (ἡγεμονικόν [hægemonikon]) der Seelen, der νοῦς [nous], *Verstand* (Leg. All. I,39; → Vernunft). Das Wesen dieses Führungsteiles, der »Seele« der Seele, ist der Geist Gottes (Rer. Div. Her. 55).

a) Auch Philo kennt die Bedeutung *Leben* für ψυχή [psychæ], deren ganzes Wesen Blut ist (Det. Pot. Ins. 84), die also auch Sterbliches umfaßt.

b) Wie in der griech. Philosophie findet sich auch bei Philo die Aufteilung der Seele in vernünftige und unvernünftige Kräfte (Agric. 63) sowie die Vorstellung von der Seele als dem Sitz der Affekte bzw. der Tugend (Det. Pot. Ins. 59) und damit des Lebens (ebd. 70). Die Kraft des νοῦς [nous] entfaltet sich im Denken, im Wollen, in der Zeugungskraft und in der Wahrnehmung.

c) Ganz anders als im AT ist es für Philo selbstverständlich, daß es leiblose Seelen gibt (Sacr. AC 5; Som. I,135). Er rechnet damit, daß das Weltall, für ihn Gottes Heiligtum, mit körperlosen Seelen rein geistiger Art, den Engeln, angefüllt ist, denen gegenüber der Mensch sich als eine Mischung aus Vernunft und Unvernunft darstellt (Spec. Leg. I,66). Er schreibt von höheren Wesen, die sich sterblichen Leibern auf eine bestimmte Zeit verbinden und sie dann wieder verlassen (Plant. 14). Zu ewigem Leben gelangt die Seele durch den Erwerb und Gebrauch von Tugenden (De. Conf. Ling. 161) – bes. der Gottesverehrung (Op. Mund. 155). Die Seele läßt schließlich das ihr auch zugehörige Sterbliche (vgl. a) zurück und geht in die Welt des Unverweslichen, des Unverderblichen (De Migr. Abr. 18). Wirklich zu Hause ist sie in der göttlichen Welt, im Leib befindet sie sich an einem ihr fremden Ort (Som. I,181). Als das Immerbewegliche gehört sie zu Gott, der selbst als das Immerbewegliche die Weltseele ist (De Aet. Mund. 84).

4) Auch im sonstigen Judentum sind hell. Einflüsse deutlich erkennbar. Vor allem 4Makk zeigt sich dies in der Vorstellung einer im Tod vom Leibe sich trennenden, unsterblichen Seele (der Tod als Weg zur Unsterblichkeit: 14,5; der Siegespreis der Tugend ist Unvergänglichkeit, nämlich der Seele: 17,12). In der Sterbestunde wird die Seele des Gerechten von den Erzvätern aufgenommen (5,37; 13,17). Eine deutliche Übernahme hell. Vorstellungen zeigt sich etwa in der Mitte des 1. Jh. nChr bei Jochanan Ben Zakkai. Er redet von dem Gehinnom als einem zwischenzeitlichen Strafort (Ber 28b 23 par; dazu Aboth RN 25; 7a 51). Auf dieser Linie bewegt sich auch der Midrasch zu Qohelet (3,21.22a). Hier steigen sowohl die Seelen der Gerechten als auch die der Gottlosen in der Sterbestunde zur Höhe empor, um ihr Urteil zu empfangen. Diese Anschauung liegt zwei Stellen im LkEv. zugrunde (Lk zeigt auch gerade in der Apg den Einfluß typisch hell. Vorstellungen), obwohl von ψυχή [psychæ], *Seele*, nicht ausdrücklich die Rede ist: a) 16,23, Lazarus ist in Abrahams Schoß und der Reiche am Ort der Qual, und b) 23,43 das bekannte Wort »Heute wirst du mit mir im Paradies sein«. Dagegen gibt es nicht die Vorstellung eines Gerichtes über die Seele und den Leib je gesondert. Hier würde die Seele für den Leib nicht verantwortlich sein. Es ist vielmehr so vorgestellt, daß bei der Auferstehung Gott die Seele in den Leib hineinstreuen und dann beide richten wird. Es kann also nicht die Seele als Ort der Ideen, der Gedanken, der sittlichen Überzeugung gegen den Leib als Sitz der Leidenschaften ausgespielt werden. Es bleibt trotz der hell. Seelenvorstellungen die typisch jüd. Hoffnung auf die Auferstehung und damit auf Gottes Gerechtigkeit, die dann erst zum Zuge kommen kann. Gott übt endzeitliches Gericht über Leib und Seele (Sanh 91[a]). So begegnet die Vorstellung von einem Gericht über die Seelen sogleich nach dem Tode auch in der apok. Lit. (4Esr 7,78ff). Durch göttlichen Richterspruch werden die Seelen einem Ort der

Erquickung und des Friedens und der siebenfachen Freude oder einem Ort der Qualen und des Umherschweifens in siebenfältiger Pein zugewiesen. So erblickt Henoch (39,4f) die Wohnungen der verstorbenen Gerechten, die bitten, Fürsprache einlegen und für Menschenkinder beten. Ähnlich heißt es Hen 71,16, daß die Gerechten im Tode zum Himmel eingehen. Dem entspricht auch der paränetische Schlußteil des Henochbuches: Die Seelen der Sünder fahren in die Unterwelt, die Geister (hier ähnlich wie Seelen verstanden) der Gerechten dürfen sich freuen, fröhlich sein und vergehen nicht (Hen 103,4.7).

III 1) Im NT findet sich im Unterschied zu dem häufigen Gebrauch in LXX ψυχή *[psychę]* insges. 101mal; davon entfallen 37 Stellen auf die Synopt., 15 auf die Apg und 10 auf das JohEv. Das Schwergewicht des Vorkommens liegt also in den erzählenden Partien des NT. In den paulinischen Briefen steht es insges. 11mal, 7mal in der Offb, je 6mal im Hebr und 1Petr.

2a) Auch im NT ist ψυχή *[psychę]*, *Seele*, der Sitz des Lebens oder das Leben wie in dem berühmten Logion ». . . wer sein Leben (ψυχήν *[psychęn]*) erhalten will, der wird's verlieren; und wer sein Leben verliert um meinetwillen . . ., der wird's erhalten« (Mk 8,35 par; außerdem Mt 10,39; Lk 17,33; Joh 12,25). Was es bedeutet, daß der, der sein Leben hingibt, es wahrhaft finden wird, wird an Jesus selbst und seinem Sterben und Auferstehen deutlich: Das wahre Leben wird immer wieder allein in der Preisgabe gewonnen. Ganz deutlich ist ebenfalls mit ψυχή *[psychę]* das Leben gemeint in dem Logion Mk 10,45 par: Die Sendung Christi ist die, sein Leben zu geben zur → Erlösung (Art. λύτρον III) für viele. So bedeutet auch Lk 14,26 »seine Seele hassen« soviel wie »sein Leben hassen« (vgl. Lk 9,23 sich selbst verleugnen). Das Gegenstück zu Lk 14,26 ist Offb 12,11, wo von denen die Rede ist, die ihr Leben nicht geliebt haben.

ψυχή *[psychę]* umfaßt das ganze natürliche Sein und Leben des Menschen, um das er sich kümmert, für das er ständig sorgt. So spricht Mt 6,25 von dem Sorgen für die ψυχή *[psychę]*, dh für ihr Essen: Leben (ψυχή *[psychę]*) und Leib (σῶμα *[sǫma]*) sind Gottes Werk; darum sind sie mehr als Nahrung und Kleidung, worum sich der Mensch kümmert. Lk 12,19 redet der Reiche seine Seele an, spricht also mit sich selbst. Er rechnet aber nicht damit, daß die ψυχή *[psychę]*, also das Leben, ihm jeden Augenblick entzogen werden kann. Auch das Zitat Apg 2,97 (Ps 16[15],10) redet davon, daß die ψυχή *[psychę]* – wieder als Sitz des Lebens – von Gott im Hades verlassen bzw. dem Hades preisgegeben wird (HJKraus, BKAT XV/1,118), daß der Beter also sterben könnte. Das Geringachten der Seele bedeutete schon bei Paulus, daß das Leben geringgeachtet wird (Phil 2,30).

Joh 10,11 spricht von einem Einsetzen der ψυχή *[psychę]*, also einem Riskieren des Lebens, 10,17 wohl von einem tatsächlichen Dahingeben (vgl. Mt 20,28). Vom Riskieren ist auch Joh 13,37f die Rede, wo sich Petrus dafür anbietet (»ich will mein Leben für dich lassen«). In beiden verbalen Verbindungen, τιθέναι *[tithęnai]*, *einsetzen* (JohEv.) und δοῦναι *[dǫųnai]*, *geben* (Mt 20,28; Mk 10,45) bezeichnet – wie man auch die beiden Verben deuten will – ψυχή *[psychę]* das *Leben*.

Paulus gedenkt Röm 16,4 derer, die sich für sein Leben eingesetzt haben, und Apg 15,26 werden Barnabas und Paulus als Männer bezeichnet, die ihre ψυχή *[psychę]*, dh ihr Leben, »für den Namen unseres Herrn Jesus Christus« eingesetzt haben.

Das Wort ψυχή *[psychę]* begegnet auch im NT in Aufzählungen (Apg 7,14: »Jakob und seine ganze Verwandtschaft, 75 Seelen«; 27,37: 276 »Seelen« beim Schiffbruch vor Malta; 1Petr 3,20: 8 »Seelen« in der Arche Noahs gerettet) und in der Verbindung »jede Seele« für »jedermann« (Apg 2,43: »es kam aber alle Seelen Furcht an«; vgl. 3,23; 27,22; Röm 2,9; 13,1).

Auch der Ausdruck »jede lebendige Seele« (Offb 16,3; vgl. 8,9) ist im at. Sinne zu verstehen. Wurde in der Schöpfung durch das Einblasen göttlichen Atems aus Erde eine »lebendige Seele« (vgl. Gen 2,7), so greift Paulus diesen Gedanken 1Kor 15,45 auf, um dieser »lebendigen Seele« als der Kraft und Richtung des irdisch-natürlichen Lebens den in Jesus Christus gegenwärtigen lebenschaffenden → Geist (Art. πνεῦμα III,3e) gegenüberzustellen.

b) ψυχή *[psychæ]* bedeutet das innermenschliche Leben, soviel wie Ich, Person, Persönlichkeit, mit den verschiedenen Kräften der Seele. 2Kor 1,23 setzt Paulus seine »Seele« zum Pfand in einer Art von Selbstverfluchung als Form feierlicher Versicherung. Gemeint ist hier nicht nur das Leben, sondern der ganze Mensch mit allem, was er glaubt, erhofft, erstrebt. Ähnlich schreibt Paulus 1Thess 2,8 von sich und seinen Mitarbeitern, daß sie ihre »Seelen«, dh ihre Lebenskraft bzw. ihre Energie, sich selbst also mit allen Kräften ihrer Persönlichkeit in Arbeit Tag und Nacht in der Sorge für ihre Gemeinden dahingegeben haben. »Seele« im Sinne von Person mit allen Kräften des Bewußtseins ist Joh 10,24 gemeint (Anfrage der Juden bei Jesus, ob er der Christus sei). Sie wird in Spannung versetzt, im Ungewissen gelassen. Diese Seelen sind es, die der Ruhe und des Friedens bedürfen (Mt 11,29). In der Tiefe dieser Seele wird Betrübnis empfunden (Mt 26,28 par). Lk 1,46 wird Seele mit Geist im Parallelismus membrorum gebraucht. Beides bedeutet hier den ganzen inneren Menschen im Gegensatz zur Leiblichkeit der Lippen und der Sprache. Vor allem ist Seele hier – über das griech. Denken hinaus – Sitz des religiösen Lebens, der Bezogenheit auf Gott. Diese religiöse Wurzel des menschlichen Lebens ist Lk 2,35 gemeint, gerade im Gegensatz zu dem äußerlich den Leib verletzenden Schwert. Hier geht es um ein verborgenes, seelisches, inwendiges Erlebnis. Von diesem religiösen Leben ist auch 3Joh 2 die Rede: »Es geht deiner Seele wohl«. In diesem Sinn kann 2Petr 2,9 der Fromme als »gerechte Seele« umschrieben werden.

Interessant ist die Gegenüberstellung von Seele und Geist, wie sie sich in der Stelle 1Thess 5,23 mit ihrer trichotomischen (dreiteiligen) Anthropologie zeigt. Nicht Seele und Leib werden einander nebengeordnet, sondern → Geist, Seele und → Leib. Hier bedeutet – ähnlich wie bei Philo und im Platonismus – Geist die höhere Seite des Menschen, möglicherweise etwas, was dem ἡγεμονικόν *[hægemonikọn]* bei Philo (vgl. I,3) nicht fern ist. Seele bedeutet dann in diesem Zusammenhang das Leben, also die Lebendigkeit und die Seite des Willens und Gemütes im Menschen. Paulus stellt ähnlich 1Kor 2,14 dem ἄνθρωπος ψυχικός *[ạnthrōpos psychikọs]* den ἄνθρωπος πνευματικός *[ạnthrōpos pneumatikọs]*, den von Gottes Geist erleuchteten Menschen gegenüber. Der erstere ist der beseelte, der mit Seele als Lebenskraft erfüllte (»eine lebendige Seele« Gen 2,7; vgl. 1Kor 15,45), der natürliche, im Gegensatz zum geistlichen Menschen. Der gemeinte Geist ist (im Unterschied zu 1Thess 5,23, s. o.) Gottes Geist, nicht eine höhere Geisteskraft im Menschen, die ihm als natürlichen Menschen schon zukommt. Seele bedeutet in dieser Gegenüberstellung zum Geist nicht eine anthropologische Kategorie, sondern eine andere Existenzweise.

Wenn dagegen Hebr 4,12 von einer Scheidung von Seele und Geist die Rede ist, so ist wahrscheinlich an die nur gedanklich, aber sonst nicht vornehmbare Scheidung der innersten Kräfte des Menschen gedacht. Hebr 6,19 (»Anker der Seele«) ist mit »Seele« wiederum der ganze innere Mensch mit seinen Kräften des Willens, Verstandes und Gemütes gemeint. In diesem Zusammenhang gehört auch die Verwendung von ψυχή *[psychæ]* für *Einsicht, Wille, Gesinnung, Empfindungen,* die *sittlichen Kräfte* des Menschen. So ist das »von ganzer Seele« (Mt 22,37; vgl. Dtn 6,5) aufzufassen, und dementsprechend ist auch das ἐκ ψυχῆς *[ek psychæs], von Herzen, freiwillig* (Eph 6,6; Kol 3,23; jeweils einziges Vorkommen in diesen Briefen) zu verstehen (vgl. dazu Sir 6,26 u. ö.). Dem steht auch die Wendung μιᾷ ψυχῇ *[mią psychæ], aus einer Seele,* nahe (Phil 1,27), resultierend aus dem ἐν ἑνὶ πνεύματι *[en henį pnẹumati], in einem Geist.* Dahinter steht wahrscheinlich die Vorstellung, daß die Gemeinde der Leib Christi ist, die – ähnlich wie der menschliche Leib – von einer Seele erfüllt wird, die sich dann als wahr und lebendig erweist, wenn sie die Einheit des Leibes in der Einheit der inneren Kräfte der Gemeinde ergänzt. Apg 4,32 ist ebenfalls die Gesinnung gemeint, in der die Gemeinde als ein Herz und eine Seele vereint ist. Auf diese seelische Kraft der Gemeindeglieder ist die Ermahnung Hebr 12,3 gerichtet, nicht an den Seelen, dh innerlich zu ermüden und zu erschlaffen. Seelen, die nicht gefestigt sind, werden geködert und verlockt (Hebr 10,39). Hier wird mit dem seelischen Verlangen, mit unkontrollierten seelischen Bewegungen gerechtet. Seelen können auch in verkehrte und üble Gemütsbewegungen versetzt, sie können böse gemacht werden (Apg 14,2).

Aus dem at. Text stammt die im Parallelismus membrorum gern verwendete Auswechselbarkeit von Seele und Ich. So redet Gott selbst von seiner Seele, womit er all das umfaßt, was im AT die lebendige Personhaftigkeit Gottes kennzeichnet, seine Liebe, seinen Zorn, seine Treue usw. (Mt 12,18; Hebr 10,38).

c) Das hell. Judentum kennt die Möglichkeit des Verderbens der Seele auf der einen, des Heils und der Rettung der Seele auf der anderen Seite. Diese Gedankengänge tauchen in der späteren Brieflit. im NT auf, doch ist hier nicht die unsterbliche Seele als Kraft und Garantie der Ewigkeit gemeint. Obschon solche Stellen einen deutlich hell. Einschlag zeigen, sind sie dennoch durch die biblische Tradition, durch eschatologische Grunderkenntnisse und durch die Glaubenserfahrung der Christen mit dem Auferstandenen gewissermaßen auf eine andere Ebene versetzt. Was zB bei Xenoph. (Cyrop. IV,4,10) sich auf das Leben erstreckt, nämlich der Aufruf »Rettet eure Seelen« (soviel wie »rettet euer Leben«), ist nunmehr Ermahnung zum Glauben und zum Gehorsam gegenüber der göttlichen Botschaft. Aufgabe der Vorsteher der Gemeinde ist es, über den für die Ewigkeit bestimmten Seelen zu wachen (Hebr 13,17; OMichel interpretiert hier Seele durch »das eschatologische Leben«; KEK XIII, 1949[8], zSt.). Von der Rettung der Seele, die gefährdet ist, handelt Jak 1,21; 5,20. Der Tod, von dem gesagt wird, daß die Seele aus ihm errettet werden soll, ist der ewige Tod, ist das Ausgeschlossensein vom ewigen Leben. Die Rettung der Seelen in diesem Sinne ist Ziel des Glaubens und Inhalt des ges. Heilshandelns Gottes, an dem er die teilnehmen läßt, die auf den Namen seines Sohnes getauft sind (1Petr 1,9). Deshalb wohl ist 1Petr 1,22 von der Säuberung und Entsühnung der Seele, also des inneren Lebens, die Rede. Es geht um die Seele in ihrem Gegenüber zu Gott. Gegen sie, gegen ihren Willen und Gehorsam streiten die fleischlichen Begierden (1Petr 2,11). Die Seele als Trägerin des Glaubens und der Heiligung ist zur Teilnahme an Gottes Leben, zur Erbschaft der göttlichen Zukunft bestimmt. Hier also stehen einander nicht Geist, Seele und Leib, sondern Seele und fleischliche Begierden gegenüber. Diese Seelen sind 1Petr 2,25 gemeint, deren Aufseher und Hirte Jesus Christus selbst ist. Den Gegensatz bilden für die dort angeredeten Sklaven die leiblichen Aufseher mit all ihrer Willkür und Ungerechtigkeit. Das Bewußtsein, einen wahren Aufseher der Seelen zu haben, muß die Sklaven in der Geduld, in der Liebe und Demut stärken (1Petr 2,25). Ebenfalls sind diese für die Ewigkeit und für die Überwindung des Todes bestimmten Seelen gemeint, die die Christen in der Verfolgung Gott, dem Erhalter des Menschen für die Ewigkeit, anvertrauen sollen (1Petr 4,19).

In diese Gedankengänge gehört Mt 10,28 par. Die Seele ist allein auf Gott gewiesen, »der Leib und Seele verderben kann in der Hölle«. Es gibt auch diese Seele nur, weil Gott sie ruft, weil sie sich von ihm rufen und mit göttlicher Kraft erfüllen läßt. Gott allein hat über sie Macht. Er kann sie leben lassen, und er kann sie töten. In ähnlicher Weise ist auch Offb 6,9; 20,4 von den Seelen der Getöteten die Rede, die unter dem Altar Gottes, im Himmel, dh unter dem Altar des himmlischen Gegenbildes des Tempels sich befinden. Dieses Bild hat wahrscheinlich seinen Grund darin, daß das Blut der Opfer vor dem Altar bzw. auf dem Altar vergossen wurde. Mit diesen Opfern werden die Märtyrer verglichen, die ihr Blut um Christi willen vergossen haben. Darum befinden sich ihre Seelen, wie im Blut eben die Seele, dh das Leben ist, unter dem Altar. Der tragende Gedanke ist der, daß die von Gott gewonnenen, erretteten, an ihn glaubenden, für ihn sich darbringenden Seelen bei ihm aufbewahrt sind; daß sie – in seiner himmlischen Welt mit deren Zukunft und Herabkunft auf die Erde – mit der Verwirklichung der Ziele und des Planes Gottes untrennbar verbunden sind.

3) Wenn auch in der späteren Brieflit. des NT der hell. ψυχή *[psychæ̣]*-Begriff häufiger als in den übrigen Partien des NT auftritt (vgl. 2c), so darf das doch nicht zu einem hell. Mißverständnis in dem Sinn führen, daß die Seele das Wesentliche und Wertvolle des Menschen ist, das Ewige und Bleibende. In einem solchen Denken, das übrigens dem dt. Idealismus eigen war, wird die Ewigkeit und das Bleiben der Seele aus ihrer besonderen Qualität geschlossen. Gerade dies ist im NT nicht der Fall. Die Seele ist nur jene Größe, innerhalb deren sich Tod und Leben, Verderben und Seligkeit entscheiden. Außerdem sind alle Aussagen über ψυχή *[psychæ̣]* im NT unter dem Kontext der eschatologischen Aussagen über die Erneuerung und Auferstehung verbunden. Sie können nicht ohne diesen Kontext gedacht werden. Dazu gehört auch gerade, daß Gott richtet, daß sein Gericht über Verderben und Seligkeit der Seelen entscheidet, daß die Seligkeit der Seelen immer verstanden wird zugleich unter dem Gesichtspunkt der Auferstehung des Leibes, also einer neuen Leiblichkeit der Seelen. *G. Harder*

Lit.: ERohde, Psyche, Seelencult und Unsterblichkeitsglaube der Griechen, 1893 (1925^{10}) – ADieterich, Eine Mithrasliturgie, 1903 (1966 Neudruck) – EvDobschütz, Die Thessalonicherbriefe, 1909, 230ff (Exkurs zur Frage der Trichotomie bei Paulus) – HCremer, Biblisch-theologisches Wörterbuch, 1911, 1136ff – Burnet, The Socratic Doctrine of the Soul, Proceedings of the Brit. Academy 1915/16, 235ff – MPNilsson, Geschichte der griechischen Religion, 1941 (1955^{2}), 637ff – WJaeger, Paideia II, 1944, 87ff – MPohlenz, Die Stoa, 1948, 87ff, 143ff, 229ff, 382f – JBHofmann, Etymologisches Wörterbuch des Griechischen, 1949 – ERDodds, The Greeks and the Irrational, 1951 – RBultmann, Theologie des NT, § 18, 1953 (1968^{6}) – LKöhler, Theologie des AT, bes. § 45, 1953 (1966^{4}) – WJaeger, Die Theologie der frühen griechischen Denker, 1953, 88ff – BRigaux, Saint Paul, Les Epîtres aux Thessaloniciens, Etudes Bibliques 1956, 596ff (Zur Frage der Trichotomie) – WKütemeyer, Art. Leib und Seele, EKL II, 1958, 1062ff – HEngelland, Art. Unsterblichkeit der Seele, EKL III, 1959, 1578ff – OGigon, Grundprobleme der antiken Philosophie, 1959, 229ff – WPhilipp, Art. Seele, EKL III, 1959, 895ff – EFascher, Seele oder Leben?, 1960 – AHultkrantz/FHartmann, Art. Leib und Seele, RGG IV, 1960^{3}, 286ff – BLifshitz, Der Ausdruck ψυχή in den griechischen Grabinschriften, ZDPV 76, 1960, 159ff – JFichtner, Seele oder Leben in der Bibel, ThZ 17, 1961, 305ff – WBurkert, Weisheit und Wissenschaft, 1962, 98ff – ders., Γόης. Zum griechischen Schamanismus. Rhein. Museum NF 105, 1962, 36ff – JSchmid, Der Begriff Seele im NT, in: Festschr. GSöhngen, 1962, 112ff – Lexikon der Alten Welt, 1965, 2587ff – FWehrli, Hauptrichtungen des griechischen Denkens, 1964, 62ff – BReicke, Body and Soul in the NT, StTh 19, 1965, 200ff – OSander, Leib-Seele-Dualismus im Alten Testament?, ZAW 77, 1965, 329ff – GDautzenberg, »Sein Leben bewahren . . .«, ψυχή in den Herrenworten der Evangelien, 1966 – JScharbert, Fleisch, Geist und Seele im Pentateuch, 1966 (= Stuttg. Bibelstud. 19) – HConzelmann, Der erste Brief an die Korinther, KEK V, 1969^{11}, 86ff (Exkurs: psychä) – GBertram u. a., Art. ψυχή etc., ThWb IX, 1973, 604ff – MWinter, Pneumatiker und Psychiker in Korinth, 1975 (= MThSt, 12).

Segen

εὐλογία

εὐλογέω *[eulogẹō]* gut reden von, rühmen, segnen · εὐλογία *[eulogịa]* gute Rede, Lobpreis, Segen · εὐλογητός *[eulogætọs]* gepriesen, gesegnet · ἐνευλογέω *[eneulogẹō]* segnen · ἀσπάζομαι *[aspạzomai]* grüßen · ἀσπασμός *[aspasmọs]* Gruß

1) Das in der griech. Lit. seit den Tragikern belegte Verbum εὐλογέω *[eulogẹō]* ist eine aus dem I
Adverb εὖ *[eu]*, *gut*, und der Wurzel λογ- *[log-]*, *reden*, (→ Wort) zusammengesetzte Wortbildung und heißt *gut reden* (Gegenbegriff κακολογέω *[kakologẹō]*, *übel reden*). Entsprechend bezeichnet das seit Pindar überlieferte Subst. εὐλογία *[eulogịa]* die *gute Rede*. Das Verbal-Adj. εὐλογητός *[eulogætọs]* entspricht dem Part. Perf. Pass. εὐλογημένος *[eulogæmẹnos]* und meint die Person (bzw. Sache), über die gut geredet wird: *gelobt*, *gepriesen*. Das intensivierende Kompos. ἐνευλογέω *[eneulogẹō]* bzw. ἐνευλογέομαι *[eneulogẹomai]* ist in der profangriech. Lit. nicht belegt.

a) F o r m a l meint das gute Reden, namentlich εὐλογία [eulogia], den ästhetisch schönen, *wohlgesetzten Ausdruck der Sprache* (vgl. ThWb II,752). Platon nennt in Resp. III,400d neben der εὐλογία [eulogia] die Begriffe εὐαρμοστία [euharmostia], *Wohlgestimmtheit;* εὐσχημοσύνη [eus·chæmosynæ], *gute Haltung,* und εὐρυθμία [eurythmia], *Ebenmaß,* die er als Folgen der εὐήθεια [euætheia], der *guten Sitte* bzw. des *guten Charakters,* bezeichnet. Bei Lucian (Lexiphanes 1) und Aesop (Hg. Halm 274, 274b εὔλογος [eulogos]) gewinnt der Begriff negative Bedeutung: wohlgesetzte, aber falsche *Schönrednerei* (so auch Röm 16,18).

b) I n h a l t l i c h bringt das gute Reden, namentlich εὐλογέω [eulogeō], ein Loben, Rühmen und Preisen zum Ausdruck. Das Loben kann Dinge (zB eine Stadt: Aischyl. Ag. 580; hervorragende Taten: Isocr. 6,105) oder Personen (zB Väter: Aristoph. Equites 565; Frauen: Aristoph. Eccl. 454 etc.) zum Gegenstand haben. Gelegentlich ist auch von einem Rühmen der Götter (Gen. obj.) die Rede (zB Pan: CIG III p 1190 Nr. 4705b 2; Isis: ebd. Nr. 4705c 2). In diesem Zusammenhang nähert sich die Bedeutung von εὐλογέω [eulogeō] dem Wortgehalt von εὐχαριστέω [eucharisteō], *danksagen* (→ Danksagung, Art. εὐχαριστία). Nur ein einziges Mal (Eur. Supplices 927) werden die Götter als Subjekt des εὐλογεῖν [eulogein] genannt: die Götter bedenken einen Menschen mit Wohltaten. Wird damit auch auf die beschützende und beglückende Rolle der Götter angespielt, die in der griech. Religion nicht völlig unbekannt ist (vgl. Aischyl. Eum. 997ff), so kann doch von einem spezifisch segnenden Tun der griech. Götter nicht gesprochen werden. Die Bedeutung *segnen* hat εὐλογέω [eulogeō] erst in der LXX erhalten.

2) HWindisch (ThWb I,495) vermutet als Grundbedeutung des Verbums ἀσπάζομαι [aspazomai] (Etymologie unklar, seit Hom. belegt) den Vorgang des Umarmens, wie er zB bei Begrüßungen zwischen guten Bekannten üblich ist. Möglich ist aber auch die Grundbedeutung *reden, sagen.* Wie φιλέω [phileō] (→ Liebe) bringt ἀσπάζομαι [aspazomai] urspr. das Gernhaben und Willkommen-heißen, die Achtung und Liebe gegenüber Personen und Sachen zum Ausdruck (Xenoph. Cyrop. 1,4,1; An. 7,1,8; Platon Ap. 29d; Symp. 209b; Eurip. Ion. 587). Später wird die Bedeutung von ἀσπάζομαι [aspazomai] auf die Tätigkeit des Grüßens im Unterschied zum Wort des Grußes (zB χαῖρε [chaire], *Heil!*) eingegrenzt, zu der Handreichen, Umarmen, Kuß (φίλημα [philæma]) und Kniefall (→ Gebet, Art. προσκυνέω) gehören können (Plut. De Tito 11; De Agesilao 11; De Phocione 27; Jos. Ant. 11,331). Das Subst. ἀσπασμός [aspasmos] heißt dementsprechend zunächst *Umarmung, Liebe* (Plato Leg. XI,919e), dann *Begrüßung, Besuch* (Epict. Diss. 4,4,3.37). Schriftliche Grüße begegnen in vorchristl. Zeit selten, im orientalischen Kulturkreis dagegen häufiger (Amarna- und Elephantine-Briefe).

II In der LXX begegnet die Wortgruppe recht zahlreich (insges. ca. 640 Belege, davon εὐλογέω [eulogeō] ca. 450mal) und gibt in den weitaus meisten Fällen Wortbildungen vom Stamm *bārakh, segnen,* wieder. εὐλογέω [eulogeō] gewinnt daher nun auch die Bedeutung *segnen* und bezeichnet nicht mehr den Gegensatz von κακολογέω [kakologeō] (s. o. I,1), sondern von καταράομαι [kataraomai], *verfluchen.* Die Wortgruppe ist in fast allen at. und apokryphen Schriften belegt, bes. häufig in Gen, Dtn, Pss und Tob. Da die Schilderungen des Segens im AT zT. eine spezifische »Sprache des Segens« (Westermann, Der Segen, 33, s. u.) entwickelt haben, ist es erforderlich, bei der Darstellung des at. Segensverständnisses über das Vorkommen der Wortgruppe *barakh* bzw. εὐλογέω [eulogeō] hinaus auch solche Texte einzubeziehen, die den Segen in eigener Sprache ohne die genannte Begrifflichkeit schildern.

1) Die W u r z e l n der israelitischen Segensvorstellungen reichen bis in vorisraelitische Zeit und religionsgeschichtliche Zusammenhänge mit Zauber und Magie zurück, von denen der Segen urspr. nur schwer abzugrenzen ist (vgl. van der Leeuw, § 59). Das geht schon aus der sprachgeschichtlichen Verwandtschaft des hebr. *bārakh* mit der ugaritischen Wurzel *brk* und dem akkad. Wort *karabu* hervor. Die Grundbedeutung von *bārakh* lautet: *mit heilvoller Kraft begaben;* diese Bedeutung umfaßt zugleich den Vorgang des Begabens und den Zustand der Begabung. Beim Segen handelt es sich also urspr. um eine selbständig wirkende, übertragbare heilvolle Macht, die im Gegensatz zur zerstörerisch wirkenden Macht des Fluches steht (→ Fluch, Art. καταράομαι).

2) Im AT sind E l e m e n t e jener vorisraelitischen, bes. in den alten Religionen des Vorderen Orients verbreiteten Segensvorstellungen und -gebräuche durchaus vorhanden (vor allem in den Vätererzählungen Gen 12–36; zum Folgenden vgl. Horst, Segenshandlungen, 189ff):

a) Zum V o l l z u g des Segnens gehören ein machtgeladenes → Wort und eine bekräftigende Handlung. Die urtümlichste Segensformel ist die indikativische Zusage: Gesegnet bist du! (*bārūkh 'attāh,* LXX εὐλογητὸς [σὺ εἶ] [eulogætos (sy ei)], zB Gen 26,29). Die den Segensspruch begleitenden Handlungen sind mit dem Analogiezauber verwandt und sollen die Übertragung der heilvollen Kraft durch Kontaktwirkung zustande bringen: → Handauflegung (bes. die rechte Hand, Gen 48,13ff), mindestens Erheben der Hände bzw. der Arme (Ex 17,11), Kuß bzw. Umarmung (Gen 48,10), Berühren von Kleidern (2Kön 2,13ff), Stäben (2Kön 4,29) oder Genitalien (Gen 47,29ff). Der Segnende stärkt sich für den Segnungsakt mit einer bes. Speise (Gen 27,4).

b) Der erteilte Segen w i r k t unbedingt und unwiderruflich; er ist auf Dauer ausgerichtet und kann weder zurückgenommen noch unwirksam gemacht werden (Gen 27,33; 2Sam 7,29).

c) Der Segen hat urspr. seinen S i t z i m L e b e n nicht am heiligen Ort im Kultus, sondern im Familienverband der Sippe.

d) Dem entsprechen die verschiedenen A n l ä s s e zum Segnen. Die geläufigste Ausdrucksform des Segnens ist der G r u ß bei Begegnung und Abschied (Gen 47,7ff, vgl. dazu Westermann, Segen und Gruß, 61ff). Bes. an den Wendepunkten des Lebens wird ein Segen erteilt: bei Geburt (Ruth 4,13f; vgl. Lk 2,34), Hochzeit (Gen 24,60) und Tod (Gen 48,1ff; 49,28ff). Wichtig ist in diesem Zusammenhang der E r b s e g e n , mit dem das Familienoberhaupt vor dem Sterben seine Kraft meist auf den erstgeborenen Sohn überträgt und damit an die nächste Generation weitergibt (Gen 27,1ff; 48,1ff).

e) Grundsätzlich ist jeder zum Erteilen von Segen (und Fluch) berechtigt; daneben gibt es bes. machtbegabte P e r s o n e n mit einer bes. Segens- und Fluchfähigkeit, zB der Seher Bileam (Num 22), charismatische Führer (Josua, Jos 6), Könige (Melchisedek, Gen 14,18ff), später auch Propheten und Priester.

f) In früher Zeit hat der Segen den Charakter der W e c h s e l s e i t i g k e i t : es segnet nicht nur der Mächtige den Untergebenen (zB Melchisedek den Abraham Gen 14,18ff), sondern auch der Untergebene den Mächtigen (zB Jakob den Pharao Gen 47,7–10). Die Menschen antworten auf die Segnungen durch einen Gott mit dem Segen Gottes, dh mit der Anerkennung seiner Macht im Loben und Preisen. *bārakh* heißt daher einerseits *segnen* (Subjekt: Gott), andererseits *loben, preisen* (Subjekt: Menschen).

g) I n h a l t l i c h bedeutet der Segen das Zusprechen und Übermitteln von heilvoller Kraft, die sich konkret in der Fruchtbarkeit der Menschen (Gen 24,34–36), des Viehs und des Ackers (Gen 30,25ff) auswirkt. Zielt der Segen in vertikaler Richtung auf die Wachstumskraft der Geschlechterfolge, wie sie zB in den Genealogien der Priesterschaft zum Ausdruck kommt (Gen 5; 11,10ff), so bewirkt er auf horizontaler Ebene Ruhe, Sicherheit vor Feinden, Glück und Heil einer Sippe oder Gruppe, wie es am umfassendsten der Begriff *schālōm, Heil,* zum Ausdruck bringt.

h) Am deutlichsten begegnet im AT diese urspr., rel.-phänomenologisch mit magischem Verständnis zusammenhängende, vorgeschichtliche, vortheol.e und vorkultische Segensauffassung in der Erzählung von der Erlistung des Segens durch Jakob Gen 27.

3a) Die vorwiegend jahwistische B i l e a m e r z ä h l u n g (Num 22–24) bringt das vorisraelitische Phänomen des Segens mit der Macht Jahwes, des Gottes Israels, in Verbindung. Der Moabiterkönig Balak ruft aus Sorge vor einem Einfall der Israeliten in sein Land den heidnischen, machtbegabten Wahrsager Bileam zu Hilfe, der den bedrängenden Feind durch einen → Fluch lähmen soll (Num 22,1–6). Der Skopus der Erzählung läuft darauf hinaus, daß Jahwe, der Gott Israels, sich als der Herr des urspr. selbständigen machtgeladenen Wortes erweist, so daß Bileam die eigene begabungsmäßige Verfügungsgewalt über das Machtwort genommen wird und er nur noch im Auftrag Jahwes segnen statt fluchen darf (Num 22,12.31.38; 23,3–5). Durch die Übertragung aller Segenskraft auf Jahwe verliert der Segen bereits beim Jahwisten seinen magischen Charakter. Die sichtbaren Kontakthandlungen zur Kraftübertragung werden zu Gesten reduziert, wo Jahwe als der im Segen Handelnde verstanden wird.

b) Die S e g e n s s p r ü c h e (Num 23,7–10.18–24; 24,3–9.15–24) sind erst nachträglich in die Bileamerzählung eingearbeitet worden. Sie gehören von Hause aus zu der festgeprägten Gattung der Segens- und Fluchsprüche (Segen: Gen 9,26; 49 Jakobsegen; Num 22–24 Bileamsprüche; Dtn 33 Mosesegen; Fluch: Gen 3,14f; 4,11; Segen und Fluch: Lev 26; Dtn 28). Das Segenswort wurzelt im Seherspruch und hat im Unterschied zur verheißenden Heilsankündigung den Charakter der Heilsschilderung. Es schildert das irdische Heil des Volkes oder Landes; zB Num 24,5: »Wie schön sind deine Zelte, Jakob, deine Wohnungen, Israel! Wie Täler, die sich ausbreiten, wie Gärten am Strom, wie Eichen, die der Herr (MT: *jhwh*!) gepflanzt, wie Zedern am Wasser«.

c) Den entscheidenden Umbruch von der vor- und damit ungeschichtlichen Segensvorstellung innerhalb der Sippe zum geschichtlichen Verständnis des Segens im Zusammenhang mit der Geschichte Israels hat der J a h w i s t im Prolog zur Vätergeschichte Gen 12,1–3 vollzogen. Der Text gliedert sich in einen dreiteiligen Befehl (V. 1) und eine sechsteilige, jeweils mit *waw* angeschlossene Zusage (V. 2–3). Der Befehl enthält die Aufforderung an Abraham zum Auszug aus seinem Land, seiner Sippe und seiner Familie, dh zum Aufbruch aus der seßhaften Lebensweise in das Unterwegssein mit nur vage angedeutetem Ziel. Bei der Formulierung der Zusage fällt auf, daß in diesen programmatischen Verheißungssätzen als entscheidendes Leitwort 5mal der Stamm *bārakh* in jeweils abgewandelter Form begegnet. Im Unterschied zur vorisraelitischen unmittelbaren Kraftübertragung hat der Jahwist den Segen zum Gegenstand einer → Verheißung Jahwes gemacht und damit dem ehedem ungeschichtlichen Segensvorgang einen Zukunftsaspekt gegeben: der Segen wird für zukünftige Zeiten verheißen.

Traditionsgeschichtlich knüpft der Jahwist an die Sohnes- bzw. Nachkommensverheißung der Vätererzählungen an (zB Gen 24,34–36; 26,24 u. o.). Als Wirkung des Abraham verheißenen Segens wird hier jedoch nicht – wie zB Gen 15,4; 18,10 – der Sohn genannt, sondern das große Volk und der große Name, den dieses Volk in der Zeit des davidisch-salomonischen Großreichs erhalten hat (V. 2; vgl. 2Sam 7,9); dh der Jahwist verbindet den zur Verheißung gewandelten Segen mit der Geschichte Israels. »›Segen‹ wird Deutewort der großen Geschichte Israels von Abrahams Aufbruch bis zum davidischen Großreich« (Wolff, 356). – Am weitesten greift der sechste, im konstatierenden Perfekt (Brockelmann, Hebr. Syntax § 41f) formulierte Folgesatz: »Segen gewinnen können in dir alle Sippen der Erde« (V. 3b, vgl. 18,18; 28,14; das Nifal von *bārakh* ist medial, nicht pass. zu übers.). Der Satz kann nur im Kontext der die ganze Menschheit einbeziehenden Urgeschichte (Gen 1–11) recht verstanden werden, in der 5mal exemplarisch vom Fluch über die Menschheit die Rede ist (Gen 3,14.17; 4,11; 5,29; 9,25). Als Gegenstück zu dieser Geschichte des Fluches wird Gen 12,3b »allen Sippen der Erde« eine Geschichte des Segens in Aussicht gestellt, die Befreiung von vergeblicher Mühsal (Gen 3,17), angstvollem Umherirren (Gen 4,11f), erniedrigender Knechtschaft (Gen 9,25) und zerstörerischer Völkerverwirrung (Gen 11,1ff) in sich schließt. Auf diese Weise hat der Jahwist in Gen 12,1–3 durch die Segensverheißung einen Bogen von der Väter- über die Volks- zur Menschheitsgeschichte gespannt.

4a) Nach der Landnahme und Seßhaftwerdung Israels beginnt ein langer Kampf um die Frage, ob die kanaanäischen Fruchtbarkeitsgötter, die Baalim, oder der verheißende Führergott Jahwe als Segensspender zu verehren ist (vgl. Eissfeldt, 6ff). Die Härte dieser Auseinandersetzung erhellt bes. aus den Berichten über die Wirksamkeit des Propheten Elia (1Kön 17–19). Die Erzählung vom Gottesurteil auf dem Karmel (1Kön 18) schildert idealtypisch den Sieg Jahwes, der Feuer vom Himmel fallen läßt, über den kraftlosen Götzen Baal (vgl. Alt, 135ff; vRad, Theol. II,30ff). Die Erzählung von Dürre und Regen (1Kön 17,1; 18,1.2a.16f.41–46) überträgt die Segens- und Fruchtbarkeitsfunktionen Baals auf Jahwe, der nun auch zum Herrn des Landes wird. Damit tritt zu dem geschichtlichen Handeln Jahwes als neues Element das stetige, Segen spendende Wirken im verheißenen Land Kanaan (vgl. Westermann, Jahweglaube, 210f).

b) Das Ergebnis dieses Kampfes hat seinen stärksten Niederschlag im Segensverständnis des Deuteronomiums gefunden. Hier empfängt das ganze Volk die Gaben des Kulturlandes – Fruchtbarkeit des Leibes, des Viehs, des Ackers, politische Einheit und Frieden mit den Nachbarvölkern – als Segnungen aus der Hand Jahwes: »Gesegnet bist du in der Stadt und gesegnet auf dem Feld. Gesegnet ist die Frucht deines Leibes, die Frucht deines Landes und die Frucht deines Viehs ... Der Herr wird deine Feinde, die sich gegen dich erheben, von dir schlagen lassen« (Dtn 28,3–7; vgl. 7,13–16). Der Segen Jahwes wird im Dtn ganz diesseitig und profan verstanden; man kann geradezu von einem »Heilsmaterialismus« im Dtn sprechen, »der bis in die Backschüsseln der einzelnen Haushaltungen reicht (Dtn 28,5)« (vRad, Theol. I, 228).

Im Unterschied zum Segensverständnis des Jahwisten wird in der deuteronomistischen Schule vom Segen nicht mehr in der Form einer unbedingten Heilszusage, sondern in Form von Bedingungssätzen gesprochen: »Wenn (MT: *'im*, LXX: ἐάν *(ean)*) du nun bestimmt auf die Stimme Jahwes, deines Gottes, hörst ..., dann werden alle diese Segnungen über dich kommen« (Dtn 28,1f; vgl. V. 15f). Indem so der Segen an den Gehorsam des Volkes gebunden wird, wird er zu einem Bestandteil des → Bundes zwischen Jahwe und Israel. Wie Jahwe seine Bundesverpflichtungen im Segnen erfüllt, so ist auch Israel zum Halten des Bundes verpflichtet. Der vom unbedingten zum bedingten, vom unbegrenzten zum begrenzten, vom selbständigen zum abhängigen gewandelte Segen hat als Kehrseite des Bundes, falls Israel seinen Verpflichtungen nicht nachkommt, den Fluch neben sich. Das ist der Sinn des Gebots Dtn 11,29, den Segen auf den Berg Garizim und den Fluch auf den Berg Ebal zu legen. Die beiden Möglichkeiten, zwischen denen Israel zu wählen hat (Dtn 30,19), werden in Kap. 28 breit entfaltet: V. 1–14 der Segen, V. 15–68 der Fluch. Durch die Einbeziehung des Segens in den Bund hat das Dtn die Polarität von Segen und Fluch mit der Polarität von Rettung (→ Erlösung, Art. σῴζω II) und → Gericht (Art. κρίμα II) verbunden (vgl. Westermann, Segen, 51f).

c) Neben Jahwe, dem eigentlichen Segensspender, gibt es in Israel auch besondere, den Segen vermittelnde Personen bzw. Gruppen: Könige, → Propheten und → Priester. Die segensvermittelnde Funktion des Königtums stand in Israel zwar niemals derart im Vordergrund wie zB in Ägypten (vgl. dazu Herrmann, 33ff), aber durch die Nathanverheißung (2Sam 7,16) ist mindestens das davidische Königtum als Segensträger ausgewiesen. Die Einweihung des ersten Jerusalemer Tempels wird durch eine zweimalige Segenshandlung Salomos vor und nach dem Tempelweihgebet vollzogen (1Kön 8,14.54). Wie sehr der König als Segensträger verstanden wurde, geht vor allem aus den messianischen Texten hervor, die von einem neuen König sprechen, der seinem Volk Segen, dh Heil und Frieden bringen wird (zB Jes 9,6f; 11,1ff). – Zu den Funktionen der frühen Propheten gehört auch die Fürbitte, um dem Volk den Segen Jahwes zu erhalten (1Kön 18,41ff Elia; 2Kön 6,24ff Elisa; Amos 7,1ff; Jeremia 14 etc.). Die Heilsworte der späteren Schriftpropheten kündigen ein künftiges rettendes und segnendes Handeln Jahwes an. Die Wirkungen des zukünftigen verheißenen Segens werden in diesen wie in apokalyptischen Texten als vollendetes Heil in der Sprache des Segens geschildert (s. o. 3b): als messianisches Friedensreich (Jes 11; Sach 9,9f), ruhiges und blühendes Leben (Micha 3,4f; Sach 9,17), Sättigung und großes Mahl (Jes 55,1ff; 25,6), Vernichtung der Feinde (Jes 27,1), dauernder Friede (Jes 26,12) und kosmisches Heil (Jes 65,17–25).

5a) Auch im Gottesdienst der israelitischen Kultgemeinde spielt der Segen eine wichtige Rolle. Das erhellt schon aus dem zur Einweihung des salomonischen Tempels Gesagten (1Kön 8,14.54; s. o. 4c). Der Tempel als der heilige Bezirk ist der eigentliche Ort der Segensvermittlung an Volk und Land. Der Segen wird am Schluß des Gottesdienstes den in ihre Häuser zurückkehrenden Gliedern der Kultgemeinde mitgegeben, um sich im alltäglichen Leben auszuwirken (vgl. dazu die Segens-Pss 65; 115,12–15; 128; 129,8; 132 u. ö.). Die Gemeinde antwortet auf den empfangenen Segen, indem sie ihrerseits Jahwe segnet, dh mit dem Gotteslob: »Gepriesen sei Jahwe« (MT: *bārūkh jhwh*, LXX: εὐλογητὸς κύριος *[eulogætos kyrios]*). Diese Formel begegnet bes. häufig in den Lobpsalmen (Ps 18,47; 28,6; 31,22; 66,20; 68,20; 119,12; 124,6 u. ö.; vgl. auch die Doxologien Ps 41,14; 72,19; 89,53; 106,48). Wahrscheinlich ist der Segen auch bei bes. kultischen Anlässen (zB der Darbringung der Erstlingsfrüchte Dtn 26,1ff) und über einzelnen Personen gesprochen worden (vgl. Ps 91; 121).

b) Die Segenstheol. der Priesterschrift setzt die kultischen Institutionen voraus. Die Erteilung des Segens wird nun zum Privileg der levitischen → Priester. Lev 9,22f berichtet am Ende des ersten Opfergottesdienstes im heiligen Zelt von dem ersten Vollzug des priesterlichen Segens, der anschließend durch die Erscheinung der Herrlichkeit Jahwes bestätigt wird. Num 6,24–26 überliefert den Wortlaut des priesterlichen, sog. aaronitischen Segens, der nach dem Willen der Priesterschrift am Ende jedes Gottesdienstes gesprochen werden soll: »Es segne dich Jahwe, und er behüte dich; es lasse leuchten Jahwe sein Gesicht zu dir, und er sei mit dir gnädig; es erhebe Jahwe sein Angesicht zu dir, und er lege auf dich Heil« (wörtl. Übers.). Dieser rhythmisch geprägte Segensspruch gliedert sich in drei Teile, die jeweils das Segnen Jahwes und seinen Inhalt mit anderen Worten umschreiben und damit intensivieren. Der Vorgang von Jahwes Segnen wird als Leuchten bzw. Erheben seines Gesichtes (MT: *pānīm*, LXX: πρόσωπον *[prosōpon]*) charakterisiert. Mit *pānīm* ist die den Menschen zugewandte Seite von Jahwes Wesen gemeint (vgl. der *kābōd jhwh, Jahwes Herrlichkeit*). Wenn Jahwe seine den Menschen zugewandte Seite nicht verbirgt, sondern erhebt, wenn er sie nicht im Zorn verfinstert, sondern leuchten läßt, dann bedeutet das Segnen Jahwes seine freundliche Zuwendung zu den Menschen. Der Inhalt des Segens wird mit den Begriffen Bewahrung, Gnade und – am umfassendsten – Heil (hebr. *schālōm*, → Friede II) umschrieben. Empfänger des Segens ist die als Person angesprochene Gemeinde der zum Gottesdienst versammelten Israeliten (V. 23). Die sechs Verben des Segensspruches sind im Imperfektum kohortativum, dh als Segenswunsch, nicht mehr als indikativische Zusage formuliert. Damit wird Jahwes Freiheit gegenüber dem kultischen Segen gewahrt; der Priester kann Jahwes Segen lediglich erwünschen, nicht aber verwalten. Indessen wird dem priesterlichen Segenshandeln die Verheißung Jahwes gegeben: »Wenn sie so meinen Namen auf die Israeliten legen, will ich selbst sie segnen« (V. 27).

c) Während der Segensbegriff von Num 6 sakral-priesterlich-kultischen Charakter hat und lediglich auf die Kultgemeinde bezogen wird, umfassen die – ebenfalls der Priesterschaft zugehörigen – Segensaussagen in Gen 1,22.28 alle Geschöpfe, alle Menschen und Kreaturen: »Seid fruchtbar, mehrt euch, füllt die Erde und macht sie euch untertan« (Gen 1,28). Der 7. Tag wird Gen 2,3 nicht nur für die Kultgemeinde geheiligt, sondern an erster Stelle für alle Menschen gesegnet. Aus der Gegenüberstellung und Zusammengehörigkeit des Segens von Gen 1 und Num 6 folgert CWestermann: »Die gottesdienstliche Segnung ... meint in Wirklichkeit die ganze Menschheit; und der Segen, der auf die zum heiligen Dienst zusammengekommene Gemeinde gelegt wird, ist der der ganzen Menschheit, ja, allem Lebendigen zugedachte Segen« (Segen, 61).

6a) Auch die at. Weisheit der zT. durchaus profanen Spruchsammlung steht in indirektem Zusammenhang mit dem Segen. Hier äußert sich der Segen Jahwes in dem klugen Rat, den ein weiser Mensch auch in profanen Dingen zu geben vermag (Einzelheiten bei Westermann, Segen, 40ff).

b) Die dramatischen Dialoge des Buches Hiob erörtern ebenfalls zT. die Frage nach Jahwes Segenshandeln bzw. dessen Entzug. Die Auseinandersetzung läßt deutlich werden, daß die Segenstheol. des Dtn, die Segen und Fluch vom Gehorsam bzw. Ungehorsam abhängig macht (vgl. 4b) – hier bis zur unbarmherzigen Konsequenz von Hiobs Gegenspielern, seinen »Freunden«, vertreten –, nicht mehr ausreicht, da sie der Wirklichkeit des leidenden Hiob nicht standhält (vgl. auch Ps 73 und die Skepsis des Predigers). Hier gerät die at. Segenstheol. an ihre Grenze. Der Segen Jahwes wird nicht mehr in erster Linie als gegenwärtig erfahren, sondern – so vor allem in der Apokalyptik (s o. 4c) – von dem verheißenen Eschaton erhofft.

c) In dem an die Vätererzählungen erinnernden Buch Tobit haben sich die urspr. Formen des Segens erhalten: das Segnen der Kinder durch die Eltern, bes. beim Abschied (Tob 5,16; 7,7; 9,6; 10,12f u. ö.), und der Gruß (Tob 7,6; 10,12).

d) Im rabbinischen Judentum sind Segens- und Lobsprüche weit verbreitet. Der erste Traktat der Mischna heißt *Berakhōt*. Die Lobsprüche werden mit der Formel »Gepriesen sei der

Herr« eingeleitet und preisen Jahwe für seine Taten und Gaben. Die Rabbinen kennen für die verschiedensten Situationen des gottesdienstlichen und alltäglichen Lebens derartige Lobsprüche (vgl. St.-B. IV,616ff; 627ff). Wichtig ist in diesem Zusammenhang der Segensspruch, den der Jude als Tischgebet vor und nach der Mahlzeit spricht. bBer 35a sagt: »Es ist dem Menschen verboten, von dieser Welt ohne Segensspruch zu genießen; wer von dieser Welt ohne Segensspruch genießt, begeht eine Veruntreuung« (Einzelheiten bei Beyer, ThWb II,757ff).

e) Zu den Texten der Gemeinde von Qumran gehören Loblieder, von denen einige mit der Formel »gepriesen bist du, Herr, . . .« beginnen (Hodajoth der Hymnenrolle 1QH). Segenssprüche für Priester und andere Personen enthält die fragmentarisch erhaltene Schrift der Segenssprüche (1QSb). Die Gemeinderegel zitiert den aaronitischen Segen in (gnostischer?) Abwandlung: »Er (Jahwe) segne dich mit allem Guten und behüte dich vor allem Bösen und erleuchte dein Herz mit Einsicht des Lebens und sei dir gnädig mit ewigem Wissen, und er erhebe sein gnädiges Angesicht auf dich zum ewigen Heil« (1QS II,2–4).

III Im Vergleich mit der grundlegenden Bedeutung des at. Segens treten Begriff und Sache im NT in den Hintergrund. Die mit dem Stamm εὐλογ- *[eulog-]* zusammenhängende Wortgruppe kommt im NT insges. 68mal vor; davon entfallen auf die Verben εὐλογέω *[eulogẹō]* 41; ἐνευλογέω *[eneulogẹō]* 2 (Apg 3,25; Gal 3,8); κατευλογέω *[kateulogẹō]* 1 (Mk 10,16); auf das Subst. εὐλογία *[eulogịa]* 16 und auf das Verbal-Adj. εὐλογητός *[eulogætọs]* 8 Belege. Am relativ zahlreichsten begegnet die Wortgruppe im LkEv., den großen Paulusbriefen und in Hebr, während das JohEv. nur einmal (12,13) in einem at. Zitat das Verbum verwendet und in den kleinen Paulusbriefen, den Past., den johanneischen und zT auch den kath. Briefen (2Petr, Judas) die Wortgruppe überhaupt nicht vertreten ist.

1) Die in der klassischen Gräzität beheimatete formal-ästhetische Bedeutung von εὐλογία *[eulogịa]* (s. o. I,1a) wird lediglich Röm 16,18 in negativer Abwandlung aufgegriffen: »Sie (die Gegner) dienen nicht unserem Herrn Christus, sondern ihrem Bauch und betrügen durch Wohlreden (χρηστολογία *[chræstologịa]*) und *Schönrednerei* (εὐλογία *[eulogịa]*) die Herzen der Arglosen.«

2) Weitaus häufiger (40 von 68 Belegen) hat die Wortgruppe die Bedeutung *loben, preisen, rühmen* (εὐλογητός *[eulogætọs]* heißt ausschließlich: *gelobt, gepriesen*). Dieser Wortgebrauch fußt einerseits auf der inhaltlichen profangriech. Bedeutung: *gut von jemandem reden* (s. o. I,1b), andererseits auf der LXX-Übers. des at. Gotteslobes: *gesegnet*, dh *gepriesen sei Jahwe* (s. o. II,5a).

a) Auch im NT dient die Wortgruppe zur Formulierung des Gotteslobes, dh sie hat in diesem Zusammenhang doxologischen Charakter. Gott wird — wie im Spätjudentum (bBer 7,3; Hen 77,1) — der »Gepriesene« (εὐλογητός *[eulogætọs]*) genannt (Mk 14,61). Mit der doxologischen Formel: »Gepriesen sei Gott (der Herr)« (εὐλογητὸς [κύριος] ὁ θεός *[eulogætọs (kyrios) ho theọs]*) beginnen der Zacharias-Hymnus (Lk 1,68 »Benedictus«) und einige Briefe (2Kor 1,3; Eph 1,3; 1Petr 1,3); hier wird die Zusammengehörigkeit von Gruß und Gotteslob bes. deutlich (vgl. die heute noch in Süddeutschland übliche Grußformel »Grüß' [dich] Gott«). In abgewandelter Form begegnen Doxologien als kurze Lobspruch-Interjektionen in den Paulusbriefen (Röm 1,25b; 9,5; 2Kor 11,31) und — zu Hymnen erweitert — in der Offb (5,12; 5,13b; 7,12 jeweils εὐλογία *[eulogịa]*; → Lied, Art. ὕμνος).

b) Huldigungsgrüße werden nicht mit dem doxologischen Adj. εὐλογητός *[eulogætọs]*, sondern mit dem Part. Perf. pass. des vielschichtigeren Verbums εὐλογέω *[eulogẹō]* formuliert: εὐλογημένος *[eulogæmẹnos]*. In dieser Formulierung kommen neben dem Lobpreis auch die Anerkennung des von Gott Gesegnetseins und der Grußcharakter zum Ausdruck. Mit dem Heilruf εὐλογημένος *[eulogæmẹnos]*, *gepriesen, gesegnet, gegrüßt*, wird Jesus begrüßt (Mk 11,9 parr; Mt 23,39 par; vgl. Ps 118,26); aber auch die kommende Gottesherrschaft, die Gott mit dem Kommen des Messias anbrechen läßt (Mk 11,10), und Maria, die Mutter des Messias (Lk 1,42), werden mit dem Huldigungsgruß gefeiert.

c) Die jüd. Sitte, bei verschiedenen gottesdienstlichen und alltäglichen Anlässen Lobsprüche auszusprechen (s. o. II,6d), ist auch in den nt. Schriften bezeugt (Lk 1,64;

2,28f »Nunc dimittis«; 2,34; 24,53; 1Kor 14,16; Jak 3,9f). Nach dem Bericht der synopt. Evgg. hat Jesus die Praxis der jüd. Hausväter übernommen, vor und nach den Mahlzeiten einen S e g e n s s p r u c h als Tischgebet zu sprechen (Mk 6,41 parr Speisung der 5000; 8,7 par Speisung der 4000; 14,22f parr Jesu letztes Mahl mit seinen Jüngern, vgl. dazu → Herrenmahl III,4b; Lk 24,30 Mahlgemeinschaft des Auferstandenen). Wie der Parallelismus von εὐλογέω *[eulogẹō]* und εὐχαριστέω *[eucharistẹō]* (→ Danksagung, Art. εὐχαριστία) Mk 8,6f; 14,22f; Mt 26,26f zu erkennen gibt, dankt der Segensspruch bei den Mahlzeiten dem Schöpfer für seine materiellen Gaben (s. o. II,4b; vgl. auch 1Kor 10,16; zum Segensbecher St.-B. IV, 627ff und → Herrenmahl III,4d; zum ganzen Abschnitt 2 vgl. Schenk, 97–130).

3) Wo die Wortgruppe in der spez. Bedeutung *segnen* bzw. *Segen* begegnet (28 der 68 Belege), ist das nt. Verständnis des Begriffes mehr an der at. als an der jüd. Segenstheol. orientiert. Allerdings entspricht dem statistischen Befund (s. o. III Übersicht) die nt. Sachlage: Im Unterschied zu den ausgeprägten Segenstheol.en des Jahwisten (s. o. II,3c), des Dtn (s. o. II,4b) und der Priesterschrift (s. o. II,5b u. c) wird der Segen im NT nicht eigens thematisiert, sondern spielt eher eine beiläufige, selbstverständliche, wenn auch nicht unwichtige Rolle.

a) In den s y n o p t. E v a n g e l i e n ist der Segensbegriff in drei Perikopen bedeutsam: bei der Segnung der Kinder, in der Aussendungsrede und beim Abschied des Auferstandenen von seiner Gemeinde.

α) Wenn Jesus nach Mk 10,13–16 parr den → Kindern die Hände auflegt und sie segnet, tut er damit nichts Außergewöhnliches; vielmehr handelt es sich dabei um das normale Verhalten eines jüd. Vaters oder Rabbis (vgl. St.-B. I,807f). Wichtig ist in diesem Zusammenhang lediglich, daß für Mk das Wirken Jesu nicht auf die Erwachsenen beschränkt bleibt, sondern auch die Kinder einbezieht, dh den Menschen in seinem Werden, Wachsen und Reifen umgreift. Der Gottesherrschaft, auf die der Skopus der Perikope zielt (V. 15), ist »die leiblich kreatürliche Existenz des Menschen im Wirken Jesu positiv zugeordnet« (mit Westermann 83, gegen Schenk 72, der das Segnen Jesu »eindeutig als Fürbitte« versteht).

β) Wie aus dem Zusammenhang der Aussendungsrede Mt 10,1–16 par hervorgeht, ist mit dem Auftrag zum Grüßen der Häuser (V. 12 ἀσπάσασθε *[aspạsasthe]*) der Segensgruß gemeint (vgl. V. 13 εἰρήνη *[eirẹnæ]*, hebr. *schālōm, Heil*). Der Wirksamkeit Jesu entsprechend erhalten die Jünger einen zweiteiligen Auftrag: 1. Verkündigt! 2. Heilt! (V. 7/8a), dh sie werden als Evangelisten u n d Segensträger ausgesandt. Nach Mt gehört zum Auftrag der Jünger – wie zur Sendung Jesu – außer der Ansage der Gottesherrschaft das Erbarmen mit dem kreatürlichen Leiden der Schöpfung, das dem irdischen Heilwerden der Menschen zugewandte Wirken. Bes. die Texte der Apg zeigen das Neben- und Miteinander von heil-samer verkündigender und heil-voller helfender Tätigkeit der Apostel (vgl. zB das Beieinander von 1. heilendem und 2. verkündigendem Tun des Petrus in Apg 3). – Der Segen gewinnt erst da seine volle Bedeutung, wo das punktuell missionarische → Verkündigen übergeht in den stetigen Aufbau seßhafter Gemeinden (s. o. II,4a). Da diese – gegenüber der unsteten Lebensweise Jesu, der Jünger und der Apostel (Paulus!) – neue Situation im NT großenteils noch nicht gegeben ist, wird verständlich, weshalb im NT nicht so häufig wie im AT vom Segen die Rede ist (vgl. dazu Westermann, 93ff).

γ) Im Hintergrund der Segenshandlung des Auferstandenen Lk 24,50f steht weder der priesterliche Segen (so Schenk, 58) noch der Erbsegen der Vätererzählungen, sondern der Abschiedssegen (s. o. II,2d,6c). Der Abschied nehmende Herr teilt seiner Gemeinde die Kraft seines Segens mit, durch die er mit ihr verbunden bleibt. Der Inhalt des Segens ist das Mitsein des Erhöhten mit seiner Gemeinde, wie es das bei Mt an entsprechender Stelle stehende Wort exakt zum Ausdruck bringt: »Ich bin bei euch alle Tage ...« (Mt 28,28; vgl. Gen 26,3).

b) P a u l u s hat den Segensbegriff im NT am reflektiertesten verwendet und ihm die entscheidende christologische Neuprägung gegeben (vgl. die entsprechende theol. Leistung des Jahwisten s. o. II,3c).

α) Gal 3,8 zitiert Paulus Gen 12,3b: »Gesegnet werden sollen in dir alle Völker« (der Erde, vgl. die LXX-Übers. der Stelle, die Paulus hier übernimmt). Im Zusammenhang seines christologischen Gedankenganges gibt Paulus dem Zitat eine neue Interpretation: Der Abraham verheißene Segen wird von der Erfüllung her zur Rettungstat Gottes in Christus abgewandelt. Die Gabe des Segens ist nicht mehr das große Volk bzw. die Fruchtbarkeit des Landes, sondern der verheißene → Geist Christi (V. 14). Die Gemeinsamkeit zwischen dem jahwistischen Zitat und seiner paulinischen Interpretation besteht darin, daß wie der verheißene Segen so auch die Erfüllung in Christus zu allen Völkern der Erde gelangen soll (V. 8 und 14). Paulus interpretiert Gal 3,8–14 das Verhältnis von Segen und Fluch in der Weise, daß Christus den Fluch des Gesetzes durch seinen Tod ein für allemal übernommen hat (V. 13, vgl. dazu → Kreuz, Art. ξύλον III), so daß nun die Glaubenden aller Völker den Segen des rettenden Handelns Gottes in Christus empfangen (V. 14; vgl. Eph 1,3; Apg 3,25f; Schenk, 42ff).

β) Die Wendung εὐλογία Χριστοῦ *[eulogia Christou]* (Röm 15,29) meint weder den Akt noch den Inhalt, vielmehr die Wirkung der Christusverkündigung in der Gemeinde; dh in diesem Zusammenhang: Paulus ist gewiß, daß sein Kommen nach Rom dem Wachsen und Reifen der Gemeinde dienen wird.

γ) Der Zusammenhang zwischen Segen und Segensgabe (vgl. Gen 33,11) erhellt bes. aus 2Kor 9,5f. Hier bezeichnet Paulus die von ihm betriebene Sammlung für die Jerusalemer Urgemeinde als εὐλογία *[eulogia]*. Wie aus dem Kontext hervorgeht, meint εὐλογία *[eulogia]* eine *reichliche Gabe* (Gegensatz πλεονεξία *[pleonexia]*, *Geiz*), die die Gemeinde von Korinth *mit vollen Händen* (ἐπ' εὐλογίας *[ep eulogias]*; Gegensatz: φειδομένως *[pheidomenōs]*, *spärlich*) darbringen soll, damit durch diese Gabe der Segen Gottes für die Gemeinde in Jerusalem konkret erfahrbar wird.

c) Der H e b r ä e r b r i e f hat den at. Segensbegriff der Vätererzählungen (s. o. II,2) am ungebrochensten übernommen (zB 6,7f). Er beschränkt sich weitgehend auf Zitate und Paraphrasen at. Segenstexte: 6,14 (Abraham, vgl. Gen 22,16f); 7,1–7 (Melchisedek, vgl. Gen 14,18–20); 11,20 (Isaak, vgl. Gen 27,27ff); 11,21 (Jakob, vgl. Gen 48,15ff); 12,17 (Esau, vgl. Gen 27,30ff). Das Ziel, das Hebr mit den at. Beispielerzählungen verfolgt, wird 6,12 genannt: ». . . damit ihr das Beispiel derer nachahmt, die durch Glauben und geduldiges Ausharren die Verheißungen ererben«. An den genannten Stellen begegnet mehrfach die Formulierung: »Segen erben« (Hebr 12,17; bes. 1Petr 3,9) bzw. »Verheißungen ererben« (Hebr 6,12.15). Aus der Parallelität von Segen und Verheißung geht hervor, daß hier mit Segen nicht das gegenwärtige, sondern das endzeitliche Heil gemeint ist (vgl. auch Mt 25,34 und Jes 65,23b; s. o. II,4c).

d) Schließlich sind noch die p a r ä n e t i s c h e n Segenstexte zu erwähnen: Lk 6, 27f; Röm 12,14; 1Kor 4,12; 1Petr 3,9. Hier werden die Jünger Christi ermahnt, dem Fluchen, Verfolgen, Schmähen oder Schelten der Feinde mit dem Gegenteil, dem Segnen zu begegnen. Segen meint an dieser Stelle ganz allg. die freundliche Zuwendung zu den Feinden. An die Stelle des *ius talionis* tritt das Gebot der Feindesliebe (bes. deutlich 1Petr 3,9). Was Paulus christologisch formuliert hat, wird hier paränetisch entfaltet: der Gegensatz von Segen und Fluch ist aufgehoben. Weil Christus den Fluch übernommen hat (Gal 3,13; s. o. b,α), gilt für die Christen nur noch die Mahnung zu grenzenlosem Segnen (Röm 12,14). »Die Gemeinde Christi und der einzelne Christ braucht niemanden mehr zu verfluchen, weil das Werk Christi auch für seine Feinde geschehen ist« (Westermann, 90). *H.-G. Link*

Lit.: SMowinckel, Psalmenstudien V. Segen und Fluch in Israels Kult und Psalmendichtungen, 1924 – JHempel, Die israelitischen Anschauungen von Segen und Fluch im Lichte altorientalischer Parallelen, ZDMG 4, 1925, 20ff – LBrun, Segen und Fluch im Urchristentum, 1932 – GvdLeeuw, Phänomenologie der Religion, 1933 (1956^{2}), § 59: Das Weihewort – HWindisch, Art. ἀσπάζομαι etc., ThWb I, 1933, 494ff – WBeyer, Art. εὐλογέω etc., ThWb II, 1935, 751ff – JPedersen, The Blessing, in: Israel, Its Life and Culture I/II, 1946, 162ff – FHorst, Segen und Segenshandlungen in der Bibel, EvTh 7, 1947/48, 23ff (= ders., Gottes Recht, ThB 12, 1961, 188ff) – AAlt, Das Gottesurteil auf dem Karmel, in: Kleine Schriften zur Geschichte des Volkes Israel II, 1953 (1964^{3}), 135ff – SMowinckel, Religion und Kultus, 1953, 64ff – SHerrmann, Die Königsnovelle in Ägypten und Israel, WZ Leipzig, 1953/54, 33ff – CBrockelmann, Hebräische Syntax, 1956 – GvRad, Theologie des AT I, 1957 (1966^{5}); II, 1960 (1968^{5}) – JScharbert, Solidarität in Segen und Fluch im AT und in seiner Umwelt. Bd. I: Väterfluch und Vätersegen, 1958 (= Bonner Bibl. Beitr. 14) – EKlessmann, Was heißt Segen nach der Heiligen Schrift?, MPTh 48, 1959, 26ff – CWestermann/ULuck/OBrodde, Art. Segen und Fluch, EKL III, 1959 (1962^{2}), 916ff – SMorenz/FHorst/HKöster, Art. Segen und Fluch, RGG V, 1961^{3}, 1648ff – OEißfeldt, Jahwe und Baal, in: Kleine Schriften I, 1962, 1ff – CWestermann, Das Verhältnis des Jahweglaubens zu den außerisraelitischen Religionen, 1964 (= Forschung am AT, ThB 24, 1964, 189ff) – HWWolff, Das Kerygma des Jahwisten, EvTh 24, 1964, 73ff (= Gesammelte Studien z. AT, ThB 22, 1964, 345ff) – WSchenk, Der Segen im NT, 1967 – CWestermann, Der Segen in der Bibel und im Handeln der Kirche, 1968.

Sehen, Gesicht

ὁράω

ὁράω [horạō] sehen · ὁρατός [horatọs] sichtbar · ἀόρατος [ahọratos] unsichtbar · ὅρασις [họrasis], ὅραμα [họrama] Gesicht, Vision · ὀπτασία [optasịa] Vision · ἐποπτεύω [epoptẹuō] beobachten · καθοράω [kathorạō] betrachten · προοράω [prohorạō] voraussehen · βλέπω [blẹpō] sehen · θεάομαι [theạomai] schauen · θεωρέω [theōrẹō] zuschauen · ὀφθαλμός [ophthalmọs] Auge

1a) Das Verb ὁράω [horạō], *sehen*, bildet nur das Präs. Akt. und Perf. Akt., während das Fut. Akt. ὄψομαι [ọpsomai] und der Aor. Pass. ὤφθην [ọ̄phthæn] vom Stamm ὀπ- [op-], der Aor. Akt. εἶδον [ẹidon] vom Stamm ἰδ- [id-] abgeleitet werden. Das Verb ist seit Homer allg. verbreitet und bedeutet im Akt. *sehen, blicken, erblicken* und *wahrnehmen* (Hom. Od. 4,540), öfter (mit der Präp. εἰς [eis]) *nach etwas* oder (mit Akk.) *etwas sehen*. Aischyl. verwendet es auch medial. I

b) Schon seit Hom. gewinnt es die Bedeutung von *begreifen* bzw. *erleben*, außerdem auch die von *dabeisein* und *teilnehmen*. Im übertragenen Sinn bedeutet es *einsehen, erkennen, bedenken, achtgeben* (Thuk. 5,27).

c) Aus dem Pass. in intrans. Bedeutung erhält es den Sinn von *erscheinen* und *sichtbar werden* (vgl. den pass. Aor. ὤφθην [ọ̄phthæn]). Bei Soph. meint es etwa: *du wirst schon sehen*, dh *gezeigt bekommen*. Bei Hom. fehlt der pass. Gebrauch.

d) Die Verbaladj.e ὁρατός [horatọs] (seit Hippokr.) und dessen später gebildete Negation ἀόρατος [ahọratos] (schon bei Polyb. und Isocr.) haben die Bedeutung von *sichtbar* bzw. *unsichtbar* (die unsichtbare Welt, der unsichtbare Gott u. ä.).

e) Die wesentlichen von ὁράω [horạō] gebildeten Subst.e sind:

α) ὅρασις [họrasis] (seit Aristot.), synonym mit ὄψις [ọpsis], bezeichnet einerseits das *Sehvermögen*, das *Sehorgan*, auch das ganze *Gesicht* (Plut. mor. 88d), andererseits das, was gesehen wird: das *Aussehen*, das *Schauspiel*, und es wird auch im Blick auf das Übernatürliche verwendet.

β) ὅραμα [họrama] (seit Xenoph. und Aristot.) hat die Bedeutungen: das *Geschaute*, der *Anblick*, das *Gesicht*, die *Vision*; ebenso die Wirkung auf den Schauenden: Das Geschaute kann zusichernd und beauftragend wirken.

γ) Das vom Stamm ὀπ- [op-] abgeleitete ὀπτασία [optasịa] kommt der Bedeutung von ὅραμα [họrama] nahe.

f) Die Komposita:

α) προοράω [prohorạō] (seit Hdt.) wird als *voraussehen* von Zukünftigem verstanden oder bezeichnet etwas, was man vorher gesehen hat bzw. medial, das man vor sich sieht.

β) καθοράω [kathorạō] und ἐποπτεύω [epoptẹuō] (seit Hom.) bedeuten beide *anschauen, betrachten* und *beobachten* (über die von den Stämmen ὀπ- [op-] und ἰδ- [id-] gebildeten demonstrativen und imperativen Bildungen s. III,1h).

2) Von dem Stamm ὀπ- [op-] ist auch das Subst. ὀφθαλμός [ophthalmọs], *Auge*, abgeleitet und wird seit Hom. reichlich verwendet. Es deckt sich nicht schlechthin mit ὄμμα [ọmma], das zwar auch *Auge* bedeutet, aber doch spezieller verwendet wurde (bei Hom., Aischyl., Pind. u. a.: *Ange-*

sicht; bei Pind., Plato u. a. dichterisch auch als *Himmelsaugen* für Sonne und Mond, wie auch als Ausdruck für Licht, Heil und Trostbringendes).

a) Allgemein ist ὀφθαλμός *[ophthalmos]*, *Auge*, der edelste Mittler der Beziehungen zur Umwelt. Es ist das Organ der Wahrnehmung. Die griech. Sage (vgl. Lucian) nennt immer wieder mehräugige Wesen, so zB den 100äugigen Argus.

b) Übertragen meint es (vgl. den Augapfel) das *Teuerste* und *Liebste*.

c) Das Auge ist zugleich umfassender Ausdruck für das Verhältnis zu Gott, zu Menschen und zur Umwelt. Im Griech. gewinnt das »Auge der Seele« Einsichten in den Kosmos (s. weiter unten). Sittliche Begriffe werden mit dem Auge verbunden (so bei Soph.: begehrlich blicken, neidische Blicke werfen). Bei Aischyl. und Soph. wird es im Sinne des Wachens bzw. des Sich-Hütens gebraucht. Gelegentlich werden die Augen auch mit Auftrag und Eigenschaften verbunden.

3) βλέπω *[blepō]*, *sehen* (seit Pind.), bildet einzelne Zeitformen, die bei ὁράω *[horaō]* nicht nachgewiesen sind. Im ganzen kommt es inhaltlich ὁράω *[horaō]* nahe, drängt dies aber langsam zurück. Wo es sich von ὁράω *[horaō]* unterscheidet, wird es auf das Ins-Auge-Fallende bezogen, das Zu-Sehende, die Vorderseite. Urspr. galt es nur der Funktion der Augen: *sehen, blicken, aufpassen* (mit Akk.: das Gesehene). Dann gewinnt es den Sinn von *hinsehen, anblicken* und *hineinsehen,* auch *aufmerken* und *das Augenmerk auf etwas richten.* In übertragener Verwendung hat es den Sinn von *wahrnehmen* oder *bemerken.*

4) θεάομαι *[theaomai]* (seit Hom.) ist abgeleitet von θέα *[thea]*, der *Anblick* (vgl. θεατής *[theatæs]*, der *Zuschauer,* und θέατρον *[theatron]*, das *Schauspielhaus,* bei Thuk. und Plato, vgl. unser *Theater*), und hat die Bedeutung *schauen, beschauen* und *zuschauen.* θεωρέω *[theōreō]* (seit Aischyl.), ebenfalls *zuschauen, sich etwas ansehen,* wird abs. oder mit Akk. gebraucht (Aischyl. Prom. 302), hat auch die übertragenen Bedeutungen *überdenken, merken, verstehen, begreifen* und gewinnt im Pass. den Sinn von *sichtbar* oder *besichtigt werden.*

5a) Die Verben des Sehens oder Schauens haben im Griech. religiöse und philosophische Bedeutung, denn die griech. Religion ist, wie in der Antike schlechthin, eine Religion der Schau. Das Auditive tritt im Unterschied zum Judentum hinter das Sehen zurück. »Die Griechen waren ein Volk des Auges« (Michaelis, ThWb V,319). Die Schau ist ein wesentlicher Zug ihrer Religion.

b) Die Einsicht in die kosmische Ordnung und die Weltvernunft ist religiös verstanden. Dabei ging es um die Welt im großen, im Sinn des Makrokosmos, und die Welt im kleinen, im Sinn des Mikrokosmos. Dem »Auge der Seele« kommt hier besondere Bedeutung zu.

c) Aus der Einsicht in den Kosmos wird das Verhalten des Menschen bestimmt. Bei Plato ist Gott mehr Objekt statt Subjekt und wird prädikativ gesehen. Plato kommt zur Ideen-Schau (vgl. u. a. Menon etc.). Das von ἰδεῖν *[idein]* abgeleitete ἰδέα *[idea]*, *Ansehen, Aussehen, Bild* (seit Pindar), gewinnt philosophischen Sinn und bezeichnet die durch den Geist gewonnene Erkenntnis übersinnlicher Dinge: *Urbild, Idee, Wesen* (so bei Plato, Aristot., Plut.).

d) Im ganzen gilt die Gottheit als unsichtbar (vgl. die hell. Gnosis). Seit Hom. findet sich jedoch auch die Vorstellung, daß die Gottheit sichtbar wird. Dies geschieht in menschlicher Gestalt (anthropomorph). Die Gottheiten pflegen leibhaftigen Umgang; sie »erscheinen« in menschlicher Verkleidung, haben menschliche Eigenschaften und Neigungen. Im ganzen aber bleibt die Unsichtbarkeit der Gottheit betont. Die »Gottesschau« gilt als Weg, wie die Unsterblichen zu sein, den Göttern gleichzuwerden.

II ὁράω *[horaō]* kommt in LXX mit dem 2. Aor. εἶδον *[eidon]* ca. 1450mal vor. Die bedeutendsten hebr. Äquivalente sind *rāʾāh* und *chāzāh;* diese sind etwas umfassender als ὁράω *[horaō]*; sie schließen zB die Bedeutung von *ausersehen* (Dtn 12,13) ein, doch kommt ihnen ὁράω *[horaō]* ziemlich nahe (vgl. *ersehen,* Gen 18,21; 22,8).

1a) Allg. bedeutet ὁράω *[horaō] mit den eigenen Augen sehen, gewahr werden* (Gen 27,1).

b) Übertragen steht es für die geistige Wahrnehmung: *merken, innewerden* (Ps 34[33],9) oder für das, was der Mensch erlebt, erfährt oder erleidet (den Tod sehen, Ps 89[88],49). Es hat weiter den Sinn von *ansehen* (das Elend Ps 106[105],44) bzw. von *achthaben, wissen* bzw. *erfahren haben* (Dtn 11,2) oder *sich um etwas kümmern* (Gen 37,14; Jes 5,12). Sehen bezeichnet im griech. und hebr. AT auch das Wahrnehmen durch andere Sinne, zB das Gehör (Jer 33,24), oder durch den Verstand (1Sam 12,17; 1Kön 20[21],7). Pass. wird es angewandt für *sich sehen lassen, gezeigt bekommen, erfahren* oder *erleben.* Dabei ist an echte Wahrnehmungen im Gegensatz zu einem Phantasiegebilde (φάντασμα *[phantasma]*) gedacht. Gott läßt sehen, enthüllt, zeigt oder offenbart im ὅραμα *[horama]*, in der *Vision.* Durch diesen Akt wird der Schauende und zugleich Hörende ermutigt bzw. gesandt (Gen 15,1; 46,2; verbunden mit Audition).

c) Darüber hinaus bezeichnet das Sehen die prophetische Wahrnehmung. Das prophetische Sehen, das gelegentlich den Charakter einer Vision annimmt, wird im AT reichlich bezeugt. So wird der → Prophet auch als Seher bezeichnet (1Chr 21,9; 2Chr 9,29). Die Gesichte der Seher haben meist einen zweifachen Bezug: sie bezeichnen einmal das Geschaute, das *Gesicht* (ὅραμα [horama]) bzw. die Erscheinung des Gesichts (Ex 3,3; Dan 7,1). Zum anderen zeigen sie die Wirkung auf den Schauenden. Er wird ermutigt, ersehen, erschreckt, begnadet (Gen 15,1; Dan 7,13). Bei diesem prophetischen Sehen geht es erstlich um Offenbarung Gottes, um sein Wort, erst dann um einen visuellen Eindruck: Gott gibt zu erkennen, was er will bzw. was er tun will, und »zeigt« es einzelnen, die er dazu erwählt.

d) Daß Gott sieht und auf den Menschen achtet, gilt im AT schlechthin. Er sieht das Unrecht (Klgl 3,34–36), den Tod des Propheten (2Chr 24,22), die Not der Seinen (Ex 3,7). Er sieht nach den Treuen (Ps 101[100],6) und nach dem Glauben (Jer 5,3). Er sieht auch auf das sündige Königreich (Am 9,8). Der Mensch kann sich nicht verbergen (Ps 139[138],3.7.16). Gott sieht ins innerste Wesen (1Sam 16,7).

2a) Wenn von dem Sichtbarwerden Gottes in Erscheinungen die Rede ist, so ist zuerst festzustellen, daß sich im AT keine theoretische Neugierde über die Gestalt Gottes findet. Die Aussagen über die Theophanien des AT sind indes nicht einheitlich. Von Angesicht zu Angesicht erscheint Gott Abraham, Isaak, Jakob und Mose (Num 12,8), und zwar in menschlicher Gestalt. »Tatsächlich hat man sich Jahwe immer menschengestaltig als Mann vorgestellt« (GvRad, Theologie des AT I, 1962⁴, 232; vgl. 159). Bei mehreren Stellen ist hierbei an Körperlichkeit gedacht (Gen 1,18; Ex 33,23; Am 9,1ff; Jes 6,1ff). Die anthropomorphen Erscheinungsformen zeigen, wie der Mensch Gottes Wesen erkannte und verstand, wie er es einsah. »An die Stelle eines kosmisch-mythischen Geschehens in den babylonischen Epiphanien tritt im AT ein geschichtliches. Jahwe kommt herbei, seinem Volk zu helfen, seine Feinde zu vernichten« (CWestermann, Das Loben Gottes in den Psalmen, 67). Als wichtige Elemente der Erscheinungen werden Feuer, Sturm, Wolke usw. genannt.

b) In der Theophanie wird der *kābōd, Gewicht, Pracht,* → *Ehre* – im Griech. mit δόξα [doxa], *Ansehen, Herrlichkeit* wiedergegeben – Gottes offenbar und vom Menschen gesehen (Ez 1,28; Ex 33,18; Num 14,22). Der Himmel öffnet sich (Ez 1,1), das Überirdische bricht herein und wird sichtbar. Übernatürlicher Glanz (Hab 3,4; Ps 18,13; 50,2), das Bild von der Morgenröte (Hos 6,3), Wetter und Sturm (Hi 38,1; Nah 1,3) werden als begleitende Phänomene für die Gegenwart Gottes erwähnt.

c) πρόσωπον [prosōpon], → *Angesicht,* bezeichnet in den Theophanien die Person selbst, nicht nur die dem Menschen zugekehrte Seite. Sie offenbart etwas von Gottes Wesen (Gen 32,31). – Die von Gottes »Gestalt« genannten »Glieder«, Auge, Ohr, Hand veranschaulichen Gottes Treue, Fürsorge usw. Es ist bezeichnend, daß Eigenschaften, wie sie den griech. Göttern zugeschrieben werden (etwa die Geschlechtlichkeit), Gott im AT nicht beigemessen werden. Im AT geht es darum, das Wesen Gottes erkennbar zu machen, aber konkret keine visuellen Vorstellungen von Gott zu zeigen.

d) Andererseits versagt Gottes Heiligkeit und Majestät dem Menschen, ihn von Angesicht zu schauen. Aus dem menschlichen Schuldbewußtsein erwächst Distanzbewußtsein (Jes 6,5). Die Herrlichkeit Gottes würde den Menschen töten (vgl. Ex 33,20 und Gideons Klage: »ich habe den Engel Gottes von Angesicht gesehen« Ri 6,22).

e) Die Epiphanien im AT drücken die Partnerschaft Gottes aus. Der biblische Mensch erkennt sich als Geschöpf Gottes und weiß sich zugleich als Partner berufen. Der Gott des AT ist ein Gott der Begegnung, des Umgangs und wird als solcher erkannt. »Der Erkenntnisinhalt, den uns die Schrift mitteilt, ist deshalb durch den Umgang Gottes mit dem Menschen geprägt« (Kuitert, Gott in Menschengestalt, 237). G. v. Rad vertritt daher die Auffassung, der Bibel zufolge sei Gott nicht anthropromorph, sondern der Mensch theomorph (vgl. Theologie des AT I, 1962⁴, 159).

f) Eschatologisches Schauen

In der at. Verkündigung tritt das Zukünftige immer wieder hervor (vgl. das prophetische Schauen II,1c). Der Ausblick gilt der kommenden Erlösung, der Überwindung der Feinde, der Aufrichtung der Gottesherrschaft (1Chr 29,11; Ps 22,28f; Jes 11,6f; 57,19). Das Ziel ist, Gott von Angesicht zu schauen (Ps 42,3), etwa im zukünftigen Leben. Letzteres ist allerdings im AT nicht eindeutig zu belegen (vgl. Ps 17,15). Die Verheißung Mt 5,8 und die Gewißheit 1Joh 3,2 haben keine unmittelbaren at. Vorbilder.

3) Im S p ä t j u d e n t u m tritt das Sehen gegenüber dem Hören zurück. Bei P h i l o gewinnt die Wortgruppe vergeistigten Charakter. Das Sehen wird weitgehend von dem Verständnis der sinnlichen Wahrnehmung gelöst (Leg. All. 3,100f). ὁράω [horaō] und dessen Derivate bedeuten neben der allg. Verwendung *erkennen, Erkenntnis erlangen,* vereinzelt auch *Gott sehen.* Nach Philo (Spec. Leg. I,20.32–35) soll die Welt (Schöpfung) zur Erkenntnis Gottes führen (vgl. dazu auch Röm 1,20: καθοράω [kathoraō]). Bei Origenes zeigt sich später im Nachvollzug ein ähnlicher Wandel.

1) Im NT kommt die Wortgruppe des Sehens oft vor: ὁράω [horaō] und das Fut. ὄψομαι [opsomai] ca. 110mal, der Aor. εἶδον [eidon] 336mal, βλέπω [blepō] 132mal. Sie werden III

allg. im Sinne des Profangriech. und des AT verwendet. Ihr diesbezüglicher Inhalt (s. I u. II) wird daher an dieser Stelle nur zusammengefaßt wiedergegeben.

a) ὁράω *[horạō]*, ὄψομαι *[ọpsomai]* und εἶδον *[ẹidon]* bedeuten allgemein *sehen, erblicken* (Mt 28,7; Mk 16,7; Joh 16,16f). Übertragen stehen die Verbformen für *wahrnehmen, in Erinnerung bringen, feststellen, zur Kenntnis nehmen* (zB Mt 13,14) und für das *geistige Schauen* (Lk 2,30 das Heil sehen; vgl. 1Kor 2,9; Gesichte bzw. Erscheinungen sehen Apg 2,17; 26,16).

b) βλέπω *[blẹpō]* bezeichnet allgemein einmal das *Sehvermögen*, die *sinnliche Wahrnehmung* (Mt 12,22; Lk 7,21); zum anderen hat es den Sinn von *hinsehen, anblicken, hineinsehen* (Mt 5,28; Offb 5,3f). Es steht für geistige Funktionen wie *aufpassen, das Augenmerk richten* (Mk 13,33; 1Kor 1,26), *auf etwas achthaben* (2Kor 10,7) oder auch *sich vorsehen*. Übertragen bedeutet es *wahrnehmen* oder *bemerken* (Röm 7,23; Hebr 2,9). Daß Gott gesehen wird, wird im NT nicht mit βλέπω *[blẹpō]* ausgedrückt (ThWb V,343f).

c) Die Verbaladj.e ὁρατός *[horatọs]* und ἀόρατος *[ahọratos]* stehen für *sichtbar* und *unsichtbar*, wobei die Unsichtbarkeit Gottes im NT stark unterstrichen ist (Kol 1,15f; Röm 1,20; 1Tim 1,17).

d) Die Subst.e ὅρασις *[hợrasis]*, ὅραμα *[hợrama]* und ὀπτασία *[optasịa]* decken sich inhaltlich mit dem Gebrauch im AT.

ὅρασις *[hợrasis]* bedeutet *Aussehen* (Offb 4,3) oder die *Vision* (Apg 2,17; Offb 9,17) und ὅραμα *[hợrama]* das *Geschaute*, das *Gesicht* (Mt 17,9; Apg 18,9), auch *Traumgesicht* (Apg 16,9). Seine Wirkung auf den Schauenden ist, die Vorstellung des AT weiterführend, begnadigend, ermutigend, beauftragend (Apg 10,3; 9,10.12; Herm. Vis. III,10,6).

ὀπτασία *[optasịa]*, das Erscheinen des Gesichts, das, was Gott den Menschen sehen läßt, steht Lk 1,22; 24,23 für Engelerscheinungen, 2Kor 12,1 wohl für ekstatische Erlebnisse (vgl. Michaelis, ThWb V,353.357.373).

e) Die Komposita: α) προοράω *[prohorạō]* kann als *voraussehen* auf die Zukunft bezogen sein (Apg 2,31; Gal 3,8), aber auch *etwas vorher sehen* heißen (Apg 21,29). β) καθοράω *[kathorạō]* heißt *wahrnehmen* und bezieht sich Röm 1,20 auf das Unsichtbare, das am Äußeren, am Sichtbaren wahrgenommen wird (»Das Unmittelbare« an Gott »wird mit dem Auge der Vernunft an den Werken wahrgenommen«; WBauer, Wb zum NT). γ) ἐποπτεύω *[epoptẹụō]*, *betrachten*, steht 1Petr 2,12; 3,2 in bezug auf den Lebenswandel der Christen, den die Heiden betrachten.

f) θεάομαι *[theạomai]* bedeutet im besonderen *besuchen* (Röm 15,24), *betrachten* (Mt 22,11) und *sich etwas anschauen* (Lk 23,55).

θεωρέω *[theōrẹō]*, *ansehen, zuschauen*, aber auch *erfahren, erleben* (Mt 27,55; Lk 14,29) findet sich auch als geistiges Sehen (Joh 4,19; Apg 4,13). Pass. bedeutet es *sichtbar werden*.

Das Part. Präs. von ὀπτάνομαι *[optạnomai]*, im NT ein Hapaxlegomenon, bezieht sich Apg 1,3 auf die Erscheinungen des Auferstandenen.

g) ὀφθαλμός *[ophthalmọs]*, *Auge* (vgl. I,2), wird im NT ca. 100mal gebraucht, *Ohr* dagegen nur an 36 Stellen. Neben der in I genannten Verwendung, die auch im NT fortgesetzt wird, ist es hier — vornehmlich in den Synopt. (38mal; Apg 6mal) — stärker mit sittlichen Begriffen verbunden: mißgünstig (Mt 20,15; Mk 7,22) bzw. einfältig oder böse (Mt 6,22f) schauen. Es kann Anlaß zu Ärgernis oder Anreiz zur Sünde bieten (Mt 5,29; 1Joh 2,16; 2Petr 2,14).

Weiter ist es das Organ des Verstehens und Erkennens. So wird in Eph 1,18 von dem Auge des Herzens gesprochen. Von den Augen Gottes spricht das NT sehr selten und nur in übertragenem Sinn (1Petr 3,12; Hebr 4,13; vgl. 1Clem 22,6).

h) Beachtlich ist noch — vornehmlich in den synopt. Evgg. — die Verwendung von ἰδού *[idọụ]* bzw. καὶ ἰδού *[kai idọụ]*, *(und) siehe* (so vom AT übernommen, im Profangriech.

nicht nachgewiesen). Die Formel hat folgende Verwendung: als Hinweis leitet sie ein Gespräch ein (Mk 3,32; 10,28) oder macht auf etwas aufmerksam. Mt und Mk verwenden sie auch prädikativ, um Überraschendes bzw. Neues anzukündigen (Mt 12,2; Mk 2,24). Weiter findet sich die Formel in Verbindung mit der Heilsverkündigung (Lk 2,34; Joh 1,29 »Siehe, das ist Gottes Lamm«). Zum anderen ist sie Hinweis auf die Erfüllung der Verheißung (Mt 12,41; Mk 14,41f; Joh 4,35) und Versicherung vom Eintreffen des Angekündigten (Mk 10,33; Joh 16,32). Der verschiedene Gebrauch zeigt, daß ἰδού *[idọu]* bzw. καὶ ἰδού *[kai idọu]* nicht nur demonstrativ oder als Stilmittel, sondern auch kerygmatisch verwendet wird, »sich an den Hörer richtet, dem die Botschaft κατ' ὀφθαλμούς *[kat ophthalmọus]* verkündigt wird« (PFiedler).

2) Das johanneische Verständnis

Bei Joh gewinnen die Verben des Sehens besondere Bedeutung. ὁράω *[horạō]* gebraucht er gern für das, was der präexistente Sohn beim Vater schaute (3,11.32; 6,46; 8,38). θεάομαι *[theạomai]* steht für das Sehen der δόξα *[dọxa]* Jesu (1,14), des herabkommenden Geistes (1,32). Das Verständnis des Sehens weist bei Joh in drei Richtungen (RBultmann, KEK II, 1953[13], 45, A. 1):

a) die »allgemein zugängliche Wahrnehmung irdischer Dinge und Vorgänge« (1,38. 47; 9,8 von Sachen, Personen usw.);

b) die »Wahrnehmung übernatürlicher Dinge und Vorgänge« (RBultmann, ebd. A. 1), die nur bestimmten Menschen zuteil wird. So sieht der Täufer den Geist in Gestalt einer Taube herabkommen (1,32ff), doch ist hierbei noch an das leibliche Sehen gedacht.

c) Joh versteht das Sehen auch als Innewerden eines Offenbarungsgeschehens (vgl. RBultmann, ebd., A. 1). Dies ist jedoch keine Innenschau mystischer Art und ebensowenig platonische Ideenschau, sondern geistlicher Sehakt, »das Sehen des Glaubens« (RBultmann, ebd., A. 3). Die Jünger sehen die Herrlichkeit des Sohnes (1,14), die ihnen auch in seinen Zeichen offenbar wird (2,11).

Dem Glauben eröffnet sich die Sohneswirklichkeit bzw. seine Doxa. Was im AT angekündigt war und zeichenhaft »in Erscheinung« trat, ist nun in dem fleischgewordenen Wort geschichtliche Wirklichkeit. Der in Hören und Sehen erkennende Glaube antwortet auf Gottes Offenbarung in Jesus Christus. Er erkennt auch in den Zeichen die Doxa Jesu Christi (2,11). Der Nicht-Glaubende erkennt sie nicht. Geistige Blindheit wird durch Jesu Zeichen evident und macht verantwortlich. Das Sehen des Glaubens wird 6,40 veranschaulicht. Der Glaubende erblickt im Sohn auch den Vater, der ihn gesandt hat (12,45; 14,9). Wer den Sohn sieht, sieht auch den Vater.

d) Während der Seher im NT nur vereinzelt Bedeutung gewinnt (vgl. Joh auf Patmos), wird in den johanneischen Schriften der *Augenzeuge* (ἑωρακώς *[heōrakọs]*) stärker betont (Joh 19,35). Sein Zeugnis gilt als legitim (1Joh 1,1).

e) Daß J e s u s s i e h t, dient dem Offenbarungsgeschehen (12,45; 14,9). Er sieht den Vater (1,18); dies kennzeichnet Jesu bes. Verhältnis zu ihm und begründet Jesu Verkündigung. Er sieht, was im Menschen ist, und macht es offenbar. Er sieht Nathanael unter dem Feigenbaum (1,48), die Gedanken, das Innere des Menschen (Joh 2,25).

f) Hören u n d Sehen stehen wechselbezüglich zum Glauben (vgl. 5,24; 8,45 mit 5,39; 6,40), und der Begriff der ζωὴ αἰώνιος *[zōẹ aiọnios]*, des *ewigen → Lebens,* wird mit dem Sehen verbunden. – Sehen wird wie Hören immer wieder zum Anstoß des Glaubens (2,11; 20,8), führt zum Erkennen (14,9) und dient der inneren Wahrnehmung (»Ich sehe, daß du ein Prophet bist«, 4,19). Der Glaube erkennt den gekommenen Messias. Es ist auch hier Entscheidungssituation. – Das »Sehen« ist so im ganzen eine existentielle Begegnung mit Jesus. Aber der auf das Sehen gegründete Glaube hat keinen Vorzug. Glauben ohne Sehen wird von Jesus erwartet (20,29).

3) Die theol. Bedeutung der Wortgruppe im übrigen NT

a) »Die sinnlichen Organe sind nicht ›nur Symbole‹ für die Organe ›der geistigen Wahrnehmung‹, sondern in ihnen vollzieht sich tatsächlich das wirkliche Hören auf den Anruf Gottes« ... (Horst, ThWb V,556). Was dort etwas vereinseitigt auf das Ohr bezogen ist, gilt auch vom geistigen Sehen im NT.

b) Das geistige Wahrnehmen als Funktion des Sehens hat den Sinn von *kennenlernen* (Lk 23,8), *begegnen* (Apg 20,25), *aufpassen* bzw. *beachten* (Mk 13,33; Phil 3,2). Das geistige Sehen ist gleichzeitig ein Akt des Erfahrens (Lk 2,26; Joh 8,51), etwa das Begreifen oder Erfahren seiner Liebe (1Joh 3,1).

c) Der Gedanke der → Vorsehung (*providentia*) wird im NT vom Sprachlichen her kaum betont und vor allem nicht eudämonistisch ausgewertet.

d) Von den Augen Gottes ist, wie erwähnt, selten und nur in übertragener Weise die Rede, doch wird der at. Gedanke, zB mit dem Verb βλέπω *[blępō]*, aufgenommen: Gott sieht ins Verborgene (Mt 6,4) und weiß, wessen wir bedürfen (Mt 6,32).

e) In bezug auf den Glauben gewinnt das Sehen auch hier eine neue Perspektive. Es wird bei den Synopt. Ausdruck für das Teilgewinnen am Heil (Lk 2,26). Dem Sehen kommt dabei Entscheidungscharakter zu (Mt 21,32; Mk 8,18); der Unglaube erkennt nicht (Mt 13,13f; Mk 4,12).

f) Theophanien werden im NT nicht bezeugt. Dagegen sind vornehmlich in Verbindung mit Jesu Kommen (Lk 2,13), der Versuchung (Mt 4,11), der Passion (Lk 22,43) und der Auferstehung (Mt 28,2.5) Engelerscheinungen erwähnt. – Offenbarungsträume finden sich nur in den Vorberichten (Mt 1,20; 2,13.19). Von einem Erleben des Auferstandenen im Traum weiß das NT nichts. Wiederholt werden aber Gesichte berichtet (ὅραμα *[hǫrama]* und ὀπτασία *[optasįa]* vgl. 1d). Sie sind von Gott gegeben, er läßt sehen (2Kor 12,1; Apg 9,10.12; 10,3). Auch hier geht es einmal um ihren Ereignischarakter, zum anderen um ihre Wirkung auf den Schauenden (s. II,1 und III,1d).

4) Gott gilt auch im NT schlechthin als unsichtbar (Joh 6,46; 1Tim 1,17; 6,16; Kol 1,15). »Gott wird nicht sichtbar, sondern offenbar« (Michaelis, ThWb V,370), doch wird das Sichtbarwerden des Auferstandenen vor allem in den Osterberichten hervorgehoben. Es handelt sich um personhafte Begegnung. In der Schilderung des leibhaftigen Umgangs ist in den Evgg. ein reichhaltiges Vokabular verwendet (Mt 28,17; Lk 24,31.36f; Joh 20,14–29). »Nur eines ist m. E. durch die reichhaltige Verwendung dieser Wortgruppe gerade in den Auferstehungstexten gesichert, daß das entscheidende Erlebnis primär in den Bereich des Sehens, des Sichtbarwerdens, gehört« (HGrass, Ostergeschehen und Osterberichte, 1956, 188). Der Auferstandene wird an seinem Verhalten erkannt (Mt 28; Lk 24). In den Auferstehungsberichten wird das mit Verben des Sehens, der Wahrnehmung mit den Augen, beschrieben. Das Neue ist die Erfahrung der »Person« des Auferstandenen und der Erweis seiner Realität. Überall geht es darum, daß es Jesus ist, der den Jüngern erschien, den sie wiedererkennen (vgl. WTrilling, Christusverkündigung in den synoptischen Evangelien, 1969). Das Sichtbarwerden des Auferstandenen ist Offenbarungsgeschehen. »In allen Erscheinungen ist die Gegenwart des Auferstandenen eine Gegenwart in verklärter Leiblichkeit« (Michaelis, ThWb V,360). Joh 20,25 werden die Jünger gläubig durch das Sehen des Auferstandenen (»Wir haben den Herrn gesehen«). Die Begegnungen führen zu Glauben, Verpflichtung, Zeugnis und zur Sendung. Zum Gläubigwerden braucht es sowohl den Blick auf den gekreuzigten als auch auf den auferstandenen Herrn.

Das Sichtbarwerden bzw. Erscheinen des Auferstandenen wird von Paulus mit dem Pass. Aor. ὤφθην *[ǭphthæn]* (1Kor 15,5ff) wiedergegeben. Die Erscheinungen sind nirgends nur visuell, sondern stets mit dem Wort des Auferstandenen verbunden, doch darf das Hören nicht auf Kosten des Sehens vereinseitigt werden. Die Osterbotschaft geschieht im Sinne von Joh 19,35: »Der es gesehen hat, der hat es bezeugt, auf daß ihr glaubet«.

5) Die Verben des Sehens dienen im NT auch dem Ausblick auf das Zukünftige. Die Zukunftsverheißung enthält drei wesentliche Zusagen: a) das Schauen der Herrlichkeit Gottes (Joh 17,24); b) die Königsherrschaft (→ Reich) Gottes zu sehen (Joh 3,3); und c) Gott zu schauen (Mt 5,8) und mit ihm in Gemeinschaft zu leben (Offb 21,3), was als Höchstes gilt. – Die Engel sehen schon jetzt Gottes Angesicht (Mt 18,10). In der zukünftigen Vollendung stellt Gott die durch die Sünde zerbrochene Gemeinschaft mit dem Menschen wieder her. Er macht sich zwar nicht verfügbar und liefert sich dem menschlichen Zugriff nicht aus, aber eröffnet den Zugang zur Gemeinschaft mit ihm. Jetzt ist es noch Glaubenserwartung, doch die ausblickende Gemeinde weiß: »Selig sind, die reines Herzens sind, denn sie werden Gott schauen« (Mt 5,8). *K. Dahn*

Lit.: RBultmann, Das Evangelium des Johannes, KEK II, 1941 (1968^{19}) – WMichaelis, Die Erscheinungen des Auferstandenen, 1944 – RBultmann, Das Urchristentum im Rahmen der antiken Religionen, 1949, 193 (= Rowohlts dt. Enzykl. 157/158, 1962) – KHRengstorf, Die Auferstehung Jesu, 1952 (1960^{5}) – VGrönbech, Der Hellenismus, 1953 – RSchnackenburg, Die Johannesbriefe, 1953 (1965^{3}) – JHorst, Art. οὖς etc., ThWb V, 1954, 543ff – WMichaelis, Art. ὁράω etc., ThWb V, 1954, 315ff – CWestermann, Das Loben Gottes in den Psalmen, 1954 (1968^{4}) – HGrass, Ostergeschehen und Osterberichte, 1956 (1962^{2}) – GvRad, Theologie des AT, I, 1957 (1966^{5}); II, 1960 (1968^{5}) – ThBoman, Das hebräische Denken im Vergleich zum griechischen, 1959 (1968^{5}) – GKoch, Die Auferstehung Jesu Christi, 1959 – WGrundmann, Verständnis und Bewegung des Glaubens im Johannes-Evangelium, KuD 6, 1960 – HWenz, Sehen und Glauben bei Johannes, ThZ 17, 1961, 17ff – HSchlier, Glauben, Erkennen, Lieben nach dem Johannesevangelium, in: Einsicht und Glaube, Festschr. GSöhngen, hrsg. v. JRatzinger u. HFries, 1962, 98ff (= Exegetische Aufsätze und Vorträge II: Besinnung auf das Neue Testament, 1964, 279ff) – RSchnackenburg, Das Johannes-Evangelium, T. 1, 1965 – KLammers, Hören, Sehen und Glauben im NT, 1966 (= Stuttg. Bibelstudien 11) – PFiedler, Die Formel »und siehe« im Neuen Testament, 1969 – FHahn, Sehen und Glauben im Johannisevangelium, in: Neues Testament und Geschichte, OCullmann z. 70. Geb., hrsg. v. HBaltensweiler/BReicke, 1972, 125ff.

Selig

μακάριος

μακάριος *[makarios]* selig, glücklich · μακαρίζω *[makarizō]* selig preisen, glücklich preisen · μακαρισμός *[makarismos]* Seligpreisung, Lobpreisung

1) μακάριος *[makarios]*, urspr. Nebenform zu μάκαρ *[makar]*, zuerst bei Pindar belegt, meint *frei* I
von alltäglichen Sorgen und Mühen und beschreibt in der dichterischen Sprache den Zustand der Götter und derer, die an ihrem glücklichen Dasein Anteil haben. Im 4. Jh. blaßt es in seiner Bedeutung allmählich ab und wird zu einem viel gebrauchten und deshalb von den Dichtern gemiedenen Alltagswort, entsprechend unserem ›glücklich‹ (vgl. Plato Men. 71a).

2) Wichtig ist, daß es in der geprägten Stilform des Makarismus (Seligpreisung) begegnet, am häufigsten in der Formel μακάριος, ὅς (τις) *[makarios, hos (tis)], glücklich ist der, der . . .* (zB Pind. Pyth. 5,46; nur selten in der 2. Person). So wird einer Person aus Anlaß eines glückhaften Ereignisses gratuliert. »Inhaltlich spiegeln die Makarismen, die in Poesie und Prosa durch die Jahrhunderte häufig sind, die Schmerzen und Nöte, Wünsche und Ideale des Griechentums wider« (FHauck, 366, Z. 30ff). Gratuliert wird zB den Eltern zu ihren Kindern (Aristoph. Vesp. 1512), dem Wohlhabenden zu seinem Reichtum (Bacchyl. 5,50), dem Weisen zu seiner Erkenntnis (Plato, Spec. Leg. II,660e), dem Frommen zu seinem inneren Gewinn (Eur. Frg. 256/TGF 434), dem Mysten zu seinem Gotteserlebnis (Hom. Hymn. Cer. 480) und (auf Grabinschriften) dem Toten, der der Eitelkeit der Dinge entronnen ist (Aischyl. Pers. 712).

3) Auch im Gebrauch des Verbums μακαρίζω *[makarizō]* (seit Hom. Od. bezeugt) und des Subst. μακαρισμός *[makarismos]* (seit Plato Resp. 591d) finden sich die verschiedenen griech. Glücksvorstellungen wieder. Als term. techn. im Sinne von Makarismus begegnet das Subst. zuerst bei Aristoteles (Rhet. I 9p. 1367b 33).

1) In der LXX steht μακάριος *[makarios]* und μακαρίζω *[makarizō]* im allg. für das hebr. *'æschær,* II
Glück, Heil 'aschar, glücklich preisen, bzw. *'asch^{e}rē, Heil dem . . .* In ihrer Bedeutung sind diese Worte auch hier von der je vorherrschenden Wunsch- und Glücksvorstellung bestimmt.

Formgebundene Makarismen finden sich in den frühen Schichten des AT (wie überhaupt in der altorientalischen Lit.) nicht. Sie begegnen erst in der weisheitlichen Lit. und »preisen ein Leben, das gemäß den Regeln der Weisheit geführt wird, in einem partizipiellen Satz oder in einem Relativsatz« (KKoch, 20), gleich, ob nun im einzelnen von irdischen Gütern (Sir 25,8; Gen 30,13; Ps 127,5), vom Wohlergehen (Hi 29,10f), von Lebensweisheit (Spr 3,13; Sir 14,20) oder von der Erfüllung des göttlichen Gebotes (Ps 1,1; 41,2; 119,1 u. ö.) gesprochen wird. In den weisheitlich beeinflußten Pss wird der selig gepriesen, der Gott vertraut (»Selig alle auf ihn Vertrauenden« Ps 2,12; 34,9; vgl. Ps 84,13; Jes 30,18), oder auch der, dem Sünde vergeben worden ist (Ps 32,1f). Der Zusammenhang von religiösem Glück in der Zuwendung Jahwes und von irdischem Glück durch die Gaben des Schöpfers ist bestimmend für die Weisheit. Jahwe selbst aber wird nie μακάριος *[makarios]* genannt. Immer wird mit dieser Formel einem Menschen in feierlicher Form Heil zugesprochen – freilich anders als im Segensspruch (→ Segen), der in Vollmacht gesprochenes Wirkwort ist. Bezeichnend für diesen Unterschied ist, daß in einer Zeit, da Segnen priesterliches Vorrecht wurde (Sir 50,20), der Laie zum Makarismus greift.

2) Breiter ausgeführte Makarismen oder Makarismus-Reihen begegnen in spätisraelitischer Zeit (zB Sir 25,7–10), vor allem auch in apok. Texten (Dan 12,12; Tob 13,14f), in denen nicht selten Seligpreisungen durch kontrastierende Weherufe ergänzt werden (slHen 52,1ff; vgl. äthHen 103,5). Inhaltlich bekommen hier die Seligpreisungen den Charakter eines eschatologischen Zuspruchs, wie es äthHen 58,2 (»Selig seid ihr Gerechten und Auserwählten! Denn herrlich wird euer Los sein«) zeigt. »Nicht mehr um allgemeines Gottesvertrauen geht es nun, sondern um das gläubige Warten auf das Ende der Weltzeit, um die eschatologische Hoffnung« (KKoch, 21).

3) Im hell. Judentum macht sich im Gebrauch des Wortes μακάριος *[makarios]* deutlich hell. Einfluß bemerkbar, so vor allem bei Philo, wo Glückseligkeit eigentlich nur der Gottheit zukommt. Nur sie allein ist selig: μόνος μακάριος *[monos makarios]* (Sacr. AC 101). Menschen haben an dieser Seligkeit nur insofern teil, als die göttliche → Natur in die Schöpfung hineinragt. Dagegen knüpft das rabb. Judentum sehr unmittelbar an den at. Sprachgebrauch an: »Heil euch und Heil euren Gebärerinnen! Heil meinen Augen, daß sie solches gesehen haben!« so ruft Rabban Jochanan ben Zakkai seinen Schülern zu (b. Chag. 14b). Der eschatologische Makarismus ist ihm fremd.

III 1) Im NT begegnet das Verbum μακαρίζω *[makarizō]* nur 2mal (Lk 1,48 und Jak 5,11), das Subst. μακαρισμός *[makarismos]* nur 3mal (Gal 4,15; Röm 4,6.9), wobei beide Paulusstellen das Wort in formelhafter Sprache verwenden. Um so häufiger findet sich im NT dagegen μακάριος *[makarios]*, meist im Rahmen eines Makarismus. Von den 50 Belegen finden sich 13 bzw. 15 bei Mt und Lk, nur wenige bei Paulus, nur je zwei bei Joh, 1Petr und Jak, aber 7 in Offb.

2) Formal knüpfen die nt. Makarismen an die ausgeführten Makarismen und Makarismus-Reihen der Apokalyptik an: Dem hebr. *'aschᵉrē* entsprechend sind die eschatologischen Makarismen in der Verkündigung Jesu und seiner Zeugen in der 3. Person gehalten und fast regelmäßig mit einer Begründung oder Beschreibung der Seligkeit versehen (Mt 5,3ff): »Selig sind die geistlich Armen. D e n n ihnen fällt die Herrschaft des Himmels zu« (Lk 1,45 u. ö.). Gegensätzliche Weherufe sind in Lk 6,20ff und der Sache nach in den Visionen von Offb 14,13; 16,15; 19,9 u. ö. den Seligpreisungen angefügt (vgl. auch Lk 6,5 Codex D). Sie finden sich überwiegend bei den Synopt. und in der Offb, in dem hell. geprägten Urchristentum offensichtlich nicht. Wenn Paulus in Röm 14,22 den selig preist, der sich bei seinen Entscheidungen nichts vorwerfen muß, und wenn er in 1Kor 7,40 die Unverheiratete seliger nennt, dann steht er hier formal eher in der Tradition des weisheitlichen Makarismus. Eindeutig griech.-hell. Sprachgebrauch liegt in 1Tim 1,11; 6,15 vor, wo Gott selbst selig gepriesen wird (vgl. auch Tit 2,13 und Philo).

3) Im Blickpunkt stehen im NT vor allem die Seligpreisungen der Bergpredigt (Mt 5,3–10; par die Einleitung zur sog. Feldrede Lk 6,20ff). Dabei ist die 3. Person in Mt 5,1–10 gegenüber 5,11f und Lk 6 dem allg. Sprachgebrauch entsprechend sicher ursprünglicher. Der formalen Zuordnung zum apok. Makarismus entspricht die inhaltliche Aussage: »Nicht die verschiedenen Tugenden werden herausgestellt . . . vielmehr meinen Wendungen wie ›arm im Geist‹, ›Leid tragen‹, ›demütig sein‹, ›hungern und dürsten nach Gerechtigkeit‹ nur verschiedene Aspekte ein und derselben Haltung gegenüber der Welt kurz vor

ihrem Ende, nämlich die Haltung des harrenden Duldens und Hoffens. Betont ist nicht eine Summe von Tugenden, betont ist vielmehr die Heilszusage, die in dem ›Selig‹ am Anfang aufklingt wie in der Begründung durch die zweite Halbzeile« (KKoch, 9). Gegenüber den apok. Makarismen unterscheiden sich die eschatologischen Makarismen durch ihre paradoxen Aussagen (den Armen im Geiste, den Machtlosen, den Trauernden fällt die Gottesherrschaft zu) und dadurch, daß diese Gottesherrschaft mit dem Leben und der Verkündigung Jesu verbunden ist. Sie sind ein Beispiel für das, was in Mt 11,5 gemeint ist: Armen wird die Freudenbotschaft gebracht. Das Heil, das hier zugesprochen wird, hängt an der kommenden Gottesherrschaft, die von dem, der sie bringt, nicht zu lösen ist.

Gegenwart und Zukunft sind also in den Makarismen aufeinander bezogen. Am deutlichsten in den lukanischen Makarismen Lk 6,20ff, wo das in V. 21 eingeschobene »Jetzt« dieses Bezogensein noch unterstreicht: »Selig seid ihr, die ihr jetzt hungert, denn ihr werdet gesättigt werden«. Dahinter treten alle im Griechentum und im AT gepriesenen Güter zurück. »Von der überragenden Schätzung des Reiches Gottes her tritt eine Umwertung der sonst üblichen Schätzungen ein« (FHauck, 370, Z. 34f). Deshalb gilt die Seligpreisung auch allen denen, die den Anbruch der Gottesherrschaft miterleben (Mt 13,16f), die ihr in der rechten Weise begegnen (Lk 1,45; Mt 16,17; Joh 20,29) und nicht an ihr Anstoß nehmen (Mt 11,6), die nach dem Gehörten und Erkannten handeln (Lk 14,14; Joh 13,17) und sich in Wachsamkeit und Treue bewähren (Lk 12,37f; Mt 24,24; Jak 1,12; Offb 16,15 u. ö.). So unterschiedlich die einzelnen Makarismen im NT auch sind, es bleibt festzuhalten, daß ihr futurischer Charakter nicht im Sinne einer Vertröstung oder späteren Belohnung verstanden werden darf. Immer geht es um die Zusage einer Zukunft, die die radikale Veränderung der Gegenwart mit sich bringt. *U. Becker, Hann.*

Lit.: ASchlatter, Der Evangelist Matthäus, 1929 (1959[6]), 130ff – FHauck/GBertram, Art. μακάριος etc., ThWb IV, 1942, 365ff – SWibbing, Art. Seligpreisungen, EKL III, 1959 (1962[2]), 929f – GBraumann, Zum traditionsgeschichtlichen Problem der Seligpreisungen, NovTest 4, 1960, 253ff – PAlthaus, Art. Seligkeit, RGG V, 1961[3], 1686ff – RBaumann, Die Botschaft der Seligpreisungen, BuK 19, 1964, 79ff – KKoch, Was ist Formgeschichte?, 1964, 7ff, 20ff – GEichholz, Auslegung der Bergpredigt, Bibl. Stud. 46, 1965 – JDupont, Béatitudes égyptiennes, Bb 47, 1966, 185ff – NWalter, Die Bearbeitung der Seligpreisungen durch Matthäus, StudEv 4, 1968, 246ff – JDupont, Les Béatitudes. I: Le problème littéraire, 1958; II: La bonne nouvelle, 1969; III: Les évangelistes, 1973 – HFrankemölle, Die Makarismen, BZ 15, 1971, 52ff – GStrecker, Die Makarismen der Bergpredigt, NTS 17, 1970/71, 255ff – ESchweizer, Formgeschichtliches zu den Seligpreisungen Jesu, NTS 19, 1972/73, 121ff – RKieffer, Wisdom and Blessing in the Beatitudes of St. Matthew and St. Luke, StEv 6, 1973, 291ff – JDupont, Introduction aux Béatitudes, NRTh 108, 1976, 97ff.

Sieg → Kampf

Siegel

σφραγίς

σφραγίς *[sphragis]* Siegel · (κατα-)σφραγίζω *[(kata-)sphragizō]* versiegeln

1) σφραγίς *[sphragis]* ist seit dem 6. Jh. (Theogn.) belegt (der erste Beleg ist vermutlich schon eine Metapher), das Verbum seit ca. 500 vChr. Das Subst. bezeichnet sowohl das siegelnde Werkzeug (zB einen *Siegelring*) und den daran befestigten *Siegelstein* (Gemme) mit Inschrift (Bild, Name) als auch deren Abdruck. I

2) Das Siegel war schon sehr früh (seit dem 3. Jt.) verbreitet, namentlich in Mesopotamien, wo noch Hdt. bemerkte, daß jeder Mann neben seinem Stab auch sein Siegel trug (I,195), späterhin auch im gesamten Mittelmeerraum (über die verschiedenen Formen des Siegels, zB Rollsiegel, Knopfsiegel, Skarabäus, vgl. BHHW III,1786ff, 1812f). Die eigentliche Bedeutung des Siegels ist eine juridische: der Eigentümer signiert seinen Besitz, seine Tiere (vgl. Vergil, Georg. III,157ff; BGU 87,12f, Pap. Tebt. 419), seine Sklaven (vgl. Plinius, Hist. Nat. XXV,13,173; BGU I,15 u. a.), und schützt damit sein Eigentum vor Entfremdung. Insofern kann man es auch als *Schutzzeichen*

qualifizieren oder als *Garantie.* Das Siegel dient auf Dokumenten (Testament, Kaufvertrag u. a.) als Unterschrift zur Beglaubigung des Geschriebenen (vgl. ThWb VII,941,16–26). Wer das Siegel hat, kann über das Versiegelte verfügen. Das gilt nicht nur für Privatpersonen, sondern insbes. von den Behörden einer Stadt und Königen; das Siegel symbolisiert ihre Autorität.

3) Auch im religiösen Leben hat das Siegel Bedeutung; zB kann ein Tier durch das Siegel als kultisch rein für das Opfer ausgewiesen werden (vgl. Hdt. II,38; BGU 250,15f; 356). Menschen bekennen sich durch das aufgedrückte Siegel ihrer Gottheit als deren Eigentum (Hdt. II,130; vgl. 3Makk 2,29f; vgl auch Ysebaert, 200f). Konkret kann man aber auch Häuser u. a. versiegeln, um damit deren Unversehrtheit zu garantieren, oder Urkunden, um deren Inhalt verborgen zu halten. So kann es auch heißen, daß der Mund versiegelt wird, oder Worte (vgl. Diog. Laert. Vit. I,58; Theogn. Eleg. 1,178; Timoth. Pers. 159f): was man erfahren hat, muß verborgen, unversehrt bleiben. Das gilt namentlich für die Geheimhaltung in den Mysterien (Ysebaert, 221–226).

II In der LXX ist das Subst. Übers. von *chōtām,* das Verbum von *chātam.* Zweimal (Gen 38,18.25) übers. LXX *chōtām* mit δακτύλιος *[daktylios], Siegelring,* während δακτύλιος *[daktylios]* sonst für hebr. *taba'at, Ring* (zB an Bundeslade, Altären, Priesterkleidung u. ö.) steht, aber auch für *Siegelring.* Andererseits kann auch σφραγίς *[sphragis] Siegelring* bedeuten (zB Ex 35,22; 1Kön 20[21],8). Sowohl Subst. als Verbum werden wörtlich (1) und metaphorisch (2) gebraucht, und zwar ähnlich wie im außerbiblischen Bereich.

1) Ein Siegel, hergestellt von einem Siegelanfertiger (Sir 38,27), kann in Tonerde abgedrückt werden (Hi 38,14). Es hat juridische Bedeutung: durch das Siegel wird ein Dokument (zB ein Ehevertrag: Tob 7,14; ein Kaufbrief: Jer 39[32],10f.44) rechtskräftig. Alle, die auf ein Dokument ihr Siegel drücken, binden sich an seinen Inhalt (Neh 10,1). Die Übergabe eines Siegels schließt die Übertragung von Amtsautorität und Macht ein (Gen 41,42; 1Kön 20[21],8; Est 3,10; 8,8.10); so setzt zB der sterbende Antiochus Epiphanes seinen Freund Philippus u. a. durch Übergabe seines Siegels zum Herrscher über sein Reich ein (1Makk 6,15).

Die LXX kennt aber auch das Siegel als Verschluß (für einen Geldbeutel 2Kön 22,4; Tob 9,5; eine Schatzkammer Dtn 32,34; den Tempel Bel 14.16f; eine Grube Dan 6,18; eine Quelle Hhld 4,12). Von daher empfängt der Akt des Versiegelns die Konnotation von *Geheimhaltung:* was versiegelt ist, ist vor Menschen verborgen (von einem Buch: Dan 12,4; Jes 29,11; vgl. 1Esr 3,8). So ist das Siegel unentbehrlich im privaten wie im öffentlichen Leben. Das Siegel des Staates (4Esr 10,23: Jerusalems) wird sorgfältig aufbewahrt (Tob 1,22). Siegelringe sind kostbar (Jes 3,20; Sir 35[32],5f) und werden als wertvolle Kriegsbeute genannt (Num 31,50).

2) Metaphorisch kommt der Begriff vor allem in der Bedeutung *abschließen, einschließen* vor. ZB kann man um ein Siegel auf den Lippen beten, damit man nicht durch Worte sündige (Sir 22,27; vgl. Ps 141,3). Gott versiegelt die Sterne (Hi 9,7), dh er schließt sie ein, so daß sie nicht scheinen können; und er versiegelt die Menschen und hält sie so von ihrer Arbeit ab, damit sie ihre Abhängigkeit von ihm erkennen (Hi 37,7 LXX). Mehrfach wird von Sünden gesprochen, die versiegelt sind (in einem Beutel: Hi 14,17; Dan [Theod.] 9,24; vgl. Hos 13,12). Eine Offenbarung, die versiegelt ist, bleibt geheim (Dan 12,9), man kann davon ebensowenig Kenntnis nehmen wie vom Inhalt eines versiegelten Buches (s. o.). Von lichtscheuen Verbrechern wird gesagt, daß sie sich am Tage »versiegeln« (Hi 24,16). Das Ende des Lebens wird versiegelt: es ist unabänderlich wie eine versiegelte Urkunde (Weish 2,5).

Auch die Versiegelung im religiösen Bereich spielt in LXX eine Rolle. Obwohl unsere Begrifflichkeit sich in dieser Hinsicht nicht findet, ist die Sache doch da. Jes 44,5 setzt die Gewohnheit voraus, sich auf die Hand ein Siegel mit den Worten »für Jahwe«, dh Eigentum von Jahwe, tätowieren zu lassen. Wahrscheinlich wendet sich der Verfasser von Lev 19,28 gerade gegen diese Gewohnheit, die er als heidnisch ansieht. Auch Ez 9,4ff muß hier genannt werden: Gott läßt von einem Diener seinen Kindern ein Zeichen auf die Stirn malen zur Schonung beim Gericht. Das Siegel gilt also als Gottes Schutzzeichen für sein Eigentum (vgl. PsSal 15,6ff: »Denn die Frommen tragen Gottes Zeichen an sich, das sie rettet. Hunger und Tod bleiben fern von den Gerechten, denn sie fliehen vor den Frommen . . .«).

3) Auch im rabb. Judentum war Versiegelung üblich. Briefe werden versiegelt (Ohal 17,5); ihr Siegel ist kleiner als das eines Sackes (Schab. 8,5). Im Tempel befand sich ein Zimmer, in dem vier Arten von Opfersiegeln verwahrt wurden (Schek. 5,3.4). Ein Siegel kann aus Metall oder Koralle hergestellt sein (Kel. 13,6). Man schließt damit ab wie mit einem Schlüssel (Toh. 7,7). Auch metaphorisch spricht die Mischna vom Siegel: zB Sanh. 4,5: »Ein Mensch prägt viele Münzen mit einem Siegel, und sie alle gleichen einander. Der König der Könige hat alle Menschen mit dem Siegel des ersten Menschen geprägt, und nicht einer ist dem anderen gleich« (→ Bild).

Vielfach kommt siegeln auch in der Bedeutung *unterschreiben* vor, namentlich im Traktat Gittin (1,1.3 passim), wo vom Scheidebrief gesagt wird, daß zwei Zeugen ihn »versiegeln«. Die → Beschneidung kann Siegel des heiligen Bundes genannt werden (pBer 9,3) oder Siegel Abrahams (Ex

r. 19[81c]), weil er als erster dieses Zeichen empfing (Gen 17,11). Die Qumranfunde bezeugen Subst. und Verbum nur wenig: CD 5,2 spricht vom versiegelten Buch des Gesetzes und 1QH 8,11 vom Siegel des Geheimnisses vom heiligen Sproß: dh sein Geheimnis ist undurchdringlich.

Das Subst. σφραγίς *[sphragis]* und die Verben kommen im NT 32mal vor, davon allein 22mal in Offb. Die übrigen Stellen verteilen sich auf das paulinische Schrifttum (6mal), Joh (2mal), Mt (1mal) und 2Tim (1mal). III

1) Der wörtliche Gebrauch der Wortgruppe

a) Zweimal kommt σφραγίζω *[sphragizō]*, *versiegeln*, im konkreten Sinne vor: der Stein vor dem Grabe Jesu (Mt 27,66; vgl. Dan 6,18) und der Abgrund, in den der Teufel geworfen ist (Offb 20,3), werden versiegelt. In beiden Fällen geht es darum zu verhindern, daß der Eingeschlossene die Menschen verführt (Mt 27,63f; Offb 20,3).

b) Röm 15,28 spricht vom *Versiegeln* der Kollekte aus Macedonien und Achaja für die Gläubigen in Jerusalem. Will Paulus sagen, daß er die Kollekte »versiegelt« hat wie man einen Geldbeutel versiegelt (vgl. Tob 9,5; Hi 14,17), so daß der Inhalt unversehrt bleibt, oder daß er die Kollekte beendet hat?

c) Die schwierige Stelle 2Tim 2,19 handelt vom festen Fundament, das stehen bleibt (vgl. Jes 28,16) und das ein Siegel trägt; hier ist mit »Siegel« der *Siegelabdruck*, die *Siegelinschrift* (vgl. Ex 28,36) gemeint. Es ist umstritten, was unter dem Fundament, auf das die Inschrift gedrückt ist, verstanden werden muß: ist es Christus (vgl. 1Kor 3,10ff), die Kirche (vgl. 1Tim 3,15), das apostolische Zeugnis (vgl. Eph 2,20) oder vielmehr die Wahrheit gegenüber den Irrlehrern (V. 15.18)? Gott garantiert durch sein Siegel die Festigkeit des Fundamentes, denn er kennt die Seinigen und duldet die Ungerechtigkeit nicht.

2) Der übertragene Gebrauch

a) Johannes verwendet in seinem Ev. σφραγίζω *[sphragizō]*, *versiegeln*, im Sinne von *bestätigen, beglaubigen*. Wer das Zeugnis Gottes annimmt, bestätigt so, daß Gott wahrhaftig ist (Joh 3,33). Nach Joh 6,27 hat Gott auf den Menschensohn sein Siegel gedrückt. Damit hat er bestätigt, daß die ewige Speise, die der Menschensohn gibt, wahre Speise ist und keine vergängliche; durch sein Siegel hat er die Arbeit des Menschensohnes beglaubigt. Vielleicht denkt Joh hier an die → Taufe als Versiegelung (vgl. b). Andere meinen, daß das Wunder der Speisung (6,1ff) oder das Zeugnis der heiligen Schriften (5,39) dieses Siegel Gottes darstellen.

Wenn Paulus (1Kor 9,2) die Gemeinde von Korinth das Siegel seines Apostelamtes nennt, so will er damit sagen, daß das Bestehen dieser Gemeinde in der Welt die Legitimität seines Apostelamtes beglaubige, daß sie gleichsam sein Beglaubigungsschreiben sei (vgl. 2Kor 3,1–3; → Buch, Art. ἐπιστολή).

b) Dreimal spricht Paulus von »Versiegelung« in Verbindung mit dem heiligen → Geist. Diese Versiegelung geschah für Paulus bei der → Taufe (Aor.), die für ihn (1Kor 6,11; 12,13; vgl. Apg 2,38; 10,47) mit der Geistbegabung zusammengehört. Faßt Eph 1,13 unter dem »Versiegelt-Werden« mit bzw. im heiligen Geist (vgl. Eph 4,30) das ganze Taufgeschehen zusammen, so wird in 2Kor 1,21f die Taufe verstanden als eine Salbung in Christus und verbunden gedacht mit dem Empfang des Unterpfandes des Geistes: Wie Christus bei seiner Taufe mit dem Geist gesalbt wurde (vgl. Lk 3,22; 4,18; Apg 10,37f; → Salben, Art. χρίω), so auch die Gläubigen bei der ihrigen. Der Geist ist Unterpfand (Eph 1,14; 2Kor 1,22; vgl. 5,5) bis auf den Tag der Erlösung. Versiegelt Gott den Gläubigen mit dem Geist, dann macht er ihn dadurch zu seinem Eigentum (vgl. II).

Nicht sicher ist, ob Paulus in Röm 4,11 mit dem Gebrauch des Wortes *Siegel* in Verbindung mit der → Beschneidung Abrahams an die Taufe als »Siegel« gedacht hat (vgl. Kol 2,11f, wo von einer Beschneidung, die nicht mit Händen erfolgt [ἀχειροποιήτῳ *[acheiropoiętō]*], und zwar durch Christus, die Rede ist); ausdrücklich ist diese Redeweise jedenfalls erst später belegt (zB 2Clem 7,6; 8,6; Herm sim VIII,6,3). Am einfachsten erklärt man Röm

4,11 so: Gott bestätigt durch das Siegel der Beschneidung, daß Abraham schon vor der Bundesschließung Gottes mit ihm (Gen 17,10ff), deren Zeichen die Beschneidung ist, ein Gerechtfertigter war. Die Beschneidung wäre hier also verstanden als Gottes Beglaubigungszeichen (vgl. 2a).

3) Die Wortgruppe in der Offenbarung

a) Das (Nicht-)Versiegeln von Worten

Offb 22,10 wird dem Seher verboten, die Worte der Prophetie zu *versiegeln;* dh er soll sie nicht geheimhalten, denn die Zeit der Erfüllung ist nahe (vgl. demgegenüber Dan 12,4).

Andererseits heißt es Offb 10,4: »Versiegle, was die sieben Donner gesprochen haben, schreibe es nicht auf«. Hier spielt der Gedanke mit: was versiegelt ist, ist verborgen (vgl. Jes 29,11). Was mit der Stimme der Donner, die den Beginn des Endgerichtes einleitet, nur dem Seher verständlich gesagt wird, darf von ihm nicht weitergegeben werden (vgl. → Offenbarung; → Verbergen).

b) Das Buch mit den sieben Siegeln

Nach Offb 5,1 schaut Johannes in der Rechten dessen, der auf dem himmlischen Throne sitzt, eine beiderseitig beschriebene Buchrolle mit sieben Siegeln. Niemand außer dem Lamm kann sie öffnen (5,2–10). Der Inhalt der Rolle (nach Lohmeyer, Komm. zSt., eben die im Folgenden der Offb geschilderten Ereignisse) ist so vielumfassend, daß sie auf beiden Seiten vollgeschrieben ist (vgl. Ez 2,9f). Er ist aber – auch für den Seher – noch geheim (vgl. Dan 12,4.9). Die Sieben-Zahl erinnert an den röm. Brauch, das Testament mit sieben Siegeln zu versiegeln; dennoch leitet sie sich mit größerer Wahrscheinlichkeit aus der Verwendung der Siebenzahl in der Offb selbst ab.

Wie die Rolle ausgesehen hat, ist schwer zu sagen, da bei der Öffnung jedes einzelnen Siegels ein Teil der Endereignisse enthüllt wird (6,1.3.5.7.9.12; 8,1), während bei antiken Dokumenten der Inhalt erst nach Öffnung aller Siegel bekannt wird. Es geht aber dem Apokalyptiker nicht um die Vorstellung an sich, sondern darum, zu betonen, daß allein das Lamm würdig ist, das Endgeschehen in Gang zu setzen.

c) Die versiegelten Gläubigen

Offb 7,1ff endlich ist vom »Siegel des lebendigen Gottes« die Rede, mit dem die Gläubigen an ihrer Stirn versiegelt werden, bevor die vier Gerichtsengel antreten dürfen. Sie sollen dadurch geschützt werden vor den hereinbrechenden Gerichtsereignissen (9,4; vgl. Ez 9,4; PsSal 15,6ff; s. II). Das Siegel ist hier Eigentumszeichen und daher zugleich auch Schutzzeichen: Gott bewahrt die Seinigen vor dem Gericht. Daß aus jedem Stamm 12 000, also 12 × 12 000 versiegelt werden, will sagen: Die Gesamtheit des Volkes Gottes wird vom Gericht verschont. Durch den Aufdruck des Siegels, das den Namen Gottes darstellt (vgl. 14,1; 22,4), werden die Gläubigen unterschieden von denen, die das »Malzeichen des Tieres« auf Hand und Stirn tragen (13,16.17; 14,9.11 usw.). Das Zeichen Gottes schützt vor dem, das Malzeichen des Tieres führt zum Gericht (9,4; 14,9ff usw.). Unschwer ist darin ein Trostwort der Bewahrung für eine Gemeinde zu erkennen, die in den Anfechtungen der Verfolgung lebt.

R. Schippers

Lit.: FDölger, Sphragis, 1911 – WHeitmüller, ΣΦΡΑΓΙΣ, in: Neutestamentliche Studien G. Heinrici dargebracht, 1914, 40ff – JDiehls, Sphragis. Eine semasiologische Nachlese, 1938 – EDinkler, Die Taufterminologie in 2Kor 1,21f, in: Neotestamentica et Patristica, Freundesgabe OCullmann, Suppl. NovTest 6, 1962, 173ff (= Signum Crucis, 1967, 99ff) – KGalling, Art. Siegel, RGG VI, 1962³, 27f – JYsebaert, Greek Baptismal Terminology, 1962 – GFitzer, Art. σφραγίς, ThWb VII, 1964, 939ff – GMARichter, The engraved Gems of the Greeks and the Etruscans and the Romans I, 1968.

Sitte → Gesetz

Sklave

Die hier zusammengeordneten Wortgruppen bringen je auf ihre Weise die Abhängigkeit und gewaltsame Unterworfenheit von Menschen zum Ausdruck: αἰχμάλωτος *[aichmạlōtos]* bezeichnet den *Kriegsgefangenen*, δέσμιος *[dẹsmios]* den *Gefesselten*, δοῦλος *[dọulos]* den *Sklaven* und ζυγός *[zygọs]* das *Joch*, das Tiere oder (!) Sklaven tragen müssen. Während alle Begriffe in wörtlicher Bedeutung einen negativen und verächtlichen Unterton nicht verleugnen können (Gegensatz → Herr), verlieren sie in übertragenem Gebrauch zT. das Element des Gewaltsamen und können so auch einen positiven Klang gewinnen: Abhängigkeit wird nicht nur als heteronome Selbstentfremdung, sondern auch als autonome Selbstverwirklichung verstanden. So kann δεσμός *[desmọs]* bzw. σύνδεσμος *[syndesmos]* auch das befreiende Verbinden, δουλεία *[doulẹia]* den Dienst an der Gemeinschaft und ζυγός *[zygọs]* das Joch der Weisheit bezeichnen. Von daher ergibt sich auch die Möglichkeit, die Wortgruppe δοῦλος *[dọulos]* für das Gottesverhältnis der Menschen in Anspruch zu nehmen.
→ Dienen; → Freiheit

αἰχμάλωτος

αἰχμάλωτος *[aichmạlōtos]* Kriegsgefangener · αἰχμαλωτίζω *[aichmalōtịzō]* gefangennehmen · αἰχμαλωτεύω *[aichmalōtẹuō]* in Gefangenschaft bringen · αἰχμαλωσία *[aichmalōsịa]* Kriegsgefangenschaft

αἰχμάλωτος *[aichmạlōtos]*, eigentlich der *Speergefangene* (aus αἰχμή *[aichmæ]*, *Speer, Lanze*, dann I
auch *Krieg*, und ἁλίσκομαι *[halịskomai]*, *gefangennehmen*), ist der *Kriegsgefangene* (seit Aischyl.). Das jüngere Verbum αἰχμαλωτίζω *[aichmalōtịzō]* (seit Diod S) heißt *zu Kriegsgefangenen machen, gefangennehmen*; αἰχμαλωτεύω *[aichmalōtẹuō]*: *in Kriegsgefangenschaft führen*. Als weiteres Subst. gehört αἰχμαλωσία *[aichmalōsịa]*, *Kriegsgefangenschaft*, zu der Gruppe.

1) αἰχμάλωτος *[aichmạlōtos]* kommt in der LXX 25mal vor und steht meist für Formen der II
Stämme *schābāh, gefangen fortführen* (Num 21,29; Jes 14,2), bzw. *gālāh, in die Verbannung gehen* (Am 6,7; Jes 5,13 u. ö.). Weit häufiger (130mal) begegnet in der LXX das Subst. αἰχμαλωσία *[aichmalōsịa]* als Übers. von *schᵉbi, Gefangenschaft*, die *Gefangenen*, bzw. anderen Derivaten des Stammes *schābāh* oder von *gōlāh/gālūt, Wegführung, Verbannung, Exil*. Es bezeichnet meist das babylonische Exil bzw. die Exilierten (Ez 1,1.2; Jes 45,13; Jer 1,3 etc.). Die gleichen hebr. Wortstämme werden auch durch die Verben αἰχμαλωτεύω *[aichmalōtẹuō]* (45mal) und αἰχμαλωτίζω *[aichmalōtịzō]* (24mal) mit der Bedeutung *in die Gefangenschaft führen* wiedergegeben.

2) Israel kennt urspr. keine Kriegsgefangenen. Im heiligen Krieg gibt es nur die von Jahwe befohlene völlige Vernichtung des Gegners (zB Jos 6,17–21; 1Sam 15,3). Gefangengenommen wird lediglich zu diesem Zweck (vgl. Ri 7,25f). Dennoch kommt gelegentlich auch Schonung des Feindes vor (Jos 6,22f; 1Sam 15,8f), wohl auch Verkauf in die Sklaverei; Frauen zählen oft einfach zur Kriegsbeute (Gen 34,29; Num 31,9; Dtn 21,10ff). – Das Problem der Gefangenen taucht in der Geschichte Israels erst mit dem Exil auf, dh mit der Deportation ganzer israelitischer Bevölkerungsgruppen durch die Assyrer und Babylonier. Der Schrecken der Kriegsgefangenschaft liegt für den Israeliten dabei nicht nur in dem Ausgeliefertsein an brutale und feindlich gesonnene Menschen. Verbannung aus dem eigenen Land bedeutet vielmehr vor allem den Verlust des Heilsbesitzes, den Jahwe Israel als Unterpfand seines Bundes verheißen und geschenkt hatte. In fremdem, feindlichem Land zu leben, wird dadurch gleichbedeutend mit dem Abgeschnittensein von der Gemeinschaft mit dem Schöpfer und Garanten der eigenen Existenz (vgl. Ps 137,1ff). So versteht der Israelit aus der Tradition seines Volkes Gefangenschaft und Verbannung zugleich als strafendes Zorngericht Gottes (Jer 15,2 steht αἰχμαλωσία *[aichmalōsịa]* neben Tod [bzw. Pest], Schwert und Hunger; vgl. Ps 79,8f).

Im Gegensatz zu der Fülle at. Belege kommt im NT die ganze Wortgruppe nur an acht Stel- III
len vor.

1) Dem at. Schaudern vor der Gefangenschaft entspricht es, wenn in der nt. Apokalyptik von Deportation unter die Heiden als endzeitlicher Strafe Gottes die Rede ist (Lk 21,24). Bezeichnenderweise wird Lk 4,18 (mit Bezug auf das AT-Zitat Jes 61,1) zu den

Heilstaten Jesu ausdrücklich die Befreiung der Gefangenen gezählt. Nach nt. Verständnis umfaßt die Befreiungstat Jesu sowohl Erleichterung und Verbesserung menschlicher Verhältnisse als auch die versöhnende Begegnung Gottes mit den Menschen. Wesentlich blasser als in der urspr. Aussagekraft begegnet αἰχμαλωσία *[aichmalōsịa]* in zwei at. Zitaten: Offb 13,10; Eph 4,8. 2Tim 3,6 heißt αἰχμαλωτίζω *[aichmalōtịzō]* nur noch unbestimmt *einfangen.*

2) Paulus nimmt den militärischen Ausdruck αἰχμαλωτίζω *[aichmalōtịzō]* in seiner ganzen dunklen Hintergründigkeit auf, um das unausweichliche Preisgegebensein der Menschen an die δουλεία *[doulẹia]* der Sünde (→ Art. δοῦλος) zum Ausdruck zu bringen (Röm 7,23). Andererseits ermöglicht ihm sein Verständnis des neuen Lebens als ausschließliches Gebundensein an den Kyrios, αἰχμαλωτίζω *[aichmalōtịzō]* im Sinn der *militia Christi* zu verstehen: »Wir führen jeden Gedanken gefangen in den Gehorsamsbereich Christi« (2Kor 10,5).

3) In Erinnerung an die gemeinsame Haft (→ Art. δεσμός) bezeichnet Paulus verschiedene ihm bes. nahe stehende Christen als συναιχμάλωτοι *[synaichmalōtoi]*, *Mitgefangene* (Röm 16,7; Kol 4,10; Phlm 23).

H.-G. Link / R. Tuente

δέσμιος

δεσμεύω *[desmẹụō]* fesseln · δέσμη *[dẹsmæ]* Bündel · δέσμιος *[dẹsmios]* Gefangener · δεσμός *[desmọs]* Fessel, Gefangenschaft · δεσμωτήριον *[desmōtẹrion]* Gefängnis · δεσμώτης *[desmọtæs]* Gefangener · δεσμοφύλαξ *[desmophylax]* Gefängniswärter · σύνδεσμος *[syndesmos]* Fessel, Bindemittel

I Die Wurzel δεσμ- *[desm-]* enthält die Grundbedeutung *binden.* δεσμεύω *[desmẹụō]* heißt *zusammenbinden, fesseln* (seit Eur.); δέσμη *[dẹsmæ]* ist das *zusammengeschnürte Bündel* (seit Demosth.); δέσμιος *[dẹsmios]* bezeichnet den *Gefesselten* oder *Gefangenen* (seit den Tragikern); δεσμός *[desmọs]* zunächst die *Fessel* (seit Hom.), dann die *Gefangenschaft,* die *Haft;* δεσμωτήριον *[desmōtærion]* ist das *Gefängnis* (seit Hdt.), δεσμώτης *[desmọtæs]* der *Gefangene* (seit Aischyl.), δεσμοφύλαξ *[desmophylax]* der *Gefängniswärter* (Lucian).

σύνδεσμος *[syndesmos]* (seit Eur.) meint entweder die *hemmende Fessel* oder das *Bindemittel,* das *zusammenhaltende Band.* Alle Worte bezeichnen einen realen, nicht spiritualisierten Vorgang: das fesselnde Binden bzw. das befreiende Verbinden.

II In der LXX wird von der Wortgruppe am häufigsten δεσμός *[desmọs]* verwendet; es gibt meist das hebr. *'āsar, binden, fesseln,* bzw. *mōsēr,* die *Fesseln,* wieder.

1) Im AT steht die dinglich reale Bedeutung der Wortgruppe im Vordergrund: Garben werden *zusammengebunden* (Gen 37,2 δεσμεύω *[desmẹụō]*), ein Esel wird an einem Weinstock *festgebunden* (Gen 49,11 δεσμεύω *[desmẹụō]*), Joseph wird von Potiphar ins *Gefängnis* geworfen (Gen 39,22 δεσμωτήριον *[desmōtærion]*), Simson wird mit Stricken *gefesselt* (Ri 15,13f δεσμός *[desmọs]*). Der at. Mensch leidet unter der Erniedrigung durch Fesseln und Bande, deshalb gehört die Befreiung aus der Gefangenschaft zum Inhalt der Heilserwartung: »Zu den Gefangenen sprich: geht heraus; zu denen in der Finsternis: kommt ans Licht« (DtJes 49,9; vgl. auch 42,7). An die Knechtschaft in Ägypten erinnert das Danklied der Befreiten: »Die Jahwe aus Dunkel und Finsternis herausführte und deren Fesseln er zerriß, die sollen dem Herrn danken . . .« (Ps 107,14; vgl. 116,16).

2) Ähnlich wie → ζυγός *[zygọs]* kann auch δεσμός *[desmọs]* zur Bezeichnung des wahren Gottesverhältnisses, des Bandes und Bundes zwischen Gott und Menschen verwendet werden. Hosea spricht von den Seilen der göttlichen Liebe, mit denen Jahwe sein Volk an sich zu binden sucht (Hos 11,4). Jeremia klagt über das gottlose Volk, das Jahwes Stricke zerrissen hat (Jer 2,20; 5,5; vgl. die Verbindung von δεσμός *[desmọs]* und διαρρήγνυμι *[diarrægnymi]* Ps 2,3; Na 1,13 u. ö.).

III Im NT kommen δεσμός *[desmọs]* (18mal) und δέσμιος *[dẹsmios]* (16mal) hauptsächlich bei den Synopt. (bes. Lk Ev. und Apg) und in den paulinischen Schriften vor. Auch hier steht der reale Vorgang und nicht der spiritualisierte im Vordergrund.

1) Ähnlich wie Simson zerreißt der bessessene Gerasener seine Fesseln (Lk 8,29); Pilatus pflegt bei Volksfesten Gefangene freizugeben (Mt 27,15f); durch ein Erdbeben wer-

den die Fesseln der Gefangenen im Gefängnis von Philippi gesprengt (Apg 16,25ff). – Vor allem aber begegnet δεσμός [*desmọs*] im Zusammenhang mit dem Leidensweg des Paulus. In seiner Abschiedsrede an die Ältesten von Ephesus spricht Paulus von Fesseln und Trübsal, die in Jerusalem auf ihn warten (Apg 20,23). Lukas schildert ausführlich die Gefangennahme des Paulus (Apg 21,18ff; vgl. die Bezeichnung ὁ δέσμιος Παῦλος [*ho dẹsmios Pạulos*] 23,18; 25,14.27; 28,17), betont aber auch das Unrechtmäßige seiner Gefangenschaft (Apg 23,29; 26,31), um den Apostel als Vorbild des unschuldig leidenden Märtyrers hinzustellen.

2) P a u l u s bezeichnet sich in seinen Gefangenschaftsbriefen gelegentlich als δέσμιος Χριστοῦ Ἰησοῦ [*dẹsmios Christọu Jæsọu*] (Phlm 9; vgl. Eph 3,1; 4,1; Gen. auct., qual., poss.). Im Philipperbrief setzt er seine Gefangenschaft in Beziehung zu Christus und seinem Evangelium (Phil 1,7.13.14.17). Die Bedeutung, die Paulus ihr beimißt, liegt darin, daß sie dem Fortgang und der Verbreitung des Evangeliums dient: Einerseits ist es im Gefängnis und bei anderen Menschen bekannt geworden, daß er seine Fesseln um Christi willen trägt, andererseits wagen die anderen Brüder, während er gefangenliegt, um so furchtloser, das Evangelium Christi zu verkündigen (Phil 1,12ff).

3) Gelegentlich begegnet δεσμός [*desmọs*] auch in ü b e r t r a g e n e r Bedeutung. So beschreibt es die Stummheit (Mk 7,35) oder Lähmung (Lk 13,16) von Menschen bildhaft als Fessel, durch die sie gebunden werden. Dieses Gebundensein ist nicht allein physisch bedingt; vielmehr liegt nach verbreiteter nt. Vorstellung seine tiefere Ursache in dämonischen Einflüssen. Eph 4,3 wird der → Friede, Kol 3,14 die → Liebe als σύνδεσμος [*sỵndesmos*] bezeichnet, als das göttliche Band, das die Glaubenden miteinander verbindet (vgl. Hos 11,4) und befreit. *H.-G. Link*

δοῦλος

δοῦλος [*dọulos*] Sklave · δουλεία [*doulẹia*] Sklaverei · δουλεύω [*doulẹuō*] unterworfen sein, dienen

Die Würde des attischen Griechen ist seine persönliche Freiheit. »Unabhängig von anderen über sich selbst zu verfügen«, »zu leben, wie man es will«, ist das Wesen solcher Freiheit. Dieses Freiheitsbewußtsein ist bestimmt durch das Gegenüber zum Barbaren und Sklaven. Der δοῦλος [*dọulos*] »gehört ja von Natur nicht sich, sondern einem anderen« (ThWb II,265ff). Da darum mit dem δουλεύω [*doulẹuō*] jede menschliche Autonomie beseitigt und ein fremder Wille dem eigenen übergeordnet ist, hat der Grieche für den Dienst und den Stand des Sklaven nur Ablehnung und Verachtung übrig. Zwar hatte der δοῦλος [*dọulos*] teil am Hausgottesdienst, wurde nicht immer »barbarisch«, sondern auch human behandelt (Menand.), war in Eleusis sogar gleichberechtigt, aber aufs Ganze gesehen ist das Leben der Sklaven durch unaufhebbare Pflichterfüllung und Dienstleistung in der Hausgemeinde und im öffentlichen Bereich gekennzeichnet. Das Ideal der Freiheit findet bei Plato (Leg. IV,715d) gegenüber sophistischem Willkürdenken seine Begrenzung durch den νόμος [*nọmos*] (→ Gesetz), der den Bestand der unabhängigen Polis garantiert. Nur wo es um das δουλεύειν τοῖς νόμοις [*doulẹuein tois nọmois*], *den Gesetzen dienen*, geht, hat die Wortgruppe δοῦλος [*dọulos*] einen positiven, ehrenvollen Klang. Der Gedanke des Dienstes an den Göttern taucht erstmalig bei den kynischen Stoikern auf (Epict. Diss. III,22,69; 22,82.95). Der Begriff δοῦλος τοῦ θεοῦ [*dọulos tou theọu*] fehlt aber bezeichnenderweise bei Epict.; die Gruppe der δοῦλοι [*dọuloi*] bleibt mit dem Odium des Verächtlichen behaftet. Gerade die Freiheit von aller inneren und äußeren Bindung ist das Ziel der Gottesverehrung (Epict. Diss. III,22,49). Entsprechend hat sich der stoische Weise der Verpflichtung zum Dienst an der Gemeinschaft (vgl. den stoischen Gedanken vom Weltbürgertum) so zu entledigen, daß er sich frei dienend neben den Nächsten stellt. Es bleibt griechischem Denken eigen, daß der Mensch nur in der Besinnung auf sich selbst und in der freien Entfaltung seiner Möglichkeiten seine Würde findet, daß also ein δουλεύειν [*doulẹuein*] als abhängiges, untergeordnetes Dienen entwürdigend und verächtlich ist (Epict. Diss. IV,1,7ff). I

1) Die Wortgruppe δοῦλος [*dọulos*] dient im AT bis auf wenige Ausnahmen (zB Jes 52,13 παῖς [*pais*], *Knecht* [Gottes]) zur Übers. der Wurzel *ʿbd* und ihrer Denominative. In begrifflicher Geschlossenheit, vornehmlich begründet in der nachwirkenden Erfahrung der ägypt. Gefangenschaft (οἶκος δουλείας [*ọikos doulẹias*] Ex 13,3.14), liegt der Ton der Wortgruppe im Unterschied zu sy- II

nonymen Wörtern (zB διακονέω [diakonęō]) vor allem auf dem Dienen als Sklave, also auf dem als Beschränkung empfundenen oder zumindest abhängigen Dienst eines Menschen in völliger Bindung an einen Übergeordneten. Die Erinnerung an die ägypt. Gefangenschaft ist zugleich maßgebend (Dtn 15,12ff) für das Verhalten des freien Israeliten zu dem hebr. Sklaven (ʿæbæd ʿibri Ex 21,2). Sklavengesetze regelten die Behandlung und Freilassung des von Geburt jüd. Sklaven. Nur seine Arbeitskraft stand dem Herrn zur Verfügung; hingegen blieb seine Person unantastbar (vgl. dazu Ex 21,2–11; Lev 25,35ff; Dtn 15,12ff). Dagegen stand der nichtjüd., kanaanäische Sklave (ʿæbæd kᵉnaʿani vgl. Lev 25,44ff) im Wert (ca. 65 DM) und in der Behandlung den Immobilien gleich. Er war als Sklave nach allg. orientalischer Auffassung unwürdiger als der ohnehin schon verachtete Hund, war in jeder Weise rechtlos (eine »Sache«) und wehrlos der Willkür des Herrn ausgeliefert (»Sklaven sind wie das Vieh«). Der Begriff δοῦλος [dọulos] in dem zuletzt angedeuteten Sinn bot die sprachliche Form zur Beschreibung des Verhältnisses der Untertanen zum König in der despotischen Monarchie des vorderen Orients. Der absoluten Gewalt des Herrschers steht tiefste Unterwürfigkeit und sklavische Abhängigkeit gegenüber. Wer sich als δοῦλος [dọulos] bezeichnet, anerkennt für sich eine fremde Macht. Auch der höchste Beamte, der Vesir, ist dem König gegenüber Knecht. So kann der Titel »Knecht« zum Ehrennamen werden, den auch bedeutende Männer im AT wie Mose, David oder die Propheten tragen; sie heißen »Knechte Gottes«.

2) Diese zeremonielle, höfische Terminologie (bes. in den Königsbüchern) wird in die gottesdienstliche Sprache zur Bestimmung des Gott-Mensch-Verhältnisses übernommen. δουλεύω [douleụō] ist der häufigste Ausdruck für den Gottesdienst (Ri 2,7; 2Chr 30,8; das Subst. ʿᵃbōdāh bezeichnet den *Gottesdienst*). Wie man sich gegenüber dem König demütig als »dein Knecht« tituliert (typisch 2Sam 9,8), so spricht der Betende von sich gegenüber Gott (häufig im Ps: dein Knecht). Der Israelit ist sich des unendlichen Abstandes und zugleich der vollkommenen Abhängigkeit von seinem Gott bewußt, wenn er sich als δοῦλος [dọulos] dieses κύριος [kyrios] bezeichnet (Ps 122,2; vgl. damit das griech. Gott-Mensch-Verhältnis als Verwandtschaft κατὰ φύσιν [katạ physin], *von* → *Natur*). Die Wertung des δοῦλος [dọulos] steht und fällt mit der Erkenntnis des Kyrios, liegt also in der Gottesbeziehung begründet. Jahwe ist seinem Volk als richtender und rettender Herr begegnet. Darum umfaßt zwar der Begriff δοῦλος [dọulos] nach wie vor den Gedanken bedingungsloser Unterworfenheit, er verliert aber den Charakter schmachvoller Unwürdigkeit. Auf Grund besonderer Erwählung wird δοῦλος [dọulos] zu einem Ehrennamen (Ps 88,3). Ein solch erweitertes Verständnis des δοῦλος [dọulos] hat Rückwirkungen auf das Verhältnis zum Volksgenossen. Wer Jahwe verehrt, der sich ein Volk erwählt hat, der weiß sich zugleich hineingestellt in dienende Solidarität mit seiner Gemeinde.

3) Im palästinischen Spätjudentum lebt der at. Sprachgebrauch weiter. Neben dem profanen Gebrauch der Wortgruppe begegnen die Ausdrücke »Gottesdienst«, »Gott dienen«, »Knecht Gottes« im essenischen wie im rabb. Bereich. Im hell. Judentum (Philo!) zeigt sich dagegen der Einfluß griech. Denkens. Der Gebrauch der Wortgruppe δοῦλος [dọulos] für das Gottesverhältnis wird als anstößig empfunden und abgeschwächt oder ganz vermieden. – Zur gleichen Zeit gewinnt im dualistischen Weltverständnis der Gnosis die Wortgruppe δοῦλος [dọulos] eine neue Bedeutung. Der seiner Lichtheimat entfremdete Mensch befindet sich in der δουλεία [doulẹia] kosmischer Gewalten, in der »Knechtschaft des Verderbens« (vgl. Röm 8,21). Im System des Dualismus von Geist und Materie wird der Mensch in seiner unheilvollen Verkettung mit der Materie gesehen. Das weltverhaftete Ich der Sinne, Triebe und Willensregungen wird dem Menschen zur Fremde und zum Gefängnis, aus dem sich der Gefangene nicht selbst befreien kann.

III 1) Die Wortgruppe δοῦλος [dọulos] kommt im NT im Vergleich zu anderen nt. Schriften unverhältnismäßig häufig in den paulinischen Briefen vor. Daneben findet sie sich oft in Mt, weniger in Lk, Apg und Offb, selten in Mk und Joh und kaum in den Pastoralbriefen und in den kath. Briefen.

2a) In der Untersuchung der Bedeutungsnuancen ist zuerst nach der nt. Einstellung zum soziologischen Stand des Sklaven zu fragen. Sie wird vor allem aus den Gleichnissen Jesu erkennbar. Zwar kommt dem Sklaven gelegentlich eine hervorgehobene, verantwortungsvolle Stellung zu (Mt 24,45). Der Sklave bleibt aber dem Herrn zu ausschließlichem, absolutem Gehorsam verpflichtet (Mt 8,9). »Niemand kann zwei Herren als Sklave dienen« (Mt 6,24). Seiner Arbeit widerfährt weder Lohn noch Dank; er tut ja nur, was er als Leibeigener schuldig ist (Lk 17,7–10). Der Herr kann seine unbegrenzte Verfügungsgewalt über einen – etwa durch Verschuldung verpflichteten – Sklaven in Güte (Mt 18,27) oder in unbarmherziger Bestrafung (Mt 18,34; 25,30) ausüben. Der zeitgenössischen Wertung des Sklavenstandes als einer verächtlichen, niedrigen Klasse tritt aber das NT allein schon dadurch entgegen, daß in den Gleichnissen Jesu der Begriff δοῦλος *[doulos]* den Menschen schlechthin in seinem Verhältnis zu Gott bezeichnet. An der soziologischen Unterscheidung von Herr und Knecht, Freien und Gebundenen nimmt jedoch das NT in seiner ganzen Breite keinen Anstoß. Wiederholt werden die Sklaven aufgefordert, in allen Dingen ihren Herren, auch den unbarmherzigen Herren (1Petr 2,18), gehorsam zu sein (vgl. die Haustafeln Kol 3,22; Eph 6,5; 1Tim 6,1; Tit 2,9). Paulus anerkennt das Besitzrecht des Philemon über Onesimus, wenn auch gerade Philemon eine gewisse Spannung zwischen der bestehenden Ordnung und dem Glauben an den einen Kyrios Jesus Christus erkennen läßt (vgl. 1Kor 7,20–24; auf verschiedene Möglichkeiten der Übers. und des Verständnisses von V. 21 kann hier nur aufmerksam gemacht werden).

b) Die angedeutete Problematik der soziologischen Ordnung ist deshalb nicht so bedrängend, weil die Offenbarung Gottes in Jesus Christus alle Menschen in der totalen Bindung einer ganz anderen Sklaverei zeigt. Der Mensch außerhalb des Herrschaftsbereiches Christi ist ein δοῦλος τῆς ἁμαρτίας *[doulos tæs hamartias], Sklave der Sünde* (Röm 6,17). Diese δουλεία *[douleia]* kann bestehen in peinlich genauer, heilserwartender Beachtung des »Buchstabens« (Röm 7,6.25; → Gesetz, Art. νόμος), in sklavischer Verehrung der vermittelnden kosmischen Mächte (Gal 4,3.8f), in panischer Furcht vor dem Tod (Hebr 2,15) oder im Dienst des Bauches (Röm 16,18) und der Begierden (Tit 3,3). Allemal gilt: »Wer Sünde tut, der ist der Sünde Knecht« (Joh 8,34). Denn »wem ihr euch als Knechte zum Gehorsam hingebt, dessen Knechte seid ihr (ganz) und müßt ihm (ausschließlich) gehorchen, entweder als Knechte der Sünde zum Tode oder als Knechte des Gehorsams zur Gerechtigkeit« (Röm 6,16 Z). Es gibt keine eigenmächtige Befreiung aus der Knechtschaft der Sünde und keinen eigenwilligen Herrschaftswechsel. Nur wen der Sohn frei macht, der ist wirklich frei (Joh 8,36). Der Loskauf durch Jesus Christus befreit zum gehorsamen Dienst unter der Herrschaft des κύριος *[kyrios]* (Röm 12,11; 14,18; Kol 3,24) und führt in den Dienst der Gerechtigkeit in dem neuen Wesen des Geistes (Röm 6,18; 7,6). Paulus versteht sich in seinem Amt als berufener Apostel in besonderer Weise als δοῦλος Χριστοῦ Ἰησοῦ *[doulos Christou Jæsou]* (Röm 1,1; Phil 1,1; Gal 1,10). Diese Auszeichnung wird als Amtsbegriff auch einem Mitarbeiter wie Epaphras zugesprochen (Kol 4,12). In dieser offiziellen Bedeutung steht δοῦλος *[doulos]* dem Begriff διάκονος *[diakonos], Diener*, am nächsten, der im paulinischen Sprachgebrauch häufig den apostolischen Zeugendienst bezeichnet (Kol 4,7 διάκονος καὶ σύνδουλος *[diakonos kai syndoulos]*; → Dienen, Art. διακονέω). Das Besondere aber des Begriffes δοῦλος *[doulos]* ist hier – wie überhaupt – der untergeordnete, verpflichtende und verantwortliche Charakter des Dienstes in seiner ausschließlichen Bindung an den Kyrios. Zugleich ist jeder, der zur Freiheit berufen ist, hineingestellt in den Dienst aneinander durch die Liebe (Gal 5,13). Paulus hat sich allen zum Sklaven gemacht (1Kor 9,19); im Dienst am Evangelium (Phil 2,22) ist er der Diener der Gemeinde um Jesu Christi willen (2Kor 4,5). Wer in der Gemeinde Jesu Christi der Erste sein will, der sei Sklave (Mt 20,27).

3) Die zuletzt zitierte Wertung des Sklavenbegriffes wird nur noch dadurch übertroffen, daß dem Kyrios selbst das Prädikat des δοῦλος *[doulos]* zugesprochen wird. Christus entäußerte sich selbst und nahm Knechtsgestalt an (Phil 2,7 μορφὴν δούλου λαβών *[morphæn doulou labōn]*). Vor allem die Aussage von Phil 2,7 macht die theol. Bedeutung der Wortgruppe δοῦλος *[doulos]* sichtbar. Der Präexistente nimmt bei seiner Menschwerdung die μορφή *[morphæ]* (das *Wesen*) des δοῦλος *[doulos]* an. Das Spezifische dieses Ausdrucks liegt nicht in einer Aussage über den Gehorsam des Inkarnierten (diese Aussage folgt in Phil 2,8b), etwa im Rückgriff auf die at. Vorstellung vom *Gottesknecht* (Jes 53 *'æbæd jhwh* = παῖς θεοῦ *[pais theou]*!; → Sohn). Es ist vielmehr der Einfluß gnostischer Terminologie anzunehmen (s. II,3). Indem also Christus die Gestalt des Sklaven annimmt, tritt er in volle Solidarität mit der unter Sünde, Gesetz und Tod geknechteten Menschheit (vgl. Käsemann, Ex. Vers. u. Bes. I,73). Als Knecht wird er dem νόμος *[nomos]* unterworfen (Gal 4,4) und erträgt dessen Fluch (Gal 3,13). Er nimmt eine Gestalt an, »die dem sündigen Fleisch ähnlich

war« (Röm 8,3 Z), und macht sich so zum Bruder der Menschen, »die durch Furcht vor dem Tode ihr ganzes Leben lang einer Knechtschaft verfallen waren« (Hebr 2,15 Z). Gerade die Gestalt des Knechtes qualifiziert die Inkarnation Jesu Christi als tiefste Selbsterniedrigung.

4) Somit entlarvt die Knechtsgestalt des Kyrios das Sein der unerlösten Menschen als δουλεία *[doulẹia]*. Diese Sklaverei ist die Knechtschaft der Sünde, dh die Besessenheit von dem Wahn, sich im Rückzug auf sich selbst aus eigener Kraft das Leben und die Freiheit zu beschaffen bzw. zu erhalten. Was im Griechentum Ausdruck höchster Freiheit war (s. I,1), wird im NT als Ursprung tiefster Gebundenheit bezeichnet. Der in sich verkrümmte Mensch verzichtet eigenwillig auf die Hilfe Gottes, sorgt sich eigenmächtig im Vertrauen auf eigene Möglichkeiten um sein Leben und gerät in den Bannkreis der → Furcht (Röm 8,15; Hebr 2,15); er vertraut dem Verfügbaren und unterliegt der »Knechtschaft der Vergänglichkeit« (Röm 8,21); er bedient sich der vermittelnden Kraft des Gesetzes und der Weltmächte zur Beschaffung der »eigenen Gerechtigkeit« und wird versklavt unter den »Fluch des Nomos« (Gal 3,13) und unter den Dienst »den Göttern gegenüber, die in Wirklichkeit keine sind« (Gal 4,8 Z). Da dem entsprechend jeder menschliche Versuch der Selbstbefreiung in noch tiefere Verstrickung führen muß, ist die δουλεία *[doulẹia]* des Menschen eine totale und nicht nach Art des gnostischen Dualismus auf die Materie und die Leiblichkeit zu beschränken. Gerade die Behauptung eines unverlierbaren Restes innerer, pneumatischer Freiheit verkennt die umfassende und ausweglose δουλεία τῆς ἁμαρτίας *[doulẹia tæs hamartịas]* (vgl. Röm 7,23f; → αἰχμάλωτος *[aichmạlōtos]*).

5) Allein Jesus Christus kauft durch das Lösegeld seines Todes den Menschen los aus der Sklaverei der Sünde. Das Bild des sakralen Loskaufs ist verbunden mit der Vorstellung vom Herrschaftswechsel. »Befreit aber von der Sünde, seid ihr der Gerechtigkeit dienstbar geworden« (Röm 6,18 Z; vgl. Röm 6,22). Der Loskauf aus der Gebundenheit vermeintlicher Autonomie zur ἐλευθερία *[eleutherịa]* (→ Freiheit) entläßt nicht in neue Autonomie. Vielmehr ist der Losgekaufte befreit zum »Gehorsam des Glaubens«, den er als Knecht seinem Kyrios Jesus Christus entgegenbringt (Röm 12,11; 14,18; Kol 3,24; vgl. 1Thess 1,9; Röm 7,6). In diesem neuen Verhältnis zwischen Herr und Knecht herrscht aber nicht »der Geist der Knechtschaft, so daß ihr euch wieder fürchten müßtet«, »sondern der Geist der Sohnschaft« (υἱοθεσία *[hyiothesịa]* Röm 8,15). Die Freiheit der Söhne Gottes soll jedoch nicht zu »einem Anlaß für das Fleisch werden«. Darum sind die Losgekauften aufgefordert, »einander durch die Liebe zu dienen« (Gal 5,13). Solcher Liebesdienst am Nächsten ist begründet in der Knechtsgestalt der Liebe Christi (vgl. die Paränesen Phil 2,1–4, die kausal verknüpft sind mit Phil 2,5ff). Als δοῦλος *[dọulos]* hat Jesus durch die Fußwaschung (als Obliegenheit des Sklaven) den Jüngern seine Liebe erwiesen (Joh 13), »damit auch ihr tut, wie ich euch getan habe« (Joh 13,15 Z). Das Wesen des Liebeswerkes des Kyrios wehrt also jeder pharisäisch-orthodoxen Trennung von Gottesdienst und Dienst am Nächsten. Die Freiheit im Gehorsam des Glaubens betätigt sich im Liebesdienst am Nächsten.

6) Wer also in der Gemeinde Jesu Christi der Erste sein will, der sei Knecht (Mt 20,27). Es ist verständlich, daß von diesem dialektischen Verständnis christl. Freiheit als δουλεία *[doulẹia]* in der Nachfolge des Befreiers die soziologische Frage nach der Freiheit des Sklaven kein vordringliches Problem war. Die Urchristenheit ist sich der unverwischbaren Unterschiede zwischen Herren und Knechten bewußt. Maßgeblich aber ist die befreiende Erkenntnis der beide verbindenden Gemeinschaft unter einem Kyrios im Himmel (Eph 6,9), durch den »uns frohe Befreiung aus den gottlosen Bindungen dieser Welt zu freiem, dankbarem Dienst an seinen Geschöpfen« widerfährt (Barmer Erklärung, These 2). Herr und Knecht werden ermahnt, sich diesem Herrn unterzuordnen, indem sie sich gerade in ihrem gegenseitigen Verhalten einordnen in die Gemeinde, in der die Regel der Liebe gilt. Solche Unter- und Einordnung bleibt jedoch nicht dem Belieben des einzelnen in der Gemeinde (im besonderen dem Belieben des Herrn und des Knechtes) zum Tun oder Lassen anheimgestellt.

Gerade der Begriff δουλεύω [douleuō] betont im Unterschied zu διακονέω [diakoneō] (→ Dienen) den fordernden Charakter des Dienstes unter Gott und am Nächsten in der Gemeinde der durch Jesus Christus Befreiten. R. Tuente

ζυγός

ζυγός [zygos] Joch, Waage · ἑτεροζυγέω [heterozygeō] unter einem fremden Joch gehen

ὁ ζυγός [ho zygos], urspr. attisch τὸ ζυγόν [to zygon], hat zwei Bedeutungen: 1) *das Joch* (von ζεύγνυμι [zeugnymi], *zusammenfügen, verbinden;* τὸ ζεῦγος [to zeugos] = ὁ ζυγός [ho zygos], *das unter einem Joch Zusammengefügte;* lat. *iugum,* dt.: *Joch;* vgl. indisch *Jogi*), das Tiere (Diod S 14,18,5) oder (!) Sklaven (Hdt. 7,8,3) tragen (seit Linear B). Dieses Bild der unter das Joch gespannten Tiere führt 2) zu der Bedeutung: *Reihe, Waagebalken, Waage* (so seit Aischyl.). Das Verb ἑτεροζυγέω [heterozygeō] ist aus dem LXX-Adj. ἑτερόζυγος [heterozygos] entwickelt (Lev 19,19 meint κτήνη ἑτερόζυγα [ktænæ heterozyga] Zugtiere, die unter ein anderes Joch gehören, weil sie von anderer Art sind) und heißt: *unter einem fremdartigen Joch gehen.* Es begegnet außerhalb des NT wohl nur im Homer-Lexikon des Apollonius (1.–2. Jh. nChr), im NT nur 2Kor 6,14. I

Die LXX kennt beide Bedeutungen von ζυγός [zygos]. II

1) Als Übers. des hebr. *m'ōznajim* bezeichnet es die *Waagschalen* bzw. die *Waage,* auf der das schwere (Hi 6,2) oder allzu leichte (Ps 62,10) Tun und Leben der Menschen gewogen wird. Im Hintergrund steht dabei einerseits die Vorstellung von der Waage als Symbol des Rechtes (Lev 19,36; Ez 45,10: Rechtssätze gegen sozialen Betrug; Hi 31,6: Gott wiegt auf gerechter Waage und betrügt nicht), andererseits die Vorstellung vom Endgericht. In Dan 5,27 deuten der MT und die Theodotion-Übers. das *Tekel* der babyl. Zauberschrift: »Du bist auf der Waage gewogen und zu leicht befunden worden«. Während im AT die Verbindung von Waage und Gericht nur an dieser späten Stelle begegnet, ist sie im spätjüd. Schrifttum weit verbreitet (slHen 49,2; äthHen 61,8: der messianische Richter wägt mit der Waage die Taten der Heiligen) und von da aus in die christl.-apok. Gerichtsvorstellungen übernommen worden.

2) Häufiger findet sich in der LXX ζυγός [zygos] (bzw. ζυγόν [zygon]) als Übers. des hebr. *'ōl* in der Bedeutung *Joch.* Urspr. für das krumme Holz auf dem Nacken der Zugtiere verwendet (Num 19,2), bezeichnet ζυγός [zygos] vor allem den Sklavendienst (Lev 26,13) und belastende Knechtschaft des Volkes (1Kön 12,9–11). In dieser Bedeutung wird ζυγός [zygos] zum Symbol der Unterdrückung und hat seinen »Sitz im Leben« im politischen Bereich von Gewaltherrschaft und Tyrannei (2Chr 10,4.9–14). In diesen Zusammenhang gehört das Joch, das Jeremia zeichenhaft trägt, um Israel zur Unterwerfung unter den babyl. König Nebukadnezar aufzufordern (Jer 27,2.6. 8.11). Damit, daß der Heilsprophet Chananja Jeremias Joch zerbricht, kündigt er die Befreiung von der babyl. Fremdherrschaft an (Jer 28,2.4.10f) – eine Heilsansage, die nicht in Erfüllung gegangen ist (vgl. Jer 28,13–17). Die endgültige Befreiung von Unterdrückung und Gewaltherrschaft gehört zum Inhalt der messianischen Verheißungen (Jes 9,3; 10,27).

3) In der Bedeutung *Joch* begegnet ζυγός [zygos] auch in übertragenem Zusammenhang. Die Weisheitslit. spricht von dem »Joch der Weisheit« (Sir 51,26); sie formuliert den allg. Lehrsatz: »Es ist für den Menschen gut, das Joch in seiner Jugend zu tragen« (Klgl 3,27). Jeremia bezeichnet das wahre Gottesverhältnis als Joch, das die Abtrünnigen abzuschütteln versuchen (Jer 2,20; 5,5). Das Spätjudentum hat das Joch Gottes zum Joch der Tora verengt (Belege bei St.-B. I,608f), um damit die Unterordnung unter Gottes Willen zum Ausdruck zu bringen. Das »Joch der Himmelsherrschaft« nimmt der Beter des *Schema* (Dtn 6,4–9) auf sich und bekennt damit, daß er dem einen und wahren Gott in allem Tun verpflichtet ist. Das bedeutete einerseits eine Bürde, die Israel vor den Völkern auszeichnete; aber daraus entwickelte sich andererseits jene versklavende Gesetzesfrömmigkeit, aus der Jesus sein Volk zu befreien suchte.

Im NT kommt ζυγός [zygos] 6mal vor: III

1a) In der Bedeutung *Waage* ist es nur Offb 6,5 belegt. Dort wird der dritte apokalyptische Reiter auf einem schwarzen Pferd mit einer Waage in der Hand beschrieben, die nach der Deutung des Bildes in V. 6 als Symbol der Teuerung und Hungersnot gilt; beides gehört zu den Vorzeichen des kommenden Gerichtes (vgl. ThWb II, 901).

b) In der schon weitgehend »verbürgerlichten« Gemeindeordnung der Pastoralbriefe werden die Sklaven (ὅσοι εἰσὶν ὑπὸ ζυγὸν δοῦλοι [hosoi eisin hypo zygon douloi], *die unter dem Joch Knechte sind;* → δοῦλος) 1Tim 6,1 nicht mehr aufgefordert, sich aus der Knechtschaft zu befreien, wie einst Jahwe und Mose zu den in Ägypten unterdrückten Israeliten gesprochen hatten (Ex 3,8; 4,31; 6,6), sondern im Gegenteil dazu ermahnt, sich unter die bestehende Gesellschaftsordnung zu beugen und als Christen ihre → Herren (δεσπόται *[despǫtai]*) zu ehren.

2a) Die – formal und inhaltlich an die Weisheitsrede (Spr 8,1ff; 9,5; bes. wichtig Sir 51,26f!) erinnernde – Selbsteinladung Jesu Mt 11,29f fordert sich abmühende und belastete (πεφορτισμένοι *[pephortismęnoi]*) Menschen auf, das Joch Jesu zu übernehmen. Dabei wird – im Anschluß an Jeremia (2,20) – das leichte Joch Jesu dem harten Joch des jüd. Gesetzes gegenübergestellt (Mt 23,4). An die Stelle des ängstlichen und versklavenden Gehorsams gegenüber den Vorschriften der Tora tritt bei Jesus die befreiende Nähe Gottes. (Die messianische Selbstprädikation »Sanftmut und Demut« hat in der christl. Kirche zum Aufkommen der »Leidensfrömmigkeit« beigetragen; vgl. 1Clem 16,17; ThWb II,900.)

b) Auch P a u l u s versteht Gal 5,1 unter dem »Joch der Knechtschaft« das jüd. → Gesetz, das die Menschen ebenso versklaven kann wie die Naturmächte (στοιχεῖα τοῦ κόσμου *[stoichęia tou kǫsmou]*), denen die Heiden unterworfen sind (Gal 4,8f). Stattdessen ruft er dazu auf, sich nicht länger vom Gesetz unterjochen zu lassen, sondern die in Christus erworbene Freiheit zu ergreifen (Gal 5,2ff).

c) Ganz ähnlich bezeichnet P e t r u s nach lukanischer Darstellung in einer Rede auf dem Apostelkonvent das jüd. Gesetz als ein Joch auf dem Nacken der Jünger, »das weder unsere Väter noch wir zu tragen vermocht haben« (Apg 15,10).

Damit wird von Jesus, Paulus und Petrus in gleicher Weise die Gesetzesfrömmigkeit als härtestes Joch und schlimmste Versklavung der zur Freiheit berufenen Christen entlarvt und abgewiesen.

H.-G. Link

V ZUR VERKÜNDIGUNG

1) Das Wort »Sklave« hat in unserem Sprachgebrauch einen ausgesprochen negativen Klang. Der Sklave ist der Inbegriff des abhängigen, gewaltsam unterworfenen und daher fremdbestimmten (heteronomen) Menschen im Gegensatz zur Selbstbestimmung (Autonomie) des Freien. Nicht nur die Erinnerung an die unmenschlichen Praktiken des Sklavenhandels im 18. Jh., die zT bis in die Gegenwart (zB in arab. und lateinamerikanischen Ländern) fortgesetzt werden, sondern auch das entwürdigende sklavische Verhalten unter Aufgabe der eigenen Persönlichkeit in Sklavenmoral und Kadavergehorsam ist mit diesem Begriff verbunden.

Im biblischen und hell. Denken findet sich großenteils auch diese negative Beurteilung, wenngleich die Institution der Sklaverei als fester Bestandteil der antiken Gesellschaftsordnung meist wie selbstverständlich vorausgesetzt wird. Doch bleibt der Begriff nicht auf den sozialen Bereich beschränkt, sondern wird auch als Bild für eine allg. menschliche Versklavung gebraucht. Daneben läßt sich aber auch eine positive Aufnahme des Sklavenbegriffes erkennen, wenn er auf die Beziehung der Untertanen zum König und vor allem – in bildlicher Übertragung – auf das Gottesverhältnis der Menschen angewandt wird. Man muß also zwischen der sozialen Problematik der Sklaverei (s. u. 2) und dem allg. menschlichen übertragenen und theol. Verständnis der Versklavung (s. u. 3) unterscheiden.

Luther hat die Härte des antiken Sklavenbegriffes dadurch gemildert, daß er die auf der Leibeigenschaft beruhende mittelalterliche Feudalherrschaft seiner Zeit vorausgesetzt und dementsprechend den griech. δοῦλος *[dǫulos]*-Begriff in seiner Bibel-Übers. mit »Knecht« wiedergegeben hat. Diese an einer ständisch-bürgerlichen Gesellschaftsordnung orientierte Übers. ist noch in die revidierte Fassung des NT von 1956 übernommen worden – man findet das Wort »Sklave« in dt.en Konkordanzen meist nicht –, obwohl mit der industriellen Revolution die Versklavung in Mitteleuropa die Gestalt der Ausbeutung lohnabhängiger Arbeiter angenommen hat. Es lassen sich in der Gegenwart drei Hauptformen von Sklaverei unterscheiden: der »klassische« rechtlose Sklave in vorindustriellen Agrarstaaten (»Dritte Welt«), der ausgebeutete Lohnarbeiter in Industriestaaten und der Zwangsarbeiter in totalitären Staaten. Angesichts der gegenwärtigen globalen Herausforderung des Christentums durch revolutionäre Bewegungen wird die Frage nach der Stellung des Christentums zu sozial-politischer Unterdrückung, deren Exemplarfall die Sklaverei darstellt, bes. dringlich.

2) Schon häufig ist aufgefallen, daß im Alten wie im Neuen Testament – verglichen mit dem oft grausamen Sklavenschicksal in der orientalischen und griech.-röm. Antike – zwar gesetzliche Regelungen (zB Ex 21,2ff) und Ermahnungen (zB Kol 4,1) zu einer unbestreitbar humaneren Behandlung der Sklaven anzutreffen sind, daß aber ebenso unverkennbar weder im Alten noch im Neuen Testament die Forderung nach einer generellen Aufhebung der antiken Institution der Sklaverei erhoben wird (→ δοῦλος III,2a).

Dieser Tatbestand hat das christl. Denken oft dazu verleitet, die Einrichtung der Sklaverei entweder zum unveräußerlichen Bestandteil einer göttlichen Weltordnung zu erklären (zB Augustin, s. u.) oder sie als unmaßgebliche äußerliche Unfreiheit im Vergleich zur maßgebenden inneren Freiheit des Glaubens zu betrachten (zB in der Mystik). Auf der anderen Seite galt derselbe Tatbestand den Verfechtern der Aufklärung und des Atheismus in der Neuzeit als schlagender Beweis für ihre These, die Religion sei nur der verschleiernde Heiligenschein über der Ausbeutung und dem Elend der geknechteten Menschen. »Die Kritik der Religion ist also im Keim die Kritik des Jammertales, dessen Heiligenschein die Religion ist« (KMarx, Zur Kritik der Hegelschen Rechtsphilosophie, Einleitung, in: Frühschriften, ed. Landshut, 208).

Wie ist nun die Stellung des NT zur Sklaverei zu erklären und zu verstehen? Die nt. Gemeinde stand von Anfang an unter dem doppelten Liebesgebot Jesu, dessen zweite Hälfte lautet: »Du sollst deinen Nächsten lieben wie dich selbst« (Mk 12,31 parr; vgl. auch → αἰχμάλωτος III,1), denn – das ist die Voraussetzung – der Nächste ist ebenso ein Geschöpf Gottes wie du (vgl. schon Hi 31,15 zur Sklavenfrage: »Hat nicht, der mich erschuf, auch ihn erschaffen?«). Damit war die geschöpfliche Gleichheit aller Menschen untereinander grundsätzlich anerkannt und zur Maxime christl. Handelns erhoben. Einen ersten Schritt zu ihrer Verwirklichung haben die nt. Gemeinden getan, indem sie die sozialen Schranken zwischen Reichen und → Armen, → Herren und Sklaven in ihren Zusammenkünften, etwa bei der Feier des → Herrenmahls, aufhoben (vgl. 1Kor 11,17ff; 12,13; Gal 3,28): »Da ist nicht Jude noch Grieche, da ist nicht Sklave noch Freier, da ist nicht Mann noch Frau; denn ihr seid alle einer in Christus Jesus«. Diese Einheit der sozial Unterschiedenen in den urchristl. Gemeinden wirkt sich aber auch auf das außergemeindliche alltägliche Zusammenleben aus. Paulus macht seinen Anspruch auf den entlaufenen Sklaven Onesimus gegenüber dessen urspr. Herrn Philemon geltend. Und in den Haustafeln werden Herren und Sklaven mit dem Hinweis auf den beiden gemeinsamen einen Herrn zur all-täglichen gegenseitigen Achtung aufgefordert (zB Kol 3,22; 4,1).

Daß die Forderung nach einer generellen Abschaffung der Institution der Sklaverei im NT nicht erhoben wird, hängt zunächst mit der urchristl. Naherwartung der Wiederkunft des auferstandenen Herrn zusammen (→ Gegenwart; → Ziel, Ende). Dieser eschatologische Enthusiasmus macht zu einem guten Teil verständlich, weshalb für die ersten Christengemeinden, die noch in ihrer Generation oder zumindest in sehr naher Zukunft den Anbruch der neuen Welt Gottes erwarteten, die Institution der Sklaverei kein grundsätzliches Problem darstellte. Zudem weiß das NT von einer umfassenderen Versklavung aller Menschen (→ δοῦλος III,2b; s. u. III), angesichts deren Tragweite das soziale Problem der Sklaverei nicht zum einzigen und vordringlichsten Thema der urchristl. Verkündigung werden konnte. Schließlich waren die Zahl und der gesellschaftspolitische Einfluß der Christen in nt. Zeit noch so gering, daß sie faktisch gar keine Möglichkeiten besaßen, die strukturelle Grundlage des röm. Imperiums zu erschüttern.

Dennoch sollten die im NT vorhandenen Ansätze zur Humanisierung und zum faktischen Unterlaufen des Gegensatzes zwischen Herren und Sklaven, vor allem die latente Spannung zwischen paulinischer Ethik und antiker Sklaverei (Philemonbrief!) nicht verkannt werden: Sie mußte früher oder später auch zum Konflikt mit der Institution der Sklaverei führen.

Von der evangelischen Mitte des Liebesgebotes Jesu aus müssen aber auch die einzelnen

Anweisungen in den Haustafeln (zB Eph 6,5; 1Tim 6,1) zT. sachkritisch beurteilt werden. Denn nur allzu leicht können sie das auf die Überwindung aller Schranken zielende Liebesgebot Jesu in ein Gesetz verkehren, das den gesellschaftspolitischen status quo mit seinen sozialen Gegensätzen legitimiert (→ ζυγός III,1b). Dadurch liefe das Christentum Gefahr, einer Klassen- oder bürgerlichen Stände-Ideologie anheimzufallen.

Dieser Gefahr ist die altkirchliche Entwicklung des Christentums nicht entronnen. Zwar hat die altkirchliche Liebestätigkeit zT. beachtliche Ausmaße erreicht – erinnert sei nur an die von Basilius d. Gr. gegründete Stadt der Nächstenliebe und sozialen Fürsorge –, aber andererseits führte das Arrangement der Alten Kirche mit der antiken Gesellschaftsordnung dazu, daß die Kirche allmählich zur größten Latifundienbesitzerin des röm. Reiches wurde, die selber zahllose Sklaven besaß und deren Freilassung teils gleichgültig, teils feindselig gegenüberstand. Augustin beurteilte die Sklaverei als Folge der Erbsünde, die bis zum Ende der Welt Bestand hat, und Thomas von Aquin legitimierte sie mit Berufung auf Aristoteles als sittlich und rechtmäßig (vgl. HDWendland, Art. Sklaverei und Christentum, RGG VI³, 101ff). So wurde die Institution der Sklaverei naturrechtlich und metaphysisch als integrierender Bestandteil einer vorgeblich göttlichen Weltordnung gerechtfertigt! Es bedurfte erst einer umfassenden geistigen Neuorientierung, bevor die vom nordamerikan. Puritanismus ins Leben gerufene Antisklavereibewegung mit der Losung: »Sklavenhaltung ist Sünde« im 19. Jh. allmählich die weitgehende Abschaffung jener entwürdigenden Institution durchsetzen konnte.

Nach dem Verlust der urchristl. Naherwartung und der Auflösung der metaphysischen Weltordnung in geschichtliche und gesellschaftliche Prozesse stellt sich heute für ein diesseitsbezogenes Christentum die theol. Aufgabe, den Weltbezug des christl. Glaubens, dh die Zusammengehörigkeit von »innerem« und »äußerem« Menschen, von innerer und äußerer Knechtschaft bzw. → Freiheit erneut zu durchdenken. Gewiß kann die Christenheit nur zu ihrem eigenen Schaden die in Christus gewonnene Freiheit des Glaubens schwärmerisch mit der politischen verwechseln. Aber es wäre nicht minder ein Verrat des christl. Glaubens, wollte man die christl. Freiheit auf die Innerlichkeit beschränken und damit das politische und soziale Zusammenleben der Menschen der Eigengesetzlichkeit oder dem Machtinteresse einzelner Gruppen überlassen – eine Haltung, mit der auch Diktaturen und Konzentrationslager geduldet werden können. Vielmehr ist nach paulinischem Verständnis die in der christl. Gemeinde verwirklichte Freiheit der Kinder Gottes die Vorhut der Befreiung alles Geschaffenen (vgl. Röm 8,18ff). Die in Christus gewonnene Freiheit zielt auf die Befreiung aller Menschen von allen Formen der Unterdrückung und hat faktisch – trotz vieler Entstellungen – auch einen Prozeß der menschlichen Befreiung in Gang gesetzt. Es widerspricht der dem → Menschen als Ebenbild Gottes verliehenen Würde, ihn zum Mittel von Machtinteressen, Ausbeutung oder Unterdrückung zu erniedrigen. Insofern können und sollten sich die Christen KMarx' kategorischen Imperativ zu eigen machen, »alle Verhältnisse umzuwerfen, in denen der Mensch ein erniedrigtes, ein geknechtetes, ein verlassenes, ein verächtliches Wesen ist« (aaO, 216). Daher gehört es zur Verantwortung mündiger Christen, gegen jede Form von kapitalistischer oder kommunistischer, politischer oder klerikaler Unterdrückung ihrer Brüder solidarischen Protest zu erheben. Herrschaft gibt es legitim nur als delegierte, kontrollierte und zeitlich begrenzte Machtausübung, – das gilt auch im kirchlichen Bereich, denn »einer ist euer Meister, ihr alle aber seid Brüder« (Mt 23,8).

3) Das allg. menschliche und theol. Problem der Versklavung besteht in der Frage nach dem Verhältnis von Abhängigkeit und → Freiheit, von Heteronomie und Autonomie. An diesem Punkt entzündet sich immer wieder das Ärgernis der christl. Verkündigung, die das Streben des antiken und neuzeitlichen Menschen nach autonom begründeter und zu verwirklichender Freiheit als Grundsünde der Selbstbehauptung gegenüber Gott, dh als selbstentfremdende Versklavung unter die betrügerische Macht des »eritis sicut Deus« entlarvt. Die sich selbst begründende Autonomie ist in Wahrheit die schlimmste Form von Heteronomie. Nicht die politische und soziale Unterdrückung, sondern die Versklavung unter → Sünde (→ δοῦλος III,4), → Gesetz (→ ζυγός III,2b) und → Tod (Art. θάνατος III) ist nach biblischem Verständnis das umfassendste und tiefste Elend der Menschen.

Auf diesem Hintergrund ist es bedeutsam, daß im NT der stellvertretende Tod Jesu verschiedentlich mit dem Bild des Sklavenloskaufs erläutert wird (zB Gal 3,13; 4,5; → δοῦλος III,5). Paradoxerweise bedeutet aber die durch Christus erwirkte Befreiung von den versklavenden Mächten für die Christen zugleich die Übernahme des Joches Christi (→ ζυγός III,2) und die Indienstnahme zum Gehorsam des Glaubens (→ δοῦλος III,5), wie es die Selbstbezeichnung des Paulus als δοῦλος Ἰησοῦ Χριστοῦ *(doulos Iæsou Christou)*, *Sklave Jesu Christi*, deutlich zu erkennen gibt.

Hier genügt es jedoch nicht, von einem formalen Herrschaftswechsel zu sprechen, vielmehr richtet sich die Art und Weise der Versklavung nach dem jeweiligen Herrn, dem der Mensch unterworfen ist. »Wißt ihr nicht: wem ihr euch selbst als Sklaven zum Gehorsam hingebt, dessen Sklaven seid ihr, so daß ihr ihm gehorchen müßt, entweder (als Sklaven) der Sünde zum Tod oder (als Sklaven) des (Glaubens-) Gehorsams zur Gerechtigkeit« (Röm 6,16). Während die Herrschaft der Sünde zwangsweise zur heteronomen Selbstentfremdung des Menschen verführt, beruht das Leben unter der Herrschaft Christi auf freiwilliger Hingabe und ermöglicht wahre Selbstverwirklichung (→ αἰχμάλωτος III,2). Im Herrschaftsbereich Christi sind Abhängigkeit und Freiheit keine Gegensätze, vielmehr bedingt die christologische Heteronomie die Verwirklichung menschlicher Autonomie. Diese Dialektik von Knechtschaft und Freiheit wird durch die Befreiungstat Christi begründet und vermittelt (→ δοῦλος III,6).

So wird die freiwillige Übernahme der menschlichen Versklavung durch Christus zugleich zum Maßstab für das Verhalten der Christen (vgl. Mk 10,44f). Wie Jesus in der Fußwaschung (Joh 13) und Paulus auf seinen Missionsreisen (1Kor 9,19) sollen sie sich zum freiwilligen »Sklavendienst« an allen Menschen zur Verfügung stellen, nicht im Sinn einer unterwürfigen Sklavenmoral, sondern um ihren Brüdern zur inneren und äußeren Freiheit zu verhelfen. Weil sie sich nicht mehr um sich selbst zu sorgen brauchen, sind sie dazu befreit, das Liebesgebot Jesu zu erfüllen. Diese freiwillige Selbstbestimmung zum Dienst für andere in der Nachfolge Jesu kann durchaus Leiden, Verfolgung oder Gefängnishaft zur Folge haben, wie es Christen von Paulus (→ δεσμός III,1.2) bis zu Martin Luther King immer wieder erfahren haben. Doch darf das den Nachfolgern Jesu auferlegte → Kreuz auf keinen Fall als Rechtfertigung der unrechtmäßigen Unterdrückung mißverstanden werden. Wohl aber gehört es zur Kraft der Kreuzesnachfolge, auch in der Gefangenschaft die Freiheit der Kinder Gottes zu leben und zu bezeugen. *H.-G. Link*

Lit.: WBrandt, Dienst und Dienen im NT, 1931 – GKittel, Art. αἰχμάλωτος, ThWb I, 1933, 195ff – GBertram, Art. ζυγός etc., ThWb II, 1935, 898ff – GKittel, Art. δεσμός etc., ThWb II, 1935, 42f – KHRengstorf, Art. δοῦλος etc., ThWb II, 1935, 264ff – GSass, Zur Bedeutung von δοῦλος bei Paulus, ZNW 40, 1941, 24ff – GKehnscherper, Die Stellung der Bibel und der alten christlichen Kirche zur Sklaverei, 1957 – GLocher, Art. Sklaverei, EKL III, 1959 (1962²), 975ff – HLStrack/PBillerbeck, Kommentar zum Neuen Testament IV, 1954 (1961³), 698ff – HDWendland, Art. Sklaverei und Christentum, RGG VI, 1962³, 101ff – JVogt, Sklaverei und Humanität, 1965 (= Historia, 8) – AWeiser, Die Knechtsgleichnisse der synoptischen Evangelien, 1971 (= StANT, 29) – PStuhlmacher, Der Brief an Philemon, 1975 (Lit.).

Sohn

Die hier zusammengestellten Artikel erörtern die durch Verbindung mit παῖς *(pais)* und υἱός *(hyios)* gebildeten Begriffe ausschließlich in ihrer Bezogenheit auf die Person Jesu, dh lediglich in ihrer Funktion als christologische Titel. Da παῖς *(pais)* nicht nur *Kind*, sondern auch *Sklave* bedeutet, wird es Jes 52,13 LXX als Übersetzungsbegriff für den *Gottesknecht* (hebr. *ʿæbæd jhwh*) verwendet und dient demzufolge in der nt. Formulierung παῖς θεοῦ

[pais theǫu] zur Bezeichnung der Funktion Jesu als *Gottesknecht*. Ähnlich bringt υἱός *[hyiǫs]* nicht nur physische, sondern auch geistige Verwandtschaft zum Ausdruck. Daher wird Jesu Beziehung zur Menschheit mit υἱὸς τοῦ ἀνθρώπου *[hyiǫs tou anthrǫpou]*, *Menschensohn*, seine Zusammengehörigkeit mit Gott mit υἱὸς τοῦ θεοῦ *[hyiǫs tou theǫu]*, *Gottessohn*, und seine Verwurzelung in der davidischen Tradition mit dem Titel υἱὸς Δαυίδ *[hyiǫs Davịd]*, *Davidssohn*, bezeichnet. Was zum Begriff »Sohn« unter anthropologischem Gesichtspunkt zu sagen ist, wird unter dem Leitwort → Kind in den Art. νήπιος *[nępios]*, παῖς *[pais]*, τέκνον *[tęknon]* und υἱός *[hyiǫs]* dargelegt.

παῖς θεοῦ

παῖς θεοῦ *[pais theǫu]* Gottesknecht

I/II Die Bezeichnung παῖς θεοῦ *[pais theǫu]* hat als solche im Griech. keine Vorgeschichte und entstammt erst der LXX. Zu παῖς *[pais]* und seinen Verbindungen → *Kind*; zu θεός *[theǫs]* → Gott.

1a) In Israel hat es von der frühesten Zeit an bis zum Aufstand 70 nChr hebr. Sklaven in der Hand von Hebräern gegeben (Gen 24; 29,15.18; Ex 22,2; Jer 34,8ff; Jos. Bell. 4,508). Ein Hebräer wurde entweder zwangsweise vom Gericht als Sklave verkauft, wenn er den Wert des Gestohlenen nicht ersetzen konnte (Ex 22,2), oder er verkaufte sich selbst armutshalber (2Kön 4,1). In beiden Fällen war die Sklavenschaft normalerweise auf 6 Jahre beschränkt (aber vgl. Ex 21,5f; Dtn 15,16f). Der Sklave nahm voll an der Kultgemeinschaft teil (Beschneidung Gen 17,12f; Sabbat Ex 20,10; Opfer Dtn 12,18; Passah Ex 12,44). Merkmal des *'æbæd*, → *Sklave* (Art. δοῦλος), ist die Fremdhörigkeit; er wird wie eine Ware neben Geld und Vieh erwähnt (Gen 24,35; Ex 21,21). Bei den Essenern hat es keine Sklaven gegeben (Euseb. Praep. Ev. 8,11,4).

b) Schon seit Saul werden – wie in der altorientalischen Umwelt (vgl. Knudtzon, Tafeln Nr. 60,1; 61,2 u. ö.) – die im Königsdienst stehenden Söldner von sich selbst und von dritten, aber nicht vom König (!), als *'abdē hammælæk, Knechte des Königs* (LXX: παῖδες τοῦ βασιλέως *[pạides tou basilęōs]*) bezeichnet (2Sam 11,24; 15,15). Allerdings stehen diese *'abadīm, Knechte*, zum König nicht in einem ausgesprochenen Sklavenverhältnis, sondern im Lohnverhältnis (1Sam 8,11f). Vom Hofstil her wird *'æbæd, Knecht*, auch im Alltagsleben als demütige Selbstbezeichnung geläufig (Gen 33,5). Ein bes. starker Ausdruck solcher Selbsterniedrigung ist die Verbindung: »Dein Knecht, der Hund« (2Kön 8,13; 2Sam 9,8). Aber auch Könige können *'abadīm* genannt werden, wenn sie Vasallen eines anderen Herrschers geworden sind (2Sam 10,19; Jos 9,11; Knudtzon, aaO Nr. 158,1f). Der Vasall muß dann, wie 2Kön 16,7f zeigt, Tributzahlung leisten und ist auch zur Heeresfolge verpflichtet (→ Sklave, Art. δοῦλος II,1.2).

2a) Wohl unter dem Einfluß des höfischen Stiles steht auch der religiöse Gebrauch unseres Begriffes. Im AT wie auch in der altorientalischen Umwelt – aber ganz im Gegensatz zum alten griech. Verständnis – bezeichnet sich der Verehrer der Gottheit im Gebetsstil als deren *'æbæd, Knecht*. Er will damit seine Ehrfurcht, seine Verpflichtung zu Dienstleistungen der Gottheit gegenüber oder auch seine Zugehörigkeit zu ihr zum Ausdruck bringen in der Absicht, sich unter ihren Schutz zu stellen. Nur selten wird die Zugehörigkeit zur Gottheit als deren Knecht – im Gegensatz zur semitischen Umwelt – durch die Namensgebung bezeichnet, wie zB bei Obadja (1Kön 18,3f u. ö.). Häufiger ist die Form der Selbstbezeichnung im Gebetsstil als »dein Knecht«, des Zuspruchs Jahwes in der Gottesrede mit »mein Knecht« oder die Bezeichnung durch dritte als »sein Knecht«.

In der vorexilischen Zeit ist die Bezeichnung *'æbæd* in diesem religiösen Sinn verhältnismäßig selten und kommt bei den vorexilischen Propheten fast gar nicht vor; das dürfte seinen Grund darin haben, daß der religiöse *'æbæd*-Begriff vom höfischen Stil her in den Kult- und Gebetsstil eingedrungen ist und darum als fremd empfunden wird. So wird die Bezeichnung *Knecht* angewandt auf Jakob (Gen 32,11), Isaak (Gen 24,14), Mose (Num 12,7f), David (2Sam 3,18), die Propheten (2Kön 9,7f) und den Jahwe-gläubigen Rest des Volkes (2Kön 9,7; 10,23).

Viel häufiger aber wird die Verwendung der Bezeichnung *'æbæd* seit dem Deuteronomisten und seit DtJes. Jetzt häuft sich die Anwendung des Begriffes, so bes. für Mose, aber auch für Josua (Jos 24,29), für die Patriarchen (Dtn 9,27; Ex 32,13), für David (1Kön 8,24ff; 14,8). Ja, auch Nebukadnezar wird in der Fortsetzung der königlichen *'æbæd*-Linie als ein Knecht Jahwes bezeichnet (Jer 25,9). Auch der dem Volk Israel ferner stehende Hiob erhält den Titel eines *'æbæd* in der Rahmenerzählung des Hiobbuches (Hi 1,8; 2,3; 42,7f). Von Ezechiel an wird der Sing. *'æbæd* für das Volk Israel gebraucht (Ez 28,25; 37,25), von DtJes an auch der Plur. *'abadīm, Knechte*, für die Gesamtheit der Israeliten (Jes 54,17). Jes 56,6 nennt auch Proselyten »Knechte Gottes«.

Schon sehr früh läßt sich im AT die Verteilung der Knecht-Gottes-Aussagen auf zwei Linien feststellen: Einmal wird 2Sam 3,18 das besondere Amt des Königs (David) in der Errettung des Volkes von allen seinen Feinden gesehen. Diese Linie setzt sich über Ez 34,23f; 37,24f weiter fort zu Hag 2,23; Sach 3,8. Zum anderen die prophetische Linie: Der Prophet ist der bevollmächtigte Wortbote Gottes (1Kön 18,36), der dem Volk den Willen Gottes verbindlich mitteilt und durch sein Wort geschichtliche Bewegungen in Gang setzt.

b) Seit BDuhm (Das Buch Jesaja, 1892; 1922[4]) hebt man aus dem Jesajabuch vier Lieder heraus, die als »Gottesknechtlieder« bezeichnet werden und einer besonderen Deutung bedürfen: Jes 42,1–4(9); 49,1–6(9); 50,4–9(11); 52,13–53,12. Die von CHNorth (The Suffering Servant in Deutero-Isaiah, 1950[2], 1–160) vorgeführten Deutungsversuche zeigen, daß die Frage des Kämmerers an Philippus im Blick auf Jes 53,7f heute noch nicht eindeutig geklärt ist: »Von wem sagt dies der Prophet? Von sich selbst oder einem anderen?« (Apg 8,34). Von der LXX an bis heute hat man immer wieder versucht, von Jes 49,3 ausgehend den Gottesknecht dieser Linie kollektiv auf das ganze Volk Israel oder einen Teil desselben zu deuten; so auch HHRowley (RGG[3] III, 1680–1683) und OKaiser, der den *ʿæbæd* auf die Gola bezieht im Gegensatz zum ganzen Volk. Doch unterliegt das »Israel« in Jes 49,3 dem Verdacht, eine sehr frühe deutende Glosse zu sein (vgl. Jes 42,1 LXX mit dem hebr. Text). Die individuelle Deutung dieser Lieder hat ihren Anhalt an Jes 49,5f, wo der »Knecht« dem Volk gegenübergestellt wird. Man hat an einen Propheten gedacht wegen der besonderen prophetischen Kennzeichen (Ohr Jes 50,4f und Mund Jes 49,1f), und den *ʿæbæd* mit Mose, Jesaja, Deuterojesaja, Jeremia, Ezechiel identifiziert. Da andererseits das Hinaustragen des Rechts (Jes 42,1.3f), das Freilassen der Gefangenen (Jes 42,7; 49,9) und das Schwert (Jes 49,2) auf einen König deuten, hat man an Usia, Hiskia, Joachim oder Serubbabel gedacht. Aber gegenüber allen Versuchen, die Gestalt des Gottesknechts mit einer historischen Persönlichkeit zu identifizieren, gilt die Feststellung von Rads (Theologie des AT, II, 1960, 270): »So – in einer nach allen Seiten ins Extreme ausbrechenden Diktion – spricht man nicht von einer dem hellen Licht der Gegenwart oder gar der nahen Vergangenheit zugehörigen Person. . . . Dies Transzendieren alles menschlich Gegebenen und Bekannten ist eine Eigenschaft der weissagenden Rede« (nach MBuber: »des Geheimnisses«).

3) Die Äquivalente der 807 *ʿæbæd*-Stellen des MT in der LXX sind: παῖς *[pais]*, *Knecht*, 340mal; δοῦλος *[doulos]*, → *Sklave*, 327mal; θεράπων *[therapōn]*, *Diener*, 46mal; οἰκέτης *[oiketæs]*, *Haussklave*, 36mal, sowie je einmal υἱός *[hyios]*, *Sohn*, und ὑπηρέτης *[hypæretæs]*, *Diener*, *Gehilfe*. Die übrigen Stellen haben keine entsprechenden Äquivalente. Die Wahl der griech. Äquivalente folgt in den einzelnen Büchern verschiedenen Regeln. Im Hexateuch wechselt θεράπων *[therapōn]* mit παῖς *[pais]* und δοῦλος *[doulos]*; letzteres bleibt fast ausschließlich für das »Knechtshaus Ägypten« sowie sonstigen harten Sklavendienst reserviert. In der Gruppe Ri – 2Kön werden παῖς *[pais]* für die freieren Königsdiener, δοῦλος *[doulos]* dagegen für die unfreiwillige Sklavenschaft verwandt. In der religiösen Selbst- und Fremdbezeichnung wird durchweg δοῦλος *[doulos]* gebraucht, um den großen Unterschied zwischen Menschen und Gott zum Ausdruck zu bringen. Auch in den restlichen Büchern des AT steht der religiöse δοῦλος *[doulos]*-Begriff zwar im Vordergrund, kann aber im Hi mit θεράπων *[therapōn]* und bei Jes mit παῖς *[pais]* wechseln. Während die Gottesknecht-Stellen bei DtJes überwiegend mit παῖς *[pais]* wiedergegeben und kollektiv gedeutet werden, scheint in Jes 52,13–53,12 eine messianische Gestalt gesehen worden zu sein (vgl. KFEuler, Die Verkündigung vom leidenden Gottesknecht, 1934).

4) In der Lit. des griech. sprechenden Spätjudentums findet sich der Ausdruck παῖς θεοῦ *[pais theou]* nur selten, weil er weitgehend durch den Begriff δοῦλος *[doulos]* verdrängt wird (die Israeliten sind δοῦλοι *[douloi]* Gottes: 2Makk 7,33; Jub 23,30; Jos. Ant. 11,90.101). Wo er aber gebraucht wird, hat er meist ebenfalls den Sinn *Knecht Gottes* und wird auf Mose (Bar 1,20; 2,28), die Propheten (Bar 2,20) oder die Frommen (Weish 9,4f) angewandt. Seltener ist für παῖς *[pais]* die Bedeutung *Kind Gottes* (Weish 2,13; 12,7.20; 19,6). Das Hervortreten des δοῦλος *[doulos]*-Motivs im Spätjudentum bringt das gesteigerte Wissen um den Abstand des Menschen von Gott zum Ausdruck. Von diesem Abstand weiß das Griechentum bis zum Aufkommen der orientalischen Kulte nur wenig (KHRengstorf, ThWb II,264).

In 4Esr 7,28.29 (v. l.); 13,32.37.52; 14,9 und ApkBar (syr) 70,9 finden wir eine apok. Tradition, die den Messias als Sohn, Kind, Jüngling oder Knecht bezeichnet. Hinter diesen Übersetzungsvarianten steht die ältere *ʿæbæd*-Tradition, die durch das griech. παῖς θεοῦ *[pais theou]* vermittelt wird. Ältere Weissagungen, die das Schicksal Israels und der Völker aufgreifen, werden hier aufgenommen, aber entscheidend ist das Offenbarwerden des Erwählten Gottes. Die Apokalyptik verstärkt das Element des Transzendierens in der *ʿæbæd*-Tradition.

Die *ʿæbæd*-Stellen in DtJes werden im hell. Judentum durchweg kollektivisch in bezug auf das Volk Israel (LXX Jes 42,1) oder die Frommen (Weish 2,13 im Kontext) verstanden. Ob in vorchristl. Zeit im palästinensischen Spätjudentum die Gottesknecht-Stellen in DtJes messianisch gedeutet wurden, ist umstritten. JJeremias (ThWb V,683ff) hat das für Sir 48,10; TestBenj 3,8, Peschitta und die Bilderreden des äthHen (37–71) behauptet. Allerdings ist die Bezugnahme auf Jes 53 nicht immer eindeutig. – Die Stellen können auch aus der im Spätjudentum weit verbreiteten Vorstellung vom Sühnetod des Gerechten hergeleitet werden (dazu St.-B. II,274–299; vor allem ELohse, Märtyrer und Gottesknecht, 1955).

In Qumran wird die at. Tradition darin fortgesetzt, daß man ausdrücklich die Propheten als »Gottes Knechte« bezeichnet (1QS 1,3; 1QpHab 2,9). In bes. Weise allerdings wendet der »Lehrer der Gerechtigkeit« die Bezeichnung »Knecht Gottes« in den Hymnen auf sich selbst an (1QH 13,18f; 14,25; 16,10.14.18). Dabei ist an einigen Stellen der Einfluß DtJes zu spüren (vgl. 1QH 7,10; 8,36; 18,14–15; hierzu ADupont-Sommer, Schriften, 390–397). Die Anonymität des »Gottesknechtes« bleibt hier rein bewahrt (MBuber).

Jedenfalls hat das offizielle Judentum bis 200 nChr, wie es sich in den Targumim äußert, Jes 53 nicht auf den leidenden Messias bezogen, sondern – unter dem Einfluß antichristl. Polemik? – alle Leidensaussagen in Jes 53 getilgt oder gewaltsam uminterpretiert. Erst spät erscheint im offiziellen Judentum die Vorstellung vom leidenden Messias – unter Anlehnung an DtJes, bes. Jes 53 (so b. Sanh 98ab; R. Jehoschua ben Levi 250 nChr; die Schüler »Rabbis« 200 nChr; vgl. St.-B. II,286).

III 1a) Im NT wird der Titel παῖς θεοῦ *[pais theou]* an 5 Stellen auf Jesus angewandt: Mt 12,18; Apg 3,13.26; 4,27.30. Auffallend ist, daß die Bezeichnung Jesu als παῖς *[pais]* Gottes im Zitat und in den alten Traditionen der Apg (Kap. 3f) erscheint. In Apg 4,27.30 ist das Verständnis *Knecht* sichergestellt durch Apg 4,25, wo David ganz im Sinne des Spätjudentums »Knecht« und nicht »Kind« Gottes ist. (Zum Wechsel von δοῦλος *[doulos]* und παῖς *[pais]* vgl. Lk 7,2f.7f.) Ähnlich ist Apg 3,13.26 zu verstehen.

Allerdings läßt sich der Einfluß des Titels παῖς θεοῦ *[pais theou], Knecht Gottes,* in seiner Anwendung auf Jesus nicht auf das Vorkommen der Vokabel beschränken. So ist wohl der δοῦλος *[doulos]*-Begriff in dem Logion Mk 10,44 par von Jes 53,10 her geprägt, dh hinter ihm steht der *'æbæd* der Gottesknecht-Lieder, der in einer alten Traditionsschicht als Knecht verstanden und auf Jesus angewandt wurde. Andererseits ist zu fragen, ob nicht auch hinter dem υἱός *[hyios], Sohn,* in Mk 1,11 par (Taufe) und Mk 9,7 (Verklärung) der *'æbæd*-Begriff aus Jes 42,1 steht, der ursprünglich mit παῖς *[pais]* übersetzt, dann aber wegen der Doppeldeutigkeit von παῖς *[pais]* in einer späteren hell. Traditionsschicht zu υἱός *[hyios]* verdeutlicht und somit im Sinne von »Kind Gottes« verstanden wurde.

Der Begriff παῖς θεοῦ *[pais theou], Knecht Gottes,* als Bezeichnung für Jesus erhält sich lediglich in liturgischen Formeln des Gebets und des Bekenntnisses (Did 9 und 10; 1Clem 59,2–4; MartPol 14,1ff). Das Verständnis von παῖς *[pais]* ist in diesen liturgischen Formeln nicht sicher zu ermitteln, dürfte aber gleitend von *Knecht* zu *Kind* gewesen sein. Im JohEv fehlt – offenbar in Angleichung an hell. Verständnis – die Bezeichnung Jesu als παῖς *[pais]* oder δοῦλος *[doulos]* ganz. υἱὸς τοῦ θεοῦ *[hyios tou theou]* ist an die Stelle getreten (vgl. Joh 1,34; 10,36); aber der Sache nach ist das Knecht-Motiv noch vorhanden (vgl. Joh 13,4ff; die Fußwaschung gehört zu den erniedrigendsten Sklavendiensten). Eventuell steht auch hinter dem Bild ἀμνὸς τοῦ θεοῦ *[amnos tou theou]*, → *Lamm Gottes,* im johanneischen Schriftenkreis (Joh 1,29.36) der Gottesknecht aus Jes 53, der über die Brücke des doppeldeutigen aram. *taljā* (1. *Knecht,* 2. *Knabe,* 3. *Lamm*) zum ἀμνός *[amnos]* wurde.

b) Man kann erwägen, ob auch einige christologische Formeln durch das Bild des *'æbæd* in Jes 53 geprägt sind. Das gilt für die ὑπέρ *[hyper]*-Formeln, bes. in der Verbindung ὑπὲρ πολλῶν *[hyper pollon], für viele* (Mk 14,24; Joh 6,51). Das gilt aber – wegen der Beschränkung auf das Volk Israel – kaum für Joh 11,50f; 18,14; diese Stellen sind vielmehr aus dem spätjüd. Gedankenkreis vom Sühnetod des Gerechten zu erklären (4Makk 1,11; 6,28f; 17,20f und rabb. Überlieferung bei St.-B. II,273ff). In diesen Zusammenhang gehören auch die Formeln ἀντὶ πολλῶν *[anti pollon]* (Mk 10,45; Mt 20,28) und περὶ πολλῶν *[peri pollon]* (Mt 26,28). Vielleicht steht auch hinter der Formel διὰ τοῦ Ἰησοῦ *[dia tou Jæsou]* (Röm 1,8; 2,16) der παῖς *[pais]*-Titel, wenn es sich nämlich um eine Verkürzung der volleren Formel διὰ τοῦ παιδός σου Ἰησοῦ *[dia tou paidos sou Jæsou], durch deinen Knecht Jesus* (Apg 4,30) handelt, die sich am längsten in der Gebetslit. gehalten hat (MartPol **14,**

1,3; 1Clem 59,2ff). Vermutlich knüpfen die formelhafte Verwendung von παραδιδόναι *[paradidǫnai]* im Passiv, das den Gottesnamen ersetzt (Röm 4,25; 1Kor 11,23), sowie auch die Formeln διδόναι ἑαυτόν *[didǫnai heautǫn]*, *sich selbst geben* (Gal 1,4; 1Tim 2,6) und τιθέναι τὴν ψυχήν *[tithęnai tæn psychæn]*, *sein Leben einsetzen* (Joh 10,11.15; 10,17f) als Übersetzungsvarianten zum hebr. Text an Jes 53,12 an.

2a) Der Titel παῖς θεοῦ *[pais theọu]* ist aber im NT nicht nur Jesus vorbehalten. Er findet sich auch in bezug auf Israel im Magnifikat (Lk 1,54), einem alten, aus Zitaten aufgebauten Hymnus, in bezug auf David im ebenfalls alten Benedictus (Lk 1,69) sowie Apg 4,25. Die Anwendung dieses Titels auf das Volk und auf David fügt sich in den Sprachgebrauch ein, wie er seit dem Deuteronomisten und DtJes gebräuchlich wurde. Wir stoßen hier auf eine alte palästinische Schicht.

b) Auf die Christen wird der Titel παῖς θεοῦ *[pais theọu]* im NT nicht angewandt, doch ist eine derartige Differenzierung nur für das hell. Sprachgebiet wichtig. Paulus weiß sich in einem bes. hervorgehobenen Sinn als Gottesknecht im Sinne DtJes (Gal 1,15 = Jes 49,1), ein Beweis, wie vielschichtig dieser Begriff im NT gebraucht wird. Im weiteren Sinn bezeichnet Paulus sich selbst (Röm 1,1), seine Mitarbeiter (Phil 1,1; Kol 4,12) und alle Christen (1Kor 7,22) als δοῦλοι *[dọuloi]* Christi. Darin macht sich auch bei ihm das Nachwirken des älteren biblischen Dienstcharakters des Glaubens bemerkbar, doch konzentriert er sich jetzt offenbar ganz bes. auf das Verhältnis zu Christus. Grundsätzlich vermag er zwischen dem neuen Sohnes- und dem alten Sklavenverhältnis zu unterscheiden (Gal 4,1–7; Röm 8,14ff). Die Bindung an Christus entwertet nicht den biblischen Dienstcharakter, sondern hebt ihn aus dem Sklavenstand alles vorchristl. Seins heraus.

Ausdrücklich wird das Motiv des »Knechtes Gottes« in den Überschriften Jak 1,1; Tit 1,1; Offb 1,1 angesprochen; vor allem die Offb hebt es dann betont und wiederholt hervor (zB 7,3; 10,7; 11,18; 19,2; 22,3). Das JohEv vermeidet – in der Form gut hell. – den δοῦλος *[dọulos]*-Begriff in der Anwendung auf die Christen (vgl. Joh 15,15) und sucht andere Formen, um den Gehorsam- und Dienstcharakter des Glaubens zu sichern. *O. Michel*

υἱὸς τοῦ ἀνθρώπου *[hyiọs tou anthrōpou]* Menschensohn

υἱὸς τοῦ ἀνθρώπου

1) Philologische Fragestellung im AT und im Judentum I/II

Der Begriff υἱὸς τοῦ ἀνθρώπου *[hyiọs tou anthrōpou]*, *Menschensohn*, hat seine Vorgeschichte ausschließlich im at.-jüd., bes. im apok. Bereich und geht in LXX zurück auf die hebr. und aram. Wörter für → Kind (Art. υἱός) und → Mensch (Art. ἄνθρωπος).

a) Im biblischen Hebräisch ist *'ādām* bzw. *'ænōsch* ein Kollektivbegriff für *Mensch;* der einzelne Mensch heißt daher *bæn 'ādām, Sohn eines Menschen*, eine Mehrheit von Menschen *benē 'ādām, Söhne von Menschen*, oder mit Art. *benē ha'ādām* (Koehler-Baumgartner, Lexikon, 1958, 12f). Auffallend ist die Anrede »Menschensohn« in Ez (etwa 90mal). Der Prophet wird hier nicht mit seinem Namen angeredet, sondern als einzelne Kreatur, die aus der Gattung »Mensch« herausgehoben und Gott gegenübergestellt wird. Gott selbst läßt sich herab, so mit seinem Knecht umzugehen (vgl. auch Dan 8,17). Wir haben es mit einer »gut hebräischen Redeweise« zu tun (PJoüon, Grammaire de l'Hébreu biblique, 1947², § 129; WZimmerli, BKAT XIII/1, 1959, 70). Babyl. Einfluß (Gilgamesch IX,38) ist kaum anzunehmen. – Wichtig ist dann die Herausstellung des »Menschensohnes« (= Glied der Gattung Mensch) in der gehobenen Sprache, vor allem im parallelismus membrorum (Num 23,19: »Gott ist nicht Mensch(isch), daß er lüge, noch ein Menschensohn, *bæn 'ādām*, daß ihn etwas gereue«; Ps 8,5: »Was ist der Mensch, *ænōsch*, daß du seiner gedenkst und der Menschensohn, *bæn 'ādām*, daß du ihn beachtest«). Die Gegenüberstellung von tröstendem Gott und angeredetem Volk, das sich vor Menschen fürchtet, die sterben, und vor Menschensöhnen, die wie Gras vergehen, tritt in Jes 51,12 deutlich heraus (auch hier Wechsel von *'ænōsch* und *bæn 'ādām*). Auf Num 23,19 scheint Jdt 8,16 aufzubauen: Gottes Beschlüsse bekommt der Mensch nicht in seine Gewalt, denn Gott läßt sich nicht drohen wie ein Mensch und ist nicht schwankend wie ein

Menschensohn. Die Gegenüberstellung von Gott und Mensch (bzw. im parallelismus membrorum »Menschensohn«) gehört in eine bestimmte hebr. Stilform.

b) Im biblischen Aramäisch hat man auf Dan 7,13 zu achten, das zum Kernproblem der Apokalyptik geworden ist: »und siehe, mit den Wolken des Himmels kam jemand, der aussah *wie ein Menschensohn* (*kebar 'enāsch*)«. Man achte auf die vergleichende und andeutende Redeweise des apok. Stiles (hebr. *ke*, *wie*). Gegenüber den Tieren, die vorher beschrieben sind, erscheint im Bild der Menschensohn-Ähnliche (= Glied der Gattung Mensch). Auch der Weisheitsstil spricht gern generisch vom Menschen.

c) Im Mischnahebräisch kommt *bæn 'ādām* nicht vor. Man spricht auch hier generisch vom *Menschen* bzw. *den Menschen* (*benē 'ādām*) oder *Geschöpfen* (*berijōt*) und bringt so die Allgemeinheit der Lebenserfahrung zum Ausdruck (zB Pirke Abot 2,1.3).

d) Von bes. Wichtigkeit ist der Zusammenhang von Weinstock und Garten in Ps 80,9–16, der auf Gottes Handeln an → Israel bezogen ist; hier schließt sich die Fürbitte für den König, den »Mann deiner Rechten« (Ps 110,1) und »Menschensohn, den du dir großzogst«, an (V. 18). Damit tritt *Menschensohn* (*bæn 'ādām*) als Ausdruck für den spezifisch erwählten Menschen, den König, in den Gesichtskreis.

Es gab zudem im Judentum oft eine Umschreibung des redenden »Ich«, das sich selbst durch eine stilistische Hinweisung herausstellt: *dieser Mann* (*hahū gabrā*) oder *diese Frau* (*hahi ischtā*). Hierher gehört Gn r. 68,12: »Ein bestimmter Mann kam zu R. Jose bar Halafta und sprach zu ihm: Es wurde ›diesem Mann‹ (*hahū gabrā*) in einem Traum offenbart« (weiteres Material Gn r. 7,2 vgl. Nu r. 19,3; Geniza Fragm. des paläst. Targum zu Gen 4,14; vgl. GVermes, Appendix E 320–328 in MBlack, An Aramaic Approach to the Gospels and Acts, 1967³; CColpe, ThWb VIII, 1969, 406). In diesem Zusammenhang kann zugegeben werden, daß die Umschreibung *hahū gabrā, dieser Mann*, aber auch *bar nāschā'*, *Menschensohn*, unter bestimmten Voraussetzungen im palästinensischen Galiläisch vorkam (GVermes, 327; CColpe, aaO, 406). Messianischen Sinn (→ Jesus Christus, Art. Χριστός II) hatte diese Umschreibung nicht.

2) Traditionsgeschichtliche Fragestellung innerhalb der Apokalyptik

a) Ausgangspunkt der apokalyptischen Tradition ist das Bild Dan 7,13f.18.26f, dessen Sprache rhythmisch geformt ist. Während die Tiere entmächtigt bzw. vernichtet werden, steigt der Menschensohn-Ähnliche mit den Wolken des Himmels zum Urewigen empor. Es scheint, daß in diesem Bild des Menschensohn-Ähnlichen das theokratische Israel gemeint ist, das sich wesenhaft von anderen Herrschaften und Völkern getrennt weiß (OPlöger, KAT XVIII, 1965, 113f). Dan 7,18 spricht von den »Heiligen der Höchsten«, die die Herrschaft in alle Ewigkeit erhalten (vgl. V. 22a.25.27); die Ausdrucksweise ist auffallend und wird exegetisch verschieden gedeutet (vgl. MNoth, Ges. Stud. z. AT, 1960², 274ff). Doch will der jetzige Zusammenhang von der bevorstehenden Geschichtswende und der Machtübertragung auf das bisher gedemütigte Volk reden, so daß die Züge des Menschensohn-Ähnlichen sich auf Israel selbst übertragen. Man verbindet den danielischen Text gern mit der Gewißheit der späteren Qumrangemeinde 1QS 11,7f (»Er hat ihnen einen Erbteil gegeben am Lose der Heiligen, und mit den Himmelssöhnen hat er ihre Gemeinschaft verbunden«). Die Qumrangemeinde hat sich nicht nur als das eschatologische Israel verstanden, sondern auch als Gemeinschaft zwischen irdischen Heiligen und himmlischen Mächten.

bα) In den Bilderreden des äthiopischen Henoch (Kap. 37–71) erscheint der Menschensohn als eine eschatologische Gestalt, auf die sich die Erwartung einer entsprechenden Heilsgemeinde ausrichtet. Man wird von dem Selbstverständnis dieser eschatologischen Gemeinschaft ausgehen müssen, um diese relativ junge Schicht der henochitischen Lit. einordnen zu können. Die Begrifflichkeit von äthHen 46,8; 53,6; 62,8 (Häuser seiner Versammlung, das Haus seiner Gemeinde, die Gemeinde der Auserwählten und Heiligen) zeigt, daß wir es mit einer selbständigen chassidischen Gruppe zu tun haben, die in ihrer apok. Erwartung mit Qumran durchaus zu vergleichen ist. Allerdings ist die messianische Erwartung, dh vor allem die Einarbeitung der Menschensohntradition in den Bilderreden von Qumran völlig verschieden. Der Erwählte, der Gerechte, ist in äthHen Repräsentant der Gerechtigkeit und Weisheit Gottes; er vermittelt dies Heil seiner Gemeinde. Er ist »vor ihm verborgen«, er ist, bevor die Welt geschaffen wurde. Er nimmt aber auch den messianischen Kampf mit den Königen und den Mächten auf und gewinnt ihn. Die konstruktiven Züge (46,3ff; 48,2ff; 62,7ff) werden durch Exegese des Psalters, der Propheten (vor allem des DtJes und der Vision Dan 7,9f = äthHen 46) gewonnen.

Grundsätzlich ist »Mensch« im äthHen kein Messiastitel, sondern umschreibt das Aussehen des Himmelswesens (vgl. die Verbindung der Ausdrücke für »Menschensohn« mit Demonstrativpronomina). Die Tatsache, daß im Äthiop. verschiedene Zusammensetzungen auftauchen (zB 46,3 *walda sab'e* = aram. *bar nāschā'*) läßt vermuten, daß im Griech. und Aram. spezifische Ausdrücke zugrundelagen, die ebenfalls nicht titelartig waren. Die Frage, ob christl. Einfluß diese eigenartige Menschensohntradition bestimmt habe, wird ständig diskutiert (vgl. AHilgenfeld, Apokalyptik, 148–184), doch ist hier Vorsicht geboten. Zeitlich könnte man diese Tradition zwischen dem in 56,5 erwähnten Parthereinfall (40–38 vChr) und der Zerstörung Jerusalems (70 nChr) festlegen (zum ganzen vgl. bes. CColpe, aaO, 425–428).

β) Von bes. Wichtigkeit ist die Erhebung Henochs zum Menschensohn und seine Entrückung zum Herrn der Geister (70f). Diese beiden Schlußkapitel der Bilderreden nehmen eine Sonderstellung ein, wobei das Verhältnis der beiden Kap. zueinander und zum ganzen Buch problematisch ist. Ausdrücklich nimmt Kap. 71 auf die Erscheinung des Betagten (Dan 7,13) Bezug. Henoch wird als »Menschensohn« begrüßt, der zur Gerechtigkeit geboren wird: Gerechtigkeit wohnt über ihm (V. 14). Gemeint ist keine Inkarnation des Menschensohnes bzw. ein Abstieg auf die Erde, sondern eine Einsetzung in die eschatologische Funktion des Menschensohnes. Eine Reihe von Spezialfragen, zB ob urspr. nur eine Entrückung Henochs (nicht aber seine Einsetzung zum »Menschensohn«) gemeint sei, bleibt dabei kontrovers. Auf jeden Fall ist eine exegetische Entfaltung von Gen 5,22–24 (Henochtradition) und Dan 7,13f (Menschensohnaussage) konstatierbar.

γ) Vielleicht dürfen wir annehmen, daß eine bestimmte jüd. Sekte die Menschensohntradition mit ganz bestimmten messianischen Vorstellungen verbunden hat, daß aber in Hen 70f eine apok. Entrückung des Bußpredigers und Lehrers zu Worte kommt. Hier liegen viele Berührungen mit nt. Motiven.

δ) Zweierlei ist also festzuhalten:

In den Bilderreden wird das Menschensohnbild von Dan 7 zur messianischen Gestalt, ohne daß der Begriff zum Titel wird. In Hen 70f verbindet sich die henochitische Tradition mit Dan 7 zur Darstellung eines Repräsentanten der Gerechtigkeit, der seiner Gemeinde Frieden und Heil verschafft.

c) Der Anschluß des 4. Esra an die Danielvision unterscheidet sich wesentlich von der henochitischen Überlieferung: das Schicksal des Volkes als eines Ganzen tritt in Tradition und Reflexion stärker heraus. Auch ist die anerkannte Frömmigkeit mehr toramäßig (13,54). Das eigentliche Problem besteht in der Inkongruenz der Traditionen und Motive: Menschensohn und Messias, apok. Bild und Messiaserwartung schließen einen ungleichen Bund, der beiden Teilen schadet. 4Esr 13,26 bestimmt (apok.) den »Mann aus dem Herzen des Meeres« mit den Worten »der, den sich der Höchste lange Zeiten aufgespart, durch den er die Schöpfung erlösen will; er selbst gibt eine neue Ordnung für die Überbleibenden« (→ Rest). Dazu treten jetzt messianische Motive: die Menschen versammeln sich zu einem Kampf gegen diesen Menschen, der aus dem Meer entstiegen ist, aber er kämpft waffenlos mit dem Feuerstrom seiner Lippen. Er steigt vom Berg und sammelt ein friedliches Heer aus der Zerstreuung bzw. aus der großen Drangsal (13,1–13). Wichtig ist zudem, daß dieser »Mensch« gleichzeitig der »Sohn« bzw. der »Knecht« ist, durch den der Höchste sich offenbart (13,32.37.52). Bisher ist er verborgen, doch tritt er zur Stunde seines Tages in die Öffentlichkeit (13,52). Gegenüber Dan 7 wird der messianische Mensch aktiver und phantastischer geschildert; die haggadischen Züge nehmen immer mehr überhand.

dα) Wichtig ist jedoch die Tatsache, daß das Bild des »Menschengleichen« und »Himmlischen« konkrete geschichtliche Züge annimmt: Abel, Henoch und Melchisedek erscheinen in der Apokalyptik als Erwählte Gottes, die seine Gerechtigkeit repräsentieren und richterliche Befugnisse im eschatologischen Prozeß erhalten. Aus der Exegese des AT läßt sich ihre bes. Qualifikation erkennen, allerdings nur im Fall Melchisedeks mit messianischen Zügen.

β) In bezug auf Melchisedek sagt 11QMelch Z 10ff: »(wie geschrieben steht) betreffs seiner in den Psalmen Davids, der sagt: Der Himmlische steht in der Versammlung Gottes; inmitten der Himmlischen richtet er; und betreffs seiner sagt er: Kehre über sie zur himmlischen Höhe zurück: Gott wird die Völker richten. Und das, was er sagt: Wie lange wollt ihr ungerecht richten und für die Frevler Partei ergreifen?« Vgl. 11QMelch Z 16: »(mittels Jesaja, des Propheten, der sagt: Wie lieblich) sind auf den Bergen die Füße des Freudenboten, der Frieden verkündigt, der Gutes botschaftet, der Heil verkündet, der da sagt zu Zion: Dein Himmlischer ist König!« Melchisedek wird hier als himmlisches Wesen verstanden; er hat das Gericht über die Gottlosen zu vollziehen. Mit diesem Gericht ist verbunden der Anbruch der Heilszeit, die mit den Worten des DtJes geschildert wird. Eine Identifizierung Melchisedeks mit dem Erzengel Michael liegt nahe. Das Menschensohn-Motiv ist in diesem Text nicht ausdrücklich gegeben; wir erkennen aber, wie entscheidende Funktionen, um die es beim Menschensohn geht, in ähnlichen Texten auf Engel bzw. himmlische Gestalten übertragen werden (vgl. zum Ganzen vdWoude, Oudtestamentische Studien XIV, 1965, 354–373).

e) Um eine eigenartige aus dem Judentum stammende Menschensohnüberlieferung handelt es sich in TestAbr 11. Abel, der am Anfang Zeugnis gab, erscheint als Richter, Henoch als Schreiber der Gerechtigkeit. Die Frage, wer das Urteil spricht und wer die Sünden aufschreibt, wird deutlich voneinander unterschieden. Wir sehen in eine bedeutsame Entwicklung: Geht es nicht mehr um die Übernahme der Herrschaft durch die Heiligen, sondern um das eschatologische Gericht, das die Sünden aufdeckt und straft, dann verlangt die Konsequenz, daß jeder Mensch von einem Menschen gerichtet wird. Dabei erhält Abel die bes. Funktion des eschatologischen Richters, weil er »Sohn des ersten Menschen ist« (längere Rezension von TestAbr 13). Auch die kürzere Rezension von TestAbr 12, die textlich vielleicht den Vorzug verdient, ist deshalb wichtig, weil hier kritisch über Abrahams Verhältnis zu den Sündern gesprochen wird. Dem Text kommt es hier auf die bes. Barmherzigkeit Gottes den Sündern gegenüber an. Zwischen einer urspr. jüd. Tradition und einer christl. Bearbeitung (längere Rezension) ist auf jeden Fall zu unterscheiden.

III 1) Die Menschensohn-Bezeichnung Jesu und die älteste Überlieferung

In der Verkündigung Jesu fallen Aussagen auf, in denen er von sich selbst als dem Menschensohn spricht, der eine bestimmte Vollmacht (→ Macht, Art. ἐξουσία III,2) hat bzw. einen auferlegten Leidensweg gehen muß. Daneben finden sich Aussagen vom kommenden Menschensohn, die offenbar eine apok. Tradition wiedergeben (→ Kommen; → Gegenwart, Wiederkunft; → Ziel, Ende). Der im Griech. mit ὁ υἱὸς τοῦ ἀνθρώπου *[ho hyiọs tou anthrọpou]* wiedergegebene Begriff ist eine wörtliche, im Griech. mißverständliche Wiedergabe des aram. *bar nāschā'*. Im Hebr. wäre an *bæn 'ādām* zu denken (vgl. die gegen Christen gerichtete Aussage jTaan 2,65b,59; St.-B. I,486). Auffallend ist, daß diese Determinierung meist durchgehalten wird (bis auf Joh 5,27); sie weist daraufhin, daß die Evgg. mit der griech. Übers. einen messianischen Sinn verbunden haben.

Um dem damit aufgegebenen Sachverhalt näherzukommen, seien ausgewählte Konzeptionen der nt. Forschung vorgeführt:

a) Nach RBultmann (Theologie, 1954², § 5) ist Jesus für die Urgemeinde Lehrer und Prophet. Aber er ist für sie mehr: er ist für sie zugleich der Messias, und als solchen verkündigt sie ihn. Er wird verkündigt »als der kommende Messias, dh als der Menschensohn«, dh man erwartet nicht »seine Wiederkunft als Messias, sondern seine Ankunft« (als Menschensohn). »Für die Urgemeinde gilt sein dahintenliegendes Wirken auf Erden noch nicht als messianisches Wirken«. Die Verkündigung Jesu als des zukünftigen Messias bzw. als Menschensohn vollzieht »sich durchaus im Rahmen der jüd. Hoffnung«. Damit wird also der spätjüd. Mythos vom Menschensohn auf einen konkreten Menschen übertragen.

Die verschiedenen Gruppen der Menschensohnworte stehen nach RBultmann unverbunden nebeneinander. Älteste Schicht ist jedenfalls das Spruchgut vom kommenden Menschensohn. Dazu zählt Mk 8,38 bzw. Lk 12,8f; 17,23f (»Die Worte könnten von Jesus stammen«, Geschichte, 163); Mt 24,37–39.43f (»doch können diese Worte auch aus jüd. Tradition übernommen sein« ebd., 163). Erst die hell. Gemeinde projiziert die Bezeichnung »Menschensohn« in die irdische Zeit Jesu zurück.

b) OCullmann (Christologie, 1957, II,2, § 2: Jesus und der Menschensohnbegriff) verzichtet auf kritische Analysen, unterscheidet aber gemäß der ganzen Anlage des Buches zwischen einem zukünftigen Wirken Jesu als Richter (apok. Verständnis) und einem gegenwärtigen als Mensch unter Menschen. Hoheitsaussage und Niedrigkeitsaussage entsprechen also einander. Der *'æbæd* (*Knecht*) Gottes ist in beiden Aussagen wiederzufinden: *'æbæd* ist Jesus sowohl in seiner Vollmacht, Sünden zu vergeben, als auch in seiner Bereitschaft, sich dem Leiden zu unterwerfen. Die *'æbæd*-Tradition wird der Menschensohnaussage eingeordnet. »Dies ist vielmehr die unerhörte Tat Jesu, daß er in seinem Bewußtsein diese beiden sich scheinbar widersprechenden Aufgaben vereinigt und diese Vereinigung in Lehre und Leben zum Ausdruck gebracht hat« (S. 164).

c) ESchweizer (Der Menschensohn – Zur eschatologischen Erwartung Jesu, ZNW 50, 1959, 185ff) hat die Frage aufgeworfen, ob das Motiv des Menschensohnes – wenn es getrennt werden muß von dem der Gottesherrschaft (PVielhauer) – einen anderen Entstehungsort habe als den der Verkündigung Jesu. Die Analyse der futurischen Aussagen ergibt nach ihm, daß die Erwartung der nahen Parusie in den Quellen nicht gut begründet werden kann. Hinweise auf die kommende Erniedrigung des Menschensohnes sind nicht schlechthin zu verwerfen, sondern können immerhin in bestimmten Grundansätzen auf Jesus selbst zurückgehen. Die Aussagen über das irdische Wirken Jesu als des Menschensohnes sind aber am sichersten. Das Bild, das sich hier ergibt, paßt nach ESchweizer in die Konzeption vom Gottesknecht hinein, die sich in Weish 2–5 wiederfindet: der Gerechte wird von den Menschen verworfen, aber von Gott erhöht. Das Motiv des Menschensohnes hat Berührung mit Dan 7; äthHen 70f und Ez 1. Das Neue an der Botschaft Jesu ist, daß Jesus den Begriff des Menschensohnes, ähnlich wie Ez, neu aufnimmt und auf den Weg des irdischen Gerechten anwendet. Dieser Begriff visiert seine Sendung an, ohne sie auszusprechen. So sind zwar die beiden Aussagen von der Gottesherrschaft und vom Menschensohn äußerlich voneinander getrennt, gründen aber doch in der Verkündigung Jesu selbst.

d) Ebenso wie ESchweizer lehnt RLeivestad (ASTI 6, 1968, 49ff) den Versuch ab, von einer Titulatur bzw. der jüd. Apokalyptik auszugehen, wenn der Ursprung des synopt. Menschensohnbegriffs klargestellt werden soll. Er stellt fest: 1) In der jüd. Lit. gibt es einen solchen Titel nicht. 2) Eine christl. Bekenntnisformel, in welcher »Menschensohn« als messianisches Prädikat gebraucht wird, ist uns nicht bekannt. 3) Zu Lebzeiten Jesu ist der Ausdruck auf seine eigenen Worte begrenzt. 4) In vielen Fällen kann der »Menschensohn« nur als Selbstbezeichnung aufgefaßt werden. In den Fällen, wo ein anderes Verständnis formal möglich ist, haben sich die Evangelisten überhaupt nicht bemüht, ein solches Mißverständnis abzuwehren. Diese formale Mehrdeutigkeit kommt auch in späten, sekundären Formulierungen vor. Der Gedanke, »der Menschensohn« könnte etwas anderes als Selbstbezeichnung Jesu bedeuten, ist niemand eingefallen. 5) Es gibt keinen Menschensohnspruch, der nur unter Voraussetzung eines vorchristl. titularen Sinnes verständlich wird. 6) Es gibt mehrere Aussagen, die nur unter der Voraussetzung, daß man mit der Bezeichnung keine messianischen Vorstellungen verbunden hat, sinnvoll werden. 7) Die Bezeichnung ist für die Messiasfrage irrelevant. Daß Jesus sich Menschensohn nennt, wird niemals als eine Antwort auf die Frage nach seiner Identität aufgefaßt. Das »Messiasgeheimnis« ist von der Anwendung des Menschensohnnamens unbeeinflußt. 8) Die apok. Gestalt, der man den Menschensohntitel beigelegt hat, ist ein himmlisches, übernatürliches Wesen. Viele der nt. Sprüche reden vom Erdenleben, Leiden und Tod des Menschensohnes. Es wird niemals hervorgehoben, daß damit etwas Paradoxes, etwas den traditionellen Menschensohnvorstellungen Fremdes ausgesagt worden wäre (S. 96–97). Man hat versucht, das aram. Äquivalent *bar nāschā'* als eine bloße und bedeutungslose Umschreibung aufzufassen. Das ist unwahrscheinlich. Es ist auch unwahrscheinlich, daß der aram. Ausdruck ein Demonstrativpronomen mit sich geführt habe. Jesus hat sich in bestimmter Weise als Repräsentant der Menschheit angesehen: er wollte nicht Messias *bæn David*, sondern Messias *bæn 'ādām* sein.

e) PVielhauers Aufsatz »Gottesreich und Menschensohn in der Verkündigung Jesu« (1957; = Ges. Aufs. z. NT, 1965, 55ff) führt den analytischen Weg weiter durch. Er geht von den apok. Texten Dan, äthHen, 4Esr aus. »Wo der Menschensohn eine individuelle Gestalt ist und eine aktive Rolle spielt, da ist vom Reich Gottes nicht die Rede. Der Menschensohn ist kein integrierender Bestandteil der Hoffnung auf die eschatologische Gottesherrschaft« (S. 86). »Gottes Reich und Menschensohn haben ihrer Genesis nach nichts miteinander zu tun und werden in der spätjüd. Eschatologie auch nicht miteinander verbunden. Ihre Kombination legte sich für Jesus . . . von seinen religionsgeschichtlichen Voraussetzungen her nicht nahe« (S. 87). Da die Verkündigung der Gottesherrschaft Mittelpunkt der Jesustradition ist und Jesus selbst in unauflösbarer Beziehung zur Gottesherrschaft steht, ist es unmöglich, daß Jesus den kommenden Menschensohn erwartet oder sich gar mit ihm identifiziert hat (S. 88). Die Übertragung der apok. Menschensohnvorstellung erfolgte in der Gemeinde, dabei wurde die Reichsverkündigung in die Erwartung des apok. Menschensohnes transformiert.

f) Die radikale Position PVielhauers wird durch EKäsemann (Das Problem des historischen Jesus, Ex. Vers. u. Bes. I, 1960, 187ff) unterstützt. Es geht ihm zunächst darum, das Geschichtsproblem als Ganzes anzufassen, dann aber analysiert er ebenfalls das vorgegebene synopt. Material. Aus formgeschichtlichen Gesichtspunkten hält er auch Mk 8,38 für Gemeindebildung, weil dieser Spruch den eigenartigen Charakter der palästinensischen Prophetenrede bewahrt, welche Sätze heiligen Rechts für die Gemeinde verkündigt und an die irdische Bedingung himmlische Verheißung oder göttlichen Fluch knüpft. Daraus ist zu schließen, daß Jesus nicht mit einem von ihm verschiedenen Menschensohn gerechnet hat. Wie sollte es auch um einen solchen bestellt sein, wenn bereits der Täufer die Äonenwende eingeleitet hat? Das Menschensohnproblem gehört in die Christologie und Apokalyptik der nachösterlichen Christenheit und wächst von da in die vorgegebene Jesusüberlieferung hinein. Leider scheint der Zusammenhang bei EKäsemann die unrichtige Ineinssetzung von Menschensohn und Messias vorauszusetzen.

g) Man hat bisher zwischen Logien über den kommenden, den gegenwärtigen, den leidenden Menschensohn unterschieden und ist damit vom Endstadium der synopt. Tradition ausgegangen. In der Gegenwart versucht die Quellenanalyse JJeremias' (ZNW 58, 1967, 159ff) einen Schritt zurück in die Bewegung der Tradition zu gehen. Nach ihm hat eine große Zahl von Menschensohnworten eine Parallelüberlieferung ohne den Titel »Menschensohn« neben sich. In vielen Fällen ist der Menschensohnbegriff dann sekundär und zeugt von einer Umbildung älteren Gutes. Eine Ausmerzung des Begriffes ist an keiner Stelle nachzuweisen, vielmehr behauptet sich der Begriff, wenn er einmal Fuß gefaßt hat. Zur ältesten Schicht zählen Mt 8,20; 10,23; 24,27.37; 25,31; Mk 13,26; 14,62; Lk 17,22.30; 18,8; 21,36; Joh 1,51.

h) CColpe führt dann den analytischen Entwurf von JJeremias im ThWb VIII,403ff selbständig aus: »Jesu Prophetien, mit denen er die eschatologische Zukunft in die Gegenwart hereinholt, greifen in drei traditionell verschiedenen . . . Entwürfen in die anbrechende Endzeit hinein: in den Worten über seine eigene Vollendung . . ., in der Predigt des Gottesreiches und in der Ankündigung des Menschensohnes. Alle drei Endzeitvorstellungen sind nicht miteinander zu identifizieren, schließen sich aber auch nicht gegenseitig aus. Es handelt sich um Parallelsymbole . . . Gottesreich- und Menschensohn-Vorstellung haben, wie Dan 7 zeigt, einen gemeinsamen Ursprung . . .« (S. 443).

i) Zusammenfassung und Beurteilung des Tatbestandes

α) Die Kirchenväter haben von Ignatius an bis Augustin in der Wendung *Menschensohn* (ὁ υἱὸς τοῦ ἀνθρώπου *[ho hyios tou anthrōpou]*) einen Hinweis auf die menschliche Seite der Herkunft Jesu gesehen. Die Griechen dachten dabei an jemand, der Sohn eines Menschen sein will (GDalman, Die Worte Jesu, Bd. I, 1965², 207f). Wenn man aber auf die hebr. bzw. aram. Äquivalente des synopt. Ausdruckes zurückgreift, erkennt man die hervorhebende, von anderen Menschen aussondernde Bedeutung gerade »dieses Menschen« (CColpe, aaO, 435: »aber ein Mensch wie ich«), vielleicht sogar den eschatologischen Ansatz: »der eschatologische Mensch« (RLeivestad, aaO, 102: »der Repräsentant der Menschheit«). Es ist weder geraten, den Zusammenhang mit der Apokalyptik ganz aufzugeben (CColpe, aaO, 443: eschatologische Entwürfe) noch ausschließlich an Dan 7 bzw. die henochitische Tradition als religionsgeschichtlichen Ursprung zu denken. Es geht offenbar um einen eigenen geschichtlichen Einsatz Jesu, der in den Evgg. nachwirkt. Gemeint ist also weder menschliche Abstammung noch Natur, sondern ein einzigartiger geschichtlicher Weg aus der Erniedrigung zur Erhöhung. Ohne Zweifel liegt beides im Begriff: die gegenwärtige Niedrigkeit seines Menschseins wie das Sich-Ausstrecken nach der Bestätigung und Legitimierung durch Gott.

β) Auf keinen Fall darf man den Entwurf der Gottesherrschaft (einschließlich seiner messianischen Möglichkeit) und den des Menschensohnes trennen (CColpe, aaO, 443). Die beiden Entwürfe schließen sich nicht aus, sondern stehen unausgeglichen nebeneinander. Auch darf man das messianische Motiv nicht mit der Menschensohnlehre gleichsetzen. Messianische Elemente richten sich, wie das AT zeigt, auf Israel aus, während die Menschensohnlehre sich auf die Vollendung der Menschheit bezieht. Es ist nicht zufällig, daß der Begriff *Menschensohn* nicht nur vom Bestimmtsein des geschichtlichen Weges, sondern auch vom Abstand von anderen Menschen, ja, von Verteidigung und Polemik in einzelnen Stunden weiß. Es besteht die Möglichkeit, daß der messianische Ansatz früher, die Menschensohn-Aussage später ist. Die Menschensohn-Aussage setzt den unüberwindlichen Widerstand Israels voraus. Der christologische Aufriß des MkEv. hat einen bestimmten Sinn: Mk 1,11; 9,7 ordnet die Himmelsstimme (Sohn, Erwählter) dem christologischen Kampf um Messias und Menschensohn vor: Der Sohn trägt messianische Züge und setzt sich im Kampf und Leiden als Menschensohn ein. Nur als der Sohn kann Jesus die Menschensohn-Aussage durchhalten.

γ) Es ist keine »gesunde historische Methode«, den Gebrauch des Ausdrucks »Menschensohn« Jesus abzusprechen und das hier entstehende Problem in die spätere Geschichte der Gemeinde zu verlegen (so GDalman, Die Worte Jesu, Bd. I,207). Der Ausdruck ist in der synopt. Tradition ausschließlich Selbstbezeichnung Jesu, aber weder Anrede noch Bekenntnis. Man wird auch sagen müssen, daß er weder Name noch Titel war, sondern Merkmal eines bestimmten eschatologischen Einsatzes. Es wird darum ratsam sein, nicht von den ausgesprochen apok. Weissagungen Jesu auszugehen, wie es jetzt weithin üblich ist, sondern von den präsentischen (ESchweizer, RLeivestad). Allerdings stellt sich dabei heraus, daß die Brücke zwischen den präsentischen und futurischen Aussagen schmal bleibt, aber sie ist doch da (Mk 8,38; Lk 12,8 par; s. u. 4a). Wichtig ist die Tatsache, daß der Leidensgang Jesu als Erhöhungsweg seine religionsgeschichtliche Entsprechung in der apok. Tradition hat: die richterliche Befugnis Abels (TestAbr 11; 13), die Erhöhung Henochs, die Entrückung des Elias und des Gottesknechtes von Jes 53 bieten reiches Material für eine Erwartung, auf dem Leidensweg von Gott erhöht zu werden (Lk 22,69). Auch das Melchisedek-Fragment weist in den gleichen Zusammenhang. Wichtig ist, daß Jesus dabei den Weg des Menschensohnes hinauf zum Hochbetagten (Dan 7,13) geht, nicht umgekehrt hinab vom Himmel her.

δ) Außerhalb der Evgg. begegnet der Begriff »Menschensohn« nur in Apg 7,56 (Stephanus) und im HebrEv 14 (Erscheinung vor Jakobus) sowie in der judenchristl. Jakobustradition des Hegesipp, während hier der Messiastitel nicht verwandt wird. Nach dem Bericht des Euseb (Hist. Eccl. II 23,8–18) antwortet Jakobus auf die Frage der Schriftgelehrten: »Was fragt ihr mich über den Menschensohn? Er sitzt im Himmel zur Rechten der großen Kraft und wird kommen auf den Wolken des Himmels.« Die Großneffen Jesu, Jakob und Zocher, Enkel des Judas, werden als Davididen und Christen ergriffen, vor den Kaiser Domitian geführt und gefragt, wo und wann Christus und sein Reich erscheine. Sie antworten, das Reich sei nicht welthaft noch irdisch, sondern himmlischer und engelgleicher Art und werde am Ende der Weltzeit entstehen, wenn er (= der Christus) in Herrlichkeit kommen, Lebende und Tote richten und jedem nach seinen Taten vergelten werde (Euseb, Hist. Eccl. III 20,4).

Damit ist die Berührung zum Melchisedek-Fragment und anderen urchristl. Traditionen gegeben, die die Beteiligung der Engel bzw. die enge Verbindung zwischen Christus, Menschensohn und Engelserscheinung herausstellen. Es ist durchaus möglich, daß in ebionitischen Kreisen der erhöhte Christus wie ein Engelwesen verehrt wurde (Epiphan. Haer. III 16,4: ὡς ἕνα τῶν ἀρχαγγέλων *[hōs hena tōn archangelōn], wie einer der Erzengel*), daß aber dieser Zug keineswegs gnostisch verstanden werden muß.

Auch in der jüd. Polemik bleibt die Menschensohn-Aussage Jesu im Gedächtnis. Rabbi Abbahu (um 286 nChr) warnt: »Wenn jemand zu dir sagt: ich bin Gott, so lügt er; ich bin Menschensohn, so wird er es schließlich bereuen; ich fahre gen Himmel, so hat er es gesagt, wird es aber nicht ausführen« (jTaanit 65b). Hier wird für »Menschensohn« der hebr. Ausdruck *bæn 'ādām* in Anlehnung an Num 23,19 verwandt. Sicherlich bekämpft R. Abbahu die Jesustradition, indem er sie mit der Hybris des Königs von Babel gleichsetzt (Jes 14,13f); doch dürften seine Aussagen eine alte Jesusüberlieferung treffen, die den *bæn 'ādām* in johanneischer Ausprägung schilderte (Joh 3,13; 10,34–38).

2) Präsentische Aussagen in den synopt. Evangelien

a) Nach Mk 2,10 stellt Jesus die Behauptung auf, daß er als »Menschensohn« die Vollmacht habe, auf Erden Sünden zu vergeben (→ Vergebung). Jesus spricht betont von sich, nicht allg. vom Menschen; er handelt in einzigartiger Vollmacht in der eschatologischen Stunde. Das Wort »Menschensohn« soll nicht nur auf ihn hinweisen, sondern den Konflikt mit dem schriftgelehrten Gegner zuspitzen. An dieser Vollmacht gibt Jesus nach Mt 9,8 »den Menschen«, dh seiner Gemeinde Anteil. Der Stoff steht also auch in der Diskussion zwischen christl. Gemeinde und Judentum; fraglich ist, ob Jesus der Würde Gottes zu nahe tritt.

b) Nach Mt 11,18f stellt Jesus dem Kommen des Täufers das Kommen des »Menschensohnes« gegenüber: die beiden eschatologischen Zeugen Gottes treten verschieden auf; die Überlieferung von Q hält um so mehr an dem Auftreten des »Menschensohnes« (aram. *bar nāschā'*) fest, als der Kontext vom »Menschen, der ißt und Wein trinkt«, redet (Mt 11,19). Auch an dieser Stelle ist *bar nāschā'* nicht irgendein Mensch, der ißt und trinkt (RBultmann, Geschichte, 166), sondern der von Gott gesandte eschatologische Mensch, wobei urspr. das hinweisende, den Streit aufnehmende Wort »Menschensohn« unersetzlich ist. *bar nāschā'* war an dieser Stelle weder Titel noch Umschreibung, sondern Hinweis auf ein verhülltes eschatologisches Handeln Gottes, das sich im Konflikt mit der gegenwärtigen Generation abspielt.

c) Kompliziert ist der Sachverhalt in Mt 8,20, einem Wort, das ebenfalls der Q-Tradition angehört. Man hat es aus jüd. Spruchweisheit erklären wollen (das Schicksal des Menschen gegenüber den Tieren); wahrscheinlicher ist aber, daß der heimatlose »Menschensohn« Hinweis auf Jesus selbst ist, der zur → Nachfolge und zur Heimatlosigkeit des Jüngers Mut macht. Auch hier spiegelt sich das polemische Verhältnis zur Umgebung deutlich ab. Es geht dabei nicht um das Menschsein, sondern um das eschatologische Geschick, das den »Menschensohn« prägt. Es scheint, daß die ursprünglichen »Menschensohn«-Worte vor allem in die spätere Wirksamkeit Jesu gehören, in der die Aussichtslosigkeit des Weges stark heraustritt.

d) Einen besonderen Weg schlägt man ein, wenn man Mk 2,27f auf eine hebr. *bæn 'ādām*-Tradition zurückführt. Dann versteht man den Text als Hinweis auf die Schöpfungsgeschichte: »Der Sabbath wurde für Adam geschaffen, nicht Adam für den Sabbath; deshalb ist der *Sohn Adams* (*bæn 'ādām*) sogar Herr über den Sabbath«. Damit hätten wir eine rabb. Argumentation vor uns, die antiessenisch erscheint (vgl. Jub 2,18f: der Sabbath ist zuerst im Himmel gestiftet). Eine derartige Erklärung würde voraussetzen, daß die vorgegebene mündliche Tradition von den Evangelisten nicht mehr verstanden wurde (vgl. dazu RLeivestad, aaO, 76f). Gewöhnlich versteht man den Zusammenhang aus der späteren Sabbathdiskussion der Urgemeinde.

e) Auffallend ist die Mt-Fassung des einfacheren Mk-Textes in der Jesusfrage Mt 16,13: »Wer sagen die Menschen, daß der Menschensohn sei«. Die Stelle ist in der Geschichte der Forschung oft diskutiert worden; zT. hängt die Erklärung an dem Gesamtverständnis des den Mk-Text bewußt korrigierenden bzw. erläuternden Evangelisten. Daß Mt keine Gedankenlosigkeit zuzutrauen ist, muß vorausgesetzt werden. Es kann sein, daß hier das Wort »Menschensohn« eine reine Selbstbezeichnung geworden ist und den Charakter der eschatologischen Hinweisung verloren hat. Auf jeden Fall aber scheint diese Stelle einer Umschreibung für »Ich« bes. nahezukommen (vgl. dazu RLeivestad, aaO, 67–70).

3) Die Ansagen des Leidensweges (→ Leiden) des »Menschensohnes«

Auffallend ist, daß der Menschensohnbegriff fest in den allg. Leidensankündigungen (Mk 8,31; 9,31; 10,33) bzw. in den eingeschobenen apok. klingenden Aussagen (Mk 9,12; Lk 17,25) zu Hause ist. Daß hier der »Menschensohn«-Begriff so fest verwurzelt ist, muß mit exegetischen Motiven des DtJes zusammenhängen (das »Lösegeld für Israel« Jes 43,3ff; das »Leben als Schuldopfer« Jes 53,10). Es muß vorausgesetzt werden, daß der »Menschensohn« sich gegen den Widerstand seines Volkes einsetzen muß. Es kann nicht zufällig sein, daß diese Überlieferung sich an die *bar nāschā'*-Bezeichnung anschließt (zur Weiterbildung von Ich-Aussagen vgl. CColpe, aaO, 446, Anm. 309).

Man wird zwischen kurzen, zweigliedrigen Fassungen und längeren, viergliedrigen zu unterscheiden haben. Das Problem, ob in diesen Zusammenhängen die auf die Passionsgeschichte zurückblickende Gemeinde lehrhaft entfaltet und eine apok. klingende »Menschensohn«-Titulatur auf eine ursprüngliche »Ich«-Aussage angewandt habe, muß in jedem einzelnen Fall literarkritisch durchgestanden werden. Aber auch das Verständnis des Leidens Jesu selbst wird in bes. Weise problematisch: wird Jesus überraschend, ohne Vorherwissen, in Jerusalem in Kampf und Leiden verstrickt, oder geht er in ein Leiden, das der Vater selbst ihm auferlegt hat? Im zweiten Fall muß der bevorstehende Kampf und das ihm auferlegte Leiden exegetisch begründet und in einen eigenen eschatologischen Entwurf eingeordnet sein. Versucht man, den zweiten Weg zu gehen, so führt er in Fragen der vorliterarischen Tradition und der rabb. bzw. apok. Überlieferung.

a) In Mk 9,31 liegt ein aram. bzw. hebr. Wortspiel vor (Menschensohn-Menschen), das durchaus auf Jesus selbst zurückgeführt werden kann. Altertümlich ist: Gott selbst überliefert ihn (*bar nāschā'*) in die Hände der Menschen (vgl. die Fassung desselben Logions in Lk 9,44). Vielleicht ist der kurze Text, der nur von der Überlieferung in die Hände der Menschen spricht (ohne Tötung) bes. bemerkenswert, doch haben wir es wahrscheinlich mit einer zweigliederigen Wendung zu tun: Gott überliefert ihn – die Menschen töten ihn.

b) In Mk 8,31; 9,12; Lk 17,25 wird ein anderes Menschensohnwort berichtet, das einmal den göttlichen Ratschluß (δεῖ *[dei]*, *muß*, Mk 8,31; Lk 17,25; Mk 9,11), zum anderen die Verbindung »vielfache Züchtigungen auf sich nehmen und verworfen werden« (und damit den Hinweis auf die »Bauleute« von Ps 118,22) in den Mittelpunkt stellt. Bemerkenswert erscheint die kurze Fassung von Lk 17,25 (»vielfach leiden und von diesem Geschlecht verworfen werden«). Neben dem »verworfen werden« hält sich das »für nichts achten«, das auf ältere Tradition zurückgeht (Mk 9,12). Das hier in Frage kommende, verschieden wiedergegebene Logion ist von der späteren Tradition, die die Gegner Jesu aufzählt, erweitert worden.

Der Weg des at. geprägten »Gerechten« (→ Gerechtigkeit II,2) bzw. »Knechtes Gottes« (Jes 53,8.10; Weish 2,17.20; Apg 3,13.26) ist nicht durch Leiden, sondern durch eine eschatologische Antwort Gottes zum Abschluß gebracht. Der Gerechte wird *aufgerichtet* (ἀναστῆναι *[anastænai]* Dtn 18,15) bzw. *erhöht* (ὑψωθῆναι *[hypsōthænai]* Jes 52,13). Um Jesus zu verstehen, wird man so weit wie möglich nach hebr. bzw. aram. Äquivalenten suchen müssen. Die heutigen Texte sind weiter interpretiert worden.

c) Unter den ankündigenden Leidensweissagungen spielen Lk 22,21–23.48 eine bes. Rolle. In beiden Fällen ist eine alte aram. bzw. hebr. Fassung anzunehmen, die den Verrat durch den Tischgenossen bzw. durch den »Freund« hervorhebt. Die Umschreibung »Menschensohn« gibt diesen Worten einen feierlichen, unterstreichenden Akzent; doch besteht die Möglichkeit, daß hier ein ursprüngliches »Ich« verdrängt wurde (vgl. jedoch das Wortspiel: Menschensohn-Mensch). Die tiefste Erniedrigung, die auf dem Gebiet menschlichen Vertrauens und menschlicher Freundschaft möglich ist, wird in diesen besonderen Worten angedeutet.

d) Die Erklärung des Einzelspruches Mk 10,45 hat das enge Verhältnis zu Lk 22,27 zu berücksichtigen; RBultmann (Geschichte, 154) beurteilt Mk 10,45 als sekundär (»hell.-christl. Erlösungslehre«). Das »Dienen« Jesu (→ Dienen, Art. διακονέω III,2) steht auf jeden Fall im Vordergrund und soll auch die Nachfolge des Jüngers bestimmen. Der markinische Zusatz von der Hingabe des gerechten Lebens zur Auslösung schuldverfallenen Lebens dürfte aus alter palästinischer Überlieferung kommen und auf den Leidensweg des »Menschensohnes« zurückweisen, die Verbindung der beiden Elemente des »Dienens« und der Hingabe des Lebens aus der Nachfolgetradition stammen (vgl. CColpe, aaO, 458). Vorbild ist Gott, der selber seinem Volk dient, statt sich dienen zu lassen (Jes 43,22–24); die Beziehung auf den Gottesknecht, der sein Leben in den Tod hingegeben hat (Jes 53,12), sollte nicht geleugnet werden.

e) Allg. nimmt man an, daß der »Menschensohn«-Begriff in den Leidensansagen Jesu sekundär ist; dann würde sich nachträglich der Gedanke der messianischen Bedeutung des Leidens in früheres Jesusmaterial eingeschoben haben (so auch CColpe, aaO, 447). Doch bleibt die Frage offen, ob nicht das Wortspiel »Menschensohn«-Menschen (zB Mk 9,31; Lk 22,22) auf eine aram. Urschicht zurückweist (CColpe, aaO, 447, Anm. 309). Kann die Leidensansage Jesu ausgesprochen eschatologischen Charakter gehabt haben, ist auch eine entsprechende »Menschensohn«-Hinweisung Jesu nicht ausgeschlossen.

4) Die Wiederaufnahme der apokalyptischen »Menschensohn«-Tradition

a) In gewisser Weise könnte die Unterscheidung zwischen dem sich selbst herausstellenden »Ich« und dem korrespondierenden apok. »Menschensohn« in Lk 12,8–9; Mt 10, 32–33 (= Q) und Mk 8,38 eine Brücke zwischen den präsentischen und futurischen Aussagen bilden. Vorausgesetzt ist die Bildung einer Gemeinschaft, die unter das prophetische Gesetz der Nachfolge gestellt wird. Das irdische Geschehen ist schicksalhaft für die eschatologische Zukunft des Bekennenden und Verleugnenden. Der »Menschensohn« ist eine futurische Größe, die als bekannt vorausgesetzt wird. Nimmt man Echtheit dieses Logions an, dann geht die Jüngerschar einer eschatologischen Bedrängnis entgegen, die äußerste Standhaftigkeit erfordert. Jesus nimmt selbst an dieser Drangsal teil und stellt jeden einzelnen Jünger vor die Entscheidung. Unechtheit könnte aus der Tatsache gefolgert werden, daß hier auf die nachösterliche Situation der Gemeinde angespielt wird; EKäsemann denkt an einen »Satz heiligen Rechtes«, wie er von urchristl. Propheten im Zusammenhang mit der Aufrichtung des eschatologischen ius talionis formuliert werden konnte (Ex. Vers. u. Bes. II, 1964, 69–82).

Sowohl Aufbau und Stil des Q-Logions (antithetischer Parallelismus) weisen auf eine aram. bzw. hebr. Vorlage. Durch die Analyse von JJeremias und CColpe wird darauf hingewiesen, daß Mt 10,32f den bezeugenden »Menschensohn« nicht hat, was deshalb auffallend ist, weil Mt gewöhnlich den »Menschensohn«-Titel nicht streicht, sondern eher die Neigung hat, ihn zu vermehren. Vorgeschlagen wird deshalb eine alte Vorlage: »Jeder, der sich zu mir bekennt vor den Menschen, zu dem wird man sich bekennen vor . . . Wer aber verleugnet vor den Menschen, der wird gleichfalls verleugnet vor . . .« Welche Bezeichnung der göttlichen Gerichtsinstanz urspr. gegeben wurde, läßt sich nicht mehr ermitteln (CColpe, aaO, 444, Anm. 299). Die Tatsache, daß – abgesehen vom Mt-Text – die übrige Überlieferung so stark zwischen Jesus und dem »Menschensohn« unterscheidet, ohne daß ein Ausgleich vorgenommen wird, macht allerdings an dieser Stelle gegen den Lösungsversuch von JJeremias und CColpe kritisch. Gemeint ist jedenfalls, daß mit dem Anbruch der eschatologischen Wende Jesus selbst in den Menschensohn verwandelt wird. Jesus tritt nach der Q-Fassung als eschatologischer Zeuge und Bürge auf (anders die Mk-Fassung). Daß der futurische »Menschensohn« eschatologischer Bürge und Zeuge, nicht Richter ist, dürfte auffallend sein. Der Versuch RBultmanns, zwischen Jesus und dem zukünftigen »Menschensohn« als einer anderen eschatologischen Gestalt zu unterscheiden, ist zum Scheitern verurteilt (Geschichte, 117). In der Auseinandersetzung um das Verständnis von Mt 10,32f; Lk 12,8f fällt auch die Entscheidung, ob das literarkritische Verfahren (JJeremias, CColpe) in allen Fällen empfehlenswert ist. RLeivestad (aaO, 83) urteilt: Lk 12,8f kommt der Urform am nächsten.

b) Umkämpft ist das Jesuslogion aus dem Sondergut des ersten Ev.s: »Wenn sie euch aus einer Stadt verjagen, so fliehet in eine andere; denn wahrlich, ich sage euch, ihr werdet nicht fertig werden mit den Städten Israels, bis der Menschensohn kommt« (Mt 10,23).

Das Logion, das eng zu Mt 10,5.6 gehört, spricht von einer Verfolgung der Boten Jesu im Raum Palästinas. Die Situation ist nicht mehr die der gastlichen Aufnahme und der Freude über die Botschaft, sondern die der Diffamierung und Verfolgung. Immerhin soll aber die Mission auf die Städte Israels beschränkt bleiben, eine Mission unter hell. Siedlungen ist nicht vorgesehen. JJeremias (Jesu Verheißung für die Völker, 1959², 17f) hebt die altertümliche Fassung des singulär überlieferten

Wortes heraus: altes Amen-Wort, Widerspruch zur universalistischen Haltung des Mt, unerfüllte Weissagung. Das Wort rechnet damit, daß die Verkündigung in Israel bei der Parusie (→ Gegenwart, Wiederkunft) noch nicht abgeschlossen sein werde. Anders PVielhauer (Aufsätze zum NT, 1965, 64): das Wort ist der Spruch eines urchristl. Propheten, das im Namen des Erhöhten gesprochen wird. Es soll Trost für die Zeit eschatologischer Verfolgung spenden.

c) Das Logion Lk 18,8 (vorlukanisches Gut) schließt ein Gleichnis ab und fragt: »Aber wird der Menschensohn die Treue auf der Erde finden, wenn er kommt?« Es ist vom Kommen des »Menschensohnes« die Rede, der danach fragt, ob der mit den Seinen geschlossene Bund in Treue, Eintracht und Demut (vgl. 1QS 5,3) bewahrt wird. Vielleicht ist auch daran zu denken, daß Abraham nach einer Überlieferung die Sünden auf Erden sieht, richterliche Gewalt hat, sie aber nicht ausüben darf, um die Schöpfung nicht zu verderben (vgl. TestAbr 12). Es scheint so, daß nach einer jüd. Auffassung jede Generation einen »Gerechten« hat, der über sie eine Entscheidung fällt.

Vgl. auch zu dieser Stelle Gn r. 44 zu Gen 15,1. »Da sprach Gott zu ihm: Von Noah habe ich keine frommen Beschützer erstehen lassen, wohl aber werde ich solche von dir erstehen lassen, und nicht nur das, selbst wenn deine Kinder in Sünden und schlechte Taten geraten, so werde ich einen Gerechten unter ihnen ausersehen, der über sie eine Entscheidung herbeiführt, denn er wird zu der strengen Gerechtigkeit sagen: Genug! Ich nehme ihn von der Welt, und er leistet (durch seinen Tod) Sühne für sie«. Es gab also eine Tradition, nach der ein Gerechter bestimmt wird, richterliche Entscheidungen zu vollziehen. Er begrenzt die strenge Gerechtigkeit. Gott nimmt ihn von der Welt, und er leistet so durch seinen Tod Sühne für die Menschen.

Vielleicht darf man an die Nähe zum Gleichnis Lk 12,36 erinnern: wenn der Herr kommt und anklopft, will er die Knechte wachend finden. Tatsache ist, daß in den futurischen Aussagen des Lk-Ev. der »Menschensohn« eine eigene feste Prägung hat. RLeivestad (aaO, 89) stellt fest: »Das Problem in Lk 18,8b ist jedenfalls nicht der Gebrauch des Menschensohnnamens, sondern der eigenartige Pessimismus, der uns sowohl mit der Verkündigung Jesu wie mit der Anschauung des Lk unvereinbar erscheint. Es ist vielleicht der rätselhafteste Spruch in der ganzen Überlieferung«.

d) Auch die paränetische Mahnung Lk 21,36 (»Seid aber zu jeder Zeit wachsam und bittet, daß ihr die Kraft erhaltet, allem, was kommen wird, zu entfliehen und hinzutreten vor den ›Menschensohn‹«) setzt wohl eine alte semitische Grundform voraus. Der »Menschensohn« ist in dieser Paränese eine eschatologische Gestalt, die richterliche Vollmacht hat. Sicherlich kann jesuanisches Gut in Lk 18,8 und 21,36 enthalten sein, doch stehen Lk 18,8; 21,36 in einer fast »henochitisch« verfaßten Gemeindetradition.

In Lk 21,36 ist κατισχύσητε [*katis·chysæte*], »daß ihr die *Kraft erhaltet*«, dem semitischen Denken näher als das gut bezeugte, aber sekundäre καταξιώθητε [*kataxiọthæte*], »daß ihr *für würdig erfunden werdet*«. κατισχύειν [*katis·chyein*], *Kraft haben*, hat im Umsetzungsprozeß aus dem Hebr. eine alte Tradition (anders καταξιοῦν [*kataxiọun*], *würdig* oder *wert achten*. Vgl. dazu Redpath Konkordanz II,751).

e) Im Rahmen dieser von Lukas erhaltenen älteren »Menschensohn«-Überlieferung, in der Dan nicht aufgenommen wird, steht dann auch das Jesuswort im Prozeß: »Von jetzt ab wird der Menschensohn zur Rechten der Kraft sitzen« (Lk 22,69). Hier könnte der alte *bar nāschā*'-Sprachgebrauch Jesu noch einmal geballte Kraft haben. »Dieser Mann«, der im apok. Einsatz steht, wird wie die Gerechten des Alten Bundes (Abel, Henoch, Noah, Abraham, Melchisedek) zu Gott erhöht werden. Er ist der Gerechte der Endzeit und schließt die Reihe der Zeugen ab (vgl. Gn r. 44; TestAbr). Die danielische Anspielung (Mk 14,62 = Dan 7,13) fehlt bezeichnenderweise. Hier ist Lukas ursprünglicher!

Man achte auf die markinische Bewegung (Sitzen und Kommen des Menschensohnes). Lk 22,69 betont dagegen das Sitzen, das aus dem Kommen und Geführtwerden zum Hochbetagten entsteht. Richtig urteilt CColpe (aaO, 439): »Die Echtheit von Lk 22,69 läßt sich nur mit Hilfe des Zweifels an der Historizität der gesamten Gerichtsszene bestreiten«.

f) Die Auseinandersetzung über den historischen Einsatz des lukanischen Sondergutes ist noch nicht ausgetragen (JJeremias, PVielhauer). Zweierlei steht jedoch angesichts des synopt. Materials fest: 1) Man darf den »Menschensohn«-Begriff nicht zu eng christologisch interpretieren; er steht vielmehr im Dienst der Aufrichtung der eschatologischen Gerechtigkeit (vgl. die jüd. Parallelen Gn r. 44 und TestAbr). 2) Urchristl. Lehrer und Propheten haben verschiedene Entwürfe ausgearbeitet, in denen der »Menschensohn« eine Rolle spielt. Dabei ist Dan 7 keineswegs allein ausschlaggebend gewesen; das lukanische Sondergut hat einen anderen Einsatz.

5) Johanneische Tradition (4. Evangelium)

a) Die spätere Zeit ist dadurch gekennzeichnet, daß die durch Lehrer und Propheten geschaffenen neuen Entwürfe von der selbstverständlichen Gewißheit ausgehen, daß Jesus der in den alten Traditionen angedeutete apok. »Menschensohn« ist (Offb 1,13: der »Menschensohn«-Ähnliche; vgl. Dan 7,13; 10,5f) und daß das christologische Bekenntnis das Recht habe, die Selbstaussage Jesu neu zu interpretieren (JohEv.). Diese Entwicklung darf nicht nur ideologisch verstanden werden, sondern ist die Folge schwerer inner- und außerkirchlicher Kämpfe. Es bleibt also auch die Frage offen, ob judenchristl. Strömungen besser die Tradition bewahrt haben als etwa heidenchristl. bzw. wo judenchristl. Gut heidenchristl. interpretiert wurde. In diese Fragestellung gehört vor allem das 4. Ev., das altes judenchristl. Gut in ein neues hell. Kerygma umgestaltet bzw. einfügt. Ausgangspunkt ist hier der vom Himmel kommende »Gesandte«, der sowohl als »Sohn« wie auch als »Menschensohn« anstelle Gottes steht.

Traditionsmäßig nimmt Joh 13,16.20 jüd. und synopt. Gut auf. Es geht um die Durchführung des von Gott kommenden Auftrages. Selbst das Jesus zugebilligte Prädikat »Sohn Gottes« wird dadurch gegen Lästerung abgeschirmt, daß auf die at. Auftrag-Tradition hingewiesen wird (Ps 82,1ff: »Schafft Recht dem Geringen und Waisen, helft dem Elenden und Armen zum Recht«. V. 6: »Zwar sprach ich: Götter seid ihr und Söhne des Allerhöchsten insgesamt, aber sterben müßt ihr wie einfache Leute«; vgl. auch 11QMelch und Joh 10,33–36).

b) Der Begriff des »Menschensohnes« hat apok. Elemente in sich, ist aber selbst k e r y g m a t i s c h u m g e p r ä g t. Der Auftrag Gottes bestimmt sein »Herabsteigen« und »Aufsteigen« (Joh 3,13.31; 6,62). Die Sendung bestimmt den »Weg« und ist das Schicksal dessen, der im Auftrag des Sendenden diesen Weg geht und andere Menschen auf diesen Weg mitnimmt. Die Apokalyptiker sprechen von Himmelsreisen, die Gnostiker vom Aufstieg in die Himmelswelt; für Johannes dagegen ist entscheidend, wer das wahre Zeugnis gibt, wer in Wahrheit legitimiert ist, Botschaft zu geben, wer die Vollmacht hat, zu Gott erhöht zu werden (→ Höhe, Tiefe Art. ὑψόω III). Bestimmte Fragestellungen erinnern an Apokalyptik und Gnosis (→ Erkenntnis, Art. γινώσκω I), doch sucht das johanneische Kerygma seinen eigenen Weg. Das »Aufsteigen« entspricht dem Erhöht-werden, das »Herabsteigen« der Fleischwerdung (vgl. Joh 3,13 mit 3,14 und 1,14). Die Entwürfe sind verschiedenen Ursprungs. Die Aussage Joh 3,14 ist älter: der Gottesknecht wird nach Jes 52,13 aus dem Stand der Niedrigkeit in den der Erhöhung gebracht werden. Die Fleischwerdung, das Gekommensein Jesu ins Fleisch, das Kommen ins Fleisch (1Joh 4,1–3; 2Joh 7) sind antignostische Bekenntnisaussagen, die die Einzigartigkeit der Sendung Jesu betont theol. beschreiben.

Der johanneische »Menschensohn«-Begriff erweist sich damit als theol. Selbstzeugnis Jesu. Wir stehen in der Sprache und Denkform des Mythos wie in Apokalyptik und Gnosis, aber der Mythos umschreibt jetzt die kosmische Bedeutung des Bekenntnisses, dh es kommt auf die kosmologischen und soteriologischen Funktionen des Bekenntnisses an (vgl. dazu RBultmann, KEK II, 1952[12], 10).

Altertümlich judenchristl. klingt die Weissagung Joh 1,51, die an die Jakobgeschichte anknüpft (Gen 28,10–17). In der rabb. Tradition wird die Wendung »die Engel Gottes stiegen auf ihr hinauf und herab« entweder auf die Leiter oder auf Jakob selbst bezogen. Jetzt ist der »Menschensohn« anstelle der Leiter bzw. Jakobs eingesetzt. Gn r. 68,18 denkt an die Verbindung zwischen dem irdischen Jakob-Israel und seinem himmlischen »Urbild«. Man wird daher annehmen dürfen, daß für Johannes hier der »Menschensohn« an die Stelle Jakobs tritt: entweder wird Jakob zum eschatologischen Hinweis auf den »Menschensohn« oder der »Menschensohn« ist mit dem wahren Israel identisch. Offenbar schließt der »Menschensohn« heilsgeschichtlich das irdische Israel ein und tritt jetzt an seine Stelle (vgl. zu dieser Diskussion RBultmann, aaO, 74ff). Gnostische Motive (zB Kommunikation mit dem himmlischen »Urbild«) liegen diesem vorjohanneischen Stoff fern.

c) Nach Joh 5,27 gab der Vater dem Sohn die Vollmacht, das Gericht zu vollziehen, weil er »Mensch« bzw. »Menschensohn« (*bar nascha*) ist (υἱὸς ἀνθρώπου *[hyios anthrōpou]* hier ohne Artikel). Die Frage bleibt offen, ob an dieser Stelle das bes. Menschsein Jesu oder die Würde von Dan 7,10.14 gemeint ist.

Wahrscheinlich berührt sich TestAbr (Rezension A, Kap. 13) mit diesem Stoff. Hier wird ausdrücklich bestritten, daß Gott selbst richtet, weil Mensch von Mensch gerichtet werden soll. Es liegt die Vorstellung zugrunde, daß bestimmte Gerechte auserwählt sind, die Menschen zu richten (hier Abel). Der Gedanke, daß an dieser Stelle urspr. vom »Sohn« die Rede war, ist ebenso abzulehnen wie die Umkehrung, daß TestAbr von Joh 5 beeinflußt sei (so RBultmann, aaO, 196, Anm. 8). Die Sohn-Tradition, die zur Heilsverkündigung gehört, steht zu Joh 5,27 in ausdrücklicher Spannung. Gnostische Motive liegen hier nicht vor. Sicher ist die längere Rezension A von TestAbr judenchristl., doch hat sie Joh gegenüber älteres Material.

d) Der himmlische Gesandte stammt bei Joh nicht aus der Gnosis, obwohl auch die Gnosis den Gesandten kennt, sondern aus dem Bekenntnis zu Jesus als dem eschatologischen Gegenbild des Moses (Num 16,28; Joh 17,3; vgl. dazu RBultmann, aaO, 30, Anm. 2; 378). Es geht zunächst um den Auftrag und den Vollmachtsgedanken, nicht um den Offenbarungsgedanken (gegen RBultmann, aaO, 378). Als der vom Himmel Kommende überbietet er Moses (Joh 1,17; 5,45). Moses war es, der aufstieg und herabstieg, als er vom Sinai kam (Ex 24,12: »Steige herauf!«; Ex 34,29: »Als Moses vom Berg herabstieg . . .«). Jesus ist in anderem Sinne aufgestiegen und herabgestiegen, hat daher eine andere Herrlichkeit an sich getragen als Moses. Die Antithese Moses-Jesus trägt den Kampf um das Heil im antirabb. Sinn in sich.

Deutlich wird dies bes. in der Himmelsbrotrede Joh 6. Sie enthält drei Menschensohnworte, die den stufenweisen Aufbau des Ganzen deutlich machen: V. 27.53.62; dagegen tritt in V. 27b die ausdrückliche Legitimierung des Menschensohnes. Der dualistische Ansatz: »himmlisch-irdisch« bzw. »unvergänglich – zum Verderben bestimmt« wirkt auf die Gestalt des Gesandten und seine Gabe ein. Nach RBultmann (aaO, 133) stammt der johanneische Dualismus aus der Gnosis: nur das, was die göttliche Offenbarung schenkt, hat den Charakter des Eigentlichen, des Echten, des Wahren. An diesem Punkt vollzieht sich ein Umbruch im eschatologischen Denken: die zeitliche Gegenüberstellung von Moses und Christus nimmt eine neue Qualifizierung in sich auf, in die auch der Menschensohnbegriff hineingezogen wird: Er gibt die bleibende Speise zum ewigen Leben. Wahrscheinlich ist für Joh die Speise bleibend und zum Leben führend, die dem Auftrag Jesu gemäß ist. Wahr ist, was der Botschaft entspricht. Auch an diesem Punkt haben wir es äußerlich mit hell. Gut zu tun, das in jüd. Denken zurückweist. Wahr bleibt das, was die Zuverlässigkeit und Treue umfaßt.

e) Durch das »Ich bin« präsentiert sich der himmlische Gesandte nach dem Vorbild der at. Gottesrede (vgl. Jes 43,25: »Ich, ich bin es, der deine Übertretung tilgt um meinetwillen und der deiner Sünden nicht mehr gedenken will«). Als Stellvertreter Gottes nimmt der Menschensohn *'ælohīm*-Qualität an (→ Gott II). Sein Weg ist heilsgeschichtlich im ausschließlichen Sinn: stufenweise wird man die Wahrheit erkennen (Joh 3,14; 8,28; 12,23; 13,31). Dieser Prozeß, der auf Geschichte gegründet ist, aber aufs neue Geschichte schafft, hängt am Menschensohnbegriff. Für den Unglauben scheinen bleibende Messianität und Erhöhung des Menschensohnes einander auszuschließen (12,34). Die aram. Urform (*isthalaq*) von ὑψωθῆναι *[hypsōthænai], erhöht werden,* schließt im Erhöhtwerden den Fortgang ein (Torrey, JBL 51, 1932, 320ff; RBultmann, aaO, 269f). Joh weiß dagegen, daß das »Bleibende« und der heilsgeschichtliche Prozeß sich nicht ausschließen, sondern im Gegenteil einander voraussetzen.

6) Das Verständnis des »Menschensohnes« in der übrigen nt. Literatur

a) In der paulinischen Tradition finden sich Vorstellungen vom »himmlischen Menschen« in ausgesprochener Antitypik zum »irdischen« (1Kor 15,47f) oder exegetisch vom »letzten Adam« gegenüber dem »ersten Menschen« (1Kor 15,45). Hier wird vielleicht ein urspr. apok.-zeitliches Element, wie es im »Menschensohn« zu finden war, in die

Struktur einer Anthropos-Heilslehre umgebildet. Spuren älterer apok. »Menschensohn«-Tradition könnte man auch in der Verwendung von Ps 8,7 in 1Kor 15,27 wiederfinden. Doch ist bemerkenswert, daß Paulus in seiner hell. Umwelt den apok. Begriff meidet. Ihn treibt vielmehr der Einsatz der neuen Menschheit im Heilsgeschehen im Gegensatz zu Sünde und Tod (vgl. auch Röm 5,12–21). Das Geschichtsverständnis nimmt allerdings metaphysisch-ontische Züge auf.

b) Hebräer 2,6 verwendet Ps 8,5–7 zum Zeugnis dafür, daß »Mensch« und »Menschensohn« heilsgeschichtlich einen Prozeß durchlaufen müssen, ehe ihnen die zukünftige Welt untertan werden kann. Der Zusammenhang von »Mensch« und »Menschensohn« wird exegetisch vorausgesetzt und dann durch die einzelnen Stadien der Geschichte Jesu aufgewiesen, wobei ausdrücklich betont wird, daß das Endziel noch nicht erreicht ist (V. 8). Der »Menschensohn« schließt hier wie auch in Joh 1,51 den Kreis der Glaubenden ein. Die Antithese gegen die Engelmächte dürfte gegen ein ebionitisches Judenchristentum gerichtet sein, in dem Engellehre eine wichtige Rolle spielt (vgl. 1,i,δ).

Hebr hat als erster Zeuge die Verbindung zwischen Jesus Christus und den Engelmächten, die schon in der Apokalyptik vorgebildet war, gelöst: der »Menschensohn« und die »Menschheit« stehen heilsgeschichtlich in einem anderen Rang als die Engel. In diesem Sinn ist problemgeschichtlich Hebr 2,5ff von bes. Wichtigkeit. Aber auch Ps 8,6–8 empfängt neues Licht: »Was im AT eine durch Gottes Schöpfermacht begrenzte Hoheitsaussage über den kreatürlichen Menschen war, wird hier zu einer Herrlichkeitsaussage, die paradox auf einen Erniedrigten angewandt wird« (CColpe, 468).

c) In den Gerichts- und Parusie-Aussagen des LkEv. hat der »Menschensohn« einen festen Platz, doch fehlt er in den entsprechenden Aussagen in der Apostelgeschichte (RLeivestad, 88). Um so auffallender ist das Zeugnis des Stephanus in Apg 7,56 vom »Menschensohn«, der zur Rechten Gottes steht (nicht sitzt). Hier schlägt sich eine vorlukanische Überlieferung nieder, und es zeigt sich deutlich, daß auch in hell. Kreisen der Begriff »Menschensohn« im apok. Sinn verstanden wurde.

Vier Möglichkeiten hat die Erklärung von Apg 7,56: 1) Jesus hat sich zur Aufnahme des Stephanus in die himmlische Herrlichkeit erhoben. 2) Jesus hat sich erhoben, um sein messianisches Erbe anzutreten. 3) Urspr. wurde Jesus (ebenso wie die Engel) als vor Gott stehend gedacht. 4) Jesus erhebt sich, wie Gott sich erhebt, um sich gegen seine Feinde zu stellen (Jes 14,22; Ps 3,8; 7,7). Im letzten Fall würde die alte polemische Tradition noch einmal ganz deutlich heraustreten (zum Ganzen vgl. CColpe, 445f, der auch auf das samaritanische Gottesprädikat »stehend« hinweist; zur samaritanischen Liturgie vgl. MHeidenheim, Die samaritanische Liturgie, Bibliotheca Samaritana II, 1888, XXXVII und AECowley, The Samaritan Liturgy I, 1909, 54,15). Solange der samaritanisch bestimmte Einfluß auf das NT nicht abgegrenzt ist, kann man noch nicht von einer »fünften« Möglichkeit der exegetischen Erklärung von Apg 7,56 sprechen (zum Ganzen vgl. EHaenchen, KEK III, 1965[5], 243, Anm. 2).

d) Der Sprachgebrauch von Offenbarung 1,13; 14,14 zeigt seine Nähe zu Dan 7,13. In beiden Stellen ist vom »Menschensohn-Ähnlichen« die Rede (gegen WBousset, KEK XVI, 1906[6], 194). In der Anschauung der beiden Stellen wandelt (»mitten unter den Leuchtern«) oder »sitzt« der Menschensohn auf den Wolken des Himmels. Man achte auf die von den Evgg. abweichende Artikellosigkeit, die offenbar unmittelbar den Text von Dan 7,13 aufnimmt: Der apok. »Menschensohn« ist der auf Dan 7,13 zurückgehende, aber verherrlichte Herrscher und Richter. Er ist durchaus engelartig (Dan 10,5 = Offb 1,13; 14,15: »ein anderer Engel« neben 14,14). Vielleicht ist hier eine alte aram. bzw. hebr. Tradition zu finden, die der Seher festhält. Die eigentliche Christologie der Offb ist mehr vom Bild des »Lammes« oder des »Wortes Gottes« her aufgebaut; doch befinden wir uns damit in einer anderen, jüngeren Schicht der Überlieferung.

ELohmeyer (HNT 16, 1953[2], 127) urteilt allerdings: »Diese Bezeichnung (Menschensohn) ist also nicht dem letzten und tiefsten Wesen des Trägers angemessen«. Damit wird aber die Bedeutung des Begriffes für die Offb unterschätzt.

7) Apokalyptische Spezifika sind die Formeln »die Tage des Menschensohnes« (Lk 17,22) und »das Zeichen des Menschensohnes« (Mt 24,30):

a) In Lk 17,22 begegnet die Wendung: »die Tage des Menschensohnes« (bzw. der Sing. in 17,24). Gemeint ist die Heilszeit, die die eschatologische Heilsgemeinde bringt (Lk 21,28; vgl. äthHen 51,2). Die Heilszeit setzt allerdings als Gerichtstag für die Völker ein, entsprechend den Katastrophen »der Tage Noahs« und der »Tage Lots« (Lk 17,26f). Der Menschensohn steht auf der Seite der Gerechten und bringt als Messias die Rettung der Heilsgemeinde. Der alte Text hat eine Nebenform im ThomasEv, Logion 89: »Viele Male wünscht ihr, diese Worte zu hören, diese, die ich euch sage, und ihr habt niemand sonst, von dem ihr sie hört. Es werden Tage kommen, da ihr mich suchen und nicht finden werdet.« RLeivestad (aaO, 87) rechnet mit einer Verschiebung des Sinnes: »Kann man sich nicht vorstellen, daß Jesus seine eigene Lebenszeit mit den Tagen vor der Sintflut verglichen hat? Die Tage des Menschensohnes waren die Tage, da Jesus mit geringem Erfolg die Menschen zur Buße vor dem letzten Gericht aufrief. Es ist eigentlich ein Mißverständnis, das die Tage des Menschensohnes mit dem Tag des Menschensohnes gleichgestellt hat.«

b) In Mt 24,30 findet sich als proleptisches Vorzeichen bzw. als Umschreibung der Ankunft des Menschensohnes die Lichterscheinung: »Und dann wird das Zeichen des Menschensohnes am Himmel erscheinen«. Die apok. Lichterscheinung hängt urspr. mit der Weissagung Jes 60,1 zusammen; sie wird in Pesiktr 36 (162a) auf den König Messias gedeutet, der auf dem Dach des Heiligtums steht. Entsprechend deutet Mt 24,30 das Zeichen des Menschensohnes als ein Geschehnis am himmlischen Heiligtum. Spuren derselben Tradition finden sich auch bei Jos. Bell. 6,290. Man könnte sogar den Versuch machen, die Geschichte dieser Tradition festzulegen: Mt 24,30 wird in Did 16,6 (»Zeichen der Ausbreitung am Himmel«) und PetrEv 10,39 wieder aufgenommen (vgl. St.-B. I,954; WGrundmann, ThHK I, 1968, 507ff). Wahrscheinlich ist in der hebr. Vorlage urspr. an die Schechina Gottes gedacht, die die Erscheinung des Messias nach Jes 60,1 vorbereitet. Der Weg der Vorlage zum heutigen Text des Mt muß verschiedene Stufen durchlaufen haben (anders die Auslegung von CColpe, aaO, 464, Anm. 412: »Der Spruch vom Zeichen des Menschensohnes 24,30a soll in seiner Stellung vor V. 30b wohl das Richteramt Christi zum Ausdruck bringen, das aus seinem Kommen in Herrlichkeit für den christl. Leser nicht mehr eindeutig genug hervorgeht«).

O. Michel

υἱὸς τοῦ θεοῦ

υἱὸς τοῦ θεοῦ *[hyiọs tou theọụ]* Sohn Gottes

I 1) Im klassischen Griechisch ist υἱός *[hyiọs]* von Anfang an der *Sohn* (neben παῖς *[pais]*) im Sinn der Erb- und Geschlechterfolge; παῖς *[pais]* als *Kind* ist der weitere Begriff, kann aber auch die Bedeutung *Sklave* annehmen (→ Art. παῖς θεοῦ). In Gen.verbindungen wird (schon bei Hom. Il. 5,683; Od. 11,568) von »Söhnen des Zeus« und anderer Götter gesprochen; auch sind gelegentlich die Angehörigen eines Volkes (der Achäer bzw. der Troer) mit einer entsprechenden Gen.verbindung gemeint (Il. 1,162). In der alten griech. Mythologie erscheint die Götterwelt wie eine große Familie. Zeus ist »Vater der Menschen und Götter« (Il. 1,544). Es scheint selbstverständlich, daß Götter mit menschlichen Frauen verkehren und Kinder zeugen. Vor allem spielt das Schicksal des Herakles eine Rolle, weil er die Mühen des Menschseins auf sich nehmen mußte, ehe er als Sohn des Zeus in die Götterwelt aufgenommen wurde. Später hat Epict. über dies besondere Vater-Sohn-Verhältnis zwischen Zeus und Herakles nachgedacht: Herakles hielt Zeus nicht nur für seinen Vater, den er auch so nannte und nach dem er sich in seinem Handeln richtete, sondern wußte auch, daß er der Vater der Menschen sei (Diss. II,16,44; III,24,14–16).

2) Im Hellenismus ist der ägypt. Herrscherkult mit seiner Auswirkung auf Alexander d. Gr. von ausschlaggebender Bedeutung geworden. Alexander wurde in der libyschen Wüste als »Sohn des Ammon« (nach griech. Auffassung »des Zeus«) begrüßt (Callisthenes Frg. 14a in FGH IIb,645). So ist das Jahr 331 vChr für die bes. Ausprägung der Herrschaft Alexanders wichtig. Im Bewußtsein der Nachfolger blieb die Erinnerung an den vergöttlichten Alexander bewahrt. Die griech. Form des Herrschertitels wird vor allem von den Ptolemäern beansprucht (Inschr. v. Rosette bei Ditt. Or. I 90: Dekret der Priester zu Ehren des Ptolemäus Epiphanes). In der röm. Kaiserzeit breitet sich der Gottessohngedanke über die gesamte damalige Welt aus, aber auf der Basis des röm. Staatsdenkens. Nachdem 42 vChr der ermordete Caesar zum »Divus«, zum »Göttlichen«, erklärt worden war, ergab sich für Octavian auf Grund der Adoption im Jahre 45 vChr, daß er »Divi filius«, »Sohn des Göttlichen«, war. Diese Benennung setzte sich langsam durch und wurde der Bestandteil des Namens, der die genealogische Kontinuität kennzeichnete. Das ist bei allen Kaisern so geblieben, zB als offizieller Name des Septimius Severus 195 nChr, wo das »Divi filius« 6mal vorkommt (vgl. Pauly Wissowa RE II Bd. 2, 1923², 1943). In der griech. Welt wird »Divi filius« mit der Formel θεοῦ υἱός *[theọụ hyiọs]* ausgedrückt. Die hell. Formel der mythischen Gottessohnschaft bewirkt aber nicht etwa die Göttlichkeit der röm. Kaiser – denn diese stammt aus röm. Denken –,

sondern macht sie nur dem griech. Osten verständlich und akzeptabel. Die Durchsetzung dieser röm. Legitimation im Osten muß also in der nt. Zeit selbstverständlich sein (LvO, 295).

3) Besondere Berufsgruppen rühmten sich der Zugehörigkeit zu »ihrem Gott« und konnten sich demgemäß υἱοί *[hyioi]*, *Söhne*, bzw. παῖδες τοῦ θεοῦ *[paides tou theou]*, *Kinder des Gottes*, nennen (zB Ärzte als »Söhne des Gottes« Asklepios; Ditt. Syll. III 1169,12.40). In der Stoa liegt der Gedanke der Gotteskindschaft im Sinn der Verwandtschaft der Götter und Menschen deshalb bes. nahe, weil es ihr um die letzte Einheit zwischen Gott und Menschheit bzw. um die Einheit des Menschengeschlechtes ging. Im Mittelpunkt der stoischen Frömmigkeit steht zusammen mit dem Vatersymbol das Motiv der Vorsehung, der Fürsorge und Hilfe. »Nicht nur das ganze Geschlecht der Menschen, sondern auch die einzelnen pflegen von den unsterblichen Göttern umsorgt und geleitet zu werden« (Cicero, De natura deorum II,65,164). Klassisch formuliert Epict. Diss. I,3,1: »Wir sind alle geradezu von Gott geworden, und Gott ist der Vater der Götter und Menschen.« In der Möglichkeit, die von Zeus angebotene Freiheit und Glückseligkeit zu verwirklichen, liegt eine besondere Ausprägung des Stoischen. Der Mensch hat sich an das zu halten, was »sein eigen« ist (Epict. Diss. III,24,2f). In der stoischen Predigt liegt eine harte Konkurrenz zur Offenbarung des Christentums. Die stoische Predigt weiß von einer Weltordnung und ihren Störungen; das Christentum spricht von dem Schaden, den Mensch und Welt genommen haben und von einer Erlösung.

4) Ein eigenes Problem ist die θεῖος *[theios]*- bzw. θεός *[theos]*-Prädikation für Menschen, deren Taten bzw. Begabung das normale menschliche Maß überschreiten. Vor allem sind es Dichter und Seher, dann aber Feldherren wie Lysander, deren göttliches Charisma bzw. göttliche Qualifikation gerühmt wird. Empedokles wird als Gott angesehen (Frg 112 HDiels I,354). Die Legende hat sich dann der Geburt berühmter Männer bemächtigt (Pythagoras, Plato). In neupythagoräischen und neuplatonischen Kreisen sitzen derartige Legenden bes. fest. Vor allem wurde Apollonius von Tyana mit den Zügen göttlicher Begabung ausgestattet, das Element der Gottessohnschaft scheint auch in diesem Fall an ihn herangetragen worden zu sein (Philostr. Vit. Ap. I,6; IV,31; V,24). Eine bes. Fragestellung ergibt sich, wenn von den Propheten die Rede ist, die Celsus in Palästina und Syrien gesehen hat und die auf die eigene Gottessohnschaft hinweisen (Orig. Contr. Cels. VII,9). Hierher gehören nach Orig. auch die samaritanischen Gottessöhne Simon Magus und Dositheus, die aber von ihm selbst nicht als Offenbarer anerkannt werden (Contr. Cels. I,57).

1) Grundlegend ist für die at. Überlieferung, daß → Israel erwählt (→ Erwählung, Art. ἐκλέγομαι II), darum im Stande der »Sohnschaft« ist. Damit ist einerseits eine Unterordnung des Sohnes und der Rechtsanspruch Gottes als des Vaters zum Ausdruck gebracht (Mal 1,6), andererseits die Fürsorge und → Liebe, die Israel als dem »erstgeborenen Sohn« gilt (Ex 4,22f; Jer 31,9). Nur unter dieser Voraussetzung ist die prophetische Strafpredigt und die Anerkennung der Heimsuchungen Gottes verständlich. Israel wird zum geschichtlichen Modell der Erwählung und des nicht naturhaft verstandenen Sohnbegriffes. Doch darf der Hinweis nicht fehlen, daß in Gen 6,2.4 von »Söhnen Gottes« die Rede ist, die sich Töchter der Menschen nahmen und die »Starken« zeugten. Die alte Tradition von himmlischen »Gottessöhnen« schlägt sich auch später nieder (Hi 1,6; 2,1; 38,7; Ps 29,1; 89,7; 82,6). Im AT ist damit eine mythische Vorstellung gegeben, die an den himmlischen Hofstaat erinnert; an sie knüpft später zB ein Fragment von 4Q zu Dtn 32,8 an. Allerdings erscheint der Begriff »Söhne Gottes« oft nicht mehr, sondern wird umschrieben (»Himmelssöhne«; »Heilige des Himmels«). Auf die → Engel geht die Belehrung der Menschen in aller Kunst und Wissenschaft zurück (äthHen 6). Ihr Fall ist die eigentliche Katastrophe der Geschichte. II

2) Entscheidend für die messianische Hoffnung (→ Jesus Christus, Art. χριστός II) ist die Nathanweissagung 2Sam 7,12–16: Gott will David ein Haus und Königtum für immer aufrichten; er will dem Sohn Davids Vater, und dieser Sohn Davids soll ihm Sohn sein. Die dynastischen Veränderungen im Hause Davids werden nunmehr dadurch gedeckt, daß eine göttliche Legitimation die Erbfolge sichert. Der urspr. Vertrag zwischen dem Volk und seinem König wird durch den von Gott selbst gegebenen Vertrag zwischen ihm und dem Königshaus ersetzt (vgl. das ägypt. Beispiel einer göttlichen Legitimierung). In Ps 89,4ff wird diese göttliche Legitimierung von 2Sam 7,12–16 aufgenommen. Der Psalmist beruft sich auf sie in seiner Fürbitte für den König, den Erstgeborenen, den Höchsten unter den Erdgeborenen (V. 28f). Es bestand ein Krönungsritual, das auf 2Sam 7,12–16 beruhte. »Erst nachdem Jahwe den neuen König als seinen Sohn legitimiert, seinen vollen königlichen Namen festgesetzt . . . und ihm Krone und Szepter verliehen hatte, konnte dieser seine Herrschaft antreten« (GFohrer, ThWb VIII,351). Wenn es heißt: »Er sprach zu mir: Mein Sohn bist du, ich selbst habe dich heute gezeugt« (Ps 2,7), dann gehören diese Worte in ein urspr. Krönungsritual, wie das »heute« deutlich kenntlich macht. Man kann dabei an den Rechtsakt der Adoption denken, doch besteht auch die andere Deutung, daß Gott selbst die Legitimation des von der Sklavin geborenen Kindes vollzieht – und so als dessen Vater eintritt (vgl. GFohrer, aaO, 351). Aus dieser göttlichen Legitimationsformel ist vielleicht der Freudenruf des Volkes in Jes 9,5 entstanden: »Uns ist ein Kind geboren, ein Sohn gegeben«. Jes 9,1–6; 11,1–9 beschreiben

später die Inthronisation des Heilskönigs und die Ausrüstung des neuen Davidsprosses mit den Gaben des → Geistes Gottes. Programmatische und Heil verheißende Namen werden ihm von seinem Vater bei der Erhebung zum Sohn beigelegt. Der König ist geradezu Stellvertreter Gottes auf Erden. Mit seinem Kommen endet die Unheilsgeschichte der Menschheit; er wird der ganzen Welt das Heil bringen.

3) Die spezielle Nachwirkung der at. Grundlagen im späteren Judentum

a) Unter der Voraussetzung des Abfalls Israels, seines Widerspruches und seiner Halsstarrigkeit schildert die Gottesrede im Jubiläenbuch (1,22ff) das eschatologische Geschehen: Israel kehrt um in aller Aufrichtigkeit, mit ganzem Herzen und ganzer Seele. Gott selbst beschneidet es dann, schafft einen heiligen Geist. »Ich werde dann ihr Vater sein und sie meine Kinder. Und sie alle heißen Kinder des lebendigen Gottes, und alle Engel und Geister wissen, daß sie meine Kinder sind und ich ihr Vater in Wahrheit und Gerechtigkeit, und daß ich sie liebe«.

In Qumran wird dieser eschatologische Prozeß eigenartig ausgestaltet: die Zugehörigkeit der Menschen zur Gemeinde der Erwählten wird als »Sohnschaft« beschrieben (Söhne des Lichtes 1QS 1,9; 2,16; des Wohlgefallens 1QH 4,32f; der Gnade 1QH 7,20). In Israel selbst vollzieht sich die Umkehr und Umbildung des Volkes Gottes in eine Heilsgemeinde, die sich auf die Erfüllung der at. Verheißungen beruft. In Qumran ist Ps 2,7 und 2Sam 7,14 im Zusammenhang mit der messianischen Erwartung der Gemeinde aufgenommen und ausgedeutet worden. 1QSa 2,11 läßt sich vielleicht übersetzen: »Wenn Gott den Messias unter ihnen geboren werden läßt« (vgl. Jes 66,9).

In der Apokalyptik des äth. Henochbuches (105,1–2) wird von der eschatologischen Weisheit gesprochen. Gott selbst wird sich mit seinem Sohn »für immer« mit den Menschen auf den Wegen der Wahrheit vereinigen.

In 4Esra (7,28; 13,32.37.52; 14,9) finden wir die Wendung *mein Sohn, filius meus,* die auf eine griech. παῖς *[pais]*- bzw. hebr. *'æbæd*-Tradition zurückgeht. Sachlich würden diese Hinweise auf Ps 2,7; Jes 11 passen; das Schwergewicht liegt auf dem apok. Kampf mit den Heiden, nicht auf ihrer Erleuchtung.

b) Die jüd. Weisheitstradition legt großen Wert auf den Weg des einzelnen Gerechten. Der paränetische Stoff Sir 4,1–10 schließt nach dem hebr. Text mit der Verheißung: »und Gott wird dich Sohn nennen, und er wird dir gnädig sein und dich erretten von der Grube«, während der griech. Text einen anderen Weg geht. Grundlegend ist auch das Bild des Gerechten in Weish 2,13–18: er rühmt sich besonderer Gotteserkenntnis, nennt sich Kind Gottes und Gott selbst seinen Vater. Seine Lebensweise weicht von der anderer Menschen ab, und er kann als Gottesknecht im Sinn von Jes 53 angesehen werden. Weish 5,5 denkt eschatologisch: der Gerechte wird unter die Kinder Gottes gerechnet und erhält Anteil unter den Heiligen (vgl. Jes 53,12; Dan 7,18). Aber auch das Israelproblem wird in Weish 12,19–21 aufgenommen. Gott hat sein Volk gelehrt, daß der Gerechte ein »Menschenfreund« sein muß, daß er aber auf Reue rechnen kann. Wenn schon Feinde und Frevler mit Schonung und Nachsicht behandelt werden, mit welcher Nachsicht haben dann erst die »Söhne« zu rechnen, deren Vätern Eidschwüre und Bündnisse geschenkt worden sind. Hier bahnt sich eine wichtige Linie des späteren Judentums an, die nicht übersehen werden darf.

c) Wichtig ist ferner der Einfluß des Gebetes, seiner Anrede »unser Vater« auf Tradition und Liturgie (Jes 64,7; Achtzehngebet 4. und 6. Bitte). Man führt den Ursprung und Inhalt der Gottessohntradition geradezu auf Israel und seine Erwählungstradition zurück. MidrPs zu Ps 2 geht von Ex 4,22 (»Mein erstgeborener Sohn ist Israel«) aus, zitiert dann die Gottesknechttradition von Jes 53,12; 42,1 und schließt mit den hagiographischen Zeugnissen Ps 110,1; Dan 7,13. Innerhalb der Israeltradition steht dann auch die Messianität nach Ps 2,8 (»Verlange von mir und ich gebe Völker dir zum Eigentum«). Vielfach hat man, um kein falsches Verständnis aufkommen zu lassen, vorsichtig gesagt: »du wirst sein wie ein Sohn« (vgl. griech. Text Sir 4,10).

Auffallend ist dann die Herausstellung einzelner Charismatiker mit der Gabe, Wunder zu tun, in den rabb. Wundergeschichten (Nakdimon ben Gorion b. Taan. 19b; Chanina ben Dosa b. Ber. 34b; Choni der Kreiszieher b. Taan. 19a). In der hell. Zeit, die den Sohnesbegriff vor allem dem Einzelnen zugesprochen hat, ist auch eine bes. Differenzierung im Sohnesbegriff entstanden: er hat ein besonderes Gottesverhältnis (wie der Gerechte von Weish 2,13–18) gegenüber anderen, diesmal sogar innerhalb Israels selbst. Choni, der Kreiszieher, kann sagen: »denn ich bin wie ein Haussohn vor dir«, und Schimon ben Schætach kann von ihm sagen: ». . . was soll ich tun, denn du versündigst dich vor Gott und dennoch tut er deinen Willen . . .« Ja, es scheint sogar so zu sein, daß Unterschiede in der Toraauffassung angedeutet werden. Aber auch diese Herausstellung einzelner Charismatiker geht davon aus, daß Kindschaft eine bes. Gabe Gottes in Israel selbst ist. Die »Kinder Gottes« (Dtn 14,1) richten ihr Antlitz auf diese »Geliebten« Gottes, weil das eigene Schicksal (zB der Regen) von deren Gebet abhängt.

d) Das hellenistische Judentum hält den Schöpfer- und Vaterglauben fest und sieht in der Geschichte einen Erweis seiner Vorsehung, Güte und Gerechtigkeit. Für Josephus (Ant. 2,152) gilt, daß er »Vater von allem« sei (vgl. 1,20); nach Ant. 5,93 ist er »Vater und Herr der

Hebräer«. Jos. steht also in einer festen Terminologie, die sich der Bildhaftigkeit der Aussagen bewußt ist. Die Anrede »Vater« findet sich bei ihm im Gebet nicht. Die Urväter sind »von Gott selbst« entstanden (Ant. 1,106); sie sind Beispiele eines besonderen Wirkens. Gottessohnschaft in einem spez. Sinn kennt Jos. nicht.

Philo hat sich bes. eindrücklich mit bestimmten philosophischen und exegetischen Fragen befaßt, die spekulativ gedeutet werden. Nach Conf. Ling. 63 ist der Logos der älteste Gottessohn, der Kosmos der jüngere. In Sobr. 56 ist Abraham nicht nur Gottes Freund, dem nichts verhüllt wird, sondern auch Gottes *Kind* (υἱός *[hyios]*). Er ist edel geboren, da er sich Gott zum Vater erwählt hat und allein als Sohn von ihm adoptiert wird. Philo bemüht sich, dem Text der LXX zu Gen 18,17 gerecht zu werden (vgl. auch Leg. All. 3,27; Quaest. in Gn. 4,21).

1a) Grundsätzlich schließt das urchristl. Bekenntnis zur Gottessohnschaft Jesu an die Gebetsanrede Jesu an (aram. *abbā*, → *Vater*, Mk 14,36; Gal 4,6; Röm 8,15; vgl. → Gebet, Art. προσεύχομαι III,1a). Es ist etwas Neues, daß Jesus Gott mit »mein Vater« anredet; die Gebetsanrede stammt urspr. aus der Familiensprache; sie findet sich auch nicht in den charismatischen Kreisen des Judentums (dagegen beachte b. Taan. 23b: »ein Abba, der Regen geben kann«). An diesem eschatologisch bestimmten Gottesverhältnis gibt Jesus Anteil. Es ist daher verständlich, wenn Jesus von sich als dem »Sohn« redet und sich eine bes. → »Erkenntnis« (Art. γινώσκω III) des Vaters zuschreibt (Mt 11,27; Lk 10,22). Diese Sohnesaussage ist urspr. »apokalyptisch« und schließt wie in Qumran (zB 1QS 4,21f; CD 3,13f) → Erwählung, Erkenntnis und → Offenbarung zusammen. Problematisch ist, wie dieser Grundansatz sich zu der mit Mk 1,11; 9,7 gegebenen Hinweisung auf Ps 2,7 verhält (vgl. Lk 3,22). Hier könnte urspr. vom »Gottesknecht« im Sinne von Jes 42,1 (hebr. *ʿabdī, mein Knecht*) die Rede sein; doch ist diese Fragestellung unabgeschlossen. III

b) Mit dem Begriff »Sohn Gottes«, der so bei Jesus selbst nicht vorkommt, ist das eigentliche Bekenntniswort (→ Bekennen IIIc) des Urchristentums gegeben. Es hat seinen festen Sitz in der → Taufe, in der Predigt und im Bekenntnis (Apg 8,37 v. l.; 9,20; 13,33; Röm 1,3f) und weist zurück auf die Gemeindegründung und das Ostergeschehen. Die enge Verbindung zum Messiasbekenntnis legt nahe, diese Sohnschaft auf 2Sam 7,12.14 zurückzuführen (»Königstitulatur« vgl. RBultmann, Theologie, 1954², 51). Damit wird dann das messianische Element der Predigt Jesu auf die davidische Tradition zurückgeführt. Andererseits zeigt Lk 4,18f (vgl. Jes 61,1–2), daß das messianische Element der Verkündigung Jesu auf eine bestimmte Geistbegabung bezogen werden konnte.

Das hier angesprochene Problem wird aufgenommen von MAChevalier (L'Ésprit et le Messie dans le Bas-Judaisme et le Nouveau Testament, 1958). Ihm liegt an einer urspr. Verbundenheit von Ps 2 und Jes 11,1–10, die zwar im Rabbinat nicht nachweisbar, aber in apok. Texten und im NT vorausgesetzt ist. Diese urspr. messianische Tradition, die Ps 2 und Jes 11,1–10 miteinander verband, schlägt sich auch in der Täuferpredigt nieder. Die Gabe des »Geistes« knüpft unmittelbar an Jes 11,2 an: der Messias ist im Vollbesitz des Geistes Gottes. Dann zersplittert sich die Tradition: a) der Messias wird richten durch den Hauch seines Mundes bzw. durch Feuer (Jes 11,4); b) Jesus selbst versteht sich im Sinn von Jes 42,1; 61,1f als Gottes Knecht, auf dem der Geist des Herrn ruht.

Die Frage, ob das messianisch-adoptianische Element von Ps 2,7 oder die *ʿæbæd*-Geisttradition von Jes 42,1; 61,1f in der Christologie primär ist, wird sicher zugunsten der *ʿæbæd*-Geisttradition entschieden werden müssen. Die himmlische Stimme Mk 1,11 lautete wohl: »Siehe, das ist mein Knecht, an dem ich festhalte, mein Erwählter, an dem meine Seele Wohlgefallen hat; ich habe meinen Geist auf ihn gelegt, Recht wird er den Völkern sprechen« (Jes 42,1). Sie war eine Bestätigung der Geistesgabe (DFlusser, Jesus, 1968, 28).

Damit ist ein bestimmtes Ergebnis erreicht: »Sohn« ist Jesus in der Eigenart seines Gottesverhältnisses und Gebetslebens; *ʿæbæd*, Gottes*knecht*, als Träger der himmlischen Stimme, die ihn berufen hat. In beiden Begriffen zeichnet sich eine Funktion und eine Aufgabe, ein Sein vor Gott ab.

2) Das Sohnesverständnis der Überlieferung Lk 10,21–22 par

In Lk 10,21–22; Mt 11,25–27 finden wir ein Dankgebet Jesu vor, das aus Lobpreis und Offenbarungswort besteht; Mt 11,28f fügt eine Einladung im Stil von Sir 24,18ff hinzu (vgl. dazu ThomasEv, Logion 90, pl. 96,16–20). Bes. umkämpft ist die Echtheit und Bestimmung des Mittelstückes Mt 11,27; Lk 10,22. Wir haben hier vier Glieder vor uns, die kunstvoll aufgebaut sind. Gemeint ist, daß der Vater dem Sohn die volle → Offenbarung überliefert hat; »wie nur ein Vater seinen Sohn wirklich kennt, so kennt nur ein Sohn seinen Vater wirklich«: er ist »allein in der Lage, anderen diese Kenntnis zu vermitteln«. Das Logion hat seine Parallelen in der Apokalyptik (Dan 2,20–23; äthHen 37,4; 1QS 11,15–20; hebrHen 48C,7). Man könnte auf Joh 10,15 verweisen (vgl. zum Ganzen JJeremias, Abba, 1966, 51–54). JJeremias versteht in Mt 11,27 den Artikel vor »Sohn« und »Vater« generisch (allg. Erfahrungssatz: »wie nur ein Vater seinen Sohn wirklich kennt«). Wahrscheinlicher ist aber, daß das erste Glied die folgenden mitbestimmt: in der Übergabe der Offenbarung vollzieht sich das bes. Einverständnis von Vater-Sohn.

In Iren. Haer. I,13,2 findet sich eine alte aram. Sonderüberlieferung, die in der gnostischen Sekte der Markosier bewahrt wurde: »O mein Vater, daß mir Gnadenwahl vor dir zuteil wurde«. Jesus hat sich selbst als der »Einfältige Gottes« gewußt, der sich vom Schriftgelehrtentum trennt und dabei die Gnadenwahl Gottes erfährt. Ob der bei Iren. bezeugte Kurztext sekundär ist, muß offenbleiben. WGrundmann (Die Gotteskindschaft in der Geschichte Jesu, 1938, 140) gibt zu bedenken: »Es ist verständlich, daß dieses einem starren supranaturalen christologischen Denken widersprechende Wort nicht lange ertragen und sehr bald umgeformt wurde, während das Zitat bei Irenäus als Umformung schwer erklärbar ist«.

Seit ENorden (Agnostos theos, 1913); TArvedson (Das Mysterium Christi, 1937); AJFestugière (Cadre de la mystique hellénistique, Festschr. MGoguel, 1950, 74ff) wird unser Zusammenhang bewußt in die hell. Form und Offenbarungssprache eingeordnet. Auch hier kann man dann von einer »Gnosis« sprechen, die sich auf Gott richtet und ihn als den Heilschaffenden ansieht, von einer Selbsterkenntnis des Menschen, der von Gott ausgeht und zu ihm zurückkehrt, von dem Aufzeigen eines Weges, der Mittel und Mittelwesen, die zum Aufstieg verhelfen. Man wird zwar die Denkformen von Qumran (zB 1QS 9,18; CD 2,3) und Mt 11,15–27 nicht von hell. Voraussetzungen lösen können, doch ist die eigentliche Substanz des Logions semitisch. Die hier vorausgesetzte *da'ath, Erkenntnis*, ist weder spekulativ noch mystisch (vgl. JJeremias, Abba, 1966, 47ff).

3) Die Taufstimme nach Mk 1,11 par (Lk 3,22)

Vielleicht ist die in allen Evgg. bezeugte Gottesstimme in der → Taufe Mk 1,11 par der eigentliche Ursprung aller Aussagen vom Sohn, vom Knecht, vom Geliebten bzw. Erwählten. Jesus erfuhr hier, daß er berufen (→ Berufung), erwählt und zu einer spez. Aufgabe auserkoren war. Wichtig ist, daß die Himmelsstimme der Geistesgabe zugeordnet wird. »Hallstimmen waren damals im Judentum keine ungewöhnlichen Erscheinungen, und häufig hörte man die Stimme einen Bibelvers sprechen« (DFlusser, Jesus, 1968, 28). Der heutige hell. beeinflußte Text muß also auf seine semitische Grundlage hin befragt werden. Ist die *'æbæd*-Tradition ursprünglich, wurde *'æbæd* mit υἱός *[hyios]* wiedergegeben, das hebr. *bāchīr* von Jes 42,1 mit ἀγαπητός *[agapætos], Geliebter* (LXX: ἐκλεκτός *[eklektos], Erwählter*; → Erwählung, Art. ἐκλέγομαι II,2), dann war Jesus grundsätzlich in die *'æbæd*-Jahwe-Tradition hineingestellt. Seine Taufe war ein Vorzeichen seines Sterbens (→ Kreuz, Art. σταυρός), das er für die → Sünden des ganzen Volkes auf sich nahm.

Damit ist das Problem, welchen kritischen Wert die Lesart Lk 3,22D mit Justin haben kann, wo der Wortlaut von Ps 2,7 wörtlich wiedergegeben wird (»Du bist mein Sohn, heute habe ich dich gezeugt«), noch nicht endgültig entschieden (zu Ps 2,7 vgl Apg 13,33; Hebr 1,5). In dieser Lesart kommt die Sohnestradition zum Sieg. Das HebrEv 2 bildet um: »Mein Sohn, in allen Propheten erwartete ich dich, daß du kämest und ich in dir ruhte« (vgl. dazu EHennecke/WSchneemelcher, Nt. Apokryphen I, 1968[4], 104–108).

4) Das Gleichnis von den bösen Weingärtnern Mk 12,1–12 par

Auch Markus kennt die Herausstellung des Sohnes gegenüber den voreschatologischen Sendungen der Knechte. In Mk 12,1–12 par schließt sich die Sendung des Sohnes als letztes, verzweifeltes Mittel des Besitzers der Sendung der Knechte an. Der Widerstand der Pächter wird aber nicht gebrochen, sondern versteift sich: man ergreift den Sohn, tötet ihn und wirft ihn aus dem Weinberg hinaus. Da der Auftrag an die Knechte sich nicht von dem des »geliebten Sohnes« unterscheidet, besteht der Sinn des Gleichnisses in der äußersten Zuspitzung der geschichtlichen Situation. Das urspr. Gleichnis war nicht allegorisch.

JJeremias (Die Gleichnisse Jesu, 1965[7], 72ff) verweist auf die revolutionäre Stimmung der galiläischen Bauern gegen die landfremden Großgrundbesitzer, wie sie der in Galiläa beheimatete Zelotismus geweckt hatte. Es ist wichtig zu beachten, daß der Besitzer offenbar im Ausland lebt (Mk 12,1), vielleicht sogar als Ausländer gedacht ist. Die Pächter haben den Rechtssatz vor Augen, daß ein Nachlaß unter bestimmten Voraussetzungen als herrenloses Gut galt, das sich jedermann aneignen konnte, wobei derjenige das Vorrecht hatte, der zuerst die Besitzergreifung vollzog. Jesus kämpft gegen die Pächter des Weinberges und Führer des Volkes: Ihr habt immer wieder Widersetzlichkeiten gegen Gott begangen. Auch den letzten Gottesboten weist ihr ab.

Das Gleichnis ist im Laufe der Zeit allegorisiert worden. Für die Hörer brauchte der Begriff des »Sohnes Gottes« nicht messianisch zu sein. JJeremias nimmt an, daß der Begriff »Sohn Gottes« im vorchristl. palästinischen Judentum nicht nachweisbar ist (Interpolationen in äthHen 105,2; 4Esr 7,28f; 13,32.37.52; 14,9). »Erst in nachchristl. Zeit finden sich einige spärliche Belege für die Bezeichnung des Messias als Sohn Gottes in der rabb. Lit. im Anschluß an Ps 2,7« (St.-B. III,19f; JJeremias, aaO, 71, Anm. 1). Zu beachten ist auch der Text des Thomas-Ev: »Da sandte der Herr seinen Sohn. Er sagte: Vielleicht werden sie sich vor seinem Sohn scheuen! Da jene Bauern wußten, daß er der Erbe des Weinberges war, ergriffen sie ihn und töteten ihn. Wer Ohren hat, der höre« (Logion 65). Man wird zwischen dem urspr. Gleichnis Jesu und der Interpretation der Urgemeinde zu unterscheiden haben.

5) Das Logion vom eschatologischen Vorbehalt des Vaters Mk 13,32

Schwierig ist die Problemstellung in Mk 13,32, wo eine alte semitische Grundlage vorliegt, die vielleicht schloß: »nicht einmal die Engel wissen es«; später fügte man an: »auch nicht der Sohn, sondern der Vater allein« (GDalman, Die Worte Jesu, Bd. I, 1930[2], 159; JJeremias, Abba, 1966, 40; zur Auseinandersetzung, die nicht abgeschlossen ist, vgl. BMFvIersel, 1961, 117–123).

6) Midrasch über die Vorgeschichte Jesu Mt 1,18ff; Lk 2,1ff

Eine ältere Erzählung über die Geburt Jesu ist midraschartig (vgl. die Verwendung der Schriftzitate) ausgebaut worden. Dabei geht Lk 1,32ff mit einem Sohnesverständnis um, das zunächst an 2Sam 7,12–16 anknüpft und die Davidsohnschaft aufnimmt, sie aber prophetisch ausgestaltet. Anders ist der Aufriß des Mt, der das Messiaskind (2,15) im Schriftzitat (Hos 11,1) »Sohn« Gottes nennt. Der Weg zur Menschheit führt nach ihm über Israel; der Weg zu Israel führt zu Jesus als dem Messias Israels. Aus Ägypten sollte der Erlöser (→ Erlösung, Art σῴζω), ein zweiter → Moses, kommen.

Mit diesen Erzählungen beginnt eine neue Art, die Gottessohnschaft Jesu zu verstehen. Die at. Traditionen bleiben, werden aber durch eine hell. Interpretation von einer Zeugung (→ Geburt, Art. γεννάω) durch Gott ohne einen irdischen Vater weitergeführt. Diese Interpretation ist auch in bestimmten jüd. Kreisen zu Hause (vgl. Philo, Cher., 40–47: »Die Männer, denen der Gesetzgeber ihre Tugend bezeugt, läßt er nicht ihre Frauen erkennen« wie zB Abraham, Isaak, Jakob, Moses). Die Vorstellung einer eschatologischen Neuschöpfung Gottes (→ Schöpfung, Art. κτίσις) erinnert an die Geburt Noahs, der nicht einem Menschen gleicht, sondern den Gottessöhnen des Himmels; er ist nicht wie wir (äthHen 106; Qumran, Genesis Apokryphon col. 2; vgl. zum Ganzen: CKBarrett, The Holy Spirit and the Gospel Tradition, 1947, 18–24; MDibelius, Jungfrauensohn und Krippenkind, 1932, in: Botschaft und Geschichte, 1953, 1ff; DFlusser, Jesus in the Context of History, in: AToynbee, Hrsg., The Crucible of Christianity, 1969, 229ff).

7) Vorpaulinische Traditionen und paulinische Verkündigung

WKramer (Christos, 183) unterscheidet mit Recht zwischen Gottessohnformeln, die Paulus zitiert oder übernimmt (6 Stellen) und Eigenformulierungen (9 Stellen). Die Christos- bzw. Kyrios-Aussagen (→ Herr, Art. κύριος) überwiegen. Auffallend ist, wie stark sich Paulus an vorgegebenes Material angeschlossen hat. Die Frage, welches Gewicht die »Sohnes«-Aussagen haben, ist aber noch offen. Daß sie die Legitimation Jesu, sein Verhältnis zu Gott und seine Repräsentation Gottes als dessen Gesandter einschließen, ist offensichtlich. Die These WKramers, daß Gottessohntitel und -vorstellung für Paulus nur von untergeordneter Bedeutung sind (S. 189), muß angezweifelt werden. Messiasbekenntnis und Kyriosakklamation sind christologisch selbständige Themata; der Begriff »Gottessohn« setzt aber nicht bestimmte »Formeln«, sondern geschlossene Aussagen voraus.

a) Röm 1,3–4 spricht in einer zweigliedrigen Aussage von einer messianischen Inthronisation und setzt Ps 2,7; 110,1ff voraus. → Auferstehung und Inthronisation fallen daher geschichtlich zusammen. Die beiden Daseinsformen beschreiben irdische und himmlische Existenz, Davidsohnschaft und Gottessohnschaft; die zweite Daseinsform überhöht die erste, steht aber nicht im Gegensatz zu ihr. Der Zusatz »in Kraft« gilt vielleicht der Gottessohnschaft und könnte doxologisch gemeint sein. Diese zweigliedrige Aussage arbeitet mit jüd. Material und könnte der aram. sprechenden Urgemeinde zuzuweisen sein. Es geht ihr um die Bedeutung Jesu, nicht um die Beschreibung des Heilsgeschehens.

b) Vorpaulinisch scheint das Auftauchen der Sendungsaussage Gal 4,4f; Röm 8,3 zu sein. Man kann hier ein Formschema erkennen, das auch — allerdings modifiziert — im johanneischen Schrifttum erkennbar ist (Joh 3,17; 1Joh 4,9.10.14). Charakteristisch sind die nachfolgenden Finalsätze (ἵνα *[hịna], damit*), die den Sinn der Sendung herausstellen. Dahinter liegt urspr. das Schema des eschatologischen Gesandten, der Moses überbietet (Dtn 18,15; Joh 17,3).

ESchweizer (ThWb VIII,377) nimmt an, daß Weisheitsaussagen des hell. Judentums (von Gott gesandte Kraft, Weisheit, Logos) als Vorstufe für die paulinische und johanneische Präexistenzvorstellung anzusetzen sind. Die nt. Sendungsformeln sind allerdings zeit- und geschichtsgebunden. »Daß kaum ein gnostischer Erlösermythos ... vorauszusetzen ist, zeigt sich darin, daß der Sohnestitel der Sendeformel nie mit Erhöhung oder Himmelfahrt verbunden erscheint« (ESchweizer, aaO, 377, Anm. 299).

c) Vorpaulinisch ist wahrscheinlich auch das »Geben« bzw. »Dahingeben« des Sohnes (→ Gericht, Art. παραδίδωμι; → Leiden; Röm 4,25; 8,32; Joh 3,16). Das hier auftauchende Verbum παραδιδόναι *[paradidọnai], dahingeben*, kann sowohl aus der Passionsgeschichte wie auch aus einer Analogie zur Sendeformel (geben = senden) verstanden werden. Das Abraham-Beispiel — der Erzvater hat seinen Sohn nicht »verschont« (Gen 22,12.16) — dürfte in diesem Zusammenhang ebenfalls eine Rolle spielen. Wir haben es hier mit einem Kerygma zu tun, in dem noch das alte semitische Botenrecht nachwirkt. Es geht um die entscheidende Tat Gottes, der seinen Sohn beauftragt und autorisiert; er nimmt das → Leiden des Sohnes auf sich und gibt diesem Leiden den letzten Sinn seiner Vaterliebe.

Es genügt nicht, die Frage nach dem Ursprung dieser Präexistenzaussagen zu stellen; man hat auch die Aufgabe, nach den Kreisen zu fragen, in denen diese Aussagen gültig sind. Offenbar gehören sie in die Missionspredigt und Unterweisung der hell. Diaspora, zumal in diesen Stoffen das Israelproblem ausgeklammert und die Sendung für die Menschheit in den Vordergrund gestellt wird. Allerdings kommt es auf den at. und jüd. Hintergrund dieser Stoffe an. Der »Sohn« ist der Überbringer des göttlichen Willens und nicht ein hell. Heros oder Vermittler göttlicher Kräfte.

d) Auch die Zusammenfassung des alten heidenchristl. Missionskerygmas 1Thess 1,9f scheint vorpaulinisch zu sein. Es ist offenbar nach Bußruf (→ Bekehrung) und Heilserwartung aufgebaut und erinnert an Motive der Täuferpredigt (»bevorstehender Zorn« Mt 3,7; Röm 5,9). Die Auferweckung gilt als Unterpfand des zukünftigen Heiles. Wahrscheinlich tritt die Sohnesbezeichnung kerygmatisch an die Stelle der Menschensohntradition.

WKramer (aaO, 120ff) denkt an aram.-judenchristl. Material, das in das hell. Kerygma eingebaut ist. Er weist darauf hin, daß Gottessohnaussage und Parusie zunächst nicht miteinander verbunden waren.

e) Ebenfalls vorgegeben ist der apok. Stoff 1Kor 15,23–28. Aus welchem biblischen Material er christologisch geformt ist, zeigen Ps-Stellen wie 8,7; 110,1. Vor allem ist auch der absolute Sprachgebrauch »der Sohn« für diesen apok. Zusammenhang kennzeichnend

(V. 28). Er nimmt Züge auf, die sonst auf die »Menschensohn«-Prädikation hinweisen (vgl. Ps 8,7). Es kommt hier auf den »Gehorsam« gegenüber dem → »Vater« und »Schöpfer« an.

f) Diese vorpaulinischen Aussagen über den »Gottessohn« führen mitten hinein in altes Bekenntnisgut, aber auch in das Kerygma der Mission in der Diaspora. Paulus selbst hat die vorgegebenen Ansätze nicht nur tradiert, sondern auch soteriologisch interpretiert und durch seine Kreuzespredigt normiert. Die enge Verbindung des »Sohnes« mit den »Söhnen«, das Vorgesetztsein des Christusbildes und seiner → Gestalt, das Erbrecht der Sohnschaft sind wichtige Elemente der Heilslehre; doch sind mit dem Übergang in die hell. Verkündigung gleichzeitig ontologische Ansätze gegeben, die das Schwergewicht der funktionalen Bestimmungen gefährden können (vgl. Phil 2,5–11; Röm 8,3).

8) Die Spannung zwischen ontologischen Ansätzen und funktionalen Bestimmungen zeigt sich deutlich im johanneischen Schrifttum, wo vor allem in den Briefen die Gottessohn-Aussagen bes. entscheidend sind. Im 4. Ev. ist das Gesandtsein Jesu in einem festen Grundriß der Heilslehre verankert. Man glaubt und erkennt Gott und seinen Gesandten (Joh 17,3; vgl. Num 16,28). Diese Sendungsaussage ist ausdrücklich auf die Sohneswürde Jesu ausgerichtet (KHRengstorf, ThWb I,446). Es geht um die entscheidende Tat des Vaters, der seinen Sohn beauftragt und autorisiert –, aber darum hat auch der Sohn den gleichen Anspruch und das gleiche Recht wie der Vater (Joh 5,23: der Vater, der ihn gesandt hat). Damit stehen wir vor einer bestimmten Interpretation eines älteren Kerygmas.

a) Joh 3,35 charakterisiert die Vollmacht des Sohnes zu lehren und zu handeln. Der Vater liebt ihn (= erwählt ihn) und hat alles in seine Hände gelegt. Der Aufbau des Logions deutet aram. Ursprung an (vgl. Mt 11,27; Lk 10,22). Der 4. Evangelist interpretiert diese Vollmacht (5,22 Gericht über alles Fleisch; 5,26 Leben haben in sich selbst; 12,49 das Gebot, was er sagen soll; 17,11f der Name, den Gott ihm gegeben hat). Es ist die Vollmacht (→ Macht, Art. ἐξουσία) des Beauftragten und Rechtsträgers. Die Konsequenz ist, daß der Sohn nichts von sich selbst tun kann, sondern ausschließlich auf das sieht, was der Vater tut (5,19; 7,18). Sein Werk ist die Durchführung eines Auftrages, von der er in keinem Stück abweicht. Die Vollmacht des Vaters ist einerseits ein einmaliger Akt der Vergangenheit, andererseits fortgesetztes Tun in der Gegenwart: gerade auf diesem präsentischen Tun liegt der Hauptton. 6,40 sagt ausdrücklich, daß der Wille Gottes den Menschen in die Begegnung mit dem Sohn und zum → Glauben an ihn führen will. Nur so vollzieht sich eschatologisches (= gesegnetes, vollkommenes) Leben.

Es ist daher nicht geraten, Johannes aus dem Umkreis der gnostischen Mythologie zu interpretieren (RBultmann, KEK II, 1964[18], 24). Der Christus ist für den Evangelisten kein Zwischenwesen, das zugleich eine kosmologische und soteriologische Gestalt ist. Immerhin steht der Evangelist innerhalb des mythischen Denkens, das für das hell. Kerygma typisch ist. Für RBultmann gilt ebenfalls, daß in dem Sohn Gott selbst, als in seinem Abbild, präsent wird (S. 119, Anm. 3: Herleitung des Vater-Sohn-Verhältnisses aus platonischen, hermetischen und gnostischen Motiven). ». . . jedoch bleibt diese Interpretation in der Sphäre der Mythologie, die Joh im Sinne des Offenbarungsgedankens umdeutet: in Jesus begegnet Gott selbst, seine Worte sind Gottes Worte« (S. 119f, Anm. 3). Zur existentialen Interpretation: »Wer sich an ihn gewiesen sieht, kann sicher sein, den Vater, der ihn liebt, für sich zu haben; kann sicher sein, in ihm der Allmacht Gottes selbst zu begegnen« (RBultmann, aaO, 120). Das Wirken des Erhöhten schafft Gewißheit, nicht der Glaube des Menschen, der sich an den Erhöhten wendet.

Es ist aber anzunehmen, daß Johannes in eine hell. Welt spricht, in der das Sendungsbewußtsein der Philosophen (Epict. Diss. I,24,6) und Gnostiker (Iren. Haer. I,17,1) eine bedeutende Rolle spielt.

b) Johannes baut demgegenüber das altkirchliche Taufbekenntnis weiter aus: Übernommen ist das Bekenntnis (Joh 20,31 vgl. Apg 8,37): Jesus ist der Messias, der Sohn Gottes (vgl. den Zusatz Joh 11,27 »der in die Welt kommt«). Dies Taufbekenntnis ist auch gemeint, wenn vom »Glauben an den Namen des Sohnes Gottes« die Rede ist (1,12; 3,18). Zum Glauben gehört das bewußte Aussprechen des Namens Jesu, das zum Bekenntnis und

Zeugnis wird. Auch 1Joh 4,15; 5,5 ergibt dasselbe Bild. Der absolute Sprachgebrauch »der Sohn« ist für Johannes typisch; daneben findet sich aber auch die Gen.-Verbindung »sein Sohn« (1Joh 1,3.7), wenn von Gott dem Vater und Jesus die Rede ist.

Das alte semitische Funktionsdenken (Auftrag und Gehorsam) ist bei Johannes durch eine andere Struktur ergänzt und überboten, die man östlich (im Gegensatz zum westlichen Denken) nennen müßte. Dies östliche Denken ist nicht theoretisch und spricht nicht vom Haben, sondern praktisch und unmittelbar und denkt an ein Partizipieren am Sein. Ausgangspunkt bleibt für Johannes der Auftrag und der Gehorsam, aber im Vollzug ereignet sich die Teilhabe an der → Wahrheit und am → Licht.

Darf man sagen, daß der Sprachgebrauch bei Johannes schon »formal« und »zur Chiffre geworden« sei (ESchweizer, ThWb VIII,390)?

c) Das Problem der »Gottessohnschaft« ist im semitischen Denken identisch mit dem der »Gotteskindschaft« (→ Kind); erst in der hell. Tradition beginnt die Unterscheidung zwischen dem »Sohn« der Lehraussage und der durch → Glauben und → Taufe empfangenen Kindschaft (Joh 1,12; 1Joh 3,1.10). Dabei spielt die qumranische Antithese zwischen den »Söhnen des Lichts« und »der Finsternis« auch im johanneischen Denken eine Rolle.

α) Joh 1,12 spricht von der »Vollmacht«, *Gottes Kinder* (τέκνα θεοῦ *[tẹkna theọụ]*) zu werden, 1Joh 3,1 vom Geschenk des Kindesnamens (»wir werden genannt«). Aus dieser Gabe entstammt das »Sein« (»und es auch sind«).

β) Die Vollmacht bzw. Gabe der Kindschaft wird verstanden als eine »Zeugung aus Gott« (Joh 1,13; 3,3; 1Joh 2,29; 3,9f; 4,7; 5,1.4.18). Dieser Prozeß wird aus dem → »Geist« bzw. aus dem Empfang der Taufe (»Wasser und Geist«) abgeleitet (Joh 3,5). Es geht hier um eine vorjohanneische Tradition, die didaktisch in einem bestimmten Sinn entfaltet wird (1Joh 2,29: »wer die Gerechtigkeit tut«).

γ) Gemeint ist in dem neuen »Sein« ein »Bestimmtsein von . . .«, also ein Scheidungsprozeß vom Bösen, die Anerkennung des von Gott gebotenen Gehorsams gegenüber der eschatologischen → Gerechtigkeit (»wer die Gerechtigkeit tut«).

RSchnackenburg (Die Johannesbriefe, 1963², 175ff) bietet in Exkurs 8 das Material über Gotteskindschaft und Zeugung aus Gott und bestimmt: »Aber das Gotteskindsein ist nichts Naturhaftes, sondern gehört zum übernatürlich-göttlichen Bereich« (S. 175). Eine Berührung mit dem Neuwerden durch Mysterien und mit gnostischen Texten kann vorliegen. Der Gnostiker ist naturhaft ein pneumatischer Mensch (φύσει πνευματικός *[physei pneumatikọs]*, von *pneumatischer Natur*), und seine Umwandlung vollzieht sich durch Gnosis, mag sie auch mit sakramentalen Riten umkleidet sein. Er besinnt sich auf seine von jeher bestehende pneumatische Natur (RReitzenstein, Die hell. Mysterienreligionen, 1927³, 53ff). Johannes denkt dagegen nicht naturhaft, sondern geht von der Besonderheit des Geistes Gottes als der Schöpferkraft Gottes aus. Das neue Sein muß eschatologisch, nicht – wie RSchnackenburg will – analogiehaft gedacht werden.

RBultmann (KEK XIV, 1967, 50ff) vergleicht 1Joh mit Corp. Herm. XIII,14 und dem Prozeß des *seinshaften Werdens* (οὐσιώδης γένεσις *[ousiọ̄dæs genesis]*). Verwandtschaft mit der gnostischen Frömmigkeit sei nicht zu übersehen, doch gehe es bei Johannes um die Neuwerdung als eschatologisches Geschehen.

Wahrscheinlich führt die Einordnung des Johannes in das jüd. Denken einen Schritt weiter (vgl. FNötscher, Zur theologischen Terminologie der Qumran-Texte, 1956, 148: »Ewiges Leben ist irgendwie Teilnahme am göttlichen Leben, da Gott bzw. Christus allein im Vollbesitz des Lebens und darum zugleich alleiniger Lebensspender ist«; Joh 5,21; vgl. 11,25; 14,6). Es geht aber nicht um die Kategorien »Vergeistigung« und »Verinnerlichung« (so auch FNötscher, aaO, 148), sondern um das D u r c h h a l t e n d e r e s c h a t o l o g i s c h e n P e r s p e k t i v e.

9) Auf den absoluten Gebrauch der Sohnesprädikation stößt man im H e b r ä e r - b r i e f (1,2.8; 3,6; 5,8; 7,28), wo der alte palästinisch-judenchristl. Sprachgebrauch nachwirkt (Betonung der Stellung des Sohnes im Hause Gottes, Sohn als Erbe). Daneben findet sich die offizielle Würde des »Sohnes Gottes« dort, wo das urchristl. Taufbekenntnis nachwirkt (4,14; 6,6; 7,3; 10,29). Die Vater-Würde Gottes wird sehr zurückhaltend beschrieben (1,5; 12,7.9): sie beruft sich auf die alte Überlieferung. Älteres Traditionsgut findet sich in Hebr 1,2f (vgl. Kol 1,15–17), das in den Bereich der hell. Gemeinde gehört.

Auffallend ist in Hebr 1,2 das Nebeneinander der beiden Aussagen: er ist Erbe (→ Erbe, Art. κλῆρος III,2) des All, und er ist Mittler der Schöpfung. Im hell. Christentum hat man den »Sohn« der palästinisch-jüd. Tradition als »Abbild« des unsichtbaren Gottes verstanden (Kol 1,15f) und ihm die Züge der Weisheit verliehen (vgl. Weish 7,25f). Das Nebeneinander von geschichtlichem und metaphysischem Motiv kommt darin zum Ausdruck, daß der geschichtliche Prozeß im Aorist (1,1–2.3–4), der metaphysische im Präsens (1,3) beschrieben wird. Auch hier begegnen wir also bewußten Seinsaussagen.

10) In der Offenbarung findet sich der Begriff »Sohn Gottes« in 2,18. Er ist Selbstbezeichnung des Christus, der nach 2,23 am richterlichen Handeln Gottes (→ Gericht, Art. κρίμα) teilhat (vgl. Jer 17,10); er gibt den Glaubenden Anteil an der Herrschaft über die Völkerwelt (zu Offb 2,26f; vgl. Ps 2,8f). Daß die Vollmacht des »Gottessohnes« mit at. geprägten Aussagen beschrieben wird, ist bezeichnend. Außerhalb von 2,18 fehlt der Begriff »Sohn Gottes« in der Offenbarung.

11) Auf den absoluten Sprachgebrauch der Sohnesprädikation weist die triadische Bekenntnisformel »Vater, Sohn und heiliger Geist« Matthäus 28,19 zurück. Sie ist eine kurze Zusammenfassung des Heilsgeschehens, der Unterweisung und der Legitimation der Völkertaufe. Daß sie alt ist, zeigt Did 7,3; Just. Apol. 1,61,3. Mt steht in einer Taufpraxis, die aufs stärkste und umfassendste sich legitimiert.

Es ist dabei durchaus möglich, daß die eusebianische Kurzform, die den Taufbefehl mit der triadischen Formel nicht kennt, urspr. ist: »Gehet hin und macht zu Jüngern alle Völker in meinem Namen, lehrt sie halten alles, was ich euch befohlen habe«. Vielleicht darf man bei der Erfassung der Grundlagen dieses Textes Jes 42,1 nicht übersehen: »Siehe da, mein Knecht, an dem ich festhalte, mein Auserwählter, an dem mein Herz Wohlgefallen hat; ich habe meinen Geist auf ihn gelegt, damit er die Wahrheit zu den Völkern trage« (zum Ganzen vgl. FCConybeare, The Eusebian Form of the Text Matth. 28,19; HKosmala, The Conclusion of Matthew, ASTI 4, 1965, 132–147).

Unter den christologischen Aussagen ist die Selbstbezeichnung »der Sohn« deshalb von bes. Wichtigkeit, weil sie Berufung, Erwählung und Selbstaussage auf Gott selbst zurückführt und legitimiert. *O. Michel*

υἱὸς Δαυίδ *[hyios David]* Sohn Davids

υἱὸς Δαυίδ

1) »Sohn Davids« ist ein nt. Prädikat Jesu, das im AT und in den Überlieferungen des Judentums eine lange Traditionsgeschichte hinter sich hat. Diese Überlieferung entstammt nicht einer späten theol. Reflexion, sondern weist zurück auf ein geschichtliches Ereignis, das mit der Person Davids verbunden ist. I/II

a) Grundlegend ist die Nathanweissagung 2Sam 7,12–16: 1. die Erweckung eines Nachfolgers Davids aus seinem Samen, 2. die Bestätigung seines »Hauses« und Königtums für immer. Auf ihr bauen sich auf Ps 2,7; 89,4; 132,11 (Bundschließung und Schwur). Jedoch zeigt sich hier (vgl. Ps 110,1f; Ps 45,7), wie die Davidverheißung als das eine bestimmende Moment israelitischen Königtums sich mit Merkmalen gemeinorientalischer Königanschauung vermischt: der König ist »Kind Gottes« und als sein Beisitzer Teilhaber an der göttlichen Weltherrschaft (AFalkenstein, WvSoden, Sumerische und akkadische Hymnen und Gebete, 1953, 98; HJKraus, BKAT XV/2, 1960, 758). 2Sam 7,14 ist später hinzugefügt.

b) Auch einige Propheten setzen diese Weissagung an David voraus, interpretieren sie zukünftig eschatologisch und messianisch: Jes 9,5f (Charakteristika: → Friede, Recht und → Gerechtigkeit als messianische Heilsordnung); 11,1ff (Reis aus dem Stumpfe Isais, Verleihung des Geistes des Herrn, Gericht mit dem »Stab seines Mundes«, Gerechtigkeit und Treue als Zeichen der Herrschaft). Wie Gottes Geist einst auf David ruhte, wird auch der neue Herrscher, ein zweiter David, durch den Geist Jahwes ausgerüstet werden. Weisheit und Einsicht werden hervorgehoben, Recht und Gerechtigkeit sind die Folgen dieses königlichen Auftretens. Die israelitische Erinnerung an David und Salomo ist nicht verlöscht, wohl aber zeigt sich jetzt die Macht der orientalischen Königsideologie. Das Schwergewicht legt sich auf diese eschatologische Heilserwartung, die alles menschliche Maß übersteigt. Jer 23,5 spricht ausdrücklich vom »rechten Sproß« Davids, der mit Weisheit, Recht und Gerechtigkeit handeln wird (30,9; 33,15). Ez 34,23; 37,24 bringt als prophetische Bestimmung das Hirtenbild: »Ich will einen einzigen Hirten über sie bestellen, der sie weiden soll, meinen Knecht David«. Jes 55,3 spricht ausdrücklich vom »ewigen Bund« und der Verwirklichung der dem David verheißenen »unverbrüchlichen Gnadengüter« und gibt damit verheißend Antwort auf die Klage des Volkes, daß seine Geschichte nicht mehr unter der gnädigen Zuwendung Gottes stehe (Ps 89). Mit diesem »ewigen Bund« beginnt auch ein Heil für die Völker. Sach 3,8; 6,12 verheißt den »Knecht« und »Sproß«: »denn unter ihm wird es sprossen, und er wird den Tempel des Herrn bauen«. Selbstverständlich hängt auch der Segen über dem »Haus Davids« und den Bewohnern Jerusalems mit diesem messianischen Stoff zusammen (Sach 12,8.10; 13,1).

c) Messianisch bestimmt, aber ohne erkennbaren Zusammenhang mit der Weissagung von der »Davidssohnherrschaft« sind Gen 49,9f (»Löwe Juda«) und Num 24,17 (»Stern aus Jakob«). Wichtig ist, daß Jes 11,1–8; Micha 5,1 voraussetzen, daß Jahwe sein messianisches Werk noch einmal von vorne beginnt; daß beide Propheten auf die Familie blicken, von der David ausgegangen ist, und daß man anstelle der herrschenden Davididen einen ganz neuen Anfang erwartet. »Wer so entschieden in dem kommenden Gesalbten das Heil verkörpert sieht, der sagt damit, daß die zeitgenössischen Davididen ihre rettende Funktion, die ihnen die Königspsalmen so emphatisch zugeschrieben haben, verloren haben« (GvRad, Theologie des AT II, 1965[4], 177).

2) Auch das spätere Judentum nimmt die Verheißung eines Davidssohnes unter allerlei Modifikationen auf, um seine politische Bedrängung und seine Not im Verhältnis zu Gott ertragen zu können.

a) In der W e i s h e i t s l i t e r a t u r spielen Sir 47,11; 1Makk 2,57 auf den festen Bestand des Thrones bzw. auf den Thron für ewige Zeiten an. Als fester Begriff begegnet »Sohn Davids« im messianischen Sinn in PsSal 17,21. In einer Zeit, in der die Hasmonäer sich messianische Ansprüche und priesterlichen Glanz zu eigen machten, ersteht das alte davidische Verheißungsgut aufs neue. Der pharisäische Psalm greift auf das alte messianische Traditionsgut (2Sam 7,14; Jes 9,6; 11,1.10; Ps 2,9) zurück. Es ist Notzeit; der Beter wendet sich an Gott und hält ihm seine Verheißung vor. Er erwartet eine Wende, in der die Herrschaft der Heiden gebrochen und die Verunreinigung durch die Sünder aufhören wird. Mit dem Auftreten des Messias beginnt die Sammlung eines heiligen Volkes, eine Herrschaft über die Heiden und die Aufrichtung der Gerechtigkeit. Dieser »politische« Psalm gehört in die Zeit Jerusalems vor 63 vChr und verrät die Anschauung der Pharisäer in der damaligen Zeit. Der »Davidssohn« soll also die Herrschaft Davids erneuern, aber so, wie die pharisäische Gruppe sich das Kommen der messianischen Zeit denkt. Was der Pharisäer erwartet, ist aus V. 32 zu erkennen: »Er aber herrscht als gerechter König, von Gott unterwiesen, über sie, und in seinen Tagen geschieht kein Unrecht unter ihnen, weil sie alle heilig sind und ihr König der Gesalbte des Herrn ist.«

b) Obwohl messianische Ansprüche sich mit Männern nichtdavidischer Herkunft verbinden konnten, spricht das R a b b i n a t betont nicht nur vom »König, dem Messias«, sondern auch vom »Sohn Davids« (vgl. die Diskussion pTaan. 4,68d; St.-B. I,13).

c) Die Q u m r a n g r u p p e erwartet drei zukünftig heilbringende Gestalten: einen Propheten (Elias oder Moses), und neben dem davidischen einen priesterlichen Messias, der innerhalb dieser Dreiergruppe einen Vorrang zu haben scheint. In 4Qflor 1,7ff wird im Sinn von 2Sam 7,11–14 unter dem Stichwort »Haus« bzw. »Heiligtum« und »Ruhe« ein messianischer Zusammenhang zitiert; es schließt sich die Verheißung der »Aufrichtung« des Samens Davids und des »Thrones seines Königtums« an. Gott will ihm Vater sein, er wird ihm Sohn sein. »Das ist der Sproß Davids, der mit dem Erforscher des Gesetzes auftreten wird« (V. 11). Dicht daneben weist der Text in 4Qflor 1,12 auf Am 9,11 hin (»ich will die zerfallene Hütte Davids wieder aufrichten«, vgl. Apg 15,16). In CD 7,15 wird allegorisiert: »die Bücher des Gesetzes sind die Hütte«. 4Qpatr 1–4 bestätigt den Zusammenhang (2Sam 7,14 durch Hinzufügung von Gen 49,10): solange Israel die Herrschaft hat, wird nicht ausgerottet sein einer, der darin thront, der zum Hause Davids gehört. »Denn der Herrscherstab ist der Bund der Königsherrschaft«; »bis daß kommt der Gesalbte der Gerechtigkeit, der Sproß Davids« (vgl. Jer 23,5; 33,15; 4Qflor 1,11). Der Stil erinnert an die Psalmen (zB Ps 89,4: Bund und Schwur Gottes mit David, dem Erwählten). 4QpIsa[a] zitiert Jes 11,1–5 und deutet diese messianische Stelle auf den Davididen der Endzeit. Im Anschluß an Num 24,17 wird in CD 7,18–20 das Szepter auf den »Fürsten der ganzen Gemeinde« und der Stern auf den »Erforscher des Gesetzes« gedeutet. Ebenso geht 1QM 11,6 und 4Qtest 12 auf Num 24,17 zurück. Das Szepter ist wieder Hinweis auf den davidischen Fürsten. 1QSb 5,20ff enthält eine Reihe von Segenssprüchen, die auf at. Weissagungen aufgebaut sind (Jes 11,2ff; Mi 4,13; 7,10; Gen 49,9). Hier werden die Funktionen des Messias an Hand der at. Zitate aufgewiesen, darunter die »Aufrichtung der Herrschaft des Volkes«. Man erkennt also in der Qumran-Lit. einen ähnlichen messianischen Traditionsstrom wie in den Psalmen Salomos (vgl. 2Sam 7,12–16; Jes 11,1–5).

Damit ist sowohl die Berührung wie auch die Differenz gegenüber dem NT angedeutet: Qumran fixiert unterschiedliche messianische Erwartungen (und spricht von den Gesalbten Aarons und Israels), während das Urchristentum in Jesus bestimmte messianische Ansätze wiederfindet, die aber umkämpft sind und immer wieder neu geformt werden. Die Elemente des Messianischen bilden sich dabei zur Christologie um. TestJud 24,4–6 stellt den Sproß und das Szepter des Königreiches nach Jes 11,1; Gen 49,10 zusammen; die Verheißung hat hier universalistischen Klang. 4Esr 12,31 spricht vom »Löwen«, der in V. 32 als der »Gesalbte« (→ Jesus Christus, Art. Χριστός II) aus dem Stamm Davids hervorgehen wird (Gen 49,9). Er wird sie zur Rechenschaft ziehen und das übriggebliebene Volk erlösen. Besonderes Gewicht liegt darauf, daß der Höchste den Messias bis zum Ende der Tage »aufbewahrt«.

d) Einen wichtigen Platz nimmt die Gebetsliteratur ein. Das Erbarmen Gottes wird herabgerufen auf das Königtum des Hauses David (14. Benediktion des Achtzehngebetes) oder das Eingreifen Gottes für den Sproß Davids (15. Benediktion, babyl. Rezension). In der rabb. Tradition spricht man vom »Sohn Davids« als Messias (pTaan 4,68d,44, vgl. St.-B. I,13) und vom kommenden »David« bzw. dem kommenden »Knecht David« (Tg Ez 34,23f, vgl. St.-B. II,337). Die Formulierungen nehmen auf die at. Verheißungen bzw. die Gebetslit. unmittelbar Bezug. Vorausgesetzt ist oft der Verfall des Volkes und der Welt, der Niedergang von Frömmigkeit und Sitte.

Im NT ist mehrfach vorausgesetzt, daß Jesus von Nazareth genealogisch zur Sippe Davids III
gehört, und daß diese Abstammung von David ein »messianisches« Element seiner Geschichte war.

1) Die Bekenntnisformeln Röm 1,3–4 und 2Tim 2,8 setzen voraus, daß Abstammung von David (»messianisches« Element) und Gottessohnschaft auf Grund der Auferweckung von den Toten (»Inthronisation«) zwei Stufen einer alten Christologie sind.

In Röm 1,3–4 zitiert Paulus ein ihm aus der palästinischen Gemeinde überliefertes Bekenntnis: das Evangelium spricht vom »Sohn« (Mk 1,11; 9,7), der aus dem Samen Davids nach dem Fleische stammt, der aber zum »Sohn Gottes« in Kraft gemäß dem Geist der Heiligkeit durch die Auferstehung von den Toten eingesetzt wurde. Hier werden zwei nacheinander liegende Epochen der Geschichte Jesu nach dem Heilsplan Gottes beschrieben: irdisch trat er als »Sohn Davids« auf, stand also unter dem Zeichen der Designation, während er durch die Auferstehung zum himmlischen Messias nach Ps 110,1 inthronisiert wurde. Messianität und Gottessohnschaft stehen hier im Vordergrund und werden von der Auferstehung her bestimmt. Die Davidssohnschaft trägt einen geschichtlichen Bezug in sich, weist aber gleichzeitig auf die Erwartung der messianischen Hoffnung hin.

2) In den Reden der Apostelgeschichte wird differenziert zwischen dem gestorbenen David und dem von den Toten auferweckten »Heiligen«, der nicht die Verwesung sieht (Apg 2,27; 13,35 = Ps 16,10). Auf die Aufrichtung der Hütte Davids und eine neue Heilsepoche für den → Rest Israels und für alle Heiden ist das Amoszitat Apg 15,16f bezogen (LXX bzw. Testimonientradition). Hier scheint die urspr. Verheißung (vgl. CD 7,16; 4Qflor 1,12f) hell. und im Sinn der lukanischen Heilsauffassung umgebogen zu sein. Die Verheißung vom »Davidssohn« wird zwar vorausgesetzt, aber nicht wörtlich aufgenommen.

3a) Der Aufriß des Markusevangeliums entspricht dem Bekenntnis von Röm 1,3–4: Der Messias ist der »Sohn Gottes«, von dem der Evangelist Zeugnis ablegt. In Mk 12,35–37 wird ein Lehrgespräch wiedergegeben, das die Frage aufwirft, in welchem Verhältnis der »Sohn Davids« zum »Herrn Davids« (nach Ps 110,1) steht. Die Antwort liegt wohl auf der Linie des späteren Bekenntnisses von Röm 1,3–4: der »Davidssohn« muß erhöht werden. Daß Mk die Davidssohnschaft Jesu bestätigt, zeigt die Anrede Mk 10,48.

b) Matthäus legt besonderes Gewicht auf die Davidssohnschaft und verstärkt die Anrede und Akklamation (9,27; 12,23; 15,22; 20,30; 21,9.15; 22,42.45). Gegenüber dem Markustext zeigt sich, daß der heilsgeschichtliche Unterton dieser Abstammung bes. stark mitschwingt. In der Vorgeschichte wird Jesus als »Messias«, »Sohn Davids« und »Sohn Abrahams« bezeichnet (1,1); damit wird die Herkunft, aber auch der heilsgeschichtliche Aspekt, zum Thema des ganzen Buches. In Mt 1,20 wird auch Joseph, der Vater Jesu, der »Mann der Maria« (1,16), »Sohn Davids« genannt, ein Zeichen dafür, daß der genealogische Aspekt im Begriff nicht verlorengegangen ist. Er hat im Judentum vor allem rechtliche Bedeutung: die Anerkennung durch den Vater bestimmt die Erbfolge (St.-B. I,35). Wie stark diese Genealogie den heilsgeschichtlichen Anspruch Jesu trägt, zeigt der Aufbau des Stammbaums in 3 × 14 Gliedern; auch nach 1Chr 2,1ff; Ruth 4,18ff zählt man von Abraham bis David 14 Glieder (vgl. dazu WGrundmann, ThHK I, 1962, 62). Die messianische Würde Jesu wird von Mt bewußt in die Geschichte Israels eingefügt und damit auch sein Recht betont.

c) Bezeichnend ist, daß auch die lukanische Geburtsgeschichte unsere Tradition von der Davidssohnschaft Jesu voraussetzt (»Haus Davids« 1,27.69; »Stadt Davids« 2,4.11; »Thron Davids« 1,32), sie aber nur vorsichtig umschreibt (2,11). Daß er sich genealogisch zu ihr bekennt, zeigt die Stammtafel (3,31). Auffallend ist, daß im Mund der jüd. Bevölkerung Jesus als »König« akklamiert wird (19,38; 23,2): damit ist das Motiv der Davidssohnschaft zur letzten Konsequenz gebracht (vgl. Joh 12,13). Man spürt deutlich, wie Lukas sich mit einem bestimmten jüd. Traditionsstoff auseinandersetzt.

4) Die johanneische Überlieferung hat jüd.-messianische Fragestellungen an die Jesustradition herangebracht: a) wenn der Messias kommt, weiß niemand, woher er kommt (7,27); b) der Messias stammt aus dem Samen Davids, von Bethlehem, der Heimat Davids (7,42). Die vom Judentum eingebrachten Einwände können sich auf das AT (Herkunft aus Bethlehem) bzw. auf die vorgegebene Tradition (Verborgenheit des Messias 4Esr 7,28; 13,52; ApkBar[syr] 29,3) berufen. Nicht die Tradition ist falsch, denn sie entspricht Aussagen, die auch innerhalb der Jesusüberlieferung möglich sind; wohl aber weiß der Evangelist um einen Sachverhalt, der durch die Tradition nicht gedeckt ist: der Christus des Bekenntnisses geht nicht in der vorgegebenen Aussage der Tradition auf. Der Hoheitstitel »Sohn Davids« findet sich im vierten Ev. nicht ausdrücklich; vom »König Israels« dagegen spricht das Bekenntnis des Judenchristentums (Joh 1,49; 12,13; 19,19; vgl. die Interpretation 18,37). Ganz altertümlich, an den Messias *ben David* im AT und in der qumranischen Tradition erinnernd, klingt Offb 5,5 (vgl. Gen 49,9f; Jes 11,1.10) und Offb 22,16 (vgl. Jes 11,1.10; Num 24,17). Die judenchristl. Tradition ist hier in die johanneische Christologie eingearbeitet.

5) In der Tradition der Kirchenväter kompliziert sich der Sachverhalt dadurch, daß spätere christologische Auseinandersetzungen im Spiele sind. Für Ignatius ist die Herkunft Jesu aus dem Samen bzw. Geschlecht Davids ein gern zitiertes Bekenntnis (IgnSm 1,1; IgnRöm 7,3; IgnEph 18,2; 20,2; IgnTrall 9,1). Ihm geht es um das wahre »Menschsein« gegenüber dem Doketismus. Umgekehrt versteht Barn 12,10 die synopt. Frage nach dem Verhältnis von »Davids Sohn« und »Davids Herrn« (Mt 22,42–44) negativ: die Schriftstelle will ausdrücklich sagen, daß Jesus nicht Davids Sohn, sondern sein Herr sei. Der Brief will damit nicht das »Menschsein« Jesu auflösen, wohl aber sich gegen eine judenchristl. These richten, die ihn als »Menschen, von Menschen abstammend« ansah (Just. Dial. 47ff). – Euseb. Hist. Eccl. III,19–20,8; III,32,3ff berichten von Angehörigen der Familie Jesu, die als Glieder des Geschlechtes Davids unter Domitian in schwere Bedrängnis kommen. Hegesipp berichtet: »Noch lebten aus der Verwandtschaft des Herrn die Enkel des Judas, der ein leiblicher Bruder des Herrn gewesen sein soll. Diese wurden als Nachkommen Davids gerichtlich angezeigt«. Das alte genealogische Problem ist also nicht in der Kirche ausgestorben; man wird die Nachricht des Hegesipp kaum bezweifeln.

O. Michel

Lit.: AHilgenfeld, Die jüdische Apokalyptik in ihrer geschichtlichen Entwicklung, 1857 (Neuaufl. 1966), 148ff – HLietzmann, Der Menschensohn, 1896 – WWrede, Jesus als Davidssohn, Vorträge und Studien 1907, 178ff – CHKraeling, Anthropos and Son of Man, 1927 – ROtto, Reich Gottes und Menschensohn, 1934 (1954[3]) – WGrundmann, Die Gotteskindschaft in der Geschichte Jesu und ihre religionsgeschichtlichen Voraussetzungen, 1938 – ELohmeyer, Gottesknecht und Davidssohn, FRLANT 61, 1945 (1953[2]) – MBlack, An Aramaic Approach to the Gospels and Acts, 1946 (1967[3]) – ESjöberg, Der Menschensohn im äthiopischen Henoch, 1946 – ABentzen, Messias – Moses Redivivus – Menschensohn, AThANT 17, 1948 – ChNorth, The Suffering Servant in Deutero-Isaiah, 1948 (1963[2]) – RPGagg, Jesus und die Davids-Sohn-Frage, ThZ 7, 1951, 18ff – NADahl, Die Messianität Jesu bei Paulus, in: Studia Paulina, Festschr. JdZwaan, 1953, 83ff – ChMaurer, Knecht Gottes und Sohn Gottes im Passionsbericht des Markus, ZThK 50, 1953, 1ff – WZimmerli/JJeremias, Art παῖς θεοῦ, ThWb V, 1954, 653ff (Nt. Teil neu bearb. in JJeremias, Abba, 191ff) – ELohse, Märtyrer und

Gottesknecht, FRLANT NF 64, 1955 (1963^{2}) – ESjöberg, Der verborgene Menschensohn in den Evangelien, 1955 – JMAllegro, Further Messianic References in Qumran Literature, JBL 75, 1956, 174ff – WGrundmann, Sohn Gottes, ZNW 47, 1956, 113ff – OCullmann, Die Christologie des NT, 1957 (1966^{4}) – RMach, Der Zaddik in Talmud und Midrasch, 1957 – SSchulz, Untersuchung zur Menschensohn-Christologie im Johannes-Evangelium, 1957 – EStauffer, Jesus. Gestalt u. Geschichte, 1957 – PhVielhauer, Gottesreich und Menschensohn in der Verkündigung Jesu, in: Festschrift GDehn, 1957, 51ff (= Ges. Aufs. z. NT, ThB 31, 1965, 55ff) – MDHooker, Jesus and the Servant, 1959 – OKaiser, Der königliche Knecht, FRLANT NF 70, 1959 (1962^{2}) – ESchweizer, Der Menschensohn, ZNW 50, 1959, 185ff (= Neotestamentica, 1963, 56ff) – HETödt, Der Menschensohn in der synoptischen Überlieferung, 1959 (1963^{2}) – WMarxsen, Anfangsprobleme der Christologie, 1960, 20ff – WMichaelis, Die Davidssohnschaft Jesu als historisches und kerygmatisches Problem, in: Der historische und der kerygmatische Christus, 1960, 317ff – OMichel/OBetz, Von Gott gezeugt, in: Judentum, Urchristentum, Kirche, Festschr. JJeremias, hg. v. WEltester, BHZNW 26, 1960 (1964^{2}), 3ff – OMoe, Der Menschensohn und der Urmensch, StTh 14, 1960, 119ff – KStendahl, Quis et Unde. An Analysis of Mtth. 1–2, in: Judentum, Urchristentum, Kirche, Festschr. JJeremias, hg. v. WEltester, 1960 (1964^{2}), 94ff – BMFvIersel, Der »Sohn« in den synoptischen Jesusworten, NovTest Suppl. III, 1961 (1964^{2}) – TWManson, The Servant-Messiah, 1961 – FHahn, Christologische Hoheitstitel, FRLANT 83, 1962 (1966^{3}) – ELövestam, Die Davidssohnfrage, Svensk Exeget. Årsbok 1962, 72ff – BMFvIersel, Fils de David et Fils de Dieu, Recherches Bibliques 6, 1962, 113ff – HWWolff, Wer ist der Gottesknecht in Jes 53?, EvTh 22, 1962, 338ff – OBetz, Die Frage nach dem messianischen Bewußtsein Jesu, NovTest VI, 1963, 20ff – WKramer, Christos – Kyrios – Gottessohn, AThANT 44, 1963 – JMGibbs, Purpose and Pattern in Matthew's Use of the Title »Son of David«, NTSt 10, 1963/64, 446ff – GCooke, The Sons of (the) God(s), ZAW 76, 1964, 22ff – AJBHiggins, Jesus and the Son of Man, 1964 – RSchnackenburg, Der Menschensohn im Johannesevangelium, NTSt 11, 1964/65, 123ff – WGrundmann, Mt 9,27 und die johanneischen »Der Vater« – »Der Sohn«-Stellen, NTSt 12, 1965, 42ff – JFitzmyer, Die Davidssohn-Überlieferung und Mt 22, 14–16 (und Par.), Concilium 2, 1966, 780ff – GHaufe, Das Menschensohn-Problem in der gegenwärtigen wissenschaftlichen Diskussion, EvTh 26, 1966, 130ff – IHMarshall, The Synoptic Son-of-Man-Sayings in Recent Discussion, NTSt 12, 1966, 327ff – TBoman, Die Jesusüberlieferung im Lichte der neueren Volkskunde, 1967 – JJeremias, Die älteste Schicht der Menschensohnlogien, ZNW 58, 1967, 159ff – FHBorsch, The Son of Man in Myth and History, 1967 – JBlank, Paulus und Jesus, 1968 – RLeivestad, Der apokalyptische Menschensohn – ein theologisches Phantom, ASTI VI, 1968, 49ff – GLindeskog, Das Rätsel des Menschensohns, StudTheol 22, 1968, 149ff – ASuhl, Der Davidssohn im Markus-Evangelium, ZNW 59, 1968, 57ff – DFlusser, Jesus in Selbstzeugnissen und Bilddokumenten, 1968 – ders., The Son of Man. Jesus in the Context of History, in: AToynbee (Hrsg.), The Crucible of Christianity, 1969, 216ff – CColpe, Art. υἱὸς τοῦ ἀνθρώπου, ThWb VIII, 1969, 403ff – ELohse, Art. υἱὸς Δαυίδ, ThWb VIII, 1969, 382ff – PWülfing von Martitz u. a., Art. υἱός etc., ThWb VIII, 1969, 334ff – ChBurger, Jesus als Davidssohn, 1970 (= FRLANT, 98) – PPokorny, Der Gottessohn, 1971 (= ThSt (2),109) – GSauer, Deuterojesaja und die Lieder vom Gottesknecht, in: Geschichtsmächtigkeit und Geduld, hrsg. v. GFitzer, 1972, 58ff – MHengel, Der Sohn Gottes, 1975.

Sorge

μέριμνα

μέριμνα *[merimna]* Sorge · μεριμνάω *[merimnaō]* sorgen, besorgt sein · προμεριμνάω *[promerimnaō]* sich vorher sorgen · μέλω *[melō]* besorgt sein, sich kümmern um

Die Wortgruppe ist in der klassischen griech. Lit. geläufig, das Subst. μέριμνα *[merimna]* seit Hes. I
(Op. 178), das Verb μεριμνάω *[merimnaō]* seit Soph. (Oed. Tyr. 1124). Beide Wörter haben die gleiche Bedeutungsbreite wie das dt. *Sorge* bzw. *sorgen*. So kann μέριμνα *[merimna]* sowohl Sorge im Sinn von *ängstlicher Besorgnis* bedeuten als auch *Fürsorge*, μεριμνάω *[merimnaō]* sowohl *besorgt sein, sich Sorge machen* als auch *für jemanden* oder *etwas sorgen, Sorge tragen um*. Auf der einen Seite erreicht μέριμνα *[merimna]* dabei die Nähe von *Angst, Kummer, Leid* (vgl. λύπη *[lypē]*, → Klagen), auf der anderen Seite kann μεριμνάω *[merimnaō]* den Sinn von *auf etwas aus sein* erhalten und damit in die Nähe von φρονέω *[phroneō]*, *denken, gesinnt sein* (→ Gesinnung), geraten. Der Bedeutung der Wörter entspricht es, daß sie in der Regel inhaltlich auf die Zukunft ausgerichtet sind; vgl. das Kompos. προμεριμνάω *[promerimnaō]*, *sich vorher sorgen* (nur im NT; 1mal).

Neben μέριμνα *[merimna]* und μεριμνάω *[merimnaō]* treten in der griech. Lit. auf: φροντίς *[phrontis]*, das *Sich-Gedanken-Machen*, die *Besorgnis* (fehlt im NT) und φροντίζω *[phrontizō]*, *denken an, bedacht sein auf, sorgen für* (nur Tit 3,8).

μέλει *[melei]*, *es liegt jemandem daran*, die zumeist unpersönlich, gelegentlich auch persönlich gebrauchte 3. Pers. Sing. von μέλω *[melō]*, *besorgt sein um*, ist seit Hom. bekannt und drückt das Interesse und die Fürsorge aus.

II 1) In LXX ist die Wortgruppe verhältnismäßig selten vertreten und hat die gleiche Bedeutungsbreite wie im klassischen Griech. Das Subst. μέριμνα *[mẹrimna]* (12mal, davon Ps 55[54],23 für hebr. *j^ehab, Last,* sonst ohne hebr. Äquivalent) bedeutet *ängstliche Sorge* (zB Hi 11,18 zusammen mit φροντίς *[phrontịs]*, *Besorgnis;* Dan 11,26; 1Makk 6,10). Das Verb μεριμνάω *[merimnạō]* (9mal für verschiedene hebr. Verben) heißt hier *sich ängstigen* (2Sam 7,10; 1Chron 17,9) oder *bekümmert sein* (zB wegen der Sünde Ps 38[37],19). Das gleiche Wort steht in schwächerem Sinn Ex 5,9: *sich kümmern um, denken an.*

In positiver Bedeutung im Sinne von *Fürsorge, Vorsorge* werden das Verb bzw. das Subst. in der Weisheitslit. gebraucht (zB Spr 14,23; 17,12). Jedoch auch in dieser Lit.-Gattung kann μέριμνα *[mẹrimna] bange Sorge* bedeuten (zB Sir 30,24; 42,9).

2) Bei Philo und Jos. wie auch schon in der Stoa wird statt μέριμνα *[mẹrimna]* φροντίς *[phrontịs]*, *Besorgnis, Fürsorge,* und statt μεριμνάω *[merimnạō]* φροντίζω *[phrontịzō]*, *bedacht sein auf, sorgen für* gebraucht. Die Bedeutungsbreite ist die gleiche.

III Im NT findet sich das Subst. μέριμνα *[mẹrimna]*, *Sorge,* nur 4mal bei den Synopt., je einmal bei Paulus und im 1Petr, das Verb μεριμνάω *[merimnạō]*, *sich sorgen, sorgen für,* nur bei Mt (6mal), bei Lk (5mal) und Paulus (5mal in 1Kor, 2mal in Phil).

Wie das AT so versteht auch das NT die Sorge zunächst als die natürliche Reaktion des Menschen auf Armut, Hunger und andere Bedrängnisse, die ihm im alltäglichen Leben widerfahren. Unter den ihm auferlegten Lasten wähnt der Mensch sich einem Schicksal ausgeliefert, dem er machtlos gegenübersteht. Im Sorgen versucht der Mensch sich so gut wie möglich gegen das ihm Bevorstehende abzuschirmen.

1) Die umfangreichste Zusammenfassung des nt. Zeugnisses zum Thema Sorge findet sich in der Bergpredigt (Mt 6,25–34) bzw. Feldrede (Lk 12,22–31). Sie wendet sich gegen den die Fürsorge und Liebe Gottes verleugnenden Irrtum, der Mensch könne durch die kurzfristige Sicherung der Lebensbedürfnisse seine Zukunft sichern. Sorgen ist töricht, weil das Leben mehr als die Speise ist (Mt 6,25), weil der Sorgende sein Leben und seine Zukunft nicht sichern kann: Wer kann durch sein Sorgen zu seiner Lebenslänge eine einzige Elle hinzusetzen? (Mt 6,27).

Sollte ἡλικία *[hælikịa]* hier aber nicht *Lebenslänge,* sondern *Körpergröße, Leibeslänge* bedeuten, so wird die Torheit des menschlichen Sorgens durch den Spott in der Formulierung unterstrichen. Denn wenn schon etwas völlig Gleichgültiges wie die Körpergröße durch das menschliche Sorgen nicht gesichert werden kann, wieviel weniger dann das Leben selbst.

In dem gleichen ironischen Sinn darf man den Spruch Mt 6,34 verstehen, der aus dem Bereich der Weisheitsrede herkommt und jüd. und heidnische Parallelen hat (vgl. die Kommentare zSt.). Der Jünger, der zu der Sorge um das Heute die Sorge für das Morgen hinzufügt, handelt absurd und wird durch die profane Weisheit, die das längst erkannt hat, beschämt. Sorgen ist aber nicht nur töricht, sondern auch gottlos (→ Weisheit, Torheit, Art. μωρία), weil damit Gottes Fürsorge für den Menschen bestritten wird. Gott, der die Vögel unter dem Himmel nährt und die vergänglichen Feldblumen mit Schönheit kleidet, wird für seine Menschen »viel mehr« tun (Mt 6,26.30). Denn er ist der Vater, der weiß, was seine Kinder alles brauchen (Mt 6,32); wer das in kleingläubiger Sorge vergißt, handelt heidnisch (Mt 6,32; zum Ganzen → Besitz, bes. Art. μαμωνᾶς).

Die Erkenntnis der anbrechenden Gottesherrschaft (→ Reich) dagegen befreit den Menschen von Angst und Sorge. Wer sich dieser Gottesherrschaft und der in ihr proklamierten → Gerechtigkeit mit Eifer und Vertrauen zuwendet, wird die Erfahrung machen, daß aus der Fürsorge Gottes alles Nötige für sein Leben dasein wird (Mt 6,33). In der Herrschaft Gottes finden alle Bedürfnisse des Menschen ihren rechten Platz, weil die Liebe des Vaters Kleines und Großes, Alltägliches und Besonderes (zB die Fähigkeit des richtigen Redens in der Verfolgungssituation Mt 10,19 par) gleichermaßen bereitstellt.

Man kann fragen, ob hier nicht Traditionen des jüd. Vorsehungsglaubens (→ Vorsehung) umgebogen oder radikalisiert worden sind. Galt bisher, daß das Tun des Gerechten die Fürsorge Gottes garantiere (etwa in Ausdeutung von Ps 55,23), so wird nun zugesichert, daß die ungeteilte Hinwendung zur Gottesherrschaft alle auf die Sicherung des Lebens gerichteten Gedanken überflüssig macht. Dabei werden je nach dem Traditionshintergrund verschiedene Begriffe zu Hilfe genommen, etwa der Vater-Begriff für Gott (→ Vater) in der Bergpredigt und den Parr., oder Motive des at. Vorsehungsglaubens, wie sie sich in der Verwendung des Zitates (Ps 55,23) in 1Petr 5,7 zeigen: Weil Gott sich um den Menschen *kümmert* (μέλει *[melei]*), sich um ihn sorgt, kann der Mensch seine Sorgen auf Gott abwälzen.

2) Bei Lukas finden sich in der Szene um Maria und Martha (Lk 10,38—42) die gleichen gegensätzlichen Positionen wie in der Bergpredigt: Dem »Vielen«, um das der Mensch sich sorgt, der Sicherung der Lebensbedürfnisse, steht das »Eine«, das not ist, die Frage nach dem Ziel des Lebens gegenüber, die Maria im Wort Jesu beantwortet sieht, der Sorge also der Eifer um die Gottesherrschaft.

In dem gleichen Sinne sieht das Gleichnis vom Säemann das Wort durch die Sorge gefährdet (Mk 4,19 par); vgl. auch Lk 21,34, wo der Plur. μέριμναι *[merimnai]*, *Sorgen*, durch das Adj. βιωτικαί *[biōtikai]*, *zum Leben gehörig, alltäglich*, und damit als Sorgen um die Bedürfnisse des täglichen Lebens erläutert wird.

3) μέριμνα *[merimna]*, *Sorge*, und μεριμνάω *[merimnaō]*, *sorgen für*, können jedoch auch im positiven Sinn verstanden werden, als die dem Menschen von Gott aufgetragene Fürsorge für andere. So versteht Paulus sich selbst als einen, der Sorge um alle Gemeinden trägt (2Kor 11,28). Gott hat die Gemeinde wie einen Leib geordnet, damit »die Glieder die gleiche Sorge füreinander tragen sollten« (1Kor 12,25). Timotheus wird der Gemeinde in Philippi empfohlen als einer, der wie kein anderer für ihre Angelegenheiten Sorge tragen wird (Phil 2,20). Dabei kann Paulus die so geartete Sorge als Teil des τὰ Ἰησοῦ Χριστοῦ ζητεῖα *[ta Jæsou Christou zætein]*, *des Suchens, was Jesu Christi ist*, des Engagements für die Sache Jesu Christi, ansehen (Phil 2,21).

Daß Paulus die Gefahren der Sorge auch um andere nicht verkennt, zeigt der Abschnitt 1Kor 7,32ff. Weil er will, daß die Glieder der Gemeinde *ohne Sorge* (ἀμερίμνους *[amerimnous]*) sein sollen, empfiehlt er den Unverheirateten, angesichts der eschatologischen Situation (Naherwartung! V. 29.31) nicht mehr zu heiraten, den Verheirateten jedoch, in der Freiheit des ὡς μή *[hōs mæ]*, *als ob nicht*, dem Herrn zu leben (1Kor 7,29).

In der Ermahnung Phil 4,6: »Sorget euch um nichts ...« wird μεριμνάω *[merimnaō]* mit der gleichen Bedeutung wie sonst im NT, *ängstliches Sorgen*, gebraucht; die Begründung für diese Sorglosigkeit liegt in der Nähe des Herrn (V. 5) und in dem Vorrecht der Gemeinde, alle Anliegen im → Gebet vor Gott mit → Danksagung vertreten zu können.

J. Goetzmann

Lit.: RBultmann, Art. μεριμνάω etc., ThWb IV, 1942, 593ff — HRiesenfeld, Vom Schätze Sammeln und Sorgen — ein Thema urchristlicher Paränese. Zu Mt 6,19—34, in: Neotestamentica et Patristica, Festschr. OCullmann, 1962, 47ff — RBultmann, Theologie des NT, 1953 (1968[6]), § 23.

Sprache → Wort

Stadt → Volk

Stein, Eckstein

Die Aufnahme der beiden folgenden Artikel ist begründet in der metaphorischen Bedeutung, die der Stein bzw. die Steine als Bild für das Verständnis Christi und seiner Gemeinde im NT erhalten haben. Der allg. übliche und gebräuchliche Terminus ist λίθος *[lithos]*, **der Steine aller Art bezeichnen kann und in theol. Übertragung — oft mit einem präzisierenden**

Adj. versehen – meist auf Christus, seltener auf seine Gemeinde (→ Kirche) bezogen wird. Funktional wird zwischen dem *Stein des Anstoßes,* λίθος τοῦ προσκόμματος *[lithos tou proskommatos]* (→ Anstoß, Art. πρόσκομμα), und dem *Eck-* bzw. *Schlußstein,* κεφαλὴ γωνίας *[kephalæ gōnias]*, unterschieden, der wegen seiner christologischen Bedeutung in einem gesonderten Artikel besprochen wird. Zum theol. Kontext der Wortgruppe gehören auch → Fels, Art. πέτρα bzw. πετρός, und → Fest, Art. θεμέλιος.

γωνία

γωνία *[gōnia]* Ecke · κεφαλὴ γωνίας *[kephalæ gōnias]* Eckstein · ἀκρογωνιαῖος *[akrogōniaios]* an der Ecke liegend

I/II γωνία *[gōnia]* findet sich im profangriech. Gebrauch seit Hdt., auch in LXX in der Bedeutung *Ecke, Winkel.* Der Ausdruck κεφαλὴ γωνίας *[kephalæ gōnias]* stammt aus Ps 118,22; er ist Übers. des hebr. *rōsch pinnāh* und bezeichnet den *Eckstein,* an dem die Mauern zusammenstoßen; wörtlich: das *Eckenhaupt;* κεφαλή *[kephalæ]* ist die *Spitze,* das *äußerste Ende* (*der Ecke*). Das Wort ἀκρογωνιαῖος *[akrogōniaios]* hat dieselbe Bedeutung; es findet sich erstmalig Jes 28,16 als Übers. des hebr. *pinnāh,* die zweimalige Erwähnung des θεμέλιον *[themelion]*, des *Fundamentes,* zeigt, daß das Wort nur mit *Eckstein* wiedergegeben werden kann. Wahrscheinlich handelt es sich bei ἀκρογωνιαῖος *[akrogōniaios]* um eine biblische Wortbildung; im profanen Sprachgebrauch ist das Wort bisher nicht sicher nachgewiesen.

III 1) γωνία *[gōnia]* ist im NT Mt 6,5 von der *Straßenecke* gebraucht. Apg 26,26 bedeutet es *Winkel* (»solches ist nicht im Winkel geschehen«, dh im Verborgenen). Offb 7,1 schaut der Seher vier Engel an den vier *Ecken* der Erde; für das altorientalische Weltbild ist die Erde viereckig (so kommen auch Jer 49,36 vier Winde von den vier Enden des Himmels). Offb 20,7ff schildert im Anschluß an Ez 38 und 39, wie der Satan Gog und Magog die Völkerscharen von den vier Ecken der Erde zum Kampf gegen »die geliebte Stadt« heraufführt. Dieser Kampf endet mit der Vernichtung der gottfeindlichen Mächte.

2) Alle fünf nt. Stellen, in denen von der κεφαλὴ γωνίας *[kephalæ gōnias]* die Rede ist, gehen auf Ps 118,22 zurück. Der *Eckstein* als der wichtigste Stein des Fundamentes wird zuerst gelegt; er ist aber seiner Lage wegen auch vor anderen ein »Stein des Anstoßes und ein Fels des Strauchelns«, wie 1Petr 2,8 (wörtlich übers.) im Anschluß an Jes 8,14 gesagt ist. Die κεφαλὴ γωνίας *[kephalæ gōnias]* V. 7 ist hier sicher als Eckstein verstanden. Das gleiche Verständnis darf man auch Mt 21,42 par und Apg 4,11 voraussetzen, da diese ebenfalls auf Ps 118,22 zurückgehen.

Eine andere Deutung hat allerdings JJeremias vorgeschlagen; κεφαλὴ γωνίας *[kephalæ gōnias]* soll ebenso wie ἀκρογωνιαῖος *[akrogōniaios]* nicht den *Eckstein,* sondern den *Abschlußstein* bezeichnen, der über dem Portal (des Tempels) eingesetzt wurde. Aber die Belege, auf die sich Jeremias für seine Deutung beruft, reichen nicht über die zweite Hälfte des 2. Jh. nChr zurück. Das gilt von der Übers. des AT durch Symmachus, der 2Kön 25,17 das hebr. *kotæræt* (*Säulenkapitell*) mit ἀκρογωνιαῖον *[akrogōniaion]* wiedergegeben hat, wie für das »Testament Salomos«, das Jeremias in erster Linie zur Begründung seiner Auffassung herangezogen hat, eine apokryphe christl. Schrift des 3./4. Jh. nChr. Der »Stein des Anstoßes und Fels des Strauchelns« 1Petr 2,8 kann aber nicht den Schlußstein in der Höhe des Gebäudes bezeichnen; darum wird man die Deutung von Jeremias, für die sichere Zeugnisse aus dem nt. Zeitalter fehlen, ablehnen müssen. Diese Deutung des Steines von Ps 118,22 (Jes 28,16) ist später entstanden; vielleicht geht sie auf Eph 1,22 zurück. Hier wird Christus als das → »Haupt der Gemeinde« bezeichnet; als man von dem »Eckenhaupt« (Ps 118,22) keine klare Vorstellung mehr hatte, hat man die Aussage nicht mehr auf den Eckstein, sondern fälschlicherweise auf den Schlußstein bezogen, der das »Haupt« des geistlichen Baues, der Kirche, darstellt.

Der Sinn der Aussagen über den Eckstein im NT ist im wesentlichen gleichartig. Die Bauleute, die den Stein verworfen haben, sind das jüd. Volk und seine Obrigkeit; sie haben Christus verworfen, aber Gott hat gerade ihn durch sein Heilshandeln in Tod und Auferstehung zum Eckstein eines neuen Baues, der → Kirche, werden lassen. Der Vergleich der Gemeinde mit einem Bau begegnet auch sonst im NT (Mt 16,18; 1Kor 3,9ff; 14,12 usw.; → Haus). Nach Mt 21,42 par hat Jesus selbst seine jüd. Gegner auf Ps 118,22 hingewiesen. Was von diesen gilt, gilt aber nach 1Petr 2,8 für alle, die die Botschaft von Christus nicht annehmen. Ist Jesus für die Ungläubigen die Ursache des Gerichtes, der Stein des Anstoßes und der Fels des Strauchelns, so ist er für die Christen der »lebendige Stein«, der auserwählt und köstlich ist (1Petr 2,4.6). Die Bezeichnung Christi als Eckstein bringt somit in äußerster Prägnanz zum Ausdruck, daß sich an ihm das ewige Schicksal des Menschen entscheidet.

3) Das Wort ἀκρογωνιαῖος *[akrogōniaios], Eckstein*, findet sich im NT nur Eph 2,20; 1Petr 2,6. An beiden Stellen wird die Aussage Jes 28,16 christologisch gedeutet. Das messianische Verständnis der Stelle findet sich schon Röm 9,33; man sieht, daß es im Urchristentum weit verbreitet war. Eph 2,20 beweist das Nebeneinander von »Fundament« und »Eckstein« (s. I), daß der Apostel die Jes-Stelle im Auge hat. In Christus kommt die prophetische Weissagung zur Erfüllung. Der Grund, auf dem die Gemeinde auferbaut ist, sind die Apostel und Propheten, der Eckstein ist Jesus Christus. Auf diesem Grunde wächst die Gemeinde zu einem heiligen Tempel in dem Herrn, in den auch die Christen — durch den heiligen → Geist — mit erbaut werden. Die Aussage 1Kor 3,11, wonach Christus als der Grund der Kirche anzusehen ist (→ Fest, Art. θεμέλιος), erfährt so eine leichte Nuancierung. 1Petr 2,6 ist der ἀκρογωνιαῖος *[akrogōniaios]* mit der κεφαλὴ γωνίας *[kephalæ gōnias]* V. 4.7 identisch. Damit ist das Verständnis des Steines als *Eckstein* gesichert. Der »lebendige Stein«, der bei Gott auserwählt und köstlich ist, ist Jesus Christus. Zu ihm sollen die Christen hinzutreten, um auch ihrerseits als »lebendige Steine« in das geistliche Haus, die Gemeinde, hineingebaut zu werden. Das ist der Ursinn des Wortes »Erbauung«, dessen biblischen Gehalt wir ständig vor Augen haben sollten. *W. Mundle*

λίθος *[lithos]* Stein · λίθινος *[lithinos]* steinern

λίθος

λίθος *[lithos]* (seit Homer) heißt *Stein*, λίθινος *[lithinos]* (seit Pindar, Hdt.) *steinern*. Allg. können mit λίθος *[lithos]* Steine jeder Art bezeichnet werden (vgl. Lucian, Hermotim. 81,826 ὁ θεὸς οὐκ ἐν οὐρανῷ ἐστιν, ἀλλὰ διὰ πάντων πεφοίτηκεν: οἷον ξύλων καὶ λίθων καὶ ζῴων *[ho theos ouk en ouranō estin, alla dia pantōn pephoitæken: hoion xylōn kai lithōn kai zōōn], die Gottheit ist nicht im Himmel, sondern geht durch alles umher: durch Hölzer, Steine und Lebewesen*). Im einzelnen unterscheidet man zwischen *Bausteinen* (Diog Laert. 2,72; Diod S I,66,3 λίθοι καλοί *[lithoi kaloi], kostbare Steine*, wohl Marmorarbeiten gemeint) und *Edelsteinen* (neben Gold, Silber, Perlen etc. werden λίθοι τίμιοι *[lithoi timioi], Juwelen*, genannt, zB Herodian V,2,4). I

1) Meistens gibt LXX hebr. *'æbæn* mit λίθος *[lithos]* wieder. Zur Kennzeichnung besonderer Steinarten wie Mühlsteine, Malsteine, Steinsäulen, Steinhaufen, Edelsteine, Smaragde, Diamanten etc. kennt das Hebr. weitere zehn Worte, die LXX ebenfalls, meist ohne zu differenzieren, mit λίθος *[lithos]* übersetzt. Von den zahlreichen Belegen (ca. 350) sind die Stellen bes. wichtig, an denen λίθος *[lithos]* in theol. Zusammenhang begegnet und die zT. im NT aufgegriffen werden. II

2a) In einer Drohrede (8,11–15) warnt der Prophet J e s a j a sein Volk, sich durch eigenmächtige und glaubenslose Bemühungen aus der Gefahr eines Assyrereinfalles zu befreien. Die eigentliche Gefahr sind für Juda nach jesajanischem Zeugnis nicht die Assyrer, sondern die Nähe seines richtenden Gottes, der zum »Stein des Anstoßes« und zum »Fels des Strauchelns« werden wird (Jes 8,14). »Wie der Wanderer in der Nacht plötzlich über einen Stein stolpert und zu Boden fällt oder im Gebirge auf einen losen Felsbrocken tritt und in die Tiefe stürzt, wird das Bundesvolk . . . unversehens von Gottes Gericht getroffen« (OKaiser, ATD 17,86).

b) Jes 28,16a verwendet das Bild vom Hausbau und Grundstein. Im Gegensatz zu der zum Scheitern verurteilten Jerusalemer Bündnispolitik gegen Assyrien — ein Bund mit dem Tode! (V. 15)

– legt Jahwe in Zion, dem Regierungsviertel der Hauptstadt, einen festen Grundstein, der den Grundmauern, dem Fundament und dem Bau festen Halt verleiht. Möglicherweise spielt der Vergleich auf den Jerusalemer Tempel an. Die Interpretation: »Wer glaubt, wird nicht zuschanden« (V. 16b) deutet indessen den Grundstein, auf dem der Bau des Volkes und des Staates errichtet werden soll, als Glauben und Vertrauen auf Jahwes Hilfe, die ängstliche Bündnisse überflüssig macht.

c) Ähnlich ist Psalm 118,22 sprichwortartig von einem Eckstein (→ Art. γωνία) die Rede. Ein Psalmbeter dankt für die ihm von Jahwe zuteilgewordene Errettung. Er vergleicht seine tödlich bedrohte Existenz mit einem Stein, den Bauleute als unbrauchbar fortwarfen, und seine Errettung durch Jahwe mit einem Eck- bzw. Schlußstein eines Bauwerkes (vgl. HJKraus, Psalmen II, BK, zSt.).

d) Sacharja 4,7.10 prophezeit die Vollendung des nachexilischen Tempelbaus durch Serubbabel. Er wird die feierliche Tempeleinweihung vollziehen, zu der – parallel zur Grundsteinlegung – offenbar die Zeremonie des Herausbringens des Schlußsteines (V. 7, bzw. Scheitelsteins V. 10) unter dem Jubel der Menge gehört.

e) Daniel 2,34f wird von einer Traumvision Nebukadnezars berichtet, daß ein Stein ohne Zutun von Menschenhand von einem Berg losbricht und ein großes Standbild zertrümmert. Der Stein wird 2,44f als Aufrichtung der Gottesherrschaft interpretiert, die alle anderen Reiche – das Standbild – zermalmen wird.

3) Verschiedene at. Steinaussagen wurden im Spätjudentum auf den Messias gedeutet. Bereits LXX fügt dem ὁ πιστεύων *[ho pisteuōn]* (*wer glaubt*) von Jes 28,16 ein ἐπ' αὐτῷ *[ep autō]* (*an ihn*) hinzu. Ebenso wurde der Stein in Jes 8,14 (bSanh 38a), Sach 4,7 (Targum zSt.), Sach 4,10 (Tanch tol^{e}dot 20) und Dan 2,34ff (Nu r 13,14z 7,13) messianisch ausgelegt (Einzelbelege bei JJeremias, ThWb IV,276f). – Die Qumrangemeinde verstand sich selbst als das eschatologische Israel, als den wahren Tempel Gottes, und berief sich dafür auf Jes 28,16 (1QS VIII, 7f).

III Im NT finden sich die meisten λίθος *[lithos]*-Belege bei den Synopt., bes. Mt; nur vereinzelte bei Paulus, im 1Petr und der Offb. In wörtlicher Bedeutung ist von λίθος *[lithos]* als *Mühlstein* (Lk 17,2), *Felsblock* (Mk 15,46; 16,3f par) oder *Edelstein* (Offb 18,12.16; 21,11.19) die Rede. Die übertragene Bedeutung schließt sich häufig an messianisch verstandene at. Zitate an.

1a) Das Wort von den »schreienden Steinen« (Lk 19,40) ist auf at. und jüd. Hintergrund zu verstehen, wo gelegentlich von dem anklagenden Schrei lebloser Gegenstände die Rede ist (Gen 4,10; Hab 2,11; 4Esra 5,5; vgl. St.-B. II,253). JJeremias interpretiert das Wort Jesu: »Wenn meine Jünger sich den huldigenden Zuruf verbieten lassen, werden die Steine am Wege aufschreien und sie anklagen« (ThWb IV,274).

b) Ob das Täuferwort: »Gott kann aus diesen Steinen dem Abraham Kinder erwekken« (Mt 3,9; Lk 3,8) an Jes 51,1f anknüpft (Abraham = Fels; so JJeremias, ThWb IV,274), ist fraglich, denn auf die dort betonte Abstammung des ganzen Volkes von einem Mann dürfen sich die vom Täufer Angeredeten gerade nicht berufen: Gott kann aus Steinen Abrahams-Kinder machen! Der anstößige Ausdruck besagt: Gott kann aus Menschen, die keine eigenen Voraussetzungen (der Abstammung etc.) mitbringen, ein neues Israel schaffen (vgl. Röm 4,9–25).

2a) Gelegentlich wird Jesus mit einem Stein verglichen. Mk 12,10 par zitiert im Anschluß an das Gleichnis von den Weingärtnern Ps 118,22: Der von Bauleuten verworfene Stein wird zum Eck- bzw. Schlußstein. »Der von den Menschen Verworfene ist der von Gott Erhöhte« (Schniewind zSt.). Nach Apg 4,10f ist diese Erhöhung schon mit der Auferweckung Jesu geschehen. Auch Eph 2,20–22 ist Jesus der ἀκρογωνιαῖος *[akrogōniaios]*, *Eck-* bzw. *Schlußstein*, der den ganzen Bau zusammenhält (→ Art. γωνία III,3), während die Apostel und Propheten das Fundament darstellen.

b) Andererseits wird Jesus Lk 20,18 im Anschluß an Dan 2,34f mit einem vernichtenden Stein verglichen, der seine Gegner zermalmt. Röm 9,32 nimmt Paulus Jes 8,14 auf und deutet den Stein des Anstoßes auf Christus, der den Juden zum Fall geworden ist.

c) Die positive Interpretation Jesu als Eck- bzw. Schlußstein wird Röm 9,33 und 1Petr 2,4–8 (vgl. auch Lk 2,34) durch Kombination verschiedener AT-Zitate mit der negativen Interpretation Jesu als vernichtendem Stein des Anstoßes verbunden, um auf diese Weise die dialektische Bedeutung Jesu als Evangelium und Gesetz, als Heil und Unheil zum Ausdruck zu bringen. Ob Christus als lebendiger (1Petr 2,4) oder vernichtender (Lk 20,18) Stein wirksam wird, entscheidet sich am Glauben des einzelnen Menschen (vgl. die Aufnahme von Jes 28,16 in Röm 9,33 und 1Petr 2,6f).

3) Schließlich werden 1Petr 2,5 die Christen mit »lebendigen Steinen« verglichen: »als lebendige Steine erbaut euch als geistliches Haus« (vgl. Eph 2,20). Das Bild vom Bau wird hier allerdings durch die Sachaussage gesprengt. Weil Christus lebt, kann er als »lebendiger Stein« bezeichnet werden; und weil die Christen mit ihm und durch ihn leben, können sie als »lebendige Steine« angesprochen werden. *H.-G. Link / E. Tiedtke*

Lit.: RHirzel, Die Strafe der Steinigung, 1909 (Nachdruck 1967) – HGressmann, Der Eckstein, Palästina-Jb. VI, 1910, 38ff – JJeremias, Der Eckstein, Angelos I, 1925, 65ff – ders., Κεφαλὴ γωνίας – Ἀκρογωνιαῖος, ZNW 29, 1930, 264ff – HSchlier, Christus und die Kirche im Epheserbrief, BHTh 6, 1930, 47ff – JJeremias, Art. γωνία etc., ThWb I, 1933, 792f – ders., Art. λίθος etc., ThWb IV, 1942, 272ff – EPercy, Die Probleme der Kolosser- und Epheserbriefe, 1946, 328ff – HJKraus, Psalmen, BKAT XV/2, 1960 (1966³) – OKaiser, Der Prophet Jesaja, ATD 17, 1960 – KThSchäfer, Zur Deutung von ἀκρογωνιαῖος Eph 2,20, in: Neutestamentliche Aufsätze, Festschr. JSchmid, 1963, 218ff.

Strafe, Rache

δίκη

δίκη *[dịkæ]* Recht, Strafe, Rache · ἐκδικέω *[ekdikẹō]* Recht verschaffen, strafen, rächen · ἔκδικος *[ẹkdikos]* Rächer · ἐκδίκησις *[ekdịkæsis]* Rache, Vergeltung, Strafe

1) Das Subst. δίκη *[dịkæ]* kann sowohl in mythologischer Personifikation die Göttin der *Strafgerechtigkeit* (Hes. Op. 256ff), als auch in der Rechtssprache – neben *Recht* (Hom. Il. 16,388), *Rechtssache* (Hes. Op. 249), *Rechtsentscheid, Rechtsurteil* (Hom. Il. 18,508; Od. 11,570) – die *Rache* oder *Strafe* (Hes. Op. 712; Jos. Ant. 6,288; Bell. 7,450; Philo Op. Mund. 8C) bezeichnen. Zusammen mit dem späteren Wort δικαιοσύνη *[dikaiosynæ]*, → *Gerechtigkeit*, ist δίκη *[dịkæ]* einer der grundlegenden Begriffe des griech. Rechtslebens, bes. der Rechtsprechung. I

2) Das Verb ἐκδικέω *[ekdikẹō]*, *rechtlos sein, rächen, strafen*, erst seit Apollodor von Athen 150 vChr bezeugt, hat in seiner Bedeutung eine auffällige Wandlung durchgemacht. Sprachlich ist es von ἔκδικος *[ẹkdikos]* (seit Aischyl.) abzuleiten: einer, der sich durch eigene Schuld außerhalb des Rechts stellt, ist *rechtlos*, handelt *gesetzwidrig*; das Adj. bezeichnet etwas Ungerechtes: πάσχω ἔκδικα *[pạs·chō ẹkdika]*, *ich erleide Unrecht*.

Das viel häufigere Wort des gleichen Inhaltsbereiches im griech. Sprachraum aber ist ἐκδικάζω *[ekdikạzō]* (seit Aristoph.): *ich entscheide einen Rechtshandel, strafe, räche*. Dieses Wort hat der hell. Neubildung ἐκδικέω *[ekdikẹō]* seine eigene Bedeutung aufgeprägt, so daß es sich von der Bedeutung *rechtlos sein* zu *rächen* und ἔκδικος *[ẹkdikos]* von *Rechtloser* zu *Rächer* gewandelt hat. Entsprechend ist ἐκδίκησις *[ekdịkæsis]* mit *Rache, Vergeltung, Strafe* zu übers. – Wichtig ist auch der juristische Gebrauch von ἐκδικέω *[ekdikẹō]* in den Papyri: *einen Prozeß entscheiden, als Anwalt wirken, verteidigen* bzw. *jemandem zu seinem Recht verhelfen.*

1) In der LXX wird das Subst. δίκη *[dịkæ]*, *Recht, Rache, Strafe* – im Vergleich zu den anderen Wörtern der Wortgruppe, etwa δικαιοσύνη *[dikaiosynæ]*, → *Gerechtigkeit*, – auffallend selten zur Übers. hebr. Wörter verwandt (21 von 38 Belegen für δίκη *[dịkæ]* finden sich in der apokryphen Lit.); nur 9mal ist es für *rīb*, *Rechtsstreit* (im MT über 60mal), 4mal für *nāqām*, *Rache* (im MT zusammen mit *neqāmāh* über 40mal) eingetreten. Es bezeichnet sowohl das rächende und strafende Eingreifen Jahwes gegenüber seinem Volk – so Lev 26,25, wo von dem »Schwert, das Rache für den Bund(esbruch) nehmen soll« (MNoth, ATD 6,170) die Rede ist (ähnlich auch Am 7,4: Jahwe »rief das Feuer, um damit zu strafen«) – als auch gegenüber seinen Feinden (Dtn 32,41). – In späterer Zeit – bes. in den Pss – wird das Eintreten Jahwes für das *Recht* (δίκη *[dịkæ]*) des Beters (Ps 9,5; 35,23; 43,1; 74,22; → Gerechtigkeit) bzw. der *'æbjōnim*, der *Armen* (Ps 140,13; → Arm) betont. II

In der apokryphen Lit. steht δίκη *[dịkæ]* sowohl für *Recht* (Weish 1,8) wie für *Rache* (vgl. Weish 18,11) und *Strafe* (vgl. 2Makk 8,11).

2) Die Wiedergabe at. Begriffe wie *nāqām, rächen; pāqad, heimsuchen; rīb, einen Rechtsstreit führen,* und *dārasch, suchen,* durch ἐκδικέω *[ekdikẹō]* in der LXX ist insofern problematisch, als hier ganz verschiedene Rechtsauffassungen aufeinander bezogen werden: Begriffe der at. Rechtspredigt, die den Willen Gottes persönlich weitergibt, und des Rechtshandelns, das allein aus göttlicher Bevollmächtigung geschieht, werden mit Worten einer weithin 'schon neutralen, profanen Rechtssprache übersetzt. Das AT macht mit Dtn 32,35 ganz ernst und überläßt die Rache Gott (Gen 4,15; 1Sam 24,13; 2Kön 9,7 und Pss, zB 37,28; 99,8; 58,10; 79,10) bzw. übt sie als Mandat Gottes (Num 31,2) und gibt dem NT das Stichwort, wenn es vom Tag der Rache spricht (Hos 9,7). Die Rache bleibt etwas Heiliges, wie das → Blut → heilig ist.

Die Konstruktionen sind sehr vieldeutig: Sache und Person, die gerächt werden, sowie das Opfer der Rache stehen bei ἐκδικέω *[ekdikẹō]* meist im Akk., bei ἐκδίκησις *[ekdịkæsis]* im Gen. Die Wendung ἐκδικεῖν ἐκδίκησιν *[ekdikẹin ekdịkæsin]* stammt aus dem Hebr. (*nāqām n^eqāmāh, Rache nehmen,* zB Ez 25,12; vgl. Lk 18,7f).

Das S p ä t j u d e n t u m steht ganz im Rahmen der at. Traditionen. Oft wiederholen die Qumrantexte das Verbot eigenmächtiger Rache. Die Rache steht Gott zu bzw. den von ihm beauftragten Engeln oder Menschen.

III 1) Im NT findet sich δίκη *[dịkæ]* nur 3mal, davon 2mal im Zusammenhang der Gerichtserwartung (→ Gericht, Art. κρίμα). In 2Thess 1,9 ist von der *Strafe* ewigen Verderbens für die Bedränger der Gemeinde die Rede, in Jud 7 von der ewigen *Feuerstrafe* (→ Feuer, Art. πῦρ) für die Bewohner von Sodom und Gomorra als Beispiel für das Gericht über die Gottlosen. Nach Apg 28,4 sehen die Malteser in dem von der Schlange angefallenen Paulus einen Mörder, den δίκη *[dịkæ]* – hier wohl im Sinne der mythologischen Auffassung als Göttin der *Strafgerechtigkeit* – »nicht leben läßt«.

2) Auch ἐκδικέω *[ekdikẹō]* kommt im NT selten vor, zumal die Stellen sich auf einige wenige at. Traditionen zurückführen lassen: vor allem auf Dtn 32,35.43, ferner auf die Redeweise vom Gerichtstag und die Tradition über den Staat. Lk bietet einmal den rein griech. Sinn *Recht verschaffen* (18,3ff), sonst liegen die Bedeutungen *strafen* und *rächen* vor.

a) Wie schon im AT, so überwiegen auch im NT ἐκδικέω *[ekdikẹō]* und seine Derivate in der Bedeutung *rächen*. Dahinter stehen aber keine wesentlich neuen Überlegungen, weil sie formal meist in at. Wendungen – auch in Zitaten – vorkommen und darum inhaltlich konsequent die Rache Gottes aussagen. Die Übers. *rächen* oder *Rache* bietet sich überall da an, wo ἐκδικέω *[ekdikẹō]* als Handeln Gottes vorkommt. Von diesem göttlichen Rächen ist häufig im Zusammenhang mit Darstellungen des göttlichen Gerichtstages die Rede; typisch dafür ist 2Thess 1,8 (mit Motiven aus Jes 66,15; beachte die Konstruktion!): Gottes Rache an seinen Feinden ist eine Genugtuung für die, die Verfolgung leiden.

Ebenso handeln die beiden Stellen der Offb (6,10; 19,2) vom Endgericht. Beide sind aufeinander bezogen. In der ersten wird die drängende Frage und Bitte der Märtyrer um Rache, dh um das Endgericht laut. Sie wird nicht sofort erfüllt, es bleibt ein Raum, eine kleine Frist; so wird die Rache – von allem menschlichen Rachegelüst gereinigt – Gott überlassen und ihre Verwirklichung erst 19,2 (mit Worten aus 2Kön 9,7) verkündigt, wenn auch die Mitknechte und Brüder vollendet sein werden (6,11). Hier erscheint ein Motiv für das Warten auf Gottes Rache, das wir mit ELohmeyer (HNT 16 zu Offb 6,10f) wiedergeben können: »erst das vollzogene Gericht bringt den Märtyrern vollendete Seligkeit«.

b) Es ist nicht das einzige Motiv. Wird in der Offb die Rache auf die Verfolger, die Nichtgläubigen bezogen, so meint Hebr 10,30 die Gemeinde selbst. Sie, die → Gnade erfahren hat und daraus lebt, weiß, daß es Gott mit seiner Rache ernst ist, und gibt ihm Recht, auch in seinem rächenden Handeln. In letzte theol. Tiefe dringt Paulus, wenn er sagt: die Rache ist Gottes (Röm 12,19f). Es bleibt Gottes eigenes Recht, Rache zu üben; die Gemeinde ist stattdessen zur Feindesliebe aufgerufen. Wer so handelt, »sammelt feurige Kohlen auf das Haupt« des Feindes, dh er schenkt ihm hier die Frucht der → Gnade: → Liebe und →

Frieden. Gott aber wird einst sein Recht wahrnehmen in einem gnädigen oder rächenden Urteil.

c) In Röm 13,4 muß man ἔκδικος *[ẹkdikos]*, *Rächerin* (L), als Amtsbezeichnung verstehen, zumal gerade diese Perikope eine auffallende Häufung von Ausdrücken aus der profanen Verwaltungssprache enthält (vgl. Strobel, aaO). Die staatliche → Macht ist von Gott mit dem Rächeramt betraut. Daß eine völlig unmythologisch zu verstehende Institution in dieser Weise bevollmächtigt wird, fügt sich in at. Denken ein; die Theol. des Paulus ist aber damit nicht allzusehr zu belasten, denn es geht ihm nicht um die theol. Begründung der Staatsgewalt, sondern er benutzt diese Tradition, um die Beziehung des Christen zum Staat zu regeln. Daß es sich um eine Tradition handelt, bestätigt die sehr ähnliche Stelle 1Petr 2,13ff. Kann man ἐκδικέω *[ekdikẹō]* als Handeln Gottes mit *rächen* wiedergeben, so darf man auch in 1Thess 4,6 mit Luther *Rächer* übers., und der amtliche Klang des Wortes ἔκδικος *[ẹkdikos]* wird nicht zu überhören sein.

d) Zu erwähnen ist auch das profane Vorkommen des Wortes, etwa 2Kor 7,11 ἐκδίκησις *[ekdịkæsis]*, *Bestrafung*, zusammen mit ἀπολογία *[apologịa]*, *Verantwortung*, *Verteidigung*, zwei Termini aus dem Strafrecht. Hier ist einfach strafen gemeint: das harte Eingreifen des Apostels gegen einen »Beleidiger« bewirkt dessen *Bestrafung*. Genauso kündigt er in 2Kor 10,6 seine Bereitschaft an, jeden Ungehorsam zu strafen.

e) Nur Lukas verwendet das Wort einmal in der juristischen Alltagssprache des Hellenismus: im Gleichnis von der bittenden Witwe (Lk 18,3ff). Hier heißt es *jemandem Recht verschaffen*. Die beiden anderen Stellen bei Lk (Lk 21,22; Apg 7,24) lehnen sich dagegen in der Ausdrucksweise eng an die LXX an. *U. Falkenroth*

Lit.: GQuell/GSchrenk, Art. δίκη etc., ThWb II, 1935, 176ff – GSchrenk, Art. ἐκδικέω etc., ThWb II, 1935, 440ff – AStrobel, Zum Verständnis von Röm 13, ZNW 47, 1956, 67ff – EKäsemann, Römer 13 in unserer Generation, ZThK 56, 1959, 16ff – HGollwitzer, Das Wesen der Strafe in theologischer Sicht, EvTh 24, 1964, 195ff.

Suchen, Finden

Suchen, ζητέω *[zætẹō]*, und *Finden*, εὑρίσκω *[heurịskō]*, sind zwei logisch und sachlich zusammengehörige Begriffe, die sich ebenso auf konkrete Dinge wie auf geistige Bereiche und – jedenfalls ζητέω *[zætẹō]* – auf existentielle Verhaltensweisen beziehen können. In den biblischen Schriften finden sie vor allem zur Bezeichnung des Gottesverhältnisses Verwendung, wobei ζητέω *[zætẹō]* stärker die anthropologische und εὑρίσκω *[heurịskō]* mehr die theol.-christologische Seite betont.

εὑρίσκω *[heurịskō]* finden, entdecken

εὑρίσκω

εὑρίσκω *[heurịskō]*, seit Hom. belegt, heißt *finden, entdecken*; die Herkunft ist ungeklärt. Während I
im Lat. *reperire* ein *Finden*, dem das Suchen vorausgeht, und *invenire* ein *zufälliges Finden* bezeichnen, gibt es im Griech. nur ein Verb für beides. Es wird im wörtlichen und übertragenen Sinn verwendet: a) *zufällig finden, vorfinden* (Hom. Il. 1,498; Od. 24,462 u. ö.); med. *sich zuziehen* (zB ein Unglück Hom. Od. 21,304); pass. *sich befinden* und *erfunden werden* (Soph. Phil. 452 u. ö.), *sich erweisen* (zB als ungerecht Eur. Hec. 274); b) *finden* nach suchen, *entdecken* (zB einen Ausweg,

Hom. Od. 4,374; einen Kunstgriff zur Rettung, Aischyl. Sept. c. Theb. 191; ein Naturgesetz, Vitruvius de arch. IX Vorwort 9/12: das berühmte εὕρηκα *[hẹuræka]* des Archimedes); c) *einbringen, erzielen* (einen Preis für Waren bei Verkauf oder Versteigerung, Xenoph. Hell. III,4,24); d) *erwerben, jemandem verschaffen* (zB σωτηρίαν *[sōtærịan], Rettung*, Plato Prot. 321c), meist jedoch med. *sich verschaffen* (zB Nutzen, Thuk. I,31,2).

II Auch in LXX und Spätjudentum wird εὑρίσκω *[heurịskō]* im wörtlichen und übertragenen Sinn gebraucht. Alle Bedeutungen – außer der in Ic genannten – kommen vor: so zB *vorfinden* (Gen 18,26.28f u. ö.), *sich befinden* (Dtn 20,11; 2Kön 14,14 u. ö.), *erfunden werden* (Dan 1,19 vgl. auch Jos. Bell. 3,114 u. ö.) usw. – Das Verb dient in LXX vornehmlich zur Übers. des hebr. *mats'a.* Objekte des Findens können Sachen (Theraphim Gen 31,35) und Personen sein (Saul 1Sam 10,21). Objekte in theol. wichtigen Zusammenhängen sind → Gott (Jes 55,6 u. ö.), → Gnade (Gen 18,3; Ex 33,13; Num 11,11; hebr. *chēn*) und Erbarmen (Gen 19,19; Ri 6,17; ebenfalls *chēn*). Gelegentlich wird auch vom Leben- (Spr 21,21) und Ruhe-Finden (Sir 11,19) gesprochen. Nicht immer läßt sich so eindeutig feststellen, ob es sich um ein *reperire* oder *invenire* handelt, als wenn εὑρίσκω *[heurịskō]* mit → ζητέω *[zætẹō], suchen,* erscheint. Wird auch gelegentlich von Menschen gesagt, daß sie gesucht und gefunden bzw. nicht gefunden werden (1Sam 10,21), so gilt doch von den meisten Stellen, an denen die Kombination Suchen-Finden erscheint, daß hier Gott gesucht und gefunden werden kann oder soll (Jes 55,6; 65,1; vgl. Röm 10,20; Jer 29[36],13; Spr 8,17; Weish 13,6).

Auch die → Weisheit als das Wissen um Gott kann gefunden werden (Spr 14,6); freilich bestreitet das der durch unbegreifbares → Leiden seiner alten Gottesidee gegenüber skeptisch gewordene Hiob (Hi 28,12f, → Zweifel).

Suchen und Finden Gottes vollzieht sich in → Gebet (Jes 55,6) und Erhörung (Jer 29,12), in Anrufung und Antwort; über das Gebet hinaus in der Umkehr (→ Bekehrung) des Gottlosen (Jes 55,7), der seine Lebensführung (→ Weg, Jes 55,7) ändert und durch Gottes → Vergebung (ebd.) zu der Erkenntnis geführt worden ist, daß Gottes Gedanken und Wege (Jes 55,8) anders sind als die eigenen, dennoch aber Gedanken des Schalom (→ Frieden) und nicht des Bösen sind, die ihm als solche überhaupt erst Zukunft eröffnen und → Hoffnung ermöglichen (Jer 29,11!). So sehr der menschliche Einsatz in Wort (Gebet) und Tat (Umkehr) gefordert ist (→ ζητέω), so sehr gilt es festzuhalten, daß dort, wo Gott gefunden wird, er sich selbst dem Menschen entdeckt, sich finden l ä ß t (Jes 55,6; Jer 29,14 → Offenbarung): »Da bin ich!« (Jes 65,1). Gott wird nur durch Gott gefunden.

III 1a) Vorkommen und Verwendung im NT. Im nt. Schrifttum findet sich für εὑρίσκω *[heurịskō]* ein Bedeutungsfeld wie in LXX, dh die Bedeutung Ic ist nicht vorhanden. Man kann – im Sinne von Ia – Sachen *vorfinden* (einen Schatz Mt 13,44; Blätter 21,19) und Menschen (bestimmten Joh 1,41.45 oder irgendwelchen Mt 22,9) *begegnen.* Der Apostel kann »Kinder« *finden,* die »in der Wahrheit wandeln« (2Joh 4). Es kann in letzter Drangsal Menschen geben, die den Tod als Erlösung suchen, ihn aber nicht finden werden (Offb 9,6). Entscheidend wird sein, ob ein Mensch im »Buch des Lebens« gefunden werden wird (Offb 20,15).

b) Die theol. Relevanz wird bes. deutlich in Joh 1,41: »Wir haben den Messias gefunden!« (vgl. auch 1,45). Diesem Finden des Menschen entspricht das freie Geben Gottes (Joh 6,39; 17,12.22; 18,9).

Der Gedanke der Prädestination liegt hier logisch nahe. Bezeichnenderweise findet sich aber an dem sog. locus classicus der Vorherbestimmung (Röm 8,28–30) der Begriff εὑρίσκω *[heurịskō]* nicht. Er wäre zu schwach. Der Akzent liegt nicht auf der logischen Alternative (die einen finden ihr Heil durch Gottes Gnade, die anderen nicht), sondern vielmehr auf dem Element der Freude über den, der gefunden worden ist (Lk 15,7.10.23), so daß die Alternative allenfalls die wäre: die einen haben ihr Heil durch Gottes Gnade gefunden, die anderen noch nicht. Solche Zweiteilung ist aber immer eine vorläufige, die dem biblischen Gott der Zukunft und der Hoffnung entspricht (Jer 29,11).

Der Gott, der in Jesus Christus begegnet, sucht und findet das Verlorene (Lk 15,6.8–10). Er verhält sich wie ein verantwortlicher Hirte (Lk 15,1–6; Joh 10,9) und wie ein vergebender Vater (Lk 15,20.22–24.32). Solches Verlorensein und Gefundenwerden kann mit den Begriffen Tod und Lebendigwerden wiedergegeben werden (Lk 15,24.32); vgl. dazu den paulinischen Gedanken der neuen Kreatur dessen, der tot war, nun aber in Christus Jesus ist (2Kor 5,17; → Schöpfung). Diesem Schöpfungsakt göttlichen Findens entspricht auf Seiten des Menschen Umkehr (→ Bekehrung) und Reue (Lk 15,21!.7.10) und damit ein Lebensvollzug, der ihn dem einladenden (Mt 11,29) und gehorsamen (Phil 2,8) Christus ähnlich erweist (Phil 2,5ff; 1Thess 1,6; Mt 22,9; vgl. Ig. Eph. 10,3).

c) Von daher ist verständlich, daß ausgesprochen häufig die Pass.-Konstruktion begegnet, weniger im Sinne von *sich befinden, gefunden werden* (Lk 17,18; Apg 8,40) als im Sinne von *erfunden werden, sich erweisen:* ebensowenig wie der fromme Jude sich als gegen Gott kämpfend erweisen will (Apg 5,39), will der Nachfolger des Christus als Sünder (Gal 2,17) oder falscher Zeuge (1Kor 15,15) erfunden werden; sein Bestreben geht vielmehr dahin, sich als treuer Haushalter (1Kor 4,2), als in Christus seiend (Phil 3,9), als würdig (Offb 5,4), untadelig (2Petr 3,14) und als im → Glauben bewährt (1Petr 1,7) zu erweisen. Denn es wird darauf ankommen, bei welchem Verhalten der wiederkehrende Herr seine Knechte finden wird (Mt 24,46: in Verantwortlichkeit für den Nächsten; Lk 18,8: im Glauben; Mt 25,1–13: wachsam; 25,14–30: vernünftig haushaltend).

Es kann – im Sinne von Ib – → Schuld gesucht und gefunden bzw. nicht gefunden werden. Letzteres gilt für die Frage nach der Schuld im Prozeß Jesu (Lk 23,4; 14,22; Joh 18,38; 19,4.6; Apg 13,28; vgl. auch 1Petr 2,22, wo Jes 53,9 in christologischer Interpretation aufgenommen wird), aber auch für Prozesse, in die seine Jünger Petrus und Johannes (Apg 4,21), später Paulus (Apg 23,9; 24,20) verwickelt werden. – Paulus kann einen bestimmten Sachverhalt am Gesetz »entdecken« (Röm 7,21), die Leute von Ephesus können Lügner in ihren Reihen »entdecken« (Offb 2,2) u. a. m. – Selten begegnet die Bedeutung *erwerben, verschaffen* (Röm 4,1: was hat Abraham erworben?; Hebr 9,12 Christus hat sich – damit sie uns zugute käme – eine ewige Erlösung *verschafft*).

2) Die Art des Findens. Häufig begegnet im NT εὑρίσκω *[heuriskō]* mit → ζητέω *[zæteō]* zusammen (im wörtlichen Sinn: Mt 12,43; Joh 7,34; 2Tim 1,17. Im übertragenen Sinn: Mt 7,7.8; Apg 17,27; Offb 9,6. In gleichnishaften Sinn verfremdet: Mt 13,45). Selbst dort, wo ζητέω *[zæteō]* nicht wörtlich vorkommt, ist doch meist, wenn auch nicht immer mit voller Sicherheit feststellbar, ein wie auch immer geartetes Vorbereiten des Findens gemeint, das den Akt des Findens keineswegs als einen bloß zufälligen erscheinen läßt (Mt 10, 39; 11,29; Lk 23,4 u. ö.). Demgegenüber sind Stellen wie Mt 13,44, in denen eindeutig ein zufälliges Finden gemeint ist, in der Minderheit. Die Tatsache dieser doppelten Möglichkeit der Verwendung des Begriffs εὑρίσκω *[heuriskō]* als *invenire* und *reperire* teilt das NT mit dem übrigen Griech. Der nt. Akzent liegt also weniger auf der Art und Weise möglichen Findens als auf dem Objekt (zB Joh 1,41: Wir haben den Messias gefunden!), das gefunden werden soll oder verfehlt werden kann, also nicht gefunden wird (s. o.). Vorausgesetzt wird, daß der Mensch ein Suchender ist (Mt 7,7 par; auch als Mühseliger und Beladener, der auf Ruhe aus ist, ist er ein Suchender, Mt 11,29), daß er im Falle eines Nichtfindens verlorengeht (vgl. Lk 15,4f: hier ist ἀπόλλυμι *[apollymi]* Gegensatz!), daß das Erstrebte und Gefundene Geschenkcharakter hat (Hebr 4,6 Gnade kann nur geschenkt werden, sonst ist der Begriff sinnlos) und daß er sich im konkreten Lebensvollzug als Nachfolger Jesu Christi erweist (Phil 2,5ff).

3) Subjekt und Objekt des Findens. Der natürliche Mensch sucht zunächst im Sinne des Selbsterhaltungstriebes sein natürliches →Leben (→ Seele) zu erhalten. Er kann sein Leben finden, aber nur durch den Tod »um meinetwillen«, wie das Logion Mt 10,39 par sagt. Das Eigentliche, das es zu finden gilt, ist das → Reich Gottes (Mt 13,44–46; vgl. auch 6,33, wo εὑρίσκω *[heuriskō]* nicht ausdrücklich genannt ist). Andere Redewendungen besagen im Grunde dasselbe: gefunden werden soll »der Weg zum Leben« (Mt 7,14), »Ruhe« (Mt 11,29 vgl. Jer 6,16; Jes 28,12), die eben ein unreiner Geist nicht findet (Mt 12,43 par); ferner »Gnade vor Gott« (Hebr 4,16; Lk 1,30; Apg 7,46). Auch dort, wo nicht ausdrücklich ein Obj. genannt ist, muß die Sache des Reiches Gottes, wie auch immer formuliert, als Obj vorausgesetzt werden.

Jesus wird als der geschildert, der Glauben findet bzw. nicht findet und zwar sowohl der Irdische (Mt 8,10; gleichnishaft verfremdet 18,13 par) als auch als der kommende Menschensohn (Lk 18,8; vgl. Mt 24,46; → Sohn, Art. υἱὸς τοῦ ἀνθρώπου). Jesus Christus, der den Glauben an sich und seine Botschaft finden will, und der Mensch, der den »Weg zum Leben« finden will, gehören unauflösbar zusammen. Wo Jesus Glauben findet, findet der Mensch auch den »Weg zum Leben« und damit zu neuen Verhaltensweisen (Phil 2,5ff). Wo der Mensch den »Weg zum Leben« findet, findet Jesus auch Glauben. *B. Gärtner*

ζητέω

ζητέω *[zætẹō]* suchen · ἐκζητέω *[ekzætẹō]* suchen, forschen · ἐπιζητέω *[epizætẹō]* suchen, streben, fahnden · ζήτησις *[zætæsis]* Untersuchung, Streitgespräch

I ζητέω *[zætẹō]*, seit Homer (vgl. δίζημαι *[dịzæmai]*, *nach etwas streben*, ebenfalls seit Hom.), heißt allg. *suchen*. In der klassischen Gräzität wird das Wort zum term. techn. für das Streben nach Erkenntnis, spez. für die philosophische Untersuchung (Xenoph. Cyrop. VIII,5,13; Epikt. Diss, I,28,20; IV,1,51). Gelegentlich wird ζητέω *[zætẹō]* auch als juristischer Fachausdruck für die gerichtliche Untersuchung gebraucht (Dinarchus 1,8; POxy 237 VI,41; 726,16). Die Komposita ἐκζητέω *[ekzætẹō]* (seit dem 1. Jh. vChr) und ἐπιζητέω *[epizætẹō]* (seit Hdt.) verstärken im allg. die Grundbedeutung: *suchen, forschen, streben* (zB Aristot. Eth. Nic. 9,9,2p; 1169b,13). Darüber hinaus kann ἐκζητέω *[ekzætẹō]* die wissenschaftliche Untersuchung (BGU IV,1141,40ff), ἐπιζητέω *[epizætẹō]* die juristische Fahndung bzw. Schuldforderung (Jos. Ant. 17,295) bezeichnen. Der Grundbedeutung von ζητέω *[zætẹō]* entspricht das Subst. ζήτησις *[zætæsis]* (seit Soph., Hdt., nicht in LXX) als term. techn. für die philosophische Untersuchung (Plato Crat. 406a; Epikt. Diss. I,22,17; II,11,13; III, 14,10).

II LXX übersetzt mit ζητέω *[zætẹō]* (ca. 400mal) in erster Linie das Piel von *bāqasch, suchen, trachten, fordern, fragen*, während die selteneren Komposita ἐκ- *[ek-]* und ἐπιζητέω *[epizætẹō]* vorwiegend das Kal von *dārasch, nachfragen, untersuchen, aufsuchen, befragen*, wiedergeben.

1) ζητέω *[zætẹō]* kann in LXX zunächst ganz profane Vorgänge bezeichnen: Joseph sucht seine Brüder (Gen 37,16), Saul sucht die entlaufenen Eselinnen (1Sam 10,2.14), der Pharao »sucht« Mose zu töten (Ex 2,15; vgl. 4,19). Der Ausdruck ζητεῖν τὴν ψυχήν *[zætẹin tæn psychæn]* wird zur stehenden Redewendung für Mordabsichten: *nach dem Leben trachten* (1Sam 24,10; 25,29; 26,20; 2Sam 4,8; 1Kön 19,10.14; Jer 11,21; Ps 35,4 u. ö.). Bezeichnenderweise handelt es sich schon bei diesem profanen at. »Suchen« nicht um einen erkenntnismäßigen Vorgang, sondern um ein Handeln, bei dem die ganze Person beteiligt ist. Der altorientalische Mensch verbindet mit dem Suchen ein emotionales Moment. Das at. Suchen schließt das Wollen und Trachten des Menschen ein; es ist kein intellektueller, sondern ein existentieller Akt.

2a) Auf das Gottesverhältnis übertragen bedeutet ζητέω *[zætẹō]* mit seinen Komposita die willentliche und ganzheitliche Hinwendung des Israeliten zu seinem Gott bzw. Jahwes zu seinem Volk. In der prophetischen Gerichtsverkündigung begegnet immer wieder die Anklage, Israel habe seinen Gott nicht gesucht (Jes 9,13; 31,1; Jer 10,21); zugleich ergeht aber auch die Mahnung an das abtrünnige Volk, seinen Gott zu suchen, dh ihm gehorsam zu werden (Jer 29,13f; Dtn 4,29; Jes 55,6). Bes. in den Pss (24,6; 27,8; 83,16; 105,3f) und 2Chr (7,14; 11,16; 15,12; 18, 4.7) begegnen die zum term. techn. erstarrten Formeln ζητεῖν τὸν κύριον, θεόν, τὸ πρόσωπον κυρίου *[zætẹin ton kyrion, theọn, to prọsōpon kyrịou]*, *den Herrn, Gott, das Angesicht Gottes suchen*, die einerseits summarischer Ausdruck willentlichen Gehorsams gegenüber Jahwe sind, andererseits wohl auch auf kultische Begehungen wie Gottesdienste und Gebete hinweisen. *Gott suchen* gewinnt dadurch die Bedeutung von *Gott aufsuchen*, wo er zu finden ist: im Tempel und Kultus. Das Suchen findet seine Erfüllung in Orakel, Weisung und Anbetung.

b) Wesentlich seltener, aber um so wichtiger sind die Stellen, an denen vom göttlichen Suchen die Rede ist: Wie ein Hirt wird Jahwe sein verirrtes Volk wieder suchen und sammeln (Ez 34, 12–16). So dient der theol. Gebrauch von ζητέω *[zætẹō]* in der LXX dazu, das wechselseitige Bundesverhältnis zwischen Jahwe und Israel zum Ausdruck zu bringen.

3a) Bei Philo verbindet sich das philosophische Denken und Fragen des Verstandes mit dem Suchen des Herzens zu einer eigenartigen Synthese (Abr. 87, Spec. Leg. 345).

b) Auch in den Qumrantexten begegnet *dārasch* häufig. Gott zu suchen ist eine Grundforderung der Essener (1QS 1,1). Das bedeutet Suchen und Fragen nach dem Willen Gottes, dem die eifrig betriebene Toraforschung dient. Für die Endzeit erwartet die Sekte das Auftreten einer messianischen Gestalt, die »der Toraforscher« heißt (4Qflor 1,11; CD 7,18).

Im NT ist ζητέω *[zætẹō]* in erster Linie ein Begriff der Evgg. und der paulinischen Schriften. III
Selten begegnet er in der Apg, den Pastoral- und kath. Briefen, einmal in der Offb (9,6). In der nt. Bedeutungsbreite fließen die griech. und hebr. Komponente des Begriffs zusammen. So bezeichnet ζητέω *[zætẹō]* im NT einerseits das nachgehende Suchen (Lk 15,8), forschende Gedanken und Erwägungen (Mk 11,18; 14,1.11) sowie juristisches Untersuchen (Joh 8,50b), andererseits das willentliche Trachten und Begehren (Mt 6,33; 1Kor 10,33) bis hin zur anspruchsvollen Forderung (Mk 8,12). ἐκζητέω *[ekzætẹō]* mit intensivierender Bedeutung begegnet nur 7mal im NT (bezeichnend ist die auf at. Redeweise fußende Formulierung Lk 11,50f: Rechenschaft fordern für das Blut der Propheten); nicht viel häufiger kommt ἐπιζητέω *[epizætẹō]* (12mal) mit gleicher intensivierender Tendenz vor (zB Mt 6,32; 12,39).

1) Aufschlußreich ist der profane Gebrauch des Wortes. Wenn in Gleichnissen davon die Rede ist, daß sich ein Kaufmann auf die Suche nach schönen Perlen begibt (Mt 13,45), daß eine Hausfrau ihr Heim durchsucht, um eine Drachme zu finden (Lk 15,8), oder wenn die Passionserzählungen von dem Suchen des Judas nach einer Gelegenheit zum Verrat Jesu berichten (Mk 14,11 par), dann zeigt diese Verwendung von ζητέω *[zætẹō]*, daß es sich bei diesem Suchen weit mehr um eine Intention des Willens als um eine Reflexion des Verstandes handelt.

2) Wie die Propheten so fordert die Verkündigung Jesu ihre Hörer auf, Gott zu suchen, dh das ganze Leben dem Willen und der Herrschaft Gottes zur Verfügung zu stellen: »Trachtet (ζητεῖτε *[zætẹite]*) zuerst nach dem Reich Gottes und seiner Gerechtigkeit, dann werden euch alle diese Dinge (um die ihr euch sorgt) hinzugefügt werden« (Mt 6,33; vgl. 7,7f; Lk 12,31; 11,9f). Diesem Aufruf widersetzen sich nach dem Zeugnis des JohEv die Juden, indem sie Jesus nach dem Leben trachten (Joh 5,18; 7,1.19; 8,37) und ihre eigene Ehre aufzurichten suchen (Joh 7,18; 5,44 im Gegensatz zu Jesus 5,30; 8,50).

3) Am schärfsten hat Paulus den Gegensatz zwischen den sich selbst behauptenden und Gott suchenden Menschen formuliert, wenn er Israel vorwirft, die eigene Gerechtigkeit zur Geltung bringen zu wollen (Röm 10,3), und ihm den Glaubensweg gegenüberstellt, der die Gerechtigkeit in Christus zu erlangen sucht (Gal 2,17). Ebenso geißelt Paulus seine Gegner, die »das Ihre suchen« (Phil 2,21), während er von sich zu behaupten wagt, nicht seinen eignen Vorteil zu suchen (1Kor 10,33; vgl. 1Kor 13,5: Die Liebe sucht nicht das Ihre). In beiden Fällen bezeichnet ζητέω *[zætẹō]* nicht einen Aspekt, sondern die entscheidende Willensrichtung des Lebens.

4) Griechischer Denk- und Redeweise entspricht es, wenn Apg 17,27 vom Gott-Suchen der Völker oder 1Kor 1,22 vom griech. Fragen und Streben nach Weisheit die Rede ist. Der griech. ζήτησις *[zætæsis]*-Begriff, den die LXX nicht kennt, gewinnt im NT die Bedeutung *Streitgespräch, Wortgefecht, Disput* (Joh 3,25; Apg 15,2; 25, 20). Er spielt im NT keine wesentliche Rolle und dient nach Meinung des Verfassers der Pastoralbriefe weder dem Glauben noch der Erbauung der Gemeinde, wie die Zusammenstellung des Streitgesprächs mit Begriffen wie Wortgezänk, Neid, Hader, Lästerung etc. zu erkennen gibt (1Tim 6,4; vgl. 2Tim 2,23; Tit 3,9).

5) Schließlich muß noch vom göttlichen ζητεῖν *[zætẹin]* die Rede sein. Es umfaßt sowohl die göttliche Forderung nach gehorsamer Frucht (Lk 13,6 Feigenbaum), wahrhaftiger Anbetung (Joh 4,23), treuer Haushalterschaft (1Kor 4,2), als auch das engagierte Nachgehen des Menschensohnes, dessen Mission darin besteht, das Verlorene zu suchen und zu retten (Lk 19,10). *H.-G. Link*

Lit.: HGreeven, Art. ζητέω etc., ThWb II, 1935, 894ff – HPreisker, Art. εὑρίσκω, ThWb II, 1935, 767f.

Sühne → Versöhnung

Sünde

Der Begriff *Sünde* bezeichnet das vielfältige Phänomen menschlicher Verfehlungen, die von der geringfügigen Übertretung eines Gebotes bis zur Verfallenheit der ganzen Existenz reichen. Diesen Sachverhalt bringt am grundlegendsten und umfassendsten die Wortgruppe ἁμαρτία *[hamartịa]* zum Ausdruck, die das *Sich-Vergehen* gegen Sitten, Gesetze, Menschen oder Götter bezeichnet. Ein spezielleres Gebiet umfaßt die Wortgruppe ἀδικία *[adikịa]*, die dem Rechtsleben entstammt und als gegensätzliche Begriffsbildung zu δίκη *[dịkæ]* (→ Strafe) bzw. δικαιοσύνη *[dikaiosy̧næ]* (→ Gerechtigkeit) den Akzent auf das Unrecht und ungerechte Taten legt. Einen weiteren Aspekt beleuchtet die Wortgruppe παράβασις *[parạbasis]*, die vor allem die *Übertretung des Gesetzes* beinhaltet. παράπτωμα *[parạptōma]*, von παραπίπτω *[parapịptō]*, *danebenfallen, abirren, verfehlen*, abgeleitet, bezeichnet dagegen mehr allgemein den *Fehltritt* und das schuldhafte *Vergehen.* In den weiteren Zusammenhang des umfassenden Phänomens »Sünde« gehören ferner die Begriffe ἀνομία *[anomịa]*, *Gesetzlosigkeit* (→ Gesetz, Art. νόμος), ἀσέβεια *[asẹbeia]*, *Gottlosigkeit* (→ Frömmigkeit, Art. σέβομαι), πταίω *[ptạiō]*, *anstoßen, zu Fall kommen;* ἥττημα *[hǽttæma]*, *Niederlage;* ὑστέρημα *[hystẹræma]*, *Mangel, Fehler;* πλανάομαι *[planạomai]*, *in die Irre gehen, sich täuschen;* ἀγνοέω *[agnoẹō]*, *nicht kennen, nicht wissen* (→ Erkenntnis, Art. ἀγνοέω); ὀφείλω *[ophẹilō]*, *schuldig sein* (→ Notwendigkeit); παρακοή *[parakoǽ]*, *Ungehorsam* (→ Hören, Art. ἀκούω) und die unter dem Leitwort → Schuld verhandelten Begriffe αἰτία *[aitịa]*, *Ursache, Beschuldigung;* ἐλέγχω *[elẹngchō]*, *überführen*, sowie ἔνοχος *[ẹnochos]*, *verfallen, schuldig, unterworfen.*

ἀδικία

ἀδικέω *[adikẹō]* Unrecht begehen, ungerecht behandeln · ἀδίκημα *[adịkæma]* ungerechte Tat, ungerechtes Gut · ἀδικία *[adikịa]* Unrechtstat, Ungerechtigkeit · ἄδικος *[ạdikos]* unbrauchbar, nicht recht beschaffen

I 1) ἀδικέω *[adikẹō]* und seine Derivate sind in der griech. Lit. oft begegnende Begriffe, die schon von der Wortbildung her (ἀ-privativum!) den negativen Gegensatz zu den positiven Begriffen δίκη *[dịkæ]*, δικαιοσύνη *[dikaiosy̧næ]*, δίκαιος *[dịkaios]* (→ Gerechtigkeit) bezeichnen. Dem Gerechten steht der Ungerechte gegenüber. Das Verb ἀδικέω *[adikẹō]* bedeutet: *ein Unrecht begehen* (Aristot. Rhet. 1,10); mit Objekt: jemanden *ungerecht behandeln, verletzen, schaden* (Demosth. 21,129); im Passiv: *Unrecht erleiden* (Plato, Gorg. 509c). Das Subst. ἀδίκημα *[adịkæma]* ist bes. die *unrechte Einzeltat,* auch das *durch Unrecht erlangte Gut* (Aristot. Eth. Nic. 5,7.10; Xenoph. Mem. II,2,3). *Unrechtstaten* können auch ἀδικία *[adikịa]* genannt werden, bes. wird dies Subst. aber verwandt für die *Ungerechtigkeit* (Plato, Resp. 10,609c; Phaed. 82a). ἀδικία *[adikịa]* ist die am wenigsten fest umrissene Bezeichnung für ein negativ qualifiziertes Handeln oder Sein des Menschen. Es kann daher sehr viele verschiedene Nuancen annehmen (s. → Gerechtigkeit, Art. δίκαιος; → Gesetz, Art. νόμος). ἄδικος *[ạdikos]* ist das Adj. zu beiden Subst., erlangt dann aber eine allgemeinere Bedeutung. Es kann heißen *unrichtig, unbrauchbar, nicht recht beschaffen* (Hdt. VI,137; Xenoph. Mem. IV,4,13).

2a) Die inhaltliche Bestimmung der Begriffe hängt in der Regel von der jeweils gültigen Rechtsnorm ab, auf die sie sich beziehen. So ist ἄδικος *[ạdikos]* alles, was gegen Sitte, Brauch, Anstand (δίκη *[dịkæ]*) verstößt, alles Unziemliche, Unredliche, Betrügerische. Das »Ungerechte« wird dabei nicht unbedingt an bestimmten schriftlich fixierten Gesetzen gemessen, wie das bei ἄνομος *[ạnomos]*, *gesetzlos*, der Fall ist, sondern es bezeichnet das, was die Ordnung der → Welt (κόσμος *[kọsmos]*) und der Polis (→ Volk, Art. πόλις) verletzt (vgl. die νόμοι ἄγραφοι *[nọmoi ạgraphoi]*, *ungeschriebene Gesetze*). Der ἄδικος *[ạdikos]* tritt häufig auf die Seite der βία *[bịa]*, der rohen *Gewalt.*

b) Bes. ist der Begriff ἀδικία *[adikịa]* im Rechtsdenken verankert. Hier wird er synonym mit παράβασις *[parạbasis]* u. a. gebraucht und kann auch konkrete Verbrechen wie Diebstahl, Betrug, Blutschande u. a. bezeichnen. In Lasterkatalogen ist ἀδικία *[adikịa]* ein umfassender Begriff.

c) Auch im religiösen Bereich wird der Begriff verwandt. ἀδικέω [adikẹō] kann heißen: die schuldige Pflicht gegenüber den Göttern vernachlässigen (Xenoph. Mem. I,1,1). Der ἄδικος [ạdikos] entspricht den Forderungen der Gottheit nicht und wird deshalb ihr gegenüber schuldig. Er verstößt gegen die εὐσέβεια [eusẹbeia], *Gottesverehrung* (→ Frömmigkeit), und wird damit zum ἀσεβής [asebæs], *Gottlosen.*

1) In der LXX gibt die Wortgruppe zahlreiche hebr. Äquivalente wieder; der hebr. Sprachschatz ist hier ungleich vielfältiger und differenzierter als der griech. Die wichtigsten seien genannt: zB übers. ἀδικέω [adikẹō] 24 hebr. Wörter, relativ am häufigsten (12mal) das Kal von *'āschaq, Unrecht tun, bedrücken, erpressen,* das meist auf den zwischenmenschlichen bzw. politischen Bereich bezogen ist (zB Lev 19,13; Dtn 28,29; Ps 119,121). Das häufig substantiviert gebrauchte Adj. ἄδικος [ạdikos] und das Adv. ἀδίκως [adịkōs] geben meist *schæqær, Trug, Täuschung, Lüge* wieder, oft in Verbindung mit λαλέω [lalẹō], *reden: lügnerisches Reden,* dh *lügen* (zB Ps 63,12; Spr 6,17; Jer 5,31). In späterer Zeit werden ἄδικος [ạdikos] und ἀσεβής [asebæs] gelegentlich parallelisiert (zB Hi 16,12 LXX). Selten begegnet ἀδίκημα [adịkæma], das den *Rechtsbruch* gegenüber dem Gesetz (hebr. *pæsch'a*) bzw. das *Vergehen* gegen Gott (*'awōn*) bezeichnet (zB Lev 16,16; Jer 16,17). Weitaus am zahlreichsten verwendet LXX von der Wortgruppe das Subst. ἀδικία [adikịa] (ca. 250mal); es tritt für 36 verschiedene hebr. Worte ein, gibt am häufigsten *'awōn, Vergehen, Schuld, Strafe,* wieder (ca. 80mal), gelegentlich aber auch *'awlāh, Verkehrtheit, Schlechtigkeit* (zB Hos 10,13); *chāmās, Gewalttat, Unrecht* (zB Ps 7,17) und *schæqær, Lüge* (zB Ps 119,104). II

2) Die Tatsache, daß ἀδικία [adikịa] meist im Sing. begegnet, weist darauf hin, daß nicht die einzelne Tat, sondern das Gesamtphänomen der Verfehlung im Vordergrund steht. Sünde wird im alten Israel vor allem als Verstoß gegen die sakrale Ordnung des Gottesrechtes erfahren (1Sam 3,13f). Dadurch ist zugleich die Gemeinschaft betroffen, deren Bestand mit der Wahrung des Gottesrechtes aufs Engste zusammenhängt. Sünde wird also als theol. und soziales, gemeinschaftszerstörendes Phänomen verstanden. Deshalb ergeht an das Bundesvolk die Aufforderung, das Böse aus seiner Mitte auszurotten (Lev 16,21f; 17,4.9 u. ö.). Wichtig ist, daß *'awōn* nicht nur die bewußte, schuldhafte Tat, sondern auch deren Folge, die Strafe, miteinschließt (Lev 26,39). Nach at. Verständnis setzt die schuldhafte Verfehlung einen Unheilsprozeß in Gang, dessen Auswirkungen auf den Täter und seine Gemeinschaft zurückwirken, falls dieser verhängnisvolle Tat-Folge-Zusammenhang nicht unterbrochen wird (Gen 4,13; Num 32,23). Das Vergehen wird in erster Linie als ein objektives Unheilsgeschehen betrachtet, auch wenn es irrtümlich begangen wird (Gen 20,3ff; 1Sam 14,24ff). Diese unheilvollen Wirkungen der bösen Tat können nur aufgehalten werden, indem der Täter bestraft bzw. stellvertretend ein Tier getötet wird oder Sühneopfer dargebracht werden. »Sühne war also kein Strafakt, sondern ein Heilsgeschehen« (vRad, Theol. AT I,270).

3) In späteren Schriften des AT und im Spätjudentum wird ἀδικία [adikịa] einerseits auf die konkrete Einzeltat eingegrenzt, andererseits auf alle Menschen ausgeweitet. In diesem Zusammenhang ist es bedeutsam, daß LXX *schæqær, Lüge,* gelegentlich mit ἀδικία [adikịa] übers. (zB Ps 52,5; 119,29; 69, 104.163; 144,8.11 u. ö.). Philo (Spec. Leg. 3,209) und Jos. (Ant. 8,251) nennen den ἄδικος [ạdikos] und ἀσεβής [asebæs] in einem Atemzug. Wie δίκαιος [dịkaios] in der Tugendlehre, so spielt bei Philo ἄδικος [ạdikos] in der Lasterlehre eine wichtige Rolle (Abr. 103; Sobr. 42; vgl. ThWb I,150). Das apok. Denken des Spätjudentums begreift die ganze dem Kommen des Messias vorangehende Zeit als »Welt der Ungerechtigkeit« (Hen 48,7), die der Messias vernichten wird (4Esr 4,51ff; Hen 91,5ff; PsSal 17,29.36). Sachparallelen finden sich dazu auch in der rabb. Lit. (zB Sanh 97a; MidrPs 92,10 u. ö.; vgl. St.-B. IV,978ff).

1a) Im NT wird das Verb ἀδικέω [adikẹō] – nur 24 Belege, hauptsächlich Lk, Apg, beide Kor und Offb – gebraucht für *Unrecht tun, schaden* in bezug auf andere Menschen (zB Mt 20,13; Apg 7,24ff; Gal 4,12 u. a.). In Offb betrifft es Sachen (6,6; 9,4 u. a.). Das Pass. in der Bedeutung *Unrecht leiden* bezieht sich überall auf die zwischenmenschlichen Beziehungen (Apg 7,24; 2Kor 7,12; 1Kor 6,7). III

ἀδίκημα [adịkæma] ist in Apg 18,14 und 24,20 die verbrecherische Tat, Offb 18,5 steht es parallel zu ἁμαρτία [hamartịa], *Sünde,* und wird auf Gott bezogen.

Das Subst. ἀδικία [adikịa] – fast nur in lukanischen und paulinischen Schriften, daneben 2Petr und 1Joh sowie zwei AT-Zitate in Hebr – und das Adj. ἄδικος [ạdikos] werden gelegentlich absolut gebraucht (Joh 7,18; Mt 5,45; Lk 8,11; 2Thess 2,12). Die Bedeutung ist an diesen Stellen aus dem allg. Sprachgebrauch übernommen und meint das der sittlichen Norm nicht entsprechende Verhalten. In Zitaten wird an den at. Gebrauch angeknüpft (Lk 13,27; Apg 8,23; Hebr 8,12).

b) Stärker theologisches Gewicht erhalten die Begriffe vom Zusammenhang her, wenn sie im Gegensatz zu δίκαιος *[dịkaios]*, *gerecht*, und δικαιοσύνη *[dikaiosynæ]*, *Gerechtigkeit* (Röm 3,5; Apg 24,15; 1Petr 3,18) oder zu ἀλήθεια *[alætheia]*, → *Wahrheit* (Röm 1,18; 2,8; Joh 7,18 u. a.) stehen. Der Gen. des Subst. ἀδικία *[adikịa]* vertritt semitisierend das Adj. (Lk 13,27; 16,8f; 18,6 u. a.). Das Adv. ἀδίκως *[adịkōs]* erscheint nur 1Petr 2,19.

c) Der Gebrauch der Wortgruppe im NT zeigt, daß es sich um allgemein bekannte und gebräuchliche Kategorien des Unrechts handelt, die erst durch nähere Interpretation ihre Deutung und ihre Qualität erlangen. So ist an der jeweiligen Stelle die Bedeutung vom Zusammenhang, von Ergänzungsbegriffen oder vom Gegensatz her zu gewinnen.

2) In der nt. Lehre von der Sünde ist ἀδικία *[adikịa]* der wichtigste Begriff neben → ἁμαρτία *[hamartịa]*. Wie schon in LXX ist dabei ἀδικία *[adikịa]* das weniger qualifizierte und in seinen Bedeutungsnuancen weiter gefaßte Wort. In der Definition 1Joh 5,17 werden beide Begriffe nebeneinander gestellt. ἁμαρτία *[hamartịa]* ist der Oberbegriff. ἀδικία *[adikịa]* meint offenbar hier Unrechtstaten und Ungerechtigkeit unter den Menschen, die nicht als Todsünde anzusehen, sondern zu vergeben sind.

Neben ἁμαρτία *[hamartịa]* bezeichnet ἀδικία *[adikịa]* stärker die äußerlich sichtbaren Merkmale des unter der Macht der Sünde Stehenden: Im Gleichnis vom ungerechten Haushalter ist vom ungerechten Mammon die Rede (Lk 16,1f); Jak 3,6 von dem durch die Zunge angerichteten Unrecht; Lk 18,1ff vom ungerechten Richter.

3a) Bei Paulus wird in Röm 1,18ff, wo er von der Sünde der Heiden spricht, nie ἁμαρτία *[hamartịa]* verwandt, sondern ἀδικία *[adikịa]* und ἀσέβεια *[asẹbeia]*. Der Zorn Gottes wird über die ausgesprochen, die ihn als Geschöpf kennen und verehren sollten (Röm 1,18.21.25; 2,8). Röm 1,29 ist ἀδικία *[adikịa]* umfassender Begriff am Anfang eines Lasterkataloges. Diesem Gebrauch entspricht 1Kor 6,1, wo die Ungerechten den Heiligen gegenübergestellt werden. Es sind Heiden gemeint, die die Gerechtigkeit aus Glauben noch nicht kennen und infolgedessen ihrer ἀδικία *[adikịa]* und dem Zorn Gottes verfallen sind. Sie erben das Gottesreich nicht (1Kor 6,9).

b) Maßstab für die Ungerechtigkeit ist Gott als der Gerechte (Röm 3,5.26; 9,14). Seine Gerechtigkeit deckt menschliche Ungerechtigkeit auf (Röm 3,5). Der durch den Gegensatz von Gerechtigkeit Gottes und Ungerechtigkeit des Menschen aufgeworfene Graben wird durch Christus überbrückt, der als der Gerechte an unsere Stelle tritt (Röm 3,24; 2Kor 5,21); vgl. dazu die ganz paulinisch klingende Stelle 1Petr 3,18, an der unsere Wortgruppe verwendet wird. Eine neue Scheidung zwischen Gerechten und Ungerechten tritt ein, weil die Wahrheit angenommen wird (Röm 1,18; 2,8).

Wie schon im AT oft ἀδικία *[adikịa]* Übers. von *schæqær*, *Lüge*, *Unwahrhaftigkeit*, ist, so wird auch bei Paulus und Johannes ἀδικία *[adikịa]* im Gegensatz zu ἀλήθεια *[alætheia]* gebraucht (Joh 7,18). Die Folge des Glaubens an Christus ist nicht nur die Ausschaltung der Sünde als Macht, sondern auch die Umkehr zu einem Leben in Gerechtigkeit (2Thess 2, 9—12). In der Gemeinde haben Rechtshändel keinen Platz mehr, daher mahnt Paulus 1Kor 6,1—11 die Korinther, davon abzulassen und lieber Unrecht zu leiden als zu tun. Der Grund dafür liegt darin, daß Christen von der → Liebe regiert werden (1Kor 13,6). Das menschliche Rechtsdenken, das zur Abrechnung untereinander, zu Feindschaft und Krieg führt, wird abgelöst durch die Liebe zum Nächsten und zum Feind. Dieser Gedanke, der das at. Gebot der Nächstenliebe (Lev 19,13ff) weiterführt, geht wohl auf Jesus zurück (Mt 5,43—48). Auf dieser Linie liegt auch die Bereitschaft, Unrecht zu leiden, wie sie 1Petr 2,19 ausgedrückt ist.

4a) Auch in den späteren Schriften klingt diese grundlegende Schau des Christenlebens durch. So mahnt 2Tim 2,19 die Gemeinde, daß Ungerechtigkeit nicht mit dem Anrufen des Namens Gottes vereinbar ist. Hebr 8,12 nimmt die Botschaft von der vergebenden Liebe Gottes aus Jer 31 nt. auf. Christus ermöglicht → Vergebung von Unrecht

(1Joh 1,9), aber die grundsätzliche Vergebungsmöglichkeit scheint später doch wieder eingeschränkt worden zu sein auf Sünden, die nicht zum Tode führen (1Joh 5,17).

b) In der apok. Schau des 2. Petrusbriefes wird das Endgericht mit der endgültigen Verurteilung der ἄδικοι *[adikoi]* stark betont (2Petr 2,9.13.15), ein Gedanke, der bei Paulus hinter der Botschaft von der Rechtfertigung zurücktritt, wenn er auch nicht ganz fehlt.

Im apok. Endgericht der Offenbarung wird die ungöttliche Welt gerichtet. Offb verwendet hier häufig ἀδικέω *[adikeō]* für Gerichtstaten gegenüber Menschen und Dingen (Offb 7,2f; 9,4.10 u. a.; Z übers.: *Schaden zufügen*, Lohmeyer: *versehren*). *W. Günther*

ἁμαρτία

ἁμαρτάνω *[hamartanō]* verfehlen, sündigen · ἁμαρτία *[hamartia]* Verfehlung, Sünde · ἁμάρτημα *[hamartæma]* Fehler, Vergehen · ἁμαρτωλός *[hamartōlos]* Verfehlender, Sünder

I ἁμαρτάνω *[hamartanō]* (seit Hom.) bedeutet urspr. *verfehlen, verlieren*, einer Sache *nicht teilhaftig werden, sich täuschen*. Das griech. Verständnis der Verfehlung ist intellektuell bestimmt. ἁμαρτάνω *[hamartanō]* ist Folge einer ἄγνοια *[agnoia]*, *Unwissenheit*. Subst. zu ἁμαρτάνω *[hamartanō]* ist ἁμαρτία *[hamartia]* (seit Aischyl.), *Verfehlung, Nichterreichen* eines – meist geistigen – Zieles. Das Ergebnis der Tätigkeit ist ἁμάρτημα *[hamartæma]*, *Fehler, Versehen, Vergehen* gegen Freunde, gegen den eigenen Leib usw. Daraus entsteht im 5. Jh. vChr das Subst. und Adj. ἁμαρτωλός *[hamartōlos]*, das oder der *Verfehlende*; bei Aristoph. als Barbarismus mit anrüchig-ironischem Klang. ἁμαρτητικός *[hamartætikos]* (die bessere Form) ist ebenfalls selten und spät. Der Wortstamm ἁμαρτ- *[hamart-]* hat in der Bedeutung *verfehlen* zu vielen gängigen Verbindungen geführt, zB ἁμαρτίνοος *[hamartinoos]*, der *Irrsinnige* u. a. m.

1) Im griech. Sprachbereich herrscht neben dem Verb ἁμαρτάνω *[hamartanō]* das Subst. ἁμάρτημα *[hamartæma]* vor. Aristoteles stellt es zwischen ἀδίκημα *[adikæma]*, *Unrecht*, und ἀτύχημα *[atychæma]*, *Unglück*, als Vergehen gegen die herrschende Ordnung, aber ohne bösen Vorsatz, dh ohne κακία *[kakia]*, *Bosheit, Schlechtigkeit* (Eth. Nic. 5,10p 1135 b 18). In der Rechtssprache wird es dann auch für bewußte Vergehen gebraucht. ἁμαρτία *[hamartia]* wird zum Sammelbegriff mit relativ blasser Bedeutung: *gegen den rechten Sinn verstoßend*. Es kann vom Denkfehler bis zum Verbrechen alles meinen, was gegen das ὀρθόν *[orthon]*, das *Richtige*, verstößt, was der herrschenden Sitte, der Ehre der Standesgemeinschaft und der Polis nicht entspricht.

2) Ihren tiefsten Sinn findet die griech. Auffassung von Schuld in der Verbindung mit der schicksalhaften Verblendung des Menschen, wie die klassische Tragödie sie zum Ausdruck bringt (zB Soph. Ant. 1261). Schuld ist hier nicht mehr nur Tathandlung, sondern im Inneren des Menschen wurzelnde Gegebenheit. Der Mensch weiß sich unter der Bedrohung und in der Begrenztheit durch die störenden Mächte der Verblendung und des Schicksals. Schuld verursacht Leiden (zB Ödipus). Schuld und Schicksal sind unlösbar ineinander verwoben. Wir vermeiden hier das Wort »Sünde«, weil die strenge Gottbezogenheit von Schuld und Schicksal im Griechentum nicht zu finden ist.

3) Der Hellenismus löst die Verbindung von Schuld und Schicksal auf, indem er in den Mysterienreligionen durch Riten und Gnosis dem verhängnisvollen Schicksal zu entrinnen sucht. Andererseits wird in der Stoa der Schuldbegriff intellektualisiert und rationalisiert (zB Epict. Diss. I,26,6). Schuld ist durch bessere Einsicht und rechtes Handeln zu überwinden. In beiden Fällen wird von der These aus gedacht, daß der Mensch im Grunde gut ist.

II Die Fülle der hebr. Begriffe für Schuld und Sünde wird von LXX fast völlig auf die zwei Wörter ἁμαρτία *[hamartia]* und → ἀδικία *[adikia]* verteilt. Dabei entsprechen der Gruppe ἁμαρτία *[hamartia]* bes. die hebr. Worte *chaṭ'āt, Verfehlung*, dann *'āwōn, Schuld*, als bewußtes Abweichen vom rechten Wege, *pæsch'a, Auflehnung, Rebellion*, u. a. ἀδικία *[adikia]* übers. vor allem *'āwōn* und daneben 35 weitere hebr. Wörter.

Das Subst. ἁμάρτημα *[hamartæma]* ist von ἁμαρτία *[hamartia]* zu unterscheiden. Der Gebrauch des Verbs entspricht dem der Subst.e. ἁμαρτωλός *[hamartōlos]* ist meist Übers. von *rāsch'ā*, der *Frevler*, der *Haltlose* (vgl. ἀσεβής *[asebæs]*; → Frömmigkeit, Art. σέβομαι).

1) Das AT kennt keinen allg. Zentralbegriff für Sünde wie das NT. Die theol. Reflexion über Sünde ist nicht so stark ausgebildet wie etwa bei Paulus; dennoch ist über die Schuld des einzelnen hinaus Sünde als von Gott trennende Wirklichkeit des Menschen und des Volkes wohlbekannt.

Gott ist der Maßstab für Recht und Unrecht. Sein Bund mit dem Volk, sein Gebot und Gesetz, sein durch den erwählten Gottesmann und Propheten gesprochenes Wort sind die Norm. Das Schicksal des einzelnen wie des Volkes richtet sich danach, ob Gott die ihm zukommende Stellung eingeräumt wird. Sünde, Schuld und Strafe werden oft nicht auseinandergehalten, weil Sünde eine Abkehr von Gott ist und damit Unheil und Strafe nach sich zieht.

2) Das Verständnis von Sünde ist im AT die negative Kehrseite des Bundesgedankens (→ Bund) und daher oft juristisch geprägt. Die Geschichte des Volkes wird häufig dargestellt als Geschichte des Abfalls, der Strafe, des gnädigen Eingreifens Gottes und der Umkehr.

a) Typisch und exemplarisch wird das an der Urgeschichte Gen 3—11 deutlich. Bes. der Jahwist zeigt in meisterhafter Weise die Haltung des Menschen in seiner Eigenmächtigkeit gegenüber Gott. Die Sünde steigert sich in immer neuen Ausbrüchen vom Sündenfall (Gen 3) über den Brudermord (Gen 4), das Lamechlied (Gen 4,23f) bis zum Turmbau (Gen 11). Das ist weniger Reflexion über die Sünde als vielmehr Bekenntnis (vRad, Theol. AT I,157ff). Sitz dieser Tendenz, von Gottes gegebener Ordnung abzusehen, sich selbst an seine Stelle zu setzen und eigene Wege zu gehen, ist das → Herz (Gen 6,5; 8,21). Der Priesterkodex betont mehr die theol. Seite und die Kultordnungen, aber er kommt Gen 6,11f zu demselben Ergebnis: »die Erde war verderbt und voller Frevel« (L).

b) Sünde ist sowohl Abfall von dem Treueverhältnis zu Gott als auch Ungehorsam gegenüber Gebot und → Gesetz. Im einen Fall ist sie als Untreue gegenüber dem Gottesbund herausgestellt (Hos 2; Jer 3,10), im anderen Fall ist es eine Verletzung von Wort und Gebot Gottes (1Sam 15,23ff; Ps 78). In beiden Fällen isoliert sich der Mensch von der Gottesgemeinschaft, wird er gott-los (Jer 2,29 u. a.).

c) Die Sünde des einzelnen ist nicht zu trennen von der des Volkes. In den früheren Schriften steht die Geschichte des Volkes zwischen Abfall und Errettung im Vordergrund (Ri 2,6—3,6), in späteren Schichten wird das Schicksal des einzelnen stärker betont (Pss, Hi).

3a) Die Sünde ist allgemein. Vor der Heiligkeit Gottes kann kein Mensch bestehen (Jes 1,4ff). Das Volk als ganzes wird angeklagt (Hos 12). Bes. Gen 6,5; 8,21; Jes 64,6f wird die Allgemeinheit der Sünde betont (darin ist zwar ein Ansatz für den Gedanken der Erbsünde gegeben, aber sie ist nirgends lehrmäßig ausgeformt). Folge der Sünde ist der Tod (Gen 2,17). Wenn er nicht eintritt, so liegt das an Gottes souveränem Gnadenwillen, durch den er die Konsequenz der Vernichtung immer wieder aufhält und strafende Gerichte nicht als letztes Wort gelten läßt, sondern in ihnen den Grund für ein Neuwerden legt (Noah, Jer 31; Ez 37). Der Sünder wie das abgefallene Volk dürfen auf Gottes Erbarmen hoffen bis hin zur Ankündigung des Gottesknechtes, der, selbst ohne Sünde, die Sünde der anderen trägt (Jes 53).

b) Im Schatten dieser großen Linie steht die Vorstellung von der Möglichkeit der rituellen Sühne von Sünden (vgl. bes. Lev 16 der Sündenbock u. a., vgl. → Opfer) und die Vorstellung von der → Vergebung der Sünde auf Grund eines Schuldbekenntnisses (Pss; Gen 50,17; 2Sam 12,13 u. a.).

4) Im Spätjudentum ist das Verständnis der Sünde stärker am Gesetz orientiert und wird spekulativ und kasuistisch verflacht. Die Heiden kennen Gottes Gebote nicht und sind daher alle Sünder. Für den frommen Juden aber ist vor allem die Übertretung der Gesetze und Gebote Inbegriff der Sünde. Götzendienst, Unzucht und Blutvergießen werden als unvergebbare Sünden angesehen. Für unachtsam begangene Sünden werden Sühnemöglichkeiten ausgebaut durch Opfer, Reinigungsriten, gute Werke, Leiden und Martyrium. Auf die Frage nach dem Ursprung der Sünde nennt das Judentum Adam und Eva oder auch die gefallenen Engel (Gen 6,1ff). Folge der Sünde sind Krankheit, Tod, ewige Verdammnis (St.-B. I,495). Sünde ist allg. und wird bes. im bösen Trieb lokalisiert (vgl. St.-B. III,155ff). Der Hauptton aber liegt auf dem Gesetz, der individuellen Verantwortung und dem Streben, sich von Übertretungen freizuhalten (St.-B. III,38ff). Die Möglichkeit der Sündlosigkeit hat der Fromme im Auge. Beispiele sind ihm Abraham, Mose, Elia und Henoch; letztere bes. deshalb, weil hier die Todesfolge nicht eintrat. Völlige Beseitigung der Sünde wird vom messianischen Reich erwartet.

III Im Anschluß an den stark hervorgehobenen Gebrauch in LXX wird die Wortgruppe ἁμαρτάνω *[hamartanō]* im NT zum eigentlichen Ausdruck für alles Widergöttliche. Das christl. Verständnis der Sünde ist bei Paulus und Johannes am breitesten ausgeführt und am tiefsten theol. entfaltet. Schon vom statistischen Befund her treten demgegenüber die übrigen Schriften des NT stärker zurück. Alle übrigen verwandten Begriffe und Synonyme stehen im Schatten von ἁμαρτάνω *[hamartanō]* und sind von daher zu verstehen.

ἁμαρτία *[hamartia]* wird im NT immer für die letztlich gegen Gott gerichtete *Sünde* des Menschen gebraucht. ἁμάρτημα *[hamartæma]* ist seltener, bezeichnet die *Einzeltat* (zB 1Kor 6,18), wird in Verbindung mit der Vergebung gebraucht (Mk 3,28; Röm 3,25) und steht Mk 3,29 für die ewige, dh unvergebbare *Sünde.* Das Adj. ἀναμάρτητος *[anhamartætos]* begegnet nur Joh 8,7 und bedeutet: *ohne konkrete Sünde.* ἁμαρτωλός *[hamartōlos], sündig,* ist das geläufige Adj., gelegentlich synonym mit πονηρός *[ponæros], verdorben, böse* (vgl. Mt 8,38 mit Mt 12,39.45). Als Subst. folgt es den Bedeutungsnuancen von ἁμαρτία *[hamartia]* vom übernommenen jüd. Sinn zum gefüllt christl. Verständnis.

1a) Jesus gebraucht den at.-jüd. Sündenbegriff, wie er in seiner Umgebung bekannt war. Das wird daran deutlich, daß bei den Synoptikern die Subst.e ἁμαρτία *[hamartia]* und ἁμάρτημα *[hamartæma]* fast ausschließlich in Verbindung mit der Sündenvergebung (→ Vergebung) vorkommen. Das Verb wird weitgehend absolut gebraucht, dh im üblichen, bekannten Sinn (Mt 18,15; Lk 17,3f u. a.). Der Gebrauch der Subst.e meist im Plur. zeigt, daß vorwiegend an Einzelverfehlungen gedacht ist, die gegen das Gesetz oder den Bruder begangen werden. Auch der *Sünder,* ἁμαρτωλός *[hamartōlos],* ist nach traditionell jüd. Auffassung derjenige, der sich nicht an das Gesetz und seine pharisäische Interpretation hält. Deshalb wird er neben den Zöllner gestellt (Mk 2,15f par u. a.) und dem *Heiden,* ἐθνικός *[ethnikos],* bzw. *Gottlosen,* ἀσεβής *[asebæs],* gleichgesetzt (Mt 26,45; Mk 14,4f; Lk 6,32ff; vgl. Mt 5,46f). Die Verbindung »sündiges und ehebrecherisches Geschlecht« Mk 8,38 besagt, daß die Sünde von Gott trennt. Deshalb sind Buße und Vergebung notwendig.

b) Jesu Verkündigung führt über den jüd. Sündenbegriff hinaus, wo er, etwa in der Bergpredigt, das Gesetz radikalisiert, sein Kommen und seine Person als neuen Maßstab setzt und damit zu einer neuen Wirklichkeit hinführt (Mt 7,11 par; 12,31ff).

Dies gilt, obwohl an diesen Stellen selten ausdrücklich von der Sünde gesprochen wird. Die neue Wirklichkeit zeigt sich in dem Hingehen Jesu zu den Sündern. Jesus kommt gerade zu den Sündern, nicht zu den Gerechten (Mk 2,17 par), er preist die Armen selig (Mt 5,2ff) und ruft die Beladenen zu sich (Mt 11,28). Im Zusammenhang dieser seiner Sendung wird Jesus »Freund der Sünder« genannt (Mt 9,10f; 11,19). Die Gemeinschaft mit den Sündern kommt bes. in lukanischen Erzählungen zum Ausdruck (Lk 7,36ff; 15,1ff; 18,9ff; 19,1ff). Die Geschichte vom verlorenen Sohn Lk 15,11–32 zeigt, daß sowohl der sündige als auch der gerechte Sohn die Güte des Vaters nötig haben, und bes. in der Pharisäerrede Mt 23 par wird deutlich, daß mit dem Kommen Jesu die Maßstäbe für gerecht und sündig völlig verändert werden. Die nach jüd. Sitte und nach den Gesetzen als gerecht und fromm Geltenden werden in besonderer Weise als Sünder vor Gott entlarvt.

c) In der Passionsgeschichte, bes. im Abendmahlsbericht, wird die Sicht des ganzen Lebens und der Verkündigung Jesu vom Kreuz her deutlich (Mt 26,28). An die Stelle ritueller Sühnemittel tritt Jesus selbst durch das Opfer seines Lebens. Der Gerechte wie der Ungerechte werden hier zu Sündern. Diese Erkenntnis wird im Petrusbekenntnis Lk 5,8 vorweggenommen und in der Gesamtdeutung der Sendung Jesu durch die Evangelisten zusammengefaßt (Mt 1,21; Lk 1,77). Von daher erhalten die Taufe wie auch die Sündenvergebung, von Johannes dem Täufer als Buße gedeutet (Mk 1,4 par), einen neuen Sinn. Beides wird von den Aposteln auf den Tod und die Auferstehung Jesu gegründet (Apg 2,38; 5,31; 10,43; Joh 20,23).

2a) Die Hauptaussagen des Paulus über Sünde finden wir Röm 1–8. Dabei fällt auf, daß Röm 1,18–3,20 die Begriffe ἁμαρτία *[hamartia]* etc. kaum gebraucht werden. Paulus redet hier von den Heiden und Juden, die beide gleichermaßen an der Gerechtigkeit Gottes scheitern. Sie sind auf Grund ihres Unglaubens und der daraus erwachsenen Unrechtstaten dem → *Zorn Gottes,* ὀργὴ θεοῦ *[orgæ theou],* verfallen. Paulus nennt das ἀσέβεια *[asebeia], Gottlosigkeit,* und ἀδικία *[adikia], Ungerechtigkeit* (Röm 1,18). Erst für den Glauben wird die Sünde zur ἁμαρτία *[hamartia].* Das → *Gesetz,* νόμος *[nomos],* bewirkt die Erkenntnis der Sünde (Röm 3,20; 5,20; 7,7ff; Gal 3,22). Es wird damit nicht außer Geltung gesetzt (Röm 3,31 u. a.), dient vielmehr als »Zuchtmeister« auf den Glauben an Christus hin (Gal 3,23ff). Dh das Gesetz bewacht und bewahrt auf das Ziel hin, ist aber nicht selbst

Heilsweg. Die Gerechtigkeit Gottes ist auf dem Wege des Gesetzes nicht zu erlangen. Gesetz-Sünde-Tod, das ist die verhängnisvolle Bahn, auf der sich der Mensch ohne Christus, ohne den Glauben befindet. Das wird an Adam in Röm 5,12—21 exemplarisch gezeigt. Adam hat durch die Sünde den Tod erwirkt; seitdem gilt diese Linie für alle Menschen (vgl. Röm 1,32; 6,16; 7,5—22; 8,13; 1Kor 15,56).

Erst in der Christuserkenntnis wird die volle Macht der Sünde offenbar. Der dem Geist Gottes widerstrebende Mensch ist gefangen im → *Fleisch* (σάρξ *[sarx]*), das als Feind Gottes Sünde hervorbringt und dessen Ende der Tod ist. Geist und Fleisch kämpfen im Menschen unter dem Gesetz gegeneinander (Röm 7,13—25; vgl. Gal 5,16—26). Der Begriff ἁμαρτία *[hamartịa]* steht bei Paulus fast immer im Sing. Sünde ist eine beinahe personhafte Macht, die in und durch den Menschen handelt (Röm 5,12.21; 6,6.17; 7,9ff). Dasselbe gilt auch von σάρξ *[sarx]*, *Fleisch* (Gal 5,19.24) und θάνατος *[thạnatos]*, *Tod* (Röm 6,9b). Diese starke Ausdrucksweise führt zusammen mit den Aussagen über die Allgemeinheit der Sünde seit Adam (Röm 5) zur kirchlichen Lehre von der »Erbsünde«, einem der Sache nicht ganz angemessenen Ausdruck.

b) Jesus Christus hat als Gegenpol zu Adam durch sein Kommen diesen Zirkel durchbrochen, an der Stelle aller den Fluch des Gesetzes auf sich genommen (Gal 3,10—14), den Tod erlitten (Röm 5,8; 6,3ff; 1Kor 15,3) und die Sünde aus dem Wege geräumt, indem er sie trug (Röm 8,1ff). Er ist selbst zur Sünde geworden (2Kor 5,21), um die Gerechtigkeit Gottes aufzurichten (καταλλαγή *[katallagæ]*, → *Versöhnung*, Röm 5,10f; 2Kor 5,18f). Mit alledem gibt Paulus keine systematische Lehre von der Sünde, sondern er stellt den Sieg Jesu Christi über die Macht von Gesetz, Sünde und Tod dar, an deren Stelle Gerechtigkeit und Leben treten. Der Weg des Gesetzes, den Paulus früher selbst gegangen ist, führt nicht zum Leben, sondern zum Tod. Paulus sieht in seiner Verfolgung Christi und der Christen die Schuld seines Lebens (1Kor 15,9; vgl. 1Tim 1,15). Die → Gnade Gottes (χάρις *[chạris]*) ist es, die den neuen Weg eröffnet hat (Röm 5,15; 1Kor 15,10f). Es ist der Weg des → Glaubens (πίστις *[pịstis]*, Röm 3,21ff). Als Typos dafür gilt Abraham, der durch Glauben gerecht wurde (Röm 4).

Der Versöhnungstod Christi für uns geschah ein für allemal (Röm 5,8 u. a.). Er wird dem Glaubenden zugeeignet (Röm 5,1ff). In der Taufe wird der Glaubende in das Christusgeschehen mit hineingenommen. Durch sein Mitsterben und Mitauferstehen wird er der Herrschaft des Todes entrissen und des neuen Lebens Christi teilhaftig (Röm 6,1—11). Diesem Indikativ folgt sofort der Imperativ, daß der Christ sich nun von der Knechtschaft der Sünde befreien soll, um der Gerechtigkeit dienstbar zu werden (Röm 6,12ff). Die Freiheit, sich in den Dienst des Geistes zu stellen, wird in der Liebe verwirklicht (Gal 5,13ff). Alle Eigengerechtigkeit, auch aller Eigenruhm ist damit ausgeschlossen (Röm 10,3; 1Kor 1, 19—31; → Ruhm). Fortan ist alles, was nicht aus dem Glauben, also aus der Verbindung mit dem lebendigen Christus heraus geschieht, Sünde (Röm 14,23).

c) Wir haben also in den paulinischen Aussagen über die Sünde zwei Linien vor uns:

α) Das Verfallensein aller Menschen an die Macht der Sünde, aus der nur durch die einmalige Versöhnungstat Gottes in Jesus Christus Erlösung möglich ist.

β) Der Aufruf an die Christen, sich im Glauben dieser neuen Gerechtigkeit zuzuwenden, Knechte Christi anstatt Knechte der Sünde zu sein und dann auch im Geist bzw. in Christus zu wandeln.

Aus dem Neben- und Ineinander dieser beiden Linien gehen die Tiefe und das Gewicht der Sünde als herrschender Macht, die Größe der Gnadentat Gottes und zugleich die Verantwortung des Menschen für seinen Glauben und sein Tun hervor.

3a) Im johanneischen Schrifttum gehört der Begriff ἁμαρτία *[hamartịa]* in den Rahmen des Himmel und Erde verbindenden Christusgeschehens. Jesus kommt in die → *Welt* (κόσμος *[kọsmos]*, Joh 1,1—14) und trägt ihre Sünde als das → Lamm Gottes (Joh 1,29;

1Joh 3,5). Jesus ist selbst ohne Sünde; er vergießt aber sein Blut für die Sünde der Welt, dh für die in der Gottferne gefangenen Menschen (1Joh 1,7; 2,2; 4,10; Offb 1,5). Sünde ist der Wille und die Macht, die gegen Jesus stehen. Das wird an Judas Ischariot deutlich (Joh 6,70f; 19,11), aber auch am Verhalten der Juden Jesus gegenüber (Joh 8,44ff). Sie halten Jesus für einen sündigen Menschen, sind es aber selbst, weil sie ihn nicht als Erlöser anerkennen (Joh 9,16–41). Sünde ist hier Unglaube. Jesus stellt die Menschen in die *Entscheidung* (κρίσις *[krisis]*) für oder gegen ihn (Joh 15,22–24). Im Glauben oder Unglauben entscheidet sich der Mensch für Leben oder Tod (Joh 8,24; 9,41; 16,8f). So hat Jesus durch sein Kommen die Sünde als solche aufgedeckt (Joh 15,22f) und, sofern er das Leben gebracht hat, den Fürsten dieser Welt entmachtet (Joh 12,31; 16,11).

b) Im 1. Johannesbrief wird die Sünde als Gegensatz zur *Liebe* (ἀγάπη *[agapæ]*) verstanden (3,1–10). Zwar ist die Reinigung von der Sünde durch Christus geschehen (1,7), und dem aus Gott Geborenen ist Sünde eine Unmöglichkeit (3,8f), aber kein Mensch kann sich für sündlos halten und der Vergebung entbehren (1,8 u. a.). So ist auch im 1Joh die Spannung zwischen der Erlösungstat Christi und der Ethik, dem Tun des Menschen gewahrt. Prüfstein ist die Bruderliebe (3,10; 1,9; 2,7ff). Die Sünden sind vergeben (2,12), aber der Christ kann sich immer wieder auf Christus berufen, wenn er seine Sünde bekennt (1,9). Allerdings weiß 1Joh auch von der Sünde zum Tode, mit der er offenbar Abfall und Götzendienst meint (5,16–21).

4a) Dem Hebräerbrief geht es darum zu zeigen, wie Jesus ganz Mensch geworden ist, bis hin zur Versuchbarkeit (5,7f), und wie er dennoch ohne Sünde blieb (4,15). Der Hebr handelt von der Sünde im Zusammenhang mit dem → Opfer. Anstelle des immer wiederholten Opfers für Sünden tritt Christus als der eigentliche Hohepriester (7,25–27; → Priester, Art. ἱερεύς III,2b und c), der sich selbst einmal geopfert hat für unsere Sünde. Er ist das einmalige Opfer, das weitere Opferpraxis überflüssig macht (10,4–10.18); sie wird abgelöst durch die Möglichkeit der Vergebung durch den Glauben (Kap. 11). Das einmalige Opfer Jesu befreit ein für allemal von der Sünde. Das Vorbild Jesu hilft im Kampf gegen die Gefahr erneuten Sündigens (12,1–4). Für einen Abfall vom Glauben gibt es allerdings für Hebr nur die Erwartung des ewigen Gerichts. Dies ist die Sünde, die eine weitere Buße ausschließt (6,4ff; 10,26f; 12,16f).

b) Der Jakobusbrief warnt vor der Sünde und Tod hervorbringenden Begierde (1,15) und vor der Gefahr, aus der Erkenntnis des Glaubens keine Konsequenzen für das Tun zu ziehen (4,17). Zugleich ermahnt er zum Bekennen der Sünde und verheißt die göttliche Vergebung (5,15ff).

c) Der 1. Petrusbrief knüpft an Jes 53 an. Nachfolge besteht im Leiden darin, daß wir uns den zum Vorbild nehmen, der für uns einmal gelitten und uns damit von unseren Sünden erlöst hat (1Petr 2,21–25; 4,1; 3,18).

W. Günther

παράβασις

παραβαίνω *[parabainō]* danebentreten, vorbeigehen, abirren · παράβασις *[parabasis]* Übertretung, Verfehlung · παραβάτης *[parabatæs]* (der) Nebenstehende · ἀπαράβατος *[aparabatos]* unwandelbar · ὑπερβαίνω *[hyperbainō]* hinübersteigen, übertreten

I

1) Das Verb παραβαίνω *[parabainō]* – seit Hom. belegt – hat die wörtliche Bedeutung *danebentreten, danebengehen, vorbeigehen* (Hom. Il. 11,522) und bezeichnet im räumlichen wie übertragenen Sinn ein Abweichen von der urspr. und eigentlichen Richtung.

Neben die intrans. tritt die trans. Bedeutung: *übertreten, vernachlässigen,* wobei als Objekt jene Begriffe verwendet werden, mit denen der Grieche Maßstab und Norm seiner Lebensordnung bezeichnet; so zB δίκη *[dikæ]*, → *Gerechtigkeit;* νόμος *[nomos]*, *Gesetz;* ὅρκος *[horkos]*, *Eid;* ἔθη *[ethæ]*, *Sitte* usw. (zB Plato, Kriton 53e; Eur. Jon. 230). Seit Aischyl. kann παραβαίνω *[parabainō]* auch absolut gebraucht werden im Sinne von *sündigen* (Ag. 59). Meist bezieht es sich auf eine Bindung, die verlassen wird. Auch im religiösen Bereich wird es gebraucht: von der Ehrfurcht gegenüber den Göttern abweichen (Hdt. VI,12,3).

2a) παράβασις *[parąbasis]* wird mit denselben Objekten verbunden wie das Verb (Porphyr. Abst. II,61), aber selten absolut gebraucht. Es meint räumlich oder übertragen die *Abweichung, Überschreitung, Übertretung.* Als term. techn. steht der Begriff für ein in die Komödie eingeschobenes Chorstück, die »Parabase«.

b) Für παραβάτης *[parabątæs]* fehlt die übertragene Bedeutung fast völlig (Pythag. ep. 3,7). Gemeint ist: der *Nebenstehende, Gefährte, Genosse.* Von daher wird es zum term. techn. für den neben dem Wagenlenker stehenden Kämpfer (Hom. Il. 23,132). Zur Bezeichnung eines Übertreters einer Norm werden häufig die Partizipialformen des Verbs verwendet.

c) ἀπαράβατος *[aparąbatos]*, ein spätes und seltenes Wort, bezeichnet das Unüberschreitbare; daher: *unwandelbar, unverletzlich, ewig* (Epict. Diss. 2,15,1). Das Schicksal, auch die Gestirne werden damit verbunden.

d) ὑπερβαίνω *[hyperbąinō]* kann entsprechend seiner Vorsilbe viele Bedeutungen annehmen. Wörtlich heißt es *hinübersteigen, über das Ufer treten* (Hdt. II,99,3); dann *verletzen, übertreten, sich vergehen* (Plato, Resp. II,366a.373d), aber auch: *sich überheben, jemanden stillschweigend übergehen* (Plato, Resp. VII,528d).

II In LXX kommt die Wortgruppe nicht allzu häufig vor; die übertragene Bedeutung steht im Vordergrund. παράβασις *[parąbasis]* hat nur in Ps 101,3 ein hebr. Äquivalent; παραβάτης *[parabątæs]*, *Übertreter, Frevler,* begegnet lediglich in der Übers. des Symmachus (Ps 17,4; 139,19). Das ca. 80mal belegte Verbum gibt 7 verschiedene hebr. Wörter wieder; am häufigsten tritt *ʿābar, überschreiten, verändern; sūr, abweichen; pārar* (Hif.), *brechen,* und *schāṭāh, abweichen,* auf. Nur selten wird παραβαίνω *[parabąinō]* in privatrechtlichen Dingen verwendet wie zB beim Eherecht (Num 5,12. 19f.29). Interessant sind die Objekte, die mit παραβαίνω *[parabąinō]* verbunden werden: die Rede Gottes (Num 14,41; Dtn 1,43), das Wort des Herrn (1Sam 15,24), die Rechtsforderungen (1Esr 1,46) und bes. häufig der → Bund (Jos 7,11; Hos 6,7; 8,1; zahlreich bei Ez 16,59; 17,15ff u. ö.). Mit dem Subst. παράβασις *[parąbasis]* werden nicht so sehr konkrete Einzelgebote in Verbindung gebracht als vielmehr allgemeinere Begriffe: → Weg, → Wort und → Bund. Damit gewinnt seine Bedeutung in LXX grundsätzlichen Charakter: Gott verlassen, den Bund brechen, das rechte (gehorsame) Gottesverhältnis verfehlen.

III Die nt. Verwendung der Wortgruppe schließt an den at. Gebrauch der Begriffe an. Während → ἀδικία *[adikįa]* und ἀνομία *[anomįa]* allgemeiner gefaßt sind und *Unrecht* im asozialen und ungesetzlichen Sinn bezeichnen, andererseits ἀσέβεια *[asębeia]*, *Ehrfurchtslosigkeit* (→ Frömmigkeit), und → ἁμαρτία *[hamartįa]* unmittelbar an Gott als Person orientiert sind, ist παράβασις *[parąbasis]* auf Gottes gnädige Ordnungen bezogen: auf seinen → Bund (Hebr 9,15), auf das → Gesetz (Jak 2,9–11; Röm 2,23ff; 4,15), auf das → Gebot und die Überlieferung (Mt 15,2f) usw.

Weil durch das Christusgeschehen die at. Ordnungen Gottes, bes. das → Gesetz (Art. νόμος) in ein völlig neues Licht rücken, wird → ἁμαρτία *[hamartįa]* zum eigentlichen Begriff für *Sünde,* während παράβασις *[parąbasis]* stark zurücktritt. — ἀπαράβατος *[aparąbatos]* und ὑπερβαίνω *[hyperbąinō]* begegnen im NT nur je einmal (Hebr 7,24 bzw. 1Thess 4,6).

1a) In Mt 15,1ff ist παραβαίνω *[parabąinō]* mit παράδοσις *[parądosis]*, *Überlieferung* (→ Lehre), und ἐντολή *[entolæ̨]*, *Weisung* (→ Gebot), verbunden. Jesus wendet sich gegen die Äußerlichkeit pharisäischer Gesetzesbeobachtung. Den Vorwurf der παράβασις *[parąbasis]* gibt er an die Pharisäer zurück und zeigt, daß es in der hereinbrechenden βασιλεία *[basilęia]*, dem → *Reich,* nicht um das pharisäische Gesetz geht, sondern um die neue Ordnung, wie sie etwa in der Bergpredigt beschrieben ist. Das at. Gesetz wird nicht aufgelöst (vgl. Mt 5,17f), aber im Licht dieser neuen Ordnung wird die παράδοσις *[parądosis]*, *Überlieferung,* der Pharisäer als Menschengebot deutlich.

b) Die urspr. räumliche Bedeutung der Wortgruppe ist Apg 1,25 noch zu erkennen. Die Schuld des Judas besteht darin, daß er den τόπος *[tǫpos]*, den *Ort* bzw. *Platz* (at.-jüd. Redeweise würde ὁδός *[hodǫs]*, *Weg,* mehr entsprechen; das Bild hat aber dieselbe räumliche Perspektive) des Dienstes und des Apostolats verlassen hat, um einen eigenen Weg zu gehen. Er ist aus der → Nachfolge getreten.

2) Die Subst.e παράβασις [parạbasis] und παραβάτης [parabạtæs] finden sich fast nur in p a u l i n i s c h e n bzw. von Paulus abhängigen Schriften. Eine Ausnahme bildet Jak 2,9ff, wo eindeutig jüd. Gebrauch vorliegt. Sünde wird hier als Übertretung des Gesetzes verstanden. – Ähnlich wie Mt 15 steht auch bei Paulus das → Gesetz nicht mehr im Zentrum des christl. Glaubens. Es ist in seiner Funktion als Heilsweg durch die πίστις [pịstis], den *Glauben*, abgelöst, die durch das Kommen, Sterben und Auferstehen Jesu Christi ermöglicht wird. So tritt der Begriff bei Paulus vorzugsweise da auf, wo dieser sich mit der jüd. Gesetzestheol. auseinandersetzt.

a) Den Juden wird nachgewiesen, daß sie durch Übertretung des Gesetzes vor Gott Sünder sind wie die Griechen (Röm 2,17–29). Die Voraussetzungen, Gottes Gerechtigkeit zu erlangen und dazu nicht aus sich heraus fähig zu sein, sind für sie dieselben wie für die Heiden. Doch die Forderung Gottes ist ebenfalls für beide, Juden und Heiden, verbindlich (Röm 2,14f). Gott bleibt der Richter, der das gute Werk fordert, auch für die Christen (2Kor 5,10; Röm 1,18–3,20).

b) Der Glaube an Christus ersetzt nicht das Gesetz, aber er bietet einen Weg zur Gerechtigkeit auch für die, die das Gesetz nicht kennen und es deshalb auch nicht übertreten. Sie können demnach Kinder Abrahams werden (Röm 4,13–16) und an der Verheißung teilhaben. Deshalb kann παράβασις [parạbasis] nicht mehr Hauptbegriff für Sünde sein, wie er es für die Juden war. Sünde wird an Gott selbst gemessen, nicht mehr nur am Gesetz. Nur Röm 5,14–20 wird die Allgemeinheit der Sünde als Übertretung bezeichnet (παράβασις [parạbasis] steht hier synonym mit → παράπτωμα [parạptōma]). Dabei geht es um Adam als Typus für die Sünde als Übertretung des Gebotes Gottes.

c) Durch Christus ist der Weg des Gesetzes als Heilsweg außer Kraft gesetzt. An seine Stelle ist der → Glaube getreten. Aus ihm kommt die Gerechtigkeit (Gal 3,22ff u. a.). So entsteht die Frage, welche Rolle das Gesetz nun noch spielt. Darauf antwortet Paulus Gal 3,19, der heilsgeschichtliche Sinn des Gesetzes, das den Menschen zu Übertretungen reizt und so in die Sünde hineinführt, liege darin, die Sündigkeit erst recht in Erscheinung treten zu lassen und dadurch zu Christus zu führen.

3a) Es entspricht dem in Röm 5,14 Gesagten, wenn 1Tim 2,14 von Eva als Übertreterin der göttlichen Anordnung gesprochen wird. Wenn auch der Zusammenhang dieser Stelle rein ethisch ausgerichtet ist, so weist doch diese Bemerkung auf das Urdatum menschlicher Sünde hin, wie sie in Gen 3 als Auflehnung gegen Gott und sein Gebot beschrieben ist.

b) Im Hebräerbrief ist 2,2 und 9,15 von παράβασις [parạbasis] in at. Zusammenhang die Rede. Durch den Hinweis auf die Bestrafung der παράβασις [parạbasis] und der παρακοή [parakoæ̣], des *Ungehorsams*, im AT wird 2,2 die Warnung vor einer Mißachtung des in Christus gegebenen Heils unterstrichen. 9,15 wird die Bedeutung des Todes Jesu als Erlösung von den Übertretungen des ersten Bundes hervorgehoben.

4) ἀπαράβατος [aparạbatos] findet sich im NT nur Hebr 7,24. Die wörtliche Bedeutung klingt hier deutlich an. Dem at. Priestertum, das nach V. 11 mit dem Gesetz verbunden und also verletzbar und übertretbar war, wird das Priestertum Jesu als ein ewiges entgegengestellt, das keiner παράβασις [parạbasis] ausgesetzt ist (→ Priester). *W. Günther*

παράπτωμα

παραπίπτω [parapịptō] danebenfallen, abirren, sündigen · παράπτωμα [parạptōma] Fehltritt, Sünde

παραπίπτω [parapịptō] (seit Hdt. mit κατὰ τύχην [katạ tychæn], *zufällig*, verbunden) heißt *danebenfallen, auf die Seite fallen;* dann *zufällig auf etwas stoßen, irgendwohin geraten,* ferner (bei Polyb.) *vorbeigeraten, abirren, den Weg, die Pflicht, die Wahrheit verfehlen;* bei absolutem Gebrauch *einen Fehler begehen, sich irren,* wobei ein zufälliges entschuldbares Versehen gemeint ist. I

Das Subst. παράπτωμα *[paraptōma]* (seit Polyb.) bedeutet entsprechend *Versehen, Irrtum, Fehltritt* (unabsichtlich). Die urspr. bildhafte Vorstellung ist dabei, daß jemand zur Seite abirrt.

II In der LXX finden sich Verb und Subst. vorwiegend bei Ez (5 von 6 bzw. 8 von 16 kanonischen Stellen; restliche bei Hiob, Pss, Esr, Dan, Sach, Weish), wobei – unter Verschiebung des Handlungscharakters – mit dem Verb meist das hebr. *mā'al* (bewußt) *Untreue begehen* (verbunden mit dem Subst. παράπτωμα *[paraptōma]* Ez 14,13; 15,8; 18,24; 20,27; → Fallen, Art. ἀφίστημι) übersetzt wird und auch das Subst. für Wörter der bewußten und willentlichen Versündigung gegen Gott eintritt (*pæscha', Auflehnung* Hi 36,9; Ez 14,11; 18,22; *mā'al, Untreue* s. o.; *'āwæl, Unrecht* Ez 3,20; 18,26); nur vereinzelt auch für die unbeabsichtigte *Schwachheitssünde* (Ps 19,13) und die *Nachlässigkeit* in Amtsgeschäften (Dan 6,5). Als Wechselwort für *Sünde* bezeichnet παράπτωμα *[paraptōma]* durchweg die einzelne *Verfehlung*.

III 1) Das Verb kommt im NT nur Hebr 6,6 vor und versteht sich wohl vom hebr. *mā'al* her. Die Leser scheinen es als *abfallen, untreu werden* verstanden zu haben wie ἀφίστημι *[aphistæmi]* (→ Fallen) 3,12 und die Ausdrucksweise in 10,26, und zwar nicht so sehr im Sinn einer Einzelverfehlung, sondern mehr als Ausdruck einer Gesamthaltung, nämlich als die Preisgabe der christlichen Wahrheit; das zeigt sich freilich auch im Verhalten in Einzelfragen. Gedacht ist an eine Selbstverwerfung des Menschen durch Verwerfung der ihm gewährten Gnade (→ Fallen, Art. πίπτω).

2) Das Subst. steht im NT nur in Mt 6,14f par sowie bei Paulus und in den Deuteropaulinen. Es ist wie im AT ein Wechselwort für *Sünde*, bezeichnet aber stark die willentliche Tat (nur Röm 5,20 als Gesamterscheinung) mit ihren schicksalsschweren Folgen – bildlich also: eine Handlung, durch die der Mensch fällt und den ihm von Gott gegebenen Stand verliert. So berühren die zwischenmenschlichen Vergehen unmittelbar das Verhältnis des Menschen zu Gott und geben beim Endgericht den Maßstab für die Verurteilung ab (Mt 6,14f par). Deshalb muß dem Menschen bei einem Fehltritt zurechtgeholfen werden (Gal 6,1). Die erste sündige Tat in der Urzeit (Röm 5,15ff; vgl. Weish 10,1) zog eine Fülle von → Schuld und Not nach sich (Röm 5,18.20), ja den → Tod (5,15.17f), und zwar so, daß der Mensch schon vor dem leiblichen Tod in der Macht des Todes steht (Eph 2,1.5; Kol 2,13). So wurde Christus dem Tode preisgegeben (Röm 4,25), damit wir → Vergebung unserer Fehltritte haben (2Kor 5,19; Eph 1,7; Kol 2,13). Nach Röm 11,11f besteht der »Fall« Israels in seiner Ablehnung des Evangeliums.

W. Bauder

V ZUR VERKÜNDIGUNG

1) Der Begriff *Sünde* kann heute ohne nähere Erklärung kaum noch gebraucht werden. Sein ursprüngliches, religiös bestimmtes Verständnis geht immer von der (gemeinschaftlichen oder individuellen) verantwortlichen Beziehung des Menschen zu Gott aus. Sünde ist Bruch des Gottesverständnisses. So können die vielen Einzelsünden nur verstanden werden als Symptome der einen Sünde, die im Leben ohne Gott besteht, im Unglauben, in der Hoffnungslosigkeit, in der Verleugnung der Liebe. Von daher ist sowohl das Gefühl der Sinnlosigkeit des Lebens, des Verhängnisses der Geschichte, der Verzweiflung an sich selbst, als auch konkrete Schuld und Gesetzesvergehen auf die eine Wurzel des Abfalls von Gott zurückzuführen. Die biblischen Erzählungen vom Sündenfall (Gen 3), von der Sintflut (Gen 6–9) und vom Turmbau (Gen 11) sind die Grundaussagen über die Sünde. Sie lassen zugleich die Überwindung der Sünde durch Barmherzigkeit und Vergebung Gottes durchblicken. Das wird gerade an der positiven Aussage des NT deutlich, der zufolge »in Christus leben«, als in seinem Geist und Machtbereich leben, heißt: wie Jesus im Namen Gottes füreinander und für die Welt da sein (→ Nachfolge).

Wo der Mensch sich selbst zum Maßstab setzt, weiß er zwar, daß er Fehler macht, Mängeln und verhängnisvollen Trieben unterworfen ist, daß er dem Tod entgegengeht, aber er erklärt das naturalistisch, psychologisch, soziologisch. Das natürliche Aggressionsverhalten wird als eine notwendige Funktion des Daseins gesehen, um im Kampf aller gegen alle und im Getriebe der Gesellschaft bestehen und überleben zu können. Tritt es als Böses konzentriert und verbrecherisch auf (etwa als Massenvernichtung, »Verbrechen gegen die Menschheit«), so wird es oft als Krankheit, geschichtliche Notwendigkeit oder geschichtliches Verhängnis verstanden und erklärt. Daraus entsteht ein Gefühl der Machtlosigkeit, hoffnungslos dem Räderwerk von Welt und Geschichte ausgeliefert zu sein (vgl. zB die Werke von Sartre, Camus, Kafka, Becket u. a.). Der persönliche Bereich wird von Krankheit, Leiden, Frustration, Angst, Versagen und Tod bestimmt, im gesellschaftlich-politischen Bereich entspricht dem die Unfähigkeit, gesellschaftliche Konflikte zu bewältigen, Freiheit und Frieden zu verwirklichen, die rigorose, meist ideologisch motivierte Machtdurchsetzung einerseits und die Angst vor der Selbstvernichtung der Menschheit andererseits. In allen Ideologien und Religionen sucht man Wege, mit dem Bösen zu leben, es durch Haltung und Bemühungen zu überwinden.

2) Ein Wissen um Schuld und »Sünde« ist auch in einem nachchristl. Zeitalter noch vorhanden. Der Mensch oder die Gesellschaft als ganze werden verantwortlich gemacht für sich selbst, für das Zusammenleben und die Bewältigung der Weltprobleme. Grundrechte, Gesetze und moralische Tabus einerseits, das jeweils in einer Gruppe oder einem System geforderte Verhalten andererseits beanspruchen allgemeine Gültigkeit. Dabei können Gebote der Bibel als Orientierungshilfen herangezogen werden, verstanden als Gesetz ohne den gesetzgebenden Gott. Auf dieser Grundlage steht weithin noch der Anstand, die öffentliche Moral und auch die Strafgesetzgebung. Schuldig ist, wer diese jeweiligen Maßstäbe öffentlich verletzt. Der Begriff der Sünde, wo er noch gebraucht wird, hat dadurch eine *Umprägung* erfahren: er bezeichnet ein Verhalten, das gegen die Regeln und Forderungen der gesellschaftlichen Gruppe verstößt. Wie ehedem Acht und Bann den »Sünder« exkommunizierten, so kann er auch in einer säkularisierten Gesellschaft aller Funktionen und Möglichkeiten beraubt, lebendig ausgelöscht werden. Die Selbstkritik in totalitären Staaten als eine Art öffentlicher Beichte ist ein Beispiel für dieses Sündenverständnis.

3) In der Gesellschaft und in der christl. Gemeinde lebt noch immer das verhängnisvolle moralische *Mißverständnis* von Sünde, wie es im NT bes. in der Gestalt des Pharisäers entlarvt wird. Das äußerlich tadellose Leben des selbstgerechten Bürgers, der sich nichts vorzuwerfen hat, täuscht über die Gottlosigkeit hinweg, die im überheblichen Urteil über andere zum Ausdruck kommt. Sexuelle und kriminelle Vergehen werden als die Sünde schlechthin gebrandmarkt, während die eigene Lieblosigkeit alle Grenzen übersteigt. Jesus setzt sich mit den Sündern an einen Tisch. Er zeigt, wie die Pharisäer in gleicher Weise wie die Zöllner, der daheimgebliebene ebenso wie der verlorene Sohn, der Vergebung und des Neuanfangs bedürfen.

Ein anderes Mißverständnis ist das religiöse, das die notwendige Umkehr überspringt durch fromme Erhebung des Herzens zu Gott. Diese Art von Selbsterhebung und Selbsterlösung findet sich nicht nur in den östlichen Religionen, sondern auch unter Christen (jede Art von Mystik).

Mißverständnisse hat auch die in der Kirche schon früh entstandene Lehre von der Erbsünde ausgelöst. In der Bibel ist wohl von der Allgemeinheit der Sünde die Rede, vom Menschen, der »von Jugend an« dazu neigt, sich gegen Gott zu behaupten und eigene Götter zu wählen. Der Kreislauf des Bösen führt alle Menschen unwiderstehlich zu Krieg, Selbstvernichtung und Tod. So ist die Menschheit wie der Einzelne in der Schuldverflochtenheit dieser Welt ganz auf Gottes Gnade angewiesen. Dies ist auch bei Paulus gemeint, wo er von der durch Adam in die Welt gekommenen Sünde spricht (Röm 5,12ff). Nicht biblisch aber ist das biologische Verständnis, als ob sich Sünde fortpflanzt durch geschlechtlichen Verkehr und Geburt (Augustin).

4) Neben der Sünde einzelner gibt es schon in der Bibel die *Sünde von Gruppen*, Familien, Völkern. Beispiele sind die Rotte Korah, Babylon, Sodom, auch das Volk Israel in seinem Abfall von Gott. So darf und muß auch heute die Verantwortung von Gruppen erkannt werden. Die Geschichte des deutschen Volkes, der weißen Rasse, bestimmter

herrschender Klassen zeigt das in aller Deutlichkeit. Auch die christl. Kirche und einzelne Gemeinden sind dem Gesetz der Sünde ausgeliefert.

Dennoch bleibt Sünde wie auch Glaube letztlich persönlich zu verantworten. Alle Auswege, die Sünde zuerst bei anderen, bei den Verhältnissen, in der Gesellschaft finden zu wollen, heben diese Verantwortung nicht auf. Gerade in der Massengesellschaft ist die Gefahr, durch die Verführung anderer, durch Mitmachen schuldig zu werden, bes. groß. Um so notwendiger ist es für Christen, aus ihrem Glauben heraus gesellschaftliche und von Gruppen ausgehende Trends zu prüfen und gegebenenfalls gegen sie vorzugehen. (Eine ungelöste Frage ist die nach dem Maß des Widerstands gegen öffentliche Macht und nach dem Recht zur Revolution.)

5) Wenn in der Bibel immer wieder davon gesprochen wird, daß Gott das Herz ansieht, so ist damit der Beginn der Sündenerkenntnis des Menschen bei sich selbst deutlich gemacht. So ist bei Paulus gerade die eigene Frömmigkeit, die den Glauben an Jesus nicht kennt, der Ansatz zur sündigen Existenz.

Sowohl die Anmaßung, etwas zu sein, was ich nicht bin, als auch die Weigerung, das zu sein, wozu mich Gott geschaffen hat, fallen hierunter. Der Fromme nimmt leicht Gott für sich in Anspruch, statt sich für die anderen befreien zu lassen. Unglaube besteht darin, die Freiheit, die uns gegeben ist, nicht zu ergreifen, in Trägheit sich fallen zu lassen und den Sinn zu verschließen gegenüber dem, was getan werden muß, wenn Unmenschlichkeit und Not rufen.

Die Undankbarkeit und Lüge des Menschen werden darin offenbar, daß er lebt, als ob die Auferstehung nicht Wirklichkeit wäre. So drücken sich Sünde und Unglaube in vielen Formen aus und werden nur überwunden durch die Annahme des Angebotes, neu zu werden. Im Licht dieses Angebotes kann der Mensch erkennen und wissen, was Sünde ist. Sündenerkenntnis kann daher nicht aus eigener menschlicher Erkenntnis, ohne das bewußte Gegenüber zu Gott, vorausgesetzt werden.

6) Der Dienst (*diakonịa*) des Christen kann dann aber nur darin bestehen, die Menschen nicht in die Maßstäbe eigener Moral und gruppen-egoistischer Zwecke zu zwingen, sondern hinzuweisen auf die Freiheit, die für den einzelnen und die Gesellschaft ein Leben im Glauben, in der Liebe und in der Hoffnung zu Gottes Lob ermöglicht. *W. Günther*

Lit.: GQuell/GBertram/GStählin/WGrundmann, Art. ἁμαρτάνω etc., ThWb I, 1933, 267ff – GSchrenk, Art. ἄδικος etc., ThWb I, 1933, 150ff – FBüchsel, Art. θυμός etc., ThWb III, 1938, 167ff – GBornkamm, Sünde, Gesetz und Tod, Jb. d. Theol. Schule Bethel NF 2, 1950, 26ff (= ders., Das Ende des Gesetzes, 1966[5], 51ff) – AKirchgässner, Erlösung und Sünde im NT, 1950 – GFriedrich, ἁμαρτία οὐκ ἐλλογεῖται Röm 5,13, ThLZ 77, 1952, 523ff – KGKuhn, πειρασμός – ἁμαρτία – σάρξ im NT und die damit zusammenhängenden Vorstellungen, ZThK 49, 1952, 200ff – RBultmann, Theologie des NT, 1953 (1968[6]), § 23–25 – WHeidland, Art. ὀρέγομαι etc., ThWb V, 1954, 449ff – JSchneider, Art. παραβαίνω etc., ThWb V, 1954, 733ff – GFitzer, Die Sünde wider den Heiligen Geist, ThZ 13, 1957, 161ff – GvRad, Theologie des AT I, 1957 (1966[5]), 261ff – KKoch/LGoppelt/PJacobs, Art. Sünde und Schuld, EKL III, 1959 (1962[2]), 1217ff – WMichaelis, Art. πίπτω etc., ThWb VI, 1959, 161ff – HVogel, Die Sünde im biblischen Verständnis, EvTh 19, 1959, 439ff – Das Böse. Studien aus d. CGJung-Institut Zürich XIII, 1961 – GMensching/ThCVriezen/ELohse/KStendahl/EKinder/WJoest/KELøgstrup/KEngisch/WRott, Art. Sünde und Schuld, RGG VI, 1962[3], 476ff – ESchweizer, Die Sünde in den Gliedern, in: Abraham, unser Vater. Festschr. OMichel, 1963, 437ff – JBecker, Das Heil Gottes. Heils- und Sündenbegriffe in den Qumrantexten und im NT, 1964 – RKnierim, Die Hauptbegriffe für Sünde im Alten Testament, 1965 – JGWilliams, A Note on the ›Unforgivable Sin‹-Logion, NTSt 12, 1965, 75ff – WJetter, Art. Sünde, Theologie für Nichttheologen IV, 31, 1965 – HDee, Vergebung der Sünden, EvTh 26, 1966, 540ff – HGollwitzer, Zu: HDee, Vergebung der Sünden, EvTh 26, 1966, 652ff – KKoch, Sühne und Sündenvergebung um die Wende von der exilischen zur nachexilischen Zeit, EvTh 26, 1966, 217ff – ELövestam, Spiritus blasphemia. Eine Studie z. Mk 3,28f par Mt 12,31f; Lk 12,10, Scripta minora Regiae Societatis Humaniorum Litterarum Lundensis, 1966/67, 1ff – AStrobel, Erkenntnis und Bekenntnis der Sünde in neutestamentlicher Zeit, 1968 (= Arbeiten z. Theol., 1) – HThyen, Studien zur Sündenvergebung im Neuen Testament und seinen alttestamentlichen und jüdischen Voraussetzungen, 1970 (= FRLANT, 96) – JJvAllmen, Die Sündenvergebung als »Sakrament« in den Kirchen der Reformation, Conc 7, 1971, 58ff – JMichl, Sündenbekenntnis und Sündenvergebung in der Kirche des Neuen Testaments, MThZ 24, 1973, 189ff.

Synagoge → Israel; → Kirche

Tat → Werk

Taufe

Die Taufe gehört als Vorgang zum Gesamtkomplex der Waschungen (vgl. auch → Wasser). Deshalb sind hier neben dem Stichwort βάπτω *[bạptō]* / βαπτίζω *[baptịzō]*, welches das (meist vollständige) Eintauchen bezeichnet, auch die mit λούω *[lọụō]* und νίπτω *[nịptō]* ausgedrückten Handlungen, nämlich die Voll- und Teilwaschungen, behandelt. Bei allen diesen Vokabeln läßt sich neben der konkreten Bedeutung des Reinigens (→ Rein) schon vor dem NT ein übertragener Gebrauch erkennen, zunächst im Sinne der Herstellung kultischer Reinheit, dann im NT fortschreitend bis zum Ausdruck für die völlige Erneuerung der menschlichen Existenz.

βαπτίζω

βάπτω *[bạptō]* eintauchen · βαπτίζω *[baptizọ̄]* ein-, untertauchen · βαπτισμός *[baptismọs]* Tauchbad, Taufe · βάπτισμα *[bạptisma]* Taufe

βάπτω *[bạptō]* heißt im profanen Sprachgebrauch a) *ein-, untertauchen;* b) *in Farbstoff tauchen* und I
somit *färben;* c) *schöpfen* (Wasser). βαπτίζω *[baptịzō]* ist eine Intensivform von βάπτω *[bạptō]* und bedeutet a) *ein-, untertauchen,* b) *vernichten* (zB einen Menschen ertränken oder ein Schiff versenken).

Während sich nachweisen läßt, daß βάπτω *[bạptō]* gelegentlich im profanen Griech. für eine rituelle Waschung gebraucht wurde, läßt sich dieser Gebrauch für βαπτίζω *[baptịzō]* nicht nachweisen (wegen seiner Assoziation mit dem Gedanken des Zugrundegehens?). Weit gebräuchlicher für religiöse Waschungen waren λούω *[lọụō]*, *waschen* (den ganzen Körper), und νίπτω *[nịptō]*, *spülen* (Glieder des Körpers), sowie ῥαίνω/ῥαντίζω *[rhaịnō/rhantịzō]*, *besprengen* (→ Blut, Art. ῥαντίζω).

1) In der LXX wird durch βάπτω *[bạptō]* gewöhnlich das at.-hebr. *tābal, eintauchen,* wiedergege- II
ben (13 Belege, 3mal βάπτω *[bạptō]* für andere Verben). βαπτίζω *[baptịzō]* erscheint nur 4mal: In Jes 21,4 steht es metaphorisch für *zugrundegehen,* aber in 2Kön 5,14 erscheint es im Med. für Naemans siebenmaliges *Eintauchen* in den Jordan (einzige Stelle mit hebr. Äquivalent: *tābal*). Das ist bedeutsam, denn in diesem Fall fehlt der Gedanke an ein Zugrundegehen Naemans: die Verwendung von βαπτίζω *[baptịzō]* in der Naeman-Erzählung mag entscheidend gewesen sein für seinen späteren medialen Gebrauch zur Bezeichnung eines rituellen Reinigungsbades (so Ysebaert, Terminology, 27f). Diese Bedeutung hat das Verb in Sir 34[31],25; Jdt 12,7. Trotz gegenteiliger Behauptungen scheint es, daß βαπτίζω *[baptịzō]*, in jüd. wie in christl. Zusammenhängen, normalerweise *untertauchen* bedeutet, und daß selbst dann, wenn es technisch für *taufen* gebraucht wird, der Gedanke des Untertauchens bestehen bleibt. Der Gebrauch des Ausdrucks für die Reinigung von Gefäßen (wie in Lev 6,28 Aquila [6,21 LXX]; vgl. βαπτισμός *[baptismọs]* Mk 7,4) ist kein Gegenbeweis, da Gefäße normalerweise gereinigt wurden, indem man sie in Wasser tauchte. Der metaphorische Gebrauch des Ausdrucks im NT scheint das vorauszusetzen, zB die Weissagung, daß der Messias mit heiligem Geist und Feuer wie mit einer Flüssigkeit taufen wird (Mt 3,11), die »Taufe« der Israeliten in der Wolke und im Meer (1Kor 10,2) und Christi Tod als eine Taufe (Mk 10,38f: βάπτισμα *[bạptisma]*; Lk 12,50; Ysebaert, aaO, 41ff). Die paulinische Darstellung der Taufe als Begrabenwerden und Auferstehen mit Christus stimmt mit dieser Auffassung überein, wenn sie sie nicht sogar erfordert.

2) Die jüd. »Taufsekten« scheinen *tābal* und βαπτίζω *[baptịzō]* nicht zur Bezeichnung ihrer Lustrationen gebraucht zu haben. Das gilt sogar für die Qumran-Sekte. In den Rollen vom Toten Meer ist der übliche Ausdruck *rāchats* (griech. λούω *[lọụō]*), *baden; nāzāh* (griech. ῥαντίζω *[rhantịzō]*), *besprengen,* erscheint auch 2mal, obwohl die Anhänger der Sekte sich zur Reinigung tatsächlich untertauchten; wahrscheinlich wurde *nāzāh* neben *rāchats* beibehalten, weil die Sekte Wert legte auf die innere wie auf die äußere Reinigung und auf die Verbindung beider, wo → Buße und Ablution zusammengebracht wurden (vgl. die häufige Assoziation von Besprengen und Reinigung von Sünde im AT, zB Num 19,18f; Ps 50[51],9; Ez 36,25). Es ist umstritten, ob die Lustrationen der Sekte in irgendeiner Weise als Taufe klassifiziert werden sollten, da diese ständig wiederholt wurden, während die Taufe nur einmal empfangen wird; trotzdem spricht viel dafür, daß die erste Lustration eines Novizen als Aufnahmeritus in die volle Mitgliedschaft der Gemeinschaft anzusehen ist (vgl. bes. 1QS II,25–III,12).

Wichtig ist, daß die Lustrationen von Qumran nicht nur rein zeremonielle Bedeutung hatten. Wo sie von → Buße und Unterwerfung unter den Willen Gottes begleitet waren, galten sie als wirksam für die Reinigung von sittlicher Unreinheit (→ Rein). Josephus bezeugt, daß zu seiner Zeit die Essener, deren Vorläufer die Qumran-Sekte war, ihre Wahrsagungen bekräftigten, »indem sie verschiedene Sorten von Reinigungen gebrauchten«; und diejenigen unter ihnen, die zu heiraten beabsichtigten, ließen ihre Bräute sich (während einer dreijährigen Zeit einer Probe-Ehe) besonderen Waschungen und Lustrationen unterziehen, wodurch Empfängnis und Geburt von Kindern gefördert werden sollten (Bell. II,7,12f). Wenn diese Praktiken Entwicklungen früherer Anschauungen darstellen, müssen die Vorstufen, aus denen sie sich entwickelten, trotzdem sakramentale Elemente enthalten haben.

3) Zu Beginn des christl. Zeitalters mußte ein Nichtjude, der zum Judentum übertrat, sich der → Beschneidung unterziehen, ein rituelles Bad nehmen und ein Opfer darbringen. Für diese sog. »Proselyten-Taufe« verwenden die hebr. und aram. Texte den Ausdruck *tābal*. Bei der seltenen Erwähnung der Proselyten-Taufe in der griech. Lit. wird βάπτω *[baptō]*, aber nicht βαπτίζω *[baptizō]* verwendet. Das mag Zufall sein, aber damit trifft sich, daß die griech. Schriftsteller βαπτίζω *[baptizō]* vermieden, wenn sie Reinigungsriten beschrieben.

Wie weit die Praxis und das Verständnis der Proselyten-Taufe die Johannes-Taufe und die frühchristl. Taufe beeinflußten, ist eine viel diskutierte Frage. Die frühesten Hinweise auf die Proselyten-Taufe stammen aus der 2. Hälfte des 1. Jh. nChr; während sie es einerseits wahrscheinlich machen, daß diese eine vorchristl. Institution war, läßt ihre Unsicherheit in bezug auf die Bedeutung des Rituals und bes. seine Beziehung zur Beschneidung andererseits erkennen, daß die Institution nur langsam übernommen wurde und ihre Deutung sich während des 1. Jh. nChr noch in der Entwicklung befand.

Will man die Bedeutung der Proselyten-Taufe ergründen, muß man beachten, wie wichtig den Juden die Beschneidung war. Das oft zitierte Wort aus Jeb 2,29: »einer, der ein Proselyt geworden ist, ist wie ein neugeborenes Kind«, sollte mit dem aus Pes 91b verglichen werden: »einer, der sich von seiner Unbeschnittenheit trennt, ist wie einer, der sich vom Grabe trennt«. Die entscheidende Abwendung vom Heidentum geschieht in der Beschneidung, das Bad macht den neugemachten Juden tauglich, seinen ersten Akt der Anbetung, nämlich das Opfer, zu vollziehen. Wenn wir aus diesen Worten folgern dürfen, daß die Bekehrung vom Heidentum zum Judentum als der Übergang vom Tod in das Leben angesehen wurde, und daß hier die christl. Lehre vom neuen Leben eines zu Christus Bekehrten ihren Ursprung hat, sollte man doch beachten, daß im Judaismus der Begriff nur in zweiter Linie mit der Proselyten-Taufe verknüpft wird und daß das christl. Verständnis der Taufe als ein Sterben und Auferstehen bestimmt ist durch ihren Charakter als Taufe auf den Messias, der starb und auferstand und damit den »kommenden Äon« einleitete; in der christl. Taufe liegt der Nachdruck auf dem erlösenden Handeln des Messias und der Beziehung des Bekehrten zu ihm.

III 1) Philologisch und wortstatistisch ergibt sich für das NT folgendes Bild: βάπτω *[baptō]* findet sich nur 4mal (2mal Joh 13,26; Lk 16,24; Offb 19,13), ausschließlich in der Bedeutung *eintauchen*. βαπτίζω *[baptizō]*, als term. techn. der Taufe, hat in allen Evgg. sein Hauptvorkommen im Bericht über die Johannestaufe, speziell die Taufe Jesu; während es aber bei Mt außer in Kap. 3 nur noch Mt 28,19 (Taufbefehl) auftaucht, ist bei den übrigen die Streuung breiter, bleibt jedoch fast ausschließlich auf die Johannestaufe bezogen. Nur bei den 3 Synopt. wird Johannes auch substantivisch als βαπτιστής *[baptistæs]* bezeichnet (Mt 7mal, Mk 2mal, Lk 3mal). In der Apg hingegen ist βαπτίζω *[baptizō]* ganz überwiegend für die christl. Taufe gebraucht (18 von 21 Stellen; 3 erinnern an die Johannestaufe); das Verb findet sich daneben nur noch 2mal in Röm 6,3, 9mal in 1Kor (bes. 1,13–17) und Gal 3,27. Von den Subst.-Bildungen ist βαπτισμός *[baptismos]* nur 1mal bei Mk und 2mal in Hebr vertreten, während βάπτισμα *[baptisma]* bei Mk und Lk je 4mal, in Apg 6mal und bei Mt 2mal die Johannestaufe meint; nur Röm 6,4; Eph 4,5; Kol 2,12 und 1Petr 3,21 findet es für die christl. Taufe Verwendung. Es fällt mithin auf, daß die Wortgruppe in den Thess und Pastoralbriefen sowie in den Kirchenbriefen und der Offb vollständig fehlt (Ausnahmen: Hebr 6,2; 9,10; 1Petr 3,21). Die Taufe des Johannes wird übereinstimmend mit dem Verb βαπτίζω *[baptizō]* beschrieben, wie auch die christl. Taufe durchweg im NT.

2) Die Taufe des Johannes

Johannes taufte »auf Grund der Buße zur Vergebung der Sünden« (Mk 1,4) in Erwartung der Taufe mit heiligem → Geist und mit → Feuer, die der Messias üben würde (Mt 3,11). Jes 4,2–5 und Mal 3,1–5 deuten an, daß diese messianische Taufe Symbol für ein universales Gericht war, welches das Volk Gottes läutern und es für das → Reich Gottes zubereiten, die Bösen aber vernichten würde, so daß sie keinen Teil am Reich hätten. Die Taufe des Johannes hatte also zwei Brennpunkte: Sie drückte die »Umkehr« (Buße = → Bekehrung) eines Juden zu Gott aus, durch die er dem bußfertigen Volk einverleibt und der Vergebung und Reinigung gewißgemacht wurde, und sie nahm für ihn die messianische Taufe mit dem Geist und mit Feuer vorweg und sicherte ihm so einen Platz im Reich Gottes zu (vgl. im einzelnen Beasley-Murray, Taufe, 53ff). Es ist eine glaubwürdige Vermutung, daß Johannes die Lustrationen jüd. Gruppen wie der Essener als ein Mittel verstand, durch das at. Weissagungen von der Reinigung in den letzten Tagen vor der großen messianischen Reinigung sich erfüllten, und daß der Ritus für ihn vergleichbar war mit den Symbolhandlungen, die die Propheten vor ihm vollzogen hatten.

3) Die Taufe Jesu und der Taufbefehl

Die christl. Taufe hat ihre Wurzeln in dem erlösenden Tun Jesu. Daß Jesus selbst sich der Johannes-Taufe unterzog (Mk 1,9 par), demonstrierte und realisierte seine Solidarität mit sündigen Menschen; der offene Himmel und die göttliche Zustimmung kennzeichnen die Taufe Jesu als einen Auftakt der Heilsbewegung und verheißen die Offenbarung des Reiches im vollendeten Werk des Messias. Die Autorisierung der Taufe während des Dienstes Jesu (Joh 4,1ff) war vorläufig; der ausdrückliche Taufbefehl fällt in die Zeit nach der Auferstehung, nachdem die Erlösung vollbracht, dem auferstandenen Herrn universale Autorität übertragen, und als die Mission der Kirche in die Welt bereits im Gange ist (Mt 28,18ff).

4a) Die Taufe hat allem Anschein nach vom Beginn der kirchlichen Mission an die → Verkündigung des Evangeliums begleitet, sobald die Kirche überhaupt ihren Missionsauftrag angriff (Apg 2). Was L u k a s unter der christl. Taufe versteht, wird in Apg 2,38 deutlich: Taufe ist für ihn »Bekehrungstaufe«, ausgeübt »in dem Namen Jesu Christi«, dh in bezug auf Jesus Christus und unter Gebrauch seines Namens; der Getaufte ruft den Namen Christi an (Apg 22,16), wie über ihm dieser Name ausgerufen wird als ein Kennzeichen dafür, wem er nun gehört (vgl. Jes 2,7). Das geschieht »zur Vergebung der Sünden« und im Hinblick auf »die Gabe des Heiligen Geistes«. Wo diese Norm variiert (bemerkenswert sind Apg 8,14ff; 10,44f; 19,1ff), spiegeln sich in den Abweichungen die unterschiedlichen Verhältnisse und die verschiedenartigen Geisteserfahrungen in einer Periode des Übergangs wider.

b) Für die Taufinterpretation des P a u l u s ist Gal 3,27 kennzeichnend: Die Taufe geschieht »auf Christus« (abgekürzte Ausdrucksweise für »in dem Namen Christi«), wobei der Glaubende zu Christus in eine solche Beziehung gestellt wird, die mit »in Christus« ausgedrückt werden kann (vgl. V. 26). Aus dieser grundsätzlichen Sicht der Taufe ergeben sich die übrigen Aspekte dieses Geschehens, die sich bei Paulus erkennen lassen. Die Taufe »auf Christus« ist Taufe »in seinen Tod« (Röm 6,3ff). Sie bezieht den Gläubigen in das Erlösungswerk Christi ein, so daß Christi Tod auf Golgatha sein Tod wird, woraus das Ende eines Lebens in der Gottentfremdung und der Beginn eines Lebens in Christus folgt. Taufe auf Christus ist zugleich Taufe in die → Kirche hinein, denn »in Christus sein« ist gleichbedeutend damit, ein Glied des Leibes Christi zu sein (Gal 3,27ff; 1Kor 12,13). Taufe auf Christus ist aber auch Taufe auf den → Geist Christi (1Kor 12,13: »wir sind alle in den einen Geist eingetaucht . . . und sind alle in einem Geist getränkt«), denn der Geist und Christus sind nicht voneinander zu trennen (Röm 8,9f; 2Kor 3,17). Taufe auf Christus bedeutet, daß die Gestalt des zukünftigen Lebens bestimmt ist durch Christi Sterben für die Sünde und seine Auferstehung in Gerechtigkeit (Röm 6,4: »Wir sind mit ihm begraben durch die Taufe . . ., damit wir in einem neuen Leben wandeln sollten«; vgl. auch die Taufermahnungen von Kol 3,3—13). So zielt die Taufe auf Christus auf ein Leben unter seiner Herrschaft, wie es am Tage Christi offenbar werden soll (2Kor 1,22; Eph 1,13; 4,30; diese Stellen haben strenggenommen nicht die Taufe als Wassertaufe, sondern die Geistestaufe im Auge, mit der freilich in den apostolischen Schriften die Wassertaufe verbunden ist. Vgl. auch die Äußerung der Thecla, die im Angesicht ihres Todes sagt: »Im Namen Jesu Christi taufe ich mich selbst für den letzten Tag!« ActPaul 11,34).

Aus diesem eschatologischen Bezug der Taufe dürfte sich erklären, daß die Kirche sich zeitweise jene Sitte zu eigen machte, die sich offensichtlich in 1Kor 15,29 widerspiegelt, nämlich die Taufe Lebender für Tote, damit letztere Anteil am Reich Gottes bekommen könnten. Freilich läßt sich diese Praxis wohl kaum mit der paulinischen Verkündigung in Einklang bringen; sie dürfte vielmehr erwähnt sein als Teil der Polemik des Apostels: Leute, die die Auferstehung der Toten leugnen, sollten sich dann auch nicht für Tote taufen lassen.

Die Taufe auf Christus ist dem Evangelium Christi untergeordnet (1Kor 1,17); deshalb überließ Paulus als ein Apostel das Taufen für gewöhnlich anderen (1Kor 1,14ff). Das geschieht nicht, um der Taufe einen geringeren Rang zu geben, sondern um ihre Funktion deutlich zu machen: Sie ist gleichsam eine Verleiblichung des Evangeliums der Gnade und die vornehmste Gelegenheit zu dessen Bekenntnis, markiert somit also jenen entscheidenden Punkt, in welchem die Beziehungen zwischen Gott und dem bußfertigen Sünder wieder zurechtgebracht sind. Viele der bekenntnismäßigen Aussagen in den Briefen dürften wahrscheinlich als Taufbekenntnisse entstanden sein (zB Röm 10,9; Phil 2,6–11; Eph 4,4–6; Kol 1,13–20), und aus diesen Anfängen haben sich die späteren Glaubensbekenntnisse der Christenheit entwickelt.

c) Über das Verhältnis zwischen dem »Waschen« und dem → »Wort« ist Eph 5,6 nachgedacht. In Übereinstimmung damit spricht 1Petr 3,21 von der Taufe als einer »Bitte zu Gott, daß er uns ein gutes Gewissen schenke« oder – nach einer anderen Interpretation – als einer »Antwort an Gott aus einem guten Gewissen heraus«; wie immer man übersetzt, sie ist für den Getauften die Gelegenheit, bei der er sich selbst an Gott wendet in Antwort auf das Evangelium, und in diesem Zusammenhang wird die Macht der → Auferstehung Jesu Christi bekannt (»die Taufe rettet . . . durch die Auferstehung Jesu Christi«).

In Tit 3,5 und Joh 3,5 ist die Taufe in Verbindung gebracht mit der Wiedergeburt (→ Geburt). An beiden Stellen geht die Wirkung des heiligen Geistes vorauf. An der ersteren (einem Taufhymnus?) sollte die betr. Formulierung wiedergegeben werden: »er rettete uns durch Abwaschen, das charakterisiert ist durch die Wiedergeburt und vom heiligen Geist bewirkte Erneuerung« (vgl. Dibelius-Conzelmann, HNT 13, 111f; zSt.). Die zweite Stelle betont die Notwendigkeit eines »neuen Anfangs« von Gott her (»von oben«), was dadurch geschieht, daß man sich der Taufe unterzieht und daß der heilige Geist sein Erneuerungswerk treibt. Der christl. Leser weiß, daß, während für Nikodemus diese beiden Dinge noch getrennt waren als gegenwärtige Forderung und künftige Hoffnung, durch die Erhöhung an das Kreuz (V. 14f) und die Aussendung des heiligen Geistes (V. 8; vgl. 7,39) diese beiden »Taufen« zu einem Geschehen vereinigt sind.

d) Im Lichte dieser apostolischen Lehrüberlieferung können moderne konfessionelle Schlagwörter wie »deklarativ«, »symbolisch«, »selbstwirksam« usw. der Sache nicht gerecht werden. In der Apg und in Briefen des NT erscheint die Taufe als ein göttlich-menschliches Ereignis, ebenso wie die »Umkehr« zu Gott, mit der sie unabänderlich zusammengehört. Beiden Elementen wird angemessenes Gewicht eingeräumt, dem göttlichen sowohl wie dem menschlichen. Da die Taufe Einung mit Christus bezeichnet (Gal 3,27), ist alles, was Christus in seinem Erlösungshandeln für den Menschen wirkt und ihm kraft dessen zuwendet, in den apostolischen Schriften eng mit der Taufe verbunden. Wie wir gesehen haben, schließt dies → Gemeinschaft mit Christus in seinem Tod und seiner Auferstehung ein (Röm 6,1ff; Kol 2,11f), → Vergebung der Sünden und Reinigung von ihnen (Apg 2,38; 22,16), das Geschenk des Geistes (Apg 2,38; 1Kor 12,13), die Gliedschaft am Leibe Christi (1Kor 12,13; Gal 3,27), die Erneuerung durch den Geist (Tit 3,5), die Zusage des Reiches Gottes (Joh 3,5). Will man diese Lehraussagen richtig einschätzen, so muß man im Auge behalten, daß in den apostolischen Schriften diese Gaben Christi und seine rettende Gnade dem → Glauben gegeben werden; so insbes. die Christusgemeinschaft (Eph 3,17), die Teilnahme an seinem Tod und seiner Auferstehung (Gal 2,20; 5,24; Kol 2,12), Vergebung und Reinigung (1Joh 1,9), die Gabe des Geistes (Gal 3,2.14) und die Erneuerung durch ihn (Joh 1,13), das Leben im Reiche Gottes (Joh 20,31). Wenn aber eine solche Übereinstimmung besteht zwischen dem, was Gott dem Glauben zuwendet und was er in der Taufe tut, so deutet dies darauf hin, daß Gottes gnädige Gaben für den Glauben in den Zusammenhang der Taufe gehören, und daß, was in der Taufe geschenkt wird, dem Glauben geschenkt wird. Diese Übereinstimmung des göttlichen Handelns für den Glauben und in der Taufe findet ihren Ausdruck in der Taufdefinition in 1Petr 3,21, wo der Taufakt als eine Begegnung des Erlösers mit dem Bußfertigen erscheint, der nun auf der Grundlage des Evangeliums sich an diesen wendet.

Eine Mahnung zur Vorsicht scheint indessen geboten: Die Apg macht deutlich, daß alle Feststellungen über das Handeln Gottes in der Taufe nicht übersehen dürfen, daß Gott frei bleibt darin, wann und wem er Erlösung und den Geist zuwenden will. Das zeigt sich bereits in der ersten Ausgießung des Geistes über die Kirche; denn in dem sog. Pfingstereignis wurde dieser Geist ausgegossen über eine Gesellschaft von Männern und Frauen, die gar keine christl. Taufe (dh eine solche auf den Namen des auferstandenen Jesus) empfangen hatten, wobei wir nicht einmal wissen, wieviele von ihnen überhaupt eine Taufe empfangen hatten. Und wenn wir in den Erzählungen von den samaritanischen Gläubigen (Apg 8,14ff), von Cornelius und seiner Gruppe (Apg 10,44ff), von Apollos (Apg 18,24ff) und von den »Jüngern« aus Ephesus (Apg 19,1ff) vor großen Schwierigkeiten hinsichtlich des Verhältnisses von Taufe und Geist stehen, so handelt es sich gewiß nicht um die einzigen Phänomene dieser Art in der frühen Kirche (vgl. Beasley-Murray, Taufe, 147ff). Sie machen nur um so deutlicher, daß das Leben komplexer ist als es Lehrformulierungen ausdrücken können, und daß es Gott sehr wohl möglich ist, auch bei allen denkbaren Abweichungen von der Norm sein Ziel zu erreichen. Das gilt für die Kirche aller Zeiten, von der apostolischen bis hin zu unserer eigenen.

5) Kindertaufe

Die Überzeugung, daß die Apostel die Taufe von Kindern ebenso wie die von Erwachsenen anordneten, ist schon bei Origenes (3. Jh nChr) belegt, und abgesehen von einigen bemerkenswerten Ausnahmen wurde sie zur unbestrittenen Überzeugung der Christenheit bis zum gegenwärtigen Jh. Das Aufkommen der historisch-kritischen Forschung an der Bibel führte weitgehend zu einer Meinungsänderung, so daß um 1940 die Mehrheit der Neutestamentler (im Unterschied zu den Systematikern) darin übereinstimmte, daß im apostolischen Zeitalter die Taufe nur an Gläubigen vollzogen wurde. In den letzten Jahren ist diese Auffassung wieder bestritten worden, vor allem von JJeremias, OCullmann und in den Berichten der Church of Scotland über die Taufe. Es wird behauptet, daß die traditionellen Argumente für die apostolische Einsetzung der Kindertaufe sowohl theol. als auch durch die moderne biblische und archäologische Forschung gerechtfertigt seien.

Die Überzeugung zB, daß bei Taufen ganzer Häuser (Apg 11,14; 16,33; 18,8) auch Säuglinge eingeschlossen waren, wird durch die Behauptung gestützt, daß der Ausdruck οἶκος *(oikos)*, → *Haus*, bei den Juden nahezu technische Bedeutung erlangt hatte und sich bes. auf kleine Kinder bezog. Man glaubt, daß in 1Kor 7,14 die Terminologie der jüd. Proselyten-Taufe verwendet ist, wobei angenommen wird, daß die Urgemeinde den jüd. Brauch, die kleinen Kinder von Proselyten mitzutaufen, übernommen hat. Das Jesuswort von den kleinen Kindern und dem Reich Gottes (Mk 10,14) wird formkritisch so ausgewertet, daß die Geschichte ihren »Sitz im Leben« in einer Gemeinde erhält, die vor der Frage steht: »Sollen wir unsere Kinder taufen lassen?« Dabei wird stillschweigend die Antwort vorausgesetzt: »Ja, bringt sie zur Taufe, wie sie einst zu Jesus gebracht wurden«; dieser Schluß wird gestützt durch die Annahme, daß die Anweisung Jesu »wehret es ihnen nicht« einen frühen liturgischen Gebrauch dieser Formel bei der Taufe reflektierte (→ Hindern, Art. κωλύω). Die reformierte Auffassung von der Einheit des → Bundes mit seinen in Geltung bleibenden Sakramenten, die die enge Beziehung zwischen Taufe und → Beschneidung betont, wird gestützt durch typologische Exegese, die in 1Kor 10,1ff (Taufe = Durchzug durch das Rote Meer) angedeutet ist. Schließlich werden frühchristl. Grabinschriften als Beweis für die Taufe von Säuglingen in der frühen Kirche zitiert.

Während manche Theologen von diesen Argumenten beeindruckt sind, halten andere sie für unhaltbar und glauben, daß die Kindertaufe nicht früher als Ende des 2. Jh. nChr aufgekommen ist (Aland, Säuglingstaufe). Der Verfasser dieses Artikels glaubt, daß die Kindertaufe nicht im Blickfeld der apostolischen Schriftsteller lag, nicht nur, weil sie in ihren Schriften offenkundig nicht einmal erwähnt ist, sondern weil sie das, was in der Taufe verliehen wird, gleichsetzen mit dem, was dem Glauben verliehen wird. Im NT wird dem Getauften nicht nur ein »Segen« zuteil, sondern Christus und sein volles Heil, so daß Schlatter mit Recht behaupten konnte: »Es gibt keine Gabe oder Kraft, die die apostolischen Dokumente nicht der Taufe zuschrieben« (Theol. des NT II, 495). Das ist nur in einem Milieu verständlich, wo Taufe und Bekehrung untrennbar sind, wie es in der Urgemeinde der Fall war (vgl. Apg 2,41; 16,33), so daß die Wirkungen der einen der anderen zugeschrieben werden können. Wo man glaubt, daß die Kirche instinktiv richtig gehandelt hat, wenn sie Kinder ebenso taufte wie Menschen in reiferen Jahren, dürfte man kaum umhin können, die Tauflehre zu modifizieren und dem Täufling später im Leben Gelegenheit zu einem Bekenntnis seines Glaubens zu geben. Der Versuch, dieser Aufgabe gerecht zu werden, beschäftigt verschiedene Reformationskirchen, vor allem die Church of England (vgl. ihre Berichte Confirmation Today, 1944; The Theology of Christian Initiation, 1948; Baptism Today, 1949; Baptism and Confirmation Today, 1955; Baptism and Confirmation, 1959; – vgl. im deutschen Raum dazu die Lit. zur Konfirmationsfrage).

6) Die Subst.e βαπτισμός *[baptismọs]*, βάπτισμα *[bạptisma]* und βαπτιστής *[baptistæs]*.

a) βαπτισμός *[baptismọs]*, *Eintauchen, Untertauchen*, hat in der klassischen Lit. wie das Verbum auch die Bedeutung des Umkommens. In Mk 7,4 bezeichnet es die jüd. rituelle Reinigung (durch Untertauchen) von Gefäßen, in Hebr 9,10 die von Personen; vermutlich spiegelt dies den jüd. Gebrauch des Ausdrucks wider. Unter griech. sprechenden Juden wurde er wahrscheinlich für die Proselyten-Taufe gebraucht, da Josephus ihn für die Taufe des Johannes verwendet. In Hebr 6,2 betreffen die »Belehrungen über die Waschungen« (βαπτισμοί *[baptismọi]*) offenbar den Unterschied zwischen der christl. Taufe und allen anderen religiösen Waschungen, einschließlich der at. Ablution (Waschung) und jeder Art von Initiationsbädern, jüd. und heidnischen, die den Lesern bekannt waren.

b) βάπτισμα *[bạptisma]* ist, soweit wir bisher sehen, vor dem NT in der heidnischen und jüd. Lit. nicht belegt. Da es zum ersten Mal für die Taufe des Johannes angewendet wird (Mk 1,4 par; 11,30 par), wäre es denkbar, daß der Ausdruck von den Jüngern des Johannes geprägt wurde; wahrscheinlicher aber ist, daß er von christl. Schriftstellern auf die Taufe des Johannes angewandt wurde in der Überzeugung, daß diese mit dem Christentum und nicht mit dem Judentum zu verklammern sei. Es wird oft gesagt, daß βαπτισμός *[baptismọs]* den Akt des Untertauchens bezeichnet und βάπτισμα *[bạptisma]* das Ergebnis einschließt (zB Oepke, ThWb I, 543); dafür fehlen Belege. Wahrscheinlicher ist es, daß βάπτισμα *[bạptisma]* nach der Analogie seines hebr. Äquivalents *t^{e}bilāh* gebildet wurde; abgesehen davon, daß jüd. Christen gern griech. Ausdrücke gebrauchten, die phonetisch dem hebr. Äquivalent ähnlich waren, könnten sie den Ausdruck sehr wohl übernommen haben, um auszudrücken, daß die christl. Taufe etwas völlig Neues war, das sich von allen jüd. und heidnischen Reinigungsriten unterschied (so Ysebaert, aaO, 52).

c) βαπτιστής *[baptistæs]* ist der Beiname, der bei den Synopt. Johannes dem Täufer gegeben wird (zB Mt 3,1). Er lenkt die Aufmerksamkeit auf das bezeichnende Element seines Dienstes, nämlich auf die Forderung der Bußtaufe, und mehr noch auf seine neue Praxis, die Taufe an anderen zu vollziehen, statt sie sich selbst taufen zu lassen, wie es bei allen at. Ablutionen und bei der jüd. Proselyten-Taufe geschah. *G. R. Beasley-Murray*

λούω

λούω *[lọụō]* waschen · ἀπολούω *[apolọụō]* abwaschen · λουτρόν *[loutrọn]* Bad · νίπτω *[nịptō]* waschen

1) λούω *[lọụō]*, in der griech. Lit. *waschen*, med. *sich waschen, ein Bad nehmen*, bedeutet im allg. *den ganzen Körper waschen*, im Gegensatz zu νίπτω *[nịptō]*, das das Waschen eines Körperteiles bezeichnet, und πλύνω *[plyṇō]*, das für das Waschen lebloser Gegenstände, bes. von Kleidern gebraucht wird. ἀπολούω *[apolọụō]* ist eine Intensivform von λούω *[lọụō]*, die die Entfernung von Schmutz betont. Das Subst. λουτρόν *[loutrọn]* bezeichnet den Ort eines Bades (zB das *Badehaus*), das *Wasser* zum Baden, kurz: das *Bad*. Etymologisch ist der Wortstamm verwandt mit lat. *lavo*, ahd. *louga*, nhd. *Lauge*. I

2) Unter den Völkern des alten Orients waren Waschungen zur rituellen Reinigung allg. gebräuchlich. Der übliche Ausdruck für religiöse Reinigung war λούω *[lọụō]*; ἀπολούω *[apolọụō]* ist in diesem Zusammenhang selten; ῥαίνω *[rhaịnō]* und seine Ableitungen werden für *Besprengung* gebraucht (→ Blut, Art. ῥαντίζω); νίπτω *[nịptō]* steht allg. für das rituelle *Waschen* der Hände (zB vor dem Gebet oder Opfer).

Die religiösen Reinigungswaschungen (Lustrationen) haben ihren Ursprung im Animismus, wo man glaubte, daß bestimmten Gewässern göttliche Kräfte innewohnten, die den Personen und Dingen mitgeteilt wurden, welche man in das Wasser hineintauchte. Man nahm Zuflucht zu solchen Waschungen, um sich zu schützen, wenn man der Gottheit nahte, denn das Heilige hatte Macht, Menschen zu vernichten; ferner um Schutz zu suchen, wenn man dämonischen Angriffen ausgesetzt war, vor allem im Zusammenhang mit Geburt und Tod. Mit dem Wandel der religiösen Vorstellungen wurden die Lustrationen zu einem gewissen Grade spiritualisiert und in ihrer Anwendung erweitert (zB wurden Waschungen gefordert vor dem Gebet, als Vorbereitung für den Aufnahmeritus in eine Religionsgemeinschaft, nach dem Blutvergießen im Kriege, bei Mord und Verbrechen aller Art; siehe Ysebaert, Terminology, 15ff).

1) Ähnliche Erscheinungen lassen sich sowohl in bezug auf die Vorstellungen wie auf die Terminologie der Reinigung im AT nachweisen, wenn auch sublimiert. Wenn Aaron am Versöhnungstag das Allerheiligste betritt, muß er seinen Leib in Wasser baden und »heilige Kleider« anziehen (Lev 16,4), ein Opfer darbringen und Räucherwerk im Heiligtum abbrennen, »damit die Wolke von dem Räucherwerk die Deckplatte, die über dem Gesetz liegt, verhülle und er nicht sterbe« (V. 13); diese Waschung gehört also zu den Voraussetzungen, unter denen der Hohepriester sich der Heiligkeit des lebendigen Gottes nahen kann. Geburt, Krankheit und Tod ziehen rituelle Unreinheit nach sich: Reinigung durch Waschen in Wasser wird gefordert nach Geschlechtsverkehr (Lev 15,18), Menstruation und Entbindung (Lev 12), nach Berührung mit Aussatz (Lev 13,4ff) und Tod (Num 5,1ff). Die Überzeugung, daß Israel in einer exklusiven Beziehung zu Jahwe stand, verlieh diesen Riten möglicherweise einen polemischen Aspekt: Wenn Israels Nachbarn zu magischen Riten Zuflucht nahmen, um sich in kritischen Augenblicken des Lebens die Hilfe der Götter zu sichern, so lautete die Antwort der israelitischen Priester darauf, daß sie von dem allen rein seien und Gott allein dienten (s. Eichrodt, Theologie, 1959[5], 79). So peinlich genau einerseits die rituellen Waschungen eingehalten werden, so deutlich läßt sich aber auch erkennen, daß neben ihnen die Hoffnung auf eine radikale Reinigung durch Gott in den letzten Tagen weiter genährt wurde, wenn er selbst reines Wasser auf sein Volk sprengen und ihnen ein neues Herz und einen neuen Geist geben wird (Ez 36,25), ihnen eine Quelle erschließen wird zur Reinigung von Sünde und Unsauberkeit (Sach 13,1) und sie läutern wird wie mit Feuer und Walker-Lauge (Mal 3,1ff). II

In der LXX kommen die Vokabeln am häufigsten im Pentateuch vor; λούω *[lọụō]* wird (nur ca. 45 Belege, bes. in Lev; fast immer für hebr. *rāchats*) allg. für rituelle Reinigung verwendet, ῥαντίζω *[rhantịzō]* und seine Derivate für Besprengung (Num 19,13; Ps 51,9). Auch νίπτω *[nịptō]*, *waschen* eines Körperteils (25mal, meist ebenfalls für *rāchats*), steht für kultische Waschungen bei Verunreinigungen (Ex 30,17ff; Lev 15,11; Dtn 21,6) sowie für das Waschen der Füße des von der Straße kommenden Gastes (Gen 18,4; Ri 19,21; 1Sam 25,41). Es ist beachtenswert, daß Josephus für rituelle Waschungen das Kompos. ἀπολούω *[apolọụō]* bevorzugt (zB Ant. 11,163); er gebraucht es immer, wenn er von den Lustrationen der Essener spricht, während λούω *[lọụō]* in diesem Zusammenhang nur erscheint, wo er das rituelle Bad Bannus des Eremiten beschreibt.

λουτρόν *[loutrọn]* kommt in der LXX nur 2mal für das Bad von Tieren (Hhld 4,2; 6,6) und Sir 34,25 für eine rituelle Waschung vor. Josephus gebraucht es Bell. 2,161 für ein Bad, das verheiratete Essener mit ihren Frauen nehmen, um die Empfängnis zu begünstigen.

2) Die Qumran-Sekte verwendet regelmäßig *rāchats* (griech. λούω *[lọụō]*), *waschen*, für ihre rituellen Waschungen, und nicht *tābal* (→ βάπτω *[baptō]* / βαπτίζω *[baptịzō]*), *untertauchen*. Sie gebraucht auch *nāzāh* (griech. ῥαντίζω *[rhantịzō]*), *besprengen*, obwohl zu dem »Waschen« offenbar ein Untertauchen gehörte (vgl. zB 1QS 3,8f: »Durch seine Unterwerfung unter alle Gesetze Gottes wird gereinigt sein Fleisch, so daß er sich besprengen kann mit Reinigungswasser und sich heiligen mit Wasser der Reinheit«). Diese Vorliebe für Ausdrücke, die an das Waschen und Besprengen denken lassen, geht wahrscheinlich darauf zurück, daß sie in der religiösen Geschichte Israels lange mit der Reinigung von Sünde und Befleckung verknüpft waren; die Sekte legte großes Gewicht auf die Buße (→ Bekehrung) als Voraussetzung für die Wirksamkeit des religiösen Bades (vgl. 1QS 3,4ff: Solange jemand die Verstocktheit seines Herzens gewähren läßt, »wird er nicht schuldlos durch Sühneriten, kann sich nicht reinigen durch Reinigungswasser. Nicht kann er sich heiligen in Seen und Flüssen noch sich reinigen in jeglichem Wasser der Waschung. Unrein, unrein bleibt er, solange er die Satzungen Gottes verachtet, sich nicht unter Zucht stellt in der Einung seines Rates«). In den Tauchbädern der Essener finden die priesterlichen Tauchbäder am Tempel ihre Fortsetzung: Die Gemeinde von Qumran lebt in priesterlicher Heiligkeit, alle ihre Glieder unterwerfen sich den priesterlichen Reinheitsvorschriften. Das Reinigungsbad wird meist als »die Heiligkeit« bezeichnet. Strenge Vorschriften wachen darüber, daß kein Unreiner an diese »Heiligkeit rührt«.

III 1a) Im NT erscheint λούω *[lọụō]* nur 5mal. In Apg 16,33 hat es lediglich profane Bedeutung, während es sich in Joh 13,10 auf das Waschen zum Zwecke der Reinigung bezieht und zu dem Gegensatz zwischen dem *Baden* des ganzen Körpers (λούω *[lọụō]*) und dem *Waschen* einzelner Glieder (6mal im Kontext νίπτω *[nịptō]*) führt. Ein Bezug auf die christl. Taufe ist an dieser Stelle vermutlich nicht beabsichtigt, wenn das auch oft behauptet wurde (νίπτω *[nịptō]* sonst nur noch Joh 9,7ff für das *Waschen* der Augen, Mt 6,17; 15,2; Mk 7,3 des Gesichts bzw. der Hände sowie 1Tim 5,10 für die Fußwaschung).

b) Anders in Hebr 10,22: Die Christen sind »in den Herzen *gereinigt* (ῥαντίζω *[rhantịzō]*) vom bösen Gewissen« und »am Leibe *gewaschen* (λούω *[lọụō]*) mit reinem Wasser«. Wir dürfen hier keinen Gegensatz zwischen der inneren Reinigung durch das Opferblut Christi und der äußeren Reinigung durch die Taufe sehen; wenn nicht beides, die Besprengung und das Waschen, sich wie in Ez 36,25 und den Qumran-Schriften auf reinigende Gewässer bezieht, so glaubt man, daß das reinigende → Blut Christi in der Taufe wirksam ist und daß die Taufe ihre reinigende Kraft dem vergossenen Blut Christi verdankt. Die Aussage erinnert deshalb stark an die paulinischen Sätze von Röm 6,1ff, mit denen sie eng verwandt ist; nur drückt der Hebr diese Lehre in den Sprachformen des Kultus aus (→ Priester III).

c) In Apg 22,16 bezieht sich ἀπολούω *[apolọụō]* unzweifelhaft auf die Taufe; die sprachliche Übereinstimmung in 1Kor 6,11 deutet an, daß auch hier die Reinigung von Sünden in der Taufe gemeint ist (man beachte auch den Aor. der Verben, der auf einen einmaligen Vorgang der Waschung, Heiligung und Rechtfertigung hindeutet; »auf den Namen Jesu Christi« reflektiert den Gebrauch des Namens in Tauffformeln; »auf den Geist unseres Gottes« verknüpft das Wirken des Geistes mit der Taufe wie in 1Kor 12,13; Apg 2,38 etc.).

In einigen Hss. von Offb 1,5 findet sich λούσαντι *[lọụsanti]*, *dem, der uns gewaschen hat*, statt λύσαντι *[lysanti]*, *der uns erlöst hat*; es dürfte sich um einen Schreibfehler handeln, der seinen Grund in der großen Ähnlichkeit beider Wörter im Griech. hat, vielleicht aber auch von Offb 7,14 mit beeinflußt ist (dort freilich im Griech. πλύνω *[plynō]*).

Der (zugegebenermaßen seltene) Gebrauch der λούω *[lọụō]*-Gruppe im NT statt des gebräuchlichen Ausdrucks → βαπτίζω *[baptịzō]* findet in den Qumran-Schriften eine ausreichende Erklärung: Die traditionelle Verknüpfung dieser Ausdrücke mit der Reinigung durch Ablution unterstreicht die Symbolbedeutung des Abwaschens der Sünden in der Taufe.

2) λουτρόν *[loutrọn]* erscheint im NT zweimal in Zusammenhängen, in denen offenbar von der Taufe die Rede ist, nämlich in Eph 5,26; Tit 3,5. In beiden Texten bezeichnet λουτρόν *[loutrọn]* nicht den Ort, sondern vielmehr den Vorgang der *Waschung*. Eph 5,26

spielt vielleicht mehr auf das zeremonielle Bad einer Braut an, die sich auf die Hochzeit vorbereitet (→ βαπτίζω II,3; vgl. auch AOepke, ThWb IV, 299). Für die Kirche als Braut Christi entspricht diesem Bad die Taufe, in der die Glieder des Leibes gereinigt werden »durch das Wasserbad in Verbindung mit dem Wort«: Das Wort des Evangeliums ist in dem Ritus beschlossen und findet Ausdruck in dem Bekenntnis »Jesus ist Herr« (Röm 10,9), das bei dieser Gelegenheit abgelegt wird. Die Taufe, von der Kirche als ganzer empfangen, entspräche dann einer Vorbereitung auf die »Hochzeit« am Ende der Zeiten (Offb 19,9; 21,9ff).

Tit 3,5 endlich nennt die Taufe »das Bad (λουτρόν [loutrọn]) der Wiedergeburt und Erneuerung kraft des Heiligen Geistes«. Es ist hier nicht gemeint, daß das Bad die Wiedergeburt bewirkt. Wiedergeburt meint die neue → Schöpfung Gottes am Ende der Zeiten (Mt 19,28); wo der Begriff auf den einzelnen angewandt ist, meint er dessen Neuschöpfung (2Kor 5,17). Erneuerung kennzeichnet einen neuen Anfang des Lebens, nicht etwa eine Erneuerung von Kräften, die der Mensch auch schon vorher besaß. Beide Ausdrücke sind deshalb synonym, insofern sie das Werk des → Geistes des neuen Äons (→ Zeit, Art. αἰών) im Zusammenhang mit der Taufe anzeigen. Da der Schreiber sofort vom Geist spricht, »der reichlich auf uns ausgegossen ist durch Jesus Christus unseren Heiland«, dürfte mit hoher Wahrscheinlichkeit die »Waschung« hier im Erfahrungshorizont des einzelnen Gläubigen die genaue Entsprechung sein zu dem, was für die Kirche als ganze die Ausgießung des Geistes zu Pfingsten war: wie er aus der Gemeinschaft der Jünger den Leib Christi machte (Apg 2,33), fügt er den einzelnen diesem Leibe als Glied ein, gibt ihm Anteil am Leben der neuen Welt. *G. R. Beasley-Murray*

ZUR VERKÜNDIGUNG V

Die Taufe, genauer gesagt: die Problematik ihres Vollzuges, nicht erst seit den »Täufern« umstritten, aber auch von den Reformatoren nicht befriedigend gelöst, ist seit DBonhoeffer und KBarth erneut Gegenstand ernsthaften Nachdenkens und engagierter Gespräche geworden. Daß diese Frage gründlich und konsequent bedacht wird, ist deshalb so wichtig, weil mit dem Phänomen Taufe eine ganze Reihe zentraler theol. Grundprobleme angeschnitten ist.

Da geht es einmal – im Rahmen religionspsychologischer Überlegungen – um die Rolle des Sakramentalen im Christentum überhaupt. Welchen Wert haben zeichenhafte, sinnfällige Kulthandlungen wie die Taufe und das Abendmahl für die Entfaltung und Gestaltung eines ganzheitlichen, dh den ganzen Menschen erfassenden und tragenden Glaubens? Müssen nicht, gerade in einer den Intellekt überbetonenden Zeit, Symbole und sakramentale Feiern bes. gepflegt werden, damit der Glaubende sich auch seiner Gefühle als integraler Bestandteile einer religiösen Existenz bewußt werden kann? Es dürfte darum sicher fruchtbar sein, gedankliche Anregungen solcher Theologen aufzugreifen, die wie Schleiermacher und Tillich Theologie und Anthropologie zu verbinden suchten. Auch sollte man sich nicht scheuen, religionsgeschichtlichen Analogien zur Taufe, also zB den verschiedenen Initiationsriten, unter diesem Gesichtspunkt nachzugehen.

Weiter vermag die religionspsychologische Betrachtung den Blick dafür zu schärfen, daß es sich auch im protestantischen Bereich bei der Säuglingstaufe nicht selten um »ein Stück stehengebliebener Magie« handelt (Ein Gespräch der Kirchl. Bruderschaft in Württ. mit ... KBarth am 15. Juli 1963, in: Sonderdruck: »Zum Gedenken an KBarth«, 10): viele Menschen erwarten, daß der Pfarrer, wie in Dürrenmatts »Besuch der alten Dame«, das Kindchen »in Sicherheit« rückt. In der Taufdiskussion kann von daher der fundamentale Unterschied zwischen *certitudo* (= Glaubensgewißheit) und *securitas* (= Sicherheit) aufgewiesen und für die Ausbildung eines mündigen Glaubens genutzt werden.

Am Phänomen der Taufe entzündet sich weiter die Frage nach dem Rechtfertigungsverständnis, danach, wie das Verhältnis von Handeln Gottes und Mitbeteiligung des Menschen zu sehen ist. Die Verteidiger der Säuglingstaufe sehen in dieser einen bes. schönen Ausdruck für die »Universalität des Heilswillens Gottes« (Blumhardt d.Ä.)

und die Unwiderstehlichkeit der vorlaufenden Gnade. Für sie veranschaulicht die Taufe von Babys, daß Gott allein es ist, der gerecht macht und versöhnt. Den Befürwortern der Erwachsenentaufe wird von dieser Position her vorgeworfen, daß sie die Alleinwirksamkeit Gottes in Frage stellten, wenn sie des Täuflings eigene Entscheidung und sein Bekenntnis (→ Bekennen) als zur Taufe gehörig betrachteten. Daran ist zweifellos richtig, daß die Erwachsenentaufe bzw. Glaubenstaufe eine Reihe von Gefahren wie Gesetzlichkeit und Pharisäismus mit sich bringt und daß sie zur Überheblichkeit eines Willensstarken ebenso führen kann wie zu Depressionen entscheidungsschwacher Menschen. Doch sind die Gefahren der Säuglingstaufe kaum geringer. Die Vorstellung zB, daß der Getaufte »objektiv der Wiedergeborene« sei (Blumhardt d.Ä.), bei dem »die Macht der Erbsünde gebrochen« ist und der »einen neuen ›Charakter‹ empfangen hat« (EKinder, Erbsünde, 1959, 82f), vermag beträchtliche Selbstsicherheit zu wecken. Und der Taufakt, der die freie Gnadenzuwendung Gottes zeigen soll, kann unversehens »als die Konkretion der ›billigen Gnade‹« (WLohrmann, 68) erscheinen. Es hat viel für sich, wenn Jürgen Seim bemerkt: »Die allg. Kindertaufpraxis ist . . . inzwischen zum Kennzeichen einer Werkgerechtigkeit geworden, mit der Kirche wie Eltern ein vorgeschriebenes Soll erfüllen und die Alleinwirksamkeit der Gnade gerade verdunkeln« (in: PTh 57, 1968, 551).

Darüber hinaus führt der traditionell übliche Vollzug der Unmündigentaufe leicht zu einem unterentwickelten Gaubensbewußtsein bzw. zu mehr oder minder ausgeprägter Gleichgültigkeit und Verantwortungslosigkeit gegenüber der Kirche Jesu Christi, in die man ohne eigene Willensbeteiligung einfach inkorporiert worden ist. Die Wendung Rudolf Augsteins von den Kindern, die »zur Taufe gebracht werden wie zur Schluckimpfung« (Der Spiegel, 1965, H. 10, Beilage 13), ist leider nicht abwegig. »Die Säuglings-Taufsitte (dient wirklich) weithin der Bestätigung einer distanzierten Kirchlichkeit« (HFalcke, in: PTh 57, 1968, 409), bei der sich »ein Hohlraum zwischen Taufe und Glaube« schiebt (JSeim, in: Kindertaufe, 29).

Mag also die Säuglingstaufe mehr zur Reinerhaltung der reformatorischen Rechtfertigungslehre beitragen, — das Bewußtsein engagierter Kirchengliedschaft hat sie aufs Ganze gesehen nicht zu fördern vermocht. Daß die Reformationskirchen die von den Böhmischen Brüdern entwickelte Konfirmation einführten und diese bis heute als eine Art »Ratifizierung des Taufgelübdes« (HThielicke, Leiden an der Kirche, 173f) verstanden wird, deutet das Unbehagen im Blick darauf an, daß man Taufe und Glaube als unabtrennbar zusammengehörig erachtet, ein Säugling aber seinen Glauben noch nicht selbst bekennen kann.

Damit zeigt sich die ekklesiologische Dimension der Taufsdiskussion. Die Vorkämpfer eines Taufaufschubes meinen ja u.a., daß eine Neuordnung der Taufpraxis grundlegend sei für die Zukunft der Kirchen, zumal der großen Landeskirchen. Habe die wahllose Austeilung der Säuglingstaufe an jedermann zu institutionellen Gebilden geführt, die an Mitläufern und »Karteileichen« zwar relativ reich, als einsatzfähige Glaubens- und Dienstgemeinschaften jedoch keineswegs zu brauchen seien (vgl. PSchempp: »Nicht das Sakrament der Taufe, . . . aber die Kirche und die Gemeinde ist durch die Kindertaufe verweltlicht«, Zitat in: Kindertaufe, 29), so biete eine Taufe, die vom Taufbegehren des einzelnen selbst getragen werde, eine Chance kirchlicher Erneuerung. Das entspräche auch dem biblischen Befund, denn es sei »unbestreitbar . . ., daß bei den nt. Aussagen — bewußt oder unbewußt — stets die Taufe eines sie begehrenden Juden oder Heiden vor Augen stand« (HGollwitzer, in: PTh 57, 1968, 360).

Welche Motive für den lebhaften Widerstand gegen derartige Konzeptionen ausschlaggebend sind, ob wirklich die Sorge um die evangelische Wahrheit oder eine sekundäre Rationalisierung des Wunsches nach Erhaltung des status quo, bliebe zu prüfen.

RBohren (Von der Freiheit in der Kirche, EvTh 28, 1968, 666) meint: »Die Kirche wird den Vorwurf, sie sei in erster Linie nur um ihre Selbsterhaltung besorgt, angesichts ihrer Haltung in der Kasualpraxis im allgemeinen und in der Tauffrage im besonderen kaum widerlegen können.« Und auch PSchempp hält die Kindertaufe für das »faktisch . . . wirksamste Mittel zur Selbsterhaltung der Kirche« (Zitat in: Kindertaufe, 28). In der Tat: »Volkskirche als Staatskirche und Massenkirche könnte die Kirche, wenn sie mit der Kindertaufe brechen würde, ... nicht mehr gut sein.« (KBarth, ThSt 14, 1947, 39.) Jedenfalls sollte mit redlichen Argumenten gearbeitet werden. Wer »nichts anderes will, als mit unangefochtener Kindertauf-Praxis den status quo der Kirche erhalten (›Volkskirchen-Argument‹), der soll das sagen; er soll sich aber nicht auf das Neue Testament berufen, denn dies gibt hierfür keine Argumente her: weder exegetisch noch — vor allem! — liturgiegeschichtlich steht die Kindertauf-Praxis auf festen Füßen. Das heißt nicht, daß sie verboten sei. Aber sie ist im geringeren Recht gegenüber der Erwachsenentaufe« (MMezger, PTh 57, 1968, 374).

Möchte man das Wesen der Taufe und die adäquateste Form ihres Vollzuges vom biblischen Befund her eindeutig bestimmen, so stößt man sehr bald auf die Grenzen des Schriftprinzips bzw. die Aporien der Hermeneutik. Die vielfältigen Aussagen zum Thema lassen sich nämlich offenbar so und so auslegen. Da zB eine klare Anordnung der Säuglingstaufe im NT nicht anzutreffen ist oder — wie Schleiermacher polemisch formulierte — »alle Spuren von Kindertaufe, die man im NT hat finden wollen, erst müssen hineingetragen werden« (Der christliche Glaube II, 1831², 418), dürfte die Untersuchung der normalen Taufform ganz entscheidend vom Vorverständnis des Exegeten mitbestimmt werden. Für den Verkünder stellt sich damit die Aufgabe der selbstkritischen Überprüfung seines Verhältnisses zur Schrift; mit dem naiven Rekurs auf ein »Es steht geschrieben« läßt sich eine so diffizile Frage wie diese nicht mehr entscheiden.

Dabei muß die Funktion der Tradition kritisch berücksichtigt werden. Denn — wie gerade die Taufdiskussion zeigt — spielen auch im Protestantismus das Gesetz des Traditionalismus und die »Angst vor dem Neuen« (Eric Hoffer) eine beträchtliche Rolle. So manche Stellungnahme für die Säuglingstaufe läßt sich unschwer auf die — noch nicht einmal historisch richtige! — Behauptung reduzieren: »Es ist schon immer so gewesen!« Das ist zwar menschlich gut verständlich und seelsorgerlich ernst zu nehmen, doch kann es als qualifiziertes theol. Argument nicht gelten.

In Theologie und Kirche wird es darauf ankommen, ob es gelingt, ein christozentrisches Tauf*verständnis* zu vertreten, aber *mehrere* Tauf*praktiken* freizustellen. Die Tauf*verkündigung* muß unmißverständlich verdeutlichen, daß, so gewiß Gottes Handeln primär, prävalent und konstitutiv ist, doch auch des Menschen antwortendes Bekenntnis entscheidend, dh den Taufakt ermöglichend, dazugehört (vgl. KBarth, KD IV/4, 46). Ohne Taufbegehren und die Bereitschaft, → Nachfolge Jesu als zugehörige Konsequenz der Taufe zu bejahen, erscheint eine Taufe sinnwidrig.

»Der in und mit der Taufe in der Gabe seines Geistes, also der Herrschaft setzenden Macht, von uns empfangene Herr treibt uns eben als unser Herr in den Aufbruch zu stets neuem Dienst und in immer neue Zukunft ... Nur indem wir unterwegs bleiben und täglich neu in die Herrschaft Christi gerufen werden, bleiben wir in der empfangenen Gabe, und bleibt diese in uns lebendig und mächtig« (EKäsemann, Ex. Vers. u. Bes. II, 188). Wegen dieser engen Beziehung von Taufe und Dienst hat KBarth Recht, wenn er statt von Erwachsenentaufe lieber von »Verantwortlichkeitstaufe« (Ein Gespräch, 12) spricht.

Die Säuglingstaufe müßte deshalb keineswegs völlig abgeschafft werden. Dem (stellvertretenden) Taufbegehren christl. Eltern und Paten könnte ruhig auch weiterhin stattgegeben werden, wenn diese deutlich den Willen bekunden, ihre Kinder in der Nachfolge und auf diese hin zu erziehen. Darum müssen das Wesen der Taufe sowie Wege christl. Erziehung bzw. Lebensführung in den Gemeinden gründlich erörtert werden. Freilich: »Wer sein Kind nicht zu Jesus bringen will, darf es nicht taufen lassen« (HWWolff, in: Der ev. Erzieher 2, 1950,6).

Hinsichtlich der Tauf*praktiken* denken wir neben der Säuglingstaufe und der »Verantwortlichkeitstaufe« noch an eine Taufe von Kindern etwa ab dem 6. Lebensjahr. Sie würde dem Kinderglauben entsprechen, der zwischen infantiler Unmündigkeit und der bei einem Erwachsenen erhofften Urteilsreife eine psychologisch wichtige Entwicklungsstufe des Bewußtseins markiert.

Weil für jede Taufform ernstzunehmende Gründe angeführt werden können und weil jede einen Aspekt des *einen* Sakramentes hervorhebt — die Säuglingstaufe den des universalen göttlichen Heilswillens, die Kindertaufe den einer pädagogischen »Entwicklungshilfe« des Glaubens und die »Verantwortlichkeitstaufe« den der Zusammengehörigkeit von

Taufe, Bekenntnis und Nachfolge –, darum würde eine Gemeinde wohl am besten vor sektenhafter Einseitigkeit und dogmatischer Enge bewahrt, wenn alle Taufpraktiken in ihrer Mitte gleichberechtigt nebeneinander lebendig wären als gegenseitige Korrektive und Zeichen der Fülle göttlicher Gnade (vgl. LVischer, in: EvKomm. 2, 1969, 590).

So würde auch die ö k u m e n i s c h e D i m e n s i o n des Taufproblems am besten berücksichtigt: Die faktisch bestehende Pluriformität der Taufpraktiken brauchte nicht mehr als Skandal empfunden, sondern könnte als Ausdruck für den Reichtum der Mannigfaltigkeit gewertet werden. Wo man sich nicht mehr starr an die überkommene eigene Taufform fixieren läßt, sondern den Blick auf Christus als den Herrn der e i n e n Taufe richtet, zu dem sich alle christl. Kirchen bekennen, da sollte wenigstens – und darauf hat die Taufverkündigung zu achten – Toleranz gegenüber anderen Taufpraktiken geübt werden. Man kann die Mahnung von »Uppsala« nur unterstreichen: »daß alle Kirchen auf eine gegenseitige Anerkennung der einen Taufe hinarbeiten« (Uppsala 68 spricht, 1968, 87).

Daß die Taufe ihrem Wesen nach natürlich auch nicht – wie bisweilen in der Missionsgeschichte – als »Fahne des Dualismus und des Hasses zwischen den Christen und den übrigen Menschen« (ChrBlumhardt d.J., Christus in der Welt, 1958, 170) akzentuiert werden darf, sei abgrenzend erwähnt. Zwar besteht zwischen Getauften und Ungetauften, zwischen Christen und Nichtchristen ein Unterschied; »die Welt« und »die universale Gemeinschaft der Freigesprochenen« (Uppsala, aaO, 10) sind nicht miteinander identisch. Aber diese Tatsache sollte nicht als Hochmut der Christen bewußt werden, sondern zu vorurteilsloser, weltoffener Liebe anreizen. Denn die Taufe ist nicht »ein Herrschaftszeichen der Menschen« (Blumhardt, aaO, 199), sondern sie markiert den Machtbereich des Gottes, der in Christus seine weltumspannende Liebe zeigte. »Da aber der ›Raum‹, in den der Täufling versetzt, die ›Macht‹, unter die er gestellt wird, eben die Segensherrschaft des Auferstandenen ist, kann von ihrer Wirksamwerdung nur gesprochen werden, wo der Getaufte immer wieder diese über ihm aufgerichtete Herrschaft gelten und wirken läßt. Die Macht seines Herrn ist ja nicht Naturkraft, die unbeteiligte Objekte bewegt, sondern die Macht der Liebe, die nur zur Kraft wird, wo sie empfangen wird« (ESchweizer, Jesus Christus im vielfältigen Zeugnis des NT, 1968, 119.) »Verantwortliche« Taufe impliziert immer die Bereitschaft: diese Liebe in der eigenen Existenz für die Umwelt transparent werden zu lassen. *H. Chr. Hahn*

Lit.: AOepke, Art. βάπτω etc., ThWb I, 1933, 527ff – GBornkamm, Taufe und neues Leben bei Paulus, ThBl 18, 1939, 233ff (= ders., Das Ende des Gesetzes, 1966[5], 34ff) – HGMarsh, The Origin and Significance of the NT Baptism, 1941 – FHauck, Art. νίπτω etc., ThWb IV, 1942, 945ff – AOepke, Art. λούω etc., ThWb IV, 1942, 297ff – FJLeenhardt, Le Baptême Chrétien, son origine, sa signification, 1946 – KBarth, Die kirchliche Lehre von der Taufe, Theol. Stud. 14, 1947 – HSchlier, Zur kirchlichen Lehre von der Taufe, ThLZ 72, 1947, 321ff – OCullmann, Die Tauflehre des NT. Erwachsenen- und Kindertaufe, AThANT 12, 1948, (1958[2]) – WFFlemington, The NT Doctrine of Baptism, 1948 – PAlthaus, Was ist die Taufe? Zur Antwort an K. Barth, ThLZ 74, 1949, 705ff – JJeremias, Die Proselytentaufe und das NT, ThZ 5, 1949, 418ff – RSchnackenburg, Das Heilsgeschehen bei der Taufe nach dem Apostel Paulus, 1950 – GWLampe, The Seal of the Spirit, 1951 – MBarth, Die Taufe, ein Sakrament?, 1952 – JSchneider, Die Taufe im NT, 1952 – EBarnikol, Das Fehlen der Taufe in den Quellen der Apostelgeschichte und in den Urgemeinden der Hebräer und Hellenisten, Wiss. Zs. d. Martin-Luther-Univ. Halle-Wittenberg, 1956/57, 593ff – JJeremias, Die Kindertaufe in den ersten vier Jahrhunderten, 1958 – EKlaar, Zum paulinischen Taufverständnis, ZNW 49, 1958, 278ff – MBarth/WAndersen/JBeckmann/GFVicedom, Art. Taufe, EKL III, 1959, (1962[2]), 1283ff – HMentz, Taufe und Kirche in ihrem ursprünglichen Zusammenhang, 1960 – KAland, Die Säulingstaufe im NT und in der Alten Kirche. Eine Antwort an J. Jeremias, ThExh 86, 1961 (1963[2]) – GDelling, Die Zueignung des Heils in der Taufe, 1961 – JGnilka, Die essenischen Taufbäder und die Johannestaufe, Revue de Qumran 3, 1961, 185ff – GRBeasley-Murray, Baptism in the New Testament, 1962 (dt.: Die christliche Taufe, 1968) – RBijlsma, Die Taufe in Familie und Gemeinde, ThExh 103, 1962 – GBraumann, Vorpaulinische christliche Taufverkündigung bei Paulus, BZWANT 5, H. 2, 1962 – HDiem, Taufverkündigung und Taufordnung, ThExh 98, 1962 – CMEdsman u. a., Art. Taufe, RGG VI, 1962[3], 626ff – JJeremias, Nochmals: Die Anfänge der Kindertaufe, ThExh 101, 1962 – WLohrmann, Glaube und Taufe in den Bekenntnisschriften der ev.-luth. Kirche, 1962 – GHRatschow, Art. Waschungen, RGG VI, 1962[3], 1594ff – MRissi, Die Taufe für die Toten, AThANT 42, 1962, 3ff – GWagner, Das religionsgeschichtliche Problem von Röm 6,1ff, AThANT 39, 1962 – JYsebaert, Greek Baptismal Terminology, 1962 – HBraun, Die Täufertaufe und die qumranischen Waschungen, in: Theologia Viatorum IX, 1963 – JGnilka, Der Täufer Johannes und der Ursprung der christlichen Taufe, Bibel und Leben 4, 1963, 39ff – AStrobel, Säuglings- und Kindertaufe in der ältesten Kirche, in: Begründung und Gebrauch der heiligen Taufe, hrsg. v. OPerels, 1963, 7ff – PWeigandt, Zur sogenannten Oikosformel, NovTest 6, 1963, 49ff – WMichaelis, Lukas und die Anfänge der Kindertaufe, in: Apophoreta, Festschr. EHaenchen, 1964, 194ff – RSchnackenburg, Baptism in the Thought of St. Paul, 1964 – HThyen, Βάπτισμα μετανοίας εἰς ἄφεσιν ἁμαρτιῶν, in: Zeit und Geschichte, Dankesgabe RBultmann, 1964, 97ff – GDelling, Zur Taufe von »Häusern« im Urchristentum, NovTest VII, 1964/65, 285ff – GBraumann, Leidenskelch und Todestaufe (Mk 10,38f), ZNW 56, 1965, 178ff – GFriedrich, Ein Tauflied hellenistischer Judenchristen (1Thess 1,9f), ThZ 21, 1965, 502ff – WJetter, Taufgeleit, 1965 – ELohse, Taufe und Rechtfertigung bei Paulus, KuD 11, 1965, 309ff – GWalther, Übergreifende Heiligkeit und Kindertaufe im NT, EvTh 25, 1965, 668ff – WBieder, Die Verheißung der Taufe im NT, 1966 – LFazekaš, Taufe als Tod in Röm 6,3ff, ThZ 22, 1966, 307ff – GWalther, Ein Beitrag zur Diskussion über die Kindertaufe, Theologische Versuche, 1966, 46ff – KAland, Die Kindertaufe im NT, SMSR 38, 1967, 24ff – KBarth, Die Taufe als Begründung des christlichen Lebens, KD IV 4, 1967 – NGäumann, Taufe und Ethik, Studien zu Röm 6, BEvTh 47, 1967 – FMussner, Zur paulinischen Tauflehre in Röm 6,1–6, in: Praesentia Salutis, Ges. Stud. zu Fragen u. Themen des NT, 1967, 189ff – ESchott, Taufe und Rechtfertigung in kontroverstheologischer Sicht, 1967 – WWilkens, Wassertaufe und Geistempfang bei Lukas, ThZ 23, 1967, 26ff – GBauer u. a., Themaheft: Taufverkündigung und Taufpraxis, PTh 57, 1968, 355ff – GRBeasley-Murray, Die christliche Taufe, 1968 – JBeckmann, Ist die Taufe ein Sakrament?, Ev. Komm. 1, 1968, 330ff – JFangmeier, Darbringung und Taufe, in: Wort und Gemeinde, EThurneysen z. 80. Geb., 1968, 460ff – DHoch, Kindertaufe in der Volkskirche, ThSt 94, 1968 – WJetter, Was wird aus der Kirche?, 1968, 198ff – EJüngel, Karl Barths Lehre von der Taufe, ThSt 98, 1968 – Kindertaufe, Pflicht oder Verpflichtung?, Beiträge z. Information u. Diskussion, 1968 – JSeim, Schrift, Bekenntnis und Taufe, PTh 57, 1968, 546ff – Einheit in der Taufe: ein ökumenisches Ziel. Gespräch mit LVischer, Ev. Komm. 2, 1969, 587ff – HFalcke, Katechumenatstaufe, EvTh 29, 1969, 477ff – ESchlink, Die Lehre von der Taufe, 1969 – GDelling, Die Heilsbedeutung der Taufe im Neuen Testament, KuD 16, 1970, 247ff – GFitzer, Taufe – Gemeinschaft – Mission, in: Verborum Veritas, Festschr. GStählin, 1970, 263ff – FvLilienfeld, Evangelisch-orthodoxer Dialog über die Taufe, EvKom 3, 1970, 43ff – OPesch, Taufe und Glaube, WuA 11, 1970, 129ff – KAland, Taufe und Kindertaufe, 1971 – EDinkler, Die Taufaussagen des Neuen Testaments, in: Zu KBarths Lehre von der Taufe, hrsg. v. KViering, 1971, 60ff – KAland, Zur Vorgeschichte der christlichen Taufe, in: Neues Testament und Geschichte, Festschr. OCullmann, hrsg. v. HBaltensweiler/BReicke, 1972, 1ff – OBöcher, Christus exorcista, 1972 (= BWANT V,16) – GBarth, Zwei vernachlässigte Gesichtspunkte zum Verständnis der Taufe im Neuen Testament, ZThK 70, 1973, 137ff – FHahn, Die Taufe im Neuen Testament, 1976 – GHaufe, Taufe und Heiliger Geist im Urchristentum, ThLZ 101, 1976, 561ff – GLohfink, Der Ursprung der christlichen Taufe, ThQ 156, 1976, 35ff.

Tempel

ναός

ναός *[naos]* Wohnung, Tempel, Gotteshaus

1) ναός *[naos]*, Nominalbildung von ναίω *[naiō]*, *wohnen*, und seit dem mykenischen Griech. bezeugt, bezeichnet zunächst die *Wohnung* schlechthin, speziell die *Wohnung der Götter*, den *Tempel* (seit Hom.) bzw. dessen innersten Bezirk. Erst seit dem Hellenismus (Philo) kann auch der *Himmel* als Götterwohnung ναός *[naos]* genannt werden. Urspr. handelt es sich um eine gebaute (prachtvolle) Götterwohnung. I

Daher muß ναός *[naos]* unterschieden werden vom religionsgeschichtlich älteren, im NT aber nicht belegten Begriff τέμενος *[temenos]*, lat. *templum*, dt. *Tempel*. Bei ihm handelt es sich um einen umfriedeten oder doch fest umrissenen Raum als Bereich einer einmal geschehenen und auf Grund der Überlieferung neu erwarteten Gottesbegegnung. Meist ist dies ein von der Natur ausgezeichneter Ort: die Zeusgrotte auf Kreta, die Felsspalte von Delphi, der heilige Hain in Olympia, der Hain Mamre, der Fels Zion. In seiner nicht von Menschen gemachten Besonderheit begegnet der Gott offenbarend, heilend, befruchtend: doch er wohnt dort nicht. Solch ein τέμενος *[temenos]* läßt sich in vielem unserem Friedhof vergleichen.

2) Um der begrifflichen Klarheit willen wird ναός *[naos]* daher mit *Gotteshaus* übersetzt. Gotteshäuser finden sich erst, seit auch die Menschen gebaute Wohnungen haben, in verschiedensten Formen als Tempelturm (Mesopotamien, Mittelamerika), als Zella (mit oder ohne Säulen), als Rundtempel, ja als tragbares Gotteshaus (vgl. OMichel, ThWb IV, 885 A 2; Israels Lade?).

1) In LXX übersetzt ναός *[naos]* 55mal (von 61 Belegen) das hebr. *hēkāl*, *Palast*, *Tempel*, das seinerseits dem babyl. *e-gallu*, *großes Haus*, entspricht. Als gebaute Götterwohnung dient es dem → Opfer (Altar), der Götterpflege (Standbild) und dem Orakel, bedarf also notwendig einer ortsgebundenen Priesterschaft (im Unterschied zum τέμενος *[temenos]* s. o. I,1); hinzu treten 5 Belege für II

'ūlām, Tempelvorhalle (nur im chronistischen Geschichtswerk). Wie sehr es sich sonst um die rein technische Wiedergabe von *hēkāl* handelt, zeigen Stellen wie 2Kön 18,15f; 24,13, wo LXX genau den sprachästhetisch gemeinten Begriffsvarianten für »Gotteshaus« folgt, ohne inhaltlich näher zu unterscheiden.

Nun läßt sich schon im AT bei der Verwendung des Wortes *hēkāl* eine deutliche Zurückhaltung beobachten: weder der Turmbau zu Babel (Gen 11) noch die Opferstätten der Philister (Ri 16,23ff) noch gar die Gotteshäuser von Bethel und Dan heißen im AT jemals *hēkāl;* darin sind gewiß auch Auswirkungen der deuteronomischen Reform zu erblicken. Das Gotteshaus wird jedenfalls im AT viel öfter einfach hebr. *bajit* (griech. οἶκος *[oikos]*), → *Haus,* als mit dem sumerischen Fremdwort *hēkāl* (griech. ναός *[naos]*), *Gotteshaus,* genannt. Einzig der salomonische Bau in Jerusalem (1Kön 6f) und zuvor das Gotteshaus von Silo (1Sam 1ff), von dem aus die Bundeslade schließlich nach Jerusalem kam (2Sam 6), heißen *hēkāl.* Im Pentateuch findet sich der Begriff nicht ein einziges Mal!

2) Während das AT dergestalt terminologisch wahren und falschen Gottesdienst trennt, scheidet die LXX in ihrer Übers. alle die Stellen aus, an denen *hēkāl Palast* bedeutet, indem sie hier einfach »Haus« schreibt (1Kön 21,1; 2Kön 20,18; Jes 13,22 u. ö.). Erst durch diese Eingrenzung wird ναός *[naos]* zu einem kultischen Begriff, der ausschließlich den wahren Tempel Gottes meint. Das zeigt sich auch daran, daß der von Nebukadnezar entweihte Jerusalemer Tempel nie ναός *[naos]* genannt wird (vgl. Esr 6,5), ja, daß sich LXX bisweilen sogar zu scheuen scheint, den nachexilischen Tempel so zu nennen (Sach 6,9ff). Die einzige gegenteilige Stelle, Ps 45,16, wo der Königspalast doch ναός *[naos]* genannt wird, scheint für eine symbolische Deutung dieses alten Liebesliedes im Sinne der LXX zu sprechen: die Gemeinde ist Jahwes Braut.

Dem entspricht schon eine gewisse Spiritualisierung (vRad), die sich im Psalter erkennen läßt: nicht mehr Ort des Opfers und daher der Priesterschaft ist das Gotteshaus hier, sondern der Ort der Sehnsucht (27,4), des Hilfeschreis (28,2), der Anbetung des einzelnen (5,8; 138,2); und daher ebenso der Ort des Trostes (65,5), der Gottesantwort (18,7), der Gottesmacht (68,29f vgl. 29,9). Weder in den Pss der Freude am Zion (46, 48, 76) noch in den Pss, die eine gewisse Kultreform erstreben (40, 50, 51), begegnet der Begriff, sondern da, wo es um das Verhältnis des einzelnen in seiner Not zu seinem Gott geht.

Solche nachexilische Spiritualisierung geschah offenbar auf dem Hintergrund der Erkenntnis, daß die Propheten mit ihrer radikalen Antithese zum Kult (Jer 7,4) doch recht gehabt hatten. Auf deren Wirkung war wohl schon die Durchführung der josianischen Kultreform zurückzuführen (2Kön 23), doch bleibt zu beachten, daß die prophetische Kultkritik den Begriff *hēkāl* (ναός *[naos]*) nie benutzte (Am 5,21ff; Jes 1,10ff).

3) Gegenüber der vorexilischen Zeit, in der es immer noch einen – wenn auch noch so kleinen – jüd. Staat gab, ist in nachexilischer und spätjüd. Zeit ein erheblicher Wandel in der Bedeutung des Gotteshauses zu beobachten. Hatte Davids Sohn Salomo in der ehemals jebusitischen, also heidnischen Stadt Jerusalem, die sein Vater zur politischen Hauptstadt des vereinigten Reiches gemacht hatte, in der Umgebung des Palastes den ersten Tempel errichtet, ohne daß dieser Ort für den Jahweglauben Bedeutung besaß (er war vor allem Staatsheiligtum, mit staatlich angestellter Priesterschaft und königlichen Opfern), so begann die deuteronomisch-josianische Kultreform dem Volk einzuschärfen, daß der eine Gott Israels nur in diesem einen Gotteshaus wirklich gegenwärtig sei. Dadurch aber kam im Exil, das zugleich als Katastrophe der staatlichen Eigenexistenz wie des Jahweglaubens gesehen wurde, dem Tempel bzw. dem Zion so großes Gewicht zu (Ps 137!). Weil sich in ihm alte staatliche Pracht und neuer, reformierter Glaube miteinander verbunden hatten, bekam er nun auch Bedeutung für das Gebet der Gläubigen und wurde als Symbol der Sehnsucht des Volkes zugleich Zeichen des verheißenen Neuen.

Allerdings ist diese Entwicklung nicht eindeutig oder gar einlinig verlaufen: Auch vor dem Exil gab es das Gebet des Gläubigen im Tempel (wenn auch recht selten), und auch nach dem Exil wurde dort geopfert. Und so komplex die Bedeutung des Tempels in vorexilischer Zeit war, so vielschichtig stellt sie sich auch in seiner nachexilischen Geschichte dar. Einerseits ist sie gekennzeichnet durch hohe Wertschätzung des Gotteshauses: der Entwurf des neuen Tempels Ez 40ff, die Arbeit Haggais und die Makk-Bücher zeugen davon. Man war stolz auch auf die Pracht des von Herodes d. Gr. 20–10 vChr neu errichteten Baus. Ein Sprichwort besagte: »Wer nicht den Bau des Herodes gesehen hat, hat nie etwas Schönes gesehen«.

Andererseits aber trennte sich schon im 2. Jh. vChr eine Gruppe von Priestern vom Tempel, weil er von Sünden befleckt sei (CD 1,5–11). Hierin setzten sie also offenbar die prophetische Kultkritik fort und gründeten in der Wüste am Toten Meer (Qumran) eine Gemeinde, die sich als das wahre Heiligtum Gottes verstand (1QS 8,5; 9,6 u. ö.). An die Stelle des Jerusalemer Kultes tritt nun die erwählte Gemeinde (→ Erwählung; → Kirche), die in strengem Toragehorsam auf die Offenbarung der Gerechtigkeit Gottes wartet.

Im NT steht ναός *[naọs]* am häufigsten in Offb (16mal) und bei Paulus (7mal; beide gebrauchen das Wort ἱερόν *[hieron], Heiligtum,* nicht!). Die Synopt. verwenden es fast nur in der Passionstradition (Mk hat 3, Mt 9, Lk 7 Belege; Lk sagt lieber ἱερόν *[hieron],* 39mal), die Johannesschriften (außer dem synopt. Tradition entstammenden Spruch Joh 2,19–21) wie auch die sonstigen Schriften des NT gar nicht. III

1) Ganz deutlich auf spätjüd. Hintergrund steht Paulus, wenn er vom ναός *[naọs]* redet: die Heilsgemeinde ist der Tempel Gottes (1Kor 3,16f), Gottes → Geist wohnt in ihr (1Kor 6,19 vgl. 1Kön 8,16f, wo Gottes → Name im Tempel wohnt!). Wenn jedoch die Gemeinde sich verführen läßt, dann wohnt der Widersacher in ihr (2Thess 2,4): Gemeinde als Gottes Wohnung zu sein bedeutet, sich von den Gottlosen fernzuhalten (2Kor 6,16: dieser Abschnitt steht in bes. terminologischer Nähe zu den Qumrantexten). Eph 2,21 baut diese Vorstellung in seiner Weise weiter und detaillierter aus (vgl. dazu → Stein).

2) Noch deutlicher ist dieser Rückgriff auf den at.-spätjüd. Sprachgebrauch in der Johannesoffenbarung: die Bewährten sollen bewahrt und zum Schmuck des himmlischen Tempels werden (3,12, vgl. Ps 144,12), ja wie bei Ezechiel der Tempel (Ez 40ff) wird nun ebenso die endzeitliche Gemeinde vermessen (11,1f). Vom himmlischen Tempel redet der Apokalyptiker oft (7,15; 11,19; 14,15ff; 15,5ff; 16,1.17), offenbar in Anlehnung an Ps 11,4. Doch betont er 21,22 ausdrücklich, daß im neuen Jerusalem kein Tempel mehr stehen werde, da Gott selber dann der Tempel für die Gemeinde sein werde. ναός *[naọs]* ist also auch für ihn fast so etwas wie das dieser Welt zugehörige Zeichen der Gott-losigkeit.

3a) Im Unterschied zu Paulus und zur Offb bezeichnen die Synoptiker mit ναός *[naọs]* den Jerusalemer Tempel, den sie prinzipiell endzeitlicher Kritik unterliegen sehen (Tempelzerstörung 70 nChr: Mk 11,15ff im Rahmen von V. 12–25), oder für den sie doch wenigstens Reinigung fordern (Lk 19,45f mit 47f). Zwar reden die Synopt. meist vom ἱερόν *[hieron], Heiligtum,* doch an einigen bes. at. geprägten Stellen auch vom ναός *[naọs], Gotteshaus:* bei Mk spielt eine bes. Rolle ein angebliches Jesuswort, das im Munde Jesu nur von Joh überliefert wird (Joh 2,18ff) und auf Hos 6,1f zurückgeht (Mt, nicht aber Lk hat es von ihm übernommen). Mk 14,58 wird es als falsches Zeugnis gegen Jesus verwendet, um im Prozeß an seiner angeblichen Mißachtung des Tempels, den man als Ausdruck der Gegenwart und Heiligkeit Gottes sah, seine antigöttliche Einstellung zu zeigen; Mk 15,29 aber erweist es, von Spöttern unter dem Kreuz aufgegriffen, seinen geheimen Sinn: es geht nicht um die Rettung des leiblichen Lebens Jesu, sondern um Gottes Neuschöpfung, vor der das Alte vergehen muß, um → Tod und → Auferstehung. Dementsprechend wendet sich Mt in seiner Pharisäerpolemik bes. gegen das jüd. Schwören beim Tempel (23,16ff): nicht Kasuistik, sondern Treue und Gehorsam erwartet Gott.

b) Lukas hat dies alles in einen heilsgeschichtlichen Rahmen gespannt: die Zeit vor Jesus war auch eine Zeit des priesterlichen Tempeldienstes, wie sie Lk 1 noch einmal exemplarisch in der Zachariasgeschichte beschreibt. Zwar geht dann Jesus auch oft in den Tempel (vgl. Lk 2 bis Lk 21), doch um zu lehren; dh, daß er sich in den allen Israeliten zugänglichen Vorhöfen aufhielt, – wie dann anfänglich auch die junge christl. Gemeinde. Daher redet Lk hier nie von ναός *[naọs]*, sondern von ἱερόν *[hieron], Heiligtum* allg. (wie Apg 3,1ff u. ö.). Jesus lehrt ja ebenso in der Synagoge (Lk 4,16ff). Das setzt sich in der Apg fort, indem die Apostel ihre Predigt (auch außerhalb Palästinas) stets in der Synagoge beginnen, also am Versammlungsort der Juden. Nur zweimal taucht noch der Begriff ναός *[naọs]* auf (Apg 17,24 und 19,24), beidemal in Polemik gegen heidnischen Tempelkult (vgl. Apg 2–5).

W. v. Meding

Lit.: GSchrenk, Art. τὸ ἱερόν, ThWb III, 1938, 230ff – OMichel, Art. ναός, ThWb IV, 1942, 884ff – GvRad, »Gerechtigkeit« und »Leben« in der Kultsprache der Psalmen, in: Festschr. ABertholet, 1950, 418ff (= Ges. Stud. z. AT, ThB 8, 1965[3], 225ff) – CWestermann, Art. Tempel, EKL III, 1959

(1962²), 1324ff – KGalling, Art. Tempel, RGG VI, 1962³, 681ff – GBillerbeck, Ein Tempelgottesdienst in Jesu Tagen, ZNW 55, 1964, 2ff – ders., Ein Synagogengottesdienst in Jesu Tagen, ebd., 143ff – KBaltzer, The Meaning of the Temple in the Lukan Writings, HThR 58, 1965, 263ff – REClements, God and Temple, 1965 – BGärtner, The Temple and the Community in Qumran and the New Testament, 1965 – ELohse, Tempel und Synagoge, in: Kontexte, Bd. 3, hrsg. v. HJSchultz, 1966, 66ff – NWalter, Tempelzerstörung und synoptische Apokalypse, ZNW 57, 1966, 38ff – HBardtke, Der Tempel von Jerusalem, ThLZ 97, 1972, 801ff – JCCoppens, The Spiritual Temple in the Pauline Letters, StEv 6, 1973, 53ff.

Tiefe → Höhe

Tier

θηρίον

θηρίον *[thærion]* Tier

I θηρίον *[thærion]* (Diminutivform zu θήρ *[thær]*, lat. *ferus*) bezeichnet das *wilde* bzw. *wildlebende Tier*, gelegentlich auch das *Weidetier* oder sogar allg. das *Tier*. Es wird schon früh (seit Plato) abwertend auf Menschen »tierischer« Art übertragen in der Bedeutung das *Biest*, das *Ungeheuer*, so zB auf Nero als Raubtier, »das alles frißt«.

II Im AT übersetzt θηρίον *[thærion]* das hebr. *chajjah* in der Bedeutung »das frei lebende, meist große gefährliche Tier« (Köhler-Lex. 293), das der Mensch nicht gezähmt und sich dienstbar gemacht hat (vgl. die Einteilung des Tierreiches in verschiedene Gattungen, Gen 1,24f; Ps 148,10; Hos 4,3). Das θηρίον *[thærion]* ist der Feind des Menschen (Gen 3,14f; 9,2.5; 37,20). In göttlichen Gerichtsansagen werden Tierschäden neben anderen Plagen aufgezählt (Lev 26,22; Dtn 32,24; Jer 12,9; 15,3; Ez 5,17; 14,21). Das Gefressenwerden der Menschenleichen durch Tiere gilt als besondere Schande und Erweis der Gottverlassenheit (Gen 40,19; 2Sam 21,10). Erst die kommende Heilszeit stellt die paradiesische Eintracht zwischen Mensch und Tier wieder her (Lev 26,6; Jes 35,9; Ez 34,25; Hos 2,20).

In Dan 7 bezeichnet θηρίον *[thærion]* Weltmächte als tierartige Gebilde überirdischer Art. Sie entsteigen der Dimension des gottfeindlichen Chaos (»Meer«; → Wasser) und stellen die menschenfeindliche Art der politischen Mächte dar, mit denen das jüd. Volk durch Jahrhunderte hindurch zu tun gehabt hat. Das Kommen des Menschensohnes macht ihnen ein Ende. Dan 4,13; 5,21 wird Nebukadnezars Fall als Sturz aus der Höhe menschlichen Hochmutes in die Tiefe eines tierischen Lebens beschrieben.

III 1) Das NT knüpft an das AT an: θηρίον *[thærion]* steht in Tierlisten (Apg 11,6; Jak 3,7), bei der Aufzählung von Plagen (Offb 6,8) und zur Bezeichnung des kretischen Volkscharakters (Tit 1,12). In Mk 1,13 unterstreichen die wilden Tiere die menschliche Verlassenheit und das Grauen der Wüste; vielleicht sollen sie auch die messianische Rückkehr der Paradieseszeit mit ihrem Frieden zwischen Mensch und Tier andeuten.

2) 38 von den 45 nt. Belegen des Wortes finden sich in der Offenbarung, und zwar bes. in den Kap. 6–19. Zwei Tiere bilden hier als widergöttliche Mächte zusammen mit dem »Drachen« die »satanische Dreieinigkeit« (16,13). Das erste (11,7) vereinigt Wesensmerkmale aller vier Tiere aus Dan 7, hier grausam gesteigert: Es stammt aus dem Chaos (11,7; 13,1), ist bevollmächtigt von dem »Drachen« (13,2.4), hat raubtierartige Eigenschaften (11,7) und setzt seinen totalitären Machtanspruch mit blutiger Gewalt durch (13,7f.15). Als → Antichrist karikiert das tierische Ungeheuer das »Lamm« (Wunde 13,3.14 = 5,6; Hörner 13,1 = 5,6; Weltherrschaft 13,2 = 5,5; Anbetung 13,4 = 5,8ff) und äfft den Gottestitel nach (17,8.11 = 1,4). Das »andere« Tier (13,11), sonst Pseudoprophet genannt (16,13; 19,20; 20,10), fördert propagandistisch die Pläne des ersten Tieres durch Wundertaten (13,13), Errichten eines *Abbildes* (εἰκών *[eikōn]* 13,14) und Erteilen eines *Malzeichens* (χάραγμα *[charagma]* 13,16f). Dem äußeren Anschein nach ein Lamm, redet es wie ein Drache (13,11; vgl. Mt 7,15).

Der endgültige Sieg über diese »tierischen Mächte« wird Christus und seiner Gemeinde gehören (15,2; 19,19f). Der Gehalt der Bildaussage dürfte seiner Intention nach nicht nur die konkrete historische Situation meinen, sondern andeuten wollen, daß jede Generation von ihnen »gleichzeitig« bedroht ist. *W. Bauder*

Lit.: WFoerster, Art. θηρίον, ThWb III, 1938, 133ff – HWohlstein, Zur Tier-Dämonologie der Bibel, ZDMG 84, 1963/64, 483ff – EFascher, Jesus und die Tiere, ThLZ 90, 1965, 561ff.

Tod

Für den Tod und das Sterben, die den Menschen an die Unverfügbarkeit allen Lebens erinnern, findet sich auch im NT wie in der Antike eine Vielzahl von Wörtern. Neben den mit θάνατος *[thanatos]* zusammenhängenden Vokabeln, die den Übergang vom Leben in den Zustand des Tot-Seins (auch noch dieses selbst) bezeichnen, sind schon in früher Zeit, namentlich aber seit der Zeitwende um Jesus Christus, auch die urspr. ganz anders bestimmten Vokabeln für den Schlaf, ὕπνος *[hypnos]*, καθεύδω *[katheudō]* und κοιμάομαι *[koimaomai]* zur Umschreibung des Sterbens bzw. des Todes gebraucht worden. Das Leblose, sei es Leichnam oder unbelebte Materie, ist νεκρός *[nekros]*, *tot*; während τελευτάω *[teleutaō]* das Sterben als auf natürlichem Wege eintretende Vollendung oder Beendigung des Lebens bezeichnet, steht ἀποκτείνω *[apokteinō]* für das gewaltsame Auslöschen des Lebens. Namentlich die Wörter der θάνατος *[thanatos]*-Gruppe und νεκρός *[nekros]* haben im NT eine theol. qualifizierte Nuancierung erfahren. Vgl. → Schwachheit.

ἀποκτείνω

ἀποκτείνω *[apokteinō]* töten · τελευτάω *[teleutaō]* vollenden, sterben

1) Das von κτείνω *[kteinō]*, *töten*, gebildete Verbum ἀποκτείνω *[apokteinō]*, seit Hom. belegt, drückt jede Art von gewaltsamer Beendigung des (fremden, erst später auch des eigenen) Lebens aus, kann also *töten* bzw. *töten lassen*, *morden* und *hinrichten* heißen. I

2) τελευτάω *[teleutaō]*, von τέλος *[telos]*, → *Ziel*, *Ende* abgeleitet und seit Hom. belegt, bedeutet urspr. ganz allg. *zu Ende bringen* (zB eine Arbeit), *vollenden*, intrans. *zu Ende, in Erfüllung gehen* (zB Träume), dann auch *sterben, ums Leben kommen*.

1) ἀποκτείνω *[apokteinō]*, *töten*, in LXX über 150mal belegt, ist dort hauptsächlich für die hebr. Stämme *hārag*, *töten*, und *mūth*, *sterben* (bes. hif.: *sterben lassen*) eingetreten; es kann den Totschlag (Gen 4,8 Kains), die Strafexekution (Ex 32,27), die Vollstreckung des Banns im Krieg Jahwes (Num 31,7ff; 1Sam 15,3) bezeichnen, findet sich aber auch in prophetischen Gerichtsvisionen (Am 4,10; 9,1; Ez 23,10). II

2) Etwa 70mal ist für das hebr. *mūth*, *sterben*, in der LXX τελευτάω *[teleutaō]* eingetreten, und zwar fast ausschließlich in der Bedeutung *ableben*, *das Leben beenden*. Es macht dabei keinen Unterschied, ob es sich um natürliches Sterben (zB Ex 1,6; Jos 1,2) oder gewaltsamen Tod handelt (θανάτῳ τελευτήσει *[thanatō teleutēsei]*, *er wird [soll] des Todes sterben* Ex 19,12; 21,16f; Am 9,10).

1) ἀποκτείνω *[apokteinō]*, *töten*, findet sich im NT 74mal, und zwar vor allem in den 4 Evgg. und der Offb (15 Stellen); nur 5 Stellen entfallen auf die (paulinische) Brieflit. Das Verbum meint an diesen Stellen fast immer die gewalttätige Tötung der Boten Gottes, ob solche nun direkt (Mt 14,5 Herodes gegen Johannes; vgl. Mk 6,19), in gleichnishafter Form (Mk 12,5ff parr von den Arbeitern im Weinberg; vgl. Mt 23,37 par) oder in der synopt. apok. Rede (Mt 24,9) als Weissagung in bezug auf die Jünger ausgesagt wird. Zentral III

dürfte das Vorkommen in den drei synopt. »Leidensankündigungen« (Mk 8,31; 9,31; 10,34 mit Par.) sein. D e r → Zeuge, der getötet werden soll, auf den sich die Anschläge konzentrieren, ist der → Sohn (vgl. 1Thess 2,15). Bes. bei Joh ist ἀποκτείνω *[apoktẹinō]* fast immer mit ζητέω *[zætẹō]*, *versuchen*, oder βουλεύομαι *[boulẹuomai]*, *planen*, kombiniert (zB 7,1.19ff; 11,53). In der Reichweite solcher Drohung (vgl. Apg 21,31; 23,12–14) aber stehen auch die Jünger, wie es dann bes. die Offb andeutet (6,11; vgl. auch 11,7, wo das Tier die beiden Zeugen tötet), in der im übrigen das Verb vor allem die Vollstreckung des göttlichen Gerichtes (durch die 4 Reiter Offb 6,8; vgl. 9,15–18; 19,21) signalisiert. In einer späteren Deutung des Kreuzesgeschehens heißt es Eph 2,16, daß Jesus durch sein Sterben die Feindschaft getötet habe, womit die Versöhnung interpretiert werden soll. In übertragenem Sinne hat Paulus das Wort 2mal gebraucht; Röm 7,11 tötet die – hier als Macht verstandene – → Sünde (ἁμαρτία *[hamartịa]*) durch das → *Gebot* (ἐντολή *[entolæ̣]*) den Menschen, dh sie drängt ihn in einen ihn um seine Stellung vor Gott betrügenden, todbringenden Konflikt; bringt hier also in Wirklichkeit das Gesetz den Tod, so ist dies auch 2Kor 3,6 gemeint, wo dafür γράμμα *[grạmma]*, *Buchstabe*, steht, – im Gegensatz zum lebenschaffenden Geist.

2) τελευτάω *[teleutạō]* ist im NT nur 11mal belegt, davon Mt 15,4; Mk 7,10; 9,48 in at. Zitaten. Auffällig ist allerdings, daß das Verbum Mt 9,18 (im Aor.) und Joh 11,39 (Part. Perf.) in bezug auf Verstorbene gebraucht wird, deren Auferweckung durch Jesus anschließend berichtet wird: Hier scheinen die Evangelisten damit den tatsächlichen Tod des Mädchens und des Lazarus hervorheben zu wollen; dazu bildet die Verwendung von καθεύδω *[kathẹudō]* bzw. κοιμάομαι *[koimạomai]* (s. dort) im gleichen Zusammenhang keinen Widerspruch. – Daneben steht das Verbum Mt 2,19 für den Tod des Herodes, Mt 22,25 im Gleichnis für das Sterben der Brüder, Apg 2,29; 7,15 und Hebr 11,22 in historischen Reflexionen für den Tod von David, Jakob und Joseph. Vorherrschend ist im NT jedenfalls eindeutig ἀποθνῄσκω *[apothnæ̣skō]* (s. u. → θάνατος). *L. Coenen*

θάνατος

θάνατος *[thạnatos]* Tod · θανατόω *[thanatọō]* töten · ἀθανασία *[athanasịa]* Unsterblichkeit · θνῄσκω *[thnæ̣skō]* sterben · ἀποθνῄσκω *[apothnæ̣skō]* sterben · συναποθνῄσκω *[synapothnæ̣skō]* mit jemand zusammen sterben · θνητός *[thnætọs]* sterblich

I θάνατος *[thạnatos]* (seit Hom.) bezeichnet das *Sterben* bzw. den Zustand des *Tot-Seins*, wird aber auch von der *Todesgefahr* und der Todesart (*Todesstrafe*) gebraucht. Dementsprechend bedeutet θανατόω *[thanatọō]* *jemand den Tod zufügen*, ihn *umbringen* oder ihn *in Todesgefahr führen*. Das dem Tode ausgelieferte Lebewesen gilt bereits bei Hom. als θνητός *[thnætọs]*, *sterblich*, insonderheit die Menschen als οἱ θνητοί *[hoi thnætọi]*, *die Sterblichen*, und zwar im Unterschied zu den Göttern, denen ἀθανασία *[athanasịa]*, *Unsterblichkeit*, eignet. Nur einzelne Menschen werden als Heroen in den Kreis der unsterblichen Götter aufgenommen.

θνῄσκω *[thnæ̣skō]*, *sterben*, und ἀποθνῄσκω *[apothnæ̣skō]*, *versterben* (beide seit Hom.), bezeichnen den Akt, in dem der Tod erlitten wird. Sofern man gemeinsam mit anderen stirbt, begegnet das Kompos. συναποθνῄσκω *[synapothnæ̣skō]*, *mit jemand zusammen sterben* (seit Hdt.; zB für die indische Sitte der Witwenverbrennung).

In der hell. Zeit werden die Begriffe θάνατος *[thạnatos]*, θανατόω *[thanatọō]*, θνῄσκω *[thnæ̣skō]* und ἀποθνῄσκω *[apothnæ̣skō]* auch übertragen vom geistigen bzw. geistlichen Tod gebraucht.

1) Für den Griechen bedeutet der Tod das Ende der Lebendigkeit, den Abschluß der Lebenszeit, die Vernichtung des Daseins, auch wenn die Schattenseele (→ Seele) in das Totenreich aufgenommen wird (Hom. Od. 11,204–222). Der Tod ist allgemeines Menschenschicksal, dessen negative Seite vereinzelt sichtbar gemacht wird, indem der Tod als Dämon oder Unterweltsungeheuer personifiziert erscheint (Eur. Alc. 28ff). Da der Schöpfungsglaube fehlt, gibt es keine Frage nach dem »Warum« des Todes, dem alle Menschen von Natur ebenso unterworfen sind, wie den deswegen beneideten Göttern die Unsterblichkeit natürlicherweise zukommt. Die Klage über das Todesgeschick der Menschen wird häufig laut (Hom. Od. 11,488). Die normale Folgerung aus der Einsicht in die Unabwendbarkeit des Todes besteht in der Aufforderung, das → Leben (Art. ζωή) auszuko-

sten. Die von Paulus in 1Kor 15,32 zitierte Sentenz: »Wir wollen essen und trinken, denn morgen müssen wir sterben«, entspricht oftmals formuliertem griech.-röm. Empfinden (Eur. Alc. 782ff). Wo in röm. Speisesälen der Kaiserzeit ein Skelett mit der Unterschrift »Erkenne dich selbst« abgebildet wird, ergeht die Aufforderung, die genüßlichen Freuden des Augenblicks nicht zu versäumen. Wem das Alter die Freuden des Lebens vergällt, der sollte am besten gleich sterben (Eur. Hik. 1104ff). Die antiken Nekropolen liegen an den Ausfallstraßen der Städte und sollen den Verstorbenen die Nähe des einzigen Lebens vermitteln, das es gibt: des Lebens der noch nicht Verstorbenen. Ein sanfter Tod nach langem Leben gilt als hohes Gut (Hom. Od. 11,134ff), doch tröstet man sich auch mit der Einsicht, daß der Tod von den Nichtigkeiten des Lebens befreit (Eur. Tro. 635ff).

2) Doch wird auch der Tod selbst zum Problem und in seiner Schrecklichkeit reflektiert. Eine Überwindung des Todes wird angestrebt: Nicht selten findet sich die allerorten verbreitete Erwägung, der Mensch lebe in seinen Kindern weiter (Mimn. Frg. 2,13ff). Grabinschriften und große Grabmonumente halten die Erinnerung an den Verstorbenen wach, rühmen seine Taten vor der Nachwelt und machen so den Tod erträglich.

Vor allem aber versucht der Grieche, den Tod in das Leben hineinzunehmen, indem er ihn nicht als Schicksal, sondern als Tat, als menschliche Leistung versteht. Es geht ihm darum, rühmlich zu sterben, sei es in tapferem Kampf, sei es in furchtlosem Tod (Eur. Her. 533f). Ein Tod, der in solcher Weise als Leistung des Lebens verwirklicht wird, gilt als schöner Tod, der den Nachruhm des Verstorbenen unter den Lebenden sichert, zumal wenn er der Polis (→ Volk) zugute kam (Eur. Her. 621ff).

a) Für Plato besteht das wahre Leben darin, daß der Mensch sich dem Zwang der bloß natürlichen Verhältnisse entzieht und nicht genießend, sondern tugendhaft lebt. Dann verliert auch der Tod seine Schrecken. Denn warum sollte ich den Tod fürchten, dessen Wesen ich nicht durchschaue, statt daß ich die mir bekannten Ungerechtigkeiten des Lebens scheue? Die Gelassenheit, mit der solche philosophische Einsicht dem Tode begegnet, macht gleichfalls das Sterben zur menschlichen Tat (Phaed. 80e), zumal oft der Tod noch die Gelegenheit bietet, die Tugend direkt zu bewähren, wenn man ihm nämlich – zB in der Schlacht – nur um den Preis der Schlechtigkeit entgehen könnte (Ap. 38e–39b).

b) Ähnlich steht es bei den Stoikern, für die der Tod seinen Schrecken verliert, wenn man sich seine natürliche Unabänderlichkeit bewußt macht und sich deshalb selbst als Sterbenden bejaht. Der Stoiker steht damit dem Tode bzw. sich selbst als dem Sterbenden frei gegenüber; er bedarf keiner Befreiung von der Macht des Todes. Wer sich an den Tod und die Furcht vor ihm verliert, ist der eigentlich Tote (Epikt. Diss. I,9,19). Auch solche stete freie Bereitschaft zum gelassenen Sterben nach tugendhaftem Leben macht den Tod zu einer menschlichen Tat (Sen. Ep. 93; 101,15), die auch durch einen Selbstmord bewußt geleistet werden kann. »Wo man aufhört, ist einerlei. Höre auf, wo du willst. Nur gut muß der Schluß sein« (ebd. 77,20).

3a) Neben diesen Verhaltensweisen und sich stellenweise mit ihnen verbindend findet sich der Glaube an die Unsterblichkeit der → Seele. Er entstammt den dunklen Quellen »orphisch«-pythagoreischer Mystik und wird zum ersten Mal bei Plato als Komplement zu seiner sittlichen Personvorstellung ausführlich philosophisch diskutiert und begründet: mit dem Tode löst sich die Seele vom → Leib, das Unsterbliche vom Sterblichen, der leidenslose vom leidenden Teil des Menschen (Phaed. 80c ff). Da das Leben des Philosophen ganz dem Ziel reiner Vernunfterkenntnis dient, kann der Weise den Tod, der ihn von dem vernunftlosen Leib befreit, nur als erstrebenswertes Ziel begrüßen (Phaed. 114a ff).

Derartige Unsterblichkeitsvorstellungen breiten sich in der Zeit des Hellenismus aus, ohne den Volksglauben ganz zu bestimmen.

b) Dabei lehnt die Stoa im allgemeinen die persönliche Unsterblichkeit ab; die Einzelseele taucht in die göttliche Allseele ein, die den Kosmos (→ Welt) durchwaltet.

c) In den aus dem Orient eindringenden Mysterien-Kulten wird der von Natur sterbliche Mensch durch Weihen und Riten vergottet, indem er Anteil an den Lebenskräften des jeweiligen Kultgottes erhält.

d) Die Gnosis (→ Erkenntnis, Art. γινώσκω) potenziert den milden anthropologischen Leib-Seele-Dualismus Platos zu einem schroff antithetischen kosmischen Dualismus. Der Kosmos gilt ihr als teuflisch, der Leib als Teil des Kosmos. Die Seele stammt dagegen aus einer unkosmischen → Licht- und Lebenswelt und wurde in den Kerker des Leibes gefesselt. Der wahre Tod ist das Leben im Leib; die Befreiung vom Leib bedeutet dagegen die Überwindung des Todes.

e) Im Neuplatonismus verbinden sich platonische Gedanken und gnostische Mythologumena zu einem spekulativen System, in dem die Seelenwanderung und die fortschreitende Läuterung und Erhebung der Seele über die Sinnenwelt eine bedeutende Rolle spielen.

Alle Begriffe der Wortgruppe begegnen auch in LXX, ἀθανασία *[athanasia], Unsterblichkeit*, allerdings nur in hell. beeinflußten Spätschriften (Weish; 4Makk). Die Verwendungsart der Wörter un- II terscheidet sich nicht wesentlich vom Gebrauch in der originalen griech. Lit. Das hebr. Äquivalent für die einzelnen Begriffe ist mit wenigen Ausnahmen *māwæt, Tod,* bzw. *mūth, sterben, töten.*

1a) Auch im at. Denken bedeutet der Tod das definitive Ende des Menschen (2Sam 12,15ff). »Wir sind wie Wasser, das auf die Erde gegossen wird, das man nicht wieder zurücknehmen kann« (2Sam 14,14). Der Mensch, von der Erde genommen, wird wieder zu Staub (Gen 3,19). Der in die Scheol (→ Hölle, Art. ᾅδης) abgestiegenen Schattenseele kommt keine Lebendigkeit zu, wie sich bes. daran zeigt, daß der Tod die vielbeklagte Scheidung von Jahwe, dem Ursprung des Lebens, bringt (Ps 6,6; 30[29],10; 88[87],6.11ff; Jes 38,11). Dem Menschen bleibt nur übrig, das allgemeine Todeslos hinzunehmen (Gen 3,19; Sir 14,18ff; 41,5ff). Läßt Gott ihn alt und lebenssatt sterben, so daß er das dem Menschen mögliche Lebensziel erreicht, darf er dankbar und zufrieden sein (Ps 91[90],16; Gen 15,15). Das schließt nicht aus, daß er die Vergänglichkeit und den schnellen Ablauf des Lebens beklagt (Ps 90[89]). Wo Krankheit und Not das Leben vergällen, kann der Beter von Stricken des Todes und vom Abstieg in die Hölle sprechen (Ps 116[114],3.8), so daß der Tod in das Leben hineinragt. Aber nicht der Tod als solcher kann Gegenstand der Furcht sein, sondern nur ein böser, früher Tod, in dem sich verbreiteter Ansicht nach die → Strafe Gottes für menschliche → Schuld zeigt; denn Gott straft einzelne mit dem Tode, um die Gemeinschaft seines Volkes von Missetätern zu reinigen, wie auch diese Gemeinschaft selbst über einzelne die Todesstrafe verhängt, um das → Gericht vom ganzen Volk abzuwenden (Dtn 13).

b) Der Tod als solcher aber stellt keine göttliche Strafe dar, denn die Schöpfung intendierte keine Unsterblichkeit des Menschen. Adam wurde der eigene f r ü h e Tod als Strafe für eine konkrete Übertretung angedroht; nach dem eingetretenen Schuldfall wurde er nur mit Verbannung aus dem Garten Eden bestraft. Auch Ps 90, der im Rückgriff auf die Sündenfallgeschichte den Zusammenhang von → Sünde und Tod reflektiert, läßt nicht den Tod überhaupt, sondern die Flüchtigkeit des Lebens in der menschlichen Sünde (vgl. auch Ps 51; 14,3) begründet sein. Ist somit die Universalität von Schuld und Tod angesprochen (ausgenommen sind nur die »Entrückten«), so ist doch von einem Erbtod als Folge der Sünde und des Todes Adams im AT ebensowenig die Rede wie von einer Erbsünde. Da das Gottesverhältnis primär nicht zwischen Gott und dem einzelnen, sondern zwischen Gott und dem Volk (→ Bund; → Israel) besteht, bedeutet der Tod keine Anfechtung des Glaubens, und die Frage nach dem »Warum« des Todes überhaupt wird nicht gestellt.

c) Da ferner der einzelne sein Leben nur als Glied des Volkes Jahwes erhält und führen kann, kommt auch der Gedanke nicht auf, den Tod als heroische Tat verstehen und vollziehen zu können. Auch dort, wo der einzelne die Last des Lebens individuell sehr stark empfindet, bleibt die Versuchung des Selbstmordes aus Lebensverneinung oder um eines »guten« Todes willen ausgeschlossen. Wenn Saul sich nach dem Tod seiner Söhne und nach verlorener Schlacht tötet, um nicht in die Hände der Philister zu fallen, liegt jeder Gedanke an ein heroisches Ende fern (1Sam 31; vgl. Ahithophel 2Sam 17,23).

d) Nur vereinzelt gilt Jahwe auch als Beherrscher der *Scheol* (Ps 139[138],8). Ihm kann man sich auch angesichts des Todes in totalem Vertrauen zuwenden (Ps 73[72],23ff; Hi 19,25; an solche Stellen konnte die spätere Auferstehungshoffnung anknüpfen).

2a) Nachdem seit dem Exil das Verständnis des → Volkes und Bundes Jahwes sich wandelte (das Bekenntnis zur Tora wird zentral) und in gewissem Sinne von einer Individualisierung des Gottesverhältnisses gesprochen werden kann (Jer 31,29ff; Ez 18,2), wird für den Israeliten in den letzten vorchristl. Jh.en der Tod zu einem schweren Problem. Man empfindet ihn als unangemessenes Geschick und sucht seine Ursache in der Sünde des Menschen; nicht mehr nur der frühe Tod, sondern der Tod überhaupt gilt als Sündenstrafe. Die nach Meinung mancher Forscher in der jahwistischen Überlieferung der Fall-Erzählung Gen 2 und 3 bereits erkennbare Linie wird verstärkt ausgezogen: Mit Adams Sünde kam der Tod allererst in die Welt: »Du legtest ihm (Adam) ein einziges Gebot von dir auf; er aber übertrat es. Alsbald verordnetest du den Tod über ihn wie über seine Nachkommen« (4Esr 3,7). »Von einer Frau stammt der Anfang der Sünde her, und um ihretwillen sterben wir alle« (Sir 25,24). Dabei gehen die Meinungen auseinander, ob es sündlose Menschen gab oder gibt, die nur wegen des durch Adam verursachten Sündenverhängnisses sterben müssen, oder ob alle Menschen den Tod wegen ihrer eigenen Sünden auf sich ziehen (vgl. zB ApkBar [syr] 54,19: »Adam ist einzig und allein für sich selbst die Veranlassung; wir alle aber sind ein jeder für sich selbst zum Adam geworden«. Weiteres Material bei St.-B. I,815f; III,227ff).

b) Gilt der Tod nicht als natürliches, sondern als geschichtliches Verhängnis, dann eröffnet sich die Möglichkeit, über die Überwindung der Sünde und damit des Todes durch Gott zu reflektieren. So findet sich in der jüd. Apokalyptik die Vorstellung vom Gottesreich am Ende der Zeit, in dem die Sünde besiegt und dem Tode die Herrschaft genommen ist. Die zuerst in Jes 26,19 und Dan 12,2 begegnende, mit Hilfe von Vorstellungen des Parsismus formulierte Auferstehungshoffnung ermöglicht darüber hinaus den Glauben, daß auch für die früheren Geschlechter der Tod durch einen göttlichen Akt der Neuschöpfung überwunden wird. Die Gerechten werden in das ewige Leben eingehen, die Ungerechten in den ewigen Tod (4Esr 7,31ff). Der Auferstehungsglaube (→

Auferstehung, Art. ἀνάστασις II) bleibt freilich umstritten; die Pharisäer verfechten ihn gegen die Sadduzäer. Unterschiedliche Meinungen gibt es auch über die Frage, ob nur die Israeliten oder auch die Völker, ob nur die Gerechten oder auch die Ungerechten – diese zum Gericht – auferstehen werden.

c) Wenn neben solchen Auferstehungsvorstellungen das altjüd. Todesverständnis festgehalten wird, kann es pessimistische Züge gewinnen: »Das Geschick der Menschen ist das Geschick des Viehs, ein Geschick trifft sie beide; der eine stirbt wie der andere. Sie haben alle denselben Lebensodem, und einen Vorzug des Menschen vor dem Vieh gibt es nicht . . . Alles ist aus dem Staub geworden, und alles kehrt zum Staub zurück« (Pred 3,19f).

d) Auch wird vom Tod in zunehmendem Maße übertragen gesprochen. Schon in Dtn 30,15 heißt es im Blick auf die Gebote und Rechte Jahwes: »Siehe, ich habe dir heute vorgelegt das Leben und das Gute, den Tod und das Böse« (vgl. Jer 21,8). Der Tod tritt ein, wo immer sich Israel oder – seit Ez – der Israelit von Gott lossagt (Ez 18,21ff.31f). Hier ist also als Tod der Abbruch der Gottesgemeinschaft, die Teilhabe an ihr aber als → Leben verstanden.

3) Im Zusammenhang mit dem geistigen Umsetzungsprozeß der hell. Zeit und der stärkeren Hervorhebung anthropologisch bestimmter Kategorien dringen auch in das Judentum mehr oder weniger stark dualistisch geprägte Gedanken ein.

a) So gilt die → Seele als unsterblich (Weish 3,4; 4,1; 15,3). Sie erwartet in himmlischen Kammern die Auferstehung (äthHen 102ff; 4Esr 7,88ff), sofern nicht die Auferstehungsvorstellung ganz preisgegeben und angenommen wird, daß unmittelbar nach dem Tode das ewige leiblose Leben beginnt (4Makk 16,13; 17,12).

b) Auf griech. Einfluß ist auch zurückzuführen, daß der jüd. Märtyrer seinen Tod als Tat verstehen lernt, so daß das Sterben der Märtyrer als ruhmvoll (4Makk 10,1) und tugendhaft (2Makk 6,31) verherrlicht werden kann.

c) Philo nennt (Leg. All. I,107) den Körper einen »schlechten und toten Gesellen« der Seele und kann den leiblichen Tod, der die Seele vom Leibe scheidet, als einen Akt der Befreiung begrüßen. Er kennt einen doppelten innerweltlichen Tod und schließt sich griech. Gedanken an, wenn er den natürlichen Tod bagatellisiert und den wahren Tod dort findet, wo der Körper die Seele beherrscht und sie unter Leidenschaften und Schlechtigkeiten aller Art begräbt (Leg. All. I,105ff).

d) Josephus läßt den jüd. Feldherrn Eleazar die geläufigen hell. Argumente vortragen, als dieser die Juden in der Festung Masada bestimmen will, den Tod der Übergabe in die röm. Hände vorzuziehen: Kann man nicht mehr ehrenvoll leben, soll man tapfer sterben (Bell. 7,341); die Wahl eines solchen schönen und freien Todes (Bell. 7,325f) hinterläßt die Bewunderung für solche Kühnheit (Bell. 7,388); wer im Kampf für die Freiheit fällt, ist glücklich zu preisen (Bell. 7,372); überdies schenkt der Tod den Seelen Freiheit von dem Übel der sterblichen Körper – die an den Körper gefesselten Seelen sind in Wahrheit tot – und führt sie in die heimatlichen Gefilde (Bell. 7,341ff); denn die Seele besitzt Unsterblichkeit (Bell. 7,340).

Im NT begegnet θάνατος *[thanatos]*, *Tod*, etwa 120mal, und zwar in den Evgg. meist vom III
Tod Jesu, bei Paulus meist vom menschlichen Tod. θανατόω *[thanatoō]*, *töten*, findet sich 11mal in verschiedenen nt. Schriften; θνητός *[thnætos]*, *sterblich*, 6mal nur bei Paulus. ἀποθνῄσκω *[apothnæskō]*, *sterben*, wird (neben 6mal θνῄσκω *[thnæskō]*) im NT 113mal verwandt, für Jesu Sterben selten bei den Synopt., häufig dagegen bei Paulus, und zwar auf Grund der vorpaulinischen Bekenntnisformel: Christus ist für unsere Sünden gestorben (1Kor 15,3; Röm 5,8). συναποθνῄσκω *[synapothnæskō]*, *mit jemandem zusammen sterben*, begegnet in Mk 14,31; 2Kor 7,3 und 2Tim 2,11 (nur an der letzten Stelle in christologischem Bezug). ἀθανασία *[athanasia]*, *Unsterblichkeit*, findet sich 3mal: 1Kor 15,53f wird in apok. Kontext vom Anziehen der Unsterblichkeit gesprochen; 1Tim 6,16 heißt Gott der, dem allein Unsterblichkeit zukommt.

1) Das nt. Verständnis vom Tod steht in unmittelbarer Kontinuität mit dem at.-jüd., wobei freilich die hell. Einflüsse des Spätjudentums kaum wirksam werden. Es kann als im wesentlichen einheitlich angesehen werden. Wo immer der Terminus θνητός *[thnætos]*, *sterblich*, begegnet, wird die Sterblichkeit des Menschen als selbstverständliche Tatsache festgestellt. Der Mensch lebt im Schatten des Todes (Mt 4,16 = Jes 9,1 LXX). Gott, der Ursprung alles Lebens, ist der einzige, dem Unsterblichkeit zukommt (1Tim 6,16), während der Mensch zeit seines Lebens in Todesfurcht leben muß (Hebr 2,15). Der Tod wird wie im Spätjudentum stets als Tod des einzelnen gesehen, und die Möglichkeit, den Tod

durch das fortdauernde Leben einer Volksgemeinschaft zu relativieren, liegt nt. Denken fern.

a) Angesichts dieses Sachverhaltes muß die Frage nach der Ursache des Todes Bedeutung gewinnen. Die Antwort auf diese Frage faßt Paulus prägnant in dem Satz zusammen: »Der Tod ist die Bezahlung für die Sünde« (Röm 6,23). Auf Grund dieser Anschauung kann der Teufel (→ Satan) als derjenige gelten, der sich im Besitz der Macht über den Tod befindet (Hebr 2,14), wenn es natürlich auch Gott selbst ist, der Leib und Leben in die Hölle verdammt (Mt 10,28; Offb 2,23). Die Frage nach der Ursache des Todes wird im NT freilich nicht als spekulative Frage gestellt; erst recht zeigt es sich am Tode nicht als an einem naturwissenschaftlichen Problem interessiert. Die Frage muß von ihrer Antwort her verstanden werden. Dann ergibt sich, daß Paulus den Tod nicht als biologisches Phänomen reflektiert, sondern als theol., und zwar derart, daß in der Allgemeinheit des Todes die allgemeine Schuldverfallenheit und Erlösungsbedürftigkeit des Menschen sichtbar wird. Wo der Mensch sich von Gott lossagt, »der die Toten lebendig macht und das Nicht-Seiende ins Sein ruft« (Röm 4,17), da verläßt er die Wurzel seines Lebens und verfällt dem Tode. Das Phänomen des Todes deckt in solcher Deutung den objektiven Zustand der Menschen inmitten ihres Lebens auf: weil sie aus dem Geschaffenen, dem Natürlichen und Verfügbaren leben, haben sie sich von dem Grund des wahren Lebens gelöst und sich so der Nichtigkeit preisgegeben. Im »Vorlaufen« zum Tode kann der Mensch der Grundverfassung seines Lebens ansichtig werden: er lebt schuldhaft im Tod. Der Tod ist also die Macht des Lebens und insofern eine gegenwärtige Wirklichkeit. »Geistlicher« Tod und »physischer« Tod konstituieren, untrennbar voneinander, die Wirklichkeit des sündlichen Lebens. Darum ruft der Sünder: »Wer wird mich erlösen aus diesem Todesdasein?« (Röm 7,24). Dementsprechend nennt der Vater seinen verlorenen Sohn tot (→ νεκρός *(nekros)*: Lk 15,24.32), und auch im JohEv. sind Tod und Leben gegenwärtige Wirklichkeiten des Daseins, je nachdem sich der Mensch zu Jesus als der göttlichen Krisis seines Daseins verhält (Joh 5,24; 8,51; 11,25). Wer sich von der Gemeinde lossagt, in der das Wort, das Leben bringt, verkündigt wird, steht im Begriff zu sterben (Offb 3,2).

b) Über den Zusammenhang von Schuldverfallenheit und Todesgeschick des Menschen reflektiert vor allem Paulus. Nachdem er in Röm 1–4 in verschiedenen Argumentationsgängen den Nachweis erbracht hat, daß die Menschen unterschiedslos der Sünde und damit dem Tode verfallen sind und in Christus zum Leben gerufen werden, vertieft er diesen Gedanken in Röm 5,12–21 mit Hilfe der Anti-Typologie Adam/Christus: Das durch Christus bewirkte Leben wird in Analogie zu der Tatsache gesetzt, daß »durch einen Menschen die Sünde in die Welt kam und durch die Sünde der Tod« (Röm 5,12; vgl. 1Kor 15, 21f). Durch die Erklärung, der Tod sei zu allen Menschen hindurchgedrungen, »weil sie alle gesündigt haben«, wehrt Paulus die Vorstellung ab, die Sünde als Veranlassung des Todes sei einfach ererbtes Verhängnis; er unterstreicht ihren Tatcharakter und den Charakter des Todes als Strafe für des Menschen je eigene Sünde (vgl. Bornkamm, Aufsätze I, 84f). Unberührt aber bleibt die wesentliche Aussage, daß die Menschen ausnahmslos der Sünde und dem Tode verfallen sind, so daß Heil und Leben, also die Überwindung des Todes, nicht vom Menschen selbst erwartet, sondern nur durch eine von außerhalb des Menschen kommende und dem Menschen zugeeignete Gnadentat Gottes Ereignis werden können.

Weil der Mensch in der Abwendung von Gott sein Leben in den eigenen → Werken sucht und folglich den Tod findet, wo immer er sich des Gesetzes als Heilsweg bemächtigt, rücken für Paulus → Gesetz, → Sünde und Tod auf eine Ebene. »Der Stachel des Todes ist die Sünde, die Kraft aber der Sünde ist das Gesetz« (1Kor 15,56).

Konsequenterweise erscheint der Tod für den Menschen, der aus dem Gesetz zu leben versucht, als gegenwärtige Größe: »Als das Gebot kam, lebte die Sünde auf; ich aber starb« (Röm 7,9f).

Gilt der Tod als geschichtliche Folge der menschlichen Sünde, so entsteht angesichts der »natürlichen« Verbindung des menschlichen Todes mit dem Sterben der übrigen lebendigen Kreatur die Frage, warum auch die nicht-menschliche belebte Schöpfung dem Todesgeschick unterliegt. Auf diese Frage antwortet Paulus mit dem zeitgenössischen Judentum (Gn r 12,5), daß die → »Schöpfung« nicht aus eigenem Willen, sondern infolge der menschlichen Sünde gleichfalls der Nichtigkeit und Vergänglichkeit unterworfen wurde und nun darauf wartet, mit den »Kindern Gottes« vom Tode befreit zu werden (Röm 8,19–22). Auch das Sterben in der Natur versteht Paulus also nicht als ein »natürliches« Geschehen.

c) Aus allem Gesagten ergibt sich, daß der Tod im NT nicht als Naturvorgang, sondern als ein geschichtliches Ereignis angesehen wird, das die Daseinsverfassung des Menschen als des Sünders transparent macht. In diesem geschichtlichen Sinne gilt der Tod als ein Machtwesen, das den Menschen inmitten seines Lebens knechtet (Hebr 2,14); er begegnet deshalb auch als persönliche Gestalt (Offb 20,14). Die Möglichkeit, sich durch vernünftige Einsicht in den unausweichlichen Zwang des Todes oder durch die Tat eines heroischen Sterbens dem Schrecken des Todes zu entziehen, scheidet demgemäß für nt. Denken aus. Würde damit doch die Sünde geradezu forciert, indem der Mensch noch im Tode sich durch eigene Leistung selbst gewinnen will, obschon der Tod doch die definitive Verurteilung solchen Verhaltens darstellt.

2) Die Aussagen über den Tod Jesu bilden den Mittelpunkt des nt. Heilsgeschehens (→ Kreuz, Art. σταυρός III,2). Sie stehen im NT fast immer im Zusammenhang mit Aussagen über seine → Auferstehung und die Rechtfertigung bzw. das neue → Leben der Glaubenden.

a) Bereits in den vorpaulinischen Bekenntnissen heißt es, »daß Christus gestorben ist für unsere Sünden, nach den Schriften, und daß er begraben wurde und daß er auferweckt wurde am dritten Tage, nach den Schriften, und daß er erschienen ist ...« (1Kor 15,3f), bzw.: »Er wurde (in den Tod) gegeben um unserer Übertretungen willen und auferweckt um unserer Rechtfertigung willen« (Röm 4,25). Jesus stirbt unseren menschlichen Tod (Phil 2,7f; Hebr 2,14), und er stirbt ihn wirklich, wie das »begraben« des alten Bekenntnisses zeigt (1Kor 15,3f). Dieser Tod geschieht »für uns«, dh zu unseren Gunsten (Röm 5,6ff; 1Thess 5,10; Hebr 2,9f; Mk 10,45), was mehrfach durch Aussagen über seine Erweckung bzw. seine Erhöhung unterstrichen wird (zB 2Kor 5,14f; 1Petr 3,18). Sein Tod besiegt Gesetz (Röm 7,4; vgl. Gal 2,21), Sünde (2Kor 5,21; Kol 1,22; → Versöhnung) und unseren Tod (Röm 5,9; 2Tim 1,10; Hebr 2,14f; Offb 1,17f). Um diesen Sieg manifest zu machen, wird der Tod Jesu, des Auferweckten, Gegenwärtigen und Kommenden (1Kor 11,26; 2Kor 5,14ff), verkündigt, damit er nicht umsonst gestorben sei (Gal 2,21).

b) Sprachlich findet dies Evangelium von der Überwindung des Todes sehr verschiedenartigen Ausdruck. Sehr alt und verbreitet ist im Anschluß an Jes 53 die Vorstellung vom Tode Jesu als einem Sühnopfer (→ Versöhnung, Art. ἱλάσκομαι), das die Sündenschuld tilgt (Röm 3,25f: vorpaulinische Formel; 1Kor 11,24f: vorpaulinische Abendmahlsworte; vgl. auch Eph 1,7; 1Petr 1,18f), wobei die at. Gedanken des Bundesopfers (Mk 14,24; Hebr 13,20) und des Passaopfers (1Kor 5,7) einfließen können. Daneben steht das verwandte Motiv vom stellvertretenden Opfertod Christi (2Kor 5,21). Nicht selten begegnet die aus dem Sklavenrecht stammende, im christologischen Gebrauch aber stark bildhafte Vorstellung vom Loskauf (Lösegeld; → Erlösung, Art. λύτρον; Mk 10,45; Gal 3,13; 2Petr 2,1). Auch findet sich das Motiv der Hadesfahrt des getöteten Erlösers, der den Teufel besiegt und die ihm gehörenden Menschen aus dem Tod befreit (Hebr 2,14f; Offb 1,17f; vgl. 1Petr 3,19f).

Der Mangel der dem kultisch-juridischen Denken entstammenden Sprachformen (Sühnopfer, Loskauf, Stellvertretung) liegt dabei darin, daß mit ihrer Hilfe nur die Befreiung von der in der Vergangenheit aufgehäuften Sündenschuld und von dem als Strafe dieser Sünden für die Zukunft erwarteten Tod ausgesagt werden kann, während die Gegenwart als Ort von Sünde oder → Gerechtigkeit, von Tod oder Leben nicht hinreichend zur Sprache kommt.

c) Paulus und die deuteropaulinische Lit. verwenden deshalb neben den kultisch-juridisch bestimmten Theologumena die sprachlichen Ausdrucksmittel der Mysterienkulte und der Gnosis, weil die von diesen Religionen bereitgestellten Kategorien die Verbindlichkeit des Todes Jesu für das menschliche Dasein bes. deutlich auszudrücken vermögen. Ausdrücke der M y s t e r i e n s p r a c h e finden sich bes. in Verbindung mit der Bedeutung des Taufgeschehens (→ Taufe): »Wißt ihr nicht, daß wir, die wir in Christus Jesus getauft sind, in seinen Tod getauft sind? Wir sind folglich durch die Taufe mit ihm in den Tod begraben . . .« (Röm 6,3ff). »Mit Christus sterben« heißt dann, der Welt als dem Ermöglichungsgrund von Leben (Gal 6,14) bzw. den knechtenden Weltmächten (Kol 2,20; → Gesetz), der Knechtschaft des Gesetzes (Röm 7,6), dem Leben in der Sünde (Röm 6,6) bzw. dem »Für-sich-selbst-Leben« (2Kor 5,14f) abzusterben. Verwandtschaft zur g n o s t i s c h e n, die substanzhafte Einheit von Erlöser und Erlösten voraussetzenden Sprache scheint zB 2Kor 4,10 vorzuliegen: »Denn immerfort werden wir, die Lebenden, in den Tod gegeben um Jesu willen, damit auch das Leben Jesu sich an unserem sterblichen Fleisch offenbare« (vgl. auch Kol 1,24).

d) J o h a n n e s legt im Unterschied zur paulinischen und vorpaulinischen Tradition den Ton nicht spez. auf Jesu Tod, sondern auf sein → Kommen (Art. ἔρχομαι) in diese Welt des Todes überhaupt. Jesu Tod am Kreuz ist höchster Ausdruck der Fleischwerdung des Logos (→ Wort) und zugleich, als Erhöhung verstanden, göttliches Zeichen der generellen Überwindung des Todes (Joh 12,33; 18,32).

e) Die Redeweisen vom Tode Jesu in den religiösen Vorstellungen der damaligen Zeit zeigen, daß Jesu Sterben im Bekenntnis der frühen Christenheit nicht primär als biographisches Phänomen bedeutsam war, so wenig allerdings die Historizität seines Lebens und Sterbens infrage stand. Jesu Sterben wird weder als das eines edlen Menschen und Märtyrers einer guten Sache noch als das eines politischen Aufrührers oder als Opfer eines Justizirrtums angesehen; es wird vielmehr als einmaliges, grundlegendes Heilsgeschehen verstanden und verkündigt (Röm 6,10).

Gemeinsam ist dabei den verschiedenen Aussagen des NT über den Tod Jesu, daß er verkündigt wird als ein Tod »für« (für uns: Röm 5,8; 1Kor 15,3; für viele: Mk 10,45; 14,24 par; Hebr 9,28; vgl. Joh 10,15; für euch: 1Kor 11,24). Damit soll ausgedrückt werden, daß Gott die Macht der Sünde bricht, indem er sich im Tode Jesu mit den Menschen solidarisiert, dadurch die todbringende Kraft des → Gesetzes entlarvt, seine Geltung beendet und so auch dem Tode die Macht nimmt. Weil Gott den Menschen dort aufsucht, wo er lebt, nämlich im Tode, und sich selbst ihm als Lebensgrund anbietet, wird der Mensch dem Zwang zur Ursünde der Selbstrechtfertigung entnommen, begnadigt (»Rechtfertigung des Sünders«), als Geschöpf zurechtgebracht (»neue Kreatur«) und ihm das neue Leben mit Christus geschenkt.

3) Auf dieser durch den Tod Jesu bereits erfolgten E n t m a c h t u n g d e s T o d e s (des Gesetzes, der Sünde) und der Gegenwart des Lebens liegt in der Verkündigung des NT besonderes Gewicht. Sie benutzt dazu vor allem gnostische und mysterienhafte Formulierungen.

a) Man vergleiche aus der p a u l i n i s c h e n und d e u t e r o p a u l i n i s c h e n Lit. zB Röm 6,10f (Was Christus »gestorben ist, ist er der Sünde ein für allemal gestorben; was er aber lebt, lebt er für Gott. So auch hier: haltet euch der Sünde gegenüber für tot und lebt Gott in Christus Jesus«), Gal 2,19 (»Denn ich bin durch das Gesetz dem Gesetz abgestorben, damit ich für Gott lebe; ich bin mit Christus gekreuzigt, ich lebe . . .«) und Kol 2,20 (»Wenn ihr mit Christus den Weltmächten abgestorben seid, wieso laßt ihr euch [noch ihre] Satzungen aufzwingen . . .«).

Diese Sätze besagen: Wo das Skandalon des Kreuzestodes Christi überwunden wird, indem der Mensch sich selbst als den »alten« Menschen, der autonom aus seinen Leistungen leben will oder meint leben zu müssen, in den Tod gibt, dort wird Christus gegenwärtig als Gottes Macht und Weisheit erfahren (1Kor 1,23ff), so daß das wahre Leben als Leben aus Gottes Gnade und in der Freiheit vom Zwang zur autonomen Selbstverwirklichung mit dem Glauben an Jesus Christus anfängt.

b) J o h a n n e s drückt denselben Sachverhalt in bes. hervorgehobenen Formulierungen aus: »Wahrlich, wahrlich, ich sage euch, wenn jemand sich an mein Wort hält, der wird den Tod in Ewigkeit nicht sehen« (Joh 8,51). »Wahrlich, wahrlich, ich sage euch: wer mein Wort hört und dem glaubt, der mich gesandt hat, der hat ewiges Leben und kommt nicht in das Gericht, sondern ist aus dem Tode in das Leben hinübergeschritten« (Joh 5,24). »Wir wissen, daß wir aus dem Tode in das Leben hinübergeschritten sind; denn wir lieben die Brüder« (1Joh 3,14): die Freiheit vom Tode als von dem todbringenden Zwang zur ständigen Selbstrechtfertigung gibt dem, der sich von Gott angenommen weiß, die Freiheit, sich vorbehaltlos dem Nächsten zuzuwenden.

c) In den synoptischen Evangelien demonstrieren vor allem die Wundergeschichten, insonderheit die Totenerweckungen, die bereits erfolgte Entmachtung des Todes. Im Angesicht des Todes gilt: »Fürchte dich nicht, glaube nur« (Mk 5,36), weshalb dem Jünger Jesu gesagt werden kann: »Folge mir nach, und laß die Toten ihre Toten begraben« (Mt 8,22). In allen diesen Äußerungen wird konsequent die Freiheit von der Sünde als Befreiung vom Todesverhängnis und als Anbruch des Lebens verstanden; aus Gottes Gnade leben, heißt wahrhaft leben.

d) Der gegenwärtigen Entmachtung des Todes für die Christen entspricht natürlich die definitive Verfallenheit der Ungläubigen an den Tod; denn die Predigt des Apostels ist »den einen ein Geruch aus dem Tod in den Tod, den anderen aber aus dem Leben in das Leben« (2Kor 2,16).

4) Ist durch den Tod Jesu die Macht der Sünde gebrochen, so daß der Christ dem Teufelskreis von Sünde und Tod entnommen wurde und schon als neue Kreatur lebt (2Kor 5,17), wird angesichts der unmittelbaren Verbindung von Sünde und Tod die Tatsache zum Problem, daß der physische Tod weiterhin herrscht. Während also vom Ansatz des nt. Todesverständnisses her »geistlicher« und »physischer« Tod nicht unterschieden werden, weil der Tod schlechthin in der Sünde wurzelt, tritt vom Lebensverständnis her eine Differenzierung in den Blick, weil der Glaubende der Macht der Sünde und des Todes entnommen wurde (»als solche, die aus den Toten zu Lebenden wurden« Röm 6,13), dennoch aber sterben muß. In der Zeit der Naherwartung des Endes konnte dies Phänomen übersehen werden. Als es sich stellt, werden verschiedene Antworten gegeben.

a) Bei Paulus dient das Phänomen des physischen Todes dazu, in der Beziehung auf das Gericht einer Heilssicherheit zu wehren und die Dialektik des »Schon jetzt« und »Noch nicht« des Heils herauszustellen. Denn wenn die definitive Überwindung des Todes als des »letzten Feindes« noch aussteht (1Kor 15,26), so ist der Mensch der Gefährdung noch nicht entrückt und bleibt ganz und gar auf die Gnade Gottes angewiesen, die nie zu seinem verfügbaren Besitz wird. In diesem Sinne tritt neben das Bekenntnis zum gegenwärtigen Heil – »siehe, jetzt ist der Tag des Heils« (2Kor 6,2) – die futurische Erwartung: »Wie wir alle in Adam sterben, so werden wir auch in Christus alle lebendig gemacht werden« (1Kor 15,22). Dem Christen ist der → Geist als Faustpfand für das Leben gegeben, doch wartet er noch auf die Erlösung des Leibes (Röm 8,23; 1Kor 15,53). Die Erwartung dieser zukünftigen Überwindung des Todes ist konkret die Hoffnung auf die Totenauferstehung, die Paulus zufolge durch die Auferstehung Jesu von den Toten bereits eingeleitet wurde (1Kor 15,12ff). Der noch ausstehende physische Tod läßt die Hoffnung auf den Gott, der die Toten lebendig macht (Röm 4,17), zu einem integralen Bestandteil des Glaubens werden (2Kor 5,1–10; Röm 5,1–5); auch der Glaubende wird nicht zum Herrn über sein Leben und über den Tod. Die Zuversicht, daß der Tod in den Sieg erst noch verschlungen wird (1Kor 15,54f), tritt deshalb unmittelbar neben das Triumphlied des Glaubenden: »Gott sei Dank, der uns den Sieg gegeben hat durch unsern Herrn Jesus Christus« (1Kor 15,57).

Christologisch vertieft wird dieser Gedanke dort, wo der Christ sein Leiden und Sterben in einem Akt des Glaubens als ein Leiden und Sterben mit Christus verstehen lernt, so daß ihm gerade in Leiden und Tod die Erfahrung der Gemeinschaft mit Gott und somit die Gewißheit des Heils und des Lebens zuteil wird (2Kor 4,11f; Phil 1,20; Röm 8,36ff). In diesem Sinne kann Paulus den Tod als bloßes Ablegen des Todesleibes verstehen: »Das ›Leben‹ heißt für mich Christus, – deshalb ist Sterben ein Gewinn« (Phil 1,21).

In einer spez. Ausprägung dieses Gedankens hat Lukas den Tod Jesu als vorbildliches Martyrium dargestellt und das Martyrium des Stephanus dem Tod Jesu nachgebildet (Apg 7,54ff), um so den Märtyrern seiner Tage einen Weg zu heilvollem Erleiden des Todesgeschicks zu zeigen, freilich auf Kosten einer umfassenden *theologia crucis.*

b) Für Johannes ist die Tatsache, daß der Glaubende sterben muß, nicht Gegenstand ausführlicher theol. Reflexion. Er betont die Gegenwart des Heils so radikal, daß auch die Verbindung zwischen dem Tod und dem traditionellen Gerichts- und Auferstehungsgedanken (bis auf die wahrscheinlich sekundäre Eintragung Joh 5,28f) völlig zurücktritt. Da die Gläubigen durch das Gericht hindurchgegangen sind und das ewige Leben haben, werden sie in Ewigkeit nicht umkommen (Joh 10,28). Von daher wird Joh 14,2f von einer Herübernahme in die »Wohnungen« des Vaterhauses durch den wiederkommenden Sohn gesprochen — wohl im Blick auf den Tod der Glaubenden.

c) Die Dialektik von Heil und Gericht, von Leben und Tod wird in den späteren Schriften des NT, auch in den synopt. Evgg., nicht in gleich intensiver Weise wie bei Paulus und Johannes reflektiert (vgl. 2Tim 4,7f; Tit 3,7f; 2Petr 3,11ff). Die Erfahrung der Heilsgegenwart tritt in der späteren Kirche in wachsendem Maße zugunsten eines moralisierenden Verständnisses des christl. Glaubens zurück, und damit hört auch der physische Tod des Christen auf, problematisch zu sein: Wir müssen wegen unserer Sünden sterben, um dann im letzten Gericht Gnade zu finden: »Wenn wir mitsterben, so werden wir auch mitleben« (2Tim 2,11). Da der Gläubige also im Gericht bestehen und im Leben bleiben wird, ist der Gedanke eines zweiten Todes der Verdammten, wie er sich in der Apokalypse findet, verständlich: »Der Sieger wird den zweiten Tod nicht erleiden« (Offb 2,10f; 20,13f).

d) Gemeinsam bleibt indessen die Überzeugung, daß der Tod den Christen nicht von Gott trennt, sondern ihn in die Gemeinschaft mit dem leidenden und sterbenden Christus und so an die Quelle und den Ursprung alles Lebens führt. In diesem Sinn hat bes. Paulus das christl. Verständnis des Todes so definiert, daß christl. Glaube über solches »Andenken« an den Tod nicht hinauskommen wird, hinter ihm aber auch nicht zurückbleiben darf: »... es sei Leben oder Tod, es sei Gegenwärtiges oder Zukünftiges, alles ist euer, ihr aber seid Christi, Christus aber ist Gottes« (1Kor 3,22). »Wenn wir leben, leben wir dem Herrn, und wenn wir sterben, sterben wir dem Herrn; ob wir darum leben oder ob wir sterben, so gehören wir dem Herrn« (Röm 14,7f). »Denn ich bin gewiß, daß weder Tod noch Leben, weder Engel noch Machthaber, weder Gegenwärtiges noch Zukünftiges, weder Mächte der Höhe noch der Tiefe noch irgendeine andere Kreatur uns scheiden kann von der Liebe Gottes, die in Christus Jesus ist, unserem Herrn« (Röm 8,38; vgl. Phil 1,20; 1Thess 4,13f; Joh 12,24–26; Offb 14,13). *W. Schmithals*

καθεύδω

καθεύδω *[kateudō]* schlafen · κοιμάομαι *[koimaomai]* schlafen, einschlafen · ὕπνος *[hypnos]* Schlaf

I 1) Während sich καθεύδω *[katheudō]* im klassischen Griech. ausschließlich für den *Schlaf* findet, hat das von κεῖμαι *[keimai], liegen,* abgeleitete Verbum κοιμάω *[koimaō]* aus der Grundbedeutung *(sich) zur Ruhe legen, in Schlaf dahinsinken* (Hom. Il. 11,241) her namentlich in seinen Med.- und Pass.-Formen sowohl den natürlichen *Schlaf* als auch (mit oder ohne erläuternden Zusatz) das *Sterben* bezeichnet. Ein sexueller Bezug im Sinne von Beischlaf läßt sich nicht aufweisen.

2) ὕπνος *[hypnos]* (idg.* *supnos*, lat. *sopor*) ist seit Hom. belegt als Bezeichnung des natürlichen *Schlafes*, der den Menschen erquickt oder auch befällt, überwältigt, ihn jedenfalls die Lasten des Tages vergessen läßt. Weil aber im Schlaf der Mensch »untätig« und der Körper leblos erscheint, zog das philosophische und religiöse Denken Folgerungen: In dem Maße, wie man im wachen, sich mit der Umwelt auseinandersetzenden Bewußtsein das Leben sah, mußte der Schlaf als unnütz, hinderlich, wertmindernd, animalisch erscheinen (schon Heracl., bes. Plato, zB Resp. IX,571c; vgl. auch Epict. Diss. III,22,95). Die phänomenologische Verwandtschaft von Schlaf und Tod hat dazu geführt, daß in der Mythologie Ὕπνος *[Hypnos]* als Zwillingsbruder des Gottes Θάνατος *[Thanatos]* gilt (Hom. Il. 16,671ff). In der frühen Medizin betrachtete man den Schlaf als physiologisches Über-

gangsstadium zum Tod (Sterben des Körpers, nicht der Seele; vgl. Aristot. De somno et vigilia 1p 453b 11ff). Die euphemistische Ausdrucksweise vom Tod als Schlaf ist aber vor dem 2. Jh. vChr kaum, häufiger überhaupt erst im 1. und 2. Jh. nChr bezeugt (Inschriften. Gesammelt von EPeek, Griech. Grabgedichte, 1960); sie erweist sich damit als hellenistisch.

1a) In der LXX ist καθεύδω *[katheudō]* (36 Belege) vor allem für das hebr. *schākab, sich legen, liegen* eingetreten (zB 1Sam 3,2ff) und bezeichnet den natürlichen Schlaf, wird jedenfalls für *sterben* nicht verwendet. Das gleiche gilt für das Subst. ὕπνος *[hypnos]*, das meist für hebr. *schēnā', Schlaf*, steht, ausgenommen Jer 28[51],39 (ὕπνον αἰώνιον *[hypnon aiōnion], ewiger Schlaf*) und Hi 14,12, wo sich aus dem Zusammenhang (»nicht wieder aufwecken«) ergibt, daß das Subst. bzw. das davon gebildete Verbum ὑπνόω *[hypnoō]* (zusammen ca. 80 Belege) für den Todeszustand stehen (vgl. auch Ps 12[13],4 ὑπνώσω εἰς θάνατον *[hypnōsō eis thanaton], in den Tod hineinschlafen*). II

b) Das ist anders bei dem häufiger belegten (ca. 150 Stellen; ebenfalls hauptsächlich für hebr. *schākab*) Verbum κοιμάομαι *[koimaomai]*, das sich nur Gen 24,11 und 1Kön 17,19 im Akt. *hinlegen* bzw. *sich lagern lassen*, sonst immer im Med. findet (*sich legen, lagern, liegen*). Von daher kommt es zu der Bedeutung *schlafen* (zB 1Sam 3,9, wie καθεύδω *[katheudō]*); vor allem im Pentateuch (κοιμάομαι μετά *[koimaomai meta]* zB Gen 19,32 u. ö.) ist es für den Beischlaf gebraucht. In den späteren Schichten des AT, namentlich im deuteronomistischen Geschichtswerk, hat es dann in der Formel ἐκοιμήθη μετὰ τῶν πατέρων αὐτοῦ *[ekoimæthæ meta tōn paterōn autou], er legte sich zu seinen Vätern* (in 2Kön und Chron 36mal, zB 2Kön 14,16.22.29; 15,7.22.38; 2Chron 26,2.23) die Bedeutung *sterben* im Sinne eines ehrenvollen Verscheidens bekommen, die dann auch Ez 32,19ff; Hi 14,12 u. ö.; Jes 43,17; 50,11 ohne erläuternden Zusatz gilt (in früheren Schriften nur vereinzelt, zB Gen 47,30; Ri 5,27).

2) In diesem Sinne von *entschlafen* = *sterben* haben dann auch die jüd. Rabbinen *schākab* häufig gebraucht, während καθεύδω *[katheudō]* und ὕπνος *[hypnos]* sich auch bei Philo und Jos. nur für den Schlaf im körperlichen Sinne, die mangelnde Erkenntnis und Wachsamkeit finden. Hingegen findet sich schon TestIss 9,9 der Gedanke von einem ὕπνος αἰώνιος *[hypnos aiōnios]*, einem ewigen, also dem Todesschlaf, aus dem die Verstorbenen dann erweckt werden sollen (zB TestJud 25,4, ἐξυπνίζω *[exhypnizō]*). Diese Vorstellung vom Schlafzustand der Toten (→ Seele II), dem sog. Zwischenzustand, ist namentlich in der jüd. Apokalyptik (zB äthHen 91,10; 92,3) weiterentfaltet worden und bildet den Hintergrund der nt. Aussagen von Tod und Erweckung.

1) Während das Subst. ὕπνος *[hypnos], Schlaf*, (im NT nur 5 Belege) ebenso wie das Verbum καθεύδω *[katheudō], schlafen*, durchweg konkret den Schlafzustand des Menschen bezeichnen (zB Mt 1,24; Lk 9,32 und Joh 11,13), allenfalls in der Gethsemane-Szene Mk 14,37 parr und 1Thess 5,6 diesen Schlaf als Mangel an Wachsamkeit abwertend charakterisieren, hat κοιμάομαι *[koimaomai], schlafen*, (im NT nur das Med.) an 15 von 18 Stellen die Bedeutung *sterben*. Nur Mt 28,13; Lk 22,45 und Apg 12,6 ist es im konkreten Sinne von *schlafen* gebraucht. III

Vor allem Paulus hat das Verbum in jener übertragenen Bedeutung gebraucht, die die für den Betrachter so enge Verwandtschaft des Toten mit einem Schlafenden nahelegt. Dementsprechend sind es zunächst Part.-Formen, mit denen er die Toten bezeichnet; und es fällt auf, daß sie sich 1Thess 4,13.14.15, dann auch 1Kor 15,18.20 im Zusammenhang mit Aussagen über die → Auferstehung bzw. Auferweckung der damit gemeinten Toten durch Jesus finden (das gilt — grammatisch und sachlich — auch für Mt 27,52). Da das ambivalente Verständnis von *schlafen* = *entschlafen* schon seit Hom. und in der LXX belegt ist, wird man diesen Zusammenhang nicht überinterpretieren dürfen; immerhin jedoch war die Vokabel geeignet, die personale Identität der in ein neues Leben zu Rufenden mit den *Eingeschlafenen* bzw. *Entschlafenen* anzudeuten.

Völlig synonym für *sterben* ist κοιμάομαι *[koimaomai]* 1Kor 7,39; 15,16.51 gebraucht, ebenso Apg 7,60; 13,36 und 2Petr 3,4 (von »den Vätern«). Johannes hat die uralte Doppeldeutigkeit des Verbums bewußt sich zunutze gemacht, um Joh 11,14 in der Lazarus-Perikope das Mißverständnis der Jünger zu provozieren: Jesus meint das Sterben des Lazarus, die Jünger hören aus dem Wort die Kunde vom rettenden Schlaf. Sollte auch hier die Sprache dazu dienen, die Bewältigung der für den Menschen unüberwindlichen Macht des Todes durch Jesus hervorzuheben? Für ihn, der die Mächte überwindet, ist der θάνατος *[thanatos]* nicht mehr als ὕπνος *[hypnos]*.

2) καθεύδω [*katheudō*] ist im Sinne von *bereits verstorben* nur 1Thess 5,10 gebraucht; Mt 9,24 par, wo es im Gegensatz zu ἀπέθανεν [*apethanen*], *es ist tot*, steht, bezeichnet das Wort im Munde Jesu den Zustand des Kindes als für ihn nicht endgültig.

L. Coenen

νεκρός

νεκρός [*nekros*] Toter, tot · νεκρόω [*nekroō*] abtöten, pass. absterben · νέκρωσις [*nekrōsis*] Absterben

I 1) Aus der Wurzel ***nek-* mit der Grundbedeutung *Not, Unglück* (vgl. lat. *nex, Mord, Tod; neco, töte; noceo, schade*) ist neben dem poetischen maskulinen νέκυς [*nekys*], *Toter, Leichnam*, auch das gleichbedeutende νεκρός [*nekros*] gebildet. Als Subst. bezeichnet es den *Toten*, den *Leichnam* (zB Hom. Il. 6,71), seit Pindar steht es auch adj. für *tot*. Zunächst nur in bezug auf menschliche oder tierische *Leichen* gebraucht (Pindar, Frg. 203), charakterisiert es die nicht (mehr) von der ψυχή [*psychæ*], der → *Seele*, belebte Gestalt, den bloßen Stoff (Plotin IV,7,9). Das Verbum νεκρόω [*nekroō*], *abtöten, zu Tode bringen*, vorwiegend pass. *absterben*, und das Subst. νέκρωσις [*nekrōsis*] für den Vorgang des *Absterbens* oder den Zustand des *Erstorbenseins* sind hell. Wortbildungen aus dem medizinischen Bereich für das Lebloswerden eines Körperteils durch Erkrankung (Galenus 11,265; 18[1],156); später auch von der erfrorenen Natur (Baum: CMG V,9,1 p 31,5; Erde: Plut. De prim. frig. 21[954,E]), vereinzelt sogar akt. für die Wirkung von Narkotika (CMG V,9,1 p 151,11) gebraucht.

2) Während die griech. Klassik aufs Ganze beim konkreten Gebrauch von νεκρός [*nekros*] bleibt, benutzen die Autoren der Stoa das Wort adj. auch, sogar vorwiegend im übertragenen Sinne. Dabei zeichnen sich drei Kriterien ab: a) νεκρός [*nekros*] ist, was nicht von der ψυχή [*psychæ*], *Seele*, bzw. vom νοῦς [*nous*], → *Vernunft* (hier: *Geist*) durchwaltet ist (vgl. Mark. Ant. XII,33,2), so zB die ges. Sinnenwelt. b) νεκρός [*nekros*] ist aber auch das Leibliche am Menschen, sein σῶμα [*sōma*], → *Leib*, das der νοῦς [*nous*] mit sich herumschleppen muß, das, was den Menschen mit den ζῷα [*zōa*], den *Tieren* (→ Leben), gemein macht, aber vom Göttlichen trennt (vgl. Epict. Diss. I,3,3; II,19,27; Mark. Ant. IX,24; Dualismus). c) Endlich wird als νεκρός [*nekros*] auch bezeichnet, was den eigenen, vom νοῦς [*nous*] inhaltlich bestimmten Wertmaßstäben nicht entspricht, zB falsche Erzieher oder Philosophen (zB Epict. Diss. I,9,19; III,23,28). – Alle drei Unterscheidungen gehen davon aus, daß nur das Bewußtsein von der Erhabenheit des Höchsten in uns (νοῦς [*nous*]) die Bezeichnung *lebendig* verdiene, alles nicht davon Durchwaltete hingegen *tot* sei.

II 1) In der LXX fehlen die hell. Verbal- und Subst.-Bildungen völlig. νεκρός [*nekros*] ist neben Part.ien wie τεθνηκώς [*tethnækōs*], *verstorben, tot*, vorwiegend subst., daneben aber auch adj. ca. 60mal belegt. 28 Stellen aus der Weisheitslit. bei Tob, Jdt und Makk sind ohne hebr. Äquivalent, sonst ist das Wort überwiegend für das hebr. Part. *mēt, Gestorbener, Toter*, eingetreten, Ez 9,7; 11,6.7 für *chālāl, durchbohrt, getötet*, daneben vereinzelt für andere den *Leichnam* bezeichnende Vokabeln. Es bezeichnet durchgängig konkret Menschen, die sich im Zustand des Todes befinden (zB Abrahams Frau Gen 23,3ff; σώματα νεκρά [*sōmata nekra*], *tote Körper* = *Leichen* 2Kön 19,35), ob noch irdisch anschaubar oder schon der Totenwelt zugerechnet (Dtn 18,11 im Zusammenhang mit Totenbeschwörungen). Tote werden begraben (Tob 2,8; 12,12); es gilt als besondere Strafe, wenn sie liegenbleiben zum Fraß der Tiere (Jer 7,33; 19,7; Dtn 28,26). Num 19,16 macht die spez.e Nuance von νεκρός [*nekros*] deutlich: es wird hier unterschieden von dem eben Erschlagenen, bei dem der Eintritt des Todes im Vordergrund steht (wie bei τεθνηκώς [*tethnækōs*]), und dem Skelett. νεκρός [*nekros*] schließt also identifizierbare Gestalt ebenso ein, wie es deren Belebtsein ausschließt. Dasselbe Kap. des mosaischen Gesetzes macht die absolute Abgrenzung zwischen dem Bereich des Todes und des Lebens, dh aber auch des Kultes und Gottes deutlich: Wer mit Toten direkt oder mittelbar in Berührung kommt, ist unrein, dh von Jahwe getrennt. Tote erkennen und sehen nichts (Pred 9,5; Jes 26,14; vgl. Ps 87[88],5), an ihnen handelt Gott nicht mehr (Ps 87[88],10), sie loben Gott nicht (Ps 113,25[115,17]), für sie besteht keine Hoffnung (Ps 142[143],3; Weish 13,10); darum ist »ein lebendiger Hund besser als ein toter Löwe« (Pred 9,4). Damit wird eine scharfe Trennungslinie zu Totenkult und Totenorakeln gezogen, die in Israels Umwelt so häufig sind. Erst im und nach dem Exil lassen sich unter der Erfahrung des Leidens der Frommen Anfänge einer Auferstehungshoffnung erkennen, zunächst in dem Sinne, daß auch der Tod nicht von Jahwe zu scheiden vermag (vgl. Jes 26,19; Sir 48,5; vgl. auch Ez 37,9), wie andererseits nur in späten, hell. beeinflußten Schriften zB Götzenbilder im übertragenen Sinne als *tot* charakterisiert werden (Weish 15,5).

Es ist aufschlußreich, daß im Hebr. *mēt* durchaus mit *næphæsch, Seele, Leben*, kombiniert werden kann, weil *næphæsch* den ganzen Menschen, seine Existenz meint und weil dieser ganze Mensch stirbt. In der LXX ist jedoch νεκρός [*nekros*], *tot*, nicht mit ψυχή [*psychæ*], *Seele*, zusammengestellt; indem so das griech. Verständnis der bleibenden → Seele im Gegensatz zum vergehenden

Leib berücksichtigt wurde (die Seele stirbt nicht), bereitete man dem späteren Eindringen der Vorstellung von der Unsterblichkeit der Seele den Weg.

2) Die (hebr.) Qumran-Lit. weicht nicht von den Regeln des AT ab. Bei den Rabbinen hingegen findet sich vereinzelt übertragener Gebrauch: Gottlose können als *tot* bezeichnet werden (St.-B. I,489 zu Mt 8,22). Im jüd. 18-Gebet ist dann die Rede von dem Gott, »der die Toten (*hammētim*) lebendig macht«. Philo endlich übernimmt den übertragenen Sprachgebrauch der Stoa und mit ihm die Wertung der geistig-geistlichen Existenz als Leben, aller dem Sinnlichen verfallenen als Tod.

1) Im NT ist νεκρός *[nekrọs], Toter, tot,* 130mal belegt, sowohl als Subst. wie als Adj.; ein gewisses Schwergewicht liegt auf der Apg, dem Röm und 1Kor 15, während die Vokabel in den Joh-Briefen, aber auch 2Thess, 2Petr, Jud und 2Tim fehlt. Das Verbum νεκρόω *[nekrọō], töten,* findet sich nur Röm 4,19; Kol 3,5 und Hebr 11,12, das Subst. νέκρωσις *[nẹkrōsis]*, das *Absterben,* nur Röm 4,19 und 2Kor 4,10. Röm 4,19 hat Paulus die hell. Vokabeln benutzt, um damit – durch das generalisierende σῶμα *[sọma]*, → *Leib,* angedeutet – das Absterben der Zeugungsfähigkeit Abrahams und der Sara zu kennzeichnen; ähnlich Hebr 11,12 (so auch außerbiblisch belegt). 2Kor 4,10 meint die am Leibe des Apostels getragene νέκρωσις τοῦ Ἰησοῦ *[nẹkrōsis tou Jæsọu]*, das *»Sterben Jesu«*, die Symptome der Kraftminderung und des todgezeichneten Leidens, also gleichsam ein im Leben sich vollziehendes (sakramentales?) Teilhaben am Todesleiden Christi, während Kol 3,5 – vielleicht die auf Askese zielende Sprache der Gegner aufgreifend – sich gerade gegen eine äußere Askese wendet und stattdessen unter den μέλη *[mẹlæ]*, den *Gliedern,* die absterben sollen, Leidenschaften versteht, die den Leib und seine Glieder beherrschen. III

2) Der Gebrauch von νεκρός *[nekrọs]* im NT unterscheidet sich sowohl von dem normalen Griech. als auch vom AT: Der Zustand des Todes ist im NT nicht mehr ein Endzustand des Menschen, sondern er ist unter das Zeichen der Auferweckung Jesu gerückt. Rein äußerlich wird das daran erkennbar, daß allein an 75 Stellen νεκρός *[nekrọs]* als Objekt von ἐγείρω *[egẹirō], erwecken,* oder ἀνάστασις *[anạstasis]*, → *Auferstehung,* bzw. anderer Vokabeln dieser Wortstämme erscheint, wozu noch eine Anzahl ähnlicher Verbindungen wie mit ζῳοποιέω *[zōopoiẹō], lebendig machen* (→ Leben; zB Röm 4,17; Kol 2,13), oder mit πρωτότοκος ἐκ *[prōtọtokos ek]*, → *Erstgeborener aus* (zB Kol 1,18; Offb 1,5), kommen.

a) Dieses Verhältnis ist Ausdruck eines inhaltlichen Aussagekomplexes: Von den frühesten paulinischen Briefen an (1Thess 1,10) über die Evgg. (zB Mt 27,64; 28,7; Joh 20,9; 21,14) bis hin zu so späten Texten wie Eph 1,20; 2Tim 2,8 und Offb 1,5 liegt die Basis der christl. → Verkündigung in dem Zeugnis, daß Gott Jesus »aus den Toten erweckt« habe (vgl. bes. den ersten Teil der Apg, zB 3,15; 4,10; 10,40f; 13,31.34), daß er der »Erstgeborene aus den Toten« sei, daß er lebe (Offb 2,8); am ausführlichsten entfaltet ist dieses Zeugnis 1Kor 15,3ff (»wenn aber Christus verkündigt wird, daß er aus den Toten erweckt sei . . .«).

b) Mußte es im AT noch heißen, daß Gott »nicht der Toten, sondern der Lebendigen Gott« sei (s. o. II,1), so steht diese Grenze zwar noch im Hintergrund der lukanischen Frage: »Was sucht ihr den Lebendigen bei den Toten?« (μετὰ τῶν νεκρῶν *[metạ tōn nekrọn]* Lk 24,5), ist aber, wo die Aussage im Munde Jesu Mk 12,27 (parr. Mt 22,32; Lk 20,38) aufgegriffen wird, schon in den Zusammenhang der erwarteten und bezeugten allgemeinen → Auferstehung gestellt und konsequenterweise im Zeichen des Todes und der Auferstehung Jesu dann auch verändert: Er ist Herr (κυριεύσῃ *[kyriẹusæ]*) über Tote und Lebendige (Röm 14,9), oder – so Lukas – »der von Gott bestimmte Richter der Lebendigen und der Toten« (Apg 10,42; vgl. 1Petr 4,5). Der Tod ist nicht mehr ein Gott unzugänglicher, seiner Macht entzogener Bereich, sondern von Jesus besiegt. Das wiederum hat seine zeichenhaften Belege in den Berichten der Evgg. von Erweckungen aus dem Tode zum Leben durch Jesus (Mt 9, 23ff parr; Lk 7,11ff, bes. V. 15; Joh 11; 12,1.9), führt zu der die Formulierungen von Jes 35,5f und 61,1ff aufgreifenden, aber um das νεκροὶ ἐγείρονται *[nekrọị egẹirontai], Tote werden auferweckt,* erweiternden Inanspruchnahme prophetischer Verheißung als Folie der in Christus geschehenden Erfüllung (Mt 11,5 par; Lk 7,22). Sieht man die Entmachtung des Todes aber als wesentlichen Teil des Christus-Geschehens, so wird die Übertragung einer gleichgestalteten Verheißung (neben der der Krankengenesung und der Überwindung der → Dämonen) auf die Jünger Mt 10,8 (vgl. Mk 16,17ff!) verständlich, wie übrigens auch ihr »Beleg« in der Erweckung eines Toten durch Paulus (Apg 20,9ff).

Mit der Verkündigung der Auferweckung Jesu verbunden ist im NT diejenige von der allg. → Auferstehung (Röm 4,17.24; bes. wieder 1Kor 15,12ff; Mk 12,25f parr; Apg 23,6; Joh 5,21.25) der Toten in dem Sinne, der sich in der jüd. Hoffnung bereits andeutete (vgl. dazu die Aussage über Johannes den Täufer Mk 6,14 par). Den im Glauben an Christus Gestorbenen wird dabei ein Vorrang zugebilligt (1Kor 15,23; 1Thess 4,16; Offb 14,13).

3) Nur wenige Stellen sind es, an denen sich νεκρός *[nekrọs]* außerhalb dieses Zusammenhanges konkret für den *Leichnam* findet; Offb 11,18; 20,5.12f sprechen von den Toten im Jüngsten → Gericht, und Mt 8,22 par Lk 9,60 ist das konkrete Wort bereits mit einem übertragenen Gebrauch verbunden: »Laß die Toten ihre Toten begraben« stellt »die für Jesu Ruf Verschlossenen auf gleiche Stufe mit den Gestorbenen« (Bultmann, ThWb IV, 898), weil nur in der Christus-Nachfolge wahres Leben liegt. Mk 9,26 (vom Zustand des epileptischen Jungen) und Mt 28,4 (vom Zustand der Wachsoldaten) benutzen νεκρός *[nekrọs]* mit ὡς *[hōs], wie, als ob,* als Vergleich, so daß strenggenommen nur Apg 5,10 (für Saphira) die alte konkrete Bedeutung vorliegt.

4a) Anders verhält es sich mit dem in der Stoa vorbereiteten übertragenen Gebrauch: Lukas nennt im Gleichnis Lk 15,24–32 den einen der Söhne *tot* in dem Sinne, daß dieser für den Vater aus dem Kreis der Lebenden ausgeschieden war. Paulus hat das Adj. im sakramentalen Sprachgebrauch der Tauflehre Röm 6,11.13 verwendet, wo er die Christen auffordert, sich als νεκροὺς μὲν τῇ ἁμαρτίᾳ *[nekrọus men tæ hamartịa], Tote für die Sünde,* einzuschätzen und sich Gott hinzugeben als solche, »die aus den Toten lebendig geworden sind«. Dahin gehört wohl auch Röm 8,10: Obwohl die Terminologie dualistisch scheint, geht es hier nicht um eine abwertende Nichtigkeitserklärung des σῶμα *[sọ̄ma]*, des *Leibes* (auch → Geist und → Seele des Menschen gehören für Paulus zur Sphäre der σάρξ *[sarx]*, des *Fleisches!*), sondern um die Gerichts- und damit Todesverfallenheit des autonomen, gott-losen Menschen, des Menschen ohne Christus. Das zeigen deutlich auch Eph 2,1.5; Kol 2,13, wo das νεκρός *[nekrọs]*-Sein als in den Übertretungen begründet gesehen wird (παραπτώμασιν *[paraptọ̄masin]*; → Sünde).

b) Typisch aber zeigt sich übertragener Gebrauch in der fortgeschrittenen Reflexion des Hebr und Jak, wo mit νεκρός *[nekrọs], tot* (Hebr 6,1 und 9,1), die ἔργα *[ẹrga]*, die *Werke* (→ Werk, Art. ἔργον), die Werkgerechtigkeit der Menschen ohne Christus bezeichnet wird, während Jak 2,17.26 – einen Schritt weiter – die πίστις *[pịstis]*, den *Glauben,* wenn er sich nicht in Lebensäußerungen umsetzt (hier steht wiederum ἔργα *[ẹrga], Werke,* nun freilich im positiven Sinne), als *tot* charakterisiert. Der Glaube an die Entmachtung des Todes macht es aber offenbar unmöglich, auch nur der Vokabel noch einen eigenwertigen und dauernden Bereich zuzubilligen.

L. Coenen

Lit.: ERohde, Psyche. Seelencult und Unsterblichkeitsglaube der Griechen, 1893 (1925[10]) – GQuell, Die Auffassung des Todes in Israel, 1925 – EBenz, Das Todesproblem in der stoischen Philosophie, 1929 – OMichel, Jesu Lehre vom Todesschlaf, ZNW 35, 1936, 285ff – RBultmann, Art. θάνατος etc., ThWb III, 1938, 7ff – AOepke, Art. καθεύδω, ThWb III, 1938, 434ff – RBultmann, Art. νεκρός, ThWb IV, 1942, 896ff – JLeipoldt, Der Tod bei Griechen und Juden, 1942 – ChrBarth, Die Errettung vom Tode in den individuellen Klage- und Dankliedern des Alten Testaments, 1947 – GPfannmüller, Tod, Jenseits und Unsterblichkeit in der Religion, Literatur und Philosophie der Griechen und Römer, 1953 – RMartin-Achard, De la mort à la résurrection d'après l'Ancien Testament, 1956 – KRahner, Zur Theologie des Todes, Quaest. Disp. 2, 1958 – FHesse/SSchulz/HEngelland, Art. Tod und Totenreich, EKL III, 1959 (1962[2]), 1451ff – FDelekat, Tod, Auferstehung, ewiges Leben, EvTh 21, 1961, 1ff – ABertholet u. a., Art. Tod, RGG VI, 1962[3], 908ff – EBrandenburger, Adam und Christus, WMANT 7, 1962 – HWBartsch, Die Bedeutung des Sterbens Jesu nach den Synoptikern, ThZ 20, 1964, 87ff – GBraumann, Leidenskelch und Todestaufe (Mk 10,38f), ZNW 56, 1965, 178ff – PHoffmann, Die Toten in Christus, NTA NF 2, 1966 – JSchreiner, Geburt und Tod in biblischer Sicht, BuL 7, 1966, 127ff – ESchweizer, Die Mystik des Sterbens und Auferstehens mit Christus bei Paulus, EvTh 26, 1966, 239ff – JChoron, Der Tod im abendländischen Denken, 1967 –

HConzelmann/EFlesseman-van Leer/EHaenchen/EKäsemann/ELohse, Zur Bedeutung des Todes Jesu, 1967 – GSchunack, Das hermeneutische Problem des Todes. Im Horizont von Römer 5 untersucht, 1967 (= Herm. Unters. z. Theol. 7) – LWächter, Der Tod im Alten Testament, Arbeiten z. Theol. II,8, 1967 – RLTannehill, Dying and Rising with Christ, 1967 – ESchweizer, Dying and Rising with Christ, NTS 24, 1967/68, 1ff – CHHunzinger, Die Hoffnung angesichts des Todes im Wandel der paulinischen Aussagen, in: Leben angesichts des Todes, Festschr. HThielicke, 1968, 69ff – WLohff, Theologische Erwägungen zum Problem des Todes, aaO, 157ff – HPSchmidt, Todeserfahrung und Lebenserwartung, aaO, 191ff – HBalz, Art. ὕπνος, ThWb VIII, 1969, 545ff – FSchneider, Das Problem des Todes in der Biochemie, PTh 58, 1969, 174ff – ESchweizer, Die Leiblichkeit des Menschen, EvTh 29, 1969, 40ff – EJüngel, Tod, 1971 – HKessler, Die theologische Bedeutung des Todes Jesu, 1971².

Torheit → Weisheit

Trauern → Klagen

Trost

Die Wurzel des dt. Wortes *Trost* ist auch in den Worten *treu* und *trauen* enthalten (vgl. das engl. *trust, vertrauen*). Trost bedeutet daher einerseits Vertrauen wecken, andererseits Zutrauen gewinnen. In beiden Fällen ist die Funktion des Trostes eine seelische Stärkung in einer trost-losen Lage. Den beiden Aktionsrichtungen des Trostes entsprechen zwei griech. Wortgruppen. παραμυθέομαι [paramythẹomai] bezeichnet den Zuspruch, die Ermunterung des Tröstenden, während θαρσέω [tharsẹō] bzw. θαρρέω [tharrẹō] die Zuversicht des Getrösteten zum Ausdruck bringt. In den näheren Zusammenhang mit παραμυθέομαι [paramythẹomai] gehört παρακαλέω [parakalẹō], *ermahnen, trösten, bitten* (→ Ermahnen), in den weiteren auch παράκλητος [paraklætos], → *Fürsprecher.*

θαρσέω [tharsẹō]; θαρρέω [tharrẹō] mutig, getrost sein

θαρρέω

θαρσέω [tharsẹō] (seit Homer) bedeutet wie das attische θαρρέω [tharrẹō] (seit 5./4. Jh. vChr) *mu-* I
tig, getrost sein, Zuversicht haben. Auch im späteren Griech. stehen beide Formen nebeneinander. Die Befehlsform θάρσει, θαρσεῖτε [thạrsei, tharsẹite], *sei(d) getrost,* ist im profangriech. Gebrauch nicht selten; berühmt ist das von Firmicus Maternus (4. Jh. nChr) überlieferte Mahnwort θαρρεῖτε μύσται [tharrẹite mystai], *seid getrost, ihr Eingeweihten,* aus einer heidnischen Mysterienfeier.

In der LXX findet sich überwiegend θαρσέω [tharsẹō], seltener θαρρέω [tharrẹō] (zB Spr 1,21; Dan II
6,17). Die hebr. Grundlage ist nur Spr 31,11 *bātach, vertrauen* (nicht in religiösem Sinn gebraucht; zB: seiner Frau), sonst durchweg das in verneinender Befehlsform gebraucht *jārē᾽* = *fürchte(t) dich (euch) nicht.* Mag es sich dabei um die Aufforderung des Mose an das verzagte Volk (Ex 14,13; 20,20), um das Trostwort Elias an die vom Hungertod bedrohte Witwe in Zarpath (1Kön 17,13) oder um die prophetische Mahnung an das Volk bzw. Jerusalem handeln (Zeph 3,16; Hag 2,5; Sach 8,13.15): Getroster Mut erwächst aus Überwindung der → Furcht und ist in der zuversichtlichen → Hoffnung auf Gottes Beistand und Verheißung gegründet.

Im NT lesen wir die Form θαρσέω [tharsẹō] 3 bzw. 2mal bei Mt und Mk sowie je einmal in III
Joh und Apg; θαρρέω [tharrẹō] findet sich 5mal im 2Kor und in Hebr 13,6.

1) An den blinden Bartimäus richten seine Begleiter Mk 10,49 die Aufforderung: θάρσει [thạrsei], *sei getrost;* er darf getrost sein, weil Jesus ihn ruft und ihm seine Hilfe zuwendet. Sonst findet sich die Befehlsform nur im Munde Jesu: Guter Zuversicht soll der Gichtbrüchige sein, dem Jesus die Sünde vergibt (Mt 9,2), und die blutflüssige Frau, die von ihm geheilt wird (Mt 9,22; vgl. Lk 8,48 v. l.); bei den Jüngern, die auf dem Meer sich vor seiner Erscheinung ängstigten, wird das Mahnwort noch durch den Zusatz μὴ φοβεῖσθε [mæ phobẹisthe], *fürchtet euch nicht,* verstärkt (Mt 14,27; → Furcht, Art. φόβος). In den

johanneischen Abschiedsreden gebietet Jesus den Jüngern, die er in einer Welt voller Drangsal zurückläßt: »Seid getrost, ich habe die Welt überwunden« (Joh 16,33). Denselben Trost spendet Apg 23,11 der auferstandene Herr dem gefangenen Apostel.

2) Paulus bringt 2Kor 7,16 mit θαρρῶ *[tharrǭ]* das Vertrauen zum Ausdruck, das er der Gemeinde von Korinth entgegenbringt, ebenso aber 10,1.2 den *festen Mut*, mit dem er den Widerstrebenden in Korinth begegnen will (vgl. auch → Freimütigkeit). 2Kor 5,6.8 bezeichnet er mit θαρροῦντες *[tharrǫuntes]* bzw. θαρροῦμεν *[tharrǫumen]* die getroste *Zuversicht*, die ihn erfüllt: Sein leidvolles Leben ist von der Gewißheit getragen, daß er bei dem Herrn die ewige Heimat hat (vgl. auch → Glaube, Art. πείθομαι). Zu gleicher Zuversicht ruft der Hebräerbrief seine Leser auf, die in der ihnen feindlich gesinnten heidnischen Umwelt ausharren müssen (13,6).

W. Mundle

παραμυθέομαι

παραμυθέομαι *[paramythęomai]* trösten, zusprechen · παραμυθία *[paramythịa]* Trost, Zuspruch · παραμύθιον *[paramythion]* Zuspruch, Trostmittel

I Die Grundbedeutung von παραμυθέομαι *[paramythęomai]* (seit Homer bezeugt) ist *auf jemand hinsprechen, jemand ansprechen*, und zwar in freundlichem Sinne (Plato, Phaed. 83a »... erkennen, daß die Philosophie ... ihre Seele anspricht und sie zu lösen versucht«), so daß es zu den Bedeutungen *freundlich ermahnen* (Hom. Il. 9,417: »auch die anderen möchte ich freundlich ermahnen, nach Hause zu segeln«) und *trösten, beruhigen, ermutigend zusprechen* kommt (Plato, Phaed. 70b: »aber das bedarf doch eines gewiß nicht kleinen Trostes, überzeugenden *Zuspruchs* [παραμυθίας *[paramythịas]*] und *Glaubens* [πίστεως *[pịsteōs]*], wie die Seele des gestorbenen Menschen noch existieren wird«). παραμύθιον *[paramythion]*, *Trost, Trostmittel*, ist seit Soph. bezeugt. Zu Phil 2,1 zitiert ELohmeyer (KEK IX,1,83, Anm. 2) aus P. Flor. III,339,19: »schreibe mir ... über eure Gesundheit, damit ich einen Trost (παραμύθιον *[paramythion]*) habe« und aus einer Grabinschrift (Zeit Hadrians) die Worte »Vaters und Mutters ... Trost (παραμύθιον *[paramythion]*)«.

II Im Hebr. gibt es kein entsprechendes Äquivalent zu παραμυθέομαι *[paramythęomai]*. LXX verwendet das Wort vorwiegend im Sinne von *trösten*. 2Makk 15,8f: »und er *ermahnte* (παρεκάλει *[parekạlei]*) die Seinen, nicht zu verzagen ..., und *tröstete* (παραμυθούμενος *[paramythǫumenos]*) sie aus dem Gesetz und den Propheten«. Weish 3,18: »und wenn sie plötzlich sterben, werden sie keine Hoffnung haben und keinen *Trost* (παραμύθιον *[paramythion]*) am Tage des Gerichts«. Im AT ist vom *Trost* (παράκλησις *[parạklæsis]*) und vom *Trösten* (παρακαλέω *[parakalęō]*, → Ermahnen) in mancherlei Hinsicht die Rede, doch nicht mit dem sentimentalen Klang, den das Wort in unserer Sprache erhalten hat: Jes 57,17f spricht zunächst von Gottes Zorn und Strafe; dann aber änderte Gott sein Vorhaben, denn er brachte Heilung und Trost; in dieser Weise realisierte Gott sein Handeln. Das Wort Gottes hat belebende Kraft, insofern tröstet es in der Niedrigkeit (Ps 119[118],50). Ein treuer Freund wird ein Heilmittel des Lebens genannt (Sir 6,15, LXX: 16).

Im Spätjudentum ist »Trost Israels« ein zusammenfassender Ausdruck für die Erfüllung der messianischen Hoffnung (St.-B. II,124); das Trösten der Trauernden gehört zu den verdienstlichen Liebeswerken (ebd. II,544; IV,1,592ff).

III 1Thess 2,12 ist zum ersten Mal in der urchristl. Lit. vom παραμυθεῖσθαι *[paramythęisthai]* die Rede, und zwar (vgl. 5,14) in Zusammenhang mit παρακαλεῖν *[parakalęin]* (vgl. auch V. 3). Paulus setzt voraus (»wie ihr wißt«, V. 11), daß er schon bei seinem Kommen nach Thessalonich (V. 1), also während seiner missionarischen Tätigkeit im Ort, ermahnte und freundlich zuredete. Auch den Inhalt seines Zuredens gibt der Apostel an, und zwar mit einer Terminologie, die durchaus in die älteste urchristl. Diktion gehört (vgl. V. 12 die sonst bei Paulus seltene Erwähnung der βασιλεία *[basilęịa]*): Aus der Berufung Gottes zu (εἰς *[eis]*) seinem → Reich und seiner Herrlichkeit folgert der Apostel, man habe ein Leben in Verantwortung vor Gott zu führen; dieses freundliche Zureden hat Paulus mit ganzer Hingabe (wie ein Vater gegenüber seinen Kindern, V. 11) und von Person zu Person (»einen jeden unter euch«, V. 11) unternommen. 1Thess 5,14 spricht der Apostel die Brüder, dh die

Christen (nicht die Gemeindeleiter), in Thessalonich an, sie möchten u. a. den Kleinmütigen freundlich zusprechen; ihnen also gilt der Trost.

Der freundliche Zuspruch ist Ausdruck der Liebe und gehört neben dem Anteil am Geist und dem herzlichen Erbarmen zu den Grundlagen des Gemeindelebens, das sich im Bereich Christi vollzieht (Phil 2,1). Das trifft auch auf die besonderen Verhältnisse in Korinth zu; denn dort sind es die »Propheten«, die die Menschen, dh die Gemeinde (1Kor 14,4), aufbauen, ermahnen und freundlich anreden (V. 3), ohne daß aber derartige → Propheten ein rechtliches Amt hätten, das für andere Gemeinden verpflichtend wäre (vgl. 1Thess 5,14: statt von »Propheten« ist von den »Brüdern« die Rede, s. o.). Damit vervollständigt sich das Bild: das freundliche Zusprechen gehört zur missionarischen Tätigkeit des Apostels und in das Leben der jungen Gemeinde; es wendet sich in persönlicher Weise an den einzelnen wie an die Gemeinde, baut und festigt sie, gibt den Kleinmütigen Kraft und ist Ausdruck der Liebe im Bereich Christi. –

Joh 11,19.31 ist παραμυθέομαι *[paramythẹomai]* term. techn. für das Aussprechen des Beileids.

G. Braumann

Lit.: WGrundmann, Art. θαρρέω, ThWb III, 1938, 25ff – GStählin, Art. παραμυθέομαι, ThWb V, 1954, 815ff.

Tugend

Tugend ist ein Grundbegriff der griech. und idealistischen Anthropologie, der vor allem die ethische Qualität des Menschen zum Ausdruck bringt (vgl. die mit *Tugend* wurzelverwandten dt. Worte *taugen* bzw. *Tauglichkeit*). Der griech. Zentralbegriff ἀρετή *[aretæ]* zielt auf ein sachgemäßes Erkennen und wohlgefälliges Verhalten. Im Unterschied zur philosophischen Tugendidee setzt ἀνέγκλητος *[anẹngklætos]* das juristische Forum eines anklagenden Gerichtshofes voraus und bezeichnet ein *vorwurfsfreies* Verhalten, gegen das keine Anklage erhoben werden kann. Aus dem kultischen Bereich stammen die Begriffe ἀμίαντος *[amịantos]*, *unbefleckt*, und ἄσπιλος *[ạspilos]*, *makellos*, die urspr. auf kultisch-rituelle, später auch auf sittliche Reinheit bezogen sind und deshalb in dem Artikel ἀνέγκλητος *[anẹngklætos]* mitverhandelt werden. Vgl. auch → Gerechtigkeit; → rein; → richtig.

ἀνέγκλητος

ἀνέγκλητος *[anẹngklætos]* unbescholten, unsträflich · ἀμίαντος *[amịantos]* unbefleckt · ἄμωμος *[ạmōmos]* fehlerlos · ἄσπιλος *[ạspilos]* makellos

1) ἀνέγκλητος *[anẹngklætos]* setzt sich aus ἔγκλημα *[ẹngklæma]* a) *Anklage, Vorwurf;* b) *Vergehen, Schuld*, und α-privativum zusammen. Es bezeichnet daher im Profangriech. seit Plato eine Person oder Sache, gegen die keine Anklage erhoben werden kann bzw. die ohne Schuld ist, und bedeutet urspr. im rechtlichen Sinn *vorwurfsfrei, unschuldig* (Plato, Leg. 5,737a). Es wird häufig in der Umgangssprache gebraucht, wie Papyrusbelege aus vor- und nachchristl. Zeit bezeugen (P. Soc. 541,6: 3. Jh. vChr; BGU 1347,8: 2. Jh. vChr; P. Magd. 15,3: 3. Jh. nChr). Dabei ist die Bedeutung vom urspr. Sinn zu einem Begriff der bürgerlichen Ethik (*unbescholten*) verflacht (in LXX nur 3Makk 5,31; vgl. Jos. Ant. 10,281; 17,289). I

2) Im Gegensatz dazu ist ἀμίαντος *[amịantos]*, *unbefleckt*, ein kultischer Begriff, ebenso ἄσπιλος *[ạspilos]*, *fleckenlos*, und das bes. in Lev (zB 3,1.6) und Num (zB 6,14) von der Fehlerlosigkeit der Opfertiere, in Pss auch im sittlichen Sinne gebrauchte ἄμωμος *[ạmōmos]*, *fehlerlos*, während ἀμώμητος *[amọmætos]*, *unbefleckt*, urspr. ein ausgesprochenes Lobwort ist, fast gleichbedeutend mit ἀνέγκλητος *[anẹngklætos]*. Das gilt auch von ἄμεμπτος *[ạmemptos]*, *untadelig*, dem jedoch der rechtliche Hintergrund fehlt und das mehr affektmäßigen Charakter besitzt.

II Der nt. Gebrauch von ἀνέγκλητος *[anęngklætos]* ist vom AT bzw. LXX theol. nicht beeinflußt; das Wort findet sich nur 3Makk 5,31. (ἀμίαντος *[amiantos]* nur in Weish und 2Makk; ἄσπιλος *[aspilos]* gar nicht; nur ἄμεμπτος *[amemptos]* ist häufiger belegt, und zwar bei Hi, dort im Gleichklang mit δίκαιος *[dikaios]*, *gerecht*, und καθαρός *[katharos]*, *rein*; Hi 11,4; 12,4.)

III 1) ἀνέγκλητος *[anęngklætos]*, *unbescholten, unsträflich*, steht im NT neben den unter I,2 genannten verwandten Begriffen. Gegenüber ihrem Ursprung haben sich die Begriffe hier im wesentlichen von der inhaltlichen theol. Aussage her angeglichen. Dem Gebrauch in der hell. Umgangssprache entspricht die Verwendung von ἀνέγκλητος *[anęngklætos]* in den Past. (Tit 1,6f; 1Tim 3,10). Es geht dabei um die Voraussetzung für die Berufung in Ämter der Gemeinde als Diakone, Presbyter, Bischöfe. Die im Kontext stehenden Adj.e weisen als Wortbedeutung *unbescholten* im Sinne des bürgerlichen Leumunds aus. Damit werden zusätzlich zu den Voraussetzungen geistlicher Art auch »bürgerliche« Gesichtspunkte für die Bestellung in Dienste der Gemeinde geltend gemacht, und zwar um des guten Rufes der Gemeinde in der Welt willen. Die Übernahme hell.-stoischer Gedanken kennzeichnet auch sonst die theol. Richtung der Pastoralbriefe.

2) In urspr. rechtlichem Sinn begegnet ἀνέγκλητος *[anęngklætos]* 1Kor 1,8; Kol 1,22:

a) 1Kor 1,8 spricht vom eschatologischen Tag des Herrn. Den Glaubenden ist von Gott die Festigkeit verheißen (βεβαιώσει *[bebaiǫsei]*), am Tag des Herrn *unverklagbar*, dh *unschuldig* dazustehen. Diese Unverklagbarkeit ist nicht als ethische Qualität und damit als eigene Leistung mißzuverstehen, vielmehr erfolgt sie aus der ergangenen → Berufung zu Gemeinschaft mit Jesus Christus (V. 9); die Unverklagbarkeit am Tag des Herrn ergibt sich aus dem Festhalten an der Gemeinschaft mit Jesus Christus bis zum *Ende* (τέλος *[tęlos]* V. 8).

b) Ähnliches sagt Kol 1,22 aus. Auch diese Stelle spricht von der Situation des Gerichts. Wiederum ist das Werk Christi, dh hier die durch seinen Tod vollzogene → Versöhnung, der Grund für die Unverklagbarkeit der Christen. Der Verf. des Briefes spricht von der Rechtfertigung. Dabei gebraucht er neben dem ursprünglichen, dem rechtlich-sittlichen Denken des Hellenismus entstammenden ἀνέγκλητος *[anęngklætos]* das dem jüd.-kultischen Denken entstammende ἄμωμος *[amōmos]*, *fehlerlos* (zB Phil 2,15; Eph 5,27; 1Petr 1,19). Beide Begriffe sind von ihrem neuen Inhalt her ihrem hell. bzw. jüd.-kultischen Ursprung entfremdet.

Die durch den Glauben an Jesus Christus (V. 23) in der Gegenwart (V. 22 νυνί *[nyni]*, *jetzt*) beginnende Befreiung von der schuldhaften Anklage zielt (V. 22 παραστῆσαι *[parastæsai]*, *um euch darzustellen*, finaler Inf.!) auf die Bestätigung der Unverklagbarkeit am Tag des Herrn (κατενώπιον αὐτοῦ *[katenǫpion autǫu]*, *vor seinem Angesicht*; vgl. Röm 8,33f).

H. Währisch

ἀρετή

ἀρετή *[aretæ]* Tugend

I Das Subst. ἀρετή *[aretæ]* gehört mit dem Verbum ἀραρίσκω *[arariskō]*, *zusammenfügen*, zusammen und ist von der Wurzel ἀρι- *[ari-]* gebildet, die auch in ἀρέσκω *[areskō]*, *gefallen*, ἀρεστός *[arestos]*, *wohlgefällig*, bzw. ἄριστον *[ariston]*, *am besten*, enthalten ist. Es bezeichnet urspr. die spezifische, mit einem Gegenstand oder einer Person zusammenpassende Qualität.

1) In frühgriech. Zeit wird der Begriff ἀρετή *[aretæ]* ziemlich umfassend auf Dinge, Tiere, Menschen und Götter angewandt. So kann von der vorzüglichen *Qualität* der Waffen oder Pferde gesprochen werden (Hdt. III,88; Plato Resp. 335b). Bei Homer ist von der ἀρετή *[aretæ]* der Götter und ihren *Machterweisungen* die Rede (Il. 9,498; → Kraft, Art. βία). Dieser religiöse Sprachgebrauch begegnet auch noch in hell. Zeit (Philo, Som. 1,256; Spec. Leg. 1,209; Jos. Ant. 17,130; 18,266). Meistens werden jedoch menschliche Qualitäten erwähnt, zB die ἀρετή *[aretæ]* der

Füße, des Kämpfens, des Verstandes (Hom. Il. 15,642; 20,411); die ἀρετή *[aretæ]* wird also auf den ganzen Menschen, seine körperlichen und geistigen Fähigkeiten, bezogen. In diesem Sinne bezeichnet ἀρετή *[aretæ]* die *Qualität* der Frauen (Hom. Od. 2,206) oder die *Tapferkeit* der Männer (Xenoph. An. I,4,8; vgl. lat. *virtus*). Dieser außerordentlich vielfältig verwendete Begriff kann in allgemeinerer Fassung auch das *Glück* (Hom. Od. 8,329; 13,45; Hes. Op. 313) und den *Ruhm* (δόξα *[doxa]*; Soph. Philoctetes 1420), den alle erstreben, zum Ausdruck bringen.

2) Eine einschränkende Bedeutung erhält der Tugendbegriff bei S o k r a t e s, der mit ἀρετή *[aretæ]* nicht mehr die äußerlich sichtbare gesamtmenschliche Qualität bezeichnet, sondern nur noch die Sittlichkeit. Sein individualethischer Rationalismus löst die ἀρετή *[aretæ]* von der Beziehung zur Polis, begründet sie mit dem Streben des Menschen nach dem Guten und führt zu der These, Tugend sei lehrbar: wer das Gute wahrhaft einsieht, tut es auch (Plato, Protagoras 329f; Ap 25c).

P l a t o sieht die Tugend durch die Seele bedingt und entwickelt in seiner Seelenlehre (Resp. 353, 376e) die Rangordnung der vier »klassischen« Tugenden: σοφία *[sophia]*, *Weisheit*, ἀνδρεία *[andreia]*, *Tapferkeit*, σωφροσύνη *[sōphrosynæ]*, *Besonnenheit*, und δικαιοσύνη *[dikaiosynæ]*, *Gerechtigkeit* (Resp. 433). Dieses Schema der vier Kardinaltugenden ist auch von der Weisheit (s. u. II,2) und Cicero (de officiis) übernommen worden. – Im Gegensatz zu der platonischen Psychologie versteht A r i s t o t e l e s die Tugend als ἕξις *[hexis]*, dh als das auf Eigenschaft und Entscheidung beruhende qualifizierte Verhalten der Menschen (vgl. seine Definition Eth. Nic. II,4f p 1106 a 14ff). Er unterscheidet zwischen ethischen, dh praktischen Tugenden, zu denen er Tapferkeit, Mäßigkeit und Freigebigkeit zählt, und dianoetischen, dh theoretischen Verhaltensweisen der Vernunft, zu denen Einsicht, Weisheit, Wissenschaft und Kunst gehören (vgl. Eth. Nic. 1130ff). Ontologisch wird die Tugend als Mitte zwischen zwei Extremen bestimmt (mesotæs-Lehre, Eth. Nic. 1107a).

3) Die S t o a betont die Übereinstimmung der Tugenden mit der menschlichen Natur (κατὰ φύσιν ζῆν = κατ' ἀρετὴν ζῆν *[kata physin zæn = kat aretæn zæn]*). Sie dienen keinem fremden Zweck, etwa dem Staat oder Göttern, sie sind vielmehr Selbstzweck, der durch Wissen und Übung das Ziel der Eudämonie, des Glücks, verwirklicht (Seneca, Epist. 66,31f; Cicero, de Leg. I,8; 16; vgl. auch Diog. Laert. VII,81ff; X,132ff). Das platonische Schema der vier Kardinaltugenden wird zur Grundlage für die Tugendzusammenfassungen, sog. Tugendkataloge (Epikt. Diss. II,16,45; III,2,3.14; 22,13 u. ö.). Ähnliche Tugendkataloge finden sich auch bei Philo (Sacr. AC 22,27; Leg. All. I,86; Spec. Leg. III,63), in Qumran (s. u. II,3) und im NT (s. u. III,3).

1) Die hebr. Sprache kennt kein der griech. ἀρετή *[aretæ]* entsprechendes Wort. LXX übers. lediglich an einigen Stellen des D e u t e r o j e s a j a *tehillah*, die *Ruhmestat*, der *Ruhm* Jahwes, mit ἀρετή *[aretæ]* (Jes 42,8.12; 43,21; 63,7). Außerdem wird nur noch 2mal *hōd*, die *Hoheit*, mit ἀρετή *[aretæ]* wiedergegeben: Hab 3,3 auf Jahwe, Sach 6,13 auf den designierten Priestermessias Josua bezogen. An allen diesen Stellen handelt es sich um eine nicht zu unterschätzende Sinnverschiebung vom at. geschichtlichen Verständnis der Taten Jahwes (bes. DtJes) zum griech. Qualitätsdenken. II

2) Häufig ist in den M a k k a b ä e r büchern – bes. 4Makk – von ἀρετή *[aretæ]* die Rede. 2Makk 6,31 wird der Zeugentod Eleasars das Denkmal seiner ἀρετή *[aretæ]* genannt (vgl. 4Makk 1,8.10). ἀρετή *[aretæ]* bezeichnet in 4Makk oft die *Glaubenstreue* von Märtyrern, die sich in Leiden und Qualen bis zum Tode bewährt haben (4Makk 7,22; 9,8.18; 10,10; 11,2; 17,12.17). Daneben gibt es aber auch das griech. Verständnis der ἀρετή *[aretæ]* als *Tapferkeit* (2Makk 15,17), *Mannhaftigkeit* (4Makk 17,23), *Klugheit* (4Makk 1,2) bzw. *Vernunft* (4Makk 1,30). Griech. Einfluß macht sich auch in der W e i s h e i t bemerkbar, wenn 5,13 die Tugend dem Laster gegenübergestellt und 4,1 mit der Unsterblichkeit verbunden wird. Weish 8,7 werden die vier platonischen Kardinaltugenden genannt.

3) Ähnlich wie in der Stoa begegnen auch in der Gemeinderegel von Q u m r a n Tugend- bzw. Lasterkataloge, die im Anschluß an das at. Zwei-Wege-Schema (vgl. Jer 21,8b) und im Horizont des dualistischen Weltverständnisses der Sekte das Handeln der Gerechten und der Frevler einander gegenüberstellen (1QS IV,3–8.9–14; X,22.25f). Charakteristische Tugenden der Kinder des Lichtes sind Reinheit (1QS IV,5), Klugheit (1QS IV,6), Liebe (1QS II,24; V,4), Demut (1QS II,24; VIII,2) und Gesetzestreue (1QS VIII,2; X,25f), während zu den vielfältigen Lastern der Kinder der Finsternis vor allem Hurerei und Unreinheit (1QS IV,10; CD VIII,5; XIX,17), Lüge (1QS IV,9; X,20) und Haß (CD VIII,6; XIX,18) gehören.

Der Begriff ἀρετή *[aretæ]* spielt im NT keine beherrschende Rolle. Er kommt lediglich 1mal bei Paulus (Phil 4,8), 1mal im 1Petr (2,9) und 2mal im 2Petr (1,3.5) vor. Wichtiger sind die Tugend- (und Laster-)Kataloge, in denen die »Tugenden« der Christen (und Laster der Nichtchristen) inhaltlich entfaltet werden. III

1) 1Petr 2,9 und 2Petr 1,3 ist von der göttlichen ἀρετή *[aretæ]* die Rede. Da 1Petr 2,9

LXX Jes 43,21 zitiert, ist der Akk. Plur. ἀρετάς *[aretạs]* hier ebenso wie dort (s. o. II,1) mit *Ruhmestaten* zu übers., die das alte und neue Gottesvolk verkünden soll. Mehr griech. Denken läßt der Satz 2Petr 1,3f erkennen, in dem neben ἀρετή *[aretæ]* auch δόξα *[dọxa]* und δύναμις *[dynamis]* genannt werden (s. o. I,1). ἀρετή *[aretæ]* meint hier die Qualität der göttlichen *Vollkommenheit*, die durch ihre Machterweisungen (δυνάμεις *[dynạmeis]*) den Menschen Gaben geschenkt hat, durch die sie – wie V. 4 formuliert – der *göttlichen Natur* (θείας φύσεως *[thẹias physeōs]*), dh ebenfalls der göttlichen Tugend der Vollkommenheit teilhaftig werden sollen (vgl. Mt 5,48). Im Hintergrund steht dabei der griech. Gedanke von der Verwandtschaft zwischen göttlicher und menschlicher Natur (vgl. auch Apg 17,28).

2) Die beiden anderen Belegstellen Phil 4,8 und 2Petr 1,5 sprechen von menschlicher Tugend. In beiden Fällen steht der Begriff ἀρετή *[aretæ]* als ein Glied in der Aufzählungsreihe eines umfassenden Tugendkataloges, und zu beiden Aufzählungsreihen gibt es griech. Parallelen (zu Phil 4,8: Cicero, Tusculanae Disputationes V,23,67; zu 2Petr 1,5ff: Orientis Graecae Inscriptiones, Hg. WDittenberger Nr. 438). ἀρετή *[aretæ]* bezeichnet an diesen beiden Stellen nicht – wie in 4Makk (s. o. II,2) – die Glaubenstreue (so Bauernfeind, ThWb I,460), sondern umfassend das gute und richtige *Verhalten* der Christen.

3) Der Zusammenhang einzelner nt. Tugendbegriffe mit entsprechenden griech. Aufzählungen ist unbestreitbar. So spricht zB Paulus recht unbefangen von dem Guten (Röm 12,9), Gerechten, Ehrbaren und Liebenswerten (Phil 4,8), dem die Christen nacheifern sollen. Das Urchristentum erkennt also durchaus das bei den »Heiden« vorhandene Gute an und bezieht → Gewissen (Röm 2,14) und Tugenden in die christl. Verkündigung ein. Andererseits sind die Unterschiede zwischen stoischen und nt. Tugendkatalogen, zwischen griech. und nt. Tugendverständnis nicht zu übersehen. Das platonische Schema der vier Kardinaltugenden (s. o. I,2) begegnet in nt. Tugendkatalogen nicht, stattdessen werden alle – im einzelnen zT durchaus griech. Aufzählungen entnommenen – »Tugenden« dem leitenden Gesichtspunkt der Liebe (Gal 5,22; Eph 4,32–5,2; Kol 3,12) bzw. des Glaubens (Eph 4,2ff; 2Petr 1,5) zu- und untergeordnet. Ebenfalls kennt das NT nicht die aristotelische Unterscheidung zwischen praktischen und theoretischen Tugenden (s. o. I,2), sondern betont den ganzheitlichen Tat- und Gehorsamscharakter des Handelns. Schließlich und vor allem ist die autonome Selbstdarstellung des Stoikers in seinen Tugenden (s. o. I,3) dem NT völlig fremd; hier gelten vielmehr die »Tugenden« als Früchte des Geistes (Gal 5,22), die der gegenseitigen Liebe und der Verherrlichung Gottes dienen. Daher werden die nt. »Tugenden« nicht mehr aus der Harmonie der Seele (Platon) oder der Qualität des Menschen (Aristoteles) abgeleitet, sondern als Gnadengaben (χάρισμα *[charisma]*) des göttlichen Geistes verstanden: sie sind Kennzeichen und Taten der neuen Geschöpfe Gottes.

4) Das seltene Vorkommen des Begriffs ἀρετή *[aretæ]* und insbes. die andersartige Begründung wie Entfaltung der Tugendkataloge weisen darauf hin, daß im NT – und demzufolge in der ev.-reformatorischen Theol. – nur uneigentlich von »Tugenden« die Rede sein kann. Eine Verbindung von griech. Tugendlehre und christl. Theol., wie sie von Ambrosius (de officiis ministrorum I,24–49) über Augustin (De libero arbitrio I,27) und Thomas von Aquin (Summa theol. II/I 55ff; II/II 58,10) bis zu Schleiermacher und jüngsten kath. Versuchen (JPieper) immer wieder versucht worden ist, ist und bleibt höchst problematisch. Denn an die Stelle der autonomen ethisch-rationalen Tugend tritt in der paulinisch-reformatorischen Theol. die geistgewirkte Freiheit der Christen, die sich in der Liebe entfaltet und bewährt.

H.-G. Link / A. Ringwald

Lit.: AKiefer, Aretalogische Studien, 1929, bes. 18ff – OBauernfeind, Art. ἀρετή, ThWb I, 1933, 457ff – WGrundmann, Art. ἀνέγκλητος, ThWb I, 1933, 358f – SWibbing, Die Tugend- und Lasterkataloge im NT, 1959 – ders., Art. Tugend, EKL III, 1959 (1962²), 1518ff – JKlein, Art. Tugend, RGG VI, 1962³, 1080ff – EKamlah, Die Form der katalogischen Paränese im NT, WUANT 7, 1964 – JGründel, Art. Tugend, LThK 10, 1965, 395ff – AVögtle, Art. Tugendkataloge, LThK 10, 1965, 399ff.

Überfluß → Fülle

Überlieferung → Lehre

Übertretung → Sünde

Unsterblichkeit → Auferstehung; → Seele

Unzucht → Zucht

Ursache → Schuld

Ursprung → Anfang

Urteil → Zweifel

Vater

In den vaterrechtlich organisierten Gesellschaftsordnungen der Antike sind für das Vaterbild vor allem zwei Grundzüge kennzeichnend: Der Vater gebietet als Hausherr und höchste Respektsperson in unumschränkter Gewalt über seine Familie; er ist zugleich der für die Seinen verantwortliche Beschützer, Ernährer und Helfer. Beide Züge sind auch da lebendig, wo eine Gottheit mit dem Vaternamen benannt oder angeredet wird. Während das aus dem Aram. entlehnte Wort ἀββά *[abbạ]* nur im NT und hier nur als Gebetsanrede »Vater« belegt ist, umfaßt πατήρ *[patẹr]* die ganze Bedeutungsbreite des dt. Wortes *Vater*, sowohl als Bezeichnung als auch als Anrede im profanen wie im religiösen Sinn.

Der religiöse Gebrauch des Vaterbildes »gehört zu den Urphänomenen der Religionsgeschichte« (GSchrenk, ThWb V, 951). Biblische Theol. fragt nach der besonderen Gestalt, die dieses Phänomen im AT und NT aufweist.

ἀββά *[abbạ]* Vater

ἀββά

ἀββά *[abbạ]*, *Vater*, ist ein aram. Wort, das im NT nur an den drei Stellen Mk 14,36; Röm 8,15; Gal 4,6 als Gebetsruf *»Vater«* vorkommt und sich in der übrigen griech. Lit. des frühen Christentums ausschließlich in Zitaten dieser Stellen findet. I/II

1) Im Aram. ist *'abbā* – ebenso wie die Mutteranrede *'immā* – urspr. ein in der Sprache des Kleinkindes beheimatetes Lallwort: Wenn ein Kind entwöhnt wird, »lernt es *'abbā* (*Papa*) und *'immā* (*Mama*) sagen« (Babyl. Talmud, Ber. 40a par Sanh. 70b; vgl. auch den Targum-Text von Jes 8,4). Bereits in vorchristl. Zeit hat das Wort eine starke Bedeutungserweiterung erfahren. Es verdrängte einerseits die ältere bibl.-hebr. und aram. Anredeform *'abi*, *mein Vater*, und ersetzte andererseits die aram. Aussageformen für »der Vater« und »mein Vater«, dh das Nomen mit Art. und die Form mit Suffix der 1. Pers. Sing. Diese Bedeutungserweiterung hatte zur Folge, daß die Vateranrede *'abbā* nicht auf die Kindersprache beschränkt blieb, sondern auch von den erwachsenen Söhnen und Töchtern gebraucht wurde. Dabei trat der verniedlichende Charakter des Wortes (»Papa«) zurück; *'abbā* gewann jenen innigen familiären Klang, der im Deutschen etwa in den Worten *»du lieber Vater«* empfunden wird.

2) An keiner Stelle in der gesamten umfangreichen Gebetslit. des antiken Judentums begegnet *'abbā* als Gottesanrede. Das Wissen um die Distanz zwischen Gott und Mensch (Pred 5,1!) verwehrte es dem frommen Juden, Gott mit dem vertraulichen Wort der alltäglichen Familiensprache anzureden. Auf Gott bezogen findet sich *'abbā* im altjüd. Schrifttum einzig in einer im Babyl. Talmud (Ta'anith 23b) überlieferten Erzählung: »Wenn die Welt des Regens bedurfte, pflegten unsere

Lehrer die Schulkinder zu Rabbi Chanin Hanechba (Ende des 1. Jh. vChr) zu schicken, die den Saum seines Mantels erfaßten und ihm nachriefen: ›*Väterchen* ('*abbā*), *Väterchen* ('*abbā*), gib uns Regen!‹. Er sprach vor Gott: ›Gebieter der Welt, tue es doch um dieser willen, die noch nicht unterscheiden können zwischen einem '*abbā*, der Regen geben kann, und einem '*abbā*, der keinen Regen geben kann‹«. Es wäre allerdings ein Kurzschluß, wollte man diesem Text entnehmen, daß Gott im antiken Judentum als '*abbā* bezeichnet oder gar angeredet worden sei. Denn Rabbi Chanin greift hier lediglich das '*abbā* der Kinder auf, um an Gottes väterliches Erbarmen zu appellieren; er selbst verwendet jedoch die ehrfurchtsvolle Gebetsanrede »Gebieter der Welt«.

III 1) J e s u s hat — wie die Evgg.-Überlieferung deutlich erkennen läßt und wie außerdem durch Röm 8,15 und Gal 4,6 (s. u. Abs. 2) indirekt bestätigt wird — in seinen Gebeten (mit Ausnahme des Kreuzesrufes Mk 15,34 par) Gott mit *mein Vater* angeredet und sich dabei des vertrauten und innigen '*abbā* der alltäglichen Familiensprache bedient.

a) Ausdrücklich bezeugt ist die Gebetsanrede ἀββά *[abba]* im Mk-Text des Gethsemane-Gebets (Mk 14,36). Aber auch in den übrigen von den Evangelisten mitgeteilten Gebeten Jesu (→ πατήρ III,2a,β) liegt der jeweiligen griech. Fassung der Vateranrede direkt oder indirekt das aram. '*abbā* zugrunde. Die Vateranrede schwankt in der griech. Überlieferung der Gebete Jesu zwischen dem Vokativ πάτερ *[pater]*, dem (für griech. Sprachgebrauch recht ungewöhnlichen) als Vokativ gebrauchten Nominativ mit Art. ὁ πατήρ *[ho patær]* und der Anredeform mit dem Pronomen der 1. Pers. Sing. πάτερ μου *[pater mou]*. Dieser Wechsel erklärt sich daraus, daß wir es mit Übers.-Varianten zu tun haben (vgl. JJeremias, Abba, 57f). Sie sind durch den bereits erwähnten Umstand veranlaßt, daß '*abbā* im palästinischen Aram. des 1. Jh. nChr nicht nur als Anrede (Vokativ), sondern auch für den Nominativ mit Art. und für die Form mit Suffix der 1. Pers. Sing. verwendet wurde.

b) Die völlig neue und für das Judentum unerhörte kindlich-familiäre Gebetsanrede '*abbā* ist Ausdruck des einzigartigen Gottesverhältnisses Jesu. In ihr äußert sich sowohl sein Vertrauen und Gehorsam gegenüber dem Vater (Mk 14,36 par) wie auch seine unvergleichliche Vollmacht (Mt 11,25ff par).

2) Die U r g e m e i n d e hat die Gebetsanrede ἀββά *[abba]* übernommen. Das zeigen die beiden Stellen Röm 8,15 und Gal 4,6, an denen Paulus das Vaterunser vor Augen haben dürfte. In der Lk 11,2ff überlieferten ältesten Fassung des Herrengebets lautet die Anrede πάτερ *[pater]*, »*(lieber) Vater*«, was auf ein aram. '*abbā* zurückweist. Jesus hat demnach mit der Übergabe des Vaterunsers seine Jünger dazu ermächtigt, ihm das *Abba* nachzusprechen, und ihnen damit Anteil an seiner Sohnesstellung (→ Sohn, Art. υἱὸς τοῦ θεοῦ) gegeben. Dementsprechend erblickt Paulus in dem Gebetsruf *»Abba, lieber Vater«* das deutliche Zeichen der durch Christus geschenkten Gotteskindschaft und des eschatologischen Geistbesitzes (Röm 8,14ff; Gal 4,4ff). Darin, daß die Gemeinde wie Jesus *»Abba«* sagen darf, erfüllt sich an ihr die Verheißung Gottes: »Ich werde euch Vater sein, und ihr werdet mir Söhne und Töchter sein« (2Kor 6,18 = freies Zitat von 2Sam 7,14; vgl. auch Jub 1,24f).

O. Hofius

πατήρ

πατήρ *[patær]* Vater · πατριά *[patria]* Geschlecht, Sippe · πατρίς *[patris]* Vaterland, Vaterstadt · ἀπάτωρ *[apatōr]* vaterlos

I 1) πατήρ *[patær]*, *Vater*, wie μήτηρ *[mætær]*, *Mutter*, ein Wort uridg.er Herkunft, bezeichnet im profanen Sprachgebrauch den leiblichen *Vater* (Hom. Od. 1,94), ferner den *Ahnherrn* eines Geschlechtes (Jos. Ant. 14,255) bzw. im Plur. allg. die *Ahnen* und *Vorfahren* (Hom. Il. 6,209). In übertragenem Sinn findet sich das Wort als Ehrentitel oder respektvolle Anrede für ehrwürdige Greise (Hom. Il. 24,362) sowie zur Bezeichnung geistig-geistlicher Vaterschaft. So kann zB ein Philosoph »Vater« seiner Schüler (Epict. Diss. III 22,81f) oder in den Mysterienkulten der Mystagoge »Vater« des neu eingeweihten Mysten heißen (Apul. Met. XI 25,7).

Von πατήρ *[patær]* abgeleitet sind die Worte πατριά *[patria]*, *Geschlecht, Sippe* (als Bezeichnung der Herkunft vom gleichen Vater und Ahnherrn; im NT nur Lk 2,4; Apg 3,25; Eph 3,15), πατρίς *[patris]*, *Vaterland* (im NT zB Joh 4,44; Hebr 11,14) bzw. *Vaterstadt* (zB Mt 13,54; Lk 4,23) sowie ἀπάτωρ *[apatōr]*, *vaterlos* (im NT nur Hebr 7,3). Letzteres wird im klassischen Griech. von Waisen, Findelkindern, unehelich Geborenen, Verstoßenen und Rechtlosen gebraucht (Belege in ThWb V, 1021; Analoges in der jüd. Lit. ebd. und bei St.-B. III, 693f); werden Götter »vaterlos« genannt, so dient das Wort zur Bezeichnung ihrer wunderbaren Entstehung (s. ThWb ebd.). In hell. Zeit erscheint ἀπάτωρ *[apatōr]*, *vaterlos*, außerdem – häufig in Verbindung mit ἀμήτωρ *[amætōr]*, *mutterlos* – als Gottesattribut; es beschreibt dann Gottes Gottheit und Ewigkeit (Orphik, Mysterienreligionen, Gnosis). Diese Bedeutung liegt auch ApkAbr 17,9 in der Gebetsanrede »Vaterloser, Mutterloser, Unerzeugter« vor, womit ein ägypt. Hymnus auf den Gott Ptah zu vergleichen ist, in dem es heißt: »Du hast keinen Vater, der dich gezeugt hat ...; du hast keine Mutter, die dich geboren hat«.

2a) Der Benennung Gottes als Vater in den Religionen des alten Orients und der griech.-röm. Antike liegen durchweg mythische Anschauungen von einer Urzeugung und einer naturhaft-physischen Abstammung aller Menschen von Gott zugrunde. So heißt zB der Gott El von Ugarit »Vater der Menschheit«, der babyl. Mondgott Sin »Vater und Erzeuger der Götter und Menschen« und in Griechenland Zeus (seit Hom.) »Vater der Menschen und Götter«. In Ägypten wird bevorzugt der Pharao im physischen Sinn als Gottessohn angesehen. Im Vaternamen drückt sich vor allem die absolute, Gehorsam fordernde Autorität, daneben aber auch die barmherzige Liebe, Güte und Fürsorge der Gottheit aus. Dem entspricht auf Seiten des Menschen eine doppelte Grundhaltung: einerseits »die Erkenntnis der eigenen Ohnmacht und des totalen Angewiesenseins auf die Gottheit« und andererseits »die Haltung des kindlichen Vertrauens und der Liebe zur Gottheit« (GMensching, RGG³ VI, 1233).

b) Philosophisch geprägt ist der Gott-Vater-Gedanke bei Plato und in der Stoa. Plato betont in seiner kosmologischen Ausgestaltung der Vateridee die schöpferische Beziehung Gottes, des »Allvaters«, zum gesamten Kosmos (Tim. 28c.41a u. ö.). Nach stoischer Lehre durchwaltet Gott als Vater das Weltall; er ist »Schöpfer, Vater und Erhalter« der Menschen als seiner ihm verwandten Kinder (Epict. Diss. I 9,7; vgl. den berühmten Zeus-Hymnus des Kleanthes).

c) In den antiken Mysterienkulten gilt die Wiedergeburt und Vergottung des Mysten als Zeugung durch die Gottheit; diese wird deshalb im Gebet als »Vater« angerufen (Belege in ThWb V, 953).

d) Auch die Gnosis bezeichnet den höchsten Gott als Vater oder Urvater (s. dazu bes. das Evangelium Veritatis von Nag Hammadi), doch ist hier das personale Gegenüber von Gott und Mensch völlig aufgehoben: Die aus Gott emanierten und in den menschlichen Leib eingeschlossenen Lichtfunken verhalten sich zum Urvater wie der Wassertropfen zum Meer.

Das AT verwendet das Wort *Vater* (hebr. *'āb* = LXX πατήρ *[patær]*) fast ausschließlich (ca. 1180mal) im profanen und nur ganz selten (15mal) in religiösem Sinn. Ebenso wie das AT, so läßt auch die Lit. des antiken palästinischen Judentums eine deutliche Zurückhaltung im religiösen Gebrauch des Wortes spüren. Erst im Schrifttum des Diasporajudentums nehmen die Belege für die Anwendung des Vaternamens auf Gott zu. II

1) Der profane Sprachgebrauch

a) Leibliche Vaterschaft ist Gabe und Gebot des Schöpfers (Gen 1,28). Als Träger des göttlichen Segens (Gen 27!) ist der Vater Oberhaupt der Familie, seines → Hauses (vgl. Jos 24,15b), und eine unter allen Umständen zu respektierende Autorität (Ex 20,12; 21,15.17; Spr 23,22). Er ist nicht nur Ernährer, Beschützer und Erzieher, sondern vor allem der für das bundesgemäße Leben der Familie und die religiöse Unterweisung seiner Kinder verantwortliche Hauspriester (Ex 12,3ff) und Lehrer (Ex 12,26f; 13,14ff; Dtn 6,7.20ff; 32,7.46; Jes 38,19; Rabbinisches bei St.-B. III, 615).

b) Die früheren Generationen Israels werden »Väter« genannt (Ps 22[21],5; 106[105],7), ebenso hervorragende Gottesmänner der Vorzeit (Sir 44,1ff) und insbesondere die »Erzväter« Abraham, Isaak und Jakob als die Träger und Übermittler der Bundesverheißungen Gottes (Jos 24,3; 1Chr 29,18; Rabbinisches bei St.-B. I, 918f).

c) Der Ehrentitel »Vater« ist Ri 17,10; 18,19 für den Priester, 2Kön 6,21; 13,14 für den Propheten und 1Sam 24,12 für den König belegt; 2Kön 2,12 wird er im Munde des Prophetenjüngers zugleich Ausdruck geistig-geistlicher Verwandtschaft sein. Im rabb. Judentum, dem der »Vater«-Titel für angesehene Schriftgelehrte geläufig war (St.-B. I, 918f), wird gelegentlich das Bild von Vater und Kind auf das Verhältnis des Tora-Lehrers zu seinem Schüler angewendet (St.-B. III, 340f).

2) Der religiöse Sprachgebrauch

a) Gott als Vater im Alten Testament

Neben dem Vergleich mit dem irdischen Vater (Ps 103[102],13; Spr 3,12; vgl. Dtn 1,31; 8,5) kommt im AT das Wort Vater für Gott nur 15mal vor, und zwar 13mal als Gottesprädikat und 2mal als direkte Gebetsanrede.

α) Die Bezeichnung Gottes als Vater ist im AT ausschließlich auf das Volk Israel (Dtn 32,6; 2mal Jes 63,16; 64,7; Jer 31[38],9; Mal 1,6; 2,10) bzw. auf den König Israels bezogen

(2Sam 7,14 par 1Chr 17,13; 22,10; 28,6; Ps 89[88],27 vgl. 2,7), dagegen sonst nie auf einen einzelnen Menschen (zu Ps 68[67],6 s. u.) oder auf die Menschheit allg. Der grundlegende Unterschied zu den Gott-Vater-Anschauungen der religiösen Umwelt Israels liegt darin, daß Gottes Vaterschaft im AT nicht biologisch oder mythologisch, sondern soteriologisch verstanden ist: Die Gotteskindschaft stellt nicht eine natürliche Qualität dar, sie ist vielmehr im Wunder der göttlichen → Erwählung und → Erlösung begründet (vgl. noch Ex 4,22; Dtn 14,1f; Hos 11,1ff). Auch wo in den Vateraussagen vom »Schaffen« (→ Schöpfung) und »Zeugen« (→ Geburt) die Rede ist, meinen diese Worte das geschichtliche, erwählende Handeln Gottes an dem biologisch bereits vorhandenen Volk bzw. König. Heißt der erwählende und erlösende Gott »Vater«, so kommt darin sowohl seine barmherzige, vergebende → Liebe (Jer 31[38],9.20; vgl. Hos 11,8) wie auch sein Anspruch auf Ehrfurcht und Gehorsam zum Ausdruck (Dtn 32,5f; Jer 3,4f.19f; Mal 1,6). Aus der gemeinsamen Gotteskindschaft der Israeliten ergibt sich eine besondere Verpflichtung zur Gemeinschaftstreue untereinander (Mal 2,10). Erfährt der einzelne Gott als seinen Vater, so als Glied des Volkes und in einem der Erlösung Israels entsprechenden Tun Gottes (Ps 68[67],6 im Kontext der Verse 5–11!).

β) Die A n r e d e »mein Vater« begegnet nur Jer 3,4.19, jedoch bezeichnenderweise nicht im Munde eines einzelnen Beters, sondern als Gebetsruf des erwählten Volkes.

b) Gott als Vater im p a l ä s t i n i s c h e n J u d e n t u m

α) Wie im AT, so ist auch im palästinischen Judentum der vorchristl. Zeit die B e z e i c h n u n g Gottes als Vater selten. In den Apokryphen und Pseudepigraphen, soweit sie aus Palästina stammen, erscheint sie nur an ganz wenigen Stellen (Tob 13,4; hebrSir 51,10; Jub 1,24f.28; 19,29), die Qumrantexte liefern bloß einen einzigen Beleg (1QH 9,35f). Im rabb. Judentum nimmt der Gebrauch des Vaternamens im 1. Jh. nChr zu, doch tritt er hinter anderen Gottesbezeichnungen bei weitem zurück. Gott heißt »Vater im Himmel« (Belege bei JJeremias, Abba, 20ff), wobei der Zusatz »im Himmel« den Abstand markiert, der zwischen Gott und dem Menschen besteht. Neu gegenüber dem at. Sprachgebrauch ist, daß im palästinischen Judentum nun auch der einzelne Fromme von Gott als seinem »Vater im Himmel« spricht (JJeremias, aaO, 24ff). Die Texte betonen jedoch, daß das persönliche Kindschaftsverhältnis im Gehorsam gegen Gottes Gebote seine unabdingbare Voraussetzung hat (vgl. Sir 4,10).

β) Als A n r e d e Gottes begegnet im 1. Jh. nChr die Wendung »unser Vater, unser König«, allerdings nur im liturgischen Gebet der ganzen Gemeinde und nicht in der aram. Umgangssprache, sondern in der hebr. Kultsprache (Gebet »Ahaba rabba«, s. WStaerk, 6; Neujahrslitanei »Abinu malkenu«, s. WStaerk, 27ff). Daß die Wendung neben der Vaterschaft Gottes zugleich seine Majestät hervorhebt, will beachtet sein. Die in späteren jüd. Gebeten gelegentlich zu verzeichnende Anrede »unser Vater im Himmel« wird durch Mt 6,9 ebenfalls für das 1. Jh. nChr bezeugt. Dagegen fehlt bislang ein Beleg dafür, daß ein einzelner Beter Gott mit »mein Vater« angeredet hat (Sir 23,1.4 steht zwar im griech. Text »Herr, mein Vater«, doch lautete die hebr. Vorlage wie in hebrSir 51,1 »Gott meines Vaters«; vgl. Ex 15,2).

c) Gott als Vater im D i a s p o r a j u d e n t u m

α) Häufiger und unbefangener als das palästinische Judentum hat das griech.-sprechende Judentum der Diaspora die B e z e i c h n u n g Gottes als Vater gebraucht (3Makk 5,7; Weish 2,16ff; TestHiob 40,2), wobei Philo (Op. Mund. 89; Spec. Leg. I,96; II,6 u. ö.) und Josephus (bes. Ant. 7,380) deutlich den griech. Allvater-Gedanken erkennen lassen.

β) Im Diasporajudentum findet sich dann unter griech. Einfluß auch im Gebet des einzelnen Frommen die A n r e d e »mein Vater« (3Makk 6,3.8; Weish 14,3; Apokryphon des Ezechiel, Frg. 3 = 1Clem 8,3).

III Die Bedeutungsbreite von πατήρ *[patær]*, *Vater*, im NT entspricht derjenigen von *'āb* bzw. πατήρ *[patær]* im AT. Im Unterschied zum AT, das den Vaternamen Gottes nur an ganz wenigen Stellen aufweist, übersteigt jedoch im NT die Zahl der Belege für die religiöse Verwendung des Wortes πατήρ *[patær]* (245mal) diejenige des profanen Gebrauchs (157mal) bei weitem.

1) Der p r o f a n e Gebrauch von πατήρ *[patær]*

a) Nach der synopt. Überlieferung hat Jesus nachdrücklich auf die verpflichtende Geltung des Gebotes der Elternehrung (Ex 20,12) hingewiesen (Mk 7,9ff par; 10,19 par), über die Bindung an Vater und Mutter jedoch die ihm selbst geschuldete Nachfolge gestellt (Mt 10,37; Lk 14,26; vgl. Mk 10,29f par). Auch die Haustafeln im Eph und Kol unterstreichen das Gebot des Gehorsams gegenüber Vater und Mutter, weisen aber zugleich auf die menschliche und geistliche Verantwortung des Vaters für seine Kinder hin (Eph 6,1ff; Kol 3,20f).

b) Die enge, in Röm 9–11 ausführlich aufgezeigte Verbindung zwischen Israel und der Kirche ist vorausgesetzt, wenn Paulus 1Kor 10,1 auch im Blick auf die Heidenchristen vom Gottesvolk des Alten Bundes als von »unseren Vätern« spricht (vgl. auch Röm 9,10; Hebr 1,1; 1Clem 4,8; 31,2; 60,4).

c) Der Gedanke der geistlichen Vaterschaft liegt 1Kor 4,14ff und indirekt auch in den Aussagen über die geistliche Sohnschaft vor (Phlm 10; 1Tim 1,2.18; 2Tim 1,2; 2,1; Tit 1,4; 1Petr 5,13): der Apostel gilt als »Vater« der durch seine Verkündigung zum Glauben geführten Christen. Gegen die Verwendung des Vaternamens als Ehrentitel wendet sich das Wort Mt 23,9.

d) Unter den von πατήρ *[patær]* abgeleiteten Begriffen verdient ἀπάτωρ *[apatōr]*, *vaterlos* (Hebr 7,3), besondere Erwähnung: Der Hebr bezeichnet Melchisedek als »vaterlos, mutterlos, ohne Stammbaum, ohne Anfang der Tage und ohne Ende des Lebens«. Der Verfasser gewinnt diese merkwürdige Aussage mit Hilfe des rabb. Grundsatzes: »Was nicht in der Tora steht, besteht nicht.« Er findet im Schweigen des AT (Gen 14,18ff) über Abstammung, Eltern, Geburt und Tod des Melchisedek einen geheimnisvollen Hinweis auf die wunderbare himmlische Herkunft des Priesterkönigs und auf sein unvergängliches Priestertum. Als himmlisches Wesen (vgl. 11QMelch; Übers. bei FSchröger, 140ff) ist Melchisedek den levitischen Priestern überlegen, für deren Dienst priesterliche Abstammung die unbedingte Voraussetzung bildet (Neh 7,63f; Lev 21,13ff). Er gilt dem Hebr deshalb als Abbild und prophetisches Vorbild des präexistenten Gottessohnes und ewigen Hohenpriesters Christus, der ebenfalls nicht dem Stamm Levi angehört (Hebr 7,13f).

2) Gott als Vater

Schon der Konkordanzbefund lehrt, daß wir in der Anschauung vom Vatertum Gottes einen zentralen Gedanken urchristl. Theol. zu erblicken haben. Das findet vom Inhaltlichen her seine Bestätigung (vgl. → ἀββά; außerdem → Kind, Art. υἱός).

a) Der Vatername Gottes bei Jesus

α) Für die Bezeichnung Gottes als Vater in den Worten Jesu gibt es bei Mk 3, in der von Mt und Lk benutzten Logienüberlieferung 4, im Lk-Sondergut 4, im übrigen MtEv. 31 und bei Joh 100 Belege. Dieser Befund läßt vermuten, daß Jesus selbst Gott nur selten als Vater bezeichnet hat und daß erst in urchristl. Zeit die Tendenz zunahm, ihm den Vaternamen Gottes in den Mund zu legen. Für Jesu eigenen Sprachgebrauch ist zweierlei von Bedeutung: Er hat Gott offenbar nirgends den Vater Israels genannt, und er hat zwar von Gott als seinem Vater (»mein Vater«) und als dem Vater der Jünger (»euer Vater«) gesprochen, sich aber nie mit ihnen zu einem gemeinsamen »unser Vater« zusammengeschlossen (das Vaterunser ist Jüngergebet!).

Wenn Jesus Gott seinen Vater nennt, so ist das in der ihm von Gott geschenkten einzigartigen Gottesoffenbarung und in seiner unvergleichlichen Sohnesstellung begründet (Mt 11,25—27 par Lk 10,21f; zur Echtheitsfrage und zur Auslegung im einzelnen s. JJeremias, Abba, 47ff). In der Sendung Jesu, in dessen Wort und Werk die kommende Königsherrschaft Gottes anbricht (→ Reich), offenbart sich Gott als der Vater. Gottes im Sohn offenbares Vatertum ist deshalb eine eschatologische Wirklichkeit (vgl. ELohmeyer, 25ff).

Die Wendung »euer Vater« begegnet nur in Worten Jesu an seine Jünger. Den Gedanken, daß Gott der Vater aller Menschen sei, hat Jesus demnach nicht vertreten, Gottes Vaterschaft vielmehr an das Verhältnis zu ihm selbst gebunden. Gott erweist sich als der Vater der Jünger in seiner Barmherzigkeit (Lk 6,36), Güte (Mt 5,45), vergebenden Liebe (Mk 11,25) und Fürsorge (Mt 6,8; 6,32 par Lk 12,30); er schenkt ihnen die Gaben der Heilszeit (Mt 7,11) und bereitet ihnen das eschatologische Heil (Lk 12,32). Daß dem Jünger aus der Erfahrung der Vaterliebe Gottes eine besondere Verpflichtung für das eigene Verhalten gegenüber den Mitmenschen erwächst, wird zB Mt 5,44ff; Lk 6,36 ausdrücklich erwähnt.

β) Nach dem Zeugnis aller Evgg. hat Jesus (mit Ausnahme des Kreuzesrufes Mk 15,34 par Mt 27,46, wo die Worte »mein Gott« durch das Ps-Zitat Ps 22,2 vorgegeben waren) in seinen Gebeten stets die Anrede »(mein) Vater« gebraucht (Mk 14,36 par Mt 26,39.42 und Lk 22,42; Mt 11,25f par Lk 10,21; Lk 23,34.46; Joh 11,41; 12,27f; 17,1.

5.11.21.24f). »Diese Konstanz der Überlieferung zeigt, unabhängig von der Frage nach der Authentizität der einzelnen Gebete selbst, wie fest die Vateranrede Gottes in der Jesustradition verwurzelt war« (JJeremias, Abba, 57). Ist schon die persönliche Gebetsanrede »(mein) Vater« auf palästinischem Boden etwas völlig Neues (vgl. II,2b,β), so muß als schlechterdings unerhört gelten, daß Jesus sich dabei des ganz unfeierlichen aram. Wortes *'abbā* bedient hat (s. dazu im einzelnen → ἀββά).

b) Der Vatername Gottes bei den nt. Zeugen

α) Die Bezeichnung Gottes als Vater: Die nt. Zeugen, insbesondere Paulus (einschließlich der Deuteropaulinen) und Johannes (JohEv. und 1/2Joh) sind sich darin einig, daß Gottes Vaterschaft christologisch-soteriologisch begründet ist.

In den Paulusbriefen kommt die Bezeichnung Gottes als Vater 40mal vor, und zwar durchweg in liturgischen Formeln (Segensspruch: Röm 1,7; 1Kor 1,3; 2Kor 1,2 – Lobpreis: Röm 15,6; 2Kor 1,3; Eph 1,3 – Bekenntnis: 1Kor 8,6; Eph 4,6 – Gebet: Eph 5,20; Kol 1,12). Wenn Paulus neben »Gott der Vater« und »Gott unser Vater« häufig die Wendung »Gott und Vater unseres Herrn Jesus Christus« gebraucht (Röm 15,6; 2Kor 1,3; 11,31 u. ö.), so kommt darin zum Ausdruck, daß Gott sich in Jesus Christus als Vater offenbart hat und deshalb nur in ihm als Vater erkannt wird. Gottes Vaterschaft ist nicht eine natürliche Gegebenheit, sondern ein eschatologisches Wunder (vgl. Röm 8,14ff; Gal 4,1ff).

Johannes, der das Wort *Vater* geradezu als Synonym für Gott verwendet, betont Jesu einzigartige Verbundenheit mit Gott (Joh 6,57; 10,30; 14,10f). Als der mit der vollen Gotteserkenntnis betraute Sohn (3,35; 10,15a; 16,15a) offenbart Jesus den Vater (1,18; 8,26ff; 12,49f; 14,7.9). Er gewährt so den Seinen die Gotteskindschaft, die nur durch ihn gewonnen wird (14,6; 17,25f) und allein als ein Geschenk der göttlichen Liebe empfangen werden kann (1Joh 3,1f).

Nur an 3 nt. Stellen liegt ein nicht christologisch verankerter Vaterbegriff vor: Eph 3,14f heißt Gott als Schöpfer der Welt Vater »jedes *Geschlechts* (πατριά *[patria]*) in den Himmeln und auf Erden«, Hebr 12,9 als Schöpfer der Menschenseelen »Vater der Geister« und Jak 1,17 als Schöpfer der Gestirne »Vater der Lichter« (vgl. ApkMos 36,3). An diesen Stellen könnte der griech. Allvater-Gedanke mit anklingen.

β) Die Anrede Gottes als Vater ist für die christl. Gemeinde Mt 6,9 par Lk 11,2; Röm 8,15 und Gal 4,6 bezeugt (→ ἀββά III,2). Auf die Anrufung Gottes als Vater im Vaterunser dürfte 1Petr 1,17 anspielen (vgl. die kopt.-saïdische Übers.: »wenn ihr den ›unser Vater‹ anruft, der . . .«): Mit dem Vorrecht, Gott im Gebet »Vater« nennen zu dürfen, ist zugleich die Verpflichtung zu einem heiligen Wandel gegeben. *O. Hofius*

Lit.: GDalman, Die Worte Jesu I, 1898; 1930^{2} (Neudruck 1965), 150ff.296ff – WStaerk, Altjüdische liturgische Gebete, Kl. Texte 58, 1910 (1930^{2}) – ThZahn, Der Brief des Paulus an die Römer, 1910 (1925^{3}), 393ff – HLStrack/PBillerbeck, Kommentar zum Neuen Testament . . . I, 1922 (1954^{3}), 392ff – WBousset/HGreßmann, Die Religion des Judentums im späthell. Zeitalter, (1902), 1926^{3} (1966^{4}), 377ff – RGyllenberg, Gott der Vater im AT und in der Predigt Jesu, Studia Orientalia I, 1926, 3ff – GFMoore, Judaism in the First Centuries of the Christian Era II, 1927 (1962^{9}), 201ff – GKittel, Die Religionsgeschichte und das Urchristentum, 1932, 92ff – ders., Art. ἀββᾶ, ThWb I, 1933, 4ff – TWManson, The Teaching of Jesus, (1931), 1935^{2} (1959^{3}), 89ff – ELohmeyer, Das Vaterunser, 1946 (1962^{5}), 18ff – KGKuhn, Achtzehngebet und Vaterunser und der Reim, WUNT 1, 1950 – JJeremias, Kennzeichen der ipsissima vox Jesu, in: Synoptische Studien für AWikenhauser, 1954, 86ff (= Abba, 1966, 145ff) – KHRengstorf, Mann und Frau im Urchristentum, 1954, 32ff – GSchrenk/GQuell, Art. πατήρ, ThWb V, 1954, 946ff – HWMontefiore, God as Father in the Synoptic Gospels, NTSt 3, 1956/57, 31ff – HWWolff, Was sagt die Bibel von Vater und Mutter?, 1959 (1966^{3}) – HSchürmann, Das Gebet des Herrn, 1957 – WSchmauch, Art. Vatername Gottes, EKL III, 1959 (1962^{2}), 1608ff – WSchmauch/HLKulp, Art. Vaterunser, EKL III, 1959 (1962^{2}), 1610ff – FHahn, Christologische Hoheitstitel, FRLANT 83, 1962 (1966^{3}), 319ff – JJeremias/WJannasch, Art. Vaterunser, RGG VI, 1962^{3}, 1235ff – GMensching/HJKraus/JJeremias, Art. Vatername Gottes, RGG VI, 1962^{3}, 1232ff – WMarchel, Abba, Père! La prière du Christ et des Chrétiens, Analecta Biblica 19, 1963 (stark gekürzte dt. Bearb.: Abba, Vater! Die Vaterbotschaft des NT, Die Welt d. Bibel 16, 1963) – EHübner, Credo in Deum Patrem?, EvTh 23, 1963, 646ff – WGrundmann, Mt 9,27 und die johanneischen »Der Vater«-»Der Sohn«-Stellen, NTSt 12, 1965, 42ff – EHaenchen, »Der Vater, der mich gesandt hat«, in: Gott und Mensch, 1965, 68ff – JJeremias, Abba, in: Abba.

Studien zur nt. Theol. und Zeitgeschichte, 1966, 15ff – ders., Das Vater-Unser im Lichte der neueren Forschung, in: Abba, 1966, 152ff (= Calwer H. 50, 1967[4]) – OMichel, Der Brief an die Hebräer, KEK XIII, 1966[12], 261ff (zu ἀπάτωρ) – JJeremias, Die Botschaft Jesu vom Vater, 1968 (Calwer H. 92) – FSchröger, Der Verfasser des Hebräerbriefes als Schriftausleger, 1968, 136ff (zu ἀπάτωρ) – JCarmignac, Recherches sur le »Notre Père«, 1969, 55ff – HRinggren, Art. *'āb*, ThW AT I, 1970, 1ff – JJeremias, Neutestamentliche Theol. I: Die Verkündigung Jesu, 1971, 45.62ff.67ff.

Verbergen

Die hier behandelten Verben kennzeichnen den Vorgang oder den Zustand, daß ein Gegenstand, eine Person oder ein Sachverhalt der Einsicht oder dem Zugriff entzogen wird bzw. entzogen ist.

Beide Verben haben die gleiche Grundbedeutung *verbergen*, wobei καλύπτω *[kalyptō]* mehr im Sinn von *verhüllen, bedecken*, das häufigere κρύπτω *[kryptō]* dagegen im Sinn von *verstecken, verheimlichen* verwendet wird; der Bedeutungsumfang beider Verben kann jedoch nicht immer genau voneinander abgegrenzt werden. Theol. kennzeichnen sie vorwiegend die Distanz zwischen menschlichem Vermögen zu Einsicht und Erfahrung einerseits und Gottes Wollen und Tun andererseits, – oft intendieren sie, daß Gott sich selbst oder das Verborgene erfahrbar oder sichtbar machen wird (→ Offenbarung).

καλύπτω

καλύπτω *[kalyptō]* verhüllen, bedecken · ἀνακαλύπτω *[anakalyptō]* aufdecken · κατακαλύπτω *[katakalyptō]* verhüllen · κάλυμμα *[kalymma]* Hülle, Decke

καλύπτω *[kalyptō]*, *verhüllen, verbergen* (profan-griech. seit Hom., selten in attischer Prosa) ist im eigentlichen wie im übertragenen Sinn im späteren Griech. belegt. In der LXX gibt das Wort hebr. *kisseh* (Piel) wieder; so ist es gebraucht von der Wolke, die den Sinai, von der Finsternis, die die Erde bedeckt (Ex 24,15; Jes 60,2). Ps 32[31],5 ist das Wort vom (Nicht-)Verheimlichen, Ps 85[84],3 vom Bedecken der Sünde durch Vergebung gebraucht. Bes. häufig steht das Wort in den Pss und bei Ez. I/II

ἀνακαλύπτω *[anakalyptō]*, für hebr. *gālāh, entblößen, aufdecken, enthüllen*, sinnverwandt mit ἀποκαλύπτω *[apokalyptō]* (→ Offenbarung), ist im profanen Griech. seit dem 5. Jh. vChr nachweisbar. In LXX steht es Hi 12,22 für das Aufdecken verborgener Tiefen aus dem Dunkel; 33,16 vom Enthüllen der Gesinnung (νοῦς *[nous]*) der Menschen; Jes 47,3 wird dem als Jungfrau angeredeten Babel in bildhafter Sprache als göttliches Strafgericht das Aufdecken der *Blöße* (αἰσχύνη *[ais·chynæ]*) angedroht, ähnlich Jer 13,22 Juda das Aufheben der Gewandschleppe (Zeichen der Erniedrigung).

κατακαλύπτω *[katakalyptō]*, *verhüllen, bedecken*, profan-griech. seit Hom., steht Ex 26,34; Num 4,5 vom Verhüllen der Lade des Gesetzes durch einen Vorhang; Jes 6,2 bedecken die Seraphen ihr Angesicht und ihre Füße mit ihren Flügeln. In medialer Bedeutung *sich verhüllen* wird Gen 38,15 von Thamar gesagt, daß sie ihr Angesicht, also sich nach Art einer Dirne verhüllt. Das seltene Verbaladj. ἀκατακάλυπτος *[akatakalyptos]*, *unverhüllt* (Lev 13,45), findet sich im NT nur 1Kor 11,5.13.

κάλυμμα *[kalymma]*, *Hülle, Decke*, profan-griech. seit Hom., steht Ex 34,33–35 von der Hülle, mit der Mose sein Angesicht verhüllte. Num 4,6.8.12 usw. ist das Wort (neben κατακάλυμμα *[katakalymma]*) von den Hüllen gebraucht, durch die heilige Gegenstände wie die Gesetzeslade, der Altar, dessen Geräte usw. der Berührung und der Sicht entzogen wurden. Denn ihr Anblick und ihre Berührung kann todbringend sein (Num 4,15.20).

1) Die Wortgruppe ist im NT verhältnismäßig selten und auf Mt, Lk, 1/2Kor, 1Petr und Jak beschränkt. III

a) Im eigentlichen Sinn steht καλύπτω *[kalyptō]* Mt 8,24 (das Schiff wird von den Wogen *bedeckt*), Lk 8,16 (niemand *bedeckt* einen Leuchter mit einem Gefäß) und Lk 23,30 (man wird zu den Hügeln sagen: *Bedecket* uns!).

b) Übertragener Gebrauch findet sich in der allg. Sentenz *»es ist nichts verborgen, das nicht offenbar werden wird«* (Mt 10,26 = Lk 12,2); Lk bietet hier das verstärkende συγκεκαλυμμένον *[synkekalymmenon]*, die Parallelüberlieferung Mk 4,22 = Lk 8,17 schreibt → κρυπτόν *[krypton]*. Die Sentenz erlaubt mancherlei Anwendungen; dem Zusammenhang nach bezieht sich die Aussage hier auf den Auftrag, den Jesus den Jüngern (→ Nachfolge) gibt: Das Wort, das ihnen im Verborgenen gesagt ist, soll öffentlich, von den Dächern, verkündigt werden (Mt 10,27).

2) Von der Verschleierung (Verhüllung) der Frauen handelt Paulus 1Kor 11, 1–16. Nur hier steht im NT 2mal das mediale κατακαλύπτεσθαι *[katakalyptesthai], sich verhüllen* (V. 6.7) und das Adj. ἀκατακάλυπτος *[akatakalyptos], unverhüllt* (V. 5.13). Paulus fordert, daß sich die → Frau (im Gottesdienst) beim Beten und Prophezeien verschleiert (V. 4.5; vgl. die »weissagenden« Frauen Apg 21,9). Diese Forderung steht im Einklang mit dem streng jüd. und orientalischen Schicklichkeitsempfinden, für das eine unverschleierte, öffentlich sich zeigende Frau eine Unmöglichkeit ist (V. 13). Die griech. Sitte war wohl nicht einheitlich, die Gemeinde der Weltstadt Korinth war aber kaum eine rein griech. Gemeinde. Paulus will diese Sitte wie in Korinth, so auch in anderen Gemeinden durchgeführt wissen (V. 16); bei der Verschiedenheit der Verhältnisse ist das aber keineswegs geschehen (Oepke, ThWb III,565). Rätselhaft ist die (über den Hinweis auf die Schicklichkeit V. 13 hinausgehende) Begründung V. 10: Die Frauen sollen eine »Macht« auf dem Haupte tragen. Die Macht (ἐξουσία *[exousia]*) bezeichnet hier die Kopfbedeckung, den *Schleier* (alt-lat. Textzeugen übers. mit *velamen*); der befremdliche Ausdruck ἐξουσία *[exousia]* ist aber noch nicht befriedigend erklärt (s. Foerster, Art. ἐξουσία, ThWb II, 570f). Ebenso rätselhaft sind die Worte *»um der Engel willen«*. Sind die Engel die Wächter der Naturordnung (V. 8.9; vgl. Gen 2,21ff)? Oder ist der Schleier eine Abwehrkraft gegen gefallene Engel, die die Frauen verführen wollen? Man hat diese Deutung mit Gen 6,1ff begründen wollen, wo berichtet wird, daß die »Söhne Gottes« (gemeint sind Engelmächte) sich mit den Töchtern der Menschen einlassen. Das spätere jüd. Schrifttum in nt. Zeit hat diesen Bericht weiter ausgesponnen (Hen 6; ApkBar [syr] 56; TestRub 5). Die Knappheit der paulinischen Ausdrucksweise läßt aber eine sichere Deutung nicht zu.

3a) Das Wort κάλυμμα *[kalymma], Decke*, lesen wir 4mal im NT in dem Abschnitt 2Kor 3,13–16. Paulus nimmt Bezug auf Ex 34,33–35; dort wird berichtet, daß Mose eine Hülle vor sein Angesicht legt, weil die Israeliten den göttlichen Strahlenglanz, der von ihm ausging, fürchteten (Ex 34,30; vgl. Num 4,15.20). Paulus geht auf das Furchtmotiv nicht ein; er deutet die Stelle so, daß Mose die Decke aufgelegt habe, damit die Israeliten nicht das Ende des vergänglichen Glanzes sehen sollten; der vergänglichen Herrlichkeit (→ Ehre, Art. δόξα) des alten Bundes steht die unvergängliche des neuen gegenüber (V. 11). Diese Decke liegt, so hören wir V. 14f, bis auf den heutigen Tag auf der Verlesung des AT; sie liegt auf den Herzen der Juden, die den wahren Sinn des alten Bundes, der auf Christus hinweist, nicht erfassen. Aber wie Mose die Decke abnahm, wenn er zu Gott einging (Ex 34,34), so wird die Decke von Israel abgenommen werden, wenn es sich zum Herrn bekehrt, dh sich vom → Geist regieren läßt (V. 16; vgl. V. 17 ὁ δὲ κύριος τὸ πνεῦμά ἐστιν *[ho de kyrios to pneuma estin], der Herr ist der Geist*).

b) Im Zusammenhang damit finden wir in V. 14 und 18 das nur hier im NT vorkommende Wort ἀνακαλύπτω *[anakalyptō]*. Die Bedeutung *enthüllen, aufdecken*, steht außer Frage; aber die Auslegung von V. 14 ist schwierig: Die Hülle bleibt auf der Verlesung des AT. Luther übers. *»Sie bleibt unaufgedeckt«*, die Zürcher Übers. (mit Komma nach μένει *[menei], bleibt*): *»Sie bleibt und wird nicht aufgedeckt, weil sie in Christus abgetan ist«*. Bachmann (KNT, 1922[4], 168) faßt die Worte μὴ ἀνακαλυπτόμενον *[mæ anakalyptomenon]* als Akk. absolutus auf und übers.: *»ohne daß sich dabei enthüllt, daß* (ὅτι *[hoti]*) *es* (d. i. das AT als Heilsweg) *in Christus abgetan ist.«* Jedenfalls will Paulus den Gedanken ausdrücken, daß für die Christen die Hüllen gefallen sind, die sie hindern, »den Lichtglanz des Evangeliums von der Herrlichkeit Christi« (4,4.6) zu sehen. Das zeigt die Fortsetzung in V. 18, wo Paulus die Gewißheit christl. Glaubens zum Ausdruck bringt: *»Wir alle aber schauen mit unverhülltem* (ἀνακεκαλυμμένῳ [*anakekalymmenō*]) *Antlitz die Herrlichkeit des Herrn im Spiegel«* (Wendland, NTD 7, 1963, 157ff). Die Folge dieses Schauens ist, daß die Schauenden durch den Herrn, der der Geist ist (V. 17), in das Bild dessen verwandelt werden, den sie schauen (→ Sehen).

Im Gegensatz zu der Aussage 2Kor 3,18 steht die Beurteilung, die nach 2Kor 4,3 die Gegner dem paulinischen Evangelium zuteil werden lassen: das paulinische Evangelium sei *verhüllt* (κεκαλυμμένον [*kekalymmenon*]). Das soll bedeuten: es ist dunkel, widerspruchsvoll. Paulus gibt den Vorwurf zurück: Es ist verhüllt für die, die verlorengehen; für die, die infolge satanischer Verblendung das Licht des Evangeliums nicht sehen können (2Kor 4,3). Diese Beurteilung steht in Übereinstimmung mit der Kennzeichnung des ungläubigen Judentums, wie sie 2Kor 3,13 ausgesprochen ist.

4) 1Petr 4,8 wird die Aufforderung zur Liebe damit begründet, daß die Liebe die Menge der → Sünden *zudeckt* (καλύπτει [*kalyptei*]). Jak 5,20 soll dasselbe Wort die Mahnung begründen, dem Sünder von seinem Irrweg zurechtzuhelfen (vgl. auch 1Clem 49,5; 2Clem 16,4). Es handelt sich wohl um ein geflügeltes Wort, das im Anschluß an Spr 10,12 (hebr. Text!) entstanden ist. Die Clemensbriefe legen es im Sinn der »Werkgerechtigkeit« aus: Die Liebe erwirbt dem, der sie übt, die Vergebung der eigenen Sünden. Möglich und dem Wortlaut gemäßer ist die andere Deutung: Die → Liebe deckt durch die → Vergebung, die sie übt, die Menge der fremden Sünden zu. *W. Mundle*

κρύπτω

κρύπτω [*kryptō*] verbergen · ἀποκρύπτω [*apokryptō*] verbergen · κρυπτός [*kryptọs*], ἀπόκρυφος [*apọkryphos*], κρυφαῖος [*kryphạịos*] verborgen

1) κρύπτω [*kryptō*], *verbergen, verstecken,* übertragener Sinn: *verheimlichen,* ist profangriech. seit Hom. belegt. Von dem hell. Aorist. ἐκρύβην [*ekrybæn*] (häufig in LXX, zB Gen 3,8) wird das gleichbedeutende κρύβω [*krybō*] abgeleitet (im NT nur in der Form περιέκρυβεν [*periẹkryben*] Lk 1,24 belegt). Gleichen Sinn hat das Kompos. ἀποκρύπτω [*apokryptō*] (seit Hom.); genaue Abgrenzung des Bedeutungsumfangs vom sinnverwandten → καλύπτω [*kalyptō*], ebenfalls *verbergen,* ist nicht möglich; entsprechendes gilt auch für die Adj.e κρυπτός [*kryptọs*] und ἀπόκρυφος [*apọkryphos*], *verborgen* (seit Hom. bzw. seit 5. Jh. vChr). Zur Wortgruppe gehören auch das Adv. κρυφῇ [*kryphæ*], *heimlich* (im NT nur Eph 5,12) und das nur im biblischen Gebrauch nachgewiesene κρυφαῖος [*kryphạịos*], *verborgen* (Jer 23,24; Klgl 3,10; im NT nur Mt 6,18, parallel zu ἐν τῷ κρυπτῷ [*en tō kryptō*], *im Verborgenen,* V. 4. 6). Das Subst. κρύπτη [*kryptæ*], das *Kellerloch,* der *versteckte Winkel* (belegt seit 3. Jh. vChr) findet sich im NT Lk 11,33. I

2) Die Verborgenheit der Gottheit ist in der griech. und hell. Frömmigkeit nicht sehr betont. Auch wenn der Isishymnus von Andros (1. Jh. vChr) die *verborgenen* (ἀπόκρυφα [*apọkrypha*]) Zeichen des Hermes oder Jamblich (3. Jh. nChr) τὰ κρυπτά [*ta kryptạ*], das *Verborgene* der Göttin Isis erwähnt (Bauer, 1958^{5}, 185.898; ThWb III,961.964), macht doch die hell. Mysterienfrömmigkeit keine Ausnahme. Nur das Wort ἀπόκρυφος [*apọkryphos*], *verborgen,* spielt in Zauberbüchern und astrologischen Texten eine große Rolle. Das Distanzbewußtsein des biblischen Gottesglaubens, der die Unnahbarkeit und Verborgenheit Gottes betont, ist aufs Ganze gesehen der griech.-hell. Frömmigkeit fremd.

1) In LXX findet sich κρύπτω [*kryptō*] im eigentlichen (*verbergen* Gen 3,8.10) wie im übertragenen Sinne (*verheimlichen* Gen 18,17; 1Sam 3,17.18). Es ist für verschiedene hebr. Wurzeln der gleichen Bedeutung eingetreten, zB für *chabā',* *verbergen, verstecken* (Gen 3,8.10; 1Sam 14,11), *kāchad,* Piel, *verbergen, verhehlen* (1Sam 3,17) u. a. (vgl. AOepke, ThWb III, 967). ἀποκρύπτω [*apokryptō*], *verbergen,* hat meist übertragenen Sinn (Jes 40,27; Weish 6,22). Das Adj. κρυπτός [*kryptọs*] wird im eigentlichen wie im übertragenen Sinne gebraucht (2Makk 1,16; Dtn 29,29). ἀπόκρυφος [*apọkryphos*], *verborgen,* steht Jes 45,3; 1Makk 1,23; Dan 11,43 von geheimen Schätzen; daneben findet sich die Wendung ἐν ἀποκρύφῳ (-οις) [*en apokryphō (-ois)*], *im Verborgenen* (Dtn 27,15; Ps 9,29 [10,8] u. ö.). II

2a) Die Verborgenheit und Unnahbarkeit Gottes wird im AT eindrücklich in dem Bericht über Moses Berufung geschildert. Mose darf dem Gott nicht nahen, der sich ihm im brennenden Busch offenbart, sondern wendet sein Angesicht ab (LXX: ἀπέστρεψεν [apestrepsen]); er fürchtet sich vor dem Angesicht Gottes (Ex 3,6). Ebenso wagt das Volk am Sinai nicht, sich Gott zu nahen; Mose allein wagt sich in das Dunkel (Ex 20,21).

Der gleiche Grundtenor findet sich in späteren Schriften: In der Verborgenheit des Unwetters erhört Gott das Flehen seines Volkes (Ps 80[81],8). Im Dunkel will Gott wohnen, sagt Salomo bei der Tempelweihe (1Kön 8,12). Das gilt auch im übertragenen Sinn von den verborgenen Führungen Gottes: Die leidvollen Schicksale Israels wurden als Gottesgerichte empfunden, in denen Gottes Trost verborgen bleibt (Hos 13,14): Der Gott Israels ist ein verborgener Gott; aber er bleibt doch der Erretter; er verbirgt sein Angesicht im Zorn, aber er wendet sich mit ewiger Huld dem Volk wieder zu (Jes 45,15; 54,8). Ist Israels Weg vor Gott verborgen, so bleibt es doch nicht ohne den Trost des Herrn, der den Müden Kraft und Stärke gibt (Jes 40,27.29).

b) Verbirgt sich Gott vor den Menschen, so kann sich doch der Mensch nicht vor Gott verbergen. Gott ist ja der Herr, der Himmel und Erde erfüllt (Jer 23,24). Überall ist der Mensch von Gottes Gegenwart umgeben; Gottes Auge sieht auch in das Dunkel, ihm ist nichts verborgen (Ps 138[139],7–12.15; Sir 39,19). Deshalb ist die Flucht vor Gott, wie das Beispiel Jonas zeigt (Jon 1.2), eine aussichtslose Sache. Vor allem ist die menschliche Sünde nicht vor Gott verborgen (Jer 16,17); es gibt keine Finsternis und kein Dunkel, in dem sich die Übeltäter bergen könnten (Hi 34,22; Sir 17,15.20). Darum ist der sündige Mensch vielfacher Bedrohung von Gott ausgesetzt; er muß sich vor dem furchtbaren Gott in die Erde verkriechen (Jes 2,10); Gott ist für ihn wie ein lauernder Bär oder wie ein Löwe im Versteck (Klgl 3,10); darum klagt Hiob, daß sich Gott vor ihm verbirgt wie ein Feind (Hi 13,24). Ebenso klagen die Psalmisten, daß Gott sein Angesicht vor ihnen verbirgt und ihnen fern ist (Ps 9,22[10,1]; 43[44],25); die menschliche Schuld ist vor Gott nicht verborgen (Ps 68[69],6); das Bewußtsein der persönlichen Verschuldung und Gottesferne findet in den Pss einen starken Ausdruck. Um so eindringlicher ist dann auch die Bitte, die der Fromme an Gott richtet: Verbirg dein Angesicht nicht vor meinem Flehen (Klgl 3,56). Letztlich kann das Seufzen des Frommen vor Gott nicht verborgen bleiben (Ps 37[38],10); deshalb muß er sich mit seiner Sünde vor Gottes Angesicht stellen und sie bekennen; verbirgt er sie nicht, kann er Gottes Vergebung erlangen (Ps 31[32],5); diese Vergebung erbittet er auch für die verborgenen Sünden (Ps 18[19],13). Die Psalmisten kennen den gnädigen Gott, in dessen Güte sie sich bergen dürfen (Ps 26[27],5; 30[31],20.21). Eine Auswirkung dieser gläubigen Haltung ist der Wille, die Gebote Gottes in sich zu bergen, dh zu bewahren (Ps 118[119],11.19).

c) So findet im AT die Spannung zwischen der Verborgenheit Gottes und seinem Offenbarwerden vielfältigen Ausdruck. Als der verborgene Gott enthüllt er das Verborgene, die verborgenen Dinge, die sich auf die Zukunft beziehen (Dan 2,22; Sir 42,19; 48,25). Hier öffnet sich der Weg in die jüd. Apokalyptik, die im Buch Daniel ihren Anfang hat. Offenbar wird Gott auch in seinen Gerichten als der gerechte Richter, der das Verborgene offenbar macht (Pred 12,14; 2Makk 12,41). So hat Gott schon dem Abraham das kommende Strafgericht über Sodom enthüllt; dabei ist angedeutet, aber nicht gesagt, daß er dennoch der gnädige Gott ist, dessen Zorn nicht ewig währt (Gen 18,23–33).

3) Im Judentum des nt. Zeitalters beschäftigt sich die Lit., die sich an Daniel anschließt (die sog. Apokalyptik), viel mit den verborgenen Dingen, bes. soweit sie die Zukunft betreffen. Im Henochbuch wird der »Menschensohn« (→ Sohn, Art. υἱὸς τοῦ ἀνθρώπου), der »Auserwählte«, alle Schätze dessen, was verborgen ist, offenbaren, und alle Geheimnisse der Weisheit werden aus den Gedanken seines Mundes hervorkommen (hebrHen 46,3; 51,3). Die Qumrantexte wissen von geheimer Erkenntnis des Willens Gottes, die dem Außenstehenden verborgen bleiben und nur der Sektengemeinde – aus dem Gesetz und den Propheten – zugänglich sind (1QS 4,6; 9,17; 11,6; 1QH 5,25; 8,10.11). Auch im rabb. Judentum ist das Wissen um die Verborgenheit Gottes und seine Geheimnisse nicht völlig erloschen (St.-B. I,578f, 659f u. ö.); es steht aber in Spannung zu der Überzeugung des frommen Juden, daß ihm im → Gesetz die vollgültige → Offenbarung Gottes geschenkt ist. Der Jude, wie Paulus ihn charakterisiert, besitzt im Gesetz »die Verkörperung des Wissens und der Wahrheit« (Röm 2,20 Z), dadurch ist er fähig, ein Leiter der Blinden, ein Licht derer, die in Finsternis sind, zu sein (vgl. Röm 2,17–20).

III 1) Im NT findet sich κρύπτω [kryptō] 17mal, 4mal ἀποκρύπτω [apokryptō]; hinzu kommen die Stellen Mt 11,25; 25,18, wo die Überlieferung zwischen beiden Worten schwankt. Von den Adj.en steht 17mal κρυπτός [kryptos], 3mal ἀπόκρυφος [apokryphos] (Mk 4,22; Lk 8,17; Kol 2,3); 2mal κρυφαῖος [kryphaios] (Mt 6,18, v. l. ἐν τῷ κρυπτῷ [en tō kryptō]). Die Stellen Mt 10,26; Lk 12,2 (8,17) wandeln die Sentenz Mk 4,22 ab: »Es ist nichts verborgen, das nicht soll offenbar werden«; die Parallelität der Aussagen zeigt, daß man den

Bedeutungsumfang der genannten Worte nicht sicher voneinander abgrenzen kann, auch nicht von dem sinnverwandten → καλύπτω *[kalyptō]* (vgl. Lk 23,30 mit Offb 6,16). Die Wortgruppe ist oft im eigentlichen Sinn gebraucht: Mt 13,44 erwähnt den verborgenen Schatz im Acker; im Gleichnis von den anvertrauten Talenten verbirgt der untreue Knecht sein Geld in der Erde (25,18.25). Ebenso verbirgt die Frau den Sauerteig im Mehl (Mt 13,33 ἐνέκρυψεν *[enekrypsen]*; vgl. Lk 13,21). Im Anschluß an Ex 2 berichtet Hebr 11,23 vom Verbergen des Mosekindes nach seiner Geburt.

2) Theol. bedeutsam sind die Aussagen, die von der Verborgenheit der Offenbarung und des Offenbarungswirkens Gottes handeln. Die → Offenbarung, die Gott durch Jesus den Unmündigen schenkt, bleibt den Weisen und Klugen verborgen (Mt 11,25 par). Der Verborgenheit der Offenbarung entspricht die Verborgenheit des Himmelreiches (→ Reich); darauf deuten die Gleichnisse vom Sauerteig und vom Schatz im Acker hin (Mt 13,33.44). Wie das Himmelreich verborgen ist, so soll auch das Almosengeben der Jünger, ihr Beten und Fasten im Verborgenen geschehen; der Vater, der ins Verborgene sieht, wird es vergelten. Das betont Jesus gegenüber einer Frömmigkeit, die sich selbst zur Schau stellen will (Mt 6,4.6.18). Die Leidensweissagungen Jesu lassen uns erkennen, daß den Jüngern der göttliche Ratschluß verborgen geblieben ist; er hat sich erst nach der Auferstehung den Jüngern enthüllt (Lk 18,34; vgl. Mk 9,32; Lk 9,45). Ähnlich wird von Jerusalem gesagt, daß es das Heil, das Jesus ihm bringen wollte, nicht anerkannt hat: Es blieb vor seinen Augen verborgen, was zu seinem Frieden dient (Lk 19,42).

Aus der Sentenz Mt 10,26 wird in V. 27 der Auftrag abgeleitet, daß die Jünger die Botschaft weitersagen sollen; auf diese Weise soll das Verborgene offenbar werden. So wird auch der Sinn der Gleichnisrede von Matthäus gedeutet: sie will aussprechen, was von der Grundlegung der Welt verborgen war (Mt 13,35 zitiert Ps 78,2). Freilich soll die Botschaft nicht nur durch das Wort, sondern auch durch die Werke der Jünger weitergetragen werden: die Stadt, die auf dem Berg liegt, darf nicht verborgen bleiben; und man setzt das Licht nicht unter den Scheffel bzw. in einen versteckten Winkel, sondern auf den Leuchter, damit alle es sehen (Mt 5,14ff; Lk 11,33).

Das Johannesevangelium sagt von Joseph von Arimathia, er sei ein heimlicher (κεκρυμμένος *[kekrymmenos]*) Jünger gewesen (19,38) – aus Furcht vor den Juden. Im Gegensatz dazu bekennt Jesus beim Verhör vor dem Hohenpriester: Ich habe nicht im Verborgenen geredet (Joh 18,20). Seine Aufgabe ist es ja gewesen, den Namen des Vaters vor den Menschen zu offenbaren (Joh 17,6). Scheinbar im Gegensatz zu dieser Haltung berichtet Joh 7,8–10, Jesus sei nicht nach Jerusalem gezogen, obwohl seine Brüder, die nicht an ihn glaubten, ihn dazu aufgefordert haben – es war um die Zeit des Laubhüttenfestes (7,2ff). Er geht nicht zu diesem Fest, weil seine Zeit noch nicht erfüllt ist; erst später, im Verborgenen geht er doch nach Jerusalem (V. 8. 10). Weiter hören wir Joh 8,59, daß er sich vor den Juden verbirgt und den Tempel verläßt, als sie ihn steinigen wollen. Als die Juden seinen Tod beschlossen haben, wandelt er nicht mehr öffentlich unter ihnen, sondern verbirgt sich (11,54 ἀπῆλθεν *[apælthen]*). Der Grund ist Joh 10,17.18 angegeben: Menschen können und dürfen ihm das Leben nicht eigenmächtig nehmen; aus eigenem Entschluß gibt Jesus es hin, wenn seine Stunde gekommen ist (Joh 7,8; 13,1; 17,1). Dabei ist sein Handeln bestimmt durch die Liebesgemeinschaft mit seinem himmlischen Vater, mit dem er eins ist (Joh 10,17.30 usw). Das Verbergen Jesu soll aber dazu dienen, seine Unabhängigkeit von den Menschen, seine Hoheit und Gottverbundenheit herauszustellen. Es bedeutet nicht, daß die Christusoffenbarung generell verborgen ist und bleiben soll (Jesus ist das Licht der Welt; Joh 8,12). Aber sie wird nur den Jüngern zuteil (Joh 17); die Ungläubigen verfallen dem Gericht völliger Blindheit (9,39).

3a) Paulus hat die apostolische Botschaft als die verborgene Weisheit Gottes verkündigt, die Gott von Ewigkeit her zu unserer Herrlichkeit vorbestimmt hat (1Kor 2,7 ἀποκεκρυμμένην *[apokekrymmenæn]*); sie hat ihren Ursprung in göttlicher → Offenbarung

(Röm 16,25; 1Kor 2,10; Gal 1,12). Ihr Inhalt ist Christus, der uns von Gott zur Weisheit gesetzt ist (1Kor 1,30); die geistgewirkte Botschaft vermittelt Erkenntnis Gottes (1Kor 2,10f).

b) Der Epheser- und der Kolosserbrief führen diese Gedanken weiter aus: die Botschaft ist das früheren Geschlechtern von Ewigkeit her verborgene Geheimnis, das jetzt den Heiligen (Kol 1,25ff), den heiligen Aposteln und Propheten (Eph 3,5ff) kundgetan ist; es verkündigt uns den in den Christen gegenwärtigen Christus und seinen unergründlichen Reichtum (Kol 1,27; Eph 3,8); in diesem Christus sind alle Schätze der Weisheit verborgen; so wird die at. Rede von den verborgenen Schätzen (s. o. II,1) geistlich auf Christus gedeutet (Kol 2,3). Christus aber vermittelt nicht nur Erkenntnis, sondern ist auch das verborgene Leben der Christen: sie sind mit ihm in der Taufe begraben und durch den Glauben zu neuem Leben erweckt; dieses Leben aber ist verborgen mit Christus in Gott (Kol 2,12; 3,3). Darum können sie nicht teilhaben an der »verborgenen Schändlichkeit« (2Kor 4,2; Übers. von Wendland, NTD), an den Werken der Finsternis, die heimlich geschehen und doch nicht verborgen bleiben können (Eph 5,12; 1Tim 5,25). Zu einem Leben mit Christus werden im 1. Petrusbrief die christl. Frauen aufgerufen; ihr heiliger Wandel soll darin sichtbar werden, daß sie sich nicht mit kostbarem äußerem Schmuck behängen, sondern ihr Schmuck soll sein »der verborgene Mensch des Herzens mit dem unvergänglichen Wesen eines sanften und stillen Geistes« (1Petr 3,4; Übers. von Schneider, NTD). Kennzeichen dieses verborgenen Menschen, der sein Leben mit Christus führt, ist ein Wandel in Hoffnung, Unterordnung und Gottesfurcht (V. 2.5.6).

4a) Paulus bezeichnet Röm 2,29 den gläubigen Christen als einen »Juden im Verborgenen«: Die Christen haben durch den → Geist, der ihnen im Glauben geschenkt ist und die Gotteskindschaft verbürgt (Röm 8,15f; Gal 4,6), die Beschneidung des Herzens empfangen; diese Beschneidung, »die nicht mit Händen geschieht« (Kol 2,11f), läßt sie in der → Taufe teilnehmen an Christi Begräbnis und Auferstehung (vgl. Röm 6,3ff); so werden sie zu Gliedern des wahren Gottesvolkes: »Wir sind die Beschneidung, die wir im Geiste Gottes ihm dienen und uns Christi Jesu rühmen und nicht auf Fleisch vertrauen« (Z), schreibt Paulus den Philippern (Phil 3,3); auf die im Fleisch vollzogene Beschneidung verläßt sich der Jude, der es nur äußerlich (ἐν τῷ φανερῷ *(en tō phanerō̧)*) ist; diese Beschneidung weist ihn aus als Glied des jüd. Volkes, des Israel »nach dem Fleisch« (1Kor 10,18). Aber dem steht das »Israel Gottes« gegenüber (Gal 6,16), die Gemeinde Christi, der der Christ als »der Jude im Verborgenen« als Glied des wahren Gottesvolkes angehören kann — auch ohne die äußere Zugehörigkeit zum jüd. Volk.

b) Von dem »verborgenen Manna«, der Gabe der himmlischen Welt, redet Offb 2,17. Das Manna ist die verborgene Gottesspeise, die Israel auf der Wüstenwanderung vom Himmel her empfangen hat (Ex 16,4); nach jüd. Erwartung (ApkBar 29,8) soll sie am Ende der Zeiten Israel aufs Neue geschenkt werden. Diese Gabe wird der »Überwinder« erhalten, der Gott in allen Anfechtungen die Treue hält. Letztlich ist diese Gabe Christus selbst; er ist das Brot Gottes, das vom Himmel gekommen ist (Joh 6,33ff).

c) Das alles macht deutlich, daß die Rede von der Verborgenheit Gottes und der göttlichen Dinge mit der Ausrichtung des NT auf die Zukunft zusammenhängt. Gott ist der Richter, der das Verborgene der Menschen richten (Röm 2,16), das Verborgene der Finsternis ans Licht bringen und die Ratschläge der Herzen offenbaren wird (1Kor 4,5 E), wie schon jetzt der in den Christen wirkende Gottesgeist das Verborgene der Herzen offenbar macht (1Kor 14,25).

d) Die Offenbarung schildert im Anschluß an at. Stellen (Jes 2,10f; Jer 4,29; Hos 10,8), wie sich am Gerichtstag die Könige und Gewaltigen der Erde in Felsenklüften und Höhlen verbergen müssen; dann werden sie zu den Bergen und Felsen sprechen: Fallt über uns und verbergt uns vor dem Angesicht Gottes und dem Zorn des Lammes (Offb 6,15f; vgl. Lk 23,30).

5) Der Gedanke an das Gericht ist nur eine Seite der nt. Zukunftserwartung; sie ist in erster Linie Hoffnung auf den kommenden Herrn; wenn Christus, das verborgene Leben der Christen, offenbar wird, so werden sie mit ihm offenbar werden in Herrlichkeit (Kol 3,3f). Dann wird die Erkenntnis, die hier nur Stückwerk ist und die Verborgenheit Gottes nicht aufhebt, nicht mehr undeutlich, ein »Sehen im Rätsel« (1Kor 13,12 E) sein, sondern ein Schauen von Angesicht zu Angesicht. Das Schauen des Angesichtes Gottes ist aber nicht mehr Grund zur Furcht, sondern Erfüllung der freudigen Christenhoffnung.

6a) Weiteste Verbreitung hat das Wort »apokryph« durch das sog. a p o k r y p h e S c h r i f t t u m erhalten. Hierbei handelt es sich um geheime, verborgene Schriften, die im Gottesdienst nicht verlesen wurden. Voraussetzung für die Entstehung dieses Schrifttums ist die Tatsache, daß im nt. Zeitalter die Autorität der → Schrift bzw. der Schriften für die Christenheit zwar feststand, aber die Frage nicht völlig geklärt war, welche Schriften im einzelnen zu dem maßgebenden »kanonischen« Schrifttum gehörten. Paulus zitiert zB 1Kor 2,9 ein Schriftwort, das wir in unseren biblischen Texten nicht finden; nach Angabe alter Kirchenväter (Origenes, Ambrosiaster) hat es in einer (uns nicht erhaltenen) Apokalypse des Elias gestanden. Im Judasbrief (V. 14) ist die Prophetie des Henoch erwähnt und eine Stelle aus der apokryphen Henochapokalypse zitiert (äthHen 1,9). Auch die Erwähnung des Jannes und Jambres, der Zauberer, die dem Mose widerstanden haben (2Tim 3,8), setzt die Benutzung apokrypher Überlieferung voraus (ThWb III, 988); in der kanonischen Überlieferung werden ihre Namen nicht genannt (vgl. Ex 7,10ff). Später, seit Hieronymus (um 380 nChr) hat man die Bezeichnung »Apokryphen« auf diejenigen Bücher beschränkt, die die LXX und die von ihr abhängige lat. Vulgata über den hebr. Kanon des AT hinaus enthalten. Mit der Bezeichnung dieser Bücher als Apokryphen war aber die Frage ihrer kanonischen Geltung noch nicht entschieden. Die kath. Kirche hat sie auf dem Konzil zu Trient (1546) für kanonisch erklärt; Luther hat sie als »gut und nützlich zu lesen« mit Vorbehalt in seine Bibelübers. aufgenommen. In den reformierten Kirchen wurden sie weithin ganz abgelehnt; doch ist die Stellungnahme nicht einheitlich gewesen.

Zu beachten ist, daß das apokryphe Schrifttum zu unterscheiden ist von der apok. Lit., die Offenbarungen über das Endgeschehen vermitteln will (vgl. Stichwort Apokalyptik Bd. I, S. XV; → Offenbarung).

b) Neben den at. gibt es auch nt. Apokryphen, dh Schriften, die durch ihre literarische Form oder zeitliche Nähe dem NT verwandt sind: Apokryphe Evgg. und Apostelgeschichten wie das Hebr-, Ägypter-, Thomas-Evg., wie Petrus-, Paulus-, Johannes- und Thomas-Akten (lat. *acta, Taten*), unechte Apostelbriefe wie den Paulusbrief an die Laodicener, Offenbarungsbücher wie die Petrus-Apokalypse u. a. Neue Funde in Oberägypten (1946) haben unsere Kenntnisse dieser Lit. bereichert. Die Kirche hat dieses, bes. in gnostischen Kreisen entstandene Schrifttum, das phantastisch und romanhaft in seinem Inhalt ist, teils sofort, teils nach einigem Schwanken abgewiesen. Im weiteren Sinne gehören zu den nt. Apokryphen auch die »apostolischen Väter« (1. und 2. Clemensbrief, Hirt des Hermas u. a.). Diese Schriften stehen zeitlich, zT. auch inhaltlich, dem NT nahe. Die Tatsache, daß manche von ihnen sich in den alten Bibel-Hss. finden, zeigt, daß über ihre Zugehörigkeit zum NT zeitweise Unklarheit bestand. *W. Mundle*

Lit.: HLStrack/PBillerbeck, Kommentar zum Neuen Testament . . . III, 1922–28 (1954ff³), 427ff – JGöttsberger, Die Hülle des Mose nach Ex 34 und 2Kor 3, BZ 16, 1924, 1ff – AOepke, Art. καλύπτω, ThWb III, 1938, 558ff – ders., Art. κρύπτω, ThWb III, 1938, 959ff – LPerlitt, Die Verborgenheit Gottes, in: Probleme biblischer Theologie, Festschr. GvRad, hrsg. v. HWWolff, 1971, 367ff – JRouquette, Das »Verborgene« und das »Kundgegebene« im Neuen Testament, Conc 7, 1971, 624ff.

Verdammen → Gericht

Verderben

Die hier verhandelten Begriffe bringen alle den Themenkreis Verderben, Vernichtung, Unheil, Zerstörung bzw. Untergang zur Sprache. Eine Differenzierung liegt darin, daß ἀπόλλυμι *[apollymi]* mit den beiden stammverwandten Subst.en ἀπώλεια *[apōleia], Verderben,* und ὄλεθρος *[olethros], Untergang, Unheil,* stärker an konkreten Ereignissen orientiert bleibt als das Verb φθείρω *[phtheirō]*, das von vornherein auch sittliches und religiöses *Verderben* einschließt. Zudem hat φθείρω *[phtheirō]* mehr aktive, ἀπόλλυμι *[apollymi]* stärker mediale Bedeutung. Zum theol. Kontext vgl. → Finsternis, Art. σκότος; → Hölle und → Gericht.

ἀπόλλυμι

ἀπώλεια *[apōleia]* Verderben · ἀπόλλυμι *[apollymi]* verderben · ἀπολλύων *[apollyōn]* Verderber

I 1) Das zu dem Subst. ἀπώλεια *[apōleia]* gehörige Verbum ἀπόλλυμι *[apollymi]* (Kompos. von ὄλλυμι *[ollymi], verderben, vernichten, verlieren*) findet sich sowohl in trans. Form als auch in intrans. Medialform schon früh im profangriech. Sprachgebrauch.

Bei Hom. etwa begegnet die trans. Form mit dem zweifachen Bedeutungsgehalt: a) *verlieren* (zB den Vater, den Gatten, den Mut, das Leben) und b) *vernichten* (zB einen Volkshaufen im Kriege), *zerstören, töten* (Il. 5,758). Das Med. läßt sich je nachdem übersetzen mit a) *verschwinden, verlorengehen, verloren sein* (Perf. II. ἀπόλωλα *[apolōla]*; vgl. Xenoph. Conv. 1,5) oder b) *umkommen, zugrunde gehen,* wobei sowohl wirtschaftlicher Ruin als auch Verlust des Lebens infolge erlittener Gewalt gemeint sein kann (vgl. Hdt. V,126; Epict. 2,19,16). ἀπώλεια *[apōleia]*, das sich erst seit dem 4. Jh. findet (Aristot. Eth. Nic. IV,1,112 Da 2f), heißt *Vernichtung, Untergang, Verderben.* ἀπολλύων *[apollyōn]* ist personifizierende Übers. des hebr. *'abaddōn, Untergang:* der *Verderber,* und enthält zugleich eine Anspielung auf den Namen des Pestgottes Ἀπόλλων *[Apollōn]* (Aischyl. Ag. 1018).

2) Der Aussagegehalt der Wortgruppe zielt in der Regel auf die (gewaltsame) Beeinträchtigung, die Zerstörung oder schließlich das Ende der irdischen Existenz. Demgemäß wird bei Plato einmal in einem Gespräch über die Unsterblichkeit der → Seele festgestellt, »daß alles Verderbende (ἀπολλύων *[apollyōn]*) und Zerstörende (διαφθεῖρον *[diaphtheiron]*) das Böse ist, das Erhaltende (σῷζον *[sōzon]*) aber und Fördernde (ὠφελοῦν *[ōpheloun]*) das Gute« (Polit. 608E). Als verderbende Mächte werden dann im folgenden u. a. aufgezählt: für den Leib die Krankheit, für das Holz die Fäulnis, für das Eisen der Rost.

II 1) In LXX übers. ἀπόλλυμι *[apollymi]* 38 verschiedene hebr. Äquivalente, am häufigsten *'abad, verlorengehen, umkommen* bzw. *vernichten.* In profanem Zusammenhang bezeichnet es verschiedentlich die Vernichtung einer Stadt, einer Gruppe oder eines Volksstammes (vgl. Num 16,33; 32,39; 33,52). Wie bei dem sachlich verwandten ἀποκτείνω *[apokteinō], töten* (→ Tod) steht auch bei ἀπόλλυμι *[apollymi]* – häufig aktivisch verwendet – die ganze Existenz von einzelnen und Gruppen (zB Feinden) auf dem Spiel. Wichtig sind die Bestimmungen des Heiligkeitsgesetzes, die dem Gesetzesübertreter (zB Kindesopfer für Moloch, Befragen von Wahrsage- bzw. Totengeistern) die *Ausrottung* aus dem Bundesvolk, dh die Steinigung androhen (Lev 20,3.5.6). Die abschließenden Mahnungen des Dtn stellen das gesamte Volk vor die Alternative, durch Gehorsam den Segen eines langen Lebens oder durch Ungehorsam den Fluch der Vernichtung zu empfangen (Dtn 28,20. 22.24; 30,18 u. ö.). Häufig wird Jahwe selbst als Urheber bzw. Vollstrecker des Verderbens genannt (Num 14,12; Dtn 8,20 u. ö.). ἀπώλεια *[apōleia]* umfaßt also mit dem Ausschluß von der Jahwezugehörigkeit zugleich die *Zerstörung* bzw. den *Verlust des Lebens.* Stärker als in der griech. Lit. kommt dabei in LXX das schuldhafte Moment des Verderbens zum Ausdruck. Während in den meisten at. Schriften das Verderben als irdisches Umkommen und Zunichtewerden verstanden wird, verbinden späte Texte die Wortgruppe gelegentlich mit den Begriffen ᾅδης *[hadēs], Unterwelt,* und θάνατος *[thanatos], Tod* (Spr 15,11; 27,20; vgl. Hi 26,6; 28,22 u. ö.) und geben damit dem Verderben eine weitergreifende, auf den Zustand nach dem Tod bezogene, jenseitige Bedeutung.

2) Im Spätjudentum kommt in der Apokalyptik die Anschauung von der eschatologischen Vernichtung der Welt auf, die man sich zB als Weltenbrand vorstellt. Mit der Welt kommen die Gottlosen um; diese werden daher in den Qumrantexten oft »Männer des Verderbens« (1QS) bzw. »Söhne des Verderbens« (CD) genannt.

Während die Simplexform ὄλλυμι *[ọllymi]* im NT nicht belegt ist, finden sich Verbalfor- III
men von ἀπόλλυμι *[apọllymi]* bzw. ἀπολλύω *[apollyō]* 90mal. ἀπώλεια *[apọ̄leia]* begegnet 18mal.

1) Die Wortgruppe tritt zunächst mit den genannten wörtl. Bedeutungen auf. So ist Lk 15,4.8 von dem *Verlieren* eines Schafes bzw. eines Geldstückes die Rede. Entsprechend kennzeichnet das Med. die *Verlorenheit* des Schafes bzw. Sohnes (Lk 15,4.6.24.32). Die Bedeutung *vernichten, umbringen* hat ἀπόλλυμι *[apọllymi]* Mt 2,13; 27,20; Mk 3,6 par; 9,22; 11,18 par; Lk 6,9, wo es sich jeweils auf eine Person bezieht. Ein unpersönliches Objekt hat das Verbum dagegen in dem Jes-Zitat 1Kor 1,19: »Vernichten werde ich die Weisheit der Weisen« (Z). Ähnlich findet sich das Med. in der Bedeutung *umkommen, verderben* sowohl in bezug auf Dinge (Joh 6,12.27: Brocken, Speise; 1Petr 1,7: Gold; Hebr 1,11: die Himmel; 2Petr 3,6: der Kosmos) als auch — was das Häufigere ist — im Blick auf Personen (Mk 4,38 par der Jüngerruf: Hilf uns, wir verderben; Mt 26,52: durchs Schwert; Lk 11,51; 13,3.5.33; 15,17; 1Kor 10,9f; 2Kor 4,9). Das Subst. ἀπώλεια *[apọ̄leia]* schließlich hat in den meisten Fällen die intrans. Bedeutung *Untergang, Verderben* (zB Mt 7,13; Röm 9,22; Phil 1,28; 2Petr 2,1; Offb 17,8), taucht aber gelegentlich auch mit trans. Sinngebung auf: *Verschwendung, Vergeudung* (Mk 14,4 par).

2) Der übertragene theol. Gebrauch der Wortgruppe im NT schließt zT. an die LXX an. In den drei Gleichnissen Lk 15 wird der Zustand menschlicher Verlorenheit geschildert. Menschen ohne Gott sind wie verlorene Schafe (vgl. Ps 119,176), die zugrunde gehen müßten, wenn ihnen kein → Hirt, kein Helfer begegnete, der sie aus ihrer Verfallenheit erlöste. Als dieser Helfer wird Jesus dargestellt (vgl. Joh 10,11ff). Er »ist gekommen zu suchen und selig zu machen, was verloren ist« (Lk 19,10). Er darf die Menschen, die der Vater ihm gegeben hat, nicht verlieren (Joh 6,39; 18,9). An seiner Gestalt entscheidet sich, ob ein Mensch verloren oder gerettet (→ Erlösung) wird. Wer sein Leben aus eigener Kraft sichern will, der wird es verlieren; wer es aber um Christi und des Evangeliums willen verliert, dh wer sich selbst an Jesus Christus verliert und ihm nachfolgt (vgl. Mt 8,19ff; 16,24), der wird es erhalten (Mk 8,35 par; Mt 10,39; Lk 17,33; Joh 12,25). Denn bei ihm ist das Leben. In ihm offenbart Gott seine Liebe, »damit jeder, der an ihn glaubt, nicht verlorengehe, sondern das ewige Leben habe« (Joh 3,16 Z).

3) Der spezifische nt. Sinn der Wortgruppe wird bes. deutlich in der prägnanten Form, die in erster Linie bei Joh und Paulus anzutreffen ist. Wie σωτηρία *[sōtæṛia]*, *Errettung*, und ζωὴ αἰώνιος *[zōæ̣ aiọ̄nios]*, *ewiges → Leben*, gültiges und dauerndes Heil meinen, so meint ἀπόλλυμι *[apọllymi]* bzw. ἀπώλεια *[apọ̄leia]* »ein definitives Scheitern, nicht einfach das Erlöschen der physischen Existenz, sondern das ewige Versinken im Hades, ein hoffnungsloses Todesgeschick« (Oepke, ThWb I,395). Neben den Empfängern des ewigen Lebens (Joh 10,28) wird es auch Menschen geben, »die verlorengehen« (1Kor 1,18; vgl. 2Kor 2,15; 4,3). Wie es seit dem Erscheinen Jesu »nur noch Gläubige und Ungläubige gibt, so auch nur noch Gerettete und Verlorene« (RBultmann, KEK II,112). Als furchtbare Möglichkeit steht das ewige Verderben dem Leben mit Gott gegenüber. Diese Qualifizierung des Verderbens *sub specie aeternitatis* kennzeichnet auch den nt. Gebrauch der stammverwandten Wortgruppe → ὄλεθρος *[ọlethros]*. Verderben meint u. a. jenes Geschick, das den erwartet, der nicht zur Buße gelangt (2Petr 3,9 vgl. Mt 13,3.5), der die Liebe zur Wahrheit nicht annimmt (2Thess 2,10), der den breiten Weg geht, »der zum Verderben hinführt« (Mt 7,13), der zu den Feinden des Kreuzes Christi gehört (Phil 3,19). Als »Söhne des Verderbens« (s. o. II,2) werden ausdrücklich Judas (Joh 17,12) und der Antichrist (2Thess 2,3) bezeichnet. Dem Verderben können entweder Seelenverderber (Röm 14,15; Joh 10,10) oder Beauftragte Gottes (Mk 1,24; Lk 9,56; vgl. auch die Fluchformel in Apg 8,20) oder schließlich Gott selbst als der Richter (Jak 4,12; Mt 10,28; 22,7; Mk 12,9 par) entgegenführen. Dieses Richtersein Gottes erweist sich u. a. auch in der Verkörperung seines Zorns. So kann OMichel zu Röm 9,22f schreiben: »ὀργή *[orgæ̣]* und ἀπώλεια *[apọ̄leia]* gehören zueinander:

Im Zorn Gottes tut sich das zukünftige Verderben ebenso kund wie in der Barmherzigkeit die zukünftige Herrlichkeit« (KEK IV,214).

4) Zur Wortgruppe gehört auch das substantivierte Partizip Ἀπολλύων *[Apollyōn]*, das im NT nur Offb 9,11 begegnet, wo es den *Engelskönig der Unterwelt*, den Fürsten der Skorpione als *Verderber* kennzeichnet und so noch einmal den Gegensatz zwischen dem *Heil* Gottes (σωτηρία *[sōtæria]*) und dem eschatologischen *Unheil* (ἀπώλεια *[apōleia]*) beleuchtet.

H. Chr. Hahn

ὄλεθρος

ὄλεθρος *[olethros]* Verderben · ὀλοθρεύω *[olothreuō]* verderben · ἐξολεθρεύω *[exolethreuō]* gänzlich verderben · ὀλοθρευτής *[olothreutæs]* Verderber

I ὄλεθρος *[olethros]*, seit Hom. (zB Il. 22,325), stammverwandt mit ὄλλυμι *[ollymi]*, heißt *Verderben, Unheil, Untergang, Tod;* es kann auch das meinen, was Verderben bringt. ὀλοθρεύω *[olothreuō]* hat die entsprechende Bedeutung *verderben, zerstören* (zB Philo, Leg. all. 2,34). Das Intensivum ἐξολεθρεύω *[exolethreuō]* heißt *gänzlich verderben, ausrotten.* ὀλοθρευτής *[olothreutæs]* (nur in christl. Lit.) bezeichnet den *Verderber*, den *Zerstörer*. Im Profangriech. haftet dem Wort häufig das Moment des *überraschend* hereinbrechenden *Verderbens* an (ὄλεθρος αἰπύς *[olethros aipys]*). Dabei bezieht sich das Verderben bes. auf den Untergang des Lebens (ὄλεθρος ψυχῆς *[olethros psychæs]*), kann aber u. U. auch den Verlust von Sachen bezeichnen (zB ὄλεθρος χρημάτων *[olethros chræmatōn]*, *Geldverlust*, Thuk. 7,27,3). Die anderen drei Worte der Gruppe sind im Profangriech. selten belegt.

II In LXX dagegen finden sich die genannten Vokabeln – außer ὀλοθρευτής *[olothreutæs]* – häufiger. ὄλεθρος *[olethros]* hat, zumal bei den Propheten, oft die Bedeutung eines eschatologischen, von Gott verhängten Verderbens (zB Jer 5,6; 22,7; 25,36; Ez 6,14; 14,16; Hag 2,22). Zur Beschreibung der Strafe Gottes, als des Ausdrucks seines → Zornes über die Sünde der Menschen und den Ungehorsam seines Volkes Israel, dient bes. auch das Verb ἐξολεθρεύω *[exolethreuō]* (bes. häufig in Dtn, Jos und Pss).

Dieser Sprachgebrauch lebt vor allem in der spätjüd. Apokalyptik und in den Texten von Qumran weiter, die häufig von der endzeitlichen Vernichtung der Sünder sprechen.

III Im NT kommt ὄλεθρος *[olethros]* nur 4mal vor, und zwar ausschließlich im Corpus Paulinum. ὀλοθρεύω *[olothreuō]* und ὀλοθρευτής *[olothreutæs]* begegnen nur in Hebr 11,28 bzw. 1Kor 10,10, ἐξολεθρεύω *[exolethreuō]* findet sich 1mal in Apg 3,23.

Im Vergleich zu → ἀπώλεια *[apōleia]* ist der Gebrauch der ὄλεθρος *[olethros]*-Gruppe sehr viel begrenzter. Umfaßt ἀπώλεια *[apōleia]* verschiedene Abstufungen eines weitgefaßten Begriffes von Verderben in sich, etwa auch das *Verlorengehen* oder *Umkommen* von Sachen, so bezieht sich ὄλεθρος *[olethros]* – wie übrigens auch die drei Ableitungen – an den wenigen Stellen seines nt. Vorkommens ausschließlich auf Personen.

1) ἐξολεθρεύομαι *[exolethreuomai]* begegnet in Apg 3,23 im Zusammenhang mit einem Zitat aus Dtn 18,15.18f, das allerdings gerade durch die Verwendung von ἐξολεθρεύομαι *[exolethreuomai]* eine Verschärfung erfährt. War in Dtn 18,19 nur die Rede davon, daß Gott den Ungehorsam gegenüber dem Prophetenwort »ahnden« (Z) werde, so wird nun die konkrete Strafe genannt: »Ausrottung aus dem Volk« (vgl. Lev 23,29). Das geschieht wohl, um den Predigthörern den ganzen Ernst ihrer eigenen Situation mit der Bußmöglichkeit zum Bewußtsein zu bringen. Der gleichen Absicht dürfte die Verwendung von ὀλοθρευτής *[olothreutæs]* in 1Kor 10,10 entspringen, wo Paulus mit dem Hinweis auf die Schlangenplage (Num 21,4–9) mahnt: »Murrt auch nicht, wie etliche von ihnen murrten und von dem Verderber umgebracht wurden« (Z). ὀλοθρευτής *[olothreutæs]* meint dabei so etwas wie *Todesvollstrecker* (vgl. 1Chr 21,12–15). Diese Bedeutung hat auch ὀλοθρεύων *[olothreuōn]*, der *Verderber*, der Hebr 11,28 ebenfalls im Zusammenhang mit einer Art at. Geschichtspredigt erwähnt wird (vgl. Ex 12,12f.23; Weish 18,5ff).

2) In 1Thess 5,3 bezeichnet ὄλεθρος *[olethros]* das jäh in scheinbare Sicherheit hereinbrechende eschatologische *Verderben*, das die Menschen überraschen wird wie die Wehen eine Schwangere. Für das endgültige Verderben qualifizieren sich bes. die Reichen, deren Ende ὄλεθρος *[olethros]* und ἀπώλεια *[apōleia]* sein werden (1Tim 6,9). Sie sind freilich nur eine Gruppe der Gottlosen, die alle die gleiche Strafe erleiden werden »vom Angesicht des Herrn«, nämlich: »ewiges Verderben« (2Thess 1,9; vgl. Ps 37,17).

3) Daß man aber auch trotz der Zugehörigkeit zur christl. Gemeinde noch dem Verderben verfallen kann, zeigt der Kontext von 1Kor 5,5. Allerdings wird dort eine nicht unwesentliche Einschränkung gemacht: Der Sünder soll durch die Verfluchung dem Satan zum Verderben des → Fleisches, dh zur Tötung des Leibes, übergeben werden, »damit der Geist gerettet werde am Tage des Herrn«. Das Verderben ist hier – ähnlich wie in Röm 9–11 die Verstockung – nicht als endgültig-totale Wirkung göttlichen → Zorns (Art. ὀργή) verstanden (wie 2Thess 1,9 und 1Tim 6,9), sondern es bleibt eine Möglichkeit der Rettung offen.

H. Chr. Hahn

φθείρω

φθείρω *[phtheirō]* verderben · ἀφθαρσία *[aphtharsia]* Unverderblichkeit, Unvergänglichkeit · ἄφθαρτος *[aphthartos]* unverderblich, unvergänglich · διαφθείρω *[diaphtheirō]* zerstören · διαφθορά *[diaphthora]* Vernichtung, Verwesung · φθορά *[phthora]* Verderben, Vernichtung, Untergang

I

φθείρω *[phtheirō]* bedeutet in der Gräzität seit Hom., aber auch bei Philo und den TestXII im Akt. *zugrunderichten, vernichten, zerstören, töten.* Der Begriff nimmt verschiedene Nuancen an: *sittlich verderben* (Aristot. Eth. Nic. X,5), den Staat oder die Gesetze *zugrunderichten* (Plato Leg. XII,9), *bestechen* (Demosth. Or. 18,247), eine Frau *verführen* (Demosth. Or. 45,79), eine Jungfrau *schänden* (Lucian, Cataplus sive Tyrannus 26) u. ä.; im Pass. *zugrundegehen, verderben, umkommen, scheitern;* im Med. *sich selbst zugrunderichten* (Thuk. Pelop. Krieg I,24).

Derivate sind φθορά *[phthora]*, *Vernichtung, Verderben* (Plato Tim. 23c) und διαφθορά *[diaphthora]*, *Vernichtung* (Polyb. 1,48,3.8), *Mord* (Eur. Ion 617), das später auch in der Bedeutung *Verwesung* verwendet wird. Erst später belegt sind ἀφθαρσία *[aphtharsia]*, *Unverderblichkeit, Unvergänglichkeit* (seit Epic. nach Diog. Laert. 10,123), und ἄφθαρτος *[aphthartos]*, *unvergänglich* (Aristot. De longitudine et brevitate vitae 4p 466a 1; vgl. auch Weish 12,1; Philo Sacr. AC 95).

διαφθείρω *[diaphtheirō]* kann in Wortverbindungen heißen: *Hilfeleistungen vereiteln* (Thuk. Pelop. Krieg III,113,5), die *Meinung ändern* (Aischyl. Ag. 932).

II

Die Wortgruppe wird in LXX bes. zur Übers. der hebr. Stämme *schāchat* (91mal, davon 51mal διαφθείρω *[diaphtheirō]*) und – wesentlich seltener – *chābal* verwendet. Es bezeichnet das *Töten* von Menschen (Sam 24,16), das *Verwüsten* eines Landstriches (1Chr 20,1), einer Stadt (1Sam 23,10) oder das *Zerstören* von Waffen (Jes 54,16). Zur Beschreibung der sündigen und gefallenen Welt wird φθείρω *[phtheirō]* in Gen 6,11 und Hos 9,9 gebraucht. Gott ist es, der aus dem *Verderben* (φθορά *[phthora]*) erretten kann (Ps 103,4). Im Bereich des Kultus wird ein nicht fehlerfreies Opfertier als *verderbt* (φθαρτός *[phthartos]*) bezeichnet (Lev 22,25).

Eine bes. Bedeutung gewinnt der Gegensatz von φθαρτός *[phthartos]*, *vergänglich*, und ἄφθαρτος *[aphthartos]*, *unvergänglich*, in den Schriften Philos: Der Mensch wird ganz und gar *vergehen*, er ist *vergänglich* (Aet. Mund. 143), während Gott *unvergänglich* ist (Leg. All. III,36). An der Unvergänglichkeit der göttlichen Welt kann der fromme Weise Anteil gewinnen, wenn er nach dem »rechten Logos« (→ Wort), der mit dem → Gesetz gleichgesetzt ist, lebt (Ebr. 142).

III

Im NT kommt die Wortgruppe bezeichnenderweise – abgesehen von Lk 12,33: »Die Motten zerstören (διαφθείρω *[diaphtheirō]*) die Kleider« – nicht in den Evgg.-Texten vor. So finden sich von acht φθείρω *[phtheirō]*-Belegen vier bei Paulus (1Kor 3,17; 15,33; 2Kor 7,2; 11,3) und Eph 4,22; daneben noch in 2Petr 2,12; Jud 10 und Offb 19,2. Ein ähnliches Bild zeigt sich bei den anderen zur Gruppe gehörigen Begriffen: διαφθορά *[diaphthora]* kommt zB nur in der Apg vor (2,27.31; 13,34ff). Aus diesem Befund wird man schließen können, daß die Wortgruppe vor allem in der Umwelt des Hellenismus verwendet wird. Wie im

Profangriech. weist sie auch im NT mancherlei Übersetzungsnuancen auf. So ist Offb 11,18 mit διαφθείρω *[diaphthẹírō]* die reale *Vernichtung* von Menschen als göttliches Gericht gemeint.

1a) In den Auseinandersetzungen mit den Irrlehrern in Korinth betont Paulus 1Kor 3,17 im Stil sakralen Rechts: »Wenn jemand den Tempel Gottes *verdirbt* (φθείρει *[phthẹírei]*), so wird ihn Gott *verderben* (φθερεῖ *[phtherẹ̄i]*)«. Die göttliche Strafe wird rechtskräftig angekündigt, wobei freilich die Möglichkeit ihrer Vermeidung noch offenbleibt (Käsemann, 70f). So schützt Gott selbst seine Gemeinde vor der Macht der Irrlehre. Paulus dagegen kann sich darauf berufen, daß er selbst »niemand Unrecht getan, auch niemand zugrundegerichtet noch jemand übervorteilt hat«. Deshalb kann er die Gemeinde auffordern, ihm und seiner Botschaft in Korinth Raum zu geben (2Kor 7,2). Er ermahnt diese Gemeinde, sich nicht verführen zu lassen: Wie einst Eva durch die Schlange »überlistet« wurde, so fürchtet der Apostel, daß die Gemeinde abtrünnig gemacht wird dadurch, daß die Gegner ihr die »Sinne verwirren« und dadurch die »Gedanken verdorben werden weg von der einfältigen Treue gegenüber Christus« (2Kor 11,3). Um zu demonstrieren, daß Irrlehre und Abfall nicht ohne Folgen auf das menschliche Zusammenleben bleiben, verweist Paulus in 1Kor 15,33 auf eine aus der Komödie Thais des attischen Dichters Menander (342–291 vChr) stammende, sprichwörtlich gewordene Sentenz: Gute Sitten *verdirbt* schlechter Umgang. In der konkreten Auseinandersetzung warnt Paulus damit die Korinther, nicht mit denen gemeinsame Sache zu machen, die die Auferstehung der Toten leugnen.

b) Der Vorwurf der Unsittlichkeit gegen die Irrlehrer ist ein typischer Bestandteil der Ketzerpolemik. Die Ketzer sind »wie unvernünftige Tiere«, die von Natur dazu geboren sind, auf der Jagd getötet und *vernichtet* zu werden. Sie werden »in deren *Verderben* auch *verderben«* (2Petr 2,12, vgl. Jud 10), dh sie werden gleich den Tieren *zugrundegehen.* Wer aber Christus dient, der »lege den alten Menschen des vergangenen Lebens, der in seinen betrügerischen Begierden *verkommt«*, ab (Eph 4,22). Er ist nicht mehr an die »Begierden des Verderbens« versklavt, er lebt vielmehr in einem neuen Leben in der Kraft Christi (2Petr 1,4). Deshalb wird die Gemeinde gewarnt, nicht auf das »Fleisch« zu säen, denn: Wie die Saat, so die Ernte (Gal 6,7f).

c) In der Offb gilt die Hure Babylon als der Inbegriff des Abfalls von Gott; von ihr heißt es im visionären Siegeslied, sie habe die Erde mit ihrer »Hurerei« *verdorben;* jetzt aber sei sie gerichtet. Das heißt: Gottes Sieg über die Sünde der Welt ist offenbar geworden (Offb 19,2).

2a) Die U n v e r g ä n g l i c h k e i t (ἀφθαρσία *[aphtharsịa]*) gehört – wie in der spätgriech. Königsdoxologie – zur Beschreibung des Wesens Gottes. So preist ihn die Gemeinde im doxologischen Bekenntnis 1Tim 1,17: Er ist der »König aller Zeiten, der *Unvergängliche,* Unsichtbare, Einzige, er ist Gott.« (Vgl. dazu auch Philo Vit. Mos. III,171; Epikur nach Diog. Laert. 10,123.) Die Heiden sündigen gerade darin, daß sie den *unvergänglichen* Gott zu einem »Bild gleich dem eines *vergänglichen* Menschen machen« (Röm 1,23).

b) Aber nicht nur von Gott selbst, auch von dem Christus als dem Kyrios (→ Herr) wird die Aussage der Unvergänglichkeit gemacht. Im Schlußgruß des Eph (6,24) wird der Friede über alle die ausgesprochen, die Jesus Christus »in seiner Unvergänglichkeit lieben« (so wohl mit MDibelius, HNT 12, zSt.). Als der Erhöhte hat er vollen Anteil an der Unvergänglichkeit des Vaters. Zu diesem Christus bekennt sich die Gemeinde und verkündigt, daß er »den Tod entthronte und dadurch unvergängliches Leben ans Licht gebracht hat« (2Tim 1,10). Die Gemeinde lebt auch nach dem Ausbleiben der Parusie davon, daß sie weiß, daß ihr das Heil gegeben und gegenwärtig ist. Sie weiß sich durch die Epiphanie Christi hineingenommen in dessen Unvergänglichkeit. Die Glaubenden sind jetzt schon Besitzer des Erbteils, das »unvergänglich, unbefleckt und unverwelklich ist« (1Petr 1,4). Durch die apostolische Mahnung werden sie aufgefordert, sich untereinander zu lieben, denn sie sind Wiedergeborene; sie sind nicht mehr aus natürlichem und daher vergänglichem, sondern aus unvergänglichem Samen durch das Wort des lebendigen und bleibenden Gottes (1Petr 1,23). Das soll man bis ins Äußerliche hinein erkennen: Sanftmut und Stille und nicht allerlei äußerer Schmuck sind der rechte, gottgewirkte und deshalb »unvergängliche Schmuck« des Christen (1Petr 3,3f).

c) Paulus vergleicht 1Kor 9,24ff das Leben der Christen mit dem Kampf der Athleten (vgl. auch Röm 9,16; Gal 2,2; 5,7 u. ö.). Beide kämpfen um den Sieg, beide setzen sich voll ein und müssen auf vieles verzichten. Aber es geht um ein hohes Ziel: Dem Sieger winkt der Siegespreis (→ Kampf, Art. βραβεῖον), dem Athleten freilich ein vergänglicher. Sportlicher Ruhm und Ehre sind verwelklich wie der Lorbeer, den Christen aber erwartet ein unvergänglicher Siegespreis, das ewige Sein bei Gott (vgl. Röm 2,7).

3a) Der Gegensatz Vergänglichkeit (φθορά *[phthorạ]*) — Unvergänglichkeit (ἀφθαρσία *[aphtharsịa]*) dient Paulus zur Beschreibung der → Auferstehung der Toten (1Kor 15,42ff). Am Bild des Samenkorns macht er deutlich, daß es kein Lebendigwerden ohne vorheriges Sterben gibt, vielmehr wird das Samenkorn, indem es zugrundegeht, verwandelt in eine neue Gestalt (1Kor 15,35–42a). So ist es auch mit der Auferstehung der Toten — und doch ganz anders. Alle auf der Hand liegenden Vergleiche werden gesprengt: »Es wird gesät in Vergänglichkeit, — es wird auferweckt in Unvergänglichkeit« (1Kor 15,42b). Dh ein dem »Fleisch« verhafteter Leib wird gesät, auferweckt wird ein Leib aus himmlischem → Geist (πνεῦμα *[pnẹuma]* V. 44). Auferstehung ist Neuschaffung des Lebens durch völlige Wandlung hindurch. Paulus wehrt damit der Meinung, es könnte irgendetwas am Menschen unvergänglich sein. Alles vergeht, weil der ganze Mensch der → Sünde und damit dem → Tod verfallen ist (Röm 6,23). Der »äußere Mensch *geht zugrunde«* (διαφθείρεται *[diaphthẹiretai]* 2Kor 4,16). Auferstehung ist neue Existenz durch Auferweckung in Unvergänglichkeit. Sie ist demnach nicht einfach Wiederbelebung der in den Gräbern ruhenden Leiber: »Fleisch und Blut können das Reich Gottes nicht ererben«, genau so wenig, wie »Vergänglichkeit die Unvergänglichkeit gewinnen kann« (1Kor 15,50).

b) Diesen Sachverhalt macht Paulus noch einmal deutlich an denen, die bei der Parusie nicht verstorben sein werden. Sie setzen nicht einfach ihr Leben fort in Unsterblichkeit, sondern werden verwandelt (V. 52). Auch für sie gilt, daß die Vergänglichkeit die Unvergänglichkeit nicht erlangen kann. »Wieder muß das Wunder Gottes hineintreten zwischen die φθορά *[phthorạ]* und die ἀφθαρσία *[aphtharsịa]*, die Vergänglichkeit und die Unvergänglichkeit, damit jene diese ererbe« (KBarth, Die Auferstehung der Toten, 1953[4], 125). Wenn das Ende da ist, wird für alle die große Verwandlung geschehen. Sie wird beschrieben mit dem Anziehen von neuen Gewändern (→ Bekleiden, Art. δύω). Dieses Motiv ist zu verstehen auf dem Hintergrund der Initiationsriten hell. Mysterienkulte. Die naturhafte Veränderung des Mysten wurde durch das Ablegen der alten Kleider versinnbildlicht. Neue Kleider wurden angezogen. Das Vergängliche wird abgelegt, das Unvergängliche, Göttliche angezogen. Der Myste war damit in das Wesen der Gottheit verwandelt, ihr gleichgeworden (vgl. EDinkler, Taufterminologie, 183ff). Ähnlich hier: Das Vergängliche zieht das Unvergängliche an, aus dem Sterblichen ist Unsterbliches geworden (V. 54). So ist der »Tod verschlungen in den Sieg, . . . gegeben durch Jesus Christus, den Herrn« (V. 55).

c) Jesus ist der, der von Gott als erster auferweckt wurde, »er sah die *Verwesung* (διαφθορά *[diaphthorạ]*) nicht« (Apg 2,27.31; 13,35ff; von der LXX nicht ganz richtig verstandenes Zitat aus Ps 16,10, vgl. Haenchen, KEK zSt.).

Die Überwindung des → Todes durch den Sieg Christi wirkt sich auf den ganzen Kosmos aus. Durch die → Sünde des Menschen ist er der Vergänglichkeit unterworfen, aber die → Erlösung der Menschheit bedeutet auch die Erlösung der → Schöpfung. Sie wird frei werden von der »Knechtschaft der Vergänglichkeit zur Freiheit der Herrlichkeit der Kinder Gottes« (Röm 8,19ff).

F. Merkel

Lit.: AOepke, Art. ἀπώλεια, ThWb I, 1933, 393ff – JSchneider, Art. ὄλεθρος, ThWb V, 1954, 168ff (Lit.) – EDinkler, Die Taufterminologie in 2Kor 1,21, in: Neotestamentica et Patristica, Festschr. OCullmann, 1962, 173ff; bes. 183ff (= Signum Crucis, 1967, 99ff; bes. 109ff) – HKöster, Art. Verdammnis, RGG VI, 1962³, 1260 – GHarder, Art. φθείρω, ThWb IX, 1970, 94ff.

Verfolgung → Bedrängnis

Verführen

πλανάω

πλανάω *[planạō]* irreführen, verführen · πλάνη *[plạnæ]*, πλάνος *[plạnos]* Irrfahrt, Täuschung · ἀποπλανάομαι *[apoplanạomai]* umherirren · (ἐξ-)ἀπατάω *[(ex-)apatạō]* verführen, täuschen · ἀπάτη *[apạtæ]* Illusion, Täuschung · παραλογίζομαι *[paralogịzomai]* betrügen, täuschen

I Aus der idg. Wurzel *pela-, ausbreiten*, entsteht im Griech. der Stamm πλαν- *[plan-]*. Verwandt sind franz. *flâner, umherbummeln, »flanieren«*, norweg. *flana, umherfahren*. Die urspr. Bedeutung von πλανάω *[planạō]* (seit Hom.) ist lokal; im Akt. *irreführen*, im Med. bzw. Pass. *irregehen, irregeleitet werden*. πλάνη *[plạnæ]* oder πλάνος *[plạnos]* (seit den Tragikern) ist die *Irrfahrt*, die *Wanderung*, πλανήτης *[planætæs]* der *Irrfahrer*.

1a) In der wörtlichen Bedeutung wird die aktivische Form der Verben (ἀπο-)πλανάω *[(apo-)planạō]* selten gebraucht. Übertragen bedeutet das Verb *irreführen, täuschen* durch das Verhalten oder die Rede, im Urteil oder im praktisch-ethischen Sinn. (ἀπο-)πλανάομαι *[(apo-)planạomai]* ist wörtlich *umherschweifen, umherirren*. Es kann ausgesagt werden von Menschen, Kräften, Tieren, Gerüchten, Träumen, auch von Blut und Atem, die den Körper durchpulsen. Ein negativer Klang muß durchaus nicht damit verbunden sein. Übertragen bedeutet das Verb dann *schwanken, ein Ziel verfehlen* im Denken, Reden oder Tun. Auch hier hat das Wort keinen Schuldcharakter. Es enthält höchstens die Aufforderung zum rechten Erkennen (vgl. → Sünde, Art. ἁμαρτία I).

b) In der klassischen Tragödie ist das Irren der Menschen von den Göttern verhängt als Schicksalsverstrickung (Oedipus, Prometheus u. a.). Bei Plato führt der Weg zu rechter Erkenntnis durch die πλάνη *[plạnæ]* hindurch. Gnosis und Mysterienkulte gebrauchen das Wort geradezu als term. techn. für das Verstricktsein des Menschen in die Welt, aus der er erlöst werden muß.

c) Auf dieser Linie liegen auch die Bedeutungen für die übrigen Ableitungen der Wortgruppe. πλάνος *[plạnos]* als Adj. (seit Menand.) heißt *unbeständig, schwankend, verführerisch*; als Subst. bezeichnet es die *Abschweifung*, das *Schwanken*, auch den *Gaukler*. πλάνη *[plạnæ]* hat dieselbe Bedeutung wie das Verb: *Schwanken* und *Irren* ist ein Charakteristikum menschlichen Lebens, das zunächst nicht qualifiziert wird. So kann πλάνη *[plạnæ]* bei Plato zum Ausdruck für den denkerischen *Exkurs* werden. Die Wendung zum Negativen hin ist erst vollzogen, wenn πλάνη *[plạnæ]* als *Verwirrung* der Seelenteile zur Ursache für ἀδικία *[adikịa]*, *Unrecht*, und κακία *[kakịa]*, *Übel*, wird.

2) (ἐξ-)ἀπατάω *[(ex-)apatạō]* und ἀπάτη *[apạtæ]* können in der Bedeutung mit der Wortgruppe πλαν- *[plan-]* synonym werden. Der Akzent liegt jedoch etwas anders. *Täuschung* und *Verführung* sind hier nicht so sehr in einer ἄγνοια *[ạgnoia]*, *Unwissenheit*, begründet, als vielmehr in einer ἐπιθυμία *[epithymịa]*, *Begierde*. ἀπάτη *[apạtæ]* ist dann *Lust, Vergnügen, Ergötzlichkeit*, die angenehme *Illusion* des Theaters. Das Subst. kann personifiziert werden und tritt als Frauenname auf. Ein negativer Sinn ist nicht urspr. damit verbunden, nimmt aber später zu.

3) παραλογίζομαι *[paralogịzomai]*, seit Isocr. bekannt, ist Negativum zu λογίζομαι *[logịzomai]*, *(be-)rechnen, überlegen*. Es bezeichnet den *Betrug*, die geistige *Täuschung*.

II 1) Die Wortgruppe πλαν- *[plan-]* hat keine eindeutige hebr. Entsprechung. Am häufigsten übers. πλανάω *[planạō]* *tāʿāh* (Kal: *umherirren*, hif.: *irreführen*). Der profangriech. Inhalt wird in LXX übernommen. Die lokale Bedeutung des Verbs kommt zum Ausdruck, wenn vom Irreleiten der Blinden (Dtn 27,18) gesprochen wird. Sie liegt auch zugrunde bei der Bezeichnung des Taumelns nach Weingenuß (Jes 19,13f; 28,7 u. ö.). Die häufige Verbindung mit ὁδός *[họdos]*, *Weg*, hat in der lokalen Bedeutung ihren Ursprung (Jes 35,8 u. ö.). Es entspricht der Lebensweise Israels, wenn die umherirrenden Schafe zum Bild für die menschliche Existenzweise werden (Dtn 22,1; Jes 13,14; 53,6; Ps 119,176 u. ö.). Das Schicksal des Volkes in der Wüste ist nach Num 14,29.33 ein Umherirren als Strafe Gottes für den Ungehorsam (vgl. auch Dtn 2,14). Das Volk geht in die Irre, indem es Gottes Gebot verläßt und Götzendienst treibt (Dtn 13,6 u. ö.). Verführer sind dabei Götzen (Am 2,4), falsche Propheten (Jer 23,32), untreue Könige (2Chron 33,9). Sogar Gott selbst tritt als Verführer auf (Hi 12,23; Ez 14,9; Jes 63,17). Da der Weg Israels immer wieder in die Irre führt, sind Umkehr und Rettung nötig. Im Bild von den Schafen, die ohne Hirten nicht sein können, kommt dieses Grundverhältnis trefflich zum Ausdruck.

2) ἀπατάω *[apatąō]* gibt hauptsächlich Verbalformen von *pātāh* wieder, das im Kal und nif. *sich betören lassen*, im Piel *betören, verleiten* und im Pual *verführt werden* bedeutet. Die Täuschung kann als menschliche List angewendet werden, um andere Menschen hinters Licht zu führen (zB Ri 14,15; 16,5 Simson). Gen 3,13 ist vom Betrug der Schlange die Rede, die die Frau zum Essen von der verbotenen Frucht verführt hat. In einer Vision des Propheten Micha ben Jimla bietet sich der personifizierte Geist in Jahwes himmlischem Thronrat an, zum Lügengeist zu werden, um den König Ahab und seine Propheten zu betören (1Kön 22,21f). Auf der anderen Seite steht das Bekenntnis des Psalmbeters: »Gott suchte ich . . ., und ich wurde nicht betrogen« (Ps 76,2 LXX).

3) In der spätjüd. Lit. treten als wesentliche Elemente hinzu, daß die Verführung oft durch Geister oder Mächte geschieht, bes. etwa durch die Gottessöhne (Gen 6,1ff) und den διάβολος *[diąbolos]* (→ Satan; St.-B. I,136ff). Die apok. Lit. rechnet mit der πλάνη *[pląnæ]* als einem Vorzeichen des Weltendes, des Tages des Messias (St.-B. IV,977ff).

4) Die Qumrantexte sprechen einerseits von einem durch die bösen Geister und Triebe veranlaßten Irren der Kinder des Lichtes (1QS III,21; CD II,17; III,4.14), andererseits berichten sie von Menschen, die als Verführer der Gemeinde aufgetreten sind (CD XX,11; 1QH II,14.19; IV,7.12. 16.20).

Das aktive Verb (ἀπο-)πλανάω *[(apo-)planąō]* wird im NT fast ausschließlich im apok. Sinn gebraucht (Mk 13 par; Offb) und von Irrlehrern (2Tim 3,13; 1Joh). Auch die Subst.e stehen oft in diesem Zusammenhang (2Thess 2,11; 2Petr 2,18; 3,17; Jud 11; 2Joh 7). Der urspr. lokale Sinn ist am deutlichsten, wo ausdrücklich das Bild von den Schafen verwendet wird (Mt 18,12f; 1Petr 2,25) oder in der Verbindung mit ὁδός *[hodos]*, *Weg* (2Petr 2,15, vgl. auch Hebr 11,38). Doch ist nie die rein lokale Bedeutung gemeint, sondern immer auch ein theol. Sinnzusammenhang. Das Med. (ἀπο-)πλανάομαι *[(apo-)planąomai]* wird im Sinn von *sich täuschen, sich verführen lassen, sich irren* gebraucht (Tit 3,3; Hebr 3,10 = Ps 95, 10; 5,2; Jak 5,19; Mt 22,29; Mk 12,24; 1Tim 6,10). So auch in der bei den Stoikern üblichen Formel μὴ πλανᾶσθε *[mæ planąsthe]*, *irrt euch nicht* (Gal 6,7; 1Kor 6,9; 15,33; Jak 1,16). Der rein passivische Sinn *verführt werden* begegnet Mt 18,12; Joh 7,47; 2Tim 3,13 u. ö. Das Subst. πλάνη *[pląnæ]* ist der konkrete *Irrtum* (Mt 27,64; 2Petr 3,17; Jud 11) oder allg. die gottferne *Wirrnis* und *Bindungslosigkeit* (Röm 1,27; Eph 4,14; 1Joh 4,6). Das Subst. πλανήτης *[planątæs]* oder πλάνης *[pląnæs]* erscheint nur Jud 13 im Sinne von *Planet, irrender Stern*. πλάνος *[pląnos]* wird als Subst. (Mt 27,63; 2Joh 7) und als Adj. (1Tim 4,1; 2Kor 6,8) gebraucht. III

(ἐξ-)ἀπατάω *[(ex-)apatąō]* und ἀπάτη *[apątæ]* stehen 2Kor 11,3; 1Tim 2,14 in bezug auf Gen 3; 2Thess 2,3; Eph 5,6; Kol 2,8 in Verbindung mit Irrlehrern; Mk 4,19 par; Röm 7,11; 2Thess 2,10; Hebr 3,13; 2Petr 2,13 im ethischen Sinn als *Verführung* durch → Sünde oder zur Sünde.

παραλογίζομαι *[paralogizomai]* steht nur Kol 2,4 und Jak 1,22. Gemeint ist eine *Täuschung* durch Worte bzw. Unverständnis.

In ihrer theol. Bedeutung können die angeführten Begriffe synonym verwendet werden. Die Unterschiede im nt. Gebrauch entsprechen den unter II genannten Nuancen.

1) Das Bild von den Schafen, die sich verirren und ohne Hirten verlorengehen, ist im AT verbreitet (Jes 53,6; 1Kön 22,17; Ps 119,176; Ez 34). Im NT wird es vielfach aufgenommen (Mt 10,6; 12,11f; 18,12 par; Mk 6,34 par; 14,27 par; Joh 10; 1Petr 2,25 u. ö.). In den Rahmen dieses Bildes gehört die Wortgruppe πλανάω *[planąō]*. Fast alle Stellen lassen sich von diesem Bild her deuten, auch wenn es nicht ausdrücklich genannt ist. Jesus ist der → Weg (ὁδός *[hodos]*) und die → Wahrheit (ἀλήθεια *[alætheia]*). Entfernung von ihm als dem Hirten bedeutet Umherirren ohne festen Halt mit der Gefahr des Verlorengehens. (Die

Verben πλανάω *[planąō]* und ἀπολλύειν *[apollyein]* wechseln; vgl. Mt 18,12 mit Lk 15,4ff.) Wo vom Irren der Heiden die Rede ist (Offb 18,23), vom Abirren vom Wege (2Petr 2,15; Jak 5,20), vom Leben ohne Glauben (Hebr 11,38), da klingt das Bild deutlich an. An den Stellen, wo von der Verführung durch Irrlehrer gesprochen wird, steht es unausgesprochen dahinter (zB Mt 24,4ff; Joh 7,12; 1Joh 3,7; Offb 20,8–10 u. ö.).

2) Das vorchristl. Leben wird als πλάνη *[pląnæ]*, *Irrtum*, bezeichnet (Röm 1,27; Eph 4,22; Tit 3,3; 1Petr 2,25). Es ist die Zeit ohne die Führung und den Halt durch den Herrn und Hirten, die eine Zeit des Unglaubens und der Sünde war, wenn hier auch von schuldhaftem Irren noch nicht gesprochen werden kann (vgl. Röm 1,18ff).

Für den Menschen unter dem Gesetz ist das Irren Schuld (ἁμαρτία *[hamartįa]* Röm 7,11). Das Abirren vom Glauben (1Tim 6,10) oder von der Wahrheit (Jak 5,19f), der Irrtum des Herzens (Röm 16,18; Hebr 3,10.13; Jak 1,26) ist Sünde und Schuld zugleich (vgl. auch 2Thess 2,10).

Die Geschichte vom Sündenfall ist das Urbild der Verführung und des Ungehorsams durch angenehme Lust (2Kor 11,3; 1Tim 2,14). Hier hat die Wortgruppe ἀπατάω *[apatąō]* ihren Ort. Reichtum lockt verführerisch (Mk 4,19 par; Mt 13,2; 1Tim 6,10), und andere Lüste stehen bereit zur Verführung des Christen (Röm 16,18; Eph 4,22; 2Petr 2,13).

Hinter dem Irren stehen Mächte, so der Geist des Trugs (1Tim 4,1; 1Joh 4,6), der → Antichrist (2Joh 7), schließlich auch der → Satan selbst, der Irrtum und Verwirrung stiftet (Offb 12,9; 20,10).

3) Die Gefahr für den Christen ist die Selbsttäuschung (1Kor 3,18; 1Joh 1,8), die zum Abfall von der rechten Lehre führt. Die oft wiederkehrende Mahnung μὴ πλανᾶσθε *[mæ planąsthe]* ist daher notwendig (1Kor 6,9; 15,33; Gal 6,7; 2Thess 2,3; Jak 1,16). Wer nicht fest im Glauben steht, ist in Gefahr, das rechte γινώσκειν *[ginǫskein]*, → *Erkennen*, zu verfehlen, weil Irrlehrer in großer Zahl die Gemeinden bedrohen (1Thess 2,3; 2Thess 2,3; Eph 4,14; Kol 2,8; 1Joh 2,26; 3,7; 4,6; 2Tim 3,13; 2Petr 2,18; 3,17). Irrlehre als Verführung durch Philosophie und leere Worte und Verführung zu konkreten Sünden gehen dabei Hand in Hand. Dem steht die Wahrheit gegenüber (Jak 5,19f), die im Glauben an den ergriffen werden muß, der selbst die Wahrheit ist.

4) Jesus wird von den Juden gehaßt und verfolgt, weil sie in ihm den Verführer des Volkes sehen (Mt 27,63; Joh 7,12.47). Die Apostel werden vom Unglauben als Verführer angesehen (2Kor 6,8), obwohl sie Diener der Wahrheit sind. In diesem Kampf um die Wahrheit ist die Gemeinde an den gewiesen, der selbst die Schwäche eines Menschen an sich trug (Hebr 5,2) und der deshalb Beistand leisten kann. Der Glaube an ihn ist der Maßstab für Wahrheit und Irrtum. Von da aus werden die Gegner zu betrogenen Betrügern und die Pharisäer sind die wahren Verführer des Volkes (2Tim 3,13; Mt 22,29; Mk 12,24.27). Ein anderes Kriterium für die Wahrheit als Jesus Christus gibt es für den Christen nicht.

5) Der letzte Wahrheitserweis liegt in der Zukunft, in der endgültigen Offenbarung Jesu Christi bei seiner Wiederkunft. Die Zeit der Kirche ist die Zeit des Kampfes um die Wahrheit. Das apostolische Zeugnis wird allen Völkern verkündigt (Mt 28,18ff), zugleich aber führen die Mächte zunehmend die Verwirrung und Verirrung herauf (Mt 24 par; Offb 18,23; 20,3.8 u. ö.). Im Licht dieser letzten Zuspitzung des Kampfes stehen die meisten Aussagen, in deren Zusammenhang unsere Begriffe vorkommen. Das Ende besteht darin, daß der Herr kommt, um das Verlorene und Verirrte heimzuholen und aller πλάνη *[pląnæ]*, *Täuschung*, ein Ende zu machen (2Thess 2; 2Petr 3; Offb 12,9; 13,14). S. auch → Versuchung.

W. Günther

Lit.: AOepke, Art. ἀπατάω, ThWb I, 1933, 383f – WBauer, Rechtgläubigkeit und Ketzerei im ältesten Christentum, 1934 (mit Nachtr. GStrecker, BHTh 10, 1964) – GQuell, Wahre und falsche Propheten, 1952 – RBultmann, Theologie des NT, 1953 (1968[6]), §§ 55.59 – HBraun, Art. πλανάω, ThWb VI, 1959, 230ff. → Lit. Erkenntnis; → Lit. Wandel.

Vergebung

ἀφίημι

ἀφίημι [aphịæmi] loslassen, vergeben · ἄφεσις [ạphesis] Vergebung · πάρεσις [pạresis] Hingehenlassen

ἀφίημι [aphịæmi] (zusammengesetzt aus ἀπό [apọ], *von, weg,* und ἵημι [hịæmi], *in Bewegung set-* I
zen, senden), seit Hom., bezeichnet das willentliche Freigeben einer Person oder Sache, über die man rechtlich oder tatsächlich verfügen kann. Neben dem Verb ist seit Plato das Subst. ἄφεσις [ạphesis], *Entsendung, Entlassung,* in Gebrauch. Mit der übertragenen Bedeutung von ἀφίημι [aphịæmi] berührt sich παρίημι [parhịæmi], seit Hom., eigentlich *vorbei-, herablassen;* übertragen *nachlassen, gestatten* (Subst. πάρεσις [pạresis] seit Hippokrates).

1) ἀφίημι [aphịæmi] steht profangriech. in wörtlichem wie übertragenem Sinn:

a) mit pers. Obj.: *fortlassen, schicken* (die Frau *verstoßen,* eine Versammlung *auflösen, beenden*), *freilassen, verlassen, entsenden;* mit sachlichem Obj.: *loslassen* (zB das Schiff in See), *wegschleudern* (zB Pfeile), *überlassen.*

b) Im übertragenen Sinne findet sich das Verb als *gewähren lassen, gestatten, außer acht lassen, aufgeben* (Mühe oder dgl.; bei Jos. Ant. 1,12,3 auch: *das Leben lassen, sterben*); wichtig ist der juridische Gebrauch: *aus einem Rechtsverhältnis entlassen* (Amt, Schuld usw., auch: die Frau aus der Ehe, zB Hdt. V,39), *freisprechen* (zB Niederschlagung eines Strafverfahrens, Plato Leg. 9,869d), *erlassen* (Schuld, Verpflichtung, Strafe usw.; zB Hdt. VI,30). Entsprechend bedeutet das Subst. ἄφεσις [ạphesis] (zB Demosth. 24,45) *Entlassung, Begnadigung* oder auch *Erlaß* usw. Alle genannten Bedeutungen betreffen seit Hom. nur die zwischenmenschlichen Beziehungen; religiöser Bezug findet sich nicht.

2) In gleicher übertragener Bedeutung erscheint vielfach παρίημι [parhịæmi], *vorbeilassen, nachlassen* (zB erschlaffende Segel, Plato Leg. 11,931d), aber auch *straflos lassen, gestatten* im Sinne persönlicher Nachsicht und Duldung (zB Hdt. VII,169,2) und sein Subst. πάρεσις [pạresis], das *Hingehenlassen.*

LXX gebraucht ἀφίημι [aphịæmi] im profangriech. Sinn u. a. von *loslassen* (Ri 3,1), *lassen,* II
aufgeben (Ri 9,9.11.13), *zurücklassen* (2Sam 15,16; 23,3), *gestatten* (2Sam 16,10f), *hinterlassen* (Ps 16[17],14), *erlassen* im Erlaßjahr (Dtn 15,2) u. ä. Verhältnismäßig selten wird es in der Bedeutung *vergeben* verwendet. Es steht dann meistens für die hebr. Äquivalente *nāsā', erlassen* von Schuld bzw. Strafe (Gen 18,26; Ps 24[25],18; 31[32],1.5; 84[85],2; Jes 33,34 u. ö.), und *sālach, vergeben, verzeihen* (Lev 4,20ff; 5,6ff; Num 14,19; 15,25f; Jes 55,7 u. ö.); aber auch für *kippær, bedecken, Sühne schaffen* (Jes 22,14). Der Vergebende ist Gott (doch vgl. Gen 50,17). Im Akt der Vergebung wird das durch Sünde ge- bzw. zerstörte Verhältnis zwischen Gott und Mensch wieder hergestellt.

Von den etwa 50 Stellen, an denen sich ἄφεσις [ạphesis] in LXX findet, entfallen allein 22 auf Lev 25 und 27 (für hebr. *jobēl,* das *Erlaßjahr*) und 5 auf Dtn 15,1–9 (für hebr. *schāmat, Schulderlaß* im Erlaßjahr). Im übrigen wird es öfter für die Freilassung von Gefangenen und Sklaven gebraucht (Jes 61,6; Jer 41[34],8.15.17; Ez 46,17). Nur einmal kommt ἄφεσις [ạphesis] im Sinne von *Vergebung* vor (Lev 16,26), wo es ohne Äquivalent als Interpretament zu Asasel steht.

Das Vorkommen von ἀφίημι [aphịæmi] und ἄφεσις [ạphesis] zeigt also, daß in LXX mit diesen Worten nicht schwerpunktmäßig der Sachverhalt der Vergebung wiedergegeben wird. Weil Israel die vergebende Zuwendung Gottes weitgehend im Kult erfuhr (vgl. II,1), wurden u. a. auch die verschiedensten Begriffe aus der Kultsprache zur Umschreibung von Vergebung verwendet (waschen, reinigen, bedecken u. a.).

1) V e r g e b u n g i m A T. Daß Gott Sünde vergeben kann, hat Israel vor dem Exil vermutlich auch schon gewußt (vgl. Jes 6). Die Vorstellung der Sündenvergebung spielt aber im Glauben und im Kult jener Zeit keine besondere, jedenfalls nachweisbare Rolle. Eine merkwürdige Ausnahme scheint eine Reihe vorexilischer Psalmen zu sein (vgl. Ps 25,11; 65,4; 78,38; 79,9 u. a.), in denen das Schuldbewußtsein und die Sündenvergebung eine den frühen Schriften des AT sonst unbekannte Reflexion erfahren haben. Der Grund der Schuld sind hier aber nicht moralische Einzelvergehen, sondern »der Gegensatz der beiden Willen, des göttlichen und des menschlichen« (van der Leeuw, Phänomenologie der Religion, 594). Sünde ist hier im tiefsten Wesen des Menschen begründeter Gegensatz zu Gott, der nur in neuer, gnädiger Zuwendung Gottes wieder aufgehoben werden kann (vgl. Ps 65,5ff).

KKoch (Sühne und Sündenvergebung um die Wende von der exilischen zur nachexilischen Zeit; die nachfolgenden Erwägungen stützen sich weitgehend auf diese ausgezeichneten Untersuchungen) weist überzeugend nach, daß die Stellen, wo auf Grund prophetischer Fürbitten von Gottes Erbarmen geredet wird (Am 7; Ex 32,12.14; Jer 26,19; vgl. Mi 7,18 u. ö.), meinen, daß Gott am Sünder vorübergeht (*'ābar*), dh nachsichtig ist und »die Kreise des mit Schuld beladenen Menschen« meidet.

»Wo solches Verzeihen gewährt wird, wird zudem die Strafe gemildert, aber in vorexilischer Zeit nie aufgehoben« (KKoch, aaO, 221). Gerade die endgültige Heimsuchung Israels durch Jahwe in den Unheilsweissagungen der Propheten ist nur verständlich, wenn die schicksalwirkende Tat unbedingt vorausgesetzt wird, die eine Vergebung Gottes im Sinne einer Aufhebung der Schuld ausklammert. Gott kann nicht mehr an der Sünde des Volkes vorübergehen (→ Versöhnung, bes. Art. ἱλάσκομαι).

Die Erkenntnis vom sündentilgenden Gott ist in die frühen Prophetenbücher erst später durch redaktionelle Zusätze eingearbeitet worden (vgl. Ez 36,29.33; Jes 4,3.4; Mi 7,19 u. ö.). Erst »die exilisch-nachexilische Zeit entdeckt die Vergebungsbereitschaft Gottes, indem sie in kultischen Handlungen und priesterlichen Formeln Vergebung sich vollziehen sieht und die Befreiung aus Sünden erlebt« (KKoch, aaO, 227; vgl. vRad, Theol. I, 259). Weil der Israelit → Sünde (Art. ἁμαρτία) nicht abstrakt denkt, sondern als durch die Verfehlung entstehende schicksalwirkende, raumhafte Sphäre, kann Schuld nicht einfach aufgehoben werden, sondern sie ist nur vergebbar, indem Gott im Sühneritus den Kreis der weiterwirkenden Tat durchbricht und diese zB nach Lev 16,20ff auf ein Tier weiterleitet. Der große Fortschritt in der Gotteserkenntnis Israels im Exil ist, daß es begreift, daß Gott eine Übertragung von Schuld im Ritual (→ Opfer) und damit Vergebung als Aufhebung der Schuld ermöglicht (vgl. Lev 16,20–22; 17,11 u. ö.). Wahrscheinlich ist es zu dieser Erkenntnis gekommen, als die Priester im Exil die Situation grundsätzlich neu durchdachten und bestimmte »prophetische Anspielungen« (vgl. Jes 1,16.18; 6,7 u. a.) und Psalm-Stellen (Ps 25,11; 65,4; 79,9 u. ö.) anders verstehen lernten (vgl. KKoch, aaO, 232f). Festgehalten werden muß, daß in allen Sühnehandlungen Gott allein der Befreiende und Vergebende ist.

Allerdings kann auch durch die Sühneriten nicht jedes Vergehen gesühnt und damit vergeben werden (zB Verstöße gegen die Beschneidungsvorschrift Gen 17,14; gegen die Sabbat- und Passahfeier Ex 12,15; Num 9,13 u. ö.).

Über die Vorstellungen vor allem der Priesterschrift hinaus geht DtJes. Er erkennt zum einen, daß Sühne durch Tierblut (→ Blut, Art. αἷμα) unzureichend ist, und zum anderen, daß ein Sühnekult in der Exilssituation ohnehin fortfällt. In dem kommenden Gottesknecht verkündigt er den, dem die Schuld Israels und darüber hinaus der Völker übertragen werden wird und durch den Gott so umfassende Sühne und Sündenvergebung ermöglichen wird (Jes 53; vgl. 55,6–13).

Zusammenfassend kann gesagt werden, daß Israel seit dem Exil seine Geschichte als von Gottes vergebendem Handeln getragen begreift. Das wird noch einmal bes. deutlich in der Bedeutung, die dem zweiten Tempel zukommt. Er ist der Ort, an dem der Versöhnungstag gefeiert wird, von dessen Riten her alle Israeliten Sündenvergebung erfahren (vgl. Sir 50; 1Bar 1,10ff u. a.).

2) **Judentum.** ἀφίημι *[aphiæmi]* bzw. ἄφεσις *[aphesis]* begegnen als Termini der Vergebung bei Jos. (Ant. 6,92), Philo (Vit. Mos. II,147; Spec. Leg. I,190 u. ö.) u. a. Doch tritt Gottes vergebende Güte, im AT verbunden mit seiner Gerechtigkeit (Ps 143,11 u. ö.), zu dieser in Spannung. Das wird bes. bei Jos. deutlich. Synergistisches Denken einerseits und die δίκη *[dikæ]* Gottes (zentraler Begriff seiner Theologie) andererseits lassen bei ihm die Vergebung zur Duldung Gottes werden. Auf Grund des Schuldbekenntnisses und der Sinnesänderung ist Gott zwar zur Versöhnung (Bell. V,415) und damit zur Abwehr der Strafe bereit (Ant. IX,214; XI,114 u. ö.), die Überwindung des Bösen, dh die Aufhebung von Sünde geschieht durch solches Vergeben jedoch nicht.

Das rabb. Judentum entwickelt eine ausgeprägte Kasuistik, in der Gottes Vergebung katalogisiert wird. Es wird unterschieden zwischen a) Sündenvergebung in dieser Welt auf Grund von Buße und Sühnopfern, zB am großen Versöhnungstag (vgl. TJoma 5,6ff; St.-B. I, 636), b) Sündenvergebung in der zukünftigen Welt auf Grund der Sühnung durch das Feuer des Gehinnoms oder auf Grund göttlicher Gnade (vgl. St.-B. I, 637) und c) Sündenvergebung bzw. Bewahrung vor Sünden in der messianischen Zeit. Dabei wird vom Messias zwar gesagt, daß er für Israel auf Grund seiner Fürbitte und seiner Leiden Vergebung erwirkt (Targ. Jes 53,4ff), nirgends finden sich jedoch Belege dafür, daß der Messias kraft eigener Vollmacht Menschensünde vergibt. Allein Gott hat das Recht, Sünden zu vergeben. Aber wie im AT gibt es unvergebbare Sünden (zB Lästerung des Gottesnamens).

3) **Qumran.** Bes. der Sektenkanon (1QS), die Damaskusschrift (CD) und die Hymnenrolle (1QH) weisen eine Reihe von Stellen auf, in denen von Gottes Vergebung die Rede ist (1QS III,6–12; XI,3; CD II,3f; III,18; 1QH IV,37; VII,18.30.35 u. ö.). Bei jedem einzelnen Gemeindeglied stand neben einem starken Bewußtsein der Erwählung und Sendung ein bes. ausgeprägtes der Sünde und Nichtigkeit (vgl. 1QH I,5–39). Dieses Wissen um die Nichtigkeit und Geschöpflichkeit des Menschen einerseits und das um die Erwählung andererseits wurde betont, indem man die Sünde und die Vergebung stark herausstellte und sich damit zur völligen Abhängigkeit von Gottes Gnade bekannte (1QH X,21; XI,9 u. ö.). Vergebung ist in Qumran nicht an blutige Sühneriten gebunden, sondern Vergebung erhält der, der seinen falschen Weg einsieht und durch Demut und rechtschaffenen Geist umkehrt (vgl. 1QH XIV,24; 1QS III,7ff: »Sein Vergehen wird gesühnt«). Wer nicht aufrichtig umkehrt, sondern an Belial (Satan) festhält, schließt sich von der Vergebung und damit aus dem neuen Bund aus (1QS II,8.26).

1) ἀφίημι *[aphiǣmi]* ist im NT 142mal belegt; davon allein 47mal bei Mt, je 34mal bei Mk und in den lukanischen Schriften und 14mal bei Joh. Auf alle anderen nt. Schriften entfallen nur noch 13 Stellen. Bemerkenswert ist nun, daß ἀφίημι *[aphiǣmi]* nur 45mal in der Bedeutung *vergeben* vorkommt (Mt 17mal, Mk 8mal, lukanische Schriften 14mal, Joh 2mal, Paulus sogar nur 1mal); gelegentlich in profaner Bedeutung (Mt 18,27.32), meist jedoch mit religiösem Sinn als *Vergebung* (absolut gebraucht Mt 12,32 par u. ö.) oder als Vergebung von Sünde (ἀφιέναι ἁμαρτίας *[aphienai hamartias]* Mk 2,5.7 par; Lk 7,47ff u. ö.), Schuld (ὀφειλήματα *[opheilǣmata]* Mt 6,12), Vergehen (παραπτώματα *[paraptōmata]* Mk 11,25f; Mt 6,14f u. ö.). An den meisten Stellen gebraucht das NT ἀφίημι *[aphiǣmi]* in den urspr. Bedeutungen *lassen* (Mk 1,34; 5,19.37 par; Apg 14,17 u. ö.), *loslassen, entlassen, fortlassen* (Mt 13,36; 1Kor 7,11–13 u. ö.), *verlassen* (Mk 1,20; 10,28f par u. ö.), *zurücklassen* (Mk 1,18 par u. ö.), *aufgeben* (Mk 7,8; Röm 1,27 u. ö.) etc. III

Anders ist das bei der Verwendung von ἄφεσις *[aphesis]*, das von 17 nt. Belegstellen 15mal in der Bedeutung *Vergebung* (Mk 1,4 par; Mt 26,28; Lk 1,77; Apg 2,38; Hebr 9,22 u. ö.) und 2mal für die *Entlassung* aus der Gefangenschaft (Lk 4,18) gebraucht wird. Auffällig ist, daß von diesen 17 Belegen allein je 5 auf das LkEv. und die Apg, 2 auf den Hebr und 2 auf Mk entfallen, während ἄφεσις *[aphesis]* bei Paulus ganz fehlt (wohl Eph 1,7; Kol 1,14). Das deutet auf eine erst späte Verwendung hin.

πάρεσις *[paresis]*, das *Ungestraftseinlassen*, kommt nur Röm 3,25 vor. Daneben gibt es – teilweise in Anklang an at. kultische Begriffe – weitere Umschreibungen des Vergebens wie καλύπτω *[kalyptō], zudecken, bedecken* (→ Verbergen), αἴρω *[airō], wegnehmen, tilgen* (Joh 1,29 u. ö.), ἀπολούομαι *[apoloyomai], sich abwaschen lassen* (→ Taufe, Art. λούω).

Bei Paulus begegnen in theol. Präzisierung des gleichen Sachverhalts δικαιόω *[dikaioō], rechtfertigen* (→ Gerechtigkeit, Art. δικαιοσύνη), und καταλλάσσω *[katallassō], versöhnen* (→ Versöhnung).

2a) Im gleichen Maß, wie das Sündersein des Menschen sein Verhältnis zu Gott zerstört hat (→ Sünde, Art. ἁμαρτία; → Mensch, Art. ἄνθρωπος III), nimmt die Vergebung als die Erneuerung dieses Verhältnisses die zentrale Stelle in der christl. Verkündigung ein. Sie steht als Gottes Tat gegen das sündige Tun des Menschen und ist begründet im Christusgeschehen (Kol 1,14; Eph 1,7), dessen Sünden vergebende Wirksamkeit sich in Predigt (Lk 24,47; Apg 10,42f; 13,38 usw.), → Taufe (Apg 2,38 u. ö.; Mk 1,4f par; auch Röm 6,1ff usw.) und → Herrenmahl (Mt 26,28; vgl. Joh 6,53ff usw.) bekundet. Die at. Predigt von der Vergebung ist damit aufgenommen und als in Christus geschehene Erfüllung des Verheißenen (Jer 31,34; 33,8 u. ö.) in der eschatologischen Gegenwart (vgl. Lk 1,77; 4,18ff) neu verkündigt. Die Synopt. und die Apg verwenden oft parallel zum Verb (s. o. 1) die feste Formulierung ἄφεσις ἁμαρτιῶν *[aphesis hamartiōn], Sündenvergebung* (Mk 1,4 par; Mt 26,28; Apg 5,31 u. ö.). Die in den übrigen Schriften bevorzugten Begriffe wie → Erlösung (ἀπολύτρωσις *[apolytrōsis]*), → Versöhnung (καταλλαγή *[katallagǣ]*), Rechtfertigung (δικαίωσις *[dikaiōsis]* bzw. das Verb δικαιόω *[dikaioō]*; → Gerechtigkeit, Art. δικαιοσύνη III,1) zielen stärker auf das Tun Christi ab (doch vgl. auch Kol 1,14, ähnlich Eph 1,7).

b) Die Verkündigung Jesu gipfelt, entsprechend Mk 10,45 par, in der durch ihn gebrachten Vergebung (Lk 4,18–21; 15,11ff; Mt 18,21ff). Sie erscheint als das ihm gemäße Tun (Mk 2,7.10 par; Lk 7,49 u. ö.). In Mk 2,1–12 par (Heilung des Gelähmten) nimmt allen Einwänden zum Trotz die Vergebung im Handeln Jesu die ihr zukommende Stellung als das eigentlich und einzig Notwendige ein. Jesu Haltung zu den notorischen Sündern unterstreicht seine Predigt durch die Tat (Lk 7,36–50; 19,1–10 u. ö.).

c) In der Vergebung geschieht die Nichtigmachung der geschehenen Sünde (Mk 2,5 par u. ö.; vgl. Joh 8,11), zugleich aber auch die Aufnahme des Sünders (Lk 15,20ff; vgl. auch Kol 1,13f: Befreiung aus der Herrschaft der Mächte und Versetzung in die Herrschaft Christi), dem ein neues Leben geschenkt und gleichzeitig ewiges Leben verheißen wird (Lk 23,43; Mt 5,43–48; Joh 14,19b). Indem aber, wie die urchristl. Predigt zeigt, diese Aufnahme zugleich Aufnahme in die Gemeinde bedeutet, ist sie auch Teilhabe an der darin immer wieder zugesprochenen — weil immer wieder notwendigen — Vergebung (Mt 18,18; vgl. 16,19; Joh 20,23; vgl. auch Apg 10,42f; 13,38). Die Vergebung erscheint in enger Beziehung zu Jesu Kreuzestod (vgl. neben allg. Hinweisen wie Mk 10,45 par und Joh 3,16: Hebr 9,22, auch Röm 8,32). Als »Lamm Gottes« nimmt er die Sünde der Welt weg (Joh 1,29; vgl. 1Petr 2,21ff). Beim → Herrenmahl ist daher auf die versöhnende Wirkung des Sterbens Jesu Bezug genommen durch die Wendung »Blut des Bundes, vergossen . . . zur Vergebung der Sünden« (Mt 26,28). 1Kor 15,17 stellt auch zur → Auferstehung Jesu eine Verbindung her (vgl. Röm 4,25; 14,9; 2Kor 5,15b; Lk 24,46f; vgl. auch Apg 5,31).

d) Buße (μετάνοια *[metanoia]*, → Bekehrung) und Sündenbekenntnis (Mk 1,15; Apg 2,38; 5,31; 1Joh 1,9; Hebr 6,1.6; Jak 5,16) sind nicht »Vorleistung«, gehen vielmehr voraus als die von Gott gewirkte Bejahung seines Urteils über den »alten Menschen« und damit als Offensein für den befreienden Losspruch (vgl. Apg 19,18). Auch die Vergebungsbereitschaft des Menschen, mit der die göttliche Vergebungszusage eng verbunden ist (Mt 6,12 par 14f; vgl. 5,23f; Mk 11,25; Lk 6,37), kann nicht als »Vorleistung« angesprochen werden; sie gehört zu dem geschenkten neuen Leben und ist — sofern dieses angenommen wird — der selbstverständliche, tätige Dank des begnadeten Sünders. Dies zeigt negativ das Beispiel des bösen Knechts (Mt 18,32ff). Auch die genannten Stellen aus der Bergpredigt richten sich an solche, die Gottes Vergebung bereits empfangen haben, bei denen als Wirkung mithin Dankbarkeit zu erwarten ist, die sich im »Nachfolgen« bzw. »Nachahmen« Christi und seiner Vergebung erweist (vgl. Kol 3,13; Eph 4,32). Somit begegnet menschliches Vergeben als Konsequenz der Vergebung Gottes in Christus gegenüber dem Schuldner (Mt 6,12 par), selbst gegenüber dem Feind (Mt 5,38—48; Röm 12,19ff).

e) Wenn bei Paulus die Begriffe ἀφίημι *[aphiæmi]* und ἄφεσις *[aphesis]* ganz zurücktreten (Röm 4,7 hat in einem at. Zitat ἀφίημι *[aphiæmi]* in der Bedeutung *vergeben*, Röm 3,25 in ähnlichem Sinn πάρεσις *[paresis]*), so hängt das damit zusammen, daß bei ihm die Verkündigung der Vergebung als durchdachte und systematisierte Lehre erscheint: Die Tatsache, daß die Vergebung nicht nur Erlaß vergangener Schuld, sondern Befreiung von der Macht der Sünde überhaupt und Wiederaufnahme in die Gemeinschaft mit Gott zum Inhalt hat, ist bei Paulus ausgedrückt in seiner Lehre von der Rechtfertigung (→ Gerechtigkeit; Röm 3,21ff; 4,22.25; Gal 3,6ff usw.) und von der → Versöhnung (des Sünders Röm 5,10f; 2Kor 5,18; der Welt Röm 11,15; 2Kor 5,19) mit Gott, die in Christus geschehen (Röm 5,10f) und als freie Tat Gottes selbst (2Kor 5,18f) Mitte des Evangeliums ist. Vergebung geschieht, indem Gott sich selbst rückhaltlos einsetzt durch die Hingabe seines Sohnes (2Kor 5,21; Röm 8,32 u. ö.) und damit durch die Teilgabe an seiner eigenen Gerechtigkeit (Röm 3,21—28 u. ö.), so daß »in Christus« der Mensch begnadigter Sünder (Röm 8,1) und »neue Kreatur« (2Kor 5,17) ist — eine Zusammenfassung und theol. Verfestigung der urchristl. Predigt von der Vergebung.

f) Die Verkündigung der in Christus geschehenen Vergebung ist der Gemeinde (→ Kirche) aufgetragen. Die Ausübung geschieht in Predigt und seelsorgerlichem Zuspruch, wie in den verkündigenden Handlungen Taufe und Herrenmahl. Dabei handelt es sich nicht nur um ein referierendes Wiederholen, sondern um einen in der konkreten Situation von Christus her jeweils neu sich ereignenden Akt des Zuspruchs, dessen Gültigkeit in der von Christus der Gemeinde verliehenen Vollmacht gründet (Mt 18,18; vgl. 16,19; Joh 20,23; vgl. auch 1Joh 5,16 und Jak 5,15f) und stets im Gehorsam auf ihn bezogen bleibt.

Daß es sich wirklich um diese je neue Verwirklichung in der konkreten Situation des Entweder-Oder und nicht um eine zeitlose Anwendung der Vergebung handelt, zeigt neben dem Vergeben das »Zurückhalten« (κρατέω *[krateō]*, als Gegensatz zu ἀφίημι *[aphiæmi]* Joh 20,23; vgl. Mt 18,18 und 16,19), ohne welches die Vergebung in Gefahr stände, zu einer Spielerei zu werden (vgl. dazu 1Kor 5,1—5; Mt 12,30ff par; Apg 5,1—11; 1Joh 5,16f; Hebr 6,4; 10,26f — letztere Stellen in der Auseinandersetzung mit der wiederum konkreten Frage von Abfall und erneuter Buße, die später der Hirt des Hermas wieder aufnimmt).

H. Vorländer

Lit.: RBultmann, Art. ἀφίημι, ThWb I, 1933, 506ff – EBRedlich, The Forgiveness of Sins, 1937 – WEichrodt, Theologie des AT, Teil 3, § 23, 1939 (1964^5) – JJStamm, Erlösen und Vergeben im AT, 1940 – VTaylor, Forgiveness and Reconciliation, 1941 – OEEvans, The Unforgivable Sin, ET 68, 1956/57, 240ff – HStendahl, Prayer and Forgiveness, SEÅ 22/23, 1957/58, 75ff – KKoch/WBienert/PJacobs, Art. Vergeltung und Vergebung, EKL III, 1959 (1962^2), 1636ff – WTelter, The Forgiveness of Sins, 1959 – FCFensham, The Legal Background of Mt 6,12, NovTest 4, 1960, 1f – ThCVriezen u. a., Art. Sündenvergebung, RGG VI, 1962^3, 507ff – HThyen, ΒΑΠΤΙΣΜΑ ΜΕΤΑΝΟΙΑΣ ΕΙΣ ΑΦΕΣΙΝ ΑΜΑΡΤΙΩΝ, in: Zeit und Geschichte, Dankesgabe an RBultmann, hg. v. EDinkler, 1964, 97ff – HDee, Vergebung der Sünden, EvTh 26, 1966, 540ff – HGollwitzer, Zu H. Dee »Vergebung der Sünden«, EvTh 26, 1966, 652ff – KKoch, Sühne und Sündenvergebung um die Wende von der exilischen zur nachexilischen Zeit, EvTh 26, 1966, 217ff – JMFord, The Forgiveness Clause in the Matthewan Form of the Our Father, ZNW 59, 1968, 127ff – HThyen, Studien zur Sündenvergebung im Neuen Testament und seine alttestamentlichen und jüdischen Voraussetzungen, 1969 (= FRLANT, 96) – JJvAllmen, Die Sündenvergebung als »Sakrament« in den Kirchen der Reformation, Conc 7, 1971, 58ff.

Vergelten

ἀποδίδωμι

ἀποδίδωμι *[apodídōmi]* abgeben, zurückgeben, verkaufen, vergelten · ἀνταποδίδωμι *[antapodídōmi]* vergelten, heimzahlen · ἀνταπόδοσις *[antapǫdosis]* Vergeltung · ἀνταπόδομα *[antapǫdoma]* Vergeltung

ἀποδίδωμι *[apodídōmi]*, im allg. griech. Sprachgebrauch seit Hom. belegt, bedeutet zunächst *abge-* I
ben, herausgeben (DiodS XIV,84,2) oder auch *zurückgeben* (Xenoph. Hell. II,2,9). Im Med. heißt es entsprechend *verkaufen*. Von da aus gewinnt es dann die spezifische Bedeutung *etwas abgeben*, was man auf Grund irgendeiner Verpflichtung abgeben muß (so Xenoph. An. I,2,12: den Lohn *auszahlen;* Mem. II,2,10 Gelübde *bezahlen*). Damit ist der terminologische Sinn des Wortes *erstatten, vergelten* im Guten wie im Bösen gegeben (Dion. Hal. 6,73). Das Kompos. ἀνταποδίδωμι *[antapodídōmi]* und seine Ableitungen prägen diese Bedeutung bes. in hell. Zeit noch stärker aus. Auf dem Vergeltungsgedanken liegt in den folgenden Ausführungen der Schwerpunkt, da vorwiegend hier unser Begriff eine theol. Relevanz hat.

1) Im AT gehören Tat und Tatfolge wie Ursache und Wirkung zueinander. Die Vergeltung er- II
wächst aus der begangenen Tat wie die Ernte aus der Saat (zB Hi 8,7; Spr 22,8; vgl. Gal 6,7ff). Der Gedanke des persönlichen Richters und Vergelters spielt insofern herein, als Gott es ist, der diese Ordnung trägt und die Tat auf den Täter *zurückkehren* läßt (hebr. *hēschib*, 1Sam 26,23f; 2Sam 16,8). Als solcher *rächt* er begangenes Unrecht (*nāqam*, Jer 15,15). Die Verantwortlichkeit des Menschen vor Gott wird am Stamm *pāqad* (*heimsuchen;* → Bischof II) deutlich: Gott übt die Dienstaufsicht über seine Knechte aus, erkennt rechtes Tun an und maßregelt den Frevler (Hos 1,4; 4,9.14; 8,13; 9,7; Am 3,14). Der wichtigste Terminus aber für die Vergeltung wurde *schallēm* (Piel von *schalēm*). *schallēm* bedeutet *wiederherstellen, wiedererstatten, einen Schaden ersetzen* (vgl. Ex 22). In den forensisch-richterlichen Bereich hineingewendet kommt es zur Bedeutung *vergelten*, weil der Richter sozusagen einen »Anspruch« *zurückerstattet*, den man durch sein Tun nach der guten (Belohnung) oder schlechten Seite (Strafe) erworben hat (bes. deutlich Spr 19,17). Lohn oder → Strafe entsprechen der Tat des Gerichteten (s. Ri 1,7; 2Sam 3,39; Ps 62,13; Jer 25,14; 50,29).

2) Der Gedanke der Vergeltung begegnet – charakteristisch für die Theol. des AT – zuerst in seiner negativen Ausprägung als die Strafe Gottes über Israels Ungehorsam. Gott straft sein Volk als Ganzes. Erst Ez verkündet, daß keiner um fremder Schuld willen sterben soll (Ez 18). Gott vergilt dem Volk seine Untreue nicht etwa trotz seiner → Erwählung, sondern gerade weil es von Gott »erkannt« wurde, ist es verantwortlich (Am 3,2), und seine Untreue gegenüber dem geschlossenen »Bund« wird vergolten. Erst im Dtn wird dem Treuen »Lohn« verheißen (Dtn 28). Das deuteronomistische Geschichtswerk (Ri – 2Kö) findet in der Vergeltung Gottes den Schlüssel für das rechte Verständnis der israelitischen Geschichte (programmatisch Ri 2,6ff).

3) Das Spätjudentum hat den Vergeltungsgedanken ganz am → Gesetz orientiert. Dieses ist nun nicht mehr im Heilsgeschehen des alten Bundes verankert, es ist nicht mehr Weisung, wie man in der Gnade des Bundes bleibt, sondern es wird zu einer verabsolutierten Norm, nach der das Tun eines jeden bemessen wird, wodurch man in den Besitz des Heils (das ganz jenseitig und zukünftig gesehen wird) zu gelangen hofft. Die Vergeltung ist nun nicht mehr einseitig die Bestrafung der Untreue und des Abfalls, sondern sie entscheidet darüber, wer durch seine guten → Werke die Stufe zu der Gemeinschaft mit Gott erklommen hat. (Das AT sah demgegen-

über die Gemeinschaft mit Gott als ein Geschenk an, das dem Volk aus Gnaden mit der Herausführung aus Ägypten und der Verleihung des Landes Kanaan zuteil geworden war.) Gericht, Vergeltung und Heil oder Unheil werden dabei ganz in die Zukunft verlegt. An dem gegenwärtigen Heil, das für das AT im Wohnen im verheißenen Land lag, war man durch das Elend seit der Zeit der babyl. Gefangenschaft irre geworden. Dieses gesetzlich orientierte Verständnis der Vergeltung hat die LXX dazu geführt, die hebr. Äquivalente (s. o. II,1) mit den gesetzlichen Begriffen ἀνταποδίδωμι *[antapodịdōmi]*, *vergelten*, und ἀνταπόδομα *[antapọdoma]*, *Vergeltung*, zu übers.

III 1) Im NT findet sich ἀποδίδωμι *[apodịdōmi]* 43mal, überwiegend bei Mt (18mal), Lk (12mal) und Paulus (8mal). Es spiegelt sich wie bei den hell. Schriftstellern die umfassende Bedeutung unseres Wortes: *herausgeben* (Mt 27,58), *zurückgeben* (Lk 4,20), *verkaufen* (Med.: Apg 5,8), *leisten*, was man auf Grund einer Vereinbarung zu leisten oder zu geben hat (Mt 20,8), *eine Schuld bezahlen* (Mt 18,23ff), das im Eid Zugesagte *halten* (Mt 5,33), und dann vor allem: *vergeben*. Das Verb fehlt bei Joh. Im Sinne von *vergelten* kommt es hauptsächlich bei Mt und Paulus, aber auch in der Offb vor, im Sinne der (*Wieder-*)*Erstattung* bei Lk.

ἀνταποδίδωμι *[antapodịdōmi]* (7mal; davon 4mal Paulus, 2mal Lk) fügt sich in dieses Bild ein. Es unterstreicht den Charakter der Gegenleistung. ἀνταπόδομα *[antapọdoma]* und ἀνταπόδοσις *[antapọdosis]* bezeichnen die göttliche *Vergeltung* (Lk 14,12; Röm 11,9) im Endgericht (Kol 3,24).

2) Theol. hat ἀποδίδωμι *[apodịdōmi]* seinen Platz in der Gerichtserwartung des NT (→ Gericht; → Strafe). Jesus verkündigt das Endgericht als nahe bevorstehend und ruft zur Umkehr auf. Der nt. Begriff der Vergeltung läßt sich am besten von einer Stelle wie Mk 8,38 par aus verdeutlichen: »Wer sich aber mein und meiner Worte schämt . . ., des wird sich auch des Menschen Sohn schämen, wenn er kommen wird . . .« Wie im AT ist die Stellung zu dem Herrn (im NT Jesus Christus), unsere Treue ihm gegenüber entscheidend für unser Ergehen am jüngsten Tage. Dies ist der Sinn des Gleichnisses vom Weltgericht Mt 25,31ff. Hier geht es letztlich darum, wie die Menschen sich Christus gegenüber verhalten, wenn diese Haltung auch in ihrem Verhältnis zum Nächsten zum Ausdruck kommt. Dementsprechend kann Joh das → Werk, das vor Gericht gilt, mit dem Glauben identifizieren (Joh 6,29) und umgekehrt den Unglauben als die Sünde schlechthin bezeichnen (Joh 16,9; vgl. 12,48). Bei der Vergeltung kann es sich also nicht um ein Aufrechnen und Gegeneinander-Abwägen von einzelnen Werken handeln, sondern ausschlaggebend ist, ob wir Jesus und sein Wort bewahren, ihn bekennen oder ihn ablehnen. Das bestätigt Hebr 10,26—30, wo eindringlich vor dem Abfall, dem Verlassen des neuen Bundes unter Hinweis auf die Vergeltung gewarnt wird (V. 30: ἀνταποδίδωμι *[antapodịdōmi]*; Zit. Dtn 32,35). Das NT denkt wie das AT von dem schon vollzogenen Bund, von der schon geschlossenen Gemeinschaft her und sieht die Vergeltung an denen wirksam werden, die sich Jesus Christus entziehen.

3) Damit ist der Hintergrund für das nt. ἀποδίδωμι *[apodịdōmi]* gegeben. Der Mensch ist als Christ wie als Ungläubiger seinem himmlischen Richter verantwortlich (Röm 2,6; vgl. 1Kor 3,13ff; 2Kor 5,10 u. ö.). ἀποδίδωμι *[apodịdōmi]* meint nicht ein Abwiegen der menschlichen Werke nach einem ihnen selbst innewohnenden sittlichen Wert, auch da nicht, wo von einem ἀποδίδωμι *[apodịdōmi]* nach den Werken gesprochen wird (Mt 16,27; Röm 2,6; 2Tim 4,14; Offb 22,12 u. ö.). Vielmehr sind die Werke Ausdruck entweder des Widerspruchs gegen Christus oder der Zustimmung und des Glaubens; in ihnen manifestiert sich einerseits die Zugehörigkeit zum neuen Bund, weil der Christ darin seinem Herrn gehorsam ist und nachfolgt, andererseits das Verworfensein des Ungläubigen.

Überaus instruktiv in dieser Hinsicht ist Offb 20,11—15 (Weltgericht): Die Menschheit wird nach ihren Werken gerichtet, die in den aufgeschlagenen Büchern verzeichnet sind (V. 12). Wo aber vom Buch des Lebens die Rede ist (V. 12.15), wird nicht mehr konsequent im Vergeltungsschema gedacht. Die Gläubigen werden dem Gericht entnommen. In der → Erwählung haben sie ihre → Gerechtigkeit, die zum Leben führt. Die Vergeltung besteht darin, daß Gott das »Erbe« schenkt (vgl. Kol 3,24). Da die Vergeltung im Endgericht erfolgt, wird den Christen eine eigenmächtige Vergeltung in der Gegenwart verboten (Röm 12,17; 1Thess 5,15; 1Petr 3,9). Zu der Frage des menschlichen Verdienstes → Lohn, Art. μισθός.

P. Chr. Böttger

Lit.: AAlt, Zur Talionsformel, ZAW 52 (NF 11), 1934, 303ff (= Kleine Schriften zur Geschichte des Volkes Israel I, 1968[4], 341ff) – FBüchsel, Art. ἀποδίδωμι, ThWb II, 1935, 170f – EWürthwein, Art. μισθός B II, ThWb IV, 1942, 710ff – FHorst, Recht und Religion im Bereich des AT, EvTh 16, 1956, 49ff (= Gottes Recht, ThB 12, 1961, 286ff) – KKoch, Gibt es ein Vergeltungsdogma im AT? ZThK 54, 1955, 1ff – KKoch/WBienert/PJacobs, Art. Vergeltung und Vergebung, EKL III, 1959 (1962[2]), 1636ff – WPreiser, Vergeltung und Sühne im deutschen Strafrecht, in: Festschr. ESchmidt, 1961, 7ff – GLanzckowski u. a., Art. Vergeltung, RGG VI, 1962[3], 1341ff.
→ Lit. Lohn; → Lit. Strafe

Verheißung

ἐπαγγελία

ἐπαγγέλλομαι *[epangẹllomai]* anzeigen, bekanntmachen, versprechen, geloben · προεπαγγέλλομαι *[proepangẹllomai]* vorher ankündigen, vorher versprechen · ἐπαγγελία *[epangelịa]*, ἐπάγγελμα *[epạngelma]* Ankündigung, Nachricht, Verheißung

1) ἐπαγγέλλομαι *[epangẹllomai]* und ἐπαγγελία *[epangelịa]* sind vom Stamm ἀγγελ- *[angel-]* ge- I
bildet wie εὐαγγελίζομαι *[euangelịzomai]* und εὐαγγέλιον *[euangẹlion]* (→ *Evangelium*). In der Profangräzität – die Aktivform ist seit Hom. belegt – sind sie urspr. mit anderen Wörtern des gleichen Stammes (zB anderen Kompos. von ἀγγέλλω *[angẹllō]*: ἀν- *[an-]*, ἀπαγγέλλω *[apangẹllō]*) synonym und bedeuten *anzeigen, bekanntmachen* (Hdt. III,36) bzw. *Ankündigung, Nachricht.* Wenn es sich um staatliche Bekanntmachungen handelt, ist der Sinn *fordern, Forderung* (zB Polyb. IX, 38,2). In der Gerichtssprache bezeichnet das Subst. die *Ankündigung einer Klage* (Aeschin. 1,64). Im Med. bedeutet das Verbum *eine Leistung ankündigen, etwas als sein Fach ausgeben* (sachlich; Xen. Mem. I,2,7) bzw. *sich zu etwas bekennen* (ethisch).

2) Dem Gebrauch im NT steht am nächsten die Bedeutung *etwas ankündigen zu tun, sich zu etwas anerbieten, versprechen, geloben* (zB Polyb. I,72,6). Auffällig ist bei den genannten Bedeutungen, daß nicht die Götter den Menschen etwas versprechen, sondern die Menschen den Göttern. Der Grieche empfindet hier aber stark die Spannung zwischen menschlichen Versprechungen und ihrer Einlösung. In diesem Zusammenhang bekommt das Wort oft den spez. Sinn *Geldversprechung* bzw. *Geld zeichnen.* Charakteristisch ist, daß im ganzen hell. Osten das Wort Fachausdruck wird für *freiwillige Zahlung, Schenkung, Stiftung* (Inschr. Priene 123,5ff). ὁ ἐπαγγειλάμενος *[ho epangeilạmenos]* bezeichnet dann den *Stifter.*

Im frühen Hellenismus kann ἡ ἐπαγγελία *[hæ epangelịa]* auch die *Ankündigung eines Festes* bedeuten.

Das Hebr. hat – anders als bei εὐαγγέλιον *[euangẹlion]*, *Freudenbotschaft* (→ Evangelium) – kein II
Äquivalent für ἐπαγγελία *[epangelịa]*. Die LXX gibt damit Est 4,7 das Wort *pārāschah* wieder, das *genaue Mitteilung* oder *Angabe* bedeutet.

1a) Trotz Fehlen eines besonderen Wortes weiß natürlich das AT um die Sache selbst. GvRad versucht zu zeigen, »wie Israel von Abraham bis Maleachi durch Gottes Reden und Handeln in eine fortgesetzte Bewegung versetzt war und daß es immer auf irgendeine Weise sich in einem Spannungsfeld von Verheißung und Erfüllung vorfand« (Theol. AT II, 384). Wohl wird die Erfüllung bestimmter Verheißungen sorgfältig bezeugt (zB Jos. 21,43–45; 23,14: »Das Wort, das Jahwe den Vätern geschworen, fiel nicht hin, – alles traf ein«). Aber meistens erweist sich die Erfüllung als Teil- oder Vorerfüllung, die den ganzen göttlichen Plan nicht aufdeckt. Darum wird Israel in jeder veränderten Situation seiner Geschichte dazu gedrängt, die alten Verheißungen neu zu deuten und durch neue Heilsankündigungen zu erneutem Warten gerufen (Einzelheiten vgl. → Wort, Art. λόγος II).

b) Wohl kennt auch das AT mancherlei Gelübde der Frommen. Aber die menschlichen Versprechungen treten ganz zurück hinter Gottes Zusagen. Er allein kann verheißen und erfüllen, da er allein die ganze Zukunft kennt und heraufführt.

2a) Die griech. schreibenden Juden (Makk in LXX, Philo u. a.) schließen sich dem hell. Sprachgebrauch an. So verwenden sie ἐπαγγέλλομαι *[epangellomai]* in der Bedeutung *versprechen* (zB Geld 1Makk 11,28). Auch bahnt sich schon vor Paulus der Gebrauch von ἐπαγγελία *[epangelia]* für Gottes Verhalten an. 3Makk 2,10 verheißt Gott, die Gebete zu erhören.

b) Im rabb. Schrifttum wird zur Bezeichnung der göttlichen Verheißung *b^etachah* verwendet, das zwar im AT fehlt, aber von dem im MT häufigen Stamm *bātach, vertrauen*, gebildet ist, also die Vertrauenswürdigkeit der Heilszusagen hervorhebt (vgl. St.-B. III, 207ff). Inhaltlich sind damit oft die Verheißungen an die Väter gemeint (Volkwerdung, Landnahme).

c) Mit dem Aufkommen der Apokalyptik richtet sich das Interesse stark auf den *'ōlām habbā, die künftige Welt* (zB 4Esr 7,119), wobei die Wendung »sich versichert halten, daß man ein Sohn (eine Tochter) der zukünftigen Welt sein wird« häufig ist (zB bBer 4b). Jedoch wird die Heilsgewißheit stark gedämpft durch die Lehre, daß die Teilhabe am künftigen Heil von der strikten Befolgung des → Gesetzes abhänge.

III A. Übersicht

1) ἐπαγγέλλομαι *[epangellomai], versprechen, verheißen*, ist im NT 15mal belegt, wird aber nur 4mal von menschlichen Versprechungen gebraucht (Mk 14,11 Geldangebot an Judas; 2Petr 2,19 Versprechen falscher Freiheit durch Irrlehrer; 1Tim 6,21 Anerkennen häretischer Erkenntnis; 1Tim 2,10 sich bekennen zur θεοσέβεια *[theosebeia], Gottesfurcht*). In theol. Bedeutung kommt es weder in den Evgg. noch im 1Petr/Jud und Offb vor. Apg und 1Joh haben es je nur 1mal. Die Hauptbelege finden sich im Corpus Paulinum (5), Hebr (4), Jak (2).

2) προεπαγγέλλομαι *[proepangellomai]* bedeutet *vorher ankündigen, vorher versprechen.* Im NT steht es nur 2mal bei Paulus: 2Kor 9,5 heißt ἡ προεπηγγελμένη εὐλογία ὑμῶν *[hæ proepængelmenæ eulogia hymōn]* (das Verb ist hier passivisch verstanden): *die von euch im voraus angekündigte Segensgabe* (= Kollekte); und Röm 1,2 spricht Paulus vom Evangelium Gottes, das er vorher im alten Bunde *verhieß* (προεπηγγείλατο *[proepængeilato]*) durch seine Propheten in den heiligen Schriften.

3) ἐπαγγελία *[epangelia]*, 52mal belegt, steht nur 1mal im profanen Sinn; 33mal wird das Subst. absolut verwendet, meist bei Paulus; der Sing. überwiegt stark; 11mal findet sich auch der Plur. ἐπαγγελία *[epangelia]* fehlt bei Mt, Mk, Joh, Jak, Jud, Offb. Es steht einmal im 1Joh; 2mal in 2Petr, dagegen 9mal in den lukanischen Schriften (1mal Ev, 8mal Apg), 26mal im Corpus Paulinum und 14mal im Hebr. Wie im Profangriech. sind auch im NT in ἐπαγγελία *[epangelia]* die formale und inhaltliche Bedeutung enthalten: *Verheißungsworte* und *Verheißungsgut*, obwohl die Unterscheidung nicht an allen Stellen sicher erkennbar wird. Gesichert ist die Bedeutung *Verheißungsgut* an Stellen wie Lk 24,49, Apg 1,4; ebenso Hebr 11,33 und 39.

4) ἐπάγγελμα *[epangelma]* heißt im Profangriech. *Ankündigung, Befehl, Versprechen.* Im NT unterscheidet es sich seiner Bedeutung nach nicht von ἐπαγγελία *[epangelia]*. Es wird nur 2mal (2Petr) gebraucht. Da der Brief die Erschlaffung der Hoffnung auf die Parusie Christi überwinden will, wird der Begriff der *Verheißung* auf sie und die darauf folgende Neuschöpfung von Himmel und Erde eingeschränkt: »Wir erwarten *nach seiner Verheißung* (κατὰ τὸ ἐπάγγελμα αὐτοῦ *[kata to epangelma autou]*) neue Himmel (Plural!) und eine neue Erde, wo Gerechtigkeit wohnen wird« (3,13). Da die Vollendung Anteil am ewigen Leben und Teilhabe an der θεία φύσις *[theia physis]*, der *göttlichen Natur* (NEB »the very being of God«) bringt, nennt der Verfasser die darauf zielenden Verheißungen »kostbar und überaus groß« (1,4).

5) Das Fehlen der Wortgruppe in den Evgg. (Ausnahmen: Mk 14,11; Lk 24,49) erklärt sich formal daraus, daß sie Jesu Worte und Taten erzählen, aber nur selten darüber reflektieren; inhaltlich daraus, daß sie, wo sie es tun, an der Kontinuität des göttlichen Redens von einst und jetzt interessiert sind, dh Christus vom AT her und das AT von Christus her deuten. Wenn sie das AT zitieren, tun sie es unter dem Aspekt: σήμερον πεπλήρωται ἡ γραφὴ αὕτη *[sæmeron peplærōtai hæ graphæ hautæ]*, *heute ist diese Schriftstelle erfüllt* (Lk 4,21; vgl. die Einleitungsformel zu AT-Zitaten bei Mt ἵνα πληρωθῇ *[hina plærōthæ]*, *damit*

erfüllt wird). Trotz Fehlens des Begriffs ἐπαγγελία *[epangelia]* wird also auch schon in den Evgg. mit der Kategorie Verheißung — Erfüllung gearbeitet (bes. Mt).

B. Theol. Entfaltung

Die theol. Bedeutung des Begriffs ist in drei Gruppen des nt. Schrifttums bes. herausgearbeitet: bei Lk (Apg), in den Paulusbriefen und im Hebr.

1) Lukas (Apg): a) Geber der Verheißung ist, wie durchweg im NT, allein Gott, »der Gott der Herrlichkeit« (7,5 vgl. mit 7,2 Subj.), »der Vater« (Lk 24,49 = Apg 1,4). Die Verheißung gibt Einsicht in seinen Heilsplan und trägt die Zukunft so in sich, daß sie schöpferisch verwirklicht wird (13,32f ἐκπεπλήρωκεν *[ekpeplærōken], er hat sie erfüllt* in der Sendung Jesu).

b) Empfänger sind »die Väter« (13,32), vor allem Abraham (7,17), Israel als Bundesvolk (13,23), Jesu Jünger (Lk 24,49 = Apg 1,4), die Hörer der Pfingstpredigt des Petrus mit ihren Kindern und den fern von Jerusalem Wohnenden (2,38f). Erst durch Israel hören Heiden die Verheißung.

c) Inhalt der Verheißung ist die geschichtliche Sendung Jesu als des σωτήρ *[sōtær], Retters* (13,23.32f; 26,6). Da er als der Gekreuzigte und Auferweckte Sündenvergebung erwirkt hat, können alle, die zum Glauben an ihn umkehren und sich auf seinen Namen taufen lassen, den heiligen Geist als die für die Endzeit verheißene Gottesgabe empfangen (2,38—40 vgl. mit 2,17ff und 2,32—36).

d) In der Erfüllung (→ Fülle, Art. πληρόω) wird die *Verheißung* (ἐπαγγελία *[epangelia]*) zur *Freudenbotschaft* (εὐαγγέλιον *[euangelion]*). Apg 13,32 wird die Bezeugung der Erfüllung als εὐαγγελίζεσθαι *[euangelizesthai], frohe Botschaft bringen,* bezeichnet.

2) Paulus: Am nachdrücklichsten betont es Paulus, daß die ἐπαγγελία *[epangelia]* eine reine Gnadengabe Gottes ist. Er allein hat die absolute Macht, sein *Verheißungswort* zu verwirklichen (Röm 4,21). Denn er ist der Gott, »der die Toten lebendig macht und das Nichtseiende ins Dasein ruft« (Röm 4,17). Er ist ὁ ἀψευδὴς θεός *[ho apseudæs theos], der Gott, der nicht lügen kann* (Tit 1,2).

a) Im Kampf gegen die Vermischung des Evangeliums mit jüd. Gesetzlichkeit hat Paulus die Frage durchdacht: Wie verhält sich Gottes Gesetz zu seinen Verheißungen, sein Anspruch zu seiner schenkenden Gnade? Der jüd. Theorie, daß der Mensch nur durch vorgängige Erfüllung aller im Gesetz angeordneten Pflichtleistungen in den Genuß des verheißenen Heils kommen könne, stellt der Apostel drei antithetisch geformte Grunderkenntnisse des Evangeliums gegenüber:

α) Nicht das Gesetz macht uns zu Empfängern des Verheißungswortes und Verheißungsgutes, sondern die rechtfertigende Gnade; Röm 4,13: οὐ διὰ νόμου ἡ ἐπαγγελία τῷ Ἀβραὰμ ἢ τῷ σπέρματι αὐτοῦ . . ., ἀλλὰ διὰ δικαιοσύνης πίστεως *[ou dia nomou hæ epangelia tō Abraam æ tō spermati autou . . ., alla dia dikaiosynæs pisteōs], nicht durch das Gesetz ward dem Abraham oder seinen Nachkommen die Verheißung zuteil . . ., sondern durch die Glaubensgerechtigkeit.* Da das Gesetz keinen Menschen für Gott »lebendig machen« (ζωοποιῆσαι *[zōopoiæsai]*), dh zum Tun des göttlichen Willens befähigen kann, sind Gesetz und Verheißung wesenhafte Gegensätze (Gal 3,21 und 18: »Käme die Erbschaft auf Grund von Erfüllung des Gesetzes, dann käme sie nicht auf Grund der Verheißung. τῷ δὲ Ἀβραὰμ δι' ἐπαγγελίας κεχάρισται ὁ θεός *[tō de Abraam di epangelias kecharistai ho theos], dem Abraham aber hat Gott sie* — die Erbschaft — *auf Grund einer freien Gnadenzusage vermacht*).

β) Gesetz und Verheißungen können sich gar nicht bedingen oder ergänzen, da das Gesetz Werke fordert, der Glaube aber kein Menschenwerk, keine gesetzliche Leistung ist. Könnten die, die das Gesetz zum Heilsweg erheben, »Erben« werden, dann hätte, wie Paulus Röm 4,14 sagt, der Glaube keinen Sinn mehr und die Verheißung bliebe wirkungslos.

γ) Das Gesetz kann schon deshalb nicht Bedingung für den Empfang der Heilszusage und des Heilsgutes sein, weil die Verheißung an Abraham als wesenhaftes Urbild aller anderen Verheißungen der Offenbarung des Gesetzes zeitlich um Jahrhunderte vorausging und das Gesetz auf keinen Fall als Klausel gedeutet werden darf, durch die Gott seine gleichsam testamentarisch rechtsgültigen Verheißungen außer Kraft setzen würde. Darum bekräftigt Paulus Gal 3,15–18 durch Anwendung des Bildes von der διαθήκη *[diathækæ]*, *einer testamentarischen Willenserklärung* (→ Bund), die Unverbrüchlichkeit der göttlichen Verheißungen. – Diese Gewißheit wird durch die ethischen Imperative des NT nicht abgeschwächt. Nicht unsere Heiligung (2Kor 7,1) bewirkt die Erfüllung der Verheißungen, sondern diese wirken heiligend auf unsere Lebensführung.

b) Grundlegend ist für Paulus, daß alle Verheißungen Gottes sein Ja in Christus empfangen haben (2Kor 1,20). Jesu Sendung und sein ganzes Wirken ist Gottes Tatbekenntnis zu allen seinen Heilszusagen. Christi Dienst an Israel stellte Gottes ἀλήθεια *[alætheia]*, *Wahrhaftigkeit* (→ Wahrheit), ans Licht und geschah, um die an die Väter ergangenen Verheißungen zu befestigen (Röm 15,8). Indem er den Fluchtod, den das Gesetz jedem Übertreter androht, an unserer Statt erlitt, bahnte er den Weg für die Sendung des heiligen → Geistes. Er starb, »damit wir durch den Glauben den verheißenen Geist empfingen und so der Segen Abrahams den Heiden zugute komme« (Gal 3,14).

Mögen im weiteren Kontext zuerst δικαιοσύνη *[dikaiosynæ]*, → *Gerechtigkeit*, υἱοθεσία *[hyiothesia]*, *Sohnschaft*, κληρονομία *[klæronomia]*, *Erbteil*, genannt werden, so wird doch hauptsächlich (im engsten Kontext) der Heilige Geist als verheißene Heilsgabe bezeichnet (so Gal 3,14, vgl. auch Eph 1,13). Durch die drei Bilder von der ἀπαρχή *[aparchæ]*, *Erstlingsgabe*, dem ἀρραβών *[arrabōn]*, *Angeld*, und der σφραγίς *[sphragis]*, *Siegel*, wird die Gewißheit des Heils hervorgehoben. Da heiliger Geist und ewiges Leben aufs engste verbunden sind, wird Tit 1,2 »das ewige Leben« als Verheißungsgut genannt.

c) Empfänger der Verheißung ist zeitlich gesehen zuerst Israel. Die ἔθνη *[ethnæ]*, *Völker*, standen urspr. außerhalb der mit der Bundesordnung verknüpften Verheißung (Eph 2,12).

Gal 3,16 versteht Paulus τὸ σπέρμα τοῦ Ἀβραάμ *[to sperma tou Abraam]*, den *Nachkommen Abrahams*, nicht kollektiv, sondern individuell, singularisch von Christus. Er ist der Universalerbe, die Glaubenden sind alle nur συγκληρονόμοι Χριστοῦ *[syngklæronomoi Christou]*, *Miterben Christi*. Da aber nicht die leibliche Abstammung von Abraham, sondern der Glaube an Jesus Christus erbberechtigt macht, sind auch die Glaubenden aus den Völkern »miterbberechtigt . . . und Teilhaber an der Verheißung in Christus Jesus« (Eph 3, 6).

3) Hebräerbrief: Der Brief weist auf eine von der Situation der paulinischen Gemeinden abweichende Lage. Die Frage nach dem Verhältnis von Gesetz und Verheißung spielt hier keine Rolle, sondern der Glaube selbst ist gefährdet. Der Zweifel regt sich, ob die Verheißungen überhaupt erfüllt werden. Darum will der Brief zum Festhalten an den Verheißungen aufrufen und die Treue Gottes zu seinen Zusagen bezeugen.

a) Dem Verfasser steht eine »Wolke von Zeugen« vor Augen (12,1), die durch göttliche Eingriffe in ihr Leben und persönliche ὑπομονή *[hypomonæ]*, *Beharrlichkeit*, Wesen und Wert des Glaubens bezeugt haben. Als Glaubende lebten sie alle von göttlichen Verheißungen her und auf sie hin. Erwähnt werden die Glaubensgestalten aus Israels Frühzeit, Abraham (6,12ff; 7,6), Isaak und Jakob (11,9 die »Miterben derselben Verheißungen«), Sara (11,11). Kap. 11 erwähnt – neben Richtern – Samuel, David und allg. »die Propheten« (11,33) als solche, die verheißenen Beistand erfuhren. 4,1ff wird am Beispiel Israels in der Wüste erläutert, daß Unglaube die Erfüllung der Verheißungen unmöglich macht.

b) Als Inhalte der Verheißungen werden genannt: der Segen zahlreicher Nachkommenschaft (6,14), das Land Kanaan (11,9), die Ruhe (κατάπαυσις *[katapausis]*) und der neue Bund, der auf Grund der Tilgung der Sünde »das ewige Erbteil« in Aussicht stellt (9,15).

Jedoch betont Hebr zugleich, daß im alten Bunde die Verheißungen weder vollständig verwirklicht worden sind noch verwirklicht werden konnten. Wenn es von Abraham 6,15 heißt: »er erlangte die Verheißung«, so ist dies erst ein Bruchteil der Erfüllung (die Geburt Isaaks). Die Verheißungen sind letztlich als Evangelium und darum vom ganzen Heil in

Christus verstanden (vgl. 4,2). Darum erklärt der Verfasser 11,39, daß die ganze Wolke der Zeugen vor Christus ins Warten gestellt war und sagt: »Sie haben das verheißene Heilsgut nicht davongetragen«. Darum schreibt er auch den Vätern ein Verständnis der Verheißung zu, das weit über alle geschichtliche Vor- und Teilerfüllung nach einer ewigen Vollendung ausschaut (11,10–16).

Mit dem Leitwort κρείττων (κρείσσων) *[kreittōn (kreissōn)], besser,* das 12mal begegnet, wird die Überlegenheit des neuen Bundes über den alten beschrieben. Christus ist der »Mittler einer besseren Gottesordnung, die auf Grund besserer Verheißungen (rechtskräftig) eingesetzt worden ist« (8,6). Die zweimalige Zitierung von Jer 31,31ff legt nahe, unter den besseren Verheißungen die volle Vergebung, die tiefe Erkenntnis Gottes und den geistgewirkten Gehorsam gegen seine Weisungen zu verstehen. Doch gehört zum Inhalt der Verheißungen auch alles, was sonst vom ewigen Endheil bezeugt wird wie das unerschütterliche Reich (12,28), die zukünftige Stadt (13,14) und der Sabbat für das Volk Gottes (4,9).

Die neue Gottesordnung ist durch Jesu Tod in Kraft gesetzt. Dadurch rückt die Erfüllung der Verheißungen immer näher. »Wir sehen den Tag nahen« (10,25). »Nur noch eine kleine, ganz kleine Weile, so wird kommen, der kommen soll und nicht säumen« (10,37). Um so nötiger ist es, in der kurzen Wartezeit auszuharren, die παρρησία *[parræsia], Freimütigkeit,* nicht wegzuwerfen und »das Bekenntnis der Hoffnung unbeugsam bis ans Ende festzuhalten« (10,35; 36; 23). Auf Gottes Seite bleiben die Verheißungen unverbrüchlich. Sie sind ein Schwur Gottes (vgl. 6,13). Um so mehr gilt für die Glieder des Volkes Gottes die Mahnung, ihrerseits an den Verheißungen festzuhalten (6,11f). *E. Hoffmann*

Lit.: JSchniewind/GFriedrich, Art. ἐπαγγέλλω, ThWb II, 1935, 573ff – WGKümmel, Verheißung und Erfüllung, 1945 (1956³) – RBultmann, Weissagung und Erfüllung, StTh II, 1949, 21ff (= ZThK 47, 1950, 360ff; = GuV II, 1968⁵, 162ff; = Probleme alttestamentlicher Hermeneutik, ThB 11, 1968³, 28ff) – WZimmerli, Verheißung und Erfüllung, EvTh 12, 1952/53, 6ff (= Probleme alttestamentlicher Hermeneutik, ThB 11, 1968³, 69ff) – FBaumgärtel, Verheißung, 1954 – JJeremias, Jesu Verheißung für die Völker, 1956 – CWestermann, Art. Verheißungen an Israel, EKL III, 1959 (1962²), 1645ff – GvRad, Theologie des AT II, 3. Hauptteil, 1960 (1968⁵) – FWMarquardt, Die Bedeutung der biblischen Landverheißungen für die Christen, ThExh NF 116, 1964 – JMoltmann, Theologie der Hoffnung, Kap. II, BZEvTh 38, 1964 (1969⁸) – GSauter, Zukunft und Verheißung, 1965.

Verklärung → Ehre

Verkündigung

Für das Mitteilen von Botschaften, Nachrichten und Anordnungen stehen im Griech. verschiedene Vokabeln zur Verfügung. Abgesehen von den unter → Lehre behandelten Wortgruppen um διδάσκω *[didaskō]* und κατηχέω *[katæcheō]* für das Vermitteln von Erlernbarem und παραδίδωμι *[paradidōmi]* für die Weitergabe von Tradition sowie den unter → Wort behandelten Ableitungen von λέγω *[legō], sagen,* und dem unter → Erkenntnis mit dargestellten γνωρίζω *[gnōrizō], wissen lassen,* aber auch den unter → Bekennen und → Zeugnis genannten Verben sind hier vor allem ἀγγέλλω *[angellō]* und κηρύσσω *[kæryssō]* mit ihren Komposita zu erwähnen. Das NT hat die ganze Breite dieses Vokabulars aufgenommen, was zT in der verschiedenen Art des zu kennzeichnenden Kommunikationsvorganges begründet liegt, zT auch einfach in dem Wechsel zwischen praktisch synonym behandelten Ausdrücken. Von den unter diesem Leitwort zusammengestellten Wortgruppen hat ἀγγέλλω *[angellō]* stärker den Charakter des Mitteilungsangebotes, des Zuspruches, während κηρύσσω *[kæryssō]* die öffentliche, autoritative und Befolgung erwartende Bekanntmachung bezeichnet. Siehe auch → Evangelium.

ἀγγέλλω

ἀγγέλλω *[angęllō]* verkündigen, melden · ἀγγελία *[angelįa]* Botschaft · ἀν- *[an-]* / ἀπαγγέλλω *[apangęllō]* berichten, verkündigen, melden · διαγγέλλω *[diangęllō]* bekanntmachen, anzeigen · ἐξ- *[ex-]* / καταγγέλλω *[katangęllō]* verkündigen · καταγγελεύς *[katangelęus]* der Verkündiger · προκαταγγέλλω *[prokatangęllō]* vorher an-(ver)kündigen

I Die Verben dieser Wortgruppe (abgeleitet von ἀγγέλλω *[angellō]*, das aus ἀγγελι·ω *[angeli·ō]* entstanden ist) sind untereinander weitgehend auswechselbar. In ihrer Hauptbedeutung *botschaften, melden, öffentlich verkündigen* begegnen sie im Griech. teilweise schon seit Hom. (ἄγγελος *[ąngelos]*, → *Engel*, ist sogar schon seit dem mykenischen Griech. bezeugt). In der Koine werden gegenüber dem Klassischen die Kompos. bevorzugt: ἀν- *[an-]* und ἀπαγγέλλω *[apangęllō]* treten zB an die Stelle des klassischen ἀγγέλλω *[angęllō]*. Bedeutungsnuancen lassen sich natürlich bei den verschiedenen Kompos. feststellen: ἀπαγγέλλω *[apangęllō]* ist gegenüber ἀναγγέλλω *[anangęllō]* das offiziellere Wort. Auf der anderen Seite können beide Verben zu der Bedeutung *erzählen* oder *reden* abgeblaßt sein. δι- *[di-]*, ἐξ *[ex-]* und καταγγέλλω *[katangęllō]* zeigen oft den gehobenen, feierlichen Stil der Proklamation an. ἐξαγγέλλω *[exangęllō]* betont dabei aber mehr das Unbekannte, noch Geheime, das nun verkündet wird, manchmal sogar im Sinne von *ausplaudern*, während καταγγέλλω *[katangęllō]* u. a. die Bedeutung *etwas von sich behaupten* haben kann. Das Subst. ἀγγελία *[angelįa]* kann sowohl *Botschaft* wie *Befehl* meinen. Der, der die Botschaft überbringt, ist der καταγγελεύς *[katangelęus]*, der *Herold*.

1) In der Grundbedeutung aber meinen diese Wörter immer die Tätigkeit des Boten, der die ihm aufgetragene Botschaft mündlich oder schriftlich überbringt (Xenoph. An. I,3,21) und auf diese Weise den Absender selbst vertritt. Inhaltlich kann diese Botschaft sehr verschieden bestimmt sein. Sie kann private und familiäre Nachrichten enthalten (Soph. Ai. 1355), Glücksfälle und Unglücksfälle melden. Sie kann vor allem auch politische Ereignisse verkünden: Krieg (Plato, Phaedr. 242b), den Sieg oder die Niederlage eines Heeres (Plato, Polit. 1,15,11), die feierliche Proklamation des Herrschers (vgl. Xenoph. An. II.3,19), den Regierungsantritt des Kaisers. Die gute Botschaft (ἀγγελία ἀγαθή *[angelįa agathæ]* ist auch εὐαγγέλιον *[euangęlion]*, → *Evangelium*.

2) Wie der Bote, der die Botschaft überbringt, unter dem besonderen Schutz der Götter steht (→ Engel), so kann auch seine Botschaft sakrale Bedeutung erlangen. Das gilt natürlich vor allem dort, wo sie im Zusammenhang steht mit der kultischen Verehrung von Herrschern und Göttern. Da verkündigt der Bote zB feierlich den Erfolg heilspendender Opfer oder das Nahen einer feierlichen Prozession. Er proklamiert die Epiphanie eines Gottes, die Herrschaft des neuen Gott-Herren oder vermeldet die Machttaten seines Gottes oder Kaisers.

II In LXX findet sich das Simplex nur 5mal und bezeichnet den *Melder*. Häufig dagegen kommen ἀν- *[an-]* und ἀπαγγέλλω *[apangęllō]* vor, überwiegend für hebr. *nāgad* hif. bzw. hof. im Sinne von *berichten, melden* (Gen 9,22; 37,5; 2Kön 15,13 u. ö.), *verkündigen* (Ps 19[18],2; 51[50],17), *offen aussprechen* (Gen 12,18; 1Kön 9,19 u. ö.), *predigen* (Dtn 24,8). δι- *[di-]*, ἐξ- *[ex-]* und καταγγέλλω *[katangęllō]* begegnen in LXX nur selten, προαγγέλλω *[proangęllō]* und καταγγελεύς *[katangelęus]* überhaupt nicht.

Die Botschaft des AT und des Spätjudentums weiß bereits, daß dort, wo die Herrschaft des göttlichen Herrschers proklamiert wird und seine Heilstaten verkündet werden, kein Platz mehr für die Proklamation der Herrschaft anderer Götter ist. Es ist deshalb zu fragen, ob die besondere Bedeutung der nt. Vokabeln nicht aus dem at. und jüd. Sprachgebrauch abzuleiten ist. Die Macht Gottes des Herrn wird vor aller Welt verkündigt (Ex 9,16; Ps 64[63],10), seine Gerechtigkeit (Ps 22[21],31f), seine Wahrheit (Ps 30[29],10), seine Wunder (Ps 71[70],17), seine Gnade (Ps 92[91],3). Er selbst, der Herr, verkündet das Kommende: »Das Frühere, siehe, es ist eingetroffen, und Neues tue ich kund: noch ehe es sproßt, lasse ich es euch hören« (Jes 42,9 Z; 46,10). Die Götzen vermögen das nicht (Jes 44,7ff). Vor allem sind es die Propheten, die auserwählten Boten, die die Heilstaten Gottes unter seinem Volk und in aller Welt kundtun (Jes 12,5), seinen Willen proklamieren (Mi 6,8) und das Zukünftige ankündigen (ein Gedanke, der dann vor allem im Spätjudentum stark in den Vordergrund rückt: die Ankündigung eschatologischen Geschehens: vgl. das lat. *adnuntiare* des 4Esr). Einige Stellen weisen darauf hin, daß die Propheten im AT sogar ἄγγελοι *[ąngeloi]* (→ *Engel*) genannt wurden (Hag 1,13; Mal 3,1; Mose in der AssMos 11,17: *magnus nuntius*). Sie bedienen sich des Botenspruchs wie die Boten aus der Umwelt des AT (zB die → Priester von Mari). Theol. gefüllt sind die Begriffe in LXX also überall da, wo auf Jahwes Geheiß und im Wissen um sein Heilshandeln proklamiert, verkündigt wird.

III 1) Im NT finden sich ἀγγέλλω *[angęllō]* und ἀγγελία *[angelįa]* nur je 2mal, und zwar ausschließlich in den johanneischen Schriften (Joh 4,51 v. l.; 20,18; bzw. 1Joh 1,5; 3,11). Häufiger begegnen die dem Simplex bedeutungsgleichen Kompos. ἀναγγέλλω *[anangęllō]*

(13mal; davon 5mal johanneische Schriften und 5mal Apg), ἀπαγγέλλω *[apangellō]* (46mal; davon 27mal lukanisches Schrifttum) und καταγγέλλω *[katangellō]* (18mal; davon 11mal Apg, 7mal Paulus). Die anderen Ableitungen sind wie im Profangriech. auch im NT nur selten bezeugt: προκαταγγέλλω *[prokatangellō]* (Apg 3,18; 7,52); διαγγέλλω *[diangellō]* (Lk 9,60; Apg 21,26; Röm 9,17); ἐξαγγέλλω *[exangellō]* (1Petr 2,9); καταγγελεύς *[katangeleus]* (Apg 17,18).

Die statistische Übersicht zeigt, daß von 88 Stellen allein 48 auf das lukanische Schrifttum und je 12 auf die johanneischen Schriften und auf Paulus entfallen.

Wie im Profangriech. so können auch im NT ἀν- *[an-]* und ἀπαγγέλλω *[apangellō]* ihre prägnante Bedeutung verlieren und einfach für *erzählen* oder *reden* stehen (vgl. zB Mt 2,8; 28,11; Lk 8,20; Apg 16,38 u. ö.). Ganz eindeutig ist jedoch nicht immer auszumachen, ob nicht doch die eigentliche Bedeutung anklingt, zB bei den typischen Schlußsätzen der Wunderberichte (»... und verkündigten es in der Stadt und auf dem Lande« Z; Mk 5,14).

2) Meist meinen die Wörter dieser Gruppe Verkündigung in einem besonderen, ausgezeichneten Sinne: Kundgabe von Gottes Handeln, seinem Heilswillen. Diese Verkündigung, die ihre Vollmacht in der letzten Instanz hat, von der sie ausgeht, greift in das Dasein des Empfängers ein und nimmt ihn in Anspruch. Die Wortgruppe ist in diesem Gebrauch bedeutungsmäßig kaum gegenüber dem zentralen nt. Begriff εὐαγγελίζεσθαι *[euangelizesthai]* (→ Evangelium) abzugrenzen (vgl. zB 1Joh 1,5: »Und dies ist die Botschaft [ἀγγελία], die wir von ihm gehört haben und euch verkündigen [ἀναγγέλλω], daß Gott Licht ist und keine Finsternis in ihm ist«; Lk 9,60: »Laß die Toten ihre Toten begraben; du aber gehe hin und verkündige [διαγγέλλω] das Reich Gottes«).

a) Auffallend ist jedoch, daß Johannes die Wortgruppe ausschließlich in dem theol. gefüllten Sinne gebraucht, während er εὐαγγελίζεσθαι *[euangelizesthai]* wie auch das bei den Synopt., Apg und Paulus häufig vorkommende → κηρύσσειν *[kæryssein]* überhaupt nicht verwendet. GFriedrich vermutet, daß Johannes beide Begriffe bewußt vermeidet, da sie im Gegensatz zu ἀν- *[an-]* und ἀπαγγέλλω *[apangellō]* stärker die dramatische, dynamische Verkündigung der Heilszeit, die Proklamation eines Ereignisses betonen, die nicht in die verwirklichte Eschatologie des Johannes passe (ThWb II, 714f; III, 702). Deshalb bevorzugt Johannes μαρτυρέω *[martyreō]* (Geschehenes, Gesehenes, Erfahrenes wird *bezeugt;* → Zeugnis). Von dieser Sicht her würde der besondere Akzent verständlich, den zB ἀναγγέλλω *[anangellō]* im JohEv. hat: »Wenn derselbe (der Messias) kommen wird, so wird er uns alles verkündigen« (Joh 4,25). Oder: »... was zukünftig ist, wird er (der Paraklet) euch verkündigen« (16,13); »von dem Meinen wird er's nehmen und euch verkündigen« (16,14). In diesen Worten handelt es sich weniger um Verkündigung, die im Akt des Geschehens Erfüllung schafft, nicht um das Ausrufen und Proklamieren der neuen Zeit, die im verborgenen Messias anhebt, sondern mehr um das Eröffnen, das »Referieren« (Joüon) dessen, was »von Anfang an war« (1Joh 1,1). Der Glaubende darf getrost in die dunkle Zukunft gehen, weil ihm durch den Geist die volle Wahrheit des Wortes jeweils eröffnet werden wird. Ebenso wird Joh 16,25 mit ἀπαγγέλλω *[apangellō]* »kein neues Thema in Aussicht gestellt«, sondern das bereits oft Gesagte wird »in der Wirklichkeit der gläubigen Existenz verstehbar« (RBultmann, Johannes, 452). Der Unterschied zu dem dynamischen, dramatischen Ausrufen der neuen Zeit, das dem κηρύσσειν *[kæryssein]* und εὐαγγελίζεσθαι *[euangelizesthai]* eignet, wird auch 1Joh 1,2.3.5 bes. deutlich: »Wir haben gesehen und bezeugen und verkündigen euch das Leben, das ewig ist ..., was wir gesehen und gehört haben, das verkündigen wir euch, auf daß auch ihr mit uns Gemeinschaft habt«. Etwas Gehörtes wird also »nur« neu gesagt, nicht um Neues zu sagen, sondern um das Gehörte zur Geltung zu bringen: Gott ist Licht (1,5), und deshalb soll der Glaubende nicht in der Finsternis wandeln (vgl. 1,7); im Licht sein aber heißt, in der Liebe sein. »Wer seinen Bruder liebt, der bleibt im Licht« (2,10). Das Verkündigte ist also beides: Mitteilung, »Erinnerung« des Heilsgeschehens und Gebot (so kann ἀγγελία *[angelia]* hier wiedergegeben werden).

b) Lukas und Paulus verwenden die Wortgruppe vom einfachen, etwas abgeblaßten *anzeigen* (Apg 21,26; διαγγέλλω [diangẹllō]); *mitteilen* (2Kor 7,7 ἀναγγέλλω [anangẹllō]) über das theol. gefülltere *Bericht erstatten* (Apg 14,27; 15,4; 19,8 u. ö.) bis hin zur besonderen Bedeutung von *gebieten* (Apg 17,30), *bekennen* (1Kor 14,25), *proklamieren, ausrufen* (Apg 4,2; 13,5; 26,20 u. ö.; vgl. auch 1Petr 2,9) oder auch dem feierlichen, liturgischen *verkündigen*, das von der heiligen Handlung des → Herrenmahles ausgeht (1Kor 11,26). Die Vielzahl der Übers.en zeigt, daß die Wortgruppe hier keine feste Prägung für eine ganz bestimmte Verkündigung erhalten hat. Im Gegensatz zu Johannes handelt es sich aber bei Lukas und Paulus doch mehr um Proklamation eines vollzogenen oder um die Ankündigung eines besonderen Geschehens in dem Sinne, daß das Verkündigte für den Adressaten neu ist (Apg 4,2; 16,17; 1Kor 9,14) und in der Verkündigung in Kraft tritt (Apg 13,38; 1Kor 2,1). Soweit hier noch eine Unterscheidung von εὐαγγελίζεσθαι [euangelịzesthai] möglich ist, liegt der besondere Akzent des letzteren vielleicht mehr auf dem εὐ [eu], dh auf dem gottgewirkten Einbruch von etwas Freudigem in den menschlichen Lebensbereich.

c) Christusbotschaft ist Botschaft vom Auferstandenen. ἀπαγγέλλω [apangẹllō] ist in den Auferstehungsgeschichten aller 4 Evgg. zu einem festen Terminus für die Bezeugung der Auferweckung geworden (Mt 28,8.10f; Mk 16,13.10.13; Lk 24,9; Joh 20,18). Der Begriff ist dabei in seiner urspr. Bedeutung gebraucht: ein Bote (→ Engel) überbringt eine Nachricht, die er unmittelbar vorher vom Auftraggeber (der Auferstandene: Mt 28,10; Joh 20,18; Engel: Lk 24,6ff) empfangen hat. Nicht zufällig wird Lukas den gleichen Begriff auch im Verklärungsbericht gewählt haben (9,36): die Jünger geben niemandem Botschaft davon, daß sie Jesus als den Verklärten, dh im Auferstehungsleib gesehen haben.

d) Jesus wird verkündigt als der, in dem die prophetischen Verheißungen (vgl. προ- [pro-] und καταγγέλλω [katangẹllō] in Apg 3,18.24) Wirklichkeit geworden sind. Und Paulus »tat sie (die Schrift) ihnen auf und legte ihnen dar, daß Christus mußte leiden und auferstehen von den Toten und daß dieser Jesus, den ich euch verkündige, der Christus ist« (Apg 17,3). So ist verständlich, daß auch der Auftrag zur Verkündigung selbst mehrfach durch at. Zitate belegt wird (Röm 9,17: Ps 22,23; Röm 15,21: Jes 52,15 u. ö.). In den beiden Stellen Mt 12,18 (Jes 42,1ff) und Hebr 2,12 (Ps 22,23), wo die Zitate von LXX abweichen, ist Jesus selbst der Gottesbote. Schniewind vermutet, daß hier »jüdisch-palästinische Tradition« nachwirkt: »der Messias wird der Prophet von Dtn 18,15.18, wird der εὐαγγελιζόμενος [euangelizọmenos] von Jes 52,7 sein« (JSchniewind, ThWb I, 66).

e) Wie der Gebrauch der Begriffe sehr unterschiedlich ist, so ist auch der Inhalt der Verkündigung von Fall zu Fall verschieden. Neben profanen Mitteilungen kann es sich zB um Buße (→ Bekehrung, Art. μετάνοια), → Glauben, → Vergebung der Sünden, ganz umfassend um die christl. Botschaft (→ Wort) u. a. handeln.

U. Becker, Hannover / D. Müller

κηρύσσω

κηρύσσω [kæryssō] ausrufen, verkündigen · κῆρυξ [kæ̣ryx] Herold · κήρυγμα [kæ̣rygma] Botschaft

I 1) Ursprung der Wortgruppe ist das schon bei Hom. häufige Subst. κῆρυξ [kæ̣ryx] (verwandt [?] mit hebr. *qarāh, laut rufen, preisen;* ahd. [h]ruod, *Ruhm;* altindisch *kāruh, Sänger*), das denjenigen bezeichnet, der im Auftrag des Fürsten bzw. des Staates (s. u.) eine ihm aufgetragene Nachricht mit deutlich vernehmbarer Stimme ausruft und damit bekanntmacht. Aus diesem Subst. ist dann (seit Hom. Il. 17,325; 2,438) das die Tätigkeit des Herolds bezeichnende Verbum κηρύσσω [kæryssō] gebildet, das aber viel seltener vorkommt als das Subst. Durch Anfügung von -μα [-ma] an den Stamm κήρυκ- [kæ̣ryk-] entstand später (seit Xenoph. und Eur. belegt) das Subst. κύρυγμα [kæ̣rygma], das – wie bei anderen Wörtern der gleichen Bildung – sowohl das Phänomen des κηρύσσειν [kæryssein], also das Erschallen des Rufes, das *Ausrufen* (zB Xenoph. Ag. I,33) als auch den Inhalt des so Bekanntgemachten, die *Bekanntmachung*, den *Erlaß* bezeichnet (Hdt. III,52; Aristot.

Oec. II p 1349b 36), wobei dieser Inhalt von der bloßen Nachricht (Eur. Iph. Taur. 239) bis zum befehlenden Kommando (Aristot. Athen IV 19 [p. 141f]) reichen kann.

2) Die genaue Bedeutung der Vokabeln hängt von der Funktion des κῆρυξ *[kẹryx]* in der jeweiligen geschichtlichen Epoche ab (vgl. dazu die sehr detaillierte, mit vielen Belegen versehene Darstellung von GFriedrich, ThWb III, 683ff).

a) Werden als κῆρυξ *[kẹryx]* bei Hom. (zB Il. 3,118.248; 7,276) die Begleiter der Fürsten bezeichnet, die zwar manches tun, was etwa der Rolle hoher, um das persönliche Wohl des Fürsten und seiner Gäste besorgter Hofbeamter (wie Mundschenk, Adjutant, Hofmeister, zB Od. 1,143ff) entspricht, so sind sie doch durch Ansehen und eine freundesgleiche Stellung aus der Schar der Diener herausgehoben (Od. 19,247: ἑταῖρος *[hetạiros], Gefährte, Freund*). Heroldsstäbe, eine Art Zepter, in ihren Händen (Il. 18,505; Od. 2,38) machen sie in Ausführung ihrer Aufträge (Mitteilung, Einladung) als autorisierte fürstliche Beauftragte kenntlich.

b) In der Zeit der πόλις *[pọlis]*, der demokratischen Stadtstaaten (→ Volk), wird die Institution als solche beibehalten; jedoch scheint sie zunächst dadurch in ihrer Bedeutung gemindert, daß es nun eine Vielzahl verschiedener Herolde gibt, deren spez. Funktion erst durch Zufügung eines Adj. oder eines qualifizierenden Gen. erkennbar wird (zB gibt es Herolde der Stadt, der Archonten, des Rates, des Gerichtes, aber auch der Mysterien und der Götter). Daß man zeitweise nur mit Mühe Freie für diesen Beruf fand und über manche von ihnen abfällig gesprochen zu haben scheint, muß in den Hintergrund treten angesichts der gesellschaftlichen Rolle, die die Herolde spielten. Formal Amtsdiener (wir würden sagen: *Boten* oder auch *Sprecher*) bestimmter Behörden (Plato Polit. 290b), als deren Hauptqualifikationsmerkmal eine laute und deutlich verständliche Stimme gefordert war, sind es die Herolde, die die Krieger zum Kampf (Hom. Il. 2,51.437ff) und die Vollbürger zur Volksversammlung rufen (vgl. → Kirche, Art. ἐκκλησία I,3b), die in dieser für gute Ordnung verantwortlich sind, sie mit Gebeten und Opfern eröffnen und deren Beendigung verkünden (vgl. Aristoph. Thes. 295ff; Acharn 45.173). Auch bei den öffentlichen Gerichtsverhandlungen geben Herolde das Ergebnis der Auslosung der Richter bekannt und fragen vor der Abstimmung, zu der sie die Richter aufrufen, das Volk, ob jemand Einwände gegen Verfahren oder Zeugenaussagen habe, sind also gleichsam für die Einhaltung der Gesetze, dh aber der politisch-religiösen Ordnung überhaupt verantwortlich. Ihre sakrale, ja sakrosankte Stellung (Hom. schon nennt sie Il. 1,334 ἄγγελοι Διός *[ạngeloi Diọs]* bzw. Il. 10,315 ἄγγελοι θεῖοι *[ạngeloi thẹioi], göttliche Boten*) kommt mehr noch darin zum Ausdruck, daß, wo der κῆρυξ *[kẹryx]* auftritt, die Waffen ruhten, so etwa wenn Herolde einer Stadt ganz Griechenland zu einem der → Feste zu Ehren der Götter einluden (Soph. Ai. 1240), bei dessen Verlauf ihnen wiederum kultische Eröffnung, Sieger- und Ehrenverkündung zufiel. Den Herold, der mit einer Botschaft zum Kriegsgegner kommt, darf dieser nicht antasten, weil das den Zorn nicht nur seines Auftraggebers, sondern als grobe ἀσέβεια *[asẹbeia]*, dh Verletzung der religiös-sittlichen Ordnung, auch den der Götter herausfordert (Demosth. Or. XII,4; vgl. den Ausspruch Achills Hom. Il. 1,334). In dieser durch das allg. anerkannte sittlich-religiöse Gesetz verbürgten Stellung ist es wohl auch begründet, daß die Herolde gelegentlich als politische Gesandte fungieren oder doch solchen vorangehen (Demosth. Or. XIX,163).

So lassen sich folgende M e r k m a l e verallgemeinern: Der κῆρυξ *[kẹryx]* steht immer unter einer fremden Autorität, deren Sprecher er ist; er übermittelt, selbst unantastbar, die Botschaft und Meinung seiner Auftraggeber und hat deshalb – im Unterschied etwa zum πρέσβυς *[prẹsbys], Gesandten* (→ Presbyter) – keinen eigenen Verhandlungsspielraum; sein Amt trägt in jedem Falle, selbst wo er etwa auf dem Markt als öffentlicher Makler bzw. Auktionator auftritt (zB Hdt. VI,121), offiziellen Charakter, weshalb er auch der Verkünder der Gerichtsurteile ist. Was er verkündet, tritt mit dem Ausrufen in Kraft (vgl. Plato Vir. civ. 271 B). Dieses Verbindliche, Befehlende und Setzende unterscheidet die Wortgruppe κηρύσσω *[kẹryssō]* von → ἀγγέλλω *[angẹllō]* und seinen Komposita, die mehr das Angebot, die Mitteilung bezeichnen.

3) Besaßen neben den politischen Instanzen schon die eleusinischen Mysterien ihre besonderen Herolde, die liturgische Funktionen im Kult ausübten, Bekanntmachungen übernahmen und neben den Priestern über großen Einfluß verfügten, und hatte man zB dem Hermes die Funktion eines Herolds der Götter zu den Menschen beigemessen, so eröffnete sich mit dem Erschlaffen der verbindlichen Ordnung der πόλις *[pọlis]* für die S t o a die Möglichkeit, das κῆρυξ *[kẹryx]*-Amt nach dem weitgehenden Verlust seiner gesellschaftlichen Bedeutung ganz anders zu verstehen. Epiktet (vgl. Diss. III,21,13ff) sieht den eigentlichen κῆρυξ *[kẹryx]* seiner Zeit im stoischen Philosophen, der als Bote der Götter und Wächter über die Einhaltung der moralischen Ordnung (κατάσκοπος *[katạskopos]* Diss. III,22,69), selbst mittellos und ganz dieser Aufgabe verschrieben, im Lande umherzieht, um die derzeitige Lebensweise der Menschen anzuprangern und sie zur Umkehr, zur Besserung, zur Sorge um das Heil zu bewegen. Diese Prediger der → Tugend, die, jeglichem Kult bewußt absagend, alles Gewicht auf die Bewährung im Alltag und auf den inneren, höheren Frieden (Epict. Diss. III,13,9ff) legen, verschmelzen Religion, Philosophie und Moral zu einer Einheit. Sie bestimmen die Bühne, auf die dann die Boten des Evangeliums von Jesus Christus treten. Wie sehr ihre Botschaft gelegentlich auf Grund von Sprache und Thematik den Hörern als stoische Predigt erscheinen konnte, zeigt zB die Distanzierung, die Paulus 1Thess 2,3ff vornehmen muß.

II 1a) Ganz im Gegensatz zur ges. griech. Lit. kommt in der LXX das Subst. κῆρυξ *[kæryx]* überhaupt nur 4mal vor, davon 3mal ohne hebr. Äquivalent. Es bezeichnet obendrein nie eine jüd. Institution oder Person, sondern solche fremder Völker: Gen 41,43 (wo LXX das hebr. Verbum *qarāh* mit ἐκήρυξεν . . . κῆρυξ *[ekæryxen . . . kæryx], ein Herold rief vor ihm aus . . .*, umschrieben hat) ist die Funktion eines Beamten Pharaos gemeint; Dan 3,4 der Herold Nebukadnezars, der das Volk zur Anbetung des Bildes auffordert; 4Makk 6,4 der Herold Antiochus' IV, während Sir 20,15 die Figur des κῆρυξ *[kæryx]* nur als Bildrede für das Erheben der Stimme gebraucht ist. Gen 41 und Dan 3 steht neben dem Subst. das Verbum κηρύσσειν *[kæryssein]*, auf dem das Gewicht liegt. – Dieser Befund ist Indiz dafür, daß eine dem griech. κῆρυξ *[kæryx]* vergleichbare Gestalt Israel unbekannt war, ja daß man offenbar auch die Propheten nicht als solche verstehen konnte.

b) Ein wenig anders erscheint das Bild für das Verbum κυρύσσω *[kæryssō]*, für das die LXX immerhin 29 Belege bietet, wobei es zumeist für das hebr. *qarāh* eingetreten ist, Jon 3,7 für *sāʿaq, schreien;* Hos 5,8; Jo 2,1; Zeph 3,14; Sach 9,9 für das Hif. von *rūaʿ*, das ebenfalls *lautes Geschrei*, an den beiden ersten Stellen das alarmierende, von Instrumenten getragene oder begleitete Lärmgeschrei (beidemal auf dem Berge), sonst das jauchzende Kriegs- oder Siegesgeschrei meint. Ex 36,6 und 2Chron 36,22 ist κηρύσσω *[kæryssō]* für die durch das ganze Lager bzw. Reich erfolgende Bekanntmachung (hebr. *qōl, Stimme*) des Mose bzw. des Perserkönigs Cyrus eingetreten (»ließ ausrufen, verkünden«). Da aber nun *qarāh* über 650 Belege im AT aufweist und in der Regel von LXX mit καλέω *[kalẹō], rufen*, bzw. ἐκκαλέω *[ekkalẹō], aufrufen*, übers. ist, ergibt sich die Frage, für welche spez. Art des Ausrufens κηρύσσω *[kæryssō]* in der Übers. benutzt wurde. Scheidet man Sach 9,9 und Zeph 3,14 als Sonderfälle aus (s. o.), so läßt sich das Vorkommen auf drei klassische Heroldsfunktionen eingrenzen: α) auf die Ausrufung eines kultischen Festes (Ex 32,5; 2Kön 10,20; 2Chron 30,5; dazu Dan 3,4 LXX vom kultischen Anbetungsruf des babylonischen Herolds) bzw. Fastens (2Chron 30,3; Jo 1,14; 2,15; sowie Jon 3,5.7 durch die Bürger bzw. den König von Ninive); β) auf die Befehlsanordnung des militärischen Feldherrn bzw. den Erlaß des Fürsten, die verkündet werden (Ex 36,6; 2Chron 24,9; dazu die apokryphen Stellen 1Esr 2,2: Erlaß des Cyros zur Heimkehr der Juden und zum Tempelbau und 9,3: Befehl Esras an die Juden sowie 1Makk 5,49 [L: V. 51] der Angriffsbefehl Judas auf Ephron); γ) die Verkündigung eines Gerichtsurteils (Hos 5,8; Jo 3,9; Jon 3,2.4) bzw. des Gerichtstages Jahwes (Jo 2,1) und Jes 61,1 die Lossprechung der Gefangenen; hierher gehört entsprechend dem klassischen Gebrauch auch die Verkündung der Rehabilitation Angeklagter (Est 6,9.11: Mardochai und 1Makk 10,63.64: Jonathan).

Eine Sonderstellung nehmen daneben Spr 1,21; 8,1; 9,3 ein, wo die laut rufende Stimme der → Weisheit an den stoischen Gebrauch erinnert. Mi 3,5 ist die Friedensproklamation der falschen Propheten mit κηρύσσω *[kæryssō]* wiedergegeben. Je einmal findet sich in diesen Gruppen das Subst. κήρυγμα *[kærygma]* für den Inhalt des Verkündeten (2Chron 30,5; 1Esr 9,3; Jon 3,2; Spr 9,3). α) und β) bewegen sich im vertrauten Rahmen der von menschlichen Autoritäten gegebenen Anordnungen, während alle unter γ) genannten prophetischen Stellen von der Kundmachung eines Urteils Jahwes sprechen. Aber das sind vergleichsweise wenige Belege, womit sich die Zurückhaltung des AT gegenüber dem Subst. auch für das Verbum bestätigt. Auch dieses ist nicht zu einem zentralen Terminus der at. Heilsverkündigung geworden, wofür vielmehr andere Verben dienten (zB ἀγγέλλω *[angẹllō]*).

2) Im jüd. Schrifttum außerhalb des AT hat das Nomen *kārōs, Herold*, wohl ein iranisches Lehnwort, bei J o s e p h u s im Zusammenhang militärischer Befehlsübermittlung und diplomatischer Missionen einen dem klassischen Griech. entsprechenden Platz, während sich bei P h i l o die Wortgruppe nur vereinzelt findet, und zwar als term. techn. für das Reden der at. Propheten (Goldammer, 80). In der r a b b i n i s c h e n L i t . erscheinen Subst. und Verb, wo eine Bekanntmachung (zB jSchab 15d 38) oder ein Gerichtsurteil (Sanh 6,1; bSanh 43a) öffentlich ausgerufen wird, aber auch für das öffentliche Ausrufen von für den Gesetzesgehorsam relevanten rabb. Lehrentscheidungen (bRH 21a) und für denjenigen, der im Auftrage des Rabbis im Gottesdienst der Synagoge Weisungen für das Verhalten verkündet (jBer 7c 59). Auch das Erklingen der *bath-qōl*, der *Himmelsstimme* (→ Wort, Art. φωνή II,3), wird gelegentlich mit *kārās* ausgedrückt. Aufs Ganze aber ist der Gebrauch des Terminus, der sich relativ häufig findet, technisch und formal: Es sind die Lehrentscheidungen der Rabbinen, oder es ist die Zitation der Schrift, die mit ihm eingeführt werden.

3) In der Lit. von Q u m r a n findet sich das Verbum *sāphar, erzählen, aufzählen*, das in seiner Bedeutung dem griech. κηρύσσω *[kæryssō]* nahekommen kann, relativ häufig in den Lobliedern, hier freilich im Sinne des bezeugenden und ausrufenden Lobpreises der Gemeinde bzw. des Frommen, das die Wunder Jahwes (zB 1QH III,23; X,20) oder seine Ehre (1QH XI,6), Herrlichkeit (1QH XII,30), Langmut und Erbarmen (1QH XVII,17; XVIII,14) rühmt. Gelegentlich ist auch von Gottes Verkündigen, etwa durch seine Schöpfung und Werke, die Rede (1QH I,29; XIII,11).

III 1) Das Vorkommen im NT ist zunächst – entsprechend der LXX – dadurch gekennzeichnet, daß das Subst. κῆρυξ *[kæryx], Herold, Bote*, sich nur 3mal, und zwar in späten Schriften findet (1Tim 2,7; 2Tim 1,11; 2Petr 2,5). Auch κήρυγμα *[kærygma]* ist nur relativ selten belegt, und zwar bei Paulus für die von ihm ausgerufene *Christus-Botschaft* (Röm 16,25: κήρυγμα 'Ιησοῦ Χριστοῦ *[kærygma Jæsou Christou]*) bzw. sein Verkündigen überhaupt (1Kor 2,4; 15,14 mit Possessiv-Pronomen; vgl. 1Kor 1,21), stärker formalisiert in 2Tim 4,17; Tit 1,3 und schließlich Mt 12,41 par Lk 11,32 für die Botschaft des Jona in Ninive.

Mit 62 Belegen relativ häufig findet sich dagegen das Verb κηρύσσω *[kæryssō]* (17mal paulinische Briefe einschließlich Kol, 2mal in 1/2Tim, 8mal in Apg, je 9mal bei Mt und Lk, 12mal bei Mk und je 1mal in 1Petr und Offb). Auffällig ist das völlige Fehlen in den johanneischen Schriften wie auch in Hebr und Jak. Fragt man nach dem grammatischen Objekt des Verbums, so weisen frühe paulinische Stellen (1Thess 2,9; Gal 2,2; vgl. allerdings auch Kol 1,23) sowie einige Belege bei Mk (1,14; 13,10; 14,9) und Mt (4,23; 9,35; 24,14; 26,13) τὸ εὐαγγέλιον *[to euangelion], das → Evangelium*, als solches aus, während in den Kor-Briefen (1Kor 1,23; 15,12; 2Kor 1,19; 11,4), in Phil 1,15 sowie Apg 8,5; 9,20; 19,13 Χριστός *[Christos]* (4mal), *Jesus* (3mal) bzw. *Christus Jesus* als der Verkündigte gilt. Johannes der Täufer verkündet das βάπτισμα μετάνοιας εἰς ἄφεσιν ἁμαρτιῶν *[baptisma metanoias eis aphesin hamartiōn]*, die *→ Taufe der Sinnesänderung zum Erlaß der Sünden* (Mk 1,4; Lk 3,3; vgl. Apg 10,37), und für Lukas ist die βασιλεία *[basileia]*, das *→ Reich*, Gegenstand der Verkündigung (Lk 8,1; 9,2; Apg 20,25; 28,31); sie ist freilich auch für Mt der eigentliche Inhalt des verkündigten Evangeliums (vgl. Mt 4,23; 9,35; 24,14).

2a) Dieser Befund läßt einmal eindeutig erkennen, daß die Zeugen des NT ebenso wie das Judentum wohl bewußt darauf verzichteten, sich selbst bzw. die Boten Jesu in eine Reihe mit der inzwischen so vielfältiger Qualifikation offenen griech. Institution des κῆρυξ *[kæryx]* einzugliedern. Nur in den beiden (späten) Stellen 1Tim 2,7; 2Tim 1,11 ist – abgesehen von der Bezeichnung Noahs als κῆρυξ *[kæryx]* der Gerechtigkeit 2Petr 2,5 – die Vokabel eingeführt, dort freilich in der qualifizierenden Kombination mit ἀπόστολος *[apostolos]*, *→ Apostel;* das dürfte seinen Grund haben in dem stärker auf Institutionen hin tendierenden Denken einer Kirche, in der der eschatologische Aspekt zurückgedrängt wurde und die sich auf eine dauerhafte Existenz in der Welt einrichtete. Aber selbst diese beiden Stellen lassen noch erkennen, worin der Grundunterschied zum Verständnis der Umwelt lag: Nicht die Institution oder gar die Person hatte Gewicht, sondern allein das wirksame Geschehen der Verkündigung. Deshalb wohl vermied man durch Verzicht auf das vorgeprägte Subst. die Fixierung auf ein bestimmtes geschütztes Amtsverständnis. Das wird dadurch bestätigt, daß auch Joh, der im gleichen Zusammenhang dem Verbum μαρτυρέω *[martyreō], Zeuge sein*, den Vorzug gibt, als Subst. zwar μαρτυρία *[martyria], Zeugnis*, benutzt, nicht aber μάρτυς *[martys], Zeuge* (→ Zeugnis III,4). Auch bei der ungewöhnlichen Bezeichnung Noahs als κῆρυξ *[kæryx]* kann kaum an ein Amt, sondern wohl nur an ein durch Noahs Gesamtverhalten aufgerichtetes Zeichen gedacht sein.

b) Zu einem ganz entsprechenden Ergebnis führt die Beobachtung des Begriffes κήρυγμα *[kærygma], Bekanntmachung, Verkündigung*, im NT. Wo er Mt 12,41 par Lk 11,32 für das κήρυγμα *[kærygma]* des Jona benutzt ist, umschließt er zwar ohne Zweifel auch den Inhalt der Botschaft Jonas in Ninive; sein Gewicht dürfte aber sehr viel stärker in der durch Jona geschehenden Ausrichtung eines göttlichen Auftrages liegen, also im Vollzug der Mitteilung (Mk 1,3 parr zitiert entsprechend Jes 40,3: »Es erschallt die Stimme eines Rufers . . .«), die unter der Androhung des Gerichtes zugleich die Einladung zu Umkehr und Heil enthält. Für die drei sicheren paulinischen Belege (1Kor 1,21; 2,4; 15,14) ist diese Tendenz noch deutlicher: Mag διὰ τῆς μωρίας *[dia tæs mōrias], durch die Torheit* (1,21), noch ambivalent Inhalt wie Vollzug umschließen, so weist das οὐκ ἐν πειθοῖς σοφίας λόγοις *[ouk en peithois sophias logois], nicht mit überredenden Worten der Weisheit* (2,4), weitaus stärker in Richtung der Beschreibung der Redeweise des Apostels, und ähnlich dürfte 15,14 mindestens ebenso stark die Verkündigungstätigkeit des Apostels im Sinn haben wie den Inhalt seiner Botschaft. Röm 16,25, hinsichtlich seiner Verfasserschaft umstritten, meint κήρυγμα *[kærygma], Botschaft*, schon hypostasierend, die *Christus-Predigt*, wie sie von Paulus ausgerichtet wird. Am weitesten in diese Richtung ist dann 2Tim 4,17 fortgeschritten: Hier ist das κήρυγμα *[kærygma]* das geschehende Ereignis der Predigt, das des jeweiligen Boten nur gleichsam zu seinem Vollzuge, seiner konkreten Erfüllung (πληροφορηθῇ *[plærophoræthæ]*, → Fülle, Art. πληρόω) bedarf; ähnlich Tit 1,3.

c) Die Subst.e der Wortgruppe sind demnach im NT wesentlich als formale Begriffe benutzt worden; w a s das κήρυγμα *[kærygma]* ist, welchen Inhalt es also mitteilt, das wird erst aus dem jeweiligen Kontext deutlich. Damit bleibt das NT dem urspr. Sinn des Wortes ebenso treu wie dem at. Verständnis: κήρυγμα *[kærygma]* ist das Phänomen des mit Anspruch an die Hörer ergehenden Rufes; es ist das, was dem Auftreten und Reden der Propheten entspricht. Daß es im inhaltlichen Sinne »gleichsam die ›evangelische‹ Substanz der christl. Botschaft, der Offenbarungskern, nach der Eliminierung des Mythischen sein könne oder müsse«, läßt sich vom NT aus nicht erweisen (Goldammer, 96). Der qualitative Kerygma-Begriff, wie er in der Theol. der letzten Jahrzehnte gebraucht wird (RBultmann u. a.), erweist sich insofern als Produkt theol. Reflexion. Er nimmt die Sprache des NT auf, benutzt aber die Vokabel in einer Sinngebung, die in den nt. Belegen allenfalls am Rande mitschwingt; sucht man nach ihren Wurzeln, so stößt man auf Athanasius, der den Begriff nach Jh.en verschiedenster Füllung wohl als erster im vollinhaltlichen Sinne als »christl. Lehre bzw. Kirchenlehre« gebraucht hat (De Decretis Nicaenae Synodis, 26,7; nach Goldammer, 96).

3a) Daß Verkündigung im NT ganz überwiegend als Vorgang und Ereignis verstanden wird, dessen Gehalt sich erst aus der näheren Qualifikation ergibt (s. o. III,1), wird durch den – im Vergleich zu den Subst.en – weitaus häufigeren Gebrauch des Verbums bestätigt. κηρύσσω *[kæryssō]* gehört insofern in eine Reihe mit anderen (formalen) Begriffen der Mitteilung und Kommunikation, die zwar einen bestimmten Modus charakterisieren, hinsichtlich des Inhaltes aber indifferent sind (zB διδάσκω *[didaskō]*, *lehren*; ἀγγέλλω *[angellō]*, *berichten*, mit seinen Komposita; λέγω *[legō]*, *sagen*; ὁμολογέω *[homologeō]*, *bekennen*; μαρτυρέω *[martyreō]*, *bezeugen*, mit seinen Komposita; εὐαγγελίζομαι *[euangelizomai]*, *verkündigen*; γνωρίζω *[gnōrizō]*, *wissen lassen*, und noch weitere; vgl. GFriedrich, ThWb III, 702). Die große Breite des im NT verwendeten Wortschatzes deutet darauf hin, daß keines der Verben ein klares Übergewicht gewonnen hat oder gar zum term. techn. werden konnte.

Wie sehr die Terminologie noch in Bewegung war, läßt sich daran erkennen, daß Paulus 1Thess 2,2.9 im gleichen Sinnzusammenhang seinen Dienst einmal mit λαλῆσαι . . . το εὐαγγέλιον *[lalæsai . . . to euangelion]*, *das Evangelium erzählen*, das andere Mal mit ἐκηρύξαμεν . . . το εὐαγγέλιον *[ekæryxamen . . . to euangelion]*, *wir verkündeten das Evangelium*, beschreibt, während er eben dieses *verkündigen* Phil 1,18 durch καταγγέλλω *[katangellō]* ausdrückt; es zeigt sich auch darin, daß Lukas Lk 4,43 par Mk 1,38 und Lk 9,6 par Mk 6,12 jeweils das markinische κηρύσσω *[kæryssō]* durch ein εὐαγγελίζω *[euangelizō]* ersetzt hat, während er Lk 8,1 beide Verben synonym nebeneinanderstellt und Lk 6,13 par Mk 3,14 das von Mk noch ausdrücklich erwähnte κηρύσσειν *[kæryssein]* in seinen → Apostel-Begriff einbezogen zu haben scheint.

Dem antiken Heroldsbild am nächsten kommt dabei Offb 5,2, wo der Engel mit gewaltiger Stimme ein Aufgebot ausruft, und 1Petr 3,9, wo im Hades die Stimme des Gekreuzigten erschallt (absoluter Gebrauch des Verbums ohne Obj.). Aber auch Mt 10,27 par Lk 12,3, wo das »auf den Dächern verkündigen« die Veröffentlichung von bisher Geheimem, Verborgenen meint, muß hier genannt werden.

b) Spuren des urspr. Wortverständnisses lassen sich auch bei P a u l u s noch erkennen, wenn er Röm 2,21 diejenigen anspricht, die die Forderung erheben, nicht zu stehlen, und es selbst tun; hier ist κηρύσσων *[kæryssōn]* wie in der Stoa als Proklamation eines bestimmten Gebotes verstanden, das Befolgung erwartet (ähnlich übrigens 1Kor 9,27). Den Aufruf zu einem bestimmten Handeln oder Verhalten, wenngleich nicht mehr nur ethisch, drückt das Verbum auch Gal 5,11 aus, wo Paulus sich davon distanziert, noch die → Beschneidung zu verkündigen, dh die Konversion zum Judentum (als Ausdruck des Gehorsams gegen den einen Gott) zu propagieren.

Positiv aber sieht er sich selbst als einen, der τὸ εὐαγγέλιον τοῦ θεοῦ *[to euangelion tou theou], das* → *Evangelium Gottes* (1Thess 2,9), unter den Völkern (Gal 2,2) verkündet, wobei dies nur geschehen kann in einer gleichzeitigen vollen Hingabe der eigenen Person (1Thess 2,8). Für Paulus ist *verkündigen* nicht – wie bei Jona – einmaliges Ausrufen, vergleichbar dem bloßen Anschlag eines Plakates. Die Proklamation der Christus-Botschaft nötigt nach seinem Verständnis zum unablässigen Bitten und Werben in suchender Liebe und ist begleitet von ständigem Bemühen auch um den einzelnen (vgl. 2Kor 5,18ff; 1Thess 2,9 das ἐργάζομαι *[ergazomai], sich abmühen,* bei Tag und Nacht!) im → Ermahnen (παρακαλοῦντες *[parakalountes]*), Ermutigen (παραμυθούμενοι *[paramythoumenoi]*) und Bezeugen (μαρτυρόμενοι *[martyromenoi]*; → Zeugnis). κηρύσσειν *[kæryssein]* erscheint in solchem Kontext als der zentrale Proklamationsakt, dessen es, einem aufgerichteten Orientierungszeichen gleich, bedarf, um die → Berufung Gottes (τοῦ θεοῦ τοῦ καλοῦντος ὑμᾶς *[tou theou tou kalountos hymas], des Gottes, der euch beruft,* 1Thess 2,12!) zu realisieren, indem die Angesprochenen zu einem Leben finden, das der im Anbruch stehenden Gottesherrschaft angemessen (ἀξίως *[axiōs]*) ist.

Worauf sich diese Einladung gründet (hinsichtlich Inhalt und Ursache), läßt sich namentlich aus den Zusammenhängen erkennen, in denen Paulus κηρύσσω *[kæryssō], verkündigen,* in seinen späteren Briefen verwendet hat: Es ist der Christus, also eine Person, den Paulus so proklamiert (1Kor 1,23; 15,12; 2Kor 1,19; 4,5; Phil 1,15; vgl. 2Kor 11,4 Ἰησοῦν *[Jæsoun], Jesus*). Und zwar ist es der gekreuzigte Christus (1Kor 1,23; vgl. 2,2), also das Sterben dieses Jesus, was in der Verkündigung als Basis des Lebens proklamiert wird; es ist der Christus, in dem Paulus alle voraufgegangenen Verheißungen Gottes erfüllt und konkretisiert sieht (2Kor 1,19); es ist der Christus, den Paulus auf Grund der ihm schon vorliegenden Tradition (→ Lehre, Art. παραδίδωμι), aber auch auf Grund eigener Erfahrung (1Kor 15,3–8) als den nach seinem Tode den Seinen Erschienenen, also den Auferstandenen (→ Auferstehung) bezeugt. 1Kor 15,1f läßt keinen Zweifel daran zu, daß der → Tod Jesu für die Schuld der anderen und seine erst durch diesen Weg ermöglichte Gegenwärtigkeit und Erhöhung (vgl. Phil 2,8–11) für Paulus zentraler Inhalt dessen war, was er als die rettende und weltenwendende Botschaft verkündete (1Kor 15,12; nach 1Thess 4,13ff gehörten dazu auch die Verheißung der Auferstehung und der παρουσία *[parousia]*, also *Gegenwärtigkeit* Jesu; → Gegenwart). Baird (aaO, 187) hat wohl zu Recht darauf hingewiesen, daß nicht die schon vorpaulinisch formulierten Fakten und Lehren, sondern die Proklamation Jesu als des zum Leben erweckten Sohnes, die Paulus durch Offenbarung gewiß geworden war, nach Gal 1,11–17 die paulinische Verkündigung charakterisiere. Sofern man eine solche Aussage als mythologisch ansieht, wird man das Evangelium schwerlich völlig davon entbinden können, ohne zugleich seinen Gehalt zu verändern.

Der Akt der Verkündigung ist endlich für den → Glauben ebenso Voraussetzung, wie er umgekehrt nicht bloß Kenntnisnahme oder formale Befolgung, sondern eben die Vertrauensübergabe in solchem Glauben zum Ziel hat (vgl. 1Kor 15,11). Darum ist für Paulus Verkündigung nur legitim und möglich, wo Auftrag und Bevollmächtigung dazu vorliegen (Röm 10,8ff). Das bedeutet aber: Christus ist nicht nur sachliches Objekt der Verkündigung, sondern auch ihr bestimmendes Subjekt; er selbst ist es, der verkündigen läßt und in und durch solche menschliche Verkündigung selbst dem Hörer gleichzeitig und erfahrbar werden will (vgl. Gal 3,1).

c) Die Synoptiker verwenden κηρύσσω *[kæryssō]* zunächst übereinstimmend für das Auftreten Johannes des Täufers (Mt 3,1; Mk 1,4; Lk 3,3), wobei schon vom Anklang an Jes 40,3 her dieser als die letzte Prophetenstimme erscheint. Mk hat den Gehalt seiner Verkündigung mit βάπτισμα μετάνοιας εἰς ἄφεσιν ἁμαρτιῶν *[baptisma metanoias eis aphesin hamartiōn], Taufe der Umkehr zur Vergebung der Sünden* kurz zusammengefaßt, worin Weg und Ziel zugleich genannt sind; Mt und bes. Lk haben das in exemplarischen Sätzen weiter entfaltet. Alle 3 Evgg. aber lassen die Täuferpredigt hinauslaufen auf die Ankündigung des kommenden Stärkeren, durch dessen Geistestaufe ein Neues anbrechen wird (Mk 1,7 parr).

α) Wenn Matthäus an dieser Stelle (Mt 3,2) als innere Legitimation und Motivierung des κηρύσσειν *[kæryssein]* den Satz einfügt, ἤγγικεν γὰρ ἡ βασιλεία τῶν οὐρανῶν *[ængiken gar hæ basileia tōn ouranōn], nahe herangerückt ist das Reich der Himmel,* so ist dadurch der Bußruf in den Horizont der verheißenen Christusherrschaft gestellt. Deshalb wird er auch Mt 4,17 in wörtlichem Gleichklang von Jesus aufgenommen und Mt 10,7 als das Zentrum der mit der Aussendung beginnenden Jüngerpredigt hervorgehoben. Damit aber rückt Jesus selbst gleichsam zwischen die Testamente, in die Mitte der Zeit: Wie die Propheten, repräsentiert durch Johannes, auf sein Kommen hinweisen, bevor er selbst dann die Zeichen der βασιλεία *[basileia]* aufrichtet (vgl. die Summarien Mt 4,23; 9,35; 11,1), so geben die Jünger Zeugnis von deren schon geschehenem und in ihrer Verkündigung gegenwärtig werdendem Anbruch (»Wer euch aufnimmt, nimmt mich auf« Mt 10,40; vgl. 24,12). Der Gehalt des κηρύσσειν *[kæryssein]* bleibt als Proklamation der Christus-Herrschaft gleich, Gestalt und Perspektive der Verkündigung aber ist bestimmt durch die (heils-) geschichtliche Situation.

Es fällt auf, daß Mt als einziger den Ausdruck κηρύσσειν *[kæryssein]* nur für Johannes, Jesus und die ausdrücklich von ihm ausgesandten Jünger braucht. Er unterstreicht damit den verbindlichen, geradezu juridisch-offiziellen Charakter der Proklamation, die im Unterschied zum διδάσκειν *[didaskein], lehren,* in den Synagogen, in der Wüste, in den Städten, kurz, auch außerhalb des schon gefügten Rahmens der Gemeinde bzw. der gebräuchlichen Plätze und Versammlungen bis hin unter die Völker (Mt 24,14: auf der ganzen bewohnten Erde) erfolgt.

β) Solche Systematisierung ist bei Markus noch nicht zu erkennen. Zwar läßt sich auch bei ihm die Linie von Johannes (Mk 1,4.7) über Jesus (Mk 1,38f) zu den beauftragten Jüngern (Mk 3,14; vgl. 6,12) verfolgen, und ist die Ausweitung des Bereiches solcher Proklamation von Israel auf die Völker in der kleinen Apokalypse notiert (Mk 13,10, vgl. Mt 24,14). Aber Mk hebt statt des amtlichen Charakters stärker die innere Kraft und Notwendigkeit der Verkündigung hervor, indem noch vor den beauftragten Jüngern Geheilte – trotz ausdrücklichen Verbotes – das ihnen in der Begegnung mit Jesus Widerfahrene weitersagen (Mk 1,45; 5,20 par Lk 8,39; 7,36; Luther hat bezeichnenderweise an diesen Stellen κηρύσσω *[kæryssō]* nicht mit *predigen* übers.). Allein ihre Begegnung mit Jesus, die Erfahrung des Erbarmens Gottes, die eigene Erkenntnis vom Anbruch des Neuen in diesem Jesus (Mk 7,37 nimmt Jes 35,5 auf) nötigen hier zum Weitersagen, und dieses Weitersagen wird ohne alle formale Legitimation zur Proklamation.

γ) Lukas (Ev. und Apg) endlich hat durch die Aufnahme des Prophetenwortes Jes 41,1f in die Nazareth-Predigt Jesu (Ort der Proklamation ist zunächst die Synagoge: Lk 4,16.44; vgl. Mk 1,39) und dessen Erklärung, dies Wort sei durch sein Auftreten erfüllt, Jesus als den beschrieben, der Gottes Handeln zugleich ausruft und vollzieht und dann durch die Jünger ausrufen läßt (Lk 9,20 par Mt 10,7). Indem sie von Christus reden, proklamieren sie eben damit die βασιλεία *[basileia]* als Gottes in und durch Jesus sich vollziehende Neuordnung der Dinge in der Welt (vgl. das Wirken des Philippus in Samaria Apg 8,5 mit der Beschreibung des paulinischen Auftretens Apg 9,20; 20,25; 28,31). Und umgekehrt ist das Ausrufen der βασιλεία *[basileia]* immer verbunden mit dem Reden und Lehren von Jesus (Apg 28,31 διδάσκων τὰ τοῦ κυρίου Ἰησοῦ Χριστοῦ *[didaskōn ta tou kyriou Jæsou Christou], lehrend das von dem Herrn Jesus Christus*), wobei dieser qualifiziert wird als der Sohn Gottes (Apg 9,20), als der Auferweckte (Apg 2,32; 4,10 u. ö.), der Bürge der Erweckung aus den Toten (Apg 4,2f), in dessen Namen allein die von Johannes proklamierte → Vergebung der Sünden geschieht (Apg 2,38; vgl. Lk 24,47). Apg 15,21 (Mose hat seit alters von Ort zu Ort in den Synagogen die, die ihn, dh: das Gesetz, verkündigen) macht deutlich, daß mit κηρύσσειν *[kæryssein]* eine Proklamation gemeint ist, die für die dadurch sich konstituierende und konstituierte Gemeinschaft zugleich verbindliche Glaubens- und Lebensordnungen setzt. Darin geht das Verb über das sonst von Lukas synonym gebrauchte εὐαγγελίζομαι *[euangelizomai]* hinaus.

4) Welches ist nun die bes. Nuance von κηρύσσω *[kæryssō]* unter den übrigen, gleichsinnigen Vokabeln für das Weitergeben der Christus-Botschaft? Sowohl Lukas als auch Paulus haben, wenn sie die Gesamtheit der Verkündigungstätigkeit beschreiben wollten, dem Verb εὐαγγελίζω *[euangelizō]* den Vorzug gegeben (bei Lukas auch καταγγέλλω *[katangellō]*). Gerade auf dem Hintergrund dieser Beobachtung fällt aber auf, daß κηρύσσω *[kæryssō]* speziell dann gebraucht wird, wenn im konkreten Fall in Gespräch oder Predigt die Botschaft von der in Christus angebrochenen Gottesherrschaft und von seiner Auferstehung durch Engel (Lk 1,19; 2,10) oder Menschen (Lk 3,18; 9,6; Apg 5,42; 8,4ff) ausgerufen wird; dabei hantieren die Boten nicht Formeln, sondern die jeweilige Verkündigung trägt durchaus persönlichen Charakter: »der Verkündiger . . . (muß dafür) . . . mit seiner Existenz einstehen« (EFuchs, aaO, 415). Das Verb charakterisiert also das jeweilige konkrete Ausrufen der Botschaft bes. hinsichtlich des damit erhobenen Anspruchs und ihrer rechtsverbindlich eine neue Ordnung setzenden Kraft. Es schließt zwar auch Information ein, ist aber immer mehr als bloße Unterrichtung, bloßes Angebot, unterschieden auch von der Vermittlung philosophischer Lehre oder allgemeiner → Weisheit. κηρύσσειν *[kæryssein]* setzt einen Maßstab, dessen Nichtbeachtung nicht mehr als Indifferenz, sondern als Ablehnung zu charakterisieren ist.

Daß die Ausrichtung der Christus-Botschaft indessen nicht allein im κηρύσσειν *[kæryssein]* besteht, hat gerade Mt, der dem Verb den festesten Platz gegeben hat, verdeutlicht: Er beschreibt das Wirken Jesu mit διδάσκων . . . καὶ κηρύσσων . . . καὶ θεραπεύων *[didaskōn . . . kai kæryssōn . . . kai therapeuōn], lehren . . . verkündigen . . . heilen* (Mt 4,23; 9,35), und wiederum folgt dem auch die Beschreibung des Jüngerwirkens, wenn auch ohne διδάσκων *[didaskōn]* (Mt 10,7ff; vgl. Mk 3,16; 6,12; bezeichnenderweise ist für Mt nur Jesus der Lehrende, abgesehen vom at. Zitat Mt 15,9; für die Jünger taucht diese Vokabel erst im Sendungsbefehl Mt 28,20 auf). Das will aber doch sagen, daß das Geschehen der Verkündigung umgeben ist von sachlicher Unterrichtung und von Ereignissen und Handlungen, die den Anbruch und die Kraft des Neuen zeichenhaft erkennbar machen. Sie ist nicht nur Proklamation des Neuen, sondern sie schafft diesem Raum. Sie ist damit – und wohl nur so – abgeschirmt gegenüber blinder Faszination einerseits und gegenüber Spiritualisierung oder Idealisierung andererseits. *L. Coenen*

ZUR VERKÜNDIGUNG V

Der Ausdruck »Verkündigung« ruft im heutigen Sprachverständnis fast mit Sicherheit die Assoziation »Predigt« wach. Und »Predigt« wird wiederum seit Jahrhunderten als Wortbildung der Kirchensprache mit der im Gottesdienst gehaltenen monologischen Rede eines Pastors oder Priesters identifiziert. Soziologisch signalisieren also beide Begriffe einen innerkirchlichen Vorgang, der nur (noch) die im Gottesdienst versammelte Gruppe erreicht, jedenfalls aber nicht mehr die gesamte Bevölkerung, wie man dies für frühere Jh.e annehmen darf. Sie werden zwar zT (noch) als Chiffren eines bestimmten Gehaltes, einer bestimmten Aussage empfunden, nämlich als Rede von Gott oder über religiöse – und das meint wohl zumeist: nicht-weltliche, in eine andere, für viele fragwürdige Dimension gehörende – Probleme. Andererseits ist jedenfalls der Begriff *predigen* bzw. *Predigt* zur Bezeichnung eines Stiles geworden, dessen charakteristische Akzente vom lauttönenden Gleichmaß der gehobenen Stimmlage über erbauliche Weichlichkeit bis hin zur (vielleicht idealistisch-weltfremden) moralischen Ermahnung reichen.

Die Ursache für diese Begriffsprägung dürfte auf die sprachliche Funktionsfestlegung durch Luthers Bibelübersetzung zurückgehen. *Verkündigung*, von *kund* = *bekannt, gewußt* gebildet (vgl. *bekunden* = bezeugen; *erkunden* = festzustellen suchen), meint das Bekanntmachen, Zur-Erkenntnis-Bringen allg. oder jedenfalls für den Adressaten bedeutsamer Tatbestände, die *Publikation*. So treten Gesetze mit ihrer Verkündung (= Verkündigung) in Kraft. *Predigen* hingegen ist eine Eindeutschung des spät-lat. *prae-dicare*, urspr. *öffentlich bekanntmachen, laut sagen*. Luther hat nun in seiner Übers. des NT beide Verben etwa in gleicher Häufigkeit benutzt, ist dabei aber nicht nach einem linguistischen Äquivalent-Schema verfahren: κηρύσσειν *[kæryssein]* hat er bis auf 9 Ausnahmen immer durch *predigen* wiedergegeben, die Verben der ἀγγέλλω *[angellō]*-Gruppe einschl. εὐαγγελίζω *[euangelizō]* hingegen zwar meist mit *verkündigen*, ca. 15mal aber ebenfalls mit *predigen* übersetzt. Ein Vergleich zeigt, daß für ihn – und seither wohl im ganzen von der Luther-Bibel beeinflußten Sprach- und Vorstellungsraum – *Verkündigung* stärker das Mitteilen, Berichten und Weitersagen, das Reden v o n im Sinne von ü b e r etwas bezeichnet, gleich ob es das betroffene Erzählen eines Erlebens (Mk 5,14; Lk 8,39; aber auch ganz allg. im Sinne von Bericht 1Thess 1,9; 3,6), eine Engelsbotschaft (Lk 2,10; Offb 14,6) oder auch das Reden von Christus und seiner Bedeutung ist (namentlich in der Apg 13,5.38; 17,3; 20,2, aber auch in der Brieflit.: 2Kor 11,7; 1Petr 1,12.25; 1Joh 1,2f; Hebr 4,2.6). Wo er den Text in diesem Sinne verstand, hat Luther auch κηρύσσω *[kæryssō]* mit *verkündigen* übers. (Mk 13,10; Lk 4,18; 8,1; Phil 1,15). *Predigen* bzw. *Predigt* hingegen hat er offenbar immer dann als Übers. benutzt, wenn eine Rede vor einer größeren Menschengruppe auf Grund eines gegebenen Auftrages geschah und ihr das Element des auf Umkehr zielenden Zeugnisses eignete. Man erkennt das daran, daß Luther wohl Mk 1,45; 5,20; 7,36, wo Markus für das Reden der Geheilten κηρύσσω *[kæryssō]* gebraucht, dieses durch allgemeinere Ausdrücke wiedergibt, während er umgekehrt ca. 50mal im NT auch andere Vokabeln als κηρύσσω *[kæryssō]* mit *predigen* bzw. *Predigt* übersetzte, sofern ihm die erwähnten Voraussetzungen vorzuliegen schienen (zB λαλῆσαι *[lalæsai], erzählen,* Apg 2,4; 14,1; διδάσκω *[didaskō] lehren,* Mt 7,29; Mk 4,2; 6,34; oder ἀκοή *[akoæ], Gehörtes,* Röm 10,17; Gal 3,2; 1Thess 2,13).

I. Alle hier genannten Vokabeln bezeichnen Kommunikationsvorgänge, ohne etwas über den Inhalt der erfolgenden Mitteilung auszusagen. Daß dies inzwischen mindestens für den Begriff der Predigt bzw. des Predigens im gemeinen Verständnis nicht mehr zutrifft (s. o.), sollte uns fragen lassen, ob die Predigt am gegenwärtigen soziologischen Ort und im institutionellen Rahmen des Gottesdienstes überhaupt noch das leisten kann, was Verkündigung tun sollte: nämlich Menschen veranlassen, ihr Urteilen und Handeln so einzurichten, wie dies nach und auf Grund des in Jesus Christus Geschehenen und Eröffneten möglich ist. Dazu bedarf es heute wohl eher des Gespräches als des Monologes, eher des Suchens nach adäquatem Sehen und Handeln im konkreten gesellschaftlichen Bezug als der verinnerlichenden Aneignung einer überweltlichen Speziallehre. Johannes faßt seine Botschaft von Gott zusammen in dem Satz: »Das Wort ward Fleisch und wohnte unter uns, und wir sahen seine Herrlichkeit« (1,14), und die Evangelisten lassen, liest man recht, deutlich erkennen, daß Jesu *Predigen* (wenn wir hier Luthers Übersetzung noch einmal aufgreifen) Gespräch mit seinen Hörern unter ständiger Einbeziehung ihres konkreten Erfahrungshorizontes war. Dabei hatten wohl die wenigsten dieser Gespräche ihren Ort im Tempel oder der Synagoge oder in der häuslichen Sphäre, die meisten auf den Plätzen, Märkten und Straßen, dort also, wo Menschen üblicherweise im Alltag zusammenkamen. Sie fanden somit weder vorwiegend im kultischen noch im privaten Raum statt. Was ihnen den Charakter der Verkündigung gab, war also weder der hervorgehobene Ort noch der institutionelle Rahmen noch die besondere Stimme oder Redeweise, sondern das, was dem gesprochenen Wort an überzeugender, erneuernder Kraft innewohnte bzw. von ihm bewirkt wurde.

Diese Beobachtung wird auch durch die nt. Briefe und die Darstellung der Apg nicht widerlegt: Wenn Verkündigung zunächst in Synagogen geschieht, so nicht wegen deren institutionalem Charakter, sondern weil dadurch demonstriert wird, daß → Israel der erste Adressat der Botschaft ist. Der Lehre und Disputation dort folgt fast regelmäßig das – freiwillig oder notgedrungen aufgenommene – Gespräch mit den Nicht-Juden eben da, wo man sie antreffen kann.

So bleiben zwei vordringliche Fragen: Einmal, w a s denn nun spezifisch Christen als Zeugen Jesu Christi innerhalb der heutigen Gesellschaft zu verkündigen aufgetragen wäre, in der christl. Sitten und Sätze nicht mehr selbstverständlich gelten. Zum anderen, welche Folgerungen für unser Verständnis von Verkündigung sich daraus ergeben, daß sich die Gesetze und Regeln der Kommunikation durch die Technisierung und Mobilisierung unseres Zusammenlebens und die dadurch bedingte Veränderung der zwischenmenschlichen Beziehungen, vielleicht auch durch die Inflation der Wörter gewandelt haben.

Beide Fragen stehen nicht nur in engem Sachzusammenhang, sondern haben auch durchaus vergleichbares theol. Gewicht. Wem das »Was« selbstverständlich erscheint, der möge doch überlegen, ob es wirklich nur Verstockung ist, die das Hören verhindert, oder ob er Formeln in einer fremden Sprache deklamiert, statt das zu sagen Aufgetragene in seinem konkreten Realitätsbezug aufzudecken. »Reden von Gott erkennt man nicht an seinem Wortmaterial, sondern an der Wirkung, die von ihm ausgeht . . . Wer nicht weltlich von Gott redet, eliminiert ihn aus der Wirklichkeit und verdrängt ihn in die Unfruchtbarkeit der Transzendenz« (HJSchultz, aaO, 62). Wer andererseits den zunehmenden Schwund von »Interesse« an Gottesdienstbesuch und kirchlichen Sendungen ausschließlich in der falschen Methode oder der falschen soziologischen Gestalt oder Einordnung der Kirche begründet sieht, wird sich fragen lassen müssen, wo er denn im Wechsel des Realitätsbezuges Maßstab und Kontinuum dessen sieht, was er seinen Hörern bzw. Partnern zur Annahme vortragen will, und ob er der Meinung ist, daß »über die Verständigung hinaus auch noch das Einverständnis (die Entscheidung des Glaubens) . . . mit Hilfe der Soziolinguistik usw. machbar sei« (EGrässer, aaO, 38).

II. »Verkündigung ist Dienst am Worte Gottes. In ihr geschieht die Vergegenwärtigung und die Aktualisierung des Wortes Gottes«, sagt die klassische orthodoxe Theol. (TFilthaut im kath. Handbuch theol. Grundbegriffe II, 1963, 765). Um diesen Begriff – er findet sich im NT als »Wort Christi«, »Wort vom Kreuz«, »Wort des Lebens« – zu präzisieren, führte man den Ausdruck Kerygma als theol. Chiffre des eigentlich zu Verkündigenden in das Gespräch ein.

HSchlier (aaO, 491) hat ihn so definiert: »Das Kerygma . . . (als Inbegriff und Summe christlicher Verkündigung) . . . ist nicht eine aus dem ›lebendigen‹ Evangelium zu einer Formel zusammengedrängter und erstarrter sekundärer Auszug aus dem Evangelium, es ist nicht, wie meist behauptet wird, ein Extrakt des Evangeliums oder gar der Schrift, sondern es entläßt vielmehr selbst aus sich das Evangelium, das seinerseits als Verkündigung das Kerygma und damit die in ihm zu Wort gekommene Offenbarung entfaltet.« Daraus wird deutlich, daß der dem Wort urspr. innewohnende aktuale Charakter kaum je zugunsten einer fixierten Formel vernachlässigt werden kann; und zwar um so weniger, als es in dem immer weitergehenden Vorgang des Verstehens und Übersetzens der Botschaft »keine einzige Belegstelle des Kerygmas gibt, und sei sie noch so sorgfältig formuliert, die nicht selbst wiederum ein Beispiel für diesen hermeneutisch-sprachlichen Prozeß wäre« (JMRobinson, aaO, 334).

Die Frage bleibt freilich, ob man angesichts der Vielschichtigkeit aller drei Begriffe eine solche säuberliche Scheidung von → Wort, → Schrift, → Evangelium und Kerygma durchhalten kann. Die Confessio Helvetica wies einmal darauf hin, die *praedicatio* des Wortes sei selbst das Wort Gottes. Sie wollte damit nicht die *Verkündigung* vom *Wort*, hier verstanden als *Schrift*, trennen, sondern unterstreichen, daß das Wort Gottes seine aktuelle Gestalt je in dem in die Zeit hineingesprochenen → Zeugnis erfährt. Zudem bleibt durchaus offen, ob mit dem Kerygma-Begriff nicht doch nur eine Chiffre gegen eine andere (*Wort*) ausgetauscht wird, ohne damit größere Eindeutigkeit zu erzielen. Oder macht es im Sinne der Entmythologisierung wirklich einen Unterschied, ob man vom Wort oder Kerygma in einem hypostasierten, fast magischen Sinne (Selbstwirksamkeit; HEBahr spricht von »einer regelrechten Transsubstanziation des Wortes«, aaO, 135) redet oder von der Gegenwart Christi? Jedenfalls scheint das sog. Kerygma ebenso wie das Wort immer eine Tendenz zur Formulierung gehabt, eine solche zugleich aber je nur als Ausgangsbasis neuer, zeitbezogener Verkündigung benutzt zu haben.

Wenn nach Bultmann (aaO, 170) christl. Verkündigung durch dasjenige qualifiziert ist, was »sich der Mensch nicht selbst sagen (kann)«, und (aaO, 168) darin besteht, daß »mitgeteilt wird . . . das Ereignis der in Jesus Christus geschehenen Offenbarung der Gnade Gottes«, so bedeutet dies doch, daß solche → Offenbarung ebenso eine historische wie eine gegenwärtige Komponente hat, deren Kontinuum in dem Christus Jesus liegt (nicht aber einfach in der grundsätzlichen Offenheit der Zukunft).

FWMarquardt hat wohl mit Recht darauf hingewiesen, daß »neue Möglichkeit . . .nicht im Wort, sondern in der Geschichte Jesu eröffnet (ist)«, daß nur in ihr Gott sein Werk vollbracht hat, und daß diese Geschichte das Gefäß der → Verheißung ist. Beide werden miteinander verkündigt, und allein aus ihrem Kennenlernen kann der gültige Charakter der Verheißung erhellen. Darum besteht die »Kontinuität unseres Redens von Gott . . . im Rückblick auf die redende Geschichte Gottes . . ., in Erinnerung an ihr Vollbracht-Sein, und das eben heißt in Erwartung des Erweises des Geistes und der Kraft, den sie verheißt« (aaO, 628). »Wesentlich für das Wort der Predigt« ist,

»daß ihm ein entscheidendes Sprechen Gottes vorausgeht, Gottes Sprechen in der Geschichte Jesu Christi« (aaO, 624).

Wo immer ein Reden zur Verkündigung wird, hängt dies mit dem Erinnern und neu Durchdenken der Bedeutsamkeit des Leidens und Sterbens Jesu kraft der erweckenden, Verheißung über diese Welt setzenden Tat Gottes zusammen. Es wird also Richtung und Gehalt vom Zeugnis der Schrift empfangen. Aber es wird nicht beim Versuch der Aktualisierung von historisch Vergangenem stehen bleiben, und sei dies noch so anschaulich, sondern es kann den Erweis seiner Kraft nur da erwarten, wo es den darin als handelnd bezeugten Gott als den auch in der heutigen Situation gegenwärtigen neu zu bezeugen und seine Verheißung als gültig zu bekräftigen vermag. Insofern kann im Sinne des NT von Verkündigung wohl nur gesprochen werden, wo das menschliche Reden aus dem Wissen um den Auftrag und die Verheißung Gottes herkommt.

Welche Gestalt solches Zeugnis heute erhält, das ist gleichermaßen von wissenschaftlich verantworteter Durchdringung des Textes wie von der Möglichkeit neuen Sehens der Situation im Lichte der Christus-Wirklichkeit abhängig. Von da aus wäre es Anmaßung, den Begriff Verkündigung so zu hantieren, als sei das Ereignis manipulierbar. Daß die Gegenwart Text der Verkündigung sei, wie es die empirisch-kritische Richtung der Theologie behauptet, reduziert konsequent durchdacht die Geschichte Gottes auf die Gegenwart und unterwirft die Notwendigkeit und Relevanz der Verkündigung obendrein der Willkür der Menschen; berechtigt ist daran freilich der Hinweis, daß heute die Bedeutsamkeit Jesu im Kontext und Gefüge gegenwärtiger Lebensform zu bezeugen ist. Bezeugen schließt aber über die Darlegung hinaus das Leiden und Unverstandenbleiben in der Nachfolge ebenso ein, wie es das exemplarische Beginnen auf dem neuen Wege fordert. Verkündigung kann insofern geschehen durch gesprochenen wie durch gelebten Text (vgl. 2Kor 3,3: »daß ihr in Brief Christi seid«).

III. Was Adressaten und Methode der Verkündigung angeht, so werden wir beachten müssen, daß diese im NT immer weniger auf Bestätigung innerhalb eines schon festen Kreises als vielmehr auf das Hinaustragen der Botschaft zu den anderen gerichtet ist. »Kontext der Annoncierung des Heils sind nicht die Parochien . . ., sondern es ist die Menschheit, das Weltganze. Auf sie hin tendiert das Evangelium. Es ist eine in der Öffentlichkeit stattfindende und die Öffentlichkeit betreffende Proklamation« (HJSchultz, 65). Vielleicht kann von daher nicht nur wegen ihrer monologischen Struktur, sondern auch wegen ihrer sozialen Ghettoisierung die gottesdienstliche Predigt kaum noch als eigentliche oder gar zureichende Form der Verkündigung angesehen werden.

Zweitens ist vom NT her Verkündigung nicht an eine spezifische Kommunikationsform oder -methode gebunden, sondern kann durch alle gebräuchlichen Formen vom Ausrufen über den Dialog und Bericht bis zur Information und Lehre geschehen. Sachlichkeit und Beachtung des Hörers, auch des Ortes und der methodischen Gesetzmäßigkeiten sind ihr um so angemessener, je größer das Vertrauen auf das Wirken und den Auftrag Gottes ist. Insofern ist die heilsgeschichtliche Relevanz einer Entwicklung zu bedenken, in der durch die elektronische Informationstechnik eine globale Gleichzeitigkeit der Erlebnisse und eine noch vor wenigen Jahrzehnten unvorstellbare Reichweite der Information bis in die Wohnräume hinein möglich wird. Müßten wir uns nicht um des Verkündigungsauftrages willen, der uns nötigt, die Botschaft unter die Leute zu bringen, endlich entschließen, die Veränderungen im Kommunikationsprozeß auch qualitativ theol. einzuordnen? Jedenfalls wäre dies dem funktionalen Charakter der Kirche – sie sammelt ja nicht für sich und ist nicht Selbstzweck – angemessener als den vergangenen Formen nachzutrauern oder gar den Glauben mit ihnen schwinden zu sehen. Gewiß, auch die gottesdienstliche Versammlung als Ort der gemeinsamen Sammlung und Anbetung würde darüber neue Gestalt gewinnen, weil sie ja die Herzkammer dessen sein müßte, was aus dem Freiraum der erfahrenen Zusage Gottes heraus der Dienstschar Kirche als Auftrag und Möglichkeit eröffnet ist: Daß sie mit ihrer Verkündigung »neu sehen läßt, was die gängige Ideologie verbirgt«

(HEBahr, aaO, 125). Von dort aus müßten doch Christen befähigt und ermutigt werden, die Gegenwart mit ihren Ereignissen in Licht und Verheißung des Evangeliums zu stellen, und zwar auf den verschiedensten Wegen, besser zu informieren, tiefer auszuloten, Tendenzen erkennbar zu machen und Mut zur Hoffnung zu geben, von deren Grund sie wissen.

L. Coenen

Lit.: JSchniewind, Art. ἀγγελία, ThWb I, 1933, 56ff – GFriedrich, Art. κῆρυξ, ThWb III, 1938, 682ff – HSchlier, Kerygma und Sophia, EvTh 11, 1950/51, 481ff (= Die Zeit der Kirche, 1956, 206ff) – ELerle, Die Predigt im NT, 1956 (1957^{2}) – FWMarquardt, Geschichte und kirchliche Verkündigung, in: Antwort, Festschr. KBarth, 1956, 620ff – WBaird, What is the Kerygma?, JBL 76, 1957, 181ff – RBultmann, Allgemeine Wahrheiten und christliche Verkündigung, ZThK 54, 1957, 244ff (= GuV III, 1965^{3}, 166ff) – KGoldammer, Der Kerygma-Begriff in der ältesten christlichen Literatur, ZNW 48, 1957, 77ff – HOtt, Art. Kerygma, RGG III, 1959^{3}, 1250ff – HRMüller-Schwefe, Die Sprache und das Wort, 1961 – GEbeling, Theologie und Verkündigung, HU H. 1, 1962 (1963^{2}) – JHermann, Kerygma und Kirche, in: Neutestamentliche Aufsätze, Festschr. JSchmid, 1963, 110ff – HFlender, Lehren und Verkündigung in den synoptischen Evangelien, EvTh 25, 1965, 701ff – JRoloff, Apostolat, Verkündigung, Kirche, 1965 – JMRobinson, Kerygma und Geschichte im Neuen Testament, ZThK 62, 1965, 294ff – HJSchultz, Die Säkularität des Rundfunks und die Klerikalität unseres Redens von Gott, ThPr I, 1966, 56ff – AStrobel, Kerygma und Apokalyptik, 1967 – WJetter, Die Predigt als Gespräch mit dem Hörer, PTh 56, 1967, 212ff – HEBahr, Verkündigung als Information, 1968 – KKertelge, Verkündigung und Amt im NT, BuL 10, 1969, 189ff – JRoloff, Das Kerygma und der irdische Jesus, 1970 – GHummel (Hrsg.), Aufgabe der Predigt, Wege der Forschung Bd. 234 (WBG), 1971 – EGrässer, Von der Exegese zur Predigt, WuP 60, 1971, 27ff – GDelling, Wort Gottes und Verkündigung im Neuen Testament, 1971 – WKreck, Zur Frage des Verhältnisses von Wort Gottes und menschlichem Adressaten, EvTh 31, 1971, 155ff – MJosuttis, Verkündigung als kommunikatives und kreatorisches Geschehen, EvTh 32, 1972, 3ff – KNiederwimmer, Das Problem der Unmittelbarkeit in der Verkündigung Jesu, in: Geschichtsmächtigkeit und Geduld, hrsg. v. GFitzer, 1972, 91ff.

Verleugnen

ἀρνέομαι

ἀρνέομαι *[arnẹomai]* verneinen, bestreiten, verleugnen, sich lossagen · ἀπαρνέομαι *[aparnẹomai]* verleugnen, sich lossagen

Die Grundbedeutung von ἀρνέομαι *[arnẹomai]* (seit Hom.) heißt *verneinen*. Gegenüber einem An- I
spruch oder einer Forderung konkretisiert sich das Verneinen zum *Verweigern, Abschlagen, Ablehnen* (Hes., Werke 408; Hdt. VI,13; Demosth. 18,282; Gegensatz: διδόναι *[didọnai]*, *gewähren, geben*, zB Hdt. III,1,2). In bezug auf einen der Klärung bedürftigen Sachverhalt oder eine Frage bedeutet ἀρνέομαι *[arnẹomai] in Abrede stellen, bestreiten, leugnen* (Thuk. VI,60; Demosth. 9,54; Gegensatz ὁμολογέω *[homologẹō]*, *zugeben, bejahen*, zB Hdt. II,81; → Lüge, Art. ψεύδομαι). In hell. (zB Appian, Bell. Civ. 2,39) und vor allem nt. Lit. (s. u.) begegnet als weitere Bedeutung von ἀρνέομαι *[arnẹomai] sich lossagen von, verleugnen*; in diesem Sinn wird im NT meist auch das urspr. Intensivum ἀπαρνέομαι *[aparnẹomai]* gebraucht.

In LXX hat ἀρνέομαι *[arnẹomai]* nur Gen 18,15 ein hebr. Äquivalent: *kāchasch, in Abrede stellen,* II
leugnen; ἀπαρνέομαι *[aparnẹomai]* kommt nur Jes 31,7 als Übers. von *mā'as, verwerfen*, vor. Das bedeutet jedoch nicht, daß die mit ἀρνέομαι *[arnẹomai]* bezeichnete Sache im AT nicht vorhanden wäre; vielmehr wird in LXX *kāchasch* meist mit ψεύδομαι *[psẹudomai]*, *lügen*, *mā'as* meist mit ἐξουθενέω *[exouthenẹō]*, *verachten, verwerfen* wiedergegeben. An den wenigen ἀρνέομαι *[arnẹomai]*-Stellen in der spätjüd. Lit. kommen alle drei Bedeutungen vor: *ablehnen* (Weish 12,27; 17,9), *in Abrede stellen* (Weish 16,16) und *sich lossagen* (4Makk 8,7; 10,15). Rabb. Texte sprechen von dem *Ablehnen* (*kāpar*) der Gebote (b Schab 116a) bzw. Gottes (b Sanh 102b; vgl. St.-B. I, 585; II, 518).

1) Im NT ist ἀρνέομαι *[arnẹomai]* (32mal) hauptsächlich in den Evgg. und der Apg belegt, III
gelegentlich auch in den Past., 1/2Petr sowie in der Offb; ἀπαρνέομαι *[aparnẹomai]* (12mal) nur bei den Synopt. Neben den auch im NT vorhandenen Bedeutungen *ablehnen* (zB Hebr 11,24) und *verneinen* (zB Joh 1,20) hat das Verb seine spezifische Bedeutung *verleugnen* durch die Beziehung zu der Person Jesu Christi erhalten.

2) Gegenüber Jesus gibt es ein ἀρνεῖσθαι *[arnẹisthai]* im Sinn des *Verwerfens*, das aus Unkenntnis geschieht (Apg 3,13.17). Meist aber bedeutet ἀρνέομαι *[arnẹomai]* einen Rückfall aus einem vorangehenden Verhältnis in Treulosigkeit. So ist die Verleugnung des

Petrus zu verstehen (Mk 14,30.68.70). Daher ist der Gegensatz zu verleugnen »festhalten« (Offb 2,13) bzw. »treu bleiben« (2,10). ἀρνέομαι *[arnẹomai]* kann – absolut gebraucht – die Preisgabe der Gemeinschaft mit dem Herrn bedeuten (2Tim 2,12). An die Stelle der Person Jesu (2Petr 2,1; 1Joh 2,22f; Jud 4) kann auch sein Name (Offb 3,8) oder der Glaube an ihn (Offb 2,13) treten.

a) Die Verleugnung Jesu ist nicht nur eine Sache des Mundes, sondern ein Versagen in der Nachfolge. Die genannten Offb-Stellen zeigen, daß bes. die Situation des Leidens die Gefahr der Verleugnung enthält (vgl. auch das Mitsterben und Dulden im Gegensatz zum Verleugnen 2Tim 2,11f). Das Motiv des Verleugnens ist gewöhnlich Menschenfurcht, die Sorge, vor dem Urteil der Menschen mit dem Bekenntnis zu dem Gekreuzigten Spott und Verfolgung zu erleiden.

b) Der Inhalt des Verleugnens besteht nach 1Joh 2,22 darin, daß bestritten wird, der irdische Jesus sei der Messias. Bekämpft wird die gnostische Irrlehre, die den Fleischgewordenen von dem wahren geistigen Erlöser unterscheiden will. Das aber heißt, Jesus von Gott trennen (V. 23) und sich in den Gegensatz zu ihm und damit zu Gott stellen.

3) Das Christus-Verleugnen besteht auch darin, den Anspruch des Nächsten nicht anzuerkennen und nicht zu erfüllen (1Tim 5,8; 2Tim 3,5; Jud 4). Solchem Verleugnen Gottes auf seiten des Menschen kann nur ein Verleugnen des Menschen auf seiten Gottes entsprechen (Lk 12,9; 2Tim 2,12); denn mit der Verleugnung ist das rettende Angebot Gottes ausgeschlagen und auf die erschienene Gnade bewußt verzichtet. Dem widerspricht nur scheinbar 2Tim 2,13. Im Unterschied zu V. 12 heißt es hier: »Er wird sich selbst nicht verleugnen«, dh er bleibt seinem Wesen treu, er hält seinen Auftrag und Anspruch fest, und er behaftet den Menschen bei seinem Verhalten.

4) Die Nachfolge dessen, der sich selbst entäußerte (Phil 2,7), ist ein »sich selbst verleugnen« und »das Kreuz auf sich nehmen« (Mk 8,34 par). Von des Petrus Verleugnung her verstanden (»ich kenne den Menschen nicht«) heißt das: Nein sagen zum eigenen Ich, sich selbst preisgeben. Es kann dabei an die Notwendigkeit, u. U. den Märtyrertod auf sich zu nehmen, gedacht sein, doch ist der Zusammenhang mit dem paulinischen »mit Christus gestorben sein« (Röm 6,4f) und sich selbst nicht mehr kennen (Gal 2,20) nicht zu übersehen. So ist das »sich selbst verleugnen« keine gesetzliche Forderung, sondern die Eröffnung eines Lebens »in Christus«. *H.-G. Link / E. Tiedtke*

Lit.: HSchlier, Art. ἀρνέομαι, ThWb I, 1933, 468ff – GKlein, Die Verleugnung des Petrus – eine traditionsgeschichtliche Untersuchung, ZThK 58, 1961, 285ff (= Rekonstruktion und Interpretation, BEvTh 50, 1969, 49ff) – ELinnemann, Die Verleugnung des Petrus, ZThK 63, 1966, 1ff (= Studien zur Passionsgeschichte, FRLANT 102, 1970, 70ff).

Vernunft

Seit Kant versteht man unter *Vernunft* (lat. *ratio*) das zusammenfassende Erkenntnisvermögen des Menschen, das die Einzelerkenntnisse des Denkens, Wissens und Verstehens zu einer Einheit verbindet. Sie hat zu ihrer Voraussetzung etwas positiv Gegebenes, Gegenstände oder Sachverhalte, die sie »vernimmt«. Der griech. νοῦς *[nọus]*-Begriff kann alle Instrumente des sinnlichen und geistigen Wahrnehmens umfassen und bezeichnet je nachdem den *Sinn, Verstand, Gedanken* oder die *Vernunft*. Im Unterschied dazu gehören διάνοια *[diạnoia]* und σύνεσις *[sỵnesis]* mehr in den engeren intellektuellen Bereich des diskursiven Verstehens. σύνεσις *[sỵnesis]* enthält darüber hinaus die existenzielle Komponente der lebensmäßig gereiften Einsicht. Das hier nicht gesondert behandelte Verbum ἐπίσταμαι *[epịstamai]*, *verstehen, wissen*, bringt das Ergebnis eines Erkenntnisvorganges zum Ausdruck, das *Wissen*, die *Kenntnis* (im NT nur in der Apg häufiger gebraucht). Das Verhältnis von Glaube und Vernunft ist im NT vor allem von Paulus bedacht und erörtert worden. → Erkenntnis; → Wahrheit; → Weisheit.

νοῦς

νοῦς *[nous]* Sinn, Verstand, Vernunft · νοέω *[noẹō]* verstehen, wahrnehmen · νόημα *[nọæma]* Gedanke, Plan · νοητός *[noætọs]* denkbar · ἀνόητος *[anọætos]* unverständig, töricht · ἄνοια *[ạnoia]* Unvernunft · διανόημα *[dianọæma]* Meinung, Entschließung · διάνοια *[diạnoia]* Nachdenken, Denkkraft · δυσνόητος *[dysnọætos]* schwer zu verstehen · ἔννοια *[ẹnnoia]* Gedanke, Erkenntnis, Vorstellung · κατανοέω *[katanoẹō]* bemerken, erkennen

1a) Das griech. Wort νοῦς *[nous]*, belegt seit Linear B, geht etymologisch wahrscheinlich auf eine Wurzel *snu* zurück (vgl. dt. *schnau-fen, schnu-ppern*). Es bezeichnet urspr. den auf einen Gegenstand gerichteten inneren *Sinn*, dann *Gesinnung, Verstand, Einsicht, Vernunft* und *Geist*. Der Verstand gehört als Denkvermögen reben Gefühl und Willen zu den inneren Kräften des Menschen (zB Parm. Frg. 16,2). Plut. (Lib. Educ. 8 [II 5e]) setzt λόγος *[lọgos]*, → *Wort*, und νοῦς *[nous]* zueinander in bestimmte Beziehung: Der Verstand regiert das Wort, das Wort dient dem Verstand. νοῦς *[nous]* ist aber auch die sittliche Haltung und *Gesinnung*, die durch den nachdenkenden Verstand bestimmt wird (zB Hdt. VII, 150; Soph. Oed. Tyr. 600). Es bedeutet ferner *Entschluß* und *Absicht* (zB Hom. Il. 9,104f; Hdt. I,27). I

b) Der Begriff wird in der griech. Philosophie und Religion weiter theoretisch ausgebildet. Er bedeutet dann als *Vernunft* und *Geist* das Organ des Denkens, das Welt und Dasein erfaßt. Frühe griech. Philosophie beschreibt die Bedeutung des Verstandes: Er erkennt, ordnet und beherrscht alles (zB Anaxagoras Frg. 12).

Bei Plato bezeichnet νοῦς *[nous]* nicht den gesamten geistigen Bereich, sondern innerhalb der Dreiteilung der → Seele den obersten Bereich: νοῦς *[nous]* heißt dann das λογιστικόν *[logistikọn]*, das führende *Prinzip* des reinen Denkens (Phaedr. 247c). Die wahre und göttliche Vernunft herrscht im Menschen wie im Weltall, im Mikro- wie im Makro-Kosmos (Tim. 30a b 46cff). Die Vernunft erfaßt die Wahrheit (Resp. VI,490b). Vernunft und Wahrheit, vom Philomathaes mit dem On, dem Sein, gezeugt, führen zur Erkenntnis. In der Vernunft des Menschen ruht sein Gottesbewußtsein.

Aristoteles stellt den Verstand über die Kräfte der Seele. Er unterscheidet einen νοῦς θεωρητικός *[nous theōrætikọs]* und πρακτικός *[praktikọs]*, eine *theoretische* und *praktische Vernunft* (An. III 9p 432b 27ff; III 10p 433a 14ff; Eth. Nic. VI 2p 1139a 17ff). Diese Vernunft ist unsterblich und göttlich. Der νοῦς *[nous]* ist zugleich der wesentlichste Teil des menschlichen Geisteslebens und der Inbegriff des Göttlichen (Eth. Nic. X, 7p 1177a 15f).

Diese Verbindung von νοῦς *[nous]* und Gottheit ist auch für die Stoa charakteristisch. Nach Epiktet ist Gottes Wesen Vernunft (Diss. II,8,1f).

Im Corpus Hermeticum wird der νοῦς *[nous]* in strengster Abstraktion als göttliches Urprinzip gedacht (zB I,6; 12; V,11). Auch der Mensch hat teil an diesem νοῦς *[nous]*, wenn auch nicht in seiner feurigen Urgestalt. Dieser νοῦς *[nous]* ist das Auge der Vernunft, durch das allein der Mensch Gott erfassen kann (V,10a). Der νοῦς *[nous]* geht in die Seele ein und führt sie zur Erkenntnis (X,21), – alles in allem eine typisch gnostische, synkretistische Heilslehre, für die der griech. Begriff des νοῦς *[nous]* in Anspruch genommen wird.

2a) Zu νοῦς *[nous]*, *Verstand*, gehört eine ganze Wortgruppe, die aus derselben sprachlichen Wurzel entwickelt ist, so das Substantiv διάνοια *[diạnoia]*, seit Hdt., das *Durch-* und *Nachdenken*. Aristot. (Metaph. V,1 p 1025b, 25) teilt sie begrifflich auf in eine πρακτική *[praktikæ]*, ποιητική *[poiætikæ]* und θεωρητική *[theōrætikæ]*, eine *praktische, schöpferische* und *betrachtende Denktätigkeit*. Sie ist die besondere philosophische *Denkkraft*, der theoretische Verstand im Unterschied zu den sinnlichen Wahrnehmungen bzw. Empfindungen (Democr. Frg. 11). Ferner bezeichnet διάνοια *[diạnoia]* die *Denkart*, die *Gesinnung*, das *Gesonnensein* (zB Plato Leg. X,888a) sowie den *Vorsatz*, die *Absicht* (Hdt. I,90,3; VIII,97,3). Ähnlich wie νοῦς *[nous]* kann auch διάνοια *[diạnoia]* *Sinn* und *Bedeutung* eines Wortes meinen (zB Plato Critias 113a).

b) ἔννοια *[ẹnnoia]*, seit Eurip., bezeichnet zunächst den Akt des *Nachdenkens* (Pseud.-Plato Def. 414a), dann das Ergebnis: *Gedanke, Erkenntnis, Einsicht, Gesinnung*, auch die Gesinnung der Götter (zB Xenoph. Cyrop. I,1,1). Philosophisch bedeutet ἔννοια *[ẹnnoia]* *Vorstellung, Begriff* (zB Begriff der Zeit: Plato Tim. 47a; oder Vorstellung des Schönen: Aristot. Eth. Nic. X,10 p 1179b 15). ἔννοια *[ẹnnoia]* ist das begriffliche Denken, ohne das die Dinge nicht aufgenommen werden können (Diog. Laert. VII,42). Nach stoischer Lehre entstammen diese Begriffe der Erfahrung und werden vom Verstand der Natur der Dinge nachgebildet (zB Epikt. Diss. II,17,7).

c) νόημα *[nọæma]*, seit Hom., ist das *Gedachte*, der *Gedanke*. Es kann ähnlich wie ἔννοια *[ẹnnoia]* der *Begriff* sein (Aristot. An. III 6 p430a,27f). Es kann aber auch *Plan* bedeuten (Plato, Polit. 260d).

d) Nicht viel anders steht es mit διανόημα *[dianọæma]*, seit Xenoph., *Gedanke, Meinung, Entschließung* und *Plan* (zB Plato, Symp. 210d). So kann es dem → Werk (ἔργον *[ẹrgon]*) gegenübergestellt werden (Isocr. 3,9). Es kann aber auch den schlechten *Hintergedanken* bedeuten (PLond V 1724,13.15). Auch für *Einbildungen* und die wirren Gedanken der Fieberkranken begegnet dieser Begriff (Hippocr. Epid. 1,23).

e) Entsprechend bedeutet ἄνοια *[anoia]*, seit Theognis, *Unvernunft, Unverstand*. Plato (Tim. 86b) unterscheidet zwei Arten des Unverstandes: aus Wahn und aus Unbelehrtheit.

3) Diesen Subst.en entspricht eine Reihe von V e r b e n , die den Denkvorgang und das Denken selbst zum Ausdruck bringen:

a) νοέω *[noẹō]*, seit Hom., bedeutet urspr. das verstehende *Wahrnehmen*, das sinnliche und geistige Eindrücke umfaßt (Hom. Il. 11,599). In der Philosophie des Parmenides werden Denken und Sein geradezu gleichgesetzt (Parm. Frg. 3). Ein für griech. Denken bezeichnender Satz lautet: ὅμοιον ὁμοίῳ νοεῖται *[homoion homoịō noẹitai]*, *Ähnliches wird durch Ähnliches erkannt*. Die Gottheit erkennt sich selbst. Bei Manilius (Astronomia II 115) wird derselbe Gedanke so ausgedrückt: »*quis caelum possit nisi caeli munere nosse et reperire deum nisi qui pars ipse deorum est*« (*wer könnte den Himmel erkennen außer durch die Gabe des Himmels, und wer könnte einen Gott finden, außer wer selbst ein Teil des Gottes ist*).

b) Eine Form der Intensivierung von νοέω *[noẹō]* ist κατανοέω *[katanoẹō]*, seit Hdt., seinen *Sinn* und *Interesse* auf etwas *richten*, es *wahrnehmen* und *bemerken* (zB Xenoph. Cyrop. II,2,28). So kann κατανοεῖν *[katanoẹin] beobachten, prüfen, einsehen, verstehen* bedeuten, dies geradezu als Synonym zu συνίημι *[synhiæmi]*), *verstehen*.

4a) Zu νοέω *[noẹō]* ist das Verbaladj. νοητός *[noætọs]* seit Parmenides bekannt und bedeutet *denkbar*; das Gegenteil besagt ἀνόητος *[anọætos]*, seit Vorsokr., *unverständlich, unvorstellbar*. Plato (Parm. 132c) spricht von νοήματα . . . ἀνόητα *[noæmata . . . anọæta]*, *unverständigen, undenkbaren Gedanken*. ἀνόητος *[anọætos]* heißt auch *unverständig, töricht*, wo es am Verstand und Urteil mangelt (Plato, Gorg. 464d). ἀνόητοι *[anọætoi]* steht im Gegensatz zu φρονοῦντες *[phronọuntes]*: *unverständig-verständig* (Anaxippus Frg. 4). Die ἀνόητοι *[anọætoi]* stehen den κακοί *[kakọi]* und πονηροί *[ponærọi]*, den *Schlechten*, nahe.

b) δυσνόητος *[dysnọætos]* bedeutet soviel wie *schwer zu verstehen* (zB Aristot. Plant. I, 1 p 816a 3). So bezeichnet Lucian (Alex. 54) die Orakelsprüche. Daneben tritt δυσεξήγητος *[dysexægætos]*, *schwer zu deuten* (Diog. Laert. IX,13).

II 1) Im Vergleich zu der zentralen Rolle, die der νοῦς *[nous]* im Griechentum spielt, überrascht der sparsame Gebrauch, den die LXX von der Wortgruppe macht. Relativ am häufigsten kommt διάνοια *[diạnoia]* mit ca. 75 Belegen vor, νοῦς *[nous]* und νοέω *[noẹō]* sind dagegen nur je ca. 35mal belegt, die übrigen Derivate noch seltener. Dieses spärliche Vorkommen der Wortgruppe in LXX hängt damit zusammen, daß das Hebr. kein dem griech. νοῦς *[nous]* entsprechendes Äquivalent besitzt. *lēb* bzw. *lēbāb*, das LXX 6mal mit νοῦς *[nous]* und 38mal mit διάνοια *[diạnoia]* wiedergibt, wird sonst fast immer mit καρδία *[kardịa]*, → *Herz*, übersetzt. Immerhin zeigt diese noetische Übersetzungsvariante, daß nach at. Verständnis das Herz auch der Sitz der intellektuellen Vorgänge ist. Jedoch kennt die at. Anthropologie keine Dreiteilung der Seelenvermögen wie das Griechentum; daher wird der menschliche Verstand auch nicht so einseitig und isoliert in den Vordergrund gerückt, wie das mindestens teilweise im griech. Bereich der Fall ist. Der Verstand gehört im AT mit dem Willen zusammen und zielt nicht so sehr auf theoretische Schau als vielmehr auf rechtes Handeln. Die Sphäre des Intellektuellen ist also stärker in der leibseelischen Gesamtperson verankert als im Griechentum (vgl. Eichrodt, II/III,93ff). Deutlicher als beim Subst. νοῦς *[nous]* tritt beim Verb νοέω *[noẹō]* das intellektuelle Moment in den Vordergrund, das auf das hebr. *bīn, verstehen, einsehen*, zurückgeht. Einsehen und Verstehen bedeutet auch im AT das Beurteilen und Eindringen in Sachzusammenhänge. Nur wird diese Einsicht (noch) nicht als autonome menschliche kritische Leistung verstanden, sondern als Jahwes Geschenk. »Der wichtigste Satz der at. Erkenntnistheorie ist der, daß alle wahre Erkenntnis von Gott kommt« (Koehler, 134).

Insgesamt begegnet die Wortgruppe selten in frühen Schriften des AT, häufiger ist sie in der Weisheitslit. belegt, ihren eigenen Ort aber hat sie erst in den griech. abgefaßten Schriften der LXX (bes. Makk). Dieser Befund weist darauf hin, daß das spezifisch griech. νοῦς *[nous]*-Verständnis erst in nachkanonischer, apokrypher Zeit Eingang in die at. Tradition gefunden hat; ein Vorgang, der bei Philo einen gewissen Höhepunkt erreicht hat.

2a) Daß νοῦς *[nous]* in der LXX 6mal (von 31 Belegen) für *lēb* und *lēbāb, Herz, Inneres*, eintritt, bedeutet eine gewisse Hellenisierung der Texte (Ex 7,23; Jes 10,7b u. ö.), zeigt aber, daß νοῦς *[nous]* stärker in voluntaristischem Sinn verstanden wird. In diese Richtung weist: *etwas im Sinn haben* (2Makk 15,8), *den Sinn auf etwas richten* (1Esr 9,41), ferner Verbindungen wie: ein *verständiger Sinn* (4Makk 1,35; 2,16), ein *reiner Sinn* (TestBenj 8,3), ein *guter Sinn* (Weish 4,12), auch bei Jos: ein *gesunder Sinn* (Ant. 8,23). Zugleich aber enthält die Übers. von *lēb* mit νοῦς *[nous]* auch die Komponente des nachdenklichen, manchmal fast »philosophischen« Erwägens mit dem Ziel praktischer Entscheidung (zB Jes 10,7; 41,22). Eigenartig ist die Übers. von *rûᵃch, Geist*, durch νοῦς *[nous]* (Jes 40,13, ähnlich Jdt 8,14). Daß νοῦς *[nous]* sogar für *'ōzæn, Ohr*, eintritt, kann auf einem Schreibfehler beruhen: νοῦς *[nous]* statt οὖς *[ous]*, *Ohr* (Hi 33,16; 12,11).

b) Auch διάνοια *[diạnoia]* (ca. 75 Belege) wird zur Übers. von *Herz* in der LXX gebraucht. Es hat den Sinn von *bei sich selbst, im Innern, im Verstand*, und wird so zum Ausdruck für Gefühlsregungen und Willensakte (Jes 35,4; Ex 35,22). Es kann aber auch das Ganze des geistigen

Wesens wiedergeben (Gen 8,21). Es tritt gelegentlich für das hebr. *machschabōth, Anschläge, Pläne* (Dan 11,25) ein, aber auch für *bināh, Einsicht* (Dan 9,22).

In den apokryphen Schriften ist διάνοια *[diạnoia] Geist, Sinn, Bewußtsein, Gesinntsein,* bes. im moralischen Sinn. Gott ist der Führer der διάνοια *[diạnoia]* (Arist. 238). Der gute, sittliche, reine Sinn kann verblendet werden (TestBenj 8,2; TestJud 11,1). Ähnlich wie vom νοῦς *[nous]* kann Philo von der διάνοια *[diạnoia]* schreiben, daß sie das Göttliche im Menschen ist (Det. Pot. Ins. 29), Organ der Gotteserkenntnis (Virt. 57), das, was den Menschen unsterblich macht (Op. Mund. 135).

c) ἔννοια *[ẹnnoia]* (13mal) tritt für verschiedene hebr. Äquivalente, bes. in den Sprüchen, ein, die alle *Verstand, Klugheit, Erkenntnis* bedeuten und behält so seine Bedeutung als *Überlegung, Einsicht, Erkenntnis, Klugheit,* nicht aber die theoretische Bedeutung *Begriff.* Diese Bedeutung hat es erst bei Philo (Leg. All. III,234). TestNaph 2,5 bedeutet es *Gedanke,* auch bei Philo als ἔννοια *[ẹnnoia]* Gottes (Det. Pot. Ins. 86).

d) νόημα *[nọæma]* (3mal) erscheint in der LXX in der Bedeutung *böser Plan, Anschlag,* nicht wie im Griech. als *Begriff* (Bar 2,8; 3Makk 5,30).

διανόημα *[dianọæma]* bezeichnet dagegen in LXX meist die *klugen Gedanken,* die *Einsicht* (Jes 55,9; Sir 25,5; 32[35],18).

e) ἄνοια *[ạnoia]* (13mal) meint *Unverstand, Torheit* bes. im moralischen Sinn, Spr 14,8; 22,15 (für *'iwwælæt*); ferner 2Makk 4,6.40; 14,5; 15,33, wo es immer *Ruchlosigkeit* bedeutet, so auch bei Jos. (Ant. 8,318) neben Schlechtigkeit.

3a) νοέω *[noẹō]* (35mal) gibt – im Wechsel mit συνίημι *[synhịæmi]* und γινώσκω *[ginọskō]* – die verschiedenen Formen des hebr. *bīn, bemerken, merken, verstehen,* (zB Spr 20,24; Jer 2,10) oder des hebr. *sāchal, verstehen, einsehen* (Spr 1,3; Jer 10,21 u. ö.) wieder.

Typisch at. wird als das Organ des Erkennens das Herz genannt (Spr 16,23; Jes 6,10). Damit liegt dieses Erkennen auf dem Gebiet sittlicher Entscheidungen. Frei und doch sinngemäß übers. LXX Jes 47,7 (»du hattest nicht zu Herzen genommen«) mit »du hast dies nicht erkannt in deinem Herzen«. Philo Leg. All. II 70; Abr. 44 ist νοεῖν *[noẹin] Denken,* nicht mehr sinnliche Wahrnehmung.

b) κατανοέω *[katanoẹō]* (30mal) wird in LXX im Sinne von *bemerken, erkennen* gebraucht für *rā'āh, sehen* (Jes 5,12; Ex 19,21); für *hibbith, sehen* (Ps 39,9, synonym mit βλέπω *[blẹpō], sehen,* Dan 7,21, so auch bei Philo Vit. Mos. I,158). LXX übers. *tsāphāh, spähen, lauern,* mit κατανοέω *[katanoẹō]* (zB Ps 37[36],32); ebenso gebraucht Jos. (Ant. 5,5) das Verb. Im Sinn einer meditativen Betrachtung verwendet es Philo mit Bezug auf die Schönheit einer Idee (Ebr. 137).

c) ἀνόητος *[anọætos]* (9mal) tritt in LXX für das hebr. *'æwil* ein (Spr 17,28). So steht es neben μωρός *[mōrọs]* (Sir 21,19; 42,8). In religiös-sittlicher Bedeutung: *unvernünftig, töricht.*

4a) Bei P h i l o finden sich alle Elemente des griech. Begriffsverständnisses von νοῦς *[nous].* Aber stärker als im griech. Raum wird das Geheimnisvolle des Denkens und Erkennens betont. Gott ist die Vernunft aller Dinge, die vollkommene Weltvernunft. Weil die Vernunft von Gott eingegeben ist, führt sie zur Gotteserkenntnis (Deus Imm. 143; Spec. Leg. I,18; Migr. Abr. 192). Während das Griechentum die Vernunft definiert und ihre Ortsbestimmung im menschlichen Vermögen sucht, von wo aus dann die vernünftige Weltbetrachtung ins Blickfeld kommt, ist es Philo mehr um die Bedeutung der Vernunft für die Gotteserkenntnis zu tun. Für ihn steht über aller vernünftigen Gotteserkenntnis die ekstatische, die durch Gottes Geist vermittelt ist. Solange die Ekstase währt, tritt die Vernunft zurück (Rer. Div. Her. 265; Leg. All. II,31).

b) Es läßt sich feststellen, daß die Wortgruppe im J u d e n t u m mit Vorliebe nach der sittlichen Seite hin verwendet wird. Deutlicher als im Griechentum ist ein religiöser Einschlag zu erkennen. Auch wirkt sich die griech. Anthropologie auf die Übers. und Begriffsveränderung aus. νοῦς *[nous]* bedeutet allg. *Sinn, sittliche Wesensart* (zB TestBenj 8,3; TestJud 14,2f).

c) Für die Q u m r a n gemeinde gehören Verstand und Einsicht ganz auf die Seite Gottes und seiner Kinder des Lichtes. Der dualistische Traktat 1QS III,13–IV,26 rühmt die Geheimnisse der Einsicht und Weisheit Gottes, die dem Bestehen des Frevels zur festgesetzten Zeit ein Ende bereiten werden (1QS IV,18). Wer sich der Gemeinde anschließen will, soll zuvor auf seine Einsicht hin geprüft werden (CD XIII,11). Die Loblieder preisen Gott, der den Seinen Einsicht zur Erkenntnis seiner Wunder und Taten verliehen hat (1QH XI,28; XII,13; XIII,13). In der Sektenschrift lautet die (gnostische?) Abwandlung des aaronitischen Segens: ». . . er erleuchte dein Herz mit Einsicht des Lebens und sei dir gnädig mit ewigem Wissen« (1QS II,3).

1) Überblickt man zunächst und vordergründig die Häufigkeit der Wortgruppe νοῦς *[nous]* im NT, so bestätigt sich der in der LXX erhobene Befund: die Wortgruppe spielt auch im NT als ganzem keine zentrale Rolle. νοῦς *[nous]* ist lediglich 24mal belegt, νοέω *[noẹō]* und κατανοέω *[katanoẹō]* kommen je 14mal vor, die übrigen Begriffsbildungen sind noch seltener anzutreffen. Dennoch vermittelt dieser statistische Überblick einen falschen III

Eindruck. Zwar spielt das νοῦς *[nous]*-Thema in den Evgg. (mit einer gewissen Ausnahme von Lk, der κατανοέω *[katanoẹō]* 8mal gebraucht) und den nachpaulinischen Briefen nur eine periphere Rolle; um so häufiger findet sich stattdessen jene griech.-hell. Begrifflichkeit bei Paulus (allein 21 der 24 νοῦς *[nous]*-Belege gehören dem sog. Corpus paulinum an). Paulus ist es gewesen, der nicht nur kirchengeschichtlich das junge Christentum mit der hell. Umwelt vermittelt hat, sondern vor allem theol. in seinen korinthischen Auseinandersetzungen das Verhältnis von Glauben und Erkennen grundlegend durchdacht hat. So sehr er einerseits Kategorien und Fragestellungen aus dem Hellenismus aufgriff, so wenig hat er andererseits die griech. Lösungsversuche übernommen, sondern der Vernunft in der Begrenzung und Befreiung durch den christl. Glauben ihren unverlierbaren Ort zugewiesen.

Aufs Ganze gesehen erfährt die Wortgruppe im NT eine eigene Prägung. Der Gegensatz von Verstehen und Mangel an Verstehen wird schärfer. Die ganze Wortgruppe wird stärker in voluntaristischem Sinn profiliert, und das Verstehen ist wesentlich ein Verstehen Gottes und seines Heilswillens, ein Verstehen des Wortes in der Schrift und in der Predigt. Das Verstehen selbst wird zu einer Gesinnung, einem Gesinntsein und damit zu einer Glaubenshaltung.

2a) Das Subst. νοῦς *[nous]*, das bei Paulus und in der nachpaulinischen Brieflit., in Eph, Kol und Past., erscheint, hat die Bedeutung von *Verstand, Urteilsvermögen, Verständigkeit* (zB 2Thess 2,2). Aber dieser Verstand ist der religiöse Verstand, das religiöse Urteilsvermögen, neben das Gewissen gestellt (Tit 1,15). Denn νοῦς *[nous]* steht parallel zum → Glauben, was in den Past. soviel wie »Religion« bedeutet: Die Irrlehrer sind verdorben hinsichtlich ihres religiösen Urteilsvermögens und unbewährt in den Dingen der christl. Religion (2Tim 3,8; auch 1Tim 6,5).

Röm 7,23 schreibt Paulus: »Ich sehe ein anderes Gesetz in meinen Gliedern widerstreiten dem Gesetz meines νοῦς *[nous]*«. V. 25 heißt es dann: »So diene ich durch den νοῦς *[nous]* (dh als νοῦς *[nous]*) dem Gesetz Gottes, durch das Fleisch (dh als Fleisch) dem Gesetz der Sünde«. Dieser νοῦς *[nous]* ist dasselbe wie der ἔσω ἄνθρωπος *[ẹsō ạnthrōpos]*, der *inwendige Mensch*, oder das ἐγώ *[egọ̄]*, das eigentliche *Ich*, das zwischen Gut und Schlecht unterscheiden kann. Das Ich stimmt dem Gesetz zu, daß es gut ist, das Ich will das Gesetz erfüllen, aber diesem vom νοῦς *[nous]* anerkannten Gesetz, dem Gesetz eines religiösen Verstandes, widerstreitet das andere Gesetz der Sünde. νοῦς *[nous]* ist hier die religiöse Erkenntnis und Einsicht, die Gottes Gesetz ehrt und anerkennt.

Der Verstand, und zwar das religiöse Urteilsvermögen, ist auch Eph 4,18 mit διάνοια *[diạnoia]* gemeint, wo von der Verfinsterung des Denkens die Rede ist, übrigens parallel zur Nichtigkeit des νοῦς *[nous]*. Ebenso wird positiv von der Gabe des Verstandes, dem religiösen Erkenntnisvermögen gesprochen, durch dessen Gabe aus der Hand Christi die Christen instandgesetzt werden, den Wahren, nämlich Gott, zu erkennen (1Joh 5,20).

b) διάνοια *[diạnoia]* rückt ganz in die Nähe von νοῦς *[nous]* und bedeutet *Denkkraft, Befähigung zur Erkenntnis, Verstand,* als Organ des νοεῖν *[noẹin]*, dann *Sinn* und vor allem *Gesinnung.* Der nt. Sprachgebrauch steht dem der griech. Philosophie fern, dagegen dem der LXX nahe. Dies zeigen Zitate, in denen διάνοια *[diạnoia]* im Parallelismus membrorum neben καρδία *[kardịa]*, *Herz,* steht (Hebr 8,10; 10,16; aus LXX Jer 38,33). Die gleiche Kombination steht hinter Lk 1,51: ὑπερήφανοι διανοίας καρδίας *[hyperæ̣phanoi dianọias kardịas]*, *überheblich in der Gesinnung, der Sinnesart des Herzens.* Als Verstand und Sinn wird διάνοια *[diạnoia]* zu den inneren, den Gemütskräften des Menschen gerechnet (Mk 12,30 par). Andererseits wird διάνοια *[diạnoia]* durch den Kontext zur Kraft der Gesinnung, des Willens, und bekommt deutlich ein religiöses Vorzeichen. Es ist das geistliche Bewußtsein, die Gesinnung, die Glaubenshaltung. Diese Gesinnung kann lauter sein (2Petr 3,1). Sie kann auch feindlich sein (Kol 1,21). Man kann sie – im Bilde gesprochen – gürten wie die Lenden, kann also in der Gesinnung aktiv werden.

c) Auch ἔννοια *[ẹnnoia]* wird im NT weder im gnostischen noch im philosophischen Sinn, zB in der Bedeutung *Begriff* gebraucht. In der Bedeutung *Gedanke* steht es neben ἐνθύμησις *[enthymæsis], Erwägung* – wiederum biblisch mit dem Gen. τῆς καρδίας *[tæs kardịas], des Herzens* (Hebr 4,12). Die Christen werden aufgefordert, sich mit derselben *Gesinnung* auszurüsten, von der erfüllt Christus gelitten hat (1Petr 4,1).

d) Nur bei Paulus (5mal in 2Kor, 1mal in Phil) begegnet νόημα *[nọæma]*. Auch hier hat es seinen religiösen Sinn: das Verstehen göttlichen Heilswillens, das damit befaßte Denken. Dieser Sinn kann verdorben werden, so daß er nicht mehr einfältig auf Christus gerichtet ist (2Kor 11,3). Er kann verstockt, für Gottes Wort und das Verstehen der Schrift unzugänglich gemacht werden (2Kor 3,14). Er kann blind gemacht werden, so daß er die vom Evangelium von der Herrlichkeit des Christus ausgehende Erleuchtung nicht mehr wahrnimmt und zum Unglauben führt (2Kor 4,4). Der Apostel will ihn in der Vollmacht seines Amtes und Auftrages gefangennehmen, so daß er sich – nicht dem Apostel, sondern – Christus gehorsam unterwirft (2Kor 10,5). νόημα *[nọæma]* ist also das allg. *Urteilsvermögen*, da je nach den Einflüssen, denen es ausgesetzt ist, richtige und falsche Entscheidungen treffen und Urteile fällen kann.

e) Nur Lk 11,17 kommt διανόημα *[dianọæma]* vor, wo das feindliche *Denken* (bei Mt 12,25 Pharisäer) gemeint ist. Matthäus hat an der entsprechenden Stelle ἐνθυμήσεις *[enthymæseis], Gedanken, Erwägungen.*

f) ἄνοια *[ạnoia]* ist der *Unverstand*, das *Nichterkennen*, die Abwesenheit von νοῦς *[nous]* und διάνοια *[diạnoia]*. Die Unverständigen haben kein Verständnis für Jesu Handeln an einem Kranken am Sabbath (Lk 6,11). Sie sind ohne Verständnis für das Heilshandeln Gottes in Christus. Die Unverständigkeit der Irrlehrer wird an den Tag kommen (2Tim 3,9).

3a) νοέω *[noẹō]* bedeutet *Erkennen, Bedenken*, und zwar in religiösem Sinn, mit der besonderen Richtung auf Gott, sein Tun und seinen Willen. Die Verbindung von νοέω *[noẹō]* und καρδία *[kardịa]* (*Herz*) im Zitat von Jes 6,9.10 zeigt, wie νοεῖν *[noẹin]* als eine Bewegung des Herzens, ein geistliches Erkennen verstanden wird (Joh 12,40). Das Unsichtbare wird wahrgenommen, aber nicht in einer mystischen Schau, sondern indem das Sichtbare des Unsichtbaren durchdacht wird, in einer Art Rückschluß von der Schöpfung auf den Schöpfer (Röm 1,20: τὰ ἀόρατα ... νοούμενα καθορᾶται *[ta ahọrata ... noọumena kathorạtai], das Unsichtbare wird als Erkanntes angeschaut*). So kommt es zu einem Erkennen Gottes (ähnlich Weish 13,4). Aber das Erkennen ist letztlich an den Glauben gewiesen. Daß die Äonen durch Gottes Wort geschaffen sind, kann nur der Glaube erkennen (Hebr 11,3). Die eingefügte Bemerkung (Mt 24,15), die den Leser der synopt. Apokalypse auffordert, den Text recht zu verstehen, gebraucht νοεῖν *[noẹin]* im Sinn des Verstehens des göttlichen Heilsplans. Die Gemeinde hat das geistliche Verständnis (σύνεσις *[sẙnesis]*) von dem göttlichen, geheimen Ratschluß, das der Apostel in seinen Schriften bekundet (Eph 3,4).

b) In gleicher Richtung liegt auch der Gebrauch von κατανοέω *[katanoẹō]*, das *sehendes Wahrnehmen, In-Augenschein-Nehmen* bedeutet (Lk 6,41 par). Der Splitter im Auge des Bruders wird gesehen, der Balken im eigenen Auge muß jedoch wahrgenommen, bemerkt werden. Lk 20,23 zeigt, daß κατανοεῖν *[katanoẹin]* das hintergründige Geschehen erfaßt. Dementsprechend meint Hebr 3, 1, nicht auf die äußere Gestalt Jesu solle man sehen, sondern darauf, was er als Gesandter Gottes, als Hoherpriester wirklich und als Gegenstand des christl. Bekenntnisses eigentlich ist. Die Christen werden ermahnt, aufeinander zu achten, also den Christenstand in seiner Bewährung in Liebe, guten Werken und Gemeinschaft untereinander im Auge zu haben (Hebr 10,24).

c) ἀνόητος *[anọætos]* ist der, dem es an Verstand, Erkenntnis, Bildung, religiöser Einsicht fehlt, der *Ungebildete* (Röm 1,14; Gegensatz: σοφός *[sophọs]*, der *Weise*). Die Galater, die ihren Heilsstand in der Freiheit nicht begreifen, sind ἀνόητοι *[anọætoi], Unverständige* (Gal 3,1.3), ebenso die Jünger, die den göttlichen Heilsplan, der das Sterben Jesu umfaßt, nicht begreifen. Ihr Unverständnis bezieht sich bes. auf das AT und seine Verheißungen (Lk 24,25). Die Unverständigkeit besteht im mangelnden geistlichen Verstehen des guten, göttlichen Willens.

Nur einmal kommt δυσνόητος *[dysnọætos], schwer verständlich,* im NT vor (2Petr 3,16), wo von schwer verständlichen Stücken in paulinischen Briefen die Rede ist.

4a) Das Verstehen des νοῦς *[nous]* richtet sich insbesondere auf die Schriften des AT. Der Auferstandene eröffnet den Jüngern den Verstand, daß sie die Schriften verstehen (Lk 24,45). Verstand hat, wer den eigentlichen Sinn der Schrift, die göttlichen Bekundungen in ihr versteht, wer also die Geheimnisse des göttlichen Ratschlusses kennt (Offb 13,18; 17,9), wobei νοῦς *[nous]* und σοφία *[sophịa], Verstand* und *Weisheit,* Wechselbegriffe sind. Die göttliche Weisheit ist es, die dem Pneumatiker zuteil wird.

b) νοῦς θεοῦ *[nous theọu]* ist der Heilsplan Gottes selbst, um dessen Erkenntnis es geht. Röm 11,34 wird vom νοῦς *[nous]* Gottes gesprochen, von dem Heilsratschluß, der göttlichen Absicht: »Wer hat des Herrn Absicht erkannt?« Dementsprechend ist vom νοῦς *[nous]* des Herrn, von seiner Heilsabsicht, seinen Gedanken und Plänen 1Kor 2,16 — in einem at. Zitat — die Rede. Im Anschluß an das Zitat fährt Paulus fort: νοῦν Χριστοῦ ἔχομεν *[noun Christọu ẹchomen], wir haben den Sinn Christi.* Es entspricht dies dem Gedanken von 1Kor 2,12, daß die Christen den Geist aus Gott erhalten haben, damit sie erkennen können, was ihnen von Gott geschenkt ist. Hierher gehören auch die paulinischen Ausführungen über das Zungenreden, die an Philo erinnern. Der Zungenredner ist vom Geist erfüllt. Der Geist betet, aber der Verstand »ist nicht fruchtbringend daran beteiligt« (1Kor 14,14). In diesem Sinn kontrastiert Paulus 1Kor 14,19 das Reden im Verstand und das Reden in Zungen. Man darf nicht übersehen, daß auch das Reden im Verstand Gabe und Wirkung des Geistes ist. Auch da, wo Geist und Verstand gegenübergestellt werden (14,14), handelt es sich lediglich um zwei verschiedene Wirkungsweisen des Geistes. V. 14 wird πνεῦμα *[pnẹuma]* im engeren Sinne der vom Geist gewirkten Ekstase gebraucht, der der Verstand, in dem ebenfalls der Geist wirkt, gegenübergestellt wird. Was V. 24 beschrieben wird, das Überführtwerden des Fremden in der christl. Gemeinde, geschieht in Bewußtheit und ist die Wirkung des verständigen prophetischen Charismas.

c) νοῦς *[nous]* als richtiges Verstehen wird zur rechten Gesinnung. Die Heiden haben eine törichte Gesinnung, weil es ihnen an rechter Erkenntnis fehlt (Eph 4,17). Die Christen sollen sich dagegen erneuern in dem Geist ihrer Gesinnung (Eph 4,23). Der Geist trägt und erfüllt die Gesinnung der Christen. Mit der Aufforderung, sich durch die Erneuerung der Gesinnung zu verwandeln, beginnt der paränetische Abschnitt des Römerbriefes (12,2). Jeder soll in seinem Urteil, seiner Erkenntnis gewiß sein (Röm 14,5). Paulus mahnt die zerstrittenen Korinther, in einmütiger Gesinnung und Meinung zu verharren (1Kor 1,10).

G. Harder

σύνεσις

σύνεσις *[sỵnesis]* Verständnis, Einsicht · συνίημι *[synhịæmi]* wahrnehmen, einsehen, verstehen · συνετός *[synetọs]* einsichtig, verständig, klug; pass.: verständlich · ἀσύνετος *[asỵnetos]* unverständig, unverständlich

I Die Wortgruppe ist der klassischen griech. Lit. geläufig, und zwar Verb und Subst. seit Hom., das Adj. συνετός *[synetọs]* und dessen Gegenteil ἀσύνετος *[asỵnetos]* seit Theogn. bzw. Hdt. Das Verb συνίημι *[synhịæmi]* bedeutet urspr. *zusammenbringen* (Hom. Il. 1,8); diese einfache Bedeutung fehlt im NT. Übertragen heißt συνίημι *[synhịæmi] wahrnehmen, aufnehmen, verstehen, einsehen, begreifen.* Das Wort bezeichnet also das *Wahrnehmen,* dann das *Aufmerksam-Sein auf . . .,* schließlich das Begreifen als *Verstehen,* das letzte freilich nicht vor Heracl.

Das Subst. σύνεσις *[sỵnesis]* bedeutet zunächst *Vereinigung* (von Flüssen; Hom. Od. 10,515); im übertragenen Sinne *Auffassungsgabe, Begreifen, Urteilskraft* bzw. *Einsicht, Verständnis.* Eine Abgrenzung des Begriffes gegenüber verwandten Begriffen findet sich bei Aristot., Eth. Nic. VI,11; große philosophische Bedeutung haben jedoch weder das Verb noch das Subst. gewonnen.

Das Adj. συνετός *[synetọs]* bedeutet *einsichtig, verständig, klug;* pass. *verständlich;* das Gegenteil ist ἀσύνετος *[asỵnetos], unverständig* bzw. *unverständlich.*

In der LXX kommt die Wortgruppe häufig vor, und zwar findet man Subst. und Verb je ca. 100mal, das Adj. 53mal, seine Negation allerdings nur selten (11mal). Ihrer Bedeutung entsprechend tritt die Wortgruppe am häufigsten in der Weisheitslit. auf. Wichtigste hebr. Äquivalente sind *bin, bemerken, merken, verstehen* und die davon abgeleiteten Wörter. II

Charakteristisch für den Inhalt der Wortgruppe ist, daß sie zumeist mit Aussagen über die → Weisheit zusammenhängt. σύνεσις *[synesis], Verstand, Einsicht* (griech. Übers. für hebr. *binah* bzw. *t*[e]*bunah* in derselben Bedeutung), und σοφία *[sophia], Weisheit* (für hebr. *chokmah* in derselben Bedeutung) werden nebeneinander gebraucht (zB Jes 11,2; 29,14; Hi 12,13; Sir 1,19f und vor allem in den programmatischen Texten Spr 1,7 – Par.: Ps 110[111],10; Spr 2,1ff; 9,10). Andere parallel bzw. synonym gebrauchte Wörter runden das Bild ab: neben *einsehen* stehen Jes 43,10 *erkennen* und *glauben*. Gegenstand der Erkenntnis ist das Gottsein Gottes (zB Jer 9,23 – im interessanten Zusammenhang mit V. 22! vgl. LXX-Text von 1Sam 2,10). Daneben werden »Furcht des Herrn«, »Recht und Gerechtigkeit«, »Gutes und Böses« als Gegenstände der Einsicht genannt (Spr 2,5.9; 9,10; 1Kön 3,9.11). Daher versteht man, daß im Sinne der jüngeren Weisheitslehre Einsicht nicht als eine Fähigkeit verstanden wird, die jedem Menschen offensteht. So hatte die ältere Sentenzenweisheit noch von der Weisheit und Einsicht gedacht (vRad, Weisheit in Israel, 81). Aber durch die enge Verknüpfung mit den genannten Gegenständen der Erkenntnis vollzieht sich eine Begrenzung des Begriffes: Da Gotteserkenntnis immer an Gottes offenbarendes Handeln gebunden ist, kann Einsicht letztlich nur als Geschenk Gottes verstanden werden, das er auf die Bitte der Menschen hin gewährt (1Kön 3,9; Dan 2,21; Ps 118[119],34.73.125), aber ebenso um des Ungehorsams der Menschen willen entziehen kann (Jes 29,14). Unter dem Einfluß at. Vorstellungen kann sich im jüd.-hell. Bereich die Begrifflichkeit wandeln: zB kann ἀσύνετος *[asynetos]* sowohl Mangel an Auffassungsgabe als auch an sittlicher Einsicht bedeuten (Sir 15,7; Jos. Bell. 6,170).

Im NT findet sich die Wortgruppe weniger häufig als in der LXX: das Verb nur bei den Synopt. und in der Apg, sowie Röm 3,11 und 15,21 in LXX-Zitaten, außerdem 2Kor 10,12 und Eph 5,17; das Subst. überhaupt nur 7mal, davon einmal im Zitat, und das Adj. mit einer Negation wieder nur vereinzelt bei den Synopt. und bei Paulus nur als Zitat. Im Joh-Ev. und in den Joh-Briefen kommt die Wortgruppe nicht vor (vgl. aber der Sache nach Joh 12,37–41). Die at. Vorstellung, daß Einsicht ein Geschenk Gottes und an seine Offenbarung gebunden ist, tritt auch im nt. Gebrauch der Wortgruppe zutage. Das wird daran deutlich, daß sich an wichtigen Stellen die in Frage kommenden Begriffe in Zitaten aus dem AT finden oder in loser Beziehung zu solchen Zitaten stehen (Jes 6,9f in Mk 4,12 und Parr.; vgl. Mt 13,15; ebenso Mk 8,17f.21; ebenso Apg 28,26f; Dtn 6,5 in Mk 12,33; Ps 14,2 in Röm 3,11; Dtn 32,21 in Röm 10,19; Jes 52,15 in Röm 15,21; Jes 29,14 in 1Kor 1,19). III

1) In den synoptischen Evgg. sind die Stellen die wichtigsten, die in den Motivkreis des sog. »Messiasgeheimnisses« gehören.

a) Das Markusevangelium berichtet von dem Unverständnis der Jünger gegenüber dem Reden und Handeln Jesu (6,52; 7,18; 8,17.21; in 8,18 ausdrücklicher Bezug auf Jes 6,9f oder Jer 5,31; ders. Sachverhalt mit anderen Verben: Mk 4,40f; 9,10.32). Es will damit zum Ausdruck bringen, daß die biographische Nähe der Jünger zu Jesus allein noch kein Verständnis garantiert. Erst durch Ostern kann man Jesu Werk verstehen. Erst der durch das Ev. provozierte und von Gott geschenkte → Glaube führt die Gemeinde zur Einsicht.

Der gleichen Verkündigungsabsicht dient die sog. »Parabeltheorie« des Mk (4,10–12). Hier wird der Gegensatz zwischen der auf Verdeutlichen und Verstehen zielenden Gleichnispredigt Jesu und der Konzeption des Mk von der geheimen Messianität Jesu dadurch aufgelöst, daß behauptet wird: Das Wirken Jesu wird den Glaubenden zur Offenbarung; darum ist ihnen das Geheimnis des Gottesreiches gegeben. »Denen draußen« wird alles in Gleichnissen gesagt; da sie diese nicht verstehen, können sie nicht umkehren und gerettet werden (→ Gleichnis, Art. παραβολή III,6). Auch hier wird als Beleg Jes 6,9f verwandt (V. 12).

b) Ein Vergleich der Parr. bei Matthäus mit den Mk-Stellen zeigt, daß Mt die schroffe Position des Mk abgemildert hat. Das gilt sowohl für die sog. Parabeltheorie als auch für das Jüngerunverständnis.

Das Nichtverstehen der Gleichnisse durch die Jünger ist bei Mt nicht grundsätzlicher Natur; es kann bei ihm – im Unterschied zu Mk, wo es prinzipiell erst durch die → Auferstehung beseitigt wird –, durch das erklärende Wort Jesu ausgeräumt werden. So läßt Mt am Schluß der Gleichnisrede die Jünger auf die abschließende Frage Jesu »Habt ihr das alles verstanden?« mit »Ja« antworten (Mt 13,51). Auch in der Frage des Jüngerunverständnisses mildert Mt ab. Die Aussage Mk 6,52, die die Uneinsichtigkeit der Jünger auf ihr verstocktes Herz zurückführt, wird in der Mt-Fassung übergangen und durch einen anbetenden Ausruf ersetzt, der Jesus als den Gottessohn preist (Mt 14,33). Auch die Diskussion über den Sauerteig (Mk 8,14–21; Par Mt 16,5–12), die bei Mk mit der anklagenden Frage »Habt ihr noch nichts begriffen?« endet, führt bei Mt zum schließlichen Verstehen der Jünger. Es erscheint berechtigt, von einer »psychologisierenden Tendenz« bei Mt zu sprechen (Conzelmann, ThWb VII, 893).

c) Im Lukas evangelium fehlen viele der in Frage stehenden Stellen, oder sie sind stark gekürzt (zB die Parabeltheorie Lk 8,9f). Lk 18,34 wird das Nichtverstehen der Jünger bes. im Blick auf die Leidensankündigung Jesu betont. Lk 2,47 wird die Einsicht des 12jährigen Jesus gerühmt, und es steht außer Zweifel, daß hier Einsicht als göttliche Gabe verstanden wird, wie auch Lk 2,50 das Nichtverstehen der Eltern des Zwölfjährigen als das genaue Gegenteil angesehen werden muß. Hingegen ermöglicht (erst) der Auferstandene seinen Jüngern, die Schriften zu verstehen und sein Leiden als göttliche Bestimmung zu begreifen (Lk 24,45).

Apg 28,26f schließlich wird als Erklärung für das Nichtverstehenwollen und -können der Juden in Rom Jes 6,9f zitiert (vgl. Joh 12,40, wo freilich νοέω *[noeō]* statt συνίημι *[synhiæmi]* steht). Mit der LXX hat der Verfasser der Apg den Imperativ »verstocke« aus dem Prophetenspruch in das die Weigerung des Volkes feststellende verbum finitum »verstockt« verändert; so wird angedeutet, daß, wiewohl Einsicht Geschenk Gottes ist, der Mangel an Einsicht als Schuld begriffen werden muß (→ Hart, verstockt; → Blind).

2) Auch bei Paulus ist die Wortgruppe durch die at. Vorstellungen bestimmt, zumal die Mehrzahl der Stellen in Zitaten aus dem AT oder in Anspielungen auf at. Formulierungen vorkommt (Röm 3,11; 10,19; 15,21; 1Kor 1,19). Ganz gleich, ob der Mangel an Einsicht beklagt wird (Röm 3,11) oder Gottes Zorn über die Selbstüberheblichkeit der vermeintlich Einsichtigen bezeugt wird (1Kor 1,19), oder ob die Universalität der Heilsbotschaft im Blick ist (Röm 10,19; 15,21), immer ist Einsicht als Geschenk Gottes verstanden und Uneinsichtigkeit nicht nur gelegentlicher Mangel an Erkenntnis, sondern Zeichen dafür, daß der Mensch im Innersten seiner Existenz sich Gott verweigert (»ihr Herz ist finster geworden« Röm 1,21). Dabei wird in den paulinischen Stellen durch den Kontext stärker als bei den Synopt. deutlich gemacht, daß Uneinsichtigkeit als schuldhaftes Verhalten angesehen werden muß (ἀσύνετος *[asynetos]*), *uneinsichtig*, im Lasterkatalog Röm 1,31). Ebenso ist die Nähe zum Weisheitsbegriff deutlicher als bei den Synopt. (zB 1Kor 1,19; auch Röm 1,21f).

3) In den Deuteropaulinen erhält die Wortgruppe neben den bekannten Vorstellungen (Einsicht als Gabe: 2Tim 2,7) einen neuen Akzent durch die Verbindung mit dem Begriff des Geheimnisses: die Fülle der Einsicht ist in der Offenbarung des → Geheimnisses Gottes in Christus gegeben, in dem alle Schätze der → Weisheit und der → Erkenntnis verborgen liegen (Kol 2,2). Man vgl. dazu Eph 3,4, wo der Inhalt des Christusgeheimnisses entsprechend der Konzeption des Eph im weiteren Zusammenhang ekklesiologisch bestimmt wird. Auch in den Deuteropaulinen ist die Nähe zum Weisheitsbegriff offenkundig (Kol 1,9; 2,2; Eph 5,17 vgl. V. 15!).

→ Weisheit

J. Goetzmann

ZUR VERKÜNDIGUNG V

Die Bedeutung der Vernunft für den Glauben und ihre Rolle für ein Denken, daß seine Basis im christl. Glauben findet, ist in der heutigen Situation umstritten. Angesichts der verschiedenen Ansätze zur Bestimmung des Verhältnisses von Glauben und Vernunft haben wir uns entschlossen, zu diesem Problem zwei unterschiedliche Versuche aufzunehmen. *(Hrsg. und Red.)*

A.

Innerhalb eines Glaubens, der als Gesamtverhalten und Gesamtbewegung eines Menschen vor Gott verstanden wird, kann und muß Funktion und Rang der »Vernunft« hinsichtlich aller drei Dimensionen des Glaubens durchdacht werden: Sie ist einzubeziehen in den Erlösungsglauben, wo es ohne sie nicht möglich wäre, dem Vorgegebenen des Heils nachzudenken; in den Glauben an den Heiligen Geist, in dem sie das Instrument ist, durch welches der Mensch sich in die Werke dankbaren Dienstes einweisen läßt; und in den Schöpfungsglauben, in dem sie als Werkzeug der verantwortlichen Weltgestaltung des Menschen unentbehrlich ist. – Stimmt man diesem Grundansatz zu, so kann man vom Glauben her – und zwar in keiner seiner Dimensionen – weder von einer autonomen Vernunft primär reden, die deren Vergötzung und Alleinverehrung gleichkäme (»Wir leben in einer aufgeklärten, mündigen Welt . . .«?), noch kann eine grundsätzliche Vernunftfeindschaft des Glaubens angesagt werden, weil wir mit einer solchen notwendig im Mystizismus und der Wort- und Tatlosigkeit des Glaubens enden würden. Versuchen wir also, die Vernunft als vernehmende ernstzunehmen, statt sie in bloße *ratio* oder freischwebenden Intellekt haltlos abstürzen zu lassen, und im uns einzig noch möglichen aufklärerischen Sinne von ihr tatsächlich angemessenen Gebrauch zu machen! Wir folgen damit dem bewährten Axiom abendländischer Theol.: Ich glaube, damit ich verstehe (*credo, ut intellegam*), bzw. Glaube betätigt sich in der ständigen Bemühung um den Verstand (*fides quaerens intellectum*). Daß mit diesem Ringen um Einsicht nicht die einzige Bemühung des Glaubens gekennzeichnet ist, die alle übrigen ersetzen könnte, sollte eigentlich kaum betont werden müssen; sicherlich aber geht es um eine ausgezeichnete und vordringliche Bemühung angesichts des Anspruches des Zeitgeistes, die Alleinherrschaft der Vernunft endgültig durchgesetzt zu haben.

Von der Wirklichkeit des Glaubens aus erscheint die Vernunft als »formale Seinsstruktur«, für die dem Schöpfer des Menschen Lob und Dank im Gehorsam zukommt. Auch ihr Scheitern und ihre verfehlte Betätigung sind nicht »an sich« einsehbar; Vernunft verharrt, auf sich allein gestellt, weiter in angemaßter Überheblichkeit und behält noch in der selbstbewirkten Katastrophe die Tendenz, sich zu entschuldigen und den → Menschen erneut über seine Möglichkeiten hinauszutreiben. Das Sich-verfehlen des Menschen (→ Sünde) in dem Bestreben, sich vermittels der Vernunft ganz zu gewinnen, kann nur im → Glauben, also im Stehen vor dem lebendigen Gott, eingesehen werden. So ist beides, das Angebot der Vernunftbegabung des Menschen wie auch das Erkennen der Gefährdung der alleingelassenen Vernunft, vom Glauben aus und auch je in dieser evangelischen Reihenfolge zu erkennen und zu beurteilen.

Es kommt in der Grundrichtung unserer Verkündigung darauf an, anzusagen, daß der Mensch samt seiner Vernunft begnadigt und daraufhin im Maße seiner Begabung (= Begnadung; → Gnade) mit Vernunft samt dieser Vernunft freiheitlich in Dienst genommen ist, und zwar sowohl je einzeln wie auch gemeindlich und gemeinschaftlich. Mit einem angeblich dem Glaubenwollenden abverlangten *sacrificium intellectus*, einem vorgängigen Opfer des Verstandes im Sinne des Verzichtes auf dessen weiteren Gebrauch, um glauben zu können, hat das nichts zu tun. Wie man dem Versprechen Gottes glaubt, daß sein → Wort tut, was es sagt, daß unter dem Zusammenwirken seines Geistes mit diesem Wort menschliche Vernunft vernehmende wird, so darf und soll unsere Verkündigung vernünftig sein. Dank dieser Voraussetzung vermag sie sich auszuzeichnen durch methodische Klarheit, vermag sie öffentlich zu argumentieren und ist sie nicht dazu verurteilt, sich in ein Vokabular nur für Eingeweihte zurückzuziehen. Und eben deswegen sollte sie dialogisch die Disputation auch mit der jeweils neu zu überzeugenden und in jedem Anwesenden mit anwesenden, autonom sein wollenden Vernunft suchen.

Dies kann und muß geschehen, indem die Verkündigung hinweist auf die zugesagten, von außerhalb der Hörer kommenden, aber fest erhofften Erkenntnisvoraussetzungen (Heiliger → Geist, → Wort Gottes), indem sie andererseits die Fremdheit des Verkündigten und die Paradoxien seines Inhalts, die nur in ihrer Spannung bekanntgemacht und ausgehalten werden können, weder verschweigt noch zu vertuschen sucht. Die Entgegennahme des Vorwurfs der Torheit von seiten selbstsicherer Vernunft, jenes »Lachens auf dem Areopag«, und das Durchstehen der »Verlegenheit auf dem Areopag« gehören zum einkalkulierbaren Wagnis der Predigt. Andernfalls müßte der Predigt die Frage gestellt werden, ob sie nicht insgeheim sich den Gängigkeiten mitgebrachter Vernunft, also den ohnehin allg. anerkannten Einsichten und Spielregeln gefügt und aus der Verdolmetschung des Evangeliums einen bloßen Anpassungsvorgang gemacht hat. Auch im Blick auf die zu gewinnende Vernunft bleibt die Frage des Erkenntnis g r u n d e s (*woher weißt* du das?), der Möglichkeit, das Unsagbare auszusagen und seine Annahme zu erhoffen und zu erfahren (inneres Zeugnis des Heiligen Geistes), vorrangig vor der Frage nach den besten Vermittlungsmethoden. Diese Frage kann nicht abgelöst werden durch den Aufweis einer standardisierten bzw. angeblich heute alleine noch möglichen oder gar einer immer gültigen Hermeneutik.

Erst auf solcher Überlegung fußend hat dann die k r i t i s c h e B e u r t e i l u n g d e r a u t o n o m e n V e r n u n f t ihren Platz. Ein bloßer Überblick über die geistigen Bewegungen seit der Proklamation der Alleinherrschaft der Vernunft macht deutlich, daß diese Alleinherrschaft zwar immer aufs Neue beansprucht worden ist, in Wirklichkeit aber nie stattgefunden hat. Idealismus, Romantizismus, Vitalismus, Existentialismus u. a. sowie die heute herrschenden Weltanschauungen traten einander ablösend die Nachfolge der Aufklärung an; sie setzten je ihre Glaubensbekenntnisse, forderten je ihre Glaubensopfer, alle in dem Anspruch, nachaufklärerisch vernünftig zu sein, stellten aber gerade in ihrem je vertretenen Absolutheitsanspruch das »Urdatum« der Aufklärung in Frage. Der aufdringlichen angeblichen Vorherrschaft des operationalen Verstandes in der Zwischenwelt der großen Zivilisationsgemeinschaften korrespondiert vielmehr der stets neu brodelnde Ausbruch in vielfache Formen der Irrationalität (Rauschsucht, Hippie-Dasein, Anwachsen der Affektverbrechen, Überborden der Emotionalität des Klassen- und Rassenhasses).

Auch strukturell-anthropologisch sind die destruktiven W i r k u n g e n d e r V o r h e r r s c h a f t d e r *r a t i o* gegenüber den übrigen Seinsstrukturen, gegenüber der Gesamtperson, gegenüber geschichtlicher und gesellschaftlicher Erfahrung feststellbar. Die Frage ist bereits gestellt worden, ob sie nicht insges. eher einen Orientierungsverlust als eine Daseinsorientierung bewirkt bzw. schon bewirkt habe. Die entstandenen und entstehenden Schäden der Unterdrückung des Unterbewußten mögen noch analysierbar scheinen; ob aber auch die Vernunft sich als fähig erweist, sie zu heilen? Wäre nicht wahrhaft vernünftig nur eine *ratio* zu nennen, welche die Einzelgaben der Person klar erkennte, sie dem Wirken der Gesamtperson in Erziehung und Bildung integrierte und sie zugleich in lebendige Beziehung zu bewährter geschichtlicher Erfahrung des einzelnen und der Menschheit hielte? Ethos entzieht sich der rationalen Durchschaubarkeit und Planung ebenso wie der distanzierten Beobachtung und kausal-mechanischen Rückkopplung; es ist auf spontane, wagnishafte Bewährung bewährter Überlieferung (→ Gebot) in geschichtlich freier Begegnung angelegt. Wird aber Panrationalität des Daseins nicht vielmehr den Vorwand für jegliche Unverbindlichkeit und Relativierung liefern, die Mitmenschlichkeit hindern und schließlich die Eindimensionalität menschlichen Daseins dem Verkümmerungszustand annähern, also sich als höchste Unvernunft erweisen, zu deren Beseitigung die dazu nicht fähige *ratio* eine hektische, stets zu spät kommende Hast entfalten wird? – Wo jedenfalls Wirklichkeit nur noch als Informationssumme von eingegebenen und verarbeitet wieder ausgespuckten Daten verstanden wird, dürfte es kaum gelingen können, der Komplexheit des Daseins und einer wirklich vernehmenden, konstruktiven, phantasiebegabten Vernunft gerecht zu werden.

In der Wirrnis von Vereinseitigungen und rationalistischen Verkarstungen menschlichen Daseins wird der Glaube den Erweis seiner Überlegenheit nur in äußerster Dienstbereitschaft antreten können, sogar in dem Bewußtsein, daß erst der kommende Herr endgültig recht behalten wird. Solange hat der Glaube das Gespräch mit der Vernunft in einladender Weise zu führen, sie im Angebot des Vernehmens und in der Abwehr der Grenzüberschreitung zu halten. Stärker als der Anruf »Sollte Gott gesagt haben?« wird sich das Fundament erweisen »Gott hat gesagt«, *Deus dixit.* Es ist jenes begründende und tragende Wort, dem sich alle Vernunft verdankt, an dem sich jetzt und endgültig jede Vernunft messen lassen muß. *H. H. Eßer*

B.

Das Verhältnis zwischen Glaube und Vernunft gehört zu den schwierigsten und umstrittensten Themen christl. Theologie. Es wird daher angebracht sein, zunächst (I) den Ansatz des Problems in der paulinischen Theol. herauszustellen, dann (II) einige Hinweise zur theologiegeschichtlichen Entwicklung zu geben und schließlich (III) eine heute angemessene Zuordnung von Glaube und Vernunft zu versuchen.

I. Vergegenwärtigt man sich die Funktionen, die Paulus der Vernunft zuweist, so muß man zwischen einer negativen und einer positiven Rolle unterscheiden. In beiden Fällen wird jedoch die Vernunft als solche nicht disqualifiziert und Möglichkeit und Wirklichkeit der Vernunfterkenntnis nicht bestritten.

Röm 1,18ff greift Paulus bekanntlich Motive der hell.-jüd. Theol. auf und spricht von der vorhandenen vernunftmäßigen Gotteserkenntnis der Menschen aus den Werken der Schöpfung (V. 21 »sie haben Gott erkannt«). Das veranlaßt ihn jedoch nicht dazu, wie Philo und die hell. Theol. der Stoa und Gnosis, von einer besonderen Gottesnähe oder gar Gottverwandtschaft der menschlichen Vernunft zu reden, im Gegenteil dient ihm der Aufweis der »babylonischen Gefangenschaft« der richtigen Vernunfterkenntnis in dem Gefängnis der Sünde (Röm 7,23) zur Anklage der Unentschuldbarkeit des Menschen vor Gott. »Im Unterschied zu den Texten der hell.-jüd. Lit. redet Paulus von der Vernunft also nicht in apologetisch-propädeutischer (verteidigend-vorbereitender), sondern in elenchtischer (überführender) Absicht, dh um den Hörer seiner Schuld vor Gott zu überführen« (Bornkamm, 127). Nach paulinischer Auffassung steht die an sich zutreffende Vernunfterkenntnis des unerlösten Menschen unter einer gottfeindlichen Macht, so daß sie ihr Ziel, die der Erkenntnis entsprechende Gottesverehrung, gerade nicht erreicht, sondern nur um so unentrinnbarer die Zerrissenheit und Gottlosigkeit der Menschen ans Licht bringt (vgl. Röm 7,22ff).

Wichtiger ist jedoch die positive Funktion, die Paulus der Vernunft bei der gedanklichen Erfassung und konkreten Gestaltung des christl. Lebens zuerkennt. Er begreift sie als eine »Grundhaltung der Gesamtperson . . ., (als) die auf Verwirklichung drängende, kritische Wachsamkeit des in Welt und Gemeinde stehenden Menschen, seine praktische Vernunft« (Stuhlmacher, 339). Hier, wo sie aus den »gottlosen Bindungen« der Sünde befreit ist, gelangt sie zu ihrer eigentlichen Entfaltung und Erfüllung. Sie wird sozusagen zur »intimsten Freundin des heiligen Geistes« (vgl. KBarth, Fides quaerens intellectum, 1966³, 39ff) und wird in den Dienst der Liebe zur Verständigung mit anderen Menschen einbezogen. Deshalb mahnt Paulus: »Trachtet nach der Liebe . . . Werdet nicht Kinder im Denken, sondern in der Bosheit; werdet vielmehr vollkommen in eurem Verstand« (1Kor 14,1.20). Wie der dialogische und argumentative Stil seiner Briefe zu erkennen gibt, hat Paulus selbst sich immer wieder der Anstrengung des Denkens unterzogen, um seinen Adressaten, Juden und Griechen, die christl. Botschaft verständlich zu machen.

Vor allem in den ethischen Anweisungen spielt der Hinweis auf das Vernünftige, wo immer es anzutreffen ist, eine maßgebende Rolle. Programmatisch ruft Paulus Röm 12,2 zur Erneuerung der Vernunft, zum vernünftigen »Gottesdienst im Alltag der Welt« (EKäsemann) auf. Der Maßstab, nach dem die erneuerte Vernunft dabei urteilt, ist nicht mehr die gott-lose Selbstbehauptung der Sünde, sondern das Handeln Gottes in Kreuz und Auferweckung Jesu. Gleichwohl scheut sich Paulus nicht, im einzelnen inhaltliche wie begriffliche Anleihen bei der vernünftigen Ethik des Heidentums zu machen (zB 1Kor 11,2ff) und allg. zu empfehlen: »Denkt allem nach, was wahr, ehr-würdig, gerecht, lauter, wohlgefällig, ansprechend ist, wenn es irgendeine Tugend und irgendein Lob gibt« (Phil 4,8; → Tugend, III). Nach paulinischer Auffassung steht also das christl. → Glauben und Leben keineswegs im Gegensatz zur Vernunft, vielmehr befreit die christl. Botschaft zu verständigem Glauben und vernünftigem Leben.

II. Von diesem paulinischen Ansatz aus ist es kaum zu verstehen, wieso der christl. Glaube in ein polemisches Spannungsverhältnis zur Vernunft geraten konnte, das bes. in der Neuzeit zunehmend verschärft worden ist. Zunächst wird man sagen müssen, daß Paulus den philosophisch-erkenntnistheoretischen Konflikt zwischen Glaube und Vernunft noch nicht kannte. Erst Tertullian warf die Frage auf, was die philosophische Akademie mit der Kirche zu schaffen habe, und er soll den höchst problematischen Satz formuliert haben: *credo, quia absurdum* (ich glaube, weil es widersinnig ist). Die hier sich anbahnende Antithese zwischen Glaube und Vernunft wird nur verständlich auf dem Hintergrund der beginnenden grundsätzlichen Auseinandersetzung des Christentums mit der philosophischen Weltanschauung der Spätantike. Einer »apriorischen« Vernunftauffassung, die ihre Erkenntnisprinzipien aus sich selbst heraus entwickelte, konnte das Christentum die Erkenntnis des Glaubens nur schroff entgegenstellen (vgl. Pannenberg, 244f). In diese Frontstellung gehören auch Luthers Äußerungen über die Vernunft als »Bestie«, »Quelle aller Übel« oder »blinde Hure des Teufels« (WA 18,164,25f; 401,365,18f). Im Kampf gegen diese natürliche Vernunfttheol. wurde die christl. Theol. gezwungen, über die paulinischen Aussagen von Röm 1 und 2 hinauszugehen und der ganzen Vernunft des natürlichen Menschen, sofern sie die Stelle der Christuserkenntnis des Glaubens einzunehmen versucht, die ihr gebührende Absage zu erteilen (vgl. KBarth, Nein!, ThExh 14, 1934).

Die neuere Theol. hat sich jedoch allzu lange von dem vermeintlichen Gespenst der Vernunftaufklärung in Bann schlagen lassen und es darüber bislang weitgehend versäumt, die positive Funktion der Vernunft, wie sie bei Paulus entfaltet ist, angemessen zur Geltung zu bringen. Es kommt heute darauf an, die in der Neuzeit vor allem durch Descartes und Kant vollzogene Scheidung zwischen einer gottlosen Vernunft und einem weltlosen Glauben zu überwinden und über die an den Abgrund des Nichts geratene Vernunft ebenso wie den in der subjektiven Innerlichkeit eingeschlossenen Glauben hinauszugelangen (vgl. Iwand, Glauben und Wissen, 18ff). Das ist für den christl. Glauben eine unabweisbare Aufgabe, denn mit der Menschwerdung Gottes in der Geschichte Jesu sind Gotteswirklichkeit und Weltwirklichkeit zu einer Einheit verschmolzen. Es gibt daher keine doppelte Wahrheit von Glaube und Vernunft, keine grundsätzlich getrennten, eigengesetzlichen Bereiche des Christlichen und Weltlichen, sondern nur die eine unteilbare → Wahrheit (vgl. Zur Verkündigung III) der Christuswirklichkeit, die der Glaube bekennt und die Vernunft erkennt (vgl. Bonhoeffer, Ethik, 62f). Es handelt sich bei der gebotenen positiven Zuordnung um die Christianisierung der Vernunft und den Weltbezug des Glaubens.

III. Das → Erkennen ist keine an den Glauben von außen herangetragene, sondern eine ihm ureigene Funktion. In der Erkenntnis denkt der Glaube seinem Gegenstand aus Liebe zur Sache nach und gelangt mit seiner Vernunft in Entsprechung zur Offenbarung Gottes, dh zu seiner Wahrheit. Erkenntnis ist Freude des Glaubens an der Entsprechung von Sein und Denken. Was im Glauben für den einzelnen individuell gilt, gilt im Erkennen für alle universal; Existenz- und Sachgewißheit gehören zusammen.

Die von der Christusoffenbarung in Anspruch genommene Vernunft hilft dem Glauben zum Verständnis des Reichtums, der ihm in und mit der Person Jesu geschenkt ist. Das ist in erster Linie das Geschäft der theol. Reflexion, die nach dem Grundsatz Anselms von Canterbury: »Der Glaube sucht den Verstand« (*fides quaerens intellectum*) verfährt. Der zu Verstand kommende Glaube dient der Verständlichkeit des Evangeliums, auf die Paulus in seiner Auseinandersetzung mit den korinthischen Zungenrednern entscheidendes Gewicht legt (1Kor 14,19). Er bewahrt vor schwärmerischer Verstiegenheit und unchristl. Aberglauben und gewährt die für sinnvolles und zielgerichtetes Handeln erforderliche Nüchternheit. Die Vernunft des Glaubens befähigt zur Verständigung mit Nichtchristen, vermittelt den vom Evangelium gebotenen Weltbezug und ermöglicht so erst die Erfüllung des Sendungsauftrages in und für die Öffentlichkeit. Sie ist keine intellektuelle Spielerei, sondern zielt auf konkrete Verwirklichung und Gestaltung des christl. Lebens.

Der verstehende Glaube läßt sich aber auch auf die ihm von der wissenschaftlichen, weltlich-profanen und allgemein-menschlichen Vernunft seiner Zeit entgegengebrachten Problemstellungen ein. Hier haben die seit der Aufklärung, dem »Ausgang des Menschen aus seiner selbstverschuldeten Unmündigkeit« (Kant), großenteils bis heute unbewältigten Fragen nach der Mündigkeit des Menschen, der Existenz Gottes, dem biblisch-antiken Weltbild, nach Mythos und Wirklichkeit, naturwissenschaftlicher Erkenntnis und Wunderglaube, historischer und theol. Geschichtsauffassung, um nur einige der wichtigsten zu nennen, ihren legitimen und notwendigen Platz, deren Klärung mit der hermeneutischen Aufgabe der Theol. zu tun hat.

Die kritische Wechselbeziehung zwischen christl. Glauben und allgemein-menschlicher Vernunft bewahrt den verständigen Glauben vor unzeitgemäßer Enge und die vernehmende Vernunft vor gefährlichen Trugschlüssen. Nicht nur läutert die Vernunft den Glauben, sondern der G l a u b e durchleuchtet auch die Vernunft. Er führt zur Erkenntnis der Bedingtheit, Endlichkeit, Geschichtlichkeit und Begrenztheit der Vernunft. Die vom christl. Glauben ausgehende Aufklärung zerstört den Mythos einer sich absolut setzenden Vernunft, kreuzigt ihre Sucht zur Eigengesetzlichkeit und vollzieht damit den Gehorsam des Glaubens auf dem Gebiet der Erkenntnis (vgl. 2Kor 10,5). Die Theol. entwirft als Nachdenken auf Grund der Offenbarung einen Zukunftshorizont, zu dem die Vernunft in Beziehung gesetzt wird und vor dem sie sich zu verantworten hat. Ihre Funktion besteht dann nicht darin, wie im griech. Denken das Wesen der Dinge f e s t - zustellen und damit das göttliche Urteil des jüngsten Gerichtes vermessen vorwegzunehmen, vielmehr darin, Menschen, Dinge und Verhältnisse im Blick auf die ihnen von Gott eröffnete und b e v o r - stehende Zukunft zu bedenken. Das macht die geschichtliche Vor-läufigkeit und Überholbarkeit der auf die Zukunft Gottes gerichteten Vernunft aus. So wird sie von ihrer unglücklichen und stolzen Absolutheit zu ihrer wahren und zukunftsoffenen Relativität befreit, in der sie den Glauben zur Erkenntnis dessen bringt, was ihm geschenkt und zu schauen verheißen ist. »Gerade in seiner Ausrichtung auf eine letzte, eschatologische Zukunft kann der Glaube sich als Kriterium für die Vernünftigkeit der Vernunft bewähren« (Pannenberg, 251). *H.-G. Link*

Lit.: GTeichmüller, Neue Studien zur Geschichte der Begriffe, Bd. I–III, 1876–79 (Neudr. 1965; Index unter *nous*) – JStenzel, Zur Entwicklung des Geistesbegriffes in der griechischen Philosophie, Antike 1, 1925, 244ff – RSchottlaender, Nous als Terminus, Hermes 64, 1929, 239ff – KBarth, Fides quaerens intellectum, 1931 (1966³) – OMoe, Vernunft und Geist im Neuen Testament, ZSTh 11, 1934, 351ff – GSchrenk, Geist und Enthusiasmus, in: Wort und Geist, Festschr. KHeim, 1934, 75ff (= ders., Stud. zu Paulus, AThANT 26, 1954, 107ff) – GBornkamm, Die Offenbarung des Zornes Gottes (Röm 1–3), ZNW 34, 1935, 243ff (= Das Ende des Gesetzes, 1966⁵, 9ff) – LKoehler, Theologie des Alten Testaments, 1935 (1966⁴), § 46 (Das Wesen des Menschen III) – JBehm/EWürthwein, Art. νοέω etc., ThWb IV, 1942, 947ff – KvFritz, Νόος and νοεῖν in the Homeric Poems, Class. Philology 38, 1943, 79ff – ders., ΝΟΥΣ, ΝΟΕΙΝ and their Derivates in Pre-Socratic Philosophy (excluding Anaxagoras), Part I, From the Beginning to Parmenides, Class. Philology 40, 1945, 223ff – BSnell, Die Entdeckung des Geistes, 1946 (1955³; Index unter *nous*) – RBultmann, Theologie des NT, 1953 (1968⁶), § 19 – GBornkamm, Glaube und Vernunft bei Paulus, in: ders., Studien zu Antike und Christentum II, 1958 (1963²), 119ff – BLohse, Art. Vernunft, EKL III, 1959 (1962²), 1649ff – GBarth, Das Gesetzesverständnis des Evangelisten Matthäus, in: GBornkamm/GBarth/HJHeld, Überlieferung und Auslegung im Matthäusevangelium, WMANT 1, 1960 (1970⁶), 99ff – WKCGuthrie, A History of Greek Philosophy I, 1962; II, 1965 (Index unter *nous*) – HIwand, Glauben und Wissen, N. W. I, 1962, 17ff – KOehler, Art. Vernunft und Verstand, RGG VI, 1962³, 1364ff – ders., Die Lehre vom noetischen und dianoetischen Denken bei Platon und Aristoteles, 1962 – WMarxsen, Einleitung in das Neue Testament, 1963 (1965³), 122f – HConzelmann, Art. συνίημι etc., ThWb VII, 1964, 886ff – WEichrodt, Theologie des Alten Testaments, II/III, 1964⁵, § 16 (Die Stellung des Menschen in der Schöpfung), bes. 93ff – HJKrämer, Der Ursprung der Geistmetaphysik, 1964 (Index unter *nous*) – OSander, Leib-Seele-Dualismus im Alten Testament?, ZAW 77, 1965, 329ff – PStuhlmacher, Glauben und Verstehen bei Paulus, EvTh 26, 1966, 337ff – HConzelmann, Grundriß der Theologie des Neuen Testaments, 1967, 158f – HOtt, Glaube und Vernunft, ThLZ 92, 1967, 401ff – WPannenberg, Glaube und Vernunft, in: ders., Grundfragen systematischer Theologie, 1967, 237ff – PBonnard, L'Intelligence chez saint Paul, in: L'Évangile hier et aujourd'hui, Festschr. FJLeenhardt, 1968, 13ff – GvRad, Weisheit in Israel, 1970 – MHonekker, Liebe und Vernunft, ZThK 68, 1971, 227ff.

Versöhnung

Versöhnung bedeutet die Wiederherstellung eines guten Verhältnisses zwischen Feinden. Um dieses gute Verhältnis im Gegenüber von Gott und Mensch zu erreichen, müssen die Faktoren beseitigt werden, die die Feindschaft hervorrufen. Das geschieht durch Sühne. Diese verschiedenen Aspekte bringen die drei hier zusammengeordneten Wortgruppen zur Sprache. (ἐξ-)ἱλάσκομαι *[(ex-)hilaskomai]* mit seinen Derivaten gehört in den kultischen Bereich und bezeichnet meist Handlungen, die (urspr.) Götter gnädig stimmen und (später) → Sünde sühnen sollen. Demgegenüber stammt die Wortgruppe καταλλάσσω *[katallassō]* aus dem profanen Leben und zielt auf die positive Veränderung (ἀλλάσσω *[allassō]*, *verändern*!) eines negativen Verhältnisses. ἀποκατάστασις *[apokatastasis]* schließlich ist ein politisch-eschatologischer term. techn., der eine partielle oder universale Wiederherstellung zum Inhalt hat. Im NT ist weder der kultisch bestimmte ἱλασμός *[hilasmos]* noch die politische ἀποκατάστασις *[apokatastasis]*, sondern die profane καταλλαγή *[katallagæ]* zum entscheidenden Begriff des Versöhnungsgeschehens zwischen Gott und Mensch und unter den Menschen geworden.

ἀποκατάστασις

ἀποκαθίστημι *[apokathistæmi]* zurückversetzen, wiederherstellen · ἀποκατάστασις *[apokatastasis]* Wiederherstellung

I 1) Das Verbum ἀποκαθίστημι *[apokathistæmi]*, seit Xenoph. belegt, heißt urspr. *in den früheren Zustand zurückversetzen*, dann: *wiederherstellen*. Es begegnet zunächst in konkretem profanem Zusammenhang: Geliehenes wird *zurückgegeben* (Xenoph. Resp. Lac. 6,3), ein Kanal wird *instandgesetzt* (Ditt. Or. 672), ein Kranker wird *wiederhergestellt* (Diosc. Mat. Med. I,64,4); später allg.: die Welt wird *erneuert* (Lact. Inst. VII,18).

2) Vom Verbum abgeleitet ist das jüngere Subst. ἀποκατάστασις *[apokatastasis]* (zB Aristot. Magna Moralia 1204b,36) mit der Grundbedeutung: *Zurückversetzung* in einen früheren Zustand, *Wiederherstellung*. Auch beim Subst. steht zunächst der profane Gebrauch im Vordergrund: *Zurückbringen* von Geiseln (Polyb. III,99,6), *Ausbesserung* eines Weges (Ditt. Or. 483,8), *Neubegründung* der Staatsordnung (Polyb. IV,23,1).

3) Eine bes. Verwendung haben die Begriffe im Zusammenhang mit astronomischen und kosmologischen Spekulationen des Hellenismus und der Spätantike gefunden. So wurde ἀποκατάστασις *[apokatastasis]* zum »term. techn. für die Wiederherstellung des kosmischen Zyklus« der Gestirne (AOepke, ThWb I, 389). Das antike und namentlich stoische Denken stellt sich den Weltverlauf als eine unbegrenzte Aufeinanderfolge zyklisch-kosmischer Perioden vor (v. Arnim II, 190), wobei die ἀποκατάστασις *[apokatastasis]* jeweils das Endstadium der verflossenen und zugleich den Ausgangspunkt der neuen Weltperiode charakterisiert. Sind in der Stoa und Hermetik die Apokatastasis-Vorstellungen gelegentlich mit politischen Erwartungen verbunden (vgl. Corp. Herm. XI,2), so vollzieht der Neuplatonismus eine anthropologische Reduktion auf die → Seele (ψυχή *[psychæ]*) des einzelnen. Hier bezeichnet die ἀποκατάστασις *[apokatastasis]* den wiederholten Eintritt der (unsterblichen) Seele in das (sterbliche) Leben (Reinkarnation, zB Jambl. Myst. I,10), um auf diese Weise sich von der Materie zu reinigen und ihren ursprünglichen Zustand wiederzuerlangen, der zuweilen ebenfalls ἀποκατάστασις *[apokatastasis]* genannt wird (zB Corp. Herm. VIII,4).

II 1) In LXX kommt nur das Verb vor, meist als Übers. der Wurzel *schūb*, Kal *zurückkehren, sich zuwenden*, Pilel *zurückbringen*, und am häufigsten hif. *zurückbringen, wiederherstellen*. In profanem Kontext kann ἀποκαθίστημι *[apokathistæmi]* bes. in den frühen Schriften des Pentateuch sehr verschiedene Bedeutungen annehmen: Abraham zahlt Geld an Ephron (Gen 23,16), ein Stein wird von der Brunnenöffnung abgewälzt (Gen 29,3), ein Mann wird in sein Amt eingesetzt (Gen 41,13), Wasser flutet zurück (Ex 14,26f) etc.

2) Wichtiger ist der Gebrauch des Wortes in der prophetischen Verkündigung. Während ἀποκαθίστημι *[apokathistæmi]* nur selten in den Reden der frühen Propheten begegnet (zB Am 5,15; Hos 2,3; 11,11), hat es seinen eigentlichen »Sitz im Leben« in der eschatologischen Heilsankündigung der exilisch-nachexilischen Prophetie: Jahwe wird Israel aus der Zerstreuung in sein Land zurückbringen (Jer 16,15; 23,8; 24,6); Ez stellt die endzeitliche Wiederherstellung Israels in

Parallele zu seinen Anfängen (Ez 16,55); und Mal 4,6 (3,24) kündigt den Elias redivivus an, der Väter und Söhne einander wieder zuwenden wird. So wird ἀποκαθίστημι *[apokathịstæmi]* in LXX mehr und mehr zum Begriff der eschatologischen und zT auch messianischen Hoffnungen Israels auf Wiederherstellung seines urspr. Zustands.

3) Diese Tendenz verstärkt sich noch in den s p ä t j ü d i s c h e n Schriften, in denen ἀποκαθίστημι *[apokathịstæmi]* aram. *tūb, zurückkehren,* wiedergibt. Jetzt gewinnt das Wort zT. einen ausgesprochen politischen Charakter: Dan 4,33f ist von Nebukadnezars wiedergewonnener Macht und Herrschaft die Rede; 1Makk 15,3 berichtet von den Plänen Antiochos VII., »das Reich unserer Väter« zurückzuerobern und die früheren Verhältnisse wiederherzustellen.

4) In diesen Zusammenhang gehört auch die politisch-messianische Erwartung der S a m a r i t a n e r, die sich auf eine endzeitliche Gestalt namens *tāēb,* den *Wiederkehrenden,* den *Wiederhersteller* bezieht (vgl. Jos. Ant. 18,85; Joh 4,25; Merx, aaO, 42.72.80ff).

Im NT begegnet das Verbum 8mal (meist Synopt.), das Subst. lediglich Apg 3,21. III

1a) Mk 3,25 parr und 8,25 ist die urspr. profane Bedeutung von ἀποκαθίστημι *[apokathịstæmi]* im Zusammenhang von Krankenheilungen noch erhalten: eine Hand bzw. ein Blinder wird *wiederhergestellt,* dh *geheilt.* Auch Hebr 13,19 (»damit ich euch schneller wiedergegeben werde«, dh schneller zu euch komme) geht auf den profan-griech. Sprachgebrauch zurück.

b) Mk 9,12 par spielt auf Mal 4,5f (3,23f) an. In der Auseinandersetzung über die Messiaserwartung wird den p o l i t i s c h - messianischen Hoffnungen, die sich an die Gestalt des Elias redivivus knüpfen, »der alles wiederherstellen wird«, das Schicksal des Menschensohnes gegenübergestellt, der »viel leiden und verachtet werden wird«. Da die mit ἀποκαθίστημι *[apokathịstæmi]* verbundene spätjüd. politische Messiasvorstellung im NT zu der Aussage des leidenden Menschensohnes umgeprägt wird, nimmt auch dieser Gebrauch des Verbums merklich ab.

Eine ähnliche Tendenz ist auch Apg 1,6ff erkennbar. Die noch immer an politisch-messianischen Vorstellungen orientierte Jüngerfrage: »Stellst du in dieser Zeit das Reich für Israel wieder her?« wird mit dem Verbot eines berechnenden Kalküls und dem Hinweis auf den verheißenen Geistempfang beantwortet. Damit hat Lukas die Frage auf eine andere Ebene verlagert: Es handelt sich in der »Zeit der Kirche« nicht um politische Herrschaft, sondern um das vorläufige Reich des Geistes und der Kraft.

2a) Der Passus der Petrusrede auf dem Tempelplatz, in dem das Subst. ἀποκατάστασις *[apokatạstasis]* zum einzigen Mal im NT begegnet, lautet: ». . . damit Zeiten der Erquickung vom Angesicht des Herrn kommen mögen und er den für euch bestimmten Messias Jesus senden möge, den der Himmel aufnehmen muß bis zu den Zeiten der *Wiederherstellung* alles dessen, wovon Gott geredet hat durch den Mund seiner heiligen Propheten von Urzeiten her« (Apg 3,20f). Dieser Satz schließt an die eschatologisch-messianische Erwartung der at. Prophetie und des Judentums an (s. o. II,2). Die ἀποκατάστασις πάντων *[apokatạstasis pạntōn]* meint n i c h t die Bekehrung aller M e n s c h e n, sondern die Wiederherstellung aller D i n g e und V e r h ä l t n i s s e, die bereits die at. Propheten angekündigt hatten, dh die universale Erneuerung der Erde. Während die καιροὶ ἀναψύξεως *[kairọi anapsyxeōs]*, die *Zeiten der Erquickung,* das Eintreten des Umschwungs und die subjektive Auswirkung des Geschehens bezeichnen, betonen die χρόνοι ἀποκαταστάσεως *[chrọnoi apokatastạseōs]*, die *Zeiten der Wiederherstellung,* die objektive Seite und den dauernden Zustand der erneuerten Welt (vgl. AOepke, ThWb I, 390).

b) Ausgehend von Apg 3,21 ist in der A l t e n K i r c h e von Origenes eine Theorie der Apokatastasis, dh eine Lehre von der Wiederbringung aller geschaffenen Wesen entwickelt worden. Dabei handelt es sich um die These, Gottes Heilshandeln ziele auf die Beseitigung der durch die Sünde bewirkten Störung der Schöpfung und damit auf die medizinisch, politisch und kosmisch verstandene Rückbringung aller geschaffenen Wesen zu der Harmonie einer umfassenden Seinsordnung (Orig. Princ. I,6,1–4; II,3,1–5; III,6,1–9; vgl. auch OWeber, Grundlagen der Dogmatik II, 501ff). Diese universale Apokatastasis-Lehre, die Elemente des spätantiken und jüd. Apokatastasisbegriffes aufgenommen hat, ist im Osten von Gregor von Nyssa, im Westen von Scotus Erigena, Hans Denck, J. Albrecht Bengel, F. Christoph Oetinger, F. Daniel Schleiermacher u. a. übernommen und zT. anthropologisch zu der Lehre der Allversöhnung weiterentwickelt worden. Exegetisch kann sich dieses Theologumenon weniger auf Apg 3,21 als auf 1Kor 15,27f berufen. Systematisch wird die Apokatastasis- bzw. Allversöhnungslehre nicht so sehr im spätjüd.-politischen oder spätantik-kosmischen Horizont zu bedenken sein als vielmehr im Kontext der universalen Tendenz des Christusgeschehens. *H.-G. Link*

ἱλάσκομαι

ἵλεως *[hileōs]* gnädig · ἱλάσκομαι *[hilaskomai]* sühnen, gnädig machen, gnädig werden · ἱλασμός *[hilasmos]* Sühnung, Sühnopfer · ἱλαστήριον *[hilastærion]* das Sühnende, Sühnegerät, Sühnemittel

I 1a) Das Adj. ἵλεως, -ων *[hileōs, -ōn]* ist die attische Form von ἵλαος *[hilaos]* bzw. ἵλεος *[hileos]*, *freundlich, gnädig,* und Parallelbildung zu ἱλαρός *[hilaros]*, *heiter* (vgl. lat. *hilaris*); es bedeutet urspr. *heiter, vergnügt* (zB Plato, Leg. I,649a), später *freundlich, huldvoll, gnädig* (zB Xenoph., Cyrop. 1,6,2). ἵλεως *[hileōs]* wird meist von herrschenden Menschen oder Göttern ausgesagt; im Zusammenhang mit Göttern ist von ἵλεω ποιεῖν *[hileō poiein]*, *gnädig stimmen,* die Rede (Plato, Leg. X,910a).

b) Das trans. Deponens ἱλάσκομαι *[hilaskomai]* (seit Hom., wurzelverwandt mit ἵλαος *[hilaos]* bzw. ἵλεος *[hileos]*, *freundlich, gnädig,* und ἵλημι *[hilæmi]*, *freundlich, gnädig sein*) hat ebenso wie das Intensivum ἐξιλάσκομαι *[exhilaskomai]*, seit Hdt., kausative Bedeutung: *freundlich stimmen, gnädig machen* (zB Hom. Od. 3,419; Hdt. VII,141). Der pass. Aor. ἱλασθῆναι *[hilasthænai]* ist intrans. medial zu übers.: *sich gnädig machen lassen, sich erbarmen* (bes. häufig der Imperativ ἱλάσθητι *[hilasthæti]*, *erbarme dich*). Im allg. wird als Subjekt der Mensch, als Objekt eine Gottheit vorgestellt; der Sitz im Leben ist meist eine kultische Handlung, durch die eine Gottheit freundlich gestimmt werden soll (Hdt. V,47; VI,105; Xenoph. Cyrop. VII,2,19). Gelegentlich ist auch ein Mensch (zB der Kaiser) Objekt des ἱλάσκεσθαι *[hilaskesthai]*, das dann mit *beschwichtigen* (Plut. Anton. 67,3) oder *bestechen* (Hdt. VIII,112,2) zu übers. ist.

c) Das von ἱλάσκομαι *[hilaskomai]* abgeleitete Subst. ἱλασμός *[hilasmos]* begegnet selten und meist in jüngerer Lit. Es bezeichnet die Handlung, durch die eine Gottheit gnädig gestimmt werden soll (zB Plut., De Solone 12,5).

d) τὸ ἱλαστήριον *[to hilastærion]* ist substantiviertes Neutrum des Adj. ἱλαστήριος *[hilastærios]*. Auf griech. Inschriften hat es die Bedeutung *Weihgeschenk* für die Götter (Inscr. of Cos, Nr. 81,347).

2) Der Grundgedanke des griech. ἱλασμός *[hilasmos]* ist das menschliche Bemühen, sich die unheimliche und oft unheilvolle Macht von Toten, Dämonen und Göttern geneigt zu machen und das eigene Tun durch die Zuwendung überirdischer Kräfte zu bestärken. Vorausgesetzt ist dabei ein elementares Wissen um die Bedrohung des menschlichen Lebens von Neid, Strafe, Zorn und grundlosem Groll der allgewaltigen Götter. Das Freundlich-Stimmen der Gottheiten vollzieht sich in kultischen Handlungen, zu denen Menschen- bzw. Tieropfer, Reinigungsriten, Gebete, aber auch Tänze und Spiele gehören (vgl. Büchsel, ThWb III, 311f). Bis in späte Zeit wurden Verbrecher in Rhodos und in Massilia zur Entsühnung der Stadt geopfert. Doch die Menschenopfer, bei Hom. noch unbedenklich dargebracht, wurden infolge der zunehmenden Humanisierung seltener und durch symbolische Handlungen ersetzt. Bei einem in Fällen großer Not gelobten *ver sacrum* mußten die im nächsten Frühling geborenen Tiere geopfert werden, während die Menschen, wenn sie herangewachsen waren, auswandern mußten.

Als in späterer aufgeklärter Zeit die Macht der Götter zT. ihre Schrecken verlor, minderte sich auch die Bedeutung der Sühnehandlungen. In der Stoa ist an die Stelle der kultischen Riten die sittliche Person getreten, die dem Willen der Gottheit in ethischem Handeln entspricht.

II 1a) Im Unterschied zum profangriech. Gebrauch (vgl. I,1a ἵλεω ποιεῖν *[hileō poiein]*) begegnen in LXX nur die Formulierungen ἵλεως εἶναι *[hileōs einai]* bzw. γενέσθαι *[genesthai]*, *gnädig sein* bzw. *werden,* die hebr. *sālach, vergeben* (15mal) und *nicham, sich leid sein lassen, reuen,* u. a. wiedergeben. Das Adj. ἵλεως *[hileōs]* kommt in LXX nur als Prädikat Gottes vor.

b) Relativ selten (12mal) begegnet in LXX das Verbum ἱλάσκομαι *[hilaskomai]*, und zwar nur in med. bzw. pass. Formulierung: *sich erbarmen* (Subjekt: Jahwe), meistens (7mal) als Übers.

von hebr. *sālach, vergeben.* Wesentlich häufiger (ca. 100mal) kommt das Kompos. ἐξιλάσκομαι *[exhilaskomai]* vor, dessen hebr. Äquivalent bei weitaus den meisten Belegen (ca. 80mal) *kippær, bedecken, sühnen,* heißt. Dementsprechend bedeutet ἐξιλάσκομαι *[exhilaskomai]* in erster Linie aktivisch *sühnen* und bezeichnet das kultische Handeln des → Priesters (die meisten Belege finden sich in der Priesterschrift Ex – Num); gelegentlich hat ἐξιλάσκομαι *[exhilaskomai]* auch die Bedeutung *entsündigen* (von Gegenständen; hebr. *chit'ē,* zB Ez 43,20.22.26) bzw. *gnädig stimmen* (einer Person; hebr. *chilāh,* zB Sach 7,2; 8,22). Wichtig ist, daß bei ἐξιλάσκομαι *[exhilaskomai]* grammatisch meistens der Mensch (Priester) Subjekt und Gott Objekt ist (Ausnahme: Sirach, vgl. dazu Büchsel, ThWb III, 315).

c) LXX übers. mit ἱλασμός *[hilasmos]* (ca. 100mal) bzw. ἐξίλασις *[exhilasis]* (2mal) und ἐξιλασμός *[exhilasmos]* (ca. 15mal) meist Ableitungen vom hebr. Stamm *kippær, sühnen,* die den Vorgang des Sühnens bezeichnen (kultische Opfersühne zB Lev 23,27f; 25,9).

2a) Der sakrale Opferkultus ist in der ganzen antiken Welt weit verbreitet, er stellt daher nichts urspr. und spezifisch Israelitisches dar (s. o. I,2). Da Israel den Kultus erst im Kulturland von den Kanaanäern übernommen hat (vgl. vRad, Theol. AT I, 265), ist es kein Wunder, daß in vorexilischen Texten die landläufige Opfervorstellung begegnet, die erzürnte Gottheit müsse gnädig gestimmt werden: »Hat Jahwe dich (Saul) gegen mich (David) gereizt, so mag er Opfer riechen« (1Sam 26,19; vgl. auch Gen 8,20ff; 2Sam 24,17ff.25).

b) Während für das vorexilische Israel Kultus und Sündenvergebung keine wesentliche Rolle spielen, rückt beides für die exilische und nachexilische Jahwegemeinde in den Mittelpunkt ihrer Frömmigkeit (vgl. KKoch, aaO, 217ff). Schon aus dem statistischen Befund geht klar hervor, daß ἐξιλάσκομαι *[exhilaskomai],* ἱλασμός *[hilasmos]* und ἱλαστήριον *[hilastærion]* wie ihre hebr. Äquivalente fast ausschließlich in der Priesterschrift vorkommen. Hand in Hand mit dem Vordringen des Kultus in das Zentrum israelitischer Frömmigkeit vollzieht sich, bes. bei DtJes (zB 43, 22–25) und in der Priesterschrift, eine generelle Uminterpretation der landläufigen, übernommenen antiken Sühnevorstellung als Umstimmen der Gottheit durch menschliche Opfer zu der spez. israelitischen Sühneauffassung, nach der Jahwe seinem Volk Sühne schafft (vgl. Dtn 21,8). Bislang ist in der at. Forschung noch nicht hinreichend geklärt, wodurch diese Wandlung der Sühneauffassung bedingt ist (vgl. KKoch, aaO, 224f).

c) Die spez. israelitische Sühnevorstellung wird nur auf dem Hintergrund des at. Sündenverständnisses (→ Sünde, Art. ἀδικία II,2) einsichtig. Durch einen (auch unwissentlichen) Verstoß gegen Jahwes Bundesordnung entsteht eine objektive Schuld (vgl. 1Sam 14,2ff), die eine Unheilsmacht in Gang setzt, deren zerstörerische Auswirkungen mit Notwendigkeit als Strafe auf den Täter und seine Gemeinschaft zurückfallen (vgl. vRad, Theol. AT I, 278ff). Diesen Sünde-Unheil-Zusammenhang vermag allein Jahwe aufzuhalten, indem er die Unheilswirkung einer Tat von dem Täter und seiner Gemeinschaft auf ein Tier ableitet, das stellvertretend stirbt (exemplarisches Beispiel: das Ritual des Asaselbockes Lev 16,20ff). Das beim Sühnegeschehen handelnde Subjekt, das die Sühne erwirkt, ist also Jahwe. Die → Priester fungieren bei der kultischen Handlung lediglich als seine Bevollmächtigten (vgl. Ex 28,38; Num 18,22f), während der Täter bzw. das sündige Volk die Empfänger der Sühne sind. Da nach israelitischer Auffassung das Blut der eigentliche Träger des Lebens ist, dient es als Sühnemittel (Lev 17,11). Die Übertragbarkeit der Sünde wird dadurch möglich, daß das Tier als Besitz »einen Teil der Personsphäre des Menschen bzw. der menschlichen Gemeinschaft« ausmacht (Koch, aaO, 229). Jahwe hat die → Opfer seinem Volk dazu gegeben, »um die Schuld der Gemeinde hinwegzunehmen« (Lev 10,17). »Sühne war also kein Strafakt, sondern ein Heilsgeschehen« (vRad, Theol. AT I, 270).

d) Gesondert ist noch ἱλαστήριον *[hilastærion]* zu erörtern. LXX übers. mit diesem Begriff hebr. *kappōræt.* Es handelt sich dabei nach Ex 25,17–22 um eine goldene Deckplatte, die im Allerheiligsten des Tempels auf der Bundeslade aufliegt, aber kein Bestandteil der Lade selber ist. An den beiden Enden der Deckplatte sind die beiden Cheruben angebracht, die mit ihren Flügeln die Platte bedecken. »Von über der Deckplatte aus, von dem Raum zwischen den beiden Cheruben aus . . . will ich (Jahwe) dir (Mose) alles kundtun, was ich durch dich den Israeliten befehlen will« (Ex 25,22). Der Raum über der Deckplatte ist nach der Vorstellung der Priesterschrift der Ort der Anwesenheit und Offenbarung Jahwes. Am jährlichen Versöhnungstag sprengt der Hohepriester das Blut eines Sündopfertiers vor und auf die Deckplatte zur Entsühnung (Lev 16,14). Auf diesem Vorgang beruht die LXX-Übers. ἱλαστήριον *[hilastærion]: Sühnegerät, Sühnemittel,* dann allg. das *Sühnende.*

3a) Die LXX hat durch ihre Übers. des hebr. *kippær* (term. techn. für das *Sühnegeschehen*) mit ἐξιλάσκομαι *[exhilaskomai]* (s. o. 1b) dem (heidnischen) Mißverständnis Vorschub geleistet, als handele es sich bei der Sühne um eine Einwirkung des Menschen auf Gott, um eine Versöhnung von unten nach oben (zB Sach 7,2 LXX).

b) Erst im Spätjudentum wird neben dem gewaltig anwachsenden Kultus auch menschlichen Frömmigkeitsäußerungen sühnende Kraft beigemessen. Nach Spr 16,6 wird durch menschliche Güte und Treue Schuld gesühnt (vgl. Sir 3,30). Namentlich Wohltätigkeit, Torastudium, Gebet, Leiden und der eigene Tod erhalten sühnende Funktionen (TJoma, 5,6ff; vgl. Lohse, aaO, 35ff). Bes. wird die sühnende Kraft des unschuldigen Todes der Märtyrer hervorgehoben (zB 2Makk 7,37; 4Makk 17,21f; St.-B. II, 275ff, vgl. Lohse, aaO, 66ff).

c) Eine besondere Ausprägung haben diese Vorstellungen in der Qumrangemeinde erfahren. Die Gemeinde hält einerseits an dem at. Gedanken fest, daß Gott Subjekt des Sühnens ist (zB 1QH 4,37; 1QS 11,1–14; CD 4,6ff; 20,34). Daneben gibt es andererseits die Vorstellung, die essenische Gemeinde leiste als das wahre Israel mit ihrem Toragehorsam Sühne für das ganze Land (1QS 8,6.10).

III Angesichts der relativ häufigen und durchaus geläufigen Verwendung kultischer Termini in LXX überrascht der sparsame Gebrauch, den das NT von der Wortgruppe macht. Jeder der vier Begriffe kommt lediglich zweimal vor, so daß die gesamte Wortgruppe mit nur 8 Belegen im NT vertreten ist (davon 3mal im Hebr).

1) ἵλεως *[hịleōs]* begegnet in Mt 16,22 als verneinender Ausruf: fern sei es, bewahre! (vgl. LXX 1Sam 20,20). Hebr 8,12 zitiert die Gottesrede aus Jer 31,34: *Ich werde gnädig sein* (dh vergeben; ἵλεως ἔσομαι *[hịleōs ẹsomai]*).

2) Bezeichnenderweise kommt ἐξιλάσκομαι *[exhilạskomai]* im NT überhaupt nicht vor. Der pass. Aor. von ἱλάσκομαι *[hilạskomai]* drückt Lk 18,13 den Hilferuf des Sünders aus, der Gott um Erbarmen bittet: ὁ θεός, ἱλάσθητί μοι τῷ ἁμαρτωλῷ *[ho theọs, hilạsthæti moi tō hamartōlọ̄], Gott sei mir Sünder gnädig,* dh vergib mir meine Sünden (vgl. LXX Ps 79,9). – Hebr 2,17 greift das kultische Ritual des Versöhnungstages auf (Lev 16,14–16). Jesus wird als der treue Hohepriester (vgl. 1Sam 2,35) geschildert, der die → Sünden des Volkes sühnt. Er steht im Dienst Gottes (τὰ *[ta]*: Akk der Beziehung wie 5,1; vgl. Bl.-Debr. § 160), und das bedeutet gerade nicht, daß Gott der Empfänger der Sühne wäre, vielmehr daß Jesus von Gott dazu bestimmt und legitimiert ist, »das zu erfüllen, was in Wirklichkeit weder die Sühnehandlungen des AT noch die der Religionsgeschichte vermocht haben« (Michel, 169). Der kultische Sühnevergleich verdeutlicht den radikalen Einsatz des Lebens Jesu für die Schuld anderer (vgl. Hebr 7,27; 9,12.26; 10,12). Der »Erfolg« des *Sühnens* (ἱλάσκεσθαι *[hilạskesthai]*) Jesu ist die Überwindung der Schuld (ἁμαρτίαι *[hamartịai]*) und das Angebot der → Vergebung an das neue Gottesvolk. Damit ist der in der LXX beginnende Bedeutungswandel von ἱλάσκομαι *[hilạskomai]* zum Abschluß gelangt: Es bezeichnet nicht mehr wie im Griechentum das Gnädigstimmen der Gottheit durch Handlungen der Menschen (s. o. I,2), sondern ein Handeln Gottes durch seinen Hohenpriester Jesus zum Heil der Menschen (vgl. II,2c).

3) Der 1Joh-Brief nimmt mit dem Stichwort ἱλασμός *[hilasmọs]* alte kultische Tradition auf. Da 2,2 und 4,10 Parallelaussagen zu 2,1 bzw. 4,9 darstellen und kultische Terminologie für die Sprache des 1Joh nicht charakteristisch ist, kann es sich möglicherweise an beiden Stellen um Zusätze von fremder Hand handeln (Bultmann zSt.: kirchliche Redaktion). Beide Male begegnet dieselbe Formulierung: ἱλασμὸς περὶ τῶν ἁμαρτιῶν ἡμῶν *[hilasmọs perị tōn hamartiọ̄n hæmọ̄n], Sühne für unsere Sünden,* dh im Kontext: Das Tun (2,1 die johanneische Wendung: παράκλητος *[parạklætos], Fürsprecher*) bzw. die Sendung Jesu (4,9. 10) wird mit seinem Tod (1,7b: Blut) zusammengefaßt und insgesamt als *Sühne für unsere Sünden* verstanden. »Der ἱλασμός *[hilasmọs]* hängt nicht einseitig an der Einzelleistung des Sterbens, sondern an dem Ganzen der Sendung und Person Jesu, zu dem freilich sein Sterben unablösbar hinzugehört« (Büchsel, ThWb III, 318). Auch hier wird die Sühne nicht als menschliche Leistung an Gott verstanden, vielmehr gerade als Erweis der Liebe Gottes zu den Menschen (4,10).

4) Bei der Beschreibung des at. Gottesdienstes Hebr 9,1–5 meint ἱλαστήριον *[hilastærion]* die *Deckplatte* über der Bundeslade (V. 5, vgl. LXX Ex 25,18).

Anders steht es Röm 3,25, wo Paulus ein judenchristl. Zitat aufnimmt, das seinerseits auf das Ritual des Versöhnungstages anspielt (vgl. Käsemann, 96f). Was ist mit ἱλαστήριον *[hilastærion]* an dieser Stelle gemeint? Ältere Exegeten denken meist im Anschluß an die LXX-Übers. an die Deckplatte der at. Bundeslade (s. o. II,2d) und wollen dann den gekreuzigten Jesus vergeistigt als *»kappōræt* höherer Ordnung« verstehen (so Büchsel, ThWb III, 322). Diese Deutung ist von ELohse (aaO, 151f) mit guten Gründen bestritten worden. Eine tragfähigere Parallele zu Röm 3,25 findet sich stattdessen in 4Makk 17,21f, wo der Tod der Märtyrer als Sühnopfer für die Sünde des Volkes bezeichnet wird (s. o. II,3b). Dementsprechend ist ἱλαστήριον *[hilastærion]* Röm 3,25 nicht als Ortsangabe (*kappōræt*, Luther: Gnadenstuhl) zu verstehen, sondern als Ereignis des Sünde-Sühnens und demgemäß mit *Sühnopfer* zu übers. (vgl. Michel, zSt.). Inhaltlich ist Jesus Christus ἐν τῷ αὐτοῦ αἵματι *[en tō autou haimati], in seinem Blut*, dh als Gekreuzigter das Sühnopfer. Formal ist Gott Subjekt des Satzes, als Objekt sind die Menschen zu ergänzen, denen durch öffentliche Proklamation (προέθετο *[proetheto]*) das ἱλαστήριον *[hilastærion]*, das *Sühnopfer*, angeboten wird. Die Heilsbedeutung dieses Sühnetodes Jesu liegt in der → Vergebung (πάρεσις *[paresis]*) früherer Verschuldungen (προγεγονότα ἁμαρτήματα *[progegonota hamartæmata]*; vgl. die Abendmahlstradition Mk 14,24 und das alte Kerygma 1Kor 15,3) und in der Neuaufrichtung des gebrochenen Bundes durch die göttliche Bundestreue (δικαιοσύνη *[dikaiosynæ]*, vgl. Käsemann, 99). *H.-G. Link*

καταλλάσσω

καταλλάσσω *[katallassō]* versöhnen · καταλλαγή *[katallagæ]* Versöhnung · ἀπαλλάσσω *[apallassō]* befreien · διαλλάσσω *[diallassō]* versöhnen · ἀποκαταλλάσσω *[apokatallassō]* versöhnen · μεταλλάσσω *[metallassō]* wechseln · ἀντάλλαγμα *[antallagma]* Tauschmittel

καταλλάσσω *[katallassō]* ist Kompositum von ἀλλάσσω *[allassō], verändern, vertauschen* (abgeleitet von ἄλλος *[allos], ein anderer*). Seine urspr. Bedeutung ist *austauschen, vertauschen* usw.; übertragen: *versöhnen* (seit Hdt., zB II 13,12). Das entsprechende Subst. heißt καταλλαγή *[katallagæ], Versöhnung* (Aischyl. Sept 767, Demosth. 1,4). Weitere im NT vorkommende Komposita von ἀλλάσσω *[allassō]* sind: ἀπαλλάσσω *[apallassō], befreien, losmachen*; διαλλάσσω *[diallassō], verändern*, (jemandes Gesinnung:) *versöhnen* (erscheint im Pass.); μεταλλάσσω *[metallassō], vertauschen, wechseln*; ἀποκαταλλάσσω *[apokatallassō]* (nur in christl. Lit.), *versöhnen*. Vom gleichen Stamm abgeleitet ist das Subst. ἀντάλλαγμα *[antallagma], Tauschmittel, Kaufpreis* (zB Eur. Or. 1157). I

καταλλάσσω *[katallassō]* (wie διαλλάσσω *[diallassō]*; mit entsprechender Bedeutung καταλλαγή *[katallagæ]*) bezeichnet profangriech. allg. das Wiederherstellen des urspr. Einvernehmens nach Feindschaft oder Ungnade (Xenoph. An I 6,2;5, Eur. Hel. 1235, Aristot. Oec. 2,15 u. a.). Im religiösen Gebrauch ist καταλλάσσω *[katallassō]* im Sinne des Versöhnens selten (es begegnet einmal bei Soph. Ai. 744). Als terminus der Sühneriten ist es nicht verwendbar; es fehlt allg. zu sehr ein personhaftes Gottesverhältnis, wie auch eine rechtliche Auffassung des Gottesverhältnisses griech. Denken fremd ist.

1) Die Wortgruppe kommt in LXX selten vor. In den kanonischen Büchern stehen die Begriffe in ihrer urspr. Bedeutung oder in enger Anlehnung an diese: καταλλάσσω *[katallassō]* nur Jer 48,39, *verwirrt, mutlos werden*; καταλλαγή *[katallagæ]* nur Jes 9,5(4) in schwer deutbarer Abweichung vom hebr. Text; διαλλάσσω *[diallassō]* als Übers. verschiedener Verben Hi 12,20.24: *entfernen* (ähnlich ἀπαλλάσσω *[apallassō]* 9,34 u. ö.); 5,12 u. ö.: *vernichten*. ἀντάλλαγμα *[antallagma]* steht meist für *Kaufpreis* (Jer 15,13 u. ö.), auch *Tausch* (Ruth 4,7) usw. In Richtung auf späteren rabb. Sprachgebrauch entfernt sich διαλλάσσομαι *[diallassomai]* 1Sam 29,4 (*sich gefällig machen*) von der urspr. Bedeutung. Zur Übers. der aus der technischen Priestersprache entnommenen Begriffe des Sühnens bevorzugt LXX ebenfalls kultische Begriffe wie ἐκκαθαίρω *[ekkathairō], reinigen* (→ Rein, Art. καθαρός), häufig ἐξιλάσκομαι *[exhilaskomai], sühnen* (→ Art. ἱλάσκομαι; zu Sühne und Versöhnung im AT siehe dort). καταλλάσσω *[katallassō]* fehlt mit seinen Derivaten in kultisch-priesterlichem Zusammenhang völlig. II

2) Dem Judentum ist eine bes. Bußstimmung eigen (vgl. die Fülle von Bußgebeten). Durch Sündenbekenntnis und Umkehr wird um Gottes Versöhnung, dh sein Wieder-gnädig-Werden nachgesucht (hier erscheint καταλλάσσω *[katallassō]* in bezug auf Gott 2Makk 1,5; 7,33; 8,29), wobei sich oft eine Verkürzung der at. Verkündigung des gnädigen Gottes zeigt (vgl. Ps 62,13 mit Spr 24,12; Sir 16,12 u. a.). Auf dem Weg der Gesetzeserfüllung zum Zweck des Gerechtseins vor Gott kann sich der Versöhnungsgedanke mit dem Lohngedanken berühren. Die Begriffe καταλλάσσω *[katallassō]* usw. sind gebräuchlich, aber nicht häufig.

III Im NT begegnet καταλλάσσω *[katallassō]* nur im Sinne von *versöhnen* bzw. (Pass.) *sich versöhnen (lassen)* und zwar in bezug auf Menschen untereinander (1Kor 7,11; im gleichen Sinn διαλλάσσομαι *[diallassomai]* Mt 5,24) wie auf ihr Verhältnis zu Gott (nur bei Paulus: Röm 5,10; 2Kor 5,18—20; in Kol 1,20.22 und Eph 2,16 stattdessen in gleichem Sinn ἀποκαταλλάσσω *[apokatallassō]*); in der Bedeutung *Versöhnung* begegnet auch καταλλαγή *[katallagæ]* (nur bei Paulus: Röm 5,11; 11,15; 2Kor 5,18.19).

ἀπαλλάσσω *[apallassō]* kommt im Akt. (*befreien*) Hebr 2,15 vor, im Pass. (Med.? *loskommen, sich entfernen*) Lk 12,58; Apg 19,12. Ebenfalls in ihrer urspr. Bedeutung stehen μεταλλάσσω *[metallassō]* (Röm 1,25.26) und das Simplex ἀλλάσσω *[allassō]* (Apg 6,14; Gal 4,20; Hebr 1,12; Röm 1,23; zu 1Kor 15,51f vgl. → Auferstehung, Art. ἀνάστασις). ἀντάλλαγμα *[antallagma]*, *Lösegeld*, begegnet nur Mk 8,37 = Mt 16,26.

Zu untersuchen ist also vor allem die Verwendung des Begriffes in der Theologie des Paulus.

1) καταλλάσσω *[katallasssō]* und καταλλαγή *[katallagæ]* kommen im NT, auch bei Paulus, selten vor (vgl. oben, wo alle nt. Stellen genannt sind). Dennoch haben wir es hier mit einem Begriffspaar zu tun, das zu den Grundbegriffen paulinischer Theol. gehört. Es dient ihm dazu, andere soteriologische Begriffe wie zB → Vergebung (griech. ἀφίημι *[aphiæmi]*; u. a. bei Synopt. und Apg) durch strengere Bezogenheit auf Christus und sein Werk theol. bzw. christologisch zu präzisieren.

2) Subjekt der Versöhnung ist G o t t (2Kor 5,18f). Dies ist das theol. Novum gegenüber dem außerchristl. religiösen Denken, das die Gottheit lediglich als Objekt des versöhnenden Tuns der Menschen kennt. Es ist aber zugleich die Konsequenz der at. Botschaft von Gott als dem »barmherzigen« und »gnädigen«, der seine »Huld« und »Treue« als seinem Wesen zugehörig offenbart (Ex 34,6f; vgl. Ps 103,8ff u. ö.) und Vergebung und Bunderneuerung als seine freie Tat verheißt (Jes 43,25; 54,7ff; Jer 31,31ff u. ö.). Die von Gott geschaffene καταλλαγή *[katallagæ]* ist somit die vollendete Tat (Röm 5,10: als wir noch Feinde waren!), die allem menschlichen Tun vorausgeht. Dieses menschliche Tun, auch Buße und Sündenbekenntnis, ist also nicht eine die Versöhnung herbeiführende und einleitende Tat des Menschen, auf die Gott »reagiert«, — vielmehr ist es umgekehrt bereits »Reaktion« des Menschen, als solche notwendig und gefordert. Diesen Sachverhalt bestätigt die für Paulus charakteristische Reihenfolge Indikativ-Imperativ, die von der Tat Gottes als dem Primären, dem als vollzogen zu Verkündigenden (»Evangelium«) ausgeht.

3) Die Versöhnung ist geschehen durch das W e r k C h r i s t i (Röm 5,10f spricht von ihrem Zusammenhang mit seinem Tod und seiner Auferstehung). Als dessen Wirkung ist sie Ausdruck der neuen Situation, die dieses Werk geschaffen hat und die Paulus meist durch die Begriffe δικαιόω *[dikaioō]*, δικαιοσύνη *[dikaiosynæ]* usw. aufzeigt (*rechtfertigen*, → *Gerechtigkeit*; charakteristischerweise Termini der Rechtssprache). Indem καταλλάσσω *[katallassō]* und καταλλαγή *[katallagæ]* mit diesen Begriffen parallel gebraucht werden können (vgl. Röm 5,9 mit 5,10 und 2Kor 5,19 mit Röm 4,3ff), wird ihre Stellung im Mittelpunkt der paulinischen Verkündigung und Theol. deutlich: Die καταλλαγή *[katallagæ]* ist Ausdruck der Umkehrung des (Feindschafts-)Verhältnisses zwischen Gott und Menschen, die durch den »neuen Adam« (Röm 5,12ff) Jesus Christus herbeigeführt ist.

4) Die Versöhnung ist als einseitige Tat Gottes in Christus sein G e s c h e n k (→ Gabe, Art. δῶρον), das uns (Röm 5,10f; 2Kor 5,18) bzw. der → Welt (2Kor 5,19) gilt. Dem entspricht auf seiten des Menschen das E m p f a n g e n der Versöhnung (Röm 5,11; → Nehmen, Art. λαμβάνω). Empfangen (= Annehmen) besagt das gleiche wie der paulinische Grundbegriff πίστις *[pistis]* (→ *Glaube*); und die Aufforderung, sich versöhnen zu lassen (2Kor 5,20), entspricht der Aufforderung zum Glauben, die zu jedem selbstrechtfertigenden Tun des Menschen in betonten Gegensatz tritt (Röm 3,21ff; 4; Gal 3; 4). Das *Wort von der Versöhnung* (λόγος τῆς καταλλαγῆς *[logos tæs katallagæs]* 2Kor 5,19) ist das Evangelium selbst.

5) Das Wesen der Versöhnung liegt in der Beendigung der Feindschaft zwischen Gott und Menschen (Röm 5,10), indem Gott »ihnen ihre Übertretungen nicht anrechnete« (2Kor 5,19, also wiederum: in der Rechtfertigung des Sünders). Die Versöhnung besteht mithin darin, daß wir → »Frieden mit Gott haben« – eine Wendung, die in Röm 5,1 als Folge der Gerechtsprechung genannt wird. Insofern ist die Versöhnung die Voraussetzung für unsere → »Errettung« (Röm 5,10b) und die Begründung für unsere umfassende »Neuschöpfung« (2Kor 5,17ff), die Röm 5,1ff beleuchtet: indem nämlich »die Liebe Gottes ausgegossen ist in unsere Herzen durch den heiligen Geist, der uns gegeben worden ist« (V. 5b).

6) Dem »Wort von der Versöhnung« (2Kor 5,19) entspricht der »Dienst der Versöhnung« (2Kor 5,18.20; → Dienen, Art. διακονέω), in dem der Apostel selbst steht. Hiermit kann nach allem nicht mehr ein kultischer, die Versöhnung erst herbeiführender oder sie wiederholender Dienst gemeint sein, sondern das versöhnende Handeln im Alltag der Welt und der Ruf zum Annehmen der verkündigten Versöhnung, dh zum Glauben (V. 20).

7) Kol 1,20.22 und Eph 2,16 haben statt καταλλάσσω *[katallạssō]* das sonst nirgends vorkommende Verb ἀποκαταλλάσσω *[apokatallạssō]*, das aber an den aufgezeigten paulinischen Gebrauch von καταλλάσσω *[katallạssō]* anknüpft und ihm im wesentlichen entspricht. Als sein Subjekt kann außer Gott auch Christus genannt werden (Kol 1,22; Eph 2,16); doch ist auch hier die Versöhnung letztlich als von Gott ausgehend verstanden (Kol 1,20). Daß es sich bei dieser Herstellung des Friedens zwischen Gott und den Menschen nicht um ein wechselseitiges Versöhnen gleichgestellter Partner handelt, ist hier durch die Wendung ἀποκαταλλάξαι . . . εἰς αὐτόν *[apokatallạxai . . . eis autọn]* (wörtlich: *zu sich selbst hin zu versöhnen*) zum Ausdruck gebracht. Eph 2,16 sieht die – bei Kol mehr vom Kosmischen her gedachte – Versöhnung im Zusammenhang mit ihrer Wirkung in der christl. Gemeinde aus Juden und Heiden. Der letztgültige Sinn der Versöhnung besteht darin, daß wir im Endgericht sündlos dastehen (Kol 1,22). *H. Vorländer*

ZUR VERKÜNDIGUNG V

Nachdem im 19. Jh. Martin Kähler und Albrecht Ritschl und im 20. Jh. vor allem Karl Barth die Lehre von der Versöhnung in den Mittelpunkt der ev. Theol. gerückt haben, bezeichnet heutzutage das Wort *Versöhnung* das Zentrum des Heilsgeschehens zwischen Gott und Mensch und unter den Menschen. Sprachgeschichtlich stammt das dt. Wort *versöhnen* aus dem germanischen Rechtsdenken und gehört etymologisch mit *sühnen* (nicht mit Sohn!) zusammen. Hier stellt sich sofort ein schwerwiegendes Problem, denn im griech. Sprachbereich – und damit auch im NT – haben die Wörter *sühnen* und *versöhnen* von Hause aus nichts miteinander zu tun. ἱλασμός *[hilasmọs]* (Vulg.: *expiatio*) bedeutet kultische Sühne durch Opfer, καταλλαγή *[katallagæ]* (Vulg.: *reconciliatio*) dagegen profane Versöhnung verfeindeter Parteien durch gegenseitige Zuwendung, wie es dem heutigen Sprachgebrauch entspricht.

Es dient der begrifflichen Klarheit, diese sprachliche Differenzierung zu beachten, wie es die Zürcher Übers. tut und nicht – wie der revidierte Luthertext (vgl. 1Joh 2,2; 4,10) – beide Begriffe zu identifizieren. Fraglos handelt es sich jedoch bei dem Zusammenhang von Sühne und Versöhnung nicht nur um ein sprachliches, sondern ebenso um ein sachliches Problem. Wir werden daher zunächst nach dem Verständnis von Sühne fragen (I), um anschließend den umgreifenden Aspekt der Versöhnung zu erörtern (II) und schließlich den Dienst der Versöhnung (III) darzulegen.

I. Daß Schuld und Sühne zu den Grundproblemen des menschlichen Daseins gehören, bezeugen auf literarischem Gebiet etwa die Tragödien von Sophokles (zB König Ödipus) und Shakespeare (zB Hamlet) sowie Dostojewskis Romane (zB Raskolnikow).

Im politischen Bewußtsein der Bundesrepublik hat sich zunehmend die Auffassung durchgesetzt, daß die Verbrechen des Völkermordes aus der Zeit des Dritten Reiches auch über die sonst übliche Verjährungsfrist hinaus nicht ungesühnt bleiben dürfen.

Kinder erwarten nach einem Vergehen oft eine Bestrafung, um anschließend wieder unbefangen in der Familie leben zu dürfen. Man kann geradezu von Schuld als Urgegebenheit und Sühne als Urbedürfnis der Menschen sprechen.

Fast alle Religionen – der Buddhismus macht vielleicht eine gewisse Ausnahme – wissen darum, daß unwissentliche oder wissentliche Verfehlungen der Menschen das Zusammenleben einer Gemeinschaft ebenso belasten wie das Gottesverhältnis und deshalb durch Sühne bereinigt werden müssen. Sie bieten im allgemeinen Reinigungsriten, Opfer, Gebete, Askese oder Wohltätigkeiten als Sühnemittel an, durch die der Zorn der Götter besänftigt und in erneute gütige Zuwendung umgewandelt werden soll (→ Art. ἱλάσκομαι I,2). So bedeutet »Versöhnung« in der griech., spätjüd., röm. und germanischen Religion die Umstimmung der zürnenden Götter durch menschliche Sühneleistungen.

Von diesem heidnischen unterscheidet sich das biblische Sühneverständnis grundlegend. Die im AT zunehmend sich vertiefende Erfahrung mit der menschlichen → Sünde ließ es je länger desto weniger als möglich erscheinen, von einer freiwilligen Umkehr Israels zu Gott zu sprechen. Sollte dennoch der mit dem Bundesbruch in Gang gesetzte Unheilszusammenhang durchbrochen werden und der Bund erhalten bleiben, so konnte die Initiative dazu nur von Gott selbst ausgehen. Gott ist also nach biblischem Verständnis nicht der zürnende Empfänger, sondern der heilschaffende Spender der Sühne; nicht Objekt, sondern Subjekt des Sühnegeschehens (→ Art. ἱλάσκομαι II,2c). Sühne bedeutet dann für die betroffenen Menschen nicht Strafe, sondern Heil.

Die Interpretation des Todes Jesu als Sühne (Röm 3,25; Hebr 2,17; → Art. ἱλάσκομαι III,2 und 4; → Tod, Art. θάνατος III,2; → Kreuz) will zum Ausdruck bringen, daß der einmalige Tod Jesu zum letzten und letztgültigen, dh eschatologischen »Tag der Sühnung« (Lev 16) geworden ist, durch den Gott in grundloser Zuwendung den Menschen ein für allemal Sühne für ihre Sünden gewährt hat. Sühne durch den Tod Jesu besagt also, daß Gott den Zusammenhang zwischen Schuld und Unheil, dessen bezwingende Unausweichlichkeit Sophokles und Shakespeare in ihren Dramen ergreifend dargestellt haben, durchbrochen und eine Möglichkeit zur Überwindung von Schuld durch → Vergebung geschaffen hat.

Das bedeutet, daß der schuldig gewordene Mensch sich nicht mehr ängstlich und selbstquälerisch von der eigenen Schuld in Bann schlagen zu lassen braucht, sondern diese durch den Tod Jesu »aufgehoben« und sich befreit wissen darf. Wer das Sühnopfer Jesu für sich gelten läßt, hat es nicht mehr nötig, andere Dinge, die Welt, Menschen oder sich selbst als »Sündenbock« zu verteufeln. Von diesem christl. Sühneverständnis aus wäre auch die Sühnevorstellung der germanischem Denken entstammenden Rechtsprechung zu überprüfen und der Forderung nach der Todesstrafe – immer wieder nach heimtückischen Morden erhoben – kritisch zu begegnen.

Findet sich die aus der Antike und dem nachexilischen Israel geläufige kultische Sühnevorstellung im NT nur selten, so stellt sie auch im Blick auf den Tod Jesu weder die einzige noch die entscheidende Auslegungsmöglichkeit dar. In einer vielleicht befremdlichen Zurückhaltung beschränken sich die nt. Texte auf den einen Aspekt, daß durch den Tod Jesu die Sünden der Menschen faktisch gesühnt und vergeben worden sind. Die Fragen, warum Sühne notwendig ist und wem sie geleistet wird, sind im Rahmen einer konsequenten Sühnetheorie durchaus sinnvoll, finden aber schon im NT keine Antwort. Das hätte die christl. Kirchen davor bewahren sollen, diesen einen Aspekt zu einer umfassenden Sühnetheol. zu entwickeln, wie dies in der Folgezeit geschehen ist.

Schon Tertullian (De poenitentia) wies der Versöhnung (*reconciliatio*) ihren Ort in der kirchlichen Buß- und Opferlehre (*sacrificium*) zu, und Anselm von Canterbury (Cur deus homo) verband sie mit germanischem Rechtsdenken, in dem verletzte Ehre (*exhonoratio*) Genugtuung (*satisfactio*) fordert. Auf diese Weise drang das alte heidnische Sühneverständnis in die kirchliche Versöhnungslehre ein: Versöhnung wurde nun als Besänftigung (*placatio*) des zürnenden Gottes verstanden. Auch die Reformatoren haben das anselmische Denkmodell weitgehend übernommen (vgl. Conf. Aug. Art. III; Heid. Kat. Fr. 12–18). Bei ihnen liegt jedoch der Akzent nicht auf der menschlichen

Umstimmung Gottes, sondern im Gegensatz zur spätmittelalterlichen Werkgerechtigkeit auf dem alleinigen Tun Christi, das Gottes Zorn in Liebe umwandelt. In diesem Sinn ist der Refrain eines Kirchenliedes aus der Reformationszeit (»Den die Hirten lobeten sehre . . .«) zu verstehen: »Gottes Sohn ist Mensch geborn, hat versöhnt des Vaters Zorn«. Namentlich die alt- und neuprotestantische Orthodoxie des Luthertums (LHutter, JGerhard, FHRFrank, WElert u. a.) hat dann die melanchthonische Versöhnungslehre ausgebaut, auf anselmische Scholastik zurückgegriffen und ein protestantisches Satisfaktionsdogma entwickelt. Diese kirchlichen Sühne- und Versöhnungstheorien stehen dem spätjüd. Sündenbewußtsein und dem germanischen Rechtsdenken meist näher als den nt. Aussagen.

II. Der paulinische Begriff »Versöhnung« hat gegenüber dem judenchristl. Begriff »Sühne« den Vorteil, daß er nicht mit kultischen Vorstellungen (Sühnopfer etc.) verbunden ist, sondern aus dem profanen Alltagsleben stammt. Er meint die Beendigung von Feindschaft; der Parallelbegriff heißt nicht Entsühnung, sondern Friede (→ Art. καταλλάσσω III,5). Daher ist das Wort Versöhnung besser als der Begriff Sühne dazu geeignet, das in Geschichte und Geschick Jesu beschlossene universale Heil zum Ausdruck zu bringen. Die Versöhnung ist nicht ausschließlich auf den Tod Jesu bezogen, wohl aber in diesem Ereignis, das den Weg Jesu zusammenfaßt, begründet. »Das Kreuz Jesu macht die Kosten der Versöhnung offenbar« (JMoltmann, Gott versöhnt und macht frei, 517). Insofern will auch das paulinische »Wort von der Versöhnung« (2Kor 5,19) die Heilsbedeutung des Todes Jesu auslegen. Dabei tritt aber statt der kultischen Sühnopfervorstellung der Gedanke der personalen Stellvertretung in den Vordergrund, der mit den Formeln »für alle«, »für viele« bzw. »für uns« zum Ausdruck gebracht wird.

Für das neuzeitliche Personverständnis stellt sich die Frage, ob Stellvertretung eines anderen Menschen für die Schuld der eigenen Person überhaupt denkbar und möglich ist. Man wird die Antwort in der Richtung zu suchen haben, daß allein Jesus als der bevollmächtigte Repräsentant des Schöpfers berechtigt und in der Lage ist, sich mit der schuldhaften Person des Geschöpfes, das zum Feind Gottes geworden ist, zu identifizieren und an seine Stelle zu treten. »Verlassen von Gott und den Menschen stirbt Jesus einsam am Kreuz und nimmt so die Einsamkeit und Verlassenheit und die Last des Verderbens für die ganze Welt auf sich . . . Diese Versöhnung kommt durch stellvertretendes Leiden und das Opfer der Liebe zustande« (JMoltmann, 517). Stellvertretung meint also, daß den Menschen nicht nur ihre Untaten, sondern ihr die Person begründendes und schuldhaft belastendes Ich abgenommen und mit Jesus identifiziert wird, so daß sie zu neuen Personen »in Christus« geschaffen werden. »Es lebt nicht mehr Ich, es lebt in mir Christus« (Gal 2,20; vgl. den urspr. Existenz-Begriff als Heraustreten [*ex-sistere*] aus sich selbst). Paulus spricht in diesem Zusammenhang von einem Rollentausch (2Kor 5,21), Luther vom »fröhlichen Wechsel« zwischen Christus und den Glaubenden, durch den aus Feinden Freunde Gottes werden (Von der Freiheit eines Christenmenschen, 12; zum Ganzen vgl. → Kreuz, Zur Verkündigung II).

So wird die »exklusive« Stellvertretung des Todes Jesu »für alle« zum Grund für die Versöhnung Gottes mit der Welt. Sie ist keine billige, sondern teure Gnade, wie DBonhoeffer sagt. Versöhnung meint also nicht einen schiedlich-friedlichen Rechtsausgleich, bei dem die streitenden Parteien durch einen gemeinsam vereinbarten Preis auf pari pari kommen, so daß jeder der beiden Partner wieder auf dem Nullpunkt ohne plus und minus beginnen kann. Sie bedeutet vielmehr die einseitige Initiative und den Selbsteinsatz Gottes, um seine Feinde nicht zu Neutralen, sondern zu seinen Freunden zu machen (Röm 5,6ff; »inklusive« Stellvertretung; → Art. καταλλάσσω III,2 und 3).

Das paulinische Wort von der Versöhnung interpretiert also die mit dem urchristl. Begriff »Sühne« gemeinte Sache: die Erneuerung des Bundes zwischen Gott und den Menschen. Nicht sprachlich, wohl aber sachlich nimmt die Versöhnung als Wirkung des Todes Jesu das Element der Sühne im Erleiden dieses Todes in sich auf (vgl. 2Kor 5,19 und 21). Die Sühnevorstellungen haben lediglich eine untergeordnete, dienende Funktion. Die paulinische Versöhnungsbotschaft radikalisiert die Schuld zur Feindschaft gegenüber Gott und die → Vergebung der Sünden zur Befreiung von der Macht der → Sünde. Diese Befreiung im Bund mit Gott geschieht kraft der Auferweckung des Gekreuzigten. Versöhnung ist ein Ereignis von so grundlegender Bedeutung, daß es nur mit dem Leben aus den Toten und der neuen Schöpfung verglichen werden kann (vgl. Röm 11,15).

Dennoch wird man sich angesichts unserer noch nicht mit Gott versöhnten und in sich vielfach zerstrittenen Welt keinen schwärmerischen Illusionen hingeben dürfen. Der im kerygmatischen Perfekt formulierte Satz: »Gott hat die Welt mit sich selbst versöhnt« (2Kor 5,19) proklamiert keinen mit Gott und in sich bereits versöhnten Zustand der Welt, sondern besagt vielmehr, daß Gott seinerseits sich seiner mit ihm in Feindschaft lebenden Schöpfung zugewandt hat, noch ehe sie davon weiß, und ihr ein umfassendes Versöhnungsangebot gemacht hat, das die ganze Welt betrifft. »Der Horizont der Versöhnung ist in der Tat nicht enger als die Weite der ganzen Schöpfung Gottes« (JMoltmann, 517).

Ist damit zwar der menschlichen Feindschaft gegen Gott und allen widergöttlichen Mächten die Existenzberechtigung abgesprochen und somit die Rechtsfrage entschieden, so steht gleichwohl die Entscheidung der Machtfrage noch aus (→ Art. ἀποκατάστασις III,1b und 2a). Die Gegenwart ist nicht bestimmt durch die universale Verwirklichung der Versöhnung, sondern durch das Wort, das die Bitte Gottes weiterträgt: »Laßt euch versöhnen mit Gott« (2Kor 5,20). Verwirklicht wird die Versöhnung mit Gott nur bei denen, die die Stellvertretung Jesu für sich gelten lassen und sich auf Gottes Friedensangebot einlassen; dh in der Gemeinde der gerechtfertigten Sünder (Röm 5,9f; → Art. καταλλάσσω III,4 und 5). Wer auf diesem Wege ist, kann frei werden von Selbsthaß und Menschenverachtung, er kann sich selbst und andere Menschen annehmen.

III. Die V e r w i r k l i c h u n g der Versöhnung hat aber ihren Ort nicht so sehr in der Rechtfertigung des einzelnen als vielmehr im konkreten Zusammenleben in der G e m e i n d e (Eph 2,14ff); in ihr leben nicht von Hause aus Gleichgesinnte, sondern Unterschiedene – Herren und Sklaven, Arme und Reiche – als mit Gott und untereinander Versöhnte zusammen (Gal 3,28). Angesichts dieser Botschaft von der Versöhnung ist die Aufspaltung der Christenheit in einander befehdende Kirchen, die neidische Konkurrenz in der Mission, die Bindung an einzelne Gesellschaftsgruppen wie zB das Bürgertum, der Zerfall innerhalb der protestantischen Kirchen in einander anfeindende Lager und die Errichtung getrennter Gemeinden für Schwarze und Weiße ein Skandal, der zeigt, wie wenig die Christen bisher ihre Versöhnungsbotschaft verstanden und ernstgenommen haben.

Das Evangelium von der Versöhnung beschränkt sich jedoch nicht auf die christl. Gemeinde, es zielt vielmehr, wie wir sahen, auf die Versöhnung der → W e l t. Der christl. Gemeinde ist nicht nur das Wort von der Versöhnung, sondern auch der »Dienst der Versöhnung« (2Kor 5,18) für die gesamte Welt aufgetragen. »Die nt. Aussagen über die Versöhnung . . . verkündigen Gottes Solidarität mit den Menschen in Christus als Grund innermenschlicher Solidarität« (EKäsemann, Erwägungen zum Stichwort »Versöhnungslehre im NT«, 58f).

Dieser Aspekt ist in den Kirchen allzu lange vernachlässigt worden. Hier bietet sich jedoch ein Ansatzpunkt, den erneuernden und verändernden Impuls des Christentums wieder zu entdecken. Die Christen werden als Mitarbeiter Gottes (συνεργοῦντες *[synergoûntes]*! 2Kor 6,1) und Stellvertreter Christi (ὑπὲρ Χριστοῦ *[hyper Christoû]* 2Kor 5,20) an der Durchsetzung des göttlichen Versöhnungswerkes beteiligt, so daß – nach einem kühnen Wort Luthers (vgl. Von der Freiheit eines Christenmenschen, 27) – einer dem anderen zum Christus wird. Die göttliche Versöhnungstat lähmt nicht die menschlichen Initiativen, sondern befreit und aktiviert gerade dazu, in der Welt für die Durchsetzung der Versöhnung zu arbeiten. Das Engagement für diesen Auftrag trägt entscheidend dazu bei, die weithin verlorene Glaubwürdigkeit der christl. Versöhnungsbotschaft wiederzugewinnen.

Was der Dienst der Versöhnung konkret bedeutet und wohin er führt, hat der Weg Jesu selbst gezeigt. Jesus verwirklichte die Versöhnung nicht nur dadurch, daß er den Gottlosen das Evangelium von der Nähe Gottes verkündigte, sondern ebenso, indem er Kranke heilte, Dämonen austrieb, mit Zöllnern und Sündern zusammensaß und für die Armen, Hungernden und Elenden Partei ergriff. Dieses Durchbrechen der trennenden Schranken zwischen Gott und den Menschen, Frommen und Gottlosen, Gesunden und Kranken, Satten und Hungernden brachte ihn in einen tödlichen Konflikt mit den Feinden dieser konkret gelebten Versöhnung. »So vollzog sich in Jesu Erdenwirken in räumlich-zeitlicher Beschränkung ein Gemeinschaftstiften zwischen Gott und Mensch und unter den Menschen, das in seiner Struktur genau dem entspricht, was bei Paulus als Versöhnung bezeichnet wird« (LGoppelt, Versöhnung durch Christus, 152).

Nachfolge Jesu im Dienst der Versöhnung bedeutet also nicht distanzierte schiedsrichterliche Neutralität, sondern entschlossenes Eintreten für die »Verdammte(n) dieser Erde« (FFanon). Zum Auftrag der Christen gehört es daher, für das Niederreißen der Mauern zwischen verfeindeten Kapitalisten und Sozialisten, Reichen und Armen, Freien und Ghettobewohnern, Weißen und Schwarzen einzutreten. Die Aktion »Sühnezeichen«, die Denkschrift der ev. Kirche in Deutschland über »Die Lage der Vertriebenen und das Verhältnis des deutschen Volkes zu seinen östlichen Nachbarn« (1965) und die Entscheidung des Ökumenischen Rates der Kirchen, Befreiungsbewegungen der 3. Welt in ihrem Kampf gegen den Rassismus finanziell zu unterstützen (Genf 1970), sind hoffnungsvolle erste Schritte auf dem Wege zu einem glaubwürdigen Versöhnungshandeln der Kirchen. Zwar wird diese Umsetzung der Versöhnungsbotschaft in aktiven Friedensdienst die Christen ebenso wie Jesus und Paulus in Konflikt mit den Feinden dieser konkreten Versöhnungspraxis bringen; das Beispiel brasilianischer Priestergruppen zeigt es. Aber sie sollen sich auch nicht nach den Fleischtöpfen Ägyptens sehnen, sondern das Salz der Erde sein. Billiger, ohne diese Schärfe des Evangeliums, ist Versöhnung nicht zu haben. *H.-G. Link*

Lit.: MKähler, Zur Lehre von der Versöhnung, 1898 (1937²) – AMerx, Der Messias oder Taëb der Samaritaner, 1909 – HBraun, Gerichtsgedanke und Rechtfertigungslehre bei Paulus, UNT 19, 1930 – GAulèn, Die drei Haupttypen des christlichen Versöhnungsgedankens, ZSTh 8, 1931, 501ff – FBüchsel, Art. ἀλλάσσω etc., ThWb I, 1933, 252ff – AOepke, Art. ἀποκαθίστημι etc., ThWb I, 1933, 386ff – JHerrmann/FBüchsel, Art. ἵλεως etc., ThWb III, 1938, 300ff – VTaylor, Forgiveness and Reconciliation, 1941 – WMichaelis, Versöhnung des Alls, 1950 – EKäsemann, Zum Verständnis von Römer 3,24–26, ZNW 43, 1950/51, 150ff (= Ex. Vers. u. Bes. I, 1968⁵, 96ff) – RBultmann, Theologie des NT, 1953 (1968⁶), § 31 Die καταλλαγή; § 33 Tod und Auferstehung Christi als Heilsgeschehen – KBarth, KD IV, 1–3, 1953–1959 (Die Lehre von der Versöhnung) – CSchneider, Geistesgeschichte des antiken Christentums, 1–2, 1954 – ELohse, Märtyrer und Gottesknecht. Unters. zur urchristl. Verkündigung vom Sühntod Jesu Christi, 1955 (1963²) – HJIwand, Zur Versöhnungslehre, in: Das tat Gott. 50 Jahre Bahnau, 1956, 208ff (= Um den rechten Glauben, ThB 9, 1965, 214ff) – HBeintker, Art. Versöhnung, EKL III, 1959 (1962²), 1652ff – DMBaillie, Gott war in Christus. Eine Studie über Inkarnation u. Versöhnung, 1959 – RBultmann, Adam und Christus nach Röm 5, ZNW 50, 1959, 154ff – GvRad, Theologie des AT I, II. Hauptteil, Abs. IV,6e: Sünde und Sühne, 1960 (1966⁵) – WStählin, Die Wiederbringung aller Dinge, Basler Universitätsreden 45, 1960 – WKreck, Die Zukunft des Gekommenen, 1961 (1966²), 139ff – CAndresen/PAlthaus, Art. Wiederbringung Aller, RGG VI, 1962³, 1693ff – GLanczkowski, Art. Sühne, RGG VI, 1962³, 474ff – GLanczkowski u. a., Art. Versöhnung, RGG VI, 1962³, 1367ff – HJIwand, Predigtmeditationen, 1963, 547ff (zu 2Kor 5,19ff) – EKäsemann, Erwägungen zum Stichwort »Versöhnungslehre im NT«, in: Zeit und Geschichte, Dankesgabe an RBultmann, 1964, 47ff – DSölle, Stellvertretung. Ein Kapitel Theologie nach dem »Tode Gottes«, 1965 (1967⁴) – GFitzer, Der Ort der Versöhnungslehre nach Paulus, ThLZ 22, 1966, 161ff – KKoch, Sühne und Sündenvergebung um die Wende von der exilischen zur nachexilischen Zeit, EvTh 26 (NF 21), 1966, 217ff – OWeber, Das dogmatische Problem der Versöhnungslehre, EvTh 26 (NF 21), 1966, 258ff (= Die Treue Gottes und die Kontinuität der menschlichen Existenz, 1967, 82ff) – HGollwitzer, Von der Stellvertretung Gottes. Zum Gespräch mit DSölle, 1967 (1968²) – LGoppelt, Versöhnung durch Christus, Luth. Monatshefte 6, 1967, 263ff (= Christologie und Ethik, 1968, 147ff) – DHill, The Interpretation of ΙΛΑΣΚΕΣΘΑΙ and Related Words in the Sepuagint and in the New Testament, in: ders., Greek Words and Hebrew Meanings, Society for NT Studies, Monograph. Series 5, 1967, 23ff – Versöhnung. Das deutsch-russische Gespräch über das christl. Verständnis der Versöhnung. Hg. vom Außenamt der EKD, Studienheft 5, 1967 – JClavier, Notes sur un mot-clef du Johannisme et de la sotériologie biblique: Ἱλασμός, NovTest 10, 1968, 287ff – WFürst, 2Kor 5,11–21, Auslegung und Meditation, EvTh 28, 1968, 221ff – Die Mauer ist abgebrochen. Zur Predigt der Versöhnung. Hirtenbrief der niederl.-ref. Kirche, 1968 – JMoltmann, Gott versöhnt und macht frei, EvKomm 3, 1970, 515ff – PCornehl, Die Zukunft der Versöhnung, 1971 – GBassarak, Das Wort von der Versöhnung, Stimme d. Orth. 1971, 55ff – FHahn, Siehe, jetzt ist der Tag des Heils (2Kor 5,14–6,1), EvTh 33, 1973, 244ff – PStuhlmacher, Jesus als Versöhner, in: Jesus Christus in Historie und Theologie, Festschr. HConzelmann, 1975, 87ff – ELohse, Das Amt, das die Versöhnung predigt, in: Rechtfertigung, Festschr. EKäsemann, 1976, 339ff.

Verstand → Vernunft

Verstockt → Hart

Versuchung

πειρασμός

πεῖρα *[pẹira]* Versuch, Probe · πειρασμός *[peirasmọs]* Prüfung, Versuchung, das Versuchtwerden, Anfechtung · πειράω *[peirạō]* / πειράζω *[peirạzō]* prüfen, auf die Probe stellen, versuchen · ἐκπειράζω *[ekpeirạzō]* versuchen · ἀπείραστος *[apẹirastos]* ohne Versuchung, unversucht

I Das Subst. πεῖρα *[pẹira]*, *Versuch* (seit Pind.) und das Verb πειράω *[peirạō]*, *versuchen, prüfen* (seit Hom. Il. 8,8) zusammen mit der im profanen Griech. seltenen Intensivform πειράζω *[peirạzō]*, *jemanden versuchen, auf die Probe stellen* (Hom. Od. 9,281) kommen aus der Wurzel πεϱ *[per]*; lat. *per*; verwandt mit πεϱάω *[perạō]*, *hinüberfahren, er-fahren, hindurch* oder *hinüber zu gelangen streben*, und bringen eine Absicht zum Ausdruck, die von einer gewissen Zielstrebigkeit erfüllt ist. So bedeuten πειράω *[peirạō]* und πειράζω *[peirạzō]* allg. *versuchen*, im Blick auf die dabei aufzuwendende Kraft *sich bemühen, streben, unternehmen*. Unter dem Aspekt der Durchführung und deren Methode gewinnt πειράζω *[peirạzō]* die Bedeutung *probieren, erproben, prüfen, untersuchen, ausforschen*. Im Konkurrenzverhalten zu anderen Personen heißt πειράω *[peirạō]* – zumeist medial oder pass. gebraucht – *sich mit jemand messen, sein Glück versuchen, sich um jemandes Gunst bemühen, um jemand werben, jemand in Versuchung führen* (bes. zur Unzucht), *auf jemand einen Angriff wagen;* dann *aus Erfahrung kennenlernen, erfahren, erleben*.

Den Verbformen entsprechend bedeutet das Subst. πεῖρα *[pẹira]* *Versuch, Probe, Prüfung; Angriffsversuch, Wagnis; Erfahrung, Kenntnis*. πειρασμός *[peirasmọs]* bezeichnet den (ärztl.) *Versuch* (erst bei Diosc. Mat. Med. praef. 5; 1. Jh. nChr); ἐκπειράζω *[ekpeirạzō]*, *erproben*, und ἀπείραστος *[apẹirastos]*, *unversucht*, fehlen im profanen Griech.

II 1) Die LXX gebraucht die Wortgruppe einmal in der rein profanen Bedeutung. Hebr. Äquivalent ist zumeist die Piel-Form des Verbs *nāsāh, versuchen*, und das Nomen *massāh, Versuch:* versuchen etwas zu tun (Dtn 4,34; 28,56; Ri 6,39; 1Sam 17,39); es mit etwas versuchen, ausprobieren (Pred 2,1; 7,23; Dan 1,12); sich bemühen (2Makk 8,9); prüfen, auf die Probe stellen (1Kön 10,1; 2Chr 9,1; Weish 2,17); Prüfung (Dtn 7,19; 29,2).

2) Zum anderen wird im AT (bes. im deuteronomistischen Geschichtswerk) *versuchen, auf die Probe stellen* zu einem religiösen Begriff, wo Unglaube und Vermessenheit, Ungehorsam und Murren im Gottesvolk zu einer Herausforderung Gottes werden und ihn auf die Probe stellen. »Gott versuchen« als das unbegreifliche Fehlverhalten im Gottesvolk wird in Ps 78[77],40f beschrieben (» . . . und immer wieder versuchten sie Gott und betrübten den Heiligen Israels«; vgl. Num 14,22; Ps 106 [105],14; Jes 7,12; Mal 3,15). Exemplarischer Bezugspunkt für das Gott-Versuchen ist Massa (LXX übers. πειρασμός *[peirasmọs]*, *Versuchung*), ein Ort aus der Zeit der Wüstenwanderung (Dtn 6,16; 9,22; 33,8; Ps 95[94],8; an den beiden letzten Stellen in Verbindung mit dem Ort Meriba. Von daher ist der Gedanke des Gott-Versuchens in Ex 17,2.7 eingefügt und der Name Massa mit Meriba als Bezeichnung für denselben Ort gleichgesetzt). – »Ihr sollt den Herrn, euren Gott, nicht versuchen!«, das ist die Negativ-Fassung des Gebotes der ausschließlichen Verehrung des einen Gottes in Dtn 6,16 (vgl. auch Sir 18,23). Wer diesem Gebot gehorsam ist, von dem läßt Gott sich finden (Weish 1,2).

3) An mehreren Stellen des AT haben in der LXX die Vokabeln dieser Wortgruppe von ihren hebr. Äquivalenten *nāsāh* (Piel) und *massāh* her eine im profanen Griech. nicht gekannte, spezifische Bedeutung bekommen. πειρασμός *[peirasmọs]*, *Versuchung*, wird zu einer Erfahrung des gläubigen Menschen in der Weise, daß ein Einwirken einer Kraft gegen die Kraft des Glaubens erlebt wird. Gott versucht Abraham (Gen 22,1), Levi (Dtn 33,8), Hiskia (2Chr 32,21), Isaak (Jdt 8,26); Gott versucht sein Volk (Ex 15,25; 16,4; 20,20; Dtn 13,4; Ri 2,22; 3,1.4); Gott versucht den Frommen und Gerechten (Ps 26[25],2; 35[34],16; Weish 3,5; 11,9; Sir 33[36],1).

Versuchung ist ein Mittel, mit dem Gott seinen Heilsplan durchsetzt. Der Betroffene weiß oft erst aus der Rückschau, daß und warum Gott ihn versuchte, wenn er als der Bewährte (→ Bewährung), Geprüfte, Geläuterte (→ Feuer), Gezüchtigte und Erzogene (→ Erziehung) aus der → Bedrängnis glaubensstark hervorgehen konnte. Abraham wird hier zum später viel zitierten Beispiel des in viel Versuchung Bewährten (ApkAbr; Jub 17–19). – Freilich weiß man in Israel auch vom Unterliegen, wo die Versuchung zur Verführung und zum Abfall von Gott geführt hat. Daß zunächst Gott in allem der allein Wirkende, also auch der Versuchende ist, das ist durch den starken monotheistischen Gottesgedanken bedingt. In seinem Geschichtshandeln offenbart sich der eine Gott in verschiedenen Eigenschaften. Der Mensch im Gottesvolk ringt um die Erkenntnis dieser Eigenschaften, um die Erkenntnis Gottes in Gnade und Gericht. – Diesen Gottesgedanken haben dualistische Einflüsse aufweichen, aber nicht auflösen können. Von Gott zugelassen, in Dienst genommen, auf Zeit freigegeben, kommt eine Gegenmacht ins Spiel, die den Menschen zum Abfall von Gott zu bringen versucht (Gen 3,1ff; Hi 1,11f; 2,6f).

4a) In der rabb. Lit. des Spätjudentums zeichnet sich eine Weiterentwicklung der Tendenz zur Verselbständigung → Satans als des Versuchers ab. Er wird zum Haupt eines gegengöttlichen Reiches, das Gottes Heilsplan zu durchkreuzen, den Menschen zur Sünde zu verführen und vor Gott zu verklagen versucht (Tanch. 40b; Dt r 11; Gn r 55f; Sanh 89b). Dabei wendet er sich auch an den vorgegebenen bösen Trieb im Menschen, der nun das Einfallstor für die Versuchung wird (BB 16; Nu r 20).

b) In den Apokryphen und Pseudepigraphen ist die Selbständigkeit des Bösen noch stärker herausgestellt. → Leiden und Böses wird nun so drückend und versucherisch empfunden, daß man den Gottesbegriff damit nicht mehr belasten will. Der satanische Versucher kann selbst Engel zum Abfall bringen (äthHen 6; 19), Gott gegen Abraham aufreizen (Jub 17) und in der Versuchung des Geschöpfes Rache an Gott nehmen (LebAd 11–16). Im Test XII üben sieben böse Geister die Versuchung aus. Wenn der Mensch sich im Kampf zwischen Licht und Finsternis richtig entscheidet, kann er sich der Versuchung erwehren.

c) In den Qumran-Texten ist die Welt als der Herrschaftsbereich Belials, des Engels der Finsternis, bezeichnet. Die Gläubigen leben hier in ständiger Anfechtung und Versuchung, bes. durch Drangsal und Verfolgung (1QS 3,24); in solchem Zusammenhang werden vorwiegend die Begriffe *tā'āh, verführen,* und *kāschal, zu Fall bringen,* gebraucht.

Im NT wird 36mal die Intensivform πειράζω *[peirazō], versuchen,* gebraucht (12mal bei Synopt. ausschließlich für die Versuchung Jesu durch den Satan oder durch die Gegner Jesu; vgl. Hebr 2,18; 4,15; bei Paulus, in Hebr, Jak, Offb neben profanem Gebrauch für die Versuchung der Christen), 4mal in gleicher Bedeutung ἐκπειράζω *[ekpeirazō]*, 1mal πειράομαι *[peiraomai], versuchen* (Apg 26,21). Neu ist das Verbaladj. ἀπείραστος *[apeirastos], unversucht* (Jak 1,13). Die Verwendung des Nomen πειρασμός *[peirasmos], Versuchung, Anfechtung,* ist noch häufiger (21mal) geworden als in der LXX, während πεῖρα *[peira], Versuch,* nur Hebr 11,29.36 vorkommt. III

1) Neben der profanen Bedeutung *einen Versuch machen* (Hebr 11,29), *Erfahrung mit etwas machen* (Hebr 11,36), *etwas versuchen* (Apg 9,26; 16,7; 24,6), *prüfen* (2Kor 13,5; Offb 2,2), *Prüfungen, Feindseligkeiten* (Apg 20,19) und neben den Aussagen über die Gegner Jesu, die ihn auf die Probe stellen wollen, findet sich 4mal die auch im AT bekannte Wendung: Gott *versuchen* (1Kor 10,9 = Ps 78,18; Hebr 3,8f = Ps 95,8f; Apg 5,9; 15,10); in Mt 4,7 wird Dtn 6,16 zitiert.

2) Die Vorstellungswelt, in der πειρασμός *[peirasmos], Versuchung, Anfechtung* (mit Ausnahme von Lk 4,13; 22,28 bei Synopt., Paulus, Hebr, Jak, 1/2Petr, Offb immer für die Versuchung bzw. Anfechtung der Christen) im NT im religiösen Sinn gebraucht wird, ist – neben der at. Abhängigkeit – stark von den Anschauungen der Essener durchdrungen; jedoch fehlt im NT der qumranische kosmische Dualismus (vgl. II,4c). Hier wie dort sind die Gläubigen ständig zum Abfall (→ Fallen) von Gott versucht und angefochten. Sie müssen sich mit geistlichen Waffen gegen die Angriffe des »Fürsten dieser Welt« zur Wehr setzen und nüchtern, wachsam, betend standhalten. Dabei kann der willige → Geist das schwache → Fleisch in Zucht nehmen, so daß das bes. gefährdete Einfallstor für die satanischen Versuchungen verschlossen bleibt (Mk 14,38). Die Schwachheit des Fleisches wird auch als die Begierde (→ Begehren, Art. ἐπιθυμία) charakterisiert, die den Menschen in Versuchung treibt (Jak 1,14), so daß die Macht des Bösen über ihm zuschnappt wie ein *Klappnetz* (παγίς *[pagis]* 1Tim 6,9). Neu gegenüber dem AT ist die ständige Gefahr, in Sünde zu fallen; der Satan kann alles zur Versuchung benutzen (1Kor 7,5; 1Thess 3,5); alles kann zur Versuchung werden (Gal 6,1; in der Formulierung Gal 4,14 haben sich zwei Gedanken ineinander geschoben; gemeint ist: »Die Versuchung für euch, die in meiner Krankheit gegeben war, habt ihr überwunden, und mich habt ihr in meiner Krankheit nicht verächtlich abgewiesen«). Die die Gemeinde in Korinth bedrohende Versuchung ist bisher nur menschlich ertragbare Versuchung (1Kor 10,13). Sie besteht in dem scheinbar harmlosen Umgang mit den Heiden, der aber doch zu Götzendienst und Unzucht verführen kann.

3) Als Christ leiden müssen, ist Versuchung – aber auch Kennzeichen der echten Jüngerschaft und darum Grund zur Freude (1Petr 1,6; 4,12), vor allem, wenn man – etwa

im Blick auf die großen Vorbilder Abraham und Hiob – weiß, daß man, erprobt und in → Geduld bewährt, aus der Versuchung hervorgehen kann (Jak 1,2). Vom Ende der Versuchung her erweist sich niemals Gott als der Feind, sondern als der Belohner (Jak 1,12).

Wohl in scharfer Antithese zu einem Versuch, Gott für menschliche Verfehlungen verantwortlich machen zu wollen, behauptet Jak, daß Gott – selbst ἀπείραστος *[apeirastos], unversuchbar* vom Bösen – niemand versucht (Jak 1,13). Vielmehr hilft und errettet er aus der Versuchung (2Petr 2,9; 1Kor 10,13), wobei offen gelassen ist, woher die Versuchung kommt.

Jesus gebietet seinen Jüngern, gegen Versuchung zu beten (Mk 14,38), und lehrt sie die Bitte zum Vater: »Führe uns nicht in Versuchung, sondern erlöse uns von dem Bösen« (Mt 6,13). Gott, der um Vergebung der Schuld gebeten wird, soll auch seine Gemeinde nicht in die widergöttliche Versuchung zum Abfall geraten lassen, sondern sie aus der Macht des Bösen herausreißen und so sein → Reich kommen lassen. Dabei kann das endgültige Kommen der Gottesherrschaft nicht von dem gegenwärtigen Kampf gegen die Herrschaft des Versuchers getrennt werden. Die alltäglichen Versuchungen (Lk 8,13) und die endzeitlichen → Bedrängnisse und Verführungen (Mk 13,22; Offb 2,10), die über alle Bewohner der Erde hereinbrechen (Offb 3,10), sind zusammengefaßt in der Bitte: »Führe uns nicht in Versuchung«.

4) Jesus ist der während seines ganzen Lebens Versuchte. Das betonen bes. Lk (4,13; 22,28) und Hebr (2,18; 4,15). Gerade darin kann er seinen Jüngern in ihren Anfechtungen beistehen. Daß er ohne Sünde ist, bringt immer wieder die satanische Macht in vielerlei Gestalt gegen ihn auf. Daß seine Gegner ihn mit Fangfragen »hereinlegen« wollen, ist dafür nur ein Vorgefecht (Mk 10,2; 12,15; Mt 22,35; Lk 10,25; Joh 8,6). Falsche, »menschliche« Erwartungen beim Volk, den Pharisäern und den Jüngern wollen immer wieder Jesus für sich vereinnahmen und bedeuten so Versuchung und Anstoß für den Gott gehorsamen Messias (Mk 8,11 par; Mt 16,22f), zur Frage des Messias selbst formuliert in dem Gethsemane-Kampf (Mk 14,35ff).

Was sich allenthalben an Versuchung im Leben Jesu zeigt, ist komprimiert dargestellt in der Versuchungsgeschichte (Mt 4,1ff; Lk 4,1ff). Der Versucher selber (ὁ πειράζων *[ho peirazōn]*) und Jesus führen ein Streitgespräch mit Bibelsprüchen. Jesus als der Gottessohn soll seine ihm zu Gebot stehende Macht und Würde mißbrauchen. Das würde ihn von seiner Messias-Aufgabe lösen; der Versucher hätte ihn zum Ungehorsam verführt. Jesus bleibt aber der gehorsame Mensch (→ Adam), der tut, was Gott allen Menschen geboten hat. Er unterläßt das Experimentieren mit Gott (Dtn 6,16), lebt von Gottes Wort allein und hält sein (erstes) Gebot. Auf Grund dieses Christussieges können nun die Christen zuversichtlich bitten: »Führe uns nicht in Versuchung, sondern erlöse uns von dem Bösen!« (→ Böse, Art. πονηρός; → Fallen; → Satan; → Verführen). *W. Schneider*

Lit.: DBonhoeffer, Versuchung (1937), 1953 (1956³) – KGKuhn, πειρασμός – ἁμαρτία – σάρξ im NT und die damit zusammenhängenden Vorstellungen, ZThK 49, 1952, 200ff – HSeesemann, Art. πεῖρα etc., ThWb VI, 1959, 23ff – AKöberle, Art. Versuchung, RGG VI, 1962³, 1385ff – JCarmignac, »Fais que nous n'entrions pas dans la tentation«, RB 72, 1965, 218ff – JCarmignac, Recherches sur le »Notre Père«, 1969, 236ff.

Vertrauen → Glaube

Verwerfung → Gericht

Volk

Der Begriff *Volk* kennzeichnet eine Gruppe von Menschen, die durch eine gemeinsame Geschichte und einen gemeinsamen Lebensraum eng zusammengehören. Diese gemeinsamen Beziehungen bringt im Griech. am umfassendsten und häufigsten das Wort ἔθνος *[ethnos]* zum Ausdruck. Demgegenüber ist λαός *[laos]* urspr. ein Terminus aus dem militärischen Bereich und hat einen archaisch-politischen Klang behalten. δῆμος *[dæmos]* bezeichnet die »Öffentlichkeit« der Volksversammlung, während ὄχλος *[ochlos]* das Wort für *Leute*, die *Masse*, den *Pöbel* ist. Ausgesprochen politischen Charakter hat die πόλις *[polis]*, die unter einer rechtlichen Bürgerverfassung zusammenlebende Gemeinde, der *Stadtstaat*.

Die LXX und das NT haben den selten gebrauchten und inhaltlich noch nicht so festgelegten Terminus λαός *[laos]* dem alten bzw. neuen Gottesvolk vorbehalten, während andere (Heiden-)Völker im allg. ἔθνος *[ethnos]* bzw. ἔθνη *[ethnæ]* (Plur.) genannt werden. Es mag aufschlußreich sein, daß der Hauptbegriff des griech. politischen Selbstverständnisses, die πόλις *[polis]*, im NT nur eine periphere Rolle spielt.

δῆμος

δῆμος *[dæmos]* Volk · ἐκδημέω *[ekdæmeō]* auswandern · ἐνδημέω *[endæmeō]* zu Hause sein · παρεπίδημος *[parepidæmos]* Fremdling, Beisasse

1) δῆμος *[dæmos]* ist von der Wurzel δαι- *[dai-]*, *teilen*, abgeleitet und meint urspr. *geteiltes Land*, dann *Gebiet*, *Gau*, *Volksteil*; vor allem aber bezeichnet es das *Volk*; die *Volksversammlung* bzw. *-menge* oder *Einwohnerschaft*. Das Wort wird gebraucht, um »das Volk« im Gegenüber zum König, zum Adel oder zu den Mächtigen und Besitzenden zu bezeichnen. In diesen Zusammenhängen kann es einen abwertenden Sinn haben. »Es kann aber auch, so in Athen, einen stolzen Ton haben als die freie, sich selbst bestimmende Bewohnerschaft« (ThWb II, 62). Es scheint, daß im Hellenismus das Wort eher zurückgetreten ist. Das wird mit der allgemeinen kulturellen Entwicklung zusammenhängen: im Imperialismus und in der Weiträumigkeit der hell. Großstaaten und Roms trat mit der → πόλις *[polis]* auch der δῆμος *[dæmos]* in den Hintergrund. I

2) Von δῆμος *[dæmos]* sind abgeleitet die Verben ἐνδημέω *[endæmeō]*, *in der Heimat, zu Hause, im Land sein* und das von ἔκδημος *[ekdæmos]* abgeleitete ἐκδημέω *[ekdæmeō]*, *in die Fremde, außer Landes gehen, verreisen*; letzteres ist schon bei Plato und Hdt. (I,30) belegt, ἐνδημέω *[endæmeō]* erst später (Plut.) gebräuchlich. Spätbildung (Polyb. 32,6,4) ist auch παρεπίδημος *[parepidæmos]* für den mit in einem Lande (= Volk) Wohnenden.

In LXX begegnet das Wort δῆμος *[dæmos]* ca. 100mal; vor allem als Übers. von *mischpachah*, *Geschlecht*, *Sippe*, also von kleineren Gemeinschaften innerhalb des ganzen Volkes oder Stammes. Etwa 50mal steht δῆμος *[dæmos]* in Num 3f und 26, ferner häufig in Jos (vor allem in Kap. 21); weitere Fundstellen sind Ri, Dan und 1/2Makk; bei den Propheten kommt das Wort nicht vor. In Ri 13,2 wird der Stamm Dan als *mischpachah* bezeichnet, was LXX konsequent mit δῆμος *[dæmos]* wiedergibt. In Dan 8,24; 9,16 ist δῆμος *[dæmos]* Übers. von *'am*, Volk. In 1/2Makk wird mehrfach der δῆμος τῶν Ἰουδαίων *[dæmos tōn Ioudaiōn]*, das *Volk der Juden*, erwähnt, eine Bezeichnungsweise, die in diesen Schriften aber auch anderen Völkern zukommen kann. Die Komposita sind in LXX nicht belegt, das Subst. παρεπίδημος *[parepidæmos]* nur Gen 23,4 und Ps 38[39],12 für das hebr. *tōschāb*, *Beisasse*. II

1) Im NT begegnet δῆμος *[dæmos]* nur 4mal in Apg. In Apg 12,22 meint es das *heidnische Volk*, das bei der Audienz anwesend ist, die Agrippa I. den Abgesandten von Tyrus und Sidon gewährt, und das ihm in gotteslästerlicher Weise schmeichelt. Ist in Apg 17,5 die *Volksversammlung* gemeint, vor die die Apostel in Thessalonike geführt werden sollen oder einfach der dort anwesende »*Volkshaufe*«? Sicher ist in Apg 19,30.33 die *Volksmenge* gemeint und keine nach den gesetzlichen Bestimmungen einberufene *Volksversammlung* (wie V. 39 deutlich zeigt); der δῆμος *[dæmos]* steht parallel zum → ὄχλος *[ochlos]* (V. 33). III

2) ἐκδημέω *[ekdæmeō]*, *außer Landes, in der Fremde sein*, und ἐνδημέω *[endæmeō]*, *in der Heimat, zu Hause, im Lande sein*, kommen im NT nur 2Kor 5,6ff je 3mal vor.

Paulus sehnt sich nach der Vollendung und Parusie Christi (2Kor 4,18; 5,10), bei der er nach 1Kor 15,43f.48–53 einen neuen Leib bekommen wird. Nun stellt er hier zwei Daseinsbereiche bzw. Lebensweisen einander gegenüber: das diesseitige, gegenwärtige irdische Leben und das jenseitig-zukünftige, himmlische. In der Gegenwart hat er wie alle Menschen einen irdischen Leib: ἐνδημοῦντες ἐν τῷ σώματι *[endæmọuntes en tō sọmati], wir leben im Leibe.* Das bedeutet aber gleichzeitig, daß er nicht bei Christus, in der jenseitigen, himmlischen Daseinsweise lebt. Er ist also fern vom Herrn, ἐκδημοῦντες ἀπὸ τοῦ κυρίου *[ekdæmọuntes apọ tou kyrịou]*; er ist gleichsam »im Ausland«, nicht in seinem eigentlichen δῆμος *[dæmos]*, zu dem er gehört. Deutliches und sichtbares Zeichen dafür ist der (irdische) Leib, in dem er lebt. Nur im Glauben, der eine Gabe Gottes, ein Angeld (V. 5) der zukünftigen Welt ist, wird der Gegensatz zwischen hier und dort bzw. dann überbrückt, wenn auch nicht sichtbar-real (V. 7). Gerade darum, aus dem Glauben, erwächst der Wunsch und die Sehnsucht, bei Christus zu sein und volle Gemeinschaft mit ihm zu haben. Dies ist nur möglich, wenn man diesen Leib verläßt, wenn man *aus dem Leibe auswandert* (ἐκδημῆσαι ἐκ τοῦ σώματος *[ekdæmæsai ek tou sọmatos]*) und zu Christus kommt: *daheim sein beim Herrn* (ἐνδημῆσαι πρὸς τὸν κύριον *[endæmæsai pros ton kyrion]* V. 8). Dann wird der Christ in voller Gemeinschaft mit dem Herrn leben. Die Gegenwart ist also geprägt durch das Miteinander von »noch nicht« und »doch schon«: der Christ ist noch nicht vollendet, noch nicht bei Christus, er lebt aber kraft des Glaubens in der gewissen Hoffnung, daß die Vollendung kommen wird, in der er mit Christus vereinigt sein wird. Immer aber, sei es in der Zukunft daheim beim Herrn (εἴτε ἐνδημοῦντες *[ẹite endæmọuntes]*), sei es in der Gegenwart des irdischen Lebens und also »im Ausland« (εἴτε ἐκδημοῦντες *[ẹite ekdæmọuntes]*), strebt Paulus danach, Christus wohlgefällig zu sein (V. 9). (Stilistisch ist hier bemerkenswert, wie Paulus in dem ganzen Abschnitt mit den Bezugnahmen von ἐνδημέω *[endæmẹō]* und ἐκδημέω *[ekdæmẹō]* auf Gegenwart und Zukunft gleichsam »spielt«.)

3) ἀποδημέω *[apodæmẹō], außer Landes gehen, verreisen,* ist im NT 6mal in synopt. Gleichnissen belegt. In Mt 21,33 parr heißt es von einem Menschen (Mt nennt ihn *Hausherr,* οἰκοδεσπότης *[oikodespọtæs]*), daß er seinen Weinberg den Pächtern übergab und außer Landes ging. Im Gleichnis von den anvertrauten Talenten (Mt 25,14ff) gibt der Mensch, der im Begriff ist, *außer Landes zu gehen* (ἀποδημῶν *[apodæmọ̄n]*), sein Vermögen seinen Knechten zur Verwaltung (V. 14) und *verreist* (ἀπεδήμησεν *[apedæmæsen]* V. 15). Im Gleichnis vom verlorenen Sohn heißt es von diesem, daß er sein Erbteil nahm und in ein fernes Land *verreiste* (ἀπεδήμησεν *[apedæmæsen]* V. 13).

4) Das von παρεπιδημέω *[parepidæmẹō], sich für kurze Zeit an einem fremden Ort aufhalten, sich als Fremdling aufhalten* abgeleitete Wort παρεπίδημος *[parepidæmos], Fremdling, Beisasse* kommt im NT 3mal vor (1Petr 1,1; 2,11; Hebr 11,13; → Fremd, Art. παρεπίδημος).

H. Bietenhard

ἔθνος

ἔθνος *[ẹthnos]* Menge, Schar, Volk · ἐθνικός *[ethnikọs]*, ἐθνικῶς *[ethnikọ̄s]* heidnisch, der Heide

I ἔθνος *[ẹthnos]*, abgeleitet von ἔθος *[ẹthos], Gewohnheit, Sitte,* ist das, was durch Gewohnheit zusammengehört, die *Sippe,* dann *Menge, Schar, Volk.* Bei Platon begegnet das Wort im abwertenden Sinne: »Diebe und anderes Volk«. Vor allem kann ἔθνος *[ẹthnos]* den *Ausländer* bezeichnen im Unterschied zum Griechen als dem Hellenen (seit Aristot. Pol. 1324b,10). Damit bekommt ἔθνος *[ẹthnos]* einen abwertenden Nebensinn, der es in die Nähe von βάρβαρος *[bạrbaros], Nichtgrieche, Barbar,* rückt. Später werden mit ἔθνος *[ẹthnos]* unterworfene Völker bezeichnet.

II 1) Von den ca. 1000 Stellen, an denen ἔθνος *[ẹthnos]* in LXX vorkommt (meist im Plur.), ist es in der überwiegenden Mehrzahl Wiedergabe des hebr. *goj* bzw. *gojim,* an etwas mehr als 130 Stellen von *ʿam* (→ λαός *[laọs]*). Vereinzelte andere hebr. Wörter, die mit ἔθνος *[ẹthnos]* übers. werden, fallen demgegenüber nicht ins Gewicht. Wo von vielen, vor allem von nicht-israelitischen Völkern die Rede ist, wird auch der Plur. *'ammim* mit ἔθνη *[ethnæ]* übers., nicht mit λαοί *[laoi]* (Ex 19,5f). Es stehen sich also gegenüber *'am* bzw. → λαός *[laos]*, d. i. Israel als auserwähltes Volk, und *goj* bzw. ἔθνη *[ethnæ]*, die *Heiden*. ἔθνος *[ethnos]* begegnet relativ selten in Ex, Lev, Num, Jos und Chron, viel häufiger in Gen, Dtn, Pss und bei den Propheten.

2) Israel ist »Volk des Eigentums« (Ex 19,5), die Menschheit außerhalb → Israels heißt die ἔθνη *[ethnæ]*, die *Völker* (Dtn 4,27; 18,9). Typisch ist Ex 33,13: ἔθνος *[ethnos]* ist der *Volkshaufe*, der durch Jahwes Gnade zum Volk wird (→ λαός *[laos]*); ebenso scharf ist die Unterscheidung in Dtn 7,6: Jahwe hat die ἔθνη *[ethnæ]* über die Erde verteilt und ihre Grenzen nach der Zahl der Engel Gottes festgelegt, aber Jakob wurde als Jahwes Teil zum λαός *[laos]* Gottes (Dtn 32,8f LXX). Dabei ist aber Jahwe durchaus auch König über die Völker (Jer 10,7). Darauf bezieht sich Gen 10: hier ist nicht an eine von den Urvätern abstammende einheitliche Menschheit gedacht, sondern an »sippenmäßig sich sondernde, nach Sprache, Sitte und Wohnraum sich unterscheidende Völker« (Bertram, ThWb II, 364).

Heiden sind zunächst die Nachbarn Israels, die zT. in Palästina selbst wohnen (Ri 3,1). Sie verlocken Israel zum Götzendienst und damit zum Abfall (→ Fallen) von Jahwe. Demgemäß ist oft von den »Greueln der Heiden« die Rede (1Kön 14,24; 2Kön 16,3). Dem sündigen Israel gegenüber können die Völker Träger und Werkzeug von Gottes Zorn und Gericht werden (Hos 8,10; Am 9,9). Wenn sie sich aber überheben und über den ihnen zugewiesenen Auftrag Jahwes hinausgehen, verfallen sie selbst dem Gericht (Jes 8,9; 10,5). Der Zerfall des Staates ist Strafe für den Abfall des Volkes ins Heidentum (1Kön 11,1ff; 2Kön 17,7–23). Andererseits kann der Heide Kyros als Gottes Gesalbter zum Retter Israels werden (Jes 45,1ff). Eine universalistische Tendenz der LXX zeigt sich darin, daß nach Dan 9,6 LXX die Propheten jedem Volk auf Erden gepredigt haben. Den Weltreichen steht das Gottesreich gegenüber (Dan 4,34). In der Endzeit werden die Völker zum Berg Zion ziehen und dort des Heils teilhaftig werden (Jes 2,2–4; 25,6–8; Mi 4,1–3; Sach 8,20–29 u. ö.). Die Völker erwarten den Messias (Gen 49,10 LXX). Somit ist die negative Bestimmtheit des Heidentums nach dem AT keine dauernde und endgültige. Aber schon in der Gegenwart soll der Name Jahwes unter allen Heiden verherrlicht werden (Ps 18,50; 46,11). Von der Not der Frommen unter der Herrschaft der Heiden reden Dan, Esth, Makk.

3a) Judentum. Wird in Jub 10,22 die Entstehung der Völker auf die menschliche Sünde zurückgeführt (Gen 11), so meint demgegenüber 4Esr 3,7.12, daß sie natürlicherweise entstanden sind, weil Gott den Segen der Fruchtbarkeit auf die Menschen legte.

b) Nach Auffassung des rabbinischen Judentums ist der Nichtisraelit, der *goj*, für Gott fremd und fern, für nichts geachtet. Die Schuld dafür liegt bei den Heiden selbst: auch ihnen wurde die Thora angeboten, sie lehnten aber Gottes Weisung ab. Darum sind sie rettungslos dem Gericht der Hölle verfallen und haben keinen Anteil an der zukünftigen Welt. Nur ganz ausnahmsweise wird dem frommen Heiden Anteil an der kommenden Welt der Vollendung zugesprochen. Grundsätzlich wird der Sachverhalt einmal so formuliert: »Rabbi Schim'on ben Jochaj hat gesagt: Gott sprach zu den Israeliten: Gott bin ich über alle, die in die Welt kommen, aber meinen Namen habe ich nur mit euch vereint; ich heiße nicht der Gott der Völker der Welt, sondern der Gott Israels« (Ex r 29,88d; St.-B. III,185): Gott ist der Schöpfer aller – er liebt aber allein Israel.

Die einzelnen Heiden sind allen möglichen Lastern preisgegeben (Götzendienst, Unzucht). Grundsätzlich gilt, daß die Heiden unrein sind: sie selbst, ihre Frauen und Kinder, ihre Häuser und Länder (St.-B. I,540.571; II,838; IV,374f). Tun die Heiden ausnahmsweise etwas Gutes, belohnt Gott sie sofort, damit er ihnen den Lohn in der zukünftigen Welt nicht geben muß. Die Strafe für ihre Sünden wird von Gott so lange hinausgeschoben, bis das Maß voll ist; dann bricht das Gericht über sie herein. Im Unterschied zu Israel hat das Heidentum keinen Ewigkeitscharakter. Die große Wende wird die Messiaszeit bringen: die Völker, die Israel geknechtet haben (vor allem Rom!), werden durch den Messias vernichtet und enden in der Hölle. Andere Völker, die mit Israel keinen Kontakt hatten, werden ihm unterworfen sein, so daß der Messias dann Weltherrscher sein wird. In religiöser Beziehung – so sieht es eine universalistischere Richtung – bekommen die Heiden dann Zugang zu den Heilsgütern Israels: der Messias ist das Licht der Völker, die sich um ihn scharen werden; er wird alle Heiden retten, die Gott anrufen, und viele von ihnen werden sich als Proselyten Israel anschließen.

Die geschichtlichen Katastrophen der Jahre 66–70 und 132–135 nChr erzeugten einen großen Haß unter den Juden: es kam die Meinung auf, daß es in der Messiaszeit keine Proselyten mehr geben werde. Proselyt ist nur, wer sich Israel anschließt während seiner Leidenszeit. Immerhin wird der Messias den Völkern 30 Gebote auferlegen, damit sie nach Möglichkeit sich Israel angleichen; sie bleiben dabei aber Heiden, und im letzten Völkersturm (Gog und Magog) werden sie sich diesen anschließen gegen Israel (St.-B. III,120f.139–142.144–155).

c) Jüdische Mission und Proselytismus. In vorchristl. Zeit und bis zum Jahre 70 nChr betrieb das Judentum – vor allem das hell. – eine starke Propaganda und Missionstätigkeit (besser: Proselytenmacherei; vgl. Philo, Vit. Mos. 2,4.7). Mt 23,15 bezeugt dies aber auch für das palästinische Judentum. Josephus (vgl. Ap. 2,10.36), Seneca, Dio Cassius u. a. bezeugen den großen Erfolg dieser Propaganda (vgl. auch die vielen Halb- oder Ganzproselyten, die Paulus nach Apg in der jüd. Diaspora trifft). Spektakulär war der Übertritt des Königshauses von Adiabene (im nördl. Irak) zum Judentum ca. 44 nChr (Jos., Ant. 20,2,4), das durch einen palästinischen Juden namens Ele'azar gewonnen wurde. Die Zahl der Juden im röm. Reich war infolge dieser Propaganda unverhältnismäßig hoch: sie betrug ca. 6–8% der Einwohnerschaft!

Die Lage änderte sich nach 70/135 nChr, indem von da an die Proselytenmacherei stark zurückging. Man erwartete die Initiative vom Übertrittswilligen, dem man allerdings freundlich begegnete. Erschwerend kam dazu, daß Kaiser Hadrian nach 135 nChr den Übertritt zum Judentum verbot. Jetzt bekam die christl. Mission ihre große Chance, da der jüd. Rivale ausfiel.

d) Qumran. Der Sprachgebrauch der Qumranschriften ist nicht ganz einheitlich. Meist werden die Völker *goj* bzw. *gojim* genannt, gelegentlich aber auch *'am*, *'ammim*. Es ist jeweils auf den Zusammenhang zu achten, in dem das Wort begegnet. Die Wertung ist durchaus negativ: die Heidenvölker sind Götzendiener, gottlos (1QpHab 12,13; 13,3f) und Gottes Feinde (1QM 12,11). Gott legt das Gericht über alle Völker in die Hand seiner Auserwählten (1QpHab 5,4). In der Kriegsrolle wird ein großer 40 Jahre dauernder Krieg der Endzeit geschildert, der sich gegen alle (Heiden-)Völker richtet und in dem sie vernichtet werden (1QM 1,1–7; 2,10–15 u. ö.). Dabei wird den Völkern ihre Bosheit heimgezahlt (1QM 6,6). Vor allem sind es die Qumranleute selbst, die »Söhne des Lichts«, die diese Straf- und Vernichtungsaktion durchführen (1QM 11,8f; 14,7). In den eschatologischen Tempel kommt kein Ausländer oder Fremder (4Qflor 1,4). Dagegen soll der Reichtum der Völker durch die Tore Jerusalems hereingebracht werden (1QM 12,14; 19,6; vgl. Jes 60,3.5; im NT Offb 21,24!). – Tröstlich in der Gegenwart ist es, daß Gott sein Volk (*'am*) nicht vernichten wird durch die Hand der Völker (*gojim*) (1QpHab 5,3). – Ein etwas anderer Ton klingt an in 1QH 6,12f: »Und alle Völker (*gojim*) werden deine Treue erkennen und alle Nationen (*l^{e}ummim*) deine Herrlichkeit; denn du läßt kommen deine Treue und deine Herrlichkeit zu allen Männern deines Rates und in ein Los gemeinsam mit den Engeln des Angesichts«.

III Im NT begegnet ἔθνος *[ethnos]* 162mal. 43 Stellen entfallen auf Apg und 54 auf die paulinischen Briefe. Ca. 40 Belege entfallen auf Zitate aus dem AT. — ἔθνος *[ethnos]* bezeichnet alle Völker, was oft durch den Zusatz πάντα *[panta]*, *alle*, verdeutlicht wird (Mt 24,9; 28,19; Mk 11,7; Lk 21,24; Röm 15,11 u. ö.).

1a) Auch das jüd. Volk kann ἔθνος *[ethnos]* heißen (an 14Stellen, zB Lk 7,5; 23,2; Apg 10,22 u. ö.); es hat also im NT nicht mehr selbstverständlich die im AT weit überwiegende Bezeichnung → λαός *[laos]*. Der Zusammenhang oder Zusätze machen an solchen Stellen jeweils klar, daß Juden gemeint sind. Deutlich ist aber zB in Apg 26,23 unterschieden zwischen → λαός *[laos]* als dem Volke → Israel und den ἔθνη *[ethnæ]* als den Heiden. Israel wird vor allem auch im JohEv. ἔθνος *[ethnos]* genannt, da es sich dem Glauben an Jesus Christus widersetzt (Joh 11,48.50ff; 18,35).

b) Heiden sind mit ἔθνη *[ethnæ]* sicher gemeint in Mt 4,15 (vgl. Jes 8,23); 20,25; Lk 21,24; Apg 4,25 (vgl. Ps 2,1f); 7,7; 13,19; Röm 1,5; Gal 3,8 (der Hinweis auf Abraham macht deutlich, daß Heiden gemeint sind); Offb 10,11; 14,8; 15,3f.

2) An ca. 100 Stellen steht ἔθνος *[ethnos]* im Gegensatz zu Juden oder Christen. Die Jünger Jesu sollen anders beten als die ἔθνη *[ethnæ]* (Mt 6,32), sich nicht sorgen wie diese (Lk 12,30). Heiden stehen neben Samaritanern (Mt 10,5). Jesus weiß um die zukünftige Rettung von Heiden, obwohl er sich nur zu den Juden gesandt weiß (Mt 8,10ff; 15,25). Das Gericht über → Jerusalem wird so kommen, daß die Heiden es zertreten werden, bis die Zeiten der Heiden erfüllt sind (Lk 21,24). Zu den Schrecken der Endzeit gehört es, daß sich ἔθνος *[ethnos]* gegen ἔθνος *[ethnos]* erhebt (Mt 24,7 par).

3) Der Unterschied zwischen Juden und Heiden kommt vor allem in Apg und in den Briefen zum Ausdruck, also in den »Missionsdokumenten« des NT. Gott ist nicht nur Gott der Juden, sondern auch der Heiden (Röm 3,29; Offb 15,3), aber die Heiden kennen Gott nicht (1Thess 4,5) und werden zu Götzen fortgerissen (1Kor 12,2). Sie kennen auch das → Gesetz Gottes nicht und halten es nicht (Gal 2,15), wandeln in der Nichtigkeit ihres Sinnes (Apg 14,16; Eph 4,17). Ohne daß das Wort ἔθνος *[ethnos]* vorkommt, sind auch in Röm 1,18–32 die Heiden gemeint, die Gott nicht erkennen, in Abgötterei ver-

fallen sind und darum von Gott an allerlei Laster dahingegeben werden. Trotzdem gibt es ἔθνη *[ẹthnæ]*, die die Forderung des Gesetzes erfüllen (Röm 2,14f). Die Völker (Heiden) stehen von Haus aus außerhalb der → Berufung Gottes und des Heils des Gottesvolkes (Eph 2,11f). In der Ablehnung des Kreuzes treffen sich Juden und Heiden (1Kor 1,23).

4) Gelegentlich kann Paulus auch die Heidenchristen einfach ἔθνη *[ẹthnæ]* nennen (Röm 11,23; Gal 2,12; vgl. auch Eph 3,1), obwohl die ἔθνη *[ẹthnæ]* meist im Gegensatz zu den Christen stehen (1Kor 5,1; 12,2; 1Petr 2,12).

5a) Zwischen Juden und Heiden besteht ein heilsgeschichtlicher Unterschied und Gegensatz: Israel ist das durch Gott zu seinem Eigentum (→ Besitz) und zu seinem Dienst bestellte Volk. Die Heiden stehen außerhalb dieses einzigartigen Verhältnisses. Durch Gottes Walten aber wird der Gegensatz überwunden: der Messias ist in der Person Jesu gekommen, und nun bekommen auch geborene Heiden – universalistischen Tendenzen im damaligen Judentum entsprechend – Anteil an Gottes Bund und Heil. Petrus erfährt, daß auch der gottesfürchtige Heide Gott angenehm ist, so daß der heilige → Geist auf ihn kommen kann und Heiden das Evangelium annehmen (Apg 10,35.45; 11,1.18; vgl. Eph 2,11f.17–22).

b) In besonderer Weise ist Paulus der Apostel für die Heiden – gegen den Widerstand der Juden (1Thess 2,16). Ihm wurde das Geheimnis der gesetzesfreien Berufung der Heiden zu Jesus Christus anvertraut (Gal 1,16; 2,7–9; Röm 1,5; vgl. Eph 3,1–13). Dabei leugnet Paulus in keiner Weise den Vorrang der Juden, betont ihn im Gegenteil kräftig: Israel ist und bleibt Gottes Volk und ist damit im Besitz aller Gaben und Ehrentitel, die es auszeichnen (Röm 9,4f). Das Verhältnis von Juden und Heiden wird von Paulus fundamental in Röm 9–11 erörtert (vgl. auch Eph 2f): Die Heiden, die zum Glauben an Jesus Christus gekommen sind, werden auf den edlen Ölbaum Israel aufgepfropft (Röm 11,17), der sie trägt; von daher kann es keine Trennung von Christen und Heiden geben. So bestehen die paulinischen Gemeinden sowohl aus geborenen Juden wie auch aus geborenen Heiden, und beide gehören im Glauben an Jesus Christus zum Volke Gottes. Sie sind Kinder Abrahams kraft des Glaubens (Röm 4,17, vgl. Gen 17,5; Gal 3,7, vgl. Gen 12,3; Gal 3,13f.26–29). Heiden, die der Gerechtigkeit nicht nachgejagt sind, sind Empfänger der Glaubensgerechtigkeit geworden (Röm 9,30); durch den Fall und Unglauben Israels ist das Heil zu ihnen gekommen (Röm 11,11), wurde der Mangel der Juden zum Reichtum für die Heiden (Röm 11,13). Als »Heidenapostel« sucht Paulus möglichst viele Heiden zu retten, um dadurch letztlich die Juden für das Evangelium zu gewinnen (Röm 11,13; vgl. 10,19, nach Dtn 32, 21). Wenn die Fülle der Heiden eingegangen sein wird, wird sich auch Israel zu Christus bekehren (Röm 11,11f.25). Die Heiden sind nun nicht mehr Fremdlinge (→ Fremd, Art. ξένος) und Beisassen (→ Fremd, Art. παρεπίδημος), sondern Bürger (πολίτης *[poḷitæs]*) und Hausgenossen Gottes (Eph 2,19).

c) Etwas vom heilsgeschichtlichen Vorrang der Juden kommt in der Darstellung der Apostelgeschichte dadurch zum Ausdruck, daß Paulus erst dann den Heiden predigt, wenn die Juden das Evangelium ablehnen (Apg 13,46; 18,6; 19,9). Die Frage der Heidenmission im Sinne des Paulus wird auf dem sog. »Apostelkonzil« erörtert und entschieden (Apg 15). Die Juden werfen dem Paulus vor, er lehre die Juden in der Diaspora – die, die unter den ἔθνη *[ẹthnæ]* leben – den Abfall von Mose (Apg 21,21).

6) Nach dem Zeugnis der Offenbarung hat Christus sich aus allen Völkern eine Gemeinde erkauft und sie zu seinem Reich und zu Priestern gemacht (Offb 5,9 nach Ex 19,6). Neben den Auserwählten aus Israel steht die unzählbare Schar aus den Heiden (Offb 7,9). Der erhöhte Christus wird die Völker mit eisernem Stabe weiden (Offb 12,5) und gibt solche Vollmacht auch dem »Sieger« (Offb 2,26); er schlägt sie mit dem Schwert aus seinem Munde (Offb 19,15). Zur Zeit der beiden Zeugen wird der Tempelvorhof den Heiden übergeben (Offb 11,2). Alle Völker sehen die Leichen der beiden Zeugen (Offb 11,9). Das Tier hat Vollmacht über alle Völker und Nationen, deren Namen nicht im Buche des

Lebens stehen (Offb 13,7). Das ewige Evangelium wird allen Völkern gepredigt (Offb 14,6). Alle Völker haben getrunken »vom Wein des Zornes der Unzucht« und der Giftmischerei der Dirne Babylon (Offb 14,8; 18,3.23). In den Gerichten Gottes werden die Städte der Heiden fallen (Offb 16,19). Während des tausendjährigen Reiches kann der Satan die Völker nicht verführen (Offb 20,3), tut es aber wieder, sobald er freikommt (Offb 20,8). In der neuen Welt Gottes wandeln die ἔθνη *[ęthnæ]* im Lichte des neuen Jerusalem und bringen ihre Kostbarkeiten in die neue Stadt (Offb 21,24.26).

7) ἐθνικός *[ethnikǫs]* / ἐθνικῶς *[ethnikǭs]* heißt *volkhaft, ausländisch, heidnisch;* als Subst. der *Heide.* Das Wort fehlt in LXX, kommt im NT 5mal vor. Der Heide grüßt nur seine Brüder; wer als Jünger Jesu ebenso handelt, stellt sich dem ἐθνικός *[ethnikǫs]* gleich (Mt 5,47). Wer auf die Vermahnung durch die Gemeinde nicht hört, sondert sich damit ab zu den Heiden und unbußfertigen Zöllnern (Mt 18,17). In Antiochia hatte Petrus mit den Heidenchristen Tischgemeinschaft aufgenommen und damit die jüd. rituellen Vorschriften übertreten, also ἐθνικῶς *[ethnikǭs]* gelebt; er kann darum, so lautet der paulinische Einspruch, die Heidenchristen nicht mehr zwingen, das Gesetz zu halten (Gal 2,14); denn über der durch das Gesetz bestimmten Zugehörigkeit zum jüd. Volk steht nun die Glaubensgemeinschaft in Christus, die Judenchristen und Heidenchristen vereint.

H. Bietenhard

λαός

λαός *[laǫs]* Volk

I λαός *[laǫs]* (Etymologie ungeklärt; Fremdwort?) ist eine dorisch-äolische Wortbildung (jonisch ληός *[læǫs]*; attisch λεώς *[leǭs]*). Die Vokabel ist belegt seit dem mykenischen Griech. (Linear B), und zwar in dem Kompos. *law-agetas, Heerführer, Herzog.* λαός *[laǫs]* wird also urspr. die *kriegerische Mannschaft,* den *Heerbann* bezeichnet haben; in dieser Bedeutung erscheint es noch in der homerischen Ilias (2,577f; 5,473 u. ö.): *Kriegsvolk, Heeresgefolge, Mannschaft.* Diese Bedeutung verschwindet in der Folgezeit, und das Wort bezeichnet die *Masse,* das *Volk,* die *Bevölkerung,* die *Einwohnerschaft;* im Plur. die Vielzahl der einzelnen, aus denen sich das Volk zusammensetzt (vgl. → Kirche, Art. ἐκκλησία; *qāhāl* im AT!). Außer in den Epen (zB Od. 3,214; 13,155f) begegnet das Wort bei Hdt. (zB VIII,136), Pindar (zB Pyth. 9,54f), den Tragikern (zB Aischyl. Pers. 92. 593.770.789) und Aristoph. (zB Ranae 676), fehlt aber fast ganz in der attischen Prosa. Es hat einen archaischen und poetisch-feierlichen Klang behalten (so noch bei Jos. Ant. 4,114).

II 1) In der LXX kommt das Wort, neugeprägt und zu neuem Leben erweckt, etwa 2000mal vor. Der Plur. (nicht ganz 140mal) bedeutet immer *Völkerschaften,* ist also synonym mit → ἔθνη *[ęthnæ]* (vgl. Ez 23,24 → ὄχλος λαῶν *[ǫchlos laǭn], ein Haufe von Völkern,* mit Ez 31,12; 2Esr 9,11 λαοὶ τῶν ἐθνῶν *[laọi tōn ethnǭn],* die *einzelnen Völker der Heidenwelt*). In diesem Ausdruck könnte man λαός *[laǫs]* als formierte, ἔθνος *[ęthnos]* dagegen als gewachsene, sippen- bzw. abstammungsmäßig verbundene Gruppe von Menschen verstehen.

λαός *[laǫs]* bezeichnet oft das *Volk* im Unterschied zum Herrscher oder zur führenden Schicht (Gen 41,40; 47,21; Ex 1,22; Jer 23,34 u. ö.), zB die Bewohner einer Stadt (Gen 19,4), die Angehörigen eines Stammes (Gen 49,16), die Leute, die Esau begleiten, und das Gesinde Jakobs (Gen 33,15; 32,8; 35,6), auch die Verstorbenen gehören dazu (Gen 25,8; 49,33). Aber diese Stellen sind für den Sprachgebrauch der LXX nicht typisch.

2) Vielmehr schien den Übersetzern der LXX das aus der gehobenen feierlichen Sprache stammende λαός *[laǫs],* das zudem im zeitgenössischen Griech. wenig gebräuchlich war, vorzüglich geeignet, das besondere Verhältnis → Israels zu Jahwe zum Ausdruck zu bringen. λαός *[laǫs]* dient an der überwiegenden Zahl der Stellen zur Wiedergabe des hebr. *'am* und bezeichnet I s r a e l als das auserwählte Gottesvolk, sowie andererseits hebr. *goj* vor allem für die Heiden (ἔθνη *[ęthnæ]*) gebraucht wird.

Ca. 10mal wird Israel »Volk Jahwes« genannt. An weiteren ca. 300 Stellen begegnen Formen mit Suffix: »mein Volk« usw., wobei sich das Suffix auf Jahwe bezieht. Ca. 200mal wird Jahwe »Gott Israels« genannt; dazu kommen noch mehr als 600 Suffixformen, bei denen das Suffix Israel bezeichnet. An der ältesten bekannten Stelle im AT, an der der Ausdruck *'am JHWH, Volk Jahwes,* vorkommt, bezeichnet er den *Heerbann,* das *Heervolk,* das zum Kampf herabsteigt (Ri 5,11.13). Diese Bedeutung hat das Wort noch in späterer Zeit (2Sam 1,12). Ihm entspricht – schon vor dem

Deboralied – der Ausdruck »Jahwe, der Gott Israels« (Gen 33,20; Jos 8,30; 24,23; vgl. Ri 5,3.5; entsprechend im Munde des Volkes: »Jahwe, unser Gott« oder im Munde Jahwes: »Ich bin Jahwe, dein Gott«).

3a) Die aus Ägypten nach Palästina einwandernden Stämme brachten nicht nur die Verehrung des Gottes Jahwe nach Sichem, wo die sog. »Lea-Stämme« schon ansässig waren, sondern auch den Ausdruck »Volk Jahwes«. Durch den Zusammenschluß der beiden Stämmegruppen entstand die »Bundesformel«: »Jahwe der Gott Israels – Israel sein Volk«. Allerdings fehlt Jos 24,17f in der Aussage: »Jahwe ist unser Gott« (vgl. Ex 24,9f) (noch) die ausdrückliche Deklamation, daß Israel Jahwes Volk sei. Zwar sagt in der Berufungsrede an Mose Jahwe von Israel: »mein Volk« (Ex 3,7), »mein Volk Israel« (Ex 3,10; vgl. das Wort an Pharao Ex 5,1; 7,16), und Mose redet entsprechend zu Jahwe und sagt von Israel: »Dein Volk« (Ex 5,33). Aber erst mit der Staatenbildung wird die Gleichsetzung Israels mit dem Volk Jahwes deutlich vollzogen (1Sam 9,16f; 10,1): Jahwes Volk ist nun nicht mehr nur die durch das Aufgebot bestellte Kampftruppe, sondern ganz und dauernd Israel. »Fürst« oder »König« über »Jahwes Volk« zu sein, ist der Ehrentitel der Könige (1Sam 13,14; 15,1; 2Sam 5,2; 1Kön 14,7 u. ö.).

Der Ausdruck »Jahwe, Gott Israels« spielt eine große Rolle und wird vor allem in feierlicher Rede verwendet: beim Schwur (Jos 9,18f), im Gebet (Ri 21,3; 1Sam 23,10f; Ps 69,7), im Lobpreis (1Kön 1,48), zur Einleitung göttlicher Worte (Jos 2,13; 1Sam 2,30; 1Kön 11,31 u. ö.).

b) In der prophetischen Krise, als das Verhältnis zwischen Jahwe und dem Volk zerstört ist (Jes 1,3; 5,25), wendet sich Jahwe in Gerichts- und Drohworten »gegen mein Volk Israel« (Am 7,8.15; 8,2). Der Abfall zum Baal ist um so schlimmer im Blick auf Jahwe, weil für ihn ja »Israel mein Volk« ist (Hos 4,7.11); es ergeht darum die Mahnung: »Kehre zurück zu deinem Gott« (Hos 12,7). Das dritte Kind Hoseas heißt *lo-'ammi, nicht mein Volk,* was Jahwe begründet: »Ihr seid nicht mein Volk, und ich bin nicht euer Gott« (Hos 1,9). Denn Israel hat sich so verhalten, wie wenn es nicht Jahwes Volk wäre. Dem gegenüber stehen die eschatologischen Verheißungen: »Mein Volk bist du« (Hos 2,25), dh wenn Jahwe sich Israel wieder zuwendet, wird es wieder »mein Volk«.

c) Die wichtige gegenseitige Erklärung zwischen Jahwe und Israel in Dtn 26,16–19, vielleicht beim Bundesschluß (→ Bund) unter König Josia gesprochen (vgl. 2Kön 23,1–3) und später Mose in den Mund gelegt, wurde als Bundesformel zur Eingangspforte in die Geschichte Israels: sie bekam dadurch dauernde Aktualität und Autorität. Im Stil der Adoptionsformeln sagt dabei Jahwe beides, daß Israel sein Volk sein soll, und daß er Israels Gott sein will. Auf diese Weise entsteht die in die Mosezeit zurückgetragene Formel: »Ich will ihr Gott sein, und sie sollen mein Volk sein« (Jer 7,23; 11,4). Eine ähnliche Formel findet sich in nachexilischen Schriften als Verheißung für die Zukunft: »Ich will euer Gott sein, und ihr sollt mein Volk sein« (Jer 24,7; 30,22; Ez 11,20; 14,11; Sach 8,8 u. ö.). Auch die priesterschriftliche Lit. kennt die Aussage, daß Jahwe Israels Gott sein wird (Gen 17,7f; Ex 29,45; Lev 11,45 u. ö.). »Sitz im Leben« der »Bundesformel« dürfte die priesterliche Unterweisung oder die prophetische Verkündigung gewesen sein.

d) Es gilt nun im Volk als feststehende Tatsache, daß Jahwe Israels Gott ist. Darum steht oft beim Gottesnamen der Zusatz »dein (euer) Gott«. Entsprechend wird *'am, Volk,* näher bestimmt: »Volk zum Eigentum« (Dtn 4,20; 7,6 u. ö.), »heiliges Volk« (Dtn 7,6; 14,2 u. ö.). Das Thema des Deuteronomiums ist das »Gottesvolk«: die Bundesformel wird eingebettet in Unterweisungen zum Halten des Gesetzes (vgl. Dtn 26,16–19). Dabei aber steht Gottes gnädige Zuwendung zum Volk am Anfang (vgl. Jer 11,3ff). In die Zukunft projiziert erscheint sie in der Verheißung des »neuen Bundes« (Jer 31,31–33; vgl. 24,7; 32,38–40; Ez 36,26ff). Die Verheißung der Propheten kann auch über die Grenzen Israels hinausgehen und die Heidenwelt umfassen (Sach 2,11f; 14,16).

4) Was Israel zum λαός *[laos]* macht, ist Jahwes Wahl (→ Erwählung) und Gnade, nicht das nur Volkhafte, Natürliche und Geschichtliche. Diese Gnade muß in Treue und Gehorsam immer neu bewährt werden. Untreue des Volkes läßt es alles verlieren, was es – gemessen an irdisch-menschlichen Maßstäben – zum Volke macht; es wird dann ein Volk wie alle anderen, ja, weniger als diese (vgl. Dtn 28,58–64). Aber indem Jahwe seinem Volk über allen Abfall und alle Untreue hinweg die Treue hält, wird es als Volk Gottes bewahrt; als solches lebt es nicht aus Eigenem, sondern aus der Treue Jahwes zu sich selbst. So ist Israel nicht durch sich selbst, durch seine Herkunft und Geschichte in seinem Wesen bestimmt, sondern allein dadurch, daß Jahwe ihm die Treue hält.

5) Judentum

a) Philo braucht – vor allem in seinen Schriften zum Pentateuch – λαός *[laos]* und λεώς *[leōs]*, wobei ihm allerdings die spezifische geschichtliche Bedeutung des Wortes über seinen Spekulationen verlorengegangen ist (vgl. Sacr. AC 6f). Das »auserwählte Volk« (Dtn 7,7) deutet er auf den einzelnen Weisen als das Haupt der Menschheit (Praem. poen. 123.125). Bei Josephus ist in den Ant. der Einfluß der LXX-Sprache spürbar, und so braucht er für Israel das Wort λαός *[laos]*, gelegentlich aber auch für andere Völker, zB für Ägypten (Ant. 2,301); in Bell. und Ap. benutzt er unterschiedslos auch → ἔθνος *[ethnos]* und → δῆμος *[dæmos]*.

b) Im rabbinischen und pseudepigraphischen Schrifttum gehört es zur Grundlage allen Glaubens, daß Israel Gottes auserwähltes Volk ist: Israel ist Gottes Eigentum, sein Teil, sein Los.

Sein besonderes Verhältnis zu seinem Gott wird mit Bildern aus dem Familienleben ausgedrückt: Israel ist der erstgeborene Sohn Jahwes (4Esr 6,58), die Israeliten Gottes Brüder und Verwandte (St.-B. III,263f.682), Königskinder (MSchab 14,4); auch die Ärmsten unter ihnen sind Abrahams Kinder (St.-B. IV,714). Als besonderer Erweis von Jahwes Liebe wurde ihnen kundgetan, daß sie Kinder Gottes sind (Ab 3,14), und nur sie werden Gottes Kinder genannt (TrGerim 1,5). Israel wird auch Braut, Verlobte und Vermählte Gottes genannt (St.-B. III,822f u. ö.). In alledem drückt sich ein naturhaftes, kein ethisches Verständnis aus.

Neben diesen Gedanken findet sich derjenige der Freundschaft zwischen Jahwe und Israel (Tanch 20). Wie im AT ist Israel »heiliges Volk«, denn es hat die Thora und dient keinen Götzen (SLv 20,7). – Um Israels willen ist die Welt geschaffen worden, und ohne Israel kann sie nicht bestehen (4Esr 6,55ff; St.-B. I,833; III,140.248). Israel ist der »Gerechte«, dem die übrige Welt das Leben verdankt – wäre es nicht, hätte Gott die Welt längst vernichtet. Die Jetztzeit mit ihren Gaben bedeutet nur wenig im Vergleich mit der kommenden messianischen Zeit: dann bekommt das Volk alle Gottesgaben in der Fülle, wird ihm die Weltherrschaft zufallen, und die Weltvölker – soweit sie dann überhaupt noch existieren – werden ihm dienstbar sein. Es wird der Satz aufgestellt: »Ganz Israel hat Anteil an der zukünftigen Welt« (MSanh 11,1), – davon sind nur schwere Sünder oder böse, in der Schrift genannte Generationen ausgenommen (St.-B. III,293 u. ö.).

c) In den Schriften der Qumrangemeinde bezeichnet *'am* oft Israel. Es ist das Volk, das aus allen Völkern erwählt ist (1QM 10,9), mit dem Gott einen ewigen Bund geschlossen hat (1QM 13,7) und das er zum ewigen Volk erkauft hat (1QM 13,9); es ist das Volk von Gottes Erlösung (1QM 14,5), das er nicht vernichten lassen wird durch andere Völker (1QpHab 5,3). Die Frevler in Gottes Volk wird er vernichten (1QpHab 5,5). – Im Volke aber gibt es einen »Rest« (1QH 6,8) bzw. die »Heiligen seines Volkes« (1QM 6,6).

So bezeichnet sich die Qumrangemeinde selbst als *'am, Volk* Gottes (1QM 1,12), als »Volk der Heiligen des Bundes« (1QM 10,10), als die »Erwählten des heiligen Volkes« (1QM 12,1). Sie nennt sich »Versammlung des Volkes« (CD 19,35). »Volk« ist das Heer im letzten Kampf (1QM 9,1; 10,2) oder eine besondere Schar in diesem Heer (1QM 8,9; 16,7). – In der Hierarchie der Qumrangemeinde kommt das »Volk« an dritter Stelle nach den Priestern und Leviten (1QS 2,21; 6,9).

An zahlreichen anderen Stellen bezeichnet *'am* bzw. *'ammim* die *Völker*, die *Heiden*. Gott wird als Schöpfer gepriesen, der die Teilung der Völker gewirkt hat (1QM 10,14). Ein Schwert kommt über alle Völker (1QM 16,1), so daß sie zerschmettert werden (1QH 4,26), ihre Helden durch Gott erniedrigt (1QM 11,13) und ihre Fürsten niedergestoßen werden (1QSb 3,28; 5,27).

III 1) λαός *[laos]* begegnet im NT 141mal, wobei allein 84 Stellen auf Lukas (Ev. und Apg) entfallen (Mt 14mal, Paulus 12mal, Hebr 13mal, Offb 9mal). Vermutlich machen sich hier Sprache und Vorstellungsweise der LXX geltend; allerdings führt λαός *[laos]* oft ein vorhergehendes → ὄχλος *[ochlos]* weiter und ist mit diesem gleichbedeutend (Lk 7,24; 8,42 u. ö.; vgl. auch Mt 27,24f; Mk 14,2), oder es entspricht einem ὄχλος *[ochlos]* in der Vorlage (Lk 19,48/Mk 11,18; Lk 20,45/Mt 23,1 u. ö.). Auch für sich allein stehend kann λαός *[laos]* den *Volkshaufen*, die *Leute* bezeichnen (Lk 1,12; 7,1; 20,1.9; Apg 2,47 u. ö.). Viele dieser Stellen handeln allerdings von einer Wirksamkeit Johannes des Täufers, Jesu oder der Apostel, deren Tätigkeit sich praktisch auf Israel beschränkte (vgl. Mt 4,23; 26,5; 27,64), – und Israel ist eben λαός *[laos]* und nicht → ἔθνος *[ethnos]* (Ausnahme Joh 11,50, wo beide Vokabeln gebraucht werden).

Parallel zu ἔθνη *[ethnæ]* steht λαοί *[laoi]* in Lk 2,30f (vgl. Jes 40,5f; 42,6), Röm 15,11 (vgl. Ps 117,1), Offb 10,11 (vgl. Dan 3,4). Die große Menge (→ ὄχλος *[ochlos]*), die vor dem Lamm steht, kommt aus jedem → ἔθνος *[ethnos]* und λαός *[laos]* (Offb 7,9; 11,9; 17,15): damit soll die ganze Menschheit bezeichnet werden.

In pleophorischer Redeweise steht oft πᾶς *[pas]*, *ganz*, vor λαός *[laos]* (Lk 3,21; 7,29; Apg 3,9; 5,34 u. ö.), oder es wird vom πλῆθος τοῦ λαοῦ *[plæthos tou laou]*, der *Fülle des Volkes* gesprochen (Lk 1,10; 6,17; Apg 21,36). – Entsprechend dem Gebrauch der LXX kann λαός *[laos]* das *Volk* im Unterschied zu den führenden Kreisen bezeichnen (Lk 22,2; 23,5; Apg 6,12), kann kultisch die Unterscheidung der breiten Menge vom Priester (Hebr

5,3; 7,27) oder auch von den wenigen Zeugen des Auferstandenen ausdrücken (Apg 10,41; 13,31).

2) Im Anschluß an LXX wird → Israel als λαός *[laos]* bezeichnet (λαὸς Ἰσραήλ *[laos Israæl]* ausdrücklich zB Apg 4,10; 13,17; οὗτος λαὸς *[houtos laos]*, *dieses Volk*, in at. Zitaten Mt 13,15; 15,8; Apg 28,26f). Dieser Gedanke klingt an, wenn von den Hohenpriestern, Schriftgelehrten und Ältesten oder Vorstehern des λαός *[laos]* gesprochen wird (zB Mt 2,4; 21,23; Lk 19,47; Apg 4,9 u. ö.), wenn es heißt, Jesus werde sein Volk von den Sünden erlösen (Mt 1,21; vgl. Lk 1,68.77; 2,10.32), oder Gott habe sich seines λαός *[laos]* angenommen, indem er seinen Propheten Jesus gesandt habe (Lk 7,16; 24,19), oder er werde seinen λαός *[laos]* (Israel!) nicht verstoßen (Röm 11,1f; vgl. Ps 94,14). Auch die einzelne Synagogengemeinde kann λαός *[laos]* genannt werden (Apg 13,15): sie ist Gottes Volk an dem betreffenden Ort. Es liegt in dieser Linie, wenn Israel als λαός *[laos]* den Heiden als ἔθνη *[ethnæ]* gegenübergestellt wird (Apg 4,25–27; vgl. auch 26,23; Röm 15,10; vgl. LXX Dtn 32,43; nach Ps 2,1 wird Pilatus mit den hier erwähnten ἔθνη *[ethnæ]*, Herodes und Israel aber mit den λαοί *[laoi]* gleichgesetzt). Oft zeigen Zusätze oder der Zusammenhang, daß mit λαός *[laos]* Israel gemeint ist, zB in der Parallelisierung mit den »Juden« in Apg 12,4, in der Aufzählung neben »Gesetz« und »Tempel« in Apg 21,28, den »väterlichen Sitten« in Apg 28,17, in der Bemerkung, der gottesfürchtige Heide Cornelius habe dem λαός *[laos]* viel Gutes getan (Apg 10,12).

3) Schließlich wird der Ehrentitel Israels, Gottes λαός *[laos]* zu sein, auf die christl. → Kirche übertragen. Gott hat sich aus den ἔθνη *[ethnæ]* einen λαός *[laos]* für seinen Namen ersehen (Apg 15,14), eine Gemeinde aus Juden und Heiden berufen (Röm 9,24; vgl. Hos 2,1). Diese Gemeinde (auch die Ortsgemeinde, vgl. Apg 18,10) ist Tempel und λαός *[laos]* Gottes (2Kor 6,14ff; die Zitate aus Lev 26,12; Ez 37,27 beziehen sich im Grundtext auf Israel, werden aber auf die christl. Gemeinde angewendet). Auch die Bezeichnung Israels als λαὸς περιούσιος *[laos periousios]*, *Volk des Eigentums* (Ex 19,5f; 23,22; Dtn 7,6; 7,6; 14,2; → Besitz) wird für die christl. Gemeinde beansprucht (Tit 2,14; vgl. 1Petr 2,9).

Vor allem der Hebr überträgt die Aussagen des at. Kultes — dort auf Christus bezogen — auf die Gemeinde: Der Sohn Gottes wurde Mensch zur Sühnung der Sünden des λαός *[laos]* (Hebr 2,17), den er sich durch sein Blut heiligte (Hebr 13,12); die Kirche ist der λαός *[laos]*, für den es eine Sabbatruhe gibt (Hebr 4,9), und auf die Gemeinde wird die Mahnung von Ps 135,14 bezogen (Hebr 10,30). Ebenso werden in Offb 18,4 (vgl. Jer 51,45) und 21,3 (vgl. Sach 2,14; Ez 37,27) at. Stellen auf die Kirche als das neue Gottesvolk übertragen. Das will sagen, daß im Glauben an Jesus Christus als den κύριος *[kyrios]*, den → *Herrn* die Kirche zum λαὸς θεοῦ *[laos theou]*, *Volk Gottes*, wird, in dem die Bedingungen der natürlichen Herkunft nicht mehr konstitutiv sind (Gal 3,26ff; 1Kor 12,13; Kol 3,11). Freilich ist damit im NT die Kirche nicht einfach an die Stelle Israels als Gottesvolk getreten, so daß Israel seinen ihm von Gott verliehenen Vorrang verloren hätte; Israel ist und bleibt Gottes Volk, und es ist nicht von Gott verstoßen (vgl. Röm 9–11, vor allem Röm 9,4f; 11,1f!).

H. Bietenhard

ὄχλος *[ochlos]* Volk(smenge), Haufe

ὄχλος

ὄχλος *[ochlos]* (Etymologie unklar; belegt seit Pindar) heißt die *Volksmenge*, das *Gedränge;* die I
Öffentlichkeit im Gegensatz zum einzelnen Menschen, spez. zum Adligen oder Vornehmen: »die führungs- und richtungslose *Masse*, der politisch und geistig bedeutungslose *Haufe*« (Meyer, ThWb V,582f); der *Pöbel*. Das Wort hat im Militär die Bedeutung *Schar, Trupp, Heer*. — Dann bedeutet es auch *Volk, Leute;* als Begriff des Maßes eine *große Menge*.

II In der LXX begegnet ὄχλος *[ọchlos]* ca. 60mal, hauptsächlich als Übers. von *hāmōn, Menge; chajil, Heer; ʿam, Volk; qāhāl, Aufgebot; rabbim, viele.* In der Bedeutung *Volksmenge* begegnet es in Dan 3,4, als *lärmende Schar* in Dan 10,60, als *Volksversammlung* in Jer 31,8. Das *Aufgebot* des Volkes (*qāhāl*), das in Lev 24,16 die Ehebrecherin steinigen soll, wird zum ὄχλος *[ọchlos]*. An anderen Stellen bedeutet es den *Troß* der Marschunfähigen oder das *Heer*, die *Söldner*. Als Maßbegriff wird es in Ez 23,24 gebraucht: ὄχλος λαῶν *[ọchlos laọn]*, *Völkerschar;* vgl. die ὄχλοι ἐθνῶν *[ọchloi ethnọn]*, *Völkerscharen* in Weish 6,2. In Bel 30 bezeichnet ὄχλος *[ọchlos]* die *Bevölkerung des Landes* im Gegensatz zu den Juden.

Die Vokabel ist als Lehnwort ins Mittelhebr. des Rabbinismus eingegangen. Sie kann da sowohl eine *Volksmenge* von Juden wie auch von Heiden bezeichnen, ebenso auch militärische Truppenkörper (in der Bedeutung *Trupp, Gefolge, Scharen*).

III Im NT begegnet ὄχλος *[ọchlos]* 174mal. Von diesen Stellen entfallen 4 auf Offb, alle anderen auf die Evgg. und Apg. Das Wort bezeichnet in Mk 14,43 den bewaffneten *Haufen* bei der Verhaftung Jesu, meist aber eine unorganisierte Menge von Leuten, die nicht durch besonderes Herkommen oder Sitte geprägt und gekennzeichnet ist. Es sind Leute, die kommen, um Johannes den Täufer (Lk 3,7.10) oder Jesus zu hören bzw. von ihm Heilung erwarten (Mt 4,25; 5,1 u. ö.). Gerade diesen Menschen, die über keine besonderen Qualitäten verfügen, wendet Jesus sein Wort und sein Erbarmen zu (Mt 9,33), gibt ihnen zu essen (Mt 14,19). Den Gegensatz dazu bilden die führenden Kreise, die Pharisäer und Schriftgelehrten, die den ὄχλος *[ọchlos]* als die Masse der Ungebildeten verachten, da sie das Gesetz nicht halten; die Massen verfallen dem Fluch (Joh 7,31.48ff; vgl. → ἔθνος *[ẹthnos]*, *ʿam hāʾarets*). Jesus — und später Paulus — wird vorgeworfen, sie verführten den ὄχλος *[ọchlos]* (Joh 7,12; Apg 19,26). Allerdings ist der ὄχλος *[ọchlos]* geteilter Meinung über Jesus (Joh 7,43).

Herodes Antipas zögert, Johannes den Täufer zu töten, weil er den ὄχλος *[ọchlos]* fürchtet (Mt 14,5), dh er fürchtet sich vor der öffentlichen Meinung. Ebenso fürchten ihn die führenden Kreise und wagen nicht, Hand an Jesus zu legen (Mt 21,26.46), sie wiegeln aber den ὄχλος *[ọchlos]* gegen Jesus auf (Mt 27,30). Pilatus handelt unter dem Druck des *Pöbels* (Mk 15,15). Jesus redet seine Gleichnisse zum ὄχλος *[ọchlos]* (Mt 13,34), er hat einen ganzen ὄχλος *[ọchlos]* von Jüngern (Lk 6,17; vgl. Apg 1,15). Ein großer ὄχλος *[ọchlos]* geht nach Bethanien, um Jesus und Lazarus zu sehen (Joh 12,9). Vor dem Throne Gottes und dem Lamm steht ein unzählbarer ὄχλος *[ọchlos]* (Offb 7,9), und *Völkerscharen* sind gemeint in Offb 17,15. *H. Bietenhard*

πόλις

πόλις *[pọlis]* Stadt, Staat · πολίτης *[polịtæs]* Bürger · πολιτεύομαι *[politẹuomai]* Bürger sein, Staatsgeschäfte betreiben · πολιτεία *[politẹia]* Bürgerrecht, Gemeinwesen · πολίτευμα *[polịteuma]* politisches Gemeinwesen (auch dazugehörige Handlungen); Bürgerrecht

I 1) Das Wort πόλις *[pọlis]*, wahrscheinlich belegt seit dem myken. Griech., geht vielleicht auf eine idg. Wurzel zurück, die *füllen* bedeutet. πόλις *[pọlis]* ist dann der aufgeschüttete Wall, der als *Fluchtburg* diente. Schon bei Hom. bezeichnet aber πτόλις *[ptọlis]*, πτολίεθρον *[ptolịethron]* die *Stadt*, den *Staat*, πολίτης *[polịtæs]* den *Stadt-* oder *Staatsbürger;* πολιτεύομαι *[politẹuomai]* heißt *Bürger sein, als Bürger leben; den Staat verwalten, Staatsgeschäfte betreiben.* Mit dem Abstraktum, dem Subst. πολιτεία *[politẹia]*, werden bezeichnet das *Bürgerrecht*, das *Leben des Bürgers*, seine *Mitarbeit am Leben des Staates;* der *bürgerliche Lebenswandel*, die *Lebensführung;* aber auch die *staatliche Ordnung*, die *Staatsverfassung*, der *Staat.* Das damit eng verbundene Subst. πολίτευμα *[polịteuma]* hat urspr. dieselbe Bedeutung, dann wird es für einzelne *politische Handlungen* bzw. *Geschäfte* oder *Machenschaften* gebraucht; bei Aristot. auch für die *Staatsregierung, -verfassung* sowie für Akte und Zweige der *Staatsverwaltung;* noch später steht das Wort für das *politische Gemeinwesen*, den *Staat* überhaupt, seltener für *Bürgerrecht.* In hell. Zeit werden auch *Fremdenkolonien* mit festgelegten politischen Rechten so bezeichnet.

2) Die Entstehung der **Polis in Griechenland** ist ein geschichtlich folgerichtiges und dennoch typisch griech. Phänomen. Da die aus der Wanderungszeit beibehaltene Heerkönigsverfassung nur eine sehr lockere Bindung darstellte, zumal sie nur in Kriegszeiten wirksam wurde,

erwachte zunehmend das Bedürfnis nach Konzentrierung des politischen Willens; allerdings nicht in der Gesamtheit der Griechen, sondern jeweils in überschaubaren Einzelgebieten, den Gauen. Im 8.–7. Jh. vChr entstand eine Fülle von Siedlungen, meist in Anlehnung an schon vorhandene. Die Intensivierung des politischen Lebens und die Vermehrung der Aufgaben innerhalb des neuen Rahmens ermöglichten dem Adel als Gehilfen des Königs, seine Macht zu stärken und schließlich das Königtum zu verdrängen. In der Folgezeit wurde die Polis der am meisten typische Ausdruck der griech. Kultur und wurde als Höchstwert des Lebens erfahren, dem sich der freie Bürger ganz zuwandte, und an dessen Verwaltung und Regierung er Anteil hatte. Der Bürger verkörperte den Staat, Bürgerschaft war mit dem Staat identisch. Die staatliche, von Gesetzen bestimmte Ordnung war von religiöser Weihe getragen: die Religion gehörte wesentlich zur Polis. Die Polisbildung als eigengesetzliche, niemandem unterworfene Ausprägung politischen Willens hat zwar die Einigung größerer Gebiete des griech. Mutterlandes verhindert; aber selbst in der Pervertierung durch die Auslieferung der Herrschaft an die Masse im Athen des Peloponnesischen Krieges zeigt sich noch, wie fruchtbar der Gedanke der Vereinigung einer übersehbaren Anzahl freier Bürger gewesen war. Mit dem Aufsteigen der Makedonen und der Ausbreitung ihres polis-losen Flächen- und Großstaates (später des röm. Imperiums) kam das Ende der antiken Polis.

1) In LXX ist πόλις *[pọlis]* ca. 1600mal meist Übers. von *'ir, Stadt*, im Dtn auch von *scheʿarim, Tore*, gelegentlich von *qirjah*, Stadt. In Israel hat die Stadt eine andere Funktion als die Polis in Griechenland. Israel hat grundlegend eine Stämmeverfassung. Dies unterscheidet es auch von den kanaanäischen Stadtstaaten mit ihrem Königtum. So kann im AT jede befestigte Höhe »Stadt« genannt werden. Eine Erinnerung an den Eindruck, den die befestigten kanaanäischen Städte auf die einwandernden Israeliten machte, ist wohl in Num 13,29 erhalten. Auch dürfte es noch längere Zeit gedauert haben, bis nach der Landnahme die festen Städte erobert und besetzt werden konnten (vgl. Ri 1,27ff; 3,1–5; Jerusalem wurde erst durch David erobert, 2Sam 5,6ff). Die Stadt gewährt den Einwohnern Schutz vor Feinden und befähigt sie zum Widerstand gegen Angreifer. Sehr oft wird die Stadt genannt, wenn ihre Bewohner gemeint sind, dh die Stadt ist wesentlich – wie in Griechenland – eine Personengemeinschaft (1Sam 4,13; 2Sam 15,14; Est 3,15; Jes 40,9 u. ö.). II

2) Von besonderer Bedeutung ist → J e r u s a l e m als Stadt. Es ist die Stadt schlechthin (Ez 7,23); Jahwe hat es auserwählt (2Chr 6,38), um seinen → Namen dort wohnen zu lassen (Dtn 12,5; 14,23 u. ö.), daß man dort anbete und opfere. Jerusalem ist die »Stadt Gottes« (Ps 45[46],5; 47[48],2.9; 86[87],3 u. ö.), die »Stadt des großen Königs« (Ps 47[48],3; vgl. Mt 5,35), die »heilige Stadt« (Jes 48,2; 52,1 u. ö.). Wenn ihre Bewohner diesem ihr von Gott verliehenen Charakter nicht entsprechen, ruft der Prophet sie zur Buße (Ez 22,2–4). In späterer Zeit wird ein neues, der urspr. Bestimmung besser entsprechendes Jerusalem erwartet (Jes 1,26; 32,18; 60,14; Jer 38[31],38; Jo 3[4],17).

Solche Hoffnung auf die Erneuerung Jerusalems wird auch im Judentum aufrechterhalten (Sir 36,12f; 14. Bitte des 18-Bitten-Gebetes). Man erwartet das zukünftige Jerusalem vom Himmel herab, wo es von Anbeginn an aufbewahrt ist (4Esr 7,26; 8,52 u. ö.).

3) Die abgeleiteten Subst.e finden sich fast ausschließlich erst in den Makk-Büchern.

a) πολίτης *[polịtæs]* begegnet 10mal in 2 und 3Makk, 7mal im übrigen AT, wo es hebr. *rēʿa*, den *Nächsten* aus dem eigenen Volk, wiedergibt (→ Bruder, Nächster). In der Bedeutung *Bürger* kommt das Wort nur 2Makk 9,19 und 3Makk 1,22 vor.

b) πολιτεία *[politẹia]* (9 Belege in 2–4Makk) bezeichnet meist die *fromme Lebensordnung* (2Makk 8,17; 4Makk 17,19), 3Makk 3,21.23 das *Bürgerrecht.*

c) πολιτεύομαι *[politẹuomai]* bedeutet immer *wandeln* (2Makk 6,1; 3Makk 3,4 u. ö.). πολίτευμα *[polịteuma]* kommt nur 2Makk 12,7 vor im Sinne von *Gemeinwesen.*

Im NT findet sich πόλις *[pọlis]* (161mal) bes. häufig bei Lukas (Ev. 39mal, Apg 42mal), Mt (26mal) und Offb (27mal), bei Paulus nur selten (4mal; auch Mk und Joh nur je 8mal). Es bedeutet nirgends *Staat*, sondern immer *Stadt* im Sinne der geschlossenen Siedlung bzw. ihrer Bewohner (Mt 8,34; 21,10; Mk 1,33). Der Unterschied zu κώμη *[kọ̄mæ], Dorf*, ist oft verwischt (vgl. Mt 11,20 mit Mk 8,23; Lk 2,4 mit Joh 7,42). III

At. und jüd. Redeweise entspricht es, wenn Jerusalem die »heilige Stadt« heißt (Mt 4,5; 27,53; Offb 11,2). Diese Stadt tötet die Propheten (Mt 23,37), sie tötet auch Jesus (Offb 11,8; vgl. Lk 13,33), und ihr Untergang ist gewiß (Mk 13,2ff par).

1) Dem gegenwärtigen Jerusalem steht das obere gegenüber, das freie, die Mutter der Christen (Gal 4,25f). Vor allem der Hebr stellt das gegenwärtige dem zukünftigen Jerusalem gegenüber: schon die Patriarchen wußten um diese neue Stadt und erwarteten sie; ihr gegenüber sind alle irdischen Städte nur vorläufige Zeltlager. Um dieser kommenden

Stadt willen bezeichneten sich die Erzväter als Fremdlinge (→ Fremd, Art. ξένος) und Beisassen (→ Fremd, Art. παρεπίδημος); sie ist der Berg Zion und »die Stadt des lebendigen Gottes« (Hebr 11,10.16; 12,22ff). Diese zukünftige Stadt erwarten die Christen, die hier keine bleibende Stadt haben (Hebr 13,14; vgl. Offb 3,12; 22,4). Von dieser zukünftigen, aber schon jetzt im Himmel gegenwärtigen Stadt ist das irdische Jerusalem nur ein Abbild und ein Schatten (Hebr 8,5; 10,1), ein Gleichnis (Hebr 9,9). In ihr haben die Sieger aus den Verfolgungen Bürgerrecht (Offb 3,12). Das neue Jerusalem wird auf die erneuerte Erde herabkommen (Offb 21,2.10ff).

2) πολίτης *[polįtæs]* kommt im NT 4mal vor, hat aber keine »politische« Betonung, außer in Apg 21,39, wo Paulus sagt, er sei Bürger von Tarsus.

3) συμπολίτης *[sympolįtæs]* begegnet Eph 2,19 und gibt an, daß die Heidenchristen durch Christus an der Berufung Israels, des Gottesvolkes, als *Mitbürger* Anteil haben.

4) πολιτεία *[politẹia]* bezeichnet Apg 22,28 das röm. *Bürgerrecht* des Paulus. In Eph 2,12 meint es die heilsgeschichtlich bevorrechtete Stellung Israels, zu der nun die Heidenchristen Zugang haben im Glauben an Jesus Christus.

5) πολίτευμα *[polįteuma]* kommt nur Phil 3,20 vor: die Christen gehören zu einem *Gemeinwesen* im Himmel, sie sind »staatsrechtlich« Bürger des Reiches Christi und der himmlischen Stadt. Daraus ergibt sich die Mahnung, sich durch das Irdische nicht verlocken zu lassen.

6) πολιτεύομαι *[politẹuomai]* ist nur Apg 23,1 und Phil 1,27 belegt, wo — im Anschluß an hell.-jüd. Sprachgebrauch — vom glaubensmäßig ausgerichteten *Wandeln* die Rede ist. *H. Bietenhard*

V ZUR VERKÜNDIGUNG

Die alte dt. Bedeutung von *Volk* = *Kriegshaufe, Kriegerschar*, dann *Menge* war weitgehend wertneutral. Im 18. Jh. wurde der Begriff aufgewertet mit der Entdeckung des »einfachen Volkes«, in dem man den Mutterboden aller Kultur sah. Herder personalisiert, wenn er von »Volksseele«, »Volkscharakter« spricht. Die franz. Revolution endlich verkündigt die Souveränität des Volkes, ein Begriff, der sich bis heute erhalten hat, wobei der Gedanke der sozialen Befreiung mit hineinspielt: Viele Staatsverfassungen reden davon, daß alle Macht auf dem Volk beruhe und von ihm ausgehe.

»Volk« bekommt damit eine mehr soziologische (a) und eine mehr politische (b) Bedeutung:

a) Aus der Feudalzeit stammt die Unterscheidung »Volk« — »Herren (Regierung)«. Wie überholt sie ist, belegen folgende Fragen: Gehört ein Arbeiter, der in der Regierung sitzt, noch zum Volk? Was unterscheidet den Gebildeten und Besitzenden vom Volk? (Auch sie besuchten die Volksschule!). Was bedeutet »arbeitendes Volk«? Die Zahl derjenigen, die nicht zu arbeiten brauchen, ist verschwindend klein. Die meisten dieser Verwendungsformen von *Volk* sind heute absurd geworden und dienen nur noch als Klischees der politischen Agitation; oft so sehr, daß ihr Sinn sich ins Gegenteil verkehrt, wenn zB eine Minderheit für sich in Anspruch nimmt, sie repräsentiere das Volk und vollstrecke in ihrem Programm den Willen des Volkes. Daraus kann die Diktatur der Minderheit »im Namen des Volkes« resultieren. Das Proletariat der marxistischen Lehre scheint in dieser Weise »Volk« zu sein, das sich als Vollstrecker des Willens der Geschichte betrachtet. Als säkularisierte Gestalt des »auserwählten Geschlechtes« hat es Heilandsfunktion und wird »Erlöser der Welt«, ein moderner Götze.

b) Ebenso schwer faßbar, weil affektgeladen, ist der politische Begriff »Volk«, etwa im Giuramento della giovine Italia von Giuseppe Mazzini (1847): »In der Überzeugung, daß dort, wo Gott eine Nation gewollt hat, auch die nötigen Kräfte sind, diese zu schaffen, daß das Volk Treuhänder dieser Kräfte ist, und daß in der Lenkung dieser Kräfte für das Volk das Geheimnis des Sieges beschlossen ist, schwöre ich . . .«

Was macht eine Gruppe von Menschen zum »Volk«? Gemeinsame Abstammung und Blutsverwandtschaft? Gemeinsame Sprache? Gemeinsame Sitten und Bräuche? Gemeinsames Wohngebiet? Gemeinsame Kultur? Gemeinsame Gesetze in Verfassung und Staatlichkeit? Gemeinsame Religion und Kulte? Gemeinsame Geschichte und Überlieferungen? Das

Bewußtsein schicksalsmäßiger Zusammengehörigkeit, die Schicksalsgemeinschaft? In alledem ist Richtiges enthalten. Man kann dieser Aufzählung aber auch so gewichtige Einwände gegenüberstellen, daß kaum etwas davon übrig bleibt.

Man könnte daher versucht sein, vereinfachend zu definieren: Unter »Volk« ist die Einwohnerschaft eines Staates zu verstehen. Aber auch dagegen erheben sich Einwände, denn innerhalb vieler Staaten heben sich »Völker« und »Völkerschaften« deutlich voneinander ab: So sind zB Katalanen und Basken je ein Volk innerhalb des spanischen Staates, ebenso die Schotten und Waliser in Großbritannien. Es gibt ausgesprochene Vielvölkerstaaten wie etwa Indien und die UdSSR. Andererseits: Ist nicht das deutsche Volk noch ein Volk, obwohl es in zwei Staaten getrennt ist? Volk und Staat sind also nicht dasselbe, obwohl sie vielfältig aufeinander bezogen sind. Dasselbe gilt von den Begriffen »Nation«, »Stamm« etc.

Renan umschrieb den Begriff der Nation so: »Eine Nation ist eine Seele, ein geistiges Prinzip. Zwei Dinge, die sozusagen nur eines sind, bilden diese Seele, dieses geistige Prinzip. Das eine befindet sich in der Vergangenheit, das andere in der Gegenwart. Das eine ist der gemeinsame Besitz eines reichen Erbes von Erinnerungen; das andere ist die gegenwärtige Übereinstimmung, der Wunsch zusammen zu leben, der Wille, das Erbe weiterhin gelten zu lassen, das man gemeinschaftlich empfangen hat« (zit. bei vGreyerz, 9). Mit Renan berührt sich Thieß: »Erst wenn ein völkerverbindender, nationaler Wille in betonter Abgrenzung gegen eine ihm fremde Welt bewußt an die politische Gestaltung seines Lebensraumes geht, setzt die Geschichte eines Volkes ein« (aaO, 584).

So wird bei Renan und Thieß darauf hingewiesen, daß ein Volk gebildet wird und besteht vor allem durch den Willen und durch das Bewußtsein des sich entscheidenden Menschen. Das Naturhaft-Biologische wird durchbrochen und überhöht. So versteht sich zB der Schweizer – ohne Pathos und Romantik! – als »Eidgenosse«: über alles Trennende hinweg weiß er sich mit den anderen verbunden und an sie gebunden durch einen willentlichen und bewußten Akt, den »Eid«.

Aus allem Vorangehenden wird eines klar: Eine rational unanfechtbare Definition des Begriffes »Volk« können wir nicht geben. Es muß genügen, hier auf seine Problematik hinzuweisen:

Spätestens seit der Romantik trägt das Wort deutlich die Züge eines säkularisierten biblischen Begriffs (was auch seine Affektgeladenheit erklärt): Im AT nämlich ist Israel »Volk«, und zwar verstanden als Gottes auserwähltes Volk. Zu diesem Volk wird im NT die Kirche hinzugefügt – nicht als Ersatz für Israel, sondern mit diesem zusammen als Gottes Volk. Was im AT aber nur allein für Israel als das Zeichen für Gottes Handeln an der ganzen Menschheit gilt, ist – im Zuge eines immer religiös mitbestimmten oder sich verkleidenden Nationalismus – auch für andere Völker in Anspruch genommen worden, und zwar in der Weise, daß jedem Volk gleichsam eine letzte, absolute Erwählung durch Gott zuerkannt wurde: jedes Volk ist Gottes auserwähltes Volk, und es hat von da aus einen letzten, absoluten geschichtlichen Wert und eine dieser Wahl entsprechende Sendung. Indem das Volk in der Welt existiert, verdankt es sein Dasein einem Schöpfungsakt Gottes. Oder: Gottes schöpferischer Akt kann abgelesen und festgestellt werden am Dasein des jeweiligen Volkes: das Volk ist unmittelbar zu Gott und hat darum letzte und höchste Autorität, über welcher und jenseits derer es nichts mehr gibt. Daraus werden dann auch imperiale Ansprüche abgeleitet, nationaler Hochmut, Egoismus und Unduldsamkeit machen sich breit, und Kriege und Katastrophen aller Art waren und sind die Folgen solcher Verabsolutierungen. Der verschwommene Begriff »Volk« bekommt auf diese Weise numinosen Charakter, er wird religiös aufgeladen, geradezu göttlich: das »Volk« tritt an die Stelle Gottes und wird zum Götzen, dh es wird dämonisiert. Von daher erhellt wohl eine der Ursachen des modernen Antisemitismus: das sich selbst für erwählt haltende, sich selbst absolut setzende Volk streitet gegen das alte Gottesvolk Israel und seinen Erwählungsanspruch: Wer selbst und allein auserwählt ist oder sein möchte, kann keinen anderen Anspruch auf Auserwählung anerkennen.

Man wird deshalb bei der Betrachtung des Begriffes »Volk« absehen von allen bloß biologischen Gesichtspunkten wie Rasse, Blutsverband, Abstammung usw. und das Gewicht eher auf die geschichtlichen Komponenten legen. »Das eigene Volk eines Menschen sind die, die mit ihm bestimmte geschichtliche Begründungen und Tatsachen, Ereignisse und Gestaltungen hinter sich haben« (KBarth, KD III/4, 331). Sicher ist jeder Mensch zunächst durch seine Abstammung aus einer bestimmten Familie und damit durch weitere Blutsverwandtschaft mit einem größeren Ganzen verbunden. Dieses größere Ganze wird aber nur erfaßt durch die Geschichte, die es hatte und hat in einem mehr oder weniger deutlich umschriebenen Wohnraum. Man wird im Glauben an Gott, den Schöpfer, diese Gegebenheiten bejahen und dankbar als Lebensmöglichkeit annehmen. Der Glaube wird aber auch die Vorläufigkeit gerade dieser irdischen Bedingungen einsehen und sich davor bewahrt wissen, sie zu verabsolutieren, dh zu vergötzen. Das Volk ist zwar eine Gemeinschaft, in der der Mensch Gottes Gebot zu erfüllen hat, aber es ist — wie man es immer umschreiben mag — kein höchster und letzter Wert. Deshalb hört auch die Bereitschaft des Christen zum Dienst nicht auf an den Grenzen des eigenen Volkes, sondern sie muß offen sein für alle Völker und Menschen. Vor aller Verabsolutierung des Volkes wird den Christen schon die Tatsache warnen, daß die Vielfalt der Völker, ihre Vereinzelung und ihr Gegeneinander in der Schrift (vgl. Gen 10 und 11) als Folge von göttlicher Strafe und Fluch gelten, also gerade nicht als Positivum, das zu verherrlichen wäre! Aber auch in dieser negativen Bestimmtheit sind die Völker nicht einfach von Gott verlassen und preisgegeben (Dtn 32,8): die Spannung zwischen Gen 11 und Dtn 32,8 weist über sich hinaus: Apg 2 (Pfingsten!; → Kirche) zeigt, daß die ursprüngliche Einheit der Menschheit in der Gemeinschaft in Christus wiedergewonnen werden kann und soll.

Hier hat die Kirche als »Volk Gottes« eine erste und dringende Aufgabe: indem Gott seinen Bund in Jesus Christus erneuert hat, wird Gottes Volk in alle Völker hinein geweitet. Die Kirche hat zu einem neuen Verstehen unter den Völkern beizutragen und darauf hinzuweisen, daß in Christus »alle eins« sind, und daß so die babyl. Verwirrung überwunden werden kann. So wird aus der Abgrenzung, Verwirrung und Selbstbehauptung die neue Menschheit entstehen. In Christus können alle Menschen und Völker am Adel und am Segen Israels teilbekommen. Die Kirche wird das aber nur so tun können, daß sie ernst macht mit ihrem Wesen: daß sie zwar in der Welt, aber nicht von der Welt ist.

Dabei hat die Kirche bzw. die Kirchen (!) zu allererst bei sich selber anzufangen; denn die christl. Kirche ist in sich selbst zerrissen in verschiedene Konfessionen, Gruppen, Gemeinschaften und Sekten, die sich voneinander abschließen, sich feindlich gegenüberstehen und sich verabsolutieren. Im Laufe der Geschichte — mit dem Aufkommen des Nationalismus und der Nationalstaaten wurden die Kirchen der jeweiligen Länder selbst »national« — entstanden »Nationalkirchen«, die sich nur allzu leicht mit ihren Staaten, deren Bestrebungen und auch Kriegen (!) identifizierten. Die Einsicht, daß die Kirche als der Leib Christi und als Volk Gottes nicht an die Grenzen einzelner Völker gebunden ist, muß in ihr selber weithin erst wiedergewonnen werden, damit sie sich durchsetzen kann. Das Volk Gottes ist eine ökumenische Größe und zu weltweitem Dienst berufen. *H. Bietenhard*

Lit.: WGrundmann, Art. δῆμος, ThWb II, 1935, 62ff — GBertram/KLSchmidt, Art. ἔθνος, ThWb II, 1935, 362ff — KLSchmidt, Die Polis in Kirche und Welt, 1940 — NADahl, Das Volk Gottes, Skrifter utgitt av Det Norske Videnskap-Akademi i Oslo II, Hist.-Filos. Kl. 1941, 2 — HStrathmann/RMeyer, Art. λαός, ThWb IV, 1942, 29ff — MNoth, Gott, König, Volk im Alten Testament, ZThK 47, 1950, 157ff (= Ges. Stud. z. AT, ThB 6, 1966³, 188ff) — AOepke, Das neue Gottesvolk in Schrifttum, Schauspiel, bildender Kunst und Weltgestaltung, 1950 — KBarth, KD III,4, 1951 — HvGreyerz, Nation und Geschichte im bernischen Denken. Vom Beitrag Berns z. schweizerischen Nationalbewußtsein, 1953 — RMeyer/PKatz, Art. ὄχλος, ThWb V, 1954, 582ff — JJeremias, Jesu Verheißung für die Völker, 1956 — GEichholz, Der Begriff »Volk« im Neuen Testament, 1957 (= Tradition und Interpretation, ThB 29, 1965, 78ff) — HStrathmann, Art. πόλις, ThWb VI, 1959, 516ff — HDWendland/JBlauw, Art. Volk, EKL III, 1959 (1962²), 1672ff — FThiess, Das Reich der Dämonen, 1960 — FMußner, »Volk Gottes« im NT, TThZ 72, 1963, 169ff — ChrDietzfelbinger, Heilsgeschichte bei Paulus?, ThExh NF 126, 1965 — RKlöbert, *qhl* (pal.-aram.) — λαός — ἐκκλησία, Bibl 46, 1965, 464ff — FMußner, Das Volk Gottes nach Eph 1,3–14, Concilium 1, 1965, 842ff — GRau, Das Volk in der lukanischen Passionsgeschichte. Eine Konjektur zu Lk 23,13, ZNW 56, 1965, 41ff — RWalker, Studie zu Röm 13,1–7, ThExh NF 132, 1966 — HHEßer, Volk und Nation in der evangelischen Ethik, Das Gespräch H. 72, 1968 — WSchweitzer, Der entmythologisierte Staat. Studie z. Revision der ev. Ethik des Politischen, 1968 — ChrMüller, Gottes Gerechtigkeit und Gottes Volk. Eine Unters.

z. Röm 9–11, 1969 (= FRLANT, 86) – NLohfink, Beobachtungen zur Geschichte des Ausdrucks *'am jhwh*, in: Probleme biblischer Theologie, Festschr. GvRad, hrsg. v. HWWolff, 1971, 275ff.

Vollkommen → Richtig

Vollmacht → Macht

Vorbild

τύπος

τύπος *[typos]* Form, Abbild, Vorbild · τυπικός *[typikos]* vorbildlich, typisch · ἀντίτυπος *[antitypos]* zurückstoßend, zurückprallend, gegenbildlich · ἀντίτυπον *[antitypon]* Abbild, Gegenbild · ὑποτύπωσις *[hypotypōsis]* Muster, Vorbild

Die etymologische Herleitung von τύπος *[typos]* ist umstritten. Von τύπτω *[typtō]* hergeleitet, wäre die Grundbedeutung *Schlag* (das Verbum findet sich auch im NT, namentlich bei Lk und Apg in dieser Bedeutung). Während diese für ἀντίτυπος *[antitypos]* häufig nachzuweisen ist, und zwar in aktiver wie in passiver Verwendung dieses Adj. (also im Sinne von *zurückschlagend* und *zurückgestoßen*), wäre sie für τύπος *[typos]* allenfalls an einer Stelle (Hdt. I,67,4) erhalten. Sonst findet sich dieser Begriff mit seinen Denominativa τυπόω *[typoō]*, τύπωσις *[typōsis]*, τύπωμα *[typōma]* usw. in der urspr. Bedeutung *Form*, spez. *Hohlform*. I

1) In diesem Sinne bezeichnet τύπος *[typos]* zunächst einen konkreten Gegenstand wie Brotform, Relief, Münze usw., dann aber – weiter konkret – auch den *Abdruck einer Form*, also das, was ein Gegenstand durch Eindruck auf einen anderen dort hinterläßt wie *Spur*, *Narbe*, *Siegelabdruck*, *Buchstabe* usw., und noch allg. *Abbild*, → *Bild* (Art. εἰκών).

2) In großem Umfang findet sich eine Abstrahierung im Sinne von *allgemeiner Form*, *Typus* (etwa *Form* des Stils, der Lehre). Die weitere Abstrahierung läßt sich dann bei beiden Ausrichtungen des Begriffs (bei den Bedeutungen *Hohlform*, *prägende Form* wie bei *Abdruck*, *geprägte Form*) verfolgen. So bezeichnet τύπος *[typos]*

a) das *Urbild*, das *Muster*, und zwar technisch im Sinne von *Vorlage*, *Modell*, ethisch im Sinne von *Vorbild* (so auch ὑποτύπωσις *[hypotypōsis]*), und

b) das *Abbild* (so auch ἀντίτυπον *[antitypon]*).

1) In LXX begegnet τύπος *[typos]* nur an vier Stellen und gibt zwei hebr. Begriffe wieder, nämlich *tabnit* (Ex 25,40), *Urbild*, *Modell*, und *tsælæm* (Am 5,26), *Abbild* (*Götzenbild*). Beide hebr. Wörter werden sonst durch andere Begriffe übers., so *tabnit* vor allem durch παράδειγμα *[paradeigma]*, *Beispiel*, *Muster*, und ὁμοίωμα *[homoiōma]*, *Gleichheit*, *Abbild* (→ Gleich, Art. ὅμοιος), *tsælæm* gewöhnlich durch εἰκών *[eikōn]*, *Bild*. In 3Makk 3,30 bezeichnet τύπος *[typos]* die *Form*, die *Fassung* (eines Schreibens), in 4Makk 6,19 das (religiös-ethische) *Vorbild*. II

2) Philo verwendet den Begriff sehr gern und folgt dabei ganz dem allg. griech. Sprachgebrauch. Platonischer Einfluß bestimmt vor allem folgende doppelte Ausrichtung: τύπος *[typos]* kann ausdrücklich sowohl das *Urbild*, *Musterbild*, *Vorbild* als auch das *Nachbild*, das *Abbild* bezeichnen, ist also nicht Spezialbegriff für *Vorbild* o d e r *Abbild* (dafür kennt Philo andere Termini in genügender Zahl), sondern kann vielmehr beides zugleich bedeuten, es ist die *allgemeine Form*, die Urbilder (Vorbilder) und Abbilder kennzeichnet, die durch diese Bestimmung zugleich in ihrer Funktion als Vor- bzw. Abbild charakterisiert sind.

3) Im Rabbinentum wird τύπος *[typos]* dann als Fremdwort gebraucht (*depūs* und *tūpos* und vielfach variierende Vokalisationen), bedeutet wie im Griech. *Form*, *Modell* und hat dann die allg. Bedeutung, die wie im Lat. seit Cicero heute in zahlreichen Sprachen geläufig ist. Vgl. dazu auch die Übernahme von σημεῖον *[sæmeion]*, *Zeichen*, als Fremdwort (*semān*), das eine Entsprechung geschichtlicher Situationen, sozusagen eine »typologische« Beziehung ausdrücken kann und damit in die Nähe einer bestimmten nt. Verwendung von τύπος *[typos]* rückt.

Im NT findet sich τύπος *[typos]* 14mal, ohne daß sich ein Schwergewicht bei einzelnen Schriften feststellen ließe; das Wort fehlt ganz in den Synopt., den Kirchenbriefen (außer 1Petr) und der Offb, jedoch auch in mehreren Briefen des Corpus Paulinum. III

1) Die konkrete Bedeutung *Abdruck einer Form* liegt in Joh 20,25a vor (das *Mal* der Nägel an den Händen des Auferstandenen).

2) In Apg 23,25 meint τύπος *(typos)* abstrahierend die *Fassung*, den *Inhalt* eines Briefes, in Röm 6,17 den *Inhalt*, die *Aussage* der Lehre. Doch ist an letzterer Stelle noch stark die urspr. Bedeutung *prägende Form* mitzuhören. Wie vorher die Sünde, so ist jetzt die neue Lehre, also die Botschaft von Christus die das Leben des Christen prägende und bestimmende Kraft.

3) Diese Grundbedeutung *prägende Form* begegnet am häufigsten.

a) Die doppelte Ausrichtung von τύπος *(typos)* als *Form* des *Vor-* und des *Abbildes* liegt an zwei Stellen der Apg vor. Apg 7,43 übernimmt mit dem LXX-Zitat von Am 5,26 die Bedeutung *Bilder* von Götzen. Apg 7,44 und Hebr 8,5 zitieren Ex 25,40 und bezeichnen so mit τύπος *(typos)* das himmlische *Urbild*, nach dem Mose das heilige Zelt zu errichten hatte. Während in der Apg an dieser Stelle einfach der göttliche Auftrag für Moses Werk, die göttliche Stiftung des irdischen Heiligtums ausgesagt werden soll, ist im Hebr das AT-Zitat im Zusammenhang eines umfassenderen Deutungsbezuges von at. Aussagen auf das Heilswerk Christi zu sehen. Eine gewisse Nähe zur platonisch geprägten Urbild-Abbild-Spekulation bei Philo darf nicht darüber hinwegtäuschen, daß auch diese Stelle der eschatologisch-zeitlichen Geschichtstheol. des Hebr eingeordnet ist. Die Beziehung von himmlischem *Urbild* (τύπος *(typos)* Hebr 8,5 und εἰκών *(eikọn)* Hebr 10,1) zu irdischem *Abbild* (ἀντίτυπον *(antịtypon)* Hebr 9,24 bzw. ὑπόδειγμα *(hypọdeigma)* und σκιά *(skiạ)*, → *Schatten*, Hebr 8,5 u. ö.) wird eingefügt in die andere von vergangenen und zukünftigen Heilsgütern. Durch Christus treten die himmlischen Urbilder in die Geschichte ein und machen die Abbilder und Schatten hinfällig (Kap. 10; s. Michel, 286).

b) In der Bedeutung *Vorbild* stehen neben τύπος *(typos)* und ὑποτύπωσις *(hypotypōsis)* noch andere Begriffe wie ὑπόδειγμα *(hypọdeigma)* oder ὑπογραμμός *(hypogrammọs)*. Letztere stellen Christi dienende Hingabe (Joh 13,15) und sein Leiden (1Petr 2,21) dar, allerdings nicht als ethisches Vorbild, sondern als prägendes, wirksames Heilswerk, in das sich die Gemeinde hineinstellen und auf dessen Grund sie Christus nachfolgen darf (vgl. 1Petr 2,21b). ὑπόδειγμα *(hypọdeigma)* begegnet dann außer in Jak 5,10 (Leidensvorbild der Propheten) nur noch im Sinne von *abschreckendes Beispiel* (Hebr 4,11 und 2Petr 2,6). τύπος *(typos)* als *Vorbild* ist einheitlich auf Paulus (Phil 3,17; 2Thess 3,9), die Amtsträger der Gemeinde (1Tim 4,12; Tit 2,7; 1Petr 5,3) oder die Gemeinde selbst (1Thess 1,7) bezogen. Es geht an diesen Stellen nicht einfach um Ermahnungen zu einem moralisch beispielhaften Leben, sondern um den Aufruf zum Gehorsam gegenüber der Botschaft (2Thess 3,6). D i e s e prägt und bevollmächtigt ihre Verkünder, und die prägende Kraft eines Lebens unter dem Wort wirkt wiederum auf die Gemeinde ein (1Thess 1,6) und läßt sie selbst zum prägenden *Vorbild* werden.

4) Über diesen gängigen griech. Sprachgebrauch hinaus erscheint τύπος *(typos)* im NT erstmalig auch bei der Kennzeichnung geschichtlicher Beziehungen, wird also hermeneutischer Begriff für die Ausrichtung der at. Tradition, namentlich bestimmter geschichtlicher Erfahrungen Israels auf das gegenwärtige eschatologische Heilsgeschehen:

a) In 1Kor 10,6.11 richtet Paulus durch diesen Begriff die Erfahrungen Israels in der Wüste auf die gegenwärtige Wirklichkeit der christl. Gemeinde in Korinth aus. Der Zusammenhang von Sakramentsteilnahme und der auf unwürdigen Gebrauch folgenden Bestrafung des alten Gottesvolkes ist »Vor-ab-bildung« für die Gegenwart, und zwar mit dem Zweck der Warnung an die die Sakramente im magischen Sinne mißverstehenden »Starken« in Korinth. Die hier von Paulus entwickelte »typologische« Methode besteht also in der analogen Aufeinanderbeziehung von konkreten Geschichtszusammenhängen im Sinne der »Vor-ab-bildung« gegenwärtigen oder zukünftigen eschatologischen Geschehens durch analoge at. Ereignisse. Darin kommt zugleich ein wesentliches theol. Anliegen des Paulus zur Sprache. Denn Gottes Handeln in der Geschichte wird hier in seiner Ordnung, in der Bindung an seine Zusagen sichtbar gemacht. So ist es Gott selbst, der die Typosbeziehung setzt, insofern sein Offenbarungswort (die »Schrift«) diese vollzieht (vgl. Röm 4,23f; 1Kor 10,11). Mit der »Vor-ab-bildung« eschatologischen Heilsgeschehens in der at. Geschichte wird die Teilhabe der Gemeinde am Heilswerk Christi bezeugt und damit das Heilsgeschehen gegenüber einer etwaigen »metaphysischen« Mißdeutung als das in konkreter menschlicher Geschichte sich vollziehende Handeln Gottes gedeutet.

b) In diesem Sinne typologisch wird auch in Röm 4; Gal 3 u. ö. argumentiert, ohne daß der Typos-Begriff begegnen muß. Dieselbe typologische Beweisführung liegt in 1Petr 3,21 vor: Die Rettung Noahs durch das Wasser der Sintflut hindurch wird als »Vor-ab-bildung« auf das rettende Geschehen der → Taufe bezogen, die damit zum ἀντίτυπον *[antitypon]*, zum *Gegenbild* (im Sinne von *Abbild*) wird.

c) In Röm 5,14 gerät der Typos-Begriff in eine Spannung hinein, die im Grunde jene »typologische Methode« durchbricht. Verglichen bzw. gegenübergestellt werden die Gestalten → Adams und Christi in ihrer Bedeutung und Wirkungsmacht für »alle«. Adam wird als »τύπος *[typos]* des Zukünftigen« bezeichnet, so daß man hier allg. (mit nur wenigen Ausnahmen) von einer »Adam-Christus-Typologie« spricht. Aber da einerseits Adam gerade nicht als getreue »Vorabbildung« Christi gelten kann, andererseits eine Bedeutung von τύπος *[typos]* im Sinne von *Gegenbild* sonst nicht bekannt ist, weist Paulus unter polemischer Aufnahme dieses Begriffs hier wohl gerade eine traditionelle Adam-Messias-Typologie ab. Es geht um die radikale Aufhebung des Alten durch das Neue. Das Neue wird aber immer nur in Überwindung des Alten aktuell. So zeigt Paulus diese paradoxe Beziehung von radikaler Gegensätzlichkeit und tiefster Verbundenheit des Alten und des Neuen als die Realität, in der die Gemeinde bereits gegenwärtig lebt.

Die Typologie ist bei Paulus offenbar noch nicht zu einer jeweils technisch anwendbaren Methode erstarrt. Ihre Verwilderung in der Folgezeit (über Barn die ganze Auslegungsgeschichte hindurch) hat sie heute suspekt gemacht. Demgegenüber stehen Bemühungen in der gegenwärtigen, vor allem at. Forschung, die urspr. Relevanz der Typologie wieder für die Auslegung des AT und so auch für die praktische Verkündigung fruchtbar zu machen.

Heinrich Müller

Lit.: AvBlumenthal, ΤΥΠΟΣ und ΠΑΡΑΔΕΙΓΜΑ, Hermes 63, 1928, 391ff – LGoppelt, Typos, 1939 (1966 Nachdruck) – RBultmann, Ursprung und Sinn der Typologie als hermeneutischer Methode, ThLZ 75, 1950, 205ff (= Exegetica, 1967, 369ff) – EFuchs, Hermeneutik, 1954 (1958[2]), 192ff – Probleme alttestamentlicher Hermeneutik, hg. v. CWestermann, ThB 11, 1960 (1968[3]), bes. 11ff; 205ff – NHRidderbos, Typology, Vox Theologica 31, 1961, 149ff – ELarsson, Christus als Vorbild, ASNU XXIII, 1962, 111,9ff – ASchulz, Nachfolgen und Nachahmen, Stud. z. AT u. NT 6, 1962, 308ff – OMichel, Der Brief an die Hebräer, KEK XIII, 1966[12] – LGoppelt, Art. τύπος, ThWb VIII, 1969, 246ff.

Vorsehung

In dieser Artikelgruppe sind Vokabeln zusammengefaßt, die menschliche oder göttliche Vorkenntnis, Vorbestimmung oder Vorbereitung zukünftigen Geschehens bezeichnen. Kennzeichnend für alle ist die gemeinsame Vorsilbe προ- *[pro-]*, *vor*, in räumlicher und zeitlicher Bedeutung. Die zeitliche Komponente ist am stärksten bei dem Verb προγινώσκω *[proginōskō]*, *vorher wissen*, und beim Subst. πρόγνωσις *[prognōsis]*, *Vorauswissen*, vorhanden. Zunächst lokalen Sinn hat hingegen das Verb προτίθημι *[protithæmi]*, *aufstellen, versetzen*, dann *sich vornehmen, sich vorsetzen*, und das Subst. πρόθεσις *[prothesis]*, *Darbringung, Aufstellung*, dann *Vorsatz, Absicht;* jedoch haben auch sie in der Bedeutung (*vorher gefaßter*) *Beschluß* temporalen Sinn hinzugewonnen. Eine gewisse Nähe dazu hat das Verb προορίζω *[prohorizō]*, *vorherbestimmen*, das ebenfalls eine bestimmte Planung und Vorsorge ausdrückt. προνοέω *[pronoeō]*, *vorher bedenken, vorsorgen*, und das Subst.

πρόνοια [prọnoia], *Voraussicht, Vorsehung, Fürsorge,* sind im NT – im Unterschied zur griech.-hell. Umwelt – verschwindend selten belegt.

Insges. sind alle diese Vokabeln im NT nur so vereinzelt gebraucht worden, daß sie schwerlich dort Träger einer betonten Lehraussage gewesen sein dürften. Erst in der späteren theol. Reflexion haben die – vornehmlich im hell. Denken – mit ihnen verbundenen Vorstellungen und Erwägungen einen breiteren Raum eingenommen und ein bestimmtes Gewicht erhalten.

προγινώσκω

προγινώσκω [proginọskō] voraus wissen, vorher erkennen · πρόγνωσις [prọgnōsis] das Vorauswissen

I Das Kompos. προγινώσκω [proginọskō] (aus dem Präfix προ [pro], *vor,* und dem Verb γινώσκω [ginọskō], *erkennen, kennen, verstehen, wissen*) ist seit Eur. (Hipp. 1072) belegt und bedeutet *voraus,* also *vorher wissen* bzw. *erkennen* als eine menschliche Fähigkeit bzw. Möglichkeit, etwas Zukünftiges mit dem Verstand zu erfassen (→ Erkenntnis, Art. γινώσκω). Dementsprechend bezeichnet das Subst. πρόγνωσις [prọgnōsis] (belegt als medizinischer term. techn. seit Hippokrates) das *Vorauswissen,* das es ermöglicht, eine Aussage über etwas Zukünftiges zu machen. Das frühe Griechentum versteht das zunächst als ein wortloses Vorherwissen traumhafter Art, das aber durch menschliche Klugheit erfaßt und ausgesagt werden kann. Es gehört dem Bereich des Schicksalhaften an, ist dem Menschen immer wieder verborgen und offen zugleich, launischer Natur, wie die Götter selbst. Ihm sind die Götter wie die Menschen unterworfen. Seiner Macht unterliegt das Entstehen wie Vergehen von Götter- und Menschengeschlechtern. Der Hellenismus, spez. die Stoa, wandelt den Begriff im pantheistischen Sinn als Aussage über die zweckvoll schaffende Ordnung göttlicher Weltmacht, die Natur und Menschen einbezieht. Hier ist auch das Schicksal dieser Ordnung unterworfen, ja selbst zur Ordnungsgröße geworden. Gottheit, Schicksal, Ordnung und Notwendigkeit werden identisch. Alles ist vernünftig und harmonisch bzw. auf eine Entwicklung zur harmonischen Vollendung hin angelegt.

II Das Verb προγινώσκω [proginọskō], *vorher wissen,* findet sich in LXX nur 8mal, immer ohne hebr. Äquivalent, davon 2mal von der personhaft vorgestellten σοφία [sophịa], → *Weisheit* (Weish 6,13: die Weisheit läßt sich *vorher erkennen* von denen, die nach ihr verlangen; 8,8: die Weisheit *kennt* Zeichen und Wunder *vorher*) und 1mal von dem *Vorherwissen,* das den Israeliten in Ägypten von der Tötung der ägypt. Erstgeburt zuteil geworden war. Das Subst. πρόγνωσις [prọgnōsis], *Vorherwissen,* begegnet nur 2mal in LXX (Jdt 9,6 von Gottes den Untergang der Ägypter setzendem Vorauswissen; Jdt 11,19 bezeichnet es prophetisches Vorherwissen).

III 1) Im NT findet sich das Verb προγινώσκω [proginọskō], *vorherwissen, vorher erkennen, im voraus ausersehen,* 5mal, davon 2mal bei Paulus (Röm 8,29; 11,2), Apg 26,5 von menschlichem »von früher her kennen« sowie 1Petr 1,20; 2Petr 3,17. Das Subst. πρόγνωσις [prọgnōsis], das *Vorauswissen,* ist im NT nur Apg 2,23; 1Petr 1,2 belegt.

2) Bei Paulus dient das Verb προγινώσκω [proginọskō], *vorher erkennen, im voraus ausersehen* dazu, Gottes Handeln an den Menschen zu bezeichnen, nimmt also ganz den Charakter einer von Gott ausgehenden personalen Beziehung zu einer Gruppe von Menschen an.

In Röm 8,29 sind es die Menschen, für die festgesetzt ist, »daß sie gleich sein sollten dem Ebenbild seines (Gottes) Sohnes« (L); in Röm 11,2 steht das Verb für Gottes auswählendes und liebendes Handeln an Israel, das dem Gedanken einer endgültigen Verstoßung Israels entgegensteht.

3) Auch in 1Petr 1,20 ist von dem vorher ersehenden Handeln Gottes die Rede, hier als von einem Handeln Gottes an Christus vor Grundlegung der Welt. Das Subst. πρόγνωσις [prọgnōsis] bezeichnet 1Petr 1,2 die erwählende *Vorsehung* Gottes, die den Christen in der Diaspora als Grund ihrer → Erwählung genannt wird. Die Zugehörigkeit zur Gemeinde in einer völlig anders orientierten und zT. feindseligen Umgebung ist hiernach begründet in der Beziehung, die Gott als → Vater zu Menschen aufnimmt.

Vom *Vorauswissen* bzw. *Vorherwissen* der Glaubenden ist 2Petr 3,17 die Rede; sie haben Kenntnis davon, daß die Parusie trotz der Verzögerung kommt (es geht hier um die Mißverständnisse und Differenzen über Äußerungen des Paulus), was sie zur Aufmerksamkeit anleitet und der Gefahr des Abfallens (→ Fall) entgegenwirkt. Menschliches προγινώσκειν *[proginōskein]* erhält hier also auch theol. Gewicht in der Paränese.

4) In Apg 2,23 charakterisiert πρόγνωσις *[prognōsis]*, *Vorbestimmung*, (ähnlich wie in 1Petr 1,20) das Geschehen um Jesus aus Nazareth vor und bis zu seiner Hinrichtung als von Gott gewollte, jedenfalls aber von ihm vorausgewußte Ereignisse.

5) Verb und Subst. reden somit an den wenigen Belegstellen vornehmlich von Gottes Tun an Christus oder an Menschen, bezeugen also sein Handeln als planvoll und gezielt. Eine Interpretation im Sinne eines unpersönlichen Zwanges (Schicksal, Fügung, Los, Verhängnis) oder einer aus dem Ablauf des Weltgeschehens zu erhebenden Eigengesetzlichkeit würde dem nt. Gebrauch der Wortgruppe widersprechen. *P. Jacobs † / H. Krienke*

προνοέω

προνοέω *[pronoeō]* vorher bedenken, vorsorgen, sorgen für, Vorsorge treffen · πρόνοια *[pronoia]* Voraussicht, Vorsehung, Fürsorge

1) Das Verb προνοέω *[pronoeō]* (aus προ *[pro]*, *vor*, und νοέω *[noeō]*, *wahrnehmen, bemerken*; → Vernunft, Art. νοῦς) bedeutet zunächst *im voraus wahrnehmen, vorherbemerken, voraussehen* (zB Hom. Il. 18,526: einen Betrug), hat aber in den meisten Fällen die Bedeutung *sorgen, Sorge tragen für, Vorsorge treffen für, bedacht sein auf* (zB Xenoph. Cyrop. 8,1,1: sorgen für die Kinder). – Auch beim Subst. πρόνοια *[pronoia]*, belegt seit Aischyl. (Ag. 648), ist ähnlich wie beim Verb die temporale Bedeutung *Voraussicht, Vorherwissen* selten, und es überwiegt die Bedeutung *Vorsorge, Vorbedacht, Absicht, Überlegung, Fürsorge*. I

2) Seit Hdt. (III,108,2) dient das Subst. zur Bezeichnung der göttlichen *Vorsehung* und ist eine Generation später bei Xenoph. (zB Mem. 1,4,6) und Plato (zB Tim. 30b) philosophischer term. techn.; bes. in der stoischen Philosophie (zB Zeno Frg 174.176, in: vArnim, SVF I, 44) – also wiederum einige Generationen später – wird es zu einem wichtigen Begriff, mit dem man die Emanation des sinnvollen Wirkens einer Weltmacht bezeichnet, die göttlichen Rang hat und zum Nutzen des Menschen wie der Vollendung der Natur wirkt. So erhält πρόνοια *[pronoia]*, *Vorsehung*, religiöse Bedeutung und wird Ausdruck einer teleologischen Frömmigkeit, in der Stoa geradezu zum unbezweifelbaren Dogma erhoben. Zufall ist ausgeschlossen, weil alles nach einem eingegebenen göttlichen Entwicklungsgesetz verläuft, das selbst Gottheit ist.

Das Charakteristische dieses Vorsehungsgedankens besteht in einem Doppelten: Einmal ist die Vorsehung als Gottheit der Natur, Menschheit und Geschichte als Gesetz eingegeben. Der Imperativ wird als Indikativ verstanden. Zum anderen entwickelt sich nach dieser Vorsehungsmacht alles von selbst harmonisch, während alles Widerwärtige ausgeschlossen wird. Die Erbschaft dieses Vorsehungsgedankens ist dann seit der Wiederentdeckung durch die Renaissance in der geistesgeschichtlichen Entwicklung vom Rationalismus bis zum spekulativen Idealismus und der Romantik übernommen und zT. in christl. und biblischen Begriffen ausgedrückt worden, wobei die Verschiedenheit der Kategorien zwischen griech. und biblischen Vorsehungsaussagen übersehen wurde.

1) In LXX ist das Verb προνοέω *[pronoeō]*, *vorher sehen, sorgen für*, auch *sehen*, nur 10mal belegt; 1mal für das hebr. *bîn, bemerken, verstehen* (Dan 11,37; L übers. »achten«), 2mal für hebr. *schûr, blicken, erblicken* (Num 23,9; Hi 24,15), während sich die übrigen Belege alle in der apokryphen Lit. finden (Weish 6,7; 13,16; 1Esr 2,28; 2Makk 14,9; 3Makk 3,24; 4Makk 7,18). Nur Weish 6,7 ist das Verb von Gott gebraucht: »Er sorgt für alle [die kleinen und die großen] gleich«. II

2) Das Subst. πρόνοια *[pronoia]*, *Fürsorge, Vorsehung*, findet sich sogar 9mal ausschließlich in der apokryphen Lit. 2Makk 4,6 ist von der erhofften menschlichen Fürsorge des Königs Seleukos IV. die Rede. Alle anderen Stellen sprechen entweder von Gottes Fürsorge (Weish 14,3: Gottes Fürsorge regiert das Schiff; Dan 6,19 LXX: durch Gottes Fürsorge bleiben die Rachen der Löwen verschlossen; vgl. 3Makk 5,30; 4Makk 9,24) oder von der ewigen (Weish 17,2) und allwissenden (4Makk 13,19) bzw. göttlichen Vorsehung (4Makk 17,22). Von theol. Gewicht ist an dem letztgenannten Beleg der Gedanke, daß die göttliche Vorsehung durch das Blut der Märtyrer (die 7 Brüder) als durch ein Sühnemittel (→ Versöhnung, Art. ἱλάσκομαι) das Volk erlöst.

3) Der Begriff der Vorsehung hat also im Hebr. des AT kein entsprechendes Äquivalent, wie auch der Vorsehungsgedanke im AT keine lehrhafte Ausprägung gefunden hat. Vielmehr stammt

der Gedanke wie seine lehrhafte Füllung aus dem griech.-hell. Denken und hat dann auch hier und in der vom Hellenismus bestimmten lat. Sprache seine Begrifflichkeit gefunden (*providentia*).

4) Die Aufnahme des hell. Vorsehungsgedankens in das jüd. Denken zeigt sich bes. bei Philo und Jos. Die Belege für προνοέω *[pronoeō], sorgen für,* und πρόνοια *[pronoia], Fürsorge, Vorsehung,* sind zahlreich. Gottes Vorsehung und Fürsorge werden deutlich am Untergang eines Judenverfolgers (Jos. Bell. 7,453) oder am Beispiel Abrahams (Jos. Ant. 11,169). Gott sorgt für die Welt (Philo, Op. Mund. 171), für das Geschaffene im ganzen und im einzelnen (Philo, Spec. Leg. 3,189). Wie die frühe Stoa (Chrysipp) schreibt Philo eine Schrift »Über die Vorsehung« (περὶ προνοίας *[peri pronoias]*).

III Im NT findet sich das Verb προνοέω *[pronoeō], bedacht sein auf, sorgen für,* nur Röm 12,17 und 2Kor 8,21, aber bezeichnenderweise beide Male als menschliches Bemühtsein um Gutes (L: *Ehrbarkeit*) bzw. *Redlichkeit* (wohl in Anlehnung an den LXX-Wortlaut von Spr 3,4). Auch das Subst. πρόνοια *[pronoia]* meint Röm 13,14 die *Sorge* bzw. *Fürsorge* für den Leib (→ Fleisch). Apg 24,3 lobt der Anwalt Tertullus die Fürsorge des Felix. Für Gottes fürsorgliches Handeln werden Verb und Subst. nicht verwendet. Daß im NT der Begriff πρόνοια *[pronoia]* im Sinne einer göttlichen Weltweisheit nicht vorhanden ist, obwohl er in der Umwelt des NT einen der zentralen Begriffe schlechthin darstellt, ist nicht »zufälliger« Natur, sondern ein Zeichen dafür, daß das NT in der Vermeidung von hell. Begriffen eine ebenso beredte Sprache spricht, wie durch Übernahme und Umprägung anderer hell. Begriffe (zB ἀγάπη *[agapæ]*, → Liebe).

P. Jacobs † / H. Krienke

προοράω

προοράω *[prohoraō]* vorher sehen, (Künftiges) voraussehen, vorher wissen, Vorsorge tragen

I Das Verb προοράω *[prohoraō]* (aus προ *[pro], vor, vorher,* und ὁράω *[horaō]*, → *sehen, erblicken*) ist im räumlichen Sinn als *vor sich sehen* seit Hom. (Od. 5,393) belegt, in der Bedeutung (*Künftiges*) *voraussehen, vorher wissen* erst seit Pindar (Nem. 1,27).

II 1) In LXX findet sich προοράω *[prohoraō]* samt den von προϊδεῖν *[pro·idein]* gebildeten Formen nur Ps 138[139],3 (»du siehst alle meine Wege [vorher]«) von Gottes vorausgreifendem Sehen und Kennen, Ps 15[16],8 vom Vor-Augen-haben des Herrn durch einen Menschen, Gen 37,18 vom Von-weitem-Erblicken Josephs durch seine Brüder (ähnlich noch 1Esr 5,63).

2) Philo gebraucht das Verb überwiegend im zeitlichen Sinn zB vom Voraussehen von Gefahren (Praem. poen. 72) und im Zusammenhang mit der → πρόνοια *[pronoia]*, der *Vorsehung* Gottes (Deus Imm. 29), durch die er – im Unterschied zum Menschen – Kommendes voraussieht. Bei Jos. findet sich darüber hinaus auch die Bedeutung *Vorsorge tragen* (zB Ant. 16,378).

III Im NT ist προοράω *[prohoraō], vorher sehen,* 4mal belegt: Gal 3,8 spricht Paulus unter Bezugnahme auf Gen 12,3 davon, daß die → Schrift – hier personalisiert – es vorausgesehen habe, »daß Gott die Heiden durch den Glauben gerecht macht« (L). Die drei übrigen Belege finden sich in Apg, und zwar in den Bedeutungen *vor Augen haben* (2,25 im Zitat von Ps 16,8), *schon früher gesehen haben* (21,29) und – ähnlich wie bei Paulus – *voraussehen* bzw. *-wissen* (2,31 in Bezug auf Ps 16,10: David habe vorausschauend bzw. vorauswissend von der Auferstehung gesprochen).

Für ein Verhalten Gottes wird also das Verb im NT (ebenso wie → προνοέω *[pronoeō]* und πρόνοια *[pronoia]*) nicht gebraucht.

P. Jacobs † / H. Krienke

προορίζω

προορίζω *[prohorizō]* vorherbestimmen

I/II Das Kompos. προορίζω *[prohorizō]* (aus προ *[pro], vor, vorher,* und ὁρίζω *[horizō]*, → *bestimmen, einsetzen*) ist erst seit dem 4. Jh. vChr belegt (Demosth. 31,4) und bedeutet *vorherbestimmen*. – In LXX findet es sich nicht.

Das NT verwendet προορίζω *[prohorịzō], vorherbestimmen,* 6mal und zwar ausschließlich, III
um Gottes Ratschlüsse zu bezeichnen.

1) Paulus benutzt das Verb in Röm 8,29 zusammen mit → προγινώσκω *[proginọskō], vorher ersehen,* und → πρόθεσις *[prọthesis], Vorsatz, Entschluß,* um die von Gott ausgehende → Berufung in dessen voraufgehendem Ratschluß zu begründen. In V. 30 wird das Verb wieder aufgenommen, um das Ziel dieses Handelns Gottes am Menschen zu nennen, nämlich die Berufenen zu rechtfertigen und ihnen Anteil an seiner Herrlichkeit (→ Ehre, Art. δόξα III A 1f; B 4e) zu geben. 1Kor 2,7 ist die Rede von der → Weisheit (Art. σοφία) Gottes, die er selbst *vorherbestimmt, verordnet* (L) hat »zu unserer Herrlichkeit« (L). Gottes Vorherbestimmen wird also beschrieben als ein auf die Gemeinschaft mit ihm zielendes Handeln am Menschen.

2) Sachlich auf der gleichen Linie liegt die Aussage Eph 1,5, die die in Christus zuteil gewordene Gotteskindschaft als in der vorausbestimmenden Liebe Gottes begründet beschreibt. Eph 1,11 ist das Verb wieder zusammen mit → πρόθεσις *[prọthesis], Vorsatz, Ratschluß,* gebraucht, hier um das in Christus ermöglichte Erbe-Sein der Christen (→ Erbe, Art. κλῆρος) als aus Gottes Willen kommend und dadurch veranlaßt zu kennzeichnen.

3) In Apg 4,27f wird die Überzeugung ausgesprochen, daß Herodes, Pontius Pilatus, die Heiden und Völker an Jesus nur das tun können, was Gott vorher festgesetzt bzw. beschlossen hat. Hier soll also προορίζω *[prohorịzō]* unterstreichen, daß sogar das sündhafte Handeln der Menschen in die Verwirklichung des göttlichen Heilsplanes mit einbezogen ist.

P. Jacobs † / H. Krienke

προτίθημι

προτίθημι *[protịthæmi]* Med.: sich vornehmen, Akt.: zur Pflicht machen, sich vorsetzen, beschließen; öffentlich aufstellen · πρόθεσις *[prọthesis]* Aufstellung, Ausstellung, Vorsatz, Absicht, Entschluß, Wille

Das Verb προτίθημι *[protịthæmi]* (Kompos. aus προ *[pro], vor, vorher,* und τίθημι *[tịthæmi], set-* I
zen, stellen, legen, einsetzen, machen zu), schon früh belegt, hat zunächst die lokale Bedeutung *vorsetzen* (Hes. Theog. 537: Essen vorsetzen), dann *sich vornehmen* (zB Plato, Phaedr. 259e), *sich vorsetzen, beschließen, öffentlich aufstellen.*

Das Subst. πρόθεσις *[prọthesis]* kann die öffentliche *Aufbahrung* Verstorbener (Plato Leg. 12,947b), die öffentliche *Bekanntmachung* (Aristot. Pol. VI 8 p 1322a 9) und später die *Absicht* (Polyb. 5,35,2) bezeichnen (vgl. zum Ganzen ChMaurer, Art. τίθημι, ThWb VIII, bes. 165ff).

In LXX ist das Verb προτίθημι *[protịthæmi]* (19 Belege, davon 11mal Wiedergabe von insges. 6 II
hebr. Äquivalenten, 6mal in den apokryphen Schriften, 2mal ohne Entsprechung im MT) 5mal in der Bedeutung *vorlegen, auflegen* gebraucht (zB Ex 40,4 von den Schaubroten). In Ps 54[53],5 und 86[85],14 gibt es das hebr. *sim* (eigentlich *setzen, stellen, legen*) im Sinne von *sich (Gott) vor Augen halten* wieder, beschreibt also eine bewußte Hinwendung zu Gott bzw. deren Verweigerung. Die Bedeutung *sich etwas vornehmen* findet sich Ps 101[100],3 und 3Makk 2,27. Das Subst. πρόθεσις *[prọthesis]* (17 Belege, davon 7 in 1/2/3Makk) ist 13mal term. techn. für die Schaubrote (zB Ex 39,36), also mit *Aufstellung, Darstellung* zu übers. In der Bedeutung *Absicht, Vorhaben, Anschlag* findet es sich 4mal, und zwar nur in 2/3Makk (zB 2Makk 3,8: für die *Absicht,* den *Befehl* des Königs). Eigenes theol. Gewicht haben die Vokabeln dieser Wortgruppe im AT also nicht.

1) Im NT findet sich das Verb προτίθημι *[protịthæmi]* 3mal, und zwar einmal von Men- III
schen in der Bedeutung *sich vornehmen* (Röm 1,13), dann im Sinne von *öffentlich aufstellen* (Röm 3,25: Gott hat Christus öffentlich als Sühnemittel aufgestellt; → Versöhnung, Art. ἱλάσκομαι III,4) und *festlegen* (Eph 1,9: Gott hat seine Entscheidung in Christus voraus festgelegt).

Das Subst. πρόθεσις *[prọthesis], Aufstellung, Ausstellung, Vorsatz, Absicht,* (vorher gefaßter) *Beschluß,* ist 12mal belegt; davon beziehen sich 4 Belege auf die Schaubrote. Vom menschlichen Vorsatz ist Apg 11,23; 27,13; 2Tim 3,10 (hier in der Bedeutung *Gesinnung*) die Rede.

2) Paulus benutzt das Subst. im Unterschied zu dem nicht theol. Gebrauch in der LXX 2mal, um den »uranfänglichen Entscheid Gottes« (ChMaurer, aaO, 167) zu bezeichnen. In Röm 8,28 wird Gottes πρόθεσις *[prothesis]*, *Beschluß*, *Entscheid*, als die Grundlage der → Berufung der Christen genannt, dh die → Hoffnung und die Gewißheit der Christen haben ihren tragenden Grund in Gottes vorausgehendem Handeln, nicht in menschlicher Entscheidungs- und Entschlußfähigkeit. Ähnlich verwendet Paulus die Vokabel in Röm 9,11: Die Erwählung Jakobs ist in Gottes *Beschluß* bereits vor der Geburt der Zwillinge festgelegt. Auch hier dient der Begriff πρόθεσις *[prothesis]* dazu, Gottes freies, allein in seinem → Willen begründetes, also von menschlichen Vorrechten unabhängiges Handeln an Menschen zu kennzeichnen. Die Durchsetzung der Verheißung ist jeweils Gottes freie Tat (→ Werk), wie an Israel so auch an der christl. Gemeinde.

3) In Eph 1,11 wird ebenfalls die Existenz der christl. Gemeinde als Ergebnis eines von Gott gefaßten Beschlusses beschrieben. Diese Entscheidung Gottes ist zeitlich und sachlich in allem voraufgehender *Beschluß*. Hier häufen sich die Vokabeln, die das προ *[pro]*, *vor*, also die Uranfänglichkeit des → Willens Gottes beschreiben (vgl. die gleiche Häufung in Röm 8,28ff). Um die Verwirklichung des Heilsplans Gottes (→ Haus, Art. οἰκονομία III,2) in Christus geht es Eph 3,8ff. In V. 11 dient der Begriff πρόθεσις *[prothesis]*, *Vorsatz*, dazu, das Handeln Gottes in Christus als Ausführung eines ewigen, dh weder zeitlich noch sachlich von Menschen mitbestimmbaren Vorhabens zu kennzeichnen. In 2Tim 1,9 geht es um das errettende (→ Erlösung, Art. σῴζω) und berufende (→ Berufung) Handeln Gottes an Menschen. Es hat seine Voraussetzung nicht in menschlicher, voraufgehender Leistung, sondern in Gottes eigener Entscheidung. *P. Jacobs † / H. Krienke*

V ZUR VERKÜNDIGUNG

Blickt man auf den (im Vergleich mit der hell. Umwelt auffallend sparsamen) Umgang der biblischen Schriften mit den hier behandelten Wortgruppen zurück, so läßt sich sagen: Der Unterschied zwischen den griech.-hell. und den nt. Begriffen vertieft sich geradezu in den Gegensatz hinein und zeigt sich an vier Momenten: der Begriff der Schicksalsmacht wird abgelöst durch das Zeugnis von Gottes Vorsatz und Tat, das Vorherwissen wird zum Zuvorbestimmen, die Vorherbestimmtheit und Traumhaftigkeit des Schicksals wird zum Gnadenerweis, das Vorherwissen gelangt über das Erkennen zum Gemeinschaftsbezug.

Entsprechend dieser völlig anderen, im biblischen Denken entscheidend von dem Gedanken der → Erwählung her bestimmten Intention bekennt christl. Reden von Gottes Vorsatz und Vorsehung die Natur als → Schöpfung, die Gesetze als Gottes → Wille, die Geschichte als Gottes Heilsplan. Es betont den Unterschied zwischen Schöpfer und Geschöpf und zugleich die Gemeinschaft zwischen dem Herrn und seiner Menschheit, mit einem Wort: die Treue Gottes zu seiner Schöpfung.

Christl. Reden von der Vorsehung hat sich demnach zu erweisen als Erwählungsglauben, für den etwa folgende fünf Elemente von ebenso grundlegender wie charakteristischer Bedeutung sind: 1. Schicksal ist Gottes Vorsehung. Gott ist als Schöpfer der Herr von → Welt und Geschichte, Gott ist als Richter der Herr über → Sünde und → Tod, Gott ist als Versöhner und Erlöser der Herr, der für das Heil seines Volkes und durch sein Volk für das Heil der Menschheit Fürsorge trägt. In diesem Sinne ist Gottes Vorsehung Gottes Lenkung. 2. Gottes Vorsehung ist kein pass. Vorherwissen (*providentia*), sondern ein Vorherwollen und -bestimmen. In diesem Sinn ist Gottes Vorsehung Gottes Fürsorge. 3. Gottes Vorherbestimmen ist ein Vorhererkennen, in dem Gott sich mit dem Erkannten in Gemeinschaft verbindet und in dem der Erkannte Gott erkennt. In diesem Sinn ereignet sich Gottes Vorhererkennen in der Gemeinschaft der Liebe zwischen Gott und Mensch. 4. Gottes Vorhererkennen ist ein Erkennen seines Volkes, seiner Gemeinde, → Kirche als des → Leibes Christi einerseits, wie des einzelnen andererseits, das eine nie ohne das andere. In diesem

Sinn ist Gottes Vorsehung Gemeinschaftsgeschehen der Menschen untereinander. 5. Gottes Vorhererkennen als konkrete, leibhafte → Gemeinschaft hat sein Herz in Christus: Gott erkennt Christus und den Menschen in Christus, und der Mensch erkennt Christus und in Christus Gott. In diesem Sinne hat Gottes Vorsehung ihre Mitte, ihren Herzschlag in der Christusgemeinschaft.

Die Erwählung wird als Erwählung in Christus bezeugt, jedoch ohne dabei die gültig bleibende Erwählung Israels zu überspringen. Dementsprechend werden die nt. Vorsehungsaussagen auf dem at. Hintergrund und also in ihrem Bezug zum Erwählungsglauben zu untersuchen sein, um das jeweilige nt. Selbstverständnis recht zu fassen und dessen Bedeutung im Gegenüber zum hell. Vorsehungsgedanken würdigen zu können.

Entscheidend für das biblische Reden von Gottes Vorhersehen, -bestimmen, Vor-satz und Fürsorge (→ Vater) ist, daß hier nicht eine Idee entwickelt, ein Wunsch geäußert, sondern die göttliche Tat verkündet wird, nämlich der Plan und → Wille des Gottes, der sich als Ich offenbart und dies in bezug auf sein Volk und darüber hinaus auf die Völkerwelt, indem er alles als Werkzeug zur Verwirklichung seines → Zieles bestimmt. *P. Jacobs †*

Lit.: RBultmann, Art. προγινώσκω, ThWb I, 1933, 715f – JBehm, Art. προνοέω, ThWb IV, 1942, 1004ff – KBarth, KD III,3, 1950, § 48 – KLSchmidt, Art. προορίζω, ThWb V, 1954, 457ff – JJeremias, Jesu Verheißung für die Völker, 1956 – WWiesner, Art. Vorsehung, EKL III, 1959 (1962[2]), 1705ff – JKonrad, Art. Vorsehung, RGG VI, 1962[3], 1496ff – SSchulz, Gottes Vorsehung bei Lukas, ZNW 54, 1963, 104ff – ChrMaurer, Art. προτίθημι, ThWb VIII, 1969, 165ff

Wachsen

Die Wortgruppen αὐξάνω *[auxạnō]* und πλεονάζω *[pleonạzō]* bezeichnen beide ein qualitatives bzw. quantitatives Zunehmen, wobei das Interesse vor allem auf dem Prozeß der Entwicklung bzw. Steigerung liegt. Während αὐξάνω *[auxạnō]* – ein Begriff aus dem Bereich der Pflanzenwelt – *wachsen* urspr. als einen Naturvorgang beschrieb, in dem das Fruchtbarsein zum Ausdruck gelangt (deshalb im NT nur positiv verwendet), ist πλεονάζω *[pleonạzō]* ein Mengenbegriff, der urspr. den Vorgang wiedergab, in dem ein Maß überfloß, dh ein *Zuviel-werden*. Im übertragenen nt. Sprachgebrauch sind die Unterschiede noch deutlich erkennbar.

αὐξάνω

αὔξω/αὐξάνω *[ạuxō/auxạnō]* wachsen (lassen), vermehren, zunehmen · αὔξησις *[ạuxæsis]* Wachstum · ὑπεραυξάνω *[hyperauxạnō]* üppig (übermäßig) wachsen

Das Verbum ist in der kurzen Form αὔξω *[ạuxō]* wie auch in der verstärkten Form αὐξάνω *[auxạnō]* I
seit Pindar belegt und heißt *vermehren, zunehmen lassen, wachsen lassen*. Trans. wird es sowohl für naturhaftes Wachstum gebraucht, etwa von Früchten, wie auch für das Mehren und Erhöhen von Geltung und Macht. Schließlich kann das Mediopass. auch bedeuten *erhoben, verherrlicht, gepriesen werden*. Das Subst. αὔξησις *[ạuxæsis]* ist seit den Vorsokratikern und Hdt. belegt und bedeutet *Wachstum;* in der Verbindung αὔξησιν ποιεῖσθαι *[ạuxæsin poiẹisthai]*, *Wachstum vollziehen, wachsen;* ὑπεραυξάνω *[hyperauxạnō]* seit Andokides: *üppig, übermäßig wachsen.*

Verwandt ist das lat. *augere, augustus*. Wahrscheinlich aus derselben Wurzel kommt lat. *auxilium*, so daß *stärken, sich mehren* im Stamm liegen.

Unser Begriff wird bes. für das naturhafte Wachsen verwendet. Auf dieser Linie liegt auch der Gebrauch für das Zunehmen des Mondes und der Sonne (Kalendarium des Antiochus vom 25. Dezember. ENorden, Die Geburt des Kindes, 1924, 99ff).

Eine bes. philosophische oder religiöse Bedeutung tritt in der griech. Umwelt nicht hervor im Gegensatz zu προκόπτω *[prokǫptō]* und προκοπή *[prokopæ]*, die in der stoischen Philosophie und bei Philo den ethischen Fortschritt bezeichnen.

II In LXX steht αὐξάνω *[auxąnō]* 11mal für *pārāh* im Kal in der Bedeutung *fruchtbar, zahlreich werden*, 8mal im Akt. hif. *fruchtbar, zahlreich machen*. Meist ist Gott Subj. des Wachstumsprozesses. So Gen 17,20 von Ismael, Gen 35,11 im Segen an Jakob, der zum großen Volk werden soll (vgl. Jer 3,16; 23,3). Häufig ist die Verbindung mit πληθύνω *[plæthynō]*, *füllen, mehren*, und die Beziehung zur Urverheißung an die Menschheit und das Volk, daß sie wachsen und sich mehren sollen (Gen 1,22.28; 9,1.7 Noah; 17,6 Abraham u. a.). In dem bildhaften Vergleich Jes 61,11 wird der Wachstumsprozeß nicht als biologische Automatik, als Entwicklung ins Auge gefaßt, vielmehr werden Anfang und Ende gesehen. Das Überraschende ist, daß Anfangs- und Endstadium zwei völlig verschiedene Zustände sind. Wo bisher nichts war, wird Gottes Schöpfungswille wirksam: Er schafft Gerechtigkeit und Ruhm. – Sir 43,8 ist vom Zunehmen des Neumondes die Rede; auch hier gilt Gott als der Urheber der Wachstumskraft.

III 1) Im NT findet sich αὐξάνω *[auxąnō]* 22mal, davon 4mal in 1/2Kor, 2mal bei Eph und 3mal in Kol, 7mal bei Lukas. Das Subst. kommt nur Eph 4,16 und Kol 2,19 im Zusammenhang mit dem Verb vor.

2) Das natürliche Wachstum ist direkt nur bei Lk 1,80 und 2,40 angesprochen, wo von der Zunahme des Kindes Jesu an Alter und Geist die Rede ist.

3a) Bedeutsam für das Verständnis des Begriffs ist die Gleichnisrede Jesu von Saat und Ernte (Mk 4,3–9; vgl. V. 26ff; Mt 13,32; auch 6,28). Das Bild vom pflanzlichen Wachstum bezeichnet in der Verkündigung Jesu nach den Synopt. das Kommen des Reiches Gottes durch das Wort gegen allen Widerstand, der sich erhebt. Gott ist es, der das wachsen läßt, was er selbst in Jesus sät bzw. durch seine Boten eingräbt (vgl. auch 2Kor 9,10; 1Kor 3,6f).

b) Bei Paulus ist bezeichnend, daß αὐξάνω *[auxąnō]* in Röm und Gal fehlt. Es gehört nicht in die Rechtfertigungslehre, sondern in die Paränese. Nur Gott kann die Gemeinde wachsen lassen (1Kor 3,5–11); dh nur in der Erinnerung an den Ursprung, der in Jesus Christus gegeben ist (1Kor 3,11), kann echtes Wachstum der Gemeinde geschehen (→ Fest, Art. θεμέλιος III,1). Dabei ist nicht nur an eine zahlenmäßige Zunahme, sondern auch an qualitatives Wachsen, die Festigung der Gemeinde in Christus gedacht, die gute Werke zur Folge hat (2Kor 9,6–11).

c) Dem Bild von 1Kor 3,11 widerspricht der Verfasser des Eph nicht, wenn er 2,20ff nicht Christus, sondern die Apostel als Grund nennt, von dem her der Bau wächst (→ Haus, Art. οἶκος; οἰκοδομέω). Die Kirche in ihrer 3. Generation ist in bes. Weise auf das Zeugnis der Apostel und Propheten angewiesen, in dem ihr die Predigt Christi begegnet. Die Gemeinde wächst also auch nach dem Eph allein von Jesus Christus her, der gleichzeitig den Bau zusammenhält (→ Stein, Art. γωνία). »Wachsen« bedeutet, daß das Evangelium den Menschen nicht in eine geschichtslose Existenz ruft, sondern daß Christen gerade in der Gemeinschaft des Gottesvolkes in einen Geschichtsprozeß gestellt werden, der von der Verheißung des weltweiten Reiches Christi bestimmt ist. Indem Juden und Heiden sich gemeinsam vor dem Herrn der Kirche in diesem Wachstumsprozeß als Kinder finden, wird der Gemeinde in dem Wachsen zu dem einen Bau eine neue Dimension erschlossen. »Das Wachstum der Kirche zur eigenen Heiligkeit in Christus ist ein beständiger Vorgang. Das zeigt das Präs. von αὔξειν *[ąuxein]*. αὔξειν *[ąuxein]* ist die Weise des Seins der Kirche. Die Kirche ist, indem sie wächst. Sie ist immer nur so heilig, daß sie, die heilig ist, heilig wird, und beides ›in Christus‹« (HSchlier, aaO, 144).

d) Der Vorstellung vom Bau entspricht die vom wachsenden → Leib (Eph 4,15f; Kol 2,19). Beide sind der Gnosis entnommen. Eph 4,15f wird deutlich, auf welche Weise sich das Wachsen vollziehen soll: Indem die Wahrheit in die Liebe verlegt wird und die Liebe wirksam wird, wächst die Gemeinde zu einem Haupt, Christus, hin. Alles aber ist begründet in der Kraft des Evangeliums, die im Wachsen der Gemeinde erfahren wird (Kol 1,6). Wer sich in die Bewegung durch das Evangelium stellen läßt, wächst auch in der Erkenntnis Gottes (Kol 1,10f) und in der Gnade (2Petr 3,18).

4) Im NT kann auch vom Wachsen des Glaubens gesprochen werden (2Kor 10,15f; 2Thess 1,3; 2Petr 3,18 v. l.). Der → Glaube ist sowohl biographisch als heilsgeschichtlich bedingt. Er wird durch das Wort, durch den lebendigen Christus selbst gestiftet und erneuert, erfährt aber im Christenleben Umformungen. Der Glaubende hat jeweils seine eigene Geschichte in Relation zu seinem Herrn. Er lebt zwischen dem »Schon« und dem »Nochnicht« (vgl. Phil 3,12–15; vgl. auch RBultmann, Theol. des NT, 1953, 318ff). Die zur → Taufe führende Entscheidung ist zwar einmalig, aber das ständig neue Ergreifen des Glaubens ist notwendig (vgl. Röm 14,1; 1Thess 3,10). Der Glaube wächst aus dem Gehorsam des Glaubenden in der Gemeinschaft der Gemeinde (2Thess 1,3; vgl. Phil 1,25f) zu besserem Zeugnis in der Welt (2Kor 10,15f). Quantitatives und qualitatives Wachstum hängen eng zusammen. Letztes Ziel des Wachstums im Glauben ist der Tag Christi (vgl. Phil 1,6). Immer wirkt der wachsende Glaube nach außen, er bringt Frucht und gibt Zeugnis (2Thess 1,3; 2Kor 10,15). Zum Wachstum im Glauben kann sogar imperativisch aufgefordert werden (2Petr 3,18 v. l.).

5) In der Apg ist Wachsen ein wichtiger Begriff für das missionarische Wachstum der Gemeinde (6,7; 12,24; 19,20). Apg 7,17 ist am ehesten der Anklang deutlich an die at. Heilsgeschichte. Die Gemeinde breitet sich aus. Die Verheißung an Israel (Ex 1,7) wird eschatologisch auf die Christengemeinde übertragen (Apg 12,24. Vgl. auch Did. 16,3; 1Clem 33,6).

6) Umstritten ist die Herkunft der Redewendung Joh 3,30: »Er muß wachsen, ich aber muß abnehmen.« Handelt es sich um ein astrales Bild (so Bultmann, Johannes, zSt.), oder wird der antike Sprachgebrauch aufgegriffen »an Ansehen, Geltung zu- bzw. abnehmen« (so Delling, ThWb VIII,521)? Der Schwerpunkt liegt hier sicher auf dem Zunehmen an Einfluß und Geltung. Der Prophet weist hin auf seinen Herrn und stellt sein Licht zurück, damit der gesehen wird, auf den er hinweist.

Von προκοπή *[prokopæ]* und προκόπτω *[prokoptō]* unterscheidet sich αὐξάνω *[auxanō]* u. a. dadurch, daß es im NT ausschließlich im positiven Sinn vorkommt und daher wohl der theol. gefülltere Begriff ist. Nicht jeder »Fortschritt« ist auch »Wachstum«.

W. Günther

πλεονάζω

πλεονάζω *[pleonazō]* viel sein (werden), groß sein (werden), wachsen · ὑπερπλεονάζω *[hyperpleonazō]* in reichem Maße vorhanden sein

πλεονάζω *[pleonazō]* (seit Thuk.) ist gebildet aus πλέον *[pleon]* (Komparativ zu πολύς *[polys]*, *viel*) mit dem Ausgang -άζειν *[-azein]* und bedeutet (*zu*) *viel sein* oder *werden*. Die Steigerung ὑπερπλεονάζω *[hyperpleonazō]*, *in überreichem Maß vorhanden sein*, ist selten. In Entfaltung der Grundbedeutung erscheint πλεονάζω *[pleonazō]* intrans. als (*zu*) *groß sein* oder *werden* (*über das rechte Maß hinausgehen*), von daher *sich überheben, übermütig werden;* ferner *überfließen* (vom Meer oder Fluß), *sich mehren,* (*zu*) *zahlreich werden* (zB die Juden in Rom), *in reicher Fülle vorhanden sein* (zB Freuden), *reich sein an etwas, mehr haben als nötig ist, Überfluß haben,* als geschäftliche Wendung *überschüssig sein* (vom Geld). Trans. kommt πλεονάζω *[pleonazō]* vor als *reich machen,* (*ver*)*mehren, wachsen lassen.* In ethischen Zusammenhängen (so bei Thuk., Demosth., Aristot., in der Stoa) zeichnet πλεονάζω *[pleonazō]* tadelnd das, was gegen das Ideal des Maßhaltens, die Vernunft, das Natürlich-Gesunde verstößt. I

Die LXX hat πλεονάζω *[pleonazō]* 28mal; 18mal für hebr. Äquivalente, meist als Übers. von *'ādaph, überschüssig sein,* und *rābāh, viel sein* oder *werden,* zB von Speisen (Ex 16,18.23), Personen (1Chr 4,27; 5,23; Jer 30,19), Geld o. ä. (2Chr 24,11; 31,5; Sir 35,1), Sünden (Sir 23,3). II

Im NT kommt πλεονάζω *[pleonazō]* 9mal vor (intrans. 7mal bei Paulus und 2Petr 1,8; trans. 2Thess 1,3; ὑπερπλεονάζω *[hyperpleonazō]* nur 1Tim 1,14). Es drückt im NT immer einen Prozeß des Wachsens, des Vermehrens, der Steigerung aus. Im Unterschied zu περισ- III σεύω [perissẹụō], das im eschatologischen Sinn »das Moment des alle Maße weit übertreffenden Übermaßes und der alle vorgegebenen Grenzen überschwemmenden Fülle« ausdrückt (→ Fülle, Art. περισσεύω III), gibt πλεονάζω [pleonạzō] mehr die Entwicklung, den Wachstumsprozeß einer Sache wieder: »Damit die Gnade zunehme« (Röm 6,1), »euer Glaube wächst« (2Thess 1,3); »wenn solches (Gottesfurcht, Liebe etc.) zunimmt« (2Petr 1,8). περισσεύω [perissẹụō] übertrifft πλεονάζω [pleonạzō] gleichsam durch eine quantitative Steigerung.

Das wird bei einer Reihe von Stellen bes. deutlich, in denen beide Begriffe im gleichen Sinnzusammenhang stehen:

1) Röm 5,20 geht Paulus in einem kurzen Lehrsatz auf das Verhältnis von Gesetz und Heilsgeschichte ein. Indem durch das → Gesetz (Art. νόμος) die Sünde zu ihrem vollen Maß *sich mehrt* (πλεονάζω [pleonạzō]) und darin die menschliche Aussichtslosigkeit im Tode zutage tritt, wird die *überströmende* (ὑπερεπερίσσευσεν [hypereperịsseusen]) Gnade der neuen Weltzeit wirksam. Je hoffnungsloser sich also der Mensch in die wachsende Sünde verstrickt, um so größer ist die befreiende Tat Gottes in der Begnadigung. Diese Sicht des Verhältnisses von Sünde und Gnade führte offenbar im Judentum zu einem Mißverständnis, auf das Paulus Röm 6,1ff eingeht.

Interessant ist, daß Paulus 6,1 nun im Blick auf die Gnade πλεονάζω [pleonạzō] und nicht, wie man vermuten könnte, περισσεύω [perissẹụō] gebraucht. Aber es geht in diesem Zusammenhang Paulus gerade um den Prozeß des Größer-w e r d e n s der Gnade, der nicht durch ein bewußtes Verharren in der Sünde provoziert werden kann.

2) Auch 2Kor 4,15 wird die χάρις [chạris], die *Gnade*, durch πλεονάζω [pleonạzō] charakterisiert. Indem durch den Dank möglichst vieler die Gnade wächst (πλεονάσασα [pleonạsasa]), strömt sie über (περισσεύσῃ [perissẹusæ]) zur Verherrlichung Gottes, »setzt sich die Gnade irdisch durch« (GKlein).

3) Phil 4,17 verwendet Paulus πλεονάζω [pleonạzō] in Verbindung mit anderen Begriffen der Kaufmannssprache (V. 15: εἰς λόγον δόσεως καὶ λήμψεως *[eis lọgon dọseōs kai læmpseōs], in Abrechnung des Gebens und des Empfangens; in gegenseitiger Abrechnung,* so WBauer, 946; V. 17: εἰς λόγον ὑμῶν *[eis lọgon hymọn], zu euren Gunsten verrechnet,* so WBauer, ebd.). Aus diesem Zusammenhang wird auch πλεονάζω [pleonạzō] zu verstehen sein. Im Blick auf eine Spende der Philipper sagt Paulus (V. 17): »Nicht, daß ich nach der Gabe trachte, sondern ich trachte nach der Frucht, die euer Konto anwachsen (πλεονάζοντα [pleonạzonta]) läßt!« (Übers. nach GFriedrich). Die Verwendung von περισσεύω [perissẹụō] in V. 18 (*ich habe überflüssig*) zeigt wieder die bes. Akzentsetzung von πλεονάζω [pleonạzō].

4) Für die Thessalonicher kann Paulus (1Thess 3,12) erbitten, daß sie der Herr in der → Liebe untereinander zunehmen, wachsen (πλεονάσαι [pleonạsai]) und überströmen (περισσεύσαι [perissẹusai]) lasse. Das πλεονάζειν [pleonạzein] drängt also auf das περισσεύειν [perissẹụein] hin.

5) Im Sinne von περισσεύω [perissẹụō] kommt πλεονάζω [pleonạzō] offensichtlich in dem at. Zitat (Ex 16,18) 2Kor 8,15 vor: »Der viel sammelte, hatte nicht Überfluß«, dh nicht mehr als nötig ist.

W. Bauder / D. Müller

Lit.: GDelling, Art. πλεονάζω etc., ThWb VI, 1959, 263ff – GStählin, Art. προκοπή etc., ThWb VI, 1959, 703ff.

Wahrheit

ἀλήθεια

ἀλήθεια *[alǣtheia]* Wahrheit · ἀληθεύω *[alǣthẹuō]* wahrhaftig sein, die Wahrheit sagen · ἀληθής *[alǣthǣs]* wahr, wirklich, wahrhaftig · ἀληθινός *[alǣthinọs]* wahr, wahrhaftig, wirklich · ἀληθῶς *[alǣthō̦s]* wahrhaftig, wirklich, tatsächlich

Das von dem Verbum λανθάνω *[lanthạnō], verborgen sein* (mit α-Privativum?) gebildete Subst. I
ἀ-λήθεια *[a-lǣtheia]* (seit Hom. belegt, bei dem es in ionischer Abwandlung ἀληθείη *[alǣthẹiæ]* lautet) bedeutet in urspr. Sinn und wörtlicher Übertragung die *Un-verborgenheit*, positiv gewendet die *Wahrheit*. Davon abgeleitet ist das seit den Vorsokratikern gebräuchliche Verbum ἀληθεύω *[alǣthẹuō]*, das von Personen ein *Wahrhaftig-sein* bzw. *Die-Wahrheit-reden* aussagt. Die Adj.e ἀληθής *[alǣthǣs]* (seit Hom.) und ἀληθινός *[alǣthinọs]* (seit Heracl.) bedeuten beide *wahr*, wobei ἀληθής *[alǣthǣs]* in erster Linie die Richtigkeit einer Aussage, ἀληθινός *[alǣthinọs]* hauptsächlich die Wirklichkeit der in einer Aussage gemeinten Sache bezeichnet. Auch die dritte Bedeutung als Wahrhaftigkeit einer Person ist schon bei Hom. belegt (Il. 12,433). Ähnlich bringt das Adv. ἀληθῶς *[alǣthō̦s]* (seit Aischyl., Hdt.) die Wirklichkeit, Tatsächlichkeit und Wahrhaftigkeit von Sachverhalten und Personen zum Ausdruck: *wirklich, tatsächlich, wahrhaftig*.

1) Für das griech. Denken stellt sich die Wahrheitsfrage als Frage nach dem *wahrhaft Seienden* (ὄντως ὄν *[ọntōs on]*).

a) Die frühen griech. Denker verstehen unter Wahrheit – entsprechend der urspr. Bedeutung von ἀλήθεια *[alǣtheia]* – zunächst einen *wirklichen Tatbestand* bzw. einen *wahren Sachverhalt* (zB Parm. 8,17f; Thuk. II,35). Wahrheit kennzeichnet in erster Linie den Charakter von Dingen und Sachverhalten, sofern sie sich in ihrem unverstellten So-sein zu erkennen geben (ἀλήθεια πραγμάτων *[alǣtheia pragmạtōn]*). Aristoteles (Metaph. 984a 18f; 984b 10) identifiziert Wahrheit mit den aufweisbaren Dingen (πράγματα *[prạgmata]*, φαινόμενα *[phainọmena]*) und der *Sache selbst* (αὐτὸ τὸ πρᾶγμα *[autọ to prạgma]*). – Der Gegensatz zu der so verstandenen Wahrheit ist der die wahre Natur der Dinge verhüllende *Schein* (δόξα *[dọxa]*; Xenophanes Frg. 34/35). Bereits Parm. unterscheidet in seinem Lehrgedicht (Frg. 1,28ff) zwischen ἀλήθεια *[alǣtheia]* und δόξα *[dọxa]* der Wirklichkeit, zwischen Sein und Schein des Daseins. Durch den verhüllenden Schein zum wahren Sein der Dinge vorzudringen, ist nach Aristot. die Aufgabe der Philosophie (Metaph. 1003 a 21). Das Verhältnis von Sein und Erkennen bildet daher das Grundproblem der griech. Wahrheitsfrage (vgl. zB Anaxagoras, Frg. 21,21a; s. u. 2).

b) Im Unterschied zum at. Wahrheitsverständnis (s. u. II,3) begreift der griech. Mensch die Wahrheit nicht als zeitlich-geschichtliche Größe, sondern als zeit- und geschichtsloses Dasein und Sosein. Das kommt darin zum Ausdruck, daß ἀλήθεια *[alǣtheia]* mit Verben der Wahrnehmung – sehen, hören, erfahren etc. – verbunden wird, nicht aber – wie im AT – mit *tun* (ποιεῖν *[poiẹin]*; vgl. vSoden, 12). Dementsprechend kann man die Wahrheit *zeigen* (δεῖξαι *[dẹixai]*, δηλοῦν *[dælọun]*), *lehren* (διδάξαι *[didạxai]*) oder *sagen* (λέγειν *[lẹgein]* bzw. ἀληθεύειν *[alǣthẹuein]*). Der wahre Sachverhalt (ἀλήθεια *[alǣtheia]*) wird durch den Logos (→ Wort) erschlossen, der die ἀλήθεια *[alǣtheia]* der Dinge aufweist, dh sehen läßt (vgl. Parm. Frg. 2,3f; Platon Crat. 385b; Xenoph. An. IV, 4,15; Aristot. Metaph. 1011b 26ff). Von daher kann auch einer Aussage Wahrheit beigemessen werden, sofern sie mit dem Logos übereinstimmt und einen Sachverhalt aufdeckt. In diesem Sinn bezeichnet ἀλήθεια *[alǣtheia]* die Richtigkeit, dh Sachgemäßheit einer Aussage; ihr Gegenteil ist der Trug bzw. die → Lüge (ψεῦδος *[psẹudos]*), eine unsachgemäße Aussage, die den wahren Charakter der Dinge verdeckt.

c) Indem der menschliche λόγος *[lọgos]* in Übereinstimmung mit dem Gesamtlogos die Wahrheit der Dinge aufdeckt und sehen läßt, setzt er die vorhandene Wirklichkeit in Beziehung zu dem erkennenden Menschen. Sofern sich nun der Mensch der erkannten Wahrheit gemäß verhält, erhält er selbst das Attribut *wahr* (ἀληθής *[alǣthǣs]* bzw. ἀληθινός *[alǣthinọs]* zB Heracl. Frg. 133; Aristot. De Interpret. 1,16 a 6ff). Ein Urteil oder Verhalten kann nur dann Anspruch auf Teilhabe an der Wahrheit erheben, wenn es mit der unverstellten Wirklichkeit übereinstimmt (Aristot. Metaph. 993b 30f; diese Vorstellung liegt auch der Wahrheitsdefinition des Thomas von Aquin zugrunde: *veritas est adaequatio rei et intellectus*, »Wahrheit ist Übereinstimmung von Ding und Verstand«, Summa theologica I qu. 16 a 1; vgl. auch qu. 21 a 2). Auf diese Weise erhält ἀλήθεια *[alǣtheia]* die dritte Bedeutung *Wahrhaftigkeit, Aufrichtigkeit*, die in der Tugendlehre eine besondere Rolle spielt: »Wer die Tugend ehrt, soll als erste die Wahrhaftigkeit ehren« (Democr., Unechtes Frg. 198; vgl. auch Eurip. Frg. 289; Aristot. Eth. Nic. II,7,1108a; IV,13, 1127a.b).

2) Wird die Wahrheit als Un-verborgenheit des Seins der Dinge verstanden, dann lassen sich so viele Wahrheiten denken, wie es Dinge und Sachverhalte gibt (vgl. Pindar, Nem. V,17f; Epict. I,28,29 τὸ κατὰ τὸν τόπον ἀληθής *[to katạ ton tọpon alæthæs], das jeweilig Wahre*). Sobald aber das unbefangene Zutrauen zum Vorhandenen schwindet, muß die Frage nach der einen Wahr-

heit, die den zahllosen Teilwahrheiten zugrunde liegt, erwachen. Die damit aufgegebene Problemstellung wird vor allem von Platon aufgegriffen und weitergeführt. Jetzt entsteht der »große Eifer, das Feld der Wahrheit zu sehen, wo es ist« (Phaedr. 248b). In seinem Höhlengleichnis (Resp. VII, 514aff) überführt Platon den parmenideischen Gegensatz von Sein und Schein (s. o. 1a; Frg. 1,28ff) in das Bild von Sonne (ἥλιος *[hælios]*) und Schatten (σκιά *[skia]*). Der Höhlenbewohner hält die Schatten, die er als einziges sehen kann, für das Wahre (515c). Wird er aber aus der Höhle befreit und ans Licht geführt, erkennt er die Sonne als wahre, dh wirkliche Ursache der Schatten (516b). In seiner Interpretation des Gleichnisses (517bff) setzt Platon die Welt der sichtbaren Dinge (φαινομένη ἕδρα *[phainomenæ hedra]*) mit den Höhlenschatten gleich und behauptet als Akt der Befreiung von dem trügerischen Schein des Sichtbaren den Aufstieg der Seele zur Betrachtung der »oberen Dinge« (τὰ ἄνω *[ta anō]*). Platon vertritt die Auffassung von verschiedenen Stufen der Wahrheit, die die Seele von unten nach oben durchlaufen muß, um »zuletzt unter allem Erkennbaren und nur mit Mühe die Idee des Guten« (ἡ τοῦ ἀγαθοῦ ἰδέα *[hæ tou agathou idea]*) als Ursache alles Richtigen und Schönen, von Wahrheit und Vernunft zu erblicken (517b/c). Im Unterschied zum aristotelischen Wahrheitsverständnis wird bei Platon ähnlich wie bei Parmenides primär nicht den sichtbaren Dingen oder dem Urteil Wahrheit beigemessen, sondern den unsichtbaren Ideen, die nur dem vernünftigen Vernehmen der Seele sich erschließen. Die eigentliche Wirklichkeit liegt nicht in, sondern hinter und über den Dingen; sie ist das *An-und-für-und-in-sich-selbst-ewig-überall-dasselbe-Seiende* (αὐτὸ καθ' αὑτὸ μεθ' αὑτοῦ μονοειδὲς ἀεὶ ὄν *[auto kath hauto meth hautou monoeides aei on]*, Symp. 211b). Damit gewinnt ἀλήθεια *[alætheia]* die Bedeutung von Immer-Seiendem, das mit dem Göttlichen gleichgesetzt werden kann (Resp. II,382e; vgl. dazu auch Resp. X, 596a–605c).

3) Sofern der Mensch das rechte Wissen um die Wahrheit besitzt, gewinnt er nach griech. Verständnis Anteil an dem einen und wahren Sein. Vor allem die Stoa legt den Akzent auf die Übereinstimmung des individuellen Lebens mit der Wahrheit (vgl. RBultmann, Exegetica, 150ff). Mensch und Welt sind durch den beiden innewohnenden Logos miteinander verbunden, und insofern zielt der delphische Imperativ: *»Erkenne dich selbst«* (γνῶθι σαυτόν *[gnōthi sauton]*) ebenso wie die Parole *»die Natur kennen lernen«* (καταμαθεῖν τὴν φύσιν *[katamathein tæn physin]*, Epict. Ench. 49) auf die Forderung, der Wahrheit zu folgen. Epict. macht sich die sokratische Auffassung zu eigen, nach der das wahre Wissen zum rechten Tun führt: »Wenn du die Wahrheit gelernt hast, besteht für dich bereits die Notwendigkeit, sie ins Werk zu setzen« (Diss. I,17,14). Hier gewinnt ἀλήθεια *[alætheia]* den Charakter einer Norm bzw. einer Lehre, die der Mensch kennen muß, um zur wahren Selbstverwirklichung zu gelangen (vgl. Epict. Diss. I,4,32).

4) Während das stoische Wahrheitsverständnis hauptsächlich auf dem Boden der vorsokratisch-aristotelischen Tradition ausgebildet worden ist, gewinnt im spätantiken Hellenismus der parmenideisch-platonische Wahrheitsbegriff neue Bedeutung. Die platonische Unterscheidung zwischen ursächlich-wahrer und abgeleitet-schattenhafter Wirklichkeit wird im Hellenismus zu einem kosmisch-metaphysischen Dualismus verschärft (vgl. RBultmann, Exegetica, 159ff). Die Wahrheit rückt nun ganz auf die Seite des überweltlichen Ewigen und Göttlichen, und die bisherige Voraussetzung, die logoshafte ἀλήθεια *[alætheia]* sei dem menschlichen Verstand (νοῦς *[nous]*) zugänglich, wird aufgegeben. »Die ἀλήθεια *[alætheia]* ist dem Menschen als solchem verschlossen, und er bekommt nur teil an ihr, wenn die Grenzen des Menschlichen gesprengt werden, sei es in der Ekstase, sei es durch Offenbarung aus der göttlichen Sphäre« (RBultmann, ThWb I, 241).

Dieses dualistische Wahrheitsverständnis ist vor allem von Philo, der Gnosis und dem Neuplatonismus entwickelt worden, die zT. auch iranische Einflüsse aufgenommen haben. Schon in den Oden Salomos, die noch deutlich at.-orientalische Tradition erkennen lassen, werden Wahrheit und Licht der göttlichen Sphäre der Finsternis und Lüge des irdischen Bereiches gegenübergestellt (18,6; 18,8–10; 25,7; 31,1f; bes. 38. Ode). Philo versteht unter dem wahren Leben (ἀληθινὴ ζωή *[alæthinæ zōæ]*) das göttliche, unvergängliche Leben (Leg. All. I,32.35; III,52). Bes. aufschlußreich ist der hermetische Traktat »Über die Wahrheit« (περὶ ἀληθείας *[peri alætheias]*). Hier wird Wahrheit definiert als »das unvermischte Gute selbst, das weder vom Stoff getrübt noch vom Körper umgeben wird, die unverhüllte Leuchte, das unveränderliche Unwandelbare« (§ 9; vgl. auch § 15). Alles Veränderliche auf der Erde verfällt der Lüge, auch der Mensch, der als Mensch nicht wahr, sondern eine traumhafte Erscheinung (φαντασία *[phantasia]* § 17) ist. Plotin schließlich (Enn. VI,9) redet von dem wahren Licht, das den erleuchtet, der sich zur Schau der Gottheit emporschwingt.

Damit ist der Boden des urspr. griech. Wahrheitsverständnisses, das Wirklichkeit und Wahrheit zusammendachte, verlassen und durch die Antithese zwischen göttlicher Wahrheit und menschlicher Wirklichkeit ersetzt. Der schillernde hell. Wahrheitsbegriff kann die göttliche Substanz (οὐσία *[ousia]*) oder Macht (δύναμις *[dynamis]*), aber auch die offenbarende Erkenntnis (γνῶσις *[gnōsis]*), das unvergängliche Leben (ζωή *[zōæ]*) oder das unveränderliche Licht (φῶς *[phōs]*) bezeichnen; es entsteht eine eigentümliche Synonymität zwischen den Begriffen Wahrheit, → Erkenntnis, → Leben und → Licht.

Z u s a m m e n f a s s e n d läßt sich sagen: Der griech. Wahrheitsbegriff bezieht sich auf die unverborgene Wirklichkeit von zeitlos Vorhandenem und Gültigem, seien es Dinge, Sachverhalte, menschliche Tugenden oder göttliche Wesenheiten. Die erkenntniskritische Fragestellung: Was ist Wahrheit? zielt auf die Erkenntnis des wahrhaft Seienden (ὄντως ὄν *[ontōs on]*) in absolutem Sinn (μονοειδὲς ἀεὶ ὄν *[monoeides aei on]*). »Dieser ›Wahrheits‹-Begriff erhebt sich also auf Grund einer Auffassung vom Menschen, wonach der Mensch seine Eigentlichkeit nicht im geschichtlichen Miteinander hat, . . ., – sondern wonach er seine Eigentlichkeit in den zeitlosen unwandelbaren λόγοι *[logoi]* hat, die sein Sein wie alles Sein konstituieren« (RBultmann, Exegetica, 153). Die im Verlauf der griech. Geistesgeschichte gegebenen Antworten entfernen sich zunehmend von der Wirklichkeit der sichtbaren Dinge und münden in die Aporie eines Dualismus zwischen unveränderlicher, überirdischer Wahrheit und veränderlicher, irdischer Wirklichkeit.

Das at. Wahrheitsverständnis erhält dadurch seine besondere Prägung, daß das hebr. Wort für *Wahrheit, 'æmæt,* von demselben Stamm *'āman* abgeleitet ist wie das hebr. Äquivalent für → *Glauben, 'æmunah.* II

1) Die allen Wortbildungen zugrunde liegende W u r z e l *' m n* hat die Grundbedeutung *fest, zuverlässig, tragfähig sein.*

a) Das K a l von *'āman,* nur als Partizip gebräuchlich, meint ein aktives, meist physisches Halten und Tragen (2Kön 10,1.5; 2Sam 4,4; Klgl 4,5).

b) Das V e r b a l a d j e k t i v *'āmēn* (→ Amen I/II) bestätigt bei feierlichen Anlässen den Anspruch eines Wortes als jetzt und in Zukunft trag-fähig, dh gültig (zB 1Kön 1,36; LXX übers. bezeichnenderweise meistens γένοιτο *[genoito], es soll geschehen*). Das Wort setzt ebenso wie das Adv. *'omnām* (*gewiß, wirklich;* zB Jes 37,18, LXX meist: ἐπ' ἀληθείας *[ep alætheias], in Wahrheit*) eine Beziehung zwischen der ausgesprochenen Wirklichkeit, der ansprechenden und angesprochenen Person, die am besten mit dem Begriff *Gültigkeit* umschrieben wird (vgl. Weiser, ThWb VI, 186).

c) Das N i p h a l *næ'æmān* bringt selten ein passives Gehaltenwerden (zB Jes 60,4), meistens ein mediales Sich-als-zuverlässig-erweisen von Dingen und Personen zum Ausdruck (zB Jes 22,23 fester Ort; Jes 8,2 glaubwürdiger Zeuge). Dabei handelt es sich weniger um eine Eigenschafts- als um eine Verhältnisbestimmung: »Wenn die Dinge und Personen die auf sie gerichteten Erwartungen erfüllen, sind sie *næ'æmān*« (Schlatter, 552; LXX meist πιστὸς εἶναι *[pistos einai], treu, zuverlässig sein*).

d) Das kausative H i p h i l *hæ'æmīn* (LXX: πιστεύειν *[pisteuein]*) schließlich bezeichnet das Als-zuverlässig-anerkennen, dh das vertrauensvolle Sich-einlassen des Menschen auf eine Sache, einen Bericht oder einen Anspruch (zB Jes 7,9, → Glaube II). »Sein Beziehungspunkt wird ihm mit *bᵉ* (*in, an, auf*) gegeben, da die feste, gewisse Sicherheit an ihrem Objekt haftet und in ihm ihren Grund hat« (Schlatter, 557).

2) In diesen sprachlichen und sachlichen Zusammenhang gehören auch die beiden S u b s t . e *'æmunah* und *'æmæt,* die die LXX im allgemeinen mit πίστις *[pistis]* und ἀλήθεια *[alætheia]* wiedergibt. Beide Wörter begegnen im AT sehr viel seltener (*'æmunah* 53mal, *'æmæt* 128mal), als man das auf Grund der griech. und deutschen Worttradition erwartet. Das liegt in dem weniger stark begrifflich faßbaren hebr. Denken begründet, das den mit »Wahrheit« gemeinten Sachverhalt anders und vielfältiger zum Ausdruck bringt, als das bei einem einzelnen abstrakten Begriff der Fall ist.

a) *' æ m u n a h* meint urspr. das *Durchhaltende,* die *Festigkeit* (zB die erhobenen Arme des Mose Ex 17,12).

b) Meist aber bezeichnet *'æmunah* nicht einen Sach-verhalt, sondern ein menschliches oder göttliches durchhaltendes Sich-verhalten gegenüber anderen Personen. Im Bereich z w i s c h e n m e n s c h l i c h e r Verhaltensweisen meint *'æmunah* die *Zuverlässigkeit,* die *Treue* bzw. das *Vertrauen* (2Kön 22,7; 1Chr 9,22). Wo *'æmunah* mit »Gerechtigkeit« zusammen genannt wird, bezeichnet sie das dem Recht entsprechende Verhalten, die *Rechtlichkeit* oder aufrichtige *Wahrhaftigkeit* (1Sam 26,23; Jes 11,5; 26,2 LXX: ἀλήθεια *[alætheia]*; 2Chr 19,9 LXX: ἀλήθεια *[alætheia]*). Die P r o p h e t e n klagen Israel an, Rechtlichkeit und Wahrhaftigkeit verlassen zu haben (Jes 59,4 LXX: ἀληθινός *[alæthinos]*; Jer 5,1.3; 7,28; 9,2; Ps 12,2). Stattdessen sucht Jahwe in seinem Volk aufrichtige Treue (Hab 2,4). Der Mensch »ist aufgerufen, verantwortlich mitzutun, sich in Gottes Weg einzugliedern, hebr. gesagt ›in Gottes Weg zu wandeln‹ und damit die göttliche Wahrheit als eigene zu übernehmen und zu tun« (Koch, 55).

c) Wenn von J a h w e s *'æmunah* die Rede ist, ist damit seine verläßliche Bundestreue gemeint, die sich in seinem rettenden unnd richtenden Geschichtshandeln äußert (zB Hos 2,19f Z). Bes. in den P s a l m e n werden häufig Jahwes Treue, seine Güte (*chæsæd*) und Gerechtigkeit (*tsᵉdaqah*) nebeneinander genannt (Ps 36,6; 89,34; 96,13; 100,5; 119,75.90.137f u. ö.; LXX übers. in allen Fällen *'æmunah* mit ἀλήθεια *[alætheia]*). Diese Bundestreue steht zu ihrem Wort: »Denn Jahwes Wort ist wahrhaftig, und all sein Tun besteht in Treue« (Ps 33,4). »Die *'æmunah* ist demnach die Entschlossenheit und Zuverlässigkeit, mit der der Gott Israels zu einem einmal gesprochenen Wort steht und die Ausführung des Angekündigten im geschichtlichen Leben zum Ziele gelangen läßt«

(Kraus, 36). Jene Verläßlichkeit gehört so unabdingbar zu Jahwe, daß er im Moselied (Dtn 32,4) zusammenfassend »Gott der Treue« (*'ēl 'æmunah*) genannt werden kann.

3) Ähnlich verhält es sich mit *'æmaet*, einem fem. Segolatum, bei dem die Femininendung *t* das urspr. *n* von *'aman* verdrängt hat (vgl. Grether, Hebr. Grammatik, §§ 52 e.h; 60d). Das Wort begegnet bes. häufig in den Geschichtswerken, bei den frühen Propheten und in den Psalmen.

a) Zunächst bringt *'æmæt* wie *'æmunah* ganz allg. und formal das Element des Festen und Beständigen zum Ausdruck. So kann sachlich von einem »sicheren Weg« (Gen 24,48) gesprochen werden oder von einem »zuverlässigen Zeichen«, das sich Rahab von den Kundschaftern erbittet (Jos 2,12). Die umfassende Bedeutung von *'æmæt* als »Bezeichnung eines Normalzustandes« (Quell, ThWb I, 233) tritt bes. deutlich zutage, wenn das Wort in Verbindung mit Heil (*schālōm*) begegnet: Heil und Sicherheit werden Israel als Jahwes Gaben verheißen (Jer 33,6; vgl. Jes 39,8).

b) Auch Menschen, auf die man sich verlassen kann, werden durch *'æmæt* charakterisiert: ein zuverlässiger und gottesfürchtiger Mann wird Neh 7,2 mit dem Oberbefehl über Jerusalem betraut; Mose sucht zuverlässige Leute, »die sich nicht bestechen lassen«, als Richter für das Volk (Ex 18,21f). »Als Zuverlässigkeit enthält *'æmæt* das Moment der Treue wie das der Aufrichtigkeit, beides ist nicht scharf geschieden« (Bultmann, Exegetica, 125). Das gilt auch für das Gottesverhältnis: Israel wird aufgerufen, sich Jahwe in Treue und Aufrichtigkeit zuzuwenden (Jos 24,14; 1Sam 12,24; 1Kön 2,4; Jes 10,20). Im Unterschied zum griech. Denken wird die verläßliche Aufrichtigkeit bzw. Treue der Menschen jedoch nicht als an sich vorhandene Qualität oder Tugend verstanden, sondern als ein Verhalten, das sich im geschichtlichen Miteinanderleben vollzieht und von anderen Menschen erfahren wird. Deshalb wird *'æmæt* im AT nicht mit Verben des Sehens (s. o. I,1b) verbunden, sondern mit Verben, die ein Handeln oder Erfahren zum Ausdruck bringen. Häufig begegnet die Formulierung »Güte und Treue erweisen« (Gen 24,49; 47,29; Jos 2,14; Spr 20,28; vgl. Hos 4,1). Wahrheit ist nicht, sie geschieht. »Wahrheit ist somit dasjenige Verhalten, welches eine jeweils bestimmte Erwartung, einen bestimmten Anspruch erfüllt, ein gesetztes Vertrauen rechtfertigt« (vSoden, 9).

c) Wie *'æmunah* hat auch *'æmæt* eine besondere Nähe zum Recht. Als Terminus der Rechtssprache kann *'æmæt* einen tatsächlichen Sachverhalt bezeichnen (Dtn 22,20; 13,14 Z; 17,4). Ein bes. eindrucksvolles Beispiel ist Josephs Antwort auf die Beteuerungen seiner Brüder: »Eure Worte sollen geprüft werden, ob bei euch ein wahrer Sachverhalt vorliegt« (Gen 42,16; vgl. auch 1Kön 10,6). Ein wahrhaftiger Zeuge gibt zuverlässige Auskunft über den wahren Tatbestand (Spr 14,25; vgl. Jer 42,5). In rechtlichem Zusammenhang meint *'æmæt* also wie ἀλήθεια *[alætheia]* (s. o. I,1a) den wirklichen Tatbestand.

Die Zusammengehörigkeit von Recht (*mischpāt*) und Wahrheit macht bes. die prophetische Gerichtsrede deutlich: »Recht wird zurückgedrängt, und Gerechtigkeit steht fern; denn Wahrheit ist auf dem freien (Gerichts-)Platz zu Fall gekommen, und Geradheit kann keinen Eingang finden. So kam es, daß die Wahrheit vermißt wird« (Jes 59,14f). Stattdessen soll Israel »Wahrheit reden, jeder mit seinem Nächsten, und Wahrheit und heilsames Recht richten« in seinen Toren (Sach 8,16; vgl. 7,9; Ez 18,8). Hier bezeichnet *'æmæt* die Gültigkeit einer Rechtsnorm, während *'æmunah* deren Anerkennung im rechtlichen Verhalten zum Ausdruck bringt (s. o. 2b). Wenn Jahwe Recht spricht, sollen die Völker sagen: »Es gilt« (*'æmæt*, LXX: ἀληθῆ *[alæthæ]*, Jes 43,9).

d) Für das at. Wahrheitsverständnis ist bezeichnend, daß von *'æmæt* nicht nur im Blick auf die Gegenwart, sondern auch im Blick auf die Zukunft gesprochen wird. Das gilt streng genommen auch schon für die rechtliche Gültigkeit einer Aussage (s. o. c), die erst dann wahr wird, wenn sie durch die Wirklichkeit oder den Zeugenbeweis bestätigt wird (vgl. Gen 42,20). Ebenso verhält es sich mit der Wahrheit des prophetischen Wortes. In der Auseinandersetzung zwischen Jeremia und Chananja, in der Prophetenwort gegen Prophetenwort steht – beide weissagen im Namen Jahwes: Chananja Heil, Jeremia Unheil, und in der geschilderten Situation ist es nicht auszumachen, welcher Prophet die Wahrheit sagt und welcher lügt –, formuliert Jeremia das Kriterium der Wahrheit: »Wenn ein Prophet Heil weissagt, wird am Eintreffen des Prophetenwortes der Prophet erkannt, den Jahwe in Wahrheit gesandt hat« (Jer 28,9). Das gilt bes. von Jahwes bzw. dem in Jahwes Auftrag gesprochenen Wort (Ps 132,11f; 117,2). Hier zeigt sich die Andersartigkeit des zukunftbezogenen hebr. Wahrheitsverständnisses gegenüber dem griech.: »Wahrheit ist nicht etwas, was irgendwie unter oder hinter den Dingen liegt und durch Eindringen in ihre Tiefe, ihr Inneres gefunden würde, sondern Wahrheit ist das, was sich in der Zukunft herausstellen wird« (vSoden, 10).

e) Wenn von Jahwes *'æmæt* die Rede ist, ist damit seine beharrliche Bundestreue gemeint: »Die Werke seiner Hände sind Treue und Recht« (Ps 11,7f; 115,1–3). Auch hier (s. o. b) bezeichnet *'æmæt* keine an sich vorhandene Eigenschaft Jahwes, sondern sein Verhalten, wie es von Menschen erfahren wird. Darauf weist die häufige Verbindung von *'æmæt* mit *chæsæd*, von barmherziger und gütiger Zuwendung Jahwes (→ Barmherzigkeit, Art. ἔλεος II,2a) hin: »Während *chæsæd* die anhebende, mit eigenem Trieb gebende Güte vor *'æmæt* voraus hat, fügt dieses zu *chæsæd* die Beharrlichkeit« (Schlatter, 552). Bes. zahlreich begegnet das teilweise zur liturgischen Formel verdichtete Wortpaar »Güte und Treue« (*chæsæd* *wᵉ* *'æmæt*) in den Psalmen, die Jahwes

»beharrliche Güte« preisen (Ps 25,10; 40,12; vgl. 26,3). Auch von Jahwes *'æmæt* wird gesagt, daß er sie t u t. So betet Jakob bei seiner Rückkehr nach Kanaan: »Ich bin zu gering aller Güte und aller Treue, die du an deinem Knecht getan hast« (Gen 32,11; vgl. 24,27; 2Sam 2,6; 15,20). Wichtig ist in diesem Zusammenhang, daß sich Jahwes Wahrheit nicht – wie bei der griech. Gottheit – in einer Abstraktion von, über oder unter der geschichtlichen Wirklichkeit erweist, sondern jeweils in der Kontingenz geschichtlicher Ereignisse: Von der Schöpfung über die Errettung Israels aus Ägypten bis zur Güte gegenüber den einzelnen und den Ankündigungen neuer Treueerweise. »Die Gottesgeschichte (vollzieht) sich auf dieser Erde . . ., innerhalb der erfahrbaren Wirklichkeit, nicht in einer mythischen Übergeschichte. Wahrheit sind demnach jene Fakten und Bewegungen, die nicht vergangen, sondern gewesen sind, im Sinne des Wesentlichen und Zukunftsträchtigen« (Koch, 54). In diesem Sinn ist es zu verstehen, wenn Jahwe zusammenfassend »Gott der Wahrheit« (Ps 31,6; Jer 10,10; 2Chr 15,3) genannt wird, nämlich ein »barmherziger und gnädiger Gott, langmütig und reich an Güte und Treue« (Ex 34,6), ein »vertrauenswürdiger Gott« (Dtn 7,9), auf den man sich verlassen kann.

f) In den s p ä t e n at. T e x t e n macht sich bei der Verwendung des Wortes *'æmæt* eine rationalisierende und objektivierende Tendenz bemerkbar. Der von der Weisheit beeinflußte Ps 119 versteht unter Jahwes Wort der Wahrheit nicht mehr die auf zukünftige Verwirklichung gerichteten Verheißungen (s. o. d), sondern die in der Tora niedergelegten göttlichen Weisungen und Gebote (vgl. V. 41–48, bes. V. 43.160). Neh 9,13 spricht von den »zuverlässigen Weisungen«, die – offenbar als feste Lebensregeln gedacht – Jahwe Israel am Sinai gegeben hat (vgl. Mal 2,6). In dieselbe lehrmäßige Richtung weist die Formulierung »Aufzeichnung der Wahrheit«, mit der apokalyptische Visionen des Danielbuches bezeichnet werden (10,21a). Ganz allgemein und abstrakt wird Dan 8,12 das Wort Wahrheit als Synonym für die jüd. Religion gebraucht. Spr 11,18; 12,19 stellen recht schematisch Wahrheit, jetzt zur subjektiven Wahrhaftigkeit verblaßt, und Lüge einander gegenüber; und Spr 23,23 wird die Wahrheit sogar als eine Ware angepriesen, die man kaufen kann.

Z u s a m m e n f a s s e n d kann man sagen: Nach at. Verständnis ist Wahrheit kein ontologischer, sondern ein Relationsbegriff. Wahrheit besagt nicht ein An-und-für-sich-sein, sondern ein Zuverlässig-sein von Dingen, Tatbeständen, Menschen oder Jahwe. Wahrheit i s t nicht abstrakt, sie g e s c h i e h t vielmehr kontingent. »Für den hebr. Wahrheitsbegriff ist es daher vor allem charakteristisch, daß die Wahrheit nicht nur wie bei uns gewußt, gesagt, gehört und gegebenenfalls verkannt, verhüllt, verleugnet werden kann, sondern daß sie getan wird, daß sie geschieht« (vSoden, 9). Wahrheit, geschichtliche Wirklichkeit und personales Verhalten gehören untrennbar zusammen. Die griech. explizite erkenntnistheoretische Frage: Was ist Wahrheit? kennt das AT nicht; stattdessen wird implizit nach dem Verläßlichen gefragt, das der Existenz Bestand verleiht. »Hier dominiert die ewig sich gleichbleibende Natur als Physis, dort die kontingent weiterlaufende Geschichte, sobald es um die Wahrheitsfrage geht. Hier die absolut gesetzte Erkenntnis, dort die im Vertrauen gewagte Tat« (Koch, 58). Nur in einigen späten at. Texten erfährt der geschichtliche Wirklichkeitsbezug der Wahrheit eine gewisse Lockerung.

4) Trotz der tiefgreifenden Verschiedenartigkeit des hebr. und griech. Wahrheitsverständnisses gibt es zwischen beiden auch Berührungspunkte, die es den L X X - Ü b e r s e t z e r n ermöglicht haben, die Wortbildungen vom Stamm *'aman* großenteils mit Begriffen der Wortgruppe ἀλήθεια *[alætheia]* wiederzugeben. Hier wäre hinzuweisen auf den Bezug zur Wirklichkeit der Dinge (I,1a; II,3c), den Charakter der Dauerhaftigkeit (I,2; II,1c, 2c, 3e), das personale Element der Wahrhaftigkeit (I,1c; II,2b.3b), den Zusammenhang zwischen Erkenntnis und Tat (I,3; II,3b), schließlich auch auf das lehrhafte Verständnis der Wahrheit (I,3; II,3f). Gleichwohl erfährt der hebr. Wahrheitsbegriff durch die LXX-Übers. eine weitgehende Umprägung, wie andererseits dadurch auch das griech. Wahrheitsverständnis verändert wird, so daß sich in der LXX ein neuer Wahrheitsbegriff anbahnt, der zur Grundlage für das nt. Wahrheitsverständnis geworden ist (vgl. zum Folgenden Koch, 58ff).

a) In der LXX macht sich die Tendenz bemerkbar, den für hebr. Denken konstitutiven Zusammenhang zwischen Wahrheit und Geschichte zu lockern, die Wahrheit aus ihren Beziehungsverhältnissen zu lösen und sie zu einer eigenständigen, göttlichen Größe zu verfestigen (vgl. MT und LXX: Ps 25,5; Ex 28,30; Lev 8,8; Dtn 33,8; LXX Ps 118,86.138.142.151). Die Wiedergabe des Begriffspaares *chæsæd we 'æmæt* (s. o. 3e) mit ἔλεος καὶ ἀλήθεια *[eleos kai alætheia], barmherzige Gnade und Wahrheit,* verlagert den Akzent von Gottes gütiger Bundestreue auf das gläubig zu empfangende Geschenk göttlicher Wahrheit (vgl. LXX Pss 24,10; 25,3; 39,11f). Wichtig ist vor allem, daß der sprachliche Zusammenhang zwischen Wahrheit und Vertrauen, zwischen *'æmæt* und *'æmunah* bzw. *hæ'æmin* (s. o. 1d, 2b) im griech. Sprachbereich nicht festgehalten werden kann, sondern in ἀλήθεια *[alætheia]* und πίστις *[pistis]* auseinandergelegt wird. Dadurch wird die Wahrheit objektiviert und der Glaube subjektiviert.

b) Andererseits erfährt aber auch das griech. Wahrheitsverständnis durch die LXX eine Umprägung. Der geschichtliche Bezug der Wahrheit wird zwar gelockert, bleibt aber doch erhalten. Der sokratische Optimismus, richtiges Wissen führe zum rechten Tun, wird in der LXX durch die Diastase zwischen Wissen und Wollen ersetzt. Daß die Erkenntnis der Seinsstrukturen noch nicht die Wahrheit der Existenz bedeutet, tritt in der LXX deutlich zutage. Dieses andersartige Wahrheitsverständnis der LXX fällt dadurch bes. auf, daß häufig die in der griech. Tradition ungebräuchliche Wendung »die Wahrheit tun« (ἀλήθειαν ποιεῖν *[alætheian poiẹin]*) begegnet (zB Gen 32,11; Jos 2,14; Ri 9,16.19 u. ö.).

5a) Das ältere Judentum hat das at. Wahrheitsverständnis weitgehend übernommen (zB Sir 7,20; 1Makk 7,18; Tob 7,10; ZusDan 3f). Die verschiedenen Aspekte kommen am besten im Wettstreit der Leibpagen des Darius über die Frage, was das Mächtigste ist, zum Ausdruck (3Esr 3,1–4,63): »Der Wein ist ungerecht, der König ungerecht und ungerecht die Weiber ... Nicht in ihnen ist Wahrheit ... Die Wahrheit aber bleibt, und sie behält auf ewig Macht, lebt und behält in alle Ewigkeit Kraft« (3Esr 4,37f).

b) In späterer Zeit verliert der jüd. Wahrheitsbegriff zT. seine at. Orientierung; juristisches Denken und die Bindung an das Gesetz treten in den Vordergrund (vgl. St.-B. II,522f,572). Ein rabb. Ausspruch lautet: »Auf drei Dingen steht die Welt: auf dem Recht, der Wahrheit und dem Frieden« (Pirke Abot I,18). Fast jeden Zusammenhang mit dem AT läßt dagegen die Erklärung der göttlichen *'æmæt* nach den Anfangsbuchstaben der Wörter *'ælohim mælæch tamid* vermissen: »Gott, der immerwährende König« (St.-B. II,362).

c) Relativ selten wird griech. Einfluß erkennbar, so zB Weish 6,22: »Ich will die Erkenntnis der Wahrheit offen darlegen und an der Wahrheit nicht vorbeigehen«. In griech. Sinn kann bzw. muß es verstanden werden, wenn 1Esr 8,86 Gott ἀληθινός *[alæthinọs]* genannt wird. In die gleiche Richtung weist Josephus, der von dem »einen, größten und wahren« Gott spricht (Ant. VIII,343).

6) In den Schriften von Qumran spielt der Begriff der Wahrheit eine ähnliche zentrale Rolle wie der der Gerechtigkeit oder des Lichtes (vgl. dazu Nötscher, 83ff). Er wird in sehr verschiedenen Zusammenhängen gebraucht (bes. häufig in den Lobliedern 1QH, vgl. die AT-Pss!) und kann die verschiedenen, aus dem AT geläufigen Bedeutungen annehmen: Zuverlässigkeit (1QH 12,12), Treue (1QH 6,12), Wahrheit und Gerechtigkeit (1QSb III,24; CD 20,29f), Güte und Treue (1QH 6,9; 11,29–31); Bund und Wahrheit (1QH 10,30f), Wahrheit als Lehre = Tora (1QS 1,12.15), Wahrheit tun = Dienst der Wahrheit (1QpHab 7,10–12), Aufrichtigkeit, Wahrhaftigkeit (1QH 16,7; 17,14). Dabei fällt auf, daß weit mehr von der Wahrheit Gottes als der Menschen gesprochen wird: Wahrheit wird zu einer transzendenten, göttlichen Größe, die sich in erster Linie nicht mehr in der Geschichte, sondern in der Tora manifestiert. Entscheidend ist für das Wahrheitsverständnis der Qumrantexte der Dualismus zwischen Wahrheit und → Lüge (Art. ψεύδομαι II,6), der zu den Antithesen von Licht und Finsternis bzw. Gerechtigkeit und Bosheit in Parallele steht. Das tritt in dem dualistischen Traktat 1QS 3,13–4,26 bes. deutlich zutage. »Ein Greuel für die Wahrheit sind die Taten des Frevels, und ein Greuel für den Frevel sind die Wege der Wahrheit« (4,17). Erst zum festgesetzten Zeitpunkt des Gerichts wird den Greueln der Lüge ein Ende gesetzt und die Wahrheit der Welt für immer hervorkommen (4,18ff).

III Die ges.e Wortgruppe ist im NT mit 183 Belegen vertreten, von denen mehr als die Hälfte (109) auf das Subst. ἀλήθεια *[alætheia]* entfallen. Bis auf Phlm und Jud finden sich in allen nt. Schriften irgendwelche Wortbildungen der Gruppe, allerdings in sehr unterschiedlicher Verteilung. Während der Begriff *Wahrheit* bei den Synopt. fast völlig fehlt, spielt er im JohEv. eine numerisch (insges. 55 Belege) und sachlich zentrale Rolle wie in keiner anderen nt. Schrift. Entsprechend sind vom Briefteil an erster Stelle die johanneischen Briefe zu nennen, aber auch bei Paulus (bes. Röm und 2Kor) hat der Wahrheitsbegriff entscheidende Bedeutung. Schließlich ist noch auf die bes. Verwendung der Wortgruppe im Hebr und den Pastoralbriefen hinzuweisen.

1a) Bis auf Lk 4,25 haben die Synopt. Jesus das Wort Wahrheit nicht in den Mund gelegt. Man wird diesen Tatbestand als Hinweis darauf verstehen dürfen, daß in der Verkündigung Jesu der Wahrheitsbegriff keine, jedenfalls keine nennenswerte Rolle gespielt hat. Daß indessen Jesus die mit dem Wahrheitsbegriff bezeichnete Sache für sich in Anspruch genommen hat, zeigt der häufige und eigenartige, sonst nicht belegte Gebrauch des hebr. *Amen* (s. o. II,1b): »Indem Jesus seine Worte mit Amen einleitete, bezeichnete er sie als sicher und zuverlässig, bekannte er sich zu ihnen und machte sie für sich selbst und die Hörer verbindlich« (Bietenhard, → Amen, Bd. I, 13; vgl. JJeremias, Die Verkündigung Jesu, 43ff).

b) Die Synoptiker verwenden die Wortgruppe – soweit sie bei ihnen überhaupt vorkommt (insges. nur 18 Belege) – im urspr. griech. Verständnis. Mk 5,33 ist mit πᾶσα ἀλήθεια *[pasa alætheia]* der ganze Sachverhalt gemeint (s. o. I,1a). Die Formel ἐπ' ἀληθείας *[ep alætheias]* bezeichnet in Verbindung mit Verben des Sagens bzw. Lehrens eine der Wirklichkeit entsprechende person- bzw. sachgemäße Aussage (s. o. I,1b; Mk 12, 14.32; Lk 4,25; 20,21). Ähnlich ist das Adv. ἀληθῶς *[alæthōs]* zu verstehen: *in Wirklichkeit, wahrhaftig* (Mt 26,73; Mk 14,70; Lk 12,44 u. ö.).

2) Die universale Bedeutung der paulinischen Theol. zeigt sich in unserem Begriffszusammenhang daran, daß Paulus Elemente des griech. wie des at. Wahrheitsverständnisses übernommen und sie zT. zu einem neuen Wahrheitsbegriff verarbeitet hat.

a) Griech. Sprachgebrauch entstammen Wendungen wie »der Wirklichkeit entsprechend« (κατὰ ἀλήθειαν *[kata alætheian]* Röm 2,2), »die Wahrheit sagen« (ἀλήθειαν λέγειν *[alætheian legein]*) im Gegensatz zur Un-wahrheit, der Lüge (Röm 9,1; 2Kor 12,6; vgl. auch Eph 4,25; 1Tim 2,7; Jak 3,14) oder »Gestalt der Wahrheit« (μόρφωσις τῆς ἀληθείας *[morphōsis tæs alætheias]* Röm 2,20). – In diesen Zusammenhang gehört auch das Verständnis der ἀλήθεια *[alætheia]* als *Wahrhaftigkeit, Aufrichtigkeit*, das hauptsächlich in paränetisch ausgerichteten Texten begegnet (2Kor 7,14; 1Kor 5,8; Phil 1,18; vgl. Eph 4,15.24; 5,9). Insges. sind die Belege nicht sehr zahlreich, die bei Paulus spezifisch griech. Einfluß erkennen lassen.

b) Häufiger läßt sich bei Paulus die Übernahme des hebr. Wahrheitsverständnisses nachweisen. Im Sinne von *Zuverlässigkeit, Beständigkeit* ist ἀλήθεια *[alætheia]* Röm 15,8 zu verstehen, wo sie mit der Befestigung der an die Väter ergangenen Verheißungen in Verbindung gebracht wird. In ähnlicher Weise spricht Gal 2,5 vom dauernden Bleiben der Wahrheit. Die Aussagen Röm 3,3–7 werden nur auf dem Hintergrund des at. *'æmæt*-Begriffes verständlich. Die Wahrheit Gottes (V. 4.7) meint hier seine *Treue* (V. 3 πίστις *[pistis]*) zu seinen Worten (V. 4) und seinem gerechten Handeln (V. 5). Der Geltungsanspruch der Wahrheit wird betont, wenn vom Ungehorsam gegenüber der Wahrheit die Rede ist (Röm 2,8; Gal 2,14). Damit wird der at. Gedanke aufgenommen, daß Wahrheit getan werden will und folglich Gehorsam beansprucht (1Kor 13,6; 2Kor 13,8; Gal 5,7; vgl. 1Petr 1,22).

c) Die eigene theol. Leistung des Paulus besteht darin, daß er den Wahrheitsbegriff einerseits zur Christusverkündigung, andererseits zur Gottesoffenbarung in Beziehung gesetzt hat. Der Bezug zur Christusverkündigung wird zunächst in Wendungen wie »die Wahrheit Christi« (2Kor 11,10), »Wahrheit in Jesus« (Eph 4,21) oder der »Geruch der Erkenntnis Christi« (2Kor 2,14) erkennbar. Ferner bezeichnet Paulus die Predigt des Evangeliums als »Wort der Wahrheit« bzw. »Evangelium der Wahrheit« (2Kor 6,7; Gal 2,5.14; Kol 1,5; vgl. auch 2Tim 2,15; Jak 1,18; Gal 4,16 ἀληθεύω *[alætheuō]*; Eph 1,13) und kann den ges. Inhalt des Evangeliums mit dem absolut gebrauchten Wahrheitsbegriff zusammenfassen (2Kor 13,8; Gal 5,7 u. ö.). Diesen Zusammenhang macht 2Kor 4,2 bes. deutlich: ». . . Wir verfälschen auch nicht das Wort Gottes, sondern empfehlen uns durch die Offenbarung der Wahrheit jedem Gewissen der Menschen vor Gott«.

Damit ist bereits der Begriff der Offenbarung (φανέρωσις *[phanerōsis]* bzw. φανεροῦν *[phaneroun]*) gefallen, zu dem Paulus die Wahrheit andererseits in Beziehung setzt. Thematisiert wird das Verhältnis von Wahrheit und Offenbarung in dem schwierigen Abschnitt Röm 1,18–25. Mit der Wahrheit V. 18 ist, wie die begründende Erläuterung V. 19 »das Erkennbare Gottes ist offenbar« zu verstehen gibt, in erster Linie die schöpfungsmäßig erschlossene Wirklichkeit Gottes gemeint (mit Bultmann, ThWb I, 244). Der weitere Kontext führt jedoch über dieses griech.-hell. Verständnis hinaus, indem die »natürliche« Offenbarung der Wirklichkeit Gottes (V. 18ff) zu der christologischen Offenbarung der Gerechtigkeit Gottes (V. 17) in Parallele gesetzt und mit der Erkenntnis der Wahrheit Gottes ein Gehorsamsanspruch verbunden wird, der gerade auf die Anklage der Unentschuldbarkeit zielt (V. 20). Dieser Gedanke wird in V. 25 weitergeführt, der formal den hell.-dualistischen Gegensatz von Wahrheit und Lüge aufgreift. Inhaltlich ist hier mit der Wahrheit Gottes in hell. Terminologie die »Herrlichkeit des unvergänglichen Gottes« (V.

23) gemeint, die indessen nicht griech. als Schau verstanden wird, sondern at. als Anspruch des Schöpfers auf den gehorsamen Lobpreis des Geschöpfes (V. 25; gegen Bultmann, ThWb I, 244). Lüge meint dann die Verkehrung des göttlichen Wahrheitsanspruches, der durch die Christusoffenbarung des göttlichen Rechtes an seiner Schöpfung laut wird, in den Betrug der Selbstvergötterung und des Götzendienstes (→ Lüge, Art. ψεύδομαι III,1b).

3) In den Pastoralbriefen setzt sich ein stärker hell. orientiertes Wahrheitsverständnis durch. Das erhellt bes. aus der festgeprägten, häufig wiederkehrenden Formel »Erkenntnis der Wahrheit« (ἐπίγνωσις ἀληθείας *[epịgnōsis alæthẹịas]* 1Tim 2,4; 2Tim 2,25; 3,7; Tit 1,1). In dieser, einer späteren nachpaulinischen Zeit zugehörigen Wendung umfaßt ἀλήθεια *[alæ̣theia]* nicht mehr die ganze Offenbarung und Verkündigung der Christuswahrheit, sondern steht in Parallele zur ὑγιαίνουσα διδασκαλία *[hygiạịnousa didaskalịa]* (1Tim 1,10; 2Tim 4,3f; Tit 1,9; 2,1) und meint wie diese die rechte → Lehre des Christentums im Gegensatz zur Irrlehre der Gegner. Zu diesem pädagogischen Akzent im Verständnis der Wahrheit als rechter Lehre tritt durch ἐπίγνωσις *[epịgnōsis]* noch ein rationales Element hinzu, das die Einsichtigkeit der Wahrheit betont und dem Gegner der Wahrheit diese Einsicht abspricht (1Tim 1,7; 6,5; 2Tim 3,8; → Erkenntnis). Zusammengefaßt »bedeutet ἐπίγνωσις ἀληθείας *[epịgnōsis alæthẹịas]* die christl. Erkenntnis, die aus der rechten Lehre stammt und sich im Leben auswirkt« (Dibelius, 2). Die Formel kann geradezu das Christsein bzw. das Christwerden umschreiben (zB 1Tim 2,4). — In diesen Zusammenhang gehört auch das »Empfangen der Wahrheitserkenntnis« von Hebr 10,26, das die Belehrung vor der Taufe bzw. diese selbst bezeichnet. 2Petr 1,12 hat ἀλήθεια *[alæ̣theia]* nur noch die abgeblaßte Bedeutung »Christentum«.

4) Abgesehen von der zitierten Stelle Hebr 10,26 und der Paränese Hebr 10,22, die zu einem wahrhaftigen, aufrichtigen Herzen aufruft, kommt das Adj. ἀληθινός *[alæthinọs]* im Hebräerbrief an zwei weiteren Stellen in ausgesprochen hell. Prägung vor. Hebr 8,2 wird das »wahre Zelt« in den Himmeln dem irdischen Zelt des Mose (V. 5) gegenübergestellt und 9,24 das irdische, mit Händen gemachte Heiligtum als Nachbildung des wahren, im Himmel befindlichen Heiligtums bezeichnet. In beiden Fällen stehen sich zwei Bereiche gegenüber: der göttliche, überirdisch-himmlische, wahre und der menschliche, irdische, schattenhafte, die sich zueinander wie Urbild und Abbild verhalten. Die Parallele zum platonisch-hell. Denken liegt auf der Hand (s. o. I,2 und 4). Dennoch sollte nicht übersehen werden, daß die Aufnahme hell. Denkkategorien im Hebr der Interpretation der urchristl.-eschatologischen Botschaft dient und nicht umgekehrt.

5) Auch in der Offenbarung spielt das Adj. ἀληθινός *[alæthinọs]* (10 Belege) eine nicht unwichtige Rolle. Hier steht nicht das hell., sondern das at. Wahrheitsverständnis im Hintergrund. Das bedarf bei at. Zitaten keiner weiteren Begründung (15,3 = Ps 145,17; 16,7 und 19,2 = Ps 19,10 und 119,137). Aber auch bei den übrigen Belegen läßt meist die Zusammenstellung mit anderen Adj.en den at. Hintergrund erkennen. Geläufig ist vor allem die Verbindung von πιστός *[pistọs]* und ἀληθινός *[alæthinọs]*: *treu* und *wahrhaftig*, dh *zuverlässig*, *gültig* im Sinne der at. *'æmæt* (3,14; 19,11; 21,5; 22,6). Ebenso weist die Zusammenstellung von ἅγιος *[hạgios]* und ἀληθινός *[alæthinọs]*, *heilig* und *wahrhaftig*, auf den in Anspruch nehmenden Charakter des at. Wahrheitsbegriffes zurück (3,7; 6.10). Hell. Einfluß macht sich lediglich darin bemerkbar, daß in der Offb das Attribut ἀληθινός *[alæthinọs]* ausschließlich dem göttlichen Bereich, Gott, Christus bzw. den göttlichen Worten, vorbehalten bleibt.

6) Die entscheidende nt. Interpretation hat der Wahrheitsbegriff durch das Ev. (und die Briefe) des Johannes erhalten. Hier ist der im Auftreten Jesu implizit enthaltene Anspruch (s. o. 1a) am tiefsten durchreflektiert und explizit zur Sprache gebracht worden. Traditionsgeschichtlich betrachtet ist der mit Paulus beginnende Prozeß, die Elemente des griech. und at. Wahrheitsbegriffes vom Christusereignis her zu einem neuen Wahrheitsverständnis zu verarbeiten (s. o. 2c), im JohEv. zu seinem Höhepunkt und Abschluß gelangt. Im johanneischen Wahrheitsbegriff ist die griech. ἀλήθεια *[alæ̣theia]* als unverborgene

Seinswirklichkeit ebenso wie die at. *'æmæt* als glaub-würdige Zuverlässigkeit »aufgehoben«, und beide sind zu einer neuen untrennbaren Einheit verschmolzen. Handelt es sich dabei zunächst nur um eine formale Bestimmung, so gewinnt das Wahrheitsverständnis des JohEv. dadurch seine unverwechselbare inhaltliche Prägung, daß Joh den Wahrheitsbegriff nicht nur – wie Paulus – zum Christusereignis in Beziehung setzt, sondern mit ihm identifiziert.

a) Einen Zugang zum johanneischen Wahrheitsverständnis gewinnt man am besten durch den dritten Teil des Prologs 1,14–18 (vgl. Blank, 166f). V. 14 spricht von der Fleischwerdung des Logos in dem einzig geborenen Sohn des Vaters. Diesem Mensch gewordenen Sohn eignet Herrlichkeit, die als Gnade und Wahrheit umschrieben wird. V. 17 erläutert, wie das zu verstehen ist: »Die Gnade und die Wahrheit ist durch Jesus Christus geworden« (ἐγένετο *[egęneto]*!). Wahrheit meint hier nicht das griech. Ewig-und-immer-für-sich-Seiende, sondern die Erschließung der göttlichen Wirklichkeit durch ein geschichtliches Ereignis. Dieses Ereignis wird mit dem Namen Jesus Christus umschrieben, der Person und Geschichte des Menschgewordenen zusammenfaßt. Die Wahrheit hat also nach johanneischem Verständnis ereignishaften, personalen und geschichtlichen Charakter; sie liegt beschlossen in der Person und dem Geschick Jesu: »Ich bin der Weg, die Wahrheit und das Leben« (14,6; vgl. auch 4,24–26). Man kann von einem im Kern c h r i s t o l o g i s c h e n Wahrheitsbegriff sprechen. Das gilt auch für die weiteren Aspekte des johanneischen Wahrheitsverständnisses.

b) Die Wahrheit, die Jesus verkündigt und verkörpert, stammt nicht von ihm selbst, sondern sie weist zurück auf ihren Ursprung in Gott (8,40). In der Gesprächsszene mit Pilatus bezeichnet sich Jesus als Zeugen der göttlichen Wahrheit: »Ich bin dazu geboren und dazu in die Welt gekommen, daß ich für die Wahrheit Zeugnis gebe« (18,37). Nur scheinbar steht hier die absolute Wahrheit als selbständige Größe Jesus gegenüber; in Wirklichkeit ist gemeint, daß die göttliche Wahrheit nur durch das (Selbst-)Zeugnis Jesu zugänglich wird. Die in Jesus beschlossene Wahrheit bedeutet somit Selbsterschließung der letztgültigen göttlichen Wirklichkeit, dh sie hat O f f e n b a r u n g s qualität. Das bringen auch die bei Joh bes. zahlreich und weitgehend synonym gebrauchten Adj.e ἀληθής *[alæthęs]* bzw ἀληθινός *[alæthinos]* und das Adv. ἀληθῶς *[alæthōs]* zum Ausdruck (zB 1,9; 4,42; 8,26). Der unsichtbare Gott hat sich in Jesus »ausgesagt« (1,18); in ihm ist die göttliche Wahrheit gegenwärtig, er ist der geschichtliche Ort der Wahrheit. Damit wird der entgegengesetzte Weg zum platonischen Wahrheitsverständnis beschritten: Während sich dort die Wahrheit von der konkreten Wirklichkeit in die Welt der unsichtbaren Ideen verflüchtigt (s. o. I,2), begibt sich die als Offenbarung verstandene Wahrheit in Jesus aus dem unsichtbaren göttlichen Bereich in die Konkretion geschichtlich-diesseitigen Lebens (vgl. Schlier, 200). »Das bedeutet aber, daß die Menschwerdung und somit die Menschlichkeit des Herrn die entscheidende Offenbarungsaussage Gottes ist« (Blank, 167). Die Pilatusfrage: »Was ist Wahrheit?« (18,38) repräsentiert das auf die Erkenntnis von Tatbeständen gerichtete griech. Wahrheitsverständnis. In der Konfrontation mit Jesus versteht Pilatus die Wahrheit als ein sachliches »Was« und »merkt nicht, daß er vor der Wahrheit in Person steht« (Schlier, 201; vgl. auch Goppelt, 87ff).

c) Als Offenbarer der göttlichen Wahrheit in geschichtlicher Konkretion ist Jesus das fleischgewordene W o r t (1,14). Das kann zunächst so verstanden werden, daß Jesus in seiner Verkündigung die Wahrheit sagt (8,40.45.46; 16,7). Aber nicht nur in den Reden Jesu kommt die Wahrheit Gottes zur Sprache, sondern auch in seinen Taten und seiner Lebenshingabe. Das geht aus dem Abschiedsgebet Jesu 17,17–19 hervor. Das → Wort Gottes, das die Wahrheit ist (V. 17), wird V. 19 durch die Selbstheiligung Jesu erläutert, die an dieser Stelle seine Lebenshingabe meint (vgl. Bultmann, zSt.). »Also ergeht das Wort der Wahrheit, das in die Wahrheit führt, auch in dem Sterben Jesu für die Seinen und für die Welt« (Schlier, 198). Damit erweist sich das ges.e geschichtliche Leben Jesu in Verkündigen, Handeln und Leiden als das beanspruchende Wort der Wahrheit.

d) Der in Jesus ergehenden göttlichen Wahrheit widerspricht die Macht der Lüge. Sie wird 8,44 auf den Teufel zurückgeführt, der ein »Menschenmörder« ist und »nicht in der Wahrheit steht« (vgl. → Lüge, Art. ψεύδομαι III,2a). Hier greift das JohEv. die dualistische Antithese der Qumrantexte auf (s. o. II,6). Wahrheit und Lüge stehen sich als zwei das gesamte Dasein beherrschende Mächte gegenüber. Wahrheit, Licht und Leben gehören auf der einen Seite, Lüge, Finsternis und Tod auf der anderen Seite zusammen. Sie wirken jedoch nicht als anonyme determinierende Schicksalsmächte, sondern als persongebundene, zur Entscheidung herausfordernde Machtbereiche: Wie Jesus die Wahrheit repräsentiert, so vertritt – mythologisch gesprochen – der → Satan die Lüge. Auch ist diese Antithese im JohEv. nicht wie in Qumran statisch von Ewigkeit her, sondern geschichtlich gedacht. Erst mit dem Auftreten Jesu tritt auch die Macht der Lüge in ihrer ganzen Bosheit als Widerspruch gegen Gottes Wahrheit zutage – und wird gerichtet (3,19–21; 16,8ff). In der Begegnung mit Jesus nehmen »die Juden« eine Abwehrhaltung ein, die ihre Gesetzesfrömmigkeit als Gefangenschaft in der Macht der Sünde entlarvt (8,30–36). Demgegenüber wird den Nachfolgern Jesu wahre Freiheit verheißen, die darin besteht, auf Selbstbehauptung zu verzichten und sich auf den Weg Jesu als letzt-gültige Wirklichkeit einzulassen. »Wenn ihr in meinem Wort bleibt, seid ihr in Wahrheit meine Jünger, und ihr werdet die Wahrheit erkennen, und die Wahrheit wird euch befreien« (8,31f; vgl. Goppelt, 89ff).

e) Diese in Jesus verkörperte, die Lüge aufdeckende und überwindende Wahrheit vermittelt sich in die Gegenwart durch den Geist der Wahrheit (4,23f; 14,17; 15,26). Das Wirken des Geistes besteht darin, die Erinnerung an Jesus zu bewahren (14,26) und in künftige Wahrheit einzuweisen (16,13). »Das Kommende ist aber das Zukünftige der in Jesu Person und Weg und Werk gewesenen und nun im Geist wieder und umfassend anwesenden Wahrheit« (Schlier, 199). So »tröstet« der Geist der Wahrheit (παράκλητος *[paraklætos]*) die in der Welt lebende Gemeinde durch die Vergegenwärtigung der in Jesus erschlossenen Wahrheit.

Zugleich erweist sich damit der Geist als die beanspruchende Macht, die das Tun der Wahrheit (s. o. II,3b) in der Nachfolge Jesu zur Wirklichkeit werden läßt (3,21). Darauf legen die Johannesbriefe einen besonderen Akzent (1Joh 1,6; 2Joh 1–3; 3Joh 3). 3Joh 12 ermahnt dazu, »Mitarbeiter für die Wahrheit« zu werden; und 1Joh 2,5 faßt zusammen: »Wer sein Wort hält, in dem ist in Wahrheit die Liebe Gottes zur Vollendung gekommen«.

H.-G. Link

V ZUR VERKÜNDIGUNG

Das abendländische Wahrheitsverständnis ist aus zwei verschiedenen Wurzeln, der griech. und der biblischen Tradition, erwachsen. Eine Rückbesinnung auf diese Elemente des Wahrheitsbegriffes kann dazu beitragen, verschiedenartige Aspekte des herkömmlichen Wahrheitsverständnisses sichtbar werden zu lassen und unverzichtbare Bedingungen für ein heute angemessenes Verständnis von Wahrheit aufzuweisen.

I. Die bis heute geläufige Definition der Wahrheit geht auf Aristoteles und Thomas von Aquin zurück, entstammt also griech. und scholastischem Denken: Wahrheit ist Übereinstimmung von Ding und Verstand (*veritas est adaequatio rei et intellectus*, s. Art. I,1c; vgl. dazu Heidegger, Vom Wesen der Wahrheit, 7ff). Diese Wahrheitsbestimmung kann doppelseitig verstanden werden. Sie besagt einerseits die Übereinstimmung eines Dinges mit seinem Wesensbegriff, die Sachwahrheit, zB wahres Gold, dh reines, wirkliches, echtes Gold im Gegensatz zum vermischten, gefälschten, unechten. Andererseits kann die Definition als Übereinstimmung einer Aussage mit der durch sie bezeichneten Sache verstanden werden, dh als Satzwahrheit. Dieses zweite Verständnis ist in der abendländischen Tradition zur Grundlage des alltäglichen und wissenschaftlichen Wahrheitsverständnisses geworden. In diesem Sinn definiert Kamlah den modernen Wahrheitsbegriff: »Wir nennen einen Satz ›wahr‹, wenn der Sachverhalt, den er ausdrückt, wirklich ist (oder: besteht)« (Der moderne Wahrheitsbegriff, 115). Ein Gerichtszeuge sagt die Wahrheit, wenn er einen Sachverhalt so darstellt, wie er sich tatsächlich verhalten hat bzw. verhält. Die Wahrheit seiner Aussage richtet sich nach dem vorhandenen, prinzipiell jedermann zugänglichen Tatbestand; sie wird durch Nachprüfung als wahr, dh richtig, oder unwahr, dh falsch, erwiesen. Auf diesem Verfahren beruhen sämtliche empirischen Wissenschaften der Neuzeit. Die so verstandene beweisbare und nachprüfbare Wahrheit hat also den Charakter der R i c h t i g k e i t. Es dient daher der Klärung des Wahrheitsverständnisses, in diesem Fall die Worte »wahr« durch »richtig« und »Wahrheit« durch »Richtigkeit« zu ersetzen.

So »richtig« es ist, daß wir heute im alltäglichen und wissenschaftlichen Leben auf dieses griech. Wurzeln entstammende Wahrheitsverständnis als Richtigkeit von Aussagen nicht mehr verzichten können, so »wahr« ist es andererseits, daß es nur den nachprüfbaren Teil der Wirklichkeit zu erfassen vermag. Mit Recht bemerkt Ludwig Marcuse: »Die gerichtlich zu beweisende Wahrheit ist nur ihr schmalster Sektor. Nur die logisch zu beweisende ist vielleicht noch schmäler« (Argumente und Rezepte, 1967, 150). In dieselbe Richtung weist Albert Camus' Bemerkung zu der wissenschaftlichen Wahrheit Galileis, die dieser »mit der größten Leichtigkeit« ableugnete, als sie für ihn gefährlich wurde. »In gewissem Sinne tat er recht daran. Diese Wahrheit war den Scheiterhaufen nicht wert. Ob die Erde sich um die Sonne dreht oder die Sonne um die Erde — das ist im Grunde gleichgültig« (Der Mythos von Sisyphos, 9).

II. Die entscheidende Frage nach der Wahrheit erhebt sich dort, wo die Frage nach der lebensbestimmenden Wirklichkeit gestellt wird. Hier geht es um die Frage nach dem Sinn, der das Leben zu tragen vermag, oder nach der Sinnlosigkeit, die das Leben zugrunde richten kann — nach Camus »die dringlichste aller Fragen« (ebd. 9). Auf die so gestellte Wahrheitsfrage antwortet das b i b l i s c h e Wahrheitsverständnis. Es läßt sich in dem Satz des johanneischen Jesus zusammenfassen: »Ich bin die Wahrheit« (s. Art. III,6a). Wer oder was die Wahrheit ist, läßt sich nach christlichem Verständnis also nur im Hinblick auf die Gestalt J e s u ausmachen. Dabei handelt es sich nicht nur um aufweisbare Sachverhalte und wahre Sätze, sondern entscheidend um den Anspruch seiner Person. Auf diesen personalen Charakter hat Emil Brunner in seinem Buch »Wahrheit als Begegnung« (1938 [1963²]) nachdrücklich hingewiesen. Die Wahrheit Jesu erschöpft sich nicht im Sagen der Wahrheit, sie beinhaltet vielmehr ein Sein, dh Leben in der Wahrheit; sie ist nicht nur die Wahrheit des Redens, sondern der ganzen Existenz. Das bedeutet, daß die »christliche Wahrheit« nicht eine oder beliebig viele zeitlos ewige Ideen im Sinne Platons darstellt (s. Art. I,2), sondern sich diesseitig, kontingent und konkret in der einmaligen G e s c h i c h t e J e s u ereignet hat; hier gehören Wahrheit und Wirklichkeit unlösbar zusammen. Die alle Wirklichkeit umfassende und beanspruchende Wahrheit der Geschichte Jesu erweist sich einerseits darin, daß Jesus die Wirklichkeit Gottes rückhaltlos für sich in Anspruch genommen hat; diesen unmittelbaren Bezug des geschichtlichen Weges Jesu zur göttlichen Wirklichkeit bringt die Kategorie der → Offenbarung zum Ausdruck. Andererseits bedeutet das Geschick Jesu in Tod und Auferweckung die Vorwegnahme der letzten Wirklichkeit von Verderben und Heil. Die Auferweckung Jesu weist voraus auf die eschatologische Wahrheit, in der Gott seine Leben schaffende Macht an allen und allem erweisen wird (vgl. Moltmann, 28ff). In dieser Vorwegnahme der für alle anderen Menschen noch offenen Zukunft gründet die Unüberholbarkeit der Wahrheit Jesu. Dieses christologische Wahrheitsverständnis wahrt »die Offenheit der Zukunft und die Kontingenz des Geschehens . . . und (hält) doch die Endgültigkeit des in Jesus Erschienenen fest . . ., so daß die Einheit der Wahrheit ermöglicht ist« (Pannenberg, 222). Damit hat die in Geschichte und Geschick Jesu verwirklichte und verheißene Wahrheit zugleich eine geschichtlich kontingente und universale, eine gegenwärtig existentielle und zukünftig eschatologische Dimension.

Die in der alten Kirche vollzogene Umwandlung der Wahrheit Jesu in ein christologisches Dogma stellt ein folgenschweres Problem der Dogmenentwicklung dar. Gewiß gehört es auch zum christl. Wahrheitsverständnis, über Person und Werk Jesu Richtiges und nicht Falsches zu sagen. Sollen aber solche Satzwahrheiten nicht zu belanglosen Richtigkeiten herabsinken oder gar als ewige Wahrheiten mißverstanden werden, dann haben sie nur solange und insofern Gültigkeit, als sie dem angemessenen Verständnis der geschichtlich personalen Wahrheit Jesu dienlich sind. Sie können nur den Rang historisch bedingter und begrenzter, prinzipiell durch neue Erkenntnisse überholbarer Reflexionen, Auslegungen und Zeugnisse v o n der Wahrheit beanspruchen. M. a. W. die theol. S a t z wahrheit erhält Recht und Grenze von der Wahrheit der P e r s o n Jesu Christi.

Wahrheit meint also keine »objektive« Größe oder Lehre, die man sich »subjektiv« anzueignen hätte, sondern den umfassenden göttlichen Zuspruch, der auf ebenso umfassende existentielle und universale Entsprechung zielt. Die Verkündigung von Jesus als dem Christus, das Geschenk der Rechtfertigung und die Macht des Geistes vermitteln die Wahrheit Jesu in die G e g e n w a r t und bringen die menschliche Existenz in die Wahrheit, die sie befreit. »Das Kriterium der Wahrheit, die den Menschen selbst wahrmacht, ist dies, daß sie ihn freimacht« (Ebeling, Gott und Wort, 48). Leben in der Wahrheit bedeutet dann, wie Bonhoeffer sagt, Befreiung durch Teilnahme am Sein Jesu im Dasein für andere (Widerstand und Ergebung, 259f).

Zugleich aber führt das Sich-einlassen auf die Wahrheit Jesu zum Konflikt mit den Menschen und Verhältnissen, die dieser Wahrheit nicht entsprechen, sondern widersprechen. Die Teilnahme an dem Weg Jesu ruft die Frage nach dem K o m m e n der in seiner Auferweckung verheißenen umfassenden Wahrheit Gottes hervor. Gerade der Christ erfährt die Differenz zwischen der eigenen und ihn umgebenden vorhandenen Wirklichkeit und der verheißenen zukünftigen Wahrheit Gottes. Solange göttliche Wahrheit und menschliche Wirklichkeit noch nicht zur Entsprechung gelangt sind, ist der geschichtliche Streit um die Wahrheit Jesu noch nicht entschieden. Der letztgültige eschatologische Wahrheitsbeweis Gottes steht noch aus. Deshalb hoffen die Christen auf die Zukunft der universalen Gottesherrschaft und beteiligen sich an dem Kampf um die geschichtliche Durchsetzung der in Jesus Ereignis gewordenen Wahrheit Gottes (vgl. Moltmann, 33f).

III. Es wird häufig übersehen, daß der at. *'æmæt*-Begriff (s. Art. II,3b) ebenso wie ἀλήθεια *[alætheia]* im NT (s. Art. III,2a,5) nicht nur Wahrheit, sondern auch W a h r h a f t i g k e i t bedeutet. »Wahrhaftigkeit des Menschen ist nach dem NT im Grund nichts anderes als die ethische Forderung, die sich als ganz selbstverständlicher Imperativ aus dem Indikativ der neuen Wirklichkeit ergibt: Das Leben in Gottes Wahrheit oder Wirklichkeit erfordert des Menschen Wahrhaftigkeit« (HKüng, 59). Damit ist die Aufrichtigkeit, Ehrlichkeit und Redlichkeit sich selbst, Gott und den Mitmenschen gegenüber gemeint. Wahrhaftigkeit, Echtheit und Eigentlichkeit sind zu Grundbegriffen im 20. Jh. geworden, das im Unterschied zu manchen Heucheleien des viktorianischen und wilhelminischen Zeitalters durch die Suche nach neuer Wahrhaftigkeit in den verschiedensten Lebensbereichen, zB der Literatur, Kunst, dem privaten und öffentlichen Verhalten, gekennzeichnet ist.

Zur Wahrhaftigkeit gehört der Mut, die Wirklichkeit des eigenen S e l b s t bis in die Tiefen des Unterbewußten und der Träume mit seinen Trieben und Schattenseiten anzuerkennen und nicht zu verdrängen, damit man nicht, wie CGJung sagt, die Persona wie eine Maske vor sein wahres Selbst hält. Es stimmt nachdenklich, daß die neueren Impulse zur wahrhaftigeren Erfassung der menschlichen Wirklichkeit nicht vom Christentum ausgegangen sind, sondern etwa vom Marxismus, der Psychologie, der Soziologie und der modernen Literatur, die zT. bis heute von christl. Kreisen abgelehnt werden.

Auch die intellektuelle Redlichkeit ist ein Akt der Wahrhaftigkeit, der gerade in G l a u b e n s fragen der christl. Wahrheit nur dienlich sein kann. Dieser Redlichkeit wußte sich DBonhoeffer verpflichtet, wenn er der Bekennenden Kirche vorwarf, »daß man sich immer wieder hinter den ›Glauben der Kirche‹ verschanzt und nicht ganz ehrlich fragt und konstatiert, was man selbst eigentlich glaubt«. Demgegenüber lautet Bonhoeffers Frage: »Was glauben wir wirklich?, dh so, daß wir mit unserem ganzen Leben daran hängen?« (W. u. E., 260f). Auch die Behauptung einer Wahrheit, die »nur im Glauben« gilt, nicht aber in der sonstigen Wirklichkeit, ist heute in keiner Weise mehr glaub-würdig. »Es verstößt also auch dies gegen den Anspruch auf die Wahrheit, der zum fragenden Menschsein gehört, daß der Mensch ›die‹ Wahrheit im Glauben hat und daneben noch ›die‹ ganz anders geartete Wahrheit der Wissenschaft« (WKamlah, Wissenschaft, Wahrheit, Existenz, 1960, 71). –

Wahrhaftigkeit gegenüber anderen Menschen bedeutet nicht, ihnen schonungslos die »nackte« Wahrheit ins Gesicht zu schleudern. Taktlosigkeit, Frivolität und Zynismus haben ebenso wenig etwas mit Wahrhaftigkeit zu tun wie selbstquälerischer Masochismus. Nur der Zyniker verfolgt als Wahrheitsfanatiker ein Götzenbild der Wahrheit um jeden Preis und richtet das personale Vertrauensverhältnis zugrunde, in dem allein Wahrhaftigkeit gegenüber Mitmenschen gelingen kann (vgl. DBonhoeffer, Was heißt die Wahrheit sagen?, in: Ethik, 283ff). Wohl aber gehört es zur Wahrhaftigkeit der Liebe, das wirkliche soziale, physische, psychische und religiöse Elend der Menschen zu erfassen und nicht mit frommen Worten oder leichtfertigen Trostpflastern zu überspielen.

Wahrhaftigkeit meint letztlich das Leben im Engagement für die befreiende Wahrheit, wie sie in Geschichte und Geschick Jesu Wirklichkeit geworden ist. Darum bitten die Christen mit den Worten Helmbolds: »Erhalt uns in der Wahrheit, gib ewigliche Freiheit, zu preisen deinen Namen durch Jesum Christum. Amen.« *H.-G. Link*

Lit.: MDibelius, Επίγνωσις ἀληθείας, 1914, in: MDibelius, Botschaft und Geschichte II, 1956, 1ff – MHeidegger, Sein und Zeit, 1927 (1967[11]), § 44 – ASchlatter, Der Glaube im NT, 1927 (1963[5]), 551ff – HvSoden, Was ist Wahrheit?, 1927, in: Urchristentum und Geschichte I, 1951, 1ff – RBultmann, Untersuchungen zum Johannesevangelium, ZNW 27, 1928, 113ff (= Exegetica, 1967, 124ff) – GQuell/GKittel/RBultmann, Art. ἀλήθεια etc., ThWb I, 1933, 233ff – EBrunner, Wahrheit als Begegnung, 1938 (1963[2]) – MHeidegger, Vom Wesen der Wahrheit, 1943 (1967[5]) – MHeidegger, Platons Lehre von der Wahrheit, 1947 – DBonhoeffer, Was heißt die Wahrheit sagen?, in: DBonhoeffer, Ethik, 1949 (1966[7]), 283ff – FNötscher, »Wahrheit« als theologischer Terminus in den Qumrantexten, in: Vorderasiatische Studien, Festschr. VChristian, 1956, 83ff – GHarbsmeier, Art. Wahrheit, EKL III, 1959 (1962[2]), 1719ff – J. de la Potterie, L'arrière-fond du thème johannique de la vérité, Stud. Ev. I, 1959, 277ff – HSchlier, Meditationen über den johanneischen Begriff der Wahrheit, in: MHeidegger zum 70. Geburtstag, 1959, 195ff – NHSøe, Art. Wahrhaftigkeit, EKL III, 1959 (1962[2]), 1716ff – AWeiser, *'aman* im AT, ThWb VI, 1959, 183ff – WKamlah, Wissenschaft, Wahrheit, Existenz, 1960 – EFuchs/GGawlick, Art. Wahrheit, RGG VI, 1962[3], 1515ff – WKamlah, Der moderne Wahrheitsbegriff, in: Einsichten, GKrüger z. 60. Geb., 1962, 107ff – JKlein, Art. Wahrhaftigkeit, RGG VI, 1962[3], 1511ff – WPannenberg, Was ist Wahrheit?, 1962, in: Vom Herrengeheimnis der Wahrheit, Festschr. HVogel, 1966 (= Grundfragen systematischer Theologie, 1967, 202ff) – JBlank, Der Begriff der Wahrheit im Johannesevangelium, BZ 7, 1963, 163ff – SAalen, ›Truth‹, a Key Word in St. John's Gospel, Stud. Ev. II, 1964, 3ff – JMurphy–O'Connor, La ›vérité‹ chez Saint Paul et à Qumran, RB 72, 1965, 29ff – RSchnackenburg/PEngelhardt, Art. Wahrheit, LThK 10, 1965[2], 912ff – GStammler, Die Bedeutung des Wortes Wahrheit, KuD 1965, 234ff – HThielicke, Wahrheit und Verstehen, ZThK 62, 1965, 114ff – Was ist Wahrheit? Hamburger theol. Ringvorlesung, hrsg. v. HRMüller-Schwefe, 1965, bes.: HJKraus, Wahrheit in der Geschichte, 35ff; KKoch, Der hebräische Wahrheitsbegriff im griechischen Sprachraum, 47ff, und LGoppelt, Wahrheit als Befreiung. Das nt. Zeugnis von der Wahrheit nach dem Johannes-Evangelium, 80ff – JMoltmann, Gottesoffenbarung und Wahrheitsfrage, in: Parrhesia. KBarth z. 80. Geb., 1966, 149ff (= Perspektiven der Theologie, 1968, 13ff) – RSchnackenburg, Zum Begriff der Wahrheit in den beiden kleinen Johannesbriefen, BZ 11, 1967, 253ff – HKüng, Wahrhaftigkeit, Kl. ökumen. Schriften 1, 1968 (1970[8]) – HVogel, Wahrheit und Wahrhaftigkeit im Glauben an Gott, EvTh 29, 1969, 236ff – HLorenz, Wahrheit und Wahrhaftigkeit in der Verkündigung, EvTh 30, 1970, 201ff – GMuschalek, Die theologische Wahrheit zwischen Theorie und Praxis, ZThK 93, 1971, 129ff – YIbuki, Die Wahrheit im Johannesevangelium, 1972 (= BBB, 39) – JGiblet, Aspekte der Wahrheit im Neuen Testament, Conc 9, 1973, 169ff.

Wandel, Weg

Die in dieser Gruppe behandelten Vokabeln beschreiben – im wörtlichen wie übertragenen Sinne – entweder den Prozeß der Veränderung des Ortes (bzw. des »Stand-punktes«) oder die Bahn, auf der sich solche Veränderung vollzieht bzw. die für das »Beschreiten« vorgegeben ist. Die vom Verb στρέφω *[strephō]* abgeleitete Wortgruppe mit dem

Subst. ἀναστροφή *[anastrophę̄]* und dem Verb ἀναστρέφω *[anastrẹphō]* bringt dabei am stärksten den Gedanken der Veränderung zum Ausdruck (vgl. im Deutschen das Wort »Wandel« als Bezeichnung völliger Veränderung und langsamen Gehens). Die Gruppe um das Subst. ὁδός *[hodọs]* bezeichnet zum einen das *Vorgehen* als Handlung, zum anderen die (vorgegebene) *Bahn*, den *Weg*. Als dritte Gruppe finden sich die Kompos. von πατέω *[patẹō]*, die das *Umhergehen*, den *Aufenthalt*, also weniger eine grundsätzliche Ortsveränderung beschreiben. Das Verb πορεύομαι *[porẹuomai]* enthält dagegen mehr den Gedanken der Richtung oder Absicht, während das Verb τρέχω *[trẹchō]* die in der Bewegung aufgewendete Anstrengung bzw. Leistung betont. Alle Vokabeln gewinnen von der übertragenen Verwendung *Lebenswandel*(*-weg*) bzw. *einen Lebenswandel*(*-weg*) *führen* oder *gehen* her Bedeutung für die Aussagen über das menschliche Leben. → Bekehrung, → Gebot, → Leben, → Lehre, → Tugend, → Zucht.

ἀναστροφή

ἀναστρέφω *[anastrẹphō]* umwerfen, umkehren, sich umwenden · ἀναστροφή *[anastrophę̄]* Umkehr; Lebenswandel

I ἀναστροφή *[anastrophę̄]* ist Subst. des von στρέφω *[strẹphō]*, *drehen, umwenden*, abgeleiteten Komp. ἀναστρέφω *[anastrẹphō]*, das im Griech. einen großen Bedeutungsumfang hat und seit Hom. begegnet. Das Verbum hat trans. die Bedeutung *umwerfen, umstürzen*, intrans. *umkehren, sich umwenden*. Auch bei den med. und pass. Formen steht im Vordergrund die Bedeutung *sich umwenden, zurückkehren* (Hom. Il. 23,436); von da aus folgt die Bedeutung *sich herumwenden* (an einem Ort) bzw. *herumtreiben, verweilen* (Hom. Od. 13,326) und schließlich die auf das menschliche Verhalten übertragene Bedeutung *wandeln, sich benehmen, in einer bestimmten Weise leben* (Aristot. Eth. Nic. II 1p 1103 b 20; Epict. Diss. III 15,5). – Das Subst., das seit Aischyl. und den Vorsokratikern in mancherlei Bedeutung begegnet, bezeichnet intrans. die *Umkehr* bzw. *Schwenkung*, erst in späterer poetischer Sprache den *Aufenthalt* und dann auch in übertragener Bedeutung den *Lebenswandel*, die *Lebensführung* (Polyb. 4,82,1).

Von daher finden ἀναστροφή *[anastrophę̄]* und ἀναστρέφομαι *[anastrẹphomai]* ihren ethischen Sinn, der in der ganzen antiken Welt begegnet (Deißmann, LvO, 264) und keineswegs nur vom hebr. *hālak* her erklärt zu werden braucht. Die Art des Lebenswandels wird jeweils näher bestimmt durch Adv., Adj. oder präpos. Ausdrücke mit ἐν *[en]*. In griech. Inschriften (röm. Zeit) begegnet der von bestimmten Wertmaßstäben her mit Prädikaten wie »gut und rühmlich«, »jederzeit untadelig und furchtlos«, »gut und pflichtbewußt und der Stadt angemessen (ἀξίως *[axịōs]*)« ausgezeichnete Lebenswandel (Inschriften von Pergamon Nr. 459,5; 470,4; 496,5ff).

II In LXX steht das Verbum ἀναστρέφω *[anastrẹphō]* 87mal für das hebr. *schūb, umwenden, zurückkehren* – und zwar nur im konkreten Sinn; 8mal heißt das hebr. Äquivalent *hālak*, wobei nur 1Kön 6,12; Spr 8,20; 20,7 die übertragene Bedeutung *wandeln* (in den Geboten Gottes, in Gerechtigkeit etc.) vorliegt. Das *Richtig-Wandeln* (ἀναστρεφόμενον ὀρθῶς *[anastrephọmenon orthọ̄s]*) von Ez 22,30 (LXX) ist freie Übers. des hebr. Textes, ohne daß ein entsprechendes hebr. Verbum zugrunde liegt. – Das Subst. ἀναστροφή *[anastrophę̄]* begegnet nur in den Apokryphen (3mal) und nur in übertragener Bedeutung (Tob 4,14: sich im ganzen Lebenswandel wohlerzogen zeigen; 2Makk 5,8: schlechter Lebenswandel; 6,23: von Kind auf vorzüglicher Lebenswandel). Die hell. Prägung des Begriffes wird hier sehr deutlich.

Im spätjüd. Schrifttum, zB auch in den Qumrantexten, wird das dem griech. ἀναστρέφω *[anastrẹphō]* entsprechende hebr. *hālak* überaus häufig verwandt – und zwar in positiver und negativer Bedeutung, oft im Zusammenhang mit dem übertragenen Gebrauch von *Weg* als Wandel auf dem Weg Gottes oder auf dem Weg der Sünde.

III Im NT kommt das Verbum nur 9mal, das Subst. 13mal vor. Beide fehlen völlig in den vier Evgg., begegnen wenig bei Paulus, häufiger in den nachpaulinischen Schriften; ihr Hauptvorkommen liegt in 1 und 2Petr und im Hebr. Im wörtlichen Sinn findet sich nur das Verbum Apg 5,22 und 15,16; sonst begegnet nur übertragene Bedeutung. Abgesehen von Hebr 10,33, wo das Verbum allg. für *leben, ergehen* steht, wird die Wortgruppe durchweg für die Bezeichnung des *Lebenswandels* verwendet und gehört eindeutig in den Bereich der Paränese.

1a) Da Subst. und Verbum an sich neutrale Begriffe sind, die erst durch Beifügungen positive oder negative Wertung erhalten, können sie sowohl den vor- oder außerchristl. (den jüd.: Gal 1,13; den heidnischen: Eph 2,3) als auch den christl. Lebenswandel bezeichnen (2Kor 1,12). Die Art der Lebensführung hängt davon ab, woher der Mensch in seinem Denken und seinem Tun bestimmt wird. Bestimmende Größe kann ein ethisches Wertsystem sein (griech. Inschriften) oder der jüd. Glaube, der einen entsprechenden jüd. Lebenswandel bewirkt (Gal 1,13). Das Fehlen einer Bindung führt zu zügellosem Lebenswandel, bei dem der Mensch nur seinen Begierden folgt (1Petr 1,14; 2Petr 2,7) und letztlich sich selbst zerstört (Eph 4,22).

b) Die Hinwendung zu Christus bedeutet für den Menschen zugleich eine Abkehr vom bisherigen Lebenswandel, zu der ihn Christus befreit und befähigt. Hier sehen wir — wie schon das Vorkommen der Wortgruppe andeutete — die Probleme der 2. und 3. Generation, bei denen neben dem missionarischen Impetus die Sorge um das Festhalten der Gemeinde am Glauben steht. Es gilt, die Erkenntnis in die Praxis umzusetzen, daß der Mensch durch → Glauben und → Taufe hineingestellt ist in den Machtbereich Jesu Christi, daß er »in Christus« und damit in neuer Gottesgemeinschaft lebt. Die Erkenntnis des früheren Lebenswandels in seiner Verkehrtheit (Gal 1,13; Eph 4,22 u. ö.) macht das Neue bewußt und hilft zur Absetzung. Die Bestimmung durch Person und Werk Jesu Christi bzw. durch den Gott, der durch Christus zu einem neuen Leben in Gehorsam, Gottesfurcht und Heiligkeit befreit hat (2Kor 1,12; 1Petr 1,15.17; 3,16), prägt den neuen Stil christl. Lebensführung. Diese selbst, die aus der Bindung des Lebens an Gott bzw. Christus erwächst, kann vorbildliche Bedeutung gewinnen (1Tim 4,12; Hebr 13,7) und durch ein entsprechendes Lebensende gekrönt werden (Hebr 13,7). Für solchen Wandel in der christl. Gemeinde als dem »Haus Gottes« will der 1Tim Anweisungen geben (vgl. 3,15).

Solcher christl. Lebensführung droht aber ständig eine doppelte Gefahr: der Rückfall in heidnische Lebensweise (2Petr 2,18) und die Vergesetzlichung, indem an die Stelle der Bindung an die Person Christi unpersönliche und zugleich christusfremde Normen als Richtpunkte der Lebensführung treten (vgl. 1Tim 4,1ff den Kampf gegen die Irrlehrer, die Ehelosigkeit und Enthaltung von bestimmten Speisen verbindlich machen wollen!).

2) Besondere Bedeutung hat die Wortgruppe in der Paränese des 1Petr. Hier ist die Gegenwart, in der die Christen »als Fremdlinge und Beisassen« in der Welt leben, als eine Zeit der Bewährung des Glaubens gesehen (1Petr 2,11f). Dabei wird die Ermahnung zu einem christl. Lebenswandel begründet a) mit dem eschatologischen Herausgerufensein durch den heiligen Gott; b) mit der Anrufung des Vaters, der zugleich der unbestechliche Richter aller ist, und c) mit dem als Loskauf »vom eitlen Wandel nach der Väter Weise« verstandenen Opfertod Jesu (1Petr 1,15—18). Wichtig ist die Ermahnung zu einem christusgemäßen Lebenswandel aber auch deshalb, weil die Christen unter den kritischen Augen einer heidnischen Umgebung leben. Wie Paulus 2Kor 3,2 die korinthische Gemeinde sein »Empfehlungsschreiben« nennen kann, so fällt nun immer mehr ins Gewicht, daß der Lebenswandel der Christen als Prüfstein für die Kraft des von ihnen bezeugten Evangeliums gilt. Er kann Verdächtigungen und Verleumdungen der heidnischen Umgebung widerlegen und vielleicht sogar die Gegner und Verleumder gewinnen (1Petr 2,12; 3,1; 3,16).

3) Wechselbegriffe zu ἀναστροφή *[anastrophę]* sind:

a) ἀγωγή *[agōgę]* in 2Tim 3,10. Die Grundbedeutung ist *Führung*, insbes. im Sinne von *Erziehung* (παιδαγωγός *[paidagōgos]*, *Kindererzieher*), dann *Lebensart, Lebensführung* als Ergebnis einer bestimmten Erziehung (vgl. KLSchmidt, Art. ἀγωγή, ThWb I, 128f). 2Tim 3,10 (»Du bist mir gefolgt in . . . der Lebensführung«) hat den doppelten Sinn: Du hast dich von mir führen lassen, — und du führst dein Leben nun so, wie ich es getan habe, nämlich als Christ, »in Christus« (vgl. V. 12 und 14!);

b) → περιπατεῖν *[peripatẹin]*, das in übertragener Bedeutung zur Bezeichnung des Lebenswandels im NT am häufigsten begegnet, fast ausschließlich bei Paulus und Johannes.

G. Ebel

ὁδός

ὁδός *[hodọs]* Weg · μεθοδεία *[methodẹia]* Verfahren; Plur.: Schliche · μέθοδος *[mẹthodos]* planmäßiges Vorgehen · εἴσοδος *[ẹishodos]* Eintreten, Zugang · ἔξοδος *[ẹxhodos]* Fortgehen, Ausgang · ὁδηγός *[hodægọs]* Führer · ὁδηγέω *[hodægẹō]* führen · καθοδηγός *[kathodægọs]* Wegweiser, Anführer

I 1) Im Griech. steht ὁδός *[hodọs]* für das fehlende Abstraktum von ἰέναι *[iẹnai]*, *gehen;* daher könnte das Moment der Handlung das Primäre in dem Begriff sein. Er bezeichnet als Handlung den *Gang*, die *Reise*, die *Fahrt* zu Land und zu Wasser (seit Hom.), in örtlich-räumlichem Sinn den *Weg*, den *Pfad* oder die *Straße* als *Ort*, wo man geht, fährt oder marschiert, auch den Weg, den Schiffe fahren (seit Hom.; auch Inschriften und Papyri). Das Ziel des Weges wird bei Hom. mit εἰς *[eis]*, *nach*, beigefügt, später auch mit ἐπί τι *[epị ti]*, *nach*, oder mit Gen. In bildlichem oder übertragenem Sinn wird der Begriff schon früh gebraucht. Da man einen Weg benutzt bzw. gehen muß, um an ein Ziel zu gelangen, kann ὁδός *[hodọs]* die Bedeutung gewinnen: *Mittel* und *Weg*, um etwas zu erreichen oder etwas auszuführen, die *Maßnahme*, das *Verfahren*, die Art und Weise, wie man etwas tut und wie man lebt. Das Leben wird gelegentlich mit einem Weg verglichen, aber nicht als Weg bezeichnet (Democr. Frg. 230). ὁδὸς βίου *[hodọs bịou]* meint nicht den Lebensweg, sondern die *Lebensart* (Plato, Resp. 10,600a; → Leben, Art. βίος); unrechtes Verhalten im Einzelfall wird mit »einen unrechten Weg gehen« (Thuk. III,64,4) bezeichnet.

Für den wissenschaftlich-philosophischen Forschungs- und Erkenntnisweg steht ὁδός *[hodọs]* bereits bei Parm.; sonst wird (seit Plato) das planmäßige und zielbewußte *Vorgehen* mit μέθοδος *[mẹthodos]* bezeichnet (und μεθοδεύω *[methodẹuō]*, nicht vor LXX), das dann aber auch – in negativem Sinn (zuerst bei Plut.) – *Schlauheit, Trug, Arglist* bedeutet. –

Das Subst. εἴσοδος *[ẹishodos]* (seit Hom.) bezeichnet in verbalem Sinn das *Eintreten* und *Hineingehen*, den *Einzug*, in räumlichem Sinn den *Eingang* oder *Zugang* zu einem Ort oder Gebäude, die *Tür* (auch übertragen). Den Gegensatz dazu bildet ἔξοδος *[ẹxhodos]*, das *Hinausgehen, Fortgehen;* räumlich: der *Ausgang*, die *Tür*, die *Mündung;* übertragen: das *Vergehen, Verschwinden*, häufig der *Ausgang eines Geschehens*, das *Ende;* die Bedeutung *Lebensende, Tod* (vgl. lat. *exitus*) ist selten. Wer den Weg nicht kennt, braucht einen ὁδηγός *[hodægọs]* (nicht vor Polyb.), einen *Führer*, der ihn geleitet, ihm den Weg zeigt (ὁδηγέω *[hodægẹō]*, seit Aischyl.). Subst. und Verb werden meist im eigentlichen, seltener im übertragenen Sinn (*Lehrer, Anleiter* bzw. *anleiten, unterweisen*) gebraucht. Im Corp. Herm. ist es der νοῦς *[nous]*, *Verstand*, der zu den »Türen der Erkenntnis« oder zum »Licht der Erkenntnis« führt (VII,2; X,21), wobei räumliche Vorstellungen zugrunde liegen. ὁδηγέω *[hodægẹō]*, *führen*, begegnet hier auch im Zusammenhang mit der Himmelsreise der → Seele (IV,11; XII,12).

2) In der griech. Lit. begegnet häufig das Bild von den z w e i W e g e n (Hes. Op. 287ff; Theogn. 911f), das bes. aus der Prodikus-Fabel von »Herakles am Scheidewege« (Xenoph. Mem. II, 1,21–34) bekannt ist. Der erwachsen gewordene Mensch steht vor dem Problem, sich zu entscheiden im Blick auf seine Lebensführung, wobei ἀρετή *[aretæ]*, → *Tugend*, und κακία *[kakịa]*, *Schlechtigkeit*, die beiden Wahlmöglichkeiten darstellen. Wer sich für die Tugend entscheidet, muß – nach einer These des Sokrates – bereit sein, Mühe und Anstrengung auf sich zu nehmen; denn »nur um den Preis der Mühen verkaufen uns die Götter das Gute«. – Das Motiv von den beiden Wegen wird im Blick auf die ethischen Entscheidungen des Menschen in der Folgezeit häufig verwendet – bis in Popularphilosophie und christl. Lit. hinein.

Häufig anzutreffen ist auch die Vorstellung von zwei Wegen in der Unterwelt: der Weg nach rechts führt zum Ort der Frommen, der linke zum Strafort für die Ungerechten. Dabei ist an wirkliche Wege gedacht, auf denen die Menschen nach dem → Tod einem verschiedenen Geschick entgegengehen.

3) Religionsgeschichtlich bedeutsam ist das Vorkommen von ὁδός *[hodọs]* im Zusammenhang mit der Vorstellung vom Aufstieg der Seele in die himmlische Welt, obwohl hier auch andere Begriffe stehen (zB ἀνάβασις *[anạbasis]*, *Aufstieg*). Der Weg zur → Wahrheit (das rechte Denken) – »der über alle Wohnstätten hin trägt den wissenden Mann« – wird geschildert als Weg zum göttlichen Licht (Parm. Frg. 1). Im hermetischen Schrifttum gilt die γνῶσις *[gnọ̄sis]*, → *Erkenntnis*, als Weg. Wer das Ziel der Gnosis, die Vergottung und das Teilhaben an der Unsterblichkeit, erreicht hat, geht hin, um auch die anderen aus ihrer Unwissenheit herauszuholen, indem er ihnen als καθοδηγός *[kathodægọs]*, *Wegweiser, Anführer*, dient (Corp. Herm. I,26–29).

Auch in christl.-gnostischen Texten (OdSal, Naassenerhymnus) ist die Rede von dem Weg, der dem Menschen durch den Erlöser aufgetan wird, indem er ihm die Gnosis vermittelt (OdSal 7,13f; 15,2ff). Eine bes. große Rolle spielt der Weg oder Pfad in der mandäischen Gnosis. Der Gnostiker befindet sich auf dem »Weg des Lebens« oder dem »Weg der Vollkommenen« (Joh-Buch, 236,1), der auch als Aufstieg bezeichnet wird. Der Erlöser gilt als Führer und Helfer, wird jedoch nie als Weg bezeichnet.

In LXX begegnet ὁδός *[hodọs]* sehr häufig, etwa 880mal, in eigentlicher und übertragener Bedeutung. Es steht für 18 hebr. Äquivalente, entspricht jedoch an mehr als 600 Stellen dem hebr. *dæræk, Weg.* II

1a) Die Verwendung des Begriffes ist im AT sehr stark von der Tatsache geprägt, daß Gott sein Volk einen Weg geführt hat: aus Ägypten heraus, vierzig Jahre in der Wüste und dann in das verheißene Land. Bes. der Weg durch die Wüste wird vom Dtn (8,2) als Prüfstrecke angesehen.

Das Verbum ὁδηγέω *[hodægẹō], führen,* begegnet 42mal und ist ganz überwiegend auf Gott bezogen (Ex 13,17; 15,13 u. ö.), in Pss vorwiegend in Bekenntnissen zur Führung Gottes im eigenen Leben (zB Ps 23[22],3; 25[24],9) und in Bitten um sein fürsorgliches Leiten (zB Ps 5,9; 31[30],4), auch im übertragenen Sinn von *lehren, anleiten.* (In der Weisheitslit. tritt die »Weisheit« an die Stelle Gottes. Das Subst. ὁδηγός *[hodægọs], Führer,* begegnet nur an wenigen späten Stellen und ist nur Weish 7,15 auf Gott bezogen.) – Bei DtJes, dessen Sprache weitgehend geprägt ist durch die Pss, wird Gott geradezu als der gesehen, der Weg macht, wo es Menschen unmöglich erscheint: beim 1. Exodus im Meer (Jes 43,16; 51,10; vgl. Ps 77[76],20) und beim 2. Exodus in der Wüste (Jes 43,19).

Als Bezeichnung für den *Auszug* aus Ägypten steht ἔξοδος *[ẹxhodos]* zB Ex 19,1; Num 33,38; 1Kön 6,1; Ps 105[104],38, während es sonst in vielfacher Bedeutung begegnet, mehrfach auch zusammen mit εἴσοδος *[ẹishodos], Eingehen, Eingang,* im Sinne von Aus- und Eingehen als Bezeichnung für ständige Gemeinschaft oder für das gesamte Tun (zB 1Sam 29,6; Ps 121[120],8), gelegentlich auch in bezug auf Geburt und Tod (Weish 7,6; Sir 40,1).

An einen Weg im eigentlichen Sinn ist wahrscheinlich Jes 40,3 gedacht. Auf diesem Weg in der Wüste soll die Herrlichkeit Jahwes offenbar werden in der Heimführung des Volkes aus der Babyl. Gefangenschaft (vgl. auch Mal 3,1).

b) Von hier aus gewinnt der Begriff »Weg Gottes« seine Füllung und Bedeutung. Er bezeichnet in besonderer Weise das Heilshandeln Gottes (meist Sing., zB Ps 67[66],3: ». . . daß man auf Erden erkenne seinen Weg, unter allen Heiden sein Heil«) oder – mehr allg. – das Tun Gottes (zB Ps 25[24],10; 145[144],17), »die Wege«, die er geht. Sie sind den Wegen der Menschen überlegen und können daher auch von ihnen nicht ohne weiteres erfaßt werden (Jes 55,8f; Ps 95[94],7–11).

c) Anders steht es jedoch mit den Wegen (Sing. und Plur.), die Gott als von ihm gewiesene Wege die Menschen gehen heißt: seine → Gebote (zB Gen 18,19). Die häufig zu findende Wendung »in den Wegen Gottes (oder des Herrn) wandeln« (→ πορεύομαι) bedeutet: nach dem Willen Gottes handeln, der in Geboten, Rechten und Satzungen geoffenbart ist (1Kön 2,3; 8,58). Als »Weg des Herrn« wird Gottes Recht bezeichnet (Jer 5,4), um dessen Beachtung die Propheten kämpfen müssen, weil Israel immer wieder der Versuchung erliegt, sich der Forderung Gottes zu entziehen (Ex 32,8; Mal 2,8). Mit der bildlichen Vorstellung vom Weg – auch wenn diese oft ganz verblaßt ist – hängt die in diesen Zusammenhängen begegnende Verwendung von Ausdrücken wie gehen, wandeln, abirren, abtreten, abweichen usw. zusammen. In den Pss steht neben dem Bekenntnis des einzelnen: »Ich halte die Wege des Herrn« (Ps 18[17],22; vgl. Hi 23,11) auch die Bitte: »Herr, weise mir deinen Weg!« (Ps 27[26],11; 86[85],11). Dieser Weg wird oft durch erläuternden Gen. näher bestimmt als »Weg deiner Zeugnisse«, »Weg der Wahrheit«, »Weg deiner Gebote« (Ps 119[118]). Statt »Wege des Herrn« steht in der Weisheitslit. »Wege der Weisheit« (Spr 3,17; 4,11; Sir 6,26 u. ö.).

2a) Das Menschenleben als Ganzes oder in seinen einzelnen Abschnitten kann als *Weg* bezeichnet werden (Ps 119[118],105; Jes 53,6). Gottes Augen sehen alle Wege der Menschen (Jer 16,17; 32,19); er hat sie in seiner Hand (Dan 5,23); darum ist es gut, ihm seine Wege anzuvertrauen (Ps 37[36],5). Dabei gehen eigentlicher und bildlicher Gebrauch oft ineinander über. Wenn der Mensch stirbt, geht er »den Weg aller Welt« (1Kön 2,2), den alle gehen müssen (Jos 23,14) und von dem man nicht wiederkehrt (Hi 16,22).

b) *Weg* bezeichnet in LXX auch das Tun oder Verhalten des Menschen, seinen Lebensvollzug (Ex 18,20). Die Wege werden meist in irgend einer Weise qualifiziert – oft durch beigefügten Gen. –, entweder positiv (»der heilvolle Weg« Jer 6,16, der »rechte Weg« Spr 8,20 usw.) oder negativ (»falsche« oder »böse« Wege Jer 25,5; Spr 8,13), wobei die Wertung oft nur aus dem Zusammenhang erschlossen werden kann (zB beim »Weg Jerobeams« 1Kön 15,34 u. ö.). Der eigentliche Bezugspunkt für die Beurteilung des Weges, den ein Mensch geht, ist Gottes Wille. Wo ein Mensch sich in seinem Tun davon bestimmen läßt, geht er den Weg Gottes bzw. auf den Wegen Gottes. Alles andere sind selbstgewählte Wege (Jer 7,23f) oder ist »Weg der Sünder« (Ps 1,1). Hier muß deshalb der prophetische Ruf zur Umkehr von den bösen Wegen einsetzen (2Kön 17,13f; Jer 25,5; Jes 55,7) und der Fromme um rechte Führung bitten (Ps 86[85],11).

3) Der Weg, auf dem Gott sein Volk führt, hat das Heil des Volkes zum Ziel. Dasselbe gilt von den Wegen, die er dem Volk gebietet (Dtn 30,15f). Darum sind sie »Wege des Lebens« (Ps 16[15],11; Spr 5,6 u. ö.). Die Abwendung von diesen Wegen führt ins Verderben, zieht Gottes Gericht nach sich (Dtn 30,17f). – Was zuerst auf das Volk als Ganzes bezogen war, wird später in der Weisheitslit. und nachexilischen Frömmigkeit individualisiert. Die Weisheit meint, daß kluges Verhalten zu erfolgreichem Leben führt, Torheit dagegen zum Tod (Ps 1!). Die Krise dieses Denkens wird beim Prediger, im Buche Hiob und auch in Ps 73 sichtbar.

4) Während das Griechentum beim Menschen die Möglichkeit zur freien Entscheidung über seine Lebensführung sieht, kennt das AT nur den Gehorsam gegenüber Gott oder den Ungehorsam. Weil Gott mit Israel den Bund geschlossen und damit seine Entscheidung getroffen hat, kann Israel sich nur noch für oder gegen Gott entscheiden, den Bund halten, und damit Leben und Segen erlangen, oder ihn brechen, was Fluch und Tod bedeutet (Dtn 11,26f; 30,15ff). Ein ähnliches Denken in den Gegensätzen gut und böse, gerecht und gottlos begegnet in Verbindung mit »Weg« bes. in der Weisheitslit. (Spr 2,12.20; 4,18f, vgl. Ps 1). Es wird nirgends ausdrücklich von zwei Wegen gesprochen; aber später wird das Zwei-Wege-Schema an dieses Gegensatzdenken anknüpfen können.

5) Spätjudentum

a) Bei Philo begegnet »Weg« häufig, aber wenig vom AT her, sondern viel stärker vom allgemeinen, philosophischen und paränetischen Sprachgebrauch her bestimmt. Die eigentlich bedeutsamen Linien des at. Sprachgebrauchs (»Wege Gottes«) haben bei ihm keine Fortsetzung gefunden. Er übernimmt aus dem AT das Wandermotiv und baut es ein in sein philosophisches Grundthema vom Schreiten des Menschen auf einem Weg, der nach Num 20,17 der »königliche« genannt wird, weil er zu Gott führt, dem König des Alls. Dieser Weg wird gleichgesetzt mit der Weisheit, durch die der Geist bis zum Ziel gelangt: zur Erkenntnis Gottes (De Migr. Abr. 195). In ethischen Aussagen spielt vor allem der asketische Weg zur Tugend eine wichtige Rolle (Post. Caini 154; Leg. All. II,98). Als Weg zur Tugend gilt ihm die Philosophie.

Neben anderen Wegvorstellungen (zB Mittelweg) begegnet bei Philo auch das Motiv von den beiden Wegen. In seiner gnostisch-dualistischen Entgegensetzung von Fleisch und Geist weist es auf außerjüd. Einflüsse hin. Der von der Tugend bestimmte Weg hat Leben und Unsterblichkeit zum Ziel, der von der Schlechtigkeit bestimmte Weg dagegen führt zur Flucht der Unsterblichkeit und zum Tod (Spec. Leg. IV,108).

Philo spricht auch von der Notwendigkeit eines Führers, da der Mensch von sich aus den Weg nicht kennt (De Migr. Abr. 170). Statt ὁδηγός *[hodægos]* verwendet Philo den Ausdruck ἡγεμὼν τῆς ὁδοῦ *[hægemōn tæs hodou], Führer auf dem Weg,* im eigentlichen und übertragenen Sinn für den Logos, vor allem aber für Gott selbst, der als erbarmender Retter den νοῦς *[nous], Verstand,* auf dem rechten Weg führt (De Migr. Abr. 171; Praem. poen. 117).

b) Bei Josephus überwiegt »Weg« im eigentlichen Sinn; nur ganz wenig begegnet übertragener Gebrauch. Aber auch hier hat der Sprachgebrauch des AT von den »Wegen des Herrn« keinen Nachhall gefunden.

c) Im Unterschied zu Philo und Josephus hat der at. Sprachgebrauch im übrigen spätjüd. Schrifttum weitergewirkt. Für den von Gott dem Menschen gebotenen Weg findet sich gelegentlich der absolute Ausdruck »der Weg« (4Esr 14,22; CD I,13; II,6). Der Weg des Herrn ist der »Weg des Gesetzes« (ApkBar[syr] 44,3) und heißt der »Weg der Gerechtigkeit« (Jub 1,20; 23,26). – Der wohl älteste Beleg für den Begriff »zwei Wege« innerhalb des jüd. Schrifttums begegnet TestAss 1,3–5: »Zwei Wege hat Gott den Menschenkindern gegeben, zwei Ratschlüsse und zwei Handlungen und zwei Plätze und zwei Ziele . . .« Der Mensch kann wählen zwischen Licht und Finsternis (im slHen 30,15 werden so die zwei Wege bezeichnet), zwischen dem Gesetz des Herrn und den Werken Beliars (TestLev 19,1), aber er ist von Dämonen bedroht, die ihn zum Irregehen bringen wollen (TestAss 8,9; Rub 2 und 3).

d) Auch in den Schriften von Qumran wird auf dualistischem Hintergrund von zwei Arten von Wegen geredet, von den Wegen der Wahrheit und den Taten der Verderbtheit (1QS 4,16) bzw. dem Weg des Frevels (1QS 5,10f). Die Kinder der Gerechtigkeit wandeln auf den Wegen des Lichtes, die Kinder des Unrechts auf den Wegen der Finsternis (1QS 3,17ff). Auch hier droht Verführung durch dämonische Mächte: Der Finsternisengel bewirkt das Irregehen aller Kinder der Gerechtigkeit.

e) Bei den Rabbinen ist Dtn 11,26 und 30,19 so gedeutet worden, daß Gott mit Segen und Fluch, Leben und Tod zwei Wege vorgelegt habe. – Weit verbreitet ist auch die Vorstellung von Engeln, die den Menschen auf seinen Wegen und bei seinen Handlungen geleiten (bSchab 119b).

III 1a) ὁδός *[hodos]* im eigentlichen Sinn begegnet im NT 55mal, fast durchweg bei den Synopt. Die Wege, die Jesus gegangen ist, werden nicht erwähnt, obwohl er mit seinen Jüngern oft ἐν τῇ ὁδῷ *[en tæ hodō], unterwegs,* war. – ὁδὸς ἐθνῶν *[hodos ethnōn]* (Mt 10,5) ist nicht die heidnische Lebensart, sondern der Weg, der über Israel hinaus zu den Gebieten der Heiden führt. – ἡμέρας ὁδός *[hæmeras hodos]* (Lk 2,44) ist der Weg, den man an einem Tag zurücklegt, die *Tagereise;* σαββάτου ὁδός *[sabbatou hodos]* (Apg 1,12) die Wegstrecke, die ein Jude am Sabbat gehen durfte, ohne das Gebot Ex 16,29 zu übertreten (= 2000 Ellen, ca. 880 m). –

b) In bildlicher bzw. übertragener Bedeutung begegnet *Weg* 46mal, über das ganze NT verteilt, zT ähnlich wie im AT für Gottes Tun und Heilshandeln (zB Röm 11,33; Offb

15,3; Hebr 3,10), für Gottes Willen (zB Mt 22,16; Mk 12,14; Lk 20,21; auch Mt 21,32 gehört in diesen Zusammenhang), öfters in at. Zitaten und Wendungen (Apg 2,28; 13,10; Röm 3,17; Lk 1,79), auch in der Bedeutung *Lebenswandel* (Apg 14,16; Röm 3,16; 1Kor 4,17; Jak 1,8; 5,20). Andererseits finden wir im JohEv. (nur 4mal ὁδός *[hodos]*) und im Hebr eine Verwendung von *Weg*, die nicht vom AT her verständlich wird, sondern nur aus hell.-gnostischen Vorstellungen vom Erlöserweg. Eine weitere Besonderheit im NT ist der absolute Gebrauch von »Weg« in der Apg als Bezeichnung für die christl. Gemeinde und ihre Verkündigung.

c) εἴσοδος *[eishodos]*, *Eingang, Zugang, Zutritt* steht 5mal im NT (Hebr 10,19: »Eingang in das Heiligtum«; 2Petr 1,11 »Eingang in das ewige Reich«; Apg 13,24 Beginn des Auftretens Jesu, seine Ankunft; 1Thess 1,9; 2,1 »Eingang« des Paulus bei den Thessalonichern, das Echo, das er mit dem Evangelium dort gefunden hat).

d) ἔξοδος *[exhodos]* begegnet im NT nur an 3 Stellen (Hebr 11,22 Auszug aus Ägypten; Lk 9,31 und 2Petr 1,15 das Sterben).

2a) M a t t h ä u s 3,3 par wird Jes 40,3 zitiert mit dem Ruf zur Wegbereitung für den Herrn (vgl. II,1a). Durch die Übertragung des Kyrios-Titels auf Jesus wird es möglich, das Wirken Johannes des Täufers als Erfüllung des at. Wortes zu sehen: Johannes hat als Vorläufer den Weg für Jesus bereitet durch die Ankündigung seines Kommens, durch den Bußruf und die Taufe (vgl. auch das Zitat aus Mal 3,1 in Mk 1,2 par).

b) In der B e r g p r e d i g t begegnet Mt 7,13f das Doppelbild von den beiden Wegen und den beiden Pforten. Wie im Profangriech. wird bei den zwei Wegen das Ziel in den Blick gefaßt, zu dem sie führen. Doch geht es nicht um das ethische Problem der Lebensführung, sondern um die Frage: Leben oder Tod, Heil oder Verderben, vor die der Mensch durch Jesus gestellt ist, — allerdings mit der eindeutigen Einladung zum Leben (»Gehet ein . . .«). Daher hat dieses Wort trotz seines griech. Bildgehalts eine große sachliche Nähe zu Dtn 30,19, zielt jedoch — anders als Dtn 30,19 — auf das ewige Geschick des Menschen. Im Unterschied zum Griechentum (vgl. Hes. Op. 287ff) und Spätjudentum (vgl. 4Esr 7,7f) werden die beiden Wege nicht ausgemalt. — Mt 7,13f gehört in den Umkreis jener Worte, die — bes. bei Mt -- vom Eingehen in das Himmelreich (zB Mt 5,20), in das Leben (zB Mt 18,8f) oder in die Freude des Herrn (Mt 25,21.23) reden.

c) Im Zusammenhang mit der Vorstellung vom Hohenpriestertum Jesu Christi spricht der H e b r ä e r b r i e f (9,8; 10,19f) vom »Weg« bzw. »Eingang ins Heiligtum«, wobei ὁδός *[hodos]* fast die Bedeutung von εἴσοδος *[eishodos]*, *Zugang*, gewinnt. Jesus hat als Vorläufer (6,20) bzw. Führer (2,10; 12,2) einen noch nicht dagewesenen, lebendigen Weg und Zugang gebahnt. Das gnostische Motiv vom Erlöser als Wegbereiter für die Seinen ist hier abgewandelt durch die Verbindung mit dem Opfertod Jesu. Der trennende Vorhang, durch den hindurch Jesus den Weg gebahnt hat, ist sein Fleisch als Ausdruck der Materie, die — gnostisch verstanden — den Weg zur himmlischen Welt versperrt. Indem Jesus sein Fleisch (und Blut) als Opfer für die Sünde hingibt, wird jedoch deutlich, daß es — biblisch verstanden — nicht die Materie ist, die den Menschen von Gott trennt, sondern die Sünde (vgl. EKäsemann, aaO, 144ff). Erst durch Jesu Opfertod ist ein vom bösen Gewissen befreites Hinzutreten zu Gott möglich (10,22; sachliche Parr.: Röm 5,1f; Eph 2,18f; 3,11f). Auch 2Petr 1,11 gehört in diesen Zusammenhang.

d) Im J o h a n n e s e v a n g e l i u m begegnet ein absoluter, auf die Person Jesu bezogener Gebrauch von ὁδός *[hodos]*, *Weg*, wie er in dieser Weise im NT einmalig ist (Joh 14,1–6). Den Jüngern ist das »Wohin« des Weggangs Jesu nicht bekannt; darum wissen sie auch den Weg nicht. Ihnen offenbart sich Jesus als der einzige Weg, der zum Vater führt: »Ich bin der Weg und die Wahrheit und das Leben; niemand kommt zum Vater denn durch mich« (14,6). Das Sein beim Vater ist Ziel des Weges Jesu (vgl. 14,6b mit 20,17) und durch ihn auch Ziel des Jüngerweges (14,3). Zweifellos ist die bildhafte Wegvorstellung im JohEv. — im Vergleich zu dem hinter diesen Aussagen erkennbaren gnostischen Schema vom Erlöserweg — stark zurückgedrängt. Die mit dieser Vorstellung zusammenhängenden Verben der Bewegung (gehen; weggehen, → Kommen, Art. ἔρχομαι; hinaufsteigen, → Himmel, Art. ἀναβαίνω) bringen die Distanz zwischen Gott und Mensch, zwischen → Himmel (Art. οὐρανός) und → Welt zum Ausdruck, die durch Jesus überwunden wird. Nur durch ihn kommt es zur Gemeinschaft mit Gott, die Gegenwart und Zukunft umfaßt.

e) Neben einem vom AT her bestimmten Wortgebrauch (vgl. 1b), zeigt die Apostelgeschichte einen absoluten Gebrauch von *Weg* (Sing.), der im NT ebenfalls einmalig ist (9,2; 19,9.23; 24,14 u. ö.). Vielleicht liegt hier ein Terminus der Missionssprache vor, ähnlich dem absoluten Gebrauch von λόγος *[logos]*, → *Wort*, für die urchristl. Missionspredigt (zB Apg 4,4; 11,19). »In 24,14 wird deutlich, daß ἡ ὁδός (*[hæ hodos]*, *der Weg*) eine Selbstbezeichnung der christl. Gemeinde war, während die Gegner von einer αἵρεσις (*[hairesis]*, *Sekte*) sprachen« (Haenchen, aaO, 275, Anm. 3). Woher diese Selbstbezeichnung stammt, ist noch nicht geklärt.

Apg 16,17 (»Weg des Heils«) geht es eindeutig um die christl. Botschaft, Apg 18,25 (»Weg des Herrn«) und 26 (»Weg Gottes«) um die Verkündigung von Jesus. Apg 13,12 wird von der »Lehre des Herrn« gesprochen, nachdem unmittelbar vorher in 13,10 von den »geraden Wegen des Herrn« die Rede war. Weisen alle diese Stellen in die Richtung »Lehre«, »Verkündigung«, so zeigen andererseits die Stellen mit absolutem Gebrauch von *Weg*, daß dort dieses Verständnis nicht genügt, da auch die Christen selbst mitgemeint sind. Wenn Paulus nach Apg 22,4 »den Weg« verfolgt hat, dann ist die christl. Gemeinde mit ihrer Botschaft von der Auferstehung des Gekreuzigten gemeint (→ Bedrängnis, Art. διώκω III,1b). Man wird deshalb hier keine falsche Alternative konstruieren dürfen: Entweder *Weg* = Lehre oder *Weg* = christl. Gemeinde. Beides ist in dem Begriff mitgemeint und gehört zusammen. Wir werden daher »Weg« im absoluten Gebrauch der Apg verstehen müssen als Bezeichnung für die Christen und ihre Verkündigung von Jesus Christus, wobei eingeschlossen ist, daß diese Verkündigung auch einen bestimmten »Lebenswandel« (»Weg«!) einschließt.

f) Der »köstlichere Weg«, von dem Paulus spricht (1Kor 12,31b), meint den Lebensvollzug, der von der Liebe (ἀγάπη *[agapæ]*) bestimmt und allem Streben nach Geistesgaben vor- und übergeordnet ist (vgl. 1Kor 14,1; Phil 2,1ff). Man wird den »Weg« 1Kor 12,31b zusammen sehen müssen mit 4,17, wo Paulus den Ausdruck »meine Wege in Christus« gebraucht. Dort geht es um den christusgemäßen Lebenswandel, den Paulus nicht nur überall lehrt, sondern der an seinem eigenen Verhalten anschaulich wird. Deshalb kann er sagen »meine Wege« und kann die Gemeinde auffordern, seine »Nachahmer« zu werden, nämlich im christusgemäßen Lebensvollzug (→ περιπατέω).

g) Im 2. Petrusbrief wird bei der Abwehr der Irrlehre bzw. der Irrlehrer das Christentum als »Weg der Wahrheit« (2,2; vgl. Jak 5,19 v. l.) und »Weg der Gerechtigkeit« (2,21) bezeichnet und sehr stark von der neuen Sittlichkeit her gesehen, die es bringt und fordert (vgl. 2,20f das »heilige Gebot«) und die es vom Heidentum unterscheidet. Die Irrlehrer haben mit ihrem lasterhaften Lebenswandel den »geraden«, dh von Gott gezeigten und gewollten Weg verlassen, sind dem »Weg Bileams« gefolgt (2,15) und haben damit das Christentum in Verruf gebracht.

Die Ausdrücke »Weg Bileams« und »Weg Kains« (Jud 11) sind weniger vom AT selbst her zu verstehen (Handeln gegen Gottes Willen) als vielmehr von der daran anknüpfenden spätjüd. Tradition (Kain und Bileam als Väter und Lehrmeister aller Libertinisten und Irrlehrer; vgl. Philo, Post. Caini 38,233; Pirqe Abot V. 19; zum Gedanken des Abirrens → Verführen).

3a) Das Subst. ὁδηγός *[hodægos]*, *Führer, Geleiter*, begegnet im NT nur 5mal (Apg 1,16 von Judas), wenn auch zT. in bildlicher Redeweise. Die geistliche Blindheit der Pharisäer für den eigentlichen Willen Gottes wird von Jesus dadurch herausgestellt, daß er sie »blinde Führer« (Mt 23,16.24) bzw. »blinde Blindenführer« (Mt 15,14; vgl. auch Lk 6,39) nennt. Ähnlich kennzeichnet Paulus Röm 2,19 den Gesetzesjuden als einen, der sich anmaßt, »Führer der Blinden« zu sein. — ὁδηγεῖν *[hodægein]*, *führen, leiten* (5mal im NT) wird Joh 16,13 ausgesagt im Blick auf den Geist der Wahrheit, der »in alle Wahrheit leiten« wird (sachliche Parr.: Joh 14,26), und Offb 7,17 im Blick auf das Lamm, das die Vollendeten zu den lebendigen Wasserbrunnen leiten wird. Die eindeutig übertragene Bedeutung *anleiten, unterweisen* begegnet nur Apg 8,31, wo es um Anleitung für das Verstehen der Schrift geht. Die für das AT kennzeichnende Verwendung des Verbs hat also im NT kaum eine Nachwirkung.

b) Das vor dem NT nicht belegte μεθοδεία *[methodẹia]*, Synonym zu dem älteren μέθοδος *[mẹthodos]*, das in späten Papyrusbelegen in neutralem Sinn gebraucht wird vom *Verfahren* bei Steuereinziehungen und Schuldeneintreibungen, begegnet im NT nur 2mal in negativem Sinn: *Arglist* (Sing. Eph 4,14), *Ränke, Schliche* (Plur. Eph 6,11; L: »die listigen Anläufe des Teufels«). Der Begriff steht hier in Zusammenhang mit Aussagen über Bedrohungen, denen der Christ ausgesetzt ist, sei es durch Menschen oder verführende Mächte. *G. Ebel*

περιπατέω

περιπατέω *[peripatẹō]* gehen, umhergehen, wandeln · ἐμπεριπατέω *[emperipatẹō]* einhergehen, wandeln

πατέω *[patẹō]* (nicht vor Pindar) und seine Kompos. bezeichnen im Griech. die *tretende Bewegung* der Füße. – πατέω *[patẹō]* bedeutet trans. (*etwas* oder *auf etwas*) *treten, betreten, mit Füßen treten, zertreten*; häufig auch übertragen *geringschätzig behandeln, mißhandeln, plündern*; intrans. *gehen, wandeln.* – καταπατέω *[katapatẹō]* (seit Thuk.) bezeichnet das völlige *Niedertreten* und *Zertreten*, oft in übertragener Bedeutung *verächtlich behandeln, verachten* (zB die Gesetze: Plato Leg. IV,714a). I

περιπατέω *[peripatẹō]* (seit Aristoph.) begegnet im klassischen Griech. nur in der eigentlichen Bedeutung *umhergehen, sich aufhalten* (indem man zB auf dem Markt hin- und hergeht, Demosth. Or. 54,7); es fehlt die auf die Lebensführung bezogene übertragene Bedeutung *wandeln*. Nur bei Philodem (1. Jh. vChr) findet sich die Bedeutung *leben* (De Libertate 23,3). – ἐμπεριπατέω *[emperipatẹō] einhergehen, wandeln*, ist erst seit Plut. (1. Jh. nChr) belegt.

1) In LXX begegnet περιπατέω *[peripatẹō]* nur an 33 Stellen, über die Hälfte davon in der Weisheitslit. Es steht – wie auch ἐμπεριπατέω *[emperipatẹō]* (9 Belege; Ausnahme: Hi 9,8) für das hebr. *hālak* (meist hitp.) und bedeutet zunächst einfach *gehen* oder *umhergehen* (1Sam 17,39), meist mit einer Ortsangabe (zB Ex 21,19) oder einer sonstigen Näherbestimmung (zB Sus 13: »nach Gewohnheit«); nur Ri 21,24 bedeutet es *weggehen*. Vom Gehen bzw. Umhergehen Gottes wird mehrfach anthropomorph gesprochen (Gen 3,8.10; Ps 103[104],3), auch vom Umhergehen des Satans (Hi 1,7; 2,2). II

Nur gelegentlich bezeichnet περιπατέω *[peripatẹō]* in übertragener Bedeutung den Lebenswandel (2Kön 20,3; Pred 11,9). LXX verwendet dafür lieber → πορεύομαι *[porẹuomai]*, *gehen*, in Verbindung mit → ὁδός *[hodọs]*, *Weg*, weil dadurch besser zum Ausdruck gebracht werden kann, daß sich der Lebenswandel in den von Gott gewiesenen Bahnen vollziehen soll.

2) Nach den Q u m r a n - Schriften hat Gott dem Menschen »zwei Geister gesetzt, in ihnen zu wandeln«, bis zur Zeit seiner Heimsuchung, nämlich die Geister der Wahrheit und der Verkehrtheit (1QS III,18ff). Die Söhne der Gerechtigkeit wandeln auf den Wegen des Lichtes (dh nach dem Willen Gottes, 1QS V,10), die Söhne der Verkehrtheit oder des Frevels wandeln auf den Wegen der Finsternis (1QS III,20f). Der Mensch ist in seinem Wandel der Verführung durch dämonische Mächte (Finsternisengel) ausgesetzt, die sein Irregehen bewirken wollen. Obwohl der Mensch sich für den rechten Weg entscheiden soll, scheint andererseits diese Entscheidungsfreiheit aufgehoben zu sein: »Fürwahr, kein Mensch bestimmt seinen Weg, kein Mensch lenkt seinen Schritt, sondern Gott (hat) die Entscheidung, und aus seiner Hand kommt vollkommener Wandel« (1QS XI,10).

Im NT begegnet περιπατέω *[peripatẹō]* 95mal, davon je zur Hälfte in eigentlicher und in übertragener Bedeutung (in auffallendem Unterschied zur LXX). Für *gehen, umhergehen* steht es hauptsächlich in Evgg., Apg und Offb. In 1Petr 5,8 ist es auf den Teufel bezogen; Offb 2,1; 3,4; 21,24 bezeichnet es das *Wandeln* in der Vollendung und im Licht des himmlischen Jerusalem. III

In der übertragenen Bedeutung *wandeln* als Bezeichnung für die Lebensführung steht περιπατέω *[peripatę̄ō]* – abgesehen von Mk 7,5, Apg 21,21 und Hebr 13,9, wo es um die Beachtung jüd. Überlieferung und Sitte geht, – nur im paulinischen (außer Past. und Phlm) und johanneischen Schrifttum. Es erlangt eine hervorragende Bedeutung als Terminus zur Bezeichnung des Lebenswandels, wobei in der Art und Weise des Wandels sichtbar wird, woher der Mensch in seinem Wesen und Tun bestimmt wird. Deshalb wird das an sich neutrale Verb immer näher bestimmt (durch κατά *[katą]*, *gemäß*, ἐν *[en]*, *in*, ἀξίως *[axįōs]*, *würdig*, oder einen Dat.) und dadurch positiv oder negativ qualifiziert.

1) In den p a u l i n i s c h e n und deuteropaulinischen Schriften stehen sich grundsätzlich der (einstige) heidnische Lebenswandel (Eph 2,2; Wandel »nach dem Fleisch« Röm 8,4; »nach Menschenart« 1Kor 3,3) und der (jetzige) Wandel in Christus (Kol 2,6; Wandel »nach dem Geist« Röm 8,4; »im Geist« Gal 5,16; »gemäß der Liebe« Röm 14,15; »in der Liebe« Eph 5,2; »als Kinder des Lichtes« Eph 5,8) gegenüber.

Da die Christusverkündigung den Menschen aus einem gottabgewandten, vom selbstsüchtigen Ich (Gal 5,16) bestimmten Leben herausführen will in ein »neues Leben« (Röm 6,4), das von Gott und seinem Willen bestimmt und geprägt wird, gehört zu dieser Verkündigung auch das »wie ihr sollt wandeln und Gott gefallen« (1Thess 4,1), das sich auf vielfältige Weise in den paulinischen Ermahnungen widerspiegelt.

Paulus geht davon aus, daß der Mensch unter dem Gesetz dem Ich verhaftet ist und daher den Willen Gottes nicht erfüllen kann. Im Glauben an Christus wird ihm die Freiheit vom Zwang der Norm und von der Ichverhaftung als Geschenk Gottes zugesprochen (Eph 2,1ff). Er kann jetzt Gott und dem Nächsten dienen (Röm 7,6; vgl. Röm 14,7ff; Gal 5,13). Doch muß er immer wieder zum Leben in dieser neuen Wirklichkeit ermahnt werden, weil er auch als Glaubender noch »im Fleische« lebt (2Kor 10,2) und damit der Versuchung ausgesetzt bleibt, »nach dem Fleisch« zu wandeln (1Kor 3,3), dh ichsüchtig zu handeln.

Solange der Christ »im Glauben und nicht im Schauen« wandelt, soll er sich mühen, seinem Herrn zu gefallen (2Kor 5,7ff). Er hat immer neu zu prüfen, »was dem Herrn wohlgefällig ist« (Eph 5,8ff.15), damit er sein Leben so führt, wie es seiner Berufung entspricht (Eph 4,1; 1Thess 2,12; Kol 1,10). Das bedeutet zugleich ein Verhalten, das auch auf die nicht zur Gemeinde gehörenden Menschen und ihr Urteil achtet (1Thess 4,12; Kol 4,5), nicht hinterlistig ist (2Kor 4,2), sondern »ehrbar, dem Tag entsprechend« (Röm 13,13), so daß man Tageslicht und Öffentlichkeit nicht zu scheuen braucht. Problematisch erscheint 2Thess 3,6: Aus dem Wandel »in der Liebe« ist hier ein Wandel »nach der Überlieferung« geworden.

2) In den j o h a n n e i s c h e n Schriften begegnet περιπατέω *[peripatę̄ō]* in wörtlichem und übertragenem Sinn. Während Joh 11,9f Jesus anscheinend im eigentlichen Sinn vom Umhergehen am Tag bzw. in der Nacht spricht, klingt schon die übertragene Bedeutung des Verbs und die gnostisch-dualistische Terminologie an, die Joh benutzt, um die beiden Möglichkeiten des menschlichen Daseins zu verdeutlichen: das Sein im Glauben und das Sein im Unglauben. Die Ausdrücke »im Licht« oder »in der Wahrheit wandeln« und »in der Finsternis wandeln« meinen nicht moralisches oder unmoralisches Verhalten, sondern das Bestimmtsein von Gott oder das Bestimmtsein von der Welt her. »Im Licht wandeln« bedeutet: Gott zugewendet leben – durch den Glauben an Jesus Christus (Joh 12,35f); »in der Finsternis wandeln« bedeutet: gegen Gott verschlossen sein.

Der Mensch aber, der gegen Gott verschlossen ist, verfehlt das eigentliche → Leben (Joh 12,35; 1Joh 2,11). Doch Jesus ist gekommen als »das Licht der Welt«, damit der Mensch durch ihn das wirkliche Leben findet (Joh 8,12). Er findet es, wenn er den Ruf Jesu vernimmt und ihm nachfolgt.

Der »Wandel im Licht« (2/3Joh sagen stattdessen »in der Wahrheit wandeln«) hat auch eine ethische Seite. Bes. die Johannesbriefe zeigen das deutlich. Nicht das bloße Reden, sondern der Lebensvollzug erweist die Gemeinschaft mit Gott (1Joh 1,6f). Denn ihr entspricht ein vom Liebesgebot bestimmter Lebensvollzug (1Joh 2,6; 2Joh 6), wie er bei

Jesus sichtbar geworden ist (Joh 13,34; 1Joh 4,11.19). Das bedeutet zugleich: Gemeinschaft auch untereinander haben (1Joh 3,16f). Es geht also um die totale Hingabe an Gott und an die Mitmenschen.

Entsprechend kennzeichnet »in der Finsternis wandeln« einen Lebensvollzug, der der Gemeinschaft mit Gott nicht entspricht (1Joh 1,6) und daher nicht von der Liebe bestimmt ist, sondern vom Haß (1Joh 2,11). *G. Ebel*

πορεύομαι

πορεύομαι *[poreuomai]* gehen, reisen, wandern, wandeln · τρέχω *[trechō]* laufen, eilen

1) πορεύομαι *[poreuomai]* (seit Soph.), *gehen, reisen, wandern, marschieren,* bezeichnet im Unterschied zu → περιπατέω *[peripateō]* das Gehen in einer bestimmten Richtung oder Absicht. Übertragen – in Wendungen vom Wandern des Lebensweges (Plato Resp. II,365b) oder in ethischen Aussagen (Soph. Oed. Tyr. 883) – steht es nur selten. I

2) τρέχω *[trechō]*, seit Hom. (Od. 23,207; Il. 23,392f) belegt, bezeichnet im Griech. die schnelle Fortbewegung der Füße, allg. *eilen,* das schnelle und oft angestrengte *Laufen* (bes. im Stadion beim Wettkampf; → Kampf; Art. ἀγών). Durch die philosophische Kritik an der Überschätzung des rein körperlichen Wettkampfes beeinflußt, begegnet τρέχω *[trechō]* auch in Aussagen, die eine Anstrengung oder Leistung in geistig-seelischer Hinsicht herausstellen.

1) πορεύομαι *[poreuomai]*, *gehen, wandeln,* findet sich in LXX ca. 750mal, hauptsächlich für das hebr. *hālak, gehen,* aber auch für andere hebr. Verben. II

a) Oft steht es in eigentlicher Bedeutung *gehen, reisen, wandern* (zB Gen 12,4f; Dtn 1,19.33). Verbunden mit ὀπίσω τινός *[opisō tinos]*, *hinter jemandem* (Ri 13,11), nimmt es den übertragenen Sinn *jemandem folgen* (→ Nachfolge, Art. ὀπίσω), dh ihm *gehorchen,* an (1Kön 14,8 u. ö.). Es begegnet als Befehl Gottes, der Menschen auf einen bestimmten Weg schickt (Gen 22,2; 2Sam 7,5 u. ö.). Es kann auch das Weggehen aus dem Leben (1Kön 2,2; 2Sam 12,23) und in späterer Zeit die Wanderung in Scheol oder Hades (→ Hölle) bezeichnen (Hi 10,21; 16,22; Pred 9,10).

b) Im Unterschied zum Profangriech. (vgl. I,1) steht das Verb in LXX häufig in übertragener Bedeutung für den Lebenswandel (zB 1Kön 3,14), bes. in der charakteristischen Verbindung mit → ὁδός *[hodos]*, *Weg,* und »Wege Gottes« oder → »Gebote« als Bezeichnung für die von Gottes Willen bestimmte Lebensführung (zB Dtn 8,6; 10,12; Jer 7,23 u. ö.), die auch ganz allg. als »Wandeln vor Gott« bezeichnet werden kann (1Kön 8,25). Der übertragenen Bedeutung von Weg (II,1c und 2b) entsprechend, stehen dann aber bei πορεύομαι *[poreuomai]* auch andere Begriffe wie »Gesetz des Herrn« (Ps 119[118],1), »Gerechtigkeit« (Jes 33,15; PsSal 14,2), »Wahrheit« (Spr 28,6) usw., meist durch ἐν *[en]*, *in,* mit Dat. angefügt.

c) Dieser Gebrauch von πορεύομαι *[poreuomai]* begegnet auch – zT noch verstärkt – in Test XII, während Philo die übertragene Bedeutung nur selten hat, zB im Bildwort vom Lebensweg (De Migr. Abr. 133) oder von den zwei Wegen (De Migr. Abr. 204) und im Zusammenhang mit der Vorstellung vom Wandern auf dem königlichen Weg der Tugend.

2) τρέχω *[trechō]* (ca. 60 Belege) übers. in LXX meist das hebr. *rūts, laufen,* im eigentlichen Sinn (zB Gen 18,7; 1Kön 18,46). In übertragener Bedeutung steht es nur an ganz wenigen Stellen: für den Lebenswandel nach den Geboten Gottes im Zusammenhang mit dem für das AT typischen Begriff Weg (Ps 119[118],32), vom »Laufen in Lüge« (Ps 61,5 LXX) und im Ausdruck »den Weg der Unsterblichkeit laufen« (4Makk 14,5 im Bericht vom Martyrium der sieben Brüder).

1) πορεύομαι *[poreuomai]* (ca. 150 Belege, davon ca. 120 in Synopt. und Apg, 16 im JohEv., 5 bei Paulus, 11 in den übrigen Briefen; nur Med. und Pass.) hat im NT meist den wörtlichen Sinn *gehen* (zB Mk 9,30; bei der Aussendung der Jünger: Mt 10,6f; 28,19 – jedoch nie im Zusammenhang mit dem Ruf in die → Nachfolge; vgl. dort Art. ἀκολουθέω), *wandern, reisen* (zB Lk 9,51), wobei oft Richtung und Ziel angegeben werden. III

a) Der allg. Gebrauch ist unterschiedlich und vielfältig: als *Dahingehen* im Sinne von Sterben (Lk 22,22), im JohEv. für das *Weggehen* Jesu von den Seinen und den Hingang zum Vater (Joh 14,2f.12.28; 16,7.28; vgl. → Himmel, Art. ἀναβαίνω), für das *Weggehen* in das ewige Feuer beim Endgericht (Mt 25,41) und – stärker räumlich bestimmt – in Aussagen über die Himmelfahrt Jesu (Apg 1,10f; 1Petr 3,22) oder sein Hingehen zu den »Geistern im Gefängnis« (1Petr 3,19; → Hölle, Art. ᾅδης).

b) Im Gegensatz zum Gebrauch in der LXX steht im NT πορεύομαι *[poreuomai]* überraschend selten im Sinne von *wandeln.* Außer Lk 1,6 und Apg 9,31 (wohl auch 14,16), wo in at. Ausdrucksweise vom Wandel »in allen Geboten und Satzungen des Herrn« bzw. »in Gottesfurcht« die Rede ist, fehlt der übertragene Gebrauch bei den Synopt., bei Joh und vor allem bei Paulus, der dafür → περιπατέω *[peripateō]* (32mal) verwendet. 1Petr 4,3; 2Petr 2,10; 3,3; Jud 11.16.18 steht das Verb nur in Aussagen über schlechten Lebenswandel.

2) τρέχω *[trechō]*, *laufen,* findet sich im NT außer in der wörtlichen Bedeutung (10mal; zB Mt 27,48; Mk 5,6 u. ö. von Menschen; 2Thess 3,1 vom Wort des Herrn) bei Paulus (9mal) auch im übertragenen Sinn. Er bringt mit dem Verb zum Ausdruck, daß das Christenleben als Ganzes (wie sein Aposteldienst) auf ein Ziel hin ausgerichtet ist (Gal 2,2; 5,7; Phil 2,16) und daß es — wie beim Wettkampf im Stadion (vgl. I,2) — darauf ankommt, alle Kräfte einzusetzen und durchzuhalten (1Kor 9,24ff; vgl. Hebr 12,1); Röm 9,16 stellt mit dem Hinweis auf das letztlich allein entscheidende Erbarmen Gottes das notwendige Korrektiv dar. *G. Ebel*

Lit.: GDalman, Orte und Wege Jesu, 1919 (1924³) — GWingren, Weg, Wanderung und verwandte Begriffe, StTh III, 1/2, 1951, 111ff — AKuschke, Die Menschenwege und der Weg Gottes im Alten Testament, StTh V,2, 1951, 106ff — RBultmann, Theologie des Neuen Testaments, 1953, § 38: Die Freiheit von der Sünde und der Wandel im Geist; § 42: Welt und Mensch (im johanneischen Dualismus) — WMichaelis, Art. ὁδός, ThWb V, 1954, 42ff — HSeesemann/GBertram, Art. πατέω etc., ThWb V, 1954, 940ff — SVMcCasland, »The Way«, JBL 77, 1958, 222ff — FNötscher, Gotteswege und Menschenwege in der Bibel und in Qumran, 1958 — SWibbing, Die Tugend- und Lasterkataloge im NT, 1959, 124ff — GBertram, Art. στρέφω, ἀναστρέφω etc., ThWb VII, 1964, 714ff.

Wasser

Ganz ähnlich der Ambivalenz des → Feuers, das dem antiken Menschen als heilvolle, Licht und Wärme spendende Kraft, aber auch als tödlich verzehrende Unheilsmacht begegnet, wird das Wasser unter dem Doppelaspekt des Lebenspendenden und Durststillenden einerseits und des Mörderischen und Bedrohlichen andererseits erlebt. Es ist — wie das Feuer — im gesamten heidnischen und at.-jüd. Altertum sowohl Ort und Begleiterscheinung der Epiphanie der Hochgottheit als auch Wohnsitz, Vehikel und Attribut dämonischer Mächte. Gerade als Element der → Dämonen kann das Wasser, wiederum entsprechend dem Feuer, im homöopathischen Abwehrzauber zum Zwecke der Heilung oder kultischen Reinigung eingesetzt werden, um die dämonischen Schädiger und Verunreiniger mit ihren eigenen Waffen zur Flucht zu zwingen.

Entsprechend den zivilisatorischen Verhältnissen begegnet das *Wasser* (ὕδωρ *[hydōr]*) nicht absolut abstrakt, sondern in seinen natürlichen Erscheinungsformen des Regens (zB Lev 26,4), des *Meeres* (θάλασσα *[thalassa]*), der *Quelle* (πηγή *[pægæ]*) und des *Flusses* (ποταμός *[potamos]*). In der gefürchteten Flutkatastrophe wirken Regenfälle und Flüsse zusammen (zB Gen 7,11f; Mt 7,25.27); das antidämonische Reinigungs- und Heilungswasser der Lustrationen (Waschungen) ist zumeist das »lebendige« (fließende) Wasser der Flüsse und Quellen, seltener das stehende von Zisternen und Teichen.

θάλασσα

θάλασσα *[thalassa]* Meer, See

I θάλασσα *[thalassa]*, attisch θάλαττα *[thalatta]* (offenbar identisch mit dem von Hes. als makedonisch überlieferten δάλαγχα *[dalagcha]*), scheint vorgriech. Herkunft zu sein. Seit Hom. (Il. 2,294) bezeichnet es im Griech. das *Meer,* die *offene See.* Versuche etymologischer Klärung, etwa eine Ableitung von der Wurzel *dhala, vertiefen* (vgl. θάλαμος *[thalamos], Schlupfwinkel, Lager*), bleiben hypothetisch.

An etwa 370 Stellen übers. die LXX Aussagen des hebr. AT über das Meer mit der griech. Vokabel θάλασσα *[thalassa]*; in der weit überwiegenden Mehrzahl aller Fälle (ca. 360mal) entspricht sie dem hebr. *jām, Meer*. Die Belege häufen sich in den Büchern Ex (36mal), Jos (46mal), Pss (39mal), Jes (29mal) und Ez (55mal). II

Der at. Sprachgebrauch unterscheidet nicht zwischen dem offenen Meer und dem Binnensee. So heißen das Mittelmeer (Jos 1,4; 19,26 LXX; Ez 48,28 u. ö.) und das Rote Meer (Ex 23,31; Num 33,10f; Ri 11,16; 1Kön 9,26) θάλασσα *[thalassa]*, aber auch das Tote Meer (Gen 14,3) und der See Genezareth, das »Meer« Chenara (Kinnereth, Num 34,11; vgl. Mk 1,16 par).

1a) Nach gemeinantiker Auffassung denkt sich das AT die scheibenförmige Erde umgeben vom Meer (Gen 1,9) bzw. Wasser (→ ὕδωρ). Einst hielt jenes, selbst eine Schöpfung Gottes (Ps 104[103],24ff; 146[145],6; Neh 9,6), die ganze Erde bedeckt (Gen 1,2; vgl. Ps 104[103],6), doch Jahwe hat es zurückgetrieben und eingedämmt (Gen 1,9f; Ps 104[103],7; Hi 38,8ff). »Seine« Erde hat Gott fest über Meeren und Strömen gegründet (Ps 24[23],2).

b) Durch seine Beziehung zum Chaotischen (Gen 1,2: griech. ἄβυσσος *[abyssos], Abgrund, Tiefe, Unterwelt* für hebr. *tehōm, Urwasser, Ozean*; vgl. Gen 7,11; 8,2) wird das Meer zum Inbegriff der Unheilssphäre; im Meer tritt dem Volke Israel die Gott und Menschen feindliche Macht des Wassers entgegen (vgl. Jer 51,42; Ps 46[45],3f; 65[64],8; Hi 38,8). Das Meer ist Wohnort des gottfeindlichen Drachen (Hi 7,12) und der vier tiergestaltigen Dämonen im Traumgesicht des Daniel (Dan 7; vgl. Offb 13,1).

c) Freilich muß das Meer vor Jahwe erzittern (Hab 3,8; Ps 77[76],17), der seine dämonischen Ungeheuer, Leviathan und Drachen, bekämpft und besiegt (Jes 27,1; 51,9f; Ps 74[73],13f). Jahwe ist der Herr des Meeres (vgl. Jes 50,2; Ps 65[64],8; 146[145],6; Spr 8,29; Hi 9,8; 38,8–11; Neh 9,6). Der vernichtenden Flut kann Gott gebieten, im Gericht die Erde von einer dem Frevel verfallenen Menschheit zu befreien (Gen 6–8); überhaupt bedient Jahwe sich des Meeres, um seine Feinde zu ertränken (Ex 14,23.28; 15,1.4f.10.21). Umgekehrt erfährt der Fromme die Hilfe Jahwes in den Gefährdungen durch Wasser und → Feuer (Jes 43,2; Ps 66[65],12), Rettung durch Jahwes Hand »aus großen Wassern« (Ps 18[17],17).

2) In der Lit. des Judentums behält das Meer seine den Menschen bedrohende Rolle, nur daß jetzt noch deutlicher dämonische Mächte genannt werden, welche – zT. in Gottes Auftrag – über das Meer gebieten (äthHen 60,16; 61,10; 66,2; 69,22; slHen 19,4; rabb. Belege bei St.-B. III, 819f). Dämonisch ist die Welle des Meeres, die ein Schiff versenkt, und antidämonisch ist die Zauberpraktik der bedrohten Seefahrer (BB 73a: St.-B. I,490). Entsprechend dem Sieg Jahwes über das Meer als Chaosmacht in der Urzeit (Sir 43,23[25]; OrMan 3) erwartet das Judentum von der Endzeit die Entmächtigung der Meerungeheuer durch Gott (etwa des Leviathan: äthHen 60,7), während gegen die Gottlosen die Wasser des Meeres (und der Flüsse) wüten werden (Weish 5,22[23]).

Die θάλασσα *[thalassa]*-Belege des NT verteilen sich auf die einzelnen Bücher sehr ungleichmäßig. Einer Fülle von Bezeugungen in Mt, Mk, Apg und Offb stehen nur ganz wenige bei Lk, Joh und in den nt. Briefen gegenüber. III

1) Auch im NT wird – wie im AT (s. o.) und im Judentum (vgl. St.-B. I,184f) – zwischen offenem Meer und Binnensee nicht unterschieden. θάλασσα *[thalassa]* heißen gleicherweise das Mittelmeer (Apg 10,6.32; 17,14; 27,30.38.40; 28,4), das Rote Meer (Apg 7,36; 1Kor 10,1; Hebr 11,29, jeweils im Rückbezug auf das at. Schilfmeerwunder; 1Kor 10 typologisch auf die → Taufe gedeutet) und das »galiläische Meer«, der See Genezareth (Mk 1,16 par; 4,1.35ff par; 5,13 par; 6,45ff par; Joh 6,1.16ff; 21,1); nur Lk bezeichnet den See Genezareth bewußt als λίμνη *[limnæ], Binnensee, Teich*, woraus sich die geringe Bezeugung von θάλασσα *[thalassa]* bei Lk erklärt. Bei Mk und seinen Mt-Parr. meint θάλασσα *[thalassa]* durchweg den See Genezareth, in der Apg das Mittelmeer. Aus dem Leben an Meer und See ergibt sich für die Evgg. von selbst eine Fülle von Bezugnahmen auf θάλασσα *[thalassa]* (vgl. Mk 9,42 par und Mt 23,15 oder die paradoxen Wendungen Mk 11,23 par; Lk 17,6).

2) Die kosmologische Rolle des Meeres ist keine andere als im AT; Gott ist der Schöpfer der dreiteiligen Welt, die aus Himmel, Erde und Meer besteht (Apg 4,24; 14,15; Offb 10,6; 14,7). Das *gläserne Meer* (θάλασσα ὑαλίνη *[thalassa hyalinæ]*, Offb 4,6; 15,2) ist die durchsichtige Oberfläche des Himmelsgewölbes mit dem himmlischen Ozean, den

man sich als Ursprung des Regens dachte; das »Feuer« dieses »Meeres« (Offb 15,2) meint die zuckenden Blitze des Gewitterhimmels, hier wohl verstanden als Einleitung des → Gerichts.

3) Auch im NT bedroht das Meer das Leben (zB des Seefahrers Apg 28,4; 2Kor 11, 26) und gehört so auf die Seite des Dämonischen (→ Dämon) und Widergöttlichen. Bes. die Offenbarung des Johannes führt Traditionen der jüd. Apokalyptik weiter, wenn sie das Meer als personale Macht auffaßt (7,2f), die in der Endzeit überwunden wird, so daß sie — wie Thanatos (→ Tod, Art. θάνατος) und Hades (→ Hölle, Art. ᾅδης) — ihre Toten herausgeben muß (20,13) und schließlich kein Existenzrecht mehr besitzt (21,1). Wie in der jüd. Apokalyptik (vgl. Dan 7,3) ist auch für die Offb das Meer die Heimat dämonischer Ungeheuer (13,1; vgl. den wasserspeienden → Drachen 12,13ff). In den Plagen der Endzeit wird sich das Meerwasser in Blut verwandeln (8,8; 16,3; vgl. von den Flüssen und Quellen 8,10; 16,4); hier stehen im Hintergrund die ägypt. Plagen aus der Frühzeit des Volkes (vgl. Ex 7,14ff).

Apok. Traditionen gibt auch Lk weiter, wenn er (im Gegensatz zu den Parr. Mt 24; Mk 13) unter den eschatologischen Chaosmächten das »Tosen und Wogen des Meeres« anführt (Lk 21,25).

4) Wie die offene See ist auch das galiläische »Meer« beherrscht von dämonischen Mächten, die zusammen mit dem Sturm (zur Verbindung Meer-Sturm vgl. noch Jak 1,6; Offb 7,1; zur Verbindung Fluß-Sturm noch Mt 7,25.27) die Jünger Jesu zu verderben trachten, aber Jesu vollmächtigem Wort gehorchen müssen (Mk 4,35—41 par). So ist Jesu Wandel auf dem »Meer« (Mk 6,45—52 par) ebenfalls als Sieg über die im Wasser lokalisierten dämonischen Mächte zu verstehen (vgl. auch Mk 5,13 par); zugleich zeigt die Perikope, daß auch nach nt. Vorstellung die Wasserstätte bevorzugter Ort der Theophanie ist (vgl. die Berufung der ersten Jünger am See Genezareth, Mk 1,16—20 par; ferner den wunderhaften Fund des Staters im Fischmaul, Mt 17,24—27 Sondergut).

5) Vermutlich schon symbolisch gemeint ist der See (Lk λίμνη *[lịmnæ]*, Joh θάλασσα *[thạlassa]*), der dem Fischzug des Petrus herrlichen Erfolg schenkt (Lk 5,1—11; Joh 21, 1—11): er steht für das Missionsfeld der Apostel (EHilgert, aaO, 1181). Dagegen sind allegorisierende Spekulationen über Mk 4,35—41 par (die von bösen Mächten beherrschte Welt) und Mk 6,45—52 par (der durch Christus besiegte Tod, EHilgert, ebd.) verfehlt; nur ganz allg. gilt, daß Jesu Macht das Ende der Herrschaft dämonisch-satanischer Mächte bedeutet (vgl. Mt 12,28 par Lk 11,20).

O. Böcher

πηγή

πηγή *[pægæ]* Quelle, Ursprung · ποταμός *[potamọs]* Fluß, Strom

I πηγή *[pægæ]*, seit Hom. (zB Il. 20,9) im Griech. gebräuchlich als Bezeichnung für die *Quelle* von Bach und Fluß, ist etymologisch noch nicht befriedigend erklärt. Am ehesten kommt in Frage eine Verwandtschaft mit πήγνυμαι *[pægnymai]*, *erstarren, gefrieren*, und πηγυλίς *[pægylịs]*, *eiskalt*; πηγή *[pægæ]* würde dann von Haus aus das *kalte Quellwasser* bezeichnen. — Dagegen dürfte die Grundbedeutung von ποταμός *[potamọs]* — gleichfalls zuerst in Hom. Il. (zB 21,196) belegt — feststehen: πίπτω *[pịptō]* / ἔπετον *[ẹpeton]*, *fallen*, und πέτομαι *[pẹtomai]*, *fliegen*, weisen auf *reißendes Wasser, Sturzbach*. Seit Hom. bezeichnet ποταμός *[potamọs]* das *fließende Wasser*, vor allem das größere und u. U. gefährliche (*Fluß, Strom*). Die *Flüsse* (ποταμοί *[potamọi]*) entspringen aus den *Quellen* (πηγαί *[pægại]*, Eur., Herc. Fur. 1297). So kann πηγή *[pægæ]* überhaupt die übertragene Bedeutung *Ursprung* annehmen. Flüsse und Quellen werden im griech. Volksglauben schon früh zu (niederen) Gottheiten personifiziert.

II Mit πηγή *[pægæ]*, *Quelle*, gibt die LXX etwa 50mal hebr. Ausdrücke wieder, die etymologisch soviel wie *Auge* bedeuten (*ʿajin*, davon abgeleitet *maʿjān*); die Quelle galt einst als weinendes Auge der Erdmutter. An 14 Stellen der LXX entspricht πηγή *[pægæ]* dem hebr. *māqōr* (2mal in Lev, 4mal bei Jer, 2mal in Pss, 6mal in Spr), 3mal (Jes, Pred) *mabbūʿa* in der Bedeutung *Quelle* und 2mal (Pss) *'aphîq* (urspr. *Flußbett, Rinne*).

ποταμός *[potamọs]*, *Fluß*, steht in LXX 112mal für hebr. *nāhār, Strom, Fluß*, und 14mal (Dan, Esr) für die entsprechende aram. Vokabel *nehar*. An 54 LXX-Stellen ersetzt ποταμός *[potamọs]* hebr. *je'or/je'ōr*, ebenfalls *Fluß*, davon 27mal allein in Gen und Ex; hebr. *nachal*, urspr. *Bachtal*, wird 9mal durch ποταμός *[potamọs]* wiedergegeben.

1a) Für Israel besitzen die Flüsse besondere Bedeutung in geographischer, politischer und zivilisatorischer Hinsicht. Siedlungen werden an Flüssen angelegt, Flüsse als Grenzen und Wasserspender oft erbittert umkämpft. Am häufigsten werden als ποταμοί *[potamọi]* genannt: Nil (allein 14mal Ex 7; ferner u. a. Jes 7,18; 19,5–8), Euphrat (u. a. Jes 7,20; 8,7; 11,15; 27,12; Ps 72[71],8), Jordan (Num 13,29; vgl. 2Kön 5,12), Chebar (LXX Chobar, Ez 1, 1.3; 3,15.23; 10,15.20 u. ö.) oder generell die Flüsse des Babylonischen Exils (Ps 137[136],1).

b) Quellen und Ströme gehören, zusammen mit dem Meer, zu der von Gott geschaffenen Wassermasse, in der dieser die Erde fest gegründet hat (Ps 24[23],2) und über die er nach Belieben gebietet (Ex 7, vgl. Ps 78[77],44; Jes 41,18; 42,15; 43,20; 44,27; 50,2; Ps 74[73],15; 107[106],33). Ist jedoch die Rolle des Meeres vorwiegend negativ qualifiziert, so ist das begreiflicherweise beim Quell- und Flußwasser anders. Hier überwiegt der positive Aspekt; frisches (»lebendiges«) Süßwasser ermöglicht den Menschen, Tieren und Pflanzen das Leben, und so sieht man in ihm eine Gabe der Gottheit. Jahwe läßt die Quellen fließen, die Mensch und Tier den Durst stillen (Ps 104[103], 10f); Gottes Strom bewässert das Land und schenkt Nahrung und Wohlstand (Ps 65[64],10). Der Reichtum an Wasserquellen bezeichnet die Fruchtbarkeit einer Gegend (zB Ex 15,27; Num 33,9; Dtn 8,7), und am *Brunnen* (πηγή *[pægæ]* oder φρέαρ *[phrẹar]*) fallen wichtige Entscheidungen (Gen 24,11–48; 29,1–14; Ex 2,15–21). Heilkraft eignet etwa dem Jordan (2Kön 5,1–19). Der Volksglaube lokalisiert niedere Gottheiten – urspr. die Besitzer und Spender des Wassers – an Quellen und Flüssen; später hat Israel solche Sagen auf Jahwe übertragen (Gen 16,7–14; 32,23–33). Am Flusse Chebar erfährt der Prophet Ezechiel seine Berufungsvision (Ez 1,1ff) und eine göttliche Audition (Ez 3,15ff). Als Geschöpfe Jahwes werden auch die Ströme aufgefordert, in den Lobpreis ihres Schöpfers einzustimmen (Ps 98[97],8).

c) Israel hat in seiner Geschichte Jahwe mehrmals als Herrn der Quellen und Flüsse erfahren und diese Fakten seiner Heilsgeschichte dankbar bezeugt (Ps 66[65],1 von Schilfmeerwunder und Zug durch den Jordan). Insbesondere die Tränkung der Wüstengeneration durch die Quelle aus dem Felsen (Ex 17,5f) ist Gegenstand stets wiederholten Lobpreises (Ps 74[73],15; 78[77],16; 105[104], 41; 114[113],8). Entsprechend bildet die Hoffnung auf durststillendes Wasser in reicher Fülle einen unablösbaren Bestandteil der eschatologischen Aussagen über das kommende Friedensreich (Jes 12,3; 30,23–25; 35,7; 41,18; 49,10).

2a) Auch zur at. Paradiesvorstellung gehört das Quellwasser; nach Gen 2,10–14 teilt sich der in Eden entspringende Strom in die vier Arme Pison, Gihon, Hiddekel (= Tigris) und Euphrat. Da die Endzeit analog dem Urstand ausgemalt wird – diesen freilich glückhaft überbietend –, knüpfen sich an diesen Fluß aus Eden die eschatologischen Spekulationen der at.-jüd. Lit. Vom Tempel ausgehend und von Lebensbäumen umsäumt (Ez 47,1–12), dient der endzeitliche Strom der Reinigung und Bewässerung (Jo 4,18; Sach 13,1f; 14,8). Ohne direkten Bezug auf Gen 2,10–14 berichten Jes 12,3; 43,19–21; 44,3 (vgl. Jo 3,1); 55,1; 58,11 (vgl. Ez 47,1–12 und Jo 4,18) von bewässernder und durststillender Funktion endzeitlicher Regenfälle, Flüsse und Bäche (vgl. noch Sir 24,30–33[40–46]; äthHen 48,1; 1QH 8,4–14). Die heilvolle Endzeit wird das Paradies überbieten auch hinsichtlich des Reichtums an frischem Wasser!

b) Allerdings kann auch die dämonisch-zerstörerische Macht des Wassers dem Flusse zugesprochen werden. Das Leben des Beters wird bedroht vom Wasser der Bäche und Ströme (Ps 18[17],5; 124[123],4f; vgl. Ps 69[68],2f.15f), doch auch hier, nicht anders als beim Toben des Meeres, darf der Fromme der Hilfe Jahwes gewärtig sein (Ps 18[17],17; vgl. Jes 43,2).

3) Schließlich ist noch der übertragene Sprachgebrauch von *Quelle* und *Fluß* zu erwähnen. Gottes Segnungen überschwemmen sein Volk und Land wie der bewässernde Fluß (Jes 66,12), und dem ruhig dahinfließenden Strom gleicht die gottgeschenkte Wohlfahrt des Frommen (Jes 48,18); so kann Jahwe selbst als Quelle lebendigen Wassers bezeichnet werden (Jer 2,13), während der Barmherzige einem wohlbewässerten Garten und einem nie versiegenden Wasserquell zu vergleichen ist (Jes 58,11). Freilich kommt auch Gottes Zorn (LXX; hebr. Text: Gott selbst) »wie ein heftiger Strom« (ποταμὸς βίαιος *[potamọs bịaios]*) über seine Feinde, sie wegschwemmend mit elementarer Gewalt (Jes 59,19).

Wesentlich abgeblaßter wird πηγή *[pægæ]* im Sinne von *Ursprung* verwendet, unter weitgehender Lösung vom Bild des Wassers. Häufig begegnet die Wendung πηγὴ ζωῆς *[pægæ zōæs]*, »Quelle des Lebens«; bei Gott ist der Ursprung des Lebens (Ps 36[35],10), aber eine Quelle des Lebens sind auch Tora (Lehre), Verstand, Weisheit und Gottesfurcht (Spr 10,11; 13,14; 14,27; 16,22; 18,4 LXX). – Zur prophetischen Identifikation von Wasser und Geist (Jes 44,3; Ez 36,25–27) → ὕδωρ II,2.

Im NT finden sich sowohl von πηγή *[pægæ]*, *Quelle*, als auch von ποταμός *[potamos]*, *Fluß*, die weitaus meisten Belege in der Offb (5mal bzw. 8mal). Die Synopt. bieten 6 Bezeugungen von ποταμός *[potamos]*; Mk 5,29 (πηγή *[pægæ]* vom Blutfluß des Weibes) gehört nicht in unseren Zusammenhang. Das JohEv. weist 2mal πηγή *[pægæ]* und 1mal ποταμός *[potamos]* auf. Je einmal kommt die Quelle in Jak (3,11) und 2Petr (2,17) vor, je einmal der Fluß in Apg (16,13) und 2Kor (11,26).

1) ποταμός *[potamos]*, *Fluß*, als rein geographische Bezeichnung, findet sich für den Jordan (Mt 3,6 par Mk 1,5), den Euphrat (dieser bereits im Zusammenhang eschatologischer Zukunftsgemälde: Offb 9,14; 16,12) und das Flüßchen Angites, an dessen Ufer sich die Gebetsstätte von Philippi befand (Apg 16,13).

2a) Soweit theol. Aussagen über Quelle und Fluß gemacht werden, sind sie deutlich vom at.-jüd. Hintergrund des NT abhängig. Gott hat nicht nur Himmel, Erde und Meer, sondern auch die *Wasserquellen* (πηγαὶ ὑδάτων *[pægai hydatōn]*) geschaffen (Offb 14,7). Über Flüsse und Wasserquellen behält er volle Verfügungsgewalt, so daß er im Eschaton das Segensgeschenk des Trinkwassers ganz oder teilweise zurücknehmen (Offb 8,10; 16,4; vgl. 11,6 und Ex 7,14–25) oder Flüsse eintrocknen lassen kann (Offb 16,12; vgl. Ps 107 [106],33). Am Brunnen Jakobs (πηγὴ τοῦ Ἰακώβ *[pægæ tou Jakōb]*) offenbart sich Jesus der Samaritanerin (Joh 4,5ff). Vom Brunnenwasser verweist er auf das ewig sprudelnde Lebenswasser (Joh 4,13f, → ὕδωρ). Der Jordan, durch die Elisatradition als heil- und reinigungskräftig gerühmt (2Kön 5,1–19), wird zum Ort der prophetischen Symbolhandlung des Täufers (Mt 3,6 par Mk 1,5) und damit auch die Stätte der Taufe Jesu (Mt 3,13 par Mk 1,9) und der Selbstoffenbarung Gottes in Geist und Wort (Mk 1,10f par).

b) Die Erfahrung lebenbedrohender Gefährlichkeit angeschwollener Flüsse (Mt 7,25.27 par Lk 6,48f; vgl. 2Kor 11,26) kann auch im NT den Wasserstrom als Werkzeug dämonischer Mächte erscheinen lassen (Offb 12,15f).

c) Allerdings ist die eschatologische Spekulation, im Anschluß an prophetische Verheißungen (Ez 47,1–12; Jo 4,18; Sach 13,1f; 14,8), mehr interessiert am heilvollen Charakter des Flusses, der in Überbietung des Paradiesstromes von Gen 2,10–14 am Ende der Zeit den Durst stillen sowie Leben, Heil und Reinheit verbreiten wird (Offb 22,1f.17; vgl. 7,17; 21,6).

An die Stelle des Tempels von Ez 47,1 ist als Quellort des Flusses der Thron Gottes und des Lammes getreten (Offb 22,1); Gott selbst verströmt fortan in Christus das Lebenswasser (Offb 21,6). So ist auch Joh 7,37f (mit anderer Interpunktion!) zu verstehen: (Jesus:) »Wenn jemand Durst empfindet, der komme zu mir, und es trinke, wer an mich glaubt; wie die Schrift sagt: ›aus seiner (Leibes-)Mitte werden Ströme lebendigen Wassers fließen‹«; das Schriftwort (Ez 47,1) wird auf Jesus gedeutet. Dieses Lebenswasser stillt für alle Zeiten den Durst und entströmt als Lebensquell demjenigen, der es zuvor getrunken hat (Joh 4,13f).

d) Damit freilich ist der Gebrauch der Begriffe Quelle und Strom im wörtlichen Sinn längst verlassen. Schon die jüngere Prophetie hatte ja die eschatologische Bewässerung als Bild für eine endzeitliche Begabung mit Gottes Geist verwendet (Jes 44,3; Ez 36,25–27). So kann es nicht verwundern, daß Joh 7,39 die Ströme des Lebenswassers ausdrücklich auf den Geist deutet, der von Jesus auf seine Gläubigen übergeht. – Die at. Identifikation von Wasser und Geist wirkt auch nach, wenn das NT die Irrlehrer mit wasserlosen (2Petr 2,17) oder salzigen Quellen (Jak 3,11f) vergleicht; den Irrlehrern fehlt Gottes Geist, denn sie sind besessen von falschem (salzigem!), teuflischem Geist (vgl. 1Joh 4,1; Offb 16,13).

O. Böcher

ὕδωρ

ὕδωρ *[hydōr]* Wasser

I ὕδωρ *[hydōr]* ist seit Hom. (Il. 16,385, Od. 3,300) als Bezeichnung des *Wassers* belegt. Das Wort gehört zu den gemein-idg.en Vokabeln. Verwandt sind sowohl engl. *water*, dt. *Wasser* als auch lat.

unda, Welle. Der Plur. ὕδατα *[hydata]* bezeichnet im klassischen Griech. zumeist *die Wasser* (eines Flusses), selten nur (wie Offb 11,6; 16,5) *die Gewässer.*

Etwa 560mal gibt die LXX mit ὕδωρ *[hydōr]* hebr. *majim, Wasser,* wieder; 2mal (Ex 15,8; Ps 78[77], 16) steht ὕδωρ *[hydōr]* für das Part. Plur., *Bäche,* von hebr. *nāzal, fließen.* Über 200 Belege entfallen allein auf den Pentateuch, über 50 auf die Pss. II

1a) Lebensnotwendig ist das Wasser als Trinkwasser für den Menschen (Brot und Wasser als Grundvoraussetzungen menschlichen Lebens Ex 23,25; 1Sam 30,11f; 1Kön 18,4.13 u. ö.) und das Vieh (Gen 24,11–20; 30,38 u. ö.), aber auch zur Bewässerung der Vegetation (Hochschätzung des Regens Dtn 11,11; 1Kön 18,41–45 u. ö.). Daher weiß man das kostbare Naß als heilsame Gabe Jahwes. E r hat nach dem jahwistischen Schöpfungsbericht die zuvor tote Erde durch hervorbrechendes Quellwasser (→ πηγή) in fruchtbares Land verwandelt (Gen 2,5f), wie denn gerade der Wasserreichtum durch den vierarmigen Paradiesstrom (Gen 2,10–14; s. o.) den Fruchtgarten Eden charakterisiert. Von der Wüstenwanderung bekennt Israel dankbar Jahwes wunderhafte Trinkwasserspende (Ex 17,5f; s. o.), deren es in Paränese (Dtn 8,15; Ps 78[77],15f u. ö.) und Lobpreis (Ps 74[73],15 u. ö., s. o.) immer wieder gedenkt. Wie für die Landverheißung (Num 24,7; Dtn 8,7; 11,11) ist auch in eschatologischen Aussagen der Reichtum an frischem Süßwasser von entscheidender Bedeutung (Jes 12,3 u. ö., s. o.).

b) Auch ὕδωρ *[hydōr]* wird zugleich unter dem negativ-dämonischen Aspekt des Bedrohlichen gesehen. Im Toben des Meeres und in den Wogen reißender Flüsse erfährt Israel tödliche Mächte, deren sich Gott bedienen kann, wenn er über seine Widersacher die vernichtende Flut kommen läßt (Gen 6–8; Ex 14f, s. o.). Solche *Flut* (ἄβυσσος *[abyssos]*) und *vieles Wasser* (ὕδωρ πολύ *[hydōr polу]*) ist gleichbedeutend mit dem Totenreich (Ez 26,19f).

2) Nicht zuletzt deshalb ist – neben Blut, Öl und Feuer – wie in der gesamten Antike, so auch im AT Wasser das bevorzugte Lustrationsmittel (homöopathische Magie). Waschungen (→ Taufe, Art. λούω; → Rein) gehören zu den Weiheriten für Priester und Leviten vor Antritt ihres Berufs (Ex 29,4; Num 8,5–22); die kultische Reinigung der Hände und Füße des Priesters geschieht mit Wasser (Ex 30,17ff; 40,30ff), desgleichen seine Lustration am Versöhnungsfest (Lev 16,4.24; vgl. 16,26.28). Nach sexuellen Widerfahrnissen (Lev 15; vgl. Dtn 23,11f), nach der Geburt (vgl. Lev 12,1ff) und nach dem Aussatz (Lev 14,8f; vgl. 2Kön 5,10.14) tilgen Wasserbäder die dämonische Unreinheit; und die Verunreinigung, welche durch den Kontakt mit Leichen entstanden ist, wird mit Wasser beseitigt, dem Asche von der Roten Kuh zugesetzt wurde (Num 19,11ff). Als umfassende Lustration einer durch sexuellen Frevel verunreinigten Erde versteht das Judentum die Sintflut (Gen 6–8). Für die endliche Zukunft ihres Volkes erhoffen die Propheten Israels eine eschatologische Besprengung mit Gottes Reinigungswasser; sie wird Land und Leute reinigen, den Götzendienst beseitigen und einen neuen Geist in die Herzen geben (Jes 44,3; Ez 36,25ff; Sach 13,1f): Das Wasser wird zum Bild für den reinigenden, Frevel tilgenden Geist Jahwes.

3) Die prophetische Spiritualisierung der Kathartik wird im hell. und apok. Judentum fortgesetzt; Philo und Josephus deuten die Reinigung mit Wasser als Symbol für die Reinigung der Seele und des Gewissens (vgl. Philo Ebr. 28.125.143), und die Essener betonen bei aller Strenge kathartischer Observanz (vgl. Jos. Bell. 2,129.149) den Vorrang des Bekehrungswandels vor dem lustrierenden Wasserbad (1QS 3,4–12; vgl. 4,21f; 5,13f). Dagegen bauen die Pharisäer und in ihrer Nachfolge die Rabbinen die at. Vorschriften Lev 11–15 zu einem komplizierten System ritueller Lustrationen aus (Mischna-Traktate Toharot, Miqwaot, Nidda, Zabim u. a.), das im orthodoxen Judentum bis heute Gültigkeit behalten hat.

Das NT bietet mehr als 70 Belege für ὕδωρ *[hydōr], Wasser.* Bes. häufig kommt die Vokabel in der johanneischen Lit. vor (20mal im JohEv., 2mal in 1Joh, 17mal in Offb), zahlreicher als im ges. übrigen NT. ὕδωρ *[hydōr]* begegnet nicht selten im Zusammenhang mit → πηγή *[pægæ], Quelle,* (etwa πηγαὶ ὑδάτων *[pægai hydatōn], Wasserquellen,* Offb 8,10f; 14,7; 16,4) oder ποταμός *[potamos], Fluß,* (vgl. Offb 12,15; 22,1) und kann auch synonym mit → θάλασσα *[thalassa], Meer,* verwendet werden (vgl. Mk 4,39.41 par Lk 8,24f). III

1a) Im wesentlichen spiegelt sich im NT der at. Befund. Hochgeschätztes Gut ist noch immer das Trinkwasser (Mk 9,41; vgl. Mt 10,42 v. l.; Lk 16,24). Das Tränken des Durstigen gilt daher als Werk besonderer Barmherzigkeit (Mt 25,35.42). Auch die Verwendung des Wassers zu profaner Säuberung ist bezeugt (Lk 7,44; vgl. Joh 13,5). Die lebensnotwendige Kostbarkeit des Wassers legt mancherlei bildlichen Gebrauch des Begriffs nahe (Joh 4,7.13f; Offb 7,17).

b) Daß Gott auch das Wasser geschaffen habe, ist dem NT nicht minder selbstverständlich als dem AT, auch wenn ausdrückliche Erwägungen darüber fehlen; immerhin nennt Offb 14,7 nach Himmel, Erde und Meer auch die Wasserquellen als Gottes Schöpfung, und 2Petr 3,5f vertritt at. Kosmogonie (vgl. Gen 1,2.6.9; Ps 24[23],2): Himmel und Erde hatten durch Gottes Wort ihren Bestand aus Wasser und durch Wasser, bis die damalige Welt im Wasser der Sintflut zugrunde ging.

c) Wie im Judentum unterstehen die Gewässer engelhaften bzw. dämonischen Mächten (Offb 16,5 ἄγγελος τῶν ὑδάτων [angelos tōn hydatōn], *Engel der Gewässer*). Die Heilkraft einzelner Quellen oder Teiche ist die Gabe dieser überirdischen Wesen (Joh 5,4.7). Mit dem Bild *vieler Wasser* (ὕδατα πολλά [hydata polla]) beschreibt der Seher die numinose Gewalt himmlischer Stimmen (Offb 1,15; 14,2; 19,6; vgl. Ez 1,24; 43,2). In Feuer und Wasser wirft der Dämon den besessenen Knaben, um ihm zu schaden (Mt 17,15 par Mk 9,22), und ins Wasser als gleichsam ihr ureigenstes Element stürzen sich die Dämonen, wobei sie zugleich ihre Wirtstiere ersäufen (Mt 8,32; vgl. die Parr. Mk 5,13; Lk 8,33). Der Wandel auf dem »Meer« (Mk 6,45–52 par von Jesus) ist ein Wandel *auf den Wassern* (ἐπὶ τὰ ὕδατα [epi ta hydata], Mt 14,28–31 [Sondergut] von Petrus); der Meister gibt seinem Jünger, sofern und solange dieser den Glauben bewahrt, Anteil an seinem Sieg über die in Wasser und Wind (Mt 14,30!) personifizierten dämonischen Mächte.

2a) Die Bedeutung des Wassers als eines jüd. Lustrationsmittels ist auch dem NT geläufig (Joh 2,6; vgl. Mk 14,13 par Lk 22,10). Insbesondere dient Wasser der rituellen Reinigung der Hände (Mk 7,3f; → Rein) und der Gefäße (Mt 23,25f par Lk 11,39f; Mk 7,4). Einen at.-jüd. Brauch spiegelt auch die symbolische Handwaschung des Pilatus (Mt 27,24f; vgl. Dtn 21,6; Ps 26[25],6; 73[72],13). Die Gebetsstätte in Flußnähe (Apg 16,13) ermöglicht die Vornahme ritueller Tauchbäder. Die Taufe des Johannes (s. ποταμός [potamos] im Art. → πηγή) mit dem Wasser des Jordans vollzogen (Mk 1,8ff par; Joh 1,26.31. 33; 3,23; Apg 1,5; 11,16), schließt sich trotz ihrer ethischen Intention an die lustrierenden Tauchbäder, spez. die Proselytentaufe, des Judentums an.

b) Während Jesus seine Jünger von der pharisäischen Vorschrift des Händewaschens vor und nach der Mahlzeit entbindet (Mk 7,2–23 par) und nach Joh 2,1–11 das Wasser der jüd. Reinigung gar in Wein verwandelt, findet das Tauchbad Johannes des Täufers eine Fortsetzung in der christl. → Taufe. Auch sie geschieht mit Wasser (Apg 8,36.38f; 10,47), dessen Wirkung noch immer als Reinigung beschrieben wird (Eph 5,26; Hebr 10,22; vgl. Apg 22,16; 1Kor 6,11 u. ö.). Prophetische Endzeithoffnungen (s. o.) gelten damit als erfüllt; der Gereinigte empfängt Gottes → Geist (Apg 2,38; 1Kor 6,11; Hebr 6,4 u. ö.). Als Taufwasser entfaltet das Wasser im NT seine höchste Dignität, allerdings nicht mehr im Sinne eines Lustrationsmittels; 1Kor 10,1f, wo das Rote Meer, und 1Petr 3,20f, wo die Sintflut als Prototyp des Taufwassers erscheint, wehren ein magisches Sakramentsverständnis (vgl. 1Kor 15,29) ausdrücklich ab (vgl. 2Petr 2,22), denn die Taufe geschieht nicht zur Tilgung fleischlicher Unreinheit (1Petr 3,21).

c) Stattdessen sieht insbesondere die johanneische Lit. im christologisch-pneumatischen Aspekt der Taufe ihre entscheidende Bedeutung. Die Perikope von der Fußwaschung (Joh 13,1–20) darf vielleicht als verhüllender Bericht einer Einsetzung der Taufe durch Jesus verstanden werden. »Blut und Wasser« – Abendmahl und Taufe – entströmen Christus selbst (Joh 19,34; vgl. 1Joh 5,6.8). Das Taufwasser wird identisch mit dem Lebenswasser, zu dessen Quellen das Lamm uns führt (Offb 7,17), ja, das dem Thron Gottes und des Lammes entspringt (Offb 22,1.17; vgl. 21,6). Christus verströmt dieses Wasser (Joh 4,10–15; 7,37f), dh Gottes heiligen Geist (Joh 7,39). Damit ist die jüd. Eschatologie ans Ziel gekommen; für alle Getauften fließt der Strom des Lebenswassers schon jetzt – umsonst (Offb 21,6; 22,17).

O. Böcher

Lit.: GSpaltmann, Das Wasser in den religiösen Anschauungen der Völker, 1939 – OKaiser, Die mythische Bedeutung des Meeres in Ägypten, Ugarit und Israel, BZAW 78, 1959 (1962²) – WMichaelis, Art. πηγή, ThWb VI, 1959, 112ff – KHRengstorf, Art. ποταμός etc., ThWb VI, 1959, 595ff, darin unter Art. Ἰορδάνης, 608ff – HFrisk, Griechisches etymologisches Wörterbuch, 1960ff, I,649; II,525, 585, 957f – FMTh de Liagre-Böhl, Art. Lebenswasser, RGG IV, 1960³, 257ff – ERLange, Art.

Quellen, RGG V, 1961³, 734f – PhReymond, Art. Wasser, RGG VI, 1962³, 1549 – MLHenry, Art. Meerungeheuer, BHHW II, 1964, 1181 – EHilgert, Art. Meer, BHHW II, 1964, 1181 – LGoppelt, Art. ὕδωρ, ThWb VIII, 1969, 313ff – OBöcher, Wasser und Geist, in: Verborum Veritas, Festschr. GStählin, 1970, 197ff.

Weisheit, Torheit

In den hier behandelten Wortgruppen geht es um Vokabeln, mit denen die Fähigkeit oder Unfähigkeit des Menschen beschrieben wird, seine Umwelt erkennend zu bewältigen und einen Einklang zwischen Erkenntnis, Wollen und Handeln herzustellen. Dabei kennzeichnet die Wortgruppe σοφία *[sophia], Weisheit,* in zunehmenden Maße das theoretische Erkennen und Wissen, wie bes. an den beiden abgeleiteten Subst.en φιλοσοφία *[philosophia], Philosophie,* und φιλόσοφος *[philosophos], Philosoph,* deutlich wird. Theol. Bedeutung gewinnt das Subst. σοφία *[sophia]* zunächst durch seine Einordnung in biblische Glaubensaussagen bis hin zur Hypostasierung in der Weisheitslit. – Die Wortgruppen μωρία *[mōria], Torheit,* und ἄφρων *[aphrōn], unverständig, töricht,* drücken den Mangel an Wissen, Urteilskraft, Einsicht oder Vernunft aus; in der biblischen Lit. charakterisieren sie bes. den verweigerten Gehorsam gegenüber Gott als entscheidenden Mangel menschlichen Verhaltens.

μωρία

μωρία *[mōria]* Torheit · μωραίνω *[mōrainō]* töricht sein; töricht machen · μωρός *[mōros]* töricht, unsinnig · ἄφρων *[aphrōn]* unverständig · ἀφροσύνη *[aphrosynæ]* Unverstand, Torheit

1) μωρός *[mōros]* heißt *töricht, unsinnig* und bezeichnet wie μωρία *[mōria], Torheit* (seit Soph.), I
ein unsachgemäßes Handeln, Denken und Reden, und zwar sowohl als einmaliges Verfehlen von Sinn als auch im Sinne einer Eigenschaft. Dabei geht es um einen Mangel an Wissen ebenso wie um fehlende Urteilskraft. Die Verwendung des Wortes für den Zustand der Geistesverwirrung (Soph., Ai. 1150) oder für das Handeln des Menschen unter dem Einfluß der Triebe (Eur., Hippolytus 966; Soph., Ant. 469f) legt nahe, an eine die Menschen beherrschende Macht zu denken. μωραίνω *[mōrainō]* bedeutet *töricht sein* oder *handeln,* später jedoch auch (seit LXX) *töricht machen, als Torheit erweisen.* – Als Sonderbedeutung in bezug auf Speisen kann μωρός *[mōros] fade* heißen, entsprechend das pass. μωραίνεσθαι *[mōrainesthai] fade werden.*

2) ἄφρων *[aphrōn], unverständig, töricht,* und ἀφροσύνη *[aphrosynæ], Unverstand, Torheit* (beide Worte seit Hom.) zeigen bereits durch das α-privativum an, daß der Begriff im wesentlichen von einem Mangel bzw. einer Negation bestimmt ist: Fehlen von Einsicht und Vernunft. Aber auch hier ist die Möglichkeit krankhafter Sinnesentfaltung nicht ausgeschlossen (Hom. Od. 23,10–14). So kann ἄφρων *[aphrōn] betört* bedeuten (Hom. Od. 21,102) und ἀφροσύνη *[aphrosynæ]* auf *Manie* zurückgeführt werden (Aristot., Eth. Nic. VII,6, beide Male übrigens durch aktives Eingreifen der Götter). Hauptsächlich wird mit den Worten freilich mangelnde Wert- und Wahrheitserkenntnis beschrieben.

1) Die hebr. Worte für *Tor / töricht* und *Torheit* werden in der LXX vorwiegend mit ἄφρων II
[aphrōn] (115mal, dazu 19mal ohne Äquivalent) bzw. ἀφροσύνη *[aphrosynæ]* (31 + 5 Belege) wiedergegeben. Häufigste Äquivalente sind die von der Wurzel *ksl* (urspr. wohl *schwerfällig, töricht,* dann erst *trotzig, gottlos*) abgeleiteten Wörter, die zusammen 64mal vorkommen, davon 40mal in Spr, 21mal in Pred, und mit einer Ausnahme (Ps 93,8 LXX) immer mit ἄφρων *[aphrōn]* bzw. ἀφροσύνη *[aphrosynæ]* übertragen werden. Einigermaßen häufig ist noch das ältere *nābal* (gleiche Ursprungsbedeutung), das nur in Hi und Pss mit ἄφρων *[aphrōn],* in Spr und bei Dtn und Jes aber immer mit μωρός *[mōros]* wiedergegeben wird. Allerdings findet sich μωρός *[mōros]* überhaupt nur 6mal für ein hebr. Äquivalent, hingegen 28mal im griech. Sir ohne Äquivalent, ebenso das Subst. 2mal in Sir ohne Äquivalent.

Die Stellen, denen *nābal* zugrundeliegt, zeigen am eindeutigsten, daß Torheit nicht Mangel an Wissen ist, sondern Auflehnung gegen Gott (→ Sünde). So gewinnt der Begriff *Tor* den Nebensinn von *Gottesleugner, Gotteslästerer* (klassische Stellen: Ps 14,1; 53,2; aber auch Ps 74,18.22; Hi 2,10; Jes 32,5f; vgl. Sir 50,26). Der sich gegen Gott auflehnende Tor zerstört auch die Gemeinschaft mit Menschen: er läßt den Hungrigen darben (Jes 32,6), erwirbt auf unrechte Weise Reichtum (Jer 17,11) und lästert seinen Mitmenschen (Ps 39,9). Auch in der späteren Weisheitslit., wo der Begriff verblaßt, bleibt immer noch der Nebenklang eines schuldhaften Verhaltens bewahrt.

2) Für die Qumrangemeinde gilt der außerhalb der Gemeinschaft Stehende als Tor (CD 15,15). Weisheit und Torheit liegen im Herzen des Menschen miteinander im Kampf (1QS 4,24). In den Lasterkatalogen (1QS 4,9–11) erscheint u. a. auch die Torheit. Die Frommen hoffen auf eine endzeitliche Vernichtung der Torheit (1QS 4,18).

III Im NT findet sich ἄφρων *[aphrōn]* 11mal, wovon 7 Belege auf Paulus entfallen (ἀφροσύνη *[aphrosynæ]* 4mal, davon 2mal bei Paulus), während die μωρία *[mōria]*-Gruppe für das Adj. 14 (4 bei Paulus), für das Subst. 5 (alle bei Paulus) und für das Verb weitere 4 Belege (2 bei Paulus) zählt. Auffällig ist die starke Verwendung bei Paulus und das Vorwiegen des Adj. μωρός *[mōros]* bei Mt.

1) In den s y n o p t. E v a n g e l i e n (Vorkommen Mk 1mal, Lk 3mal, Mt 7mal, davon 6mal μωρός *[mōros]*) erscheinen die Worte in verschiedener Bedeutung.

a) Das Bildwort vom Fadewerden des Salzes (μωραίνεσθαι *[mōrainesthai]* Mt 5,13; Lk 14,34) war urspr. wohl ein Verheißungswort Jesu: das → Evangelium kann, wie das Salz, seine Kraft nicht verlieren. Salz verändert sich chemisch nicht; man kann es nicht »salzen«. Später wird das Verheißungswort Jesu von den Evangelisten durch Einordnung in den Kontext zum Mahnwort umgestaltet: Hütet euch, das Salz fade werden zu lassen!

b) Die Deutung des Schimpfwortes μωρέ *[mōre]*, *Tor!* (Mt 5,22) ist umstritten (Einzelheiten bei Bertram, Art. μωρός, ThWb IV, 844ff). Am naheliegendsten erscheint immer noch eine Füllung des Wortes *Tor* mit dem Nebensinn *Gottloser* (vgl. Mt 23,17; ähnlich ἄφρονες *[aphrones]* Lk 11,40).

c) μωρός *[mōros]* wird in der Gegenüberstellung zu φρόνιμος *[phronimos]* von Mt in Gleichnissen verwendet (7,24–27; 25,1–13). Auch hier dürfte der aus der at. Füllung des Wortes herkommende Nebensinn eine Rolle spielen: Torheit ist nicht Dummheit, sondern Auflehnung gegen Gott, nicht Schicksal, sondern Schuld. Als töricht erweist sich, wer das Angebot Gottes ausschlägt. Er verfällt dem Gericht. Gehorsam ist die Klugheit der Glaubenden (ähnliche Verwendung von ἄφρων *[aphrōn]* im Gleichnis Lk 12,20).

2a) P a u l u s verwendet μωρία *[mōria]* und μωρός *[mōros]* zur Kennzeichnung der Kreuzespredigt gegenüber der Weisheit der Welt, die sich in der Ablehnung des Kreuzes Christi durch Juden und Griechen (1Kor 1,23) und in Korinth konkret in der selbstherrlichen, die Niedrigkeit des Apostels verachtenden Frömmigkeit der korinthischen Gnostiker zeigt. Diese Weisheit hat Gott im Kreuzestod Christi zur Torheit gemacht (1Kor 1,20; 3,19; zum Gesamtzusammenhang → Art. σοφία III,2).

Andererseits ist die den Menschen als Torheit erscheinende Predigt vom → Kreuz tatsächlich töricht. Freilich nicht in dem Sinn, daß sie unverständlich wäre oder ein *sacrificium intellectus* erforderte. Sondern die Torheit der Predigt liegt in ihrem Inhalt, im Kreuz Christi. »Christus der Gekreuzigte ist der radikal Schwache, weshalb auch der Christ, der in ihm existiert, notwendig schwach sein muß. . . . Das Kreuz ist die radikale Krisis auch Christi selbst« (UWilckens, Weisheit und Torheit, 218). Das aber können und wollen die korinthischen Pneumatiker nicht zugeben. Darum hält ihnen Paulus entgegen, daß »das Törichte von seiten Gottes« (τὸ μωρὸν τοῦ θεοῦ *[to mōron tou theou]*; keine Eigenschaft Gottes, sondern seine frei gewählte Weise des Umgangs mit der Welt im Kreuz Christi) »weiser ist als die Menschen und das Schwache von seiten Gottes stärker als die Menschen« (1Kor 1,25; Z). So bedeutet, an der Torheit der Erniedrigung im Kreuz teilzuhaben, an der Macht Gottes (ὁ λόγος τοῦ σταυροῦ *[ho logos tou staurou]* = δύναμις θεοῦ *[dynamis theou]* 1Kor 1,18) teilzuhaben; denn »die Kraft kommt in Schwachheit zur Vollendung« (2Kor 12,9). Darum kann Paulus den paradoxen Rat erteilen, man solle töricht werden, um weise zu werden (1Kor 3,18), und sich selbst als einen »Toren um Christi willen« (1Kor 4,10) bezeichnen (→ Kreuz).

b) So dialektisch der Gebrauch von μωρός *[mōros]* und μωρία *[mōria]* im 1Kor ist, so undialektisch ist der Gebrauch von ἄφρων *[aphrōn]* und ἀφροσύνη *[aphrosynæ]* in 2Kor 11 und 12. Das ihm von den korinthischen Gegnern, die klug sein wollen (φρόνιμοι ὄντες *[phronimoi ontes]* 2Kor 11,19), aufgezwungene (2Kor 12,11) Rühmen bezeichnet Paulus als Torheit (2Kor 11,1.16f.21). Wenn es schon in törichter Weise gilt, sich zu rühmen, kann der Apostel mithalten: er rühmt sich seiner Schwachheiten (2Kor 11,30), und das ist genug (2Kor 12,9). Damit ist auch der Anschluß an die Predigt vom Kreuz gewonnen.

3a) In der Paränese des Eph wird die Gemeinde aufgefordert, nicht töricht zu sein, sondern nach dem Willen des Herrn zu fragen (Eph 5,17). ἄφρονες *[aphrones]* steht hier in der Nähe von ἄσοφοι *[asophoi]* (Eph 5,15); offenbar sollen die Christen vor zuchtlosem Wandel bewahrt werden.

b) 2Tim 2,23 und Tit 3,9 warnen vor »törichten Streitfragen« im Sinne von unnützen Diskussionen über spitzfindige Probleme, die nur zu Streit führen (vgl. μωρολογία *[mōrologia], dummes Geschwätz*, Eph 5,4).

c) 1Petr 2,15 erwartet von der Gemeinde, daß sie durch Gutestun »der Unwissenheit der törichten Menschen den Mund stopft« (Z) und so Gottes Willen tut. *J. Goetzmann*

σοφία

σοφία *[sophia]* Weisheit · σοφός *[sophos]* weise · σοφίζω *[sophizō]* geschickt machen, belehren; med.: ausklügeln

I Das Adj. σοφός *[sophos]*, seit Pindar häufig verwendet, und das seit Hom. belegbare Subst. σοφία *[sophia]* bezeichnen im Griech. stets eine Eigenschaft, nie eine Tätigkeit (anders bei σύνεσις *[synesis]*, → *Vernunft*). Sie zeigen außergewöhnliches *Können* und *Wissen* an, in der Frühzeit auch im praktischen Bereich (von der σοφία *[sophia]* eines Zimmermanns Hom. Il. 15,41f), später auf das theoretische Wissen konzentriert. Die Mitglieder des Kollegiums der Sieben Weisen (Plato, Protagoras 343a) werden noch vor allem wegen ihrer *Lebensklugheit* und politischen *Urteilskraft* gerühmt, während σοφία *[sophia]* einer späteren Zeit (Sophisten) als lehrbares und erlernbares *Wissen* gilt. Sokrates' Weisheit dagegen besteht darin, daß er weiß, daß er nichts weiß (Plato, Ap. 21). Alle selbstherrliche Weisheit ist in Wahrheit keine Weisheit. Bei Plato ist der Inhalt der Weisheit das Sein, die Ideen; sie kommt letztlich allein Gott zu (Symp. 204a). Für Aristot. endlich sind σοφία *[sophia]* und → φιλοσοφία *[philosophia]* identisch (Metaph. 1,1; 5,1). – In der Stoa treffen Theorie und Praxis wieder zusammen: Weisheit ist verwirklichtes Wissen; das Verhalten des Weisen ist σοφία *[sophia]*, der σοφός *[sophos]* selbst ist in seinem Verhalten notwendiges Subjekt der stoischen Philosophie.
→ Erkenntnis; → Gesinnung.

II 1) Die Wortgruppe kommt in der LXX in der Regel als Wiedergabe der Worte vom Stamm *ḥkm* vor. Entsprechend ihrer Bedeutung findet man fast drei Fünftel der Stellen in der Weisheitslit. (Spr, Hi, Pred, auch Pss.; Sir, Weish über 100 Belege ohne hebr. Äquivalent). Dort erreicht der Begriff auch seine spezifische Ausprägung.

Dabei muß man auf die Bedeutungsbreite der Wortgruppe achten. σοφία *[sophia]* bezeichnet zB *Sachkunde* auf einem bestimmten Gebiet, etwa im Handwerk oder in der Kunst (Ex 36,1f), aber ebenso auch *wirtschaftliche Klugheit* (Spr 8,18.21) und *Regierungskunst* (Spr 8,15f) oder *Bildung* (1Kön 5,9–14). Darüber hinaus geht es ganz allg. um *kluges Verhalten* des Menschen, das ihm die Meisterung des Lebens ermöglicht (Spr 8,32–36). Dabei kommt es eher auf rechtes Handeln im Gehorsam gegen Gottes Willen als auf theoretische Einsicht an. Entsprechend wird Weisheit mit der Jahwefurcht in Verbindung gebracht: »Der Weisheit Anfang ist die Furcht des Herrn« (Spr 9,10; vgl. Spr 1,7; 15,33; Ps 111,10; Hi 28,28). Hier bildet sich auch das Besondere des Weisheitsverständnisses in Israel heraus: Weisheit ist verwurzelt in der Bindung an Gott. »Sachverständig, kundig in den Ordnungen des Lebens wird man erst, wenn man vom Wissen um Gott ausgeht.« »Diese Vorstellung gehört zum Eigensten der Weisheit Israels. Die außerisraelitische Weisheit weiß von einer solchen nahezu programmatischen Verankerung der Wahrheit in der Gottesfurcht nichts« (vRad, Weisheit in Israel, 94. 93, Anm. 11).

2a) Das AT weiß, wenn auch in kritischen Äußerungen, von Weisheit in den Israel umgebenden Völkern: zB in Babylon (Jer 50,35; 51,57; vgl. Jes 47,10) und in Ägypten (1Kön 5,10). Überraschende Parr. zwischen ägypt. Texten und hebr. Weisheitslit. lassen sich aufzeigen, zB zwischen Spr 22,17–23,11 und dem ägypt. Weisheitsbuch des Amen-em-ope. Allerdings hat Israel, wenn es diese Texte übernahm, sie fest in seine religiösen Überzeugungen eingeordnet. Eine Verwandtschaft mit altorientalischen Erscheinungen läßt sich auch darin erkennen, daß bes. der Königshof als ein Ort der Entstehung der Weisheitslehre und ihrer geordneten Überlieferung gelten darf. Wie in Ägypten Weisheitstexte zur Ausbildung der künftigen Hofbeamten dienten, so hat man auch am Königshof des Salomo zur Ausbildung des Nachwuchses an königlichen Beratern solche Texte gesammelt. Auch haben die Anfänge einer beschreibenden Naturwissenschaft in der Form der sog. Listenwissenschaft (vgl. 1Kön 5,12f) am Hof Salomos ebenso ihren Ort wie in Ägypten und Mesopotamien. Auch die späte Gestalt des Daniel und seiner Gefährten ist in diesen höfischen Rahmen einzuordnen (Dan 2,48; 5,11f).

b) Über aller erlernten und überlieferten Weisheit steht jedoch die von Gott dem König Salomo g e s c h e n k t e Weisheit (1Kön 3,5–14), die sich sowohl in richterlicher Klugheit äußert (1Kön 3,16–28) als auch in der späteren Vorstellung zu bewundernder Anerkennung bei den Nachbarn Israels führt (1Kön 5,11.14.21; 10,1–9.23f). Darin spiegelt sich nicht nur die Sehnsucht der Späteren nach dem Glanz und der Sicherheit der Regierungszeit Salomos, sondern auch die Überzeugung Israels von der Überlegenheit Jahwes über andere Götter. Es nimmt nicht Wunder, daß mit der gleichen Tendenz Salomo die Verfasserschaft an der Spruchweisheit Israels zugeschrieben wird (1Kön 5,12). Ebenso ist es begreiflich, daß man von dem erhofften messianischen König Weisheit erwartet (Jes 11,2).

c) Eine theol. Durchdringung des Weisheitsbegriffes findet in der nachexilischen Zeit statt. Die Weisheit wird, p e r s o n h a f t v o r g e s t e l l t, zur Offenbarungsmittlerin und Lehrmeisterin (Spr 8,1–21), die den Menschen anruft (Spr 1,20ff; 8,32ff) und einlädt (Spr 9,1ff). Sie, die vor allen Schöpfungswerken geschaffen ist (Spr 8,22–31), erschließt dem Menschen die der Schöpfung innewohnende Urordnung. So gewinnt sie die Rolle eines der Welt eingegebenen göttlichen Prinzips, das jedoch (nach Hi 28) allein Gott zugänglich ist.

3a) Dieses Verständnis von Weisheit beruht auf den Vorstellungen eines allg. verbreiteten, sowohl jüd. als auch gnostischen Mythos, nach dem die Weisheit eine Wohnung unter den Menschen suchte, sie nicht finden konnte und darum in den Himmel zurückkehrte. In späterer Zeit wird dieser Mythos ohne Scheu ausgesprochen (äthHen 42) oder zur Verherrlichung des Gesetzes umgedeutet: die Weisheit findet in Israel eine Ruhestatt und wird mit dem → Gesetz identifiziert (Sir 24,8ff.23ff). Im hell. Judentum wird die Personifizierung der Weisheit weiter vorangetrieben. Der Weisheitsschüler folgt der Weisheit wie ein Liebhaber und gewinnt alle Seligkeiten der Gemeinschaft mit ihr (Sir 14,20–27). In Weish ist die Weisheit nicht nur bei der Schöpfung anwesend, sondern selber »Schöpferin« (7,12) und »Throngenossin« Gottes (9,4) und vermittelt das Heil Gottes (7,27). Ähnliche Vorstellungen finden sich bei Philo (Näheres s. UWilckens, Art. σοφία, ThWb VII, 501), während Josephus einer Identifizierung von Weisheit und Gesetz den Vorzug gibt (Ant. 18,59.82; Bell. 2,118).

b) Für das rabb. Judentum sind Weisheit und Schriftgelehrsamkeit im wesentlichen identisch; die präexistente Weisheit wird als die Tora verstanden und die einschlägigen Stellen entsprechend interpretiert (Belege bei St.-B. I, 79ff; 974f; II, 353f).

4) In den Qumrantexten taucht der Begriff *chokmāh* verhältnismäßig selten auf und wird durch den Dualismus der Theol. der Sekte beeinflußt. Gottes umfassender, auf die Vernichtung des Bösen zielender Weltplan ist durch seine Weisheit bestimmt (1QS 4,18); den Erwählten wird die Weisheit der Söhne des Himmels durch den Geist der Wahrheit zuteil (1QS 4,21f). Dagegen sind die mit *chokmāh* verwandten Begriffe *dāat*, *bīn* und *skl* (*Erkenntnis*), die in Qumran gerade die Weisheit Gottes oder die Einsicht in Gottes Heilsplan bezeichnen, überaus häufig anzutreffen.

III Im NT liegt das Hauptgewicht der Wortgruppe in 1Kor 1–3 (25 Belege), während die Evgg. verhältnismäßig selten und obendrein ungleichmäßig die Gruppe verwenden: Mk nur 1mal, Joh gar nicht, Mt 5mal und Lk 7mal, wozu 4 Stellen in der Apg treten. In den Deuteropaulinen findet sich die Wortgruppe 8mal, bei Jak 3mal, 2Petr 1mal und Offb 4mal.

1a) Der Gebrauch der Wortgruppe in den Evgg. knüpft im allg. an die traditionelle at.-jüd. Vorstellung an, nach der Weisheit ein V e r h a l t e n des Menschen ist, das aus dem Leben in dem von Gott gestifteten Bund entsteht und also als Geschenk Gottes angesehen werden muß. So nimmt nach Lk 2,42.50 der zwölfjährige Jesus an Weisheit und Einsicht zu und zeichnet sich durch besondere Gesetzeskenntnis aus (Anklang an jüd. Vorstellung, daß Weisheit und Kenntnis der Tora identisch sind). Mk 6,2 schildert das Erstaunen der Einwohner Nazareths über die dem Zimmermannssohn gegebene Weisheit (vgl. Mt

13,54). Auch in der Apg wird Stephanus als ein von Gott mit Geist und Weisheit ausgestatteter Mann dargestellt, dessen Zeugnis aus eben diesem Grunde nicht zu widerlegen ist (Apg 6,3.10). Ausdrücklich wird auf at. Vorbilder Bezug genommen (7,10). Auch die Verheißung der Weisheit für die Verteidigungsrede in den Verfolgungen der kommenden Endzeit (Lk 21,15) ist mit der gleichen Vorstellung formuliert.

b) Eine andere, ebenfalls at.-jüd. Vorstellung hat auf eine Gruppe von Sprüchen eingewirkt, die vermutlich alle der Logienquelle entstammen. Die Überlieferung von der personhaft verstandenen Weisheit, die Menschen zu sich ruft, steht doch wohl hinter der merkwürdigen Aussage, daß »die Weisheit aus ihren Werken gerechtfertigt worden ist« (Mt 11,19; Par Lk 7,35: »von ihren Kindern«). Jesus (und sein Zeuge Johannes) werden als Mund der heilbringenden Weisheit verstanden. Nimmt man die Einleitung zu einem Gerichtswort über »dieses Geschlecht« hinzu, das Lk 11,49 als Wort der Weisheit Gottes eingeführt wird, in der Par Mt 23,34ff jedoch als Jesuswort verstanden wird, so legt sich die Vermutung nahe, daß innerhalb dieser Vorstellung Jesus als die auf die Erde gekommene Weisheit begriffen werden konnte. Wenn »diesem Geschlecht« die Königin des Südlandes vorgehalten wird, die von den Enden der Erde kam, um die Weisheit Salomos zu hören, und dieser Vorwurf erhärtet werden kann mit dem Ausruf: »Siehe, hier ist mehr als Salomo!« (Mt 12,43 und Par), so ist das am ehesten verständlich, wenn man an den Mythos von der himmlischen Weisheit denkt, die die Menschen verschmähten (vgl. II,3a). In Jesus ist diese Weisheit endgültig erschienen. Es erscheint berechtigt, von einer Sophia-Christologie zu sprechen.

2) Das gleiche religionsgeschichtliche Material, freilich mit stärkerer gnostischer Färbung, spielt bei der Auseinandersetzung des Paulus mit den korinthischen Gnostikern eine Rolle.

a) In einer grundsätzlichen und umfassenden Darlegung mit Hilfe der Begrifflichkeit der Theol. des Kreuzes stellt Paulus der Weisheit der Welt die Botschaft vom Kreuz entgegen. Gott hat die Weisheit der Welt zur Torheit gemacht (1Kor 1,20; vgl. 3,19). Das geschah nicht mit Worten oder Argumenten, indem Sätze »weltlicher« Weisheit mit Sätzen »christlicher« Weisheit konfrontiert wurden. Sondern Gott hat durch eine »Aktion«, nämlich durch sein Handeln im Kreuzestod Christi (→ Kreuz) die Weisheit der Welt zur Torheit gemacht. Denn wie Weisheit nicht eigentlich Wissensinhalt ist, sondern ein Verhalten vor Gott, so ist Torheit auch nicht Fehlen von Wissen, sondern verfehltes Verhalten. Weil aber nach Gottes Willen »Christus als Gottes Kraft und Gottes Weisheit« (1Kor 1,24; vgl. 1,30) offenbar geworden ist, und zwar als Gekreuzigter und nur als Gekreuzigter (1Kor 1,23; 2,2), erweist sich die das Kreuz ablehnende Weltweisheit in ihrer jüd. oder griech. Spielart (1Kor 1,22f) objektiv als das, was sie schon immer war: Torheit, dh Auflehnung gegen Gott, weil Selbsterhöhung und Selbstruhm des Menschen (1Kor 1,29.31). Weil die Menschen sich der Weisheit Gottes, wie sie ihnen in den Werken der Schöpfung begegnete, verschlossen und statt dessen versuchten, sich eigene Weisheit zu verschaffen (1Kor 1,21; v
Röm 1,18ff), hat Gott durch die Torheit der Predigt vom Kreuz die zu retten beschl
die glauben. Jeder Versuch, einen Beweis für die Wahrheit Gottes zu fordern (1K
ist ebenso zum Scheitern verurteilt wie jeder Versuch des Selbstruhms (1Kor
Glaubenden »kommen nicht über die Situation des Hörens und Glaubens h
zelmann, KEK V[11], zu 1Kor 1,24; vgl. Röm 1,16f). Damit ist aber gerade
sowohl des Heilsgeschehens als auch des Heilsangebotes gewährleiste
(tous pisteuontas) beseitigt jede menschliche Schranke vor dem He
zu 1,21; → Glaube).

Sowohl die konkrete Gestalt der korinthischen Gemein
digt des Apostels bestätigen seine Interpretation des He
Törichten, Schwachen und Verachteten durch Gott, w
Gemeinde in Korinth abgelesen werden kann, z
menschlichen Maßstäben als weise gelten (1Kor

wort angekündigte, den Selbstruhm des Menschen richtende Wille Gottes (1Kor 1,19.31; 3,19f). Auch der Verzicht des Paulus auf »überredende Worte der Weisheit« (1Kor 2,1ff, bes. 2,4f; 2,13; vgl. 2Kor 1,12) dient dem allein das Heil bringenden Wort vom Kreuz, das nicht entleert werden darf (1Kor 1,17). Wenn Paulus dennoch sagen kann, daß er »Weisheit rede unter den Vollkommenen«, allerdings »Gottes Weisheit im Geheimnis, als verborgene« (1Kor 2,6f), so liegt das daran, daß Paulus Vorstellungen seiner Gegner aufnimmt und versucht, sie positiv zu verwenden. Darum sind die Anklänge an den gnostischen Mythos und die Mysterienterminologie in diesem Abschnitt (1Kor 2,6–16) bes. deutlich. Paulus will offenbar sagen, daß die Ablehnung der weltlichen Weisheit und die Betonung des Kreuzes Christi nicht die Erfahrungen und Begabungen des Geistes Gottes ausschließt (vgl. λόγος σοφίας *[logos sophias], Wort der Weisheit*, im Katalog der Geistesgaben 1Kor 12,8). Unter Verwendung des gnostischen Offenbarungsschemas (→ Erkenntnis, Art. γινώσκω I,2c) besteht Paulus darauf, daß die verborgene Weisheit Gottes durch den Geist offenbart wird und die Geistbegabten alles beurteilen können, weil sie den Sinn Christi besitzen (1Kor 2,10–16). Solche durch den Geist geschenkte Weisheit geht aber nicht an dem Ärgernis des Kreuzes vorbei, sondern findet in ihm ihr Maß (→ Kreuz).

b) Hier ist auch die Stelle, nach der Eigenart der in Korinth vertretenen und von Paulus bestrittenen Weisheit zu fragen. Daß Paulus lediglich griech. Philosophie und Rhetorik habe ablehnen wollen, daß also sein Kampf sich gegen die vernehmende → Vernunft als solche richtet, ist schwerlich anzunehmen. »Nicht zufällig begegnen die Sätze 1Kor 1,18ff in einem sorgfältigen Begründungszusammenhang. . . . Die Paradoxie des göttlichen Handelns soll also verstanden werden!« (GBornkamm, Studium, Ges. Aufs. II, 120f).

Vielmehr darf man annehmen, daß die Polemik des Apostels sich gegen eine Überspitzung der Sophia-Christologie und die daraus entstehende Mißachtung des Kreuzes Christi samt der damit initiierten Parteibildung in Korinth richtet. Die Korinther glauben, an der in Christus in die Welt gekommenen Weisheit Anteil zu haben und als Vollkommene der Niedrigkeit des Kreuzes entnommen zu sein. Darum streben sie nach persönlicher Vervollkommnung in den Geistesgaben, in der Erkenntnis und Weisheit unter Mißachtung ihrer Verpflichtung zum Aufbau der ganzen Gemeinde (1Kor 14). Lediglich der weltentrückte und weltentrückende Christus, allenfalls noch der als Beispiel dienende irdische Pneumatiker Jesus (von Paulus 2Kor 5 bestritten), war für sie von Interesse, nicht aber der Gekreuzigte. Das aber ist [illegible] struhm und Parteiungen in der Ge- [illegible] darin der paradoxe Weg zur Weis- [illegible] der Ruf in die Freiheit von Selbst- [illegible] ng und Gewähr für die Einheit der

[illegible] Erwählung Israels abschließenden [illegible] Weisheit und der Erkenntnis Got- [illegible] Wegen« offenbar (Röm 11,33f), ist [illegible] ich erfahren. Dieser heilsgeschicht- [illegible] *Weisheit* hier als das Wirken des [illegible] ichte ist, zu verstehen. Von daher [illegible] s die Weisheit Gottes ist (1Kor

[illegible] cher Weise als anthropologischen [illegible] als »weisen Baumeister« der Ge- [illegible] ,5, ob es denn keinen Weisen in [illegible] e Gemeinde nicht heidnische Ge-

[illegible] als Gabe der Gnade Gottes ver- [illegible] d φρόνησις *[phronæsis]*), in der [illegible] eist offenbarten Weisheitslehre,

zu der ein entsprechender Lebenswandel gehört (Kol 1,10; 4,5; Eph 5,15), ist das → Geheimnis Gottes: Christus, in dem alle Schätze der Weisheit und der Erkenntnis verborgen liegen (Kol 2,3). Die hier entwickelte Christologie knüpft an die at.-jüd. Vorstellung der vor der Weltschöpfung bei Gott verborgenen Weisheit (Spr 8; Sir 24) an. Im Rahmen der göttlichen Ökonomie (→ Haus, Art. οἰκονομία III) wird diese Weisheit in der Fülle der Zeit in Christus durch die Kirche offenbart (Eph 3,9f; 1,10).

4) Für den Verfasser des J a k o b u s b r i e f e s erweist sich Weisheit in gutem Wandel durch Werke der Güte (3,13). Er hat es offenbar mit Gegnern zu tun, die (ähnlich wie in Korinth) »Weisheit von oben« für sich in Anspruch nehmen, aber Hader und Streit verursachen (3,15f). Jak geht auf die diesem Anspruch zugrundeliegenden Überzeugungen nicht ein, sondern fordert als Weisheit ein friedfertiges Verhalten, voller Erbarmen und ohne Heuchelei (3,17; → Demut, Art. πραΰς). Solche Weisheit muß von Gott erbeten werden (1,5).

5) In der O f f e n b a r u n g wird in zwei hymnischen Texten σοφία *(sophia)* als eine Eigenschaft Gottes (7,12; vgl. auch Röm 16,27) gepriesen, die auch dem erwürgten Lamm bei seiner Erhöhung zuteil werden soll (5,12). Der erhöhte Christus hat die gleiche Macht und Weisheit wie Gott. – An den beiden anderen Stellen (13,18; 17,9) ist σοφία *(sophia)* das Geheimwissen der Christen, auf Grund dessen sie die apok. Geheimnisse und Ereignisse ihrer Zeit deuten können. *J. Goetzmann*

φιλοσοφία

φιλοσοφία *(philosophia)* Liebe zur Weisheit, Philosophie · φιλόσοφος *(philosophos)* Philosoph

1) φιλοσοφία *(philosophia)*, Kompos. von φίλος *(philos)*, *Freund*, und σοφία *(sophia)*, *Weisheit*, I
bedeutet *Liebe zur Weisheit*, den Wissenschaften, oder Streben danach. Das Subst. φιλόσοφος *(philosophos)* ist zuerst nachweisbar bei Heracl. (Frg. 35 D), das Verbum φιλοσοφέω *(philosopheō)* bei Hdt. (I,30); jedoch soll nach antiker Überlieferung (zB Diog. Laert. prooem. 12; 8,8) schon Pythagoras das Subst. φιλόσοφος *(philosophos)* gebraucht haben.

2) In der griech. und hell. P h i l o s o p h i e lassen sich folgende Bedeutungsnuancen des Wortes φιλοσοφία *(philosophia)* aufweisen:

a) Bei den Vorsokratikern bedeutet φιλοσοφία *(philosophia)* zunächst das *Streben nach wissenschaftlicher Tätigkeit* überhaupt. Dann wird der Begriff Philosophie eingeengt und findet Verwendung für das Fragen nach der Entstehung der Welt aus einem Urstoff (Naturphilosophie).

b) Klassische Philosophie: α) Bei Sokrates fällt das ganze Gewicht auf den ersten Teil des Wortes φιλο-σοφία *(philo-sophia)*, also mehr auf den Akt, der sich vollzieht, als auf das Ergebnis. Philosophie wird zum Streben nach Weisheit, zumeist freilich verbunden mit dem Wissen, daß man diese nie erreicht. β) Nach Plato ist Philosophie die Erkenntnis des Seienden oder des Ewigen und Unvergänglichen. Er unterscheidet zwischen den Sophisten, den Philosophen und den Weisen: der σοφιστής *(sophistæs)* ist derjenige, der die Weisheit zu besitzen glaubt, der sie lehren zu können vorgibt. Der φιλόσοφος *(philosophos)* ist dagegen der Bescheidene, der weiß, daß er nichts weiß, aber, von der Liebe zur Weisheit ergriffen, sein ganzes Leben nach ihr sucht, ohne sie je ganz zu erreichen. Die Bezeichnung σοφός *(sophos)*, *weise*, jedoch kommt nur den Göttern zu. γ) Aristoteles versteht unter φιλοσοφία *(philosophia)* im engsten Sinn Metaphysik als Untersuchung der Ursache und Prinzipien der Dinge bzw. der Erscheinungswelt.

c) In der hell. Philosophie gewinnt der Begriff φιλοσοφία *(philosophia)* dann fast religiöse Bedeutung. Ihr Ziel ist die Glückseligkeit des Menschen (Eudämonismus). Dies propagierend ziehen die Philosophen (Stoiker, Epikureer) als Wanderprediger umher. Philosophie als Weg zur Glückseligkeit besteht dabei für die Stoiker im Streben nach theoretischer und bes. nach praktischer Tüchtigkeit, nach → Tugend.

Die Epikureer hingegen definieren φιλοσοφία *(philosophia)* als das Erstreben der Glückseligkeit mittels der Möglichkeit der → Vernunft. Dabei dominiert die praktische Philosophie (Ethik), die Kanonik (Logik) und Physik werden dieser dienstbar gemacht.

3) In der hell. M y s t e r i e n f r ö m m i g k e i t und in der G n o s i s ist φιλοσοφία *(philosophia)* nicht mehr die erkennende Welterschließung im Sinne der klassischen griech. Tradition durch die Vernunft, sondern Zusammenfassung der religiösen Anschauung. Sie mündet hier also in

religiöse Spekulation ein. Beispielhaft dafür sind die gnostischen hermetischen Schriften. Im Traktat Asclepius wird die wahre Philosophie als religiöse Bemühung um religiöse Erkenntnis bestimmt. Philosophie soll also die Funktion eines geistigen Gottesdienstes erfüllen und ganz in solcher Religionsübung aufgehen. Aufgabe des Propheten ist es daher, durch Philosophie und Magie die Seele zu ernähren (Corp. herm. XXIII).

II 1) Sowohl das Subst. φιλοσοφία /philosophịa/ als auch das Verbum φιλοσοφέω /philosophẹō/ finden sich in der LXX nur in 4Makk (1,1; 5,10.22; 7,9.21 bzw. 5,6.11; 7,21.24) und also ohne hebr. Äquivalent. Dagegen kommt φιλόσοφος /philọsophos/ als Äquivalent von 'aschāph (nach dem Originaltext) Dan 1,20 vor, wobei der Vorlage nach *Beschwörer* gemeint sein müssen.

2) Im Spätjudentum ist φιλοσοφία /philosophịa/ als Wort und Begriff bekannt. Ja, das hell. Judentum gibt sich selber öfter als Philosophie aus:

a) Für Philo ist φιλοσοφία /philosophịa/ gleichbedeutend mit Religion. Er bezeichnet das mosaische Gesetz als ἡ πάτριος φιλοσοφία /hæ patrios philosophịa/, *die väterliche Philosophie*, dh die Weisung für diesen heilvollen Lebensweg (Leg. ad. Gai. 156). Deshalb kann er mit Stolz alle Juden Philosophen nennen (Mut. Nom. 39).

b) Auch für Josephus sind jüd. Religion und Philosophie identisch. Deshalb stellt er die Gemeinschaften der Pharisäer, Sadduzäer und Essener als drei Philosophenschulen vor (Bell. II,119; Ant. XVIII,11).

c) Gleichgesetzt werden Philosophie und jüd. Religion auch im 4Makk-Buch. So kann der Tyrann Antiochus das Judentum als »geschwätzige Religion« verspotten (4Makk 5,10). Umgekehrt erscheinen dagegen dann die Märtyrer als die Vertreter der Philosophie (4Makk 7,9).

III 1) Im NT kommt der Begriff φιλοσοφία /philosophịa/ nur Kol 2,8 vor, wo vor ihr gewarnt wird. Inhalt und Eigenart dieser φιλοσοφία /philosophịa/ ist durch die Apposition κατὰ τὰ στοιχεῖα τοῦ κόσμου /katạ ta stoichẹia tou kọsmou/, *nach den Elementen* (*Gesetzmäßigkeiten*) *der Welt*, charakterisiert. Die Weltelemente sind also das wichtigste Kennzeichen dieser kolossischen Philosophie, die sich in der kleinasiatischen Gemeinde verbreitet hatte. Es handelt sich bei diesen Weltelementen nicht um natürliche Bestandteile des Seienden, im Sinne naturwissenschaftlicher Analyse und philosophischer Erkenntnis der Weltgesetze, sondern um personhafte Mächte (2,18), die die Menschen unter bestimmte Satzungen zwingen. Die Einheit dieser Weltelemente bildet dann nach Ansicht der Vertreter dieser Philosophie der → Leib Christi, dh Christus ist der Inbegriff der Weltelemente.

Der religionsgeschichtliche Hintergrund entstammt einem gnostisierten Judentum, in dem sich jüd. und iranisch-persische Vorstellungen, vielleicht auch chaldäische Astrologie, engstens verwoben und sich mit dem Christentum verbunden haben. Bes. im Iranischen findet sich der Mythos von einer Gottheit, deren Leib aus den Elementen des Weltalls zusammengesetzt ist.

Paulus bekämpft also diese kolossische Philosophie, weil ihre Anhänger die Erfüllung in den Weltelementen und nicht in den Heilstaten von Christi Tod und Auferstehung suchen. Mit der Warnung vor der Philosophie Kol 2,8 ist also nicht die klassische Philosophie der Griechen und auch nicht die schulmäßige Philosophie des Hellenismus, sondern eine spekulative Geheimlehre der Gnosis gemeint (vgl. dazu MDibelius, HNT 12; ELohmeyer, KEK IX, zSt.; → Gesetz Art. στοιχεῖα). Anscheinend ist im NT aber auch an φιλοσοφία /philosophịa/ zu denken, wo das Wort selbst nicht erwähnt wird. So wird vielleicht in 1Kor 3,19 auch *Philosophie* gemeint sein; jedoch wird hier nicht gegen die philosophische Bemühung als solche polemisiert, sondern nur dagegen, daß sie ein Weg zum Heil sei (παρὰ τῷ θεῷ /parạ tō theọ̄/, *bei Gott, unter Gottes Blickwinkel*). Die Bibel lehnt also nicht die Philosophie an sich ab, sondern nur ihre falsche Selbsteinschätzung als Heilsweg.

2) Das Subst. φιλόσοφος /philọsophos/ wird nur Apg 17,18 im lukanischen Rahmen der Areopagrede gebraucht. Danach treten Paulus vor Beginn seiner Rede auf dem Areopag epikureische und stoische Philosophen entgegen. Während die einen von ihnen (Lukas denkt wahrscheinlich an die Epikureer) die apostolische Botschaft schroff ablehnen, zeigen die anderen (Stoiker) ein gewisses Interesse für die christl. Verkündigung. Doch letztlich bleibt auch ihnen diese unverständlich und wird von ihnen nicht aufgenommen.

H. Weigelt

Lit.: HOGibb, »Torheit« und »Rätsel« im NT, 1941 – GBertram, Art. μωρός etc., ThWb IV, 1942, 837ff – EKäsemann, Die Legitimität des Apostels, ZNW 41, 1942, 33ff – GBornkamm, Die Häresie des Kolosserbriefes, ThLZ 73, 1948, 11ff (= GBornkamm, Das Ende des Gesetzes, 1966[5], 139ff) – HSchlier, Kerygma und Sophia, EvTh 10, 1950/51, 481ff (= HSchlier, Die Zeit der Kirche, 1956, 206ff) – GBornkamm, Der Lobpreis Gottes, in: »Für Arbeit und Besinnung« 5, 1951 (= Das Ende des Gesetzes, 1966[5], 70ff) – UWilckens, Kreuz und Weisheit, KuD III, 1957, 77ff – GBornkamm, Glaube und Vernunft bei Paulus, NTSt 4, 1957/58, 93ff (= GBornkamm, Studien zu Antike und Urchristentum, 1963[2], 119ff) – HGese, Lehre und Wirklichkeit in der Alten Weisheit, 1958 – HKnittermeyer, Art. Philosophie, EKL III, 1959 (1962[2]), 196ff – UWilckens, Weisheit und Torheit. Eine exeget.-religionsgesch. Unters. zu 1Kor 1/2, BHTh 26, 1959 – GBarth, Das Gesetzesverständnis des Evangelisten Matthäus, in: GBornkamm/GBarth/HJHeld, Überlieferung und Auslegung im Matthäusevangelium, WMANT 1, 1960 (1968[5]), bes. 99ff – HGese, Art. Weisheit, RGG VI, 1962[3], 1574ff – HConzelmann, Art. συνίημι, ThWb VII, 1964, 886ff – UWilckens/GFohrer, Art. σοφία etc., ThWb VII, 1964, 465ff – JCLebram, Die Theologie der späten Chokma und häretisches Judentum, ZAW 77, 1965, 202ff – HConzelmann, Paulus und die Weisheit, NTSt 12, 1966, 231ff – ders., Grundriß der Theologie des Neuen Testaments, 1967, 158f (zum Messiasgeheimnis), 260ff; 266ff – RBaumann, Mitte und Norm des Christlichen, Nt. Abhandl. NF 5, 1968 – HConzelmann, Der erste Brief an die Korinther, KEK V, 1969[11] – FChrist, Jesus Sophia. Die Sophia-Christologie bei den Synoptikern, AThANT 57, 1970 – GBertram, Art. φρήν etc., ThWb IX, 1970, 216ff – GvRad, Weisheit in Israel, 1970 – HJHermisson, Weisheit und Geschichte, in: Probleme biblischer Theologie, Festschr. GvRad, hrsg. v. HWWolff, 1971, 136ff – GvRad, Christliche Weisheit?, EvTh 31, 1971, 150ff – WZimmerli, Die Weisheit Israels, EvTh 31, 1971, 680ff.

Weissagung → Prophet

Weisung → Gebot

Welt

κόσμος

κόσμος *[kǫsmos]* Ordnung, Welt(ordnung) · κοσμέω *[kosmę̄ō]* aufstellen, in Ordnung bringen, schmücken · κόσμιος *[kǫsmios]* ordentlich, zuchtvoll · κοσμικός *[kosmikǫs]* weltlich, irdisch

1) Das Subst. κόσμος *[kǫsmos]*, seit Hom. belegt, bezeichnet sowohl das *Herrichten, Aufbauen* I
(zB Hom. Od. 8,492; Hdt. III,22) wie die *Ordnung* ganz allg. (zB Hom. Il. 2,214 u. ö. in der Wendung κατὰ κόσμον *[katą kǫsmon], wie es sich gehört, nach welcher Ordnung*) oder in spezifischem Sinn (zB *Sitzordnung* der Rudernden Hom. Od. 13,76f; *Schlachtordnung* Hom. Il. 12,225; später *Lebensordnung* der menschlichen Gesellschaft, *Staatsverfassung*, Plato Leg. VIII,846d). Oft steht es in der Bedeutung *Schmuck* (bes. der Frauen; zB Hom. Il. 14,187; Hes. Op. 76; Hdt. V,92 u. ö.).

In der griech. Philosophie (s. Abs. 2) wird κόσμος *[kǫsmos]* zum zentralen Terminus für die *Weltordnung*, das *Weltsystem*, das durch diese Ordnung aufrechterhaltene *Ganze*, die W e l t im räumlichen Sinn, das *Weltall*, das *Universum*, dann die *Erde*, auch (im Griech. der Koine) die *Bewohner der Erde*, die *Menschheit*, die Ökumene (→ Erde).

Das Verb κοσμέω *[kosmę̄ō]* heißt entsprechend der Grundbedeutung von κόσμος *[kǫsmos]*, *Ordnung*, als Fachausdruck *aufstellen* (eines Heeres), *anordnen* (einer Kampfformation, zB Hom. Il. 2,554; Xenoph. Cyrop. II,1,26), bedeutet aber auch allg. *zurechtbringen, in Ordnung bringen* und bes. häufig *schmücken* (zB Hes. Op. 72).

2) Der Kosmosbegriff der griech. Philosophie ergibt sich aus der Frage, wie es möglich sei, daß trotz der einander widerstreitenden Einzeldinge (Himmel und Erde; Gott, Menschen und Lebewesen) die Welt nicht zugrundegehe. Die Antwort lautet: Sie werden durch eine alles umfassende Ordnung (vgl. Anaximander, Frg. 9: hier noch τάξις *[tąxis]*, *Ordnung*) zusammengehalten. Diese Weltordnung – und davon ausgehend die Welt im räumlichen Sinn – wird mit dem Wort κόσμος *[kǫsmos]* bezeichnet. Der Mensch versteht sich als Mikrokosmos (zB Democr. Frg. 34). Damit hat er die Möglichkeit, die Welt, den Kosmos zu erkennen, und er preist ihn wegen seiner Schönheit (Hercl. Frg. 124) und Vollkommenheit (Kugelform, Kreisbewegung).

a) P l a t o lehrt als erster (Tim. 28ff) die Entstehung des Kosmos durch einen Demiurgen, der die »Welt nach der Idee des vollkommenen Lebewesens« (HSasse, ThWb III, 874) gebildet hat. Für ihn ist der Kosmos ein beseelter Leib, ein vernünftiges Wesen und somit Manifestation Gottes.

Der Kosmos ist also nicht Kreatur, nicht Schöpfung, sondern Nachbildung.

b) Die Weltvorstellung des Aristoteles, die fast 2000 Jahre lang im Abendland vorherrschte, kennt die kugelförmige Erde, die – von mehreren Schichten von Himmelssphären umgeben – unbewegt in der Mitte des kugelförmigen Kosmos ruht (Cael. II 2p 285a 32). Der Kosmos ist die Summe dessen, was an Raum und Zeit gebunden ist. Was darüber hinausgeht, ist die transzendente Welt Gottes, die, dem Raum und der Zeit enthoben, ein unveränderliches und damit vollkommenes Leben führt. Gott hat die Welt nicht gebildet, er ist reiner νοῦς *[nous]* (→ *Vernunft*), der sich selbst denkt, der alles bewegt, aber selbst unbewegt bleibt und darum nicht handelnd in das Weltgeschehen eingreift.

c) Die Stoa verbindet ihre Kosmologie mit dem Gedanken der ewigen Wiederkehr des Gleichen, der aus der orientalischen Astrologie stammt. Der Kosmos verdankt seine Entstehung nicht einem Neuanfang, sondern ist *Wiederherstellung* (ἀποκατάστασις *[apokatastasis]*; → Versöhnung) des einmal Gewesenen. Das Vergehen des Kosmos in einem Weltenbrand ist nicht sein Ende, er entsteht danach neu in einer kosmischen Wiedergeburt (→ Geburt, Art. παλιγγενεσία).

d) Im Neu-Platonismus gelangt der Dualismus, der bereits bei Plato anzutreffen ist, zu seinem Höhepunkt. Die intelligible Welt (κόσμος ἐκεῖνος *[kosmos ekeinos]*) und die Welt der Erscheinungen (κόσμος οὗτος *[kosmos houtos]*) stehen einander gegenüber. Obwohl die empirische Welt der Anfang des Bösen ist, kann Plotin (Enn. V,8) ihre Größe, Ordnung und Schönheit rühmen; um wieviel mehr müsse dann der wahre Kosmos, das Urbild der vorfindlichen Welt zu preisen sein! (Im einzelnen vgl. bes. HSasse, ThWb III, 868ff.)

In der hellenistischen Zeit, als die orientalischen Kosmologien in den griech. Kulturraum eindrangen, wird der Kosmos zum Ort der Fremde. Er ist keine harmonische Einheit mehr und zerfällt in zwei Sphären: die niedere irdische Welt und die Welt der Gestirne. Was auf Erden geschieht, ist abhängig von dem, was in der Gestirnwelt geschieht. Das Tun und Treiben der Menschen ist im Grunde nichtig.

In der Gnosis finden sich zT. sehr unterschiedliche Aussagen über den Kosmos. Zum einen ist die Trennung zwischen Gott und Welt absolut geworden. Den Kosmos haben dämonische Mächte aus dem Chaos der Finsternis mit Hilfe von Lichtelementen als eine Nachbildung des Baues der Lichtwelt geschaffen. Gott ist die Nichtwelt, der Kosmos ist jeder Göttlichkeit beraubt, rein materiell und fleischlich, ein πλήρωμα *[plērōma]*, *Fülle*, des Bösen (Corp. Herm. VI,4) und darum nicht nur Fremde, sondern Gefängnis, aus dem sich das präexistente Selbst des Menschen nach Befreiung sehnt, zu der den Menschen die himmlische Lichtgestalt des Gottessohnes verhilft. Zum anderen kann κόσμος *[kosmos]* zu einer mythologischen Gestalt werden und wird u. a. als »Sohn Gottes« bezeichnet (Corp. Herm. VIII,5) oder als beseeltes Lebewesen angesehen, das Gottes Abbild und dessen Abbild der Mensch ist (Corp. Herm. X,11).

II 1) Die LXX gebraucht κόσμος *[kosmos]* 7mal als Übers. des hebr. *'adī, Schmuck* (zB Jer 2,32; 4,30); 1mal für *kelī, Schmuck, Geschmeide* (Jes 61,10); 2mal für *tiph'æræt, Schmuck, Zierde* (Spr 20,29; Jes 3,18); auch 5mal für *tsābā', Heer des Himmels* (und der Erde), *Gestirne* (Gen 2,1; Dtn 4,19 u. ö.). In der Bedeutung *Welt* findet sich κόσμος *[kosmos]* erst in den von vornherein griech. verfaßten jüngeren Schriften der LXX (Weish 19mal; 2Makk 5mal; 4Makk 4mal); wahrscheinlich wurde es in dieser Bedeutung unter dem Einfluß des hell. Judentums aus dem griech. Sprachgebrauch übernommen.

2) Das AT kennt zunächst kein dem griech. κόσμος *[kosmos]* entsprechendes Wort für die Welt. Es nennt das Universum »Himmel und Erde«, und erst in späteren Schriften *hakkōl*, das *All* (Jer 10,16; Ps 103,19; auch ohne Art.: *kōl* Jes 44,24; Ps 8,7). Mit dem Wort fehlt dem AT auch der griech. Kosmosbegriff. Es betrachtet die Welt nie als eine für sich selbst bestehende Größe, sondern immer in Beziehung zu Gott, dem Schöpfer (→ Schöpfung). Zwar ist der priesterschriftliche Schöpfungsbericht (Gen 1,1 – 2,4a) kosmologisch interessiert, indem er zB von den Chaosmächten Urflut und Urfinsternis, von der Himmelfeste, dem Himmelozean und den Gestirnen spricht, seine Aussage richtet sich aber nur darauf, Gott als den Herrn über alles, auch über das Chaos, zu bezeugen. Er zielt deutlich auf die Erschaffung des Menschen ab, die für den jahwistischen Bericht (Gen 2,4b–25) im Mittelpunkt der Aussagen steht, bes. auf dessen Berufung, in Verantwortung vor Gott seine Aufgabe in der Welt zu erkennen und die Herrschaft über das Erschaffene auszuüben (1,26.28; 2,15. 19; vgl. Ps 18). Es geht der Priesterschrift wie dem Jahwisten nicht darum, eine immanente Weltordnung zu beschreiben, vielmehr darum, Gottes Herrschaft über den Menschen, über die Völkerwelt und deren Geschichte auszusagen. Wenn es heißt, daß »alles sehr gut« gemacht sei (Gen 1,31), so wird damit nicht die Welt als solche gepriesen, sondern Gott, der sie gemacht hat und seine Weltherrschaft zum Heil der Menschen einsetzt (zB Ps 33; 65; 136; 146; 148; Am 4,13; 5,8; 9,5f).

3) Ein eigenes Weltbild hat das AT nicht hervorgebracht, sondern es lehnt sich an die damaligen orientalischen Vorstellungen an und benutzt diese auf eigene Weise als Material bzw. Folie seiner Verkündigung. So ist die Welt dreigeteilt dargestellt:

Der gewölbte → Himmel als Firmament (*rāqī'a, Feste des Himmels*) trennt den Himmelozean von der Erde und ihren Gewässern. Dieses Gewölbe ruht auf »Säulen« (Hi 26,11; vgl. Ps 104,3), und an ihm sind die Gestirne als Leuchten befestigt.

Die → Erde ist als Scheibe gedacht, deren Mittelpunkt das Zentralheiligtum ist (Ri 9,37; Ez 38,12; vgl. äthHen 26,1; Jub 8,19). Auch sie ruht auf Säulen (Hi 9,6; vgl. Ps 104,5; 1Sam 2,8) oder gilt als über dem Nichts aufgehängt (Hi 26,7) und rings von Wasser umgeben (Himmelozean Gen 1,7; Fluten der Tiefe Gen 7,11; Spr 8,28; Wasser unter der Erde Ex 20,4 vgl. Gen 49,25; Dtn 33,13).

In diese materielle Weltvorstellung sind unmittelbar und ungebrochen die religiösen Aussagen eingetragen: Der Himmel, der Wohnsitz Jahwes (Ez 1,22f), und die Gewässer sind, ähnlich wie im babyl. Mythos (Tiamat), der Aufenthaltsort von Ungeheuern (Leviathan Hi 3,8; Ps 74,14; Jes 27,1: Rahab Ps 89,11; die Schlange im Meer, der Jahwe gebietet, Am 9,3).

Die *Unterwelt*, die *sch*e*'ōl* (→ Hölle), ist das Totenreich, aus dem es keine Rückkehr gibt (Hi 10,21). Ganz im Gegensatz zu den zeitgenössischen Religionen verzichtet das AT auch bei den Aussagen über das Totenreich auf spekulative Ausmalung.

Die Natur, die kosmischen Größen und Elemente, werden nicht um ihrer selbst willen betrachtet, sondern jeweils – mag die Beurteilung im einzelnen positiv oder negativ sein – in Beziehung zu ihrem Schöpfer und Herrn gesehen; sie sind nur Instrumente Gottes. So nimmt das AT in aller Freiheit mythisch-kosmologische Elemente in sich auf, entmythisiert sie aber zugleich, indem es diese den theol.-soteriologischen Aussagen zu- und unterordnet.

4) Auffallend häufiger als das AT und in voneinander verschiedenen Aussagen gebraucht Philo das Wort κόσμος *[kosmos]*. Er unterscheidet zwischen einem κόσμος νοητός *[kosmos noætos]*, der (nur) geistig wahrnehmbaren Welt, und dem κόσμος αἰσθητός *[kosmos aisthætos]*, der sinnlich wahrnehmbaren Welt (Op. Mund. 25), die er auch »diese Welt« (Rer. Div. Her. 75) oder »sichtbare Welt« (Op. Mund. 16) nennt. Zugleich findet sich die Aussage, daß es nur einen Kosmos gibt. Philo kann vom Kosmos als einem lebendigen, beseelten Wesen sprechen, ja, er kann ihn, ausgehend von dem Bild, daß Gott der Vater des Kosmos sei (Vit. Mos. II,134), υἱὸς θεοῦ *[hyios theou]*, *Sohn* bzw. *Kind Gottes*, (Ebr. 30; Deus Imm. 31) nennen. Diese Gedanken hat die ägypt.-hell. Gnosis dann aufgenommen und weitergeführt.

5) Unter dem Einfluß des hell. Judentums gewinnt das urspr. zeitlich verstandene hebr. Wort *'ōlām* (aram. *'ālmā'*), *lange, ferne* → *Zeit* (Art. αἰών), die räumliche Bedeutung von κόσμος *[kosmos]*, *Welt, Universum, Menschenwelt, Ökumene* (seit 4Esr). Während *'ōlām* in den Qumrantexten noch die alte temporale Bedeutung hat, findet sich im rabbinischen Sprachgebrauch immer häufiger diese räumliche Bedeutung *Welt* (»Herr der Welt« oder »König der Welt« als beliebte Gottesbezeichnungen).

Dieser Bedeutungswandel ist im Spätjudentum bes. wirksam geworden und hat im Zusammenhang mit der Zwei-Äonenlehre der jüd. Apokalyptik (→ Zeit, Art. αἰών) das Urteil über die Welt bestimmt. »Diese Welt« wird wie »dieser Äon« in der rabb. Lit. als unter der Herrschaft Satans, der Sünde, des Todes befindlich beschrieben (vgl. St.-B. IV,847ff), was zugleich zu einer moralischen Abwertung des bestehenden Kosmos führte. Da aber das Judentum am Schöpfungsglauben festhielt, kam es nicht zu einer gnostisch-dualistischen Anschauung.

1a) Im NT bezeichnet das Subst. κόσμος *[kosmos]* wie im Profangriech. und im hell. Judentum die *Welt* (einzige Ausnahme: 1Petr 3,3 in der Bedeutung *Schmuck*). Von den mehr als 180 Belegen entfallen über 100 auf die johanneischen Schriften, 36 auf die Paulusbriefe (weitere 11 auf die Deuteropaulinen), 14 auf die Synopt. sowie 19 auf die übrigen Schriften des NT. Die Häufigkeit der Verwendung signalisiert zugleich aber das theol. Gewicht bzw. läßt den Raum der Auseinandersetzung erkennen: Der κόσμος *[kosmos]*-Begriff muß notwendigerweise abgeklärt werden, wo das Ev. das Gespräch mit dem griech. bestimmten Denken aufnimmt. III

b) Die Adj.e finden sich selten und erst in späten nt. Schriften (κόσμιος *[kosmios]*, *ehrbar, sittsam, zuchtvoll*, nur 1Tim 2,9; 3,2; κοσμικός *[kosmikos]*, *irdisch, weltlich*, nur Tit 2,12; Hebr 9,1).

In dem Verb κοσμέω *[kosmeō]* (10 Belege), *in Ordnung bringen* (Mt 25,7), *schmücken* (zB Mt 12,44; Tit 2,10) kommt noch die Grundbedeutung von κόσμος *[kosmos]*, *Schmuck, Ordnung*, zur Geltung.

2) Der Gebrauch des Subst.s κόσμος *[kosmos]* in der umfassenden Bedeutung *Welt* läßt drei Nuancen erkennen:

a) Es kann das *Weltall*, das *Universum* bezeichnen (zB Apg 17,24; vgl. auch die Wendung τὰ πάντα *[ta panta]*, *alles, alle Dinge*, für die Welt als Summe des Geschaffenen zB Joh 1,3).

b) Es kann ferner auch die *Welt* als das Gebiet, den Ort des menschlichen Lebens als *Erde, Ökumene* – bei den Synopt. hat diese Verwendung den Vorrang – meinen (zB Mk 8,36: die ganze Welt gewinnen; Mt 4,8: alle Reiche der Welt; vgl. Lk 4,5: alle Reiche der Ökumene).

In diesem Sinne können aber auch die Wendungen »kommen in die Welt« (Joh 1,9; 3,19 u. ö.), »sein in der Welt« (zB Joh 1,10; 2Kor 1,12 u. ö.) und »aus der Welt gehen« (zB 1Kor 5,10) verstanden werden.

c) Von daher kann es schließlich für *Menschheit, Menschenwelt* stehen (zB Joh 3,19; 2Kor 5,19), womit es den Ort und Gegenstand göttlichen Heilshandelns benennt, bes. bei Paulus und Johannes.

3) Schon bei Paulus erfährt der Begriff κόσμος *[kosmos]* eine typisch anthropologische und damit geschichtliche Ausprägung.

a) Den Weltverlauf bestimmt der → Mensch, durch dessen Abfall (→ Fallen) der → Tod in die Welt gekommen ist und über sie herrscht (Röm 5,12ff). »Alle Welt« (d. i. die Menschenwelt) ist vor Gott schuldig geworden (Röm 3,19). Sogar die Kreatur (Röm 8, 20–22; wörtlich: die ganze Schöpfung) ist damit der Vergänglichkeit unterworfen und sehnt sich nach Befreiung. Der Kosmos ist darum auch die ganze der Nichtigkeit unterworfene → Schöpfung. Seinen sprachlichen Ausdruck findet dieses Weltverständnis vor allem dort, wo Paulus von *diesem Kosmos* (ὁ κόσμος οὗτος *[ho kosmos houtos]* analog zu ὁ αἰὼν οὗτος *[ho aiōn houtos], diese Weltzeit*) spricht (1Kor 3,19; 5,10; vgl. Eph 2,2). Über diesen Kosmos, der dem gegenwärtigen Äon (→ Zeit, Art. αἰών) angehört, geht das → Gericht Gottes (Röm 3,6). Wie sehr das Wort *Kosmos* zur Bezeichnung der vorfindlichen, von Nichtigkeit und Not bedrohten Welt dient, ist auch daran zu erkennen, daß die erlöste künftige Welt niemals Kosmos heißt, sondern → »Reich Gottes«, »neuer Himmel und neue Erde«: Der Terminus *dieser Kosmos* (ὁ κόσμος οὗτος *[ho kosmos houtos]*) hat keine Entsprechung wie etwa »kommender, künftiger, jener Kosmos«; Gott und κόσμος *[kosmos]* sind streng unterschieden.

b) Aber eben in diese Welt, die in ihrer Vorfindlichkeit der → Sünde und dem → Verderben verfallen ist, hat Gott seinen Sohn gesandt, um sie mit sich selber zu versöhnen (2Kor 5,19ff). Und in diesem Kosmos, dessen Gestalt vergeht (1Kor 7,31), lebt als Zeichen der Gegenwart Christi (→ Leib) die Gemeinde (→ Kirche). Ihr Weltverhältnis ist daher dialektisch bestimmt, kann weder vorbehaltlose Welthingabe noch Weltverneinung sein. Weil die Christen im Kosmos leben (1Kor 5,10; Phil 2,15), müssen sie die Welt gebrauchen, aber so, als gebrauchten sie diese nicht (1Kor 7,29ff). Darum kann der Gemeinde bescheinigt werden, daß ihr alles gehöre (τὰ πάντα *[ta panta]*; »es sei die Welt oder Leben oder Tod, es sei Gegenwärtiges oder Zukünftiges«), sie selbst aber nicht dem Kosmos, sondern Christus (1Kor 3,21ff). Die Welt ist damit zum Feld des Gehorsams und der Bewährung des Glaubens geworden. Bei aller Verpflichtung und Bindung an die Welt darf die Gemeinde in der Freiheit Christi (auch von der Welt und ihren Ordnungen) bestehen (vgl. Mt 17,24ff; 1Kor 7,20ff).

c) Für die Zeit der nachpaulinischen Entwicklung zeigt der Kolosserbrief, wie man sich in der frühen Christenheit mit dem Kosmos-Verständnis der Umwelt auseinanderzusetzen hatte. Die Mächte und Gewalten der Welt sind von Christus besiegt (2,15). Deshalb können die Elemente des Kosmos (2,8.20a) nicht Gegenstand ritueller Begehungen oder der Verehrung sein. Die Christen, durch Christus den Elementen des Kosmos abgestorben, leben als Glieder der Gemeinde nicht mehr »im Kosmos« (2,20b), sondern sind von der Unterwürfigkeit gegenüber dessen Satzungen und Zwängen grundsätzlich befreit.

4) Das Johannesevangelium entwirft unter Verwendung gnostischen Begriffsmaterials (zB Verlorenheit der Menschen in der Welt, Dualismus Licht-Finsternis, Gott-Welt usw.) ein eigenes Verständnis des Verhältnisses zwischen Gott und Welt, Mensch und Welt. Im Gegensatz zur Gnosis gibt Joh jedoch keine kosmologische Begründung für die Verlorenheit der Welt und der Menschen. Der Dualismus Gott-Welt wird nicht auf die

Schlechtigkeit des Kosmos als einer ihm zugehörenden Qualität zurückgeführt, sondern als Folge der Schuld des Menschen erkannt. Der Mensch gehört so sehr zur Welt, daß κόσμος *[kosmos]* bei Joh fast immer *Menschenwelt* bedeutet. Wohl kann κόσμος *[kosmos]* bei Joh unter verschiedenen Aspekten gesehen werden, zB als Menschenwelt abgesondert von der übrigen → Schöpfung (als Subjekt 1,10; 15,19 u. ö.; als Objekt göttlichen Handelns 3,16ff; 4,42 u. ö.); jedoch ist die Menschenwelt das die ganze Schöpfung bestimmende Element, so bes. an den Stellen, die vom Senden oder Kommen in die Welt sprechen (3,17.19; 9,39 u. ö.; so RBultmann, KEK II zu Joh 1,10). Aus Liebe zu dieser Welt (ein völlig ungriech. Gedanke!) sendet Gott seinen Sohn (3,16), nicht um zu richten, sondern zu retten (3,17; 12,47). Als »Lamm Gottes« trägt dieser die Sünden der Welt (1,29; vgl. 1Joh 2,2). Aber der zur Rettung in die Welt gekommene Sohn wird dieser zugleich zum Gericht (3,19), denn sie kennt ihn nicht und ist blind für ihn (1,10). Der Kosmos, als Menschenwelt verstanden, bildet geradezu ein einheitliches Subjekt, das Gott feindlich gegenübersteht, sich dem Erlösungswerk des Sohnes widersetzt, nicht an ihn glaubt, ja, ihn haßt (7,7; 15,18 u. ö.). Sie wird durch den Fürsten dieses Kosmos (12,31; 16,11), dh den Bösen (1Joh 5,18), regiert. Jedoch bleibt der Sohn Sieger über den Kosmos (16,33). Das führt nicht zur Auslöschung des Kosmos, sondern dazu, daß der Retter der Welt Menschen schafft, die nicht »aus dem Kosmos« (15,19; 17,14.16), sondern von Gott (1,12f) und vom heiligen → Geist geboren (3,5) sind. Sie erleiden viel Angst in der Welt, sind aber deren Herrschaft enthoben (16,33).

Die Glaubenden sind, auch wenn sie nicht mehr vom Kosmos bestimmt sind, nicht aus der Welt herausgenommen (17,15), sondern indem sie, wie die häufig vorkommende Formel sagt, »in ihm« (dh dem Sohn) bleiben, können sie in der Welt Glauben und Tun des neuen Liebesgebotes (13,34f; 15,9ff) beweisen. Wenn die Gemeinde zur Distanz gegenüber der Welt ermahnt wird (wie 1Joh 2,15: »Habt nicht lieb die Welt noch was in der Welt ist. So jemand die Welt liebhat, in dem ist nicht die Liebe des Vaters«), so handelt es sich um den Kosmos in seiner Vergänglichkeit (V. 17), den κόσμος οὗτος *[kosmos houtos]*, *diesen Kosmos* (vgl. 12,31; 16,11). Von seiner verführerischen Macht soll die Gemeinde sich freihalten. Denn wer diesen Kosmos liebt, dh sich ihm überläßt, hat keinen Anteil an der sich ihm zuwendenden Liebe Gottes und ist darum nicht, wie es das Gebot des Herrn gebietet, zur Liebe fähig. Denn so wie Gott seine Liebe der Menschenwelt zugewandt hat in der Sendung des Sohnes, so ist die Gemeinde vom Sohn in die Welt gesandt (17,18; vgl. 20,21), um sein Wort und Gebot zu halten (14,15.23). *J. Guhrt*

Lit.: WEichrodt, Theologie des AT II/III, 1935 (1964⁵), § 15 – RLöwe, Aion und Kosmos, 1935 – HSasse, Art. κοσμέω etc., ThWb III, 1938, 867ff – RBultmann, Das Verständnis von Welt und Mensch im NT und im Griechentum, ThBl 19, 1940, 1ff (= RBultmann, Glauben und Verstehen II, 1968⁵, 59ff) – GBornkamm, Christus und die Welt in der urchristlichen Botschaft, ZThK 47, 1950, 212ff (= GBornkamm, Das Ende des Gesetzes, 1966⁵, 157ff) – EJenni, Das Wort *'olam* im AT, ZAW 64, 1952, 197ff; 65, 1953, 1ff – RBultmann, Theologie des NT, 1953 (1968⁵), §§ 26, 42 – FMussner, Christus, das All und die Kirche, 1955 – GvRad, Theologie des AT I, 1958 (1966⁵), 152ff, 424ff, 444ff; II, Teil III B, 1960 (1968⁵) – HSchlier, Mächte und Gewalten im NT, Quaestiones disputatae 3, 1958 (1963³) – GHarbsmeier, Art. Welt, EKL III, 1959 (1962²), 1756ff – HEWilhelm/HBardtke/HWSurkau/WPhilipp, Art. Weltbild, Weltanschauung, EKL III, 1959 (1962²), 1761ff – RVölkl, Christ und Welt nach dem NT, 1961 – GGloege, Art. Welt, RGG VI, 1962³, 1595ff – WEMühlmann/NSimonsson/FMThdeLiagre-Böhl/FCGrant/EDinkler/HHSchrey, Art. Weltbild, RGG VI, 1962³, 1606ff – GJohnston, Oikoumene and kosmos in the New Testament, NTSt 10, 1963/64, 352ff – FMussner, Art. Kosmos, LThK VI, 1964², 576ff – WSchrage, Die Stellung zur Welt bei Paulus, Epiktet und in der Apokalyptik, ZThK 61, 1964, 125ff – JSint, Art. Kosmologie, LThK VI, 1964², 569ff – KLüthi, Säkulare Welt als Objekt der Liebe Gottes, EvTh 26, 1966, 113ff – HFWeiß, Untersuchungen zur Kosmologie des hellenistischen und palästinischen Judentums, TU 97, 1966 – FMussner, Christus und Welt nach dem NT, in: Praesentia salutis, Ges. Stud. zu Fragen u. Themen des NT, 1967, 268ff – JMRobinson, World in Modern Theology and in NT Theology, in: Festschr. WCRobinson, 1968, 88ff – EJüngel, Die Welt als Möglichkeit und Wirklichkeit, EvTh 29, 1969, 417ff – JBaur, Wie nimmt der Glaube die Welt wahr?, EvTh 30, 1970, 582ff – AVögtle, Das Neue Testament und die Zukunft des Kosmos, 1970 – HWBeck, Weltformel contra Schöpfungsglaube, 1972.

Werk

Die unter dem Leitwort *Werk, Tat* zusammengefaßten Wortgruppen bringen alle das akt. Element des Handelns und Tätigseins zum Ausdruck: Während πράσσω *[prạssō]* das *Tun* und *Beschäftigtsein* im weitesten Sinne – häufig mit negativem Unterton – bezeichnet, legt ποιέω *[poiẹō]* den Akzent auf das qualifizierte zielstrebige und schöpferische Handeln (im NT kommt πράσσω *[prạssō]* 39mal vor, ποιέω *[poiẹō]* dagegen 465mal). Von der Wortgruppe ἐργάζομαι *[ergạzomai]* ist vor allem das Subst. ἔργον *[ẹrgon]* gebräuchlich, das in erster Linie den personalen Tatcharakter einer Handlung betont. Demgegenüber tritt im NT das sachliche Werk (ποίημα *[pọiæma]*) in den Hintergrund.

ἔργον

ἐργάζομαι *[ergạzomai]* arbeiten, tätig sein, wirken · ἔργον *[ẹrgon]* Tat, Handlung, Leistung, Werk, Ding, Sache; Plur.: Geschichte · ἐργασία *[ergasịa]* Arbeit, Beschäftigung · ἐργάτης *[ergạtæs]* jemand, der etwas tut; Arbeiter · ἐνέργεια *[enẹrgeia]* Tätigkeit, Wirksamkeit, Kraft · ἐνεργέω *[energẹō]* tätig sein, etwas bewirken · ἐνεργής *[energǽs]* tätig, wirksam · ἐνέργημα *[enẹrgæma]* das Gewirkte, die Tat · εὐεργεσία *[euergesịa]* die Wohltat, das Wohltun · εὐεργετέω *[euergetẹō]* wohltun, Wohltaten erweisen · εὐεργέτης *[euergẹtæs]* der Wohltäter · συνεργός *[synergọs]* der Mitwirkende, Mitarbeiter, Gehilfe · συνεργέω *[synergẹō]* mittätig sein, zusammenwirken, beistehen, fördern

I 1a) Das zu dem Subst. ἔργον *[ẹrgon]* gehörige Verb ἐργάζομαι *[ergạzomai]* hat intrans. die Grundbedeutung *arbeiten, tätig sein;* trans. gebraucht – etwa in Verbindung mit ἔργον *[ẹrgon]* – heißt es *schaffen, wirken, verrichten* oder auch *bearbeiten* (zB einen Rohstoff).

b) ἔργον *[ẹrgon]* (urspr. Ϝέργον, vgl. *Werk, wirken!*) bezeichnet – seit dem mykenischen Griech. – die *Tat,* die *Handlung* (im Gegensatz zum Untätigsein oder zum bloßen Wort). Es kann sich auf eine spez. Berufs- oder Amtstätigkeit (zB die Feldarbeit oder das Kriegshandwerk) beziehen, meint u. U. die *Leistung,* das *Werk* und begegnet schließlich mit der abgeschwächten Bedeutung *Ding, Sache.* Im Plur. kann ἔργον *[ẹrgon]* auch *Geschichte* heißen.

c) Ähnlich – wenn auch etwas begrenzter – ist der Aussagegehalt von ἐργασία *[ergasịa]*, das *Arbeit, Beschäftigung, Bearbeitung, Werk* (bes. der Kunst) oder *Erwerb* bedeuten kann.

d) Das Subst. ἐργάτης *[ergạtæs]* weist entweder ganz allg. auf jemanden, der etwas tut, oder meint den *Arbeiter* als Glied eines Standes (häufig den Sklaven) oder einer Berufsgruppe (insbes. den Landarbeiter).

Während das Verb ἐργάζομαι *[ergạzomai]* und das Subst. ἔργον *[ẹrgon]* mit den genannten Grundbedeutungen schon seit mykenischer Zeit, Hom. und Hes. im Profangriech. anzutreffen sind, findet sich ἐργασία *[ergasịa]* zuerst bei Pindar und ἐργάτης *[ergạtæs]* erst seit dem 5. Jh. vChr (Tragiker und Hdt.).

e) ἐνέργεια *[enẹrgeia]* findet sich seit den Vorsokratikern zur Bezeichnung von Aktivität. Es wird übers. mit *Tätigkeit, Wirksamkeit, Kraft.* ἐνεργέω *[energẹō]* heißt dementsprechend intrans. *tätig sein, wirken;* trans. etwas *bewirken, tun.* ἐνεργής *[energǽs]* ist eine spätere Nebenform (seit Aristot.) des Adj. ἐνεργός *[energọs]*, *tätig, wirksam.* ἐνέργημα *[enẹrgæma]* meint das *Gewirkte,* die *Tat.*

Dient die Wortgruppe im Hellenismus und bei Philo häufig zur Beschreibung kosmischer und physischer Kräfte, so bezieht sich ἐνέργεια *[enẹrgeia]* in der LXX (wie auch im NT) »fast immer auf das Wirken göttlicher oder dämonischer Kräfte« (GBertram, ThWb II, 649). Das Wort kommt allerdings nur in 1 und 2Makk und in Weish vor.

f) Zur behandelten Hauptwortgruppe gehört auch εὐεργεσία *[euergesịa]*, die *Wohltat,* das *Wohltun,* samt dem Verb εὐεργετέω *[euergetẹō]*, *wohltun,* und dem Subst. εὐεργέτης *[euergẹtæs]*, *Wohltäter.* εὐεργεσία *[euergesịa]* kommt schon bei Hom. vor; das Verb findet sich bei den Tragikern, und εὐεργέτης *[euergẹtæs]* seit Pindar. εὐεργέτης *[euergẹtæs]* gewinnt im hell. und röm. Kulturkreis die Bedeutung eines Würdetitels, wie er verdienten Männern, insbes. auch Königen zukommt.

g) συνεργός *[synergọs]* (seit Pindar) bezeichnet den *Mitwirkenden,* den *Mitarbeiter,* den *Gehilfen.* Davon wird seit Eur. das Verb συνεργέω *[synergẹō]* gebildet: *mittätig sein, zusammenwirken, beistehen, fördern.*

2) Schon bei Hes. wird die Arbeit als sittlich wertvoll bezeichnet: »Durch Arbeit (ἐξ ἔργων [ex ergōn]) werden Männer herdenreich und begütert. Und die Schaffenden sind den Unsterblichen (Göttern) viel lieber. Arbeit ist durchaus keine Schande, Faulheit aber ist eine Schande« (Op. 307ff). Der Mensch qualifiziert sich durch sein ἔργον [ergon]. Von daher ist es begreiflich, daß zB bei Xenoph. eine formelhafte Wendung vom γιγνώσκειν [gignōskein], *erkennen*, des Menschen ἐκ τῶν ἔργων [ek tōn ergōn], *aus* bzw. *an den Werken*, redet. Bei Plato (Polit. 352d–353e) erscheint ἔργον [ergon] in engem Bezug auf die → Tugend (ἀρετή [aretæ]). Dieser Zusammenhang ist in der Nikomachischen Ethik von Aristot. systematisch entfaltet: Es ist Aufgabe der ἀρετή [aretæ], das ἔργον [ergon] zB eines Organs (etwa das Sehen des Auges) zur Vollendung zu bringen. Häufig wird der ethische Wert bestimmter Taten oder Leistungen (ἔργα [erga]) durch Prädikate wie καλά [kala], *schön*, ἀγαθά [agatha], *gut*, oder negativ durch κακά [kaka], *schlecht*, ἄδικα [adika], *ungerecht*, πονηρά [ponæra], *böse*, zum Ausdruck gebracht.

In der LXX wird die Wortgruppe in der ganzen Bedeutungsfülle des profangriech. Gebrauches ver- II
wendet, wobei es bes. häufig zur Übers. der hebr. Wörter *ʿāsāh, tun, schaffen, pāʿal, machen, tun,* und *ʿābad, arbeiten, dienen,* dient. Als Synonyma zu ἔργον [ergon] finden sich die Wortgruppen → ποιέω [poieō] und – seltener – → πράσσω [prassō]. Das gegenüber dem Profangriech. Neue ist durch den besonderen Gottesglauben Israels bedingt.

1) So wird ἔργον [ergon] gleich am Anfang der LXX zur Beschreibung des göttlichen Schöpferwerkes gebraucht (Gen 2,2.3), wobei hier im Blick auf das Tun Gottes, das ja durch das Wort geschieht (vgl. 4Esr 4[6],38.43), der oben erwähnte Eindruck eines Gegensatzes von Wort und Werk natürlich nicht entstehen kann. In diesem Zusammenhang, als Bezeichnung des Schöpferwerkes, das die Himmel, die Erde und auch die Menschen (häufig: *Werke deiner Hände*, ἔργα χειρῶν σου [erga cheirōn sou]) umfaßt, findet sich ἔργον [ergon] öfter (zB Ps 8,4.7; 89[90],16; 137[138],8; Hi 14,15; Jes 29,23; vgl. Hebr 1,10; 4,3.4). Ebenso steht ἔργον [ergon], um Gottes Wirken über die Schöpfung hinaus zu bezeichnen, und es meint dann vornehmlich die Taten Jahwes in der Geschichte, durch die er seine Bundestreue Israel gegenüber erweist (vgl. zB das Ps-Zitat Hebr 3,9). Dabei erlangt der Begriff ἔργον [ergon] bisweilen die Bedeutung von *Wunder* (vgl. zB Dtn 11,3; Sir 48,14). Gottes Tun bedeutet freilich nicht nur Bewahrung und Heil, sondern auch Gericht (zB Jes 28,21; vgl. Apg 13,41).

2) Bezieht sich ἔργον [ergon] auf das Tun des Menschen, so kann es im Rahmen der LXX vor allem drei theol. wichtige Gedanken zum Ausdruck bringen:

a) An den meisten Stellen ihres Vorkommens hat die Wortgruppe eine positive Bedeutung, wenn sie nämlich dazu verwandt wird, die Bewältigung einer von Gott gestellten Aufgabe durch den Menschen zu beschreiben (vgl. Gen 2,15). Als religiös wertvolles Tun erscheinen kultische Handlungen wie Tempeldienst und Opferdarbringungen (vgl. Num 8,11). Aber auch im Alltagsleben wird das Werk positiv beurteilt, das sich als gehorsame Erfüllung des göttlichen Willens, des → Gesetzes zeigt (vgl. Ex 20,9f und Dtn 5,13f, wo im Rahmen des Dekalogs der sinnvolle Wechsel von Arbeit und Ruhe angeordnet wird). Das gilt von der einfachen Berufsarbeit (vgl. Dtn 2,7; 14,29; Hi 1,10; Ps 89[90],17), wie von den besonderen Gehorsamsleistungen (zB Neh 13,14: Liebeswerk; Ps 15,2: Gerechtigkeit; Zeph 2,3; vgl. Ps 7,4f; 18,21ff u. ö.).

b) In Anknüpfung an die Geschichte vom Sündenfall kennzeichnet ἔργον [ergon] die Arbeit als Mühe, als Last, als Fluch (vgl. Gen 3,17ff; 4,12; 5,29; Dtn 26,6). Diese Vorstellung ist bes. im hell. Judentum lebendig.

c) An anderen Stellen der LXX hat ἔργον [ergon] – wohl vom hell. Judentum beeinflußt – die Bedeutung eines schlechten, verwerflichen, von Gott trennenden Tuns, also von → Sünde (vgl. zB Hi 11,11; 21,16; 24,14). Freilich handelt es sich dabei weniger um ein Tun, das per se verdammungswürdig wäre, als vielmehr um die Wirksamkeit von sündigen Menschen (vgl. zB Spr 11,18). Die Werke solcher im Finstern (Jes 29,15) tätigen Gott- bzw. Gesetzlosen durchschaut Gott; »er stürzt sie des Nachts, und sie werden zermalmt« (Hi 34,25), denn »ihre Werke sind Unheilswerke« (Jes 59,6). Das unter diesem Aspekt sich ergebende Urteil über die Nichtigkeit menschlichen Tuns »gewinnt in der nt. Theol. seinen grundsätzlichen Charakter« (GBertram, ThWb II, 642).

3) Im Spätjudentum wird bes. die Anschauung von den zur Gesetzeserfüllung und dh zur → Gerechtigkeit (δικαιοσύνη [dikaiosynæ]) notwendigen Werken entfaltet und ausgebaut. Kasuistisch wird den Juden der Weg zur Frömmigkeit durch eine Vielzahl von Ausführungsbestimmungen des → Gesetzes vorgeschrieben. Man denke zB an die Sabbatsgebote oder an die Reinigungsvorschriften, mit denen Jesus bzw. seine Jünger in Konflikt gerieten. Da nicht alle diesen Weg konsequent beschreiten, wird zwischen Gerechten und Durchschnittsfrommen unterschieden (bes. in ApkBar[syr] und 4Esr). Dieser Unterschied erhält durch den auf das göttliche → Gericht bezogenen Lohn- und Vergeltungsgedanken (→ Lohn) seine eschatologische Vertiefung (vgl. schon Jes 3,10f). Einst wird Gott den Menschen nach ihren Taten vergelten. Die Gottlosen werden dann ihre Strafe erhalten, während die Gerechten furchtlos sterben können, denn bei Gott »haben sie einen Vorrat von Werken, der aufbewahrt wird in den Schatzkammern« (ApkBar[syr] 14,12; vgl. Mt 6,20; Lk

12,33; 1Tim 6,19). Auch vereinzelt anzutreffende Aussprüche, die den Inhalt von Lk 17,10 vorwegnehmen (zB Abot 1,3: »Seid nicht wie die Knechte, die dem Herrn dienen, um Lohn zu empfangen, sondern seid wie die Knechte, die dem Herrn dienen, ohne an den Lohn zu denken!«), vermögen den Eindruck einer ausgeprägten Theol. der Werkgerechtigkeit nicht zu verwischen.

Daneben weiß das Judentum auch von Gottes Taten. Besondere Bedeutung hat das Lob der Werke des Schöpfers, aber auch die Heilstaten Gottes in Geschichte und Endzeit werden gepriesen (zB in den Hymnen von Qumran).

III ἐργάζομαι *[ergazomai]*, *tätig sein, wirken*, kommt im NT 41mal (Paulus 17mal), ἔργον *[ergon]*, *Werk*, 157mal (Paulus 43mal, Joh 32mal, Offb 19mal, Jak 15mal, Past 14mal, Synopt. 11mal, Hebr 10mal, Apg 8mal, Petr 4mal, Jud 1mal), ἐργασία *[ergasia]*, *Arbeit*, 6mal (Apg 4mal) und ἐργάτης *[ergatæs]*, *Arbeiter*, 16mal (Synopt. 10mal) vor. Die Grundbedeutungen der Wortgruppe im NT entsprechen den I,1 (s. o.) erwähnten. Auffallend ist Offb 18,17: das Meer *bearbeiten = befahren*. Wie ἔργον *[ergon]* neben λόγος *[logos]*, → *Wort*, steht (zB Lk 24,19; Apg 7,22; 2Thess 2,17; 2Kor 10,11), so auch neben βουλή *[boulæ]* (Apg 5,38: *Plan, Vorhaben*). Zur Bezeichnung des Werkes, das der Glaubende hervorbringt, kann ἔργον *[ergon]* synonym zu καρπός *[karpos]*, → *Frucht*, gebraucht werden. Mehrfach findet sich die Wendung ἔργον bzw. ἔργα ἐργάζεσθαι *[ergon* bzw. *erga ergazesthai]*, *ein Werk wirken* (Mt 26,10 par; Joh 3,21; 6,28; 9,4; Apg 13,41; 1Kor 16,10). Synonym dazu begegnen ἔργον bzw. ἔργα → ποιεῖν *[ergon* bzw. *erga poiein]*, *ein Werk tun* (Mt 23,3.5; Joh 5,36; 7,21; 8,31; 10,37; 14,10.12; 15,24; 2Tim 4,5; 3Joh 10; Offb 2,5; vgl. Jak 1,25: ποιητής *[poiætæs]*, *Täter*), und an einer Stelle ἔργα πράσσειν *[erga prassein]* (Apg 26,20).

1a) Bei den Synoptikern ist eine gezielte theol. Verwendung der Wortgruppe nicht klar zu erkennen. ἐργάζεσθαι *[ergazesthai]* meint recht allg. das Tätigsein (vgl. Lk 13,14; Mt 21,28: im Weinberg), das Vollbringen eines Werkes (zB Mt 26,10 par). Eine besondere Bedeutungsnuance hat ἐργασία *[ergasia]* Lk 12,58, wo es am besten mit »sich Mühe geben« übers. wird (vgl. Z). Das relativ häufig gebrauchte ἐργάτης *[ergatæs]* bezeichnet seinem eigentlichen Gebrauch nach den um Lohn Arbeitenden (Mt 20,1.2.8), dann den im Dienst Christi stehenden, in die Welt gesandten Zeugen (Mt 9,37.38 par), aber auch den Übeltäter (ἐργάτης ἀδικίας *[ergatæs adikias]*), der im Gericht nicht bestehen wird (Lk 13, 27; vgl. Mt 7,23). Während die Pharisäer von Jesus getadelt werden, weil sie ihre Werke tun, »um von den Menschen gesehen zu werden« (Mt 23,5), wird die Tat der salbenden Frau ἔργον καλόν *[ergon kalon]*, *schöne Tat*, genannt (Mt 26,10 par) und werden die Jünger aufgefordert: »Laßt euer Licht leuchten vor den Leuten, daß sie eure guten Werke sehen und euren Vater im Himmel preisen« (Mt 5,16; vgl. 1Petr 2,12). Wohl betonen die Synopt., daß der Mensch vor Gott keinen Rechtsanspruch auf eine bestimmte Belohnung seiner Taten hat (vgl. Lk 17,10; Mt 20,1ff par), aber deutlich wird die fordernde Frage nach den Früchten des Glaubens gestellt. »Die synoptische Paränese befreit das Werk des Jüngers zwar von der *securitas* des Verdienststolzes, nicht aber von der Furcht um das Gewinnen oder Verlieren des Heiles« (WJoest, Gesetz und Freiheit, 160).

Auf das Werk Christi bezogen wird ἔργον *[ergon]* Mt 11,2 und Lk 24,19, wo es seine Wirksamkeit in Tat und Wort umgreift.

b) Im Johannesevangelium wird die Wortgruppe speziell verwandt, um die einzigartige Tätigkeit Jesu zu veranschaulichen, die unauflöslich mit dem Wirken Gottes, des Vaters, verknüpft ist, wie etwa Joh 5,17 bezeugt: »Mein Vater wirkt bisher, und ich wirke auch« (vgl. Joh 4,34; 17,4). Jesus versteht sein Wirken als Erfüllung seines göttlichen Sendungsauftrages (vgl. Joh 9,4; 5,36; 10,25), der darauf zielt, Glauben zu wecken an den gesandten Offenbarer Gottes (vgl. Joh 6,29). Diesem Ziel sollen auch die Wundertaten Jesu dienen (→ Wunder, Art. σημεῖον; Joh 14,11; vgl. 10,25). Am Offenbarungswirken Jesu, das zugleich »das Wirken des Richters ist« (RBultmann, KEK II, 184), scheiden sich die Geister (vgl. Joh 3,19–21; 15,24): Der Ungläubige hat nun keine Entschuldigung mehr für seine Sünde (Joh 15,22ff). Der Glaubende aber empfängt die Verheißung, sogar noch größere Werke zu tun als Jesus (Joh 14,12). Den *in Gott* (ἐν θεῷ *[en theǭ]*) getanen Werken (Joh 3,21) stehen die ἔργα πονηρά *[ęrga ponæra]*, die *bösen Werke*, gegenüber (Joh 3,19; 7,7; vgl. 1Joh 3,12), die in der Bindung an den Teufel geschehen (Joh 8,41.44; vgl. 1Joh 3,8). So erhält bei Joh der Begriff des Wirkens seinen spezifisch theol. Gehalt durch die christologische Begründung, durch das Ausgehen von der Offenbarerwirksamkeit Jesu.

c) Paulus knüpft dagegen mehr am spätjüd. Verständnis des Werkes als einer vom Menschen geforderten Leistung an, um in schroffer Antithese zu betonen: Es gibt keine Gerechtigkeit vor Gott auf Grund menschlicher Leistung; es gibt nur Gerechtigkeit auf Grund empfangener Gnade. Der Heilsweg wird nicht durch das → Gesetz vorgeschrieben, sondern durch Jesus Christus, der »des Gesetzes Ende« ist; »wer an den glaubt, der ist gerecht« (Röm 10,4). Die Werke des Gesetzes, die im Judentum eine so große Rolle spielen, lehnt Paulus rigoros ab, weil sie in seinen Augen »ein Ersatz des Menschen für den wahren → *Gehorsam« des Glaubens* (OMichel, KEK IV, S. 87 A 2), die ὑπακοὴ πίστεως *[hypakoæ pịsteōs]* sind (vgl. Röm 1,5; 16,26). »Das Gerechtwerden kommt . . . nicht aus den Gebotserfüllungen zustande, sondern es erfüllt sich in Christus mittels des Glaubens an ihn« (HSchlier, KEK VII, 57). Paulus geht es »allein« um das rechte Glauben, für das Abraham als Vorbild angeführt wird (Röm 4,1ff; Gal 3,6ff). Diese Einsicht in die Unvereinbarkeit des soteriologischen Gegensatzes von *Gesetzeswerk* (ἔργον νόμου *[ęrgon nǫmou]*) und → *Gnade* (χάρις *[chạris]*) bzw. → *Glaube* (πίστις *[pịstis]*) bildet die Mitte der paulinischen Theol. (vgl. Röm 3,20.27f; 4,6; 9,12.32; 11,6; Gal 2,16; 3,2.10).

Werden einerseits die Werke als Heilsweg verurteilt, so gibt es andererseits Stellen, an denen den Werken auch bei Paulus positive Bedeutung zukommt. Wie er neben dem abwegigen Gesetz ein Gesetz Christi kennt (vgl. 1Kor 9,21; Gal 6,2), so neben den *Werken der Finsternis* (ἔργα τοῦ σκότους *[ęrga tou skǫtous]* Röm 13,12) bzw. den *Werken des Fleisches* (ἔργα τῆς σαρκός *[ęrga tæs sarkǫs]* Gal 5,19) auch positive ἔργα *[ęrga]*. ZB erscheint das missionarische Werk als ein ἔργον κυρίου *[ęrgon kyrịou]*, *Werk des Herrn*, (1Kor 16, 10; 15,58; vgl. Phil 2,30), das Christus durch die Apostel wirkt (vgl. Phil 1,6). So kann Paulus die Korinther geradezu rhetorisch fragen: »Seid nicht ihr mein Werk im Herrn?« (1Kor 9,1). Im Bereich der Ethik gilt nach Paulus für den Christen der Imperativ, Gutes zu wirken gegenüber jedermann (Gal 6,10; vgl. Röm 2,10; 2Thess 2,17). Auch im Zusammenhang des endzeitlichen Gerichtes findet sich bei Paulus der Gedanke von den guten Werken. Am Tage »der Offenbarung des gerechten Gerichtes« wird Gott ohne Ansehen der Person »einem jeden vergelten nach seinen Werken« (Röm 2,5f), und zwar werden nicht nur die Werke der Heiden beurteilt werden, sondern auch die der Christen (1Kor 3,11ff; vgl. 1Petr 1,17; Offb 2,23). »Selbstverständlich weiß und sagt Paulus, daß das Werk des Christen, nach dem im Endgericht geurteilt wird, kein menschliches καύχημα *[kạuchæma]* (→ Ruhm) begründet. Aber er sagt nun doch von eben diesem – wie immer als das Tun des ›unnützen Knechtes‹ verstandenen – Werke, daß Gott nach ihm richtet, lohnt und straft« (WJoest, Gesetz und Freiheit, 175).

d) Die lebendige Dialektik, die bei Paulus durch die Ablehnung aller Werkgerechtigkeit und durch das gleichzeitige Wissen um die Unmöglichkeit eines tatenlosen Glaubens gekennzeichnet ist, beginnt bereits in den Pastoralbriefen zurückzutreten. Hier wird der eine Pol, die Anschauung von den guten Werken, bes. akzentuiert (1Tim 5,10.25; 6,18; Tit 1,16; 2,7.14; 3,8.14; vgl. 1Petr 2,12).

e) Betont Paulus den Glauben als die entscheidende Größe, so tritt bei Jakobus die nachdrückliche Forderung der Werke, wie sie vom *Gesetz der Freiheit* (νόμος τῆς ἐλευθερίας *[nǫmos tæs eleutherịas]*, Jak 1,25) erhoben wird, in den Vordergrund. Ohne Werke ist der Glaube tot (Jak 2,17), erst durch die Werke wird er vollkommen (Jak 2,22.24). Diese von Jakobus lebhaft verfochtene Auffassung muß von seiner Situation her verstanden werden. Kämpfte Paulus in erster Linie gegen das jüd.-judaistische Mißverständnis, demzufolge menschliche Werke zur Gerechtigkeit führen, so wendet sich Jakobus gegen die »praktische Verirrung einer toten Orthodoxie, welche auf dem bloßen Bekenntnis ausruht«

(FHauck, NTD 10, S. 20). Damit trägt er auf seine Weise dazu bei, das Spannungsfeld zu beschreiben, in dem Gottes Heilshandeln beim Menschen den Glauben zu wecken sucht, zu dessen Strukturelementen → *Gehorsam* (ὑπακοή *[hypakoæ]*), → *Hoffnung* (ἐλπίς *[elpis]*) und → *Liebe* (ἀγάπη *[agapæ]*) gehören.

2a) ἐνέργεια *[energeia], Wirksamkeit*, findet sich im NT 8mal (nur im Corpus Paulinum), ἐνεργέω *[energeō], tätig sein*, 21mal (18mal bei Paulus, 2mal Mt, 1mal Jak), ἐνέργημα *[energæma], Tat*, 2mal in 1Kor und ἐνεργής *[energæs], wirksam*, begegnet 3mal (2mal Paulus, 1mal Hebr). Die Wortgruppe bezieht sich in der Regel auf das Wirken Gottes (zB 1Kor 12,6; Eph 1,11) oder seines Gegenspielers, des Satans (2Thess 2,9; vgl. Röm 7,5; Eph 2,2), der freilich auch im Letzten von Gott abhängig ist (2Thess 2,11), ähnlich wie der → Tod, der auch als Wirkmacht erscheint (2Kor 4,12). Bes. hervorgehoben wird etwa die Wirkungskraft Gottes, durch die er Jesus Christus auferweckt hat (Eph 1,20; Kol 2,12). Diese göttliche Kraft ist sowohl in Christus (Phil 3,21; vgl. Mt 14,2) als auch im heiligen Geist wirksam (vgl. 1Kor 12,11, wo der heilige Geist als die einheitliche Wirkursache der Gnadengaben erscheint). Durch sie werden die Apostel zu ihrem Amt befähigt (Eph 3,7; Kol 1,29), wie das Wort durch sie zum bevollmächtigten »Richter der Gedanken und der Gesinnung des Herzens wird« (Hebr 4,12 Z). An ihr erhalten aber auch die Glieder des Leibes Christi Anteil (Eph 4,16; vgl. 1Kor 12,10). Gott, als der ἐνεργῶν *[energōn]*, der *Wirkende*, schafft ihr Wollen (θέλειν *[thelein]*) und ihr Vollbringen (ἐνεργεῖν *[energein]*, Phil 2,13), das in der Liebe der Glaubenden Gestalt gewinnt (vgl. Gal 5,6).

b) εὐεργέτης *[euergetæs]* hat bei seinem einzigen Vorkommen im NT (Lk 22,25) den Sinn eines Würdetitels (s. o. I,1f), der allerdings in charakteristischer Weise abgelehnt wird. Die Jünger Jesu sollen sich nicht wie Weltherrscher »Wohltäter« nennen lassen (vgl. die Ablehnung der Titel Rabbi, Meister, Vater und Lehrer Mt 23,7ff); sie sind berufen zum → Dienen (Lk 22,26; vgl. Mt 23,11).

Das Verb εὐεργετεῖν *[euergetein], wohltun*, (nur Apg 10,38) bezieht sich auf die Wohltaten Jesu, die durch seine Apostel bezeugt werden. εὐεργεσία *[euergesia]* meint Apg 4,9 eine durch die Apostel geschehene Krankenheilung. 1Tim 6,2 charakterisiert dasselbe Wort die dem Ev. angemessene Haltung eines christl. Herrn gegenüber seinen Sklaven.

c) Im NT begegnet das Verb συνεργέω *[synergeō], mittätig sein*, 5mal, συνεργός *[synergos]*, der *Mitwirkende*, 12mal (davon 11mal bei Paulus). In Röm 8,28 greift Paulus einen »Lehrsatz« auf, der »in die spätjüd. Überlieferung eingebettet ist« (OMichel zSt.). Er besagt, »daß denen, die Gott lieben, alle Dinge zum Guten mitwirken« (Z), dh daß ihnen alles, auch »die Leiden und Anstöße, die Rätsel des Glaubens« (OMichel, ebd.), förderlich ist. In Jak 2,22 ist die Rede von dem notwendigen Zusammenwirken von Glauben und Werken.

Sonst aber bezieht sich die Wortgruppe auf die Missionssituation. Mk 16,20 berichtet von dem Mitwirken des Herrn, der das Wort der Jünger »durch die begleitenden Zeichen bestätigte« (Z). Dieses beglaubigende Mitwirken Gottes ist zwar das Entscheidende bei aller missionarischen Tätigkeit, doch ist es insofern ein wirkliches Mit-wirken, als auch der von Gott zum Zeugen berufene Mensch im Verkündigungsgeschehen nicht bloß untätiges Werkzeug, sondern ebenfalls mitwirkender Knecht Gottes ist. Paulus kann darum geradezu formulieren: θεοῦ γάρ ἐσμεν συνεργοί *[theou gar esmen synergoi], denn wir sind Gottes Mitarbeiter* (1Kor 3,9 vgl. 2Kor 6,1). Inhaltlich näher umrissen wird die apostolische Mitarbeiterschaft 1Thess 3,2 (»am Evangelium von Christus«, Z nach einigen Hss.), Kol 4,11 (»aufs Reich Gottes hin«), 3Joh 8 (»für die Wahrheit« Z) und 2Kor 1,24 (»an eurer Freude« Z).

H.-Chr. Hahn

ποιέω

ποιέω *[poiẹō]* tun, machen · ποίησις *[pọiæsis]* Tat · ποίημα *[pọiæma]* Werk · ποιητης *[poiætæs]* *Täter* · ἀγαθοποιία *[agathopoiịa]* das gute Handeln

1) Das mit *tun* und *machen* allg. zu übersetzende Verbum ποιέω *[poiẹō]* (seit Hom. belegt) hat eine vielfältige Entwicklung durchlaufen. Es ist ein Grundbegriff aller Tätigkeit. Die dazugehörigen Subjekte sind Gottheiten oder Menschen; seltener sind es sächliche Subjekte (zB der Acker oder der Baum »bringen hervor«). I

a) Sofern in der griech. Lit. vom Tun der Götter berichtet wird – zB in der Theogonie des Hesiod (Op. 109f) oder später im Timaios des Platon (29eff) – erhält das Wort die Bedeutung *schaffen* und gestaltgebendes *hervorbringen*.

b) Menschliches Tun und Machen kann jede Art von Aktivität meinen. In intrans. Gebrauch hat ποιέω *[poiẹō]* die Bedeutung *handeln* und erhält unter ethischem Gesichtspunkt positive oder negative Wertung. Daher verwenden platonische Texte das Verbum auch im Sinne von *alle Anstrengung machen* (πᾶν ποιεῖν *[pan poiẹịn]*, zB Phaidon 114c).

2) Das Nomen ποίησις *[pọiæsis]* (seit Hdt.) meint dementsprechend gezieltes *Tun* und das *Verfertigen* von Gegenständen (zB Plato, Soph. 266d). Und ποίημα *[pọiæma]* (seit Hdt.) bezeichnet das hergestellte *Werk*, das *Gebilde* (zB Plato, Charm. 163c). Es wird von einem ποιητής *[poiætæs]*, einem *Täter* (Aristoph. Ra. 96.1030), der auch ein Dichter sein kann, vollbracht.

1) Der semitische Sprachgebrauch kennt nur wenige abstrahierende Wortbildungen. Daher hat die LXX viele Satzglieder, die – analog der dt. Umgangssprache – ihren Gedanken mit Hilfe von ποιέω *[poiẹō]* formulieren, das über 3200mal vorkommt. Dem Verb ist das bestimmende Subst. beigefügt: das Gebot und Gesetz tun (Jos 22,5), ein Werk tun (Ex 20,9f), Gutes oder Böses tun (Ps 34[33],15; Pred 8,11f; Jer 2,13), Frieden machen (Jes 27,5), einen Weg machen (Ri 17,8), einen »handgemachten« Gott bilden (Jes 44,9; 46,6). Natürlich wird ποιέω *[poiẹō]* auch absolut gebraucht (Ex 30,25 u. ö.). II

2) Das hebräische Äquivalent für *tun* und *machen* ist vor allem *ʿāsāh*. Soweit es dabei um Gottes schöpferisches Tun geht, hat der Schöpfungsbericht der Priesterschrift (Gen 1,1–2,4a) daneben noch das Wort *bārʾā*, das im AT Jahwes Wirken vorbehalten bleibt. LXX übers. *bārʾā* in Gen und Jes 41–45 mit ποιέω *[poiẹō]*. Sogar die Gegenüberstellung von *bārʾā* und *ʿāsāh* in Gen 6,7 wird beidemale mit ποιέω *[poiẹō]* wiedergegeben, während der spätere griech. Aquilatext differenziert. In 2Makk 7,28 wird betont, daß Gott dies »alles aus nichts gemacht« hat (ἐποίησεν *[epọiæsen]*).

Jahwe handelt aber nicht nur als Schöpfer. Er wirkt auch weiter in der Geschichte und lenkt insbesondere die Geschicke seines Volkes Israel. Wieder umschreibt ein Subst. die Besonderheit des jeweiligen Werkes: Jahwe tut Wunder (Ex 15,11; Jos 3,5; Ps 72[71],18), macht die Tage (Ps 118 [117],24), tut große Dinge (Hi 5,9), »tut« sein Wort (Z: »es zu vollstrecken« Jer 1,12).

3) Das menschliche Handeln wird mit einem weit verzweigten Gebrauch von ποιέω *[poiẹō]* zum Ausdruck gebracht. Die LXX-Übers. geht wieder meist auf *ʿāsāh* zurück. Ordnendem Gliedern bietet sich folgende Einteilung an (vgl. HBraun, ThWb VI, 465ff): Ungebotenes alltägliches Treiben und Machen (Gen 21,8; 1Sam 2,19), gebotenes profanes Tun und Lassen (Gen 30,31; Ex 35,33), gebotenes Tun für den Nächsten (Jos 2,12; 2Sam 2,6), gebotenes Tun gegenüber Gottes Willen und Gesetz (Ps 40[39],9; Jes 44,28). Beim zuletzt Genannten fügt das AT im Text oft dem Objekt ein »ganz« oder »alle« hinzu (zB Dtn 29,28). Darin erkennt der fromme Jude den in seiner Tat geforderten Ernst seines – moralischen oder kultischen – Handelns.

4) Im rabbinischen Judentum finden sich die Begriffe, die in LXX mit ποιέω *[poiẹō]* übers. sind, ebenfalls auf Gottes Schöpferwirken bezogen (zB Ber. 9,2; Ab. 4,22). Mit Menschen als regierendem Subjekt erhält dasjenige Tun, das, aus der Thora abgeleitet, in die Problematik akt. Verpflichtetseins gegenüber Gott gerät, den Akzent des frommen Handelns und wird oft durch die kasuistischen Regulierungen des gesamten Lebens geprägt (zB Ab. 1,9).

Das Verbum ποιέω *[poiẹō]* kommt im NT 565mal vor, vor allem in den Evgg. ποίημα *[pọiæma]* findet sich dagegen nur 2mal, ποίησις *[pọiæsis]* nur Jak 1,25, ποιητής *[poiætæs]* 6mal, davon 3mal in Jak 1,22–25. Angesichts der weit überwiegenden Verwendung des Verbs empfiehlt es sich, seinen wesentlichen Gehalt unter Verzicht auf manche Übers.-Nuance systematisch darzustellen. Die Subst.e ordnen sich dem formal und sachlich zu. III

1a) Das NT knüpft an die at. Aussagen von Gottes Schöpfertum an (zB Mk 10,6; Apg 4,24; Offb 14,7). ποίημα *[pọiæma]*, das nur Röm 1,20 und Eph 2,10 vorkommt, meint die »Werke« der göttlichen Schöpfung und Neuschöpfung. Dasselbe gilt für die sonst nicht gebrauchte pass. Form des Verbums in Hebr 12,27.

b) Hierzu gehören ferner die Aussagen über Gottes heilschaffendes Handeln in der Geschichte. Sie lehnen sich dabei grammatisch an die Syntax der LXX an, indem ποιέω *[poiẹō]* mit dem begleitenden Objekt verknüpft wird. Zuversichtlich reden die nt. Schriftsteller von dem geschichtsmächtigen Handeln Gottes, und zwar von den Frühschriften an (1Thess 5,24: »er wird's auch tun«; ähnlich Röm 4,21: »Was Gott verheißt, das kann er auch tun«) bis zu den Spätschriften (Offb 21,5: »Ich mache alles neu«).

2) Das liebende Handeln Gottes offenbart sich in Jesu Werk und Tat (zB Apg 2,22). Wiederholt taucht die Frage nach Begründung, Berechtigung und Inhalt seines Wirkens auf.

a) Die Synoptiker behandeln die sich aus Jesu Tun ergebenden Konflikte mit den Schriftgelehrten u. a. in der Perikope von der Vollmachtsfrage (Mk 11,27ff par). Jesu ausweichende Antwort stellt die Frager ihrerseits vor die Entscheidung zum rechten Tun.

b) Deutlicher weist später Johannes in seiner »streng christologische(n) Beschränkung des Wortgebrauchs« (HBraun, aaO, 462) innerhalb der Streitgespräche darauf hin, daß Jesus den → Willen und die Werke (→ ἔργα *[ẹrga]*) vollbringt, die der Vater ihm als dem → Sohn zu tun aufgibt (Joh 5,19; 6,38; 8,53; 10,37f). Die Werke von Vater und Sohn gehören zusammen; denn beide »sind eins« (Joh 10,30.33; 14,10).

c) Nach Epheser 2,14f besteht das Tun Jesu darin, daß er durch seinen Kreuzestod zwischen Gott und Menschen Frieden »machte«.

Der Hebräerbrief umschreibt in nachpaulinischer Zeit Jesu Heilswerk u. a. auch mit ποιέω *[poiẹō]*: Er »vollbrachte« unsere Sündenreinigung (1,3), er hat das Sündenopfer ein für allemal »getan« (7,27).

Die Gläubigen werden nach Offenbarung 1,6; 3,12 dereinst zu Königen und Priestern, zu Pfeilern im zukünftigen Gottestempel »gemacht«.

So deutet der nt. Gebrauch dieses Verbums an, daß die Christologie nur in Verbindung mit soteriologischen Aussagen zu entfalten ist.

3a) Das rein profane Tun des Menschen wird im NT nicht sonderlich betont und betrifft verschiedene allg. Handlungen (vgl. Mk 11,3.5; Joh 19,12; Apg 9,39; Jak 4,13 usw.).

b) Entscheidender ist die Qualifikation des menschlichen Handelns vor dem Forum Gottes. Jedes Werk des Menschen ist letztlich nicht neutral, sondern entweder Gehorsam oder Ungehorsam gegenüber Gottes Anspruch an ihn (1Kor 10,31: »Was ihr tut, tut es alles zu Gottes Ehre«). In den Gleichnisreden Jesu wird diese Erwartung nachdrücklich ausgesprochen (Mt 5,36; 20,11ff; 21,31; Lk 12,17f; 16,3; 17,9f u. ö.). Das jeweils Geforderte wird oft als Pronomen oder im Relativsatz beigefügt (Röm 1,32; Phil 2,14; Kol 3,17.23; 2Petr 1,10).

c) Das unter Jesu Herrschaftsanspruch (Lk 6,46 par: »Was heißt ihr mich Herr, Herr, und tut nicht, was ich euch sage«; auch Joh 7,17) stehende Tun des Menschen erweist in der → Liebe zum Nächsten seinen Wert (Mt 25,40.45). Sie ist des Gesetzes Summe und Erfüllung (Mt 22,36ff). Daher überrascht es nicht, wenn in allen Schriften des NT das Tun – oder Lassen, dh das Nicht-Tun – gegenüber dem Nächsten häufig angesprochen wird, und zwar in verschiedener Weise: entweder positiv (zB Mt 5,9; 6,2f; Lk 3,11; Apg 11,30; 1Kor 16,1; Gal 6,9) oder negativ, also ein verbotenes und zu tadelndes, weil liebloses Tun (zB Mt 5,32; Lk 6,26; Jak 2,13). Wegen der zentralen Bedeutung des rechten Tuns für die Mitmenschen wird in Jesu und der Apostel Botschaft häufig zum Tun des Wortes aufgefordert (Mt 7,24ff par; Joh 14,12: sogar größere Werke tun; Phlm 21: »mehr tun«).

d) Das »im Herrn« gründende und nur durch seinen Geist ermöglichte rechte Tun nennen auch die Reden des Johannes-Evangeliums. Ohne Christus kann der Christ »nichts tun« (15,5; 13,15; 14,12ff). Die entgegengesetzte Haltung behandelt Joh 8, 34–44 in Gedankengängen über das »Sündetun«, das »vom Teufel« ist und nicht Gott und seiner Wahrheit entstammt.

Die Betonung des Imperativs zum »rechten Tun« (ποιῶν τὴν δικαιοσύνην *[poiọ̄n tæn dikaiosynæn]*) behält 1Joh unter Verwendung von ποιέω *[poiẹō]* bei (2,29; auch 2,17; 3,7ff; 5,2). Die johanneischen Schriften zeigen mit dem Gebrauch dieser Wortfamilie gleichfalls ihre normative Bedeutung für den Ansatz einer christl. Ethik.

4a) In diesem aktiv-dynamischen Grundzug der nt. Aussagen – der in schroffem Gegensatz etwa zu quietistischem Epikuräertum oder dem buddhistischen Ideal vom Nichtstun steht – wird der Christ als ποιητής *[poiætæs]*, dh als T ä t e r des Wortes und Gesetzes vorgestellt (Jak 1,22.23.25; 4,11; Röm 2,13. Nur Apg 17,28 verwendet das Nomen in der profangriech. Bedeutung von *Dichter*).

b) Die beiden jeweils nur 1mal im NT vorkommenden Begriffe ποίησις *[pọiæsis]*, die *Tat*, das *Tun* (Jak 1,25), und ἀγαθοποιία *[agathopoiịa]*, das *gute Handeln* (1Petr 4,19; Z: *recht tun*, L: *gute Werke*) machen gerade in ihrem Textzusammenhang – Jak 1,25 mit eschatologischer Komponente, 1Petr 4,19 unter dem Ansturm von Leiden und Verfolgung – deutlich, daß das »Seligsein in solchem Tun« bzw. das »Überstellen der Seelen an den Schöpfer«, also das Bestehen vor Gott, nur möglich ist, »wo es zu jenem Rhythmus kommt, durch den das aufgenommene Wort in die Tat ausströmt« (Hauck, NTD 10, zu Jak 1,25). Beides gehört zueinander und ist unumkehrbar. *F. Thiele*

πράσσω

πράσσω *[prạssō]* verrichten, tun · πρᾶξις *[prạxis]* Handlung, Tätigkeit · πρᾶγμα *[prạgma]* Sache, Ding

1) Im Griech. findet sich das Verb πράσσω *[prạssō]* (attisch πράττω *[prạttō]*), *verrichten, tun* I
schon in Linear B. Die urspr. Bedeutung von πράσσω *[prạssō]* dürfte epischen Wendungen wie πρήσσειν ἅλα *[præssein hạla]*, *das Meer durchqueren*, und πρήσσειν κέλευθον *[præssein kẹleuthon]* bzw. ὁδοῖο *[hodọio]* (Gen. partit.), *einen Weg hinter sich bringen*, zu entnehmen sein (Hom. Od. 9,491; Il. 14,282).

πράσσω *[prạssō]* kann auch verwandt werden, wenn es darum geht, sich etwas zu *verschaffen*, zB κλέος ἔπραξεν *[kleos ẹpraxen]*, *er gewann Ruhm* (Pindar Isthm. 5,8). Im Zusammenhang mit Geld heißt πράσσω *[prạssō]* *eintreiben, einfordern*, zB πράσσει με τόκον *[prạssei me tọkon]*, *er treibt Zinsen von mir ein* (Hom. Batrachomyomachia 185). Allg. bezeichnet πράσσω *[prạssō]* eine »auf ein bestimmtes Ziel gerichtete Tätigkeit oder Geschäftigkeit, bei welcher der Handelnde selbst mehr oder weniger in Anspruch genommen scheint« (JHHSchmidt, zitiert ThWb VI, 632,A2). So taucht es zB in der Wendung auf πράττειν τὰ ἑαυτοῦ *[prạttein ta heautọu]*, *sich um seine eigenen Angelegenheiten kümmern* (Plato, Charm. 162a, eine bei Platon häufig begegnende ethische Grundforderung). Ferner kann πράσσω *[prạssō]* die Bedeutung *verraten* haben, zB πράττειν τὴν πόλιν *[prạttein tæn pọlin]*, *die Stadt verraten* (Polyb. 4,17,12). Neben der trans. Form findet sich die intrans.; πράσσω *[prạssō]* heißt dann *handeln, tun.* Häufig tritt es in der festen Formel auf: πράττειν καὶ λέγειν *[prạttein kai lẹgein]*, *tun und reden.* In Verbindung mit einem Adv. drückt es oft das Befinden, den Zustand, etwa einer Person, aus, zB εὖ πράττω *[eu prạttō]*, *es geht mir gut, ich fühle mich wohl.*

2) Die Bedeutungen der beiden Subst.e πρᾶξις *[prạxis]* und πρᾶγμα *[prạgma]* überschneiden sich zT. Das ältere πρᾶξις *[prạxis]* (seit Hom.) bezeichnet das *Handeln*, die *Tätigkeit* und kann sich auf ein abgeschlossenes Tun (Tat, Werk), das Wie der Tätigkeit (Handlungsweise) oder ein geplantes Handeln (Vorhaben) beziehen. Bisweilen meint es konkret ein Geschäft, ein Unternehmen. Häufig weist es auf eine böse Tat, spez. u. U. auf Zauberhandlungen.

πρᾶγμα *[prạgma]* (seit Pindar) bedeutet außer *Tun, Tat, Ereignis, Geschäft, Aufgabe* ganz allg. *Sache, Ding;* ferner konkret *Streitsache, Rechtshandel, Prozeß.*

3) Bereits im Blick auf den griech. S p r a c h g e b r a u c h gilt, daß πράσσω *[prạssō]* »nur in seltenen Fällen für das Handeln der Götter verwendet« wird (ChrMaurer, ThWb VI, 633,25f). Und auch in den seltenen Ausnahmefällen (zB Plato, Resp. III,391e) bezieht sich das Verb nur auf solches Tun der Götter, das kein schöpferisches Hervorbringen ist (dafür werden die Verben → ποιεῖν *[poiẹin]*, → ἐργάζεσθαι *[ergạzesthai]*, → δημιουργεῖν *[dæmiourgẹin]* u. a. gebraucht), sondern ein dem Menschen entsprechendes Handeln und Tätigsein, das noch dazu recht abstrakt vorgestellt wird. Überhaupt eignet πράσσω *[prạssō]* auch da, wo es – was die Regel ist – auf menschliches Tun bezogen wird, eine starke Neigung zur Abstraktion. Wird es auch streckenweise im glei-

chen Sinne wie ποιέω *[poieō]* verwendet, so sind doch feine Unterschiede zwischen diesen beiden Verben bes. in philosophischen Texten erkennbar (zB Plato, Charm. 163aff). Während ποιέω *[poieō]* mehr ein konkretes Tun meint, wird πράσσω *[prassō]* da verwandt, wo der Philosoph »das menschliche Handeln unter möglichster Absehung von Inhalt und Objekten der Bewertung unterzieht« ThWb VI, 634,21–23). Begründet wird dabei im Platonismus die Notwendigkeit des richtigen Handelns durch die Idee des Guten, dessen Erkenntnis das καλῶς πράσσειν *[kalōs prassein]* nach sich zieht (zB Plato, Prot. 352cff). Ein spannungsreicher Gegensatz zwischen Erkennen und Tun ist nicht vorhanden. Fehlerhaftes Tun liegt an fehlerhaftem Erkennen, nicht an mangelndem Willen (zB Epikt. Diss. II,26,3–5).

II 1) Verglichen mit dem Vorkommen von ποιέω *[poieō]* in der LXX tritt πράσσω *[prassō]* stark zurück. Lediglich in den nachexilischen Schriften findet es sich häufiger (insges. 38 Stellen, je 8 in Hi und Spr, 7 in 1–4Makk). Dabei gibt πράσσω *[prassō]* 5mal das hebr. *ʿāsāh* wieder, 4mal *pāʿal* und 2mal *hālach*. Auffällig ist, daß πράσσω *[prassō]* verschiedentlich zur Beschreibung des negativen Verhaltens der Menschen benutzt wird (zB Hi 27,6; 36,23; Spr 10,23; Gen 31,28). Positives Tun bezeichnet πράσσω *[prassō]* nur in den Geschichtsbüchern (zB 4Makk 3,20: καλῶς πράσσειν *[kalōs prassein], sich wohl aufführen*).

2) Auch die beiden Subst.e kommen in der LXX vor, wobei πρᾶγμα *[pragma]* mit 125 Belegen gegenüber πρᾶξις *[praxis]* mit nur 23 (zumeist in der hell. beeinflußten Lit.) führt. Während das abstraktere πρᾶξις *[praxis]* sich auf menschliche Taten (zB 6mal im Sinne von *res gestae*) bezieht, wird πρᾶγμα *[pragma]* einige Male auch für göttliche Taten verwandt (zB Jes 25,1; 28,22).

3) Bei Philo ist an einer Stelle vom göttlichen πράττειν *[prattein]* des Demiurgen die Rede (Abr. 163), das aber nicht den Schöpfungsakt meint (dafür steht ποιέω *[poieō]*), sondern ein nicht näher bestimmtes abstrakt verstandenes Tätigsein. Im Blick auf den Menschen betont Philo gemäß stoischer Anschauung die Notwendigkeit eines ausgeglichenen Miteinanders von Wollen, Tun und Reden. Der menschlichen Natur ist es am gemäßesten (τὸ οἰκειότατον *[to oikeiotaton]*), sowohl gut zu entscheiden (βουλεύεσθαι *[bouleuesthai]*), zu handeln (πράσσειν *[prassein]*) und zu reden (λέγειν *[legein]*, Mut. Nom. 197).

III Von den 39 Stellen, an denen πράσσω *[prassō]* im NT vorkommt, entfallen 18 auf das Corpus Paulinum, 13 auf Apg, 6 auf Lk und 2 auf Joh.

1) Nie bezieht sich πράσσω *[prassō]* im NT auf ein göttliches, schöpferisches Handeln (vgl. dafür ἐργάζεσθαι *[ergazesthai]* und ποιέω *[poieō]*). Zumeist bezeichnet es ein negatives, mehr oder minder abstrakt gefaßtes Tun des Menschen, doch wird es an einigen Stellen auch für positives Handeln gebraucht oder steht wertneutral.

a) Im Zusammenhang mit Geldgeschäften findet es sich in der Täuferpredigt Lk 3,13, wo auf die allg. Frage: »Was sollen wir tun?« den Zöllnern geantwortet wird: »Kassiert nicht mehr ein, als was euch verordnet ist!« Ähnlich heißt es von dem Herrn im Gleichnis, der seinen Knechten 10 Pfund gab, daß er das Geld nach seiner Rückkehr mit Zinsen wieder einkassieren wollte (Lk 19,23).

b) Auf das menschliche Befinden bezieht sich πράσσω *[prassō]* Eph 6,21, und in Verbindung mit dem Adv. εὖ *[eu]* hat es einmal den Sinn von *gut gehen* (Apg 15,29). Dem persönlichen Wohlbefinden dient auch der Zuruf an den Kerkermeister in Philippi: Tu dir kein Leid an! (Apg 16,28).

c) Wertneutral schließlich wird πράσσω *[prassō]* 1Thess 4,11 verwandt, wo es abstrakt die eigenen Angelegenheiten meint, während im gleichen Vers ἐργάζεσθαι *[ergazesthai]* die konkretere Arbeit mit den Händen beschreibt. Allg. vom menschlichen Tun, das entweder gut oder böse ausfallen kann, ist Apg 5,35 die Rede. Dort mahnt Gamaliel den Hohen Rat, im Blick auf die Christen sorgsam zu erwägen: »was ihr tun wollt« (ähnlich Apg 19,36 die Warnung vor übereiltem Handeln).

2a) Überwiegend zeigt πράσσω *[prassō]* ein Tun an, das weder vor irdischen Ordnungsinstanzen (vgl. Röm 13,4; Apg 17,7; Lk 23,41) noch vor Gott (vgl. Röm 2,2f; Joh 5,29) bestehen kann. Öfter wird in formelhaften Wendungen von todeswürdigen (ἄξια θανάτου *[axia thanatou]*) Vergehen gesprochen (Lk 23,15; Apg 25,11.25; 26,31; Röm 1,32). Solches τὸ κακὸν πράσσειν *[to kakon prassein]*, das schließlich dem Zorn Gottes verfällt (Röm 13,4), wird detailliert in den sog. »Lasterkatalogen« Röm 1,28ff und Gal 5,19ff beschrieben. Als konkrete Einzeltat wird 1Kor 5,2 ein Fall von Unzucht genannt; primär auf sexuelle Sünden bezieht sich πράσσω *[prassō]* auch in 2Kor 12,21.

b) Weniger in den moralischen als vielmehr in den religiösen Bereich gehören die Apg 19,19 mit einer Verbform von πράσσω *[prassō]* erwähnten »vorwitzigen Künste« (Z). Sicher handelt es sich hier um »Zauberpraktiken« (EHaenchen, KEK III, 501). Zu den religiösen Vergehen zählen auch: der Verrat Jesu (Lk 22,23), die vom Volk in Unwissenheit begangene Tötung Jesu (Apg 3,17) und die von Saulus gegen den Namen Jesu gerichteten Feindseligkeiten (Apg 26,9).

c) Welche Versuchungsmacht das τὸ κακὸν πράσσειν *[to kakon prassein]* hat, zeigt der Abschnitt Röm 7,14ff, in dem πράσσειν *[prassein]* und ποιεῖν *[poiein]* nebeneinander gebraucht werden. Dieser Versuchung muß begegnet werden, denn: wer *Böses* (φαῦλα *[phaula]*) tut, der haßt das Licht (Joh 3,20), wer die ἔργα τοῦ σαρκός *[erga tou sarkos]*, die *Werke des Fleisches* (Gal 5,19) tut, der wird das Reich Gottes nicht ererben (Gal 5,21). Im alten durch die Beschneidung markierten Bund galt es dagegen, dem Gesetz gemäß zu handeln (Röm 2,25; vgl. auch Gal 6,13). Nach Apg 26,20 schärft Paulus seinen Hörern ein: Werke der Buße (ἔργα τῆς μετανοίας *[erga tæs metanoias]*) zu vollbringen. Damit gewinnt πράσσω *[prassō]* wieder eine positive Bedeutung. Das gilt auch für Phil 4,9, wo Paulus sich selbst als Vorbild hinstellt.

Der Gedanke, daß rechtes Tun seinen Lohn hat, ist 1Kor 9,17 klar ausgesprochen. Die dort individuell gefaßte Verhältnisbestimmung von menschlichem Tun und seiner eschatologischen Beurteilung ist Joh 5,29 in allg. gültiger Form sowohl nach der positiven als auch nach der negativen Seite hin entfaltet: Einst werden aus den Gräbern hervorgehen, »die das Gute getan haben (ἀγαθὰ ποιήσαντες *[agatha poiæsantes]*), zur Auferstehung für das Leben, die das Böse verübt haben (φαῦλα πράξαντες *[phaula praxantes]*), zur Auferstehung für das Gericht« (Z). Diese Stelle macht noch einmal deutlich, daß πράσσω *[prassō]* vornehmlich negatives menschliches Tun bezeichnet. Für die positive Tätigkeit steht im NT meistens ἐργάζεσθαι *[ergazesthai]* oder ποιεῖν *[poiein]*.

3a) πρᾶξις *[praxis]* kommt im NT 6mal vor. Neutrale und abstrakte Bedeutung hat es in Röm 12,4, wo festgestellt wird, daß nicht alle Glieder am Leibe Christi die gleiche *Tätigkeit* haben: Ambivalent ist πρᾶξις *[praxis]* in Mt 16,27 zu verstehen: Das Tun, das bei der Parusie gerichtet wird, kann gut und böse sein. Auf eindeutig böses Tun bezieht sich πρᾶξις *[praxis]* an den übrigen 4 Stellen: Es ist von Rat und Tat der Gegner Jesu die Rede (Lk 23,51) wie überhaupt von den Taten des alten Menschen (Apg 19,18; Kol 3,9), den πράξεις τοῦ σώματος *[praxeis tou sōmatos]* (Röm 8,13), die es abzulegen bzw. zu töten gilt.

b) An Nuancen reicher ist πρᾶγμα *[pragma]* (11mal im NT). Wertneutral wird es Mt 18,19 von einem Gebetsanliegen und Röm 16,2 von den Angelegenheiten der Phöbe gebraucht. Auf eine nicht ganz geklärte Sache, wahrscheinlich auf ein Handelsgeschäft, bezieht πρᾶγμα *[pragma]* sich 1Thess 4,6. Ein Rechtshandel ist 1Kor 6,1 gemeint. Im Sinne von *res gestae* (*geschichtliche Ereignisse*) steht es Lk 1,1. Um konkretes Vergehen handelt es sich Apg 5,4 und 2Kor 7,11. Jak 3,16 wird mit πᾶν φαῦλον *[pan phaulon]* (*alles schlechte Wesen*) das Ergebnis von Eifer und Streit zusammenfassend beschrieben.

Auffällig hebt sich von dem bisherigen der dreimalige Gebrauch von πρᾶγμα *[pragma]* im Hebräerbrief ab. Hebr 6,18 meint πρᾶγμα *[pragma]* zwei Sachverhalte (Verheißung und Eid Gottes), durch die Gott seine Wahrheit bekundet. Hebr 10,1 wird dem im Gesetz enthaltenen → Schatten der zukünftigen Güter das → Bild der Dinge selbst (εἰκὼν τῶν πραγμάτων *[eikōn tōn pragmatōn]*) entgegengestellt. Auf diese Dinge bezieht sich der Glaube, auch wenn er sie nicht sieht (Hebr 11,1). *H.-Chr. Hahn*

Lit.: GBertram, Art. ἔργον, ThWb II, 1935, 631ff – RBultmann, Christus, des Gesetzes Ende, Beitr. z. Ev. Theol. 1, 1940 (= RBultmann, Glauben und Verstehen II, 1968[5], 32ff) – GBornkamm, Sünde, Gesetz und Tod, Jb. d. Theol. Schule Bethel NF 2, 1950, 26ff (= GBornkamm, Das Ende des Gesetzes, 1966[5], 51ff) – CLindhagen, 'Εργάζεσθαι. Apokalypse 18,17; Hesekiel 48,18.19. Die Wurzel *sap* im NT und AT. Zwei Beitr. z. Lexikographie der griech. Bibel, 1950 – WJoest, Gesetz und Freiheit, 1951 (1961³) – FFlückiger, Die Werke des Gesetzes bei den Heiden (nach Röm 2,14ff), ThZ 8, 1953, 17ff – FLau, Art. Gute Werke, RGG II, 1958³, 1915ff – HBraun, Art. ποιέω, ThWb VI, 1959, 456ff – ChrMaurer, Art. πράσσω etc., ThWb VI, 1959, 632ff – GEichholz, Glaube und Werk bei Paulus und Jakobus, ThExh NF 88, 1961 – GLanczkowski, Art. Vergeltung, RGG VI, 1962³, 1341ff – ders., Art. Werke, RGG VI, 1962³, 1641ff – WWilkens, Zeichen und Werke, 1969 (= AThANT, 55) – EFuchs, Die sakramentale Einheit von Wort und Tat, ZThK 68, 1971, 213ff.

Wiedergeburt → Geburt

Wiederherstellung → Versöhnung

Wiederkunft → Gegenwart

Wille

Als Wollen bzw. Wille des Menschen kann einmal ein geistiger Akt bezeichnet werden, der sich in freier Entscheidung auf ein unter mehreren ausgewähltes Motiv ausrichtet. Zum anderen kann ein Wollen aber auch durch das aus dem Unbewußten drängende Begehren verursacht sein. Beide Arten des Wollens werden durch die Wortgruppen βούλομαι *[boulomai]* und θέλω *[thelō]* wiedergegeben. Eine Begriffsunterscheidung (βούλομαι *[boulomai]* urspr. das Wollen als geistiger Akt und θέλω *[thelō]* urspr. das triebbedingte Begehren) ist durch die sehr frühe Mischung der Wortgebiete nicht mehr eindeutig möglich, für die Zeit des NT durch den weithin synonymen Gebrauch sogar ausgeschlossen.

βούλομαι

βούλομαι *[boulomai]* wollen, wünschen · βουλή *[boulæ]* Wille, Beschluß, Ratschluß · βούλημα *[boulæma]* Wille, Vorhaben

I 1) βούλομαι *[boulomai]*, belegt seit Hom., bedeutet urspr. *lieber wollen, vorziehen* (schon Il. 1, 117), dann *wollen, beabsichtigen* (Il. 1,79), *wählen, sich entschließen* (Eur. Iph. Taur. 61), *beschließen* (Demetrios 2,20; 19,23). Vermutlich war βούλομαι *[boulomai]* urspr. mehr das Wollen, das der bewußten, von Emotionen freien Überlegung entspringt, ein Erstreben im Gegensatz zum affektbetonten Wollen, das durch ἐθέλω *[ethelō]* wiedergegeben wurde (Il. 1,112: Ich wollte [ἔθελον *[ethelon]*] keinen Ersatz annehmen, – denn ich will [βούλομαι *[boulomai]*] sie bei mir im Haus haben; Plato Gorg. 522c: wenn du willst [εἰ δὲ βούλει *[ei de boulei]*], . . . ich bin bereit [ἐθέλω *[ethelō]*]). Bald aber werden βούλομαι *[boulomai]* und ἐθέλω *[ethelō]* synonym gebraucht. Während bei Hom. βούλομαι *[boulomai]* noch relativ wenig vorkommt, überwiegt es seit Hdt. (bes. in der Prosa), um im hell. Griech. wieder weitgehend von ἐθέλω *[ethelō]* verdrängt zu werden.

2) Von βούλομαι *[boulomai]* abgeleitet ist das Subst. βουλή *[boulæ]*, ebenfalls seit Hom., das urspr. eine *Absicht*, eine *Überlegung* wiedergibt. Es steht aber ebenso für das Ergebnis der Überlegungen im Sinne einer *Willensentscheidung*, eines *Beschlusses*, eines *Rates* oder *Erlasses*. So kann bereits seit Hom. (Il. 2,53) eine Versammlung von Männern, wenn sie zur *Institution* wird, βουλή *[boulæ]* heißen (zB in Athen der Rat der 500: Hdt. V,72; IX,5).

Eine jüngere Ableitung ist βούλημα *[boulæma]* (seit Aristoph.), das mehr den Willen als *Vorhaben, Absicht*, als *Tendenz* beschreibt (Plato Leg. VI,769d; Isocr. III,15; Aristot. Eth. Nic. 2,1).

II 1) βούλομαι *[boulomai]* findet sich wie → θέλω *[thelō]* in der LXX über 100mal. »Diese fast gleichmäßige Verteilung hängt nicht nur damit zusammen, daß die Zeit der Entstehung der LXX etwa die Grenzzeit im Verdrängungskampf zwischen βούλομαι *[boulomai]* und ἐθέλω *[ethelō]* markiert, sondern sie hat auch darin ihren Grund, daß die Bestandteile des Kanons aus historischen und poetischen Stücken gemischt sind, so daß sowohl das bevorzugte Wort der Prosaiker, als auch das der Poeten zur Geltung kommt« (Schrenk, aaO, 629). So begegnet βούλομαι *[boulomai]* häufiger in Ex, 1Sam und Hi. Es steht bes. für die hebr. Äquivalente *chāphets* (26mal), *gern haben, wollen* (Jes 1,11; Hi 21,14), *Gefallen haben an* (2Sam 24,3; Jes 65,12; 66,4; Jer 6,10 u. ö.), *etwas zu tun belieben, wollen* (Hi 13,3; Jes 53,10 u. ö.); *'ābāh* (17mal), *wollen, willig sein* (Gen 24,5; Ex 10,27;

1Sam 15,9; 22,17; 31,4 u. ö.), und mit Negation für *mā'ēn* (13mal), *nicht wollen, sich weigern* (Ex 4,23; 9,2; 10,3f; 16,28; Ps 78,10 u. ö.).

βούλομαι [bọulomai] kann die unterschiedlichsten Bedeutungsnuancen im allgemeinen menschlichen Wollen ausdrücken, wird aber auch sehr häufig für das *Wollen Gottes* verwendet (zB Jes 1,11; 53,10; 1Sam 2,25 u. ö.).

Auch βουλή [boulæ̣] kommt in der LXX weit über 100mal vor im Gegensatz zu → θέλημα [thẹlæma] (ca. 25mal), meist für hebr. *'etsāh* (74mal). Es bezeichnet: a) die abgewogene *Vorüberlegung*, die dem Handeln des Willens vorausgeht (Dtn 32,28 u. ö.). So kann es sogar im Sinne von »Weisheit« (Spr 2,11; 8,12 u. ö.) Verwendung finden. Der Geist »des Rates«, dh der besonnenen Überlegung, ist eine Gabe Gottes (Jes 11,2); b) den *Rat* (zB Jes 9,6 als Charakteristikum des Messias) und *Ratschlag* im guten (Gen 49,6; 1Kön 12,8) wie im törichten (Ps 1,1; Jes 19,11) Sinne; c) wie im Profangriech. den Rat als politische Institution, zB die *Volksversammlung* (1Makk 14,22), die Verhandlung eines solchen Gremiums (Jud 2,2) und den Beschluß einer Versammlung (3Makk 7,17); d) vor allem aber auch den *Ratschluß Gottes* (»der Herr macht zunichte der Heiden Rat ... aber der Rat des Herrn bleibt ewiglich« Ps 32[33],10f; »Du leitest mich nach deinem Rat« Ps 72[73], 24 u. o.). Gottes Ratschlüsse sind zuverlässig und wahrhaftig, deshalb kann sich Israel darauf verlassen (Jes 25,1). In seinem Ratschluß ist das Heil Israels beschlossen (Jes 14,26; vgl. auch Jes 5,19; Mich 4,12 u. a.).

2) Eine besondere Rolle spielt der göttliche Wille und Ratschluß in den Schriften von Qumran. In der »Gemeinschaft der Einigung« stehen die Erwählten nach dem göttlichen Willen für das wahre Israel (1QS VII,6; IX,15). In den »Vorschriften« und Geboten finden sie den Willen Gottes, den es zu tun gilt (1QS IX,13.23; CD III,15). Der Gedanke einer festen Prädestination wird immer wieder in dem Satz ausgesprochen: »Ohne deinen Willen geschieht gar nichts« (1QS XI,17; 1QH X,2 u. ö.), »... wird nichts erkannt« (1QH I,8; X,9 u. ö.). So ist Gottes Wille unabdingbare Voraussetzung für jede Einsicht zum rechten Tun (1QH XIV,13), der Täter seines Willens wiederum ist der Auserwählte (4Qp Ps 37,5).

1) βούλομαι [bọulomai] ist wie in der profangriech. Lit. so auch im NT (37mal) schon III
stark von θέλω [thẹlō] (207mal) verdrängt worden. Die Begriffe sind deshalb auch weitestgehend auswechselbar. Auffällig ist noch, daß die Apg die meisten Belege aufweist (14mal), was »mit der artbestimmten Nachbarschaft der Apg zu Schriftstellern erzählender Prosa« zusammenhängen kann, »bei denen auch in der Übergangszeit zur Vorherrschaft von ἐθέλω [ethẹlō] hin βούλομαι [bọulomai] noch beliebt bleibt« (Schrenk, aaO, 630).

Im NT kann βούλομαι [bọulomai] wie im hell. Griech. und in LXX beide Arten des Wollens bezeichnen:

a) ein bewußtes Wollen als Folge einer bestimmten Überlegung, eine Willensentscheidung. Dieses Wollen setzt immer ein freies Verfügen-Können voraus. α) das menschliche Wollen: 1Tim 2,8; 5,14; Tit 3,8 (»so will ich nun«, als apostolische Forderung); meist aber ohne theol. Bedeutung: Mk 15,15 (»Pilatus wollte tun, was dem Volk gefällt«); Apg 12,4 (»er hat die Absicht, ihn nach dem Fest vor das Volk zu stellen«); Jak 3,4 (»Wer der Welt Freund sein will, der wird Gottes Feind sein«) u. ö. β) das Wollen Gottes (Lk 22,42; Hebr 6,17; Jak 1,18 und 2Petr 3,9) bzw. Jesu (Mt 11,27 par) oder des Heiligen Geistes (1Kor 12,11). Vgl. III,2.

b) Es kann ein mehr von der Neigung bestimmtes Wünschen bezeichnen: Apg 25,22 (»ich möchte den Menschen hören«); Phlm 13 (»ich wollte ihn gerne bei mir haben«); 1Tim 6,19 (»die da reich werden wollen«).

Im letzteren Sinne findet sich auch βουλή [boulæ̣] 1Kor 4,5 (der Herr wird »das Trachten des Herzens offenbar machen«, dh die im tiefsten Innern der Psyche verborgenen Willensimpulse, die dem Menschen nicht unbedingt bewußt sein müssen). In der Regel wird es aber als Subst. von βούλομαι [bọulomai] in der Bedeutung der freien Willensentscheidung gebraucht, die zur Ausführung gereift ist: α) von Menschen, zB die Schiffsbesatzung (Apg 27,12), die Kriegsknechte (Apg 27,42) hatten einen *Plan;* Joseph von Arimathia willigte nicht in ihren *Beschluß* (Lk 23,51); β) vom *Rat* bzw. *Ratschluß* Gottes (7mal von 12mal Gesamtvorkommen): Lk 7,30; Apg 2,23; 4,28; Eph 1,11 u. ö. In diesem Sinne wird es bes. von Lk verwendet (5mal von 9 Stellen; vgl. III,2). βούλημα [bọulæma] (nur 3mal) betont auch im NT gegenüber βουλή [boulæ̣] mehr den Willen als Sinnesrichtung und ist deshalb mit *Vorhaben, Absicht* usw. zu übers. (Apg 27,43; Röm 9,19; vgl. III,2; 1Petr 4,3).

2) Theol. bedeutsam sind bes. die Stellen, an denen die Wortgruppe vom Rat, der Absicht oder dem Willen Gottes (bzw. Jesu und des Heiligen Geistes) spricht. Es handelt sich dabei immer um eine unumstößliche Festsetzung.

a) In den lukanischen Schriften lassen sich an den Begriffen βούλομαι/βουλή *[boụlomai/boulæ̣]* wesentliche Züge der christologischen Verkündigung des Lk als Erfüllung des Ratschlusses Gottes verdeutlichen.

Lk 10,22 (»wem es der Sohn will offenbaren«, auch Mt 11,27) zeigt die unzertrennliche Einheit zwischen Vater und Sohn. In dem ohnmächtigen, erniedrigten Jesus, an dem die Weisen und Klugen irre werden (vgl. V. 26), begegnet dem Menschen Gottes souveräner Ratschluß und Wille. Der Kreuzestod widerspricht nicht der göttlichen Legitimation Jesu, sondern er ist Gottes eigener, in der Schrift vorausgesagter Ratschluß (Apg 2,23; 4,28; beide Male βουλή *[boulæ̣]*). Das aber spricht nun gerade nicht die Juden frei, in deren Hände Jesus nach Gottes Willen fiel, daß sie ihn kreuzigten (Apg 2,23). Schon im Auftreten Johannes des Täufers hätten die Führer Israels den Ratschluß Gottes erkennen können (Lk 7,30). Indem sie sich aber verschlossen, wurden sie blind für Gottes weiteren Plan. Die Juden erkannten nicht, daß die zB an David gegebenen Verheißungen (vgl. Apg 13,34ff) über ihn hinausweisen auf Gottes Plan mit Jesus: »Denn David ist . . . nach dem Willen Gottes (θεοῦ βουλή *[theoụ boulæ̣]*) entschlafen und wurde zu seinen Vätern versammelt und sah die Verwesung. Er aber, den Gott auferweckt hat, sah die Verwesung nicht« (13,36f).

Im Verhalten zum Erniedrigten und Gekreuzigten entscheidet sich nun, wem die Offenbarung erschlossen wird. »Wem es der Sohn will offenbaren« (Lk 10,22) heißt deshalb einerseits, daß alles menschliche Wollen im Blick auf die Gotteserkenntnis hier an seine Grenze gelangt, andererseits, daß hier nicht willkürliche Prädestination herrscht, sondern in der Begegnung mit der Botschaft von Jesus die Entscheidung über den offenbarten Gotteswillen fällt. Daß Jesus in der Einheit mit dem Vater nur den göttlichen Willen ausführt, wird auch deutlich Lk 22,42 (»wenn du willst [εἰ βούλει *[ei boụlei]*], so laß diesen Kelch an mir vorübergehen! Aber nicht mein Wille [θέλημα] *[thẹlæma]*], sondern deiner geschehe«; vgl. Apg 13,22).

In der lukanischen Apologie des Paulus (Apg 20,26ff) weist der von seinen Gemeinden scheidende Apostel noch einmal im Hinblick auf drohende Häresien (Gnosis) eindrücklich darauf hin, daß er in seiner Verkündigung den ganzen Ratschluß Gottes (τὴν βουλὴν τοῦ θεοῦ *[tæn boulæn tou theoụ]*) bezeugt hat (V. 27), nämlich die Zuwendung Gottes zum Sünder durch das Opfer seines eigenen Sohnes (V. 28). »Die βουλή *[boulæ̣]* füllt geradezu den ganzen Inhalt der apostolischen Verkündigung« (Schrenk, aaO, 634).

b) Im gesamten übrigen NT wird die Wortgruppe nur noch 7mal für den Willen und Ratschluß Gottes (bzw. Jesu oder des Heiligen Geistes) gebraucht (→ θέλω). Röm 9,19 fällt auf, daß Paulus dort, wo er den Heiden vom Willen Gottes reden läßt, βούλημα *[boụlæma]* verwendet (der Gegner entschuldigt sich: »Wer kann seinem Willen widerstehen?«), während er in V. 18, wo er selbst als Glaubender vom doppelten Willen Gottes redet, θέλω *[thẹlō]* gebraucht (bzw. an anderen Stellen πρόθεσις *[prọthesis]*, → Vorsehung, 8,28; 9,11). Da βούλημα *[boụlæma]* mehr die Absicht, die Intention ausdrückt, die oft auch als undurchdringlich und dunkel empfunden wird, kann im Munde des Gegners (9,19) durchaus die Bedeutung *Belieben, Willkür* mitklingen. – 1Kor 12,11 weist Paulus darauf hin, daß alle Gaben in der Gemeinde von dem einen Geist Gottes herkommen. Sie werden dem einzelnen Charismatiker in der freien Willensentscheidung des Geistes (καθὼς βούλεται *[kathọ̄s boụletai]*) zugeteilt. – In der Bedeutung *Ratschluß Gottes* (vgl. 2a) findet sich βουλή *[boulæ̣]* Eph 1,11 und Hebr 6,17. »In ihm (Christus), in dem wir auch unser Los erhalten haben, zuvor bestimmt, nach der → Vorsehung (πρόθεσιν *[prọthesin]*) dessen, der alles wirkt nach dem Ratschluß seines Willens (βουλὴν τοῦ θελήματος αὐτοῦ *[boulæn tou thelæ̣matos autoụ]*)« (Eph 1,11). Wahrscheinlich hat Schlier recht, wenn er das »Im-voraus-bestimmt-Sein« auf die Juden-Christen bezieht, die vor Christus schon nach dem Ratschluß

Gottes zum Erbe bestimmt waren (vgl. Eph 2,11–22). Sie leben schon im Alten Bund auf Christus hin. Das war Gottes Wille (→ θέλημα *[thelæma]*), der Gottes Ratschluß (βουλή *[boulæ]*) setzte, nach dem nun alles erfüllt wird. Der Ratschluß der göttlichen Erwählung geht also dem Akt der geschichtlichen Erwählung weit voraus. – Ähnlich verwendet Hebr 6,17 βουλή *[boulæ]* für den unumstößlichen Ratschluß Gottes. – Der angefochtenen Gemeinde wird gesagt, daß Gott die Unverbrüchlichkeit seines Heilswillens (τὸ ἀμετάθετον τῆς βουλῆς *[to ametatheton tæs boulæs]*) noch mit einem Eid (→ Schwören) bekräftigen wollte (βουλόμενος *[boulomenos]*; die Vorstellung von der Unverbrüchlichkeit des Heilswillens Gottes findet sich bes. in den Schriften von Qumran).

Gottes Verheißung ist nicht durch die weitergehende Geschichte fraglich geworden, sondern sein Wille ist die Rettung aller (2Petr 3,9). Aus seinem Heilswillen sind wir geboren worden (Jak 1,18); und weil Gott selbst der Unveränderliche ist (vgl. Jak 1,17), ist auch sein Gnadenwille unumstößlich. *D. Müller*

θέλω

θέλω *[thelō]* wollen, begehren, Gefallen haben · θέλημα *[thelæma]* Wille, Absicht

θέλω *[thelō]*, urspr. bes. bei Hom. und in frühen attischen Inschriften ἐθέλω *[ethelō]*, bedeutet a) I
bereit sein (Hom. Il. 7,364; Epict. Diss. I 1,19); *belieben, geneigt sein* (Hom. Il. 23,894; Plato Theaet. 143g); b) *wünschen* (Hdt. II,2); *begehren* (zB »er begehrte zu sehen«, Hom. Od. 11,566; oder auch im geschlechtlichen Sinn, Hom. Od. 3,272); c) *beabsichtigen* (Hom. Il. 1,549); d) *wollen* als *entschließen* und *entscheiden* und bes. e) *wollen*, im zwingenden, den Willen übertragenden Sinne (Hom. Il. 14,120; 19,274; Plato Phaedr. 80d). Das von θέλω *[thelō]* abgeleitete Subst. **θέλημα** *[thelæma]*, seit Antipho Soph. belegt, aber profangriech. sehr selten, bedeutet entsprechend *Absicht, Wunsch*, dann vor allem *Wille*.

1) In LXX ist θέλω *[thelō]* wie → βούλομαι *[boulomai]* über 100mal belegt (sehr häufig für ein II
Verhalten Gottes) und hat im wesentlichen dieselben Äquivalente wie dieses: *chāphēts* (44mal), *Gefallen haben, gern wollen* (zB Ps 18[17],20: er [Gott] hatte Gefallen an mir; Ez 18,23: meinst du, daß ich Gefallen habe am Tode der Gottlosen); *'ābāh* (33mal), *wollen, willig sein* (Dtn 10,10: und der Herr . . . wollte dich nicht verderben); negativ *mā'ēn* (20mal), *nicht wollen* (Gen 37,35: aber er wollte sich nicht trösten lassen). θέλημα *[thelæma]* (etwa 25mal) steht ganz überwiegend für das göttliche Wohlgefallen (Ps 30[29],8; Jer 9,23; Mal 1,10 u. ö.), aber auch vom Willen Gottes (Ps 103[102],7; Jes 44,28), bes. vom Tun des Willens Gottes (Ps 103[102],21; 143[142],10 u. ö.; vgl. dazu die Verwendung bei Joh und Hebr, s. u. III,2 und 4). Wenn θέλημα *[thelæma]* vom Menschen gebraucht wird, kann es den Wunsch (zB Ps 107[106],30), den Willen (zB des Königs Dan 11,3 LXX), aber auch negativ das Übelwollen, die Willkür (Jer 23,26; Sir 32,17) bezeichnen.

2) Zu Qumran → βούλομαι II,2.

Im NT ist 207mal θέλω *[thelō]* belegt (dh → βούλομαι *[boulomai]* ist bereits stark in den III
Hintergrund getreten) und 62mal θέλημα *[thelæma]*. Die Schwerpunkte liegen quantitativ bei den Synopt. (94mal; θέλημα *[thelæma]* nur 11mal) und den paulinischen Schriften (61mal bzw. 24mal). Durch das theol. bedeutsamere θέλημα *[thelæma]* (meist für den *Willen Gottes* gebraucht) liegen die theol. Schwerpunkte vor allem bei Paulus und Joh (23mal θέλω *[thelō]*; 11mal θέλημα *[thelæma]*).

θέλω *[thelō]* steht im NT häufig im ganz profanen Sinne für allg. *wollen, begehren* (Mt 20,21; Mk 14,12 par u. ö.); *entschlossen wollen* (Mt 26,15; Joh 7,44 u. ö.); *Gefallen haben an, lieben* (Mk 12,38 par; Lk 20,46 u. ö.); *behaupten* (2Petr 3,5), nur selten dagegen θέλημα *[thelæma]* (zB 1Kor 7,37; 16,12).

1a) In den paulinischen Schriften wird θέλω/θέλημα *[thelō/thelæma]* häufig zur Beschreibung des Willens Gottes verwendet, bes. um die eigentliche Quelle für das ganze Heilsgeschehen in Christus zu beschreiben. Die Tat Christi in seiner Selbsthingabe um unserer Sünden willen ist notwendig κατὰ τὸ θέλημα τοῦ θεοῦ *[kata to thelæma tou theou]*, und sie ist damit die Tat Gottes selbst (Gal 1,4). Durch diese Tat sind wir nach seinem umfassenden Heilswillen (τὸ θέλημα *[to thelæma]*) zur Kindschaft berufen (Eph 1,5), um das → Geheimnis seines Heilswillens eröffnet zu bekommen (1,9), nachdem es sein Wille ist, daß alle Dinge wieder eine Mitte erhalten (vgl. V. 10). Auf Grund dieses Heilswillens ist den Seinen der Blick geöffnet worden für die Schöpfungsweisheit in Christus, die nun in der Gemeinde aus Juden und Heiden sichtbar wird. Auch jener Beschluß, Israel in freier Vorherbestimmung zum Erben zu machen und sich im allumfassenden Wirken durchzusetzen, entspricht seinem Willen (1,11). Das θέλημα τοῦ θεοῦ *[thelæma tou theou]* bezeichnet also hier schlechthin den ewigen, providentiellen Heilswillen. Allein diesem umfassenden Heilswillen Gottes verdankt auch Paulus seinen Apostolat (1Kor 1,1; 2Kor 2,1; Eph 1,1; 2Tim 1,1 u. ö.; → Apostel).

Schwierigkeiten hat von jeher die Exegese von Röm 9,14ff verursacht. Wie verhalten sich der Wille des Menschen und der Wille Gottes zueinander? Man hat immer wieder versucht, diese Stelle von der menschlichen Willensfreiheit und Verantwortlichkeit her zu verstehen. Aber Paulus geht hier gar nicht auf die menschliche Verantwortlichkeit ein (vgl. dazu Röm 10,16ff). Nicht das menschliche Wollen (θέλειν *[thelein]*) ist für Gottes Handeln entscheidend (V. 16), sondern Gottes Heilswille ist die Voraussetzung für alles menschliche Wollen. Die Freiheit des göttlichen Erbarmens ist nicht abhängig von menschlichen Bemühungen, aber ebenso wenig vom menschlichen Widerstreben (vgl. V. 17). Gott setzt seinen Willen in der Geschichte gerade darin durch, daß er Gehorsame und Verhärtete in seinen Heilsplan einspannt (V. 18). »Die paulinische Exegese ist nicht rational aufzulösen, sondern sie will bewußt Anstöße in den Weg legen. Die Aussage ›Gott verhärtet‹ bedroht jetzt jeden Menschen, auch den Juden (Röm 9,24ff), wie auch Gottes Barmherzigkeit jedem Menschen, auch dem verworfenen, erkennbar ist (Röm 9,22). Die at. Anstöße dienten für Paulus dazu, den Weg des Ev. in der Gegenwart verständlich zu machen. Im Anstoß liegt Gottes Geheimnis (Röm 9,33)« (OMichel, aaO, 241). Das ». . . (Gott) wollte« (θέλων *[thelōn]*) in 9,22 ist nicht konzessiv zu verstehen (»obwohl Gott . . ., hat er sie doch in Langmut getragen«), sondern kausal (weil, in der Absicht). Die Geduld Gottes »war der Weg, der Gott zur Offenbarung seines Zornes führen sollte« (GBornkamm, aaO, 91). Der Wille Gottes ist es, gerade in der Geduld und dem Zorn sein Erbarmen kund zu tun; letztes Ziel seines Willens sind eben nicht die »Gefäße des Zornes«, sondern daß er sie ertragen hat zur Offenbarung seiner Gnade. Ziel seines Willens ist, daß allen Menschen geholfen werde und sie zur Erkenntnis der Wahrheit kommen (1Tim 2,4).

Daß Gottes Wille letztlich auf die Offenbarung seiner Herrlichkeit in Christus zielt, wird bes. Kol 1,27 betont. Die gesamte Weltzeit zielt nach dem Willen Gottes auf den Punkt hin, an dem das Geheimnis des Heilswillens dem Glaubenden im Christusgeschehen enthüllt wird. Wenn dieser Wille vorläufig auch nur den Glaubenden recht erkennbar ist, so ist er doch ausgerichtet auf die Rettung aller Menschen (1Tim 1,4). Daß nach Gottes Willen in einer doppelten Prädestination nicht »von Anfang an« ein Teil der Menschheit vom Heil ausgeschlossen ist, bekennt die nt. Gemeinde im scharfen Gegensatz zur Lehre der Gemeinde von Qumran (vgl. βούλομαι, II), zur Synagoge und zur → Gnosis.

Um den Schöpferwillen Gottes handelt es sich 1Kor 15,38: Der neue Auferstehungsleib ist unvergleichbar allem uns in der Natur Begreifbaren; Gottes Wille wird ganz neu schöpferisch tätig werden.

Die Offenbarung des Geheimnisses, dh das Verständnis des Heilswillens Gottes, ist für den Glaubenden die Voraussetzung für die rechte Haltung und das richtige Handeln in der angebrochenen Heilszeit. Die Unweisen und Unverständigen versäumen die Einsicht in den göttlichen Willen und damit das entsprechende Handeln (Eph 5,17f). Bes. scharf arbeitet das Paulus Röm 2,17ff im Blick auf den jüd. Gesetzeslehrer heraus. Der Schriftgelehrte meint, Gottes Willen aus dem Gesetz zu kennen und der Leiter der Blinden sein zu können. Aber gerade der Widerspruch zwischen Lehren und eigenem Tun verrät, daß hier der Wille Gottes noch nicht verstanden worden ist. Mit Christus ist der neue Äon hereingebrochen. Das erfordert eine »Erneuerung des Sinnes« (Röm 12,2), dh ein durch die Geistbegabung verändertes Denken, das einer ständigen Bemühung um das Verständnis des θέλημα τοῦ θεοῦ *[thelæma tou theou]* dient. Was nach Gottes Willen das Gute (τὸ ἀγαθόν *[to agathon]*), Wohlgefällige (εὐάρεστον *[euareston]*) und Vollkommene (τέλειον *[teleion]*) ist, soll den Glaubenden zu entsprechendem Verhalten führen (Röm 12,2). Ein solches Verhalten aus dem Willen Gottes rühmt Paulus bei den Gemeinden von Mazedonien (2Kor 8,5). Die Gemeinde von Korinth muß Paulus darauf hinweisen, daß ihr Handeln in den Charismen nicht als eine ihrem eigenen Wollen entspringende Leistung verstanden werden darf. Weil alle Charismen dem bestimmenden Willen des Schöpfers entstammen, hat niemand in der Gemeinde ein Recht zur Überheblichkeit (1Kor 12,18; vgl. V. 11 → βούλομαι; vgl. V. 6.24). Daß das menschliche Wollen im Glaubenden durch den Willen Gottes nicht einfach aufgehoben, aber doch davon umschlossen ist, zeigen Stellen wie Röm 1,10; 15,32; 1Kor 4,19 u. a. (vgl. Apg 18,21). Paulus plant nach seinem Willen — aber gewärtig, daß Gottes Willen ihn in eine ganz andere Situation stellen kann, die vom Apostel eine Änderung der eigenen Planung verlangt.

bα) Auch da, wo das θέλω *[thelō]* sich bei Paulus in religiöser Bedeutung auf den Menschen bezieht, ist es immer verbunden mit Verben des Tuns (ποιέω *[poieō]* 1Kor 7,36; 2Kor 8,10; Gal 5,17; ἐνεργέω *[energeō]* 2Kor 8,11; Phil 2,13 etc., → Werk, Tat). Da der Glaubende nicht mehr im Widerspruch zum Willen Gottes steht, wird Gott der in ihm Handelnde. Wollen und Vollbringen werden Gottes Gaben (Phil 2,13). Alles menschliche Wollen und Handeln soll also vom Gehorsam Gott gegenüber, in Übereinstimmung mit seinem Heilswillen geschehen (2Kor 8,10f; 1Kor 7,36 u. a.). Wo allerdings → Geist und → Fleisch noch im Streit liegen, dh wo sich der Geist noch nicht durchgesetzt hat, kommt es vom θέλειν *[thelein]* nicht zum ποιεῖν *[poiein]* (Gal 5,17).

β) In der Exegese von Röm 7,15ff ist das Verständnis des Gegensatzes zwischen Wollen und → Tun sehr umstritten. Nach der allg. Auffassung wird der Gegensatz im Subjekt des Menschen gesehen: Einerseits möchte er den dem Gesetz begegnenden Gotteswillen erfüllen, andererseits verfehlt er den Willen Gottes immer wieder, weil er ans → Fleisch gebunden ist. »Die im Menschen liegende Zerrissenheit läßt eine Erfüllung des Gesetzes nicht zu . . . der Zwiespalt im Menschen . . . ist radikal in dem Mensch-Sein selbst zu suchen« (OMichel, aaO, 186). Der Mensch kann diese Zerrissenheit nicht aus sich selbst überwinden (auch der Glaubende kann ihr wieder verfallen!), sondern allein dadurch, daß er nach der Verheißung Gottes unter das Gesetz des Geistes kommt, der in Jesus Christus frei und lebendig macht (8,2). Bultmann, Bornkamm u. a. verstehen den Gegensatz als die Diskrepanz von dem, was das Ich seiner innersten Tendenz nach will und dem, was bei meinem Tun tatsächlich herauskommt. Ich will das Leben (das ἀγαθόν *[agathon]*, das καλόν *[kalon]* V. 18f), aber das Ergebnis all meines Tuns ist der Tod (das κακόν *[kakon]* V. 19.21). »Der Zwiespalt im Menschen besteht also nicht im Bewußtsein des Menschen, der sich selbst verklagen, sich gegen sich selbst distanzieren kann; sondern darin, daß der Mensch das Gegenteil von dem tut, was er will, nämlich eigentlich, im Grunde will, — aber nicht von dem, was er faktisch jeweils will« (RBultmann, GuV II, 46).

Für die zweite Deutung spricht, daß der Abschnitt V. 7—13 auf die Feststellung hinläuft: »Die Sünde . . . hat mir durch das Gute den Tod gewirkt« (vgl. GBornkamm, aaO, 63). Paulus redet danach offensichtlich vom unerlösten Menschen, dessen radikales Scheitern durch die Zerrissenheit zwischen willenlosem Tun und tatenlosem Wollen »erst dem Glauben sich erschließt« (GBornkamm, aaO, 64; vgl. EFuchs, Die Freiheit des Glaubens, 72).

c) Häufig begegnet θέλω *[thelō]* als Willensäußerung des Apostels seinen Gemeinden gegenüber in Redewendungen wie »ich möchte wohl« (1Kor 7,7; 14,5; Gal 3,2), »ich möchte euch nicht in Unkenntnis lassen« (Röm 1,13; 1Kor 10,1 u. a.) oder »ich möchte euch wissen lassen« (1Kor 11,3). An manchen Stellen erhält θέλω *[thelō]* das Gewicht der apostolischen Autorität (zB Röm 16,19; 1Kor 7,32).

2) Eine besondere Rolle spielen θέλω/θέλημα *[thelō/thelæma]* bei Johannes. Immer wieder wird betont, daß Jesus als der Gesandte nicht nach seinem eigenen Willen

handelt (5,30a; 6,38a), sondern daß sich im Wirken des Sohnes der Wille des Vaters vollzieht (5,30b; 6,38b). Jesus ist ganz und gar Willensträger des Vaters (4,34). Gottes Wille ist, daß Jesus als der σωτήρ *[sōtær]*, *Retter*, (vgl. 3,17) die nicht verliere, die zum Leben bestimmt sind (6,39); zum Leben bestimmt sind nach göttlichem Willen die, die in Jesus das Heil erkennen und es ergreifen, dh an ihn → glauben (6,40). Den Glauben wiederum kann Johannes interpretieren als das Tun des göttlichen Willens (9,31; 1Joh 2,17), das Übereinstimmen des menschlichen Wollens mit dem in Jesus offenbar werdenden göttlichen Willen (1Joh 5,14ff). Das ist aus der natürlichen Willensbewegung heraus nicht möglich (1,17; vgl. 2Petr 1,21). »Der Geist weht, wo er will« (3,8); dh »unmöglich ist das Heil als menschliche Möglichkeit . . ., möglich als göttliche Möglichkeit« (RBultmann, aaO, 101). Diese göttliche Möglichkeit begegnet im Sohn (5,21: So macht auch der Sohn lebendig, welchen er will; 6,67; 5,7 u. a.). Das einzige Kriterium, die Legitimation des Offenbarers festzustellen, ist das Tun seines Willens (ποιεῖν τὸ θέλημα αὐτοῦ *[poiẹin to thẹlæma autọu]* 7,17). Damit ist bei Johannes nicht etwa die Ethik dem Glauben vorgeordnet. Es ist vielmehr mit dem Tun seines Willens wiederum der Glaube gemeint, dem im Gehorsam die Erkenntnis geschenkt wird. Nach diesem Glauben fragt Jesus, wenn er zu dem Kranken spricht: »Willst du gesund werden?« (θέλεις ὑγιὴς γενέσθαι *[thẹleis hygiæs genẹsthai]* 5,6).

3a) Bei den Synopt. und der Apg findet sich abgesehen von Mt (6mal θέλημα *[thẹlæma]* für den *Willen* Gottes) die Wortgruppe nur noch selten zur direkten Beschreibung des Gotteswillens. In Stellen wie Mt 7,21; 12,50 (Par Mk 3,35) begegnet wie bei Joh die Formel »Wer den Willen Gottes (bzw. des Vaters) tut, der . . .« (vgl. Mt 21,31). Auch hier darf nicht zwischen einem Willen Gottes, der auf die Ethik, und einem anderen, der auf den Heilsratschluß bezogen ist, unterschieden werden. Es gibt nur einen alles umfassenden Willen Gottes, dem allein eine ebenso umfassende neue Lebenseinstellung des Glaubenden entspricht (diesen Sinn hat auch das θέλω *[thẹlō]* in dem at. Zitat Mt 9,13; 12,7/Hos 6,6). So ist auch die dritte Bitte im Herrengebet (Mt 6,10) wie das Gebet von Gethsemane (Mt 26,39.42; Mk 14,36; Lk 22,42) nicht als duldendes Sich-Einfügen in etwas Unabänderliches zu verstehen, sondern als ein aktives Bejahen, das das göttliche Wollen (seinen Heilsplan) verwirklichen und zum Ziel führen hilft (so auch Apg 21,14; vgl. Mt 21,31). Den göttlichen Willen tun ist eng verwoben mit der Kenntnis des göttlichen Wollens (Apg 22,14; s. o. 1a).

b) θέλω *[thẹlō]* begegnet bes. häufig in den Evgg. im Munde Jesu. Neben der rein profanen Verwendung betont es an einigen Stellen die Vollmacht Jesu (Mt 15,32; 20,32; Mk 1,41 par; 3,13; 7,24 u. ö.) bzw. die im Glauben anderer erkannte Vollmacht des Herrn (Lk 5,12 u. ö.) oder aber die auf Grund dieser Vollmacht geforderte Willensentscheidung des Hörers (Mt 16,24f; 19,17.21; Mk 10,43f u. ö.).

4) In den ges. übrigen nt. Schriften findet sich θέλω *[thẹlō]* nur noch 14mal (4mal Hebr; 5mal Offb) und θέλημα *[thẹlæma]* 11mal (5mal Hebr, 5mal 1/2Petr).

Dem johanneischen Denken vom Willen Gottes und seiner Erfüllung im Wirken des Gesandten entspricht die Interpretation von Ps 40,7—9 in Hebr 10,5—10. Einige Exegeten vermuten, daß der Hebr Ps 40,7—9 als Zwiegespräch des präexistenten Christus mit Gott versteht. Das würde bedeuten, daß hier der Grundsatz ausgesprochen würde, mit dem der Christus in diese Welt eintritt und von dem sein ganzes irdisches Leben bestimmt wird: Ausschließliche Erfüllung des Willens Gottes (V. 7.9), dh Verwerfung des kultischen Opfers (V. 5ff), Erfüllung der Schrift (V. 7) und Darbringung des eigenen Lebens zum Opfer (V. 10). V. 10 wird mit der Erfüllung dieses Gotteswillens in Christus unsere Heiligung begründet. In dem Opfer Jesu Christi wird der Wille Gottes so total erfüllt, daß eine Umwandlung des Menschen in der Heiligung möglich geworden ist (13,21). Diese Umwandlung, dh Erfüllung der Verheißung ist wiederum das »Tun des Willens Gottes« durch den Glaubenden (10,36). Ganz ähnlich wie bei Johannes ist das »Tun des Willens Gottes« der ungeteilte Gehorsam gegenüber diesem Willen. Bes. der 1Petr betont, daß dieser Gehorsam nach dem Willen Gottes das Leiden einschließen kann (3,17; 4,2.19). *D. Müller*

Lit.: GSchrenk, Art. βούλομαι etc., ThWb I, 1933, 628ff – HRiesenfeld, Zum Gebrauch von θέλω im NT, Arbeiten u. Mitteilungen aus dem Nt. Seminar Uppsala I, 1936 – GSchrenk, Art. θέλω etc., ThWb III, 1938, 43ff – RBultmann, Christus, des Gesetzes Ende, BevTh 1, 1940 (= RBultmann, Glauben und Verstehen II, 1968^5, 46ff) – GBornkamm, Sünde, Gesetz und Tod (Röm 7), Jb. d. Theol. Schule Bethel NF 2, 1950, 26ff (= GBornkamm, Das Ende des Gesetzes, 1966^5, 51ff) – HEchternach, Wille und Vorsehung, 1951 – GBornkamm, Paulinische Anakoluthe im Römerbrief, in: GBornkamm, Das Ende des Gesetzes I, 1952 (1966^5), 91ff – RBultmann, Das Evangelium des Johannes, KEK II, 1959^{16}, 101ff – LCerfaux, La volonté dans la doctrine paulinienne, Recueil L. C. III, 1962, 297ff – KELøgstrup, Art. Wille, RGG VI, 1962^3, 1716ff – OMichel, Der Brief an die Römer, KEK IV, 1963^{12}, 186. 241.

Wissen → Erkenntnis

Wohlgefallen

Die Begegnung des Menschen mit seiner Umwelt ist jeweils von einem entsprechenden Verhalten bestimmt. Es kann neutraler, positiver oder negativer Art sein. Den beiden Wortgruppen ἀρέσκω [arẹskō] und εὐδοκέω [eudokẹō] ist gemeinsam, daß sie ein positives Verhalten wiedergeben. Während ἀρέσκω [arẹskō], urspr. ein juristischer Terminus, mehr die Wirkung auf das Objekt beschreibt (*einem anderen zu Gefallen sein, ihm gefallen*), liegt bei εὐδοκέω [eudokẹō] der Akzent urspr. stärker auf dem Subjekt (*den guten Willen zu etwas haben, für gut befinden*).

ἀρέσκω

ἀρέσκω [arẹskō] gefallen, zu Gefallen sein · ἀρεστός [arestọs] wohlgefällig, angenehm · ἀρεσκεία [areskẹia] Wohlgefallen · εὐάρεστος [euạrestos] angenehm, wohlgefällig · εὐαρεστέω [euarestẹō] (jemandem) gefallen, Gefallen haben · ἀνθρωπάρεσκος [anthrōpạreskos] der Menschenknecht

ἀρέσκω [arẹskō] (von einer Wurzel *ar-*, *fügen*; davon auch ἀρετή [aretẹ̄], *Tugend*; urverwandt mit lat. *arma*, *Waffen*; *ars*, *Kunst*), belegt seit Hom., bezeichnet ein Gefallen, das ein Mensch, ein Gott (Götter) oder eine Sache findet. Davon abgeleitet sind die Adj.e ἀρεστός [arestọs], *wohlgefällig*, und εὐάρεστος [euạrestos], *wohlgefällig, zufrieden* (in Inschriften oft belegt). Das Subst. ἀρεσκεία [areskẹia], *Wohlgefallen, Anmut*, ist seit Aristot. belegt. Eigene Bildungen der LXX sind εὐαρεστεῖν [euarestẹin], *Wohlgefallen haben, zufrieden sein*, und ἀνθρωπάρεσκος [anthrōpạreskos], *einer, der Menschen zu gefallen sucht* (nur LXX Ps 52[53],6 als Fehlübers. von *chōnāch*, *deine Belagerungstruppen*; Verwechslung mit *chēn*, *Anmut*?). I

1) In LXX begegnet das Verbum ca. 60mal, das Adj. ἀρεστός [arestọs] 33mal, als Übers. von *gut, gut sein; recht, recht sein*; oft mit beigefügtem »in den Augen«, wo hebr. Text zugrunde liegt. In Dan (zB 3,22) ist es Übers. von *sch^{e}phar, schön sein, (wohl-)gefallen*. Num 23,27: »Es gefällt Gott . . .«; Mal 3,4: »Das Opfer Judas und Jerusalems wird Gott gefallen«. Ein Wort gefällt vor jemandem, dh es findet dessen Billigung, zB vor dem König und vor der Gemeinde (2Chr 30,4), vor dem König und vor den Obersten (1Makk 6,60). II

ἀρεσκεία [areskẹia] begegnet nur Spr 31,30 als Übers. von hebr. *chēn, Anmut*; εὐάρεστος [euạrestos] nur Weish 4,10; 9,10. Dagegen kommt das Verbum εὐαρεστέω [euarestẹō], *gefallen, Gefallen haben*, 14mal vor, meist als Übers. von hebr. *hithallēch, wandeln* (mit Gott). Bemerkenswert ist hier die Stelle Gen 5,24 (»Henoch gefiel Gott wohl«), wo im hebr. Text der Blick auf das Tun der Menschen gerichtet ist, das durch ein Verbum actionis ausgedrückt wird, während LXX das Urteil Gottes betont und einen Zustand bezeichnet.

2) Bei Jos. findet sich ἀρέσκω [arẹskō] ebenfalls im Blick auf Gott (es hat Gott gefallen, David zum König zu machen, Ant. 6,164) wie auch auf den Menschen (König Hyrkan will alles tun, was Gott wohlgefällt, Ant. 13,289). Um Gottes Wohlgefallen muß sich der Mensch eifrig bemühen, damit ihn Gott für würdig erachtet (vgl. Ant. 11,39).

III 1) Im NT findet sich ἀρέσκω *[aręskō]* 17mal, davon 14mal bei Paulus. Im allg. bezeichnet dieser Begriff ein bestimmtes Verhalten.

Bemerkenswert ist seine Häufung Röm 15,1–3. Paulus hält dem Pneumatiker vor, daß er bestrebt sei, sich selbst zu gefallen, dh daß sein Lebensziel auf ihn selbst gerichtet sei (V. 1). In der Wendung ἑαυτῷ ἀρέσκειν *[heautǫ aręskein]* »geht es um die Verkehrung der menschlichen Existenz und um ein Ausweichen vor Gott« (Michel, Römerbrief, 354, Anm. 4). Dieser Haltung uneingeschränkten Selbstvertrauens begegnet Paulus mit dem Hinweis, daß ein jeglicher seinem Nächsten gefallen solle zum Guten, zur Auferbauung (V. 2). Damit ist keine Menschengefälligkeit gemeint, dh eine Haltung, die Wohlgefallen und Anerkennung bei Menschen erstrebt (vgl. Eph 6,6), sondern den Willen Gottes in Form der Nächstenliebe am schwachen → Bruder zu verwirklichen. Die Grundrichtung christl. Verhaltens, die Paulus mit ἀρέσκω *[aręskō]* anspricht, ist begründet in der Haltung des Christus selbst (V. 3), der nicht selbstgefällig, dh im Vertrauen auf sich selbst lebte (οὐχ ἑαυτῷ ἤρεσεν *[ouch heautǫ ęresen]*), sondern aus der Haltung des at. Gottesknechtes (Ps 69,10) den Gehorsam gegen Gott auf sich nahm. ἀρέσκω *[aręskō]* ist also bei Paulus ein Begriff, der den Menschen in einer falschen oder richtigen Lebenshaltung kennzeichnet. Das weiß der Apostel auch von sich selbst. Durch seine Bekehrung ist er freigemacht von der Sorge um die Gunst der Menschen, weil er dem Befehl des Herrn untersteht; darum will er Gott oder Christus zu Gefallen leben. Paulus predigt nicht, um Menschen, sondern um Gott zu gefallen (1Thess 2,4). Die Ausrichtung auf Christus und auf das durch Christus gesetzte Ziel, alle zu retten, führt den Apostel dazu, sowohl Juden wie Griechen zu Gefallen zu leben; dh er lebt zum Nutzen der vielen, damit sie gerettet werden (1Kor 10,33). Auch die Gemeinde soll darauf achten, wie sie Gott wohlgefallen kann (1Thess 4,1). In 2Tim 2,4 wird ein in der hell. Tugendpredigt weit verbreitetes Bild verwendet: der Soldat, der ins Feld zieht, gibt sich nicht mit Erwerbstätigkeit ab, sondern er sucht dem Befehlshaber zu gefallen. Damit wird dem Leser eingeschärft, daß er sich nicht durch die Sorge um irdisches Wohlergehen von seinem Wirken für Christus abbringen lassen soll. Entsprechend kann der ehelos Lebende, ohne durch eheliche Rücksichten gebunden zu sein, seine ganze Kraft darauf verwenden, das Wohlgefallen und die Anerkennung Christi zu erringen (1Kor 7, 32f). Wer dagegen sein Leben nach »fleischlichen« Normen (ἐν σαρκὶ ὄντες *[en sarkį ǫntes]*) führt, dh wer sich in der Machtsphäre des Menschen dem Willen Gottes entzieht, kann Gott nicht gefallen, er wird von ihm nicht anerkannt (Röm 8,8). So geht es den Juden, die Jesus und die Propheten getötet haben (1Thess 2,15).

2) ἀρεστός *[arestǫs]* (im NT 4mal) wird bis auf Apg 12,3 (die Hinrichtung des Jakobus war dem Volk wohlgefällig, dh fand seine Zustimmung) immer mit Gott als Subj. gebraucht. LXX-Griech. ist der Ausdruck οὐκ ἀρεστόν ἐστιν *[ouk arestǫn estin]*, *es ist nicht recht*, nämlich vor Gott (Apg 6,2). Nach Joh 8,29 tut Jesus immer das, was vor Gott wohlgefällig ist, dh was Gottes Willen entspricht. ἀρεστός *[arestǫs]* unterstreicht noch einmal die Einheit zwischen dem Gesandten und dem Sendenden. Weil die Christen Gottes Gebote halten und tun, was vor ihm wohlgefällig ist, darum empfangen sie im Gebet, was sie erbitten (1Joh 3,22).

3) Auch εὐαρεστέω *[euarestęō]* (nur 3mal im Hebr) und εὐάρεστος *[euąrestos]* (9omal, Paulus und Hebr) haben bis auf eine Ausnahme (Tit 2,9) Gott bzw. Christus zum Subj. Und selbst Tit 2,9 weicht indirekt von dieser Linie nicht ab: Die Sklaven werden ermahnt, ihren Herren εὐάρεστοι *[euąrestoi]* zu sein, sie sollen zu deren Zufriedenheit leben, um als Glieder der Gemeinde Gott durch ihr Verhalten die Ehre zu geben und ihm zu gefallen (vgl. Eph 6,6). Die Kinder werden zum Gehorsam gegenüber den Eltern ermahnt, weil das dem Herrn wohlgefällig ist (Kol 3,20). Paulus dankt für die Gabe der Philipper, die ein Gott wohlgefälliges → Opfer ist (Phil 4,18). Die Christen von Rom werden ermahnt, ihre Leiber als »lebendiges, heiliges, Gott wohlgefälliges Opfer darzubringen« (Röm 12,1f vgl. Eph 5,10): die ganze Existenz des Christen wird Gott dargebracht (vgl. 2Kor 5,9). Wer Christus in Gerechtigkeit, Frieden und Freude im Heiligen → Geist dient (→ Dienen; vgl.

→ Sklave, Art. δουλεύω), ist ihm wohlgefällig und wird von ihm anerkannt (Röm 14,18). Darum aber muß gebetet werden, damit Gott in uns durch Christus das schafft, was vor ihm wohlgefällig ist (Hebr 13,21).

Hebr 11,5f nimmt Gen 5,24 auf: Aus der Tatsache, daß Henoch Gott wohlgefiel (εὐαρεστεῖν *[euarestẹin]*), wird gefolgert, daß er ein Glaubender war; denn ohne → Glauben kann man Gott nicht gefallen. Im Christenleben sind Wohltätigkeit und Liebeshandeln »Opfer«, an denen Gott sein Wohlgefallen hat (Hebr 13,16).

4) ἀρεσκεία *[areskẹia]* kommt nur in Kol 1,10 vor: Paulus bittet für die Kolosser, sie möchten erfüllt werden mit der Erkenntnis von Gottes Willen, damit sie des Herrn würdig wandeln und ihm stets zu Gefallen seien.

5) ἀνθρωπάρεσκος *[anthrōpạreskos]* begegnet nur in der Sklavenregel (Eph 6,6; Kol 3,22): die → Sklaven sollen ihren Herren gehorchen, nicht in Liebedienerei, um Menschen zu gefallen, sondern in der Furcht des Herrn.

6) Die Wörter dieser Gruppe werden im NT vorwiegend dazu verwendet, um ein Wohlgefallen vor Gott (Christus) zu bezeichnen, das aus einer bestimmten Haltung entsteht. Auch dort, wo eine Anerkennung von seiten der Menschen gemeint ist, geht der Blick zumeist über die Menschen hinaus auf Gott, dessen Wohlgefallen erlangt werden soll.

H. Bietenhard

εὐδοκέω

εὐδοκέω *[eudokẹō]* für gut halten, Wohlgefallen haben an · εὐδοκία *[eudokịa]* guter Wille, Wohlgefallen, Wunsch

Das Verbum εὐδοκέω *[eudokẹō]* ist ein Wort der Volkssprache der hell. Zeit (belegt seit dem 3. Jh. vChr). Es ist abzuleiten von einem hypothetischen εὔδοκος *[ẹudokos]* (aus εὖ *[eu]*, *gut*, und δέχομαι *[dẹchomai]*, *annehmen*) und bedeutet *wollen, den guten Willen zu etwas haben; für gut befinden, zustimmen, willfahren, übereinkommen, sich verständigen, befriedigt, glücklich sein, etwas gern tun, sich an etwas freuen.* Vom Verbum aus hat LXX das Subst. εὐδοκία *[eudokịa]* gebildet. – Das Ziel der epikureischen Lebensphilosophie ist die εὐδοκουμένη ζωή *[eudokoumẹnæ zōæ]*, *das Leben, mit dem man zufrieden ist.* I

1a) In LXX kommt εὐδοκέω *[eudokẹō]* etwa 60mal vor; wo hebr. Grundtext vorliegt, ist es meist Übers. von *rātsāh, Wohlgefallen, Lust haben, sich freuen an, sich entscheiden für, erwählen,* und bezeichnet ein affektvolles, positives Wollen: Man hat Freude am Heiligtum (1Chr 29,3; Ps 101 [102],15), an den Werken der Wahrheit (1Esr 4,39). Man entscheidet sich für Alexander Balas (1Makk 10,47); wählt Simon zum Anführer (1Makk 14,41); man gewährt, willfährt (2Chr 10,7; Sir 18,31). Mit Negation bedeutet es *verwerfen* (Hab 2,4). II

Jahwe hat Wohlgefallen an seinem Volke (Ps 43[44],4; 149,4), an einem Frommen (2Sam 22,20), an denen, die ihn fürchten (Ps 146[147],11); es möge ihm gefallen, den Beter zu retten (Ps 39 [40],13). Dagegen hat Jahwe kein Gefallen an den Waden (dh der Kraft) des Mannes (Ps 146[147],10), noch an einem, der Böses tut (Mal 2,17). Mehr als ein Opfer gefällt Jahwe ein bußfertiger Sinn (Ps 50[51],18f; Jer 14,12).

b) Das Subst. εὐδοκία *[eudokịa]* kommt 25mal vor (nur Pss, Hhld, 1Chr, Sir). An 8 Stellen ist es Übers. von hebr. *rātsōn* (im MT 56mal), *Wohlgefallen, Gnade, Willen Gottes* (40mal im MT). εὐδοκία *[eudokịa]* kann das *Belieben* des Menschen bezeichnen (Ps 140[141],5; Sir 8,14; 9,12 u. ö.), aber auch das göttliche *Wohlgefallen,* Gottes *Gnade* und *Segen* (Ps 5,13; 50[51],20; 88[89],18; PsSal 8,33). Vor allem Sir zeigt die Tendenz, εὐδοκία *[eudokịa]* als Wiedergabe des hebr. *rātsōn* zu verwenden, um damit Gottes Wohlgefallen, sein gnädiges Wollen, Handeln und Wählen zu beschreiben (Sir 1,27; 11,17; 15,15 u. ö.); göttlichen Ratschluß oder göttliche Bestimmung bezeichnet εὐδοκία *[eudokịa]* in Sir 33,13; 36,13; 39,18 u. ö.

2) Der Sprachgebrauch des S p ä t j u d e n t u m s entspricht demjenigen des AT. In der bei den R a b b i n e n sehr oft vorkommenden Formel »Gottes Wohlgefallen tun« bedeutet hebr. *rātsōn: Gottes Willen tun.* Häufig ist auch der aus der Hofsprache stammende Ausdruck »Wohlgefallen vor Gott«. Im Gebet ist vielfach die Formel: »Es sei wohlgefällig vor dir«, dh es sei dein Wille, gebraucht. Das entspricht genau dem von Jesus gebrauchten Ausdruck εὐδοκία ἔμπροσθέν σου *[eudokịa ẹmprosthẹn sou]* in Mt 11,26. Es kann mit diesem Wort aber auch ein menschliches Wohlgefallen ausgedrückt sein.

3) Das Schrifttum von Q u m r a n redet von »allen Söhnen seines (oder deines, dh Gottes) Wohlgefallens« (1QH 4,33; 11,9) oder von »Auserwählten des (göttlichen) Wohlgefallens« (1QS 8,6). *rātsōn* als *Wille* begegnet ebenfalls öfter (1QH 10,2.6.9; 14,13; 16,10; 4QpPs 37,2.5). Parallele Ausdrücke sind »Auserwählte des Himmels« (1QM 12,5), »Auserwählte der Gerechtigkeit« (1QH 2,13). »Wohlgefallen ist ein Begriff des Erwählungs- und Prädestinationsdenkens« (JMaier, Die Texte vom Toten Meer II, 105). Es handelt sich also nicht um den guten Willen der Menschen, sondern es geht um Menschen, die Gott auserwählt hat, konkret um die Angehörigen der Qumrangemeinschaft.

III 1) εὐδοκέω *[eudokẹō]* begegnet im NT 21mal, davon 11mal bei Paulus, je 3mal bei Mt und Hebr, nie in den johanneischen Schriften. εὐδοκία *[eudokịa]* kommt 9mal vor, davon 6mal bei Paulus, 2mal bei Lk. Das Verbum wird an 7 Stellen von Menschen gebraucht, das Subst. an 2 Stellen.

2) Die Gemeinden von Makedonien *haben beschlossen*, eine Kollekte für die Urgemeinde von Jerusalem zusammenzulegen (Röm 15,26ff). Paulus *erachtet es als besser*, er hat Lust, aus dem Leibe (→ Fleisch; vgl. → Leib, Art. σῶμα) auszuwandern, um bei Christus zu sein (2Kor 5,8); er *hat Wohlgefallen* an Schwachheiten um Christi willen (2Kor 12,10); er *war willig*, die Gemeinde nicht nur am Ev. teilhaben zu lassen (1Thess 2,8); er *beschloß*, allein in Athen zurückzubleiben (1Thess 3,1). Alle werden gerichtet werden, die Wohlgefallen an der Ungerechtigkeit gefunden haben (2Thess 2,12). In Röm 10,1 sagt Paulus, es sei der Wunsch seines Herzens und sein Gebet, daß die Juden gerettet werden, dh daß sie zum Glauben an Jesus kommen. Während Paulus gefangen ist, predigen einige Leute Christus aus Neid und Streitsucht, andere aber auch, weil sie Paulus wohlgesinnt sind (Phil 1,15).

3a) An allen übrigen Stellen ist von G o t t e s Ratschluß, Entschluß, Wahl die Rede: Gott *verwirft* (οὐκ εὐδόκησας *[ouk eudọkæsas]*) die Opfer (Hebr 10,6.8.38; vgl. Hab 2,4). Christus selbst tut den Willen Gottes als derjenige, der sich als Opfer hingibt und so Gottes Wohlgefallen erlangt. Es ist Gottes Ratschluß, der kleinen Herde das Reich zu geben (Lk 12,32). Gott hat beschlossen, dem Apostel Jesus Christus zu offenbaren (Gal 1,15), durch die Torheit der Kreuzespredigt die Glaubenden zu retten (1Kor 1,21; → Erlösung, Art. σῴζω). An der Mehrheit der Israeliten der Wüstenzeit hatte Gott kein Wohlgefallen, er verwarf sie (1Kor 10,5). Gott hat beschlossen, die ganze Fülle der Gottheit in Christus wohnen zu lassen (Kol 1,19).

b) Bei der Taufe Jesu ertönt Gottes Stimme aus dem Himmel: »Dieser ist mein geliebter Sohn, an dem ich Wohlgefallen habe« (Mt 3,17 parr; vgl. Ps 2,7; Jes 42,1; Gen 22,2; 2Petr 1,17). Nach Mt 17,5 ertönt diese Stimme wieder mit denselben Worten bei Jesu Verklärung (vgl. Mt 12,18). Es geht auch hier um Gottes Wahl und Bestimmung, durch die er Jesus zum Messias eingesetzt hat. εὐδοκία *[eudokịa]* dient in Mt 11,26 par dazu, den überlegenen Ratschluß Gottes zu umschreiben.

c) Die bekannteste nt. Stelle, an der εὐδοκία *[eudokịa]* vorkommt, ist Lk 2,14. Hier dürfte an der Lesart ἐν ἀνθρώποις εὐδοκίας *[en anthrọpois eudokịas]* als an der urspr. festzuhalten sein. Der Ausdruck entspricht genau den oben aus dem Schrifttum von Qumran (II,3) beigebrachten Wendungen: *Menschen, die Gott auserwählt hat*, um ihnen sein Heil, Christus, zu bringen. Der Gesang der Engel verkündigt göttliches Geschehen und Handeln: Gott hat den Christus auf die Erde gesandt. Dafür wird er im Himmel verherrlicht, und die Wirkung auf Erden ist der Friede. Durch die Geburt des Christus hebt auf der Erde der Friede an, dh die endzeitliche Vollendung, das Reich Gottes. Es geht also nicht um den guten Willen der Menschen oder von Menschen, so, als ob sie zustimmend oder handelnd bei diesem Geschehen beteiligt sein müßten, so sehr auch die Menschen betroffen sind als empfangende, als solche, denen sich Gottes Heil zuwendet. (Die »Menschen des guten Willens« sollten aus den Bibelübers.en und Weihnachtsbetrachtungen verschwinden!) Es geht um den souveränen Gnadenwillen Gottes, der sich ein Volk zum Heil und zur Vollendung erwählt.

d) In der ermahnenden Stelle Phil 2,13f fordert Paulus die Gemeinde auf, ihr Heil in Furcht und Zittern zu wirken, weil Gott in ihnen »das Wollen und das Vollbringen wirkt« ὑπὲρ τῆς εὐδοκίας *[hyper tæs eudokias]*; das wird wohl am besten übers. mit *um des erwählenden Ratschlusses Gottes willen:* Gott hat die Gläubigen erwählt und wirkt in ihnen weiter, so daß seine Wahl auch zum Ziele kommt. In Eph 1,5.9.11 ist εὐδοκία *[eudokia]* synonym mit θέλημα *[thelæma]* bzw. βουλή *[boulæ]*, → *Wille*, und πρόθεσις *[prothesis]*, *Vorsatz* (→ Vorsehung): es geht um Gottes Wollen und Wählen, das auf die Rettung zielt; Gottes freie Gnade steht im Mittelpunkt der Aussagen. – In knapper Formulierung meint wohl auch 2Thess 1,11 Gottes wählendes Tun, das auf das Handeln der Christen gerichtet ist; zugleich bittet der Apostel darum, daß Gottes Wille zu seinem Ziele komme. Möglich ist aber auch das Verständnis: »Gott erfülle jede auf das Gute gerichtete Absicht«.

H. Bietenhard

Lit.: WFoerster, Art. ἀρέσκω etc., ThWb I, 1933, 455ff – GSchrenk, Art. εὐδοκέω etc., ThWb II, 1935, 737ff – CHHunzinger, Neues Licht auf Lc 2,14 ἄνθρωποι εὐδοκίας, ZNW 44, 1952/53, 85ff – Weiteres zu Lk 2,14 bei HSchürmann, Das Lukasevangelium I, HThK 3,1, 1970, 113ff.

Wort

Wort und Sprache sind jene Medien, durch die der Mensch in geistige Verbindung zu seiner Umwelt, dh spez. zu seinen Mitmenschen tritt. Mehr als bloße Chiffre ist für den antiken Menschen das Wort bzw. der Begriff Mittel zur Ordnung von Erscheinungen und Gedanken und zugleich Brücke der Mitteilung, Weg der Bewältigung bzw. Einflußnahme, was bes. in den Formen von → Fluch und → Segen zum Ausdruck kommt. Formal und gestalthaft tritt das Wort als *Sprache* (γλῶσσα *[glōssa]*, eigentlich *Zunge*) auf, akustisch wird es als *Laut* oder *Stimme* (φωνή *[phōnæ]*) vernehmbar. Daß das *Wort* nicht nur eine *Sache* bezeichnet, sondern für sie steht, geradezu mit ihr identisch sein kann, zeigt sich vielleicht am stärksten beim Subst. ῥῆμα *[rhæma]*, während der Ordnungscharakter und die durch das Wort geschehende Setzung und Systembildung am deutlichsten in der umfassendsten λόγος *[logos]*-Gruppe sich beobachten läßt. Weil das *Wort* als gestaltete Ausdrucksform des Denkens zu den höchsten Auszeichnungen des Menschen zählt, redet die Bibel auch von der (Selbst-)Mitteilung Gottes in der Kategorie des Wortes, bis hin zu der johanneischen Identifizierung Gottes mit dem λόγος *[logos]*, und zwar so umfassend, daß eine Gegensätzlichkeit zum Handeln Gottes ausgeschlossen ist. – Vgl. auch → Denken; → Hören; → Verkündigung.

γλῶσσα

γλῶσσα *[glōssa]* Zunge; Sprache · ἑτερόγλωσσος *[heteroglōssos]* eine fremde Sprache redend

Das Subst. γλῶσσα *[glōssa]*, *Zunge, Sprache*, (wahrscheinlich entstanden aus γλωχ-ια *[glōch-ia]*, *Spitze*; verwandt mit γλῶχες *[glōches]*, *Grannen* der Ähren, aus dem pflanzlichen Bereich stammend) bedeutet urspr. *Zunge* (von Menschen und Tieren) im physiologischen Sinn (Hom. Od. 3,332) als das Organ des Schmeckens und Redens. Übertragen steht γλῶσσα *[glōssa]* für *Redefähigkeit, Ausspruch* sowie für *Sprache, Mundart* (Hom. Od. 19,175; Hdt. I,57). Es kann aber auch einen erklärungsbedürftigen *dunklen sprachlichen Ausdruck* bezeichnen (Aristot. Poet. 21 p 1457b 1ff). I

In LXX hat γλῶσσα *[glōssa]* (auch in der Form γλῶττα *[glōtta]*; von ca. 160 Belegen ca. 100mal für hebr. *lāschōn* bzw. aram. *lischān, Zunge, Sprache*) die Bedeutung *Zunge* als leibliches Organ bei Menschen und Tieren (Ex 4,10; Ri 7,5); übertragen bezeichnet es die *Redefähigkeit* oder *Sprache* (Gen 11,7). In den poetischen und prophetischen Büchern des AT und in Sir ist die Zunge bes. das II

Organ des sündigen Menschen als Werkzeug der Lüge und Bosheit, der Überheblichkeit und Gottlosigkeit (Hi 15,5; Ps 140[139],4; Spr 6,17; Jes 3,8; Jer 9,2.7). Die Zungensünden richten wie eine Geißel (Hi 15,5), wie Schwert und Pfeil und Bogen (Ps 57[56],5) oder wie eine giftige Schlange (Ps 140[139],4) Unheil und Verderben an und zerstören das Verhältnis des Menschen zu Gott und zu seinem Nächsten. Weil »Tod und Leben in der Gewalt der Zunge stehen« (Spr 18,21), ist die Mahnung so dringlich, die Zunge vor dem Bösen zu hüten (Ps 34[33],14), mit der Zunge für Recht und Wahrheit einzutreten (Ps 35[34],28; 37[36],30; Spr 15,4) und Gott zu preisen (Ps 51[50],16; Ps 126[125],2; Sir 31,30).

III Im nt. Gebrauch des Wortes (52 Belege) liegt das theol. Schwergewicht in Apg (6 Belege) und 1Kor 12 und 14 (3 bzw. 14 Belege), wo die auf die Jünger sich niedersetzenden Feuerzungen (Apg 2,3) Bild für die Feuertaufe des Heiligen → Geistes und das Reden »in anderen Zungen« Begleitzeichen des Geisteswirkens sind.

Im übrigen schließt sich der nt. Gebrauch des Wortes an LXX an (oft in Zitaten: Apg 2,26; Röm 3,13; 14,11; Phil 2,11; 1Petr 3,10), wobei γλῶσσα *[glōssa]* die *Zunge* als Körperteil (Lk 16,24; Offb 16,10), Organ des Redens (Lk 1,64; Mk 7,35; 1Joh 3,18; Jak 1,26 u. a.) und neben διάλεκτος *[dialektos]*, *Mundart, Dialekt*, die *Sprache, Redeweise* oder *Mundart* der Menschen kennzeichnet (Apg 2,11). In Offb bezeichnet γλῶσσα *[glōssa]* 7mal in der Zusammenfassung »Geschlechter, Sprachen, Völker und Nationen« (5,9; 7,9 usw.) die Gesamtheit der Menschen und Völker vor den Augen Gottes.

1) Die Zunge als Organ des Redens offenbart das Innerste des Menschen. Sie kann dämonischen Bindungen unterliegen (Mk 7,35), und unter der Gewalt des Bösen werden die Auswirkungen der Sünde gerade durch die Zunge in mannigfacher Weise offenbar. Auch an ihr erweist sich Jesu Rettermacht; beim einzelnen wie bei der erlösten Gemeinde tut sich an ihr die erneuernde Kraft des Heiligen Geistes kund, und durch sie wird das Lob Gottes laut.

2) Das Charisma der Zungenrede (Glossolalie) gilt im NT als eine Erfüllung at. Verheißungen (1Kor 14,21; Apg 2,16) und als Kennzeichen des Anbruchs der Heilszeit. Über at. Parallelen oder religionsgeschichtliche ähnliche Erscheinungen wird nicht reflektiert, obwohl zB Paulus offensichtlich um das Vorhandensein mystisch-ekstatischer Erscheinungen im Hellenismus weiß (1Kor 12,2).

a) Was sich 1Kor 14,21 in dem Zitat aus Jes 28,11.12 (ἐν ἑτερογλώσσοις *[en heteroglōssois]*, durch Leute *fremder Zunge*) urspr. auf eine fremde menschliche Sprache bezog, deutet Paulus auf die Glossolalie, die von den Ungläubigen nicht verstanden wird. In Korinth wurden Gemeindeglieder vom Heiligen Geist zu einem unartikulierten enthusiastischen Beten, Lobsingen, Preisen und Danken »im Geist« getrieben (1Kor 14,14ff). Dieses »Reden in Zungen« war Ausfluß elementaren Ergriffenseins des einzelnen und eine bestimmte Form der persönlichen Anbetung (1Kor 14,2.28b). Da dieses Loben und Beten »in Zungen« von anderen, die nicht vom Geist ergriffen waren, nicht verstanden wurde und diese nicht in den Lobpreis miteinstimmen konnten, diente solches Zungenreden nicht zum Aufbau und zur Stärkung der Gemeinde (1Kor 14,5). Paulus wehrt dem Reden im Geiste nicht (1Kor 14,39b), übt es selbst vielmehr eifrig (1Kor 14,18), mahnt aber eindringlich zu Prüfung, Zucht und Beschränkung (1Kor 14,14ff). In der Gemeindeversammlung soll das Zungenreden nur Raum haben, wenn es durch zusätzliche geistgewirkte Deutung der Erbauung der Gemeinde dient (1Kor 14,26ff). Prophetie, dh geistgewirkte und geisterfüllte Verkündigung des Evangeliums, soll unbedingte Priorität vor der Glossolalie haben (1Kor 14,19), die Paulus unter den Charismen an letzter Stelle anführt (1Kor 12,10). Mit keinem Wort deutet Paulus an, daß Glossolalie unentbehrlicher Erweis des Geistesempfanges sei oder daß mit der Gabe der Glossolalie den betroffenen Gemeindegliedern eine höhere Stufe des Christenlebens verliehen sei. Zungenreden darf nie zur Erhöhung oder Selbstbestätigung des frommen Menschen dienen, sondern nur zur Ehre Gottes.

b) Nach der Darstellung des Lukas in Apg 2 war die Geistverleihung in Jerusalem mit dem »Reden in anderen Zungen« verbunden: Gemeinsam verkündigten die Jünger

»die großen Taten Gottes« (Apg 2,4), und zugleich wirkte der Heilige Geist bei vielen das Verstehen dieser Verkündigung in ihrer eigenen Sprache. Wenn uns die Überlieferung auch kein völlig eindeutiges Bild des Pfingstereignisses gibt, so macht sie doch deutlich, daß Gottes Geist ein besonderes Reden und Hören des Evangeliums wirkte, das zum Zusammenschluß der Urgemeinde führte. Als dann in Caesarea die ersten Heiden den Heiligen Geist empfingen und Glieder der Gemeinde wurden, wurde auch ihnen die Gnadengabe des anbetenden Lobpreises Gottes »in anderen Zungen« zuteil ebenso wie später den gläubig gewordenen Johannesjüngern in Ephesus (Apg 10,46; 19,6).

c) Diese Erscheinungen waren gewiß unter sich verschieden, denn für Jerusalem beschreibt Lukas das Zungenreden als ein an die Menschen gerichtetes Predigen (ἀποφθέγγεσθαι *[apophthengesthai], laut erklären, jemanden enthusiastisch anreden*, Apg 2,4.14) des Evangeliums in fremden Sprachen; in Caesarea, Ephesus und Korinth hingegen hat es sich wohl um ein zu Gott hin gerichtetes Lobpreisen und Anbeten in unartikulierten Lauten gehandelt. Gemeinsam ist die Überzeugung, daß diese Phänomene ihre Wurzel nicht in frommer Erregung des Menschen haben, sondern im Wirken des Heiligen Geistes und daß sie der Verherrlichung und Anbetung Gottes dienen. *H. Haarbeck*

λόγος

λόγος *[logos]* Wort, Ausspruch, Sinn · λέγω *[legō]* sammeln, zählen, sagen · λογικός *[logikos]* geistig, vernünftig · λόγιον *[logion]* Spruch · λόγιος *[logios]* beredt, gebildet · ἄλογος *[alogos]* unvernünftig, sprachlos · λαλέω *[laleō]* (plaudernd) reden, sprechen

Das Wort λόγος *[logos]* gewann im profan-griech. Sprachbereich bereits eine zentrale Bedeutung für das spekulative Denken, bevor es terminologisch präzise umgrenzt war. Das bedeutet, daß der in einem Text jeweils gemeinte Inhalt nicht definierend angesprochen, sondern gleichsam umspielt wurde. Das fällt um so mehr ins Gewicht, als das Wort eben wegen der Breite seiner Grundbedeutung von allen im 5. Jh. vChr in Griechenland sich entwickelnden Einzelwissenschaften als Terminus aufgenommen wurde: Grammatik, Logik, Rhetorik, Psychologie und Metaphysik, Theologie und auch Mathematik füllten es – zT sogar im gleichen Wissenschaftsbereich – mit unterschiedlichem Gehalt. I

1) Das Wort λόγος *[logos]*, aus der Wurzel *λεγ- *[leg-], sammeln, auflesen, erzählen, reden*, bedeutet *Wort, Rede, Sprache, Erzählung*, und ist bei Homer, der es nur Il. 15,393 und Od. 1,56 im Plur. benutzt, von den dort dominierenden Wörtern des gleichen Wortfeldes μῦθος *[mythos]* und ἔπος *[epos]* inhaltlich nicht unterschieden. Der nachhomerische Sprachgebrauch differenziert die Wortbedeutungen. Er reserviert ἔπος *[epos]* für die dem homerischen Versmaß verpflichtete epische Lit., μῦθος *[mythos]* neben der Kennzeichnung fiktiver Geschichten für eine solche von Göttererzählungen, die – dichterisch gestaltet – dennoch einen Wahrheitsgehalt beanspruchen (zuerst Hdt. II,45). – Den damit sozusagen freigewordenen Raum zur Bezeichnung dessen, was *Rede, Wort* bedeutet, nimmt nun aber die auf einer homerischen Wurzel aufbauende nachhomerische Neubildung ῥῆμα *[rhæma]* ein, während λόγος *[logos]*, nur schwach belegt, auf die Bedeutung *Rede* (Xenoph. bei Diels I, 127,9) oder *Thema der Rede* (Theogn. 1055) beschränkt bleibt.

2) Philosophischer Gebrauch

a) Der entscheidende Wandel im Sprachgebrauch des Wortes λόγος *[logos]* tritt mit Heraklit (um 500 vChr) ein. Für ihn ist λόγος *[logos]* zwar auch *Rede, belehrende Rede = Lehre* (Frg. 1) und *Wort* (Frg. 87), auch *Ruhm* (Frg. 39), aber gleichzeitig *Verhältnis, Proportion* (Frg. 31), *Sinn* (Frg. 50), *gemeinsames Weltgesetz* (Frg. 2), *Wahrheit* (Frg. 1). Bemerkenswert ist bei dieser Breite der Bedeutungen, daß Heraklit bei jeder Anwendung des Wortes den gesamten Bedeutungsbereich mitdenkt: Die Worte, welche die Dinge gegeneinander absetzen, die Verhältnisse, die gleichzeitig zwischen den Dingen bestehen, das Gesetz, das diesen Verhältnissen zugrunde liegt – und zwar als ein gemeinsames, dh auch den Menschen einschließendes –, und die aus diesem gemeinsamen Gesetz für den Menschen erwachsende Forderung, sich auch entsprechend zu verhalten. Daraus wird deutlich, daß es Heraklit nicht um ein philosophisches System ging, sondern darum, gerade die Einheit des Einen und Ganzen (Frg. 50) mittels der der dauernden Veränderung zugrunde liegenden Weltgesetzlichkeit der Proportion in den Griff zu bekommen. Dabei ist für ihn λόγος *[logos]* zugleich Denkinstrument, drückt den Denkprozeß und sein Ergebnis aus und auch die Folgerungen für den Denker (Frg. 2).

Weil der λόγος *[logos]* »anders als der Mythos, den der Gott dem Dichter als innere Wahrheit in die Seele legt, ... auf Seiendes, Sachhaftes gerichtet« ist, umfaßt er »die weite Empirie alles dessen, was man mit Augen und Ohren in Erfahrung gebracht hat« (Schadewald, Antike, 155). Diese Formulierungen stützen sich auf die Bedeutung des λόγος *[logos]* zugrunde liegenden Verbums λέγω *[legō]*, das die Tätigkeit des Sammelns, des achtsam auswählenden, nacheinander Aufnehmens und in ordentlicher Folge Aneinanderreihens bedeutet, urspr. aber mit reden, sprechen nichts zu tun hat. Alles, was der Mensch sieht, bringt er durch Erkunden des Sinnes in eine Beziehung zueinander; diese Beziehung ist nach Heraklit der Logos der Einzeldinge, in den Dingen selbst enthalten, der ein allem Seienden gemeinsames Gesetz sichtbar werden läßt (Frg. 2). Darum kann er sagen, »das Eins ist Alles« (Frg. 50). Die Welt stellt also für ihn ein Wechselseitigkeitsverhältnis der Dinge untereinander und zum Ganzen dar, in das der Mensch selbst einbezogen ist, weshalb er auch der Vernunft fähig ist, so daß er die Weltgesetzlichkeit in sich selbst (Psychologie) und seine eigene Gesetzlichkeit im Weltganzen (Metaphysik) wiederfindet. Dennoch bleibt selbst das Weltganze »Welt« und darf nicht transzendent interpretiert werden; es gibt ja auch den Gedanken der Transzendenz noch nicht.

Gerade die Schärfe, mit der Heraklit seine Lehre vortrug, mußte Gegnerschaft hervorrufen. Hatte er selbst noch gefordert, auf die Natur hinzuhören (Frg. 112), so verband sein Zeitgenosse P a r m e n i d e s mit dem Wort λόγος *[logos]*, dem er bald den Begriff νόημα *[noæma]*, *Denken*, gleichsetzte (Parm. Frg. 8,50), den Begriff des reinen, von den Sinnen nicht gestörten Denkens (Frg. 7,4f). Damit hat Parmenides das Reich des λόγος *[logos]* jenseits der trügerischen Erscheinungswelt angesiedelt, in der Welt des reinen Seins; in der Erscheinungswelt selbst gibt es nur das unlösbare Ringen der Gegensätze miteinander (→ Wahrheit I, 1a).

Damit tritt für den Logos-Begriff dreierlei erstmals zutage:

α) die Antithetik (Parmenides sieht sich in seinem Denken bewußt im Gegensatz zu Heraklit, zB Frg. 6,4f);

β) der Dualismus (Parmenides trennt das »Gesamt« des Heraklit – Frg. 50 – in zwei wertmäßig deutlich geschiedene Bereiche);

γ) die Einengung des Begriffes λόγος *[logos]* auf den subjektiven Bereich: Denktätigkeit und Gedanke (Parm. Frg. 8,50, wobei er sogar dem Wort νόημα *[noæma]* den Vorzug gibt).

b) In der gleichen Zeit (Mitte des 5. Jh.) setzte sich in Griechenland die sog. S o p h i s t i k durch, eine die griech. Gesellschaft in allen Schichten ergreifende geistige Bewegung, die nach folgenden Gesichtspunkten charakterisiert werden kann:

α) Ausrichtung der Reflexion auf den Menschen und auf das Verhältnis von Individuum und Gesellschaft;

β) Erkenntnis der Notwendigkeit, aber auch Möglichkeit der Erziehung des Menschen zur vernünftigen Teilnahme am politischen Leben;

γ) Überzeugung, daß der λόγος *[logos]*, die *Rede*, – durchgeführt an der Erklärung und Kritik der Dichter (vor allem Homers) – das vermöge.

In der Auseinandersetzung um diese drei Themen erhält das Wort λόγος *[logos]* die Bedeutung der individuellen Argumentationskraft, die sich – völlig wertfrei – der verschiedensten Probleme anzunehmen vermochte, wobei es nur darauf ankam, die eigene These zu verteidigen. Das erschien möglich, weil man überzeugt war, daß in jedem Logos der Gegenlogos bereits enthalten sei (Protagoras bei Diels II,266,15f). Damit ist die Antithetik als Grundprinzip der Erörterung anerkannt. Verglichen mit Parmenides gewann von den beiden Bereichen der Gesamtwelt gerade der von diesem abgewertete diesseitig-wirkliche ausschließliches Interesse, reflektiert in der induktiven Methode, die ebenfalls bei Parmenides der schärfsten Verurteilung verfallen war.

Jetzt konnten Streitgespräche über ein Thema stattfinden (δισσοὶ λόγοι *[dissoi logoi]*), zwiefache, dh einander entgegengesetzte Reden über Gut und Schlecht, über Schön und Häßlich, über Wahrheit und Lüge (Diels II,405ff; von Aristoph. sogar auf der Bühne personifiziert: Nu. 889–1104).

Jetzt wurde es möglich, durch geschickte Hantierung von Argumenten eine »geringere«, eine anrüchige, ungerechte Sache zur »besseren« zu machen (τὸν ἥττω λόγον κρείττω ποιεῖν *[ton hættō logon kreittō poiein]*), wie es in sophistischer Verdrehung dem Sokrates in seinem Prozeß zum Vorwurf gemacht wurde (Plato Ap. 18b).

Aber nicht nur die völlig wertfreie, rein den individuellen Zielsetzungen dienstbar gemachte Bedeutung von λόγος *[logos]* kennzeichnet die Zeit der Sophistik, sondern gleichzeitig wird in dem λόγος *[logos]* eine große Kraft gesehen, eine Potenz zu allem Großen, Bedeutenden. Gorgias (Diels II, 290,17ff) nennt ihn einen großen Machthaber, der im kleinsten Körper *allergöttlichste* (θειότατα *[theiotata]*) Werke vollenden kann; Isocr. (3,7) mißt ihm eine pädagogische Kraft bei, mit der die Schlechten getadelt, die Guten gelobt werden; ja geradezu eine kulturschöpferische Kraft schreibt er dem Logos zu (vgl. ThWb IV, 81), da fast alles, was der Mensch geschaffen habe, durch den Logos geschaffen worden sei (15,254). Darin kommt ein Enthusiasmus zum Ausdruck, der für diese Zeit als Zeit einer Aufklärung typisch ist, aber auch ein Anerkennen von Wertvorstellungen, das fast einen missionarischen Zug enthält. Es ist jedoch bezeichnend, daß nach der Aussage desselben Gorgias (Diels II,277,39) in der sophistischen Redekunst im Gegensatz zu anderen Fertigkeiten nicht mit Kenntnissen operiert wird (das Wort »Kenntnisse« wird in dem Satz ausdrücklich zurückgewiesen), sondern allein mit Wörtern (διὰ λόγων *[dia logōn]*), wobei die ganze Problematik des Inhaltes vom Sprecher offengelassen wird. Die Tätigkeit des Diskutierens (διαλέγεσθαι *[dialegesthai]*) fördert demnach nach sophistischem Verständnis nichts weiter zutage als These und Gegenthese. Im Vollziehen der Diskussion liegt der erstrebte Wert. Ohne an Gesicht zu verlieren, konnte ein Sophist – nach unserer Empfindung heute mitten im Gespräch – aufhören, etwa mit der Bemerkung: »Jetzt ist es Zeit, sich etwas anderem zuzuwenden« (Plato Prot. 361e).

c) Gegen diese sophistische Trennung von Wort und Inhalt hat sich S o k r a t e s gewandt und zwar von zwei Grundüberlegungen her: α) Die Dinge der Welt können, weil diese selbst geordnet ist, nur ein-sinnig ausgesprochen werden; β) die Tätigkeit des Unterredens (διαλέγεσθαι *[dialegesthai]*) geschieht nur dann sinnentsprechend, wenn sie auf Übereinstimmung zielt, auf den κοινὸς λόγος *[koinos logos]*, die gemeinsame Grundlage menschlichen Zusammenlebens. Er sieht das Unterreden als eine Gemeinschaft stiftende Tätigkeit, insofern im Bemühen um die Wahrheit »jedes Wissen unwiderstehlich zur Verwirklichung treibt« (Stenzel, aaO, 831); und Sokrates selbst hat sich im Gefängnis ja auch dementsprechend verhalten (Plato Krit. 46b/c). Unterredung hat für ihn ihren Sinn nicht in Reden, nur um zu reden (λόγοι ἕνεκα λόγου *[logoi heneka logou]*; Plato Krit. 46d; s. o. 3a), sondern ist im Zwiegespräch durchgeführte Überlegung, die sich um die Deutung einer Sache bemüht und mit den gefundenen Sätzen ein Seiendes an den Sachen aussagt, eben ihren λόγος *[logos]*.

d) P l a t o, dessen Denken sich stärker um die Idee bewegte, hat zur Ausprägung des Logos-Begriffes in philosophischer Hinsicht nichts entscheidend Neues hinzugefügt. – Auch mit A r i s t o t e l e s wird für das Problem der Weltdeutung und des Verhältnisses des Menschen in ihr (Metaphysik) keine neue Ebene des Logos-Gebrauchs gewonnen, sondern das sokratisch-platonische Verständnis systematisiert, damit allerdings auch wieder vereinseitigt und methodisch verengt: Nur der Mensch als einziger von allen Lebewesen hat λόγος *[logos]*, weil sein Tun und Lassen durch das Wort bestimmt wird und er selbst das Sprechen und Verstehen vollzieht (Pol. I 2 p1253a9f und Eth. Nic. I 6 p1098a4f).

e) Überblickt man die Begriffsentwicklung von λόγος *[logos]* bis hierher, so zeigt sich, daß der Fächer der Bedeutungen sich nicht mehr weiter ausbreiten läßt: Das allgemeine Weltgesetz bei Heraklit und die individuelle Redefähigkeit bei den Sophisten sind Endpunkte, die unter der Voraussetzung der Beibehaltung der bisherigen Denkansätze nicht überschreitbar sind. Eine grundsätzlich neue Orientierung des Denkens, nämlich die These, daß die Ethik das Grundproblem des Menschen sei, hat erst die S t o a mit ihrer Fragestellung: Wie muß ich leben, um glücklich sein zu können?, dem griech. Ansatz bei der Erkenntnis entgegengestellt. Dennoch wird auch hier der Gesamtkomplex, aus dem sich die Antwort ermitteln läßt, als der Logos bezeichnet! Es ist aufschlußreich, daß in einer Philosophie, die nicht mehr nationalgriech., nicht mehr politisch und nicht mehr ontologisch orientiert war, der Begriff λόγος *[logos]* dennoch die Kraft behielt, als Bezeichnung für das »Allgemeinste« zu dienen. Dies »Allgemeinste« ist jetzt aber nicht mehr durch Erkenntnis gewonnen, sondern durch Überzeugung gesetzt. Der λόγος *[logos]* ist in diesem Denken der Ausdruck für die Geordnetheit und teleologische Abgestimmtheit (ThWb IV, 83) der Welt, er ist → Gott gleichgesetzt oder, so bei Chrysipp (zweites Schulhaupt der Stoa, um 250 vChr), mit Gott verbunden, er ist das für den Kosmos konstituierende Prinzip, das sich durch die Materie hindurch erstreckt. Indem man die → Welt als Einheit sieht und sie zu einer Entfaltung des λόγος *[logos]* werden läßt, wird ihr ein hoher Grad an Vergeistigung zugestanden. Für die sokratische Auffassung der aktiven Suche nach Wahrheit, der das Nachvollziehen in der Gemeinschaft mit Notwendigkeit folgt, ist hier kein Raum, wohl aber für den herakliteischen Sinn des Weltganzen; freilich ist dieser für die Stoa nicht unreflektiert in der Welt enthalten, sondern kommt von einem Ausgangspunkt (Logos-Gott) her. Zwar versucht man die Kluft zwischen beiden Bereichen durch den Begriff der Entfaltung zu überbrücken, aber eine Zweiteilung (Dualismus) bleibt vorausgesetzt, die sich trotz Parmenides nicht aus dem griech. Denken allein ableiten läßt.

Die denkerische Durchorganisierung der Welt und die Standortbestimmung des Menschen in ihr, Grundvoraussetzung für Ethik, wird vorgenommen auf der Basis der aristotelischen Systematik: So gibt es die *samenspendenden Logoi* (σπερματικοὶ λόγοι *[spermatikoi logoi]*) einerseits, die, die gesamte Welt durchdringend, die Kontinuität allen Wachsens und Geschehens und damit seinen sinnvollen Ablauf bewirken; weiterhin aber einen *richtigen Logos* (ὀρθός λόγος *[orthos logos]*, *Weltgesetz*), der dem Menschen die Kraft des Erkennens und dadurch des sittlichen Handelns verleiht. Der Begriffsdoppelheit des Wortes λόγος *[logos]* (*Denken* und *Sagen*) entsprechend wird unterschieden zwischen dem vom Gott-Logos gegebenen »inneren Logos« (Denken) und dem »zum Aussprechen bestimmten Logos« (Sprechen), – ein Rückfall gegenüber Platos Formulierung, das Denken sei ein Dialog mit sich selbst (Plato Soph. 263e).

f) Späte Früchte zeitigten die profan-griech. Denkansätze im N e u p l a t o n i s m u s, einer philosophischen Systembildung des 3. Jh. nChr. Wie in der Stoa wird der Logos hier als gestaltende Kraft aufgefaßt, die den Dingen Form und Leben verleiht (ThWb IV, 84), ja er wird mit → *Leben* (ζωή *[zōē]*) in eins gesetzt (Plotin Enn. VI,7,11). Plotin (205–269/70) fragt: Was ist der Logos?

Seine Antwort lautet: Er ist gleichsam eine Ausstrahlung aus Geist und Seele (als den Komponenten der intellegiblen Welt) in die materielle Welt hinein, und durch diese Ausstrahlung wird die gesamte Welt bis zum letzten, ja schon toten Stückchen Materie vom Logos durchdrungen (nach Enn. III,8,2; ThWb IV, 84). Dieser Vorgang wird als andauernd, also nicht als einmaliges geschichtliches Ereignis gedacht und stellt in seiner Verbindung von intellegibler und wirklicher Welt eine Überwindung des stoischen Dualismus dar: Zwar heißt auch hier die Logos-Komponente, die die Mannigfaltigkeit der Erscheinungen hervorbringt, λόγος σπερματικός *[logos spermatikos]*, aber dieser wird jetzt nicht mehr wie in der Stoa in einem biologisch-naturwissenschaftlichen Sinn als das »Feuchte in den Samen«, sondern als ein Geistiges, die »Zahl« oder das »Maß« verstanden, – einfach wieder als Logos.

Schließlich kann sich auch hier wie in der stoischen Lehre der Mensch durch seinen λόγος *[logos]* aus dem Blendwerk der Wirklichkeit erheben. Aber dieser Vorgang führt nicht mehr im griech. Sinne zu Erkenntnis, die dann ethisches Verhalten im Gefolge hätte, sondern er führt aus den λόγοι *[logoi]* heraus (dh über die intellegible Welt hinaus) zur Schau (ἐπὶ τὴν θέαν *[epi tæn thean]*), zur Vision (→ Sehen), die nicht mehr Logos ist, sondern eine Verbindung schafft zu dem, was früher und mehr ist als der λόγος *[logos]* (Enn. VI,9,4.10). Mit dieser Zielvorstellung der Vision als Eröffnung einer trans-logischen Wirklichkeit aber, so scheint es, ist der profan-griech. Denkbereich überschritten, für den die Gesamtwelt göttlich, aber noch nicht in wirkliche und intellegible getrennt ist.

g) Innerhalb der geschlossenen Systeme zur Erklärung der Welt, bei denen der Logos eine Bedeutung hat, sind schließlich noch die Mysterien zu erwähnen, Kultgemeinschaften, die nicht in Erkenntnisvermittlung (wissenschaftlicher Natur), sondern in → Verkündigung ihre Aufgabe sahen und im immer wiederkehrenden Nachvollzug heiliger Handlungen die Reinigung der Gläubigen anstrebten. Grundlage für die Kulthandlungen waren *heilige Texte* (ἱεροὶ λόγοι *[hieroi logoi]*, so schon Hdt. II,51), offenbart vom Kultgründer oder von durch die Gottheit inspirierten Männern auf Grund von → Offenbarung (so im Dionysoskult, bei den Pythagoräern, in der Orphik). Durch diese Kulte gewannen außergriech., vor allem ägypt. theol. Spekulationen Einfluß auf griech. Denken. So etwa im Isis-Osiris-Mysterium, in dem Osiris, der von der Isis erschaffene λόγος *[logos]*, das geistige Abbild der Welt ist (Plut. Is et Os 54; → Bild). Ähnlich in dem Kult des Hermes, der in dem zum Kult gehörigen »heiligen Text« seinem Sohn Tat (ägypt. Name) berichtet, wie er durch Gottes Erbarmen λόγος *[logos]* geworden sei und damit → *Sohn Gottes* (υἱὸς θεοῦ *[hyios theou]*). In dieser Eigenschaft bringt er Ordnungen und Form in die Welt, bleibt selbst aber Mittlerwesen zwischen Gott und Materie einerseits und Gott und dem Menschen andererseits. Es kann aber auch der λόγος *[logos]* als Sohn des Hermes auftreten, so daß eine Dreistufigkeit entsteht: Gott (Zeus) – Hermes (Sohn) – λόγος *[logos]*.

3) Gebrauch in Grammatik, Logik, Rhetorik

a) Außer in Formulierungen allg. Weltinterpretation wird das Wort λόγος *[logos]* in auffälliger Präzision im Bereich der Grammatik verwendet. Schon unter den Definitionsbeispielen, die unter Platos Namen überliefert werden (Plato Def. 414d), steht folgende Definition: »λόγος *[logos]* ist eine in Buchstaben darstellbare Stimme, die imstande ist, alles, was es gibt, zu sagen, eine Rede, die sich aus Substantiven und Verben zusammensetzt, im Bereich der Prosa« (Übers. nach Leisegang, aaO, 1037). λόγος *[logos]* wird hier also entgegen der homerischen, aber entsprechend der allg.-griech. Grundbedeutung in den Bereich der Rede gesetzt, und zwar der nichtdichterischen; das Wort bezeichnet eine übergeordnete Ganzheit aus Schichten unterschiedlich großer Teile (der Buchstaben = Elemente und der Wörter, letztere aber sofort qualitativ ausgewählt als diejenigen Wörter, die einen Satz konstituieren); seine Verwendungsmöglichkeit ist allumfassend. Die Ausbildung dieser Elementenlehre des Logos wird den Atomisten zugeschrieben; Plato arbeitete schon mit ihr, und von dieser Lehre geht die Entwicklung einmal zur Wissenschaft der Grammatik als der Lehre von der Zerlegung des Satzes und zweitens zur Metaphysik als der Lehre von der »logischen« (das Wort »logisch« taucht allerdings erst in der Stoa auf) Gestalt des Kosmos. λόγος *[logos]* ist gegenüber ἔπος *[epos]* und λέξις *[lexis]* die *sinnerfüllte Rede*.

b) Als in der Sophistik das Ausfechten einander widersprechender Thesen zum Haupttätigkeitsbereich der Philosophen wurde, zeigte sich, daß derjenige, der gut und unangreifbar argumentieren wollte, auf die Kenntnis der Grammatik nicht verzichten durfte. Schon Plato war bekannt, daß solche Urteilsbildung nur möglich war, wenn die Existenz des Diskussionsgegenstandes ausgesagt werden konnte. Dazu aber bedurfte es eines Satzes, dh der Verbindung von Subst. und Verb, und ein solcher Satz, dh eine Sinnverbindung von Wörtern, heißt bei Plato λόγος *[logos]* (zB Soph. 262a).

Diesen Gebrauch von λόγος *[logos]* beim Urteilen hat Aristoteles systematisiert, indem er zunächst die Wörter für sich untersuchte, bevor sie in eine Sinnverbindung gestellt werden: die Kategorien. Diese haben für sich keinen Sinn, dh den λόγος *[logos]* eines Wortes gibt es für Aristoteles im Bereich des Logischen nicht. Da es aber der Satz ist, der dem Einzelwort seinen Sinn, seine Inhaltsumgrenzung gibt, bekommt λόγος *[logos]* die Bedeutung *Definition* (Metaph. 7 p 1012a23;

schon bei Plato Resp. 343a vorbereitet). Drittens (neben *Urteil, Definition*) bedeutet für ihn λόγος *[logos] Schluß*, dh der den Beweis abschließende Satz einer Argumentationsfolge (Syllogismus): Ein Schluß ist ein λόγος *[logos]*, indem, wenn etwas gesetzt wird, aus dem Gesetzten Verschiedenes notwendig dadurch folgt, daß dieses ist (Analytik I 1p24b18, übers. nach Leisegang, aaO, 1042). Schließlich bedeutet λόγος *[logos]* den *Beweis* selbst, so daß die Hauptstücke einer Logik – Urteil, Definition, Schluß, Beweis – bei Aristot. und ihm folgend bei den späteren Logikern mit dem Wort λόγος *[logos]* ausdrückbar sind. – Nach Aristot. hat sich die griech. Philosophie nicht wieder für die streng logische Gestalt des Wortes λόγος *[logos]* interessiert.

c) Wenn Grammatik die Wissenschaft von der Zerlegung der Sätze (der λόγοι *[logoi]*, weil sinnhaltig) ist, und wenn deren Kenntnis notwendig ist, um logisch argumentieren zu können, dann kann es nicht ausbleiben, daß auch die Kunst, in der das geschieht, die Rhetorik, mit dem Begriff λόγος *[logos]* wird arbeiten müssen. Für Gorgias sind noch in gleicher Weise Poesie, Prozeßreden, Philosophendispute λόγοι *[logoi]*, einmal in gebundener Rede, einmal als aufgezwungene Wettkämpfe, einmal als Streitgespräche. Der Widerstreit entstand durch den unterschiedlichen Sachbereich von Rhetoren und Philosophen: Für den Rhetor war λόγος *[logos]* die zusammenhängende Rede, für den Philosophen der Dialog. Daher setzt sich langsam als Stilform der Philosophen der Dialog durch, als Stilform der Rhetoren der λόγος *[logos]*. Plato kennt beide, führt aber ganz neu den sog. mäeutischen Dialog ein, – den sokratischen Dialog, wie er heute meist genannt wird (Bezeichnung seit Aristot. Poet. 1447b 11). Dieser λόγος *[logos]*, dessen Name der Hebammenkunst entlehnt ist, ist dadurch charakterisiert, daß der mäeutisch Diskutierende nicht seiner eigenen These zum Siege verhelfen will (er braucht gar keine zu haben), sondern durch sein Fragen die im Partner wohl vorhandene, diesem selbst aber noch nicht bewußte Erkenntnis zutage fördern will. Aus dieser Dialogform hat sich der philosophische Dialog entwickelt, der in der Stoa als Untergruppe der Logik erscheint (meist als Dialektik bezeichnet).

4) Das anscheinend verwirrende Gesamtbild des Sprachgebrauchs von λόγος *[logos]* fügt sich sinnvoll, wenn wir darauf achten, daß das Wort als Rede des Menschen mit Blick auf den Inhalt, dh aber zum Objektiven und damit zum Gesetzlichen benutzt wurde, um der – von vornherein vorausgesetzten – Gesetzlichkeit der Welt ordnend Herr zu werden. Dies gilt zwar nur für diejenigen Philosophen, die bereit waren, vom Menschen auf die Welt zu schließen; aber diese übertrafen durch die Kraft der Systembildung die übrigen Vertreter der griech. Philosophie an Wirkung weit. In dem Maße nun, wie etwa zweifelnden Zuhörern im *Vortrag* (λόγος *[logos]*) die Überzeugung von der *Ordnung* der Welt (λόγος *[logos]*) vermittelt werden sollte, schärfte sich das Verständnis für die Besonderheit der verschiedenen *Wortverbindungen* (λόγος) und deren *Beweiskräftigkeit* (λόγος), so daß der Redner, der mit wohlgefügter *Rede* (λόγος) gleichzeitig auch überzeugen konnte, Erfolge zu ernten vermochte.

Verständlich wird auch, daß eben die als Mittel dazu notwendigen Teilwissenschaften (Grammatik, Logik, Rhetorik) schon im 4. Jh. vChr zu großer Vollendung gelangten, weil sie der Beobachtung und systematischer Kontrolle zugänglich waren, während das Bemühen um die Erkenntnis der Gesamtheit der Welt bei weitem länger im Fluß blieb; es ist bemerkenswert, daß es, nicht zuletzt durch neu sich anbietende Grundannahmen aus nicht-griech. Denktraditionen seit der Stoa, noch im 3. Jh. nChr die Kraft zu einem geschlossenen System aufbringen konnte. *G. Fries*

1) Hebr. Äquivalent für λόγος *[logos]* ist ganz überwiegend *dābār, Wort*, nicht selten jedoch *'ēmær, 'imrāh* und *millāh*. Da in der LXX *dābār* auch durch → ῥῆμα *[rhæma]* wiedergegeben wird, ist die statistische Beobachtung wichtig, daß in den at. Geschichtsbüchern λόγος *[logos]* als Wiedergabe überwiegt, in den Propheten derjenigen mit ῥῆμα *[rhæma]* sogar um das Achtfache überlegen ist. – Das Verbum λέγω *[legō]* ist überwiegend für *'āmar, sprechen, sagen*, eingetreten. *dābār* heißt *Wort, Bericht, Befehl*, aber auch *Sache, Angelegenheit* und (in Verbindung mit Adj.en) *etwas* (*dābār ra', etwas Böses*, Dtn 17,1; *dābār gādōl, etwas Großes*, 1Sam 20,2). Aus der Doppelstruktur von *dābār* in der Bedeutung *Wort* und *Sache* folgt, daß im Wort immer auch etwas von der Sache enthalten und die Sache immer nur im Wort zugänglich ist, mithin das Wort nicht von seinem Inhalt und der Inhalt nicht vom Wort getrennt werden kann. II

Der Begriff »*Wort Jahwes*« (*debar Jahwe*) findet sich 241mal im AT. Die Art und Weise, wie sich diese Stellen auf die einzelnen Bücher verteilen (zB Jer 52, Ez 60 Stellen), die Beobachtung, daß in der Epoche der Prophetie der Ausdruck »Wort Gottes« wesentlich öfter gebraucht wird als in der Zeit vorher und nachher, und die Tatsache, daß 221 aller at. Belege – dh 93% – ein prophetisches Gotteswort bezeichnen, lassen den Schluß zu, daß diese Wortverbindung geradezu einen term. techn. für die prophetische Wortoffenbarung darstellt (OGrether, aaO, 77, 63ff). Daneben dient *dābār* schon in alter Zeit zur Bezeichnung des mit der → Erwählung und dem → Bund Israel zugesprochenen göttlichen → Gebotes und Rechtswillens (Ex 34,28: die zehn Worte) und, insbesondere in exilischer und nachexilischer Zeit, zur Umschreibung des schöpferisch wirksamen Handelns Gottes in Bezug auf die → Schöpfung (Gen 1) und die Natur (Ps 29; 33). Das die Geschichte gestaltende prophetische Wort der Verheißung, das den Menschen beschlagnahmende und weisende

Wort des Bundes und das die Natur und ihre Ordnung bestimmende schöpferische Wort Gottes umschreiben zusammen die → Offenbarung Gottes im AT.

2) Das altorientalische Verständnis des Wortes Gottes

Dem ganzen alten Orient gilt das Wort überhaupt nicht primär als hinweisende Bezeichnung, dh als Träger und Vermittler eines Sinninhaltes (noetisches Element des Wortes), sondern als eine sich in Zauber- und Beschwörungsworten, in Segens- und Fluchworten bis in den Bereich des Räumlichen und Dinglichen auswirkende Macht: der → Fluch als ein unheilbringendes Wort dringt wie eine zersetzende Substanz in den davon Getroffenen ein und wirkt von innen her zerstörend (dynamisches Element des Wortes).

Insbesondere das göttliche Wort besitzt sowohl in Ägypten als auch in Assyrien und Babylonien dynamische Macht und schöpferische Potenz: In Ägypten wird die Kraft der Schöpfung und die Erhaltung der Welt auf das göttliche Wort zurückgeführt. Nach einer memphitischen Inschrift übt Ptah, der Schöpfergott, seine Schöpfertätigkeit mit Hilfe von »Herz und Zunge«, dh mit seinem Wort aus (LDürr, aaO, 25). Von Ptah wird die dynamische Kraft des schöpferischen Wortes auch auf andere Götter übertragen. So heißt es von Thot: »Was aus seinem Munde entspringt, das geschieht, und was er spricht, das wird« (aaO, 27f). – Auch in der Welt des Zweistromlandes wird die schöpferische Macht des göttlichen Wortes gepriesen. Aus den Marduk-Ellil-Hymnen seien folgende Prädikationen zitiert: »Sein Wort, das wie ein Wetter dahinfährt. Das Wort, das oben die Himmel zerreißt; das Wort, das unten die Erde erschüttert. Sein Wort ist ein Sturm, der alles zur Vernichtung bringt. Sein Wort, wenn es leise einhergeht, vernichtet das Land« (aaO, 8ff). Was den Unterschied zwischen biblischem und altorientalischem Verständnis des Wortes Gottes anbetrifft, so ist trotz mancher Analogien festzustellen, daß hier die Gottheit »in eine teils magische, teils naturhafte Beziehung zur Welt gesetzt« und infolgedessen auch »das Wort als eine magische oder naturhafte Größe oder als eine Emanation der Gottheit angesehen (wird), so daß die Gottheit an die Natur gebunden oder mit ihr identifiziert wird« (OGrether, aaO, 144). In Israel hingegen wurde das schöpferische Wort Gottes von jeglichem magischen oder emanativen Verständnis gereinigt und als Wort des die Geschichte in Zuspruch, Anspruch und Verheißung gestaltenden Gottes entmythologisiert. Das AT kennt nur das jeweils unableitbar in die Welt gesprochene schöpferische Wort Gottes.

3) Die Formen prophetischer Verkündigung des Wortes Gottes

Der Inhalt der prophetischen Verkündigung ist das Wort Gottes. Insofern aber die Worte der at. Propheten trotz ihrer individuellen Verschiedenheit bestimmte gemeinsame Grundformen aufweisen, ist danach zu fragen, welches Verständnis des Wortes Gottes die versch.en Formen und Gattungen der prophetischen Verkündigung zum Ausdruck bringen, denn »nicht der Prophet bedient sich des Wortes, sondern Jahwes Wort nimmt den Propheten in seinen Dienst« (HWWolff, aaO, 78f). Hier geht die formgeschichtliche Fragestellung unmittelbar in die inhaltliche über: »Die Inhalte waren es doch, die die Wahl der Form bestimmten« (vRad, Theol. AT II, 51).

a) Das Wort Gottes als Berufungswort (die Gattung des Berufungsberichtes)

Die Besonderheit der prophetischen Verkündigung findet ihren Ausdruck in Berufungsberichten, in denen die Autorität des prophetischen Wortes allein auf das beauftragende Wort Gottes, dh auf das Berufungswort gegründet wird. Zwei Formen von Berufungsberichten lassen sich unterscheiden: Die erste Form (vgl. Jer 1,4–10) ist durch die Gottesrede (Erwählungs- und Ernennungswort), durch den prophetischen Widerspruch und die Bestätigung der Sendung durch ein abschließendes Zeichen (Berührung des Mundes: ich lege meine Worte in deinen Mund; Jer 1,9) charakterisiert. Diese durch das anredende Gotteswort und die Übereignung des Gotteswortes charakterisierte Form des Berufungsberichtes hat ihr bes. Kennzeichen in der »sehr persönlichen Einzelbegegnung zwischen Jahwe . . . und dem Berufenen« und »der straffen Unterordnung aller Momente unter das Wort Jahwes« (WZimmerli, BK XIII/1,17f). – In der zweiten Form steht die Vision am Anfang, wobei das an den Propheten ergehende Wort nicht im Zusammenhang einer persönlichen Zwiesprache mit dem Propheten, sondern als Ergebnis einer Beratung Jahwes mit seinem vom Propheten visionär geschauten Thronrat ergeht (Jes 6; Ez 1f). Indem aber aus dem Bereich des göttlichen Thronrates das Berufungswort herausgeht, indem sich also aus der visionär geschauten Thronszene die prophetische Wortbeauftragung herauskristallisiert, macht auch die zweite Form des Berufungsberichtes die Unterordnung des visionären Elementes unter das Berufungswort deutlich: Die Vision gipfelt in der Audition, im Ergehen des Wortes Gottes (WZimmerli, aaO, 19f). Die Konzentration auf das berufende Jahwewort, der Berufungsbericht als Eigenbericht des Propheten, zu dem es im alten Orient keine hinreichende Parallele gibt, die Tatsache, daß das prophetische Subjekt »erkennend, denkend und wollend angesprochen und . . . zum Gehorsam überwunden wird« (HWWolff, aaO, 215), und die Beobachtung, daß »das Wachbewußtsein höchstens gesteigert, aber keinesfalls ausgeschaltet war« (aaO, 215), der Prophet also »sich wirklich berufen und nicht berauscht« wußte (aaO, 216), schließlich die überraschende Feststellung, daß sich die Propheten von Amos an nicht als Geistträger, sondern als Verkündiger des Wortes Jahwes verstehen, zeigen dabei den Unterschied des prophetischen Wortempfanges vom ekstatischen Erleben, das das Bewußtsein außer Funktion setzt. M. a. W.: die verschiedenen Formen der Berufungsberichte machen deutlich: »Die Suprematie des Wortes (ist) das wesentliche Kennzeichen des alttestamentlichen Propheten« (ebd., vgl. OGrether, aaO, 84ff).

b) Das Wort Gottes als Botenwort (die Botenspruchformel)

Eines der auffallendsten Kennzeichen prophetischer Wortverkündigung ist die Einleitungsformel: »So spricht Jahwe«, die von Elisa bis Maleachi so etwas wie eine Konstante innerhalb der von den Propheten verwendeten Gattungen darstellt. Diese Einleitungsformel entstammt der Formensprache der profanen Botensendung, setzt also die Situation des von einer Stunde des Botschaftsempfanges herkommenden und bei der Ausrichtung seiner Botschaft sich auf diese zurückbeziehenden Boten voraus (vgl. Gen 32,4–6; 2Kön 18,19.29.31; LKöhler, ZAW 37, 1923, 102ff). Da zum Zeitpunkt der Botschaftsausrichtung sich der Bote auf die hinter ihm liegende Stunde der Beauftragung mit der Botschaft durch den Auftraggeber zurückbezieht, ist zu übers.: »So hat Jahwe gesprochen«. Die Übernahme der Botenformel als Einleitung des prophetischen Wortes zeigt dabei, daß sich dieses streng als Weitergabe des aufgetragenen Wortes Gottes versteht. – Die Botenformel taucht schon in den Mari-Briefen (18. Jh. vChr) auf, die von Propheten berichten, die im Auftrag Gottes eine Botschaft an den König auszurichten haben. Solcher bedingten Heilsprophetie an den König, zu der auch ein tadelndes Einschreiten gegen den König gehören kann (vgl. Nathan 2Sam 12,1ff; Gad 2Sam 24,11ff), steht aber die unbedingte Gerichtsankündigung der Propheten seit Amos gegenüber. Zu diesem unbedingten Gerichtswort gibt es in den Maritexten keine Parallele (CWestermann, Grundformen, 70ff,82ff).

c) Das Wort Gottes als Unheilswort (die Struktur des prophetischen Gerichtswortes)

Das Unheilswort bei den Propheten vor Amos, das fast durchweg unmittelbar an einen einzelnen, meistens den König gerichtet ist, stellt eine zweigliedrige Aussage dar: Der Prophet nennt das Vergehen und kündigt das Gericht Jahwes an. Zwischen Anklage und Gerichtsankündigung steht dabei die Botenformel (»darum, so hat Jahwe gesprochen«; 1Kön 21,17ff; 2Kön 1,3f). MaW: Zwischen der vorausgehenden Anklage als der Begründung und der Gerichtsankündigung als dem unmittelbaren Gotteswort haben die Propheten deutlich unterschieden: »Gotteswort im eigentlichen Sinn ist nur die Ankündigung (des Gerichtes); sie ist als solche durch die einleitende Botenformel ... gekennzeichnet, die Anklage steht vor dem eigentlichen Botenwort« (CWestermann, aaO, 94). Die Unheilsworte der Propheten, die seit Amos an Israel bzw. an Juda als Ganzes gerichtet sind, weisen häufig die gleiche Zweigliedrigkeit auf: Begründung, Botenformel, Gerichtsankündigung (Am 4,1–3; Jes 8,5–8). Das an den Propheten unmittelbar ergehende und von ihm durch die Botenformel als solches gekennzeichnete Wort Gottes meist allg. Inhaltes (»das Ende ist gekommen«, Am 8,2) wird durch den Propheten mittels eines hinführenden, erläuternden, anklagenden Begründungswortes auf den Adressaten zugespitzt. Die dem Unheilswort vorangehende anklagende Begründung ist also ein Stück der prophetischen Reflexion auf Grund des empfangenen unmittelbaren Gotteswortes. Dh der Prophet ist kein »Sprachrohr« Gottes, sondern verantwortlicher Übersetzer des empfangenen Wortes Gottes in die Situation des Adressaten: »Diese Mitbeteiligung des Propheten kann in ihrer Bedeutung kaum überschätzt werden, denn erst durch sie erreicht das vom Propheten empfangene Wort sein Ziel« (vRad, Theol. AT II, 86).

d) Das Wort Gottes und das Menschenwort (das Zitat im Prophetenspruch)

Aber auch die Adressaten werden in das Wort Gottes einbezogen dadurch, daß der Prophet Stimmungen, Gesinnungen und Verhalten der Hörer durch Zitierung eines von ihnen gesprochenen Wortes wiedergibt (HWWolff, Das Zitat im Prophetenspruch, 36ff). Das Jahwewort wird dabei als Antwort auf eine in Zitatform wiedergegebene Aussage des Volkes verstanden. Diese hat ihren Ort jedoch charakteristischerweise nicht im Botenspruch selber, sondern in der dem Wort Gottes vorangehenden Begründung durch den Propheten. Gottes Wort und Menschenwort sind für den prophetischen Wortboten unvertauschbar. Umgekehrt gilt freilich auch: Ein lediglich das Wort Gottes weiterleitender Botenspruch, »dem die Auseinandersetzung mit den Hörern fehlt, ist eigentlich unprophetisch« (HWWolff, aaO, 92). Gerade die Zitation im Prophetenspruch zeigt also, daß Jahwes von ihm her unmittelbar an den Propheten ergehendes Wort sich ins volle Gespräch mit den Adressaten begibt und Menschenwort aufnehmen kann. Indem aber das Menschenwort so in die Bewegung des Wortes Gottes hineingenommen wird, gilt: »Auch das Zitat ist Verkündigung« (HWWolff, aaO, 84).

e) Der Ereignischarakter des Wortes Gottes (die Wortereignisformel)

Die für den prophetischen Wortempfang charakteristische Formel lautet: *wajehi debar Jahwe 'æl, es geschah das Wort Jahwes zu.* 113 at. Stellen weisen diese Formulierung auf, die schon in den Prophetengeschichten der frühen Königszeit auftaucht (Samuel 1Sam 15,10; Nathan 2Sam 7,4; Elia 1Kön 17,2.8; 18,1 u. ö.), in den redaktionellen Überschriften der Prophetenbücher erscheint (Hos 1,1; Zeph 1,1), aber bei Jer (30 Belege, teilweise sekundär) und bes. bei Ez (50 Belege) in das Eigenwort des Propheten eindringt und auch bei Hag (2,10.20) und Sach (9 Belege) ihren festen Platz hat (WZimmerli, BK XIII/1, 89).

Diese Wortereignisformel ist für das at. Verständnis des Wortes Gottes in mehrfacher Hinsicht charakteristisch: 1. Da das Verb *hajāh, geschah,* in seiner Grundbedeutung das Wirksamwerden bezeichnet, ist die Formel geradezu zu übers.: es ward das Wort Jahwes aktive Realität bei ... (SMowinckel, zit. bei vRad, Theol. AT II, 100, A. 12), oder: das Wort nahm wirksame Gestalt an (CAKeller, BHH III,2183). Die dynamische, andringende Gewalt des Wortes Gottes tritt hier deutlich heraus. – 2. Die Wortereignisformel betont »den eminent geschichtlichen Charakter und die Ereignishaftigkeit des Gotteswortes« (WZimmerli, BK XIII/1, 89). Die Wortoffenbarung an den Propheten ist nicht ein Vorgang einseitig geistiger Erkenntnis von zeitloser Wahrheit, sondern ein bis ins Leibliche hinein den Propheten angreifendes Ereignis (Jes 21,1–10; Jer 4,19–21), wobei das Wort Gottes als geradezu objektive Größe mit dynamischer Einschlagskraft erscheint (OGrether, aaO, 150ff). – 3. Die Wortereignisformel redet nicht indeterminiert von »einem Wort«, sondern vom wirksamen Ereigniswerden »des Wortes Gottes« (LKöhler, aaO, 90). Das jeweils ergehende Wort will als das ganze Wort Gottes angenommen sein. Es gibt keinen das Wort Gottes ordnenden und domestizierenden Oberbegriff. – 4. Die bei Jer und bes. bei Ez häufige Verwendung der Wortereignisformel ist Kennzeichen eines »schon sehr durchgebildeten Wissens um das ›Wort Jahwes‹«, ja geradezu »einer in den Prophetenkreisen herausgebildeten ›prophetischen Wort-Theologie‹« (WZimmerli, aaO, 89).

4) Das Wort Gottes in der prophetischen Verkündigung

A) Die Prophetie vor den Schriftpropheten (Samuel, Elia, Elisa)

Wie Samuel, dem »das Wort Jahwes offenbart« wird (1Sam 3,7) zu einer Zeit, in der »Jahwes Wort teuer geworden war im Lande« (3,1), Saul wegen der »Verachtung des Wortes Gottes« (15,23.26) das Gericht ankündigt, so macht auch Elia von den Bundestraditionen des »Gottes Israels« (1Kön 17,1), des »Gottes Abrahams, Isaaks und Jakobs« (18,36) her das Wort Jahwes mit absoluter Autorität gegenüber dem König Ahab geltend. Er kündigt Ahab an, daß weder Tau noch Regen fallen solle, »es sei denn auf mein Wort« (17,1). Infolge der fast magischen Wirkungskraft seines Machtwortes ist Elia für Ahab der »Verderber Israels«, weil er die Dürre nicht nur vorausgesagt, sondern sie durch das Wort bewirkt hat (18,17). Angesichts der drohenden Vermischung zwischen Jahwe und Baal infolge der synkretistischen Religionspolitik des Ahab führt Elia als Gottessprecher in Israel auf dem Karmel eine grundsätzliche Scheidung zwischen Jahwe und Baal auf Grund des Gottesurteils zum Erweis herbei, daß Jahwe Gott ist und Elia »auf Grund seines (Gottes) Wortes (Befehls) dies alles getan hat« (18,36). Dabei werden durch Elia alle Bereiche des Lebens sowohl im Hinblick auf den Besitz (Nabothgeschichte 1Kön 21), als auch im Hinblick auf den Bereich der Medizin (der Heilung suchende Asarja 2Kön 1) der Herrschaft Jahwe untergeordnet und die Übertretung des Gottesrechtes mit dem Gerichtswort an den Einzelnen (1Kön 21,17–19; 2Kön 1,3f) geahndet (CWestermann, Grundformen, 93ff). Die an Israels Tradition aus der Wüstenzeit anknüpfende Wanderung Elias an den Horeb zeigt hinsichtlich der → Offenbarung, daß Jahwe sich nicht in Sturm, Erdbeben und Feuer, sondern durch das Wort der flüsternden Rede offenbart (19,12). Wie bei Elia, so sind auch bei Elisa prophetisches Wort und Handlung eng miteinander verwoben. Nirgends werden im AT auf so engem Raum so viele Wunder als Erweis des prophetischen Charismas erzählt wie hier (vRad, Theol. AT II, 40). Im Unterschied zu den Propheten von Amos bis Jeremia sind Elia und Elisa als Verkündiger des Wortes Gottes zugleich Geistträger. Jahwes Wort und Jahwes Geist sind hier eng miteinander verbunden. Die Macht des prophetischen Wortes im politischen Bereich zeigt nicht zuletzt die Designation Jehus durch Elisa (2Kön 9).

B) Das Verständnis des Wortes Gottes bei den Schriftpropheten

a) Amos: α) »Die Worte von Amos aus Thekoa« (1,1) so lautet die Überschrift zu einer älteren Teilsammlung von Amosworten aus Kap. 3–5, die noch nicht mit »Wort Jahwes« überschrieben worden ist, wie es die späteren Tradenten von Prophetenworten lieben (Hos 1,1; Jer 1,1 u. ö.). Da die Überschrift »die Worte von Amos« an die Form der Sammlung der Weisen anknüpft (vgl. Spr 22,17 »Worte von Weisen«), zeigt umgekehrt, daß zur Zeit der Abfassung der Amossprüche die literarische Sammlung von Prophetenworten noch ohne Tradition ist (HWWolff, BK XIV, 153).

β) Der Spruch »Hat gebrüllt der Löwe, wer fürchtet sich dann nicht? Hat Jahwe geredet, wer verkündigt dann nicht?« (Am 3,8) stellt ein Diskussionswort dar, das auf die Frage nach der Legitimität des Redens im Namen Jahwes antwortet: Jahwes Wort hat den Propheten aufschreckend überfallen. Wer sein Auftreten auf dreiste Willkür zurückführt, der muß sich fragen lassen, ob der Schrecken beim plötzlichen Aufbrüllen eines Löwen Willkür sei. Der untrennbare Zusammenhang von Ursache und Wirkung macht es deutlich: Jahwes Wort hat den Propheten unwiderstehlich zum Verkündigen gezwungen. Seine Verkündigung ist ein Reflexakt auf das Wort Jahwes, wie das Erschrecken auf das Löwengebrüll.

γ) Im Visionszyklus 7,1–8; 8,1–2; 9,1–4 (8,2 »gekommen ist das Ende über mein Volk«) legt Amos dar, wie Jahwe ihm das Wort vom bevorstehenden Ende Israels aufgenötigt hat. Amos unterscheidet sich von allen Propheten vor ihm dadurch, daß er nicht nur für einen einzelnen (zB den König; vgl. Nathan und Gad), sondern für ganz Israel das völlige Verderben ankündigt. Da Israel zur Zeit des Amos unter Jerobeam II. (787–747) eine Zeit wirtschaftlicher Blüte erlebte, so kann die Unheilsverkündigung nicht als Folge rationalen Kalküls und politischer Weitsicht abgeleitet werden. Ihre einzige Quelle ist das Ereignis des Jahwewortes selber, Jahwes Zugriff, der Amos hinter der Herde wegnahm und zum Reden zwang (7,15).

δ) Von daher wird das häufige Auftauchen der Botenformel (11 Belege; 1,3.6) und der Abschlußformel (». . . hat Jahwe gesagt«; 5 Belege; 1,5.8) bei Am verständlich, von dieser totalen Gerichtsankündigung her aber auch die Meldung des Oberpriesters Amazja an seinen König erklärbar, daß »das Land alle seine Worte nicht mehr ertragen kann« (7,10). Das durch Amos verkündigte Wort Jahwes hat ein Maß erreicht, das für Israels religiöses, politisches und wirtschaftliches Leben gefährlich ist. Amos wird des Landes verwiesen: »du darfst nicht mehr verkündigen« (7,13). Sein Wort ist von dem gedankenlos und selbstsicher in seinem Wohlstand dahinlebenden Volk und seiner Oberschicht nicht gehört worden.

ε) Deshalb kündigt Amos einen »Hunger nach dem Worte Gottes« an, der den Menschen so zusetzen wird, daß sie erschöpft umhertaumeln, um das Wort Jahwes zu suchen (8,11f). Jahwe kann sein Wort zurückhalten, er behält die Verfügungsgewalt über sein Wort. Das Verlangen »Jahwes Worte zu hören« ist hier kein Zeichen religiöser Lebendigkeit, sondern Hunger, der den Tod zur Folge hat. Hat Jahwe sein Wort zurückgezogen, von dem der ganze Lebensstand Israels abhängig ist, so ist das die Katastrophe (vRad, Theol. AT II, 105, anders HWWolff, BK XIV, 379f, demzufolge der Spruch in eine spätere, der dtn. Predigt nahestehende Zeit gehört).

b) Hosea: α) Die Überschrift »das Wort Jahwes, das an Hosea . . . ergangen ist« (1,1; vgl. Jo 1,1; Mi 1,1; Zeph 1,1; Jer 1,1, LXX) stammt von einem Sammler der Prophetenüberlieferung aus dtr Kreisen in Judäa.

β) Da der Botenauftrag Hoseas nicht nur sein Wort, sondern auch seine Ehe und sein Familienleben einbezieht, macht diese Überschrift deutlich, daß »Wort Jahwes« nicht ausschließlich das durch den Propheten zu verkündigende Wort Gottes (2,18.23f; 4,1 u. ö.), sondern auch das durch Jahwes Wort beschlagnahmte Leben des Propheten umschließt. »Auch die Prophetenerzählungen (1,2–9; 3,1–5) bietet das (Hosea-)Buch also nicht aus biographischem Interesse dar, sondern nur deshalb, weil sie das Jahwewort bewahren« (HWWolff, BK XIV, 3). Jahwes Befehl an Hosea, ein kanaanäischen Kultunsitten verfallenes Mädchen (»Hure«) zu heiraten und mit dieser Ehe die Schuld des gegenwärtigen Israel, das kanaanäischen Fruchtbarkeitsriten verfallen ist, herauszustellen, ist eine Zeichenhandlung (1,2ff), mit der der Prophet zu Beginn seines Prophetendienstes beauftragt wird, »denn das Land treibt Dirnenwerk weg aus der Nachfolge Jahwes« (1,2b). Diese zeichenhafte Sichtbarmachung des Gotteswortes leitet freilich nach 1,2a »wie Jahwe anfing, durch (nicht zu) Hosea zu reden« lediglich den ersten Zeitabschnitt des Redens Jahwes durch Hosea ein und will als ein »Vorwort« verstanden sein. Dieser erste Zeitabschnitt des ergehenden Wortes Jahwes zielt nämlich auf einen zweiten: Hos 3 berichtet zum zweiten Mal von einer Zeichenhandlung, nach welcher Hosea sich eine ehebrecherische Frau erwirbt, um sie durch harte Schutzmaßnahmen an ihrer Neigung zu hindern (3,1–5). Dh das von Jahwe gewichene und rechtsgültig verstoßene Israel wird wieder angenommen werden, denn Jahwe liebt Israel. So lassen beide Zeichenhandlungen zusammen die Mitte der hoseanischen Verkündigung anklingen: Indem der Prophet in seinem Leben das Jahwewort selber darstellt, indem der Prophet nicht nur das Wort Gottes verkündet, sondern mit seinem Familienleben auf der Seite der Schuldigen selber ganz unter das Wort Gottes gerät, kündigt »diese zeichenhafte Versichtbarung des Gotteswortes in der Prophetenfamilie . . . die Botschaft von der Fleischwerdung des Wortes an« (HWWolff, aaO, 24).

γ) In dem durch die Aufmerksamkeitsformel »höret Jahwes Wort, ihr Israelsöhne« (4,1; »Wort Gottes« kommt im Hoseabuch nur 1,4 und 4,1 vor) eingeleiteten zweiten Teil Kap. 4–14 wird »der Gesamtweg der Verkündigung Hoseas von der Gerichtsdrohung zur Heilsansage . . . nun ein zweites Mal angetreten« (HWWolff, aaO, 83).

δ) Diese finale Zuordnung von Gerichtswort und Heilswort bei Hosea bestätigt schließlich Hos 6,5 »ich habe sie behauen durch Propheten, sie getötet durch die Worte meines Mundes, damit mein Recht dann wie Licht hervorbricht«. »Propheten« und »Worte meines Mundes« stehen hier in Parallele, dh die Propheten sind insofern Boten Jahwes, als sie die Worte des Mundes Jahwes verkünden. Das richtende Wort Jahwes zielt auf die Herstellung einer neuen Lebensordnung (6,5b), das tötende Wort steht im Dienst des rettenden Wortes. Die teleologische Zuordnung des Gerichtswortes zum Heilswort Gottes wird bei Hosea besonders deutlich.

c) Jesaja: α) Bezeichnet die Überschrift 1,1 den Inhalt des gesamten Jesajabuches als »Schauung« (*chazōn*) des Propheten, so wird der Inhalt der ursprünglich mit 2,1 beginnenden Teilsammlung als »das Wort«, das der Prophet »geschaut hat«, charakterisiert. Das visionäre Erleben des Wortempfangs kommt hier ebenso zum Ausdruck, wie die zentrale Stellung des Wortes als Inhalt der prophetischen Schauung.

β) Der entsprechende absolute Gebrauch von »Wort« findet sich in Jes 9,7: »Ein Wort hat der Herr gegen Jakob gesandt, und es ist niedergefallen auf Israel«. Hier wird nicht nur absolut von dem »Wort« wie von einer fast selbständigen Größe geredet, sondern auch von einem Inhalt, der von den Menschen zu hören wäre, nichts mitgeteilt. Nicht um ein Wort als *Träger einer Botschaft*, sondern um einen *Träger göttlicher Kraftwirkungen*, der Geschichte schafft, geht es hier. Nach OGrether ist hier das Wort »gleichsam eine Akkumulation latenter Energien, deren Entfesselung nicht mehr lange auf sich warten lassen kann . . . Der *dābār* ist wie ein Geschoß mit Zeitzünder, das in die feindliche Stellung eingeschlagen hat und dessen Explosion in den nächsten Sekunden erfolgen muß« (104). Dieses an den Propheten gebundene Wort Jahwes (das Wort wird »gesandt«) ist die Macht, die die Geschichte in Bewegung setzt und die Verderbenswirkungen hervorbringt, die als eine Reihe sich steigernder göttlicher Strafakte das ungehorsame Volk richten (9,7–20; 5,25–30). Jesaja blickt auf eine Epoche zurück, in der Jahwe mit immer neuen Schlägen in Israels Geschichte eingegriffen hat, wobei er diese Gerichte als immer neue Entladungen des gesandten, verkündigten und nicht gehörten Wortes Gottes versteht.

γ) Von daher ist 6,9f das Wort von der Verstockung zu verstehen. Jesaja erhält den Auftrag, gerade durch das Wort Jahwes das Volk zu verstocken und sein Herz zu verhärten, »bis die Städte verheert sind und die Felder draußen als Ödland daliegen« (6,9–11). Im *Wort von der Verstockung* kommt die Vorstellung vom in der Geschichte wirkenden schöpferischen Wort Gottes zu ihrer schärfsten Ausprägung, daß nämlich »dieses Wort nicht nur im äußeren Raum der Geschichte (vgl. 9,7), sondern auch in den Menschen, in dem heimlichsten Bezirk ihrer eigenen Herzen, das Gericht wirkt, nämlich die Ablehnung des rettenden Rufes Jahwes« (GvRad, Theol. AT II, 165). Die Verhärtung Israels gegenüber Jahwes werbendem Angebot und das Wort von der Verstockung als Inhalt des prophetischen Auftrages bilden das Rätsel der Verkündigung Jesajas.

δ) Das von Jesaja zu verkündigende Wort Gottes ist dabei *unabhängig von der Ablehnung*, die es bei den Menschen findet. »Das Nichthören . . . erledigt das prophetische Wort noch lange nicht« (GvRad, Theol. AT II, 166). Hat Jesajas Generation das Wort verworfen, muß es für eine künftige aufgezeichnet werden: »Jetzt geh hin und schreib es vor ihnen auf eine Tafel und verzeichne es in ein Buch . . ., weil ihr dies Wort verworfen habt« (30,8ff; vgl. 8,16ff). Dieser Vorgang der dokumentarischen Aufzeichnung der von den Hörern abgelehnten Botschaft zeigt nicht nur, daß das Wort Gottes trotz seines Mißerfolges nicht erledigt ist, sondern zum ersten Mal die *Gestalt des schriftgewordenen Wortes*, in der der Prophet den Bezug des Wortes Gottes über den ersten Empfängerkreis hinaus auf fernere Hörer hin ausweitet. Das Wort Gottes hat über seine Ablehnung hinaus noch eine Zukunft, denn »seine Worte nimmt er nicht zurück« (31,2).

ε) Diese Zukunft schildert Jes 2,2–5: Hier wird von der Völkerwallfahrt zum Gottesberg berichtet, zu der ein Volk das andere ermuntert: »Kommt, laßt uns hinaufziehen zum Berg Jahwes . . .: denn vom Zion wird die Weisung ausgehen und das Wort Jahwes von Jerusalem«. Die Hoffnung richtet sich auf die von Jahwe errichtete neue Lebensordnung, in deren Mitte das Gotteswort steht, das Gerechtigkeit und Leben bedeutet und Weisung für das Leben einschließt. Die Nähe des Wortes Gottes zu Weisung und Gebot (vgl. II,5) zeigt sich nicht nur in der Bezeichnung des Wortes Gottes als Tora (2,3), sondern auch bei den Prophetenworten, die im Stil der priesterlichen Tora gehalten sind.

d) *Jeremia*: Die Überschrift des Gesamtbuches »Worte des Jeremia« (nicht wie WRudolf, Jeremia, 1, will: »die Geschichte des Jeremia«), die statistische Beobachtung, daß der Begriff »Worte Jahwes« – 241mal im AT belegt – bei Jer 52mal und die Wortereignisformel – 113mal im AT – 30mal erscheint (OGrether, aaO, 65ff), macht es unübersehbar, daß wir uns hier bereits im Bereich eines *reflektierenden Wissens um das »Wort Jahwes«* befinden, was berechtigt, bei Jer von einer »Worttheologie« zu sprechen (dies Urteil bleibt, auch wenn man die dtn. Überarbeitung zB Kap. 11,1ff; 46,1; 47,1; 49,34 in Abzug bringt).

α) Das Wort Gottes als *machtvolles Berufungswort* (627 vChr): Die Berufung des Jer (1,4–10) ist durch die einleitende Wortereignisformel ganz als Wortereignis gekennzeichnet. Das Erwählungs- und Ernennungswort Jahwes (1,5) beherrscht den ganzen Vorgang, während als einziger visionärer Zug lediglich die Berührung der Lippen durch die Hand Jahwes erscheint (1,9a). Auf das Ernennungswort »zum Propheten für die Völker« folgt die Einrede des Propheten (1,6). Die Ermahnung zur Furchtlosigkeit (1,8) macht dabei deutlich, daß der eigentliche Grund der prophetischen Einrede nicht sein jugendliches Alter, sondern die Angst vor dem Amt des Wortboten ist, um dessen Leid Jeremia aus der vergangenen Geschichte der Prophetie weiß. Gegenüber der freiwilligen Meldung in Jes 6,8b zeigt sich hier schon ein *Wissen um die Last der Verkündigung des Wortes Jahwes*. Der Vollzug der Sendung besteht bei Jeremia in der Übergabe des Gotteswortes: »Siehe, ich habe meine Worte in deinen Mund gegeben« (1,9). Die Übereignung des Wortes Gottes an den Propheten bedeutet für Jeremia keine Verfügung über das Wort, sondern schließt das Wissen um die *Freiheit Jahwes* ein, den Propheten auf das Ereignis des Wortes Gottes warten zu lassen. Durch die Übereignung des Gotteswortes wird Jeremia zum Wortbeauftragten und »Aufseher über Völker und Königreiche«, wird ihm als einem einzelnen die Macht gegeben, in die Geschicke der Völker und Könige einzugreifen. Hier reflektiert sich nicht ein Größenwahn, daß »von dem Wort eines jungen Menschen in einem Kleinstaat Wohl und Wehe ganzer Völker abhänge« (dies weist Rudolf, Jeremia, 6, ausdrücklich ab), sondern zeigt sich die Mächtigkeit des Gotteswortes, das wirksam in die Geschichte geworfen wird (vgl. Jes 9,7). Der Wortauftrag des Propheten ist ein doppelter, »auszureißen und niederzureißen, zu bauen und zu pflanzen« (1,10). Hier tritt schon in der Berufung das Wissen um die Zweiseitigkeit des Wortes Gottes als Gerichtswort (Kap. 1–25) und Heilswort (Kap. 30f.32) deutlich heraus.

β) Das Wort Gottes in der Frühverkündigung Jeremias (627–622 vChr; Zeit Josias): Thema der 1. Phase der Verkündigung Jeremias ist die Klage Jahwes über Israels treulosen Abfall zum Baalkult (2–4,5; vgl. Hosea) und die Ankündigung des aufbrechenden Zornes Jahwes in Gestalt des anrückenden unheimlichen Feindes aus dem Norden (4,5–6,30). Auf die Gerichtsankündigung Jeremias, mit der er sich in die Reihe seiner Vorgänger stellt, antworten die Hörer: »Was die Propheten sagen, erweist sich als Luft, und das Wort (des Herrn) ist nicht in ihnen« (5,13). Weil aber das Prophetenwort als Gotteswort geleugnet wird, darum bringt Gott es zu seiner vernichtenden Erfüllung: »siehe, ich mache meine Worte in deinem Munde zu Feuer« (5,14). So antwortet das Gotteswort (*dābār*) auf den praktischen Atheismus des menschlichen Spottwortes (*dābār*; 5,14). Die sich angesichts des Spottwortes der Leute auf die ergangene und ergehende Gerichtspredigt erhebende prophetische Anfechtung und Frage: wird das Wort, das ich als Jahwewort verkündigt habe, auch gewiß eintreffen? spiegelt sich ebenfalls in der unmittelbar an die Berufungserzählung anschließenden Vision vom Mandelzweig, die die beginnende Reflexion und Anfechtung des Propheten über das wirksame Eintreffen des Jahwewortes deutlich zeigt. Jahwes Deutung der Mandel- (»Wacholder«-) zweigvision ist: »ich wache über die Ausführung meines Wortes« (1,12).

γ) Das Wort Gottes und die mißverstandene deuteronomische Reform (609–598 vChr; Zeit Jojakims): Jeremia hat in der Zeit nach der josianischen Reform (622–609) geschwiegen. Er hat abgewartet, ob das Volk wirklich zu Jahwe umkehrt. Der Prophet war weder Kritiker noch Propagandist der Reform. Kein Gotteswort hat ihn während dieser Zeit erreicht. Jedoch nach dem Tod des Josia und mit dem Regierungsantritt des Jojakim, als deutlich wird, daß die deuteronomische Reform keine Umkehr zu Jahwe, sondern nur falsche rel. Sicherheit gebracht hat, erreicht das Wort Gottes erneut den Propheten (7,1; 26,1). In der berühmten Tempelrede greift Jeremia die rel. Sicherheit des Volkes an, die sich auf den Tempel und die göttliche Gegenwart beruft (7,4), aber das Bundesgebot mißachtet (7,5ff). Diese Überbetonung des Tempels und der Heilssicherheit ist nichts anderes als unbußfertiges Vertrauen auf »Worte der Lüge« (7,4.8) und wird die Zerstörung des Tempels nach sich ziehen (7,14). In der vom Propheten geschilderten großen Bußtagsliturgie (14,1–15,4), in der korrekte Bußlieder des Volkes erklingen (14,7.9.19–22), ist die Antwort Jahwes (14,10; 15,1–4) die Ankündigung des Gerichtes und der Katastrophe. Im Jahwewort des Propheten kommt die fromme Unbußfertigkeit des Volkes an den Tag. Eine weitere Folge der mißverstandenen deuteronomischen Reform ist das Pochen der Schriftgelehrten auf das Wort des Bundesgebotes, das dadurch zum toten Gesetz wird: »Wie dürft ihr nur sagen: weise sind wir, haben wir doch das Gesetz Jahwes! Zuschanden werden die Weisen, denn sie verachten das Wort Jahwes« (8,8f). Die Gerichtsworte gegen Tempel und Schriftgelehrte haben Jeremia das Todesurteil eingebracht (Kap. 26). Er steht zu seiner Botschaft und ist bereit, mit seiner Person dafür zu haften. Das Wort Jahwes und der Wortbote lassen sich nicht trennen. Entsprechend steht Kap. 26 nicht das Leiden des Propheten, sondern die Leidensgeschichte des Wortes Gottes im Mittelpunkt.

δ) Das Wort Gottes und Jeremias Konfessionen: Jeremias Botendienst erschöpft sich nicht in der Verkündigung des Wortes Gottes. Jeremias Leiden ist das Leiden des in seiner Person vom Gerichtswort Jahwes Getroffenen. Unter dem Wort Gottes wird der mitleidende Prophet sichtbar, den das von ihm angesagte Gericht selber bis ins Körperliche hinein erschüttert (4,19–21). In der Klage des Propheten über das todkranke Land (8,18–23) wird der Mensch unter dem richtenden Angriff des Wortes Gottes sichtbar. Sooft Jahwes Wort zu ihm kam, hatte er es gierig wie eine Lieblingsspeise aufgenommen: »Stellte dein Wort sich ein, so verschlang ich es, zur Wonne ward mir dein Wort« (15,16). Aber diese Lust und Freude des Wortempfangs ist gebrochen durch das Wissen um das zu verkündigende Gericht, das den Propheten in die menschliche Isolierung treibt (15,17; vgl. 16,1–9). Jeremia als der Verkündiger des Gerichtswortes Gottes, der dieses Gericht mitleidend, gegen die Gefühle seines Herzens ansagt (4,19) und durch seine Fürbitte alles daransetzt, das Gericht aufzuhalten (14,11; 15,1), leidet zugleich unter dem Spott, daß das von ihm angekündigte Gericht scheinbar ausbleibt: »Sie sprechen zu mir: wo ist denn das Wort des Herrn, es möge doch kommen!« (17,15). Kap. 19,1–20,6 berichten, wie Jeremia nach der Zeichenhandlung des Zerbrechens eines Tonkruges um dieser Gerichtsverkündigung willen vom Oberaufseher Paschur geschlagen und in den Stock gelegt wird. Auf die Passion folgt unmittelbar die Konfession 20,7–9: »das Wort des Herrn ist mir zur Schmach geworden« (20,8). Der Entschluß des Propheten, das Wort Jahwes nicht mehr zu verkündigen (20,9a), trifft auf die unwiderstehliche Wucht des Wortes, das sich ihm wie eine objektive Größe von außen und innen aufdrängt: das zurückgehaltene Wort Gottes brennt wie Feuer in seinem Inneren und droht ihn auseinanderzusprengen, so daß Spott und Mißhandlung eher auszuhalten sind als das Brennen des Wortes, das ihn verzehrt. Weil Jeremia auf der Seite der Betroffenen unter dem Angriff des Wortes Gottes steht, weil Jeremia als der Wortbote des Gerichtes zugleich in das → Leiden Gottes über sein Volk hineingezogen ist, gehört das Zerbrechen des Zeugen zum Ereignis des Wortes Gottes hinzu. Bei keinem anderen Propheten ist die Mächtigkeit des aufgetragenen Gerichtswortes, das Mitleiden unter dem Angriff des Wortes Gottes, das Leiden unter dem Spott des verkündigten, aber scheinbar nicht eintreffenden Wortes Gottes und das Wissen um die Unentrinnbarkeit der Beauftragung zum Wort Gottes so erkennbar wie bei Jeremia. Wie das Leiden des Jeremia, so will auch die Geschichte der Buchrolle Kap. 36 als Passionsgeschichte des Wortes Gottes verstanden werden: der Mensch will das Wort verbrennen (36,23), aber Jahwes Wort bleibt noch voller als vorher auf dem Plan (36,32). Daß das Leiden bei Jeremia ein integrierender Bestandteil des prophetischen Dienstes ist, kommt in formaler Hinsicht nicht zuletzt auch darin zum Ausdruck, daß sich eine formale Abgrenzung zwischen anklagender Prophetenrede und eigentlichem Gerichtswort Gottes bei Jeremia im Unterschied zu den Propheten vor ihm nicht mehr deutlich vornehmen läßt (GvRad, Theol. AT II, 82.204).

ε) Das Wort Gottes und die Kriterien falscher Prophetie (598–587 vChr; Zeit Zedekias): Jer ist, wie die Sammlung »über die Propheten« (23,9–40) zeigt, auch mit den Prophetenkreisen in Jerusalem zusammengestoßen, die nach der 1. Deportation von 598 verkündigten, daß das Unheil sich wenden und die Deportierten bald zurückkehren würden (23,16ff; 28,2ff). Gegenüber diesen Heilsworten der Träumer – was hat das Wort Gottes mit einem Traum zu tun? (23,28) – verkündigt Jeremia die bleibende Gültigkeit des machtvollen Gerichtswortes Gottes: »Ist nicht mein Wort wie ein Feuer und wie ein Hammer, der Felsen zerschmettert?« (23,29). In der Auseinandersetzung mit den Heilspropheten und Chananja, der wie Jesaja das Heil für Jerusalem verkündigt, sucht Jeremia nach den Kriterien des wahren Wortes Gottes in der falschen Prophetie: Wer Jahwes Rat gelauscht hat, der wird den Hörern nicht das sagen, was sie wünschen (23,18.22). Am Eintreffen des Wortes wird erkannt, ob der Prophet Jahwes Wort geredet hat (28,9). Wie wenig der Prophet selber über diese Kriterien verfügt, zeigt 28,11: Jeremia hat der Heilsverkündigung des Chananja kein Jahwewort entgegensetzen können und ist seines Weges gegangen, um auf das erneute Ereignis des Wortes Gottes zu warten (28,12). Das noch härtere Gerichtswort Jahwes (28, 12ff) knüpft dabei an das Zerbrechen des Joches und das Heilswort durch Chananja an. Gottes Machtwort läßt die negative Antwort des Menschen nicht unberücksichtigt. So sehr das Wort Gottes nicht ohne zeichenhafte Kriterien ist, so sind diese nicht objektiv und neutral vom Menschen hantierbar. »Das Prädikat Pseudoprophet autoritativ auszusprechen, ist dem Propheten vorbehalten« (GQuell, 194), der im Gehorsam auf das neue Ereignis des Wortes Gottes angewiesen bleibt.

e) Ezechiel: Das häufige Auftauchen der Botenspruchformel, das von insgesamt 241 at. Belegen allein 60malige Auftauchen des Begriffs »Wort Jahwes« und die von insgesamt 113 Belegen 50mal auftauchende Wortereignisformel, die jeweils den Einsatz einer neuen Redeeinheit kennzeichnet, schließlich die in Ez 85mal vorkommende Gottesspruchformel »Spruch Jahwes« und die 11mal auftauchende Schlußformel des Gotteswortes »Ich, Jahwe, habe es geredet« macht es unübersehbar, daß wir es, wie bei Jer, so auch bei Ez mit einem »schon sehr durchgebildeten Wissen um das ›Wort Jahwes‹« (WZimmerli, BK XIII, 89) zu tun haben.

α) Die Rede vom Essen des Wortes Gottes (2,9–3,3): Ezechiel wird durch den in einer Thronszene erscheinenden Gott berufen, wobei sich die Wortbeauftragung als entscheidendes Element aus der Schilderung der Thronvision herauslöst. Dem von Jahwe Gesendeten wird ein Wortauftrag zuteil, dessen stark formaler Charakter auffällt: »So hat der Herr Jahwe gesprochen« (2,4). Diese formale Fassung des Sendungsauftrages mittels der Botenspruchformel soll deutlich machen: Der Verkündigungsauftrag des Propheten ruht nicht primär in einem inhaltlich fest umrissenen Botschaftsgehalt, sondern in der personalen Bindung an den Sendenden, der der Herr seines Wortes bleibt. Ezechiels Verkündigung des Wortes Gottes soll vor allem Reflex des Botschaftsempfangs des Wortes Gottes sein (WZimmerli, aaO, 73). 2,10 schildert die zum Propheten hin ausgestreckte Hand Jahwes, in der eine geöffnete Schriftrolle liegt, die auf beiden Seiten beschrieben ist, was die bedrängende Überfülle des göttlichen Wortes sinnfällig machen soll. Indem als Inhalt des Geschriebenen »Klagen, Seufzen und Wehe« genannt wird, »ist der Buchinhalt von den Wirkungen her, die das im Buch stehende, vom Propheten zu verkündigende Wort zeitigen wird, beschrieben« (77). Das machtvolle Wort Gottes hat die Wirkung unmittelbar bei sich. Diese Rolle wird dem Propheten zur Speise gereicht, wobei das Bildwort Jeremias vom sehnsüchtigen Verschlingen des sich einstellenden Wortes Jahwes (Jer 15,16) sich im Erleben des Propheten Ezechiel zur dramatischen Realität verwandelt: Das Essen der Buchrolle (3,2), das Aufnehmen des Gegessenen in das eigene Innere (3,3) macht dabei das totale Einswerden des Propheten mit dem Worte Gottes deutlich. Dieses Einverständnis mit dem Wort Gottes schließt ein Aufbegehren wie bei Jeremia aus, wie auch aus dem unwiderstehlichen Verlangen nach dem Wort Gottes bei Jeremia (15,16) »das in der Stunde der Berufung unter scharfem Befehl Jahwes Gebotene« bei Ezechiel geworden ist (Ez 3,1; WZimmerli, aaO, 78). Das Reden Ezechiels geschieht im Wissen um die absolute Erhabenheit des göttlichen Wortes. Wie schon in der Leidensgeschichte des buchgewordenen Wortes Gottes in Jer 36, so wird auch in der Nennung der Buchrolle bei Ez die schriftgewordene Gestalt des prophetischen Gotteswortes vorausgesetzt. 3,4 wird abschließend der Befehl zum »Reden im Wort Jahwes« ausgesprochen, was die dem Wortereignis Jahwes entsprechende prophetische Verkündigung des Wortes Gottes als Auftrag Ezechiels umschreibt.

β) Die prophetischen Zeichenhandlungen als geschehnishafte Vorwegnahme der vom Wort Gottes angesagten Geschichte: Zeichenhandlungen sind ein wesentliches Element der Verkündigung des Wortes Gottes durch Ezechiel. Aktiv soll der Prophet durch den Ziegel, den er belagert, die geringe Kost, die er ißt, das Scheren und Vernichten seiner Haare (4,1–5,4), aber auch durch das Heraustragen des Exulantengepäcks (12,1ff), durch das Aufzeichnen von 2 Wegen (21,23ff) den durch das Wort Gottes angesagten Anmarsch der Feinde, die Belagerung und Bezwingung der Stadt und die Deportation der Bevölkerung zeichenhaft darstellen. Gegenüber den Zeichenhandlungsgeschichten der älteren Prophetie, die nach einer Exposition und dem Bericht über die Handlung die Deutung folgen lassen (1Kön 22,10f; 2Kön 13,14–19; Jer 28f), wird bei Ezechiel die Einleitung durch das göttliche Befehlswort ersetzt und nicht mehr die Ausführung der Handlung durch den Propheten (mit Ausnahme von 12,1–16; 24,15–24), sondern lediglich das die Handlung befehlende Wort Gottes berichtet (3,25–5,4; 12,17–20 u. ö.). Diese Hineinnahme der Berichte von Zeichenhandlungen in das göttliche Befehlswort bei Ezechiel macht aber deutlich, daß die Zeichenhandlungen ganz und gar leibhaftes Ereigniswerden des Wortes Jahwes sind, geschehnishafte Vorwegnahme der vom Wort Gottes angesagten Geschichte (WZimmerli, aaO, 104). Aber nicht nur aktiv, sondern auch passiv ist der Prophet in seiner Person und seinem Geschick (sein gebundenes Liegen 4,4–8; sein Zittern 12,17–20; sein Erstarren angesichts des Todes seiner Frau 24,15–24) worthafte Ansage kommenden Geschehens. Während Jer 4,19–21 das eigene Leid, der Aufschrei des Propheten ganz ungebrochen zu Wort kommt, ist bei Ezechiel alles Leiden ins Jahwewort verschlungen und der Verkündigung des Wortes Gottes dienstbar gemacht. Weil das vom Propheten verkündigte Wort Gottes nicht kraftlos ist, sondern kommende Geschichte heraufführt, darum ist der Prophet nicht nur mit seinem Mund, sondern auch mit seinem Handeln und Leiden zeichenhafte Verkündigung des Wortes Gottes, weil in ihnen die vom Wort Gottes eingeleitete Geschichte bereits Gestalt gewinnt (WZimmerli).

γ) Die Disputationsworte: Daß es in der Verkündigung des Wortes Gottes »nicht nur um einen majestätischen Gottesmonolog, sondern um einen Vorgang wirklicher Begegnung mit den Menschen des Volkes Israel« geht (WZimmerli, aaO, 55), zeigt die Redeform des auf ein Zitat des Volkes antwortenden Disputationswortes bei Ez (12,21ff; 26–28): Gegenüber der Rede im Volk, daß das prophetische Wort nicht eintreffe und sich am Wort Gottes der natürliche Abnutzungsprozeß der Zeit auswirke (12,21) oder das Wort Gottes erst in ferner Zukunft Wirklichkeit schaffen werde (12,27), antwortet Jahwe: »Das Wort, das ich rede, geschieht. Nicht soll es sich mehr hinausziehen« (12,25). Jahwes Wort ist ein Wort, das ohne Abnutzung durch die Zeit und ohne die Möglichkeit, es in eine ferne Zukunft zu verweisen, Geschichte wirkt. Die Eigentümlichkeit des Disputationswortes bei Ez besteht dabei darin, daß auch das Zitat des Volkes, gegen das sich das Wort Jahwes wendet, ganz in das Gotteswort hineingenommen ist. Dh im Zitat kommt der wirkliche Hörer des Wortes Gottes zur Sprache, aber so, wie ihn das Wort Gottes sieht.

δ) Das Wort Gottes als das Wort an den Einzelnen (der Prophet als Späher): Ez 33,1–9 leitet den 3. Teil des Buches ein, in dem das Wort Jahwes vom kommenden Heil im Mittelpunkt steht. Das große Gericht über das Volk ist im endgültigen Fall Jerusalems und der endgültigen Zerschlagung des Staates Juda schon hereingebrochen. Im Unterschied zum einleitenden Berufungsbericht 1,1–3,15 und der dort gemeinten Sendung an das ganze Volk, »ob sie es hören oder ob sie es lassen« (2,5), hat 33,1–9 das Gewicht einer 2. Berufung des Propheten. Der Wortbote, der das verbrennende Gerichtswort Jahwes zu verkündigen hatte, wird nach dem Fall Jerusalems zum Späher und Warner, der das Wort Jahwes ganz auf den einzelnen ausrichtet: Wenn der Prophet ein Wort aus Jahwes Mund vernimmt, soll er den einzelnen Sünder warnen (30,7). Unterläßt er es, so fordert Jahwe sein Blut von des Propheten Hand (30,9). Das Wort Gottes weist damit den Propheten in einer in der bisherigen Prophetie so nicht gekannten Gezieltheit an den einzelnen Wortempfänger und überträgt dem Propheten die Verantwortung für jedes einzelne Leben, wodurch auch der Bote des Wortes Gottes selbst auf dem Spiel steht. Die Gezieltheit des Wortes Gottes auf den einzelnen Menschen ist in dieser Weise vor Ez nicht ausgesprochen worden.

ε) Das schöpferische Wort Gottes: Ez 37,1–14 wird die Vision von der Erweckung der Totengebeine erzählt. Auf ein Feld völlig vertrockneter Totengebeine geführt, bekommt der Prophet den Auftrag, das Verheißungswort Jahwes über dieses Totenfeld zu sprechen (37,4–6). Unter diesem gesprochenen Wort Jahwes rücken die Gebeine zusammen, wachsen Bänder, Fleisch und Haut darüber. Unter einem neuen gesprochenen Jahwewort kommt der Lebensgeist in das noch tot am Boden Liegende, so daß sich das Tote erhebt und lebendig dasteht (37,9–10). Diese Vision ist die Antwort Gottes auf die resignierte Aussage des Volkes (37,11 »vertrocknet sind unsere Gebeine«), in der Israel auf das Bekenntnis seiner Verlorenheit das neue Leben, die Herausführung aus den Gräbern des Exils und Heimführung in das Land zugesagt wird (37,11–14). Folgendes ist hier im Hinblick auf das Jahwewort festzuhalten: 1. Das hier Geschilderte kommt der urspr. Schöpfung des Menschen durch Jahwe (Gen 1) erstaunlich nahe, wird aber dadurch noch gesteigert, daß diese Schöpfung Neuschöpfung von Totengebeinen ist, dh von Menschen, deren Geschichte gescheitert ist. Jahwes Wort bewirkt die Neuschöpfung aus den Toten. 2. Schafft Jahwe nach Gen 1 durch das von ihm selbst gesprochene schöpferische Wort, so wird Ez 37,1–14 das vom Propheten verkündigte »Wort Jahwes« (37,4) zu der Macht, die Leben aus den Toten schafft. 3. Dieses schöpferische Wort des Propheten stellt aber kein Zauberwort von magischer Kraft dar, sondern ist auf das Verheißungswort Jahwes bezogen, das den Grund und Inhalt und die Deutung der prophetischen Rede abgibt (37,4–6.9.11–14). 4. Dieses schöpferische, durch den Propheten verkündete Wort Jahwes ist keine magische Potenz, die die Natur durchwaltet, sondern ist die Erweckung des verstreuten Volkes, seine Herausführung aus dem Exil, die Hereinführung ins Land und die Geistbegabung. Jahwes schöpferisches Wort ist die Eröffnung einer neuen Geschichte, die nicht aus den natürlichen Kräften des Volkes heraus geschieht, sondern nur in der Kategorie der Neuschöpfung aus den Toten durch das schöpferische Verheißungswort Jahwes aussagbar ist (WZimmerli, aaO, 885ff; DBaltzer, aaO, 101ff).

f) Deuterojesaja: Steht am Anfang des Exils das unerbittliche Gerichtswort Ezechiels, so steht am Ende die Verkündigung DtJes's vom wirkungsmächtigen Wort Gottes, das das Heil Israels zum Thema hat:

α) Das Wort Gottes als alleinbeständige Wirklichkeit (Jes 40,8; 55,11): Kap. 40,1–8 deutet die Berufung des Propheten an. V. 1–5 reden von der Tröstung des Volkes und der Bahnung eines Wunderweges durch die Wüste. Auf die Aufforderung »verkündige« hat der Prophet eine resignierte Gegenfrage gestellt: »Was soll ich verkündigen? Alles Fleisch ist Gras . . .« (V. 6). Es ist die Klage der im Exil Übriggebliebenen, über die der Gerichtshauch Jahwes hinweggegangen ist (V. 6f). Im Kontrast zu dieser Verzagtheit und Skepsis des mit seinem Volk solidarischen Propheten wird verkündigt: »das Wort unseres Gottes besteht in Ewigkeit« (40,8). Dies Wort Gottes ist die Grundlage aller Verkündigung des Propheten, »seine gesamte Verkündigung nichts als das Vorbringen dieses Wortes« (CWestermann, DtJes, 10). Der Inhalt dieses Wortes ist die vergebende Tröstung des Volkes und seine Rückführung auf dem wunderbaren Wüstenweg. Dies Wort Gottes ist nicht das dualistisch der von Vergänglichkeit und Tod gezeichneten Welt gegenüberstehende Wort Gottes, sondern das in die Geschichte hineingesprochene, neue Geschichte und neue Zukunft wirkende Wort: wie der Niederschlag die Erde tränkt und Saat aufsprießen läßt, »so ist (wirkt) mein Wort, das aus meinem Munde geht. Es kehrt nicht leer zu mir zurück, sondern tut, was ich wollte« (55,10f). Diese schöpferische Geschichtsmächtigkeit des Wortes Gottes, das sich in der Heimkehr des Volkes aus dem Exil realisieren wird, verkündigt DtJes.

β) Das Wort Gottes und das Prophetenwort: Von der Beständigkeit des Wortes Gottes (Jes 40,8) war im Zusammenhang der Berufung des Propheten die Rede, ebenso sprach 55,11 von dem weltverwandelnden Wort, das wirkt, »wozu ich es sandte« (OGrether, 134). Das geschichtsmächtige Wort Gottes ist das durch den gesandten Propheten verkündigte Wort Gottes. Jahwe hat im Gegensatz zu den Wahrsagern und Orakelkündern in Babylon (44,25) das Gerichtswort der Propheten Israels eingelöst (44,26). Hat Jahwe aber ihr Gerichtswort wahrgemacht, so wird er auch das durch seinen Propheten verkündigte Heilshandeln wahrmachen (44,27). Die von DtJes angekündigte Bewegung in der Geschichte ist Auswirkung »eines Wortes, das nicht (leer) zurückkehrt« (45,23).

γ) Das Wort Gottes und der Erweis in der Weltgeschichte: Gegenüber der babyl. Götterwelt muß die Frage nach der allein in der Geschichte wirkenden Macht gestellt werden. DtJes's Antwort lautet: Jahwe ist allein der Gott des Geschichte wirkenden Verheißungswortes und darin den Götzen Babylons überlegen, daß die Ereignisse der Geschichte Israels alle angekündigt und dementsprechend auch eingetroffen sind: »Der verläßliche Zusammenhang des Redens Gottes mit seinem Handeln . . . ist das entscheidende Argument in der Rechtsverhandlung zwischen Jahwe und den Göttern« (CWestermann, DtJes, 16; vgl. Jes 41,26f; 43,9f; 44,7; 45,21; 48,14). Die Verfügungsgewalt Gottes in seinem Wort über die kommende Geschichte ist der eigentliche Beweis seiner Gottheit gegen die Ohnmacht der Götzen (44,1).

δ) Wort Gottes und Weltschöpfung: DtJes weitet den Bereich des Wortes Gottes auf eine Dimension aus, auf die es kein Prophet vor ihm bezogen hat, nämlich auf die Weltschöpfung durch das Wort Jahwes (Jes 40,26; 58,13; 50,3). Die Gestirne, die in Babylon als die obersten Götter gelten, sind Geschöpfe durch Jahwes Wort. Jahwe hat durch sein Wort die Welt geschaffen und das ganze Heer der Himmelsgestirne ins Dasein gerufen (40,26). Im Gegensatz zu der schöpferischen Wirkungsmacht des Wortes Marduks wird hier das schöpferische Jahwewort verkündigt, das nicht nur die Geschichte wirkt, sondern auch die Schöpfung ins Dasein ruft. Die Verkündigung der Weltschöpfung durch das Wort bedeutet die Ausweitung des die Geschichte wirkenden Wortes Gottes auf das Universum der Schöpfung, wobei die Weltschöpfung zu einem Element des Heilshandelns Jahwes in der Geschichte wird.

ε) Das Wort Gottes als Heilswort: Konnte man dem Propheten diese Verkündigung von dem die Geschichte in ihrer Schöpfungsdimension, Vergangenheits- und Zukunftsdimension wirkenden Jahwewort angesichts des Exils und der noch bestehenden babylonischen Herrschaft glauben? Von daher ist die Gattung des priesterlichen Heilswortes zu verstehen (JBegrich), die der Prophet in seiner Verkündigung an »die Kleingläubigen und müde Gewordenen (aufnimmt), denen sich die Wirklichkeit ganz anders darstellte, weil sie sich von Gott verlassen fühlten und nicht glauben konnten, daß Jahwe sich um ihren ›Weg‹ kümmere« (GvRad, Theol. AT II, 263; Jes 41,8ff; 45,9ff; 49,14ff; 54,4ff u. ö.). Dieses Heilswort ist die für DtJes bezeichnendste Form der Heilszusage, die sich der Form des priesterlichen Erhörungswortes als Antwort auf die Klage eines einzelnen bedient (vgl. 1Sam 1; JBegrich, ThB 21, 217ff). »Das Gotteswort, das er (DtJes) zu verkündigen hat, zielt auf jedes Glied dieses (Volks-)Ganzen in seinem eigensten personalen Sein« (CWestermann, DtJes, 15). Denn das Welt und Geschichte umfassende Wort, das Jahwe in den Mund des Propheten gelegt hat (51,16) und das dessen Mund zu einem scharfen Schwert macht (49,2), ist zugleich dazu da, »daß ich (der Prophet) den Müden durch das Wort zu erquicken wisse« (50,4). Das die Welt und Geschichte ins Dasein rufende mächtige Wort, ist zugleich das Heilswort, mit dem Gott sich liebend zu seinem Volk herabläßt und um das im Leiden hart gewordene Herz seines Volkes wirbt. »Noch nie hat er (Jahwe) sich in seinen Worten so tief zu seinem Volk herabgeneigt, hat sich so alles Schrecklichen entäußert, um keinen der Verzagten zu verscheuchen« (GvRad, Theol. AT II, 264).

5) Das Wort Gottes als Bundesgebot

a) »Die Worte« als Proklamation des Rechtswillens Gottes

Die Gebote als die Proklamation des Rechtswillens Gottes werden in Ex 34,28 »die zehn Worte« (griech. = *Dekalog*) genannt und als »die Worte des Bundes« näher umschrieben. Sie begründen nicht den Bund (vgl. OProcksch, ThWb IV, 98), sondern der in der Erwählung Jahwes gründende → Bund schließt eine Bundesordnung ein. Die Proklamation des Rechtswillens Gottes wird in Ex 20,1 eingeleitet: »Jahwe redete alle diese Worte«, wobei die Mitteilung dieser Gebote durch die einleitende Präambel Ex 20,2 als in der Selbstvorstellung Jahwes und der Herausführung aus Ägypten begründet erscheint. Dies bringt auch die im Anschluß an das sog. Bundesbuch (Ex 20,22–23,19) berichtete Bundesschlußerzählung (24,3–8) zum Ausdruck: Mose berichtet dem Volk »alle Worte Jahwes und alle Rechtssatzungen«, und das Volk antwortet einstimmig: »Alle Worte, die Jahwe geredet hat, wollen wir tun«. Dann schreibt Mose »alle Worte Jahwes auf« (24,3f).

b) Das Bundesgebot und die Gerichtsbotschaft der Propheten

In welcher Weise die Propheten ihren Auftrag darin sehen, das alte Bundesgebot gegen Rechtsmißbrauch und Rechtsbruch in Israel zur Geltung zu bringen, zeigt Amos, der Israel an der alten Bundesordnung mißt. In der Begründung für das angesagte Gerichtswort nennt Amos die Bedrückung der Armen (2,7f; 3,9f) und die Verkehrung des Rechts als Übertretung der Bundesordnung (Ex 22,30ff; 23,1ff). Bei Hosea hat die Übertretung des Bundesrechtes (4,2) die Aufkündigung des Bundes durch Jahwe zur Folge: Ihr seid »Nicht-mein-Volk« (1,9). Und in der Tempelrede Jeremias wird dem Volk mit einer dekalogartigen Rechtsreihe (vgl. die Aufzählung »Stehlen und Morden, Ehebrechen und Meineid schwören« 7,9) die Sünde enthüllt und das Gericht angesagt (7,1ff). Ebenso ist die im Bundesrecht liegende Bedrohung des Volkes bei Übertretung des Gebotes der Hintergrund der Schilderung Jerusalems als »Blutstadt« (Ez 22) und der Gerichtsankündigung bei Ezechiel. Schon in der prophetischen Verkündigung wird somit die enge Verklammerung zwischen dem machtvollen, die kommende Geschichte ankündigenden und einleitenden Gerichtswort Gottes und der das Gerichtswort begründenden Rechtsproklamation des Bundesgebotes deutlich (RBach, Gottesrecht, 23ff; WZimmerli, Gesetz, 102ff).

c) »Das Wort« als Bezeichnung des Gesamtgebotes

Im Deuteronomium wird über die Bezeichnung des Bundesgebotes als »zehn Worte« (Dtn 4,13; 10,4) hinaus nicht nur die Vielheit der Gebote als »Worte« (1,1.18; 4,10.36; 5,5; 28,14 u. ö.), sondern auch ein Einzelgebot als »Wort« bezeichnet (12,28; 15,15; 24,18.22). Insofern aber im Dtn »die Worte dieser Tora« (17,19; 27,3; 28,58; 29,28) trotz ihrer vielfältigen Einzelgebote zum erstenmal als einheitliche Willensoffenbarung Jahwes an Israel verstanden werden, taucht *Wort* im Sing. auch zur Bezeichnung des Gesamtgebotes auf (4,2; vgl. Jos 1,13) und kann infolgedessen die totale menschliche Angewiesenheit auf »dies Wort« ausgesagt werden: »Dies Wort ist euer Leben« (Dtn 32,47). Alle sieben Jahre soll im Rahmen des Bundeserneuerungsfestes das göttliche Bundesgebot mit seinen Verheißungen und Drohungen (vgl. die Fluchworte in Dtn 27) in der großen Volksversammlung vorgelesen werden, »damit sie es hören und lernen, Jahwe, euren Gott, zu fürchten und alle diese Worte des Gebotes treulich zu erfüllen« (31,10–13). Die Konzentration auf den einen Gott (6,4), das eine Heiligtum (Kap. 12) und das eine »Wort« (4,2) ist das theol. Anliegen des Dtn. »Die ganze im Bunde Israel zugesprochene, ihm von Jahwe nahegebrachte, in Mund und Herz gelegte Offenbarung des göttlichen Rechtswillens (30,14) gilt somit als *dābār* (= *Wort*)« (WZimmerli, RGG VI, 1810).

6) Wort Gottes und Geschichte im deuteronomistischen Geschichtswerk (dtrG)

Das dtrG, das in Dtn 1–3 mit einem Rückblick auf die Mosezeit beginnt, dann die Geschichte der Landnahme-, Richter- und Königszeit darstellt, also die Bücher Dtn bis 2Kön umfaßt, ist nach der Katastrophe von 587 vom theol. Standort des Dtn aus geschrieben:

a) Das Fluchwort des Bundesgebotes: das dtrG stellt die Geschichte Israels in beiden Teilreichen als eine Geschichte des fortschreitenden Abfalls von Jahwes Gebot, bes. von der Forderung des Dtn, Jahwe nur an einem Ort zu verehren (Dtn 12), dar. Das Gericht über Israel und Juda (2Kön 17,7ff.19f) ist für das dtrG die Folge der Wirkungsmacht des Rechts(Gesetzes)-Wortes Gottes in der Geschichte Israels, mithin die Einlösung der im Dtn angekündigten Möglichkeit des Fluches (vgl. Dtn 27,15ff; 28,15ff).

Das Fluchwort des Dtn war also »kein leeres Wort« (32,47), sondern in der Geschichte des Untergangs Wirklichkeit geworden.

b) Das Drohwort der Propheten: Nicht nur das Fluchwort des Bundesgebotes, sondern auch das Drohwort der Propheten hat sich in der Geschichte Israels und Judas realisiert. Das dtrG hat den von ihm dargestellten Geschichtsverlauf, der beinahe 700 Jahre israelitischer Geschichte von der Mosezeit bis zum babyl. Exil umfaßt, als einen Zusammenhang von ergangenen prophetischen Drohworten und den entsprechenden geschichtlichen Erfüllungen sichtbar gemacht und sich dabei einer festen Terminologie bedient: das prophetische Wort »wird wahrgemacht« (Dtn 9,5), »fällt nicht hin« (Jos 21,45; 23,14; 1Kön 8,56; 2Kön 10,10), »es wird aufgerichtet« (1Sam 1,23; 15,11.13; 2Sam 7,25; Kön 2,4; 6,12; 8,20; 12,15), »es tritt ein« (Jos 23,15), »es wird erfüllt« (1Kön 2,27; 8,15.24; vgl. vRad, Ges. Aufs., 193ff). Der »Aufweis des Funktionierens dieses Wortes in der Geschichte« (vRad, Theol. AT II, 107), des »Korrespondenzverhältnisses von ergangenem Wort und geschichtlicher Erfüllung« (aaO, 338) untermauert das Anliegen des dtrG (vgl. Dtn 18,21f).

c) Das Aufforderungswort zur Umkehr: Das dtrG hat sich aber, indem es die Geschichte der totalen Vernichtung als Erfüllung des Fluchwortes durch Mose und als Einlösung des Drohwortes der Propheten verstehen lehrte, zugleich auch als Ruf zur Umkehr verstanden (1Kön 8,46–53). Wie immer wieder nach Zeiten des Abfalls und des Gerichts auf die Umkehr zu Jahwe neue Heilstaten folgten (Ri 2,11–22; 1Sam 12,6–25), so bleibt angesichts des totalen Gerichtes die Frage offen, ob »es nicht doch zu einer ganz neuen Phase mit wiederum ganz neuen (Heils-)Setzungen für Jahwes Eigentumsvolk kommen könnte« (HWWolff, ThB 22, 314). »So dient also das Werk einer dringlichen Einladung zur Umkehr zu dem Gott der Heilsgeschichte« (aaO, 322). Dh aber im Hinblick auf das vom Propheten verkündigte Wort Gottes: die Verkündigung des Gerichtswortes Gottes ist nicht wahrsagerisch auf seine Geschichtswerdung aus, sondern zielt auf die Umkehr, damit das angekündigte Gericht nicht eintritt (Jer 25,3ff; 26,2ff; 36,2f; Ez 18,1ff; 32,1ff; Jon 3,8ff) bzw. das eingetretene Gericht zur Anrede wird (dtrG).

d) Das Verheißungswort an David: Welche Bedeutung neben dem in der Geschichte Israels erfüllten Fluch- und Gerichtswort und dieser Geschichte als Umkehrwort dem Verheißungswort im dtrG zukommt, ist umstritten. GvRad zufolge steht die nach 2Sam 7 dem David gegebene Verheißung über der Gerichtsgeschichte Israels: Die Schlußnotiz des dtrG von der Befreiung des Königs Jojachin und seiner Erhöhung an die Tafel des babyl. Königs (2Kön 25,7–30) will zugleich die Erwartung auf den Gott lenken, der über David seine Verheißung von der Zukunft des Davidsohnes ausgesprochen hat und seinem Wort auch angesichts des Gerichtes die Treue hält (vRad, ThB 8, 201ff; Theol. AT II, 339ff). – Indem aber das dtrG die Geschichte Israels als Erfüllung des durch Mose verkündigten Bundesgebotes mit seiner Möglichkeit von Segen und Fluch, als Einlösung des durch die Propheten verkündigten Drohwortes und darin als Aufforderungswort zur Umkehr verstehen lehrt, und zugleich in hoffendem Fragen an das Verheißungswort auch angesichts der Gerichtsgeschichte Israels erinnert, verbinden sich hier, wie schon bei den vorexilischen Propheten (vgl. 5b), die beiden Elemente des Wortes Gottes: »Wort Gottes ist (hier) sowohl die dauernd im Volke gegenwärtige Forderung des Gebotes als auch die je neu im Prophetenwort (ich ergänze: als Verheißungs-, Umkehr- und Gerichtswort) die Geschichte treffende und gestaltende Verkündigung« (WZimmerli, RGG VI, 1810).

7) Das Wort Gottes als Schöpferwort

Daß die at. Vorstellung von der schöpferischen Macht des Wortes Gottes von den altorientalischen Hymnen her bestimmt ist (LDürr, 8ff; s. o. Abs. 2), die Marduks gewaltige Donnerstimme im

Gewitter preisen, zeigt bes. Ps 29, der die Erscheinung Jahwes im Gewitter schildert (V. 3ff) und im Donnerschall das dröhnende Machtwort Gottes vernimmt. Der Unterschied der at. zur altorientalischen Auffassung vom mächtigen Wort der Gottheit als einer die Natur durchwaltenden, aus der Gottheit emanierten dynamischen Potenz ist ein doppelter:

a) Die Zuordnung des Schöpferwortes zum Heilswort Gottes (Ps 33,6.9; 148,5.8): Jahwes Schöpfungswort, durch das er den Himmel ins Dasein gerufen hat (Ps 33,6: »durch Jahwes Wort sind die Himmel gemacht«), ist ein Element von Jahwes geschichtlicher Herrschaft in Wort und Tat (Ps 33,4) und seiner bundesgemäßen Herablassung zu den Armen (Ps 33,13ff). Das protologische Schöpferwort (Ps 33,6) hat eine dienende Funktion gegenüber dem soteriologischen Heilswort (Ps 33,4: vRad, ThB 8, 138). – Diese Verhältnisbestimmung wird durch den priesterschriftlichen Schöpfungsbericht bestätigt, der nicht nur von dem gebietenden Schöpferwort Jahwes spricht, unter dessen Macht alle Dinge ins Dasein treten (Gen 1), sondern die Schöpfung durch das Wort als Eröffnungsgeschichte des Bundes verstanden wissen will, da »im großen Zusammenhang der Priesterschrift Gottes Wirken durch das Wort keineswegs auf die Schöpfung beschränkt ist, sondern auch sein Handeln in der Geschichte bestimmt«, das der priesterschriftlichen Darstellung zufolge in der Einrichtung des Kultus zu seinem Höhepunkt kommt (Ex 25,1; CWestermann, BK I, 153; vgl. 153ff). In dieser Zuordnung des Schöpferwortes zur Bundes- und Heilsgeschichte Jahwes mit Israel entspricht Gen 1 der Verkündigung des DtJes.

b) Die Zuordnung des Schöpferwortes zum Rechtswort Gottes (Ps 147,15ff): In Ps 147,15ff wird das schöpferische Wort Gottes geradezu mit meteorologischen Phänomenen in Verbindung gebracht: Jahwes Wort, das wie ein Bote ausgesandt wird (147,15 »er sendet zur Erde seinen Spruch, schnell eilt sein Wort dahin«), bewirkt Schnee (V. 16) und Hagel (V. 17). Jahwes Wort läßt auch das Eis wieder schmelzen (V. 18). Dieses schöpferische, die Natur durchwaltende Wort ist aber kein anderes, als das beanspruchende Wort des Bundesgebotes: »Er tat kund seine Worte in Jakob, seine Satzungen und Rechte in Israel« (V. 19)! Israel versteht mithin das schöpferische Wort nicht mythisch-naturalistisch, sondern in Entsprechung »zu dem Rechts- und Herrschaftswort, das dem erwählten Volk mitgeteilt wurde . . . Mit der Kundgabe des Rechts- und Herrschaftswortes hat das erwählte Volk den Gott kennen und erkennen gelernt, der mit seinem Wort die Natur beherrscht und alle Kreatur trägt und erhält« (HJKraus, BK XV/1, 958f).

Im AT ist also das schöpferische Wort Jahwes nur in engem Zusammenhang mit dem Wort Gottes als Heilswort (Wort der Verheißung) und als Rechtswort (Bundesgebot) zu verstehen. Das macht das Spezifikum des israelitischen Verständnisses des Wortes Gottes aus.

8) Zum Verständnis des Wortes Gottes im Judentum → Art. ῥῆμα II,2; zum religionsgeschichtlichen Hintergrund des JohEv. vgl. auch unten III,4,b,γ.

1) Vorkommen und Bedeutung von λόγος *[lọgos]* und λέγω *[lẹgō]* im NT III

a) λόγος *[lọgos]* ist im NT 331mal (bis auf Phlm und Jud in allen Schriften) belegt, und zwar in profaner und theol. Bedeutung: *Wort* (λόγος *[lọgos]*) meint u. a. die *Aussage* (Mt 5,37), den *Ausspruch* (Mt 12,32; 15,12; Lk 20,20), die *Frage* (Mt 21,24), den *Befehl* (Lk 4,36), den *Bericht*, die *Kunde* und das *Gerücht* (Apg 11,22; Mt 28,15; Mk 1,45; Lk 5,15), die *Rede* (Mt 15,12), den *Wortlaut* (1Kor 15,2), das *mündlich ausgesprochene* (Apg 15,27; 2Kor 10,10) im Gegensatz zum *geschriebenen* (Apg 1,1) *Wort*, das *bloße Wort* im Gegensatz zur Kraft und zur Tat (1Thess 1,5; 1Kor 4,19), den *Gegenstand*, die *Sache* (Mk 9,10; Apg 8,21), das *Schriftwort* (1Kor 15,54), das *Ermahnungswort* (Hebr 5,11), die *Rechenschaft* (Röm 14,12), die *Abrechnung* (Phil 4,15), den *Beweggrund* (Apg 10,29), die *Verkündigung*, die *Belehrung*, den *Unterricht* (Lk 4,32; 10,39; Joh 4,41; 17,20), das *Wort Gottes*, das *Wort des Herrn*, das *Wort der Verheißung*, *der Wahrheit*, *des Lebens*, das *Wort Jesu*, das *Wort von Jesus Christus* (Apg), *Jesus* als das Wort (Joh 1,1.14).

b) λέγω *[lẹgō]*, *sprechen*, erscheint im NT 1320mal und zwar meist unbetont, zT aber auch in theol. qualifizierter Bedeutung (vgl. die Amen-Worte 2,aβ und die Heilungsworte Jesu 2aδ). Das zu einem anderen Stamm gehörige, weniger gewichtige Verbum λαλέω *[lalẹō]*, *reden*, hingegen (298 Belege) haben vor allem Lukas (Ev. und Apg 91mal), Johannes und Paulus (je 60mal; davon 34 in 2Kor) verwendet. λογικός *[logikọs]*, *vernünftig*, findet sich nur Röm 12,1; 1Petr 2,2; λόγιος *[lọgios]*, *gelehrt*, *gebildet*, nur Apg 18,24. Die von λόγος *[lọgos]* gebildete Deminutivform λόγιον *[lọgion]*, *Spruch*, urspr. *kurzes Wort*, *Orakelspruch*, ist im NT nur 4mal belegt (Apg 7,38; Röm 3,2; Hebr 5,12; 1Petr 4,11).

2) Das Wort Jesu Christi (Jesu Wort)

a) Die Verkündigung Jesu

Im Mittelpunkt der Worte Jesu steht die Verkündigung der drängenden Nähe Gottes, die Ankündigung des weltweiten Herrschaftsantritts Gottes (→ Reich), der in Jesu Person und seinem Wort bereits gegenwärtig ist. Jesu Wort sagt also weder nur die Gegenwart der Herrschaft Gottes, noch ausschließlich die Zukunft der Herrschaft Gottes an. Vielmehr hat Jesus von einem in seinem Wort sich bereits vollziehenden gegenwärtigen Kommen der zukünftigen Herrschaft Gottes gesprochen. In Jesu Verkündigung findet sich aber ein absolut gebrauchtes »das Wort Gottes« nicht. Mk 4,13–20, wo dieser Terminus einzig im Munde Jesu begegnet, gehört zur Gleichnisdeutung der Urgemeinde (JJeremias, Gleichnisse[6], 65f).

α) Das Fehlen der Botenspruch- und Wortereignisformel:

Jesus hat an keiner Stelle wie die at. Propheten seine Worte mit der Botenspruchformel »so hat der Herr gesprochen« eingeleitet. Ebenso fehlt im Zusammenhang seiner Verkündigung die Wortereignisformel »das Wort Gottes geschah zu mir«. Diese at. Formel taucht einzig Lk 3,2 (ῥῆμα θεοῦ ἐγένετο *[rhæma theọụ egẹneto]*, das *Wort Gottes erging* an Johannes) bei Johannes dem Täufer auf, der aber von Lukas der Zeit der at. Propheten zugeordnet wird (16,16), sie fehlt ebenfalls in der apostolischen Zeit. Das Fehlen der Botenspruch- und Wortereignisformel bei Jesus ist ein Indiz dafür, daß Jesu Verkündigung mit prophetischen Kategorien allein nicht verstanden werden kann.

»Der Grund, weshalb niemals die Vorstellung von einem an Jesus selbst ergehenden einzelnen Gotteswort in den (synopt.) Bericht eingedrungen ist, kann wohl nur sein, daß die damit verbundene Vorstellung als eine unangemessene und das Wesen des Gottesverhältnisses Jesu unzulänglich beschreibende . . . vermieden wurde« (GKittel, ThWb IV, 115). Das Wort Jesu, daß ihm der Vater alles übergeben habe (Mt 11,27), stellte »die Einheit Jesu mit dem Vater und auch mit dem göttlichen Wort auf eine Grundlage völlig anderer Art, jenseits aller Einzelmitteilung liegend« (ebd).

β) Die Antithesen und die Amen-Formel: Diesem Fehlen der Botenspruch- und Wortereignisformel in der Verkündigung Jesu entspricht positiv das Vorhandensein von Einleitungsformeln, die zeigen, daß Jesu Anspruch den eines at. Wortpropheten sprengt: In den Antithesen der Bergpredigt mit ihrem Schema: »ihr habt gehört, daß Gott zu den Alten gesprochen hat, ich aber sage euch« (Mt 5,21ff) setzt Jesus Aussagen des AT außer Kraft und stellt sein »Ich« an die Stelle Gottes.

Jesus beansprucht darin nicht, wie die at. Propheten und das Rabbinat, der legitime Interpret des → Gesetzes Gottes zu sein, sondern er stellt sich in Gegensatz zur Tora. Wird in der Gemeinde von Qumran »die radikalisierte Forderung des göttlichen Gebotes nirgendwo der Tora Moses gegenübergestellt« (ELohse, »Ich aber sage euch«, 197), so redet in den Antithesen Jesus wie einst der Gott des Mose und stellt damit sich und sein Wort unmittelbar neben Gott und Gottes Wort. – Was für die Antithesen gilt, gilt auch für die in der gesamten jüd. Lit. analogielose Formel »Amen, ich sage euch« (Mk 3,28; 8,12; 9,1.41; 10,15.29; 11,23; 12,43; 13,30; 14,18–25.30 u. ö.). Die Amen-Formel, die sonst zur Bekräftigung der Worte eines anderen dient, und mit der man sich schon in at. Zeit ein Segenswort oder Fluchwort aneignete (GDalman, Worte Jesu, 185ff), wird von Jesus ausnahmslos benutzt, um seine eigenen Worte einzuleiten und zu verstärken. Als solche ist sie aber nicht der vom Propheten benutzten Botenformel an die Seite zu stellen (so JJeremias, Verkündigung I, 44), »vielmehr ist durch die Voranstellung des Amen vor das eigene Wort Jesu dieses als ein solches gekennzeichnet, das sicher und zuverlässig ist . . . Damit aber ist in dem ›Amen‹ vor dem ›ich sage euch‹ Jesu die ganze Christologie in nuce enthalten« (HSchlier, ThWb I, 341). Die Amen-Formel als Einleitung des Wortes Jesu ist Ausdruck für Jesu göttliche Selbstgewißheit und die göttliche Selbstbeglaubigung seines Wortes.

γ) Dieselbe Vollmacht des Wortes Jesu, die Macht des redenden »Ich« Jesu, zeigt sich darin, daß sein Wort an die Stelle der Tora tritt. Hieß es im zeitgenössischen Judentum, daß der die Worte der Tora hörende und gute Werke tuende Mensch auf festen Grund baut, so heißt es in Jesu Wort: »wer meine Worte hört« (Mt 7,24–27). Das redende Ich Jesu nimmt hier göttliche Vollmacht in Anspruch. »Daß Jesus vom Hören und Tun seiner eigenen Worte die Entscheidung abhängig macht, das unterscheidet sein Wort auch von den höchsten Ansprüchen der alten Propheten. Diese wissen sich als die Träger des Wortes

Gottes, — nichts Geringeres. Aber keiner von ihnen sagt, daß ›seine Worte‹ nicht vergehen, oder daß an ihnen die Entscheidung über seine Hörer falle. Gerade dies aber sagt Jesus nach allen Überlieferungen« (Mk 8,38; 13,31; JSchniewind, Matthäus, 105).

Die Vollmacht des Wortes Jesu zeigt sich in seinem Ruf in die → Nachfolge: »und er sagte zu ihm: folge mir nach« (Mk 1,14ff,2,14). Dieser Ruf Jesu, der die Menschen mitten in ihrer Alltagsarbeit trifft und an keine Vorbedingungen gebunden ist, geschieht durch das wirksame Wort Jesu, das die Antwort des Menschen wie etwas Selbstverständliches erscheinen läßt. Die Macht dieses Wortes reflektiert sich schließlich in der Antwort der Hörer: sie nehmen Anstoß an Jesu Wort (Mk 10,22; Mt 15,12) oder verwundern sich über seine Worte, denn er redet »wie einer, der Vollmacht hat, und nicht wie die Schriftgelehrten« (Mt 7,28f), oder versuchen, ihn »durch ein Wort zu fangen« (Mk 12,13 par), weil in seinem Wort sein Anspruch und die Mitte seiner Sendung sichtbar wird.

δ) Die Einheit von Wort und Tat Jesu: Die Macht des Wortes Jesu zeigt sich nicht zuletzt auch in den Heilungsgeschichten, in denen die Heilungen durch das Wort Jesu (Mk 2,11 »ich sage dir, steh auf«), durch sein Befehlswort (Mk 9,25) erfolgen (Mk 1,25f; Lk 7,14f). Der Zusammenhang des Vergebungswortes (2,6) und des Heilungswortes Jesu (2,11) in Mk 2,1ff ist dabei zu beachten: das Heilungswort ist die Verleiblichung des Vergebungswortes Jesu. Das Wort des Weltenrichters, der die Sünden zu vergeben die Macht hat, erweist sich in der Heilung als wirksames, schöpferisches Wort.

Die Heilungen gehören zu Jesu Wort hinzu und sind von seiner Verkündigung nicht ablösbar: Nach Lk 4,18 hat Jesus das Prophetenwort Jes 61,1f auf seine Sendung bezogen. Gott hat ihn gesandt, den Armen frohe Botschaft zu bringen und den Blinden das Augenlicht. Das bezeichnet die Einheit von Wort und Tat in der Verkündigung Jesu. Aber nicht nur die Einheit von Wort und Tat, sondern die Überordnung des Wortes über die Tat ist für die Verkündigung Jesu charakteristisch: Mk 1,21–38 berichtet von den verschiedenen Heilungen Jesu und schließlich von seiner »Flucht« (1,35ff), wobei er den ihn suchenden Jüngern antwortet: »Laßt uns anderswo hingehen, damit ich auch dort predigen kann, denn dazu bin ich ausgegangen« (1,38). Daß die Taten Jesu (→ Wunder, Art. σημεῖον) seinem Wort untergeordnet sind, wird in denjenigen Heilungsberichten deutlich, in denen die Heilung ohne Parallele in Jesu Umwelt und von daher für die Augenzeugen auffällig durch das Wort Jesu geschieht: »Sprich nur ein Wort, so wird mein Knecht gesund« (Mt 8,8). Vgl. Mt 8,16: »Er trieb die Geister aus durchs Wort«. Die Proklamation der Gottesherrschaft geschieht durch Jesu Wort, wobei Jesu Heilungen Verleiblichungen seines Wortes sind.

b) Das unverhüllte Wort Jesu vom Leiden und Kreuz (Markus-Evangelium)

Mk 1,45 (»er [der Geheilte] begann das Wort [die Geschichte] auszubreiten«) und die in 2,2; 4,33; 8,32 auftauchende Wendung: »er (Jesus) sagte ihnen das Wort« gehören sämtlich der markinischen Redaktion zu (ESchweizer, Neotestamentica, 100; JJeremias, Gleichnisse[6], 65 A 5) und sind deshalb im Zusammenhang der Theol. des Mk zu interpretieren: Mk zufolge hat Jesus den Geheilten geboten, das Wunder ihrer Heilung nicht weiterzusagen (1,44; 5,43; 7,36), da durch Erzählung der Wunder nicht bekannt werden soll, daß Jesus der Messias ist. Zugleich wird aber betont, daß die Schweigegebote Jesu immer wieder durchbrochen werden (1,45; 7,36). Mk erzählt die Durchbrechung des Schweigegebotes, weil Jesu göttliche Vollmacht nicht verborgen bleiben kann, betont aber zugleich die Geheimhaltung, weil noch nicht die Zeit zur Verkündigung Jesu da ist, dessen Geheimnis noch nicht in seinen → Wundern, sondern erst am → Kreuz wirklich offenbar wird (ESchweizer, Markus, 30). Die eigentliche Mitte der Geschichte Jesu ist nicht in den Wundern, sondern im Leiden und Sterben zu finden.

Im ersten Teil des MkEv. wird die Sammlung der Streitgespräche 2,1–3,6, in der Jesu Sieg über Sünde und Gesetz und die Verstockung der Pharisäer und ihr Todesbeschluß berichtet wird, mit dem Satz eingeleitet: »und er (Jesus) sagte ihnen das Wort« (2,2). Auf das »Sagen des Wortes«, das Jesu Macht über die Sünde und das Gesetz erweist, antworten die Pharisäer mit Blindheit für Gottes Offenbarung in seinem Wort. Im zweiten Teil 3,7–6,6 antwortet Jesus auf die Verstockung seiner Angehörigen (»er ist verrückt« V. 21) und auf die Ablehnung der aus Jerusalem kommenden Schriftgelehrten (»er hat den Beelzebul« V. 22) mit der Parabelrede (V. 23), die Mk zufolge die Antwort Jesu auf die Verstockung der nächsten Verwandten und der Führer Israels ist. Mk 4,33f stellt die Notwendigkeit der Bildrede rückschauend fest: »In vielen Gleichnissen sagte er ihnen das Wort, so wie sie es hören konnten. Ohne Gleichnis aber sagte er ihnen nichts«. Gottes sich in Jesu Wort vollziehende Offenbarung ist den Menschen so fremd, daß alles Reden Jesu nur in der Bildrede ergehen kann. Nur Gott selber kann dem Menschen die Bildrede aufschließen.

Im Unterschied zu Jesu verhüllendem Lehren in Parabeln spricht 8,32 vom direkten, unverhüllten Reden Jesu: »und er sagte das Wort frei heraus«. Das direkte Wort Jesu hat das Leiden und Sterben des Menschensohnes zum Inhalt (8,31). Das Wort vom Kreuz ist die Auflösung aller Bildersprache: »Das Leiden des Menschensohnes ist das bisher verborgene, jetzt enthüllte Geheimnis« (ESchweizer, Neotestamentica, 100). Denn Jesu Machtwort über die Dämonen, die Sünde und das Gesetz, bleibt so lange verhülltes Wort, als es nicht im Licht des unverhüllten Wortes Jesu von seinem Leiden und Sterben verstanden wird. Damit spiegelt sich im Verständnis des Wortes Gottes wider, daß Mk sein Ev. als Passionsgeschichte mit ausführlicher Einleitung (MKähler) verstanden wissen wollte. Indem aber so Jesu Wort und Tat in Einheit mit seinem Sterben und seiner Auferweckung von Mk als Wort Gottes verkündigt werden, wird der Übergang zum »Wort von Kreuz und Auferweckung« als dem entscheidenden Inhalt nt. Verkündigung unmittelbar verständlich.

c) Der Messias des Wortes und der Messias der Tat (Matthäus-Evangelium)

Mt hat die Worte Jesu nicht nur zu großen Redeblöcken zusammengestellt (Bergpredigt Kap. 5—7; Aussendungsrede Kap. 10; Reden gegen die Pharisäer Kap. 12 und 23; Gleichnisse Kap. 13; über das Verhalten in der Gemeinde Kap. 18; apokalyptische Rede Kap. 24), sondern insbesondere durch die Zuordnung der Bergpredigt Kap. 5—7 zu der Sammlung von 10 Wundererzählungen Jesu Kap. 8f sein Verständnis des Wortes Jesu zum Ausdruck gebracht: Auf die Bergpredigt als das Wort des Messias folgen die Taten Jesu als das → Werk des Messias. Mt hat diesen Grundgedanken nicht nur durch die kompositorische Vorordnung der Bergpredigt vor die Wundergeschichten, sondern auch durch die redaktionellen Rahmensätze 4,23; 9,35, die die Kap. 5—9 umspannen, zum Ausdruck gebracht: Jesus »verkündigte die Freudenbotschaft vom Reich und heilte jegliche Krankheit ... im Volk« (4,23—9,35). »Jesu Wirken wird hier in den Grundzügen umschrieben: Er ist ein Prediger, der Messias des Wortes ... und, heilend, Messias der Tat« (Schniewind, Matthäus, 8). Kap. 5—9 erhalten schließlich ihre Zusammenfassung und Zuspitzung in dem von Mt bewußt am Ende zitierten Jesus-Wort: Blinde sehen, Lahme gehen, Aussätzige werden rein und Taube hören, Tote werden auferweckt und den Armen wird die Freudenbotschaft verkündigt (Mt 11,5).

Sichtlich als das Zentrum steht im Jesuslogion das Wort von der Freudenbotschaft an die Armen am Ende und Höhepunkt in der Reihe der aufgezählten Wunder, woraus erhellt, »daß die Freudenbotschaft mehr sein soll als alle Wunder« (Schniewind, aaO, 140). Charakteristisch ist dieser Stellenwert des Wortes Jesu am Ende und Höhepunkt der Aufzählung für Mt, befremdlich allerdings schon für die ältesten Ausleger: einige Hss. haben das Wort von der Totenauferweckung an das Ende des Jesuswortes gerückt oder das Wort von der Freudenbotschaft ganz weggelassen, weil ihnen Totenerweckung etwas viel Größeres als das Wort Jesu zu sein schien. Für Mt (und für Jesus) ist der Sachverhalt genau umgekehrt: das Wort Jesu ist die Mitte, die Heilungen durch Jesu Wort (8,8.16) begleiten das Wort Jesu zeichenhaft. Sie sind Verleiblichungen seines schöpferischen Machtwortes (GEichholz, ThB 29, 39—43).

3) Das Wort von Jesus Christus (Kreuz und Auferstehung als der Inhalt des Wortes Gottes)

a) Das Verständnis des Wortes Gottes bei Paulus

Paulus bezeichnet die von ihm seiner Gemeinde verkündigte Botschaft als »das Wort Gottes« (1Kor 14,36; 2Kor 2,17; 4,2; Phil 1,14), als »das Wort« (1Thess 1,6; Gal 6,6), als »das Wort des Herrn« (1Thess 1,8) oder als »das Wort Gottes, das ihr von uns gehört habt« (1Thess 2,13).

α) Das Wort der Überlieferung: So sehr Paulus das von ihm zu verkündigende Wort Gottes in der Offenbarung des Sohnes Gottes vor Damaskus unmittelbar begründet weiß (Gal 1,1.15f) und ihn dies von anderen Verkündigern, deren Legitimation eine durch Menschen vermittelte ist, unterscheidet, so sehr hat er andererseits die Selbigkeit der von ihm und den Jerusalemer Aposteln verkündigten Botschaft betont: Paulus verkündigt im Anschluß an ein altes Jerusalemer Bekenntnis die Botschaft »von dem Sohn Gottes, der auf Grund der Auferweckung zum Sohn Gottes in Macht eingesetzt worden ist« (Röm 1,3f).

Die Gnostiker in Korinth erinnert Paulus an die Heilsbotschaft »gemäß dem Wort (= Wortlaut), in dem ich sie euch verkündigt habe, ... die ich euch so weitergegeben habe, wie ich sie selbst empfangen habe« (1Kor 15,1–3), wobei der Inhalt dieser von Paulus im Wortlaut zitierten Überlieferungen aus Jerusalem die Auferweckung des für die Sünden gestorbenen Messias ist (1Kor 15,3–5). Das von Paulus verkündigte Wort Gottes ist konstitutiv auf Kreuz und Auferweckung Jesu als den Gegenstand der Verkündigung bezogen, wobei »die Erinnerung an das, was damals geschah« nicht »nur die Berufung auf die Einsetzung des Wortes Gottes« (gegen RBultmann, GuV I, 293) ist. Das Wort Gottes ist für Paulus Botschaft von einem einmaligen und damaligen Geschehen und als solches Anrede: »dies ist die Heilsbotschaft, die wir alle verkündigen, und auf sie hin seid ihr zum Glauben gekommen« (1Kor 15,11).

β) Das Wort vom → Kreuz: Paulus bezeichnet die Mitte seiner Verkündigung als »das Wort vom Kreuz«. Den gekreuzigten Christus hat Paulus in den galatischen Gemeinden öffentlich proklamiert (Gal 3,1) und zum einzigen Inhalt seiner Verkündigung gemacht (1Kor 2,2). Im Wort vom Kreuz bringt Paulus zur Sprache, »was am Kreuz geschehen ist. Hier ist von Gott her über den Menschen entschieden. Die Botschaft hängt an dem, was sich ereignet hat. Sie verkündigt die schon gefallene Entscheidung« (GEichholz, ThB 29, 105). Dieses Wort vom Kreuz steht im schroffen Gegensatz zur »Weisheit dieser Welt« (1Kor 1,18–3,20), indem es die → Weisheit dieser Welt und das Rühmen des Gnostikers (4,8) zur Torheit macht, und damit im Gegensatz zu einer dieser Weisheit entsprechenden Christologie des »Herrn der Herrlichkeit« (2,8), in der das Kreuz und der Gekreuzigte keinen Platz mehr haben.

Die Botschaft von der im Kreuz über die Welt gefallenen Entscheidung ist in ihrer kritischen Funktion als »Wort vom Kreuz« bezogen auf den typischen Juden, der nach Machterweisen Gottes fragt, und auf den typischen Griechen, der nach göttlicher Weisheit fragt (1,22ff). Das Wort vom Kreuz in seinem Bezug auf ein je verschiedenes jüd. und griech. Vorverständnis bedeutet dabei nicht lediglich die Korrektur, sondern die Sprengung dieses Vorverständnisses, weil der Mensch »die Botschaft auf der Linie seines Vorverständnisses gerade nicht begreift. Denn Gott begegnet ihm nicht auf der Linie eines Vorverständnisses« (GEichholz, 111; gegen RBultmann, GuV II, 232). So sehr das Wort vom Kreuz als Botschaft von der im Kreuz ein für allemal gefallenen Entscheidung Gottes zugunsten der Welt auf den konkreten jüd. und griech. Hörer bezogen ist, so sehr ist sie zugleich die Sprengung seines Vorverständnisses. Das Wort vom Kreuz ist der inhaltliche und kritische Leitbegriff der paulinischen Verkündigung. Indem aber das Wort vom Kreuz zugleich »das Wort des Lebens« (Phil 2,16) – so wie der Gekreuzigte zugleich der Auferweckte – ist, bedeutet dieses Wort für die berufenen Juden und Griechen Gottes Kraft und Gottes Weisheit (1Kor 24ff). Denn »durch die Auferstehung ... Christi ist sein Tod nicht annulliert, vielmehr gerade festgehalten, als richtendes und rettendes Heilsgeschehen in Kraft gesetzt und so zum Inhalt der Verkündigung geworden« (GBornkamm, Paulus, 168).

γ) Das Wort von der → Versöhnung: Das Wort vom Kreuz wird von Paulus in 2Kor 5,19 als »das Wort von der Versöhnung« bezeichnet. Dieses Wort, das durch den apostolischen »Dienst der Versöhnung« weitergetragen wird, gründet sich auf das Ereignis der Versöhnung im Tod Jesu, »als wir noch Sünder waren« (Röm 5,8–10). Die Versöhnung, die umfassend auf alle Menschen bezogen ist, ist die paulinische Entfaltung der universalen Stellvertretungsaussagen der Urgemeinde (vgl. 2Kor 5,14 »einer ist für alle gestorben«) und taucht außer bei Paulus nur noch in der nachpaulinischen Tradition Kol 1,19–22 auf. Diese universale Versöhnung der Welt mit Gott im Tod Christi begründet nach Paulus »das Wort von der Versöhnung« (2Kor 5,19; vgl. Kol 1,25) als Botschaft von diesem Geschehen ein für allemal.

Das Wort von der Versöhnung ist von der Versöhnung selber als in ihr begründet zu unterscheiden, die geschehene Versöhnung der Welt mit Gott vollzieht sich also nicht im Wort von der Versöhnung weiter, als ob »das Wort der christlichen Verkündigung und die Geschichte, die es mitteilt, zusammenfallen, (ja) eins sind« (RBultmann, GuV I, 292). Im Gegensatz zu einer behaupteten Koinzidenz von nt. Kerygma (→ Verkündigung, Art. κηρύσσω) und verkündigtem Ereignis (Bultmann) unterscheidet Paulus zwischen dem geschichtlichen Ereignis der Versöhnung des Kosmos und dem anredenden Ereigniswort der Verkündigung von diesem Geschehen. Das Wort von der Versöhnung »blickt auf ein schon geschehenes, schlechterdings abschließendes

Ereignis zurück« (KBarth, KD IV/2, 226). Indem aber das Wort von der Versöhnung die gültige zur Entscheidung rufende Proklamation der geschehenen Versöhnung ist, kann nicht gesagt werden: Weil das Wort von der Versöhnung »noch nicht zum Abschluß gekommen ist, . . . muß (!) auch die Versöhnung als noch nicht abgeschlossen gedacht sein« (Büchsel, ThWb I, 257). Das Ereignis der Versöhnung in Christi Tod ist vom Ereigniswort der Verkündigung der Versöhnung weder zu trennen, noch mit diesem im Sinne eines kerygmatischen Prozesses zu vermitteln: das »ein für allemal« der Versöhnung wird im Wort von der Versöhnung als solches proklamiert, es wird aber nicht erst im Wort von der Versöhnung zum »ein für allemal«.

δ) Das Wort der → Verheißung: Wie Paulus Röm 9,9 das Erwählungswort an Isaak als Wort Gottes bezeichnet, so macht Christus als das Ja und Amen der Verheißungen Gottes (2Kor 1,19f) das Wort der Verkündigung zum eindeutigen Heilswort (2Kor 1,18). Der stellvertretende Fluchtod Jesu Christi ist die Erfüllung und Universalisierung des dem Abraham gegebenen Verheißungswortes (Gal 3,6—14), das auch gegenüber dem den Messias ablehnenden Israel seine Gültigkeit behält, so daß die Frage nach der Gültigkeit des Wortes Gottes angesichts der Ablehnung des Messias durch Israel zum Leitgedanken von Röm 9—11 wird: »Keineswegs ist es so, daß das Wort Gottes hinfällig geworden ist« (Röm 9,6). Wie das Erwählungswort über der Geschichte Israels, so steht das Verheißungswort von der Vernichtung des Todes über der Welt und wird in der Zukunft als »das Wort erfüllt werden, das geschrieben steht« (1Kor 15,54). Mit der Frage nach der Erfüllung, Einlösung und bleibenden Gültigkeit des at. Verheißungswortes steht für Paulus nichts weniger als die Eindeutigkeit, die Verläßlichkeit und Gültigkeit des Versöhnungs- und Rechtfertigungswortes selber auf dem Spiel.

ε) Gotteswort und Menschenwort: Das Wort Gottes, das nach Paulus in Gestalt des Menschenwortes ergeht, ist darin der Verwechselbarkeit mit anderen menschlichen Worten ausgeliefert. Deshalb dankt Paulus der Gemeinde in Thessalonich, »daß ihr das von uns gepredigte Wort Gottes . . . aufgenommen habt nicht als Menschenwort, sondern als das, was es in Wahrheit ist, als Wort Gottes« (1Thess 2,13).

Nachdem Paulus aus Philippi vertrieben als Fremdling nach Thessalonich kam und in mühsamer Arbeit notdürftig seinen Lebensunterhalt verdiente, hat er ihnen ohne alles imponierende Auftreten das Wort Gottes verkündigt (1,9f). Paulus hat das Wort Gottes bewußt nicht wie die Wanderapostel der damaligen Zeit in enthusiastischer Rede, in Selbstdarstellung der eigenen geistlichen Kraft, im Rückgriff auf imponierende Weisheitsworte oder aus unlauteren Motiven, die das Wort Gottes verändern oder verfälschen, verkündigt (2,5; 1Kor 2,1.4.13; 2Kor 2,17; 4,2), sondern hat zur Legitimation des Wortes Gottes auf seine menschliche Schwachheit (2Kor 2,9; vgl. 10,10), zur Legitimation des Wortes vom Kreuz auf seine Verfolgung in der Kreuzesnachfolge verwiesen (Gal 6,17). Im Wissen um die Menschlichkeit des Wortes Gottes hat Paulus auch der Gemeinde die Weisung gegeben, im Gottesdienst der Verständlichkeit des Wortes vor dem unverständigen Schwelgen im eigenen Geistbesitz (»Zungenreden«) den Vorzug zu geben (1Kor 14,9.19). Denn »Gottes Wort . . . will menschlich ausgerichtet sein, und seine Göttlichkeit will in seiner Menschlichkeit verkündigt und ergriffen werden« (GBornkamm, Ges. Aufs. II, 230).

b) Das Wort Gottes als verbürgtes Verheißungswort (Hebräerbrief)

Nachdem Gott wiederholt und vielartig durch die Propheten geredet hat, hat er in dieser Endzeit durch den Sohn geredet (Hebr 1,1—4). Dieses Reden Gottes im Sohn als das endgültige, die Weltwende einleitende Wort Gottes ist zugleich die Aufforderung, die verheißene Ruhe nicht zu verfehlen (4,1.11). Als ein auf kommende Erfüllung hin ausgerichtetes Verheißungswort ist es, wie das durch die Engel am Sinai ergangene und gültige »Wort Gottes« (2,2), lebendig und wirksam, kann aber bei Mißachtung auch Tod und Gericht mit sich bringen, insofern es »schärfer als jedes zweischneidige Schwert« ist (4,12). Dies Wort Gottes, das seinen Anfang im Wort Jesu nahm (2,3), ist entscheidend in der Erhöhung Jesu zur Rechten Gottes (1,5ff) und seiner Einsetzung zum endzeitlichen Hohenpriester (7,1ff) begründet.

Diese Einsetzung in die Herrschaft des Hohenpriesters — im göttlichen »Wort des Eidschwurs« (7,28) gegründet — ist die »Einführung einer besseren Hoffnung« (7,19) und damit das entscheidende durch Eid verbürgte Verheißungswort Gottes. Indem aber der Hebr das Christusgeschehen in Kreuz und Erhöhung als verbürgtes, auf kommende Erfüllung hin offenes Verheißungswort verstehen lehrt, ist er der wirksame Aufruf an die Gemeinde, am Bekenntnis der Hoffnung festzuhalten. Als dieses »Wort der Mahnung« (13,22) hat sich der Brief selber an die angesichts von zu erwartenden Verfolgungen und Leiden müde gewordene Gemeinde gewandt. Die Herrschaft des für die vielen gekreuzigten Hohenpriesters ist das endzeitliche Gotteswort, das als begründetes Verheißungswort auf die kommende Erfüllung hin aus ist und deshalb ergriffen werden soll (BKlappert, Die Eschatologie des Hebräerbriefs, ThExh NF 156, 1969, 11,22,28f,31f,46,61).

c) Das Wort Gottes als die apostolische Christusbotschaft (Apostelgeschichte)

In der Apg ist absolut gebrauchtes »Wort Gottes« schon übliche Umschreibung für die apostolische Predigt (4,29; 6,2.7; 8,4; 11,19; 13,5.7.44.46; 16,32; 17,13; 18,11). Dieses von den Aposteln verkündigte Wort Gottes, das auch »Wort des Herrn« genannt werden kann (8,25; 12,24; 13,49; 15,35f; 19,10.20) und »das Wort« ist, das Gott den Söhnen Israels sandte (10,36), hat zu seinem Inhalt das Wortereignis Jesus Christus, dh die worthafte Geschichte (10,37 τὸ ῥῆμα γενόμενον *[to rhæma genomenon]*) von ihren Anfängen in Judäa bis zu der Erscheinung des Auferstandenen und der Sendung der Jünger. Das apostolische Ereigniswort der Verkündigung gründet in dem Wortereignis der Geschichte Jesu Christi (10,36f) und hat diese Geschichte zu ihrem normativen Inhalt.

Die apostolische Christusbotschaft ist von daher »das Wort von diesem Heil« (13,26), das Juden und Heiden gilt. Dieses Wort Gottes, das Gott selber (17,30) bzw. Jesus Christus als der Erhöhte (13,38f; 26,23) verkündigt, ist das Wort der Apostel Petrus und Johannes (8,25) und des Paulus und Barnabas (13,5.46; 14,25; 15,36; 17,13; 18,11). Das Wort Gottes, dem der Apostel seine Gemeinde anvertraut (20,32), erweist sich als mächtig (19,20), wächst und mehrt sich (6,7; 12,24), verbreitet sich durch das ganze Land und will nach den »Worten« des Auferstandenen (1,9) »in Jerusalem (Kap. 1–7), in ganz Judäa und Samaria (Kap. 8–12), ja bis ans Ende der Erde (Kap. 13–28)« (1,8) verkündigt werden. Mit dem Hinweis, daß Paulus die Herrschaft Gottes und das Evangelium von Jesus Christus in Rom verkündigt, schließt die Apg (28,30f), die so das Dokument des machtvoll in der Geschichte sich durchsetzenden Wortes Gottes in der grundlegenden und beispielgebenden apostolischen Predigt in Jerusalem und Judäa einerseits (Kap. 1–12) und in der weltweiten Mission des Paulus andererseits (Kap. 13.28) ist. Dieses in der apostolischen Predigt ausgerichtete Wort Gottes oder Wort des Herrn wird *gesprochen* (4,29.31; 11,19; 13,46 u. ö.) und *verkündigt* (13,5; 15,36; 17,13), es will aber zugleich *aufgenommen* (8,14; 17,11), dh als Wort Gottes *gehört* (4,4; 13,7.44; 19,10), im Glauben *angenommen* und *gepriesen* sein (4,4; 15,7; 13,48). Ist der Inhalt der apostolischen Predigt die Botschaft von dem Heilsgeschehen in Jesus Christus, so kann gesagt werden: »Das ›Wort Gottes‹ ist (in der Apg) das Wort von Jesus (Christus)« (GKittel, ThWb IV, 116).

4) Jesus Christus als das Wort

a) Das Verständnis des Wortes Gottes im johanneischen Schrifttum

Das JohEv. bezeichnet ebenso wie die Synopt. (vgl. Mk 4,14ff; Lk 5,1 u. ö.) Jesu Predigt als Verkündigung »des Wortes (Gottes)«: Jesu Worte sind die des Vaters, in denen sich das Werk des Vaters vollzieht (14,24; vgl. 3,34; 14,10; 17,8). Wer deshalb Jesu Worte hört und glaubend aufnimmt, der hört Gottes Wort (5,24; 8,51; 12,48; 14,24; 15,3; 17,14. 17). Weil Jesu Wort zugleich das Wort des Vaters ist, darum ist es Wort des → Heils (14, 24) und der → Wahrheit (17,17), darum wirken Jesu Worte in den Glaubenden das → Leben (5,24) und in den Nichtglaubenden das → Gericht (12,47f). Die »Worte Gottes«, die Jesus spricht, sind in ihrer Gesamtheit Gottes Selbstoffenbarung an die Menschen: »Gottes Wort«, »dein Wort« (14,6.14.17). Das spezifische Verständnis des Wortes Gottes im JohEv. ist aber damit noch nicht genannt: Denn »die Worte des Offenbarers . . . sind noch nicht das gleiche wie der Offenbarer als ›das Wort‹« (RSchnackenburg, Johannes I, 259). Über die Aussage, daß Jesu Wort das Wort Gottes ist, hinaus wird Jesus selber als »das Wort« bezeichnet. Dh Jesu Worte (Verkündigung) als Worte Gottes sind gegründet in Jesu Sein als das Wort: »Er wird nicht deswegen als der Logos (Wort) im absoluten Sinn bezeichnet, weil er das Wort oder die Worte Gottes spricht« – so die Deutung RBultmanns –, »sondern seine Worte erlangen eher umgekehrt jene Geltung und Kraft, weil er der Logos (das Wort) . . . ist« (ebd). Dieser absolute, personale Gebrauch des Logos-Begriffs in seiner Identifizierung mit Jesus findet sich außer Joh 1,1.14 nur noch 1Joh 1,1 (Jesus als »das Wort des Lebens«) und Offb 19,13, wo der Name »das Wort Gottes« für den siegreich wiederkehrenden Christus gebraucht wird (Verbindung von Weish 18,5 und Dan 7).

b) Das Verständnis des Wortes Gottes im johanneischen Prolog

α) Die urspr. Gestalt des Logos-Hymnus: Für das Verständnis des johanneischen Logos-Prologs (1,1–18) ist die Einsicht wichtig, daß dieser die kommentierende Bearbeitung eines älteren Logos-Hymnus darstellt, der urspr. die V.e 1–4(5).9–11.14.16 umfaßt haben wird (RSchnackenburg, Johannes I, 200ff; ESchweizer, Neotestamentica, 113f), erst in V. 14 und noch nicht in V. 5 von der Fleischwerdung des Wortes sprach (gegen EKäsemann, Ex. Vers. u. Bes. II, 166ff) und, da V. 14 zum urspr. Lied gehört und mit der Menschwerdung des Logos eine genuin christl. Aussage darstellt, nicht aus gnostischen Täuferkreisen stammen kann, weil es ganz unwahrscheinlich ist, daß ein vorchristl. Hymnus von der Inkarnation des Täufers gesprochen hat (gegen RBultmann, Johannes, 4f). Dieser urspr. christl. Hymnus besteht aus 4 Strophen und beschreibt 1. das göttliche Sein des Wortes und seine Funktion bei der Schöpfung (V. 1–3); 2. die Funktion dieses Wortes als Licht und Leben für die Menschenwelt (V. 4f.9); 3. die Ablehnung des Wortes und seines Wirkens in der Menschheit noch vor der Fleischwerdung (V. 10.11) und 4. das ganz überraschende Ereignis der Fleischwerdung des Logos und dessen glaubende Aufnahme in der Gemeinde (V. 14.16).

Wie die → Weisheit vergebens unter den Menschen eine Wohnung suchte und an ihren himmlischen Ort zurückkehrte (äthHen 42,1f), so hat der urspr. christl. Hymnus das Schicksal des Wortes erzählt: der Logos als das wahre, jeden Menschen erleuchtende Licht, durch den die Welt geworden ist, kam in sein Eigentum und wurde von den Seinen nicht aufgenommen (1,5.9–11). »Wie man einem unwillkommenen fremden Wanderer die Tür vor dem Gesicht zuschlägt, so erging es ... dem göttlichen Logos: man öffnete sich ihm nicht. Man wußte davon nichts, daß er der Welt das Sein vermittelt hatte; er war wie ein Fremder, mit dem man sich nicht einläßt« (EHaenchen, Ges. Aufs., 131). Mit 1,14 kommt der Hymnus erst zur eigentlichen, die Weisheitserzählung weit hinter sich lassenden Aussage von der Fleischwerdung des Logos: »Aber der Logos hat ... nun das Höchste getan, das Letzte, was noch möglich war: er wurde, um bei den Menschen Eingang zu finden, selbst Mensch« (V. 14; ebd.). Die Fleischwerdung des Wortes ist »das Unerhörte, für das der Weisheitsmythos keine Parallele bot« (ebd.).

β) Der Prolog des Johannes-Evangeliums: Infolge der kommentierenden Einarbeitung insbes. der V.e 6–8 und 15 (12f.17f) mit ihrem Hinweis auf das Auftreten Johannes des Täufers durch den Evangelisten, wodurch die V.e 5.9–11 nicht mehr auf das Wirken des Logos vor seiner Fleischwerdung, sondern schon vorgreifend auf den Fleischgewordenen zu beziehen sind, ist der Prolog 1,1–18 in 3 Abschnitte zu gliedern:

1. Das präexistente Sein des Wortes (1,1–4): »Im Anfang«, dh aber nicht »im Anfang« der Schöpfung (Gen 1,1), sondern in der »Vorzeit« der göttlichen Ewigkeit war das Wort (Präexistenz des Wortes 1,1), war das Wort bei Gott (personaler Bezug 1,2), ja »war das Wort Gott« (wesenhafte Gottheit des Wortes 1,1). Durch dieses Wort, wodurch das All geschaffen wurde, haben die Menschen ihr Leben und heilvolles Licht (1,3f). 2. Das Kommen des Wortes zur Menschenwelt und seine unbegreifliche Ablehnung (1,5–13): Dieser in die Welt gekommene Logos, für den Johannes der Täufer Zeugnis abgelegt hat (1,6–8; 1,5ff reden also im Sinn des Evangelisten schon andeutend von der Inkarnation), wurde von den Menschen unbegreiflicherweise abgelehnt (1,9–11), mit Ausnahme derjenigen, die zum Glauben kamen und dadurch Kinder Gottes wurden (1,12f). 3. Das Ereignis der Fleischwerdung des Wortes und seine Heilsbedeutung (1,14–18): Das Wort wurde, ohne seine wesenhafte Gottheit aufzugeben, vielmehr in Betätigung derselben, ein sterblicher Mensch (σάρξ *[sarx]*), nahm Wohnung unter den Menschen und bedeutete als Gegenwart von Gottes Herrlichkeit bei den Menschen die Gabe von Gottes Huld und Bundestreue an die Menschen (1,14.16), die in Überbietung der at. Wortoffenbarung im Gebot in Jesus Christus Ereignis geworden ist (1,17f).

γ) Die religionsgeschichtliche Herkunft des Logos-Begriffes

Die Frage, aus welchem Bereich Joh den Begriff Logos, »das Wort«, aufgenommen hat, kann bis heute nicht sicher beantwortet werden:

1. In der griech. Philosophie (vgl. ThWb IV, 79ff), in der »das Wort« eine große Rolle spielt (vgl. Heraklit: »diesen Logos, der immer ist, begreifen die Menschen nicht«, ThWb IV, 80,22f) und in der Stoa (vgl. ThWb IV,83f; MPohlenz, Die Stoa, 1959², 32ff), der zufolge der Logos die den Kosmos tragende und wie eine feine geistige Substanz durchdringende Weltvernunft ist, fehlt der personale Charakter des Logos (Joh 1,1f) und der Gedanke der Welt, die sich dem Logos widersetzt (1,10f). 2. Der Versuch einer innerbiblischen Herleitung des Logos-Begriffs scheitert schon daran, daß das AT zwar gelegentlich von dem Wort Gottes wie von einer

handelnden Größe reden kann (vgl. Ps 147,15–18; Weish 9,1), nicht aber vom Wort Jahwes als einer Person spricht, und daß im NT außerhalb des johanneischen Schrifttums zwar absolut von der Verkündigung »des Wortes Gottes« durch Jesus, nie aber (auch nicht, wie ThZahn, Einl. II, 1907[3], 547, will, in 2Kor 1,19f) von Jesus als dem Wort Gottes gesprochen wird. 3. In den spätjüd. Weisheitsspekulationen, denen zufolge die Weisheit an der Weltschöpfung beteiligt ist, wird diese von Gott in die Welt geschickt und durch die Menschen abgelehnt (Spr 8,22–36; Sir 24,3–12; äthHen 42,1ff). Hat auch die Weisheit viele mit Joh 1,1ff parallele Vorstellungen und Sachaussagen, so widerrät nicht nur die Aussage von der Erschaffung der Weisheit (anders Joh 1,1f), sondern auch die Tatsache, daß die spätjüd. Weisheitslit. die Wahl des Begriffs »Logos« = »das Wort« in Joh 1,1ff nicht erklären kann, gegen eine direkte Ableitung des johanneischen Logosbegriffs aus der spätjüd. Weisheitsspekulation. 4. Die Bezeichnung *memra* (= *Wort*) in den Targumen erscheint als Memra Jahwes oder Adonais immer als ein die Transzendenz Gottes wahrendes Vollzugsorgan des Handelns Gottes und kann als Parallele nicht in Frage kommen, da es eine Hypostase »Memra« nicht gegeben hat (St.-B. II,302ff; VHamp, Der Begriff »Wort« in den aramäischen Bibelübersetzungen, 1938). Ebenso ist weder wahrscheinlich, daß die im Rabbinismus von der Tora ganz ähnlich wie vom Logos gemachten Aussagen (St.-B. II,353ff) Parallelen sind, noch daß Joh 1,1ff Antithese gegen die Toraspekulation sein will (so GKittel, ThWb IV,138ff), da der Logos-Begriff gerade im antithetischen V. 1,17 fehlt und da nicht sicher ist, ob 1,17 überhaupt zum urspr. Hymnus gehört hat. – 5. Die gnostische Ableitung des Logos-Begriffs ist darum fraglich, weil nicht nur der Mythos vom herabsteigenden Erlöser sich nicht sicher als vorchristl. erweisen läßt (CColpe, Die religionsgeschichtliche Schule, FRLANT NF 60, 1961), sondern auch weil der Logos-Begriff den gnostischen Systemen im großen und ganzen fremd geblieben ist (WBousset, Kyrios Christos, 1965[5], 305; JJeremias, ZNW 59, 1968, 83; RSchnackenburg, Johannes I, 268). – 6. Das hell. Judentum: Nicht nur die Wiedergabe von Hab 3,5 »vor ihm her geht die Pest« (*dæbær*, *Pest*) in der griech. Übers. der LXX mit »vor ihm (Gott) her wird der Logos (= *dābār*) gehen«, nicht nur Weish 18,14ff (Gottes allgewaltiger Logos fährt zum Strafgericht an den Ägyptern herab; JJeremias, ZNW 59, 1968, 83f), sondern auch die Logos-Lehre Philos bieten stärkste Berührungen mit dem johanneischen Logos-Begriff. Bei Philo wird nicht nur die spätjüd. Weisheit mit dem Logos identifiziert, der Logos als mittlerische Potenz zwischen Gott und der Schöpfung verstanden und ihm göttliche Prädikate zugeschrieben, sondern Philo verbindet zugleich at. Aussagen von der Schöpfung durch das Wort, stoische Aussagen vom Logos als Weltseele und platonische Elemente (der Logos als das Urbild der Weltschöpfung) miteinander (vgl. RSchnackenburg, Johannes I, 261ff; ThWb IV, 86ff). Für die Frage nach der Herkunft des Logos-Begriffes kommt deshalb dem hell. Judentum vorrangige Bedeutung zu.

δ) Die Fleischwerdung des Wortes: Was bedeutet aber die johanneische Botschaft von der Fleischwerdung des Wortes (Joh 1,1ff) im Rahmen und in Antithese zu dieser hell.-jüd. Umwelt? Im Gegensatz zur Anschauung der Umwelt (vgl. Philo), der zufolge der göttliche Logos die himmlische und irdische → Welt zusammenbindet und Makrokosmos und Mikrokosmos durchwaltet, besteht die frohe Botschaft des johanneischen Prologs darin, daß der Logos nicht mehr geistig wirkt, sondern leibhaft in einem sterblichen Menschen begegnet, nicht mehr transzendent und immanent zugleich die ganze Welt umfaßt, um ihr so das Heil durch Inspiration zu vermitteln, »sondern daß er (der Logos) für jeden irdischen Menschen einer der ihren wird, ihre Sünde auf sich nimmt und ihren Tod teilt« (CColpe, ThWb VIII, 474; vgl. ders., New Testament and Gnostic Christology, 227ff, bes. 235f). Die Fleischwerdung des Logos meint also nicht, daß Jesus in seiner puren Menschlichkeit das eschatologische Wort Gottes verkündigt (RBultmann, Johannes, 40f; ders., Theol. NT, §§ 46.48). Gegenüber dieser faktisch kenotischen, dh die Gottheit Jesu eliminierenden Interpretation (HJIwand, Vom Primat der Christologie, in: Antwort, Festschr. KBarth, 1956, 181), dieser Ersetzung der Fleischwerdung des Wortes durch die Wortwerdung des Fleisches (= irdischer Jesus) ist im Sinn des Johannes-Prologs zu formulieren: Nicht ein purer Mensch, mit dem eschatologischen Entscheidungsruf Gottes beauftragt, wohnte unter uns; vielmehr: das Wort, Gott selber (Joh 1,1f) in seiner göttlichen Herrlichkeit (1,14b), nimmt die volle Realität geschichtlicher Gegenständlichkeit, menschlicher Vergänglichkeit (σάρξ *[sarx]*) und menschlichen Sterbens (1,14a; vgl. 6,61.63; 1,29; 1Joh 3,5; Röm 8,3) an. Oder mit JSchniewinds treffender Formulierung: »Schon der Prolog redet vom Kreuz« (in: HJKraus, JSchniewind, 1965, 202). Die Fleischwerdung des Wortes meint also nicht Jesus als eschatologischen Gesandten, in dem Gott gegenwärtig handelt (RBultmann), sondern besagt die Gegenwart Gottes selbst im Fleisch. »Eine religionsgeschichtliche Parallele zu dieser Aussage wird sich deshalb niemals finden lassen« (CColpe, ThWb VIII, 474). Die Botschaft von der Fleischwerdung des Wortes (Joh 1,14) »ist mehr und etwas anderes als nur die Vergeschichtlichung eines mythologischen Geschehens« (ebd.). M. a. W.: die Fleischwerdung des Wortes meint die Gegenwart Gottes in Jesu Person, nicht nur das gegenwärtige Handeln Gottes in Jesu Wort. *B. Klappert*

ῥῆμα

ῥῆμα *[rhæma]* Wort, Ausspruch, Sache, Geschehen, Fall

I Das Subst. ῥῆμα *[rhæma]* (Wurzel *Ϝερ- *[fer-]* bzw. ῥη *[rhæ]*; vgl. ἐρῶ *[erō]*, *ich werde sagen;* ῥῆσις *[rhæsis]*, *Ausspruch, Rede, Erklärung;* ῥήτωρ *[rhætōr]*, *Redner;* verwandt lat. *verbum* und dt. *Wort*) bedeutet *das, was bestimmt gesagt wird:* das *Wort*, den *Ausspruch*. Es wurde in der Poesie seit Pind. (Pyth. 4,277f), in der Prosa seit Hdt. (VII,162) verwendet. Im berühmten Epigramm des Simonides (Frg. 92; Diehl II,94) auf die Schlacht bei den Thermopylen heißt es, die Spartiaten seien im Gehorsam gegen die ῥήματα *[rhæmata]*, *Befehle*, gefallen. Bei Plato bezeichnet ῥῆμα *[rhæma]* das *einzelne Wort* (Tim. 49c), aber auch den *Satz* (Leg. 840c). In der Grammatik meint ῥῆμα *[rhæma]* das *Verbum* im Unterschied zum ὄνομα *[onoma]*, *Nomen* (Aristot. Poet. 20p 1457a,11).

II 1) In LXX ist ῥῆμα *[rhæma]* vorwiegend für das hebr. *dābār, Wort, Sache* eingetreten, das allerdings – vor allem in den prophetischen Büchern – überwiegend durch → λόγος *[logos]* wiedergegeben wird; jedoch findet sich ῥῆμα *[rhæma]* 147mal im Pentateuch und steht häufig im Dtn und deuteronomischen Geschichtswerk. Dabei hat die Doppelstruktur von *dābār, Wort, Sache,* auch auf den Gebrauch von ῥῆμα *[rhæma]* abgefärbt, das deshalb sowohl a) *Wort, Ausspruch* als auch b) *Sache, Geschehen, Fall* bedeuten kann; ῥῆμα *[rhæma]* erscheint als Ergebnis des Sagens und auch des Tuns, ja, die letztere Bedeutung gibt den Ausschlag (vgl. 1Sam 18,8).

a) ῥῆμα *[rhæma]* als *Wort, Ausspruch* ist oft gleichbedeutend mit → λόγος *[logos]* (vgl. zB den Wechsel beider Begriffe in Ex 34,27f; 2Sam 14,20f; 1Kön 12,24; 11,41 Hss.). Durch den Kontext bestimmt, meint es zB das *Wort* des Gebets (Ps 5,2; 17[16],6) und im Plur. die *Botschaft* der Sphären (Ps 19[18],5). Häufig ist es das *Wort Gottes:* der einzelne *Ausspruch* (Ex 19,6), der *Befehl* (Dtn 13,1), das schöpferische *Wort* (Dtn 8,3), das weisunggebende *Orakel* (1Sam 3,1). Formelhaft sind die den Gehorsam anzeigenden Wendungen »nach dem Wort des Herrn« (1Kön 12,24; 15,29 u. ö.) und »dieses Wort tun« (Dtn 24,18.20.22). Der Plur. bezeichnet gelegentlich die *Gebote* allg. (Dtn 28,58), dann die *Zehn Gebote* (Ex 34,1.27f; anders Dtn 10,4), den Inhalt des Bekenntnisses »Höre Israel!« (Dtn 6,6), die Wortoffenbarung am Sinai (Dtn 4,36) und die Mahnungen der Weisheit (Sir 39,6; Weish 6,25). ῥῆμα *[rhæma]*, *Wort*, kann auch für den Vorgang der Inspiration (Num 23,5.16: Gott legt dem Heiden Bileam das Wort in den Mund) und in der Wendung »Das Wort des Herrn geschah an . . .« (Israels Propheten: Samuel 1Sam 15,10; Elia 1Kön 17,2.8; 18,1; Jeremia Jer 1,1) gebraucht werden; meist steht dafür jedoch → λόγος *[logos]*.

b) ῥῆμα *[rhæma]*, *Sache* (so auch λόγος *[logos]* 2Sam 1,4; 17,4) wird durch den Kontext näher bestimmt als *Handlung* (Gen 22,16; Dtn 15,10; 23,10), *Rechtsfall* (Ex 18,26; Dtn 1,17), *Ereignis* (Dtn 4,32) oder *Gedanke* (Dtn 15,9). Die Doppelbedeutung von ῥῆμα *[rhæma]* als *Geschehen* und *Bericht* zeigt sich, wenn die Chronik von den Taten Salomos als βιβλίον ῥημάτων Σαλωμών *[biblion rhæmatōn Salōmōn]* bezeichnet wird (1Kön 11,41); jedoch steht für solche Chroniken häufiger λόγοι *[logoi]* (2Kön 14,15f; 15,11–36 u. ö.). In den Erzählungsstücken des Pentateuch erscheint die anreihende Wendung »nach diesen Dingen«, »danach« (Gen 15,1; 22,1 u. ö.).

2) Im nachbiblischen Judentum zZt Jesu wird der ῥῆμα *[rhæma]* entsprechende hebr. Begriff *dābār* ähnlich wie im AT verwendet.

a) In den Qumranschriften ist *dābār* als α) *Wort* und β) *Sache* in gleicher Häufigkeit anzutreffen, das erstere bes. in hymnischen und exegetischen Stücken, das letztere in gesetzlichen Bestimmungen.

α) Das menschliche Wort und die Fähigkeit des Sprechens gelten als besonderes Wunder der göttlichen Schöpfung (1QH 1,28f). *dābār* meint aber auch das Wort Gottes, sein Gebot (1QS 5,14. 19; 1QH 4,35) und seine Verheißung (1QS 2,13). Das Wort der Propheten (CD 7,10; 8,20) ist Gegenstand der aktualisierenden Deutung durch den Lehrer der Gerechtigkeit (1Qp Hab 2,5–9; 7,4–8).

β) *dābār* als *Angelegenheit* ist der Gegenstand von Beratungen in der Gemeinde (1QS 6,1.4. 16) und dann auch eine *Sache*, die exegetisch ermittelt wird (1QS 8,11f).

b) Bei Philo steht ῥῆμα *[rhæma]* ganz im Schatten von → λόγος *[logos]* und bedeutet – echt griech. – nur *Wort*, grammatisch das *Verbum* (Agric. 136). Sonst steht es im Unterschied zum Gedanken oder zur Tat. Im Anschluß an Ex 20,18 sagt Philo, was Gott rede, seien nicht Worte, sondern Werke (Decal. 47).

c) Im rabbinischen Schrifttum hat *dābār*, wie die von anderen Wurzeln abgeleiteten aram. Begriffe *millā'* bzw. *millᵉthā'*, ebenfalls die Bedeutungen *Wort* und *Sache;* in den Targumen erscheint *mēmrā', Wort,* als Umschreibung für den sich offenbarenden Gott.

α) *dābār* meint das einzelne *Wort*, den *Ausspruch.* Neben Geist, Seele und den Sinnen hat der Mensch das Wort des Mundes als eine ihn konstituierende Größe empfangen (b Niddah 31a). Vor der Vielrednerei wird jedoch gewarnt; sie führt zum Sündigen (Aboth 1,17). Im Lehrbetrieb ist *dābār* der alles beherrschenden Thora zugeordnet. Dabei werden die »Worte der Thora« unterschieden von den »Worten der Überlieferung« (*qabbālāh*), dh den biblischen Büchern außerhalb des Pentateuchs (b Niddah 23a), und von den »Worten der Schriftgelehrten«, den Entscheidungen der Rabbinen (Jebamoth 9,3). Die letzteren können jedoch auch als »Worte des lebendigen Gottes« bezeichnet werden (b Erubin 13b), dh sie erhalten die von Gott intendierte Auslegung. Die häufige exegetische Wendung »ein anderes Wort (bzw. Sache)« leitet eine weitere, abweichende Interpretation ein.

Das Wort von der göttlichen Offenbarung wird gern mit dem vom Verbum *dibber* abgeleiteten nomen actionis *dibbūr* bzw. *dibbᵉrāh* bezeichnet; das gilt etwa für die Zehn Gebote (Mek Ex zu 20,2). Über die universale Wirkung der Gesetzgebung am Sinai hat man bei den Rabbinen viel spekuliert: Jedes einzelne Wort (*dibbūr*), das vom Mund Gottes ausging, teilte sich in 70 Sprachen; jedes einzelne erfüllte das Universum, ließ die Seelen der Hörer fliehen und trieb die Israeliten 12 Meilen zurück (b Schab 88b). Mit der Erwählung Israels schieden alle anderen Länder als Orte der Offenbarung (*dibbᵉrōth*) aus (Mek Ex zu 12,1). Das Studium erschließt den Reichtum der Offenbarung: Wie sich zwischen den Wellenbergen des Meeres viele kleine Wellen befinden, so gibt es zwischen den einzelnen Worten der Thora viele Feinheiten (Yalquth Schimʿoni Hhld § 971). Das Wort der Offenbarung kann personifiziert vorgestellt werden (j Schab VII,10c; vgl. Lev r 1 Anfang).

β) Als *Sache* erscheint *dābār* in der häufigen Einleitungsfrage: »Ein Gleichnis. Wem gleicht die Sache?« Vielfach wird *dābār* als allg. Bezeichnung von Rechtsangelegenheiten gebraucht, gelegentlich auch für den Menschen (b Sota 28b). Mit der Formel *»andere Sache«* deutet man Dinge an, die man nicht beim Namen nennen möchte, so etwa den Götzendienst (b Schab 17b), das Schwein (b Schab 129a), den Beischlaf (b Ber 8b).

Im NT begegnet der Begriff ῥῆμα *[rhęma]* 67mal, bes. im lukanischen Schrifttum (32mal) und im JohEv. (12mal). Vorherrschend ist die Bedeutung *Wort,* was nicht zuletzt im ungesetzlich-kerygmatischen Charakter des NT begründet liegt. Die Bedeutung *Sache* ist selten (s. u. 5). III

Anders als → λόγος *[lọgos]*, das im NT oft die christl. → Verkündigung als ganze bezeichnen kann, wird ῥῆμα *[rhęma]* meist auf einzelne Worte und Aussprüche bezogen: der Mensch muß Rechenschaft von jedem unrechten Wort ablegen (Mt 12,36); Jesus antwortete dem Pilatus mit keinem Wort (Mt 27,14); die Himmlischen reden unaussprechliche Worte (2Kor 12,4).

Für ῥῆμα *[rhęma]* als *Wort* der Weissagung Gottes ist kennzeichnend, daß es seine Erfüllung (→ Fülle, Art. πληρόω) mit sich bringt und zur Tatsache wird — im Sinne der Doppelbedeutung von *dābār*, die gerade in der messianischen Zeit zum Tragen kommt.

1) Für Lukas gilt der Grundsatz: »Bei Gott ist kein Ding unmöglich« (Lk 1,37 vgl. Gen 18,14; Mt 19,26), wobei er ῥῆμα *[rhęma]* auch als Wort der → Verheißung verstanden haben mag, das nicht unerfüllt bleibt (vgl. 2,29). Die Weihnachtsbotschaft (Lk 1,38; 2,17) ist als Verkündigung eines Engels Gottes Wort, dem man sich in glaubendem Gehorsam beugt und dessen Verwirklichung man erlebt (2,15.17.19). Dies wird deutlich an der Predigt Johannes des Täufers: Während bei den Rabbinen die Prophetie als erloschen gilt, wendet Lukas die das Prophetenwort legitimierende Formel: »Des Herrn Wort erging an . . .« auf den Täufer an (Lk 3,2), der als Bote des Messias mehr war als ein Prophet 7,26f) und vor seinem Tod das Wirklich-Werden seiner Weissagung erfuhr (7,22f; vgl. 2,29 Simeon). In diesem Sinne wird bei Lk auch Jesu Wort mit dem Subst. ῥῆμα *[rhęma]* bezeichnet. Wer ihm glaubend gehorcht und wie Petrus auf sein Wort hin die Netze auswirft, erlebt dessen Erfüllung (Lk 5,5–8). Freilich wird Jesu Wort nicht immer gleich verstanden (Lk 2,50; vgl. 20,26), was bes. von den Leidensweissagungen gilt (Lk 18,34; vgl. Mk 9,32 par). Aber die spätere Verwirklichung weckt die Erinnerung und deckt den Zusammenhang von Wort und Ereignis auf (Lk 24,8; Apg 11,16; vgl. Mk 14,72 par).

2) In der Apostelgeschichte bezieht sich der Plur. ῥήματα *[rhęmata]* auf

die als blasphemisch beurteilte Kritik des Stephanus an Gesetz und Tempel (6,11.13) und positiv auf das in den Reden verkündigte apostolische Zeugnis vom Christusgeschehen (2,14; 5,20; 10,22.44; vgl. 26,25). Auch hier tritt die Einheit von Wort und Sache im Begriff ῥῆμα *[rhæma]* hervor. Denn auch die einzelnen Ereignisse des Christusgeschehens werden als ῥήματα *[rhæmata]* bezeichnet (5,32; 13,42), und dem doppelten Aspekt im ῥῆμα *[rhæma]*-Begriff entspricht die doppelte Zeugenschaft der Apostel, die Augenzeugen der Tatsachen sind, die sie durch das Wort bezeugen (5,32).

3) Im Johannesevangelium wird die Einheit von Jesu Wort und Gottes Wort ausdrücklich festgestellt: Jesus spricht die »Worte Gottes« (3,34; vgl. 8,47; 14,10; 17,8). Von den Worten Jesu gilt deshalb das, was der fromme Jude von der Tora (→ Gesetz) erwartet: Sie sind → Geist und → Leben (6,63), dh sie sind inspiriert und nicht etwa die Worte eines Besessenen (10,21), und sie schenken das ewige Leben (6,68) denen, die sie annehmen (17,8) und in sich bewahren (15,7). Die göttliche Autorität dieser Worte beruht auf Jesu Sendung (3,34) und bes. auf seiner Sohnschaft (3,35; 17,8). Das bedeutet praktisch, daß Jesu Worte von seinem Wirken begleitet sind, denn der Vater, der in Jesus bleibt, vollzieht seine Werke (14,10).

4) Dieser Gleichstellung von Jesu Worten und Gottes Wort entspricht bei Paulus und im nachpaulinischen Schrifttum die Zusammenordnung von → Evangelium und at. Prophetie (Röm 1,2–4).

Was in Dtn 30,12–14 vom Wort der Tora gesagt wurde, ist nach Paulus als ein Hinweis auf die rechtfertigende Christusbotschaft zu verstehen: Sie ist für den Glaubenden das nahe, ihm geschenkte, rettende Wort (Röm 10,8), das aber von seinen Boten wie der Lobgesang der Sphären bis in die fernsten Winkel der Erde gebracht wird (Röm 10,18 nach Ps 19,5). Dabei kann Paulus die frohe Kunde des Evangeliums als »Wort Christi« bezeichnen (Röm 10,17), wofür in einigen Handschriften »Wort Gottes« steht.

Die Gleichsetzung beider Größen wird in 1Petr 1,24f dadurch erreicht, daß Jes 40,8 (»Das Wort des Herrn besteht in Ewigkeit«) auf das Evangelium bezogen wird. In 2Petr 3,2 wird an die Worte der Propheten und an die von den Aposteln verkündigte Weisung des Herrn erinnert; in der dazu parallelen Stelle Jud 17 sind aber lediglich die Worte der → Apostel Jesu Christi erwähnt.

5) ῥῆμα *[rhæma]* in der Bedeutung *Sache* erscheint Lk 2,15.19 und meint dort das Weihnachtsgeschehen. Mehrfach wird im NT auf die rechtliche Bestimmung Dtn 19,15 verwiesen, nach der eine *Rechtssache* (ῥῆμα *[rhæma]*) auf Grund der Aussage von zwei oder drei Zeugen gültig sein soll. Während diese Bestimmung in Mt 18,16 als Gemeinderegel eingeschärft (vgl. 1QS 6,1) und von Paulus in recht eigenständiger Weise auf seine richterliche Entscheidung bei Gemeindeangelegenheiten angewendet wird (2Kor 13,1), hat sie Johannes auf die → Verkündigung bezogen (Joh 8,17): Die von Gott stammende und durch Christus bezeugte Wahrheit wird gleichsam als ein Zeugnis zweier Zeugen auf dem Forum der Welt abgelegt.

O. Betz

φωνή

φωνή *[phōnæ]* Stimme · φωνέω *[phōnęō]* sprechen, rufen

I 1) Das Nomen φωνή *[phōnæ]*, *Stimme*, von der Wurzel φα- *[pha-]* (vgl. φημί *[phæmį]*, *sagen*) abgeleitet, die auch im lat. *fari*, *sprechen*; *fabula*, *Rede*, *Gerücht*, und dem ahd. *ban*, *Bann*, *Gebot*, *Verbot*, erscheint, bedeutet überwiegend den artikulierten *Laut*: selten den *Schrei* von Tieren (Hom. Od. 10,239), sondern vor allem die *menschliche Stimme* (Hom. Il. 18,219–221; Plato Tim. 67b), dann das *Vermögen zu sprechen* (Soph. Electr. 548), die *Sprache* (Hdt. IV,114.117) und schließlich auch das *Stimmorgan* (Aristot. Hist. Anim. 535a31). In übertragenem Sinn kann φωνή *[phōnæ]* den bedeutsamen *Ausspruch* (Plato Prot. 341b) oder die *Erklärung* (Pap. Ryland II,77,46) bezeichnen. Gelegentlich hat man von der Stimme der Götter gesprochen: Die Pythia in Delphi galt als ihr Organ (Xenoph. Ap. 12f); die Gesetze Lykurgs wurden göttlicher Belehrung zugeschrieben (Ael.

Arist. Or. 45,11); eine vom Himmel kommende Stimme gab spez. Weisung beim Bau eines Heiligtums (Theopomp bei Diog. Laert. 1,115); die Geburt des Osiris wurde von einer solchen Stimme angekündigt (Plut. Is. et Os. 12).

2) Von φωνή *[phōnæ]* abgeleitet, aber auch schon seit Hom. belegt ist das Verbum φωνέω *[phōneō]* mit den Bedeutungen: a) *die Stimme erheben, laut sprechen, rufen;* b) *beim Namen rufen;* c) *befehlen;* d) *von etwas reden, erzählen.* Bei Plut. findet sich sogar die juristische Bedeutung *beurkunden.*

1) Dem griech. φωνή *[phōnæ]* entspricht im AT fast immer das hebr. *qōl* (etwa 560mal; in Num II
3,16.39 u. ö. auch für die Wendung *'al-pī JAHWE, nach dem Munde Jahwes*), das auch den von unbeseelten Wesen ausgehenden *Hall*, das *Geräusch* bezeichnen kann, so etwa das *Tosen* großer Wassermassen (Ps 42[41],8; Ez 1,24), das *Rauschen* von Flügeln (Ez 3,13) und (meist im Plur. und absolut stehend) die *Donnerschläge* (Ex 19,16; 20,18). Überwiegend steht *qōl* aber für die *Stimme* des Menschen (Gen 27,22; Ri 18,3; 2Kön 7,10; Dan 8,16), jedoch nie für Stimmorgan oder Sprache; wohl kann es dagegen das *Gerücht* bezeichnen (Gen 45,16). Mit der babyl. und kanaanäischen Religion gemeinsam ist die Anschauung vom Donner (*qōl*) als der Stimme (*qōl*) Gottes (Ps 18[17],14; 29[28],3–6; Hi 37,2–5), mit der er seine numinose, die Feinde Israels schreckende Macht offenbart (Jo 2,11; 4,16; Ps 46[45],7). Wichtig ist diese Gottesstimme bei der Sinaigesetzgebung: In der elohistischen Darstellung sind die Donnerschläge lediglich Zeichen der Theophanie und nicht etwa Träger des Wortes (Ex 19,16–20; 20,18–21), im Dtn jedoch erscheint Israel als Hörer der Gottesstimme, die aus dem Feuer heraus den Dekalog spricht (Dtn 4,12f.33; 5,22–24). Wird bei den Schriftpropheten der Empfang des Gotteswortes nicht der Stimme Gottes zugeschrieben, so erscheint in der späteren Predigt die Wendung vom »Hören auf Gottes Stimme«, das gleichbedeutend mit dem Halten der → Gebote ist (Dtn 13,5; 30,8.10; 2Kön 18,12).

2) Während in Q u m r a n das Gebot Gottes durch die Stimme des »Lehrers der Gerechtigkeit« neu verkündigt wird (CD 20,28.32), haben die R a b b i n e n die Anschauung von einer aus dem Himmel ausgehenden *Echostimme* (*Bath-Qōl*) ausgebildet, die nach dem Aufhören des prophetischen Geistes die Weisung Gottes durch einen kurzen Spruch bekanntgibt (Tosefta Sotah 13,2; j Berakhoth 3b; b Baba Mezia 59b; vgl. Jos. Ant. 13,282). Etwa vom 3. Jh. nChr ab macht sich eine abwertende Tendenz bemerkbar: Die *Bath-Qōl* erscheint vor allem in anekdotenhaften oder legendarischen Erzählungen, wo sie etwa beim Tod eines Märtyrers das göttliche Urteil über diesen Gerechten, den Anteil an der kommenden Welt, verkündigt (b Berakhoth 61b; b Abodah Zara 18a). Wichtig ist auch die spekulative Ausdeutung der Gottesstimme bei der Sinaigesetzgebung: Der Plur. »Donnerschläge« (= Stimmen; Ex 19,16) bedeute, daß sich Gottes Stimme in 70 Stimmen, dh die 70 Sprachen der Erde, geteilt und die Tora jedem Volk in seiner eigenen Sprache angeboten habe; jedoch habe nur Israel das Angebot angenommen. Damit wird die Gesetzgebung als wunderbarer, universaler Akt verstanden (b Schabbath 88b; Ex Rabba 5 zu 4,27).

1a) Der B e d e u t u n g s u m f a n g von φωνή *[phōnæ]* im NT – 137 Stellen, am häu- III
figsten (53mal) in der Offb und bei Lk (Ev. 14; Apg 27), nur selten in der Brieflit., bei Mt mehrfach in at. Zitaten – ist sowohl vom at. als auch vom griech. Sprachgebrauch bestimmt. In Anlehnung an at. Wendungen bedeutet φωνή *[phōnæ]* das *Geräusch* von »vielen Wassern« (Offb 1,15; 14,2; 19,6) oder den *Hall* des Donners (Offb 6,1; 14,2), den *Laut* des gesprochenen Wortes (Lk 1,44) und des Jammergeschreis (Mt 2,18 parr; Zitat von Jer 31, 15). Es meint aber auch den *Ton* von Musikinstrumenten (1Kor 14,7.8; Offb 14,2; 18,22). At. Reminiszenz ist es auch, wenn die »Stimme von Bräutigam und Braut« als ein Zeichen vom Wohlergehen einer Stadt gilt (Offb 18,23; vgl. Jer 7,34; 25,10). Andererseits wird der griech. Einfluß sichtbar, wenn φωνή *[phōnæ]* die *Sprache* meint (1Kor 14,10f) oder die im Gottesdienst verlesenen Perikopen als »Stimmen der Propheten« bezeichnet werden (Apg 13,27). Überwiegend ist auch hier die Bedeutung *Stimme.*

b) Das Gotteslob wird »mit lauter Stimme« (φωνῇ μεγάλῃ *[phōnæ megalæ]*) dargebracht (Lk 17,15; 19,37; Offb 7,10); mit lauter Stimme rufen oder *schreien* (meist κράζω *[krazō]*; im NT 55mal, ebenfalls selten in Briefen, am häufigsten bei Mt, Apg, Offb; Bedeutung von *laut rufen* bis zum *Hilfegeschrei*) nicht nur die erregten Menschen (Lk 23,23; Apg 7,57; 26,24), sondern auch die mit der endzeitlichen Kraft Gottes wirkenden Gesandten, so Paulus (Apg 14,10) oder Jesus, der den Lazarus »mit lauter Stimme« aus dem Grabe ruft (Joh 11,43; κραυγάζω *[kraugazō]* im NT vor allem bei Joh) und damit die in die Gräber dringende Stimme des Menschensohnes am Jüngsten Tag antizipiert (Joh 5,28). Wendungen, die im AT die Stärke der Stimme Gottes und die Macht seiner Epiphanie kennzeichnen, sind in der Offb auf die Stimme der → Engel bzw. des Menschensohnes übertragen (Offb 10,3 vgl. Am 1,2; 1,15; Offb 14,2 vgl. Ez 1,24). Das Schreien »mit lauter Stimme« kann Hinweise auf die übermenschliche Wesensart des Urhebers sein, so etwa bei den → Dämonen (Mk 1,26; 5,7; Lk 4,33; Apg 8,7). Auch der laute Schrei, mit dem Jesus am Kreuz verschied, wird von Markus epiphanieartig als Offenbarung seiner göttlichen Würde verstanden (vgl. Mk 15,37 mit dem Urteil des Hauptmanns 15,39).

2a) Bedeutsam ist es, wie – vor allem im JohEv. – die at. Überlieferung von der Stimme Gottes und der Engel durch das Wort Christi und seiner Verkündiger ersetzt und dadurch endzeitlich umgedeutet wird. Nach Mk 1,3 par wird Jes 40,3, das einen geheimnisvollen Rufer den Weg für den kommenden Gott bereiten heißt, im Auftreten und in der eschatologischen Predigt Johannes des Täufers erfüllt; nach dem JohEv. beschreibt dieser selbst sich und seine Sendung als »Stimme eines Rufers in der Wüste« (φωνὴ βοῶντος *[phōnē boōntos]*, von βοάω *[boaō]*, *rufen, schreien* aus Jubel, Not oder *ausrufen;* im NT bis auf eine Ausnahme nur in Evgg.; Joh 1,23). Aber als ein Rufer weist der Täufer von sich weg auf Christus hin, der als Lamm Gottes und Sohn Gottes (Joh 1,29.34) der endzeitliche Offenbarer, der → Weg, die → Wahrheit und das → Leben ist: Wer auf seine Stimme hört (→ Hören) und ihm glaubend angehört, steht im Raum des Heils (Joh 5,25; 10,3.27; 18,37). Die Sinaitradition wird im Lichte des Christusereignisses revidiert: Den Juden wird bestritten, sie hätten die Stimme Gottes gehört (Joh 5,37 gegen Dtn 4,12), und zwar wegen ihres Unglaubens: Wer Jesus, von dem Moses im Gesetz und die Propheten geschrieben haben (Joh 1,45; 5,46), verwirft, der kann auch die Stimme Gottes am Sinai nicht »gehört«, dh als solche erkannt und glaubend aufgenommen haben.

b) Neu interpretiert wird die Sinaitradition von der Stimme Gottes auch in der Pfingstgeschichte (Apg 2). Wie nach jüd. Exegese die Gottesstimme gleichzeitig in den Sprachen der Welt zu den Völkern geredet hat, so handeln die vom heiligen Geist geleiteten Jünger an Pfingsten, dem Fest des Bundes (Jub 6): Sie bezeugen die großen Taten Gottes einer ökumenischen Menge von Frommen, von denen ein jeder sie in seiner eigenen Sprache reden hört (Apg 2,4.11). Aber auch hier ist der Unterschied bemerkenswert: An die Stelle des → Gesetzes tritt das → Evangelium, und während nach rabb. Exegese die Welt das Wort der Gottesstimme ablehnt, nehmen es jetzt die Vertreter der Ökumene (→ Erde, Art. οἰκουμένη), in Jerusalem wohnende Diasporajuden, glaubend auf.

Ähnlich urteilt Paulus in Röm 10, wenn er dem Hall des Evangeliums und dem Dienst der Gottesboten kosmische Reichweite zuschreibt (V. 18 nach Ps 19,5), während Israel die Botschaft ablehnt (V. 16f.19–21). An diesen nt. Stellen wird das Werk der Gottesstimme durch menschliche Mittler ausgerichtet und damit gleichsam entmythologisiert; in Hebr 12 ist dagegen die direkte, numinose Wirkung der Gottesstimme am Sinai betont und für die noch ausstehende Ankunft Gottes paränetisch ausgewertet: Seine Stimme wird am Ende der Zeit Himmel und Erde erschüttern (12,18–29).

c) An die rabb. »Echostimme« (*Bath-Qōl;* s. o. II,2) erinnert die im NT begegnende Himmelsstimme. Ihre Aussage ist hier aber nicht durch stereotype Wendungen eingeleitet und ihre Geltung noch nicht vom Geist der Kritik eingeschränkt. In der Offb bleibt der Sprecher unbestimmt (Offb 10,8; 11,12; 14,13, so auch in Apg 10,13–15; 11,9); bei der Berufung des Paulus wird durch den Inhalt der Stimme Christus als der Redende offenbar (Apg 9,4f; vgl. 22,7–9; 26,14). Wichtig ist die Stimme, die bei der → Taufe und Verklärung Jesu vom Himmel her bzw. aus einer Wolke heraus ertönt und ein unmittelbar vorher von Menschen gesprochenes Messiaszeugnis (Mk 1,7 par; 8,29 par) durch eine göttliche Deklaration bestätigt (Mk 1,11 par; 9,7 par). Diese Himmelsstimme ist nicht etwa ein Ersatz für den heiligen → Geist, sondern kommentiert die Geistverleihung, wobei sie den Gesalbten als den Gottessohn offenbart (Mk 1,10f par).

Eine indirekte Kritik an der Tradition von der Himmelsstimme wird im JohEv. sichtbar: Im johanneischen Zeugnis von der Taufe Jesu fehlt die Himmelsstimme (1,31–33);

ihre Aufgabe wird vom Täufer übernommen, der Jesus als Gotteslamm und als Gottessohn bezeugt (1,29.34). Ebenso wird dort der synopt. Bericht von der Verklärung Jesu umgestaltet (12,20–30). Die Himmelsstimme deklariert nicht mehr die längst bekannte Tatsache der Messiaswürde Jesu, sondern deren Zweck: Gott hat seinen Namen durch Jesus verherrlicht und wird ihn – durch dessen Kreuz und Auferstehung – verherrlichen (V. 28). Die Hörer der Himmelsstimme sind, wie in Apg 2, Vertreter des Diasporajudentums (V. 20), und ihretwegen ist die Stimme ergangen (V. 30), aber sie wird als solche verkannt (V. 29). Der Evangelist will damit sagen: Die direkte Rede vom Himmel her scheitert stets am Unvermögen der Hörer. Gerade deshalb muß Gottes → Offenbarung durch menschliche Gesandte vermittelt werden: Durch den Täufer (1,29.34), durch das fleischgewordene Wort (1,14; → λόγος) und durch die vom Geist geleiteten Zeugen Christi (15,26f; → Zeugnis). – Anders argumentiert der Verfasser von 2Petr: Er stellt sich als Augenzeugen der Verklärung und als einen Hörer der an Jesus ergangenen Himmelsstimme vor; die Teilnahme an diesem Geschehen legitimiert die Wahrheit der apostolischen Botschaft (2Petr 1,16–19).

3) φωνέω *[phōnẹō]*, das in LXX nur selten begegnet, findet sich im NT 42mal, mit Ausnahme von Offb 14,8 und 4 Apg-Stellen nur in den Evgg. Es steht für das *laute Sprechen* oder *Schreien* (Mk 1,26; Lk 23,46), das *Erheben der Stimme* (Lk 8,54; 16,24) und das *Herbeirufen* und Senden nach jemandem (Mk 15,35; Lk 16,2; Apg 9,41; Joh 2,9). Auf Jesus bezogen meint es das *Rufen* in den Raum des endzeitlichen Heils (Mk 10,49; Joh 1,48; vgl. 10,3). Wie καλέω *[kalẹō]* (→ Berufung) bedeutet φωνέω *[phōnẹō]* ferner *einladen* (Lk 14,12) und *anreden als, nennen* (Joh 13,13). Schließlich meint es das Krähen des Hahnes (Mk 14,30[68].72 par); die dritte Nachtwache (von 0–3 Uhr) ist die »Zeit des Hahnenschreis« (Mk 13,35). *O. Betz*

Lit., allg.: RBultmann, Der religionsgeschichtliche Hintergrund des Prologs zum Johannesevangelium, in: ΕΥΧΑΡΙΣΤΗΡΙΟΝ, Festschr. HGunkel, Bd. 2, 1923, 1ff – JBehm, Art. γλῶσσα etc., ThWb I, 1933, 719ff – ADebrunner/HKleinknecht/OProcksch/GKittel u. a., Art. λέγω, λόγος, ῥῆμα etc., ThWb IV, 1942, 69ff – IPSeierstad/GHarder/UMann, Art. Wort Gottes, EKL III, 1959, 1846ff – GNeumann/HGGadamer/JSløk/ThBonhoeffer, Art. Sprache, RGG VI, 1962³, 263ff – WZimmerli/OAPiper/CAndresen/WLoew/WJannasch, Art. Wort Gottes, RGG VI, 1962³, 1809ff – CAKeller, Art. Wort, BHHW III, 1966, 2182ff – OBetz, Art. φωνή etc., ThWb IX, 1971, 272ff;
zu Abt. I: FAst, Lexicon Platonicum, 1835 – HLeisegang, Art. Logos, in: Pauly-Wissowa, RE 13, 1926, 1035ff – Stenzel, Art. Sokrates, in: Pauly-Wissowa, RE 3, 1927, 811ff – WJaeger, Paidéia I, 1936² – CAndresen, Logos und Kosmos, 1955 – WKelber, Die Logos-Lehre von Heraklit bis Origenes, 1958;
zu Abt. II: JSzeruda, Das Wort Jahwes, 1921 (Diss. Basel) – PHeinisch, Das »Wort« im Alten Testament und im alten Orient, 1922 – FHäussermann, Wortempfang und Symbol in der alttestamentlichen Prophetie, BZAW 58, 1932 – JBegrich, Das priesterliche Heilsorakel, ZAW 52, 1934, 81ff (= JBegrich, Gesammelte Studien zum AT, ThB 21, 1964, 217ff) – OGrether, Name und Wort Gottes im Alten Testament, BZAW 64, 1934 – HWWolff, Die Begründung der prophetischen Heils- und Unheilssprüche, ZAW 52, 1934, 1ff (= HWWolff, Gesammelte Studien zum AT, ThB 22, 1964, 9ff) – LKöhler, Theologie des Alten Testaments, 1935 (1965⁴) – HWWolff, Das Zitat im Prophetenspruch, BEvTh 4, 1937 (= HWWolff, Gesammelte Studien zum AT, ThB 22, 1964, 36ff) – LDürr, Die Wertung des göttlichen Wortes im Alten Testament und im antiken Orient, MV(Ä)G 42,1, 1938 – OProcksch, Art. λόγος (»Wort Gottes« im AT), ThWb IV, 1942, 89ff – IPSeierstad, Die Offenbarungserlebnisse der Propheten Amos, Jesaja und Jeremia, SNVAO 2, 1946 – GvRad, Deuteronomium-Studien, FRLANT NF 40, 1947, 52ff (= Gesammelte Studien zum Alten Testament, ThB 8, 1958, 189ff) – HRinggren, Word and Wisdom, 1947 – MNoth, Geschichte und Gotteswort im Alten Testament, 1949 (= MNoth, Gesammelte Studien zum AT, ThB 6, 1957, 188ff) – WZimmerli, Das Gotteswort des Ezechiel, ZThK 48, 1951, 249ff (= WZimmerli, Gottes Offenbarung, ThB 19, 1963, 133ff) – TBoman, Das hebräische Denken im Vergleich mit dem griechischen, 1952 (1959³), 45ff – GQuell, Wahre und falsche Propheten, BFChTh 46,1, 1952 – WZimmerli, Verheißung und Erfüllung, EvTh 12, 1952/53, 34ff (= Probleme at. Hermeneutik, ThB 11, 1960, 69ff) – HWWolff, Hauptprobleme alttestamentlicher Prophetie, EvTh 15, 1955, 446ff (= HWWolff, Gesammelte Studien zum AT, ThB 22, 1964, 206ff) – ThCVriezen, Theologie des Alten Testaments, 1956 – WZimmerli, Das Alte Testament als Anrede, BEvTh 24, 1956 – GvRad, Theologie des Alten Testaments I, 1957 (1966⁵), 156ff; II, 1960 (1968⁵), 89ff; bes. 93–111 – EBen Jehuda, Millon Ha-Laschon Ha-'Ibrith, 1959² – OBetz, Offenbarung und Schriftforschung in der Qumransekte, 1960, 158ff – CWestermann, Grundformen prophetischer Rede, BEvTh 31, 1960 (1968³) – HWWolff, Das Geschichtsverständnis der alttestamentlichen Prophetie, EvTh 20, 1960, 218ff (= ders., Gesammelte Studien zum AT, ThB 22, 1964, 289ff) – WEichrodt, Theologie des Alten Testaments II, 1935

(1961[4]), § 14 – MDGroß, 'Osar Ha-'Aggadah, 1961 – RRendtorff, Geschichte und Wort im Alten Testament, EvTh 22, 1962, 62ff – JLindblom, Die Vorstellung vom Sprechen Jahwes zu den Menschen im Alten Testament, ZAW 75, 1963, 263ff – KKoch, Wort und Einheit des Schöpfergottes in Memphis und Jerusalem, ZThK 62, 1965, 251ff – CWestermann, Das Buch Jesaja. Kap. 40–66, ATD 19, 1966 – GPfeiffer, Ursprung und Wesen der Hypostasenvorstellung im Judentum, 1967 – HWWolff, Dodekapropheton 2, BKAT XIV/2, 1969 – WZimmerli, Ezechiel, BKAT XIII, 1969 – KBaltzer, Ezechiel und Deuterojesaja, BZAW 121, 1971, 118ff;
zu Abt. III: GDalman, Die Worte Jesu, 1898 (1930/1965[2]) – WBacher, Die exegetische Terminologie der jüdischen Traditionsliteratur II, 1905, 206f – JSchniewind, Die Begriffe Wort und Evangelium bei Paulus, 1910 – RBultmann, Der Begriff des Wortes Gottes im Neuen Testament, in: RBultmann, GuV I, 1933 (1966[6]), 268ff – RAsting, Die Verkündigung des Wortes Gottes im Urchristentum, 1939 – JJeremias, Die Gleichnisse Jesu, 1947 (1958[5]; neubearb. Aufl. 1965[7]) – ERepo, Der Begriff rhema im Biblisch-Griechischen, I.II, 1951/54 – RBultmann, Theologie des Neuen Testaments, 1953 (1968[6]), §§ 46.48 – KHSchelkle, Das Wort Gottes in der Kirche, ThQ 133, 1953, 278ff – JJeremias, Kennzeichen der ipsissima vox Jesu, in: Synoptische Studien AWikenhauser, 1954, 86ff (= JJeremias, Abba, 1966, 145ff) – HSchlier, Im Anfang war das Wort. Zum Prolog des Johannes-Evangeliums, in: Die Zeit der Kirche 1, 1956, 274ff – GBornkamm, Gotteswort und Menschenwort im Neuen Testament, KidZ 12, 1957, 301ff (= GBornkamm, Gesammelte Aufsätze II, 1963[2], 223ff) – EKäsemann, Aufbau und Anliegen des johanneischen Prologs, 1957 (in: EKäsemann, Ex. Vers. u. Bes. II, 1968[3], 155ff) – RSchnackenburg, Logos-Hymnus und johanneischer Prolog, BZ 1, 1957, 69ff – GEbeling, Wort und Glaube, 1960 (1967[3]) – HSchlier, Wort Gottes, 1960 (1962[2]) – ESchweizer, Aufnahme und Korrektur jüdischer Sophiatheologie im Neuen Testament, Neotestamentica 1963, 110ff – FWBeare, Speaking with tongues, JBL 83,3, 1964, 229ff – WEltester, Der Logos und sein Prophet, in: Apophoreta. Festschr. EHaenchen, 1964, 109ff – GEichholz, Tradition und Interpretation, ThB 29, 1965, 39ff, 99ff – EHaenchen, Probleme des johanneischen »Prologs«, in: EHaenchen, Ges. Aufs. I: Gott und Mensch, 1965, 114ff – ELohse, Deus dixit, EvTh 25, 1965, 567ff – RSchnackenburg, Das Johannes-Evangelium, T. 1, HThK IV, 1965 – CColpe, Art. Worte Jesu, BHHW III, 1966, 2184ff – EJüngel, Jesu Wort und Jesus als Wort Gottes, in: Parrhesia, KBarth z. 80. Geb., 1966, 82ff – HConzelmann, Grundriß der Theologie des NT, 1967, § 28 – RDeichgräber, Gotteshymnus und Christushymnus in der frühen Christenheit, 1967 – JJeremias, Der Prolog des Johannes-Evangeliums, Calwer H. 88, 1967 – ESchweizer, Das Evangelium nach Markus, NTD I, 1967 – CColpe, Art. ὁ υἱὸς τοῦ ἀνθρώπου, ThWb VIII, 1968, 403ff, bes. 468ff – ders., New Testament and Gnostic Christology, Religions in Antiquity, in: Essays in Memory of ERGoodenough, 1968, 227ff – HGese, Psalm 22 und das NT, ZThK 65, 1968, 1ff – JJeremias, Zum Logos-Problem, ZNW 59, 1968, 82ff – GBornkamm, Paulus, 1969, 165ff – ELohse, »Ich aber sage euch«, in: Festschr. JJeremias, 1970, 189ff – GDelling, Wort Gottes und Verkündigung im Neuen Testament, 1971 – EFuchs, Die sakramentale Einheit von Wort und Tat, ZThK 68, 1971, 213ff – HSchlier, Grundzüge einer neutestamentlichen Theologie des Wortes Gottes, in: ders., Das Ende der Zeit III, 1971, 16ff – ders., Gotteswort und Menschenwort, in: ders., Das Ende der Zeit, III, 1971, 25ff – EFuchs, Neues Testament und Wort Gottes, ThLZ 97, 1972, 1ff – JBroer, Die Antithesen und der Evangelist Matthäus, BZ 19, 1975, 50ff – ChrDietzfelbinger, Die Antithesen der Bergpredigt, 1975 (= TEH, 186).

Wüste

ἔρημος

ἔρημος *[ęræmos]* einsam, öde, wüst · ἔρημος *[ęræmos]*, ἔρημος τόπος *[ęræmos topos]*, ἐρημία *[eræmịa]* Einöde, Wüste · ἐρημόω *[eræmọō]* wüst machen, verwüsten · ἐρήμωσις *[eræmōsis]* Verwüstung

I Die Etymologie von ἔρημος *[ęræmos]* bzw. ἐρῆμος *[eræmos]*, *einsam, öde; Wüste, Öde,* – seit Hom. (zB Il. 10,520) – ist nicht genau geklärt (vermutliche Wurzel *era: ra: ar, trennen;* verwandt: lat. *rarus, vereinzelt, selten;* ahd. *aram, arm*). ἐρημία *[eræmịa]*, *Einöde,* ist seit den Tragikern belegt (zB Aischyl. Prom. 2; Eur. Tro. 26); ἐρήμωσις *[eræmōsis]*, *Verwüstung,* findet sich erst in der LXX (s. u.). Das Verbum ἐρημόω *[eræmọō]* kann im außerbiblischen Griech. auch *freisetzen, preisgeben, allein lassen* bedeuten (zB Aischyl. Suppl. 516). »Wüste« (ἔρημος *[ęræmos]* / ἐρημία *[eræmịa]*) ist für die alte Welt nicht nur das wasser- und vegetationslose und daher unbewohnte Land, sondern auch die verödete, menschenarm gewordene Gegend, die verlassene Siedlung oder Flur (»Wüstung«). – Die griech.-röm. Antike erwartet am einsamen Ort die Offenbarung der Gottheit (zB Eur. Bacch. 874ff u. ö.), und sie fürchtet die Wüste als Wohnort der Dämonen (zB Luc. Vit. Auct. 9 u. ö.).

II 1a) Mit ἔρημος *[ęræmos]* gibt LXX an 241 von insges. 345 Stellen hebr. *midbār, Wüste* (auch: *Steppe,* zB Gen 37,22) wieder. 32mal steht ἔρημος *[ęræmos]* für Derivate der hebr. Wurzel *chāreb, vertrocknet, wüst sein,* 25mal für *schāmem, schaurig, verwüstet, öde,* und seine Ableitungen und 10mal für hebr. *nægæb, dürres Land.* 120 der ἔρημος *[ęræmos]*-Belege finden sich im Pentateuch, da in den Büchern Ex bis Dtn (109 Belege) Israels Wüstenwanderung berichtet wird. Auch in den

Pss (21mal) sowie bei Jes (45mal), Jer (28mal) und Ez (38mal) spielt der Begriff ἔρημος [erǣmos] eine wichtige Rolle.

b) Dagegen ist ἐρημία [erǣmia], *Wüste*, in LXX verschwindend selten. In Schriften des kanonischen AT begegnet diese Form nur an drei Stellen: Jes 60,12; Ez 35,4 für hebr. *chārob/chorbāh*, Ez 35,9 für hebr. *schimamāh*.

c) Das Verbum ἐρημόω [erǣmoō], *verwüsten*, steht in LXX insges. 60mal für hebr. Wörter, davon überwiegend für Formen der hebr. Wurzeln *chāreb* (29mal) und *schāmem* (17mal). Am häufigsten ist das Verb bei Jes (17mal), Ez (17mal) und Jer (6mal) belegt.

d) An 18 Stellen des at. Kanons begegnet in LXX das von ἐρημόω [erǣmoō] abgeleitete Subst. ἐρήμωσις [erǣmōsis], *Verwüstung* (davon 6 Belege bei Jer, 8 bei Dan). LXX übers. damit das hebr. *chorbāh* (6mal) und Ableitungen der hebr. Wurzel *schāmem* (11mal).

2) Ganz entsprechend dem Berg und der Wasserstelle (→ Wasser) hat im AT auch die Wüste den Doppelaspekt des »Heiligen«: sie ist die Stätte, da Jahwe sich offenbart (→ Offenbarung), aber sie ist auch Wohngebiet der → Dämonen, die den Menschen mit Unreinheit, Krankheit und Tod bedrohen.

a) Die positive Wertung des »heiligen Orts« Wüste vertreten die zahlreichen Berichte, welche von Theophanien in der Wüste handeln. In der Wüste stärkt ein → Engel den vor Isebel fliehenden Elia mit Nahrungsmitteln (1Kön 19,4–6). Gottes Erscheinung am Horeb (Ex 3,1ff; 1Kön 19,11–18) und Sinai (Ex 19) ist nicht nur eine Berg-, sondern auch eine Wüstentheophanie. Die 40jährige Wüstenwanderung → Israels (Ex bis Dtn; vgl. Dtn 8,2) wird als Zeit einer besonderen Nähe zu Jahwe gewertet (Hos 9,10; vgl. 11,1; 12,10[13,4]; 13,5); vor allem in den Pss und bei Jes, Jer und Ez nimmt der paränetische Rückbezug auf Jahwes Treue (und Israels Untreue: Ps 77[78],17. 40; 94[95],7–11; 105[106],13–33; Ez 20; vgl. Num 13f) in der Wüste einen verhältnismäßig breiten Raum ein (Ps 77[78],15.19.40.52; 94[95],8; 105[106],7–12 u. ö.; Jes 48,21; 63,13; Jer 2,6; Ez 20, 10–26.36). So verbindet sich auch die → Hoffnung auf endzeitliches Heil mit Wüstenspekulationen (Jes 40,3; Jer 38[31],2; Ez 34,25; Hos 2, 16–25). Wer Jahwe schon jetzt nahe sein will, wählt ein Leben in künstlicher Wüstensituation wie die Rekabiter, die, hervorgegangen aus einer prophetischen Erweckungsbewegung der Eliazeit, in Zelten statt in Häusern wohnen (Jer 35,7.9f); wenigstens einmal im Jahr leben alle Israeliten gleichsam in der Wüste, wie einst ihre Vorfahren: wenn sie in »Zelten« das Laubhüttenfest begehen (Lev 23,34–36.42f; Dtn 16,13–17).

b) Zugleich ist die Wüste der Ort der tödlichen Gefahr, der Gottesferne und der dämonischen Mächte (Dtn 8,15; vgl. Num 21,4–9; Jes 30,6). Die Spannunng zwischen Kulturland und Wüste wird zum Gegensatz der Länder Kanaan und Ägypten; »Ägypten« kann geradezu als Synonym für die (dämonische) Wüste gebraucht werden (Tob 8,3; vgl. Ez 20,36 und Mt 2,15 nach Hos 11,1). Jahwes schrecklicher Ostwind – wie alle Winde personal vorgestellt – kommt aus der Wüste (Hos 13,15). Zum Dämon Asasel wird der Sündenbock in die Wüste gejagt (Lev 16,10.21f). Wüstendämonen nehmen Besitz von den Ruinen Babels (Jes 13,21f) und Edoms (Jes 34,13–15). Gegenwärtige Verödung und Verelendung erscheint als Verwüstung (zB Jes 1,7; 54,3; Jer 2,15 u. ö.; Ez 19,13 u. ö.), und künftige Zerstörung der Stadt und des Landes wird als bevorstehende Verwüstung angedroht (zB Jes 5,9; Jer 4,26f u. ö.; Ez 5,14), wobei bes. das Austrocknen des → Wassers die Verwandlung in Wüste kennzeichnet (Jes 37,25; 44,27; 51,10; Jer 28[51],36; Ez 29,10; 30,12).

Die Vokabeln ἐρημόω [erǣmoō], *verwüsten*, und ἐρήμωσις [erǣmōsis], *Verwüstung*, werden fast ausschließlich von der strafenden Zerstörung der Häuser, Städte und Länder gebraucht (zB Jes 6,11; 54,3 u. ö.; Jer 4,7; 7,34 u. ö.; Ez 26,19 u. ö.).

Daß solche Verwüstung als Sieg dämonischer Mächte zu verstehen ist, zeigen die Aussagen Daniels über die ἐρήμωσις [erǣmōsis] des jerusalemischen Heiligtums (Dan 8,13); das griech. βδέλυγμα (τῆς) ἐρημώσεως [bdelygma (tǣs) erǣmōseōs] bzw. τῶν ἐρημώσεων [tōn erǣmōseōn], *Greuel der Verwüstung(en)* (Dan 9,27; 11,31; 12,11; 1Makk 1,54), ist Übers. des gleichbedeutenden hebr. *schiqqūts (m^e)schomēm*. Damit ist die Übereignung des Jahwealtars zu Jerusalem an den mit Jahwe gleichgesetzten Zeus Olympios (*ba'al schāmem*) unter Antiochus IV. Epiphanes (167 vChr) gemeint. Es handelt sich im Aram. um ein Wortspiel (*sch^emaijin, Himmel, – m^eschomēm, Verwüstung*): Heidengötter sind Dämonen!

Auf Grund ihrer dämonistischen Qualifikation kann die Wüste – genau wie das »viele Wasser« (Ez 26,19f) – als Bild für das Totenreich stehen (»ewige Wüsten«, Ez 26,20). An Jahwes in der Wüste hausende Strafdämonen (vgl. Num 21,4–9) kann gedacht werden, wenn Jahwe eine endzeitliche Abrechnung mit seinem Volk in der Wüste androht (Ez 20,35). Freilich wird Israel schließlich in der Wüste das Heil finden (vgl. Ez 34,25; Hos 2,16; s. o. 2a). Das kann aber nur bedeuten: Die Wüste wird für immer besiegt werden; sie wird zu Ackerland werden, Wasser wird in ihr fließen, Wege werden gebahnt, verödete Städte wieder aufgebaut (Jes 32,15f; 35,15f; bes. bei DtJes: 41,18; 43,19f u. ö. sowie 58,12; 61,4; 62,4; Jer 40[33],10–12; Ez 36,10.33ff; 38,8.12; Dan 9,27; vgl. Hos 14,5–10). In diesen Zusammenhang gehört eine Stelle wie Jes 40,3; wo Wege durch die Wüste geführt werden (Jes 43,19), da ist Jahwes Herrschaft angebrochen.

Wenn Gott auch seine Herrlichkeit in der Wüste zu offenbaren liebt, so ist sie doch letztlich eine Gott feindliche Stätte, ein böser, dämonischer Ort. Gottes Sieg über seine und seines Volkes Feinde ist daher auch ein Sieg über die Wüste.

c) Das nachbiblische Judentum erwartet im Rahmen der hoseanischen Wüstentypologie die Erlösung Israels von der Wüste her (rabb. Belege bei St.-B. I, 85–88); deshalb nehmen messianische Unruhen ihren Ausgang in der Wüste (Jos. Bell. 2,258–263). Eschatologisch – im Sinne der Wegbereitung – verstehen die Essener ihre Sezession in die Wüste von Qumran (vgl. 1QS 8,12ff; 9,19f), und das gleiche gilt für Johannes den Täufer (Jos. Ant. 18,116–119). Ähnlich wandern zufolge MartJes 2,8–11 die Propheten Jesaja, Micha u. a. auf einen »Berg in wüster Umgebung« aus. Für die messianischr Wüstenspekulation des Judentums erlangen besondere Bedeutung die Stellen Hos 2,16; 12,10; Hi 30,4 und der sowohl in Qumran als auch bei Johannnes dem Täufer begegnende Beleg Jes 40,3. Nach der Zerstörung des Tempels bitten die Juden um freien Abzug mit Weib und Kind »in die Wüste« (Jos. Bell. 6,351) – zweifellos, um hier ihrem Gott bes. nahe zu sein.

Aber auch die Dämonen wohnen in der Wüste; Behemoth (vgl. Hi 40,15–24) ist nach äthHen 60,8 ein Wüstendämon (wie Leviathan [Hi 40,25–32] äthHen 60,7 ein Meeresdämon!). Den gestraften Schadensgeistern wird die Wüste als zwangsweiser Aufenthaltsort zugewiesen (Tob 8,3; äthHen 10,4; vgl. Mt 12,43 par Lk 11,24).

Daß die Furcht vor den Dämonen der Wüste und die theol.-eschatologische Hochschätzung der Wüste sich nicht ausschließen, zeigt sowohl die Qumransekte mit ihren ständigen, antidämonischen Waschungen (→ Wasser; → Taufe, Art. λούω) als auch die Sezession der Propheten von MartJes 2,8ff, die sich betend und fastend um (antidämonische) Reinheit bemühen: In der Wüste kämpft der Asket mit den bösen Geistern, um der Erscheinung der Gottheit gewürdigt zu werden.

III 1) Im NT ist die Wortgruppe ἐρημ- *[eræm-]* 46mal (synopt. Parr. gelten als jeweils nur ein Beleg) vertreten, davon 37mal ἔρημος *[ẹræmos], Wüste*, 3mal ἐρημία *[eræmịa]* in ders. Bedeutung, 4mal ἐρημόω *[eræmọō]* (nur in der pass. Form ἐρημοῦσθαι *[eræmọusthai], verwüstet werden*), 2mal ἐρήμωσις *[eræ̣mōsis], Verwüstung*. Den weitaus größten Teil der Belegstellen (20) bieten die synopt. Evgg. (davon 16mal ἔρημος *[ẹræmos]* und 1mal ἐρημία *[eræmịa], Wüste*), gefolgt von der Apg (9 Belege) und der Offb (je 3mal Subst. und Verb). Je 3 Belege der Wortgruppe finden sich bei Paulus und im Hebr; 5mal begegnet ἔρημος *[ẹræmos]* im JohEv.

2a) Die nt. Wertung der *Wüste* (meist ἔρημος *[ẹræmos]* bzw. ἔρημος τόπος *[ẹræmos tọpos]*; nur Mt 15,33 par Mk 8,4; 2Kor 11,26; Hebr 11,38 ἐρημία *[eræmịa]*) ist keine andere als die at.-jüd. Nach wie vor gilt die 40jährige Wüstenwanderung Israels als ein wichtiges Faktum göttlichen Geschichtshandelns (Joh 3,14; 6,31.49; Apg 7,30ff; 13,18; 1Kor 10,5; Hebr 3,8.17), und noch immer ist die Vorstellung lebendig, daß eschatologische Bewegungen in der Wüste beginnen (Mt 24,26; Apg 21,38). Die apok. Flucht des Weibes in die Wüste (Offb 12,6.14) erklärt sich von der Hochschätzung der Wüstenzeit Israels her und belegt zugleich die Erwartung des Messias aus der Wüste (vgl. Mt 2,15 nach Hos 11,1). In der Wüste ist der jugendliche Johannes verborgen (Lk 1,80), und in der Wüste entfaltet der Täufer seine Wirksamkeit (Mk 1,4 Parr. nach Jes 40,3; Mt 11,7 par Lk 7,24). Wie für das Judentum die Propheten als Asketen an die wüste Stätte (und auf den Berg) gehören (Mart Jes 2,8–11), so lokalisiert auch Hebr 11,38 die at. Propheten und Asketen in Wüsten, Bergen und Höhlen. In antitypischer Anknüpfung an die Wüstenwanderer und Wüstenbewohner des AT kann sich auch das neue Israel als »wanderndes Gottesvolk« (EKäsemann) verstehen (Hebr 3f; 11,8–10; 12,18–24; vgl. 1Kor 10,1–13).

b) Soweit Jesu Bedeutung als prophetische und messianische beschrieben wird, spielt auch die Wüste eine Rolle. Jesus tritt in Analogie zur (prophetisch gedeuteten) Führergestalt der Wüstenzeit Israels, Mose (Apg 3,22f; 7,37 nach Dtn 18,15), diesen antitypisch überbietend (vgl. Hebr 3,1–6). Die synopt. Kindheitslegenden lassen Jesu messianische Würde den Männern der Steppe und der Einsamkeit, den »Hirten auf dem Felde«, verkündigt werden (Lk 2,8–14) und ermöglichen durch die Flucht nach Ägypten (Mt 2,13–15. 19–21) die Ankunft des Messias aus der ägypt. Wüste (messianische Deutung von Hos 11,1 durch Mt 2,15; »Ägypten« = Wüste, vgl. Tob 8,3). In der Wüste besiegt Jesus den teuflischen Versucher (Mk 1,12f Parr.; → Versuchung), und in der Wüste speist Jesus wunderbar (vgl. 2Kön 4,42–44 Elisa) seine Anhänger (Mt 14,13 par Mk 6,32, nachgetragen Lk 9,12; Mt 15,33 par Mk 8,4). Mehrfach weilt Jesus in der Wüste, um dort zu beten und zu fasten (außer Mt 4,1f par Lk 4,1f vgl. Mk 1,35.45 par Lk 4,42; 5,16) – nicht nur, um dort Gott bes. nahe zu sein, sondern auch, um die Macht der Dämonen zu brechen (Mk 1,12f parr.). Noch immer gilt die Wüste als bevorzugter Ort von Visionen (Offb 17,3; vgl. Apg 8,26). Vielleicht hat Paulus aus diesem Grund die arabische Wüste aufgesucht (Gal 1,17), vielleicht auch nur, um dem Zugriff seiner Gegner zu entgehen (vgl. 1Kön 19,3ff und Offb 12,6).

3) Negativ qualifiziert wird die Wüste, wo vom sündlichen Versagen der Wüstengeneration (s. o. II,2) die Rede ist (Apg 7,41–43; 1Kor 10,5; Hebr 3,8.17). Dämonische Gefahren drohen in der Wüste (2Kor 11,26; vgl. Lk 15,4), denn dort hausen Dämonen (Mt 12,43 par Lk 11,24; Mk 1,12f) und Besessene (Lk 8,29). Wüster Örtlichkeiten bemächtigt sich die ätiologische Dämonensage (Apg 1,18–20 nach Ps 69,26 [anders Mt 27,3–10]; vgl. Papias Frg. 3).

Wie im AT gilt die Verwüstung (ἐρημόω *[eræmọō], wüst machen*, Pass. ἐρημοῦσθαι *[eræmọusthai], verwüstet werden*) von Haus, Stadt und Land als Eroberung durch dämonische Mächte, die Gottes Strafgericht vollziehen (Mt 12,25 par Lk 11,17; vgl. Mt 23,38 par Lk 13,35 und Apg 1,20). Die buhlerische – dh götzendienerische – Stadt Babylon (= Rom) wird verwüstet (Offb 17,16; 18,17.19), und zwar durch strafende Dämonen (Offb 18,2; vgl. 17,16); wiederum stehen at. Vorbilder im Hintergrund (vgl. II,2b).

Abscheu vor den mit Dämonen gleichgesetzten Heidengöttern (1Kor 10,20; Offb 9,20; vgl. 2,13) hat auch den Ausdruck *Greuel der Verwüstung* (βδέλυγμα τῆς ἐρημώσεως *[bdẹlygma tæs eræmōseōs]* Mt 24,15 par Mk 13,14) geprägt. Das lit. Vorbild (s. o. II,2b) wird bei Mt und Mk als Weissagung auf endzeitliche Übereignung Jerusalems an die Dämonen der Heiden verstanden. Die Par. Lk 21,20 hat den at. Bezug aufgegeben und denkt an militärische *Verwüstung* (ἐρήμωσις *[eræmōsis]*) der Stadt Jerusalem. Die Erfüllung der Weissagung Jesu gegen Jerusalem (Mt 23,37f par Lk 13,34f; vgl. Jer 9,10f) wird somit die ungehorsame Gottesstadt der Hure Babylon (Rom) gleichstellen (vgl. Offb 17,16–18; 18,2–24).

Abgesehen von jenen Stellen, an denen auf die Heilszeit der Wüstenwanderung Israels Bezug genommen wird, gilt im NT die Wüste eher als dämonischer Ort. Auch wo Jesus in der Wüste seine Herrlichkeit offenbart, geschieht dies in Überwindung dämonischer Mächte. Nur wo Gottes Gericht beschlossen ist, kommt es zu einem Sieg der Wüste und ihrer Schadensgeister. *O. Böcher*

Lit.: GKittel, Art. ἔρημος etc., ThWb II, 1935, 654ff – WWiebe, Die Wüstenzeit als Typos, 1943 – WSchmauch, Orte der Offenbarung und der Offenbarungsort im NT, 1956, bes. 27ff – HBardtke, Wüste und Oase in den Hodajoth von Qumran, in: Gott und die Götter, Festschr. f. EFascher, 1958, 44ff – RWFunk, The Wilderness, JBL 78, 1959, 205ff – MHengel, Die Zeloten. Unters. z. jüd. Freiheitsbewegung in der Zeit v. Herodes I. bis 70 nChr., AGSU 1, 1961, bes. 255ff – HHMallau, Die theologische Bedeutung der Wüste im AT, 1963 (Diss.) – SHerrmann/BReicke, Art. Wüste, BHHW III, 1966, 2193f – OBöcher, Dämonenfurcht und Dämonenabwehr. Ein Beitr. z. Vorgeschichte d. christl. Taufe, 1970, bes. 65ff.311ff (= BWANT, 90) – VFritz, Israel in der Wüste, 1970 (= Marb. theol. Stud., 7).

Wunder

Wo ein sinnlich wahrnehmbares Geschehen ein Staunen und Verwundern hervorruft, m. a. W. auf den Betrachter geheimnisvoll und ungewöhnlich wirkt, sprechen wir von Wunder. Im religiösen Bereich wird ein solches Geschehen auf transzendente, göttliche Einflüsse zurückgeführt, wobei das Ungewöhnliche nicht unbedingt den Naturgesetzen widersprechen muß. Das Reden von einem Wunder setzt aber in gewissem Sinne immer ein reflektierendes, kritisches Denken voraus, das erfahrene Geschehnisse zu verstehen und zu deuten versucht. Das *Staunen* und die *Verwunderung* angesichts eines solchen Anblickes oder Eindrucks gibt die Wortgruppe θαυμάζω *[thaumazō]* wieder. τέρας *[teras]* ist ein ausgesprochen religiöser Begriff, der vermutlich aus dem Bereich der Mantik und des Zaubers stammt und das Außergewöhnliche, urspr. auch das Schreckliche eines *Wunderzeichens* hervorhebt. Demgegenüber betont das urspr. nichtreligiöse Wort σημεῖον *[sæmeion]* mehr die technisch-funktionale Seite eines Geschehens als *Zeichen*, das auf eine bestimmte Aussage hinzielt, indem ein Sachverhalt — urspr. optisch — vor Augen gestellt wird. Erst wenn unter dieser Voraussetzung das Geschehen wunderbaren Charakter hat, gewinnt der Begriff die Bedeutung *Wunder*, was häufig durch die Verbindung mit τέρας *[teras]* betont wird.

θαῦμα

θαυμάζω *[thaumazō]* staunen, bewundern, sich wundern · θαῦμα *[thauma]* Wunder · θαυμάσιος *[thaumasios]* / θαυμαστός *[thaumastos]* wunderbar, erstaunlich · ἀπο- (ἐκ-)θαυμάζω *[apo- (ek-)thaumazō]* sich sehr verwundern · θαμβέω *[thambeō]* erschrecken · ἐκθαμβέω *[ekthambeō]* heftig erschrecken · ἔκθαμβος *[ekthambos]* erschrocken · θάμβος *[thambos]* das Staunen, der Schrecken · θορυβέω *[thorybeō]* in Unruhe versetzen · θόρυβος *[thorybos]* Unruhe, Lärm

I 1) Die Wortgruppe θαῦμα *[thauma]* / θαυμάζω *[thaumazō]* usw. (wurzelverwandt mit θεάομαι *[theaomai]*, *schauen*) findet sich im griech. Sprachgebrauch seit dem 8./7. Jh. vChr zur Bezeichnung dessen, was durch seinen Anblick Staunen und Verwunderung erweckt. Der Grund der Verwunderung wird bei trans. Gebrauch von θαυμάζω *[thaumazō]* mit dem Akk., bei intrans. mit Präp. (διά *[dia]*, ἐν *[en]*, περί *[peri]*) ausgedrückt.

Intensivierend sind die Kompos. ἀποθαυμάζω *[apothaumazō]* (Sir 11,13) und ἐκθαυμάζω *[ekthaumazō]* (Sir 27,23), *sich sehr verwundern*. Die Adj. θαυμαστός *[thaumastos]* und θαυμάσιος *[thaumasios]* gewinnen im biblischen Sprachgebrauch besondere Nuancierung (s. II).

2) Sinnverwandt ist die Wortgruppe θάμβος *[thambos]* (seit Hom.), das *Staunen*, der *Schrekken* (letztere Bedeutung bes. im LXX-Sprachgebrauch, vgl. Ez 7,18); θαμβέω *[thambeō]*, *erschrecken* (trans., 2Sam 22,5; intrans., Pass., Weish 17,3). Intensivierend ist auch hier das Kompos. ἐκθαμβέω *[ekthambeō]*, *heftig erschrecken* (Sir 30,9) und das Adj. ἔκθαμβος *[ekthambos]*, *erschrecklich, erschrocken* (Dan 7,7 Theodotion). Ebenfalls sinnverwandt ist die Gruppe θόρυβος *[thorybos]*, *Unruhe, Lärm* (Spr 1,27); θορυβέω *[thorybeō]*, *in Unruhe versetzen* (Weish 18,19) ist seit 6./5. Jh. vChr im Gebrauch. (Vgl. → Ekstase; → Frömmigkeit; → Furcht.) Im biblischen Griech. sind die beiden Wortgruppen selten.

Beispiele für θαυμάζω *[thaumazō]* als menschliche Reaktion auf das Wirken einer Gottheit, das Offenbarung ihrer göttlichen Macht ist, lassen sich aus der griech. Religionsgeschichte in reichem Maße bringen (bereits in den homerischen Epen, zB Od. 1,323; Il. 3,398 u. ö.). Aus hell. Zeit sei der Rhetor und gläubige Asklepiosverehrer Aelius Aristides (2. Jh. nChr) erwähnt, der in seinem Schrifttum auf die *wunderbaren* (θαυμαστάς *[thaumastas]*) Machttaten des Gottes hinweist (Bertram, ThWb III, 28). Freilich lassen uns diese Beispiele nur wenig von der Bedeutung ahnen, die θαυμάζω *[thaumazō]* im biblischen Schrifttum gewonnen hat.

II In LXX erscheint θαῦμα *[thauma]* nur 4mal; 3mal in der Wendung θαῦμα ἔχειν *[thauma echein]* (= θαυμάζω *[thaumazō]*): Hi 17,8; 18,20; 21,5 (v. l. θαυμάσατε *[thaumasate]*), dazu Hi 20,8 als v. l. zu φάσμα *[phasma]*, *Gesicht* (hebr. *chæzjon*). Das Verbum θαυμάζω *[thaumazō]* findet sich bei Hi, Jes, Sir u. a. in breiter Streuung. Oft ist θαυμάζω *[thaumazō]* mit πρόσωπον *[prosōpon]* verbunden; es bedeutet (gemäß dem hebr. *nasā pānim*) *das Antlitz erheben, begünstigen, parteiisch sein* (Spr 18,5; Hi 13,10); daß Gott als der Richter parteiisch ist, wird Dtn 10,17; 2Chr 19,7 nachdrücklich verneint. In allgemeinerem Sinn bezeichnet es eine *freundliche Gesinnung*, die gerne gewährt (so Gen 19,21 von Gott ausgesagt), das *Rücksicht-Nehmen* (Dtn 28,50) und *Angesehen-Sein* (2Kön 5,1; Pass.). Für diesen Sprachgebrauch — die Beispiele ließen sich vermehren — ist wesentlich, daß das Moment der Furcht in θαυμάζω *[thaumazō]* nicht enthalten ist. — Das ist anders, wo θαυμάζω *[thaumazō]* für das hebr. Äquivalent *schāmam, vor Furcht erstarren* (Lev 26,32; Hi 17,8; 21,5; Dan 8,27 Theodotion) oder — ein Wort von ähnlicher Bedeutung — *tāmāh, sich entsetzen* (Ps 48,6; Jer 4,9; Hab 1,5) eingetreten ist. Bes. die zuletzt genannten Stellen zeigen, wie der Begriff des Staunens in den des Entsetzens übergeht. Die menschliche Reaktion auf das Handeln Gottes, die uns hier geschildert wird, ist ein Staunen, das mit Furcht und Entsetzen vermischt ist. Die Spannweite des Begriffes θαυμάζω *[thaumazō]* wird sichtbar bei einem Vergleich von Hi 21,5 und 42,11 im LXX-Text: Erschrecktes Staunen erweckt der Anblick des leidenden, von Gott geschlagenen Hiob (21,5), aber Staunen bewirkt ebenso die wunderbare Hilfe, die er von Gott erfährt (42,11).

Die Adj. θαυμαστός *[thaumastos]* und θαυμάσιος *[thaumasios]* finden sich hauptsächlich in den Pss und Sir. Für θαυμαστός *[thaumastos]* ist das hebr. Äquivalent oftmals *nōrā', furchtbar:* Daniel betet zu dem großen und wunderbaren, d. i. furchtgebietenden Gott (Dan 9,4 Theodotion); viele ähnliche Beispiele finden sich in den Pss: Gott ist wunderbar, ehrfurchtgebietend unter seinen Heiligen (Ps 68[67],36); wunderbar ist er in den Führungen seiner Rechten (Ps 45[44],5). Für das hebr. *niphlaōth* steht θαυμαστός *[thaumastos]* in Pss 106[105],22 (*wunderbar;* von *pālā, außerordentlich sein*), wo die wunderbaren und furchtbaren Taten Gottes (im »Lande Ham« und am Schilfmeer) nebeneinandergestellt werden, und in Ps 118[117],23, wo als wunderbar das Geschehen beschrieben wird, das die Christenheit auf Christus gedeutet hat: Der Stein, von den Bauleuten verworfen, ist zum Eckstein geworden. Bei dem Adj. θαυμάσιος *[thaumasios]* ist das Äquivalent *niphlaōth*, (das bei θαυμαστός *[thaumastos]* gelegentlich vorkommt) die Regel: θαυμάσια *[thaumasia]* ist die durchgängige Bezeichnung für die *Wundertaten Gottes*, deren Verkündigung und Preis ein grundlegendes Anliegen der Psalmisten ist; diese Wundertaten umfassen alles Handeln Gottes in Schöpfung und Geschichte (Ps 9,2; 26[25],7; 71[70],17; 86[85],10 usw.). Der Lobpreis der Psalmisten setzt sich im Buche Jesus Sirach fort (Sir 18,6; 38,6; 42,17; 48,14 usw.); auch die Welt der Gestirne, die Sonne und der Mond sind in diesen Lobpreis hineingenommen (Sir 43,2.8).

Im Spätjudentum ist es bes. die Hymnenrolle der Qumrantexte gewesen, die diesen Lobpreis der wunderbaren Taten Gottes wieder aufgenommen hat (1QH 1,30.33; 3,23; 4,28.29; 6,11 usw.).

III

1) Im NT findet sich das Subst. θαῦμα *[thauma]* nur 2mal; einmal in der der hell. Diatribe entlehnten Wendung οὐ θαῦμα *[ou thauma]* 2Kor 11,14 (Windisch, KEK IX, zSt.), *es ist kein Wunder;* dann in der Formulierung Offb 17,6 ἐθαύμασα . . . θαῦμα μέγα *[ethaumasa . . . thauma mega], ich staunte gewaltig.* θαυμάσιος *[thaumasios]* begegnet nur Mt 21,15 für die Wundertaten Jesu. 7mal lesen wir das Adj. θαυμαστός *[thaumastos]*, 2mal (Mt 21, 42; Mk 12,11) in dem Zitat Ps 118,23 von dem Eckstein (→ Stein), den die Bauleute verworfen haben, das auf Jesus gedeutet wird (s. II). 1Petr 2,9 wird das Licht, zu dem Gott die Christen berufen hat, als θαυμαστόν *[thaumaston]* bezeichnet und damit seine Zugehörigkeit zur göttlichen Sphäre ausgesagt (Ps 68,36 s. II). Joh 9,30 nennt der von Jesus Geheilte das Verhalten der Juden, die die Macht Jesu nicht anerkennen wollen, *erstaunlich.* Zu Offb 15,1.3 s. III,6.

Am häufigsten kommt θαυμάζω *[thaumazō]* vor (42mal). In den synopt. Evgg. finden sich (einschließlich der Variante ἐξεθαύμαζον *[exethaumazon]* Mk 12,17) 25 gesicherte Belege, davon 13 im LkEv. 6 Belege liefert das JohEv.; 5mal steht das Wort in der Apg, 4mal in der nt. Brieflit. und ebenso oft in der Offb.

Die Wortgruppe θάμβος *[thambos]* / ἔκθαμβος *[ekthambos]* ist selten im NT (11 Belege), ebenso viele gibt es für θόρυβος *[thorybos]* / θορυβέω *[thorybeō]*. Mt 26,5; 27,24; Mk 14,2 handeln von der *Unruhe* im Volk, die durch ein Vorgehen gegen Jesus entstehen könnte und von den Hohenpriestern bzw. Pilatus gefürchtet wird. Mt 9,23 bzw. Mk 5,38f wird von dem *Lärm* (Z: dem *Lärmen*) berichtet, das im Haus des Jairus nach dem Tod des Mädchens entstand. Nach Apg 17,5 haben die Juden in Thessalonich einen Aufruhr entfacht, um die Missionsarbeit des Paulus zu stören. Apg 20,1 steht θόρυβος *[thorybos]* zur Bezeichnung des Aufruhrs der Silberarbeiter in Ephesus (Apg 19,23ff) und 21,34 für den Volksauflauf (Apg 21,30ff), der zur Verhaftung des Paulus führte. In ähnlichem Sinn werden das Verb und Subst. noch Apg 20,10; 24,18 gebraucht.

2) In den Berichten der Synopt. gibt θαυμάζω *[thaumazō]* den Eindruck wieder, den die Menschen von der Heilungstätigkeit und Wundermacht Jesu empfangen, so bei der Heilung des Besessenen in Gerasa (Mk 5,20); bei der Verfluchung des Feigenbaumes (Mt 21,20), bei der Heilung eines stummen Dämonischen (Mt 9,33; Lk 11,14). Bei Mt wird der Eindruck in Worte gefaßt: »Solches ist noch nie in Israel gesehen worden!« In der Überlieferung der Geschichte vom Seesturm wird erkennbar, wie nahe Staunen und → Furcht zusammengehören: Mt redet vom *Staunen* (8,27), Mk vom *Sich-Fürchten* (4,41), Lk verbindet beides (8,25). Ähnlich stehen Lk 9,43 *Erschrecken* und *Staunen* nebeneinander. Das

Staunen als Reaktion auf die Wundertaten Jesu wird Mt 15,31 in einem zusammenfassenden Bericht erwähnt (die Mk-Par. 7,37 redet vom Erschrecken).

Enthält θαυμάζω *(thaumazō)* zumeist das Element der Furcht, so macht vielleicht Lk 11,38 eine Ausnahme: Hier ist von der Verwunderung des → Pharisäers die Rede, daß Jesus die jüd. Reinigungsvorschriften außer Acht läßt. Aber sonst liegen θαυμάζω *(thaumazō)* und θαμβέω *(thambeō)* bzw. ἐκπλήσσεσθαι *(ekplęssesthai)* in den Evgg. nahe beieinander. ἐκπλήσσεσθαι *(ekplęssesthai)* wird auch auf das Wort Jesu bezogen: »Sie erschraken über seine Lehre« (Mk 1, 22 par; 10,26 par; 11,18; Mt 22,33), wobei eine klare Scheidung zwischen den Taten und der Lehre nicht möglich ist (vgl. Mk 1,27). Jesus redet als einer, der alle sonst gültigen Maßstäbe außer Kraft setzt. Dabei verwenden sowohl Mk wie auch Lk θαμβεῖσθαι *(thambeisthai)* bzw. θάμβος *(thambos)* (Mk 1,27; Lk 4,36; vgl. θάμβος *(thambos)* Lk 5,9 im Bericht vom wunderbaren Fischzug).

Anders wird — so scheint es — das Auftreten Jesu in Nazareth von Lk geschildert: »Sie verwunderten sich über die Worte der Gnade, die aus seinem Munde hervorgingen« (Lk 4,22 E); was aber die gleichen Leute nicht an dem Versuch hindert, Jesus zu töten (4,29). Mk berichtet nur kurz das staunende Erschrecken (6,2), das Wirkung der Hoheit Jesu ist. Nach Mk (9,15) ruft bereits das Erscheinen Jesu ἐκθαμβεῖσθαι *(ekthambeisthai)* hervor; beim Zug nach Jerusalem sind die Jesus Folgenden von Furcht und Staunen erfüllt (Mk 10,32). So ist auch zu fragen, ob die Verwunderung, die das Gespräch Jesu bei den Pharisäern erweckt, als sie ihn wegen der Steuer für den Kaiser befragen, ohne ein Element der Furcht gewesen sein mag (Mt 22,22 par). Solche Verwunderung setzt ja noch nicht Glauben voraus, wohl aber ein Ahnen von dem Vorhandensein göttlicher Autorität. Ist solches Ahnen von den Evangelisten auch bei Pilatus vorausgesetzt, von dem sie berichten, daß er sich über Jesus verwundert, weil er sich gegen seine Ankläger nicht verteidigt, bzw. daß er über das rasche Hinscheiden Jesu erstaunt ist (Mt 27,14; Mk 15,5.44)?

Zweimal wird ein Sich-Wundern Jesu berichtet: beim Glauben des Hauptmanns von Kapernaum (Mt 8,10; Lk 7,9) und beim Unglauben der Leute in Nazareth (Mk 6,6). Ein ἐκθαμβεῖσθαι *(ekthambeisthai)*, ein *Sich-Ängsten* Jesu ist uns in der Gethsemaneszene überliefert (Mk 14,33).

In der Kindheitsgeschichte bei Lukas (Kap. 1.2) ist 4mal von einem θαυμάζειν *(thaumazein)* die Rede: Das lange Verweilen des Zacharias im Tempel, zusammen mit seinem Verstummen, verwundert das Volk (1,21f); es ist ein Hinweis, daß es sich hier um ein außerordentliches, um ein Offenbarungsgeschehen handelt. Dasselbe gilt angesichts der übereinstimmenden Aussage der Eltern bei der Namengebung für Johannes den Täufer, die das Staunen der Menschen hervorruft (1,63). Verwunderung erweckt die Weihnachtsbotschaft der Hirten (2,18), die Begegnung der Eltern Jesu mit Simeon und seine Worte im Tempel (2,33). So ist das Geschehen mit dem Glanz des Wunderbaren umgeben. Die lukanische Ostergeschichte braucht das Wort an zwei Stellen. Lk 24,12 eilt Petrus auf die Botschaft der Frauen hin zum Grabe Jesu und findet es leer. Daraufhin geht er nach Hause, sich verwundernd über das, was geschehen war. Der Vers, der in wichtigen Textzeugen fehlt, ist freilich in seiner Ursprünglichkeit nicht gesichert. Lk schildert 24,41, wie die Jünger vor Freude und Staunen nicht glauben können, als ihnen Jesus erscheint. Daß der Anblick des auferstandenen Herrn Furcht erweckt, war schon V. 37 gesagt (vgl. die Andeutung Joh 21,12). Die Osterfreude wird dadurch aber nicht aufgehoben (Mt 28,8; Lk 24,41; Joh 20,20). Furchterregend waren auch die Engelerscheinungen (→ Engel) am Grabe (bei Mk 2mal ἐκθαμβεῖσθαι *(ekthambeisthai)*: 16,5.6; vgl. auch Mt 28,3.5).

3) Im 4. Ev. ist θαυμάζειν *(thaumazein)* als menschliche Reaktion auf Jesu Verhalten selten erwähnt. Auf die Verwunderung, daß Jesus, ohne Unterweisung empfangen zu haben, Kenntnis der Schrift besitzt (7,15), antwortet er (7,16) mit dem Hinweis, daß seine Lehre von dem Vater stammt, der ihn gesandt hat. 7,21 weist er die Juden darauf hin, daß sie über das eine Werk, das er am Sabbat getan hat, befremdet (θαυμάζετε *(thaumazete)*) und erzürnt (7,23) seien, während sie um der Beschneidung willen den Sabbat regelmäßig

brechen würden. Jesu Aufgabe ist es, Verwunderung durch die → Werke zu erwecken, die ihm der Vater »zeigt« und die er als der Sohn ausführt (5,20). An Nikodemus richtet Jesus die Aufforderung μὴ θαυμάσῃς *[mæ thaumasæs]*: »*Verwundere dich nicht!*« (3,7; vgl. Pred 5,7), dh er soll keinen Anstoß nehmen an der zunächst unverständlichen Rede von der neuen → Geburt (Art. παλιγγενεσία), von der er nur fragen kann: »Wie mag solches zugehen?« (V. 9); er soll sich ihr im Glauben erschließen. Die Formel μὴ θαυμάσῃς *[mæ thaumasæs]* findet sich auch 5,28f (die Hörer sollen sich nicht verwundern über Jesu Rede von der → Auferstehung der Toten zum → Leben und zum → Gericht, mit der sie sich auseinandersetzen müssen) und 1Joh 3,13 (hier ist es der Haß der Welt, über den die Christen sich nicht wundern sollen, wenn er sie trifft, weil er der Anstoß ist, mit dem sie fertig werden müssen).

4) Nach Apg 2,7 bewirkt die Geistesausgießung bei den versammelten Juden, daß sie außer sich geraten und staunen. Erschrecktes Staunen ist die Reaktion des Volkes auf die Heilung des Lahmen (θάμβος καὶ ἔκστασις *[thambos kai ekstasis]* 3,10; vgl. V. 12: τί θαυμάζετε *[ti thaumazete]*). Für die Hohenpriester ist Gegenstand des Staunens die freudige Haltung, die sie bei den Jüngern wahrnehmen (4,13). An einigen Stellen kommt der Begriff in Apg vor, wenn at. Geschichten erzählt (7,31; vgl. Dan 8,27) bzw. zitiert werden (13,41; vgl. Hab 1,5). Hängt die relative Häufigkeit des Wortes θαυμάζω *[thaumazō]* im lukanischen Schrifttum mit seiner Nähe zur Sprache der LXX zusammen?

5) In der Brieflit. sind (außer 2Kor 11,14 s. III,1) zwei Paulusstellen zu nennen: Gal 1,6 spricht der Apostel seine Verwunderung darüber aus, daß sich die Galater so rasch für ein anderes → Evangelium gewinnen lassen; damit wird die Auseinandersetzung mit den galatischen Irrlehrern eröffnet. 2Thess 1,10 findet sich θαυμάζω *[thaumazō]* in eschatologischem Zusammenhang: Der Herr wird kommen, um verherrlicht zu werden unter seinen Heiligen (Ps 68[67],36) und bewundert zu werden unter seinen Gläubigen (das Pass. θαυμασθῆναι *[thaumasthænai]* nicht selten in LXX: 2Kön 5,1; Jes 61,6 usw.). »Judenchristlich« ist Jud 16 der Sprachgebrauch, der nach der Weise der LXX durch die Worte θαυμάζοντες πρόσωπα *[thaumazontes prosōpa]* die Begünstigung von Personen zum Ausdruck bringt. – Zu 1Joh 3,13 vgl. III,3.

6) In Offb kommt θαυμάζω *[thaumazō]* in Kap. 13,3; 17,6ff 4mal vor. 13,1ff wird berichtet, daß bei dem Aufstieg des → Tieres aus dem Meer, das die Verkörperung der antichristlichen Macht ist, »die ganze Erde hinter dem Tier her staunte« (V. 3); dieses Staunen führt zur Anbetung des Tieres und der Macht, die hinter ihm steht, des → Drachens. Auch bei dem Staunen 17,8 ist an diese Anbetung gedacht. Modell für das apok. Bild ist der Kultus der röm. Cäsaren gewesen. – Anderer Art ist das Staunen des Sehers 17,7; es gilt dem Geheimnis der »großen Babel«, die von dem Blut der Heiligen und der Zeugen Jesu trunken ist (V. 5. 6); dieses Geheimnis wird dem Seher durch den Engel gedeutet (V. 7). Von einem großen und *wunderbaren* (θαυμαστόν *[thaumaston]*) Zeichen (→ σημεῖον) ist weiter 15,1 die Rede: Der Seher sieht sieben Engel, die die sieben letzten Plagen halten, in denen sich das göttliche Zorngericht vollendet. Doch ehe dieses Geschehen des Schreckens zur Erfüllung kommt, erblickt der Seher die Schar der Überwinder, die das Lied Moses und des Lammes singen (15,2); in diesem Lied aber erklingt der Lobpreis der großen und wunderbaren (θαυμαστά *[thaumasta]*) Gotteswerke (→ Werk; → Welt), die schon die Frommen des alten Bundes gepriesen haben (15,3).

W. Mundle

σημεῖον *[sæmeion]* Zeichen, Wunder

σημεῖον

σημεῖον *[sæmeion]*, seit Aischyl. und Hdt. belegt, ist eine Weiterbildung des im frühen griech. Epos geläufigen, etymologisch noch nicht befriedigend erklärten σῆμα *[sæma]*, *Zeichen*, und mit diesem gleichbedeutend. Urspr. nicht im religiösen Bereich beheimatet, gewinnt das Wort in entsprechendem Zusammenhang theol. Färbung. I

1) In der Grundbedeutung ist σημεῖον *[sæmẹion]* das (in der Regel optisch, gelegentlich auch akustisch wahrgenommene) *Zeichen*, an dem man eine bestimmte Person oder Sache erkennt, das vergewissernde, bestätigende, beglaubigende *Kennzeichen* oder *Merkmal*. Von den vielfältigen Bedeutungsnuancen (s. KHRengstorf, ThWb VII, 202ff) sei noch die des *Vorzeichens* (*Omens*) erwähnt, das kommende Ereignisse ankündigt. Im Unterschied zu → τέρας *[tẹras]* hat σημεῖον *[sæmẹion]* nicht notwendig den Charakter des Wunderhaften. Auch hat es (wieder anders als τέρας *[tẹras]*) im allgemeinen in sich selbst »erkenntnisbegründende Qualität« (Rengstorf, aaO, 200), ohne der Erklärung oder Deutung zu bedürfen.

2) Hat ein σημεῖον *[sæmẹion]* wunderbaren Charakter, so gewinnt das Wort die Bedeutung *Wunderzeichen*. Es kann dann überhaupt das dem natürlichen Lauf der Dinge widersprechende, von der Gottheit oder einem Wundertäter gewirkte *Wunder* bezeichnen. Diese Bedeutung liegt auch vor in der erstmals bei Polyb. (2. Jh. vChr) belegten Wendung σημεῖα καὶ τέρατα *[sæmẹia kai tẹrata]*, *Zeichen und Wunder*.

II 1) In der LXX ist σημεῖον *[sæmẹion]* vorwiegend Übers. des hebr. Wortes *'ōt* und heißt wie dieses a) *Zeichen, Kennzeichen, Merkmal*; b) *Wunderzeichen, Wunder*.

a) Jahwe gewährt und wirkt – unmittelbar oder durch bevollmächtigte Menschen, ungebeten (zB 1Sam 10,1ff) wie auch auf Bitten hin (zB Ri 6,17.36f) – *Zeichen*, die sein Wort begleiten und dessen Gültigkeit und Zuverlässigkeit verbürgen. So verbürgt das Kains-Zeichen (Gen 4,15) die Zusage des göttlichen Schutzes, das Blut an den Häusern der Israeliten (Ex 12,13) die verheißene Verschonung. Wie der Regenbogen Gottes Bundeszusage garantiert (Gen 9,8ff), so sind auch Beschneidung (Gen 17,11) und Sabbat (Ex 31,13.17) »Zeichen des Bundes«, die das besondere Verhältnis zwischen Jahwe und Israel zum Ausdruck bringen und besiegeln. Von Zeichen, die die Verheißung der rettenden Gegenwart Jahwes vergewissern, ist Ex 3,12; Ri 6,16ff.36ff; 1Sam 10,1ff und Jes 7,10ff die Rede. Die Boten Jahwes können ihre Sendung und Botschaft durch vollzogene (Ex 4,1ff) oder vorhergesagte Zeichen (1Sam 10,1ff; 1Kön 13,1ff; 2Kön 19,29) beglaubigen. Sichtbarmachung des Wortes Gottes sind die Zeichenhandlungen der Propheten (1Kön 11,29ff; Jes 8,1ff; 20,1ff; Jer 19,1ff; 27,1ff; 32,6ff; Ez 4–5; 24,15ff; Hos 1–3). Sie sind nicht einfach bildliche Veranschaulichung der mündlichen Verkündigung, sondern wie das prophetische Wort selbst (s. Jes 55,10f) von geschichtsgestaltender Macht. Die Vorausdarstellung des Kommenden setzt die Verwirklichung des Bezeichneten schöpferisch in Gang. Die Zeichenhandlungen sind also »nichts anderes als eine erhöhte Form prophetischen Sprechens« (vRad, Theologie des AT II, 109). Auch der Prophet selbst kann als Zeuge der Botschaft zum »Zeichen« werden (Jes 8,18; Ez 12,3ff.17ff; 21,11f; 24,24.27).

b) Neben solchen Zeichen, die entweder ganz gewöhnliche Vorgänge sind oder bei denen das Wunderbare nicht im Zeichen selbst, sondern in der prophetischen Vorhersage liegt (zB 1Sam 10,1ff; auch Jes 7,14ff die Ankündigung, daß das Kind ein Sohn sein wird), stehen andere, die durchaus wunderhaften Charakter haben. Hierher gehören zB die durch Mose gewirkten (Ex 4; 7–12; 14; 17; Dtn 34,11) oder die dem Gideon (Ri 6) und Hiskia (2Kön 20,8ff = Jes 38,7ff) gewährten Zeichen. In der Bedeutung des *Wunderzeichens* tritt *'ōt* = σημεῖον *[sæmẹion]* in feste Verbindung mit *mōphēt* = → τέρας *[tẹras]*. Die Wendung *'ōtōt ūmōph^e tim* = σημεῖα καὶ τέρατα *[sæmẹia kai tẹrata]*, *Zeichen und Wunder*, in der die urspr. Differenziertheit der beiden Begriffe nicht mehr empfunden sein dürfte, begegnet vor allem in Texten, die die Mosezeit als eine Zeit des wunderbaren Geschichtshandelns Jahwes beschreiben (Ex 7,3; Dtn 4,34; 6,22 u. ö.; Jer 32,20f; Ps 78[77],43; 105[104],27; 135[134],9; Neh 9,10; auch Bar 2,11; Weish 10,16). Auch sonst sind im AT zahlreiche Wunder bezeugt, die Gott unmittelbar oder durch charismatische Gestalten wirkt (zB Gen 17,17; 18,11; Jos 3; 6; 10; 1Kön 17f; 2Kön 6f). Die Wunder gelten zwar als außergewöhnliche, nicht aber als »unnatürliche« Vorgänge, weil das AT ein Naturgesetz als eigenständige Größe neben Jahwe nicht kennt. Auf Gott geht alles Geschehen zurück, und ihm ist nichts unmöglich (Gen 18,14). Alle Wunder sind Hinweis auf Jahwe selber, Offenbarung seiner Macht und Herrlichkeit. In ihnen soll Israel, ja, die Völkerwelt Jahwe begegnen und erkennen, daß er allein Gott ist (Dtn 4,35; 1Kön 18, 36ff; Ps 86[85],10 u. ö.). Zielen die Wunder so letztlich auf die universale Verherrlichung des göttlichen Namens (Ps 72[71],18f), so gelten angesichts erfahrener Wundererweisungen Unglaube und Ungehorsam als Ausdruck einer schlechterdings unbegreiflichen Verstocktheit (Num 14,11.22; Ps 78[77]; 95[94],8ff).

2) Nach Ex 7f haben die ägypt. Zauberer die Kraft, durch magische Geheimkünste Wunder zu tun, die jedoch den Wundern Jahwes unterlegen sind. Dtn 13,2ff wird dem falschen Propheten, der Israel zum Abfall von Jahwe verführen will, die Macht zugeschrieben, Zeichen und Wunder zu tun. Diese werden daran als widergöttlich erkannt, daß das Wort, das sie beglaubigen sollen, nicht an Jahwe bindet, sondern von ihm trennt.

3) Die Bedeutung des apok. »Zeichens der Endzeit«, die → τέρας *[tẹras]* Jo 3,3 hat, ist für σημεῖον *[sæmẹion]* in der LXX nicht belegt, liegt aber 4Esr 4,51f; 6,11ff; 8,63 vor, wo das lat. *signum* auf griech. σημεῖον *[sæmẹion]* zurückgeht. Sib 3,796ff ist das ältere σῆμα *[sæma]* gebraucht. Bei den »Zeichen der Endzeit« handelt es sich um zT. schreckliche und furchterregende Anzeichen,

die zu erkennen geben, daß die Endzeit im Anbruch ist. Sofern diese Anzeichen Erschütterungen kosmischer Art sind, kündet sich in ihnen die Weltverwandlung an: die Auflösung der alten → Schöpfung und die Neugestaltung der ganzen → Natur.

4) In der rabb. Lit., in der *'ōt* (und seltener *sēmān* = σημεῖον [*sæmẹion*]) u. a. die Bedeutung *Wunderzeichen, Wunder* hat, ist häufig von Wundern Gottes, von der Wundertätigkeit großer Gottesmänner und der Rabbinen wie auch von Wundern der messianischen Zeit die Rede (s. das Register bei St.-B. IV, 1277). Nach rabb. Auffassung muß sich ein Prophet durch Zeichen und Wunder legitimieren (s. St.-B. I, 726f; II, 480; vgl. dazu Mt 16,1; Joh 6,30; auch Joh 3,2). Ebenso gelten Wunder als göttliche Beglaubigungszeichen für die Verkündigung eines Rabbi (s. St.-B. I, 127; IV, 313f).

Im NT findet sich σημεῖον [*sæmẹion*] 77mal; überwiegend in den Evgg. (48mal) und Apg III
(13mal), außerdem bei Paulus (8mal), im Hebr (1mal) und in der Offb (7mal). In der übrigen Lit. fehlt der Begriff ganz. Es ist der Sprachgebrauch der LXX aufgenommen: σημεῖον [*sæmẹion*] heißt 1) *Zeichen, Kennzeichen* (Mt 26,48; 2Thess 3,17), *Merkmal* (Lk 2,12); 2) *Wunderzeichen, Wunder* (Joh 2,11.18.23 u. ö.; Apg 4,16.22; 8,6; 1Kor 1,22). Auch die Wendung σημεῖα καὶ τέρατα [*sæmẹia kai tẹrata*], *Zeichen und Wunder*, kommt mehrfach vor (Mk 13,22 par; Joh 4,48; Apg 2,22.43; 4,30 u. ö.; Röm 15,19; 2Kor 12,12; 2Thess 2,9; Hebr 2,4). Die apok. Bedeutung »*Zeichen der Endzeit*« (s. o. II,3) findet sich zB Mk 13,4; Mt 24,3; Lk 21,11.25ff.

1) Die at. Vorstellung vom → Propheten als *Zeichen* Jahwes liegt zugrunde, wenn Jesus nach Lk 2,34 das von Gott gegebene »Zeichen« ist, an dem sich Aufstehen oder Fall, Heil oder Unheil eines jeden Menschen entscheiden. In diesen Zusammenhang gehört auch Jesu Ablehnung der Zeichenforderung (Mk 8,11 par), die Mt 12,38ff; 16,1ff; Lk 11,16.29ff mit dem in der Deutung umstrittenen (s. ThWb III, 411ff) Wort vom Jonazeichen verbunden ist. Jesus enthüllt die Zeichenforderung als Ausflucht und Unbußfertigkeit. Wer dem in ihm ergehenden letzten Wort Gottes nicht glaubt, den veranlassen auch Wunder nicht zur Umkehr (vgl. Lk 16,27ff). Das einzige Zeichen, das Gott dem unbußfertigen Geschlecht geben wird, ist der durch die Errettung aus dem Tode legitimierte Gottgesandte: wie einst Jona, so bei seiner Parusie (→ Gegenwart, Art. παρουσία) der zum → Gericht erscheinende Menschensohn (vgl. Mt 24,30; → Sohn, Art. υἱὸς τοῦ ἀνθρώπου). – Den prophetischen Zeichenhandlungen im AT sind jene Gleichnishandlungen Jesu an die Seite zu stellen, die den Anbruch der Heilszeit anzeigen (zB Mk 2,18ff; 3,13ff; Mt 21,1ff.12ff). So ist etwa die Tischgemeinschaft mit den Sündern (Lk 15,1ff; 19,1ff u. ö.) als prophetisches Zeichen die gültige Vorweggabe des Freispruchs im Endgericht und wirksame Vorausdarstellung des Mahles der Heilszeit.

2) Neben den von Gott selbst gewirkten Wundern (zB Apg 5,19; 12,3ff; 16,25ff) können im NT unterschieden werden: a) die Wunder Jesu; b) die Wunder seiner Zeugen; c) die Wundermacht gottfeindlicher Elemente.

a) Die Evgg. berichten von Jesus zahlreiche Heilungswunder (zB Heilung von Besessenen, Aussätzigen, Blinden, Lahmen, Taubstummen; → Dämon; → Gesund), drei Totenerweckungen (Mk 5,22ff par; Lk 7,11ff; Joh 11) und sieben sog. Naturwunder (Mk 4,35ff par; 6,32ff par [Dublette: 8,1ff par]; 6,45ff par; 11,12ff par; Mt 17,24ff; Lk 5,1ff; Joh 2,1ff). Eine kritische Sichtung dieses Materials führt zwar zu einer Verringerung des Stoffes (s. dazu JJeremias, Theologie I, 90ff); sie bestätigt aber zugleich die Darstellung der synoptischen Evangelien, wonach die Wirksamkeit Jesu geradezu ihr Wesensmerkmal in dem Miteinander von Verkündigung und Heiltätigkeit hat (Mk 1,38f; Mt 4,23; 9,35; Lk 9,11 u. ö.; vgl. das Selbstzeugnis Jesu Lk 13,32 und das Nebeneinander von Sehen und Hören in dem Logion Mt 13,16f par).

Auch von jüd. und heidnischen Wundertätern der Antike existieren Wunderberichte. Ein Vergleich dieser Berichte mit denjenigen der Evgg. lehrt, daß die nt. Wunderüberlieferung bestimmte erzählerische Formen und Motive von ihrer Umwelt übernommen hat. Er schärft aber auch den Blick für das Besondere im Zeugnis der Evgg. Bei Jesus fehlen Magie, Beschwörung, Fluch und Zauber; er wirkt Wunder durch das vollmächtige Wort, zu dem eine Geste hinzutreten kann (zB Mk 1,31.41; 5,41; Mt 9,29). Jesus vollzieht keine Strafwunder (vgl. Lk 9,51ff mit 2Kön 1,10ff). Er verweigert Wunder zur eigenen Errettung (Mt 4,1ff; 26,51ff; 27,39ff) und lehnt machtvolle Demonstrationen ab, die seine göttliche Sendung beweisen sollen (Mt 4,5ff; Mk 8,11f par). Den Geheilten verbietet Jesus, anderen von seinen Wundern zu berichten (Mk 1,44; 5,43 u. ö.). Nicht persönlichen Lohn, sondern Dank gegen Gott erwartet er von den Menschen, die seine Wunderhilfe erfahren haben (Lk 17,11ff). Wenn auch in Mk 5,1ff par durch die Legende vom Ausfahren der Dämonen in die Schweine (V. 11ff par) die Heilung des Besessenen zu einer gewaltigen und spektakulären Demonstration ausgestaltet ist, so liegt doch in anderen Wundergeschichten das Gewicht nicht auf dem Wundervorgang als solchem, sondern auf der Begegnung Jesu mit dem ganzen Menschen in seiner äußeren wie in seiner inneren Not. So ist Mk 2,1ff mit der Heilung die Sündenvergebung verbunden (→ Vergebung); oder es wird von einer Wende im Leben der Geheilten (→ Gesund) gesprochen (Mk 5,18ff; 10,52). Wer Jesu Wunder erfährt, ist damit auf den Weg der → Nachfolge gestellt, wie überhaupt das Wunder in Beziehung zum → Glauben steht. Nur der Glaube, dh das Vertrauen auf die alle menschlichen Möglichkeiten übersteigende Macht Jesu kann Wunder empfangen (Mk 2,5; 5,34; 7,29; 9,23f; Mt 8,10; 9,28f; vgl. Joh 4,50; 11,40); dem Unglauben hingegen wird das Wunder verweigert (Mk 6,1ff). Beachtenswert ist, daß Jesu Wunder den → Glauben voraussetzen, nicht aber ihn erst schaffen. Die Wunder sind keine Beweise: Sieht der Glaubende Gott am Werk, so steht Jesus nach Meinung seiner Gegner im Bund mit dem → Satan (Mk 3,22).

Was die Wunder Jesu schließlich radikal von den Wundern jüd. und hell. Wundererzählungen unterscheidet, das ist ihr eschatologischer Bezug. Sie sind – wie aus Mt 11,2ff par; Lk 11,20 par ganz deutlich wird – Zeichen der Königsherrschaft Gottes, deren Anbruch Jesus in seiner → Verkündigung proklamiert (Mt 4,23; 9,35). In Jesu Wort und Werk nimmt die Heilszeit ihren Anfang, und die Wunder sind Vorschein und Verheißung der kommenden universalen Erlösung. Unter diesem eschatologischen Aspekt wollen die Berichte über die Wunder Jesu letztlich gelesen sein! Das bedeutet: Die Dämonenaustreibungen zeigen den Einbruch Gottes in das Reich Satans und dessen endgültige Vernichtung an (Mk 3,27 par; Lk 10,18; Joh 12,31; Offb 20,1ff.10); die Totenerweckungen bekunden, daß der Tod für immer beseitigt werden wird (1Kor 15,26; Offb 21,4; vgl. Jes 25,8); die Krankenheilungen zeugen vom Aufhören allen Leidens (Offb 21,4); die Speisungswunder sind Vorzeichen des Endes aller leiblichen Not (Offb 7,16f); die Sturmstillung weist hin auf die vollkommene Überwindung der die Erde bedrohenden Chaosmächte (Offb 21,1). So sind Jesu Wunder »Signale eines prinzipiell Neuen«: in ihnen geht es »um einzelne, vorübergehende, aber radikal hilfreiche, ja rettende Veränderungen des den Menschen bedrohenden und bedrückenden ordinären Natur- und Weltverlaufs, immer also um Verheißungen und Anzeichen einer erlösten Natur, einer Freiheitsordnung, einer Lebenswelt, in welcher Leid, Tränen und Geschrei und als letzter Feind der Tod nicht mehr sein werden« (KBarth, Einführung in die ev. Theol., 76f).

Den eschatologischen Bezug der Wunder Jesu bringt auf seine Weise auch das Johannesevangelium zum Ausdruck. Die Wunder, deren Realität mit Nachdruck betont wird, sind hier zugleich als Zeichen verstanden, die über sich hinausweisen auf den, der sie wirkt. Sie weisen Jesus als den Christus Gottes aus (20,30), der die Fülle des eschatologischen Heils bringt (2,1ff; der Wein ist schon im AT Symbol der Heilszeit, s. Jes 25,6), das Lebensbrot darreicht (6,1ff), Auferstehung und ewiges Leben gewährt (11,1ff; aber auch 4,47ff; 5,1ff) und die Finsternis vertreibt (9,1ff). In den Wundern offenbart Jesus seine Herrlichkeit (2,11; 11,4), die die Herrlichkeit Gottes selber ist (1,14). Die Wunder haben diese Aussagekraft allerdings nur für den, dem Gott selbst die Augen öffnet (12, 39f), so daß er im Glauben der Herrlichkeit Jesu inne wird (2,11; 11,40). Die unerleuchteten Menschen hingegen reagieren auf Jesu Wunder mit Scheinglauben (2,23ff) oder Unglauben (12,37f).

Die nt. Zeugen stimmen darin überein, daß auch in den Wundern die Einzigartigkeit

Jesu zum Ausdruck kommt: seine erbarmende Liebe wie seine göttliche Vollmacht (vgl. noch Apg 10,38). Er hat »alles gut gemacht« (Mk 7,37), ja Gott selbst hat in ihm »sein Volk besucht« (Lk 7,16); und dies ist Unterpfand und Verheißung der Offb 21,1ff beschriebenen Heilsvollendung.

b) Nach dem Zeugnis der synoptischen Evangelien hat Jesus seine Jünger ausgesandt, zu predigen und Wunder zu tun (Mt 10,7f; Mk 3,14f; Lk 9,1f; 10,9; vgl. Mk 6,7ff; Lk 9,6). Das gleiche berichtet der unechte Mk-Schluß (Mk 16,9—20) von der Sendung der Jünger durch den Auferstandenen (V. 15ff).

Ebenso erwähnt die Apostelgeschichte mehrfach das Miteinander apostolischer Verkündigung und apostolischer Wundertätigkeit (2,42f; 4,29f; vgl. 3,1ff; 4,16.22; 5,12; 6,8; 8,6ff; 9,32ff; 15,12; 20,7ff). Die Wunder sind der Predigt zugeordnet: »mitfolgende Zeichen«, durch die Christus das Wort der Zeugen bekräftigt (Apg 14,3 vgl. Mk 16,20). Wie im vollmächtigen Wort (Apg 6,10), so äußert sich auch in den Zeichen die Kraft des den Jüngern verheißenen Heiligen Geistes (Apg 1,8).

Auch für Paulus gehören »Wort und Werk«, Predigt und Zeichen zusammen; in beiden ist Christus in der Kraft des Geistes wirksam (Röm 15,18f). Zeichen und Wunder begleiten die Verkündigung, die »in Erweisung des Geistes und der Kraft« geschieht (1Kor 2,4; vgl. 1Thess 1,5). Sie sind Kennzeichen der göttlichen Legitimation und Vollmacht des apostolischen Amtes und Wirkens (2Kor 12,12; vgl. Röm 15,18f). Auch den Hörern der Predigt vermittelt der Heilige Geist Wunderkräfte (Gal 3,5). Deshalb gehören zu den in der Gemeinde lebendigen Geistesgaben neben den Gaben der Verkündigung das Charisma der Heilung und die Kraft, Wunder zu tun (1Kor 12,8ff.28; vgl. Jak 5,14f).

Schließlich bezeugt auch der Hebräerbrief, daß Gott die Predigt des Heils, die den Anbruch der Heilszeit ausruft, durch Zeichen und Wunder bestätigt (2,3f), die als »Kräfte der zukünftigen Welt« (6,5) Vorschein der Heilsvollendung sind. Kerygma und Charisma, Predigt und Wunder gehören somit nach dem NT wesentlich zusammen. In beiden erweist sich Jesus Christus als der in seiner Gemeinde im Heiligen Geist gegenwärtige und lebendige Herr.

c) Wie das AT, so rechnet auch das NT mit Zeichen und Wundern falscher Propheten und pseudomessianischer Gestalten (Mk 13,22; Mt 24,24; Offb 13,11ff; 16,14; 19,20), durch die Menschen zum Abfall von Gott verführt werden sollen. Auch vom → Antichristen werden solche »in der Macht des Satans« vollzogene Zeichen und Wunder erwartet (2Thess 2,3ff).

O. Hofius

τέρας *[tẹras]* Wunderzeichen, Wunder

τέρας

τέρας *[tẹras]*, seit Hom. literarisch belegt, etymologisch nicht eindeutig aufgehellt, bezeichnet ungeheuerliche, Schrecken und Entsetzen auslösende Erscheinungen, die im Widerspruch zu der als ein geordnetes Ganzes verstandenen Natur stehen. Daher die Bedeutung: *Wunderzeichen, Wunder, Mirakel.* Schon bei Hom., der aber an ältere Vorstellungen der Volksreligion anknüpfen dürfte, hat das Wort die Bedeutung *Götterzeichen,* bes. im Sinne des unheimlichen, der Deutung durch einen Seher bedürftigen *Vorzeichens* (*Omen*). I

In der LXX ist τέρας *[tẹras]* zumeist Wiedergabe des hebr. *mōphēt, Wahrzeichen, Wunder,* inhaltlich durch dieses bestimmt und dadurch vom Sprachgebrauch in der Profangräzität wesentlich unterschieden. Zwar eignet dem Wort auch im AT der Charakter des Ungewöhnlichen, doch ist dieser »in dem biblischen Bilde Gottes als des Schöpfers und des Herrn über alles Geschehen begründet und damit dem Bereich des Mirakulösen und Unheimlichen entnommen« sowie »von der Welt des Mythus geschieden« (Rengstorf, ThWb VIII, 120). Wesentlich für *mōphēt* = τέρας *[tẹras]* ist stets der Bezug auf die Selbstoffenbarung Jahwes. So bezeichnet das Wort den zum *Zeichen* gesetzten → Propheten (Jes 8,18; 20,3; Ez 12,6.11; 24,24.27), ferner einen Menschen, der als Manifestation des Zornes Gottes zum *Schreckenszeichen* wird (Ps 71,7 vgl. 31,12; s. auch 1QH 13,16; 15,20). Auch ein Ereignis, das zukünftiges Gericht ankündigt, kann Schreckenszeichen heißen (1Kön 13,3.5). In II apok. Zusammenhang ist τέρας *[tęras]* Jo 3,3 unheilvolles »*Zeichen der Endzeit*« (→ σημεῖον II,3). Schließlich kann das Wort allg. das *Wunder* bezeichnen (Ex 7,9; 11,9; 2Chr 32,31 und bes. in Verbindung mit → σημεῖον *[sæmęion]*, vgl. 2Chr 32,24).

III Im NT kommt τέρας *[tęras]* 16mal (9mal Apg) vor, und zwar ausschließlich im Plur. und nur in Verbindung mit → σημεῖον *[sæmęion]*. Im einzelnen s. dort! *O. Hofius*

Lit.: RReitzenstein, Hellenistische Wundererzählungen, 1906 – OWeinreich, Antike Heilungswunder, 1909 – PFiebig, Jüdische Wundergeschichten des neutestamentlichen Zeitalters, 1911 – ders., Rabbinische Wundergeschichten, 1911 (1933²; Kl. Texte 78) – ders., Antike Wundergeschichten, 1911 (1921²; Kl. Texte 79) – ASchlatter, Das Wunder in der Synagoge, 1912 – AFridrichsen, Le problème du miracle dans le Christianisme primitif, 1925 – RBultmann, Die Geschichte der synoptischen Tradition, 1931 (1967⁷), 223ff – RBultmann, Zur Frage des Wunders, in: ders., Glaube und Verstehen I, 1933 (1966⁶), 214ff – GBertram, Art. θάμβος etc., ThWb III, 1938, 3ff – ders., Art. θαῦμα etc., ThWb III, 1938, 27ff – AOepke, Art. ἰάομαι etc., ThWb III, 1938, 194ff – JJeremias, Die Gleichnisse Jesu, 1947 (1965⁷), 224ff – RMGrant, Miracle and Natural Law in Graeco-Roman and Early-Christian Thought, 1952 – GFohrer, Die symbolischen Handlungen der Propheten, AThANT 54, 1953 – GStählin, Die Gleichnishandlungen Jesu, in: Kosmos und Ekklesia, Festschr. WStählin, 1953, 9ff – GDelling, Das Verständnis des Wunders im NT, ZSTh 24, 1955, 265ff – GMensching, Das Wunder im Glauben und Aberglauben der Völker, 1957 – JHempel, Heilung als Symbol und Wirklichkeit im biblischen Schrifttum, NGGW, Phil.-Hist. Kl. 1958, 3 – JPSeierstad/WPhilipp/KNitzschke, Art. Wunder, EKL III, 1959 (1962²), 1860ff – EFascher, Kritik am Wunder, 1960 (Aufs. u. Vortr. z. Theol. u. Religionswiss. H. 13) – GQuell, Das Phänomen des Wunders im AT, in: Verbannung und Heimkehr, Festschr. WRudolph, 1961, 253ff – GMensching/WVollborn/ELohse/EKäsemann, Art. Wunder, RGG VI, 1962³, 1831ff – GSiegmund, Theologie des Wunders, Theol. Rev. 58, 1962, 289ff – KHRengstorf, Art. σημεῖον, ThWb VII, 1964, 199ff – JHaspecker, Wunder im Alten Testament, 1965, 29ff (Theol. Akademie II) – HvdLoos, The Miracles of Jesus, 1965 – Miracles. Cambridge Studies in Their Philosophy and History, hrsg. v. CFDMoule, 1965 – RSchnakkenburg, Das Johannesevangelium, T. I, HThK IV/1, 1965, 344ff – RRenner, Die Wunder Jesu in Theologie und Unterricht, 1966 – GSchille, Die urchristliche Wundertradition, 1966 – HBaltensweiler, Wunder und Glaube im NT, ThZ 23, 1967, 241ff – KGutbrod, Die Wundergeschichten des Neuen Testaments, 1967 – RFuller, Die Wunder Jesu in Exegese und Verkündigung, 1967 – ASuhl, Die Wunder Jesu, 1968 – BKlappert, Die Wunder Jesu im Neuen Testament, in: Das Ungewöhnliche, 1969, 25ff – WWilkens, Zeichen und Werke, 1969 (= AThANT, 55) – RPesch, Jesu ureigene Taten?, 1970 (= Quaest. disp., 52) – WSchmithals, Wunder und Glaube, 1970 (= Bibl. Stud., 59) – FJHelfmeyer, Art. 'ōt, ThWAT I, 1971, 182ff – JJeremias, Neutestamentliche Theologie I, 1971, 89ff – KKertelge, Begründen die Wunder Jesu den Glauben?, TThZ 80, 1971, 129ff – WNicol, The Semeia in the Fourth Gospel, 1972 (= Suppl. NT, 32) – RPesch, Zur theologischen Bedeutung der Machttaten Jesu, ThCl 152, 1972, 125ff – FStolz, Zeichen und Wunder, ZThK 69, 1972, 125ff – GTheißen, Urchristliche Wundergeschichten, 1974 (= StNT, 8) – PJAchtemeier, Miracles and the Historical Jesus, CBQ 73, 1975, 471ff – AWeiser, Was die Bibel Wunder nennt, 1975 – GPetzke, Die historische Frage nach den Wundertaten Jesu, NTS 22, 1975/76, 180ff.

Zahl

ἀριθμός

ἀριθμός *[arithmos]* Zahl · τέσσαρες *[tęssares]* vier · ἑπτά *[heptą]* sieben · δώδεκα *[dōdeka]* zwölf

A

I ἀριθμός *[arithmos]* leitet sich von einer Wurzel **ar*, *fügen*, ab; vgl. ἄρα *[ara]*, *füglich*; ἁρμονία *[harmonią]*, *Gefüge*; ἀρθμός *[arthmos]*, *Verbindung*, *Freundschaft*; lat. *ars*, *Kunst*.

1) ἀριθμός *[arithmos]* bezeichnet im allgemeinen Griech. a) das *Zusammengefügte*, die *Menge*, *Anzahl*, *Zahl*, *Ausdehnung*, den *Betrag* (zB χρυσίου *[chrysįou]*, *Geld*, Xen. Cyr. VIII,2,16). Es kann aber auch b) die *Feststellung einer Menge*, dh *Zählung*, *Musterung* bedeuten (Hdt. VIII,7), dann auch *Schar*, *Truppeneinheit* (CIG 5,187). Wer c) bei der Zählung mit erfaßt wird, steht in *Ansehen*, *Achtung* (Hom. Od. 11,449; Eur. Frg. 519). Umgekehrt heißt ἐν οὐδενὶ ἀριθμῷ εἶναι *[en oudenį arithmǭ ęinai]* soviel wie *unbe-*, *ungeachtet sein*. Wird ἀριθμός *[arithmos]* als Quantität in Gegensatz zu Qualität verstanden, kann es d) geradezu Inbegriff des *Wertlosen*, *Nichtigen*, *Leeren* sein (ἀριθμὸς λόγων *[arithmos lǫgōn]*, *leere Worte*, Soph. Oed. Col. 382). e) Gelegentlich hat ἀριθμός *[arithmos]* den Sinn von *Chiffre*.

2) Im volkstümlichen und religiös-philosophischen hell. Denken gewinnt die sog. G e m a t r i e, dh das Verfahren, ein Wort durch die Summe seiner als Zahlenwerte verstandenen Buchstaben zu verschlüsseln, an Bedeutung; dabei ist die Dechiffrierung einer gematrischen Zahl nur dem Eingeweihten möglich, da die Summe an und für sich vieldeutig ist. Als gematrische Spielerei kann man es bezeichnen, wenn eine pompejanische Wandkritzelei (vor 79 nChr) lautet: »Ich liebe die, deren Zahl 545 ist«. Die Zusammenstellung dreier Wörter mit dem Zahlenwert 284 (Γάϊος – ἅγιος – ἀγαθός *[Gaios – hagios – agathos]*; gewonnen aus der Summe des Wertes der einzelnen Buchstaben) in einer röm. Inschrift ist da schon hintersinniger: Γάϊος *[Gaios] (Zahlenwert: 3* + 1 + 10 + 70 + 200) soll zugleich als ein ἅγιος *[hagios]* (= *reiner;* Zahlenwert: 1 + 3 + 10 + 70 + 200) und als ein ἀγαθός *[agathos]* (= *tüchtiger;* Zahlenwert: 1 + 3 + 1 + 9 + 70 + 200) bezeichnet werden; die Wörter sind von der Gematrie her austauschbar, weil gleichwertig. – Die im Leidener Zauberpapyrus erwähnte »Zahl des Jahres« Ἀβρασάξ *[Abrasax]* = 365 verrät eine spekulative Gematrie, die willkürlich die Anzahl der Tage eines Jahres in ein zwar sinnloses, aber um so geheimnisvolleres Wort umsetzt; seinen geheimnisvollen Charakter behält das Wort *Abrasax* auch in späteren gnostischen Texten bei.

1) LXX gibt mehrere hebr. bzw. aram. Begriffe mit ἀριθμός *[arithmos]* wieder, am häufigsten II
mispār, Zahl, in der Regel entsprechend der allg. griech. Bedeutung a) (zB Gen 34,30; Ex 16,16); gleichen Sinn hat ἀριθμός *[arithmos]* als Übers. von *middāh, Maß* (Ps 38[39],5); *rōʾsch, Summe, volle Zahl* (Num 1,49); *miksāh, Anzahl* (Ex 12,4), und des aram. *minjān, Zahl* (Esr 6,17); als Wiedergabe von *bim^{e}tē m^{e}ʿāt, mit wenigen Leuten, in kleiner Zahl* (Dtn 26,5); *ēn mispār* bzw. *qēzēh, ohne Ende = zahllos* (Gen 41,49; Jes 2,7) und *ʿāts^{e}mū missappēr, überaus zahlreich sein* (Ps 39[40], 6). – Die Bedeutung I,1b liegt u. a. 1Chr 7,5 (*hitjachēsch, das [im Geschlechtsregister] Verzeichnete*), Jes 34,2 (*sābāʾ, Heer*), 2Chr 17,14 (*p^{e}qudāh, Musterung, Zählung*) vor. – Bedeutung I,1c–e sind im AT nicht belegt.

2) Demgegenüber findet sich in der rabb. und jüd.-hell. Lit. – neben den Bedeutungen I,1a und b (zB 2Makk 8,16; 3Makk 5,2) – die Gematrie als Auslegungsmethode und zur Chiffrierung, ohne daß ἀριθμός *[arithmos]* immer ausdrücklich vorkommt oder das gematrische Verfahren als solches gekennzeichnet ist. – Targ. Onkelos zB ersetzt die Auskunft Num 12,1, Mose habe eine »kuschitische« (heidnische!) Frau genommen, durch die Auskunft, die Frau sei »schön von Angesicht« gewesen; beides ergibt den Zahlenwert 736. (Eine weitere Abfolge von Gematrien vgl. Orac Sibyll. V,12ff.)

1) Das NT schließt sich darin dem LXX-Sprachgebrauch an, daß es für die ohnehin nur III
18mal belegte Vokabel (10 Stellen entfallen allein auf Offb, 5 auf Apg) im allgemeinen nur die Bedeutungen I,1a und b kennt. Bedeutung a) ohne konkrete Zahlenangaben liegt vor in Röm 9,27; Offb 20,8 (Zitat von Jes 10,22, nicht nach LXX), mit Zahlenangaben in Joh 6,10; Apg 4,4; Offb 5,11; 7,4 u. ö. – Bedeutung b) erscheint m. E. Lk 22,3 (*Schar*). – Eine Verwendung nach I,1c und d läßt sich nicht erkennen, wohl aber findet sich Offb 13,17f die Formulierung »der Name des Tiers oder die Zahl seines Namens«; dabei wird ausdrücklich zur Berechnung der »Zahl des Tieres«, die die »Zahl eines Menschen« ist, aufgefordert. Die Zahl selbst wird mit 666, nach anderen weniger bedeutenden Handschriften mit 616 (wohl nicht urspr.) angegeben. Wir haben es also mit Bedeutung e) zu tun (vgl. auch 15,2).

2) Offb 13,17f ist die einzige Stelle, an der die Vokabel ἀριθμός *[arithmos]* im NT exegetisch ins Gewicht fällt. Zweifellos haben wir es mit einer »Zweckgematrie« zu tun, die aus naheliegenden Gründen den Namen dessen, von dem die Rede sein soll, verschlüsselt. Der Textzusammenhang redet bildhaft von einem »Tier«, das in der kirchlichen und exegetischen Tradition üblicherweise und wohl auch zutreffend auf den Antichristen gedeutet wird. Die »Zahl des Tieres«, die die »Zahl eines Menschen« genannt wird, zeigt, daß sich hinter Tier und Zahl eine für die damaligen Hörer und Leser des Textes bekannte menschliche Gestalt verbirgt. Damit scheiden alle Versuche zur Entschlüsselung der Zahl aus, die sich nicht auf eine menschliche Gestalt beziehen. – Man weiß nicht einmal, ob man sich zur Deutung der Zahl 666 des griech. oder hebr. Alphabets zu bedienen hat.

Unter den vielen Deutungsversuchen hat zB die hebr. (Konsonanten-)Schreibweise für *»Kaiser Neron«* (*qsr nrwn* = 100 + 60 + 200 + 50 + 200 + 6 + 50 = 666) einige Wahrscheinlichkeit. Diese Lösung bietet sich um so eher an, als sie sich, im Zusammenhang mit 17,11 (»das Tier, welches war und nicht ist«), auf die Legende vom wiederkehrenden Nero beziehen ließe, so daß also der Antichrist in den Farben des verhaßten Nero geschildert wäre. Dafür spräche, daß aus jüd.-apok. Lit. die Geschichte vom wiederkehrenden Nero bekannt ist (vgl. zB Orac Sibyll. V,138ff u. ö.). Aber eine sichere Deutung von Offb 13,17f läßt sich nicht geben (auf Domitian deutet EStauffer, 666, Coniectanea Neotestamentica XI, 1947, 237ff). Das gilt auch für die Zahl von 153 Fischen in Joh 21,11, die ebenfalls als Chiffre anzusehen ist.

B

Wie das Verfahren der Gematrie schon zeigte, geben Zahlen in der alten Welt nicht nur Quantitäten, sondern auch Qualitäten an. Einige Zahlen besitzen neben ihrer quantitativen Bedeutung einen geradezu feststehenden S y m b o l g e h a l t. Das gilt bes. für die Zahlen 4, 7 und 12, die auch im NT in auffälliger Häufung begegnen.

1) Die Zahl 4

a) Die symbolische Bedeutung der 4 (τέσσαρες [tẹssares]) leitet sich von den 4 Himmels- und Windrichtungen ab (dabei ist die Erde als 4-eckige Scheibe vorgestellt), aber auch von den 4 Jahreszeiten und den ihnen zugehörigen Sternbildern. Im babyl. Mythos erscheinen die 4 Tierkreiszeichen Stier, Löwe, Skorpion(-enmensch), Wassermann (in der Nähe des Adlers) als mächtige, das Himmelsgewölbe an seinen 4 Ecken tragende Gestalten bzw. als die 4 Zugtiere des 4-rädrigen Himmelswagens. – Die 4 symbolisiert also die Totalität von Erde und All.

b) Das AT nimmt die 4-Zahl in dieser traditionellen Form auf, ohne jedoch ihren mythischen Gehalt mit zu übernehmen (Ez 1,4ff.15ff): Antiker Geographie entsprechend umfließen 4 Paradiesesströme die ganze Erde in ihren 4 Erdteilen (Gen 2,10ff). – Sach 1,18ff bringen die 4 Hörner 4 Weltreiche, die 4 Schmiede die ihnen entgegentretende Allmacht Jahwes zum Ausdruck; Sach 6,5 die »vom ›Herrn der ganzen Erde‹ ausfahrenden 4 Gefährte . . . die nach allen Seiten wirksame Allmacht Jahwes« (WZimmerli, BKAT XIII, 53). – Von 4 Winden oder Ecken der Erde ist u. a. Jes 11,12; Jer 49,36 die Rede. – Im Judentum, bes. in der Apokalyptik, wird auch die Mythologie der 4-Zahl wieder wirksam (zB äthHen 18,2; 77,1ff; 82,11ff; aber auch Rabban Jochanan ben Zakkai und seine Schule). Als runde Zahl für eine begrenzte Totalität wie etwa eine Generation, ein Mannesalter kommt auch ein Vielfaches von 4 vor: 40 (τεσσαράκοντα [tessarakonta]) Jahre Gen 25,20 u. ö.; 400 Jahre = 10 Generationen Gen 15,13; 40 Tage Gen 7,4ff; Ez 24,18 u. ö., wobei vielleicht die ungefähre Zeit eines Monats eine Rolle gespielt hat.

c) Im NT begegnet 4, außer im rein numerischen Sinne (Mk 2,3; Joh 11,17; 19,23, wo die 4-Teilung der Kleider Jesu 4 Wachsoldaten = 1 τετράδιον [tetradion] – vgl. Apg 12,4 – voraussetzt; Apg 21,9.23; 27,29; vielleicht auch 10,11; 11,5, falls dort nicht die Vorstellung von den 4 Ecken des Himmelsgewölbes noch mitschwingt; Offb 9,13), bes. in apok. Texten in symbolischer Bedeutung. An allen diesen Stellen schimmert der urspr. mythische Hintergrund noch durch, ohne indessen inhaltlich maßgebend zu sein (zB Mk 13,27 par). Offb 4,6ff (vgl. auch 5,6; 6,1.6 u. ö.) ist der Mythos formal, aber ohne seine eigentliche Bedeutung übernommen; er ist nur noch Ausdrucksmittel (die 4 Wesen, urspr. die das Himmelsgewölbe tragenden Tierkreisgestalten werden, analog Jes 6,2f, zu Tag und Nacht Gottes Heiligkeit preisenden Wesen). – Die 4 Engel an den »4 Ecken der Erde«, die die Winde festhalten (Offb 7,1) und später loslassen (Offb 9,14f), sind Gott dienstbare Geschöpfe. – Offb 20,8 setzt unreflektiert die antike geographische Vorstellung von der 4-eckigen Erdscheibe voraus, in deren Mitte die heilige Stadt liegt; im Textzusammenhang besagt der Ausdruck nicht mehr, als daß die Völker zum endzeitlichen Krieg auf die heilige Stadt »von überall her« antreten.

Daneben aber finden sich 40 (zB Mt 4,2 par; Mk 1,13; Apg 1,3; 23,13.21 u. ö. in at. Zitaten und Bezügen) und 400 (zB Apg 5,36) häufiger als runde, oft ausdrücklich als solche gekennzeichnete Zahlen.

2) Die Zahl 7

a) Die der 7-Zahl (ἑπτά [heptạ]) in der gesamten Religionsgeschichte eignende qualitative Bedeutung erklärt sich aus einem urtümlichen Staunen über die Regelmäßigkeit des Zeitablaufs in 7-Tage-Perioden gemäß den 4 Mondphasen, sekundär auch aus anderen astronomischen Beobachtungen. – Da es für den »primitiven« Menschen keinen linearen Zeitablauf gibt und er Zeit nur als Periode begreifen kann, wurde 7 das Symbol der erfüllten, vollkommenen Periode. Im Babyl. ist 7 (*Kissatu*) synonym mit Fülle, Gesamtheit; entsprechend auch das hebr. *schᵉba'*, 7 = *Fülle* (Spr 3,10 nach MSS). 7 ist Symbol der Vollkommenheit. Philosophische Spekulationen über die Bedeutung der 7 sind aus Griechenland bekannt (Solon; Pseud. Hypokr.), an die Philo anknüpft (zB Op. Mund. 90ff). Im sonstigen Judentum bis zur Zeit des NT schließt man an den at. Gebrauch an.

b) Das AT setzt, unreflektiert, den Symbolgehalt von 7 in mannigfacher Beziehung voraus: die Vollendung der Schöpfung in 7 Tagen (Gen 1,1ff); 7-tägige Feste = erfüllte Zeiten (Lev 23,6. 34); 7-malige (ἑπτάκις *[heptakis]*) Blutsprengung schafft Israel volle Entsündigung (Lev 16,14.19); 7-fache = umfassende Rache sagt Jahwe Kain zu (Gen 4,15); Jahwe sieht mit 7 Augen alles (Sach 4,10); Kennzeichen erfüllter Heilszeit ist u. a. eine 7-fache Leuchtkraft der Sonne (Jes 30,26); ein volles Menschenleben = 10 × 7 Jahre (Ps 90,10; Jes 23,15); meist ein Vielfaches von 7 steht als runde, das Ganze umfassende Zahl (Gen 46,27; Ri 20,16; vgl. auch 4Makk 8ff die 7 jüd. Brüder; ihre Mutter wird 15,29 »Mutter des Volkes« genannt); sprichwörtlich kann 7 geradezu *alle* sein (Spr 26, 16). Nach jüd. Vorstellung leben auf der Erde insges. 70 Völker (äthHen 89,59f), eine Vorstellung, die sich an die Völkertafel Gen 10 anlehnt, in der 70 (nach LXX: 72) Völker aufgezählt werden, und die auch für den Namen »Septuaginta« = Übers. des AT ins Griech. für die »70« Völker der Welt bestimmend war (vgl. Aristeasbrief mit der Legende von der Entstehung der LXX); auf dem Hintergrund der Vorstellung von den 70 Völkern dieser Erde ist gewiß auch Lk 10,1ff zu verstehen: Die Sendung der 70 Jünger zielt auf die Völker der Welt.

Die 7-Zahl begegnet auch als stilistisches Gliederungsprinzip, sowohl in der rabb. als auch in der apok. Lit.

cα) Im Briefkorpus des NT kommt 7 bzw. 7000 (ἑπτακισχίλιοι *[heptakis·chilioi]*) nur im Rückbezug auf das AT vor: Röm 11,4 (1Kön 19,18); Hebr 4,4 (Gen 2,2); 11,30 (Jos 6,1ff). – Röm 11,4 belegt Paulus an 1Kön 19,18, daß es in seiner Gegenwart einen christl. »Rest« Israels, die Vollzahl Israels anbruchhaft darstellend (Röm 11,16), schon gibt. – Mk 12,18ff setzen die Sadduzäer den Fall, daß eine Frau 7mal die Leviratsehe (Dtn 25,5ff) eingeht; in der 7-maligen Ehe wollen sie andeuten, daß jeder Fall von Leviratsehe, also Gottes Gebot selber, die Auferstehung ad absurdum führt.

β) Der von 7 πνεύματα *[pneumata], Geistern* (Mt 12,43ff par) bzw. 7 δαιμόνια *[daimonia], Dämonen* (Mk 16,9) Besessene ist total besessen. Mt 18,21 fragt Petrus nach der Grenze der Vergebung: »Ist's genug 7mal?« Dort hat 7 also numerische Bedeutung. Aber Jesus antwortet, daß Vergebung »70 mal 7mal«, also total und grenzenlos zu geschehen habe (vgl. Lk 17,4). – Zu Lk 10,1ff s. o. 2b.

γ) Die Stammbäume Jesu bei Mt und Mk sind, bei aller Verschiedenheit im einzelnen, beide an der 7-Zahl orientiert. (Mt 1,17f: 3 x 14 = 3 x 2 x 7; Lk 3,23ff führt 77 Vorfahren Jesu an: von Adam bis Abraham 3 x 7; von Isaak bis David 2 x 7; von Nathan bis Sealthiel = Ende des Exils 3 x 7; von Serubbabel bis Jesus 3 x 7). Beiden Evangelisten liegt offenbar an der »Erfüllung« der Heils- (Mt) bzw. der Weltgeschichte (Lk) in der Person Jesu Christi. Mt zeigt im übrigen eine besondere Vorliebe für die 7-Zahl als Gliederungsschema seines Ev. (Kap. 13; 23,13ff u. ö.). Sie ist der stilistische Ausdruck seiner »Theologie der Erfüllung«.

δ) Am häufigsten verwendet die Offb die 7-Zahl: Sie ist an 7 kleinasiatische Gemeinden, dh an alle Gemeinden gerichtet (1,4.11; 2f). Außerdem: 7 Geister (1,4; 4,5; 5,6); 7 Siegel (5,1); Lamm mit 7 Hörnern und Augen (5,6); 7 Posaunen (8,2ff u. ö.). Allg. bedeutet die 7-Zahl hier das endzeitliche, alles umgreifende und bewegende Eintreten Gottes für seine Gemeinde. Dem korrespondiert auf der gottfeindlichen Seite ein endzeitlicher, der Macht Gottes nahezu adäquater Einsatz (zB Drachen mit 7 gekrönten Häuptern 12,3 u. ö.).

ε) Als runde zusammenfassende Zahl erscheint 7 in Apg 20,6; 21,4; 28,14 und wohl auch Mk 8,5.8 par.

3) Die Zahl 12

a) Die Zahl 12 (δώδεκα *[dōdeka]*) erhält ihre symbolische Bedeutung durch die 12-Zahl der Monate, ist urspr. also ebenfalls eine astronomische Zahl.

b) In »der Bibel läßt sich eine Erinnerung daran nicht mehr nachweisen. Vielmehr fußt in ihr der Gebrauch der Zwölfzahl fast ausschließlich auf der Anzahl der Stämme Israels« (RE³ XXI, 606). Deren 12-Zahl (zB Num 26,4ff) wiederum geht höchstwahrscheinlich auf die altisraelitische Amphiktyonie, dh auf die Pflege eines gemeinsam von den 12 Stämmen betriebenen Kultes zurück, wobei die Besorgung des gemeinsamen Heiligtums monatlich unter den Stämmen wechselte (vgl. MNoth, Geschichte Israels, 83ff). Auch nach der Auflösung dieser Institution verstand sich das at. Gottesvolk weiterhin als das 12-Stämmevolk Israel. Die Zahl 12 bezeichnet in der Heiligen Schrift primär das Volk Gottes in seiner Gesamtheit. Lediglich in der jüd. Apokalyptik taucht bisweilen eine astralreligiöse Verwendung der 12 auf (vgl. zB äthHen 76,1ff; 82,11), ohne daß damit der Begriff des 12-stämmigen Gottesvolkes verloren ginge.

c) Der Gedanke des 12-Stämme- als des Gottesvolkes ist im NT noch lebendig, nicht nur als historische Reminiszenz (Apg 7,8), sondern auch, wenn Paulus vor Agrippa sich zum 12-Stämmevolk (δωδεκάφυλον *[dōdekaphylon]*) zählt und sich auf die ihm geltenden Verheißungen beruft (vgl. auch Phil 3,5). Auf diesem Hintergrund des 12-Stämme-Volkes ist der Kreis »der 12« zu sehen (Mk 9,35; 10,32 par; Joh 6,70; 20,24; 1Kor 15,5 u. ö.), der seine Existenz einer besonderen Berufung durch den irdischen Jesus verdankt. Der nt. Befund zeigt, daß die Bedeutung der Zwölf sich nicht grundsätzlich mit der eines → Jüngers (Art. μαθητής) oder eines ἀπόστολος *[apostolos]* (→ *Apostel*) deckt. »Die Zwölfzahl symbolisiert die Stämme Israels« (GBornkamm, Jesus von Nazareth, 138). Aber die »Zwölf weisen nicht nur auf das geschichtliche Zwölfstämmevolk zurück, sondern auch auf das eschatologische voraus« (NADahl, Das Volk Gottes, 158). Ihr Auftrag (Mk 3,14f) weist sie angesichts der nahe herbeigekommenen Gottesherrschaft primär an die verlorenen Schafe des alten 12-Stämmevolkes (Mt 10,6; 15,24), obgleich sie auch in der nachösterlichen Gemeinde noch repräsentative Bedeutung haben. Das nt. Gottesvolk kann Jak 1,1 als »die 12 Stämme in der Diaspora« der Welt (vgl. 1Petr 1,1 u. ö.) angeredet werden, womit nicht nur ein Würdetitel des at. Gottesvolkes übernommen, sondern auch an einer heilsgeschichtlichen Kontinuität festgehalten wird.

Die astralreligiöse Bedeutung der 12 klingt Offb 12,1 in der Schau eines mit der Sonne bekleideten Weibes an, das auf seinem Haupt einen Kranz von 12 Sternen trägt. Aber das Weib ist hier nur das Symbol der »Tochter Zion«, und die 12 Sterne des Kranzes bedeuten die 12 Stämme, das at. Gottesvolk, aus dem der Messias kommt und zu dem auch die Bekenner des Jesusnamens gehören (V. 17). Entsprechend wird in 7,4ff das nt. Gottesvolk aus Juden und Heiden in den 12 x 12 000 = 144 000 Versiegelten (→ Siegel, III 3c) der Stämme Israels beschrieben (vgl. auch 14,3). Die Zahl 144 000 bezeichnet also nicht eine numerische Begrenzung der Versiegelten, sondern sie symbolisiert die endzeitliche Vollendung des Gottesvolkes (vgl. auch 7,9).

Die Zahl 12 in der Schilderung des neuen Jerusalem (21,12ff) findet sich zum Ausdruck seiner dem endzeitlichen Volke Gottes adäquaten Herrlichkeit: »Ein Volk in der Stadt Gottes« (ThWb II, 323). Im übrigen ist 12 auch im numerischen Sinne und als runde Zahl gebraucht (Mk 5,25 par. 42 par; 8,19; Lk 2,42; Apg 19,7; 24,11). *E. D. Schmitz*

Lit.: EKautzsch, Art. Zahlen, RE 21, 1908³, 598ff – ORühle, Art. ἀριθμέω etc., ThWb I, 1933, 461ff – PFriesenhahn, Hellenistische Wortzahlenmystik im NT, 1935 – KHRengstorf, Art. ἑπτά etc., ThWb II, 1935, 623ff – ders., Art. δώδεκα etc., ThWb II, 1935, 321ff – AWikenhauser, Die Herkunft der Idee des tausendjährigen Reiches in der Johannes-Apokalypse, Röm. Quartalschrift 45, 1937, 1ff – HBietenhard, Das tausendjährige Reich, 1945 (1955²) – AWikenhauser, Weltwoche und tausendjähriges Reich, Tüb. Theol. Quartalschrift 127, 1947, 399ff – GSiedenschnur, Art. Chiliasmus, EKL I, 1956 (1962²), 683ff – HKraft, Art. Chiliasmus, RGG I, 1957³, 1651ff – KMenninger, Zahlwort und Ziffer, I, 1957, 127ff – HBardtke, Art. Zahl, EKL III, 1959 (1962²), 1883 – ELohse, Die Offenbarung des Johannes, NTD 11, 1960 (1966²), 20ff, 74f – ASchimmel/WFunk, Art. Zahlensymbolik, RGG VI, 1962³, 1861ff – HAWilcke, Das Problem eines messianischen Zwischenreiches bei Paulus, AThANT 51, 1967 – HBalz, Art. τέσσαρες etc., ThWb VIII, 1969, 127ff.

Zank → Zorn

Zeichen → Wunder

Zeit, Ewigkeit

Zeit und Ewigkeit gehören als Kategorien zur Erfassung des Geschichtsablaufs zusammen. Die griech. Sprache kennt eine Fülle verschiedener Begriffe, mit denen sie die Zeiterfahrung zum Ausdruck bringt. Der weitreichendste ist αἰών *[aiọ̄n]*, der zunächst ganz allg. eine *lange Zeitdauer* bezeichnet. Bezieht sich die lange Zeit auf die Vergangenheit, so ist damit die graue *Vorzeit* oder *Urzeit* gemeint; richtet sie sich auf die dauerhafte Zukunft, so kann αἰών *[aiọ̄n]* die Bedeutung *Ewigkeit* gewinnen. Ewigkeit ist also kein zeit-loser, sondern der aus der Zeiterfahrung gewonnene umfassendste Zeitbegriff. Theol. gesprochen eignet die dauerhafte Zeit Gott, dem Schöpfer, während dem Menschen als Geschöpf die vergängliche Zeit zukommt. χρόνος *[chrọnos]* bezeichnet meist die quantitative, lineare Zeitausdehnung, den *Zeitraum* oder die *Zeitdauer*, ist also ein Begriff der f o r m a l e n und naturwissenschaftlichen Zeitauffassung. In diesen Zusammenhang gehören auch die Begriffe, die eine bestimmte Zeitspanne erfassen, vor allem ἐνιαυτός *[eniautọs]*, *Jahr*; μήν *[mæn]*, *Monat*; ἡμέρα *[hæmẹra]*, *Tag*, und ὥρα *[hō̜ra]*, *Stunde*. Demgegenüber liegt der charakteristische Akzent von καιρός *[kairọs]* auf der i n h a l t l i c h qualifizierten Zeit, negativ als *Krise*, positiv als *Chance*. Da die auf die Gegenwart bezogenen Adverbien νῦν *[nyn]*, *jetzt*, und σήμερον *[sæmeron]*, *heute*, die von Hause aus auch für die lineare, in diesem Fall einen gegenwärtigen Zeitpunkt markierende Zeitauffassung in Anspruch genommen werden, im NT meist in qualifizierendem Sinn gebraucht werden, sind sie in den Art. καιρός *[kairọs]* einbezogen worden. Es ist für das ges. nt. Zeitverständnis aufschlußreich, daß nicht der formale χρόνος *[chrọnos]*-Begriff, sondern der die Zeit Jesu inhaltlich qualifizierende καιρός *[kairọs]*-Begriff im Vordergrund steht.

αἰών

αἰών *[aiọ̄n]* Äon, Lebenszeit, Weltzeit, lange Zeit, Ewigkeit · αἰώνιος *[aiọ̄nios]* ewig, für immer · ἀΐδιος *[aïdios]* ewig

Das griech. Wort αἰών *[aiọ̄n]*, das sich wohl von ἀεί *[aẹi]*, *immer*, herleitet, unterscheidet sich von seinen indogerm. Parallelen (lat. *aevum*, dt. *ewig* sind wurzelverwandt) dadurch, daß es nicht so sehr von einer abstrakten Zeitdauer, sondern von der *gelebten Zeit* her gedacht ist. Bei Hom. steht αἰών *[aiọ̄n]* daher oft mit ψυχή *[psychæ]*, → *Seele, Leben*, parallel (zB Il. 16,453), bei Hes. (Frg. 161,1) bezeichnet es die *Lebenszeit*, bei Aischyl. (Sept. c. Theb. 742) die *Generation*. Von da aus kann es dann die Zeit bedeuten, die man schon gelebt hat oder noch leben wird, sich also auf Vergangenheit wie Zukunft beziehen, wodurch das Wort der späteren Philosophie geeignet erscheint, die graue Vorzeit, den Weltbeginn, wie die ferne Zukunft, die Ewigkeit zu benennen (zB Plato Tim. 37d). I

Bei Plato entwickelt sich der Begriff hin zur Darstellung einer zeitlosen, unmeßbaren, transzendenten »Überzeit«, einer Idee von Zeit an sich. Dies Verständnis haben sich dann Plut. und die jüngere Stoa angeeignet, von ihm her konnten in Alexandria auch die Mysterien eines Ewigkeitsgottes Aion gefeiert werden und die Gnosis ihre Zeitspekulation anstellen.

In der hell. Philosophie dient der Äonenbegriff dazu, das Problem der Weltordnung zu lösen. Man nahm Äonen als vermittelnde Mächte an, die den unendlich qualitativen Unterschied zwischen Gott und der Welt überbrücken. Sie sind Ausströmung (Emanation) des göttlichen πλήρωμα *[plæ̣rōma]*, der *Fülle* (des göttlichen Seins). Als unterschiedliche Seinsstufen der Gottheit regieren sie die verschiedenen Weltzeiten, die im ständigen Kreislauf aufeinander folgen. Der Gedanke personhafter, göttlicher Äonen war in der Spekulation des alten Orients weit verbreitet, zB im Parsismus, in der Zarathustrischen Religion und bei Philo. In der Gnosis findet sich dann die Lehre von den zwei Äonen, welche einmal die ewige, überzeitliche, ein andermal die zeitliche, vergängliche Welt darstellen.

1a) Daß αἰών *[aiọ̄n]* in der LXX (über 450 Belege, davon ca. 150 in den Apokryphen, über 100 in den Pss) zum Äquivalent für das hebr. *ʿōlām, Dauer, Ewigkeit*, wurde, liegt nicht an dieser späteren spekulativen Begriffsentwicklung, sondern an der Ausgangsbedeutung *Lebenszeit*. Das zeigt sich deutlich daran, wie LXX die beiden von αἰών *[aiọ̄n]* gebildeten Adj.e αἰώνιος *[aiọ̄nios]*, *ewig* (ca. II

160mal), und ἀΐδιος [a·idios], *ewig*, gebraucht: letzteres, als Begriff der Stetigkeit und Unveränderlichkeit, gedanklich dem hell.-ägypt.-orientalischen Synkretismus entstammend, begegnet nur apokryph in Weish 7,26 als Prädikat der Weisheit und 4Makk 10,15. Demgegenüber zeigt schon das häufige Vorkommen von αἰώνιος [aiōnios] im AT und NT, daß es sich hier um ein charakteristisches bibl. Konkretum handelt, das in seiner Bezogenheit auf die ganze Lebensdauer verstanden werden muß. Daher ist der at. *'ōlām*, *Dauer*, stets zu unterscheiden vom *Augenblick*, für den vielmehr *raega'* verwendet wird (→ χρόνος; vgl. Jes 54,7f). Für den Zeitpunkt eines einmaligen Geschehens steht das Wort *'et* zur Verfügung (→ καιρός; Mi 5,3[21]). Bezeichnet also die Grundbedeutung von *'ōlām*/αἰών [aiōn] im AT die *Zeit des Lebens*, so kann die Erklärung nicht von den Stellen ausgehen, an denen die *Vorzeit* als *'ōlām* betrachtet wird. Vielmehr geht es in erster Linie um eine noch ausstehende Zeit, für die der Knecht verpflichtet (Dtn 15,17; Ex 21,6), für die Samuel dem Tempeldienst geweiht wird (1Sam 1,22), für die den Aaroniten das Priesteramt zufällt (Ex 29,9). In allen Fällen ist also ein auf das ganze Leben ausgedehntes, aber auch auf dieses beschränktes Geschehen gemeint, auch dann, wenn es sich um Verheißung lebenslangen Königtums (1Sam 13,13), um Vertrauen des Volkes zu Mose, solange er lebt (Ex 19,9), oder um lebenslängliches Vasallenverhältnis (1Sam 27,12) handelt. Ganz selbstverständlich hört all dies mit dem Tode dessen auf, von dem es gesagt wird.

b) Das gilt natürlich auch dann, wenn solche Aussagen nicht von einem Einzelmenschen, sondern von Generationen (Ex 40,15; 32,13; Ps 18[17],51 u. ö.) oder dem ganzen Volk gemacht werden (Jos 4,7; Ri 2,1). Mit dem Untergang dieser Größen ist auch die hier gemeinte Zeit beendet, ohne allerdings bes. abzubrechen, weil es ja eben »ihre« Zeit war.

An dieser Stelle ergibt sich die einfachste der denkbaren Erklärungsmöglichkeiten für die sog. Ewigkeitsformeln: »Gelobt sei Jahwe, der Gott Israels, von Ewigkeit zu Ewigkeit« (ἀπὸ τοῦ αἰῶνος καὶ ἕως τοῦ αἰῶνος [apo tou aiōnos kai heōs tou aiōnos]; 1Chr 16,36 u. ö.). Israel wird zu stetigem Dank (V. 34) und Lob aufgerufen; die Dauer des Lobes ist also gebunden an die Dauer des Volkes in seinen Generationen. Und tatsächlich stehen in V. 15 auch »ewig« und »auf tausend Geschlechter« im Parallelismus. Die Formel »von Ewigkeit zu Ewigkeit« wird sich daher am besten ableiten lassen aus der anderen Formel »von Geschlecht zu Geschlecht« (zB Ex 40,15; Jes 13,20). So erhält diese Formel ihren wahren Sinn zurück, da es auch in ihr nicht um eine abstrakt und unendlich gedachte Ewigkeit an sich, sondern um das lebendig lobende Gegenüber zu Gott geht. Zeigt doch 1Sam 2,30 mit 3,13f deutlich genug, daß Gottes ewige Zusagen nie eine abstrakte Unwandelbarkeit, sondern eine gegenseitige Zugehörigkeit mit dem Menschen zum Inhalt haben: Solange sie intakt ist, ist sie ewig, sie kann aber zerbrechen.

c) Auch die großen → Verheißungen, die für ewig gesetzt sind, sind nicht einfach zeitlos und unverrückbar gültig, sondern bleiben an den lebendigen Bezug zum lebendigen Gott gebunden (1Kön 9: Ewigkeit des → Tempels, an Gottes lebendige Anwesenheit gebunden; 2Sam 7: die Ewigkeit des Königtums). Denn das Menschenleben ist beschränkt (Gen 6,3), von ihm aus ist keine Dauer zu erwarten. Weil aber Gott lebt (der ewige Gott ist eben der lebendige Gott; vgl. die Polemik des DtJes gegen die toten, tatenlosen Götzen), ist sein Tun, seine Rettung ewig (Jes 45,17), sein Bund von Dauer (Jes 55,3), sein Wille unumstößlich (Ex 12,14ff; 27,21).

d) Von hier aus wird nun auch verständlich, daß *'ōlām* nicht nur die *folgende, zukünftige Zeit* (Gen 13,15; Ex 14,13; Dtn 13,16; 23,3.6; 29,29; Jos 8,28; Mi 4,7), sondern auch die *Vorzeit* bezeichnen kann (Gen 6,4; Dtn 32,7; Am 9,11 in bezug auf den künftigen Tag Gottes; Mi 5,1). Alle Zeit ist bezogen auf das lebendige Wirken des lebendigen Gottes (Jo 2,1ff). Zwar kann es in den späteren Stücken des AT schon Tendenzen zu einer abstrakt gedachten Ewigkeit geben (Ps 9,6; 21[20],5; Sir 1,2), ja es gibt in den Apokryphen Stellen, die eine aller Zeit entnommene Ewigkeit aussagen (Spr 8,23 ist ihr Ausgangspunkt). Für das AT bezeichnend bleibt jedoch, daß der Begriff *'ōlām*/αἰών [aiōn] stets die Bezogenheit der Zeit auf das → Leben enthält. Die Vorstellung, daß gelebte Zeit keine Ewigkeit und Ewigkeit die Zeit des göttlichen Lebens sei, entspricht nicht der at. Auffassung.

2) Dieser Wortsinn setzt sich auch in den älteren apok. Schriften des J u d e n t u m s (zB Henoch) bis in die Qumrantexte hinein fort. Allerdings verblaßt das Wort *'ōlām* hier immer mehr zu einem Beiwort für alles, was zu Gott und seiner Himmelswelt gehört: → Engel, Endgericht, Heilsgüter, ja die Frommen selbst.

Doch erst im rabb. Judentum der Zeitenwende und auch der Apokalyptik des 1. Jh. nChr (zB 4Esr) findet sich ein ganz neuer Gebrauch von *'ōlām*, der neben der zeitlichen auch eine räumliche Bedeutung erkennen läßt. Offenbar unter persischem Einfluß werden hier die auch im AT vorhandenen Aussagen über Urzeit und Endzeit (Jes 24–27; Jo 2) systematisiert zur Lehre von den beiden Äonen, die eigentlich nur noch das gemeinsam haben, daß Gott der Herr dieser wie jener Welt, der Herr dieses wie jenes Äons ist. Sie verhalten sich antithetisch, denn dieser Äon ist die Zeit der Ungerechtigkeit, der Sünde und der Schmerzen. Löst der kommende Äon ihn ab, dann wird es mit alledem ein Ende haben, da dann eine neue Erde sein wird, auf der die Gerechten (→ Gerechtigkeit) leben werden. In dieser Vorstellung gründet auch die nt. Verwandtschaft der Begriffe αἰών [aiōn],

Äon, und κόσμος *[kọsmos]*, → *Welt*. Der erwartete Messias führt entweder selbst den künftigen Äon herbei oder »die Tage des Messias« sind als vorübergehende Zwischenzeit gedacht, auf die der neue Äon folgt.

1) Im NT kommt das Subst. αἰών *[aiọ̄n]* über 100mal vor (29 Belege im johanneischen Schrifttum, 22 bei den Synopt. und Apg, 19 bei Paulus, 13 im Hebr, 20 verstreut in den übrigen nt. Briefen), das Adj. αἰώνιος *[aiọ̄nios]*, *ewig*, 70mal, ἀΐδιος *[a·ịdios]*, *ewig*, nur 2mal vor (Röm 1,20: die unwandelbare Kraft und Gottheit Gottes; Jud 6: ewige Fesseln der gefallenen Engel). Das Subst. findet sich in folgenden Bedeutungen: III

a) *lange Zeit, Zeitdauer*, womit sowohl eine genau begrenzte als auch eine unbegrenzte Zeit gemeint sein kann, vor allem in Verbindung mit einer Präp. Die Bedeutung *Ewigkeit* ist nur bedingt zutreffend, weil das at. Zeitdenken, von dem das NT vorwiegend bestimmt ist, Ewigkeit als Gegensatz zur Zeitlichkeit nicht denken kann.

b) *Weltzeit, Weltdauer*, so vor allem bei Mt, wenn er vom Ende der Welt spricht (13,39; 28,20). Damit ist der Ablauf des Weltgeschehens, die Weltgeschichte bezeichnet. In dieser Bedeutung wird es auch im Plur. gebraucht (Hebr 9,26; 1Kor 10,11 u. ö.); zugrunde liegt die Vorstellung, daß die Weltzeit in einer Reihe aufeinanderfolgender Äonen abläuft.

c) Zuweilen liegt die Bedeutung → *Welt* im räumlichen Sinn vor, was wohl auf den Einfluß der späteren jüd. Apokalyptik zurückzuführen ist (zB Mk 4,19; 1Kor 2,6; bes. im Plur. Hebr 1,2; 11,3).

2) Schon grammatisch weist der Sprachgebrauch von αἰών *[aiọ̄n]* im NT auf zwei Quellen zurück: AT und parsistisch gefärbtes Judentum. Die Tatsache, daß *ʿōlām* im AT »überhaupt immer nur in präpositionalen Ausdrücken oder deren grammatischen Äquivalenten« vorkommt (Jenni, ZAW 64, 222), spiegelt sich im präpositionalen Gebrauch von αἰών *[aiọ̄n]*, *Äon*, (mehr als 60mal) im NT wider.

Der präpositionale Gebrauch des Wortes im NT verdeutlicht dem Leser nicht ganz so gut den Zusammenhang von αἰών *[aiọ̄n]*, *Zeit*, und → Leben wie der Gebrauch im AT. Zwar läßt sich der Zusammenhang auch hier kaum bestreiten (1Kor 8,13 »lebenslang«; Joh 13,8 »niemals«; Lk 1,55 »Generation um Generation«; vgl. Mt 21,19), doch wird man als eigentlich nt. Gebrauch des Wortes, soweit ihm eine Präp. vorangeht, nur die Bezeichnung der *Vorzeit* oder der *fernen Zukunft* ansehen können.

a) Dabei ist die Bedeutung *Vorzeit* (mit den Präp.en ἀπό *[apọ]*, *von*, πρό *[pro]*, *vor*, ἐκ *[ek]*, *von*) relativ selten: bei Lk (nie bei Mk und Mt) stets im Zusammenhang der Aussage, daß Gott schon eh und je durch die Propheten geredet hat (Lk 1,70; Apg 3,21; 15,18), und zwar, wie an allen drei Stellen deutlich wird, durch den »Urpropheten« Mose (Lk 24,27); ähnlich auch Joh 9,32 in der Bedeutung »solange Menschen denken können«, die allerdings 1Kor 2,7; Eph 3,9; Kol 1,26 und bes. deutlich Jud 25 in die Bedeutung der *vorzeitlichen Ewigkeit* hinüberspielt.

b) Die gleiche Bedeutungsverschiebung zeigt sich auch bei der viel breiter bezeugten, dafür aber ganz einheitlich nur mit εἰς *[eis]*, *in*, verbundenen Zukunftsaussage (meist mit dem Sing. von αἰών *[aiọ̄n]*). Etwa in Mt 21,19; Mk 3,29; Lk 1,55; Joh 13,8; 1Kor 8,13 ist es noch deutlich, daß von einer innerzeitlichen Zukunft geredet wird, die gebunden ist an die Dauer dessen, von dem gesprochen wird. Dagegen zeigen die oft nicht ganz eindeutig festzulegenden Aussagen der johanneischen Schriften (Joh 4,14; 6,51; 8,51 u. ö.; 1Joh 2,17; 2Joh 2), deutlich aber der Hebr (1,8; 5,6; 6,20 u. ö.) und natürlich die Aussagen, die αἰών *[aiọ̄n]* im Plur. bringen, ein starkes Gefälle zur Vorstellung einer zeitlosen, weil nachzeitlichen *Ewigkeit*. Für sie ist durchweg typisch, daß sie in theol. (Joh), christologischem (Hebr) oder doxologischem Zusammenhang (pluralische Aussagen, zB Röm 1,25; 11,36) stehen, die ähnlich wie im AT als Hintergrund die Überzeugung erkennen lassen, daß Gottes Leben nie ende, daß also alles, was zu ihm gehört, auch nicht aufhören könne. So ergibt sich selbst da noch, wo die Äonenvorstellung (in den Doxologien der Paulusbriefe und der Paulus nahestehenden Schriften, dazu auch in denen der Offb) gesteigert wird (εἰς τοὺς αἰῶνας τῶν αἰώνων *[eis tous aiọ̄nas tōn aiọ̄nōn]*, *in die Ewigkeiten der Ewigkeiten*), daß der Zusammenhang mit der Grundbedeutung von αἰών *[aiọ̄n]*, *Lebenszeit*, nicht verloren geht. Was dem lebendigen Gott zugehört, ist »ewig«, wobei nicht vergessen werden darf, daß dieser Gott auch der Endrichter ist, so daß auch die Verdammnis αἰώνιος *[aiọ̄nios]*, *ewig*, heißen muß (Mt 18,8; 25,41.46; Mk 3,29; 2Thess 1,9; Hebr 6,2; Jud 7).

3) Ganz anders steht es mit dem nur jüd.-apok. zu erklärenden nominalen Gebrauch von αἰών *[aiọ̄n], Äon, Weltzeit* (ca. 40mal). Das Wort dient dem NT als wesentlicher Terminus seines Geschichtsverständnisses, seiner Eschatologie. Wenn es dabei auch auf die jüd. Apokalyptik zurückgreift, so wird diese jedoch nicht spekulativ entfaltet. Nominal gebraucht begegnet αἰών *[aiọ̄n], Äon,* breit gestreut im NT, nie aber, das ist charakteristisch, im johanneischen Schriftenkreis.

a) Für die Synopt. ist vor allem wichtig, daß die Gottesherrschaft angebrochen ist. Wenn Details der Apokalyptik übernommen werden, dann nur, um mit deren Sprach- und Begriffsmaterial zu sagen, daß der gegenwärtige Äon seinem Ende entgegengeht, weil das → Reich Gottes gekommen ist.

Der Gegensatz zwischen den beiden Äonen tritt kaum hervor, er dient nur dazu, die Andersartigkeit des Weltverlaufes unter der Herrschaft Christi hervorzuheben. Seiner Auferstehung folgt bald seine Wiederkunft und die → Auferstehung der Toten. Die neue Zeit ist mit Jesus angebrochen. Die kurze Zeit bis zur Parusie dient dazu, daß die Gemeinde das Evangelium verkündigt.

Matthäus zeigt die vollste und anschaulichste Äonenvorstellung im Sinne der Unterscheidung zweier aufeinanderfolgender Weltzeiträume, denn hier allein findet sich die typische Unterscheidung des αἰὼν οὗτος *[aiọ̄n hoụtos], dieses Äons,* vom αἰὼν μέλλων *[aiọ̄n mẹllōn],* der *zukünftigen Welt* (Mt 12,32). Auf die Frage nach dem Zeitpunkt des Weltendes und den Zeichen der messianischen Zukunft (Mt 24,3) weiß Mt klar und realistisch zu antworten, nicht nur in der darauf folgenden Apokalypse (Mt 24f, hier ohne das Wort αἰών *[aiọ̄n]*), sondern noch deutlicher in der eigenwilligen Deutung des Gleichnisses vom Unkraut unter dem Weizen (Mt 13,36–43, vgl. V. 49!). Jedoch ist der Unterschied etwa zu den Vorstellungen in Qumran unübersehbar: Kein Endkampf, ja überhaupt kein Dualismus verschiedener Welten, ihrer Herrscher und Untertanen. Herr ist der Menschensohn, der Teufel vermag wohl Verderben zu bringen, ist aber kein wirklicher Widerpart des Menschensohnes (→ Sohn, Art. υἱὸς τοῦ θεοῦ). Die → Welt unterliegt nicht dem Streit zweier Mächte, sie ist und bleibt Gottes → Schöpfung. Dies alles macht deutlich, daß die Äonen nicht wie in der Gnosis eigenmächtig, auch nicht als Emanation Gottes Delegierte sind. Sie sind als zeiträumliche Größen gewissermaßen Anschauungsmaterial, das erst durch Gottes Wort Inhalt und Funktion bekommt.

b) Auch Paulus bedient sich für seine Eschatologie apok.er Begriffe und Anschauungen. Er gebraucht das Wort αἰών *[aiọ̄n]* zur Bezeichnung des durch die Sünde beherrschten *Weltverlaufes* ohne Christus (Gal 1,4; Christus »errettete uns aus diesem gegenwärtigen bösen Äon«; vgl. Röm 12,2). → Satan ist zwar der Gott dieses Äons (2Kor 4,4), die gegenwärtige Welt wird von bösen dämonischen Mächten beherrscht, aber der Macht der → Finsternis (Art. σκότος) steht die sieghafte Herrschaft Christi gegenüber (Kol 1,13).

Daß Paulus von der jüd. Apokalyptik her den Weltverlauf versteht, wird bes. deutlich in seiner Auseinandersetzung mit den Widersachern in Korinth. Diese enthusiastische Gruppe meinte, mit der → Taufe, dh durch den Sakramentsrealismus (ähnlich wie in den hell. Mysterienkulten) das Erlösungsziel und damit die Auferstehung von den Toten schon erreicht zu haben (1Kor 15,12ff; vgl. 2Tim 2,18). An die Stelle der eschatologischen Zukunftserwartung ist bei den korinthischen Pneumatikern eine präsentische Eschatologie getreten: das endzeitliche Heil sei bereits endgültig zu ihnen gekommen. Zwar kann auch Paulus betonen, daß die Fülle der Zeit (Gal 4,4) und die neue Schöpfung schon angefangen hat (2Kor 5,17), in der Christus seine Gemeinde von dem gegenwärtigen bösen Äon errettet hat (Gal 1,4). 1Kor 15,20ff dagegen geht er davon aus, daß die Herrschaft Christi noch nicht zu ihrem Ende und Ziel gekommen ist, wie später Eph 1,21 behaupten kann, daß dieser Äon noch besteht und der künftige noch aussteht. Paulus entwickelt also keine systematische Äonen-Lehre, wie von einer solchen wohl für das ganze NT nicht die Rede sein kann. Die Äonen greifen ineinander. Die Eschatologie ist allein von der Christusoffenbarung her bestimmt. Christus ist die Wende der Zeit. Mit ihm und nicht durch zwangsläufige Geschichtsabläufe ist das Jetzt des Heils eingetreten (vgl. das nt. *Jetzt,* νῦν *[nyn],* Kol 1,26; νυνί *[nynị],* Röm 3,21). Für den Glaubenden gehört der gegenwärtige Äon (1Kor 1,20; 3,18; 10,11) der Vergangenheit an. Aber »das Korrelat dieser Welt, dieses Äons ist niemals eigentlich jener Äon, niemals jene Welt, sondern die Gottesherrschaft und das ewige Leben« (Dalman, Worte Jesu, 120). »Der eigentliche Gegensatz zu diesem Äon ist also Gott selbst, seine Gerechtigkeit, die Herrschaft Christi, das Pneuma oder die eschatologischen Heilsgüter« (FJSchierse, LThK I, 682).

c) Im H e b r ä e r b r i e f wird der alte Äon ὁ καιρὸς ὁ ἐνεστηκώς *[ho kairos ho enestækōs], die gegenwärtige Zeit,* (9,9) und der neue Äon ὁ καιρὸς διορθώσεως *[ho kairos diorthōseōs], die Zeit der richtigen Ordnung,* (9,10) genannt (→ καιρός). Die Gleichsetzung von Äon und Kosmos (1,2; 9,26; 11,3) hat wohl ihren Ursprung im spätjüd. Sprachgebrauch (Nachweis bei St.-B. III, 671ff), läßt sich aber auch in der Gnosis nachweisen. Der häufig vorkommende Plur. αἰῶνες *[aiōnes]* in der Bedeutung *Welt* (mehr im räumlichen als im zeitlichen Sinn) geht auf die Vorstellung von verschiedenen Schichten des Weltgefüges oder einer Vielheit von Weltzeiten zurück, was als gnostische Weltdeutung verstanden werden kann, wenn auch im jüd. Schrifttum eine Vier- und Siebenzahl von Äonen vorkommt. Trotz Aufnahme vieler hell. Sprach- und Vorstellungselemente hält Hebr an der urchristl., spätjüd. bestimmten eschatologischen Verkündigung fest. Er kennt die Aufeinanderfolge zweier Äonen, die bei ihm christologisch bestimmt ist, denn das Ende der Weltzeiten (9,26) ist herbeigekommen, weil Christus erschienen ist, um durch sein eigenes Opfer die Sünde aufzuheben. Die gegenwärtige Weltzeit ist durch die Opfer und das erste Zelt bestimmt, zum neuen Äon gehört die Anbetung Gottes im himmlischen Heiligtum. Dort verrichtet Christus bereits den Priesterdienst, und die Gemeinde ist auf dem Wege dorthin (9,8ff; vgl. 10,19; 13,14). Der neue Äon ragt aus der himmlischen Welt in die gegenwärtige Zeit hinein. Er ist, wenn auch verborgen, schon gegenwärtig (6,5).

d) Der 2. P e t r u s b r i e f dagegen entwickelt eine ausgesprochen futurische Eschatologie. Wenn auch die machtvolle Parusie Jesu Christi (1,16) und der Zugang in sein ewiges Reich (1,11) nachdrücklich erwähnt werden, so richtet sich doch alles Interesse mehr auf das künftige Heilsgut, den Lohn der Gerechten, die Teilhabe an der göttlichen → Natur (!), 1,4, als auf den kommenden Herrn selbst. Die Dialektik von Heilsgegenwart und Heilszukunft, wie sie vor allem bei Paulus anzutreffen ist, ist hier verflacht zu einer letztzeitlichen Zukunftsschau, die eher ein hinzukommendes Element als durchgehendes Spannungselement der Botschaft selbst ist.

4) Der Ausdruck *»ewiges Leben«* (ζωὴ αἰώνιος *[zōæ aiōnios]*) ist entsprechend der vom AT bestimmten Grundbedeutung von αἰών *[aiōn], Lebenszeit,* zunächst als Gott zugehörendes Leben zu verstehen. Seit Dan ist »ewiges Leben« Ausdruck für das ersehnte eschatologische Heilsgut, das Leben im kommenden Äon (vgl. Dan 12,2). Bei P a u l u s (zB Röm 2,7; 6,22f; Gal 6,8), den Synopt. (zB Mk 10,17 par; 10,30 par; Mt 25,46) sowie zB 1Tim 1,16; Tit 1,2; 3,7; Jud 21 ist vom ewigen → Leben (Art. ζωή III,1.2) in zeitlichem Verständnis die Rede, dh von einem Leben, das mit der Auferweckung der Toten in der Zukunft erwartet wird, so wie der Begriff schon im Judentum abwechselnd mit der βασιλεία τοῦ θεοῦ *[basileia tou theou]*, dem → *Reich Gottes* (vgl. Mt 25,34; 1Kor 6,9f) das Heil bezeichnen kann.

J o h a n n e s versteht als ewiges Leben die Christuszugehörigkeit im Glauben, in der Liebe und im Halten der Gebote Christi (Joh 3,15f; 5,24; 17,3 u. ö.). Mit dem Wort »ewig« wird hier eine bestimmte Qualität angedeutet: es ist ein anderes Leben als die alte Existenz, die von Haß, Mangel an Liebe, Sünde, Schmerz und Tod gekennzeichnet ist. Ewiges Leben fängt darum nicht erst in der Zukunft an, es ist jetzt bereits Besitz derer, die in die Christusgemeinschaft eingetreten sind (so Joh 3,15: ewiges Leben haben, Präs.).

Aber auch ein temporaler Sinn liegt vor, so daß *ewig* (αἰώνιος *[aiōnios]*) die Quantität dieses Lebens angibt: es hat, weil es Christus zugehört, der selbst das Leben ist (Joh 14,6), kein Ende, ja es wird auch beim Sterben nicht aufhören (8,51; 11,25f).

Zu beachten ist außerdem, daß von einem ewigen → Tod im NT nicht gesprochen wird, weil die Ewigkeitsvorstellung so sehr mit dem Leben zusammengehört, daß auch die Negation des ewigen Lebens nur als »erlebtes« Verderben verstanden werden kann. Ewigkeit bleibt auch hier gelebte, erlebte, durchlebte Zeit (vgl. dagegen → χρόνος).

5) Überschaut man den Gebrauch des Wortes αἰών *[aiōn], Äon,* und die damit ver-

bundene Eschatologie, so kann man bei aller unterschiedlichen Akzentuierung feststellen, daß das NT von der Ewigkeit in den Kategorien der Zeit spricht. Dabei ist ihm jeder Dualismus zwischen zwei Weltzeiten fremd. Die Welt ist und bleibt Gottes Schöpfung, und Christus ist der Herr der Weltzeiten, wenn auch seine Herrschaft verborgen ist. Der Ausdruck αἰὼν μέλλων *[aiọ̄n mẹllōn]*, *zukünftiger Äon*, wird nur mit größter Zurückhaltung gebraucht. Das Heute steht im Mittelpunkt der Aussagen und das Kommende ist nur relevant im Blick auf die jeweilige Gegenwart. Überall übt das NT bewußte Zurückhaltung vor Geschehnissen, die zu wissen verwehrt ist (1Thess 5,1ff; Mt 24,37ff); es ergeht sich nicht in Spekulationen über den Zustand und den Zeitpunkt des kommenden Äon. Damit ist auch heute jeder Christ vor Spekulationen über Gottes Geheimnis gewarnt. *J. Guhrt*

καιρός

καιρός *[kairọs]* Zeit, Zeitpunkt, Augenblick · εὐκαιρέω *[eukairẹō]* Gelegenheit haben · εὐκαιρία *[eukairịa]* Gelegenheit · εὔκαιρος *[ẹukairos]* zeitgemäß · εὐκαίρως *[eukạirōs]* bei passender Gelegenheit · ἀκαίρως *[akạirōs]* zur Unzeit · πρόσκαιρος *[prọskairos]* zeitlich, vergänglich · σήμερον *[sǣmeron]* heute · νῦν *[nyn]*, νυνί *[nynị]* jetzt · ἄρτι *[ạrti]* jetzt, eben, sogleich · εὐθύς *[euthys]*, εὐθέως *[euthẹōs]* sofort, sogleich

I 1a) Das Subst. καιρός *[kairọs]* (seit Hes., Op. 694) bezeichnet urspr. das *rechte Maß*, das *richtige Verhältnis*, das *Passende*, *Zweckmäßige* oder *Entscheidende*. Neben dem sachlichen und temporalen Bedeutungsgehalt kann καιρός *[kairọs]* lokalisierend den *rechten Ort*, die *geeignete Stelle* meinen. Sachlich-temporal kennzeichnet καιρός *[kairọs]* die *kritische Situation*, eine Entscheidung fordernde Lage, in die der Mensch etwa durch das Schicksal geführt wird. Positiv bedeutet das *Chance* (vgl. Aristot. Eth. Nic. I,4 p 1096a) oder *Vorteil*, negativ *Gefahr* (Plato Leg. XII,945c). Zu den sachlichen Bedeutungen gehört auch καιρός *[kairọs]*, *Wichtigkeit, Norm* (zB Aischyl. Ag. 787) und weises *Maßhalten* (zB Soph. Oed. Tyr. 1516). In temporalem Sinn beschreibt καιρός *[kairọs]* die *geeignete Zeit*, den *rechten Zeitpunkt* (zB Soph. El. 1292), einen *günstigen Augenblick*. Doch kann καιρός *[kairọs]* auch synonym zu anderen Zeitbegriffen auftreten und allg. die *Zeit* (→ χρόνος), *Jahreszeit* (zB Plato Leg. IV,709c), *Stunde* (→ ὥρα) oder den *gegenwärtigen Moment* (wie νῦν *[nyn]*, *jetzt*, und σήμερον *[sǣmeron]*, *heute*) bezeichnen.

b) Von καιρός *[kairọs]* abgeleitet sind die Worte εὐκαιρεῖν *[eukairẹin]* (zB Phrynichos 125), *gute Zeit, Gelegenheit haben*; εὐκαιρία *[eukairịa]* (zB Plato Phaedr. 272a), *günstige Gelegenheit*; εὔκαιρος *[ẹukairos]* (seit Soph. Oed. Col. 32), *geeignet, zeitgemäß, rechtzeitig*; εὐκαίρως *[eukạirōs]* (seit Xenoph. Agesilaos 8,3), *bei passender Gelegenheit*; ἀκαίρως *[akạirōs]* (seit Aischyl.), *zur Unzeit*, und πρόσκαιρος *[prọskairos]* (zB Aristoph. Schol. Ach. 275; Strabo 7,3,11), (nur) *eine Zeitlang dauernd, vergänglich, dem Augenblick hingegeben, wetterwendisch*.

c) Zu den in diesem Art. mitbehandelten *Zeitpunkt*-Vokabeln gehört weiter das aus κjάμερον *[kjameron]* (von κjο ἡμέρα *[kjo hæmẹra]*, *dieser Tag*, vgl. lat. *ho-die*; ahd. *hiū-tagū*) entstandene σήμερον *[sǣmeron]* (seit Hom., zB Il. 11,431), *heute, an diesem Tage*.

d) Ferner zu nennen ist das Zeitadv. νῦν *[nyn]* (seit Hom., zB Od. 2,239; Il. 2,14; 284; 435) mit der gleichbedeutenden Intensivform νυνί *[nynị]* (zB Thuk. 4,92), *jetzt, nun* (lat. *nunc*), *im gegenwärtigen Zeitpunkt*. Es kann aber auch die Zeit kurz vor oder kurz nach der unmittelbaren Gegenwart gemeint sein: *soeben, sogleich*. Neben der temporalen Bedeutung hat νῦν *[nyn]* nicht selten eine mehr sachliche: der *gegenwärtigen Situation entsprechend, wie die Dinge nun einmal liegen* (zB Hom. Od. 1,166). Häufig wird νῦν *[nyn]* auch adj. mit der Bedeutung *gegenwärtig* gebraucht (zB Plato Resp. VI,506d: τὸ νῦν εἶναι *[to nyn ẹinai]*, *das gegenwärtige Sein*; Aristot. Phys. VI,6 p 237a: ὁ νῦν χρόνος *[ho nyn chrọnos]*, *die gegenwärtige Zeit*) oder subst. τὸ νῦν *[to nyn]*, *die gegenwärtige Zeit* (zB Aristot. Phys. IV,10 p 218a) bzw. als Plur. τὰ νῦν *[ta nyn]*, *die gegenwärtigen Ereignisse* (Tragiker, Platon).

e) Bedeutungsgleich mit νῦν *[nyn]* ist das Zeitadv. ἄρτι *[ạrti]* (seit Pindar; Wurzel *ar*; vgl. lat. *artus, eng, dicht*), *jetzt, eben, sogleich* (zB Hippokrates, Ep. 9,2). Mit den Präp.en ἕως *[hẹōs]*, *bis*, und ἀπό *[apọ]*, *von . . . ab*, lenkt ἄρτι *[ạrti]* den Blick vom gegenwärtigen Zeitpunkt auf die Vergangenheit bzw. Zukunft (zB Plut., 388).

f) Schließlich ist auf das Adj. εὐθύς *[euthys]* (bei Hom. ἰθύς *[ithys]*), *gerade, aufrichtig* (zB Thuk. 2,100,2 vom Weg gesagt), zu verweisen, das in den beiden adv. Formen εὐθύς *[euthys]* (seit Pindar) und εὐθέως *[euthẹōs]* (seit Soph) die temporale Bedeutung *sofort, sogleich* hat.

2) Das Vorhandensein der beiden Stammgruppen χρόνος *[chrọnos]* und καιρός *[kairọs]* zum Begriff »Zeit« beweist, daß die Griechen von dem Fluß der Zeit, der außerhalb der menschlichen

Einflußmöglichkeit vonstatten geht (χρόνος [chronos]), Einzelstrecken oder -punkte unterschieden haben, die dem Entscheidungszugriff des Menschen offenstehen (καιρός [kairos]).

Der Gefahr des Fatalismus, der aus dem χρόνος [chronos]-Denken erwachsen könnte, wirkt der Wille zum Zugreifen entgegen, der natürlich auch fehlgreifen kann (καιρός [kairos]-Denken). »χρόνος [chronos] befaßt . . . alle möglichen καιροί [kairoi] und kann als der weitere, umfassendere Begriff oft gebraucht werden, wo καιρός [kairos] ebenso passend gewesen wäre, aber nicht umgekehrt«. Man kann mit Soph. Elektra 1292 von dem καιρὸς χρόνου [kairos chronou] sprechen, »aber nicht von dem χρόνος καιροῦ [chronos kairou]« (RChTrench, Synonyma des NT, 1907, 126; vgl. Lk 1,57; Gal 4,4).

a) καιρός [kairos], νῦν [nyn] und σήμερον [sæmeron] markieren dem Griechen jene Zeitpunkte, die im Strom der unendlich dahinfließenden makrokosmischen Zeit (→ χρόνος) von größter Wichtigkeit für sein individuelles Leben waren. Wo man – wie Aristoteles an der Physik – an der Erforschung der greifbaren Wirklichkeit interessiert war, führte das Nachdenken über die Zeit zur Hervorhebung der kleineren Zeiteinheiten. So wird zB das Jetzt definiert: »Das Jetzt (νῦν [nyn]) ist das Begrenzende, und das zwischen den (jeweiligen) Jetzt(-Punkten) Liegende ist die Zeit (χρόνος [chronos])« (Phys. VI,6 p 237a). Und Eth. Nic. I,4 p 1096a zeigt die hohe Bewertung des καιρός [kairos]: »Das Gute an der Zeit wird Kairos genannt.«

b) Gerade auf dem Hintergrund der rasch vergehenden Zeit (→ χρόνος) gewinnt der – von Göttern oder dem Schicksal – gegebene, Handeln erfordernde Zeitpunkt sein Gewicht. (In späterer Zeit konnte *Kairos* vorübergehend sogar als Gott verehrt werden.) Er ist der Zeitraum, in dem sich viel für den einzelnen entscheidet und den man wagend nutzen muß. »Heute (σήμερον [sæmeron]) ist entweder dein Ruhm . . ., oder von meiner Lanze durchbohrt verlierst du das Leben« (Hom., Il. 11,431; vgl. auch Eur. Frg. 745). Wer seinen *Kairos* verfehlt oder ihm ausweicht, der zerstört sich selbst: Wenn jemand den Zeitpunkt zum Handeln verstreichen läßt, geht er zugrunde (Plato, Resp. II p 370b. Auch das παρὰ καιρόν [para kairon], das *unzeitgemäß* Empfangene schlägt letztlich zum Unglück aus; Theogn. in: Griech. Lyrik 108/115).

Deshalb gilt es, den Ruf καιρὸν γνῶθι [kairon gnōthi], *erkenne den Zeitpunkt*, (Pittakos, Diels I, 64) zu beherzigen und bei aller Tätigkeit (Democr. Frg. 226: bei offen geführter Rede; vgl. Frg. 94: beim Erweisen von Wohltaten) die »Abmessung des richtigen Zeitpunktes« zu finden.

c) Das Ergreifen des rechten Augenblicks (καιρὸν λαμβάνειν [kairon lambanein] bzw. χρῆσθαι [chræsthai]) spielt bes. in der Ethik der Stoa (Epict., später Seneca) eine wichtige Rolle. In handelndem Gehorsam gegenüber der als vernünftig erkannten (Epict. Diss. I, 1,6) sittlichen Notwendigkeit (vgl. Diss. II, 7,3) sucht man die Zeit in den Griff zu bekommen und so der bedrückenden Zeitverhaftung zu entgehen. »Die Stoiker leben nur den gegenwärtigen Aufgaben, die aus der zeitlosen Bestimmung des Menschen erwachsen. Historischer Sinn geht ihnen ebenso ab wie die Sorge für eine ferne Zukunft« (MPohlenz, Die Stoa I, 47). Für den Stoiker, der die Zeit (χρόνος [chronos]) als unwesentliche Nebensache betrachtet (ἀδιάφορον [adiaphoron]), gibt es schließlich den geschichtlichen Gesichtspunkt des καιρός [kairos] nicht mehr, sondern nur noch den καιρός [kairos] als zeitlosen Augenblick (vgl. Bultmann, Urchristentum, 161f).

Im AT, wo die Zeit wesentlich von der Begegnung zwischen Gott und Mensch her qualitativ verstanden wird, mußte sich die Verwendung eines den rechten Zeitpunkt bezeichnenden Begriffes bes. nahelegen. Es ist daher nicht erstaunlich, daß καιρός [kairos] mit ca. 300 Belegen in LXX etwa dreimal so häufig vorkommt wie χρόνος [chronos]. Dabei wird es vor allem zur Wiedergabe des hebr. Zeitbegriffs *ʿēt* (198mal) verwandt. 31mal steht es für *mōʿed, Zeitpunkt*, 6mal für *kēts, Endzeit*, 3mal für *jōm, Tag*, u. a. Oft tritt καιρός [kairos] mehr oder minder bedeutungsgleich zu anderen Zeitbegriffen auf (zu χρόνος [chronos], zB Dan 2,21; 7,12; Pred 3,1; Weish 7,18; 8,8; zu ἡμέρα [hæmera] zB Jer 50,27.30; Ps 37,19; zu ὥρα [hōra] zB Num 9,2 im Vergleich zu 9,7.13). II

1) Dient καιρός [kairos] häufig auch nur zu punktuellen (zB Gen 17,23.26; 18,10.14; 21,22; 29,34; 2Chr 9,25 u. ö.) oder allgemeineren (zB Ri 11,26; 14,4; 1Kön 11,4; Ps 71,9; 2Chr 15,5) Zeitbestimmungen, so hilft es doch an anderen Stellen dazu, das Charakteristische des at. Zeitverständnisses bes. gut zu veranschaulichen: Nicht ein namenloses Schicksal, sondern der Schöpfer Jahwe, der die ges. Zeit geschaffen hat und seinem Willen gemäß füllt, setzt auch die einzelnen καιροί [kairoi] (vgl. Gen 1,14). Er tut das als Herr der Natur, der die Gestirne (Hi 38,32; Ps 104,19) und das Wetter lenkt (Lev 26,4; Dtn 28,12: Regen) und der dem biologischen Wachstum der Pflanzen (Hi 5,26; Ps 1,3; vgl. Hos 2,9) und Tiere (Hi 39,1; Jer 8,7; vgl. Gen 30,41) Zeiten setzt. Auch die Feste und Festzeiten im Rahmen des Jahreskreislaufs sind von Jahwe geschenkte besondere Zeiten und Zeitpunkte der Freude und Ruhe (Ex 23,14ff; vgl. Ex 34,18ff; Num 9,3.7.13; Dtn 16,16), die freilich »nicht nur vom Geschehen des Ackerbaus . . ., sondern in steigendem Maß von dem besonderen Handeln Gottes an seinem Volk« geprägt werden (GDelling, Zeitverständnis, 16).

Als Herr des Menschen mißt Gott auch diesem die Lebenszeit zu (Sir 17,2), indem er die Stunde der Geburt (Mi 5,3; Pred 3,2) wie die des Todes bestimmt (Pred 7,17). Alle Momente des menschlichen Daseins in ihrer spannungsgeladenen Vielseitigkeit sind Zeiten aus und in Gottes Hand, wie »das Hohelied der Zeit« (Pred 3,1ff) betont.

An diesem Bekenntnis zu Jahwe als Geber der Zeiten festzuhalten, ist in Zeiten der Trübsal nicht leicht, doch läßt der im Bund stehende Israelit auch dann die Verbindung mit Gott nicht abreißen (vgl. Ps 32,6; 37,19.39). Gerade in Notzeiten hofft er bes. auf die Zeit der Begnadigung (Ps 102,4), auf den καιρός *[kairọs]* der göttlichen Hilfe und Erlösung (vgl. Jdt 13,5: »Jetzt ist es Zeit, dich deines Eigentums anzunehmen« Z; Jes 33,2; Jer 14,8.19; 15,11).

2) Solches Vertrauen auf den besonderen Zeitpunkt (καιρός *[kairọs]*) einer rettenden Tat Jahwes gründet in den g e s c h i c h t l i c h e n Erfahrungen des Volkes Israel. Immer wieder wird mit der stereotypen Wendung ἐν τῷ καιρῷ ἐκείνῳ *[en tō kairō ekẹinō]*, *in jener Zeit*, der Blick auf die heilsgeschichtlichen Ereignisse der Vergangenheit gelenkt, in erster Linie auf die Zeit Moses mit dem Auszug aus Ägypten (vgl. Dtn 1,9.16.18; 2,33f; 3,3; 4,14; 6,6; 9,19), aber auch auf die Prophetin Debora (Ri 4,4), die Regierung Davids (1Chr 21,28f) oder auf die Zeit des Salomonischen Tempelbaus (2Chr 7,8). Bes. in den Geschichtsbüchern des AT findet sich der Begriff καιρός *[kairọs]* häufig mit dieser hinweisenden Funktion auf Gottes Handeln in der israelitischen Volksgeschichte. Das starke historische Interesse zeigt sich auch daran, daß in den gleichen Schriften großer Wert auf chronologische Angaben gelegt wird (vgl. vRad, Theol. AT, II, 112f), wobei freilich die einzelnen Daten »in der Perspektive einer ganz bestimmten (heilsgeschichtlichen) Ideologie« gesehen werden (AWeiser; zit. GDelling, Zeitverständnis, 57 A4).

3) »Ein völlig eigenes Verhältnis zur Zeitwirklichkeit wird innerhalb des AT bei der klassischen P r o p h e t i e sichtbar« (GDelling, aaO, 58). Hier »und in späteren a p o k a l y p t i s c h e n Kreisen des Judentums schlägt das Denken von der erfüllten Zeit früherer Generationen und Patriarchentraditionen um auf die erwartete Gerichts- und Erfüllungshoffnung der Zukunft, die nun für das Leben in der Gegenwart gleiche Bedeutung erlangen wie die (vergangene) Geschichte, ja an deren Stelle treten« (PNeuenzeit, 1537). Da die Propheten eine falsche Heilssicherheit aus dem Vertrauen auf die vergangene Zeit erwachsen sehen, reden sie nachdrücklich von der richtenden aber auch rettenden Zukunft Gottes. Die Wendung ἐν τῷ καιρῷ ἐκείνῳ *[en tō kairō ekẹinō]* erhält nun eine eschatologische Ausrichtung (Jes 18,1; Jer 3,17; 4,11; 8,1; 27[50],20; Dan 12,1; Jo 3,1; Am 5,13; Mi 3,4; Zeph 3,16.19f) und weist auf ein Eingreifen Gottes in näherer oder fernerer Zukunft, das den Charakter eines umfassenden Gerichtes haben wird. Für die Gottlosen in und um Israel wird die *Endzeit* (καιρὸς πέρας *[kairọs pẹras]* Dan 11,27; 12,9; καιρὸς συντελείας *[kairọs syntelẹias]* Dan 12,1) bzw. der »Tag des Herrn« eine Zeit der *Heimsuchung* (καιρὸς ἐπισκοπῆς *[kairọs episkopæs]* Jer 6,15; 10,15; 27[50],27; 28[51],6; Weish 3,7), des *Zorns* (καιρὸς ὀργῆς *[kairọs orgæs]* Sir 44,17; vgl. Ez 7,7.12; Jer 18,23) und der *Strafe* (καιρὸς ἐκδικήσεως *[kairọs ekdikæseōs]* Jer 26[46],21; Sir 5,7; 18,24) sein. Zion aber und die, die gehorsam bleiben (vgl. Ps 81,16) und Gerechtigkeit üben (vgl. Ps 106,3), erwartet immerwährendes Heil (Zeph 3,16.19f; vgl. Jes 60,20ff; Jer 27[50],4.20; Dan 12,1f). Bis zum endgültigen Gerichtstermin jedoch gibt Gott noch Zeit zur Buße (vgl. Sir 18,21) und zu ethischer Bewährung, die durch rechte Nutzung des jeweils gegenwärtigen καιρός *[kairọs]* geschieht (vgl. Sir 51,30).

4a) Im S p ä t j u d e n t u m werden sowohl das chronologische Interesse (bes. Jub) als auch die Erwartung eines ἔσχατος καιρός *[ẹs-chatos kairọs]*, *letzten Zeitraumes*, stark ausgebaut. Man stellt sich auf das baldige Ende der Jetztzeit ein, hofft aber auf einen neuen – von Ausnahmen wie slHen 65,7f abgesehen – zeitlich gedachten Äon.

b) Das Zeitverständnis der Q u m r a n t e x t e ist stark von deterministischem Denken geprägt. Das Gebot der von Jahwe garantierten gegenwärtigen »Ordnung der Zeit« ist der Gehorsam gegenüber Gottes Willen (1QS 9,12ff), der in der Absonderung von den Menschen besteht, um so den Weg für die Endzeit zu bereiten (ebd. 18ff). Denn Gott hat den Zeitpunkt der Heimsuchung vorherbestimmt (1QS 3,18), an dem dem Frevel ein Ende gesetzt und die Wahrheit der Welt für immer zutagetreten wird (1QS 4,18ff).

III Die Begriffe der Wortgruppe finden sich im NT wie folgt: καιρός *[kairọs]* 85mal (bei Paulus 30mal; im lukanischen Geschichtswerk 22mal), εὐκαιρέω *[eukairẹō]* 3mal, εὐκαιρία *[eukairịa]* 2mal (Evgg.), εὔκαιρος *[ẹukairos]*, εὐκαίρως *[eukạirōs]* und ἀκαίρως *[akạirōs]* je 2mal, πρόσκαιρος *[prọskairos]* 4mal; σήμερον *[sæmeron]* 41mal (Lk und Apg 20mal; Hebr 8mal); νῦν *[nyn]* 148mal (Paulus 52mal; Lk und Apg 39mal; Joh 28mal), νυνί *[nynị]* 18mal (Paulus 15mal), ἄρτι *[ạrti]* 36mal (Joh und Paulus je 12mal; Mt 7mal); das Adj. εὐθύς *[euthys]* 8mal, das Adv. 54mal (Mk 42mal, übrige Evgg. 11mal) und εὐθέως *[euthẹōs]* 33mal (Lk und Apg 15mal; Mt 11mal). Das Hauptgewicht der Wortgruppe liegt also einerseits bei Paulus, andererseits im lukanischen Geschichtswerk.

1) Das Zeitverständnis des AT prägt auch die nt. Verwendung der Wortgruppe. So

steht καιρός *[kairọs]* an einer Reihe von Stellen bedeutungsnahe oder -gleich zu anderen Zeitbegriffen und bezeichnet recht allg. eine *bestimmte Zeit* (zB in der Wendung »zu jener Zeit« Mt 11,25; 12,1; Lk 13,1; Apg 7,20; 12,1; 19,23), die keineswegs bloß als kurzer Zeitpunkt oder Augenblick (so jedoch zB Lk 8,13) zu verstehen ist. Oft meint καιρός *[kairọs]* deutlich eine längere oder kürzere *Zeitspanne* (zB Mk 10,30; Lk 18,30; 21,24: Zeiten der Heiden; Eph 2,12; Röm 8,18; 11,5; 2Kor 8,14 bzw. 1Thess 2,17; 1Kor 7,5: begrenzte Zeit geschlechtlicher Enthaltung). Und häufig bezeichnet es die mit der Schöpfung gesetzten Zeiten im Leben der Natur (Mt 13,20; 21,34; Mk 12,2; Lk 20,10; Mk 11,13), wobei ausdrücklich jede Naturvergötzung abgelehnt (Gal 4,9ff) und das Bekenntnis zu Gott als dem Geber fruchtbarer Zeiten bekräftigt wird (Apg 14,17; vgl. Mt 24,45).

2) Entscheidend neu und für jedes christl. Zeitverständnis konstitutiv ist die Überzeugung, daß mit dem Kommen Jesu ein ganz einmaliger, alle sonstige Zeit qualifizierender καιρός *[kairọs]* angebrochen ist. Das macht Mk 1,15 programmatisch deutlich. Der »Grundton« von Jesu Verkündigung ist: »Die Stunde der Erfüllung ist angebrochen, die Königsherrschaft Gottes manifestiert sich schon hier und jetzt; bald kommt die Katastrophe, die ihr definitives Kommen einleitet. Nutzt die Zeit, ehe es zu spät ist; es geht um Tod oder Leben« (JJeremias, Nt. Theol. I, 1971, 139f). Die Gnadenzeit, die von den Propheten erhofft wurde, ist jetzt mit Jesus Christus verwirklicht (vgl. Röm 3,21; 1Petr 1,10ff; Röm 16,25f; Eph 3,8ff; Kol 1,26). Wer jetzt auf ihn hört, der wird ewiges Leben haben (Joh 5,25; vgl. 3,36; 10,27f). Mit dem Leben und bes. dem Leiden und Sterben Jesu ist der alte Äon vergangen, und mit dem νῦν καιρός *[nyn kairọs]*, der *Jetztzeit*, der wahren göttlichen Gerechtigkeit (Röm 3,26) ist eine neue Zeitepoche, nämlich die »Erfüllung der Zeiten« angebrochen (καιρός *[kairọs]* zur Bezeichnung der Leidenszeit vgl. Mt 26,18; Joh 7,6f; Röm 5,6: »Christus ist . . . zur bestimmten Zeit für Gottlose gestorben«). »Das Heil hat sich in der Welt seine eigene Zeit und seinen eigenen Ort ausgesucht, um von da her Zeit und Raum, also die Wesensmerkmale der Welt, zu verändern, nämlich als die Zeit und den Raum Jesu neu zu qualifizieren« (EFuchs, Ges. Aufs. I, 19).

3a) Wie die leibliche Gegenwart Jesu jeweils das konkrete Heute in das Licht göttlichen Heils tauchte (Lk 13,32; 19,5.9; 23,43; vgl. 2,11), so kann auch künftig durch den Glaubensbezug zu dem Erhöhten (vgl. Mt 22,69) die erlösende Kraft im Leben der Menschen wirksam werden. »Jesu Leiden und Tod ist . . . kein bloßes Faktum der Vergangenheit, sondern ist Gegenwart« (RBultmann, GuV I, 170; ähnlich GDelling, Zeitverständnis, 35). Von Ostern her gilt weiterhin die Verkündigung: »Jetzt ist die hochwillkommene Zeit (καιρὸς εὐπρόσδεκτος *[kairọs euprọsdektos]*); siehe, jetzt ist der Tag des Heils« (2Kor 6,2 Z). Dieses Evangelium hat die Kirche Jesu Christi ohne falsche Rücksichtnahme »zur Zeit und zur Unzeit« (εὐκαίρως καὶ ἀκαίρως *[eukạirōs kai akạirōs]*) zu verkündigen (vgl. 2Tim 4,2), damit durch die Weitergabe von Jesu »Kairosbotschaft« (EStauffer) das Jetzt des Heilsangebotes immer wieder neu Entscheidung fordernde Wirklichkeit wird. Denn »dem Jetzt des Gekommenseins des Offenbarers korrespondiert . . . genau das Jetzt der Wortverkündigung als . . . das Jetzt der Gelegenheit . . ., (in dem) die Entscheidung zwischen Tod und Leben fällt« (RBultmann, GuV I, 144). Wie einst die Jünger gehorchten, als Jesus sie rief (Mt 4,20.22; Mk 1,18), so soll jeder ohne Zögern zustimmend auf die missionarische Verkündigung reagieren und in die Nachfolge Jesu treten. Alle werden gefragt, ob sie »die Zeit und den Ort der Begegnung des Menschen mit Gott als die Zeit der Liebe und den Ort des Leidens dieser Liebe glauben« (EFuchs, aaO, 21). Weder sollen sie der Entscheidung aus dem Heute in ein Morgen ausweichen (vgl. Philo Sacr. AC 69), noch gar ihr Herz »verstocken«, dh ihren Willen zur Existenz ohne Gott verstärken (vgl. Hebr 4,7; 3,7.15), damit sie nicht wie Jerusalem unter das Verdikt eines »Wehe!« geraten (vgl. Lk 19,44).

b) Muß so zunächst der καιρός *[kairọs]* für die grundlegende Glaubensentscheidung genutzt werden, so gilt danach, daß die nunmehr Versöhnten (vgl. Röm 5,11; 13,11) dem Glauben gemäß leben. Das Damals des Götzendienstes soll abgelöst werden durch das Jetzt des wahren Gottesdienstes (Eph 5,8f; Gal 4,8f; vgl. Röm 12,1). Der Glaube enthebt zwar der sklavischen Verfallenheit an die Zeit. Er befreit von belastender Vergangenheit durch die Annahme des Geschenkes der Vergebung. Doch entbindet er nicht von der ethischen Verantwortung, die verfügbare Zeit sinnvoll zu nutzen (Gal 6,10; Kol 4,5); im Gegenteil werden die Glaubenden in die geschichtliche Zeit eingewiesen mit dem Imperativ: »kauft die Zeit aus« (Eph 5,16). Das neue Leben im Glauben ist freilich nicht ohne Trübsal. Der καιρὸς οὗτος *[kairos houtos], diese Zeit,* (Mk 10,30; Lk 12,56) und daher auch die Zeit der Kirche ist keine Zeit unangefochtener Seligkeit, sondern eine Zeit des Kampfes (vgl. 1Kor 9,24ff; Eph 6,12; 1Tim 6,11ff; vgl. HConzelmann, Mitte der Zeit, 100) und des Leidens (Röm 8,18), in der die Christen sich gegenseitig ermahnen müssen, damit sie nicht im Augenblick der Versuchung (Lk 8,13) abfallen (Hebr 3,12f; vgl. 1Tim 4,1).

4) Die → Fülle göttlicher Herrlichkeit wird erst mit dem seinem Termin nach unbekannten (Mk 13,33; Apg 1,7; 1Thess 5,1ff), bald früher (1Kor 7,29; Offb 1,3; 22,10), bald später (2Thess 2,1ff; vgl. Lk 21,8) erwarteten καιρὸς ἔσχατος *[kairos es·chatos], letzten Zeitpunkt,* (1Petr 1,5) anbrechen. Auf dieses e n d z e i t l i c h e Telos (→ Ziel) weist das NT immer wieder hin. Gegenüber der apok. Erwartung des Spätjudentums wird freilich nun der eschatologische καιρός *[kairos]* christologisch verstanden als Zeit der Wiederkehr Christi in Herrlichkeit (1Tim 6,14) und als Termin für das letzte und endgültige Gericht (1Kor 4,5; 1Petr 4,17f; Offb 11,18; vgl. Joh 5,28f), bei dem die Gottlosen bestraft, die Gottvertrauenden aber belohnt werden (vgl. Mk 10,30; Gal 6,9).

Dem Schema: einst (Heiden in Laster und Finsternis) – jetzt (Christen und Söhne des Lichts; vgl. Röm 7,5f; Gal 4,3ff; Eph 5,8) entspricht also das andere: schon jetzt (getrost im Glauben und in der Hoffnung) – noch nicht (restlos selig; 1Petr 1,5f; vgl. 5,6; Röm 8,18; Hebr 11,25f). Noch ist Jesu Herrschaft nicht vollständig sichtbar und spürbar (Hebr 2,8). Noch wird auch dem Satan eine Frist für seine diabolischen Umtriebe eingeräumt (Offb 12,12). Noch reibt sich der Christ an der harten Wirklichkeit (vgl. 2Kor 4,18), zumal schlimmer Zeitläufte (vgl. Eph 5,16; 2Tim 3,1; 4,3). Die Zeit zwischen dem Auftreten des irdischen Jesus und der Parusie bleibt darum eine spannungsgeladene Zeit, die von den Christen wache Konzentration (vgl. Lk 21,36; Eph 6,18: durch Gebet) auf ihre apostolischen (vgl. Tit 1,3) und diakonischen Aufgaben (vgl. Röm 13,11) erfordert. Als solche Zeit der Bewährung steht sie freilich deutlich im Zeichen der die Zeiten umgreifenden Verheißung: »Jesus Christus ist gestern und heute und in Ewigkeit derselbe« (Hebr 13,8 Z; vgl. Offb 1,17). »Das Offensein nach vorn kennzeichnet das Verständnis der Zeit im NT schlechthin und notwendig. Das eschatologische Geschehen zielt ab auf das ›Gott alles in allen‹ (1Kor 15,28). Mit ihm ist das Ziel aller Zeiten bezeichnet. Die dem letzten aussagbaren Geschehen folgende Zeit ist notwendig unbegrenzt auf Grund dessen, was über ihren Inhalt gesagt wird – von dem her sie ihre Qualität erlangt, von dem sie bestimmt ist: sie ist nur und allein gefüllt von Gott (das ›Gott alles in allen‹ kann keine zeitliche Grenze haben). Von daher ist erst sie (!) ganz und gar gefüllte Zeit, ganz und gar Gotteszeit und damit – Ewigkeit« (GDelling, Zeitverständnis, 56).

H. Chr. Hahn

χρόνος

χρόνος *[chronos]* Zeit, Zeitabschnitt

I 1a) Das Subst. χρόνος *[chronos]* bezeichnet seit Hom. einen *Zeitraum,* dessen Dauer in der Regel nicht präzise festgelegt ist, sondern höchstens durch beigefügte Adj.e als länger (zB mit πολύς *[polys], viel;* ἱκανός *[hikanos], hinreichend*) oder kürzer (zB mit ὀλίγος *[oligos], wenig;* μικρός *[mikros], klein*) charakterisiert wird: Ein Weilchen soll Odysseus auf Nausikaa warten (Hom. Od. 6, 295). Um einen beträchtlichen Zeitaufwand handelt es sich dagegen bei den Irrfahrten des von seiner Heimat ferngehaltenen Helden (Od. 11,161; 14,218).

Angesichts vertaner Zeit gewinnt χρόνος *[chronos]* die Bedeutung von *Zeitverlust.* Andern eingeräumte Zeit wird mit *Frist* übers. (zB Jos. Bell. 4,188). Und im Blick auf Menschen heißt χρόνος *[chronos]* oft *Alter, Jahre, Lebenszeit* und rückt damit in die Nähe von βίος *[bios],* → *Leben.*

Häufig wird χρόνος *[chronos]* adverbiell gebraucht; im Gen.: *seit geraumer Zeit;* im Dat.: *in* oder *mit der Zeit, allmählich, spät;* im Akk.: *für ein Weilchen* (bzw. etwa in der Wendung τὸν ἀεὶ χρόνον *[ton a·ei chronon], für immer*). Oft begegnet χρόνος *[chronos]* auch mit Präp.en wie διά *[dia], durch;* ἐν *[en], in;* εἰς *[eis], in;* ἐκ *[ek], aus;* ἐπί *[epi], auf* u. a.

b) Das ältere von χρόνος *[chronos]* abgeleitete Verb χρονίζω *[chronizō]* (seit Aischyl.) heißt α) *lange nicht kommen, auf sich warten lassen, ausbleiben* (zB Thuk. VIII,16,3); β) *verweilen, bleiben* (Hdt. III,61) und γ) (mit Inf.) *zögern, säumen etwas zu tun.*

Später wurde durch Zusammenziehung von χρόνος *[chronos]* und τρίβω *[tribō], (auf)reiben, verbrauchen,* das seltene Verb χρονοτριβέω *[chronotribeō]* (Arist. Rhet. 3,3,3p 1406a) gebildet: *Zeit verbringen, Zeit verlieren* (also mit negativem Unterton).

2a) Der griech. Mensch erfuhr die Zeit als eine Macht, die sein Leben unausweichlich bestimmte. Einerseits erschien ihm die Zeit als endlose Größe, die »in ihrem Lauf . . . endlose Nächt' und Tage« gebiert (Soph. Oed. Col. 617f). Andererseits war er sich schmerzlich bewußt, daß die dem einzelnen zugemessene Zeit nur allzu kurz sei (Simonides, Athen. X,456). Man erlebte die voranschreitende Zeit (Soph. Phil. 285), deren »Allgewalt« alles außer den Göttern stürzt (Soph. Oed. Col. 609), als eminent lebensbedrohend. Die fast so schnell wie ein Schatten alternde Zeit (Kritias Frg. 26, bei Diels II,389,7) mahnte den Menschen an seine Vergänglichkeit. Mochte der Jugendliche das übersehen, der alternde Mensch wußte: »Die holde Jugend schwindet, des Lebens süße Freude währt nur noch kurze Zeit« (Anakreon, Griech. Lyrik, RK 140—142, 142/139; vgl. Mimnermos, aaO, 84/85; vgl. Simonides, aaO, 44/47f).

b) Ferner wurde »die allseh'nde Zeit« als eine Art Richter empfunden, der alles ans Licht bringt (Soph. Ai. 646f; Frg. 832). Die Zeit macht die Wahrheit offenbar (Pindar, Ol. X,55), gerade auch im Blick auf das, was ein Mann wirklich taugt (Soph. Oed. Tyr. 606ff). Klingen hier schon positive Funktionen der Zeit an, so ist das noch deutlicher da der Fall, wo von der Zeit die Rede ist, die heilsames Vergessen schenkt (Soph. Ai. 714: tilgt alles; vgl. Frg. 868a; Pindar Pyth. 1,46).

c) Doch kann auch die Wunden heilende Zeit nicht vor dem → Tode bewahren. Auf verschiedene Weise suchte man sich diesem mit der Zeitlichkeit gegebenen Wissen um das eigene Sterbenmüssen zu stellen. Das geschah einmal dadurch, daß man die Zeit als »kostbarsten Stoff für den Verbrauch« (Antiphon Frg. 77, bei Diels II,367,14; auch RK 10,139), intensiv auszunutzen trachtete (vgl. Bakchylides in: Griech. Lyrik, aaO, 162/158). Ein anderer Weg, die Begrenzung durch die Zeit zu sprengen und ein den Tod überschreitendes Sein zu erlangen, war die Hoffnung auf Nachruhm, wie ihn etwa bei allen Leuten der Arzt dadurch erwartete, daß er sich zum Hippokratischen Eid bekannte. Heldendenkmale, wie das an den Thermopylen, kann die »Allverderberin Zeit« nicht tilgen (Simonides, aaO, 133/129; vgl. Theogn., aaO, 112/119).

3) Bes. bedeutungsvoll war bei den Griechen wie später auch bei den Römern das Bemühen, die mit der Zeit gegebenen Probleme durch geistige Einordnung zu bewältigen.

a) So kreist bereits das Denken der Vorsokratiker immer wieder um das Phänomen Zeit, die zB Democr. als ewige, ungeschaffene Größe ansieht (Diels II,102,3). Als *unendlich* (ἄπειρος *[apeiros]*) erscheint die Zeit auch bei Anaximander (Diels I,85,22) und Zenon (Diels I,253,25).

b) Seinen ersten großen Höhepunkt erreicht das Nachdenken über Wesen und Ursprung der Zeit bei Plato. Zugleich mit dem gestirnten Himmel wurde χρόνος *[chronos]* geschaffen, und zusammen mit diesem wird die Zeit auch wieder vergehen (Tim 38b). Im Bereich der Endlichkeit wurde sie »zu einem in Zahlen fortschreitenden unvergänglichen Bilde der in dem Einen verharrenden Unendlichkeit« (Tim 37d). Während das unwandelbare Sein weder älter noch jünger werden kann, dienen Zeitbegriffe wie Vergangenheit, Gegenwart und Zukunft zur Beschreibung von Bewegungsabläufen, in denen sich die Unvergänglichkeit abbildet. »Geworden, seiend und werdend« korrespondiert die Zeit dabei den unablässig kreisenden Planeten und beschreibt ihrerseits Kreisläufe natürlichen Werdens und Vergehens. Gemäß dieser kosmologischen Anschauung wird das Jahr als »die vollkommene Zeitenzahl« bezeichnet (Tim 39d). Solchem Abbild-Denken entsprechend kann »die so schöne Anordnung der nach Jahren und Monaten verteilten Jahreszeiten« in Leg 886a als eine Art Gottesbeweis angeführt werden.

c) Die analytische Fragestellung des Aristoteles, bedingt durch die außerordentliche Kraft der persönlichen Begabung und durch die Erkenntnis, daß Platos Denken stark spekulativen Charakter annahm, verlagert das Interesse vom Problem des Seins zur Analyse des Seienden, dh der Wirklichkeit. Aristot. sieht in der Veränderung, wahrnehmbar als Bewegung, die einzige Möglichkeit, die Wirklichkeit zu erkennen. Meßbar wird der Bewegungsablauf durch die → Zahl. So kann er die Zeit als die kontinuierliche Größe der sukzessiven Bewegung definieren (Phys. IV,20a 25f), dh die Zeit wird aus dem Örtlichen und der Bewegung erschlossen, ein für die optisch begabten Griechen typischer Vorgang.

Dabei wird die Zeit von Aristot. – wie auch bei Plato – »als etwas viel Geringeres als der Raum gewertet . . . Diese Geringschätzung der Zeit . . . erzählt uns mehr von dem Unterschied zwischen griech. und hebr. Zeitauffassung als alle Versuche, die griech. Zeitvorstellung philosophisch zu verstehen. Aus diesem Grunde wird auch alles, was nur dem Raum angehört, zB die Geometrie, so hoch geschätzt, und deshalb müssen sich die Griechen Gott und die göttliche Welt als aller Zeit, Vergänglichkeit und sogar Veränderung enthoben vorstellen, weil Zeit, Veränderung und Vergänglichkeit synonyme Wörter sind« (ThBomann, 109).

II »Die Bibel hat kaum – wie die Philosophie spätestens seit Plato und Aristoteles – über die Zeit reflektiert. Deshalb gibt es auch keinen einheitlichen biblischen Zeitbegriff oder -terminus, hingegen verschiedene Zeitvorstellungen, die sich in den hebr. bzw. griech. Äquivalenten der Wörter wie Tag, Stunde, Ewigkeit, Weltzeit, Ende, Augenblick, entscheidender Zeitpunkt, jetzt, heute, Festzeit u. ä. ausdrücken« (PNeuenzeit, II, 1534f). Nach Zeitbegriffen wie ἡμέρα *[hæmẹra]*, *Tag* (ca. 1600mal), νῦν *[nyn]*, *jetzt* (ca. 400mal), αἰών *[aiọ̄n]*, *Zeitalter*, καιρός *[kairọs]*, *Zeitpunkt* (je ca. 300mal), σήμερον *[sæmeron]*, *heute* (ca. 150mal), kommt χρόνος *[chrọnos]*, *Zeit*, dabei in LXX relativ selten vor (ca. 100 Belege; ebenso oft findet sich ἐνιαυτός *[eniautọs]*, *Jahr*). Am häufigsten dient es zur Wiedergabe von *jōm*, *Tag* (29mal), während es für *ʿēt*, *Zeit*, nur 4mal steht. Auf die Bücher der LXX verteilt verdichten sich die χρόνος *[chrọnos]*-Belege in Makk, Jes, Dan und Hi.

Kann χρόνος *[chrọnos]* auch bisweilen synonym zu ὥρα *[hō̦ra]* und καιρός *[kairọs]* gebraucht werden und einen *Zeitpunkt* bezeichnen (zB Jer 45[38],28; vgl. Neh 10,34; 13,31), so meint es doch im allg. eine größere Zeitausdehnung, eine Zeitstrecke. Das zeigt die häufige Verbindung von πᾶς *[pās]*, *ganz*, mit χρόνος *[chrọnos]* (zB Dtn 12,19; 22,19.29) und bes. die Formel εἰς τὸν αἰῶνα χρόνον *[eis ton aiọ̄na chrọnon]*, *bis in ewige Zeit* (zB Ex 14,13; Jes 9,7). Dabei ist teils an die ganze menschliche Lebenszeit gedacht (zB Jos 4,24), teils an eine unvorstellbar lange Zeitdauer, nie aber an eine zeitlose, jenseitige Ewigkeit.

1a) Für den Israeliten gehören Zeit und Geschichte unabtrennbar zusammen. Zeit interessiert ihn nur insofern, als sie durch ein bestimmtes Geschehen qualifiziert ist. Das gilt vor allem im Blick auf das Handeln Jahwes mit seinem Volk bzw. mit dessen Vertretern. Dementsprechend werden gewisse Abschnitte der Heilsgeschichte beschrieben als »Zeit der Väter« (1Esr 8,76) bzw. als »Zeit Noahs« (Jes 54,9), »Abrahams« (Gen 26,1.15), »Josuas« (2Makk 12,15) oder »Samuels« (1Esr 1,20).

Grundlegend ist der Glaube, daß der ewige, dh »dauerhafte« Gott (vgl. Ex 15,18; Ps 90,1; Jes 40,28; Dan 12,7) Herr der Zeit ist und daß er aller menschlichen Zeit Inhalt und damit Sinn gibt. Pflegte man in Altisrael zunächst mehr auf die Heilsdaten der Vergangenheit zu schauen, so wenden die Propheten nachdrücklich das Auge auf künftige Zeiten. Bei Jes geschieht das mit der χρόνος *[chrọnos]*-Begrifflichkeit. Für die Feinde Zions sieht Jes, daß sie über weite Zeiträume hinweg göttlichen Strafen ausgesetzt sein werden (13,20; 14,20, vgl. 23,15; 34,10). Zion dagegen wird – ohne daß ihm »Zeiten der Heimsuchung« (Begriff: Jer 29[49],8; Jes 54,7) erspart bleiben – für alle Zeit feststehen (Jes 33,20; vgl. 34,17; 51,8). Da will Gott ein immerwährendes Friedensreich errichten (Jes 9,7; vgl. Bar 3,13).

b) Die für den griech. Menschen so bedrängende Problematik der vergehenden Lebenszeit taucht auch in jüngeren Schichten des AT auf. Hiob zB wird die Tatsache, daß der Mensch, der doch gern lange leben möchte (Hi 29,18), nur ein kurzes Leben hat (Hi 14,1; vgl. 10,20), zur Anfechtung. Doch finden er und andere Trost in der Erkenntnis, daß Gott dem einzelnen die Fristen setzt (Hi 14,5; vgl. 14,13), so daß auch ein früh Sterbender lange Zeiträume dem Herrn wohlgefällig füllen kann (Weish 4,13). Immerhin wird von dieser Anschauung her eine Lebenszeitverlängerung als bes. Gnade Gottes gewertet (Jes 38,5; vgl. 65,20; Spr 9,11.18; 28,16).

c) In der Weisheitslit. finden sich auch Ansätze zu einer philosophischen Behandlung der Frage nach der Zeit. Doch werden sie umgriffen von dem Glauben, daß Gott es ist, der – u. a. mittels der → Weisheit (Pred 8,8) – Einsicht schenkt »in Anfang, Ende und Mitte der Zeiten« (Weish 7,18). Darum lautet auch hier das Fazit, daß Gott, der die Erde auf ewige Zeiten bereitete (Bar 3,12) und die zeitgebenden Gestirne schuf (Sir 43,6), allem in Natur, Einzelleben und Volksgeschichte seine Zeit zuweist (Pred 3,1). Das gilt insbesondere auch für Zeiten und Gelegenheiten der Buße (Weish 12,20), die zu nutzen sind, damit nicht der eschatologische »Tag des Herrn« zum Unheil führt.

2) Eine wichtige Rolle spielen genau befristete Bußzeiten in der Gemeinde von Qumran (1QS VII), deren Zeitbewußtsein entscheidend von eschatologisch-apok. Vorstellungen geprägt ist. Großen Nachdruck legt sie vor allem auf das Beachten besonderer Festzeiten (1QS I,14f; X,1ff). »Ja, in jedem geschehenden Zeitabschnitt« soll ein Glied ihrer Gemeinschaft »seinen Schöpfer preisen« (1QS IX,26). Denn nur dann lassen sich die Zornesgluten der Endzeit (1QH III,36; vgl. 1QS III,1) und das Wüten des Finsternisengels (1QS III,23; vgl. IV,12f) als Läuterungszeiten überstehen, bevor mit dem »Tag des Gerichts« (1QpHab XII,14; XIII,2ff) auch die »Vollendung der Zeit« (1QpHab VII,2.13) anbricht und Gott »das Neue schafft« (1QS IV,25).

3) Philo geht in seinen Überlegungen über das Wesen der Zeit vom kosmischen Zeitverständnis Platos aus (s. o. I,3b). Demgemäß stellt er fest: »Da die Zeit (= χρόνος *[chrọnos]*) das Intervall der Bewegung des Weltalls ist, Bewegung aber nicht früher als das Bewegte eintreten kann,

sondern entweder später oder zugleich entstanden sein muß, so muß auch die Zeit ebenso alt wie die Welt oder jünger als sie sein; . . .« (Op. Mund. 26).

Theol. geht es Philo darum, die Entstehung der Zeit – als einer der 10 Kategorien (Decal. 30f) – unauflöslich mit dem at. Glauben an Gott den Schöpfer zu verklammern. Dieser ist es, der die sich harmonisch bewegenden Himmelskörper aus dem Nichts (vgl. Vit. Mos. 267) erschaffen hat (Leg. All. III,98f), ohne dabei der Zeit zu bedürfen (Decal. 101; Leg. All. I,20). Auf seine Kreativität geht alles zurück, auch der nach den Gestirnen zu berechnende Kreislauf der vier Jahreszeiten (vgl. Cher. 88). In diesem Zusammenhang verwendet Philo betont den Begriff → καιρός *[kairos]*, der »doch nichts anderes (bedeutet) als die Zeit der glücklichen Ausführung«. Wichtig ist für den Alexandriner auch, daß mit der Erschaffung der Gestirne und des Jahreskreislaufs »der Begriff der Zahl in die Erscheinung getreten (ist), indem die Zeit ihn offenbarte« (Op. Mund. 60). So fließen bei Philo platonisches, at. und pythagoreisches Denken ineinander.

Im NT kommt χρόνος *[chronos]* 54mal vor (davon 24 Belege im lukanischen Geschichtswerk und 9 bei Paulus). Die Derivate χρονίζω *[chronizō]* und χρονοτριβέω *[chronotribeō]* finden sich 5 bzw. 1mal (Apg 20,16). III

1) χρόνος *[chronos]* dient zunächst – wie die anderen Zeitbegriffe – der formalen Bestimmung eines Zeitraums oder Zeitpunktes. So wird häufig die längere oder kürzere Dauer eines Zustandes oder einer Tätigkeit mit χρόνος *[chronos]*-Wendungen umschrieben. (Vgl. Joh 5,6; Lk 8,27.29: lange Krankheit; Mt 25,19; Lk 20,9f: lange Abwesenheit; Lk 23,8: lang gehegter Wunsch; Hebr 11,32: beträchtlicher Zeitaufwand beim Erzählen.) Oft wird, bes. in Apg, die faktische oder geplante Aufenthaltsdauer an irgendwelchen Orten mit χρόνος *[chronos]* angegeben (Apg 19,22: »er hielt sich noch eine Zeitlang in Asia auf«; vgl. Apg 14,3; 15,33; 18,20.23; 20,18; 27,9; 1Kor 16,7). Als mit 40 Jahren bemessener Abschnitt der Heilsgeschichte findet sich χρόνος *[chronos]* Apg 13,18. Wie im AT kann χρόνος *[chronos]* auch die Lebenszeit eines Menschen meinen (Apg 1,21; 1Kor 7,39). Auch können Teilabschnitte der Lebenszeit anvisiert werden (Gal 4,1; vgl. Apg 7,23). Schließlich kann χρόνος *[chronos]* eine kurze Zeitspanne beschreiben (Joh 7,33; 12,25), und sogar mit der Bedeutung von καιρός *[kairos]* und νῦν *[nyn]*, *in einem Augenblick*, läßt es sich antreffen (Lk 4,5).

2) Theol. bedeutsamer als die allg. Zeitangaben sind die Stellen, an denen χρόνος *[chronos]* – vor allem im lukanischen Geschichtswerk – unmittelbar als inhaltlich gefüllte Zeit erscheint. Das beginnt anthropologisch, wo von der Zeit des Gebärens (Lk 1,57) die Rede ist, setzt sich fort in der heilsgeschichtlichen Formel von dem 40jährigen Wirken Gottes in der Wüste (Apg 13,18; vgl. dazu Ex 16,35; Num 14,34; Dtn 1,31) und findet seinen Höhepunkt in einer Reihe christologischer Aussagen. Denn mit Jesus Christus erhält die Zeit ein für allemal (ἐφάπαξ *[ephapax]*) ihre entscheidende Füllung. Nicht Spekulationen über die Entstehung oder ein mögliches substanzhaftes, vielleicht sogar göttliches Wesen der Zeit interessiert die NT-Autoren, und auch die methodologische Reflexion auf die Zeit als Kategorie liegt ihnen fern. Ihre Besinnung ist vielmehr orientiert an Jesus Christus als der Gestalt, die dem formalen Zeitschema den für alle Zeit gültigen Inhalt verliehen hat. Gal 4,4 ist hierfür die klassische Aussage: »Als aber die Erfüllung der Zeit gekommen war, sandte Gott seinen Sohn, . . .« Der dabei verwandte Begriff πλήρωμα τοῦ χρόνου *[plērōma tou chronou]*, *Fülle der Zeit*, »ist eindeutig dahin zu fassen, daß er den Augenblick meint, in dem der χρόνος *[chronos]* voll wurde, die Zeit im Sinne des Zeitverlaufes zu ihrem vollen Maß, dh zu ihrem Ende kam« (HSchlier, KEK VII, 137).

a) Von einem Ende der Zeit läßt sich freilich nur auf dem Hintergrund der eschatologisch-apok. Messiaserwartungen des Spätjudentums reden. Mit dem Kommen Christi ist diese Erwartungszeit für das NT abgelaufen (vgl. 1Petr 1,20). Sein Erscheinen bedeutet das Ende des alten Äons (→ Ziel, Ende).

b) Andererseits eröffnet Jesus einen neuen Zeitabschnitt, denn mit ihm beginnt die christokratische Gottesherrschaft über die Welt. Bedenkt man so die Menschwerdung Gottes in seinem Sohn, sein Eingehen in die geschichtliche Zeit, dann scheint es sinnvoll, wie Lukas von der »Mitte der Zeit« zu reden, wobei der Begriff »Mitte« allerdings »nicht im quantitativen Sinne auf zwei gleichlange Hälften bezogen werden darf, sondern eher im Sinne von ›entscheidender Einschnitt‹ aufzufassen ist« (OCullmann, Christus und die Zeit, 1962[3], 85 A1). Denn mit dem Auftreten Jesu ist das → Reich Gottes mitten unter die Menschen gekommen (Lk 17,21). Das Christusgeschehen wird zum Maßstab der ges. geschichtlichen Zeit nach rückwärts wie nach vorwärts. Demgemäß kann man nun, da die »Zeiten der Unwissenheit« (Apg 17,30) vorbei sind, im Lichte »der Offenbarung des Geheimnisses, das ewige Zeiten verschwiegen war« (Röm 16,25), die Vergangenheit als Vorbereitungszeit voll begreifen. »Jetzt erhält der ganze Geschichtsverlauf einen Sinn; er wird teleologisch, zielstrebig, verstanden. Die Zeit vor Christus gilt als die Zeit der Vorbereitung« (RBultmann, GuV IV, 99). Auch diese Zeit sieht man rückblickend in Zeichen der Verheißung »und der Gnade, die . . . in Christus Jesus verliehen worden ist vor ewigen Zeiten« (1Tim 1,9; vgl. Tit 1,2; 1Petr 1,20).

Die Mitte ist vor allem die Zeit, in der der »Bräutigam« unter den Seinen weilte (vgl. Mk 2,19), in der Jesus bei ihnen »ein- und ausging« (Apg 1,21), und in der das Jetzt und das Heute, der Kairos und die Stunde durch seine leibliche Gegenwart qualifiziert wurden.

3a) Doch war mit Jesu Tod die Heilszeit keineswegs vorüber. Jesus selbst hatte deutlich von einem nicht allzu fernen Weltende gesprochen (vgl. zB Mk 13; Mt 24f) und damit die Glaubenden eingewiesen in eine Zwischenzeit, die sich von Ostern bis zur Parusie erstrecken würde. Immer wieder beschäftigen sich die nt. Autoren mit der übriggebliebenen Zeit (vgl. 1Petr 4,2) und den Ereignissen der Endzeit. Dabei ist für das christl. Zeitverständnis charakteristisch, daß man astrologische Berechnungen — etwa im Sinne von Mt 2,7.16 — von vornherein ausschloß. Wohl nannte man gewisse »Zeichen der Zeit« wie das Auftreten von Irrlehrern und Spöttern (Jud 18), doch das sollte wohl mehr der Ermunterung zur Wachsamkeit dienen, denn als Einladung zu Terminspekulationen. Gott war der Herr der Zeit; es war sein Privileg, die letzte Stunde für die Vollendung seines Reiches zu bestimmen (vgl. Apg 1,6f). Weder die Engel noch auch Jesus wußten, wann der eschatologische »Tag des Herrn« anbrechen würde (Mk 13,32). Plötzlich wie ein Dieb in der Nacht wird er kommen (1Thess 5,1ff). Zwar meinte man zunächst, daß es wohl nur noch eine kurze Zeit bis zur Parusie dauern würde; allmählich aber stellte man sich in der Urchristenheit auf eine längere Zeitspanne ein.

b) Diese Zwischenzeit ist bes. für alle, die Gott in Christus noch nicht begegnet sind, die sich ihm entziehen oder — wie die Pseudoprophetin Isebel — widersetzen, »eine Zeit, . . . Buße zu tun« (Offb 2,20f). Allerdings wird diese Entscheidungszeit nach Meinung des Sehers Johannes nicht ewig dauern. Bei der Vollendung der göttlichen Geheimnisse wird einmal keine Zeit mehr sein (Offb 10,6). Von denen, die Christus im Glauben als Herrn anerkennen, soll die ihnen in der Zwischenzeit gegebene Frist dazu genutzt werden, daß sie wachsen und reifen in der Erkenntnis des Glaubens (vgl. Hebr 5,12f). Der Verfasser des 1Petr betont ferner die ethische Verantwortung der Christen, die sich nicht mehr wie in früheren Zeiten heidenmäßig verhalten sollen, »sondern nach dem Willen Gottes die noch übrige Zeit im Fleische« leben (1Petr 4,1ff; vgl. das Vorbild des Paulus, der während seiner ganzen Aufenthaltsdauer in Kleinasien dem Herrn auf mannigfaltige Weise zu dienen suchte, Apg 20,18ff). In 1Petr 1,17 wird schließlich die Zwischenzeit definiert als »Zeit der Fremdlingschaft« (χρόνος τῆς παροικίας *[chrọnos tæs paroikịas]*), die auch durch manches Dunkel, durch Stunden der Anfechtung und Verfolgung führt. Trost in dieser Zeit der Fremdlingschaft gewährt u. a. die Hoffnung auf die Zukunft Gottes, von der man die endgültige Erfüllung aller Zeitläufe und damit »eine Wiederherstellung der schöpfungsmäßigen Ordnung« erwartet (EHaenchen, KEK III, 168 zu Apg 3,21).

4) Damit schließt sich der Kreis des theol. relevanten Zeitverständnisses in der Bibel. χρόνος *[chrọnos]* ist keine absolute Größe, sondern Raum und Anschauungsform für das geschichtliche Handeln Gottes und die zeitgestaltende Antwort des glaubenden Menschen, der seine konkrete Gegenwart bestimmt sieht von der at. Vorbereitungszeit und der Erfüllungszeit Jesu Christi und der sich offenhält für den auf ihn zukommenden Gott.

H. Chr. Hahn

ὥρα *[hōra]* Zeit, Zeitpunkt, Stunde · ὡραῖος *[hōraios]* rechtzeitig

ὥρα

1) Das wahrscheinlich aus jώρα *[jōra]* (vgl. gotisch: *jēr*; ahd.: *jār*) entstandene, u. a. bei Hom. in der ionischen Form ὥρη *[hōræ]* auftretende Subst. ὥρα *[hōra]* bezeichnete urspr. den *Gang*, kam von daher zur Bedeutung der regelmäßig umgehenden *Zeit* und meint seither einen bestimmten natürlichen Zeitabschnitt, den richtigen *Zeitpunkt* für etwas (vgl. → καιρός) oder die abgemessene Zeiteinheit einer *Stunde.* Doch kann ὥρα *[hōra]* auch *Jahr, Tag* und *Augenblick* heißen oder eine *Jahreszeit*, beim Menschen zudem eine *Lebensstufe*, zB die Jugendzeit, bezeichnen (vgl. Mimnermos, in: Griech. Lyrik, RK 140–142,84). Bei Hom. und anderen Dichtern kennzeichnet ὥρα *[hōra]* die gewöhnlich geeignete Zeit zu gewissen Handlungen, zB zum Abendessen (Hom. Od. 21,428), zum Schlafengehen (Hom. Od. 11,330.373) oder zum Geschlechtsgenuß (Orpheus Frg. 5a; Diels I,8). I

Ferner wird ὥρα *[hōra]* gern verwandt zur Beschreibung der Jahreszeiten (zB Heracl. Frg. 100; Diels I,173; Diog. Laert. IX,10; Plato, Leg. 889b), vor allem des Frühlings (Hom. Il. 2,468.471; 6, 148) und Sommers (Semonides, in: Griech. Lyrik, RK 140–142,45), aber auch des Winters (Xenoph. Frg. 22; Diels I,134). Schließlich begegnet die Personifizierung der »Horen« als Göttinnen der Jahreszeiten, die das Himmelstor des Olymp hüten (Hom. Il. 5,749; 7,393.433; 21,450).

Die Betrachtung der Natur und gerade auch des Frühlings kann das Bewußtsein der Vergänglichkeit wecken und die Gedanken auf »der Stunden letzte« (vgl. Soph. Oed. Col. 103) richten. (Vgl. Mimnermos, in: Griech. Lyrik, aaO, 85: »Ähnlich den Blättern der Bäume vom blühenden Lenze gezeitigt, . . . / Ist auch uns nur wenige Zeit an den Blüten der Jugend / Freude vergönnt.«) Demgegenüber wird die Forderung erhoben, das dem jeweiligen Lebensalter Gemäße intensiv zu tun und so die gegebene »Stunde« zu nutzen. (Vgl. Timon v. Phlius: ὥρη ἐρᾶν, ὥρη δὲ γαμεῖν, ὥρη δὲ πεπαῦσθαι *[hōræ eran, hōræ de gamein, hōræ de pepausthai], Küsse beizeit und freie beizeit und entsage beizeit*, Anth. Graeca X,38; Tusc. Bücherei, III,494/5).

Unserem Verständnis von *Stunde* kommt ὥρα *[hōra]* zB da relativ nahe, wo vom Hahn die Rede ist, der die Stunde anzeigt (Diog. Laert. VIII,34). Aufs Ganze gesehen aber spielt die Stunde im Sinne eines Uhrzeitmaßes im frühen Griechentum keine Rolle.

Mit den Präp.en ἐν *[en]* und εἰς *[eis]* heißt ὥρα *[hōra] rechtzeitig, früh, beizeiten* (vgl. zB Pindar, Ol. VI,28: ». . . nach Pitana . . . muß ich heute kommen beizeit«).

2) Das zu ὥρα *[hōra]* gehörige Adj. ὡραῖος *[hōraios]* (seit Hes.) heißt *der Jahreszeit angemessen, rechtzeitig* (Hdt. IV,28); kann dann aber auch – man denke etwa an das rechtzeitige Eintreffen erfreulicher Ereignisse! – den Bedeutungsgehalt von *angenehm, lieblich* und schließlich *schöngestaltet* gewinnen (vgl. LXX Dtn 33,13f.16: ὥρα *[hōra]* in dieser Bedeutung von ὡραῖος *[hōraios]*).

Das Subst. ὥρα *[hōra]* findet sich in LXX ca. 50mal; das Adj. ὡραῖος *[hōraios]* ca. 25mal. II

1) ὥρα *[hōra]* dient zunächst als Angabe für eine ziemlich unbestimmte Zeit d a u e r (neben ἡμέρα *[hæmera], Tag*, zB Dan 12,13). Auch wo, wie Dan (Th) 4,16, eine Ordinalzahl bei ὥρα *[hōra]* steht, dürfte kaum an eine Stunde von 60 Minuten gedacht sein: Belsazar war eine Zeitlang starr vor Schrecken. »Eine Einteilung des Tages und der Nacht nach Stunden kannte man in alter Zeit nicht . . ., nur allgemeine Angaben wie ›morgens‹, ›mittags‹, ›abends‹ (Gen 3,8; 18,1; 1Sam 11,11); erstmals ist in Jes 38,8 (2Kön 20,9–11) eine Sonnenuhr erwähnt« (WRordorf, BHHW II, 1275). Neh 8,3 wird einmal die Morgenstunde genannt. Um längere Zeiträume handelt es sich Ex 18,22. 28: alle Stunden, dh jederzeit, sollen die gewählten Richter Recht sprechen.

Häufiger als die Zeitdauer bezeichnet ὥρα *[hōra]* einen mehr oder minder eingegrenzten Zeit p u n k t. Wo es sich um die prompte »Ausführung amtlicher, bes. polizeilicher Maßnahmen« handelt, gewinnt die präpositionale Wendung ἐν ἐκείνῃ τῇ ὥρᾳ *[en ekeinæ tæ hōra]* bzw. (ἐν) αὐτῇ τῇ ὥρᾳ *[(en) autæ tæ hōra]* die Bedeutung *sofort, auf der Stelle* (JJeremias, ZNW 42, 1949, 215; Dan [Th] 3,6; 3,15; 1Esr 8,62; vgl. Lk 20,19). Ähnlich kann diese Formel »den zeitlichen Anschluß« (Est 8,1: unmittelbar hierauf; vgl. Mt 26,55; Lk 2,38), »die Unmittelbarkeit der Wirkung« (Dan [Th] 4,30; vgl. Apg 16,18; 22,13; Mt 9,22; 15,28; 17,18) oder »das ohne Verzögern erfolgende Handeln« (Est 9,2; vgl. Lk 24,33; Joh 19,27) zum Ausdruck bringen (JJeremias, aaO, 215f). Oft finden sich die formelhaften Zeitangaben »morgen zu dieser Stunde« (Ex 9,18; 10,4; Jos 11,6; 1Kön 19,2; 21,6 u. ö.) und »über's Jahr um diese Zeit« (Gen 18,10.14 – in Röm 9,9, wo diese Stelle zitiert ist, steht statt ὥρα *[hōra]* das sachlich gleichbedeutende καιρός *[kairos]*; 2Kön 4,16f).

2) Charakteristisch für das at. Zeitverständnis und damit auch für den Gebrauch von ὥρα *[hōra]* ist der Glaube an Gott als den Schöpfer und Herrn der Zeit in allen ihren Ausdehnungen. »Die Zeit gehört zur geschaffenen Wirklichkeit« (MRissi, BHHW III, 2210). Jahwe ist es, der in der N a t u r dafür sorgt, daß alles zur gebotenen Stunde geschieht, daß zB rechtzeitig Regen kommt (Dtn 11,14; Hi 36,28; Sach 10,1) und das Korn zur Erntezeit reif ist (Hi 5,26; vgl. Hos 2,9). Auch die Zeiten des Vieheintriebs (Gen 29,7) und der regelmäßigen Nahrungsaufnahme (Ruth 2,14) gehören zu Gottes Schöpfung. Er ist der Herr der Geburtsstunde (vgl. Gen 18,10.14; 2Kön 16f: durch seinen Propheten Elisa); er bestimmt die Todesstunde (vgl. 2Sam 24,15; Hi 5,26), nicht Menschen

wie Isebel (1Kön 19,2). Das Lob der göttlichen Zeitzuteilung für die Naturvorgänge klingt immer wieder auf: »Die Werke Gottes sind allesamt gut, für jeglichen Anspruch reichen sie zu seiner Zeit (ἐν ὥρᾳ *[en hōrạ]*). Du darfst nicht sagen: ›Dies ist minder gut als das‹. Denn alles ist zu seiner Zeit (ἐν καιρῷ *[en kairọ̄]*) vortrefflich« (Sir 39,33).

3) Bes. wichtig ist für den Israeliten das machtvolle Handeln Gottes in der G e s c h i c h t e, so wenn er zu bestimmter Stunde die Feinde seines Volkes schlägt (Jos 11,6; Ägypten mit Hagel, Ex 9,18; vgl. Hi 38,22f, oder mit Heuschrecken, Ex 10,4), wenn er plötzlich Belsazar mit der geheimnisvollen Wandbeschriftung erschreckt (Dan [Th] 5,5). Gottes Wort wird im Handumdrehen vollzogen (Dan [Th] 4,30; vgl. Dan LXX 4,23; εἰς καιρὸν καὶ ὥραν *[eis kairon kai hōran]*) oder erfüllt sich pünktlich zur vorbestimmten Stunde (Gen 21,1ff in bezug auf Gen 18,10.14; 2Kön 4,16f). Das Ausbleiben eines erhofften Eingreifens Gottes kann zur Anfechtung werden (Hi 24,1: »Warum sind vom Allmächtigen nicht Zeiten aufgespart, und warum schauen, die ihn kennen, seinen Tag nicht?«).

Zu festgesetzten Feierstunden soll die Erinnerung an Gottes heilsgeschichtliches Handeln im Kult wachgehalten werden (Ex 13,10). So sollen die Söhne Israels das Passa zur festgesetzten »Stunde« halten (Num 9,2). Dem uhrzeitlichen Stundenbegriff, der später in der christl. Liturgie eine große Rolle spielt, kommt die Erwähnung der »Stunde des Abendopfers« (Dan [Th] 9,21) am nächsten. Insges. gilt jedoch für das AT, daß der temporale Sinn von ὥρα *[hōra]* hinter dem der inhaltlichen, durch Jahwe gewirkten oder im Kult auf Gott bezogenen Füllung zurücktritt.

4) Im späteren j ü d i s c h e n Schrifttum erhält ὥρα *[hōra]* wie andere Zeitbegriffe einen stark eschatologisch-apokalyptischen Akzent. Wie »der Tag des Herrn« so verweist ὥρα καιροῦ *[hōra kairọu]* (Dan LXX 8,17.19) bzw. ὥρα συντελείας *[hōra synteleịas]* (Dan LXX 11,40.45) auf jene endzeitlichen Ereignisse, bei denen Gott unter kosmischen Begleiterscheinungen kommen wird, um im Gericht die Gottlosen zu strafen, die Frommen aber ewigem Heil zuzuführen. Darum gilt: »Prüfe dich, ehe das Gericht naht, so wirst du Gnade finden in der Stunde der Rechenschaft (ἐν ὥρᾳ ἐπισκοπῆς *[en hōra episkopæs]* Sir 18,20 Z). Für die Todesstunde des einzelnen gilt die Verheißung Sir 11,22: »Der Segen Gottes ist das Teil des Gerechten, in der Zeit seines Endes (ἐν ὥρᾳ ταχινῇ *[en hōra tachinæ]*) wird er ihm aufblühen«. Im Blick auf den Gottlosen sagt Sir 11,27: »Schlimme End-Zeit (κάκωσις ὥρας *[kạkōsis hōras]*) läßt die Wonne vergessen«.

III Im Vergleich zur LXX wird ὥρα *[hōra]* im NT fast doppelt so häufig verwandt. Dabei häufen sich die Belege in den Evgg. (76mal, davon Joh 26mal) und Offb (10mal). Bei Paulus steht ὥρα *[hōra]* 7mal. Das Adj. ὡραῖος *[hōrạios]* findet sich 4mal.

1a) In Verbindung mit Ordinalzahlen dient ὥρα *[hōra]* dazu, irgendwelche Ereignisse im Tagesablauf uhrzeitlich zu fixieren (zB Mt 20,3.5f.9; Joh 1,39; 4,6; Apg 2,15). Das gilt bes. für bestimmte Z e i t p u n k t e innerhalb der Leidensgeschichte Jesu (Joh 19,14; Mk 15,25.33f; Mt 27,45; Lk 23,44) und im Anschluß an jüd. Gebetszeiten im Gebetsleben der Frommen (Apg 3,1; 10,3.9.30; vgl. für terminierte Kulthandlungen auch Lk 1,10: Stunde des Räucheropfers). Neben derart präzisen Zeitangaben kann ὥρα *[hōra]* aber auch gemäß der alten Tageseinteilung zu unschärferen Bestimmungen wie »zu später (Abend-) Stunde« verwandt werden (Mt 14,15; Mk 6,35; 11,11). Noch allgemeiner wird ὥρα *[hōra]* da gebraucht, wo es in Wendungen wie »bis zu dieser Stunde« (zB 1Kor 4,11), »in jener/dieser Stunde« (zB Mt 8,13; 18,1; Lk 7,21; 10,21; 13,31; 20,19) oder »von jener Stunde an« (zB Mt 9,22; 15,28; 17,18) ein bestimmtes Geschehen in temporale Beziehung zu Vorherigem, Gleichzeitigem oder Nachfolgendem setzt. Ähnlich allg. sind die Hinweise auf den Zeitpunkt der Parusie des Menschensohnes (Mt 24,36; 25,13; Mk 13,32; sowie in den Parusie-Gleichnissen Mt 24,50; Lk 12,46: »Der Herr jenes Knechtes [wird] an einem Tage kommen, an dem er es nicht erwartet, und zu einer Stunde, die er nicht weiß, . . .« Z). Bes. anschaulich wird die durch ὥρα *[hōra]* vorgenommene Eingrenzung der Zeit auf einen in größere Abläufe eingebetteten »Augenblick« in der apok. Vision Offb 9,14: »Da wurden die vier Engel losgebunden, die sich auf die Stunde und den Tag und den Monat und das Jahr bereitgemacht hatten . . .« (Z).

b) Handelt es sich bisher um mehr oder minder punktuelle Zeitangaben, die zT. im Sinne von → καιρός *[kairọs]* mit der Vokabel ὥρα *[hōra]* gemacht werden, so dient das Wort in einer anderen Stellengruppe zur Beschreibung begrenzter Zeit s p a n n e n. Analog zu Zeitbegriffen wie Jahr, Monat und Tag meint ὥρα *[hōra]* dann die Zeitdauer einer meßbaren *Stunde* (Joh 11,9: »Hat der Tag nicht 12 Stunden?«; vgl. Jos. Bell. 6,1.7; Mt 20,

3.5.6.12: nur eine Stunde haben die Letztgeworbenen gearbeitet; Mt 26,40: nicht eine Stunde können die Jünger wachen; Lk 23,44; Apg 5,7; 10,30; 19,34: zwei Stunden). Im allg. wird eine Stunde als relativ kurz empfunden. Das zeigt sich auch an Stellen, wo offensichtlich nicht bloß an einen Zeitraum von 60 Minuten gedacht ist (Joh 5,35; 1Thess 2,17; Phlm 15; vgl. auch Offb 18,10.17.19: überaus schnell kam Babels Gericht). Bisweilen kann im Zusammenhang mit ὥρα *[hōra]* auch an längere Zeitdauer gedacht werden (vgl. 1Kor 15,30).

2a) Wie andere biblische Zeitbegriffe erhält auch ὥρα *[hōra]* sein entscheidendes Gewicht von dem I n h a l t , dem Geschehen, das sich in einer bestimmten Stunde »abgespielt hat, abspielt oder abspielen wird« (BWb, 1427). Zwar ist für die Autoren des NT keineswegs irrelevant, w a n n sich etwas ereignet hat, aber noch bedeutsamer ist ihnen, w a s der besonderen Zeiteinheit ihre wesentliche Qualität verleiht. Das gilt bereits für den allg. menschlichen Bereich. Im Leben einer Frau erhält die Stunde, in der sie ein Kind gebiert, durch den jähen Wechsel von Schmerz zu Freude einen eigenen Wert (Joh 16,21).

b) Viel weitreichender sind in ihrer Aussagekraft einzelne Stunden der Lebenszeit J e s u . Immer wieder weisen die Evangelisten auf besondere Zeitabschnitte hin, in denen an oder durch Jesus Dinge geschehen, die seine unvergleichliche Würde und Autorität offenbaren. Da ist zB die Stunde, in der der Gottgesandte sich dem zweifelnden Täufer Johannes gegenüber durch Heilungswunder gleichsam legitimiert (Lk 7,21ff; für weitere »Heilandsstunden« vgl. Mt 8,13; 9,22; 15,28; 17,18; Joh 4,52f). Daß solche Wunderzeichen nicht der Selbstverherrlichung Jesu dienen sollen, sondern dem Hinweis auf Gott, den Vater, betont vor allem Joh immer wieder. Damit die Herrlichkeit Gottes (δόξα τοῦ θεοῦ *[dọxa tou theọụ]*) aufleuchten kann, muß die rechte Stunde, der Kairos, abgewartet werden. Das gilt für Jesu wunderbares Handeln (vgl. Joh 2,4) ebenso wie für sein Leiden (vgl. Joh 7,30; 8,20; 13,1). Als die »Stunde« der Gefangennahme, des Todes und der Heimkehr zum Vater unmittelbar bevorsteht (Joh 13,1), nutzt Jesus die verbleibende Zeit, um — nach dem Bericht des Joh — in der Mahlgemeinschaft mit den Jüngern noch einmal und gleichsam zusammenfassend seine Liebe durch die Symbolhandlung des Fußwaschens und durch die sog. »Abschiedsreden« Gestalt werden zu lassen.

Wie sehr alle hervorgehobenen Stunden im Leben Jesu darauf hinzielen, die Herrlichkeit Gottes manifest werden zu lassen, zeigt wohl am deutlichsten die johanneische Verklärungsgeschichte: Die »Stunde« des Leidens, vor der Jesus graut und die er doch als dem Willen des Vaters gemäß anerkennt (Joh 12,27), wird durch Gott in einzigartiger Weise erhellt: »Ich habe ihn verherrlicht und werde ihn wiederum verherrlichen« (Joh 12,28). Das bedeutet, daß Jesus als der Herr bestätigt wird, an dem sich wie zu seinen Lebzeiten (Joh 5,24ff) so auch künftig die Geister scheiden werden. »Die historische Gestalt Jesu ist durch die ὥρα *[hōra]* des δοξασθῆναι *[doxasthæ̣nai]* (Stunde des Verherrlichtwerdens) zum eschatologischen Ereignis eingesetzt worden« (RBultmann, KEK II, 377), und dh, seither ist jede Stunde Entscheidungsstunde für oder gegen ihn.

3) Neben den allg. temporalen und christologischen ὥρα *[hōra]*-Stellen spielen im NT die e s c h a t o l o g i s c h e n Zeitvorstellungen eine wichtige Rolle. Deutlich bekundet sich von den Evgg. bis zur Offb neben dem Glauben an die durch Christus gefüllte Stunde die Erwartung einer noch ausstehenden ὥρα ἐσχάτη *[hōra es·chạtæ]*, einer *letzten Stunde*, die nach einer Weile endzeitlicher Schrecken (vgl. Joh 16,2.32; Offb 3,10) in eine letzte Gerichtsstunde münden wird (Offb 14,7; vgl. 14,15; Joh 5,24ff). Zwar weiß niemand, auch Jesus nicht, »Tag und Stunde« genau anzugeben (Mk 13,32; Mt 24,36.44.50; 25,13), denn die »letzte Stunde« wird plötzlich wie ein Dieb hereinbrechen (Lk 12,39f.46; Offb 3,3). Aber gerade deshalb soll man sich wachend bereithalten (Röm 13,11) und zur Erhöhung der Wachsamkeit auf die »Zeichen der Zeit« achten (Mt 16,3 parr).

Da man im Frühchristentum allg. mit dem baldigen Weltende rechnete, nimmt es nicht wunder, daß Joh angesichts antichristl. Irrlehrer die »letzte Stunde« (ἐσχάτη ὥρα *[es·chạtæ hōra]*) gekommen sieht (1Joh 2,18). Als deutlich wurde, daß die Parusie sich verzögerte, blieb doch die Aufgabe, mit der jeweils gegenwärtigen Stunde (dem Heute) in der richtigen Weise umzugehen, sie als gottgegebene Zeit zu begreifen und die in ihr liegenden Möglichkeiten zu verwirklichen. Das gilt für die ethische Verantwortung im Alltagsleben (vgl. Röm 13,11ff) ebenso wie für die Bewährung in Zeiten der Verfolgung, auf die Jesus seine Jünger bereits vorzubereiten suchte (Joh 16,1ff). Denen, die sich wegen ihres Glaubens vor Gericht zu verantworten haben, hat Jesus insbesondere den Beistand seines Geistes zugesagt (Mt 10,19 par), so daß auch die »Stunde« ihres Prozesses noch der Verherrlichung Gottes dienen kann.

Zusammenfassend gilt: ὥρα *[hōra]* wird im NT wie andere Zeiteinheiten verstanden als Zeit, die von Gott gegeben und gefüllt wird. Die »Stunde Jesu« gibt dabei bis zur »letzten Stunde« (ἐσχάτη ὥρα *[es·chatæ hōra]*) allen Stunden der Menschen ihren Sinn und ihre Bestimmung als Stunden der Glaubensentscheidung und der ethischen Bewährung.

H. Chr. Hahn

V ZUR VERKÜNDIGUNG

I. Das Zeitproblem in seiner ganzen Vielschichtigkeit gehört zu den bedrängenden und schwierigen Fragen, die mit dem menschlichen Dasein gestellt sind. Augustinus zB war sich sehr bewußt, wie schwer das Phänomen Zeit zu beschreiben ist: »Wenn mich niemand danach fragt, weiß ich es; will ich es einem Fragenden erklären, weiß ich es nicht« (Conf. XI,14). Immerhin unterschied gerade Augustinus genau zwischen zwei Betrachtungsweisen der Zeit. Er sah, daß es eine physikalisch-astronomische Zeit gibt, die sich mit Hilfe von Uhren und Kalendern messen und berechnen läßt. Und er interessierte sich noch weit mehr für die psychologische Zeit, die Zeit »als Erstreckung der Seele, die »gegenwärtig erinnernd und erwartend . . . bei Gewesenem und Künftigem« ist (vgl. WAnz, RGG³ VI, 1881). Wie stark die Beurteilung einer Zeitlänge von der seelischen Gestimmtheit abhängt, stellte in der Antike zB schon Lukian fest: »Das ganze Leben wird dem Glücklichen zu kurz, dem Leidenden nimmt eine Nacht kein Ende« (V,338).

Klassisch veranschaulicht Shakespeare die Schwankungen in den Ablaufgeschwindigkeiten der psychologischen Zeit. »Die Zeit reiset in verschiedenem Schritt mit verschiedenen Personen . . . sie trabt hart mit einem jungen Mädchen zwischen der Verlobung und dem Hochzeitstage, . . . geht den Paß mit einem Priester, dem es an Latein gebricht, und einem reichen Manne, der das Podagra nicht hat, . . . sie galoppiert mit dem Diebe zum Galgen . . . und steht still mit Advokaten in den Gerichtsferien« (Wie es euch gefällt, III,2).

Ansprechend hat für unsere Zeit Erich Kästner den Unterschied zwischen der für den technologischen Zivilisationsfortschritt entscheidenden Zeitkategorie und der für das Lebensgefühl bestimmenden »Erlebniszeit« formuliert: »Es gibt zweierlei Zeit. Die eine kann man mit der Elle messen, mit der Bussole und dem Sextanten. Wie man Straßen und Grundstücke ausmißt. Unsere Erinnerung aber, die andere Zeitrechnung, hat mit Meter und Monat, mit Jahrzehnt und Hektar nichts zu schaffen. Alt ist, was man vergessen hat. Und das Unvergeßliche war gestern. Der Maßstab ist nicht die Uhr, sondern der Wert. Und das Wertvollste, ob lustig oder traurig, ist die Kindheit« (Als ich ein kleiner Junge war, 1957, 12). Für ein Kind gibt es zunächst nur die »Erlebniszeit«, und erst mit der Einschulung tritt neben dieses »Ur-Zeitgefühl« das »Uhrzeit-Bewußtsein« (HHMuchow, WzM 3/66, 121).

Damit wird die ganze Ambivalenz menschlicher »Zeitlichkeit«, des Eingeordnetseins in übergreifende Zeitabläufe, deutlich sichtbar. Das Janusgesicht der Zeit läßt sich erkennen: Einerseits zeigt sich die Trostfunktion der Zeit, die Wunden heilt, welche das Leben schlug, die Vergessen gewährt gegenüber quälenden Erinnerungen und die der Hoffnung Möglichkeiten zur Entfaltung bietet. Bekümmerten gilt von daher Wilhelm Buschs Zuspruch: »Scheint dir auch mal das Leben rauh, sei still und zage nicht. Die Zeit, die alte Bügelfrau, macht alles wieder schlicht.« Sehr viel häufiger freilich stößt man auf eine negative Zeitauffassung, nämlich auf die von der »unwiederbringlich dahineilenden Zeit« (Vergil, Georgica III, 284), die den Menschen an seine Vergänglichkeit mahnt. Die Lebenszeit ist durch den Tod determiniert, ihre Ablaufrichtung unumkehrbar und ihre einzelnen Abschnitte wie Kindheit, Jugendzeit, Hoch-zeit und Greisenalter wiederholen sich nicht, wenn sie erst einmal vergangen sind. Der Mensch ist bestimmt durch das »Sein zum Tode« und damit zeitlebens auch der Sorge und der Angst ausgeliefert (MHeidegger, Sein und Zeit, 1927).

Diese ständigen Begleiter aller Menschen machen sich bes. bemerkbar in »schweren bzw. schlechten Zeiten«. Das gilt für den einzelnen »in Stunden schwer und schaudervoll, wenn Leid das Herz bedrängt« (MLermontow). Das gilt aber insbesondere auch dann, wenn viele zugleich an allgemeinen Zeitkrankheiten leiden. Selbst angeblich »große Zeiten« können sich dabei als leer erweisen, wie EKästner das in einem satirischen Gedicht auf das 3. Reich sehr schön verdeutlicht hat: »Die Zeit ist viel zu groß, so groß ist sie. Sie wächst zu rasch. Es wird ihr schlecht bekommen. Man nimmt ihr täglich Maß und denkt beklommen: So groß wie heute war die Zeit noch nie . . . Der Zukunft werden sacht die Füße kalt. . . . Ein Volk versinkt in geistiger Umnachtung.«

Nun ist das Bewußtsein, »in finsteren Zeiten« (BBrecht), in einem »Äon der Tränen« (NSachs) oder »im Kerker der Zeit« (HHakel) zu leben und an »die Klagemauer der Zeit« (DLuschnat) gewiesen zu sein, leider nicht nur kennzeichnend für eine »mißtönende Vergangenheit« (MHerrmann-Neisse). Unsere eigene Zeit ist ebenso geschüttelt von den Ängsten um die Gegenwart und die Zukunft. Häufig stößt man auf Äußerungen eines apok. Weltgefühls. EMCioran zB bekennt: »Albrecht Dürer ist mein Prophet. Je mehr ich den Aufmarsch der Jahrhunderte betrachte, um so mehr überzeuge ich mich davon: das einzige Bild, das ihren Sinn enthüllen könnte, sind die Apokalyptischen Reiter« (Geschichte und Utopie, 1965, 49). Und HMEnzensberger beschreibt die Vision eines gigantischen »countdown«, der zur Vernichtung der Erde führt:

»länger als alles (abgesehen / vom meer, von der erde, vom moos / und gewissen himmelserscheinungen) / am längsten dauert der mensch: / solang / bis jener dort in der tiefe / unsre sekunden gezählt hat / von zehn bis null« (Blindenschrift, 47). Wie eine Fortsetzung dazu lesen sich bei ZHerbert die Zeilen »die uhren gingen normal, also folgte die explosion« (Ed. Suhrk. 88, 35).

II. Angesichts der Vergänglichkeit alles Seienden und insbesondere der eigenen Sterblichkeit sinnt der Mensch stets darauf, wie er der Zeitverfallenheit so weit als möglich entfliehen kann.

Da ist einmal das Verhalten des außengesteuerten Menschen, der sich im Strome der Zeit einfach treiben läßt (vgl. Pascal, Frg. 194). Er unterwirft sich einem »Kennzeichen des technischen Zeitalters«, der Geschwindigkeit, und hetzt durch sein Leben. »Der einzelne Augenblick hat keinen Wert und keine Fülle in sich, man darf sich bei ihm nicht aufhalten, er muß möglichst schnell durch den nächsten Augenblick ersetzt werden. Jeder Augenblick ist nur ein Mittel für den ihm folgenden Augenblick« (NBerdjajew). Schon Pascal betont, wie töricht eine derartige Jagd durch die Zeit ist, bei der man vor lauter Hoffnung auf die Zukunft »in der Bereitschaft, glücklich zu sein«, doch niemals dazu kommt, weil man nicht dem gegenwärtigen Augenblick stillhalten kann (Fr. 172). PTillich konkretisiert diesen Gedanken für das 20. Jahrhundert: »Unser tägliches Leben in Beruf und Familie, mit Auto- und Flugreisen, bei Gesellschaften und Konferenzen, beim Lesen von Unterhaltungsblättern und Reklamen, beim Fernsehen und am Radio ist ein einziges großes Beispiel für ein Leben ohne Dimension der Tiefe, für ein Leben, das vergeht, indem es jeden einzelnen Augenblick mit etwas ausfüllt, das getan, gesagt, gesehen oder geplant werden muß. Aber der Mensch kann nicht erfahren, was Tiefe ist, ohne stille zu stehen und sich auf sich selbst zu besinnen« (Die verlorene Dimension, Stundenbuch 9, 11).

Man hat keine Zeit. RDehmel verdeutlicht das in einem kleinen Gedicht: »Wir haben ein Bett, wir haben ein Kind, mein Weib; / wir haben auch Arbeit, und gar zu zweit, / und haben die Sonne und Regen und Wind. / Und uns fehlt nur eine Kleinigkeit, / um so frei zu sein, / wie die Vögel sind: – nur Zeit«. Man wird vielmehr von der Zeit besessen und kann paradoxerweise oft mit der doch noch vorhandenen Zeit nichts Rechtes anfangen; man verplempert sie oder schlägt sie gar tot (vgl. EKästner: »Mord und Totschlag«: »Denkt an das fünfte Gebot: / Schlagt eure Zeit nicht tot!«).

Gegenüber solchem »Mit der Teigrolle den Augenblick walzen« (GGrass) erscheint der Versuch, »die sterbende Zeit mit . . . Liebe dauerhaft« zu machen (NSachs), als erheblich sinnvoller. Wenn man der Liebe nicht gerade »achtlos« pflegt (BBrecht), vermag die erotisch-sexuelle Zuwendung zu einem Partner mit dem Wunsch nach »tiefer, tiefer Ewigkeit« (FNietzsche) durchaus zu erfüllten Augenblicken zu führen, in denen man sich vorübergehend der vergehenden Zeiten enthoben fühlt.

»Unter Schwur und Kuß vergessen / Wir die träge Flut der Zeit, / Und die Seele naht vermessen / Deiner Lust, Unendlichkeit!« (Hölderlin, »Hymne an die Liebe«, Liebesgedichte, 128). Von daher erhält EFrieds poetische Feststellung ihren einleuchtenden Wahrheitsgehalt: »Und ohne Liebe / müßte man Auge und Herz / schneiden vom Ast der Zeit / . . . und zu dem Zeitlichen legen / da und dort« (Gedichte, 91). Andererseits wird gerade an der für einen Moment zeitentrückenden Liebe die Vergänglichkeit menschlichen Daseins und menschlichen Glücks bes. schmerzlich deutlich. Lakonisch heißt es bei MBolliger: »Die Zeit ist gegen die Liebe. / Liebe ist Ewigkeit. / Und wir fürchten uns« (dtv sr. 20, 100).

Der künstlerische Mensch sucht sich dem Fluch der Zeit dadurch zu entziehen, daß er in schöpferischen Augenblicken unvergängliche Werke hervorbringt. Für den Philosophen besteht die Auseinandersetzung mit der Zeit wesentlich darin, daß er sie denkerisch einordnet (Hegel) oder sie gelassen hinnimmt (Stoa). Ein Politiker wird solche Gelassenheit weniger leicht aufbringen. Ihm dürfte mehr daran liegen, daß eine neue, bessere Zeit anbricht. »Die Zeit der Herrschenden« soll enden und die »eigene Zeit anbrechen« (DCooper). Gefährlich wird solche Hoffnung auf eine neue Zeit jedoch dann, wenn sie nicht die Bereitschaft einschließt, die Vergangenheit zu bewältigen und die Gegenwart menschlicher zu gestalten (vgl. LMarcuse, Argumente und Rezepte, 55). Nur allzu leicht kann die utopische Zukunftshoffnung zum ideologischen Kampfmittel werden, das zur Herbeiführung neuer, aber keineswegs besserer Zeiten dient.

III. Alle christl. Lösungsversuche des Zeitproblems gehen aus von der Grundtatsache, daß von dem in Jesus Christus geoffenbarten Gott die Zeit bzw. die in ihr geschehenden Lebensvorgänge ihren Sinn erhalten. Durch Jesus Christus wird dem zeitlichen Menschen unter der Bedingung des Glaubens »ewiges Leben« angeboten (vgl. KBarth, KD II,1, 696: »Wirkliche, geschaffene Zeit bekommt in Jesus Christus und bekommt in jedem Akt des Glaubens an ihn den Charakter und Stempel der Ewigkeit, das Leben in ihr die Eigentümlichkeit ewigen Lebens«).

Durch den Einfluß neuplatonischen Denkens auf das Christentum, bes. etwa durch Plotin, wurden zahlreiche Mystiker angeregt, die Trennung zwischen Zeit und Ewigkeit in ihrer Existenz zu überwinden. Mit Hilfe von Meditationen und Konzentrationsübungen, bei denen auch leibfeindliche Elemente eine Rolle spielen konnten, versuchten sie, sich mit dem ewigen Gut zu vereinen und dabei der Ewigkeit in der Zeit teilhaft zu werden. »In einem gegenwärtigen Nun« verdichtet sich für die Seele die ges. Heilsgeschichte: »Da ist Gottes Tag, wo die Seele steht an dem Tage der Ewigkeit, in einem wesenhaften Nun, und da gebiert der Vater seinen eingeborenen Sohn in einem gegenwärtigen Augenblick und wird die Seele wieder in Gott hineingeboren« (Meister Ekkehart). Und in der *Theologia Deutsch* wird »die Aufhebung der Unwiederbringlichkeit der Zeit« (WElert, Der christl. Glaube, 95) so beschrieben: »Wenn der Mensch seinen Geist einkehret in Gottes Geist über die Zeit, so wird das alles wiederbracht in einem Augenblick, das je verloren ward« (Kap. 8). Die positive Wirkung solcher Augenblicke der Fülle hat Jakob Böhme in seinem bekannten Stammbuchvers angezeigt: »Wem Zeit ist wie Ewigkeit und Ewigkeit wie die Zeit, der ist befreit von allem Streit.«

Das Berechtigte an den Bestrebungen der Mystiker ist in dem Bemühen um Vergegenwärtigung geschichtlicher Ereignisse zu sehen. Kierkegaards Insistieren auf einem Gleichzeitigwerden mit Jesus, das allein ein unmittelbares Glaubensverhältnis zu dem erniedrigten Gottessohn ermögliche, gehört zu den wichtigen Versuchen, den »breiten, garstigen Graben« (Lessing) zwischen Inkarnationsgeschehen und jeweiliger Gegenwart zu überwinden und für den Glauben Impulse freizusetzen. In seinem konkreten Heute soll jeder Christus gleichsam als einem Zeitgenossen begegnen. »Denn im Verhältnis zu dem Absoluten gibt es nur eine Zeit: die Gegenwart; wer mit dem Absoluten nicht gleichzeitig ist, für den ist es gar nicht da. Und da Christus das Absolute ist, so sieht man leicht, daß es im Verhältnis zu ihm nur eine Situation gibt: die der Gleichzeitigkeit; die drei-, sieben-, fünfzehn-, siebzehn- oder achtzehnhundert Jahre sind etwas, was weder davon noch dazu tut;

sie verändern ihn nicht, machen aber auch nicht offenbar, wer er war. Denn, wer er ist, ist nur für den Glauben offenbar« (Einübung im Christentum, 1924², 57).

Die Liturgie der christl. Kirchen will das gleiche Ziel erreichen, nämlich die drei Grundformen der Zeit – Vergangenheit, Gegenwart und Zukunft – transparent werden zu lassen für die zeitentgrenzte Ewigkeit dessen, der »die absolut wirkliche Zeit hat und selber ist« (KBarth, KD II,1, 691). »Die Liturgie ist, da sie aus dem Glauben vollzogen wird, eine lebendige und wunderbare Beziehung zum Mysterium Christi: zu seiner Vergangenheit der Brüderlichkeit und des Schmerzes, zu seiner Zukunft des Gerichts und der Auferstehung, durch seine Gegenwart ewiger Mittlerschaft« (JMouroux, Eine Theol. der Zeit, 250). Bes. ausgeprägt ist das Liturgie-Verständnis, nach dem im eucharistischen Gottesdienst »reale Vergegenwärtigung des ganzen handelnden Christus in einer von Gott gesetzten Handlung« geschieht (RSchneider, Die Ostkirche und die russische Christenheit, 153), in den orthodoxen Kirchen. »Raum und Zeit werden für den Gläubigen in der ›Liturgie‹ in einem Punkt zusammengefaßt. Sie ist ein Stück himmlischer Gegenwart. Überströmende Freude und Verwunderung über die unaussprechliche Herablassung des Herrn erfüllt den Gläubigen, denn der Empfang des Leibes und Blutes des Herrn ist ja der Empfang des ewigen Lebens« (ARammelmeyer, Kirche und Kosmos, 56). So können im Jetzt des Gottesdienstes die Vergangenheit lebendig gemacht und die künftige Herrlichkeit vorweggenommen werden.

Allerdings bringen sowohl die mystische Versenkung als auch die Liturgie eine Gefahr mit sich, nämlich die einer Entzeitlichung in dem Sinne, daß man die Zeit verachtet. Solcher zeitflüchtigen Tendenz gegenüber gilt es zu sehen, daß jeder Moment des Innewerdens von Ewigkeit Kräfte entbinden sollte, die dem verantwortlichen Handeln in der verfügbaren Zeit zugute kommen. Denn diese ist für den Christen ganz wesentlich eingeräumte »Möglichkeit, seine neue Existenz handelnd zu realisieren« (GDelling, Zeit, 55), also Glauben zu bewähren, indem die Kraft der Liebe wächst. Wird der jeweilige Kairos in der Hingabe an Gott genutzt, dann kann er zum erfüllten Augenblick werden. Dabei bedeutet Hingabe an Gott zugleich Dienst am anderen Menschen in meiner Nähe. Denn »es liegt im nt. Zeitbegriff beschlossen, daß ich immer auf das Nächste und den Nächsten, daß ich immer auf das unmittelbar Gegebene, auf das mir vor den Füßen Liegende und vor die Hände Kommende, verwiesen werde. . . . Die Liebe ist ein Vermögen der Improvisation, die auf den Augenblick gerichtet ist« (HThielicke, Theol. Ethik II,1, 267).

Christen werden insbesondere Zeit haben müssen für jene Menschengruppen, für die niemand Zeit hat. Sie werden sich immer wieder durch Besinnung auf die Prioritäten dem Sog der Versklavung durch Uhr und Terminkalender zu widersetzen haben, ebenso wie es ihnen um Gottes und der Menschen willen verwehrt ist, sich dem jeweils herrschenden Zeitgeist zu unterwerfen. Vielmehr kommt es ihnen zu, in der Tradition der Propheten Zeitströmungen kritisch zu beobachten, zu analysieren und, wenn es not tut, sich ihnen entgegenzustellen.

Die vergangene Geschichte wie schon das Vorbild Jesu zeigen zur Genüge, daß eine derartige kritische Einstellung zu bestimmten Zeiterscheinungen und bes. zu sog. »Größen« der Zeit nicht immer auf Gegenliebe stößt. Als Zeitkritiker wird also der Christ u. U. in Leiden und Verfolgung geraten und sich vom »Herrn der Zeit« trösten lassen müssen, um »gelassen durch die Dunkelheit« gehen zu können (SStehmann).

In Zeiten apok. Zukunftsängste ist solche von Gott kommende Gelassenheit des Glaubens eine entscheidende Hilfe gegen die Resignation. Es bedarf ihrer, damit man sich so verhalten kann, wie es Luther gesagt haben soll: »Und wenn morgen die Welt unterginge, so wollte ich doch heute noch mein Apfelbäumchen pflanzen.« In diesem Ausspruch ist der ethische Aspekt einer »Theologie der Hoffnung« (JMoltmann) veranschaulicht: Der Glaubende soll sich nicht in endzeitliche Spekulationen verlieren, sondern das vorgegebene Heute wirksam gestalten. Wo das geschieht, leuchtet Hoffnung auf, wird im vertrauenden Rückblick auf das die Zeit mit Sinn erfüllende Christusgeschehen die in der Todesfurcht gipfelnde Angst vor der Zukunft relativiert. In dem Augenblick wird das Vergängliche menschlicher Zeitlichkeit glaubbar als »das werdende Ewige« (KRahner), das über Uhr- und Lebenszeit hinausweist. »Aus der Zeit wird unsere Ewigkeit gezeitigt als die Frucht, in der, wenn sie geworden ist, alles bewahrt ist, was wir in dieser Zeit waren und wurden« (KRahner, Vom Glauben inmitten der Welt, 26). *H. Chr. Hahn*

Lit.: MKähler, Zeit und Ewigkeit, Dogmatische Zeitfragen III, 1913 – EvDobschütz, Zeit und Raum im Denken des Urchristentums, JBL 41/42, 1922/23, 212ff – HEibl, Das Problem der Zeit bei den alten Denkern, Archiv. f. syst. Philos., 1923, 67ff, 153ff – MHeidegger, Sein und Zeit, 1927 (1967[11]) – HSasse, Art. αἰών etc., ThWb I, 1933, 197ff – KBarth, KD II/1, 1938 (1958[4]), 469ff, 523ff, 668ff, 685ff – GDelling, Art. καιρός etc., ThWb III, 1938, 456ff – ders., Das Zeitverständnis des NT, 1940 – GStählin, Art. νῦν etc., ThWb IV, 1942, 1099ff – OCullmann, Christus und die Zeit, 1946 (1962[3]) – GQuispel, Zeit und Geschichte im antiken Christentum, Eranos-Jb., 1951, 115ff – WVollborn, Studien zum Zeitverständnis des AT, 1951 – TBoman, Das hebräische Denken im Vergleich mit dem griechischen, 1952 (1968[5]), 104ff, 186ff – EJenni, Das Wort *'olam* im AT, ZAW 64, 1952, 197ff – EKäsemann, Eine Apologie der urchristlichen Eschatologie, ZThK 49, 1952, 272ff (= EKäsemann, Ex. Vers. u. Bes. I, 1968[5], 135ff) – JMarsh, The Fulness of Time, 1952 – MRissi, Zeit und Geschichte in der Offenbarung des Johannes, 1952 – HBlauert, Die Bedeutung der Zeit in der johanneischen Theologie, 1953 (Diss.) – HConzelmann, Die Mitte der Zeit, Stud. z. Theol. d. Lukasevangeliums, BHTh 17, 1954 (1964[5]) – MNoth, Das Geschichtsverständnis der alttestamentlichen Apokalyptik, AG f. Forschung NRW H. 21, 1954 (= MNoth, Ges. Stud. z. AT, TB 6, 1966[3], 248ff) – CHRatschow, Anmerkungen zur theologischen Auffassung des Zeitproblems, ZThK 51, 1954, 360ff – WEichrodt, Heilserfahrung und Zeitverständnis im AT, ThZ 12, 1956, 103ff – KGoldammer/WAnz, Art. Ewigkeit, RGG II, 1958[3], 810ff – OWeber, Art. Zeit und Ewigkeit, EKL III, 1959 (1962[2]), 1888ff – JManek, The Biblical Concept of Time and our Gospels, NTSt 6, 1959/60, 45ff – GvRad, Theologie des AT II, 1960 (1968[5]), Abschnitt I, G 1 – KGalling, Das Rätsel der Zeit im Urteil Kohelets (Koh 3,1–15), ZThK 58, 1961, 1ff – WPannenberg/UWilckens/RRendtorff/TRendtorff, Offenbarung als Geschichte, 1961 (1963[2]) – AVögtle, Zeit und Zeitüberlegenheit im biblischen Verständnis, in: Zeit und Zeitlichkeit, Freiburger Dies Univ. 8, 1961, 99ff – WAnz, Art. Zeit, RGG VI, 1962[3], 1880ff – JBarr, Biblical Words for Time, Studies in Bibl. Theol. 33, 1962, 7ff – EKäsemann, Zum Thema der urchristlichen Apokalyptik, ZThK 59, 1962, 257ff (= EKäsemann, Ex. Vers. u. Bes. II, 1968[5], 105ff) – FKümmel, Über den Begriff der Zeit, 1962 – RRendtorff, Geschichte und Wort im AT, EvTh 22, 1962, 621ff – WMichaelis, Reich Gottes und Äonenwende in der Verkündigung Jesu, in: Neutestamentliche Aufsätze, Festschr. JSchmid, 1963, 161ff – GEbeling, Zeit und Wort, in: Zeit und Geschichte, RBultmann z. 80. Geb., 1964, 341ff – EFuchs, Art. σήμερον, ThWb VII, 1964, 269ff – GKlein, Die Prüfung der Zeit (Lc 12,54–56), ZThK 61, 1964, 373ff – JLebram, Die Weltreiche der jüdischen Apokalyptik, ZNW 55, 1964, 143ff – PNeuenzeit, Biblische Zeitvorstellungen, in: VBerning/PNeuenzeit/HRSchlette, Geschichtlichkeit und Offenbarungswahrheit, 1964, 37ff – GRosenkranz, Fernöstliches und christliches Zeit- und Geschichtsverständnis, in: GRosenkranz, Religionswissenschaft und Theologie, 1964, 162ff – MVereno, Art. Zeit, in: Wahrheit und Zeugnis, Hrsg. v. MSchmaus u. ALäpple, 1964, 860ff – JMouroux, Eine Theologie der Zeit, 1965 – GSauter, Zukunft und Verheißung. Das Problem d. Zukunft i. d. gegenwärtigen theol. u. philos. Diskussion, 1965 – UDuchrow, Der sog. psychologische Zeitbegriff Augustins im Verhältnis zur physikalischen und geschichtlichen Zeit, ZThK 63, 1966, 267ff – MRissi, Art. Zeit, BHHW III, 1966, 2210ff – PNeuenzeit, Art. Zeit, BWb II, 1967, 1534ff – AStrobel, Kerygma und Apokalyptik, 1967 – HConzelmann, Grundriß der Theologie des NT, 1968, 35ff, 338ff – HWSchütte, Tod Gottes und Fülle der Zeit, ZThK 66, 1969, 62ff – JRWilch, Time and Event. An Exegetical Study of the Use of *'eth* in the Old Testament in Comparison to Other Temporal Expressions in Clarification of the Concept of Time, 1969 – GDelling, Zeit und Endzeit, 1970 (= Bibl. Stud., 58) – IEscribano-Alberca, Das vorläufige Heil, 1970. Vgl. auch Lit. → Gegenwart; Lit. → Ziel.

Zeugnis

μαρτυρία

μαρτυρία *[martyria]* Zeugnis(aussage) · μαρτυρέω *[martyreō]* (be)zeugen · μαρτύριον *[martyrion]* Zeugnis, Beweis · μαρτύρομαι *[martyromai]* zum Zeugen anrufen · μάρτυς *[martys]* Zeuge · διαμαρτύρομαι *[diamartyromai]* zum Zeugen anrufen; beschwören · καταμαρτυρέω *[katamartyreō]* Zeugenaussagen gegen jemanden machen · συμμαρτυρέω *[symmartyreō]* mitbezeugen; bestätigen · ψευδομαρτυρέω *[pseudomartyreō]* Falsches bezeugen · ψευδομαρτυρία *[pseudomartyria]* falsches Zeugnis · ψευδόμαρτυς *[pseudomartys]* einer, der Falsches bezeugt

1a) Das Subst. μαρτυρία [martyria], das akt. *Auftreten und Aussagen als Zeuge* (μάρτυς [martys], I
älteste Form dieses grundlegenden Subst. bei Hom. μάρτυρος [martyros], später äolisch μάρτυρ [martyr]) zur *Bestätigung eines Tatbestandes* bzw. eines Ereignisses, seit Hom. Od. 11,325 belegt, ist stammverwandt mit μέρμηρος [mermæros], *dem, was viel Sinnen erfordert*, und geht mit diesem auf die gemeinsame idg. Wurzel **smer, gedenken, sorgen* bzw. *zögern, bleiben*, zurück, aus der auch μεριμνάω [merimnaō], *sorgen*, und μένω [menō], *denken, bleiben*, gebildet sind (vgl. lat. *memor, eingedenk*; ahd. *Märe = Kunde*). Sein Bedeutungsgehalt läßt sich somit präziser bestimmen als das nachdenkend überprüfende Er-innern, dh Ins-Bewußtsein-Erheben von etwas Erfahrenem, über das man nicht hinweggehen, das man nicht vergessen kann und das in diesem Sinne nun auch anderen zur Kenntnis gebracht wird, um ihnen durch entsprechende Aussage den Gehalt dieser Erfahrung zu vermitteln: Das Erfahrene soll durch das *Zeugnis* evident werden (vgl. Plato Symp. 179b).

b) Seit dem 5. Jh. vChr finden sich die daraus gebildeten Verben μαρτυρέω [martyreō], *Zeugnis ablegen, Zeuge sein für etwas* oder *zu jemandes Gunsten etwas durch Aussage bestätigen* (Hdt. VIII,95) bzw. *bezeugen, daß etwas (so) ist* (Heracl. 34; Soph. Ant. 515; Oed. Col. 1265), und μαρτύρομαι [martyromai], *zum Zeugen anrufen* (Plato Phileb. 12b). Dazu treten als Subst.e μαρτύριον [martyrion] für das *Zeugnis*, den *Beweis*, das im Unterschied zum Akt mehr den I n h a l t der Aussage (Hdt. II,22; VIII,55) oder ein *Beweisstück* meint (Siegerkranz [Plat. Leg. 12,943], Urkunde; sogar Gegenstände wie Gräber und Funde als *Beweis* früherer Niederlassungen; auch Zitate von bekannten Autoren oder Dichtern), und μάρτυς [martys] für den *Zeugen* (schon in ältesten Inschriften belegt). Zu Zeugen können in der Eidesform (→ Schwören) die Götter angerufen werden (zB Pindar Pyth. 4,167: Zeus); es können aber auch Menschen zur Bestätigung einer Behauptung bzw. zur Erhellung eines Tatbestandes als Zeugen herbeigerufen oder vorgeführt werden (Plato Gorg. 471c; Leg. 836c; Resp. 364c).

Von den Komposita des Verbums finden sich συμμαρτυρέω [symmartyreō], *Mitzeuge sein, mitbezeugen*, schon seit Soph. und Thuk.; seit Plato Leg. III,680 d und Xenoph. Hell. VII,135 hat es die Bedeutung *bestätigen* im Sinne des übereinstimmenden zweiten oder weiteren Zeugnisses, das zu einem schon ausgesprochenen hinzutritt. καταμαρτυρέω [katamartyreō] heißt *gegen (jemanden) Zeugenaussage machen* (seit dem 4. Jh., Lysias und Isocr.), διαμαρτύρομαι [diamartyromai], *zum Zeugen anrufen*, dann (Xenoph. Hell. III,2,13) *versichern, bezeugen*, ja sogar *dringend zureden, beschwören* (Diod S XVIII,62,2). Auch den ψευδόμαρτυς [pseudomartys], den, dessen Zeugenaussage nicht der Wahrheit entspricht, sondern sie verdreht oder verschleiert, und die ψευδομαρτυρία [pseudomartyria] als solches *unrichtiges, verfälschtes Zeugnis* erwähnt schon Plato (Gorg. 472b, wofür er sich auf die Sophisten berufen kann: Diels II, 300,10; 398,25f); ebenfalls das zugehörige ψευδομαρτυρέω [pseudomartyreō], *falsch bezeugen* (Leg. XI p. 939c). Hier hat sich also aus zweckbedingten Gründen die Aussage von der Erinnerung, das Verhalten vom Eintreten für die Wahrhaftigkeit gelöst.

2a) Die Wortgruppe hat in der griech. Welt ihren urspr. Sitz eindeutig im R e c h t s l e b e n. Zeugen treten als Beweiszeugen im Prozeß hinsichtlich zurückliegender Vorgänge auf (s. dazu die Bedeutungsanalyse 1a) oder werden als sog. Solemnitätszeugen (im Blick auf die zukünftige Erhärtung) zu Rechtsgeschäften bzw. zur feierlichen Bekräftigung bei Vertragsabschlüssen hinzugezogen, wobei sie meist im Anschluß an den Text ausdrücklich erwähnt werden und mitunterzeichnen. Die μαρτυρία [martyria] im Prozeß soll frei, also nicht erzwungen und gegen besseres Wissen (etwa durch Folter) sein und ist normalerweise vom Eid als Aussagenerhärtung unter Anrufung der Götter mangels evidenter Beweise unterschieden (vgl. die Beschreibung des Anaximenes von Lampsakos in Aristot. Rhet. ad Alexandrum, referiert ThWb IV, 479, A. 10). μαρτυρία [martyria] ist also zunächst immer Handlung, kann dann aber als Inhalt der gemachten Aussage auch den Sinn von μαρτύριον [martyrion], *Beweis*, annehmen, jenes jedoch nie den Sinn einer Handlung haben. Die Anrufung der Götter zum Zeugen hat ihren Platz da, wo menschliche Zeugen oder gegebene Umstände (zB führt Sokrates bei Plato Ap. 31c seine Armut als Beweis dafür an, daß er nicht um des Gewinnes willen gelehrt habe) nicht herangezogen werden können. Urspr. stehen die Vokabeln der Gruppe also immer – im Rechtsleben wie auch darüber hinaus in öffentlichen und privaten Beziehungen – für »die auf unmittelbare Erfahrung gegründete Bezeugung einzelner Vorgänge oder tatsächlicher Verhältnisse oder allgemeiner Erfahrungstatsachen« (Strathmann, ThWb IV, 480).

Das ist typisch für die rationale Struktur des griech. Denkens. Nur in der Grammatik scheint noch durch, daß der Zeuge mit seinem Zeugnis immer f ü r und damit zugleich g e g e n jemanden auftritt (Dat. der Person; was er bezeugt, steht im Akk. bzw. im ὅτι [hoti]-Satz): In primitiven Auffassungen des Zeugen vereinigt dieser seine Seelenkraft mit dem, für den er zeugt, um ihm zum Siege zu verhelfen, tritt also mehr für diesen als im strengen Sinne für die Sache ein (RAsting, aaO, 528; ihre Bekämpfung durch Plato in Gorg. ebd. referiert S. 538).

b) Daneben und darüber hinaus aber hat sich schon vor Aristot., der in Rhet. I,15 eine differenzierende Analyse vorgelegt hat, auch ein Gebrauch der Vokabel eingebürgert, bei dem die μαρτυρία [martyria] nicht mehr objektiv Gegebenes erhärten will, sondern (sittliche oder philosophische) Überzeugungen ausdrückt. Dieser Wortgebrauch, schon von Plato in der Ap. mit Bezug auf Sokrates deutlich erkennbar, hat vor allem seit der Stoa großes Gewicht bekommen: Der kynisch-stoische Philosoph betrachtet sich als berufener Zeuge der eigentlich göttlichen Wahrheit, und zwar gerade, indem er in widerwärtigen Umständen durch sein Verhalten – also das Erleiden, die Annahme der Verhältnisse als Übung, ohne sich davon erschüttern zu lassen – die Wahrheit seiner Auffassung und Lehre bezeugt (bes. Epict. Diss. I,29,46ff; III,22,86ff). Freilich ist diese Art der μαρτυρία *[martyria]* nicht identisch mit dem späteren frühchristl. Begriff des (Todes-)Martyriums, wenn auch das Sterben durchaus eingeschlossen sein kann.

II 1a) In der LXX fällt zunächst auf, daß statistisch das Hauptgewicht innerhalb der Wortgruppe bei dem Subst. μαρτύριον *[martyrion]* liegt (insges. über 290 Belege), wobei der weitaus größte Teil dieser Belege sich in Ex und Num, 45 in Lev finden und hier wie auch noch an einigen Stellen des chronistischen Geschichtswerkes (zB 1Chr 9,21; 23,32; 2Chr 5,5; 24,6) sich auf die beiden Tafeln mit den sinaitischen Geboten (δύο πλάκες τοῦ μαρτυρίου *[dyo plakes tou martyriou]*, Ex 31,18; 32,15) bezieht. Es ist dann meist die Rede von der σκηνὴ τοῦ μαρτυρίου *[skænæ tou martyriou]*, dem *Zelt des Zeugnisses* (L: *Hütte des Stifts*; Ex 29,4.10f; 40,2ff; Lev 4,4ff; Num 4,25ff), aber auch von dem κιβωτὸς τοῦ μαρτυρίου *[kibōtos tou martyriou]*, dem *Kasten* bzw. der *Lade des Zeugnisses* (Ex 40,3; 5,21; Lev 16,2; Num 4,5). μαρτύριον *[martyrion]* hat hier einen dem späteren Gebrauch in der klassischen Gräzität entsprechenden Sinn, nämlich den des *Beweisstückes*, das an ein bestimmtes Geschehen erinnert, bzw. der *Urkunde* (scil. des → Bundesschlusses bzw. → Gesetzes). Bei der Übers. aus dem Hebr. ist durch die Aufnahme gerade dieser Vokabel für das griech. sprechende Judentum jenem Gesetzesverständnis die Bahn bereitet worden, dem Jesus und die Zeugen des NT gegenüberstanden: Das in der Kombination mit σκηνή *[skænæ]*, *Zelt*, ca. 130mal durch μαρτύριον *[martyrion]* wiedergegebene hebr. *mō'ēd* meint die *Zeit* bzw. den *Ort der Verabredung*, will also sagen, daß an diesem Platz Jahwe seinem Bundesvolk begegnen will; nur das hebr. Nomen *'ēdūt*, das in der Formel κιβωτὸς τοῦ μαρτυρίου *[kibōtos tou martyriou]*, *Lade des Zeugnisses*, 35mal ebenfalls durch μαρτύριον *[martyrion]* wiedergegeben wurde, bezeichnet die feierlich gegebene und übernommene Verordnung, das als verpflichtend anerkannte Gesetz. Indem das gleiche griech. Subst. beide Bedeutungen aufnahm, mußte sich dessen Gehalt fast zwangsläufig vom Akt der Begegnung zum Ort des (mahnenden) Beweisstückes und von daher zur Observanz des Gesetzes (die Tafeln stehen *pars pro toto* für die gesamte Bundesordnung!) verschieben. Nur wo man den hebr. Klang noch im Ohr hatte, konnte auch für den Diaspora-Juden ein Wissen um die urspr. Intention, nämlich das offenbarende Reden Gottes, erhalten bleiben. GStrathmann hat im übrigen (ThWb IV, 485) gezeigt, daß diese Übers. an einigen Stellen (1Sam 13,8.11; 20,35) den Sinn von *mō'ēd* völlig entstellt, an anderen (Mi 7,8; Spr 29,14; Am 1,11; ferner Zeph 3,8; Jes 37[30],20 und Hi 15,34) aber die hebr. Vokabel falsch gelesen worden ist.

Da Belege wie Gen 31,44 (die Bundesstele Labans und Jakobs) und Jos 22,27f; 24,27 ebenfalls die Bedeutung des Monuments, der Erinnerungs-Urkunde haben, so liegt eine andere, durch den Zusammenhang der urspr. Intention von *mō'ēd* näherkommende Verwendung von μαρτύριον *[martyrion]* nur bei 2 kleinen Gruppen von Belegen vor: einmal Hos 2,12[14] und Weish 10,7, wo die Verwüstungen im Lande *Beweis(stück)* für die Schuld der Menschen und das darauf folgende Gericht sind; andererseits aber in den Pss-Stellen, namentlich in den 23 Belegen des Ps 118[119]: In diesem wohl nachexilischen, von deuteronomischem und weisheitlichem Geist mitgeprägten Sammelwerk tritt – vermutlich als Ausdruck einer stärkeren Individualisierung der Frömmigkeit – der Dokumenten-Charakter zurück hinter den des Zeugnisses, und zwar nicht nur im Sinne der Tora als gegebenes, fixiertes Gesetz, sondern bes. als (zT. geradezu persönlich dem einzelnen zugesprochener) Ratschlag, als Weisung für den Lebensweg, die man liebt (V. 119), bewundert (V. 129) und beobachten will (VV. 88.146.167f). μαρτύριον *[martyrion]* als Satzung und Ordnung des Bundes trägt hier also eine aktualisierende Komponente in sich.

b) Mit 7 kanonischen und 5 apokryphen Belegen vergleichsweise selten ist μαρτυρία *[martyria]* für die gleichen Äquivalente gebraucht, wobei 1Sam 8,24 das hebr. *mō'ēd* wiederum besser mit einer Zeitbestimmung wie etwa καιρός *[kairos]*, *Zeitpunkt*, (→ Zeit, Art. καιρός) wiederzugeben wäre, während Spr 12,19; 25,18 und Sir 34[31],23f den Akt der Bezeugung beschreiben, der als wahrhaftig, lügenhaft oder auch ungerecht charakterisiert werden kann. – Das Subst. μάρτυς *[martys]* (54 Belege; Wiedergabe des hebr. *'ēd*) dagegen ist im klassischen Sinne gebraucht für den, der auf Grund von Beobachtung etwas bezeugt bzw. im juridischen Sinne zur Bestätigung eines Sachverhaltes, einer Abmachung etc. herangezogen wird (zB den Vertrag des Boas Ruth 4,9ff, bei dem er die Stadtältesten als *Zeugen* hinzuzieht und diese einwilligen, namentlich aber die Verfahrensbestimmungen Dtn 17,6f; 19,15ff; Num 35,30, wonach ein Urteil nur auf Grund der Aussage von mehr als einem Zeugen gefällt werden darf). In der Abmachung zwischen Laban und Jakob (Gen 31,44ff), aber auch bei der Rechenschaftslegung Samuels (1Sam 12,3ff) wird Jahwe, der Herr als *Zeuge* genannt und angerufen (vgl. Jer 49[42],5; ähnlich Hi 16,20; Ps 88[89],37; auch Weish 1,6), wie in dem Prophetenspruch Jer 36[29],23 Jahwe als Zeuge gegen Israel auftritt. Insges. aber bleiben auch diese Stellen im Rahmen einer erhärtenden Feststellung menschlichen Verhaltens, weshalb namentlich in den Pss (26[27],12; 34[35],11) und Spr (12,17.19; 14,5.25 u. ö.), wie auch Jes 8,2 die Kernfrage wie bei der μαρτυρία *[martyria]* die der Glaubwürdigkeit oder Lügenhaftigkeit der Zeugen ist, wobei die letztere verabscheut wird, ja unter schwerer Strafandrohung oder auch göttlicher Gerichtsdrohung steht (vgl. Ex 23,1; Dtn 19,16ff). Erst bei DtJes bahnt sich ein anderes Verständnis an, wenn nun Jes 43,10.12; 44,8 die Glieder des Volkes aufgeboten werden, für die Einzigartigkeit und Gerechtigkeit Jahwes unter den Völkern als Zeugen aufzutreten; wenngleich es sich hier um den Bildrahmen eines eschatologischen Prozesses handelt, so zeichnet sich damit doch in den Gottesknechtsliedern erstmalig etwas wie eine missionarische Dimension in der Existenz des Volkes ab, die freilich ihre volle Gestalt erst im NT gewinnt.

c) Von den verbalen Formen ist das Simplex μαρτυρέω *[martyreō]* nur 17mal belegt, und zwar für die gerichtliche Zeugenaussage (Num 35,30; Dtn 19,15.18), aber auch für die Erinnerungsfunktion eines Monumentes (Gen 31,46ff) bzw. des Mose-Liedes (Dtn 31,19.21), das als Dokument des Bundes zur Anklage werden könnte gegen die, die ihn brechen. Während καταμαρτυρέω *[katamartyreō]* (5Belege) 1Kön 20[21],10.13; Dan 6,24[25] und Spr 25,18 im Sinne von bewußt falschen, zur Verurteilung des Angeklagten führenden Zeugenaussagen gebraucht ist (Hi 15,6 von Eliphas für die Anklage, die Hiobs eigene Aussagen gegen ihn darstellen), ist das ebenfalls für *hāʿēd* eingetretene ἐπιμαρτύρομαι *[epimartyromai]* (1Kön 3,1[2,42]; Neh 9,29f; 13,15.21, aber auch Am 3,13; Jer 39[32],25) dadurch bestimmt, daß Menschen *zur Rückerinnerung* an vorher Angeordnetes *veranlaßt*, zu dessen Bestätigung genötigt und insofern *ermahnt, verwarnt* werden. Das Kompos. ψευδομαρτυρέω *[pseudomartyreō]* bezeichnet das wissentlich falsche Zeugnis nur im Dekalog (Ex 20,16; Dtn 5,20[17] für *ʿānāh, antworten*). So bleibt gewichtigstes Kompos. das gleichfalls für *hāʿēd* eingetretene διαμαρτύρομαι *[diamartyromai]*, das urspr. das *Anrufen* bzw. *Hinzuziehen zum Zeugen* meint (so Dtn 4,26; 31,28; 2Kön 17,13; Jer 39[32],10; Mal 2,14), von daher aber auch gebraucht wird für das Weitergeben und Einschärfen der von Jahwe empfangenen Weisungen (so Ex 18,20; 19,10.28 in Befehlen an Mose, aber auch Neh 9,26.34). Es kann dann sowohl den Sinn von *verwarnen, ermahnen, beschwören* (zB in der Gottesstimme Ps 49[50],7) als auch von *versichern, zusagen* (zB Sach 3,7[6]) haben.

2a) Die Analyse des Wortgebrauchs zeigt, daß die Vokabeln unserer Gruppe, von dem Sonderfall der Verwendung von μαρτύριον *[martyrion]* für das hebr. *môʿēd* abgesehen (II,1a), im wesentlichen in dem schon in der klassischen Gräzität abgesteckten Rahmen bleibt, jedenfalls noch nicht das in der Stoa geprägte Verständnis kennen: Zeuge ist man für etwas Erfahrenes bzw. wird als solcher zu einem Ereignis hinzugezogen. Es ist das Fremde, Erlebte oder Anvertraute, für das jemand eintritt, und namentlich wo Gott als Zeuge erwähnt oder angerufen wird, ist die Parteinahme des Zeugen für das Recht des Bundes deutlich spürbar. Einen Zeugnis- oder Zeugenbegriff, der sich aus subjektiver, nicht nachprüfbarer Überzeugung herleitet, kennt das AT nicht, und er hat auch im Judentum keinen Platz. Philo und Jos., die dem griech., juridisch geprägten Sprachgebrauch folgen, haben auf die zweifelhafte Ergänzung von σκηνή *[skēnē]* und κιβωτός *[kibōtos]* durch τοῦ μαρτυρίου *[tou martyriou]* wohl bewußt verzichtet, und im rabb. Sprachgebrauch bezeichnet *hēʿid* die *Lehrtätigkeit* der Rabbinen, verwandt den Ausdrücken für → *verkündigen* (im einzelnen vgl. RAsting, aaO, 513ff).

b) So gewiß der Gedanke des leidenden Einstehens für den Glauben bis zum Tode, die Hochschätzung einer Märtyrer-Haltung, im Judentum breiten Raum hatte (vgl. die Makk-Bücher, bes. 4Makk 18,11ff, das MartJes, Jos. Bell. 2,151ff; auch das bei St.-B. I,221ff gesammelte rabb. Material), muß doch beachtet werden, daß für solches »Glaubensheldentum« offenbar nie Begriffe wie μάρτυς *[martys]*, μαρτυρία *[martyria]* oder μαρτυρέω *[martyreō]*, auch nicht μαρτύριον *[martyrion]* angewandt wurden (vgl. Strathmann, aaO, 489ff). NBrox hat in seiner detaillierten und sorgfältigen Analyse überzeugend nachgewiesen, daß »das Alte Testament und Spätjudentum als Ursprungsort für den Märtyrertitel ausscheiden«, wie er dann in der christl. Frühgeschichte sich herausbildete, und daß auch »eine tatsächliche Gleichheit des Märtyrers mit dem Propheten . . . sich nicht (findet)« (Zeuge, 172).

Ihren eigentümlichen Akzent für die bibl. Theol. hat die Wortgruppe erst im NT, genauer in der Apg und in der johanneischen Lit. gewonnen. III

Schon die Statistik des Vorkommens läßt diese Gewichte erkennen: So finden sich von den 76 Belegen für das Verb μαρτυρέω *[martyreō]* allein 43 im JohEv. und den JohBriefen, weitere 4 in Offb, 11 in Apg, 8 in Hebr, während auf Paulus 6, auf die Synopt. nur 2 entfallen. Von den 37 μαρτυρία *[martyria]*-Belegen gehören gar 21 in das JohEv. und die Joh-Briefe, 9 in die Offb, wohingegen die Vokabel bei Paulus und im Hebr ganz fehlt. Das Subst. μάρτυς *[martys]* findet sich bei 35 Belegen insges. 13mal in Apg, 6mal bei Paulus (+ 3 Past) und 5mal in der Offb. Unter den Kompos. ist ἐπιμαρτυρέω *[epimartyreō]* nur 1Petr 5,12 neben παρακαλέω *[parakaleō]*, *ermahnen*, im Sinne von *erinnern* belegt, καταμαρτυρέω *[katamartyreō]* nur Mt 26,62 par Mk 14,60 und Mt 27,13 in den Fragen an Jesus, ob er nicht zu den gegen ihn vorgebrachten Zeugenaussagen Stellung nehmen wolle, und συμμαρτυρέω *[symmartyreō]* ist ausschließlich von Paulus Röm 2,15; 8,16; 9,1 gebraucht worden, der damit ein bestätigendes, stärkendes bzw. anklagendes Mit-bezeugen des Geistes oder des menschlichen Gewissens zum Ausdruck bringt. Von den 15 διαμαρτυρέω *[diamartyrẹō]*-Belegen endlich gehören 9 der Apg an, wobei das Verb als Spezialausdruck für → verkündigen gebraucht ist, wie übrigens auch 1Thess 4,6 sowie 3mal in 1 und 2Tim.

1) Der juridische Wortgebrauch des klassischen Griech. und der LXX beherrscht die wenigen Belege des synopt. Vorkommens, von denen neben den schon genannten καταμαρτυρέω *[katamartyrẹō]* auch die 4 μαρτυρία *[martyrịa]*-Belege (Mk 14,55.56. 59; Lk 22,71) und 2 der μάρτυς *[mạrtys]*-Stellen (Mk 14,63 par Mt 26,65) in die Darstellung des Prozesses Jesu gehören und sich jeweils auf die dort vorgebrachten (falschen) Zeugenaussagen beziehen. Im gleichen Sinne sind aber auch die Zitate von Dtn 19,15 (Mt 18,16 μάρτυς *[mạrtys]*; Joh 8,17 μαρτυρία *[martyrịa]*) bzw. Dtn 17,6 (Hebr 10,28; vgl. 2Kor 13,1; 1Tim 5,19) zu verstehen, ebenso die Erwähnung von Zeugen beim Verfahren gegen Stephanus Apg 6,13; 7,58. Die Färbung ist durchweg negativ-wertig.

2) Noch Paulus schließt sich in der Verwendung der Vokabeln eng an den LXX-Gebrauch an. μαρτυρέω *[martyrẹō]* gebraucht er Röm 10,2; 2Kor 8,3; Gal 4,15; Kol 4,13, um den Adressaten der Briefe ein positives Zeugnis über ihren Eifer, ihre liebevolle Opferbereitschaft bzw. die übernommene Mühe auszustellen (»Ich gebe ihnen das Zeugnis«), während er 1Kor 15,15 die → Auferweckung Christi (auf Grund seiner persönlichen Erfahrung) dadurch unterstreicht, daß er ihre Leugnung als gegen Gott gerichtete *falsche Zeugenaussage* bezeichnet. Röm 3,21 nennt er das Gesetz und die Propheten als solche, die Gottes Gerechtigkeit *bezeugen*. Das Subst. μάρτυς *[mạrtys]* hingegen hat er Röm 1,9; 2Kor 1,23; Phil 1,8 und 1Thess 2,5.10 nur in solchen Zusammenhängen gebraucht, in denen er Gott zum *Zeugen* für sein Handeln und Reden *anruft* (1Thess 2,10: euch und Gott). Er ist es aber wohl auch, der als erster dem Subst. μαρτύριον *[martỵrion]* eine neue Füllung gegeben hat, wenn er 1Kor 1,6 davon spricht, daß »das μαρτύριον *[martỵrion]*, *das Zeugnis* des Christus, bei euch fest geworden ist«. Nicht mehr um eine Urkunde, ein Beweis- oder Erinnerungsstück, das ermuntert oder mahnt, kann es sich dabei handeln, sondern das Wort ist hier im Sinne von → Evangelium, der verkündigten Botschaft vom Heil in Christus gebraucht. Das wird durch 1Kor 2,1 — καταγγέλλων ὑμῖν τὸ μαρτύριον τοῦ θεοῦ *[katangellōn hymịn to martỵrion tou theọụ]*, *indem ich euch das Zeugnis Gottes verkündigte* — ebenso bestätigt wie durch 2Thess 1,10. 2Kor 1,12 steht das Wort für das Zeugnis, das ihm sein eigenes → Gewissen gibt.

3) Bei den Synoptikern läßt sich über den juridischen Gebrauch hinaus eine weitere Füllung der Zeugenbegrifflichkeit erkennen. Wird nach Mk 1,44 parr Mt 8,4; Lk 5,14 die Opfergabe des Gesundeten εἰς μαρτύριον *[eis martỵrion]*, also *zum Zeugnis*, dh Anerkenntnis und *Beweis* der erfolgten Heilung (nach der Anordnung des Mose) dargebracht, so kann die gleiche Formulierung Mt 10,18 in der Aussendungsrede — Verhaftung und Verhör der Jünger würden εἰς μαρτύριον *[eis martỵrion]*, *zum Zeugnis* für Juden und Völker werden (vgl. ähnlich Mk 13,9; Lk 21,13) — kaum nur im Sinne einer Anklage verstanden werden, sondern auch einschließen, daß ihnen solche Tribunale Gelegenheit zur Bezeugung Christi vor der Öffentlichkeit geben würden. Belastungsdokument (für einen Ort im Gericht Gottes) ist der Staub, den die abgewiesenen Boten Jesu von ihren Füßen schütteln und zurücklassen (Mk 6,11 par Lk 9,5), wie Lk 11,48 (vgl. Mt 23,31) Menschen durch ihr Verhalten gegen sich selbst zu *Zeugen*, dh zu Anklägern werden.

4) Einen neuen Aspekt des Zeugen-Begriffes hat dann Lukas in der Apostelgeschichte eröffnet. Während er μαρτυρέω *[martyrẹō]* im Sinne des menschlichen Testates über Wohlverhalten, also zur Bestätigung eines Sachverhaltes (Apg 16,2; 22,5.12) oder des guten Leumundes (Apg 6,3 für die Armenpfleger; 10,22 für Cornelius; 26,5 für Paulus) verwendet und Apg 6,13; 7,58 μάρτυς *[mạrtys]* von den gegen Stephanus nach den jüd. Gesetzesbestimmungen aufgebotenen (falschen) Zeugen gebraucht wird, taucht Apg 23,11 erstmalig μαρτυρῆσαι *[martyræsai]* ohne Obj. auf, wobei das *Zeugnis ablegen* als Christus-Verkündigung gemeint ist, die Paulus nach Weisung seines Herrn nun auch in Rom trei-

ben soll. Das entspricht genau der Bedeutung von μαρτύριον *[martyrion]* Apg 4,3 – »mit großer Kraft legten die Apostel *Zeugnis* ab« – und greift jenes Verständnis von μάρτυς *[martys]*, *Zeuge*, auf, das sich erstmalig Lk 24,48, also an der Schwelle zwischen Ev. und Apg findet und konsequent sofort Apg 1,8 in dem Auftrag des Auferstandenen wiederholt wird: *Zeugen* sind für Lukas die → Apostel, die von Jesus mit der Verkündigung der Botschaft vom Reich beauftragten Jünger, wobei diese Apg 1,22 noch näher dadurch qualifiziert werden, daß sie Zeugen der → Auferstehung Jesu (vgl. 2,32; 3,15; 13,31; 26,16: Paulus, weil der Auferstandene ihm begegnete) und seines Tuns sind (Apg 22,15 auch für Paulus gesagt!). Lukas verwendet also den Zeugenbegriff nicht mehr nur für den Tatsachenzeugen, sondern spez. für die Zeugen des Auferstandenen, die mit dieser Qualifikation beauftragt und legitimiert sind zu seinen Zeugen unter den Völkern. Es wird dabei deutlich, daß ihr Zeugen-Weg ein Weg der Abweisung, des → Leidens, möglicherweise des Sterbens ist (»Stephanus, der treue Zeuge« Apg 22,20), daß er aber nicht durch das spätere Verständnis des Martyriums, des Blutzeugen, sondern eben durch die unverfälschte und volle Kundmachung der Christus-Botschaft charakterisiert ist. – Für diese *Bezeugung* Jesu als des Christus (Apg 18,5), die Proklamation der Gnade Gottes (Apg 20,24), das eindringliche, werbende Zusprechen des Christus-Evangeliums, braucht Lukas dann gern διαμαρτύρομαι *[diamartyromai]* (Apg 2,40; 8,25; 28,23). Siehe auch → Verkündigung.

5) Zeigte schon die statistische Übersicht, daß die Vokabeln unserer Gruppe bei weitem am häufigsten im Johannes-Ev. und den Joh-Briefen Verwendung gefunden haben, so läßt dies vermuten, daß der Begriff des *Zeugnisses* für den Verfasser dieser Schrift auch theol. eine zentralere Bedeutung einnimmt als bei allen anderen (vgl. RAsting, aaO, 697f). Schon das διαμαρτυρέω ἐνώπιον τοῦ θεοῦ *[diamartyreō enōpion tou theou]*, *bezeugen vor dem Angesicht Gottes*, wie es sich 3mal in Past (1Tim 5,21; 2Tim 2,14; 4,1) findet, hatte die verbindliche Bekanntgabe der Botschaft und des Willens Gottes in der Linie des einfachen, neben anderen Ausdrücken für *verkündigen* gebrauchten διαμαρτυρέω *[diamartyreō]* der Apg verstärkt, indem die Rolle der Apostel als für und vor Gott Handelnde, als seine Repräsentanten, charakterisiert werden. Johannes, der den Inhalt des Christus-Geschehens und des Evangeliums im λόγος *[logos]*-Begriff zusammenfaßt (→ Wort, Art. λόγος, III,4), hat nun bes. das Verb μαρτυρέω *[martyreō]* und daneben das Subst. μαρτυρία *[martyria]*, also die beiden Aktion bezeichnenden Vokabeln der Gruppe aufgenommen, um mit ihnen das Geschehen der göttlichen Offenbarungsmitteilung auszudrücken, und zwar in allen Aspekten; diese Beobachtung wird auch dadurch gestützt, daß er auf das Subst. μαρτύριον *[martyrion]*, das mehr Sachbezeichnung war, ebenso verzichtet, wie er, um die Aufmerksamkeit auf das Ereignis zu konzentrieren, die Zeugenschaft zwar kennt, die Vokabel μάρτυς *[martys]*, *Zeuge*, aber nicht benutzt; diese taucht erst in der Offb auf (5mal, s. u.), auch die Komposita fehlen völlig.

a) Auch Johannes kennt den klassischen Wortgebrauch im Sinne des menschlichen Testates bzw. des Leumundzeugnisses. Das zeigt sich Joh 2,25, wo es heißt, daß Jesus zur Urteilsbildung keine *Zeugenaussagen* über Menschen von anderen Menschen brauche, ebenso wie 18,23, wo er den Tempelpolizisten, der ihn geschlagen hat, zum *Nachweis* seines unrechten Redens auffordert; 12,17, wo das Volk die Auferweckung des Lazarus *bezeugt*, und 3,28, wo der Täufer seine Jünger *als Zeugen* dafür *anruft*, daß er sich nicht selbst als den Messias ausgegeben habe. Es gilt auch für die Zitation von Dtn 19,15 in Joh 8,17, wenngleich diese Gesetzesregel V. 18 dann in den Dienst des Selbstzeugnisses Jesu gestellt wird. Testate eines lobenswerten, in den Bahnen des Glaubens liegenden Verhaltens sind auch alle Belege von Verbum und Subst. im 3Joh (V. 3.6.12), die sich auf Gajus und Demetrius beziehen.

b) Gerade auf diesem Hintergrund aber hebt sich das Spezifische des johanneischen Zeugnis-Begriffes in seinen drei Aspekten ab: Zeugnis ist Christus-Zeugnis, und zwar (α) als hinweisendes (Johannes und die Schriften), (β) als Selbstzeugnis Jesu und (γ) als proklamierend-verweisendes der Jünger.

α) Die Gestalt Johannes des Täufers ist bei Joh stärker als bei allen anderen Evangelisten als die des Vorläufers, des letzten Propheten gezeichnet. Auf den Kommenden, den Erwarteten und endlich den schon Gegenwärtigen hinzuweisen, ist Bestimmung und Inhalt seines Auftretens: »dieser kam εἰς μαρτυρίαν *[eis martyrian]*, *zum Zeugnis*, damit er von dem Licht zeugte, damit alle durch ihn glaubten« (Joh 1,7 vgl. V. 8). Das ist Joh 1,15.32 und in der Szene 1,19ff ausgeführt, und die dort genannte μαρτυρία *[martyria]* des Johannes ist 1,34 thetisch formuliert: »Und ich habe es gesehen und bezeugt, daß dieser ist der Sohn Gottes.« Joh 3,26 wird sie noch einmal aus dem Munde von Johannes-Anhängern bestätigt (»von dem du *Zeugnis gegeben* hast«), und 3,31f hinweisend zugespitzt in dem Satz, daß »der vom Himmel kommt, bezeugt, was er gesehen und gehört hat«. Dieser erste Aspekt des Zeugnis-Verständnisses als hinweisendes, zu dem wohl auch die Bemerkung Joh 5,39 (aus dem Munde Jesu) zu zählen ist, daß dies die eigentliche Intention der → Schriften sei, von ihm — Jesus als dem Offenbarer — zu zeugen, findet seinen legitimierenden Abschluß in dem Zeugnis des johanneischen Jesus Joh 5,33, daß der Täufer seine Zeugentätigkeit ἐν ἀληθείᾳ *[en alætheia]*, *für die* bzw. *gemäß der Wahrheit* ausgeübt habe. Zeugnis ist hier also nicht mehr die Erhärtung von aufweisbar Geschehenem, sondern der verkündigende Hinweis auf Jesus als den Offenbarer Gottes.

β) Eine der im JohEv. geradezu paradigmatisch und nicht zufällig etwa in der Mitte skizzierten Diskussionen ist die um die → Wahrheit dessen, was Jesus von sich selbst bezeugt, anders gesagt: um die Frage, wer dieser Jesus sei. Sprachlich ist sie durch die Ausdrucksweise μαρτυρέω περί *[martyreō peri]*, *bezeugen in bezug auf* (meist: sich selbst) charakterisiert. Behaupten nach 8,13 die Pharisäer, weil er von sich selbst zeuge, könne seine μαρτυρία *[martyria]* nicht wahr sein, so ist dem Jesu Wort V. 14 entgegengestellt, wenn er über sich selbst etwas sage, so sei diese μαρτυρία *[martyria]* wahr, weil er wisse, woher er gekommen sei und wohin er gehe. Johannes will dies Zeugnis Jesu, dh seinen Anspruch, der Offenbarer, derjenige zu sein, an dem Gottes Wille und Wesen erkennbar wird und der darum als das → Licht das → Leben der Menschen ist, dh menschlicher Existenz also Sinn und Grund gibt, nicht als eigenmächtige Selbstverherrlichung Jesu verstanden wissen (das weist Jesus 5,31: »Wenn ich von mir selbst zeuge, ist mein Zeugnis nicht wahr« ausdrücklich ab, — scheinbar im Gegensatz zu 8,14); aber die Legitimation erfolgt nicht durch Menschen, durch logische Beweiswege, sondern (5,36; 10,25) »die Werke, die ich tue, geben Zeugnis über mich«; es ist ein anderer (V. 32), es ist »der Vater, der über mich Zeugnis gegeben hat« (V. 37; vgl. auch 6,65; V. 39 sind dann die Schriften als Zeugen genannt). Was gemeint ist, wird endlich in der Verhörszene vor Pilatus so ausgesprochen: »Ich bin gekommen, daß ich Zeugnis geben soll der Wahrheit« (Joh 18,37), und mit Bezug auf die Quelle solchen Zeugnisses Joh 3,11: »wir reden, was wir wissen, und was wir gesehen haben, bezeugen wir«. Jesus selbst steht als der Mittler des Zeugnisses, und das heißt hier: der Offenbarung Gottes zwischen Gott und der → Welt (κόσμος *[kosmos]*, Joh 8,14), die ihn haßt, weil er ihr den Anspruch auf Autonomie nimmt, und in der darum sein Zeugnis abgelehnt wird (Joh 3,11.32). Es geht also hier nicht um die Bezeugung nachprüfbarer Tatbestände, sondern — in der Linie der Propheten, wenn auch im Sprachgewande der Gnosis — um die Selbstmitteilung Gottes in Jesus, die Glauben fordert und die sich nur in der Annahme erschließt. Brox (aaO, 71) nennt als »eigentümliches Merkmal der johanneischen Zeugnis-Theologie«, daß »die Legitimation des Zeugnisses und die Beweise für dessen Wahrheit . . . in der Berufung auf eine nicht nachweisbare Autorisierung durch Offenbarung (bestehen)«. Der Form nach wird zwar der Legitimationsforderung der Menschen entsprochen, aber die ins Feld geführten Bestätigungszeugnisse beweisen nicht im üblichen Sinne, sondern behaupten eben das, wofür der Beweis verlangt wird. »Nur dem Glauben erschließt sich das Objekt des Glaubens« (RBultmann, KEK II, zu Joh 5,36f). Kriterium für die Botschaft ist nur deren Inhalt selbst!

γ) Formal dem johanneischen Gebrauch von λόγος *[logos]*, → *Wort*, verwandt, wird dieses Zeugnis Jesu unter denen, die es angenommen und damit die Wahrheit Gottes bestätigt (versiegelt; Joh 3,33) haben, zum Zeugnis von Jesus. Das ist zuerst Joh 4,39 der Fall, wo die Samaritaner bestätigen, daß ihr Weg zum Glauben begonnen habe durch das Zeugnis, den betroffenen Bericht, den die Frau am Brunnen von ihm gab. Indes spielt hier noch das erfahrene Geschehen eine Rolle. Typisch johanneisch aber wird der Gedanke weitergeführt, wenn Joh 15,26 der Paraklet, der Geist als derjenige genannt wird, der Jesus bezeugt, dh der Welt die Augen öffnet über die Wahrheit Gottes und die Wahrheit über sich selbst, und dies sofort ergänzt wird durch den Satz »und i h r werdet es bezeugen« (V. 27). 1Joh 1,2 »wir haben gesehen (ἑωράκαμεν [heōrạkamen]) und bezeugen (μαρτυροῦμεν [martyrọumen]) und verkündigen (ἀπαγγέλλομεν [apangẹllomen]) das Leben, das ewig ist, welches war bei dem Vater und ist uns erschienen« und 4,14 »wir haben gesehen (τεθεάμεθα [tetheạmetha]) und bezeugen, daß der Vater den Sohn gesandt hat als Retter (σωτῆρα [sōtæra]) des Kosmos« lesen sich ebenso als Ausführung dieses Gedankens wie 1Joh 5,6 vom Zeugnis des Geistes Joh 15,26 aufnimmt. 1Joh 5,10 »der an den Sohn Gottes Glaubende hat das Zeugnis in sich selbst« wird V. 11 dahin präzisiert, daß dies das Zeugnis der → Erkenntnis und Botschaft des Glaubens sei, »daß Gott uns ewiges Leben gegeben hat und dieses Leben in seinem Sohn ist«. Auch hier ist zwar die Terminologie des Zeugnisses von Erfahrenem gebraucht; aber diese Erfahrung ist nicht die der Sinne, sondern das Hineingenommensein in den Glauben. Nichts anderes meinen hier die griech. Vokabeln für »sehen«.

c) Diese μαρτυρία [martyrịa] Jesu Christi als mitgeteilte und geglaubte Offenbarung der Bedeutung Jesu ist für den Seher der O f f e n b a r u n g identisch mit dem λόγος τοῦ θεοῦ [lọgos tou theọu], dem *Wort Gottes* (Offb 1,2.9; auch 12,11 stehen beide verbunden nebeneinander), und die μαρτυρία [martyrịa] wird näher qualifiziert als das πνεῦμα τῆς προφητείας [pnẹuma tæs prophætẹias], *Geist der Prophetie*, womit eben das Bezeugen des (hier) über die Zukunft Offenbarten gemeint sein dürfte. Der Gedanke, daß das Betroffensein vom Zeugnis Jesu Christi in den Zeugendienst stellt, dh zu seiner Weitergabe nötigt, läßt erkennen, daß der μαρτυρία [martyrịa] selbst eine Kraft innewohnt, durch die Gott den Menschen nicht nur intellektuelle Erkenntnis schenkt, sondern sie auch in Bewegung setzt. Die μαρτυρία [martyrịa] gibt Teil am Weg, aber auch am Leiden und der Verfolgung Christi, wie Offb 6,9 der Hinweis auf die Erschlagenen zeigt (vgl. auch die Verfolgung durch den Drachen Offb 12,17 mit der Verfolgung des Kindes 12,4). Daß die μαρτυρία [martyrịa] den, der von ihr ergriffen ist, in das Leben Christi hineinzieht, kommt auch 12,11 darin zum Ausdruck, daß ihnen die sieghafte Überwindung zugesprochen wird (vgl. 20,4). In der Offb ist dann auch 1,5 zum einzigen Male ausdrücklich Jesus als ὁ μάρτυς ὁ πιστός [ho mạrtys ho pistọs], *der treue Zeuge*, bezeichnet (vgl. 3,14: der Ἀμήν [Amæn] mit der gleichen Titulatur). Erste Wurzeln des späteren Märtyrerverständnisses zeichnen sich neben 6,9 auch darin ab, daß der in Pergamon getötete Antipas ebenso als ὁ μάρτυς μου ὁ πιστός [ho mạrtys mou ho pistọs] bezeichnet wird (2,13), wie die beiden *Zeugen* 11,3 zwar für die Zeit ihres Auftrages unüberwindlich sind, dann aber doch (V. 7) von dem Tier getötet werden, und das Weib von Kap. 17 trunken ist vom Blut der *Zeugen* Jesu. Freilich: Immer noch steht doch wohl nicht der Tod, sondern das Auftreten als glaubwürdiger Zeuge Jesu im Vordergrund, so daß man nicht den Märtyrertod als d a s Charakteristikum des Zeugen anführen darf, zumal Offb 17,6 ausdrücklich neben den μάρτυρες [mạrtyres] *Heilige* (ἅγιοι [hạgioi]) genannt werden, die ebenfalls um des Glaubens willen getötet wurden (vgl. im einzelnen NBrox, aaO, 102f).

6) Der Hebräerbrief unterscheidet sich dadurch von den übrigen Schriften des NT, daß er das Verbum μαρτυρέω [martyrẹō] ausschließlich pass. und hauptsächlich im 11. Kap. gebraucht. Der Bezeugende, der den Glauben der Genannten bestätigt, ist Gott selbst, – hier in hebr. Redeweise hinter dem Pass. verborgen (Hebr 11,2.4.5.39). Die Menschen, deren Geschick alle Zeichen des Glaubensmartyriums trägt, *erhalten Zeugnis*, dh werden anerkannt von Gott. Dem entspricht, daß diese ihres Festhaltens an der Hoffnung des Glaubens wegen Beglaubigten Hebr 12,1 eine »Wolke der Zeugen« für die jetzige Gemeinde genannt werden.

L. Coenen

Lit.: OMichel, Prophet und Märtyrer, BFChrTh 37/2, 1932 – RAsting, Die Verkündigung des Wortes im Urchristentum, 1938, 458ff – HStrathmann, Art. μάρτυς etc., ThWb IV, 1942, 477ff – RBultmann, Das Evangelium des Johannes, KEK II, 1943 (1968[19]), Reg. s. v. – EEsking, Das Martyrium als theologisch-exegetisches Problem, in: In Memoriam ELohmeyer, 1950, 224ff – EKäsemann, Ketzer und Zeuge, ZThK 48, 1951, 292ff (= EKäsemann, Ex. Vers. u. Bes. I, 1968[5], 168ff) – ELohse, Märtyrer und Gottesknecht, FRLANT 46, 1955 (1963[2]) – BLohse, Art. Märtyrer, EKL II, 1956 (1962[2]), 1261f – HDörrie/FPaschke/HHohlwein/ALehmann, Art. Märtyrer, RGG IV, 1960[3], 587ff – NBrox, Zeuge und Märtyrer, 1961 – WHCFrend, Martyrdom and Persecution in the Early Church, 1965 – HBarié, Kann der Zeuge hinter das Zeugnis zurücktreten?, EvTh 32, 1972, 19ff – JBeutler, Martyria. Traditionsgesch. Unters. z. Zeugnisthema b. Johannes, 1972 – OMichel, Zeuge und Zeugnis, in: Neues Testament und Geschichte. Festschr. OCullmann, hrsg. v. HBaltensweiler/BReicke, 1972, 15ff.

Zeugung → Geburt

Ziel

Im Unterschied zum zyklischen Verständnis der Welt als ewiger Kreislauf (wie zB im griech. und buddhistischen Denken) hat das Christentum ein ausgesprochen geschichtliches Weltverständnis entwickelt, demzufolge das Dasein mit der Schöpfung begonnen hat und mit der Weltvollendung seinen Abschluß finden wird. → Anfang und Ende, Urzeit und Endzeit greifen nicht als naht- und geschichtlose, nur durch ein menschliches Zwischenspiel voneinander getrennte Pole ineinander; vielmehr führt nach christl. Verständnis von dem als → Schöpfung geschichtlich verstandenen Anfang auch ein geschichtlicher Weg zu dem als → Ziel und Bestimmung der Schöpfung begriffenen Ende, das mehr enthalten wird, als am Anfang gegeben war. Dieses zielgerichtete Denken kommt am umfassendsten in der Wortgruppe τέλος *[telos]* zum Ausdruck, die das *Ziel* einer Bewegung und damit deren Ende in Blick nimmt. In diesen Zusammenhang gehört auch das nur Phil 3,14 belegte Subst. σκοπός *[skopos], Ziel.* Ebenso wie τέλος *[telos], Drehpunkt, Scharnier,* sind das adv. Wortpaar ἐγγύς *[engys], nahe* / μακράν *[makran], fern,* und das Adj. ἔσχατος *[es·chatos], letzter, äußerster,* von Hause aus Ortsbestimmungen, die vor allem im Sprachgebrauch der LXX und des NT vergeschichtlicht, dh zu hauptsächlichen Zeitbestimmungen umgeprägt worden sind. In diesem Sinne bezeichnet ἐγγύς *[engys]* im biblischen Sprachgebrauch häufig die zeitliche Nähe, während ἔσχατος *[es·chatos]* sich vor allem auf die letzte Zeit und den letzten Tag richtet.

ἐγγύς

ἐγγύς *[engys]* nahe · ἐγγίζω *[engizō]* sich nähern, nahe kommen · μακράν *[makran]* fern

I 1) Im Profangriech. bedeutet das Adverb ἐγγύς *[engys]* (seit Hom.; Gegensatz μακράν *[makran]* bzw. πόρρω *[porrō], fern*) a) örtlich *in der Nähe, nahe bei* (zB Thuk. III,55,1); b) zeitlich *nahe bevorstehend* (zB Epict. Diss. III,26,6); c) bei Zahlen *beinahe* (zB Xenoph. Hell. II,4,32); d) *verwandt* bzw. *ähnlich* (zB Plato, Phaidon 55a; Resp. III,391e); e) in übertragenem Sinn: *geistige Nähe* (zB Epict. Diss. I,2,14).

2) Das jüngere Verb ἐγγίζω *[engizō]* (seit Aristot.), trans. *nahebringen,* kommt meist intrans. in der Bedeutung *sich nähern, nahe herankommen* vor (zB Polyb. IV,62,5), gelegentlich mit dem Zusatz »den Göttern« (zB Epict. Diss. IV,11,3).

II In LXX übers. ἐγγύς *[engys]* meist das hebr. *qārōb,* ἐγγίζω *[engizō]* Formen von *qārab, nahen, sich nähern,* und *nāgasch, hinzutreten, sich nähern.* Die Wörter finden sich oft neben dem konträren μακράν *[makran], weit, fern,* bzw. μακρόθεν *[makrothen], von weit her,* die Bildungen vom Wortstamm *rāchaq, sich entfernen,* wiedergeben.

1a) In räumlichem Sinne findet sich ἐγγίζω *[engizō]* häufig in Wendungen, die die Annäherung an kultische Stätten beschreiben (Ex 3,5). Nur die den Anforderungen der kultischen

Vorschriften entsprechenden Priester dürfen sich dem Heiligtum Jahwes *nahen* (Lev 21,21.23; Ez 40,46; vgl. Ez 44,13). Freilich kann ἐγγίζω *[engizō]* auch allgemeiner die Teilnahme am Gottesdienst bezeichnen (Jes 29,13; Pred 4,17) oder gar die fromme, gottnahe Haltung (Ps 119,169; Hos 12,7).

b) Wie μακράν *[makran]*, *weit, fern,* so kann auch ἐγγύς *[engys]*, *nahe,* ein bestimmtes göttliches Verhalten charakterisieren: Es gehört zu dem Besonderen des Gottes Israels, der auch aus der Ferne wirken kann (Ps 138,6; 139,2), sich zu seinem Volk zu *nahen:* »Denn wo wäre ein großes Volk, das einen Gott hätte, der ihm so nahe wäre, wie uns der Herr, unser Gott, sooft wir ihn anrufen?« (Dtn 4,7; vgl. auch Ps 34,19; Jer 23,23 LXX!). Dabei ist die Nähe Gottes nicht als statischer Zustand verstanden, vielmehr als freie göttliche Tat des Sich-Näherns (θεὸς ἐγγίζων *[theos engizōn]*). Der nahe Gott wird vor allem im israelitischen Gottesdienst erfahren (vgl. Ps 145,18).

c) Das Wortpaar »die Nahen und die Fernen« (Dtn 13,7; Jes 33,13; 57,19; Ez 6,12) ist Totalitätsbeschreibung und meint umfassend *alle.* Im Judentum kennzeichnet ἐγγύς *[engys]*, *nahe,* später den Israeliten im Gegensatz zum Nichtisraeliten, innerhalb Israels den Gerechten im Unterschied zum Gottlosen. Zur Bedeutung der *Nächste,* der *Verwandte* vgl. Lev 21,2f; Hi 6,15; Est 1,14 (→ Bruder).

2) Als Zeitangabe drückt die Wortgruppe das unmittelbare Bevorstehen des Gottestages aus. Gegenüber einer Denkweise, die jenen Tag als weit entfernt betrachtet (vgl. die Zitate Jes 5,19; Ez 12,22.27; Am 6,3) rufen die Propheten seine Nähe aus. Dabei ist dieser Tag durchweg qualifiziert durch das nahende Gericht (Jes 13,6; vgl. auch Ez 7,7; 30,3; Jo 1,15; 2,1; Zeph 1,7.14), das Finsternis und Schrecken heraufbeschwört. Nur DtJes kündigt das Nahen einer neuen Heilszeit an, die Heil und Gerechtigkeit heraufführen wird (Jes 46,13; 50,8; 51,5; 56,1). Von diesen Aussagen her läßt das Judentum den Messias mit dem Heroldsruf erscheinen: »Das Heil ist nahe herbeigekommen« (Pirke Maschiach).

3) Der priesterliche Sprachgebrauch des AT lebt in verwandelter Bedeutung in Qumran weiter. Die Gemeinde betrachtet sich als priesterlich. Wer zur Gemeinde kommt, darf damit Gott nahen. Die Worte »nahekommen« bzw. »entfernen« (im Fall der Abweisung) werden zu technischen Ausdrücken für den Eintritt in die Gemeinde. In ähnlicher Weise ist im rabb. Judentum »nähern« technischer Ausdruck für die Werbung eines Proselyten.

Das Verb ἐγγίζω *[engizō]*, *sich nähern, nahe kommen,* wird im NT hauptsächlich von den Synopt. und der Apg in urspr. Bedeutung verwendet, Paulus und Hebr gebrauchen es seltener, bei Johannes findet es sich gar nicht. Auch das Adv. ἐγγύς *[engys]*, *nahe,* steht am häufigsten bei den Synopt., aber auch zahlreich im JohEv., während es Paulus kaum verwendet. III

1a) Im räumlichen Sinne wird ἐγγύς *[engys]*, *nahe,* zahlreicher als ἐγγίζω *[engizō]*, *nahe kommen,* gebraucht. In der Apg und bei Joh hat das Adv. ἐγγύς *[engys]* fast ausschließlich lokale Bedeutung (zB Apg 1,12: nahe bei Jerusalem; Joh 19,20: nahe bei der Stadt). Gelegentlich dient aber auch das Verb ἐγγίζω *[engizō]* als Orts- und Bewegungsangabe (zB Mk 11,1 parr: sie näherten sich Jerusalem).

b) Häufiger werden die Begriffe in zeitlicher Bedeutung verwendet: die Stunde der Passion ist genaht (Mt 26,45); das Ende aller Dinge ist nahegekommen (1Petr 4,17); der Sommer ist nahe (Mt 24,32); das Passa war nahe (Joh 2,13).

2a) Die theol. Interpretation des Verbs ἐγγίζω *[engizō]*, *nahe kommen,* bei den Synoptikern schließt sich an die Heilsverkündigung des DtJes an: ἤγγικεν ἡ βασιλεία τῶν οὐρανῶν *[ængiken hæ basileia tōn ouranōn]*, *das → Reich der Himmel ist nahegekommen* (Mk 1,15 parr, Mt 3,2; 10,7; Lk 10,9.11). Hinter der Formulierung ἤγγικεν *[ængiken]*, *es ist genaht,* steht der Gedanke an die göttliche → Verheißung und Vorbereitung. Das Perf. ἤγγικεν *[ængiken]* (die am häufigsten gebrauchte Zeitform von ἐγγίζω *[engizō]*!) drückt dabei das Ende der Vorbereitungszeit aus. Die Gottesherrschaft ist genaht, dh sie ist in der Verkündigung und im Wirken Jesu bereits Gegenwart! »Mk sieht also auch die Verkündigung Jesu nicht als eine Vorstufe eines kommenden Königreichs, sondern als die jetzt eingetretene, hier wirklich gewordene Vollendung« (Lohmeyer, KEK I,2, 30). Dem ἤγγικεν *[ængiken]*, *ist genaht,* entspricht die negative Formulierung οὐ μακράν *[ou makran]*, *nicht fern,* mit der die Überwindung der Trennung zwischen Gott und Mensch zum Ausdruck gebracht wird (zB Mk 12,34).

b) Daneben werden ἐγγύς *[engys]* und ἐγγίζω *[engizō]* im Zusammenhang der erwarteten apok. Endzeit und der Wiederkunft des Menschensohnes gebraucht. Bes. Lk erwartet die Zukunft der umfassenden Gottesherrschaft (→ Reich). Die Verwüstung Judäas und kosmische Katastrophen werden den Anbruch des Weltendes ankündigen (Lk 21,20ff). »So sollt auch ihr, wenn ihr dies geschehen seht, merken, daß das Reich Gottes nahe ist« (Lk 21,31; vgl. V. 28: Wenn dies zu geschehen anfängt, . . . naht eure Erlösung). Die Verbindung zwischen der mit dem Kommen Jesu anbrechenden Gottesherrschaft und der erwarteten Wiederkunft (→ Gegenwart) des Menschensohnes bei der umfassenden Aufrichtung des Gottesreiches machen Mt und Mk dadurch deutlich, daß sie ἐγγίζω [engizō] sonst nur im Zusammenhang mit dem Schicksal Jesu verwenden (Mt 21,1 parr; 26,46 parr).

3a) Während sich das synopt. Verständnis der Wortgruppe in der Spannung von Perf. und Fut. bewegt, bezieht P a u l u s die Begriffe ausschließlich auf die Zukunft. In Röm 13,12 und Phil 4,5 begründet der Ausblick auf den nahen Tag und den kommenden Herrn die Mahnungen zu einem hoffnungsvollen Leben der Christen. »Ist aber die Rettung nahe, so ist die Stunde da, aus dem Schlaf aufzuwachen« (Schlatter, Gottes Gerechtigkeit, 359).

b) Ähnlich verweist die Wortgruppe in den k a t h o l i s c h e n Briefen auf die nahe Wiederkunft Christi und das bevorstehende Ende aller Dinge (Jak 5,8; 1Petr 4,7; Hebr 10,25). So bezeichnet im NT ἐγγίζω [engizō] fast ausschließlich das Nahen Gottes und seines Heiles zu den Menschen, lediglich Hebr 7,19 und Jak 4,8 sprechen vom antwortenden menschlichen Nahen zu Gott. *W. Bauder / H.-G. Link*

ἔσχατος

ἔσχατος [ęs·chatos] äußerster, letzter, geringster · ἔσχατον [ęs·chaton] Subst.: Ende; Adv.: zuletzt · ἐσχάτως [es·chatōs] zuletzt

I 1a) Das seit Hom. belegte Adj. ἔσχατος [ęs·chatos] ist eine von der Präp. ἐκ [ek] bzw. ἐξ [ex], *aus, von – weg,* abgeleitete Superlativform und bezeichnet urspr. denjenigen (bzw. dasjenige), der (bzw. das) am weitesten draußen (ἐξ [ex]) sich befindet. Räumlich meint es den *äußersten* Ort (zB (Hes. Theog. 731 die äußersten Enden der Erde), zeitlich die *letzten* Ereignisse in einer Reihenfolge (zB Hdt. VII,107), sachlich den *äußersten,* selten *höchsten* (zB Libanius Orat. 59,88 höchste Weisheit), meist *geringsten* Platz in einer Rangfolge (zB Plato, Theaet. 209b; Diod S 8,18,3: die elendesten Menschen).

b) Substantiviert bedeutet τὸ ἔσχατον [to ęs·chaton] *das Ende* in räumlicher oder zeitlicher Hinsicht (zB Hdt. VII,140; VIII,52). Ohne Art. kann ἔσχατον [ęs·chaton] ebenso wie ἐσχάτως [es·chatōs] als Adv. verwendet werden, beide mit der Bedeutung *zuletzt* (zB Xenoph. An. II,6,1; POxy 886,21).

2) Die griech. Sprache nimmt den Terminus ἔσχατος [ęs·chatos] zur Bezeichnung des Endpunktes einer kontinuierlich gedachten Reihe von Sachverhalten in Anspruch. Es entspricht dem naturhaften griech. Denken, das »Äußerste« zunächst räumlich als »Ende der Erde« vorzustellen (Demosth. Ep. 4,7; Xenoph. Vect. 1,6; Theokrit 15,8). In qualitativer Hinsicht bezeichnet ἔσχατος [ęs·chatos] eine äußerste positive oder negative Steigerung (Pindar, Od. 1,113: das Höchste gipfelt bei Königen; Plato, Resp. 361a: höchste Ungerechtigkeit; Gorg. 511d: äußerste Gefahr). Bei Aristot. signalisiert der Terminus den Abschluß eines logischen Denkweges und dient damit zur Systematisierung des Denkablaufs (An. III,10,433 a 16). Als Ausdruck einer qualitativen menschlichen Rangfolge meint ἔσχατος [ęs·chatos] das Gegenteil von πρῶτος [prōtos] (→ Erster, Art. πρῶτος): die geringsten und elendesten Menschen (Dio C 42,5,5; Dio Chrys. 21[38],37; Appian, Bell. Civ. 2,77 § 322). Die zeitliche Dimension kommt in gelegentlichen Ausblicken auf das Ende (zB Diod S 19, 59,6: die letzte, dh abschließende und endgültige Entscheidung) und in der umfassenden Gottesbezeichnung *erster und letzter* (πρῶτος καὶ ἔσχατος [prōtos kai ęs·chatos]; zB Pseud. Arist. Mund. 401 a 28) zum Ausdruck. Sie ist jedoch am wenigsten entfaltet. Auf dem Boden des griech. Denkens ist offenbar kein eschatologisches, dh auf ein zukünftiges Ziel bzw. Ende des Geschichtsablaufs gerichtetes Zeitverständnis entwickelt worden.

II Das andersgeartete, geschichtliche Daseinsverständnis der at. Schriften zeigt sich bereits bei einer ersten Übersicht. Während ἔσχατος [ęs·chatos], das in der LXX ca. 150mal vorkommt, nur vereinzelt lokale Bedeutung hat (zB Dtn 28,49; Jes 48,20; 49,6; Jer 6,22: ἀπ' bzw. ἕως ἐσχάτου τῆς γῆς [ap bzw. heōs es·chatou tæs gæs], *vom* bzw. *bis zum Ende der Erde*) und in disqualifizierendem Sinn nicht nachweisbar ist, wird es ganz überwiegend zur Bezeichnung der zeitlichen Dimension als

Übers. der Wortbildungen vom Stamm *'achar, nach, hinter,* in der Bedeutung *letzter, zuletzt, Ausgang, Ende* verwendet. In den Geschichtsbüchern spielt der Terminus – bis auf die charakteristische stereotype Wendung »von Anfang bis zum Ende« (2Chr 16,11; 20,34; 25,26 u. ö.) – keine wesentliche Rolle. Stattdessen hat ἔσχατος *[ẹs·chatos]* seinen spezifischen Ort in der prophetischen und apok. Zukunftserwartung.

1) Bei vielen P r o p h e t e n findet sich die Formulierung *am Ende der Tage* (*beacharīt hajjāmīm*, LXX: ἐπ' ἐσχάτου τῶν ἡμερῶν *[ep es·chatou tōn hæmerọn]*; Hos 3,5; Jes 2,2; 41,23; Mi 4,1; Jer 23,20; 30,24; 49,39; Ez 38,16 u. ö.). Sie bekundet zunächst das in die Zukunft gerichtete Denken der Propheten, das das bis dahin an vergangenen Ereignissen orientierte Selbstverständnis Israels in eine völlig neue Richtung weist. Der Kontext, in dem diese Formulierung steht, läßt ferner erkennen, daß die Propheten »das Ende der Tage« nicht mythisch geschichtslos denken, sondern als eine erneute geschichtliche Zeitspanne, die Endzeit. Schließlich ist bemerkenswert, daß die Formel meist in Heilsankündigungen begegnet bzw. diese einleitet; dh die eschatologische Zeit wird grundlegend von Jahwes heilvollem Handeln geprägt sein. Jahwe wird seinem Volk die Umkehr ermöglichen (Hos 3,5) und seine Feinde zugrunde richten (Jer 23,20; 30,24). Die Völker werden nach Jerusalem ziehen und von dort Weisung empfangen (Jes 2,2ff; Mi 4,1ff); das Heil wird »bis an das Ende der Erde dringen« (Jes 48,20; 49,6 [DtJes]: hier hat die lokale Bedeutung eine eschatologisch-universale Funktion); und in alledem wird Jahwe sich als heilig erweisen (Ez 38,16.23). So unterschiedlich die einzelnen konkreten Heilsschilderungen der verschiedenen Propheten sind, gemeinsam ist ihnen die Erwartung einer von Jahwe heraufgeführten umfassenden Heilszeit »am Ende der Tage«.

2) In der a p o k a l y p t i s c h e n Lit. häufen sich die Hinweise auf das Ende der Tage (zB Dan 2,28.45; 10,14; 4Esr 6,34; syrBar 6,8). Von der prophetischen Erwartung unterscheiden sie sich durch die Steigerung der Zukunftsschilderungen ins Visionäre, Allegorische und Jenseitige; auch ein gewisses die Endzeit berechnendes Element macht sich bemerkbar (Dan 8,19ff; 10,14; 12,5ff; 4Esr 14,5). Nach apok. Anschauung werden sich in der Endzeit dramatische Kämpfe zwischen verschiedenen Weltreichen abspielen und kosmische Katastrophen ereignen, bevor Jahwe sein transzendentes, unzerstörbares → Reich errichtet (vgl. bes. Dan 2,36ff; 7,17ff). Das Ende dieser → Welt bedeutet zugleich den Beginn der kommenden (4Esr 6,7; 7,113).

Im R a b b i n i s m u s konzentriert sich die Berechnung des *Endes* (*qēts*) auf die Ankunft des Messias (4Esr 12,32; vgl. St.-B. III,671; IV,1003.1006 u. a.).

3) Auch in den Schriften von Q u m r a n begegnet die Formel vom »Ende der Tage« (*'acharīt hajjāmīm*; zB 1QpHab II,5f; IX,6; CD IV,4; VI,11). Hier hat sich die berechnende Tendenz der Apokalyptik zu einem starren deterministischen Verständnis der Endzeit verfestigt: sie gilt als die festgesetzte, vorherbestimmte Zeit der göttlichen Heimsuchung (1QS III,18.23; CD VIII,2f), in der Gottlose und Frevel vernichtet, Gerechte und Wahrheit aber für immer leben werden (1QS IV,18ff; 1QH VI,30f). Nicht der heilvolle Charakter der Endzeit steht – wie bei den Propheten – im Vordergrund, sondern der unheilvolle Tag des Gerichts und der Rache (QS X,18ff; CD XIX,5–16). Nur eine kleine Gemeinde von Erwählten (4Qflor 1,19), »die Armen der Herde« (CD XIX,9), wird gerettet werden. Im Unterschied zur Erwartung des rabb. Judentums verstehen sich die Mitglieder der Qumransekte bereits als die endzeitliche Heilsgemeinde Israels (1QSa 1,1), die gehorsam die göttlichen Satzungen erfüllt (CD XX,27f) und sich als das wahre Israel am Ende der Tage erweisen wird (CD XX,33f).

Wie in der LXX tritt auch im NT der räumliche Aspekt von ἔσχατος *[ẹs·chatos]* in den Hintergrund. Die lokale Formulierung *bis ans Ende der Erde* (ἕως ἐσχάτου τῆς γῆς *[heọs es·chatou tæs gæs]*) hat in der Apg (1,8; 13,47) ebenso die Funktion einer eschatologisch-universalen Verheißung wie bei DtJes (s. o. II,1). Wichtiger ist die sachlich qualifizierende Bedeutung im Sinne des Geringsten und Niedrigsten (zB Lk 14,9), häufig in der Gegenüberstellung von πρῶτος *[prọtos]* und ἔσχατος *[ẹs·chatos]* (zB Mk 9,35). Der Hauptakzent liegt aber auch im NT auf der zeitlichen Dimension von ἔσχατος *[ẹs·chatos]*, die einerseits die durch das Kommen Jesu qualifizierte Zeit von der Vergangenheit absetzt (zB Hebr 1,2), andererseits die letzte Zukunft Gottes der Gegenwart gegenüberstellt (zB Joh 11,24). ἔσχατος *[ẹs·chatos]* ist in erster Linie ein Begriff der Evgg. (Mt 10mal, Joh 7mal), außerdem spielt er bei Paulus (6mal) und in der Offb eine besondere Rolle. III

1) Die s y n o p t i s c h e n Evgg. überliefern 4mal (Mk 10,31; Mt 19,30; 20,16; Lk 13,30) eine Sentenz der Verkündigung Jesu, die vermutlich urspr. gelautet hat: »Es werden Erste Letzte und Letzte Erste sein« (ἔσονται πρῶτοι ἔσχατοι καὶ ἔσχατοι πρῶτοι *[ẹsontai prọtoi ẹs·chatoi kai ẹs·chatoi prọtoi]*). Bei dieser mit Inversion im antithetischen

Parallelismus formulierten Sentenz handelt es sich möglicherweise urspr. um ein Sprichwort, etwa mit dem Sinn: wie schnell ändert sich über Nacht menschliches Geschick (vgl. Schniewind zu Mk 10,31). Im Mund Jesu erfährt diese Gnome als Abschluß des Gesprächs über den Lohn der Jüngernachfolge (Mk 10,28–31 par) eine eschatologische Radikalisierung. Die Gegenüberstellung von Ersten und Letzten zeigt eine unter Menschen übliche Rangfolge an (s. o. I,2): die Ersten sind die Vornehmsten, Könige und Machthaber; die Letzten dagegen die Niedrigsten, Sklaven und Ausgestoßenen. Die Pointe des Jesus-Logions liegt darin, daß im kommenden Äon diese Rangordnung umgekehrt werden wird, dh im Reich Gottes die irdischen Machtverhältnisse auf den Kopf gestellt werden. M. a. W. Gott steht auf seiten derer, die auf Erden in irgendeinem Sinn die Letzten und Niedrigsten sind; ihnen, wie zB den armen Nachfolgern Jesu, wird das Reich Gottes verheißen, während die, die sich für dessen erste Anwärter halten, die Vornehmen, Reichen und Frommen, von ihm ausgeschlossen werden (Lk 13,28ff; Mt 8,11f). Die Nachfolger Jesu erhalten den Auftrag, diese eschatologische Umwertung aller Werte bereits in der Gegenwart antizipatorisch zu verwirklichen. In diesem Sinn beantwortet Jesus die Rangstreitigkeiten der Jünger mit der Mahnung: »Wenn jemand der Erste sein will, sei er der Letzte aller und aller Diener« (Mk 9,35).

2a) Dieser Anweisung Jesu entspricht die Lebensweise und Verkündigung des Paulus, der den korinthischen Enthusiasten entgegenhält, daß Gott die Apostel als die Geringsten unter den Menschen hingestellt hat, wie zum Tode Verurteilte, als Schauspiel und Abschaum der Welt – nicht für immer, aber »bis jetzt« (1Kor 4,9–13; vgl. auch 15,8, wo mit dem Gedanken der negativen Qualität die Bedeutung des zeitlichen Abschlusses der Zeugenreihe [»zuletzt«] verbunden ist; s. ThWb II, 694).

b) Im Rahmen seiner Adam-Christus-Typologie (vgl. Röm 5,12–21; 1Kor 15,21f) stellt Paulus 1Kor 15,45 dem ersten Menschen → Adam (III,3e) Christus als »letzten Adam« (ἔσχατος Ἀδάμ *(ęs·chatos Adąm)*) gegenüber. Adam und Christus werden hier nicht als Einzelpersonen, vielmehr als Repräsentanten je einer ganzen Menschheit gedacht. Der »letzte Adam« meint daher auch nicht einen numerisch oder zeitlich letzten Menschen, sondern – wie der den gnostischen Urmensch-Mythos aufnehmende V. 47 zeigt – Christus als neuen, zweiten Repräsentanten einer neuen, nach seinem Bild geschaffenen Menschheit im Gegensatz zur ersten, in Adam sich zusammenfassenden Menschheit (vgl. Colpe, ThWb VIII, 475f). Paulus versteht also den auferstandenen, Leben schaffenden Christus als endzeitlichen Prototyp der neuen Menschheit Gottes; dh mit der Auferweckung Jesu hat nach paulinischem Verständnis die Endzeit bereits begonnen.

c) Daß es sich dabei nicht nur um eine spez. paulinische, sondern um eine allg. urchristl. eschatologische Auffassung handelt, belegen die Briefe anderer Autoren. Hebr 1,2 bezieht die in der Formel ἐπ' ἐσχάτου τῶν ἡμερῶν *(ep es·chątou tōn hæmerǫn)* zum Ausdruck kommende prophetische Endzeiterwartung (s. o. II,1) durch das hinzugefügte Demonstrativpronomen (τούτων *(tọutōn)*, *dieser*) auf die durch den »Sohn« qualifizierte urchristl. Gegenwart (vgl. das ἡμῖν *(hæmịn)*, *uns*). Mit der Inthronisation Jesu zum Sohn und Herrn der Schöpfung hat sich die Äonenwende vollzogen; die urchristl. Gegenwart versteht der Hebr als Anfang der Endzeit. Auch der 1Petr spricht von dem »am Ende der Zeiten offenbarten« Christus (1,20; vgl. auch Mk 12,6), und der 1Joh bringt seinen Adressaten nachdrücklich zum Bewußtsein, in der »letzten Stunde« zu leben (2,18). Zu den Kennzeichen der angebrochenen Endzeit gehören nach nt. Auffassung einerseits die Ausgießung des Geistes (Apg 2,17), andererseits das Auftreten von Sittenverfall (2Tim 3,1ff), Spöttern (2Petr 3,3; Jud 18) und Widerchristen (1Joh 2,18).

d) Der Terminus ἔσχατος *(ęs·chatos)* dient jedoch nicht nur zur Qualifizierung der mit dem Kommen Jesu begonnenen neuen Zeit, er verweist auch auf das noch ausstehende letzte, end-gültige Handeln Gottes. 1Kor 15,23ff greift Paulus auf apok. Vorstellungen zurück (s. o. II,2), mit denen er die zeitliche Reihenfolge der zukünftigen endzeitlichen Ereignisse zu erfassen versucht. In dieser Skala ist der Tod der zeitlich letzte und sachlich härteste Feind, der vernichtet werden muß, bevor das endgültige Ziel (τέλος [tẹlos]) Gottes erreicht wird (V. 26ff).

3) Nur im Johannes-Ev., nicht bei den Synopt., begegnet der explizite Hinweis auf den »letzten Tag« (ἐσχάτη ἡμέρα [es·chạtæ hæmẹra]; 6,39f.44.54; 11,24; 12,48), der die prophetische Rede vom »Tag Jahwes« aufgreift und weiterführt (vgl. dazu GvRad, Theol. AT II, Teil I, G 3). Bultmanns These von der kirchlichen Redaktion dieser Stellen (KEK II, zu Joh 6,27–59) bleibt angesichts des Textzusammenhangs (zB 6,39f) und des existenzialen Duktus seiner Interpretation (zB zu 11,24f) eine Hypo-these, dh eine Unter-stellung. Das entscheidende Merkmal des »letzten Tages« ist nach johanneischem Zeugnis die Auferweckung von den Toten, während das Gericht über die Nichtglaubenden (12,48) nur deren negative Kehrseite darstellt. Damit steht in der Enderwartung des JohEv. ebenso wie in der eschatologischen Verkündigung der Propheten (s. o. II,1) nicht der Gerichtsgedanke im Vordergrund, sondern das umfassende Heil.

4a) Das deterministische Gerichtsdenken der Qumrantexte (s. o. II,3) hat im NT keine Aufnahme gefunden. Lediglich die Vision der Offenbarung von den sieben letzten Plagen, durch die der göttliche Zorn vollstreckt wird (15,1ff; 21,9), erinnert an die Rachevorstellungen der Qumransekte. Aber auch diese Vision gipfelt nicht in der Vernichtung der Feinde, sondern im Lobpreis des Lammes (15,3; 19,7ff; 21,22).

b) Die Formel »der Erste und der Letzte« (ὁ πρῶτος καὶ ὁ ἔσχατος [ho prọtos kai ho ẹs·chatos]) begegnet nur als Selbstbezeichnung des erhöhten Christus (1,17; 2,8; 22,13). Sie geht auf den hebr. Wortlaut deuterojesajanischer Gottesprädikate zurück (41,4; 44,6; 48,12), bei deren Übers. die LXX die Gottesbezeichnung ἔσχατος [ẹs·chatos] – wegen des negativen Untertons? – durch Umschreibung vermieden hat. Sachlich gehört die Formel mit den sinnverwandten Wendungen »das A und das O« (Alpha ist der erste, Omega der letzte Buchstabe des griech. Alphabets) sowie »der Anfang und das Ende« (22,13) zusammen. Die Übertragung dieser Gottesprädikate auf den Erhöhten besagt, daß Christus zu gottgleicher Würde erhoben und in die Funktionen des Schöpfers und Vollenders eingesetzt ist.

H.-G. Link

τέλος

τέλος [tẹlos] Kulminationspunkt, Ziel, Ende · **τελέω** [telẹō] vollenden · **τελειόω** [teleiọō] zur Vollendung bringen · **τέλειος** [tẹleios] vollendet, vollkommen · **τελειότης** [teleiọtæs] Vollkommenheit · **τελείωσις** [telẹiōsis] Vollendung · **τελειωτής** [teleiōtæs] Vollender · **συντέλεια** [syntẹleia] Abschluß, Vollendung

1a) Das Nomen τέλος [tẹlos] wird abgeleitet von einer Wurzel τελ- [tel-], die *herumdrehen* bedeutet (τέλος [tẹlos] = *Steuer:* Demosth. Or. 20,19) und meint urspr. den *Drehpunkt*, das *Scharnier*, den *Kulminationspunkt*, an dem das eine Stadium endet und das andere beginnt; später das *Ziel*, das *Ende*. Die Ehe ist in diesem Sinn τέλος [tẹlos] des Menschen (Artemidorus Onirocr. II,49; der Verheiratete ist τέλειος [tẹleios], *vollendet*, Paus. VIII 22,2), wie auch der Tod (Xenoph. Inst. Cyr. 8.7.6; Plato Leg. IV,717e). τέλος [tẹlos] kann die *Vollendung* der geistigen (Plato Menex. 249a) oder der körperlichen (Plato Leg. VIII,834c) Entwicklung bedeuten, wie auch die Verwendung des Begriffes τέλειος [tẹleios] klarmacht (Hdt. I,183,2). τέλος [tẹlos] kann dynamischen Charakter haben und wird zB vom *Vollzug* eines Gesetzes gebraucht (Aristot. Pol. VI 8p 1322b 13; vgl. τελέω [telẹō]: zu einem τέλος [tẹlos] bringen; *vollenden;* zB sein Wort wahrmachen, Hom. Il. 14,44). I

Auch im religiösen Bereich ist dieser dynamische Charakter deutlich, wo Opfer, religiöse Riten τέλη [tẹlæ] genannt werden: sie sollen den Menschen näher zu Gott bringen (Soph. Ant. 143). Von Bedeutung ist noch die religiöse Aussage über Gott als ἀρχὴ καὶ τέλος [archæ kai tẹlos], *Anfang und Ende* aller Dinge (vgl. Preisendanz IV, 2836f); nur er faßt Anfang und Ende zusammen (Skythinos; s. Diels I 189,32f). Die Formel hat also die Funktion einer das Ganze umfassenden Aussage.

b) Was zu seinem τέλος [tẹlos] gekommen ist, ist τέλειος [tẹleios], *vollendet* (so zB von fehllosen Opfertieren, Hom. Il. 1,66). Sowohl ein Arzt wie auch ein Dieb kann *vollkommen* sein (Aristot. Metaph. IV 16p 1021b 15ff). Man *bringt* etwas *zur Vollendung* (τελειόω [teleiọō] zB Aristot. Eth. Nic. 3p 1174a 15f). Das Pass. von τελειόω [teleiọō], *vollkommen gemacht werden*, dh die *Vollkommenheit erreichen,* wird ebenso gebraucht vom menschlichen Erwachsensein (Plato Symp. 192a), wie auch vom Ausgewachsensein von Pflanzen usw. (Aristot. Gen. An. 776 a 31). Das Subst. τελειότης *[teleiotæs]* kommt nur selten vor. Es bezeichnet einen Zustand der *Vollständigkeit* bzw. *Vollkommenheit* (zB Aristot. Phys. VIII 7p 261a 36). τελείωσις *[teleiōsis]* ist der Vollzug des τελειοῦν *[teleioun]: Verwirklichung, Durchführung, Abschluß* (zB einer Arbeit: Ditt. Syll.³ II 799, 1,29). Ein τελειωτής *[teleiōtæs]* ist der das τελειοῦν *[teleioun]* Vollziehende, der *Vollender.* Dieses Wort ist bisher nur christl. belegt (Hebr 12,2).

2) In der griech. Philosophie hat τέλος *[telos]* vor allem die Bedeutung *Ziel.* Für die Vorsokratiker war das Ziel des Lebens neben der Freude über das Schöne (Leucippus) die Zufriedenheit (εὐθυμία *[euthymia]* Democr.; vgl. Du Plessis, 53) oder die Schau (θεωρία *[theōria]*, Anaxagoras Frg. 29; Diels II,13,11). Bei Plato und Aristot. ist mit τέλος *[telos]* ein ethisches Ziel angestrebt (Plato Resp. II Einl.; Aristot. Eth. Nic. Einl.), letztlich die Glückseligkeit (εὐδαιμονία *[eudaimonia]*). Im ethischen Bereich kann darum Plato den Begriff des Vollkommenen (τέλειος *[teleios]*) dem des Guten (ἀγαθός *[agathos]*) gleichsetzen (Phileb 61a).

In der Gnosis ist das »Vollkommensein« term. techn. im Mythos vom »erlösten Erlöser«. Er ist der »vollkommene Mensch« (vgl. Hippolyt Ref. Haer. V 7,37). Wer sich von ihm durch die wahre Erkenntnis retten läßt, ist der »vollkommene« Gnostiker (vgl. Hippolyt Ref. Haer. V 8,30). Ob τέλειος *[teleios]* in den hell. Mysterienreligionen term. techn. für den Eingeweihten war, ist umstritten (vgl. Du Plessis, 16–20; 81–85).

II 1a) τέλος *[telos]* kommt in LXX mehr als 150mal vor, am meisten in adverb. Verbindungen. So kommt εἰς τὸ τέλος *[eis to telos]*, *für immer,* vor als rätselhafte und irrtümliche Übers. der hebr. Wendung *lamnatsēach* in der Überschrift von 55 Pss, die wohl mit *für den Chormeister* oder *für die musikalische Aufführung* wiederzugeben ist (vgl. HJKraus, Psalmen I,5. BK XV,XXVII). Mehr als 15mal steht εἰς τέλος *[eis telos]* als Übers. von *lānætsach, für immer* (zB Hi 20,7; Ps 9,7; Hab 1,4). Ausgehend von der Grundbedeutung »bis zum Schluß« kann εἰς τέλος *[eis telos]* bedeuten *vollständig* (zB 2Chr 12,12) oder zeitlich verstanden *für immer* (zB Hi 23,7). Einige Male wird εἰς τέλος *[eis telos]* verwendet, wo sich im MT kein Äquivalent findet (zB Gen 46,4; Ez 15,4). Wichtig ist noch, daß τέλος *[telos]* mehrfach in Zeitangaben als Übers. von *qēts, qātsæ* bzw. *qᵉtsat, Ende, Rand, Grenze,* vorkommt; es bedeutet dann *Abschluß, Ende* (vgl. 2Sam 15,7; 2Kön 8,3). *qēts* im eschatologischen Sinne übers. LXX nicht mit τέλος *[telos]*, sondern mit συντέλεια *[synteleia]*, *Vollendung* (s. u. 2a).

b) τελέω *[teleō]* findet sich etwa 30mal für 8 hebr. Äquivalente; am häufigsten (7mal) für das Verbum *kālāh* (qal und pi) in der Bedeutung: *zu Ende bringen, erfüllen* (Ruth 2,21; Esr 9,1). Als religiöser Terminus kommt es pass. vor: *sich* (dem Dienst von Baal Peor) *weihen* (Num 25,3.5; Ps 105,28; vgl. Hos 4,14).

c) τέλειος *[teleios]* ist in LXX 20mal belegt, 7mal als Äquivalent für die hebr. Wurzel *schālēm, heil,* und 7mal für *tām(im)*: der Akzent liegt also auf dem *ganz, vollkommen, unversehrt-sein.* So wird es gebraucht vom Herzen, das Gott ganz zugewandt ist (1Kön 8,61; 11,4 usw.), oder vom Menschen, der sich Gott ganz verpflichtet hat (Gen 6,9; vgl. Dtn 18,13). Der Gedanke der Totalität zeigt sich auch in der Rede von einer totalen Entvölkerung (Jer 13,19) oder darin, daß *Ganzopfer* τέλειαι *[teleiai]* genannt werden können (Ri 20,26; 21,4).

d) τελειόω *[teleioō]* (25 Belege) hat ebenfalls den Bedeutungsgehalt *vollkommen, ganz sein;* so 2Sam 22,26: sich vollkommen, dh untadelig zeigen (hitp von *tāmam;* vgl. Sir 31,10); Ez 27,11: die Schönheit vollkommen machen. Im Pentateuch ist es 9mal als religiöser Terminus Übers. (außer Lev 4,5) der hebr. Wendung *mill'ē (jad), (die Hand) füllen,* dh zum Kultus weihen (Ex 29,9.29 usw.). Aber τελειόω *[teleioō]* hat auch die Bedeutung *zu seinem Abschluß bringen* (2Chr 8,16; Neh 6,16).

e) Auch τελειότης *[teleiotæs]*, das nur 5mal vorkommt, kann Äquivalent sein für Bildungen von der Wurzel *tām* (Ri 9,16.19 und Spr 11,3: *Vollkommenheit, Rechtschaffenheit*). Weish 6,15 spricht vom *Vollendetsein* in Einsicht.

f) Für τελείωσις *[teleiōsis]* (16mal in LXX) liegt der Akzent auf dem kultischen Gebrauch. 11mal dient es als Übers. von *millu'im* (Ex 29,22.26; vgl. d) und hat die Bedeutung *Einweihung.* Es begegnet vor allem im Zusammenhang mit der Priesterweihung.

2a) In der at. apokalyptischen Lit. kann *qēts* (s. o. 1a) eschatologisch verstanden werden: die LXX übers. es dann meistens mit συντέλεια *[synteleia]*, *Vollendung* (zB Dan 8,19; 11,27). Das eschatologisch verstandene *qēts* bezieht sich in der rabb. Lit. meistens auf die Tage der Ankunft des Messias, die dem Weltende vorgeordnet sind (vgl. St.-B. I, 671; III, 416). Auch kann idiomatisch vom Ende der Welt gesprochen werden; die Bedeutung ist dann: *bis ins Unendliche* (zB Jeb 1,1; Nazir 1,3).

b) In Qumran ist die Verwendung von *qēts* als eschatologischer term. techn. nicht belegt. Von der Endzeit spricht man als *hᵃqēts ha'acharōn, die letzte Zeit* (1QpHab 7,7,12; vgl. auch den

Ausdruck *g^e mar h^a qēts: die Vollendung der Zeit* (1QpHab 7,2). Sonst meint *qēts* im allg. *Zeit, Periode.*

Der Begriff *vollkommen* hat in Qumran at. Farbe: diejenigen sind vollkommen (*tāmîm*), die das Gesetz Gottes ganz halten und so *vollkommen* auf seinen Wegen gehen (1QS 1,8; 2,2). Im engeren Sinne heißen die Glieder der Gemeinschaft die »Vollkommenen« (1QS 8,20; vgl. 8,4ff).

c) Philo kennt ein doppeltes τέλος *[tẹlos]* im Leben des Menschen: die → Weisheit (σοφία *[sophịa]*), dh das vollkommene und direkte Verstehen Gottes, das durch Lernen zustande kommt, und die → Tugend (ἀρετή *[aretæ]*), die durch Übung erreicht wird (vgl. WVölker, Fortschritt und Vollendung bei Philo von Alexandrien, 176f; 203ff). Er kennt drei Stufen auf dem Wege zur Vollkommenheit: Anfänger, Fortgeschrittene und Vollkommene (Leg. All. III,159). Philo kann aber auch sagen, daß Gott die Vollkommenheit schenkt (Abr. 170 IV 39,5). Sowohl Philo (Plant. 93) als auch Jos. (Ant. 8,280) kennen die umfassende Aussage von Gott als ἀρχὴ καὶ τέλος *[archæ kai tẹlos], Anfang und Ende* (s. o. I,1a).

Im NT kommen die Vokabeln unserer Wortgruppe ziemlich oft vor: τέλος *[tẹlos]* 41mal; III
τελέω *[telẹō]* 28mal; τέλειος *[tẹleios]* 20mal; τελειόω *[teleiọō]* 23mal; τελειότης *[teleiọtæs]* 2mal; τελειωτής *[teleiōtẹs]* 1mal (Hebr 12,2) und τελείωσις *[telẹiōsis]* 2mal. Auffallend ist, daß τέλος *[tẹlos]* relativ häufig bei den Synopt. und Paulus vorkommt; τελέω *[telẹō]* bes. bei den Synopt. und in Offb, während τέλειος *[tẹleios]* und seine Derivate vor allem im Hebr verwendet werden.

1) Corpus Paulinum

a) Paulus gebraucht τέλος *[tẹlos]* in der Bedeutung *Endergebnis, Endgeschick* (vgl. Delling, 56): Röm 6,21f nennt das zweifache Geschick, das den Menschen auf Grund seines Verhaltens treffen kann: Tod (V. 21) oder Leben (V. 22; vgl. Ps 73,17). Nach Phil 3,19 finden die Feinde des Kreuzes Christi ihr Endgeschick im ewigen Verderben (vgl. auch 2Kor 11,15). 3mal (1Kor 1,8; 2Kor 1,13; 1Thess 2,16) kommt τέλος *[tẹlos]* in einer präpositionalen Verbindung vor. In der Bedeutung *Ende*, dh *Aufhören* findet sich τέλος *[tẹlos]* Röm 10,4 (in Christus hat das Gesetz aufgehört, Heilsweg zu sein); 2Kor 3,13 (der Glanz auf dem Antlitz des Mose war im Verschwinden begriffen). 1Kor 10,11 handelt von den Enden der Zeiten, die »über uns gekommen sind« (Conzelmann, KEK V, 198), dh: die alte Zeit ist bald vorbei, wir leben im Ausgang der Zeit (vgl. 1Kor 7,29.31; 16,21). 1Kor 15,24 meint τέλος *[tẹlos]* den *Abschluß* der eschatologischen Ereignisse (vgl. Mk 13,7 Par), den Zeitpunkt, an dem Christus seinem Vater die Herrschaft übergibt. τέλος *[tẹlos]* als *Ziel* kommt vor 1Tim 1,5. Endlich heißt Röm 13,7 τέλος *[tẹlos] Steuer* (vgl. V. 6: τελεῖν *[telẹin], Steuer bezahlen*).

b) τελέω *[telẹō]* bedeutet 2mal *zum Ziel kommen* (2Kor 12,9 von der Kraft Christi in der Schwachheit des Apostels; Gal 5,16 vom Begehren des Fleisches), weitere 2mal *zum Ende bringen* (Röm 2,27 vom Gesetz, dh *erfüllen;* 2Tim 4,7 vom *Vollenden* der Laufbahn, Apg 20,24 hat in diesem Falle τελειόω *[teleiọō]*; vgl. 13,25). Röm 13,6 heißt τελέω *[telẹō] bezahlen* (vgl. a).

c) τέλειος *[tẹleios]* kommt 5mal vor in der Bedeutung *reif, erwachsen:* 1Kor 2,6; 14,20; Phil 3,15, in V. 12 meint Paulus mit seinem »noch nicht vollendet sein« (οὐχ ὅτι ἤδη τετελείωμαι *[ouch họti ædæ teteleịōmai]*), daß er noch nicht das Letzte, den Siegespreis der himmlischen Berufung in Christus Jesus (V. 14) erreicht hat; Eph 4,13 (bildlich wird die Gemeinde ein »erwachsener Mann« genannt); Kol 1,28 (der erwachsene Mensch als Ziel der Unterweisung des Apostels).

2mal ist τέλειος *[tẹleios]* das, was Gottes Willen *ganz* entspricht: Röm 12,2 (vgl. Gen 6,9); Kol 4,12. In 1Kor 13,10 meint das *Vollkommene* die zukünftige Welt, in der alles Unvollkommene (V. 9), das unsere jetzige Welt kennzeichnet, überwunden ist. Kol 3,14 wird die Liebe das Band der *Vollkommenheit* (τελειότης *[teleiọtæs]*) genannt, weil durch sie die der Gemeinde gegebenen Gaben (V. 12f) zu einem Ganzen zusammengefügt werden.

2) Synoptiker

a) τέλος *[tẹlos]* wird in den eschatologischen Reden Jesu 4mal verwendet als term. techn. für das *Ende der → Welt:* Mt 24,6 (par Mk 13,7); 24,14; Lk 21,9; vgl. den Ausdruck συντέλεια (τοῦ) αἰῶνος *[syntęleia (tou) aiǭnos]*, die *Vollendung der Welt* Mt 13,39f.49; 24,3; 28,20. Auch kommt es mehrfach vor in der präpositionalen Verbindung εἰς τέλος *[eis tęlos]* (vgl. III,1a), wobei an das Ende der Welt gedacht sein kann (Mt 10,22; 24,13 = Mk 13,13), da dieses im Kontext (Mt 24,6.14; Mk 13,7) genannt wird. Lk 18,5 bedeutet εἰς τέλος *[eis tęlos] schließlich.*

Die Wendung τέλος ἔχειν *[tęlos ęchein]*, *ein Ende haben*, kommt 2mal vor: Mk 3,26 (ein Reich, in dem Zwiespältigkeit herrscht, hat ein Ende, dh hört auf zu bestehen; vgl. dazu Lk 1,33: dem Reich Christi ist kein Ende gesetzt); Lk 22,37 (die Bestimmung Jesu kommt zum Ende, da die Worte der Schrift – Jes 53,12 – an ihm erfüllt werden). τέλος *[tęlos]* als *Ausgang* findet sich Mt 26,58 und als *Steuer* Mt 17,25 (vgl. V. 24: τελεῖν *[telęin]* = *bezahlen*).

b) Typisch für Mt ist der Gebrauch von τελέω *[telęō]* an redaktionellen Stellen. Mit der Formel »als Jesus *beendet* hatte« schließt er die fünf großen Unterweisungsreden ab (7,28; 19,1; 26,1; 11,1; 13,53). Auch Mt 10,23 (die Jünger werden mit den Städten Israels nicht zu Ende gekommen sein, bevor die Parusie einbricht) und Lk 12,50 (Jesus ist in Bedrängnis, bis seine Taufe, dh sein Leiden – vgl. Mk 10,38 – zu Ende gebracht ist) haben den Sinn des Zu-Ende-Führens; Lk verwendet das Verb hingegen 2mal (Pass.) für die *Erfüllung* der Schrift (Lk 18,31; 22,37; s. auch Apg 13,29) und 1mal (Akt.) für die *Erfüllung* des Gesetzes (Lk 2,39).

c) Das Adj. τέλειος *[tęleios]* kommt nur bei Mt vor: 5,48 wird aufgerufen, *vollkommen* zu sein, wie der himmlische Vater vollkommen ist. Dh vom Kontext her, barmherzig zu sein, Freund und Feind zu lieben (vgl. Lk 16,36). Gott mit ungeteiltem Herzen zu dienen (vgl. II,1c), kann auch bedeuten: verkaufe deinen Besitz und gib ihn den Armen (19,21).

d) Das Verb τελειόω *[teleiǫō]* ist nur bei Lk gebraucht: 2,43 haben die Eltern Jesu das Passahfest bis zum Ende mitgefeiert; 13,32 sagt Jesus: »Am dritten Tag werde ich vollendet.« Er will trotz Mordandrohungen von Herodes Antipas seine Arbeit zum Heil des Menschen »heute« und »morgen« fortsetzen. Was seine »Vollendung« am dritten Tag besagt, ist nicht ganz klar. Heißt es, daß Gott am dritten Tag seiner Arbeit ein Ende setzt? Oder meint Jesus: was Menschen mir auch antun, ich arbeite weiter, denn »am dritten Tag« werde ich trotzdem vollendet werden, dh auferstehen (vgl. 9,22; 18,33; 24,7.46)?

Schließlich kommt noch τελείωσις *[telęiōsis]* Lk 1,45 vor mit der Bedeutung *Erfüllung.*

3) Jakobus- und 1. Petrus-Brief

In Jak liegt der Akzent auf τέλειος *[tęleios]*, das 5mal, in 1Petr auf τέλος *[tęlos]*, das 4mal vorkommt.

a) τέλειος *[tęleios]* hat auch bei Jakobus die Grundbedeutung *ganz.* So ist man *vollkommen*, dh in keinem Punkt zurückbleibend (1,4), wenn man die Geduld durchhält. Jak nennt das Gesetz der → Freiheit, mit der er das Gebot der Nächstenliebe meint (2,8), *vollkommen* (1,25), weil allein dieses den Menschen wirklich freimacht (vgl. Joh 8,31f; Gal 5,13). Daß Gottes Gaben *vollkommen* genannt werden können (1,17), ist selbstverständlich. *Ganz, ohne Fehl* ist nach Jak der Mensch, der sich im Wort nicht verfehlt (3,2). τελειόω *[teleiǫō]* meint demnach *ganz werden:* allein durch Werke wird der Glaube zur Ganzheit gebracht (2,22; vgl. V. 17.20). Sonst gebraucht Jak noch τέλος *[tęlos]* als *Ausgang* (5,11; vgl. Mt 26,58) und τελέω *[telęō]* als *erfüllen* (eines Gesetzes 2,8; vgl. Lk 2,39).

b) 1Petr verwendet τέλος *[tęlos]* als *Ziel* (1,9), als eschatologischen Terminus (4,7; vgl. Mt 24,6 usw.), als *Endgeschick* (4,17; vgl. Röm 6,21f) und in der Bedeutung *schließlich* (3,8). τέλειος *[tęleios]*, adv. gebraucht, kommt 1,13 in der Bedeutung *ganz* vor.

4) Hebräerbrief

In Hebr kommt unsere Wortgruppe relativ am häufigsten vor (18mal); nur das Verb τελέω *[telęō]* fehlt.

a) τελειόω *[teleiǫō]*, das 9mal belegt ist, hat hier im Gegensatz zum sonstigen Gebrauch im NT fast immer kultischen Klang (vgl. II,1d). Es bedeutet *vollkommen machen* im Sinne von *weihen, heiligen*, so daß man – wie der at. Priester – vor Gott treten kann. Hebr gebraucht das Verbum, um dadurch den Unterschied zu verdeutlichen zwischen Christus, dem durch Leiden vollendeten (2,10) und ewig vollkommenen (7,28) Hohenpriester (→ Priester), der so für die Seinen Urheber ewigen Heils sein konnte (5,9), und dem Priester des Alten Bundes, der mit Schwachheit behaftet war (7,28), und dessen → Opfer ihn nicht nach dem Gewissen vollenden konnten (9,9; s. auch 10,1). Nur Christus konnte durch ein einziges Opfer die Seinen vollenden (10,14). Keineswegs hat das → Gesetz (7,19), dh das levitische Priestertum, diese Heiligung (τελείωσις *[teleiōsis]*: 7,11) gebracht. Darum nennt Hebr auch das himmlische Heiligtum Christi im Vergleich zum irdischen das »vollkommenere« (9,11).

2mal wird τελειόω *[teleioō]* nicht kultisch gebraucht: 11,40 besagt: die Glaubenszeugen des Alten Bundes (V. 39) hatten die *Vollendung* noch nicht erreicht, denn diese ist erst durch Christus gegeben (vgl. 10,14); jetzt aber sind auch sie der *Vollendung* teilhaft geworden (12,23).

b) τέλειος *[teleios]* in der Bedeutung *Erwachsener* kommt 5,14 vor; mit τελειότης *[teleiotæs]* (6,1) ist demgemäß derjenige Teil der christl. Lehre gemeint, der für die Erwachsenen bestimmt ist (Gegensatz ἀρχή *[archæ], Anfang:* 5,12; 6,1).

τελειωτής *[teleiōtæs]* steht 12,2 neben ἀρχηγός *[archægos]* (vgl. die Formel ἀρχὴ καὶ τέλος *[archæ kai telos]*; I,1a): Jesus ist *Anfänger* und *Vollender* des Glaubens, dh er hat nicht nur den Glauben bis zum Ende durchgehalten (vgl. 5,7f; 12,3), sondern auch den Grund des Glaubens gelegt (vgl. 1,3).

c) τέλος *[telos]* kommt 2mal vor in präpositionalen Verbindungen: 3,14 (dieselbe Wendung in V. 6 entstammt wahrscheinlich V. 14) und 6,11. Ferner bedeutet τέλος *[telos]* in 6,8 *Ausgang* und in 7,3 *Ende*.

5) J o h a n n e i s c h e s S c h r i f t t u m

Im Evangelium (a) und 1Joh (b) kommen τελειόω *[teleioō]* (5- bzw. 4mal), in Offb (c) τελέω *[teleō]* (8mal) und τέλος *[telos]* (3mal) vor.

a) Joh 4,34; 5,36; 17,4 wird τελειόω *[teleioō]* verwendet, wo Jesus über die Werke des → Vaters spricht, die er zu *vollbringen* hat. Am Kreuz kann er sagen, daß sie vollbracht sind (τετέλεσται *[tetelestai]*; 19,30; vgl. V. 28). Im hohenpriesterlichen Gebet bittet Jesus darum, daß die Seinigen *vollendet* werden zur Einheit (17,23), damit die Welt die Sendung Christi erkennt (vgl. V. 21). Joh 19,28 wird das Verbum gebraucht vom *Erfülltwerden* der Schrift.

τέλος *[telos]* kommt 1mal vor, und zwar in einer präpositionalen Verbindung (13,1): Jesus hat die Seinigen bis zum Ende, dh *vollkommen, ganz*, geliebt.

b) In 1 J o h wird 4mal das Pass. von τελειόω *[teleioō]* gebraucht in bezug auf die → Liebe. Die Liebe Gottes ist zur Ganzheit gekommen, wenn Menschen sein Wort bewahren (2,5) und ihre Nächsten lieben (4,12). Diese Liebe erreicht darin ihr Ziel, daß sie von Furcht am Tage des Urteils befreit (4,17; vgl. 2,28). Wer Furcht hat, wird nicht vollkommen durch diese Liebe bestimmt, denn die *vollkommene* Liebe treibt die Furcht aus (4,18).

c) Die O f f e n b a r u n g hat 6mal τελέω *[teleō]* in der Bedeutung *zu Ende bringen*, oder (Pass.) *zu Ende gebracht werden:* 11,7 handelt es sich um das zu Ende bringen eines Zeugnisses; 15,1 kündigt die sieben letzten Plagen über die Welt an, in denen Gottes Zorn zur Vollendung kommt (vgl. V. 8). Schließlich spricht Offb 20 3mal vom Ende des tausendjährigen Reiches (V. 3.5.7).

Offb 10,7; 17,17 handeln vom *Erfülltwerden* des Geheimnisses Gottes bzw. der Worte Gottes. Was Gott vorher bestimmt hat, wird erfüllt (vgl. Lk 18,31; 22,37).

Die Formel *Anfang und Ende* (vgl. Jes 41,4; 44,6; 48,12) sagt Gottes (21,6) bzw. Christi (22,13) Zeit und Schöpfung umgreifende Macht aus. Wie von Gott gilt, daß er der Anfang und das Ende ist (vgl. 1,8), der Schöpfer und Vollender aller Dinge, so gilt dies auch von dem erhöhten Christus (vgl. 1,17; 2,8).

Auch Offb hat 1mal τέλος *[telos]* in einer präpositionalen Verbindung: 2,26, wo dazu aufgerufen wird, die Werke Christi ständig festzuhalten.

6) Vergegenwärtigt man sich abschließend die theol. Funktion der Wortgruppe im NT, so kann man zwischen einem eschatologischen und einem anthropologischen Aspekt unterscheiden, die mit der spez. Bedeutungsrichtung von τέλος *[telos]* einerseits und τέλειος *[teleios]* andererseits verbunden sind.

a) Im Vordergrund steht zunächst die eschatologische Funktion von τέλος *[telos]*, dessen dynamischer, zielgerichteter Charakter durch den häufigen Gebrauch des Verbums τελέω *[teleō]* noch unterstrichen wird. Dieser Aspekt tritt in den auf die zukünftige Vollendung gerichteten Partien der Synopt. (vgl. die sog. synopt. Apokalypse, Mk 13 parr), der paulinischen Briefe (zB Phil 3,19) und der Offb (zB 20,1ff) bes. deutlich zutage. Wichtig ist dabei, daß das Ende nicht einfach als mechanisches Aufhören einer Bewegung verstanden wird, sondern als vollendender Abschluß eines dynamischen Prozesses, dessen Ziel zugleich die Verwirklichung seines Sinnes und seiner Intentionen bedeutet. Da es sich bei τέλος *[telos]* um einen stark apok. geprägten Terminus handelt, können die mit ihm verbundenen zeitgeschichtlich bedingten apok. Vorstellungen und Berechnungen für ein heute angemessenes, an der verheißenen Zukunft Jesu orientiertes eschatologisches Denken nicht ohne weiteres ungebrochen übernommen werden. Stattdessen kommt es darauf an, die in ihnen wirksamen universalen und kosmischen Intentionen und Dimensionen innerhalb der christl. Eschatologie neu zur Geltung zu bringen.

b) Mit dem Verständnis des Endes als Vollendung und Verwirklichung eines Zieles hängt die Bedeutungsrichtung von τέλειος *[teleios]* als das zum Ziel Gelangte, Vollendete, Vollkommene zusammen. Insofern das Ganze erst am Ende erreicht wird, kommt das Attribut τέλειος *[teleios]* in diesem prägnanten Sinn nur Gott (zB Mt 5,48) und Christus (zB Hebr 7,28) zu. Im Rahmen der individuell menschlichen Entwicklung meint τέλειος *[teleios]* den zur Reife gelangten, erwachsenen, mündigen Menschen (so bes. bei Paulus). Von einem ethisch gradweise zu verwirklichenden Vollkommenheitsideal ist dagegen im NT nicht die Rede (vgl. dazu Delling, ThWb VIII, 78). Stattdessen meint τέλειος *[teleios]* im Zusammenhang des menschlichen Handelns auf dem Hintergrund des at. *tāmīm-* und *schālēm*-Begriffes das ungeteilte Ganzsein der Person im konkreten Verhalten. In diesem Sinn gebrauchen häufig die späteren Schriften des NT, vor allem Mt (zB 19,21) und Jak (zB 1,4) den Begriff. τέλειος *[teleios]* bezeichnet also in anthropologisch-ethischer Hinsicht nicht den qualitativen Endpunkt menschlicher Bemühungen, sondern die zeitliche Vorwegnahme (Antizipation) der eschatologischen Ganzheit im gegenwärtigen konkreten Leben. Denn das christl. Leben wird im NT nicht idealistisch als Streben nach Vollkommenheit (→ Fülle; → Richtig), sondern eschatologisch als geschenktes und verheißenes Ganzsein der Person entworfen.

R. Schippers

Lit.: HSchlier, Christus und die Kirche im Epheserbrief, 1930 – OMichel, Die Lehre von der christlichen Vollkommenheit nach der Anschauung des Hebräerbriefes, Theol. Stud. u. Krit. NF 1, 1934/35, 333ff – GKittel, Art. ἔσχατος, ThWb II, 1935, 694ff – HPreisker, Art. ἐγγύς etc., ThWb II, 1935, 329ff – WGKümmel, Die Eschatologie der Evangelien, ThBl 15, 1936, 225ff (= WGKümmel, Heilsgeschehen und Geschichte, 1965, 48ff) – ders., Verheißung und Erfüllung, AThANT 6, 1945 (1956^{3}) – GDelling, Zur paulinischen Teleologie, ThLZ 75, 1950, 12ff – EKäsemann, Eine Apologie der urchristlichen Eschatologie, ZThK 49, 1952, 272ff (= EKäsemann, Ex. Vers. u. Bes. I, 1968^{5}, 135ff) – MNoth, Das Geschichtsverständnis der alttestamentlichen Apokalyptik, AG f. Forschung NRW H. 21, 1954 (= MNoth, Ges. Stud. z. AT, ThB 6, 1966^{3}, 248ff) – HKremers/RPrenter, Art. Eschatologie, EKL I, 1956 (1962^{2}), 1152ff – HPOwen, The »Stages of Ascent« in Hebr 5,11–6,3, NTSt 3, 1956/57, 243ff – RBultmann, Geschichte und Eschatologie, 1958 (1964^{2}) – CMEdsman/AJepsen/RMeyer/HConzelmann/HKraft/PAlthaus, Art. Eschatologie, RGG II, 1958^{3}, 650ff – OPlöger, Theokratie und Eschatologie, WMANT 2, 1959 – PJdu Plessis, Teleios. The Idea of Perfection in the New Testament, 1959 – WLohff, Art. Telos, RGG VI, 1962^{3}, 678ff – RMehl, Art. Vollkommenheit, RGG VI, 1962^{3}, 1486f – KPrümm, Das neutestamentliche Sprach- und Begriffsproblem der Vollkommenheit, Biblica 44, 1963, 76ff – GDelling, Telos-Aussagen in der griechischen Philosophie, ZNW 53, 1964, 26ff – EFuchs, Art. σκοπός etc., ThWb VII, 1964, 415ff – HPMüller, Zur Frage nach dem Ursprung der biblischen Eschatologie, VT 14, 1964, 276ff – JSchreiner, Das Ende der Tage. Die Botschaft von der Endzeit in d. at. Schriften, BuL 5, 1964, 180ff – JBlinzler, Art. Vollkommenheit, LThK X, 1965, 863f – EEEllis, Present and Future Eschatology in Luke, NTSt 12, 1965/66, 27ff – PHoffmann, »Die Toten in Christus«. Eine religionsgesch. u. exegetische Unters. z. paulin. Eschatologie, NTA NF 2, 1966 – HWKuhn, Enderwartung und gegenwärtiges Heil, 1966 (Studien z. Umwelt des NT 4) – KKarner, Gegenwart und Endgeschichte in der Offenbarung des Johannes, ThLZ 93, 1968, 641ff – ULuck, Die Vollkommenheitsforderung der Bergpredigt, ThExh 150, 1968 – GDelling, Art. τέλος etc., ThWb VIII, 1969, 50ff – BKlappert, Die Eschatologie des Hebräerbriefes, ThExh 156, 1969 – WThüsing, Erhöhungsvorstellung und Parusieerwartung in der ältesten nachösterlichen Christologie, 1970 (= StBSt, 42) – CEBraaten, Die Bedeutung der Zukunft, EvTh 32, 1972, 326ff – JBMetz, Erinnerung des Leidens als Kritik eines teleologisch-technologischen Zukunftsbegriffes, EvTh 32, 1972, 338ff.

Zorn, Zank

In der griech. Sprache wurde urspr. der psychische Vorgang, den wir als *Zorn* bezeichnen, differenziert. Den heftigen Einbruch in das Gemüt, dh die plötzlich auflodernde Leidenschaft gibt θυμός *(thymos)* wieder, während ὀργή *(orgæ)* die nach außen wirkende Erscheinungsform, gleichsam die ausfahrende Gemütsbewegung bezeichnet. Dabei schließt ὀργή *(orgæ)* immer ein Element der Überlegung ein, das zB auf Rache und Strafe ausgerichtet ist. In der LXX und im NT ist eine genaue Begriffsunterscheidung jedoch kaum möglich. Die Begriffe werden weitgehend synonym gebraucht.

θυμός

θυμός *(thymos)* Zorn · θυμόομαι *(thymoomai)* zornig werden · ἐνθυμέομαι *(enthymeomai)* überlegen · ἐνθύμησις *(enthymæsis)* Überlegung

I θυμός *(thymos)* (wurzelverwandt lat. *fumus, Dampf*), seit Hom., ist urspr. das *in Bewegung, Wallung Befindliche* und von daher weiter auch das, was seine Umgebung in Bewegung, in Wallung versetzt. Dabei kann es sich um äußere oder auch innere Bewegung (des Gemütes, des Herzens) handeln. – Abgeleitet (über ἔνθυμος *(enthymos)*) sind u. a. ἐνθυμέομαι *(enthymeomai)* (seit Aischyl.) mit der Grundbedeutung *im Sinn haben* und ἐνθύμησις *(enthymæsis)* (seit Eur.), *das im Sinn Befindliche;* zu ἐπιθυμέω *(epithymeō)*, ἐπιθυμία *(epithymia)* usw. → Begehren, Begierde. – Im profanen Griech. bedeutet θυμός *(thymos)* auf der älteren Stufe (Hom. und die Tragiker) *Lebenskraft, Verlangen, Mut, Zorn,* auf der jüngeren Stufe (zB Platon, Thuk. u. a.) in der Hauptsache nur noch *Mut, Wut, Zorn.*

II Die urspr. Unterscheidung zwischen θυμός *(thymos)*, das den inneren Vorgang des Aufbegehrens bezeichnet, und → ὀργή *(orgæ)*, das die äußere Erscheinungsform dieses Aufbegehrens im Zorn wiedergibt, geht in der LXX fast völlig verloren. Beide Begriffe treten für gleiche hebr. Äquivalente (zB *chēmāh, 'aph* u. a.) ein und stehen gleichbedeutend nebeneinander. Deshalb darf für das Verständnis von θυμός *(thymos)* in der LXX (dort ca. 200mal) auf den Art. ὀργή *(orgæ)* verwiesen werden.

III θυμός *(thymos)* kommt im NT nur 18mal vor: 2mal in den lukanischen Schriften, 5mal bei Paulus, 1mal Hebr und 10mal Offb. Der nt. Gebrauch schließt sich an den jüngeren profangriech. an; θυμός *(thymos)* bedeutet im NT *Unmut, Zorn.*

1) In den lukanischen und paulinischen Schriften (und im Hebr) ist θυμός *(thymos)* auf den Menschen bezogen (mit Ausnahme von Röm 2,8!) und steht im Sing. und Plur. in gleicher Bedeutung (Plur. vielleicht *Anwandlungen von Zorn* oder auch *Leidenschaften*). Wie in der LXX steht es oft mit ὀργή *(orgæ)* zusammen, ohne daß ein Bedeutungsunterschied der beiden Wörter erkennbar wäre (zB Kol 3,8; Eph 4,31). Interessant ist die Umgebung, in der θυμός *(thymos)* oft zu finden ist: es steht zwischen Wörtern wie ἔρις *(eris)*, *Streit, Hader;* ζῆλος *(zælos)*, *Eifersucht;* ἐριθεία *(eritheia)*, *Selbstsucht, Streitsucht* (2Kor 12,20; Gal 5,20: geprägte Form?), oder auch πικρία *(pikria)*, *Bitterkeit* (Eph 4,31). An solchen Stellen ist die urspr. Bedeutung das *Wallende, Brodelnde* noch stark spürbar. An Stel-

len wie Lk 4,28 und Apg 19,28 erscheint θυμός *[thymọs]* fast wie eine brodelnde Flüssigkeit, die den Menschen erfüllt, die in ihm hochsteigt und schließlich zur Explosion kommt!

Diese Wallungen und Bewegungen des menschlichen Herzens haben ihren Ursprung in dem alten natürlichen Wesen des Menschen, das unter der Sünde steht, in dem → »Fleisch«, wie das NT sagt (Gal 5,19f; Eph 4,31; Kol 3,8f). Sie können nur überwunden werden in der Kraft des Geistes, der das Herz erneuert (Eph 4,23; Gal 5,16.18.22.25), der einen neuen Menschen schafft (Eph 4,24).

2) In Röm 2,8 wird θυμός *[thymọs]* zusammen mit ὀργή *[orgæ]* (ohne Bedeutungsunterschied!) vom göttlichen Zorn gebraucht, und zwar absolut, dh ohne die Nennung Gottes. Dieser göttliche Zorn wird im Endgericht offenbar werden (V. 5), und zwar an denen, die ein verstocktes, unbußfertiges Herz haben, die der Wahrheit nicht gehorchen (V. 8), die das Böse tun (V. 9). Er wird sich in der Trübsal und Angst auswirken, die den Menschen befallen.

In der Offb bezeichnet θυμός *[thymọs]* fast nur den göttlichen Zorn (zB 15,1.7; 16,1). Auffallend ist das häufige Auftauchen des Begriffes *Zornwein* (οἶνος τοῦ θυμοῦ *[ọinos tou thymọụ]*) als Ausdruck für das göttliche Strafgericht (14,10; 16,19; 19,15), das der Mensch gleichsam trinken muß und an dem er sich das ewige Verderben holt (der Ausdruck ist at.; vgl. Jer 25,15–28!). Ähnlich sind auch die Ausdrücke Zorneskelter Gottes (14,19) und Zornschalen Gottes (15,7; 16,1). Auch wenn vom Zornwein der Hurerei Babels gesprochen wird (14,8; 18,3), steht dahinter der Gedanke an den Zorn Gottes und sein Gericht.

3) Das von θυμός *[thymọs]* abgeleitete Verb θυμόομαι *[thymọomai]* kommt im NT nur Mt 2,16 in der Bedeutung *zornig werden* vor, ἐνθυμέομαι *[enthymẹomai]* nur Mt 1,20 und 9,4 für *bei sich erwägen, überlegen, sinnen, denken.* Das Subst. ἐνθύμησις *[enthymæsis]* heißt dementsprechend im NT *Erwägung, Überlegung, Gedanke* und zwar immer im negativen Sinn des bösen oder törichten Gedankens (Mt 9,4; 12,25; Apg 17,29; Hebr 4,12). Dabei hat es (außer Apg 17) die Nebenbedeutung des verborgenen, heimlichen Gedankens, den der Mensch wohl für sich behalten und nicht offenbaren möchte, den Gott aber in seiner Allwissenheit erkennt und ans Licht bringt. *H. Schönweiß*

ὀργή

ὀργή *[orgæ]* Zorn · ὀργίζω *[orgịzō]* zürnen, zornig machen (werden, sein) · ὀργίλος *[orgịlos]* zornig · παροργίζω *[parorgịzō]* erzürnen, zornig machen · παροργισμός *[parorgismọs]* Zorn · παροξύνομαι *[paroxynomai]* zum Zorn reizen

I ὀργή *[orgæ]*, verwandt mit ὀργάω *[orgạō]*, *strotzen, schwellen* und *heftig verlangen,* heißt zunächst *Trieb, Sinnes-* oder *Gemütsart;* dient dann aber zur Bezeichnung von *heftiger Gemütsbewegung* und *Leidenschaft* und meint insbesondere *Zorn, Unwille* und *Wut,* u. U. auch einmal die *Ahndung,* die *Strafe.* Steht ein Gen. bei ὀργή *[orgæ]*, so gibt dieser den Träger des Affektes oder den Grund bzw. Anlaß des Zornes an, während die Richtung der Erbitterung durch die Präp. εἰς *[eis]*, πρός *[pros]* oder ἐπί *[epị]*, (hier:) alle in der Bedeutung *auf, gegen,* mit dem Akk. beschrieben wird.

ὀργίζω *[orgizō]* heißt akt. gebraucht *zornig machen,* im Pass. dagegen *zornig werden* bzw. *sein, zürnen.* ὀργίλος *[orgịlos]* als zugehöriges Adj. bedeutet *zornig, grimmig.* Das Verb παροργίζω *[parorgịzō]* begegnet als Weiterbildung von ὀργίζω *[orgịzō]* erst im späteren Profangriech. und hat die Bedeutung *zum Zorn reizen.* Das zugehörige Subst. παροργισμός *[parorgismọs]* – ebenfalls nur im Spätgriech. belegt – heißt wie ὀργή *[orgæ]* *Zorn, Unwille.*

1) Das nachhomerische Wort ὀργή *[orgæ]* hat urspr. die Bedeutung »triebhafte Art von Mensch und Tier« und bezeichnet etwa Hdt. VI,128 die natürliche Charakteranlage, das Naturell eines Menschen. Zunächst ist dabei ὀργή *[orgæ]* noch wertneutral. Bei den Tragikern (zB Aischyl. Ag. 214ff; Soph. Ant. 875; El. 221f) wird dann der Gebrauch des Wortes immer stärker auf die Veranschaulichung einer bestimmten Verhaltensform des Menschen eingeschränkt, nämlich »die am stärksten nach außen wirkende Erscheinungsform des heftigen inneren Aufbegehrens, des θυμός *[thymọs]*« (Kleinknecht, ThWb V, 383). θυμός *[thymọs]* bezeichnet also »den aufwallenden, ὀργή *[orgæ]* den ausfahrenden Zorn« (HCremer, nach ThWb V, 410,31f). Das Ziel des Zornes kann dabei sein, Rache zu nehmen oder Bestrafung durchzuführen (→ Strafe). So erscheint ὀργή *[orgæ]* zB als bes. dem Richter angemessene Haltung (zB Demosth. Or. 24,118) und wird hier als im Dienste der

→ Gerechtigkeit positiv gewertet. Im übrigen jedoch wird der Zorn zumeist gesehen als eine Charakterschwäche, die abzulegen der Mensch sich bemühen sollte. Denn der Zorn als Äußerung ungezügelter Leidenschaft steht im Widerspruch zur → Vernunft, zu γνώμη *[gnọmæ]*, *Entscheidung* auf Grund von Erkenntnis, und λόγος *[lọgos]* (→ *Wort*) und widerstreitet dem Leitbild des Weisen. Er ist ein ἀμήχανον κακόν *[amæchanon kakọn]*, ein *Übel*, das sich der Kontrolle entzieht und dessen Folgen nicht wieder gutzumachen sind (Eur. Med. 446f) und das häufig auch »noch viele andere κακά *[kakạ]* (*Schlechtigkeiten*) im Gefolge« hat (vgl. Kleinknecht, aaO, 384).

2) Die ὀργή *[orgæ]* gehört aber auch zu den hervorstechenden Eigenschaften der griech. Gottheiten, wie überhaupt die Vorstellung zürnender Götter zum Urbestand der meisten Religionen (mit Ausnahme des Mazdaismus etwa) zählt. Ihr Zorn (in älterer Zeit gebrauchte man statt ὀργή *[orgæ]* die Vokabeln χόλος *[chọlos]*, *Zorn, Galle;* κότος *[kọtos]*, *Groll,* und μῆνις *[mænis]*, *Zorn*) richtet sich dabei entweder gegen ihresgleichen (zB Hom. Il. 8,407) oder gegen die Menschen (zB Hom. Il. 5,177f; 24,606). Hervorgerufen wird er in der Regel durch eine Verletzung der Grundforderungen des Lebens, der Sitte und des Rechts. Insofern nun durch ihn »die Wiederherstellung einer Ordnung gefordert, einem Sein zur Durchsetzung verholfen oder eine Schicksalsbestimmung vollzogen wird, ist der Zorn der Götter nicht blindwütig, sondern sehend und im Blick auf den Menschen via negationis die Ehre, die sie ihm widerfahren lassen, indem sie ihn zeichnen oder in die ihm gesetzten Schranken verweisen, um ihn darin das sein zu lassen, was er ist« (HKleinknecht, aaO, 385). Dem Menschen andererseits bietet sich, zumal im Rahmen des Kultes, eine Möglichkeit, durch → Gebete, Gelübde, → Opfer und Sühneriten (→ Versöhnung) dem Götterzorn entgegenzuwirken.

3) Im Römertum wird die Vorstellung von den zürnenden Göttern und ihren Strafgerichten, die zB als Krankheit oder Leiden den einzelnen oder als Naturkatastrophen ganze Landstriche treffen, noch stärker vergeschichtlicht. Immer wieder erscheint bei den großen Geschichtsschreibern Tacitus (zB Historiae IV,26.84; Ann. 16,16) und Livius (zB 5,14,3 und 22,9,1) ein Hinweis auf den göttlichen Zorn als Wirkursache historischer Vorgänge. Vergil schildert in seiner Aeneis, wie die Entstehung Roms bedingt wurde durch den Zorn der Götter (bes. der Juno) und dessen endlicher Besänftigung durch Kulthandlungen (*rite preces*).

4) War in der griech. Philosophie die ὀργή *[orgæ]* anfangs eine wertneutrale oder gar positive Größe, so wandte man sich im Laufe der Zeit immer stärker von dieser Auffassung ab. In der Stoa galt die ὀργή *[orgæ]* als verwerfliches πάθος *[pạthos]*, *Leidenschaft*, die weder dem vernünftigen Menschen ansteht noch den Göttern. Und bes. der Gedanke von der Affektlosigkeit der Götter bestimmt auch die Gottesvorstellung Philos.

1a) Überaus häufig ist im AT vom Zorn Gottes, aber auch vom menschlichen Zorn die Rede. Dabei finden vor allem folgende hebr. Vokabeln Verwendung: *'aph* (ca. 210mal), das zunächst die *Nase* (Jes 2,22), dann ihr Beben und Schnauben und von daher dessen Grund, eben den *Zorn* bezeichnet (Hi 4,9); *chēmāh* (ca. 115mal), urspr. (*feurige, giftige*) *Glut* (auch des Geistes, Ez 3,14), schließlich *Wut* und *Zorn* (Gen 27,44; Spr 21,14); *chārōn, Glut,* in Verbindung mit *'aph* (33mal, nur für den Zorn Gottes); *'æbrāh* (24mal), *Zorn* als Ereiferung; *qætsæph* (28mal), *Zorn* aus Enttäuschung und Verdrossenheit; *za'am* (22mal), *Zorn* Gottes, und *rōgæz* (1mal), *Zorn* Gottes. Hinzu kommen die zur Beschreibung des Zürnens gebrauchten Verben, die den genannten Subst.en meist stammverwandt sind. Für alle diese Worte steht in der LXX in der Regel entweder → θυμός *[thymọs]* oder ὀργή *[orgæ]*, wobei zu beachten ist, daß diese beiden Begriffe hier – anders als im Profangriech. – synonym gebraucht werden. II

b) In den älteren Schichten des AT scheint die ὀργή *[orgæ]*-Wortgruppe bzw. θυμός *[thymọs]* als Bezeichnung eines m e n s c h l i c h e n A f f e k t e s zunächst wertneutral oder sogar in positivem Sinn gebraucht zu sein. So ist der Zorn des Sebul (Ri 9,3) durchaus als menschlich berechtigt anzuerkennen. Noch legitimer erscheint Davids Zorn gegen den Reichen in Nathans Fabel (2Sam 12,5) oder Nehemias Zorn über Mißstände in Jerusalem (Neh 5,6). Die Empörung Moses über die Sünde des ums goldene Kalb tanzenden Volkes stellt sich sogar als eine Art heiligen Zornes dar, durch den Mose sich auf die Seite Gottes stellt (Ex 32,19; vgl. Ex 16,20; 1Sam 11,6; Jer 6,11; Hi 32,2f). Mehr und mehr aber – bes. in den jüngeren Schriften des AT – wird solche menschliche Zornaufwallung als eine Untugend herausgestellt (vgl. Ps 37,8f; Hi 36,13) und abgetan (vgl. Gen 49,7, wo der Zorn verflucht wird). Er ist nicht bloß ein wütig Ding (Spr 27,4), sondern verleitet zu Streit und Hader (Spr 30,33), entzweit die Menschen (1Sam 20,30) und kann zu Bluttaten führen (Gen 49,6). Durch ihn erweist sich der Mensch als unweise (Spr 29,8), denn Zorn ist eine Eigenschaft der Narren (Spr 12,16; 27,3), zu der man sich durch nichts verleiten lassen soll (Hi 36,18).

c) Von ungleich größerer Bedeutung ist – auch dem Vorkommen nach – im AT die Rolle des g ö t t l i c h e n Z o r n e s. Jahwe, von dem es heißt, daß er ein eifriger (→ Eifer, Art. ζῆλος) Gott sei, wird immer wieder auch als zornig beschrieben, wobei der ungestüme Zornaffekt recht drastisch dargestellt werden kann (Jes 30,27f; 13,13; Jer 30,23f; Ps 2,5). Die Schilderungen des zornentbrannt daherstürmenden Gottes zeigen deutlich, wie gefährlich für den antiken Menschen die Begegnung mit dem Heiligen erscheinen konnte (vgl. Gen 32,25ff; Ex 4,24ff; 19,9ff; Jes 6,5);

denn der Zorn Jahwes ist als Ausdruck seiner Heiligkeit und Gerechtigkeit zu werten. »Als irrationales Geschehen weist er auf die lebendige Personhaftigkeit Gottes, dessen Allkausalität sich bis zu dämonischer Rätselhaftigkeit steigert (Gen 32,23ff; Ex 4,24; 1Sam 26,19; 2Sam 16,10ff; 24,1), aber zugleich umschlossen ist von der Erfahrung des göttlichen Bundeswillens in Gerechtigkeit und Liebe . . .« (WEichrodt, RGG³ IV, 1930). Hervorgerufen wird dieser Zorn sowohl durch das Verhalten einzelner (zB Ex 4,14; Num 12,9; Dtn 29,18ff; 2Sam 6,7; 2Chr 19,2; 25,15; vgl. Sir 47,20ff; Gebet Manasses 9f) als auch – und das wird weitaus häufiger berichtet – durch Abfall, Untreue und Verletzung des Gottesrechtes durch das Bundesvolk Israel (Num 25,3; 32,10; Dtn 29,25ff; Ri 2,14. 20; Ps 78,21 u. ö.). Bes. Propheten wie Amos, Hosea, Jesaja und Micha »haben von dem göttlichen Zorn als einer Tatsache gesprochen, und sie haben das ganze Leben ihrer Zeitgenossen, ihr soziales und wirtschaftliches Gebaren und vor allem ihre Kultübung als den eigentlichen Gegenstand dieses göttlichen Zornes bezeichnet« (vRad, Theol. AT II, 189). Gott hat viel an seinem Volk auszusetzen, es enttäuscht ihn oft. »Immer ist sein Zorn eine gesetzmäßige Reaktion auf die Verletzung eines Gebotes oder den Widerstand gegen sein geschichtsbestimmtes Handeln, mit der er nicht nur die Verletzung oder den Widerstand ahndet, sondern zugleich die Wiederherstellung und Aufrechterhaltung einer zwischen ihm und den Menschen gesetzten Ordnung bewirken will« (SPlath, Furcht Gottes, 105).

Im Rahmen der Bundestheol. kann man den Zorn Gottes geradezu als Äußerung zurückgewiesener und verletzter Liebe begreifen (vgl. JFichtner, ThWb V, 404: »Hier liegt die tiefste Wurzel des Zorngedankens, und von hier aus wird die ganze überwältigende Botschaft [der Propheten] verständlich: es ist Jahwes verletzte heilige Liebe, die in ihm den Zorn erweckt«). Doch kann der Zorn Jahwes sich ebenso gegen die Völker richten (vgl. Jes 10,25; 13,3; Jer 50,13; Ez 30,15; Mi 5,14). Er kommt über alle, die ihn verlassen (Esr 8,22) bzw. die überhaupt ohne ihn, dh gott-los, sind (vgl. Weish 11,9; Sir 5,7). Freilich ereilt er die Menschen nicht ohne vorherige Warnung (vgl. Ex 22,23f; 32,10; Dtn 6,13ff). Gestraft werden die, »die nicht haben hören wollen« (Mi 5,15; vgl. Jer 42,18; Klgl 3,42f), die nicht gemäß der göttlichen Satzung wandelten (Ez 9,8–10; 22,31; → Gesetz). Über Ungehorsame gießt Gott seinen Zorn aus (vgl. Jer 7,20). Über Frevler bzw. ganze Völker hält er Gericht, indem er etwa die Trias Schwert, Hunger und Pest schickt (Ez 6,11ff), indem er zertritt (Jes 63,6; Hab 3,12), vernichtet (Dtn 29,22), verwüstet (Jer 25,37f), entvölkert (Jer 50,13), zerstreut (Klgl 4,16) oder – noch bildhafter – das Land verbrennt (Jes 9,19; V. 18 [L]: verfinstert), Völker keltert (Jes 63,1ff) und ihnen den Becher seines Grimms zu trinken gibt (Jes 51,17; vgl. Jer 25,15ff). Interessant ist, daß Hosea (13,11) auch das Königtum als Gabe des göttlichen Zornes zu werten scheint (vgl. 1Sam 8). Insges. gilt: »sein Zorn brennt und ist sehr schwer« (Jes 30,27 [L]).

Doch muß der Zorn Gottes nicht ewig währen. Immer wieder wird von dem »Augenblick« des Zornes gesprochen (zB Ps 30,6; Jes 26,20; 54,7f; Weish 18,20). Dh hinter dem göttlichen Zorn leuchtet oft schon die → Barmherzigkeit auf, die → Hoffnung begründet (vgl. 2Sam 24,16; Jes 40,2; 51,22; 54,8–10; Hos 14,4). Solche Hoffnung erhält Nahrung durch die Betrachtung der Geschichte, in der immer wieder Gottes Heilswille sich Bahn bricht (vgl. Ps 78,38; 103,6–13). Aktiv vermag sich der Mensch an diese Hoffnung zu halten, indem er sich demütigt (vgl. 2Chr 12,12; 32,26), sich bußfertig im Gebet an Gott wendet (vgl. Ex 32,12.14; 2Sam 12,13; Ps 6,2; 27,9; Dan 9,15f; Hab 3,2) und durch Gehorsamstaten seinerseits den Bundesschluß bejaht (zB Num 25,6–11; Jos 7; vgl. auch Jon 3,7–10). Geschieht das, dann hat der Zorn Gottes seine entscheidende Aufgabe, → Bekehrung zu wirken (Jer 4,4; 36,7; Jes 42,25), erfüllt, und der Mensch wird Gott danken.

2) Im Spätjudentum wie auch in Qumran wird – neben einigen Stellen, die von berechtigtem Zorn, etwa gegen Sünder, handeln (zB 1Qs X,19) – die negative Beurteilung des Zornes als einer mit der Weisheit unvereinbaren Untugend stark herausgestellt (Weish 10,3; Sir 27,30; 1QS IV,10). Bes. anfällig für den Zorn erscheinen dabei die Frauen (Sir 25,21), die Reichen (Sir 28,10) und die Herrscher (Sir 47,20ff; 2Makk 14,27; CD VIII,3; XIX,15f; vgl. Mt 2,16). In jedem Fall sind »Zorn und Wüten . . . Greuel«, die der Gottlose treibt (Sir 27,30). Gegen den Gottlosen bzw. die Heiden richtet sich aber der Zorn Gottes (Weish 11,9; 19,1; Sir 5,7; 16,7; Gebet Man 5; vgl. die Herabrufung des Gotteszorns auf einen abtrünnigen Qumraner, 1QS II,15), der neben seiner Barmherzigkeit gesehen und ernst genommen werden muß (Sir 16,12) als Mahnung zu echter Bekehrung (Sir 5,7ff; vgl. Zeph 2,3). Und zwar findet sich bes. im Spätjudentum häufig neben der Vorstellung eines innergeschichtlich wirksamen Gotteszornes (Sir; CD I,5f,21; III,8 u. ö.) die Vorstellung von einem endzeitlichen Tage des Zorns, an dem Gott sein Gericht halten wird (Jub 24,28. 30; äthHen 62,12; vgl. 1QM IV,1; Ez 7,19; Dan 8,19; Zeph 2,2f; Spr 11,4; 1QS V,12). Dieser Tag wird in stark apok. Farben dargestellt, etwa als »Tag der Öde und Verödung, des Dunkels und der → Finsternis« (vgl. Art. σκότος; Zeph 1,15), als Tag der »Zornglut des Herrn« (Zeph 2,2; vgl. 1QH III,28). An diesem Tag wird auf Grund des → Wandels (Ez 7,3) die Scheidung zwischen den Gerechten und Ungerechten vorgenommen werden. Die einen, die den göttlichen Zorn abzuwenden suchen, indem sie sich zu Gott bekehren, wird er annehmen, die andern wird sein Zorn, freilich im Dienste der Gerechtigkeit, → verderben (Art. ἀπώλεια und ὄλεθρος; vgl. 1QS IV,12; 1QH III,25ff; XV,17; 1QM III,9).

Im NT kommt das Subst. ὀργή [orgæ] 36mal vor (davon 21mal im Corpus Paulinum, 6mal in Offb, Evgg. nur vereinzelt) und bezieht sich sowohl auf menschlichen wie göttlichen Zorn. ὀργίζομαι [orgizomai], *zornig werden*, findet sich 8mal, und zwar – ebenso wie ὀργίλος [orgilos], *zornig* (nur Tit 1,7) und παροξύνομαι [paroxynomai], *erzürnen* (Apg 17, 16; 1Kor 13,5), nur in bezug auf den Menschen. Das gleiche gilt für παροργίζω [parorgizō] (Röm 10,19; Eph 6,4) sowie die Subst.e παροργισμός [parorgismos] (Eph 4,26) und παροξυσμός [paroxysmos] (Apg 15,39; Hebr 10,24). III

1) Zunächst dient ὀργή [orgæ] im NT zur Beschreibung eines menschlichen Affektes. Dabei wird es weithin synonym mit → θυμός [thymos] gebraucht. Eine kleine Akzentverschiebung in der Bedeutung dieser beiden Wörter kann man darin sehen, daß θυμός [thymos] zur Darstellung jäh auflodernden Zornes bevorzugt wird (Lk 4,28; Apg 19,28), während ὀργή [orgæ] bisweilen ein Moment der Bewußtheit anhaftet, was jedoch nicht ausschließt, daß sowohl θυμός [thymos] als auch ὀργή [orgæ], u. U. sogar im gleichen Atemzug (Eph 4,31; Kol 3,8), als Untugenden verurteilt werden.

Mag man den Zorn des Königs im Gleichnis vom Hochzeitsmahl (Mt 22,7 par) noch als gerechtfertigt betrachten, so ist es der des älteren Bruders im Gleichnis von den verlorenen Söhnen (Lk 15,28) zweifellos schon nicht mehr. Ganz klar ausgesprochen ist ein Verbot des Zornes, der sich gegen den Bruder richtet, in der Bergpredigt (Mt 5,22). In der dadurch gewiesenen Linie bewegen sich die meisten übrigen nt. Aussagen über den menschlichen Zorn. So wird zB Eph 6,4 den Vätern bes. eingeschärft: sie sollen ihre Kinder nicht zum Zorn reizen (παροργίζειν [parorgizein]). Und ganz allg. gilt: Langsam sei der Mensch zum Zorn, »denn der Zorn eines Menschen wirkt nicht Gerechtigkeit vor Gott« (Jak 1,19f). Wo aber ein Mensch zornig wurde, da lasse er die Sonne über seinem Zorn (παροργισμός [parorgismos]) nicht untergehen (Eph 4,26), da lasse er sich vom Zorn nicht aus der Gemeinschaft heraus in die Arme des Satans treiben. Ein Gebet zB kann nie im Zorn gebetet werden (1Tim 2,8).

Von dieser negativen Beurteilung her ist es begreiflich, daß der Zorn immer wieder in Aufzählungen von konkreten Sünden genannt wird (Eph 4,31; Kol 3,8; Tit 1,7). Ausdrücklich wird so der Zorn (ὀργή [orgæ]) in Eph und Kol zu den Dingen gezählt, um derentwillen »das Zorngericht Gottes über die Söhne des Ungehorsams« (Eph 5,6; Kol 3,6) kommen wird. Im Zusammenhang beider Stellen werden den Fehlhaltungen, zu denen der Zorn gehört, von dem sich namentlich ein ἐπίσκοπος [episkopos], → *Bischof*, bes. hüten soll (Tit 1,7), die Elemente eines Lebens im Glauben gegenübergestellt. So wird Eph 4,32 (Z) eingeschärft: »Seid . . . gegeneinander gütig, barmherzig, und vergebet einander, wie auch Gott durch Christus euch vergeben hat!« Wie dem Zorn Gottes sein vergebendes Tun in Jesus Christus gegenübergestellt wird, so dem menschlichen Zorn die → Liebe (Art. ἀγάπη) als Lebensäußerung des neuen Menschen (Kol 3,14).

2) In gewisser Spannung zu dem Gesagten könnte man einige wenige Stellen im NT sehen, an denen der Zorn als menschlicher Affekt nicht negativ gewertet wird. So möchte man nach dem AT-Zitat in Eph 4,26 (»Möget ihr zürnen, nur sündiget nicht!« Vgl. Ps 4,5) einen gewissen Spielraum für den Zorn als gegeben erachten; so mag der Zorn des Königs in Mt 22,7 par oder noch deutlicher in Mt 18,34 als durchaus berechtigt erscheinen. (Vgl. GStählin, ThWb V, 419: ». . . Wenn man jede Regung des Zornes *a limine* verurteilt, muß man die Aussagen vom Zorn Gottes weginterpretieren; wenn man dagegen diese Aussagen ernst nimmt, muß man auch im menschlichen Bereich mindestens ein begrenztes Recht zum Zorn anerkennen.«) Doch bleibt zu fragen, ob an diesen Stellen der Zorn nicht im Sinne einer Teilhabe des Menschen am Zorn Gottes zu verstehen ist. Die mehrfache Erwähnung des Zornes Jesu (Mk 3,5) bzw. zorniger Handlungsweisen Jesu (auch wenn die Begriffe selbst nicht immer vorkommen) zB gegenüber Petrus (Mt 16,23 par), den Pharisäern (Mt 23) oder dort, wo die Ehre Gottes geschmäht wird (Mt 21,12 par; Joh 2,14ff), legt diese Vermutung nahe. Auch die berühmte Stelle Röm 13,4f sieht ja für den Staat als »Gottes Diener(in)« eine Teilnahme an der sonst Gott allein vorbehaltenen (Röm 12,19) Rachefunk-

tion vor. Dabei handelt es sich natürlich nicht um eine Teilhabe am Wesen Gottes, sondern um die Verrichtung eines Dienstes, zu der Gott auch Heiden, wie zB Kyros, oder selbst die satanischen Mächte, wie zB in Hi und Offb, gebrauchen kann.

3a) Wie im AT so dient auch im NT die ὀργή *[orgæ]*-Wortgruppe in den meisten Fällen zur Veranschaulichung der Gottesvorstellung. So spielt das künftige Z o r n g e r i c h t G o t t e s eine wichtige Rolle schon in der Predigt Johannes des Täufers (Mt 3,7 par): nur wer Buße tut, wer seinen Sinn ändert (→ Bekehrung, Art. μετάνοια), wird dem Zorn entrinnen können; die bloße Berufung auf die Abrahamssohnschaft genügt nicht. Aber auch in der Verkündigung Jesu findet sich der eindringliche Hinweis auf die Tage des Zornes, die über Israel kommen und große Not bringen werden (Lk 21,23; vgl. Mt 22,7 u. ö.; bei Joh freilich nur 3,36).

b) Dieser Gedanke vom künftigen Zorn Gottes wird in aller Breite in der Offb entfaltet. Da ist vom Zorn der Völker die Rede (Offb 11,18) und an einer Stelle (Offb 12,17) auch vom Zorn des Drachens als einer widergöttlichen Macht. »Es ist der große eschatologische Gegenzorn gegen den Gotteszorn, dargestellt mit Farben aus den Psalmen, so daß das Drama der Offb zum großen Teil als ein Kampf zweier ὀργαί *[orgai]* verstanden werden kann« (GStählin, ThWb V, 440). Der Zorn Gottes (für den auch der Begriff → θυμός *[thymos]* verwandt wird, zB Offb 15,1) wird schließlich das Gericht heraufführen, bei dem Gott denen, die seinen Namen fürchten, Lohn geben wird, bei dem aber auch die, die die Erde verderben, von ihm ins → Verderben gebracht werden (Offb 11,18; vgl. 6,16, wo vom richterlichen »Zorn des Lammes« die Rede ist). Ausgemalt wird die Gerichtsvorstellung u. a. durch das Bild von der »Kelter des Zornweins des Grimmes des allmächtigen Gottes« (Offb 19,15; vgl. 14,19) und von dem »Becher seines Zorns« (Offb 14,10), aus dem der Anbeter des Tieres — wie auch Babylon (Offb 16,19) — Zornwein trinken muß.

4) Wird so an einigen Stellen im NT der Blick stark auf die Furchtbarkeit des künftigen Zornes Gottes gelenkt, so wird dieser in der p a u l i n i s c h e n T h e o l o g i e (und den Deuteropaulinen) schon im Horizont einer sich bereits im Geschichtsverlauf seit dem Kommen Jesu Christi verwirklichenden Eschatologie (sog. *realizing eschatology*) gesehen. Klar und eindrucksvoll wird angesichts der ὀργὴ θεοῦ *[orgæ theou]* die entscheidende Bedeutung Jesu Christi für den Menschen beschrieben: Von Natur aus steht der Mensch als Kind dieses Welt-Äons unter dem Zorn Gottes, der gleichsam über ihn verhängt worden ist (Eph 2,3; vgl. Röm 1,18—3,20) und ihn also nicht bloß am Tage des Gerichts erwartet (vgl. auch Joh 3,36), obgleich Paulus auch von ihm als eschatologischer Größe nachdrücklich reden kann (Röm 2,5; vgl. Eph 5,6; Kol 3,6). Und zwar richtet sich der Zorn Gottes einmal gegen die Ungerechtigkeit (→ Sünde, Art. ἀδικία) als konkrete Gesetzesübertretung, und die Ehrfurchtslosigkeit (→ Frömmigkeit, Art. σέβομαι) als Verachtung des Schöpfers (Röm 1,18.21ff).

Zum andern aber fordert den Zorn Gottes auch die Haltung des sog. frommen Menschen heraus, der sich durch seine Gesetzesbefolgung immer mehr in ein Selbstwertgefühl hineintreiben läßt, das etwa in der unangemessenen καύχησις *[kauchæsis]* (→ *Ruhm*) seinen Ausdruck findet. Kein Mensch vermag letztlich dem Gesetz zu genügen, darum kann Paulus die »Kampfthese« aufstellen: Das Gebot bewirkt Zorn! (Röm 4,15). Denn die am radikal verstandenen Gesetz deutlich werdende Übertretung des Menschen begründet den gerechten Zorn Gottes. Die verfahrene Situation der in Sünde gefangenen und darum unter dem Zorn Gottes stehenden Menschen, sowohl der Juden als auch der Heiden, ist nun von Gott her — und das ist die zentrale Aussage von Röm 1,18 — durch die Sendung Jesu Christi offenbart worden. In ihm zeigt Gott der Welt seine δικαιοσύνη *[dikaiosynæ]*, → *Gerechtigkeit*, die beides umgreift: sowohl seine ὀργή *[orgæ]* als auch seine χάρις *[charis]* (→ *Gnade*), sein ἔλεος *[eleos]* (→ *Barmherzigkeit*); oder — mit einer Formulierung von GBornkamm — »weil er (Gott) seine δικαιοσύνη *[dikaiosynæ]* kund werden läßt, kommt auch alle ἀδικία *[adikia]* der Menschen an den Tag. Indem er der Welt sagen läßt, daß sie in ihrer Sünde der ὀργή *[orgæ]* Gottes verfallen ist, . . . läßt er ihr zugleich sagen, daß er diese seine δικαιοσύνη *[dikaiosynæ]* den Glaubenden aufgetan hat« (Die Offenbarung des Zornes Gottes, in: Das Ende des Gesetzes, 33).

Durch diese Offenbarung mit ihren zwei Aspekten wird der Mensch in eine unausweichliche Entscheidungssituation hineingestellt. Entweder er beharrt als »Gefäß des Zorns« (Röm 9,22) in dem Bereich der ὀργὴ θεοῦ *[orgæ theou]*, des *göttlichen Zornes*, wie es zum Bedauern des Paulus der Großteil der Juden seiner Zeit tut (1Thess 2,16; vgl. Röm 9,22 im Zusammenhang und das AT-Zitat in Röm 10,19; dazu OMichel: »Gott verbirgt sich in seinem Zorn vor Israel, indem er auf die Seite eines fremden Volkes tritt«, KEK IV, 232), oder aber er wendet sich Jesus Christus zu und läßt sich von diesem vor dem Zorn Gottes in den Bereich der Liebe Gottes bergen (Röm 5,8f; 1Thess 1,10). Ignatius bringt diese Erkenntnis auf die Formel: »Entweder müssen wir den künftigen Zorn fürchten oder die gegenwärtige Gnade lieben — eins von beiden!« (IgnEph 11,1; zit. ThWb V, 448). Es ist also deutlich, daß das Kommen Jesu Christi nicht einfach »billige Gnade« für alle bedeutet. »Gott bleibt der Richter, und der christliche Glaube an die Gnade Gottes besteht nicht in der Überzeugung, daß es keinen Zorn Gottes gibt und daß kein Gericht drohend bevorsteht (2Kor 5,10), sondern in der Überzeugung, vor dem Zorne Gottes errettet zu werden ...« (RBultmann, Theol., 3. Aufl., 288). Wenn Gott uns als »Gefäße der Barmherzigkeit« (Röm 9,23) zur »Erwerbung des Heils« bestimmt hat (1Thess 5,9), dann heißt das eben wirklich, daß die angebotene σωτηρία *[sōtæria]*, *Rettung*, erworben bzw. angenommen werden muß. »Wenn in Christus allein die Rettung von dem ewigen Zorn gegeben ist, dann hängt alles davon ab, ob der Mensch Christus ablehnt oder das, was er ist und bringt, sich aneignet — oder richtiger: sich zueignen läßt« (GStählin, ThWb V, 448). Das geschieht durch die πίστις *[pistis]*, den → *Glauben*. Nur der an den Sohn Glaubende braucht sich nicht mehr vor dem → Gericht Gottes zu fürchten, denn nur ihm gilt die Zusage des *ewigen* → *Lebens* (ζωὴ αἰώνιος *[zōæ aiōnios]*), das bei Joh wie auch bei Paulus dazu dient, im Gegensatz zur ἀπώλεια *[apōleia]*, dem → *Verderben*, als der Frucht des göttlichen Zornes die Frucht des göttlichen ἔλεος *[eleos]*, der → *Barmherzigkeit*, zu beschreiben (Joh 3,36; Röm 2,7).

H. Chr. Hahn

Lit.: GBornkamm, Die Offenbarung des Zornes Gottes, ZNW 34, 1935, 239ff (= GBornkamm, Das Ende des Gesetzes, 1966[5], 9ff) – FBüchsel, Art. θυμός etc., ThWb III, 1938, 167ff – GSchrenk, Unser Glaube an den Zorn Gottes nach dem Römerbrief, 1944 – RBultmann, Theologie des NT, 1953 (1968[6]), § 32 – HKleinknecht/OGrether/OProcksch/JFichtner/GStählin/ESjöberg, Art. ὀργή etc., ThWb V, 1954, 382ff – CVGablenz/LPinomaa, Art. Zorn Gottes, EKL III, 1959 (1962[2]), 1919ff – NJHein/WEichrodt/HConzelmann/HBaudt, Art. Zorn Gottes, RGG VI, 1962[3], 1929ff.

Zucht, Unzucht

Zucht ist ein Begriff, der in der philosophischen Ethik des klassischen Griechentums und auch des Hellenismus eine bedeutende Rolle spielt. Es fällt auf, daß die hier behandelten Wortgruppen im NT relativ selten belegt sind. Das Leben des biblischen Menschen ist weniger von der Selbstbeherrschung im Sinne einer autonomen Ethik als vielmehr von den Geboten Gottes her bestimmt. ἐγκράτεια *[enkrateia]* bezeichnet mehr die Macht und Herrschaft, die einer über sich selbst hat, während σωφροσύνη *[sōphrosynæ]* (im klassischen Griech. eine der vier Kardinaltugenden) stärker das rechte Maß beschreibt, das die gesetzten Grenzen nicht überschreitet. Die Wortgruppe πορνεύω *[porneuō]* ist hier als Konträrbegriff mitbehandelt, weil in der πορνεία *[porneia]* gerade die gesetzten, gottgewollten Grenzen (in diesem Falle im sexuellen Bereich) nivelliert werden.

→ Ehe, Art. μοιχεύω; → Erziehung, Art. παιδεύω.

ἐγκράτεια

ἐγκράτεια *[enkrạteia]* Selbstbeherrschung, Enthaltsamkeit · ἐγκρατής *[enkratæs]* seiner selbst mächtig, enthaltsam · ἐγκρατεύομαι *[enkratẹuomai]* sich selbst beherrschen, enthaltsam sein · ἀκρασία *[akrasịa]* Zügellosigkeit, Unenthaltsamkeit · ἀκρατής *[akratæs]* unbeherrscht, zügellos · ἀσκέω *[askẹō]* etwas üben

I 1) In ἐγκράτεια *[enkrạteia]* und ἐγκρατής *[enkratæs]* findet sich die Wurzel κρατ- *[krat-]*, welche *Macht* oder *Herrschaft* bedeutet. ἐγκρατής *[enkratæs]* bezeichnet demnach einen Mann, der Macht hat in körperlichem oder geistigem Sinn (Gegensatz: ἀκρατής *[akratæs]*). ἐγκράτεια *[enkrạteia]* wird auch absolut gebraucht als *Macht über sich selber haben*; es bedeutet dann *Selbstbeherrschung*, und zwar im Sinn von *Ausdauer, Standhaftigkeit* oder von *Enthaltsamkeit* in bezug auf die geschlechtliche Sphäre (Gegensatz: ἀκρασία *[akrasịa]*). Von ἐγκρατής *[enkratæs]* wird das Verb ἐγκρατεύομαι *[enkratẹuomai]*, *sich einer Sache enthalten*, abgeleitet.

2) Der Begriff ἐγκράτεια *[enkrạteia]* wird zuerst von Sokrates als eine der Haupttugenden in die Ethik eingeführt (vgl. Xenoph. Mem. I 5,4). Plato und Aristot. nehmen ihn auf. Für Plato ist ἐγκράτεια *[enkrạteia]* als Beherrschung der sinnlichen Triebe dabei im Grunde ein volkstümlicher Ausdruck für → σωφροσύνη *[sōphrosynæ]* (vgl. Phaedr. 256b; Resp. 430e). Nach Aristot. hat der ἐγκρατής *[enkratæs]* zwar starke Begierden, doch kann er sie unterdrücken, während der σώφρων *[sọ̄phrōn]* über jeden heftigen Trieb erhaben ist (Eth. Magna II 6,1203b 13ff). In der Stoa wird die ἐγκράτεια *[enkrạteia]* als Zeichen der menschlichen Freiheit aufgefaßt; zum wirklichen Menschsein gehört die Mäßigung der Begierden, vor allem des Sexualtriebs und der Lust am Essen und Trinken. Der Neupythagoreismus entwickelt ein dualistisches System: der Körper muß durch Askese in Schach gehalten werden, damit die Seele sich zu Gott erheben kann. Auch für die Kultfähigkeit spielte die Askese im Altertum eine große Rolle (→ Rein, Art. ἁγνός).

Philo preist die ἐγκράτεια *[enkrạteia]* als Überlegenheit über Begierden und Leidenschaften.

Von den Essenern zZt. Jesu ist bekannt, daß sie den Zölibat empfahlen und auch sonst in verschiedener Form (Besitz, Nahrung, Nachtwachen) asketisch lebten.

3) Sachlich verwandt mit der Wortgruppe ἐγκράτεια *[enkrạteia]* ist das Verb ἀσκέω *[askẹō]*. Urspr. bedeutet es *sich bemühen, sich üben* und zwar im Sinne des technischen Bearbeitens und Verzierens eines Gegenstandes (Hom.). Bei Xenoph. wird es auf körperliche (gymnastische) Übungen angewandt, so daß ein Athlet direkt ἀσκητής *[askætæs]* genannt werden kann. Epict. kennt dann die planmäßige geistige Askese, die Übung zum Tun des Guten. Hier bereits bahnt sich die spätere Bedeutung des Begriffes an: die prinzipielle (u. U. lebenslange) Bezähmung der Leidenschaften, spez. der geschlechtlichen Begierden.

II In LXX kommt ἐγκράτεια *[enkrạteia]* nur 3mal und zwar ausschließlich in der Weisheitslit. vor (Sir 18,15.30; 4Makk 5,34) und meint die *Enthaltsamkeit* von Ausschweifungen. ἐγκρατής *[enkratæs]* (11mal, nur in apokryphen Schriften) und ἐγκρατεύομαι *[enkratẹuomai]* (3mal) sind weniger asketische Spezialbegriffe, sondern sie geben meistens wieder, daß man einer Sache mächtig geworden ist bzw. wird (vgl. Gen 43,31; 1Sam 13,12; Sir 6,27 u. ö.). ἀσκέω *[askẹō]* findet sich in LXX nur 2Makk 15,4.

Eine systematische Askese kennt das AT nicht, soweit man vom → Fasten absieht (hebr. *'innā næphæsch, die Seele erniedrigen*).

III Im NT ist die Wortgruppe ἐγκράτεια *[enkrạteia]* (einschließlich ἀκρασία *[akrasịa]* Mt 23, 25; 1Kor 7,5 und ἀκρατής *[akratæs]* 2Tim 3,3) nur 10mal belegt, davon 4mal bei Paulus (1Kor 7,5.9; 9,25; Gal 5,23). ἀσκέω *[askẹō]* findet sich sogar nur Apg 24,16 (ich *bemühe* mich auch selbst allezeit, ein unverletztes Gewissen zu haben). In den Evgg. fehlen die Begriffe ganz bis auf Mt 23,25, wo ἀκρασία *[akrasịa]*, *Unkeuschheit* (L: *Gier*), in einem Bildwort vorkommt.

1) Mit der statistischen Übersicht ist jedoch nicht zwangsläufig gesagt, daß sich in den Evgg. keine Ansätze zu asketischem Verhalten finden. Bei Lk fällt auf, daß er durch »zahlreiche kleine Änderungen und Ergänzungen seines Evangeliums« (HvCampenhausen, Die Askese im Urchristentum, 124ff) einen asketischen Zug vor allem im Blick auf den Besitz hereinbringt (vgl. Mt 5,3ff mit Lk 6,20ff; Mt 25,34ff mit Lk 14,14; auch 14,33 u. ö.), ohne daß unsere Wortgruppe dabei Verwendung findet. Aufs Ganze gesehen ist den Evgg. jedoch Askese im Sinne des Verzichtes auf Besitz, geschlechtliche Betätigung und die Einschränkung von Nahrung als allg. Forderung Jesu fremd. Dh nicht, daß Verzicht eines bestimmten Menschen in einer konkreten Situation ausgeschlossen ist (vgl. die Geschichte

vom reichen Jüngling Mt 19,21 par). Nur läßt sich von solchen Stellen keine asketische Grundhaltung Jesu (vgl. Mt 11,19; Mk 2,18f par u. a.) wie auch keine von ihm gewollte allg. gültige, asketische Verhaltensethik ableiten. Verzicht wird nur dort gefordert, wo etwas der Nachfolge Jesu im Wege steht.

2) Apg 24,25 findet sich ἐγκράτεια *[enkrateia]* neben Gerechtigkeit und Gericht als Thema der Verkündigung des Paulus. »Enthaltsamkeit« kann dabei eine Anspielung auf die Ehe des Prokurators Felix sein, die durch Ehebruch zustande gekommen war, es kann aber auch einfach Ausdruck einer asketischen Tendenz sein, die Lk in der Apg fortsetzt (vgl. 2,44f; 4,32ff u. ö.).

3) 1Kor 7 zeigt sehr deutlich, daß Paulus die geschlechtliche Askese für die eigene Person bejaht und für die Glieder der Gemeinde für wünschenswert ansieht (V. 1). Aber Paulus macht damit die Ehe und den Geschlechtsverkehr nicht zur Sünde (vgl. V. 28). »Kommt zusammen, daß euch der Satan nicht versuche um eurer Unkeuschheit (ἀκρασία *[akrasia]*) willen« (V. 5). Es ist also besser, in der Ehe zu bleiben, als durch erzwungene Enthaltsamkeit die Kraft des unterdrückten Triebes nur zu verschlimmern (V. 9: »Wenn sie sich aber nicht enthalten [ἐγκρατεύονται *[enkrateuontai]*] können«). Askese hat für Paulus also keine Heilsbedeutung. Und doch ist die Ehe letztlich bei Paulus nicht mehr als ein unvermeidbares Zugeständnis an die menschliche Triebgebundenheit. Lieber wäre ihm die Ehelosigkeit bzw. die Enthaltsamkeit (7,7). In der Erwartung des unmittelbar bevorstehenden Weltendes hat für Paulus die Ehe ihren Wert als Schöpfungsordnung verloren. Er möchte die Korinther vor den Strapazen, die das Verheiratetsein in der Endkatastrophe mit sich bringt, bewahren (7,26). Sie sollen frei sein im Dienst für ihren Herrn: »Ein jeglicher aber, der da kämpft, enthält sich alles Dings« (9,25 ἐγκρατεύεται *[enkrateuetai]*).

So finden wir ἐγκράτεια *[enkrateia]* auch Gal 5,23 in einem Katalog der geistgewirkten Früchte. Die Selbstbeherrschung bzw. Zucht ist hier offensichtlich der Unzucht (→ πορνεία), Unreinlichkeit, Ausschweifung und dem Götzendienst von V. 19f als das positive Verhalten entgegengestellt. ἐγκράτεια *[enkrateia]* als Möglichkeit zu einer gottgewollten Lebensgestaltung ist nie fest verfügbar, sondern muß als Gabe des Geistes immer aufs Neue in der Hingabe an das Ev. empfangen werden. Ob sich ἐγκράτεια *[enkrateia]* in Gal 5,23 nur auf das Geschlechtliche bezieht oder umfassender gemeint ist, ist umstritten.

Festgehalten werden muß aber, daß die geschlechtliche Askese bei aller Hochschätzung durch Paulus doch nie dualistisch verankert worden ist (s. oben I) und nie einen eigenen Wert bekommen hat.

4) Die Stellen 2Tim 3,3 (ἀκρατής *[akratæs]* in einem Lasterkatalog) und Tit 1,8 (ἐγκρατής *[enkratæs]* in einem Tugendkatalog) verraten keine asketische Einstellung der Pastoralbriefe. Vielmehr stellen gerade die Pastoralbriefe – merkwürdigerweise unter der Autorität des Paulus – gegenüber einer negativen gnostischen Einstellung die Ehe als gesunde und gottgewollte Lebensordnung heraus (vgl. 5,10.14f; Tit 1,6 u. ö.). Der Lasterkatalog 2Tim 3,1ff will u. a. gerade von diesem Ja zur Ehe her vor der Auflösung und einem falschen Sich-Ausleben in der Endzeit warnen. Ebenso soll der Älteste einer Gemeinde ἐγκρατής *[enkratæs], keusch,* sein (Tit 1,8), dh sich nicht zuchtlos verhalten, sondern mit e i n e r Frau verheiratet sein (1,6), was wohl nicht unbedingt selbstverständlich war.

5) Zum Verständnis von ἐγκράτεια *[enkrateia]* in 2Petr 1,6 (dort 2mal) ist zu beachten, daß in dieser spätesten Schrift des nt. Kanon mit einem eindeutig hell. Vokabular noch einmal versucht wird, »den Glauben und seine Bewegung in einer neuen und gegenüber dem Ursprung veränderten Situation verständlich zu machen, so daß die Spannung von Perfekt und eschatologischem Futur erhalten bleibt« (HFMüller-Schwefe, GPM 20, 368). Die Haltung des Christen in der Zeit nach der apostolischen Verkündigung bis hin zur Parusie (Gefahr der Ermüdung) versucht der Verfasser durch eine Kette von Tugenden zu kennzeichnen (Glaube – Tugend – Erkenntnis – Selbstbeherrschung ἐγκράτεια *[enkrateia]*, – Geduld – Gottesfurcht – Liebe zu allen Menschen). Die Tugendkette soll die Bewegung aufzeigen, durch die der Glaube lebendig und fruchtbar wird in der Liebe. ἐγκράτεια

[enkrạteia] ist hier kaum im asketischen Sinne zu verstehen. Vielmehr wird der Begriff in der urspr. Bedeutung »Macht über sich selber haben« (I,1) gebraucht sein, jedoch nicht auf Grund irgendeiner Selbstverwirklichung, sondern auf Grund der Erkenntnis, die aus dem → Glauben kommt (V. 5 und 6) und Voraussetzung für die Geduld ist, die der Glaubende braucht, um nicht müde zu werden. *H. Baltensweiler*

πορνεύω

πορνεύω *[porneụō]* Unzucht treiben · πόρνη *[pọrnæ]* Prostituierte, Dirne · πόρνος *[pọrnos]* der Unzüchtige, der Hurer · πορνεία *[pornẹia]* Unzucht, Hurerei

I πορνεύω *[porneụō]*, von πέρνημι *[pẹrnæmi]*, *verkaufen* (seit Hdt.), bedeutet trans. *prostituieren*, gewöhnlich im Pass. von der Frau: *sich selbst preisgeben, eine Dirne werden;* aber auch vom Manne: *huren, Unzucht treiben.* Davon sind abgeleitet a) πόρνη *[pọrnæ]* (seit Aristoph.), die *käufliche Frau, Dirne, Buhlerin;* b) πόρνος *[pọrnos]* (ebenfalls seit Aristoph.), der *Hurer, der mit Dirnen verkehrt,* dann aber auch der *Unzüchtige,* dh derjenige, der sich selbst *für Geld zur Unzucht mißbrauchen* läßt, der *Lustknabe,* und c) πορνεία *[pornẹia]* (seit Demosth.; im klassischen Griech. selten) *Hurerei, Unzucht,* (auch homosexueller Art).

1) Die Wortgruppe kann die verschiedenen außerehelichen sexuellen Verhaltensweisen, soweit sie von der jeweils offiziellen gesellschaftlichen oder religiösen Norm abweichen, beschreiben (zB Homosexualität, Promiskuität, Pädophilie etc.), wie vor allem auch die Prostitution im eigentlichen Sinne.

a) Im Geschlechtstrieb und im Nahrungstrieb liegen sicherlich wesentliche Wurzeln der »Mächtigkeit des Menschen, die er auf die Umwelt und ihre Macht anwendet . . . Speise und Trank einerseits, Geschlechtsgemeinschaft andererseits, sind daher nicht nur die beiden großen Symbole der Gottesgemeinschaft, sie sind auch die Mittel, mit deren Hilfe die menschliche Mächtigkeit sich betätigt« (vdLeeuw, aaO, 254). Dazu bedarf es verschiedenster religiöser »Handlungen«, dh Riten. Eine solche religiöse Handlung, durch welche sich menschliche Mächtigkeit betätigt, ist die kultische Prostitution in den altorientalischen Fruchtbarkeitsriten, wo man glaubte, durch den Vollzug der Geschlechtsvereinigung im Heiligtum die Fruchtbarkeit aller Lebewesen im Lande zu sichern und den Verlust der Zeugungs- und Gebärfähigkeit zu verhindern. Nachweisbar ist die kultische Prostitution zuerst in Babylonien. Hdt. berichtet, daß sich jede babyl. Frau einmal in ihrem Leben der Göttin Mylitta »opfern« mußte, indem sie ihren Körper im Tempelbezirk einem Fremden preisgab (I,199). Ähnliche Bräuche sind aus anderen Gebieten (zB Cypern) bezeugt.

Im griech. Bereich hat die kultische Prostitution vor allem in den großen Heiligtümern von Korinth, Eryx und Athen Eingang gefunden. Nach dem Historiker Strabo lebten allein in Korinth über tausend der Venus geweihte Kurtisanen. – Eine besondere Rolle vor allem für Israel spielte die religiöse Prostitution im Baal-Kult.

b) Um die profane Prostitution in Griechenland verstehen zu können, muß man vor allem für die Ionier folgendes beachten: α) Nach einem Bürgerrechtsgesetz von 451 vChr hatten Einwohner von Athen, wenn ihre Eltern nicht beide Athener waren, kein Bürgerrecht. Das bedeutete für viele materielle Nachteile, so daß immer mehr nichtathenische Frauen jetzt als Prostituierte »arbeiteten«. Damit beginnt das berufsmäßige Hetärenwesen. β) Die Ehefrauen waren meist ungebildet und galten als οἰκούρημα *[oikọuræma]*, als Sachwert *zur Hausbesorgung* (so Eur.) und zur Kindererzeugung. γ) Die Sklaverei erlaubte es dem Manne, Sklavinnen als Geliebte zu nehmen (vgl. Hom. Il. 8,284). Interessant und bezeichnend ist folgendes Urteil: »Die Hetären haben wir zum Vergnügen, die Kebsfrauen zu des Leibes täglicher Pflege, die Ehefrauen, daß wir rechte Kinder bekommen und eine treue Hüterin über das Haus besitzen« (Demosth. 59,122). Diese Verhältnisse führten einerseits zu einer ausgedehnten, vielschichtigen Prostitution, andererseits begünstigten sie bei den Ehefrauen der Athener sexuelle Beziehungen zu Sklaven und die lesbische Liebe. Anders waren die Verhältnisse bei den Dorern (Sparta). Altertümliche Eheverhältnisse, die noch Züge der früheren Gruppenehe aufweisen, gaben weniger Anlaß für die Ausbildung der Prostitution. Doch entwickelte sich dort bes. die Knabenliebe, die sich dann über ganz Griechenland ausbreitete.

2) Die Stoa bemühte sich um eine neue Sexualethik. Sie verwarf zwar den Geschlechtsgenuß nicht, aber einmütig verurteilte sie jeden Ehebruch und außerehelichen Geschlechtsverkehr. Der Stoiker Muson verwarf auch den des Herrn mit der Sklavin und mit der Hetäre.

II 1) Die Wortgruppe πόρνη *[pọrnæ]* steht in LXX meist für hebr. *zānāh, huren,* während μοιχεύω *[moichẹuō], ehebrechen* (→ Ehe), regelmäßig *nā'āph* vertritt. Beide Wortgruppen sind also klar auseinanderzuhalten.

2) Prostitution war auch in Israel nicht unbekannt. Offensichtlich wurde sie anfangs aber nicht als erhebliches moralisches Problem empfunden (vgl. Gen 38,15; Ri 15,1; 1Kön 3,16 u. ö.). Sowohl Prostitution (geduldet war immer nur weibliche, nicht männliche) wie der außereheliche Verkehr des Mannes (zB mit seiner Magd Gen 16,1f; 30,1ff) wurden u. U. auch deshalb gebilligt, weil man im Orient mit seiner hohen Kindersterblichkeit oft um die Erhaltung der Sippe besorgt war (zum außerehelichen Verkehr der Frau → Ehe, Art. μοιχεύω).

Zum Problem wurde die Prostitution eigentlich erst durch die Auseinandersetzungen mit den Fruchtbarkeitskulten, bes. dem Baal-Kult. »Baal stand zur Erde im Verhältnis eines ἱερὸς γάμος *[hieros gamos]* (eines *heiligen*, himmlischen *Gatten*); er ist die mythisch zeugende Potenz, die die Erde durch das Sperma des Regens befruchtet. Die Menschen gewinnen Anteil an seiner Segenskraft, indem sie in dieses Mysterium eintreten und es imitativ nachvollziehen« (vRad, Theol. I, 31). Diese Imitation geschah im Verkehr mit einer Prostituierten am Heiligtum. Der Mensch befand sich dabei in kosmischer Harmonie. Da es in dieser Religion nicht einfach – wie oft fälschlich angenommen – um grobe Sinnlichkeit ging, sondern um Sinnlichkeit in geistiger, dh gestalteter Form, hatte sie eine starke Anziehungskraft auch auf den gebildeten Israeliten. Die Prostituierten am Heiligtum waren geachtete Frauen. Der erbitterte Kampf etwa Hoseas richtet sich primär dagegen, daß Israel glaubte, die Segnungen des Landes den Riten des Baal-Kultes – dem Geist der Hurerei – zu verdanken, der in den Jahwe-Kult Eingang gefunden hatte. Israel »weiß es nicht, daß ich (ihr) gab Korn, Most und Öl und sie mit Silber überschüttete und mit Gold« (Hos 2,10). »Israel aber hat sowohl den Geber wie die Gaben verkannt; es hat nicht gesehen, daß es durch diese Gaben vor Jahwe in einen status confessionis gestellt wurde; es ist vielmehr einer mythischen Vergötzung der Landeskultur und ihrer numinosen chthonischen Ursprünge verfallen« (vRad, Theol. II, 152). Es ist also nicht primär der Beischlaf, der die Propheten schockt, sondern der absolute Mangel an personaler Treue. Die Priester haben die Tradition des Jahwewortes vernachlässigt und damit die Orientierung verloren (vgl. Hos 4,4–19). Die kultische Prostitution, die nach den Schilderungen Jeremias (vgl. 3,1–9; 5,7ff u. ö.) und Ezechiels (bes. K. 16 und 23) ekelhafte Formen angenommen hatte, wurde als Hurerei zum Bild des Abfalls Israels von Jahwe, weil zugleich mit ihr die ganze Verlogenheit, in der sich Israel vor Jahwe und in bezug auf Jahwe befand, offenbar wurde. Aus diesem Kampf gegen die Baalisierung des Jahwekultes stammt die scharfe Ablehnung jeglicher Art von Prostitution in Israel (nach HSeebaß). »Stellen, die urspr. die kultische Prostitution durch das heilige Gottesgesetz verwarfen, sind in der späteren Überlieferung zu allgemeinen Verboten jeder Hurerei in Israel geworden. Nach Lev 19,29 entweiht Duldung oder gar Förderung geschlechtlicher Unzucht (zB einer Tochter des Volkes) das ganze Land und bedroht es dadurch mit dem Gericht Gottes« (Hauck-Schulz, aaO, 585). Unter Unzucht fällt nicht die sog. Leviratsehe, dh die Pflichtehe zwischen einer kinderlosen Witwe mit ihrem Schwager, damit der Name des Verstorbenen aus Israel nicht ausgelöscht wird (Gen 38,6–30; Dtn 25,5–10; Ruth 1–4).

3) Im spätjüd.-rabb. Sprachgebrauch ist unter z^e^nūt (= πορνεία *[porneia]*) nicht nur *Hurerei* und jeder *außereheliche Geschlechtsverkehr* zu verstehen (Pirqe Abot 2,8), sondern auch alle nach rabb. Recht unerlaubten Verwandtschaftsehen (vgl. St.-B. II,729f). Blutschande (TestRub 1,6; Test Jud 13,6; vgl. Lev 18,6–18) und alle Arten widernatürlichen Geschlechtsverkehrs (zB TestBenj 9,1) wurden als Unzucht (πορνεία *[porneia]*) angesehen. Wer sich ihr hingibt, zeigt letztlich, daß er mit Gott gebrochen hat (vgl. Weish 14,27f). So kann Jub πορνεία *[porneia]* sogar als unvergebbare Todsünde bezeichnen (33,13.18). Um der Unzucht zu wehren, wurde frühe Heirat empfohlen. In den sog. Lasterkatalogen des hell. Diaspora-Judentums finden sich neben Götzendienst, Zauberei, Mord u. a. auch Ehebruch und Hurerei. Obwohl der Verkehr mit einer Sklavin oder Hetäre als schwere Sünde verurteilt wird (vgl. Dtn 23,17f) und Israel sich »der heidnischen Umwelt gegenüber . . . mehrfach der Reinheit seiner Ehen gerühmt hat«, bedarf dieser Selbstruhm stark der Einschränkung (St.-B. III, 66 mit vielen Belegen). Nicht ohne Grund dürfte Rabbi Hillel geurteilt haben: »Viele Sklavinnen viel Unzucht«. – Entsprechend häufig warnen die Qumran-Schriften vor der Unzucht: 1QS 1,6; 4,10; CD 2,16; 4,17.20 u. ö.

Im NT liegt das Schwergewicht der Wortgruppe (im ganzen 55mal, davon allein 25mal πορνεία *[porneia]*) eindeutig bei Paulus (einschl. Deuteropaulinen 21mal, davon 15mal 1Kor und 2Kor) und in Offb (19mal). Daraus ist erkennbar, daß die Frage der πορνεία *[porneia]* bes. in der Auseinandersetzung mit der griech. Welt und im Zusammenhang mit dem letzten Gericht (dort verbunden wiederum mit dem Gottesverhältnis) zur Diskussion steht. III

1) Prostitution gab es in Israel auch zZt Jesu. Während jedoch Dirnen wie auch Zöllner nach dem jüd. Gesetz aus dem Gottesvolk und damit vom Heil ausgeschlossen waren, verkündet ihnen J e s u s Gottes Vergebung auf Grund ihres Glaubens und damit den Weg zum Heil (Mt 21,31f; so auch Hebr 11,31; vgl. dazu Jak 2,25, wonach »die Hure Ra-

hab durch Werke gerecht geworden« ist). Ihr Glaube wird den selbstsicheren Priestern und Ältesten des Volkes als Vorbild entgegengehalten. Damit ist die Ablehnung der Prostitution durch Jesus nicht etwa gemildert (Mk 7,21 parr), sondern nur mit anderen Sünden nicht mehr von der Vergebung ausgeschlossen. – Nicht eindeutig ist, ob πορνεία *[porneia]* in der Ehebruchsklausel Mt 5,32; 19,9 einfach als außerehelicher Geschlechtsverkehr im Sinne von μοιχεία *[moicheia]* (→ Ehe) oder als Prostitution zu verstehen ist. Im letzteren Falle (so einige Exegeten) wäre der Ehescheidungsgrund, daß erst während der Ehe eine frühere Betätigung der Frau als Dirne bekannt und als Scheidungsgrund gelten würde. Die meisten Exegeten nehmen an, daß πορνεία *[porneia]* synonym zu μοιχεία *[moicheia]* als Ehebruch zu verstehen sei. Ob es sich bei Mt gegenüber Mk (3,4; 10,2–12) und Lk (16,18) um eine sekundäre, abschwächende Einschränkung des Scheidungsverbotes handelt oder ob die Mt-Fassung auf Jesus selbst zurückgeht, ist in der Auslegung umstritten. Es spricht wohl mehr dafür, daß Mt – in der Debatte zwischen verschiedenen rabb. Schulen um einen hinreichenden Scheidungsgrund – mit der sekundären Ehebruchsklausel »den strengen Standpunkt der Schammaiten« vertritt. »Das radikale Verbot Jesu, auf das auch bei Mt die ganze Argumentation 19,4ff (Mk 10,6ff) abzielt, wird damit fraglos um seine Schärfe gebracht« (GBornkamm, aaO, 23).

2) In den paulinischen Schriften wird mit der Wortgruppe πόρνη *[pornæ]* jede Art illegitimen Geschlechtsverkehrs bezeichnet. Daß Paulus die Wortgruppe überwiegend im 1Kor verwendet (14mal), zeigt, daß sich ihm in dieser Gemeinde das Problem bes. stellt. Korinth ist eine Stadt mit traditioneller Tempelprostitution (s. o. I,1). Als bedeutende Hafenstadt war es bes. offen für den antiken Synkretismus und geprägt von sexueller Zügellosigkeit in den Slums um den Hafen herum und in den Heiligtümern. Aus den Kreisen dieses Hafenproletariats aber stammen viele Mitglieder der korinthischen Gemeinde (vgl. 2Kor 12,21). Dazu kommt der Einbruch der Gnosis (→ Erkenntnis) in die Gemeinde von Korinth. Der Pneumatiker, der sich seiner Freiheit rühmt (»alles ist erlaubt«), glaubt in der mystischen Erhebung die Grenze der Zeitlichkeit hinter sich zu haben und im Bereich dieser Welt grenzenlose Freiheit ausleben zu können. Auf diesem Hintergrund ist das Problem des Inzests zu sehen (Verkehr des Sohnes mit der Stiefmutter), das Paulus 1Kor 5,1ff behandelt. Wenn sich die Gemeinde von solchen Unzüchtigen nicht trennt, ist die gesamte Gemeinde gefährdet (5,9ff), da sie unter Gottes Gericht steht. Da der gnostische Dualismus in der Leiblichkeit etwas mit der Verwesung Vergehendes erblickte, konnten die sexuellen Bedürfnisse (die Leiblichkeit angehend) frei ausgelebt werden. Gerade dagegen wehrt sich Paulus mit Leidenschaft (1Kor 6,9–20): Der Bauch ist zwar für die Speisen bestimmt, aber der menschliche Leib nicht für die Unzucht (6,13). Menschliche Existenz ist nicht in zwei Wirklichkeiten, eine sarkische und eine pneumatische, zerlegbar (15ff). Vor πορνεία *[porneia]* gilt es wie vor εἰδωλολατρία *[eidōlolatria]*, dem *Götzendienst*, zu fliehen (6,18; 10,14), weil nach Meinung des Paulus sich πορνεία *[porneia]* nicht so profanisieren läßt, wie es die Korinther meinen, sondern in der πορνεία *[porneia]* gleichsam eine religiöse, dämonische Macht frei wird. »Es ist offenbar ein anderer, ein πνεῦμα ἀκάθαρτον *[pneuma akatharton]* (Mt 10,1), ein mit Christus unverträglicher und unversöhnlicher Geist, der durch die πορνεία *[porneia]* über den Menschen die Macht ergreift« (HJIwand, aaO, 615). Weil der Mensch nicht ein σῶμα *[sōma]* (→ *Leib*) hat, sondern σῶμα *[sōma]* ist, dh als unteilbare Ganzheit begriffen wird, ist er entweder mit seiner Gesamtwirklichkeit Glied am Leibe Christi oder ebenso total verbunden mit der πόρνη *[pornæ]* (1Kor 6,15–19; vgl. Hebr 12,16). So muß Paulus immer wieder diese Gemeinde (1Kor 7,2; 10,8), aber auch andere (Gal 5,19; Eph 5,3; 1Thess 4,3 u. ö.) mit aller Dringlichkeit gerade vor der πορνεία *[porneia]* warnen, weil sie die ganze Person betrifft.

3) In der Offb wird unter den heidnischen Hauptsünden die ungehemmte geschlechtliche Ausschweifung ebenso genannt (9,21), wie unter den offenbaren Sündern, denen der zweite Tod droht, auch die Unzüchtigen erwähnt sind. Im übertragenen Sinn wird Babylon (Kap. 17–19) die große Hure, die Mutter der Hurerei und aller Greuel auf

Erden genannt, als Inbegriff, als Personifizierung der Gottesfeindlichkeit. Es ist hier Bezeichnung Roms und seines Staatswesens, die Gott und seinem Volk feindlich gegenüberstehen. Dabei ist *Huren* sowohl wörtlich gemeint wie auch als Buhlen um seine politische und wirtschaftliche Gunst. *H. Reißer*

σωφροσύνη

σωφροσύνη *[sōphrosynæ]* Besonnenheit, Selbstbeherrschung · σωφρονέω *[sōphronẹō]* vernünftig, besonnen sein · σώφρων *[sọphrōn]* besonnen, verständig · σωφρόνως *[sōphrọnōs]* besonnen, enthaltsam

1) Das Subst. σωφροσύνη *[sōphrosynæ]*, *Besonnenheit*, gehört zu der Wortgruppe σωφρονέω *[sōphronẹō]*, *vernünftig, besonnen sein*, σώφρων *[sọphrōn]*, *verständig, besonnen.* σωφροσύνη *[sōphrosynæ]* ist aus σώφρων *[sọphrōn]* gebildet (σαο-φρων *[sao-phrōn]* aus den Bestandteilen σῶς *[sōs]*, *unversehrt*, und φρήν *[phræn]*, im Plur. φρένες *[phrẹnes]* = *Zwerchfell* als Sitz der Seelentätigkeiten), das als einziges Wort dieser Gruppe schon bei Hom. in der Ilias erscheint; seit der Odyssee findet sich dann auch σωφροσύνη *[sōphrosynæ]* und seit den Tragikern das Verbum σωφρονέω *[sōphronẹō]* (= σώφρων *[sọphrōn]*, *besonnen, sein*). Die Bedeutung ergibt sich aus Od. 23,10–14, wo die σωφροσύνη *[sōphrosynæ]*, *Besonnenheit*, *Selbstbeherrschung*, dem Unverstand und Leichtsinn entgegengesetzt wird und dem angemessenen Sinn entspricht. Der diese ethischen Ansätze durchziehende Eudämonismus – höchstes Gut ist die Glückseligkeit – verfestigt sich bei Plato (Polit.) zu der Lehre der vier Kardinaltugenden: → *Weisheit* (σοφία *[sophịa]*), *Tapferkeit* (ἀνδρεία *[andrẹia]*), *Besonnenheit* (σωφροσύνη *[sōphrosynæ]*), → *Gerechtigkeit* (δικαιοσύνη *[dikaiosynæ]*). Plato hat sich nicht auf eine Definition der σωφροσύνη *[sōphrosynæ]* festgelegt. Bedeutungsschwerpunkte liegen in der – anthropologisch bestimmten – Staatslehre: in dem Verhältnis der drei Stände zueinander haben die unteren »Mäßigung« zu üben. Dieses Verständnis gilt ebenso in bezug auf die Begierde. Alle → Tugenden gelten als Einheit, sind aber in ihrer Differenziertheit auf Untergliederungen im einzelnen angelegt (vgl. Überweg, Wb I, 337). I

2) In der Schultradition der Stoa und in der Popularphilosophie begegnet die Besonnenheit (σωφροσύνη *[sōphrosynæ]*) im festen Schema der Kardinaltugenden und wird durch eine Reihe von untergeordneten Tugenden ergänzt (Zucht, Gehorsam, Anstand, Schicklichkeit, Schamhaftigkeit, Enthaltsamkeit, Selbstbeherrschung). Die Untergliederung soll präzisieren und konkretisieren.

Schon bei Eur. (Med. 635; Iph. Aul. 544.1159) wird σωφροσύνη *[sōphrosynæ]* in seiner Bedeutung eingeengt: *Mäßigung* und *Beherrschung* der sexuellen Triebe und *Keuschheit* (vgl. auch ULuck, ThWb VII, 1097).

Wie die LXX ausweist, gibt es kein hebr. Äquivalent für σωφροσύνη *[sōphrosynæ]*, *Besonnenheit.* II
Das Subst. findet sich dort überwiegend in 4Makk. Im hell. Judentum nimmt es ebenfalls als eine der vier Kardinaltugenden eine besondere Stellung ein. Mit der Besonnenheit soll der Mensch nach Philo vor allem die Begierden niederhalten. Von der at. Tradition her wird die Tugend auf den transzendenten göttlichen Weltschöpfer bezogen: sie ist göttliche Gabe, die sich im Gehorsam konkretisiert. In Weish 8,7 begegnet σωφροσύνη *[sōphrosynæ]* als eine der vier Kardinaltugenden, die als in Gott gründende Weisheit verstanden werden.

Im NT begegnet das Subst. σωφροσύνη *[sōphrosynæ]*, *Besonnenheit*, *Selbstbeherrschung*, III
nur Apg 26,25 und 1Tim 2,9.15; σωφρονέω *[sōphronẹō]*, *vernünftig, besonnen sein*, σωφρόνως *[sōphrọnōs]* und σώφρων *[sọphrōn]*, *besonnen*, stehen Mk 5,15; Lk 8,35; bei Paulus (2Kor 5,13, vgl. Röm 12,3), 1Petr 4 und in den Pastoralbriefen (Tit 2,6.12; 1Tim 3,2 u. ö.). Es ist kein Zufall, daß sich im NT keine Tugendlehre und somit auch nicht das Schema der 4 Kardinaltugenden findet, wenn auch die paränetischen Stücke manches aus der Umwelt aufgenommen haben und sich ihrer Sprache und Formen bedienen. Dem NT ist das griech. Tugendideal angesichts eines situationsgebundenen Gehorsams fremd. Der Verfasser der Pastoralbriefe steht aber in bezug auf die Tugendkataloge in der Tradition seiner hell. Umwelt und nimmt so auch die Ermahnung, besonnen zu sein, in einem entsprechenden allgemeinen Sinn moralischer Formeln auf (1Tim 3,2; Tit 1,8; 2,2, wobei σώφρων *[sọphrōn]* in 1Tim 2,9 und Tit 2,5, wo die Frauen direkt angesprochen werden, wieder die Bedeutung *züchtig, keusch* hat). Gewiß muß man die Auseinandersetzung mit gnostischen Gedanken und den zeitbedingten Versuch einer Abwehr »jedes pneumatisch-enthusiastische(n) Miß-

verständnis(ses) des Glaubens« (ULuck, ThWb VII, 1100) beachten, aber von der Dynamik einer unmittelbaren Auseinandersetzung ist nichts mehr zu spüren. Vielmehr begegnet »besonnen sein« hier als eine christl. Tugend, die bereits bestimmte Formen der Verfestigung und Erstarrung urchristl. Tradition aufweist.

Wesen und Motiv eines besonnenen Handelns sind weder in einer Gesinnungsethik noch in der sittlichen Leistung zu begründen. Das wird an Röm 12,3 deutlich: Paulus sieht die Fähigkeit, das Aussein (φρονεῖν [*phronẹin*]) auf Besonnenheit (εἰς τὸ σωφρονεῖν [*eis to sōphronẹin*]) im Glauben begründet. Damit wird mit *Besonnenheit* eine Grundhaltung angesprochen, die die eigene Begrenztheit und den anderen in seinem Menschsein zu erkennen sucht und das Handeln ihm gegenüber danach bestimmt. Besonnenheit ist keine »stoische« Gegegebenheit, keine Tugend aus Prinzip, sondern notwendiges Element einer Liebe, die die Spannung zwischen Hingabe und Abstand zueinander aushält. *S. Wibbing*

Lit.: WGabriel, Was ist Porneia im Sprachgebrauch Jesu?, Ethik 7, 1931, 106ff – GvdLeeuw, Phänomenologie der Religion, 1933 (1956^{2}), 254ff – HWindisch, Art. ἀσκέω, ThWb I, 1933, 492ff – WGrundmann, Art. ἐγκράτεια etc., ThWb II, 1935, 338ff – HvCampenhausen, Die Askese im Urchristentum, 1949 – HStrathmann, Art. Askese, RAC I, 1950, 749ff – FÜberweg/KPraechter, Grundriß der Geschichte der Philosophie. Die Philosophie des Altertums, 1953^{13} – WZeller, Art. Askese, EKL I, 1956 (1962^{2}), 228ff – GMensching/HBardtke/KGKuhn/FLau, Art. Askese, RGG I, 1957^{3}, 639ff – AAdam, Art. Enkratiten, RGG II, 1958^{3}, 494 – FHauck/SSchulz, Art. πόρνη, ThWb VI, 1959, 579ff – SWibbing, Die Tugend- und Lasterkataloge im NT, 1959 – MThurian, Ehe und Ehelosigkeit, 1959 – GBornkamm/GBarth/HJHeld, Überlieferung und Auslegung im Matthäusevangelium, WMANT 1, 1960 (1968^{5}), 23 – HChadwick, Art. Enkrateia, RAC V, 1962, 343ff – HJIwand, Predigt-Meditationen, 1963 (1964^{2}), 614ff – ULuck, Art. σώφρων etc., ThWb VII, 1964, 1094ff.

Zunge → Wort

Zweifel

διακρίνω

διακρίνω [*diakrịnō*] beurteilen, entscheiden, unterscheiden, (nur im NT:) zweifeln · διάκρισις [*diạkrisis*] Unterscheidung, Streit · ἀδιάκριτος [*adiạkritos*] nicht schwankend, unparteiisch

I διακρίνω [*diakrịnō*] (seit Hom.; ein durch διά [*dia*] verstärktes κρίνω [*krịnō*], *richten*) heißt in seiner Grundbedeutung (1a) *beurteilen, einen Unterschied machen, unterscheiden* (Hom. Od. 8,195). Daraus entwickelt sich die Bedeutung (1b) *absondern, trennen* (Schafherden, Hom. Il. II,475). Hauptsächlich findet das Verb Verwendung als juristischer term. techn. (2) *entscheiden, Recht sprechen* (Xenoph. Hell. V,2.10). Passivisch begegnet es als (3) *sich streiten, jemanden bekämpfen* (Hdt. IX, 58) und als *getrennt werden* (zB der Krieg wurde getrennt, dh beigelegt, Hdt. VII,206).

Für das Subst. διάκρισις [*diạkrisis*] (seit Vorsokr.) lassen sich neben der Bedeutung (1b) *Absonderung, Trennung* (Plato) und der davon ableitbaren Bedeutung *Zwischenraum* vornehmlich zwei Bedeutungen ausmachen: (1a) die *Beurteilung* (zB eine gerichtliche, Plato Leg. 11,937b), die *Unterscheidung* und (3) der *Streit*, der *Kampf* (Polyb. 18,28,3).

II In LXX und im Spätjudentum bedeutet διακρίνω [*diakrịnō*] überwiegend (1a) *beurteilen, unterscheiden, einen Unterschied machen* (4Makk 1,14; Jos. Bell. 1,27). Insbesondere dient διακρίνω [*diakrịnō*] zur Übers. des hebr. *schāphat* (Ex 18,16; 1Kön 3,9; 1Chr 26,29; Ps 82[83],1; Ez 34,17.20; Spr 31,9) – seltener des hebr. *din* (Sach 3,7) – mit der Bedeutung (2) *Recht sprechen*. Auch die Bedeutung (3) *sich streiten, sich urteilend auseinandersetzen* (Z: *rechten*) ist nachweisbar (Ez 20,35.36; Jo 4,2 Übers. von *schāphat* nif.). – Die Bedeutung *urteilen* kann intensiviert werden zu *prüfen* (Hi 12,11; 23,10 Übers. von *bāchan*) und *wählen* (Hi 14,9; 15,5 Übers. von *bāchar*); bei Philo kann διακρίνω [*diakrịnō*] sogar *aussuchen* bedeuten (Op. Mund. 137).

διάκρισις *[diakrisis]* begegnet in LXX nur einmal in Hi 37,16 als Übers. des im AT singulären *miphläsch* (*Schicht*, scil. der Wolken, Köhler-Baumg.). Ob der Übersetzer an etwas Ähnliches wie Mt 16,3 gedacht hat oder ob ein Übersetzungsfehler vorliegt, muß offen bleiben.

1) Im NT findet sich διακρίνω *[diakrinō]* 18mal; 7mal bei Paulus (Röm; 1Kor), 4mal in Apg, 3mal bei Jak. Die Wortgruppe fehlt völlig in Eph, Kol, Past. und den johanneischen Schriften; in den Evgg. ist sie sehr selten (3mal). III

a) Dreimal ist die Übers. (1a) *beurteilen* sinnvoll (Mt 16,3: das Aussehen des Himmels, aber nicht die Zeichen der Zeiten; 1Kor 11,31: sich selbst; 14,29: Prophetenrede), 2mal die Übers. *einen Unterschied machen* (Apg 15,9: Gott macht keinen Unterschied zwischen Juden und Heiden; ebenso 11,12 vgl. Büchsel). *Unterscheiden* im Sinne eines differenzierenden Wertens findet sich 2mal (1Kor 4,7: Wer zieht dich vor? Z; 11,29: den Leib, scil. des Herrn, gilt es von sonstigem Leib zu »unterscheiden«) und kann treffend mit *auszeichnen* wiedergegeben werden. Die Bedeutung (1b) *absondern* fehlt (vgl. aber Diognetbrief 8,7 πάντα κατὰ τάξιν *[panta kata taxin], alles nach seiner Ordnung*). Als juristischer term. techn. (2) findet sich διακρίνω *[diakrinō]* nur 1Kor 6,5 (Rechtsprechen zwischen Bruder und Bruder, vgl. Ez 34,17.20 und Sir 25,18); passivisch (3) als *sich streiten, sich urteilend auseinandersetzen* 2mal (Apg 11,2: die Beschnittenen mit Petrus; Jud 9: Michael mit dem Teufel).

b) Eine weitere inhaltliche Nuancierung bekommt das Verb διακρίνω *[diakrinō]* im NT durch die Bedeutung *zweifeln* (8mal). Wohl begegnet im AT die Ablehnung des göttlichen Wortes (vgl. zB Gen 18,12 mit Röm 4,19.20; Jes 7,1–25 u. ö.), nicht aber eine exakte Begrifflichkeit für das Phänomen menschlicher Gespaltenheit der Zusage Gottes gegenüber. Von den im vor-nt. Griech. verwendeten Verben für *zweifeln:* διστάζω *[distazō]* (Plato, Aristot.), ἀμφισβητέω *[amphisbæteō]* (Plato, Hdt.), ἀμφιβάλλω *[amphiballō]* (Polyb., Ael. Arist.) kommt im NT nur das erstere 2mal vor: Mt 14,31 (»Du Kleingläubiger, warum hast du gezweifelt?«) und Mt 28,17 (»einige zweifelten«, nämlich an der Verheißung von Mt 28,7). Betont διακρίνω *[diakrinō]* die menschliche Gespaltenheit und Zerrissenheit überhaupt, so drückt δισ-τάζω *[dis-tazō]* wohl stärker die Zweiheit in einer solchen Gespaltenheit aus. Ein erheblicher Unterschied zwischen beiden Verben besteht nicht, wenngleich διακρίνω *[diakrinō]* umfassender zu sein scheint.

c) An den nt. Stellen erscheint Zweifeln zunächst als Minderung des → Glaubens und also als Sünde (Röm 14,23). Jak 1,6–8 bezieht dies auf das Bittgebet: es gilt ἐν πίστει *[en pistei]* (*mit Zuversicht*, Z) zu bitten; ein Mensch, der mit Zweifel bittet, ist ein gespaltener Mensch (→ Einfalt). Ihm fehlt die Kraft der → Hoffnung, und doch betet er.

Mk 11,23 und Mt 21,21 beschreiben den nichtzweifelnden Glauben als einen Glauben, mit dem man Berge verrücken kann. Ein Vergleich mit Mt 17,20, wo fast das gleiche Logion den Jüngern »wegen . . . Kleinglaubens« von Jesus gesagt wird, lehrt, daß Zweifel in die unmittelbare Nähe des Kleinglaubens gehört.

Ganz in die Nähe des Unglaubens rückt Röm 4,20f das Zweifeln: »An der Verheißung Gottes zweifelte er (Abraham) nicht im Unglauben, sondern er wurde stark im Glauben, indem er Gott die Ehre gab und völlig überzeugt war, was er verheißen habe, das vermöge er auch zu tun«. Glaube ist also nicht ein Wissensersatz für überirdische Sachverhalte, die trotz göttlicher → Offenbarung (Art. ἐπιφάνεια) und menschlichen Forschens verborgen geblieben sind. Glaube ist immer Glaube in Geschichte, dh Glaube an Gottes Verheißung. So ist auch der Zweifel mangelndes Vertrauen auf Gottes noch ausstehende, vom Menschen zu erwartende Tat.

d) Der dogmatische Zweifel anderer, der eine theol. Apologetik nötig macht, begegnet explizit nur in der umstrittenen Stelle Jud 22, wo wohl zu übersetzen ist: widerlegt die Zweifelnden (Z; so auch Bauer, WB, 367 διακρίνω [2b]). – Nach Apg 10,20 ist Zweifeln das mangelhafte Vertrauen auf den Geist, der den Petrus zu einem Heiden in Marsch setzen will.

2) Dreimal braucht das NT das Subst. διάκρισις *[diąkrisis]*, 2mal in der Bedeutung (1a) *Unterscheidung* (1Kor 12,10 der Geister, vgl. 1Clem 48,5; Hebr 5,14 von Gut und Böse), einmal in der Bedeutung (3) *Streit* (Röm 14,1; man übers. wohl am besten: *nicht zum Streit der Gedanken*, ähnlich Zahn, KNT, zSt.; Bauer, WB, 368; anders Z. – Sicher ist διάκρισις *[diąkrisis]* in Apg 4,32 Codex D mit *Streit* zu übersetzen). Im Sinne von *Zweifel* findet sich das Subst. im NT überhaupt nicht. – Der von Descartes (Discours de la méthode, bes. Teil 2, Abs. 7) zur heuristischen Methode philosophischer Welterfassung entwickelte Zweifel ist dem NT fremd. Im NT versündigt sich der Zweifelnde an Gott und seiner Verheißung, weil er sie falsch (1a) *beurteilt*.

Der Zweifler ist schließlich ein Mensch, bei dem Glauben und Tun nicht übereinstimmen. Er sollte deshalb an sich selbst, dh an seiner Glaubwürdigkeit zweifeln (Jak 2,4; vgl. 1,8 δίψυχος *[dipsychos]*). Sein Verhalten paßt nicht zum Verhalten Gottes, denn in Gottes Weisheit liegt nichts Schwankendes, Zwiespältiges (ἀδιάκριτος *[adiąkritos]* Jak 3,17); er ist unparteiisch (Bauer, WB, 33).

Ist die Verheißung ein Strukturelement des Evangeliums, so ist die Hoffnung ein Strukturelement des Glaubens. Der Zweifel richtet sich im NT präzise gesehen gegen Hoffnung und Zuversicht. Solcher Zweifel ist ein eschatologisches Problem. Er entspringt immer am Evangelium, insofern als die Möglichkeit zu zweifeln nur da ist, wo Evangelium hörbar ist oder sichtbar wird, denn auf dieses bezieht sich ja der Zweifel. So ist zweifeln im nt. Sinn eher eine Sache der Glaubenden als eine Sache der Nichtglaubenden, obwohl gewiß Zweifel zum Unglauben führen kann. Man könnte formulieren: zweifeln ist der »Zwischenraum« zwischen Glauben und Nichtglauben. *B. Gärtner*

Lit.: FBüchsel, Art. διακρίνω etc., ThWb III, 1938, 948ff – SERodke, Zweifel und Erkenntnis, LUÅNF, Avd. I, Bd. 41, Nr. 4, 1945 – HBlankertz, Art. Zweifel, RGG VI, 1962³, 1944f – EBloch, Tübinger Einleitung in die Philosophie I, 1963, 24ff (ed. suhrkamp 11) – PTillich, Systematische Theologie III, 1966, 446ff – Dialog mit dem Zweifel. Hrsg. v. GRein, 1969 – GBarth, Glaube und Zweifel in den synoptischen Evangelien, ZThK 72, 1975, 269ff.

ANHANG: VERZEICHNIS

der Mitarbeiter des Gesamtwerkes und ihrer Beiträge

REGISTER

der deutschen Wörter

der griechischen Wörter

wichtiger hebräischer Wörter

DIE MITARBEITER UND IHRE BEITRÄGE

(Seitenangaben beziehen sich auf den Beginn eines Stichwortartikels oder eines Abschnittes »Zur Verkündigung«)

Aalen, Sverre, Dr. theol., Professor, Oslo: Artt. δόξα [*dọxa*] 204; τιμή [*timæ̣*] 207.

Achilles, Ernst, Superintendent, Göttingen: Artt. κακός [*kakọs*] 137; πονηρός [*ponærọs*] 139.

Aust, Hugo, Offizialats- und Konsistorial-Anwalt, Steinfeld: Art. ἀνάθεμα [*anạthema*] 348.

Baehr, Jürgen, Pfarrer, Langlingen ü. Celle: Art. ἱερεύς [*hiereụs*] 1010.

Baltensweiler, Heinrich, Dr. theol., Privatdozent, Basel: Artt. ἁγνός [*hagnọs*] 1036; ἐγκράτεια [*engkrạteia*] 1504.

Bartels, Karl-Heinz, Dr. theol., Pastor, Niederbieber: Artt. ἅπαξ [*hạpax*] 213; εἷς [*heis*] 214; μόνος [*mọnos*] 217; πρῶτος [*prọ̄tos*] 278; πρωτότοκος [*prōtọtokos*] 280; μιμνήσκομαι [*mimnæskomai*] 454; ὕμνος [*hymnos*] 907; ψαλμός [*psalmọs*] 908; ᾠδή [*ōdæ̣*] 909.

Bauder, Wolfgang, Pfarrer, Köln: Artt. πραΰς [*pra·ỵs*] 174; σπουδή [*spoudæ̣*] 212; ἀφίστημι [*aphịstæmi*] 302; πίπτω [*pịptō*] 303; πλῆθος [*plæ̣thos*] 405; πεινάω [*peinạō*] 728; μιμέομαι [*mimẹomai*] 953; ὀπίσω [*opịsō*] 954; παράπτωμα [*parạptōma*] 1201; θηρίον [*thærịon*] 1220; πλεονάζω [*pleonạzō*] 1341; ἐγγύς [*engỵs*] 1486

Bauer, Gerhard, Pfarrer, Starnberg: Art. τίκτω [*tịktō*] 452; Geburt, Zur Verkündigung 453.

Beasley-Murray, G. R., M. A., B. D., M. Th., Dr. theol., London: Artt. ῥαντίζω [*rhantịzō*] 135; βαπτίζω [*baptịzō*] 1205; λούω [*lọuō*] 1211.

Beck, Hartmut, Pfarrer, Karlsruhe: Artt. Freiheit, Zur Verkündigung 367; εἰρήνη [*eiræ̣næ*] 388; Friede, Zur Verkündigung 391; παραδίδωμι [*paradịdōmi*] 513.

Becker, Oswald, Pfarrer, Bonn: Artt. ἔγγυος [*ẹngyos*] 161; μεσίτης [*mesịtæs*] 162; παρθένος [*parthẹnos*] 357; ἀρραβών [*arrabọ̄n*] 418; πείθομαι [*pẹithomai*] 560; ὀψώνιον [*opsọ̄nion*] 916.

Becker, Ulrich, Dr. theol., Professor, Hannover: Artt. βίβλος [*bịblos*] 151; εὐαγγέλιον [*euangẹlion*] 295; μακάριος [*makạrios*] 1133; ἀγγέλλω [*angẹllō*] 1274.

Becker, Ulrich, Pfarrer, Osterwald ü. Wunstorf: Artt. προσήλυτος [*prosæ̣lytos*] 612; σκληρός [*sklærọs*] 631; ψεύδομαι [*psẹudomai*] 919.

Betz, Otto, Dr. theol., Professor, Tübingen: Artt. δύναμις [*dỵnamis*] 922; ἐξουσία [*exousịa*] 926; Macht, Zur Verkündigung 931; ῥῆμα [*rhæ̣ma*] 1434; φωνή [*phōnæ̣*] 1437.

Beyreuther, Erich, Dr. theol., Professor, Feldkirchen b. München: Artt. ἡδονή [*hædonæ̣*] 66; περιποιέομαι [*peripoiẹomai*] 100; μήτηρ [*mæ̣tær*] 355; ἀγαλλιάομαι [*agalliạomai*] 379; εὐφραίνω [*euphrạinō*] 381; χαίρω [*chạirō*] 382; Freude, Zur Verkündigung 386; ἴσος [*ịsos*] 577; ὅμοιος [*họmoios*] 580; ἀγαθός [*agathọs*] 621; καλός [*kalọs*] 623; χρηστός [*chræstọs*] 625; ποιμήν [*poimæ̣n*] 697.

Bietenhard, Hans, Dr. theol., Professor, Steffisburg/Schweiz: Artt. ἀμήν [*amæ̣n*] 12; ἀρχή [*archæ̣*] III 17; κατήγορος [*katæ̣goros*] 23; πνικτός [*pniktọs*] 136; ἀήρ [*a·æ̣r*] 166; δαίμων [*dạimōn*] 166; ἐκβάλλω [*ekbạllō*] 169; δράκων [*drạkōn*] 194; ὄφις [*ọphis*] 195; Ἠλίας [*Aelịas*] 224; ἄγγελος [*ạngelos*] 226; Engel, Zur Verkündigung 288; ἐχθρός [*echthrọs*] 309; πῦρ [*pỵr*] 332; ἀλλότριος [*allọtrios*] 371; ξένος [*xẹnos*] 373; παρεπίδημος [*parepịdæmos*] 376; πάροικος [*pạroikos*] 376; Fremd, Zur Verkündigung 377; Ἕλλην [*Hẹllæn*] 614; δεσπότης [*despọtæs*] 658; κύριος [*kỵrios*] 659; Herr, Zur Verkündigung 665; ἄνω [*ạnō*] 685; οὐρανός [*ouranọs*] 686; Himmel, Zur Verkündigung 692; ἄβυσσος [*ạbyssos*] 710; ᾅδης [*hạdæs*] 711; γέεννα [*gẹhenna*] 712; κατώτερος [*katọ̄teros*] 713; Hölle, Zur Verkündigung 714; ὄνομα [*ọnoma*] 958; παράδεισος [*parạdeisos*] 997; διάβολος [*diạbolos*] 1057; Satan, Zur Verkündigung 1060; δῆμος [*dæ̣mos*] 1317; ἔθνος [*ẹthnos*] 1318; λαός [*laọs*] 1322; ὄχλος [*ọchlos*] 1325; πόλις [*pọlis*] 1326; Volk, Zur Verkündigung 1328; ἀρέσκω [*arẹskō*] 1403; εὐδοκέω [*eudokẹō*] 1405.

Blendinger, Christian, Pfarrer, Nürnberg: Artt. δεξιός [*dexiọs*] 627; θρόνος [*thrọnos*] 929; ἀκολουθέω [*akolouthẹō*] 945.

Blunck, Jürgen, Pfarrer, Solingen: Artt. ἀναγινώσκω [*anaginọ̄skō*] 153; θεμέλιος [*themẹlios*] 328; ἐλευθερία [*eleutherịa*] 362; βάθος [*bạthos*] 703; ὕψος [*hỵpsos*] 705.

Böcher, Otto, Dr. theol., Dr. phil., Privatdozent, Mainz: Artt. θάλασσα [*thạlassa*] 1366; πηγή [*pægæ̣*] 1368; ὕδωρ [*hỵdor*] 1370; ἔρημος 1440.

Böttger, Paul Christoph, Dr. theol., Pfarrer, Rheydt: Artt. μισθός [*misthọs*] 912; ἀποδίδωμι [*apodịdōmi*] 1267.

Brandenburger, Egon, Dr. theol., Professor, Bethel: Art. σταυρός [*staurọs*] 817.

Brandt, Theodor, Superintendent i. R., Bad Salzuflen: Art. περισσεύω [*perissẹuō*] 403.

Brase, Ingeborg, Gimbte: Heilig, Zur Verkündigung 655.

Braumann, Georg, Dr. theol., Pfarrer, Billerbeck: Artt. παρακαλέω [*parakalẹō*] 274; παράκλητος [*parạklætos*] 414; ἡμέρα [*hæmẹra*] 467; παρουσία [*parousịa*] 470; Gegenwart, Zur Verkündigung 473; εἶδος [ẹidos] 539; μορφή [morphæ] 540; σχῆμα [s·chæma] 542; ἐσθίω [esthiō] 733; πίνω [pịnō] 734; Hunger, Zur Verkündigung 737; ἐγώ εἰμι [egō eimi] 739; νήπιος [næpios] 776; παῖς [pais] 778; τέκνον [tẹknon] 780; υἱός [hyiọs] 781; βία [bịa] 810; ἰσχύς [is·chys] 811; κρατέω [kratẹō] 814; παραμυθέομαι [paramythẹomai] 1236.

Brunotte, Wilhelm, Dr. theol., Pfarrer, Hameln: Art. ἀλείφω [alẹiphō] 1054.

Coenen, Lothar, Dr. theol., Pfarrer, Wuppertal: Artt. Amen, Zur Verkündigung 14; ἀρχή [archæ] II 16; Anstoß, Zur Verkündigung 27; Antichrist, Zur Verkündigung 30; πένης [pẹnæs] 38; ἀνάστασις [anạstasis] 43; ἐγείρω [egẹirō] 46; Auferstehung, Zur Verkündigung 48; Bedrängnis, Zur Verkündigung 63; Begehren, Zur Verkündigung 68; Bekehrung, Zur Verkündigung 74; Bekleiden, Zur Verkündigung 83; καλέω [kalẹō] 86; Berufung, Zur Verkündigung 91; Beschneidung, Zur Verkündigung 97; Besitz, Zur Verkündigung 105; Bild, Zur Verkündigung 121; ἐπίσκοπος [epịskopos] 123; Böse, Zur Verkündigung 141; Brot, Zur Verkündigung 145; Bruder, Zur Verkündigung 150; Buch, Zur Verkündigung 156; Bund, Zur Verkündigung 164; Dämon, Zur Verkündigung 169; Demut, Zur Verkündigung 179; Dienen, Zur Verkündigung 192; Ekstase, Zur Verkündigung 223; Erkenntnis, Zur Verkündigung 255; Erlösung, Zur Verkündigung 270; ἐκλέγομαι [eklẹgomai] 285; Erwählung, Zur Verkündigung 290; Frömmigkeit, Zur Verkündigung 398; Frucht, Zur Verkündigung 401; Herrenmahl, Zur Verkündigung 678; ἐκκλησία [ekklæsịa] 784; Kirche, Zur Verkündigung 795; Lehre, Zur Verkündigung 865; Offenbarung, Zur Verkündigung 992; πρεσβύτερος [presbyteros] 1003; ἀποκτείνω [apoktẹinō] 1221; καθεύδω [kathẹudō] 1230; νεκρός [nekrọs] 1232; κηρύσσω [kærỵssō] 1276; Verkündigung, Zur Verkündigung 1283; μαρτυρέω [martyrẹō] 1478.

Dahn, Karl, Dozent, Frankfurt a. M.: Artt. θριαμβεύω [thriambẹuō] 773; ὁράω [horạō] 1127.

Dulon, Günter, theol. Referent, Hamburg: Art. ὁρίζω [horịzō] 107.

Ebel, Günther, Pfarrer, Speyer: Artt. διώκω [diọ̄kō] 60; ἀναστρέφω [anastrẹphō] 1356; ὁδός [hodọs] 1358; περιπατέω [peripatẹō] 1363; πορεύομαι [porẹuomai] 1365.

Eichler, Johannes, Pfarrer, Frankfurt a. M.: Artt. θησαυρός [thæsaurọs] 99; λογίζομαι [logịzomai] 183; κλῆρος [klæros] 232; ἔχω [ẹchō] 491.

von Eicken, Erich, Dr. theol., Pfarrer, Marburg/Lahn: Art. ἀποστέλλω [apostẹllō] I + II 31.

Eßer, Hans-Helmut, Dr. theol., Professor, Horstmar b. Münster: Artt. πτωχός [ptōchọs] 39; Arm, Zur Verkündigung 42; ἔλεος [ẹleos] 52; οἰκτιρμός [oiktirmọs] 55; σπλάγχνα [splạngchna] 56; Barmherzigkeit, Zur Verkündigung 58; εὐχαριστία [eucharistịa] 172; ταπεινός [tapeinọs] 176; δόγμα [dọgma] 434; ἐντολή [entolæ] 435; Gebot, Zur Verkündigung 442; ἔθος [ẹthos] 520; νόμος [nọmos] 521; στοιχεῖα [stoichẹia] 531; Gesetz, Zur Verkündigung 532; χάρις [chạris] 590; Gnade, Zur Verkündigung 596; Gott, Zur Verkündigung 608; Mensch, Zur Verkündigung 938; καταβολή [katabolæ] 1074; κτίσις [ktịsis] 1075; Schöpfung, Zur Verkündigung 1081; Vernunft, Zur Verkündigung 1297.

Falkenroth, Ulrich, Dr. theol., Pfarrer, Braunschweig: Artt. ὁ πλησίον [ho plæsịon] 149; ἀνέχομαι [anẹchomai] 460; μακροθυμία [makrothymịa] 462; ὑπομένω [hypomẹnō] 463; Geduld, Zur Verkündigung 465; δίκη [dịkæ] 1185.

Finkenrath, Günter, Pfarrer, Burscheid-Hilgen: Artt. ἐπιστολή [epistolæ] 154; χαίρω [chạirō] 382; μυστήριον [mystærion] 476; πλεονεξία [pleonexịa] 489; ὅμοιος [họmoios] 580.

Flender, Otto, Pfarrer, Villigst: Artt. εἰκών [eikọ̄n] 120; οἰκουμένη [oikoumẹnæ] 239; ὀσμή [osmæ] 516; ἰδιώτης [idiọ̄tæs] 831.

Fries, Gerhard, Studiendirektor, Duisburg: Art. λόγος [lọgos] I 1409.

Fürst, Dieter, Studiendirektor, Stud.-Pfarrer, Bayreuth: Artt. ὁμολογέω [homologẹō] 76; διαλογίζομαι [dialogịzomai] 181; παιδεύω [paidẹuō] 292.

Gärtner, Burkhard, Pfarrer, Hamburg: Artt. ἁπλότης [haplọtæs] 218; πάσχω [pạs·chō] 876; Leiden, Zur Verkündigung 880; ἐπιφάνεια [epiphạneia] 990; εὑρίσκω [heurịskō] 1187; διάκρισις [diạkrisis] 1510.

Geß, Johannes, Propst, Kassel (verst.): Artt. χαρακτήρ [charaktær] 120; ἀμνός [amnọs] 832.

Goetzmann, Jürgen, Pfarrer, Studiendirektor, Essen: Artt. μετάνοια [metạnoia] 72; φρόνησις [phrọnæsis] 534; οἶκος [ọikos] 637; οἰκοδομέω [oikodomẹō] 640; οἰκονομία [oikonomịa] 642; Haus, Zur Verkündigung 643; μέριμνα [mẹrimna] 1179; σύνεσις [sỵnesis] 1294; μωρία [mōrịa] 1373; σοφία [sophịa] 1375.

Graber, Friedrich, Pfarrer, Riehen BS/Schweiz: Artt. πᾶς [pas] 7; πολλοί [pollọi] 8; τυφλός [typhlọs] 130; θεραπεύω [therapẹuō] 548; ἰάομαι [iạomai] 550.

Grob, Rudolf, Pfarrer, Obermeilen ZH/Schweiz: Art. ἅπτω [hạptō] 85.

Günther, Walther, Dr. theol., Pfarrer, Stuttgart: Artt. ἀδελφός [adelphọs] 146; γαμέω [gamẹō] 196; νύμφη [nỵmphæ] 200; Ehe, Zur Verkündigung 201; Frau, Zur Verkündigung 360; σέβομαι [sẹbomai]

395; νικάω *[nikaō]* 773; ἀγαπάω *[agapaō]* 895; φιλέω *[phileō]* 901; Liebe, Zur Verkündigung 903; ὑποκρίνω *[hypokrinō]* 917; λεῖμμα *[leimma]* 1042; ἀδικία *[adikia]* 1192; ἁμαρτία *[hamartia]* 1195; παράβασις *[parabasis]* 1199; Sünde, Zur Verkündigung 1202; πλανάω *[planaō]* 1260; αὐξάνω *[auxanō]* 1339.

Güting, Eberhard, Dr. theol., Cappel b. Marburg: Artt. ὕβρις *[hybris]* 701; ὑπερήφανος *[hyperæphanos]* 702.

Guhrt, Joachim, Pfarrer, Bentheim: Artt. πρόσκομμα *[proskomma]* 24; σκάνδαλον *[skandalon]* 25; ὀρέγομαι *[oregomai]* 68; διαθήκη *[diathækæ]* 157; γίνομαι *[ginomai]* 448; παλιγγενεσία *[palingenesia]* 450; κανών *[kanōn]* 775; κόσμος *[kosmos]* 1381; αἰών *[aiōn]* 1457.

Haarbeck, Hermann, Direktor, Pastor, Schwelm: Artt. πάλαι *[palai]* 10; δόκιμος *[dokimos]* 115; κλαίω *[klaiō]* 799; κόπτω *[koptō]* 800; λυπέω *[lypeō]* 801; καινός *[kainos]* 973; νέος *[neos]* 975; γλῶσσα *[glōssa]* 1407.

Hahn, Hans-Christoph, Pfarrer, Studienleiter, Bad Boll: Artt. εὐνοῦχος *[eunouchos]* 92; περιτέμνω *[peritemnō]* 94; ζῆλος *[zælos]* 210; νῦξ *[nyx]* 336; σκότος *[skotos]* 336; Finsternis, Zur Verkündigung 339; παρρησία *[parræsia]* 369; συνείδησις *[syneidæsis]* 555; Gewissen, Zur Verkündigung 557; Leib, Zur Verkündigung 873; λάμπω *[lampō]* 884; λύχνος *[lychnos]* 886; φαίνω *[phainō]* 887; φῶς *[phōs]* 887; Licht, Zur Verkündigung 891; Nachfolge, Zur Verkündigung 955; καύχημα *[kauchæma]* 1051; σκιά *[skia]* 1067; Schuld, Zur Verkündigung 1097; Taufe, Zur Verkündigung 1213; ἀπόλλυμι *[apollymi]* 1254; ὄλεθρος *[olethros]* 1256; ἔργον *[ergon]* 1386; πράσσω *[prassō]* 1393; καιρός *[kairos]* 1462; χρόνος *[chronos]* 1466; ὥρα *[hōra]* 1471; Zeit, Zur Verkündigung 1474; ὀργή *[orgæ]* 1498.

Harder, Günther, D. theol., Dr. jur., Professor, Berlin: Artt. ὑπόστασις *[hypostasis]* 544; Gestalt, Zur Verkündigung 546; φύσις *[physis]* 963; ψυχή *[psychæ]* 1112; νοῦς *[nous]* 1289.

Hensel, Robert, Dr. theol., Dekan, Bad Bergzabern: Artt. καρπός *[karpos]* 399; ἀνάπαυσις *[anapausis]* 1050.

Heß, Klaus, Pfarrer, Nürnberg: Artt. διακονέω *[diakoneō]* 185; λατρεύω *[latreuō]* 189; λειτουργέω *[leitourgeō]* 190.

Hoffmann, Ernst, Pfarrer, Vevey/Schweiz: Artt. ἐλπίς *[elpis]* 722; ἀποκαραδοκία *[apokaradokia]* 726; ἐπαγγελία *[epangelia]* 1269.

Hofius, Otfried, Dr. theol., Pfarrer, Privatdozent, Eiserfeld/Sieg: Artt. ἀββά *[abba]* 1241; πατήρ *[patær]* 1242; σημεῖον *[sæmeion]* 1447; τέρας *[teras]* 1451.

Jacobs, Paul, Dr. theol., Professor, Münster (verst.): Artt. προγινώσκω *[proginōskō]* 1334; προνοέω *[pronoeō]* 1335; προοράω *[prohoraō]* 1336; προορίζω *[prohorizō]* 1336; προτίθημι *[protithæmi]* 1337; Vorsehung, Zur Verkündigung 1338.

Kamlah, Ehrhard, Dr. theol., Professor, Mainz: Artt. πνεῦμα *[pneuma]* 479; Geist, Zur Verkündigung 487.

Kauder, Erwin, Studienleiter, Pfarrer, Istha ü. Kassel (verst.): Art. ἀντίχριστος *[antichristos]* 29.

Klappert, Bertold, Dr. theol., Pastor, wiss. Assistent, Göttingen: Artt. δεῖπνον *[deipnon]* 667; βασιλεία *[basileia]* 1023; λόγος *[logos]* II + III 1414.

Klöber, Rolf, Pfarrer, Bayreuth: Art. ὀρθός *[orthos]* 1049.

Krienke, Hartmut, Pfarrer, Wuppertal: Artt. λεῖμμα *[leimma]* 1042; προγινώσκω *[proginōskō]* 1334; προνοέω *[pronoeō]* 1335; προοράω *[prohoraō]* 1336; προορίζω *[prohorizō]* 1336; προτίθημι *[protithæmi]* 1337.

Kropatschek, Hans, Lic. theol., Pfarrer, Göttingen: Art. βρῶμα *[brōma]* 731.

Laubach, Fritz, Dr. theol., Direktor, Hamburg: Artt. ἐπιστρέφω *[epistrephō]* 69; μεταμέλομαι *[metamelomai]* 71; αἷμα *[haima]* 131; χείρ *[cheir]* 628.

Link, Hans-Georg, cand. theol., Tübingen: Artt. ἐγώ εἰμι *[egō eimi]* 739; θριαμβεύω *[thriambeuō]* 773; κανών *[kanōn]* 775; λυπεώ *[lypeō]* 801; κέρας *[keras]* 813; Kreuz, Zur Verkündigung 826; κόπος *[kopos]* 836; βίος *[bios]* 838; ζωή *[zōæ]* 839; Leben, Zur Verkündigung 844; κενός *[kenos]* 848; ἀγαπάω *[agapaō]* 895; ψεύδομαι *[pseudomai]* 919; δέχομαι *[dechomai]* 967; καινός *[kainos]* 973; δεῖ *[dei]* 978; ὀφείλω *[opheilō]* 980; ἀπαρχή *[aparchæ]* 994; καθαρός *[katharos]* 1037; αἰδώς *[aidōs]* 1064; αἰσχύνη *[ais·chynæ]* 1065; ἐλέγχω *[elengchō]* 1094; ἀσθένεια *[astheneia]* 1101; νόσος *[nosos]* 1103; ὀμνύω *[omnyō]* 1106; εὐλογία *[eulogia]* 1119; αἰχμάλωτος *[aichmalōtos]* 1139; δέσμιος *[desmios]* 1140; ζυγός *[zygos]* 1145; Sklave, Zur Verkündigung 1146; λίθος *[lithos]* 1183; ζητέω *[zæteō]* 1190; ἀρετή *[aretæ]* 1238; ἀρνέομαι *[arneomai]* 1287; Vernunft, Zur Verkündigung 1299; ἀποκατάστασις *[apokatastasis]* 1302; ἱλάσκομαι *[hilaskomai]* 1304; Versöhnung, Zur Verkündigung 1309; ἀλήθεια *[alætheia]* 1343; Wahrheit, Zur Verkündigung 1352; ἐγγύς *[engys]* 1486; ἔσχατος *[eschatos]* 1488.

Mayer, Reinhold, Dr. theol., Wiss. Rat., Tübingen: Artt. ἑορτή *[heortæ]* 318; Ἰσραήλ *[Israæl]* 742; Israel, Zur Verkündigung 751; γραφή *[graphæ]* 1084.

von Meding, Wichmann, Pastor, Winsen/Aller: Artt. δέω *[deō]* 123; ἱκανός *[hikanos]* 500; ναός *[naos]* 1217.

Merkel, Friedemann, Dr. theol., Professor, Münster: Artt. ἄρτος *[artos]* 143; μάννα *[manna]* 145; φθείρω *[phtheirō]* 1257.

Michel, Otto, D. theol., Professor, Tübingen: Artt. πίστις [pistis] 565; Glaube, Zur Verkündigung 575; παῖς θεοῦ [pais theou] 1150; υἱὸς τοῦ ἀνθρώπου [hyios tou anthrōpou] 1153; υἱὸς τοῦ θεοῦ [hyios tou theou] 1166; υἱὸς Δαυίδ [hyios David] 1175.

Morgenthaler, Robert, Dr. theol., Professor, Muri b. Bern: Artt. γῆ [gæ] 238; γενεά [genea] 517; ἀνάγκη [anangkæ] 977.

Müller, Dietrich, Pfarrer, Herborn: Artt. ἀρχή [archæ] I 15; ἀποστέλλω [apostellō] III 32; δοκέω [dokeō] 182; Fest, Zur Verkündigung 330; Fluchen, Zur Verkündigung 352; θεραπεύω [therapeuō] 548; ἰάομαι [iaomai] 550; ὑγιής [hygiæs] 553; ὑψόω [hypsoō] 706; μαθητής [mathætæs] 947; κλείς [kleis] 983; Φαρισαῖος [Pharisaios] 1001; χρίω [chriō] 1055; Schwören, Zur Verkündigung 1109; ἀγγέλλω [angellō] 1274; πλεονάζω [pleonazō] 1341; βούλομαι [boulomai] 1396; θέλω [thelō] 1399.

Müller, Heinrich, Dr. theol., Pfarrer, Bleicherode: Art. τύπος [typos] 1331.

Müller, Hermann, Dr. phil., Pfarrer, Hilchenbach: Artt. ταράσσω [tarassō] 276; ἔκτρωμα [ektrōma] 449.

Mundle, Wilhelm, Lic. theol., Professor, Marburg/Lahn: Artt. εἴδωλον [eidōlon] 118; ἐπιούσιος [epiousios] 144; ἔκστασις [ekstasis] 220; μέρος [meros] 237; λύω [lyō] 258; λύτρον [lytron] 260; πέτρα [petra] 312; κακολογέω [kakologeō] 350; καταράομαι [kataraomai] 350; εὐλάβεια [eulabeia] 394; φόβος [phobos] 416; παραγγέλλω [parangellō] 441; καρτερέω [kartereō] 461; μαραναθά [maranatha] 469; ἀκούω [akouō] 716; ὑπακούω [hypakouō] 721; ἔρχομαι [erchomai] 803; καταντάω [katantaō] 807; βάρος [baros] 835; ἀποκαλύπτω [apokalyptō] 985; δηλόω [dæloō] 989; βάσανος [basanos] 999; κολαφίζω [kolaphizō] 1000; καταλαλέω [katalaleō] 1072; γωνία [gōnia] 1182; θαρρέω [tharreō] 1235; καλύπτω [kalyptō] 1247; θαῦμα [thauma] 1444.

Munzer, Karlfried, Pfarrer, Gauting: Artt. παρίστημι [parhistæmi] 109; μένω [menō] 127; κεφαλή [kephalæ] 634.

Nordholt, Gerhard, Dr. theol., Landessuperintendent, Leer: Art. αἱρέομαι [haireomai] 282.

Pelsker, Carl Heinz, Dr. theol., Studienleiter, drs., Mülheim/Ruhr: Artt. παραβολή [parabolæ] 584; παροιμία [paroimia] 588; ἐγκόπτω [engkoptō] 695; κωλύω [kōlyō] 696; ἀνοίγω [anoigō] 982; προφήτης [prophætæs] 1016.

Reißer, Horst, Pfarrer, Ilten: Artt. μοιχεύω [moicheuō] 199; πορνεύω [porneuō] 1506.

Rengstorf, Karl Heinrich, D. theol., Dr. theol., D. D., Professor, Münster: Artt. Ἰησοῦς [Jæsous] 757; Ναζαρηνός [Nazarænos] 759; Χριστός [Christos] 760; Χριστιανός [Christianos] 767.

Ringwald, Karl Heinrich, Oberstudienrat, Pfarrer, Tübingen: Artt. γεννάω [gennaō] 444; ἀγών [agōn] 769; βραβεῖον [brabeion] 772; ἀρετή [aretæ] 1238.

Rothenberg, Friedrich Samuel, Pfarrer, Korbach: Artt. νηστεύω [næsteuō] 306; Fasten, Zur Verkündigung 308; διασπορά [diaspora] 372.

Schaller, Bernd, Dr. theol., Göttingen: Art. πάσχα [pas·cha] 324.

Schattenmann, Johannes, D. theol., Kirchenrat, Ottobrunn: Artt. μαίνομαι [mainomai] 222; κοινωνία [koinōnia] 495; κέρας [keras] 813; καθαρός [katharos] 1037.

Schippers, Reinier, Dr. theol., Professor, Amsterdam: Artt. ἡλικία [hælikia] 11; θλῖψις [thlipsis] 61; πληρόω [plæroō] 407; ἄρτιος [artios] 1048; σφραγίς [sphragis] 1135; τέλος [telos] 1491.

Schmidt, Peter, Pfarrer, Frankenthal: Artt. προχειρίζω [procheirizō] 110; χωρέω [chōreō] 413.

Schmithals, Walter, Dr. theol., Professor, Berlin: Art. θάνατος [thanatos] 1222.

Schmitz, Ernst Dieter, Pfarrer, Wuppertal: Artt. ὁμοθυμαδόν [homothymadon] 219; γινώσκω [ginōskō] 243; ἀριθμός [arithmos] 1452.

Schneider, Johannes, D. theol., Dr. theol., Professor, Berlin: Artt. ῥύομαι [rhyomai] 263; σῴζω [sōzō] 264; θεός [theos] 598.

Schneider, Walter, Pfarrer, Hannover: Artt. κρίμα [krima] 509; Gericht, Zur Verkündigung 514; μέλλω [mellō] 808; πειρασμός [peirasmos] 1314.

Schönweiß, Hans, Dr. theol., Pfarrer, Stuttgart: Artt. ἐπιθυμία [epithymia] 64; βέβαιος [bebaios] 326; αἰτέω [aiteō] 421; γονυπετέω [gonypeteō] 424; δέομαι [deomai] 425; προσεύχομαι [proseuchomai] 426; προσκυνέω [proskyneō] 430; Gebet, Zur Verkündigung 431; θυμός [thymos] 1497.

Schütz, Eduard, Dr. theol., Dozent, Hamburg: Artt. αἴσθησις [aisthæsis] 242; ἀγνοέω [agnoeō] 254.

Schütz, Hans-Georg, Dr. theol., Pfarrer, Dortmund: Artt. τηρέω [tæreō] 112; φυλάσσω [phylassō] 114; ἐπιτίθημι [epitithæmi] 629; μέλος [melos] 867.

Schultz, Helmut, Pfarrer, Marburg/Lahn: Artt. αἰνέω [aineō] 171; Ἰερουσαλήμ [Jerousalæm] 753.

Seebaß, Horst, Dr. theol., Professor, Gimbte b. Münster: Artt. Ἀβραάμ [Abraam] 1; Ἀδάμ [Adam] 4; κολλάομαι [kollaomai] 22; Βαβυλών [Babylōn] 50; μισέω [miseō] 310; σάρξ [sarx] 342; δικαιοσύνη [dikaiosynæ] 502; Gott, Zur Verkündigung 608; ἅγιος [hagios] 646; ἱερός [hieros] 651; ὅσιος [hosios] 654; Μωϋσῆς [Mō·ysæs] 942.

Seitz, Manfred, Dr. theol., Professor, Heidelberg: Artt. ἐρευνάω [ereunaō] 241; κόπος [kopos] 836.

Selter, Friedel, Pfarrer, Rheinkamp-Repelen: Artt: ἕτερος [heteros] 14; μαμωνᾶς [mamōnas] 100; πλοῦτος [ploutos] 101; χρῆμα [chræma] 104; νουθετέω [noutheteō] 273; ζώννυμι [zōnnymi] 317; πλεονεξία [pleonexia] 489.

Siede, Burghard, Pfarrer, Coburg: Artt. ἀρκέω [arkeō] 499; ἀναβαίνω [anabainō] 684; ξύλον [xylon] 816; κέρδος [kerdos] 911; λαμβάνω [lambanō] 969.

Solle, Siegfried, Pfarrer, Darmstadt: Artt. ἕτοιμος [hetoimos] 314; καῦμα [kauma] 331; χήρα [chæra] 358.

Sorg, Theo, Pfarrer, Stuttgart: Artt. ῥακά [rhaka] 351; καρδία [kardia] 680.

Thiele, Friedrich, Dr. theol., Landespfarrer, Kassel: Artt. κατασκευάζω [kataskeuazō] 316; μέγας [megas] 617; μικρός [mikros] 619; θύω [thyō] 995; αἰτία [aitia] 1092; ἔνοχος [enochos] 1096; ποιέω [poieō] 1391.

Tiedtke, Erich, Pfarrer, Frankfurt a. M.: Artt. πρόσωπον [prosōpon] 20; ἁρπάζω [harpazō] 230; γεύομαι [geuomai] 732; κενός [kenos] 848; μάταιος [mataios] 849; δεῖ [dei] 978; ὀφείλω [opheilō] 980; ἄξιος [axios] 1047; αἰδώς [aidōs] 1064; λίθος [lithos] 1183; ἀρνέομαι [arneomai] 1287.

Tuente, Rudolf, Pfarrer, Bremerhaven: Artt. πρόβατον [probaton] 833; αἰχμάλωτος [aichmalōtos] 1139; δοῦλος [doulos] 1141.

Vorländer, Herwart, Dr. phil., Professor, Ludwigsburg: Artt: γυνή [gynæ] 354; δῶρον [dōron] 419; ἀνήρ [anær] 935; ἄνθρωπος [anthrōpos] 936; ἀφίημι [aphiæmi] 1263; καταλλάσσω [katallassō] 1307.

Währisch, Hans, Pfarrer, Rheydt: Artt. βλασφημέω [blasphæmeō] 1070; λοιδορέω [loidoreō] 1072; ἀνέγκλητος [anengklætos] 1237.

Wegenast, Klaus, Dr. theol., Professor, Lüneburg: Artt. διδάσκω [didaskō] 852; κατηχέω [katæcheō] 861; παραδίδωμι [paradidōmi] 861; Lehre, Zur Verkündigung 864.

Weigelt, Horst, Dr. theol., Privatdozent, Erlangen: Artt. γυμνός [gymnos] 79; δύω [dyō] 81; ἱμάτιον [himation] 83; φιλοσοφία [philosophia] 1379.

Wibbing, Siegfried, Dr. theol., Professor, Mainz: Artt. κοιλία [koilia] 59; καθίστημι [kathistæmi] 107; Bestimmen, Zur Verkündigung 111; σῶμα [sōma] 869; σωφροσύνη [sōphrosynæ] 1509.

REGISTER DER DEUTSCHEN WÖRTER

über die ausführlicher gehandelt ist. Klammerangaben verweisen auf Erwähnungen oder Vergleiche in anderem Zusammenhang.

Bearbeitet von Günter Finkenrath

A

Abba (428), (470), 1241f
Abbild 120, 580ff, 1331f
Abdruck, Abglanz 121
Abendmahl (173), (470), 667ff
Aberglaube, abergläubisch 168
Abfall, abfallen 301ff
Abgrund 710
abirren 1199ff
ablassen 302
Abraham 1ff, (1198)
Abschaum 1037f
absondern 107ff
absterben, Absterben 1232ff
abwaschen 1211f
abwenden, sich 69ff
achten auf 123
Adam 4ff, (447), (1198)
Adoption 781f
ähnlich, -sein, Ähnlichkeit 580f
älter, älter sein 1003ff
Ältestenrat, Ältestenwürde 1003ff
Ältester 1003ff
Äon 1457, 1459ff
ärgern, Ärgernis 24ff
alle 7f
allegorisch reden 584f
allein 217
Allmächtiger, Allherrscher 814f
Almosen 52ff
alt 10f, (15f), 18
Altar 995f
Alter 11f
Amen 12f, (470)
Amt 185ff, 208, 642f
anbeten (421), 424, 430
Anbeter, Anbetung 430f
anderer, anders 14f, (149)
anerkennen 115f, 243, 245ff
Anerkenntnis 248f, 251
Anerkennung 207f
anfangen, Anfang 15ff, (278f), (545), (1495)
Anfangsgründe 531f
Anfechtung 1314f
Anführer (15f), 19
Angeld (162), 418, (487), (494)
angemessen 1046ff
angenehm 967, 969, 1403
angesehen 116, 204, 207
Angesicht 20f
Angst 60, 416, 770
anhangen, anhaften 22f
anklagen, Anklage, Ankläger 23f
ankündigen, Ankündigung 1019, 1021, 1269f
Ankunft, Anwesenheit (467), 470f
Annahme, annehmen 967ff
anordnen, Anordnung 159, 434, 439, 441f
anrechnen 183f
anrufen 86f, 91
Anschein, den — haben 182
anschließen, sich 22f
Ansehen 204f
(ohne) — der Person 20f
Anstoß, — nehmen 24ff, (438)
Anstrengung (769), 770
Anteil 232ff
— haben, erhalten 969ff
Antichrist 29f
anwesend sein 470f
anzeigen 1274, 1276
anziehen, anlegen 81f
Apostel 31ff
Apostolat 33ff
Arbeit, arbeiten, Arbeiter (835), 836f, 1386ff
arglos 137f
arm, Armut, arm sein 38ff
Art 518f, 539
Arzt (548), 550f
atmen, Atem 479ff
aufbewahren 113
aufdecken 1247f
Auferstehung, auferstehen 43ff
Auferweckung, auferwecken 46ff
auffüllen 407, 412
aufhängen 817ff
auflauern 113f
auflösen 258ff
Aufnahme, aufnehmen (403), 413, 726f, 967ff
aufrecht 1046, 1049
aufrichtig, Aufrichtigkeit 218
Aufsicht, zur — bestellen 124
Auge 1127ff
Augenblick 1462f, 1472
ausbitten, sich — 421, 424
Ausdauer, ausdauern 460f
auserwählen, auserwählt 285, 288f
ausfegen 1037
Ausgang 1358f, 1361
Ausgießen (133)
aushalten 460, 465
ausharren (129), 463f
aushauchen 479, 482
Ausländer, ausländisch 371f
ausliefern 513f
ausrufen 1276ff
ausruhen 1050f
Aussehen 542
aussenden 31f
außer sich geraten 220
Ausspruch 1434ff
ausstoßen, austreiben 169
auswählen 107ff
auswandern 1317f
ausziehen 81f
Auszug 1358f, 1361

B

Babylon 50ff
Bad 1211f
barmherzig, Barmherzigkeit 52ff
Bau, bauen, erbauen 640ff
Bauch 59
bedrängen, Bedrängnis 60ff, (464f)
bedrücken 61f
bedürfen 425f
Beelzebub 1057f, 1060
Befehl, befehlen 435, 441
befolgen, Befolgung 112ff
befreien 258, 260ff, 362ff
begegnen, Begegnung 807f
begehren, Begierde 64ff
begleiten 945
begnaden 590, 595
Begriff, im — sein zu tun 808f
beharren, Beharrlichkeit 129, 461, 464
beherrschen (659), 665
Behörde 15ff, 927
behüten 113ff
Beisasse 376f
Bekehrung, sich bekehren 69ff, 72ff
bekennen, Bekenntnis 76ff
bekräftigen 326f
belehren 1375
beleidigen 701f
bemitleidenswert 52f, 55
beobachten, Beobachtung 112ff
bereit 314ff
bereiten, sich — 315f, 1048
Bereitschaft, Bereitsein 314ff
bereuen (69), 71f
berühren 85f
berufen, Berufung 86ff
beschimpfen, Beschimpfung 1072ff
beschirmen 263
beschließen 182

beschneiden, Beschneidung (92), 94ff
Beschuldigung 1092f
beschweren 835f
beschwören 1106ff
besessen (166), 169
besichtigen 123f
besingen 907f, 910
Besitz (99), 104f, (494)
besonnen, besonnen sein 1509f
Besonnenheit 1509f
besprengen, Besprengung (131), 135
bestätigen, Bestätigung 326f
bestimmen 107f, 110f
besuchen 123f
beten (421), 426ff
beurteilen 509
bewachen 112f
bewährt, Bewährung 115ff
bewahren 112ff, (258), 263ff
Bewußtsein, (sich) bewußt sein 555f
bezeugen 1478ff
Bild (117f), 120ff
bilden, Bildung 292ff
Billigkeit 577f
binden 123, (259), 1140f
Bischof, Bischofsamt 123ff
Bitte, bitten 274f, 421ff, 425ff
Bittgebet (421), 426, 429
bleiben 127ff
blind 130f
bloß, Blöße 79f
Blut 131ff
böse 137ff
Böses zufügen 137
Bosheit 139ff
Bote 226ff, 1276ff
Botschaft 1273ff
Bräutigam, Braut 200f
Brand 331
Brauch 520
Brief (151), 154f
Brot 142ff, (322)
Brotbrechen (667), 670
Bruder 146ff
falscher – (146), 149
Bruderliebe, -schaft, brüderlich (146), 148, 898f
Buch, Buchrolle 151f
Buchstabe 1084, 1090
Bürge (157), 161ff
Bürger, Bürgerrecht 1326ff
Bund 157ff, (279)
Buße, – tun 72ff

C
Christ 767f
Christus (757), 760ff

D
Dämon 166ff, (480), (482), (493)
dahingeben 513f
danebenfallen 303
Dank, Dankesgabe 590, 592, 594
dankbar sein, danken 172
Danksagung, Dankgebet (171), 172f
darbringen 995f
Decke 1247f
Demut (173), 176ff
denken, Denken 181, 183f, 534f
Diaspora 372
dienen 185ff, 189ff, 1141ff
Diener, Dienerschaft 185ff, 190, 548
Dienst 185ff, 190ff
Dirne 199, 1506ff
Dogma 433f
Drache 194
Drangsal 61ff
Duft 516
Dummkopf 351
dunkel, Dunkelheit 336ff
Durst, dürsten 728ff

E
Ebenbild 120f
Eckstein (289), 1181ff
Ehe 196ff
Ehebrecher, Ehebrecherin 199f
Ehebruch (196f), 199f, (1508)
Ehescheidung 197, 200
ehrbar, Ehrbarkeit (395), 398
Ehre 204ff
ehren, Ehre geben 205, 207
Ehrenplatz 278f
Ehrfurcht, – haben 394, 1064f
Eid 1106ff
Eifer, Eiferer, eifern 210ff
Eifersucht 210f
eifrig, eifrig sein 212
Eigentum (99ff), 100f
eilen 1365
ein für allemal 213
einer (213), 214ff
einfältig, Einfalt 218f, 917ff
eingegeben, von Gott – 479, 483
einhalten, Einhaltung 112ff
einladen, Einladung 86f, 88
einmal, auf einmal 213
einmütig 219f
einsam 1440
einsehen 1294
einsetzen 107f, 110f
Einsicht, einsichtig 242f, 1294f
eintauchen 1205f
einweihen 476
einzig (213), 217
Einziggezeugte, der 217f
eitel 849ff
Ekstase (220), 223
Elemente (520), 531f
Elias 224f, (230)
Ende (526), 1491ff
Engel 226ff
engelgleich 226, 228
Engelmächte 17f
entäußern, sich – (231), (541), 849
entfernen, sich – 302
entflammt werden 334
entfremden 371f
enthaltsam, Enthaltsamkeit 1504f, 1509
enthüllen, Enthüllung 985ff, 1247f
entkleiden 81
entmannen 92f
entrücken 230f
entschlafen 1231
Entsetzen 220f
entsprechen 531
entstehen, Entstehung 448f
Erbarmen, sich erbarmen 52ff, 55ff
erbarmungslos 52f, 55
Erbe, Erbteil 232ff
erbitten, sich – 421f
Erde, Erdreich 238ff
Enden der – 239
Erdkreis 240
Erfahrung 241ff
erforschen 241
erfüllen, Erfüllung 112ff, (402), 407ff, (504), 1494f
ergänzen 407, 412
ergreifen 969ff
erheben, sich – 706ff
Erhöhung, erhöhen 705ff
erhören (716), 720
(sich) erinnern, Erinnerung 454f, 457, 459
erkennen 243ff, 1289ff
Erkenntnis 241ff, 1289ff
Erlaß 433f
erleuchten 887ff
erlösen, Erlösung (258), 260ff
Erlöser 260f
ermahnen, Ermahnung 272ff
erneuern 973ff
erniedrigen, Erniedrigung 176ff
erprobt, Erprobung 115f
erregen, Erregung 276f
erretten (258), 263f
errichten (314), 316
Erscheinung, erscheinen 118, 539f, 542, 990ff
erschrecken 1444ff
Erster 278ff
Erstgeborener 278, 280ff
ersticken, erstickt (131), 136
Erstlingsgabe (17), 994
erstreben 60
ertragen (459), 460, (465)
erwählen (245), (249), 282f, 285f
Erwählung (282), 285ff
erwähnen 454ff
erwecken, Erweckung 46ff
erwerben, Erwerbung 100f
Erzengel 226ff
erzeugen 452f
Erzhirte (697), 700
erziehen, Erziehung, Erzieher 292ff
essen (728), 733f

Eunuch 92f
Evangelist (295), 301
Evangelium 295ff
ewig, Ewigkeit 1457ff

F
Fall, fallen (301), 303ff
fasten, Fasten 306ff, (322)
fehlen 1044, 1046
fehlerlos 1237f
Fehlgeburt 449
Fehltritt 1201f
Feind, Feindschaft 308ff
Fels 312ff, (329)
fern 1486f
fertig 314f
(sich) – machen 316
Fessel, fesseln (1139), 1140
Fest, Feier 318ff
fest 326ff
festhalten 113, 127, 461
festsetzen 107f
Feuer, Feuersglut 331ff
feuerrot, feurig 332, 334
finden 1187ff
finster, Finsternis 335ff, (1069)
Fleisch 342ff, (485ff)
– und Blut 132f, 344
im –, nach dem – 342, 345, (366)
fleischlich (342), 346
Fluch, fluchen 348f, 350ff
Fluß (1366), 1368f
Folter, Folterknecht 999
fordern 421ff
forschen 1190f
fragen 421ff
Frau 353ff
frei, Freiheit 362ff
freigeben 258f
Freigelassener 362
Freimütigkeit, freimütig reden 369f
fremd, fremdartig 370ff
Fremdling, Fremdlingschaft 376f, 1317f
Freude 379ff
vollkommene – 385, 412
Freudenbote, Freudenbotschaft 295ff
freuen, sich – 382
Freund, Freundschaft (895), 901ff
freundlich, Freundlichkeit 174, 625f
Friede 388ff
-n haben, schaffen 388, 391
Friedensstifter (388), 391
friedlich 388
Frist 460f
fröhlich sein 382
Frömmigkeit 394ff
froh machen, – sein 381ff
fromm (189), 190, 395ff
Frucht 399ff
– tragen, bringen 399f
führen, Führer 1358ff
Fülle, füllen (402), 403, 405ff
fürchten, sich – 416
Fürsorge 1335f
Fürsprecher 414f
Fürst 15f, 19
– dieser Welt 19, 1058f
Fundament 328ff
Furcht 394f, 416f
– und Zittern 416
furchteinflößend 416f
fußfällig verehren 430f

G
Gabe (418), 419ff
ganz, Ganzheit 7f, 1494f
Gastfreundschaft, gastfreundlich (371), 373ff
gebären, geboren werden (444), 445ff, 452ff
geben (418), 419ff
Geber (421)
Gebet 421ff, 426ff, 431ff
Gebiet, Gegend 237
Gebot (115), (433), 435ff, 442f
Geburt 444ff, 448f, (498)
Gedächtnis 454f, 458f
Gedanke 181, 183, 1289ff
sich -n machen 181
Gedenken, gedenken 454ff
Geduld (459), 460, 462ff
Geduld haben, geduldig sein 462f
Gefängnis 1140f
Gefängniswärter 1140
gefallen, Gefallen haben 1403f
Gefangener 1140f
gefangennehmen, Gefangenschaft 1139ff
Gegenbild, gegenbildlich 584f, 1331, 1333
Gegenwart (467), 470f
Gegner 309f
Geheimnis (160), 476ff
gehen, heraus-, hindurch-, umher-, voraus-, vorüber-, weg- 803ff, (1356), 1363ff
gehorchen, Gehorsam 560ff, (716f), 721
Geist (166), (168), 479ff
böse -er 166ff
heiliger – (480), 482f
geistlich 479, 485f
Geiz 489ff
gekommen sein 470f
gelangen 807
Gelegenheit, Gelegenheit haben 1462
Geld 104
Geldgier 489, 491
geloben, Gelübde 426
Gemeinde 784ff
Gemeindeleiter 278f
gemein, gemeinnützig, gemeinsam 495
Gemeinschaft (491ff), 495ff
Gemeinwesen 1326, 1328
Generation 517ff
Genosse (147), 495, 498
Genüge, – haben 500
genügen, sich – lassen, Genügsamkeit 499f
genügend, genügsam 499
genug (499), 500f
genußsüchtig 66f
gerade 1046, 1049
Gerechtigkeit, gerecht 502ff
Gericht 509ff
gering, wenig 619f
gern haben, – tun 901ff
Geruch 516f
Gesandter, Gesandtschaft 1003f, 1007
Gesang 909f
Geschenk (418), 419
Geschlecht 517f, 1242, 1246
Geschöpf 1075ff
Geschwätz 849, 851
Gesetz (437f), 520ff
gesetzeskundig 521
Gesetzeslehrer (521), 525, 527
Gesetzgeber, Gesetzgebung (521), 526, 530
gesetzlos, Gesetzlosigkeit 521f, 526ff
Gesicht 1127ff
gesinnt sein, Gesinnung 534ff, 1289ff
Gestalt 11f, 538ff
gesund, – sein, machen (267), (548), 553f
getrost sein 1235f
Gewalt, – anwenden 810f
Gewalttäter, Gewalttätiger 701f, 810f
Gewand (79), 83
geweiht 651ff
Gewinn, gewinnen, für einen Gewinn halten 231, 911f
Gewinnsüchtiger 489f
gewiß 326ff
Gewissen 555ff
Gewohnheit 520f
Glanz, glänzend 884ff
Glaube (506ff), (539), (545f), (554), (560), 565ff, (1299)
glauben 560, 563, 565ff
gleich, Gleichheit 577ff
– machen, werden 580ff
gleichartig, gleichgeartet, Gleichartigkeit 580ff
gleichen, vergleichen 580f, 583
gleichgesinnt 577f
gleichgestalten, gleichgestaltig 540, 542
Gleichnis 583ff, (1069)
gleichwertig 577f
Glied 867ff
glücklich, – preisen 1133ff
glühen, Glut 331f
Gnade 590ff
Gnadengabe 590, 593ff

Gnadenwahl 289, 290f
gnädig, – sein, – stimmen 1304ff
Gnosis, Gnostiker 243ff
Götzen, Götzendienst 118ff
Gott, göttlich (579), 598ff
Gott liebend 67
Gottesdienst 189f
gottesfürchtig, Gottesfurcht
168, 394ff, 416f, 612ff
Gotteshaus 1217ff
Gottesknecht 1149ff
Gottessohnschaft 781ff, 1166ff
Gottesverehrung 394ff
Gottgleichheit (577), 579, 582
gottlos, Gottlosigkeit 395f
Grieche, Griechin 614ff
Griechenland, griechisch 614ff
groß, Großtaten 617ff
gründen, gegründet
(326), 328f, 1074f
grüßen, Gruß 1119f, 1124f
Grund 1092f
Grundlage 328, 330, 544
grundlegen, Grundlegung
(290), 1073ff
Gruppe 282f
Gürtel, gürten 317f
Güte, gütig, Gütigkeit 174f, 625f
sich – erweisen 625f
Gunst 590ff
gut, – handeln, Gutes tun 621ff

H
haben, Haben 491ff
Habgier (119), 489f
Häretiker, häretisch 282ff
Häßlichkeit 1065f
halsstarrig 631, 633
halten 112f
Hand 627ff
Handauflegung, die Hände
auflegen (627), 629f
Handeln, gutes – 1391, 1393
hart, Härte 631ff
hassen, Haß 308ff
Haufe 1325f
Haupt 634ff
Haus, Hausbau (329f), 636ff
Hausgenosse 637, 640
Hausherr 658f
Hebräer, hebräisch (742), 745
Heide, heidnisch 95ff, 1318ff
heil, heilen, Heilung 548ff
Heil 264ff
Heiland (240), (258), (264), 268ff
heilig, heiligen 395f, 645ff, 651ff,
654f, (1036)
heiligen Dienst verrichten 651ff
Heiligkeit 646ff, 654f
Heiligtum 646, 650, 653, 1219
Heilsplan 643
heimsuchen, Heimsuchung 123ff
heiraten, Hochzeit 196ff
heißen 88f, 91
helfen, Hilfe 264
Helfer 414f
Hellenist 614f
herausfallen 303f
Herde 697ff
Herold (1274), 1276ff
Herr, Herrin (470), 658ff
zum -n gehörend (659), 664f
Herrenmahl (173), 667ff
Herrentag (323)
herrlich, Herrlichkeit 204ff, 617f
herrschen, Herrscher, Herrschaft
(15f), 18f, 659ff, 1023ff
hervorbringen 452f
Herz 56f, (59), 680ff
Herzenshärte 631, 633, (680), 683
Herzenskenner, -kundiger
(680), 683
heucheln, Heuchelei, Heuchler 917f
heute (1457), 1462
Himmel, himmlisch
(239), (683), 686ff
vom – her (686), 689f
Himmelreich 1026f, 1029
hinabsteigen 684f
hinaufgehen, hinaufsteigen 684f
hindern, Hinderung, Hindernis
24f, 695ff
hinfallen 303f
hinstellen 43f, 107, 109f, (111)
hinten, hinterher (945), 954
hinüberwechseln 684f
hinwegreißen 230
Hirte 697ff
Hitze 331f
hoch, Höhe (703), 705ff
Hochmut, hochmütig 701ff
Hochzeit 196f
Hölle (710), 712f, 714f
hören, Gehör 716ff
Hoffnung, hoffen 722ff
Hoherpriester, Oberpriester
651ff, 655, 1010ff
Holz 816f
Horn (810), 813f
Hülle 1247f
Hunger, hungern 728ff
Hurerei 1506ff

I
ich, ich bin 739ff
identifizieren 542f
in acht nehmen, sich – 114
innewohnen 637, 640
irdisch 238f
irreführen, irren 1260ff
irre werden lassen 25ff
Irrtum 254
Israel, Israelit (160), (478), 742ff

J
jeder 7f
Jerusalem 753ff
Jesus 757ff
jetzt 1462f
Joch (1139), 1145f
Jubel, jubeln 379ff
Juden, jüdisch (95f), 742ff
Jünger (945), 947ff
jung, Jugend 975f
Jungfrau, Jungfrauschaft
(353), 357f

K
Kampf, kämpfen 769ff
Kampfpreis (769), 772
Kelch 734ff
kennen 243, 247f, 251f
keusch, Keuschheit 1036
Kind 776ff, 780f, (1149)
Kirche 784ff
Klage, klagen 799ff
klein (617), 619f
Klugheit (534), 538
Knecht, Knechtschaft (148), 187f,
(776), 778, 1141ff
Knechtsgestalt 541
Knie, die – beugen 424
kniefällig verehren 424
König, – sein, Königin, königlich
1023ff
Königsherrschaft, -reich, -tum
1023ff
können 922f
kommen, hinein-, hinzu-,
zusammen-, heran-, da sein 803ff
kostbar 207f
Kraft, kräftig sein (810), 811f, 814ff
kraftlos werden 258f
krank, – sein, Krankheit 1101ff
Kreuz, kreuzigen (816), 817ff
Kriegsgefangener, -schaft 1139
, 1139
Kuß, küssen 901ff

L
lästern, Lästerung 1069ff
Laie 831
Lamm 831ff
Lampe, Leuchter (884), 886
Land (233), 238ff
Langmut, langmütig (459), 462f
lassen, ver-, zurück- 1042, 1044
laufen 1365f
Leben, leben, – schaffen 837ff,
1112ff
Lebensführung, -wandel
1356f, 1361
leer, – machen 847ff
Lehre (852), 859f
lehren 852ff
Lehrer 292, (852), 857f, 861
Lehrsatz 433f
Leib, Körper (867), 869ff, (1112ff)
Leichnam 303, 305
Leid, leiden (799), 801ff, 876ff
leidensfähig 876, 879
leiten, Leitung 1003, 1008

lernen (945), 947ff
lesen, Lesung (151), 153
leuchten, Leuchte 884ff
letzter 1488ff
Licht (336ff), (884), 887ff
Liebe, lieben, geliebt 56f,
(148), 895ff, 901ff
Lied (906), 907f, 910
Lob, loben 171f
Loblied, lobsingen 908ff
Lobpreis 1119f, 1123f
Lösegeld 260ff
lösen 258f
Lohn, Belohnung, Entlohner
(911), 912ff
Lohnknecht 912f
Los 232ff
losbitten, sich – 421, 424
loslassen 1263, 1265
Lüge, lügen, belügen (917), 919ff,
(1108), (1352)
Lügner, lügnerisch 919ff
Luft 166
Lust 66ff

M
Macht, mächtig, sich bemächtigen
(17f), (810), 814f, 922ff
Machttat 923f
Majestät 617f
makellos 1237
Mammon (99), 100, (119)
Mangel, – haben (412), 1044, 1046
Mann, männlich sein 935f
Manna (142), 145
Maß, über alle -en 403f
Maßstab 775
Meer 1366ff
Meineid, meineidig 1106ff
meinen, Meinung 182, 204f
melden 1274, 1276
Menge (403), 405f
Mensch, menschlich (935),
936ff, (1080)
Menschensohn (1150), 1153ff
Messias (321f), (324), 760ff
mieten 912f
Milch 731
milde, Milde 174f
mildtätig (56), 58
Missetäter (137), 139
Mißhandlung, mißhandeln 701f
Mitarbeiter, Mitgenosse 491,
495f, 498, 1386, 1390
mitbezeugen 1478f, 1481
Miterbe (232), 234f
mitfolgen 945f
mitherrschen 1023f
Mitleid 55f
– haben, mitleiden 52ff, 55ff,
876, 879
Mitmensch (147), 149
mittätig sein 1386, 1390
Mittler (157), 162ff
mitverherrlichen (204), 206
mitwissen 555f
Morgenstern 887, 890f
Mose 942ff
Mühe, sich mühen (835), 836f
Mündigkeit 11f
müssen, es muß (977), 978f
Mutter (353), 355f

N
nachahmen, Nachahmer (945), 953f
Nachbar 149, (371), 376
nacheilen 60
nachfolgen 945ff
nachforschen 241
nachlässig werden 137f
Nachrede, üble – 1072
Nacht 335f, 339f
Nächster (146f), 149f
nackt, Nacktheit 79f
nahe, – kommen, sich nähern 1486ff
Name, nennen 958ff
Narr 351
Natur, natürlich 963ff
Nazarener (757), 759f
nehmen (967), 969ff
neu, Neuheit 972ff
– machen 973, 978
Nichtigkeit, nichtig, eitel
(847), 849ff
nicht wissen, Nichtwissen 254f
niedrig, Niedrigkeit 176ff
Norm 521f
notwendig 977f
nüchtern 306
nun (565), 1462f

O
oben, von – (447), (684), 685
Oberer (15f), 19
Oberpriester 651ff, 655, 1010ff
Obrigkeit 927
öde 1440
öffnen, Öffnen 982f
Ökonomie (478)
Ökumene (238), 239f
Offenbarung, offenbaren, offenbar
(245f), (251ff), 985ff, (1017),
(1020)
Offenheit, offen reden 369f
Opfer, opfern, Opfergabe
419f, 651ff, (993), 995ff
Opferfleisch (118f)
Orakel 1016f
ordnen, Ordnung 1048f, 1381ff
Ort 237, (286)

P
Paradies 997f
Paraklet 414f, (505)
Partei 282ff
parteiisch, Parteilichkeit 20f
Parusie 470ff, (479), (507)
Passa, -lamm 324ff
Pfahl, pfählen 817ff, 1000
Pharisäer 1001ff
Philosoph, Philosophie
(1373), 1379f
Plage 1000
Prädestination 290f
Prägung 120f
Prahlerei, prahlerisch 702f, 848
Preis 207, 209
preisen 76ff, 171, 617, 1119f, 1123f
Presbyter 1003ff
Priester, Priestertum,
Priesterdienst 191, 651ff, 1010ff
Probe 1314
profan, profanieren 495f
Prophet, Prophetin 1016ff
falscher – 1016, 1020, 1022
Prophetie, prophetisch 1016ff
Prophetengabe, -wort 1016, 1020f
Proselyt 612ff
Prostitution 1506ff
prüfen, Prüfung 115, 1314f
Psalm (906), 908ff
Pseudochristus 29f

Q
Qual, quälen 999f
Quelle (1366), 1368f

R
Rache, rächen 1185ff
Rächer 1185, 1187
Rätsel, -rede 584f, 588f
rasen 222
Ratschluß 1396ff
Raub, rauben 230f
Raum geben (403), 413
rechnen 183f
Recht, – verschaffen (523), 1185ff
rechtfertigen, Rechtfertigung
502, 504, 506f
rechts, Rechte 627f
rechtskräftig, Rechtskräftigkeit
326ff
Rechtssatzung 502ff, 508
rechtzeitig 1471
Rede, reden 1409f, 1425
Regel 775f
sich an eine – halten 531
reich, Reichtum, reich sein 101ff
Reich, – Gottes 1029ff
rein, Reinheit 1036ff
reinigen, Reinigung 1036ff
reißen, an sich – 230
religiös, Religion (166), 168f, 189f
Rest 1042ff
retten, Rettung 264ff
Retter (258), (264), 268ff
richten, Richter 509ff, 513, 515
richtig 1046, 1049
rühmen, sich –, Ruhm 204f, 1051ff
rüsten, ausrüsten 316f
Rüsttag 316

rufen, Ruf 86ff
Ruhe, zur – bringen, ruhen 1050f
Ruhmsucht, ruhmsüchtig (204), 206

S
Sabbat (323)
Sache 1393, 1395
sättigen (402), 408
Säugling 778f
sagen 1409, 1425
salben, Salbung, Gesalbter 760ff, 1053ff
sanftmütig, Sanftmut 174f
Satan (141), 1057ff
Schaden, – erleiden 911f
schänden, schändlich, Schändlichkeit 209f, 1065, 1067
Schaf 833f
schaffen 314f, 1075ff
Scham, Schamhaftigkeit, sich schämen 1064ff
Schande 207, 209f, 1064ff
Schatten 1067ff
Schatz 99f
Schau, schauen 1127ff
Scheidebrief 302f
scheinen, erscheinen 182, 887
Scheu 1064f
schicken 31f
Schiedsrichter sein 772
Schlaf, schlafen 1230f
schlagen, mit der Faust – 1000
Schlange (194), 195
schlecht, Schlechtigkeit, schlecht handeln 137ff
Schlüssel, schließen (982), 983f
schmähen, Schmähung 1069ff
schmecken (728), 732
Schmerz, – zufügen, empfinden (799), 801ff
Schmuck, schmücken 1381ff
schnauben 479, 482
schön 623f
Schöpfer, Schöpfung 1073ff
Schrecken, in – versetzen, geraten 220f, 277
schreiben, Schrift 154, 1084ff
schreien (421), 429
Schüler 861, (945), 947ff
Schuld, schulden, schuldig, Schuldner (977), 980f, 1092ff
Schule 282ff
schwach, – sein, Schwachheit 1101ff
Schwätzer 849, 851
schwer 835f
Schwester 146f
schwören, Schwur 1106ff
Seele (244f), (480), 1112ff
Segen, segnen 1119ff
sehen 1127ff
Sekte 284
Selbstbeherrschung 1504f, 1509
selig, – preisen, Seligpreisung 1133ff
senden 31f, (36f)
sichtbar 1127f, 1130
sieben (1452), 1454f
Sieg, siegen (769), 773ff
Siegel 1135ff
Siegespreis 772
singen 909f
Sinn 242, 1289ff
sinnen, Sinne 535f
Sinnesart 534
Sitte 520f
Sklave, Sklaverei (363f), (366f), (1139), 1141ff
sogleich 1462
Sohn, Sohnschaft (776), 781ff, (1149)
Sohn Davids (1150), 1175ff
Sohn Gottes (1150), 1166ff
Sold 916
Sorge, sorgen, – für 1179ff
Speise (728), 731f
Spiegel 587
Sprache 1407ff
sprechen 1409, 1425, 1436ff
Sprichwort 588f
Spruch 1409, 1425
Staat, Stadt 1326ff
Stärke, stark, – sein 811ff, 922ff, (1103)
Stammbaum 449, 517f
standhaft sein 461, 464
staunen 1444ff
stehen vor 109f
Stein 312, 1181ff
steinern 1183
sterben, sterblich 448f, 1221ff
Stimme 1436ff
Strafe, strafen 509f, 1185
streben, – nach 68, 726ff
Streit (284), 1510, 1512
Streitgespräch 1109f
Stunde (1457), 1471ff
Sturz 303f
suchen (1187), 1190f
sühnen, Sühnung 1304ff
Sühnopfer, Sühnemittel 1304ff
Sünde (506f), 1192ff
Sünder, sündigen 303f, 1195ff
Synagoge 784ff

T
täglich (142), 144, 469
Täter 1391, 1393
tätig sein, Tätigkeit 1386, 1390, 1393
täuschen, Täuschung 1260ff
Tag, Jüngster Tag 467ff, (1457), 1471ff, 1489ff, 1500
Tat, tun 1386ff
Taufe, taufen 1205ff
Teil, teilweise 232f, 237f
Teilhabe, teilhaben, Teilhaber, teilhaftig 491f, 494, 496, 498
Tempel 1217ff
Testament 159
Teufel 1057ff
Thron (922), 929ff
Tiefe, tief 703ff
Tier 1220
Tisch 667ff
Tischdienst 186f
Tod 1221ff
töricht, – sein (538), 1373ff
töten 1221ff
Torheit 1373f
tot, Toter 1232ff
Totenklage 800f
Totenreich (710), 711
Totgeburt 449
trachten 535f, 1190f
Trauer, trauern 800ff
Trefflichkeit 621, 623
treu, Treue 565ff
trinken, Trank (728), 734ff
Triumphzug, – im mitführen (769), 773
trösten, Trost 274ff, 1235ff
Trübsal 61ff, (385), (478)
truglos 919f
tüchtig, – machen (155), 500
Tugend (1237), 1238ff

U
Übel (137), 139
übelreden 350
Übeltäter 137
üben, sich – 79f, 1504
überantworten, überliefern 513f
überfließen, Überfluß (402), 403ff
überführen, Überführung (546), 1092, 1094ff
überkleidet werden 82
überlegen, Überlegung 181, 1497f
überliefern, Überlieferung (852), 861ff, (1200)
Übermaß 403, 405
überreden, überzeugen (407), 560ff
Überredungskunst 560f, 564
überreich, überreichlich 403f
überschatten 1067ff
überschwenglich 405
überströmen 1341f
übertreten, Übertretung 1199ff
übervorteilen 489f
übrig, -bleiben, -lassen 1042ff
Übung 79f
umgestalten 540, 542
umgürten 317f
umkehren, Umkehr 69ff, 1356f
umleuchten 884ff
umsonst 419f
umwenden, sich – 69f
unanstößig 24f
unausforschlich, unergründlich 241
unbarmherzig 52f
unbefleckt 1237
unbekannt 254f
unbereubar 71f

unbeschnitten,
Unbeschnittensein (93f), 95
unbescholten 1237f
unbrauchbar 140
unbußfertig 72f
Unehre 208f
uneinsichtig 1294, 1296
unempfindlich machen 631
unentgeltlich 419f
Unenthaltsamkeit 1504
unentschuldbar 1092, 1094
unfruchtbar 399, 401
ungeheuchelt 917ff
ungehorsam, — sein, Ungehorsam 560f, 564, (716), 718
Ungemach erleiden 876, 878
Ungerechtigkeit 1192ff
ungläubig, Unglaube 565
unheilig 654f
Unkenntnis 254f
Unkeuschheit 1504
unparteiisch (20), 21f, 1510, 1512
unrein, Unreinheit 1037ff
Unrecht tun 1192f
Unruhe, in — versetzen 1444f
unschuldig 137f
Unser Herr komm! (467), 469f
unsichtbar 1127f, 1130
Unsterblichkeit 1222, 1225
unsträflich 1237f
untauglich 116, 140
unterer, unteres (710), 713
Unterpfand (161), 418
unterreden, sich — 181
unterrichten, unterweisen, Unterweisung 292, 294, 476, (852), 861
unterscheiden, Unterscheidung 1510ff
untersuchen 124, 241, 509
Unterwelt (710), 711
unterworfen sein 1141ff
unvergänglich, Unvergänglichkeit 1257ff
unverhüllt 79f
Unvernunft, Unverstand 1289ff
unverständig, unverständlich 1289ff, 1373
unversuchbar, unversucht 1314ff
unwiderruflich 71f
Unwissenheit, unwissentlich 254f
unwürdig 1046f
Unzeit, zur — 1462, 1465
Unzucht, — treiben (1504f), 1506ff
Urbild 120, (122)
Ursache 15ff, 1092f
Urteil, urteilen 509ff, 534f

V

Vater 1241ff
Vaterland, Vaterstadt 1242f
vaterlos 1242f, 1245
verabscheuen 310f
verachtet 207f
verächtlich behandeln 207ff
veralten 10f
verbergen 1247ff
verbessern, Verbesserung 1049f
verborgen, Verborgenheit 1249ff
verbrennen 332ff
verdammt 1097f
verderben, Verderber 1254ff
verehren 395ff, (522)
Verfahren 1358, 1363
verfehlen, Verfehlung (1192), 1195, 1199f
verfeindet 309
verfinstern, Verfinsterung 336, 1067, 1069
verfluchen, verflucht 348ff
verfolgen, Verfolgung 60ff
verfügen (157), 159
verführen 1260ff
vergeben, Vergebung 1263f
vergeblich 849, 851
Vergehen (1192), 1195
vergelten, Vergeltung 1267f
verhärten 631ff
verheiraten 196, 198
verheißen, Verheißung 1269ff
verherrlichen 204
verhüllen 1247ff
verkaufen 1267f
verklären, Verklärung 205ff
verkündigen, Verkündigung 1016f, 1020f, 1273ff
Verlangen 65f, 68
verleugnen 1287f
verleumden, Verleumdung (1057), 1072
vermitteln 162f
vermögen, Vermögen (99), 104, 922ff
verneinen 1287f
Vernichtung 1257f
Vernunft, vernünftig 1289ff, 1409, 1425
Versammlung, versammeln 784ff
verschneiden, Verschneidung 92f
versengen 331f
versiegeln 1135ff
versöhnen, Versöhnung (1302), 1307ff
verständig, Verständnis 534ff, 1294f
verständlich, schwer — 1289, 1294
Verstand, verstehen 534ff, 1289ff
verstocken, Verstockung 631ff
versuchen, Versuchung (116), 1314ff
verteilen, Verteilung 282ff
Vertrauen, vertrauen (545), 560f, 563, 565ff
verurteilen, Verurteilung 509ff
verwahren 114f
verwalten, Verwalter 642f, 658f
verwerfen, verwerflich 115f
Verwesung 1257, 1259
Verwirklichung 545f
Verwirrung 276f
verwüsten, Verwüstung 1440ff
verzagt sein, Verzagtheit 416
verzeihen 590, 595
Verzückung (221), 222
viel, — sein, — werden (1339), 1341f
viele, die vielen 8f
vier (1452), 1454
Vision 1127ff
Volk 1317ff
voll 407ff
vollbringen 407
vollenden, Vollendung, Vollender (402), 407f, 412, 1491ff
vollkommen, Vollkommenheit 385, 412, 1046, 1048f, 1491ff
Vollmacht, — haben (922), 926ff
Vollmaß 407ff
voraussehen 1127, 1130, 1336
voraus wissen, Vorauswissen 1333ff
Vorbild, vorbildlich 1331f
Vorhaut (93), 95ff
vorher 278f
vorher hoffen 725
vorherbestimmen 1336f
Vorlesen (151), 153
vormals 10
vornehmen, sich — 1337
Vorsatz 1337f
Vorsehung 1333ff
Vorsorge, vorsorgen 1333ff
vorstehen 1003f, 1007f, 1009
Vorurteil 510f

W

wachsen, Wachstum 1339f
Wahl 285f
wahr, wahrhaftig 919f, 1343ff
Wahrheit 1343ff
die — sagen 1343, 1349
Wahrnehmung 242
wahrsagen, Wahrsager 1016f
wandeln (1356), 1363ff
warnen, Warnung 273f
warten auf, erwarten, Erwartung (722), 726f
waschen, Waschung 135, (1205), 1211ff
Wasser (1366), 1370ff
Weg (1355), 1358ff
wehen, Wehen 479f, 482
weiden, hüten 697f, 700
Weihegeschenk 348f
weinen, Weinen 799f
weise, Weisheit (1373), 1375ff
Weisheitsspruch 588f
weissagen 1016
weiterbauen (640), 642
Welt, Weltall (238), 239f, 1381ff
weltlich 1381, 1383
Weltzeit 1457, 1459ff
werden (444), 448f

Werk (572), 1386ff
wert 1047f
Wesen 120, (539), 544ff
Widersacher 309
wiederaufrichten 1049f
wiedergebären, -geboren werden 445ff
Wiedergeburt 450f
wiederherstellen, Wiederherstellung 1302f
Wiederkunft (467), (479)
Wille, wollen 1396ff
wirklich, Wirklichkeit 1343f, 1349ff
wissen, Wissen (242), 243, 245ff
Witwe (353), 358ff
Wohlgefallen, wohlgefällig 590f, 1403f
— haben 1405f
Wohlgeruch 516f
wohlgesinnt (56), 58
Wohltat, Wohltäter, wohltun 52ff, 1386, 1390
wohnen, bewohnen, Wohnung 127, 129, 376f, 637ff
Wort (1407), 1409ff
Würde 207f
würdig (499), 500f, 1046f
für — erachten 1047
Wüste 1440ff
Wunder 1443ff
wunderbar, sich wundern 1444ff
Wunderzeichen 1448f, 1451f

Z
Zahl 1452
Zeichen (1444), 1447ff
Zeit 1457ff
zeitgemäß 1462
Zeitpunkt 1462f, 1466, 1471f
Zerschneidung (93f), 95f
zerstören 259
Zerstreuung 372
zeugen, Zeugung (444), 445ff
Zeuge, zum -n anrufen 1478ff
Zeugnis, falsches — 1478ff
Ziel (1486), 1491
Zion 753ff
Zorn, zornig, — werden, — machen 1497ff
zubereiten 316f
Zucht 292f, (494), (1504f)
Zuchtmeister 292ff
zuchtvoll 1381, 1383
züchtigen, Züchtigung 292ff
zügellos, Zügellosigkeit 1504
zürnen, erzürnen 1498, 1501
zuerst 278f
Zugang 1358, 1361
zukünftig 808f
zuletzt 1488, 1490
zunehmen (12), 1339f
Zunge, Zungenrede 1407ff
zunichte machen 849, 851
zurechtweisen, Zurechtweisung 273, 1094ff
zurückerhoffen (722), 724
zurückfordern 421, 423f
Zurüstung 1048
zusammenfassen 634, 636
zuschanden werden 1064ff
zusprechen, Zuspruch 1236f
zuverlässig 115, 326f, 565
Zuversicht 544f, 560
— haben 369f
Zwang, zwingen 977f
Zweifel, zweifeln 1510ff
zwölf, die — (35f), (38), (1452), 1455f

REGISTER DER GRIECHISCHEN WÖRTER

über die ausführlicher gehandelt ist. Klammerangaben verweisen auf Erwähnungen in anderem Zusammenhang.

Bearbeitet von Günter Finkenrath

A
ἀββά 1241f
Ἀβραάμ 1ff, 1271f
ἄβυσσος 710
ἀγαθοεργέω 621ff
ἀγαθοποιέω, -ποιός, -ποιΐα 621ff, 1391, 1393
ἀγαθός (251), (292), (556), 621ff
ἀγαθωσύνη 621ff
ἀγαλλιάομαι, ἀγαλλίασις 379ff
ἀγαπάω, ἀγάπη (148), 895ff
ἀγαπητός (148), (218), 895, 899
ἀγγελία, ἀγγέλλω 1273ff
ἄγγελος 226f
ἀγενεαλόγητος 517f
ἁγιάζω, ἁγιασμός 646
ἁγίασμα, ἁγιαστήριον 646
ἅγιοσ (645), 646ff, (795)
ἁγιότης, ἁγιωσύνη 646, 650
ἁγνεία 1036f
ἁγνίζω, ἁγνισμός 1036f
ἀγνοέω (242), (251), 254f, (1192)
ἀγνόημα 254
ἄγνοια 254f, (337)
ἁγνός, ἁγνότης 1036f
ἀγνωσία (248), (250), 254
ἄγνωστος (244), 254f
ἀγωγή 1357
ἀγών, ἀγωνία 769ff
ἀγωνίζομαι 769ff
Ἀδάμ 4ff
ἀδελφή 146f, (287), (354f)
ἀδελφός 146ff, (795)
ἀδελφότης (146), 148
ᾅδης 710ff
ἀδιάκριτος 1510, 1512
ἀδικέω, ἀδίκημα 1192f
ἀδικία, ἄδικος (396), 1192ff
ἀδόκιμος 115ff
ᾄδω 909f
ἀήρ 166, (231)
ἀθανασία 1222f, 1225
ἀθλέω 769ff
ἄθλησις, ἀθλητής 769f
αἰδώς 1064f
αἷμα 131ff, (671), (675f)
αἱματεκχυσία 133
αἰνέω, αἶνος 171f
αἴνιγμα 584f, 587
αἱρέομαι, αἱρετίζω 282ff
αἵρεσις, αἱρετικός 282ff
αἰσθάνομαι 242
αἴσθησις, αἰσθητήριον 242
αἰσχρός, αἰσχρότης (209), 1065ff
αἰσχύνω, -ομαι, αἰσχύνη 1065ff
αἰτέω, αἴτημα 421ff
αἰτία 1092ff, (1192)
αἴτιος, αἰτίωμα 1092ff
αἰχμαλωτεύω, αἰχμάλωτος 1139
αἰχμαλωσία, αἰχμαλωτίζω 1139f
ἀΐδιος 1457ff
αἰών, αἰώνιος 1457ff
ἀκαθαρσία, ἀκάθαρτος 1037f
ἀκαίρως 1462, 1464f
ἄκακος 137f
ἄκαρπος 399, 401
ἀκαταστασία (390)
ἀκολουθέω 945ff
ἀκούω, ἀκοή, ἀκροάτης 716ff
ἀκρασία, ἀκρατής 1504f
ἀκροβυστία 94ff
ἀκρογωνιαῖος (289), 1182f
ἀλαζών, ἀλαζονεία 702f
ἀλείφω 1053f
ἀλήθεια (253), 1343ff
ἀληθεύω, ἀληθής 1343
ἀληθινός 1343f, 1348, 1350f
ἀληθῶς 1343, 1349, 1351
ἀλίσγημα 119
ἀλληγορέω 584f, 587
ἀλλογενής 371f
ἄλλος 14f, (371)
ἀλλότριος 371
ἀλλόφυλος (22), 371f
ἄλογος 1409
ἁμαρτάνω, ἁμάρτημα 1195f
ἁμαρτία (1192), (1194), 1195ff
ἁμαρτωλός 1195, 1197
ἄμαχος 769f
ἀμεταμέλητος 71f
ἀμετανόητος 72f
ἀμήν 12f
ἀμίαντος 1237f
ἀμνός (831), 832f
ἄμωμος 1237f
ἀναβαίνω 684f
ἀναγγέλλω 1274, 1276
ἀναγεννάω 444ff, (451)
ἀναγινώσκω, ἀνάγνωσις (151), 153
ἀνάγκη, ἀναγκαῖος, ἀναγκάζω 977f
ἀνάθεμα, -θημα (250), 348f
ἀναθεματίζω (348), 349
ἀνακαλύπτω 1247ff
ἀνακεφαλαιόομαι 634, 636
ἀνακρίνω 509, 511
ἀναλαμβάνω, ἀνάλημψις (410), 969ff
ἀναμιμνήσκω 457
ἀνάμνησις 454f, 457ff
ἀνάξιος 1047
ἀνάπαυσις, ἀναπαύω 1050
ἀναπληρόω 407, 409f, 412
ἀναπολόγητος 1092ff
ἀνασκολοπίζω 817
ἀνάστασις 43ff
ἀνασταυρόω 817f
ἀναστρέφω, ἀναστροφή 1356f
ἀνέγκλητος 1237f
ἀνελεήμων, ἀνέλεος 52f, 55
ἄνεμος (480)
ἀνεξερεύνητος 241
ἀνέχομαι, ἀνεκτός, ἀνοχή (459), 460f
ἀνήρ (12), (636), 935f
ἄνθρωπος, ἀνθρώπινος (479), (528), (543), (935), 936ff
ἀνθρωπάρεσκος 1403, 1405
ἀνίστημι 43f
ἀνόητος, ἄνοια 1289ff
ἀνοίγω, ἄνοιξις 982f
ἀνομία, ἄνομος (311), (479), 521f, 527ff, (1192)
ἀνόσιος 654f
ἀνταγωνίζομαι 769ff
ἀντάλλαγμα 1307f
ἀνταναπληρόω 412
ἀνταποδίδωμι, ἀνταπόδομα, ἀνταπόδοσις 1267f
ἀντίδικος 309
ἀντιλοιδορέω 1072
ἀντίλυτρον 260, 262
ἀντίτυπον, ἀντίτυπος 1331ff
ἀντίχριστος 29f
ἀνυπόκριτος (556), 917f
ἄνω (537), (684), 685, (756)
ἄνωθεν (447)
ἄξιος, ἀξιόω 1046f
ἀόρατος 1127, 1130
ἀπαγγέλλω 1274ff
ἀπαιτέω 421, 423
ἀπαλλάσσω 1307f
ἀπαλλοτριόω 371f
ἀπαντάω, ἀπάντησις (231), 807f
ἅπαξ 213
ἀπαράβατος 1199ff
ἀπαρασκεύαστος 316
ἀπαρνέομαι 1287f
ἀπαρχή 994
ἅπας 7
ἀπατάω, ἀπάτη 1260f
ἀπάτωρ 1242f

ἀπείθεια, ἀπειθέω,
ἀπειθής 560f, 564f
ἀπείραστος (116), 1314ff
ἀπεκδέχομαι 726f
ἀπέκδυσις, ἀπεκδύω 81f
ἀπελεύθερος 362, 364
ἀπελπίζω 722, 724
ἀπερίτμητος 94f
ἀπέρχομαι 803f
ἀπιστέω, ἀπιστία,
ἄπιστος 565, 572
ἁπλοῦς, ἁπλότης 218f
ἀπογίνομαι 448
ἀποδέχομαι, ἀποδοχή, ἀπόδεκτος
967f
ἀποδημέω 1318
ἀποδίδωμι 1267f
ἀποδοκιμάζω 115f, (878)
ἀποθαυμάζω 1444
ἀπόθεσις, ἀποτίθημι (81), 82
ἀποθνήσκω 1222, 1225
ἀποκαθίστημι, ἀποκατάστασις
1302f
ἀποκαλύπτω, ἀποκάλυψις
(476), 985ff
ἀποκαραδοκία (722), 726f
ἀποκαταλλάσσω 1307ff
ἀποκρύπτω, ἀπόκρυφος 1249ff
ἀποκτείνω 1221f
ἀποκύω 453
ἀπόλλυμι, ἀπολλύων 1254ff
ἀπολούω 1211f
ἀπολύτρωσις 260ff
ἀπολύω 258f
ἀποπλανάομαι 1260f
ἀποπνίγω 136
ἀποσκίασμα 1067ff
ἀποστασία, ἀποστάσιον 302f
ἀποστέλλω 31f, (36f)
ἀποστολή 33
ἀπόστολος 31ff
ἀποστρέφω 69f
ἀπρόσκοπος 24f, (556)
ἀπροσωπολήμπτως 20ff
ἅπτω, -ομαι 85f
ἀπώλεια 1254f
ἀρά 350
ἀρεσκεία, ἀρέσκω 1403ff
ἀρετή (1237), 1238ff
ἀρεστός 1403f
ἀρήν (831), 832f
ἀριθμός 1452f
ἀρκέω, ἀρκετός 499f
ἀρνέομαι 1287f
ἀρνίον (831), 832f
ἁρπάζω, ἁρπαγμός 230f
ἀρραβών (161f), (164), 418
ἄρτι 1462, 1464
ἄρτιος (1046), 1048
ἄρτος 142ff
ἀρχάγγελος 226, 228
ἀρχαῖος (15), 18
ἀρχή 15ff, (532), (636)
ἀρχηγός (15f), 19, (281f)
ἀρχιερεύς 1010ff
ἀρχιποίμην (697), 700
ἄρχω, ἄρχων (15f), 18f
ἀσέβεια, ἀσεβής 395ff, (1192)
ἀσθένεια, ἀσθενής 1101ff
ἀσθενέω, ἀσθενῶν 1101ff
ἀσκέω 1504
ἀσπάζομαι, ἀσπασμός 1119f, 1125
ἄσπιλος 1237f
ἀσύνετος 1294ff
ἀτιμάζω (207), 209
ἀτιμία, ἄτιμος 207ff
αὐξάνω, αὔξησις, αὔξω 1339f
αὐτάρκεια, αὐτάρκης 499f
αὐτοκατάκριτος 510f
αὐτομάτη (401)
ἄφεσις 1263ff
ἄφθαρτος, ἀφθαρσία 1257ff
ἀφίημι 1263ff
ἀφροσύνη, ἄφρων 1373ff
ἀφίστημι 301f
ἀφομοιόω 580f, 583
ἀφορίζω 107ff
ἀφορμή (438)
ἀψευδής 919f

Β
Βαβυλών 50ff
βάθος, βαθύς 703ff
βάπτισμα, βαπτισμός 1205f, 1210
βαπτιστής 1210
βάπτω, βαπτίζω 1205f
βαρέω, βάρος, βαρύς (834), 835f
βασανίζω, βασανιστής 999
βάσανος, βασανισμός 999f
βασιλεία 1023ff, (1282)
βασιλεύς, βασιλεύω 1023f, 1027
βασιλικός, βασίλειος 1023f
βασίλισσα 1023f
βδέλυγμα 1443
βέβαιος, βεβαιόω, βεβαίωσις 326ff
Βεεζεβούλ 1057f, 1060
Βελίαρ 1059
βιά, βιάζω, βιαστής (231), 810f
βιβλίον, βίβλος 151f
βίος, βιόω, βιωτικός (837), 838
βλασφημέω, βλασφημία 1070f
βλέπω (546), (571), 1127ff
βοάω, βοή (421)
βουλή, βούλημα, βούλομαι 1396ff
βραβεῖον, βραβεύω (769), 772
βρέφος (776), 778f
βρῶμα, βρῶσις (728), 731f

Γ
γάλα 731
γαμέω, γαμίζω/γαμίσκω 196, 198
γάμος 196ff
γέεννα (710), 712f
γενεά 517ff
γενεαλογέω, γενεαλογία 517f
γεννάω 444ff
γερουσία 1005f, 1009
γεύομαι (728), 732
γῆ (235), 238f
γίνομαι, γένεσις (444), 448f
γινώσκω 242ff
γλῶσσα 1407f
γνωρίζω (1273), (1280)
γνῶσις 243ff, (337)
γνωστός, γνώμη 243, 247
γονυπετέω (421), 424f
γράμμα, γραφή (409), 1084, 1086ff
γράφω 1084ff
γυμνάζω, γυμνασία 79f
γυμνός, γυμνότης 79f
γυνή 353ff
γωνία 1182

Δ
δαιμονίζομαι (166), 169
δαίμων, δαιμόνιον (118), 166ff
δέησις, δέομαι (421f), 425f
δεῖ (477), (977), 978f
δειλία, δειλιάω 416
δεῖπνον 667ff
κυριακὸν δεῖπνον 667ff
δεισιδαιμονία, δεισιδαίμων (166),
168f
δεκτός 967ff
δεξιός, δεξιά 627f
δεσμεύω, δέσμη 1140
δεσμός, δέσμιος (1139), 1140f
δεσμοφύλαξ 1140
δεσμωτήριον, δεσμώτης 1140
δεσπότης 658f
δέχομαι 967f
δέω 123, (259)
δῆλος, δηλόω (985), 989f
δῆμος 1317
διαβάλλω 1057
διάβολος (19), (141), 1057ff
διαγγέλλω 1274ff
διαζώννυμι 317
διαθήκη 157ff, (279)
διαίρεσις, διαιρέω 282ff
διακονέω 185ff, (192)
διακονία, διάκονος 185ff,
(234), (280)
διακρίνω, διάκρισις 1510ff
διαλέγομαι 181f, (562)
διαλλάσσω 1307f
διαλογίζομαι, διαλογισμός 181f
διαμαρτύρομαι 1478f, 1481, 1483
διάνοια, διανόημα (251), (343),
1289ff
διανυκτερεύω (336)
διασπορά (371), 372
διατίθημι (157), 159, (1032)
διαφθείρω, διαφθορά 1257ff
διδασκαλία (554), (852), 859f
διδάσκαλος (700), (852), 857f
διδάσκω (273), 852ff, (1273),
(1280), (1282)
διδαχή (852), 859f
δίδωμι (418), 419
διέρχομαι 803f
διήγησις 300

δίκαιος, δικαιόω 502ff
δικαιοσύνη 502f, 505ff, (1034)
δικαίωμα, δικαίωσις (410), 502f, 506, 508
δίκη 1185f
διόρθωσις 1049
διχοστασία 284
διψάω 728ff
δίψυχος 1512
διωγμός 60f, (62)
διώκω 60f
δόγμα, δογματίζω (115), (433), 434, (532)
δοκέω (181), 182, (243)
δοκιμάζω 115ff, (248)
δοκιμασία, δοκιμή 115
δόκιμος, δοκίμιον 115f
δόξα 204ff, (231), (266), (408), (410)
δοξάζω 204f
δουλεύω 1141f, 1145
δοῦλος, δουλεία (148), (364), (366), (541), 1139ff
δοχή 967f
δράκων 194
δύναμις, δύναμαι (18), (824), 922ff
δυναμόω 922ff
δυνάστης 922
δυνατός, δυνατέω 922f
δυσνόητος 1289f, 1294
δύω/δύνω (79), 81
δώδεκα, οἱ (35), 1452, 1455
δωδεκάφυλον 1456
δωρεά, δωρεάν 419f
δωρέομαι 419
δώρημα, δῶρον (418), 419f

E
Ἑβραῖος, Ἑβραΐς 742ff
ἐγγίζω (472), 1282, 1486ff
ἐγγράφω 1084, 1086, 1089
ἔγγυος 157
ἐγγύς 1486f
ἐγείρω (43ff), 46ff
ἔγερσις 46f
ἐγκακέω 137f
ἐγκαυχάομαι 1051f
ἐγκόπτω, ἐγκοπή 695f
ἐγκράτεια 1503ff
ἐγκρατεύομαι, ἐγκρατής 1504f
ἐγώ, ἐγώ εἰμι 739ff
ἑδραῖος, ἑδραίωμα (326), 328ff
ἐθνικός, ἐθνικῶς 1318, 1322
ἔθνος 1317ff
ἔθος 520f
εἶδος (243), 538f
εἰδωλεῖον 118
εἰδωλόθυτον 118f
εἰδωλολάτρης, εἰδωλολατρία 118f
εἴδωλον (117), 118, (121f)
εἰκών (117f), 120
εἰρηνεύω, εἰρηνικός 388, 390
εἰρήνη 388ff
εἰρηνοποιέω, -ποιός 388, 390f
εἷς (213), 214ff, (278)
εἰσακούω 716ff
εἰσέρχομαι 803, 805, (1032), (1034)
εἴσοδος 1358f, 1361
ἕκαστος 7
ἐκβάλλω (166), 169, (410)
ἐκδέχομαι (722), 726f
ἐκδημέω 1317f
ἐκδικέω 1185f
ἐκδίκησις, ἔκδικος 1185, 1187
ἐκδιώκω 60
ἐκδύω 81
ἐκζητέω 1190f
ἐκθαμβέω, ἔκθαμβος 1444ff
ἐκθαυμάζω 1444f
ἐκκαθαίρω 1037
ἐκκλησία (369), 784ff
ἐκλάμπω 884f
ἐκλέγομαι, ἐκλεκτός (282), 285ff
ἐκλογή 285, 287, (1045)
ἐκλύω 258f
ἐκμυκτηρίζω 1070
ἐκπειράζω (116), 1314f
ἐκπίπτω 303f
ἐκπνέω 479f
ἐκπύρωσις (333), (450)
ἔκστασις 220f
ἐκτενῶς (429)
ἔκτρωμα (444), 449
ἐκχύννομαι 671
ἔλαιον 1053f
ἐλεγμός, ἔλεγξις 1094f
ἔλεγχος, ἐλέγχω (546), 1094ff (1192)
ἐλεέω, ἐλεεινός, ἔλεος 52ff, (899)
ἐλεημοσύνη, ἐλεήμων (52f), 54
ἐλευθερία 362ff
ἐλεύθερος, ἐλευθερόω 362, 364
ἔλευσις 803f
Ἑλλάς, Ἑλληνικός 614f
Ἕλλην, Ἑλληνίς 614ff
Ἑλληνιστής, Ἑλληνιστί 614f
ἐλπίς, ἐλπίζω (546), 722ff
ἐμβριμάομαι (277)
ἐμμένω 129
ἐμπεριπατέω 1363
ἐμπίμπλημι 407f
ἐμπνέω 479f, 482
ἐνδημέω 1317f
ἐνδοξάζω, ἔνδοξος (204), 206
ἐνδυναμόω 922ff
ἐνδύω 81f
ἐνέργεια, ἐνεργέω 1386, 1390
ἐνέργημα, ἐνεργής 1386, 1390
ἐνευλογέω 1119, 1124
ἐνέχω 1096
ἐνθυμέομαι, ἐνθύμησις 1497f
ἔννοια 1289f
ἔννομος (521), 527
ἐνοικέω 637, 640
ἐνορκίζω 1106
ἑνότης 215
ἔνοχος 1096, (1192)
ἐντέλλομαι, ἐντολή (433), 435ff
ἔντιμος 207f
ἐνυβρίζω 701f
ἐνωτίζω 716, 718
ἐξαγγέλλω 1274f
ἐξαιτέομαι 421, 424
ἐξακολουθέω 945
ἐξανάστασις, ἐξανίστημι 43f, 46
ἐξαπατάω 1260
ἐξαποστέλλω 31f
ἐξαρτίζω 1049
ἐξερευνάω 241
ἐξέρχομαι 803, 805
ἐξιλάσκομαι (1302), 1304f
ἐξίλασμα (260)
ἐξίστημι, -αμαι 220f
ἔξοδος 1358f, 1361
ἐξολεθρεύω 1256
ἐξομολογέω 76ff
ἐξορκίζω, ἐξορκιστής 1106
ἐξουσία (17f), (922), 926ff
ἐξουσιάζω 926
ἑορτή 318ff
ἐπαγγελία, ἐπάγγελμα (311), 1269ff
ἐπαγγέλλομαι 1269f
ἐπαγωνίζομαι 769
ἐπαινέω, ἔπαινος 171
ἐπαισχύνομαι 1065ff
ἐπακολουθέω 945
ἐπακούω 716ff
ἐπακροάομαι 716, 718
ἐπαναπαύω 1050f
ἐπανορθόω, ἐπανόρθωσις 1049f
ἐπάρατος 350f
ἐπενδύομαι (81), 82
ἐπέρχομαι 803, 805
ἐπίγειος 238f, (537)
ἐπιγινώσκω, ἐπίγνωσις (116f), 243, 247ff, (1350)
ἐπιγράφω 1088f
ἐπιείκεια, ἐπιεικής 174f
ἐπιζητέω 1190f
ἐπίθεσις τῶν χειρῶν (627), 629f
ἐπιθυμέω, ἐπιθυμία 64ff
ἐπικαλέομαι (86ff), 90f
ἐπικατάρατος 350f
ἐπιλαμβάνω 969, 971
ἐπιορκέω, ἐπίορκος 1106
ἐπιούσιος (142), 144
ἐπιποθέω (64), 65, (68)
ἐπιπόθησις, ἐπιποθία 65f
ἐπισκέπτομαι, ἐπισκοπέω 123ff
ἐπισκιάζω 1067f
ἐπισκοπή, ἐπίσκοπος 123ff, (1007), (1009)
ἐπιστέλλω, ἐπιστολή (151), 154f
ἐπιστρέφω, ἐπιστροφή 69ff, (73ff)
ἐπιτελέομαι (880)
ἐπιτίθημι τὰς χεῖρας (627), 629f
ἐπιφάνεια, ἐπιφαίνω, ἐπιφανής (985), 990ff
ἐποικοδομέω 640, 642
ἐπονομάζω 958, 961, 963

ἐποπτεύω, ἐπόπτης (124), 1127, 1130
ἐπουράνιος 686ff
ἑπτά 1452, 1454
ἐργάζομαι, ἐργασία, ἐργάτης 1386, 1388
ἔργον (401), (572), 1386ff
ἐράω, ἔρως 895ff
ἐρευνάω 241, (409)
ἐρημία, ἔρημος 1440ff
ἐρημόω, ἐρήμωσις 1440ff
ἔρχομαι (674), 803ff
ἐρωτάω (421), 422
ἐσθίω (728), 733f
ἔσοπτρον 587
ἔσχατον, ἐσχάτως 1488
ἔσχατος (239), (278ff), (1473f), 1488ff
ἑτερόγλωσσος 1407f
ἑτεροζυγέω 1145
ἕτερος 14
ἑτοιμάζω, ἑτοιμασία, ἕτοιμος 314f
εὐαγγελίζω, -ομαι, εὐαγγέλιον 295ff
εὐαγγελιστής (295), 301
εὐαρεστέω, εὐάρεστος 1403f
εὐδοκέω, εὐδοκία (1403), 1405ff
εὐεργεσία, εὐεργετέω 1386, 1390
εὐεργέτης (240), 1024, 1386, 1390
εὐθέως, εὐθύς 1462, 1464
εὐκαιρέω, εὐκαιρία 1462, 1464
εὔκαιρος, εὐκαίρως 1462, 1464f
εὐλάβεια, εὐλαβέομαι, εὐλαβής 394f
εὐλογέω, εὐλογητός 1119f, 1123ff
εὐλογία 1119f, 1124, 1126
εὐνουχίζω, εὐνοῦχος 92f
εὐπρόσδεκτος 968
εὑρέομαι (543)
εὑρίσκω 1187ff
εὐσέβεια, εὐσεβέω, εὐσεβής 395ff, (478), (1064)
εὔσπλαγχνος (56), 58
εὐφραίνω, εὐφροσύνη (379), 381f
εὐχαριστέω, εὐχαριστία (171), 172f, (421)
εὐχή, εὔχομαι 426, 428f
εὐωδία 516
ἐφάπαξ 213
ἔχθρα, ἐχθρός (250), 309f
ἔχω 491ff

Z
ζάω (837), 839ff
ζῆλος, ζηλόω/ζηλεύω, ζηλωτής 210f
ζημία, ζημιόομαι 911f
ζητέω, ζήτησις (1187), 1190f
ζυγός (1139), 1145
ζωή, ζάω, ζῷον (837, 839ff, (1034), 1461
ζώνη, ζώννυμι (314), 317f
ζῳογονέω, ζῳοποιέω 839

Η
ἡδονή (64), 66ff
ἦθος 520f
ἥκω 803f
Ἠλίας 224
ἡλικία 11f, (1180)
ἡμέρα (336), 467ff
ἥττημα 1192

Θ
θάλασσα 1366f
θαμβέω, θάμβος 1444ff
θάνατος, θανατόω 1221f, 1225ff
θαρρέω, θαρσέω 1235
θαῦμα, θαυμάζω 1444ff
θαυμάσιος, θαυμαστός 1444f
θεάομαι 1127f, 1130f
θεῖος 598, 600
θέλημα, θέλω (1396f), 1399ff
θεμέλιος, θεμελιόω (326), 328ff
θεόπνευστος 479f, 482
θεός (579) 598ff
θεόμαχος 769f
θεοσέβεια, θεοσεβής 395, 397
θεραπεία, θεράπων 548
θεραπεύω 548ff
θεωρέω 1127f, 1130
θῆλυς (354)
θηρίον 1220
θησαυρίζω, θησαυρός 99f
θλῖβω 61f
θλῖψις (60), 61ff, (385f), (464)
θνήσκω, θνητός 1222, 1225
θορυβέω, θόρυβος 1444f
θρησκεία, θρησκός (189), 190
θριαμβεύω (769), 773
θρόνος (922), 929f
θυμόομαι, θυμός 1497f
θύω, θυσία, θυσιαστήριον (420), (994), 995ff

I
ἰάομαι, ἴαμα (548), 550ff
ἴασις, ἰατρός 550f
ἰδέα (117), (121), (243)
ἴδια, τά 100f
ἰδιώτης 831
ἱερατεῖα, ἱερατεύω, ἱεράτευμα 651f, 1010, 1013, 1015
ἱερεύς 651f, 1010ff
ἱερόθυτον (118f), 651ff
ἱεροπρεπής 651, 653
ἱερός (645), 651ff
ἱεροσυλέω 651ff
ἱερουργέω 651ff
Ἱερουσαλήμ, Ἱεροσόλυμα 753ff
ἱερωσύνη 651f, 1010, 1013ff
Ἰησοῦς 757ff
ἱκανός, ἱκανότης, ἱκανόω (155), 500f
ἱκετεία, ἱκετηρία 424, 426
ἱλάσκομαι, ἱλασμός (1302), 1304ff, 1309
ἱλαστήριον (262), 1304ff

ἵλεως 1304, 1306
ἱμάτιον (79), 83
Ἰουδαῖος, Ἰουδαϊκῶς 742ff
ἰσάγγελος (226), 228
ἴσος, ἰσότης 577ff
ἰσότιμος 577f
ἰσόψυχος 577f
Ἰσραήλ, Ἰσραηλίτης 742ff
ἰσχύς, ἰσχυρός (810), 811ff
ἰσχύω 811f

K
καθαίρω 1037f
καθαρίζω, καθαρισμός 1037f
καθαρός, καθαρότης (556), 1036ff
καθεύδω (1221), 1230ff
καθίστημι 107
καθοδηγός 1358
καθοράω 1127, 1129f
καθώς 440
καινίζω 973ff
καινός, καινότης (97), (972), 973ff
καινόω 973ff
καιρός (400), (402), (410), (507), (519), (1457), 1462ff
κακία 137f
κακολογέω (348), 350
κακοπαθέω (876), 879ff
κακοποιέω, κακοποιός 137f
κακός, κακόω 137ff
κακοῦργος (137), 139
καλέω 86ff
καλοποιέω 623
καλός (400), (621f), 623ff
κάλυμμα 1247f
καλύπτω 1247ff
κάμπτω (424)
καναναῖος (211)
κανών 775f
καπηλεύω (490)
καρδία (59), 680ff
καρδιογνώστης 680, 683
καρπός, καρποφορέω 399ff
καρτερέω (459), 461
καταβαίνω 684f
καταβάλλω, καταβολή (290), 1073f
καταβραβεύω (769), 772
καταγγελεύς, καταγγέλλω 1274ff
καταγινώσκω 509ff
καταγωνίζομαι 769
καταδιώκω 60
κατάθεμα, καταθεματίζω 348f
καταισχύνω 1065ff
κατακαλύπτω 1247f
κατακαυχάομαι 1051f
κατακληρονομέω (2?4)
κατάκριμα, κατακρίνω, κατάκρισις 509ff
κατακυριεύω 665
καταλαλέω, καταλαλία, κατάλαλος (1070), 1072
καταλαμβάνω 969, 971
καταλείπω 1042ff

καταλλαγή, καταλλάσσω (1302), 1307ff
καταλύω 258f
καταμαρτυρέω 1478f, 1481f
κατανοέω 1289ff
καταντάω 807f
καταξιόω 1047
καταπαύω, κατάπαυσις 1050f
καταπίπτω 303
κατάρα, καταράομαι (348), 350f
καταρτίζω, κατάρτισις, καταρτισμός 1048f
κατασκευάζω (314), 316f
κατασφραγίζω 1135
κατατομή 94ff
καταφιλέω 901ff
καταχθόνιος (239)
κατείδωλος 118f
κατέχω (479)
κατηγορέω, κατηγορία 23f
κατήγορος, κατήγωρ 23f
κατηχέω, κατήχησις (852), 861
κατηχούμενος, κατηχῶν 861
κατισχύω 811f
κατοικέω, κατοικίζω 637, 640
κατοικητήριον 637, 640
κατώτερος (710), 713
καῦμα, καυματίζω 331f
καυχάομαι, καύχημα, καύχησις 1051ff
κενοδοξία, κενόδοξος (204), 206, (231), 848
κενός, κενόω (231), (235), (541), (847), 848f
κέρας (810), 813
κέρδος, κερδαίνω 911f
κεφαλή 634ff
κεφαλὴ γωνίας 1182f
κήρυγμα, κῆρυξ, κηρύσσω (1273), 1276ff
κλαίω, κλαυθμός 799f
κλάσις τοῦ ἄρτου 667, 670, 674
κλείς, κλείω (982), 983f
κληρονομέω, κληρονομία, κληρονόμος 232ff
κλῆρος, κληρόω 232ff
κλῆσις, κλητός (86f), 88ff
κοιλία 59
κοιμάομαι (1221), 1230f
κοινός, κοινόω 495
κοινωνέω, κοινωνικός 495f
κοινωνία, κοινωνός (491), 495ff
κολαφίζω (999), 1000
κολλάομαι 22f
κόπος, κοπιάω (835), 836f
κόπτω, -ομαι (799), 800f
κοσμέω 1381, 1383
κοσμικός, κόσμιος 1381, 1383
κοσμοκράτωρ 814f
κόσμυς (238), (240), 1381ff
κράζω (421), (429)
κραταιός, κραταιόω 814f
κράτιστος 814, 816
κράτος, κρατέω (810), 814f
κρέας (342), 344
κρείττων 1273
κρεμάννυμι 817, 819
κρίμα, κρίσις 509ff
κρίνω, κριτής 509ff
κρυπτός, κρυφαῖος 1249f
κρύπτω (1247), 1249ff
κτῆμα (99), 104f
κτίζω, κτίσις 1074ff
κτίσμα, κτιστής 1075, 1077, 1079ff
κυβέρνησις 1003f, 1008
κυρία 659f, 664
κυριακός 659, 664
κυριεύω 659, 665
κύριος (231), (470), (658), 659ff, (700)
κυριότης 656, 665
κωλύω (695), 696f

Λ

λαλέω 1409, 1425
λαμβάνω (697), 969ff
λαμπάς 884ff
λαμπρός, λαμπρότης 884ff
λάμπω 884ff
λαός (1317), 1322ff
λατρεία, λατρεύω (185), 189f
λέγω 1409f, 1425
λεῖμμα, λείπω 1042, 1044ff
λειτουργέω, λειτουργία, λειτουργός 190ff
λειτουργικός 190f
λίθινος, λίθος (1181), 1183f
λιμός 728f
λογίζομαι, λογισμός (181), 183f
λογικός, λόγιον, λόγιος 1409, 1425
λόγος (554), 822, (1407), 1409ff
λοιδορέω (1070), 1072f
λοιδορία, λοίδορος 1072f
λοιπός 1042, 1044ff
λουτρόν, λούω 135, (1205), 1211ff
λυπέω, -έομαι, λύπη (799), 801ff
λύτρον, λυτρόω (258), 260ff
λύτρωσις, λυτρωτής 260ff
λύχνος, λυχνία (884), 886
λύω 258f

Μ

μαθητής, μανθάνω (794), (945), 947ff
μαίνομαι (220), 222f, (273)
μακάριος, μακαρίζω, μακαρισμός 1133f
μακράν 1486f
μακροθυμέω, μακρόθυμος 462
μακροθυμία (459), 462f
μαμωνᾶς (99), 100
μανία 222
μάννα (142), 145
μαντεύομαι, μάντις 1016f
μαραναθά (467), 469f
μαρτυρέω, μαρτύρομαι 1478f, 1481f
μαρτυρία, μαρτύριον, μάρτυς 1478ff
ματαιολογία, ματαιολόγος 849, 851
μάταιος (847), 849ff
ματαιότης, ματαιόω 849, 851
μάχη, μάχομαι (528), 769f
μεγαλεῖα, μεγαλειότης 617f
μεγαλύνω, μεγαλωσύνη 617f
μέγας (437), 617ff
μεθόδεια, μέθοδος 1358, 1363
μέλλω, μέλλων 808f
μέλος 867ff
μέλω 1179, 1181
μένω 127f
μέριμνα, μεριμνάω 1179ff
μερίς (232f), 237
μέρος (232), 237f
μεσιτεύω, μεσίτης (157), 162ff
μεσονύκτιον (336)
Μεσσίας 760ff
μεταβαίνω 684f
μεταλαμβάνω, μετάλημψις 969, 971
μεταλλάσσω 1307f
μεταμέλομαι (69), 71f
μεταμορφόομαι 540
μετανοέω (69), (71), 72f, (75)
μετάνοια 72ff, (462)
μετασχηματίζω 542f
μετατίθημι 230
μετέχω, μετοχή, μέτοχος 491f, 494
μέτοικος (371)
μήτηρ (353), 355f
μικρός (617), 619f
μιμέομαι, μιμητής (945), 953f
μιμνήσκομαι 454ff
μισέω (309), 310ff
μισθαποδοσία, μισθαποδότης 912, 914f
μισθός, μισθόω, μισθωτός (911), 912ff
μνεία 454
μνήμη 454f, 457
μνημονεύω 454f, 457
μνημόσυνον 454, 456
μοῖρα 978
μοιχαλίς, μοιχός 199
μοιχεία, μοιχεύω (196), 199
μονή 129
μονογενής 217f
μόνος (213), 217, (278)
μορφή, μόρφωσις (538), 540ff
μυέω 476
μυστήριον 476ff
μωραίνω, μωρία 1373ff
μωρός (531), (538), 1373ff
Μωϋσῆς 942ff

Ν

Ναζαρηνός, Ναζωραῖος 759f
ναός 1217ff
νεᾶνις (357)

νεκρός (1221), 1232ff
νεκρόω, νέκρωσις 1232f
νέος, νεότης (972), 975f
νήπιος (12), 776ff
νηστεία, νηστεύω, νῆστις 306f
νικάω, νῖκος, νίκη (769), 773f
νίπτω 134f, (1205), 1211f
νοέω, νόημα, νοητός 1289ff
νομίζω (522), (566)
νομικός (521), 525, 528
νομίμως (521), 528f
νομοδιδάσκαλος (521), 528
νομοθεσία (521), 526
νομοθετέω (521), 528
νομοθέτης (521), 530
νόμος (437f), 521ff, (1143)
νοσέω, νόσος (1101), 1103ff
νουθεσία, νουθετέω 273f
νοῦς (345f), (480), (494), 1289ff
νύμφη, νυμφίος (196), 200f
νῦν (565), (756), (1457), 1460, 1462ff
νύξ 335f

Ξ
ξενία, ξενίζομαι 375
ξενοδοχέω (373), 375
ξένος (370), 373ff
ξύλον 816f

Ο
ὁδηγέω 1358f, 1362
ὁδηγός (131), 1358ff
ὁδός (1356), 1358ff
οἶδα (242f), (247)
οἰκεῖος, οἰκέω 637, 640
οἰκία 636ff
οἰκοδεσπότης, οἰκοδεσποτέω 658f
οἰκοδομέω, οἰκοδομή (329), (636f), 640ff, (792)
οἰκονομία, οἰκονόμος, οἰκονομέω (478), (636f), 642f
οἶκος 636ff
οἰκουμένη (238), 239f
οἰκτιρμός, οἰκτίρμων, οἰκτίρω (52), 55f
ὀλεθρευτής, ὀλεθρεύω 1256
ὄλεθρος (1254), 1256f
ὀλίγος 619f
ὀμνύω 1106f
ὁμοθυμαδόν 219f
ὁμοιοπαθής 580ff
ὅμοιος, ὁμοιόω (577), 580ff
ὁμοιότης 580f, 583
ὁμοίωμα 580ff
ὁμοίωσις 580f, 583
ὁμολογέω, ὁμολογία 76ff
ὀνειδίζω, ὀνειδισμός 1070
ὄνομα 958ff
ὀνομάζω 958, 961, 963
ὀπίσω, ὄπισθεν (945), 954f
ὀπτασία 1127, 1130, 1132
ὅραμα 1127ff
ὅρασις, ὁρατός 1127, 1130
ὁράω 1127ff
ὀργή 1497ff
ὀργίζω, ὀργίλος 1498, 1501
ὀρέγομαι, ὄρεξις (64), 68
ὀρθός, ὀρθοποδέω (1046), 1049
ὀρθοτομέω (94), 95
ὁρίζω 107f
ὁρκίζω, ὅρκος 1106f
ὁρκωμοσία 1106, 1109
ὅσιος, ὁσιότης (645), 654f
ὀσμή 516f
οὐράνιος 686, 688, 690ff, (757)
οὐρανός (684), 686ff, (1026)
οὐρανόθεν 686, 690
ὀφείλημα, ὀφειλή, ὀφειλέτης 980f
ὀφείλω, ὄφελον (977), 980, (1192)
ὀφθαλμός 1127f, 1130f
ὄφις (194), 195
ὄχλος (1317), 1325f
ὀψώνιον (911), 916

Π
πάθημα, παθητός 876ff
παιδαγωγός 292ff
παιδεία (273), 292ff, (494)
παιδευτής 292
παιδεύω (273), 292ff
παιδίον, παιδάριον (776), 778f
παῖς (776), 778f
παῖς θεοῦ 1149ff
πάλαι, παλαιός 10f, (440)
παλαιότης, παλαιόω 10f
παλιγγενεσία (444), 450f
παντοκράτωρ 814f
παραβαίνω, παράβασις, παραβάτης (1192), 1199ff
παραβολή 584ff
παραγγέλλω, παραγγελία 441f
παράδεισος 997f
παραδίδωμι (509), 513f, (852), 861ff, (1273)
παράδοσις (437), (852), 861ff
παραθήκη (439)
παραιτέομαι 421, 424
παρακαλέω (273), 274f, (414)
παράκλησις 274, 276
παράκλητος 414f
παρακοή 1192
παρακολουθέω 945
παρακούω, παρακοή 716, 718
παραλαμβάνω 969, 972
παραλογίζομαι 1260f
παραμένω 129
παραμυθέομαι (1235), 1236f
παραμυθία, παραμύθιον 1236
παρανομέω (521), 530
παραπίπτω 303f, (1192), 1201f
παράπτωμα (301), (1192), 1201f
παρασκευάζω, παρασκευή (314), 316f
παρατηρέω, παρατήρησις 112f
πάρειμι 470f
παρεπίδημος 376, (795), 1317f
παρέρχομαι, παρεισέρχομαι 803, 805
πάρεσις 1263, 1265f
παρθένος, παρθενία (353), 357f
παρίστημι (107), 109f, (111)
παροικέω, παροικία, πάροικος (371), 376f
παροιμία (584), 588f
παρόμοιος, παρομοιάζω 580f
παροξύνομαι 1498, 1501
παροργίζω, παροργισμός 1498, 1501
παρουσία (467), 470ff
παρρησία, παρρησιάζομαι 369f
πᾶς 7f
πάσχα (318), 324
πάσχω 876ff
πατήρ 1241ff
πατριά, πατρίς 1242f, 1246
παχύνω 631
πειθαρχέω 560f, 564
πείθω, -ομαι, πειθός 560ff
πεινάω 728ff
πεῖρα, πειράω 1314f
πειράζω, πειρασμός (116f), 1314ff
πεισμονή 560f, 564
πέμπω 31f
πένης 38f
πενιχρός 39
πέποιθα, πεποίθησις 560ff
περιέρχομαι 803, 805
περιζώννυμι 317f
περικάθαρμα 1037f
περιλάμπω 884ff
περιούσιος 100f, (233)
περιπατέω 1363f
περιπίπτω 303f
περιποιέομαι, περιποίησις (99f), 100f
περισσεία, περίσσευμα 403ff
περισσεύω, περισσός 403ff, 1342
περιτέμνω, περιτομή (92), 94ff
πέτρα, πέτρος, πετρώδης 312f
πηγή (1366), 1368ff
πιθανολογία 560, 564
πίμπλημι (402), 407f, 410f
πίνω (728), 734ff
πίπτω (301), 303ff
πιστεύω 565, 568f
πίστις (397), (478), (507f), (539), (560), 565ff
πιστός, πιστόω 565, 572
πλανάομαι (254), (1192)
πλανάω, πλάνη, πλάνος 1260ff
πλεονάζω (1339), 1341f
πλεονεκτέω, πλεονέκτης, πλεονεξία (119), 489f
πληγή (999), 1000
πλῆθος, πληθύνω (403), 405f
πλήρης, πλήρωμα (403), 407f, 410f, (636)
πληροφορέω, -ρία 407ff
πληρόω (402), 407ff, (1088)

πλησίον (146f), 149f
πλούσιος, πλοῦτος (99), 101ff
πλουτέω, πλουτίζω 101ff
πνεῦμα (166), (168), 479ff, (493), 1090f, (1294)
  κατὰ πνεῦμα (536)
πνευματικός 479f, 482, 485, (1117)
πνέω, πνοή 479ff
πνίγω, πνικτός (131), 136
ποιέω (1386), 1391ff
ποίημα, ποίησις, ποιητής 1391, 1393
ποιμήν, ποιμαίνω 697ff
ποίμνη, ποίμνιον 697ff
πόλις (1317), 1326ff
πολιτεία, πολίτευμα 1326ff
πολιτεύομαι, πολίτης 1326ff
πολλοί (7), 8f
πολύσπλαγχνος 56, (58)
πονηρία 139ff
πονηρός (137), 139ff, (219), (400)
πόνος (834), 836
πορεύομαι (1356), 1365f
πορνεία, πορνεύω (1503), 1506f
πόρνη, πόρνος 1506, 1508
πόσις, πότος 734f
ποταμός (1366), 1368ff
ποτίζω, ποτήριον 734ff
πρᾶγμα, πρᾶξις, πράσσω (1386), 1393ff
πραϋπαθία 174
πραΰς, πραΰτης (173), 174f, (463)
πρεσβεία, πρεσβεύω 1003f, 1007
πρεσβυτέριον 1003f, 1007, 1009
πρεσβύτερος, πρεσβύτης 1003ff
πρόβατον (831), 833f
προγινώσκω, πρόγνωσις (290), 1333ff
προελπίζω 722, 724
προεπαγγέλλομαι 1269f
προέρχομαι 803, 805
προετοιμάζω 314f
πρόθεσις (290), (594), (1333), 1337f
προΐστημι 1003f, 1007f
προκαταγγέλλω 1274ff
προκαταρτίζω 1049
προκοπή, προκόπτω (12), 1340f
πρόκριμα 510f
προλαμβάνω 969, 972
προμεριμνάω 1179
προνοέω, πρόνοια (1333f), 1335f
προοράω 1127, 1130, 1336
προορίζω (1333), 1336f
προσαναπληρόω 412
προσδέομαι 425f
προσδέχομαι (722), 726f, 967f
προσδοκάω 726f
προσέρχομαι 803, 805
προσευχή, προσεύχομαι (421), 426, 428ff
προσήλυτος (374), 612ff
πρόσκαιρος 1462, 1464
προσκαλέομαι 86ff
προσκαρτερέω, προσκαρτέρησις 461
προσκληρόω 234, 237
προσκολλάομαι 22
πρόσκομμα 24f, (27)
προσκοπή, προσκόπτω 24f
προσκυνέω, προσκυνητής (421), 424), 430f
προσλαμβάνω, πρόσλημψις (967), 969ff
προσμένω 129
προστίθημι (570)
προσφορά 419f, 995f
πρόσχυσις (133)
προσωποληπτέω, προσωπολήμπτης 20f
προσωπολημψία 20f
πρόσωπον 20f
πρότερον 278f
προτίθημι (1333), 1337
προφητεία, προφητεύω (241), 1016f, 1020
προφήτης 1016ff
προφητικός 1016
προφῆτις 1016, 1020
προχειρίζω (107), 110f
πρωτεύω 278f
πρωτοκαθεδρία, πρωτοκαθεδρίτης 278f
πρωτοκλισία 278f
πρῶτος 278ff, (437)
πρωτότοκος (218), (278), 280ff
πτῶμα, πτῶσις 303f
πτωχεία, πτωχεύω (39), 41f
πτωχός 39ff
πῦρ, πύρωσις 331ff
πύρινος, πυρόω, πυρρός 332, 334f
πωρόω, πώρωσις 631ff

Ρ

ῥακά (348), 351
ῥαντίζω, ῥαντισμός (131), 135
ῥῆμα (1407), 1434ff
ῥύομαι (258), 263f

Σ

σαρκικός, σάρκινος (342), 344, 346
σάρξ 342ff
  κατὰ σάρκα 345, (366), (535)
  σὰρξ καὶ αἷμα 132f
σατανᾶς (141), (788), 1057ff
σεβάζομαι, σέβασμα 395f
Σεβαστός 396
σέβομαι (394), 395ff
  σεβόμενος τὸν θεόν 612ff
σεμνός, σεμνότης 395f, 397f
σημεῖον (1444), 1447ff
σήμερον (1457), 1462ff
Σιών 753ff
σκανδαλίζω 25ff
σκάνδαλον (24), 25ff, (312)
σκεῦος (288)
σκιά 1067ff
σκληροκαρδία 631, 633, 680, 683
σκληρός, σκληρότης 631ff
σκληροτράχηλος 631, 633
σκληρύνω 631f
σκοπός 1486
σκοτεινός 336ff
σκοτία, σκοτίζομαι 335f, 338
σκοτόομαι, σκότος 335f, 338
σοφία, σοφός (1373), 1375ff
σοφίζω 1375
σπεύδω (728)
σπλάγχνα, σπλαγχνίζομαι (52), 56f
σπουδάζω, σπουδαῖος, σπουδή (210), 212
σταυρός (816), 817ff
σταυρόω 817ff
στενοχωρέω, στενοχωρία (60), 61f
στηρίζω (328)
στοιχεῖα, στοιχέω, συστοιχέω (520), 531, (825), (1146)
στολή (79), (83)
στρέφω 69f
συγκληρονομέω (498)
συγκληρονόμος 232, 234
συγκοινωνέω, συγκοινωνός 495f, 498
συγκρίνω 509, 511
συζάω, συζωοποιέω (498)
συλαγωγέω (532)
συμβασιλεύω (498), 1023f
συμμαρτυρέω (556), 1478f, 1481
συμμιμητής (945), 953f
συμμορφίζομαι, -όομαι σύμμορφος 540f
συμπαθέω, συμπάσχω (498), (876), 878f
συμπληρόω 410
συμπνίγω 136
σύμφυτος 582
συνάγω 784, 788
συναγωγή 784ff
συναγωνίζομαι 769, 771
συναθλέω 769ff
συναιχμάλωτος 1140
συνακολουθέω 945f
συναποθνήσκω 1222, 1225
σύνδεσμος (1139), 1140f
συνδοξάζω (204), 206, (498)
συνεγείρω (498)
συνείδησις 555f
συνεργέω, συνεργός 1386, 1390
συνέρχομαι 803, 805
σύνεσις, συνετός 1294f
συνίημι 1294ff
συνκακοπαθέω 878
σύνοιδα 555f
συνοικοδομέω 640, 642
συντέλεια 1491f, 1494
συντελέομαι (519)
συσταυρόομαι (498), 817ff
συσχηματίζω 542f
σφραγίζω, σφραγίς 1135ff
σχῆμα (538), 542f
σχίσμα (284)

σῴζω (258), (263), 264ff, (595)
σῶμα (344), (346), (671), (675)f, (791), (867), 869ff
σωτήρ (22), (240), (258), (264), 268ff
σωτηρία 264ff
σωφρονέω (535), 1509f
σωφρόνως, σώφρων 1509
σωφροσύνη (1503), 1509

T
ταπεινός (173f), 176ff, (535f)
ταπεινοφροσύνη, ταπεινόφρων 176ff
ταπεινόω, ταπείνωσις 176ff
ταράσσω, τάραχος 276f
τεκνογονέω, τεκνοτροφέω, τεκνόω (452)
τέκνον, τεκνίον (776), 780f
τέλειος (477f), (529), 1491ff
τελειότης, τελειόω 1491ff
τελείωσις (281), 1491ff
τελειωτής 1491ff
τελευτάω 1221f
τελέω 1491ff
τέλος (526), (1486), 1491ff
τέρας (1444), 1451f
τέσσαρες 1452, 1454
τηρέω, τήρησις 112f, (115), (438f)
τίθημι (424)
τίκτω (444), 452
τιμή, τιμάω (204), 207ff
τόπος (286)
τράπεζα 667f
τρέχω (1356), 1365f
τύπος, τυπικός 1331ff
τυφλός 130f

Y
ὕβρις, ὑβρίζω, ὑβριστής 701f
ὑγιαίνω, ὑγιής (548), 553f
ὕδωρ (1366), 1370ff
υἱός, υἱοθεσία (776), 781ff, (1149)
υἱὸς Δαυίδ (1150), 1175ff
υἱὸς τοῦ ἀνθρώπου (1150), 1153ff
υἱὸς τοῦ θεοῦ (1150), 1166ff
ὕμνος, ὑμνέω (906), 907f, 910
ὑπακούω, ὑπακοή, ὑπήκοος (716), 721
ὑπαντάω, ὑπάντησις 807f
ὕπαρξις (99), 104, (544)
ὑπεραυξάνω 1339
ὑπερβαίνω 1199f
ὑπερεκπερισσεύω 403f
ὑπερεκπερισσοῦ, -ῶς 403ff
ὑπερήφανος, ὑπερηφανία (701), 702f
ὑπερπλεονάζω 1341
ὑπερφρονέω (535)
ὑπηρέτης (185), 187
ὕπνος (1221), 1230f
ὑπογράφω 1084, 1089
ὑποκρίνω, ὑπόκρισις, ὑποκριτής 917f
ὑπολαμβάνω 969ff
ὑπόλειμμα 1042, 1044
ὑπομένω, ὑπομονή (459), 463ff
ὑπομιμνήσκω, ὑπόμνησις 454f, 457
ὑπόστασις (539), 544ff
ὑποστολή (465), (546)
ὑποτύπωσις 1331f
ὑπωπιάζω 771
ὑστέρημα (412)
ὕψος, ὑψηλός, ὕψωμα (536), (703), 705f
ὑψόω, ὑπερυψόω 706ff

Φ
φαίνω, φαίνομαι (884), 887
φανερόω, φανέρωσις (1349)
Φαρισαῖος 1001ff
φαρμακεία (119)
φαῦλος (137), 139
φθείρω, φθορά 1257, 1259
φιλαδελφία, φιλάδελφος (146), 148
φιλαργυρία (489), 491
φιλέω, φίλος, φιλία (148), (895), (898), 901ff
φιλήδονος 66f
φίλημα 901ff
φιλοξενία, φιλόξενος (373), 375
φιλοσοφία, φιλόσοφος (1373), 1379f
φοβέομαι, φόβος (397), 416f
φοβούμενος τὸν θεόν 612ff
φοβερός 416f
φονέω, φονή (1407), 1436ff
φορτίον (437), (834), 835f
φρονέω, φρόνιμος 534ff, (1374f)
φρόνημα, φρόνησις 534f, 538
φρουρέω 114f
φυλή (239)
φυλάσσω (113), 114f
φύσις, φυσικός 963ff
φῶς (336f), (884), 887ff
φωστήρ, φωσφόρος 887f, 890f
φωτίζω, φωτισμός 887f, 890

X
χαίρω, χαρά (379), 382ff
χαρά πεπληρωμένη 385, 412
χαρακτήρ (117), 120f, (545)
χαρίζομαι 590, 592, 595
χάρις 590ff
χάρισμα (571), 590, 592ff
χαριτόω 590, 592, 595
χείρ 627ff
χήρα (353), 358f
χρῆμα (99), 104
χρηστός, χρηστότης, χρηστεύομαι 625f
χρῖσμα (1053), 1055ff
χρόνος (1457), (1463), 1466ff
χωρέω (403), 413
Χριστιανός 767f
Χριστός, χρίω (537), 760ff, 1055ff

Ψ
ψαλμός, ψάλλω (906), 908ff
ψευδάδελφος (146), 149
ψευδής, ψεύστης 919f
ψεύδομαι, ψεῦδος (917), 919ff
ψευδομαρτυρέω, ψευδομαρτυρία 1478f, 1481
ψευδόμαρτυς 1478f
ψευδοπροφήτης 1016, 1020
ψευδόχριστος 29f
ψευδώνυμος 958, 961
ψυχή (480), 1112f
ψυχικός 1117

Ω
ᾠδή (906), 909f
ὥρα, ὡραῖος (1457), 1471ff
ὤφθην 1132

REGISTER WICHTIGER HEBRÄISCHER WÖRTER

die in den Abteilungen II eingehend behandelt sind.

Bearbeitet von Horst Heyl

Es sind für die Verbalstämme nur die Radikale angegeben. In der Umschrift sind solche Stämme durch Sperrung kenntlich gemacht; auf Vokalisation wurde bewußt verzichtet. Für Nomina hingegen sind die Vokale mit in die Umschrift aufgenommen.

א

אבד *' b d* 1254
אביון *'æbjōn* 38ff
אבן *'æbæn* 1183f
אדם *'adām* 936
אדן *'adōn* 660f
אדני *'adonāj* 660f
אהב *' h b* 896ff, 902
אות *'ōt* 1448f
אח *'āch* 147, 149
אחד *'æchād* 215
אלמנה *'almānāh* 358f
אמונה *'æmūnāh* 567, 1345f
אמן *' m n* 566f, 1345
אמת *'æmæt* 1346f
אנכי, אני *'anī, 'anochī* 739
אסר *' s r* 123, 1140
אף *'āph* 1499
ארך אפים *'æræk 'appajim* 462
ארץ *'æræts* 238
אשר *' sch r* 1133f

ב

בוש *b ō sch* 1066
בחר *b ch r* 286f
בטח *b t ch* 567
בין *b i n* 1290f, 1295
בית *bājit* 1218
בן אדם *bæn 'ādām* 1153ff
בנה *b n h* 640f
בעל *bā'al* 660, 1058
בקש *b q sch* 1190
ברא *b r '* 1075f, 1391
ברית *b^erit* 157ff
ברך *b r k* 1120ff
בשר *b s r* 296f
בשר *bāsār* 342f, 869, 937
בתולה *b^etūlāh* 357

ג

גאל *g ' l* 260f
גוי *goj* 1318ff, 1322
גורל *gorāl* 232ff
גלה *g l h* 985f, 1139, 1247
גר *gēr* 613

ד

דבר *d b r* 435f
דבר *dābār* 1413f, 1434f
דרש *d r sch* 1190
דת *dāt* 522f

ה

היה *h j h* 1415f
היכל *hēkāl* 1817f
הלך אחרי *h l k 'acharē* 945
הלל *h l l* 171, 907, 1052

ז

זבח *zæbach* 995
זכר *z k r* 455ff
זקן *zāqēn* 1004ff

ח

חג *chāg* 319
חזה *ch z h* 1128f
חיה *ch j h* 840f
חיה *chajāh* 1220
חלה *ch l h* 1104
חמד *ch m d* 64
חן *chēn* 590f
חסד *chæsæd* 53, 158
חסיד *chāsīd* 654
חק *chōq* 435f, 522f
חקה *chuqāh* 435f, 522f
חשב *ch sch b* 183

ט

טהור *tāhōr* 1038f
טוב *tōb* 621f, 624

י

ידה *j d h* 76
ידע *j d '* 245f, 989
יום *jōm* 467, 838
יחל *j ch l* 722f
ילד *j l d* 444f
ימין *jāmīn* 627
יסד *j s d* 1076
יסר *j s r* 292f
יצב *j ts b* 109
יצר *j ts r* 1076
ירא *j r '* 1235

כ

כבוד *kābōd* 204ff, 581, 761f, 885, 1055, 1123, 1129
כהן *kohēn* 1011ff
כח *kō^ach* 922f
כחש *k ch sch* 919
כסל *k s l* 1373
כפר *kōphær* 260
כתב *k t b* 1084ff

ל

לבב, לב *lēb, lēbāb* 555, 937, 1290
למד *l m d* 852f, 857, 948f
לשון *lāschōn* 1407f

מ

מבשר *m^ebasser* 296f
מול *m ū l* 94f
מועד *mō'ēd* 319, 1480f
מופת *mōphēt* 1451f
מות *m ū t* 1223ff, 1232
מזבח *mizbē^ach* 995
מלא *m l '* 407f
מלאך *mal'āk* 226
מלך *m l k, mælæk* 1024ff
מלכות *malkūt* 1026f
ממשלה *mæmschālāh* 16
מעל *m ' l* 1202
מצוה *mitswāh* 435f
חשם *m sch ch* 1054ff
משל *m sch l* 584
משל *māschāl* 584f, 588

נ

נבא *n b '* 1017
נביא *nābī'* 1017ff
נבל *n b l* 1374
נגד *n g d* 1274
נוח *nō^ach* 1050
נחלה *nachalāh* 913
נחם *n ch m* 72
נסה *n s h* 1314
נער *na'ar* 777
נפש *næphæsch* 681, 937, 1114, 1232f

ס

ספר *s ph d* 800

ע

עבד *' b d, 'æbæd* 189, 1141f, 1150ff
עדה *'ēdāh* 785ff
עדות *'ēdūt* 1480
עולם *'ōlām* 1457
עון *'āwōn* 1093, 1193
עז *'ōz* 922f
עיר *'īr* 1327
עלה *' l h* 684
עלה *'ōlāh* 995
עלמה *'almāh* 357
עם *'ām* 1318ff, 1322ff
עמד *' m d* 109, 127, 1076

עמל ' m l 836
ענה 'ānāh 174
ענה ' n h 718, 721
ענו 'ānāw 174f
עני 'āni 38f, 174f
עשה ' s h 1391
עת 'ēt 1458, 1463

פ

פדה p d h 260f
פנים pānim 20, 1123
פקד p q d 124f, 436, 1267
פקודים piqqūdim 435
פרי p^{e}ri 399
פתח p t h 1261

צ

צבאות ts^{e}bā'ōt 922f
צדקה ts^{e}dāqāh 53, 389, 503
צוה ts w h 435f
צל tsēl 1068
צלמות tsalmāwæt 1068
צלם tsælæm 120

ק

קדם qædæm 16
קדש q d sch 646ff
קהל qāhāl 784ff
קוה q w h 463, 722f
קול qōl 1437
קום q ū m 47, 127
קנה q n h 1076
קץ qēts 1492f
קרא q r ' 1278
קשה qaschāh 631f

ר

ראה r ' h 1128f
ראש rō'sch 16, 634
ראשית re'schīt 994
רבים rabbīm 8
רוח rū^{a}ch 480f, 937
רע rē^a' 140, 147, 149
רעה r ' h 697f
רצה r ts h 1405

שׂ

שׂבר s b r 722
שׂטן sātān 1057f
שׂמחה simchāh 383
שׂנא sānē' 310

שׁ

שׁאול sch^e'ōl 711, 1224, 1383
שׁאל sch ' l 421
שׁאר sch^e'ēr 343
שׁאר sch ' r 1042ff
שׁבה sch b h 1139
שׁבע sch b ' 1107
שׁבת schabbāt 1050
שׁוב sch ū b 70, 72, 1267, 1302
שׁחת sch ch t 1257
שׁיר schīr 908f
שׁלום schālōm 389, 1121, 1123
שׁלח sch l ch 31f
שׁלם sch l m 1267
שׁלם schælæm 995
שׁם schēm 687, 959ff
שׁמע sch m ' 716ff, 721
שׁמר sch m r 112, 114
שׁפט sch ph t 510, 1510
שׁקר schæqær 919

ת

תהום t^{e}hōm 704, 710, 1367
תורה tōrāh 436, 522f